Büscher
Gesetz gegen den unlauteren Wettbewerb

Gesetz gegen den unlauteren Wettbewerb

Herausgegeben von

Prof. Dr. Wolfgang Büscher
Vorsitzender Richter am Bundesgerichtshof i.R.

Carl Heymanns Verlag 2019

Zitiervorschlag: Büscher/Ahrens, UWG, § 12 Rdn. 5

Bibliografische Information der Deutschen Nationalbibliothek

Die Deutsche Nationalbibliothek verzeichnet diese Publikation in der Deutschen Nationalbibliografie; detaillierte bibliografische Daten sind im Internet abrufbar über http://dnb.d-nb.de abrufbar.

ISBN 978-3-452-25209-8

www.wolterskluwer.de
www.heymanns.com

Umschlagkonzeption: Martina Busch, Grafikdesign, Homburg Kirrberg
Satz: mediaTEXT Jena GmbH, Jena
Druck und Weiterverarbeitung: Williams Lea & Tag GmbH, München

Gedruckt auf säurefreiem, alterungsbeständigem und chlorfreiem Papier.

Vorwort

Unter dem Einfluss des Unionsrechts hat sich das deutsche Lauterkeitsrecht bis in die jüngste Vergangenheit dynamisch fortentwickelt. Dieser Prozess hält an. Mit der UWG-Novelle 2015 hat der deutsche Gesetzgeber das Lauterkeitsrecht weiter an den Wortlaut und die Struktur der Richtlinie über unlautere Geschäftspraktiken angepasst. Durch den Schutz der Verbraucher, der Mitbewerber und der sonstigen Marktteilnehmer im deutschen Lauterkeitsrecht sind zahlreiche Fragen zur Reichweite und zum Verständnis einzelner Vorschriften des UWG offen geblieben. Die weiterhin bestehenden Abweichungen des UWG von der Richtlinie über unlautere Geschäftspraktiken und der Richtlinie über irreführende und vergleichende Werbung erfordern es nach wie vor, die Bestimmungen des Unionsrechts zur richtlinienkonformen Auslegung der Vorschriften des UWG heranzuziehen. Das Nebeneinander der Bestimmungen des Unionsrechts und des deutschen Lauterkeitsrechts macht es bei der Rechtsanwendung notwendig, die verschiedenen Normtexte heranzuziehen und richtlinienkonform in Einklang zu bringen. Die Lösung der damit einhergehenden Probleme ist Aufgabe von Rechtsprechung und Schrifttum. Dazu soll dieser Kommentar beitragen, an dem zwölf Autoren aus Rechtsprechung und Lehre, die über langjährige Erfahrung im Lauterkeitsrecht verfügen, mitgewirkt haben.

Die Richtlinie (EU) 2016/943 des Europäischen Parlaments und des Rates vom 8. Juni 2016 über den Schutz vertraulichen Know-hows und vertraulicher Geschäftsinformationen (Geschäftsgeheimnisse) vor rechtswidrigem Erwerb sowie rechtswidriger Nutzung und Offenlegung war bis zum 9. Juni 2018 in Deutschland umzusetzen. Hierzu dient das Gesetz zur Umsetzung der Richtlinie (EU) 2016/943 zum Schutz von Geschäftsgeheimnissen vor rechtwidrigem Erwerb sowie rechtswidriger Nutzung und Offenlegung, das im Entwurf vorliegt und zur Zeit in den parlamentarischen Gremien beraten wird. In diesem Zusammenhang ist die Aufhebung der §§ 17 bis 19 UWG vorgesehen. Verlag, Herausgeber und Autorinnen, Prof. Dr. Mary-Rose McGuire und Prof. Dr. Lea Tochtermann, haben sich entschlossen, nicht mehr eine Erläuterung der Bestimmungen der §§ 17 bis 19 UWG, die in der vorliegenden Form nur noch für vor dem 9. Juni 2018 liegende Sachverhalte Bedeutung haben, vorzusehen, sondern den Gesetzesentwurf zu kommentieren, der nach der bereits erfolgten intensiven Diskussion voraussichtlich ohne größere Änderungen Gesetz werden wird.

Mülheim/Ruhr im Januar 2019 Wolfgang Büscher

Bearbeiter

Herausgegeben von

Prof. Dr. Wolfgang Büscher
Vorsitzender Richter am Bundesgerichtshof i.R.

Bearbeitet von

Prof. Dr. Hans-Jürgen Ahrens
Universitätsprofessor, Universität Osnabrück, Richter am Oberlandesgericht Celle a.D.
§ 12 Abs. 1, Abs. 3 – 5; § 12 Anh. I A. – D., F. – H.; § 12 Anh. II; §§ 13 – 15

Prof. Dr. Wolfgang Büscher
Vorsitzender Richter am Bundesgerichtshof i. R.
Einl. B., D.; § 1; § 3 Abs. 1 – Abs. 3; § 4a; § 5; § 5a; § 7; Anh. (zu § 3 Abs. 3) Nr. 1 – 3, 5 – 9, 11 – 27, 29, 30

Thomas Franzke
Richter am Oberlandesgericht Hamm
§ 2 Abs. 1 Nr. 1; § 16; § 20

Dr. Martin Hohlweck
Richter am Oberlandesgericht Köln
Einl. A.; § 3a; §§ 8 – 11; PreisAngV: § 6; §§ 6a – 6c; § 7; § 8

Celso Lopez Ramos
Vorsitzender Richter am Oberlandesgericht Hamm
§ 6

Dr. Asmus Maatsch
Richter am Hanseatischen Oberlandesgericht Hamburg
§ 2 Abs. 1 Nr. 2, 4 – 7; § 4 Nr. 1, 2

Prof. Dr. Mary-Rose McGuire
Universitätsprofessorin, Universität Osnabrück
Einl. C.; Vor §§ 17 – 19; GeschGehG: Vorbem.; §§ 1 – 5, §§ 15 – 22

Dr. Stefan Schilling
Richter am Landgericht Hamburg, Wiss. Mitarbeiter am Bundesgerichtshof
§ 2 Abs. 1 Nr. 8, 9; § 2 Abs. 2; § 3 Abs. 4; PreisAngVO: Vorbem.; §§ 1 – 5; § 9; § 10

Michael Schmidt
Vors. Richter am Hanseatischen Oberlandesgericht Hamburg
§ 12 Abs. 2; § 12 Anh. I E.

Prof. Dr. Lea Tochtermann
Universitätsprofessorin, Universität Mannheim
GeschGehG: §§ 6 – 14; § 23

Dr. Jan Tolkmitt
Richter am Bundesgerichtshof
Einl. E

Annette Wille
Richterin am Oberlandesgericht Köln
§ 2 Abs. 1 Nr. 3; § 4 Nr. 3, 4; Anh. (zu § 3 Abs. 3) Nr. 4, 10, 28

Benutzungshinweise

1. **Paragraphen** des Gesetzes gegen den unlauteren Wettbewerb werden grundsätzlich ohne den Zusatz »UWG« zitiert. Bei nationalen Vorschriften werden Absätze mit der Abkürzung Abs. bezeichnet, zB § 7 Abs. 2 Nr. 4 lit. a. Die Überschriften über den Paragraphen des UWG sind amtlich. Paragraphen oder Artikel anderer Gesetze oder Normen sind mit den üblichen Abkürzungen des Gesetzes oder der Norm bezeichnet. In europäischen Normen (Art. bzw. Regel) werden Absätze in Klammern gesetzt, z.B. Art 10 (1) Unterabsatz 1 lit. a.

2. **Entscheidungen** werden zitiert: Gericht, Datum, Aktenzeichen, Fundstelle, Rn. – *Entscheidungsstichwort* (z.B. BGH, 04.02.2016, I ZR 194/14, GRUR 2016, 403 Rn. 25 – *Fressnapf*). Soweit möglich wird bei Entscheidungen zur näheren Präzisierung die jeweilige Absatznummer angegeben (Rn.).

Gesetze und Normen, die noch nicht oder nicht mehr in Kraft sind erscheinen kursiv, ebenso redaktionelle Anmerkungen.

3. **Literatur** wird in der Regel mit der Angabe des jeweiligen Bearbeiters zitiert. Enthält die Kurzbezeichnung oder Herausgeberbezeichnung den Namen des Bearbeiters, erscheint dieser Name kursiv (Beispiel: Köhler/Bornkamm/*Feddersen* …). Hinweise auf **Aufsätze** in Zeitschriften und Monographien erfolgen grundsätzlich ohne Wiedergabe des jeweiligen Titels (z.B. Kirchhoff GRUR 2017, 248, 253).

4. Die **Fußnoten** sind innerhalb der einzelnen Paragraphen durchnummeriert.

5. Im **Sachregister** bezeichnen die halbfett hervorgehobenen Zahlen die Paragraphen des Gesetzes und die jeweils dahinterstehenden Zahlen die Randnummer der Kommentierung der fraglichen Bestimmung.

Inhalt

Kommentar

Gesetz zur Umsetzung der Richtlinie (EU) 2016/943 zum Schutz von Geschäftsgeheimnissen vor rechtswidrigem Erwerb sowie rechtswidriger Nutzung und Offenlegung .. 2189

Abkürzungsverzeichnis

a. A.	anderer Ansicht
Abl.	Amtsblatt
abl.	Ablehnend
Abs.	Absatz
abw.	Abweichend
AcP	Archiv für die civilistische Praxis, Band, (Jahr) und Seite
a.E.	am Ende
AEUV	Vertrag über die Arbeitsweise der Europäischen Union
a.F.	alte Fassung
AfP	Archiv für Presserecht, Jahr und Seite
AG	Aktiengesellschaft, Amtsgericht, Zeitschrift »Die Aktiengesellschaft«, Jahr und Seite
AGBG	Gesetz zur Regelung des Rechts der Allgemeinen Geschäftsbedingungen
AgV	Arbeitsgemeinschaft der Verbraucherverbände
AktG	Aktiengesetz
allg.	Allgemein
Alt.	Alternative
a.M.	anderer Meinung
AMG	Arzneimittelgesetz
Anh.	Anhang
Anl.	Anlage
Anm.	Anmerkung
AnwBl.	Anwaltsblatt, Jahr und Seite
AO	Aktenordnung
Ao	Anordnung
AP	Arbeitsrechtliche Praxis, Sammlung der Entscheidungen des Bundesarbeitsgerichts ab 1954
ArbG	Arbeitsgericht
ArbGG	Arbeitsgerichtsgesetz
ArbnErfG	Gesetz über Arbeitnehmererfindungen
AT	Allgemeiner Teil
Aufl.	Auflage
BuchprG	Buchpreisbindungsgesetz vom 02.09.2002
BAG	Bundesarbeitsgericht
BAGE	Entscheidungen des Bundesarbeitsgerichts, Band und Seite
BayObLG	Bayerisches Oberstes Landesgericht
BB	Der Betriebsberater, Jahr und Seite
Bd.	Band
Begr.	Begründung
Bek.	Bekanntmachung
betr.	Betreffend
BFH	Bundesfinanzhof
BGB	Bürgerliches Gesetzbuch
BGBl	Bundesgesetzblatt
BGH	Bundesgerichtshof
BGHR	BGH-Rechtsprechung, Loseblattsammlung
BGHRep.	BGH-Report, Jahr und Seite
BGHSt	Entscheidungen des Bundesgerichtshofs in Strafsachen, Band und Seite

BGHZ	Entscheidungen des Bundesgerichtshofs in Zivilsachen, Band und Seite
BierStG	Biersteuergesetz
BKA	Bundeskartellamt
BlPMZ	Blatt für Patent-, Muster- und Zeichenwesen, Jahr und Seite
BLAH	Baumbach/Lauterbach/Albers/Hartmann (Litverz.)
BM	Bundesminister
BPatG	Bundespatentgericht
BPatGE	Entscheidungen des Bundespatentgerichts, Band und Seite
BRAGO	Bundesgebührenordnung für Rechtsanwälte
BRAO	Bundesrechtsanwaltsordnung
Brüssel Ia-VO	Verordnung (EU) Nr. 1215/2012 des Europäischen Parlaments und des Rates vom 12. Dezember 2012 über die gerichtliche Zuständigkeit und die Anerkennung und Vollstreckung von Entscheidungen in Zivil- und Handelssachen
BSG	Bundessozialgericht
Bspr.	Besprechung
BT	Besonderer Teil
BT-Drucksache	Drucksache des Deutschen Bundestags
Buchst.	Buchstabe
BVerfG	Bundesverfassungsgericht
BVerfGE	Entscheidungen des Bundesverfassungsgerichts, Band und Seite
BVerfGG	Gesetz über das Bundesverfassungsgericht
BVerwG	Bundesverwaltungsgericht
BVerwGE	Entscheidungen des Bundesverwaltungsgerichts, Band und Seite
CR, CuR	Computer und Recht, Jahr und Seite
DB	Der Betrieb, Jahr und Seite
DesignG	Designgesetz
DGVZ	Deutsche Gerichtsvollzieher-Zeitung, Jahr und Seite
DIHT	Deutscher Industrie- und Handelstag
DJ	Deutsche Justiz, Jahr und Seite
DÖV	Die Öffentliche Verwaltung, Jahr und Seite
DRiZ	Deutsche Richterzeitung, Jahr und Seite
DSW	Deutscher Schutzverband gegen Wirtschaftskriminalität
DVBl	Deutsches Verwaltungsblatt, Jahr und Seite
DVO	Durchführungsverordnung
DZWir	Deutsche Zeitschrift für Wirtschaftsrecht, Jahr und Seite
ecolex	Zeitschrift für Wirtschaftsrecht, Manz, Jahr und Seite
EG, EU	Europäische Gemeinschaft, Europäische Union
EGBGB	Einführungsgesetz zum Bürgerlichen Gesetzbuch
EGStGB	Einführungsgesetz zum Strafgesetzbuch
EGV	Vertrag zur Gründung der Europäischen Gemeinschaft in der Fassung des Vertrags über die Europäische Union (jetzt: EUV oder AEUV)
Einf.	Einführung
Einl.	Einleitung
Entsch.	Entscheidung
entspr.	Entsprechend
Entw.	Entwurf
ErstrG	Gesetz über die Erstreckung von gewerblichen Schutzrechten (Erstreckungsgesetz) v. 23.4.1992, BGBl I S. 938
EU	Europäische Union
Est.	Einigungsstelle

EuGH	Gerichtshof der Europäischen Union
EuGH Slg.	Sammlung der Rechtsprechung des Gerichtshofs der Europäischen Union, Band und Seite
EuGVÜ	Übereinkommen der Europäischen Gemeinschaft über die gerichtliche Zuständigkeit und die Vollstreckung gerichtlicher Entscheidungen in Zivil- und Handelssachen
EuGVO	Europäische Gerichtsstands- und Vollstreckungsverordnung
EuR	Europarecht, Jahr und Seite
EUV	Vertrag über die Europäische Union idF des Vertrages von Lissabon
EuZW	Europäische Zeitschrift für Wirtschaftsrecht, Jahr und Seite
eV	eidesstattliche Versicherung, eingetragener Verein, einstweilige Verfügung
EWG	Europäische Wirtschaftsgemeinschaft (später EG)
EWiR	Entscheidungen zum Wirtschaftsrecht, Gesetz, Paragraph, Entscheidungsnummer, Seite oder Jahr und Seite
EWS	Europäisches Wirtschafts- & Steuerrecht, Jahr und Seite
FamFG	Gesetz über das Verfahren in Familiensachen und in den Angelegenheiten der freiwilligen Gerichtsbarkeit
FamRZ	Zeitschrift für das gesamte Familienrecht, Jahr und Seite
FBO/Bearbeiter	Fezer/Büscher/Obergfell
f.	folgend (Einzahl)
ff.	folgende (Mehrzahl)
FIW-Schriftenreihe	Schriftenreihe des Forschungsinstituts für Wirtschaftsverfassung und Wettbewerb e.V., Köln
Fn.	Fußnote
FS	Festschrift
FUR	Film und Recht, Jahr und Seite
G	Gesetz
GA	Gutachterausschuss für Wettbewerbsfragen, Nr. und Jahr
GBl	Gesetzblatt
GBM	Gebrauchsmuster
GebrMG	Gebrauchsmustergesetz
gem.	Gemäß
GEMA	Gesellschaft für musikalische Aufführungs- und mechanische Vervielfältigungsrechte
GeschmMG	Geschmacksmustergesetz
GeschGehG	Gesetz zur Umsetzung der Richtlinie (EU) 2016/943 zum Schutz von Geschäftsgeheimnissen vor rechtswidrigem Erwerb sowie rechtswidriger Nutzung und Offenlegung
GeschGeh-RL	Richtlinie (EU) 2016/943 zum Schutz von Geschäftsgeheimnissen vor rechtswidrigem Erwerb sowie rechtswidriger Nutzung und Offenlegung
GewA	Gewerbearchiv, Jahr und Seite
GewO	Gewerbeordnung
GG	Grundgesetz der Bundesrepublik Deutschland
ggf.	gegebenenfalls
GGV	Verordnung über das Gemeinschaftsgeschmacksmuster
GKG	Gerichtskostengesetz
glA	gleicher Ansicht
GmbH	Gesellschaft mit beschränkter Haftung
GmS-OGB	Gemeinsamer Senat der obersten Gerichtshöfe des Bundes
GMV	Gemeinschaftsmarkenverordnung

GPR	Zeitschrift für Gemeinschaftsprivatrecht
GoA	Geschäftsführung ohne Auftrag
grds.	Grundsätzlich
GRUR	Gewerblicher Rechtsschutz und Urheberrecht, Zeitschrift der Deutschen Vereinigung für gewerblichen Rechtsschutz und Urheberrecht, Jahr und Seite
GRUR Int.	Gewerblicher Rechtsschutz und Urheberrecht, Zeitschrift der Deutschen Vereinigung für gewerblichen Rechtsschutz und Urheberrecht, Auslands- und internationaler Teil, Jahr und Seite
GRUR-Prax	Gewerblicher Rechtsschutz und Urheberrecht. Praxis im Immaterialgüter- und Wettbewerbsrecht, Jahr und Seite
GRUR-RR	GRUR Rechtsprechungsreport, Jahr und Seite
GrSSt	Großer Senat für Strafsachen des BGH
GrSZ	Großer Senat für Zivilsachen des BGH
GVBl	Gesetz- und Verordnungsblatt
GVG	Gerichtsverfassungsgesetz
GvKostG	Gesetz über die Kosten der Gerichtsvollzieher
GWB	Gesetz gegen Wettbewerbsbeschränkungen
HalblSchG	Halbleiterschutzgesetz
Halbs.	Halbsatz
HandwO	Handwerksordnung
HCVO	Verordnung (EG) Nr. 1924/2006 des Europäischen Parlaments und des Rates vom 20. Dezember 2006 über nährwert- und gesundheitsbezogene Angaben über Lebensmittel (Health-Claims-VO)
HdbWbR	s. Gloy/Loschelder/Erdmann (Litverz.)
HGB	Handelsgesetzbuch
h.L.	herrschende Lehre
h.M.	herrschende Meinung
HRR	Höchstrichterliche Rechtsprechung, Band und Nummer der Entscheidung
HWG	Gesetz über die Werbung auf dem Gebiet des Heilwesens (Heilmittelwerbegesetz)
HWiG	Gesetz über den Widerruf von Haustürgeschäften und ähnlichen Geschäften
i.d.F.	in der Fassung
i.d.R.	in der Regel
i.H.a.	in Hinsicht auf
IHK	Industrie- und Handelskammer
IIC	International Review of Intellectual Property and Competition Law, Jahr und Seite
InsO	Insolvenzordnung
InstGE	Entscheidungen der Instanzgerichte zum Recht des Geistigen Eigentums
IPRax	Praxis des internationalen Privat- und Verfahrensrechts, Jahr und Seite
i.S.	im Sinne
i.V.	in Verbindung
JA	Juristische Arbeitsblätter, Jahr und Seite
JBl	Juristische Blätter
JMBl.	Justizministerialblatt
JR	Juristische Rundschau, Jahr und Seite
JurA	Juristische Analysen, Jahr und Seite

JurBüro	Das Juristische Büro, Jahr und Seite
JuS	Juristische Schulung, Jahr und Seite
Justiz	Die Justiz, Amtsblatt des Justizministeriums Baden-Württemberg, Jahr und Seite
JVEG	Justizvergütungs- und –entschädigungsgesetz
JW	Juristische Wochenschrift, Jahr und Seite
JZ	Juristenzeitung, Jahr und Seite
Kap.	Kapitel
KfH	Kammer für Handelssachen
KG	Kammergericht
KGJ	Jahrbuch der Entscheidungen des Kammergerichts, Jahr und Seite
KGR	Kammergerichts-Report, Jahr und Seite
KO	Konkursordnung
Komm.	Kommentar
KreisG	Kreisgericht
krit.	Kritisch
LG	Landgericht
lit.	litera – Buchstabe
LM	Lindenmaier-Möhring, Lose-Blatt-Sammlung von BGH-Entscheidungen, Gesetz, Paragraph und Nummer der Entscheidung
LMBG	Lebensmittel- und Bedarfsgegenständegesetz
Ls.	Leitsatz
LMIVO	Lebensmittelinformations-VO/VO (EU) Nr. 1169/2011
LMVK	Lebensmittel-Kennzeichnungsverordnung
LMIDV	Lebensmittelinformations-Durchführungsverordnung
LUG	Gesetz betr. das Urheberrecht an Werken der Literatur und Tonkunst v. 19.6.1901, RGBl S. 227
MA	Der Markenartikel, Jahr und Seite
MarkenG	Gesetz über den Schutz von Marken und sonstigen Kennzeichen
maW	mit anderen Worten
MDR	Monatsschrift für Deutsches Recht, Jahr und Seite
MD (VSW)	Magazindienst des Verbandes sozialer Wettbewerb, Jahr und Seite
m.E.	meines Erachtens
MinTafWV	Mineral- und Tafelwasser-Verordnung
Mitt.	Mitteilungen der deutschen Patentanwälte, Jahr und Seite
MMR	Multimedia und Recht, Jahr und Seite
MuW	Markenschutz und Wettbewerb, Jahr und Seite
m.w.N.	mit weiteren Nachweisen
n.F.	neue Fassung
Nds.RPfl	Niedersächsische Rechtspflege, Jahr und Seite
NJW	Neue Juristische Wochenschrift, Jahr und Seite
NJWE MietR	NJW-Entscheidungsdienst Miet- und Wohnungsrecht, Jahr und Seite
NJWE WettbR	NJW-Entscheidungsdienst Wettbewerbsrecht, Jahr und Seite
NJW-CoR	Computerreport, Jahr und Seite
NJW-RR	NJW-Rechtsprechungs-Report Zivilrecht, Jahr und Seite
Nr.	Nummer
NKV	Nährwert-Kennzeichnungsverordnung
Nr. …Anh. (zu § 3 Abs. 3)	Anhang (zu § 3 Absatz 3) UWG (»black list«)
NRW	Nordrhein-Westfalen
NVwZ	Neue Zeitschrift für Verwaltungsrecht, Jahr und Seite
NVwZ-RR	Neue Zeitschrift für Verwaltungsrecht, Rechtsprechungs-Report, Jahr und Seite

NZA	Neue Zeitschrift für Arbeitsrecht, Jahr und Seite
NZA-RR	Neue Zeitschrift für Arbeitsrecht, Rechtsprechungsreport, Jahr und Seite
NZS	Neue Zeitschrift für Sozialrecht, Jahr und Seite
NZV	Neue Zeitschrift für Verkehrsrecht, Jahr und Seite
ÖBl	Österreichische Blätter für gewerblichen Rechtsschutz, Jahr und Seite
OGH	Oberster Gerichtshof (Österreich)
OGHZ	Sammlung der Entscheidungen des Obersten Gerichtshofs für die britische Zone in Zivilsachen, Band und Seite
OHG	Offene Handelsgesellschaft
OLG	Oberlandesgericht
OLGRep.	OLG Report, Jahr und Seite
OLGZ	Entscheidungen der Oberlandesgerichte in Zivilsachen einschließlich der freiwilligen Gerichtsbarkeit
OVG	Oberverwaltungsgericht
PAngV	Preisangabenverordnung
PatG	Patentgesetz
PBefG	Personenbeförderungsgesetz
PharmR	Pharmarecht, Jahr und Seite
PVÜ	Pariser Verbandsübereinkunft v. 20.3.1883 zum Schutz des gewerblichen Eigentums
RabattG	Rabattgesetz
RabelsZ	Zeitschrift für ausländisches und internationales Privatrecht, begründet von Rabel, Jahr und Seite
RBerG	Rechtsberatungsgesetz
RdA	Recht der Arbeit, Jahr und Seite
RdE	Recht der Energiewirtschaft, Jahr und Seite
Rdn.	Randnummer(n) im Werk
RDG	Rechtsdienstleistungsgesetz
RegE	Regierungsentwurf
RG	Reichsgericht
RGBl	Reichsgesetzblatt
RGSt	Entscheidungen des Reichsgerichts in Strafsachen, Band und Seite
RGZ	Entscheidungen des Reichsgerichts in Zivilsachen, Band und Seite
RiFlEtikettG	Gesetz zur Durchführung der Rechtsakte der Europäischen Gemeinschaft über die besondere Etikettierung von Rindfleisch und Rindfleischerzeugnissen (Rindfleischetikettierungsgesetz)
RIW/AWD	Recht der internationalen Wirtschaft; Außenwirtschaftsdienst des Betriebsberaters, Jahr und Seite
RJM	Reichsjustizminister
RL	Richtlinie
RMBl	Reichsministerialblatt
Rn.	Randnummer(n) in anderen Veröffentlichungen
Rom I	Verordnung (EG) Nr. 593/2008 des Europäischen Parlaments und des Rates vom 17. Juni 2008 über das auf vertragliche Schuldverhältnisse anzuwendende Recht (Rom I)
Rom II	Verordnung (EG) Nr. 864/2007 des Europäischen Parlaments und des Rates vom 11. Juli 2007 über das auf außervertragliche Schuldverhältnisse anzuwendende Recht (Rom II)
Rpfleger	Der Deutsche Rechtspfleger, Jahr und Seite
Rspr.	*Rechtsprechung*
RVG	Rechtsanwaltsvergütungsgesetz

RWM	Reichswirtschaftsminister
RzU	Rechtsprechung zum Urheberrecht, Entscheidungssammlung mit Anmerkungen
S.	Seite
s.	Siehe
SchlHA	Schleswig-Holsteinische Anzeigen, Jahr und Seite
SGb	Die Sozialgerichtsbarkeit, Jahr und Seite
SGG	Sozialgerichtsgesetz
sic!	(Schweizer.) Zeitschrift für Immaterialgüter-, Informations- und Wettbewerbsrecht, Jahr und Seite
SJZ	Süddeutsche Juristenzeitung, Jahr und Seite
Slg.	Siehe EuGH Slg.
SortSchG	Sortenschutzgesetz
SteuerBerG	Gesetz über die Rechtsverhältnisse der Steuerberater und Steuerbevollmächtigten (Steuerberatungsgesetz)
StGB	Strafgesetzbuch
str.	Streitig
StrEG	Gesetz über die Entschädigung für Strafverfolgungsmaßnahmen
st. Rspr.	ständige Rechtsprechung
TMG	Telemediengesetz
u.a.m.	und andere(s) mehr
u.dgl.	und dergleichen
u.U.	unter Umständen
UFITA	Archiv für Urheber-, Film-, Funk- und Theaterrecht, Band und Seite
UGP-RL	Richtlinie 2005/29/EG des Europäischen Parlaments und des Rates vom 11. Mai 2005 über unlautere Geschäftspraktiken von Unternehmen gegenüber Verbrauchern im Binnenmarkt und zur Änderung der Richtlinie 84/450/EWG des Rates, der Richtlinien 97/7/EG, 98/27/EG und 2002/65/EG des Europäischen Parlaments und des Rates sowie der Verordnung (EG) Nr. 2006/2004 des Europäischen Parlaments und des Rates (Richtlinie über unlautere Geschäftspraktiken)
UKlaG	Unterlassungsklagengesetz
UrhG	Urheberrechtsgesetz
UMV	Unionsmarkenverordnung, VO (EU) 2017/1001
UWG	Gesetz gegen den unlauteren Wettbewerb
v.	von, vom
Verf.	Verfasser
VersR	Versicherungsrecht, Jahr und Seite
VerwArch	Verwaltungs-Archiv, Band, (Jahr) und Seite
VG	Verwaltungsgericht
VGH	Verwaltungsgerichtshof
vgl.	Vergleiche
VO	Verordnung
VSW	siehe MD (VSW)
VuR	Verbraucher und Recht, Zeitschrift für Wirtschafts- und Verbraucherrecht, Jahr und Seite
WahrnG	Urheberrechtswahrnehmungsgesetz
WbR	Wettbewerbsrecht
Werbe-RL	Richtlinie 2006/114/EG über irreführende und vergleichende Werbung
Wettbewerbszentrale	siehe Zentrale

WiB	Wirtschaftsrechtliche Beratung, Jahr und Seite
WM	Wertpapiermitteilungen, Jahr und Seite
WRP	Wettbewerb in Recht und Praxis, Jahr und Seite
WuW	Wirtschaft und Wettbewerb, Jahr und Seite
WuW/E	WuW-Entscheidungssammlung zum Kartellrecht
WZ	Warenzeichen
WZG	Warenzeichengesetz, aufgehoben seit 1.1.1995
ZAP	Zeitschrift für die Anwaltspraxis, Loseblatt, Fach und Seite (Jahr)
z.B.	zum Beispiel
Zentrale	Zentrale zur Bekämpfung unlauteren Wettbewerbs
ZHR	Zeitschrift für das gesamte Handels- und Wirtschaftsrecht, Band (Jahr) und Seite
ZIP	Zeitschrift für Wirtschaftsrecht und Insolvenzpraxis, Jahr und Seite
ZLR	Zeitschrift für das gesamte Lebensmittelrecht, Jahr und Seite
ZNER	Zeitschrift für neues Energierecht, Jahr und Seite
ZPO	Zivilprozessordnung
Zs.	Zivilsenat
ZugabeVO	Zugabeverordnung
ZUM	Zeitschrift für Urheber- und Medienrecht/Film und Recht, Jahr und Seite
ZUM-RD	Zeitschrift für Urheber- und Medienrecht, Rechtsprechungsdienst
zust.	Zustimmend
ZwV	Zwangsvollstreckung
ZwVR	Zwangsvollstreckungsrecht
ZZP	Zeitschrift für Zivilprozess, Band (Jahr) und Seite
z.Zt.	zur Zeit

Literaturverzeichnis

Ahrens	Wettbewerbsverfahrensrecht, 1983
Ahrens	Der Wettbewerbsprozess, 8. Aufl. 2017
Ahrens/McGuire	Modellgesetz für Geistiges Eigentum: Normtext und Begründung
Ahrens/Spätgens	Die gütliche Streiterledigung in UWG-Sachen, 2. Aufl. 1987
Ahrens/Spätgens	Einstweiliger Rechtsschutz und Vollstreckung in UWG-Sachen, 4. Aufl. 2001
AK-ZPO	Alternativkommentar zur ZPO, 1987
Alexander	Schadensersatz und Abschöpfung im Lauterkeits- und Kartellrecht, Tübingen 2010
Bamberger/Roth	Kommentar zum Bürgerlichen Gesetzbuch, 3. Aufl. 2012
Bamberger/Roth/Hau/Poseck	BeckOGK-BGB, 48. Ed. 2018
Baumbach/Hopt	Handelsgesetzbuch, 38. Aufl. 2018
BeckOK BGB/Bearbeiter	Beck‹scher Online-Kommentar BGB, Hrsg. Bamberger/Roth/Hau/Poseck, 48. Edition, Stand 1.11.2018
BeckOK MarkenR/Bearbeiter	Beck‹scher Online-Kommentar Markenrecht, Hrsg. Kur/v.Bomhard/Albrecht, 15. Edition, Stand 1.10.2018
BeckOK Patentrecht	Beck‹scher Online-Kommentar Patentrecht, Hrsg. Fitzner/Lutz/Bodewig, Stand 26.9.2017
BeckOK UrhG/Bearbeiter	Beck‹scher Online-Kommentar Urheberrecht, Hrsg. Ahlberg/Götting, 22.Edition, Stand 15.10.2018
BeckOK ZPO/Bearbeiter	Beck‹scher Online-Kommentar ZPO, Hrsg. Vorwerk/Wolf, 30. Edition, Stand 1.11.2018
Benkard	Patentgesetz, 11. Aufl. 2015
Berneke/Schüttpelz	Die einstweilige Verfügung in Wettbewerbssachen, 3. Aufl. 2015
Boch	Nomos Kommentar LFGB, 7. Online-Ausgabe 2018
BDS/Bearbeiter	Büscher/Dittmer/Schiwy, Gewerblicher Rechtsschutz Urheberrecht Medienrecht, 3. Aufl. 2015
Bülow/Ring/Artz/Brixius	Heilmittelwerbegesetz, 5. Aufl. 2015
Busse	Patentgesetz, 8. Aufl. 2016
Cepl/Voß	Prozesskommentar zum Gewerblichen Rechtsschutz, 2. Auflage 2018
Detterbeck	Handwerksordnung (Nomos-BR), 3. Online-Aufl. 2016
Ehlers/Pünder	Allgemeines Verwaltungsrecht, 15. Aufl. 2016
Eichmann/von Falckenstein/ Kühne	Designrecht, 5. Aufl. 2015
Emmerich	Unlauterer Wettbewerb, 10. Aufl. 2016
Erbs/Kohlhaas	Strafrechtliche Nebengesetze, 220. Aufl. 2018
ErfKoArbR/Bearbeiter	Erfurter Kommentar zum Arbeitsrecht, Hrsg. Müller-Glöge/Preis/Schmidt, 18. Aufl. 2018
Erman	BGB, 15. Aufl. 2017

Fezer	Markenrecht, 4. Aufl. 2012
FBO/Bearbeiter	Fezer/Büscher/Obergfell, Lauterkeitsrecht, Kommentar zum UWG, 3. Aufl. 2016
Fitzner/Lutz/Bodewig	Patentrechtskommentar, 4. 2012
Fritzsche	Unterlassungsanspruch und Unterlassungsklage, 2000
Gaul/Schilken/Becker-Eberhard	Zwangsvollstreckungsrecht, 12. Aufl. 2010
Geiger/Khan/Kotzur	EUV/AEUV, 6. Aufl. 2017
Geppert/Schütz	Beckscher TKG-Kommentar, 4. Aufl. 2013
Gerards	Äußerungsrechtlicher Unternehmensschutz vor Herabsetzung und unwahrer Kritik im Wettbewerbs- und Deliktsrecht, Düsseldorf, 2015
Germelmann/Matthes/Prütting	Arbeitsgerichtsgesetz, 9. Aufl. 2017
Gerold/Schmidt	RVG, 23. Aufl. 2017
Gloy/Loschelder/Erdmann	Handbuch des Wettbewerbsrechts, 4. Aufl. 2010
Götting/Nordemann	UWG, 3. Aufl. 2016
Grabitz/Hilf/Nettesheim	Das Recht der Europäischen Union, Stand Juli 2017
GK/Bearbeiter	Großkommentar zum UWG, Hrsg. Jacobs/Lindacher/Teplitzky, 1991 ff.; 2. Aufl. Teplitzky/Peifer/Leistner, 2015
Grunsky/Waas/Benecke/Greiner	Arbeitsgerichtsgesetz, 8. Aufl. 2014
Haage	Einführung in das Berufsrecht der Zahnärzte, 2015
Hacker	Markenrecht, 3. Aufl. 2017
Harte/Henning	UWG, 4. Aufl. 2016
Hartmann	Kostengesetze, 48. Aufl. 2018
Hartmann	Nomos Kommentar HOAI, 2012
HK-WettbR/Bearbeiter	Ekey/Klippel/Kotthof/Meckel/Plaß, Wettbewerbsrecht, 2. Aufl. 2005
Immenga/Mestmäcker	GWB, 5. Aufl. 2014
Ingerl/Rohnke	Markengesetz, 3. Aufl. 2010
Jaeger/Kokott/Pohlmann/Schroeder	Frankfurter Kommentar zum Kartellrecht, 89. Lfg. 2017
Jarass/Pieroth	Grundgesetz für die Bundesrepublik Deutschland (GG), 14. Aufl. 2016
Jauernig/Hess	Zivilprozeßrecht, 30. Aufl. 2011
jurisPK-UWG/Bearbeiter	Ullmann Juris Praxiskommentar, UWG, 4. 2016
Kleine-Cosack	RechtsdienstleistungsG, 3. Aufl. 2015
Kloesel/Cyran	Arzneimittelrecht, Stand 2017
Köhler/Bornkamm/Feddersen	Gesetz gegen den unlauteren Wettbewerb, 36. Aufl. 2018
Kopp	Selbstkontrolle durch Verhaltenskodizes im europäischen und deutschen Lauterkeitsrecht, Berlin 2016
Krenzler	RechtsdienstleistungsG, 2. Aufl.

Langen/Bunte	Kommentar zum deutschen und europäischen Kartellrecht, Band 1, 13. Aufl. 2018
Lenz/Borchardt	EU- und EG-Vertrag, 6. Aufl. 2012
Mayer/Kroiß/Gierl	Rechtsanwaltsvergütungsgesetz, 7. Aufl. 2018
Meisterernst/Haber	Praxiskommentar Health & Nutrition Claims, 2007
Melullis	Handbuch des Wettbewerbsprozesses, 3. Aufl. 2000
Mes	Patentgesetz/Gebrauchsmustergesetz, Kommentar, 4. Aufl. 2015
Müller-Broich	Nomos Kommentar Telemediengesetz, 2012
Musielak	ZPO, 15. Aufl. 2018
MünchKomm/Bearbeiter BGB	zum BGB, 6. + 7. Aufl.
MünchKomm/Bearbeiter ZPO	zur ZPO, Band 3, 5. Aufl.
MünchKomm/Bearbeiter HGB	zum HGB, 3. Aufl. 2011 ff., 4. Aufl. 2016
MünchKomm/Bearbeiter InsO	zur InsO, 3. Aufl. 2013
MünchKomm/Bearbeiter UWG	zum Lauterkeitsrecht, 2. Aufl. 2014
NK-StGB	Kindhäuser/Neumann/Paeffgen (Hrsg.), StGB, 5. Aufl. 2017
Nordemann	Wettbewerbs- und Markenrecht, 11. Aufl. 2012
Ohly/Sosnitza	UWG, 7. Aufl. 2016
Palandt	BGB, 77. Aufl. 2018
Pastor	Die Unterlassungsvollstreckung nach § 890 ZPO, 3. Aufl. 1982
Pastor	Der Wettbewerbsprozess, 3. Aufl. 1980
Pielow	BeckOK-GewO, 43. Ed. 2018
Rauscher	Europäisches Zivilprozess- und Kollisionsrecht (EuZPR/EuIPR), 4. Aufl. Band 1 (Brüssel Ia-VO) 2016
Rensen/Brink	Linien der Rechtsprechung des Bundesverfassungsgerichts, Bd. I, Berlin 2009
Rosenberg/Schwab/Gottwald	ZPO, 18. Aufl. 2018
Schlosser/Hess	EU-Zivilprozessrecht, 4.Aufl. 2015
Schmidtke	Unlautere geschäftliche Handlungen bei und nach Vertragsschluss, München 2011
Schönke/Schröder	Strafgesetzbuch, 29. Aufl. 2014
Schricker/Loewenheim	Urheberrecht, 5. Aufl. 2017
Schulte	Patentgesetz mit EPÜ, 10. Aufl. 2017
v. Schultz	Markenrecht, 3. Aufl. 2012
Schuschke/Walker	Vollstreckung und Vorläufiger Rechtsschutz, 6. Aufl. 2016
Speckmann	Die Wettbewerbssache, 3. Aufl. 2000
Spickhoff	Medizinrecht, 2. Aufl. 2014
Staub	HGB, Bd. 1, 4. Aufl. 1995

Staudinger	Kommentar zum BGB, §§ 812–822, Bearbeitung 2007; §§ 823 E-I, 824, 825, Bearbeitung 2010; § 1004 Bearb. 2013
Stein/Jonas	ZPO, 23. Aufl. 2014
Steinmetz	Der »kleine« Wettbewerbsprozess, 1993
Streinz	EUV/AEUV, 2. Aufl. 2012
Ströbele/Hacker/Thiering	Markengesetz, 12. Aufl. 2018
Teplitzky	Wettbewerbsrechtliche Ansprüche und Verfahren, 11. Aufl. 2015
Thomas/Putzo	ZPO, 39. Aufl. 2018
Traub	Wettbewerbsrechtliche Verfahrenspraxis, örtliche Besonderheiten in der Rechtsprechung der Oberlandesgerichte, 2. Aufl. 1991
Uhlenbruck	Insolvenzordnung, 14. Aufl. 2015
Ullmann, jurisPK-UWG	Ullmann Juris Praxiskommentar, UWG, 4. Aufl. 2016
Walker	Der einstweilige Rechtsschutz im Zivilprozess und im arbeitsgerichtlichen Verfahren, 1993
Walker	Nomos Kommentar Unterlassungsklagengesetz, 2016
Wandtke/Bullinger	Praxiskommentar zum Urheberrechtsgesetz, 4. Aufl. 2014
Wieczorek/Schütze	ZPO, 4. Aufl. 2012 ff.
Zimmermann	ZPO, 10. Aufl. 2015
Zöller	ZPO, 32. Aufl. 2018

Kommentar

Gesetz gegen den unlauteren Wettbewerb[1] (UWG)

In der Fassung der Bekanntmachung vom 3. März 2010 (BGBl. I S. 254)
Zuletzt geändert durch Artikel 4 des Gesetzes vom 17. Februar 2016 (BGBl. I S. 233)

Inhaltsübersicht

---

1 Dieses Gesetz dient der Umsetzung der Richtlinie 2005/29/EG des Europäischen Parlaments und des Rates vom 11. Mai 2005 über unlautere Geschäftspraktiken von Unternehmen gegenüber Verbrauchern im Binnenmarkt und zur Änderung der Richtlinie 84/450/EWG des Rates, der Richtlinien 97/7/EG, 98/27/EG und 2002/65/EG des Europäischen Parlaments und des Rates sowie der Verordnung (EG) Nr. 2006/2004 des Europäischen Parlaments und des Rates (ABl. L 149 vom 11.6.2005, S. 22; berichtigt im ABl. L 253 vom 25.9.2009, S. 18) sowie der Richtlinie 2006/114/EG des Europäischen Parlaments und des Rates vom 12. Dezember 2006 über irreführende und vergleichende Werbung (kodifizierte Fassung) (ABl. L 376 vom 27.12.2006, S. 21). Es dient ferner der Umsetzung von Artikel 13 der Richtlinie 2002/58/EG des Europäischen Parlaments und des Rates vom 12. Juli 2002 über die Verarbeitung personenbezogener Daten und den Schutz der Privatsphäre in der elektronischen Kommunikation (ABl. L 201 vom 31.7.2002, S. 37), der zuletzt durch Artikel 2 Nummer 7 der Richtlinie 2009/136/EG (ABl. L 337 vom 18.12.2009, S. 11) geändert worden ist.
Die Verpflichtungen aus der Richtlinie 98/34/EG des Europäischen Parlaments und des Rates vom 22. Juni 1998 über ein Informationsverfahren auf dem Gebiet der Normen und technischen Vorschriften und der Vorschriften für die Dienste der Informationsgesellschaft (ABl. L 204 vom 21.7.1998, S. 37), die zuletzt durch die Richtlinie 2006/96/EG (ABl. L 363 vom 20.12.2006, S. 81) geändert worden ist, sind beachtet worden.

Kapitel 1 Allgemeine Bestimmungen

§ 1 Zweck des Gesetzes

[1]Dieses Gesetz dient dem Schutz der Mitbewerber, der Verbraucherinnen und Verbraucher sowie der sonstigen Marktteilnehmer vor unlauteren geschäftlichen Handlungen. [2]Es schützt zugleich das Interesse der Allgemeinheit an einem unverfälschten Wettbewerb.

§ 2 Definitionen

(1) Im Sinne dieses Gesetzes bedeutet

1. »geschäftliche Handlung« jedes Verhalten einer Person zugunsten des eigenen oder eines fremden Unternehmens vor, bei oder nach einem Geschäftsabschluss, das mit der Förderung des Absatzes oder des Bezugs von Waren oder Dienstleistungen oder mit dem Abschluss oder der Durchführung eines Vertrags über Waren oder Dienstleistungen objektiv zusammenhängt; als Waren gelten auch Grundstücke, als Dienstleistungen auch Rechte und Verpflichtungen;
2. »Marktteilnehmer« neben Mitbewerbern und Verbrauchern alle Personen, die als Anbieter oder Nachfrager von Waren oder Dienstleistungen tätig sind;
3. »Mitbewerber« jeder Unternehmer, der mit einem oder mehreren Unternehmern als Anbieter oder Nachfrager von Waren oder Dienstleistungen in einem konkreten Wettbewerbsverhältnis steht;
4. »Nachricht« jede Information, die zwischen einer endlichen Zahl von Beteiligten über einen öffentlich zugänglichen elektronischen Kommunikationsdienst ausgetauscht oder weitergeleitet wird; dies schließt nicht Informationen ein, die als Teil eines Rundfunkdienstes über ein elektronisches Kommunikationsnetz an die Öffentlichkeit weitergeleitet werden, soweit die Informationen nicht mit dem identifizierbaren Teilnehmer oder Nutzer, der sie erhält, in Verbindung gebracht werden können;
5. »Verhaltenskodex« Vereinbarungen oder Vorschriften über das Verhalten von Unternehmern, zu welchem diese sich in Bezug auf Wirtschaftszweige oder einzelne geschäftliche Handlungen verpflichtet haben, ohne dass sich solche Verpflichtungen aus Gesetzes- oder Verwaltungsvorschriften ergeben;
6. »Unternehmer« jede natürliche oder juristische Person, die geschäftliche Handlungen im Rahmen ihrer gewerblichen, handwerklichen oder beruflichen Tätigkeit vornimmt, und jede Person, die im Namen oder Auftrag einer solchen Person handelt;
7. »unternehmerische Sorgfalt« der Standard an Fachkenntnissen und Sorgfalt, von dem billigerweise angenommen werden kann, dass ein Unternehmer ihn in seinem Tätigkeitsbereich gegenüber Verbrauchern nach Treu und Glauben unter Berücksichtigung der anständigen Marktgepflogenheiten einhält;
8. »wesentliche Beeinflussung des wirtschaftlichen Verhaltens des Verbrauchers« die Vornahme *einer geschäftlichen Handlung*, um die Fähigkeit des Verbrauchers, eine informierte Entscheidung zu treffen, spürbar zu beeinträchtigen und damit den Verbraucher zu einer geschäftlichen Entscheidung zu veranlassen, die er andernfalls nicht getroffen hätte;

9. »geschäftliche Entscheidung« jede Entscheidung eines Verbrauchers oder sonstigen Marktteilnehmers darüber, ob, wie und unter welchen Bedingungen er ein Geschäft abschließen, eine Zahlung leisten, eine Ware oder Dienstleistung behalten oder abgeben oder ein vertragliches Recht im Zusammenhang mit einer Ware oder Dienstleistung ausüben will, unabhängig davon, ob der Verbraucher oder sonstige Marktteilnehmer sich entschließt, tätig zu werden.

(2) Für den Verbraucherbegriff gilt § 13 des Bürgerlichen Gesetzbuchs entsprechend.

§ 3 Verbot unlauterer geschäftlicher Handlungen

(1) Unlautere geschäftliche Handlungen sind unzulässig.

(2) Geschäftliche Handlungen, die sich an Verbraucher richten oder diese erreichen, sind unlauter, wenn sie nicht der unternehmerischen Sorgfalt entsprechen und dazu geeignet sind, das wirtschaftliche Verhalten des Verbrauchers wesentlich zu beeinflussen.

(3) Die im Anhang dieses Gesetzes aufgeführten geschäftlichen Handlungen gegenüber Verbrauchern sind stets unzulässig.

(4) [1]Bei der Beurteilung von geschäftlichen Handlungen gegenüber Verbrauchern ist auf den durchschnittlichen Verbraucher oder, wenn sich die geschäftliche Handlung an eine bestimmte Gruppe von Verbrauchern wendet, auf ein durchschnittliches Mitglied dieser Gruppe abzustellen. [2]Geschäftliche Handlungen, die für den Unternehmer vorhersehbar das wirtschaftliche Verhalten nur einer eindeutig identifizierbaren Gruppe von Verbrauchern wesentlich beeinflussen, die auf Grund von geistigen oder körperlichen Beeinträchtigungen, Alter oder Leichtgläubigkeit im Hinblick auf diese geschäftlichen Handlungen oder die diesen zugrunde liegenden Waren oder Dienstleistungen besonders schutzbedürftig sind, sind aus der Sicht eines durchschnittlichen Mitglieds dieser Gruppe zu beurteilen.

§ 3a Rechtsbruch

Unlauter handelt, wer einer gesetzlichen Vorschrift zuwiderhandelt, die auch dazu bestimmt ist, im Interesse der Marktteilnehmer das Marktverhalten zu regeln, und der Verstoß geeignet ist, die Interessen von Verbrauchern, sonstigen Marktteilnehmern oder Mitbewerbern spürbar zu beeinträchtigen.

§ 4 Mitbewerberschutz

Unlauter handelt, wer

1. die Kennzeichen, Waren, Dienstleistungen, Tätigkeiten oder persönlichen oder geschäftlichen Verhältnisse eines Mitbewerbers herabsetzt oder verunglimpft;
2. über die Waren, Dienstleistungen oder das Unternehmen eines Mitbewerbers oder über den Unternehmer oder ein Mitglied der Unternehmensleitung Tatsachen behauptet oder verbreitet, die geeignet sind, den Betrieb des Unternehmens oder den Kredit des Unternehmers zu schädigen, sofern die Tatsachen nicht erweislich wahr sind; handelt es sich um vertrauliche Mitteilungen und hat der Mitteilende oder der Empfänger der Mitteilung an ihr ein berechtigtes Interesse, so ist die Handlung nur dann unlauter, wenn die Tatsachen der Wahrheit zuwider behauptet oder verbreitet wurden;
3. Waren oder Dienstleistungen anbietet, die eine Nachahmung der Waren oder Dienstleistungen eines Mitbewerbers sind, wenn er
   a) eine vermeidbare Täuschung der Abnehmer über die betriebliche Herkunft herbeiführt,
   b) die Wertschätzung der nachgeahmten Ware oder Dienstleistung unangemessen ausnutzt oder beeinträchtigt oder
   c) die für die Nachahmung erforderlichen Kenntnisse oder Unterlagen unredlich erlangt hat;
4. Mitbewerber gezielt behindert.

§ 4a Aggressive geschäftliche Handlungen

(1) [1]Unlauter handelt, wer eine aggressive geschäftliche Handlung vornimmt, die geeignet ist, den Verbraucher oder sonstigen Marktteilnehmer zu einer geschäftlichen Entscheidung zu veranlassen, die dieser andernfalls nicht getroffen hätte. [2]Eine geschäftliche Handlung ist aggressiv, wenn sie im konkreten Fall unter Berücksichtigung aller Umstände geeignet ist, die Entscheidungsfreiheit des Verbrauchers oder sonstigen Marktteilnehmers erheblich zu beeinträchtigen durch
1. Belästigung,
2. Nötigung einschließlich der Anwendung körperlicher Gewalt oder
3. unzulässige Beeinflussung.

[3]Eine unzulässige Beeinflussung liegt vor, wenn der Unternehmer eine Machtposition gegenüber dem Verbraucher oder sonstigen Marktteilnehmer zur Ausübung von Druck, auch ohne Anwendung oder Androhung von körperlicher Gewalt, in einer Weise ausnutzt, die die Fähigkeit des Verbrauchers oder sonstigen Marktteilnehmers zu einer informierten Entscheidung wesentlich einschränkt.

(2) [1]Bei der Feststellung, ob eine geschäftliche Handlung aggressiv im Sinne des Absatzes 1 Satz 2 ist, ist abzustellen auf
1. Zeitpunkt, Ort, Art oder Dauer der Handlung;
2. die Verwendung drohender oder beleidigender Formulierungen oder Verhaltensweisen;
3. die bewusste Ausnutzung von konkreten Unglückssituationen oder Umständen von solcher Schwere, dass sie das Urteilsvermögen des Verbrauchers oder sonstigen Marktteilnehmers beeinträchtigen, um dessen Entscheidung zu beeinflussen;
4. belastende oder unverhältnismäßige Hindernisse nichtvertraglicher Art, mit denen der Unternehmer den Verbraucher oder sonstigen Marktteilnehmer an der Ausübung seiner vertraglichen Rechte zu hindern versucht, wozu auch das Recht gehört, den Vertrag zu kündigen oder zu einer anderen Ware oder Dienstleistung oder einem anderen Unternehmer zu wechseln;
5. Drohungen mit rechtlich unzulässigen Handlungen.

[2]Zu den Umständen, die nach Nummer 3 zu berücksichtigen sind, zählen insbesondere geistige und körperliche Beeinträchtigungen, das Alter, die geschäftliche Unerfahrenheit, die Leichtgläubigkeit, die Angst und die Zwangslage von Verbrauchern.

§ 5 Irreführende geschäftliche Handlungen

[1]Unlauter handelt, wer eine irreführende geschäftliche Handlung vornimmt, die geeignet ist, den Verbraucher oder sonstigen Marktteilnehmer zu einer geschäftlichen Entscheidung zu veranlassen, die er andernfalls nicht getroffen hätte. [2]Eine geschäftliche Handlung ist irreführend, wenn sie unwahre Angaben enthält oder sonstige zur Täuschung geeignete Angaben über folgende Umstände enthält:
1. die wesentlichen Merkmale der Ware oder Dienstleistung wie Verfügbarkeit, Art, Ausführung, Vorteile, Risiken, Zusammensetzung, Zubehör, Verfahren oder Zeitpunkt der Herstellung, Lieferung oder Erbringung, Zwecktauglichkeit, Verwendungsmöglichkeit, Menge, Beschaffenheit, Kundendienst und Beschwerdeverfahren, geographische oder betriebliche Herkunft, von der Verwendung zu erwartende Ergebnisse oder die Ergebnisse oder wesentlichen Bestandteile von Tests der Waren oder Dienstleistungen;
2. den Anlass des Verkaufs wie das Vorhandensein eines besonderen Preisvorteils, den Preis oder die Art und Weise, in der er berechnet wird, oder die Bedingungen, unter denen die Ware geliefert oder die Dienstleistung erbracht wird;
3. die Person, Eigenschaften oder Rechte des Unternehmers wie Identität, Vermögen einschließlich der Rechte des geistigen Eigentums, den Umfang von Verpflichtungen, Befähigung, Status, Zulassung, Mitgliedschaften oder Beziehungen, Auszeichnungen oder Ehrungen, Beweggründe für die geschäftliche Handlung oder die Art des Vertriebs;

4. Aussagen oder Symbole, die im Zusammenhang mit direktem oder indirektem Sponsoring stehen oder sich auf eine Zulassung des Unternehmers oder der Waren oder Dienstleistungen beziehen;
5. die Notwendigkeit einer Leistung, eines Ersatzteils, eines Austauschs oder einer Reparatur;
6. die Einhaltung eines Verhaltenskodexes, auf den sich der Unternehmer verbindlich verpflichtet hat, wenn er auf diese Bindung hinweist, oder
7. Rechte des Verbrauchers, insbesondere solche auf Grund von Garantieversprechen oder Gewährleistungsrechte bei Leistungsstörungen.

(2) Eine geschäftliche Handlung ist auch irreführend, wenn sie im Zusammenhang mit der Vermarktung von Waren oder Dienstleistungen einschließlich vergleichender Werbung eine Verwechslungsgefahr mit einer anderen Ware oder Dienstleistung oder mit der Marke oder einem anderen Kennzeichen eines Mitbewerbers hervorruft.

(3) Angaben im Sinne von Absatz 1 Satz 2 sind auch Angaben im Rahmen vergleichender Werbung sowie bildliche Darstellungen und sonstige Veranstaltungen, die darauf zielen und geeignet sind, solche Angaben zu ersetzen.

(4) [1]Es wird vermutet, dass es irreführend ist, mit der Herabsetzung eines Preises zu werben, sofern der Preis nur für eine unangemessen kurze Zeit gefordert worden ist. [2]Ist streitig, ob und in welchem Zeitraum der Preis gefordert worden ist, so trifft die Beweislast denjenigen, der mit der Preisherabsetzung geworben hat.

§ 5a Irreführung durch Unterlassen

(1) Bei der Beurteilung, ob das Verschweigen einer Tatsache irreführend ist, sind insbesondere deren Bedeutung für die geschäftliche Entscheidung nach der Verkehrsauffassung sowie die Eignung des Verschweigens zur Beeinflussung der Entscheidung zu berücksichtigen.

(2) [1]Unlauter handelt, wer im konkreten Fall unter Berücksichtigung aller Umstände dem Verbraucher eine wesentliche Information vorenthält,
1. die der Verbraucher je nach den Umständen benötigt, um eine informierte geschäftliche Entscheidung zu treffen, und
2. deren Vorenthalten geeignet ist, den Verbraucher zu einer geschäftlichen Entscheidung zu veranlassen, die er andernfalls nicht getroffen hätte.

[2]Als Vorenthalten gilt auch
1. das Verheimlichen wesentlicher Informationen,
2. die Bereitstellung wesentlicher Informationen in unklarer, unverständlicher oder zweideutiger Weise,
3. die nicht rechtzeitige Bereitstellung wesentlicher Informationen.

(3) Werden Waren oder Dienstleistungen unter Hinweis auf deren Merkmale und Preis in einer dem verwendeten Kommunikationsmittel angemessenen Weise so angeboten, dass ein durchschnittlicher Verbraucher das Geschäft abschließen kann, gelten folgende Informationen als wesentlich im Sinne des Absatzes 2, sofern sie sich nicht unmittelbar aus den Umständen ergeben:
1. alle wesentlichen Merkmale der Ware oder Dienstleistung in dem dieser und dem verwendeten Kommunikationsmittel angemessenen Umfang;
2. die Identität und Anschrift des Unternehmers, gegebenenfalls die Identität und Anschrift des Unternehmers, für den er handelt;
3. der Gesamtpreis oder in Fällen, in denen ein solcher Preis auf Grund der Beschaffenheit der Ware oder Dienstleistung nicht im Voraus berechnet werden kann, die Art der Preisberechnung sowie gegebenenfalls alle zusätzlichen Fracht-, Liefer- und Zustellkosten oder in Fällen, in denen diese Kosten nicht im Voraus berechnet werden können, die Tatsache, dass solche zusätzlichen Kosten anfallen können;

4. Zahlungs-, Liefer- und Leistungsbedingungen sowie Verfahren zum Umgang mit Beschwerden, soweit sie von Erfordernissen der unternehmerischen Sorgfalt abweichen, und
5. das Bestehen eines Rechts zum Rücktritt oder Widerruf.

(4) Als wesentlich im Sinne des Absatzes 2 gelten auch Informationen, die dem Verbraucher auf Grund unionsrechtlicher Verordnungen oder nach Rechtsvorschriften zur Umsetzung unionsrechtlicher Richtlinien für kommerzielle Kommunikation einschließlich Werbung und Marketing nicht vorenthalten werden dürfen.

(5) Bei der Beurteilung, ob Informationen vorenthalten wurden, sind zu berücksichtigen:
1. räumliche oder zeitliche Beschränkungen durch das für die geschäftliche Handlung gewählte Kommunikationsmittel sowie
2. alle Maßnahmen des Unternehmers, um dem Verbraucher die Informationen auf andere Weise als durch das Kommunikationsmittel nach Nummer 1 zur Verfügung zu stellen.

(6) Unlauter handelt auch, wer den kommerziellen Zweck einer geschäftlichen Handlung nicht kenntlich macht, sofern sich dieser nicht unmittelbar aus den Umständen ergibt, und das Nichtkenntlichmachen geeignet ist, den Verbraucher zu einer geschäftlichen Entscheidung zu veranlassen, die er andernfalls nicht getroffen hätte.

§ 6 Vergleichende Werbung

(1) Vergleichende Werbung ist jede Werbung, die unmittelbar oder mittelbar einen Mitbewerber oder die von einem Mitbewerber angebotenen Waren oder Dienstleistungen erkennbar macht.

(2) Unlauter handelt, wer vergleichend wirbt, wenn der Vergleich
1. sich nicht auf Waren oder Dienstleistungen für den gleichen Bedarf oder dieselbe Zweckbestimmung bezieht,
2. nicht objektiv auf eine oder mehrere wesentliche, relevante, nachprüfbare und typische Eigenschaften oder den Preis dieser Waren oder Dienstleistungen bezogen ist,
3. im geschäftlichen Verkehr zu einer Gefahr von Verwechslungen zwischen dem Werbenden und einem Mitbewerber oder zwischen den von diesen angebotenen Waren oder Dienstleistungen oder den von ihnen verwendeten Kennzeichen führt,
4. den Ruf des von einem Mitbewerber verwendeten Kennzeichens in unlauterer Weise ausnutzt oder beeinträchtigt,
5. die Waren, Dienstleistungen, Tätigkeiten oder persönlichen oder geschäftlichen Verhältnisse eines Mitbewerbers herabsetzt oder verunglimpft oder
6. eine Ware oder Dienstleistung als Imitation oder Nachahmung einer unter einem geschützten Kennzeichen vertriebenen Ware oder Dienstleistung darstellt.

§ 7 Unzumutbare Belästigungen

(1) [1]Eine geschäftliche Handlung, durch die ein Marktteilnehmer in unzumutbarer Weise belästigt wird, ist unzulässig. [2]Dies gilt insbesondere für Werbung, obwohl erkennbar ist, dass der angesprochene Marktteilnehmer diese Werbung nicht wünscht.

(2) Eine unzumutbare Belästigung ist stets anzunehmen
1. bei Werbung unter Verwendung eines in den Nummern 2 und 3 nicht aufgeführten, für den Fernabsatz geeigneten Mittels der kommerziellen Kommunikation, durch die ein Verbraucher hartnäckig angesprochen wird, obwohl er dies erkennbar nicht wünscht;
2. bei Werbung mit einem Telefonanruf gegenüber einem Verbraucher ohne dessen vorherige ausdrückliche Einwilligung oder gegenüber einem sonstigen Marktteilnehmer ohne dessen zumindest mutmaßliche Einwilligung,
3. bei Werbung unter Verwendung einer automatischen Anrufmaschine, eines Faxgerätes oder elektronischer Post, ohne dass eine vorherige ausdrückliche Einwilligung des Adressaten vorliegt, oder

4. bei Werbung mit einer Nachricht,
   a) bei der die Identität des Absenders, in dessen Auftrag die Nachricht übermittelt wird, verschleiert oder verheimlicht wird oder
   b) bei der gegen § 6 Absatz 1 des Telemediengesetzes verstoßen wird oder in der der Empfänger aufgefordert wird, eine Website aufzurufen, die gegen diese Vorschrift verstößt, oder
   c) bei der keine gültige Adresse vorhanden ist, an die der Empfänger eine Aufforderung zur Einstellung solcher Nachrichten richten kann, ohne dass hierfür andere als die Übermittlungskosten nach den Basistarifen entstehen.

(3) Abweichend von Absatz 2 Nummer 3 ist eine unzumutbare Belästigung bei einer Werbung unter Verwendung elektronischer Post nicht anzunehmen, wenn
1. ein Unternehmer im Zusammenhang mit dem Verkauf einer Ware oder Dienstleistung von dem Kunden dessen elektronische Postadresse erhalten hat,
2. der Unternehmer die Adresse zur Direktwerbung für eigene ähnliche Waren oder Dienstleistungen verwendet,
3. der Kunde der Verwendung nicht widersprochen hat und
4. der Kunde bei Erhebung der Adresse und bei jeder Verwendung klar und deutlich darauf hingewiesen wird, dass er der Verwendung jederzeit widersprechen kann, ohne dass hierfür andere als die Übermittlungskosten nach den Basistarifen entstehen.

Kapitel 2 Rechtsfolgen

§ 8 Beseitigung und Unterlassung

(1) [1]Wer eine nach § 3 oder § 7 unzulässige geschäftliche Handlung vornimmt, kann auf Beseitigung und bei Wiederholungsgefahr auf Unterlassung in Anspruch genommen werden. [2]Der Anspruch auf Unterlassung besteht bereits dann, wenn eine derartige Zuwiderhandlung gegen § 3 oder § 7 droht.

(2) Werden die Zuwiderhandlungen in einem Unternehmen von einem Mitarbeiter oder Beauftragten begangen, so sind der Unterlassungsanspruch und der Beseitigungsanspruch auch gegen den Inhaber des Unternehmens begründet.

(3) Die Ansprüche aus Absatz 1 stehen zu:
1. jedem Mitbewerber;
2. rechtsfähigen Verbänden zur Förderung gewerblicher oder selbständiger beruflicher Interessen, soweit ihnen eine erhebliche Zahl von Unternehmern angehört, die Waren oder Dienstleistungen gleicher oder verwandter Art auf demselben Markt vertreiben, wenn sie insbesondere nach ihrer personellen, sachlichen und finanziellen Ausstattung imstande sind, ihre satzungsmäßigen Aufgaben der Verfolgung gewerblicher oder selbständiger beruflicher Interessen tatsächlich wahrzunehmen und soweit die Zuwiderhandlung die Interessen ihrer Mitglieder berührt;
3. qualifizierten Einrichtungen, die nachweisen, dass sie in der Liste der qualifizierten Einrichtungen nach § 4 des Unterlassungsklagengesetzes oder in dem Verzeichnis der Europäischen Kommission nach Artikel 4 Absatz 3 der Richtlinie 2009/22/EG des Europäischen Parlaments und des Rates vom 23.04.2009 über Unterlassungsklagen zum Schutz der Verbraucherinteressen (ABl. L 110 vom 1.5.2009, S. 30) eingetragen sind;
4. den Industrie- und Handelskammern oder den Handwerkskammern.

(4) [1]Die Geltendmachung der in Absatz 1 bezeichneten Ansprüche ist unzulässig, wenn sie unter Berücksichtigung der gesamten Umstände missbräuchlich ist, insbesondere wenn sie vorwiegend dazu dient, gegen den Zuwiderhandelnden einen Anspruch auf Ersatz von Aufwendungen oder Kosten der Rechtsverfolgung entstehen zu lassen. [2]In diesen Fällen kann der Anspruchsgegner Ersatz der für seine Rechtsverteidigung erforderlichen Aufwendungen verlangen. [3]Weiter gehende Ersatzansprüche bleiben unberührt.

(5) [1]§ 13 des Unterlassungsklagengesetzes ist entsprechend anzuwenden; in § 13 Absatz 1 und 3 Satz 2 des Unterlassungsklagengesetzes treten an die Stelle der dort aufgeführten Ansprüche nach

dem Unterlassungsklagengesetz die Ansprüche nach dieser Vorschrift. [2]Im Übrigen findet das Unterlassungsklagengesetz keine Anwendung, es sei denn, es liegt ein Fall des § 4a des Unterlassungsklagengesetzes vor.

§ 9 Schadensersatz

[1]Wer vorsätzlich oder fahrlässig eine nach § 3 oder § 7 unzulässige geschäftliche Handlung vornimmt, ist den Mitbewerbern zum Ersatz des daraus entstehenden Schadens verpflichtet. [2]Gegen verantwortliche Personen von periodischen Druckschriften kann der Anspruch auf Schadensersatz nur bei einer vorsätzlichen Zuwiderhandlung geltend gemacht werden.

§ 10 Gewinnabschöpfung

(1) Wer vorsätzlich eine nach § 3 oder § 7 unzulässige geschäftliche Handlung vornimmt und hierdurch zu Lasten einer Vielzahl von Abnehmern einen Gewinn erzielt, kann von den gemäß § 8 Absatz 3 Nummer 2 bis 4 zur Geltendmachung eines Unterlassungsanspruchs Berechtigten auf Herausgabe dieses Gewinns an den Bundeshaushalt in Anspruch genommen werden.

(2) [1]Auf den Gewinn sind die Leistungen anzurechnen, die der Schuldner auf Grund der Zuwiderhandlung an Dritte oder an den Staat erbracht hat. [2]Soweit der Schuldner solche Leistungen erst nach Erfüllung des Anspruchs nach Absatz 1 erbracht hat, erstattet die zuständige Stelle des Bundes dem Schuldner den abgeführten Gewinn in Höhe der nachgewiesenen Zahlungen zurück.

(3) Beanspruchen mehrere Gläubiger den Gewinn, so gelten die §§ 428 bis 430 des Bürgerlichen Gesetzbuchs entsprechend.

(4) [1]Die Gläubiger haben der zuständigen Stelle des Bundes über die Geltendmachung von Ansprüchen nach Absatz 1 Auskunft zu erteilen. [2]Sie können von der zuständigen Stelle des Bundes Erstattung der für die Geltendmachung des Anspruchs erforderlichen Aufwendungen verlangen, soweit sie vom Schuldner keinen Ausgleich erlangen können. [3]Der Erstattungsanspruch ist auf die Höhe des an den Bundeshaushalt abgeführten Gewinns beschränkt.

(5) Zuständige Stelle im Sinn der Absätze 2 und 4 ist das Bundesamt für Justiz.

§ 11 Verjährung

(1) Die Ansprüche aus den §§ 8, 9 und 12 Absatz 1 Satz 2 verjähren in sechs Monaten.

(2) Die Verjährungsfrist beginnt, wenn
1. der Anspruch entstanden ist und
2. der Gläubiger von den den Anspruch begründenden Umständen und der Person des Schuldners Kenntnis erlangt oder ohne grobe Fahrlässigkeit erlangen müsste.

(3) Schadensersatzansprüche verjähren ohne Rücksicht auf die Kenntnis oder grob fahrlässige Unkenntnis in zehn Jahren von ihrer Entstehung, spätestens in 30 Jahren von der den Schaden auslösenden Handlung an.

(4) Andere Ansprüche verjähren ohne Rücksicht auf die Kenntnis oder grob fahrlässige Unkenntnis in drei Jahren von der Entstehung an.

Kapitel 3 Verfahrensvorschriften

§ 12 Anspruchsdurchsetzung, Veröffentlichungsbefugnis, *Streitwertminderung*

(1) [1]Die zur Geltendmachung eines Unterlassungsanspruchs Berechtigten sollen den Schuldner vor der Einleitung eines gerichtlichen Verfahrens abmahnen und ihm Gelegenheit geben, den Streit

durch Abgabe einer mit einer angemessenen Vertragsstrafe bewehrten Unterlassungsverpflichtung beizulegen. [2]Soweit die Abmahnung berechtigt ist, kann der Ersatz der erforderlichen Aufwendungen verlangt werden.

(2) Zur Sicherung der in diesem Gesetz bezeichneten Ansprüche auf Unterlassung können einstweilige Verfügungen auch ohne die Darlegung und Glaubhaftmachung der in den §§ 935 und 940 der Zivilprozessordnung bezeichneten Voraussetzungen erlassen werden.

(3) [1]Ist auf Grund dieses Gesetzes Klage auf Unterlassung erhoben worden, so kann das Gericht der obsiegenden Partei die Befugnis zusprechen, das Urteil auf Kosten der unterliegenden Partei öffentlich bekannt zu machen, wenn sie ein berechtigtes Interesse dartut. [2]Art und Umfang der Bekanntmachung werden im Urteil bestimmt. [3]Die Befugnis erlischt, wenn von ihr nicht innerhalb von drei Monaten nach Eintritt der Rechtskraft Gebrauch gemacht worden ist. [4]Der Ausspruch nach Satz 1 ist nicht vorläufig vollstreckbar.

(4) [1]Macht eine Partei in Rechtsstreitigkeiten, in denen durch Klage ein Anspruch aus einem der in diesem Gesetz geregelten Rechtsverhältnisse geltend gemacht wird, glaubhaft, dass die Belastung mit den Prozesskosten nach dem vollen Streitwert ihre wirtschaftliche Lage erheblich gefährden würde, so kann das Gericht auf ihren Antrag anordnen, dass die Verpflichtung dieser Partei zur Zahlung von Gerichtskosten sich nach einem ihrer Wirtschaftslage angepassten Teil des Streitwerts bemisst. [2]Die Anordnung hat zur Folge, dass

1. die begünstigte Partei die Gebühren ihres Rechtsanwalts ebenfalls nur nach diesem Teil des Streitwerts zu entrichten hat,
2. die begünstigte Partei, soweit ihr Kosten des Rechtsstreits auferlegt werden oder soweit sie diese übernimmt, die von dem Gegner entrichteten Gerichtsgebühren und die Gebühren seines Rechtsanwalts nur nach dem Teil des Streitwerts zu erstatten hat und
3. der Rechtsanwalt der begünstigten Partei, soweit die außergerichtlichen Kosten dem Gegner auferlegt oder von ihm übernommen werden, seine Gebühren von dem Gegner nach dem für diesen geltenden Streitwert beitreiben kann.

(5) [1]Der Antrag nach Absatz 4 kann vor der Geschäftsstelle des Gerichts zur Niederschrift erklärt werden. [2]Er ist vor der Verhandlung zur Hauptsache anzubringen. [3]Danach ist er nur zulässig, wenn der angenommene oder festgesetzte Streitwert später durch das Gericht heraufgesetzt wird. [4]Vor der Entscheidung über den Antrag ist der Gegner zu hören.

§ 13 Sachliche Zuständigkeit

(1) [1]Für alle bürgerlichen Rechtsstreitigkeiten, mit denen ein Anspruch auf Grund dieses Gesetzes geltend gemacht wird, sind die Landgerichte ausschließlich zuständig. [2]Es gilt § 95 Absatz 1 Nummer 5 des Gerichtsverfassungsgesetzes.

(2) [1]Die Landesregierungen werden ermächtigt, durch Rechtsverordnung für die Bezirke mehrerer Landgerichte eines von ihnen als Gericht für Wettbewerbsstreitsachen zu bestimmen, wenn dies der Rechtspflege in Wettbewerbsstreitsachen, insbesondere der Sicherung einer einheitlichen Rechtsprechung, dienlich ist. [2]Die Landesregierungen können die Ermächtigung auf die Landesjustizverwaltungen übertragen.

§ 14 Örtliche Zuständigkeit

(1) [1]Für Klagen auf Grund dieses Gesetzes ist das Gericht zuständig, in dessen Bezirk der Beklagte seine gewerbliche oder selbständige berufliche Niederlassung oder in Ermangelung einer solchen seinen Wohnsitz hat. [2]Hat der Beklagte auch keinen Wohnsitz, so ist sein inländischer Aufenthaltsort maßgeblich.

(2) [1]Für Klagen auf Grund dieses Gesetzes ist außerdem nur das Gericht zuständig, in dessen Bezirk die Handlung begangen ist. [2]Satz 1 gilt für Klagen, die von den nach § 8 Absatz 3 Nummer 2 bis

4 zur Geltendmachung eines Unterlassungsanspruchs Berechtigten erhoben werden, nur dann, wenn der Beklagte im Inland weder eine gewerbliche oder selbständige berufliche Niederlassung noch einen Wohnsitz hat.

§ 15 Einigungsstellen

(1) Die Landesregierungen errichten bei Industrie- und Handelskammern Einigungsstellen zur Beilegung von bürgerlichen Rechtsstreitigkeiten, in denen ein Anspruch auf Grund dieses Gesetzes geltend gemacht wird (Einigungsstellen).

(2) [1]Die Einigungsstellen sind mit einer vorsitzenden Person, die die Befähigung zum Richteramt nach dem Deutschen Richtergesetz hat, und beisitzenden Personen zu besetzen. [2]Als beisitzende Personen werden im Falle einer Anrufung durch eine nach § 8 Absatz 3 Nummer 3 zur Geltendmachung eines Unterlassungsanspruchs berechtigte qualifizierte Einrichtung Unternehmer und Verbraucher in gleicher Anzahl tätig, sonst mindestens zwei sachverständige Unternehmer. [3]Die vorsitzende Person soll auf dem Gebiet des Wettbewerbsrechts erfahren sein. [4]Die beisitzenden Personen werden von der vorsitzenden Person für den jeweiligen Streitfall aus einer alljährlich für das Kalenderjahr aufzustellenden Liste berufen. [5]Die Berufung soll im Einvernehmen mit den Parteien erfolgen. [6]Für die Ausschließung und Ablehnung von Mitgliedern der Einigungsstelle sind die §§ 41 bis 43 und § 44 Absatz 2 bis 4 der Zivilprozessordnung entsprechend anzuwenden. [7]Über das Ablehnungsgesuch entscheidet das für den Sitz der Einigungsstelle zuständige Landgericht (Kammer für Handelssachen oder, falls es an einer solchen fehlt, Zivilkammer).

(3) [1]Die Einigungsstellen können bei bürgerlichen Rechtsstreitigkeiten, in denen ein Anspruch auf Grund dieses Gesetzes geltend gemacht wird, angerufen werden, wenn der Gegner zustimmt. [2]Soweit die Wettbewerbshandlungen Verbraucher betreffen, können die Einigungsstellen von jeder Partei zu einer Aussprache mit dem Gegner über den Streitfall angerufen werden; einer Zustimmung des Gegners bedarf es nicht.

(4) Für die Zuständigkeit der Einigungsstellen ist § 14 entsprechend anzuwenden.

(5) [1]Die der Einigungsstelle vorsitzende Person kann das persönliche Erscheinen der Parteien anordnen. [2]Gegen eine unentschuldigt ausbleibende Partei kann die Einigungsstelle ein Ordnungsgeld festsetzen. [3]Gegen die Anordnung des persönlichen Erscheinens und gegen die Festsetzung des Ordnungsgeldes findet die sofortige Beschwerde nach den Vorschriften der Zivilprozessordnung an das für den Sitz der Einigungsstelle zuständige Landgericht (Kammer für Handelssachen oder, falls es an einer solchen fehlt, Zivilkammer) statt.

(6) [1]Die Einigungsstelle hat einen gütlichen Ausgleich anzustreben. [2]Sie kann den Parteien einen schriftlichen, mit Gründen versehenen Einigungsvorschlag machen. [3]Der Einigungsvorschlag und seine Begründung dürfen nur mit Zustimmung der Parteien veröffentlicht werden.

(7) [1]Kommt ein Vergleich zustande, so muss er in einem besonderen Schriftstück niedergelegt und unter Angabe des Tages seines Zustandekommens von den Mitgliedern der Einigungsstelle, welche in der Verhandlung mitgewirkt haben, sowie von den Parteien unterschrieben werden. [2]Aus einem vor der Einigungsstelle geschlossenen Vergleich findet die Zwangsvollstreckung statt; § 797a der Zivilprozessordnung ist entsprechend anzuwenden.

(8) Die Einigungsstelle kann, wenn sie den geltend gemachten Anspruch von vornherein für unbegründet oder sich selbst für unzuständig erachtet, die Einleitung von Einigungsverhandlungen ablehnen.

(9) [1]Durch die Anrufung der Einigungsstelle wird die Verjährung in gleicher Weise wie durch Klageerhebung gehemmt. [2]Kommt ein Vergleich nicht zustande, so ist der Zeitpunkt, zu dem das Verfahren beendet ist, von der Einigungsstelle festzustellen. [3]Die vorsitzende Person hat dies den Parteien mitzuteilen.

(10) [1]Ist ein Rechtsstreit der in Absatz 3 Satz 2 bezeichneten Art ohne vorherige Anrufung der Einigungsstelle anhängig gemacht worden, so kann das Gericht auf Antrag den Parteien unter Anberaumung eines neuen Termins aufgeben, vor diesem Termin die Einigungsstelle zur Herbeiführung eines gütlichen Ausgleichs anzurufen. [2]In dem Verfahren über den Antrag auf Erlass einer einstweiligen Verfügung ist diese Anordnung nur zulässig, wenn der Gegner zustimmt. [3]Absatz 8 ist nicht anzuwenden. [4]Ist ein Verfahren vor der Einigungsstelle anhängig, so ist eine erst nach Anrufung der Einigungsstelle erhobene Klage des Antragsgegners auf Feststellung, dass der geltend gemachte Anspruch nicht bestehe, nicht zulässig.

(11) [1]Die Landesregierungen werden ermächtigt, durch Rechtsverordnung die zur Durchführung der vorstehenden Bestimmungen und zur Regelung des Verfahrens vor den Einigungsstellen erforderlichen Vorschriften zu erlassen, insbesondere über die Aufsicht über die Einigungsstellen, über ihre Besetzung unter angemessener Beteiligung der nicht den Industrie- und Handelskammern angehörenden Unternehmern (§ 2 Absatz 2 bis 6 des Gesetzes zur vorläufigen Regelung des Rechts der Industrie- und Handelskammern in der im Bundesgesetzblatt Teil III, Gliederungsnummer 701-1, veröffentlichten bereinigten Fassung) und über die Vollstreckung von Ordnungsgeldern sowie Bestimmungen über die Erhebung von Auslagen durch die Einigungsstelle zu treffen. [2]Bei der Besetzung der Einigungsstellen sind die Vorschläge der für ein Bundesland errichteten, mit öffentlichen Mitteln geförderten Verbraucherzentralen zur Bestimmung der in Absatz 2 Satz 2 genannten Verbraucher zu berücksichtigen.

(12) Abweichend von Absatz 2 Satz 1 kann in den Ländern Brandenburg, Mecklenburg-Vorpommern, Sachsen, Sachsen-Anhalt und Thüringen die Einigungsstelle auch mit einem Rechtskundigen als Vorsitzendem besetzt werden, der die Befähigung zum Berufsrichter nach dem Recht der Deutschen Demokratischen Republik erworben hat.

Kapitel 4 Straf- und Bußgeldvorschriften

§ 16 Strafbare Werbung

(1) Wer in der Absicht, den Anschein eines besonders günstigen Angebots hervorzurufen, in öffentlichen Bekanntmachungen oder in Mitteilungen, die für einen größeren Kreis von Personen bestimmt sind, durch unwahre Angaben irreführend wirbt, wird mit Freiheitsstrafe bis zu zwei Jahren oder mit Geldstrafe bestraft.

(2) Wer es im geschäftlichen Verkehr unternimmt, Verbraucher zur Abnahme von Waren, Dienstleistungen oder Rechten durch das Versprechen zu veranlassen, sie würden entweder vom Veranstalter selbst oder von einem Dritten besondere Vorteile erlangen, wenn sie andere zum Abschluss gleichartiger Geschäfte veranlassen, die ihrerseits nach der Art dieser Werbung derartige Vorteile für eine entsprechende Werbung weiterer Abnehmer erlangen sollen, wird mit Freiheitsstrafe bis zu zwei Jahren oder mit Geldstrafe bestraft.

§ 17 Verrat von Geschäfts- und Betriebsgeheimnissen

(1) Wer als eine bei einem Unternehmen beschäftigte Person ein Geschäfts- oder Betriebsgeheimnis, das ihr im Rahmen des Dienstverhältnisses anvertraut worden oder zugänglich geworden ist, während der Geltungsdauer des Dienstverhältnisses unbefugt an jemand zu Zwecken des Wettbewerbs, aus Eigennutz, zugunsten eines Dritten oder in der Absicht, dem Inhaber des Unternehmens Schaden zuzufügen, mitteilt, wird mit Freiheitsstrafe bis zu drei Jahren oder mit Geldstrafe bestraft.

(2) Ebenso wird bestraft, wer zu Zwecken des Wettbewerbs, aus Eigennutz, zugunsten eines Dritten oder in der Absicht, dem Inhaber des Unternehmens Schaden zuzufügen,

1. sich ein Geschäfts- oder Betriebsgeheimnis durch
   a) Anwendung technischer Mittel,

b) Herstellung einer verkörperten Wiedergabe des Geheimnisses oder
c) Wegnahme einer Sache, in der das Geheimnis verkörpert ist,
unbefugt verschafft oder sichert oder
2. ein Geschäfts- oder Betriebsgeheimnis, das er durch eine der in Absatz 1 bezeichneten Mitteilungen oder durch eine eigene oder fremde Handlung nach Nummer 1 erlangt oder sich sonst unbefugt verschafft oder gesichert hat, unbefugt verwertet oder jemandem mitteilt.

(3) Der Versuch ist strafbar.

(4) [1]In besonders schweren Fällen ist die Strafe Freiheitsstrafe bis zu fünf Jahren oder Geldstrafe. [2]Ein besonders schwerer Fall liegt in der Regel vor, wenn der Täter
1. gewerbsmäßig handelt,
2. bei der Mitteilung weiß, dass das Geheimnis im Ausland verwertet werden soll, oder
3. eine Verwertung nach Absatz 2 Nummer 2 im Ausland selbst vornimmt.

(5) Die Tat wird nur auf Antrag verfolgt, es sei denn, dass die Strafverfolgungsbehörde wegen des besonderen öffentlichen Interesses an der Strafverfolgung ein Einschreiten von Amts wegen für geboten hält.

(6) § 5 Nummer 7 des Strafgesetzbuches gilt entsprechend.

§ 18 Verwertung von Vorlagen

(1) Wer die ihm im geschäftlichen Verkehr anvertrauten Vorlagen oder Vorschriften technischer Art, insbesondere Zeichnungen, Modelle, Schablonen, Schnitte, Rezepte, zu Zwecken des Wettbewerbs oder aus Eigennutz unbefugt verwertet oder jemandem mitteilt, wird mit Freiheitsstrafe bis zu zwei Jahren oder mit Geldstrafe bestraft.

(2) Der Versuch ist strafbar.

(3) Die Tat wird nur auf Antrag verfolgt, es sei denn, dass die Strafverfolgungsbehörde wegen des besonderen öffentlichen Interesses an der Strafverfolgung ein Einschreiten von Amts wegen für geboten hält.

(4) § 5 Nummer 7 des Strafgesetzbuches gilt entsprechend.

§ 19 Verleiten und Erbieten zum Verrat

(1) Wer zu Zwecken des Wettbewerbs oder aus Eigennutz jemanden zu bestimmen versucht, eine Straftat nach § 17 oder § 18 zu begehen oder zu einer solchen Straftat anzustiften, wird mit Freiheitsstrafe bis zu zwei Jahren oder mit Geldstrafe bestraft.

(2) Ebenso wird bestraft, wer zu Zwecken des Wettbewerbs oder aus Eigennutz sich bereit erklärt oder das Erbieten eines anderen annimmt oder mit einem anderen verabredet, eine Straftat nach § 17 oder § 18 zu begehen oder zu ihr anzustiften.

(3) § 31 des Strafgesetzbuches gilt entsprechend.

(4) Die Tat wird nur auf Antrag verfolgt, es sei denn, dass die Strafverfolgungsbehörde wegen des besonderen öffentlichen Interesses an der Strafverfolgung ein Einschreiten von Amts wegen für geboten hält.

(5) § 5 Nummer 7 des Strafgesetzbuches gilt entsprechend.

§ 20 *Bußgeldvorschriften*

(1) Ordnungswidrig handelt, wer vorsätzlich oder fahrlässig entgegen § 7 Absatz 1

1. in Verbindung mit § 7 Absatz 2 Nummer 2 mit einem Telefonanruf oder
2. in Verbindung mit § 7 Absatz 2 Nummer 3 unter Verwendung einer automatischen Anrufmaschine

gegenüber einem Verbraucher ohne dessen vorherige ausdrückliche Einwilligung wirbt.

(2) Die Ordnungswidrigkeit kann mit einer Geldbuße bis zu dreihunderttausend Euro geahndet werden.

(3) Verwaltungsbehörde im Sinne des § 36 Absatz 1 Nummer 1 des Gesetzes über Ordnungswidrigkeiten ist die Bundesnetzagentur für Elektrizität, Gas, Telekommunikation, Post und Eisenbahnen.

Anhang (zu § 3 Absatz 3)

Unzulässige geschäftliche Handlungen im Sinne des § 3 Absatz 3 sind

1. die unwahre Angabe eines Unternehmers, zu den Unterzeichnern eines Verhaltenskodexes zu gehören;
2. die Verwendung von Gütezeichen, Qualitätskennzeichen oder Ähnlichem ohne die erforderliche Genehmigung;
3. die unwahre Angabe, ein Verhaltenskodex sei von einer öffentlichen oder anderen Stelle gebilligt;
4. die unwahre Angabe, ein Unternehmer, eine von ihm vorgenommene geschäftliche Handlung oder eine Ware oder Dienstleistung sei von einer öffentlichen oder privaten Stelle bestätigt, gebilligt oder genehmigt worden, oder die unwahre Angabe, den Bedingungen für die Bestätigung, Billigung oder Genehmigung werde entsprochen;
5. Waren- oder Dienstleistungsangebote im Sinne des § 5a Absatz 3 zu einem bestimmten Preis, wenn der Unternehmer nicht darüber aufklärt, dass er hinreichende Gründe für die Annahme hat, er werde nicht in der Lage sein, diese oder gleichartige Waren oder Dienstleistungen für einen angemessenen Zeitraum in angemessener Menge zum genannten Preis bereitzustellen oder bereitstellen zu lassen (Lockangebote). Ist die Bevorratung kürzer als zwei Tage, obliegt es dem Unternehmer, die Angemessenheit nachzuweisen;
6. Waren- oder Dienstleistungsangebote im Sinne des § 5a Absatz 3 zu einem bestimmten Preis, wenn der Unternehmer sodann in der Absicht, stattdessen eine andere Ware oder Dienstleistung abzusetzen, eine fehlerhafte Ausführung der Ware oder Dienstleistung vorführt oder sich weigert zu zeigen, was er beworben hat, oder sich weigert, Bestellungen dafür anzunehmen oder die beworbene Leistung innerhalb einer vertretbaren Zeit zu erbringen;
7. die unwahre Angabe, bestimmte Waren oder Dienstleistungen seien allgemein oder zu bestimmten Bedingungen nur für einen sehr begrenzten Zeitraum verfügbar, um den Verbraucher zu einer sofortigen geschäftlichen Entscheidung zu veranlassen, ohne dass dieser Zeit und Gelegenheit hat, sich auf Grund von Informationen zu entscheiden;
8. Kundendienstleistungen in einer anderen Sprache als derjenigen, in der die Verhandlungen vor dem Abschluss des Geschäfts geführt worden sind, wenn die ursprünglich verwendete Sprache nicht Amtssprache des Mitgliedstaats ist, in dem der Unternehmer niedergelassen ist; dies gilt nicht, soweit Verbraucher vor dem Abschluss des Geschäfts darüber aufgeklärt werden, dass diese Leistungen in einer anderen als der ursprünglich verwendeten Sprache erbracht werden;
9. die unwahre Angabe oder das Erwecken des unzutreffenden Eindrucks, eine Ware oder Dienstleistung sei verkehrsfähig;
10. die unwahre Angabe oder das Erwecken des unzutreffenden Eindrucks, gesetzlich bestehende Rechte stellten eine Besonderheit des Angebots dar;
11. der vom Unternehmer finanzierte Einsatz redaktioneller Inhalte zu Zwecken der Verkaufsförderung, ohne dass sich dieser Zusammenhang aus dem Inhalt oder aus der Art der optischen oder akustischen Darstellung eindeutig ergibt (als Information getarnte Werbung);

12. unwahre Angaben über Art und Ausmaß einer Gefahr für die persönliche Sicherheit des Verbrauchers oder seiner Familie für den Fall, dass er die angebotene Ware nicht erwirbt oder die angebotene Dienstleistung nicht in Anspruch nimmt;
13. Werbung für eine Ware oder Dienstleistung, die der Ware oder Dienstleistung eines bestimmten Herstellers ähnlich ist, wenn dies in der Absicht geschieht, über die betriebliche Herkunft der beworbenen Ware oder Dienstleistung zu täuschen;
14. die Einführung, der Betrieb oder die Förderung eines Systems zur Verkaufsförderung, bei dem vom Verbraucher ein finanzieller Beitrag für die Möglichkeit verlangt wird, allein oder hauptsächlich durch die Einführung weiterer Teilnehmer in das System eine Vergütung zu erlangen (Schneeball- oder Pyramidensystem);
15. die unwahre Angabe, der Unternehmer werde demnächst sein Geschäft aufgeben oder seine Geschäftsräume verlegen;
16. die Angabe, durch eine bestimmte Ware oder Dienstleistung ließen sich die Gewinnchancen bei einem Glücksspiel erhöhen;
17. die unwahre Angabe oder das Erwecken des unzutreffenden Eindrucks, der Verbraucher habe bereits einen Preis gewonnen oder werde ihn gewinnen oder werde durch eine bestimmte Handlung einen Preis gewinnen oder einen sonstigen Vorteil erlangen, wenn es einen solchen Preis oder Vorteil tatsächlich nicht gibt, oder wenn jedenfalls die Möglichkeit, einen Preis oder sonstigen Vorteil zu erlangen, von der Zahlung eines Geldbetrags oder der Übernahme von Kosten abhängig gemacht wird;
18. die unwahre Angabe, eine Ware oder Dienstleistung könne Krankheiten, Funktionsstörungen oder Missbildungen heilen;
19. eine unwahre Angabe über die Marktbedingungen oder Bezugsquellen, um den Verbraucher dazu zu bewegen, eine Ware oder Dienstleistung zu weniger günstigen Bedingungen als den allgemeinen Marktbedingungen abzunehmen oder in Anspruch zu nehmen;
20. das Angebot eines Wettbewerbs oder Preisausschreibens, wenn weder die in Aussicht gestellten Preise noch ein angemessenes Äquivalent vergeben werden;
21. das Angebot einer Ware oder Dienstleistung als »gratis«, »umsonst«, »kostenfrei« oder dergleichen, wenn hierfür gleichwohl Kosten zu tragen sind; dies gilt nicht für Kosten, die im Zusammenhang mit dem Eingehen auf das Waren- oder Dienstleistungsangebot oder für die Abholung oder Lieferung der Ware oder die Inanspruchnahme der Dienstleistung unvermeidbar sind;
22. die Übermittlung von Werbematerial unter Beifügung einer Zahlungsaufforderung, wenn damit der unzutreffende Eindruck vermittelt wird, die beworbene Ware oder Dienstleistung sei bereits bestellt;
23. die unwahre Angabe oder das Erwecken des unzutreffenden Eindrucks, der Unternehmer sei Verbraucher oder nicht für Zwecke seines Geschäfts, Handels, Gewerbes oder Berufs tätig;
24. die unwahre Angabe oder das Erwecken des unzutreffenden Eindrucks, es sei im Zusammenhang mit Waren oder Dienstleistungen in einem anderen Mitgliedstaat der Europäischen Union als dem des Warenverkaufs oder der Dienstleistung ein Kundendienst verfügbar;
25. das Erwecken des Eindrucks, der Verbraucher könne bestimmte Räumlichkeiten nicht ohne vorherigen Vertragsabschluss verlassen;
26. bei persönlichem Aufsuchen in der Wohnung die Nichtbeachtung einer Aufforderung des Besuchten, diese zu verlassen oder nicht zu ihr zurückzukehren, es sein denn, der Besuch ist zur rechtmäßigen Durchsetzung einer vertraglichen Verpflichtung gerechtfertigt;
27. Maßnahmen, durch die der Verbraucher von der Durchsetzung seiner vertraglichen Rechte aus einem Versicherungsverhältnis dadurch abgehalten werden soll, dass von ihm bei der Geltendmachung seines Anspruchs die Vorlage von Unterlagen verlangt wird, die zum Nachweis dieses Anspruchs nicht erforderlich sind, oder dass Schreiben zur Geltendmachung eines solchen Anspruchs systematisch nicht beantwortet werden;
28. die in eine Werbung einbezogene unmittelbare Aufforderung an Kinder, selbst die beworbene Ware zu erwerben oder die beworbene Dienstleistung in Anspruch zu nehmen oder ihre Eltern oder andere Erwachsene dazu zu veranlassen;

29. die Aufforderung zur Bezahlung nicht bestellter, aber gelieferter Waren oder erbrachter Dienstleistungen oder eine Aufforderung zur Rücksendung oder Aufbewahrung nicht bestellter Sachen und
30. die ausdrückliche Angabe, dass der Arbeitsplatz oder Lebensunterhalt des Unternehmers gefährdet sei, wenn der Verbraucher die Ware oder Dienstleistung nicht abnehme.

Einleitung

Martin Hohlweck, Wolfgang Büscher, Mary-Rose McGuire, Jan Tolkmitt

Übersicht **Rdn.**

A. Geschichtliche Entwicklung des Lauterkeitsrechts bis zur Gegenwart

Martin Hohlweck

I. Die Vorgeschichte: Gewerbefreiheit und Wettbewerb

Sozial unerwünschtes Verhalten im Rahmen des Austauschs von Gütern und Dienstleistungen ist vermutlich so alt wie dieses Phänomen selber. Bereits im Alten Testament heißt es: 1

»Ihr sagt: … Wir wollen den Kornspeicher öffnen, das Maß kleiner und den Preis größer machen/und die Gewichte fälschen«.[1] 2

Ebenso alt ist der Versuch, dieses Verhalten durch entsprechende Normen zu unterbinden: 3

»Ihr sollt kein Unrecht begehen … mit Längenmaß, Gewicht und Hohlmaß. Ihr sollt richtige Waagen, richtige Gewichtssteine, richtiges Efa und richtiges Hin haben«.[2] 4

Ein Wettbewerbsrecht im Sinn eines Teilgebiets des Zivilrechts stellen solche Regeln allerdings nicht dar. Die Durchsetzung solcher Normen war nicht dem einzelnen Marktteilnehmer überlassen, sondern oblag gesellschaftlichen oder staatlichen Institutionen (im weitesten Sinn). Im römischen Recht gehörte die Aufsicht über die Märkte und damit – beispielsweise – Maße und Gewichte zu den Aufgaben der kurulischen Ädilen; ihre zivilrechtliche Rechtsprechungsgewalt bezog sich aber nur auf die Durch- 5

---

1 Amos 8, 5.
2 Lev 19, 35–36; vgl. jetzt §§ 31 Abs. 2, 6 Abs. 2 MessEG.

setzung vertraglicher Ansprüche. »Wettbewerbsrechtliche« Ansprüche finden sich dort nicht.[3]

6 Im Mittelalter und der beginnenden Neuzeit war die Aufsicht über das Marktgeschehen Aufgabe der Zünfte und Innungen, in denen Handwerker und Händler organisiert waren. Die Zünfte setzten die Preise fest und überwachten die Qualität der Waren. Später wurden sie von der Stadtobrigkeit auch mit der Überwachung von Preis- und Marktvorschriften betraut.[4] Sie bestimmten das wirtschaftliche Verhalten ihrer Mitglieder umfassend, von der Rohstoffbeschaffung über Produktion bis hin zum Absatz. Herstellungsverfahren und Arbeitszeiten waren vorgegeben, Werbung war grundsätzlich verpönt, wie auch das Unterbieten von Zunftmitgliedern und das Weglocken von Kunden. Gewinne durften nicht den Verdienst anderer Zunftgenossen überschreiten.[5] Für ein Wettbewerbsrecht, in dem der individuelle Unternehmer marktkonformes Verhalten durch Klagen vor staatlichen Gerichten durchsetzen konnte, war in diesem Wirtschaftssystem kein Raum.

7 Allerdings wurde das Zunftwesen schon in der frühen Neuzeit zunehmendem Druck ausgesetzt, sowohl von innen, da es die Entwicklungsmöglichkeiten der Zunftmitglieder beschränkte (die Neugründung von Unternehmen war praktisch ausgeschlossen), als auch von außen durch nichtzünftige Wettbewerber, die sich außerhalb der Städte niederließen. Vermeintliche oder bestehende Defizite der Wirtschaftsordnung führten bereits im 16. Jahrhundert zu Bemühungen, Fehlverhalten im Wettbewerb durch »betrügerische Kaufleute« und Monopolgesellschaften durch Reichsgesetze zu bekämpfen, die aber letztlich ohne praktische Wirkungen blieben.[6] Der absolutistische Staat der Neuzeit griff in die Wirtschaft durch Preis- und Lohntaxen, Privilegien und Luxusordnungen ein, um die »gemeine Wohlfahrt« zu fördern.[7] So wurde die Zunftordnung weiter aufgeweicht, da die Regierung beispielsweise auch die Ausübung des Handwerks durch sogenannte »Freimeister« gestattete.

8 Die neuen Gedanken von Aufklärung und Liberalismus trafen daher auf eine Wirtschaftsstruktur, die sich von dem Ideal einer umfassenden, ständisch organisierten und in geregelten Bahnen verlaufenden handwerklichen und kaufmännischen Tätigkeit bereits weit entfernt hatte. Insofern stellte der Durchbruch zur Gewerbefreiheit des 19. Jahrhunderts keinen absoluten Bruch mit der Vergangenheit dar. Er war eine logische Konsequenz des Ideals des frei geborenen Menschen: »Wenn der Mensch frei sein soll, so muss dies auch für seine wirtschaftliche Betätigung gelten, die den größten Teil des menschlichen Lebens ausmacht«. In England lieferte Adam Smith im 18. Jahrhundert

---

3 D. 21, 1, 1, 1; Kaser/Knütel/Lohsse, Römisches Privatrecht, 21. Aufl. 2017, § 41 Rn. 38 ff.; Der Neue Pauly, Enzyklopädie der Antike, Bd. 1, 1996, Stw. »Aediles«.

4 Bosl, Staat, Gesellschaft, Wirtschaft im deutschen Mittelalter = Gebhardt Handbuch der deutschen Geschichte Bd. 7, München 1973, S. 211.

5 MünchKomm/Sosnitza UWG, vor § 1 Rn. 2.

6 *Treue, Wirtschaft, Gesellschaft* und Technik vom 16. bis zum 18. Jahrhundert = Gebhardt, Handbuch der deutschen Geschichte Bd. 12, München 1974, S. 44 ff.

7 GK/Pahlow, Einl. B 2.

die theoretischen Grundlagen für einen freien Wettbewerb ohne strenge staatliche Eingriffe als Grundlage eines auf Arbeitsteilung beruhenden gesellschaftlichen Wohlstands.[8] In Frankreich wurde durch die Französische Revolution 1791 die Gewerbefreiheit eingeführt. Die Folge waren Aufhebung der feudalen Agrarverfassung, der mittelalterlichen Zunftverfassung und des fürstlichen Privilegienwesens.

In Deutschland verlief die Entwicklung in den einzelnen Territorien unterschiedlich. **9**
In Preußen wurde die Gewerbefreiheit durch die Allgemeine Gewerbeordnung vom 17.01.1845 durchgehend eingeführt (GS Nr. 5 S. 41; §§ 1, 2). In Württemberg und Baden war dies 1862 der Fall, in Bayern 1868. Deutschlandweit wurde der Grundsatz der Gewerbefreiheit 1869 durch § 1 der Reichsgewerbeordnung von 1869 eingeführt. Danach war es jedermann gestattet, ein Gewerbe zu betreiben. Erst damit waren die mittelalterlichen Zunftordnungen endgültig beseitigt.[9] Die Gewerbefreiheit fand auch ihren Niederschlag in Art. 3 Abs. 1 der Verfassung des Deutschen Reiches von 1871, nach dem alle Deutschen im gesamten Reichsgebiet die gleichen Rechte genießen sollten, einschließlich der Zulassung zu Gewerbebetrieben. Art. 151 Abs. 3 der Verfassung des Deutschen Reichs von 1919 (Weimarer Verfassung) gewährleistete schließlich die Freiheit des Handels und Gewerbes im Rahmen des Grundrechtskatalogs. Die Gewerbefreiheit bildete »einen Eckpfeiler der Rechtsbasis für die neue, sich selbstregulierende, marktkonforme Industriewirtschaft, die auf dem Wettbewerb selbständig geleiteter Privatbetriebe beruhte«.[10]

Allerdings ließen sich die vorhandenen Strukturen nicht überall völlig abschaffen, wie **10**
bereits der zeitliche Verlauf zeigt, bis sich die Gewerbefreiheit in ganz Deutschland durchgesetzt hatte. Elemente einer ständischen Selbstorganisation von Handwerk und Handel haben bis heute überlebt,[11] wie beispielsweise die Industrie- und Handelskammern und Handwerkskammern, deren Rolle bei der Überwachung und Ausgestaltung des Wettbewerbs die ihnen in § 8 Abs. 3 Nr. 4 eingeräumte Klagebefugnis belegt. In der älteren Literatur findet man als Beispiele für gewerbliche Verbände, die nach § 8 Abs. 3 Nr. 2 klagebefugt sind, unter anderem noch Zünfte und Innungen aufgeführt.[12] Außerdem sahen auch liberale Wirtschaftstheoretiker den Bedarf für staatliches Eingreifen zum Schutz technischer Innovationen (Patente) und gewerblicher Leistungen.[13] So erließ Preußen bereits im Jahr 1815 ein erstes Patentgesetz,[14] und die Reichsverfassung von 1871 sah – wie die insoweit inhaltsgleiche Verfassung des Norddeutschen Bundes von 1866 – in Art. 3 eine Gesetzgebungszuständigkeit des Reiches für »Erfindungspatente« (Nr. 3) und den »Schutz des geistigen Eigentums« (Nr. 4) vor.

---

8 An Inquiry into the Nature and Causes of the Wealth of Nations, 1776.

9 MünchKomm/Sosnitza UWG, vor § 1 Rn. 4.

10 Wehler, Deutsche Gesellschaftsgeschichte, 1987, Bd. 1 S. 432.

11 Vgl. MünchKomm/Sosnitza UWG, vor § 1 Rn. 5.

12 Pastor, GRUR 1969, 571, 572.

13 GK/Pahlow, Einl. B 4.

14 Treue, Gesellschaft, Wirtschaft und Technik Deutschlands im 19. Jahrhundert = Gebhardt, Handbuch der deutschen Geschichte Bd. 17, München 1975, S. 117.

11 Neben dem Patentrecht war ein weiterer Sektor, auf dem der Staat regulierend in den Wettbewerb eingriff, und aus dem heraus sich das moderne Wettbewerbsrecht entwickelte, der Schutz gewerblicher Kennzeichen. Auch dieses Rechtsgebiet geht auf frühe Wurzeln zurück; bereits im Mittelalter kennzeichneten Handwerke und Kaufleute ihre Waren, um den Abnehmern die Identifikation ihrer Produkte zu erlauben. Diese »Marken« wurden gegen Nachahmer durch Gerichtsverfahren verteidigt und stellten handelbare Vermögenswerte dar.[15]

12 Bereits das Allgemeine Deutsche Handelsgesetzbuch von 1869 enthielt in Art. 16, 17 Bestimmungen, die dem Schutz gegen Irreführung dienten. Nach Art. 16 Abs. 2 durfte beispielsweise die Firma des Einzelkaufmanns keinen Hinweis auf ein Gesellschaftsverhältnis enthalten. Diese Bestimmungen sind vor dem Hintergrund der sich ausweitenden und intensivierenden Konkurrenz zu sehen, die zunehmend zur Verwendung irreführender, teilweise gefälschter Warenkennzeichen führte. Diese Missstände resultierten schließlich in dem Gesetz über den Markenschutz vom 30.11.1874.[16] Nach den Motiven verfolgte das Gesetz den Zweck, nicht nur den Markeninhaber, sondern auch die Konkurrenten gegen unredliche Konkurrenz und die Konsumenten gegen Irreführung und Täuschung zu schützen.[17]

13 Das Gesetz schützte aber zunächst nur eingetragene Bildzeichen. Dieser Rechtszustand erfuhr eine wesentliche Verbesserung erst durch das Gesetz zum Schutz der Warenbezeichnungen vom 12.05.1894,[18] das das Markenschutzgesetz von 1874 ablöste, und nunmehr auch Wortzeichen schützte (§ 4). Der Gesetzeszweck, Mitbewerber und Verbraucher gegen Täuschungen zu schützen, blieb erhalten und wurde ausgebaut. So wurde durch § 15 zum Schutz gegen Irreführung ein (dem eingetragenen Warenzeichen nachrangiges) Ausstattungsrecht eingeführt. Die Vorschrift untersagte es, Waren »mit einer Ausstattung, welche innerhalb betheiligter Verkehrskreise als Kennzeichen gleichartiger Waaren eines Anderen gilt«, ohne dessen Gestattung »zum Zweck der Täuschung in Handel und Verkehr« zu versehen oder so gekennzeichnete Waren in den Verkehr zu bringen. Ein Verstoß wurde nicht nur mit Freiheits- oder Geldstrafe sanktioniert, sondern löste auch einen Schadensersatzanspruch des Geschädigten aus. § 16 untersagte in Täuschungsabsicht vorgenommene Wettbewerbshandlungen mit falschen Wappen und unrichtigen geographischen Herkunftsbezeichnungen. Dabei handelte es sich allerdings noch um eine reine Strafvorschrift. Den Schutz der Patente regelte das Patentgesetz vom 25.04.1877.[19]

14 Damit waren zwar erste Elemente eines auch zivilrechtlich von dem Betroffenen durchsetzbaren Schutzes gegen unlauteres Verhalten im Wettbewerb geschaffen. Die Rechtsprechung lehnte es aber ab, diese Elemente im Wege der richterrechtlichen Rechtsfort-

15 Richardson, Brand Names Before the Industrial Revolution, National Bureau of Economic Research Working Paper No. 130, S. 25 (www.nber.org/papers/w13930).

16 RGBl S. 134; vgl. Hacker, Markenrecht Rn. 24.

17 *Deutscher Reichstag*, Drucksachen 1874 Nr. 20 S. 634.

18 RGBl S. 441.

19 RGBl S. 501.

bildung zu einem umfassenden System auszubauen. Es gab zwar Ansätze, aus der bis zum Inkrafttreten des BGB auch in Teilen des deutschen Reichs geltenden deliktischen Generalklausel des Art. 1382 Code civil Schadensersatzansprüche wegen »concurrence déloyale« abzuleiten, was im Ergebnis auf eine Generalklausel zum Schutz gegen unlauteren Wettbewerb hinausgelaufen wäre. In einer Entscheidung aus dem Jahr 1880 lehnte es das Reichsgericht allerdings ab, auf dieser Grundlage eine Warenbezeichnung (»Apollinarisbrunnen«) zu untersagen, die markenrechtlich nicht zu beanstanden war.[20] Später lehnte es das Reichsgericht ausdrücklich und allgemein ab, den Grundsatz der »concurrence déloyale« für das deutsche Recht zu übernehmen (im konkreten Fall wegen einer irreführenden Firma).[21] Gleichermaßen sah sich das Reichsgericht wegen des Vorrangs des Gesetzes zum Schutz der Warenbezeichnungen nicht in der Lage, eine irreführende, aber nicht gegen dieses Gesetz verstoßende Warenbezeichnung (»de Constantinople«) zu untersagen.[22]

Diese Rechtsprechung des Reichsgerichts ist in der Folge immer wieder kritisiert worden.[23] Tatsächlich betrafen die in diesem Zusammenhang zitierten Entscheidungen Fälle mit einem »zeichenrechtlichen« Einschlag, so dass der vom Reichsgericht vorgenommene Umkehrschluss nicht völlig von der Hand zu weisen ist. Nicht auszuschließen ist, dass die ablehnende Haltung des Reichsgerichts auf einer gesetzespositivistischen, vielleicht auch einer wirtschaftsliberalen Grundeinstellung beruhte. Die gerade erst, später als in England und Frankreich gewonnene, Gewerbefreiheit sollte nicht gefährdet werden. Ausschlaggebend dürfte jedoch sein, dass das Zivilrecht vor Inkrafttreten des BGB – außerhalb des Anwendungsbereichs des Code civil – keine deliktische Generalklausel kannte.[24] Ein Rückgriff auf allgemeine Rechtsgrundsätze für das Wettbewerbsrecht hätte daher die Gefahr einer Rechtszersplitterung begründet.[25] Tatsächlich hat das Reichsgericht dann bereits in einem Urteil aus dem Jahr 1901, kurz nach Inkrafttreten des BGB und noch vor dem des UWG 1909 mit seiner großen Generalklausel, unlautere Handlungen dem neuen § 826 BGB unterfallen lassen.[26] **15**

II. Die Entstehung des Lauterkeitsrechts: UWG 1896 und UWG 1909

1. Das Gesetz zur Bekämpfung des unlauteren Wettbewerbs (UWG 1896)

Vor dem Hintergrund der restriktiven Rechtsprechung des Reichsgerichts wurden Forderungen nach einer gesetzlichen Regelung zum Schutz gegen unlauteren Wettbewerb erhoben. Neben der oben skizzierten restriktiven Rechtsprechung des Reichsgerichts wird auch die wirtschaftliche Krise, die ab 1873 einsetzte, eine Rolle gespielt haben. Ihr fielen zahlreiche unterkapitalisierte und unrentable Unternehmen zum Opfer, die **16**

20 RG, 30.11.1880, II 295/80, RGZ 3, 67, 69.
21 RG, 07.12.1887, I 294/87, RGZ 20, 71, 75.
22 RG, 29.04.1892, II 61/92, RGZ 29, 57, 59.
23 GK/Pahlow, Einl. B 12; MünchKomm/Sosnitza UWG, vor § 1 Rn. 7, jeweils m. w. N.
24 GK/Pahlow, Einl. B 12.
25 MünchKomm/Sosnitza UWG, vor § 1 Rn. 7.
26 RG, 11.04.1901, VI ZR 443/00, RGZ 48, 114, 119.

während des Gründerbooms nach der Reichsgründung entstanden waren. In der Konsequenz trat eine gewisse Desillusionierung mit dem Wirtschaftsliberalismus ein, die sich in Schutzzöllen, einem sich rapide ausweitenden Kartellwesen und einer zunehmenden staatlichen Regulierung äußerte.[27] »Der Optimismus der Reichsgründungszeit war verflogen … Statt dessen klagte man über die schlechten Preise und die ›unlauteren‹ Praktiken der Konkurrenz.«[28]

17 Das Resultat war das **UWG von 1896** (Gesetz zur Bekämpfung des unlauteren Wettbewerbs), mit dem die »gröbsten Auswüchse und Missbräuche« verhindert werden sollten. Es verzichtete im Interesse der Rechtsklarheit bewusst auf eine allgemein gehaltene Vorschrift und beschränkte sich auf die Bekämpfung bestimmter einzelner Fallgestaltungen unlauteren Wettbewerbs. Untersagt wurden Anschwärzung (§ 6) und geschäftliche Verleumdung (§ 7). Daneben gab es Vorschriften zum Schutz geschäftlicher Bezeichnungen und Titeln von Druckschriften gegen Verwechslungsgefahr (§ 8) sowie geschäftlicher Geheimnisse (§ 9). § 5 stellte eine Blankettvorschrift zur Vermeidung von Quantitätsverschleierungen durch Vorgaben über Zahl, Länge oder Gewicht von Waren zur Verfügung.

18 Neben diesen speziellen Tatbeständen fand aber doch mit § 1 UWG 1896 eine »kleine Generalklausel« ihren Weg in das Gesetz, die sich gegen irreführende Handlungen richtete. Untersagt waren danach öffentliche Angaben, die geeignet waren, den Anschein eines besonders günstigen Angebots hervorzurufen, »insbesondere über die Beschaffenheit, die Herstellungsart oder die Preisbemessung von Waaren oder gewerblichen Leistungen, über die Art des Bezuges oder die Bezugsquelle von Waaren, über den Besitz von Auszeichnungen, über den Anlaß oder den Zweck des Verkaufs«. Der Unterlassungsanspruch stand nicht nur Wettbewerbern, sondern auch Verbänden zur Förderung gewerblicher Interessen zu (§ 1 Abs. 1 2 UWG 1896). Damit erfasste das Gesetz bereits ein breites Spektrum unlauterer Verhaltensweisen im Wettbewerb. Statistische Auswertungen in den 1970er Jahren haben beispielsweise gezeigt, dass in einem Drittel aller Wettbewerbsverfahren die »kleine Generalklausel« (die inzwischen in § 3 UWG 1909 enthalten war) als Anspruchsgrundlage herangezogen wurde und damit von der Zahl der Verfahren her das gleiche Gewicht hatte wie die »große Generalklausel«.[29] Moderne Kritik, die das UWG 1896 wegen des Verzichts auf die »große Generalklausel« als »wenig brauchbar« einschätzt,[30] dürfte daher zu streng sein.

19 In der Folge ergänzte das Reichsgericht, wie bereits erwähnt, diesen Schutz über das Deliktsrecht. Insbesondere sah es die Bestimmungen des UWG 1896 nicht als abschließend an, sondern ließ daneben den Rückgriff auf § 826 BGB zu. § 826 BGB wurde so vom Reichsgericht als eine »Schutzwehr gegen illoyale Handlungen in umfassender

---

27 Ohly/Sattler, GRUR 2016, 1229, 1231.

28 Berghahn, Das Kaiserreich 1871–1914 = Gebhardt Handbuch der deutschen Geschichte, *Bd. 16, 10. Aufl. 2003, S. 57, 75.*

29 Schricker, GRUR Int.1996, 473, 474.

30 *Köhler*/Bornkamm/Feddersen, Einl. Rn. 2.2.

Weise, ... namentlich für den geschäftlichen Verkehr« angesehen.[31] So fiel beispielsweise das unlautere »Weglocken von Kunden« unter diese Vorschrift.[32] Allerdings oblag dem Kläger damit nach wie vor der – auch damals nicht leicht zu führende – Nachweis einer vorsätzlichen sittenwidrigen Schädigung. Zwar wurde daneben ein »bestehender selbständiger Gewerbebetrieb« als »sonstiges Recht« im Rahmen des § 823 Abs. 1 vom Reichsgericht anerkannt. Dieses Recht sei aber durch das UWG, § 823 Abs. 2 BGB in Verbindung mit den strafrechtlichen Normen über Ehrverletzung und Kreditgefährdung sowie durch § 824 und »insbesondere« § 826 BGB gegen Schädigungen in Ausübung eines (anderen) Gewerbebetriebs ausreichend geschützt.[33] Stimmen in der Literatur beklagten auch eine »gewisse Zurückhaltung« der Unternehmer, selber als Kläger gegen Wettbewerber vorzugehen.[34] Die Begründung des UWG 1909 spricht noch von der »dem Kaufmannsstand eigenen Scheu vor Prozessen«.[35]

2. Das Gesetz gegen den unlauteren Wettbewerb (UWG 1909)

Diese Beschränkungen führten schließlich zu einer Reform des UWG. Im Lauf der Beratungen setzte sich die Einsicht durch, dass ein effektiver Schutz gegen unlauteren Wettbewerb nur über eine allgemeine Regelung, mithin eine Generalklausel, möglich war. Das reformierte UWG,[36] nunmehr unter dem heute noch gültigen Titel »Gesetz gegen den unlauteren Wettbewerb« (UWG 1909), enthielt in § 1 die »große Generalklausel«, die in enger Anlehnung an § 826 BGB formuliert war:[37] 20

»Wer im geschäftlichen Verkehr zu Zwecken des Wettbewerbs Handlungen vornimmt, die gegen die guten Sitten verstoßen, kann auf Unterlassung und Schadensersatz in Anspruch genommen werden.« 21

Die Generalklausel leitete den ersten Teil des Gesetzes ein, der Wettbewerbshandlungen gegenüber einer unbestimmten Mehrheit von Mitbewerbern regelte. Die »kleine Generalklausel« gegen irreführende Äußerungen des UWG 1896 blieb in § 3 erhalten. Weitere Vorschriften untersagten irreführende Werbung im Zusammenhang mit dem Verkauf von Konkurswaren (§ 6) und enthielten Regelungen über »Ausverkaufsveranstaltungen« (§§ 7 bis 9). In § 13 war die Klagebefugnis geregelt, die nicht nur dem unmittelbar Verletzten, sondern auch Verbänden zuerkannt wurde. Der zweite Teil (§§ 14 ff.) bezog sich auf Wettbewerbshandlungen gegenüber bestimmten Mitbewerbern. Er umfasste die aus dem UWG 1896 übernommenen Tatbestände der Anschwärzung und geschäftlichen Verleumdung (§§ 14, 15), den Schutz geschäftli- 22

31 RG, 11.04.1901, VI ZR 443/00, RGZ 48, 114, 119.
32 RG, 22.12.1910, II 210/10, RGZ 74, 434, 436.
33 RG, 14.12.1902, VI 167/03, RGZ 56, 271, 275 f.
34 Fuld, GRUR 1897, 58 f.; Roeren, GRUR 1899, 169, 172; MünchKomm/Sosnitza UWG, vor § 1 Rn. 10 m. w. N.
35 Pastor, GRUR 1969, 571, 572.
36 RGBl S. 499.
37 GK/Pahlow, Einl. B 22.

cher Bezeichnungen (§ 16) sowie des Verrats von Geschäfts- und Betriebsgeheimnissen (§§ 17–20a).

23 Die Generalklausel wurde in der Folge durch Richterrecht konkretisiert. Während sie anfangs nur zurückhaltend und in erster Linie zur Lückenfüllung angewandt wurde, entwickelte sie sich ab den 1920er Jahren zusammen mit der kleinen Generalklausel des § 3 UWG 1909 zur Zentralnorm des Lauterkeitsrechts. Etliche Fallgruppen, die später von der Rechtsprechung des Bundesgerichtshofs fortgeführt und teilweise im UWG 2004 kodifiziert wurden, fanden ihre Ausgestaltung in dieser Zeit.[38]

24 Der Normzweck des UWG von 1909 war wie der des UWG von 1896 der Schutz der Mitbewerber. Waren zu Beginn der Kodifikationsarbeiten zum UWG 1896 der Konkurrenten- und Verbraucherschutz noch verbreitet als gleichrangig angesehen worden, so trat im Lauf der Gesetzesberatungen der Wettbewerberschutz immer stärker in den Vordergrund.[39] Das Wettbewerbsrecht wurde als Sonderrecht der Kaufmannschaft zum Schutz der Mitbewerber verstanden.[40] Der Schutz der Verbraucher und der der Allgemeinheit wurde seitdem als eigenständiges Ziel des Gesetzes verstanden, sondern als eine Reflexwirkung des Konkurrentenschutzes. Es war daher nur konsequent, dass das Gesetz in § 13 Abs. 1 an der Regelung des UWG von 1896 festhielt, neben Mitbewerbern allein (rechtsfähige) Gewerbeverbände für klagebefugt zu erklären. Eine Klagebefugnis zur Wahrung von Verbraucherinteressen war nicht vorgesehen und konnte auch von den zur Förderung gewerblicher Interessen klagebefugten Gewerbeverbänden nicht wahrgenommen werden.[41]

25 Aber bereits mit einem Urteil vom 07.04.1914 erkannte das Reichsgericht an, dass der Schutzzweck der Normen des UWG nicht nur in der Verhinderung unlauteren Wettbewerbs bestand, sondern auch das »Interesse des Publikums an [der] Reinhaltung des öffentlichen Verkehrs« erfasste.[42] Geschützt waren also nicht nur die Interessen des Verletzten oder der Mitbewerber, sondern auch die der Allgemeinheit, wie das Reichsgericht in einer Entscheidung zu § 16 UWG 1909 betreffend den Schutz geschäftlicher Bezeichnungen ausführte, wenn auch dort noch der Schutz der »Konkurrenten« als das vorrangige Schutzziel gesehen wurde.[43] Pointiert brachte es das Reichsgericht in einer Entscheidung vom 29.04.1930 zum Ausdruck: »Die Unterlassungsklage soll nicht nur den Wettbewerber schützen, sondern, wie das ganze Wettbewerbsgesetz, auch im öffentlichen Interesse den Auswüchsen des Wettbewerbs überhaupt, d. h. auf irgendeinem Gebiet, entgegentreten«.[44] Vor 1900 hatte das Reichsgericht das Warenzeichenrecht noch als eine abschließende Spezialregelung mit der Folge verstanden, dass jegliche Kennzeichenverwendung, die nicht gegen die Bestimmungen des Warenzei-

---

38 *Ohly*/Sosnitza, Einl. Rn. 32.
39 Ohly/Sattler, GRUR 2016, 1229, 1231.
40 *Köhler*/Bornkamm/Feddersen, Einl. 2.8.
41 *Ohly*/Sosnitza, Einl. Rn. 31.
42 *RG, 07.04.1914, 4 D 1386/13,* MuW XV (1915/16), 48, 49.
43 RG, 27.05.1924, II 332/23, RGZ 108, 272, 274.
44 RG, 29.04.1930, II 355/29, RGZ 128, 330, 343.

chenrechts verstieß, zulässig war. Nunmehr fasste es das Warenzeichenrecht als einen Bestandteil eines Rechts »höherer Ordnung« auf: »Das formale Zeichenrecht darf nur innerhalb der Grenzen ausgeübt werden, die das Recht höherer Ordnung setzt, insbesondere nur innerhalb der Grenzen des lauteren Wettbewerbs und guter Sitten, in deren Dienst auch das formale Zeichenrecht steht«, und die das Gericht in § 826 BGB und § 1 UWG verkörpert sah.[45] Diese Ausdehnung von einem rein individualrechtlichen zu einem dem allgemeinen Interesse dienenden Schutz war allerdings in der Literatur nicht unumstritten.[46]

3. Die Krise der Weimarer Republik und der Nationalsozialismus

Wie das UWG 1896 auch als eine Reaktion auf die wirtschaftlichen Krisenerscheinungen des ausgehenden 19. Jahrhunderts verstanden werden kann, hatte auch die Weltwirtschaftskrise Auswirkungen auf das Wettbewerbsrecht. In der wirtschaftlichen Krise erschien der freie Wettbewerb zunehmend als Bedrohung und wurde daher Gegenstand staatlicher Eingriffe.[47] So dienten die ZugabeVO vom 09.03.1932 und das RabattG vom 25.11.1933, die noch lange Wirkung haben sollten, dem Schutz des Mittelstandes. Sie richteten sich von der Tendenz her gegen die neu aufkommenden, am Markt sehr erfolgreichen Kaufhäuser und sollten den mittelständischen Fach- und Einzelhandel schützen. Im Hintergrund stand aber nicht nur die Reaktion auf tatsächlich festgestellte wirtschaftliche Phänomene, sondern ein gewandeltes Verhältnis zum freien Wettbewerb. Der Zeitgeist kommt in einer Entscheidung des KG aus dem Jahr 1936 zum Ausdruck, in der es heißt: »Die grundsätzliche Ablehnung des Zugabewesens entspricht auch nationalsozialistischer Wirtschaftsauffassung«.[48] **26**

Seit 1936 sollte das Allgemeininteresse bei der Anwendung des § 1 der praktischen Durchsetzung bestimmter wirtschaftspolitischer Zielsetzungen dienen.[49] § 1 diente damit auch als Einfallstor für nationalsozialistisches Gedankengut. Hatte das Reichsgericht noch 1936 den Werbehinweis, ein Konkurrent sei Jude, als Verstoß gegen § 1 gewertet, der auch durch die nationalsozialistische Weltanschauung nicht zu rechtfertigen sei,[50] so stellte es sich drei Jahre später auf den Standpunkt, ein »volksbewußter Deutscher« sei dankbar für »jeden kameradschaftlichen Hinweis, der ihn vor einem unerwünschten Vertrag mit einem Juden bewahrt«.[51] In einer späteren Entscheidung wurden die »guten Sitten« im Sinne des § 1 unbefangen mit dem »gesunden Volksempfinden« gleichgesetzt.[52] **27**

45 *RG, 19.06.1925*, II 381/24, RGZ 111, 192, 197.
46 *Ohly*/Sosnitza, Einl. Rn. 33 m. w. N.
47 Ohly/Sattler, GRUR 2016, 1229, 1231.
48 KG, 04.02.1936, 1 Ss 10/36, JW 1936, 956.
49 GK/Pahlow, Einl. B 37 unter Hinweis auf RG, 19.10.1937, II 156/37, GRUR 1938, 207, 209.
50 RG, 25.02.1936, II 193/35, RGZ 150, 298, 307 f.
51 RG, 30.11.1938, II 106/38, JW 1939, 429, 430; zu diesen Entscheidungen Thiessen, BRGÖ (Beiträge zur Rechtsgeschichte Österreichs) 2017, 204, 206.
52 RG, 07.04.1941, II 121/40, RGZ 166, 315, 319.

28 Dem Bestreben nach Kontrolle über die Wirtschaft diente auch das »Gesetz über die Wirtschaftswerbung« vom 12.09.1933,[53] durch dessen § 3 die Wirtschaftswerbung einem generellen Genehmigungsvorbehalt unterworden wurde. Durch das Gesetz wurde der »Werberat der deutschen Wirtschaft« (nicht zu verwechseln mit dem 1972 gegründeten Deutschen Werberat) geschaffen. Dabei handelte es sich um ein Gremium aus Vertretern der Wirtschaft, das das gesamte Werbungs-, Anzeigen-, Ausstellungs-, Messe- und Reklamewesen beaufsichtigen sollte. Die Mitglieder des Werberats wurden vom Propagandaministerium berufen, das damit eine sichere Kontrolle über Inhalt und Gestaltung aller Werbekampagnen gewann, die beim Werberat angemeldet und von ihm genehmigt werden mussten.[54] Nach den Richtlinien des Werberates sollte Werbung »deutsch« sowie »geschmackvoll und ansprechend« gestaltet werden.[55]

29 Symptomatisch für die Haltung des Nationalsozialismus zum Wettbewerb war die »Verordnung über Wettbewerb« vom 21.12.1934.[56] Durch diese Verordnung wurde die Leistungserbringung unter Einstandskosten (das »Verschleudern«) unter Strafe gestellt. Bezeichnend ist nicht nur die Regelungstechnik, die Einwirkung auf den Wettbewerb (allein) durch das Strafrecht in einer gesonderten Verordnung, sondern auch die Präambel, die als offizielle Stellungnahme des Regimes zum Wettbewerb verstanden wurde: Der Wettbewerb dürfe nicht »die Sicherung der Ernährung aus heimatlicher Scholle« beeinträchtigen; zu niedrig kalkulierte Preise, aus denen Steuern und Löhne nicht mehr gezahlt werden könnten und Gläubiger nicht befriedigt werden könnten, stünden nicht im Einklang mit einem auf Leistung und Verantwortungsbewusstsein gegründeten Wettbewerb und würden damit nicht den für die Volkswirtschaft besten Preis darstellen.[57]

4. Der Ausbau des Wettbewerbsrechts nach 1945

30 Nach 1945 knüpften Gesetzgebung und Rechtsprechung an die Vorkriegsentwicklung an. Auch nationalsozialistisch beeinflusste Regelungen wie das RabattG blieben in Kraft und wurden sogar noch erweiternd ausgelegt.[58] So erging im Juli 1950 eine Verordnung des Bundeswirtschaftsministers zur Regelung von Schlussverkäufen,[59] die sich weitegehend an einer entsprechenden Verordnung aus dem Jahr 1935 orientierte.[60] Die entsprechenden Bestimmungen fanden noch 1986 ihren Weg in die neugefassten §§ 7, 8.

---

53 RGBl I, 625.

54 http://www.lexikon-drittes-reich.de/Werberat_der_deutschen_Wirtschaft, abgerufen am 25.11.2016.

55 Zweite Bekanntmachung des Werberates der deutschen Wirtschaft, RAnz. 1933 Nr. 256.

56 RGBl I, 1280.

57 GK/Pahlow, Einl. B 31.

58 GK/Pahlow, Einl. B 30; MünchKomm/Sosnitza UWG, vor § 1 Rn. 13; Schricker, GRUR Int. *1996, 473, 475 f.).*

59 VO vom 13.07.1950, BAnz. 1950, Nr. 135.

60 RAnz. Nr. 158 v. 15.03.1935.

Eine andere Entwicklungslinie, die nach 1945 weiterverfolgt wurde, war die Ausweitung der Schutzwecke des UWG. Mit dem Gesetz vom 21.07.1965 wurde die Klagebefugnis für Verbraucherverbände eingeführt (§ 13 Ia). Damit wurde erstmals auch von Seiten des Gesetzgebers anerkannt, dass das UWG auch die Interessen der Verbraucher schützte. Zunächst war die Klagebefugnis allerdings beschränkt auf irreführende Werbung, da nur durch sie primär Interessen der Verbraucher betroffen würden. Eine unerwünschte Nebenwirkung war allerdings, dass in der Folge die Verbandsklage sachfremd zur Erzielung von Einkünften eingesetzt wurde.[61] **31**

Im Jahr 1969 wurde die kleine Generalklausel des § 3, durch die bis dahin unrichtige Angaben, die den Anschein eines günstigen Angebots hervorriefen, untersagt worden waren, an § 1 angepasst. Erfasst waren künftig irreführende Angaben zu Zwecken des Wettbewerbs. Ferner wurden mit § 6a (Hersteller- und Großhändlerwerbung) und § 6b (Kaufscheinwerbung) bestimmte Werbemethoden der Hersteller und Großhändler zugunsten des mittelständischen Einzelhandels untersagt. **32**

Der Schutz der Verbraucherinteressen wurde in der Folge durch weitere Gesetzesänderungen ausgebaut. So wurde durch das Gesetz zur Änderung wirtschafts-, verbraucher-, arbeits- und sozialrechtlicher Vorschriften vom 25.07.1986[62] die Bestimmung des § 13a eingeführt, der ein Rücktrittsrecht für Abnehmer schuf, die durch unwahre Werbung zum Vertragsschluss bestimmt worden waren. Diese Neuerung blieb aber praktisch bedeutungslos.[63] Außerdem wurden durch dieses Gesetz die bereits erwähnte Neufassung der §§ 7, 8 betreffend die Durchführung von Sonderveranstaltungen eingeführt. Eine Antwort auf den zunehmend beklagten Missbrauch des UWG für sachfremde Zwecke stellte die Neuregelung des § 13 Abs. 5, dem Vorläufer des späteren § 8 Abs. 4, dar, der im Fall rechtsmissbräuchlichen Vorgehens die Klagebefugnis entfallen ließ. Die Erweiterung der Klagebefugnis auf Verbraucher- und Gewerbeverbände, verbunden mit der Möglichkeit, die Erstattung von Abmahnkosten zu verlangen,[64] hatte dazu geführt, dass die Verfolgung von Wettbewerbsverstößen zu einem Geschäftsmodell umfunktioniert wurde, zum Beispiel durch sogenannte »Abmahnvereine«. Die Rechtsprechung war dem begegnet, indem sie in diesen Fällen die Klagebefugnis entfallen ließ[65] oder die Erforderlichkeit der Beauftragung eines Rechtsanwalts verneinte, so dass dessen Kosten nicht erstattungsfähig waren.[66] Diese Rechtsprechung sollte durch die Einführung des § 13 Abs. 5 kodifiziert und »gefördert« werden.[67] **33**

Die Rechtsprechung wurde systematisch in dem damals führenden Kommentar von Baumbach/Hefermehl[68] in Fallgruppen und zahlreichen weiteren Unterteilungen auf- **34**

61 Hefermehl, GRUR 1969, 653, 654.
62 BGBl I 1169, berichtigt 1987 I 565.
63 Köhler/Bornkamm/Henning-Bodewig, WRP 2002, 1317, 1328.
64 Seit BGH, 15.10.1969, I ZR 3/68, BGHZ 52, 393 = GRUR 1970, 189 – *Fotowettbewerb.*
65 BGH, 07.11.1985, I ZR 105/83, GRUR 1986, 320, 312 – *Wettbewerbsverein.*
66 BGH, 12.04.1984, I ZR 45/82, GRUR 1984, 691, 692 – *Anwaltsabmahnung* m. Anm. Jacobs.
67 BT-Drucksache 10/5771, S. 22.
68 22. Aufl. 2000, Einl. Rn. 160 ff.

gearbeitet. Nicht zu verkennen war, dass die immer feinere Ausdifferenzierung der Rechtsprechung, verbunden mit dem nunmehr anerkannten Schutz der Interessen des Verbrauchers, dem das Leitbild des unkritischen »flüchtigen Verbrauchers« zugrunde lag, zu einer zunehmenden Verschärfung der lauterkeitsrechtlichen Maßstäbe und damit einer Einschränkung des freien Wettbewerbs führte. Bekannt ist die polemische Formulierung von *Emmerich*: »Das Verbraucherleitbild des BGH ist der an der Grenze zur Debilität verharrende, einer umfassenden Betreuung bedürftige, hilflose Verbraucher, der auch noch gegen die kleinste Gefahr einer Irreführung durch die Werbung geschützt werden muss«.[69] *Schricker* sprach von »einer stetigen Ausweitung des Verbotsbereichs«.[70] Hinzu kam, dass die Generalklausel in ihrer Anwendung keineswegs in jeder Hinsicht flexibel war. So wurde sie zwar dazu genutzt, um auf neue Phänomene zu reagieren. Die so geschaffenen richterrechtlichen Normen waren aber alles andere als flexibel, sondern zeichneten sich durch »außerordentliches Beharrungsvermögen« aus.[71]

35 Allerdings setzte in den 90er Jahren unter dem Einfluss des europäischen Rechts ein Umdenken ein, so dass geradezu von einem »**Paradigmenwechsel**« gesprochen wurde.[72] Die Rechtsprechung gab das Leitbild des unkritischen Verbrauchers zugunsten des mündigen Verbrauchers auf.[73] Hinzu trat die Rechtsprechung des Bundesverfassungsgerichts, das lauterkeitsrechtliche Verbote am Maßstab der durch Art. 5 GG geschützten Pressefreiheit maß und daher die Urteile des BGH, mit denen dieser »Schockwerbung« der Fa. Benetton untersagt hatte,[74] als unzulässigen Eingriff in die Pressefreiheit beanstandete.[75] Diese Neuorientierung kam auch in der Gesetzgebung zum Ausdruck: Durch das am 01.08.1994 in Kraft getretene Gesetz zur Änderung des UWG (UWGÄndG) vom 25.07.1994[76] – die »kleine UWG-Reform« – traten erste Liberalisierungen des Wettbewerbsrechts ein. So wurde der »fliegende Gerichtsstand« durch den neuen § 24 Abs. 2 Satz 2 weitgehend beseitigt. Im gleichen Jahr wurde der Schutz geschäftlicher Bezeichnungen, der zuletzt in § 16 zum Kernbestand des Lauterkeitsrechts gehört hatte, im Zuge des Markenrechtsreformgesetzes in §§ 5, 15 MarkenG verlagert.

36 Im Sinn einer Liberalisierung wirkte – zunächst – auch der Einfluss des europäischen Rechts, der sich zunehmend bemerkbar machte. Dies galt insbesondere für die Rechtsprechung des EuGH, der Verbote auf der Grundlage des UWG als Beschränkungen des freien Warenverkehrs am Maßstab des Art. 30 EWG-Vertrages prüfte. So erklärte der EuGH die Regelung des § 6e UWG 1909, die Werbung mit der Gegenüberstellung

---

69 Emmerich, Wettbewerbsbeschränkungen durch die Rechtsprechung, in: Lange/Nörr/Westermann (Hrsg.), Festschrift für Joachim Gernhuber, Tübingen 1993, S. 857, 870.

70 Schricker, GRUR Int. 1996, 473, 474 f.

71 Schricker, GRUR Int. 1996, 473, 474.

72 *Ohly*/Sosnitza, Einl. 43.

73 *Köhler*/Bornkamm/Feddersen, § 1 Rn. 29.

74 BGH, 06.07.1995, I ZR 239/93, GRUR 1995, 598 – *Ölverschmutzte Ente*; BGH, 06.07.1995, I ZR 180/94, GRUR 1995, 600 – *»H.I.V. Positive«*.

75 BVerfG, 12.12.2000, 1 BvR 1762/95, BVerfGE 102, 347 ff. = GRUR 2001, 170, 172.

76 BGBl I 1738.

alter und neuer Preise des gleichen Unternehmens untersagte, für unvereinbar mit Art. 30 EWG-Vertrag.[77] Eine weitere Folge war die Zulassung vergleichender Werbung in (zunächst) § 2. Nachdem vergleichende Werbung zunächst – außerhalb der Grenzen der Anschwärzung und Verleumdung – für zulässig gehalten worden war, hatte sie das Reichsgericht seit den 1930er Jahren als sittenwidrig eingestuft.[78] Nunmehr erforderte die Richtlinie 97/55/EG eine Umkehr und ihre ausdrückliche Zulassung.[79]

5. Das UWG in der DDR

In der DDR wurde das UWG nie formal aufgehoben, verlor aber in der staatlich gelenkten Planwirtschaft seine Bedeutung. Ein »Wettbewerb« im lauterkeitsrechtlichen Sinn war in diesem ökonomischen System nicht möglich. So äußerte das Oberste Gericht der DDR in einem Urteil aus dem Jahr 1961 Zweifel, ob das UWG 1909 auf die ökonomischen Verhältnisse in der Deutschen Demokratischen Republik überhaupt Anwendung finden könne.[80] Über Streitigkeiten innerhalb der DDR-Wirtschaft entschied seit Anfang der siebziger Jahre nicht mehr die Zivilgerichtsbarkeit, sondern das Staatliche Vertragsgericht des Ministerrats, das andere Grundsätze und Regeln anwandte als die des UWG. Lediglich der Schutz der Geschäftsbezeichnung gemäß § 16 UWG 1909 behielt eine gewisse Bedeutung.[81] Durch Gesetz vom 21.07.1990[82] wurde das UWG in der damals in der Bundesrepublik geltenden Fassung in das Recht der DDR übernommen, so dass in dem seit dem 03.10.1990 wiedervereinigten Deutschland ein einheitliches Recht gegen den unlauteren Wettbewerb galt. **37**

III. Die Kodifikation des modernen Lauterkeitsrechts: Das UWG von 2004 bis 2015

1. UWG 2004

Die beschriebenen Tendenzen der Europäisierung und Liberalisierung veranlassten den Gesetzgeber, ab 2001 Vorarbeiten für eine Reform des UWG einzuleiten; das geltende UWG wurde als »nicht mehr zeitgemäß und im internationalen Vergleich in einzelnen Bereichen besonders restriktiv« empfunden.[83] Unter anderem wurde eine Arbeitsgruppe »Unlauterer Wettbewerb« im Bundesministerium der Justiz eingesetzt, deren Aufgabe es war, den Regierungsentwurf eines neuen UWG vorzubereiten. Dieser wurde stark von einem Vorschlag beeinflusst, den *Köhler/Bornkamm/Henning-Bodewig* auf der Grundlage der Erörterungen in der Arbeitsgruppe veröffentlichten.[84] Bezeichnend für **38**

---

77 *EuGH*, 18.05.1993, C-126/91, GRUR 1993, 747 Rn. 23 – *Yves Rocher* m. Anm. Bornkamm.
78 RG, 06.10.1931, II 495/30, GRUR 1931, 1299, 1301.
79 BGH, 05.02.1998, I ZR 211/95, GRUR 1998, 824, 826 f. – *Testpreis-Angebot.*
80 Oberstes Gericht, 23.03.1961, 1 Zu 4/60 Pa, OGZ 8, 208, 243 – *Carl Zeiss.*
81 Vgl. BGH, 29.06.1995, I ZR 24/93, BGHZ 130, 134 ff. = GRUR 1995, 754, 758 – *Altenburger Spielkartenfabrik.*
82 GBl. DDR I S 991.
83 BT-Drucksache 15/1487, S. 12.
84 WRP 2002, 1317.

die europarechtliche Dimension der Reformdebatte war, dass der Vorschlag von *Köhler/Bornkamm/Henning-Bodewig* in der Gestalt eines Richtlinienentwurfs abgefasst war.

39 Die Reform zielte auf einen vollständigen Gleichlauf der europäischen und der nationalen Regelungen. Daneben sollten die bewährten und erhaltenswerten Grundsätze und Wertungen des deutschen Lauterkeitsrechts, soweit darüber ein weit gehender Konsens in den Mitgliedstaaten bestand, beibehalten werden.[85] Das neugefasste Gesetz gegen den unlauteren Wettbewerb (UWG) vom 03.07.2004 trat schließlich ohne Übergangsfrist am Tag nach seiner Verkündung[86] am 08.07.2004 in Kraft. Leitideen der Novellierung waren Modernisierung, Europäisierung und Kodifizierung.

40 Die **Modernisierung** kam bereits in der Neufassung der Generalklausel zum Ausdruck, die jetzt nicht mehr auf einen Verstoß gegen die »guten Sitten«, sondern auf »unlautere Wettbewerbshandlungen« abstellte. In § 1 des neugefassten Gesetzes wurde als Zweck des Gesetzes nunmehr neben dem Schutz der Wettbewerber auch ausdrücklich erstmals der Schutz der Verbraucher genannt. Eine ganze Reihe von Verboten des UWG 1909 wurde gestrichen, so die §§ 6 (Konkurswarenverkauf), 6a (Hersteller- und Großhändlerwerbung), 6b (Kaufscheinhandel). Ebenso entfielen die umstrittenen Vorschriften über Jubiläums- und Sonderverkäufe (einschließlich des Sommer- und Winterschlussverkaufs) und über den Räumungsverkauf, nachdem bereits kurz zuvor die aus den 1930er Jahren stammenden Regelungen zu Rabatten (RabattG) und Zugaben (ZugabeVO) aufgehoben worden waren.

41 Die **Europäisierung** kam unter anderem in der Umsetzung der Richtlinie 84/450/EWG über irreführende Werbung und der Berücksichtigung des neuen Verbraucherleitbildes, das auf die Rechtsprechung des EuGH zurückzuführen war, zum Ausdruck.[87]

42 Schließlich war eine Leitidee des neuen Gesetzes die **Kodifizierung** der bisher von der Rechtsprechung auf der Grundlage der Generalklausel entwickelten Fallgruppen. Verbunden damit war eine neue Systematik des UWG. Eingeleitet wurde das Gesetz nunmehr durch einen »Allgemeinen Teil«, in dem die Schutzzwecke des Gesetzes erstmals ausdrücklich niedergelegt wurden (§ 1) und der Begriffsbestimmungen enthielt (§ 2). Auch diese Technik ist an den Gesetzgebungsstil der europäischen Rechtssetzung angelehnt. Anschließend folgten Regelungen über die Voraussetzungen der Haftung, beginnend mit der jetzt in § 3 enthaltenen Generalklausel. § 4 kodifizierte die wesentlichen richterrechtlich entwickelten Fallgruppen als Beispiele unlauterer Wettbewerbshandlungen. §§ 5 bis 7 dienten der Umsetzung europarechtlicher Richtlinien. In §§ 8 bis 11 wurden die Rechtsfolgen geregelt. § 8 Abs. 1 enthielt den vorbeugenden Unterlassungsanspruch sowie den Beseitigungsanspruch. Die Verjährung wurde an die Neuregelungen im BGB angepasst. Eine Neuschöpfung war die in § 10 geregelte Möglichkeit der Gewinnabschöpfung. §§ 12 bis 15 enthielten Verfahrensvorschriften, die inhaltlich dem UWG 1909 entsprachen, aber durch in der Rechtsprechung entwickelte

85 *Köhler/Bornkamm/Henning-Bodewig*, WRP 2002, 1317, 1324.
86 BGBl I S 1414.
87 BT-Drucksache 15/1487 S. 19.

Institute ergänzt wurden. So befasste sich § 12 Abs. 1 mit Abmahnung und Unterwerfung, einschließlich des Anspruchs auf Erstattung der Abmahnkosten, der bisher dahin aus dem Gedanken der Geschäftsführung ohne Auftrag abgeleitet worden war. §§ 16–19 enthielten schließlich Straftatbestände.

Die Kodifizierung stellte sich als voller Erfolg dar. Zwar ist die Generalklausel in § 3 erhalten geblieben, und es blieb möglich, über sie »unbenannte Wettbewerbsverstöße« zu verfolgen. Ihre praktische Bedeutung wurde jedoch drastisch reduziert. Verbliebene Anwendungsfälle sind etwa Verstöße öffentlich-rechtlicher Körperschaften gegen das Gebot der Objektivität und Neutralität bei Empfehlungen, Auskünften oder Warnungen[88] oder die Direktansprache von Mitarbeitern durch sogenannte »Headhunter«.[89] Diskutiert wird schließlich noch, ob die Haftung von Intermediären auf einer direkten Anwendung des § 3 beruht oder sich nicht vielmehr aus dem jeweiligen Unlauterkeitstatbestand ergibt.[90] **43**

2. UWG-Novelle 2008

Bereits im Jahr 2008 war allerdings eine Novellierung des Gesetzes erforderlich. Das Gesetz zur Änderung des Gesetzes gegen den unlauteren Wettbewerb vom 22.12.2008 trat am Tag nach seiner Verkündung[91] am 30.12.2008 in Kraft. Es diente der Umsetzung der Richtlinie 2005/29/EG über unlautere Geschäftspraktiken von Unternehmen gegenüber Verbrauchern im Binnenmarkt (UGP-Richtlinie, UGP-RL), die an sich bis zum 12.06.2007 umzusetzen gewesen wäre und spätestens ab dem 12.12.2007 unmittelbar anwendbar war (Art. 19 UGP-RL). Durch sie wurde das Lauterkeitsrecht vollharmonisiert (Art. 3 (1) UGP-RL). **44**

Die Richtlinie führte zu einer weiteren Akzentverschiebung zugunsten des Verbraucherschutzes: Durch sie sollten die Rechtsvorschriften der Mitgliedstaaten über unlautere Geschäftspraktiken einschließlich der unlauteren Werbung angeglichen werden, die die wirtschaftlichen Interessen der Verbraucher unmittelbar und dadurch die wirtschaftlichen Interessen rechtmäßig handelnder Mitbewerber mittelbar schädigen. Nationale Rechtsvorschriften in Bezug auf unlautere Geschäftspraktiken, die lediglich die wirtschaftlichen Interessen von Mitbewerbern schädigen oder sich auf ein Rechtsgeschäft zwischen Gewerbetreibenden beziehen, wurden durch sie nicht berührt. Den Mitgliedstaaten blieb es überlassen, solche Praktiken, unter uneingeschränkter Wahrung des Subsidiaritätsprinzips im Einklang mit dem Gemeinschaftsrecht weiterhin regeln.[92] **45**

Verbunden mit der Novellierung war eine Erweiterung des Geltungsbereichs des UWG. Bis hatte es nur das Verhalten im Wettbewerb geregelt. Die UGP-Richtlinie erforderte die Erweiterung des Anwendungsbereichs auf das unternehmerische Verhalten gegenüber Verbrauchern und anderen Marktteilnehmern. Dies kam darin zum Ausdruck, **46**

88 BGH, 12.07.2012, I ZR 54/11, GRUR 2013, 301 Rn. 26 ff. – *Solarinitiative.*
89 BGH, 09.02.2006, I ZR 73/02, GRUR 2006, 426 Rn. 16 – *Direktansprache am Arbeitsplatz II.*
90 Ohly, NJW 2016, 1417, 1418 m. w. N.; dazu unten § 8 Rdn. 211 f.
91 BGBl I S 2949.
92 Erwägungsgrund 6 der Richtlinie 2005/29/EG.

dass der Ausdruck der »Wettbewerbshandlung« durch den der »geschäftlichen Handlung« in § 2 Abs. 1 Nr. 1 UWG ersetzt wurde, was zu einer deutlichen Ausdehnung des Anwendungsbereichs des UWG führte.[93]

47 Die Generalklausel wurde in eine »allgemeine Generalklausel« (§ 3 Abs. 1) und eine »Verbrauchergeneralklausel« in Abs. 2 aufgeteilt, nach der geschäftliche Handlungen gegenüber Verbrauchern jedenfalls dann unzulässig waren, wenn sie nicht der für den Unternehmer geltenden fachlichen Sorgfalt entsprachen und dazu geeignet waren, die Fähigkeit des Verbrauchers, sich auf Grund von Informationen zu entscheiden, spürbar zu beeinträchtigen und ihn damit zu einer geschäftlichen Entscheidung zu veranlassen, die er andernfalls nicht getroffen hätte. Durch diese Änderung kam die stärker am Verbraucherschutz ausgerichtete Tendenz des neuen UWG zum Ausdruck. Zugleich ist sie Ausfluss der europarechtlichen Tendenz, dem Verbraucher zu einer »informierten« Entscheidung zu verhelfen, indem Informationspflichten statuiert werden. Dabei dienen diese nicht immer allein dem Verbraucherschutz, sondern auch mittelbar anderen politischen Zielsetzungen, wie der Energiepolitik (z. B. durch diverse Informationspflichten in Bezug auf die Energieeffizienz technischer Produkte) oder der Gesundheitspolitik (HCVO). Kritisch zu hinterfragen ist dabei einmal, ob dies nicht zu einer Überfrachtung des Lauterkeitsrechts und damit zu einer Beeinträchtigung des Wettbewerbs führt,[94] und zum anderen, ob die Fülle der »wesentlichen« Informationen (vgl. § 5a Abs. 4 UWG) nicht auf Dauer auch aus Sicht des Verbraucherschutzes kontraproduktiv ist, indem sie zu einen »information overload« führt.[95]

48 Eine weitere Neuerung war die Einführung der »Schwarzen Liste« der *per se* unzulässigen geschäftlichen Handlungen, wobei aber die Reihenfolge geändert wurde und Ziff. 26 Anh. I UGP-RL in § 7 Abs. 2 Nr 1 UWG umgesetzt wurde. Große praktische Bedeutung hat die »Schwarze Liste« bislang aber nicht erlangt.[96] Der Beispielskatalog des § 4 blieb dagegen praktisch unverändert. Der bisherige § 5 wurde entsprechend Art. 6, 7 UGP-Richtlinie in § 5 (Irreführung durch aktives Tun) und § 5a (Irreführung durch Unterlassen) aufgeteilt.

49 Weitere Veränderungen im Bereich der Telefonwerbung (§ 7) brachte das »Gesetz zur Bekämpfung unerlaubter Telefonwerbung und zur Verbesserung des Verbraucherschutzes bei besonderen Vertriebsformen« vom 29.07.2009.[97] Durch das Gesetz gegen unseriöse Geschäftspraktiken vom 01.10.2013[98] sollten vermeintliche Missstände bei wettbewerbsrechtlichen und urheberrechtlichen Abmahnungen beseitigt werden. Zur Verbesserung der Stellung eines zu Unrecht Abgemahnten wurde für den Fall einer

93 MünchKomm/Sosnitza UWG, vor § 1 Rn. 30.

94 Link, in: Ullmann, JurisPK-UWG, § 3a Rn. 9; ähnlich Ohly/Sattler, GRUR 2016, 1229, 1233.

95 Vgl. bereits die kritische Stellungnahme der GRUR zu einem Vorschlag für eine EG-Verordnung über »Verkaufsförderung im Binnenmarkt« in GRUR 2002, 410, 413; grundlegend Kind, Die Grenzen des Verbraucherschutzes durch Information, 1997.

96 *So schon Scherer, WRP 2011, 393, 398.*

97 BGBl I S. 2413.

98 BGBl I S. 3714.

rechtsmissbräuchlichen Abmahnung (§ 8 Abs. 4 UWG) ein Anspruch auf Ersatz der Rechtsverteidigungskosten geschaffen und in § 12 Abs. 4 die Möglichkeit einer Streitwertherabsetzung eingeführt. Die ursprünglich geplante Abschaffung des »fliegenden Gerichtsstands« im Wettbewerbsrecht durch Änderung des § 14 Abs. 2 UWG[99] fand keine Mehrheit, anders als im Urheberrecht, wo er für nicht-gewerbliche oder berufliche Verletzungshandlungen durch § 104a UrhG abgeschafft worden ist. Allerdings ist insoweit in Bezug auf das UWG ein »Überprüfungsvorbehalt« vorgesehen.[100]

3. UWG-Novelle 2015

Bereits 2015 war eine erneute Novellierung erforderlich, da der Gesetzgeber mit der **50**
Novelle 2008 die europarechtlichen Vorgaben nach Ansicht der Europäischen Kommission nur unzureichend umgesetzt hatte. Die Kommission hatte daher bereits ein Vertragsverletzungsverfahren eingeleitet. Die Novellierung stand unter dem Leitbild, lediglich Präzisierungen des Gesetzestextes und keine materiellen Änderungen einzuführen.[101] In zahlreichen Fällen bestanden die Änderungen daher darin, den Text der Vorschriften stärker an die entsprechenden europarechtlichen Vorgaben anzupassen. Die tiefgreifendsten Änderungen betrafen § 4 a. F. Von den bisherigen »Beispielen unlauterer geschäftlicher Handlungen« wurden nur die Regelungen über den Mitbewerberschutz (§ 4 Nr. 7 bis 10 a. F.) als § 4 Nr. 1 bis 4 beibehalten. § 4 Nr. 1 und 2 a. F. wurden durch den neugeschaffenen § 4a abgelöst, der zugleich den Begriff der »aggressiven geschäftlichen Handlung« in das UWG einführte. § 4 Nr. 3 (Verschleierung des Werbecharakters) wurde im Verhältnis zu Verbrauchern durch § 5a Abs. 6 UWG ersetzt. Im Verhältnis zu anderen Marktteilnehmern gibt es keine spezielle Regelung dieses Tatbestandes mehr, so dass er nur noch über die allgemeine Vorschrift des § 5a Abs. 1 erfasst werden kann. § 4 Nr. 11 wurde ohne inhaltliche Änderung in den neugeschaffenen § 3a überführt. § 5a UWG 2008 wurde nicht nur durch die Einfügung des Abs. 6, sondern auch durch eine tiefgreifende Umgestaltung von Abs. 2, der durch einen neugeschaffenen Abs. 5 ergänzt wird, modifiziert. Dem gesetzgeberischen Leitbild einer reinen Präzisierung des Textes entsprechend geht auch die Rechtsprechung davon aus, dass mit der Novellierung keine materiellen Änderungen verbunden sind.[102]

---

99 BT-Drucksache 17/13057, S. 13.

100 Köhler, NJW 2013, 3473.

101 BT-Drucksache 18/4535, S. 2, 9.

102 BGH, 19.01.2016, I ZR 61/14, GRUR 2016, 516 Rn. 11 – *Wir helfen im Trauerfall* (zu § 3a UWG); BGH, 03.03.2016, I ZR 110/15, GRUR 2016, 961 Rn. 25 – *Herstellerpreisempfehlung bei Amazon* (zu § 5 UWG).

B. Primäres und sekundäres Unionsrecht

Wolfgang Büscher

I. Verhältnis des Unionsrechts zum nationalen Recht

1. Vorrang des Unionsrechts

51 Das Unionsrecht gilt in der gesamten Europäischen Union **verbindlich** und **vorrangig** vor dem nationalen Recht der Mitgliedstaaten.[103] Kollidieren Bestimmungen des Unionsrechts mit nationalen Vorschriften, sind die Mitgliedstaaten verpflichtet, die erforderlichen Maßnahmen zu ergreifen, um die uneingeschränkte Wirkung des Unionsrechts sicherzustellen.[104] Die nationalen Gerichte, die im Rahmen ihrer Zuständigkeiten Vorschriften des Unionsrechts anwenden, müssen die volle Wirksamkeit des Unionsrechts gewährleisten.[105] Dazu sind die nationalen Vorschriften in Übereinstimmung mit dem Unionsrecht auszulegen.

2. Das Verhältnis des Unionsrechts zu den deutschen Grundrechten

52 Den **Grundrechtsschutz gegenüber der Hoheitsgewalt der Union** muss der EuGH gewährleisten. Der EuGH hat die abschließende Entscheidungsbefugnis über die Auslegung der Verträge (EUV und AEUV) und der EU-Grundrechtecharta sowie über die Gültigkeit und Auslegung der abgeleiteten Rechtsakte der Organe der Union.[106]

53 Durch die Einräumung von Hoheitsrechten an Einrichtungen außerhalb Deutschlands dürfen die Identität der geltenden inländischen Verfassungsordnung und ihr Grundgefüge sowie die sie konstituierenden Strukturen nicht aufgegeben werden. Ein unverzichtbares, zum Grundgefüge der geltenden Verfassung gehörendes Kernstück sind die Rechtsprinzipien, die dem Grundrechtsteil des Grundgesetzes zugrunde liegen. Wenn der nach dem Grundgesetz bestehende Rechtsschutz entfallen soll, muss stattdessen eine Grundrechtsgeltung gewährleistet sein, die nach Inhalt und Wirksamkeit dem Grundrechtsschutz, wie er nach dem Grundgesetz unabdingbar ist, im Wesentlichen gleichkommt. Dazu muss in aller Regel ein Individualrechtsschutz durch unabhängige Gerichte gewährleistet sein, die mit einer dem Rechtsschutzbegehren angemessenen Prüfungs- und Entscheidungsmacht über tatsächliche und rechtliche Fragen ausgestattet sind, aufgrund eines Verfahrens entscheiden, das rechtliches Gehör, dem Streitgegenstand angemessene Angriffs- und Verteidigungsmittel und frei gewählten, kundigen

---

103 EuGH, 09.03.1978, Rs. 106/77, NJW 1978, 1741 – *Simmenthal*; EuGH, 19.06.1990, C-213/89, NJW 1991, 2271 Rn. 18 und 20 – *Factortame*; EuGH, 16.07.2009, C-12/08, Slg. 2009, I-6653 Rn. 64 – *Mono Car Styling*; BVerfG, 22.10.1986, 2 BvR 197/83, NJW 1987, 577, 580 – Solange II.

104 EuGH, 07.01.2004, C-201/02, NVwZ 2004, 593 Rn. 64 – *Wells*.

105 EuGH, 19.11.1991, C-6/90 und C-9/90, NJW 1992, 165 Rn. 32 – *Francovich*; EuGH, 05.10.2010, C-173/09, EuZW 2010, 907 Rn. 31 – *Elchinov*; EuGH, 05.04.2016, C-689/13, EuZW 2016, 431 Rn. 40 – *PFE/Airgest*; EuGH, 20.12.2017, C-664/15, EuZW 2018, 158 Rn. 35 – *Protect*.

106 BVerfG, 25.07.1979, 2 BvL 6/77, BVerfGE 52, 187, 200; BVerfG, 22.10.1986, 2 BvR 197/83, NJW 1987, 577, 578 – Solange II.

Beistand ermöglicht, und deren Entscheidungen eine Verletzung eines Grundrechts sachgerecht und wirksam sanktionieren. Das BVerfG geht seit der »**Solange II-Entscheidung**« aus dem Jahre 1986 davon aus, dass diese Anforderungen an den Grundrechtsschutz durch den Grundrechtsstandard der Union erfüllt sind und dieser durch den EuGH gewährleistet wird.[107]

Solange ein wirksamer Schutz der Grundrechte gegenüber der Hoheitsgewalt der Union **54**
generell gewährleistet ist, der dem vom GG als unabdingbar gebotenen Grundrechtsschutz im Wesentlichen entspricht, übt das BVerfG seine Gerichtsbarkeit über die Anwendbarkeit von abgeleitetem Unionsrecht, das als Rechtsgrundlage für ein Verhalten deutscher Gerichte und Behörden im Hoheitsbereich Deutschlands in Anspruch genommen wird, nicht mehr aus und überprüft dieses Recht mithin nicht mehr am Maßstab der Grundrechte des Grundgesetzes.[108] Seit dem 01.12.2009 hat der Grundrechtsschutz in der Union seine Rechtsgrundlage in der Charta der Grundrechte der Europäischen Union, durch die ein dem GG vergleichbarer Grundrechtsschutz normiert und der Grundrechtsschutz auf Ebene der Union weiter verfestigt und garantiert ist.

Die Grundsätze der »Solange II-Entscheidung« gelten in dieser Allgemeinheit allerdings **55**
nur für zwingendes Unionsrecht ohne Umsetzungsspielraum durch die Mitgliedstaaten.[109] Ob ein Umsetzungsspielraum besteht, müssen die Fachgerichte, soweit erforderlich unter Beteiligung des EuGH durch ein Vorabentscheidungsersuchen, bestimmen.[110] Kommen die Fachgerichte ohne Anrufung des EuGH zu dem Ergebnis, dass kein Umsetzungsspielraum besteht, überprüft dies das Bundesverfassungsgericht ohne Beschränkung auf eine Willkürkontrolle.[111] Diese umfassende Überprüfung der Entscheidung des Fachgerichts im Rahmen der Verfassungsbeschwerde stützt das BVerfG auf das Gebot eines effektiven Grundrechtsschutzes nach Art. 19 (4) GG i. V. mit dem jeweils anwendbaren Grundrecht des Grundgesetzes.[112] Die Feststellung, dass bei nationalen Umsetzungsakten kein Umsetzungsspielraum besteht, hat zur Folge, dass das BVerfG keine Kontrolle am Maßstab der Grundrechte des Grundgesetzes vornimmt und die Fachgerichte den Grundrechtsschutz ausschließlich anhand der EU-Grundrechtecharta bestimmen.[113] Es kommt ferner nicht auf die Gewährleistungen der EMRK und die Rechtsprechung des EGMR an. Die Gewährleistungen der EMRK,

107 BVerfG, 22.10.1986, 2 BvR 197/83, NJW 1987, 577, 578 – Solange II.

108 BVerfG, 22.10.1986, 2 BvR 197/83, NJW 1987, 577, 582 – Solange II.

109 BVerfG, 19.07.2011, 1 BvR 1916/09, BVerfGE 129, 78 Rn. 92; BVerfG, 31.05.2016, 1 BvR 1585/13, BVerfGE 142, 74 Rn. 115.

110 BVerfG, 19.07.2011, 1 BvR 1916/09, BVerfGE 129, 78 Rn. 88; BGH, 27.07.2017, I ZR 228/15, GRUR 2017, 1027 Rn. 21 – *Reformistischer Aufbruch*.

111 BVerfG, 19.07.2011, 1 BvR 1916/09, BVerfGE 129, 78 Rn. 90; BVerfG, 31.05.2016, 1 BvR 1585/13, BVerfGE 142, 74 Rn. 116.

112 BVerfG, 13.07.2007, 1 BvF 1/05, BVerfGE 118, 79, 97; BVerfG, 31.05.2016, 1 BvR 1585/13, BVerfGE 142, 74 Rn. 123.

113 BGH, 01.06.2017, I ZR 115/16, GRUR 2017, 895 Rn. 43 – *Metall auf Metall III*; BGH, 01.06.2017, I ZR 139/15, GRUR 2017, 901 Rn. 34 – *Afghanistan Papiere*; BGH, 27.07.2017, I ZR 228/15, GRUR 2017, 1027 Rn. 23 – *Reformistischer Aufbruch*.

der im nationalen Recht der Rang von einfachem Bundesrecht zukommt, und die Rechtsprechung des EGMR dienen zwar auf der Ebene des nationalen Verfassungsrechts als Auslegungshilfe für die Bestimmung von Inhalt und Reichweite der Grundrechte des Grundgesetzes. Rechtsakte der Union sind dagegen allein anhand der durch die EU-Grundrechtecharta garantierten Grundrechte auszulegen, da die EMRK, solange die Union ihr nicht beigetreten ist, kein Rechtsinstrument darstellt, das förmlich in die Unionsrechtsordnung übernommen wurde.[114]

56 Im Anwendungsbereich der **UGP-RL** hat der deutsche Gesetzgeber keinen Umsetzungsspielraum. Das deutsche Lauterkeitsrecht ist in dem durch Art. 3 UGP-RL bestimmten Anwendungsbereich vollständig harmonisiert.[115] Ein Rückgriff auf die Bestimmungen der Grundrechte des GG ist ausgeschlossen. Die Gewährleistung des Grundrechtsschutzes hat ausschließlich anhand der Grundrechte der EU-Grundrechtecharta zu erfolgen. Durch die **Werbe-RL** ist die vergleichende Werbung vollständig harmonisiert, soweit Art. 8 (3) und (4) der Richtlinie keine Ausnahmen vorsehen.[116] In dem durch die Werbe-RL vollständig harmonisierten Bereich wird der Grundrechtsschutz ebenfalls durch die EU-Grundrechtecharta und die Rechtsprechung der Fachgerichte und des EuGH gewährleistet.

57 Besteht dagegen ein Umsetzungsspielraum, misst das Bundesverfassungsgericht das angefochtene Urteil auch am Maßstab der Grundrechte des Grundgesetzes.[117]

3. Richtlinienkonforme Auslegung des nationalen Rechts

58 Soweit die Materie durch eine Richtlinie geregelt ist, müssen die Gerichte die nationalen Vorschriften richtlinienkonform ausgelegen. Die Pflicht der Gerichte der Mitgliedstaaten, das innerstaatliche Recht im Einklang mit der Richtlinie auszulegen, besteht erst ab Ablauf der Umsetzungsfrist der Richtlinie.[118] Aufgrund des Umsetzungsgebots nach Art. 288 (3) AEUV und des Grundsatzes der loyalen Zusammenarbeit nach Art. 4 (3) EUV ist das nationale Recht unter voller Ausschöpfung des Beurteilungsspielraums, den das nationale Recht einräumt, soweit wie möglich am Wortlaut und Zweck einer Richtlinie auszurichten, um das mit der Richtlinie verfolgte Ziel zu erreichen.[119] Das

114 EuGH, 26.02.2013, C-617/10, NJW 2013, 1415 Rn. 44 – *Åkerberg Fransson*; EuGH, 15.02.2016, C-601/15, NVwZ 2016, 1789 Rn. 45 bis 48; EuGH, 21.12.2016, C-203/15 und C-698/15, GRUR Int. 2017, 165 Rn. 127 bis 129.

115 EuGH, 14.01.2010, C-304/08, GRUR 2010, 244 Rn. 41 – *Plus Warenhandelsgesellschaft*; EuGH, 09.11.2010, C-540/08, GRUR 2011, 76 Rn. 30 – *Mediaprint*; EuGH, 17.01.2013, C-206/11, GRUR 2013, 297 Rn. 35 – *Köck*.

116 EuGH, 08.04.2003, C-44/01, GRUR 2003, 533 Rn. 43 und 44 – *Pippig Augenoptik*.

117 BVerfG, 24.04.2013, 1 BvR 1215/07, BVerfGE 133, 277 Rn. 88; BVerfG, 31.05.2016, 1 BvR 1585/13, BVerfGE 142, 74 Rn. 117; BGH, 19.05.2011, I ZR 147/09, GRUR 2012, 74 Rn. 28 – *Coaching Newsletter*.

118 EuGH, 04.07.2006, C-212/04, NJW 2006, 2465 Rn. 115 – *Adeneler*; EuGH, 27.06.2013, C-457/11 bis C-460/11, GRUR 2013, 812 Rn. 26 – *Kyocera/VG Wort*.

119 EuGH, 10.04.1984, Rs 14/83, NJW 1984, 2021, 2022 – *von Colson*; EuGH, 05.10.2004, C-397/01 bis C-403/01, EuZW 2004, 691 Rn. 110 ff. – *Pfeiffer u.a.*.

Gebot richtlinienkonformer Auslegung gilt nicht nur für grenzüberschreitende Sachverhalte zwischen den Mitgliedstaaten, sondern auch bei reinen Inlandssachverhalten. Eine richtlinienkonforme Auslegung findet ihre Grenze nicht am Gesetzeswortlaut. Wo dies zur Umsetzung von Richtlinien der Union notwendig ist, erfordert die richtlinienkonforme Auslegung eine **Rechtsfortbildung durch den Richter.**[120]

Dazu kann im Wege **richtlinienkonformer Rechtsfortbildung** eine teleologische Reduktion einer nationalen Vorschrift erfolgen, um sie an das Unionsrecht anzupassen. Eine richtlinienkonforme Rechtsfortbildung setzt eine verdeckte Regelungslücke im Sinne einer planwidrigen Unvollständigkeit des Gesetzes voraus. Davon ist auszugehen, wenn der Gesetzgeber mit einer Vorschrift des nationalen Rechts Bestimmungen des Unionsrechts richtlinienkonform umsetzen wollte, seine Annahme von einer richtlinienkonformen Umsetzung allerdings unzutreffend ist.[121] Die richtlinienkonforme Auslegung darf nicht so weit gehen, dass sie als Grundlage einer **Auslegung contra legem** dient.[122] Nach deutschem Rechtsverständnis ist eine Auslegung gegen den Wortlaut und den erklärten Willen des Gesetzgebers grundsätzlich unzulässig.[123] Ob und inwieweit das innerstaatliche Recht eine entsprechende richtlinienkonforme Auslegung zulässt, können nur die innerstaatlichen Gerichte beurteilen und ist einer Überprüfung durch den EuGH entzogen.[124] **59**

Ein **Beispiel für eine richtlinienkonforme Rechtsfortbildung** im Wege der teleologischen Reduktion ist die Entscheidung »Millionen-Chance II« des Bundesgerichtshofs.[125] Nach § 4 Nr. 6 UWG 2008 war es unlauter, die Teilnahme von Verbrauchern an einem Preisausschreiben oder Gewinnspiel von dem Erwerb einer Ware oder der Inanspruchnahme einer Dienstleistung abhängig zu machen, es sei denn, das Preisausschreiben oder Gewinnspiel war naturgemäß mit der Ware oder der Dienstleistung verbunden. Mit der UGP-RL ist eine entsprechende nationale Regelung nicht vereinbar, wenn die in § 4 Nr. 6 UWG 2008 beschriebene geschäftliche Handlung ohne Berücksichtigung der besonderen Umstände des Einzelfalls grundsätzlich unzulässig ist.[126] Der Bundesgerichtshof hat § 4 Nr. 6 UWG 2008 daraufhin einschränkend dahin ausgelegt, dass die Kopplung von Gewinnspielen mit Umsatzgeschäften nur dann unlauter ist, wenn sie im Einzelfall eine unlautere Geschäftspraxis nach dem Anhang I oder den Vorschriften über irreführende oder aggressive Geschäftspraktiken der UGP-RL darstellte.[127] Damit hatte § 4 Nr. 6 UWG 2008 keinen eigenen Regelungsgehalt mehr. **60**

---

120 BGH, 26.11.2008, VIII ZR 200/05, BGHZ 179, 27 Rn. 21.
121 BGH, 21.12.2011, VIII ZR 70/08, BGHZ 192, 148 Rn. 34.
122 EuGH, 16.07.2009, C-12/08, Slg. 2009, I-6653 Rn. 61 – *Mono Car Styling.*
123 BVerfG, 26.09.2011, 2 BvR 2216/06 und BvR 469/07, NJW 2012, 669 Rn. 47 und 56; BVerfG, 14.06.2007, 2 BvR 1447/05, NJW 2007, 2977 Rn. 121.
124 BVerfG, 26.09.2011, 2 BvR 2216/06 und BvR 469/07, NJW 2012, 669 Rn. 47 und 48.
125 BGH, 05.10.2010, I ZR 4/06, BGHZ 187, 231 Rn. 25 – *Millionen-Chance II.*
126 EuGH, 14.01.2010, C-304/08, GRUR 2010, 244 Rn. 47 – *Plus Warenhandelsgesellschaft.*
127 BGH, 05.10.2010, I ZR 4/06, BGHZ 187, 231 Rn. 25 – *Millionen-Chance II.*

61 Andererseits müssen die Gerichte der Mitgliedstaaten nach der Rechtsprechung des EuGH eine **nationale Bestimmung unberücksichtigt lassen**, die mit dem Unionsrecht unvereinbar ist.[128] Dazu bedarf es keines aufhebenden Rechtsakts durch die Gesetzgebungsinstanzen des Mitgliedstaats.[129] Ob eine Unvereinbarkeit einer Bestimmung des nationalen Rechts mit dem Unionsrecht besteht, müssen die Gerichte der Mitgliedstaaten durch Auslegung des Unionsrechts und des nationalen Rechts ermitteln. Kommen sie zu dem Ergebnis, dass eine nationale Bestimmung mit dem Unionsrecht unvereinbar ist, müssen sie sie unangewendet lassen.[130] Zwar kann ein deutsches Gericht danach zu dem Schluss gelangen, dass eine nationale Vorschrift mit einer im Inland verbindlichen Bestimmung der Union nicht vereinbar ist, und es kann eine gesetzliche Bestimmung nicht anwenden. Diese Feststellung setzt bei einem letztinstanzlich entscheidenden Gericht grundsätzlich voraus, dass die Rechtslage durch Rechtsprechung des EuGH zur Auslegung der einschlägigen unionsrechtlichen Norm geklärt ist und kein Anlass für eine erneute Vorlage an den EuGH besteht. Ansonsten erfordert die Feststellung der Unvereinbarkeit einer nationalen Regelung mit dem Unionsrecht und die daraus zu ziehende Konsequenz der Verwerfung der nationalen Bestimmung durch ein Gericht eines Mitgliedstaats, dessen Entscheidung nicht mehr angefochten werden kann, die Klärung der Unvereinbarkeit der nationalen Bestimmung mit dem Unionsrecht durch ein Vorabentscheidungsersuchen an den EuGH nach Art. 267 AEUV.

62 Die Vorschriften der Union sind eine gegenüber dem Recht der Mitgliedstaaten **eigenständige Rechtsordnung, die autonom und einheitlich** in der gesamten Union auszulegen ist.[131] Die Notwendigkeit einheitlicher Anwendung und Auslegung einer Vorschrift des Unionsrechts erfordert es, sie nach dem wirklichen Willen ihres Urhebers und dem von diesem verfolgten Zweck unter Berücksichtigung aller Sprachfassungen auszulegen.[132]

II. Grundlagen des Unionsrechts

1. Primärrecht

63 Zum Primärrecht der Union gehören die am 01.12.2009 in Kraft getretenen Bestimmungen des Vertrags über die Europäische Union (EUV) und des Vertrags über die Arbeitsweise der Europäischen Union (AEUV). Die Charta der Grundrechte der Europäischen Union, die ebenfalls am 01.12.2009 in Kraft getreten ist, ist nicht Teil der

---

128 EuGH, 22.06.2010, C-188/10 und C-189/10, EuR 2012, 199 Rn. 43 – *Melki und Abdeli*; EuGH, 05.10.2010, C-173/09, EuZW 2010, 907 Rn. 31 – *Elchinov*; EuGH, 04.06.2015, C-5/14, NVwZ 2015, 1122 Rn. 32 – *Kernkraftwerke Lippe-Ems*; EuGH, 09.02.2017, C-283/16, NJW 2017, 1227 Rn. 50.

129 EuGH, 05.10.2010, C-173/09, EuZW 2010, 907 Rn. 31 – *Elchinov.*

130 EuGH, 11.09.2014, C-112/13, EuZW 2014, 950 Rn. 37.

131 EuGH, 27.01.2005, C-188/03, NJW 2005, 1099 Rn. 33 – *AWO*; EuGH, 16.05.2013, C-228/11, NJW 2013, 2099 Rn. 22 – *MF Global.*

132 EuGH, 20.11.2001, C-268/99, EuZW 2002, 120 Rn. 47 – *Jany*; EuGH, 27.01.2005, C-188/03, NJW 2005, 1099 Rn. 33 – *AWO.*

Verträge. Sie ist nach Art. 6 (1) EUV allerdings gleichrangig mit den Verträgen. Sie rechnet daher zum Primärrecht der EU.[133]

Das Primärrecht geht dem Sekundärrecht der Union vor. Die Auslegung des Sekundärrechts muss in Übereinstimmung mit dem Primärrecht erfolgen. Eine Vorschrift des Sekundärrechts und eine das Sekundärrecht umsetzende nationale Vorschrift, die dem Primärrecht widersprechen, sind ungültig.[134] Die nationalen Gerichte sind nicht befugt, eine Bestimmung des Sekundärrechts der Union wegen Unvereinbarkeit mit dem Primärrecht oder mit einem für die Union verbindlichen internationalen Übereinkommen zu verwerfen.[135] Das Verwerfungsmonopol steht ausschließlich dem EuGH zu. **64**

Vom Primärrecht haben für das Lauterkeitsrecht vor allem die Vorschriften über den Binnenmarkt, Art. 3 EUV und Art. 26 ff AEUV, der Grundsatz der loyalen Zusammenarbeit, Art. 4 (3) EUV, die EU-Grundrechtecharta, das Diskriminierungsverbot, Art. 18 AEUV, die Bestimmungen zum freien Warenverkehr, Art. 28 ff AEUV, und zum freien Dienstleistungsverkehr, Art. 45 ff AEUV, sowie zum Vorabentscheidungsverfahren, Art. 267 AEUV, Bedeutung. **65**

2. Sekundärrecht

Rechtsakte der Union sind nach Art. 288 (1) AEUV Verordnungen, Richtlinien, Beschlüsse, Empfehlungen und Stellungnahmen. **66**

Verordnungen des Europäischen Parlaments, des Rats und der Kommission haben nach Art. 288 (2) AEUV allgemeine Geltung, sind in allen Teilen verbindlich und entfalten unmittelbare Wirkungen in den Mitgliedstaaten. Sie begründen Rechte und Pflichten von Privaten, die sich unmittelbar auf die Bestimmungen der Verordnungen berufen können. **67**

Richtlinien des Europäischen Parlaments, des Rats und der Kommission sind nach Art. 288 (3) AEUV für jeden Mitgliedstaat, an den sie gerichtet sind, wegen des zu erreichenden Ziels verbindlich. Durch die Richtlinie bleibt den Mitgliedstaaten die Wahl der Form und der Mittel zur Umsetzung der Richtlinie überlassen. Richtlinien haben im Grundsatz keine unmittelbare Wirkung in dem jeweiligen Mitgliedstaat, sondern binden nur den Mitgliedstaat als Adressaten der Richtlinie. **68**

Weitergehende Wirkung können Vorschriften einer Richtlinie nach Ablauf der Umsetzungsfrist haben. Die Bestimmungen der Richtlinie können in diesem Fall unmittelbare Wirkung entfalten. Das setzt voraus, dass (1) die Umsetzungsfrist abgelaufen ist und der Mitgliedstaat die Richtlinie nicht oder nicht ordnungsgemäß umgesetzt hat, (2) die in Rede stehende Vorschrift der Richtlinie inhaltlich unbedingt und ausrei- **69**

133 EuGH, 01.03.2011, C-236/09, NJW 2011, 907 Rn. 16 – *Test-Achats*.
134 EuGH, 09.11.2010, C-92/09 und C-93/09, EuZW 2010, 939 Rn. 46 – *Schecke*; EuGH, 01.03.2011, C-236/09, NJW 2011, 907 Rn. 17 – *Test-Achats*.
135 EuGH, 03.06.2008, C-308/06, EuZW 2008, 439 Rn. 42 – *Intertanko*.

chend genau gefasst ist und (3) durch die Bestimmung der Richtlinie keine rechtlichen Verpflichtungen Privater begründet werden. Eine Bestimmung ist hinreichend genau, wenn sie unzweideutig eine Verpflichtung der Mitgliedstaaten begründet.[136] Die Verwendung auslegungsbedürftiger Begriffe steht der Annahme hinreichender Bestimmtheit nicht entgegen.[137] Die Vorschrift der Richtlinie ist inhaltlich unbedingt, wenn sie weder unter einer Bedingung oder einem Vorbehalt steht noch weitere Maßnahmen von Unionsorganen erforderlich sind.

70 Personen, die durch die Richtlinie begünstigt werden, können sich im Fall einer unterbliebenen Umsetzung in nationales Recht nach Ablauf der Umsetzungsfrist auf Vorschriften berufen, die unbedingt und hinreichend genau gefasst sind.[138] Die nationalen Behörden und Gerichte müssen die Vorschriften der Richtlinie als Bestandteil des Unionsrechts beachten und dürfen entgegenstehendes nationales Recht nicht mehr anwenden.[139] Gegenüber einem Privaten können die Bestimmungen einer Richtlinie allerdings nur Rechte begründen. Daher kann dieser sich nicht gegenüber einem Mitgliedstaat auf eine Richtlinie berufen, wenn es sich um eine Verpflichtung des Staates handelt, die unmittelbar im Zusammenhang mit der Erfüllung einer anderen Verpflichtung steht, die aufgrund dieser Richtlinie einem Dritten obliegt.[140]

71 Soweit eine Richtlinie nicht umgesetzt ist, können aus ihren Bestimmungen keine Rechtsfolgen zu Lasten Privater abgeleitet werden und in einem Rechtsstreit zwischen Privaten kann die bislang nicht umgesetzte Richtlinie nicht zur Begründung von Verpflichtungen einer der Parteien dienen.[141] Dagegen rechtfertigen nach der EuGH-Rechtsprechung bloße negative Auswirkungen auf die Rechte Dritter, selbst wenn sie gewiss sind, es nicht, einem Einzelnen das Recht auf Berufung auf die Bestimmungen einer Richtlinie gegenüber dem betreffenden Mitgliedstaat zu versagen.[142] Das hat folgende Konsequenz: Steht die Vorschrift einer Richtlinie in einem Prozess einer Verurteilung des Beklagten nach lauterkeitsrechtlichen Vorschriften entgegen, kann dieser sich auf die entgegenstehende Vorschrift des Unionsrechts berufen und das nationale Gericht hat sie zu beachten. Dagegen kann der Kläger sich zur Begründung seines Unterlassungsbegehrens nicht auf eine ihm günstige Vorschrift einer Richtlinie stützen, die nicht oder fehlerhaft umgesetzt ist. Nicht oder fehlerhaft umgesetzte Richtlinien können einen Entschädigungsanspruch gegen den jeweiligen Mitgliedstaat begründen.[143]

---

136 EuGH, 23.02.1994, C-236/92, NVwZ 1994, 885 Rn. 10 – *Comitato di coordinamento.*

137 EuGH, 20.10.1993, C-10/92, juris Rn. 34 – *Balocci.*

138 EuGH, 25.07.2008, C-237/07, EuZW 2008, 573 Rn. 36 – *Janecek*; EuGH, 08.11.2016, C-243/15, EuZW 2017, 275 Rn. 44 – *Lesoochranárske zoskupenie VLK*; EuGH, 20.12.2017, C-664/15, EuZW 2018, 158 Rn. 34 – *Protect.*

139 EuGH, 08.11.2016, C-243/15, EuZW 2017, 275 Rn. 44 – *Lesoochranárske zoskupenie VLK.*

140 EuGH, 07.01.2004, C-201/02, NVwZ 2004, 593 Rn. 56 – *Wells.*

141 EuGH, 17.07.2008, C-152/07 bis C-154/07, EuZW 2008, 611 Rn. 35 – *Arcor.*

142 EuGH, 07.01.2004, C-201/02, NVwZ 2004, 593 Rn. 57 – *Wells*; EuGH, 17.07.2008, C-152/07 bis C-154/07, EuZW 2008, 611 Rn. 36 – *Arcor.*

143 EuGH, 19.11.1991, C-6/90 und C-9/90, NJW 1992, 165 Rn. 39 – *Francovich.*

Die deutschen Gerichte können Richtlinien schon **vor Ablauf der Umsetzungsfrist** bei der Auslegung nationalen Rechts berücksichtigen und nationale Vorschriften richtlinienkonform auslegen.[144] 72

Im Anwendungsbereich der das deutsche Lauterkeitsrecht determinierenden UGP-RL und der Werbe-RL ist regelmäßig von einer **planwidrigen Regelungslücke** auszugehen, wenn die Richtlinienbestimmungen, die eine Vollharmonisierung vorsehen, vom deutschen Gesetzgeber fehlerhaft oder unvollständig umgesetzt worden sind. Der deutsche Gesetzgeber wollte diese Richtlinien, soweit mit ihnen eine Vollharmonisierung verbunden ist, unionsrechtskonform umsetzen. Die unrichtige Umsetzung kann in diesem Fall durch eine richtlinienkonforme Rechtsfortbildung von den Gerichten der Mitgliedstaaten korrigiert werden (Rdn. 58–62). 73

Beschlüsse, Empfehlungen und Stellungnahmen nach Art. 288 (4) und (5) AEUV haben im Bereich des Lauterkeitsrechts keine größere Bedeutung. **Beschlüsse** sind nach Art. 288 (4) AEUV verbindlich. Sie können Rechtshandlungen ohne bestimmte Adressaten sein oder an bestimmte Adressaten gerichtet werden und sind in diesem Fall nur diesen Adressaten gegenüber verbindlich. Der Beschluss kann nach Art. 289 AEUV als Gesetzgebungsakt erlassen werden oder als Rechtsakt ohne gesetzgeberischen Maßnahme. Beschlüsse, die nicht an bestimmte Adressaten gerichtet sind, binden nur die Union und ihre Organe und nicht die Mitgliedstaaten, die allenfalls Mitwirkungspflichten treffen können, und nicht Private. Adressat von Beschlüssen können die Mitgliedstaaten und Private sein, für die die Beschlüsse verbindlich sind. **Empfehlungen und Stellungnahmen** sind nach Art. 288 (5) AEUV unverbindlich. In gewissem Umfang können sie Rechtswirkungen gegenüber Mitgliedstaaten und Privaten über den Grundsatz des Vertrauensschutzes entfalten und so zu einer Selbstbindung des Organs, von dem die Empfehlung oder Stellungnahme stammt, führen.[145] 74

3. Auslegung des Unionsrechts

a) Grundsätze

Vorschriften des Unionsrechts, die für die Ermittlung ihres Sinns und ihrer Tragweite nicht ausdrücklich auf das Recht der Mitgliedstaaten verweisen, sind **autonom** und **einheitlich** auszulegen.[146] Beispiele für Verweisungen auf das nationale Recht sind Art. 8 (2) lit. a Ziffer ii und Art. 62 (3) UMV. Begriffe einer Vorschrift des Unionsrechts sind daher unabhängig (autonom) vom Rechtsverständnis, der Einordnung und Auslegung im Recht der Mitgliedstaaten zu bestimmen. Die grundsätzliche Geltung des Unionsrechts in allen Mitgliedstaaten und der Gleichheitssatz erfordern eine einheitliche Auslegung der Vorschriften der Union. 75

---

144 BGH, 05.02.1998, I ZR 211/95, BGHZ 138, 55, 59 – *Testpreis-Angebot.*

145 *Bievert* in Schwarze, EU-Kommentar, 3. Aufl., Art. 288 AEUV Rn. 37.

146 EuGH, 19.09.2000, C-287/98, NVwZ 2001, 421 Rn. 43 – *Linster*; EuGH, 03.10.2013, C-59/12, GRUR 2013, 1159 Rn. 25 – *Zentrale zur Bekämpfung unlauteren Wettbewerbs.*

76 Die Ermittlung des Sinns und der Tragweite einer Vorschrift des Unionsrechts ist unter Berücksichtigung des **Regelungszusammenhangs** und des mit der Regelung verfolgten **Zwecks** einheitlich vorzunehmen.[147] Um diese Auslegung zu gewährleisten, sind die Vorschriften des Unionsrechts einheitlich unter **Heranziehung aller Sprachfassungen** des Rechtsakts der Union auszulegen und anzuwenden. Weichen die verschiedenen Sprachfassungen eines Unionstextes voneinander ab, muss die fragliche Vorschrift nach dem Zusammenhang und dem Ziel der Regelung ausgelegt werden, zu der sie gehört.[148] Auslegungskriterien sind danach der Wortlaut der verschiedenen Sprachfassungen, die Systematik und das Ziel der Regelung.

77 Dagegen kommt der **Entstehungsgeschichte** der Norm in der Auslegungspraxis des EuGH eine nur untergeordnete Bedeutung zu. Führt die Auslegung anhand des Wortlauts, der Ziele und der Systematik zu einem klaren Ergebnis, kommt es auf die Entstehungsgeschichte nicht an.[149] Ergänzend zieht der EuGH die Entstehungsgeschichte zur Abrundung des Auslegungsergebnisses aber durchaus heran.[150]

78 Zur Auslegung des nationalen Rechts anhand des Unionsrechts (Rdn. 58–62).

b) Wortlaut

79 Die Auslegung hat vom **Wortlaut der Vorschrift** unter Berücksichtigung der verschiedenen Sprachfassungen und des allgemeinen Sprachgebrauchs auszugehen. Die in einer der Sprachfassungen einer Vorschrift des Unionsrechts verwendete Formulierung kann wegen des Erfordernisses einer einheitlichen Anwendung des Unionsrechts nicht als alleinige Grundlage für die Auslegung dieser Vorschrift herangezogen werden oder Vorrang vor den anderen sprachlichen Fassungen beanspruchen.

c) Sinnzusammenhang

80 Die Auslegung darf beim Wortlaut der Vorschrift nicht stehen bleiben.[151] Bei der Auslegung ist der Regelungszusammenhang zu berücksichtigen.[152] Dabei ist auf die Systematik des Rechtsakts abzustellen, in dem die Vorschrift enthalten ist.[153] Das kann nach dem systematischen Zusammenhang der Vorschrift eine weite Auslegung rechtfer-

147 EuGH, 14.12.2006, C-316/05, GRUR 2007, 228 Rn. 21 – *Nokia.*

148 EuGH, 26.09.2013, C-189/11, juris Rn. 56; EuGH, 19.12.2013, C-281/12, GRUR 2014, 196 Rn.26 – *Trento Sviluppo/AGCM.*

149 EuGH, 14.10.2008, C-518/07, NJW 2010, 1265 Rn. 29 – *Kommission/Deutschland.*

150 EuGH, 18.10.2012, C-428/11, GRUR 2012, 1269 Rn. 28 – *Purely Creative*; EuGH, 27.06.2013, C-457/11 bis C-460/11, GRUR 2013, 812 Rn. 28 – *Kyocera/VG Wort.*

151 EuGH, 12.05.2011, C-122/10, GRUR 2011, 930 Rn. 29 – *Ving Sverige*; EuGH, 03.04.2014, C-515/12, GRUR 2014, 680 Rn. 19 – *4finance.*

152 EuGH, 18.10.2012, C-428/11, GRUR 2012, 1269 Rn. 35 – *Purely Creative.*

153 EuGH, 19.04.2007, C-381/05, GRUR 2007, 511 Rn. 64 – *De Landtsheer Emmanuel*; EuGH, 18.10.2012, *C-428/11, GRUR 2012*, 1269 Rn. 36 – *Purely Creative*; EuGH, 17.10.2013, C-319/12, GRUR 2013, 1245 Rn. 43 – *RLvS [Good News]*; EuGH, 03.04.2014, C-515/12, GRUR 2014, 680 Rn. 31 – *4finance.*

tigen.[154] Dagegen legt der EuGH Ausnahmetatbestände regelmäßig eng aus.[155] Der Grundsatz, wonach Ausnahmetatbestände eng auszulegen sind, ist mit den allgemeinen Auslegungskriterien nicht in Einklang zu bringen. Ausnahmetatbestände sind ihrer Natur nach eng begrenzte Tatbestände. Ihren nur begrenzten Anwendungsbereich durch eine enge Auslegung nochmals zu beschränken, wird den Ausnahmetatbeständen häufig nicht gerecht. Der EuGH muss den von ihm aufgestellten Grundsatz deshalb vielfach wieder selbst in Frage stellen, ohne dass sich für die Ausnahme vom Grundsatz einer engen Auslegung ein konsistentes Bild ergibt.[156]

Zudem ist der Regelungszusammenhang mit gleichrangigem und höherrangigem Unionsrecht zu beachten: Die Vorschriften des Sekundärrechts sind unter Beachtung der Maßstäbe und des Geistes des Primärrechts und allgemeiner Grundsätze des Unionsrechts auszulegen (Rdn. 64).[157] Einheitliche Begriffe, die in verschiedenen Vorschriften von Richtlinien verwandt werden, können nach Sinn und Zweck der Bestimmungen einheitlich und widerspruchsfrei auszulegen sein.[158] **81**

d) Ziele

Besondere Bedeutung bei der Auslegung der Vorschriften des Unionsrechts haben **Sinn und Zweck** der jeweiligen Norm und des Rechtsakts, in den die Norm eingebettet ist.[159] Die Ziele des jeweiligen Rechtsakts werden regelmäßig in den Erwägungsgründen beschrieben und sind bei der Auslegung der Vorschriften, die der Verwirklichung dieser Ziele dienen, zu berücksichtigen.[160] Das Ziel der UGP-RL liegt nach den Erwägungsgründen 5 bis 8 in der vollständigen Harmonisierung der Vorschriften über unlautere Geschäftspraktiken von Unternehmern gegenüber Verbrauchern. Sinn und Zweck einzelner Vorschriften werden häufig ebenfalls in den Erwägungsgründen angeführt. **82**

Die Auslegung einer Vorschrift des Unionsrechts darf nicht in einer Art und Weise erfolgen, die ihr die **praktische Wirksamkeit nimmt**.[161] Daraus folgt, dass von mehre- **83**

---

154 EuGH, 09.11.2004, C-444/02, GRUR 2005, 254 Rn. 27 – *Fixtures-Fußballspielpläne II*; EuGH, 03.07.2012, C-128/11, GRUR 2012, 904 Rn. 49 – *UsedSoft*.

155 EuGH, 14.06.2007, C-445/05, EuZW 2007, 611 Rn. 18 – *Haderer*; EuGH, 17.10.2013, C-181/12, EuZW 2014, 27 Rn. 29 – *Welte*; EuGH, 10.04.2011, C- 435/12, GRUR 2014, 546 Rn. 22 – *ACI Adam*; EuGH, 19.10.2016, C-148/15, GRUR 2016, 1313 Rn. 29 – *Deutsche Parkinson Vereinigung*.

156 EuGH, 21.02.2013, C- 18/12, DB 2013, 500 – *Mesto Zamberk*.

157 EuGH, 09.06.1992, C-47/90, Slg 1992, I-3669 – *Delhaize Frères v Promalvin and Others*; EuGH, 02.02.1994, C-315/92, GRUR Int. 1994, 231 Rn. 12 – *Clinique*; EuGH, 14.02.2012, C-17/10, EuZW 2012, 223 Rn. 64.

158 EuGH, 25.10.2001, C-112/99, GRUR 2002, 354 Rn. 35 – *Toshiba Europe*.

159 EuGH, 12.05.2011, C-122/10, GRUR 2011, 930 Rn. 28 – *Ving Sverige*.

160 EuGH, 18.10.2011, C-34/10, GRUR 2011, 1104 Rn. 27 – *Bürstle*; EuGH, 03.04.2014, C-515/12, GRUR 2014, 680 Rn. 24 und 26 – *4finance*.

161 EuGH, 19.04.2007, C-381/05, GRUR 2007, 511 Rn. 66 – *De Landtsheer Emmanuel*.

ren Auslegungsmöglichkeiten diejenige zu wählen ist, die die praktische Wirksamkeit (effet utile) einer Bestimmung am besten wahrt.[162]

84 In die Auslegung sind über die Ziele des einzelnen Rechtsakts hinaus die Ziele anderer Normen des Sekundärrechts einzubeziehen, um die volle Geltung des Unionsrechts zu gewährleisten und unterschiedliche Rechtsakte in Einklang zu bringen.[163]

e) Vorabentscheidungsverfahren nach Art. 267 AEUV

aa) Bedeutung

85 Die **Wahrung der Einheitlichkeit des Unionsrechts** ist Aufgabe der Rechtsprechung der Unionsgerichte und der Gerichte der Mitgliedstaaten. Die Gerichte der Mitgliedstaaten wenden unmittelbar geltendes Unionsrecht an und müssen bei der Anwendung und Auslegung des nationalen Rechts die Auswirkungen des Unionsrechts auf die Entscheidung des konkreten Rechtsstreits bestimmen. Verbindlich wird das Unionsrecht durch den EuGH ausgelegt. Der EuGH ist die abschließende Instanz für die Auslegung des Unionsrechts und er hat das **Auslegungsmonopol** zur verbindlichen Auslegung des Unionsrechts.[164]

86 Das **Mittel zur einheitlichen Auslegung des Unionsrechts** ist das Vorabentscheidungsverfahren nach Art. 267 AEUV. Gem. Art. 267 (1) lit. a und b entscheidet der EuGH im Wege der Vorabentscheidung über die Auslegung der Verträge und über die Gültigkeit und die Auslegung der Handlungen der Organe, Einrichtungen oder sonstigen Stellen der Union. Neben der **Sicherung der einheitlichen Auslegung** des Unionsrechts dient das Vorabentscheidungsverfahren der **Rechtsfortbildung** und in gewissem Umfang einem **Individualrechtsschutz.**[165] Den Individualrechtsschutz gewährleistet das Vorabentscheidungsverfahren nur mittelbar. Private können nur unter sehr eingeschränkten Voraussetzungen nach Art. 263 (4) AEUV unmittelbar beim EuGH klagen. Soweit sie keine unmittelbare Klagemöglichkeit haben, müssen sie in dem Verfahren vor den Gerichten der Mitgliedstaaten ihre Einwendungen gegen die Gültigkeit von Rechtsakten der Union verfolgen und die Gerichte der Mitgliedstaaten haben die Möglichkeit oder die Verpflichtung zur Vorlage an den EuGH.[166] Private können in den Verfahren vor den Gerichten der Mitgliedstaaten eine Vorlage nicht erzwingen. Sie können die Bedeutung der Auslegung des Unionsrechts für die Entscheidung des Rechtsstreits nur geltend machen und eine Vorlage anregen.

87 Das Vorabentscheidungsverfahren ist das Mittel der **loyalen Zusammenarbeit und des Dialogs** zwischen den Gerichten der Mitgliedstaaten und dem EuGH. Der EuGH betont in seiner Entscheidungspraxis die Pflicht zur loyalen Zusammenarbeit und die

---

162 EuGH, 19.09.2013, C-435/11, GRUR 2013, 1157 Rn. 46 – *CHS Tour Services.*
163 EuGH, 12.06.2008, C-533/06, GRUR 2008, 698 Rn. 45 – *O2 Holdings ET O2 (UK).*
164 BVerfG, 22.10.1986, 2 BvR 197/83, NJW 1987, 577, 578 – *Solange II.*
165 EuGH, 06.03.2018, C-284/16, NJW 2018, 1663 Rn. 36f. – *Achmea/Slowakische Republik.*
166 EuGH, 02.07.2009, C-343/07, GRUR 2009, 961 Rn. 38 bis 40 – *Bayerischer Brauerbund/Bavaria.*

Bedeutung des Dialogs der Gerichte der Mitgliedstaaten und der Organe der Union.[167] Dass er sich selbst in dieser Verpflichtung sieht, lassen seine Entscheidung nicht durchweg erkennen. So formuliert der EuGH Vorlagefragen der nationalen Gerichte um[168] oder sieht von der Beantwortung entscheidungserheblicher Vorlagefragen ab,[169] ohne den Gerichten der Mitgliedstaaten zuvor die Gelegenheit zu geben, ihr Einverständnis hierzu zu erklären oder sich überhaupt zu äußern. Eine derartige Verfahrensweise findet nach der Rechtsprechung des EuGH ihre Grenze erst in der Änderung des Wesens oder des Gehalts des Vorabentscheidungsersuchens.[170] Diese Praxis ist deshalb bedenklich, weil den Gerichten der Mitgliedstaaten im Rahmen der Aufgabenverteilung die alleinige Zuständigkeit zukommt, darüber zu entscheiden, welche Fragen dem EuGH vorzulegen sind und ob das Vorabentscheidungsersuchen aufrechterhalten bleibt oder zurückgenommen wird.[171] Zudem geht der EuGH teilweise über die Beantwortung der abstrakten Vorlagefragen hinaus und setzt die Antwort auf die abstrakte Vorlagefrage im konkreten Fall um. Das ist eine Grenzüberschreitung, die die vertrauensvolle Zusammenarbeit der Gerichte der Union und der Mitgliedstaaten stört.

Das Vorlageverfahren hat große Bedeutung für die effektive Durchsetzung des Unions- **88**
rechts. Das belegen die **Verfahrenszahlen beim EuGH.**[172] Von den 739 beim EuGH im Jahr 2017 neu eingegangenen Verfahren entfielen 533 auf Vorabentscheidungsersuchen der nationalen Gerichte. Das entspricht einem Anteil von 72 %. Mehr als jedes vierte Vorabentscheidungsersuchen (149) des Jahres 2017 kam von deutschen Gerichten.

bb) Rechtsnatur des Vorlageverfahrens

Das Vorlageverfahren vor dem EuGH nach Art. 267 AEUV ist ein **Zwischenverfahren** **89**
in dem Ausgangsrechtsstreit vor dem Gericht des Mitgliedstaats. Das nationale Gericht entscheidet im Ausgangsrechtstreit darüber, ob es ein Vorabentscheidungsersuchen an den EuGH richtet, welche Fragen es stellt und ob es das Ersuchen während der Anhängigkeit des Verfahrens beim EuGH aufrechterhält.[173] Der nationale Richter bleibt Herr des Verfahrens auch während der Anhängigkeit des Zwischenverfahrens beim EuGH.

---

167 EuGH, 22.10.2002, C-94/00, NJW 2003, 35 Rn. 31 – *Roquette*; EuGH, 06.03.2018, C-284/16, NJW 2018, 1663 Rn. 37 – *Achmea/Slowakische Republik.*

168 EuGH, 20.09.2007, C-371/06, GRUR 2007, 970 Rn. 21 bis 23 – *Benetton/G-Star*; hierzu *Büscher*, GRUR 2009, 230, 233.

169 EuGH, 23.11.2016, C-177/15, GRUR 2017, 100 Rn. 49 – *Nelsons*; BGH, 21.09.2017, I ZR 29/13, GRUR 2018, 206 Rn. 19 – *RESCUE-Produkte II.*

170 EuGH, 20.03.1997, C-352/95, GRUR Int. 1997, 627 Rn. 14 – *Phyteron*; EuGH, 15.10.2009, C-138/08, EuZW 2010, 62 Rn. 22 – *Hochtief AG.*

171 BGH, 10.04.2014, I ZR 46/12, MMR 2014, 615 Rn. 4.

172 EuGH Jahresbericht 2017, Rechtsprechungsstatistiken des Gerichtshofs, Seite 108 ff.

173 EuGH, 30.01.1974, Rs. 127/73, EuR 1974, 345 Rn. 7, 9 – *BRT/SABAM*; EuGH, 09.03.1978, Rs. 106/77, NJW 1978, 1741 – *Simmenthal.*

cc) Verfahren im Ausgangsrechtstreit vor dem Gericht des Mitgliedstaats

90 Das Ersuchen muss vom nationalen Gericht ausgehen. Bei einem Ausgangsrechtstreit vor einem deutschen Gericht richtet sich die Vorlage nach der für das jeweilige Gericht maßgeblichen Verfahrensordnung. Es muss die Frage der Vorlage von Amts wegen prüfen. Die Parteien des Verfahrens haben kein eigenes Antragsrecht und keine Möglichkeit, eine Vorlage mit einem Rechtsmittel an den EuGH zu erzwingen. Sie können eine Vorlage an den Gerichtshof nur anregen. Spiegelbildlich können sie eine Aussetzung des Verfahrens und eine Vorlagefrage an den EuGH nach deutschem Verfahrensrecht nicht anfechten. Die Gerichte der Mitgliedstaaten entscheiden weiter über die Aufrechterhaltung oder Rücknahme eines von ihnen eingeleiteten Vorabentscheidungsersuchens.[174] Das Vorabentscheidungsersuchen des nationalen Gerichts an den EuGH ist Teil des laufenden Rechtstreits.

91 Die **Form der Vorlageentscheidung** richtet sich ebenfalls nach dem Verfahrensrecht des vorlegenden Gerichts. In Deutschland ergeht die Vorlageentscheidung durch Beschluss, der die Verfahrensaussetzung ausspricht und die Vorlagefragen enthält. Ob die Vorlageentscheidung anfechtbar ist, entscheidet sich nach nationalem Recht.[175] Nach deutschem Verfahrensrecht ist die Vorlageentscheidung nicht anfechtbar.[176]

92 Nach den inländischen Verfahrensordnungen setzt das deutsche Gericht den Rechtsstreit ganz oder teilweise – soweit der abgrenzbare Teil teilurteilsfähig ist – aus und legt die Sache dem EuGH vor. Der Beschluss, mit dem der Rechtsstreit ausgesetzt wird, ist zu begründen. In der Begründung müssen die Vorlagefragen zum Unionsrecht formuliert, der Sachverhalt dargestellt, die einschlägigen nationalen Rechtsvorschriften genannt und die Entscheidungserheblichkeit der Fragen zum Unionsrecht dargestellt werden. Das folgt aus Art. 94 der Verfahrensordnung des EuGH. Regelmäßig sollte der Sachverhalt abschließend aufgeklärt sein, damit feststeht, dass es auf die Fragen zum Unionsrecht tatsächlich ankommt. Geschieht dies nicht, besteht die Gefahr, dass das mit Kosten und Zeitaufwand für die Parteien verbundene Vorabentscheidungsverfahren sich nach der EuGH-Entscheidung als überflüssige Maßnahme erweist.[177] Im Revisionsverfahren kann die Sache an die Vorinstanz zur weiteren Sachaufklärung zurückgegeben werden, wenn noch nicht feststeht, dass es auf die Auslegung des Unionsrechts ankommt.[178] Entscheidungserheblich kann eine Frage zum Unionsrecht allerdings auch sein, wenn der Sachverhalt noch nicht abschließend geklärt ist. Das kommt gerade im Revisionsverfahren in Betracht, wenn von der Beantwortung der Frage zum Unionsrecht abhängt, ob die Entscheidung der Vorinstanz aufgehoben werden muss.[179]

---

174 EuGH, 30.09.2003, C-224/01, EuGRZ 2003, 597 Rn. 112 – *Köbler.*

175 EuGH, 09.03.1978, Rs. 106/77, NJW 1978, 1741 – *Simmenthal.*

176 BFH, 27.01.1981, VII B 56/80, BFHE 132, 317; OLG Köln, 13.05.1977, 6 W 80/76, WRP 1977, 734.

177 So die Vorlageentscheidung OLG Düsseldorf, 12.05.2015, 20 U 5/14, GRUR-RR 2015, 336 *auf deren Fragen das OLG* in der abschließenden Entscheidung nicht mehr abgestellt hat.

178 BGH, 20.10.1999, I ZR 86/97, GRUR 2000, 727, 729 – *Lorch Premium.*

179 BGH, 12.03.2015, I ZR 29/13, GRUR 2015, 611 Rn. 24 und 38 – *RESCUE-Produkte I.*

dd) Bindungswirkung der EuGH-Entscheidung

Nach Vorliegen der EuGH-Entscheidung nimmt das nationale Gericht den Rechtsstreit wieder auf und setzt das Verfahren fort. **Das Gericht des Mitgliedstaats, von dem die Vorlageentscheidung stammt, ist an die EuGH-Entscheidung gebunden.**[180] Die Bindungswirkung gilt auch im Verhältnis zu einem höherrangigen nationalen Gericht und dessen Entscheidung.[181] Das schließt eine erneute Vorlage im selben Verfahren durch das Gericht des Mitgliedstaats an den EuGH nicht aus (Art. 104 [2] EuGH-Verfahrensordnung). Sie ist auf Ausnahmefälle beschränkt und ist zulässig, wenn das Gericht des Mitgliedstaats beim Verständnis oder der Anwendung der Entscheidung des EuGH Schwierigkeiten hat, wenn sich im Verfahren eine weitere, bislang nicht beantwortete Frage zur Auslegung des Unionsrecht stellt oder wenn das nationale Gericht dem EuGH neue Gesichtspunkte mitteilt, die dazu führen könnten, dass eine bereits gestellte Frage abweichend beantwortet wird. Unzulässig ist der Versuch, durch eine erneute Vorlage die Gültigkeit der Entscheidung des EuGH in Zweifel zu ziehen.[182] Bindend für die Gerichte der Mitgliedstaaten ist die Antwort des EuGH auf die Vorlagefrage. Ob auch die tragenden Erwägungen des EuGH zur Begründung der Antwort bindend sind, ist nicht zweifelsfrei. Da die Begründung der Antwort auf die Vorlagefrage regelmäßig für die einheitliche Auslegung und Anwendung des Unionsrechts von Bedeutung ist, sind auch die die Antwort auf die Vorlagefrage tragenden Erwägungen für das weitere Verfahren vor dem nationalen Gericht verbindlich.[183] 93

Über das konkrete Verfahren vor dem nationalen Gericht, in dem ein Vorabentscheidungsersuchen ergangen ist, hinaus verbindlich sind Entscheidungen des EuGH, in denen auf **Ungültigkeit einer Norm des Unionsrechts** erkannt wird.[184] Die Gerichte der Mitgliedstaaten sind auch hier nicht gehindert, den EuGH im selben nationalen Verfahren oder in einem anderen Prozess, in dem es um die Gültigkeit des Rechtsakts der Union geht, erneut anzurufen, wenn hierfür ein Interesse besteht. Das erforderliche Interesse kann vorliegen, wenn Unklarheiten über die Gründe, den Umfang oder die Folgen der vom EuGH festgestellten Ungültigkeit bestehen.[185] Praktische Bedeutung hat die Möglichkeit der erneuten Vorlage an den EuGH im selben Verfahren wegen des mit der Vorlage verbundenen Aufwands nicht. 94

Sind bei ein und demselben Gericht oder verschiedenen Gerichten Rechtsstreitigkeiten anhängig, in denen sich **parallele Fragen zur Auslegung des Unionsrechts** stellen und ist in einem Verfahren bereits eine Vorlage an den EuGH erfolgt, können die anderen 95

---

180 EuGH, 24.06.1969, Rs. 29/68, Slg. 1969, 165 Rn. 3 – *Milchkontor*; EuGH, 05.03.1986, Rs. 69/85, Slg. 1986, 947 Rn. 13 – *Wünsche Handelsgesellschaft*; EuGH, 14.12.2000, C-446/98, DVBl 2001, 445 Rn. 49 – *Fazenda Pública*; EuGH, 05.10.2010, C-173/09, EuZW 2010, 907 Rn. 29 – *Elchinov*.

181 EuGH, 05.10.2010, C-173/09, EuZW 2010, 907 Rn. 30 – *Elchinov*; BGH, 05.10.2006, I ZB 86/05, BGHZ 169, 167 Rn. 12 – *Farbmarke gelb/grün II*.

182 EuGH, 05.03.1986, Rs. 69/85, Slg. 1986, 947 Rn. 15 – *Wünsche Handelsgesellschaft*.

183 EuGH, 05.04.2016, C-689/13, EuZW 2016, 431 Rn. 42 – *PFE/Airgest*.

184 EuGH, 13.05.1981, Rs. 66/80, NJW 1982, 1205 Rn. 13 – *International Chemical Corporation*.

185 EuGH, 13.05.1981, Rs. 66/80, NJW 1982, 1205 Rn. 14 – *International Chemical Corporation*.

Verfahren ohne Vorlage bis zur Erledigung des bereits anhängigen Vorabentscheidungsersuchens ausgesetzt werden. Diese Möglichkeit besteht bei Anhängigkeit des Prozesses bei einem Gericht, dessen Entscheidung mit einem Rechtsmittel angefochten werden kann, schon deshalb, weil dieses Gericht keine Vorlagepflicht trifft. Die obersten deutschen Gerichte, die grundsätzlich zur Vorlage verpflichtet sind, bejahen ebenfalls die Möglichkeit einer Verfahrensaussetzung in entsprechender Anwendung des § 148 ZPO.[186]

ee) Vorlageberechtigung

96 Vorlageberechtigt sind **alle Gerichte der Mitgliedstaaten**. Behörden der Mitgliedstaaten oder der Union, Gerichte dritter Staaten mit Ausnahme der Gerichte der EFTA-Staaten und private Schiedsgerichte[187] sind nicht vorlageberechtigt. Eine Vorlage eines Gerichts eines Mitgliedstaats an den EuGH erfordert, dass sich dem mitgliedstaatlichen Gericht in dem Prozess eine entscheidungserhebliche Frage zur Auslegung des Unionsrechts stellt. Der EuGH legt nicht das nationale Recht aus. Hierzu ist er auch nicht befugt. Ob die Frage zum Unionsrecht in dem anhängigen Verfahren entscheidungserheblich ist, hat grundsätzlich das nationale Gericht zu beurteilen.[188] Das Gericht des Mitgliedstaats muss in seinem Vorabentscheidungsersuchen die Entscheidungserheblichkeit der Auslegungsfrage zum Unionsrecht darlegen. Unzulässig sind danach Vorlagen, in denen kein Zusammenhang zum Unionsrecht erkennbar ist oder die der Beantwortung hypothetischer Fragen dienen.[189] Das Gericht muss die Frage zur Auslegung des Unionsrechts nicht zweifelsfrei beantworten können. Ist die Frage zum Unionsrecht bereits durch Rechtsprechung des EuGH geklärt und besteht kein Anlass zu einer erneuten Vorlage oder bestehen keine vernünftigen Zweifel bei der Auslegung des Unionsrechts, scheidet eine Vorlage aus.[190]

97 Die Vorlage kann **bis zum Abschluss des Rechtsstreits** in jedem Verfahrensstadium erfolgen.[191] Nach Verfahrensabschluss ist die Vorlage unzulässig. Im **Verfahren des einstweiligen Rechtsschutzes** ist eine Vorlage möglich. Wegen der erheblichen zeitlichen Verzögerung, die mit einer Vorlage verbunden ist, scheidet sie in derartigen Fällen

---

186 BGH, 30.03.2005, X ZB 26/04, BGHZ 162, 373, 378; BGH, 24.01.2012, VIII ZR 236/10, RIW 2012, 405 Rn. 7; BGH, 31.05.2012, I ZR 28/10 Rn. 5, juris; BGH, 11.04.2013, I ZR 76/11, ZUM-RD 2013, 633 Rn. 5; BAG, 20.05.2010, 6 AZR 481/09, NJW 2011, 1836 Rn. 7; BFH, 14.10.1998, VII R 56/97, juris Rn. 1; BVerwG, 10.11.2000, 3 C 3/00, BVerwGE 112, 166, 169; BSG, 26.08.2003, B 3 KR 35/02 R, SozR 4/1500 § 114 Nr. 1; a.A. *Foerster*, EUZW 2011, 901, 903; *Latzel/Streinz*, NJOZ 2013, 97, 98; *Dauses*, Vorabentscheidungsverfahren S. 95 f.

187 EuGH, 06.03.2018, C-284/16, NJW 2018, 1663 Rn. 46 – *Achmea/Slowakische Republik*.

188 EuGH, 12.04.2005, C-119/05, EuZW 2005, 312 Rn. 33 – *Lucchini*; EuGH, 25.10.2012, C-553/11, GRUR 2012, 1257 Rn. 15 – *Rintisch/Eder*.

189 EuGH, 25.10.2012, C-553/11, GRUR 2012, 1257 Rn. 15 – *Rintisch/Eder*.

190 EuGH, 06.10.1982, C-283/81, NJW 1983, 1257, 1258 – *C.I.L.F.I.T*; EuGH 01.10.2015, C-*452/14, GRUR Int. 2015, 1152 Rn. 43 – AIFA/Doc Generici*.

191 EuGH, 22.06.2010, C-188/10 und C-189/10, EuR 2012, 199 Rn. 41 – *Melki und Abdeli*; EuGH, 05.10.2010, C-173/09, EuZW 2010, 907 Rn. 26 – *Elchinov*.

aufgrund der Dringlichkeit der Verfahren des einstweiligen Rechtsschutzes grundsätzlich aus.

ff) Vorlagepflicht

Mitgliedstaatliche Gerichte, deren Entscheidungen im konkreten Fall mit einem in der Verfahrensordnung vorgesehenen ordentlichen Rechtsmittel angefochten werden können, sind nach Art. 267 (2) AEUV vorlageberechtigt aber nicht vorlageverpflichtet. Eine Ausnahme besteht, wenn das Gericht eine Norm des Unionsrechts für ungültig hält und nicht anwenden will.[192] **98**

Gerichte der Mitgliedstaaten, deren Entscheidungen nicht mehr mit Rechtsmitteln des innerstaatlichen Rechts angefochten werden können, sind nach Art. 267 (3) AEUV zur Anrufung des Gerichtshofs verpflichtet. Voraussetzung der Vorlagepflicht ist, dass sich in dem Verfahren eine Frage zur Auslegung des Unionsrechts stellt, die noch nicht durch Rechtsprechung des EuGH abschließend geklärt ist und nicht zweifelsfrei zu beantworten ist.[193] Ob die Entscheidung des Gerichts mit einem Rechtsmittel anfechtbar ist, ist nach dem Rechtsmittelsystem des Mitgliedstaats im konkreten Fall zu entscheiden. Danach sind vorlagepflichtig nicht nur die obersten Gerichte, sondern alle Gerichte, deren Entscheidungen mit Rechtsmitteln nicht mehr angefochten werden können.[194] **99**

Der **Begriff des Rechtsmittels** ist ein autonom auszulegender Begriff des Unionsrechts. Es kann sich um ein Rechtsmittel handeln, das vom übergeordneten Gericht zugelassen werden muss und das nur eine Überprüfung auf Rechtsfehler ermöglicht.[195] In Betracht kommen nur ordentliche Rechtsmittel. Dazu zählen im deutschen Recht die Berufung, die Revision, die Beschwerde, grundsätzlich auch die Rechtsbeschwerde und die Beschwerde gegen die Nichtzulassung der Revision. Die Verfassungsbeschwerde, das Wiederaufnahmeverfahren und eine Rechtsbeschwerde, die keine Überprüfung in rechtlicher Hinsicht ermöglicht, sondern auf das Vorliegen schwerer Verfahrensfehler beschränkt ist, sind keine Rechtsmittel.[196] **100**

Verfahren des einstweiligen Rechtsschutzes sind in Deutschland summarische Verfahren, die Fällen besonderer Dringlichkeit vorbehalten sind. Mit der Eilbedürftigkeit nicht zu vereinbaren, ist in derartigen Verfahren eine Vorlage an den EuGH, die wegen der Dauer der Vorabentscheidungsverfahren vor dem EuGH zwischen 12 und 18 Monaten einer Rechtsverweigerung gleichkäme. Wegen des summarischen Charakters der Verfahren des einstweiligen Rechtsschutzes ist im Hauptsacheverfahren eine **101**

192 EuGH, 22.10.1987, Rs. 314/85, NJW 1988, 1451 Rn. 14 ff. – *Foto Frost.*
193 EuGH, 06.10.1982, C-283/81, NJW 1983, 1257, 1258 – *C.I.L.F.I.T;* EuGH 01.10.2015, C-452/14, GRUR Int. 2015, 1152 Rn. 43 – *AIFA/Doc Generici.*
194 EuGH, 04.06.2002, C-99/00, DVBl. 2002, 1362 Rn. 15 – *Lyckeskog.*
195 EuGH, 16.12.2008, C-210/06, NJW 2009, 569 Rn. 76–79 – *Cartesio.*
196 BGH, 02.10.2002, I ZB 27/00, GRUR 2003, 546, 548 – *TURBO-TABS.*

abschließende Überprüfung der Entscheidung des vorausgegangenen Eilverfahrens und eine erforderliche Vorlage an den EuGH noch möglich.[197]

102 Die **Verletzung der Vorlagepflicht eines letztinstanzlichen Gerichts führt nicht zur Durchbrechung der Rechtskraft** der Entscheidung. Bei einem Verstoß gegen unionsrechtliche Vorschriften geht die Rechtskraft der Entscheidung des nationalen Gerichts im Interesse des Rechtsfriedens grundsätzlich der richtigen Anwendung des Unionsrechts vor.[198] Das gilt auch bei einer Verletzung der Vorlagepflicht durch ein Gericht eines Mitgliedstaats und einer unrichtigen Auslegung des Unionsrechts.[199]

gg) Verfassungsbeschwerde bei Verletzung der Vorlagepflicht

103 Die Verletzung der Vorlagepflicht durch ein letztinstanzliches Gericht kann in Deutschland mit der Verfassungsbeschwerde geltend gemacht werden. Der EuGH ist gesetzlicher Richter i. S. des Art. 101 Abs. 1 Satz 2 GG. Gerügt werden kann die Verletzung der Vorschriften über den gesetzlichen Richter mit der Verfassungsbeschwerde nur eingeschränkt. Dies gilt auch für die Verletzung der Vorlagepflicht nach Art. 267 (3) AEUV. Nicht jede Verletzung der unionsrechtlichen Vorlagepflicht stellt zugleich einen Verstoß gegen Art. 101 Abs. 1 S 2 GG dar. Das BVerfG überprüft nur, ob die Auslegung und Anwendung dieser Zuständigkeitsregel bei verständiger Würdigung der das GG bestimmenden Gedanken **nicht mehr verständlich erscheint und offensichtlich unhaltbar ist.**[200] Es billigt den Fachgerichten einen Spielraum eigener Einschätzung und Beurteilung bei der Anwendung und Auslegung des Unionsrechts und damit der Handhabung der Vorlage von Verfahren an den EuGH zu. Das BVerfG sieht sich nicht als oberstes Kontrollorgan zur Einhaltung der Vorlagepflicht, sondern überprüft nur die Einhaltung der Grenzen des den Fachgerichten zugebilligten Spielraums.[201]

104 Das BVerfG stellt drei Gesichtspunkte in seiner Entscheidungspraxis heraus, unter denen es die Einhaltung der Grenzen der Vorlagepflicht durch die letztinstanzlich entscheidenden Fachgerichte beurteilt. Es sind dies (1) die grundsätzliche Verkennung der Vorlagepflicht, (2) das bewusste Abweichen von der Rechtsprechung des EuGH ohne Vorlagebereitschaft und (3) die unvertretbare Handhabung des Beurteilungsspielraums bei einer Unvollständigkeit der Rechtsprechung des EuGH.

105 Von einer **grundsätzlichen Verkennung der Vorlagepflicht** geht das BVerfG in Fällen aus, in denen ein letztinstanzliches Hauptsachegericht eine Vorlage trotz der seiner Auffassung nach bestehenden Entscheidungserheblichkeit der unionsrechtlichen Frage überhaupt nicht in Erwägung zieht, obwohl es selbst Zweifel hinsichtlich der richtigen

---

197 EuGH, 24.05.1977, Rs. 107/76, NJW 1977, 1585, 1586 – *Hoffmann-La Roche/Centrafarm.*

198 EuGH, 16.03.2006, C-234/04, NJW 2006, 1577 Rn. 24 – *Kapferer/Schlank und SchickGmbH.*

199 *Büscher* in Wieczorek/Schütze, ZPO, 4. Aufl., § 322 Rn. 102 m.w.N. auch zur Gegenmeinung.

200 BVerfG, 28.01.2014, 2 BvR 1561/12, BVerfGE 135, 155 Rn. 180; BVerfG, 19.12.2017, *2 BvR 424/17, NJW 2018,* 686 Rn. 40.

201 BVerfG, 06.07.2010, 2 BvR 2661/06, BVerfGE 126, 286, 316; BVerfG, 19.12.2017, 2 BvR 424/17, NJW 2018, 686 Rn. 40.

Beantwortung der Frage hat und das Unionsrecht somit eigenständig fortbildet.[202] Diesen Prüfungsmaßstab, der dem Ansatz einer willkürlichen Handhabung der Vorlagepflicht durch das Fachgericht folgt, erweitert das BVerfG durch einen eher vagen Ansatz. Danach liegt eine grundsätzliche Verkennung der Vorlagepflicht auch vor, wenn sich das Fachgericht hinsichtlich des (materiellen) Unionsrechts nicht hinreichend kundig macht. Es verkennt dann regelmäßig die Bedingungen für die Vorlagepflicht.[203] Entsprechendes gilt, wenn das Fachgericht offenkundig einschlägige Rechtsprechung des EuGH nicht auswertet. Um dem BVerfG eine Kontrolle am Maßstab des Art. 101 Abs. 1 Satz 2 GG zu ermöglichen, hat das Fachgericht die Gründe für seine Entscheidung über die Vorlagepflicht anzugeben.[204] Dieser letzte Gesichtspunkt der Entscheidungspraxis des BVerfG ist besonders deshalb problematisch, weil letztinstanzliche Gerichte ihre Entscheidungen nicht zwingend begründen müssen und das BVerfG die fehlende Begründung zur Handhabung der Vorlagepflicht auch auf Entscheidungen ausdehnt, durch die die Beschwerde gegen die Nichtzulassung der Revision zurückgewiesen wird. Bei diesen Entscheidungen werden die Gründe für die Zurückweisung im Regelfall zur Entlastung der obersten Fachgerichte nicht näher ausgeführt. Das BVerfG verlangt durch seine Rechtsprechung eine im Gesetz nicht vorgesehene Begründung der obersten Gerichte.

Ein **bewusstes Abweichen ohne Vorlagebereitschaft** nimmt das BVerfG in Fällen an, **106** in denen das letztinstanzliche Hauptsachegericht in seiner Entscheidung bewusst von der Rechtsprechung des EuGH zu entscheidungserheblichen Fragen abweicht und gleichwohl nicht oder nicht neuerlich vorlegt.[205] In einer solchen Fallkonstellation ist sicher eine willkürliche Handhabung der Vorlagepflicht gegeben. In der Praxis hat diese Fallgruppe die geringste Bedeutung.

Die **unvertretbare Handhabung des Beurteilungsspielraums** bei einer Unvollständig- **107** keit der Rechtsprechung des EuGH bejaht das BVerfG, wenn zu einer entscheidungserheblichen Frage des Unionsrechts einschlägige Rechtsprechung des EuGH noch nicht vorliegt oder die bestehende Rechtsprechung die entscheidungserhebliche Frage möglicherweise noch nicht erschöpfend beantwortet hat oder eine Fortentwicklung der Rechtsprechung des Gerichtshofs nicht nur als entfernte Möglichkeit erscheint und das letztinstanzliche Hauptsachegericht den ihm in solchen Fällen notwendig zukommenden Beurteilungsrahmen in unvertretbarer Weise überschreitet.[206] Die Beurteilung dieser eher vage gehaltenen Kriterien (»einschlägige Rechtsprechung«, »möglicherweise«, »nicht nur als entfernte Möglichkeit erscheint«), mit denen sich das BVerfG einen weiten eigenen Spielraum bei der Prüfung der Entscheidung der obersten Fachgerichte vorbehält, wird durch weitere Prüfungskriterien ergänzt, die die Möglichkeit der Annahme einer unvertretbaren Handhabung der Vorlagepflicht noch ausdehnen.

---

202 BVerfG, 19.07.2011, 1 BvR 1916/09, BVerfGE 129, 78, 106.
203 BVerfG, 06.10.2017, 2 BvR 987/16, NJW 2018, 606 Rn. 7.
204 BVerfG, 10.12.2014, 2 BvR 1549/07, ZIP 2015, 335 Rn. 21.
205 BVerfG, 31.05.1990, 2 BvL 12/88, 2 BvL 13/88, 2 BvR 1436/87; BVerfGE 82, 159, 195; BVerfG, 06.07.2010, 2 BvR 2661/06, BVerfGE 126, 286, 316.
206 BVerfG, 28.01.2014, 2 BvR 1561/12, BVerfGE 135, 155 Rn. 183.

Danach liegt eine unvertretbare Handhabung des Beurteilungsspielraums vor, wenn die Fachgerichte das Vorliegen eines »acte clair« oder eines »acte éclairé« willkürlich bejahen. Das Gericht muss sich hinsichtlich des materiellen Unionsrechts hinreichend kundig machen. Etwaige einschlägige Rechtsprechung des EuGH muss es auswerten und seine Entscheidung hieran orientieren.[207] Auf dieser Grundlage muss das Fachgericht unter Anwendung und Auslegung des materiellen Unionsrechts die vertretbare Überzeugung bilden, dass die Rechtslage entweder von vornherein eindeutig (»acte clair«) oder durch Rechtsprechung in einer Weise geklärt ist, die keinen vernünftigen Zweifel offenlässt (»acte éclairé«). In unvertretbarer Weise gehandhabt wird Art. 267 (3) AEUV im Falle der Unvollständigkeit der Rechtsprechung des EuGH nach Ansicht des BVerfG insbesondere dann, wenn das Fachgericht eine von vornherein eindeutige oder zweifelsfrei geklärte Rechtslage ohne sachliche Begründung bejaht.[208] Bei diesen Prüfkriterien besteht in besonderem Maße die Gefahr einer ex-post-Betrachtungsweise durch das BVerfG, in der zunächst die gesamte Rechtsprechung und das Schrifttum ausgewertet, die Unvollständigkeit der einschlägigen Rechtsprechung des EuGH konstatiert und daraus eine willkürliche Handhabung der Vorlagepflicht – häufig gegenüber einem mit derartigen Fragen ständig befassten obersten Bundesgericht – gefolgert wird.[209] Zu denken geben muss in diesem Zusammenhang, welchen Begründungsaufwand das BVerfG für die Annahme einer unvertretbaren Handhabung der Vorlagepflicht zum Teil aufwenden muss.[210]

108 Um die Rüge des Entzugs des gesetzlichen Richters mit der Verfassungsbeschwerde verfolgen zu können, muss der Beschwerdeführer wegen des **Grundsatzes der Subsidiarität** der Verfassungsbeschwerde durch seinen Vortrag vor den Fachgerichten auf eine EuGH-Vorlage hinwirken. Er muss allerdings keine Vorlagefrage formulieren. Es reicht aus, dass sein Vorbringen in den Instanzen eine Vorlage an den EuGH nahelegt.[211]

109 Die **formelle Rechtskraft** dient der Rechtssicherheit und dem Rechtsfrieden sowie der Wahrung der Rechtsordnung.[212] Die Wahrung der Rechtsordnung ist nach der Rechtsprechung des BVerfG Grundbestandteil der rechtsstaatlichen Ordnung.[213] Es ist zweifelhaft, ob die **Verfahrenspraxis des BVerfG bei Verfassungsbeschwerden** die Bedeutung der Rechtskraft der Entscheidungen der Fachgerichte ausreichend wahrt. Dies gilt gerade auch für Verfassungsbeschwerden wegen Verletzung der Vorlagepflicht eines obersten Fachgerichts, dessen Entscheidung mit der Verkündung rechtskräftig wird. Wird eine Verfassungsbeschwerde gegen eine Entscheidung der obersten Fachge-

---

207 BVerfG, 31.05.1990, 2 BvL 12/88, 2 BvL 13/88, 2 BvR 1436/87, BVerfGE 82, 159, 196.

208 BVerfG, 28.01.2014, 2 BvR 1561/12, BVerfGE 135, 155 Rn. 183; BVerfG, 19.12.2017, 2 BvR 424/17, NJW 2018, 686 Rn. 43.

209 BVerfG, 19.12.2017, 2 BvR 424/17, NJW 2018, 686 Rn. 44.

210 BVerfG, 19.12.2017, 2 BvR 424/17, NJW 2018, 686 Rn. 44–58.

211 BVerfG, 19.07.2011, 1 BvR 1916/09, GRUR 2012, 53 Rn. 60 bis 66.

212 *BGH, 14.02.1962, IV ZR 156/61*, BGHZ 36, 365, 367; BGH, 03.07.2008, I ZB 87/06, NJW 2008, 2919 Rn. 19.

213 BVerfG, 19.10.1982, 1 BvL 34/80 und 1 BvL 55/80, BVerfGE 61, 126, 136.

richte des Bundes eingelegt, unterrichtet das BVerfG weder das Gericht des Ausgangsrechtsstreits noch den Gegner der Partei, die Verfassungsbeschwerde eingelegt hat, von diesem Umstand. Erst wenn der mit der Verfassungsbeschwerde befasste Verfassungsrichter die Sache so weit bearbeitet hat, dass er die Erfolgsaussichten der Verfassungsbeschwerde anhand ihrer Begründung bejaht, wird die Verfassungsbeschwerde dem Gegner zugestellt. Zu diesem Zeitpunkt erhält der Gegner erstmalig Kenntnis davon, dass die Entscheidung, von deren Rechtskraft er seit Jahren ausgeht, möglicherweise aufgehoben werden wird. Zwischen dem Urteil des obersten Bundesgerichts und der Zustellung der Verfassungsbeschwerde an den Gegner können viele Jahre liegen, wie etwa in dem Verfahren 2 BvR 221/11. Hier ist das Urteil des BGH am 15.07.2010 ergangen und das BVerfG hat über die Verfassungsbeschwerde am 15.12.2016 entschieden.[214]

hh) Verfahren vor dem EuGH

Für das Verfahren vor dem EuGH gelten die Verträge sowie die Satzung und die Verfahrensordnung des Gerichtshofs. Zum Vorabentscheidungsverfahren verhalten sich Art. 23 der Satzung und Art. 93 bis 104 der Verfahrensordnung des EuGH. Danach übermittelt das Gericht des Mitgliedstaats die Entscheidung über die Aussetzung und Vorlage dem EuGH. Dieser hat Empfehlungen an die nationalen Gerichte für die Vorlage von Vorabentscheidungsersuchen erstellt.[215] Die Einhaltung der Empfehlungen ist nicht Voraussetzung der Zulässigkeit des Ersuchens (zu den Zulässigkeitsvoraussetzungen Rdn. 96). Der Kanzler des Gerichtshofs stellt die Entscheidung den beteiligten Parteien, den Mitgliedstaaten sowie der Kommission und den Organen, Einrichtungen und sonstigen Stellen der Union zu, von denen die Handlung, deren Gültigkeit oder Auslegung streitig ist, ausgegangen ist. Diese können innerhalb von zwei Monaten nach Zustellung beim EuGH Schriftsätze einreichen oder schriftliche Erklärungen abgeben. Die Mitgliedstaaten des EWR, die nicht Mitgliedstaaten der Union sind, werden nach Art. 23 (3) der Satzung beteiligt. Die an Vorabentscheidungsverfahren Beteiligten sind in Art. 96 (1) der Verfahrensordnung bezeichnet. **110**

Die Mitgliedstaaten der Union und des EWR sowie die Unionsorgane werden vor dem EuGH durch einen Bevollmächtigten vertreten (Art. 19 [1] der Satzung). Die anderen Parteien müssen sich durch einen Rechtsanwalt vertreten lassen, der berechtigt ist, vor einem Gericht eines Mitgliedstaats oder eines anderen Vertragsstaats des Abkommens über den Europäischen Wirtschaftsraum aufzutreten. Für die Parteien des Ausgangsrechtstreits gilt dies nur, wenn vor dem nationalen Gericht des Ausgangsrechtstreits Anwaltszwang bestand, Art. 97 (3) EuGH-Verfahrensordnung. **111**

Nach Art. 99 Verfahrensordnung kann der EuGH auf Vorschlag des Berichterstatters und nach Anhörung des Generalanwalts jederzeit die Entscheidung treffen, durch mit Gründen versehenen Beschluss zu entscheiden, wenn eine zur Vorabentscheidung vorgelegte Frage mit einer Frage übereinstimmt, über die der Gerichtshof bereits entschieden hat, wenn die Antwort auf eine solche Frage klar aus der Rechtsprechung abgeleitet **112**

214 BVerfG, 15.12.2016, 2 BvR 221/11, ZLR 2017, 472.
215 ABl. 2016 C 439/1.

werden kann oder wenn die Beantwortung der zur Vorabentscheidung vorgelegten Frage keinen Raum für vernünftige Zweifel lässt.

113 Nach Art. 20 (1) EuGH-Satzung gliedert sich das Verfahren vor dem EuGH in ein schriftliches und ein mündliches Verfahren. Einzelheiten hierzu enthält Art. 20 (2) bis (5) EuGH-Satzung. Das schriftliche Verfahren ist kein kontradiktorisches Verfahren in der Art des deutschen Zivilprozesses. Die Beteiligten geben ihre Stellungnahmen innerhalb der zweimonatigen Frist des Art. 23 (2) EuGH-Satzung ab. Der EuGH kann nach Art. 101 EuGH-Verfahrensordnung das nationale Gericht um Klarstellung seiner Vorlage ersuchen und von den Beteiligten Informationen einholen. Nach dem schriftlichen Verfahren wird vor dem EuGH mündlich verhandelt, wenn der EuGH nicht von einer mündlichen Verhandlung absieht. Er kann von einer mündlichen Verhandlung absehen, wenn kein Beteiligter beantragt, sich mündlich äußern zu können. Nach Art. 31 EuGH-Satzung ist die Verhandlung öffentlich, es sei denn, dass der Gerichtshof von Amts wegen oder auf Antrag der Parteien aus wichtigen Gründen anders beschließt. Nach der mündlichen Verhandlung legt der Generalanwalt dem Gerichtshof die Schlussanträge vor. Der EuGH entscheidet über das Vorabentscheidungsersuchen grundsätzlich durch Urteil. Das Urteil wird in öffentlicher Sitzung verlesen (Art. 37 Satz 2 EuGH-Satzung) und mit der Verlesung rechtskräftig (Art. 91 [1] EuGH-Verfahrensordnung). Der EuGH entscheidet nach Art. 99 EuGH-Verfahrensordnung durch Beschluss, wenn eine zur Vorabentscheidung vorgelegte Frage mit einer Frage übereinstimmt, über die der Gerichtshof bereits entschieden hat, wenn die Antwort auf eine solche Frage klar aus der Rechtsprechung abgeleitet werden kann oder wenn die Beantwortung der zur Vorabentscheidung vorgelegten Frage keinen Raum für vernünftige Zweifel lässt. Der Beschluss wird mit der Zustellung nach Art. 91 (2) EuGH-Verfahrensordnung rechtskräftig.

4. Unmittelbare Anwendung des Unionsrechts

114 Unmittelbar anwendbar in Rechtstreitigkeiten vor nationalen Gerichten sind die Bestimmungen des Primärrechts, soweit sie unbedingt, inhaltlich ausreichend genau und bestimmt sind und keiner im Ermessen stehenden Ausführungshandlung bedürfen.[216] Zu den Vorschriften zählen die Bestimmungen über die Grundfreiheiten (der freie Waren-, Dienstleistungs-, Kapital- und Personenverkehr),[217] die Grundrechte der Union[218] und das Diskriminierungsverbot.[219] Diese Bestimmungen beeinflussen die Auslegung und Anwendung des Sekundärrechts der Union und des nationalen Rechts und wirken dadurch auch auf das Lauterkeitsrecht ein. Bestimmungen des Sekundär-

216 EuGH, 15.01.1986, Rs. 44/84, Slg. 1986, 29 Rn. 47 – *Hurd.*

217 EuGH, 29.11.1978, Rs. 83/78, Slg. 1978, 2347 Rn. 66 und 67 – *Redmond*; EuGH, 09.06.1992, C-47/90, Slg. 1992, I-3669 Rn. 28 – *Delhaize Frères v Promalvin and Others*; EuGH, 03.03.2011, C-161/09, GRUR Int. 2011, 314 Rn. 22 – *Fragkopoulos.*

218 EuGH, 02.04.2009, C-421/07, EuZW 2009, 428 Rn. 25 – *Damgaard*; EuGH, 03.09.2008, C-402/15 P und C-415/05 P, EuGRZ 2008, 480 Rn. 283 – *Kadi und Al Barakaat.*

219 EuGH, 11.11.2014, C-333/13, NJW 2015, 145 Rn.59 – *Dano*; EuGH, 18.07.2017, C-566/15, NJW 2017, 2603 Rn. 33 – *Erzberger.*

rechts und des nationalen Rechts müssen in Übereinstimmung mit dem Primärrecht ausgelegt werden. Nach Art. 288 (2) AEUV haben Verordnungen unmittelbare Geltung in der Union. Unmittelbare Wirkung können Richtlinien nach Ablauf der Umsetzungsfrist entfalten, wenn sie nicht in nationales Recht umgesetzt worden sind (Rdn. 69–73). Nationale Bestimmungen, die gegen Vorschriften des Primärrechts oder des Sekundärrechts verstoßen, dürfen die Gerichte der Mitgliedstaaten nicht anwenden (Rdn. 58–65). Dass Sekundärrecht gegen das Primärrecht der Union verstößt, muss der EuGH feststellen (Rdn. 64 und 98).

5. Freiheit des Waren- und Dienstleistungsverkehrs

Zu den Grundfreiheiten rechnen der **freie Verkehr von Waren, Personen, Dienstleistungen und Kapital** nach Art. 26 (2) AEUV. Die Grundfreiheiten zählen zu den grundlegenden Prinzipien der Union, die ganz erhebliche Bedeutung für den fortschreitenden Integrationsprozess seit den Anfängen der Union haben. **115**

Die Grundfreiheiten sind **unmittelbar anwendbares Recht**, auf das sich die Parteien eines Prozesses vor einem mitgliedstaatlichen Gericht berufen können (Rdn. 114, 117). In einem Bereich, in dem durch das Sekundärrecht eine **Vollharmonisierung** erfolgt ist, ist eine nationale Regelung an dieser Harmonisierungsmaßnahme und nicht anhand des primären Unionsrechts und damit nicht unmittelbar anhand der Grundfreiheiten zu beurteilen.[220] Die Grundfreiheiten haben zwar nicht nur Bedeutung für die Anwendung und Auslegung des Rechts der Mitgliedstaaten, sondern auch für Maßnahmen der Unionsorgane und damit die Rechtsetzung im Bereich des Sekundärrechts.[221] Der Unionsgesetzgeber hat aber einen gewissen Gestaltungs- und Beurteilungsspielraum bei der Rechtsetzung im Bereich des Sekundärrechts. Danach verfügt der Unionsgesetzgeber über ein weites Ermessen in einem Bereich, in dem komplexe politische, wirtschaftliche und soziale Entscheidungen getroffen werden müssen. Die gerichtliche Nachprüfung, ob eine Verletzung der Grundfreiheiten durch einen gesetzgeberischen Rechtsakt des Sekundärrechts vorliegt, ist darauf beschränkt, ob die Maßnahme zur Erreichung des Ziels offensichtlich ungeeignet ist.[222] Gleichwohl sind die Grundfreiheiten bei der Auslegung des in erster Linie heranzuziehenden Sekundärrechts zu berücksichtigen.[223] **116**

---

220 EuGH, 12.10.1993, C-37/92, Slg. 1993, I-4947 Rn. 9 – *Vanacker und Lesage*; EuGH, 13.12.2001, C-324/99, EuZW 2002, 89 Rn. 32 – *Daimler Chrysler*; EuGH, 11.12.2003, C-322/01, GRUR 2004, 174 Rn. 64 – *Deutscher Apothekerverband*; EuGH, 18.07.2013, C-265/12, GRUR 2013, 1154 Rn. 31 – *Citroën*.

221 EuGH, 25.06.1997, C-114/96, EuZW 1997, 662 Rn. 27 – *Kieffer und Thill*; EuGH, 12.07.2005, C-154/04 und C-155/04, EuZW 2005, 598 Rn. 52 – *National Association of Health Stores*.

222 EuGH, 10.12.2002, C-491/01, EuR 2003, 80 Rn. 123 – *British American Tobacco*; EuGH, 12.07.2005, C-154/04 und C-155/04, EuZW 2005, 598 Rn. 52 – *National Association of Health Stores*.

223 EuGH, 11.12.2003, C-322/01, GRUR 2004, 174 Rn. 64 – *DocMorris*.

117 Ist ein Bereich betroffen, in dem durch das Sekundärrecht **keine Vollharmonisierung** erfolgt ist, sind die Grundfreiheiten unmittelbar anwendbar.[224] Dass eine nationale Regelung an den Grundfreiheiten gemessen wird, setzt weiter voraus, dass sie auf Sachlagen anwendbar ist, die einen **Bezug zum Handel zwischen den Mitgliedstaaten aufweisen.**[225] Dazu reicht es aus, dass sich ein Interesse von Unternehmen an einem grenzüberschreitenden Handel oder Gewerbe nicht ausschließen lässt.[226] Auf rein innerstaatliche Sachverhalte, durch die der Handel zwischen den Mitgliedstaaten nicht betroffen werden kann, ist die Warenverkehrsfreiheit nicht anwendbar. entsprechendes gilt für die Dienstleistungsfreiheit. Danach ist der freie Dienstleistungsverkehr nicht auf Betätigungen anwendbar, deren Merkmale sämtlich nicht über die Grenzen eines Mitgliedstaats hinausweisen.[227]

a) Warenverkehrsfreiheit

aa) Art. 34 bis 36 AEUV

118 Die Warenverkehrsfreiheit hat ihre Rechtsgrundlage in Art. 34 AEUV. Danach sind mengenmäßige Einfuhrbeschränkungen und alle Maßnahmen gleicher Wirkung zwischen den Mitgliedstaaten verboten. Art. 35 AEUV sieht eine entsprechende Regelung für mengenmäßige Ausfuhrbeschränkungen vor. Diese Grundfreiheiten werden durch Art. 36 AEUV eingeschränkt. Nach Art. 36 Satz 1 AEUV stehen die Bestimmungen der Art. 34 und 35 AEUV Einfuhr-, Ausfuhr- und Durchfuhrverboten oder -beschränkungen nicht entgegen, die aus Gründen der öffentlichen Sittlichkeit, Ordnung und Sicherheit, zum Schutze der Gesundheit und des Lebens von Menschen, Tieren oder Pflanzen, des nationalen Kulturguts von künstlerischem, geschichtlichem oder archäologischem Wert oder des gewerblichen und kommerziellen Eigentums gerechtfertigt sind. Art. 36 Satz 2 AEUV bestimmt, dass die Verbote oder Beschränkungen weder ein Mittel zur willkürlichen Diskriminierung noch eine verschleierte Beschränkung des Handels zwischen den Mitgliedstaaten darstellen dürfen.

bb) Die Dassonville-Formel

119 Nach dem Urteil des EuGH in Sachen »Dassonville« ist jede Handelsregelung der Mitgliedstaaten, die geeignet ist, den innergemeinschaftlichen Handel unmittelbar oder mittelbar, tatsächlich oder potentiell zu behindern, als Maßnahme kontingentgleicher Wirkung anzusehen.[228] Derartige Maßnahmen dürfen weder ein Mittel zur willkürli-

---

224 EuGH, 30.11.1983, Rs. 227/82, Slg. 1984, 3883 Rn. 35 – *van Bennekom*; EuGH, 14.12.2004, C-309/02, NVwZ 2005, 190 Rn. 56f. – *Radlberger Getränkegesellschaft und S. Spitz*; EuGH, 18.07.2013, C-265/12, GRUR 2013, 1154 Rn. 31 – *Citroën*.

225 EuGH, 01.06.2010, C-570/07 und C-571/07, EuZW 2010, 578 Rn. 40 – *Blanco Pérez und Chao Gómez*; EuGH, 18.07.2013, C-265/12, GRUR 2013, 1154 Rn. 32 – *Citroën*.

226 EuGH, 01.06.2010, C-570/07 und C-571/07, EuZW 2010, 578 Rn. 40 – *Blanco Pérez und Chao Gómez*; EuGH, 18.07.2013, C-265/12, GRUR 2013, 1154 Rn. 33 – *Citroën*.

227 EuGH, 09.09.1999, C-108/98, Slg. 1999, I-5219 Rn. 23 – *RI.SAN*; EuGH, 21.10.1999, C-97/98, Slg. 1999, I-7319 Rn. 42 – *Jägerskiöld*.

228 EuGH, 11.07.1974, Rs. 8/74, GRUR Int. 1974, 467, 468 – *Dassonville*.

chen Diskriminierung noch eine verschleierte Beschränkung des Handels zwischen den Mitgliedstaaten darstellen. Unerheblich ist, ob mit der Maßnahme eine Beschränkung des freien Warenverkehrs bezweckt wird; entscheidend ist, wie sie sich tatsächlich auswirkt.[229]

Von einer mit der Warenverkehrsfreiheit unvereinbaren Maßnahme kontingentgleicher Wirkung ging der EuGH in der Dassonville-Entscheidung aus, wenn ein Mitgliedstaat eine Echtheitsbescheinigung verlangt, die sich der Importeur eines in einem anderen Mitgliedstaat ordnungsmäßig im freien Verkehr befindlichen echten Erzeugnisses schwerer zu beschaffen vermag als der Importeur, der das gleiche Erzeugnis unmittelbar aus dem Ursprungsland einführt. Die Formel der Dassonville-Entscheidung, wonach das in Art. 34 AEUV aufgestellte Verbot von Maßnahmen mit gleicher Wirkung wie mengenmäßige Beschränkungen jede Maßnahme der Mitgliedstaaten erfasst, die geeignet ist, die Einfuhren zwischen Mitgliedstaaten unmittelbar oder mittelbar, tatsächlich oder potentiell zu behindern, ist seitdem ständige Rechtsprechung des EuGH.[230] **120**

cc) Die Grundsätze der Cassis de Dijon-Entscheidung

Nach dem fünf Jahre nach der Dassonville-Entscheidung ergangenen Urteil »Cassis de Dijon« stellen Hemmnisse für den freien Warenverkehr, die sich wegen fehlender Harmonisierung der Rechtsvorschriften daraus ergeben, dass Waren aus anderen Mitgliedstaaten, die dort rechtmäßig hergestellt und in den Verkehr gebracht worden sind, bestimmten Vorschriften entsprechen müssen, selbst wenn diese Vorschriften unterschiedslos für alle Erzeugnisse gelten, verbotene Maßnahmen gleicher Wirkung dar, sofern sich die Anwendung dieser Vorschriften nicht durch einen Zweck rechtfertigen lässt, der im Allgemeininteresse liegt und den Erfordernissen des freien Warenverkehrs vorgeht.[231] Zu den Vorschriften, denen die Waren entsprechen müssen, zählen etwa Bestimmungen über Bezeichnung, Form, Abmessungen, Gewicht, Zusammensetzung, Aufmachung, Etikettierung und Verpackung der Produkte. Maßnahmen gleicher Wirkung sind nach dieser Entscheidung nationale Bestimmungen, die unterschiedslos für inländische und eingeführte Waren gelten, aber zu Hemmnissen für den freien innergemeinschaftlichen Handel führen. Für diese Maßnahmen sah der EuGH eine Rechtfertigung neben den ausdrücklich – jetzt in Art. 36 AEUV – angeführten Rechtfertigungsgründen in weiteren ungeschriebenen Rechtfertigungsgründen. **121**

Zu den **ungeschriebenen Rechtfertigungsgründen**, die ebenso wie die in Art. 36 AEUV angeführten Gründe den Anwendungsbereich der Art. 34 und 35 AEUV einschränken können, zählen zwingende Gründe des Allgemeininteresses.[232] Diese können sich aus den Erfordernissen einer wirksamen steuerlichen Kontrolle, dem Verbraucherschutz, dem Schutz der Lauterkeit des Handelsverkehrs oder dem Umweltschutz erge- **122**

229 EuGH, 11.12.2003, C-322/01, GRUR 2004, 174 Rn. 67 – *DocMorris.*
230 EuGH, 19.10.2016, C-148/15, GRUR 2016, 1313 Rn. 22 – *Deutsche Parkinson Vereinigung.*
231 EuGH, 20.02.1979, Rs. 120/78, Slg. 1979, 649 Rn. 15 – *Cassis de Dijon.*
232 EuGH, 20.02.1979, Rs. 120/78, Slg. 1979, 649 Rn. 8 – *Cassis de Dijon.*

ben.[233] Dabei müssen diese Gründe abgewogen und die allgemeinen Rechtsgrundsätze des Unionsrechts, die Grundrechte und der Verhältnismäßigkeitsgrundsatz müssen beachtet werden. Die den freien Warenverkehr einschränkenden Vorschriften müssen geeignet und erforderlich sein, um die Verwirklichung des verfolgten legitimen Ziels zu gewährleisten, und in einem angemessenen Verhältnis zu dem mit den Vorschriften verfolgten Zweck stehen.[234] Die hierzu vorgelegten Belege und Daten müssen die Einschätzung erlauben, dass die gewählten Mittel zur Verwirklichung der verfolgten Ziele geeignet sind und es nicht möglich ist, diese Ziele durch Maßnahmen zu erreichen, die den freien Warenverkehr weniger einschränken.[235]

dd) Die Korrektur durch die Keck-Entscheidung

123 Mit dem annähernd 15 Jahre nach der Cassis de Dijon-Entscheidung ergangenen Urteil in Sachen »Keck und Mithouard« hat der EuGH eine notwendige Einschränkung seiner Grundsätze zum freien Warenverkehr vorgenommen.[236] Danach ist zu unterscheiden zwischen Vorschriften, die die Merkmale der Waren betreffen, und Bestimmungen, die die Modalitäten des Verkaufs regeln.

124 Auf Vorschriften, die die Waren selbst betreffen, sind weiterhin die Maßstäbe der Dassonville- und der Cassis de Dijon-Entscheidung anwendbar.[237] Zu derartigen Vorschriften rechnet der EuGH Bestimmungen, die die Bezeichnung, die Form, die Abmessungen, das Gewicht, die Zusammensetzung, die Aufmachung, die Etikettierung und die Verpackung der Erzeugnisse regeln. Danach stellen Hemmnisse für den freien Warenverkehr, die sich wegen fehlender Harmonisierung der Rechtsvorschriften daraus ergeben, dass Waren aus anderen Mitgliedstaaten, die dort rechtmäßig hergestellt und in den Verkehr gebracht worden sind, bestimmten Vorschriften entsprechen müssen, selbst wenn diese Vorschriften unterschiedslos für alle Erzeugnisse gelten, verbotene Maßnahmen gleicher Wirkung dar, sofern sich die Anwendung dieser Vorschriften nicht durch einen Zweck rechtfertigen lässt, der im Allgemeininteresse liegt und den Erfordernissen des freien Warenverkehrs vorgeht.[238]

125 Dagegen sind nationale Vorschriften, die bestimmte **Verkaufsmodalitäten** beschränken oder verbieten, nicht geeignet, den Handel zwischen den Mitgliedstaaten im Sinne der Dassonville-Entscheidung unmittelbar oder mittelbar, tatsächlich oder potentiell zu

---

233 EuGH, 20.02.1979, Rs. 120/78, Slg. 1979, 649 Rn. 8 – *Cassis de Dijon.*

234 EuGH, 20.02.1979, Rs. 120/78, Slg. 1979, 649 Rn. 11 und 13 – *Cassis de Dijon*; EuGH, 23.12.2015, C-333/14, NJW 2016, 621 Rn. 33 – *The Scotch Whisky Association*; EuGH, 19.10.2016, C-148/15, GRUR 2016, 1313 Rn. 34 – *Deutsche Parkinson Vereinigung.*

235 EuGH, 23.12.2015, C-333/14, NJW 2016, 621 Rn. 59 – *The Scotch Whisky Association*; EuGH, 19.10.2016, C-148/15, GRUR 2016, 1313 Rn. 36 – *Deutsche Parkinson Vereinigung.*

236 EuGH, 24.11.1993, C-267/91 und C-268/91, GRUR 1994, 296 – *Keck und Mithouard.*

237 EuGH, 24.11.1993, C-267/91 und C-268/91, GRUR 1994, 296 Rn. 15 – *Keck und Mithouard*; EuGH, 26.04.2012, C-456/10, JZ 2012, 740 Rn. 32 – *ANETT.*

238 EuGH, 26.06.1997, C-368/95, GRUR Int. 1997, 829 Rn. 8 – *Familiapress*; EuGH, 05.06.2007, C-170/04, EuZW 2007, 401 Rn. 32 – *Rosengren*; EuGH, 08.11.2007, C-143/06, GRUR 2008, 264 Rn. 26 – *Ludwigs-Apotheke.*

behindern, sofern diese Bestimmungen für alle betroffenen Wirtschaftsteilnehmer gelten, die ihre Tätigkeit im Inland ausüben, und sofern sie den Absatz der inländischen Erzeugnisse und der Erzeugnisse aus anderen Mitgliedstaaten rechtlich wie tatsächlich in der gleichen Weise berühren.[239]

Damit Verkaufsmodalitäten nicht zu den Maßnahmen mit gleicher Wirkung zählen, als keine unzulässigen Handelshemmnisse sind, müssen sie (1) für alle betroffenen Wirtschaftsteilnehmer gelten, die im Inland tätig sind, und (2) sie müssen den Absatz der inländischen Erzeugnisse und der Erzeugnisse aus anderen Mitgliedstaaten rechtlich wie tatsächlich in der gleichen Weise berühren.[240] Während die erste Voraussetzung in der Praxis regelmäßig nicht weiter problematisch ist, weil beim gegenwärtigen Stand der Integration mitgliedstaatliche Vorschriften kaum zwischen im Inland tätigen Wirtschaftsteilnehmern unterscheiden, bereitet die zweite Voraussetzung bei der Rechtsanwendung Schwierigkeiten, da der EuGH das zweite Kriterium, dass die Verkaufsmodalitäten die inländischen Erzeugnisse und die Erzeugnisse aus anderen Mitgliedstaaten rechtlich wie tatsächlich in der gleichen Weise berühren, sehr schnell verneint.[241] Danach treffen die Vorschriften über die Preisbindung für Arzneimittel ausländische Versandhandelsapotheken in tatsächlicher Hinsicht stärker als inländische Apotheken, weil sie Kunden an Ort und Stelle nicht individuell beraten und eine Notfallversorgung mit Arzneimitteln sicherstellen können und diesen Nachteil nicht durch einen Preiswettbewerb ausgleichen können. Diese Sichtweise ist deshalb problematisch, weil nicht inländische Versandhandelsapotheken mit ausländischen Versandhandelsapotheken verglichen werden, sondern inländische stationäre Apotheken mit ausländischen Versandhandelsapotheken. Von einer in tatsächlicher Hinsicht stärkeren Beeinträchtigung der ausländischen Unternehmen gegenüber im Inland ansässigen Unternehmen ist nach der Rechtsprechung des EuGH auszugehen, wenn ihnen eine Regelung den Zutritt zum inländischen Markt erschwert und sie daran gehindert werden, dort konkurrenzfähig aufzutreten.[242] Eine entsprechende Eignung, derartige Wirkungen hervorzurufen, genügt.[243] 126

Zu den **Verkaufsmodalitäten rechnen Umstände**, unter denen die Produkte verkauft und beworben werden und die nicht die Merkmale der Erzeugnisse betreffen.[244] Darunter fallen Bestimmungen über die Zulässigkeit des Versandhandels,[245] die Preis- 127

239 EuGH, 24.11.1993, C-267/91 und C-268/91, GRUR 1994, 296 Rn. 16 – *Keck und Mithouard.*
240 EuGH, 11.12.2003, C-322/01, GRUR 2004, 174 Rn. 68 – *DocMorris.*
241 EuGH, 19.10.2016, C-148/15, GRUR 2016, 1313 Rn. 24 – *Deutsche Parkinson Vereinigung.*
242 EuGH, 19.10.2016, C-148/15, GRUR 2016, 1313 Rn. 24 – *Deutsche Parkinson Vereinigung.*
243 EuGH, 11.12.2003, C-322/01, GRUR 2004, 174 Rn. 74 – *DocMorris.*
244 EuGH, 30.04.2009, C-531/07, GRUR 2009, 792 Rn. 20 – *Fachverband der Buch- und Medienwirtschaft/LIBRO.*
245 EuGH, 11.12.2003, C-322/01, GRUR 2004, 174 Rn. 68 – *DocMorris.*

gestaltung von Erzeugnissen,[246] Werbebeschränkungen[247] und die Regelung von Ladenöffnungszeiten.[248] Zu den Verkaufsmodalitäten zählt nicht das Verbot von Werbeaufdrucken, das den Unternehmer zwingt, die Aufmachung je nach dem Ort des Inverkehrbringens unterschiedlich zu gestalten.[249] Dasselbe gilt für das Verbot von Produktnachahmungen. Den Verkaufsmodalitäten ebenfalls nicht zuzuordnen, ist eine Herstellergarantie; diese ist produktbezogen und betrifft nicht die Umstände des Vertriebs.[250] Keine Verkaufsmodalitäten sind Einfuhrlizenzen.[251]

ee) Rechtfertigungsgründe nach Art. 36 AEUV

(1) Allgemeines

128 Nach Art. 36 Satz 1 AEUV stehen die Bestimmungen der Art. 34 und 35 AEUV Einfuhr-, Ausfuhr- und Durchfuhrverboten oder -beschränkungen nicht entgegen, die aus Gründen der öffentlichen Sittlichkeit, Ordnung und Sicherheit, zum Schutze der Gesundheit und des Lebens von Menschen, Tieren oder Pflanzen, des nationalen Kulturguts von künstlerischem, geschichtlichem oder archäologischem Wert oder des gewerblichen und kommerziellen Eigentums gerechtfertigt sind. Art. 36 Satz 2 AEUV bestimmt, dass die Verbote oder Beschränkungen weder ein Mittel zur willkürlichen Diskriminierung noch eine verschleierte Beschränkung des Handels zwischen den Mitgliedstaaten darstellen dürfen.

129 Die Rechtfertigungsgründe des Art. 36 AEUV haben Vorrang vor den ungeschriebenen Rechtfertigungsgründen (Rdn. 122) der Cassis de Dijon-Entscheidung. Als Ausnahmetatbestand legt der EuGH die Rechtfertigungsgründe des Art. 36 AEUV eng aus. Der Ansatz einer engen Auslegung von Ausnahmetatbeständen als allgemeiner Grundsatz widerspricht allgemeinen Auslegungsgrundsätzen. Er ist allerdings fester Bestandteil der Rechtsprechung des EuGH und – soweit zur Herbeiführung interessengerechter Ergebnisse erforderlich – wird der Grundsatz einer engen Auslegung von Ausnahmetatbeständen auch nicht durchgehalten (Rdn. 80).

130 Der **Rückgriff auf Art. 36 AEUV** zur Rechtfertigung von Beschränkungen des freien Warenverkehrs ist **ausgeschlossen, wenn Richtlinien der Union die Harmonisierung**

---

246 EuGH, 30.04.2009, C-531/07, GRUR 2009, 792 Rn. 20 – *Fachverband der Buch- und Medienwirtschaft/LIBRO*.

247 EuGH, 15.12.1993, C-292/92, GRUR 1994, 299 Rn. 22 – *Hünermund u.a. / Landesapothekerkammer Baden-Württemberg*; EuGH, 09.02.1995, C-412/93, WRP 1995, 470 Rn. 22 – *Leclerc-Siplec*.

248 EuGH, 02.06.1994, C-69/93 und C-258/93, NJW 1994, 2141 Rn. 13, – *Punto Casa und PPV*; EuGH, 20.06.1996, C-418/93, EuZW 1996, 600 Rn. 23 ff.

249 EuGH, 06.07.1995, C-470/93, WRP 1995, 677 Rn. 13 – *Mars*.

250 *Leible*, WRP 1997, 517, 522; *Heermann*, WRP 1999, 381, 382; a. A. OLG Dresden, 21.01.1997, 14 U 1405/96, GRUR 1997, 231, 233.

251 EuGH, 28.09.2006, C-434/04, Slg. 2006, I-9171 Rn. 20 und 21 – *Ahokainen und Leppik*.

der Maßnahmen vorsehen, die zur Verwirklichung des konkreten Zieles, das durch den Rückgriff auf Artikel 36 AEUV erreicht werden soll, erforderlich sind.[252]

In die Auslegung der Rechtfertigungsgründe des Art. 36 AEUV sind die allgemeinen Rechtsgrundsätze, die dem Unionsrecht, dem Recht der Mitgliedstaaten und dem Völkerrecht zugrunde liegen einschließlich der Grundrechte der EU-Grundrechtecharta und – soweit anwendbar – des GG sowie der Verhältnismäßigkeitsgrundsatz[253] einzubeziehen.[254] Teilweise leitet der EuGH aus den **Grundrechten der Union** ohne Rückgriff auf Art. 36 AEUV und die zwingenden Erfordernisse der Cassis de Dijon-Entscheidung **eine Schranke der Warenverkehrsfreiheit ab.**[255] **131**

Beschränkungen des freien Warenverkehrs nach Art. 36 AEUV sind nur gerechtfertigt, wenn sie geeignet sind, die Erreichung des verfolgten Ziels zu gewährleisten, und nicht über das hinausgehen, was zur Durchsetzung des Ziels erforderlich ist.[256] Dazu müssen die eingesetzten Mittel **kohärent** und **systematisch** sein.[257] **132**

(2) Einzelne Rechtfertigungsgründe

Die in Art. 36 AEUV angeführten Rechtfertigungsgründe haben für das Lauterkeitsrecht eine eher geringe Bedeutung. Der Schutz der Verbraucher und der Lauterkeit des Handelsverkehrs rechnen zu den ungeschriebenen Rechtfertigungsgründen (Rdn. 141 und 142). **133**

Gründe der **öffentlichen Sittlichkeit und Ordnung** können eine Einschränkung der Warenverkehrsfreiheit rechtfertigen. Grundsätzlich ist es Sache jedes Mitgliedstaats, den Begriff der **öffentlichen Sittlichkeit** für sein Gebiet im Einklang mit der eigenen Wertordnung und in der von ihm gewählten Form auszufüllen.[258] Der Eingriff in die Warenverkehrsfreiheit muss allerdings verhältnismäßig sein. Dazu muss er erforderlich sein, um das angestrebte Ziel, zu erreichen und das angestrebte Ziel darf nicht durch Verbote oder Beschränkungen zu realisieren sein, die weniger umfangreich sind oder den innergemeinschaftlichen Handel weniger beeinträchtigen. In diesem Zusammenhang verfügen die Mitgliedstaaten über einen gewissen Beurteilungsspielraum.[259] **134**

Der Begriff der **öffentlichen Ordnung** ist im Unionsrecht nicht definiert. Der EuGH fasst ihn eng auf. Der Verbraucherschutz rechnet hierzu nicht.[260] Allein der Umstand, dass das Verhalten unter einen Straftatbestand fällt, reich nicht aus, um einen Schutz **135**

---

252 EuGH, 23.05.1996, C-5/94, EuZW 1996, 435 Rn. 18 – *Hedley Lomas*; EuGH, 12.11.1998, *C-102/96, Slg. 1998, I-6871* Rn. 21 – *Kommission/Deutschland.*
253 EuGH, 14.02.2008, C-244/06, EuZW 2008, 177 Rn. 42 – *Dynamic Medien.*
254 EuGH, 14.10.2004, C-36/02, EuZW 2004, 753 Rn. 33. – *Omega.*
255 EuGH, 14.02.2008, C-244/06, EuZW 2008, 177 Rn. 39–42 – *Dynamic Medien.*
256 EuGH, 14.02.2008, C-244/06, EuZW 2008, 177 Rn. 42 – *Dynamic Medien.*
257 EuGH, 22.06.2017, C-49/16, WRP 2017, 1069 Rn. 40 – *Unibet.*
258 EuGH, 14.12.1979, Rs. 34/79, Slg. 1979, 3795 Rn. 15 – *Henn und Darby.*
259 EuGH, 28.09.2006, C-434/04, Slg. 2006, I-9171 Rn. 32 – *Ahokainen und Leppik.*
260 EuGH, 06.11.1984, Rs. 177/83, Slg. 1984, 3651 Rn. 19 – *Kohl.*

der öffentlichen Ordnung zu bejahen.[261] Es müssen wichtige Interessen des Mitgliedstaats von einigem Gewicht betroffen sein.[262] Dazu muss eine tatsächliche und hinreichend schwere Gefährdung vorliegen, die ein Grundinteresse der Gesellschaft berührt.[263]

136 Der Schutz von **Gesundheit und Leben von Menschen** gehört zu den Rechtfertigungsgründen des Art. 36 AEUV und nimmt unter den durch die Vorschrift geschützten Rechtsgütern den ersten und höchsten Rang ein.[264] Es ist Sache der Mitgliedstaaten zu bestimmen, auf welchem Niveau sie den Schutz der Gesundheit der Bevölkerung gewährleisten wollen und wie dieses Niveau erreicht werden soll. Wegen des den Mitgliedstaaten zuzuerkennenden Wertungsspielraums kann das Schutzniveau in den einzelnen Mitgliedstaaten unterschiedlich ausfallen.[265] Die Beschränkung der Warenverkehrsfreiheit zum Schutz dieser überragend wichtigen Güter ist mit dem Unionsrecht allerdings nur vereinbar, wenn die Maßnahme erforderlich ist und durch eine weniger einschneidende Praxis die Gesundheit und das Leben von Menschen nicht gleich wirksam geschützt werden können.[266] Bei der Prüfung der Verhältnismäßigkeit läuft der EuGH im Hinblick auf die im Unionsrecht verankerte Zuständigkeit der Mitgliedstaaten für den Gesundheitsschutz der Bevölkerung und dem ihnen zuzubilligenden Wertungsspielraum Gefahr, die Grenze des eigenen Prüfungsrahmens zu überschreiten.[267] Zu den Mitteln des Gesundheitsschutzes zählen Zulassungsverfahren, Verkaufsmonopole und Werbebeschränkungen und -verbote etwa bei alkoholischen Getränken oder Arzneimitteln.[268]

137 Zum **gewerblichen und kommerziellen Eigentum** rechnen die Schutzrechte. Dazu gehören Patente,[269] Marken[270] und andere Kennzeichen[271] einschließlich geographischer Angaben und Ursprungsbezeichnungen,[272] Urheberrechte,[273] Designrechte und Sortenschutzrechte. Zu Schutzrechten bestehen verschiedene Verordnungen und Richtlinien, die in weiten Teilen eine Vollharmonisierung vorsehen. Soweit Bestimmungen

261 EuGH, 13.03.1984, C-16/83, GRUR 1984, 1291 Rn. 33 – *Prantl.*
262 EuGH, 27.10.1977, Rs. 30/77, Slg. 1977, 1999 Rn. 33 und 35.
263 EuGH, 14.10.2004, C-36/02, EuZW 2004, 753 -Rn. 30 – *Omega.*
264 EuGH, 11.07.2000, C-473/98, NVwZ 2000, 1402 Rn. 38 – *Toolex Alpha.*
265 EuGH, 19.10.2016, C-148/15, GRUR 2016, 1313 Rn. 30 – *Deutsche Parkinson Vereinigung.*
266 EuGH, 19.10.2016, C-148/15, GRUR 2016, 1313 Rn. 34 – *Deutsche Parkinson Vereinigung.*
267 BGH, 24.11.2016, I ZR 163/15, GRUR 2017, 635 Rn. 40 bis 50 – *Freunde werben Freunde.*
268 EuGH, 21.03.1991, C-369/88, Slg. 1991, I-1487 Rn. 60 – *Delattre*; EuGH, 12.11.2015, C-198/14, juris Rn. 115 – *EIG.*
269 EuGH, 31.10.1974, Rs. 15/74, Slg. 1974, 1147 Rn. 9 – *Centrafarm.*
270 EuGH, 12.10.1999, C-379/97, WRP 1999, 1264 Rn. 17 – *Upjohn.*
271 EuGH, 11.05.1999, C-255/97, WRP 1999, 813 Rn. 21 – *Pfeiffer.*
272 EuGH, 10.11.1992, C-3/91, GRUR Int. 1993, 76 Rn. 37 – *Exportur / LOR und Confiserie du Tech*; EuGH, 05.11.2002, C-325/00, GRUR Int. 2002, 1021 Rn. 27 – *CMA-Gütezeichen*; EuGH, 20.05.2003, C-469/00, GRUR 2003, 609 Rn. 49 – *Grana Padano*; EuGH, 20.05.2003, C-108/01, GRUR 2003, 616 Rn. 64 – *Consorzio del Prosciutto di Parma und Salumificio S. Rita* ; BGH, 31.03.2016, I ZR 86/13, BGHZ 209, 302 Rn. 11 – *Himalaya Salz.*
273 EuGH, 20.01.1981, C-55/80, Slg. 1981, 147 Rn. 12 – *GEMA.*

von Verordnungen oder Richtlinien existieren, die eine vollständige Harmonisierung vorsehen, ist auf diese Vorschriften des Sekundärrechts und nicht unmittelbar auf Art. 34 bis 36 AEUV abzustellen. Diese sind nur zur Auslegung des Sekundärrechts heranzuziehen (Rdn. 116, 117 und 130).

Die **Bestimmungen des Lauterkeitsrechts** gehören nicht zum gewerblichen und kommerziellen Eigentum. Dies gilt auch für Vorschriften, die eine dreifache Schadensberechnung ermöglichen, wie der wettbewerbsrechtliche Leistungsschutz.[274] **138**

ff) Ungeschriebene Rechtfertigungsgründe

In der Entscheidung »Cassis de Dijon« hat der EuGH zusätzlich zu den im Vertrag vorgesehenen Rechtfertigungsgründen mit den zwingenden Erfordernissen im Allgemeininteresse ungeschriebene Gründe anerkannt, die die Freiheit des Warenverkehrs einschränken können.[275] Die zwingenden Erfordernisse des Allgemeininteresses entziehen sich einer abschließenden Aufzählung. Zu ihnen rechnen Erfordernisse einer wirksamen steuerlichen Kontrolle, der Lauterkeit des Handelsverkehrs, des Verbraucherschutzes,[276] des Umweltschutzes,[277] der sozialen Sicherheit[278] und der Medienvielfalt[279] sowie der Telekommunikation.[280] **139**

Diese ungeschriebenen Rechtfertigungsgründe müssen ebenso wie diejenigen des Art. 36 AEUV im Lichte der **allgemeinen Rechtsgrundsätze des Unionsrechts, der Grundrechte und des Verhältnismäßigkeitsgrundsatzes** ausgelegt werden. Sie müssen geeignet und erforderlich sein, um die Verwirklichung des verfolgten legitimen Ziels zu gewährleisten, und in einem angemessenen Verhältnis zu dem mit den Vorschriften verfolgten Zweck stehen.[281] Die eingesetzten Mittel müssen kohärent und systematisch sein.[282] **140**

Zu den grundlegenden **Erfordernissen des Verbraucherschutzes** gehört die richtige Information der Verbraucher. Dazu zählen der Schutz der Verbraucher vor Irreführung und Verwechslungsgefahr.[283] Nationale Irreführungsverbote dürfen nicht zu weit reichen und nicht unverhältnismäßig streng sein.[284] Bei der Feststellung, ob ein Irreführ- **141**

274 EuGH, 02.03.1982, Rs. 6/81, GRUR Int. 1982, 439 Rn. 7 – *Beele.*
275 EuGH, 20.02.1979, Rs. 120/78, Slg. 1979, 649 Rn. 8 – *Cassis de Dijon.*
276 EuGH, 20.02.1979, Rs. 120/78, Slg. 1979, 649 Rn. 8 – *Cassis de Dijon.*
277 EuGH, 20.09.1988, Rs. 302/86, Slg. 1988, 4607 Rn. 9; EuGH, 14.07.1998, C-284/95, EuZW 1999, 252 Rn. 64 – *Safety Hi-Tech.*
278 EuGH, 28.04.1998, C-120/95, NJW 1998, 1769 Rn. 39 – *Decker.*
279 EuGH, 26.06.1997, C-368/95, GRUR Int. 1997, 829 Rn. 18 – *Familiapress.*
280 EuGH, 19.03.1991, C-202/88, EuZW 1991, 345 Rn. 37.
281 EuGH, 20.02.1979, Rs. 120/78, Slg. 1979, 649 Rn. 11 und 13 – *Cassis de Dijon*; EuGH, 23.12.2015, C-333/14, NJW 2016, 621 Rn. 33 – *The Scotch Whisky Association*; EuGH, 19.10.2016, C-148/15, GRUR 2016, 1313 Rn. 34 – *Deutsche Parkinson Vereinigung.*
282 EuGH, 22.06.2017, C-49/16, WRP 2017, 1069 Rn. 40 – *Unibet.*
283 EuGH, 18.05.1993, C-126/91, GRUR 1993, 747 Rn. 15 – *Yves Rocher.*
284 EuGH, 18.05.1993, C-126/91, GRUR 1993, 747 Rn. 12 – *Yves Rocher*; EuGH, 06.07.1995, C-470/93, WRP 1999, 677 Rn. 15 – *Mars.*

rungsverbot gerechtfertigt ist, ist unter Verhältnismäßigkeitsgesichtspunkten im Normalfall auf die Sicht eines Durchschnittsverbrauchers abzustellen und kein strengerer Maßstab anzulegen.[285] Bei dem erreichten Stand der Integration ist der Verbraucherschutz mittlerweile vielfach durch Sekundärrecht vollständig harmonisiert. Dies gilt auch für den Irreführungsschutz aufgrund der UGP-RL. Insoweit ist der nationale Rechtsakt unmittelbar am Maßstab des Sekundärrechts zu beurteilen und die Bestimmungen der Verträge sind nur zur Auslegung dieser Richtlinien heranzuziehen (Rdn. 116, 117).

142 Zu den zwingenden Erfordernissen des Allgemeininteresses rechnet weiter der **Schutz der Lauterkeit des Handelsverkehrs**. Schutzsubjekte sind nicht Verbraucher, sondern andere Wirtschaftsteilnehmer. Dazu zählen Wettbewerber und andere Unternehmen, die gegen unlautere Geschäftspraktiken durch das nationale Lauterkeitsrecht geschützt sind. Unter den Lauterkeitsschutz des Handelsverkehrs fällt der Schutz gegen unlautere Geschäftspraktiken[286] einschließlich Anschwärzungen sowie irreführende Kennzeichen[287] und gegen eine unlautere Nachahmung von Erzeugnissen.[288] In der Praxis können Überschneidungen beim Schutz der Unternehmen und der Verbraucher vor unlauteren Geschäftspraktiken bestehen.

143 Weiter können sich ungeschriebene Rechtfertigungsgründe unmittelbar aus einem **Rückgriff auf Grundrechte der Union** ergeben (Rdn. 131).

b) Freiheit des Dienstleistungsverkehrs

aa) Allgemeines

144 Die **Dienstleistungsfreiheit für Unionsbürger** ist in Art. 56 bis 62 AEUV geregelt. Lauterkeitsrechtliche Bestimmungen, die in die Dienstleistungsfreiheit eingreifen, sind aus zwingenden Erfordernissen des Allgemeininteresses und zur Verwirklichung der Ziele des Art. 52 AEUV gerechtfertigt. Die Dienstleistungsfreiheit umfasst die grenzüberschreitende Erbringung (Art. 56 [1] AEUV) und Entgegennahme von Dienstleistungen.[289] Die Dienstleistungsfreiheit gilt sowohl zugunsten des Dienstleisters als auch des Dienstleistungsempfängers.[290] Schutzsubjekte sind Angehörige der Mitgliedstaaten (Art. 56 AEUV) und Unternehmen, die Dienstleistungen erbringen und ihren Sitz, ihre Hauptverwaltung oder Hauptniederlassung innerhalb der Union haben (Art. 62 und 54 AEUV).

145 Ein Teil der Dienstleistungen ist durch die Richtlinie 2006/123/EG über Dienstleistungen im Binnenmarkt harmonisiert. In dem Umfang, in dem die Richtlinie eine Vollhar-

285 EuGH, 06.07.1995, C-470/93, WRP 1999, 677 Rn. 24 – *Mars.*
286 EuGH, 13.12.1990, C-238/89, WRP 1991, 562 Rn. 20 bis 22 – *Pall/Dahlhausen.*
287 EuGH, 06.11.1984, Rs. 177/83, Slg. 1984, 3651 Rn. 19 - *Kohl.*
288 EuGH, 02.03.1982, Rs. 6/81, GRUR Int. 1982, 439 Rn. 11 bis 15 – *Beele*; EuGH, 14.09.2010, C-48/09, GRUR 2010, 1008 Rn. 61 – *Roter Lego-Stein.*
289 EuGH, 05.10.2010, C-512/08, Euzw 2010, 861 Rn. 31.
290 EuGH, 04.10.2011, C-403/08 und C-429/08, GRUR 2012, 156 Rn. 85 – *Murphy.*

monisierung enthält, ist eine innerstaatliche Maßnahme nicht unmittelbar aufgrund der Dienstleistungsfreiheit zu beurteilen, sondern in erster Linie an der Richtlinie zu messen und die Grundsätze der Dienstleistungsfreiheit sind nur zur Auslegung des Sekundärrechts heranzuziehen (Rdn. 116, 117).

bb) Überschneidungen zwischen der Freiheit des Warenverkehrs und der Dienstleistungsfreiheit

Betrifft eine innerstaatliche Maßnahme oder ein Rechtsakt sowohl die Freiheit des Warenverkehrs als auch die Dienstleistungsfreiheit, wird die Maßnahme oder der Rechtsakt nur im Hinblick auf eine dieser beiden Freiheiten beurteilt, wenn eine der beiden Freiheiten der anderen gegenüber völlig zweitrangig ist und ihr zugeordnet werden kann.[291] Die innerstaatliche Maßnahme ist dann ausschließlich anhand der vorrangigen Grundfreiheit zu beurteilen. Das gilt auch für das Verhältnis zu anderen Grundfreiheiten (Niederlassungs- und Kapitalverkehrsfreiheit). Besteht eine derartige Zweitrangigkeit nicht, ist die in Rede stehende Maßnahme an beiden Grundfreiheiten zu messen.[292] Wird der Zugang zu Satellitenrundfunkdiensten dadurch beschränkt, dass eine nationale Regelung im Inland die Einfuhr, den Verkauf und die Verwendung ausländischer Decodiervorrichtungen verbietet, ist vor allem der freie Dienstleistungsverkehr betroffen, während sich die Beeinträchtigung der Warenverkehrsfreiheit als völlig zweitrangig erweist.[293] **146**

Art. 57 (1) AEUV grenzt die Dienstleistungsfreiheit von der Waren- und Kapitalverkehrsfreiheit und der Freizügigkeit der Personen ab. Durch die Bestimmung wird **kein Vorrang** der anderen Grundfreiheiten gegenüber der Dienstleistungsfreiheit festgelegt.[294] Die Bestimmung ist so zu verstehen, dass der Begriff »Dienstleistungen« die nicht von den übrigen Freiheiten erfassten Leistungen mit dem Ziel abdeckt, keine wirtschaftliche Tätigkeit aus dem Geltungsbereich der Grundfreiheiten herausfallen zu lassen. **147**

cc) Begriff der Dienstleistung

Aus Art. 57 folgt der unionsrechtliche Begriff der Dienstleistungen. Nach Art. 57 (1) AEUV sind Dienstleistungen im Sinne der Verträge Leistungen, die in der Regel gegen Entgelt erbracht werden, soweit sie nicht den Vorschriften über den freien Waren- und Kapitalverkehr und über die Freizügigkeit der Personen unterliegen. Art. 57 (2) AEUV enthält einen nicht abschließenden Katalog von Dienstleistungen. Als Dienstleistungen gelten a) gewerbliche Tätigkeiten, b) kaufmännische Tätigkeiten, c) handwerkliche Tätigkeiten und d) freiberufliche Tätigkeiten. Art. 57 (3) AEUV bestimmt, dass unbe- **148**

---

291 EuGH, 03.10.2006, C-452/04, EuZW 2006, 689 Rn. 34 – *Fidium Finanz*; EuGH, 26.05.2016, C-48/15, EuZW 2016, 552 Rn. 39 – *NN (L)*; EuGH, 04.05.2017, C-339/15, GRUR 2017, 627 Rn. 58 – *Luc Vanderborght*.

292 EuGH, 03.10.2006, C-452/04, EuZW 2006, 689 Rn. 30 – *Fidium Finanz*.

293 EuGH, 04.10.2011, C-403/08 und C-429/08, GRUR 2012, 156 Rn. 83 – *Murphy*.

294 EuGH, 03.10.2006, C-452/04, EuZW 2006, 689 Rn. 32 – *Fidium Finanz*;

schadet des Kapitels über die Niederlassungsfreiheit der Leistende zwecks Erbringung seiner Leistungen seine Tätigkeit vorübergehend in dem Mitgliedstaat ausüben kann, in dem die Leistung erbracht wird, und zwar unter den Voraussetzungen, welche dieser Mitgliedstaat für seine eigenen Angehörigen vorschreibt.

149 Die Dienstleistungsfreiheit unterscheidet sich von der Warenverkehrsfreiheit dadurch, dass sich erstere auf unkörperliche Produkte bezieht und letztere körperliche Produkte erfasst. Die Dienstleistungsfreiheit erstreckt sich nur auf eine **selbständig** ausgeübte Tätigkeit. Die Tätigkeit unselbständiger Personen unterfällt der Arbeitnehmerfreizügigkeit nach Art. 45 ff AEUV.

150 Dienstleistungen auf dem **Gebiet des Verkehrs** gehören nicht zum Anwendungsbereich der Dienstleistungsfreiheit, sondern unterfallen nach Art. 58 AEUV den Bestimmungen des Verkehrs. Eine Verkehrsdienstleistung liegt auch bei einem Vermittlungsdienst vor, der in der Herstellung einer Verbindung zwischen einem nicht berufsmäßigen Fahrer, der das eigene Fahrzeug benutzt, und einer Person besteht, die eine Fahrt im innerstädtischen Bereich unternehmen möchte.[295]

dd) Beschränkungen der Dienstleistungsfreiheit

151 Art. 56 AEUV verlangt die Aufhebung jeder Beschränkung des freien Dienstleistungsverkehrs, auch wenn sie unterschiedslos für inländische Dienstleister und Dienstleister aus den anderen Mitgliedstaaten gilt, sofern sie geeignet ist, die Tätigkeiten des Dienstleisters, der in einem anderen Mitgliedstaat ansässig ist, in dem er rechtmäßig ähnliche Dienstleistungen erbringt, zu unterbinden, zu behindern oder weniger attraktiv zu machen.[296] Eine Regelung eines Mitgliedstaats ist nicht allein deshalb eine Beschränkung im Sinne des Vertrags, weil andere Mitgliedstaaten in ihrem Gebiet ansässige Erbringer gleichartiger Dienstleistungen weniger strengen oder wirtschaftlich interessanteren Vorschriften unterwerfen. Der Begriff der Beschränkung umfasst die von einem Mitgliedstaat getroffenen Maßnahmen, die, obwohl sie unterschiedslos anwendbar sind, den Marktzugang von Unternehmen aus anderen Mitgliedstaaten betreffen und somit den innergemeinschaftlichen Handel behindern.[297]

152 Um den Marktzugang zu betreffen, muss die Maßnahme den Zugang zum Markt weniger attraktiv machen und die Fähigkeit der Unternehmen aus anderen Mitgliedstaaten, wirksam in Wettbewerb zu inländischen Unternehmen zu treten, **erheblich verringern**. Diese Voraussetzungen erfüllt eine nationale Vorschrift nicht, deren Auswirkungen auf den Dienstleistungsverkehr zu ungewiss und zu mittelbar sind, als dass eine solche nationale Maßnahme als geeignet angesehen werden könnte, den innergemeinschaftlichen Handel zu behindern.[298] Dagegen liegt eine Beeinträchtigung der Dienstleistungsfreiheit vor, wenn wirksame Marketingstrategien untersagt werden, auf

---

295 EuGH, 20.12.2017, C-434/15, GRUR 2018, 308 Rn. 40 – *Uber Systems Spain*; EuGH, 10.04.2018, C-320/16, GRUR 2018, 739 Rn. 15 ff. – *Uber France.*

296 EuGH, 04.10.2011, C-403/08 und C-429/08, GRUR 2012, 156 Rn. 85 – *Murphy.*

297 EuGH, 28.04.2009, C-518/06, Slg. 2009, I-3491 Rn. 64 und 65 – *Kommission/Italien.*

298 EuGH, 12.07.2012, C-602/10, WM 2012, 2049 Rn. 80 und 81 – *SC Volksbank România.*

die ausländische Dienstleister besonders angewiesen sind, um den bereits bestehenden Wettbewerbern effektiv Konkurrenz zu machen.[299]

Nicht eindeutig geklärt ist die Frage, ob der **Gedanke der Verkaufsmodalitäten der Keck-Rechtsprechung** (Rdn. 123–127) sinngemäß auf die Frage der Beschränkung der Dienstleistungsfreiheit übertragbar ist. Verbote, die nur die Art und Weise betreffen, in der die Dienstleistungen angeboten werden, sollen danach nur den nichtdiskriminierenden Maßnahmen entsprechen, die Verkaufsmodalitäten regeln. Die EuGH-Rechtsprechung deutet darauf hin, dass diese Übertragung der Rechtsprechung zu den Verkaufsmodalitäten im Bereich der Warenverkehrsfreiheit auf die Dienstleistungsfreiheit ausscheidet.[300] **153**

ee) Rechtfertigungsgründe

Beschränkungen der Dienstleistungsfreiheit sind gerechtfertigt, wenn sie erforderlich sind, um die Ziele des Art. 52 AEUV zu erreichen, oder wenn sie aus zwingenden Gründen des Allgemeininteresses geboten sind. Nach **Art. 52** i. V. mit Art. 62 AEUV beeinträchtigt die Dienstleistungsfreiheit nicht die Anwendbarkeit der Rechts- und Verwaltungsvorschriften, die eine Sonderregelung für Ausländer vorsehen und aus Gründen der öffentlichen Ordnung, Sicherheit oder Gesundheit gerechtfertigt sind. Den Begriff der öffentlichen Ordnung legt der EuGH eng aus. Einschränkungen der Dienstleistungsfreiheit aus Gründen der öffentlichen Ordnung setzen eine Beeinträchtigung von einiger Schwere voraus. Es muss eine tatsächliche und hinreichend schwere Gefährdung vorliegen, die ein Grundinteresse der Gesellschaft berührt.[301] **154**

Zu den **zwingenden Erfordernissen des Allgemeininteresses** gelten die Ausführungen zu diesen ungeschriebenen Rechtfertigungsgründen bei der Warenverkehrsfreiheit entsprechend (Rdn. 139–143). Zu den zwingenden Gründen des Allgemeininteresses zählen der Verbraucherschutz, die Lauterkeit des Handelsverkehrs[302] und der Schutz der Sozialordnung.[303] Hierzu rechnen Beschränkungen oder Verbote der Veranstaltung von Glücksspielen und die Betrugsvorbeugung.[304] **155**

Wie bei den Rechtfertigungsgründen zur Einschränkung der Warenverkehrsfreiheit müssen Maßnahmen, die die Dienstleistungsfreiheit beeinträchtigen, dem **Grundsatz der Verhältnismäßigkeit** genügen und geeignet sein, die Verwirklichung des geltend gemachten Ziels zu gewährleisten.[305] Dazu müssen die eingesetzten Mittel kohärent und systematisch sein.[306] **156**

---

299 EuGH, 12.07.2012, C-602/10, WM 2012, 2049 Rn. 80 – *SC Volksbank România.*
300 EuGH, 10.05.1995, C-384/93, NJW 1995, 2541 Rn. 38 – *Alpine Investments.*
301 EuGH, 14.03.2000, C-54/99, Slg. 2000, I-1335 Rn. 17 – *Église de scientologie.*
302 EuGH, 09.07.1997, C-34/95 bis C-36/95, WRP 1998, 145 Rn. 53 – *De Agostoni.*
303 EuGH, 22.06.2017, C-49/16, WRP 2017, 1069 Rn. 36 – *Unibet.*
304 EuGH, 22.06.2017, C-49/16, WRP 2017, 1069 Rn. 36 und 39 – *Unibet.*
305 EuGH, 06.03.2007, C-338/04, NJW 2007, 1515 Rn. 48 und 49 – *Placanica.*
306 EuGH, 22.06.2017, C-49/16, WRP 2017, 1069 Rn. 40 – *Unibet.*

6. Einzelne Richtlinien

a) Richtlinie 2005/29/EG über unlautere Geschäftspraktiken

aa) Entstehungsgeschichte und Umsetzung

157 Während der Vorschlag für eine Verordnung über Verkaufsförderung im Binnenmarkt aus dem Jahr 2001 (KOM [2001] 546) mehrfach geändert und schließlich zurückgenommen wurde (KOM [2005] 462 S. 10), wurde der Vorschlag der Generaldirektion Verbraucherschutz zu einer Richtlinie über unlautere Geschäftspraktiken umgesetzt. Die Richtlinie 2005/29/EG des Europäischen Parlaments und des Rates vom 11.05.2005 über unlautere Geschäftspraktiken im binnenmarktinternen Geschäftsverkehr zwischen Unternehmen und Verbrauchern und zur Änderung der Richtlinie 84/450/EWG des Rates, der Richtlinien 97/7/EG, 98/27/EG und 2002/65/EG des Europäischen Parlaments und des Rates sowie der Verordnung (EG) Nr. 2006/2004 des Europäischen Parlaments und des Rates (Richtlinie über unlautere Geschäftspraktiken) ist am 12.06.2005 in Kraft getreten. Sie war nach ihrem Art. 19 bis zum 12.06.2007 umzusetzen und die zu ihrer Umsetzung erlassenen Bestimmungen waren ab dem 12.12.2007 anzuwenden. Deutschland hat die UGP-RL erst durch das Erste Gesetz zur Änderung des Gesetzes gegen den unlauteren Wettbewerb vom 22.12.2008 (BGBl I. S.2949) umgesetzt, das am 30.12.2008 in Kraft getreten ist. Wegen inhaltlich unzureichender Umsetzung der UGP-RL hat Deutschland auf Drängen der Kommission durch das Zweite Gesetz zur Änderung des Gesetzes gegen den unlauteren Wettbewerb vom 02.12.2015 (BGBl. I S. 2158) eine weitere Anpassung des UWG an die Vorschriften der UGP-RL vorgenommen. Das Gesetz ist am 10.12.2015 in Kraft getreten.

158 Zur Anwendung der UGP-RL liegen unverbindliche Leitlinien der Kommission vom 25.05.2016 (KOM [2016] 163) vor.

bb) Struktur der Richtlinie

159 Die UGP-RL enthält im ersten mit »Allgemeine Bestimmungen« bezeichneten Kapitel Vorschriften zum Zweck der Richtlinie (Art. 1), zu Definitionen (Art. 2), zum Anwendungsbereich (Art. 3) und zum Binnenmarkt (Art. 4).

160 Das zweite Kapitel »Unlautere Geschäftspraktiken« enthält das Herzstück der Richtlinie. Nach Art. 5 (1) UGP-RL sind unlautere Geschäftspraktiken verboten. Welche Geschäftspraktiken unlauter sind, bestimmt Art. 5 (2), (4) und (5) UGP-RL. Dabei ist die Vorschrift in umgekehrter Prüfungsreihenfolge aufgebaut. Die speziellste Bestimmung unlauterer Geschäftspraktiken enthält Art. 5 (5) i. V. mit dem Anhang I, der sog. schwarzen Liste. Art. 5 (4) UGP-RL führt als Beispielstatbestände unlauterer Geschäftspraktiken irreführende Geschäftspraktiken und aggressive Geschäftspraktiken an. Welche Geschäftspraktiken irreführend sind, bestimmen Art. 6 und 7 UGP-RL. Aus Art. 8 und 9 UGP-RL ergibt sich, welche Geschäftspraktiken aggressiv sind. Art. 5 (2) UGP-RL enthält eine allgemeine Bestimmung unlauterer Geschäftspraktiken in Art einer Generalklausel. Diese soll nach Erwägungsgrund 13 die in den Mitgliedstaaten

existierenden unterschiedlichen Generalklauseln ersetzen. Art. 5 (3) regelt, aus welcher Sicht eine Geschäftspraktik zu beurteilen ist.

Das dritte Kapital enthält mit Art. 10 eine Vorschrift zu Verhaltenskodizes. Im vierten Kapital sind die Schlussbestimmungen angeführt (Art. 11 bis 21). Art. 11 UGP-RL über die Durchsetzung enthält Leitlinien für die Mitgliedstaaten zur Bekämpfung unlauterer Geschäftspraktiken und Art. 12 regelt die Übertragung von Befugnissen auf Gerichte und Verwaltungsbehörden. Nach Art. 13 haben die Mitgliedstaaten die Sanktionen festzulegen, die bei Verstößen gegen Vorschriften zur Umsetzung der UGP-RL anzuwenden sind. Die Mitgliedstaaten haben alle geeigneten Maßnahmen zu treffen, um die Durchsetzung der Sanktionen sicherzustellen. Die Sanktionen müssen wirksam, verhältnismäßig und abschreckend sein. **161**

cc) Anwendungsbereich

Der Anwendungsbereich der UGP-RL folgt aus ihrem **Art. 3 (1) UGP-RL**. Die Vorschrift bestimmt den Anwendungsbereich positiv. Danach gilt die Richtlinie für unlautere Geschäftspraktiken i. S. des Art. 5 zwischen Unternehmen und Verbrauchern vor, während und nach Abschluss eines auf ein Produkt bezogenen Handelsgeschäfts. Der Begriff des Verbrauchers ist in Art. 2 lit. a UGP-RL, der Begriff des Gewerbetreibenden in Art. 2 lit. b UGP-RL, der Begriff des Produkts in Art. 2 lit. c und der Begriff der Geschäftspraktiken in Art. 2 lit. d definiert. Die UGP-RL verwendet sowohl die Bezeichnung Gewerbetreibender als auch Unternehmer. Die Begriffe Gewerbetreibender und Unternehmer entsprechen sich im Anwendungsbereich der UGP-RL.[307] **162**

Die UGP-RL betrifft nach Art. 3 (1) ausschließlich Geschäftspraktiken von Unternehmern gegenüber Verbrauchern (**B2C-Verhältnis**). In den Anwendungsbereich der Richtlinie fallen danach keine geschäftlichen Handlungen von Gewerbetreibenden gegenüber Mitbewerbern (Erwägungsgrund 6 Satz 3 und 8 Satz 3 UGP-RL).[308] Dem Anwendungsbereich der UGP-RL unterfallen daher nicht die in § 4 Nr. 1 bis 4 UWG geregelten Tatbestände, die auf einen Schutz der Mitbewerber beschränkt sind (**B2B-Bereich**).[309] **163**

Eine weitere **Einschränkung erfährt der Anwendungsbereich der UGP-RL über den Begriff der Geschäftspraktiken**. Nach Art. 2 lit. d UGP-RL sind Geschäftspraktiken im Geschäftsverkehr zwischen Unternehmen und Verbrauchern »jede Handlung, Unterlassung, Verhaltensweise oder Erklärung, kommerzielle Mitteilung einschließlich Werbung und Marketing eines Gewerbetreibenden, die unmittelbar mit der Absatzförderung, dem Verkauf oder der Lieferung eines Produkts an Verbraucher zusammenhängt«. Die Maßnahme muss danach unmittelbar mit der Absatzförderung eines Unternehmers gegenüber einem Verbraucher zusammenhängen. Damit ist der Nachfra- **164**

307 EuGH, 03.10.2013, C-59/12, GRUR 2013, 1159 Rn. 31 – *Zentrale zur Bekämpfung unlauteren Wettbewerbs.*

308 EuGH, 14.01.2010, C-304/08, GRUR 2010, 244 Rn. 39 – *Plus Warenhandelsgesellschaft*; EuGH, 19.10.2017, C-295/16, GRUR 2018, 303 Rn. 28 – *Europamur.*

309 BGH, 02.12.2015, I ZR 176/14, GRUR 2016, 730 Rn. 19 – *Herrnhuter Stern.*

gewettbewerb vom Anwendungsbereich der UGP-RL ausgenommen. Weiter erfasst die UGP-RL keine Handlungen von Unternehmern, die der Absatzförderung gegenüber Gewerbetreibenden und nicht unmittelbar dem Absatz von Produkten gegenüber Verbrauchern dienen.[310] Ob in diesem Zusammenhang eine Vorschrift verletzt wird, die dem Verbraucherschutz dient, ist ohne Bedeutung, solange die Tatbestandsmerkmale der Geschäftspraktik nicht erfüllt sind.[311]

165 **Art. 3 (2) bis (10) UGP-RL** nimmt spezielle Bereiche vom Anwendungsbereich der UGP-RL wieder aus. Die Richtlinie lässt nach Art. 3 (2) UGP-RL das Vertragsrecht und insbesondere die Bestimmungen über die Wirksamkeit, das Zustandekommen oder die Wirkungen eines Vertrags und nach Art. 3 (3) UGP-RL die Rechtsvorschriften der Union und der Mitgliedstaaten in Bezug auf die Gesundheits- und Sicherheitsaspekte von Produkten unberührt.[312] Nach Art. 3 (4) UGP-RL gehen Rechtsvorschriften der Union, die besondere Aspekte unlauterer Geschäftspraktiken regeln, den Bestimmungen der UGP-RL vor und sind für diese besonderen Aspekte maßgebend. Ist etwa für eine Preisangabe in einer Werbung die Preisangabenrichtlinie einschlägig, kann die UGP-RL hinsichtlich dieses Aspekts nicht zur Anwendung kommen.[313] In zwei jüngeren Entscheidungen hat der EuGH die Reichweite der Kollisionsklausel des Art. 3 (4) UGP-RL weiter konkretisiert. Danach liegt eine Kollision i.S.v. Art. 3 (4) UGP-RL nur vor, wenn außerhalb der Richtlinie stehende Bestimmungen, die besondere Aspekte unlauterer Geschäftspraktiken regeln, Gewerbetreibenden ohne jeglichen Gestaltungsspielraum Verpflichtungen auferlegen, die mit denen aus der UGP-RL unvereinbar sind.[314] Danach schließen die Rahmenrichtlinie (Richtlinie 2002/21/EG) und die Universalrichtlinie (Richtlinie 2002/22/EG) die Anwendung des Art. 5 (5) UGP-RL i.V.m. Nr. 29 des Anhangs I auf die Erbringung unbestellter Dienstleistungen nicht aus. In jenem Fall hatten Telekommunikationsanbieter SIM-Karten vermarktet, auf denen bestimmte Dienste vorinstalliert und aktiviert waren, ohne den Verbraucher zuvor angemessen darüber aufzuklären und anzugeben, welche Kosten hierfür anfielen.[315] Dagegen liegt eine Kollision i.S.v. Art. 3 (4) UGP-RL vor, wenn aus Art. 7 UGP-RL die Verpflichtung abgeleitet werden soll, auf dem Energieetikett die Testbedingungen für Staubsauger anzugeben. Die Richtlinie 2010/30 und die Delegierte Verordnung Nr. 665/2013 regeln die Informationen auf dem Energieetikett für Staubsauger abschließend und erlauben es nach Art. 3 (4) UGP-RL nicht, über Art. 7 UGP-RL weitergehende Informationspflichten zu begründen.[316] Die zeitliche Befristung des

---

310 EuGH, 17.10.2013, C-391/12, GRUR 2013, 1245 Rn. 35 ff – *RLvS [Good News]*.

311 EuGH, 17.10.2013, C-391/12, GRUR 2013, 1245 Rn. 35 – *RLvS [Good News]*.

312 BGH, 29.04.2010, I ZR 202/07, GRUR 2010, 749 Rn. 39 – *Erinnerungswerbung im Internet*; BGH, 21.09.2016, I ZR 234/15, GRUR 2017, 203 Rn. 30 – *Quecksilberhaltige Leuchtstofflampen*.

313 EuGH, 07.07.2016, C-476/14, GRUR 2016, 945 Rn. 45 – *Citroën Commerce*.

314 EuGH, 13.09.2018, C-54/17 und C-55/17, GRUR 2018, 1156 Rn. 61 – *AGCM/Wind und Vodafone*.

315 EuGH, 13.09.2018, C-54/17 und C-55/17, GRUR 2018, 1156 Rn. 64 ff. – *AGCM/Wind und Vodafone*.

316 EuGH, 25.07.2018, C-632/16, GRUR 2018, 940 Rn. 32 ff. – *Dyson/BSH*.

Art. 3 (5) und (6) UGP-RL ist zwischenzeitlich abgelaufen.[317] Art. 3 (7) UGP-RL stellt klar, dass die Vorschriften über die Zuständigkeit der Gerichte unberührt bleiben. Eine wichtige Ausnahme vom Anwendungsbereich der UGP-RL enthält Art. 3 (8). Danach lässt die Richtlinie alle Niederlassungs- oder Genehmigungsbedingungen, berufsständischen Verhaltenskodizes oder andere spezifische Regeln für reglementierte Berufe unberührt, damit die strengen Integritätsstandards, die die Mitgliedstaaten den in dem Beruf tätigen Personen nach Maßgabe des Unionsrechts auferlegen können, gewährleistet bleiben. Damit klammert die UGP-RL die freien Berufe, für deren Angehörige in Deutschland in Kammern bestehen, vom Anwendungsbereich aus.[318] Nach Art. 3 (9) UGP-RL können die Mitgliedstaaten im Zusammenhang mit Finanzdienstleistungen strengere oder weniger strengere Vorschriften, als in der UGP-RL vorgesehen, erlassen. Nach Art. 3 (10) UGP-RL gilt die Richtlinie nicht für Vorschriften der Mitgliedstaaten über die Zertifizierung und Angabe des Feingehalts von Artikeln aus Edelmetall.

dd) Vollständige Harmonisierung

Die UGP-RL enthält für ihren Anwendungsbereich eine vollständige Harmonisierung **166** der Vorschriften über unlautere Geschäftspraktiken von Unternehmern gegenüber Verbrauchern.[319] Die Mitgliedstaaten dürfen das in der UGP-RL vorgesehene Schutzniveau nicht unterschreiten und sie dürfen nach Art. 4 UGP-RL keine strengeren als die in der Richtlinie festgelegten Maßnahmen erlassen, und zwar auch nicht, um ein höheres Verbraucherschutzniveau zu erreichen.[320] So dürfen nur die im Anhang I abschließend aufgeführten Geschäftspraktiken ohne eine Beurteilung des Einzelfalls anhand der Bestimmungen der Art. 5 bis 9 UGP-RL als unlauter gelten.[321]

ee) Schutzzweck

Nach Art. 1 UGP-RL ist Zweck der Richtlinie die Angleichung der Rechts- und Ver- **167** waltungsvorschriften der Mitgliedstaaten über unlautere Geschäftspraktiken, die die wirtschaftlichen Interessen der Verbraucher beeinträchtigen, zu einem reibungslosen Funktionieren des Binnenmarkts und zum Erreichen eines hohen Verbraucherschutzniveaus beizutragen. Geschützt wird der Verbraucher vor unlauteren Geschäftspraktiken von Gewerbetreibenden bei der Absatzförderung (Rdn. 163). Vom Schutzzweck der Richtlinie sind danach Maßnahmen nicht umfasst, die nur das Verhältnis von Gewerbetreibenden gegenüber Mitbewerbern (B2B-Bereich)[322] oder nicht die Absatzförde-

---

317 BGH, 18.09.2014, I ZR 201/12, GRUR 2014, 1208 Rn. 9 – *Preis zuzüglich Überführung.*

318 BGH, 09.07.2009, I ZR 13/07, GRUR 2009, 977 Rn. 12 – *Brillenversorgung*; BGH, 04.11.2010, I ZR 118/09, GRUR 2011, 539 Rn. 23 – *Rechtsberatung durch Lebensmittelchemiker.*

319 EuGH, 17.10.2013, C-391/12, GRUR 2013, 1245 Rn. 33 – *RLvS [Good News]*; EuGH, 19.10.2017, C-295/16 GRUR 2018, 303 Rn. 39 – *Europamur.*

320 EuGH, 14.01.2010, C-304/08, GRUR 2010, 244 Rn. 41 – *Plus Warenhandelsgesellschaft.*

321 EuGH, 14.01.2010, C-304/08, GRUR 2010, 244 Rn. 45 – *Plus Warenhandelsgesellschaft.*

322 BGH, 04.11.2010, I ZR 118/09, GRUR 2011, 539 Rn. 23 – *Rechtsberatung durch Lebensmittelchemiker.*

rung im B2C-Verhältnis betreffen. Geschützt werden die wirtschaftlichen Interessen der Verbraucher vor unlauteren Geschäftspraktiken, die in unmittelbarem Zusammenhang mit der Beeinflussung der geschäftlichen Entscheidung des Verbrauchers in Bezug auf Produkte stehen (Erwägungsgrund 7 Satz1 UGP-RL). Verbraucher sollen eine informationsgeleitete, freie und daher rationale Entscheidung treffen können.[323] Das ist im Bereich der irreführenden Geschäftspraktiken nicht der Fall, wenn der Verbraucher nicht über die für eine rationale Entscheidung nötigen Informationen verfügt. Im Bereich der aggressiven Geschäftspraktiken wird der Verbraucher an einer informationsgeleiteten, freien und rationalen Entscheidung gehindert, wenn das eingesetzte Mittel (Belästigung, Nötigung, unzulässige Beeinflussung) die Fähigkeit des Verbrauchers zu einer entsprechenden Entscheidung herabsetzt. Dagegen bezweckt die UGP-RL keinen Schutz vor Verhaltensweisen von Unternehmern gegenüber Verbrauchern, die außerhalb der Beeinträchtigung der Entscheidungsfreiheit von Verbrauchern liegen (Erwägungsgrund 7 Satz 2 bis 4 UGP-RL). Dazu zählt die durch § 7 geschützte Privatsphäre der Verbraucher vor Belästigungen.[324]

b) Richtlinie 2006/114/EG über irreführende und vergleichende Werbung

aa) Umsetzung

168 Vorläufer der Richtlinie über irreführende und vergleichende Werbung vom 12.12.2006 (Werbe-RL) war die Richtlinie 84/450/EWG vom 10.09.1984 zur Angleichung der Rechts- und Verwaltungsvorschriften der Mitgliedstaaten über irreführende Werbung. Diese enthielt eine Mindestharmonisierung für den Bereich der irreführenden Werbung (Erwägungsgrund 7 und Art. 7 Richtlinie 84/450/EWG). Mit der Richtlinie 97/55/EG vom 06.10.1997 zur Änderung der Richtlinie 84/450/EWG über irreführende Werbung zwecks Einbeziehung der vergleichenden Werbung waren nunmehr auf Unionsebene in einer Richtlinie die irreführende und die vergleichende Werbung kodifiziert.

169 Mit der UGP-RL sind die irreführenden Geschäftspraktiken von Gewerbetreibenden gegenüber Verbrauchern in diese Richtlinie aufgenommen. Die Richtlinie 2006/114/EG trägt dem nunmehr in ihrem Art. 1 durch eine Beschränkung auf den Schutz der Gewerbetreibenden vor irreführender Werbung Rechnung. Danach ist Zweck der Werbe-RL der Schutz von Gewerbetreibenden vor irreführender Werbung und deren unlauteren Auswirkungen sowie die Festlegung der Bedingungen für zulässige vergleichende Werbung.

170 Die Umsetzung der Werbe-RL in deutsches Recht ist zur irreführenden Werbung in §§ 5, 5a Abs. 1 und zur vergleichenden Werbung in § 5 Abs. 2 und 3 und § 6 erfolgt.

---

323 EuGH, 18.10.2012, C-428/11, GRUR 2012, 1269 Rn. 38 – *Purely Creative*;; EuGH, *13.09.2018, C-54/17* und C-55/17, GRUR 2018, 1156 Rn. 45 – *AGCM/Wind und Vodafone*; BGH, 12.12.2013, I ZR 192/12, GRUR 2014, 686 Rn. 23 – *Goldbärenbarren*.

324 BGH, 21.04.2016, I ZR 276/14, GRUR 2016, 831 Rn. 16 – *Lebens-Kost*.

bb) Struktur der Richtlinie

Die Werbe-RL weist den für Richtlinien typischen Aufbau auf. In Art. 1 ist der Zweck der Richtlinie bestimmt (Rdn. 178, 179). Art. 2 enthält Definitionen. Bestimmt werden die Begriffe »Werbung«, »irreführende Werbung«, »vergleichende Werbung«, »Gewerbetreibender« und »Urheber eines Kodex«. **171**

Nach **Art. 2 lit. a Werbe-RL ist »Werbung«** jede Äußerung bei der Ausübung eines Handels, Gewerbes, Handwerks oder freien Berufs mit dem Ziel, den Absatz von Waren oder die Erbringung von Dienstleistungen, einschließlich unbeweglicher Sachen, Rechte und Verpflichtungen, zu fördern. Der Begriff ist ebenso wie derjenige der Geschäftspraktiken der UGP-RL grundsätzlich weit zu verstehen und nicht auf klassische Werbung beschränkt.[325] Der Begriff der Werbung nach Art. 2 lit. a Werbe-RL ist allerdings enger als derjenige der Geschäftspraktiken nach Art. 2 lit. d UGP-RL, weil Maßnahmen nach Vertragsschluss nicht erfasst werden. **172**

Art. 2 lit. b Werbe-RL definiert »**irreführende Werbung**« als jede Werbung, die in irgendeiner Weise – einschließlich ihrer Aufmachung – die Personen, an die sie sich richtet oder die von ihr erreicht werden, täuscht oder zu täuschen geeignet ist und die infolge der ihr innewohnenden Täuschung ihr wirtschaftliches Verhalten beeinflussen kann oder aus diesen Gründen einen Mitbewerber schädigt oder zu schädigen geeignet ist. Art. 3 Werbe-RL zählt nach dem kaum weiterführenden Hinweis, dass alle Bestandteile der Werbung zu berücksichtigen sind, beispielhaft einige Kriterien auf, die in die Beurteilung einzubeziehen sind, ob die Werbung irreführend ist. Die Feststellung der Irreführung hat aus der Sicht eines durchschnittlich informierten, aufmerksamen und verständigen Mitglieds der angesprochenen Verkehrskreise zu erfolgen. **173**

»**Vergleichende Werbung**« ist nach Art. 2 lit. c Werbe-RL jede Werbung, die unmittelbar oder mittelbar einen Mitbewerber oder die Erzeugnisse oder Dienstleistungen, die von einem Mitbewerber angeboten werden, erkennbar macht. Der Begriff der vergleichenden Werbung ist weit gefasst und ermöglicht, alle Arten der vergleichenden Werbung abzudecken, so dass es sich schon um vergleichende Werbung handelt, wenn eine Äußerung vorliegt, die auch nur mittelbar auf einen Mitbewerber oder die Erzeugnisse oder Dienstleistungen, die dieser anbietet, Bezug nimmt.[326] Zulässig ist vergleichende Werbung unter den in Art. 4 Werbe-RL in den lit. a) bis h) abschließend aufgeführten Bedingungen, die kumulativ vorliegen müssen (Erwägungsgrund 11 Satz 1). Der deutsche Gesetzgeber ist in § 6 Abs. 2 den umgekehrten Weg gegangen und hat die Merkmale aufgeführt, deren Vorliegen zur Unlauterkeit der vergleichenden Werbung führt. **174**

cc) Anwendungsbereich

Anwendung findet die Werbe-RL nach ihrem Art. 1 auf eine irreführende Werbung gegenüber Gewerbetreibenden. Irreführende Geschäftspraktiken gegenüber Verbrau- **175**

---

325 EuGH, 25.10.2001, C-112/99, GRUR 2002, 354 Rn. 28 – *Toshiba Europe*; EuGH, 11.07.2013, C-657/11, GRUR 2013, 1049 Rn. 35 – *BEST/Visys*.

326 EuGH, 19.04.2007, C-381/05, GRUR 2007, 511 Rn. 16 – *De Landtsheer Emmanuel*.

chern im B2C-Verhältnis werden von Art. 5 bis 7 und Anhang I Nr. 1 bis 23 UGP-RL erfasst. Die Werbe-RL regelt die vergleichende Werbung umfassend. Sie betrifft sowohl das B2C-Verhältnis als auch den B2B-Bereich. Bei der irreführenden vergleichenden Werbung gegenüber Verbrauchern ist die Werbe-RL an die UGP-RL angepasst worden. Nach Art. 4 lit. a Werbe-RL darf eine vergleichende Werbung nicht irreführend i. S. der Art. 2 lit. b, Art. 3 und Art. 8 (1) Werbe-RL oder i. S. der Art. 6 und 7 UGP-RL sein. Danach ist die irreführende vergleichende Werbung gegenüber Verbraucher nach Art.6 und 7 UGP-RL zu beurteilen und diejenige gegenüber Gewerbetreibenden nach Art. 2 lit. b, Art. 3 und Art. 8 (1) Werbe-RL (§ 5 Rdn. 37. Gegenüber Verbrauchern ist die irreführende vergleichende Werbung nach § 5 Abs. 3 i. V. mit §§ 3 Abs. 1, 5 Abs. 1 und 2 sowie 5a zu beurteilen, wobei die Vorschriften richtlinienkonform anhand Art. 6 und 7 UGP-RL i. V. mit Art. 4 lit. a Werbe-RL auszulegen sind. Der Verweis in § 5 Abs. 3 auf § 5a ist unterblieben und durch richtlinienkonforme Auslegung zu korrigieren.[327]

dd) Harmonisierungsgrad

176 Durch die Werbe-RL ist das Recht der vergleichenden Werbung vollständig harmonisiert.[328] Dies gilt auch für die irreführende vergleichende Werbung gegenüber Verbrauchern. Hier verweist Art. 4 lit. a Werbe-RL auf Art. 6 und 7 UGP-RL und damit ebenfalls auf das vollständig harmonisierte Recht der unlauteren Geschäftspraktiken im B2C-Verhältnis nach der UGP-RL.[329]

177 Der Anwendungsbereich der Werbe-RL ist für die irreführende Werbung nach Inkrafttreten der UGP-RL gem. Art. 1 Werbe-RL auf den Schutz der Gewerbetreibenden vor irreführender Werbung beschränkt. Für diesen Bereich enthält die Werbe-RL nur eine Mindestharmonisierung. Die Mitgliedstaaten können nach Art. 8 (1) Unterabs. 1 Werbe-RL Bestimmungen aufrechterhalten oder erlassen, die bei irreführender Werbung einen weiterreichenden Schutz der Gewerbetreibenden und Mitbewerber vorsehen. Für die irreführende vergleichende Werbung gegenüber Gewerbetreibenden verweist Art. 4 lit. a Werbe-RL nicht auf die Bestimmungen der UGP-RL, sondern auf Art. 2 lit. b, Art. 3 und Art. 8 (1) Werbe-RL, die für die richtlinienkonforme Auslegung heranzuziehen sind.[330] Bei der Anwendung der §§ 5 und 5a dürfte in der Praxis die unterschiedliche unionsrechtliche Grundlage sich nur insoweit auswirken, als bei Verbrauchern und Gewerbetreibenden als Adressaten auf der Marktgegenseite eine unterschiedliche Sichtweise geboten sein kann. Durchschnittliche Gewerbetreibende sind häufig nicht in einer Verbrauchern vergleichbaren unterlegenen Situation und verfügen vielfach über umfassendere Kenntnisse und Erfahrungen, so dass sie in Fallkonstellatio-

327 *Köhler*, GRUR 2013, 761, 763.

328 EuGH, 08.04.2003, C-44/01, GRUR 2003, 533 Rn. 43 und 44 – *Pippig Augenoptik*; EuGH, 18.11.2010, C-159/09, GRUR 2011, 159 Rn. 22 – *Lidl*; EuGH, 08.02.2017, C-562/15, *GRUR 2017, 280* Rn. 19 und 20 – *ITM/Carrefour*.

329 EuGH, 08.02.2017, C-562/15, GRUR 2017, 280 Rn. 28 und 29 – *ITM/Carrefour*.

330 EuGH, 08.02.2017, C-562/15, GRUR 2017, 280 Rn. 19 und 20 – *ITM/Carrefour*.

nen nicht getäuscht werden, in denen der Durchschnittsverbraucher einem Irrtum unterliegt.

ee) Schutzzweck

Durch die Werbe-RL werden gem. Art. 1 Gewerbetreibende vor einer irreführenden Werbung i. S. d. Art. 2 lit. b Werbe-RL geschützt. Der deutsche Gesetzgeber ist mit den Vorschriften zur irreführenden Werbung in §§ 5, 5a Abs. 1 über den in der Werbe-RL vorgesehenen Mindestschutz für Gewerbetreibende hinausgegangen und hat die irreführende Werbung gegenüber sonstigen Marktteilnehmern auf sämtliche geschäftlichen Handlungen erstreckt. Damit werden auch Verhaltensweisen gegenüber Gewerbetreibenden nach Vertragsschluss erfasst, die nicht unter den Begriff der irreführenden Werbung i. S. von Art. 2 lit. b Werbe-RL fallen. **178**

Die Werbe-RL regelt die Voraussetzungen zulässiger vergleichender Werbung gegenüber Verbrauchern und Gewerbetreibenden. Durch die Bestimmungen sollen die positiven Wirkungen vergleichender Werbung zur Geltung kommen und es soll sichergestellt werden, dass vergleichende Werbung nicht in einer wettbewerbswidrigen und unlauteren oder die Interessen der Marktgegenseite beeinträchtigenden Weise erfolgt.[331] **179**

7. Herkunftslandprinzip

a) Allgemeines

Nach dem Herkunftslandprinzip (1) werden alle Unternehmen als Anbieter von Waren oder Dienstleistungen den Vorschriften des Mitgliedstaats unterworfen, in dem sie niedergelassen sind, und (2) behindert kein Mitgliedstaat den freien Waren- und Dienstleistungsverkehr aus einem anderen Mitgliedstaat, in dem das Unternehmen ansässig ist.[332] **180**

Das Herkunftslandprinzip ist kein allgemeiner Grundsatz des Unionsrechts, sondern muss durch Primär- oder Sekundärrecht angeordnet werden. Die Waren- und Dienstleistungsfreiheit entspricht auf primärrechtlicher Ebene in gewissen Grundzügen dem Herkunftslandprinzip. Die Waren- und Dienstleistungsfreiheit ist aber keine Ausformung des Herkunftslandprinzips. Verstößt das im jeweiligen Mitgliedstaat anwendbare Recht gegen die Grundfreiheiten, darf es nicht angewandt werden (Rdn. 61, 114). Das Recht des Mitgliedstaats wird auf das Schutzniveau des Mitgliedstaates abgesenkt, aus dem die Ware stammt oder in dem der Dienstleister geschäftsansässig ist. **181**

Eine Reihe von Richtlinien enthalten Vorschriften zum Herkunftslandprinzip. Dazu rechnen Art. 3 der Richtlinie 2000/31/EG über den elektronischen Geschäftsverkehr und Art. 2 und 3 der Richtlinie 2010/13/EU über audiovisuelle Mediendienste. **182**

---

331 EuGH, 18.11.2010, C-159/09, GRUR 2011, 159 Rn. 21 – *Lidl.*

332 EuGH, 25.10.2011, C-509/09 und C-161/10, GRUR 2012, 300 Rn. 57, 61 bis 64 – *eDate Advertising und Martinez.*

183 Das Herkunftslandprinzip erleichtert den innergemeinschaftlichen Waren- und Dienstleistungsverkehr, weil der Unternehmer im Grundsatz nur das Niveau der Vorschriften einhalten muss, die an seinem Sitz gelten und fördert so den Binnenmarkt. Es verursacht allerdings eine Verschiebung des Schutzniveaus von denjenigen Mitgliedstaaten, die ein hohes Niveau vorsehen, zu anderen Staaten, die dieses Schutzniveau unterschreiten,[333] und benachteiligt dadurch Unternehmen mit Sitz in Mitgliedstaaten mit strengen Bestimmungen zum Verbraucher-, Umwelt-, Gesundheits-, Sicherheits- und Wettbewerbsschutz sowie einem effizienten Kontroll- und Rechtssystem. Zudem führt es zu unterschiedlichen Standards auf dem Markt eines Mitgliedstaats.[334]

b) Richtlinie 2000/31/EG über den elektronischen Geschäftsverkehr

aa) Herkunftslandprinzip gem. Art. 3 (1) und (2)

184 In der Richtlinie 2000/31/EG über den elektronischen Geschäftsverkehr ist das **Herkunftslandprinzip** in Art. 3 verankert. In das deutsche Recht wird das Herkunftslandprinzip der Richtlinie durch § 3 TMG umgesetzt. Nach Art. 3 (1) der E-Commerce-Richtlinie trägt jeder Mitgliedstaat dafür Sorge, dass die Dienste der Informationsgesellschaft, die von einem in seinem Hoheitsgebiet niedergelassenen Diensteanbieter erbracht werden, den in diesem Mitgliedstaat geltenden innerstaatlichen Vorschriften entsprechen, die in den koordinierten Bereich fallen. Art. 3 (2) sieht vor, dass die Mitgliedstaaten den freien Verkehr von Diensten der Informationsgesellschaft aus einem anderen Mitgliedstaat nicht aus Gründen einschränken dürfen, die in den koordinierten Bereich fallen.

185 Nach Art. 2 lit. a der E-Commerce-Richtlinie i. V. mit Artikel 1 Nummer 2 der Richtlinie 98/34/EG in der Fassung der Richtlinie 98/48/EG ist eine **Dienstleistung der Informationsgesellschaft** jede in der Regel gegen Entgelt elektronisch im Fernabsatz und auf individuellen Abruf eines Empfängers erbrachte Dienstleistung. Gemäß Erwägungsgrund 17 der E-Commerce-Richtlinie umfasst die Definition alle Dienstleistungen, die in der Regel gegen Entgelt im Fernabsatz mittels Geräten für die elektronische Verarbeitung (einschließlich digitaler Kompression) und Speicherung von Daten auf individuellen Abruf eines Empfängers erbracht werden. Nach Erwägungsgrund 18 erstrecken sich die Dienste der Informationsgesellschaft, soweit es sich überhaupt um eine wirtschaftliche Tätigkeit handelt, auch auf Dienste, die nicht von denjenigen vergütet werden, die sie empfangen, wie etwa Online-Informationsdienste oder kommerzielle Kommunikation.

186 Den durch die E-Commerce-Richtlinie koordinierten Bereich bestimmt Art. 2 lit. h Ziffer i. Er ist nicht auf bereits harmonisierte Vorschriften der Mitgliedstaaten beschränkt, sondern erfasst auch nicht harmonisierte Rechtsbereiche und Vorschriften,

333 BGH, 12.01.2017, I ZR 253/14, GRUR 2017, 397 Rn. 37 – *World of Warcraft II.*
334 *Ohly,* GRUR Int. 2001, 899, 906; *Kur,* FS Erdmann, 2001, 629.

die nicht speziell Dienste der Informationsgesellschaft zum Gegenstand ihrer Regelung haben.[335] Dazu rechnet der Bereich des Zivilrechts.

bb) Ausgenommener Bereich

Ausgenommen vom Anwendungsbereich der Richtlinie sind nach ihrem Art. 1 (5) der Bereich der Besteuerung, Fragen betreffend die Dienste der Informationsgesellschaft, die von den Richtlinien 95/46/EG und 97/66/EG erfasst werden, Fragen betreffend Vereinbarungen oder Verhaltensweisen, die dem Kartellrecht unterliegen, die Tätigkeiten von Notaren oder Angehörigen gleichwertiger Berufe, soweit diese eine unmittelbare und besondere Verbindung zur Ausübung öffentlicher Befugnisse aufweisen, Vertretung eines Mandanten und Verteidigung seiner Interessen vor Gericht, Gewinnspiele mit einem einen Geldwert darstellenden Einsatz bei Glücksspielen, einschließlich Lotterien und Wetten. Dem Herkunftslandprinzip nach Art. 3 (1) und (2) unterfallen nach Art. 3 (3) weiter nicht die im Anhang aufgeführten Bereiche. Von dem durch die Richtlinie koordinierten Bereich sind nach Art. 2 lit. h Ziffer ii ausgenommen Anforderungen betreffend die Waren als solche, Anforderungen betreffend die Lieferung von Waren und Anforderungen betreffend Dienste, die nicht auf elektronischem Wege erbracht werden. 187

Vertriebsverbote für Waren sind nach Art. 2 lit. h Ziffer ii vom koordinierten Bereich ausgenommen.[336] Dazu rechnet ein Vertriebsverbot für ein nicht zugelassenes Arzneimittel oder für Waren, durch die eine geographische Herkunftsbezeichnung verletzt wird. 188

cc) Rechtfertigungsgründe nach Art. 3 (4)

Art. 3 (4) der E-Commerce-Richtlinie sieht Rechtfertigungsgründe für Ausnahmen vom Herkunftslandprinzip vor. Die Bestimmung wird durch § 3 Abs. 5 TMG in das deutsche Recht umgesetzt. Nach Art. 3 (4) der Richtlinie können die Mitgliedstaaten Maßnahmen ergreifen, die im Hinblick auf einen bestimmten Dienst der Informationsgesellschaft von Art. 3 (2) abweichen, wenn die Maßnahmen aus einem der folgenden Gründe erforderlich sind: (1) zum Schutz der öffentlichen Ordnung, insbesondere Verhütung, Ermittlung, Aufklärung und Verfolgung von Straftaten, einschließlich des Jugendschutzes und der Bekämpfung der Hetze aus Gründen der Rasse, des Geschlechts, des Glaubens oder der Nationalität, sowie von Verletzungen der Menschenwürde einzelner Personen, (2) zum Schutz der öffentlichen Gesundheit, (3) zum Schutz der öffentlichen Sicherheit, einschließlich der Wahrung nationaler Sicherheits- und Verteidigungsinteressen oder (4) zum Schutz der Verbraucher, einschließlich des Schutzes von Anlegern. Die Maßnahmen müssen einen bestimmten Dienst der Informationsgesellschaft betreffen, der die Schutzziele beeinträchtigt oder eine ernsthafte 189

335 EuGH, 25.10.2011, C-509/09 und C-161/10, GRUR 2012, 300 Rn. 59 – *eDate Advertising und Martinez.*

336 BGH, 30.03.2006, I ZR 24/03, GRUR 2006, 513 Rn. 28 – *Arzneimittelwerbung im Internet*; BGH, 05.10.2006, I ZR 229/03, GRUR 2007, 67 Rn. 16 – *Pietra di Soln.*

und schwerwiegende Gefahr einer Beeinträchtigung dieser Ziele darstellt und die Maßnahmen müssen in einem angemessenen Verhältnis zu diesen Schutzzielen stehen. Art. 3 (4) lit. b der E-Commerce-Richtlinie sieht vor, dass der Mitgliedstaat zuvor erfolglos zur Abhilfe aufgefordert und die Kommission unterrichtet worden ist. Von diesen Konsultations- und Unterrichtungspflichten sind Gerichtsverfahren ausgenommen.

dd) Auswirkungen des Herkunftslandprinzips

190 Die Richtlinie über den elektronischen Geschäftsverkehr schafft nach Erwägungsgrund 23 und Art. 1 (4) keine zusätzlichen Regeln im Bereich des internationalen Privatrechts zum anwendbaren Rechts. Art. 3 der Richtlinie verlangt keine Umsetzung in Form einer speziellen Kollisionsregel. Die Bestimmung erfordert, dass der Anbieter eines Dienstes des elektronischen Geschäftsverkehrs grundsätzlich keinen strengeren Anforderungen unterliegt, als sie das im Sitzmitgliedstaat dieses Anbieters geltende Sachrecht vorsieht.[337] § 3 TMG enthält in richtlinienkonformer Auslegung danach keine Kollisionsnorm, sondern ein sachrechtliches Beschränkungsverbot. Das nach nationalen Kollisionsregeln anwendbare Recht, soweit es strengere Anforderungen als das im Sitzmitgliedstaat des Diensteanbieters geltende Sachrecht vorsieht, ist inhaltlich zu modifizieren und auf die weniger strengen Anforderungen des Rechts des Herkunftslandes des Diensteanbieters zu reduzieren.[338]

191 Das Herkunftslandprinzip lässt die internationale Zuständigkeit der Gerichte unberührt (Art. 1 [4] E-Commerce-Richtlinie und § 1 Abs. 5 TMG). Der Diensteanbieter kann daher in einem anderen als seinem Sitzstaat verklagt werden, wenn eine entsprechende gerichtliche Zuständigkeit – etwa nach der Brüssel-Ia-VO – gegeben ist. Das Herkunftslandprinzip ist keine Kollisionsregel, sondern es begrenzt das nach dem internationalen Privatrecht anwendbare Sachrecht auf das Niveau des Rechts des Sitzlandes.

c) Richtlinie 2010/13/EU über audiovisuelle Mediendienste

192 Ziel der Richtlinie 2010/13/EU über audiovisuelle Mediendienste ist die Schaffung eines Raums für audiovisuelle Mediendienste ohne innere Grenzen bei gleichzeitiger Sicherstellung eines hohen Schutzniveaus für Ziele allgemeinen Interesses, insbesondere des Schutzes von Minderjährigen und der menschlichen Würde sowie der Förderung der Rechte der Menschen mit Behinderungen (Erwägungsgrund 104). Die Bestimmungen über audiovisuelle kommerzielle Kommunikation und Fernsehwerbung sollen zudem einen ausgewogenen Schutz der finanziellen Interessen der Veranstalter und der Werbetreibenden sowie der Interessen der Rechteinhaber und der Verbraucher herbeiführen (Erwägungsgrund 83).[339] Zudem sollen die Verbraucher vor Schleichwerbung,

337 EuGH, 25.10.2011, C-509/09 und C-161/10, GRUR 2012, 300 Rn. 68 – *eDate Advertising und Martinez.*

338 BGH, 08.05.2012, VI ZR 217/08, GRUR 2012, 850 Rn. 30; BGH, 12.01.2017, I ZR 253/14, *GRUR 2017, 397* Rn. 37 – *World of Warcraft II.*

339 EuGH, 23.10.2003, C-245/01, GRUR Int. 2004, 242 Rn. 62 – *RTL Television*; EuGH, 24.11.2011, C-281/09, GRUR Int. 2012, 167 Rn. 44 – *Kommission/Spanien.*

Produktplatzierung und übermäßiger Werbung geschützt werden (Erwägungsgrund 90 bis 93). Die Richtlinie enthält nach Art. 4 (1) nur eine Mindestharmonisierung.

Die Richtlinie über audiovisuelle Mediendienste sieht das **Herkunftslandprinzip** (Rdn. 180) in Art. 2 (1) und Art. 3 (1) vor. Nach Art. 2 (1) der Richtlinie sorgt jeder Mitgliedstaat dafür, dass alle audiovisuellen Mediendienste, die von seiner Rechtshoheit unterworfenen Mediendiensteanbietern übertragen werden, den Vorschriften des Rechtssystems entsprechen, die auf für die Allgemeinheit bestimmte audiovisuelle Mediendienste in diesem Mitgliedstaat anwendbar sind. Die Mitgliedstaaten gewährleisten nach Art. 3 (1) der Richtlinie den freien Empfang und behindern nicht die Weiterverbreitung von audiovisuellen Mediendiensten aus anderen Mitgliedstaaten in ihrem Hoheitsgebiet aus Gründen, die Bereiche betreffen, die durch diese Richtlinie koordiniert sind. Die Richtlinie sieht durch das Herkunftslandprinzip die Verantwortlichkeit des Mitgliedstaats vor, dessen Rechtshoheit der Mediendiensteanbieter unterworfen oder dessen Zuständigkeit durch die Richtlinie begründet ist (Sendestaatprinzip). Welcher Mitgliedstaat das ist, bestimmt Art. 2 (2) bis (5) der Richtlinie. Ein anderer Mitgliedstaat, in dem die audiovisuellen Mediendienste empfangen werden, darf nach Art. 3 (1) der Richtlinie den Empfang und die Weiterverbreitung grundsätzlich nicht beschränken. **193**

Die Richtlinie ist nur anwendbar auf audiovisuelle Mediendienste i. S. von Art. 1 (1) lit. a. Dazu zählen keine reinen Werbevideos auf einem Videokanal.[340] Das Herkunftslandprinzip nach Art. 2 (1) und Art. 3 (1) gilt nur für den durch die Richtlinie harmonisierten Bereich. **194**

d) Richtlinie 2005/29/EG über unlautere Geschäftspraktiken

Nach Art. 4 UGP-RL dürfen die Mitgliedstaaten den freien Dienstleistungsverkehr und den freien Warenverkehr nicht aus Gründen, die mit dem durch diese Richtlinie angeglichenen Bereich zusammenhängen, einschränken. Aus der Bestimmung folgt, dass die Mitgliedstaaten im Anwendungsbereich der UGP-RL keine gegenüber der Richtlinie strengeren Vorschriften vorsehen dürfen. Da die UGP-RL eine Vollharmonisierung für ihren Anwendungsbereich vorsieht, ist eine Abweichung vom Schutzniveau der Richtlinie ohnehin ausgeschlossen. Die Mitgliedstaaten dürfen das Schutzniveau der Richtlinie weder unter- noch überschreiten (Rdn. 166). **195**

Art. 4 UGP-RL ist kein Verweis auf das Herkunftslandprinzip zu entnehmen. Es fehlen die für das Herkunftslandprinzip maßgeblichen Merkmale (Rdn. 180–183). Zudem besteht in Anbetracht der Vollharmonisierung des Lauterkeitsrechts im B2C-Bereich für eine derartige Annahme kein Anlass. Zwar ist in der Rechtspraxis ein Schutzgefälle zwischen den Mitgliedstaaten nicht auszuschließen. Dem kann aber nicht durch eine Feststellung der Rechtsgrundlagen und ihrer Anwendungspraxis in anderen Mitgliedstaaten entgegengewirkt werden. Vielmehr müssen die zur Rechtsvereinheitlichung vor- **196**

340 EuGH, 21.02.2018, C-132/17, GRUR 2018, 321 Rn. 32 – *Peugeot Deutschland*; BGH, 13.09.2018, I ZR 117/15, WRP 2018, 1476 Rn. 35 – *YouTube-Werbekanal II*.

gesehenen Mechanismen genutzt werden. Dazu rechnet in erster Linie das Vorabentscheidungsersuchen nach Art. 267 AEUV.

e) Umsetzung des Herkunftslandprinzips

197 Enthält das Herkunftslandprinzip keine spezielle Kollisionsregel und führt seine Umsetzung dazu, dass der Unternehmer beim Absatz seiner Waren und Dienstleistungen grundsätzlich keinen strengeren Anforderungen unterliegt, als sie das im Sitzmitgliedstaat dieses Anbieters geltende Sachrecht vorsieht, richtet sich das anwendbare Recht nach den Grundsätzen des internationalen Privatrechts. Ist danach beim innergemeinschaftlichen Handel oder bei einer grenzüberschreitenden Dienstleistung das Sachrecht des Mitgliedstaates anwendbar, in das die Ware verbracht oder in dem die Dienstleistung ausgeführt wird, muss das Gericht bei Anhaltspunkten für ein Schutzgefälle zum Sitzmitgliedstaat dessen Schutzniveau ermitteln. Aus § 293 ZPO folgt die Pflicht des Gerichts, das für die Entscheidung eines Rechtsstreits maßgebliche ausländische Recht von Amts wegen zu ermitteln.[341] Die Parteien trifft keine (prozessuale) Beweisführungslast. Der Umfang der Ermittlungspflicht kann allerdings durch den Vortrag der Parteien beeinflusst werden. Eine Verletzung des § 293 ZPO ist revisibel.

198 Ohne Anhaltspunkte im Prozess, dass ein Schutzrechtsgefälle zwischen Sitzmitgliedstaat und Empfangsmitgliedstaat besteht, ist das Gericht grundsätzlich nicht gehalten, das im Sitzmitgliedstaat geltende Recht und seine Auslegung und Anwendung durch die Gerichte des Sitzmitgliedstaats zu ermitteln.

C. Internationales Wettbewerbsrecht

Mary-Rose McGuire

I. Praktische Relevanz des Internationalen Privatrechts

1. Grenzüberschreitender Bezug im Lauterkeitsrecht

199 Unternehmen sind zunehmend grenzüberschreitend tätig, der von ihnen genutzte Markt geht oft über das Territorium ihres Sitzstaates hinaus. Dies gilt umso mehr, wenn Unternehmen im Rahmen der Werbung, des Vertragsschlusses oder der Abwicklung elektronische Dienste nutzen. Daraus folgt, dass auch lauterkeitsrechtliche Sachverhalte immer häufiger einen grenzüberschreitenden Bezug aufweisen. In diesem Fall gilt es vorab zu klären, ob das deutsche UWG überhaupt anwendbar ist oder die beanstandete Handlung nach einer ausländischen Rechtsordnung zu beurteilen ist.

200 Wie alltäglich solche Sachverhalte und wie niedrig die Schwelle für das Eingreifen des IPR ist, lässt sich exemplarisch an einer Entscheidung des österreichischen OGH[342] aufzeigen. Beide Streitparteien hatten Stempelgehäuse produziert und weltweit an Stempelmacher und Wiederverkäufer vertrieben. Strittig war die Behauptung der Klä-

---

341 *BGH, 30.04.1992*, IX ZR 233/90, BGHZ 118, 151, 162; BGH, 25.01.2005, XI ZR 78/04, NJW-RR 2005, 1071, 1072.

342 OGH, 28.11.2012, 4 Ob 202/12b, GRUR Int 2013, 580 – *Irreführende Werbung.*

gerin, ihr Stempel »T.« sei der »erste klimaneutrale Stempel«. Da die Klägerin Lauterkeitsverstöße der Beklagten beim »weltweiten« Vertrieb ihrer Stempel geltend machte, war das Unterlassungsbegehren räumlich nicht beschränkt. Auch die Urteilsveröffentlichung sollte in mehreren, offenkundig ausländischen Printmedien erfolgen. Entsprechend lag hier – obwohl der Sitz beider Streitparteien und der Handlungsort in Österreich lagen – ein Sachverhalt mit Auslandsberührung vor, der grundsätzlich nach dem jeweiligen Recht zu beurteilen ist.

Umgekehrt findet das **deutsche UWG** immer dann Anwendung, wenn die durch das Lauterkeitsrecht geschützten Interessen in Deutschland aufeinandertreffen. Das kann auch der Fall sein, wenn die beanstandete Handlung vom Ausland aus vorgenommen wird, sich aber (auch) im Inland auswirkt. 201

Entsprechend gilt es bei Handlungen mit Berührungspunkten zu mehreren Rechtsordnungen zu klären, welches Lauterkeitsrecht anwendbar ist bzw. ob eine Wettbewerbshandlung mehreren Rechtsordnungen unterliegt, bspw. dem Heimatrecht des Akteurs sowie den Normen des bespielten (ausländischen) Marktes. Das auf einen konkreten Fall anwendbare Lauterkeitsrecht ist nach den Regeln des **Internationalen Privatrechts** (IPR) des angerufenen Gerichts zu bestimmen. 202

Praktische Bedeutung kommt dem IPR im Lauterkeitsrecht einerseits zu, weil das Lauterkeitsrecht nur teilharmonisiert ist. Bestehen für einen Bereich keine unionsrechtlichen Regelungen oder nur Mindeststandards so hängt die Lauterkeit weiterhin vom konkret anwendbaren nationalen Recht ab. Andererseits bestehen insbesondere bei der Frage, wer für einen Rechtsverstoß haftet hinsichtlich der konkreten Rechtsfolgen weiterhin erhebliche Unterschiede auch innerhalb der EU. 203

2. Relevante Rechtsquellen

Das internationale Privatrecht ist weitgehend durch Verordnungen auf EU-Ebene reguliert. Das gilt auch für den Bereich des Lauterkeitsrechts, der von der Verordnung EG Nr. 897/2007 über das auf außervertragliche Schuldverhältnisse anzuwendende Recht (sog. **Rom-II-VO**) erfasst wird. Zwar haben völkerrechtliche Übereinkommen und ältere, zwischen den Mitgliedstaaten abgeschlossene Abkommen Vorrang vor den EU-Richtlinien zum IPR.[343] Für den Bereich des Lauterkeitsrechts bestehen aber nur wenige relevante Rechtsquellen, die Vorrang vor den EU-Verordnungen beanspruchen. 204

Hier kommen insbesondere die Pariser Verbandsübereinkunft 1883 (**PVÜ**) sowie das Übereinkommen über handelsbezogene Aspektes des Geistigen Eigentums (**TRIPS**) in Betracht. So verpflichtet Art 10bis PVÜ die Vertragsstaaten zu einem wirksamen Schutz gegen unlauteres Verhalten.[344] Das TRIPS betrifft im Kern das Recht des Geistigen Eigentums und nicht das Lauterkeitsrecht, zieht aber die Grenzen des Geistigen Eigentums recht weit, sodass es insbesondere in Bezug auf geografische Herkunftsangaben 205

343 Vgl. Art. 28 Rom-II-VO.
344 Hierzu *Henning-Bodewig*, GRUR Int 2013, 1 und *dies.*, IIC 1999, 166.

und Geschäftsgeheimnisse auch für die nach deutscher Tradition zum Lauterkeitsrecht zählenden Materien von Interesse ist.

206 Beide Übereinkommen enthalten nach herrschender Meinung zwar sowohl Mindeststandards, die das Sachrecht vereinheitlichen, als auch das Gebot der Inländergleichbehandlung, die es verbieten, ausländische Rechtsinhaber im Vergleich zu inländischen nachteilig zu behandeln, aber keine Kollisionsnormen im engeren Sinn.[345] Ihre Relevanz für die vorliegende Materie beschränkt sich daher darauf, dass sie eine wertvolle **Quelle für die Auslegung** der im Kollisionsrecht verwendeten lauterkeitsrechtlichen Begriffe darstellen. Da die EU als solche an beide Übereinkommen gebunden ist, gilt das auch für die Auslegung der Kollisionsnormen der Rom-II-VO, die sie insoweit ergänzen, aber nicht verdrängen.

207 Dasselbe gilt für die **Modellvorschriften zum Schutz gegen unlauteren Wettbewerb**, die die Weltorganisation für Geistiges Eigentum (WIPO) 1996 veröffentlicht hat.[346] Als Modellvorschriften dienen sie primär dem nationalen Gesetzgeber als Information über die Rechtsentwicklung und konsentierten Änderungsbedarf, bieten aber gerade im internationalen Kontext auch eine gute Quelle für das Verständnis ausländischer Lauterkeitsnormen.

208 Hinzuweisen ist schließlich auf eine Reihe von älteren internationalen Übereinkommen, die dem **Schutz geografischer Herkunftsangaben** dienen und nach Art 28 Rom-II-VO Vorrang genießen.[347]

209 Da das EU-Recht auch dem autonomen deutschen IPR vorgeht, sind die traditionell im **EGBGB** geregelten nationalen Kollisionsnormen nur mehr soweit relevant, als die Rom-II-VO keine Regelung enthält. Für den Bereich des Lauterkeitsrechts wird das nationale Recht damit fast vollständig verdrängt. In Betracht kommt allenfalls die Ausnahme nach Art. 1 (2) lit. g Rom-II-VO, die **Persönlichkeitsrechtsverletzungen** vom Anwendungsbereich des harmonisierten IPR ausnimmt. Praktische Bedeutung kann das insbesondere dann haben, wenn im Fall der Anschwärzung oder Herabsetzung auch Ansprüche aus Verletzung des allgemeinen Persönlichkeitsrechts geltend gemacht werden.

210 Von diesen beiden engen Ausnahmen abgesehen, ist **zentrale Rechtsquelle** für das deutsche IPR des Lauterkeitsrechts die schon genannte **Rom-II-VO**.

II. Die Brüssel-I-VO und Rom-II-Verordnung als zentrale Rechtsquellen

1. Abhängigkeit des IPR vom Forum

211 Das Internationale Privatrecht ist seinem missverständlichen Namen zum Trotz grundsätzlich **nationales Recht für internationale Sachverhalte**. Auch die Rom-II-VO

---

345 *Ohly*/Sosnitza, UWG, Einl. Rn. 14; GK/*Klaas*, Einl. Rn. 62, 69; BeckOGK Rom-II/*McGuire*, Art. 8 Rom-II Rn. 75.

346 Abrufbar unter www.wipo.int/cfdiplaw/en/trips/unfair_competition.doc.

347 Solche vorrangigen Übereinkommen bestehen bspw. mit Frankreich, Griechenland, Italien, der Schweiz und Spanien.

beansprucht naturgemäß nur dann Geltung, wenn das angerufene Gericht das Gericht eines EU-Mitgliedstaats ist, in dem die Rom-II-VO gilt. Entsprechend hängt das für Wettbewerbshandlungen relevante IPR davon ab, welches Gericht (***lex fori***) mit der Sache befasst ist.[348] Die Bestimmung des anwendbaren IPRs, auf dessen Basis das anwendbare materielle Recht bestimmt wird, setzt folglich die Prüfung der internationalen Zuständigkeit voraus.

2. Die internationale Zuständigkeit

Für Mitgliedstaaten der EU bestimmt sich die internationale Zuständigkeit für lauterkeitsrechtliche Ansprüche aktuell nach der **Brüssel-I-VO** (EuGVO) i.d.F. 2015.[349] Danach können lauterkeitsrechtliche Ansprüche gegen Beklagte, die ihren Sitz in einem Mitgliedstaat der EU haben,[350] stets am **allgemeinen Gerichtsstand** des Beklagten (Art. 4 EuGVO[351]) geltend gemacht werden. Da Lauterkeitsrechtsverstöße nach der Systematik der EuGVO als unerlaubte Handlung einzuordnen sind,[352] kommt außerdem der Deliktsgerichtsstand in Betracht (Art. 7 Nr. 2 EuGVO[353]). Die internationale Zuständigkeit kann außerdem durch eine Gerichtsstandsvereinbarung (Art. 25 EuGVO) oder durch rügelose Einlassung (Art. 26 EuGVO) begründet werden. **212**

Der besonders praxisrelevante **Gerichtsstand der unerlaubten Handlung** ist sowohl am Handlungs- als auch am Erfolgsort eröffnet (**Ubiquitätsprinzip**). Eine Besonderheit des Art. 7 Nr. 2 EuGVO besteht darin, dass er nicht nur die internationale, sondern auch die örtliche Zuständigkeit normiert, sodass insoweit ein Rückgriff auf § 14 UWG nicht in Betracht kommt (*Ahrens*, § 14 UWG Rdn. 1). Hier ergibt sich der ›fliegende Gerichtsstand‹[354] daher unmittelbar aus dem Unionsrecht. **213**

Die Anknüpfung an den tatsächlichen Handlungsort, der in der Regel mit dem Sitz des Beklagten übereinstimmen wird, rechtfertigt sich aus der Sach- und Beweisnähe.[355] Es ist daher nicht erforderlich, dass die Handlung auch in diesem Staat rechtswidrig ist. Mit dem Erfolgsort ist der Ort der Rechtsgutsverletzung angesprochen, die defini- **214**

---

348 Ausführlich dazu *Rüßmann*, KuR 1988, 422.

349 VO Nr. 1215/2012 des Europäischen Parlaments und Rates vom 12.12.2012, Abl. EU 2012 L 351, idF vom 26.11.2014, Abl. 2015, L 54.

350 BGH, 29.01.2013, KZR 08/10, GRUR-RR 2013, 228 – *Trägermaterial für Kartenformulare*.

351 Art. 4 (1) EuGVO: Vorbehaltlich der Vorschriften dieser Verordnung sind Personen, die ihren Wohnsitz im Hoheitsgebiet eines Mitgliedstaats haben, ohne Rücksicht auf ihre Staatsangehörigkeit vor den Gerichten dieses Mitgliedstaats zu verklagen.

352 EuGH, 05.06.2014, C-360/12, GRUR 2014, 806 – *Coty Germany*; BGH, 12.12.2013, I ZR 131/12, GRUR 2014, 601 – *englischsprachige Pressemitteilung*.

353 Art. 7 EuGVO: Eine Person, die ihren Wohnsitz im Hoheitsgebiet eines Mitgliedstaats hat, kann in einem anderen Mitgliedstaat verklagt werden:
2. wenn eine unerlaubte Handlung oder eine Handlung, die einer unerlaubten Handlung gleichgestellt ist, oder wenn Ansprüche aus einer solchen Handlung den Gegenstand des Verfahrens bilden, vor dem Gericht des Ortes, an dem das schädigende Ereignis eingetreten ist oder einzutreten droht.

354 Dazu *Köhler*, WRP 2013, 1130 ff.; *McGuire*, FS Büscher, S. 525 ff.

355 EuGH, 25.10.2012, C-133/11, GRUR 2013, 98 Rn. 32 – *Folien Fischer*.

tionsgemäß nur in einem Land eintreten kann, in dem das beanstandete Verhalten verboten ist. Ausweislich des Wortlautes (»eingetreten ist oder einzutreten droht«) umfasst die Zuständigkeit nach Art. 7 Nr. 2 EuGVO neben Schadensersatzansprüchen auch **vorbeugende Unterlassungsansprüche**. Auch **negative Feststellungsklagen** können in diesem Gerichtsstand geltend gemacht werden.[356]

215 Sind sowohl der allgemein Gerichtsstand als auch ein (oder mehrere) besondere Gerichtsstände eröffnet, hat der **Kläger die Wahl**, vor welchem der Gerichte er Klage erhebt.[357] Hinzuweisen ist allerdings darauf, dass die Kognitionsbefugnis des angerufenen Gerichts davon abhängt, auf welchen Zuständigkeitstatbestand es seine Zuständigkeit stützt. So besteht im allgemeinen Gerichtsstand eine umfassende Kognitionsbefugnis, während ein Gericht, das seine Zuständigkeit auf den Erfolgsort nach Art. 7 Nr. 2 EuGVO stützt, nur über den eben an diesem Ort, d.h. in dem betreffenden Mitgliedstaat, entstandenen Schaden entscheiden kann.[358]

216 Ob dieselbe Einschränkung auch für **Unterlassungsansprüche** gilt, ist umstritten.[359] Die Begründung des EuGH in der Rs. *Hi Hotel* spricht, obwohl dort in der deutschen Fassung nicht von Rechtsgutverletzung, sondern von Schaden die Rede ist, allerdings für eine entsprechende Beschränkung. Denn der EuGH stellt explizit darauf ab, dass das Gericht am Erfolgsort zuständig ist, weil »die Gefahr besteht, dass sich der Schaden im Bezirk des angerufenen Gerichts verwirklicht«,[360] und die Zuständigkeit in anderen Mitgliedstaaten unberührt bliebe, weil die Gerichte der betreffenden Mitgliedstaaten am besten geeignet seien nach ihrem Recht zu entscheiden, ob eine Rechtsverletzung vorliegt.[361] Auch ein auf das Marktortrecht gestützter Unterlassungsanspruch kann aber nur für den Marktstaat Geltung beanspruchen.[362] Der angestrebte Gleichlauf von Zuständigkeit und anwendbarem Recht[363] setzt folglich voraus, dass die Kognitionsbefugnis auch für den Unterlassungsanspruch beschränkt ist. In dieselbe Richtung weist der Vergleich mit Art. 126 UMVO, der mit dem Rangverhältnis zwischen der umfassenden Kognitionsbefugnis der Unionsmarkengerichte und der beschränkten Befugnis des Gerichts am Verletzungsort die *Shevill*-Doktrin des EuGH in eine Rechtsnorm

---

356 Vgl. EuGH, 25.10.2012, C-133/11, GRUR 2013, 98 – *Folien Fischer*; BGH, 29.01.2013, KZR 08/10, GRUR RR 2013, 228 – *Trägermaterial für Kartenformulare*.

357 EuGH, 19.04.2012, C-523/10, GRUR 2012, 654 – *Wintersteiger/Products 4U*; EuGH, 21.12.2016, C-618/15, GRUR Int 2017, 173 – *Cucurrence/Samsung*.

358 EuGH, 07.03.1995, C-68/93, GRUR Int. 1998, 298 – *Fiona Shevill*; BGH, 12.12.2013, I ZR 131/12, GRUR 2014, 601 – *englischsprachige Pressemitteilung*.

359 Für beschränkte Kognitionsbefugnis MünchKomm/*Mankowski*, UWG, IntWettbR, Rn. 397 f.; dagegen Fezer/Hausmann/*Obergfell*, Einf. I Rn. 403.

360 EuGH, 03.04.2012, C-387/12, GRUR 2014, 599 Rn. 40 – *Hi Hotel HCF*.

361 EuGH, 03.04.2012, C-387/12, GRUR 2014, 599 Rn. 39 – *Hi Hotel HCF*.

362 BGH, 23.10.1970, I ZR 86/69, GRUR 1971, 153 – *Tampax*; GmS OGB, 22.08.2012, GmS-OGB 1/10 (OLG Frankfurt a.M.) GRUR 2013, 417 – *Medikamentenkauf im Versandhandel*. So auch *Ohly*/Sosnitza, UWG, Einl. Rn. 8a; a.A. *Köhler*/Bornkamm/Feddersen, UWG, Einl. 5.28a f.

363 Vgl. *Wagner*, IPRax 2008, 1, 4.

gegossen hat. Das Rangverhältnis nach Art. 126 UMVO gilt aber explizit auch für Unterlassungsansprüche.[364]

Anträge auf **einstweiligen Rechtsschutz** können entweder auf die oben genannte Zuständigkeit nach Art. 4 ff. EuGVO oder auf Art. 35 EuGVO i.V.m. dem nationalen Zuständigkeitsrecht gestützt werden.[365] Auch hier gilt allerdings, dass die Kognitionsbefugnis des angerufenen Gerichts von der in Anspruch genommenen Zuständigkeit abhängt. Denn während Entscheidungen des (potentiellen) Hauptsachegerichts grundsätzlich[366] anerkennungsfähig sind und daher EU-weite Wirkung entfalten können, sind Entscheidungen auf Basis des Art. 35 EuGVO auf den jeweiligen Gerichtsstaat begrenzt. **217**

Für das Verhältnis zu Dänemark findet die EuGVO auf Basis eines Abkommens zwischen Dänemark und den EU-27[367] Anwendung. Für das Verhältnis zur Schweiz, zu Norwegen und Island finden sich praktisch identische Regeln in Art. 2, Art. 5 Nr. 3, Art. 22 und 23 des **Parallelübereinkommen von Lugano (LGVÜ)**.[368] Aus der Perspektive eines deutschen Gerichts ist das LGVÜ einschlägig, wenn der Beklagte seinen Sitz in einem der Vertragsstaaten hat, der nicht zugleich EU-Mitgliedstaat ist.[369] **218**

Begründen weder die EuGVO noch das LGVÜ einen Gerichtsstand, weil der Beklagte seinen Sitz in einem nicht vom Geltungsbereich erfassten Drittstaat hat,[370] ist die Zuständigkeit der deutschen Gerichte nach den Regeln der ZPO über die örtliche Zuständigkeit zu bestimmen (**Grundsatz der Doppelfunktionalität**). In Betracht kommt dann insbesondere der Gerichtsstand am Handlungsort nach § 14 Abs. 2 UWG oder die Zuständigkeitsbegründung durch rügelose Einlassung (§ 39 ZPO). **219**

Die Zuständigkeit ist in jeder Lage des Verfahrens **von Amts wegen** zu prüfen.[371] Für die Begründung der Zuständigkeit ist die Behauptung der zuständigkeitsbegründenden **›doppelrelevanten‹ Tatsachen** erforderlich, aber auch ausreichend.[372] Das angerufene Gericht darf, soweit es nur um die Prüfung seiner Zuständigkeit geht, den Vortrag des Klägers zu den Voraussetzungen der Haftung aus unerlaubter Handlung als erwiesen ansehen.[373] Insbesondere hat die spätere Feststellung, dass der behauptete Verstoß nicht **220**

---

364 Vgl. EuGH, 12.04.2011, C-235/09, GRUR 2011, 518 – *DHL Express France SAS/Chronopost.*

365 EuGH, 12.07.2012, C-616/10, GRUR 2012, 1169 – *Solvay.*

366 Vgl. zur weiteren Voraussetzung, dass der Gegner gehört oder die Entscheidung ihm zuvor mitgeteilt werden muss Art. 1 (2) lit. a EuGVO.

367 Abkommen zwischen der Europäischen Gemeinschaft und dem Königreich Dänemark über die gerichtliche Zuständigkeit und die Anerkennung und Vollstreckung von Entscheidungen in Zivil- und Handelssachen, Abl. EG 2005, L 299, 62.

368 Abl. EG 2007, L 339 1.

369 BGH, 28.06.2007, I ZR 49/04, GRUR 2007, 884 – *Cambridge Institute.*

370 Vgl. Art. 6 EuGVO, Art. 4 LGVÜ.

371 BGH, 30.03.2006, I ZR 24/03, GRUR 2006, 513 – *Arzneimittelwerbung im Internet*; BGH, 14.01.2016, I ZR 65/14, GRUR 2016, 946 – *Freunde finden.*

372 BGH, 13.10.2004, I ZR 163/02, GRUR 2005, 432 – *Hotel Maritime*; BGH, 12.12.2013, I ZR 131/12, GRUR 2014, 601 – *englischsprachige Pressemitteilung.*

373 EuGH, 03.04.2012, C-387/12, GRUR 2014, 599 Rn. 20 – *Hi Hotel HCF.*

gegeben ist und folglich auch keine unerlaubte Handlung vorliegt, nicht zur Folge, dass die Zuständigkeit entfällt. Die Klage ist als unbegründet, nicht mangels Zuständigkeit als unzulässig, abzuweisen.

3. Anwendbarkeit der Rom-II-VO

221 Ist das Gericht eines EU-Mitgliedstaates zuständig, bestimmt dieses das maßgebliche Lauterkeitsrecht nach der Verordnung EG Nr. 862/2007 über das auf außervertragliche Schuldverhältnisse anwendbare Recht (Rom-II-VO). Die Rom-II-VO ist am 11.01.2009 in Kraft getreten und daher **zeitlich** auf alle schadensbegründenden Ereignisse anwendbar, die sich nach diesem Zeitpunkt ereignet haben (Art. 31 Rom-II-VO) und **sachlich** eine zivilrechtliche Haftung begründen. Sie ist nach Art. 288 AEUV in allen Mitgliedstaaten unmittelbar anwendbar, wobei der Begriff ›Mitgliedstaat‹ alle EU-Staaten mit Ausnahme Dänemarks umfasst (Art. 1 (4) Rom-II-VO).

222 Besonders hervorzuheben ist, dass die Rom-II-VO **allseitige Kollisionsnormen** enthält. Sie ist daher nicht nur auf Binnenmarktsachverhalte, sondern **universell anwendbar** (Art. 3 Rom-II-VO). Es ist daher ein grenzüberschreitender Bezug zu einem anderen Staat, nicht notwendig zu einem anderen Mitgliedstaat, erforderlich. Das nach den Kollisionsnormen berufene Recht muss nicht das Recht eines (anderen) EU-Mitgliedstaates sein. Vielmehr können die Gerichte auf Basis der Rom-II-VO auch verpflichtet sein, das **Recht eines Drittstaates** (bspw. Schweiz, USA oder Japan) anzuwenden. Dasselbe gilt im Verhältnis zu Dänemark, das durch die VO nicht gebunden ist (EG 40).

223 Als sekundäres Unionsrecht ist die Rom-II-VO autonom auszulegen, wobei neben dem Kommissionsbericht[374] auch die Erwägungsgründe – für das Lauterkeitsrecht insbesondere EG 21, 22 – wertvolle Hinweise enthalten. Zudem ist der **systematische Zusammenhang** sowohl mit der Brüssel-I-VO sowie der Rom-I-VO zu beachten. So kann bspw. die Rechtsprechung zu Art. 7 Nr. 2 EuGVO zur Reichweite des Begriffs der unerlaubten Handlung sowie zur Abgrenzung zwischen dem Primärschaden und bloßen Folgeschäden herangezogen werden. Bei Zweifeln an der Auslegung der Bereichsausnahmen der Rom-II-VO sowie der Hilfsnormen (Reichweite des Statuts, Eingriffsnormen, *ordre public*) liegt es demgegenüber nahe, Rechtsprechung und Materialien zur Rom-I-VO heranzuziehen.

224 Der Begriff des **außervertraglichen Schuldverhältnisses** umfasst nach der Legaldefinition des Art. 2 (1) Rom-II-VO neben Ansprüchen aus unerlaubter Handlung auch solche aus Geschäftsführung ohne Auftrag, Bereicherungsrecht und *culpa in contrahendo.* In den Anwendungsbereich der Rom-II-VO fallen damit auch alle Ansprüche, die aus einem Verstoß eines Unternehmens gegen **privatrechtliche Bestimmungen** des Wettbewerbsrechts resultieren.

374 KOM (2003)427 endg.

Nicht unmittelbar erfasst werden demgegenüber die **Straftatbestände** des UWG.[375] Eine unerlaubte Handlung liegt daher nicht im Verstoß gegen die §§ 16 ff. UWG an sich, sondern nur soweit dies auch – bspw. über § 3a UWG, § 823 BGB – deliktsrechtlich sanktioniert wird.[376] Die Ausnahme ist aber von geringer Bedeutung, da von den Strafnormen des UWG bislang nur die §§ 17–19 UWG praxisrelevant sind, diese aber im Zuge der Umsetzung der Geschäftsgeheimnis-RL aufgehoben werden (dazu McGuire, Einl. Vor §§ 17–19 UWG, Rdn. 99 ff.). 225

Vom sachlichen Anwendungsbereich ausgenommen sind – mangels politischer Einigung – zudem Ansprüche aus der Verletzung von **Persönlichkeitsrechten** (Art. 1 (2) lit. g Rom-II-VO). Die Bestimmung des anwendbaren Rechts richtet sich weiterhin nach nationalem IPR, in Deutschland sind daher die Art. 40 f. EGBGB einschlägig. 226

4. Der Aufbau der Rom-II-VO

Die Rom-II-VO entspricht in ihrem Aufbau der Rom-I-VO. Sie gliedert sich in sieben Kapitel. Kapitel I regelt den **Anwendungsbereich** (Art. 1–3). Im Anschluss daran finden sich in Kapitel II die **Kollisionsnormen** für unerlaubte Handlungen (Art. 4–9), in Kapitel III für sonstige außervertragliche Schuldverhältnisse (Art. 10–13) und in Kapitel IV die Regelung zur Möglichkeit der **Rechtswahl** (Art. 14). Kapitel V enthält »gemeinsame Vorschriften« über die Reichweite des zur Anwendung berufenen Rechts (Art. 15–22), Kapitel VI »sonstige Vorschriften« (Art. 23–28), die Vorschriften aus dem Allgemeinen Teil des IPR, bspw. die Bestimmung des gewöhnlichen Aufenthalts und die Verletzung des ordre public, aufgreifen sowie das **Verhältnis zu anderen Unionsrechtsakten** und internationalen Übereinkommen bestimmen. Kapitel VII (Art. 29–32) enthält die üblichen Schlussbestimmungen. 227

Für das Lauterkeitsrecht sind insbesondere die **Sonderkollisionsnorm** für den unlauteren Wettbewerb (Art. 6 Rom-II-VO) sowie die kraft Verweisung auf bilaterale Wettbewerbsverstöße anwendbare **allgemeine Kollisionsnorm** für unerlaubte Handlungen (Art. 4 Rom-II-VO) von Bedeutung. Ist das anwendbare Recht nach einer dieser Regeln bestimmt, wird die Reichweite des Lauterkeitsstatuts durch Art. 15 Rom-II-VO festgelegt. 228

III. Die Anknüpfung lauterkeitsrechtlicher Sachverhalte nach Art. 6 Rom-II-VO

1. Überblick über die Kollisionsnormen für Lauterkeitsrecht

Vorrangige Kollisionsnorm für unlautere Handlungen ist **Art. 6 Rom-II-VO**. Art. 6 Rom-II-VO enthält eine Sonderkollisionsnorm für zwei ganz verschiedene Rechtsgebiete, die zwar typischerweise unter dem Begriff des Wettbewerbsrechts zusammengefasst werden, aber inhaltlich doch recht unterschiedliche Fragestellungen betreffen; nämlich Lauterkeitsrecht und Kartellrecht. Dass beide in einer Kollisionsnorm zusammengefasst wurden, ist nicht der Ähnlichkeit der Materien geschuldet, sondern primär 229

375 *Handig*, GRUR Int 2008, 24, 25; *Köhler*/Bornkamm/Feddersen, Einl. UWG, Rn. 5.30.
376 *Köhler*/Bornkamm/Feddersen, Einl. UWG 5.30.

der Tatsache, dass das Kartellrecht im ursprünglichen Entwurf nicht enthalten war und erst nachträglich eingefügt wurde. Für Ansprüche aus unlauterem Verhalten sind Art. 6 (1), 2 und 4 Rom-II-VO relevant.

230 **Abs. 1** enthält die zentrale Kollisionsnorm für das Lauterkeitsrecht. Danach wird das Recht des Staates zur Anwendung berufen, auf dessen Territorium der Wettbewerb, d.h. das Verhältnis der Mitbewerber untereinander oder die kollektiven Verbraucherinteressen beeinträchtigt werden (sog. **Marktortprinzip**).

231 **Abs. 2** enthält eine Ausnahmeregelung für **bilaterale Wettbewerbsverstöße**. Sie sieht allerdings keine eigenständige Anknüpfung vor, sondern verweist auf die allgemeine Regel für unerlaubte Handlungen des Art. 4 Rom-II-VO. Im Ergebnis wird dadurch häufig ein gemeinsames Heimatrecht der Wettbewerber berufen.

232 **Abs. 3** betrifft demgegenüber Ansprüche aus wettbewerbsbeschränkendem Verhalten (**Kartellrecht**) und beruft das Recht des Staates zur Anwendung, dessen Markt beeinträchtigt wird (sog. Auswirkungsprinzip).

233 **Abs. 4** stellt klar, dass sowohl lauterkeitsrechtliche als auch kartellrechtliche Sachverhalte **keiner Rechtswahl** zugänglich sind. Das anwendbare Recht ist daher auch dann zwingend, wenn es über Art. 6 (2) Rom-II-VO der allgemeinen deliktischen Kollisionsnorm folgt.

234 Die große Ähnlichkeit zwischen den Anknüpfungsregeln für Lauterkeitsrecht und Kartellrecht kann nicht wirklich überraschen. Beiden ist gemeinsam, dass sie der **Etablierung und Erhaltung eines funktionsfähigen Marktes** dienen und daher denklogisch auch das Recht genau dieses betroffenen Marktes zur Anwendung kommen muss. Trotz der Notwendigkeit einer Unterscheidung, ist die ähnliche Anknüpfung und der daraus resultierende Gleichlauf aber begrüßenswert, weil es durchaus zu Überschneidungen zwischen Lauterkeits- und Kartellrecht kommen kann. Hier ist etwa an eine Kartellabsprache zwischen den Marktführern zu denken, die der gezielten Behinderung eines ausgeschlossenen Mitbewerbers dient, oder an einen Händler, der unter Umgehung einer Vertriebsbindung Ware auf dem grauen Markt bezieht und sich zur Rechtfertigung seines Marktverhaltens auf das Verbot des Behinderungsmissbrauchs beruft. Im Rahmen der Bewertung der Lauterkeit sind auch kartellrechtliche Aspekte zu berücksichtigen.

235 Laut **Erwägungsgrund 22** handelt es sich bei der Regelung des Art. 6 Rom-II-VO nicht um eine Ausnahme, sondern um eine **Konkretisierung** der allgemeinen Kollisionsnorm unter Berücksichtigung wettbewerbsrechtlicher Besonderheiten. Ob eine Sonderkollisionsnorm überhaupt notwendig ist, war bis zuletzt umstritten.[377] Nach Ansicht der Kommission war eine gesonderte Kollisionsnorm **aus zwei Gründen erforderlich**, erstens weil das Marktortprinzip zwar in den meisten Staaten schon zuvor anerkannt war, aber bei den **Mitgliedstaaten**, die – wie Deutschland – primär eine Anknüpfung an den Handlungsort vorsahen, **als Ausnahme** generell **eng** ausgelegt

377 Dazu *Buchner*, GRUR Int 2005, 1004, 1008 m.w.N.

wurde. Diese Tendenz zeigt sich auch in der aktuellen Diskussion alle möglichen Ausnahmen in die Norm hineinzulesen (dazu unten Rdn. 254 ff.).

Zweitens hätte die Anwendung der allgemeinen Kollisionsnorm zur Folge, dass die objektive Regelanknüpfung durch eine engere Verbindung oder eine Rechtswahl **aufgelockert** bzw. durch **Parteivereinbarung abgeändert** werden könnte. Beides widerspricht aber dem Zweck des Lauterkeitsrechts, nicht primär individuelle Interessen, sondern das Kollektiv der Mitbewerber und/oder Verbraucher zu schützen. **236**

In der Lehre wird als weiteres Argument für die besondere Anknüpfung des Lauterkeitsrechts betont, dass die zwingende Anknüpfung an das Recht des betroffenen Marktes im Dienste der **Rechtssicherheit** sowie der **Verkehrsinteressen** dafür Sorge trägt, dass auf alle Marktteilnehmer dieselbe Rechtsordnung zur Anwendung kommt. Es geht also auch darum, ein ***level playing field*** zu schaffen sowie die berechtigten Erwartungen der Marktteilnehmer zu schützen.[378] Auch wenn das Argument überzeugt, ist allerdings schon hier darauf hinzuweisen, dass dieses Konzept durch das **Herkunftslandprinzip** zum Teil ausgehöhlt wird, wenn und soweit auf der Ebene des Sachrechts die Anwendung der nach den Regeln des IPR anwendbaren Normen des Marktorts durch einen Günstigkeitsvergleich korrigiert wird (dazu unten Rdn. 268. **237**

2. Der Begriff des Unlauteren Wettbewerbs

Der Anwendungsbereich des Art. 6 Rom-II-VO umfasst unlauteres Verhalten. Dieser Begriff ist nicht per se mit der Gesamtheit der im UWG normierten Tatbestände gleichzusetzen, sondern **autonom** zu bestimmen. Nach EG 22 dient Art. 6 dem Ziel, die Wettbewerber, die Verbraucher sowie die Öffentlichkeit zu schützen, um das reibungslose Funktionieren des Binnenmarktes sicherzustellen. **238**

Nach dem unionsrechtlichen Maßstab[379] gehören zum Lauterkeitsrecht sämtliche **Marktverhaltensregeln**, die ihrem Normzweck nach, der Steuerung des Marktes zum Schutz der Konkurrenten, der Marktgegenseite oder der Öffentlichkeit dienen. Für die Qualifikation als Lauterkeitsrecht ist daher nicht entscheidend, ob sich die betreffende Anspruchsgrundlage auch im jeweiligen nationalen Recht im UWG (bzw. dem ausländischen Pendant) findet, sondern ob es sich um Marktverhaltensrecht i.S.d. **unionsrechtlichen Schutzzwecktrias** handelt. **239**

Einen Anhaltspunkt für die Abgrenzung zwischen Lauterkeitsrecht und allgemeinem Deliktsrecht liefert zudem die Begründung des Vorschlags der Kommission für die Rom-II-VO aus 2003, die als Beispiele für Wettbewerbsverstöße Handlungen, die auf die Nachfrage Einfluss nehmen (Täuschung und Zwang), die das Angebot von Wettbewerbern *behindern* (Störung der Zulieferung, Abwerben von Angestellten, Boykott) oder die Vorteile des Wettbewerbers missbraucht (Verwechslungsgefahr, Ausnutzung **240**

378 KOM (2003)427 endg., Begründung zu Art. 5. Den Aspekt der Gleichbehandlung betonen auch MünchKomm/*Drexl*, BGB, Int. LauterkeitsR, Rn. 5; MünchKomm/*Mankowski*, UWG, Int. WettbR, Rn. 13 f.

379 Vgl. Erwägungsgrund 21.

des Bekanntheitsgrades) sowie die Bestechung von Angestellten zu Zwecken des Wettbewerbs nennt.

241 Im Ergebnis wird sich daraus wohl eine **repräsentative Schnittmenge** der Lauterkeitsrechte der Mitgliedstaaten ergeben.[380] Diese darf allerdings nicht mit dem kleinsten gemeinsamen Nenner gleichgesetzt werden. Daher zählen hierzu auch solche Verstöße, die der nationale Gesetzgeber – wie die Belästigung durch Direktwerbung nach Art. 13 DSRL – nicht im Lauterkeitsrecht hätte umsetzen müssen, aber – wie der deutsche Gesetzgeber durch § 7 Abs. 2 UWG – lauterkeitsrechtlich umgesetzt hat.[381]

242 Um bei **Zweifelsfällen** eine komplexe rechtsvergleichende Suche zu ersparen, wurde vorschlagen, zur Konkretisierung des Art. 6 (1) Rom-II-VO auf Art. 10bis PVÜ abzustellen.[382] Das überzeugt insoweit, als die PVÜ in das TRIPS inkorporiert ist und dieses sowohl die EU als auch alle Mitgliedstaaten bindet. Nach **Art. 10bis PVÜ**[383] wird eine Handlung als unlauter definiert, die den anständigen Gepflogenheiten im Wettbewerb zuwiderläuft. Der Rückgriff auf die PVÜ hat insbesondere den Vorteil, dass sie zwar keine abschließende Regelung enthält, aber in Abs. 3 weitere Regelbeispiele nennt, die zudem etwas detaillierter formuliert sind, als die Erwägungsgründe zu Art. 6 Rom-II-VO.

3. Verhältnis zum allgemeinen Deliktsrecht und Immaterialgüterrecht

243 Gerade die Ähnlichkeit mit der Schutzzwecktrias nach § 1 UWG führt zu einer großen Übereinstimmung mit der deutschen Konzeption und damit der Anwendungsbereiche von Art. 6 Rom-II-VO und UWG. Unproblematisch ist die Qualifikation jedenfalls, soweit es sich um Tatbestände handelt, die der **Umsetzung der RL** zur vergleichenden Werbung oder über unlautere Geschäftspraktiken dienen. Weniger eindeutig ist dagegen die Zuordnung der Tatbestände im nicht harmonisierten Bereich. Dies betrifft einerseits das Verhältnis zum allgemeinen Deliktsrecht, andererseits zum Immaterialgü-

---

380 *Handig*, GRUR Int 2008, 24, 26.

381 A.A. *Ohly*/Sosnitza, UWG, Einl. Rn. 16a.

382 Vgl. *Hellner*, YPIL 2007, 49, 68.

383 Artikel 10bis Schutz gegen unlauteren Wettbewerb.
(1) Die Verbandsländer sind gehalten, den Verbandsangehörigen einen wirksamen Schutz gegen unlauteren Wettbewerb zu sichern.
(2) Unlauterer Wettbewerb ist jede Wettbewerbshandlung, die den anständigen Gepflogenheiten in Gewerbe oder Handel zuwiderläuft.
(3) Insbesondere sind zu untersagen:
1. alle Handlungen, die geeignet sind, auf irgendeine Weise eine Verwechslung mit der Niederlassung, den Erzeugnissen oder der gewerblichen oder kaufmännischen Tätigkeit eines Wettbewerbers hervorzurufen;
2. die falschen Behauptungen im geschäftlichen Verkehr, die geeignet sind, den Ruf der Niederlassung, der Erzeugnisse oder der gewerblichen oder kaufmännischen Tätigkeit eines Wettbewerbers herabzusetzen;
3. Angaben oder Behauptungen, deren Verwendung im geschäftlichen Verkehr geeignet ist, das Publikum über die Beschaffenheit, die Art der Herstellung, die wesentlichen Eigenschaften, die Brauchbarkeit oder die Menge der Waren irrezuführen.

terrecht. Zwischen dem Anwendungsbereich des Art. 6 (1) und (2) Rom-II-VO und des UWG besteht also **keine vollständige Deckungsgleichheit**.

Mit Blick auf das **allgemeine Deliktsrecht** ist zu beachten, dass zum Lauterkeitsrecht **244** i.S.v. Art. 6 Rom-II-VO auch Normen zählen, die nicht die Marktgegenseite oder die Summe der Mitbewerber schützen, sondern ein bestimmtes Verhalten nur im Interesse eines konkret betroffenen Mitbewerbers untersagen. Solche Ansprüche können, müssen aber nach nationalem Recht nicht notwendig, im Recht gegen den unlauteren Wettbewerb geregelt sein.[384] Sie können sich bspw. auch im nationalen Deliktsrecht wieder finden. Dazu zählt bspw. die **unberechtigte Schutzrechtsverwarnung**, die ihre Grundlage traditionell im Recht auf den eingerichteten und ausgeübten Gewerbebetrieb und damit in § 823 Abs. 1 BGB hat, nach nationalem Recht daher als Deliktsrecht, auf der Ebene des Kollisionsrechts aber als unlautere Handlung zu qualifizieren ist.[385] Ein weiteres Beispiel dafür, dass die autonome Qualifikation trotz der übereinstimmenden Grundkonzeption von Art. 6 (1) Rom-II-VO mit dem deutschen UWG (Schutzzwecktrias) abweichen und ggflls. weiter sein kann, ist die **Bestechung von Angestellten**.[386] Sie wird in den Erwägungsgründen als Regelbeispiel für Art. 6 (1) Rom-II-VO genannt, nach nationalem Recht aber nicht primär als Unlauterkeitstatbestand, sondern als Straftatbestand nach § 299 StGB und zivilrechtlich daher über § 823 Abs. 2 BGB sanktioniert. Trotzdem würde dieser Fall nach der Rom-II-VO unter Art. 6 und nicht unter Art. 4 fallen. Ein praktischer Unterschied ergibt sich – wegen des Verweises von Art. 6 (2) auf Art. 4 Rom-II-VO – daraus aber nur, wenn die Bestechlichkeit nicht nur einen konkreten Mitbewerber geschädigt, sondern den Wettbewerb insgesamt beeinträchtigt hat.

Überschneidungen und Abgrenzungsschwierigkeiten bestehen andererseits im Verhält- **245** nis zum **Recht des Geistigen Eigentums**, für das die Rom-II-VO in Art. 8 eine gesonderte Kollisionsnorm enthält. Dabei ist zu berücksichtigen, dass das Lauterkeitsrecht Verhaltensunrecht sanktioniert, das Recht des Geistigen Eigentums dagegen den Eingriff in ein fremdes subjektives Recht. Eine einheitliche tatsächliche Handlung kann folglich sowohl einen Verstoß gegen das Lauterkeitsrecht, als auch einen Eingriff in ein fremdes Schutzrecht darstellen. Typische Beispiele sind die unlautere Nachahmung eines Produkts, die zugleich eine Marke oder ein Design verletzt, oder eine missverständliche Angabe über die Herkunft, die sowohl den Tatbestand der Irreführung erfüllt, als auch eine geografische Herkunftsangabe verletzt. Der Vorwurf der Unlauterkeit und der Vorwurf der Schutzrechtsverletzung sind dabei unterschiedliche Streitgegenstände. Das gilt auch, wenn dieselbe Handlung, bspw. die Irreführung über die geografische Herkunft, in einem Mitgliedstaat als lauterkeitsrechtlicher Verstoß, in einem anderen Mitgliedstaat als Schutzrechtsverletzung eingeordnet wird. Art. 6 und Art. 8 Rom-II-VO stehen selbständig **nebeneinander**,[387] die geltend gemachten

384 *Sack*, WRP 2008, 845, 846.
385 *Sack*, GRUR Int 2012, 601, 607.
386 *Sack*, GRUR Int 2012, 601, 607.
387 So zu Recht *Sack*, WRP 2008, 845, 858; Staudinger/Fezer/*Koos*, IntWirtR Rn. 361; a.A. Palandt/*Thorn*, BGB, Art. 6 Rom-II, Rn. 4.

Ansprüche sind jeweils gesondert anzuknüpfen. Die Frage, ob Ansprüche aus beiden Rechtsgebieten nebeneinander geltend gemacht werden können, ist nach dem zur Anwendung berufenen materiellen Recht zu beurteilen.[388]

246 Dies gilt umso mehr, als der Marktort nach Art. 6 (1) Rom-II-VO und das Schutzland nach Art. 8 (1) Rom-II-VO in der Regel auf dieselbe Rechtsordnung(en) verweisen werden, da letztlich beide Anknüpfungsregeln auf dem **Territorialitätsprinzip** beruhen.[389] Allerdings können sich Unterschiede insbesondere daraus ergeben, dass das Recht des Geistigen Eigentums an andere Handlungen anknüpft und häufig zeitlich früher eingreift, sodass etwa bereits die Herstellung oder der Import den Verletzungstatbestand erfüllen, während es lauterkeitsrechtlich auf das Anbieten der Ware ankommt.[390] Wird also bspw. eine täuschende Nachahmung in Österreich hergestellt, aber nur in Deutschland angeboten, ist für die Schutzrechtsverletzung nach Art. 8 (1) Rom-II-VO österreichisches und deutsches Markenrecht maßgeblich, für die Frage der Rufausbeutung oder Irreführung dagegen nach Art. 6 (1) Rom-II-VO nur deutsches Recht.

4. Die Art der erfassten Ansprüche

247 Art. 6 Rom-II-VO findet sich im Abschnitt über **unerlaubte Handlungen**. Aufgrund der systematischen **Stellung** erscheint daher fraglich, ob alle vom UWG gewährten Ansprüche unter diese Norm fallen: In den Anwendungsbereich des Art. 6 Rom-II-VO fallen Ansprüche auf Schadensersatz der Mitbewerber sowie – je nach nationalem System – der Verbraucher oder ihrer Verbände. Keinem Zweifel unterliegt, dass die in Art. 2 explizit erwähnten (vorbeugenden) Unterlassungsansprüche erfasst werden. Demgegenüber wäre ein Gewinnabschöpfungsanspruch eher dem **Bereicherungsrecht** zuzuordnen, da er nicht der Kompensation dient. Dasselbe gilt für den Anspruch auf Herausgabe des Verletzergewinns aus unmittelbarem Leistungsschutz. Allerdings ist darauf hinzuweisen, dass zumindest Art. 6 (1) Rom-II-VO nicht von unerlaubter Handlung, sondern generell von »außervertraglichen Schuldverhältnissen« spricht. Alternativ käme eine akzessorische Anknüpfung nach Art. 10 (1) Rom-II-VO in Betracht.

5. Hauptsache und einstweiliger Rechtsschutz

248 Das nach der Rom-II-VO anwendbare Recht ist **von Amts wegen** anzuwenden. Die Anwendung ausländischen Rechts ist daher nicht davon abhängig, dass eine Partei sich darauf beruft.[391] Ergibt sich aus dem Parteivortrag ein grenzüberschreitender Bezug,

---

388 S. auch BeckOGK Rom-II/*McGuire*, Art. 8 Rom-II, Rn. 125 ff.

389 OLG Düsseldorf, 31.02.2012, I-20 U 175/11, GRUR-RR 2012, 200 – *Tablet PC*.

390 Vgl. BGH, 30.06.1961, I ZR 39/60, GRUR 1962, 243 – *Kindersaugflaschen*, wonach die Herstellung in Deutschland *noch keinen* Verstoß darstellt; kritisch *Sack*, GRUR Int 2012, *601, 609*.

391 Vgl. exemplarisch BGH, 11.02.2010, I ZR 85/08, NJW 2010, 3780 – *Ausschreibung in Bulgarien*.

hat das Gericht diesem daher von sich aus nachzugehen und das ausländische Recht ggf. zu ermitteln.[392]

Problematisch ist, ob das auch für das **einstweilige Verfügungsverfahren** gilt. Hier hat **249** sich in vielen Rechtsordnungen gewohnheitsrechtlich die Regel etabliert, dass aufgrund der Eilbedürftigkeit einstweilige Verfügungen generell – so in Frankreich – oder – so in Deutschland – zumindest dann auf Basis der *lex fori* erlassen werden können, wenn das nach den Regeln des IPR an sich anwendbare Recht nicht ohne weiteres feststellbar ist. Tatsächlich ist es nur schwer vorstellbar, dass ein deutsches Gericht auch dann in der Lage wäre, die Verfügung in wenigen Tagen zu erlassen, wenn sie das fremde Recht erst, bspw. durch Sachverständigenbeweis, ermitteln müsste. Soweit ersichtlich hat sich die Praxis etabliert, dass die deutschen Gerichte auch im eV-Verfahren die kollisionsrechtlichen Vorgaben berücksichtigen, aber – und das ist die entscheidende Ausnahme – dann auf die *lex fori* zurückgreifen oder sich auf eine summarische Schlüssigkeitsprüfung beschränken, wenn das fremde Recht nicht sofort ermittelt werden kann. Das erscheint nicht nur problematisch, weil dadurch die Richtigkeitsgewähr beschränkt[393] und das Risiko der fehlerhaften Rechtsanwendung letztlich dem Antragsteller überbürdet wird, sondern auch weil die Rom-II-VO zwingendes Recht ist und keine entsprechende Ausnahme vorsieht.

Zu beachten ist allerdings, dass dem Gesetzgeber die ganz unterschiedliche Handha- **250** bung der Anwendung ausländischen Rechts bekannt war, insbesondere dass angloamerikanische Rechtsordnungen das fremde Recht als beweisbedürftige Tatsache behandeln und daher *per se* nicht von Amts wegen anwenden, während nach vielen kontinental-europäischen Prozessordnungen – wie nach § 293 ZPO – auch hierfür der Grundsatz *iura novit curia* gilt. Dem Monitum des Europäischen Parlaments, die Frage sei im Rahmen der Rom-II-VO klärungsbedürftig, ist die Kommission durch die Überarbeitungsklausel in Art. 30 (1) Rom-II-VO und dem Versprechen begegnet, sich dieser nicht nur für Rom-II relevanten Problematik gesondert anzunehmen.[394] Die unterschiedliche Handhabung wurde damit zumindest vorläufig gebilligt. Wenn es aber unionsrechtlich sogar zulässig ist, die Anwendung fremden Rechts im Hauptsacheverfahren – wie in Großbritannien – von einem Parteivortrag abhängig zu machen, muss dies erst recht auch im Verfügungsverfahren gelten. Entsprechend ist davon auszugehen, dass auch der EuGH die in Deutschland etablierte Praxis tolerieren würde.

Dies gilt umso mehr, als die Gerichte der Mitgliedstaaten gehalten sind, effektiven **251** Rechtsschutz zu gewähren[395], wozu nach Art. 35 EuGVO auch einstweilige Maßnahmen zählen. Die vollständige Ermittlung und Anwendung ausländischen Rechts ist aber im Rahmen des Eilrechtsschutzes nicht immer zu leisten. Mangels eines entspre-

392 MünchKomm/*Prütting*, ZPO, § 293 ZPO, Rn. 47.

393 MünchKomm/*Prütting*, ZPO, § 293 ZPO, Rn. 56.

394 Vgl. die im Anschluss an die Rom-II-VO veröffentlichte Erklärung der Kommission zur Behandlung ausländischen Rechts, Abl. EU 2007, L 149, 49.

395 Vgl. exemplarisch die ausdrückliche Regelung in Art. 13 UGP-RL, wonach die Sanktionen wirksam, verhältnismäßig und abschreckend sein müssen.

chenden Berichts zu Art. 30 Rom-II-VO bzw. darauf aufbauender Lösungsvorschläge erscheint es daher zweckmäßig und zulässig an der bisherigen Praxis festzuhalten und die Ermittlungspflicht auf das im zeitlichen Rahmen Mögliche zu beschränken.[396] Ein inländisches Gericht muss daher grundsätzlich auch im einstweiligen Verfügungsverfahren das anwendbare Recht bestimmen und anwenden,[397] kann sich im Einzelfall aber auf eine summarische Prüfung beschränken oder ersatzweise auf die *lex fori* zurückzugreifen,[398] wenn die Interessen der Parteien dies gebieten.[399]

IV. Die allgemeine Anknüpfung für lauterkeitsrechtliche Sachverhalte, Art. 6 (1)

1. Die Grundregel nach Art. 6 (1) Rom-II-VO

252 Steht fest, dass es sich um einen lauterkeitsrechtlichen Anspruch i.S.d. VO handelt, stehen mit Art. 6 (1) und (2) Rom-II-VO **zwei unterschiedliche Kollisionsnormen** zur Verfügung. Innerhalb des Lauterkeitsrechts ist daher zwischen **marktbezogenen** (Abs. 1) und **konkurrentenbezogenen** bzw. bilateralen Eingriffen (Abs. 2) zu differenzieren.

253 Nach der **Grundregel in Abs. 1** unterliegen marktbezogene Wettbewerbsverstöße dem Recht des Marktortes. Marktort ist ausweislich des EG 21 der Staat, in dessen Gebiet die Wettbewerbsbeziehungen oder die kollektiven Interessen der Verbraucher tatsächlich oder potentiell beeinträchtigt werden.

2. Die Bestimmung des Marktorts

254 Die Bestimmung des Marktorts ist im Kern leicht erfassbar, wirft aber in Grenzbereichen immer wieder Abgrenzungsschwierigkeiten auf. Geht es um die wettbewerbsrechtliche Beurteilung eines Verhaltens bei der **Gewinnung von Kunden**, ist Marktort der Ort, an dem auf die Entschließung des Kunden eingewirkt werden soll.[400] Dort soll das Wettbewerbsrecht unlauteres Konkurrenzverhalten verhindern; auf diesen Ort bezieht sich auch das durch das Wettbewerbsrecht ebenfalls geschützte Interesse der Allgemeinheit an einem lauteren Wettbewerb.

255 Kontrovers diskutiert wird, ob unter dem Marktort der Ort der Einwirkung auf die Marktgegenseite oder der Ort der Auswirkung auf das Wettbewerbsverhältnis zu verstehen ist. Die Abgrenzung wird dadurch erschwert, dass diese Begriffe uneinheitlich verwendet werden. So wird nach einem Definitionsversuch unter Einwirkung der Ort verstanden, an dem die Interessen des Handelnden auf die der Marktgegenseite treffen, mit dem Begriff der Auswirkung demgegenüber der Ort der betroffenen Interessen

---

396 MünchKomm/*Mankowski*, UWG, IntWettbR, Rn. 131.

397 *Brannekämper*, WRP 1994, 661, 668; MünchKomm/*Mankowski*, UWG, IntWettbR, Rn. 131; Musielak/Voit/*Huber*, § 293 ZPO, Rn. 12.

398 OLG Köln, 12.04.2002, 6 U 142/01, GRUR-RR 2002, 309 – *Zerowatt*; Musielak/Voit/*Huber*, *§ 293 ZPO, Rn. 13*; *Saenger*, ZPO, § 293, Rn. 25.

399 MünchKomm/*Prütting*, ZPO, § 293 ZPO, Rn. 56.

400 KG Berlin, 26.09.2011, 24 U 111/10, WRP 2012, 102 – *Handeln gegenüber Verbrauchern.*

der Mitbewerber angesprochen.[401] Ein Unterschied zwischen **Einwirkungsprinzip** und **Auswirkungsprinzip** soll sich etwa ergeben, wenn die Werbung sich an die Kunden in Land A richtet (Werbemarkt) und diese zum Erwerb von Waren in Land B aufgefordert werden (Absatzmarkt).[402] Als Beispiel werden die sog. **Gran Canaria Fälle**[403] genannt, in denen deutsche Anbieter durch an deutsche Urlauber adressierte Werbung in Spanien für den Warenabsatz in Deutschland geworben haben.[404] Hier sollte die Einwirkung auf die Verbraucherinteressen in Spanien, die Auswirkung auf den Wettbewerb aber in Deutschland lokalisiert und auf dieser Basis deutsches Recht zur Anwendung gebracht werden.

Die Unterscheidung zwischen Einwirkung und Auswirkung erscheint **wenig ergiebig.**[405] Zwar kann die Einwirkung auf den Mitbewerber, bspw. eine Behinderung, auch Auswirkungen auf den Nachfrager haben, wenn in Folge der Behinderung das Angebot beschränkt wird. Umgekehrt kann die Einwirkung auf den Nachfrager, bspw. eine Irreführung, Auswirkungen auf die Mitbewerber haben, wenn der Kunde dadurch seine Schiedsrichterfunktion im Markt nicht wahrnehmen kann. Die lauterkeitsrechtlichen Tatbestände verbieten aber nicht die Beeinflussung des Marktes an sich, sondern stellen konkrete Verhaltensregeln und Verbote auf. Maßgeblich muss daher die konkret beanstandete Handlung sein. Hinzu kommt, dass das Lauterkeitsrechts nach moderner Konzeption auch Tatbestände umfasst, die nicht auf einen Substitutionswettbewerb gerichtet sind, wie dies bspw. bei der Belästigung durch Email oder Telefonwerbung der Fall ist, sodass der Einwirkung keine Auswirkung gegenübersteht. 256

Andere Definitionsversuche unterscheiden sich danach, ob **individuelle** (deliktsrechtlicher Ansatz) oder **kollektive Interessen** (Marktordnungsrecht) im Vordergrund stehen[406] oder ob die Wettbewerbshandlung sich gezielt, bestimmungsgemäß oder rein tatsächlich an ein bestimmtes Publikum richtet.[407] Gemeinsames Anliegen der verschiedenen Definitionsversuche ist, schon auf kollisionsrechtlicher Ebene eine zu breite Kumulation der anwendbaren Rechtsordnungen zu verhindern.[408] Allerdings muss der kollisionsrechtliche Begriff der Lauterkeit weit genug sein, um unterschiedliche nationale Konzeptionen zu erfassen, und darf daher weder auf eine bestimmte Schutzrich- 257

401 Ausführlich zu dieser Differenzierung *Koos*, WRP 2006, 499 ff.; zur Kontroverse auch BeckOGK Rom-II/*Poelzig/Windorfer*, Art. 6 Rom-II, Rn. 69 sowie MünchKomm/*Drexl*, BGB, Int. LauterkeitsR, Rn. 16.

402 So die Erläuterung bei Köhler/Bornkamm/*Köhler*, UWG Einl. 5.7.; ähnlich BeckOGK Rom-II/*Poelzig/Windorfer*, Art. 6 Rom-II, Rn. 72.

403 BGH, 15.11.1990, I ZR 22/89, GRUR 1991, 463 – *Kauf im Ausland.*

404 Vgl. BeckOGK Rom-II/*Poelzig/Windorfer*, Art. 6 Rom-II, Rn. 80 sowie MünchKomm/*Drexl*, BGB, Int. LauterkeitsR, Rn. 18.

405 So im Ergebnis auch *Handig*, GRUR Int 2008, 24, 29 sowie MünchKomm/*Mankowski*, UWG, IntWettbR, Rn. 145.

406 Ausführlich hierzu GK/*Klaas*, Einl. Rn. 38, 215 f.; MünchKomm/*Drexl*, BGB, Int. LauterkeitsR, Rn. 3 ff. jeweils m.w.N.

407 Ausführlich zu dieser Diskussion *Koos*, WRP 2006, 499 ff.; BeckOGK Rom-II/*Poelzig/Windorfer*, Art. 6 Rom-II, Rn. 92.

408 So ausdrücklich etwa *Rüßmann*, KuR 1998, 422, 425 f.

tung verengt werden, noch die Gewichtung des noch zu bestimmenden materiellen Rechts an Hand quantitativer oder qualitativer Kriterien vorwegnehmen.

258 Vor diesem Hintergrund erscheint es fraglich, ob es sich lohnt den noch unter Geltung des EGBGB entwickelten[409] **Theorienstreit** fortzuführen. Dies gilt umso mehr, als die Rom-II-VO klare Vorgaben für die Auslegung des Begriffs des Marktortes i.S.v. Art. 6 (1) Rom-II-VO enthält. Denn nach EG 21 handelt es sich bei Art. 6 (1) Rom-II-VO nicht um eine Abweichung, sondern um einen **Konkretisierung der allgemeinen Anknüpfung** nach Art. 4 (1) Rom-II-VO. Nach Art. 4 (1) Rom-II-VO kommt es trotz der im deutschen Wortlaut etwas missverständlichen Formulierung nicht auf den ›Schaden‹, sondern auf den Ort der **Rechtsgutsverletzung** an.[410] Die Rechtsgutsverletzung besteht im Fall des Lauterkeitsrechts unmittelbar im Verstoß gegen die relevante Norm, also bspw. dem Rechtsbruch, der Irreführung oder der unzulässigen vergleichenden Werbung. Beeinträchtig eine tatsächliche Handlung sowohl die Interessen der Kunden als auch der Mitbewerber, bspw. wenn eine Produktnachahmung die Verbraucher über die Herkunft täuscht und den Ruf des Mitbewerbers ausbeutet, liegen zwei Verstöße vor, die gesondert anzuknüpfen sind. Dasselbe gilt für die Werbung und den nachfolgenden Absatz. Für Werbemaßnahmen ist entscheidend, auf welchen Markt sie ausgerichtet sind,[411] bei Absatzhandlungen der Ort, an dem das Produkt angeboten wird.[412]

259 Abzustellen ist daher auf die als unlauter beanstandete **geschäftliche Handlung** vor, bei oder nach einem Geschäftsabschluss. Eine solche geschäftliche Handlung liegt nicht schon im Zeitpunkt der internen Willensbildung oder Vorbereitung des handelnden Unternehmens vor, sondern setzt voraus, dass sie nach außen tritt. Denn der Rechtsbruch setzt die Nichteinhaltung der Marktverhaltensregel, die Irreführung eine potentielle Täuschung der Verbraucher, die vergleichende Werbung eine Werbung in Internet, Printmedien, Radio oder Fernsehen etc. voraus. Umgekehrt ist der Ort der geschäftlichen Handlung unveränderbar, d.h. unabhängig davon, wo allfällige Folgewirkungen eintreten. Mit der Bestimmung der geschäftlichen Handlung wird folglich immer zugleich auch der Markt festgelegt. Ob diese Handlung auch lauterkeitsrechtlich relevant ist, d.h. die Schwelle zum sanktionierten Verstoß überschreitet, und sich daher spürbar ›auswirkt‹, ist demgegenüber eine Frage des materiellen Rechts. Vorzugswürdig erscheint daher am Begriff des **Marktortprinzips** festzuhalten.

260 Hinzuweisen ist aber darauf, dass der **Marktort** als der Ort an dem die geschäftliche Handlung lokalisiert wird, nicht notwendig mit dem tatsächlichen Handlungsort zusammenfallen muss. Wird bspw. durch ein in Deutschland erstelltes und von Deutschland aus versendetes Schreiben eine unrichtige Tatsachenbehauptung aufge-

---

409 Zur Entwicklung und Rspr. unter Geltung des EGBGB MünchKomm/*Drexl*, BGB, Int. LauterkeitsR, Rn. 2 f.

410 *Wagner*, IPRax 2003, 1, 4 unter Hinweis auf die englische Fassung des EG 17 »the place where the injury was sustained«; a.A. *Köhler*/Bornkamm/Feddersen, UWG Einl. Rn. 5.28b.

411 BGH, 08.10.2015, I ZR 225/13, GRUR 2016, 513 – *Eizellspende*.

412 OLG Düsseldorf, 02.03.2017, I-15 U 48/14, GRUR RR 2017, 448 – *Einlegesohle*.

stellt, die für die Bewerbung um einen Auftrag in Bulgarien relevant ist, liegt die potentielle Rechtsgutverletzung in der Anschwärzung des Mitbewerbers. Eine solche setzt den Empfang durch einen Adressaten voraus. Daher ist Marktort nur Bulgarien.

Praxisrelevant ist die **präzise Bestimmung der relevanten Handlung** insbesondere, weil **Werbe- und Absatzmarkt** zwar in der Regel, aber nicht notwendig, zusammen fallen.[413] Eine Abweichung tritt etwa auf, wenn ein Unternehmen für den Waren- oder Dienstleistungsabsatz im Ausland wirbt. So sind etwa die Werbung für Arzneimittel in einer deutschen Tageszeitung und der nachfolgende Warenabsatz in einem Supermarkt in den Niederlanden zwei gesondert zu beurteilende geschäftliche Handlungen, für die auch das anwendbare Recht gesondert zu bestimmen ist. Die Lauterkeit der Werbung in Deutschland ist daher auch dann nach deutschem UWG zu beurteilen, wenn der Anbieter den Warenabsatz explizit auf die Geschäftslokale in den Niederlanden beschränkt. Daher kann die Werbung in Deutschland nur untersagt werden, wenn die Werbung als solche unlauter ist, nicht aber, wenn der Vorwurf darauf gründet, dass der Absatz – würde er in Deutschland stattfinden – nicht zulässig wäre.[414] **261**

Richtet sich die geschäftliche Handlung an die Marktgegenseite in einem anderen Mitgliedstaat, muss sich der Handelnde daher grundsätzlich, d.h. vorbehaltlich einer Privilegierung durch das Herkunftslandprinzip (dazu unten Rdn. 264 ff.), an die am jeweiligen Marktort geltenden Standards halten. Umgekehrt werden auch im Ausland vorgenommene Handlungen nach inländischem Recht beurteilt, wenn sie im Inland als dem **Zielmarkt** zu einem Rechtsverstoß führen. Daraus folgt zugleich, dass eine Handlung, die sich auf dem Markt mehrerer Staaten auswirkt, zur parallelen Anknüpfung an mehrere Rechtsordnungen führen kann (›**Mosaikbetrachtung**‹). **262**

Wenngleich Art. 6 (1) Rom-II-VO nur eine Konkretisierung des Art. 4 (1) Rom-II-VO darstellt, hat die gesonderte Regel doch praktische Konsequenzen. Der wichtigste Unterschied besteht darin, dass die **Anknüpfung an das Recht des Marktortes** nach Art. 6 (1) – anders als Art. 4 (1) – **zwingend** ist. Eine Auflockerung der starren Anknüpfung durch einen gemeinsamen gewöhnlichen Aufenthalt oder ein Ausweichen auf eine offensichtlich engere Verbindung (Ausweichklausel) sind ebenso ausgeschlossen wie eine Rechtswahl, weil sie in Konflikt mit den betroffenen Verkehrs- und Drittinteressen geraten würde. **263**

3. Modifikation durch Herkunftslandprinzip?

Umstritten war lange, ob diese Grundregel durch das in Art. 3 E-Commerce-RL (ECRL)[415] enthaltene **Herkunftslandprinzip** für elektronische Kommunikation beschränkt wird. Nach Art. 3 (2) ECRL dürfen die Mitgliedstaaten den freien Verkehr **264**

413 *Sack*, WRP 2008, 845.

414 So auch *Köhler*/Bornkamm/Feddersen, Einl Rn. 5.7. unter Hinweis auf BGH, 13.05.2004, I ZR 264/00, GRUR 2004, 1035, 1036 – *Rotpreis-Revolution*.

415 RL 2000/31/EG des Europäischen Parlaments und des Rates vom 08.08.2000 über bestimmte rechtliche Aspekte der Dienste der Informationsgesellschaft, insbesondere des elektronischen Geschäftsverkehrs, im Binnenmarkt, Abl. EU 2000 L 178, 1.

von Diensten der Informationsgesellschaft aus einem anderen Mitgliedstaat nicht aus Gründen einschränken, die in den »koordinierten Bereich« fallen, also vom Anwendungsbereich der RL nach Art. 1 umfasst und nicht – wie bspw. das Recht des Geistigen Eigentums sowie Email-Werbung – durch den Anhang zu Art. 3 ECRL explizit ausgenommen sind.

265 Diese etwas umständlich formulierte Regelung trägt dem Problem Rechnung, dass viele Vorgaben für die unternehmerische Tätigkeit in der EU nur teilharmonisiert sind. Daraus folgt, dass jedes **grenzüberschreitend tätige Unternehmen** sich nach **verschiedenen nationalen Standards** richten muss. Dies erhöht nicht nur die **Transaktionskosten**, sondern birgt das erhebliche Risiko von Fehleinschätzungen und daraus resultierenden **Haftungsrisiken**, die insbesondere KMU von grenzüberschreitender Tätigkeit abhalten. Geht es aber um Dienste, die unmittelbar über elektronische Kommunikation, sei es über das Internet oder per Email, angeboten werden, würde eine tatsächliche Differenzierung nach verschiedenen Märkten die Vorteile dieser Medien weitgehend wieder zunichtemachen. Diesem Problem unterschiedlicher gesetzlicher Vorgaben begegnet Art. 3 (2) ECRL durch das sogenannte Herkunftslandprinzip. Es legt fest, dass kein Mitgliedstaat einen ausländischen Diensteanbieter strengeren Anforderungen unterwerfen darf, als in dessen Herkunftsstaat vorgesehen sind.

266 Der Vorteil liegt auf der Hand, da sich jeder Unternehmer ›nur‹ nach seinem Heimatrecht richten muss. Die damit verbundene Gefahr, dass sich der niedrigste Standard durchsetzt und die Unternehmen ein solches Rechtsgefälle gezielt ausnutzen, versucht Art. 3 (1) ECRL vorzubeugen, der den Mitgliedstaaten eine entsprechenden Regelungsauftrag auferlegt, für angemessene Standards zu sorgen. Das Verhalten soll daher i.S. einer **Kontrolle an der Quelle**[416] mit Wirkung für alle anderen Mitgliedstaaten verbindlich reguliert werden. Art. 3 (1) ECRL ist in Deutschland in **§ 3 TMG** umgesetzt.[417]

267 Für die Anwendung des Art. 6 Rom-II-VO ist das insoweit von Bedeutung, als Art. 3 (2) ECRL nach Art. 27 Rom-II-VO **Vorrang beanspruchen** könnte, wenn es sich um eine kollisionsrechtliche Regelung handelt. Im Ergebnis würde dann das Recht des Herkunftslandes das Recht des Marktortes verdrängen. Entsprechend war in Rspr. und Lehre umstritten, wie sich Art. 6 Rom-II-VO und Art. 3 ECRL zueinander verhalten. Obwohl Art. 1 (4) ECRL explizit festhält, dass die ECRL weder Regeln über die internationale Zuständigkeit noch das internationale Privatrecht schafft, hatte sich ursprünglich die wohl überwiegende Meinung für eine ebensolche **kollisionsrechtliche Qualifikation** des Art. 3 (2) ECRL ausgesprochen und diese Ansicht entweder mit der Widersprüchlichkeit der beiden Normen oder der mangelnden Praktikabilität einer

---

416 So GK/*Klaas*, Einl. Rn. 116 m.w.N.

417 Ausführlich hierzu GK/*Klaas*, Einl. Rn. 144 ff.

sachrechtlichen Interpretation begründet.[418] Demgegenüber hat der EuGH in der Rs. *eDate-Advertising*[419] entschieden, dass Art. 3 (2) ECRL keine kollisionsrechtliche Umsetzung verlange, sondern den Vorgaben der RL auf der Ebene des Sachrechts Rechnung getragen werden kann. Die Entscheidung betraf zwar eine Verletzung des Persönlichkeitsrechts, die h.L. geht aber zu Recht davon aus, dass dies auch für das Lauterkeitsrecht Geltung beansprucht. Trotz der vorsichtigen Formulierung, dass Art. 3 ECRL keine Umsetzung als Kollisionsnorm »verlangt«[420], ist gerade im Zusammenspiel mit der expliziten Festlegung in Art. 1 (4) ECRL daher richtigerweise davon auszugehen, dass Art. 3 (2) ECRL keinen kollisionsrechtlichen Gehalt aufweist.[421] Daraus folgt, dass auch im Anwendungsbereich der ECRL zunächst das anwendbare Recht nach Art. 6 Rom-II-VO zu bestimmen ist. Erst bei der Anwendung des materiellen Rechts ist dann zu berücksichtigen, ob das Recht des Herkunftsstaates dem Marktortrecht **sachrechtliche Grenzen** setzt.

Im Ergebnis darf die Anwendung des nach Art. 6 Rom-II-VO ermittelten Rechts auf den konkreten Fall zu keinen strengeren Anforderungen führen, als sie im Recht des Herkunftslandes vorgesehen sind. Trotz unstreitigem Verstoß gegen eine inländische Norm kann die Rechtswidrigkeit daher wegen der liberaleren Regelung im Herkunftsland des Beklagten konkret zu verneinen sein. **In- und ausländische Anbieter** können insoweit **unterschiedlichen Standards** unterliegen.[422] Umgekehrt haben geringere Anforderungen des nach Art. 6 Rom-II-VO anwendbaren Rechts aber Vorrang vor einem strengeren Recht im Herkunftsland (**Günstigkeitsvergleich**).[423] **268**

Das Problem unterschiedlicher Standards im selben Markt wird allerdings durch die **starke Harmonisierung** des Lauterkeitsrechts durch die diversen Richtlinien praktisch entschärft. Dies gilt umso mehr, wenn man – wie der österreichische OGH[424] – von einer **Vermutung des Gleichlaufs** ausgeht und dem Beklagten die Beweislast für eine liberalere Abweichung des Herkunftslandes auferlegt. **269**

In dem konkreten Fall war strittig, ob eine Versandapotheke mit Sitz in Tschechien irreführend handelte, weil der Internetauftritt den Eindruck erweckte, es handle sich **270**

418 So bspw. *Dethloff*, JZ 2000, 179, 180 f.; *Handig*, wbl 2008, 1, 4; *Buchner*, GRUR Int 2005, 101, 110; zweifelnd *Mankowski*, GRUR Int 1999, 909, 912; ablehnend *Ahrens*, CR 2000, 835, 837 und *Sack*, WRP 2008, 845, 855; ausführlich zu dieser Diskussion *Ohly*, GRUR Int 2001, 899, 900 ff. m.w.N.

419 EuGH 25.10.2011, verb. Rs. C-509/09 und C-161/10, GRUR 2012, 300 – *eDate Advertising und Martinez.*

420 EuGH 25.10.2011, verb. Rs. C-509/09 und C-161/10, GRUR 2012, 300 Rn. 63 – *eDate Advertising und Martinez.*

421 So im Ergebnis auch GK/*Klaas*, Einl. Rn. 130, 135 m.w.N.

422 So bspw. in Bezug auf die Preisangaben-VO OLG Hamm, 01.02.2011, I-4 U 196/10 (LG Bielefeld), MMR 2011, 523.

423 GmS OGB, 22.08.2012, GmS-OGB 1/10 (OLG Frankfurt a.M.), GRUR 2013, 417 – *Medikamentenkauf im Versandhandel.*

424 OGH, 19.03.2013, 4 Ob 29/13p, GRUR Int. 2013, 1163 – *VfG Versandapotheke für Österreich.*

um eine österreichische Apotheke. Der OGH kam unter Berufung auf *Sack*[425] zu dem Ergebnis, dass zwar nach dem Marktortprinzip österreichisches Recht anzuwenden sei, weil sich das beanstandete Verhalten auf den österreichischen Markt auswirkte. Allerdings war auf der Ebene des Sachrechts zu prüfen, ob der Anbieter dem tschechischen Standard genüge und sein Verhalten aus diesem Grund trotz der Irreführungsgefahr nicht unlauter sei. Dies verneinte das Gericht mit dem Hinweis, dass im konkreten Fall die relevanten Normen beider Rechtsordnungen auf einer **gemeinsamen unionsrechtlichen Grundlage** beruhen und das verbraucherschützende Lauterkeitsrecht vollständig harmonisiert sei. Daher sei im Zweifel nicht anzunehmen, dass das Recht des Herkunftslandes dem Diensteanbieter mehr Freiheiten einräume als jenes des Marktorts i.S.v. Art. 6 (1) Rom II-VO. Da der Diensteanbieter nicht dargelegt hatte, dass die RL im relevanten Bereich trotz der Vollharmonisierung einen Umsetzungsspielraum aufweist und im Herkunftsland (zulässigerweise) anders umgesetzt wurde als im zunächst zur Anwendung berufenen Recht des Marktorts, unterließ das Gericht die an sich gebotene parallele Prüfung nach tschechischem Recht und verurteilte wegen Verstoß gegen das österreichische UWG.

271 Dieser pragmatische Ansatz wird auch in der deutschen Rspr. und Lehre befürwortet. So wird eine Ermittlung des Herkunftslandrechts für entbehrlich gehalten, wenn die anwendbare Norm des Marktortrechts auf vollharmonisiertem Unionsrecht beruht.[426] *Ahrens* sieht die Privilegierung durch das Herkunftslandprinzip generell als Einrede gegen den auf das Marktortrecht gestützten Vorwurf der Unlauterkeit an und erlegt dem Beklagten die **Darlegungs- und Beweislast** für eine zu seinen Gunsten bestehende Abweichung des Rechts des Herkunftslandes auf.[427] Zum Teil wird dies allerdings nur für das einstweilige Verfügungsverfahren für zulässig erachtet, während das Gericht im Hauptsacheverfahren das anwendbare Sachrecht von Amts wegen zu ermitteln habe.[428]

4. Anwendbares Recht bei *Multi-State*-Sachverhalten

272 Wie oben dargestellt, ist nach der Grundregel des Art. 6 (1) Rom-II-VO bei Wettbewerbsverstößen das Recht des Staates anzuwenden, dessen Markt beeinträchtigt ist oder wahrscheinlich beeinträchtigt wird. Folglich ist, wenn **mehrere Märkte** beeinträchtigt werden, bspw. wenn Waren in verschiedenen Mitgliedstaaten in Verkehr gebracht werden, die Rechtmäßigkeit für jeden der Märkte nach dem jeweils anwendbaren Recht zu beurteilen. Das gilt auch, wenn die potentielle Beeinträchtigung der Interessen auf mehreren Märkte durch eine einzige tatsächliche Handlung erfolgt (sog. ***Multi-State*-Sachverhalt**). Typisches Beispiel ist die Werbeankündigung in international verbreiteten Printmedien, in Rundfunk und Fernsehen sowie auf einer im Internet abrufbaren Website. Da Art. 6 (1) Rom-II-VO weder eine Verdrängung der Anknüpfung an den

---

425 *Sack*, EWS 2011, 513 ff. »sachrechtliches Beschränkungsverbot«.

426 KG Berlin, *26.09.2011, 24 U 111/10, WRP 2012, 102 – Unterlassungsklage*; OLG Düsseldorf, *02.03.2017, I-15 U 48/17, Ohly*, GRUR Int 2001, 899, 903.

427 *Ahrens*, CR 2000, 835, 836.

428 *Ohly*, GRUR Int 2001, 899, 903.

jeweiligen Marktort durch den gemeinsamen gewöhnlichen Aufenthalt, noch eine Auflockerung durch eine offensichtlich engere Verbindung kennt, muss der einheitliche tatsächliche Sachverhalt rechtlich in einzelne Teilsachverhalte zerlegt und dem jeweils anwendbaren Recht unterworfen werden. Das gilt selbst dann, wenn das beanstandete Verhalten nach allen relevanten Rechtsordnungen unlauter ist, bspw. weil es gegen harmonisiertes Recht verstößt, da jedenfalls auf Rechtsfolgenseite eine Schadensparzellierung erforderlich ist. Anders als im traditionellen IPR führt das einheitliche Anknüpfungsmerkmal also nicht dazu, dass für einen Sachverhalt eine aus mehreren gleichwertigen Rechtsordnungen ausgewählt wird, sondern zur **parallelen Anwendung aller betroffenen Rechtsordnungen**. Das gilt unabhängig davon, ob die grenzüberschreitende Wirkung der geschäftlichen Handlung gezielt eingesetzt wird oder bloß als Folge eines *Spill-Over*-Effekts eintritt. Voraussetzungen und Rechtsfolgen sind jeweils für den betroffenen Marktort gesondert zu beurteilen.

Die Anwendung der allgemeinen Marktortregel auch auf *Multi-State* Sachverhalte führt zu einem erheblichen **Aufwand** für die Ermittlung und Anwendung des maßgeblichen (ausländischen) Rechts und stellt aus der Perspektive des Handelnden zudem ein **Haftungsrisiko** dar. Die Kritik stößt sich an der daraus resultierenden Rechtsunsicherheit sowie der potentiellen Freiheitsbeschränkung, die daraus folgt, dass der Handelnde sich zur Haftungsvermeidung an das strengste anwendbare Recht halten muss.[429] Trotz des damit verbundenen Aufwands und der praktischen Schwierigkeiten ist aber zu berücksichtigen, dass die parallele Anknüpfung an das Recht des jeweiligen Marktortes dem **Ordnungsauftrag** des Lauterkeitsrechts besser entspricht und zugleich erforderlich ist, um ein ***level playing field*** für die Unternehmen zu etablieren. Festzuhalten ist daher, dass die Mosaikbetrachtung zwar nicht anwendungsfreundlich, aber dogmatisch konsistent und rechtspolitisch zweckmäßig ist. **273**

5. Sonderproblem: Unterlassungsansprüche

Auf besonders **harsche Kritik** stößt diese kumulative Anwendung aller betroffenen Rechtsordnungen allerdings bei **Unterlassungsansprüchen**. Kritisiert wird, dass es häufig nicht möglich sei, einem Unterlassungsanspruch nur gezielt für ein Territorium Rechnung zu tragen. Ist eine Handlung aus faktischen Gründen unteilbar, führe die parallele Anwendung folglich dazu, dass das strengste Recht das Verhalten *in toto* reguliert und damit bspw. auch in Ländern untersagt werde, in denen es eigentlich zulässig wäre.[430] Darin wird eine (zu) starke Beschränkung der Handlungsfreiheit erkannt.[431] **274**

Richtig ist, dass die Anwendung des Marktortprinzips aus der Perspektive des Handelnden bedeutet, dass er die Anforderungen aller **potentiell tangierten Märkte** beachten muss. Entsprechend muss ein Unternehmen entweder seinen einheitlichen Marktauf- **275**

429 *Ahrens*, CR 2000, 835, 836; *Ohly*, GRUR Int 2001, 899; *Dethloff*, JZ 2000, 179, 180 f.

430 Vgl. *Lindacher*, GRUR Int 2008, 453; *Sack*, WRP 2008, 845, 852; *Ohly*, GRUR Int 2001, 899.

431 So insb. *Dethloff*, JZ 2000, 179, 180 f.

tritt an dem Recht ausrichten, dass insoweit die strengsten Vorgaben vorsieht[432] oder für verschiedene Märkte gezielt unterschiedliche Marktauftritte lancieren. Zu weit geht aber der Vorwurf, durch eine Handlung im Internet seien alle Staaten tangiert, in denen das Angebot abrufbar sei.[433] Vielmehr ist zu Recht anerkannt, dass **der Marktauftritt** bspw. durch die gewählte Sprache, die Ankündigung und Lieferbedingungen oder einen Disclaimer auf bestimmte Märkte ausgerichtet werden kann.[434] Praktisch kann dies nicht nur durch unterschiedliche Internetseiten oder Anzeigen für unterschiedliche Bestimmungsländer, sondern bspw. auch dadurch erfolgen, dass der User einer Website je nach angegebenem Zielland auf unterschiedliche Unterseiten weitergeleitet wird.[435] Solche Beschränkungen werden von der Rechtsprechung allerdings nur dann als relevant angesehen, wenn der Werbende sich daran hält, d.h. tatsächlich keine Lieferungen in die nicht angesprochenen Staaten erfolgen.[436]

276 Gerade bei Handlungen im Internet ist aber zu berücksichtigen, dass die **bestimmungsgemäße Abrufbarkeit** weit gezogen wird. Wird also bspw. eine Website auf Englisch geschalten und keine Lieferbeschränkung angegeben, muss ein Unternehmen das primär auf den Markt in den USA und Europa zielt, damit rechnen, dass auch User bspw. in Südafrika, Neuseeland und Australien angesprochen werden. Ähnlich wird ein auf Deutsch gehaltenes Angebot nicht durch die genutzte Topleveldomain DE auf Deutschland beschränkt, sondern jedenfalls auch die User in Österreich, der Schweiz, Luxemburg sowie die deutschsprachige Bevölkerung in weiteren grenznahen Gebieten (bspw. Frankreich, Belgien, Dänemark) ansprechen.[437] Eine Beschränkung allein durch die Sprache ist daher häufig unzureichend[438] und sollte durch einen Disclaimer ergänzt werden.

277 Soweit gegen die Mosaikbetrachtung eingewendet wird, dass bei unteilbaren Medien (Rundfunk, Fernsehen) die Handlungsfreiheit übermäßig eingeschränkt wird und daher nicht das Ausstrahlungsgebiet, sondern die vom Handelnden intendierte Ansprache von Kunden relevant sein solle, ist ein solches quantitatives[439] Kriterium (»unwe-

432 Vgl. BGH, 04.06.1987, I ZR 109/85, GRUR 1988, 453 – *Ein Champagner unter den Mineralwässern.*

433 Vgl. *Dethloff,* JZ 2000, 179 f.; *Rüßmann,* KuR 1998, 422, 423.

434 *Sack,* WRP 2008, 845, 851 m.w.N.

435 Vgl. OLG Frankfurt a.M., 24.05.2012, 6 U 103/11, GRUR-RR 2012, 392 – *Screen Scraping.*

436 BGH, 30.03.2006, I ZR 24/03, WRP 2006, 736 – *Arzneimittelwerbung im Internet;* OGH, 15.10.2002, 4 Ob 174/02w, ÖBl 2003, 31 – *BOSS Zigaretten.*

437 Vgl. BGH, 30.03.2006, I ZR 24/03, GRUR 2006, 513 – *Arzneimittelwerbung im Internet,* wonach sich ein in deutsch gehaltenes Angebot an »Deutschsprachige Europäer« richte.

438 Dies gilt insbesondere für englische Webseiten, vgl. BGH, 12.12.2013, I ZR 131/12, GRUR 2014, 601 – *englischsprachige Pressemitteilung,* wonach sich die englische Fassung auch an das deutschsprachige Publikum richtet, wenn auf der Startseite durch ein Listenfeld eine andere Sprache ausgewählt werden kann. Vgl. aber auch BGH, 08.03.2012, I ZR 75/10, GRUR 2012, 621 – *OSCAR* zur bestimmungsgemäßen Ausrichtung einer italienischen Sendung auf Deutschland.

439 Zu dieser Unterscheidung *Handig,* GRUR Int 2008, 24, 28.

sentlicher Teil der Bevölkerung«[440]) mit dem Ziel des Lauterkeitsrechts kaum zu vereinbaren. Zu berücksichtigen ist hier zudem, dass die Beschränkung des anwendbaren Rechts über ein ungeschriebenes Spürbarkeitskriterium insoweit entbehrlich ist, als Art. 3 **Mediendienste-RL**[441] die grenzüberschreitende Ausstrahlung durch das sachrechtliche Herkunftslandprinzip privilegiert.

6. Ungeschriebene Beschränkung durch Spürbarkeitsschwelle?

Wenngleich die parallele Anwendbarkeit mehrerer Rechtsordnungen im Grundsatz anerkannt ist, hat die **Komplexität** der Bestimmung und Anwendung des materiellen Rechts bei geschäftlichen Handlungen, die mehrere Märkte tangieren, eine breite Diskussion ausgelöst, ob Art. 6 (1) Rom-II-VO für *Multi-State*-Sachverhalte durch eine **ungeschriebene Einschränkung** abgemildert werden kann. Wiederholt wurde vorgeschlagen, eine **Spürbarkeitsschwelle** zu etablieren. **278**

Sowohl die Kriterien für die Spürbarkeit als auch die dogmatische Herleitung einer solchen Schwelle weisen allerdings eine **große Bandbreite** auf: So will etwa *Spickhoff* mit Hilfe eines Umkehrschlusses aus Art. 4 (3) Rom-II-VO eine Rechtsordnung zumindest dann außer Betracht lassen, wenn es sich um geringfügige Beeinträchtigungen handelt und eine evident unzureichende Verbindung vorliegt.[442] Ähnlich plädiert *Handig* dafür, aus praktischen Gründen *Spill-Over*-Effekte, bspw. die Verbreitung nur einer geringen Anzahl von Druckschriften oder die Empfangsmöglichkeit einer Sendung nur in einem grenznahen Teilgebiet, nicht zu berücksichtigen.[443] Im Ergebnis ähnlich wollen *Leible/Lehmann* sowie *Klaas* die Spürbarkeit in den Begriff der »Beeinträchtigung« hineinlesen, sodass bei geringfügigen Verstößen der Tatbestand des Art. 6 (1) Rom-II-VO nicht erfüllt sei.[444] *Wagner* hat demgegenüber vorgeschlagen, das Wahlrecht aus Art. 6 (3) lit. b Rom-II-VO analog anzuwenden, um eine Parzellierung zu verhindern.[445] Nur für **Unterlassungsansprüche** wurde außerdem vorgeschlagen, diese allein dem Recht am Sitz des Unternehmers zu unterstellen, also das Herkunftslandprinzip anzuwenden.[446] **279**

Eine **kollisionrechtliche Spürbarkeitsschwelle** ist indes abzulehnen. Gegen diese wiederholten Versuche spricht einerseits, dass die ursprünglich im Entwurf 2006 auch für Lauterkeitsverstöße enthaltene Spürbarkeitsschwelle (»unmittelbar und wesentlich«[447]) ersatzlos entfallen ist.[448] Eine ausdrücklich abgelehnte Regelung im Wege der Ausle- **280**

---

440 So *Köhler*/Bornkamm/Feddersen, UWG, Einl. 5.8.
441 RL 2010/13/EU des Europäischen Parlaments und des Rates vom 10.03.2010 über audiovisuelle Mediendienste, Abl. 2010, L 95, 1. Ausführlich hierzu *Sack*, WRP 2015, 1281 f. und Sack WRP 2015, 1417 f.
442 BeckOK BGB/*Spickhoff*, Art. 6 Rom-II Rn. 4.
443 *Handig*, GRUR Int 2008, 24, 28.
444 *Leible/Lehmann*, RIW 2007, 721, 729; GK/*Klaas*, Einl. Rn. 225.
445 *Wagner*, IPRax 2008, 1, 8; ähnlich *Handig*, GRUR Int 2008, 24, 28.
446 *Handig*, GRUR Int 2008, 24, 28; *Wagner*, IPRax 2006, 372, 381.
447 KOM (2006)83 endg, Entwurf zu Art. 5 (1) Rom-II-VO.
448 *Sack*, WRP 2008, 845, 853; Beck OGK Rom-II/*Poelzig/Windorfer*, Art. 6 Rom II, Rn. 91.

gung als ungeschriebenes Merkmal zu etablieren, überzeugt schon methodisch nicht. Gegen eine teleologische Reduktion unter dem Gesichtspunkt der Vorhersehbarkeit oder der Überschaubarkeit der Haftungsrisiken spricht, dass eine solche nach der Rom-II-VO nur für das Produkthaftungsrecht vorgesehen ist.[449] Mit der Absage an die kollisionsrechtliche Qualifikation des Herkunftslandsprinzips durch den EuGH in der Entscheidung *eDate Advertising* kommt auch eine Rechtfertigung einer einheitlichen Anknüpfung durch dieses nicht mehr in Betracht.[450] Hinzu kommt die **mangelnde Lösungskompetenz** des Vorschlags. Denn gerade in dem klassischen Fall eines einheitlichen Werbeauftritts in mehreren Mitgliedstaaten der EU kann von einem geringfügigen Verstoß keine Rede sein. Die vorgeschlagene Beschränkung könnte allenfalls bei *Spill-Over*-Effekten relevant werden. Die analoge Anwendung des Art. 6 3 lit. b Rom-II-VO schließt die parallele Anwendung mehrerer Rechtsordnungen nicht *per se* aus, sondern hängt von einer entsprechenden Option seitens des Geschädigten ab und wird erst im Zeitpunkt der Geltendmachung ausgeübt. Entsprechend würde selbst die analoge Anwendung die Vorhersehbarkeit nicht erhöhen, sondern lediglich (aber immerhin) die Rechtsanwendung durch die Gerichte vereinfachen.

281 Zu wenig beachtet wird andererseits, dass es denklogisch nur **drei Möglichkeiten** gibt, mit ***Multi-State*-Sachverhalten** umzugehen.[451] Das Problem der Rechtsunsicherheit und Rechtsermittlungskosten könnte erstens durch eine **Vollharmonisierung** behoben werden, die aber in vielen Bereichen nicht gewünscht und auch mit dem Subsidiaritätsprinzip kaum vereinbar ist. Als zweite Möglichkeit kommt in Betracht, das Recht des **Herkunftslandes** zur Anwendung zu bringen. Man muss dann aber in Kauf nehmen, dass Unternehmen sich gezielt in der am liberalsten angesehenen bzw. der Rechtsordnung mit unzureichendem Normvollzug ansiedeln, um sich die geringere Anforderungen zu Nutze zu machen (*race to the bottom*).[452] Auch die Ordnungsfunktion des Marktortrechts wird untergraben.[453] Die dritte Möglichkeit ist, nach **allgemeinem Kollisionsrecht** alle betroffenen Rechtsordnungen auf den jeweiligen Teilsachverhalt zur Anwendung zu bringen und damit *de facto* regelmäßig das strengste Recht zum relevanten Maßstab zu erheben (*race to the top*). Dies ist aus der Sicht des Schutzniveaus durchaus positiv zu bewerten, stellt aber aus der Sicht des Handelnden ein Haftungsrisiko dar. Das Unionsrecht bedient sich gerade im Lauterkeitsrecht aller drei Möglichkeiten: zentrale Tatbestände sind durch UGP-RL, Irreführungs-RL, Datenschutz- und Mediendienste-RL harmonisiert. Flankierend tritt das im Primärrecht verankerte und im Anwendungsbereich der ECRL und AVMRL für den jeweils koordinierten Bereich etablierte Herkunftslandprinzip hinzu. Für alle hiervon nicht erfassten Tatbestände muss es konsequent bei der Anwendung des Marktortprinzips bleiben.

449 Palandt/*Thorn*, BGB, Art. 4 Rom-II Rn. 28 f.

450 *De lege lata* ablehnend daher auch *Sack*, WRP 2008 845, 853 sowie dezidiert MünchKomm/*Mankowski*, UWG, IntWettbR, Rn. 184.

451 So schon *Ahrens*, CR 2000, 835, 836.

452 Vgl. schon *Ahrens*, CR 2000, 835.

453 Kritisch zum Ansatz der ECRL daher *Wagner*, IPRax 2008, 1, 3.

Richtigerweise kann die Relevanz minimale Auswirkungen einer Handlung in mehreren Territorien, sofern sie faktisch überhaupt geltend gemacht werden, daher nur auf der **Ebene des materiellen Rechts** ausgeschlossen werden, in dem man nach dem jeweils anwendbaren Recht eine unerlaubte Handlung verneint (**sachrechtliches Spürbarkeitskriterium**). Der BGH hatte dieses Phänomen bereits vor Geltung des vereinheitlichten IPR mit dem Begriff der »**selbstbegrenzenden Sachnorm**« treffend gefasst.[454] **282**

V. Die Ausnahme für bilaterale Wettbewerbsverstöße, Art. 6 (2) Rom-II-VO

1. Die Sonderanknüpfung für bilaterale Wettbewerbsverstöße

Art. 6 (2) Rom-II-VO sieht eine Ausnahme für sog. **bilaterale Wettbewerbsverstöße** vor. Beeinträchtigt das angegriffene Verhalten nicht den Markt an sich, sondern nur die Interessen eines bestimmten Wettbewerbers, erscheint die Anwendung des Rechts des Marktortes nicht zwingend, da hier mangels kollektivem oder öffentlichem Interesse die Marktordnung nicht betroffen ist. **283**

Zu diesem Zweck sieht Art. 6 (2) Rom-II-VO aber keine eigenständige Anknüpfungsregel vor, sondern eine **Verweisung** auf die **allgemeine Kollisionsnorm** des Art. 4 Rom-II-VO. Daraus folgt ein **dreistufiges Prüfungsprogramm**: Danach kommt entweder ein gemeinsames Heimatrecht zum Zug (Art. 4 (2) Rom-II-VO), subsidiär wird an den Erfolgsort (Art. 4 (1) Rom-II-VO) und ausnahmsweise an eine offensichtlich engere Verbindung (Art. 4 (3) Rom-II-VO) angeknüpft. Sowohl die Anknüpfung an das gemeinsame Heimatrecht, als auch an eine offensichtlich engere Verbindung kann dabei zur Beurteilung nach einer einzigen Rechtsordnung führen. **284**

Die primäre Anknüpfung eines bilateralen Wettbewerbsverstoßes nach Art. 4 (2) an das **gemeinsame Heimatrecht** ist sicher aus prozessökonomischen Gründen sinnvoll, bei näherem Hinsehen aber **rechtspolitisch fragwürdig**, weil sie das Marktortprinzip und damit die Ordnungsfunktion des Lauterkeitsrechts unterläuft. Hinzu kommt, dass die Regelung auch für die Betroffenen unangemessen sein kann. Denn in dem Fall, dass zwei Inländer im Ausland oder zwei Ausländer im Inland miteinander im Wettbewerb stehen, kann die Anwendung des gemeinsamen Heimatrechts zu Wettbewerbsverzerrungen im Vergleich zu den anderen auf dem betreffenden Markt tätigen Mitbewerbern führen. Ist das Recht des gemeinsamen gewöhnlichen Aufenthalts strenger als das Marktortrecht, wird der Beklagte möglicherweise für am Marktort zulässiges oder weniger streng sanktioniertes Verhalten belangt (und umgekehrt). Das ist insbesondere dann problematisch und der Rechtssicherheit abträglich, wenn der Handelnde nicht wissen kann, welcher konkrete Mitbewerber betroffen ist und wo dieser seinen Sitz hat, wie dies bspw. bei Verletzung eines fremden Geschäftsgeheimnisses der Fall sein kann (dazu unten Rdn. 293 ff.). Das spricht dafür, den Anwendungsbereich des Art. 6 (2) Rom- **285**

454 So auch *Ohly*/Sosnitza, Einl. Rn. 26 m.w.N. Vgl. schon BGH, 13.05.2004, I ZR 264/00, GRUR 2004, 1035 – *Rotpreis-Revolution*.

II-VO **eng auszulegen**. Alternativ hat Sack vorgeschlagen, immer dann, wenn die Anknüpfung nach Art. 4 (1) oder (2) zu keinem sachgemäßen Ergebnis führt, die Anknüpfung durch die Ausweichklausel in Art. 4 (3) **»wettbewerbsadäquat« zu korrigieren.**[455]

2. Anwendungsbereich des Art. 6 (2) Rom-II-VO

286 Ein bilateraler Wettbewerbsverstoß liegt nach dem Wortlaut vor, wenn die unlautere Handlung **»ausschließlich«** die Interessen eines bestimmten Konkurrenten beeinträchtigt. Um den Anwendungsbereich des Abs. 2 zu bestimmen, bedarf es daher der Abgrenzung zwischen (auch) marktbezogenen und (nur) konkurrentenbezogenen Verstößen.

287 Das Schrifttum ist kritisch und wendet ein, dass es einen ausschließlich (»reinen«) konkurrentenbezogenen Eingriff nicht geben könne.[456] Dem Normzweck des Lauterkeitsrechts als Marktverhaltensrecht sei es immanent, dass der Gesetzgeber immer auch die potentiellen Auswirkungen auf den Markt im Auge habe.[457] Gerade deswegen würden rein betriebsbezogene Verstöße nach h.M. gerade nicht unter das UWG fallen, sondern könnten nur über das Recht am eingerichteten und ausgeübten Gewerbebetrieb sanktioniert werden.

288 Zu beachten ist allerdings einerseits, dass die unionsrechtliche Qualifikation als Lauterkeitsrecht nicht davon abhängt, ob die unerlaubte Handlung auch nach nationalem Recht gerade durch das Lauterkeitsrecht sanktioniert wird. Auch ein Eingriff in ein Recht nach § 823 BGB kann daher in den Anwendungsbereich des Art. 6 Rom-II-VO fallen. Andererseits darf Abs. 2 trotz der berechtigten rechtspolitischen Kritik nicht so ausgelegt werden, dass für die Regelung kein Anwendungsbereich bleibt.[458]

289 Dies gilt umso mehr, als zwar weder die Begründung noch die Erwägungsgründe Aufschluss über den Anwendungsbereich der Norm geben, immerhin aber der Kommissionsentwurf aus 2003 einige **Regelbeispiele** nennt.[459] Danach sollten etwa die Behinderung, das Abwerben von Mitarbeitern, Industriespionage, der Verrat von Betriebsgeheimnissen sowie die unberechtigte Schutzrechtsverwarnung unter Abs. 2 fallen. Auch wenn die Begründung des Entwurfs nicht bindend ist, zeigt sie doch, dass es um Konstellationen geht, in denen ein **primär betriebsbezogener Eingriff** vorliegt und eine mittelbare Auswirkung auch auf den Markt nicht entgegensteht. Denn allen genannten Fällen ist gemeinsam, dass der durch den Verstoß beeinträchtigte Mitbewerber in seiner Wettbewerbsposition beeinträchtigt wird und durch den erlittenen Wettbewerbsnachteil mittelbar auch der Markt beeinflusst wird auf dem er (bisher) tätig ist.

---

455 *Sack*, GRUR 2012, 601 ff.

456 Dies räumt auch der *Entwurf* KOM (2003)427 endg. Begründung zu Art. 5 ein.

457 Vgl. insb. *Sack*, GRUR Int 2012, 601, 610.

458 So auch GK/*Klaas*, Einl. Rn. 232.

459 KOM (2003)427 endg, S. 18.

3. Abgrenzung zu Art. 6 (1) Rom-II-VO

Für die Abgrenzung zwischen Abs. 1 und Abs. 2 ist daher eine **Schwerpunktsetzung** erforderlich. Liegt eine unmittelbare Einwirkung auf die geschäftlichen Entscheidungen der Marktgegenseite vor, ist Abs. 1 einschlägig. Wird demgegenüber nur ein bestimmter Mitbewerber, nicht aber die Marktgegenseite durch die angegriffene Handlung **unmittelbar beeinträchtigt**, handelt es sich um einen bilateralen Verstoß nach Abs. 2. Die Unterscheidung, ob die Schädigung des Mitbewerbers **unmittelbar oder durch den Markt vermittelt erfolgt**, eignet sich besser als **Abgrenzungskriterium** zwischen Abs. 1 und Abs. 2 als der perplexe Begriff des bilateralen Wettbewerbsverstoßes.[460] Dass eine solche Abgrenzung sinnvoll möglich ist, hat der BGH bereits überzeugend vorgeführt.[461] **290**

In der viel diskutierten[462] Entscheidung ***Ausschreibung in Bulgarien*** standen sich zwei in Deutschland ansässige Unternehmen gegenüber, die sich beide um einen Auftrag in Bulgarien bewarben. Der Kläger wandte sich gegen ein Telefax, das die potentielle Auftraggeberin einerseits darüber informierte, dass die Klägerin keine Lizenz für die Nutzung der erforderlichen Technologie habe, andererseits die Vermutung anstellte, einige Angestellte dieser Firma könnten Projektdaten illegal kopiert haben, weswegen gegen dieses Unternehmen Ermittlungen liefen. Eine Kooperation mit der Klägerin stelle daher ein technisches und rechtliches Risiko dar. Der BGH hat – unter expliziter Aufgabe der älteren Rspr.[463] – entschieden, dass das anwendbare materielle Wettbewerbsrecht grundsätzlich auch dann nach dem Marktortprinzip nach Abs. 1 zu bestimmen ist, wenn sich der wettbewerbliche Tatbestand im Ausland **ausschließlich unter inländischen Unternehmen** abspielt oder sich gezielt gegen einen inländischen Mitbewerber richtet, der dadurch im Wettbewerb behindert wird. Dass hier kein rein bilateraler Verstoß vorliegt, überzeugt vor allem deswegen, weil sich die Handlung zwar gegen ein konkretes Unternehmen richtet, letztlich aber **über den potentiellen Kunden**, d.h. durch den Markt vermittelt wird. **291**

Auf dieser Basis fallen – den Regelbeispielen des Kommissionsentwurfs zum Trotz – bspw. die Herabsetzung[464] oder Anschwärzung eines Mitbewerbers sowie der Boykottaufruf gegenüber Kunden[465] und die Schutzrechtsverwarnung gegenüber dem Abnehmer unter Abs. 1.[466] Für Art. 6 (2) verbleiben nur die **unmittelbar gegenüber dem Mitbewerber** vorgenommene Handlung, bspw. die Schutzrechtsverwarnung gegenüber dem Hersteller, die gezielte Behinderung ohne Marktbezug (bspw. Entzug, Sabotage, Blockade oder Zerstörung von Betriebsmittel, Domaingrabbing), das Abwerben von **292**

460 *Sack*, GRUR Int 2012, 601, 605.
461 BGH, 11.02.2010, I ZR 85/08, NJW 2010, 3780 – *Ausschreibung in Bulgarien*; vgl. auch BGH, 12.12.2013, I ZR 131/12, GRUR 2014, 601 – *englischsprachige Pressemitteilung.*
462 Vgl. die ausführliche Besprechung von *Glöckner*, WRP 2011, 137 ff.
463 BGH, 20.12.1963, Ib ZR 104/62, NJW 1964, 969 – *Stahlexport.*
464 BGH, 12.12.2013, I ZR 131/12, WRP 2014, 548 – *englischsprachige Pressemitteilung.*
465 GK/*Klaas*, Einl. Rn. 233.
466 *Sack*, GRUR Int 2012, 601, 603 m.w. Beispielen und Fallgruppen.

Mitarbeitern sowie die Betriebsspionage. Bei einer Verleitung zum Vertragsbruch ist wiederum danach zu differenzieren, ob ein Marktteilnehmer oder ein Angehöriger des Zielunternehmens zum Vertragsbruch verleitet wird. Wird bspw. ein Kunde, Abnehmer oder Lieferant angesprochen, ist Abs. 1, bei einem Mitarbeiter dagegen Abs. 2, einschlägig.[467]

4. Anwendbarkeit auf die Verletzung von Geschäftsgeheimnissen?

293 Problematisch erscheint, ob ein bilateraler Verstoß i.S.v. Abs. 2 auch vorliegt, wenn die Handlung zwar nur ein einziges Unternehmen beeinträchtigt, der Handelnde aber keine Kenntnis davon hat, welcher Mitbewerber durch seine Handlung beeinträchtigt wird. Angesprochen ist damit insbesondere die Verletzung von Geschäftsgeheimnissen, soweit sie kein unlauteres Eindringen in die Sphäre des Geheimnisträgers voraussetzt. Wird eine Information erlangt, genutzt oder weitergegeben, werden dadurch ohne Zweifel primär die Interessen des Geheimnisträgers beeinträchtigt. Allerdings kann das handelnde Unternehmen nicht wissen, wessen Geheimnis es durch die Analyse entdeckt. Auch in einem solchen Fall einen bilateralen Verstoß nach Abs. 2 anzunehmen, würde die **Rechtssicherheit und Vorhersehbarkeit** beeinträchtigten, weil der Handelnde nicht *ex ante* ermitteln kann, welche Rechtsordnung maßgeblich ist. Insbesondere dann, wenn die Handlung am Handlungsort zulässig ist, erscheint eine Haftung nach einem abweichenden gemeinsamen Heimatrecht wenig sachgemäß.

294 Spioniert ein deutsches Unternehmen einen deutschen Konkurrenten bspw. durch Bestechung eines Mitarbeiters oder eine Cyberattacke aus, um die gewonnene Information für die Vermarktung in den USA zu nutzen, ist nach Art. 6 (2) i.V.m Art. 4 (2) deutsches Recht anwendbar. Erwirbt ein deutsches Unternehmen ein auf dem Markt frei erhältliches Produkt in den USA und lässt es dort durch in den USA zulässiges *Reverse Engineering* analysieren, so muss demgegenüber auch dann U.S.-Recht eingreifen, wenn dadurch ein Geschäftsgeheimnis eines deutschen Unternehmens erlangt wird. Denn die Anwendung des strengeren gemeinsamem Heimatrechts ist nicht nur nicht vorhersehbar, sondern würde auch die abweichende Wertung des U.S.-Gesetzgebers unterlaufen.

295 Ein bilateraler Verstoß sollte daher mit dem Wortlaut nur angenommen werden, wenn es sich um einen gezielten Verstoß gegen einen **»bestimmten Wettbewerber«** handelt. Das setzt voraus, dass der Täter das Opfer kennt. Andernfalls bleibt es bei der Marktortanknüpfung nach Art. 6 (1) Rom-II-VO. Alternativ könnte mit *Sack* die Anknüpfung nach Art. 6 (2) i.V.m Art. 4 (2) Rom-II-VO nach Art. 4 (3) Rom-II-VO wettbewerbsadäquat korrigiert werden.

296 Dieses primär beim Geheimnisschutz relevante Problem wird sich aber durch die Umsetzung der **Geschäftsgeheimnis-RL** insoweit erledigen, als nicht nur die Schranken (bspw. Reverse Engineering) weitgehend vereinheitlicht werden, sondern Geschäftsgeheimnisse nach dem neuen Konzept der RL nicht mehr nur gegen konkret unlautere

467 *Sack*, GRUR Int 2012, 601, 607.

Handlungen, sondern als Schutzgegenstand geschützt werden und daher richtigerweise in den Anwendungsbereich von Art. 8 Rom-II-VO fallen (*McGuire*, Vor §§ 17–19 UWG Rdn. 83 ff.).[468] Insoweit ist das in der Kommissionsbegründung 2003 genannte Beispiel[469] durch die neue Gesetzgebung überholt. Soweit der Schutz von Geschäftsgeheimnissen daneben – wie dies bspw. durch § 4 Nr. 3c UWG der Fall ist – weiterhin dem Lauterkeitsrecht unterfällt (dazu unten Vor §§ 17–19 UWG Rdn. 84),[470] bleibt Art. 6 Rom-II-VO maßgeblich. Allerdings ist hier die unlautere Erlangung zwar eine Tatbestandsvoraussetzung, weitere Voraussetzung ist allerdings das Anbieten der Waren und Dienstleistungen, dass erneut Abs. 1 einschlägig ist.[471]

5. Die Anknüpfung nach Art. 6 (2) i.V.m Art. 4

Liegt ein bilateraler Wettbewerbsverstoß vor, ist nach Art. 6 (2) Rom-II-VO die allgemeine Kollisionsnorm für unerlaubte Handlungen nach Art. 4 Rom-II-VO anwendbar. Der **praktische Unterschied** zwischen der Anknüpfung nach Abs. 1 und Abs. 2 besteht darin, dass die Grundregel in Abs. 1 zwar eine Konkretisierung des Art. 4 (1) darstellt, die Anknüpfung an den Erfolgsort – der i.d.R. mit dem Marktort nach Art. 6 (1) übereinstimmen wird – aber durch die vorrangige Anknüpfung an das **gemeinsame Heimatrecht** der Mitbewerber verdrängt wird. Denn Art. 4 (1) Rom-II-VO steht, wie die Phrase »soweit in dieser Verordnung nichts anderes vorgesehen ist« am Anfang deutlich macht, unter dem Vorbehalt, dass diese Auffangregelung nicht durch eine spezifischere Norm verdrängt wird. Nach Abs. 2 genießt »jedoch« die Anknüpfung an das Recht des gemeinsamen gewöhnlichen Aufenthalts von Schädiger und Geschädigtem Vorrang. **297**

Abweichend von der **Reihenfolge** der Absätze ist daher zunächst zu prüfen, ob Abs. 2 einschlägig ist und erst wenn dies nicht der Fall ist, die Auffangregelung nach Abs. 1 heranzuziehen. Unabhängig davon, ob das anwendbare Recht konkret nach Abs. 1 oder Abs. 2 bestimmt wurde, ist anschließend zu prüfen, ob es geboten ist im konkreten Fall nach Abs. 3 auf eine **offensichtlich engere Verbindung** auszuweichen. Nach *Sack* soll von dieser Möglichkeit insbesondere dann Gebrauch gemacht werden, wenn ein gemeinsames Heimatrecht zum Zuge käme, dadurch aber die Marktordnungsfunktion des Lauterkeitsrechts unterlaufen würde. Im Übrigen gelten die allgemeinen Maßstäbe für die Anwendung des Art. 4 Rom-II-VO. **298**

Bei der Anwendung des Art. 4 Rom-II-VO ist zu beachten, dass die Tatbestandsmerkmale und Maßstäbe zum Teil durch **Erwägungsgründe** und/oder andere **Hilfsnormen** der VO konkretisiert werden. **299**

Für die **Auslegung des Art. 4 (1)** Rom-II-VO sind insbesondere die EG 17 und 19 heranzuziehen. Anders als das frühere deutsche IPR und Art. 5 Nr. 2 EuGVO folgt **300**

468 A.A. MünchKomm/*Drexl*, BGB, Int. LauterkeitsR, Rn. 9.
469 Vgl. GK/*Klaas*, Einl. Rn. 38, die sich mit dieser Begründung für eine lauterkeitsrechtliche Qualifikation ausspricht.
470 Vgl. EG 17 Geheimnisschutz-RL, wonach dieser Bereich von der RL nicht erfasst wird.
471 So im Ergebnis auch *Sack*, GRUR Int 2012, 601, 608 f.

Art. 4 Rom-II-VO dabei zudem nicht der Ubiquitätsregel, sondern knüpft ausschließlich an den **Erfolgsort** an. Bei Streudelikten kommt es entsprechend auch hier zur Anwendung des am jeweiligen Erfolgsort geltenden Rechts für die dort erfolgte Rechtsgutsverletzung.[472]

301 Mit dem **Ort, an dem der Schaden eintritt**, ist der Ort der Rechtsgutverletzung und nicht der einer daraus möglicherweise resultierenden Vermögenseinbuße gemeint.[473] Hier darf nicht vorschnell auf den Sitz des Unternehmens abgestellt werden.[474] Wird bspw. die Ausdehnung der Geschäftstätigkeit eines deutschen Unternehmens nach Österreich durch einen Konkurrenten behindert, der sich die österreichische Domain oder Marke zu Sperrzwecken sichert, ist die beanstandete Handlung das Domaingrabbing in Österreich, dort tritt auch die Rechtsgutsverletzung ein. Auf eine mögliche mittelbare Vermögenseinbuße am deutschen Unternehmenssitz kommt es kollisionsrechtlich nicht an.

302 Bei der **Anwendung des Art. 4 (2) Rom-II-VO** ist zu beachten, dass der gewöhnliche Aufenthalt für juristische Personen nach Art. 23 Rom-II-VO autonom zu bestimmen ist. Nach Abs. 1 kommt es grundsätzlich auf den Ort der Hauptverwaltung an, soweit ein bestimmter Betrieb oder Betriebsteil betroffen ist, ist aber auf diesen abzustellen.

303 Ein Ausweichen auf eine offensichtlich engere Verbindung nach Abs. 3 kommt insbesondere in Betracht, wenn zwischen den Parteien bereits ein Vertrag besteht (Satz 2) oder ein Schuldverhältnis aus einer anderen unerlaubten Handlung vorliegt (Art. 10 (1)). Hilfestellung bietet auch die Rspr. und Literatur zu Art. 4 (3) Rom-I-VO.

VI. Ausschluss der Rechtswahl, Art. 6(4) Rom-II-VO

304 Art. 6 (4) schließt eine **Rechtswahl** für lauterkeitsrechtliche Sachverhalte generell aus. Wortlaut und systematische Stellung lassen keinen Zweifel daran, dass das auch für bilaterale Verstöße nach Art. 6 (2) gilt.[475]

305 Allerdings ist die Regel inhaltlicher Kritik ausgesetzt. Da Abs. 2 nur zur Anwendung kommt, wenn es »ausschließlich« um die Interessen des Geschädigten geht, sei schwer nachvollziehbar, warum man hier abweichend von Art. 14 keine Rechtswahl zulasse. Dies gelte umso mehr, als sich wegen des Tatbestandsmerkmals der Betriebsbezogenheit ausschließlich Unternehmen gegenüberstehen können. Uneinig sind sich Kritiker aber darüber, ob die inhaltlich als nicht überzeugend angesehene Norm als fehlerhafte Wertung des Unionsgesetzgebers hinzunehmen ist[476] und auf eine Reform der VO gewartet werden müsse oder ob man das gewünschte Ergebnis schon *de lege lata* durch eine teleologische Reduktion erzielen kann.[477]

---

472 Palandt/*Thorn*, BGB, Art. 4 Rom-II Rn. 8.
473 *Wagner*, IPRax 2008, 1, 4; Palandt/*Thorn*, BGB, Art. 4 Rom-II Rn. 1.
474 So aber *Ohly*/Sosnitza, Einl. Rn. 21; *Köhler*/Bornkamm/Feddersen, Einl. Rn. 5.45; GK/*Klaas*, Einl. Rn. 236.
475 So auch *Sack*, GRUR Int 2012, 601, 603.
476 *Sack*, GRUR Int 2012, 601, 603; MünchKomm/*Mankowski* UWG, IntWettbR, Rn. 184.
477 *Wagner*, IPRax 2008, 1, 8; Palandt/*Thorn*, BGB, Art. 6 Rom-II Rn. 19.

So haben sich eine Reihe von Autoren unter anderem mit dem Argument für eine teleologische Reduktion ausgesprochen, dass hier der Bezug zum **allgemeinen Deliktsrecht** stärker sei als zum Marktort.[478] Demgegenüber weist *Sack* darauf hin, dass es einen reinen bilateralen Verstoß nicht geben könne. Denn ein unlauteres Verhalten, dass einen bestimmten Wettbewerber beeinträchtige, könne dem Täter immer auch einen Wettbewerbsvorsprung im Markt verschaffen. Der Ausschluss der Rechtswahl sei daher erforderlich, um den **Drittwirkungen der Wettbewerbsbeziehung** Rechnung zu tragen. **306**

Ob die scharfe Kritik an der Norm berechtigt ist, erscheint zweifelhaft und wird wohl auch davon abhängen, ob man Abs. 2 – wie hier vertreten – eng auslegt. Denn bei einer gezielten Behinderung treten die Interessen des beeinträchtigten Wettbewerbers so weit in den Vordergrund und die dadurch mittelbar hervorgerufene Beeinträchtigung des Wettbewerbs soweit in den Hintergrund, dass eine Rechtswahl die Ordnungsfunktion des Lauterkeitsrechts nicht unterlaufen würde. Allerdings ist der Streit m.E. müßig, weil die Rechtswahl eindeutig ausgeschlossen ist. Dass sich der EuGH einer Auslegung ***contra legem*** anschließt, ist nicht zu erwarten. **307**

VII. Die Reichweite des Deliktsstatuts, Art. 15 Rom-II-VO

Die Kollisionsnormen berufen **unmittelbar das anwendbare Sachrecht**, eine Rück- oder Weiterverweisung ist explizit ausgeschlossen (Art. 24 Rom-II-VO). **308**

Die sachliche Reichweite des nach Art. 6 bestimmten Lauterkeitsrechtsstatuts wird durch Art. 15 Rom-II-VO konkretisiert. Die nicht abschließende Aufzählung umfasst insbesondere die Voraussetzungen und den Umfang der Haftung, Ausschlussgründe und Beschränkungen der Haftung sowie Art und Bemessung des ersatzfähigen Schadens. Außerdem werden sowohl Aktiv- als auch Passivlegitimation dem jeweils anwendbaren Recht unterstellt.[479] Dazu zählt insbesondere auch die praxisrelevante Frage, wer für Handlungen Dritter haftet. Schließlich wird auch die Verjährung und Verwirkung dem jeweiligen Sachstatut unterstellt. **309**

D. Lauterkeitsrecht und andere Rechtsgebiete

Wolfgang Büscher

I. UWG und allgemeines Deliktsrecht

1. Allgemeines

Die Bestimmungen des UWG sind Normen des Zivil- und Zivilverfahrensrechts (§§ 1 bis 15), des *Strafrechts* (§§ 16 bis 19) und des Ordnungswidrigkeitenrechts (§ 20). Die Bedeutung der Verfolgung lauterkeitsrechtlicher Verstöße durch Behörden anhand der **310**

---

478 Rauscher/*Unberath/Cziupka,* Art. 6 Rom-II Rn. 17; Palandt/*Thorn*, BGB, Art. 6 Rom-II Rn. 19; *Wagner*, IPRax 2008, 1, 8; *Leible/Lehmann*, RIW 2007, 721.

479 KG Köln, 01.06.2011, 24 U 111/10, WRP 2012, 102 – *Zusatzkosten für Kreditkartenzahlungen.*

straf- und bußgeldrechtlichen Vorschriften ist in der Praxis gering. Der deutsche Gesetzgeber hat durch das System der materiellen und verfahrensrechtlichen Bestimmungen des UWG vorgegeben, dass die Durchsetzung des Lauterkeitsrechts in Deutschland ganz überwiegend durch Privatrechtssubjekte erfolgt. Dabei hat er den Weg gewählt, nicht grundsätzlich den jeweils Betroffenen zivilrechtliche Ansprüche zuzuerkennen. Zwar können durch einen Wettbewerbsverstoß betroffene Mitbewerber lauterkeitsrechtliche Ansprüche verfolgen. Sind Verbraucher durch UWG-Verstöße berührt, haben sie aber kein eigenes Klagerecht. Die Klagebefugnis und Aktivlegitimation ist ausschließlich den in § 8 Abs. 3 bestimmten Mitbewerbern und Einrichtungen eingeräumt worden. Bei einem Verstoß gegen materiell-rechtliche Bestimmungen des UWG sind Verbraucher daher darauf angewiesen, dass sich ein Mitbewerber des Verletzers oder eine der in § 8 Abs. 3 Nr. 2 bis 4 angeführten Einrichtungen der Sache annimmt. Umso wichtiger ist es, dass der Gesetzgeber in das austarierte zivilrechtliche System der Rechtsverfolgung nicht störend eingreift. Hier besteht beständig die Gefahr, dass die Politik zur Befriedigung der Wünsche von Interessengruppen bewährte Rechtsinstitute aufhebt oder ändert. Jüngstes Beispiel ist die beabsichtigte Abschaffung des fliegenden Gerichtsstands durch den Referentenentwurf eines Gesetzes zur Stärkung des fairen Wettbewerbs.

2. UWG als Sonderdeliktsrecht

311 Die materiell-rechtlichen zivilrechtlichen Bestimmungen des UWG sind Sonderdeliktsrecht.[480] Unlautere geschäftliche Handlungen sind unerlaubte Handlungen.[481] Auch die ROM-II-VO führt im Kapitel II über unerlaubte Handlungen in Art. 6 (1) unlauteres Wettbewerbsverhalten an. **Die Abgrenzung des Lauterkeitsrechts vom allgemeinen Deliktsrecht erfolgt über das Merkmal der geschäftlichen Handlung i. S. des § 2 Abs. 1 Nr. 1.**[482]

312 Die Vorschriften und Grundsätze des allgemeinen Deliktsrechts können zur **Lückenausfüllung** herangezogen werden. Voraussetzung ist, dass das UWG keine abschließende Regelung des Fragenkomplexes enthält.[483] Ob dies der Fall ist, ist durch Auslegung zu ermitteln.

313 So kann bei **Haftungsfragen** ergänzend auf allgemeine deliktsrechtliche Grundsätze zurückgegriffen werden.[484] Für die Haftung von Mittätern, mittelbaren Tätern, Anstiftern und Gehilfen gelten die allgemeinen deliktsrechtlichen Grundsätze, mit denen

480 HansOLG Hamburg, 24.07.2008, 3 U 216/06, WRP 2008, 1569, 1593; OLG Frankfurt, 24.05.2012, 6 U 103/11, GRUR-RR 2012, 392, 395.

481 BGH, 14.01.1999, I ZR 203/96, GRUR 1999, 751, 754 – *Güllepumpen.*

482 BGH, 10.01.2013, I ZR 190/11, GRUR 2013, 945 Rn. 17 – *Standardisierte Mandatsbearbeitung.*

483 BGH, 25.04.2012, I ZR 105/10, GRUR 2012, 1279 Rn. 43 – *DAS GROSSE RÄTSELHEFT.*

484 BGH, 12.07.2007, I ZR 18/04, BGHZ 173, 188 Rn. 21 – *Jugendgefährdende Medien bei eBay*; BGH, 03.07.2008, I ZR 145/05, BGHZ 177, 150 Rn. 15 – *Kommunalversicherer*; BGH, 18.06.2014, I ZR 242/12, BGHZ 201, 344 Rn. 17 – *Geschäftsführerhaftung.*

wiederum auf strafrechtliche Vorschriften und Wertungen zurückgegriffen wird.[485] Allgemeine deliktsrechtliche Maßstäbe sind einschlägig für die Haftung des Geschäftsherrn für den Verrichtungsgehilfen, auf die § 831 BGB neben § 8 Abs. 2 anwendbar ist.[486] Die Haftung der Organe juristischer Personen bestimmt sich nach allgemeinen deliktsrechtlichen Grundsätzen.[487]

Die **Zurechnung der Kenntnisse Dritter** erfolgt nach allgemeinen zivilrechtrechtlichen Maßstäben.[488] **314**

Unterschiede zwischen dem UWG als Sonderdeliktsrecht und dem allgemeinen Deliktsrecht können bei der verfassungsrechtlichen Abwägung bestehen. Im Anwendungsbereich des § 4 Nr. 1 und 2 legt die Rechtsprechung bei der Abwägung widerstreitender Grundrechtspositionen strengere Maßstäbe als im allgemeinen Deliktsrecht an die Meinungsäußerungsfreiheit an, wenn die Meinungsäußerung zugleich wettbewerblichen Zwecken dient.[489] **315**

3. Konkurrenzverhältnis zwischen Ansprüchen aufgrund des UWG und allgemeinen deliktsrechtlichen Ansprüchen

a) Einführung

Soweit bestimmte Personengruppen generell von lauterkeitsrechtlichen Ansprüchen ausgeschlossen sind, wie dies etwa für Verbraucher gilt, besteht kein Konkurrenzverhältnis zu lauterkeitsrechtlichen Ansprüchen. Bestimmungen des UWG entfalten insoweit keine Sperrwirkung. Allerdings muss auch in diesen Fällen durch Auslegung ermittelt werden, ob überhaupt und bejahendenfalls in welchem Umfang allgemeine zivilrechtliche Ansprüche bestehen. **Dabei können lauterkeitsrechtliche Wertungen Einfluss auf die Auslegung allgemeiner zivilrechtlicher Normen haben.** So ist durch Auslegung zu ermitteln, ob eine Norm des UWG Schutzgesetz i. S. des § 823 Abs. 2 BGB mit der Folge ist, dass Ansprüche nicht auf den in § 8 Abs. 3 angeführten Kreis von Gläubigern beschränkt sind. Bejaht wird dies für § 16 UWG (§ 1 Rdn. 26). Verneint wird dies für §§ 3 bis 7, weil dadurch die Beschränkungen der Klagebefugnis und Aktivlegitimation nach § 8 Abs. 3 unterlaufen würden (§ 1 Rdn. 29). Die Maßstäbe des § 7 Abs. 2 Nr. 2 zur unzumutbaren Belästigung sind zur Vermeidung von Wertungswidersprüchen heranzuziehen, wenn Ansprüche von Unternehmen in Rede ste- **316**

---

485 BGH, 12.03.2015, I ZR 84/14, GRUR 2015, 1025 Rn. 16 – *TV-Wartezimmer*; BGH, 19.03.2015, I ZR 94/13, GRUR 2015, 1129 Rn. 39 – *Hotelbewertungsportal*.

486 BGH, 25.04.2012, I ZR 105/10, GRUR 2012, 1279 Rn. 43 – *DAS GROSSE RÄTSELHEFT*.

487 BGH, 18.06.2014, I ZR 242/12, BGHZ 201, 344 Rn. 17 – *Geschäftsführerhaftung*; BGH, 27.11.2014, I ZR 124/11, GRUR 2015, 672 Rn. 80 – *Videospiel-Konsolen II*; BGH, 22.01.2015, I ZR 107/13, GRUR 2015, 909 Rn. 45 – *Exzenterzähne*; BGH, 12.01.2017, I ZR 253/14, GRUR 2017, 397 Rn. 110 – *World of Warcraft II*.

488 BGH, 14.01.2016, I ZR 65/14, GRUR 2016, 946 Rn. 61 – *Freunde finden*.

489 BGH, 19.05.2011, I ZR 147/09, GRUR 2012, 74 Rn. 33 – *Coaching Newsletter*; BGH, 31.03.2016, I ZR 160/14, GRUR 2016, 710 Rn. 56 – *Im Immobiliensumpf*.

hen, die keine Mitbewerber sind und die auf einen Eingriff in den eingerichteten und ausgeübten Gewerbebetrieb gestützt sind.[490]

b) Ansprüche aus § 823 Abs. 1 BGB und Lauterkeitsrecht

317 Die Bestimmungen des UWG entfalten **keine Sperrwirkung**, wenn eines der in § 823 Abs. 1 BGB besonders angeführten absoluten Rechte betroffen ist (Leben, Körper, Gesundheit, Freiheit, Eigentum). Dasselbe gilt für sonstige Rechte (Besitz), bei denen wegen des unterschiedlichen Schutzzwecks keine Überschneidung mit lauterkeitsrechtlichen Normen in Betracht kommt. Im Grundsatz besteht auch keine Sperrwirkung der Vorschriften des UWG gegenüber allgemeinen deliktsrechtlichen Ansprüchen, wenn keine geschäftliche Handlung gem. § 2 Abs. 1 Nr. 1 gegeben ist (zum Einfluss lauterkeitsrechtlicher Wertungen Rdn. 316). Liegt eine geschäftliche Handlung i. S. des § 2 Abs. 1 Nr. 1 vor, können Überschneidungen zwischen §§ 3 bis 7 und dem durch § 823 Abs. 1 BGB geschützten Persönlichkeitsrecht und dem Recht am eingerichteten und ausgeübten Gewerbebetrieb bestehen.

318 **§ 4 Nr. 1** schützt Mitbewerber vor der Herabsetzung und Verunglimpfung ihrer Kennzeichen, Waren, Dienstleistungen, Tätigkeiten und persönlichen sowie geschäftlichen Verhältnisse. Die Bestimmung dient dem Schutz des betroffenen Mitbewerbers und des Interesses der Allgemeinheit an einem unverfälschten Wettbewerb. Die Bestimmung soll – auch soweit sie den betroffenen Mitbewerber schützt – nicht in erster Linie seine Geschäftsehre, sondern seine wettbewerblichen Interessen wahren. Ein Verstoß gegen § 4 Nr. 1 setzt, anders als eine Verletzung des Persönlichkeitsrechts, voraus, dass die Handlung geeignet ist, die wettbewerblichen Interessen des Mitbewerbers auf dem fraglichen Markt zu beeinträchtigen.[491] Eine Anwendung des § 823 Abs. 1 BGB wegen Verletzung des allgemeinen Persönlichkeitsrechts oder des Unternehmenspersönlichkeitsrechts[492] wird durch § 4 Nr. 1 nicht ausgeschlossen. Das gilt sowohl, wenn der Verletzte nicht Mitbewerber ist[493] oder wenn zwar die Mitbewerbereigenschaft erfüllt ist, die wettbewerblichen Interessen des Verletzten aber nicht betroffen sind, als auch wenn ein Mitbewerber in seinen wettbewerblichen Interessen durch die Verletzungshandlung berührt wird. Es besteht Anspruchsnormenkonkurrenz.

319 Nach **§ 4 Nr. 2** handelt unlauter, wer über die Dienstleistungen oder das Unternehmen eines Mitbewerbers oder über den Unternehmer Tatsachen behauptet, die geeignet sind, den Betrieb des Unternehmens oder den Kredit des Unternehmers zu schädigen, sofern die Tatsachen nicht erweislich wahr sind. § 823 Abs. 1 BGB wegen der Verlet-

---

490 BGH, 20.05.2009, I ZR 218/07, GRUR 2009, 980 Rn. 9 und 14 – *E-Mail-Werbung II*; BGH, 12.09.2013, I ZR 208/12, GRUR 2013, 1259 Rn. 20 – *Empfehlungs-E-Mail*; BGH, 21.04.2016, I ZR 276/14, GRUR 2016, 831 Rn. 16 – *Lebens-Kost*.

491 BGH, 12.12.2013, I ZR 131/12, GRUR 2014, 601 Rn. 24 – *englischsprachige Pressemitteilung*.

492 BGH, 22.09.2009, VI ZR 19/08, NJW 2009, 3580 Rn. 10; BGH, 28.07.2015, VI ZR 340/14, BGHZ 206, 289 Rn. 27; BGH, 26.01.2017, I ZR 217/15, GRUR 2017, 918 Rn. 35 – *Wettbewerbsbezug*.

493 BGH, 26.01.2017, I ZR 217/15, GRUR 2017, 918 Rn. 17 und 23 ff – *Wettbewerbsbezug*.

zung des allgemeinen Persönlichkeitsrechts oder des Unternehmenspersönlichkeitsrechts ist grundsätzlich neben § 4 Nr. 2 anwendbar.

Das durch § 823 Abs. 1 BGB geschützte **Recht am eingerichteten und ausgeübten Gewerbebetrieb** ist gegenüber den Vorschriften des UWG grundsätzlich subsidiär. Es handelt sich um einen Auffangtatbestand, der den gesetzlichen Schutz ergänzen und Schutzlücken schließen soll.[494] Der Schutz des eingerichteten und ausgeübten Gewerbebetriebs gem. § 823 Abs. 1 BGB ist danach durch die Vorschriften des UWG nicht ausgeschlossen, wenn keine geschäftliche Handlung nach § 2 Abs. 1 Nr. 1 gegeben ist. Durch die geschäftliche Handlung wird der Schutz durch das Lauterkeitsrecht vom allgemeinen Deliktsrecht abgegrenzt (Rdn. 311). Liegt eine geschäftliche Handlung vor, sind die Wertungen des UWG maßgeblich, in welchen Fällen von einer unlauteren geschäftlichen Handlung auszugehen ist. Sind die Voraussetzungen einer unlauteren geschäftlichen Handlung nach §§ 3 bis 7, 16 bis 19 nicht erfüllt, verstößt das beanstandete Verhalten nicht wegen eines Eingriffs in den eingerichteten und ausgeübten Gewerbebetrieb gegen § 823 Abs. 1 BGB.[495] Die Vorschriften des Lauterkeitsrechts sind vorrangig und schließen den Auffangtatbestand des Eingriffs in den eingerichteten und ausgeübten Gewerbebetrieb insoweit regelmäßig aus.[496] **320**

c) Ansprüche gem. § 823 Abs. 2 BGB und Lauterkeitsrecht

Die **Straftatbestände der §§ 16 bis 19 sind Schutzgesetze** i. S. des § 823 Abs. 2 BGB.[497] **Nr. 14 des Anhangs** zu § 3 Abs. 3 ist Schutzgesetz i. S. von § 823 Abs. 2 BGB.[498] Ansprüche gem. § 823 Abs. 2 BGB i. V. mit § 16 Abs. 1 können Verbraucher geltend machen, wenn sie durch eine strafbare Werbung i. S. von § 16 Abs. 1 betroffen sind.[499] Verbraucher, die durch das in § 16 Abs. 2 angeführte Verhalten verletzt sind, können nach § 823 Abs. 2 BGB i. V. mit § 16 Abs. 2 Unterlassungs- und Schadenersatzansprüche geltend machen.[500] Anspruchsberechtigt gem. § 823 Abs. 2 BGB i. V. mit § 17 ist der Inhaber des Geschäfts- und Betriebsgeheimnisses[501] und gem. § 18 der Inhaber des Unternehmens, zu dem die Vorlagen und Vorschriften technischer Art **321**

494 BGH, 10.12.2002, VI ZR 171/02, NJW 2003, 1040, 1041; BGH, 24.01.2006, XI ZR 384/03, NJW 2006, 830 Rn. 93.
495 BGH, 24.06.2004, I ZR 26/02, GRUR 2004, 877, 880 – *Werbeblocker I.*
496 GK/*Schünemann* Einl. Teil G Rn. 115 und 123.
497 BGH, 30.05.2008, 1 StR 166/07, GRUR 2008, 818 Rn. 87 – Strafbare Werbung im Versandhandel (zu § 16 Abs. 1); BGH, 24.01.2006, XI ZR 384/03, NJW 2006, 830 Rn. 83 (zu § 17); OLG Hamm, 01.09.1992, 4 U 107/92, WRP 1993, 36, 38 (zu § 18); Regierungsbegründung eines Gesetzes gegen den unlauteren Wettbewerb, BT-Drucks. 15/1487, S. 22; FBO/*Rengier* § 16 Rn. 117 und 171; BDS/*Lehmler* § 16 Rn. 29 und 55, § 17 Rn. 62, § 18 Rn. 18 und § 19 Rn. 16; GK/*Schünemann* Einl. Teil G Rn. 130; *Alexander* WRP 2004, 407, 420.
498 FBO/*Obergfell* Anhang UWG Nr. 14 Rn. 42.
499 BGH, 30.05.2008, 1 StR 166/07, GRUR 2008, 818 Rn. 87 – *Strafbare Werbung im Versandhandel.*
500 Köhler/*Bornkamm*/Feddersen § 16 Rn. 59.
501 BGH, 24.01.2006, XI ZR 384/03, NJW 2006, 830 Rn. 83f.

gehören. Die Einordnung einer Bestimmung als Marktverhaltensvorschrift i. S. von § 3a schließt den Schutzgesetzcharakter nicht aus.[502]

322 **Keine Schutzgesetze** i. S. des § 823 Abs. 2 BGB sind §§ 3 bis 7 und § 20.[503] Die Klagebefugnis und Aktivlegitimation ist in § 8 Abs. 3 abschließend geregelt. Diese gesetzgeberische Wertung darf nicht durch die Annahme konterkariert werden, die materiell-rechtlichen Tatbestände des UWG seien Schutzgesetze i. S. des § 823 Abs. 2 BGB.

d) Ansprüche gem. § 824 BGB und Lauterkeitsrecht

323 Die Tatbestände des UWG, insbesondere § 4 Nr. 2, entfalten gegenüber § 824 BGB keine Sperrwirkung. Nach dieser Vorschrift ist derjenige zum Schadenersatz verpflichtet, der der Wahrheit zuwider eine Tatsache behauptet oder verbreitet, die geeignet ist, den Kredit eines anderen zu gefährden oder sonstige Nachteile für dessen Erwerb oder Fortkommen herbeizuführen, wenn er die Unwahrheit kennen muss. Auch beim Vorliegen einer geschäftlichen Handlung kommt ein Verstoß gegen § 824 BGB in Betracht. Die Anforderungen des § 824 BGB sind höher als diejenigen des § 4 Nr. 2. Der UWG-Tatbestand ist bereits verwirklicht, wenn die Tatsache nicht erweislich wahr ist. Ein non liquet geht bei § 4 Nr. 2 zu Lasten des Behauptenden, während es sich bei § 824 BGB zu Lasten des Geschädigten auswirkt.

e) Ansprüche gem. § 826 BGB und Lauterkeitsrecht

324 Die Bestimmung des § 826 BGB ist neben den Unlauterkeitstatbeständen des UWG anwendbar.[504] § 826 BGB setzt eine sittenwidrige vorsätzliche Schädigung voraus. Das geht regelmäßig über eine unlautere geschäftliche Handlung i. S. des Lauterkeitsrechts hinaus.

II. Lauterkeitsrecht und Vertragsrecht

325 Lauterkeitsrecht und Vertragsrecht stehen grundsätzlich selbständig nebeneinander. Die **UGP-RL** lässt nach Art. 3 (2) das Vertragsrecht und insbesondere die Bestimmungen über die Wirksamkeit, das Zustandekommen und die Wirkungen eines Vertrages unberührt. Zwischen lauterkeitsrechtlichen und vertragsrechtlichen Ansprüchen besteht Anspruchsnormenkonkurrenz. Ob im Prozess unterschiedliche Streitgegenstände vorliegen, richtet sich nach allgemeinen prozessualen Grundsätzen und damit nach dem zweigliedrigen Streitgegenstandsbegriff (§ 12 Anh. I Rdn. 83).

---

502 BGH, 06.12.2001, I ZR 14/99, GRUR 2002, 987, 993 – *Wir Schuldenmacher.*

503 Regierungsbegründung eines Gesetzes gegen den unlauteren Wettbewerb, BT-Drucks. 15/1487, S. 22; im Ergebnis ebenso durch Ausschließung der Verbraucher als Anspruchsinhaber GK/*Schünemann* Einl. Teil G Rn. 128.

504 BGH 18.02.1977, I ZR 112/75, GRUR 1977, 539, 541 – *Prozessrechner.*

Lauterkeitsrecht und Vertragsrecht weisen allerdings gewisse Berührungspunkte auf. Vertragsrechtliche Vorschriften können Marktverhaltensregelungen sein.[505] Unterlassungsansprüche können sich aus den gesetzlichen Tatbeständen des UWG und aus vertraglichen Unterwerfungsvereinbarungen ergeben und in der Rechtsfolge deckungsgleich sein. Ein Verstoß gegen materiell-rechtliche Normen des UWG kann zur Unwirksamkeit von Verträgen führen oder zu einer Anfechtung einer Willenserklärung berechtigen. **326**

1. Unwirksamkeit eines Rechtsgeschäfts gem. §§ 134 und 138 BGB

a) Allgemeines

Gem. § 134 BGB ist ein Rechtsgeschäft, das gegen ein gesetzliches Verbot verstößt, nichtig, wenn sich nicht aus dem Gesetz ein anderes ergibt. Von einer Nichtigkeit des Rechtsgeschäfts ist auszugehen, wenn ein Verstoß gegen ein Verbotsgesetz vorliegt, das die Nichtigkeit oder Unwirksamkeit des Rechtsgeschäfts anordnet.[506] Regelmäßig liegt bei einem Verstoß gegen ein Verbotsgesetz eine Unwirksamkeit eines **zweiseitigen Rechtsgeschäfts** vor, wenn sich das Verbot an beide Parteien des Rechtsgeschäfts richtet.[507] **Einseitige Verbote** führen nur ausnahmsweise zur Unwirksamkeit des Rechtsgeschäfts. In diesen Fällen muss es mit dem Zweck des Verbotsgesetzes unvereinbar sein, die durch das Rechtsgeschäft getroffene rechtliche Regelung hinzunehmen und bestehen zu lassen.[508] **327**

Ein **Verstoß gegen Normen des Lauterkeitsrechts** kann zur Nichtigkeit eines Rechtsgeschäfts nach § 134 BGB führen.[509] Das Verbot unlauterer geschäftlicher Handlungen nach §§ 3 und 7 kann nach den allgemeinen rechtlichen Grundsätzen (Rdn. 327) den Charakter eines Verbotsgesetzes haben, das die Unwirksamkeit eines Rechtsgeschäfts nach sich zieht. Da die Vorschriften des UWG die Rechtsfolge der Nichtigkeit nicht ausdrücklich anordnen, muss durch Auslegung ermittelt werden, ob eine nach §§ 3 und 7 unzulässige geschäftliche Handlung zur Unwirksamkeit eines damit in Zusammenhang stehenden Rechtsgeschäfts führt.[510] Eine nach §§ 3 und 7 unzulässige geschäftliche Handlung hat nicht grundsätzlich zur Folge, dass ein auf dieser geschäftlichen Handlung beruhendes Rechtsgeschäft nach § 134 BGB nichtig ist. Dasselbe gilt **328**

---

505 BGH, 31.03.2010, I ZR 34/08, GRUR 2010, 1117 Rn. 17 – *Gewährleistungsausschluss im Internet*; BGH, 31.05.2012, I ZR 45/11, GRUR 2012, 949 Rn. 46 – *Missbräuchliche Vertragsstrafe*.

506 BGH, 22.05.1978, III ZR 153/76, BGHZ 71, 358, 361; BGH, 14.12.1999, X ZR 34/98, BGHZ 143, 283, 286.

507 RG, 18.06.1920, II 65/20, RGZ 100, 39, 40; BGH, 10.07.1991, VIII ZR 296/90, BGHZ 115, 123, 125; BGH, 14.12.1999, X ZR 34/98, BGHZ 143, 283, 287; BGH, 17.06.2004, III ZR 271/03, BGHZ 159, 335, 340.

508 BGH, 01.06.1966, VIII ZR 65/64, BGHZ 46, 24, 26; BGH, 22.05.1978, III ZR 153/76, BGHZ 71, 358, 361.

509 BGH, 26.02.2009, I ZR 106/06, GRUR 2009, 606 Rn. 11 – *Buchgeschenk vom Standesamt*; BGH, 23.02.2012, I ZR 231/10, GRUR 2012, 1050 Rn. 20 – *Dentallaborleistungen*.

510 BGH, 23.02.2012, I ZR 231/10, GRUR 2012, 1050 Rn. 20–22 – *Dentallaborleistungen*.

für eine Unwirksamkeit nach § 138 Abs. 1 BGB. Eine unzulässige geschäftliche Handlung ist nicht ohne weiteres sittenwidrig i. S. des § 138 Abs. 1 BGB. Der in § 1 UWG 1909 enthaltene Begriff des Verstoßes gegen die guten Sitten deckte sich nicht mit demjenigen des § 138 Abs. 1 BGB.[511] Ein Verstoß gegen Vorschriften des UWG und eine daraus folgende Unlauterkeit einer geschäftlichen Handlung zieht nicht ohne weiteres die Nichtigkeit einer damit im Zusammenhang stehenden vertraglichen Vereinbarung nach sich.[512]

329 In der Vergangenheit war bei der Annahme der Unwirksamkeit eines Rechtsgeschäfts nach § 134 BGB wegen eines Wettbewerbsverstoßes nach dem UWG eine gewisse Zurückhaltung festzustellen. Das ist unter Zugrundelegung allgemeiner Maßstäbe weder notwendig noch angemessen. In der Rechtsprechung ist auch bei einseitigen Verboten anerkannt, dass die Unwirksamkeit eines Rechtsgeschäfts im Interesse des Verbraucherschutzes geboten sein kann.[513] Die der Umsetzung der UGP-RL dienenden Bestimmungen des UWG sollen die Fähigkeit der Verbraucher zu einer informierten geschäftlichen Entscheidung sichern, die durch aggressive oder irreführende Geschäftspraktiken erheblich beeinträchtigt worden sein kann. Dieser Schutzgedanke rechtfertigt es, die Unwirksamkeit eines Rechtsgeschäfts nach § 134 BGB in größerem Maße als bisher auch bei Verboten anzunehmen, die sich nur an einen Beteiligten des zweiseitigen Rechtsgeschäfts richten.

330 Verträge, die zur Begehung unlauterer geschäftlicher Handlungen verpflichten, sind nach § 134 BGB nichtig, wenn die rechtsgeschäftliche Verpflichtung das wettbewerbswidrige Verhalten beinhaltet.[514] Die Möglichkeit, dass es bei der Vertragsdurchführung im Einzelfall zu einer unlauteren geschäftlichen Handlung kommt, genügt regelmäßig nicht.[515] Anders ist die Sache zu bewerten, wenn das wettbewerbswidrige Verhalten zwar nicht Gegenstand einer rechtsgeschäftlichen Verpflichtung ist, die Vertragsdurchführung notwendigerweise oder mit hoher Wahrscheinlichkeit zu einer unlauteren geschäftlichen Handlung führt.[516]

b) Einzelne Vorschriften des UWG

aa) Nr. 14 und Nr. 18 des Anhangs

331 Nach **Nr. 14 des Anhangs** zu § 3 Abs. 3 ist stets unzulässig die Einführung, der Betrieb oder die Förderung eines Systems zur Verkaufsförderung, bei dem vom Verbraucher

---

511 BGH, 14.05.1998, I ZR 10/96, GRUR 1998, 945, 946 – *Co-Verlagsvereinbarung.*

512 Zu § 1 UWG 1909 BGH, 25.01.1990, I ZR 19/87, BGHZ 110, 156, 174 – *HBV-Familien- und Wohnungsrechtsschutz*; BGH, 26.02.1992, VIII ZR 89/91, BGHZ 117, 280, 286 – *Verschweigen der Wiederverkaufsabsicht.*

513 BGH, 22.05.1978, III ZR 153/76, BGHZ 71, 358, 361.

514 BGH, 25.01.1990, I ZR 19/87, BGHZ 110, 156, 175 – *HBV-Familien- und Wohnungsrechtsschutz*; BGH, 14.05.1998, I ZR 10/96, GRUR 1998, 945, 947 – *Co-Verlagsvereinbarung*; BGH, 26.02.2009, I ZR 106/06, GRUR 2009, 606 Rn. 13 – *Buchgeschenk vom Standesamt*; BGH, 23.02.2012, I ZR 231/10, GRUR 2012, 1050 Rn. 20 – *Dentallaborleistungen.*

515 BGH, 26.02.2009, I ZR 106/06, GRUR 2009, 606 Rn. 22 – *Buchgeschenk vom Standesamt.*

516 BGH, 23.02.2012, I ZR 231/10, GRUR 2012, 1050 Rn. 31 – *Dentallaborleistungen.*

ein finanzieller Beitrag für die Möglichkeit verlangt wird, allein oder hauptsächlich durch die Einführung weiterer Teilnehmer in das System eine Vergütung zu erlangen (Schneeball- oder Pyramidensystem). Verträge, die unter Verstoß gegen Anhang Nr. 14 zu § 3 Abs. 3 zustande gekommen sind, sind nichtig (Rdn. 58 zu § 16 Abs. 2 und Anh. (zu § 3 Abs. 3) Rn. 200).

Nach **Nr. 18 des Anhangs** zu § 3 Abs. 3 ist unzulässig die unwahre Angabe, eine Ware oder Dienstleistung könne Krankheiten, Funktionsstörungen oder Missbildungen heilen. Es handelt sich um einen besonders schweren Fall von unwahren Angaben gegenüber Verbrauchern, die bei Krankheiten, Funktionsstörungen und Missbildungen besonders anfällig für Täuschungen sind. Im Interesse eines wirksamen Verbraucherschutzes ist die Vorschrift als Verbotsgesetz i. S. des § 134 BGB einzustufen mit der Folge, dass aufgrund der unwahren Angaben abgeschlossene Verträge nichtig sind. **332**

bb) § 16

Nach **§ 16 Abs. 1** wird mit Freiheitsstrafe bis zu zwei Jahren oder mit Geldstrafe bestraft, wer in der Absicht, den Anschein eines besonders günstigen Angebots hervorzurufen, in öffentlichen Bekanntmachungen oder in Mitteilungen, die für einen größeren Kreis von Personen bestimmt sind, durch unwahre Angaben irreführend wirbt. Liegen die Voraussetzungen dieser Vorschrift vor, hat dies nicht die Unwirksamkeit eines aufgrund der irreführenden Werbung abgeschlossenen Vertrags zur Folge. Die auf den Vertragsschluss gerichtete Willenserklärung des Vertragspartners des Werbenden ist nach § 123 BGB anfechtbar und mit dem Schadensersatzanspruch nach § 823 Abs. 2 BGB i. V. mit § 16 Abs. 1 kann die Aufhebung des Vertrags geltend gemacht werden. **333**

Nach **§ 16 Abs. 2** wird mit Freiheitsstrafe bis zu zwei Jahren oder mit Geldstrafe bestraft, wer es im geschäftlichen Verkehr unternimmt, Verbraucher zur Abnahme von Waren, Dienstleistungen oder Rechten durch das Versprechen zu veranlassen, sie würden entweder vom Veranstalter selbst oder von einem Dritten besondere Vorteile erlangen, wenn sie andere zum Abschluss gleichartiger Geschäfte veranlassen, die ihrerseits nach der Art dieser Werbung derartige Vorteile für eine entsprechende Werbung weiterer Abnehmer erlangen sollen. Verträge des Veranstalters mit den Kunden und von Kunden mit anderen Kunden, die gegen § 16 Abs. 2 verstoßen, sind nach §§ 134, 138 Abs. 1 nichtig.[517] **334**

cc) § 17 und 18

Verträge, die sich auf den Verrat von Geschäfts- und Betriebsgeheimnissen i. S. des § 17 oder auf die Verwertung von Vorlagen nach § 18 beziehen, sind nach § 134 BGB *nichtig. Es handelt sich* um Straftatbestände, mit deren Zweck nicht zu vereinbaren ist, die durch das Rechtsgeschäft getroffene rechtliche Regelung bestehen zu lassen.[518] **335**

---

517 BGH, 22.05.1978, III ZR 153/76, BGHZ 71, 358, 366; BGH, 22.04.1997, XI ZR 191/96, WRP 1997, 783, 784; BGH, 13.03.2008, III ZR 282/07, NJW 2008, 1942 Rn. 6 – *Schenkkreis.*

518 Allgemein BGH, 10.07.1991, VIII ZR 296/90, BGHZ 115, 123, 125.

2. Anfechtbarkeit einer Willenserklärung gem. §123 BGB

336 Nach § 123 Abs. 1 BGB kann derjenige, der zur Abgabe einer Willenserklärung durch arglistige Täuschung oder widerrechtlich durch Drohung bestimmt worden ist, die Erklärung anfechten. Die arglistige Täuschung und die widerrechtliche Drohung erfordern ein vorsätzliches Verhalten. Das ist bei den irreführenden und aggressiven geschäftlichen Handlungen des Anhangs zu § 3 Abs. 3, §§ 4a, 5, 5a nicht der Fall. Ein objektiver Verstoß gegen einen der Tatbestände kann genügen.

3. Werbung und Sachmängelhaftung

337 § 434 Abs. 1 Satz 3 BGB sieht eine spezielle Regelung für die Sachmängelhaftung bei Werbeangaben vor.[519] Nach § 434 Abs. 1 Satz 2 Nr. 1 und 2 ist die Sache, soweit die Beschaffenheit nicht vereinbart ist, frei von Sachmängeln, 1. wenn sie sich für die nach dem Vertrag vorausgesetzte Verwendung eignet, sonst 2. wenn sie sich für die gewöhnliche Verwendung eignet und eine Beschaffenheit aufweist, die bei Sachen der gleichen Art üblich ist und die der Käufer nach der Art der Sache erwarten kann. § 434 Abs. 1 Satz 3 bestimmt, dass zu der Beschaffenheit nach Satz 2 Nr. 2 auch Eigenschaften gehören, die der Käufer nach den öffentlichen Äußerungen des Verkäufers, des Herstellers (§ 4 Abs. 1 und 2 des Produkthaftungsgesetzes) oder seines Gehilfen insbesondere in der Werbung oder bei der Kennzeichnung über bestimmte Eigenschaften der Sache erwarten kann, es sei denn, dass der Verkäufer die Äußerung nicht kannte und auch nicht kennen musste, dass sie im Zeitpunkt des Vertragsschlusses in gleichwertiger Weise berichtigt war oder dass sie die Kaufentscheidung nicht beeinflussen konnte. Durch die Vorschrift des Satzes 3 wird die Eignung zur gewöhnlichen Verwendung um Eigenschaften erweitert, die an sich nicht zu einer derartigen Beschaffenheit gehören, die aber Gegenstand der genannten öffentlichen Äußerungen waren. Hierzu rechnen Angaben in der Werbung des Verkäufers und des Herstellers. Damit erlangt Werbung ausdrücklich Bedeutung für die Sachmängelhaftung im Zivilrecht. Erkennbare Übertreibungen in der Werbung begründen keine Eigenschaften, die der Käufer erwarten kann.[520]

4. Werbung und Verschulden bei Vertragsanbahnung

338 Nach §§ 311 Abs. 2, 241 Abs. 2, 280 BGB bestehen Ansprüche auf Ersatz des Vertrauensschadens und unter weiteren Voraussetzungen auf Ersatz des Erfüllungsinteresses und auf Vertragsanpassung bei einem schuldhaften Verhalten im Rahmen der Aufnahme von Vertragsverhandlungen, der Anbahnung eines Vertrags oder ähnlicher geschäftlicher Kontakte. Unlautere geschäftliche Handlungen gem. §§ 3 bis 7 in dem in § 311 Abs. 2 BGB beschriebenen Stadium können eine Haftung nach den Grundsätzen des Verschuldens bei Vertragsverhandlungen auslösen. Diese Haftung setzt ein zumindest fahrlässiges Verhalten voraus.

---

519 Hierzu *Bernreuther*, MDR 2003, 63; *Lehmann*, DB 2002, 1090.
520 *Bernreuther*, MDR 2003, 63, 64.

E. UWG im Gesamtsystem der Rechtsordnung

Jan Tolkmitt

I. Wettbewerbsrecht und Immaterialgüterrechte

Das Lauterkeitsrecht war ursprünglich Vorreiter für weite Bereiche des rechtlichen Schutzes von Leistungen und Besitzständen, die heute dem Sonderschutz durch Urheber-, Marken-, Patent- oder Designrechte zugänglich sind.[521] Diese historische Entwicklung erklärt die bestehenden Überschneidungsbereiche der Regelungsbereiche. Die Bestimmung des Verhältnisses zwischen dem Wettbewerbsrecht, insbesondere dem wettbewerbsrechtlichen Leistungsschutz, auf der einen und den Immaterialgüterrechten auf der anderen Seite kommt nach wie vor hohe praktische Relevanz zu. Dies beruht im Wesentlichen auf den sachlichen und zeitlichen Beschränkungen der Sonderschutzrechte, die vielfach Anlass geben, den Schutz von Leistungsergebnisse dort, wo die Immaterialgüterrechte keinen Schutz gewähren, mit Hilfe des Wettbewerbsrechts durchzusetzen. **339**

Dabei stellt sich die seit jeher umstrittene Frage, inwiefern die wettbewerbsrechtlichen Ansprüche neben Ansprüche aus den Sonderschutzrechten treten können. Insofern ist zu klären, ob den Sonderschutzrechten, wie in der Vergangenheit zum Teil auch von der Rechtsprechung geltend gemacht, ein Vorrang gegenüber dem lauterkeitsrechtlichen Regelungsregime zukommt. Für die Beantwortung dieser Frage sind die Schutzzwecke der sich jeweils gegenüber stehenden Regelungsbereiche ebenso in den Blick zu nehmen wie die unterschiedliche Reichweite von Anspruchsberechtigung, -umfang und –inhalt. Dabei ist ein grundlegender Unterschiede zu beachten: Das Lauterkeitsrecht gewährt, sofern es nicht nur den Originalhersteller schützt, relativ wirkende Ansprüche für Mitbewerber und klagebefugte Verbände (vgl. § 8 Abs. 3), während die Sonderschutzrechte allein ihren Inhabern absolut (dinglich) wirkende subjektive Rechte gewähren. **340**

Im Hinblick auf die verschiedenen wettbewerbsrechtlichen Regelungstatbestände bestehen nicht einheitlich zu beantwortende Abgrenzungsfragen. Das Verhältnis des lauterkeitsrechtlichen Rechtsbruchtatbestands zu den Sonderschutzrechten folgt anderen Regeln als das zwischen lauterkeitsrechtlichem Leistungs- oder Irreführungsschutz. Zudem gestaltet sich das Verhältnis oft – je nach korrespondierendem Sonderschutzrecht – unterschiedlich. **341**

1. Rechtsbruch § 3a

Nicht mehr zweifelhaft ist mittlerweile das Verhältnis der Sonderschutzrechte zum Rechtsbruchtatbestand des § 3a. Nach dieser Vorschrift handelt unlauter, wer einer gesetzlichen Vorschrift zuwiderhandelt, die auch dazu bestimmt ist, im Interesse der Marktteilnehmer das Marktverhalten zu regeln. Insofern war zunächst fraglich, ob **342**

521 Vgl. Stieper GRUR 2006, 291, 292; Ohly, GRUR Int. 2015, 693, 694 f., insbes. zum Urheberrecht.

allein die Verletzung von Urheber-, Marken- oder sonstigen Sonderschutzrechten den Tatbestand des § 3a erfüllt. Dies hätte zur Konsequenz, dass nicht nur der Schutzrechtsinhaber selbst, sondern sämtliche Mitbewerber und klagebefugte Verbänden im Sinne des § 8 Abs. 3 Ansprüche gegen den Rechtsverletzer geltend machen können. Der Ansatzpunkt dafür liegt auf der Hand: ein Unternehmen, das fremde Schutzrechte nicht beachtet, gewinnt durch den Rechtsbruch Vorteile, die es im Wettbewerb einsetzen kann. Es nutzt geschützte Gegenstände, die ihm ohne Zustimmung regelmäßig gar nicht oder nur gegen Entgelt zur Verfügung stünden. Allerdings ist fraglich, ob es sich bei den Sonderschutzrechten im Kern um **Marktverhaltensregelungen** im Sinne des § 3a handelt. Dies ist mit der Begründung verneint worden, dass diese ganz überwiegend die vermögens- und zum Teil persönlichkeitsrechtlichen Interessen der Inhaber der jeweiligen Rechte schützten.[522] Die dadurch hervorgerufene Marktverhaltensregelung entfaltet in der Tat allenfalls reflexhafte Züge. Die Rspr. stellt zusätzlich und mit Recht darauf ab, dass mit der Einbeziehung von bloßen Schutzrechtsverletzungen in den Rechtsbruchtatbestand die Befugnis des Schutzrechtsinhabers, gegen Rechtsverletzungen bewusst nicht vorzugehen, eingeschränkt werden würden, weil die Verfolgung des Rechtsbruch auch den Mitbewerbern und klagebefugten Verbänden zusteht.[523] Auch der durch die Schutzrechtsverletzung erzielte Wettbewerbsvorsprung rechtfertigt es allein nicht, anderen – dadurch benachteiligten – Unternehmen Unterlassungsansprüche aus § 3a zuzugestehen. Dies gilt auch dann, wenn es sich um systematische und wiederholte Verletzungen von Schutzrechten handelt.[524]

2. Wettbewerbsrechtlicher Leistungsschutz

343 Sehr viel komplexer und schwankender stellt sich das Verhältnis des wettbewerbsrechtlichen Leistungsschutzes zu den Sonderschutzrechten dar.[525] Der Kern des wettbewerbsrechtlichen Leistungsschutzes wird aus den Regelungen des § 4 Nr. 3 gebildet: Danach handelt unlauter, wer Waren oder Dienstleistungen anbietet, die eine Nachahmung der Waren oder Dienstleistungen eines Mitbewerbers sind, wenn er (a) eine vermeidbare Täuschung der Abnehmer über die betriebliche Herkunft herbeiführt, (b) die Wertschätzung der nachgeahmten Ware oder Dienstleistung unangemessen ausnutzt oder beeinträchtigt oder (c) die für die Nachahmung erforderlichen Kenntnisse oder Unterlagen unredlich erlangt hat.

a) Schutzzwecke

344 Diese drei Tatbestände haben gemeinsam die Nachahmung fremder Leistungsergebnisse zum Gegenstand, verfolgen jedoch im Detail unterschiedliche Schutzzwecke. § 4

522 BGH, 10.12.1998, I ZR 100/96, GRUR 1999, 325, 326 – *elektronische Pressearchive*; *Köhler*/Bornkamm/Feddersen, § 3a Rn. 1.72; *Ohly*/Sosnitza, Einl. D Rn. 81.

523 BGH, 10.12.1998, I ZR 100/96, GRUR 1999, 325, 326 – *elektronische Pressearchive*; Bornkamm, GRUR 2011, 1, 2; Stieper WRP *2006, 291*, 293.

524 *BGH, 10.12.1998*, I ZR 100/96, GRUR 1999, 325, 326 – *elektronische Pressearchive.*

525 Vgl. dazu Stieper, WRP 2006, 291 ff.; Köhler, GRUR 2007, 548 ff.; Büscher GRUR 2018, 1 ff.; insbes. zum Markenrecht: ders., GRUR 2009, 230 ff.; Bornkamm 2005, 97 ff.

Nr. 3 a) als praktisch bedeutendste Vorschrift schütz den Originalhersteller vor der Gefahr einer vermeidbaren **Herkunftstäuschung**, welche durch die Nachahmung hervorgerufen wird; mit anderen Worten: der Verkehr soll aufgrund der Gestaltung der Produktmerkmale des Konkurrenzangebots nicht den unzutreffenden Eindruck gewinnen, dieses Produkt stamme von Hersteller des Originals (Zuordnungsverwirrung). § 4 Nr. 3 b), der typischerweise im Zusammenhang mit der beanstandeten Herkunftstäuschung und selten isoliert geltend gemacht wird, schützt den Originalhersteller vor der Beeinträchtigung oder Ausnutzung des vom ihm erarbeiteten **guten Rufs**. Die praktisch selten in Anspruch genommene Regelung des § 4 Nr. 3 c), die gegenüber den Vorschriften zum Geheimnisschutz nach §§ 17 ff. nur einen beschränkten selbständigen Anwendungsbereich hat, schützt den Originalhersteller vor unredlicher Erlangung und anschließender Verwertung seiner **Betriebsgeheimnisse**, wenn sie in ein nachahmendes Konkurrenzprodukt einfließen. Diese Aufzählung der Schutzzwecke lässt bereits erkennen, dass sich die wesentlichsten und praktisch relevantesten Überschneidungen mit den Sonderschutzrechten im Bereich des § 4 Nr. 3 a) ergeben. Neben dem Schutz des guten Rufs ist die Herkunftstäuschung zentraler Schutzzweck des Markenrechts. Eine solche Herkunftstäuschung kann nicht nur durch eine verwechselungsfähige Markierung sondern aufgrund einer Nachahmung der Gestaltung eines wettbewerblich eigenartigen Produkts hervorgerufen werden kann. Produktgestaltungen ihrerseits sind im Hinblick auf ihren ästhetischen Gehalt sowohl dem Schutz durch das Urheber- als auch das Designrecht zugänglich. Soweit die wettbewerbliche Eigenart auf einer technischen Funktion beruht, können diese Merkmale gerade diejenigen sein, die einen etwaigen Patentschutz begründen.

Den Schutzzwecken des § 4 Nr. 3 ist gemeinsam, dass sie darauf gerichtet sind, die **345**
unternehmerischen Investitionen zu schützen, die mit der Herstellung des Produkts und der damit erreichten wettbewerblichen Besitzstände verbunden sind. Diese »Leistungsergebnisse« sollen sich Dritte nicht unter Ersparnis eigener Entwicklungs- und Marktbearbeitungskosten zu eigen machen können (»free-rider«-Problematik). Auf diese Weise bietet die Rechtsordnung eine ökonomisch begründete Anreizfunktion zur Produktion von »wettbewerblich eigenartigen« Gütern.[526] Allerdings steht diese den Schutzrechten und dem wettbewerblichen Leistungsschutz gemeinsame Funktion nicht allein. Sie wird im Wettbewerbsrecht durch die spezifischen Unlauterkeitsmerkmale (in erster Linie Herkunftstäuschung, Rufausbeutung, unredliche Erlangung betrieblicher Geheimnisse) ergänzt und gleichzeitig durch den das Wettbewerbsrecht durchziehen-

526 GK/Leistner, § 4 Nr. 9 Rn. 40 ff., jeweils mit umfangreichen Nachweisen; a.A. Büscher GRUR 2018, 1, 7, der den Investitionsschutz nicht als Schutzzweck des wettbewerbsrechtlichen Leistungsschutzes erblickt.

den Grundsatz der **Nachahmungsfreiheit** begrenzt.[527] Dementsprechend ist es wettbewerbsrechtlich auch nicht geboten, denjenigen, der eine Leistung erbringt, grundsätzlich auch an allen späteren Auswertungsarten seiner Leistung zu beteiligen; das Angebot gewerblicher Leistungen, die auf Arbeitsergebnissen von Mitbewerbern aufbauen, ist vielmehr für sich genommen rechtlich nicht zu beanstanden.[528] Anhand dieser Schutzzwecke ist das Verhältnis zwischen Wettbewerbsrecht und Immaterialgüterrechten im Einzelfall zu beurteilen.

b) Vorrang der Sonderschutzrechte?

346 Lange Zeit herrschend war die **These vom Vorrang der Sonderschutzrechte**.[529] Diese hatte die Rspr. – wohl wegen der weitgehend deckungsgleichen Schutzwecke – besonders weitrechend für das Verhältnis zum Markenrecht entwickelt[530], sie galt aber mit fortschreitenden Einschränkungen auch für andere Schutzrechte. Danach war »im Anwendungsbereich« des Sonderschutzrechts ein Rückgriff auf den wettbewerbsrechtlichen Leistungsschutz grundsätzlich ausgeschlossen.[531] Dieses Ergebnis war im Wesentlichen mit dem Grundsatz der Nachahmungsfreiheit gerechtfertigt worden, der es nicht erlauben sollte, die Wertungen der abschließenden Regelungsgehalt aufweisenden Sonderschutzrechte zu unterlaufen.[532] Dies galt nicht nur im Hinblick auf die Schutzvoraussetzungen der Sonderschutzrechte.[533]Die sich daran anschließende Frage, wie weit genau der Anwendungsvorrang der Sonderschutzrechte reichen sollte, war allerdings

527 Siehe dazu schon RG, 07.04.1910, VI 344/09, RGZ 73, 294; BGH, 02.12.2004, I ZR 30/02, GRUR 2005, 349, 352 – *Klemmbausteine III*; krit. zur rechtlichen Anerkennung des Grundsatzes der Nachahmungsfreiheit Götting/Hetmank, WRP 2013, 421, 425; Köhler, GRUR 2007, 548, 549 unter Hinweis darauf, dass das Wettbewerbsrecht keine Freiräume schaffen, sondern dem Wettbewerb Grenzen setzen wolle. Allerdings dürfte vor dem Hintergrund der übergreifenden Schutzzwecks der Sicherung eines unverfälschten Wettbewerbs, der auch den imitierenden Wettbewerb einschließt, sowie angesichts des Umstandes, dass die Nachahmung für sich genommen den Tatbestand des § 4 Nr. 3 noch nicht erfüllt, an dem Grundsatz als normatives Korrektiv festzuhalten sein.

528 BGH, 19.11.2015, I ZR 149/14, GRUR 2016, 725 Rn. 27 f. – *Pippi-Langstrumpf-Kostüm II*; BGH, 28.10.2010, I ZR 60/09, BGHZ 187, 255 Rn. 28 – *Hartplatzhelden.de*

529 Nachweise bei *Köhler*/Bornkamm/Feddersen, § 4 Rn. 3.6; weiterhin dieser Auffassung: GK/Schünemann, Einl. G Rn. 91.

530 BGH, 30.04.1998, I ZR 268/95, BGHZ 138, 349, 351 – *MAC Dog*; BGH, 10.04.2003, I ZR 276/00, GRUR 2003, 973, 974 – *Tupperwareparty*.

531 BGH, 03.05.1968, I ZR 66/66, GRUR 1968, 591, 592 – *Pulverbehälter*; BGH, 20.11.1986, I ZR 188/84, GRUR 1987, 814, 816 – *Die Zauberflöte*; BGH, 17.06.1992, I ZR 182/90, GRUR 1992, 697, 699 – *ALF* zum Urheberrecht; BGH, 22.06.1995, I ZR 119/93, GRUR 1995, 581, 583 – *Silberdiestel*; siehe dazu Köhler GRUR 2005, 548, 549 mwN; zum Markenrecht vgl. Bornkamm GRUR 2005, 97, 98.

532 BGH, 28.03.1996, I ZR 39/94, GRUR 1996, 781 – *Verbrauchsmaterialien*; BGH, 26.09.1996, X ZR 72/94, GRUR 1997, 116, 117 – *Prospekthalter*

533 BGH, 15.11.1957, I ZR 83/56, GRUR 1958, 354, 356 – *Sherlock Holmes*; BGH, 17.06.1992, I ZR 182/90, GRUR 1992, 697, 699 – *ALF*.

nicht immer eindeutig beantwortet.[534] Jedenfalls war der damals[535] wie heute[536] gebrauchte Satz, dass sich der Geltungsbereich des ergänzenden Leistungsschutzes auf Sachverhalte beschränkt, in denen zur Nachahmung weitere, außerhalb des Sonderschutzrechts liegende, die Sittenwidrigkeit begründende Umstände hinzutreten[537], in der älteren Rechtsprechung deutlich enger verstanden worden als heute. Im Ergebnis konnte der wettbewerbsrechtliche Leistungsschutz nur noch eine flankierende Funktion einnehmen. Dem verdankt sich auch der Begriff des »ergänzenden« Leistungsschutzes. Exemplarisch dafür steht die (mittlerweile ausdrücklich aufgegebene) Fallgruppe der Modeneuheiten. Hier stellte die Rspr. zur wettbewerbsrechtlichen Anerkennung nicht auf die vermeidbare Herkunftstäuschung, sondern entscheidend auf die durch den Nachahmer hervorgerufene Behinderung des Modeschöpfers ab, der darauf angewiesen sei, seinen durch die Eigenart seines Modells erzielten wettbewerblichen Vorsprung möglichst in der fraglichen Saison zu realisieren, und der um die Früchte seiner Arbeit gebracht werde, wenn Mitbewerber ihm in derselben Saison mit identischen oder nahezu identischen Nachahmungen – unter Ersparung der Entwurfskosten – Konkurrenz machten.[538] Ein weiteres Beispiel war der (zeitlich begrenzte und mittlerweile ebenfalls aufgegebene) Schutz eines Ergänzungs- und Erweiterungsbedarfs im Rahmen der Fallgruppe des »Einschiebens in eine fremde Serie«.[539]

c) Anspruchskonkurrenz

Die Rspr. des BGH hat sich mittlerweile vollständig von der These vom Vorrang der Sonderschutzrechte verabschiedet.[540] Der BGH geht nunmehr ebenso wie zahlreiche Stimmen in der Literatur[541] davon aus, dass Ansprüche aus lauterkeitsrechtlichem Nachahmungsschutz in **Anspruchskonkurrenz** neben den Ansprüchen aus den Schutzrechten stehen. Dies wird zutreffend damit begründet, dass der wettbewerbsrechtliche Leistungsschutz nach Schutzzweck, Voraussetzungen und Rechtsfolgen anders ausgestaltet ist als derjenige der Schutzrechte.[542] Ansprüche aus wettbewerbs- **347**

---

534 Dies galt insbes. für das Markenrecht, vgl. Bornkamm, GRUR 2005, 97 ff.

535 BGH, 15.11.1957, I ZR 83/56, GRUR 1958, 354, 356 – *Sherlock Holmes.*

536 BGH, 15.12.2016, I ZR 197/15, GRUR 2017, 734 Rn. 16 – *Bodendübel.*

537 BGH, 03.05.1968, I ZR 66/66, GRUR 1968, 591, 592 – *Pulverbehälter*; BGH, 23.01.1981, I ZR 48/79, GRUR 1981, 517, 519 – *Rollhocker*; BGH, 10.11.1983, I ZR 158/81, GRUR 1984, 453, 454 – *Hemdblusenkleid*; BGH, 30.11.1989, I ZR 191/87, GRUR 1992, 329, 222 – *AjS-Schriftenreihe*; siehe auch GK/Schünemann, Einl. G Rn. 84.

538 Vgl. nur BGH, 10.11.1983, I ZR 158/81, GRUR 1984, 453, 454 – *Hemdblusenkleid*; BGH, 19.01.1973, I ZR 39/71, NJW 1973, 800, 801 – *Modeneuheit*;

539 *BGH, 06.11.1963,* Ib ZR 37/62, BGHZ 41, 55, 58 – *Klemmbausteine*; BGH, 02.12.2004, I ZR 30/02, GRUR 2005, 349, 352 – *Klemmbausteine III*; BGH, 26.09.1996, X ZR 72/94, GRUR 1997, 116, 117 – *Prospekthalter.*

540 BGH, 15.12.2016, I ZR 197/15, GRUR 2017, 734 Rn. 21 – *Bodendübel*; siehe dazu Büscher GRUR 2018, 1; *Köhler*/Bornkamm/Feddersen, § 4 Rn. 3.6.

541 Vgl. nur Stieper WRP 2006, 291; Köhler GRUR 2007, 548, 549; Büscher, GRUR 2018, 1; *Köhler*/Bornkamm/Feddersen, § 4 Rn. 3.6 f.; *Ohly*/Sosnitza Einl. D Rn. 3/15; Harte/Henning/*Sambuc*, § 4 Nr. 3 Rn. 5.

542 Köhler GRUR 2007, 548, 549 f.; Büscher GRUR 2018, 1.

rechtlichem Leistungsschutz wegen der Verwertung eines fremden Leistungsergebnisses können daher unabhängig vom Bestehen von Ansprüchen aus einem Sonderschutzrecht gegeben sein. Voraussetzung ist allerdings weiterhin, dass besondere, in den Vorschriften des UWG vorausgesetzten Begleitumstände vorliegen, die außerhalb des sondergesetzlichen Tatbestands liegen.[543] Dies ist ausdrücklich für das Patentrecht[544], das Urheberrecht[545], das Markenrecht[546] und das Designrecht[547] anerkannt. Weitergehend hat die jüngste Rspr. den wettbewerblichen Leistungsschutz auch von einer zwangsläufigen Wertungsparallelität mit den Sonderschutzrechten befreit. Gesetzliche Leitentscheidungen, die sich aus den Sonderschutzrechten ergeben, sind nicht in jedem Fall auf die Ansprüche aus wettbewerblichem Leistungsschutz zu übertragen (dazu sogleich Rdn. 349 ff.).[548]

348 In umgekehrter Richtung hat sich die jüngere Rspr. auch konsequent von Fallgruppen des lauterkeitsrechtlichen Nachahmungsschutzes verabschiedet, die auch ohne das Vorliegen der in § 4 Nr. 3 vorausgesetzten besonderen Unlauterkeitsmerkmale einen Anspruch nach dieser Norm begründen konnten und seit jeher als Fremdkörper im Regelungsgefüge des § 4 Nr. 3 erschienen. So ist nunmehr die Fallgruppe der Modeneuheiten allein nach § 4 Nr. 4 unter dem Gesichtspunkt des Behinderungstatbestands zu prüfen.[549] Auch die Fallgruppe des »Einschiebens in eine fremde Serie« ist vollständig aufgegeben.[550] Schließlich kann der Rückgriff auf die Generalklausel des § 3 Abs. 1, selbst wenn dies unter dem Gesichtspunkt des unter Art. 12 GG fallenden Schutzes beruflich erbrachter Leistungen grundsätzlich denkbar wäre[551], kaum noch in Betracht

543 BGH, 15.12.2016, I ZR 197/15, GRUR 2017, 734 Rn. 19 – *Bodendübel*; BGH, 08.12.1999, I ZR 101/97, GRUR 2000, 521, 523 – *Modulgerüst*; BGH, 28.05.2009, I ZR 124/06, GRUR 2010, 80 Rn. 27 – *LIKEaBIKE*; BGH, 15.04.2010, I ZR 145/08, GRUR 2010, 1125 Rn. 22 – *Femur-Teil*; BGH, 22.03.2012, I ZR 21/11, GRUR 2012, 1155 Rn. 27 – *Sandmalkasten*; BGH, 24.01.2013, I ZR 136/11, GRUR 2013, 951 Rn. 19 – *Regalsystem*; BGH, 17.07.2013, I ZR 21/12, GRUR 2013, 1052 Rn. 18 – *Einkaufswagen III*; BGH, 22.01.2015, I ZR 107/13, GRUR 2015, 909 Rn. 18 u. 24 – *Exzenterzähne*; BGH, 04.05.2016, GRUR 2017, 79 Rn. 37 – *Segmentstruktur*; BGH, 14.09.2017, I ZR 2/16, GRUR 2017, 1135 – *Leuchtballon*.

544 BGH, 15.12.2016, I ZR 197/15, GRUR 2017, 734 Rn. 21 – *Bodendübel*; BGH, 22.01.2015, I ZR 107/13, GRUR 2015, 909 Rn. 24 – *Exzenterzähne*.

545 BGH, 12.05.2011, I ZR 53/10, GRUR 2012, 58 Rn. 37 ff. – *Seilzirkus*; BGH, 01.12.2010, I ZR 12/08, GRUR 2011, 134 Rn. 63 ff. – *Perlentaucher*.

546 BGH, 15.08.2013, I ZR 188/11, GRUR 2013, 1161 Rn. 60 – *Hard Rock Café*, allerdings zum Verhältnis des Irreführungstatbestandes nach § 5 zum Markenrecht.

547 BGH, 15.09.2005, I ZR 151/02, GRUR 2006, 79, 18 f. – *Jeans*.

548 BGH, 15.12.2016, I ZR 197/15, GRUR 2017, 734 Rn. 19 – *Bodendübel*.

549 BGH, 04.05.2016, I ZR 58/14, GRUR 2017, 79 Rn. 78 – *Segmentstruktur*.

550 BGH, 19.11.2015, I ZR 149/14, GRUR 2016, 725 Rn. 24 – *Pippi-Langstrumpf-Kostüm II*; vgl. dazu Büscher, GRUR 2018, 1, 5 f.

551 Dies soll aber nur dann der Fall sein, wenn die Gefahr eines Marktversagens besteht, d.h. aufgrund eines fehlenden rechtlichen Schutzes Investitionen in dem betreffenden Markt ausbleiben; vgl. BGH, 19.11.2015, I ZR 149/14, GRUR 2016, 725 Rn. 254 – *Pippi-Langstrumpf-Kostüm II*, dazu Stieper, GRUR 2017, 765 ff.

kommen. Dies gilt jedenfalls soweit die Sonderschutzrechte und der wettbewerbsrechtliche Leistungsschutz ausreichend Rechtsschutzmöglichkeiten gewähren.[552]

d Verbleibendes Spannungsverhältnis

Im Hinblick auf die parallele Anwendbarkeit von wettbewerbsrechtlichem Leistungsschutz und Sonderschutzrechten ergeben sich allerdings weiterhin vielfältige Spannungsverhältnisse. Dem versucht die jüngere Rechtsprechung mit dem Grundsatz beizukommen, dass Wertungswidersprüche zwischen den wettbewerbsrechtlich und den sonderschutzrechtlich begründeten Ansprüchen (möglichst) zu vermeiden sind.[553] Dabei ist jedoch eine differenzierende Analyse nach Regelungszwecken, Schutzvoraussetzungen und Rechtfolgen der sich gegenüberstehenden Rechtsmaterien vorzunehmen. Es stehen somit die Fragen nach dem zeitlichen Schutz, nach der Schutzschwelle (Grad und Maß der wettbewerblichen Eigenart) sowie der Übertragbarkeit von Schutzschranken im Mittelpunkt. Ein Automatismus, wonach die Wertungen der Sonderschutzrechte ohne weiteres auf das Wettbewerbsrecht zu übertragen wären, besteht jedenfalls nicht. **349**

Durchzusetzen scheint sich in diesem Zusammenhang zunächst die Erkenntnis, dass sich die Wertungen der Sonderschutzrechte im Hinblick auf die **Schutzschwellen** – wenn überhaupt, so doch nur sehr mittelbar[554] – auf die Regelungen des § 4 Nr. 3 auswirken. Jedenfalls stehen abweichende Schutzvoraussetzungen der parallelen Anwendbarkeit nicht entgegen.[555] Auch dürfte zweifelsfrei sein, dass **schutzrechtsspezifische Schranken**, soweit sie die Berücksichtigung von Interessen der Allgemeinheit reflektieren und auch außerhalb des jeweiligen Sonderrechtsschutz erheblich sind[556], zu berücksichtigen sind.[557] **350**

Größer Probleme stellen sich bei der Frage nach der Übertragbarkeit von immaterialgüterrechtlichen **Schutzfristen**. Der wettbewerbliche Leistungsschutz kennt eine solche **351**

552 BGH, 19.11.2015, I ZR 149/14, GRUR 2016, 725 Rn. 24 ff. – *Pippi-Langstrumpf-Kostüm II.*

553 BGH, 15.12.2016, I ZR 197/15, GRUR 2017, 734 Rn. 24 – *Bodendübel*; BGH, 23.06.2016, I ZR 241/14, GRUR 2016, 965 Rn. 23 – *Baumann II*; ebenso Köhler GRUR 2007, 548, 554; Büscher, GRUR 2018, 1, 2 ff.; Bornkamm, GRUR 2011, 1, 8; *Ohly*/Sosnitza, Einl. D Rn. 81; GK/Leistner, § 4 Nr. 9 Rn. 40 ff; Harte/Henning/Sambuc § 4 Rn. 51 ff.

554 So gewichtige Stimmen in der Lit., die angesichts der in den Schutzrechtsgesetzen definierten Schutzschwellen eine strenge Prüfung der Unlauterkeitsmerkmale verlangen, vgl. Ohly GRUR Int. 2015, 693, 698 ff. zum Urheberrecht; *Ohly*/Sosnitza, § 4 Rn. 3/15 ff.; GK/Leistner § 4 Nr. 9 Rn. 40 ff.; Beater, Rn. 1964 ff.

555 Büscher, GRUR 2018, 1, 3; Bornkamm, GRUR 2005, 97, 102; a.A. GK/Schünemann, Einl. 78, 98; s.a. zur vergleichbaren Problematik im Rahmen des § 5 Abs. 2 *Köhler*/Bornkamm/Feddersen, § 5 Rn. 9.24.

556 Keine praktische Relevanz für die Ansprüche aus § 4 Nr. 3 hat bspw.

557 Etwa das urheberrechtliche Zitatrecht (§ 51 UrhG, § 40 Nr. 3 DesignG) oder das Recht zur beschreibenden Verwendung von Marken (§ 23 Nr. 2 MarkenG).

zeitliche Begrenzung im Grundsatz zwar nicht.[558] Für den Geheimnisschutz nach § 4 Nr. 3 lit. c) liegt das bereits in der Natur der Sache und auf der Hand: der Nachahmungsschutz besteht solange, wie das betriebliche Know-how geheim ist. Für den Bereich der Herkunftstäuschung aufgrund von Produktgestaltungen ist dies allerdings nicht gleichermaßen selbstverständlich. Zwar ist auch die Herkunftstäuschung ebenso wenig wie eine Rufausbeutung oder -beeinträchtigung an eine zeitliche Befristung geknüpft. Allerdings ist dabei zu berücksichtigen, dass der wettbewerbliche Leistungsschutz im Hinblick auf die Rechtsfolgen dem absoluten Schutz immaterialgüterrechtlicher Positionen weitgehend gleichgestellt ist und zudem die tatsächlichen schutzbegründenden Voraussetzungen für den wettbewerblichen Leistungsschutz durch die Existenz von Schutzrechten maßgeblich beeinflusst werden. Hält der Schutzrechtsinhaber, der während der Laufzeit des Patentrechts gerade aufgrund dieses Schutzes typischerweise eine sehr hohe Bekanntheit seines ebenso typischerweise sehr ausgeprägt wettbewerblich eigenartigen Produkts erlangt hat, den Markt nach Ablauf des Sonderrechtsschutzes »sauber«, indem er gegen vorstoßende und imitierende Wettbewerber konsequent vorgeht, so wird er die durch das Schutzrecht begründete Marktposition ohne weiteres perpetuieren können. Daraus kann ein **»ewiger« Schutz** eines ehemals unter zeitlich begrenztem Sonderrechtsschutz stehendes Produkt folgen, solange er den Wettbewerber im Hinblick auf die technisch bedingten, aber nicht notwendigen Merkmale nur auf technisch gleichwertige Gestaltungsalternativen verweisen kann. Letztlich würde damit der Patentrechtsinhaber mit den im Rahmen des wettbewerblichen Leistungsschutzes zu berücksichtigenden Nachwirkungen seines Patents doppelt belohnt. Die jüngere Rechtsprechung will diesem Gesichtspunkt jedoch kein entscheidendes Gewicht beimessen und gewährt wettbewerbsrechtlichen Leistungsschutz nach § 4 Nr. 3, solange die Voraussetzungen der Vorschrift gegeben sind.[559] Die Wechselwirkung von Sonderrechtschutz und wettbewerbsrechtlichem Leistungsschutz sprechen allerdings dafür, die tatbestandlichen Voraussetzungen des § 4 Nr. 3 eher streng als großzügig zu handhaben.[560] Daraus könnte – wenn aufgrund der fehlenden gesetzlichen Grundlage schon keine zeitliche Begrenzung des ergänzenden Leitungsschutzes in Betracht kommt – folgen, für die Bejahung der Ansprüche aus § 4 Nr. 3 einerseits strengere Anforderungen an den Grad der wettbewerblichen Eigenart und andererseits geringere Anforderungen an den Nachahmern zu stellen, um einer Herkunftstäuschung entgegen zu wirken. Ähnlich wie im Bereich der Produkte, die wettbewerbliche Eigenart erst durch technisch bedingte Merkmale erlangen, sollte es nach Ablauf der sonderschutzrechtlichen Schutzfristen ausreichen, der Gefahr einer Herkunftstäuschung durch geeignete Maßnahmen entgegenzuwirken. Nicht erforderlich sollte es sein, dass durch die Maßnahmen die Gefahr einer Herkunftstäuschung gänzlich ausgeschlossen wird. Dem Grundsatz der Nachahmungsfreiheit kann auf diese Weise ebenso, wie dies für

558 BGH, 15.12.2016, I ZR 197/15, GRUR 2017, 734 Rn. 20 – *Bodendübel*; BGH, 22.01.2015, I ZR 107/13, GRUR 2015, 909 Rn. 23 – *Exzenterzähne*; a.A. noch für den Sonderfall des mittlerweile aufgegebenen Einschiebens in eine fremde Serie: BGH, 02.12.2004, I ZR 30/02, GRUR 2005, 349, 352 – *Klemmbausteine III*.

559 BGH, 22.01.2015, I ZR 107/13, GRUR 2015, 909 Rn. 23– *Exzenterzähne*

560 *Ohly*/Sosnitza § 4 Rn. 3/16 ff.; GK/Leistner § 4 Nr. 9 Rn. 79 ff.

den Grundsatz der Freihaltung des freien Standes der Technik anerkannt ist, die ihm gebührende Geltung verschafft werden.

e) Urheber- und Designrecht

352 Ansprüche aus wettbewerbsrechtlichem Leistungsschutz werden durch das Urheberrecht nicht verdrängt. Auch hier besteht Anspruchskonkurrenz.[561] Dies gilt entgegen der mittlerweile überholten älteren Rechtsprechung[562] auch dann, wenn urheberrechtliche Ansprüche gegeben sind. Daraus folgt, dass sich die Unlauterkeit nur aus Umständen ergeben kann, die außerhalb der urheberrechtlichen Verbotstatbestände liegen.[563] Die besonderen Unlauterkeitsmerkmale der Herkunftstäuschung oder der Rufausbeutung im Sinne des § 4 Nr. 3 werden von den urheberrechtlichen Ansprüchen nicht erfasst.[564] Im Übrigen ist allerdings zu berücksichtigen, inwieweit den urheberrechtlichen Verbotstatbeständen eine »negative Begrenzungsfunktion« gegenüber Ansprüchen aus dem UWG zukommt.[565] Die urheberrechtlichen Wertungen dürfen nicht durch den wettbewerbsrechtlichen Leistungsschutz unterlaufen werden.[566]

353 Schutzgegenstand eines Anspruchs nach § 4 Nr. 3 (»Erzeugnis«) kann grundsätzlich auch ein immaterielles Gut, mithin ein Werk im Sinne des § 2 Abs. 1 UrhG sein.[567] Der wettbewerbsrechtliche Anspruch kann sich allerdings nur gegen Waren oder Dienstleistungen richten, in denen sich dieses immaterielle Gut verkörpert. Wettbewerbliche Eigenart kann dem Schutzgegenstand auch dann zugesprochen werden, wenn er die Schutzvoraussetzungen nach § 2 Abs. 2 UrhG nicht erfüllt, mithin nicht als persönlich-geistigen Schöpfungen zu beurteilen ist. Ein Wertungswiderspruch liegt darin aufgrund der Unterschiedlichkeit der Tatbestandsmerkmale nicht.[568] Insoweit kann auch eine schlichte Kombination von einzelnen ästhetischen, nicht notwendig originellen Merkmalen geeignet sein, entweder auf die Herkunft oder auf die Besonder-

---

561 BGH, 01.12.2010, I ZR 12/08, GRUR 2011, 134 Rn. 65 – *Perlentaucher*; GRUR 2012, 58 Rn. 4 – Seilzirkus.

562 Vgl. nur BGH GRUR 1999, 325, 326 – *elektronische Pressearchive*.

563 BGH, 13.10.1965, Ib ZR 111/63, GRUR 1966, 503, 506 – *Apfelmadonna*; BGH, GRUR 1999, 325, 326 – *elektronische Pressearchive*; BGH, 19.11.2015, I ZR 149/14, GRUR 2016, 726 Rn. 12 – *Pippi-Langstrumpf-Kostüm II* mwN.

564 BGH, 01.12.2010, I ZR 12/08, GRUR 2011, 134 Rn. 65 – *Perlentaucher*; Ohly, GRUR Int. 2015, 763, 701; Stieper, GRUR 2017, 765, 766.

565 Bornkamm, GRUR 2005, 97, 98 zum Markenrecht; Stieper WRP 2006, 291, 293; ders. GRUR 2017, 765, 766.

566 Vgl. Ohly, GRUR Int. 2015, 693, 697 f.; Stieper, WRP 2006, 291, 293; ders., GRUR 2017, 765, 766; s.a. GK/Leistner § 4 Nr. 9 Rn. 84, der für einen strengen Maßstab zu Lasten wettbewerbsrechtlicher Ansprüche bei den urheberrechtlichen Leistungsschutzrechten im Hinblick auf den identischen Schutzzweck plädiert.

567 So z.B. eine literarische Figur, vgl. BGH, 19.11.2015, I ZR 149/14 GRUR 2016, 726 Rn. 15 – *Pippi-Langstrumpf-Kostüm II*, wobei die Rspr. insoweit keine geringen Anforderungen an die wettbewerbliche Eigenart des Charakters knüpft und sich insofern den urheberrechtlichen Anforderungen an die Schutzfähigkeit nähert; dazu auch Büscher GRUR 2018, 1, 5.

568 Stieper, GRUR 2017, 765, 766; ders. WRP 2006, 291, 297; Ohly GRUR Int. 2015, 693, 698; GK/Leistner, § 4 Nr. 9 Rn. 80.

heiten des Produkts hinzuweisen.[569] Allerdings gilt auch im Lauterkeitsrecht, dass bloß abstrakte Ideen einem Schutz nach § 4 Nr. 3 nicht zugänglich sind.[570] Zudem müssen die besonderen Merkmale des Produkts geeignet sein, auf ihre Herkunft hinzuweisen. Das kann nicht bei jeder persönlich-geistigen Schöpfung unterstellt werden, sondern muss im Einzelfall positiv festgestellt werden.[571] Die (selbständige) Doppelschöpfung ist im wettbewerblichen Leistungsschutz ebenso wenig geschützt wie im Urheberrecht.[572] Da der (Weiter-)Vertrieb des Originalprodukts ebenfalls keine Nachahmung darstellt, kommt den Einschränkungen der urheberrechtlichen Befugnisse, die sich aus dem Grundsatz der unionsweiten Erschöpfung (§ 17 Abs. 2 UrhG) ergeben, keine besondere Bedeutung zu.

354 Bei der Prüfung der Unlauterkeitsmerkmale können die urheberrechtlichen Wertungen berücksichtigt werden. Jedenfalls sollte angesichts der grundsätzlich bestehenden Nachahmungsfreiheit und des verfügbarem Sonderschutzes davor gewarnt werden, eine Herkunftstäuschung vorschnell anzunehmen. Insoweit bedarf es der Überprüfung, ob der **strenge Maßstab**, den die Rspr. bei ästhetischen Gestaltungen angesichts von allfälligen Ausweichmöglichkeiten an die Vermeidbarkeit der Herkunftstäuschung und etwaigen herkunftsklärenden Kennzeichen anlegt[573], weiterhin Geltung beanspruchen kann. Vergleichbare Abgrenzungsschwierigkeiten ergeben sich bei der Rufausbeutung nach § 4 Nr. 3 Buchst, b) nicht. Hier hat die Rspr. seit jeher vergleichsweise strenge Anforderungen aufgestellt (dazu § 4 Nr. 3 Rdn. 86 ff.). Augenmerk muss hier auf den Bezugspunkt des Rufs gelegt werden. Der Ruf eines Werkes speist sich im wesentlichen durch die Merkmale, welche die wettbewerbliche Eigenart begründen. Deren Übernahme reicht für sich genommen jedoch nicht für die Annahme des Rufausbeutung.[574] Bei der Rufbeeinträchtigung können unzutreffenden Zuschreibungen der Urheberschaft nach § 13 UrhG relevant werden. Allerdings ist hier sorgsam von der (bloßen) Herkunftstäuschung zu unterscheiden.

355 Zudem sind im wettbewerblichen Leistungsschutz die urheberrechtlichen **Schutzschranken** zu berücksichtigen, die spezifische Allgemeininteressen schützen (bspw. das Zitatrecht nach § 51 UrhG, tagesaktuelle Berichterstattung § 50 UrhG). Dies kann

---

569 BGH, 01.12.2010, I ZR 12/08, GRUR 2011, 134 Rn. 67 – *Perlentaucher*; BGH, 06.05.1999, I ZR 199/96, GRUR 1999, 923, 926 f. – *Tele-Info-CD*; GK/Leistner § 4 Nr. 9 Rn. 80.

570 BGH, 18.12.2008, I ZR 200/06, GRUR 2005, 166, 169 – *Augsburger Puppenkiste*; BGH, 02.12.2015, GRUR 2016, 730 Rn. 37 – *Herrnhuter Stern*; BGH, 04.05.2016, I ZR 58/14, GRUR 2017, 79 Rn. 44 – *Segmentstruktur*, mwN: »konkrete Ausgestaltung«.

571 BGH, 01.12.2010, I ZR 12/08, GRUR 2011, 134 Rn. 67 – *Perlentaucher*: kein Herkunftshinweis von kurzen schriftlichen Zusammenfassungen von Buchrezensionen; s.a. Ohly, GRUR Int. 2015, 693, 700, der darauf hinweist, dass vor diesem Hintergrund kein Stufenverhältnis zwischen Lauterkeitsrecht und Urheberrecht besteht.

572 Dies folgt aus dem Begriff der Nachahmung: dieser setzt Kenntnis des (älteren) Originalprodukts voraus, vgl. BGH, 04.05.2016, I ZR 58/14, GRUR 2017, 79 Rn. 64 – *Segmentstruktur*; s.a. *Köhler*/Bornkamm/Feddersen, § 4 Rn. 3.34.

573 BGH, 24.01.2013, I ZR 136/11, GRUR 2013, 951 Rn. 38 – *Regalsystem*; BGH, 18.12.1968, I ZR 130/66, GRUR 2969, 292, 293 – *Buntstreifensatin II*.

574 *Ohly*/Sosnitza, § 4 Rn. 3/17; ähnlich Ohly, GRUR Int. 2015, 693, 701 f.

vor allem im Rahmen der Prüfung der Unlauterkeitsmerkmale erfolgen.[575] Vor dem Hintergrund des Schutzzwecks des wettbewerbsrechtlichen Leistungsschutzes müssen neben den sachlichen Grenzen vor allem auch die zeitlichen Schranken des Urheberrechts berücksichtigt werden. Angesichts der langen urheberrechtlichen **Schutzfrist** von 70 Jahren *post mortem auctoris* wird dies angesichts kurzer Produktzyklen zwar nur selten zu Konflikten führen. Dennoch ist mit Recht vorgeschlagen worden, bei Ablauf der urheberrechtlichen Schutzfrist von einer Vermutung der Lauterkeit der geschäftlichen Handlung auszugehen.[576] Schließlich dürfen die (teilweise abschließenden) urheberrechtlichen Vorgaben des Unionsrechts in der Folge von Gewährung wettbewerbsrechtlicher Ansprüche nicht unterlaufen werden.

Vergleichbare Erwägungen gelten für die Abgrenzung der Ansprüche nach § 4 Nr. 3 zu **356** denen aus **Design- oder Gemeinschaftsgeschmacksmusterrecht**.[577] Letztere stehen wie die urheberrechtlichen Ansprüche im Grundsatz gleichberechtigt und selbständig neben dem wettbewerbsrechtlichen Leistungsschutz. Auf diese Weise können insbesondere Unterschiede zwischen den bei der Eintragung hinterlegten Mustern, auf die sich der Designschutz allein bezieht, und den tatsächlich angebotenen Originalerzeugnissen aufgefangen werden, die Gegenstand des wettbewerbsrechtlichen Leistungsschutzes sind. Der designrechtliche Begriff der Eigenart hat eine gegenüber dem wettbewerblichen Leistungsschutz abweichende Bedeutung. Er beschreibt, in welchem Maß sich das zu schützende Produkt von anderen bisher bekannten Gestaltungen abheben muss. Ein Herkunftshinweis wird dabei nicht vorausgesetzt. Die Schutzfristen von drei Jahren für das nicht eingetragene und von 25 Jahren für das eingetragene Gemeinschaftsgeschmacksmuster sowie das nationale Design sollten im Rahmen der Beantwortung der Frage, ob die Gefahr einer Herkunftstäuschung gegeben ist und inwieweit sie vermeidbar ist, ebenso Beachtung finden wie spezifische designrechtliche Schutzschranken.

Vor dem Hintergrund des äußerst niederschwelligen Schutzes, der mit Hilfe des nicht **357** eingetragenen Gemeinschaftsgeschmacksmusters erreicht werden kann, war die Berechtigung der Fallgruppe der Modeneuheiten bereits längere Zeit in Zweifel gezogen worden. Diese Fallgruppe zeichnete sich dadurch aus, dass Ansprüche nach § 4 Nr. 3 allein aufgrund einer Nachahmung hergegeben wurden, ohne dass weitere Unlauterkeitsmerkmale vorzuliegen brauchten.[578] Von dieser Fallgruppe hat sich die Rechtsprechung nunmehr völlig zurecht verabschiedet.[579]

---

575 Ohly, GRUR Int. 2015, 693, 700 fordert zum Zwecke der Berücksichtigung urheberrechtlicher Wertungen, dass die Unlauterkeitsmerkmale (Herkunftstäuschung, Rufausbeutung) in »ausgeprägter« Form vorliegen müssten.

576 Ohly, GRUR Int. 2015, 693, 698, auch für den Fall des Eingreifens von Schutzschranken.

577 Dazu ausführlich Ruhl, Art. 96 Rn. 9 ff.; Ohly GRUR 2007, 731 ff.; s.a. GK/Leistner, § 4 Nr. 9 Rn. 85 f.

578 BGH, 19.01.1973, I ZR 39/71, NJW 1973, 800, 801 – *Modeneuheit*

579 BGH 04.05.2016, I ZR 58/14, GRUR 2017, 79 Rn. 96 – *Segmentstruktur.*

f) Kennzeichenrecht

358 Zwischen Markenrecht und wettbewerbsrechtlichem Leistungsschutz bestehen ebenfalls schwierige Abgrenzungsfragen, die noch nicht abschließend geklärt sind.[580] Auch hier gilt der Grundsatz, dass Ansprüche aus diesen beiden Regelungssystemen unabhängigen von einander bestehen und in Anspruchskonkurrenz nebeneinander geltend gemacht werden können.[581] Dies folgt im Ansatz bereits aus § 2 MarkenG.[582] Nach dieser Vorschrift verdrängt das MarkenG andere Vorschriften, die Schutz von Kennzeichen begründen, nicht. Allerdings bestehen beim Kennzeichenrecht die bedeutendsten Überschneidungen mit den Schutzzwecken des wettbewerblichen Leistungsschutzes. Beide Regelungsbereiche bezwecken – trotz Unterschiede im Detail – gleichermaßen den Schutz vor Zuordnungsverwirrungen und Rufbeeinträchtigungen. Daher und angesichts des umfassenden Regelungssystems des MarkenG hat die Rspr. die These vom Vorrang der Sonderschutzrechte besonders rigoros angewandt.[583] Gleichwohl beansprucht sie für die Bestimmung des Verhältnisses von Markenrecht und wettbewerblichem Leistungsschutz keine uneingeschränkte Geltung mehr.[584] Ungeachtet dessen besteht aber weiterhin ein Bedürfnis dafür, Wertungswidersprüche zwischen Markenrecht und lauterkeitsrechtlichen Kennzeichenschutz (nach Möglichkeit) zu vermeiden.[585]

359 Praktisch bedeutsam wird diese Frage bei **Produktgestaltungen**, denen mit Hilfe der Formmarke Kennzeichenschutz zusteht. Die jüngere Rechtsprechung geht von der parallelen Anwendbarkeit des § 4 Nr. 3 aus. Dies gilt auch dann, wenn die Schutzvoraussetzungen des Markenrechts nicht erfüllt sind. Insofern lehnt sie es weitergehend ab, die Wertungen des Markenrechts in Bezug auf Eintragungshindernisse auf die Ansprüche aus wettbewerbsrechtlichem Leistungsschutz zu übertragen.[586] Dies soll nicht nur in Bezug auf das Eintragungshindernis nach Art. 7 Abs. 1 lit. e ii UMV (§ 4 Abs. 2 MarkenG), sondern in Bezug auf sämtliche schutzbegründenden Voraussetzungen des Markenrechts gelten.[587] Dem ist im Grundsatz zuzustimmen. Denn die Frage,

---

580 *Ohly*/Sosnitza Einl. Rn. 82; *Köhler*/Bornkamm/Feddersen, § 4 Rn. 3.9 und 3.30; Büscher GRUR 2018, 1.

581 BGH, 15.12.2016, I ZR 197/15, GRUR 2017, 734 Rn. 27 – *Bodendübel*; anders noch die ältere Rspr., vgl. BGH, BGHZ 149, 191, 195 f. – *MAC Dog*.

582 FBO/Fezer, Einl. 453.

583 BGH, 30.04.1998, I ZR 268/95, BGHZ 149, 191, 195 f. – *MAC Dog*; BGH, 22.11.2001, I ZR 138/99, GRUR 2002, 622, 623 – *shell.de*; vgl. dazu Bornkamm, GRUR 2005, 97, 101.

584 Büscher GRUR 2018, 1; ders. 2009, 230, 232; s.a. *Köhler*/Bornkamm/Feddersen, § 4 Rn. 3.9 f.

585 BGH, 15.12.2016, I ZR 197/15, GRUR 2017, 734 Rn. 24 – *Bodendübel*; BGH, 23.06.2016, I ZR 241/14, GRUR 2016, 965 Rn. 20 – *Baumann II*; Büscher GRUR 2018, 1, 2; ders. GRUR 2009, 230, 232 ff.; Bornkamm GRUR 2011, 1, 7; *Ohly*/Sosnitza, Einl. D Rn. 82; GK/Leistner, § 4 Nr. 9 Rn. 91 ff.

586 BGH, 15.12.2016, I ZR 197/15, GRUR 2017, 734 Rn. 27 – *Bodendübel* mwN; dazu Büscher *GRUR 2018*, 1, 2 f. vgl. auch schon Bornkamm, GRUR 2005, 97.

587 *Köhler*/Bornkamm/Feddersen, § 4 Rn. 3.10; Büscher GRUR 2018, 1, 3 unter Hinweis auf die extensive Auslegung der markenrechtlichen Schutzhindernisse in der Rspr. des EuGH.

ob eine Produktform selbst als Marke Schutz gegenüber jedermann und damit eine Produktgestaltung ewigen Kennzeichenschutz kraft Eintragung oder Bekanntheit erringen kann, beurteilt sich nach anderen und zurecht strengeren Kriterien als die Frage, ob das Angebot eines einzelnen Produkts die Gefahr einer vermeidbaren Herkunftstäuschung oder eine Rufausbeutung nach sich zieht.

Geringe praktisch bedeutsame Überschneidungsbereiche ergeben sich für **Wort- und Bildmarken** in Bezug auf den Schutz der Kennzeichen als solcher. Zwar erfasst der wettbewerbsrechtliche Nachahmungsschutz auch immaterielle Leistungsergebnisse[588], so dass prinzipiell auch Kennzeichen in den Anwendungsbereich des § 4 Nr. 3 fallen können.[589] Allerdings wird hier angesichts der fast deckungsgleichen Schutzzwecke (Zuordnungsschutz und Rufsicherung) für die Anwendung des wettbewerbsrechtlichen Leistungsschutzes wenig Raum bleiben.[590] Jedenfalls sind strenge Anforderungen an die Annahme der Unlauterkeit zu stellen.[591] Stützen lässt sich dieses Ergebnis auf die insoweit erschöpfenden Regelungen des Kennzeichenrechts.[592] Nach einer vereinzelt gebliebenen Rechtsprechung kann allerdings auch die Nachahmung eines Kennzeichens in den Anwendungsbereich des § 4 Nr. 3 fallen; dies habe jedenfalls dann zu gelten, wenn markenrechtlicher Schutz nicht bestehe.[593] **360**

g) Patentrecht

Die Abgrenzungsschwierigkeiten zwischen Patentrecht und wettbewerbsrechtlichem Leistungsschutz nach § 4 Nr. 3 haben erhebliche praktische Relevanz. Dies beruht auf dem einerseits inhaltlich besonders starken aber andererseits im Vergleich zum Urheber- oder Markenrecht verhältnismäßig kurzen Schutz bei gleichzeitiger Veröffentlichung der geschützten technischen Lehre. Dies erleichtert imitierenden Wettbewerb nach Ablauf des Patentschutzes. **361**

Im Ausgangspunkt kann einem Produkt, das durch ein Patent geschützt ist oder war, auch wettbewerbsrechtlicher Nachahmungsschutz zugesprochen werden. Ein prinzipieller Vorrang der Regelungssystematik des Patentrechts besteht zwar nicht (s.o. **362**

---

588 Vgl. BGH 19.11.2015, I ZR 149/14, GRUR 2016, 725 Rn. 15 f. – *Pippi-Langstrumpf-Kostüm II* mwN.

589 BGH, 10.04.2003, I ZR 276/00, GRUR 2003, 973, 974 – *Tupperwareparty*; a.A. Stieper, WRP 2006, 291, 301 f.; Harte/HenningSambuc, § 4 Nr. 3 Rn. 45 ff.; zweifelnd auch Büscher GRUR 2009, 230, 234.

590 BGH, 30.04.1998, I ZR 268/95, GRUR 1999, 161, 162 – *MAC Dog*; BGH, 30.04.2009, I ZR 42/07, GRUR 2009, 1162 Rn. 40 – *DAX* mwN; *Köhler*/Bornkamm/Feddersen, § 4 *Rn. 3.11; Ohly*/Sonitza Einl. D Rn. 82, § 4 Nr. 3 Rn. 3/19; GK/Leistner § 4 Nr. 9 Rn. 96; Bornkamm GRUR 2005, 97, 102.

591 Büscher GRUR 2009, 230, 234.

592 Büscher GRUR 2009, 230, 234; Ohl/Sosnitza, § 4 Nr. 3 Rn. 3/19.

593 BGH, 10.04.2003, I ZR 276/00, GRUR 2003, 973, 974 – *Tupperwareparty*, dabei ist jedoch offen geblieben, ob der lauterkeitsrechtliche Nachahmungsschutz auch dann ausgeschlossen ist, wenn zwar grundsätzlich von einer Schutzfähigkeit auszugehen wäre, der Berechtigte aber diesen Schutz nur nicht in Anspruch genommen hat oder die Voraussetzungen für den Bekanntheitsschutz im Einzelfall nicht vorliegen.

Rdn. 347). Allerdings gilt auch im wettbewerbsrechtlichen Leistungsschutz der Grundsatz, dass der freie Stand der Technik, d.h. soweit er nicht (mehr) unter Patentschutz steht, freizuhalten ist.[594] Dieser Grundsatz gilt allerdings nicht schrankenlos. Nach gefestigter Rechtsprechung lassen sich Ansprüche aus wettbewerbsrechtlichem Nachahmungsschutz nicht auf Merkmale stützen, die **technisch notwendig** sind. Diese können dem Produkt keine wettbewerbliche Eigenart verleihen. Technisch notwendig ist ein Merkmal, wenn es bei gleichartigen Erzeugnissen aus technischen Gründen zwingend verwendet werden muss.[595] **Technisch bedingte** Merkmale hingegen sind geeignet, wettbewerbliche Eigenart zu begründen. Dabei handelt es sich um solche Merkmale, die eine technische Funktion erfüllen, aber in ihrer äußeren Gestaltung frei austauschbar sind. Es muss also eine (technisch gleichwertige) Gestaltungsalternative bestehen, mit der keine Qualitätseinbußen verbunden sein dürfen. Ist dies der Fall und legt der Verkehr wegen dieser Merkmale Wert auf die Herkunft der Erzeugnisse aus einem bestimmten Unternehmen oder verbindet er mit ihnen gewisse Qualitätserwartungen, so ist der Tatbestand des § 4 Nr. 3 eröffnet. Daraus folgt, dass im Einzelfall auch die technischen Merkmale für die Beurteilung der wettbewerblichen Eigenart berücksichtigt werden können, die ebenso patentrechtsbegründend wirken. Dabei darf allerdings nicht unberücksichtigt bleiben, inwiefern der Markt durch alternative Gestaltungsformen bereits anderweitig durch Dritte besetzt ist und inwiefern ein Verweis auf solche Alternativen möglicherweise Rechte Dritter berührt. Derartige Einschränkungen sind vom Nachahmer darzulegen und ggfls. zu beweisen.

363 Die Unterscheidung zwischen technisch bedingten und technisch notwendigen Merkmalen kann für sich in Anspruch nehmen, klare Abgrenzungen hervorzubringen. Da jedoch bei den allermeisten technischen Merkmalen die eine oder andere technisch gleichwertige Gestaltungsalternative besteht, wird oftmals eine wettbewerbliche Eigenart begründet werden können.[596] Dem Grundsatz der Freihaltung des freien Stands der Technik wird zu Recht weitergehend dadurch Rechnung getragen, dass höhere Anforderungen an das Vorliegen der Gefahr einer vermeidbaren Herkunftstäuschung gestellt werden. Die vom Nachahmer getroffenen Maßnahmen zur Vermeidung der Herkunftstäuschung müssen die Gefahr der Herkunftstäuschung nicht ausschließen. Es genügt vielmehr, wenn ihr in zumutbarem Umfang entgegengewirkt wird. Dabei gelten unterschiedliche Maßstäbe je nachdem, welchen Abstand das nachahmende Produkt vom Originalprodukt wahrt. Handelt es sich nur um eine (nahezu) identische Maßnahme, so sind strengere Maßstäbe als bei einer nachschaffenden Nachahmung anzulegen.[597] Weitergehend sollte bei der Beurteilung Unlauterkeitsmerkmale auch berücksichtigt werden, wie lange die Schutzfrist bereits abgelaufen ist. Insofern kann die Wechselwirkungslehre um ein zeitliches Moment wegen der bereits oben

---

594 Vgl. nur BGH, 15.12.2016, I ZR 197/15, GRUR 2017, 734 Rn. 19 – *Bodendübel*; BGH, 22.01.2015, I ZR 107/13, GRUR 2015, 909 Rn. 35 – *Exzenterzähne*.

595 BGH, 15.12.2016, I ZR 197/15, GRUR 2017, 734 Rn. 21 – *Bodendübel* mwN.

596 *Vgl. zur parallelen Problematik* beim Gemeinschaftsgeschmackmusterrecht, Art. 8 Abs. 1 GGV; dazu EuGH, 08.03.2018, C-395/16, GRUR 2018, 612 Rn. 30 – *DOCERAM*.

597 BGH, 14.09.2017, I ZR 2/16, GRUR 2017, 1135 Rn. 40 ff. – *Leuchtballon*.

(Rdn. 351) genannten tatsächlichen Rückkopplungen zwischen patentschutz- und leistungsschutzbegründenden Merkmalen ergänzt werden.

3. Irreführung

Der wettbewerbsrechtliche Irreführungsschutz nach § 5 Abs. 2 steht ebenfalls in Konkurrenz zu den Sonderschutzrechten, insbesondere zu kennzeichenrechtlichen Ansprüchen.[598] Nach § 5 Abs. 2 ist eine geschäftliche Handlung auch dann irreführend, wenn sie im Zusammenhang mit der Vermarktung von Waren oder Dienstleistungen einschließlich vergleichender Werbung eine Verwechslungsgefahr mit der Marke oder einem anderen Kennzeichen eines Mitbewerbers hervorruft. Schon der Begriff der Verwechselungsgefahr verweist auf die parallelen Schutzzwecke. Insoweit kann von einem Vorrang des Kennzeichenrechts bereits im Ansatz keine Rede mehr sein.[599] Auf Grund der mit § 5 ins deutsche Recht umgesetzten Bestimmungen der UGP-Richtlinie bestehen der individualrechtliche Schutz aus dem Markenrecht und der lauterkeitsrechtliche Schutz nach dem Gesetz gegen den unlauteren Wettbewerb vielmehr nebeneinander.[600] Folge dessen ist, dass nicht nur der verletzte Markenrechtsinhaber, sondern auch jeder Mitbewerber oder sogar klagebefugte Verbände Markenrechtsverletzungen geltend machen können; und dies selbst dann, wenn sich der Schutzrechtsinhaber gegen die Durchsetzung seiner Rechte entscheidet. Dies wirft ebenso wie im Verhältnis zum wettbewerbsrechtlichen Leistungsschutz die Frage auf, ob und inwieweit die Wertungen des Kennzeichenrechts ihren Niederschlag im lauterkeitsrechtlichen Irreführungstatbestand finden. Diese Frage wird positiv dahingehend beantwortet, dass im Rahmen des § 5 Abs. 2 jedenfalls die Grundsätze über das Recht der Gleichnamigen, die Wirkungen von Abgrenzungsvereinbarungen sowie die Befugnis des Rechtsinhabers zur Erteilung von Lizenzen berücksichtigt werden müssen. Soweit Irreführungen in diesem sachlichen Zusammenhang auftreten, sind sie hinzunehmen.[601] **364**

II. Wettbewerbsrecht und Kartellrecht

Das lauterkeitsrechtliche Wettbewerbsrecht (im folgenden Abschnitt »Lauterkeitsrecht«) **365** und das kartellrechtliche Wettbewerbsrecht (im folgenden Abschnitt »Kartellrecht«) weisen nach Schutzgegenstand und Verbotsnormen vielfältige Überschneidungsbereiche auf. Diese sind vielfach historisch bedingt, da sich vor Inkrafttreten der kartellrechtlichen Verbotsgesetze eine Sanktionierung zahlreicher danach verbotener Verhaltensweisen nur mit Hilfe des UWG bewerkstelligen ließ.[602] Die Nähe der beiden Rechtsmaterien tritt mit der kartellrechtlichen Inbezugnahme des Begriffs des lauteren

598 Dazu eingehend Bornkamm GRUR 2011, 1 ff.; s.a. Büscher GRUR 2009, 230, 236; *Köhler*/Bornkamm/Feddersen § 5 Rn. 0.111.

599 Bornkamm GRUR 2011, 1, 2; ausführlich dazu Goldmann GRUR 2012, 857, 859 f.

600 BGH, 15.08.2013, I ZR 188/11, BGHZ 198, 159 Rn. 60 – *Hard Rock Café*; BGH, 23.06.2016, I ZR 241/14, GRUR 2016, 965 Rn. 20 – *Baumann II*; *Ohly*/Sosnitza, Einl. D Rn. 82; *Köhler*/Bornkamm/Feddersen, § 5 Rn. 9.8 ff.

601 *Köhler*/Bornkamm/Feddersen § 5 Rn. 9.12 ff.

602 Immenga/Mestmäker/*Fuchs*, § 19 Rn. 50; Harte/Hennig/*Ahrens* Einl. G. Rn. 111.

Wettbewerbs in den nach § 24 Abs. 2 GWB gestatteten Wettbewerbsregeln, der Schaffung neuer Befugnisse des BKartA zur Sicherung des Verbraucherschutzes in § 34g GWB sowie in den Überschneidungen zwischen den kartellrechtlichen und lauterkeitsrechtlichem Behinderungsverbot oder der Fallgruppe der »allgemeinen Marktstörung« im Rahmen des § 3 besonders deutlich zu Tage.

1. Schutzgegenstände

366 Lauterkeitsrecht und Kartellrecht schützen gleichermaßen den unverfälschten Wettbewerb. Die Auffassung, wonach das Kartellrecht den Markt als Institution während das Lauterkeitsrecht die individuellen wirtschaftlichen Handlungsfreiheiten schütze, ist überholt.[603] Beide Regelungsmaterien dienen gleichermaßen dem Schutz der Wahrnehmung unternehmerisch-individueller Wettbewerbsfreiheiten und setzten die wettbewerblichen Marktfunktionen als Institution voraus.[604] Das Kartellrecht bezieht ebenso wie das Lauterkeitsrecht die Mitbewerber in den Schutzbereich der Verbote ein. Dies wird anhand der in beiden Gesetzen gleichermaßen gewährten Unterlassungs-, Beseitigungs- und Schadensersatzansprüche von betroffenen Mitbewerbern deutlich. In Bezug auf den mit den Verboten bezweckten Verbraucherschutz geht das Kartellrecht jedoch weiter als das Lauterkeitsrecht und gewährt auch den Endabnehmern jedenfalls Schadensersatzansprüche nach § 33c. Der Institutionenschutz beider Gesetze spiegelt sich in der gleichermaßen bestehenden Klagebefugnis der Verbände nach § 8 Abs. 3 und § 33 Abs. 3 GWB wider.

367 Jenseits davon und ausgehend von diesen Gemeinsamkeiten ergeben sich allerdings jeweils spezielle **Schutzzwecke**. Das Kartellrecht will mit Hilfe des Verbots wettbewerbsbeschränkender Vereinbarungen (§§ 1, 2 GWB, Art. 101 AEUV), des Verbots der Missbrauchs marktbeherrschender Stellungen (§§ 19, 20 GWB, Art. 102 AEUV) und der Fusionskontrolle (§§ 35 ff. GWB/FKVO) verhindern, dass Unternehmen zum Nachteil ihrer Mitbewerber Marktstrukturen schaffen oder bereits bestehende Marktstrukturen, in denen Verhaltensspielräume vom Wettbewerb nicht hinreichend kontrolliert sind, in der Weise ausnutzen, dass noch bestehender Restwettbewerb geschwächt wird. Im Kern geht es im Kartellrecht darum, die Vermachtung von Märkten und einer daraus folgenden Störung der Marktmechanismen (insbesondere der Koordinierungsfunktion von Angebot und Nachfrage) zu verhindern. Im Vordergrund steht damit die Marktstrukturkontrolle, während die Verhaltenskontrolle nicht jeden Marktteilnehmer erfasst, sondern an das Vorliegen besonderer Marktmacht anknüpft. Demgegenüber schützt das Lauterkeitsrecht bestimmte wettbewerbliche Handlungsspielräume von Mitbewerbern und verbietet es, Wettbewerbsvorsprünge mit unlauteren Mitteln (Leistungsübernahme, Behinderung oder Rechtsbruch) zu erzielen. Zu diesem Zweck benennt das Gesetz einzelne Handlungen, die es als unlauter qualifiziert und der Verhaltenskontrolle durch Mitbewerber unterzieht. Das damit ausgesprochene Unwertur-

---

603 *GK/Schünemann Einl. G* Rn. 31 f., Harte/Henning/*Ahrens* Einl. G Rn. 111.
604 Immenga/Mestmäker/*Fuchs*, § 19 Rn. 48; zum Begriff des Wettbewerbs grundlegend Mestmäcker/Schweitzer, § 3 Rn. 8 ff.; s.a. *Köhler*/Bornkamm/Feddersen, Einl. Rn. 1.2 ff.

teil beruht jedoch nicht zwingend auf einer mit den verbotenen Handlungen verbundenen, kartellrechtlich relevanten Gefährdung von Marktfunktionen oder -strukturen. Umgekehrt aber dürfte jedes Verhalten, dass aus kartellrechtlichen Gründen untersagt ist, von vornherein unlauter im Sinne des § 3 Abs. 1 sein. Der Schutzbereich, den das Lauterkeitsrecht um den wirksamen Wettbewerb legt, ist damit tendenziell weitreichender als derjenige des Kartellrechts.[605]

Beiden Systemen ist aber der Grundsatz eigen, wonach das Recht kein Mittel dafür bietet, die einmal erreichte Marktstellung abzusichern.[606] Vielmehr kann jede im Wettbewerb errungene Marktstellung durch rechtmäßig vorstoßenden Wettbewerb ebenso angegriffen werden. Es ist nicht Aufgabe des Wettbewerbsrechts, den Bestand bestehender wettbewerblicher Strukturen zu bewahren und wirtschaftlichen Entwicklungen entgegenzusteuern, in denen die bisherigen Marktteilnehmer mit Recht eine Bedrohung ihres Kundenstammes erblicken. Denn es ist gerade Sinn der Wettbewerbsrechtsordnung, dem freien Spiel der Kräfte des Marktes im Rahmen der gesetzten Rechtsordnung Raum zu gewähren.[607] **368**

2. Anspruchskonkurrenz

Im Kern besteht weitgehend Einigkeit darüber, dass beide Regelungsmaterien grundsätzlich selbständig nebeneinander stehen, ohne dass sich die Ansprüche oder Verbote wechselseitig ausschließen.[608] Dies gilt allerdings nicht für das Verhältnis des nationalen Lauterkeitsrechts zum europäischen Kartellrecht. Aus dem Grundsatz des Vorrangs des Unionsrechts folgt, dass nationales Lauterkeitsrecht ungeachtet der Tatsache, dass es sich beim ihm um weitegehend vollharmonisiertes Unionsrecht handelt, der Anwendung des Unionskartellrechts niemals entgegen stehen kann oder dessen effektive Durchsetzung beeinträchtigen darf. Etwaige Konkurrenzen sind hier innerhalb des Unionsrechts aufzulösen. **369**

Trotz der Selbständigkeit beider Regelungssysteme muss den einheitlichen Schutzwecken Rechnung getragen werden. Bei der Beurteilung der Zulässigkeit individueller Verhaltensweisen eines Unternehmens sind die Wertungen des Lauterkeits- und des Kartellrechts mit einander abzugleichen und Wertungswidersprüche zu vermeiden.[609] Dies gilt selbstverständlich nicht für die Fälle, in denen sich aus den einzelnen Schutz- **370**

605 Ähnlich GK/Schünemann Einl. G Rn. 48 im Anschluss an Baudenbacher ZHR 144 (1980) 145, 170.

606 BGH, 24.06.2004, I ZR 26/02, GRUR 2004, 877 – *Werbeblocker*, mwN.

607 BGH, 20.11.2003, I ZR 151/01, GRUR 2004, 602, 604 – *20 Minuten Köln*, mwN; BGH, 12.10.1989, I ZR 155/87, GRUR 1990, 44, 45 – *Annoncen-Avis*; BGH, 14.03.1991, I ZR 55/89, GRUR 1991, 767 – *Motorboot-Fachzeitschrift*; BGH, 19.04.2018, I ZR 154/16, GRUR 2018, 1251 Rn. 45 – *Werbeblocker II*.

608 Köhler WRP 2005, 645, 647 ff.; *Köhler*/Bornkamm/Feddersen, Einl. Rn. 6.11 ff.; *Ohly*/Sosnitza, Einl. 73; Hart/Henning/*Ahrens* Einl. G. Rn. 112; aA GK/Schünemann Einl. G Rn. 47, 57, 62: Gesetzeskonkurrenz, wobei das GWB gegenüber dem UWG die speziellere Regelungsmaterie sei und insofern von einer Subsidiarität des Lauterkeitsrechts auszugehen sei.

609 Immenga/Mestmäcker/*Fuchs*, § 19 Rn. 240 f.

zwecken und Tatbestandsvoraussetzungen unterschiedliche gesetzliche Bewertungen desselben Verhaltens ableiten lassen. Praktische relevante Konfliktzonen entstehen vor allem dort, wo ein beanstandetes Verhalten kartellrechtlich nicht verboten ist. Hier ist jeweils genau zu prüfen, ob und inwieweit die lauterkeitsrechtlichen Schutzzwecke es rechtfertigen, wirtschaftliche Handlungsfreiheiten einzugrenzen. Damit ist das Potential des Lauterkeitsrechts beschrieben, seinerseits wettbewerbsbeschränkend zu wirken.[610]

3. Einzelheiten

a) Behinderungsverbot

371 Die größten Überschneidungsbereiche zwischen Lauterkeitsrecht und Kartellrecht liegen auf den Gebieten von kartellrechtlicher Verhaltenskontrolle, namentlich den Behinderungs- und Diskriminierungsverboten (§§ 19, 20 GWB), einerseits und lauterkeitsrechtlichem Behinderungsverbot (§ 4 Nr. 4) andererseits. Allerdings ist zu beachten, dass die kartellrechtliche Verhaltenskontrolle enger ist als das lauterkeitsrechtliche Behinderungsverbot. Dies folgt daraus, dass sich die Missbrauchs- und Diskriminierungsverbote nach § 19 GWB, Art 102 AEUV an marktbeherrschende und die Behinderungs- und Diskriminierungsverbote nach § 20 Abs. 1 bis IV GWB an Unternehmen mit relativer oder überlegener Marktmacht richten. Sind die im GWB vorausgesetzten Marktmachtkriterien erfüllt, so lässt sich eine deutliche Wechselbezüglichkeit von Lauterkeits- und Kartellrecht feststellen.[611] Soweit die kartellrechtlichen Verbotstatbestände eine unbillige Behinderung verlangen, werden diese Begriffe oft mit Hilfe der Schutzzwecke der benachbarten Regelungsmaterien konkretisiert.[612] Dies spiegelte sich lange Zeit in der kartellrechtliche Rspr. zur Behinderung durch Kampfpreisunterbietung (§ 20 Abs. 1 GWB aF) wider, die maßgeblich von der engen Auslegung des § 4 Nr. 4 beeinflusst war.[613] Ähnliche Wertungsparallelen gelten für das Boykottverbot nach § 21 GWB, Art. 101 AEUV, das typischerweise die Mitbewerberbehinderung nach § 4 Nr. 4 erfüllt.[614] Angesichts der lauterkeitsrechtlichen Parallelvorschriften, denen bereits abstrakt-generelle Unwerturteile entnommen werden können, sind in der Rspr. weitreichende Vermutungen der kartellrechtlichen Unbilligkeit des in Rede stehenden Verhaltens anerkannt.[615] Es ist dann Sache des in Anspruch genommenen, die Vermutung

---

610 Vgl. Langen/Bunte/Bornkamm/Tolkmitt, § 32e, Rn. 34 ff.; insoweit besteht kein Grund, die lauterkeitsrechtlichen Verbote als »Vorfeldschutz« zur Verhinderung »allgemeiner Marktstörungen« und in Ergänzung kartellrechtlicher Verbote zu instrumentalisieren; Immenga/Mestmäcker/*Fuchs*, § 19 Rn. 52; GK/Schünemann Einl. G Rn. 52; Harte/Henning/*Ahrens* Einl. G 114.

611 Hart/Henning/*Ahrens* Einl. G Rn. 111 mit Verweis auf BGH, 28.02.1985, I ZR 174/82, GRUR 1985, 883, 885 – *Abwehrblatt I*; BGH, 10.12.1985, KZR 22/85; GRUR 1986, 397, 399 – *Abwehrblatt II*.

612 Siehe dazu bei *Köhler*/Bornkamm/Feddersen, § 4 Nr. 4 Rn. 4.18 und Einl. Rn. 6.17.

613 Siehe dazu krit. Langen/Bunte/*Nothdurft*, § 19 Rn. 343 f., der vor dem Hintergrund des § 20 *Abs. 3 für einen kartellrechtsspezifischen* Begriff der Unbilligkeit plädiert.

614 Langen/Bunte/Nothdurft, § 21 Rn. 42.

615 Immenga/Mestmäcker/*Fuchs*, § 19 Rn. 240 f.

der Unbilligkeit zu entkräften.[616] Umgekehrt orientierte sich die Rspr. zur passiven Diskriminierung (Verlangen marktstarker Nachfrager nach Einräumung ungerechtfertigter Vorteile, »Anzapfverbot«) im Rahmen des § 4 Nr. 4 an den kartellrechtlichen Wertungen. Ein Verstoß gegen §§ 19 ff. GWB wird typischerweise auch den Tatbestand des § 4 Nr. 4 erfüllen. Sind die Marktmachtkriterien nicht erfüllt, bleibt nur der Rückgriff auf § 4 Nr. 4, der allerdings kein allgemeines Diskriminierungsverbot vorsieht.[617]

Aber auch jenseits der kartellrechtlichen Vorschriften zur Verhaltenskontrolle markt- **372**
mächtiger und marktstarker Unternehmen nach §§ 19, 20 GWB bestehen Überschneidungen zum Lauterkeitsrecht. Schließen Unternehmen wettbewerbsbeschränkende Abreden im Sinne des § 1 GWB, Art. 101 AEUV, kann der Tatbestand der Mitbewerberbehinderung nach § 4 Nr. 4 erfüllt sein. In der Beschränkung bestimmter wettbewerblicher Parameter kann insbesondere dann eine gezielte Behinderung von Mitbewerbern erblickt werden, wenn auf diese Weise Kartellaußenseiter vom Markt gedrängt werden sollen. Untersagt der Vertrag ein Verhalten, dass gegen §§ 3 ff. verstößt, liegt nach dr Rspr. darin keine Wettbewerbsbeschränkung begründet, weil § 1 GWB nur rechtlich erlaubten Wettbewerb schützt.[618] Praktisch bedeutsamer ist jedoch die parallele Anwendbarkeit des lauterkeitsrechtlichen Behinderungsverbots im Hinblick auf die nach § 1 GWB und Art. 101 AEUV verbotenen vertikalen Wettbewerbsbeschränkung (selektive Vertriebssysteme, exklusive Bezugs- und Liefervereinbarungen).

b) Generalklausel

Besonderes Augenmerk bedarf auch das Verhältnis der Generalklausel des § 3 Abs. 1 **373**
zu den kartellrechtlichen Verbotstatbeständen. Die Versuchung ist groß, bestimmte Handlungen, die sich nicht unter die besonderen Verbotstatbestände der §§ 3a ff. subsumieren lassen, mit Hilfe der **Generalklausel des § 3 I** zu verbieten. Insofern besteht jedoch die Gefahr, mit Hilfe eines unkonturierten Begriffs der Unlauterkeit wirtschaftliche Handlungsfreiheiten ohne hinreichenden sachlichen Grund zu beschränken. Hier bedarf es jeweils der eingehenden Prüfung, ob die mit den Mitteln des Lauterkeitsrechts angestrebten Ziele nicht besser den Marktkräften mit ihren selbstregulierendem Potential überlassen bleiben.[619]

c) Rechtsbruch

Im Hinblick auf den Rechtsbruchtatbestand des § 3a geht die Rechtsprechung davon **374**
aus, dass dieser keine Anwendung findet, wenn ein Verhalten bereits unter einen kartellrechtlichen Verbotstatbestand fällt.[620] Für eine doppelte Sanktionierung besteht

616 Langen/Bunte/*Nothdurft*, § 21 Rn. 42.
617 *Köhler*/Bornkamm/Feddersen Einl. Rn. 6.17; siehe aber die Einbeziehung des § 19 AGG als Marktverhaltensregelung in den Rechtsbruchtatbestand des § 3a.
618 Nachweise bei Köhler/Bornkamm/Feddersen, Einl. Rn. 6.14.
619 So auch GK/Schünemann, Einl. G Rn. 56; *Köhler*/Bornkamm/Feddersen, Einl. Rn. 6.13; Harte/Henning/*Ahrens* Einl. G Rn. 114.
620 BGH, 07.02.2006, KZR 33/04, BGHZ 166, 154 Rn. 13 ff – *Probeabonnement* mwN.

angesichts der umfassenden Regelung der privatrechtlichen Rechtsfolgen in den §§ 33 ff. GWB schlicht kein Bedürfnis, auch wenn es sich bei einem Verstoß gegen kartellrechtliche Verbote um eine Verletzung von Marktverhaltensregeln handelt. Eine Gefahr der Ausweitung des Kreis der Anspruchsberechtigten besteht allerdings, seit das GWB in § 33 Abs. 4 auch das ebenso wie bei § 8 Abs. 3 auf Unterlassungs- und Beseitigungsansprüche beschränkte Instrument der Verbandsklage kennt, nicht mehr. Für das beihilferechtliche Durchführungsverbot nach Art. 108 Abs. 3 Satz 3 AEUV geht die Rspr. indes davon aus, dass es sich dabei um eine Marktverhaltensregelung im Sinn des § 3a handelt.[621] Begründet wird dies damit, dass das **Beihilfenrecht** der Union keine anschließende Regelung der zivilrechtlichen Ansprüche vorsieht, die Mitbewerber bei einem Verstoß gegen das Verbot geltend machen können.

III. Wettbewerbsrecht und Bürgerliches Recht

1. Deliktsrecht

375 Das Regelungen des UWG stellen mit Ausnahme der Straftatbestände der §§ 16 ff. zumindest auch Sonderprivatrecht[622] dar. Die Rspr. begreift das UWG bislang spezifischer als Sonderdeliktsrechts.[623] Rechtshistorisch verdankt es sich maßgeblich der spezialgesetzlichen Erweiterung ursprünglich über § 826 BGB und den eingerichteten und ausgeübten Gewerbebetrieb im Sinne des § 823 Abs. 1 BGB erfasster unternehmensspezifischer Unrechtssachverhalte.[624] Das erklärt, weshalb ein Wettbewerbsverhalten zugleich einen Tatbestand des UWG und die Voraussetzungen der §§ 823, 824 oder 826 BGB erfüllen kann. Praktische Bedeutung erlangt die Abgrenzung vor dem Hintergrund des auf Mitbewerber und Verbände beschränkten persönlichen Anwendungsbereichs der §§ 8, 9 für die Anspruchsberechtigung sowie angesichts der kurzen lauterkeitsrechtlichen Frist des § 11 insbesondere für die Verjährung.

376 Im Ausgangspunkt bestimmen Schutzzweck und Rechtsnatur das Verhältnis von bürgerlichem Recht zum Wettbewerbsrecht. Aufgrund des historisch bedingten Gleichlaufs führt dies allerdings nicht sehr viel weiter. Vielmehr ist von dem Grundsatz ausgehen, dass die lauterkeitsrechtlichen Vorschriften die Anwendung der Vorschriften des bürgerlichen Rechts nicht schlechthin als Spezialgesetze ausschließen, wenn eine geschäftliche Handlung vorliegt. Vielmehr ist jeweils zu prüfen, ob eine der Bestimmungen als erschöpfende und deshalb die anderen ausschließende Regelung der jeweiligen Teilfrage

---

621 BGH, 10.02.2011, I ZR 136/09, GRUR 2011, 444 Rn. 53 – *Flughafen Frankfurt-Hahn.*

622 *Köhler*/Bornkamm/Feddersen, Einl. Rn. 7.1; GK/Schünemann Einl. G Rn. 111.

623 BGH, 20.12.1963, Ib ZR 104/62 GRUR 1964, 316, 318 – *Stahlexport*; BGH, 10.01.2013, I ZR 190/11, GRUR 2013, 945 Rn. 23 – *Standardisierte Mandatsbearbeitung*; zurückhaltender allerdings BGH, 10.02.2011, I ZR 136/09, GRUR 2011, 444 Rn. 56 – *Flughafen Frankfurt-Hahn*; *Köhler*/Bornkamm/Feddersen, Einl. Rn. 7.2; *Ohly*/Sosnitza Einl. D Rn. 56; Harte/Hennig/*Ahrens*, Einl. Rn. 7.2; krit. dazu GK/Schünemann Einl. G Rn. 102 ff.: Wettbewerbsrecht unter Einschluss des Kartellrechts als Rechtsgebiet eigener Art.

624 Ausführlich zur Geschichte des Lauterkeitsrecht *Köhler*/Bornkamm/Feddersen Einl. Rn. 1.35 ff.

anzusehen ist.[625] Allein aus dem Umstand, dass ein Verhalten gegen Vorschriften des Lauterkeitsrechts verstößt, kann jedenfalls nicht geschlossen werden, dass Art und Maß der sich daran anknüpfenden Haftung in jedem Fall dort abschließend geregelt sind.[626] Eine systematische Abgrenzung hat die Rspr. auf dieser Grundlage allerdings bislang noch nicht entwickelt.

Dort, wo die Vorschriften des UWG als Sonderdeliktsrecht keine abschließenden Rege- **377**
lungen vorsehen, steht nach danach der Rückgriff auf die deliktsrechtlichen Vorschriften des BGB sowie anderer privatrechtlicher Vorschriften offen.[627] Das gilt bspw. für Fragen der Zurechnung, für die die §§ 827 f. BGB gelten, für die Haftungsregeln, die sich nach den allgemeinen deliktischen Grundsätzen der §§ 830, 840 BGB richten[628], oder auch für die Fragen der Verjährung. Hier können sich allgemeines Deliktsrechts und UWG wechselseitig beeinflussen. Finden auf ein Verhalten neben den wettbewerbsrechtlichen Vorschriften auch §§ 823 ff. BGB Anwendung, so ist keineswegs gesagt, dass sich die Verjährung nach der regelmäßigen Frist der §§ 195, 199 BGB richtet. Vielmehr kann im Einzelfall zur Vermeidung von Wertungswidersprüchen auch die kurze Frist des § 11 gelten. Steht ein Anspruch aus § 823 Abs. 2 BGB in Rede und ist die verletzte Norm sowohl ein Schutzgesetz im Sinne des § 823 Abs. 2 BGB als auch eine Marktverhaltensregelung im Sinne des § 3a UWG, ist danach zu entscheiden, ob der Schwerpunkt des Unrechtsgehalts der verletzten Norm im Lauterkeitsrecht liegt. Nur wenn dies der Fall ist, gilt die kurze Verjährungsfrist des § 11 UWG.[629] Bei Konkurrenz zwischen §§ 824, 826 BGB mit wettbewerbsrechtlichen Ansprüchen verjähren die bürgerlich-rechtlichen Ansprüche in jedem Fall nach der längeren Frist der §§ 195, 199 BGB, um den Schädiger nicht unbillig zu privilegieren.[630]

Auch wenn der Anwendungsbereich des UWG nicht eröffnet ist, etwa weil keine **378**
geschäftliche Handlung vorliegt oder die beanstandete Handlung nicht durch einen Mitbewerber begangen wird, bleibt Raum für die Anwendbarkeit der Vorschriften des allgemeinen Deliktsrechts.[631] Gleiches gilt, wenn die Unterlassungs- oder Schadensersatzansprüche der §§ 8, 9 nur Mitbewerbern, nicht aber Endverbrauchern und sonstigen Marktteilnehmern zustehen, die durch die wettbewerbswidrige Handlung beein-

---

625 BGH, 10.02.2011, I ZR 136/09, GRUR 2011, 444 Rn. 56 – *Flughafen Frankfurt-Hahn*; BGH, 26.01.1984, I ZR 195/81, GRUR 1984, 820, 822 – *Intermarkt II*, mwN; nach GK/Schünemann soll bereits aufgrund des Detailierungsgrades des Lauterkeitsrechts zu vermuten sein.

626 BGH, 22.12.1961, I ZR 152/59, BGHZ 36, 252, 255 – *Gründerbildnis*.

627 Allg Meinung, BGH, 18.10.2001, I ZR 22/99, GRUR 2002, 618, 619 – *Meißner Dekor*; vgl. nur Harte/Henning/*Ahrens* Einl. G Rn. 123.

628 Vgl. nur BGH, 18.06.2014, I ZR 242/12, GRUR 2014, 883 Rn. 11 ff. – *Geschäftsführerhaftung*, mwN; a.A. GK/Schünemann Einl. G Rn. 114 unter Hinweis auf die abschließende Sonderregelung des § 8 Abs. 2.

629 BGH, 10.02.2011, I ZR 136/09, GRUR 2011, 444 Rn. 57 – *Flughafen Frankfurt-Hahn* im Anschluss an *Köhler*/Bornkamm/Feddersen § 11 Rn. 1.9.; krit. dazu GK/Schünemann Einl. G Rn. 119 f.

630 BGH, 12.07.1995, I ZR 176/93, GRUR 1995, 678 679 – *Kurze Verjährungsfrist*.

631 *Köhler*/Bornkamm/Feddersen Einl. Rn. 7.3.

trächtigt werden.[632] Darüber hinaus sind, der von der Rspr. vorgenommenen Qualifikation des Wettbewerbsrechts folgend, all diejenigen Vorschriften außerhalb des BGB anwendbar, die an einschlägige deliktische Normen anknüpfen, so unter anderem die Vorschriften des Internationalen Zivilverfahrensrechts.

a) § 823 I BGB

379 § 823 Abs. 1 BGB erfasst den Schutz absoluter Rechtsgüter. Überschneidungen zu den Regelungen des UWG ergeben sind in erster Linie im Bereich des Rechts am eingerichteten und ausgeübten Gewerbebetriebs, das vor Schaffung der großen Generalklausel neben § 826 BGB als wettbewerbliches Korrektiv fungierte.[633] Dieser Regelungskomplex hat in den maßgeblichen Sachverhalten heute allerdings nur noch subsidiären Charakter[634] und wird durch das Lauterkeitsrecht bis auf wenige Ausnahmen verdrängt.[635] Das gilt insbesondere, soweit ein Mitbewerber ein Unternehmen durch Boykott, Betriebsblockaden oder sonstige Beschränkungen im Absatz, Einkauf oder Betriebsablauf behindert.[636] In diesen Fällen der Mitbewerberbehinderung sind die Vorschriften des UWG vorrangig anwendbar. Eine Ausnahme davon bildet allerdings die Fallgruppe der unberechtigten Schutzrechtsverwarnung, die typischerweise sowohl eine geschäftliche Handlung als auch eine gezielte Mitbewerberbehinderung im Sinne des § 4 Nr. 4 darstellt.[637] Gleichwohl wird sie traditionell unter dem Gesichtspunkt des eingerichteten und ausgeübten Gewerbebetriebs im Rahmen des § 823 Abs. 1 BGB behandelt.[638]

380 Berührt ein von den §§ 3 ff. erfasstes Verhalten allerdings (zusätzlich) außerhalb des UWG liegende Schutzgüter, so bleibt § 823 Abs. 1 BGB anwendbar. Dies gilt insbesondere für Verletzungen des allgemeinen Persönlichkeitsrechts des Unternehmesinhabers[639] sowie anderer nach § 823 Abs. 1 BGB geschützter Rechtsgüter wie Leben, Leib, Eigentum und Freiheit. Zudem findet § 823 Abs. 1 BGB Anwendung, wenn ein Verstoß gegen § 7 (unzumutbare Belästigung) im Raum steht. Dann sind die Wertungen dieser Norm im Rahmen des § 823 Abs. 1 BGB zu berücksichtigen und eröffnen dem Grunde nach einen Schadensersatzanspruch der von § 7 geschützten Verbraucher und

---

632 BGH, 14.03.2017, VI ZR 721/15, GRUR 2017, 748 Rn. 12 ff. – *Robinson-Liste.*

633 Eingehend zum Schutz des eingerichteten und ausgeübten Unternehmens *Köhler*/Bornkamm/Feddersen Einl. 7.14 ff.

634 Krit. zur Anwendung des § 823 Abs. 1 BGB bei Fehlen eines Wettbewerbsverhältnisses oder einer geschäftlichen Handlung, *Ohly*/Sosnitza, Einl. Rn. 60 unter Hinweis auf alternative Lösungsansätze durch § 823 Abs. 2, § 824 und § 826 BGB.

635 BGH, 24.06.2004, I ZR 26/02, GRUR 2004, 877, 880 – *Werbeblocker* mwN; s.a. *Ohly*/Sosnitza Einl. Rn. 60.

636 Siehe zu den in Betracht kommenden Fallgruppen *Köhler*/Bornkamm/Feddersen, Einl. 7.25 ff.

637 BGH, 12.08.2004, I ZR 98/02, GRUR 2004, 958 f. – Verwarnung aus Kennzeichenrecht.

638 Siehe dazu die Entscheidung des Großen Senats für Zivilsachen, BGH, 15.07.2005, GSZ 1/04, *GRUR 2005, 882 – unberechtigte Schutzrechtsverwarnung.*

639 Soweit das Unternehmenspersönlichkeitsrecht in Bezug auf unwahre Tatsachenbehauptungen betroffen ist, dürften jedenfalls die Regelung des § 4 Nr. 2 vorrangig anwendbar sein.

sonstiger Marktteilnehmer.[640] Dabei ist jedoch zu beachten, dass Gegenstand des Schutzes die Verhinderung des Eindringens des Werbenden in die Privatsphäre des Verbrauchers und die geschäftliche Sphäre, insbesondere die Ungestörtheit der Betriebsabläufe des sonstigen Marktteilnehmers ist.[641] Dies hat unmittelbare Auswirkungen auf den Umfang des ersatzfähigen Schadens. Weil nur verhindert werden soll, dass dem Verbraucher und sonstigen Marktteilnehmer Werbemaßnahmen gegen seinen erkennbaren oder mutmaßlichen Willen aufgedrängt werden und die belästigende Werbung zu einer Bindung von Ressourcen des Empfängers führt, beschränkt sich der ersatzfähige Schaden in erster Linie auf den damit verbundenen Zeitaufwand, auf die Kosten für Faxpapier, die Vorhaltekosten von Empfangseinrichtungen oder Entsorgungskosten. Nicht ersatzfähig sind dagegen die Vermögenseinbußen, die auf einem der belästigenden Werbung nachfolgenden Vertragsschluss beruhenden.[642]

b) §§ 823 II, 824, 826 BGB

Im Rahmen des § 823 Abs. 2 BGB stellt sich die Frage, ob §§ 3 ff. und § 7 Schutzgesetze im Sinne der Vorschrift sind. Das ist, wenn auch nicht dogmatisch überzeugend, so doch jedenfalls zum Zwecke der Begrenzung des Kreises der Anspruchsberechtigten eindeutig zu verneinen.[643] Hier gilt, dass die Rechtsfolgen in den §§ 8, 9 abschließend geregelt sind. Die lauterkeitsrechtlichen Straftatbestände der §§ 16 ff. sind hingegen Schutzgesetze im Sinn des § 823 Abs. 2 BGB.[644] Hier soll es an einer umfassenden und damit abschließenden Regelung der zivilrechtlichen Rechtsfolgen fehlen.[645] **381**

§ 824 BGB (Kreditgefährdung) hat ähnliche Schutzzwecke wie § 4 Nr. 1, 2 (Herabsetzung, Anschwärzung, siehe dazu § 4 Nr. 1 Rdn. 1; § 4 Nr. 2 Rdn. 1). Beide Regelungsbereiche stehen sich in Anspruchskonkurrenz gegenüber.[646] Gleiches gilt für die sittenwidrige Schädigung nach § 826 BGB. Dies ist deshalb unproblematisch, weil die Voraussetzungen dieser bürgerlich-rechtlichen Vorschriften strenger als die der lauterkeitsrechtlichen sind.[647] Insbesondere stimmt der bürgerlich-rechtliche Begriff der Sittenwidrigkeit nicht mit dem des § 3 Abs. 1 überein. Zwischen beiden Regelungen bestehen Funktionsunterschiede. Während § 3 im Interesse der Mitbewerber, der Verbraucher und der Allgemeinheit auf die Bewahrung der Lauterkeit des Wettbewerbs **382**

---

640 Der Schadensersatzanspruch nach § 9 steht nur Mitbewerbern zur Verfügung, vgl. BGH, 27.11.2014, I ZR 67/11, GRUR 2015, 692 Rn. 15 – *Hohlkammerprofil.*

641 BGH, 21.04.2016, I ZR 276/14, GRUR 2016, 831 Rn. 14 – *Lebens-Kost* mwN.

642 BGH, 21.04.2016, I ZR 276/14, GRUR 2016, 831 Rn. 16 – *Lebens-Kost.*

643 So schon BGH, 14.05.1974, VI ZR 48/73, GRUR 1975, 150 zum UWG 1909; vgl. jetzt Begr RegE UWG 2004, BT-Drs. 15/1487, 22; *Köhler*/Bornkamm/Feddersen Ein. Rn. 7.4; Harte/Henning/*Ahrens* Einl. G Rn. 138 und *Ohly*/Sosnitza Einl. Rn. 62 jeweils mwN zum Streitstand.

644 BGH, 30.05.2008, 1 StR 166/07, GRUR 2008, 818 Rn. 87 – *Strafbare Werbung im Versandhandel*; BGH, 15.05.1959, VI ZR 98/58, GRUR 1960, 135, 136.

645 *Köhler*/Bornkamm/Feddersen, Ein. Rn. 7.5.

646 BGH, 22.12.1961, I ZR 152/59, GRUR 1962, 312, 314 – *Gründerbildnis.*

647 Siehe im Übrigen auch *Köhler*/Bornkamm/Feddersen, Einl. Rn. 7.6 f.; *Ohly*/Sosnitza, Einl. Rn. 63; eingehend Harte/Henning/*Ahrens* Einl. G Rn. 134.

zielt, schützt § 826 BGB den einzelnen gegen eine vorsätzlich-sittenwidrige Schädigung.[648] Vor diesem Hintergrund besteht keine Gefahr, dass die besonderen Voraussetzungen der §§ 3 ff. unterlaufen werden. Soweit die im Vergleich zu §§ 3 ff. schwerwiegenderen Eingriff gemäß §§ 824, 826, 195, 199 BGB der dreijährigen Verjährungsfrist unterliegen, wird dies unter Wertungsgesichtspunkten weithin als gerechtfertigt angesehen.[649] Im Übrigen hat die Abgrenzung zwischen §§ 824, 826 BGB zuletzt keine herausgehobene praktische Bedeutung mehr erfahren.

2. Bereicherungsrecht

383 Das Verhältnis zwischen Ansprüchen aus § 812 BGB und denen aus §§ 9, 10 UWG ist bislang kaum geklärt[650], hat allerdings auch keine praktische Bedeutung. Die von der Rechtsprechung ursprünglich im Rahmen der Eingriffskondiktion des § 812 Abs. 1 Satz 1, 2. Alt. BGB entwickelte dreifache Schadensberechnung findet nach § 9 aufgrund der Nähe zu immaterialgüterrechtlichen Rechtspositionen auch zur Berechnung von Schadensersatzansprüchen auf Grundlage des wettbewerbsrechtlichen Leistungsschutzes und des Geheimnisschutzes Anwendung.[651]

3. Vertragsrecht

384 Nicht nur zum Deliktsrechts des BGB, sondern auch im Verhältnis zu den Vorschriften des Schuldrechts und des Allgemeinen Teils des BGB ergeben sich vielfältig Berührungspunkte, die hier nur schlaglichtartig skizziert werden können. Angesichts der in weiten Teilen unterschiedlichen Regelungszwecke von Wettbewerbsrecht und Schuldrecht stehen die Regelungsmaterien überwiegend gleichberechtigt nebeneinander.

a) Pflichtverletzungen

385 Lange Zeit war umstritten, ob vertragliche Pflichtverletzungen geeignet sind, wettbewerbsrechtliche Ansprüche zu begründen. Besondere Beachtung bedarf in diesem Zusammenhang die Gefahr der Ausweitung des Kreises der Anspruchsberechtigten, die mit Erfassung vertragsrechtlicher Pflichten als Wettbewerbsverstoß und der damit einhergehenden Durchbrechung der Relativität der Schuldverhältnisse verbunden sind. Aus diesem Grund stellt die schlichte Verletzung vertraglicher Pflichten für sich genommen keinen Verstoß gegen §§ 3 ff. dar.[652] Die Begründung hierfür ist seit der Neufassung des UWG von 2008 umstritten. Während zunächst die lauterkeitsrechtliche Unbedenklichkeit damit begründet werden konnte, dass das UWG Handlungen nach

---

648 BGH, 14.01.1999, I ZR 203/96, GRUR 1999, 751, 754 – *Güllepumpen*; BGH, 04.12.2008, I ZR 3/06, GRUR 2009, 871 Rn. 39 – *Ohrclips* ebenso im Verhältnis zu § 138 BGB: BGH, 14.05.1998, I ZR 10/96, GRUR 1998, 945, 946 – *Co-Verlagsvereinbarung*.

649 *Ohly*/Sosnitza, Einl. Rn. 63; krit. GK/Schünemann Einl. G Rn. 119 f.

650 Vgl. dazu GK/Schünemann, Einl. G Rn. 139.

651 Vgl. nur BGH, 21.09.2006, I ZR 6/04, GRUR 2007, 431 Rn. 25 – *Steckverbindergehäuse* mwN; ausführlich dazu Harte/Henning/*Goldmann* § 9 Rn. 141.

652 BGH, 10.01.2013, I ZR 190/11, GRUR 2013, 945 Rn. 26 – *Standardisierte Mandatsbearbeitung*; BGH, 21.04.1983, I ZR 30/81, GRUR 1983, 451, 452 – *Ausschank unter Eichstrich*.

Vertragsschluss nicht erfasste, ist mit § 2 Abs. 1 Nr. 1 klargestellt, dass eine geschäftliche Handlung auch nach Vertragsschluss gegeben sein kann. Die Rechtsprechung begründet die Ausgrenzung schlichter **Vertragsverletzungen** aus dem Anwendungsbereich des UWG damit, dass die Schlechtleistung zwar Rechte des Vertragspartners begründe, für sich genommen aber nicht objektiv darauf gerichtet sei, den Kunden von der Geltendmachung solcher Rechte abzuhalten. Dies setze vielmehr grundsätzlich ein gesondert darauf gerichtetes Verhalten, etwa das Bestreiten des Mangels oder die Aufforderung zur Zahlung, voraus.[653] Nur dann könne davon ausgegangen werden, dass die nach § 2 Abs. 1 Nr. 1 vorausgesetzte Auswirkung des Verhaltens auf die geschäftliche Entscheidung des Verbrauchers gegeben ist. Danach kann ein Verhalten, das sich unmittelbar auf die Ausübung vertraglicher Rechte auswirkt und nach schuldrechtlichen Kategorien eine Vertragsverletzung darstellt, in den Anwendungsbereich des UWG fallen. So ist die Vereinbarung eines Gewährleistungsausschlusses (auch im Rahmen eines bestehenden Vertragsverhältnisses) eine geschäftliche Handlung, weil diese Vereinbarung unabhängig von ihrer Durchsetzbarkeit geeignet ist, dem Unternehmer Kosten zu ersparen, indem er Verbraucher davon abhält, Gewährleistungsansprüche geltend zu machen. Der Unternehmer kann dadurch in die Lage versetzt werden, günstigere Preise zu kalkulieren und so seinen Warenabsatz zu fördern.[654] Ebenso liegt eine geschäftliche Handlung vor, wenn ein Unternehmen seinen Kunden durch sein Verhalten im Rahmen der Vertragsdurchführung daran hindert, zukünftig Dienstleistungen eines Wettbewerbers in Anspruch zu nehmen.[655]

Ein Verstoß gegen die Vorgaben der §§ 305 ff. BGB zur inhaltlichen Ausgestaltung und Verwendung von **Allgemeinen Geschäftsbedingungen** kann neben der schuldrechtlichen Rechtsfolge der Unwirksamkeit der Vertragsklausel und den speziellen Ansprüchen des UKlaG auch nach §§ 3 ff. unter den Gesichtspunkten des Rechtsbruchs nach § 3a sanktioniert sein. Bei den §§ 305 ff. BGB handelt es sich um im Unionsrecht fundierte Marktverhaltensregelungen.[656] Die Verwendung unwirksamer AGB kann auch nach §§ 5, 5a wegen Irreführung oder Verletzung von Informations- oder Aufklärungspflichten und nach der Rspr. zudem einen Verstoß gegen die berufli- **386**

653 BGH, 10.01.2013, I ZR 190/11, GRUR 2013, 945 Rn. 26 – Standardisierte Mandatsbearbeitung; aA *Ohly*/Sosnitza Einl. Rn. 66a im Anschluss an Sosnitza, WRP 2008, 1014, 1017: neben Vertragsverletzung weitere Einwirkung auf Verbraucher erforderlich, ggfls. Im Wege der Irreführung oder einer unsachlichen Beeinflussung; aA auch Harte/Henning/*Ahrens* Einl. G. Rn. 171: nur systematisches Vorgehen relevant.

654 BGH, 31.03.2010, I ZR 34/08, GRUR 2010, 1117 Rn. 18 – *Gewährleistungsausschluss im Internet*

655 BGH, 05.02.2009, I ZR 119/06, GRUR 2009, 876 Rn. 25 – *Änderung der Voreinstellung II.*

656 BGH, 31.05.2012, I ZR 45/11, GRUR 2012, 949 Rn. 46 – *Missbräuchliche Vertragsstrafe*; BGH, 31.03.2010, I ZR 34/08, GRUR 2010, 1117 Rn. 26 ff. – Gewährleistungsausschluss im Internet mwN;, vgl. auch MünchKomm/Basedow BGB § 306 Rn. 37, krit. dazu Harte/Henning/*Ahrens* Einl. Rn. 177: s.a. BGH, 31.03.2010, I ZR 34/08, GRUR 2010, 1117 Rn. 24 ff. – *Gewährleistungsausschluss im Internet*, zu § 475 Abs. 1 Satz 1 BGB; BGH, 14.04.2011, I ZR 133/09, GRUR 2011, 638 Rn. 22 – *Werbung mit Garantie*, zu § 477 Abs. 1 BGB; BGH, 29.04.2010, I ZR 66/08, GRUR 2010, 1142 Rn. 22 – *Holzhocker*, zu §§ 312 c, 355 BGB.

che oder unternehmerische Sorgfalt im Sinne des § 3 Abs. 2 darstellen.[657] Umgekehrt ergeben sich aufgrund der gleichgelagerten Schutzzwecke von unionsrechtlich fundiertem verbraucherschützendem Klauselrecht (Richtlinie 93/17/EWG) und ebenso verbraucherschützendem wie unionsrechtlich fundiertem Wettbewerbsrecht (UGP-Richtlinie) Rückkopplungen für die Auslegung des §§ 305 ff. BGB.[658] Ein Automatismus in dem Sinne, dass die Unlauterkeit einer geschäftlichen Handlung die Unangemessenheit der Klausel indiziert, existiert jedoch nach der Rechtsprechung des EuGH ausdrücklich nicht.[659] Die Feststellung des unlauteren Charakters einer Geschäftspraxis kann demnach jedoch einen Anhaltspunkt unter mehreren darstellen, der zur Begründung eines Verstoßes gegen §§ 305 ff. BGB herangezogen werden kann.

387 Werden vom Vertragspartner gesetzliche **Informationspflichten** nicht beachtet, so kann dies ebenfalls unter den Gesichtspunkten des Rechtsbruchs nach § 3a oder der Irrführung durch Unterlassen nach § 5a Abs. 2 wettbewerbsrechtlich relevant sein.[660] Dies gilt insbesondere für die verbraucherschützenden Vorschriften der §§ 312a ff. über die im Zusammenhang mit der Begründung von Verbraucherverträgen, insbesondere Fernabsatzverträgen, bestehenden Rechte der Verbraucher.

388 Verstöße gegen das allgemeine zivilrechtliche **Gleichbehandlungsgebot** nach §§ 19, 20 AGG, das bislang noch keine gesteigerte praktische Bedeutung erlangt hat, können ebenfalls nach § 3a verboten sein, wenn sie im Rahmen einer geschäftlichen Handlung erfolgen. § 19 AGG, der eine Benachteiligung aus Gründen der Rasse oder wegen der ethnischen Herkunft, wegen des Geschlechts, der Religion, einer Behinderung, des Alters oder der sexuellen Identität bei der Begründung, Durchführung und Beendigung einer Vielzahl von zivilrechtlicher Schuldverhältnisse verbietet, stellt nach ausdrücklicher erklärter Auffassung des Gesetzgebers eine Marktverhaltensregelung dar.[661] Vergleichbare Erwägungen gelten für § 5 DL-InfoV, wonach der Dienstleistungserbringer keine Bedingungen für den Zugang zu einer Dienstleistung bekannt machen darf, die auf der Staatsangehörigkeit oder dem Wohnsitz des Dienstleistungsempfängers beruhende diskriminierende Bestimmungen enthalten.

389 Besteht die geschäftliche Handlung darin, einen Dritten zum **Vertragsbruch** zu verleiten, so kann dies eine Behinderung nach § 4 Nr. 4 darstellen. Hier ist insbesondere an das Abwerben von Mitarbeitern oder von Kunden zu denken. Zwar ist mit dem Wettbewerb grundsätzlich die Freiheit verbunden, Produktionsmittel und Absatzmärkte der Konkurrenten anzugreifen und zu übernehmen, und zwar auch dann, wenn dies

---

657 BGH, 31.03.2010, I ZR 34/08, GRUR 2010, 1117 Rn. 17 – *Gewährleistungsausschluss im Internet*; BGH, 31.05.2012, I ZR 45/11, GRUR 2012, 949 Rn. 46 – *Missbräuchliche Vertragsstrafe*; krit. dazu *Köhler*/Bornkamm/Feddersen § 3a Rn. 1.290 mwN.

658 Alexander WRP 2012, 515, 519 f.

659 EuGH, 15.03.2012, C-453/10, GRUR 2012, 639 Rn. 43 – *Pereničová/Perenič*

660 Krit. zur parallelen Anwendbarkeit von § 3a und § 5a Abs. 2 siehe *Köhler*/Bornkamm/Feddersen § 3a Rn. 1.19 ff.

661 BT-Drs. 16/1780, S. 48 f.; krit. dazu GK/Schünemann Einl. G Rn. 191.

bewusst, planmäßig und gezielt erfolgt.[662] Erst wenn die Abwerbung dadurch erfolgt, dass auf die Verletzung vertraglicher Pflichten hingewirkt wird, ist die Grenze zur unlauteren Behinderung überschritten.[663]

b) Bürgerlich-rechtliche Rechtsfolgen von Wettbewerbsverstößen

Verstöße gegen das Lauterkeitsrecht können auch außerhalb der §§ 8, 9 Rechtsfolgen nach allgemeinem Zivilrecht nach sich ziehen. Dabei ist wie folgt zu differenzieren. **390**

aa) Nichtigkeit nach §§ 134, 138 BGB

Weitgehende Einigkeit besteht darüber, dass ein Verstoß gegen §§ 3 ff. für sich genommen nicht zur Nichtigkeit des aufgrund des unlauteren Verhaltens geschlossenen Vertrages (»Folgevertrag«) nach § 134 BGB führt.[664] Es handelt sich bei den lauterkeitsrechtlichen Vorschriften der §§ 3 ff. nicht um **Verbotsgesetze** im Sinne des § 134 BGB. Für den harmonisierten Bereich steht dies im Einklang mit dem Unionsrecht, das sich zu Fragen der vertragsrechtlichen Rechtsfolgen einer unlauteren geschäftlichen Handlung nicht verhält (Art. 3 Abs. 2 UGP-Richtlinie).[665] Dies beruht im Kern auf der Erwägung, dass die Unlauterkeit des Verhaltens, das zum Vertragsschluss geführt hat, sich nicht zwangsläufig im Inhalt des Vertrages widerspiegelt. Für § 134 BGB kommt es jedoch maßgeblich auf die inhaltlich Zulässigkeit der Abrede an. Daraus folgt, dass ein wohl eher selten anzutreffender Vertrag, der zu einem unlauteren Verhalten verpflichtet, gleichwohl nach § 134 BGB unwirksam ist (»Basisvertrag«).[666] Dafür reicht es allerdings nicht aus, dass bei Durchführung des Vertrages bloß vereinzelt mit Wettbewerbsverstößen zu rechnen ist oder dass dabei lediglich eine abstrakte Gefahr für wettbewerbswidriges Verhalten besteht.[667] **391**

Ebenfalls kann aus dem Verstoß gegen §§ 3 ff. nicht ohne weiteres auf die Sittenwidrigkeit des Geschäfts im Sinne des § 138 BGB geschlossen werden. Die Begriffe der **392**

---

662 BGH, 11.01.2007, I ZR 96/04, GRUR 2007, 800 Rn. 14 – *Außendienstmitarbeiter*; BGH, 19.11.1965, Ib ZR 122/63, GRUR 1966, 263, 265 – *Bau-Chemie*.

663 BGH, 11.09.2008, I ZR 74/06, GRUR 2009, 173 Rn. 31 – bundesligakarten.de; BGH, 11.01.2007, I ZR 96/04, GRUR 2007, 800 Rn. 14 – *Außendienstmitarbeiter*.

664 BGH, 25.01.1990, I ZR 19/87, BGHZ 110, 156, 175 – *HBV-Rechtsschutz*; BGH, 14.05.1998, I ZR 10/96, GRUR 1998, 945, 946 – *Co-Verlagsvereinbarung*; BGH, GRUR 2009, 606 Rn. 11 – *Buchgeschenk vom Standesamt*; *Ohly*/Sosnitza, Einl. Rn. 67; *Köhler*/Bornkamm/Feddersen Einl. Rn. 7.8.

665 EuGH, 15.03.2012, C-453/10, GRUR 2012, 639 Rn. 45 f. – *Pereničová/Perenič*, wonach der unlautere Charakter einer Geschäftspraxis keine unmittelbaren Auswirkungen auf die Wirksamkeit des unter ihrem Einfluss geschlossenen Vertrages hat, vgl. dazu ausführlich Alexander, WRP 202, 515 ff.; den Mitgliedstaaten steht es allerdings nach Art 8 Richtlinie 93/137 EWG frei, derartige schuldrechtliche Folgen vorzusehen.

666 BGH, 14.05.1998, I ZR 10/96, GRUR 1998, 945, 946 – *Co-Verlagsvereinbarung*; BGH, 23.02.2012, I ZR 231/10, GRUR 2012, 1050 Rn. 20 – *Dentallaborleistungen*; s.a. Harte/Henning/*Ahrens* Einl. G Rn. 149.

667 BGH, 14.05.1998, I ZR 10/96, GRUR 1998, 945, 946 – *Co-Verlagsvereinbarung*; BGH, 26.02.2009, I ZR 106/06, GRUR 2009, 606 Rn. 11 – *Buchgeschenk vom Standesamt*.

Sittenwidrigkeit nach § 3 und § 138 BGB decken sich nicht.[668] Der Maßstab des § 138 ist ebenso wie der des § 826 BGB deutlich strenger als der des § 3. Der wesentliche Unterschied zu Sittenwidrigkeit nach § 3 besteht neben dem erforderlichen subjektiven Moment darin, dass nach § 138 Abs. 1 BGB – entsprechend der Nichtigkeitsfolge nach § 134 BGB – der Inhalt des Geschäfts mit den grundlegenden Werten der Rechts- oder Sittenordnung unvereinbar sein muss. Daraus folgt, dass ein Verstoß gegen §§ 3 ff. nur dann zur Sittenwidrigkeit nach § 138 Abs. 1 BGB führen kann, wenn das Gesamtgepräge des Verhaltens, das zum Vertragsschluss geführt hat, eine nach § 138 Abs. 1 BGB geforderte Sittenwidrigkeit aufweist.[669] Der **Wuchertatbestand** des § 138 Abs. 2 BGB kann mit § 4a Abs. 2 Satz 1 Nr. 3, S. 2 in Konkurrenz treten, der die bewusste Ausnutzung von konkreten Unglückssituationen oder Umständen als unlautere aggressive geschäftliche Handlung erfasst, wenn sie eine solche Schwere aufweist, dass sie das Urteilsvermögen des Verbrauchers oder sonstigen Marktteilnehmers bei dessen Entscheidung beeinträchtigt. Dabei sind nach S. 2 insbesondere geistige und körperliche Beeinträchtigungen, das Alter, die geschäftliche Unerfahrenheit, die Leichtgläubigkeit, die Angst und die Zwangslage von Verbrauchern zu berücksichtigen.[670]

bb) Vertragsauflösung, Anfechtung und Gewährleistung

393 Ein allgemeines, lauterkeitsrechtlich begründetes Recht zur Vertragsauflösung sieht das Gesetz trotz solcher mitunter erhobener Forderungen nicht vor.[671] Dafür besteht aufgrund des umfassenden und austarierten Systems der bürgerlich-rechtlichen Mechanismen zur Vertragsauflösung auch kein Bedürfnis.[672] Daraus folgt, dass die im BGB vorgesehenen Rechte zur Lösung vom Vertrag von den Vorschriften des UWG in keiner Weise beschränkt werden, sofern nur sämtliche Voraussetzungen der bürgerlich-rechtlichen Vorschriften erfüllt sind. Liegt der Wettbewerbsverstoß in einer Irreführung nach §§ 5, 5a oder in einem aggressiven Verhalten im Sinne des § 4a, so kann dies Anfechtungsrechte nach §§ 123, 119 BGB in Bezug auf den Folgevertrag begründen. Insbesondere muss es sich bei der Anfechtung nach § 123 BGB um eine vorsätzliche Täuschung (häufig wohl über verkehrswesentliche Eigenschaften des beworbenen Produkts) handeln; im Rahmen des § 119 BGB muss tatsächlich ein Irrtum auf Seiten des Vertragspartners vorgelegen haben. Eine solche lauterkeitsrechtlich relevante Irreführung kann dann möglicherweise auch Gewährleistungsrechte nach §§ 437 ff. begründen, die

668 BGH, 14.05.1998, I ZR 10/96, GRUR 1998, 945, 946 – *Co-Verlagsvereinbarung*; BGH, 26.02.1992, VIII ZR 89/91, BGHZ 117, 280, 286.; s.a. Harte/Henning/*Ahrens* Einl. G Rn. 149; *Köhler*/Bornkamm/Feddersen Einl. Rn. 7.8; *Ohly*/Sosnitza Einl. Rn. 67a.

669 BGH, 29.06.2005, VIII ZR 299/04, NJW 2005, 2991, 2992 f.

670 *Köhler*/Bornkamm/Feddersen Einl. Rn. 7.9.

671 Harte/Henning/*Ahrens* Einl. G Rn. 150; siehe aber Fezer, WRP 2003, 127 ff.

672 Vgl. *Ohly*/Sosnitza, Einl. Rn.68 mwN; Harte/Henning/*Ahrens* Einl. G Rn. 150 ff.

ihrerseits zum Rücktritt berechtigen können.[673] Soweit ein Verstoß gegen speziell normierte Informationspflichten, der auch nach § 3a unter dem Gesichtspunkt des Rechtsbruchs oder nach § 5a Abs. 2, Abs. 4 sanktioniert ist[674], kann sich der Vertragspartner durch Widerruf vom Vertrag lösen, so bspw. im Anwendungsbereich der §§ 355, 312d BGB.

673 Eingehend dazu Harte/Henning/*Ahrens* Ein. Rn. 156 ff.

674 BGH, 29.04.2010, I ZR 66/08, GRUR 2010, 1142 Rn. 22 ff. – *Holzhocker*; BGH, 29.04.2010, I ZR 23/08, GRUR 2010, 6522 Rn. 11 – *Costa del Sol*; BGH, WRP 2016, 980 Rn. 12 – *Mehrwertdienstenummer*; dazu *Köhler*/Bornkamm/Feddersen § 3a Rn. 1.295 f., allerdings krit. zur Anwendung des § 3a.

§ 1 Zweck des Gesetzes

Dieses Gesetz dient dem Schutz der Mitbewerber, der Verbraucherinnen und Verbraucher sowie der sonstigen Marktteilnehmer vor unlauteren geschäftlichen Handlungen. Es schützt zugleich das Interesse der Allgemeinheit an einem unverfälschten Wettbewerb.

Wolfgang Büscher

Übersicht Rdn.

A. Allgemeines

I. Entstehungsgeschichte

1 Der Schutzzweck des UWG ist zum ersten Mal durch § 1 UWG 2004 gesetzlich normiert worden. Im **UWG von 1909** fehlte eine Vorschrift, aus der sich der Schutzzweck des UWG unmittelbar ergab. Die Rechtsprechung ging in Fortführung des Schutzgedankens des UWG 1896[1] auch beim UWG 1909 zunächst von **einem reinen**

---

1 Begründung zum III. Regierungsentwurf vom 03.12.1895, Stenographische Berichte über die Verhandlungen des Reichstags 1895/97, I. Anlagenband, 98 Aktenst. 85; Begründung zum Ersten *Entwurf des UWG* vom 27.05.1896, Stenographische Berichte, 9. Legislaturperiode, IV. Session, 1895/97, Bd. 151, Anlage 35, 1. Anlagenband, 101; RG, 11.04.1901, VI. 443/00, RGZ 48, 114, 119 – *Dampfschifffahrt*.

Mitbewerberschutz durch das UWG aus.[2] Das änderte sich in der Folgezeit allerdings bald. Ab 1914 finden sich in den Entscheidungen des Reichsgericht allgemein gehaltene Überlegungen zu einem reflexartigen Verbraucherschutz und zum Interesse des Publikums an der Reinhaltung des öffentlichen Verkehrs.[3] In der Folgezeit erkannte die Rechtsprechung neben dem Schutz der Wettbewerber zunehmend das **Interesse des Publikums und der Allgemeinheit als Schutzgut des UWG** gegen Auswüchse des Wettbewerbs an.[4] Diese Gesichtspunkte wurden zur Begründung der Befugnis von Verbänden zur Verfolgung von UWG-Ansprüchen im öffentlichen Interesse herangezogen[5] und darüber hinaus allgemein bei der Prüfung von Ansprüchen aufgrund unlauteren Wettbewerbsverhaltens berücksichtigt.[6] Damit war zwar noch kein wirklicher Schritt in Richtung eines Schutzes von Verbraucherinteressen getan; wohl aber war ein erster Ansatz zur Fortentwicklung der Schutzgüter des UWG gefunden. Zugleich zeigt sich in manchen Entscheidungen die Gefahr, die mit der unspezifischen Berücksichtigung von Allgemeininteressen verbunden ist. Sie kann dazu dienen, Innovationen im Wettbewerb und Warenabsatz zugunsten hergebrachter Strukturen zu hemmen. Deutlich wird dies etwa bei der Rechtsprechung zur kostenlosen Abgabe von Produkten zu Werbezwecken.[7]

Das **Schutzgut des UWG** sah das RG in konsequenter Umsetzung des Mitbewerber- 2
schutzes in einem Recht zum Schutz der Erwerbstätigkeit,[8] das teilweise als Persönlichkeitsrecht des Geschäftsinhabers an seiner Gewerbetätigkeit bezeichnet wurde.[9] Daneben erkannte das RG ein von einem Individualrecht losgelöstes Schutzgut der Lauterkeit des Rechtsverkehrs an.[10]

Der **BGH** führte die Gedanken des RG zur Zielrichtung des UWG, die Mitbewerber 3
vor unlauterem Wettbewerb und die Allgemeinheit vor Wettbewerbsauswüchsen zu

2 RG, 14.03.1911, II 557/10, RGZ 75, 370, 373, 374 – *Stiller.*

3 RG, 07.04.1914, 4 D 1386/13, MuW XV (1915/1916), 48, 49 – *Ärztlicher Bezirksverein*; RG, 27.05.1924, II 332/23, RGZ 108, 272, 274 – *Merx.*

4 RG, 24.01.1928, II 272/27, RGZ 120, 47, 49 – *Markenschutzverband*; RG, 29.04.1930, II 355/29, RGZ 128, 330, 343 – *Graf Zeppelin*; RG, 21.04.1931, IIb 7/31, RGZ 132, 311, 317 – *D-Werke.*

5 RG, 24.01.1928, II 272/27, RGZ 120, 47, 49 – *Markenschutzverband*; RG, 29.04.1930, II 355/29, RGZ 128, 330, 343 – *Graf Zeppelin*; RG, 05.06.1935, II 332/34, RGZ 148, 114, 125 – *Kautschukindustrie.*

6 RG, 07.12.1926, II 203/26, RGZ 115, 319, 330 – *Schneeballsystem*; RG, 21.04.1931, IIb 7/31, RGZ 132, 311, 317 – *D-Werke*; RG, 09.11.1934, II 171/34, RGZ 145, 396 400 – *Bestattungen*; RG, 15.11.1935, II 110/35, RGZ 149, 224, 228 – *Gummiwaren.*

7 RG, 24.06.1939, II 190/38, RGZ 160, 385, 388 – *Lockenwickler*: Belastung des Warenabsatzes mit Aufwendungen, die die Gesamtheit zu tragen hat.

8 RG, 14.03.1911, II 557/10, RGZ 75, 370, 373, – *Stiller.*

9 RG, 19.03.1932, I 345/31, RGZ 135, 385, 395 – *Künstliche Blumen.*

10 RG, 07.12.1926, II 203/26, RGZ 115, 319, 330 – *Schneeballsystem*; RG, 21.04.1931, IIb 7/31, RGZ 132, 311, 317 – *D-Werke.*

schützen, anfangs unverändert fort.[11] Der unmittelbare Schutz der Verbraucher fand sich in diesem Zusammenhang zunächst nicht. Er war nur in Fortsetzung der reichsgerichtlichen Rechtsprechung[12] mittelbar dadurch begründet, dass es bei der Beurteilung der Unlauterkeit auf die Sichtweise des Verbrauchers ankam.[13] Den durch das UWG begründeten Schutz erweiterte die Rechtsprechung in der Folgezeit, indem sie neben den Mitbewerbern die sonstigen Marktteilnehmer, zu denen die Verbraucher rechneten, als Adressaten des Schutzes nach dem UWG ausdrücklich anerkannte.[14] Geschützt durch das UWG wurden damit die **Marktbeteiligten (Wettbewerber, Verbraucher, Abnehmer, Lieferanten) und die Allgemeinheit**.[15] Bezeichnet wird dies allgemein mit dem Begriff der **Schutzzwecktrias** (Mitbewerber, Verbraucher und Allgemeinheit).[16] Damit vollzog die Rechtsprechung eine Entwicklung nach, die sich auf Unionsebene bereits in den Richtlinien 84/450/EWG und 97/55/EG fand. Die Irreführungsrichtlinie 84/450/EWG sah in Art. 1 den Schutz der Verbraucher, Gewerbetreibenden und der Interessen der Allgemeinheit gegen irreführende Werbung vor. Entsprechende Adressaten führte Art. 1 der Werbe-RL 97/55/EG für den Schutz gegen irreführende Werbung und deren unlautere Auswirkungen und die Bedingungen der vergleichenden Werbung auf.

4 Zeitweise sah die Rechtsprechung als Schutzgut des UWG den **Leistungswettbewerb** an[17] und folgerte aus einem Verstoß gegen die Grundsätze des Leistungswettbewerbs die Wettbewerbswidrigkeit des beanstandeten Verhaltens.[18] Als mit dem Leistungswettbewerb nicht zu vereinbaren, wurde ein Verhalten angesehen, das das Publikum von

---

11 BGH, 08.07.1955, I ZR 52/54, GRUR 1955, 541, 542 – *Bestattungswerbung*; BGH, 27.01.1956, I ZR 146/54, BGHZ 19, 392, 396 – *Anzeigenblatt*; BGH, 22.02.1957, I ZR 68/56, BGHZ 23, 365, 371 – *SUWA*; BGH, 16.04.1957, I ZR 115/56, GRUR 1957, 600, 601 – *Westfalen-Blatt*; BGH, 11.11.1958, I ZR 179/57, GRUR 1959, 277, 279 – *Künstlerpostkarten*; BGH, 31.01.1979, I ZR 21/77, GRUR 1979, 321, 323 – *Verkauf unter Einstandspreis*; BGH, 03.07.1981, I ZR 84/79, GRUR 1982, 53, 55 – *Bäckerfachzeitschrift*; BGH, 07.10.1993, I ZR 293/91, BGHZ 123, 330, 334 – *Folgeverträge*; BGH, 03.12.1998, I ZR 119/96, BGHZ 140, 134, 139 – *Hormonpräparate*.

12 RG, 09.11.1934, II 171/34, RGZ 145, 396 400 – *Bestattungen*; RG, 15.11.1935, II 110/35, RGZ 149, 224, 228 – *Gummiwaren*.

13 BGH, 08.07.1955, I ZR 52/54, GRUR 1955, 541, 542 – *Bestattungswerbung*.

14 BGH, 11.05.2000, I ZR 28/98, BGHZ 144, 255, 265 – *Abgasemissionen*;

15 BGH, 10.12.1998, I ZR 141/96, GRUR 1999, 509, 510 – *Vorratslücken*; BGH, 06.04.2000, I ZR 76/98, BGHZ 144, 165, 179 – *Missbräuchliche Mehrfachverfolgung*; BGH, 29.06.2000, I ZR 29/98, GRUR 2000, 907, 909 – *Filialleiterfehler*; ebenso BVerfG, 06.02.2002, 1 BvR 952/90 und 2151/96, GRUR 2002, 455 – Tier- und Artenschutz; Baumbach/*Hefermehl*, Wettbewerbsrecht, 22. Aufl., 2001, Rn. 76; *Beater*, Unlauterer Wettbewerb, 2002, 290; Köhler/*Piper*, UWG, 3. Aufl., 2002, Einf. Rn. 23; *Schricker*, ZHR 139, 208, 213.

16 FBO/*Fezer* § 1 Rn. 73.

17 BVerfG, 01.08.2001, 1 BvR 1188/92, GRUR 2001, 1058, 1059 – *Therapeutische Äquivalenz*; BVerfG, 12.07.2007, 1 BvR 2041/02, GRUR 2008, 81, 82 – *Pharmakartell*.

18 BGH, 18.12.1981, I ZR 34/80, BGHZ 82, 375, 395 – *Brillen-Selbstabgabestellen*; BGH, 05.02.1998, I ZR 151/95, GRUR 1998, 735, 736 – *Rubbelaktion*; BGH, 26.03.1998, I ZR 222/95, GRUR 1999, 256, 258 – *1.000,– DM Umwelt-Bonus*; BGH, 04.07.2002, I ZR 55/00, GRUR 2002, 1085, 1088 – *Widerrufsbelehrung*.

einer sachgerechten Prüfung des Angebots ablenkte.[19] Dem lag die Vorstellung zugrunde, dass die Wettbewerber in der Lage sein müssen, für ihre Leistung zu werben und sie anzubieten, und es dem Kunden möglich sein muss, das nach Preis und Qualität günstigste Angebot auszusuchen. Zur Abgrenzung lauteren Wettbewerbsverhaltens von unlauteren Geschäftsmethoden ist der Begriff des Leistungswettbewerbs jedoch wenig geeignet und mit ihm ist die Gefahr einer Verfestigung hergebrachter Wettbewerbsstrukturen durch Bezeichnung anderer Verhaltensweisen als Nichtleistungswettbewerb verbunden.[20] Zudem erinnert in einer rechtlich, wirtschaftlich und technisch komplexen Volkswirtschaft die Annahme von einem in erster Linie auf Preis und Qualität ausgerichteten Wettbewerb an eine Vorstellung vom ehrbaren Kaufmann des ausgehenden 19. Jahrhunderts, der versucht, den Kunden allein durch eine gegenüber den Konkurrenten bessere und preisgünstigere Leistung zu überzeugen. Dass dies mit heutigen Wettbewerbs- und Absatzmethoden – wenn überhaupt – nur bedingt etwas zu tun hat, dürfte einleuchten. Der BGH hat in seiner Rechtsprechung deshalb in der Folgezeit am Begriff des Leistungswettbewerbs als Maßstab für die Unlauterkeit wettbewerblichen Verhaltens nicht mehr festgehalten und verwendet ihn allenfalls noch im Rahmen einer umfassenden Abwägung der Belange der Marktteilnehmer zur Beschreibung der Interessen der Verbraucher an preiswürdigen und leistungsgerechten Erzeugnissen von Mitbewerbern.[21]

Mit dem **UWG 2004**[22] formulierte der Gesetzgeber in Anlehnung an Art. 1 der Werbe-RL 97/55/EG erstmals den Zweck des Gesetzes. § 1 UWG 2004 sah als Zweck des Gesetzes den Schutz der Mitbewerber, der Verbraucherinnen und Verbraucher sowie der sonstigen Marktteilnehmer vor unlauterem Wettbewerb und das Interesse der Allgemeinheit an einem unverfälschten Wettbewerb vor. Damit zeichnete der Gesetzgeber die von der Rechtsprechung herausgearbeiteten Schutzziele des UWG nach.[23] Zudem tauschte er den Begriff des Verstoßes gegen die guten Sitten in § 1 UWG 1909 gegen denjenigen der Unlauterkeit des Verhaltens aus. Damit koppelte der Gesetzgeber den Maßstab für das Verbot des Wettbewerbsverhaltens von der Feststellung eines Sittenverstoßes ab und näherte ihn inhaltlich dem in Art. 10bis (2) PVÜ enthaltenen Begriff der anständigen Gepflogenheiten in Gewerbe und Handel an. Da die Rechtsprechung die jetzt normierten Schutzzwecke einschließlich der Beschränkung 5

19 BGH, 05.02.1998, I ZR 151/95, GRUR 1998, 735, 736 – *Rubbelaktion.*

20 Harte/Henning/*Ahrens*, 3. Aufl. Einl. G Rn. 80; *Köhler*/Bornkamm/Feddersen, § 1 Rn. 44; MünchKomm/*Sosnitza* UWG Grundl. Rn. 20;*Schricker*/*Henning-Bodewig*, WRP 2001, 1367, 1396; *von Ungern-Sternberg*, FS Erdmann, 2002, 741, 759.

21 BGH, 22.01.2015, I ZR 107/13, GRUR 2015, 909 Rn. 33 – *Exzenterzähne*; BGH, 02.12.2015, I ZR 176/14, GRUR 2016, 730 Rn. 68 – *Herrnhuter Stern*; BGH, 15.12.2016, I ZR 197/15, GRUR 2017, 734 Rn. 54 – *Bodendübel*; BGH, 14.09.2017, I ZR 2/16, GRUR 2017, 1135 Rn. 39 – *Leuchtballon.*

22 Gesetz gegen den unlauteren Wettbewerb vom 03.07.2004, gültig ab 08.07.2004, BGBl. I 1414.

23 Begründung des Regierungsentwurfs, BT-Drucks. 15/1487, 12, 15.

des Allgemeininteresses auf einen Wettbewerbsbezug[24] schon zuvor in zahlreichen Entscheidungen umgesetzt hatte, stellt die Vorschrift des § 1 UWG 2004 keineswegs eine grundlegende Neuerung dar.[25]

6 Im **UWG 2008**,[26] durch das die UGP-RL in deutsches Recht umgesetzt worden ist, blieb die Bestimmung der durch das Gesetz geschützten Interessen unverändert. Eine Anpassung an die UGP-RL erfuhr § 1 UWG 2008 im Übrigen durch die Änderung des Schutzes »vor unlauterem Wettbewerb« in einen Schutz »vor unlauteren geschäftlichen Handlungen«. Diese Änderung wurde auch in § 1 UWG 2008 notwendig, nachdem das UWG 2008 nicht mehr auf die Wettbewerbshandlung (§ 2 Abs. 1 Nr. 1 UWG 2004), sondern auf die geschäftliche Handlung (§ 2 Abs. 1 Nr. 1 UWG 2008) abstellte. Diese Novellierung war wiederum zur Umsetzung der UGP-RL erforderlich, um die Geschäftspraktiken von Unternehmen gegenüber Verbrauchern nach Vertragsschluss zu erfassen, wie dies in Art. 2 lit. d UGP-RL vorgesehen ist.[27] Inhaltlich hat sich an den geschützten Interessen dadurch nichts geändert. Der in § 1 UWG 2004 normierte Schutzzweck (Mitbewerber, Verbraucher, sonstige Marktteilnehmer und Interessen der Allgemeinheit) war bereits umfassender angelegt als der in Art. 1 UGP-RL auf den B2C-Geschäftsverkehr beschränkte Schutzumfang der Richtlinie. Der Gesetzgeber sah deshalb inhaltlich insoweit keinen Änderungsbedarf in § 1 UWG 2008.[28] Der Begriff der geschäftlichen Handlung ist allerdings weiter als derjenige der Wettbewerbshandlung, weil die geschäftliche Handlung auch ein Verhalten nach einem Geschäftsabschluss erfasst. Durch die nachfolgenden Novellierungen des UWG einschließlich des UWG 2015[29] ist der Wortlaut des § 1 UWG nicht mehr geändert worden.

II. Bedeutung und Anwendungsbereich der Vorschrift

1. Bedeutung

7 Die **Auslegung einer Rechtsnorm nach ihrem Sinn und Zweck** gehört neben der sprachlich-grammatikalischen, der historischen und der systematischen Auslegung, zu

24 BGH, 03.12.1998, I ZR 119/96, BGHZ 140, 134, 138 – *Hormonpräparate*; BGH, 06.10.1999, I ZR 46/97, GRUR 2000, 237, 238 – *Giftnotruf-Box*; BGH, 11.05.2000, I ZR 28/98, BGHZ 144, 255, 265 – *Abgasemissionen*; BGH, 05.10.2000, I ZR 224/98, GRUR 2001, 354, 356 – *Verbandsklage gegen Vielfachabmahner*.

25 *Sosnitza*, GRUR 2003, 739, 742; aA *Engels/Salomon*, WRP 2004, 32.

26 Erstes Gesetz zur Änderung des Gesetzes gegen den unlauteren Wettbewerb vom 22.12.2008, gültig ab 30.12.2008, BGBl. I, 2949.

27 *Köhler*, GRUR 2005, 793, 794.

28 Begründung zum Regierungsentwurf, BT-Drucks. 16/10145, 11.

29 Zweites Gesetz zur Änderung des Gesetzes gegen den unlauteren Wettbewerb vom 02.12.2015, gültig ab 10.12.2015, BGBl. I, 2158.

der die verfassungskonforme[30] und die unionsrechtskonforme Auslegung[31] zählen, zu den anerkannten Auslegungsmethoden.[32] Ihr kommt für die Auslegung der Norm eine besondere Bedeutung zu.[33] Mit § 1 UWG hat der Gesetzgeber den Schutzzweck des UWG im Jahr 2004 erstmals gesetzlich nachvollzogen und sich an der bestehenden Rechtsprechung orientiert.[34] Wie bei vielen Verordnungen und Richtlinien der Union üblich verfügt das UWG nunmehr auch über eine ausdrückliche Regelung des Schutzzwecks. Die Bestimmung des Schutzzwecks ist für die Auslegung der Normen des UWG von erheblicher dogmatischer Bedeutung. Das Gewicht des § 1 UWG für die praktische Rechtsanwendung wird allerdings nicht einheitlich beurteilt.[35] Als Auslegungsdirektive kommt der Bestimmung des Schutzzwecks nach § 1 UWG gleichwohl nicht nur dogmatische, sondern auch eine maßgebliche praktische Bedeutung in der Rechtsanwendung zu.[36] Ob § 1 UWG bei gerichtlichen Entscheidungen häufig ausdrücklich herangezogen wird, ist für diese Beurteilung nicht von entscheidender Bedeutung.

Die Vorschrift des § 1 UWG ist zwar ihrerseits wiederum **auslegungsfähig und auslegungsbedürftig.**[37] Das ist bei einer allgemein gefassten Benennung des geschützten Personenkreises und der Berücksichtigung der Allgemeininteressen nicht weiter verwunderlich. Der Bedeutung der Vorschrift für die Rechtsanwendung tut dies keinen Abbruch. Bei der Auslegung der Vorschriften des UWG nach ihrem Sinn und Zweck kann und muss auf die in § 1 UWG geschützten Beteiligten und Interessen zurückgegriffen werden. Dadurch können die **durch das UWG nicht geschützten Interessen** bei der Anwendung der lauterkeitsrechtlichen Vorschriften ausgeschieden werden. 8

Das gilt etwa für rein kartellrechtliche Sachverhalte, die vom Schutzzweck des § 1 UWG nicht erfasst werden.[38] Dazu zählen die wirtschaftspolitischen Interessen an einem Schutz der Wettbewerbs- und Marktstruktur ohne zusätzliche lauterkeitsrechtsrechtliche Gesichtspunkte. Der rein institutionelle Bestandsschutz eines freien Wettbewerbs fällt ausschließlich in den Anwendungsbereich des nationalen und unionsrechtli- 9

---

30 BVerfG, 09.03.1994, 2 BvL 43/92, BVerfGE 90, 145, 170; BGH, 11.07.2002, III ZR 160/01, NJW 2003, 63, 64; zu den Grenzen BVerfG, 24.02.2015, 1 BvR 472/14, BVerfGE 138, 377 Rn. 39.

31 EuGH, 27.10.2009, C-115/08, EuZW 2010, 26 Rn. 138–140 – *Land Oberösterreich/ČEZ*; BGH, 27.07.2017, I ZR 228/15, GRUR 2017, 1027 Rn. 27 ff – *Reformistischer Aufbruch*.

32 BGH, 19.04.2012, I ZB 80/11, BGHZ 195, 257 Rn. 11–30 – *Alles kann besser werden*; BGH, 26.10.2017, VII ZR 16/17, NZBau 2018, 25 Rn. 25; BGH, 06.12.2017, XII ZB 371/17 Rn. 19, juris.

33 BGH, 05.10.2017, I ZR 172/16, GRUR 2017, 1281 Rn. 40 – *Großhandelszuschläge*.

34 Begründung des Regierungsentwurfs, BT-Drucks. 15/1487, 12, 15.

35 Eine große praktische Bedeutung für die Auslegung der Normen des UWG bejahen: *Köhler*/Bornkamm/Feddersen § 1 Rn. 6; Ohly/*Sosnitza* § 1 UWG Rn. 1; BDS/*Lehmler* § 1 UWG Rn. 5; jurisPK-UWG/*Ernst* § 1 Rn. 3; dagegen verneint eine eigenständige praktische Relevanz: GK/*Peukert* § 1 Rn. 16; ähnlich Harte-Henning/*Podszun* § 1 Rn. 5f.

36 BGH, 26.01.2017, I ZR 207/14, GRUR 2017, 422 Rn. 31 – *ARD-Buffet*.

37 FBO/*Fezer* § 1 Rn. 19.

38 A.A. keine Unterscheidung des Schutzzwecks von UWG und GWB: *Köhler*, WRP 2005, 645, 646.

chen Kartellrechts.[39] Überschneidungen zwischen Lauterkeitsrecht und Kartellrecht bestehen für diesen Bereich nicht. Das Lauterkeitsrecht schützt nicht die Institution Wettbewerb und wirtschaftspolitische Zielsetzungen und Anschauungen. Deshalb ist die Förderung bestimmter Marktstrukturen, wie der Schutz des Mittelstandes, mit den Schutzzwecken des UWG nicht zu vereinbaren.[40] Zwischen Kartellrecht und Lauterkeitsrecht besteht in weiten Bereichen allerdings eine inhaltliche Wechselwirkung, die sich aus Überschneidungen und Gemeinsamkeiten der geschützten Interessen ergibt. Die Gesetze enthalten Verbote für Verhaltensweisen, die sich schädlich auf den Wettbewerb auswirken. Deshalb müssen die Bestimmungen vor allem widerspruchsfrei angewandt werden und lauterkeitsrechtliche Vorschriften dürfen nicht dazu dienen, die Marktzutrittsschranken zu erhöhen[41] oder kartellrechtliche Wertungen zu unterlaufen.[42] Existiert nicht die Gefahr eines Wertungswiderspruchs, weil zu dem kartellrechtlichen Tatbestand nicht gehörende Merkmale Gegenstand einer lauterkeitsrechtlichen Prüfung sind, bestehen die kartellrechtlichen und wettbewerbsrechtlichen Tatbestände nebeneinander und bilden im Prozess unterschiedliche Streitgegenstände.[43]

10 **Nicht erfasst vom Schutzzweck des UWG werden gesellschaftliche Interessen und Belange.**[44] Ethische und moralische Ziele,[45] der gute Geschmack, umweltpolitische[46] oder abfallwirtschaftliche Interessen,[47] steuerliche,[48] sozialpolitische,[49] tarifrechtliche,[50] arbeitsrechtliche[51] oder versicherungsrechtliche[52] Belange werden durch das UWG

39 FBO/*Fezer* Einl. Rn. 344 und § 1 Rn. 118; Ohly/*Sosnitza* § 1 Rn. 8.

40 BGH, 26.02.1965, Ib ZR 51/63, BGHZ 43, 278, 283 – *Kleenex*; Ohly/*Sosnitza* § 1 Rn. 8; ähnlich FBO/*Osterrieth/Schönig* S 1 Rn. 136; *Sambuc*, GRUR 1981, 796, 798; anders noch BGH, 22.02.1957, I ZR 68/56, BGHZ 23, 365, 371 – *SUWA*; a.A. auch *Sack*, WRP 1983, 63, 67.

41 BGH, 20.11.2003, I ZR 151/01, GRUR 2004, 602, 603 – *20 Minuten Köln*; BGH, 07.02.2006, KZR 33/04, BGHZ 166, 154 Rn. 19 – *Probeabonnement.*

42 BGH, 07.02.2006, KZR 33/04, BGHZ 166, 154 Rn. 16 – *Probeabonnement*; BGH, 27.07.2017, I ZR 162/15, GRUR 2018, 196 Rn. 23 und 39 – *Eigenbetrieb Friedhöfe*: keine Anwendung des Lauterkeitsrechts und Kartellrechts auf hoheitliches Handeln der öffentlichen Hand.

43 BGH, 07.02.2006, KZR 33/04, BGHZ 166, 154 Rn. 16 – *Probeabonnement*; BGH, 05.02.2009, I ZR 119/06, GRUR 2009, 876 – *Änderung der Voreinstellung II.*

44 BGH, 12.07.2007, I ZR 18/04, BGHZ 173, 188 Rn. 29 – *Jugendgefährdende Medien bei eBay.*

45 BGH, 08.10.2015, I ZR 225/13, GRUR 2016, 513 Rn. 22 – *Eizellspende.*

46 BGH, 11.05.2000, I ZR 28/98, BGHZ 144, 255, 266 – *Abgasemissionen.*

47 BGH, 29.06.2006, I ZR 171/03, GRUR 2007, 162 Rn. 12 – *Mengenausgleich in Selbstentsorgergemeinschaft*; BGH 21.09.2016, I ZR 234/15, GRUR 2017, 203 Rn. 28 – *Quecksilberhaltige Leuchtstofflampen.*

48 BGH, 02.12.2009, I ZR 152/07, GRUR 2010, 654 Rn. 19 – *Zweckbetrieb*; BGH, 01.12.2016, I ZR 143/15, GRUR 2017, 641 Rn. 26 – *Zuzahlungsverzicht bei Hilfsmitteln*; OLG München, 15.05.2003, 29 U 1703/03, GRUR 2004, 169, 170.

49 BGH, 01.12.2016, I ZR 143/15, GRUR 2017, 641 Rn. 27–30 – *Zuzahlungsverzicht bei Hilfsmitteln*; BGH, 23.06.2016, I ZR 71/15, GRUR 2017, 95 Rn. 17 – *Arbeitnehmerüberlassung.*

50 *Ullmann*, GRUR 2003, 817, 821; a.A. noch BGH, 03.12.1992, I ZR 276/90, BGHZ 120, 320, 324 – *Tariflohnunterschreitung.*

51 BGH, 23.06.2016, I ZR 71/15, GRUR 2017, 95 Rn. 18 – *Arbeitnehmerüberlassung.*

52 BGH, 23.06.2016, I ZR 71/15, GRUR 2017, 95 Rn. 20 – *Arbeitnehmerüberlassung.*

nicht geschützt. Die Verletzung wertbezogener Normen, wichtiger Rechtsgüter der Allgemeinheit[53] oder systematische Rechtsverletzungen[54] sind isoliert für die Frage des lauterkeitsrechtlichen Schutzes ohne Bedeutung.[55]

Es müssen **wettbewerbsfunktionale Interessen** betroffen sein.[56] Dazu müssen Belange von Marktteilnehmern (§ 2 Abs. 1 Nr. 2) als auf dem Markt handelnde Personen tangiert sein.[57] Ein Bezug zu **individuellen Interessen** von Marktteilnehmern muss bestehen.[58] Eine nur reflexartige Berührung von Interessen von Marktteilnehmern genügt nicht.[59] Gleiches gilt für Interessen Dritter, die nicht Marktteilnehmer sind und die nicht durch das Lauterkeitsrecht geschützt werden.[60] Damit werden durch § 1 UWG **die Auslegungskriterien** bestimmt. Die in der Vorschrift genannten Schutzsubjekte und –ziele sind für die Auslegung maßgeblich und anhand objektiver wettbewerbsfunktionaler Kriterien zu bestimmen. Dagegen sind allgemeine Erwägungen zu sittlichen Vorstellungen[61] und subjektive Wertungen zum Wettbewerbsgeschehen[62] nicht entscheidend. Die »gesunde Anschauung der beteiligten Verkehrskreise« zum Wettbewerbsgeschehen,[63] der Schutz der Allgemeinheit vor Auswüchsen des Wettbewerbs[64] und »ein lauterer Leistungswettbewerb, der sich nur auf sachliche, die Ware selbst betreffende Erwägungen stützen soll«,[65] sind keine geeigneten Kriterien zur Auslegung der Normen des UWG mehr. **11**

Welche Interessen durch eine Norm des UWG geschützt sind, hat Auswirkungen auf die Beantwortung der Frage, ob die Vorschrift in den **Anwendungsbereich der UGP-RL** oder einer anderen Richtlinie der Union fällt. Bestimmungen, die ausschließlich **12**

---

53 BGH, 23.06.2016, I ZR 71/15, GRUR 2017, 95 Rn. 17 – *Arbeitnehmerüberlassung*; BGH, 01.12.2016, I ZR 143/15, GRUR 2017, 641 Rn. 21 – *Zuzahlungsverzicht bei Hilfsmitteln*; BGH, 02.03.2017, I ZR 194/15, GRUR 2017, 537 Rn. 23 – *Konsumgetreide*; BGH, 27.04.2017, I ZR 215/15, GRUR 2017, 819 Rn. 25 – *Aufzeichnungspflicht*.

54 BGH, 23.06.2016, I ZR 71/15, GRUR 2017, 95 Rn. 23 – *Arbeitnehmerüberlassung*.

55 BGH, 11.05.2000, I ZR 28/98, BGHZ 144, 255, 266 – *Abgasemissionen*; *Köhler*, NJW 2002, 2761, 2763; *Ullmann*, GRUR 2003, 817, 821.

56 BGH, 01.12.2016, I ZR 143/15, GRUR 2017, 641 Rn. 20 – *Zuzahlungsverzicht bei Hilfsmitteln*.

57 BGH, 23.06.2016, I ZR 71/15, GRUR 2017, 95 Rn. 20 – *Arbeitnehmerüberlassung*; BGH, 27.04.2017, I ZR 215/15, GRUR 2017, 819 Rn. 20 – *Aufzeichnungspflicht*; *Fezer* FS Schricker, 2005, 671, 673.

58 BGH, 01.12.2016, I ZR 143/15, GRUR 2017, 641 Rn. 20 – *Zuzahlungsverzicht bei Hilfsmitteln*; BGH, 23.06.2016, I ZR 71/15, GRUR 2017, 95 Rn. 21 – *Arbeitnehmerüberlassung*.

59 BGH, 08.10.2015, I ZR 225/13, GRUR 2016, 513 Rn. 21 – *Eizellspende*; BGH, 27.04.2017, I ZR 215/15, GRUR 2017, 819 Rn. 20 – *Aufzeichnungspflicht*.

60 *BGH, 01.12.2016, I ZR 143/15,* GRUR 2017, 641 Rn. 20 – *Zuzahlungsverzicht bei Hilfsmitteln*.

61 BGH, 18.05.1995, I ZR 91/93, BGHZ 130, 5, 7 – *Busengrapscher*; *von Ungern-Sternberg*, FS Erdmann, 2002, 741, 744.

62 So etwa BGH, 03.12.1954, I ZR 262/52, BGHZ 15, 356, 365 – *Progressive Kundenwerbung*;.

63 BGH, 27.01.1956, I ZR 146/54, BGHZ 19, 392, 396 – *Wettbewerb durch Anzeigenblatt*

64 BGH, 01.02.1967, Ib ZR 3/65, GRUR 1967, 430, 431 – *Grabsteinaufträge*; BGH, 19.06.1970, I ZR 115/68, BGHZ 54, 188, 190 – *Fernsprechwerbung*.

65 BGH, 11.11.1958, I ZR 179/57, GRUR 1959, 277, 279 – *Künstlerpostkarten*.

die Interessen von Mitbewerbern und sonstigen Marktteilnehmern schützen und nicht das B2C-Verhältnis regeln, fallen nicht in den Anwendungsbereich der UGP-RL.[66]

2. Anwendungsbereich

13 § 1 UWG umfasst **alle gesetzlichen Vorschriften des UWG**. Überall dort, wo der Gesetzeszweck eine Rolle spielt, ist der Schutzzweck bei der Rechtsanwendung zu berücksichtigen. Das gilt sowohl für die **Tatbestands- als auch für die Rechtsfolgenseite**. Die Bestimmung der vom Schutzzweck erfassten Beteiligten und Interessen ist auch bei Vorschriften maßgeblich, die ausschließlich oder in erster Linie nur eine bestimmte Gruppe von Marktbeteiligten betreffen. So sind bei den dem Mitbewerberschutz dienenden Tatbeständen des § 4 Nr. 1 bis Nr. 4 UWG, die nur von dem jeweiligen betroffenen Unternehmen verfolgt werden können,[67] die in § 1 UWG angeführten Beteiligten und Interessen zu berücksichtigen.[68] Die Interessen der Verbraucher, sonstigen Marktteilnehmer und der Allgemeinheit sind gleichwohl in eine Interessenabwägung bei den dem Mitbewerberschutz dienenden Vorschriften einzubeziehen.[69] Entsprechendes gilt für Vorschriften, die vorrangig dem Verbraucherschutz dienen. Bei diesen sind ebenfalls sämtliche Schutzzwecke des § 1 UWG bei der Auslegung zu berücksichtigen.

---

66 EuGH, 14.01.2010, C-304/08, GRUR 2010, 244 Rn. 39, 40 – *Plus Warenhandelsgesellschaft*; EuGH, 09.11.2010, C-540/08, GRUR 2011, 76 Rn. 21–24 – *Mediaprint*; EuGH, 30.06.2011, C-288/10, GRUR Int. 2011, 853 Rn. 20–22 – *Wamo*; EuGH, 17.10.2013, C-391/12, GRUR 2013, 1245 Rn. 6 – *RLvS [Good News]*; BGH, 19.05.2011, I ZR 147/09, GRUR 2012, 74 Rn. 28 – *Coaching Newsletter*; BGH, 24.01.2013, I ZR 136/11, GRUR 2013, 951 Rn. 13 – *Regalsystem*; BGH, 02.12.2015, I ZR 176/14, GRUR 2016, 730 Rn. 21 – *Herrnhuter Stern*; BGH, 31.03.2016, I ZR 160/14, GRUR 2016, 710 Rn. 45 – *Im Immobiliensumpf*; BGH, 18.05.2017, I ZR 3/16, GRUR 2017, 743 Rn. 15 – *Uber Black*; *Köhler*/Bornkamm/Feddersen § 4 Rn. 3.16a; Harte-Henning/*Sambuc* § 4 Rn. 3; *Büscher*, GRUR 2018, 1, 4; a.A. FBO/*Fezer* § 1 Rn. 88; GK/*Leistner* § 4 Nr. 9 Rn. 9; *Scherer*, WRP 2009, 1446, 1448; *Harte-Bavendamm*, FS Loschelder, 2010, 111, 118, 120; *Sack*, GRUR 2015, 442, 443.

67 BGH, 23.06.2016, I ZR 137/15, GRUR 2017, 92 Rn. 31 – *Fremdcoupon-Einlösung*; BGH, 19.04.2018, I ZR 154/16, WRP 2018, 1322 Rn. 58 – *Werbeblocker II*.

68 BGH, 23.06.2016, I ZR 137/15, GRUR 2017, 92 Rn. 14 – *Fremdcoupon-Einlösung*; BGH, 12.01.2017, I ZR 253/14, GRUR 2017, 397 Rn. 49 – *World of Warcraft II*; BGH, 11.10.2017, I ZR 210/16, GRUR 2018, 317 Rn. 12 und 13 – *Portierungsauftrag*;

69 Zu § 4 Nr. 1 und Nr. 2 UWG: BGH, 19.05.2011, I ZR 147/09, GRUR 2012, 74 Rn. 37 und 38 – *Coaching Newsletter*; BGH, 31.03.2016, I ZR 160/14, GRUR 2016, 710 Rn. 51–57 – *Im Immobiliensumpf*; zu § 4 Nr. 3 UWG: BGH, 02.12.2015, I ZR 176/14, GRUR 2016, 730 Rn. – *Herrnhuter Stern*; BGH, 15.12.2016, I ZR 197/15, GRUR 2017, 734 Rn. 22, 28 und 54 – *Bodendübel*; BGH, 16.11.2017, I ZR 91/16, GRUR 2018, 311 Rn. 56 – *Handfugenpistole*; zu § 4 Nr. 4 UWG: BGH, 07.10.2009, I ZR 150/07, GRUR 2010, 346 Rn. 12 – *Rufumleitung*; BGH, 22.06.2011, I ZR 159/10, GRUR 2011, 1018 Rn. 65 – *Automobil-Onlinebörse*; BGH, 23.06.2016, I ZR 137/15, GRUR 2017, 92 Rn. 14 – *Fremdcoupon-Einlösung*, BGH, 12.01.2017, I ZR 253/14, GRUR 2017, 397 Rn. 49 – *World of Warcraft II*; BGH, 11.10.2017, I ZR 210/16, GRUR 2018, 317 Rn. 12 – *Portierungsauftrag*; BGH, 19.04.2018, I ZR 154/16, WRP 2018, 1322 Rn. 58 – *Werbeblocker II*.

B. Schutzzweck des UWG

I. Geschützte Subjekte und Interessen

§ 1 UWG führt in seinem Satz 1 als durch das Lauterkeitsrecht geschützte **Subjekte** 14
Mitbewerber, Verbraucher und sonstige Marktteilnehmer an und erweitert den Schutz durch Satz 2 auf die Interessen der Allgemeinheit an einem unverfälschtem Wettbewerb. Es sind nicht alle Interessen der in § 1 Satz 1 UWG angeführten Personen geschützt. Welche **Interessen von Mitbewerbern, Verbrauchern und sonstigen Marktteilnehmern** geschützt sind, lässt sich § 1 Satz 1 UWG nicht unmittelbar entnehmen und ist daher durch Auslegung zu ermitteln. Es müssen **wettbewerbsfunktionale Interessen der Marktteilnehmer** betroffen sein (Rdn. 11). Das ergibt sich aus Sinn und Zweck des UWG, den lauteren unverfälschten Wettbewerb zu schützen. Folge ist ein marktbezogener Schutz individueller und nicht nur reflexartiger Interessen der in § 1 Satz 1 UWG angeführten Schutzsubjekte.[70] Nach § 1 Satz 2 UWG sind auch die Interessen der Allgemeinheit geschützt.

II. Kollektiv- und Individualinteressen

Die geschützten Interessen lassen sich weiter danach unterscheiden, ob es sich um 15
gemeinsame Interessen einer Gruppe von Personen handelt (Kollektivinteressen) oder ob nur einzelne Personen betroffen sind (Individualinteressen).[71] Während die der Umsetzung der UGP-RL dienenden Vorschriften Kollektivinteressen der Verbraucher schützen, umfasst der Mitbewerberschutz nach § 4 Nr. 1 bis 4 UWG Individualinteressen der im Einzelfall tangierten Mitbewerber.[72] Ansprüche aufgrund von Normen, die ausschließlich Individualinteressen schützen, können nur die im konkreten Fall betroffenen Mitbewerber (§ 8 Abs. 3 Nr. 1 UWG) verfolgen. Daneben kommen Ansprüche des konkret Betroffenen, der nicht Mitbewerber ist, nach § 823 Abs. 1 BGB wegen Eingriffs in den eingerichteten und ausgeübten Gewerbebetrieb[73] und § 823 Abs. 2 BGB in Verbindung mit der verletzten Norm[74] in Betracht, wenn es sich um ein Schutzgesetz handelt. Nicht von dem beanstandeten Verhalten berührte Mitbewerber, Verbände, qualifizierte Einrichtungen sowie Industrie- und Handelskammern (§ 8 Abs. 3 Nr. 2 bis 4 UWG) sind nicht anspruchsberechtigt. Zu den Kollektivinteressen zählen die Vorschriften, die Verbraucher oder sonstige Marktteilnehmer schützen.[75]

---

70 BGH, 29.06.2006, I ZR 171/03, GRUR 2007, 162 Rn. 12 – *Mengenausgleich in Selbstentsorgergemeinschaft*; BGH, 23.06.2016, I ZR 71/15, GRUR 2017, 95 Rn. 21 – *Arbeitnehmerüberlassung*; *BGH, 26.01.2017, I ZR 207/14*, GRUR 2017, 422 Rn. 31 – *ARD-Buffet*.

71 *Köhler* in FS Büscher, 2018, 333f.

72 *Köhler* in FS Büscher, 2018, 333, 334f.

73 BGH, 20.05.2009, I ZR 218/07, GRUR 2009, 980 Rn. 14 – *E-Mail-Werbung II*; BGH, 12.09.2013, I ZR 208/12, GRUR 2013, 1259 Rn. 20 – *Empfehlungs-E-Mail*.

74 BGH, 30.05.2008, 1 StR 166/07, BGHSt 52, 227 Rn. 87; BGH, 21.04.2016, I ZR 276/14, GRUR 2016, 831 Rn. 14 – *Lebens-Kost*; FBO/*Rengier* § 16 Rn.117; Köhler/*Bornkamm*/Feddersen § 16 Rn. 32;

75 *Köhler* in FS Büscher, 2018, 333, 338.

III. Schutzbereich der konkreten Norm

16 Ist der Anwendungsbereich des UWG eröffnet, müssen die durch die jeweilige Norm geschützten Interessen ermittelt werden. Das betrifft die Tatbestände des UWG (§§ 3 bis 7 und 16 bis 19 UWG) und die über § 3a UWG in die Prüfung einbezogenen Marktverhaltensregelungen. Gerade der Schutzzweck der Marktverhaltensvorschriften ist vielgestaltig. Die Auslegung eines lauterkeitsrechtlichen Tatbestands und die Bestimmung der Rechtsfolgen erfordern die Berücksichtigung der im Einzelfall geschützten Personen und Interessen anhand des § 1 UWG sowie der konkreten Norm.[76]

1. § 3 Abs. 1 und 2

17 Bei der **Generalklausel** des § 3 Abs. 1 und 2 UWG ist jeweils zu ermitteln, welche Subjekte und Interessen geschützt sind. Da ein Rückgriff auf die Generalklausel nur in Betracht kommt, wenn die Tatbestände der §§ 3a bis 7 UWG keine umfassende Bewertung der Interessen der durch das Wettbewerbsgeschehen betroffenen Marktteilnehmer erlauben,[77] muss im konkreten Fall bestimmt werden, welche Marktteilnehmer (Mitbewerber, Verbraucher und sonstige Marktteilnehmer) tangiert sind und welche Interessen (Interessen von Marktteilnehmern oder der Allgemeinheit) berührt werden.[78] § 3 Abs. 1 UWG kann sämtliche unlauteren Handlungen von Marktteilnehmern umfassen (große Generalklausel), während § 3 Abs. 2 UWG die unlauteren geschäftlichen Handlungen von Unternehmern gegenüber Verbrauchern betrifft (Verbrauchergeneralklausel). Sowohl bei § 3 Abs. 1 UWG als auch bei § 3 Abs. 2 UWG können unterschiedliche Interessen verschiedener Marktteilnehmer und der Allgemeinheit berührt sein.[79]

2. § 3a

18 Beim Rechtsbruchtatbestand nach **§ 3a UWG** ist die Funktion der verletzten Norm für die Beantwortung der Frage maßgeblich, ob eine Marktverhaltensregelung vorliegt. Das beurteilt sich nach dem Zweck des UWG, gleiche Voraussetzungen für die auf dem Markt tätigen Wettbewerber zu schaffen und die Freiheit ihrer wettbewerblichen Entfaltung zu schützen.[80] Erforderlich ist eine Marktbezogenheit der Norm im Hin-

76 BGH, 10.12.2009, I ZR 189/07, GRUR 2010, 754 Rn. 21 – *Golly Telly*; BGH, 21.04.2016, I ZR 276/14, GRUR 2016, 831 Rn. 16 – *Lebens-Kost*; *Köhler*/Bornkamm/Feddersen § 1 Rn.8.

77 BGH, 12.07.2012, I ZR 54/11, GRUR 2013, 301 Rn. 26 – *Solarinitiative*; BGH, 16.11.2017, I ZR 160/16, GRUR 2018, 541 Rn. 24 – *Knochenzement II*.

78 BGH, 22.04.2009, I ZR 176/06, GRUR 2009, 1080 Rn. 13 – *Auskunft der IHK*; BGH, 12.07.2012, I ZR 54/11, GRUR 2013, 301 Rn. 26 – *Solarinitiative*; BGH, 19.11.2015, I ZR 149/14, GRUR 2016, 725 Rn. 27 und 28 – *Pippi-Langstrumpf-Kostüm II*; BGH, 04.05.2016, I ZR 58/14, BGHZ 210, 144 Rn. 97 – *Segmentstruktur*, BGH, 16.11.2017, I ZR 160/16, GRUR 2018, 541 Rn. 26 – *Knochenzement II*; *Köhler* in FS Büscher, 2018, 333, 337.

79 BGH, 04.05.2016, I ZR 58/14, BGHZ 210, 144 Rn. 97 – *Segmentstruktur*.

80 BGH, 01.12.2016, I ZR 143/15, GRUR 2017, 641 Rn. 20 – *Zuzahlungsverzicht bei Hilfsmitteln*; BGH, 06.04.2017, I ZR 33/16, GRUR 2017, 926 Rn. 11 – *Anwaltsabmahnung II*.

blick auf eine Lauterkeit des Wettbewerbs.[81] Die Festlegung der Rahmenbedingungen des Wettbewerbs im Interesse der Allgemeinheit reicht für sich nicht aus.[82] Gleiches gilt für den Normzweck, bestimmte Unternehmen vom Markt fernzuhalten.[83] Neben diesem wettbewerbsfunktionalen Zweck, der für die Einordnung als Marktverhaltensregelung entscheidend ist, sind die durch die jeweilige Vorschrift geschützten Interessen zu berücksichtigen. Der wettbewerbsfunktionale Zweck braucht nicht das einzige oder auch nur das primäre Normziel der Marktverhaltensregelung zu sein; es muss keine spezifisch wettbewerbsbezogene Schutzfunktion bestehen.[84] Vielmehr haben diese Bestimmungen häufig vom Schutzzweck des UWG losgelöste primäre Ziele die auf anderen Gebieten liegen. Dazu rechnen etwa der Schutz der Gesundheit und der Sicherheit der Bevölkerung,[85] die Unterbindung der Verwendung intransparenter oder sonst unwirksamer Allgemeiner Geschäftsbedingungen[86] und unklarer Preisangaben,[87] Informationspflichten gegenüber Verbrauchern[88] und der Schutz des rechtssuchenden Publikums vor unqualifizierten Rechtsdienstleistungen.[89]

3. § 4

Die Tatbestände des **§ 4 Nr. 1 bis 4 UWG** dienen ausschließlich dem Mitbewerberschutz. Das hat unmittelbare Auswirkungen auf den Schutzbereich der Vorschriften. Klagebefugt und aktivlegitimiert für die Abwehr- und Folgeansprüche ist ausschließlich der betroffene Mitbewerber.[90] **19**

---

81 BGH, 02.12.2009, I ZR 152/07, GRUR 2010, 654 Rn. 23 – *Zweckbetrieb*; BGH, 08.10.2015, I ZR 225/13, GRUR 2016, 513 Rn. 21 – *Eizellspende*; BGH, 27.04.2017, I ZR 215/15, GRUR 2017, 819 Rn. 20 – *Aufzeichnungspflicht*.

82 BGH, 23.06.2016, I ZR 71/15, GRUR 2017, 95 Rn. 21 – *Arbeitnehmerüberlassung*; BGH, 26.01.2017, I ZR 207/14, GRUR 2017, 422 Rn. 31 – *ARD-Buffet*.

83 BGH, 26.01.2017, I ZR 207/14, GRUR 2017, 422 Rn. 31 – *ARD-Buffet*.

84 BGH, 10.12.2009, I ZR 189/07, GRUR 2010, 754 Rn. 21 – *Golly Telly*; BGH, 18.11.2010, I ZR 137/09, GRUR 2011, 631 Rn. 10 – *Unser wichtigstes Cigarettenpapier*; BGH, 01.12.2016, I ZR 143/15, GRUR 2017, 641 Rn. 20 – *Zuzahlungsverzicht bei Hilfsmitteln*.

85 BGH, 21.09.2016, I ZR 234/15, GRUR 2017, 203 Rn. 28 – *Quecksilberhaltige Leuchtstofflampen*; BGH, 24.11.2016, I ZR 163/15, GRUR 2017, 635 Rn.28 – *Freunde werben Freunde*; BGH, 12.01.2017, I ZR 258/15, GRUR 2017, 409 Rn. 24 – *Motivkontaktlinsen*; BGH, 11.05.2017, I ZR 59/16, GRUR-RR 2017, 500 Rn. 16 – *Herstellerangaben auf Kopfhörer*.

86 BGH, 31.05.2012, I ZR 45/11, GRUR 2012, 949 Rn. 46 – *Missbräuchliche Vertragsstrafe*; BGH, 05.07.2017, VIII ZR 163/16, NJW-RR 2017, 1206 Rn. 9; BGH, 14.12.2017, I ZR 184/15, GRUR 2018, 423 Rn. 41 – *Klauselersetzung*.

87 BGH, 21.04.2016, I ZR 220/14, GRUR 2016, 716 Rn. 16 – *Flugpreise*.

88 BGH, 09.10.2014, I ZR 162/13, GRUR 2015, 498 Rn. 38 – *Combiotik*; BGH, 06.04.2017, I ZR 159/16, GRUR 2017, 928 Rn. 17 – *Energieeffizienzklasse II*; BGH, 05.10.2017, I ZR 232/16, GRUR 2018, 438; Rn. 12 – *Energieausweis*.

89 BGH, 31.03.2016, I ZR 88/15, GRUR 2016, 1189 Rn. 18 – *Rechtsberatung durch Entwicklungsingenieur*.

90 BGH, 24.02.2005, I ZR 101/02, BGHZ 162, 246, 252 – *Vitamin-Zell-Komplex*; BGH, 02.10.2008, I ZR 48/06, GRUR 2009, 416 Rn. 22, 23 – *Küchentiefstpreis-Garantie*; BGH, 31.03.2016, I ZR 160/14, GRUR 2016, 710 Rn. 45 – *Im Immobiliensumpf*; BGH, 23.06.2016, I ZR 137/15, GRUR 2017, 92 Rn. 31 – *Fremdcoupon-Einlösung*; BGH, 19.04.2018, I ZR 154/16, WRP 2018, 1322 Rn. 58 – *Werbeblocker II*.

4. § 4a

20 Die Bestimmung des **§ 4a UWG** über aggressive geschäftliche Handlungen schützt unmittelbar die geschäftliche Entscheidungs- und Verhaltensfreiheit der Verbraucher[91] und sonstigen Marktteilnehmer (gewerbliche Anbieter und Nachfrager)[92] und mittelbar die Interessen der lauter handelnden Mitbewerber und der Allgemeinheit an einem unverfälschten Wettbewerb.[93]

5. §§ 5, 5a

21 Das Irreführungsverbot nach **§ 5 und § 5a Abs. 1 UWG** schützt die Interessen sämtlicher Marktteilnehmer und der Allgemeinheit an einem unverfälschtem Wettbewerb. Im Unionsrecht ist das Irreführungsverbot in der Werbe-RL (Art. 1, 3 und 5) und der UGP-RL (Art. 6 und 7) verankert. Während die Werbe-RL Gewerbetreibende vor einer irreführenden Werbung schützt, hat der Schutz der Verbraucher vor derartiger Werbung seine Grundlage in der UGP-RL. Dem Schutz der Allgemeinheit vor irreführenden geschäftlichen Handlungen kommt bei der Ermittlung der Reichweite des Irreführungsschutzes eine eigenständige Bedeutung zu. Die Rechtsprechung rechtfertigt den grundsätzlichen Ausschluss der Verwirkung des Unterlassungsanspruchs wegen Verstoßes gegen das Irreführungsverbot mit den gegenüber dem Werbenden vorrangigen Interessen der Allgemeinheit, vor einer Irreführung geschützt zu werden.[94]

22 Streitig ist das durch **§ 5a Abs. 1 UWG** geschützte Interesse. Die Rechtsprechung und Teile des Schrifttums[95] nehmen an, dass durch die Vorschrift sämtliche Marktteilnehmer geschützt sind, während andere Stimmen in der Literatur Verbraucher nicht durch § 5a Abs. 1, sondern nur durch § 5a Abs. 2 bis 6 UWG als geschützt ansehen.[96] Für die erstgenannte Ansicht sprechen Wortlaut, Sinn und Zweck der Norm und ihre Entstehungsgeschichte. § 5a Abs. 1 UWG enthält – anders als § 5a Abs. 2 UWG –

---

91 Erwägungsgrund 16 und Art. 8 UGP-RL.

92 Erwägungsgrund 16 sowie Art. 8 UGP-RL; BGH, 21.07.2016, I ZR 127/15, GRUR 2017, 199 Rn. 32 und 33 – *Förderverein*; BGH, 19.04.2018, I ZR 154/16, WRP 2018, 1322 Rn. 58 – *Werbeblocker II*; Ohly/*Sosnitza* § 4a Rn. 2; *Alexander*, WRP 2014, 1384, 1389; *Fritzsche*, WRP 2014, 1392, 1395.

93 Erwägungsgrund 8 Satz 2 UGP-RL; BGH, 19.04.2018, I ZR 154/16, WRP 2018, 1322 Rn. 58 – *Werbeblocker II Köhler*/Bornkamm/Feddersen § 4a Rn.1.2; a.A. FBO/*Scherer* § 4a Rn. 88 im Hinblick auf die Interessen der Allgemeinheit.

94 BGH, 12.12.1996, I ZR 7/94, GRUR 1997, 537, 539 – *Lifting-Creme*; BGH, 07.11.2002, I ZR 276/99, GRUR 2003, 628, 630 – *Klosterbrauerei*; BGH, 27.02.2003, I ZR 25/01, GRUR 2003, 448, 450 – *Gemeinnützige Wohnungsgesellschaft*; BGH, BGH, 15.08.2013, I ZR 188/11, BGHZ 198, 159 Rn. 64 – *Hard Rock Café*; OLG Stuttgart, 15.10.1999, 2 U 246/98, juris Rn. 69; OLG Stuttgart, WRP 2013, 525, 532.

95 BGH, 20.01.2011, I ZR 28/09, GRUR 2011, 846 Rn. 14 – *Kein Telekom-Anschluss nötig*; Begründung des Regierungsentwurf BT-Drucks. 16/10145, S. 25; Harte/Henning/*Dreyer* § 5a Rn. 4; Ohly/*Sosnitza* § 5a Rn. 3; jurisPK-UWG/*Seichter* § 5a Rn. 26.

96 FBO/*Obergfell* § 5a Rn. 15 f; *Köhler*/Bornkamm/Feddersen § 5a Rn.2.1; GK/*Lindacher* § 5a Rn. 6 und 13; *ders.* FS Spellenberg 2010, 43, 48; MünchKomm/*Alexander* UWG § 5a Rn. 23 und 82; *ders.* FS Bornkamm, 2014, 297, 301; *ders.* WRP 2016, 140, 141.

keine Einschränkung auf die Interessen bestimmter Marktteilnehmer; es spricht daher nach dem Wortlaut der Norm nichts für eine Ausklammerung der Verbraucher aus dem Schutzbereich. § 5a Abs. 1 UWG ist eine Ergänzung zu § 5 UWG, indem das Unterlassen unter bestimmten Voraussetzungen dem positiven Verhalten gleichgestellt wird. Die Bestimmung ist an die Stelle des § 5 Abs. 2 Satz 2 UWG 2004 getreten,[97] der in den allgemeinen Irreführungstatbestand eingebettet war und eine von der Rechtsprechung entwickelte Aufklärungspflicht bei einer besonderen Bedeutung von Tatsachen für die Kaufentscheidung normierte, ohne eine generelle Regelung von Informationspflichten zu statuieren.[98]

§ 5a Abs. 2 bis 6 dienen der Umsetzung des Art. 7 UGP-RL[99] und schützen die Ver- **23**
braucher gegen ein Vorenthalten wesentlicher Informationen durch Unternehmen. Sie sichern die Fähigkeit der Verbraucher zu einer informierten geschäftlichen Entscheidung.[100] Normzweck ist nicht die Befriedigung eines allgemeinen Informationsinteresses des Verbrauchers, sondern die Erfüllung von Informationspflichten zur Gewährleistung einer informierten geschäftlichen Entscheidung.[101] Die Feststellung, ob eine Angabe unter Berücksichtigung der beiderseitigen Interessen vom Unternehmer erwartet werden kann und ihr für die vom Verbraucher zu treffende Entscheidung erhebliches Gewicht zukommt, hat aus Verbrauchersicht zu erfolgen.[102]

6. § 6

Die Vorschrift des **§ 6 UWG** über vergleichende Werbung setzt Art. 2 lit. c und Art. 4 **24**
der Werbe-RL um. Der Normzweck des § 6 UWG ist daher unter Berücksichtigung der Bestimmungen der Werbe-RL zur vergleichenden Werbung zu bestimmen. Diese schützt die Interessen der Mitbewerber, der Verbraucher, der sonstigen Marktteilnehmer und der Allgemeinheit.[103] Das folgt aus Erwägungsgrund 9 Satz 1 Werbe-RL, der die Mitbewerber und Verbraucher in den Schutzbereich einbezieht, und Erwägungsgrund 16 Werbe-RL, wonach Personen und Organisationen, die nach dem nationalen Recht ein berechtigtes Interesse an der Angelegenheit haben, die Möglichkeit besitzen sollen, vor Gericht oder einer Verwaltungsbehörde gegen eine unzulässige vergleichende

97 Begründung des Regierungsentwurfs BT-Drucks. 16/10145, S. 25.

98 Begründung des Regierungsentwurfs BT-Drucks. 15/1487, S. 19, 20; BGH, 26.10.2006, I ZR 33/04, GRUR 2007, 247 Rn. 23 – *Regenwaldprojekt I.*

99 Näher *Alexander* WRP 2016, 139, 141.

100 Erwägungsgrund 16 Satz 3 UGP-RL; EuGH, 12.05.2011, C-122/10, GRUR 2011, 930 Rn. 30, 59 – *Ving Sverige*; BGH, 21.07.2016, I ZR 26/15, GRUR 2016, 1076 Rn. 40 – *LGA tested.*

101 EuGH, 26.10.2016, C-611/14, GRUR 2016, 1307 Rn. 60 – *Canal Digital Danmark*; BGH, 18.10.2017, I ZR 84/16, GRUR 2018, 324 Rn. 23 – *Kraftfahrzeugwerbung.*

102 BGH, 21.07.2016, I ZR 26/15, GRUR 2016, 1076 Rn. 37 – *LGA tested*; BGH, 15.12.2016, I ZR 241/15, GRUR 2017, 295 Rn. 17 – *Entertain.*

103 EuGH, 18.11.2010, C-159/09, GRUR 2011, 159 Rn. 20 – *Lidl*; EuGH, 11.07.2013, C-657/11, GRUR 2013, 1049 Rn. 38 – *Best/Peelaers*; EuGH, 08.02.2017, C-562/15, GRUR 2017, 280 Rn. 21, 22, 29 – *ITM/Carrefour*; FBO/*Koos* § 6 Rn. 16 f; jurisPK-UWG/*Müller-Bidinger* § 6 Rn. 8.

Werbung vorzugehen.[104] Zudem ergibt sich aus Erwägungsgrund 4 Werbe-RL die Einbeziehung der Verbraucher und Gewerbetreibenden in den Schutzbereich der Vorschriften über die vergleichende Werbung.[105]

25 **§ 7 UWG** schützt vor einem Eindringen des Werbenden in die Privatsphäre von Verbrauchern und die geschäftliche Sphäre der übrigen Marktteilnehmer und soll damit die in § 1 Satz 1 UWG angeführten Gruppen vor Belästigungen bewahren.[106] Nicht bezweckt ist der Schutz der Entscheidungsfreiheit der Marktteilnehmer.[107] Das führt zu einer Begrenzung des Schutzumfangs der Norm.[108] Bei einem Verstoß gegen die Vorschrift kann der durch die Belästigung und die Bindung von Ressourcen verursachte Schaden vom Gläubiger ersetzt verlangt werden.[109] Dagegen ist nicht ersatzfähig der durch die Beeinträchtigung der Entscheidungsfreiheit ausgelöste Schaden, der in dem Abschluss eines Vertrags aufgrund eines belästigenden Anrufs liegen kann.[110]

8. § 16

26 **§ 16 Abs. 1 UWG** bestimmt die Strafbarkeit irreführender Werbung, die mit der Absicht erfolgt, den Anschein eines besonders günstigen Angebots hervorzurufen. Die Vorschrift schützt die in § 1 Satz 1 und 2 UWG angeführten Gruppen und die Interessen der Allgemeinheit.[111] Das entspricht § 5 UWG, an den § 16 Abs. 1 UWG anknüpft. Die Bestimmung ist Schutzgesetz im Sinne des § 823 Abs. 2 BGB und begründet für betroffene Unternehmen und Verbraucher eigene zivilrechtliche Abwehr- und Annexansprüche.[112] **§ 16 Abs. 2 UWG** bestimmt die Strafbarkeit progressiver Kundenwerbung im Interesse der Verbraucher, auf die der Schutzbereich beschränkt ist.[113] Die Vorschrift ist Schutzgesetz im Sinne des § 823 Abs. 2 BGB.

---

104 *Köhler*/Bornkamm/Feddersen § 6 Rn. 11a; *ders.* FS Büscher, 2018, 333, 336;

105 *Ohly*/Sosnitza § 6 Rn. 2.

106 BGH, 20.03.2013, I ZR 209/11, GRUR 2013, 1170 Rn. 10–17 – *Telefonwerbung für DSL-Produkte*; BGH, 21.04.2016, I ZR 276/14, GRUR 2016, 831 Rn. 16 – *Lebens-Kost*; a.A. *Köhler*, GRUR 2012, 1073, 1080; *ders.* FS Büscher, 2018, 333, 338 ff zu § 7 Abs. 2 Nr. 2 und 3 UWG: Schutz natürlicher und juristischer Personen, die in ihren Individualinteressen betroffen sind, weshalb eine Klagebefugnis für nicht betroffene Mitbewerber und Einrichtungen i.S.d. § 8 Abs. 3 Nr. 2–4 UWG ausscheiden soll.

107 BGH, 21.04.2016, I ZR 276/14, GRUR 2016, 831 Rn. 16 – *Lebens-Kost*.

108 BGH, 21.04.2016, I ZR 276/14, GRUR 2016, 831 Rn. 17 – *Lebens-Kost*.

109 BGH, 01.06.2006, I ZR 167/03, GRUR 2007, 164 Rn. 9 – *Telefax-Werbung II*; BGH, 21.04.2016, I ZR 276/14, GRUR 2016, 831 Rn. 16 – *Lebens-Kost*.

110 BGH, 21.04.2016, I ZR 276/14, GRUR 2016, 831 Rn. 21 – *Lebens-Kost*; zur Begrenzung des Schutzumfangs auch BGH, 10.12.2009, I ZR 189/07, GRUR 2010, 754 Rn. 21 – *Golly Telly*.

111 *Alexander* WRP 2004, 407, 410 ff.

112 BGH, 30.05.2008, 1 StR 166/07, GRUR 2008, 818 Rn. 87 – *Strafbare Werbung im Versandhandel*; *Alexander* WRP 2004, 407, 420; Begründung des Regierungsentwurfs BT-Drucks. 15/1487 S. 22.

113 BGH, 24.02.2011, 5 StR 514/09, BGHSt 56, 174 Rn. 27 – *Schneeballseminare*; Begründung des Regierungsentwurfs BT-Drucks. 15/1487 S. 26.

9. §§ 17 und 18

§§ 17 und 18 UWG sind Strafbestimmungen zum Schutz des Unternehmensinhabers vor dem Verrat oder der rechtswidrigen Nutzung eines Geschäfts- oder Betriebsgeheimnisses. Die Vorschriften schützen den Inhaber des Unternehmens vor der Verletzung des Geschäfts- oder Betriebsgeheimnisses[114] und die Allgemeinheit vor der Verfälschung des Wettbewerbs.[115] Im Vordergrund steht der Schutz der Individualinteressen des Unternehmensinhabers. Es handelt sich um Marktverhaltensregelungen nach § 3a UWG zum Schutz des betroffenen Unternehmens.[116] Die wettbewerbsrechtlichen Abwehransprüche auf Unterlassung und Beseitigung können Verbände und Einrichtungen im Sinne des § 8 Abs. 3 Nr. 2 bis 4 UWG nicht geltend machen.[117] Gleiches gilt für Drittunternehmen, unabhängig davon, ob sie Mitbewerber sind. Anspruchsberechtigt und aktivlegitimiert ist sowohl hinsichtlich der Abwehr- als auch der Annexansprüche ausschließlich das betroffene Unternehmen.[118] Insoweit gelten die Erwägungen zum Mitbewerberschutz nach § 4 UWG entsprechend.[119] Die Bestimmungen sind Schutzgesetze im Sinne des § 823 Abs. 2 BGB.[120] Sie begründen kein absolutes Recht im Sinne von § 823 Abs. 1 BGB. Ansprüche können wegen eines Eingriffs in das Recht am eingerichteten und ausgeübten Gewerbebetrieb[121] und nach § 826 BGB bestehen.[122] Die Ansprüche nach §§ 823, 826 BGB stehen ebenfalls ausschließlich dem durch den Geheimnisverrat betroffenen Unternehmen zu. 27

IV. Anspruchsberechtigung und Schutzumfang

Die Prozessführungsbefugnis und die Aktivlegitimation bei wettbewerbsrechtlichen Klagen werden grundsätzlich durch § 8 Abs. 3 Nr. 1 bis 4 UWG bestimmt. Verbraucher haben kein eigenes Klagerecht und sie sind nicht Gläubiger wettbewerbsrechtlicher 28

114 BGH, 24.01.2006, XI ZR 384/03, BGHZ 166, 84 Rn. 83; BGH, 16.11.2017, I ZR 160/16, GRUR 2018, 541 Rn. 28 – *Knochenzement II.*

115 BGH, 16.11.2017, I ZR 160/16, GRUR 2018, 541 Rn. 28 – *Knochenzement II*; BDS/*Lehmler* § 17 Rn. 4; FBO/*Rengier* § 17 Rn. 4 und § 18 Rn. 3; *Köhler*/Bornkamm/Feddersen § 17 Rn. 2; *ders.* FS Büscher, 2018, 333, 343; GK/*Wolters* § 17 Rn. 1, 2; *Többens* WRP 2005, 552, 555; a:A.MünchKomm/*Brammsen* § 17 Rn. 4–6: ausschließlich Vermögensdelikt.

116 BGH, 27.04.2006, I ZR 126/03, GRUR 2006, 1044 Rn. 17 – *Kundendatenprogramm*; differenzierend. *Köhler* FS Büscher, 2018, 333, 343.

117 *Köhler*/Bornkamm/Feddersen § 17 Rn. 52.

118 *Köhler* FS Büscher, 2018, 333, 343.

119 Zu § 4 Nr. 3 UWG: BGH, 24.02.2005, I ZR 101/02, BGHZ 162, 246, 252 – *Vitamin-Zell-Komplex*; BGH, 02.12.2015, I ZR 176/14, GRUR 2016, 730 Rn. 21 – *Herrnhuter Stern*; zu § 4 Nr. 4 UWG: BGH, 02.10.2008, I ZR 48/06, GRUR 2009, 416 Rn. 22 – *Küchentiefstpreis-Garantie*; BGH, 28.10.2010, I ZR 174/08, GRUR 2011, 543 Rn. 8 – *Änderung der Voreinstellung III*; BGH, 23.06.2016, I ZR 137/15, GRUR 2017, 92 Rn. 31 – *Fremdcoupon-Einlösung.*

120 BGH, 13.10.1965, Ib ZR 93/63, GRUR 1966, 152 – *Nitrolingual*; BGH, 19.11.1982, I ZR 99/80, GRUR 1983, 179, 181 – *Stapel-Automat*; BGH, 24.01.2006, XI ZR 384/03, BGHZ 166, 84 Rn. 84; BGH, 16.11.2017, I ZR 160/16, GRUR 2018, 541 Rn. 30 – *Knochenzement II.*

121 BGH, 24.01.2006, XI ZR 384/03, BGHZ 166, 84 Rn. 90f.

122 *Ohly* GRUR 2014, 1, 4.

Abwehr- und Folgeansprüche, auch wenn die verletzte Rechtsnorm kollektive Interessen von Verbrauchern schützt.[123] Aus dem verbraucherschützenden Charakter einer Norm lässt sich kein Anspruch zugunsten eines Verbrauchers ableiten, selbst wenn er durch eine unlautere geschäftliche Handlung unmittelbar betroffen ist. Das Wettbewerbsrecht gewährt einem verletzten Verbraucher keinen Individualrechtsschutz. Das UWG ist daher kein Verbraucherschutzgesetz im eigentlichen Sinn, obwohl der Schutz der Verbraucher und ihrer Interessen in den Mittelpunkt des Lauterkeitsrechts gerückt ist. Die kollektiven und individuellen Interessen von Verbrauchern werden durch die in § 8 Abs. 3 UWG angeführten Mitbewerber und Verbände wahrgenommen, so dass für die Verbraucher nur ein mittelbarer Schutz besteht. Der Gesetzgeber hat angenommen, die Unternehmen vor einer Vielzahl von Klagen durch Verbraucher bewahren zu müssen, um Standortnachteile zu vermeiden; ohne eine Beschränkung der Klagemöglichkeiten zur Verringerung des Prozessrisikos der Unternehmen glaubte er gezwungen zu sein, das Schutzniveau abzusenken.[124]

29 Überzeugend sind diese Annahmen aus der Entstehungsgeschichte des UWG 2004 nicht, jedenfalls nicht mehr.[125] Das Verbraucherschutzniveau ist durch die UGP-RL festgelegt und wird durch die Gerichte der Union und der Mitgliedstaaten umgesetzt. Der Disposition des deutschen Gesetzgebers ist es in weiten Teilen entzogen. Dass eine auf betroffene Verbraucher beschränkte Anspruchsberechtigung Unternehmen regelmäßig überforderte und Standortnachteile mit sich brächte, ist eine nicht weiter gesicherte Annahme. Vermögen die Argumente für einen fehlenden individual-rechtlichen Schutz auch nicht überzeugen, so ändert dies an der mangelnden Zuerkennung eigener Ansprüche der Verbraucher nichts. Aus der Anerkennung der Verbraucher als durch das UWG geschützte Subjekte lassen sich in Anbetracht der eindeutigen Bestimmung des § 8 Abs. 3 UWG keine eigenen Ansprüche zugunsten von Verbrauchern ableiten, die durch unlautere geschäftliche Handlungen betroffen sind. **Die Bestimmung des § 8 Abs. 3 UWG ist für die Frage der Anspruchsberechtigung abschließend.** Die Sperrwirkung für Ansprüche betroffener Verbraucher darf nicht durch eine Auslegung der Tatbestände des §§ 3 bis 7 UWG als Schutzgesetze im Sinne des § 823 Abs. 2 BGB unterlaufen werden, mag auch aus rechts- und verbraucherpolitischer Sicht die wirtschaftsschützende Vorgehensweise des Gesetzgebers bedauert werden.

30 **Mitbewerber** im Sinne von §§ 2 Abs. 1 Nr. 3, 8 Abs. 3 Nr. 1 UWG sind grundsätzlich umfassend zur Verfolgung von Abwehr- und Folgeansprüchen nach §§ 8 Abs. 1, 9 UWG klagebefugt und anspruchsberechtigt. Ob die Norm, gegen die das angegriffene Unternehmen verstößt, Individual- oder Kollektivinteressen dient, ist regelmäßig ohne

---

123 BDS/*Lehmler* § 1 Rn. 13; *Köhler*/Bornkamm/Feddersen § 1 Rn. 39; *ders.* GRUR 2003, 265, 267; Ohly/*Sosnitza* § 1 Rn. 11; *ders.* GRUR 2003, 739, 745; GK/*Fritzsche* § 1 Rn. 290; FBO/*Büscher* § 8 Rn. 230, 233; *Weiler* WRP 2003, 423, 425; *Engels/Salomon* WRP 2004, 32, 33; *Lettl* GRUR 2004, 449, 460; ähnlich *Ohly* GRUR 2004, 889, 894; a.A. FBO/*Fezer* Einl. Rn. 516 ff; *ders.* WRP 2003, 127, 128; *Säcker* WRP 2004, 1199, 1219; *Sack* GRUR 2004, 625, 629; *ders.* WRP 2009, 1330, 1332.

124 Begründung zum Regierungsentwurf BT-Drucks. 15/1487, S. 22.

125 FBO/*Fezer* § 1 Rn. 80.

Bedeutung. Es kommt nicht darauf an, ob durch den Wettbewerbsverstoß ausschließlich die Interessen von Mitbewerbern, deren Interessen und zugleich diejenigen von Verbrauchern oder ausschließlich Verbraucherinteressen beeinträchtigt werden. Ein Mitbewerber kann daher wettbewerbsrechtliche Ansprüche (Abwehr- und Folgeansprüche aus §§ 8 Abs. 1, 9 UWG, § 242 BGB) aus der **Verletzung ausschließlich verbraucherschützender Normen** herleiten, die keinen mittelbaren Schutz von konkurrierenden Unternehmen begründen.[126] Verbraucherschützende Normen bewirken im Lauterkeitsrecht unmittelbar einen Mitbewerberschutz, während sie für Verbraucher nur mittelbar wirken, indem sie den in § 8 Abs. 3 UWG angeführten Unternehmen und Verbänden, Einrichtungen und Kammern Ansprüche einräumen.

Eine **Beschränkung der Klagebefugnis und Aktivlegitimation** kann bei Mitbewerbern aus der Rechtsnatur der verletzten Vorschrift folgen, die nur für durch das Wettbewerbsgeschehen unmittelbar betroffene Unternehmen Ansprüche statuiert. Das gilt für die Tatbestände der §§ 4 Nr. 1 bis 4, 17, 18 UWG (Rdn. 19, 27). Teilweise besteht bei den durch eine Rechtsverletzung begründeten Ansprüchen, die individuelle Interessen von Mitbewerbern schützen, die Möglichkeit zur dreifachen Schadensberechnung.[127] 31

Die in **§ 8 Abs. 3 Nr. 2 bis 4 UWG angeführten Verbände, qualifizierten Einrichtungen und Industrie- und Handelskammern** sind unter den näher bezeichneten Voraussetzungen zur Geltendmachung der Abwehransprüche nach § 8 Abs. 1 UWG klagebefugt und anspruchsberechtigt. Im Grundsatz kommt es nicht darauf an, ob die verletzte Rechtsnorm, aus der sich die Unlauterkeit der geschäftlichen Handlung ergibt, ausschließlich die Interessen von Verbrauchern, die Interessen sowohl von Verbrauchern und Unternehmern gleichermaßen oder nur die kollektiven Interessen von Unternehmern (Mitbewerber und sonstige Marktteilnehmer, die die Voraussetzungen des § 2 Abs. 1 Nr. 6 UWG erfüllen) schützt. Sind durch das fragliche Verhalten die Voraussetzungen eines Unlauterkeitstatbestands erfüllt, durch den ausschließlich individuelle Interessen des hierdurch betroffenen Unternehmens geschützt sind, sind die in § 8 Abs. 3 Nr. 2 bis 4 UWG aufgeführten Verbände, Einrichtungen und Kammern von der Anspruchsverfolgung ausgeschlossen (Rdn. 19, 27). 32

C. Geschützte Interessen

Der Schutz der in § 2 Abs. 1 Nr. 3 UWG gesetzlich definierten Mitbewerber betrifft das Konkurrenzverhältnis (**Horizontalverhältnis**) zwischen Unternehmen. Verschiedene Vorschriften des UWG schützen in erster Linie Mitbewerber (§ 4 Nr. 1 bis 4, § 6 33

126 BGH, 10.12.2009, I ZR 189/07, GRUR 2010, 754 Rn. 25 – *Golly Telly*; BGH, 06.10.2011, I ZR 117/10, GRUR 2012, 407 Rn. 37 – *Delan*; *Köhler*/Bornkamm/Feddersen § 9 Rn. 1.15; FBO/*Koos* § 9 Rn. 20a; einschränkend *Ohly*/Sosnitza § 9 Rn. 5; a.A. *Schaffert* FS Ullmann, 2006, 845, 856.

127 Zu § 4 Nr. 3 und 4 UWG BGH, 04.05.2016, I ZR 58/14, BGHZ 210, 144 Rn. 79 – *Segmentstruktur*; zu § 17 UWG BGH, 16.11.2017, I ZR 160/16, GRUR 2018, 541 Rn. 30 – *Knochenzement II*

Abs. 2 Nr. 3 bis 6, §§ 17, 18 UWG). Darauf ist der Schutz der Mitbewerber und ihrer Interessen nicht beschränkt. Mitbewerber profitieren unmittelbar vom Schutz der Verbraucher gegenüber Unternehmen im B2C-Verhältnis (**Vertikalverhältnis**), weil sie aus einer Verletzung verbraucherschützender Normen Abwehr- und Annexansprüche ableiten können (anders Erwägungsgrund 8 Satz 2 UGP-RL: nur mittelbarer Schutz der Unternehmen).[128] Zu den Bestimmungen, die zumindest auch Verbraucher schützen, rechnen § 3 Abs. 1, 2 und 3 in Verbindung mit Nr. 1 bis 30 des Anhangs und Abs.4, §§ 3a, 4a, 5 und 5a, 6 Abs. 2 Nr. 1 und 2, §§ 7 sowie 16 UWG. Sind die Tatbestandsmerkmale einer unlauteren geschäftlichen Handlung nach einer dieser Vorschriften erfüllt, stehen Mitbewerbern die in §§ 8 Abs. 1, 9 UWG vorgesehenen Ansprüche zu (Rdn. 30).

34 **Geschützt werden die Interessen der Mitbewerber an der freien Entfaltung im Wettbewerb.**[129] Der Schutz ist auf Unionsebene durch Art. 11 und 16 EU-Grundrechtecharta und – soweit die Anwendung der Grundrechte nicht ausgeschlossen ist, weil keine vollständige Harmonisierung durch das Unionsrecht erfolgt ist und dem deutschen Gesetzgeber ein Umsetzungsspielraum verbleibt[130] – auf nationaler Ebene in Art. 2 Abs. 1, Art. 5 Abs. 1 und 12 Abs. 1 GG[131] verfassungsrechtlich abgesichert. Dieser Schutz umfasst die unternehmerische Tätigkeit in allen Ausprägungen (Angebots- und Nachfrageseite, Herstellung und Vertrieb, Unternehmens- und Produktwerbung, Preis- und Produktgestaltung, Mitarbeiter-, Kunden- und Lieferantenbeziehungen, Vertragsgestaltungen, Unternehmens- und Betriebsstruktur), die Stellung des Unternehmens im Markt und seine absoluten Rechte. Begründet werden durch das Lauterkeitsrecht keine absoluten Rechte, sondern ein Schutz gegen Verhaltensunrecht. Dieses muss in wettbewerbsfremden Verhaltensweisen von Konkurrenten bestehen. Den zum Wesen des Wettbewerbs gehörenden und damit wettbewerbskonformen oder –immanenten Beeinträchtigungen der Unternehmen darf nicht mit den Mitteln des UWG begegnet werden.[132]

35 **Welche Maßnahmen zum Wesen des Wettbewerbs gehören**, ist durch Auslegung der nationalen und unionsrechtlichen Normen und Maßstäbe einschließlich der Wertungen des Grundgesetzes und der EU-Grundrechtecharta zu bestimmen. Preisunterbietung,[133] Herstellung von Nachahmungen,[134] Anknüpfung mit der eigenen Leistung an

---

128 Vorstehend Rdn. 30.

129 BGH, 17.05.2001, I ZR 216/99, BGHZ 148, 1, 5 – *Mitwohnzentrale*; BGH, 12.11.2009, I ZR 183/07, GRUR 2010, 642 Rn. 53, 57–60 – *WM-Marken*; BGH, 19.11.2015, I ZR 149/14, GRUR 2016, 725 Rn. 18, 25–28 – *Pippi-Langstrumpf-Kostüm II*; BGH, 11.10.2017, I ZR 210/16, GRUR 2018, 317 Rn. 12 – *Portierungsauftrag*.

130 BVerfG, 31.05.2016, 1 BvR 1585/13, GRUR 2016, 690 Rn. 115; BGH, 01.06.2017, I ZR 139/15, GRUR 2017, 901 Rn. 34 – *Afghanistan Papiere*; BGH, 27.07.2017, I ZR 228/15, GRUR 2017, 1027 Rn. 22 – *Reformistischer Aufbruch*.

131 BGH, 23.06.2016, I ZR 137/15, GRUR 2017, 92 Rn. 31 – *Fremdcoupon-Einlösung*.

132 BGH, 11.10.2017, I ZR 210/16, GRUR 2018, 317 Rn. 13 – *Portierungsauftrag*.

133 BGH, 04.05.2016, I ZR 58/14, BGHZ 210, 144 Rn. 82 – *Segmentstruktur*.

134 BGH, 27.03.2013, I ZR 9/12, GRUR 2013, 1213 Rn. 63 – *SUMO*; BGH, 19.11.2015, I ZR 149/14, GRUR 2016, 725 Rn. 18 – *Pippi-Langstrumpf-Kostüm II*.

diejenige eines Konkurrenten,[135] Anhängen an die Werbung eines Dritten,[136] Eindringen in einen fremden Kundenkreis und Abfangen von Kunden,[137] Einführung neuer Vertriebs-, Werbe- oder Nachfragestrukturen und neuer Geschäftsmodelle, sachliche Kritik durch einen Konkurrenten,[138] vergleichende Werbung und Testkäufe sind nicht per se unlauter. Das UWG schützt keine hergebrachten Strukturen gegen neue, für die etablierten Wettbewerber unbequeme Ideen und Strategien.

Was nicht mehr wettbewerbskonform und deshalb unlauter ist, muss im Hinblick auf die allgemeine Wettbewerbsfreiheit **gesetzlich bestimmt** werden. Wegen der oft weiten gesetzlichen Tatbestände verbunden mit der Notwendigkeit der Abwägung der kollidierenden Belange erfordert die Beurteilung der Unlauterkeit einer geschäftlichen Handlung in einem ersten Schritt die Feststellung, **welche Interessen in die Betrachtung überhaupt einzubeziehen** sind.[139] In einem zweiten Schritt sind die **schützenswerten Interessen zu gewichten.**[140] 36

II. Verbraucherinnen und Verbraucher

Der **Begriff des Verbrauchers** ist im UWG nicht eigenständig definiert. § 2 Abs. 2 UWG verweist wegen des Verbraucherbegriffs auf eine entsprechende Anwendung des § 13 BGB.[141] Die UGP-RL enthält allerdings in ihrem Art. 2 lit. a eine eigene Definition des Verbraucherbegriffs, die von § 13 BGB und Art. 2 Nr. 1 Verbraucherrechterichtlinie (Richtlinie 2011/83/EU) abweicht (zum Verbraucherbegriff § 2 Abs. 2 Rdn. 1 ff.). 37

1. Unionsrechtlicher Rahmen

Der Schutz der Verbraucher betrifft das **Vertikalverhältnis** zwischen Unternehmen und Verbrauchern. Regelmäßig bieten die Unternehmen Waren oder Dienstleistungen an, während die Verbraucher die Produkte nachfragen. Dieses Verhältnis wird unter den Voraussetzungen des Art. 3 durch die **UGP-RL** erfasst. Gemäß Art. 3 (1) UGP-RL gilt die UGP-RL für unlautere Geschäftspraktiken von Unternehmen gegenüber Verbrauchern. Nach der Legaldefinition des Art. 2 lit. d sind Geschäftspraktiken von Unternehmen gegenüber Verbrauchern jede Handlung, Unterlassung, Verhaltensweise oder Erklärung, kommerzielle Mitteilung einschließlich Werbung und Marketing eines Gewerbetreibenden, die unmittelbar mit der Absatzförderung, dem Verkauf oder der Lieferung eines Produkts an Verbraucher zusammenhängt. 38

Die **UGP-RL** bezweckt, zu einem **hohen Verbraucherschutzniveau** beizutragen (Erwägungsgründe 1, 5 Satz 3 und Art. 1 UGP-RL). Der Verbraucherschutz aufgrund 39

---

135 BGH, 30.04.2014, I ZR 224/12, GRUR 2014, 785 Rn. 25 – *Flugvermittlung im Internet.*
136 BGH, 23.06.2016, I ZR 137/15, GRUR 2017, 92 Rn. 28 – *Fremdcoupon-Einlösung.*
137 BGH, 11.10.2017, I ZR 210/16, GRUR 2018, 317 Rn. 12 – *Portierungsauftrag.*
138 BGH, 31.03.2016, I ZR 160/14, GRUR 2016, 710 Rn. 51 – *Im Immobiliensumpf.*
139 BGH, 16.11.2017, I ZR 160/16, GRUR 2018, 541 Rn. 28 – *Knochenzement II.*
140 BGH, 16.11.2017, I ZR 160/16, GRUR 2018, 541 Rn. 29–31 – *Knochenzement II.*
141 BGH, 11.05.2017, I ZR 60/16, GRUR 2017, 1140 Rn. 19 – *Testkauf im Internet.*

des Lauterkeitsrechts ist durch die Umsetzung der UGP-RL durch die UWG-Novellen 2008 und 2015 weiter in den Mittelpunkt der Rechtsanwendung gerückt. Eine Vielzahl wettbewerbsrechtlicher Verfahren betrifft das B2C-Verhältnis und den Anwendungsbereich von Vorschriften zur Umsetzung der UGP-RL und anderer verbraucherschützender unionsrechtlicher Bestimmungen. Die sog. »Schwarze Liste«, die Erfassung von Handlungen nach einem Vertragsschluss und die Regelung der Informationspflichten nach § 5a Abs. 2 bis 6 UWG haben dazu beigetragen. Gleichwohl bleibt der Schutz für den Verbraucher nur mittelbar, weil seine Durchsetzung davon abhängt, dass ein zur Rechtsverfolgung berechtigter Gläubiger sich der Abwehransprüche betroffener Verbraucher annimmt (Rdn. 28). Von einem Paradigmenwechsel durch die UGP-RL und deren Umsetzung durch die UWG-Novellen 2008 und 2015 kann daher keine Rede sein.

40 Soweit eine **irreführende geschäftliche Handlung** von Unternehmen gegenüber Verbrauchern betroffen ist, ist grundsätzlich die UGP-RL einschlägig. Der Schutz der kollektiven Interessen der Verbraucher bewirkt gleichsam reflexartig einen Individualschutz der Mitbewerber. Die Vorschriften der UGP-RL und die ihrer Umsetzung dienenden Normen des UWG schützen damit die Interessen der Verbraucher und der Mitbewerber (Erwägungsgründe 6 Satz 1 und 8 Satz 1 und 2 UGP-RL). In diesem Zusammenhang geht der Unionsgesetzgeber von einem unmittelbaren Schutz der Verbraucher und einem mittelbaren Schutz der Mitbewerber aus. Im UWG ist dieses Konzept eher umgekehrt umgesetzt, weil dem Mitbewerber und nicht dem Verbraucher Individualansprüche zustehen.

41 Soweit ausschließlich der **Schutz von Unternehmen gegen Irreführung** betroffen ist (B2B-Verhältnis), ist nicht die UGP-RL einschlägig, sondern die **Werbe-RL**.[142] Als Zweck der Richtlinie nennt Art. 1 Werbe-RL für den Schutz vor Irreführung nur noch Gewerbetreibende. Von diesem Schutz sind auch Mitbewerber erfasst. Zudem sind die Mitgliedstaaten nach Art. 8 (1) Unterabs. 1 Werbe-RL im Anwendungsbereich der Richtlinie nicht gehindert, zugunsten von Gewerbetreibenden und Mitbewerbern einen weiterreichenden Schutz gegen Irreführung vorzusehen.[143]

42 Die **vergleichende Werbung** (§ 6 UWG) wird auf Unionsebene durch die Werbe-RL geregelt. Geschützt werden nach den Erwägungsgründen 4, 6 und 9 sowie Art. 4 Werbe-RL die **Interessen der Verbraucher und der Gewerbetreibenden** (der Mitbewerber und der sonstigen Marktteilnehmer).[144] Deren Interessen stimmen teilweise überein (Erwägungsgrund 9 Satz 1 Werbe-RL), teilweise sind sie gegenläufig (Erwägungsgründe 13–15 Werbe-RL). Die widerstreitenden Interessen sind in einen angemessenen Ausgleich zu bringen, so dass die Vorteile vergleichender Werbung möglichst gefördert und unlautere und die Verbraucherinteressen beeinträchtigende vergleichende

---

142 BGH, 16.11.2017, I ZR 160/16, GRUR 2018, 541 Rn. 38 – *Knochenzement II.*

143 *BGH, 16.11.2017, I ZR 160/16*, GRUR 2018, 541 Rn. 38 – *Knochenzement II.*

144 EuGH, 18.06.2009, C-487/07, GRUR 2009, 756 Rn. 68, 69 – *L'Oréal/Bellure*; EuGH, 08.02.2017, C-562/15, GRUR 2017, 280 Rn. 29 – *ITM/Carrefour.*

Werbung unterdrückt wird.[145] **Irreführende vergleichende Werbung** liegt an der Schnittstelle zwischen der UGP-RL und der Werbe-RL. Die irreführende vergleichende Werbung von Unternehmen gegenüber Verbrauchern (B2C-Verhältnis) beurteilt sich nach Art. 6 und 7 UGP-RL,[146] während sich die irreführende vergleichende Werbung gegenüber Gewerbetreibenden nach Art. 2 lit. b, Art. 3 und 8 (1) Werbe-RL richtet (Art. 4 lit. a Werbe-RL, Art. 6 (2) lit. a UGP-RL).[147]

Welche Interessen der Verbraucher geschützt werden und in welchem Umfang dies geschieht, ist durch Auslegung der einschlägigen Normen des Unionsrechts zu ermitteln. Nach **Art. 169 (1) AEUV** (ex Art. 153 EGV) leistet die Union einen Beitrag zur Förderung der wirtschaftlichen Interessen der Verbraucher einschließlich ihres Rechts auf Information und zur Gewährleistung eines hohen Verbraucherschutzniveaus. Diesem Ziel dient die UGP-RL, indem sie im B2C-Verhältnis die **Entscheidungsfreiheit der Verbraucher** vor, während und nach Abschluss eines auf ein Produkt bezogenen Handelsgeschäfts schützt (Erwägungsgrund 7 Satz 1, Art. 3 (1) UGP-RL). Verbraucher sollen davor bewahrt werden, in ihrem wirtschaftlichen Verhalten durch unlautere Geschäftspraktiken von Unternehmen beeinflusst und dadurch zu einer geschäftlichen Entscheidung veranlasst zu werden, die sie andernfalls nicht getroffen hätten. Die UGP-RL schützt damit die Entscheidungsfreiheit der Verbraucher vor Beeinträchtigungen durch unlautere Geschäftspraktiken (Erwägungsgrund 11 Satz 2 UGP-RL). Dazu rechnen vor allem irreführende und aggressive Geschäftspraktiken (Erwägungsgrund 13 Satz 4 UGP-RL). Durch sie wird der Verbraucher an einer informierten Entscheidung gehindert. Der Schutz der Fähigkeit der Verbraucher zu einer informierten Entscheidung ist zentraler Zweck der UGP-RL.[148] Das bedeutet nicht, dass eine Beeinflussung der Verbraucher durch suggestive, nicht informative Werbe- und Marketingmaßnahmen grundsätzlich unzulässig ist.[149] Werbung braucht nicht informativ zu sein. **Es besteht kein allgemeines Sachlichkeitsgebot für Werbemaßnahmen.**[150] Die UGP-RL schützt nicht die Gesundheit, die Sicherheit und die Privatsphäre der Verbraucher und begründet kein Recht zur Vertragsauflösung als Folge unlauterer Geschäftspraktiken (Erwägungsgrund 7 Satz 3–5, 9 Satz 2 und Art. 3 (2) und (3) UGP-RL). 43

Die **Werbe-RL** schützt die wirtschaftlichen Interesse der Verbraucher an den mit zulässigen Werbevergleichen verbundenen Informationen und der mit vergleichender Werbung einhergehenden Förderung des Wettbewerbs (Erwägungsgrund 4, 6 Satz 3 und 8 Satz 1). 44

---

145 EuGH, 18.06.2009, C-487/07, GRUR 2009, 756 Rn. 69 – *L'Oréal/Bellure*; EuGH, 18.11.2010, C-159/09, GRUR 2011, 159 Rn. 21 – *LIDL/Vierzon*; EuGH, 08.02.2017, C-562/15, GRUR 2017, 280 Rn. 21 – *ITM/Carrefour*.

146 EuGH, 08.02.2017, C-562/15, GRUR 2017, 280 Rn. 28–37 – *ITM/Carrefour*.

147 *Köhler*, GRUR 2013, 761, 763, 765.

148 EuGH, 07.09.2016, C-310/15, GRUR 2016, 1180 Rn. 40 – *Deroo-Blanquart*; EuGH, 13.09.2018, C-54/17 und C-55/17, GRUR 2018, 1156 – *AGCM/Wind und Vodafone*; FBO/*Fezer* § 1 Rn. 79; *Köhler*/Bornkamm/Feddersen § 1 Rn. 15; Ohly/*Sosnitza* § 1 Rn. 20.

149 Ohly/*Sosnitza* § 1 Rn. 21.

150 BGH, 14.12.2000, I ZR 147/98, GRUR 2001, 752, 754 – *Eröffnungswerbung*.

2. Nationales Lauterkeitsrecht

45 Soweit die Bestimmungen des UWG das Unionrecht umsetzen, werden die geschützten Subjekte und Interessen durch das Unionsrecht determiniert.[151] Ist der Anwendungsbereich der einschlägigen Richtlinien und Verordnungen nicht eröffnet, ist das UWG auf unlautere geschäftliche Handlungen uneingeschränkt anwendbar. Die Vorschriften des UWG sind in einigen Bereichen weiter als die Richtlinienbestimmungen. So können Verbraucher Anbieter von Produkten gegenüber Unternehmen sein, die auf der Nachfrageseite auftreten. Dieses Verhältnis fällt nicht in den Anwendungsbereich der UGP-RL, unterfällt aber nach § 1 Satz 1 in Verbindung mit § 2 Abs. 1 Nr. 1 UWG als geschäftliche Handlung (Bezug von Waren oder Dienstleistungen) dem **Anwendungsbereich des UWG**.

46 Der Schutz der Verbraucher durch das UWG ist nicht auf den durch das Unionsrecht vorgesehenen Schutz der Entscheidungsfreiheit der Verbraucher beschränkt, sondern kann auch andere Rechtsgüter von Verbrauchern umfassen. Die UGP-RL und die Werbe-RL sehen keinen Schutz der Verbraucher gegen Beeinträchtigungen der Gesundheit, des Lebens, der Sicherheit, des Persönlichkeitsrechts, des Eigentums und Vermögens sowie der Privatsphäre vor. Diese Güter können durch geschäftliche Handlungen gegenüber Verbrauchern tangiert werden. Gegen die entsprechenden Verhaltensweisen von Unternehmen gegenüber Verbrauchern sind die Vorschriften des UWG (§§ 3, 3a oder 7 UWG) zum Schutz der Verbraucher anwendbar.[152]

III. Sonstige Marktteilnehmer

47 Durch das UWG geschützt sind nach § 1 Satz 1 UWG auch die **sonstigen Marktteilnehmer**. Das sind gemäß § 2 Abs. 1 Nr. 2 UWG regelmäßig alle Personen, die keine Mitbewerber und keine Verbraucher sind und die als Anbieter oder Nachfrager von Waren oder Dienstleistungen auftreten. Das sind Unternehmer, die zu dem Unternehmen, dessen geschäftliches Verhalten in Rede steht, in keinem konkreten Wettbewerbsverhältnis stehen und die deshalb keine Mitbewerber sind und sich auch nicht als Privatpersonen am Wirtschaftsgeschehen beteiligen. Sie stehen zum Handelnden in einem Vertikalverhältnis wie die Verbraucher und nicht in einem Konkurrenzverhältnis wie ein Mitbewerber im Sinne des § 2 Abs. 1 Nr. 3 UWG. Im Verhältnis zum handelnden Unternehmer gehören sie ebenso wie Verbraucher zur Marktgegenseite, ohne allerdings die Qualifikation des Verbrauchers zu erfüllen. Zu ihnen zählen Unternehmer, soweit ihr Verhalten nicht ihrem Privatbereich zuzurechnen ist, und juristische Personen des Privatrechts und des öffentlichen Rechts. Sie können auf einem anderen Markt unternehmerisch tätig sein oder als Anbieter oder Nachfrager von Waren oder Dienstleistungen auftreten, ohne erwerbswirtschaftlich zu agieren.

151 Vorstehend Rdn. 38 ff.

152 BGH, 14.01.2016, I ZR 65/14, GRUR 2016, 946 Rn. 23 – *Freunde finden*; BGH, *21.04.2016, I ZR 276/14*, GRUR 2016, 831 Rn. 16 – *Lebens-Kost*; BGH, 12.01.2017, I ZR 258/15, GRUR 2017, 409 Rn. 24 – *Motivkontaktlinsen*; BGH, 05.10.2017, I ZR 117/16, GRUR 2017, 1273 Rn. 15f – *Tabakwerbung im Internet*.

Das UWG sieht für sie keinen Individualschutz vor; in § 8 Abs. 3 UWG werden sie nicht als anspruchs- und klagebefugt genannt. Ihre Belange werden nur mittelbar geschützt. Wie bei Verbrauchern handelt es sich um einen kollektivrechtlichen Schutz. Es kommt nicht darauf an, ob sie unmittelbar durch das Verhalten des handelnden Unternehmens tangiert sind oder ob nur eine mittelbare Betroffenheit vorliegt. Auch wenn die unlautere geschäftliche Handlung ihnen gegenüber vorgenommen wird, steht ihnen aus den Vorschriften des UWG kein Individualschutz zu. Die sonstigen Marktteilnehmer können nur über andere zivilrechtliche Vorschriften – wie § 823 Abs. 1 und 2 BGB – einen Individualschutz erlangen.[153] 48

Die sonstigen Marktteilnehmer sind nach § 1 Satz 1 UWG Schutzsubjekte. Sie werden auf Unionsebene durch Art. 11 und 16 EU-Grundrechtecharta und – soweit keine vollständige Harmonisierung durch das Unionsrecht besteht und die Grundrechte des Grundgesetzes wegen eines verbleibenden Umsetzungsspielraums des deutschen Gesetzgebers deshalb nicht verdrängt werden[154] – durch Art. 2 Abs. 1, Art. 5 Abs. 1 und Art. 12 Abs. 1 GG auf Ebene des Verfassungsrechts geschützt. Der Schutz der sonstigen Marktteilnehmer wird von allen Normen des UWG gewährleistet, soweit es sich nicht um Vorschriften handelt, die ausschließlich einen Mitbewerberschutz begründen.[155] Zu den Bestimmungen, die sonstige Marktteilnehmer schützen können, zählen §§ 3, 3a, 4a, 5, 5a, 6, 7 und 16 UWG. Die sonstigen Marktteilnehmer werden zur Wahrung ihrer Handlungs- und Entscheidungsfreiheit und ihrer Chancengleichheit als Anbieter und Nachfrager von Waren oder Dienstleistungen vor unlauteren geschäftlichen Handlungen geschützt. Diese müssen in einem wettbewerbsfremden Verhalten bestehen. Wettbewerbsimmanenten Beeinträchtigungen – Verhaltensweisen die zum Wesen des Wettbewerbs gehören – kann nicht mit Mitteln des UWG entgegengetreten werden. 49

Ist ein sonstiger Marktteilnehmer unmittelbar oder mittelbar durch eine geschäftliche Handlung eines Unternehmers betroffen, ist die geschäftliche Handlung aus der **Sicht eines durchschnittlichen Mitglieds der Gruppe, der der sonstige Marktteilnehmer angehört**, zu beurteilen[156] und müssen die schützenswerten Belange des Betroffenen festgestellt und in die Beurteilung des Wettbewerbsgeschehens einbezogen werden.[157] 50

IV. Allgemeinheit

Nach § 1 Satz 2 UWG ist das **Interesse der Allgemeinheit** an einem unverfälschten Wettbewerb durch das UWG geschützt. Das Allgemeininteresse als Schutzgut des Lauterkeitsrechts hat eine von der Rechtsprechung entwickelte lange Tradition (Rdn. 1). 51

153 BGH, 20.05.2009, I ZR 218/07, GRUR 2009, 980 Rn. 9 und 10 – *E-Mail-Werbung II*; BGH, 21.04.2016, I ZR 276/14, GRUR 2016, 831 Rn. 16 – *Lebens-Kost.*

154 BVerfG, 31.05.2016, 1 BvR 1585/13, GRUR 2016, 690 Rn. 115; BGH, 01.06.2017, I ZR 139/15, GRUR 2017, 901 Rn. 34 – *Afghanistan Papiere*; BGH, 27.07.2017, I ZR 228/15, GRUR 2017, 1027 Rn. 22 – *Reformistischer Aufbruch.*

155 Rdn. 19.

156 BGH, 07.07.2005, I ZR 253/02, GRUR 2005, 877, 879 – *Werbung mit Testergebnis.*

157 BGH, 21.04.2016, I ZR 276/14, GRUR 2016, 831 Rn. 16 – *Lebens-Kost.*

Seit der Novellierung des UWG im Jahre 2004 ist es gesetzlich verankert (Rdn. 5). **Das Allgemeininteresse ist auf einen unverfälschten Wettbewerb bezogen.** Damit reicht nicht jedes Allgemeininteresse an einer Unterbindung von Verhaltensweisen von Unternehmen aus. Vielmehr muss ein auf das Wettbewerbsgeschehen bezogener Zusammenhang zwischen der in den Blick genommenen Handlung eines Unternehmens und den Interessen der Allgemeinheit bestehen (Rdn. 11). **Gesellschaftliche, ethische, moralische umweltpolitische, steuerliche, sozialpolitische, arbeits- und versicherungsrechtliche Belange** unterfallen nicht dem Allgemeininteresse an einem unverfälschten Wettbewerb (Rdn. 10). Auf die Frage, ob eine Verletzung sittlich fundierter, wertbezogener Normen in Rede steht oder es sich um wertneutrale Bestimmungen handelt, kommt es nicht an. Fehlt der notwendige Marktbezug, ist es weiter bedeutungslos, ob das verletzte Rechtsgut Verfassungsrang hat.

52 Ist der **notwendige Marktbezug vorhanden**, sind bei der Feststellung der zu berücksichtigenden Belange in erster Linie wettbewerbsfunktionale Interessen zu berücksichtigen. Darauf ist die Feststellung schutzwürdiger Interessen nicht beschränkt. Wenn einmal der Marktbezug des beanstandeten Verhaltens bejaht ist, können und müssen die weiteren Interessen der Marktteilnehmer und der Allgemeinheit berücksichtigt werden. Zu den **Allgemeininteressen zählen sämtliche öffentlichen Interessen und Gemeinwohlbelange**, wie etwa die Abwehr von Störungen der öffentlichen Ordnung und die Verhinderung von Straftaten,[158] der Jugendschutz,[159] der Schutz des Lebens und der Gesundheit der Bevölkerung,[160] Belange der Rechtspflege,[161] der Sicherheit von Produkten, der Presse-, Rundfunk- und Meinungsfreiheit,[162] der Privatsphäre,[163] der Datensicherheit, des Persönlichkeitsrechts, der Menschenwürde, des Tierschutzes, des Umweltschutzes und des Arbeitsschutzes.[164]

53 § 1 Satz 2 UWG schützt den Wettbewerb als Institution vor Verfälschung.[165] Nicht geschützt werden wirtschaftspolitische Interessen an einer bestimmten Wettbewerbs- und Marktstruktur ohne zusätzliche lauterkeitsrechtliche Gesichtspunkte (Rdn. 9). Dies gilt auch für die Fallgruppe der allgemeinen Marktstörung, die das Hinzutreten

---

158 BGH, 28.09.2011, I ZR 93/10, GRUR 2012, 201 Rn. 29 und 39 – *Poker im Internet.*

159 BGH, 12.07.2007, I ZR 18/04, BGHZ 173, 188 Rn. 47 ff – *Jugendgefährdende Medien bei eBay*; BGH, 18.10.2007, I ZR 102/05, GRUR 2008, 534 Rn. 39f – *ueber18.de*; BGH, 28.09.2011, I ZR 92/09, GRUR 2012, 193 Rn. 44 – *Sportwetten im Internet II.*

160 BGH, 18.11.2010, I ZR 137/09, GRUR 2011, 631 Rn. 25 – *Unser wichtigstes Cigarettenpapier.*

161 BGH, 14.01.2016, I ZR 107/14, GRUR 2016, 820 Rn. 31 – *Schadensregulierung durch Versicherungsmakler.*

162 BVerfG, 12.12.2000, 1 BvR 1762/95, GRUR 2001, 170, 173 – *Benetton Werbung*; BGH, 19.05.2011, I ZR 147/09, GRUR 2012, 74 Rn. 31 – *Coaching Newsletter*; BGH, 31.03.2016, I ZR 160/14, GRUR 2016, 710 Rn. 46 – *Im Immobiliensumpf*; BGH, 26.01.2017, I ZR 207/14, GRUR 2017, 422 Rn. 47 – *ARD-Buffet.*

163 BGH, 03.03.2011, I ZR 167/09, GRUR 2011, 747 Rn. 17 – *Kreditkartenübersendung.*

164 FBO/*Fezer* § 1 Rn. 107.

165 Ohly/*Sosnitza* § 1 Rn. 31; FBO/*Fezer* § 1 Rn. 110 ff.

konkreter, die Unlauterkeit begründender Umstände erfordert.[166] Die Marktstörung für sich genommen reicht nicht.[167] Es muss eine auf den Markt bezogene Unlauterkeit bestehen, die Interessen der Mitbewerber, Verbraucher oder sonstigen Marktteilnehmer tangiert.[168]

V. Relation der Interessen

Durch ein beanstandetes Verhalten können mehrere durch § 1 UWG geschützte Subjekte (Mitbewerber, Verbraucher und sonstige Marktteilnehmer) und deren Interessen sowie das Allgemeininteresse an einem unverfälschten Wettbewerb berührt werden. Erforderlich ist das nicht. Es reicht aus, wenn nur ein in § 1 UWG angeführter Schutzzweck betroffen ist. Sind mehrere Schutzsubjekte und ihre Interessen berührt, kann eine parallele Ausrichtung der Belange der Beteiligten bestehen. Es können aber auch gegenteilige Interessen vorliegen, die in einem Abwägungsvorgang soweit wie möglich auszugleichen sind. Dabei muss eine Bewertung und Gewichtung der in unterschiedlicher Weise betroffenen Schutzsubjekte und ihrer Rechtsgüter erfolgen.[169] Ein **genereller Vorrang** der Interessen bestimmter Marktteilnehmer – etwa der Verbraucher – oder des Allgemeininteresses an einem unverfälschten Wettbewerb besteht nicht. Daran ändert die Betonung eines hohen Verbraucherschutzniveaus durch die UGP-RL in ihren Erwägungsgründen 1, 11 und 23 nichts. Vielmehr sind alle Vorschriften, die eine Unlauterkeit geschäftlicher Handlungen bestimmen, unter Berücksichtigung der allgemeinen Auslegungsgrundsätze, der verschiedenen in § 1 UWG bestimmten Zielsetzungen des Lauterkeitsrechts und der Wertordnung der EU-Grundrechtecharta – und soweit daneben anwendbar – derjenigen des Grundgesetzes einschließlich des Verhältnismäßigkeitsgrundsatzes anzuwenden.[170] In die Abwägung einzubeziehen ist immer auch das Interesse des betroffenen Unternehmens an der Fortsetzung der beanstandeten geschäftlichen Handlung. Das folgt schon aus der durch Art. 2 Abs. 1, Art. 5 Abs. 1 und Art. 12 Abs. 1 GG geschützten Handlungs-, Meinungs- und Berufsausübungsfreiheit[171] und des Verhältnismäßigkeitsgrundsatzes. 54

---

166 BGH, 14.03.1991, I ZR 55/89, BGHZ 114, 82, 84 – *Motorboot-Fachzeitschrift*.

167 BGH, 26.02.1965, Ib ZR 51/63, BGHZ 43, 278, 285 – *Kleenex*; BGH, 14.03.1991, I ZR 55/89, BGHZ 114, 82, 84 – *Motorboot-Fachzeitschrift*

168 BGH, 20.11.2003, I ZR 151/01, BGHZ 157, 55, 61 – *20 Minuten Köln*; BGH, 29.10.2009, I ZR 180/07, GRUR 2010, 455 Rn. 20 – *Stumme Verkäufer II*; FBO/*Fezer* § 1 Rn. 116.

169 BGH, 19.05.2011, I ZR 147/09, GRUR 2012, 74 Rn. 33 – *Coaching Newsletter*; BGH, 24.01.2013, I ZR 136/11, GRUR 2013, 951 Rn. 36 – *Regalsystem*; BGH, 02.12.2015, I ZR 176/14, GRUR 2016, 730 Rn. 68 – *Herrnhuter Stern*; BGH, 31.03.2016, I ZR 160/14, GRUR 2016, 710 Rn. 51 – *Im Immobiliensumpf*; BGH, 14.09.2017, I ZR 2/16, GRUR 2017, 1135 Rn. 39 – *Leuchtballon*; BGH, 16.11.2017, I ZR 161/16, GRUR 2018, 535 Rn. 30–36 – *Knochenzement I*; BGH, 16.11.2017, I ZR 160/16, GRUR 2018, 541 Rn. 26–31 – *Knochenzement II*.

170 BGH, 31.03.2016, I ZR 160/14, GRUR 2016, 710 Rn. 46 – *Im Immobiliensumpf*.

171 BGH, 31.03.2016, I ZR 160/14, GRUR 2016, 710 Rn. 51 – *Im Immobiliensumpf*; BGH, 23.06.2016, I ZR 137/15, GRUR 2017, 92 Rn. 30 – *Fremdcoupon-Einlösung*.

§ 2 Definitionen

(1) Im Sinne dieses Gesetzes bedeutet

1. »geschäftliche Handlung« jedes Verhalten einer Person zugunsten des eigenen oder eines fremden Unternehmens vor, bei oder nach einem Geschäftsabschluss, das mit der Förderung des Absatzes oder des Bezugs von Waren oder Dienstleistungen oder mit dem Abschluss oder der Durchführung eines Vertrags über Waren oder Dienstleistungen objektiv zusammenhängt; als Waren gelten auch Grundstücke, als Dienstleistungen auch Rechte und Verpflichtungen;
2. »Marktteilnehmer« neben Mitbewerbern und Verbrauchern alle Personen, die als Anbieter oder Nachfrager von Waren oder Dienstleistungen tätig sind;
3. »Mitbewerber« jeder Unternehmer, der mit einem oder mehreren Unternehmern als Anbieter oder Nachfrager von Waren oder Dienstleistungen in einem konkreten Wettbewerbsverhältnis steht.
4. »Nachricht« jede Information, die zwischen einer endlichen Zahl von Beteiligten über einen öffentlich zugänglichen elektronischen Kommunikationsdienst ausgetauscht oder weitergeleitet wird; dies schließt nicht Informationen ein, die als Teil eines Rundfunkdienstes über ein elektronisches Kommunikationsnetz an die Öffentlichkeit weitergeleitet werden, soweit die Informationen nicht mit dem identifizierbaren Teilnehmer oder Nutzer, der sie erhält, in Verbindung gebracht werden können;
5. »Verhaltenskodex« Vereinbarungen oder Vorschriften über das Verhalten von Unternehmern, zu welchem diese sich in Bezug auf Wirtschaftszweige oder einzelne geschäftliche Handlungen verpflichtet haben, ohne dass sich solche Verpflichtungen aus Gesetzes- oder Verwaltungsvorschriften ergeben;
6. »Unternehmer« jede natürliche oder juristische Person, die geschäftliche Handlungen im Rahmen ihrer gewerblichen, handwerklichen oder beruflichen Tätigkeit vornimmt, und jede Person, die im Namen oder Auftrag einer solchen Person handelt;
7. »unternehmerische Sorgfalt« der Standard an Fachkenntnissen und Sorgfalt, von dem billigerweise angenommen werden kann, dass ein Unternehmer ihn in seinem Tätigkeitsbereich gegenüber Verbrauchern nach Treu und Glauben unter Berücksichtigung der anständigen Marktgepflogenheiten einhält;
8. »wesentliche Beeinflussung des wirtschaftlichen Verhaltens des Verbrauchers« die Vornahme einer geschäftlichen Handlung, um die Fähigkeit des Verbrauchers, eine informierte Entscheidung zu treffen, spürbar zu beeinträchtigen und damit den Verbraucher zu einer geschäftlichen Entscheidung zu veranlassen, die er andernfalls nicht getroffen hätte.
9. »geschäftliche Entscheidung« jede Entscheidung eines Verbrauchers oder sonstigen Marktteilnehmers darüber, ob, wie und unter welchen Bedingungen er

ein Geschäft abschließen, eine Zahlung leisten, eine Ware oder Dienstleistung behalten oder abgeben oder ein vertragliches Recht im Zusammenhang mit einer Ware oder Dienstleistung ausüben will, unabhängig davon, ob der Verbraucher oder sonstige Marktteilnehmer sich entschließt, tätig zu werden.

(2) Für den Verbraucherbegriff gilt § 13 BGB entsprechend.

Thomas Franzke, Asmus Maatsch, Annette Wille, Stefan Schilling

Übersicht **Seite**

§ 2 Abs. 1 Nr. 1 Definitionen: geschäftliche Handlung

(1) Im Sinne dieses Gesetzes bedeutet

1. »geschäftliche Handlung« jedes Verhalten einer Person zugunsten des eigenen oder eines fremden Unternehmens vor, bei oder nach einem Geschäftsabschluss, das mit der Förderung des Absatzes oder des Bezugs von Waren oder Dienstleistungen oder mit dem Abschluss oder der Durchführung eines Vertrags über Waren oder Dienstleistungen objektiv zusammenhängt; als Waren gelten auch Grundstücke, als Dienstleistungen auch Rechte und Verpflichtungen;

Art. 2 lit. d) Definitionen

Im Sinne dieser Richtlinie bezeichnet der Ausdruck

d) »Geschäftspraktiken von Unternehmen gegenüber Verbrauchern« (nachstehend auch »Geschäftspraktiken« genannt) jede Handlung, Unterlassung, Verhaltensweise oder Erklärung, kommerzielle Mitteilung einschließlich Werbung und Marketing eines Gewerbetreibenden, die unmittelbar mit der Absatzförderung, dem Verkauf oder der Lieferung eines Produkts an Verbraucher zusammenhängt;

Thomas Franzke

Übersicht

A. Funktion des Begriffs der »geschäftlichen Handlung«

1 Der Begriff der »geschäftlichen Handlung« dient dazu, den Anwendungsbereich des Lauterkeitsrechts als eines Sonderdeliktsrechts[1] gegenüber dem allgemeinen Deliktsrecht abzugrenzen[2]. Täter eines der in § 3 und § 7 beschriebenen Delikte kann nur sein, wer eine geschäftliche Handlung begeht[3]. Der Begriff der »geschäftlichen Handlung« erweist sich damit als »zentraler Begriff«[4] des UWG und als Dreh- und Angelpunkt der Prüfung der Passivlegitimation bei lauterkeitsrechtlichen Ansprüchen.

B. Entstehungsgeschichte und unionsrechtliche Grundlagen

2 Die aktuelle Fassung des § 2 Abs. 1 Nr. 1 beruht auf Art. 1 Nr. 2 a) aa) des »Ersten Gesetzes zur Änderung des Gesetzes gegen den unlauteren Wettbewerb« vom 22.12.2008[5], das nach seinem Art. 3 am 30.12.2008 in Kraft getreten ist, und dient zum Teil der Umsetzung unionsrechtlicher Regelungen in das nationale Recht. Zuvor verwendete das deutsche Recht zwei andere Begrifflichkeiten, um das Lauterkeitsrecht vom allgemeinen Deliktsrecht abzugrenzen.

---

1 HansOLG Hamburg, 24.07.2008, 3 U 216/06, WRP 2008, 1569, 1593.

2 BGH, 10.01.2013, I ZR 190/11, GRUR 2013, 945, Rn. 17 – *Standardisierte Mandatsbearbeitung.*

3 Vgl. BGH, 05.02.2015, I ZR 136/13, GRUR 2015, 906, Rn. 29 – *TIP der Woche.* Teilnehmer (Anstifter oder Gehilfe) kann hingegen auch sein, wer keine geschäftliche Handlung begeht; denn Teilnehmer kann auch sein, wer eine vom Deliktstatbestand geforderte besondere Täterqualifikation nicht erfüllt, vgl. BGH, 12.03.2015, I ZR 84/14, GRUR 2015, 1025, Rn. 16 – *TV-Wartezimmer.* Umgekehrt ist allerdings die Begehung einer geschäftlichen Handlung nicht immer hinreichendes Kriterium für die Bejahung der Täterschaft; praktisch bedeutsam wird dies namentlich im Bereich der Zuwiderhandlungen gegen Marktverhaltensregelungen (§ 3a): Täter kann hier nur sein, wer eine geschäftliche Handlung begeht und zugleich Adressat der durch diese geschäftliche Handlung verletzten Regelung ist, vgl. BGH, 12.03.2015, I ZR 84/14, GRUR 2015, 1025, Rn. 16 – *TV-Wartezimmer.*

4 So auch die Formulierungen in der Begründung der Bundesregierung zum Entwurf des »Ersten Gesetzes zur Änderung des Gesetzes gegen den unlauteren Wettbewerb« (BT-Drucksache 16/10145, S. 20) und in der Stellungnahme des Bundesrates zum Entwurf des »Ersten Gesetzes zur Änderung des Gesetzes gegen den unlauteren Wettbewerb« (BT-Drucksache 16/10145, S. 37).

5 BGBl 2008 I, 2949.

I. Gesetz gegen den unlauteren Wettbewerb vom 07.06.1909

Der als Generalklausel ausgestaltete § 1 des Gesetzes gegen den unlauteren Wettbewerb vom 07.06.1909[6] (UWG 1909) erfasste »Handlungen im geschäftlichen Verkehr zu Zwecken des Wettbewerbes«. Dieser – vom Gesetz bis zum Jahr 2004 verwendete[7] – Begriff wurde weit ausgelegt[8]. Ein Handeln »zu Zwecken des Wettbewerbs« im Sinne des § 1 UWG 1909 lag vor, wenn das Verhalten objektiv geeignet war, den Wettbewerb einer Person zum Nachteil einer anderen zu begünstigen, und der Handelnde zusätzlich in der Absicht vorging, den eigenen oder fremden Wettbewerb zu fördern[9]. Nicht erfasst war vertragsbezogenes Handeln[10]. Die Wettbewerbsförderungsabsicht als subjektives Tatbestandsmerkmal wurde – je nach Fallgestaltung – entweder vermutet oder war anhand konkreter Umstände im Einzelfall festzustellen[11]. 3

II. Gesetz gegen den unlauteren Wettbewerb vom 03.07.2004

§ 22 Satz 2 des Gesetzes gegen den unlauteren Wettbewerb vom 03.07.2004[12] (UWG 2004) setzte das UWG 1909 in seiner zuletzt geltenden Fassung mit Wirkung zum 08.07.2004 außer Kraft. Das UWG 2004 ersetzte den Begriff der »Handlung im geschäftlichen Verkehr zu Zwecken des Wettbewerbes« durch den in § 2 Abs. 1 Nr. 1 UWG 2004 legaldefinierten Begriff der »Wettbewerbshandlung«, der »jede Handlung einer Person mit dem Ziel, zugunsten des eigenen oder eines fremden Unternehmens den Absatz oder den Bezug von Waren oder die Erbringung oder den Bezug von Dienstleistungen, einschließlich unbeweglicher Sachen, Rechte und Verpflichtungen zu fördern«, erfasste. Auch dieser Begriff enthielt in Gestalt des »Zieles der Absatz- oder Bezugsförderung« ein subjektives Tatbestandsmerkmal[13]. 4

III. Richtlinie 2005/29/EG vom 11.05.2005 über unlautere Geschäftspraktiken von Unternehmen gegenüber Verbrauchern im Binnenmarkt (UGP-Richtlinie)

Am 12.06.2005 trat die »Richtlinie 2005/29/EG des Europäischen Parlaments und des Rates vom 11.05.2005 über unlautere Geschäftspraktiken von Unternehmen gegenüber 5

---

6 RGBl 1909, 499.

7 Der Begriff prägt die Rechtspraxis bis auf den heutigen Tag: noch immer findet sich in vielen auf das Lauterkeitsrecht gestützten Unterlassungsanträgen im Rahmen der abstrakten Umschreibung des zu verbietenden Verhaltens die Formulierung »im geschäftlichen Verkehr zu Zwecken des Wettbewerbs«. Sinnvollerweise sollte diese Formulierung in Anpassung an die heutige Rechtslage durch die Worte »geschäftlich handelnd« ersetzt werden.

8 *Köhler*/Bornkamm/Feddersen, § 2 Rn. 4.

9 BGH, 30.04.1997, I ZR 154/95, GRUR 1997, 914, 915 – *Die Besten II.*

10 Harte/Henning/Keller, § 2 Rn. 4.

11 Vgl. BGH, 30.04.1997, I ZR 154/95, GRUR 1997, 914, 915 – *Die Besten II.*

12 BGBl 2004 I, 1414.

13 Harte/Henning/Keller, § 2 Rn. 5; Begründung der Bundesregierung zum Entwurf des »Ersten Gesetzes zur Änderung des Gesetzes gegen den unlauteren Wettbewerb« (BT-Drucksache 16/10145, S. 20/21).

Verbrauchern im Binnenmarkt und zur Änderung der Richtlinie 84/450/EWG des Rates, der Richtlinien 97/7/EG, 98/27/EG und 2002/65/EG des Europäischen Parlaments und des Rates sowie der Verordnung (EG) Nr. 2006/2004 des Europäischen Parlaments und des Rates (Richtlinie über unlautere Geschäftspraktiken)«[14] (kurz: UGP-Richtlinie/UGP-RL) in Kraft. Art. 19 dieser Richtlinie verpflichtete die Mitgliedstaaten, bis zum 12.06.2007 die zur Umsetzung der Richtlinie erforderlichen Rechts- und Verwaltungsvorschriften zu erlassen und diese Vorschriften spätestens ab dem 12.12.2007 anzuwenden. Art. 2 lit. d) der Richtlinie führte den Begriff der »Geschäftspraktiken von Unternehmen gegenüber Verbrauchern (Geschäftspraktiken)« ein und definiert ihn als »jede Handlung, Unterlassung, Verhaltensweise oder Erklärung, kommerzielle Mitteilung einschließlich Werbung und Marketing eines Gewerbetreibenden, die unmittelbar mit der Absatzförderung, dem Verkauf oder der Lieferung eines Produkts an Verbraucher zusammenhängt.« Art. 3 (1) der Richtlinie bestimmt, dass die Richtlinie für unlautere Geschäftspraktiken »vor, während und nach Abschluss eines auf ein Produkt bezogenen Handelsgeschäfts« gilt.

IV. Rechtslage seit dem 30.12.2008

6 Das »Erste Gesetz zur Änderung des Gesetzes gegen den unlauteren Wettbewerb« vom 22.12.2008 dient der Umsetzung der UGP-Richtlinie in das deutsche Recht[15]. Die seit dem 30.12.2008 – bis heute unverändert – geltende Neufassung des § 2 Abs. 1 Nr. 1 soll hierbei sowohl Art. 2 lit. d) UGP-RL als auch Art. 3 (1) UGP-RL in das nationale Recht umsetzen[16].

7 Die Neufassung von § 2 Abs. 1 Nr. 1 übernimmt im Ergebnis zu Recht[17] nicht den unionsrechtlichen Begriff der »Geschäftspraktik«, sondern verwendet den eigenständigen Begriff der »geschäftlichen Handlung«. Der deutsche Begriff und der unionsrechtliche Begriff sind nämlich nicht in vollem Umfang deckungsgleich: die von Art. 2 lit. d) UGP-RL beschriebenen »Geschäftspraktiken« stellen lediglich eine Teilmenge der von § 2 Abs. 1 Nr. 1 umschriebenen »geschäftlichen Handlungen« dar[18]. Im Einzelnen

---

14 Abl. Nr. L 149/2005, S. 22, berichtigt durch Abl. Nr. L 253/2009, S. 18.

15 Amtliche Anmerkung zur Gesetzesüberschrift, BGBl 2008 I, 2949.

16 Begründung der Bundesregierung zum Entwurf des »Ersten Gesetzes zur Änderung des Gesetzes gegen den unlauteren Wettbewerb« (BT-Drucksache 16/10145, S. 12, 20/21).

17 Wenig überzeugend ist insofern allerdings die Erwägung in der Begründung der Bundesregierung zum Entwurf des »Ersten Gesetzes zur Änderung des Gesetzes gegen den unlauteren Wettbewerb«, die in der UGP-Richtlinie verwendeten Begriffe »geschäftliche Praxis« und »Praktiken« könnten nicht übernommen werden, weil ihnen in der deutschen Sprache eine »abwertende Bedeutung« zukomme (BT-Drucksache 16/10145, S. 20).

18 BGH, 06.02.2014, I ZR 2/11, GRUR 2014, 879, Rn. 13 – *GOOD NEWS II*; Begründung der Bundesregierung zum Entwurf des »Ersten Gesetzes zur Änderung des Gesetzes gegen den unlauteren Wettbewerb« (BT-Drucksache 16/10145, S. 21); Büscher, GRUR 2015, 5.

reicht der deutsche Begriff – ohne dass hierin ein Verstoß gegen das Unionsrecht liegt[19] – in mehrfacher Hinsicht weiter als der unionsrechtliche Begriff:
- Zu den »geschäftlichen Handlungen« gehören auch Maßnahmen gegenüber Unternehmern und sonstigen Marktteilnehmern[20].
- Erfasst sind ebenfalls Maßnahmen, die sich unmittelbar gegen Mitbewerber richten[21].
- Während die UGP-Richtlinie nur den Absatz von Produkten im Vertikalverhältnis zwischen Unternehmen und Verbrauchern regelt, erfasst § 2 Abs. 1 Nr. 1 auch den Bezug von Produkten[22].
- Nach den Ausführungen des EuGH in der Entscheidung *»RLvS/Stuttgarter Wochenblatt [GOOD NEWS]«* liegt in denjenigen Fällen, in denen ein Dritter zugunsten eines fremden Unternehmens handelt, eine »Geschäftspraktik« nur dann vor, wenn dieser Dritte i.S. des Art. 2 lit. b) der Richtlinie »im Namen oder Auftrag« des fremden Unternehmens tätig wird[23]. Darüber hinaus wird die vorgenannte Entscheidung des EuGH dahin verstanden, dass die Annahme einer »Geschäftspraktik« i.S. der UGP-Richtlinie in der genannten Fallkonstellation zugleich voraussetzt, dass der handelnde Dritte selbst als »Gewerbetreibender« i.S. der ersten Alternative des Art. 2 lit. b) UGP-RL zu qualifizieren ist, d.h. im Geschäftsverkehr im Rahmen seiner gewerblichen, handwerklichen oder beruflichen Tätigkeit handelt[24]. Diese Einschränkungen kennt der Begriff der »geschäftlichen Handlung« nicht[25].

Der Begriff der »geschäftlichen Handlung« ist, soweit er mit dem unionsrechtlichen **8**
Begriff der »Geschäftspraktik« deckungsgleich ist, – fraglos – richtlinienkonform auszulegen[26]. Der BGH hat darüber hinaus mittlerweile in mehreren Entscheidungen betont, dass das Tatbestandsmerkmal des »objektiven Zusammenhanges« im Interesse

19 BGH, 11.12.2014, I ZR 113/13, GRUR 2015, 694, Rn. 26 – *Bezugsquellen für Bachblüten*; BGH, 06.02.2014, I ZR 2/11, GRUR 2014, 879, Rn. 13 – *GOOD NEWS II*; Scherer, WRP 2014, 517, 521/522.

20 BGH, 06.02.2014, I ZR 2/11, GRUR 2014, 879, Rn. 13 – *GOOD NEWS II*; Begründung der Bundesregierung zum Entwurf des »Ersten Gesetzes zur Änderung des Gesetzes gegen den unlauteren Wettbewerb« (BT-Drucksache 16/10145, S. 21); *Köhler*/Bornkamm/Feddersen, § 2 Rn. 8.

21 BGH, 06.02.2014, I ZR 2/11, GRUR 2014, 879, Rn. 13 – *GOOD NEWS II*; Begründung der Bundesregierung zum Entwurf des »Ersten Gesetzes zur Änderung des Gesetzes gegen den unlauteren Wettbewerb« (BT-Drucksache 16/10145, S. 21); *Köhler*/Bornkamm/Feddersen, § 2 Rn. 8.

22 *Köhler*/Bornkamm/Feddersen, § 2 Rn. 8.

23 EuGH, 17.10.2013, C-391/12, GRUR 2013, 1245, Rn. 38, 40 – *RLvS [Good News]*; Büscher, GRUR 2015, 5, 6.

24 Scherer, WRP 2014, 517, 518; *Köhler*/Bornkamm/Feddersen, § 2 Rn. 7, 121.

25 BGH, 11.12.2014, I ZR 113/13, GRUR 2015, 694, Rn. 26 – *Bezugsquellen für Bachblüten*; BGH, 06.02.2014, I ZR 2/11, GRUR 2014, 879, Rn. 13 – *GOOD NEWS II*; *Köhler*/Bornkamm/Feddersen, § 2 Rn. 8.

26 BGH, 11.12.2014, I ZR 113/13, GRUR 2015, 694, Rn. 22 – *Bezugsquellen für Bachblüten*; BGH, 10.01.2013, I ZR 190/11, GRUR 2013, 945, Rn. 18 – *Standardisierte Mandatsbearbeitung*.

der Rechtssicherheit im gesamten Anwendungsbereich des § 2 Abs. 1 Nr. 1 einheitlich auszulegen ist[27]. Es ist kein Grund ersichtlich, dies bei den übrigen Tatbestandsmerkmalen des § 2 Abs. 1 Nr. 1 anders zu handhaben. Sämtliche Tatbestandsmerkmale des § 2 Abs. 1 Nr. 1 sind damit im gesamten Anwendungsbereich der Vorschrift – also auch soweit der Begriff der »geschäftlichen Handlung« inhaltlich weiter reicht als der Begriff der »Geschäftspraktik« – im Interesse der Rechtssicherheit und zur Vermeidung von Wertungswidersprüchen einheitlich auszulegen[28]. Mittelbar wirkt sich die UGP-Richtlinie damit im deutschen Lauterkeitsrecht auch auf von ihr nicht erfasste Sachverhalte aus[29].

C. Die einzelnen Tatbestandsmerkmale der »geschäftlichen Handlung«

I. »Jedes Verhalten…«

9 Mit der Verwendung der umfassenden Formulierung »Verhalten« bringt das Gesetz zum Ausdruck, dass als »geschäftliche Handlung« nicht nur jedwedes positive Tun, sondern gleichermaßen auch ein Unterlassen in Betracht kommen kann[30].

10 Diese gesetzgeberische Formulierungsentscheidung darf indes nicht dahin missverstanden werden, dass jedwedes Unterlassen zur lauterkeitsrechtlichen Haftung führen kann. Es bleibt bei dem Grundsatz, dass nur das pflichtwidrige Unterlassen zu einer Haftung führen kann. Die Handlungspflicht kann sich dabei unmittelbar aus dem im Einzelfall verwirklichten lauterkeitsrechtlichen Deliktstatbestand (z.B. § 5a) oder aus der Anwendung allgemeiner Grundsätze ergeben[31].

11 Der unionsrechtliche Begriff der »Geschäftspraktik« setzt nicht voraus, dass die zu beurteilende Handlung oder Unterlassung Teil eines systematischen, üblichen oder auch nur wiederholten Vorgehens ist oder mehr als einen Verbraucher betrifft[32]. Einer solchen Auslegung stünde der in Art. 1 UGP-RL formulierte Richtlinienzweck, zum Erreichen eines hohen Verbraucherschutzniveaus beizutragen, entgegen[33]. Dementsprechend hat

---

27 BGH, 31.03.2016, I ZR 160/14, GRUR 2016, 710, Rn. 13 – *Im Immobiliensumpf*; BGH, 10.01.2013, I ZR 190/11, GRUR 2013, 945, Rn. 19 – *Standardisierte Mandatsbearbeitung*; hierauf läuft letztlich auch die Begründung der Bundesregierung zum Entwurf des »Ersten Gesetzes zur Änderung des Gesetzes gegen den unlauteren Wettbewerb« hinaus (vgl. BT-Drucksache 16/10145, S. 21).

28 Ebenso MünchKomm/Bähr UWG, § 2 Rn. 22; *Köhler*/Bornkamm/Feddersen, § 2 Rn. 9, 43 a.E., 53 a.E.

29 MünchKomm/Bähr UWG, § 2 Rn. 22 a.E.

30 Begründung der Bundesregierung zum Entwurf des »Ersten Gesetzes zur Änderung des Gesetzes gegen den unlauteren Wettbewerb« (BT-Drucksache 16/10145, S. 20).

31 Hierzu BGH, 06.04.2000, I ZR 67/98, GRUR 2001, 82, 83 – *Neu in Bielefeld I*; speziell zu den wettbewerbsrechtlichen Verkehrspflichten: BGH, 12.07.2007, I ZR 18/04, BGHZ 173, 188 – *Jugendgefährdende Medien bei eBay*.

32 EuGH, 16.04.2015, C-388/13, GRUR 2015, 600, Rn. 42, 43 – *Ungarische Verbraucherschutzbehörde/UPC*.

33 EuGH, 16.04.2015, C-388/13, GRUR 2015, 600, Rn. 43 – *Ungarische Verbraucherschutzbehörde/UPC*.

der EuGH in der Entscheidung *»Ungarische Verbraucherschutzbehörde/UPC«*[34] eine von einem Kabelfernsehdiensteanbieter gegenüber einem einzelnen Verbraucher auf dessen Anfrage erteilte (unrichtige) Auskunft über einen von einer Rechnung erfassten Abrechnungszeitraum als »Geschäftspraktik« qualifiziert. Da jede »Geschäftspraktik« zugleich eine »geschäftliche Handlung« ist, gilt dieser Auslegungsgrundsatz auch für § 2 Abs. 1 Nr. 1.

II. »...einer Person...«

Jede natürliche Person kann eine »geschäftliche Handlung« begehen. Gleiches gilt – im Rahmen der Haftung für ihnen zuzurechnendes Verhalten natürlicher Personen – für jede juristische Person und jede teilrechtsfähige Personenmehrheit. Besondere persönliche Anforderungen an die handelnde Person stellt § 2 Abs. 1 Nr. 1 nicht auf. Es ist insbesondere nicht erforderlich, dass der Handelnde selbst Unternehmer (§ 2 Abs. 1 Nr. 6) ist. **12**

III. »...vor, bei oder nach einem Geschäftsabschluss...«

Diese Formulierung setzt Art. 3 (1) UGP-RL in das deutsche Recht um[35]. Entsprechend dem in Art. 1 UGP-RL benannten Richtlinienzweck, zum Erreichen eines hohen Verbraucherschutzniveaus beizutragen, bestimmt Art. 3 (1) UGP-RL, dass der Verbraucher ohne Rücksicht auf den Zeitpunkt der ihm gegenüber vorgenommenen Handlung vor unlauteren Geschäftspraktiken geschützt werden muss. **13**

Auf dieser Rechtsgrundlage hat der EuGH in der bereits erwähnten Entscheidung *»Ungarische Verbraucherschutzbehörde/UPC«*[36] eine nach dem Vertragsschluss gegenüber einem Verbraucher erteilte (unrichtige) Auskunft über einen von einer Rechnung erfassten Abrechnungszeitraum als »Geschäftspraktik« qualifiziert. Der BGH hat in der Entscheidung *»Reisewerte«* eine von einem Unternehmen gegenüber einer Verbraucherin nach dem Vertragsschluss erteilte (unrichtige) Auskunft über die Verjährung von Ansprüchen als »geschäftliche Handlung« angesehen[37]. **14**

Zur Rechtslage vor dem 30.12.2008 vertretenen Auffassungen, nach denen das UWG grundsätzlich nur Handlungen bis zum Vertragsschluss und nur ausnahmsweise auch Handlungen nach Vertragsschluss erfasse, ist durch die gesetzliche Neuregelung der Boden entzogen[38]. **15**

---

34 EuGH, 16.04.2015, C-388/13, GRUR 2015, 600 – *Ungarische Verbraucherschutzbehörde/UPC.*
35 Begründung der Bundesregierung zum Entwurf des »Ersten Gesetzes zur Änderung des Gesetzes gegen den unlauteren Wettbewerb« (BT-Drucksache 16/10145, S. 21).
36 EuGH, 16.04.2015, C-388/13, GRUR 2015, 600 – *Ungarische Verbraucherschutzbehörde/UPC.*
37 BGH, 04.05.2017, I ZR 113/16, GRUR 2017, 1144, Rn. 15 – *Reisewerte.*
38 BGH, 05.02.2009, I ZR 119/06, GRUR 2009, 876, Rn. 25 – *Änderung der Voreinstellung II*; Begründung der Bundesregierung zum Entwurf des »Ersten Gesetzes zur Änderung des Gesetzes gegen den unlauteren Wettbewerb« (BT-Drucksache 16/10145, S. 21).

IV. »...zugunsten des eigenen oder eines fremden Unternehmens..., das mit der Förderung des Absatzes oder des Bezugs von Waren oder Dienstleistungen oder mit dem Abschluss oder der Durchführung eines Vertrags über Waren oder Dienstleistungen objektiv zusammenhängt.«

1. »...Waren oder Dienstleistungen...«

a) Allgemeines

16 Die weit zu verstehende Formulierung »Waren oder Dienstleistungen« erfasst Waren und Dienstleistungen jedweder Art. Art. 2 lit. d) UGP-RL und Art. 3 (1) UGP-RL verwenden jeweils den Oberbegriff »Produkt«. Diesen Begriff definiert Art. 2 lit. c) UGP-RL wiederum als »jede Ware oder Dienstleistung, einschließlich Immobilien, Rechte und Verpflichtungen«. Die Klarstellung in Art. 2 lit. c) UGP-RL in Bezug auf »Immobilien, Rechte und Verpflichtungen« übernimmt § 2 Abs. 1 Nr. 1 mit der Formulierung »als Waren gelten auch Grundstücke, als Dienstleistungen auch Rechte und Verpflichtungen«. Da das UWG an keiner Stelle unterschiedliche Regelungen für Waren einerseits und Dienstleistungen andererseits trifft, bedarf es in Zweifelsfällen keiner endgültigen Entscheidung, ob das zu beurteilende Produkt eine Ware oder eine Dienstleistung ist[39].

17 Erfasst sind auch Waren und Dienstleistungen, die nach den für sie geltenden Rechtsvorschriften nicht verkehrsfähig sind. Dies ergibt sich schon allein aus Anhang (zu § 3 Absatz 3) Nr. 9: diese Regelung setzt nämlich voraus, dass sich eine »geschäftliche Handlung« auch auf ein nicht verkehrsfähiges Produkt beziehen kann.

18 Von dem vorgenannten Grundsatz eine Ausnahme für Produkte zu machen, die als solche ausnahmslos nicht verkehrsfähig sind, also einem generellen Verkehrsverbot unterliegen, das dazu führt, dass hierauf bezogene Verpflichtungsgeschäfte stets und unabhängig von den Umständen des Einzelfalles nach §§ 134, 138 BGB nichtig sind[40], erscheint nicht gerechtfertigt[41]. Zutreffend ist zwar, dass ein Markt für derartige Produkte von vornherein gar nicht entstehen darf und dementsprechend auch keines lauterkeitsrechtlichen Schutzes bedarf[42]. Diese Erwägung rechtfertigt es indes nicht, dem Kreis der ausnahmslos nicht verkehrsfähigen Produkte die Eigenschaft von »Waren oder Dienstleistungen« i.S. des § 2 Abs. 1 Nr. 1 abzusprechen. So kann z.B. der lauterkeitsrechtliche Vorwurf gerade darin bestehen, dass ein Unternehmer ein ausnahmslos nicht verkehrsfähiges Konkurrenzprodukt vermarktet. In derartigen Fällen die Anwendbarkeit des Lauterkeitsrechts von vornherein mit der Erwägung auszuschließen, dieses Produkt sei keine Ware oder Dienstleistung i.S. des § 2 Abs. 1 Nr. 1, erscheint im Hinblick auf das Ziel, den Vertrieb ausnahmslos nicht verkehrsfähiger Produkte zu unterbinden, sogar eher kontraproduktiv. Nicht hinnehmbare Ergebnisse können besser auf der

---

39 *Köhler*/Bornkamm/Feddersen, § 2 Rn. 39 a.E.
40 *So GK/Fritzsche, § 2 Rn. 119, 124.*
41 Wie hier Harte/Henning/Keller, § 2 Rn. 24.
42 So GK/Fritzsche, § 2 Rn. 119.

Ebene anderer Tatbestandsmerkmale lauterkeitsrechtlicher Ansprüche vermieden werden[43].

b) Einzelfragen

aa) Arbeitsleistung

Zu den Dienstleistungen – hierunter sind alle geldwerten unkörperlichen Leistungen ohne Rücksicht auf die rechtliche Qualifikation des zugrunde liegenden Vertrages zu verstehen[44] – gehört auch die menschliche Arbeitsleistung[45]. Zu beachten ist hierbei allerdings, dass der Arbeitnehmer, der die Dienstleistung »menschliche Arbeitsleistung« erbringt oder erbringen will, insoweit nicht als Unternehmer (§ 2 Abs. 1 Nr. 6) (und auch nicht »zugunsten eines fremden Unternehmens«) agiert[46] und daher insoweit keine »geschäftlichen Handlungen« begehen kann. So kann z.B. ein Arbeitnehmer, der sich um eine neue Anstellung bewirbt und hierbei unrichtige Angaben in einem Lebenslauf macht, hierfür nicht lauterkeitsrechtlich in Anspruch genommen werden. Anders liegt z.B. der Fall, in dem ein Unternehmen um Arbeitskräfte wirbt und dabei irreführende Angaben in einer Stellenanzeige veröffentlicht[47]: hier liegt eine »geschäftliche Handlung« vor, denn es geht um den Bezug einer Dienstleistung durch ein Unternehmen[48]. **19**

bb) Mitgliedschaft in Vereinen

Die Mitgliedschaft in einem Verein als solche lässt sich auch bei einem weiten Begriffsverständnis nicht mehr als »Ware« oder »Dienstleistung« bezeichnen. Schon allein deshalb ist die »reine« Mitgliederwerbung eines Vereines regelmäßig nicht als »geschäftliche Handlung« zu qualifizieren[49]. **20**

Eine Mitgliederwerbemaßnahme kann indes im Einzelfall neben dem Bezug zur Vereinsmitgliedschaft als solcher zugleich auch einen Zusammenhang mit dem Absatz oder Bezug von Waren oder Dienstleistungen aufweisen. Insoweit – also mit diesem **21**

---

43 Diese – flexiblere – Herangehensweise dürfte auch auf der Linie der Entscheidung BGH, 24.02.2005, I ZR 101/02, GRUR 2005, 519 – *Vitamin-Zell-Komplex*, liegen.

44 BGH, 19.04.2007, I ZR 57/05, GRUR 2007, 981, Rn. 27 – *150% Zinsbonus*.

45 *Köhler*/Bornkamm/Feddersen, § 2 Rn. 39.

46 OLG Stuttgart, 29.06.2015, 4 Ws 232/15, juris, Rn. 19; GK/Fritzsche, § 2 Rn. 123.

47 Vgl. zu einer derartigen Fallkonstellation auch BGH, 07.07.2005, I ZR 253/02, GRUR 2005, 877 – *Werbung mit Testergebnis*; diese – zum UWG 1909 und zum UWG 2004 ergangene – Entscheidung enthält allerdings keine Ausführungen zu der Frage, ob die menschliche Arbeitsleistung als Dienstleistung zu qualifizieren ist.

48 Vgl. GK/Fritzsche, § 2 Rn. 123.

49 Vgl. zur Frage der Überprüfung der »reinen« Mitgliederwerbung am Maßstab des Lauterkeitsrechts auch die zum UWG 1909 ergangenen Entscheidungen BGH, 20.10.1983, I ZR 130/81, GRUR 1984, 283, 284/285 – *Erbenberatung*; BGH, 10.11.1972, I ZR 60/71, GRUR 1973, 371, 372 – *Gesamtverband*; BGH, 14.01.1972, I ZR 95/70, GRUR 1972, 427, 428 – *Mitgliederwerbung*.

weitergehenden Gehalt – kann die zu beurteilende Mitgliederwerbemaßnahme als »geschäftliche Handlung« zu qualifizieren sein[50].

cc) Tätigkeit spendenfinanzierter gemeinnütziger, mildtätiger oder kirchlicher Einrichtungen (Spendenwerbung)

22 Die Durchführung oder Finanzierung gemeinnütziger, mildtätiger oder kirchlicher Projekte durch spendenfinanzierte gemeinnützige, mildtätige oder kirchliche Einrichtungen stellt keine »Dienstleistung« dar[51]. Es erscheint bereits fraglich, ob derartige Tätigkeiten nach dem allgemeinen Sprachgebrauch überhaupt als »Leistungen« angesehen werden können, sie sind aber jedenfalls keine »geldwerten« Leistungen. Dies soll keineswegs bedeuten, dass diese Tätigkeiten in einem abwertenden Sinne »wertlos« sind. Im Rahmen des UWG, das nach seinem § 1 Satz 1 ein marktbezogenes Regelwerk enthält, kann die Beantwortung der Frage nach der Werthaltigkeit einer Leistung indes nur davon abhängen, ob die entsprechende Leistung der Preisbildung auf einem Markt zugänglich ist. Einer derartigen Ökonomisierung entziehen sich die hier in Rede stehenden Tätigkeiten jedoch[52]. Insbesondere stellen die von gemeinnützigen, mildtätigen oder kirchlichen Einrichtungen vereinnahmten Spenden kein »Entgelt« für die hier in Rede stehenden Tätigkeiten dar[53]. Einer Preisbildung unzugänglich – und damit keine »Dienstleistung« – ist auch das Versprechen einer spendenfinanzierten Einrichtung, eine Spende nur für ein konkret bezeichnetes Projekt zu verwenden[54]. Auch typischerweise mit der Vereinnahmung von Spenden zusammenhängende Handlungen zugunsten des Spenders wie z.B. die Veröffentlichung seines Namens in einer Spenderliste sind keine »Dienstleistungen«[55]. Die Einwerbung von Spenden durch gemeinnützige, mildtätige oder kirchliche Einrichtungen als solche stellt damit mangels eines Zusammenhanges mit einer »Dienstleistung« (oder einer »Ware«) keine »geschäftliche Handlung« dar und unterfällt nicht dem Lauterkeitsrecht[56]. Ein Schutzdefizit für Spendenwillige entsteht hierdurch nicht[57]: das allgemeine Deliktsrecht, das Strafrecht und das öffentliche Recht – namentlich gegebenenfalls noch bestehende sammlungsrechtliche Regelungen der Bundesländer – halten ausreichende Regelungen und Sanktionen zum Schutz der Spender bereit.

---

50 Vgl. hierzu unten Rdn. 90.

51 So jedenfalls im Grundsatz auch LG Köln, 11.12.2007, 33 O 195/07, GRUR-RR 2008, 198.

52 GK/Fritzsche, § 2 Rn. 238 f.

53 LG Köln, 11.12.2007, 33 O 195/07, GRUR-RR 2008, 198; GK/Fritzsche, § 2 Rn. 239 a.E.; a.A. *Köhler*/Bornkamm/Feddersen, § 2 Rn. 41.

54 Wie hier im Ergebnis auch GK/Fritzsche, § 2 Rn. 236 ff.; in der Argumentation insoweit begrifflich unscharf LG Köln, 11.12.2007, 33 O 195/07, GRUR-RR 2008, 198; a.A. *Köhler*/Bornkamm/Feddersen, § 2 Rn. 41.

55 Insoweit zweifelnd LG Köln, 11.12.2007, 33 O 195/07, GRUR-RR 2008, 198.

56 GK/Fritzsche, § 2 Rn. 236 ff.

57 GK/Fritzsche, § 2 Rn. 240.

2. »...das mit der Förderung des Absatzes oder des Bezugs...oder mit dem Abschluss oder der Durchführung eines Vertrags...objektiv zusammenhängt.«

a) »...objektiv zusammenhängt.«

Erwägungsgrund (7) der UGP-RL beschreibt »Geschäftspraktiken« als Verhaltensweisen, die einem von dem genannten Erwägungsgrund mit der Formulierung »Beeinflussung der geschäftlichen Entscheidungen des Verbrauchers in Bezug auf Produkte« umschriebenen »Ziel« dienen. Auch der Bundesgerichtshof formuliert in mehreren Entscheidungen, eine »geschäftliche Handlung« diene einem bestimmten »Ziel«[58], wobei mit »Ziel« das gemeint ist, was der deutsche Gesetzgeber in § 2 Abs. 1 Nr. 1 mit den Worten »Förderung des Absatzes oder des Bezugs von Waren oder Dienstleistungen oder Abschluss oder Durchführung eines Vertrags über Waren oder Dienstleistungen«[59] umschreibt. 23

Diese Wortwahl darf indes nicht dahin missverstanden werden, dass § 2 Abs. 1 Nr. 1 ein subjektives Tatbestandsmerkmal enthält. Das Adverb »objektiv« im Gesetzeswortlaut stellt vielmehr klar, dass der Begriff der »geschäftlichen Handlung« – anders als noch der Begriff der »Wettbewerbshandlung« im UWG 2004 – kein subjektives Tatbestandsmerkmal mehr enthält und stattdessen nunmehr objektive Kriterien maßgeblich sein sollen[60]. Deshalb ist das Tatbestandsmerkmal des »objektiven Zusammenhangs« funktional zu verstehen und setzt voraus, dass das Verhalten bei objektiver Betrachtung auf das gerichtet ist, was § 2 Abs. 1 Nr. 1 als »Förderung des Absatzes oder des Bezugs von Waren oder Dienstleistungen oder Abschluss oder Durchführung eines Vertrags über Waren oder Dienstleistungen« beschreibt[61]. Es bedarf demgemäß keiner – auf tatsächliche Vermutungen, Indizien oder sonstige Umstände gestützten – Feststellungen zu den (subjektiven) Absichten des Handelnden mehr[62]. Hieraus darf allerdings nicht der Umkehrschluss gezogen werden, dass die (subjektiven) Absichten und Zielsetzun- 24

---

58 BGH, 31.03.2010, I ZR 34/08, GRUR 2010, 1117, Rn. 18 – *Gewährleistungsausschluss im Internet*; BGH, 10.01.2013, I ZR 190/11, GRUR 2013, 945, Rn. 18, 29 – *Standardisierte Mandatsbearbeitung*; BGH, 17.10.2013, I ZR 173/12, GRUR 2014, 573, Rn. 13 – *Werbung für Fremdprodukte*; BGH, 30.04.2014, I ZR 170/10, GRUR 2014, 1120, Rn. 25 – *Betriebskrankenkasse II*; BGH, 11.12.2014, I ZR 113/13, GRUR 2015, 694, Rn. 22 – *Bezugsquellen für Bachblüten*; BGH, 31.03.2016, I ZR 160/14, GRUR 2016, 710, Rn. 12 – *Im Immobiliensumpf*.

59 Vgl. zur Auslegung dieses Tatbestandsmerkmals unten Rdn. 28–42.

60 Begründung der Bundesregierung zum Entwurf des »Ersten Gesetzes zur Änderung des Gesetzes gegen den unlauteren Wettbewerb« (BT-Drucksache 16/10145, S. 12, 20/21).

61 BGH, 10.01.2013, I ZR 190/11, GRUR 2013, 945, Rn. 17 – *Standardisierte Mandatsbearbeitung*; *BGH, 11.12.2014*, I ZR 113/13, GRUR 2015, 694, Rn. 21 – *Bezugsquellen für Bachblüten*; BGH, 31.03.2016, I ZR 160/14, GRUR 2016, 710, Rn. 12 – *Im Immobiliensumpf*.

62 Gleichwohl können gerichtliche Entscheidungen zum UWG 1909 oder zum UWG 2004, die sich mit der Frage befassen, ob und inwieweit aufgrund objektiver Umstände auf die (subjektiven) Absichten und Vorstellungen des jeweils Handelnden geschlossen werden kann, mit der gebotenen kritischen Distanz auch zur Beantwortung der Frage herangezogen werden, ob ein bestimmtes Verhalten als »geschäftliche Handlung« qualifiziert werden kann. Die vorliegende Kommentierung ist bemüht, nach Möglichkeit gerichtliche Entscheidungen, die zum UWG 2008 ergangen sind, zu zitieren.

gen des Handelnden ausnahmslos nicht mehr berücksichtigt werden dürfen. Als Argument für die Bejahung des Vorliegens einer »geschäftlichen Handlung« können objektiv belegte oder sonst nach außen hervortretende Absichten und Zielsetzungen des Handelnden – in Verbindung mit weiteren objektiven Umständen – durchaus weiterhin herangezogen werden[63].

25 Eine »geschäftliche Handlung« liegt nur vor, wenn das zu beurteilende Verhalten bei der gebotenen objektiven Betrachtung vorrangig der in § 2 Abs. 1 Nr. 1 definierten »geschäftlichen« Zielsetzung dient[64]. Dient das Verhalten vorrangig anderen – z.B. weltanschaulichen, religiösen, wissenschaftlichen, redaktionellen oder verbraucherpolitischen – Zielen, liegt keine »geschäftliche Handlung« vor, und zwar auch dann nicht, wenn sich das Verhalten reflexartig auf den Produktabsatz oder Produktbezug auswirkt[65]. Es reicht dementsprechend auch nicht aus, wenn die in § 2 Abs. 1 Nr. 1 definierte »geschäftliche« Zielsetzung – lediglich – nicht vollständig hinter anderen Zielsetzungen zurücktritt[66].

26 Die erforderliche objektive Betrachtung setzt eine umfassende Würdigung der Umstände des Einzelfalls voraus[67], wobei es nicht nur auf das eigentlich zu beurteilende Verhalten im engeren Sinne, sondern auch auf dessen Begleitumstände ankommt[68]. Das wirtschaftliche Interesse des Handelnden kann hierbei ein bedeutsames Indiz für das Vorliegen einer »geschäftlichen Handlung« darstellen[69].

27 Der Umstand, dass das zu beurteilende Verhalten der Erfüllung einer gesetzlichen Pflicht dient oder dienen soll, hat bei der gebotenen Würdigung der Umstände des Einzelfalls außer Betracht zu bleiben[70]. Der Schutz des Rechtstreuen gebietet es nicht, sein Verhalten schon nicht als »geschäftliche Handlung« zu qualifizieren und es mit dieser Begründung dem Anwendungsbereich des Lauterkeitsrechts zu entziehen. Denn ein gesetzlich gebotenes Verhalten kann niemals unlauter oder sonst unzulässig sein und daher auch keine lauterkeitsrechtlichen Ansprüche entstehen lassen. Umgekehrt gebietet es der Schutz vor rechtsuntreuem Verhalten, insbesondere rechtlich fragwürdiges Verhalten »bei Gelegenheit« der Erfüllung einer gesetzlichen Pflicht[71] oder im

---

63 GK/Fritzsche, § 2 Rn. 167.

64 BGH, 10.01.2013, I ZR 190/11, GRUR 2013, 945, Rn. 18 – *Standardisierte Mandatsbearbeitung*; BGH, 11.12.2014, I ZR 113/13, GRUR 2015, 694, Rn. 22 – *Bezugsquellen für Bachblüten*; BGH, 31.03.2016, I ZR 160/14, GRUR 2016, 710, Rn. 12 – *Im Immobiliensumpf*.

65 BGH, 10.01.2013, I ZR 190/11, GRUR 2013, 945, Rn. 29 – *Standardisierte Mandatsbearbeitung*; BGH, 11.12.2014, I ZR 113/13, GRUR 2015, 694, Rn. 22 a.E. – *Bezugsquellen für Bachblüten*; BGH, 31.03.2016, I ZR 160/14, GRUR 2016, 710, Rn. 12 – *Im Immobiliensumpf*.

66 BGH, 11.12.2014, I ZR 113/13, GRUR 2015, 694, Rn. 22 – *Bezugsquellen für Bachblüten*.

67 BGH, 10.01.2013, I ZR 190/11, GRUR 2013, 945, Rn. 29 a.E. – *Standardisierte Mandatsbearbeitung*; BGH, 11.12.2014, I ZR 113/13, GRUR 2015, 694, Rn. 28 – *Bezugsquellen für Bachblüten*.

68 BGH, 11.12.2014, I ZR 113/13, GRUR 2015, 694, Rn. 28 – *Bezugsquellen für Bachblüten*.

69 BGH, 11.12.2014, I ZR 113/13, GRUR 2015, 694, Rn. 28 – *Bezugsquellen für Bachblüten*.

70 Wie hier im Ergebnis wohl auch *Köhler*/Bornkamm/Feddersen, § 2 Rn. 49.

71 Vgl. BGH, 07.05.2015, I ZR 29/14, GRUR 2015, 1244, Rn. 17 – *Äquipotenzangabe in Fachinformation*; HansOLG Hamburg, 19.07.2006, 5 U 10/06, GRUR-RR 2006, 377.

Ergebnis fehlgeschlagene Versuche, eine gesetzliche Pflicht zu erfüllen[72], nicht schon von vornherein dem Anwendungsbereich des Lauterkeitsrechts zu entziehen.

b) »…Förderung des Absatzes oder des Bezugs…oder…Abschluss oder… Durchführung eines Vertrags…«

In Rechtsprechung und Kommentarliteratur uneinheitlich wird die Frage nach der Auslegung dieses Tatbestandsmerkmals – also der in § 2 Abs. 1 Nr. 1 definierten »geschäftlichen« Zielsetzung – beantwortet. Die Differenzen bestehen dabei weniger bei den Subsumtionsergebnissen im konkreten Einzelfall – wenn es insoweit überhaupt zu unterschiedlichen Ergebnissen bei Anwendung der verschiedenen Auffassungen kommen sollte – als vielmehr hinsichtlich der dogmatisch-begrifflichen Herleitung dieser Subsumtionsergebnisse. 28

aa) Auslegung durch den Bundesgerichtshof

Der I. Zivilsenat des Bundesgerichtshofs scheint – ohne dies allerdings ausdrücklich auszusprechen – den Gesichtspunkten »Abschluss eines Vertrags« und »Durchführung eines Vertrags« keine eigenständige Bedeutung, jedenfalls keine mit dem Gesichtspunkt »Förderung des Absatzes oder des Bezugs« gleichrangige Bedeutung beizumessen. Seine Formulierungen in mehreren Entscheidungen legen nahe, dass für ihn die für die Subsumtion unter § 2 Abs. 1 Nr. 1 maßgebliche Zielsetzung (allein) darin liegt, »durch Beeinflussung der geschäftlichen Entscheidung der Verbraucher oder sonstigen Marktteilnehmer den Absatz oder Bezug von Waren oder Dienstleistungen (des eigenen oder eines fremden Unternehmens) zu fördern«[73], wobei die »Förderung des Absatzes oder des Bezugs« allerdings denkbar weit verstanden und ausgelegt wird. 29

In der grundlegenden Entscheidung *»Standardisierte Mandatsbearbeitung«*[74] erläutert der BGH den Gesetzeswortlaut folgendermaßen und fokussiert den Blick dabei auf die »Förderung des Absatzes oder des Bezugs«: *»(…) Gemäß § 2 Abs. 1 Nr. 1 UWG ist eine »geschäftliche Handlung« jedes Verhalten einer Person zugunsten des eigenen oder fremden Unternehmens vor, bei oder nach einem Geschäftsabschluss, das mit der Förderung des Absatzes oder des Bezugs von Waren oder Dienstleistungen oder mit dem Abschluss oder der Durchführung eines Vertrages über Waren oder Dienstleistungen objektiv zusammenhängt. Der Begriff der geschäftlichen Handlung dient dazu, den Anwendungsbereich des Lauterkeitsrechts gegenüber dem allgemeinen Deliktsrecht abzugrenzen (…). Deshalb ist das Merkmal des »objektiven Zusammenhangs« funktional zu verstehen und setzt voraus, dass die Handlung bei objektiver Betrachtung darauf gerichtet ist, durch Beeinflussung der geschäftlichen Entscheidung der Verbraucher oder sonstigen Marktteilnehmer den Absatz oder Bezug* 30

72 Vgl. BGH, 19.05.1988, I ZR 170/86, GRUR 1988, 832 – *Benzinwerbung*.
73 So die Formulierung in BGH, 10.01.2013, I ZR 190/11, GRUR 2013, 945, Rn. 17 – *Standardisierte Mandatsbearbeitung*.
74 BGH, 10.01.2013, I ZR 190/11, GRUR 2013, 945 – *Standardisierte Mandatsbearbeitung*.

von Waren oder Dienstleistungen des eigenen oder eines fremden Unternehmens zu fördern (...). (...)«[75]

31 An anderer Stelle in der vorgenannten Entscheidung findet sich zwar die allgemeiner formulierte Aussage, aus den Regelungen in der UGP-RL ergebe sich, *»dass eine geschäftliche Handlung vorrangig dem Ziel dienen muss, die geschäftliche Entscheidung des Verbrauchers im unmittelbaren Zusammenhang mit der Absatzförderung, dem Verkauf oder der Lieferung zu beeinflussen.«*[76] Doch gerade bei der Erörterung von Verhaltensweisen, die sich auf geschäftliche Entscheidungen im Rahmen eines bereits bestehenden Vertragsverhältnisses auswirken, stellt der BGH in der genannten Entscheidung wieder auf den Gedanken der Absatzförderung ab[77].

32 Inhaltsgleich – also mit der Fokussierung auf den Gesichtspunkt der »Förderung des Absatzes oder des Bezugs« – äußert sich der BGH auch in nachfolgenden Entscheidungen. In der Entscheidung *»Bezugsquellen für Bachblüten«*[78] führt er aus, die Qualifikation eines Verhaltens als »geschäftliche Handlung« setze voraus, *»dass die Handlung bei objektiver Betrachtung darauf gerichtet ist, durch Beeinflussung der geschäftlichen Entscheidung der Verbraucher oder sonstigen Marktteilnehmer den Absatz oder Bezug von Waren oder Dienstleistungen des eigenen oder eines fremden Unternehmens zu fördern«*[79], und von einer »geschäftlichen Handlung« i.S. des § 2 Abs. 1 Nr. 1 könne *»nur ausgegangen werden, wenn die Handlung bei der gebotenen objektiven Betrachtung vorrangig dem Ziel der Förderung des Absatzes oder Bezugs von Waren oder Dienstleistungen dient«*[80]. Auch in der Entscheidung *»Im Immobiliensumpf«*[81] formuliert er, von einer »geschäftlichen Handlung« i.S. des § 2 Abs. 1 Nr. 1 könne *»nur ausgegangen werden, wenn die Handlung bei der gebotenen objektiven Betrachtung dem Ziel der Förderung des Absatzes oder Bezugs von Waren oder Dienstleistungen dient«*[82].

33 Die Hürde für die Annahme einer »Förderung des Absatzes oder des Bezugs« hängt der BGH dabei allerdings denkbar niedrig. In der Entscheidung *»Gewährleistungsausschluss im Internet«*[83], die sich mit einem Internetversandhändler befasste, der »gebrauchte« Software unter Verstoß gegen zwingende Vorschriften über den Verbrauchsgüterkauf nur »ohne Garantie und Gewährleistung« anbot, erblickte der I. Zivilsenat in dieser Gewährleistungsausschlussklausel deshalb eine Förderung des Produktabsatzes, weil die Vereinbarung eines Gewährleistungsausschlusses geeignet sei,

75 BGH, 10.01.2013, I ZR 190/11, GRUR 2013, 945, Rn. 17 – *Standardisierte Mandatsbearbeitung.*

76 BGH, 10.01.2013, I ZR 190/11, GRUR 2013, 945, Rn. 18 – *Standardisierte Mandatsbearbeitung.*

77 BGH, 10.01.2013, I ZR 190/11, GRUR 2013, 945, Rn. 26 – *Standardisierte Mandatsbearbeitung.*

78 BGH, 11.12.2014, I ZR 113/13, GRUR 2015, 694 – *Bezugsquellen für Bachblüten.*

79 BGH, 11.12.2014, I ZR 113/13, GRUR 2015, 694, Rn. 21 – *Bezugsquellen für Bachblüten.*

80 BGH, 11.12.2014, I ZR 113/13, GRUR 2015, 694, Rn. 22 – *Bezugsquellen für Bachblüten.*

81 BGH, 31.03.2016, I ZR 160/14, GRUR 2016, 710 – *Im Immobiliensumpf.*

82 BGH, 31.03.2016, I ZR 160/14, GRUR 2016, 710, Rn. 12 – *Im Immobiliensumpf.*

83 BGH, 31.03.2010, I ZR 34/08, GRUR 2010, 1117 – *Gewährleistungsausschluss im Internet.*

dem Unternehmen Kosten zu ersparen, indem es Verbraucher durch den – wenn auch nicht durchsetzbaren – Gewährleistungsausschluss davon abhalte, ihre Gewährleistungsansprüche geltend zu machen, und sich hierdurch in die Lage versetze, günstigere Preise zu kalkulieren, was sich wiederum absatzfördernd auswirke[84].

bb) Auslegung durch die Kommentarliteratur

Die Kommentarliteratur neigt – im Gegensatz zur Rechtsprechung des Bundesgerichtshofs – eher dazu, die Begriffe »Abschluss eines Vertrags« und »Durchführung eines Vertrags« als jeweils eigenständige und mit der »Förderung des Absatzes oder des Bezugs« gleichrangige Tatbestandsvarianten anzusehen[85]. **34**

Namentlich *Keller* übt hierbei ausdrückliche Kritik an der Fokussierung auf den Gesichtspunkt der »Förderung des Absatzes oder des Bezugs« durch den BGH: bei Verhaltensweisen im nachvertraglichen Bereich sei nach dem Gesetzeswortlaut ein Absatzförderungszusammenhang nicht zwingend erforderlich[86]. So sei es zweifelhaft, ob etwa Maßnahmen zur Schuldeneintreibung bei Anwendung der vom BGH entwickelten Kriterien unter den Begriff der »geschäftlichen Handlung« subsumierbar seien[87]. **35**

cc) Auslegung nach den Vorgaben der UGP-Richtlinie

Die dargestellte Verengung des Blickwinkels auf den Gesichtspunkt der »Förderung des Absatzes oder des Bezugs« in der Rechtsprechung des Bundesgerichtshofs begegnet angesichts des klaren Wortlautes des § 2 Abs. 1 Nr. 1 Bedenken. Ein dem Gesetzeswortlaut und -aufbau entsprechendes und im jeweiligen Einzelfall wohl auch zu den gleichen – für die Abgrenzung des Anwendungsbereichs des UWG sinnvollen und vernünftigen – Ergebnissen wie die Rechtsauffassung des BGH führendes Verständnis des hier zu untersuchenden Tatbestandsmerkmals lässt sich indes bei strenger Beachtung des Gebotes der (einheitlichen) richtlinienkonformen Auslegung[88] des § 2 Abs. 1 Nr. 1 finden. **36**

Hierbei muss sich die Gesetzesinterpretation zuallererst von der Vorstellung freimachen, die Formulierung »Förderung des Absatzes oder des Bezugs« in § 2 Abs. 1 Nr. 1 in der **37**

84 BGH, 31.03.2010, I ZR 34/08, GRUR 2010, 1117, Rn. 18 – *Gewährleistungsausschluss im Internet.*

85 Vgl. Ohly/*Sosnitza*, § 2 Rn. 49; *Köhler*/Bornkamm/Feddersen, § 2 Rn. 6, 33, 74, 77, 80; Harte/Henning/Keller, § 2 Rn. 96, 97; FBO/Fezer, § 2 Rn. B 137, B 155; BDS/Lehmler, Kap. 7 § 2 UWG *Rn. 56; MünchKomm*/Bähr UWG, § 2 Rn. 151; GK/Fritzsche, § 2 Rn. 257, 292.

86 Harte/Henning/Keller, § 2 Rn. 96.

87 Harte/Henning/Keller, § 2 Rn. 96. Diese konkrete Besorgnis erscheint allerdings angesichts der denkbar niedrigen Anforderungen an die Annahme einer »Förderung des Absatzes oder des Bezugs« in der Rechtsprechung des BGH (vgl. oben Rdn. 33) unbegründet: ein Unternehmen, das Zahlungen vereinnahmt, verbessert hierdurch seine finanzielle Situation und versetzt sich auf diese Weise in die Lage, günstigere Preise zu kalkulieren, was sich wiederum absatzfördernd auswirkt.

88 Vgl. hierzu oben Rdn. 8.

heute geltenden Fassung sei bedeutungsgleich mit dem im Rahmen der Vorgängerregelung in § 2 Abs. 1 Nr. 1 UWG 2004 (allein) maßgeblichen Ziel der »Absatz- oder Bezugsförderung« und das UWG 2008 habe die weiteren Elemente »Abschluss eines Vertrags« und »Durchführung eines Vertrags« lediglich ergänzend hinzugefügt. Eine derartige Regelungskontinuität täuscht der Wortlaut des Gesetzes (leider) nur vor. Die Trias »Förderung des Absatzes oder des Bezugs, Abschluss eines Vertrags, Durchführung eines Vertrags« in der heutigen Fassung des § 2 Abs. 1 Nr. 1 beruht vielmehr auf der unionsrechtlichen Formulierung »Absatzförderung, Verkauf oder Lieferung« in Art. 2 lit. d) UGP-RL. Diese unionsrechtliche Formulierung ist autonom auszulegen, und nach diesem eigenständigen Verständnis – und nicht an mehr oder weniger zufällig wortgleichen oder wortähnlichen nationalen Vorgängerregelungen – hat sich auch die Auslegung des § 2 Abs. 1 Nr. 1 in seiner heutigen Fassung zu richten.

38 Zu fragen ist demnach nach der Bedeutung der Begriffstrias »Absatzförderung, Verkauf oder Lieferung« in Art. 2 lit. d) UGP-RL. Den entscheidenden Hinweis hierauf gibt Erwägungsgrund (7) der UGP-RL. Danach bezieht sich die Richtlinie auf Geschäftspraktiken, die in unmittelbarem Zusammenhang mit der Beeinflussung der geschäftlichen Entscheidungen des Verbrauchers in Bezug auf Produkte stehen, nicht hingegen auf Geschäftspraktiken, die vorrangig anderen Zielen dienen. Damit ist die zentrale Zielsetzung der UGP-Richtlinie benannt: der Verbraucher soll vor unlauterer Beeinflussung seiner geschäftlichen Entscheidungen in Bezug auf Produkte geschützt werden. »Geschäftspraktiken« i.S. des Art. 2 lit. d) UGP-RL sind also – anders formuliert – Verhaltensweisen, die unmittelbar mit der Beeinflussung der geschäftlichen Entscheidungen von Verbrauchern in Bezug auf Produkte zusammenhängen. »Geschäftliche Entscheidungen« definiert Art. 2 lit. k) UGP-RL wiederum als »jede Entscheidung eines Verbrauchers darüber, ob, wie und unter welchen Bedingungen er einen Kauf tätigen, eine Zahlung insgesamt oder teilweise leisten, ein Produkt behalten oder abgeben oder ein vertragliches Recht im Zusammenhang mit dem Produkt ausüben will, unabhängig davon, ob der Verbraucher beschließt, tätig zu werden oder ein Tätigwerden zu unterlassen«[89]. Die in dieser Definition enthaltene Aufzählung möglicher Entscheidungen des Verbrauchers deckt alle (zeitlichen) Phasen der Absatztätigkeit des Unternehmens ab: die Zeit vor dem Geschäftsabschluss, den Geschäftsabschluss selbst und die Zeit nach dem Geschäftsabschluss. Vor diesem Hintergrund wird deutlich, welchen Regelungsgehalt die Begriffstrias »Absatzförderung, Verkauf oder Lieferung« in Art. 2 lit. d) UGP-RL hat: auch sie beschreibt (nur) die drei zeitlichen Phasen der unternehmerischen Absatztätigkeit: die Zeit vor dem Geschäftsabschluss (= »Absatzförderung«), den Geschäftsabschluss selbst (= »Verkauf«) und die Zeit nach dem Geschäftsabschluss (= »Lieferung«). Sie erschöpft sich damit letztlich in der Festlegung, dass »Geschäftspraktiken« (nur) Verhaltensweisen im Rahmen der Absatztätigkeit eines Gewerbetreibenden sind, und in dem Hinweis, dass es für die Subsumtion unter den

89 Art. 2 lit. k) UGP-RL *liegt der Regelung in* § 2 Abs. 1 Nr. 9 UWG zugrunde, wobei § 2 Abs. 1 Nr. 9 UWG – der über den reinen Verbraucherschutz hinausgehenden Konzeption des UWG Rechnung tragend – den Kreis derjenigen Personen, die »geschäftliche Entscheidungen« treffen können, auch auf alle sonstigen Marktteilnehmer ausdehnt.

Begriff der »Geschäftspraktik« gleichgültig ist, wann der Verbraucher seine Entscheidung, um deren Beeinflussung es dem Unternehmen geht, trifft oder treffen soll. Dementsprechend lässt sich die Definition der »Geschäftspraktiken« in Art. 2 lit. d) UGP-RL auch lesen als »jede Verhaltensweise eines Gewerbetreibenden, die unmittelbar mit der Beeinflussung der geschäftlichen Entscheidungen von Verbrauchern in Bezug auf den Absatz von Produkten zusammenhängt, gleichgültig, zu welchem Zeitpunkt während der Absatztätigkeit des Gewerbetreibenden (vor, bei oder nach dem Geschäftsabschluss) diese Entscheidungen getroffen werden.«

Das Tatbestandsmerkmal »Förderung des Absatzes oder des Bezugs, Abschluss eines Vertrags, Durchführung eines Vertrags« in § 2 Abs. 1 Nr. 1 UWG erweist sich damit als Umschreibung für die »Beeinflussung der geschäftlichen Entscheidungen von Verbrauchern oder sonstigen Marktteilnehmern in Bezug auf den Absatz oder Bezug, gleichgültig, zu welchem Zeitpunkt während der Absatz- oder Bezugstätigkeit (vor, bei oder nach dem Geschäftsabschluss) diese Entscheidungen getroffen werden«. **39**

»Geschäftliche Handlung« im Sinne des § 2 Abs. 1 Nr. 1 ist danach im Ergebnis[90] »jedes Verhalten einer Person vor, bei oder nach einem Geschäftsabschluss, das bei objektiver Betrachtung vorrangig darauf gerichtet ist, zugunsten des eigenen oder eines fremden Unternehmens geschäftliche Entscheidungen von Verbrauchern oder sonstigen Marktteilnehmern in Bezug auf den Absatz oder den Bezug von Waren oder Dienstleistungen[91] zu beeinflussen[92], gleichgültig, zu welchem Zeitpunkt während der Absatz- oder Bezugstätigkeit des Unternehmens (vor, bei oder nach dem Geschäftsabschluss) diese Entscheidungen getroffen werden.« Die drei Formulierungen »Förderung des Absatzes oder des Bezugs«, »Abschluss eines Vertrags« und »Durchführung eines Vertrags« im Gesetzeswortlaut sind nach der hier vertretenen Auffassung keine eigenständig nebeneinander stehenden Tatbestandsvarianten, sondern lediglich der Hinweis darauf, dass es gleichgültig ist, in welcher der drei zeitlichen Phasen der unternehmerischen **40**

90 Unter Einbeziehung der Rechtsprechung des BGH zum Tatbestandsmerkmal des »objektiven Zusammenhangs« (vgl. hierzu oben Rdn. 23–27) und unter Berücksichtigung der korrekten systematischen Einordnung des Tatbestandsmerkmals »zugunsten des eigenen oder eines fremden Unternehmens« (vgl. hierzu unten Rdn. 43–44).

91 Gemeint ist der Absatz oder Bezug von Waren oder Dienstleistungen durch das (aus der Sicht des geschäftlich Handelnden entweder eigene oder fremde) Unternehmen. Sowohl nach der Rechtsprechung des BGH als auch nach der hier vertretenen Auffassung ist ein Zusammenhang mit der Absatz- oder Bezugstätigkeit des Unternehmens notwendiges Kriterium für die Annahme einer »geschäftlichen Handlung«. So dürfte z.B. in dem der Entscheidung OLG Köln, *28.04.2017, 6 U 152/16, GRUR 2017*, 1048, zugrundeliegenden Sachverhalt, in dem es um die Nichterfüllung der Publizitätspflicht aus den §§ 325 ff. HGB ging, mangels eines Zusammenhangs mit der Absatz- oder Bezugstätigkeit des Unternehmens schon keine »geschäftliche Handlung« vorgelegen haben.

92 Hierunter fallen auch Verhaltensweisen, die darauf gerichtet sind, es zu erschweren oder sogar zu verhindern, dass eine geschäftliche Entscheidung überhaupt getroffen wird, oder die Umsetzung einer bereits getroffenen geschäftlichen Entscheidung zu behindern, vgl. hierzu z.B. den der Entscheidung BGH, 05.02.2009, I ZR 119/06, GRUR 2009, 876 – *Änderung der Voreinstellung II*, zugrundeliegenden Sachverhalt.

Absatz- oder Bezugstätigkeit die Entscheidung, um deren Beeinflussung es geht, getroffen wird oder getroffen werden soll.

41 Die vorstehende Definition umfasst zwanglos auch die von der UGP-Richtlinie zweifelsohne erfassten und sowohl in Art. 2 lit. k) UGP-RL als auch in § 2 Abs. 1 Nr. 9 UWG genannten Fälle, in denen es bei der geschäftlichen Entscheidung um die Leistung einer Zahlung, das Behalten eines Produkts oder die Ausübung eines vertraglichen Rechts geht. Denn auch hierbei handelt es sich fraglos um Entscheidungen, die in einem Bezug zum Absatz von Waren oder Dienstleistungen stehen; gleiches gilt z.B. für die Entscheidung eines Verbrauchers, einen Vertrag mit einem Unternehmen über eine Ware oder Dienstleistung mit einem ganz bestimmten Vertragsinhalt abzuschließen. Nach der hier vertretenen Auffassung hätte es demgemäß in dem vom BGH in der Entscheidung *»Gewährleistungsausschluss im Internet«*[93] entschiedenen Fall der dortigen – eher konstruiert wirkenden – Begründung für das Bestehen eines Absatzförderungszusammenhanges nicht bedurft.

42 Die hier vertretene Auffassung zur Auslegung des Tatbestandsmerkmals »Förderung des Absatzes oder des Bezugs, Abschluss eines Vertrags, Durchführung eines Vertrags« macht das Tatbestandsmerkmal »vor, bei oder nach einem Geschäftsabschluss« nicht entbehrlich. Die Formulierung »vor, bei oder nach einem Geschäftsabschluss« umschreibt den Zeitraum der Vornahme der »geschäftlichen Handlung«, während die Formulierung »Förderung des Absatzes oder des Bezugs, Abschluss eines Vertrags, Durchführung eines Vertrags« sich auf den Zeitraum, in dem die zu beeinflussende geschäftliche Entscheidung getroffen wird oder getroffen werden soll, bezieht. In der Regel mag eine zeitliche Parallelität dergestalt bestehen, dass eine »geschäftliche Handlung« vor Geschäftsabschluss mit einer geschäftlichen Entscheidung in der zeitlichen Phase »Förderung des Absatzes oder des Bezugs«, eine »geschäftliche Handlung« bei einem Geschäftsabschluss mit einer geschäftlichen Entscheidung in der Phase »Abschluss eines Vertrags« und eine »geschäftliche Handlung« nach einem Geschäftsabschluss mit einer geschäftlichen Entscheidung in der dritten Phase »Durchführung eines Vertrags« zusammenhängt. Zwingend ist dies jedoch nicht. Letztlich bedarf es im konkreten Einzelfall, weil die Rechtsfolgen in jedem Falle identisch sind, keiner letztgültigen Abgrenzung, welcher der drei Phasen der Absatz- oder Bezugstätigkeit die »geschäftliche Handlung« auf der einen Seite und die geschäftliche Entscheidung auf der anderen Seite zuzuordnen sind.

3. »...zugunsten des eigenen oder eines fremden Unternehmens...«

a) Systematische Einordnung und Funktion des Tatbestandsmerkmals

43 Die Formulierung »zugunsten des eigenen oder eines fremden Unternehmens« begründet trotz ihrer – unglücklich gewählten – Stellung innerhalb des Gesetzeswortlauts kein gleichrangig neben dem »objektiven Zusammenhang« stehendes (subjektives) Tatbestandsmerkmal. Tatsächlich ist das Tatbestandsmerkmal »zugunsten des eigenen oder

93 BGH, 31.03.2010, I ZR 34/08, GRUR 2010, 1117 – *Gewährleistungsausschluss im Internet.*

eines fremden Unternehmens« Teil der Beschreibung dessen, worauf »geschäftliche Handlungen« bei objektiver Betrachtung vorrangig gerichtet sein müssen[94].

Das Tatbestandsmerkmal stellt zum einen klar, dass § 2 Abs. 1 Nr. 1 nur den Absatz oder den Bezug von Waren oder Dienstleistungen durch ein »Unternehmen« betrifft, und zwar entweder durch das »eigene« Unternehmen des geschäftlich Handelnden oder durch ein für den geschäftlich Handelnden »fremdes« Unternehmen. Zum anderen bestimmt es, um welche Art von Beeinflussungen geschäftlicher Entscheidungen es in § 2 Abs. 1 Nr. 1 geht, nämlich um Beeinflussungen »zugunsten« dieses (eigenen oder fremden) Unternehmens. **44**

b) »...Unternehmens...«

Der Begriff des »Unternehmens« beschreibt die organisatorische Einheit, in und mit der ein Unternehmer (§ 2 Abs. 1 Nr. 6)[95] – als Inhaber des Unternehmens – seine Tätigkeit ausübt[96]. Für die Abgrenzung des Anwendungsbereichs des § 2 Abs. 1 Nr. 1 ergibt sich hieraus Folgendes: **45**

Der Absatz oder Bezug von Waren oder Dienstleistungen durch einen Nicht-Unternehmer (insbesondere durch einen Verbraucher) eröffnet – als solcher – den Anwendungsbereich des § 2 Abs. 1 Nr. 1 nicht[97]. **46**

Ebenso erkennt § 2 Abs. 1 Nr. 1 durch seine Wortwahl (»Unternehmen« und nicht »Unternehmer«) an, dass auch ein Unternehmer sich »privat« – also außerhalb seines Unternehmens – mit dem Absatz oder Bezug von Produkten befassen kann; soweit es um eine derartige Absatz- oder Bezugstätigkeit geht, ist § 2 Abs. 1 Nr. 1 ebenfalls nicht anwendbar[98]. **47**

Erfasst werden schließlich nicht nur bereits auf dem Markt agierende Unternehmen, sondern auch Unternehmen in der Gründungsphase Es reicht aus, dass der (zukünftige) Unternehmer bereits konkrete Vorbereitungshandlungen für den Markteintritt getroffen hat[99]. **48**

---

94 Vgl. BGH, 10.01.2013, I ZR 190/11, GRUR 2013, 945, Rn. 17 – *Standardisierte Mandatsbearbeitung*; BGH, 11.12.2014, I ZR 113/13, GRUR 2015, 694, Rn. 21 – *Bezugsquellen für Bachblüten*.

95 Zum Begriff des »Unternehmers« siehe die Kommentierung zu § 2 Abs. 1 Nr. 6.

96 *Köhler*/Bornkamm/Feddersen, § 2 Rn. 20.

97 Der Bezug von Waren oder Dienstleistungen durch einen Nicht-Unternehmer (Verbraucher) wird allerdings vielfach – auf der »Gegenseite« des Geschäfts – mit einem Absatz von Waren oder Dienstleistungen durch ein Unternehmen korrespondieren, der wiederum eine »geschäftliche Handlung« darstellen kann. Ebenso kann der Absatz einer Ware oder Dienstleistung durch einen Nicht-Unternehmer an ein Unternehmen für dieses unter dem Gesichtspunkt des Produktbezugs eine »geschäftliche Handlung« darstellen.

98 *Köhler*/Bornkamm/Feddersen, § 2 Rn. 18.

99 Vgl. BGH, 04.02.1993, I ZR 319/90, WRP 1993, 396, 397 – *Maschinenbeseitigung*; vgl. auch *Köhler*/Bornkamm/Feddersen, § 2 Rn. 30.

c) »…zugunsten des eigenen oder eines fremden…«

49 Die Formulierung gibt die Richtung der Beeinflussung geschäftlicher Entscheidungen an, um die es in § 2 Abs. 1 Nr. 1 geht. »Geschäftliche Handlungen« sind Verhaltensweisen, die bei objektiver Betrachtung vorrangig darauf gerichtet sind, »zugunsten« eines Unternehmens – und zwar entweder zugunsten des »eigenen« Unternehmens (des geschäftlich Handelnden) oder zugunsten eines (aus der Sicht des geschäftlich Handelnden) »fremden« Unternehmens – geschäftliche Entscheidungen zu beeinflussen.

50 Da das Tatbestandsmerkmal »zugunsten des eigenen oder eines fremden Unternehmens« demnach ein Teil der Beschreibung dessen ist, worauf »geschäftliche Handlungen« bei objektiver Betrachtung vorrangig gerichtet sein müssen, ist die Prüfung seines Vorliegens auch ein Teil der im Rahmen dieser objektiven Betrachtung vorzunehmenden[100] umfassenden Würdigung der Umstände des Einzelfalls[101].

d) Insbesondere: Begünstigung eines fremden Unternehmens

51 Die Tatbestandsalternative »zugunsten eines fremden Unternehmens« setzt nicht voraus, dass ein ganz bestimmtes fremdes Unternehmen begünstigt werden soll. Es genügt eine – gegebenenfalls auch nur mittelbare – Begünstigung einer bestimmten Gruppe von Unternehmen oder auch nur einer bestimmten Branche[102].

52 Ein typischer Anwendungsfall dieser Tatbestandsalternative ist das Handeln von gesetzlichen Vertretern, Mitarbeitern oder Beauftragten eines Unternehmens für dieses Unternehmen[103]. Die Anwendung dieser Tatbestandsalternative ist indes nicht auf diesen Personenkreis beschränkt: jedermann kann eine »geschäftliche Handlung« zugunsten eines fremden Unternehmens begehen.

4. Einzelfragen

a) Objektive Eignung zur Beeinflussung geschäftlicher Entscheidungen

53 Auf der Ebene des Unionsrechts unterfallen Verhaltensweisen, die objektiv nicht geeignet sind, geschäftliche Entscheidungen des Verbrauchers zu beeinflussen, dem unionsrechtlichen Begriff der »Geschäftspraktiken« im Sinne des Art. 2 lit. d) UGP-RL nicht[104].

---

100 Vgl. hierzu oben Rdn. 26.

101 Vgl. BGH, 11.12.2014, I ZR 113/13, GRUR 2015, 694, Rn. 28 – *Bezugsquellen für Bachblüten*.

102 Vgl. OLG Frankfurt, 18.06.2015, 6 U 46/14, WRP 2015, 1119; OLG Hamm, 27.10.2016, 4 U 22/16, WRP 2017, 609; *Köhler*/Bornkamm/Feddersen, § 2 Rn. 54; vgl. auch BGH, 14.07.1961, I ZR 40/60, GRUR 1962, 45 – *Betonzusatzmittel*.

103 Vgl. *Köhler*/Bornkamm/Feddersen, § 2 Rn. 55. Soweit der Unternehmer sich das Verhalten dieser Personen zurechnen lassen muss, liegt in seiner Person eine »geschäftliche Handlung« zugunsten des »eigenen« Unternehmens vor.

104 EuGH, 17.10.2013, C-391/12, GRUR 2013, 1245, Rn. 41 – *RLvS [Good News]*.

Entsprechendes gilt auch auf der Ebene des deutschen Rechts. Notwendige Voraussetzung für die Annahme einer »geschäftlichen Handlung« ist die objektive Eignung des zu beurteilenden Verhaltens, geschäftliche Entscheidungen von Verbrauchern oder sonstigen Marktteilnehmern zu beeinflussen[105]. Hierbei sollte es allerdings, um an anderer Stelle im UWG geregelte Wesentlichkeits- und Spürbarkeitsschwellen (z.B. § 3 Abs. 2 a.E., § 3a a.E.) nicht leerlaufen zu lassen, ausreichen, dass eine Beeinflussung theoretisch nicht ausgeschlossen erscheint. 54

b) Unternehmensinterne Handlungen

Eine objektive Eignung zur Beeinflussung geschäftlicher Entscheidungen wird in der Regel bei unternehmensinternen (betriebsinternen) Handlungen fehlen, die als solche noch keine Außenwirkungen entfalten. Sie stellen daher in der Regel keine »geschäftlichen Handlungen« dar[106]. Zu nennen sind hier z.B. interne Handlungsanweisungen an Vertriebsmitarbeiter[107] oder das Betreiben einer Fabrik zur Herstellung von Waren für den späteren Vertrieb als solches[108]. In besonders gelagerten Fällen können aber auch unternehmensinterne Vorgänge »geschäftliche Handlungen« sein[109]. So liegt z.B. eine »geschäftliche Handlung« vor, wenn ein Unternehmen in einem Brief an seine Mitarbeiter Abwerbeversuchen anderer Unternehmen (Arbeitgeber) entgegentritt[110]: hier geht es um den Bezug einer Dienstleistung (menschliche Arbeitsleistung) durch ein Unternehmen; dass die zu beeinflussenden Personen dem Unternehmen angehören, ist ohne Bedeutung. 55

105 Vgl. BGH, 10.01.2013, I ZR 190/11, GRUR 2013, 945, Rn. 20 – *Standardisierte Mandatsbearbeitung*.

106 Vgl. Ohly/*Sosnitza*, § 2 Rn. 17; *Köhler*/Bornkamm/Feddersen, § 2 Rn. 36; Harte/Henning/Keller, § 2 Rn. 28; BDS/Lehmler, Kap. 7 § 2 UWG Rn. 33; MünchKomm/Bähr UWG, § 2 Rn. 112 ff.; GK/Fritzsche, § 2 Rn. 187. Unberührt bleibt selbstverständlich die Möglichkeit, unternehmensinterne Vorgänge als Indizien für bevorstehende »geschäftliche Handlungen« im Rahmen der Prüfung einer Erstbegehungsgefahr (§ 8 Abs. 1 Satz 2) zu verwerten.

107 Vgl. BGH, 25.09.1970, I ZR 47/69, GRUR 1971, 119 – *Branchenverzeichnis*.

108 Vgl. BGH, 11.05.2000, I ZR 28/98, BGHZ 144, 255 – *Abgasemissionen*.

109 Denn eine (ausdrückliche) gesetzliche Regelung, nach der unternehmensinterne Handlungen keine »geschäftlichen Handlungen« sein können, existiert nicht. An dieser Stelle besteht Anlass zu der Bemerkung, dass namentlich die Kommentarliteratur zu § 2 Abs. 1 Nr. 1 mit zahlreichen – dem Gesetzeswortlaut nicht entnommenen – Begriffsbildungen aufwartet, die den Anwendungsbereich dieser Vorschrift mehr oder weniger abstrakt umschreiben oder charakterisieren sollen (z.B. »Unternehmensbezug« oder »Marktbezug« [so z.B. bei *Köhler*/Bornkamm/Feddersen, § 2 Rn. 17, 35]). Alle diese Begriffsbildungen sind aber allenfalls schlagwortartige Zusammenfassungen des Regelungsgehaltes des § 2 Abs. 1 Nr. 1, die eine sorgfältige Subsumtion unter die vom Gesetzgeber formulierten Tatbestandsmerkmale der Vorschrift im jeweiligen Einzelfall nicht ersetzen können. Zutreffend formuliert GK/Fritzsche, § 2 Rn. 51 a.E.: »Maßgeblich sind in jedem Fall die in § 2 Abs. 1 Nr. 1 kodifizierten Tatbestandsvoraussetzungen.«.

110 Vgl. OLG Stuttgart, 18.03.1983, 2 U 187/82, WRP 1983, 446.

c) Weiter Anwendungsbereich bei Verhaltensweisen im Zusammenhang mit der Absatzförderung

56 »Geschäftliche Handlungen« sind nicht nur die »klassischen« Werbemaßnahmen für ein bestimmtes Produkt. Der Kreis von Verhaltensweisen im Zusammenhang mit der Absatzförderung, die »geschäftliche Handlungen« darstellen können, ist viel weiter gefasst. Dies hat vornehmlich zwei Gründe:

57 Zum einen ist nicht nur der eigentliche Geschäftsabschluss eine »geschäftliche Entscheidung« i.S. des § 2 Abs. 1 Nr. 9; auch Entscheidungen, die ein Marktteilnehmer vor der Entscheidung über den eigentlichen Geschäftsabschluss trifft, können bereits »geschäftliche Entscheidungen« i.S. des § 2 Abs. 1 Nr. 9 sein. So stellt z.B. bereits die Entscheidung des Verbrauchers, ein Ladenlokal zu betreten, eine »geschäftliche Entscheidung« dar[111]. Verhaltensweisen, die derartige – »vorgelagerte« – geschäftliche Entscheidungen beeinflussen oder beeinflussen sollen, können demnach ebenfalls bereits »geschäftliche Handlungen« i.S. des § 2 Abs. 1 Nr. 1 sein.

58 Zum anderen erfasst § 2 Abs. 1 Nr. 1 auch Verhaltensweisen, die erst mit einer zeitlichen Verzögerung oder nur mittelbar – also nach Hinzutreten weiterer Faktoren – zur Beeinflussung geschäftlicher Entscheidungen führen (können)[112].

59 Zu den »geschäftlichen Handlungen« gehören daher z.B. auch
- die Aufmerksamkeits- und Imagewerbung eines Unternehmens[113] einschließlich des – »Sponsoring«[114] und vergleichbarer Maßnahmen;
- die Erhebung persönlicher Daten potentieller Kunden zu Werbezwecken im Rahmen eines Gewinnspiels[115] oder einer von einem Unternehmen veranstalteten »Verbraucherumfrage«[116];
- die Befragung eines Kunden zu seiner Zufriedenheit mit der Abwicklung eines früheren Geschäfts, die dem Unternehmer die Möglichkeit eröffnet, etwaige Schwächen in der bisherigen Vertragsabwicklung zu erkennen und abzustellen, so seine Serviceleistungen gegenüber seinen Kunden zu verbessern und auf diese Weise seine Absatzchancen zu erhöhen[117];

111 BGH, 18.12.2014, I ZR 129/13, GRUR 2015, 698, Rn. 20 – *Schlafzimmer komplett*; vgl. auch EuGH, 19.12.2013, C-281/12, GRUR 2014, 196, Rn. 36 – *Trento Sviluppo/AGCM*.

112 Begründung der Bundesregierung zum Entwurf des »Ersten Gesetzes zur Änderung des Gesetzes gegen den unlauteren Wettbewerb« (BT-Drucksache 16/10145, S. 21); *Köhler*/Bornkamm/Feddersen, § 2 Rn. 47.

113 Vgl. BGH, 06.07.1995, I ZR 110/93, GRUR 1995, 595 – *Kinderarbeit*; BGH, 06.07.1995, I ZR 239/93, BGHZ 130, 196 – *Ölverschmutzte Ente*; BGH, 15.05.1997, I ZR 10/95, GRUR 1997, 761 – *Politikerschelte*.

114 Vgl. hierzu aus der Perspektive eines von einer »Sponsoring«-Maßnahme profitierenden Verlagsunternehmens: BGH, 06.02.2014, I ZR 2/11, GRUR 2014, 879, Rn. 14 – *GOOD NEWS II*.

115 BGH, 22.01.2014, I ZR 218/12, GRUR 2014, 682, Rn. 14 ff. – *Nordjob-Messe*.

116 Vgl. BGH, 11.10.1972, I ZR 142/71, GRUR 1973, 268 – *Verbraucher-Briefumfrage*.

117 OLG Köln, 30.03.2012, 6 U 191/11, WRP 2012, 725, Rn. 10 ff.

– die Zurverfügungstellung unentgeltlicher Basisprodukte, um hierdurch einen Bedarf für kostenpflichtige Anschlussprodukte zu erzeugen (z.B. beim sogenannten »Freemium«-Vertrieb von Anwendungssoftware, Computerspielen und Smartphone-Apps)[118].

Ebenfalls können Maßnahmen wie z.B. Vertriebs- oder Werbebehinderungen, Betriebs- **60** störungen, Betriebsspionage oder Abnehmerverwarnungen, die die Tätigkeit eines Unternehmens beeinträchtigen und hierdurch ein anderes Unternehmen begünstigen sollen, »geschäftliche Handlungen« sein[119]. Auch kritische Äußerungen über Mitbewerber können in diese Kategorie »geschäftlicher Handlungen« fallen[120].

d) Verhaltensweisen im Zusammenhang mit der Vertragsdurchführung

»Geschäftliche Handlungen« sind z.B. **61**
– eine Zahlungsaufforderung[121]; **62**
– das Bestreiten eines – gegebenenfalls Gewährleistungsansprüche begründenden – Mangels[122];
– die (einseitige) Festsetzung von Leistungs- oder Preisänderungen[123];
– Auskünfte über die Laufzeit eines Vertrages, über Kündigungsfristen, über einen von einer Rechnung erfassten Abrechnungszeitraum[124] oder über die Verjährung von Ansprüchen aus dem Vertragsverhältnis[125].

118 OLG Köln, 24.06.2016, 6 U 149/15, GRUR 2016, 1082, Rn. 36.

119 Begründung der Bundesregierung zum Entwurf des »Ersten Gesetzes zur Änderung des Gesetzes gegen den unlauteren Wettbewerb« (BT-Drucksache 16/10145, S. 21).

120 Vgl. BGH, 19.05.2011, I ZR 147/09, GRUR 2012, 74, Rn. 14 ff. – *Coaching Newsletter*; BGH, 17.12.2015, I ZR 219/13, GRUR-RR 2016, 410, Rn. 10 f. – *Dr. Estrich*; BGH, 31.03.2016, I ZR 160/14, GRUR 2016, 710, Rn. 16 – *Im Immobiliensumpf*.

121 OLG München, 16.03.2017, 29 U 3285/16, GRUR-RR 2017, 316, Rn. 19; vgl. auch BGH, 10.01.2013, I ZR 190/11, GRUR 2013, 945, Rn. 26 a.E. – *Standardisierte Mandatsbearbeitung*; vgl. hierzu ferner oben Rdn. 41. Im Ergebnis zutreffend – wenn auch ohne überzeugende Begründung – sind auch die Entscheidungen OLG Düsseldorf, 01.07.2014, 20 U 231/13, GRUR-RR 2015, 65, und OLG Düsseldorf, 18.12.2014, 15 U 97/14, juris, in denen das OLG Düsseldorf (überhöhte) Abschlagsrechnungen eines Strom- und eines Gasversorgungsunternehmens als »geschäftliche Handlungen« qualifiziert hat.

122 Vgl. BGH, 10.01.2013, I ZR 190/11, GRUR 2013, 945, Rn. 26 a.E. – *Standardisierte Mandatsbearbeitung*.

123 LG Berlin, 06.07.2016, 15 O 314/15, juris.

124 Vgl. EuGH, 16.04.2015, C-388/13, GRUR 2015, 600 – *Ungarische Verbraucherschutzbehörde/UPC*.

125 BGH, 04.05.2017, I ZR 113/16, GRUR 2017, 1144, Rn. 15 – *Reisewerte*.

63 Nicht erforderlich ist, dass das zu beurteilende Verhalten Teil eines systematischen, üblichen oder auch nur wiederholten Vorgehens ist oder mehr als einen Verbraucher oder sonstigen Marktteilnehmer betrifft[126].

64 Keine »geschäftliche Handlung« ist hingegen die mangelhafte oder sonst nicht vertragsgemäße Leistung eines Unternehmens als solche, denn die Schlechtleistung ist für sich betrachtet nicht objektiv darauf gerichtet, den Kunden im Hinblick auf dessen geschäftliche Entscheidungen zu beeinflussen[127]. Hiervon zu unterscheiden ist die Ankündigung eines Unternehmens vor Vertragsschluss, vertragsgemäß leisten zu wollen, obwohl tatsächlich von vornherein kein entsprechender Leistungswille bestand; eine solche Ankündigung wird als Mittel im Wettbewerb um Kunden eingesetzt und stellt eine »geschäftliche Handlung« dar[128].

D. Besondere Fallgruppen

I. Juristische Personen des öffentlichen Rechts

1. Möglichkeit von »geschäftlichen Handlungen« zugunsten eigener und zugunsten fremder Unternehmen

65 Juristische Personen des öffentlichen Rechts können – wie jedermann – »geschäftliche Handlungen« zugunsten eines fremden Unternehmens begehen[129]. Sie können aber auch »zugunsten des eigenen Unternehmens«[130] geschäftlich handeln. Denn auch juristische Personen des öffentlichen Rechts können (selbst) »Gewerbetreibende« im Sinne

126 Vgl. hierzu oben Rdn. 11. Nicht zu überzeugen vermag in diesem Zusammenhang die namentlich von *Köhler* (*Köhler*/Bornkamm/Feddersen, § 2 Rn. 86) vertretene Auffassung, bei einem einmaligen Fehlverhalten, das auf den Besonderheiten des konkreten Falles beruhe (z.B. beim Bestreiten eines Sachmangels in einem individuell gelagerten Einzelfall), dürfe die Vermutung für das Bestehen einer Wiederholungsgefahr i.S. des § 8 Abs. 1 Satz 1 – ausnahmsweise – nicht gelten, vielmehr müsse die Wiederholungsgefahr in derartigen Fällen vom Unterlassungsgläubiger positiv nachgewiesen werden. Weder dem UWG – geschweige denn der UGP-Richtlinie mit ihrem in Art. 1 UGP-RL formulierten Richtlinienzweck, zum Erreichen eines hohen Verbraucherschutzniveaus beizutragen – lässt sich ein Anhaltspunkt dafür entnehmen, dass es »geschäftliche Handlungen« quasi »minderen Rechts« geben soll, die – im Vergleich zu den »klassischen« »geschäftlichen Handlungen« – nur unter erschwerten Voraussetzungen sanktioniert werden können. Richtig dürfte vielmehr sein, dass in der von *Köhler* umschriebenen Fallgruppe besonders darauf zu achten sein wird, welche Verhaltensweisen mit dem zu beurteilenden Fehlverhalten kerngleich sind.

127 BGH, 10.01.2013, I ZR 190/11, GRUR 2013, 945, Rn. 26 – *Standardisierte Mandatsbearbeitung.*

128 BGH, 10.01.2013, I ZR 190/11, GRUR 2013, 945, Rn. 37 – *Standardisierte Mandatsbearbeitung.*

129 Vgl. z.B. BGH, 01.03.2018, I ZR 264/16, GRUR 2018, 622, Rn. 12 – *Verkürzter Versorgungsweg II*; BGH, 12.07.2012, I ZR 54/11, GRUR 2013, 301, Rn. 19 ff. – *Solarinitiative*; BGH, 18.09.2013, I ZR 183/12, GRUR 2013, 1250, Rn. 9 – *Krankenzusatzversicherungen*; OLG Schleswig, 12.05.2016, 6 U 22/15, MMR 2016, 752, Rn. 11 ff.; OLG Hamm, 27.10.2016, 4 U 22/16, WRP 2017, 609, Rn. 19 ff.

130 Gemeint sind hierbei nicht juristische Personen des Privatrechts, deren Anteile sich in der Hand juristischer Personen des öffentlichen Rechts befinden.

des Art. 2 lit. b) UGP-RL[131] und »Unternehmer« im Sinne des § 2 Abs. 1 Nr. 6 UWG[132] sein; dementsprechend können auch öffentlich-rechtlich verfasste organisatorische Einheiten »Unternehmen« im Sinne des § 2 Abs. 1 Nr. 1 UWG sein.

2. Erwerbswirtschaftliche Betätigung der öffentlichen Hand

Die rein erwerbswirtschaftliche Betätigung juristischer Personen des öffentlichen Rechts kann ohne Weiteres eine »geschäftliche Handlung« sein. Verhaltensweisen im Rahmen einer erwerbswirtschaftlichen Betätigung der öffentlichen Hand können darüber hinaus auch dann »geschäftliche Handlungen« darstellen, wenn zugleich öffentliche Zwecke mitverfolgt werden[133]. **66**

3. Sonstige Betätigungen der öffentlichen Hand (insbesondere: Erfüllung öffentlicher Aufgaben)

a) Umfassende Würdigung der Umstände des Einzelfalls

Auch außerhalb einer erwerbswirtschaftlichen Betätigung kann die öffentliche Hand »geschäftliche Handlungen« begehen. Voraussetzung ist, dass die zu beurteilende Verhaltensweise der öffentlichen Hand bei objektiver Betrachtung vorrangig darauf gerichtet ist, zugunsten eines Unternehmens geschäftliche Entscheidungen zu beeinflussen. Bei der im Rahmen dieser objektiven Betrachtung vorzunehmenden umfassenden Würdigung der Umstände des Einzelfalls ist ein besonders kritisches Augenmerk darauf zu legen, ob das Verhalten tatsächlich vorrangig auf die Beeinflussung geschäftlicher Entscheidungen gerichtet ist oder ob nicht vielmehr andere Zielsetzungen – insbesondere die Erfüllung einer öffentlichen Aufgabe – im Vordergrund stehen. **67**

So ist z.B. bei Äußerungen juristischer Personen des öffentlichen Rechts über Produktangebote von Unternehmen kritisch zu prüfen, ob es hierbei tatsächlich vorrangig um die Beeinflussung der Absatztätigkeit von Unternehmen geht oder ob (lediglich) eine öffentliche Aufgabe zur Information, Aufklärung oder Warnung der Bevölkerung erfüllt werden soll und sich diese Aufgabenerfüllung lediglich reflexartig auf den Absatz von Unternehmen auswirkt oder auswirken kann[134]. **68**

Gesichtspunkte bei der umfassenden Würdigung der Umstände des Einzelfalls können z.B. die konkreten Auswirkungen des Handelns der öffentlichen Hand auf den Wettbewerb und die Frage sein, ob das Tätigwerden zur Erfüllung der öffentlichen Aufgabe nach Art und Umfang sachlich notwendig ist und die Auswirkungen auf den Wettbewerb nur eine notwendige Begleiterscheinung der Erfüllung öffentlicher Aufgaben sind[135]. **69**

---

131 EuGH, 03.10.2013, C-59/12, GRUR 2013, 1159, Rn. 32 ff. – *Zentrale zur Bekämpfung unlauteren Wettbewerbs.*

132 BGH, 22.01.2014, I ZR 218/12, GRUR 2014, 682, Rn. 16 f. – *Nordjob-Messe*; BGH, 30.04.2014, I ZR 170/10, GRUR 2014, 1120, Rn. 16 ff. – *Betriebskrankenkasse II.*

133 BGH, 27.07.2017, I ZR 162/15, GRUR 2018, 196, Rn. 23 – *Eigenbetrieb Friedhöfe.*

134 OLG Hamm, 27.10.2016, 4 U 22/16, WRP 2017, 609, Rn. 22.

135 BGH, 27.07.2017, I ZR 162/15, GRUR 2018, 196, Rn. 23 – *Eigenbetrieb Friedhöfe.*

b) Keine Anwendbarkeit des § 2 Abs. 1 Nr. 1 UWG auf öffentlich-rechtliches Handeln

70 Grundvoraussetzung für die Anwendbarkeit des § 2 Abs. 1 Nr. 1 ist jedoch, dass die öffentliche Hand nicht öffentlich-rechtlich, sondern zivilrechtlich handelt.

aa) Grundsätzliche Erwägungen

71 § 2 Abs. 1 Nr. 1 ist auf öffentlich-rechtliches Handeln nicht anwendbar. Die auf dem zentralen Begriff der »geschäftlichen Handlung« aufbauenden Anspruchsgrundlagen im UWG sind zivilrechtlicher Natur[136]. Rechtswidriges öffentlich-rechtliches Handeln mag Amtshaftungsansprüche und öffentlich-rechtliche Beseitigungs- und Unterlassungsansprüche auslösen, kann indes keine zivilrechtlichen Ansprüche nach dem UWG begründen. Öffentlich-rechtliches Handeln einer juristischen Person des öffentlichen Rechts (oder eines Beliehenen) – sei es nun in einer der besonderen Handlungsformen des öffentlichen Rechts (z.B. Verwaltungsakt oder öffentlich-rechtlicher Vertrag) oder sei es einfach nur in Form »schlicht-hoheitlichen« Handelns (»öffentlich-rechtliches schlichtes Verwaltungshandeln«, »Verwaltungs-Realakt«[137]) – kann demnach niemals eine »geschäftliche Handlung« i.S. des § 2 Abs. 1 Nr. 1 darstellen[138].

---

136 Sollte der unionsrechtliche Begriff der »Geschäftspraktiken« i.S. des Art. 2 lit. d) UGP-RL auch öffentlich-rechtliches Handeln erfassen – der Entscheidung EuGH, 03.10.2013, C-59/12, GRUR 2013, 1159 – *Zentrale zur Bekämpfung unlauteren Wettbewerbs*, lässt sich hierzu allerdings nichts entnehmen –, bestünde nach der hier vertretenen Auffassung insoweit – also auf dem Gebiet des deutschen öffentlichen Rechts – gegebenenfalls ein Defizit bei der Umsetzung der UGP-Richtlinie in das nationale Recht.

137 Zu den Begrifflichkeiten und zur Abgrenzung zwischen öffentlich-rechtlichem und zivilrechtlichem Verwaltungshandeln ausführlich Ehlers/Pünder/Remmert, § 36 f.

138 OLG Hamm, 27.10.2016, 4 U 22/16, WRP 2017, 609, Rn. 18; OLG Hamm, 27.09.2011, 4 U 91/11, MMR 2012, 32; OLG Stuttgart, 27.01.2016, 4 U 167/15, GRUR-RR 2016, 453, Rn. 36; VG Münster, 08.05.2015, 1 K 94/14, NVwZ 2015, 1399, 1400; unklar insoweit BGH, 26.01.2006, I ZR 83/03, GRUR 2006, 428 – *Abschleppkosten-Inkasso*, und BGH, 27.07.2017, I ZR 162/15, GRUR 2018, 196 – *Eigenbetrieb Friedhöfe*. Soweit der BGH in den beiden letztgenannten Entscheidungen ausgeführt hat, das UWG sei nicht anwendbar, wenn die öffentliche Hand »aufgrund gesetzlicher Ermächtigung hoheitlich tätig« werde, lässt sich aus dieser Formulierung nicht der Umkehrschluss ziehen, eine Anwendung des UWG sei möglich, wenn die öffentliche Hand die Tatbestandsvoraussetzungen einer öffentlich-rechtlichen Ermächtigungsregelung verfehlt oder sogar gänzlich ohne Ermächtigungsregelung hoheitlich – öffentlich-rechtlich – tätig wird. Hoheitliches – also öffentlich-rechtliches – Handeln wird nicht dadurch zu zivilrechtlichem Handeln, dass (im Ergebnis) eine öffentlich-rechtliche Ermächtigungsregelung fehlt; es ist dann möglicherweise rechtswidrig, bleibt aber hoheitliches – öffentlich-rechtliches – Handeln. Der BGH hat in den beiden letztgenannten Entscheidungen richtigerweise auch überhaupt nicht geprüft, ob die Tatbestandsvoraussetzungen der von ihm jeweils zitierten öffentlich-rechtlichen Befugnisnormen im konkreten Einzelfall (vollständig) erfüllt waren, sondern diese Befugnisnormen nur angeführt, um zu begründen, dass es sich in dem zu entscheidenden Fall um eine hoheitliche – und damit nicht dem UWG unterfallende – Tätigkeit handelte. Unklar ist allerdings die in beiden Entscheidungen zu findende Formulierung, das UWG könne auf die »öffentliche Aufgabenerfüllung ohne ausdrückliche gesetzliche Ermächtigung« anwendbar sein. Diese Formulierung kann (lediglich) als Hinweis darauf verstanden werden, dass die öffentliche Hand bei der Erfüllung öffentlicher Aufgaben durchaus auch zivilrechtlich handeln kann (und beim Fehlen einer ausdrücklichen

bb) Kritik an der »Doppelnatur«-Rechtsprechung des Bundesgerichtshofs

Der Bundesgerichtshof hat in der Entscheidung *»Brillen-Selbstabgabestellen«*[139] ausgeführt, dass ein (eigentlich) öffentlich-rechtliches Handeln (im entschiedenen Fall die Selbstabgabe von Brillen durch eine gesetzliche Krankenkasse an ihre Versicherten im Rahmen des öffentlich-rechtlichen Versicherungsverhältnisses) »im Hinblick auf seine privatrechtlichen Auswirkungen« auf Marktteilnehmer (im entschiedenen Fall auf die Optikerbranche) »auch privatrechtlich zu qualifizieren« sei[140]. Der Bundesgerichtshof und der Gemeinsame Senat der obersten Gerichtshöfe des Bundes haben diese Rechtsprechung in nachfolgenden Entscheidungen bestätigt[141]. 72

Durch § 69 SGB V in seinen seit dem 01.01.2000 geltenden Fassungen ist dieser Rechtsprechung für den Bereich der gesetzlichen Krankenversicherung weitgehend der Boden entzogen worden[142]. Aber auch im Übrigen sollte von dieser – verfehlten – 73

öffentlich-rechtlichen Ermächtigungsgrundlage auch vielfach von zivilrechtlichem Handeln auszugehen sein mag) und dass (nur) in diesem Fall – also bei zivilrechtlichem Handeln – im jeweiligen Einzelfall anhand einer umfassenden Würdigung der relevanten Umstände des Einzelfalls besonders festzustellen ist, ob eine »geschäftliche Handlung« vorliegt. Bei diesem Verständnis der Äußerungen des BGH bestünde kein Unterschied zu der hier vertretenen Auffassung. Die Formulierung des BGH kann aber theoretisch auch dahin verstanden werden, dass auch öffentlich-rechtliches Handeln (betroffen sein wird insoweit wohl in der Regel das »schlicht-hoheitliche« Handeln) im Einzelfall eine »geschäftliche Handlung« darstellen kann. Weniger unklar im Hinblick auf die Frage, ob auch öffentlich-rechtliches Handeln eine »geschäftliche Handlung« sein kann, äußert sich das HansOLG Hamburg. In dem der Entscheidung HansOLG Hamburg, 31.07.2014, 3 U 8/12, WRP 2015, 76, zugrundeliegenden Fall erschöpfte sich die Tätigkeit der dortigen Beklagten zu 1. nach den getroffenen Feststellungen im Erlass und in der Durchführung von verwaltungsrechtlichen Zuwendungsbescheiden (also im Erlass und in der Durchführung von Verwaltungsakten), gleichwohl hat das HansOLG Hamburg noch geprüft, ob die Verwaltung das Ziel verfolgte, in den Wettbewerb einzugreifen, oder ob ein sonstiger Marktbezug vorlag. Damit gibt das HansOLG Hamburg zu erkennen, dass es nach seiner Auffassung möglich sein kann, dass auch der Erlass und die Durchführung von Verwaltungsakten – also fraglos öffentlich-rechtliche Handlungen – unter bestimmten Voraussetzungen »geschäftliche Handlungen« sein können. Nach der hier vertretenen Auffassung wäre die Prüfung des Vorliegens einer »geschäftlichen Handlung« und damit der Anwendbarkeit des Lauterkeitsrechts spätestens mit der Feststellung, dass Prüfungsgegenstand lediglich der Erlass und die Durchführung von Verwaltungsakten waren, beendet gewesen: das Vorliegen einer »geschäftlichen Handlung« ist nach der hier vertretenen Auffassung in einem solchen Fall ohne Wenn und Aber zu verneinen.

139 BGH, 18.12.1981, I ZR 34/80, GRUR 1982, 425 – *Brillen-Selbstabgabestellen.*

140 BGH, 18.12.1981, I ZR 34/80, GRUR 1982, 425, 427 – *Brillen-Selbstabgabestellen.* In der Entscheidung *»Blutdruckmessungen«* beschreibt der BGH dieses Konstrukt mit dem Begriff »Doppelnatur« (BGH, 23.02.2006, I ZR 164/03, GRUR 2006, 517, Rn. 23 – *Blutdruckmessungen*). Diese Rechtsprechung spricht im Übrigen dafür, dass der BGH der auch hier vertretenen Auffassung zuneigt, dass das UWG nur auf zivilrechtliches Handeln anwendbar ist; denn sonst bedürfte es des »Kniffs«, einem eigentlich öffentlich-rechtlichen Handeln zugleich einen zivilrechtlichen »Zweit«-Charakter zuzusprechen, nicht.

141 Gemeinsamer Senat der obersten Gerichtshöfe des Bundes, 29.10.1987, GmS-OGB 1/86, BGHZ 102, 280; BGH, 23.02.2006, I ZR 164/03, GRUR 2006, 517, – *Blutdruckmessungen.*

142 BGH, 23.02.2006, I ZR 164/03, GRUR 2006, 517, Rn. 23 – *Blutdruckmessungen.*

Rechtsprechung Abstand genommen werden. Die Idee einer zivil- und öffentlich-rechtlichen »Doppelnatur« von Handlungen der öffentlichen Hand wirkt bemüht und überkonstruiert und entspringt wohl nur dem – unberechtigten – Misstrauen der Zivilgerichte, die öffentlich-rechtlichen Fachgerichtsbarkeiten seien nicht ausreichend in der Lage, die Konsequenzen öffentlich-rechtlichen Handelns auf das Marktgeschehen zutreffend zu beurteilen und ausgewogenen rechtlichen Lösungen zuzuführen. Für die Annahme, es könne »janusköpfige« Handlungen geben, gibt es in einer modernen Rechtsordnung mit einem umfassenden und fein ausdifferenzierten Rechtsschutz- und Gerichtssystem weder einen Platz noch einen Bedarf.

4. Einzelbeispiele

74 In der jüngeren Rechtsprechung ist in folgenden Fallgestaltungen das Vorliegen einer »geschäftlichen Handlung« der öffentlichen Hand bejaht oder verneint worden:

a) »Geschäftliche Handlungen« zugunsten des eigenen Unternehmens

75 – Verteilung eines »Stadtblattes« durch eine Gemeinde, das neben amtlichen Mitteilungen und einem redaktionellen Teil auch einen Anzeigenteil enthält[143];
– Mitgliederwerbung im Internetauftritt einer Betriebskrankenkasse[144];
– Erhebung persönlicher Daten potentieller Kunden zu Werbezwecken im Rahmen eines von einer gesetzlichen Krankenkasse durchgeführten Gewinnspiels[145].

b) »Geschäftliche Handlungen« zugunsten eines fremden Unternehmens

76 – kritische Äußerungen der Bundesinnung der Hörgeräteakustiker über den sogenannten »verkürzten Versorgungsweg« bei der Hörgeräteversorgung[146];
– Verwendung des Suchkriteriums »Ehrenkodex« innerhalb einer Suchfunktion für Zahnärzte im Internetauftritt einer Zahnärztekammer[147];

143 BGH, 20.12.2018, I ZR 112/17, juris, Rn. 52 ff. – *Crailsheimer Stadtblatt II*; OLG Stuttgart, 27.01.2016, 4 U 167/15, GRUR-RR 2016, 453, Rn. 35.

144 BGH, 30.04.2014, I ZR 170/10, GRUR 2014, 1120, Rn. 16 ff. – *Betriebskrankenkasse II*. Das Versicherungsverhältnis zwischen einer gesetzlichen Krankenkasse und den bei ihr Versicherten ist zwar öffentlich-rechtlich. Die Mitgliederwerbung von gesetzlichen Krankenkassen wird jedenfalls in der zivilgerichtlichen Rechtsprechung indes wohl einhellig (wenn auch im Wesentlichen unausgesprochen) als zivilrechtliches Handeln eingestuft. Zu beachten ist allerdings der »gespaltene« Rechtsweg: für Streitigkeiten zwischen gesetzlichen Krankenkassen über die Zulässigkeit von Maßnahmen der Mitgliederwerbung ist der Rechtsweg zu den Sozialgerichten eröffnet; wenden sich hingegen private Mitbewerber (private Krankenversicherer) oder nach § 8 Abs. 3 Nr. 2 bis 4 UWG klagebefugte Einrichtungen aufgrund des Lauterkeitsrechts gegen Mitgliederwerbemaßnahmen von gesetzlichen Krankenkassen, ist der Rechtsweg zu den ordentlichen Gerichten eröffnet (vgl. zu den diesbezüglichen Einzelheiten: BGH, 09.11.2006, I ZB 28/06, GRUR 2007, 535 – *Gesamtzufriedenheit*).

145 BGH, 22.01.2014, I ZR 218/12, GRUR 2014, 682, Rn. 14 ff. – *Nordjob-Messe*.

146 BGH, 01.03.2018, I ZR 264/16, GRUR 2018, 622, Rn. 12 – *Verkürzter Versorgungsweg II*; OLG Hamm, 27.10.2016, 4 U 22/16, WRP 2017, 609, Rn. 19 ff.

147 OLG Schleswig, 12.05.2016, 6 U 22/15, MMR 2016, 752, Rn. 11 ff.

- Vermittlung privater Krankenzusatzversicherungen durch eine gesetzliche Krankenkasse[148];
- prominentes Herausstellen der Zusammenarbeit mit einem einzelnen Unternehmen in öffentlichen Verlautbarungen und Rundschreiben einer Gemeinde zu einer kommunalen »Solarinitiative«[149];
- kostenlose Abgabe von VPN-Routern eines bestimmten Herstellers durch eine Kassenzahnärztliche Vereinigung an ihre Mitglieder zum Zwecke der Einführung der elektronischen Abrechnung[150].

c) Keine »geschäftlichen Handlungen«

- Durchführung gemeindebehördlich zu veranlassender Bestattungen durch den »Eigenbetrieb Friedhöfe« der Gemeinde[151]; 77
- Angebot der unentgeltlichen, werbefreien App »DWD Warn Wetter« durch den Deutschen Wetterdienst[152];
- Anfertigung kostenloser Passfotos durch eine Gemeinde zum Zwecke der Ausweiserstellung[153].

II. Medienunternehmen

1. Nicht-redaktioneller Bereich

a) »Geschäftliche Handlungen« zugunsten des eigenen Unternehmens

Soweit Medienunternehmen außerhalb ihrer redaktionellen Tätigkeit beim Absatz oder Bezug von Produkten auf dem Markt agieren, sind bei der Subsumtion ihres Verhaltens unter den Begriff der »geschäftlichen Handlung« keine Besonderheiten zu beachten. Werbemaßnahmen zur Gewinnung von Abonnenten oder Anzeigenkunden sind daher ohne Weiteres als »geschäftliche Handlungen« zu qualifizieren[154]. So stellt etwa die Auflagenmeldung eines Zeitschriftenverlages an die »Informationsgemeinschaft zur Feststellung der Verbreitung von Werbeträgern e.V.« (IVW) eine »geschäftliche Handlung« dar[155]. Auch das Angebot an Anzeigenkunden, redaktionelle Beiträge mit dem Hinweis »sponsored by« (gefolgt von einem Hinweis auf den Anzeigenkunden) zu versehen, stellt eine »geschäftliche Handlung« des Medienunternehmens zu seinen eigenen Gunsten dar[156]. 78

148 BGH, 18.09.2013, I ZR 183/12, GRUR 2013, 1250, Rn. 9 – *Krankenzusatzversicherungen.*
149 BGH, 12.07.2012, I ZR 54/11, GRUR 2013, 301, Rn. 19 ff. – *Solarinitiative.*
150 OLG Hamm, 27.09.2011, 4 U 91/11, MMR 2012, 32.
151 BGH, 27.07.2017, I ZR 162/15, GRUR 2018, 196, Rn. 21 ff. – *Eigenbetrieb Friedhöfe.*
152 *OLG Köln, 13.07.2018,* 6 U 180/17, juris, Rn. 313 ff.; OLG Frankfurt, 04.02.2016, 6 U 156/15, WRP 2016, 748, Rn. 4 ff.
153 VG Münster, 08.05.2015, 1 K 94/14, NVwZ 2015, 1399, 1400.
154 Vgl. HansOLG Hamburg, 02.01.2008, 3 W 224/07, juris, Rn. 7.
155 Vgl. LG Hamburg, 25.11.2008, 312 O 617/08, juris, Rn. 61.
156 BGH, 06.02.2014, I ZR 2/11, GRUR 2014, 879, Rn. 14 – *GOOD NEWS II.* Dass es sich bei der Veröffentlichung des »Sponsoring«-Hinweises zugleich um eine »geschäftliche Handlung« zugunsten des »Sponsors« handelte, spielte in dem vom BGH entschiedenen Fall keine Rolle, weil es dort nur um das Wettbewerbsverhältnis zwischen zwei Verlagsunternehmen ging.

b) »Geschäftliche Handlungen« zugunsten eines fremden Unternehmens (insbesondere: Veröffentlichung von Werbeanzeigen)

79 Dass Medienunternehmen – wie jedermann – »geschäftliche Handlungen« zugunsten jedes anderen Unternehmens begehen können, bedarf keiner weiteren Erläuterungen. Eine medientypische »geschäftliche Handlung« zugunsten eines fremden Unternehmens ist die Veröffentlichung einer Werbeanzeige[157].

80 Diese rechtliche Einordnung des Anzeigengeschäfts bedeutet indes nicht, dass Presseunternehmen auch zwangsläufig für unlautere oder sonst unzulässige Inhalte von Werbeanzeigen lauterkeitsrechtlich haftbar gemacht werden können. Nach ständiger Rechtsprechung des Bundesgerichtshofs haftet ein Presseunternehmen für die Veröffentlichung gesetzwidriger Werbeanzeigen Dritter nur, wenn es gegen seine Pflicht zur Prüfung verstoßen hat, ob die Veröffentlichung der Anzeigen gegen gesetzliche Vorschriften verstößt. Bei dem Umfang der Prüfungspflicht ist zu berücksichtigen, dass die Beurteilung von Anzeigen bei der Veröffentlichung unter dem Gebot der raschen Entscheidung steht. Um die Arbeit von Presseunternehmen nicht über Gebühr zu erschweren und die Verantwortlichen nicht zu überfordern, besteht daher mit Blick auf die Gewährleistung der Pressefreiheit gemäß Art. 5 Abs. 1 Satz 2 GG nur eine eingeschränkte Prüfungspflicht. Sie beschränkt sich auf grobe und unschwer erkennbare Rechtsverstöße[158]. Maßgeblich für diese eingeschränkte Prüfungspflicht ist die durch Art. 5 Abs. 1 Satz 2 GG geschützte Pressefreiheit, die der Presse als Institution zukommt und auch den Anzeigenteil eines Presseorgans umfasst. Der Schutz des Art. 5 Abs. 1 Satz 2 GG gebührt nicht nur Presseerzeugnissen im herkömmlichen Sinne. Die grundrechtliche Garantie der Pressefreiheit gilt vielmehr auch für Kundenzeitschriften und für Anzeigenblätter, die hauptsächlich Werbeanzeigen und nur zu einem geringeren Anteil redaktionelle Beiträge enthalten[159]. Der Schutzumfang der Pressefreiheit ist umso geringer, je weniger ein Presseerzeugnis der Befriedigung eines Informationsbedürfnisses von öffentlichem Interesse oder der Einwirkung auf die öffentliche Meinung dient und je mehr es eigennützige Geschäftsinteressen wirtschaftlicher Art verfolgt. Danach kann sich ein Presseunternehmen grundsätzlich nicht mit Erfolg auf eine eingeschränkte Haftung für gesetzwidrige Werbeanzeigen Dritter berufen, wenn die fragliche Publikation keinen nennenswerten meinungsbildenden Bezug hat, sondern nahezu ausschließlich Werbung enthält[160].

81 Ebenso zu behandeln wie die Veröffentlichung einer Werbeanzeige ist die Aufnahme eines Unternehmenseintrages in ein Branchenbuch oder sonstiges Branchenverzeichnis[161]. Einträge in Branchenverzeichnissen – und dies gilt auch für sogenannte »kostenlose Grundeinträge« – sind letztlich nichts anderes als Werbeanzeigen im »Kleinstfor-

---

157 Vgl. BGH, 05.02.2015, I ZR 136/13, GRUR 2015, 906, Rn. 14 ff. – *TIP der Woche.*
158 BGH, 05.02.2015, I ZR 136/13, GRUR 2015, 906, Rn. 31 – *TIP der Woche,* m.w.N.
159 BGH, 05.02.2015, I ZR 136/13, GRUR 2015, 906, Rn. 34 – *TIP der Woche,* m.w.N.
160 BGH, 05.02.2015, I ZR 136/13, GRUR 2015, 906, Rn. 37 – *TIP der Woche,* m.w.N.
161 A.A. OLG Frankfurt, 22.09.2015, 6 U 77/14, WRP 2015, 1530, Rn. 14, sowie (zum früheren Recht) BGH, 10.04.1997, I ZR 3/95, GRUR 1997, 909, 910 – *Branchenbuch-Nomenklatur.*

mat«. Die Auffassung des OLG Frankfurt, eine »geschäftliche Handlung« liege in einem (inhaltlich unrichtigen) Branchenverzeichniseintrag erst dann, wenn der Herausgeber (Verlag) des Branchenverzeichnisses den unrichtigen Eintrag in einer Folgeauflage trotz Kenntnis von dessen Unrichtigkeit nicht berichtige[162], vermengt die Frage nach der Begehung einer »geschäftlichen Handlung« mit der Frage nach der Haftung für die Unrichtigkeit des Eintrages. Vorzugswürdig erscheint es vielmehr, einen Branchenverzeichniseintrag – und zwar auch einen kostenlosen Grundeintrag – als »geschäftliche Handlung« zugunsten eines fremden Unternehmens anzusehen und den Herausgeber des Branchenverzeichnisses, der mit der Systematisierung und Aufbereitung der Unternehmensdaten durchaus eine redaktionelle Tätigkeit entfaltet, auf der anderen Seite in den Genuss der oben dargestellten Grundsätze über die eingeschränkte Haftung von Presseunternehmen kommen zu lassen.

2. Redaktioneller Bereich

a) Allgemeines

Bei der Beantwortung der Frage, ob redaktionelle Veröffentlichungen »geschäftliche Handlungen« des Medienunternehmens – sei es nun zu eigenen Gunsten oder zugunsten eines fremden Unternehmens – sein können, kommt den Grundrechten der Meinungs-, Presse- und Rundfunkfreiheit (Art. 5 Abs. 1 Satz 1 und Satz 2 GG) eine besondere Bedeutung zu. Eine »geschäftliche Handlung« liegt bekanntermaßen nur vor, wenn die zu beurteilende Verhaltensweise bei objektiver Betrachtung vorrangig darauf gerichtet ist, zugunsten eines Unternehmens geschäftliche Entscheidungen zu beeinflussen, was wiederum aufgrund einer umfassenden Würdigung der Umstände des Einzelfalls festzustellen ist. Bei dieser umfassenden Würdigung sind die Grundrechte der Meinungs-, Presse- und Rundfunkfreiheit als besonders gewichtige Gesichtspunkte zu berücksichtigen. Im Ergebnis ist besondere Zurückhaltung bei der Annahme, eine redaktionelle Veröffentlichung stelle eine »geschäftliche Handlung« dar, geboten[163]. Es ist vielmehr ein besonders kritisches Augenmerk darauf zu legen, ob die Veröffentlichung tatsächlich vorrangig auf die Beeinflussung geschäftlicher Entscheidungen zugunsten eines Unternehmens gerichtet ist oder ob nicht vielmehr andere – z.B. journalistische, politische, weltanschauliche, religiöse, wissenschaftliche, verbraucherpolitische oder sonstige redaktionelle – Ziele im Vordergrund stehen und eine etwaige Beeinflussung des Produktabsatzes oder Produktbezugs lediglich eine – unbeachtliche – reflexartige Auswirkung der Veröffentlichung ist. 82

Für das Vorliegen einer »geschäftlichen Handlung« können zuvörderst Form und Inhalt der Veröffentlichung sprechen[164]. Verfehlt wäre es, allein auf das Kriterium der Sachlichkeit der Berichterstattung abzustellen und »unsachliche« Äußerungen automatisch 83

162 OLG Frankfurt, 22.09.2015, 6 U 77/14, WRP 2015, 1530, Rn. 16.
163 OLG Frankfurt, 10.12.2015, 6 U 244/14, GRUR-RR 2016, 121, Rn. 13; MünchKomm/Bähr UWG, § 2 Rn. 178.
164 OLG Frankfurt, 10.12.2015, 6 U 244/14, GRUR-RR 2016, 121, Rn. 14.

dem § 2 Abs. 1 Nr. 1 zu unterstellen[165]. Denn auch unsachliche oder sogar unsinnige Äußerungen fallen in den Schutzbereich der Meinungsfreiheit. Gleichwohl können inhaltliche Gesichtspunkte wie das »unkritische Herausstreichen von Vorzügen«[166], eine »übermäßig werbende Darstellung«[167], die besondere Erwähnung oder Herausstellung bestimmter Unternehmen[168] oder das Fehlen eines publizistischen Anlasses[169] als Einzelaspekte bei der notwendigen umfassenden Würdigung der Umstände des Einzelfalls Berücksichtigung finden. Gewichtige Gründe für die Bejahung einer »geschäftlichen Handlung« können die (gleichzeitige) Zugehörigkeit[170] des Medienunternehmens zu der Branche, die inhaltlich Gegenstand der Veröffentlichung ist, oder seine Nähe[171] zu dieser Branche oder bestimmten Branchenangehörigen sein.

b) Einzelbeispiele aus der jüngeren Rechtsprechung

84 Der Bundesgerichtshof hat redaktionelle (oder zumindest redaktionell aufgemachte) Beiträge in einem von einem Anbieter von »Coaching-Dienstleistungen« herausgegebenen »Coaching-Newsletter«, die den Eindruck vermittelten, der Herausgeber sei ein besonders fachkundiger und wissenschaftlichem Arbeiten verpflichteter und damit seriöser Anbieter von »Coaching-Dienstleistungen«, und sich zugleich nachteilig über Mitbewerber äußerten, als »geschäftliche Handlung« zugunsten des eigenen Unternehmens angesehen[172].

85 Das OLG Jena hat einen redaktionellen Beitrag in einem Anzeigenblatt, der zunächst noch objektiv-informativ über ein bestimmtes, dem Sortiment von Apotheken zugehöriges Produkt berichtete, sodann aber nur eine einzige Apotheke und die dort tätige Apothekerin als Bezugsquelle für dieses Produkt benannte, ohne andere Apotheken oder Experten als Bezugsquelle zu erwähnen und genauso deutlich herauszustellen, als »geschäftliche Handlung« zugunsten der genannten Apotheke eingestuft[173].

86 Das OLG Karlsruhe hat ein dem redaktionellen Teil der Zeitschrift zuzurechnendes Preisrätsel in einer teilweise anzeigenfinanzierten Gesundheitszeitschrift, bei dem das zu gewinnende Produkt besonders hervorgehoben wurde, als »geschäftliche Handlung« sowohl zugunsten des Zeitschriftenverlags als auch zugunsten des Herstellers des als Gewinn ausgelobten Produktes qualifiziert[174].

---

165 MünchKomm/Bähr UWG, § 2 Rn. 177.
166 OLG Jena, 13.01.2016, 2 U 364/15, juris, Rn. 7.
167 Vgl. BGH, 30.04.1997, I ZR 154/95, GRUR 1997, 914, 915 – *Die Besten II.*
168 Vgl. OLG Jena, 13.01.2016, 2 U 364/15, juris, Rn. 8.
169 Vgl. OLG Jena, 13.01.2016, 2 U 364/15, juris, Rn. 12.
170 Vgl. BGH, 19.05.2011, I ZR 147/09, GRUR 2012, 74, Rn. 15 f. – *Coaching Newsletter.*
171 Vgl. OLG Frankfurt, 18.06.2015, 6 U 46/14, WRP 2015, 1119, Rn. 13.
172 *BGH, 19.05.2011, I* ZR 147/09, GRUR 2012, 74, Rn. 15 f. – *Coaching Newsletter.*
173 OLG Jena, 13.01.2016, 2 U 364/15, juris, Rn. 8.
174 OLG Karlsruhe, 20.10.2011, 4 U 160/10, WRP 2012, 990, Rn. 7.

Das HansOLG Hamburg hat eine – durchaus zur Förderung des Zeitschriftenabsatzes geeignete – Schlagzeile auf dem Titelblatt einer Zeitschrift nicht als »Geschäftspraktik« i.S. der UGP-Richtlinie angesehen[175]. **87**

III. Vereine

1. »Geschäftliche Handlungen« zugunsten des eigenen Unternehmens

Soweit Vereine als Unternehmer (§ 2 Abs. 1 Nr. 6) Waren oder Dienstleistungen absetzen oder beziehen, können sie selbstverständlich auch »geschäftliche Handlungen« zugunsten ihres eigenen Unternehmens begehen. **88**

So nimmt eine Verbraucherzentrale mit dem entgeltlichen Vertrieb von Büchern und Broschüren »geschäftliche Handlungen« vor[176]. Ebenso begeht ein Verein eine »geschäftliche Handlung«, der entgeltliche Ausbildungsveranstaltungen anbietet[177]. **89**

Stellt ein Verein seinen Mitgliedern bereits durch den Mitgliedsbeitrag abgegoltene Waren oder Dienstleistungen zur Verfügung und stellt dies den Hauptzweck oder gar den alleinigen Zweck der Vereinstätigkeit dar, kann bereits eine Mitgliederwerbemaßnahme eine »geschäftliche Handlung« darstellen[178]. Dies kann z.B. bei Lohnsteuerhilfevereinen der Fall sein, deren Mitgliedsbeiträge wirtschaftlich als pauschaliertes Leistungsentgelt für die Lohnsteuerberatung aufzufassen sind[179]. **90**

2. »Geschäftliche Handlungen« zugunsten eines fremden Unternehmens

Auch Vereine können – wie jedermann – »geschäftliche Handlungen« zugunsten eines fremden Unternehmens begehen. Bei den begünstigten Unternehmen kann es sich dabei (selbstverständlich) auch um Unternehmen handeln, die nicht zu den Mitgliedern des Vereins gehören[180]. **91**

Zu den »geschäftlichen Handlungen« zählen z.B. **92**

- die Verteilung einer von einem Fremdverlag herausgegebenen Fachzeitschrift als Vereinszeitschrift an alle Vereinsmitglieder auf Kosten des Vereins[181]; **93**
- der Hinweis eines Fachverbandes an seine Mitglieder, er habe für sie bei bestimmten Versicherungsunternehmen »beste Versicherungsbedingungen« ausgehandelt[182];
- die Klassifizierung eines Kreuzfahrtschiffes durch einen Hotel- und Gastronomieverband aufgrund eines von diesem angebotenen Klassifizierungssystems mit fünf Sternekategorien zur Hotelklassifizierung[183].

---

175 HansOLG Hamburg, 02.01.2008, 3 W 224/07, juris, Rn. 16 ff.
176 BGH, 17.10.2013, I ZR 173/12, GRUR 2014, 573, Rn. 12 f. – *Werbung für Fremdprodukte.*
177 LG Berlin, 14.02.2013, 91 O 105/12, juris, Rn. 68.
178 Vgl. BAG, 31.05.2005, 1 AZR 141/04, GRUR 2006, 244, 246; ArbG Frankfurt, 27.08.2008, 2 Ga 115/08, juris, Rn. 57.
179 Vgl. BGH, 23.01.1976, I ZR 95/75, GRUR 1976, 370 – *Lohnsteuerhilfevereine.*
180 Vgl. *Köhler*/Bornkamm/Feddersen, § 2 Rn. 58.
181 Vgl. BGH, 21.06.1971, KZR 8/70, BGHZ 56, 327 – *Verbandszeitschrift (Feld und Wald I).*
182 Vgl. HansOLG Hamburg, 26.04.2001, 3 U 241/00, GRUR-RR 2002, 113, 114.
183 KG, 28.11.2011, 24 U 145/10, WRP 2012, 480, Rn. 13.

94 Namentlich bei Äußerungen von Vereinen ist im Rahmen der umfassenden Würdigung der Umstände des Einzelfalls ein kritisches Augenmerk darauf zu legen, ob die Äußerung bei objektiver Betrachtung tatsächlich vorrangig auf die Beeinflussung geschäftlicher Entscheidungen zugunsten eines Unternehmens gerichtet ist oder ob nicht vielmehr andere – z.B. politische, weltanschauliche, religiöse, wissenschaftliche oder verbraucherpolitische – Ziele im Vordergrund stehen und eine etwaige Beeinflussung des Produktabsatzes oder Produktbezugs lediglich eine – unbeachtliche – reflexartige Auswirkung der Veröffentlichung ist. Ein besonderes Gewicht bei der Würdigung der Umstände des Einzelfalls wird hierbei in aller Regel dem satzungsgemäßen (oder gegebenenfalls dem hiervon abweichenden tatsächlich »gelebten«) Vereinszweck zukommen. So wird etwa bei Äußerungen eines Verbraucherschutzvereins, die sich mit den Produkten fremder Unternehmen befassen, regelmäßig der ideelle Zweck der Information, Beratung oder auch Warnung der Verbraucher die vorrangige Zielsetzung des Handelns darstellen[184]. Informiert ein Berufsverband seine Mitglieder in fachlicher Hinsicht über die Vor- oder Nachteile bestimmter bei der Berufsausübung einzusetzender Produkte wird ebenfalls eher die Information der Mitglieder im Vordergrund stehen[185]. Anders sind in der Regel Äußerungen eines Unternehmerverbandes zu beurteilen: hier ist in der Regel die Annahme gerechtfertigt, dass die Äußerung vorrangig der Beeinflussung geschäftlicher Entscheidungen zugunsten der Mitgliedsunternehmen dient[186].

IV. Internet/Informationstechnologie

95 Als »geschäftliche Handlungen« sind in der jüngeren Rechtsprechung folgende Verhaltensweisen angesehen worden:

- Hyperlink auf eine Internetseite eines Dritten mit weiteren Informationen zum Produkt im Internetauftritt eines Unternehmens (»geschäftliche Handlung« zugunsten des eigenen Unternehmens: das Unternehmen nutzte hierdurch die Internetseite des Dritten für eigene werbliche Zwecke und ersparte sich hierdurch eigene weiterführende Darstellungen in seinem eigenen Internetauftritt)[187];
- Vorhalten eines Portals mit Hotelbewertungen im Internetauftritt eines Online-Reisebüros (»geschäftliche Handlung« zugunsten des eigenen Unternehmens: das Hotelbewertungsportal soll das Reisebüro bekannter machen und dessen Attraktivität steigern)[188];
- Hinweis auf die »Original Bach-Blütenkonzentrate« eines bestimmten Herstellers sowie Hyperlink zu einer Website dieses Herstellers im Internetauftritt eines »Insti-

184 Vgl. KG, 28.11.2011, 24 U 145/10, WRP 2012, 480, Rn. 13.

185 Vgl. LG Dortmund, 06.06.2012, 12 O 219/12, juris, Rn. 3.

186 Vgl. LG Berlin, 05.05.2011, 91 O 35/11, juris, Rn. 22.

187 BGH, 18.06.2015, I ZR 74/14, GRUR 2016, 209, Rn. 9 f. – *Haftung für Hyperlink*. Die als »geschäftliche Handlung« zu qualifizierende Linksetzung als solche begründet allerdings noch *keine Haftung für die verlinkten Inhalte* (BGH, 18.06.2015, I ZR 74/14, GRUR 2016, 209, Rn. 15 – *Haftung für Hyperlink*).

188 BGH, 19.03.2015, I ZR 94/13, GRUR 2015, 1129, Rn. 16 f. – *Hotelbewertungsportal.*

tuts für Bach-Blütentherapie« (»geschäftliche Handlung« zugunsten eines fremden Unternehmens)[189];
- Reservierung von Domainnamen für »Parking«-Webseiten mit Werbelinks[190].

V. Handlungen von Privatpersonen/Laienwerbern

96 Auch »Privatpersonen« – gemeint sind hier natürliche Personen, die keine Unternehmer i.S. des § 2 Abs. 1 Nr. 6 sind – können (theoretisch) »geschäftliche Handlungen« begehen. Personen, die selbst keine Unternehmer sind, können allerdings denknotwendig nur »geschäftliche Handlungen« zugunsten eines fremden Unternehmens begehen. In der Regel werden Verhaltensweisen solcher Personen aber nicht vorrangig auf die Beeinflussung geschäftlicher Entscheidungen gerichtet sein: wer einem Freund z.B. im Gespräch ein bestimmtes Produkt empfiehlt, handelt zum Zwecke der Pflege dieser Freundschaft und nicht »zugunsten« des Herstellers oder Vertreibers dieses Produktes.

97 Von § 2 Abs. 1 Nr. 1 erfasst werden allerdings die Aktivitäten von sogenannten »Laienwerbern«. Der Bundesgerichtshof versteht hierunter natürliche Personen, die sich nicht berufsmäßig gegen Gewährung von Werbeprämien als Kundenwerber betätigen[191]. Dieser Personenkreis begeht bei seinen Werbebemühungen »geschäftliche Handlungen« zugunsten fremder Unternehmen i.S. des § 2 Abs. 1 Nr. 1. Ob der Laienwerber selbst als »Unternehmer« i.S. des § 2 Abs. 1 Nr. 6 zu qualifizieren ist (namentlich nach der dortigen Tatbestandsvariante »jede Person, die im Namen oder Auftrag … handelt«), ist dabei unerheblich[192]. Denn § 2 Abs. 1 Nr. 1 setzt gerade nicht voraus, dass nur Unternehmer »geschäftliche Handlungen« begehen können. Dass der Einsatz von Laienwerbern für den Produkthersteller oder ein Handelsunternehmen eine »geschäftliche Handlung« zugunsten des eigenen Unternehmens darstellt, bedarf keiner weitergehenden Erörterung.

98 Über § 2 Abs. 1 Nr. 1 lässt sich darüber hinaus auch eine neuartige Form der Kundengewinnung erfassen, bei der nicht – jedenfalls nicht auf den ersten Blick – erkennbar oder feststellbar ist, in welcher konkreten geschäftlichen Beziehung eine (angebliche) Privatperson, die sich lobend über ein Produkt äußert, zum Hersteller des Produktes oder zu einem Vertriebsunternehmen steht, bei der jedoch – getreu dem (wenn auch ein anderes Rechtsgebiet als das Lauterkeitsrecht betreffenden) Ausspruch »I know it when I see it« des US Supreme Court Justice Potter Stewart[193] – fraglos nichts anderes als (plumpe) Reklame betrieben wird. Gemeint sind die Aktivitäten sogenannter »Influencer«, die in »sozialen Medien« auftreten und sich dort vorrangig an ein jüngeres

189 BGH, 11.12.2014, I ZR 113/13, GRUR 2015, 694, Rn. 25 ff. – *Bezugsquellen für Bachblüten.*
190 OLG München, *28.10.2010, 29* U 2590/10, juris, Rn. 31.
191 BGH, 29.09.1994, I ZR 138/92, GRUR 1995, 122, 123 – *Laienwerbung für Augenoptiker.*
192 A.A. (wohl) *Köhler*/Bornkamm/Feddersen, § 2 Rn. 62: Laienwerber sollen nach der dort vertretenen Auffassung (wohl) nur dann »geschäftliche Handlungen« begehen können, wenn ihre Werbeaktivitäten eine »selbstständige berufliche Tätigkeit« darstellen. Anders allerdings wiederum (wohl wie hier) *Köhler*/Bornkamm/Feddersen, § 3 Rn. 6.34.
193 Siehe hierzu den englischsprachigen Wikipedia-Artikel »I know it when I see it«, vom Verfasser dieser Kommentierung abgerufen am 17.01.2018.

Publikum wenden. Diese Personen begehen (fraglos) »geschäftliche Handlungen« zugunsten fremder Unternehmen und haften daher für ihre Äußerungen lauterkeitsrechtlich als Täter, ohne dass es darauf ankommt – und ohne dass vom Gericht festgestellt werden muss –, ob der »Influencer« für seine werbende Tätigkeit ein Entgelt erhält[194]. § 2 Abs. 1 Nr. 1 lässt sich nämlich nicht entnehmen, dass eine »geschäftliche Handlung« zugunsten eines fremden Unternehmens nur begehen kann, wer von dem begünstigten Unternehmen hierfür ein Entgelt erhält.

194 Wie hier wohl auch LG Hagen, 13.09.2017, 23 O 30/17, GRUR-RR 2017, 510, Rn. 16, sowie Mallick/Weller, WRP 2018, 155, 158; eher zurückhaltend insoweit KG, 17.10.2017, 5 W 233/17, WRP 2018, 224, Rn. 9; KG, 11.10.2017, 5 W 221/17, WRP 2018, 98, Rn. 10; OLG Celle, 08.06.2017, 13 U 53/17, GRUR 2017, 1158, Rn. 7. Instruktiv zur Gesamtproblematik auch Mallick/Weller, WRP 2018, 1289; Ahrens, GRUR 2018, 1211; Peifer, GRUR 2018, 1218.

§ 2 Abs. 1 Nr. 2 Definitionen: Marktteilnehmer

(1) Im Sinne dieses Gesetzes bedeutet

2. »Marktteilnehmer« neben Mitbewerbern und Verbrauchern alle Personen, die als Anbieter oder Nachfrager von Waren oder Dienstleistungen tätig sind;

Asmus Maatsch

Übersicht **Rdn.**

A. Zweck der Norm

Die Definition des Marktteilnehmers findet sich im Katalog des Art. 2 der UGP-RL nicht. Die Richtlinie verwendet den Begriff nicht. Im UWG kommt er hingegen in einer Reihe von Vorschriften vor, wo er jeweils das geschützte Subjekt bezeichnet.[1] Außerdem verwendet das Gesetz ihn zur Bezeichnung des die geschäftliche Entscheidung i.S.d. § 2 Abs. 1 Nr. 9 Treffenden. 1

Der Definition ist eine **doppelte Aussage** zu entnehmen: Zum einen wird bestimmt, dass »Marktteilnehmer« der Oberbegriff dreier Gruppen ist, nämlich der Mitbewerber i.S.d. § 2 Abs. 1 Nr. 3, der Verbraucher i.S.d. §§ 2 Abs. 2 UWG, 13 BGB sowie der sonstigen Marktteilnehmer, womit sämtliche wettbewerbsrechtlich relevanten Akteure erfasst werden.[2] Zum anderen wird die letztgenannte Untergruppe der sonstigen Marktteilnehmer in § 2 Abs. 1 Nr. 2 originär umschrieben. 2

B. Sonstige Marktteilnehmer

Neben den Mitbewerbern und Verbrauchern werden »alle Personen, die als Anbieter oder Nachfrager von Waren oder Dienstleistungen tätig sind« zu – sonstigen – Marktteilnehmern erklärt. Der **Auffangcharakter** dieser Untergruppe führt dazu, dass hierunter nur Personen fallen, die – in concreto – weder Mitbewerber noch Verbraucher sind. Hieraus folgt im Umkehrschluss, dass es sich erstens um Unternehmer[3] handeln muss (tertium non datur)[4], welche zweitens in keinem horizontalen, sondern in einem 3

---

1 S. § 1; § 3a; § 4a Abs. 1, Abs. 2 Nr. 3, Nr. 4; § 5 Abs. 2; § 7 Abs. 1, Abs. 2 Nr. 2.

2 Vgl. FBO/Fezer, § 2 Abs. 1 Nr. 2 Rn. 6.

3 Ebenso Ohly/Sosnitza/Sosnitza, § 2 Rn. 51; a.A. offenbar *Köhler*/Bornkamm/Feddersen, § 2 Rn. 89, der augenscheinlich eine dritte Gruppe außerhalb des Dualismus Verbraucher-Unternehmer annimmt (z.B. Arbeitnehmer, Unternehmen, juristische Personen des öffentlichen Rechts, Verbände, Stiftungen und sonstige Organisationen); hierbei dürfte es sich aber jeweils entweder um Verbraucher, Unternehmer oder um gar keine Marktteilnehmer handeln (juristische Personen des öffentlichen Rechts bei hoheitlicher Tätigkeit). Offenlassend allerdings auch BGH, 07.07.2005, I ZR 253/02, GRUR 2005, 877, 879 (juris Rn. 30) – *Werbung mit Testergebnis*.

4 Vgl. EuGH, 03.10.2013, C-59/12, GRUR 2013, 1159, 1160 Rn. 33 (»korrelativ«) – *Zentrale zur Bekämpfung unlauteren Wettbewerbs*

vertikalen Marktverhältnis zu dem jeweils handelnden Unternehmer stehen.[5] Sie treten den Unternehmern, vor deren unlauterem Handeln sie durch die soeben aufgezählten Vorschriften geschützt werden sollen, also auf einer anderen Marktstufe entgegen, nämlich nicht als Mitbewerber, sondern als Anbieter oder Nachfrager. Auch Kunden i.S.d. § 7 Abs. 3, die nicht Verbraucher sind, sind also sonstige Marktteilnehmer.[6]

4 Die Begriffe **»Anbieter« und »Nachfrager«** sind hier – wie in § 2 Abs. 1 Nr. 3 – die subjektiven Korrelate des Begriffspaars »Absatz« und »Bezug« in § 2 Abs. 1 Nr. 1, so dass wegen der Bedeutung im Einzelnen auf die dortige Kommentierung verwiesen werden kann.[7] Der Gegenstand von Angebot und Nachfrage der sonstigen Marktteilnehmer, nämlich Waren oder Dienstleistungen, ist ebenso zu verstehen wie in § 2 Abs. 1 Nr. 1,[8]so dass auch insoweit auf die dortigen Ausführungen verwiesen werden kann.[9]

5 Zu beachten ist allerdings, dass § 2 Abs. 1 Nr. 2 eine abschließende Legaldefinition allein für den Begriff »Marktteilnehmer«, nicht aber für dessen Untergruppe der *sonstigen* Marktteilnehmer normiert. Dort, wo das Gesetz von »sonstigen Marktteilnehmern« spricht,[10]steht deshalb zunächst nur fest, dass damit keine Personen gemeint sein können, die entweder die Definitionsmerkmale der Mitbewerber oder Verbraucher erfüllen oder unter *keine* der drei Gruppen des § 2 Abs. 1 Nr. 2 fallen, also weder Mitbewerber noch Verbraucher, noch Anbieter oder Nachfrager von Waren oder Dienstleistungen sind. Ob allerdings dort, wo das Gesetz nur eine der Gruppen aus § 2 Abs. 1 Nr. 2 (nämlich die Verbraucher) neben den sonstigen Marktteilnehmern in Bezug nimmt,[11]die nicht ausdrücklich genannte Gruppe (nämlich die Mitbewerber) als »sonstige« Marktteilnehmer ebenfalls miterfasst sein oder aber ausgeschlossen sein soll, kann § 2 Abs. 1 Nr. 2 nicht abschließend entnommen werden. Die Frage muss vielmehr durch **Auslegung der jeweiligen Norm** beantwortet werden.

6 Eine eigene **Klageberechtigung** weist das UWG den Marktteilnehmern, die weder Verbraucher noch Mitbewerber sind, nicht zu. Prozessual sind sie auf die kollektivrechtlichen Abwehrmöglichkeiten gem. § 8 Abs. 3 Nr. 2 und 4 angewiesen.

5 Vgl. Ohly/Sosnitza/Sosnitza, § 2 Rn. 51; FBO/Fezer, § 2 Abs. 1 Nr. 2 Rn. 5.
6 Vgl. *Köhler*/Bornkamm/Feddersen, § 2 Rn. 89; Ohly/Sosnitza/Sosnitza, Rn. 50; MünchKomm/Bähr UWG, § 2 Rn. 197.
7 Vgl. o., § 2 Abs. 1 Nr. 1 Rdn. 28 ff.
8 Vgl. FBO/Fezer, § 2 Abs. 1 Nr. 2 Rn. 10.
9 Vgl. o., § 2 Abs. 1 Nr. 1 Rn. *16 ff.*
10 *S. §§ 1, 2 Abs. 1* Nr. 9, 3a, 4a Abs. 1, Abs. 2 Satz 1 Nr. 3, Nr. 4, 5 Abs. 1, 7 Abs. 2 Nr. 2.
11 S. §§ 2 Abs. 1 Nr. 9, 4a Abs. 1, 4a Abs. 2 Satz 1 Nr. 3, Nr. 4, 5 Abs. 1, 7 Abs. 2 Nr. 2.

§ 2 Abs. 1 Nr. 3 Definitionen: Mitbewerber

(1) Im Sinne dieses Gesetzes bedeutet

3. »Mitbewerber« jeder Unternehmer, der mit einem oder mehreren Unternehmern als Anbieter oder Nachfrager von Waren oder Dienstleistungen in einem konkreten Wettbewerbsverhältnis steht.

Annette Wille

Übersicht **Rdn.**

A. Bedeutung und Anwendungsbereich

1 Nach § 2 Abs. 1 Nr. 3 kommt die Eigenschaft als Mitbewerber einem (B) Unternehmer zu, der mit einem Unternehmer oder mit mehreren Unternehmern (C) in einem konkreten Wettbewerbsverhältnis als (D) Anbieter oder (E) Nachfrager von Waren oder Dienstleistungen steht. Der in § 2 Abs. 1 Nr. 3 legaldefinierte Begriff des Mitbewerbers findet sich in den Unlauterkeitstatbeständen der §§ 3a, 4 Nr. 1 bis 4, § 5 Abs. 2, § 6 Abs. 1, Abs. 2 Nr. 3 bis 5. Die Stellung als Mitbewerber verhilft einem Unternehmer zur **Anspruchsberechtigung** zur Geltendmachung von wettbewerbsrechtlichen Abwehransprüchen (§ 8 Abs. 3 Nr. 1) und von Schadensersatzansprüchen (§ 9 Satz 1).

2 Soweit der Mitbewerberbegriff in den Unlauterkeitstatbeständen zugrunde liegenden EU-Richtlinien verwendet wird, bedarf er der **richtlinienkonformen Auslegung**. Das betrifft die Vorschrift des § 5 Abs. 2 zur irreführenden geschäftlichen Handlung, die Art. 6 (2) lit. a UGP-RL umsetzt, und die Vorschrift des § 6 zur vergleichenden Werbung, die Art. 2c und Art. 4 Werbe-RL umsetzt. Nach der Rechtsprechung des EuGH zur vergleichenden Werbung setzt die Einstufung eines Unternehmens als Mitbewerber voraus, dass die angebotenen Waren (oder Dienstleistungen) in gewisser Weise gleichen Bedürfnissen dienen können und deshalb zu einem gewissen Grad substituierbar sind.[1]

---

1 EuGH, 19.04.2007, C-381/05, GRUR 2007, 511 Rn. 28, 30 – *De Landtsheer Emmanuel.*

Dieser Begriffsinhalt ist bei der irreführenden Werbung gegenüber Verbrauchern und bei der vergleichenden Werbung heranzuziehen, weil insoweit eine Vollharmonisierung durch die Richtlinien erfolgt ist. Soweit der Mitbewerberbegriff in lauterkeitsrechtlichen Bestimmungen zum mittelbaren (vgl. § 3a) oder zum unmittelbaren (vgl. § 4 Nr. 1 bis 4, § 8 Abs. 3 Nr. 1, § 9 Satz 1) Mitbewerberschutz enthalten ist, ist er als nationaler Begriff im Interesse eines wirkungsvollen Unternehmerschutzes einer weiterreichenden Auslegung zugänglich.[2] Das führt im Ergebnis zu einem gespaltenen Begriff des Mitbewerbers in der Weise, dass je nach Schutzzweck des Unlauterkeitstatbestands von einem engeren oder einem weiteren Mitbewerberbegriff auszugehen ist.[3]

B. Unternehmer

3 Die Stellung als Mitbewerber kann nur einem Unternehmer zukommen. **Unternehmer** im lauterkeitsrechtlichen Sinn ist nach § 2 Abs. 1 Nr. 6 jede natürliche oder juristische Person, die geschäftliche Handlungen (§ 2 Abs. 1 Nr. 1) im Rahmen ihrer gewerblichen, handwerklichen oder beruflichen Tätigkeit vornimmt, und jede Person, die im Namen oder Auftrag einer solchen Person handelt. Die Unternehmereigenschaft muss sich nicht gerade auf die konkret beanstandete geschäftliche Handlung beziehen, sondern ist **abstrakt zu bestimmen**.[4]

4 Die Stellung als Mitbewerber muss im Zeitpunkt der Verletzungshandlung vorliegen.[5] Die unternehmerische Tätigkeit muss daher **im Zeitpunkt der Verletzungshandlung** aufgenommen worden sein; ihre Aufnahme vor oder nach der Verletzungshandlung genügt grds. nicht.[6] Bloße Vorbereitungshandlungen zur Aufnahme der unternehmerischen Tätigkeit reichen für sich genommen nicht aus. Sie können die Mitbewerbereigenschaft i.S. des § 2 Abs. 1 Nr. 3 allerdings begründen, wenn die Vorbereitungsmaßnahmen auf dem Markt bereits konkret in Erscheinung getreten sind (**potenzieller Mitbewerber**; str.).[7] Um zur Geltendmachung von Abwehransprüchen aufgrund der Betroffenheit in wettbewerbsrechtlich geschützten Interessen berechtigt zu sein (§ 8 Abs. 3 Nr. 1), darf der Unternehmer seine Geschäftstätigkeit bis zum Schluss der letz-

---

2 Vgl. Harte/Henning/Keller § 2 Rn. 121; *Köhler*/Bornkamm/Feddersen § 2 Rn. 93; a. A. Lettl, FS Köhler, 2014, S. 429, 435 f./443.

3 *Köhler*/Bornkamm/Feddersen § 2 Rn. 93 a.E.; Ohly/*Sosnitza* § 2 Rn. 56 a.E.

4 BGH, 21.01.2016, I ZR 252/14, GRUR 2016, 828 Rn. 18 – *Kundenbewertung im Internet.*

5 BGH, 12.07.1995, I ZR 85/93, GRUR 1995, 697, 699 – *FUNNY PAPER* [zu § 13 Abs. 2 Nr. 1 UWG a.F.]; BGH, 10.03.2016, I ZR 183/14, GRUR 2016, 1187 Rn. 16 – *Stirnlampen.*

6 BGH, 10.03.2016, I ZR 183/14, GRUR 2016, 1187 Rn. 16 – *Stirnlampen*; FBO/Büscher § 8 Rn. 238.

7 FBO/Büscher § 8 Rn. 238, GK/Peukert § 2 Rn. 471, 626; jurisPK-UWG/Ernst § 2 Rn. 34; *Köhler*/Bornkamm/Feddersen *§ 2 Rn. 104;* MünchKomm/Bähr UWG § 2 Rn. 229; *Ohly*/Sosnitza *§ 8 Rn. 94;* offenlassend BGH, 10.03.2016, I ZR 183/14, GRUR 2016, 1187 Rn. 17 – *Stirnlampen*; a. A. Harte/Henning/Keller § 2 Rn. 151.

ten mündlichen Verhandlung in der Tatsacheninstanz noch nicht vollständig eingestellt haben.[8]

C. Konkretes Wettbewerbsverhältnis

I. Allgemeines

Um Mitbewerber zu sein, muss der Unternehmer mit einem anderen Unternehmer oder mit mehreren anderen Unternehmern in einem **konkreten Wettbewerbsverhältnis** stehen. Im Interesse eines wirksamen lauterkeitsrechtlichen Individualschutzes sind an das Bestehen eines konkreten Wettbewerbsverhältnisses **keine hohen Anforderungen** zu stellen.[9] 5

Ob zwischen Unternehmern ein Wettbewerbsverhältnis besteht, bestimmt sich nicht abstrakt, sondern nach den konkreten Umständen des Einzelfalls.[10] Da es für die wettbewerbsrechtliche Beurteilung einer Tätigkeit i.d.R. nur um die **konkret beanstandete Wettbewerbshandlung** geht, genügt es, dass die beteiligten Unternehmer durch diese Handlung in irgendeiner Weise in Wettbewerb zueinander getreten sind.[11] Hierzu müssen die von den Parteien angebotenen Waren oder Dienstleistungen einen **wettbewerblichen Bezug** zueinander aufweisen.[12] Der Unternehmer muss daher durch das beanstandete Wettbewerbsverhalten des anderen Unternehmers **in eigenen wettbewerbsrechtlich geschützten Interessen berührt** sein.[13] Zur Begründung eines Wettbewerbsverhältnisses reicht es deshalb nicht aus, dass der Unternehmer durch die geschäftliche Handlung des anderen Unternehmers in seinem eigenen Marktstreben nur irgendwie betroffen oder bloß in seiner Geschäftstätigkeit beeinträchtigt ist, es aber an jeglichem Konkurrenzmoment im Angebots- oder Nachfragewettbewerb fehlt.[14] Da es für die Eigenschaft als Mitbewerber auf das tatsächliche Bestehen eines Wettbewerbs- 6

---

8 BGH, 12.07.1995, I ZR 85/93, GRUR 1995, 697, 699 – *FUNNY PAPER* [zu § 13 Abs. 2 Nr. 1 UWG a.F.]; BGH, 10.03.2016, I ZR 183/14, GRUR 2016, 1187 Rn. 16 – *Stirnlampen*; FBO/Büscher § 8 Rn. 238.

9 BGH, 29.11.1984, I ZR 158/82, BGHZ 93, 96, 97 – *DIMPLE*; BGH, 24.06.2004, I ZR 26/02, GRUR 2004, 877, 878 – *Werbeblocker*; BGH, 10.04.2014, I ZR 43/13, GRUR 2014, 1114 Rn. 32 – *nickelfrei*; BGH, 21.04.2016, I ZR 151/15, GRUR 2016, 1193 Rn. 15 – *Ansprechpartner*.

10 BGH, 17.10.2013, I ZR 173/12, GRUR 2014, 573 Rn. 22 – *Werbung für Fremdprodukte*.

11 BGH, 12.01.1972, I ZR 60/70, GRUR 1972, 553 – *Statt Blumen ONKO-Kaffee*; BGH, 24.06.2004, I ZR 26/02, GRUR 2004, 877, 878 f. – *Werbeblocker*; BGH, 19.03.2015, I ZR 94/13, GRUR 2015, 1129 Rn. 19 – *Hotelbewertungsportal*.

12 BGH, 26.01.2017, I ZR 217/15, GRUR 2017, 928 – *Wettbewerbsbezug*.

13 BGH, 17.10.2013, I ZR 173/12, GRUR 2014, 573 Rn. 19 – *Werbung für Fremdprodukte*.

14 BGH, 17.01.2002, I ZR 215/99, GRUR 2002, 828, 829 – *Lottoschein*; BGH, 17.10.2013, I ZR 173/12, GRUR 2014, 573 Rn. 21 – *Werbung für Fremdprodukte*; BGH, 10.04.2014, I ZR 43/13, GRUR 2014, 1114 Rn. 32 – *nickelfrei*; BGH, 26.01.2017, I ZR 217/15, GRUR 2017, 918 Rn. 16, 19 – *Wettbewerbsbezug*; BGH, 19.04.2018, I ZR 154/16, GRUR 2018, 1251 Rn. 17 – *Werbeblocker II*.

verhältnisses ankommt, ist es unerheblich, ob die das Wettbewerbsverhältnis begründende Tätigkeit des Anspruchstellers gesetzeswidrig oder wettbewerbswidrig ist.[15]

II. Unmittelbares und mittelbares Wettbewerbsverhältnis

7 Ein **unmittelbares Wettbewerbsverhältnis** liegt vor, wenn die beteiligten Unternehmer gleichartige Waren oder Dienstleistungen auf demselben Markt anbieten oder nachfragen, durch ihre eigentliche Geschäftstätigkeit also in Konkurrenz zueinander treten.[16] Da sich die wettbewerbsrechtliche Beurteilung i.d.R. nach der konkret beanstandeten Wettbewerbshandlung richtet, reicht es auch aus, dass die Unternehmer durch diese Handlung indirekt zueinander in Konkurrenz treten, auch wenn sie in unterschiedlichen Branchen oder auf verschiedenen Wirtschaftsstufen geschäftlich tätig sind (**mittelbares Wettbewerbsverhältnis**).[17] Ein mittelbares Wettbewerbsverhältnis kann auch durch die Förderung fremden Wettbewerbs begründet werden.[18] Daher besteht ein mittelbares Wettbewerbsverhältnis zwischen einer Rundfunkanstalt, die den Absatz eines Printmagazins eines Verlags zu einer ihrer TV-Sendungen unterstützt, und einem Publikumszeitschriften verlegenden Verlag.[19]

1. Unternehmer unterschiedlicher Branchen

8 Über die konkret beanstandete Handlung kann eine Wettbewerbssituation zwischen Unternehmern geschaffen werden, deren Geschäftstätigkeit **unterschiedlichen Branchen** zuzurechnen ist.[20] Ein konkretes Wettbewerbsverhältnis kann daher bestehen zwischen einem privaten Fernsehsender und einem Anbieter eines mit einer Werbeblocker-Funktion ausgestatteten Vorschaltgeräts,[21] zwischen einem Betreiber werbeunterstützter Internetseiten mit redaktionellem Inhalt und einem Anbieter von Software zur Blockierung von Online-Werbung (sog. »Blacklisting«) mit entgeltlicher Freischaltoption (sog.

15 BGH, 24.02.2005, I ZR 101/02, BGHZ 162, 246, 251 – *Vitamin-Zell-Komplex.*

16 Begr. RegE zu § 2 Abs. 1 Nr. 3 UWG 2004, BT-Drucksache 15/1487, S. 16; BGH, 17.10.2013, I ZR 173/12, GRUR 2014, 573 Rn. 15 f. – *Werbung für Fremdprodukte*; MünchKomm/Bähr UWG § 2 Rn. 238.

17 Begr. RegE zu § 2 Abs. 1 Nr. 3 UWG 2004, BT-Drucksache 15/1487, S. 16; BGH, 17.10.2013, I ZR 173/12, GRUR 2014, 573 Rn. 17 – *Werbung für Fremdprodukte*; Ohly/*Sosnitza* § 2 Rn. 62; Büscher, GRUR 2017, 105, 106.

18 BGH, 17.10.2013, I ZR 173/12, GRUR 2014, 573 Rn. 19 – *Werbung für Fremdprodukte*; BGH, 26.01.2017, I ZR 207/14, GRUR 2017, 422 Rn. 64 – *ARD-Buffet.*

19 BGH, 26.01.2017, I ZR 207/14, GRUR 2017, 422 Rn. 64 – *ARD-Buffet.*

20 Begr. RegE zu § 2 Abs. 1 Nr. 3 UWG 2004, BT-Drucksache 15/1487, S. 16; BGH, 24.06.2004, I ZR 26/02, GRUR 2004, 877, 878 f. – *Werbeblocker*; BGH, 22.04.2009, I ZR 216/06, GRUR 2009, 845 Rn. 40 – *Internet-Videorecorder*; BGH, 10.04.2014, I ZR 43/13, GRUR 2014, 1114 Rn. 30 – *nickelfrei.*

21 BGH, 24.06.2004, I ZR 26/02, GRUR 2004, 877, 878 f. – *Werbeblocker*; BGH, 26.01.2017, I ZR 217/15, GRUR 2017, 928 Rn. 19 – *Wettbewerbsbezug.*

»Whitelisting«),[22] zwischen einem privaten Fernsehsender und einem Anbieter eines internetbasierten Videorecorders zur Aufzeichnung von Fernsehsendungen,[23] zwischen einem ein Patent vermarktenden Unternehmen und einem Vertreiber von gleichartigen Produkten wie die vom Patent erfassten Produkte,[24] zwischen einem Rechtsanwalt und einem im Auftrag des Versicherers mit der Schadensregulierung befassten, Rechtsauskünfte erteilenden Versicherungsmakler[25] sowie zwischen einem Patentanwalt und einem gewerbliche Schutzrechte anmeldenden Ingenieur[26].

2. Unternehmer unterschiedlicher Wirtschaftsstufen

Ein konkretes Wettbewerbsverhältnis setzt nicht voraus, dass die beteiligten Unterneh- **9**
mer auf der gleichen Vertriebs- oder Wirtschaftsstufe tätig sind.[27] Es genügt grds., dass sie sich im Hinblick auf die beanstandete Wettbewerbshandlung mittelbar oder unmittelbar an den **gleichen Abnehmer- oder Lieferantenkreis** richten.[28] Ein konkretes Wettbewerbsverhältnis kann daher bestehen zwischen einem Produzenten einer Fernsehshow und einem Fernsehsender,[29] zwischen einem Alleinimporteur und einem Einzelhändler,[30] zwischen einem Einzelhändler und einem Großhändler,[31] zwischen einer Produkte herstellenden und über eine Tochtergesellschaft vertreibenden Konzerngesellschaft und einem Einzelhändler[32] sowie zwischen einem Absatzmittler (z.B. Handelsvertreter, Kommissionär, Makler) und einem Anbieter der vermittelten Produkte[33].

Unterschiedliche Wirtschaftsstufen stehen einem konkreten Wettbewerbsverhältnis **10**
allerdings entgegen, wenn eine **Beeinträchtigung der wettbewerbsrechtlich geschützten Interessen** der beteiligten Unternehmer von vornherein ausgeschlossen ist.[34] Das ist im Hinblick auf konzernfremde Anbieter der Fall, wenn eine Einkaufsgesellschaft

---

22 BGH, 19.04.2018, I ZR 154/16, GRUR 2018, 1251 Rn. 18 – *Werbeblocker II*; OLG München, 17.08.2017, U 2225/15 Kart, GRUR 2017, 1147 Rn. 66 – *Whitelisting I*; OLG München, 17.08.2017, U 2184/15 Kart, WRP 2017, 1365 Rn. 61 – *Whitelisting II*; OLG München, 17.08.2017, 29 U 1917/16, WRP 2017, 1377 Rn. 20 – *Whitelisting III*; HansOLG Hamburg, 15.03.2018, 5 U 152/15, WRP 2018, 604 Rn. 93 f.; Harte/Henning/Keller § 2 Rn. 145; a. A. *Köhler*/Bornkamm/Feddersen § 2 Rn. 111a; Köhler, WRP 2014, 1017 Rn. 32.

23 BGH, 22.04.2009, I ZR 216/06, GRUR 2009, 845 Rn. 40 – *Internet-Videorecorder*.

24 BGH, 10.04.2014, I ZR 43/13, GRUR 2014, 1114 Rn. 35 – *nickelfrei*.

25 Vgl. BGH, 14.01.2016, I ZR 107/14, GRUR 2016, 820 Rn. 36 – *Schadensregulierung durch Versicherungsmakler*.

26 Vgl. BGH, 31.03.2016, I ZR 88/15, GRUR 2016, 1189 Rn. 13, 36 – *Rechtsberatung durch Entwicklungsingenieur*.

27 Begr. RegE zu § 2 Abs. 1 Nr. 3 UWG 2004, BT-Drucksache 15/1487, S. 16; BGH, 10.04.2014, I ZR 43/13, GRUR 2014, 1114 Rn. 27 – *nickelfrei*; BGH, 21.01.2016, I ZR 252/14, GRUR 2016, 828 Rn. 20 – *Kundenbewertung im Internet*.

28 BGH, 21.01.2016, I ZR 252/14, GRUR 2016, 828 Rn. 23 – *Kundenbewertung im Internet*.

29 BGH, 13.04.2000, I ZR 282/97, GRUR 2000, 703, 706 – *Mattscheibe*.

30 BGH, 05.10.2000, I ZR 1/98, GRUR 2001, 448 – *Kontrollnummernbeseitigung II*.

31 BGH, 29.04.2010, I ZR 99/08, GRUR 2011, 82 Rn. 19 – *Preiswerbung ohne Umsatzsteuer*.

32 BGH, 21.01.2016, I ZR 252/14, GRUR 2016, 828 Rn. 21, 23 – *Kundenbewertung im Internet*.

33 BGH, 17.10.2013, I ZR 173/12, GRUR 2014, 573 Rn. 24 – *Werbung für Fremdprodukte*.

34 BGH, 29.04.2010, I ZR 99/08, GRUR 2011, 82 Rn. 19 – *Preiswerbung ohne Umsatzsteuer*.

eines Konzerns Waren an konzernangehörige Unternehmen liefert, die nicht für den Weiterverkauf auf dem Markt bestimmt sind.[35] Der Bereich der rein konzerninternen Warenverteilung wird jedoch verlassen, wenn eine Einkaufsgesellschaft bei ihren Lieferungen an Konzerngesellschaften in Wettbewerb mit konzernfremden Anbietern tritt.[36]

3. Förderung fremden Wettbewerbs

11 Ein Wettbewerbsverhältnis zu einem anderen Unternehmer kann mittelbar dadurch begründet werden, dass derjenige, der die beanstandete Wettbewerbshandlung begeht, den Wettbewerb eines anderen Unternehmers fördert. Bei der **Förderung fremden Wettbewerbs** muss ein konkretes Wettbewerbsverhältnis zwischen dem geförderten Unternehmer und dem von der geschäftlichen Handlung betroffenen Unternehmer bestehen.[37] Der durch die geschäftliche Handlung betroffene Unternehmer kann gegen den Handelnden vorgehen, wenn er durch dessen Förderung des anderen Unternehmers **in** eigenen **wettbewerbsrechtlich geschützten Interessen berührt** ist.[38] Der fremden Wettbewerb Fördernde kann allerdings nicht gegen den Mitbewerber des geförderten Unternehmers vorgehen, weil er nicht in eigenen wettbewerbsrechtlich geschützten Interessen betroffen ist und die Anspruchsberechtigung nach § 8 Abs. 3 Nr. 1 eine Mitbewerberstellung des Gläubigers voraussetzt.[39]

III. Potenzielles Wettbewerbsverhältnis

12 Das konkrete Wettbewerbsverhältnis muss im Zeitpunkt der beanstandeten Handlung bestehen, denn nur dann kann der betroffene Unternehmer in seinen wettbewerbsrechtlich geschützten Interessen verletzt sein.[40] Erforderlich ist grds. ein tatsächlich bestehendes Wettbewerbsverhältnis. Für die Mitbewerbereigenschaft i.S. des § 2 Abs. 1 Nr. 3 kann aber auch ein **potenzielles Wettbewerbsverhältnis** genügen (str.).[41] Voraussetzung dafür ist die konkrete Wahrscheinlichkeit einer künftigen Konkurrenzsitua-

---

35 BGH, 16.04.1969, I ZR 59/67 und I ZR 60/67, GRUR 1969, 479, 480 – *Colle de Cologne*; BGH, 20.02.1986, I ZR 153/83, GRUR 1986, 668, 669 f. – *Gebührendifferenz IV.*

36 BGH, 16.04.1969, I ZR 59/67 und I ZR 60/67, GRUR 1969, 479, 480 – *Colle de Cologne*; BGH, 20.02.1986, I ZR 153/83, GRUR 1986, 668, 670 – *Gebührendifferenz IV.*

37 BGH, 17.10.2013, I ZR 173/12, GRUR 2014, 573 Rn. 19 – *Werbung für Fremdprodukte*; vgl. BGH, 18.05.2017, I ZR 3/16, GRUR 2017, 743 Rn. 17 – *Uber Black.*

38 BGH, 20.02.1997, I ZR 12/95, GRUR 1997, 907, 908 – *Emil-Grünbär-Club*; BGH, 17.10.2013, I ZR 173/12, GRUR 2014, 573 Rn. 19 – *Werbung für Fremdprodukte*; BGH, 26.01.2017, I ZR 207/14, GRUR 2017, 422 Rn. 64 – *ARD-Buffet.*

39 BGH, 17.10.2013, I ZR 173/12, GRUR 2014, 573 Rn. 20 – *Werbung für Fremdprodukte.*

40 BGH, 10.03.2016, I ZR 183/14, GRUR 2016, 1187 Rn. 16 – *Stirnlampen.*

41 BGH, 17.01.2002, I ZR 215/99, GRUR 2002, 828, 829 – *Lottoschein*; GK/Peukert § 2 Rn. 471, 626; jurisPK-UWG/Ernst § 2 Rn. 34; *Köhler*/Bornkamm/Feddersen § 2 Rn. 104; MünchKomm/Bähr *UWG § 2 Rn. 229*; *Ohly*/Sosnitza § 8 Rn. 94; offenlassend BGH, *10.03.2016, I ZR* 183/14, GRUR 2016, 1187 Rn. 17 – *Stirnlampen*; a. A. Harte/Henning/Keller § 2 Rn. 151.

tion;[42] die bloß abstrakte Möglichkeit eines Marktzutritts reicht nicht aus.[43] Die Vorbereitung des Marktzutritts muss so weit fortgeschritten sein, dass die unmittelbar bevorstehende Aufnahme der Geschäftstätigkeit eines Unternehmers auf dem Markt bereits konkret in Erscheinung tritt[44] und deshalb bereits wettbewerbsrechtlich geschützte Interessen des anderen Unternehmers berührt sein können.

D. Angebotswettbewerb

Die Unternehmer können als Anbieter von Waren oder Dienstleistungen in einem konkreten Wettbewerbsverhältnis stehen. Beim **Angebotswettbewerb** konkurrieren sie beim Absatz von Waren oder Dienstleistungen um die gleichen Kundenkreise. Ein Unternehmer wird allerdings nicht dadurch selbst zum Anbieter von Waren, dass er auf seiner Internetseite gegen eine umsatzabhängige Vergütung eine Werbefläche für die Waren eines anderen Unternehmers zur Verfügung stellt.[45] 13

I. Substitutionswettbewerb

Ein konkretes Wettbewerbsverhältnis zwischen den Anbietern von Waren oder Dienstleistungen liegt vor, wenn die beteiligten Unternehmer **gleichartige Waren oder Dienstleistungen** (letztlich, vgl. Rdn. 9) innerhalb desselben Endverbraucherkreises abzusetzen versuchen mit der Folge, dass das konkret beanstandete Wettbewerbsverhalten des einen Wettbewerbers den anderen Wettbewerber beeinträchtigen, d.h. im Absatz behindern oder stören kann.[46] Es ist nicht erforderlich, dass eine Absatzbeeinträchtigung tatsächlich eingetreten ist.[47] Voraussetzung für einen solchen Substitutionswettbewerb ist, dass sich die beteiligten Unternehmer auf demselben sachlich, räumlich und zeitlich relevanten Markt betätigen, ohne dass sich der Kundenkreis und das Angebot der Waren oder Dienstleistungen vollständig decken müssen.[48] 14

---

42 Vgl. EuGH, 19.04.2007, C-381/05, GRUR 2007, 511 Rn. 36 – *De Landtsheer Emmanuel*; OLG Braunschweig, 27.01.2010, 2 U 225/09, MMR 2010, 252, 253; OLG Frankfurt, 09.05.2003, 24 U 15/03, GRUR-RR 2003, 248, 249 – *Hausanwälte*; GK/Peukert § 2 Rn. 471; *Köhler*/Bornkamm/Feddersen § 2 Rn. 104.

43 OLG Frankfurt, 06.04.2017, 6 U 36/16, GRUR 2017, 936 Rn. 19, 25 – *Windpark*.

44 JurisPK-UWG/Ernst § 2 Rn. 34; *Köhler*/Bornkamm/*Feddersen* § 8 Rn. 3.29; MünchKomm/Bähr UWG § 2 Rn. 229; *Ohly*/Sosnitza § 8 Rn. 94.

45 BGH, 17.10.2013, I ZR 173/12, GRUR 2014, 573 Rn. 18 – *Werbung für Fremdprodukte*.

46 BGH, 06.12.2001, I ZR 214/99, GRUR 2002, 985, 986 – *WISO*; BGH, 10.04.2014, I ZR 43/13, GRUR 2014, 1114 Rn. 24 – *nickelfrei*; BGH, 21.01.2016, I ZR 252/14, GRUR 2016, 828 Rn. 20 – *Kundenbewertung im Internet*; BGH, 26.01.2017, I ZR 217/15, GRUR 2017, 918 Rn. 16 – *Wettbewerbsbezug*; BGH, 19.04.2018, I ZR 154/16, GRUR 2018, 1251 Rn. 17 – *Werbeblocker II*.

47 BGH, 06.12.2001, I ZR 214/99, GRUR 2002, 985, 986 – *WISO*; FBO/Büscher § 8 Rn. 239.

48 BGH, 29.03.2007, I ZR 122/04, GRUR 2007, 1079 Rn. 22 – *Bundesdruckerei*; BGH, 17.10.2013, I ZR 173/12, GRUR 2014, 573 Rn. 15 – *Werbung für Fremdprodukte*.

1. Sachlich relevanter Markt

15 Unternehmer sind **auf demselben sachlichen Markt** tätig, wenn die von ihnen angebotenen Waren oder Dienstleistungen sich nach ihren Eigenschaften, ihrem Verwendungszweck und ihrer Preislage so nahestehen, dass die angesprochenen Verkehrskreise sie als austauschbar ansehen.[49] Der Einsatz einer gleichartigen Vertriebsform für nicht austauschbare Waren oder Dienstleistungen begründet nicht denselben sachlichen Markt.[50] An die Substitution bzw. **Austauschbarkeit** ist ein großzügiger Maßstab anzulegen. Derselbe sachliche Markt kann auch erst durch die konkret beanstandete Wettbewerbshandlung begründet werden (Rdn. 6).

16 Abzustellen ist auf die **Sichtweise des angesprochenen Verkehrs.**[51] Entscheidend ist, ob der durchschnittlich informierte, situationsadäquat aufmerksame und verständige Endabnehmer anhand der konkreten Wettbewerbsmaßnahme eine Substitution der Waren oder Dienstleistungen ernsthaft in Betracht zieht.[52] Es kann u.U. genügen, dass die konkrete Wettbewerbshandlung gegenüber den angesprochenen Verkehrskreisen nur den Anschein der Austauschbarkeit erweckt.[53]

17 Wegen der Austauschbarkeit der angebotenen Waren oder Dienstleistungen können auf demselben sachlichen Markt tätig werden: ein Blumenhändler und ein Anbieter von als Geschenkalternative beworbenem Kaffee,[54] Betreiber von werbefinanzierten Internetseiten unterschiedlichen Inhalts,[55] Vertreiber von neuen und von gebrauchten hochpreisigen Uhren,[56] Anbieter von Speichermedien für Videospiele und Anbieter von Adaptern für Kopien dieser Spiele,[57] ein im Immobilienrecht tätiger Anwaltsnotar und ein im Immobilienrecht tätiger Rechtsanwalt[58] sowie Taxi- und Mietwagenunternehmer[59].

18 Dagegen besteht mangels Gleichartigkeit der angebotenen Waren oder Dienstleistungen kein Substitutionswettbewerbsverhältnis zwischen einem ein Schutzrecht vermarktenden Unternehmer und einem Händler, der gleichartige Produkte wie die vom Schutzrecht erfassten Produkte vertreibt,[60] sowie zwischen einem Anbieter von Kapitalanlageprodukten und einem Rechtsanwalt, der Mandate von Kapitalanlegern akqui-

---

49 Vgl. EuGH, 19.04.2007, C-381/05, GRUR 2007, 511 Rn. 30 – *De Landtsheer Emmanuel*; BGH, 17.01.2002, I ZR 215/99, GRUR 2002, 828, 829 – *Lottoschein*; GK/Peukert § 2 Rn. 451; *Köhler*/Bornkamm/Feddersen § 2 Rn. 108b.
50 BGH, 27.02.1997, I ZR 217/94, GRUR 1997, 478 – *Haustürgeschäft II.*
51 Harte/Henning/Keller § 2 Rn. 137; *Köhler*/Bornkamm/Feddersen § 2 Rn. 108a a.E.
52 BGH, 17.01.2002, I ZR 215/99, GRUR 2002, 828, 829 – *Lottoschein.*
53 BGH, 13.02.1981, I ZR 63/79, GRUR 1981, 529, 530 – *Rechtsberatungsanschein.*
54 BGH, 12.01.1972, I ZR 60/70, GRUR 1972, 553 – *Statt Blumen ONKO-Kaffee.*
55 BGH, 22.01.2014, I ZR 164/12, GRUR 2014, 393 Rn. 26 – *wetteronline.de.*
56 BGH, 12.03.2015, I ZR 188/13, GRUR 2015, 607 Rn. 13 – *Uhrenankauf im Internet.*
57 BGH, 27.11.2014, I ZR 124/11, GRUR 2015, 672 Rn. 101 – *Videospiel-Konsolen II.*
58 BGH, 31.03.2016, I ZR 160/14, GRUR 2016, 710 Rn. 20 f. – *Im Immobiliensumpf.*
59 BGH, 18.05.2017, I ZR 3/16, GRUR 2017, 743 Rn. 17 – *Uber Black.*
60 BGH, 10.04.2014, I ZR 43/13, GRUR 2014, 1114 Rn. 27 – *nickelfrei.*

riert[61]. Die Anbieter von aus Windkraft gewonnenem Strom konkurrieren nicht auf einem gemeinsamen Absatzmarkt, weil ihre Abnehmer gesetzlich verpflichtet sind, den Strom in jeder angebotenen Menge zu einem gesetzlich festgesetzten Preis abzunehmen.[62]

2. Räumlich relevanter Markt

Unternehmer sind **auf demselben räumlichen Markt** tätig, wenn sie innerhalb dessel- **19** ben oder eines sich überschneidenden Gebiets Kunden haben oder zu gewinnen versuchen und sich daher ihre tatsächlichen oder potenziellen Kundenkreise gleichen.[63] Erforderlich ist eine hinreichende Wahrscheinlichkeit des Produktabsatzes in dem betreffenden räumlichen Gebiet; eine nur abstrakte und theoretisch denkbare Absatzchance in einem räumlich entfernten Markt genügt nicht.[64]

Der anhand der **konkreten** beanstandeten **Geschäftstätigkeit** (Rdn. 6) zu bestimmen- **20** de[65] räumlich relevante Markt kann bundesweit bestehen[66] oder auf eine Region, eine Stadt oder einen Ort begrenzt sein[67]. Entscheidend ist, ob die in Rede stehende Wettbewerbsmaßnahme nach ihrer Art, ihrer Reichweite oder ihrer Dauer, ihrem Inhalt und ihrer Attraktivität, der Vertriebsart sowie der Marktstellung des einen Unternehmers mit hinreichender Wahrscheinlichkeit **Auswirkungen** auf den bestehenden oder potenziellen Kundenkreis des anderen Unternehmers haben kann.[68] Das kann auch der Fall sein, wenn der eine Unternehmer seine beworbenen Leistungen zwar in einem anderen Gebiet anbietet, der andere Unternehmer aber wegen der dadurch geminderten Attraktivität seines eigenen Angebots im Absatz seiner Leistungen behindert werden kann.[69]

Auf demselben räumlichen Markt können sich betätigen: in derselben Stadt geschäfts- **21** ansässige Anbieter von Fotoarbeiten,[70] mehrere hundert Kilometer voneinander entfernt geschäftsansässige Händler von höherpreisigen Gebrauchtfahrzeugen,[71] in verschiedenen Städten ansässige Rechtsanwälte bei überörtlichem Zuschnitt der

---

61 BGH, 26.01.2017, I ZR 217/15, GRUR 2017, 918 Rn. 20 – *Wettbewerbsbezug.*

62 OLG Frankfurt, 06.04.2017, 6 U 36/16, GRUR 2017, 936 Rn. 21 f. – *Windpark.*

63 *Köhler*/Bornkamm/Feddersen § 2 Rn. 108c.

64 GK/Peukert § 2 Rn. 462.

65 BGH, 14.11.1996, I ZR 162/94, GRUR 1997, 479, 480 – *Münzangebot*; BGH, 23.10.2008, I ZR 197/06, GRUR 2009, 692 Rn. 8 – *Sammelmitgliedschaft VI.*

66 BGH, 14.11.1996, I ZR 162/94, GRUR 1997, 479, 480 – *Münzangebot.*

67 BGH, 24.05.2000, I ZR 222/97, GRUR 2001, 78 – *Falsche Herstellerpreisempfehlung.*

68 Vgl. BGH, 05.10.2000, I ZR 210/98, GRUR 2001, 258, 258 f. – *Immobilienpreisangaben*; OLG Frankfurt, 09.05.2003, 24 U 15/03, GRUR-RR 2003, 248, 249 – *Hausanwälte*; OLG Celle, 08.03.2012, 13 U 174/11, WRP 2012, 743 Rn. 7; jurisPK-UWG/Ernst § 2 Rn. 31; *Köhler*/Bornkamm/Feddersen § 2 Rn. 108c.

69 BGH, 28.04.2016, I ZR 23/15, GRUR 2016, 1073 Rn. 19 – *Geo-Targeting.*

70 BGH, 05.03.1998, I ZR 229/95, GRUR 1998, 1039, 1040 – *Fotovergrößerungen.*

71 BGH, 29.04.2010, I ZR 99/08, GRUR 2011, 82 Rn. 20 – *Preiswerbung ohne Umsatzsteuer.*

Kanzleien[72] sowie Betreiber gleichnamiger Restaurants in verschiedenen Städten beim Vertrieb von Merchandising-Produkten[73]. Dagegen agieren in verschiedenen Städten ansässige Betreiber von Ladengeschäften mit Waren für den täglichen Bedarf wegen des abweichenden (begrenzten) Einzugsbereichs i.d.R. auf verschiedenen räumlichen Märkten.[74]

3. Zeitlich relevanter Markt

22 Unternehmer betätigen sich **auf demselben zeitlich relevanten Markt**, wenn sich ihre Angebote zeitlich decken oder überschneiden. Das setzt voraus, dass die beteiligten Unternehmer ihre gleichartigen Waren oder Dienstleistungen zu derselben Zeit anbieten oder sich ein substituierendes Angebot jedenfalls mit hinreichender Wahrscheinlichkeit konkret abzeichnet (Rdn. 12).[75]

II. Beeinträchtigungswettbewerb

23 Ein konkretes Wettbewerbsverhältnis kann – jedenfalls im Hinblick auf den nationalen Mitbewerberbegriff (Rdn. 2) – auch bestehen, wenn die beteiligten Unternehmer zwar keine gleichartigen Waren oder Dienstleistungen innerhalb desselben Endverbraucherkreises abzusetzen versuchen, aber das konkret beanstandete Wettbewerbsverhalten des einen Unternehmers den anderen Unternehmer gleichwohl beeinträchtigen, d.h. **im Absatz stören oder behindern** kann.[76] Es genügt, dass zwischen den Vorteilen, die jemand durch eine konkret beanstandete Wettbewerbshandlung für sein Unternehmen oder das Unternehmen eines Dritten zu erreichen versucht, und den Nachteilen, die ein anderer Unternehmer dadurch erleidet, eine **Wechselwirkung** in der Weise besteht, dass der Wettbewerb des einen Unternehmers gefördert und der Wettbewerb des anderen Unternehmers beeinträchtigt werden kann.[77] Eine solche Wechselwirkung setzt allerdings voraus, dass die von den Parteien angebotenen Waren oder Dienstleistungen einen **wettbewerblichen Bezug** in Form eines irgendwie gearteten, wenn auch nur mittelbaren Konkurrenz- oder Substitutionsverhältnisses zueinander aufweisen (Rdn. 6).[78] Dabei muss eine Beeinträchtigung nicht nur abstrakt und theoretisch denk-

---

72 BGH, 27.01.2005, I ZR 202/02, GRUR 2005, 520, 521 – *Optimale Interessenvertretung*; BGH, 20.02.2013, I ZR 146/12, GRUR 2013, 950 Rn. 14 – *auch zugelassen am OLG Frankfurt*.

73 BGH, 15.08.2013, I ZR 188/11, BGHZ 198, 159 Rn. 59 – *Hard Rock Café*.

74 GK/Peukert § 2 Rn. 463; Harte/Henning/Keller § 2 Rn. 138; Ohly/*Sosnitza* § 2 Rn. 64.

75 Vgl. EuGH, 19.04.2007, C-381/05, GRUR 2007, 511 Rn. 36 – *De Landtsheer Emmanuel*; GK/Peukert § 2 Rn. 471; jurisPK-UWG/Ernst § 2 Rn. 34.

76 BGH, 10.04.2014, I ZR 43/13, GRUR 2014, 1114 Rn. 32 – *nickelfrei*.

77 BGH, 10.04.2014, I ZR 43/13, GRUR 2014, 1114 Rn. 32 – *nickelfrei*; BGH, 19.03.2015, I ZR 94/13, GRUR 2015, 1129 Rn. 19 – *Hotelbewertungsportal*; BGH, 21.04.2016, I ZR 151/15, GRUR 2016, 1193 Rn. 15 – *Ansprechpartner*; BGH, 26.01.2017, I ZR 217/15, GRUR 2017, 918 Rn. 16 – *Wettbewerbsbezug*; BGH, 19.04.2018, I ZR 154/16, GRUR 2018, 1251 Rn. 17 – *Werbeblocker II*.

78 BGH, 26.01.2017, I ZR 217/15, GRUR 2017, 918 Rn. 19 – *Wettbewerbsbezug*; BGH, 19.04.2018, I ZR 154/16, GRUR 2018, 1251 Rn. 17 – *Werbeblocker II*; FBO/Büscher § 8 Rn. 239; *Köhler*/Bornkamm/Feddersen § 2 Rn. 109a; Büscher, GRUR 2017, 105, 106.

bar sein, sondern mit einer gewissen Wahrscheinlichkeit praktisch in Betracht kommen.[79]

Ob ein durch die Beeinträchtigung des Wettbewerbs geschaffenes Wettbewerbsverhältnis im Rahmen der auf Unionsrecht beruhenden § 5 Abs. 2, § 6 eine Mitbewerbereigenschaft begründen kann oder der unionsrechtliche Mitbewerberbegriff zwingend die Substituierbarkeit der angebotenen Waren oder Dienstleistungen voraussetzt (Rdn. 2), ist noch nicht abschließend durch den EuGH geklärt.[80] **24**

Ein auf einer Beeinträchtigungshandlung beruhendes konkretes Wettbewerbsverhältnis kann danach bestehen zwischen einem privaten Fernsehsender und einem Anbieter eines mit einer Werbeblocker-Funktion ausgestatteten Vorschaltgeräts,[81] zwischen einem Betreiber einer werbefinanzierten Internetseite mit redaktionellem Inhalt und einem Vertreiber von Software zur Blockierung von Online-Werbung (sog. »Blacklisting«) mit entgeltlicher Option zur Freischaltung bestimmter Werbeinhalte (sog. »Whitelisting«),[82] zwischen einem Versicherungsmakler und einem Versicherungsunternehmen, die jeweils die Beratung über Versicherungsangelegenheiten anbieten,[83] zwischen einem ein Schutzrecht vermarktenden Unternehmer und einem Anbieter von gleichartigen Produkten wie die vom Schutzrecht erfassten Produkte,[84] zwischen einem Hotelbetreiber und einem Betreiber eines Online-Reisebüros nebst Hotelbewertungsportal,[85] zwischen einer Fluggesellschaft und einem Informationsportal für Flugreisen[86] sowie zwischen einem Veranstalter eines Online-Rollenspiels mit Wettstreitcharakter und einem Anbieter von Software zur Automatisierung von Spielzügen des Computerspiels[87]. **25**

Dagegen fehlt es an einem wettbewerblichen Bezug zwischen einem Anbieter von Kapitalanlageprodukten und einem auf das Kapitalanlagerecht spezialisierten, vor diesen Anlageprodukten warnenden Rechtsanwalt,[88] zwischen einem Vertriebsunternehmen für Computerspiele und Rechtsanwälten, die wegen Urheberrechtsverletzungen abgemahnte Personen vertreten[89] sowie zwischen einem Abschleppunternehmen und einem **26**

79 Vgl. BGH, 13.02.1981, I ZR 63/79, GRUR 1981, 529, 530 – *Rechtsberatungsanschein.*

80 Vgl. EuGH, 19.04.2007, C-381/05, GRUR 2007, 511 Rn. 28, 32 – *De Landtsheer Emmanuel*; Harte/Henning/Keller § 2 Rn. 123.

81 BGH, 24.06.2004, I ZR 26/02, GRUR 2004, 877, 879 – *Werbeblocker.*

82 BGH, 19.04.2018, I ZR 154/16, GRUR 2018, 1251 Rn. 18 – *Werbeblocker II*; OLG München, 17.08.2017, U 2225/15 Kart, GRUR 2017, 1147 Rn. 66 – *Whitelisting I*; OLG München, 17.08.2017, U 2184/15 Kart, WRP 2017, 1365 Rn. 61 – *Whitelisting II*; OLG München, 17.08.2017, 29 U 1917/16, WRP 2017, 1377 Rn. 20 – *Whitelisting III*; Harte/Henning/Keller § 2 Rn. 145; a. A. *Köhler*/Bornkamm/Feddersen § 2 Rn. 111a; Köhler, WRP 2014, 1017 Rn. 32.

83 BGH, 21.04.2016, I ZR 151/15, GRUR 2016, 1193 Rn. 16 – *Ansprechpartner.*

84 BGH, 10.04.2014, I ZR 43/13, GRUR 2014, 1114 Rn. 35 – *nickelfrei.*

85 BGH, 19.03.2015, I ZR 94/13, GRUR 2015, 1129 Rn. 20 – *Hotelbewertungsportal.*

86 LG München I, 11.12.2017, 37 O 14236/17, GRUR-RR 2018, 203 – *Error Fares.*

87 BGH, 12.01.2017, I ZR 253/14, GRUR 2017, 397 Rn. 46 – *World of Warcraft II.*

88 BGH, 26.01.2017, I ZR 217/15, GRUR 2017, 918 Rn. 20 f. – *Wettbewerbsbezug.*

89 BGH, 26.01.2017, I ZR 217/15, GRUR 2017, 918 Rn. 21 – *Wettbewerbsbezug.*

Sachversicherer, der Kfz-Schutzbriefe anbietet, aus denen er dem Versicherungsnehmer Kosten für Pannenhilfeleistungen ersetzt[90].

E. Nachfragewettbewerb

27 Unternehmer können als Nachfrager von Waren oder Dienstleistungen in einem konkreten Wettbewerbsverhältnis stehen. Beim **Nachfragewettbewerb** konkurrieren sie beim Bezug von Waren oder Dienstleistungen um dieselben Anbieter. Entscheidend ist, ob die beteiligten Unternehmer aus Sicht des Anbieters gleichartige Waren oder Dienstleistungen (letztlich) innerhalb desselben Anbieterkreises beziehen oder zu beziehen versuchen, oder ob die konkret beanstandete Wettbewerbshandlung des einen Unternehmers den anderen Unternehmer anderweitig im Bezug von Waren oder Dienstleistungen behindern oder stören kann.[91] Insofern gelten die gleichen Grundsätze wie beim Angebotswettbewerb. Es kommt nicht darauf an, ob die beteiligten Unternehmer zugleich als Anbieter in einem konkreten Wettbewerbsverhältnis stehen.[92]

28 Danach kann ein konkretes Wettbewerbsverhältnis bestehen bei der Nachfrage von mehreren Unternehmern nach Blutspendern,[93] nach demselben Domainnamen,[94] nach Arbeitskräften für vergleichbare Stellen[95] oder aufgrund der Abwertung eines Unternehmers gegenüber seinem Lieferanten[96].

---

90 OLG Köln, 16.12.2016, 6 U 166/15, WRP 2017, 1007 Rn. 19.

91 Vgl. MünchKomm/Bähr UWG § 2 Rn. 268; Ohly/*Sosnitza* § 2 Rn. 74.

92 *Köhler*/Bornkamm/Feddersen § 2 Rn. 106; MünchKomm/Bähr UWG § 2 Rn. 268; Ohly/*Sosnitza* § 2 Rn. 74.

93 BGH, 30.04.2009, I ZR 117/07, GRUR 2009, 1189 Rn. 12 – *Blutspendedienst*.

94 BGH, 19.02.2009, I ZR 135/06, GRUR 2009, 685 Rn. 40 – *ahd.de*.

95 Vgl. BGH, 23.06.2016, I ZR 71/15, GRUR 2017, 95 Rn. 39 – *Arbeitnehmerüberlassung*; MünchKomm/Bähr UWG § 2 Rn. 271.

96 *Köhler*/Bornkamm/Feddersen § 2 Rn. 106.

§ 2 Abs. 1 Nr. 4 Definitionen: Nachricht

(1) Im Sinne dieses Gesetzes bedeutet

4. »Nachricht« jede Information, die zwischen einer endlichen Zahl von Beteiligten über einen öffentlich zugänglichen elektronischen Kommunikationsdienst ausgetauscht oder weitergeleitet wird; dies schließt nicht Informationen ein, die als Teil eines Rundfunkdienstes über ein elektronisches Kommunikationsnetz an die Öffentlichkeit weitergeleitet werden, soweit die Informationen nicht mit dem identifizierbaren Teilnehmer oder Nutzer, der sie erhält, in Verbindung gebracht werden können;

Asmus Maatsch

Übersicht **Rdn.**

A. Allgemeines

Mit der Definition des Begriffs »Nachricht« wird nicht die UGP-Richtlinie umgesetzt; 1
dort kommt er nicht vor. Vielmehr entstammt die Definition der **Datenschutzrichtlinie** für elektronische Kommunikation vom 12.07.2002 (2002/58/EG), aus welcher sie – abgesehen von einem geringfügigen Unterschied in der Interpunktion – wörtlich übernommen wurde.[1] Dort wie im UWG (§ 7) geht es um die Regulierung der Direktwerbung. Schutzgut ist damit das allgemeine Persönlichkeitsrecht (Privatsphäre), aber auch der geschäftliche Bereich des Unternehmers (eingerichteter und ausgeübter Gewerbebetrieb).[2] § 2 Abs. 1 Nr. 4 betrifft damit einen gewissen Fremdkörper im ansonsten auf den Schutz des unverfälschten Wettbewerbs ausgerichteten Lauterkeitsrecht.[3]

Die Vorschrift kann nicht als ein Beispiel guter Gesetzgebungskunst gelten. Die Defi- 2
nition ist schwer verständlich und hat zudem – nach derzeitigem Stand des Gesetzes – nur für einen einzigen **Anwendungsfall** im Besonderen Teil des UWG, nämlich für die Vorschrift des § 7 Abs. 2 Nr. 4, Bedeutung. Anders als in der Richtlinie (Art. 13 RL 2002/58/EG) wird der Begriff in den sonstigen Tatbeständen der unzumutbaren Belästigung nicht genannt. Im alleinigen Bezug auf § 7 Abs. 2 Nr. 4 ist § 2 Abs. 1 Nr. 4 allerdings zu weit geraten. Denn Art. 13 (4) der Datenschutzrichtlinie, der durch

1 Vgl. Art. 2 Satz 2 lit. d) der Datenschutzrichtlinie.

2 Vgl. Ohly/Sosnitza/Sosnitza, § 2 Rn. 78; *Köhler*/Bornkamm/Feddersen, § 7 Rn. 2; näher noch u., § 7 Rn. 14 f.

3 Ebenso GK/Peukert, § 2 Rn. 506 f.

§ 7 Abs. 2 Nr. 4 umgesetzt wird, regelt nur eine bestimmte Art der Nachricht, die in der deutschen Fassung als »elektronische Nachricht« bezeichnet ist. Dieser Begriff umfasst per E-Mail, SMS, MMS oder über sonstige elektronische Messengerdienste[4] versendete Informationen, nicht aber andere an sich auch unter den Nachrichtenbegriff fallende Formen der Telekommunikation (insbesondere Telefonanrufe, Telefax)[5]. Dieses Verständnis legt mehr noch als der deutsche Richtlinientext die – allerdings keine größere Verbindlichkeit beanspruchende –[6] englische Fassung (»electronic mail«) nahe.[7]

3 Das Problem der **überschießenden Richtlinienumsetzung** ist im Rahmen des § 7 Abs. 2 Nr. 4 zu lösen,[8] nicht durch eine einschränkende Auslegung der Definitionsnorm (die somit auch bei späterer Einführung weiterer Anwendungsfälle des Nachrichtenbegriffs im UWG unverändert bleiben könnte).

B. Die Merkmale im Einzelnen

I. Information

4 Der Begriff der Information dürfte weit zu verstehen sein. Insbesondere ist er wegen der inhaltlichen Neutralität der Datenschutzrichtlinie,[9] der er entstammt, nicht auf werbliche Aussagen beschränkt; er umfasst vielmehr jede **Mitteilung von Sachinhalten.**[10] Freilich gilt dies nur für die Definition als solche; soweit der in § 2 Abs. 1 Nr. 4 definierte Begriff im UWG Anwendung findet (§ 7), betrifft er nur werbende Inhalte. Schon nicht mehr unter § 2 Abs. 1 Nr. 4 fallen hingegen Kommunikationsinhalte ohne jeden Aussagegehalt. Würde also ein Unternehmen Verbraucher (automatisiert) anrufen und dabei ausschließlich seinen bekannten Werbejingle abspielen, fehlte es schon an einer Information i.S.d. § 2 Abs. 1 Nr. 4.

II. Endliche Zahl von Beteiligten

5 Das Merkmal der endlichen Zahl ist – wörtlich genommen – erkennbar sinnlos, denn eine unendliche Zahl von Personen, d.h. möglicher Absender und Empfänger von Informationen, kann (unter irdischen Bedingungen) ohnehin nie erreicht werden.[11] Zur

4 Vgl. Hennig/Harte/Keller, § 2 Rn. 158 nennt den Nachrichtensofortversand (Instant Messaging), der dem Nutzer über softwaregestützte Dienste Nachrichten direkt auf den Computer sendet.

5 Henning/Harte/Keller, § 2 Rn. 159.

6 Vgl. EuGH, 03.03.1977, C-80/76, Rn. 11/12; EuGH, 19.12.2013, C-281/12, GRUR 2014, 196, 197 Rn. 26 – *Trento Sviluppo/AGCM*.

7 So auch *Köhler*/Bornkamm/Feddersen, § 2 Rn. 112; GK/Peukert, § 2 Rn. 509.

8 Vgl. u. § 7 Rn. 219 (wo allerdings abweichend von der hier vertretenen Auffassung eine Übereinstimmung zwischen der Richtlinie und ihrer Umsetzung angenommen wird); FBO/Fezer, § 2 Abs. 1 Nr. 4 Rn. 2 f.

9 Vgl. a. GK/Peukert, § 2 Rn. 511.

10 Vgl. MünchKomm/Bähr UWG, § 2 Rn. 274; vgl. a. Erwägungsgrund 15 der RiLi2002/58/EG, wo die Verbindungsinformationen als mögliche Inhalte der Nachricht genannt werden.

11 Vgl. krit. a. die Bundesratsstellungnahme zu dem Gesetzentwurf, BT-Drs. 15/1487, S. 29: »überflüssig«.

Klärung des Sinngehalts trägt der Erwägungsgrund 16 der Datenschutzrichtlinie 2002/58/EG bei. Danach ist eine Information, die als Teil eines Rundfunkdienstes über ein öffentliches Kommunikationsnetz weitergeleitet wird, für einen **potenziell unbegrenzten Personenkreis** bestimmt und stellt (daher) keine Nachricht im Sinne der Richtlinie dar. Unterscheidungskriterium ist also augenscheinlich, ob die Information an einen begrenzten Empfängerkreis oder (potenziell) an die gesamte Öffentlichkeit gerichtet ist – mag sie letztlich auch tatsächlich nur von wenigen Personen zur Kenntnis genommen werden. Maßgeblich ist mit anderen Worten die Frage, ob sich im Voraus bestimmen lässt, wer oder zumindest wie viele Nutzer (Anschlüsse) die Information erhalten.[12]Unter die Definition der Nachricht fallen demnach sicher Werbeanrufe oder Telefaxschreiben, die sich notwendigerweise an bestimmte Endgeräte richten müssen. Dasselbe gilt für Werbe-E-Mails oder SMS, selbst wenn sie an einen sehr großen Verteiler versandt werden. Keine Nachricht i.S.d. § 2 Abs. 1 Nr. 4 sind hingegen Informationen, die über **Rundfunk und Fernsehen** verbreitet werden und somit potenziell die gesamte Öffentlichkeit erreichen können. Dies dürfte auch dann gelten, wenn der Zugang zu dem Programmangebot nur zahlenden Abonnenten offensteht (Pay-TV). Denn die Richtlinie stellt gemäß ihrem datenschutzrechtlichen Zweck entscheidend auf die Identifizierbarkeit der Empfänger der Nachricht ab.[13] Diese ist aber bei Pay-TV-Sendungen (oder darin enthaltener Werbung) in Bezug auf die einzelne Information gerade nicht gegeben, weil dem die Informationen übermittelnden Anbieter zwar der gesamte Abonnentenkreis bekannt ist, nicht aber der konkrete Kreis der Zuschauer. Anders kann es bei Video-on-demand/Pay-per-View-Modellen liegen.[14]

Schwerer fällt die Einordnung von Informationen auf **Internetseiten**. Soweit diese erst 6
nach Registrierung unter Angabe des Namens und weiterer Daten des Nutzers zugänglich sind, ist das Merkmal der »endlichen Zahl« sicher zu bejahen.[15] Im Übrigen richten sich die Inhalte von Internetseiten ebenso wie klassische Fernseh- und Rundfunkprogramme an die gesamte Öffentlichkeit, was dafür zu sprechen scheint, sie nicht als mögliche Träger von »Nachrichten« i.S.d. § 2 Abs. 1 Nr. 4 einzustufen. Zu beachten ist allerdings, dass bei dem Zugriff auf Internetseiten regelmäßig die IP-Adresse des Nutzers dem Betreiber übermittelt wird. Daher kommt hier anders als beim Fernseh- oder Radioempfang eine Identifizierung des Nutzers grundsätzlich in Betracht, und zwar selbst dann, wenn es sich um eine dynamische IP-Adresse handelt. Auch wenn eine derartige Ermittlung mit einigem Aufwand verbunden und auch rechtlich nicht ohne weiteres möglich ist, sieht der EuGH in dynamischen IP-Adressen schon aufgrund bzw. im Umfang der Ermittelbarkeit des dahinterstehenden Nutzers ein personenbezogenes Datum.[16] Da auch die hier einschlägige Datenschutzrichtlinie (2002/58/

12 Vgl. Micklitz/Schirmbacher, WRP 2006, 148, 166.
13 Vgl. Satz 2 des Erwägungsgrundes 16 sowie Art. 2 lit. d Satz 2.
14 Vgl. FBO-Fezer, § 2 Abs. 1 Nr. 4 Rn. 10; Henning/Harte/Keller, § 2 Rn. 161.
15 So auch MünchKomm/Bähr UWG, § 2 Rn. 277.
16 Vgl. EuGH, 19.10.2016, C-582/14 – *P. Breyer/Bundesrepublik Deutschland* zur Richtlinie 95/46/EG; ihm folgend BGH, 16.05.2017, VI ZR 135/13 WRP 2017, 1100, 1101 Rn. 17 ff. – Dynamische IP-Adressen als personenbezogenes Datum.

EG) genügen lässt, dass ein Empfänger der Information identifiziert werden *kann*,[17] dürften auch Informationen, die von frei zugänglichen Websites abgerufen werden, als zwischen einer endlichen Zahl von Beteiligten weitergeleitete Nachrichten i.S.d. § 2 Abs. 1 Nr. 4 anzusehen sein.[18]

III. Öffentlich zugänglicher elektronischer Kommunikationsdienst

7 Die Information muss des Weiteren über einen öffentlich zugänglichen Informationsdienst ausgetauscht oder weitergeleitet werden, um »Nachricht« i.S.d. Definition zu sein. Was unter »elektronischen **Kommunikationsdiensten**« zu verstehen ist, wird in der § 2 Abs. 1 Nr. 4 zugrundeliegende Datenschutzrichtlinie (2002/58/EG) nicht ausdrücklich umschrieben. Allerdings verweist Art. 2 der Datenschutzrichtlinie global auf die Begriffsbestimmungen der Rahmenrichtlinie 2002/21/EG (soweit in der Datenschutzrichtlinie »nicht anders angegeben«). In Art. 2 lit. c der Rahmenrichtlinie werden elektronische Kommunikationsdienste wie folgt definiert: *»gewöhnlich gegen Entgelt erbrachte Dienste, die ganz oder überwiegend in der Übertragung von Signalen über elektronische Kommunikationsnetze bestehen, einschließlich Telekommunikations- und Übertragungsdienste in Rundfunknetzen, jedoch ausgenommen Dienste, die Inhalte über elektronische Kommunikationsnetze und -dienste anbieten oder eine redaktionelle Kontrolle über sie ausüben; nicht dazu gehören die Dienste der Informationsgesellschaft im Sinne von Artikel 1 der Richtlinie 98/34/EG, die nicht ganz oder überwiegend in der Übertragung von Signalen über elektronische Kommunikationsnetze bestehen«*. **Elektronische Kommunikationsnetze** wiederum sind nach Art. 2 lit. a der Rahmenrichtlinie *»Übertragungssysteme und gegebenenfalls Vermittlungs- und Leitwegeinrichtungen sowie anderweitige Ressourcen, die die Übertragung von Signalen über Kabel, Funk, optische oder andere elektromagnetische Einrichtungen ermöglichen, einschließlich Satellitennetze, feste (leitungs- und paketvermittelte, einschließlich Internet) und mobile terrestrische Netze, Stromleitungssysteme, soweit sie zur Signalübertragung genutzt werden, Netze für Hör- und Fernsehfunk sowie Kabelfernsehnetze, unabhängig von der Art der übertragenen Informationen«*. Zusammenfassend kann somit gesagt werden, dass unter »elektronischen Kommunikationsdiensten« die ***Infrastruktur*** aller Arten elektronischer Informationsübermittlung zu verstehen ist.[19]

8 Eindeutig nicht vom Begriff »Nachricht« erfasst sind damit zunächst sämtliche Arten der (werblichen) Kommunikation, die nicht über elektronische Übertragungswege erfolgt, wie Anzeigen in Printmedien, Plakat- oder Handzettelwerbung, Postwurfsendungen, Ansprechen von Verbrauchern auf der Straße oder an der Haustür etc.[20] Darüber hinaus sind die elektronischen Kommunikationsdienste nach der oben wiedergegebenen Definition der Rahmenrichtlinie abzugrenzen von inhaltlich-redaktionellen Angeboten. Der Begriff bezieht sich – mit anderen Worten – nur auf die in der Signalübertragung als solcher bestehende Dienstleistung, d.h. die technische Transportleis-

17 Vgl. Erwägungsgrund 16 und Art. 2 lit. d Satz 2.
18 Vgl. ebenso *GK/Peukert*, § 2 Rn. 524; a.A. MünchKomm/Bähr UWG, § 2 Rn. 286 m.w.N.
19 Vgl. GK/Peukert, § 2 Rn. 514; MünchKomm/Bähr UWG, § 2 Rn. 279.
20 So auch Ohly/Sosnitza/Sosnitza, § 2 Rn. 80.

tung, wie sie regulatorisch dem TKG unterstellt ist, nicht auf die übertragenen Inhalte, auf die stattdessen das TMG oder der RStV anwendbar sind.[21] Elektronische Kommunikationsdienste *ermöglichen* also die Sprachtelefonie, Faxübertragung und Sendung elektronischer Post (E-Mail, SMS, MMS).[22] Kein elektronischer Kommunikationsdienst ist danach ein Dienst, der entweder die Produktion von Inhalten oder die redaktionelle Kontrolle über Inhalte einschließt; das Anbieten von Dritten produzierter Inhalte ist hingegen unschädlich.[23]

Im vorliegenden Regelungszusammenhang kommt es auf diese Abgrenzung aber weniger an als im TKG, wo es der Verhältnisbestimmung zum TMG und zum RStV bedarf. Denn dass ein Rundfunkdienst, der darin besteht, Inhalte anzubieten, nicht selbst elektronischer Kommunikationsdienst ist (und der Betreiber daher nicht den hierfür einschlägigen Regularien unterliegt), ändert nichts daran, dass die Einspeisung und Übertragung von Rundfunksignalen in die Netze durch einen elektronischen Kommunikationsdienst geleistet wird. Der Rundfunkdienst bedient sich auf dem Weg zu seinen Empfängern also eines solchen. Dem entspricht es, dass § 2 Abs. 1 Nr. 4 den Rundfunk nicht insgesamt, sondern nur unter den dort genannten Bedingungen ausschließt.[24] **9**

Entsprechendes dürfte für **Dienste der Informationsgesellschaft** i.S.d. Art. 1 der Richtlinie 98/34/EG[25] (in der Fassung der Richtlinie 98/48/EG) gelten. Diese Dienste, die im Fernabsatz, elektronisch oder auf individuellen Abruf erbrachte Dienstleistungen umfassen (z.B. den Download von Musik aus dem Internet)[26], sind zwar aus dem Begriff des elektronischen Kommunikationsdienstes i.S.d. Art. 2 lit. c der Rahmenrichtlinie ausdrücklich ausgenommen. Dennoch werden auch Informationen, die die Verbraucher im Rahmen von Fernabsatzgeschäften etc. auf elektronischem Weg erreichen, gleichzeitig über Dienste der Internetzugangs- oder E-Mail-Provider übermittelt. Weil (oder soweit) auch sie also die Infrastruktur elektronischer Kommunikationsdienste nutzen, können auch sie dem Nachrichtenbegriff unterfallen. **10**

Schließlich erfordert die Definition, dass die Kommunikationsdienste **öffentlich zugänglich** sein müssen. Sie müssen hierfür jedermann offenstehen, wobei genügt, wenn dies für eine der beiden Arten der Nutzung (als Sender oder Empfänger) der Fall ist. Denn sonst würde die Einbeziehung der Rundfunkdienste, die selbstverständlich **11**

---

21 Vgl. (zum entsprechenden Begriff in § 3 Nr. 24 TKG) Beckscher TKG-Kommentar/Holznagel/Schumacher, Einl. Rn. 3; Schütz, a.a.O., § 3 Rn. 78; vgl. zur Abgrenzung a. BGH, 23.06.2009, VI ZR 196/08, BGHZ 181, 328, 331 Rn. 11 – *spickmich.de*; Hoeren, NJW 2007, 801, 802.

22 Vgl. FBO/Fezer, § 2 Abs. 1 Nr. 4 Rn. 13. Die Gesetzesbegründung (BT-Drs. 15/1487, S. 16) *nennt* »Sprachtelefonie, Faxgeräte und die elektronische Post einschließlich SMS«.

23 Vgl. EuGH, 30.04.2014, C-475/12 Rn. 36 ff. und Schlussantrag der Generalanwältin Kokott in dieser Sache vom 30.01.2014, Rn. 34 f. – *UPC/NMHH* (juris); zu § 6 TKG ebenso VG Köln, 11.11.2015, 21 K 450/15, CR 2016, 131, 133 f. Rn. 51 – *Gmail als Telekommunikationsdienst*; krit. dazu Schuster, CR 2016, 173.

24 Vgl. näher u., Rn. 13 f.

25 Richtlinie 98/34/EG des Europäischen Parlaments und des Rates vom 22.06.1998 über ein Informationsverfahren auf dem Gebiet der Normen und technischen Vorschriften.

26 Vgl. FBO/Fezer, § 2 Abs. 1 Nr. 4 Rn. 15.

nicht aktiv durch die Allgemeinheit genutzt werden können, keinen Sinn ergeben. Ausgeschlossen sind somit lediglich solche Dienste, zu denen nur bestimmte Personen, d.h. eine geschlossene Nutzergruppe, Zugang haben, wie z.B. das Intranet eines Unternehmens.[27]

IV. Austausch oder Weiterleitung

12 Nach der Definition müssen die Informationen über den elektronischen Kommunikationsdienst ausgetauscht oder weitergeleitet werden, um den Nachrichtenbegriff zu erfüllen. Hiermit wird zum Ausdruck gebracht, dass jede Form der Übermittlung an Endempfänger erfasst ist, gleichviel, ob Sende- und Empfangsgerät direkt miteinander kommunizieren (Austausch) oder ob dies über einen Zwischenserver geschieht (Weiterleitung).[28]

V. Ausnahme

13 Halbsatz 2 der Begriffsbestimmung schließt solche Informationen aus, die als Teil eines Rundfunkdienstes über ein elektronisches Kommunikationsnetz an die Öffentlichkeit weitergeleitet werden. Der zweite Teil des Halbsatzes bestimmt allerdings eine Rückausnahme, wonach es sich doch wieder um Nachrichten handelt, soweit sie mit dem identifizierbaren Teilnehmer oder Nutzer, der sie erhält, in Verbindung gebracht werden können. Entsprechend dem datenschutzrechtlichen Zweck des Nachrichtenbegriffs aus Art. 2 Satz 2 lit. d der Datenschutzrichtlinie kommt es also darauf an, ob die Empfänger der über den Rundfunk übermittelten Information identifizierbar sind oder nicht. Da diese Abgrenzung auch schon durch das Erfordernis der endlichen Zahl von Beteiligten geleistet wird, handelt es sich bei der Ausnahmevorschrift (Halbsatz 2) insgesamt um eine redundante und allenfalls klarstellende Regelung.[29]

14 Identifizierbar ist ein Empfänger bereits dann, wenn seine Identität ermittelt werden kann. Erfasst sind also nicht nur Fälle, in denen der Übersendung eine namentliche Anmeldung vorausgehen muss, sondern es genügt bereits die Übermittlung der IP-Adresse des Nutzers an den Anbieter, wie sie z.B. beim Streaming von Radio- oder Fernsehprogrammen im Internet stattfindet.[30]

---

27 Vgl. GK/Peukert, § 2 Rn. 518; MünchKomm/Bähr UWG, § 2 Rn. 283.

28 Vgl. FBO/Fezer, § 2 Abs. 1 Nr. 4 Rn. 5 f.; Ohly/Sosnitza/Sosnitza, § 2 Rn. 79.

29 So auch MünchKomm/Bähr UWG § 2 Rn. 284; FBO/Fezer, § 2 Abs. 1 Nr. 4 Rn. 19: »Doppelung der Ausnahmen«.

30 A.A. wohl FBO/Fezer, § 2 Abs. 1 Nr. 4 Rn. 9, der insoweit eine teleologische Reduktion der Definitionsnorm im Übrigen deshalb erwägt, weil Rundfunk- und Fernsehübertragungen nicht dem Regelungsregime der Datenschutzrichtlinie unterstehen, sondern demjenigen der Fernsehrichtlinie.

§ 2 Abs. 1 Nr. 5 Definitionen: Verhaltenskodex

(1) Im Sinne dieses Gesetzes bedeutet

5. »Verhaltenskodex« Vereinbarungen oder Vorschriften über das Verhalten von Unternehmern, zu welchem diese sich in Bezug auf Wirtschaftszweige oder einzelne geschäftliche Handlungen verpflichtet haben, ohne dass sich solche Verpflichtungen aus Gesetzes- oder Verwaltungsvorschriften ergeben;

Art. 2 lit. f) Definitionen

Im Sinne dieser Richtlinie bezeichnet der Ausdruck

f) »Verhaltenskodex« eine Vereinbarung oder ein Vorschriftenkatalog, die bzw. der nicht durch die Rechts- und Verwaltungsvorschriften eines Mitgliedstaates vorgeschrieben ist und das Verhalten der Gewerbetreibenden definiert, die sich in Bezug auf eine oder mehrere spezielle Geschäftspraktiken oder Wirtschaftszweige auf diesen Kodex verpflichten;

Asmus Maatsch

Übersicht **Rdn.**

A. Allgemeines

Der bis dahin nicht im deutschen Lauterkeitsrecht enthaltene Begriff ist in Umsetzung der UGP-Richtlinie (2005/29/EG) in das Gesetz gekommen. Der Gesetzgeber hielt – obschon die praktische Bedeutung von Verhaltenskodizes in Deutschland noch eher gering einzuschätzen ist –[1] die Übernahme der Definition aus Art. 2 lit. f für erforderlich. Hiermit sollte ein richtlinienkonformes Verständnis der (in Umsetzung von Art. 6 Abs. 2 lit. b UGP-RL) neu ins UWG gekommenen Fallgruppe der Irreführung über die Einhaltung eines Verhaltenskodex (§ 5 Abs. 1 Satz 2 Nr. 6) sichergestellt werden.[2] Darüber hinaus hat die Definition für die Nummern 1 und 3 des Anhangs zu § 3 Abs. 3 Bedeutung. 1

Allerdings ist die unionsrechtliche Definition nicht vollständig wortgleich in § 2 Abs. 1 Nr. 5 übernommen worden. Art. 2 lit. f der UGP-Richtlinie lautet nämlich: »[*Im Sinne* 2

1 An dieser Einschätzung von Fezer, WRP 2010, 577, 585: »Mauerblümchen«; scheint sich bei Betrachtung der Rechtsprechung noch nicht viel geändert zu haben; vgl. a. Henning-Bodewig, WRP 2010, 1094, 1103; Henning/Harte/Keller, § 2 Rn. 167.

2 Vgl. BR-Drs. 345/08, S. 41; BT-Drs. 16/10145, S. 12.

dieser Richtlinie bezeichnet der Ausdruck] ›Verhaltenskodex‹ eine Vereinbarung oder ein [sic!] *Vorschriftenkatalog, die bzw. der nicht durch die Rechts- und Verwaltungsvorschriften eines Mitgliedstaates vorgeschrieben ist und das Verhalten der Gewerbetreibenden definiert, die sich in Bezug auf eine oder mehrere spezielle Geschäftspraktiken oder Wirtschaftszweige auf diesen Kodex verpflichten.«* Soweit § 2 Abs. 1 Nr. 5 hiervon abweicht, handelt es sich allerdings nur um sprachliche Unterschiede, mit denen ein Bedeutungsunterschied nicht einhergeht.[3]

B. Die Begriffsmerkmale im Einzelnen

I. Form des Verhaltenskodex

3 Als mögliche Formen der Regelung von Verhaltenskodizes nennt die Definition Vereinbarungen und Vorschriften. **Vereinbarungen** sind vertragliche Abreden, die gem. § 145 ff. BGB korrespondierende Willenserklärungen mehrerer Parteien voraussetzen. Mit dem Ausdruck »**Vorschriften**« verbindet sich demgegenüber im Allgemeinen die Vorstellung von Regelwerken, die nicht kraft privatautonomer Entscheidung der ihnen unterworfenen Rechtssubjekte gültig sind, sondern durch anderweitig, insbesondere hoheitlich begründete Normsetzungsbefugnis ihres Urhebers. Dieses Begriffsverständnis kann hier aber nicht zugrunde gelegt werden. Denn bei Vorschriften in diesem Sinne würde es sich um Rechtsnormen handeln; dies gilt selbst für **Satzungen** öffentlich-rechtlicher Körperschaften, namentlich der Handelskammern.[4] Rechts- und Verwaltungsvorschriften sind aber durch den letzten Teilsatz des § 2 Abs. 1 Nr. 5 ausdrücklich als Grundlage von Verhaltenskodizes ausgeschlossen. Auch bei der Variante »Vorschriften« muss es sich also um Regelungen handeln, deren Gültigkeit nicht auf eine heteronome Setzung, sondern auf eine Willensentscheidung der Unternehmer zurückgeht.[5] Gemeint sein können somit nur Regelwerke, denen sich die Unternehmer **freiwillig unterworfen** haben, ohne sich – in Abgrenzung zu den »Vereinbarungen« – mit anderen vertraglich über ihren Inhalt geeinigt zu haben.

4 Ob auch bloße **Absichtserklärungen**, d.h. unverbindliche, nicht durchsetzbare (sanktionslose) Selbstverpflichtungen in Betracht kommen, ist umstritten. Richtigerweise dürfte aus Art. 6 (2) lit. b (i) UGP-RL zu folgern sein, dass auch Regeln, zu deren Einhaltung sich Unternehmer unverbindlich bekennen, ein Verhaltenskodex sein können. Denn die Vorschrift behandelt die Absichtserklärung, deren Einhaltung nicht »nachprüfbar« ist, durchaus als eine Form des Verhaltenskodex und lässt sie nur im dortigen Regelungszusammenhang (Irreführung) nicht hinreichen.[6] Hieran zeigt sich,

3 Vgl. ebenso MünchKomm/Bähr UWG, § 2 Rn. 288 m.w.N.

4 Vgl. allg. zu Satzungen juristischer Personen des öffentlichen Rechts BVerfG, 14.07.1959, 2 BvF 1/58, BVerfGE 10, 20, 49 f. Rn. 116 ff. – *Preußischer Kulturbesitz.*

5 Vgl. GK/Peukert, § 2 Rn. 548.

6 Vgl. krit. zu diesem Argument allerdings *Köhler*/Bornkamm/Feddersen, § 2 Rn. 113a, der dagegen anführt, dass auch Art. 6 (2) lit. b Abs. i jedenfalls eine Verpflichtung fordere; aber insoweit dürfte eben auch eine unvollkommene, weil jederzeit zurücknehmbare und sanktionslose Verpflichtung genügen.

dass das Gesetz gerade nicht die Verbindlichkeit als das wesentliche Element eines Verhaltenskodex betrachtet.[7] Lediglich Absichtserklärungen, die einseitig bleiben, also Selbstverpflichtungen nur eines einzigen Unternehmers auf selbstgesetzte Regeln, dürften aus der Definition des § 2 Abs. 1 Nr. 5 auszunehmen sein.[8] Dies legt bereits der Wortlaut der Vorschrift nahe. Zwar könnten »Vereinbarungen« oder »Vorschriften« auch betriebsintern bleiben; aber die Norm bezeichnet auch die dem Kodex Unterworfenen ausdrücklich im Plural (»... von Unternehmern, zu welchen diese ...«). Hinzu kommt, dass die – vom deutschen Gesetzgeber nicht für umsetzungsbedürftig gehaltene – Definition des Begriffs »Urheber eines Kodex« in Art. 2 lit. g der UGP-Richtlinie lautet: *»jede Rechtspersönlichkeit, einschließlich einzelner Gewerbetreibender oder Gruppen von Gewerbetreibenden, die für die Formulierung und Überarbeitung eines Verhaltenskodex und/oder für die Überwachung der Einhaltung dieses Kodex durch alle diejenigen, die sich darauf verpflichtet haben, zuständig ist«*. Die Zuweisung von Zuständigkeiten für die Formulierung und Überarbeitung sowie ggf. die Überwachung ergibt aber nur Sinn, wo der Urheber und der Unterworfene eines Regelwerks nicht vollständig deckungsgleich sind, dem von einem Unternehmer entworfenen Kodex also mindestens ein weiterer beigetreten ist.

Lässt man somit auch bloße Absichtserklärungen genügen, sofern sie übereinstimmend von mehreren Unternehmern abgegeben werden, so bleibt allerdings fraglich, ob diese außer unter die Definitionsnorm des § 2 Abs. 1 Nr. 5 auch unter sämtliche Vorschriften subsumiert werden können, in denen an den Begriff »Verhaltenskodex« Rechtsfolgen geknüpft werden. Dies ist hinsichtlich § 5 Abs. 1 Satz 2 Nr. 6 allerdings sicher zu verneinen. Denn dort wird – entsprechend Art. 6 (2) der UGP-Richtlinie – ausdrücklich gerade ein Verhaltenskodex verlangt, auf den sich der Unternehmer *verbindlich* verpflichtet hat. **5**

Im Übrigen kann die Abgrenzung zwischen Vereinbarungen und Vorschriften im Einzelfall schwierig sein. So erscheint etwa im Fall eines Beitritts zu einem Unternehmensverband, der mit der Übernahme einer für alle Verbandsmitglieder bestehenden Verhaltenspflicht verbunden ist, zweifelhaft, ob eine Vereinbarung oder eine Unterwerfung unter Vorschriften (oder gar beides gleichzeitig) anzunehmen ist. Da sich an die Zuordnung zu der einen oder der anderen Variante des Verhaltenskodex allerdings keine unterschiedlichen Rechtsfolgen knüpfen, braucht die Abgrenzungsproblematik nicht vertieft zu werden. **6**

---

7 Vgl. Ohly/Sosnitza/Sosnitza, § 2 Rn. 85; Dreyer, WRP 2007, 1294, 1297; Birk, GRUR 2011, 196, 198;
Alexander, GRUR Int 2012, 965, 968; a.A. GK/Peukert, § 2 Rn. 553; MünchKomm/Bähr UWG, § 2 Rn. 300; FBO/Fezer, § 2 Abs. 1 Nr. 5 Rn. 26; *Köhler*/Bornkamm/Feddersen, § 2 Rn. 113a.

8 Vgl. GK/Peukert, § 2 Rn. 552; a.A. Ohly/Sosnitza/Sosnitza, § 2 Rn. 85; offenlassend Halfmeier/Herbold, WRP 2017, 1430, 1432 m.w.N.

II. Adressat und Urheber des Verhaltenskodex

7 Pflichtadressat eines Verhaltenskodex können nur **Unternehmer** sein, wie sich aus dem Pronomen »diese« in dem Relativsatz sowie aus dem Umstand, dass das Verhalten von Unternehmern geregelt wird, zwingend ergibt. Wer Unternehmer ist, folgt wiederum aus § 2 Abs. 1 Nr. 6. Die Frage, ob die als Unternehmer geltenden **Vertreter oder Beauftragten** i.S.d. dortigen 2. Halbsatzes ebenfalls unter den hiesigen Unternehmerbegriff fallen können,[9] dürfte von geringer praktischer Relevanz sein, zumal nachdem der EuGH entschieden hat, dass auch diese Dritten für sich genommen schon die Kriterien für Gewerbetreibende erfüllen müssen.[10] Lediglich bei Auslegung der Vorschriften, in denen der Begriff Verhaltenskodex Anwendung findet,[11] kann sich ergeben, dass ein Vertreter oder Beauftragter als Kodexunterworfener nicht genügt.[12]

8 **Urheber des Kodex** kann demgegenüber auch ein Zusammenschluss von Unternehmen sein, wie Art. 2 lit. g der UGP-Richtlinie entnommen werden kann.[13]

III. Inhalt des Verhaltenskodex

9 Als Gegenstand möglicher Verhaltenskodizes nennt § 2 Abs. 1 Nr. 5 »Wirtschaftszweige oder einzelne geschäftliche Handlungen«. Der Bezugsrahmen ist somit weit gesteckt, insbesondere was den Konkretisierungsgrad des regulierten Verhaltens betrifft. Allerdings muss es sich stets um eine **Regulierung des Marktauftritts** von Unternehmen handeln.[14] Die Tatbestandsalternative »Wirtschaftszweige« ist also nicht dahin zu verstehen, dass jegliches Verhalten von Unternehmern einer bestimmten Branche als Regelungsgegenstand in Frage kommt. Vielmehr ist hiermit nur gemeint, dass außer der einzelnen geschäftlichen Handlung auch das für eine Vielzahl geschäftlicher Handlungen relevante Marktverhalten in Verhaltenskodizes reglementiert werden kann.[15] Dieses Verständnis ergibt sich zwar aus dem Wortlaut der Norm nicht zwingend, kann aber der zugrunde liegenden UGP-Richtlinie entnommen werden.[16] Nach deren Erwägungsgrund 20 geht es der Richtlinie um solche Verhaltenskodizes, »die es Gewerbetreibenden ermöglichen, die Grundsätze dieser Richtlinie in spezifischen Wirtschaftsbranchen wirksam anzuwenden« und damit gerade den Zweck der Richtlinie, unlautere Geschäftspraktiken (im b2c-Bereich) zu verhindern, zu fördern geeignet sind. Das heißt aber, dass die Kodizes ihrerseits das Marktverhalten zum Regelungsgegenstand haben müssen. Ausgeschlossen sind damit sowohl rein betriebsinterne Verhaltensvorschriften als auch Vorgaben, die den Herstellungsprozess (etwa ohne Verwendung bestimmter

---

9 Vgl. verneinend GK/Peukert, § 2 Rn. 550; implizit bejahend MünchKomm/Bähr UWG, § 2 Rn. 294.
10 Vgl. u. § 2 Abs. 1 Nr. 6 Rn. 15.
11 § 5 Abs. 1 Satz 2 Nr. 6, Anhang zu § 3 Abs. 3, Nr. 1 und 3.
12 So z.B. bei § 5 Abs. 1 Satz 2 Nr. 6, wo der täuschende und der durch den Kodex verpflichtete Unternehmer dieselbe Person sein müssen.
13 Vgl. MünchKomm/Bähr UWG, § 2 Rn. 294.
14 Vgl. GK/Peukert, § 2 Rn. 558 ff.; MünchKomm/Bähr UWG, § 2 Rn. 295 f.
15 Vgl. MünchKomm/Bähr UWG, § 2 Rn. 296.
16 A.A. Halfmeier/Herbold, WRP 2017, 1430, 1433.

Zusatzstoffe oder Arbeitsmethoden) oder die Herkunft von Produkten, nicht aber deren Absatz betreffen.[17]

Nach zutreffender Auffassung sind auch **Vertriebsbindungssysteme** (selektive Vertriebssysteme) keine Verhaltenskodizes i.S.d. Definition.[18] Hierfür spricht neben dem traditionellen Verständnis von Verhaltenskodizes, wonach es sich hierbei nicht um bilaterale vertragliche Vereinbarungen handelt, der Zweck der UGP-Richtlinie, wie er v.a. im Erwägungsgrund 6 zum Ausdruck kommt.[19] Danach ist es ihr nämlich primär um den Verbraucherschutz zu tun und lässt sie die nationalen Rechtsvorschriften in Bezug auf unlautere Geschäftspraktiken, die lediglich die wirtschaftlichen Interessen von Mitbewerbern schädigen oder sich auf ein Rechtsgeschäft zwischen Gewerbetreibenden beziehen, unberührt. 10

Auch im Übrigen ergibt die richtlinienkonforme Auslegung, dass ein Verhaltenskodex i.S.d. § 2 Abs. 1 Nr. 5 sich inhaltlich gerade auf die Lauterkeit des Verhaltens der verpflichteten Unternehmer beziehen muss.[20] Denn sowohl der Erwägungsgrund 20 als auch Art. 10 der UGP-Richtlinie bringen zum Ausdruck, dass diese unter Verhaltenskodizes gerade ein (förderungswürdiges) Instrument der freiwilligen *Lauterkeits*kontrolle versteht.[21] Die praktische Relevanz der Abgrenzung ist allerdings gering, weil die unzutreffende Behauptung, bestimmte soziale oder ökologische Standards einzuhalten, wenn nicht nach § 5 Abs. 1 Satz 2 Nr. 6, so immer noch nach § 5 Abs. 1 Satz 2 Nr. 1 oder 3 irreführend sein kann.[22] 11

In ihrem Zweck, die Lauterkeit des Wettbewerbs zu konkretisieren, stimmen Verhaltenskodizes i.S.d. § 2 Abs. 1 Nr. 5 auch mit den **Wettbewerbsregeln** i.S.d. § 24 Abs. 1, Abs. 2 GWB überein. Wie diese legen auch Verhaltenskodizes die Lauterkeit einer geschäftlichen Handlung aber nicht abschließend fest, sondern haben insoweit bloß indizielle Bedeutung.[23] Ob Verhaltenskodizes i.S.d. § 2 Abs. 1 Nr. 5 im Übrigen immer zugleich Wettbewerbsregeln i.S.d. § 24 GWB darstellen, ist fraglich.[24] Die Antwort 12

---

17 Vgl. GK/Peukert, § 2 Rn. 560.

18 Sehr str.; wie hier: Schmidhuber, WRP 2010, 593, 597 f.; Emde, BB 2010, 2315, 2322; Köhler/Bornkamm/Feddersen, § 2 Rn. 113; Ohly/Sosnitza/Sosnitza, § 2 Rn. 84; GK/Peukert, § 2 Rn. 563; a.A. Hoeren, WRP 2009, 789, 793 f.; Lamberti/Wendel WRP 2009, 1479, 1481.

19 Vgl. Schmidhuber, WRP 2010, 593, 597 f.

20 Vgl. *Köhler*/Bornkamm/Feddersen, § 2 Rn. 113b; Ohly/Sosnitza/Sosnitza, § 2 Rn. 83; Henning/Harte/Keller, § 2 Rn. 168; Fezer, WRP 2010, 577, 585; GK/Peukert, § 2 Rn. 556; a.A. Lamberti/Wendel, WRP 2009, 1479, 1482; Alexander GRUR Int. 2012, 965, 969.

21 Vgl. Birk, GRUR 2011, 196, 199 f.

22 Vgl. Birk, GRUR 2011, 196, 201; *Köhler*/Bornkamm/Feddersen, § 2 Rn. 113b sowie (zu § 5 Abs. 1 Satz 2 Nr. 1) u., § 5 Rn. 330.

23 Vgl. zu einem Verhaltenskodex BGH, 09.09.2010, I ZR 157/08, GRUR 2011, 431, 432 Rn. 13 – *FSA-Kodex*; OLG München, 09.06.2011, 29 U 2026/08, WRP 2012, 347, 349 Rn. 28 – *Arzt-Seminare*; zu § 24 Abs. 2 GWB BGH, 07.02.2006, KZR 33/04, BGHZ 166, 154, 161 f. Rn. 19 – *Probeabonnement*.

24 Vgl. verneinend Ohly/Sosnitza/Sosnitza, § 2 Rn. 87; anders wohl *Köhler*/Bornkamm/Feddersen, § 2 Rn. 115: »typischerweise« zugleich Wettbewerbsregeln; Köhler/*Bornkamm/Feddersen*, § 5 Rn. 7.1: »kein wesentlicher Unterschied«.

dürfte maßgeblich davon abhängen, ob die möglichen Urheber beider Regelungstypen übereinstimmen oder ob Verhaltenskodizes auch von anderen Institutionen herrühren, die keine Wettbewerbsregeln nach § 24 GWB aufstellen können. Allerdings ist, anders als der Wortlaut des § 24 Abs. 1 GWB vorzugeben scheint, nicht anzunehmen, dass *ausschließlich* Wirtschafts- und Berufsvereinigungen Urheber von Wettbewerbsregeln sein können.[25] Vielmehr kann auch eine (sonst nicht zusammengeschlossene) Gruppe von Unternehmern solche Regeln setzen. Der Kreis der möglichen Urheber von Wettbewerbsregeln im kartellrechtlichen Sinn ist somit nicht enger als der der Urheber von Verhaltenskodizes. Soweit demnach Verhaltenskodizes zugleich kartellrechtliche Wettbewerbsregeln sind, handelt es sich allerdings bloß um eine faktische Übereinstimmung von § 2 Abs. 1 Nr. 5 UWG und § 24 GWB. Rechtlich bleiben die Begriffe Verhaltenskodex und Wettbewerbsregel selbständig und präjudizieren sich in keiner Weise gegenseitig.[26]

13 Keine Verhaltenskodizes sind nach dem 2. Halbsatz der Vorschrift Regelwerke, die nur solche Pflichten umfassen, welche sich unabhängig von der Selbstbindung der Unternehmer bereits aus **Gesetzes- oder Verwaltungsvorschriften** ergeben. Der Begriff der Verwaltungsvorschrift ist dabei nicht mit dem gleichlautenden Terminus des deutschen Verwaltungsrechts identisch. Denn Verwaltungsvorschriften in diesem Sinn entfalten – von Ausnahmen abgesehen – gerade nur eine verwaltungsinterne Innenwirkung[27] und kommen daher als Quelle von Verhaltenspflichten von Unternehmern kaum je in Betracht. Der Begriff ist vielmehr autonom unionsrechtlich auszulegen.[28] Gemeint sein dürften sämtliche unterhalb des formellen Gesetzes angesiedelten hoheitlichen Regelungen mit Außenwirkung, insbesondere also Verwaltungsakte, aber auch Verwaltungsvorschriften engeren Sinnes, sofern diese ausnahmsweise Außenwirkung entfalten. Umgekehrt sind damit also alle heteronom durch die staatliche Legislative oder Exekutive vorgegebenen Verhaltenspflichten als Regelungsgegenstand von Verhaltenskodizes i.S.d. § 2 Abs. 1 Nr. 5 ausgenommen. Rein deklaratorische Wiederholungen gesetzlicher oder behördlicher Vorgaben sind daher ebenfalls keine Verhaltenskodizes.[29] Dass auch solche klarstellenden Selbstunterwerfungen gerade bei undeutlicher Gesetzeslage verhaltenssteuernd wirken und wettbewerblich relevant sein können,[30] ist einzuräumen, ändert angesichts des klaren Wortlauts des § 2 Abs. 1 Nr. 5 hieran aber nichts. Eine andere Frage ist es allerdings, ob eine Vereinbarung oder Vorschrift, die zwar zum Teil gesetzliche Pflichten wiederholt, im Übrigen aber darüber hinausgeht, dennoch insgesamt als Verhaltenskodex zu qualifizieren ist. Dies dürfte zu bejahen sein,[31] denn sofern der Kodex auch nur teilweise über das ohnehin rechtlich Gebotene hinausgeht, ist das

---

25 Vgl. Schütt/Weidenbach, in: Jaeger/Kokott/Pohlmann/Schroeder, Frankfurter Kommentar zum Kartellrecht, 89. Lfg. 2017, § 24 Rn. 19.

26 Vgl. MünchKomm/Bähr UWG, § 2 Rn. 291 f.

27 Vgl. allg. Maurer/Waldhoff, Allgemeines Verwaltungsrecht, 19. Aufl., § 24 Rn. 1 ff.

28 Vgl. Alexander, GRUR Int. 2012, 965, 969.

29 Vgl. MünchKomm/Bähr UWG, § 2 Rn. 301.

30 Vgl. GK/Peukert, § 2 Rn. 572; *Köhler*/Bornkamm/Feddersen, § 2 Rn. 114; Dreyer, WRP 2007, 1294, 1297 zum RefE.

31 Vgl. MünchKomm/Bähr UWG, § 2 Rn. 301; Halfmeier/Herbold, WRP 2017, 1430, 1431.

Moment der Selbstverpflichtung, das das Wesen eines Verhaltenskodex ausmacht, erfüllt.

Inwieweit auch **berufsständische Regeln** Verhaltenskodizes sein können, ist umstritten.[32] Dass gem. Art. 3 (8) UGP-RL berufsständische Verhaltenskodizes oder andere spezifische Regeln für reglementierte Berufe durch die Richtlinie unberührt bleiben, schließt nicht aus, sie unter § 2 Abs. 1 Nr. 5 zu subsumieren; denn hierdurch wird ihre Regulierungswirkung nicht beeinträchtigt, also nicht »berührt«. Allerdings wird es sich regelmäßig um Berufsordnungen in der Rechtsform von Satzungen handeln, so dass das Merkmal der sich nicht aus Rechtsnormen ergebenden, freiwilligen Selbstverpflichtung aus diesem Grund nicht erfüllt ist. **14**

C. Beispiele für Verhaltenskodizes

Beispiele für unter § 2 Abs. 1 Nr. 5 fallende Regelwerke lassen sich aus der Rechtsprechung nur in begrenztem Umfang nachweisen.[33] Zu nennen sind: der FSA-Kodex,[34] Empfehlungen des Bundesinstituts für Arzneimittel und Medizinprodukte und von Pharmaverbänden,[35] der Verhaltenskodex der Freiwilligen Selbstkontrolle Telefonmehrwertdienste (FST) e. V.,[36] der Verhaltenskodex aller am Hafenrundfahrt-Geschäft tätigen Unternehmen,[37] u.U. auch Rechtsregeln von Sportverbänden[38] (sofern sie lauterkeitsrechtlich relevant sind). **15**

32 Vgl. für reglementierte Berufe i.S.d. Art. 2 lit. l UGP-RL verneinend: Ohly/Sosnitza/Sosnitza, § 2 Rn. 86; a.A. *Köhler*/Bornkamm/Feddersen, § 2 Rn. 114.

33 Zu weiteren Beispielen vgl. FBO/Fezer, § 2 Abs. 1 Nr. 5 Rn. 40 ff.

34 Vgl. BGH, 09.09.2010, I ZR 157/08, GRUR 2011, 431, 432 Rn. 15 – *FSA-Kodex*; LG München I, 12.01.2008, 1 HKO 13279/07, juris Rn. 132.

35 Vgl. HansOLG Hamburg, 03.06.2004, 3 U 143/03, juris Rn. 61 ff.

36 Vgl. HansOLG Hamburg, 10.04.2003, 5 U 97/02, WRP 2003, 1003, 1007 f., juris Rn. 48.

37 Vgl. HansOLG Hamburg, 11.05.2000, 3 U 91/00, juris Rn. 39.

38 Vgl. Pfister, GRUR 2017, 1091, 1092.

§ 2 Abs. 1 Nr. 6 Definitionen: Unternehmer

(1) Im Sinne dieses Gesetzes bedeutet

6. »Unternehmer« jede natürliche oder juristische Person, die geschäftliche Handlungen im Rahmen ihrer gewerblichen, handwerklichen oder beruflichen Tätigkeit vornimmt, und jede Person, die im Namen oder Auftrag einer solchen Person handelt;

Art. 2 lit. b) Definitionen

Im Sinne dieser Richtlinie bezeichnet der Ausdruck

b) »Gewerbetreibender« jede natürliche oder juristische Person, die im Geschäftsverkehr im Sinne dieser Richtlinie im Rahmen ihrer gewerblichen, handwerklichen oder beruflichen Tätigkeit handelt, und jede Person, die im Namen oder Auftrag des Gewerbetreibenden handelt;

Asmus Maatsch

Übersicht **Rdn.**

A. Entstehungsgeschichte und Relevanz der Definition

1 Die Vorschrift setzt Art. 2 lit. b der UGP-RL um. Dort – wie auch im übrigen deutschen Text der Richtlinie – findet sich der Begriff »Unternehmer« allerdings nicht. Die Richtlinie verwendet stattdessen die Formulierung **»Gewerbetreibender«** (engl.: »trader«, frz.: »professionnel«). Der Gesetzgeber war jedoch der Auffassung, dass dieser Terminus den sachlichen Gehalt des Art. 2 lit. b unzutreffend, weil unzureichend wiedergibt.[1]

2 Obschon ein für alle Rechtsgebiete gültiges einheitliches Begriffsverständnis im deutschen Recht nicht existiert,[2] steht doch fest, dass der Begriff des Gewerbes jedenfalls nicht sämtliche Arten geschäftlicher Tätigkeiten umfasst; insbesondere die traditionell als freiberuflich charakterisierten Betätigungen werden vom Gewerbe abgegrenzt.[3] Dieses Verständnis setzt offenbar auch der Richtlinientext selbst voraus, indem er neben

1 Vgl. BT-Drs. 16/10145, S. 21.
2 Vgl. BeckOK-GewO/Pielow, § 1 Rn. 138 m.w.N.
3 Vgl. BeckOK-GewO/Pielow, § 1 Rn. 169, 173 ff.

der gewerblichen auch die (vom deutschen Gewerbebegriff allerdings bereits erfasste)[4] handwerkliche sowie die (sonstige) berufliche Tätigkeit nennt. Entgegen der Gesetzesbegründung[5] ist der Begriff »Gewerbetreibender« in Art. 2 lit. b der Richtlinie daher für eine Übernahme in das deutsche Recht zwar nicht gänzlich ungeeignet. Denn wäre die gesamte Definition übernommen worden, so wäre dem ohnehin schon nicht einheitlichen bisherigen Verständnis des Begriffs »Gewerbetreibender« lediglich eine weitere, aus sich heraus aber verständliche Bedeutungsvariante hinzugefügt worden. Dass sich der Gesetzgeber gegen diesen Weg entschieden und in § 2 Abs. 1 Nr. 6 weiterhin von »Unternehmer« spricht, ist aber schon wegen der mangelnden sprachlichen Präzision der deutschen Fassung des Art. 2 lit. b zu begrüßen, die – wie soeben ausgeführt – in ein und demselben Satz »Gewerbe« (als Bestandteil von »Gewerbetreibender«) und »gewerblich« mit unterschiedlichen Bedeutungen verwendet.

Die vor 2008 (§ 2 Abs. 2 a.F.) noch vorgesehene Gleichsetzung des wettbewerbsrechtlichen Unternehmerbegriffs mit demjenigen des § 14 BGB meinte der Gesetzgeber bei Umsetzung der Richtlinie nicht mehr aufrechterhalten zu können.[6] Ob diese Einschätzung zutrifft, ist im Hinblick auf die Auslegung des Art. 2 lit. b der Richtlinie durch den EuGH[7] zweifelhaft.[8] Immerhin passte die (ihrerseits auf verbraucherschützende Richtlinien zurückgehende) Definition des BGB zur Verwendung des Unternehmerbegriffs im UWG ohnehin nie vollständig,[9] weil sie auf den Abschluss von Rechtsgeschäften abstellt, während es im Zusammenhang des UWG auf den Tatbestand eines Rechtsgeschäfts vielfach nicht ankommt.[10] 3

Die nun in § 2 Abs. 1 Nr. 6 enthaltene Definition hat für eine ganze Reihe von Vorschriften Bedeutung, die den Unternehmer entweder als Pflichtsubjekt oder als geschützte Person ansprechen. Neben Normen, in denen der Unternehmerbegriff direkt verwendet wird,[11] hat er auch mittelbare Bedeutung, indem er Bestandteil mehrerer weiterer Definitionen in § 2 ist.[12] Ohne nachvollziehbaren Grund greift das Gesetz dagegen in § 17 Abs. 1 und Abs. 2 nicht auf den Begriff des Unternehmers i.S.d. § 2 Abs. 1 Nr. 6 zurück, sondern spricht von »Inhaber des Unternehmens«, was nichts anderes bedeutet.[13] 4

---

4 Vgl. § 1 Abs. 1 Satz 1 HwO.
5 Vgl. BT-Drs. 16/10145, S. 21.
6 Vgl. BT-Drs. 16/10145, S. 21.
7 Vgl. näher u., § 2 Abs. 1 Nr. 6 Rn. 15.
8 Vgl. a. *Referentenentwurf* des BMJ v. 27.07.2007, S. 15: »Ein sachlicher Unterschied ist damit aber nicht verbunden«.
9 Vgl. ebenso Ohly, WRP 2008, 1014, 1015; *Köhler*/Bornkamm/Feddersen, § 2 Rn. 119.
10 Vgl. z.B. § 4 Nr. 2 und § 4a Abs. 1 Satz 2.
11 Vgl. §§ 3 Abs. 4 Satz 2, 4 Nr. 2, 4a Abs. 1 Satz 2, Abs. 2 Satz 1 Nr. 4, 5 Abs. 1 Satz 2 Nr. 3, Nr. 4, Nr. 6, 5a Abs. 3 Nr. 2, Abs. 5 Nr. 2, 7 Abs. 3 Nr. 1, Nr. 2, 8 Abs. 3 Nr. 2, 15 Abs. 2 Satz 2, Abs. 11 Satz 1, Anhang zu § 3 Abs. 3, Nr. 1, 4, 5, 6, 8, 11, 15, 23, 30.
12 Vgl. § 2 Abs. 1 Nr. 3, 5 und 7.
13 Vgl. *Köhler*/Bornkamm/Feddersen, § 2 Rn. 120.

B. Die Definitionsmerkmale im Einzelnen

I. Natürliche oder juristische Person

5 Als Unternehmer kommen sowohl natürliche als auch juristische Personen in Betracht. **Natürliche Personen** sind nach allgemeinem Begriffsverständnis alle lebenden und damit rechtsfähigen (§ 1 BGB) Menschen, unabhängig von ihrer Staatsangehörigkeit und ihrem Alter (Voll- oder Minderjährigkeit).[14] **Juristische Personen** i.S.d. Vorschrift sind zunächst alle auch im sonstigen deutschen Recht als solche behandelten Einheiten, also sämtliche zweckgebundenen Organisationen, denen die Rechtsordnung Rechtsfähigkeit verliehen hat.[15] Hierunter fallen insbesondere die Körperschaften des Privatrechts, namentlich Kapitalgesellschaften (AG, GmbH, UG, KGaA, SE), rechtsfähige Vereine (§ 21 BGB) und Genossenschaften (§ 1 GenG), daneben aber auch rechtsfähige Stiftungen des bürgerlichen Rechts (§ 80 BGB).

6 Ob darüber hinaus auch die rechtsfähigen Personengesellschaften **ohne eigene Rechtspersönlichkeit** (oHG,[16] KG,[17] Partnerschaft[18] und Partnerschaft mbB)[19] als Unternehmer i.S.d. UWG anzusehen sind, erscheint fraglich, nachdem der Verweis auf § 14 BGB, dessen Abs. 2 den Unternehmerbegriff über die juristischen Personen hinaus erweitert, entfallen ist. Aufgrund der gebotenen richtlinienkonformen Auslegung der Vorschrift[20] ist die Frage indes zu bejahen.[21] Unionsrechtlich wird der Begriff des Unternehmens, dessen subjektives Korrelat der Gewerbetreibende (Art. 2 lit. b UGP-RL) bzw. der Unternehmer (§ 2 Abs. 1 Nr. 6) ist, von jeher weit verstanden, nämlich als ›jede eine wirtschaftliche Tätigkeit ausübende Einheit, unabhängig von ihrer Rechtsform und der Art ihrer Finanzierung«.[22] Dies legt es nahe, auch rechtsfähige Personengesellschaften unter das Merkmal »Unternehmer« zu subsumieren und den Begriff »juristische Person« zu diesem Zweck weiter auszulegen als im Allgemeinen. Dies entspricht auch der herrschenden Auslegung des Art. 54 (2) AEUV. Danach werden nämlich unter die dort genannten Gesellschaften auch nicht- oder teilrechtsfähige Gesellschaften subsumiert, obwohl die dortige Formulierung »und sonstigen juristischen Personen« an sich eher darauf hindeutet, dass insgesamt nur rechtsfähige Gebilde gemeint sein könnten.[23]

---

14 Vgl. zu § 14 BGB: BeckOGK/Alexander, BGB, § 14 Rn. 98.
15 Vgl. statt aller MünchKomm/Reuter BGB, Vorbem. vor § 21 BGB Rn. 2 m.w.N.
16 Vgl. § 124 Abs. 1 HGB.
17 Vgl. § 161 Abs. 2 i.V.m. § 124 Abs. 1 HGB.
18 Vgl. § 7 Abs. 2 PartGG i.V.m. § 124 Abs. 1 HGB.
19 Vgl. § 8 Abs. 4 PartGG.
20 Vgl. BGH, 22.01.2014, I ZR 218/12, GRUR 2014, 682, 683 f. Rn. 17 – *Nordjob-Messe* m.w.N.
21 So auch *Köhler*/Bornkamm/Feddersen, § 2 Rn. 120; Ohly/Sosnitza/Sosnitza, § 2 Rn. 89; Sosnitza, WRP 2008, 1014, 1015.
22 Vgl. zu Art. 102 AEUV EuGH, 03.03.2011, C-437/09, Slg. 2011, I-973–1032 Rn. 41 – *AG2R Prévoyance* (juris); zu Art. 85, 86 EWGV a.F. schon EuGH, 23.04.1991, C-41/90, Slg 1991, I-1979–2022 Rn. 21 – *Höfner-Elser.*
23 Vgl. Lenz/Borchardt/Fischer, EU-Verträge Onlinekommentar, Art. 54 AEUV Rn. 2 m.w.N., auch zur Gegenauffassung.

Unproblematisch umfasst die Definition des § 2 Abs. 1 Nr. 6 zudem auch **juristische Personen des öffentlichen Rechts** (öffentlich-rechtliche Körperschaften, Anstalten, Stiftungen), sofern sie die weiteren Bedingungen der Norm erfüllen, also geschäftlich tätig sind;[24] Letzteres ist nur bei gewerblicher, nicht bei rein hoheitlicher Tätigkeit der Fall.[25] Die Zugehörigkeit auch öffentlich-rechtlicher Gewerbetreibender zum Unternehmerbegriff folgt ohne weiteres aus dem Wortlaut der Vorschrift, denn der Begriff »juristische Person« stellt – semantisch zwingend – den Oberbegriff zu juristischen Personen beiderlei Provenienz dar.[26] Dass andere Sekundärrechtsakte im Gegensatz zu der UGP-Richtlinie ausdrücklich klarstellen, mit der Formulierung neben juristischen Personen des Privatrechts auch solche des öffentlichen Rechts erfassen zu wollen,[27] ist als mangelnde Präzision der Rechtssetzung anzusehen und zu beklagen,[28] rechtfertigt aber keinen Umkehrschluss bei der Auslegung des § 2 Abs. 1 Nr. 6. Hätten juristische Personen des öffentlichen Rechts ausgenommen werden sollen, hätte dies ausdrücklich geregelt werden müssen. 7

II. Geschäftliche Handlungen

Weiteres Definitionsmerkmal ist, dass die Person geschäftliche Handlungen vornehmen muss. Hierbei handelt es sich um das zentrale Kriterium, das den Unternehmer in Abgrenzung zum Verbraucher definiert.[29] Wegen des Bedeutungsgehalts des Merkmals »geschäftliche Handlung« wird auf die Kommentierung zu § 2 Abs. 1 Nr. 1 verwiesen.[30] Nach der Rechtsprechung des Bundesgerichtshofs ist das Merkmal der geschäftlichen Handlung dabei (im Rahmen der §§ 8 Abs. 3 Nr. 1, 2 Abs. 1 Nr. 3) **abstrakt** zu bestimmen. Es soll also genügen, dass der Anspruchsteller überhaupt geschäftliche Handlungen vornimmt; ob sie konkret von der Art sind wie diejenigen des Anspruchsgegners, ist hingegen ohne Bedeutung.[31] 8

III. Im Rahmen ihrer gewerblichen, handwerklichen oder beruflichen Tätigkeit

Weiter verlangt die Definition, dass die geschäftlichen Handlungen gerade im Rahmen der gewerblichen, handwerklichen oder beruflichen Tätigkeit vorgenommen werden 9

---

24 Vgl. zur Richtlinie EuGH, 03.10.2013, C-59/12, GRUR 2013, 1159, 1160 Rn. 27 ff., 32 – *Zentrale zur Bekämpfung unlauteren Wettbewerbs*; zu § 2 Abs. 1 Nr. 1 und Nr. 3 BGH, 27.07.2017, I ZR 162/15, GRUR 2018, 196, 197 Rn. 20 ff., 23 – *Eigenbetrieb Friedhöfe*; BGH, 01.03.2018, I ZR 264/16, GRUR 2018, 622, 624 Rn. 12 – *Verkürzter Versorgungsweg II*.

25 Vgl. OLG München, 28.10.2010, 29 U 2590/10, Rn. 28; vgl. (zum Handeln im geschäftlichen Verkehr nach § 1 UWG a.F.) a. BGH, 26.01.2006, I ZR 83/03, GRUR 2006, 428, 429 Rn. 14 – *Abschleppkosten-Inkasso*; Guilliard, GRUR 2018, 791, 794.

26 Vgl. a. FBO/Fezer, § 2 Abs. 1 Nr. 6 Rn. 12; Demgegenüber spricht Ohly/Sosnitza/Sosnitza, § 2 Rn. 51 (etwas undeutlich) von Unternehmern und juristischen Personen (...) des öffentlichen Rechts, die »unternehmerisch tätig sind«.

27 Vgl. z.B. die Fernabsatzrichtlinie, 2002/65/EG, Art. 2 lit. c).

28 Vgl. krit. auch BeckOGK/Alexander, BGB, § 14 Rn. 17 f.

29 Vgl. MünchKomm/Bähr UWG, § 2 Rn. 315 m.w.N.

30 Vgl. o., § 2 Abs. 1 Nr. 1 Rn. 9 ff.

31 Vgl. BGH, 21.01.2016, I ZR 252/14, GRUR 2016, 828, 829 Rn. 18 – *Kundenbewertung im Internet*.

müssen. Das Gewicht dieses Kriteriums hängt davon ab, inwieweit man eine geschäftliche Handlung durch Personen, die nicht Unternehmer sind, überhaupt für möglich hält.[32] Wer geschäftliche Handlungen – auch in Gestalt der Förderung eines fremden Unternehmens – nur Unternehmern vorbehalten will, muss schon bei dem Tatbestandsmerkmal der Vornahme einer geschäftlichen Handlung das unternehmerische Handeln bejaht haben, so dass dem weiteren Kriterium des Handelns im Rahmen der gewerblichen, handwerklichen oder beruflichen Tätigkeit keine eigenständige Bedeutung mehr zukommt.[33] Aber auch sonst ist seine Bedeutung jedenfalls gering, nämlich auf die Förderung fremden Wettbewerbs begrenzt, wo nicht bereits mit Blick auf die geschäftliche Handlung die Eigenschaft des Handelnden als Unternehmensträger festgestellt worden sein muss. Allerdings ist durch den Umstand, dass § 2 Abs. 1 Nr. 1 die geschäftliche Handlung als Handeln für ein »Unternehmen« umschreibt und § 2 Abs. 1 Nr. 6 den »Unternehmer« (d.h. den Träger desselben) definiert, eine Wechselbezüglichkeit beider Merkmale nicht von der Hand zu weisen. Der Umschreibung unternehmerischen Tuns als gewerblich etc. in § 2 Abs. 1 Nr. 6 kommt somit Bedeutung für das Verständnis der – unternehmensbezogenen – geschäftlichen Handlung zu. Die Trias »gewerblich, handwerklich oder beruflich« lohnt daher eine nähere Betrachtung.

10 Der Begriff **»gewerblich«** (bzw. »Gewerbe«) ist aus einer Reihe von Vorschriften sowohl des öffentlichen als auch des privaten Rechts geläufig, in denen er mit teils unterschiedlicher Akzentuierung verwandt wird.[34] Kontextunabhängiges Mindesterfordernis ist stets, dass es sich um eine selbständige, planmäßige und auf eine gewisse Dauer angelegte wirtschaftliche Betätigung nach außen, d.h. das Anbieten entgeltlicher Leistungen am Markt, handeln muss.[35] Diese Kriterien sind auch hier zu fordern, damit die Abgrenzungsfunktion zum Verbraucherbegriff[36] erfüllt werden kann. Die beim handelsrechtlichen Gewerbebegriff problematische Frage, ob darüber hinaus gerade ein Handeln in Gewinnabsicht vorausgesetzt ist,[37] ist hier wie bei anderen auf europäisches Verbraucherschutzrecht zurückgehenden Vorschriften[38] zu verneinen.[39] Die Verwal-

---

32 Vgl. bejahend GK/Peukert, § 2 Rn. 606 und 105 ff.; verneinend *Köhler*/Bornkamm/Feddersen, § 2 Rn. 62, wonach »Private« nur insoweit geschäftliche Handlungen vornehmen können, als sie im Rahmen einer selbständigen Berufstätigkeit handeln und daher selbst Unternehmer sind; vgl. ausf. Henning-Bodewig, GRUR 2013, 26 sowie o., § 2 Abs. 1 Nr. 1 Rn. 12.

33 Vgl. MünchKomm/Bähr UWG, § 2 Rn. 319.

34 Vgl. v.a. § 1 GewO, § 1 HGB, § 14 Abs. 1 BGB, § 2 GewStG, § 15 Abs. 2 EStG; vgl. eingehend Staub/Oetker, HGB, § 1 Rn. 14 ff.

35 Vgl. zum HGB: Staub/Oetker, HGB, § 1 Rn. 14 ff.; zum BGB: MünchKomm/Micklitz/Purnhagen BGB, § 14 Rn. 19 ff.; BGH, 29.03.2006, VIII ZR 173/05, BGHZ 167, 40, 44 f. Rn. 14; zur GewO: BeckOK/Pielow, § 1 GewO Rn. 142 ff.; zum EStG: Blümich/Bode, § 15 Rn. 18 ff.

36 Vgl. EuGH, 03.10.2013, C-59/12, GRUR 2013, 1159, 1160 Rn. 33: »antinomisch« – *Zentrale zur Bekämpfung unlauteren Wettbewerbs.*

37 Vgl. eingehend Staub/Oetker, § 1 HGB, Rn. 37 ff.

38 Vgl. zu § 474 BGB: BGH, 29.03.2006, VIII ZR 173/05, BGHZ 167, 40, 45 Rn. 16; zum VerbrKrG: BGH, 24.06.2003, XI ZR 100/02, BGHZ 155, 240, 244 f (juris Rn. 18).

39 Vgl. BGH, 30.04.2014, I ZR 170/10, GRUR 2014, 1120, 1121 Rn. 16 ff. – *Betriebskrankenkasse II*; MünchKomm/Bähr UWG § 2 Rn. 320 unter Verweis auf BGH, GRUR 1982, 425, 430 (zu § 1 UWG a.F.).

tung eigenen Vermögens ist nur dann als gewerblich anzusehen, wenn der Umfang der mit ihr verbundenen Geschäfte einen planmäßigen Geschäftsbetrieb erfordert,[40] in welchem Fall allerdings auch das Merkmal des beruflichen Handelns i.S.d. § 2 Abs. 1 Nr. 6 erfüllt ist. Ob die sog. Urproduktion (z.B. Land- und Forstwirtschaft, Rohstoffabbau, Jagd) als gewerbliche Tätigkeit i.S.d. § 2 Abs. 1 Nr. 6 einzustufen ist oder ob sie wie im allgemeinen Gewerberecht hinausfällt,[41] braucht ebenfalls nicht vertieft zu werden, solange es sich jedenfalls um eine berufliche Betätigung handelt. Die Kaufmannseigenschaft i.S.d. HGB ist nicht erforderlich;[42] ebenso wenig kommt es auf einen bestimmten Umfang des Gewerbes an, so dass auch Kleingewerbetreibende ohne weiteres erfasst sind.[43] Dasselbe gilt – selbstverständlich – für Existenzgründer, soweit sie bereits mit ihrem marktbezogenen Tun begonnen haben.[44]

Unter **handwerklicher** Tätigkeit sind insbesondere, wenn auch nicht ausschließlich die 11
in den Anlagen A und B Abschnitt 1 der HwO genannten Berufe zu verstehen, sofern sie handwerksmäßig betrieben werden;[45] auf die Einzelheiten kommt es nicht an, denn alle hier gemeinten handwerklichen Tätigkeiten sind zugleich gewerbliche. Nicht gewerblich oder beruflich betriebene handwerkliche Tätigkeiten fallen nicht unter die Definition,[46] was durch die – überflüssige – Nennung des Begriffs »handwerklich« neben den beiden anderen Adjektiven eher verunklart wird.

Unter »**beruflich**« sind schließlich nur selbständige Tätigkeiten zu verstehen (sofern sie 12
dauerhaft und zur Bestreitung des Lebensunterhalts betrieben werden). Dies ergibt sich bereits e contrario der 2. Alternative des § 2 Abs. 1 Nr. 6, wo mit den Vertretern oder Beauftragten der Unternehmensträger *zusätzlich* abhängig beschäftigte Personen einbezogen werden.[47] Gemeint sind daher insbesondere die vom Gewerbebegriff nicht erfassten freien oder künstlerischen Berufe.

Insgesamt kann daher festgehalten werden, dass die Definition einen **weiten Unterneh-** 13
merbegriff festschreibt, der durch jegliche selbständige entgeltliche Tätigkeit erfüllt werden kann.[48] Auf die Abgrenzung zwischen den einzelnen Arten unternehmerischer

40 Vgl. zu § 1 VerbrKrG: BGH, 23.10.2001, XI ZR 63/01, BGHZ 149, 80, 86 f. (zit. nach juris, Rn. 23 ff.).

41 Vgl. BeckOK/Pielow, GewO § 1 Rn. 170 ff.; bejahend für Tätigkeit als Landwirt: Harte/Henning/Keller Rn. 218.

42 Vgl. Henning-Bodewig, GRUR 2013, 26, 29.

43 Vgl. MünchKomm/Bähr UWG, § 2 Rn. 320.

44 Vgl. MünchKomm/Bähr UWG, § 2 Rn. 321 m.w.N.

45 Vgl. § 1 Abs. 2, § 18 Abs. 2 HwO.

46 *Vgl. jurisPK/Ernst, § 2 Rn. 44.*

47 Vgl. a. *Köhler*/Bornkamm/Feddersen, § 2 Rn. 120 unter zutreffendem Verweis auf die englische Fassung der Richtlinie.

48 Vgl. OLG Hamm, 23.01.2014, 4 U 118/13, juris R. 46; zu § 14 BGB auch BGH, 04.12.2008, I ZR 3/06, GRUR 2009, 871, 872 f. Rn. 23 – *Ohrclips*; HansOLG Hamburg, 15.03.2018, 5 U 152/15, WRP 2018, 604, 611 Rn. 83. Zu weit hingegen BGH, 30.04.2014, I ZR 170/10, GRUR 2014, 1120, 1121 Rn. 20 – *Betriebskrankenkasse II*, unter Verweis auf EuGH, 03.10.2013, C-59/12, GRUR 2013, 1159, 1160 Rn. 31 ff. – *Zentrale zur Bekämpfung unlauteren Wettbewerbs*, wo das Kriterium der Selbständigkeit nicht genannt wird.

Betätigung (gewerblich, handwerklich oder beruflich) kommt es nicht an. Allerdings muss die geschäftliche Handlung gerade im Rahmen der eigenen gewerblichen oder beruflichen Tätigkeit liegen. Dies kann mitunter eine Maßfrage sein, etwa in Fällen der Werbung durch Prominente.[49]

IV. Vertreter und Beauftragte

14 Als weitere Gruppe unterstellt § 2 Abs. 1 Nr. 6 – insoweit mit dem sonstigen allgemeinen und juristischen Sprachgebrauch nicht mehr übereinstimmend – auch diejenigen dem Unternehmerbegriff, die im Namen oder Auftrag des Unternehmensträgers handeln. Da das Gesetz bereits das – faktische – Handeln im Namen des Unternehmers ausreichen lässt, kommt es auf das Bestehen einer wirksamen Rechtsbeziehung von Unternehmer und Drittem nicht an. Dies gilt nach allgemeiner Meinung auch für die 2. Alt.; auch der Auftrag muss hier also, ebenso wie im Rahmen des § 8 Abs. 2,[50] nicht zivilrechtlich wirksam erteilt sein[51].

15 Damit scheint die Vorschrift eine wesentliche Erweiterung des Feldes der in den einschlägigen Vorschriften als Unternehmer angesprochenen Personen zu normieren. Zu beachten ist allerdings, dass der **EuGH** den mit der Vorschrift umgesetzten Art. 2 lit. b der UGP-Richtlinie[52] eng auslegt und verlangt, dass auch die Person, die im Namen oder Auftrag des Gewerbetreibenden handelt, ihrerseits – unabhängig von ihrem Handeln für den Unternehmer i.S.d. 1. Alternative – Gewerbetreibender sein müsse.[53] Mit den gängigen Auslegungsmethoden ist dieses Verständnis der Definitionsnorm allerdings nur schwer begründbar, denn weder der Wortlaut (»jede Person«) noch die Systematik sprechen für es. Die Aufzählung zweier anscheinend gleichberechtigt nebeneinanderstehender Gruppen (»und«) ist kaum mit der Annahme vereinbar, dass die zweite lediglich einen Unterfall der ersten darstellt. Daher ist die Formulierung des EuGH, wonach »beide der Definition des Gewerbetreibenden entsprechen« müssen, auch wenigstens unpräzise – denn ebendiese Definition ergibt sich ja ihrerseits gerade aus dem gesamten Inhalt des Art. 2 lit. b, also eigentlich erst aus *beiden* dort genannten Varianten. Gemeint sein kann also nur, dass die Person i.S.d. zweiten Variante die Bedingungen gerade der ersten Variante erfüllen, Gewerbetreibender also gerade *unabhängig* von ihrem Handeln im Namen oder Auftrag eines anderen Gewerbetreibenden sein muss. Auch lässt der EuGH eine ausdrückliche Begründung seiner Auslegung vermissen. Nahe liegt allerdings, dass der Gerichtshof sich hier unausgesprochen auf die der Richtlinie paradigmatisch zugrunde liegende Dichotomie Verbraucher – Gewerbetreibender stützt.[54] Unter diesem – teleologischen – Gesichtspunkt erscheint die rest-

---

49 Vgl. Henning-Bodewig, GRUR 2013, 26, 29 f.

50 Vgl. u., § 8 Rn. 197 ff.

51 Vgl. MünchKomm/Bähr UWG, § 2 Rn. 322; *Köhler*/Bornkamm/Feddersen, § 2 Rn. 121.

52 Vgl. zur Entstehungsgeschichte GK/Peukert, § 2 Rn. 645 ff.

53 Vgl. EuGH, 17.10.2013, C-391/12, GRUR 2013, 1245, 1246 Rn. 38 – *RLvS [Good News]*.

54 Vgl. EuGH, 03.10.2013, C-59/12, GRUR 2013, 1159, 1160 Rn. 32 f. – *Zentrale zur Bekämpfung unlauteren Wettbewerbs*: »korrelative, aber antinomische« Begriffe; vgl. a. Scherer, WRP 2014, 517, 518.

riktive Auslegung der zweiten Gruppe des Art. 2 lit. b der Richtlinie letztlich auch vertretbar.

Ob sie auch auf § 2 Abs. 1 Nr. 6 übertragen werden muss, ist allerdings fraglich. Dies erscheint vor allem deshalb nicht selbstverständlich, weil die Richtlinie anders als das UWG den Schutz der Mitbewerber nur mittelbar bezweckt, primär aber auf den Verbraucherschutz abzielt.[55] Die strikt dualistische Gegenüberstellung von Verbrauchern und Unternehmern ist daher im nationalen Recht an sich weniger zwingend. Gleichwohl dürfte im Hinblick auf die von der Richtlinie angestrebte Vollharmonisierung,[56] der sich der UWG-Gesetzgeber ausdrücklich verpflichtet gefühlt hat,[57] die restriktive Auslegung des Vertreters oder Beauftragten in der Richtlinie auch für die Umsetzungsvorschrift § 2 Abs. 1 Nr. 6 zu übernehmen sein.[58] Auch als Vertreter oder Beauftragte eines Gewerbetreibenden i.S.d. § 2 Abs. 1 Nr. 6 kommen somit nur solche Personen in Betracht, die für sich genommen bereits Gewerbetreibende sind und damit eigene geschäftliche Handlungen vornehmen;[59] Organe oder Angestellte sind also nicht gemeint.[60] Spätestens hierdurch erscheint die Funktion der Erweiterung des Unternehmerbegriffs durch § 2 Abs. 1 Nr. 6 Alt. 2 aber zweifelhaft. **16**

Eine **Zurechnung** des Verhaltens der den Unternehmern gleichgestellten Personen zu dem Unternehmensträger normiert § 2 Abs. 1 Nr. 6 (als reine Begriffsbestimmung ohne direkte Rechtsfolge) nicht. Sie ist vielmehr abschließend durch § 8 Abs. 2 geregelt.[61] Somit können Personen, die zwar im Namen eines Unternehmensträgers handeln, aber weder dessen Mitarbeiter noch von ihm beauftragt sind, zwar gem. § 2 Abs. 1 Nr. 6 als Unternehmer gelten. Zurechnen lassen muss sich der Unternehmensträger ihr Verhalten aber nicht, weil § 8 Abs. 2 an die Beauftragung anknüpft und ein – eigenmächtiges – Handeln in fremdem Namen nicht genügen lässt. Mitbewerber i.S.d. § 2 Abs. 1 Nr. 3 und infolgedessen gem. § 8 Abs. 3 Nr. 1 klageberechtigt sind die von § 2 Abs. 1 Nr. 6 Alt. 2 erfassten Personen ebenfalls nicht bereits kraft des erweiterten Unternehmerbegriffs, sondern nur dann, wenn sie unabhängig von § 2 Abs. 1 Nr. 6 Alt. 2 als Mitbewerber i.S.d. § 2 Abs. 1 Nr. 3 betroffen sind.[62] Schließlich hängt auch die geschäftliche Handlung in Form der Förderung fremden Wettbewerbs (§ 2 Abs. 1 Nr. 1), die eine eigene täterschaftliche Haftung des Handelnden aus § 3 oder § 7 begründen kann, nicht von der Unternehmereigenschaft des Handelnden **17**

55 Vgl. Erwägungsgrund 6; hierzu auch Hetmank, GRUR 2015, 323.

56 Vgl. dazu Einleitung, Rn. 166; speziell zu § 2 Abs. 1 Nr. 6 BGH, 22.01.2014, I ZR 218/12, GRUR 2014, 682, 683 Rn. 15 – *Nordjob-Messe*; BGH, 18.01.2012, I ZR 170/10, GRUR 2012, 288, 289 Rn. 7 – *Betriebskrankenkasse*.

57 Vgl. BT-Drs. 16/10145, S. 11.

58 So auch *Köhler*/Bornkamm/Feddersen, § 2 Rn. 121.

59 Vgl. MünchKomm/Bähr UWG, § 2 Rn. 323.

60 Vgl. MünchKomm/Bähr UWG, § 2 Rn. 323; *Köhler*/Bornkamm/Feddersen, § 2 Rn. 121.

61 Vgl. ebenso GK/Peukert, § 2 Rn. 650 ff.; Harte/Henning/Keller, § 2 Rn. 220; *Köhler*/Bornkamm/Feddersen, § 2 Rn. 121a; Ohly/Sosnitza, Rn. 91.

62 Vgl. MünchKomm/Bähr, UWG, § 2 Rn. 326; *Köhler*/Bornkamm/Feddersen, § 2 Rn. 122; wohl auch GK/Peukert, § 2 Rn. 655.

ab.[63] Angesichts dieses Befundes scheint es nicht zu weit zu gehen, die Umsetzung dieses Teils des Art. 2 lit. b der Richtlinie als schlicht überflüssig anzusehen.[64]

C. Kasuistik

18 Grundsätzlich **keine** Unternehmer sollen sein: Gesellschafter und Geschäftsführer,[65] Arbeitssuchende.[66] Unternehmereigenschaft **bejaht** wurde hingegen für: jeden Sozius einer Rechtsanwaltssozietät;[67] ebay-Verkäufer,[68] selbständige Handelsvertreter,[69] ein Produktionsunternehmen, das seine Erzeugnisse nicht selbst am Markt absetzt, sondern sich hierzu einer eigenen Vertriebsgesellschaft bedient.[70] Auch Insolvenzverwalter eines Unternehmens sind (im Rahmen der Unternehmensfortführung) als Unternehmer anzusehen.[71]

63 Vgl. § 2 Abs. 1 Nr. 1 Rn. 12; GK/Peukert, § 2 Rn. 648 f.

64 So Sosnitza, WRP 2008, 1014, 1016 unter Verweis auf den Referentenentwurf zum UWG; ähnlich Harte/Henning/Keller, § 2 Rn. 220; *Köhler*/Bornkamm/Feddersen, § 2 Rn. 121 sieht hingegen die Bedeutung der Regelung in der Klarstellung, dass in den von ihr erfassten Fällen beide Unternehmer nebeneinander haften können und unselbständig beruflich Tätige nicht Unternehmer sind.

65 Vgl. OLG Köln, 28.02.2011, 6 W 35/11, GRUR-RR 2011, 370 (juris Rn. 5); OLG Düsseldorf, 14.08.2013, 15 U 121/13, juris 48.

66 Vgl. OLG Stuttgart 29.06.2015, 4 Ws 232/15 (Strafsenat), JR 2015, 650, 651 (juris Rn. 10).

67 Vgl. OLG Stuttgart, 18.03.2014, 12 U 193/13, GRUR-RR 2014, 454, 455 (juris Rn. 11); OLG Stuttgart, 22.10.2015 2 U 35/15, NJW-RR 2015, 1528 Rn. 48.

68 Vgl. LG Berlin, 20.10.2011, 52 O 94/11, juris Rn. 36 ff.; OLG Hamm, 17.01.2013, 4 U 147/12, MMR 2013, 717 (zit. nach juris, dort Rn. 27); sub specie § 14 BGB sowie »Handeln im geschäftlichen Verkehr« schon HansOLG Hamburg, 27.02.2007, 5 W 7/07, juris Rn. 5; BGH, 04.12.2008, I ZR 3/06, GRUR 2009, 871, 872 f. Rn. 23 – *Ohrclips.*

69 Vgl. OLG Karlsruhe, 10.03.2009, 4 U 168/08, GRUR-RR 2010, 51, 52 (juris Rn. 22).

70 BGH 21.01.2016, I ZR 252/14, GRUR 2016, 828, 829 Rn. 18 – *Kundenbewertung im Internet.*

71 So auch *Köhler*/Bornkamm/Feddersen, § 2 Rn. 125; vgl. implizit auch BGH, 18.03.2010, I ZR 158/07, BGHZ 185, 11, 23 f. Rn. 37 ff. – *Modulgerüst II.*

§ 2 Abs. 1 Nr. 7 Definitionen: unternehmerische Sorgfalt

(1) Im Sinne dieses Gesetzes bedeutet

7. »unternehmerische Sorgfalt« der Standard an Fachkenntnissen und Sorgfalt, von dem billigerweise angenommen werden kann, dass ein Unternehmer ihn in seinem Tätigkeitsbereich gegenüber Verbrauchern nach Treu und Glauben unter Berücksichtigung der anständigen Marktgepflogenheiten einhält;

Art. 2 lit. h) Definitionen

Im Sinne dieser Richtlinie bezeichnet der Ausdruck

h) »berufliche Sorgfalt« der Standard an Fachkenntnissen und Sorgfalt, bei denen billigerweise davon ausgegangen werden kann, dass der Gewerbetreibende sie gegenüber dem Verbraucher gemäß den anständigen Marktgepflogenheiten und/oder dem allgemeinen Grundsatz von Treu und Glauben in seinem Tätigkeitsbereich anwendet;

Asmus Maatsch

Übersicht **Rdn.**

A. Entstehungsgeschichte

Die Vorschrift dient der Umsetzung des Art. 2 lit. h der UGP-RL und ist erstmals mit der Novelle von 2008 in das UWG gelangt. In der deutschen Fassung der Richtlinie ist allerdings von »beruflicher« statt von »unternehmerischer« Sorgfalt die Rede (engl. Fassung: »professional diligence«, frz.: »diligence professionnelle«). Der Gesetzgeber hielt die Formulierung der Richtlinie für ungeeignet und hat von ihrer wörtlichen Übernahme abgesehen, weil ein Beruf nach den Begriffsbestimmungen des deutschen Rechts nur von einer natürlichen Person ausgeübt werden könne, die Sorgfaltspflichten im Sinne der Richtlinie aber auch juristische Personen treffen sollten.[1] Er wählte daher zunächst die Formulierung »fachliche Sorgfalt«. Bei der Novellierung des UWG im Jahr 2015 entschied der Gesetzgeber sich dann – erst während des parlamentarischen Verfahrens –[2] dafür, den Begriff durch die jetzt geltende Formulierung »unternehmerische Sorgfalt« zu ersetzen, um so der Vorgabe der Richtlinie näherzukommen.[3] Ein Bedeutungsunterschied gegenüber der von 2008 bis zum Inkrafttreten der Novelle gel- 1

1 Vgl. BT-Drs. 16/10145, S. 21.
2 Vgl. BT-Plenarprot. 18/133, S. 13047.
3 Vgl. zur Kritik an der vorherigen Formulierung »fachliche Sorgfalt« Köhler, WRP 2012, 22, 23 f.

tenden Gesetzesfassung ist hiermit – schon wegen des jederzeit geltenden Gebots der richtlinienkonformen Auslegung der Norm –[4] allerdings nicht verbunden.[5] Ebenfalls erst während des Gesetzgebungsverfahrens 2015 wurde zudem eine weitere, zuvor in der Literatur vielfach beklagte[6] Abweichung vom Richtlinientext beseitigt, indem der Begriff »Marktgepflogenheiten« aufgrund einer Beschlussempfehlung des Rechtsausschusses um das mit übernommene Attribut »anständige« ergänzt wurde.[7]

B. Relevanz der Definition

2 Anwendungsfälle der Legaldefinition finden sich (derzeit) nur in der Verbrauchergeneralklausel des § 3 Abs. 2 sowie in § 5a Abs. 3 Nr. 4. Daneben kann der Begriff der unternehmerischen Sorgfalt auch Bedeutung für die Auslegung der speziellen Unlauterkeitstatbestände der aggressiven und irreführenden geschäftlichen Handlungen (§§ 4a, 5, 5a) erlangen, weil es sich bei ihnen – soweit der b2c-Verkehr betroffen ist – um Konkretisierungen der Verbrauchergeneralklausel des § 3 Abs. 2 handelt.[8] Dass nach der Rechtsprechung des EuGH eine irreführende Geschäftspraxis i.S.d Art. 6 (1) UGP-RL auch ohne einen Verstoß gegen die berufliche Sorgfalt i.S.d. Art. 2 lit. h, Art. 5 (2) lit. a der Richtlinie gegeben sein kann,[9] steht dem nicht entgegen. Denn dass bei Erfüllung der Tatbestandsmerkmale des Art. 6 UGP-RL nicht zusätzlich ein Verstoß gegen die Erfordernisse der beruflichen Sorgfalt festgestellt werden muss, schließt nicht aus, bei der Auslegung der Merkmale des Art. 6 (bzw. der §§ 5, 5a) auf die Definition des Art. 2 lit. h bzw. § 2 Abs. 1 Nr. 7 zurückzugreifen.[10]

C. Die Begriffsmerkmale im Einzelnen

I. Fachkenntnisse und Sorgfalt

3 Das Begriffspaar »Fachkenntnisse und Sorgfalt« (engl.: »special skill and care«, frz.: »compétence spécialisée et soins«) macht deutlich, dass sowohl die fachlichen Voraussetzungen als auch die praktische Ausübung unternehmerischen Handelns gemeint sind. Gemäß dem Schutzzweck der UGP-RL wird nur der Tätigkeitsbereich gegenüber Verbrauchern erfasst; nur diesen schuldet der Unternehmer den Einsatz fachlicher Sorgfalt.[11]

---

4 Vgl. *Köhler*/Bornkamm/Feddersen, § 2 Rn. 130.
5 Vgl. Ohly/Sosnitza/Sosnitza, § 2 Rn. 93; FBO/Fezer, § 2 Abs. 1 Nr. 7 Rn. 9; Scherer, WRP 2009, 761, 765.
6 Vgl. GK/Fritzsche, § 2 Rn. 705; Harte/Henning/Keller, § 2 Rn. 178; Helm, WRP 2013, 710, 713.
7 Vgl. BT-Drs. 18/6571, S. 13.
8 Vgl. *Köhler*/Bornkamm/Feddersen, § 2 Rn. 132.
9 *Vgl. EuGH, 19.09.2013, C-435/11*, GRUR 2013, 1157, 1159 Rn. 45 – *CHS Tour Services.*
10 So zutreffend *Köhler*/Bornkamm/Feddersen, § 2 Rn. 132.
11 Vgl. Köhler, WRP 2015, 274, 282; Henning-Bodewig, GRUR Int. 2015, 529, 531.

Wie die – gleichwertig neben der deutschen zur Auslegung heranzuziehenden –[12] anderen Sprachfassungen der Richtlinie zeigen, ist der Begriff **»Fachkenntnisse«** nicht eng i.S.v. theoretischem Wissen auszulegen, sondern umfasst auch praktische Fertigkeiten. Die Betrachtung der weiteren Fassungen der Richtlinie erhellt auch den zunächst befremdlich erscheinenden Begriff **»Sorgfalt«**. Im deutschen Recht ist der Ausdruck vor allem aus den §§ 276 Abs. 2, 277 BGB geläufig, die die Verantwortlichkeit für Pflichtverletzungen innerhalb von Schuldverhältnissen regeln (diligentia), kann so aber im vorliegenden Kontext aus verschiedenen Gründen kaum gemeint sein.[13] Zum einen betrifft das Lauterkeitsrecht jedenfalls nicht ausschließlich die Situation vertraglicher Sonderbeziehungen oder auch nur deren konkreter Anbahnung. Zum anderen geht es hier nicht um die subjektive Vorwerfbarkeit von Pflichtverstößen, sondern um den objektiven Pflichtmaßstab.[14] Es ist daher zu Recht darauf hingewiesen worden, dass der Begriff mit der englischen, der französischen und anderen Sprachfassungen eher im Sinne von »Rücksichtnahme« auszulegen ist,[15] wobei der Gegenstand der Rücksichtnahme hier die informierte geschäftliche Entscheidung des Verbrauchers ist.[16] 4

Das Begriffspaar erfasst somit insgesamt die **Qualifikation des Unternehmers und deren Umsetzung im geschäftlichen Verkehr mit Verbrauchern**.[17] Wie die Formulierung »Standard an« und der diese näher umschreibende Relativsatz belegen, knüpft die Vorschrift dabei nicht – empirisch – an das Maß der üblichen unternehmerischen Kompetenzen und Verhaltensweisen an, sondern formuliert – normativ – Anforderungen an das unternehmerische Geschäftsgebaren.[18]

Konkretisiert wird der Standard einerseits durch eine Reihe von **Rechtsnormen** – ohne dass in der Praxis Mühe auf eine differenzierende Zuordnung der hieraus folgenden Geboten entweder zu den »Fachkenntnissen« oder der »Sorgfalt« verwandt würde. Zu nennen sind die gesetzlichen Vorschriften des Verbraucherschutzes wie z.B. §§ 305 ff., 5

12 Vgl. EuGH, 03.03.1977, C-80/76, Rn. 11/12; EuGH, 19.12.2013, C-281/12, GRUR 2014, 196, 197 Rn. 26 – *Trento Sviluppo/AGCM*.

13 Scherer, WRP 2009, 764, 765 nennt den Begriff hier sogar »völlig verfehlt«.

14 Vgl. GK/Fritzsche, § 2 Rn. 695; Spengler, WRP 2015, 1187, 1194; Henning-Bodewig, WRP 2011, 1014, 1019 m.w.N.; Gamerith, WRP 2005, 391, 417; Alexander, Schadensersatz und Abschöpfung im Lauterkeits- und Kartellrecht, Tübingen 2010, S. 197.

15 Vgl. GK/Fritzsche, § 2 Rn. 696; *Köhler*/Bornkamm/Feddersen, § 2 Rn. 133; anders allerdings KG, 30.03.2009, 24 U 145/08, WRP 2010, 129, 141 – *Jackpot!* und KG, 12.08.2009, 24 U 40/09, WRP 2010, 142, 148 Rn. 43 – *Lotto-Trainer*, wo der Begriff »fachliche Sorgfalt« aus der a.F. des UWG mit der einen Haftungsmaßstab beschreibenden »Sorgfalt eines ordentlichen Kaufmanns« nach § 347 HGB identifiziert wird.

16 Vgl. Erwägungsgrund 14 der UGP-RL; vgl. a. BGH, 12.12.2013, I ZR 192/12, GRUR 2014, 686, 687 Rn. 23 – *Goldbärenbarren*.

17 Vgl. MünchKomm/Bähr UWG, § 2 Rn. 334.

18 Vgl. *Köhler*/Bornkamm/Feddersen, § 2 Rn. 133; OLG Köln, 19.04.2013, 6 U 192/12, GRUR-RR 2014, 41, 44 (juris R. 33) – *Himalaya Salz* (Urt. bestätigt durch BGHZ 209, 302).

312 ff., 474 ff. BGB.[19] Daneben kommen aber auch die besonderen (der Verbrauchergeneralklausel des § 3 Abs. 2 als spezieller vorausgehenden) Unlauterkeitstatbestände des UWG selbst in Betracht,[20] z.B. das Irreführungsverbot gem. § 5,[21] das Verbot der Verschleierung des Werbecharakters (§ 4 Nr. 3 a.F.),[22] die Anforderungen an eine zulässige Testsieger- bzw. Testergebniswerbung,[23] Marktverhaltensregeln i.S.d. § 3a n.F. (§ 4 Nr. 11 a.F.) UWG,[24] das Verbot unzumutbarer Belästigungen nach § 7[25] sowie wettbewerbliche Verkehrspflichten[26]. Ob die fachliche Sorgfalt auch durch **berufsständische** oder von der jeweiligen Branche zu beachtende allgemeine Rechtsnormen konkretisiert wird, soweit diese nicht zugleich als **Marktverhaltensregelungen** i.S.d. § 3a n.F. (§ 4 Nr. 11 a.F.) anzusehen sind, ist fraglich.[27] Die Rechtsprechung nimmt zwar an, dass ein Verstoß gegen eine (unionsrechtlich begründete) Marktverhaltensregel regelmäßig zugleich der fachlichen Sorgfalt widerspricht;[28] zur umgekehrten Frage, ob ein Sorgfaltsverstoß auch ohne Verletzung einer Marktverhaltensregelung angenommen werden kann, fehlt es hingegen, soweit ersichtlich, an ausdrücklichen Stellungnahmen. Immerhin sind Verstöße gegen die fachliche Sorgfalt (i.S.d. § 2 Abs. 1 Nr. 7 a.F.) gelegentlich angenommen worden, ohne dass die verletzte Rechtsnorm zugleich als Markt-

---

19 Vgl. BGH, 31.03.2010, I ZR 34/08, GRUR 2010, 1117 f. Rn. 17 – *Gewährleistungsausschluss im Internet*; BGH, 31.05.2012, I ZR 45/11, GRUR 2012, 949, 943 Rn. 46 – *Missbräuchliche Vertragsstrafe* m.w.N.; OLG Köln, 19.06.2015, 6 U 183/14, WRP 2016, 90, 92 – *Grundpreisangabe bei Amazon II* m.w.N.; GK/Fritzsche, § 2 Rn. 685; Ohly/Sosnitza/Sosnitza, § 2 Rn. 94.

20 Vgl. allg. GK/Fritzsche, § 2 Rn. 679.

21 Vgl. LG Aachen, 13.01.2015, 41 O 60/14, WRP 2015, 648, 651 Rn. 50 – *Neu*; LG Düsseldorf, 28.10.2015, 12 O 348/14, MD 2016, 116 (zit. nach juris, dort Rn. 37; vgl. zum Irreführungsverbot nach Art. 6 (1) UGP-RL allerdings auch EuGH, 19.09.2013, C-435/11, GRUR 2013, 1157, 1159 Rn. 45 – *CHS Tour Services*, wo vorausgesetzt wird, dass eine irreführende Werbung die Anforderungen an die berufliche Sorgfalt gleichwohl erfüllen kann.

22 Vgl. LG Ravensburg, 20.03.2015, 8 O 2/15 KfH, WRP 2015, 921, 922 Rn. 10 ff. – *Beistellung von Werbeanzeigen*.

23 Vgl. OLG Karlsruhe, 17.02.2012, 4 U 232/11, MD 2012, 523 (zit. nach juris, dort Rn. 4); OLG Dresden, 11.02.2014, 14 U 1561/13, juris Rn. 27; OLG Düsseldorf, 26.01.2016, I-20 U 13/15, WRP 2016, 617, 620 Rn. 27; LG Kaiserslautern, OLG Düsseldorf, 08.11.2016, HKO 2/15, WRP 2017, 241 Rn. 8 – *Bester Reifenservice*.

24 Vgl. KG, 24.01.2014, 5 U 42/12, CR 2014, 319, 325 Rn. 127; GK/Fritzsche, § 2 Rn. 677.

25 Vgl. LG Frankfurt/M., 11.05.2011, 3–08 O 140/10 u.a., K&R 2011, 678 (zit. nach juris, dort Rn. 121 ff.).

26 Vgl. zu ihnen BGH, 12.07.2007, I ZR 18/04, BGHZ 173, 188, 200 ff. Rn. 36 ff. – *Jugendgefährdende Medien bei eBay*; Köhler, WRP 2012, 22, 26 f.; sehr weit gehend LG Hamburg, 26.07.2016, 312 O 574/15, juris 38 f. (m. krit. Anm. v. Hauch, jurisPR-WettbR 10/2016 Anm. 5).

27 Vgl. verneinend MünchKomm/Bähr UWG, § 2 Rn. 336; zweifelnd auch GK/Fritzsche, § 2 Rn. 728; bejahend Schmidtke, Unlautere geschäftliche Handlungen bei und nach Vertragsschluss, München 2011, S. 218.

28 Vgl. BGH, 31.03.*2010, I ZR 34/08*, GRUR 2010, 1117, 1118 Rn. 17 – *Gewährleistungsausschluss im Internet*; OLG Köln, 19.06.2015, 6 U 183/14, WRP 2016, 90, 92 Rn. 18 – *Grundpreisangabe bei Amazon II*; vgl. a. Alexander, WRP 2012, 515, 521.

verhaltensregel qualifiziert worden wäre.[29] Gegen ein weites, auch nicht marktbezogene Rechtsvorschriften umfassendes Verständnis der unternehmerischen/fachlichen Sorgfalt werden die Schutzzwecke der UGP-Richtlinie und des Lauterkeitsrechts angeführt.[30] Demgegenüber ist aber zu berücksichtigen, dass das Gesetz den Sorgfaltsverstoß als solchen noch gar nicht als unlauter qualifiziert. Nach § 3 Abs. 2 müssen eine geschäftliche Handlung gegenüber einem Verbraucher und deren Eignung, das wirtschaftliche Verhalten des Verbrauchers wesentlich zu beeinflussen, hinzukommen. Dies spricht dagegen, Vorschriften ohne marktverhaltensregelnden Charakter – wie etwa Genehmigungserfordernisse –[31] schon *von vornherein* aus dem Kreis der die unternehmerische Sorgfalt definierenden Ge- und Verbote auszuschließen. Ob der Verstoß gegen derartige Normen auch die Erheblichkeitsschwelle des § 3 Abs. 2 überschreitet, ist eine andere, bei Prüfung des § 3 zu beantwortende Frage.

Neben Rechtsnormen kommen schließlich auch **Verhaltenskodizes** i.S.d. § 2 Abs. 1 Nr. 5, die das Marktverhalten im B2C-Bereich regeln,[32] als Konkretisierungen der unternehmerischen Sorgfalt in Betracht.[33] Allerdings muss dabei berücksichtigt werden, dass es sich hierbei eben nicht um gesetzliche Vorschriften, sondern um eine bloße Selbstbindung von Unternehmern handelt. Da, wie der BGH treffend betont, aber nicht das bloß Übliche zur Norm erhoben werden darf,[34] kann die Einhaltung oder Nichteinhaltung eines Verhaltenskodex das Lauterkeitsurteil nicht zwingend determinieren. Nach der Rechtsprechung des BGH kommt Verhaltenskodizes vielmehr nur indizielle Bedeutung zu.[35] Dies würde bedenklich relativiert werden, wollte man annehmen, dass ein Verhaltenskodex die unternehmerische Sorgfalt ohne weiteres bestimmen könnte. Denn dann wäre ein Verstoß gegen ihn – sofern nur die Eignung zur Beeinflussung des Verbraucherverhaltens (§ 3 Abs. 2) hinzukäme – eben doch stets unlauter. Richtig dürfte es daher sein, Verhaltenskodizes nur als Teil der (anständigen) Marktgepflogenheiten i.S.d. § 2 Abs. 1 Nr. 7 zu betrachten[36] und damit nur als ein *Element* der unternehmerischen Sorgfalt.[37] 6

29 Vgl. z.B. LG Frankfurt/M., 21.09.2011, 3–08 O 101/11, WRP 2012, 866, 867 Rn. 15: § 19 FahrlehrerG; LG Siegen, 23.02.2012, 1 O 194/10, juris Rn. 15: §§ 2 Abs. 15, 21 Abs. 1 Nr. 2 StVG; OLG Köln, 12.12.2014, 6 U 101/14, MMR 2015, 451 (zit. nach juris, dort Rn. 18); LG Stuttgart, 30.09.2015, 40 O 76/15 KfH, ZfIR 2015, 889 (zit. nach juris, dort Rn. 37): § 2 Abs. 1a WoVermRG; OLG Stuttgart, 23.03.2017, 2 U 113/16, WRP 2017, 738, 740 Rn. 20 ff.: § 61 Abs. 4 SGB V.

30 Vgl. GK/Fritzsche, § 2 Rn. 728, § 3 Rn. 602.

31 Vgl. EuGH, 17.01.2013, C-206/11, GRUR 2013, 297, 298 Rn. 36 ff. – *Köck*, wo nur betont wird, dass der Verstoß gegen eine Genehmigungspflicht nicht per se zur Unlauterkeit führt.

32 Vgl. o., § 2 Abs. 1 Nr. 5 Rn. 9 ff.

33 Vgl. Henning/Harte/Keller, § 2 Rn. 168.

34 Vgl. BGH, 07.02.2006, KZR 33/04, BGHZ 166, 154, 161 f. Rn. 19 – *Probeabonnement.*

35 Vgl. BGH, 09.09.2010, I ZR 157/08, GRUR 2011, 431 Rn. 13 – *FSA-Kodex.*

36 So auch *Köhler*/Bornkamm/Feddersen, § 2 Rn. 115a, 137; vgl. a. FBO/Fezer, § 2 Abs. 1 Nr. 5 Rn. 36 ff. und § 2 Abs. 1 Nr. 7 Rn. 18 f.; MünchKomm/Bähr UWG, § 2 Rn. 292; differenzierend Alexander, GRUR Int 2012, 965, 972 f.; GK/Fritzsche, § 2 Rn. 689 f. (bei Verbandsaußenseitern nur Indizwirkung).

37 Vgl. näher sogleich, Rn. 7 ff.

II. Treu und Glauben unter Berücksichtigung der anständigen Marktgepflogenheiten

7 Zugleich konkretisierende wie limitierende Bedeutung für die Anforderungen an die unternehmerische Sorgfalt kommt den weiteren Definitionsbestandteilen »Treu und Glauben« sowie »anständige Marktgepflogenheiten« zu. Eine Begrenzung der vom Unternehmer einzuhaltenden Sorgfalt ergibt sich vor allem daraus, dass lediglich derjenige Standard gefordert ist, dessen Einhaltung nach diesen Maßstäben ***billigerweise* erwartet** werden kann. Überzogene Anforderungen werden hierdurch ausgeschlossen, nur Zumutbares gefordert.[38] Daneben hat die Nennung von Treu und Glauben und anständigen Marktgepflogenheiten in gewissem Umfang aber auch eine begründende Funktion. So können jedenfalls in der Situation einer Vertragsanbahnung mit einem Verbraucher Verstöße gegen die Gebote des **§ 242 BGB** auch als Verfehlungen der unternehmerischen Sorgfalt beurteilt werden, was vor allem bei neuartigen Berufen, hinsichtlich deren sich anständige Marktgepflogenheiten noch nicht herausgebildet haben, Bedeutung erlangen kann.[39] Inhaltlich geht es dabei im Wesentlichen um eine Rücksichtnahme auf die Interessen der Verbraucher bei der eigenen, mit diesen nicht immer von selbst übereinstimmenden unternehmerischen Tätigkeit. Bei den Marktgepflogenheiten handelt es sich hingegen um gesetzlich nicht normierte, ungeschriebene, gleichwohl allgemein akzeptierte (wenn auch nicht unbedingt bis zu einer Verdichtung zu Gewohnheitsrecht) Verhaltensregeln für einen bestimmten Beruf oder Geschäftszweig.[40] Die neue Gesetzesfassung stellt damit klar, was der Sache nach auch bisher anerkannt war, dass nämlich nicht das *übliche* Geschäftsgebaren – bis hin zu allgemein gepflogenen Schlendrian – den Maßstab bildet, sondern eben nur diejenigen Konventionen, die als anständig gelten können.[41]

Zur näheren Auslegung des Merkmals wird vielfach auf Art. 10bis (2) (und (3)) der Pariser Verbandsübereinkunft zum Schutz des gewerblichen Eigentums (PVÜ) verwiesen.[42] Allerdings hält sich die hierdurch gewonnene Präzisierung in Grenzen; insbesondere gehen die in Abs. 3 des Art. 10bis genannten Beispiele nicht über die bereits aus den besonderen Unlauterkeitstatbeständen des UWG zu gewinnenden Erkenntnisse hinaus.[43] Auch die Markenrichtlinie (89/104/EWG), die an mehreren Stellen die Formulierung »anständige Gepflogenheiten in Gewerbe und Handel« verwendet, hilft nicht entscheidend weiter, denn der EuGH legt den Begriff im dortigen Kontext so aus, dass er der Pflicht entspreche, den berechtigten Interessen des Markeninhabers nicht in unlauterer Weise zuwiderzuhandeln,[44] was nicht minder konkretisierungsbe-

38 Vgl. MünchKomm/Bähr UWG, § 2 Rn. 338.
39 Vgl. *Köhler*/Bornkamm/Feddersen, § 2 Rn. 139.
40 Vgl. *Köhler*/Bornkamm/Feddersen, § 2 Rn. 137; LG Köln, 23.07.2009, 31 O 105/09, juris Rn. 14.
41 Vgl. schon BGH, 07.02.2006, KZR 33/04, BGHZ 166, 154, 161 f. Rn. 19 – *Probeabonnement* m.w.N.
42 Vgl. Ohly/*Sosnitza/Sosnitza, § 2 Rn. 93*; GK/Fritzsche, § 2 Rn. 705.
43 *Vgl.* skeptisch auch *Köhler*/Bornkamm/Feddersen, § 2 Rn. 138.
44 Vgl. EuGH, 07.01.2004, C-100/02, GRUR 2004, 234, 235 Rn. 24 – *Gerolsteiner/Putsch.*

dürftig ist.[45] Letztlich bleiben daher als Bestimmungsmaßstab für die Anständigkeit nur die Schutzzwecke und Wertmaßstäbe der Richtlinie, wie sie außer in deren einzelnen Vorschriften vor allem in den Erwägungsgründen zum Ausdruck kommen.[46]

45 Vgl. *Köhler*/Bornkamm/Feddersen, § 2 Rn. 138.

46 So auch *Köhler*/Bornkamm/Feddersen, § 2 Rn. 138, der den Verweis daher für zirkulär hält; Kopp, Selbstkontrolle durch Verhaltenskodizes im europäischen und deutschen Lauterkeitsrecht, Berlin 2016, S. 194, der zusätzlich die Wertungen des GWB erwähnt.

§ 2 Abs. 1 Nr. 8 Definitionen: wesentliche Beeinflussung des wirtschaftlichen Verhaltens des Verbrauchers

(1) Im Sinne dieses Gesetzes bedeutet

8. »wesentliche Beeinflussung des wirtschaftlichen Verhaltens des Verbrauchers« die Vornahme einer geschäftlichen Handlung, um die Fähigkeit des Verbrauchers, eine informierte Entscheidung zu treffen, spürbar zu beeinträchtigen und damit den Verbraucher zu einer geschäftlichen Entscheidung zu veranlassen, die er andernfalls nicht getroffen hätte.

Art. 2 lit. e) Definitionen

Im Sinne dieser Richtlinie bezeichnet der Ausdruck

e) »wesentliche Beeinflussung des wirtschaftlichen Verhaltens des Verbrauchers« die Anwendung einer Geschäftspraxis, um die Fähigkeit des Verbrauchers, eine informierte Entscheidung zu treffen, spürbar zu beeinträchtigen und damit den Verbraucher zu einer geschäftlichen Entscheidung zu veranlassen, die er andernfalls nicht getroffen hätte;

Stefan Schilling

Übersicht **Rdn.**

A. Allgemeines

1 Die Definition der »wesentlichen Beeinflussung des wirtschaftlichen Verhaltens des Verbrauchers« ist durch die UWG-Novelle 2015 neu aufgenommen worden. Sie orientiert sich an Art. 2 lit. e der UGP-RL (2005/29/EG), verwendet jedoch – um die einheitliche Terminologie des UWG zu wahren – den Begriff »geschäftliche Handlung« anstelle des Begriffs »Geschäftspraxis«. Eine inhaltliche Abweichung ist damit nicht verbunden.[1] Die Definition findet sich vollständig in § 3 Abs. 2 UWG. Das Relevanzkriterium (»den Verbraucher zu einer geschäftlichen Entscheidung zu veranlassen, die er andernfalls nicht getroffen hätte«) ist auch in den Tatbeständen der § 4a Abs. 1 Satz 1, § 5 Abs. 1 Satz 1 und § 5a Abs. 2 Satz 1 Nr. 3 enthalten.

---

1 Begründung des Gesetzesentwurfs der Bundesregierung v. 01.04.2015, BT-Drucks. 18/4535, S. 10.

B. Elemente

Die Definition besteht aus drei Elementen: Erstens einer geschäftlichen Handlung, die zweitens geeignet ist, die Fähigkeit des Verbrauchers, eine informierte Entscheidung zu treffen, spürbar zu beeinträchtigen und die drittens kausal den Verbraucher zu einer geschäftlichen Entscheidung veranlasst, die er anderenfalls nicht getroffen hätte. Die Beeinträchtigung der Fähigkeit zu einer informierten Entscheidung und das Relevanzkriterium stellen Tatbestandsmerkmale dar, die selbständig zu prüfen sind.[2] 2

I. Geschäftliche Handlung

Dieser Begriff ist seinerseits definiert in § 2 Abs. 1 Nr. 1, wobei es vorliegend allein 3
um verbraucherbezogene Handlungen geht.[3]

II. Fähigkeit zu einer informierten Entscheidung

Die geschäftliche Handlung muss geeignet sein, die Fähigkeit des Verbrauchers, eine 4
informierte Entscheidung zu treffen, spürbar zu beeinträchtigen.

1. Informierte Entscheidung

Schutzgut ist die Fähigkeit des Verbrauchers, eine informierte Entscheidung zu treffen. 5
Nach Erwägungsgrund 14 der UGP-RL geht es darum, dass der Verbraucher *eine informierte und deshalb effektive Wahl* treffen kann. Nach der Rechtsprechung des EuGH ist es für einen Verbraucher von grundlegender Bedeutung, dass er vor Abschluss eines Vertrages über dessen Bedingungen und die Folgen des Vertragsschlusses informiert ist und sich auf der Grundlage dieser Informationen entscheidet, ob er sich gegenüber dem Gewerbetreibenden vertraglich binden möchte, indem er sich den von diesem vorformulierten Bedingungen unterwirft.[4] Dabei ist zu berücksichtigen, dass der Verbraucherschutz der UGP-RL darauf beruht, dass sich ein Verbraucher im Vergleich zu einem Gewerbetreibenden insbesondere hinsichtlich des Informationsniveaus in einer unterlegenen Position befindet, da er als wirtschaftlich schwächer und rechtlich weniger erfahren als sein Vertragspartner angesehen werden muss.[5] Von einer informierten Entscheidung ist dann auszugehen, wenn der Verbraucher auf der Grundlage von ausreichenden Informationen eine für ihn nützliche und damit rationale geschäftliche Entscheidung treffen kann (zum Begriff siehe § 2 Abs. 1 Nr. 9 Rdn. 2). Ausreichend sind die Informationen dann, wenn sie dem Verbraucher die Abwägung

2 Köhler, WRP 2014, 259 Rn. 7; vgl. zu § 5a Abs. 2 Satz 1 Nrn. 1 und 2: BGH, 21.07.2016, I ZR 26/15, GRUR 2016, 1076 Rn. 55 – *LGA tested*; BGH, 02.03.2017, I ZR 41/16, GRUR 2017, 922 Rn. 31 – *Komplettküchen*; Alexander, WRP 2016, 139, 142.

3 *Köhler*/Bornkamm/Feddersen, UWG § 2 Rn. 143.

4 Vgl. EuGH, 07.09.2016, C-310/15, WRP 2016, 1342 Rn. 40 – *Vincent Deroo-Blanquart/Sony Europe*.

5 Vgl. EuGH, 16.04.2015, C-388/13, GRUR 2015, 600 Rn. 53 – *Ungarische Verbraucherschutzbehörde/UPC*.

von Vor- und Nachteilen ermöglicht.[6] Maßstab ist der durchschnittliche Adressat der geschäftlichen Handlung[7], d.h. bei einer Werbung an den allgemeinen Verkehr der angemessen gut informierte, angemessen aufmerksame und kritische Durchschnittsverbraucher in der Auslegung des EuGH.[8] Ein anderes gilt nur sofern es um besonders schutzbedürftige Verbraucher geht, siehe § 3 Abs. 4 Rdn. 140.

2. Eignung zur Beeinträchtigung

a) Objektive Beeinträchtigung

6 Soweit sowohl die UGP-RL als auch das UWG bei dieser Definition von der Vornahme »einer geschäftlichen Handlung, um […] zu beeinträchtigen«, sprechen, begründet dies kein Erfordernis eines zielgerichteten Handelns, wie die Formulierung im Tatbestand des § 3 Abs. 2 zeigt. Auch die Zielsetzung eines hohen Verbraucherschutzniveaus sprechen dagegen.[9] Das Gesetz nennt in § 4a Abs. 1 Satz 2 und § 3, § 5 Abs. 1 Satz 1 und § 5a Abs. 2 Satz 1 Nr. 3 typische Fälle, die die Fähigkeit zu einer informierten Entscheidung zu beeinträchtigen geeignet sind, nämlich Belästigung, Nötigung oder unzulässige Beeinflussung, Irreführung sowie das Vorenthalten wesentlicher Informationen. Grundsätzlich sind an die Eignung zur wesentlichen Beeinflussung keine hohen Anforderungen zu stellen.[10] Gleichwohl eröffnet dieses Tatbestandsmerkmal eine Abwägung, etwa bei dem Vorenthalten von Informationen nach § 5a Abs. 2 danach, ob der Verbraucher diese auch tatsächlich benötigt.[11]

b) Spürbarkeit

7 Die Prüfung, ob ein Verbraucher vor seiner geschäftlichen Entscheidung gebührend informiert wurde oder ob die Fähigkeit des Verbrauchers, eine informierte geschäftliche Entscheidung zu treffen, spürbar beeinträchtigt werde, ist Sache des (nationalen) Tatrichters.[12] Von der spürbaren (Eignung zur) Beeinträchtigung ist dann auszugehen, wenn die geschäftliche Handlung den (Durchschnitts-)Verbraucher davon abhalten kann, die Vor- und Nachteile der in Rede stehenden geschäftlichen Entscheidung abzu-

---

6 BGH, 19.04.2018, I ZR 154/16, GRUR 2018, 1251 Rn. 68 – *Werbeblocker II*; *Köhler*/Bornkamm/Feddersen UWG § 2 Rn. 145.

7 Vgl. BGH, 19.04.2018, I ZR 154/16, GRUR 2018, 1251 Rn. 68 – *Werbeblocker II*.

8 Vgl. Erwägungsgrund 18 der UGP-Richtlinie, zuletzt bekräftigt durch EuGH, 26.10.2016, C-611/14, WRP 2017, 31 Rn. 39 – *Canal Digital Danmark*.

9 Ausführlich auch unter Verweis auf die verschiedenen Sprachfassungen: *Köhler*/Bornkamm/Feddersen UWG § 2 Rn. 144.

10 Ohly/*Sosnitza* UWG § 2 Rn. 100.

11 Vgl. BGH, 18.10.2017, I ZR 84/16, GRUR 2018, 324 Rn. 23 – *Kraftfahrzeugwerbung*; Gesetzesentwurf der Bundesregierung vom 01.04.2015 zum Zweiten Gesetz zur Änderung des Gesetzes gegen den unlauteren Wettbewerb, BT-Drucks. 18/4535, S. 9 Abs. 3 und S. 16 Abs. 2 (mit der Beschlussempfehlung des Rechtsausschusses vom 04.11.2015, BT-Drucks. 18/6571, S. 9 und 15, ist die Einzelfallabwägung in § 5a Abs. 2 UWG »vor die Klammer« gezogen worden)

12 Vgl. EuGH, 07.09.2016, C-310/15, WRP 2016, 1342 Rn. 40 – *Vincent Deroo-Blanquart/Sony Europe*

wägen und auf dieser Grundlage eine für ihn nützliche Entscheidung zu treffen.[13]Dazu gehören auch etwa Informationen über die Identität des Vertragspartners, um den Ruf des Unternehmers, aber auch seine wirtschaftliche Leistungsfähigkeit einschätzen zu können[14] Bei besonders schutzwürdigen Verbrauchergruppen sind entsprechend geringere Anforderungen an die Spürbarkeit der Beeinträchtigung zu stellen, vgl. § 3 Abs. 4 Satz 2.

Soweit unter der Geltung des § 5a Abs. 1 UWG aF angenommen worden war, dass das Erfordernis der Spürbarkeit (§ 3 Abs. 1 und § 3 Abs. 2 Satz 1 UWG aF) ohne Weiteres erfüllt ist, wenn dem Verbraucher Informationen vorenthalten werden, die das Unionsrecht als wesentlich einstuft,[15] hat der BGH unter der Geltung des mit Wirkung vom 20.12.2015 geänderten § 5a Abs. 2 UWG daran nicht mehr festgehalten[16]. Die spürbare Beeinträchtigung der Fähigkeit zur informierten Entscheidung und die geschäftliche Relevanz, dass das Verhalten geeignet ist, den Verbraucher zu einer geschäftlichen Entscheidung zu veranlassen, die er anderenfalls nicht getroffen hätte«, stellen zusätzliche Tatbestandsmerkmale dar, die deshalb selbständig zu prüfen sind.[17] Das Vorenthalten einer wesentlichen Information ist damit nur dann unlauter, wenn es geeignet ist, den Verbraucher zu einer geschäftlichen Entscheidung zu veranlassen, die er anderenfalls nicht getroffen hätte.[18] Diese Rechtsprechung hat der BGH nunmehr auch auf das Kriterium der Spürbarkeit nach § 3a übertragen[19]. **8**

III. Geschäftliche Relevanz

Das Vorenthalten einer wesentlichen Information ist nur dann unlauter, wenn es geeignet ist, den Verbraucher zu einer geschäftlichen Entscheidung zu veranlassen, die er anderenfalls nicht getroffen hätte. Erforderlich ist, dass die Werbung geeignet ist, bei einem erheblichen Teil der umworbenen Verkehrskreise irrige Vorstellungen über **9**

13 *Köhler*/Bornkamm/Feddersen, UWG § 2 Rn. 146; Köhler, WRP 2014, 259 Rn. 20.

14 BGH, 19.04.2018, I ZR 244/16, 2018, 950 Rn. 30 – *Namensangabe*; anders für die Angabe des Herstellungslandes OLG Braunschweig, 20.11.2018, 2 U 22/18, GRUR-RR 2019, 59 Rn. 76 ff).

15 Vgl. BGH, 04.02.2010, I ZR 66/09, GRUR 2010, 852 Rn. 21 – *Gallardo Spyder*; BGH, 29.04.2010, I ZR 66/08, GRUR 2010, 1142 Rn. 24 – *Holzhocker*; BGH, 21.12.2011, I ZR 190/10, GRUR 2012, 842 Rn. 25 – *Neue Personenkraftwagen*; BGH, 18.04.2013, I ZR 180/12, GRUR 2013, 1169 Rn. 19 – *Brandneu von der IFA*; BGH, 19.02.2014, I ZR 17/13, GRUR 2014, 584 Rn. 23 – *Typenbezeichnung*; BGH, 07.05.2015, I ZR 158/14, GRUR 2015, 1240 Rn. 46 – *Der Zauber des Nordens*; BGH, 04.02.2016, I ZR 194/14, GRUR 2016, 403 Rn. 25 – *Fressnapf*; HansOLG Hamburg, 24.04.2018, 3 W 39/18, WRP 2018, 859 Rn. 20.

16 Vgl. BGH, 04.02.2016, I ZR 194/14, GRUR 2016, 403 Rn. 31 – *Fressnapf*; BGH, 02.03.2017, I ZR 41/16, GRUR 2017, 922 Rn. 31 – *Komplettküchen*; *Köhler*/Bornkamm/Feddersen, UWG, § 5a Rn. 3.43.

17 Vgl. zu § 5a UWG: BGH, 02.03.2017, I ZR 41/16, GRUR 2017, 922 Rn. 31 – *Komplettküchen*; BGH, 13.09.2018, I ZR 117/15, GRUR 2018, 1258 Rn. 44 – *YouTube-Werbekanal II*; Alexander, WRP 2016, 139, 142.

18 BGH, 21.07.2016, I ZR 26/15, GRUR 2016, 1076 Rn. 55 – *LGA tested*; BGH, 02.03.2017, I ZR 41/16, GRUR 2017, 922 Rn. 32 f. – *Komplettküchen*.

19 BGH, 31.10.2018, I ZR 73/17, GRUR 2019, 82 Rn. 31 – *Jogginghosen*.

marktrelevante Umstände hervorzurufen und die zu treffende Marktentschließung in wettbewerblich relevanter Weise zu beeinflussen.[20] Die geschäftliche Relevanz der Geschäftspraxis für den Verbraucher ist mehr als ein bloßes (hypothetisches) Kausalitätskriterium.[21] Es handelt sich vielmehr um eine tatrichterliche Würdigung, die von den nationalen Gerichten zu beurteilen ist, namentlich, wie der Durchschnittsverbraucher in einem gegebenen Fall typischerweise reagieren würde.[22]Dabei fehlt die Relevanz etwa im Rahmen der Preiswerbung bei unzureichender Information lediglich dann, wenn unerhebliche Preiskomponenten des Gesamtpreises betroffen sind [23] oder eine vorgeschriebene Inhaltsangabe durch einen eingebürgerten Begriff der Umgangssprache ersetzt wird[24]. Die geschäftliche Relevanz entfällt im Gegenzug nicht deshalb, weil der Verbraucher sich die zutreffende Information selbst hätte beschaffen können.[25]

10 Nach der Rechtsprechung des BGH trifft den Unternehmer, der geltend macht, dass – abweichend vom Regelfall – der Verbraucher etwa eine ihm vorenthaltene wesentliche Information für die Kaufentscheidung nicht benötigt und das Vorenthalten dieser Information den Verbraucher nicht zu einer anderen Kaufentscheidung veranlassen kann, insoweit eine sekundäre Darlegungslast.[26] Ob tatsächlich eine wesentliche Beeinflussung des wirtschaftlichen Verhalten des Verbrauchers eingetreten ist, ist weder für die Definition in § 2 Abs. 1 Nr. 8 noch für den Tatbestand des § 3 Abs. 2 Voraussetzung.[27]

---

20 Vgl. BGH, 26.02.2009, I ZR 219/06, GRUR 2009, 888 Rn. 18 – *Thermoroll*; BGH, 08.03.2012, I ZR 202/10, GRUR 2012, 1053 Rn. 19 – *Marktführer Sport*; BGH, 28.04.2016, I ZR 23/15, GRUR 2016, 1073 Rn. 27 – *Geo-Targeting*; BGH, 11.10.2017, I ZR 78/16, GRUR 2018, 431 Rn. 30 – *Tiegelgröße*.

21 Büscher/Dittmer/Schiwy/*Lehmler*, UWG § 3 Rn. 119.

22 Erwägungsgrund 18 der UGP-Richtlinie.

23 Vgl. EuGH, 26.10.2016, C-611/14, WRP 2017, 31 Rn. 47 – *Canal Digital Danmark*.

24 BGH, 31.10.2018, I ZR 73/17, GRUR 2019, 82 Rn. 33 – *Jogginghosen*.

25 Vgl. EuGH, 16.04.2015, C-388/13, GRUR 2015, 600 Rn. 53 f. – *Ungarische Verbraucherschutzbehörde/UPC*.

26 Vgl. zu § 5a Abs. 2 UWG: BGH, 02.03.2017, I ZR 41/16, GRUR 2017, 922 Rn. 32 f. – *Komplettküchen*; zu § 3a UWG: BGH, 31.10.2018, I ZR 73/17, GRUR 2019, 82 Rn. 32 – *Jogginghosen*; BGH, 13.09.2018, I ZR 117/15, GRUR 2018, 1258 Rn. 51 – *YouTube-Werbekanal II*; *Köhler*/Bornkamm/Feddersen, UWG, § 5a Rn. 3.44; Ohly/*Sosnitza*, UWG, § 5a Rn. 66; *Alexander, WRP 2016, 139*, 143.

27 *Köhler*/Bornkamm/Feddersen UWG § 2 Rn. 147; OLG Hamm, 12.11.2013, 4 U 31/13, WRP 2014, 217 Rn. 52.

§ 2 Abs. 1 Nr. 9 Definitionen: geschäftliche Entscheidung

(1) Im Sinne dieses Gesetzes bedeutet

9. »geschäftliche Entscheidung« jede Entscheidung eines Verbrauchers oder sonstigen Marktteilnehmers darüber, ob, wie und unter welchen Bedingungen er ein Geschäft abschließen, eine Zahlung leisten, eine Ware oder Dienstleistung behalten oder abgeben oder ein vertragliches Recht im Zusammenhang mit einer Ware oder Dienstleistung ausüben will, unabhängig davon, ob der Verbraucher oder sonstige Marktteilnehmer sich entschließt, tätig zu werden.

Art. 2 lit. k) Definitionen

Im Sinne dieser Richtlinie bezeichnet der Ausdruck

k) »geschäftliche Entscheidung« jede Entscheidung eines Verbraucher darüber, ob, wie und unter welchen Bedingungen er einen Kauf tätigen, eine Zahlung insgesamt oder teilweise leisten, ein Produkt behalten oder abgeben oder ein vertragliches Recht im Zusammenhang mit dem Produkt ausüben will, unabhängig davon, ob der Verbraucher beschließt, tätig zu werden oder ein Tätigwerden zu unterlassen;

Stefan Schilling

A. Allgemeines

1 Die Definition der »geschäftlichen Entscheidung« ist durch die UWG-Novelle 2015 neu aufgenommen worden. Sie orientiert sich an Art. 2 lit. k der UGP-RL (2005/29/EG) unter Inkorporation der Definition des Richtlinienbegriffs »Produkt« als »Waren oder Dienstleistungen« in Art. 2 lit. c. Das Gesetz spricht ferner allgemeiner von »Geschäft abschließen« anstelle von »Kauf tätigen«, wie es die Richtlinie tut. Da allerdings die Richtlinie nicht auf Kaufverträge begrenzt ist, ist hiermit keine Erweiterung in der Sache verbunden.[1] Die Definition ergänzt § 2 Abs. 1 Nr. 8; sie findet sich ferner in § 4a Abs. 1 Satz 1, § 5 Abs. 1 Satz 1 sowie § 5a Abs. 1 Satz 1, § 5a Abs. 2 Satz 1 Nrn. 1 und 2 UWG. Soweit das Gesetz auch die geschäftliche Entscheidung sonstiger Marktteilnehmer erfasst, geht es in zulässiger Weise über die UGP-RL hinaus, die Geschäftspraktiken in Bezug auf Rechtsgeschäfte zwischen Gewerbetreibenden oder die irreführende Werbung gegenüber Unternehmen nicht erfasst.[2]

B. Entscheidung eines Verbrauchers oder sonstiger Marktteilnehmer

2 Die Definition enthält eine weite Begriffsbestimmung der geschäftlichen Entscheidung, die praktisch jedes wirtschaftlich relevante Verhalten eines Verbrauchers oder sonstigen Marktteilnehmers erfasst. Sie korrespondiert mit der Definition der geschäftlichen Handlung nach § 2 Abs. 1 Nr. 1 (Art. 3 Abs. 1 der UGP-RL), das jedes Verhalten einer

---

1 Ohly/*Sosnitza* UWG § 2 Rn. 102.

2 Vgl. Erwägungsgrund 6 der UGP-RL (2005/29/EG)

Person zugunsten des eigenen oder fremden Unternehmens vor, bei oder nach einem Geschäftsabschluss mit Wettbewerbsförderungsabsicht erfasst.[3]

I. Geschäftsabschluss

3 Für die Annahme einer geschäftlichen Entscheidung genügt jede Entscheidung eines Verbrauchers darüber, ob, wie und unter welchen Bedingungen er einen Kauf tätigen will.[4] Das sind zunächst einmal alle Entscheidungen im Zusammenhang mit dem Abschluss, Verlängerung oder Genehmigung eines Vertrages.[5]

II. Entscheidungen im Vorfeld

4 Der Begriff erfasst jedoch nicht nur die Entscheidung über den Erwerb oder Nichterwerb eines Produkts, sondern auch damit im Vorfeld unmittelbar zusammenhängende Entscheidungen, wie insbesondere das Betreten des Geschäfts,[6] das Aufsuchen der Website des Werbenden,[7] die Kontaktaufnahme zum Immobilienmakler zu dem Zweck, die Immobilie zu erwerben oder zu mieten[8] oder die Entscheidung, ob er dem Angebot nähertreten möchte[9].

5 In vorsichtiger Abkehr der früher strengen Blickfang-Rechtsprechung[10] hat der Bundesgerichtshof unter Rückgriff auf die gesetzliche Definition in der bloßen Entscheidung eines Verbrauchers, sich mit einer Werbeanzeige näher zu befassen, die durch eine blickfangmäßig herausgestellte irreführende Angabe veranlasst worden ist, noch keine geschäftliche Entscheidung gesehen. Es fehlt bei der bloßen Wahrnehmung noch an einem unmittelbaren Zusammenhang mit einem Erwerbsvorgang.[11] Diese Rechtsprechung ist nicht ohne Kritik geblieben.[12] In Bezug auf langlebige und höherpreisige Wirtschaftsgüter wird sie jedoch durchaus der gesetzlichen Definition gerecht, so dass

---

3 Omsels, WRP 2016, 553 Rn. 26; jurisPK-UWG/Ernst, UWG, § 2 Rn. 55.

4 BGH, 14.01.2016, I ZR 61/14, GRUR 2016, 516 Rn. 28 – *Wir helfen im Trauerfall*

5 Vgl. *Köhler*/Bornkamm/Feddersen, UWG, § 2 Rn. 152.

6 EuGH, 19.12.2013, C-281/12, GRUR 2014, 196 Rn. 36 – *Trento Sviluppo/AGCM*; BGH, 04.02.2016, I ZR 194/14, GRUR 2016, 403 Rn. 14 – *Fressnapf*; BGH, 14.01.2016, I ZR 61/14, GRUR 2016, 516 Rn. 28 – *Wir helfen im Trauerfall*; BGH, 21.07.2016, I ZR 26/15, GRUR 2016, 1076 Rn. 29 – *LGA tested*; BGH, 02.03.2017, I ZR 41/16, GRUR 2017, 922 Rn. 28 – *Komplettküchen*

7 Vgl. BGH, 28.01.2016, I ZR 231/14, GRUR 2016, 399 Rn. 13 – *MeinPaket.de*; BGH, 28.04.2016, I ZR 23/15, GRUR 2016, 1073 Rn. 34 – *Geo-Targeting*; BGH, 13.09.2018, I ZR 117/15, GRUR 2018, 1258 Rn. 49 – *YouTube-Werbekanal II*; LG Berlin, 24.05.2018, 52 O 101/18, MMR 2018, 543 Rn. 25 – *Influencer-Post.*

8 Vgl. BGH, 05.10.2017, I ZR 232/16, GRUR 2018, 438 Rn. 34 – *Energieausweis*

9 Vgl. BGH, 07.05.2015, I ZR 158/14, GRUR 2015, 1240 Rn. 38 – *Der Zauber des Nordens*; OLG Köln, 19.05.2017, 6 U 155/16, GRUR-RR 2017, 319 Rn. 24 – *Facebook-Posting für PKW*, beide zu § 5a Abs. 2 UWG.

10 Vgl. nur BGH, 24.05.2000, I ZR 222/97, GRUR 2001, 78, 79 – *Falsche Herstellerpreisempfehlung.*

11 BGH, 18.12.2014, I ZR 129/13, GRUR 2015, 698 Rn. 20 – *Schlafzimmer komplett*; zust. Omsels, WRP 2016, 553 Rn. 33.

12 Vgl. Rehart, MMR 2015, 586, 588 ff.

die relevante Entscheidung, auch dem beworbenen Angebot selbst nähertreten zu wollen, in diesen Fällen erst der Lektüre der Werbeanzeige nachfolgt.[13] Für Alltagsartikel oder -dienstleistungen, wie Telefondienstleistungen, fällt dagegen die geschäftliche Entscheidung des Verbrauchers, dem Angebot nähertreten zu wollen, nach der allgemeinen Lebenserfahrung schon früher,[14] insbesondere wenn die Werbung unübersichtlich gestaltet ist[15].

Für die Annahme einer Irreführung ist zudem erforderlich, dass die geschäftliche Entscheidung – dies muss nicht die finale Kaufentscheidung sein – anders ausfällt, als ohne die – damit unlautere – geschäftliche Handlung, vgl. § 2 Abs. 1 Nr. 8 UWG, § 5 Abs. 1 Satz 1 UWG.[16] 6

III. Weitere zusammenhängende Entscheidungen

Die Definition erfasst die verschiedenen Stadien der Vertragsabwicklung, aber auch der Beendigung und Rückabwicklung des Vertrages, indem sie auch auf die Entscheidung des Verbrauchers (oder sonstigen Marktteilnehmers) abstellt, eine Zahlung leisten[17], eine Ware oder Dienstleistung behalten oder abgeben oder ein vertragliches Recht im Zusammenhang mit einer Ware oder Dienstleistung ausüben zu wollen. Die Entscheidung eine Ware oder Dienstleistung zu behalten, kann aber auch Fälle erfassen, in denen noch kein Vertrag geschlossen war, wie z.B. bei unverlangt zugesendeter Waren oder angedienter Dienstleistungen.[18] Bei der bloßen Entgegennahme von Warenproben oder Werbegeschenken liegt in der Regel noch keine geschäftliche Entscheidung des Verbrauchers über das Behaltenwollen oder den Abschluss eines Vertrages vor, sondern folgt dem erst nach. Da aber die Definition der geschäftlichen Entscheidung auch Entscheidungen im Vorfeld erfasst, kann im Einzelfall die Entgegennahme von Warenproben – anders bei bloßen Werbegeschenken –die Entscheidung beinhalten, ob einem damit beworbenen entgeltlichen Angebot nähergetreten werden soll.[19] Auch liegt eine geschäftliche Entscheidung vor, wenn sich der Verbraucher entschließt, an einem Gewinnspiel eines Unternehmens teil zu nehmen, das damit verbunden ist, persönliche Daten preiszugeben.[20] 7

IV. Unabhängig von tatsächlichem Tätigwerden

Eine geschäftliche Entscheidung liegt unabhängig davon vor, ob diese Entscheidung in einem äußeren Verhalten des Verbrauchers (oder sonstigen Marktteilnehmers) mündet. So kann selbst der innere Entschluss eine Ware im Auge zu behalten, bereits eine 8

13 Vgl. *Köhler*/Bornkamm/Feddersen, UWG, § 5 Rn. 1.91.
14 Vgl. BGH, 15.10.2015, I ZR 260/14, GRUR 2016, 207 Rn. 18 – *All Net Flat*; so schon Alexander, GRUR-Prax 2015, 239.
15 Omsels, WRP 2016, 553 Rn. 34.
16 Omsels, WRP 2016, 553 Rn. 36.
17 BGH, 22.3.2018, I ZR 25/17, GRUR 2018, 1063 Rn. 10 ff – *Zahlungsaufforderung*.
18 Vgl. *Köhler*/Bornkamm/Feddersen, UWG, § 2 Rn. 154.
19 *Köhler*/Bornkamm/Feddersen, UWG, § 2 Rn. 156a.
20 Vgl. BGH, 22.01.2014, I ZR 218/12, GRUR 2014, 682 Rn. 36 – *Nordjob Messe*.

geschäftliche Entscheidung im Sinne der Vorschrift darstellen.[21] Nicht erforderlich ist ferner, dass die geschäftliche Entscheidung des Verbrauchers für ihn entgeltliche Folgen hat, so dass auch das Nähertreten für den Verbraucher (vordergründig) kostenfreier Leistungen eine geschäftliche Entscheidung darstellen kann (str).[22] Allerdings muss am gedachten Ende immer ein Geschäftsabschluss stehen, so dass das Aufrufen unentgeltlicher Presseportale oder von Online-Informationsdiensten keine geschäftliche Entscheidung darstellen dürfte.[23] So steht nach der Rechtsprechung des BGH das Aufsuchen einer Internetseite dem Betreten eines stationären Geschäfts dann gleich, wenn auf der Seite Produkte oder Dienstleistungen unmittelbar bestellt werden können.[24] Schutzlücken ergeben sich daraus nicht; die Gestaltung nicht kostenpflichtiger Seiten im Internet erfüllt regelmäßig den Tatbestand der geschäftlichen Handlung, es sei denn weltanschauliche, wissenschaftliche, redaktionelle oder verbraucherpolitische Äußerungen von Unternehmen oder anderen Personen sind betroffen, soweit sie in keinem objektiven Zusammenhang mit dem Absatz von Waren und den anderen Unternehmensaktivitäten stehen.[25]

21 Omsels, WRP 2016, 553 Rn. 31.

22 Dafür mit weiteren Beispielen Omsels, WRP 2016, 553 Rn. 43; jurisPK-UWG/*Ernst*, UWG, § 2 Rn. 57; dagegen *Köhler*/Bornkamm/Feddersen, UWG, § 2 Rn. 151.

23 Omsels, WRP 2016, 553 Rn. 31.

24 BGH, 28.04.2016, I ZR 23/15, GRUR 2016, 1073 Rn. 34 – *Geo-Targeting*.

25 Vgl. Gesetzentwurf der Bundesregierung vom 20.08.2008 zur UWG-Reform 2008, BT-*Drucks. 16/10145, S. 21.* Dies entspricht der Maßgabe des Erwägungsgrundes 7 Satz 2 der UGP-Richtlinie 2005/29/EG, die klarstellt, dass sich die Richtlinie nicht auf Geschäftspraktiken bezieht, die vorrangig anderen Zielen dienen.

§ 2 Abs. 2 Definitionen: Verbraucherbegriff

(2) Für den Verbraucherbegriff gilt § 13 BGB entsprechend.

§ 13 BGB lautet: Verbraucher ist jede natürliche Person, die ein Rechtsgeschäft zu Zwecken abschließt, die überwiegend weder ihrer gewerblichen noch ihrer selbständigen beruflichen Tätigkeit zugeordnet werden kann.

Stefan Schilling

A. Allgemeines

Obwohl UWG und BGB hinsichtlich des Verbraucherschutzes unterschiedliche Ansatzpunkte haben, verweist das UWG seit 2004 auf die Definition des Verbraucherbegriffs in § 13 BGB. Demnach ist Verbraucher jede natürliche Person, die ein Rechtsgeschäft zu Zwecken abschließt, die überwiegend weder ihrer gewerblichen noch ihrer selbständigen beruflichen Tätigkeit zugeordnet werden kann. Diese Definition ist seit dem 13.06.2014 an die Formulierung in der Verbraucherrechterichtlinie (2011/83/EU) angepasst,[1] die der Harmonisierung vorvertraglicher und vertraglicher Informationspflichten dient.[2] 1

Diese Verweisung ist vor dem Hintergrund nicht unbedenklich, dass die UGP-RL in Art. 2 lit. a über eine abweichende eigene Definition verfügt: 2

Verbraucher ist jede natürliche Person, die im Geschäftsverkehr im Sinne dieser Richtlinie zu Zwecken handelt, die nicht ihrer gewerblichen, handwerklichen oder beruflichen Tätigkeit zugerechnet werden könnte. 3

Eine entsprechende Definition enthält auch Art. 2 lit. e der e-commerce-RL[3]. Beide stellen nicht auf den Abschluss eines Rechtsgeschäfts ab, sondern darauf, zu welchen Zwecken eine natürliche Person im Geschäftsverkehr handelt. Dies ist konsequent, da der Schutz des Lauterkeitsrechts (»vor, bei oder nach einem Geschäftsabschluss«, § 2 Abs. 1 Nr. 1 UWG) bereits im Vorfeld ansetzt,[4] siehe § 2 Abs. 1 Nr. 9 Rdn. 4. § 2 Abs. 2 eröffnet aber ohne Weiteres eine richtlinienkonforme Auslegung, da § 13 BGB ohnehin nur entsprechend anzuwenden ist.[5] 4

Für den Bereich des Wettbewerbsrechts hat sich der Verbraucherbegriff daher an der Formulierung in Art. 2 lit. a der UGP-RL zu orientieren, so das allein auf die Zweckset- 5

---

1 Vgl. Art. 1 Nr. 2 des Gesetzes vom 20.09.2013, BGBl. 2013 I 3642.

2 Nach deren Art. 2 Nr. 1 ist Verbraucher jede natürliche Person, die bei von dieser Richtlinie erfassten Verträgen zu Zwecken handelt, die außerhalb ihrer gewerblichen, geschäftlichen, handwerklichen oder beruflichen Tätigkeit liegen;

3 Demnach ist Verbraucher jede natürliche Person, die zu Zwecken handelt, die nicht zu ihren gewerblichen, geschäftlichen oder beruflichen Tätigkeiten gehören.

4 Lettl, GRUR 2004, 449, 451.

5 Vgl. Büscher/Dittmer/Schiwy/*Lehmler,* UWG § 2 Rn. 108.

zung des Handelns der natürlichen Person abzustellen ist.[6] Dies hat auch außerhalb des Anwendungsbereich der UGP-RL zu gelten, da das UWG selbst in § 2 Abs. 1 Nr. 1 als geschäftliche Handlungen auch solche definiert, die vor einem Geschäftsabschluss vorgenommen werden, was für alle Tatbestände der §§ 3 – 7 UWG maßgebend ist.[7] Auf der anderen Seite ist der Verbraucherbegriff des § 13 BGB weiter, da er nur die gewerbliche und *selbständige* berufliche Tätigkeit als schädlich für die Zuordnung zur Gruppe der Verbraucher ansieht. Nach dem Wortlaut von Art. 2 lit. a der UGP-RL würde dagegen bereits jede berufliche Tätigkeit – also auch die in abhängiger Beschäftigung – dazu führen, dass die natürliche Person nicht als Verbraucher anzusehen ist.[8] Vor dem Hintergrund der sich bei reiner Wortlautauslegung ergebenden Überschneidung zum Gegenbegriff des Gewerbetreibenden in Art. 2 lit. b UGP-RL sprechen die besseren Argumente indes dafür, dass auch die UGP-RL nur die selbständige berufliche Tätigkeit gemeint haben kann,[9] siehe Rdn. 12. Für den Bereich der (abhängig beschäftigen) Arbeitnehmer sollte hier eine Klärung durch den EuGH erfolgen.

B. Verbraucher

I. Natürliche Person

6 Verbraucher können nur natürliche Personen sein.[10] Juristische Personen des Zivilrechts (Kapital- und Personengesellschaften, Vereine, Stiftungen des bürgerlichen Rechts) und des öffentlichen Rechts (Kirchen, Stiftungen des öffentlichen Rechts) können damit keine Verbraucher sein, auch wenn sie weder gewerblich noch unternehmerisch tätig sind.[11] Dagegen können nach der Rechtsprechung des BGH Gesellschaften bürgerlichen Rechts (GbR) dann als Verbraucher anzusehen sein, wenn natürliche Personen Gesellschafter sind.[12] Auf Größe und innere Struktur der Gesellschaft kommt es nicht an.[13] Existenzgründer sind dann als Verbraucher anzusehen, wenn sie ihre Gründung bzw. Gründungsentscheidung erst vorbereiten.[14] Ist dieses Stadium überschritten, sind sie bei Geschäften, die sich auf ihre berufliche Existenz beziehen, nicht als Verbraucher

---

6 Vgl. *Köhler*/Bornkamm/Feddersen, UWG, § 2 Rn. 162; Ohly/*Sosnitza* UWG § 2 Rn. 105.

7 A.A. nur beschränkt auf den Bereich der UGP-RL und der e-commerce-RL: Büscher/Dittmer/Schiwy/*Lehmler*, UWG § 2 Rn. 110.

8 Büscher/Dittmer/Schiwy/*Lehmler*, UWG § 2 Rn. 112.

9 *Köhler*/Bornkamm/Feddersen, UWG, § 2 Rn. 162.

10 Vgl. EuGH, 22.11.2001, C-541/99 und C-542/99, NJW 2002, 205 Rn. 16 – *Idealservice*.

11 *Köhler*/Bornkamm/Feddersen, UWG, § 2 Rn. 164; Ohly/*Sosnitza* UWG § 2 Rn. 110.

12 BGH, 23.10.2001, XI ZR 63/01, BGHZ 149, 80, 84f zum VerbrKrG; *Köhler*/Bornkamm/Feddersen, UWG, § 2 Rn. 164; Büscher/Dittmer/Schiwy/*Lehmler*, UWG § 2 Rn. 109; krit. MünchKomm/Micklitz/Purnhagen, BGB, § 13 Rn. 19 f., mwN; ebenfalls krit. im Hinblick auf die strengere Rechtsprechung des EuGH: *Fezer*/Büscher/Obergfell, UWG, § 2 Rn. 12f.

13 BGH, 23.10.2001, XI ZR 63/01, BGHZ 149, 80, 85 zum VerbrKrG.

14 BGH, 24.02.2005, III ZB 36/04, BGHZ 162, 253, 256 f.; BGH, 15.11.2007, III ZR 295/06, *WRP 2008, 111 – Existenzgründungsbericht*; BGH, 24.02.2011, 5 StR 514/09, GRUR 2011, 941 Rn. 24 – *Schneeballseminare*; Ohly/*Sosnitza* UWG § 2 Rn. 110; *Fezer*/Büscher/Obergfell, UWG, § 2 Rn. 25; MünchKomm/Bähr UWG § 2 Rn. 364.

anzusehen,[15] wie etwa die Anmietung von Geschäftsräumen, der Abschluss eines Franchisevertrages oder der Kauf von Unternehmens- oder Praxisanteilen.[16] Da es nach richtlinienkonformer Auslegung auf die Zweckrichtung des Handelns ankommt, können auch Unternehmer Verbraucher im Sinne des § 2 Abs. 2 UWG sein, dann nämlich, wenn sich ihr Handeln weder auf ihre gewerbliche noch selbständige (freiberufliche) Tätigkeit bezieht.[17]

II. Handeln im Geschäftsverkehr

Anders als § 13 BGB knüpft der Verbraucherbegriff des UWG nicht an den Abschluss eines Rechtsgeschäfts an, sondern geht darüber hinaus.[18] Der Schutz des Lauterkeitsrechts setzt bereits im Vorfeld an (»vor, bei oder nach einem Geschäftsabschluss«, § 2 Abs. 1 Nr. 1 UWG) und erfasst ferner Handlungen, die mit einem Geschäftsabschluss unmittelbar zusammenhängen, siehe § 2 Abs. 1 Nr. 9 Rdn. 4.[19] Maßgeblich ist daher in richtlinienkonformer Auslegung nach Art. 2 lit. a UGP-RL allein, zu welchen Zwecken die natürliche Person im Geschäftsverkehr handelt, unabhängig davon, ob es zum Abschluss eines Rechtsgeschäfts kommt oder nicht. 7

III. Privates Handeln

Nach der maßgeblichen Zweckrichtung begründet das Handeln einer natürlichen Person zu privaten Zwecken stets die Verbrauchereigenschaft. Privat ist alles, was der privaten Lebensführung zuzurechnen ist, wie privater Konsum und Freizeitgestaltung, individuelle Bedarfsdeckung, aber auch die persönliche Daseinsfürsorge, einschließlich der Gesundheits- und Altersvorsorge, die Verwaltung und Anlage eigenen Vermögens.[20] Auch die Veräußerung von privaten Vermögensgegenständen ist grundsätzlich Handeln eines Verbrauchers.[21] 8

1. Grenze zum unternehmerischen Handeln

Bei der Veräußerung privater Vermögensgegenstände ist die Grenze zum unternehmerischen Handeln iSd § 2 Abs. 1 Nr. 6 UWG bzw. gewerblichen Handeln dann überschritten, wenn eine auf Dauer angelegte, selbständige wirtschaftliche Betätigung anzu- 9

---

15 BGH, 24.02.2005, III ZB 36/04, BGHZ 162, 253, 256 f.; BGH, 15.11.2007, III ZR 295/06, WRP 2008, 111 – *Existenzgründungsbericht*; BGH, 24.02.2011, 5 StR 514/09, GRUR 2011, 941 Rn. 24 – *Schneeballseminare*; MünchKomm/Bähr UWG § 2 Rn. 363; *Köhler*/Bornkamm/Feddersen, UWG, § 2 Rn. 168; Ohly/*Sosnitza* UWG § 2 Rn. 110; anders für das allgemeine *Zivilrecht:* Palandt/Ellenberger, BGB, § 13 Rn. 3; anders ebenso Lettl, GRUR 2004, 449, 451.

16 Büscher/Dittmer/Schiwy/*Lehmler*, UWG § 2 Rn. 112.

17 Ohly/*Sosnitza* UWG § 2 Rn. 111.

18 Vgl. *Köhler*/Bornkamm/Feddersen, UWG, § 2 Rn. 162; Ohly/*Sosnitza* UWG § 2 Rn. 105; Büscher/Dittmer/Schiwy/*Lehmler*, UWG § 2 Rn. 109; Lettl, GRUR 2004, 449, 451.

19 Vgl. *Köhler*/Bornkamm/Feddersen, UWG, § 2 Rn. 162.

20 Ohly/*Sosnitza* UWG § 2 Rn. 106; Büscher/Dittmer/Schiwy/*Lehmler*, UWG § 2 Rn. 111; Palandt/*Ellenberger*, BGB, § 13 Rn. 3.

21 Vgl. OLG Frankfurt, 21.03.2007, 6 W 27/07, MMR 2007, 378, 379 – *PowerSeller*.

nehmen ist, die darauf gerichtet ist, Waren oder Dienstleistungen gegen Entgelt zu vertreiben.[22] Die Abgrenzung ist unter Würdigung der Gesamtumstände des Einzelfalles anhand von Indizien vorzunehmen.[23] Anhaltspunkte für eine unternehmerische Tätigkeit sind die Zahl und Häufigkeit der vom Verkäufer durchgeführten Verkäufe,[24] wobei auch der Geschäftsgegenstand (Neuware, Veräußerung gleicher oder unterschiedlicher Waren) eine Rolle spielt,[25] der Umsatz, ein Auftritt oder die Verwendung von Werbebeschreibungen, die einen professionellen Eindruck machen, oder das Betreiben eines eBay-Power-Seller-Shops.[26] Selbstständig ist die Tätigkeit, wenn der Handelnde sie in eigener Verantwortung gestaltet. Auf Dauer angelegt ist die Tätigkeit, wenn sie nicht bloß gelegentlich erfolgt, also sich nicht in gelegentlichen Geschäftsakten erschöpfen soll.[27] Für die Abgrenzung ist nicht der innere Wille des Handelnden entscheidend, sondern es gilt ein objektivierter Maßstab. Ob eine Tätigkeit als selbstständige zu qualifizieren ist, bestimmt sich nach dem durch Auslegung zu ermittelnden Inhalt des Rechtsgeschäfts, in die erforderlichenfalls die Begleitumstände einzubeziehen sind.[28]

2. Objektive Bestimmung

10 Nicht nur die Frage, ob eine natürliche Person als Verbraucher handelt, sondern auch die Frage, an wen sich eine geschäftliche Handlung richtet, ist objektiv zu bestimmen. Das ist danach zu beurteilen, wie der Unternehmer bei objektiver Betrachtung den Zweck des (erwünschten oder erwartbaren) Handelns seines mit seiner geschäftlichen Handlung angesprochenen Adressaten verstehen muss.[29] Wendet sich eine Werbemaßnahme oder ein Angebot an den allgemeinen Verkehr, werden damit zumindest auch Verbraucher angesprochen.[30] Will ein Anbieter dies vermeiden und nur an Gewerbetreibende verkaufen, muss er dies nicht nur unmissverständlich kundtun und ggf. Vorkehrungen treffen, dass er nicht mit Verbrauchern Verträge schließt, sondern auch

22 Vgl. zum Unternehmerbegriff: BGH, 19.04.2018, I ZR 244/16, GRUR 2018, 950 Rn. 29 – *Namensangabe*; zur Mitbewerbereigenschaft: BGH, 12.07.1995, I ZR 85/93, GRUR 1995, 697, 699 – *FUNNY PAPER*; zur Verwaltung eigenen Vermögens: BGH, 23.10.2001, XI ZR 63/01, BGHZ 149, 80, 86f zum VerbrKrG; zum eBay-Handel: OLG Frankfurt, 27.07.2004, 6 W 80/04, GRUR 2004, 1043 f.; OLG Frankfurt, 21.03.2007, 6 W 27/07, MMR 2007, 378, 379 – *PowerSeller*; OLG Hamm, 21.08.2012, I-4 U 114/12, GRUR-RS 2013, 00045.

23 Vgl. HansOLG Hamburg, 23.01.2013, 5 U 7/12; *Köhler*/Bornkamm/Feddersen, UWG, § 2 Rn. 23.

24 Vgl. BGH, 11.03.2004, I ZR 304/01, BGHZ 158, 236, 249 – *Internet-Versteigerung*

25 Vgl. BGH, 04.12.2008, I ZR 3/06, GRUR 2009, 871 Rn. 23 – *Ohrclips*.

26 Vgl. OLG Frankfurt, 21.03.2007, 6 W 27/07, MMR 2007, 378, 379 – *PowerSeller*.

27 *Köhler*/Bornkamm/Feddersen, UWG, § 2 Rn. 23.

28 Vgl. Palandt/*Ellenberger*, BGB, § 13 Rn. 4.

29 Vgl. zur vorhersehbaren Ansprache bestimmter Gruppen: BGH, 12.12.2013, I ZR 192/12, GRUR 2014, 686 Rn. 16 – *Goldbärenbarren*; BGH, 22.01.2014, I ZR 218/12, GRUR 2014, 682 Rn. 22 – *Nordjob-Messe*.

30 BGH, 29.04.2010, I ZR 99/08, GRUR 2011, 82 Rn. 23 – *Preiswerbung ohne Umsatzsteuer*; *Köhler*/Bornkamm/Feddersen, UWG, § 2 Rn. 167.

selbst einhalten.[31] Wer Letztverbrauchern Angebote unterbreitet, kann sich nicht darauf berufen, dass die Vorschriften der Preisangabenverordnung keine Anwendung fänden, weil er nicht bereit sei, die angebotenen Waren an Endabnehmer für deren privaten Bedarf zu veräußern.[32] Widersprüchliche oder unzureichende Angaben gehen zu Lasten des Anbieters.[33] Gibt sich eine natürliche Person fälschlich als Unternehmer aus, führt dies nicht zur Anwendbarkeit der verbraucherschützenden Normen des UWG.

3. Dual-Use-Fälle

Als schwierig erweist sich die Zuordnung, sofern das (erwünschte oder erwartbare) Handeln einer natürlichen Person sowohl privaten als auch gewerblichen oder beruflichen Zwecken dienen kann (sog. dual-use-Geschäfte). So kann etwa die Bewerbung eines Laptops ein und dieselbe Person sowohl in ihrer Eigenschaft als Verbraucher als auch als Gewerbetreibender ansprechen. Entscheidend ist, ob der private oder der berufliche Zweck überwiegt.[34] Richtigerweise ist im Wettbewerbsrecht auf die Sichtweise des Unternehmers bei Vornahme seiner geschäftlichen Handlung abzustellen.[35] Allerdings kann aus Sicht des Vertragspartners oder Werbenden nur dann, wenn der Unternehmer bei objektiver Betrachtung von einer rein geschäftlichen Zweck ausgehen durfte, eine geschäftliche Handlung gegenüber einem Verbraucher verneint werden. Hingegen ist bereits bei erkennbar gemischten Zwecken von einer geschäftlichen Handlung auch gegenüber einem Verbraucher auszugehen.[36] Nach der Rechtsprechung des Bundesgerichtshofs ist bei einem Vertragsschluss einer natürlichen Person grundsätzlich von Verbraucherhandeln auszugehen, es sei denn das Umstände vorliegen, nach denen das Handeln aus Sicht des anderen Teils eindeutig und zweifelsfrei einer gewerblichen oder selbständigen beruflichen Tätigkeit zuzurechnen ist.[37] Nach den allgemeinen Regeln trägt im Streitfall die Beweislast derjenige, der sich auf die Verbrauchereigenschaft beruft.[38] **11**

31 Vgl. BGH, 31.03.2010, I ZR 34/08, GRUR 2010, 1117 Rn. 21f. – *Gewährleistungsausschluss im Internet*; BGH, 29.04.2010, I ZR 99/08, GRUR 2011, 82 Rn. 26 – *Preiswerbung ohne Umsatzsteuer*; *Köhler*/Bornkamm/Feddersen, UWG, § 2 Rn. 167.

32 BGH, 29.04.2010, I ZR 99/08, GRUR 2011, 82 Rn. 26 – *Preiswerbung ohne Umsatzsteuer*;

33 BGH, 31.03.2010, I ZR 34/08, GRUR 2010, 1117 Rn. 21 – *Gewährleistungsausschluss im Internet*.

34 *Fezer*/Büscher/Obergfell, UWG, § 2 Rn. 23; MünchKomm/Micklitz/Purnhagen, BGB, § 13 Rn. 54; Palandt/*Ellenberger*, BGB, § 13 Rn. 4.

35 *Köhler*/Bornkamm/Feddersen, UWG, § 2 Rn. 169; aA Ohly/*Sosnitza* UWG § 2 Rn. 112, der auf die überwiegende Zweckbestimmung abstellt.

36 *Köhler*/Bornkamm/Feddersen, UWG, § 2 Rn. 169.

37 BGH, 30.09.2009, VIII ZR 7/09, WRP 2010, 103, 104; *Köhler*/Bornkamm/Feddersen, UWG, § 2 Rn. 169.

38 Vgl. Ohly/*Sosnitza* UWG § 2 Rn. 112; *Köhler*/Bornkamm/Feddersen, UWG, § 2 Rn. 174; *Fezer*/Büscher/Obergfell, UWG, § 2 Rn. 27 f; Palandt/*Ellenberger*, BGB, § 13 Rn. 4.

4. Arbeitnehmer

12 Nach der Rechtsprechung des BVerfG ist ein Arbeitnehmer auch bei Rechtsgeschäften in Beziehung auf sein Arbeitsverhältnis als Verbraucher anzusehen.[39] Im Wettbewerbsrecht wird gleichwohl weiterhin differenziert. Demnach sind Arbeitnehmer bei der Nachfrage von Waren oder Dienstleistungen ohne Weiteres nach § 2 Abs. 2 UWG iVm § 13 BGB als Verbraucher anzusehen, da sie keiner selbständigen, sondern einer abhängigen Beschäftigung nachgehen.[40] Das gilt auch dann, wenn sie diese Waren und Dienstleistungen für ihre arbeitsvertragliche Tätigkeit benötigen,[41] wie etwa den Erwerb von Berufskleidung oder lohnsteuerrechtliche Beratung.[42] Streng nach dem Wortlaut von Art. 2 lit. a UGP-RL müsste diese Bewertung anders ausfallen, da ein Verhalten zu Zwecken der beruflichen Tätigkeit der Einstufung als Verbraucher entgegenstünde.[43] Vor dem Hintergrund der sich bei reiner Wortlautauslegung ergebenden Überschneidung zum Gegenbegriff des Gewerbetreibenden in Art. 2 lit. b UGP-RL sprechen die besseren Argumente indes dafür, dass auch die UGP-RL nur die selbständige berufliche Tätigkeit gemeint haben kann.[44] Im Übrigen gilt die UGP-RL nach Art. 3 Abs. 1 nur für unlautere Geschäftspraktiken eines auf Waren oder Dienstleistungen bezogenen Handelsgeschäfts und damit zwar auf Dienstleistungs-, nicht aber auf Arbeitsverträge. Bieten Arbeitnehmer ihre Arbeitsleistung selbst auf dem Markt an bzw. werden in dieser Eigenschaft durch Stellenanzeigen o.ä. angesprochen, sind sie nicht nach § 2 Abs. 2 als Verbraucher anzusehen (str).[45] Das BAG bezeichnet zwar in solchen Konstellationen auch Arbeitnehmer als Verbraucher, sieht aber die spezielleren Regelungen des Arbeitsrechts als vorgehend an.[46] Allerdings bleibt unbenommen, Arbeitnehmer als sonstige Marktteilnehmer iSd § 2 Abs. 1 Nr. 2 dem allgemeinen Schutz des UWG zu unterstellen.[47]

---

39 Vgl. BVerfG, 23.11.2006, 1 BvR 1909/06, NJW 2007, 286, 287; BAG, 25.05.2005, 5 AZR 572/04, NJW 2005, 3305, 3308; OLG München, 11.09.2003, 29 U 26817/03, NJW-RR 2004, 913, 914; MünchKomm/Micklitz/Purnhagen, BGB, § 13 Rn. 57.

40 *Köhler*/Bornkamm/Feddersen, UWG, § 2 Rn. 172; MünchKomm/Bähr UWG § 2 Rn. 362.

41 BGH, 24.02.2011, 5 StR 514/09, GRUR 2011, 941 Rn. 24 – *Schneeballseminare*; MünchKomm/Bähr UWG § 2 Rn. 362; jurisPK-UWG/*Ernst*, UWG, § 2 Rn. 62.

42 Vgl. BGH, 07.07.2005, I ZR 253/02, GRUR 2005, 877, 879 – *Werbung mit Testergebnis*.

43 Vgl. Büscher/Dittmer/Schiwy/*Lehmler*, UWG § 2 Rn. 112; ebenso OLG Frankfurt, 09.01.2015, 6 U 63/14, GRUR 2015, 401 Rn. 32.

44 *Köhler*/Bornkamm/Feddersen, UWG, § 2 Rn. 162.

45 *Köhler*/Bornkamm/Feddersen, UWG, § 2 Rn. 172; Büscher/Dittmer/Schiwy/*Lehmler*, UWG § 2 Rn. 112; Ohly/*Sosnitza* UWG § 2 Rn. 110; aA BAG, 25.05.2005, 5 AZR 572/04, NJW 2005, 3305, 3308.

46 *Köhler/Bornkamm/Feddersen*, UWG, § 2 Rn. 172; vgl. zu fehlenden Anwendbarkeit des § 312 BGB am Arbeitsplatz: BAG, 15.03.2005, 9 AZR 502/03, NJW 2005, 3164, 3167.

47 *Köhler*/Bornkamm/Feddersen, UWG, § 2 Rn. 172; Ohly/*Sosnitza* UWG § 2 Rn. 110.

§ 3 Verbot unlauterer geschäftlicher Handlungen

(1) Unlautere geschäftliche Handlungen sind unzulässig.

(2) Geschäftliche Handlungen, die sich an Verbraucher richten oder diese erreichen, sind unlauter, wenn sie nicht der unternehmerischen Sorgfalt entsprechen und dazu geeignet sind, das wirtschaftliche Verhalten des Verbrauchers wesentlich zu beeinflussen.

(3) Die im Anhang dieses Gesetzes aufgeführten geschäftlichen Handlungen gegenüber Verbrauchern sind stets unzulässig.

(4) Bei der Beurteilung von geschäftlichen Handlungen gegenüber Verbrauchern ist auf den durchschnittlichen Verbraucher oder, wenn sich die geschäftliche Handlung an eine bestimmte Gruppe von Verbrauchern wendet, auf ein durchschnittliches Mitglied dieser Gruppe abzustellen. Geschäftliche Handlungen, die für den Unternehmer vorhersehbar das wirtschaftliche Verhalten nur einer eindeutig identifizierbaren Gruppe von Verbrauchern wesentlich beeinflussen, die auf Grund von geistigen oder körperlichen Beeinträchtigungen, Alter oder Leichtgläubigkeit im Hinblick auf diese geschäftlichen Handlungen oder die diesen zugrunde liegenden Waren oder Dienstleistungen besonders schutzbedürftig sind, sind aus der Sicht eines durchschnittlichen Mitglieds dieser Gruppe zu beurteilen.

Wolfgang Büscher, Stefan Schilling

Übersicht Rdn.

A. Allgemeines

Wolfgang Büscher

I. Entstehungsgeschichte

1. UWG 1909

Das **UWG von 1909** enthielt in § 1 die große Generalklausel, die die zentrale Norm des Gesetzes war. Nach dieser Bestimmung konnte auf Unterlassung und Schadenersatz in Anspruch genommen werden, wer im geschäftlichen Verkehr zu Zwecken des Wettbewerbes Handlungen vornahm, die gegen die guten Sitten verstießen. Daneben enthielt das UWG 1909 mit dem Irreführungstatbestand nach § 3 eine kleine Generalklausel. Mit der weiten Fassung der großen Generalklausel hatte der Gesetzgeber missbilligte Wettbewerbshandlungen nur sehr allgemein umschrieben. Er sah sich zur Statuierung einer großen Generalklausel wegen der Vielgestaltigkeit möglicher Wettbewerbshandlungen veranlasst. Gleichwohl war diese weite Fassung der Generalklausel unter verfassungsrechtlichen Gesichtspunkten, insbesondere dem Gebot der Rechtssicherheit und der Gewaltenteilung, nicht zu beanstanden, weil Rechtsprechung und 1

Schrifttum in Jahrzehnten durch eine Vielzahl von Fallgruppen die Generalklausel konkretisiert, weiterentwickelt und ausdifferenziert hatten.[1]

2. UWG 2004

2 Mit dem **UWG 2004**[2] hat der Gesetzgeber das Lauterkeitsrecht grundlegend modernisiert. Er hat in § 3 UWG 2004 zwar nach wie vor eine Generalklausel vorgesehen, die Bestimmung aber neu gefasst und eine Reihe von der Rechtsprechung zu § 1 UWG 1909 entwickelter Fallgruppen in den Beispielstatbeständen des § 4 UWG 2004 normiert. § 3 UWG 2004 sah vor, dass unlautere Wettbewerbshandlungen, die geeignet sind, den Wettbewerb zum Nachteil der Mitbewerber, der Verbraucher oder sonstiger Marktteilnehmer nicht nur unerheblich zu beeinträchtigen, unzulässig waren.[3] Welche Verhaltensweisen unzulässig waren, war in den §§ 4 bis 7 UWG 2004 näher bestimmt.

3 In § 3 UWG 2004 war als Maßstab nicht mehr wie in § 1 UWG 1909 der Begriff der »guten Sitten« vorgesehen. Er wurde ersetzt durch »unlautere Wettbewerbshandlungen«. Zudem ergänzte der Gesetzgeber § 3 UWG 2004 um eine **Spürbarkeitsklausel**. Danach waren unlautere Wettbewerbshandlungen nicht generell unzulässig. Hinzutreten musste, dass sie geeignet waren, den Wettbewerb zum Nachteil der Mitbewerber, der Verbraucher oder der sonstigen Marktteilnehmer nicht nur unerheblich zu beeinträchtigen. Bagatellverstöße waren von der Verfolgung nach dem UWG ausgeschlossen.[4] Wegen der Bestimmung von Fallgruppen in §§ 4 bis 7 UWG 2004 trat die Bedeutung der Generalklausel für die praktische Rechtsanwendung zurück. Die Generalklausel erhielt den Charakter eines **Auffangtatbestands** für unlautere Wettbewerbshandlungen, die von den gesetzlich geregelten Beispielstatbeständen nicht erfasst waren, in ihrer Bedeutung und ihrem Unlauterkeitsgehalt diesen Tatbeständen aber entsprachen.[5] Dazu zählten die Fallgruppen des **Wettbewerbs der öffentlichen Hand**[6] und

---

1 BVerfG, 08.02.1972, 1 BvR 170/71, GRUR 1972, 358, 360 – *Grabsteinwerbung*; BVerfG, 12.12.2000, 1 BvR 1762/95, GRUR 2001, 170, 173 – *Benetton Werbung.*

2 Gesetz gegen den unlauteren Wettbewerb (UWG) vom 07.07.2004, in Kraft getreten am 08.07.2004, BGBl. 2004, I 1414.

3 § 3 Verbot unlauteren Wettbewerbs.
Unlautere Wettbewerbshandlungen, die geeignet sind, den Wettbewerb zum Nachteil der Mitbewerber, der Verbraucher oder der sonstigen Marktteilnehmer nicht nur unerheblich zu beeinträchtigen, sind unzulässig.

4 Begründung des Regierungsentwurfs eines Gesetzes gegen unlauteren Wettbewerb (UWG), BT-Drucks. 15/1487, S. 17; BGH, 29.07.2009, I ZR 166/06, GRUR 2009, 1077 Rn. 28 – *Finanz-Sanierung.*

5 BGH, 09.02.2006, I ZR 73/02, GRUR 2006, 426 Rn. 16 – *Direktansprache am Arbeitsplatz II*; BGH, 22.11.2007, I ZR 183/04, GRUR 2008, 262 Rn. 9 – *Direktansprache am Arbeitsplatz III*; BGH, 09.09.2010, I ZR 157/08, GRUR 2011, 431 Rn. 11 – *FSA-Kodex*; BGH, 12.07.2012, I ZR 54/11, GRUR 2013, 301 Rn. 26 und 34 – *Solarinitiative.*

6 *BGH, 22.04.2009, I ZR 176/06*, GRUR 2009, 1080 Rn. 13 und 18 – *Auskunft der IHK*; BGH, 26.02.2009, I ZR 106/06, GRUR 2009, 606 Rn. 15 – *Buchgeschenk vom Standesamt*; BGH, 12.07.2012, I ZR 54/11, GRUR 2013, 301 Rn. 24 und 33 – *Solarinitiative.*

der **allgemeinen Marktbehinderung**.[7] Zudem ermöglichte die Generalklausel, eine unzureichende **Umsetzung von Richtlinien** der Union richterrechtlich zu korrigieren.[8]

3. UWG 2008

Mit der Umsetzung der UGP-RL durch das **UWG 2008**[9] blieb § 3 in seiner Grundkonzeption zwar als Generalklausel erhalten, bekam aber eine grundlegend neue Struktur.[10] Die einheitliche Generalklausel gliederte der Gesetzgeber in eine allgemeine Generalklausel in § 3 Abs. 1 und in eine Verbrauchergeneralklausel in § 3 Abs. 2. § 3 Abs. 1 wurde an die nunmehr maßgebliche Terminologie angepasst und der Begriff der »Wettbewerbshandlungen« durch »geschäftliche Handlungen« ersetzt. § 3 Abs. 1 blieb als allgemeine Generalklausel anwendbar auf geschäftliche Handlungen, die nur das Verhältnis zu Mitbewerbern und sonstigen Marktteilnehmern betrafen und im Verhältnis zu Verbrauchern, soweit die geschäftlichen Handlungen nach §§ 4 bis 6 unlauter waren. Die bisherige Bagatellklausel wurde gegen eine Spürbarkeitsklausel ausgetauscht, die an Art. 2 lit. e UGP-RL anknüpfte.[11] § 3 Abs. 1 setzte danach eine geschäftliche Handlung voraus, die unlauter und geeignet war, die Interessen von Mitbewerbern, Verbrauchern oder sonstigen Marktteilnehmern zu beeinträchtigen, und die Spürbarkeitsschwelle überschritt. Die Verbrauchergeneralklausel des § 3 Abs. 2 diente der Umsetzung von Art. 5 (2) und (3) UGP-RL.[12] Mit § 3 Abs. 3 und dem dazugehörigen 4

---

7 BGH, 30.03.2006, I ZR 144/03, GRUR 2006, 596 Rn. 13 – *10% billiger*; BGH, 02.10.2008, I ZR 48/06, GRUR 2009, 416 Rn. 24 – *Küchentiefstpreis-Garantie*; BGH, 29.10.2009, I ZR 180/07, GRUR 2010, 455 Rn. 20 – *Stumme Verkäufer II*.

8 BGH, 05.02.1998, I ZR 211/95, BGHZ 138, 55, 59 – *Testpreis-Angebot*; BGH, 15.10.1998, I ZR 69/96, BGHZ 139, 378, 381 – *Vergleichen Sie*.

9 Erstes Gesetz zur Änderung des Gesetzes gegen den unlauteren Wettbewerb vom 22.12.2008, in Kraft getreten am 30.12.2008, BGBl. 2008, I S. 2949.

10 § 3 Verbot unlauterer geschäftlicher Handlungen.
(1) Unlautere geschäftliche Handlungen sind unzulässig, wenn sie geeignet sind, die Interessen von Mitbewerbern, Verbrauchern oder sonstigen Marktteilnehmern spürbar zu beeinträchtigen.
(2) Geschäftliche Handlungen gegenüber Verbrauchern sind jedenfalls dann unzulässig, wenn sie nicht der für den Unternehmer geltenden fachlichen Sorgfalt entsprechen und dazu geeignet sind, die Fähigkeit des Verbrauchers, sich auf Grund von Informationen zu entscheiden, spürbar zu beeinträchtigen und ihn damit zu einer geschäftlichen Entscheidung zu veranlassen, die er andernfalls nicht getroffen hätte. Dabei ist auf den durchschnittlichen Verbraucher oder, wenn sich die geschäftliche Handlung an eine bestimmte Gruppe von Verbrauchern wendet, auf ein durchschnittliches Mitglied dieser Gruppe abzustellen. Auf die Sicht eines durchschnittlichen Mitglieds einer auf Grund von geistigen oder körperlichen Gebrechen, Alter oder Leichtgläubigkeit besonders schutzbedürftigen und eindeutig identifizierbaren Gruppe von Verbrauchern ist abzustellen, wenn für den Unternehmer vorhersehbar ist, dass seine geschäftliche Handlung nur diese Gruppe betrifft.
(3) Die im Anhang dieses Gesetzes aufgeführten geschäftlichen Handlungen gegenüber Verbrauchern sind stets unzulässig.

11 Begründung des Regierungsentwurfs eines Ersten Gesetzes zur Änderung des Gesetzes gegen den unlauteren Wettbewerb, BT-Drucksache 16/10145, S. 22.

12 Begründung des Regierungsentwurfs eines Ersten Gesetzes zur Änderung des Gesetzes gegen den unlauteren Wettbewerb, BT-Drucksache 16/10145, S. 22.

Anhang setzte der deutsche Gesetzgeber die schwarze Liste nach Art. 5 (5) und Anhang I UGP-RL um.

4. UWG 2015

5 Eine weitere grundlegende Novellierung des § 3 UWG sahen der Referentenentwurf des BMJV[13] und der **Entwurf der Bundesregierung** zu einem **Zweiten Gesetzes zur Änderung des Gesetzes gegen den unlauteren Wettbewerb** vor.[14] § 3 Abs. 1 des Regierungsentwurfs war als reine Rechtsfolgenregelung ausgestaltet. § 3 Abs. 2 Satz 1 des Regierungsentwurfs sah eine Verbrauchergeneralklausel für geschäftliche Handlungen vor, die sich an Verbraucher richten oder diese erreichen. § 3 Abs. 3 Satz 1 des Entwurfes enthielt eine Unternehmergeneralklausel für geschäftliche Handlungen, die sich weder an Verbraucher richten noch diese erreichen, und § 3 Abs. 2 Satz 2, Abs. 3 Satz 2 des Entwurfs war als Mischklausel ausgestaltet für geschäftliche Handlungen, die sich zwar an Verbraucher richten oder diese erreichen, aber ausschließlich die wirtschaftlichen Interessen von Mitbewerbern schädigen.

6 Stimmen im Schrifttum haben die geplante Novellierung kritisiert. Es wurde befürchtet, dass sich Schutzlücken ergäben, weil die Generalklauseln den Wettbewerb der öffentlichen Hand und Eingriffe sogenannter Nichtregierungsorganisationen zugunsten eines fremden Unternehmens in den Wettbewerb nicht mehr erfassten[15] und die Generalklausel nach § 3 Abs. 2 Satz 2, Abs. 3 Satz 2 eine Schwächung des Mitbewerberschutzes durch Ausklammerung doppeltrelevanter Handlungen und dementsprechend eine Beschränkung auf Verhaltensweisen, die ausschließlich Mitbewerberinteressen schädigen, zur Folge hätte.[16] Im Gesetzgebungsverfahren hat der Gesetzgeber von der geplanten Umsetzung des Regierungsentwurfs in Anbetracht der Kritik abgesehen[17] und an der grundsätzlichen Aufteilung in zwei Generalklauseln festgehalten.

7 Durch das **UWG 2015**[18] passte der Gesetzgeber die Vorschrift des § 3 weiter an den Wortlaut der UGP-RL an. In § 3 Abs. 1 sind die Eignung zur Beeinträchtigung der Interessen der Marktteilnehmer und die Spürbarkeitsklausel entfallen. Die Bestimmung ist dem Wortlaut des Art. 5 (1) UGP-RL angenähert. § 3 Abs. 2 ist gegenüber § 3 Abs. 2 Satz 1 UWG 2008 deutlich verkürzt, in der Sache ist die Norm jedoch unverändert geblieben. Die Vorschrift ist weitergehend an Art. 5 (2) UGP-RL angeglichen. Die Regelungen zu den maßgeblichen Verbraucherkreisen aus § 3 Abs. 2 Satz 2 und 3 UWG 2008 sind jetzt in § 3 Abs. 4 angeführt. Die Bestimmung dient der Umsetzung von Art. 5 (2) und (3) UGP-RL. § 3 Abs. 3 enthält weiter den Verweis auf den Anhang

13 GRUR 2014, 1180.
14 BT. Drucks. 18/4535.
15 *Köhler*, WRP 2015, 275, 276; *Sosnitza*, GRUR 2015, 318, 319.
16 *Köhler*, WRP 2015, 275, 281; a. A. *Sosnitza*, GRUR 2015, 318, 320.
17 Beschlussempfehlung und Bericht des Ausschusses für Recht und Verbraucherschutz, BT Drucksache *18/6571, Seite 13.*
18 Zweites Gesetz zur Änderung des Gesetzes gegen den unlauteren Wettbewerb vom 02.12.2015, gültig ab 10.12.2015, BGBl. 2015, I S. 2158.

mit den Tatbeständen der »schwarzen Liste«. Dadurch werden Art. 5 (5) und Anhang I UGP-RL in das deutsche Recht umgesetzt.

II. Bedeutung und Anwendungsbereich der Vorschrift

1. Bedeutung

a) § 3 Abs. 1 und 2

aa) Auffangfunktion

Nachdem der Gesetzgeber zahlreiche Fallgruppen unlauterer geschäftlicher Handlungen normiert hat, hat die allgemeine Generalklausel an Bedeutung eingebüßt. § 3 Abs. 1 und 2 dienen nunmehr als Auffangtatbestände für diejenigen unlauteren geschäftlichen Handlungen, die nicht von den in §§ 3a bis 7 geregelten Fallgruppen erfasst werden. Insoweit haben die Generalklauseln des § 3 Abs. 1 und 2 die Funktion, Schutzlücken zu schließen und den Gerichten die Möglichkeit zur Rechtsfortbildung zu eröffnen.[19] Bei der Schließung von Schutzlücken müssen die **gesetzgeberischen Wertungen der §§ 3a bis 7**[20] und der gesetzlichen Bestimmungen zu den **Schutzrechten** berücksichtigt werden.[21] Eine geschäftliche Handlung, die in ihrem Unlauterkeitsgehalt nicht den Tatbeständen der §§ 3a bis 7 entspricht, darf nicht über die Generalklauseln als unzulässig beurteilt werden.[22] Andererseits schließt die Weite der Generalklauseln die Herausbildung von Fallgruppen zur Konkretisierung unlauterer geschäftlicher Handlungen nicht aus. Der Rückgriff des Gesetzgebers auf Generalklauseln im Lauterkeitsrecht ist schon unter Geltung des § 1 UWG 1909 verfassungsrechtlich nicht zu beanstanden gewesen (Rdn. 1). Daran hat sich trotz der knappen Fassung des § 3 Abs. 1 und der Flankierung der Generalklauseln durch die gesetzlich ausgebildeten Fallgruppen nichts geändert. 8

bb) Anständige Gepflogenheiten in Gewerbe und Handel

Wann geschäftliche Handlungen im Sinne von § 3 Abs. 1 und 2 unlauter sind, ist durch Auslegung zu ermitteln. Von einer Unlauterkeit einer geschäftlichen Handlung im Anwendungsbereich des § 3 Abs. 1 ist auszugehen, wenn sie **den anständigen Gepflogenheiten in Gewerbe und Handel und den Grundsätzen von Treu und Glauben widerspricht** und in ihrem **Unlauterkeitsgehalt** den Tatbeständen der §§ 3a bis 7 gleichkommt. Weiter dürfen für eine Anwendung des § 3 Abs. 1 die Tatbestände der §§ 3a bis 7 eine **umfassende Bewertung** der Interessen der betroffenen Marktteil- 9

19 Beschlussempfehlung und Bericht des Ausschusses für Recht und Verbraucherschutz zum Regierungsentwurf eines Zweiten Gesetzes zur Änderung des Gesetzes gegen den unlauteren Wettbewerb, BT Drucksache 18/6571, Seite 13f.

20 BGH, 04.05.2016, I ZR 58/14, BGHZ 210, 144 Rn. 97f – *Segmentstruktur.*

21 BGH, 19.11.2015, I ZR 149/14, GRUR 2016, 725 Rn. 21–28 – *Pippi-Langstrumpf-Kostüm II.*

22 BGH, 09.09.2010, I ZR 157/08, GRUR 2011, 431 Rn. 11 – *FSA-Kodex*; BGH, 12.07.2012, I ZR 54/11, GRUR 2013, 301 Rn. 26 und 34 – *Solarinitiative*; BGH, 16.11.2017, I ZR 161/16, GRUR 2018, 535 Rn. 27 – *Knochenzement I.*

nehmer nicht erlauben.[23] Der Begriff der anständigen Gepflogenheiten in Gewerbe und Handel liegt auch Art. 10 bis Abs. 2 PVÜ zugrunde, an den die Verbandsländer der PVÜ gebunden sind.

10 § 3 Abs. 2 misst die Unlauterkeit einer geschäftlichen Handlung am Maßstab der **unternehmerischen Sorgfalt**. Diese ist in § 2 Abs. 1 Nr. 7 ebenfalls unter Bezug auf die anständigen Marktgepflogenheiten definiert, was in der Sache keinen Unterschied zu den anständigen Gepflogenheiten in Gewerbe und Handel macht. Ob eine Geschäftspraxis der beruflichen Sorgfalt widerspricht, ist an der Zielsetzung der UGP-RL zu messen, dem Verbraucher eine informationsgeleitete und rationale Entscheidung zu ermöglichen.[24]

cc) Unionsrechtliche Vorgaben

11 Zudem müssen die **unionsrechtlichen Vorgaben** bei der Anwendung der Generalklauseln beachtet werden. Dazu müssen im B2C-Bereich wegen der Vollharmonisierung die Vorgaben der UGP-RL berücksichtigt werden und über die Generalklauseln darf kein höheres Schutzniveau, als von der Richtlinie in ihrem Anwendungsbereich vorgesehen, begründet werden (Erwägungsgrund 6 und Art. 4 UGP-RL). Ebenfalls müssen die Vorgaben der Werbe-RL beachtet werden.

dd) Durchsetzung verfassungsrechtlicher Wertungen

12 Bei der Anwendung der Generalklauseln sind die **verfassungsrechtlichen Wertungen** zu berücksichtigen. Die Generalklauseln müssen wie alle Tatbestände des UWG verfassungskonform ausgelegt werden. Für den durch die UGP-RL vollharmonisierten Bereich, bei dem der deutsche Gesetzgeber wegen des einheitlichen Schutzniveaus keinen Umsetzungsspielraum hat, bedeutet dies, dass die Bestimmungen der EU-Grundrechtecharta zur Anwendung kommen.[25] Soweit keine Vollharmonisierung durch das Unionsrecht besteht, sind im Bereich einer Mindestharmonisierung durch das Unionsrecht die Vorschriften der EU-Grundrechtecharta und des GG nebeneinander anzuwenden und ohne unionsrechtlichen Hintergrund sind allein die Grundrechte des Grundgesetzes einschlägig.[26] Die jeweils anwendbaren Bestimmungen der EU-Grundrechtecharta und der Grundrechte des GG sind in die im Rahmen der jeweiligen Generalklausel erforderliche Interessenabwägung einzustellen.[27] Im Falle kollidierender Grundrechtspositionen verschiedener Grundrechtsträger ist der Konflikt zwischen

---

23 BGH, 16.11.2017, I ZR 161/16, GRUR 2018, 535 Rn. 27 – *Knochenzement I.*

24 BGH, 12.12.2013, I ZR 192/12, GRUR 2014, 686 Rn. 23 – *Goldbärenbarren.*

25 BVerfG, 24.04.2013, 1 BvR 1215/07, BVerfGE 133, 277 Rn. 88; BVerfG, 31.05.2016, 1 BvR 1585/13, BVerfGE 142/74 Rn. 115; BGH, 31.03.2016, I ZR 160/14, GRUR 2016, 710 Rn. 45 – *Im Immobiliensumpf*; BGH, 01.06.2017, I ZR 115/16, GRUR 2017, 895 Rn. 43 – *Metall auf Metall III*; BGH, 27.07.2017, I ZR 228/15, GRUR 2017, 1027 Rn. 22 – *Reformistischer Aufbruch.*

26 BVerfG, *24.04.2013, 1 BvR 1215/07*, BVerfGE 133, 277 Rn. 88; BGH, 19.05.2011, I ZR 147/09, GRUR 2012, 74 Rn. 28 – Coaching-Newsletter.

27 BGH, 16.11.2017, I ZR 161/16, GRUR 2018, 535 Rn. 31 und 32 – *Knochenzement I.*

grundrechtlich geschützten Rechtspositionen nach dem Grundsatz praktischer Konkordanz zu lösen.[28] Vergleichbar hat eine Auflösung des Konflikts zwischen widerstreitenden unionsrechtlich geschützten Grundrechten zu erfolgen. Diese Grundrechtspositionen der EU-Grundrechtecharta sind in ein angemessenes Gleichgewicht zu bringen.[29] Zur Durchsetzung geschützter Grundrechtspositionen können die Generalklauseln des § 3 Abs. 1 und 2 herangezogen werden und ein Verhalten, das nicht in den Fallgruppen der §§ 3a bis 7 angeführt ist, kann als unlauter aufgrund der Generalklauseln einzustufen sein.[30] Die Grundrechte können daher nicht nur als Abwehrrecht gegen staatliche Maßnahmen Wirkung entfalten, sondern zu ihrer Durchsetzung kann ein Verhalten als unlauter zu beurteilen sein.

b) § 3 Abs. 3

§ 3 Abs. 3 dient der Umsetzung von Art. 5 (5) Satz 1 UGP-RL. Die Vorschrift des Art. 5 (5) UGP-RL verweist auf den Anhang I und bestimmt, dass die in der Liste aufgeführten Geschäftspraktiken unter allen Umständen als unlauter anzusehen sind. Eine Einzelfallabwägung findet nicht statt (Anhang (zu § 3 Abs. 3) Rdn. 8). Art. 5 (5) Satz 2 UGP-RL stellt klar, dass die Liste in allen Mitgliedstaaten gilt und ihre Änderung nur durch die UGP-RL erfolgen kann. Der nationale Gesetzgeber hat bei der Umsetzung des Anhangs I der UGP-RL keinen Gestaltungsspielraum. Der deutsche Gesetzgeber ist dieser Struktur gefolgt und hat den Anhang I der UGP-RL in einem Anhang zu § 3 Abs. 3, wenn auch nicht wörtlich, so doch überwiegend inhaltlich umgesetzt. 13

c) § 3 Abs. 4

§ 3 Abs. 4 bestimmt für den **B2C-Bereich, aus welcher Sicht** die Beurteilung geschäftlicher Handlungen gegenüber Verbrauchern zu erfolgen hat. Nach § 3 Abs. 4 Satz 1 ist bei der Beurteilung geschäftlicher Handlungen auf den Durchschnittsverbraucher und bei einer geschäftlichen Handlung gegenüber einer bestimmten Gruppe von Verbrauchern auf ein durchschnittliches Mitglied dieser Gruppe abzustellen. Die Bestimmung setzt Art. 5 (2) lit. b UGP-RL insoweit um, als diese Vorschrift der Richtlinie allgemein festlegt, wie die Verbrauchersicht zu bestimmen ist. § 3 Abs. 4 Satz 2 regelt die maßgebliche Verbrauchersicht für geschäftliche Handlungen, die für den Unternehmer vorhersehbar das wirtschaftliche Verhalten nur einer eindeutig identifizierbaren, besonders schutzbedürftigen Gruppe von Verbrauchern wesentlich beeinflussen. Durch die Vorschrift wird Art. 5 (3) Satz 1 UGP-RL umgesetzt. § 3 Abs. 4 ist richtlinienkonform auszulegen.[31] 14

---

28 BVerfG, 26.05.1970, 1 BvR 83/69, BVerfGE 28, 243, 260; BGH, 30.03.2017, I ZR 19/16, GRUR 2017, 1233 Rn. 22 – *Loud.*

29 EuGH, 29.01.2008, C-275/06, GRUR 2008, 241 Rn. 68 – *Promusicae*; EuGH, 15.09.2016, C-484/14, GRUR 2016, 1146 Rn. 83 – *Sony Music/McFadden.*

30 BVerfG, 17.02.1998, 1 BvF 1/91, BVerfGE 97, 228, 253; BGH, 12.11.2009, I ZR 183/07, GRUR 2010, 642 Rn. 60 – *WM-Marken.*

31 BGH, 12.12.2013, I ZR 192/12, GRUR 2014, 686 Rn. 14 und 16 – *Goldbärenbarren.*

2. Anwendungsbereich und Normstruktur

a) § 3 Abs. 1

15 Die **Generalklausel** des § 3 Abs. 1 ist im Verhältnis zur spezielleren Verbrauchergeneralklausel des § 3 Abs. 2 die allgemeinere Norm. Ihr Wortlaut ist an der Bestimmung des Art. 5 (1) UGP-RL ausgerichtet. Die Bedeutung des § 3 Abs. 1 liegt aber nicht im Anwendungsbereich der UGP-RL. Hier ist § 3 Abs. 2 bis 4 einschlägig und § 3 Abs. 1 ist auf die Funktion eines Rechtsfolgenverweises beschränkt.[32] Unlautere geschäftliche Handlungen werden als unzulässig bezeichnet. Damit übernimmt § 3 Abs. 1 im Geltungsbereich der UGP-RL die Aufgabe des Art. 5 (1). Was eine unlautere Geschäftspraxis ist, wird durch Art. 5 (2) bis Art. 9 UGP-RL abschließend festgelegt, während Art. 5 (1) die Rechtsfolge benennt. Ist die UGP-RL anwendbar und sind die Tatbestände unlauteren Verhaltens nach der Richtlinie nicht erfüllt, kann eine Unlauterkeit nicht über § 3 Abs. 1 begründet werden. Ansonsten würde unter Verstoß gegen Art. 4 UGP-RL ein höheres Schutzniveau im Geltungsbereich der Richtlinie begründet, was mit dem Unionsrecht wegen der durch die Richtlinie vorgesehenen Vollharmonisierung nicht vereinbar ist.[33] § 3 Abs. 1 ist ebenfalls im durch die Werbe-RL vollharmonisierten Bereich eine reine Rechtsfolgenregelung. In den durch die UGP-RL und die Werbe-RL vollharmonisierten Bereichen kann § 3 Abs. 1 zur Begründung einer unlauteren geschäftlichen Handlung nicht herangezogen werden.

16 Außerhalb des Geltungsbereichs der UGP-RL, die nur einen Teilaspekt unlauterer geschäftlicher Handlungen bestimmt (Erwägungsgründe 6 bis 8),[34] liegt die eigentliche Bedeutung des § 3 Abs. 1 als Auffangtatbestand. Das betrifft den **B2B-Bereich** und **geschäftliche Handlungen von Nicht-Unternehmern**. Für diese Bereiche ist die Bestimmung eine Generalklausel, die zur Begründung der Unlauterkeit einer geschäftlichen Handlung unmittelbar und ohne Rückgriff auf §§ 3a bis 7 herangezogen werden kann.[35] Soweit Verbraucher als Anbieter von Produkten im Verhältnis zu Unternehmern auftreten und § 3 Abs. 2 insoweit für nicht anwendbar gehalten wird, kann auf § 3 Abs. 1 als Auffangtatbestand zurückgegriffen werden (zur hier befürworteten Anwendung des § 3 Abs. 2 Rdn. 17 und 91 ff.).

b) § 3 Abs. 2

17 § 3 Abs. 2 setzt Art. 5 (2) lit. a und lit. b UGP-RL zur Spürbarkeitsschwelle um. Die in Art. 5 (2) lit. b UGP-RL inzident enthaltene Bestimmung der Verbrauchersicht hat

32 Beschlussempfehlung und Bericht des Ausschusses für Recht und Verbraucherschutz, BT Drucksache 18/6571, Seite 13.

33 EuGH, 14.01.2010, C-304/08, GRUR 2010, 244 Rn. 41 – *Plus Warenhandelsgesellschaft*; EuGH, 09.11.2010, C-540/08, GRUR 2011, 76 Rn. 30 – *Mediaprint*; EuGH, 17.01.2013, C-206/11, GRUR 2013, 297 Rn. 35 – Köck; EuGH, 19.10.2017, C-295/16 GRUR 2018, 303 Rn. 39–41 – *Europamur*.

34 BGH, 06.02.2014, I ZR 2/11, GRUR 2014, 879 Rn. 13 – GOOD NEWS II.

35 BGH, 12.07.2012, I ZR 54/11, GRUR 2013, 301 Rn. 24 und 29 – *Solarinitiative*; BGH, 16.11.2017, I ZR 161/16, GRUR 2018, 535 Rn. 22–37 – *Knochenzement I*.

der deutsche Gesetzgeber gesondert in § 3 Abs. 4 Satz 1 geregelt. Die Vorschrift des § 3 Abs. 2 umfasst geschäftliche Handlungen von Unternehmern gegenüber Verbrauchern beim Absatz von Waren oder Dienstleistungen. Der Anwendungsbereich des § 3 Abs. 2 deckt sich insoweit mit demjenigen der UGP-RL. Nach Art. 3 (1) UGP-RL gilt die Richtlinie für unlautere Geschäftspraktiken im Sinne des Artikels 5 zwischen Unternehmen und Verbrauchern vor, während und nach Abschluss eines auf ein Produkt bezogenen Handelsgeschäfts. Art. 2 lit. d UGP-RL definiert »Geschäftspraktiken im Geschäftsverkehr zwischen Unternehmen und Verbrauchern« (nachstehend auch »Geschäftspraktiken« genannt) als jede Handlung, Unterlassung, Verhaltensweise oder Erklärung, kommerzielle Mitteilung einschließlich Werbung und Marketing eines Gewerbetreibenden, die unmittelbar mit der Absatzförderung, dem Verkauf oder der Lieferung eines Produkts an Verbraucher zusammenhängt. Der Anwendungsbereich der Richtlinie ist damit auf eine Absatzförderung beschränkt. Das hindert nicht zwingend, § 3 Abs. 2 über den Anwendungsbereich der Richtlinie hinaus auf das Angebot eines Verbrauchers gegenüber einem Unternehmer anzuwenden. Soweit der Anwendungsbereich des § 3 Abs. 2 auf Absatzförderung im B2C-Bereich beschränkt angesehen wird, ist auf § 3 Abs. 1 als Generalklausel zurückzugreifen. Im Ergebnis dürfte dies keinen Unterschied machen. Die Wertungen sollten gleichlautend sein.

c) § 3 Abs. 3

§ 3 Abs. 3 verweist auf den Anhang zum UWG und erklärt die dort aufgeführten geschäftlichen Handlungen als stets unzulässig. Die Vorschrift setzt Art. 5 (5) Satz 1 UGP-RL um und ist auf Geschäftspraktiken von **Unternehmern gegenüber Verbrauchern** i. S. von Art. 2 lit. d UGP-RL beschränkt. Die im Anhang aufgeführten Tatbestände stets unzulässiger geschäftlicher Handlungen sind weder extensiv auszulegen noch analogiefähig. Auf das Verhältnis anderer Markteilnehmer außerhalb des B2C-Bereichs sind die Wertungen der Bestimmungen des Anhangs nicht ohne weiteres übertragbar. Inwieweit die im B2C-Verhältnis bei der Absatzförderung unter allen Umständen als unlauter anzusehenden Geschäftspraktiken in Hinblick auf eine Unlauterkeit verallgemeinerungsfähig sind, muss bei jedem einzelnen Tatbestand gesondert beurteilt werden. **18**

d) § 3 Abs. 4

§ 3 Abs. 4 setzt teilweise Art. 5 (2) lit. b und Art. 5 (3) Satz 1 um (Rdn. 126). Die Vorschriften bestimmen für den Anwendungsbereich der UGP-RL die maßgebliche Verbrauchersicht. Sie sind auf alle Tatbestände unlauterer Geschäftspraktiken der Richtlinie und die sie umsetzenden Vorschriften des UWG anwendbar. Über das durch die UGP-RL geregelte B2C-Verhältnis hinaus enthält § 3 Abs. 4 verallgemeinerungsfähige Maßstäbe zur Bestimmung der maßgeblichen Sicht der Marktteilnehmer. Richtet sich die geschäftliche Handlung an Fachkreise, ist auf einen durchschnittlich informierten und verständigen Angehörigen dieser Fachkreise abzustellen.[36] **19**

36 BGH, 15.04.2010, I ZR 145/08, GRUR 2010, 1125 Rn. 32 – *Femur-Teil.*

B. Die allgemeine Generalklausel § 3 Abs. 1

I. Einführung

20 Die allgemeine Generalklausel greift als **Auffangtatbestand** ein, soweit die UGP-RL und die Werbe-RL keine abschließenden Regelungen enthalten. Daher ist § 3 Abs. 1 als Generalklausel mit einem materiellen Inhalt im B2B-Verhältnis zwischen Unternehmern und auf geschäftliche Handlungen von Nicht-Unternehmern, insbesondere der öffentlichen Hand und NGOS (Nichtregierungsorganisationen – Non-Governmental Organisation) anwendbar. Soweit der Anwendungsbereich der UGP-RL eröffnet ist, enthalten § 3 Abs. 2 und 3 speziellere Tatbestände, die eine Anwendung der allgemeinen Generalklausel als materielle Regelung unlauterer geschäftlicher Handlungen ausschließen. Für alle unlauteren geschäftlichen Handlungen, gleichgültig ob der Anwendungsbereich der UGP-RL eröffnet ist, sieht § 3 Abs. 1 deren Unzulässigkeit vor und enthält eine umfassende Rechtsfolgenbestimmung. Zudem verknüpft § 3 Abs. 1 die gesetzlich normierten Fallgruppen unlauterer geschäftlicher Handlungen nach §§ 3 Abs. 2 und 3, 3a bis 6 mit den Bestimmungen des UWG über die Rechtsfolgen in §§ 8 bis 10.

II. Die Voraussetzungen des § 3 Abs. 1

21 Die Generalklausel des § 3 Abs. 1 enthält – soweit die Bestimmung nicht auf einen Rechtsfolgenverweis reduziert ist – eine materiell-rechtliche Regelung der Voraussetzungen unzulässiger Verhaltensweisen, deren Verbot nach § 8 Abs. 1 beansprucht werden kann, wenn eine Begehungsgefahr besteht. Unzulässig sind nach § 3 Abs. 1 unlautere geschäftliche Handlungen. Damit sind die Voraussetzungen der Generalklausel in denkbar knapper Form präzise umschrieben. Die allgemeine Generalklausel des § 3 Abs. 1 muss (1) als materielle-rechtliche Bestimmung anwendbar sein, (2) es muss eine geschäftliche Handlung vorliegen und (3) diese geschäftliche Handlung muss unlauter sein. Rechtsfolge ist nach § 3 Abs. 1 die Unzulässigkeit der Verhaltensweise.

1. Anwendbarkeit als materiell-rechtliche Regelung

22 Die Generalklausel muss als materiell-rechtliche Bestimmung der Unlauterkeit einer geschäftlichen Handlung anwendbar und nicht auf einen reinen Rechtsfolgenverweis beschränkt sein (Rdn. 8, 15 f.).

2. Geschäftliche Handlung

23 § 3 Abs. 1 setzt das Vorliegen einer geschäftlichen Handlung voraus. Diese ist in § 2 Abs. 1 Nr. 1 gesetzlich definiert (§ 2 Abs. 1 Nr. 1 Rdn. 1 ff.). Durch den Begriff der geschäftlichen Handlung wird der Anwendungsbereich des UWG vom allgemeinen Deliktsrecht abgegrenzt.[37] Die Definition ist denkbar weit und umfasst jedes Verhalten einer Person zugunsten des eigenen oder eines fremden Unternehmens vor, bei oder

37 BGH, 10.01.2013, I ZR 190/11, GRUR 2013, 945 Rn. 17 – *Standardisierte Mandatsbearbeitung.*

nach einem Geschäftsabschluss, das mit der Förderung des Absatzes oder Bezugs von Waren oder Dienstleistungen objektiv zusammenhängt. Der Begriff der »geschäftlichen Handlung« gemäß § 2 Abs. 1 Nr. 1 UWG reicht weiter als die Definition der »Geschäftspraktiken« in Art. 2 lit. d UGP-RL. Diese beinhaltet nur Verhaltensweisen von Gewerbetreibenden, die unmittelbar mit der Absatzförderung, dem Verkauf oder der Lieferung eines Produkts an Verbraucher zusammenhängen. § 2 Abs. 1 Nr. 1 UWG erfasst auch Maßnahmen gegenüber **Unternehmern und sonstigen Marktteilnehmern sowie Verhaltensweisen, die sich unmittelbar gegen Mitbewerber richten.** Ebenso werden Handlungen Dritter zur Förderung des Absatzes oder Bezugs eines fremden Unternehmens umfasst, die nicht im Namen oder im Auftrag des Unternehmers handeln.[38] Die Handlung muss bei **objektiver Betrachtung** vorrangig dem Ziel dienen, den Absatz oder Bezug von Produkten zu fördern.[39] Dient die Handlung in erster Linie anderen Zielen als der Beeinflussung von Marktteilnehmern im Hinblick auf den Produktbezug oder –absatz und wirkt sie sich lediglich auf die Absatz- oder Bezugsförderung reflexartig aus, liegt keine geschäftliche Handlung vor.[40]

3. Unlauterkeit

a) Allgemeines

24 Als weiteres Tatbestandsmerkmal erfordert § 3 Abs. 1 die Unlauterkeit der geschäftlichen Handlung. Der Gesetzgeber hat im UWG den Begriff der **Unlauterkeit** nicht gesetzlich definiert. Im UWG 1909 knüpfte die große Generalklausel des § 1 an den Verstoß gegen die guten Sitten an. Dieser überholte Begriff, der das Verhalten des Unternehmers in den Bereich eines Sittenverstoßes gerückt hat, ist in das UWG 2004 nicht übernommen worden und ist zur Bestimmung der Unlauterkeit des Verhaltens von Unternehmen im Wettbewerb ungeeignet. Er ist nunmehr auch in § 23 MarkenG durch die »anständigen Gepflogenheiten in Gewerbe oder Handel« ersetzt worden.[41]

25 Für eine Reihe von Fallgruppen mit teilweise ebenfalls generalklauselartiger Weite haben der Unionsgesetzgeber und der deutsche Gesetzgeber normiert, was unlautere Geschäftspraktiken (Art. 5 [2] bis 9 und Anhang I UGP-RL) beziehungsweise unlautere geschäftliche Handlungen (§§ 3a bis 7 und Anhang zu § 3 Abs. 3) sind. Diese Vorschriften enthalten durch Bildung von Fallgruppen in abstrakter Form eine positive Bestimmung, was unlauter ist. Ein verallgemeinerungsfähiger Ansatz für die Definition der Unlauterkeit ist den Vorschriften nicht zu entnehmen. Wegen der Vielgestaltigkeit möglicher Verhaltensweisen entzieht sich der Begriff der »Unlauterkeit« im UWG weitgehend einer allgemeingültigen, exakten Definition.[42] Der Begriff lässt sich lediglich umschreiben.

---

38 BGH, 06.02.2014, I ZR 2/11, GRUR 2014, 879 Rn. 13 – *GOOD NEWS II.*

39 BGH, 11.12.2014, I ZR 113/13, GRUR 2015, 694 Rn. 22 – *Bezugsquellen für Bachblüten.*

40 BGH, 31.03.2016, I ZR 160/14, GRUR 2016, 710 Rn. 12 – *Im Immobiliensumpf.*

41 Begründung des Regierungsentwurfs, BT Drucksache 19/2898, S. 70.

42 BVerfG, 08.02.1972, 1 BvR 170/71, GRUR 1972, 358, 360 – *Grabsteinwerbung*; BVerfG, 12.12.2000, 1 BvR 1762/95, GRUR 2001, 170, 173 – *Benetton Werbung*; BVerfG, 01.08.2001, 1 BvR 1188/92, GRUR 2001, 1058, 1059 – *Therapeutische Äquivalenz.*

26 Für den Anwendungsbereich der **UGP-RL** bestimmt Art. 5 (2) in allgemeiner Form, wann eine Geschäftspraktik unlauter ist.[43] Danach muss die Geschäftspraktik den Erfordernissen beruflicher Sorgfalt widersprechen und geeignet sein, das wirtschaftliche Verhalten eines Durchschnittsverbrauchers wesentlichen zu beeinflussen. Art. 2 lit. h UGP-RL bezeichnet die »berufliche Sorgfalt« als den Standard an Fachkenntnissen und Sorgfalt, bei denen billigerweise davon ausgegangen werden kann, dass der Gewerbetreibende sie gegenüber dem Verbraucher gemäß den anständigen Marktgepflogenheiten und/oder dem allgemeinen Grundsatz von Treu und Glauben in seinem Tätigkeitsbereich anwendet. Die Übertragung dieser Definition auf die Unlauterkeit geschäftlicher Handlungen i. S. von § 2 Abs. 1 Nr. 1 ist nicht ohne weiteres möglich, weil das UWG einen weitergehenden Schutzzweck als die UGP-RL verfolgt. Das UWG schließt nach seinem § 1 neben Verbrauchern auch Mitbewerber und sonstige Marktteilnehmer in den Normzweck ein.

27 **Art. 10 bis Abs. 2 PVÜ**, an den die Verbandsländer der PVÜ, zu denen Deutschland zählt, gebunden sind, definiert unlauteren Wettbewerb als jede Wettbewerbshandlung, die den anständigen Gepflogenheiten in Gewerbe oder Handel zuwiderläuft. An die anständigen Gepflogenheiten in Gewerbe oder Handel als Maßstab rechtmäßiger Benutzung einer Marke durch einen Dritten knüpft der Unionsgesetzgeber auch in Art. 14 (2) der Markenrechtsrichtlinie und Art. 14 (2) UMV an.

28 Unlauterkeit im **nationalen Lauterkeitsrecht** kann daher – soweit der Begriff nicht durch die UGP-RL in deren Anwendungsbereich vorgegeben ist – als Verstoß gegen die anständigen Gepflogenheiten in Gewerbe und Handel und die Grundsätze von Treu und Glauben verstanden werden.[44]

29 Unter Geltung des UWG 1909 ging die Rechtsprechung davon aus, dass der Handelnde alle Umstände kennen musste, die die Sittenwidrigkeit seiner Wettbewerbshandlung begründeten[45]. Ein Irrtum des Handelnden konnte ihn entlasten.[46] Auf subjektive Elemente kommt es bei der Bestimmung der Unlauterkeit seit dem UWG 2004 regelmäßig nicht mehr an. Die Bestimmung der Unlauterkeit erfolgt nunmehr grundsätzlich ohne Rückgriff auf subjektive Elemente anhand objektiver Kriterien.[47]

b) Anforderungen an die Unlauterkeit nach § 3 Abs. 1

30 Nach der Rechtsprechung ist die Annahme einer Unlauterkeit nach der allgemeinen Generalklausel des § 3 Abs. 1 vom Vorliegen folgender Voraussetzungen abhängig: **(1)**

---

43 EuGH, 07.03.2013, C-343/12, GRUR Int. 2013, 936 – *Euronics Belgium*.

44 BGH, 13.07.2006, I ZR 241/03, GRUR 2006, 1042 Rn. 29 – *Kontaktanzeigen*; BGH, 22.04.2009, I ZR 176/06, GRUR 2009, 1080 Rn. 13 – *Auskunft der IHK*.

45 BGH, 30.01.1953, I ZR 88/52, BGHZ 8, 387, 393 – *Fernsprechnummer als Kennzeichnungsmittel*; BGH, 18.12.1968, I ZR 130/66, GRUR 1969, 292, 294 – *Buntstreifensatin II*; BGH, 23.06.2005, I ZR 194/02, BGHZ 163, 265, 270 – *Atemtest*.

46 BGH, 23.05.1991, I ZR 286/89, GRUR 1991, 914, 915 – *Kastanienmuster*.

47 BGH, 23.06.2005, I ZR 194/02, BGHZ 163, 265, 270 – *Atemtest*; BGH, 11.01.2007, I ZR 96/04, BGHZ 171, 73 Rn. 21 – *Außendienstmitarbeiter*; FBO/*Fezer* § 3 Rn. 357; *Erdmann*, WRP 2005, 663, 665; *Steinbeck*, WRP 2005, 1351, 1352.

Im Hinblick auf das in Rede stehende Verhalten lassen die Tatbestände der §§ 3a bis 7 eine umfassende Bewertung der Interessen der durch das Wettbewerbsverhältnis betroffenen Marktteilnehmer nicht zu,[48] **(2)** das angegriffene Verhalten hat in den §§ 3a bis 7 und weiteren gesetzlich Vorschriften keine abschließende Regelung gefunden, **(3)** die fragliche Verhaltensweise entspricht in ihrem Unlauterkeitsgehalt den in den §§ 3a bis 7 angeführten, als unlauter angesehenen Fallkonstellationen und **(4)** das vom Gläubiger verfolgte Interesse an einen Verbot überwiegt die Interessen der übrigen Marktteilnehmer.[49]

Die Tatbestände der §§ 3a bis 7 lassen eine umfassende Bewertung der Interessen der durch das Wettbewerbsverhältnis betroffenen Marktteilnehmer nicht zu, wenn eine **Schutzlücke** entsteht, die durch die gesetzlich geregelten Fallgruppen unlauterer geschäftlicher Handlungen nicht geschlossen wird.[50] Ob eine Schutzlücke vorliegt, ist unter Heranziehung der anständigen Gepflogenheiten in Gewerbe und Handel und den Grundsätzen von Treu und Glauben zu beurteilen. Widerspricht eine geschäftliche Handlung den anständigen Gepflogenheiten in Gewerbe oder Handel oder den Grundsätzen von Treu und Glauben, ohne dass einer der Tatbestände der §§ 3a bis 7 eingreift, liegt eine Schutzlücke vor. Damit allein steht allerdings noch nicht fest, dass die Generalklausel des § 3 Abs. 1 durchgreift. Vielmehr müssen die weiteren unter (2) bis (4) dargestellten Voraussetzungen vorliegen. Darüber hinaus kann von einer Schutzlücke nicht ausgegangen werden, wenn der Gesetzgeber die Möglichkeit eröffnet hat, gewerbliche Schutzrechte zu begründen, die einen ausreichenden Schutz gewähren.[51] **31**

Die Annahme einer Unlauterkeit des beanstandeten Verhaltens kommt nicht in Betracht, wenn das angegriffene Verhalten in den §§ 3a bis 7 oder anderen gesetzlichen Vorschriften eine **abschließende Regelung** gefunden hat. Fehlt ein bestimmtes Tatbestandsmerkmal einer Verbotsnorm, kann das fehlende Merkmal nicht durch Rückgriff auf die Generalklausel des § 3 Abs. 1 ersetzt werden. Scheidet eine Unlauterkeit der geschäftlichen Handlung nach § 3a aus, weil die verletzte Rechtsnorm keine Marktverhaltensvorschrift ist, darf allein der Normverstoß nicht zur Begründung einer Unlauterkeit nach der allgemeinen Generalklausel des § 3 Abs. 1 herangezogen werden.[52] Es muss im Regelfall zumindest ein weiterer, eine Unlauterkeit begründender Aspekt hinzukommen, der nicht Bestandteil der gesetzlich geregelten Verbotsnorm ist. Dem System der Schutzrechte und den im Gesetz geregelten Unlauterkeitstatbeständen kann **32**

---

48 BGH, 22.04.2009, I ZR 176/06, GRUR 2009, 1080 Rn. 13 – *Auskunft der IHK*; BGH, 12.07.2012, I ZR 54/11, GRUR 2013, 301 Rn. 26 – *Solarinitiative*; BGH, 19.11.2015, I ZR 149/14, GRUR 2016, 725 Rn. 27 – *Pippi-Langstrumpf-Kostüm II*.

49 BGH, 16.11.2017, I ZR 161/16, GRUR 2018, 535 Rn. 30 und 31 – *Knochenzement I*.

50 BGH, 12.11.2009, I ZR 183/07, GRUR 2010, 642 Rn. 60 – *WM-Marken*; BGH, 28.10.2010, I ZR 60/09, BGHZ 187, 255 Rn. 28 – *Hartplatzhelden.de*; BGH, 19.11.2015, I ZR 149/14, GRUR 2016, 725 Rn. 27 – *Pippi-Langstrumpf-Kostüm II*; BGH, 04.05.2016, I ZR 58/14, BGHZ 210, 144 Rn. 96 – *Segmentstruktur*.

51 BGH, 04.05.2016, I ZR 58/14, BGHZ 210, 144 Rn. 96 – *Segmentstruktur*.

52 BGH, 02.12.2009, I ZR 152/07, GRUR 2010, 654 Rn. 25 – *Zweckbetrieb*; BGH, 09.09.2010, I ZR 157/08, GRUR 2011, 431 Rn. 11 – *FSA-Kodex*.

die Wertung zu entnehmen sein, dass weitere **Beschränkungen der Wettbewerbsfreiheit** durch das Verbot einer bestimmten Verhaltensweise nicht erfolgen sollen. Die Gewährung von Schutzrechten, deren zeitliche Grenzen sowie die Ausbildung von Schutzschranken und die Festlegung von Unlauterkeitstatbeständen ist auch eine rechtspolitische Entscheidung des Gesetzgebers. Dessen Wertung darf nicht zu Lasten der Wettbewerbsfreiheit durch eine extensive Auslegung der allgemeinen Generalklausel unterlaufen werden.[53]

33 Das fragliche Verhalten muss in seinem Unlauterkeitsgehalt den in den §§ 3a bis 7 angeführten, als unlauter angesehenen Fallkonstellationen entsprechen. Es sind **ein Vergleich und eine Gewichtung** des angegriffenen Verhaltens bezogen auf seinen Unlauterkeitsgehalt mit den Tatbeständen erforderlich, die gesetzlich geregelt sind.

34 Bei der **Abwägung der wechselseitigen Interessen** können nur durch die Rechtsordnung geschützte Interessen und Belange berücksichtigt werden.[54] In diesem Zusammenhang sind betroffene **Grundrechtspositionen** der Beteiligten von besonderer Bedeutung. Hier sind häufig sowohl auf Gläubiger- als auch auf Schuldnerseite das durch Art. 5 Abs. 1 GG grundgesetzlich geschützte Recht auf Meinungsfreiheit und die Berufs- und Berufsausübungsfreiheit nach Art. 12 Abs. 1 GG sowie der geschäftliche Ruf nach Art. 2 Abs. 1 und 12 Abs. 1 GG tangiert.[55] In Betracht kommt weiter, dass Rechte und Interessen eines Beteiligten durch die allgemeine Handlungsfreiheit nach Art. 2 Abs. 1 GG,[56] durch das allgemeine Persönlichkeitsrecht[57] und das Unternehmerpersönlichkeitsrecht nach Art. 2 Abs. 1 GG,[58] durch die Kunstfreiheit nach Art. 5 Abs. 3 GG[59] oder durch das Eigentumsrecht nach Art. 14 GG grundgesetzlich geschützt sind.

35 Die Interessen der beteiligten Parteien brauchen nicht grundrechtlich geschützt zu sein. Sie müssen nur mit der Rechtsordnung in Einklang stehen. **Neben den Interessen der Parteien sind auch die Interessen und Belange Dritter zu berücksichtigen.** Das können Interessen von Verbrauchern oder als Nachfrager oder Abnehmer von Waren oder Dienstleistungen am Markt agierender Unternehmen sein.[60] In die Abwägung einzubeziehen sind neben den rechtlich geschützten Interessen der durch das in Rede stehende Verhalten betroffenen Marktteilnehmer das **Interesse der Allgemeinheit** an

---

53 BGH, 19.11.2015, I ZR 149/14, GRUR 2016, 725 Rn. 28 – *Pippi-Langstrumpf-Kostüm II.*

54 BGH, 04.05.2016, I ZR 58/14, BGHZ 210, 144 Rn. 97 – *Segmentstruktur*; BGH, 16.11.2017, I ZR 161/16, GRUR 2018, 535 Rn. 34 – *Knochenzement I.*

55 BGH, 28.10.2010, I ZR 60/09, BGHZ 187, 255 Rn. 25 – *Hartplatzhelden.de*; BGH, 31.03.2016, I ZR 160/14, GRUR 2016, 710 Rn. 55 – *Im Immobiliensumpf*; BGH, 19.11.2015, I ZR 149/14, GRUR 2016, 725 Rn. 25 – *Pippi-Langstrumpf-Kostüm II*; BGH, 16.11.2017, I ZR 161/16, GRUR 2018, 535 Rn. 30–32 – *Knochenzement I.*

56 BVerfG, 01.08.2001, 1 BvR 1188/92, GRUR 2001, 1058, 1060 – *Therapeutische Äquivalenz.*

57 BGH, 05.06.2008, I ZR 223/05, WRP 2008, 1527 Rn. 15.

58 *BGH, 26.01.2017, I ZR* 217/15, GRUR 2017, 918 Rn. 34 – *Wettbewerbsbezug.*

59 BGH, 06.07.1995, I ZR 58/93, GRUR 1995, 744, 748 – *Feuer, Eis & Dynamit I.*

60 BGH, 16.11.2017, I ZR 161/16, GRUR 2018, 535 Rn. 33 – *Knochenzement I.*

einem funktionierenden Wettbewerb.[61] Geschützt werden ausschließlich wettbewerbsfunktionale Interessen der Marktteilnehmer und der Allgemeinheit an einem unverfälschtem Wettbewerb (§ 1 Rdn. 11). Auf allgemeine Erwägungen zu sittlichen Vorstellungen und subjektive Wertungen zum Wettbewerbsgeschehen kommt es nicht an (§ 1 Rdn. 10). Leerformeln und allgemeine Erwägungen, die in Begriffen zum Ausdruck kommen, wie »Marktverwilderung«,[62] »gesunde Anschauung der beteiligten Verkehrskreise« zum Wettbewerbsgeschehen,[63] der Schutz der Allgemeinheit vor Auswüchsen des Wettbewerbs,[64] »untragbare allgemeine Beunruhigung des wirtschaftlichen Lebens«[65] und »ein lauterer Leistungswettbewerb, der sich nur auf sachliche, die Ware selbst betreffende Erwägungen stützen soll«,[66] sind keine geeigneten Kriterien zur Auslegung des § 3 Abs. 1.

4. Spürbarkeitsschwelle

Im UWG 2004 und 2008 enthielt die allgemeine Generalklausel eine Spürbarkeitsklausel. Nach § 3 UWG 2004 waren die unlauteren Wettbewerbshandlungen nur unzulässig, wenn sie geeignet waren, den Wettbewerb zum Nachteil der Mitbewerber, der Verbraucher oder der sonstigen Marktteilnehmer nicht nur unerheblich zu beeinträchtigen. § 3 Abs. 1 UWG 2008 sah vor, dass die unlauteren Wettbewerbshandlungen unzulässig waren, wenn sie geeignet waren, die Interessen von Mitbewerbern, Verbrauchern oder sonstigen Marktteilnehmern spürbar zu beeinträchtigen. Durch die Einfügung des Spürbarkeitsmerkmals ersetzte der Gesetzgeber den von ihm im Jahr 2004 eingeführten, nunmehr als sperrig empfundenen Begriff der »nicht nur unerheblichen« Beeinträchtigung durch das in Art. 2 lit. e UGP-RL angeführte Merkmal der spürbaren Beeinträchtigung.[67] In der Sache hat sich diese Änderung nicht ausgewirkt.[68] 36

Die Spürbarkeitsklausel hat der Gesetzgeber in die allgemeine Generalklausel des § 3 Abs. 1 UWG 2015 nicht übernommen. Er wollte es der Rechtsprechung überlassen, wie unter der zuvor geltenden Rechtslage angemessene Spürbarkeitserfordernisse für § 3 Abs. 1 aufzustellen.[69] Eine gesonderte ausdrückliche Prüfung der Spürbarkeitsschwelle erfolgt bei § 3 Abs. 1 nicht. Vielmehr wird die Spürbarkeit **inzident geprüft**, weil die fragliche Verhaltensweise in ihrem Unlauterkeitsgehalt den in den §§ 3a bis 7 angeführ- 37

---

61 BGH, 19.11.2015, I ZR 149/14, GRUR 2016, 725 Rn. 25 – *Pippi-Langstrumpf-Kostüm II*; BGH, 16.11.2017, I ZR 161/16, GRUR 2018, 535 Rn. 34 – *Knochenzement I.*

62 BGH, 03.07.1981, I ZR 84/79, BGHZ 81, 291, 297 – *Bäckerfachzeitschrift.*

63 BGH, 27.01.1956, I ZR 146/54, BGHZ 19, 392, 396 – *Freiburger Wochenbericht.*

64 BGH, 01.02.1967, Ib ZR 3/65, GRUR 1967, 430, 431 – *Grabsteinaufträge*; BGH, 19.06.1970, I ZR 115/68, BGHZ 54, 188, 190 – *Fernsprechwerbung.*

65 BGH, 27.01.1956, I ZR 146/54, BGHZ 19, 392, 397 – *Freiburger Wochenbericht.*

66 BGH, 11.11.1958, I ZR 179/57, GRUR 1959, 277, 279 – *Künstlerpostkarten.*

67 Begründung des Regierungsentwurfs eines Ersten Gesetzes zur Änderung des Gesetzes gegen den unlauteren Wettbewerb, BT-Drucksache 16/10145, S. 22.

68 BGH, 29.04.2010, I ZR 66/08, GRUR 2010, 1142 Rn. 23 – *Holzhocker*; BGH, 12.07.2012, I ZR 54/11, GRUR 2013, 301 Rn. 34 – *Solarinitiative.*

69 Beschlussempfehlung und Bericht des Ausschusses für Recht und Verbraucherschutz, BT Drucksache 18/6571, Seite 14.

ten, als unlauter angesehenen Fallkonstellationen entsprechen muss.[70] § 3a enthält eine Spürbarkeitsklausel, bei § 4 ist eine gesonderte Prüfung der Spürbarkeit wegen des Unlauterkeitsgehalts der Tatbestände entbehrlich und §§ 4a, 5 und 5a enthalten jeweils eine Relevanzklausel. Damit kann ein Verhalten nach § 3 Abs. 1 nur unlauter sein, wenn es geeignet ist, die Interessen von Mitbewerbern, Verbrauchern oder sonstigen Marktteilnehmern spürbar zu beeinträchtigen.[71] Insoweit kann auf die Maßstäbe der Rechtsprechung zur Spürbarkeit unter Geltung des UWG 2008 zurückgegriffen werden.[72] Das beanstandete Verhalten muss einen Unlauterkeitsgehalt aufweisen, der über einen **Bagatellverstoß** hinausgeht. Andernfalls besteht kein Anlass, unter Rückgriff auf die allgemeine Generalklausel des § 3 Abs. 1 eine unlautere geschäftliche Handlung zu bejahen. Maßgebend sind Art und Schwere des Verstoßes. Dieser muss ein gewisses Gewicht haben. Bei der Bestimmung der Spürbarkeit sind alle Umstände des Einzelfalls zu berücksichtigen, zu denen ein besonderes Interesse der Allgemeinheit einschließlich der Verbraucher, eine besondere Anreizwirkung der Werbung für den Umworbenen, die Größe eines erzielten Wettbewerbsvorsprungs, das geschützte Rechtsgut und der Grad der Nachahmungsgefahr für Mitbewerber gehören können.

III. Fallgruppen

1. Wettbewerb der öffentlichen Hand

38 **Hoheitliches Handeln** der öffentlichen Hand stellt keine geschäftliche Handlung i. S. von § 2 Abs. 1 Nr. 1 dar und unterfällt nicht dem Anwendungsbereich des UWG.[73] Dagegen kann eine **erwerbswirtschaftliche Betätigung** der öffentlichen Hand die Voraussetzungen einer geschäftlichen Handlung erfüllen. Darauf, ob öffentliche Zwecke im Zusammenhang mit einer erwerbswirtschaftlichen Betätigung verfolgt werden, kommt es nicht an.[74] Der Anwendungsbereich des UWG ist eröffnet. Zwischen der hoheitlichen und der erwerbswirtschaftlichen Betätigung der öffentlichen Hand liegt ein dritter Bereich. Dient das Verhalten der **Erfüllung öffentlicher Aufgaben**, wird die öffentliche Hand aber ohne ausdrückliche Ermächtigung tätig, ist eine geschäftliche Handlung nicht von vornherein ausgeschlossen. Es ist eine Einzelfallprüfung erforderlich, bei der die Auswirkungen des Handelns der öffentlichen Hand auf den Wettbewerb zu berücksichtigen sind.[75] Ist die Tätigkeit zur Erfüllung einer öffentlichen Aufgabe nach Art und Umfang sachlich notwendig und sind die Auswirkungen auf den

---

70 BGH, 09.09.2010, I ZR 157/08, GRUR 2011, 431 Rn. 11 – *FSA-Kodex*; BGH, 16.11.2017, I ZR 161/16, GRUR 2018, 535 Rn. 27 – *Knochenzement I*.

71 Beschlussempfehlung und Bericht des Ausschusses für Recht und Verbraucherschutz, BT Drucksache 18/6571, Seite 14; BT-Plenarprotokoll 18/133, S. 13047; *Köhler*/Bornkamm/Feddersen § 3 UWG Rn. 2.20; Ohly/*Sosnitza* § 3 Rn. 67.

72 BGH, 16.07.2009, I ZR 50/07, GRUR 2010, 248 Rn. 31 – *Kamerakauf im Internet*; BGH, 29.04.2010, I ZR 66/08, GRUR 2010, 1142 Rn. 24 – *Holzhocker*; BGH, 12.02.2015, I ZR 213/13, GRUR 2015, 813 Rn. 25 – *Fahrdienst zur Augenklinik*.

73 BGH, 27.07.2017, I ZR 162/15, GRUR 2018, 196 Rn. 23 – *Eigenbetrieb Friedhöfe*.

74 BGH, 26.01.2006, I ZR 83/03, GRUR 2006, 428 Rn. 12 – *Abschleppkosten-Inkasso*.

75 BGH, 22.02.1990, I ZR 78/88, GRUR 1990, 611, 613 – *Werbung im Programm*; BGH, 27.07.2017, I ZR 162/15, GRUR 2018, 196 Rn. 23 – *Eigenbetrieb Friedhöfe*.

Wettbewerb nur notwendige Begleiterscheinung der Erfüllung öffentlicher Aufgaben, liegt keine geschäftliche Handlung vor.

Ist der Anwendungsbereich des UWG eröffnet, ist zu unterscheiden. Nimmt die öffentlich-rechtliche Körperschaft eine Handlung vor, die die Voraussetzungen einer Geschäftspraktik **gegenüber Verbrauchern** erfüllt (Art. 2 lit. d UGP-RL) und ist sie **Gewerbetreibender** (Art. 2 lit. b UGP-RL), ist die **UGP-RL** anwendbar und das Handeln der öffentlich-rechtlichen Körperschaft ist an den Bestimmungen der Richtlinie und den sie umsetzenden Vorschriften des UWG zu messen.[76] Die Anwendung der allgemeinen Generalklausel des § 3 Abs. 1 scheidet aus (Rdn. 15).[77] In Betracht kommen für die Beurteilung der Unlauterkeit des fraglichen Verhaltens nur die Vorschriften, die die UGP-RL umsetzen. Entsprechendes gilt für die Bestimmungen der Werbe-RL, die eine Vollharmonisierung enthalten. Ist der Anwendungsbereich des UWG eröffnet, ohne dass die UGP-RL und die Werbe-RL das Handeln abschließend regeln, kann das Verhalten der öffentlichen Hand gegen die allgemeine Generalklausel des **§ 3 Abs. 1** verstoßen. Die Vorschrift ist, soweit das Verhalten nicht abschließend nach spezielleren Normen des UWG zu beurteilen ist, an § 3 Abs. 1 zu messen, der die Funktion eines Auffangtatbestands hat. Erteilt die öffentliche Hand **Auskünfte oder Empfehlungen**, unterliegt sie in der Sache und der Form der Äußerungen dem Gebot der Sachlichkeit und Neutralität.[78] Öffentlich-rechtliche Körperschaften sind dem Gebot der Objektivität und Neutralität verpflichtet, wenn sie bei geschäftlichen Handlungen die amtliche Autorität und das der öffentlichen Hand regelmäßig entgegengebrachte Vertrauen in Anspruch nehmen oder wenn öffentliche Aufgaben mit erwerbswirtschaftlicher Tätigkeit vermengt werden.[79] Kommen keine speziellen Vorschriften des UWG zur Anwendung[80] – wie etwa § 4 Nr. 1 oder 2 beziehungsweise § 5 – kann ein Verstoß gegen die Grundsätze der Objektivität und Neutralität die Unlauterkeit der geschäftlichen Handlung der öffentlich-rechtlichen Körperschaft begründen.[81] Daran hat sich unter Geltung des UWG 2015 nichts geändert. Der Gesetzgeber hat den Entwurf der Bundesregierung zu einer Unternehmergeneralklausel nach § 3 Abs. 3 **39**

76 EuGH, 03.10.2013, C-59/12, GRUR 2013, 1159 Rn. 26–40 – *Zentrale zur Bekämpfung unlauteren Wettbewerbs*; BGH, 30.04.2014, I ZR 170/10, GRUR 2014, 1120 Rn. 16 – *Betriebskrankenkasse II.*

77 BGH, 12.07.2012, I ZR 54/11, GRUR 2013, 301 Rn. 25 – *Solarinitiative.*

78 BGH, 23.05.1985, I ZR 18/83, GRUR 1985, 1063, 1064 – *Landesinnungsmeister*; BGH, *01.03.2018, I ZR 264/16*, GRUR 2018, 622 Rn. 39 – *Verkürzter Versorgungsweg II.*

79 BGH, 19.06.1986, I ZR 54/84, GRUR 1987, 116, 117 – *Kommunaler Bestattungswirtschaftsbetrieb I*; BGH, 19.06.1986, I ZR 53/84, GRUR 1987, 119, 122 – *Kommunaler Bestattungswirtschaftsbetrieb II*; BGH, 12.11.1998, I ZR 105/96, GRUR 1999, 267, 270 – *Verwaltungsstellenleiter*; BGH, 21.07.2005, I ZR 170/02, GRUR 2005, 960, 961 – *Friedhofsruhe.*

80 BGH, 01.03.2018, I ZR 264/16, GRUR 2018, 622 Rn. 12 ff. – *Verkürzter Versorgungsweg II.*

81 BGH, 22.04.2009, I ZR 176/06, GRUR 2009, 1080 Rn. 13 und 18 – *Auskunft der IHK*; BGH, 26.02.2009, I ZR 106/06, GRUR 2009, 606 Rn. 15 – *Buchgeschenk vom Standesamt*; BGH, 12.07.2012, I ZR 54/11, GRUR 2013, 301 Rn. 25 – *Solarinitiative.*

EUWG 2015[82] nicht übernommen und es bei der allgemeinen Generalklausel belassen.[83]

40 **Dritte**, die nicht Körperschaften des öffentlichen Rechts sind, haften nicht als Täter oder Mittäter wegen Verstoßes gegen Verhaltenspflichten, die ausschließlich der öffentlichen Hand obliegen.[84] Dritte sind nicht Normadressaten; das sind bei der vorliegenden Fallgruppe ausschließlich die Körperschaften des öffentlichen Rechts. Eine **Verletzung von Verkehrspflichten** durch den Dritten scheidet ebenfalls grundsätzlich aus, weil Dritte regelmäßig keine Pflicht zur Prüfung trifft, ob die öffentliche Hand spezielle, mit der neutralen und objektiven Amtsführung zusammenhängende Gebote einhält.[85] In Betracht kommt eine **Teilnehmerhaftung** als Anstifter oder Gehilfe.[86] Das setzt nach den für die Teilnehmerhaftung im Deliktsrecht geltenden Maßstäben einen doppelten Vorsatz voraus. Der Teilnehmer muss zumindest bedingten Vorsatz hinsichtlich der Haupttat haben und im Bewusstsein der Rechtswidrigkeit handeln.[87]

2. Allgemeine Marktstörung

a) Einführung

41 Die allgemeine Marktstörung oder allgemeine Marktbehinderung ist eine besondere Fallgruppe, die vom Tatbestand der gezielten Behinderung nach § 4 Nr. 4 nicht erfasst wird. Unter Geltung des UWG 1909 war sie als Fallgruppe unlauteren Handelns anerkannt.[88] Der Gesetzgeber hat die allgemeine Marktstörung nicht als gesetzlich normierten Beispielstatbestand in das UWG 2004 übernommen. Er ist allerdings von der Fortgeltung dieser Fallgruppe aufgrund der allgemeinen Generalklausel nach § 3 UWG 2004 ausgegangen.[89] Die Rechtsprechung hat die Grundsätze der allgemeinen Marktstörung weiter angewandt und bei der allgemeinen Generalklausel des § 3 UWG 2004 und § 3 Abs. 1 UWG 2008 angesiedelt.[90] Für diese Fallgruppe ist unter Geltung des

82 Begründung des Regierungsentwurfs eines Zweiten Gesetzes zur Änderung des Gesetzes gegen den unlauteren Wettbewerb, BT-Drucksache 18/4535, S. 5.

83 Beschlussempfehlung und Bericht des Ausschusses für Recht und Verbraucherschutz, BT Drucksache 18/6571, Seite 13 f; BT-Plenarprotokoll 18/133, S. 13047; *Köhler*, WRP 2015, 275, 276; *Sosnitza* GRUR 2015, 318, 319.

84 BGH, 03.07.2008, I ZR 145/05, BGHZ 177, 150 Rn. 13 – *Kommunalversicherer.*

85 BGH, 12.07.2012, I ZR 54/11, GRUR 2013, 301 Rn. 52 – *Solarinitiative.*

86 BGH, 24.06.2003, KZR 32/02, BGHZ 155, 189, 194 – *Buchpreisbindung*; BGH, 03.07.2008, I ZR 145/05, BGHZ 177, 150 Rn. 14 – *Kommunalversicherer.*

87 BGH, 22.06.2011, I ZR 159/10, GRUR 2011, 1018 Rn. 24 – *Automobil-Onlinebörse.*

88 BGH, 14.03.1991, I ZR 55/89, GRUR 1991, 616, 617 – *Motorboot-Fachzeitschrift*; BGH, 29.06.2000, I ZR 128/98, GRUR 2001, 80, 81 – *ad-hoc-Meldung*; BGH, 14.12.2000, I ZR 147/98, GRUR 2001, 752, 753 – *Eröffnungswerbung*; BGH, 20.11.2003, I ZR 151/01, GRUR 2004, 602, 603 – *20 Minuten Köln.*

89 Begründung des Regierungsentwurfs eines Gesetzes gegen unlauteren Wettbewerb (UWG), BT-Drucks. 15/1487, S. 19.

90 BGH, 30.03.2006, I ZR 144/03, GRUR 2006, 596 Rn. 13 – *10% billiger*; BGH, 02.10.2008, I ZR 48/06, GRUR 2009, 416 Rn. 24 – *Küchentiefstpreis-Garantie*; BGH, 29.10.2009, I ZR 180/07, GRUR 2010, 455 Rn. 20 – *Stumme Verkäufer II.*

UWG 2015 § 3 Abs. 1 einschlägig. Die Linie der Rechtsprechung ist in jüngerer Vergangenheit bei dieser Fallgruppe zu Recht sehr **restriktiv**. Der Tatbestand der allgemeinen Marktstörung darf nicht dazu dienen, die Marktzutrittsschranken zu erhöhen, neue Marketingmaßnahmen und innovative Werbestrategien zu verhindern und vorhandene Marktstrukturen zu bewahren.[91] Die Rechtsfigur der allgemeinen Marktstörung dient nicht dem Schutz von Unternehmen vor Wettbewerb, sondern dessen Erhaltung im Interesse der Mitbewerber und der Allgemeinheit.[92] Der BGH hat die Voraussetzungen einer allgemeinen Marktstörung in den Entscheidungen der letzten Jahre jeweils verneint.

Im Schrifttum ist an der Fallgruppe der allgemeinen Marktstörung teilweise **Kritik** 42
geübt worden.[93] Es werden die Überschneidungen mit dem Kartellrecht und die Bedeutungslosigkeit der Fallgruppe bemängelt. Gleichwohl sollte sie nicht vorschnell aufgegeben werden. Der Gesetzgeber hat bei den Arbeiten zum UWG 2004 erkennen lassen, dass die allgemeine Marktbehinderung durch die unterbliebene Aufnahme in den Beispielskatalog des § 4 UWG 2004 nicht abgeschafft werden sollte. Die Generalklausel des § 3 Abs. 1 und die von der Rechtsprechung aufgestellten Grundsätze lassen ausreichende Möglichkeiten zur Schließung von Schutzlücken, ohne den Tatbestand der allgemeinen Marktstörung in seinem Anwendungsbereich zu überdehnen.[94]

b) Abgrenzung und Schutzzweck

Der Tatbestand der allgemeinen Marktstörung setzt **keine gezielte Behinderung** von 43
Mitbewerbern voraus. Dadurch unterscheidet sich die allgemeine Marktbehinderung von der individuellen Behinderung von Mitbewerbern nach § 4 Nr. 4. Die allgemeine Marktbehinderung zielt auf den Schutz der Mitbewerber ab. Sie knüpft nicht an eine unzulässige Beeinflussung von Verbrauchern an und liegt **außerhalb** des Anwendungsbereichs der **UGP-RL**.[95] Geschützt wird im Interesse der Mitbewerber und der Allgemeinheit ein unverfälschter Wettbewerb, der durch das von der allgemeinen Marktbehinderung erfasste Verhalten in seinem Bestand gefährdet ist.

Damit findet eine Überschneidung mit der Aufgabe einer Kontrolle der Marktstruktur 44
durch das **GWB** statt. Diese Überschneidung ist unschädlich, solange nicht Wertungen des Kartellrechts durch den Rückgriff auf die Generalklausel des § 3 Abs. 1 unterlaufen werden und der Bildung von Marktzutrittsschranken und einer Marktabschottung Vorschub geleistet wird.[96]

---

91 BGH, *20.11.2003,* I ZR 151/01, GRUR 2004, 602, 603f. – *20 Minuten Köln*; BGH, 19.04.2018, I ZR 154/16, WRP 2018, 1322 Rn. 45 – *Werbeblocker II.*

92 BDS/*Lehmler* § 3 Abs. 3 UWG Rn. 68.

93 JurisPK-UWG/*Ullmann* § 3 Rn. 32; MünchKomm/*Heermann* UWG Anh. §§ 1–7 B Rn. 74; *Ohly*/Sosnitza § 4 Rn. 4/97; *Steinbeck*, GRUR 2008, 848, 852; a: A. *Köhler*/Bornkamm/Feddersen § 4 UWG Rn. 5.1; FBO/*Osterrieth*/*Schönig* S 1 Rn. 11.

94 *Köhler*/Bornkamm/Feddersen § 4 UWG Rn. 5.1.

95 BGH, 29.10.2009, I ZR 180/07, GRUR 2010, 455 Rn. 20 – *Stumme Verkäufer II.*

96 BGH, 20.11.2003, I ZR 151/01, BGHZ 157, 55, 61 – *20 Minuten Köln.*

c) Voraussetzungen

aa) Einführung

45 Eine **allgemeine Marktstörung** liegt nach der Rechtsprechung vor, wenn ein für sich genommen nicht unlauteres Wettbewerbsverhalten allein oder in Verbindung mit gleichartigen Maßnahmen von Mitbewerbern die **ernstliche Gefahr** begründet, dass der auf der unternehmerischen Leistung beruhende Wettbewerb in erheblichem Maß eingeschränkt wird.[97] Erforderlich ist eine **Gesamtwürdigung** der relevanten Umstände des konkreten Falls unter Abwägung der Interessen des betroffenen Unternehmens, der Mitbewerber und der Allgemeinheit an einem funktionierenden Wettbewerb.[98] Zu den maßgeblichen Interessen gehören die Grundrechtspositionen des betroffenen Unternehmens und der Mitbewerber.[99]

46 Teilweise hat die Rechtsprechung diese Formel durch das zusätzliche Erfordernis modifiziert, es müsse »ein für sich genommen zwar nicht unlauteres, aber immerhin **bedenkliches Wettbewerbsverhalten**« gegeben sein.[100] Diese Voraussetzung ist ungeeignet, eine zulässige und erwünschte Durchbrechung vorhandener Wettbewerbsstrukturen von einer unlauteren Vorgehensweise abzugrenzen.[101] Zudem ist das Kriterium wegen seiner Konturlosigkeit nicht geeignet, die Fallgruppe der allgemeinen Marktstörung rechtssicher zu umschreiben. Das Tatbestandsmerkmal ist verzichtbar. Die notwendige Abgrenzung zwischen innovativem und unlauterem Wettbewerbsverhalten muss im Rahmen der Gesamtabwägung erfolgen.

47 Die allgemeine Marktstörung erfordert danach (1) ein Verhalten, das für sich oder in Verbindung mit dem gleichartigen Verhalten von Mitbewerbern (2) die ernstliche Gefahr einer Gefährdung des Wettbewerbs begründet, und (3) zudem müssen im Rahmen der erforderlichen Abwägung die rechtlich geschützten, wettbewerbsfunktionalen Interessen der Mitbewerber und der Allgemeinheit die Interessen des betroffenen Unternehmens deutlich überwiegen.

bb) Gefährdung des Bestands des Wettbewerbs

48 Notwendig ist eine Gefährdung des Bestands des Wettbewerbs. Es muss die Gefahr bestehen, dass durch die beanstandete Maßnahme der Wettbewerb auf dem Markt

---

97 BGH, 14.03.1991, I ZR 55/89, GRUR 1991, 616, 617 – *Motorboot-Fachzeitschrift*; BGH, 29.06.2000, I ZR 128/98, GRUR 2001, 80, 81 – *ad-hoc-Meldung*; BGH, 14.12.2000, I ZR 147/98, GRUR 2001, 752, 753 – *Eröffnungswerbung*; BGH, 20.11.2003, I ZR 151/01, GRUR BGHZ 157, 55, 61 – *20 Minuten Köln*; BGH, 29.10.2009, I ZR 180/07, GRUR 2010, 455 Rn. 20 – *Stumme Verkäufer II*;; BGH, 19.04.2018, I ZR 154/16, WRP 2018, 1322 Rn. 45 – *Werbeblocker II.*

98 BGH, 24.06.2004, I ZR 26/02, GRUR 2004, 877, 880 – *Werbeblocker.*

99 BVerfG, 01.08.2001, 1 BvR 1188/92, GRUR 2001, 1058, 1060 – *Therapeutische Äquivalenz.*

100 BGH, 29.10.2009, I ZR 180/07, GRUR 2010, 455 Rn. 20 – *Stumme Verkäufer II*; BGH, 19.04.2018, I ZR 154/16, WRP 2018, 1322 Rn. 43 – *Werbeblocker II.*

101 Kritisch auch *Ohly*/Sosnitza § 4 Rn. 4/97; a. A. *Köhler*/Bornkamm/Feddersen § 4 UWG Rn. 5.3.

völlig oder nahezu aufgehoben wird.[102] Dazu kann es ausreichen, dass eine bestimmte Art von Wettbewerbern aus dem Markt auszuscheiden droht.[103] Es muss eine Gefahr für eine dauerhafte Beeinträchtigung des Wettbewerbs bestehen.[104] Eine vorübergehende und nur kurzfristige Beeinträchtigung genügt nicht.[105] Nicht ausreichend ist eine bloße Störung oder Beeinträchtigung der wirtschaftlichen Betätigung.[106] Es muss eine konkrete Gefahr bestehen; eine abstrakte Gefährdung genügt nicht. Die Gefährdung muss anhand von Tatsachen festgestellt werden. Die bloße Möglichkeit oder die Eignung zur Gefährdung reicht nicht.[107] Andererseits genügt die Gefahr. Nicht erforderlich ist, dass sich die Gefährdung durch Ausscheiden von Konkurrenten oder dem Erliegen des Wettbewerbs realisiert hat.

Um die Gefährdung des Bestands des Wettbewerbs feststellen zu können, muss der für die Prüfung **relevante Markt** festgelegt werden. Hierzu kann auf die für die Abgrenzung des relevanten Marktes in **sachlicher,**[108] **räumlicher**[109] **und zeitlicher Hinsicht**[110] im Kartellrecht bestehenden Grundsätze zurückgegriffen werden. Für die Bestimmung des **sachlichen Markts** ist das sogenannte Bedarfskonzept entscheidend.[111] Danach sind einem (Angebots-)Markt alle Produkte zuzurechnen, die aus der Sicht der Nachfrager nach Eigenschaft, Verwendungszweck und Preislage zur Deckung eines bestimmten Bedarfs austauschbar sind. Anzulegen ist ein objektiver Maßstab. Für die **räumliche Marktabgrenzung** gelten grundsätzlich dieselben Kriterien wie für die Bestimmung des sachlich relevanten Markts. Maßgebend ist die funktionelle Austauschbarkeit aus der Sicht der Nachfrager. Diese richtet sich insbesondere nach der Gleichheit der Wettbewerbsbedingungen in einem bestimmten Gebiet. Regelmäßig bildet das gesamte Gebiet Deutschlands den räumlich relevanten Markt. Regional begrenzte Teilmärkte sind maßgeblich, wenn die Austauschmöglichkeiten der Nachfrager aus objektiven Gründen räumlich begrenzt sind. Im Handel wird der räumlich relevante Markt nach der Ortsgebundenheit des Angebots und der Mobilität der Nachfrager bestimmt. Bei höherwertigen Verbrauchsgütern ist diese stärker ausgeprägt als bei Verbrauchsgütern des kurzfristigen Bedarfs.[112] Ist der sachliche und räumliche **49**

102 BGH, 02.10.2008, I ZR 48/06, GRUR 2009, 416 Rn. 25 – *Küchentiefstpreis-Garantie*; BGH, 19.04.2018, I ZR 154/16, WRP 2018, 1322 Rn. 45 – *Werbeblocker II*.

103 BGH, 31.01.1979, I ZR 21/77, GRUR 1979, 321, 323 – *Verkauf unter Einstandspreis*; BGH, 27.10.1988, I ZR 29/87, GRUR 1990, 371, 372 – *Preiskampf*.

104 BGH, 27.10.1988, I ZR 29/87, GRUR 1990, 371, 372 – *Preiskampf*.

105 BGH, 29.06.2000, I ZR 128/98, GRUR 2001, 80, 81 – *ad-hoc-Meldung*.

106 BGH, 24.06.2004, I ZR 26/02, GRUR 2004, 877, 880 – *Werbeblocker*.

107 BGH, 22.11.1984, I ZR 98/82, GRUR 1985, 882 – *Bliestal-Spiegel*; BGH, 29.06.2000, I ZR 128/98, GRUR 2001, 80, 81 – *ad-hoc-Meldung*; BGH, 24.06.2004, I ZR 26/02, GRUR 2004, 877, 880 – *Werbeblocker*.

108 BGH, 19.03.1996, KZR 1/95, GRUR 1996, 808, 810 – *Pay-TV-Durchleitung*; BGH, 05.10.2004, KVR 14/03, GRUR 2004, 1045, 1046 – *Staubsaugerbeutelmarkt*.

109 OLG Düsseldorf, 04.08.2010, 2 Kart. 6/09, BeckRS 2010, 19701.

110 OLG Frankfurt, 17.03.1992, 6 W (Kart) 31/92; GRUR 1992, 554, 555; FBO/*Osterrieth/Schönig* S 1 Rn. 108.

111 BGH, 06.12.2011, KVR 95/10, BGHZ 192, 18 Rn. 27 – *Total/OMV*.

112 BGH, 06.12.2011, KVR 95/10, BGHZ 192, 18 Rn. 35 – *Total/OMV*.

Markt zeitlich begrenzt – etwa bei Messen – ist eine **zeitliche Marktabgrenzung** notwendig.[113]

50 Ist der relevante Markt bestimmt, müssen die dort **bestehenden Verhältnisse** festgestellt werden. Dazu sind die auf dem Markt befindlichen Wettbewerber zu bestimmen und ihre Bedeutung für das Wettbewerbsgeschehen ist zu analysieren. Die Auswirkungen der beanstandeten Maßnahme auf den Wettbewerbsbestand sind zu klären. In die Beurteilung einzubeziehen sind die Folgen, die die beanstandete Verhaltensweise auf dem Markt bereits zeigt.[114]

51 Die Gefahr muss für den **Bestand des Wettbewerbs** und nicht für die Erhaltung von Wettbewerbsstrukturen bestehen.[115] Über die Fallgruppe der allgemeinen Marktbehinderung werden nicht bestimmte Marktkonzepte gegen Veränderungen und Innovationen geschützt.[116] Es ist Sinn des Wettbewerbs, Vertriebs- und Absatzkonzepte von Konkurrenten in Frage zu stellen und Kunden mit neuen Marketingstrategien anzuziehen. Dem darf nicht mit Mitteln des Lauterkeitsrechts gegengesteuert und ein Bestandsschutz gewährt werden.[117] Ausnahmen werden teilweise für den Fall des Schutzes eines überragend wichtigen Gutes der Allgemeinheit angedeutet.[118] Aber auch wenn der Schutz derart wichtiger Gemeinschaftsgüter in Rede steht, dürfen Wettbewerbsstrukturen nicht in ihrem Bestand durch § 3 Abs. 1 geschützt werden. Die Erhaltung bestimmter Absatzstrukturen ist eine rechtspolitische Entscheidung, die der Gesetzgeber treffen muss.[119] Soweit bestimmte Rechtsgüter besonders schutzbedürftig sind und dies – wie etwa beim grundrechtlich verankerten Schutz der Presse – in der Rechtsordnung zum Ausdruck kommt, ist dies im Rahmen der Interessenabwägung zu berücksichtigen.[120]

cc) Wettbewerbsverhalten

52 Es muss ein Verhalten vorliegen, das **für sich oder in Verbindung mit dem gleichartigen Verhalten von Mitbewerbern** die Gefahr für den Bestand des Wettbewerbs verursacht. Die Gefährdung des Wettbewerbs kann allein von dem beanstandeten Verhalten ausgehen, ohne dass es auf die Reaktionen von Konkurrenten ankommt.[121] Dazu ist im Regelfall erforderlich, dass das beanstandete Verhalten von einem Unternehmen ausgeht, das über gewisse Ressourcen verfügt, um von Intensität und Dauer der Maßnahme eine Gefahr für den Bestand des Wettbewerbs überhaupt auslösen zu können. In die Beurteilung einzubeziehen ist weiter ein von den Mitbewerbern ausgehendes

113 BGH, 03.03.1969, KVR 6/68, BGHZ 52, 65 – *Sportartikelmesse*; FBO/*Osterrieth*/*Schönig* S 1 Rn. 108.
114 BGH, 24.06.2004, I ZR 26/02, GRUR 2004, 877, 880 – *Werbeblocker*.
115 BGH, 14.03.1991, I ZR 55/89, GRUR 1991, 616, 617 – *Motorboot-Fachzeitschrift*.
116 BGH, 12.10.1989, I ZR 155/87, GRUR 1990, 44, 45 – *Annoncen-Avis*.
117 BGH, 24.06.2004, I ZR 26/02, GRUR 2004, 877, 880 – *Werbeblocker*.
118 BGH, 12.10.1989, I ZR 155/87, GRUR 1990, 44, 45 – *Annoncen-Avis*.
119 BGH, 03.07.1981, I ZR 84/79, BGHZ 81, 291, 295 – *Bäckerfachzeitschrift*.
120 BGH, 24.06.2004, I ZR 26/02, GRUR 2004, 877, 880 – *Werbeblocker*.
121 BGH, 29.10.2009, I ZR 180/07, GRUR 2010, 455 Rn. 20 – *Stumme Verkäufer II*.

gleichartiges Verhalten.[122] Die Mitbewerber müssen noch nicht reagiert haben. Ein ernsthaft zu erwartendes Verhalten reicht aus.[123] Hierfür müssen greifbare Anhaltspunkte vorliegen, soweit nicht schon Nachahmungseffekte festgestellt werden können.[124] In der Literatur wird die Einbeziehung des Verhaltens von Konkurrenten teilweise abgelehnt.[125] Das isolierte Abstellen allein auf die Gefährdung durch die erstmals ergriffene Maßnahme ohne Einbeziehung zu erwartender Nachahmungen dritter Unternehmen wird der notwendigen Abwehr von Gefahren vor ihrem Eintritt nicht gerecht. Den im Schrifttum geäußerten Bedenken kann durch sorgfältige Feststellungen zu den erwarteten oder bereits eingetretenen Nachahmungseffekten in ausreichendem Maße Rechnung getragen werden.[126]

dd) Interessenabwägung

Die Gefährdung des Bestands des Wettbewerbs durch das angegriffene Verhalten gegebenenfalls in Kombination mit zu erwartenden Nachahmungseffekten reicht zur Begründung einer Unlauterkeit nicht aus. Dies gilt auch bei einer Gefährdung überragend wichtiger Gemeinschaftsgüter (Rdn. 51). Das zusätzliche Kriterium, das im Zusammenwirken mit den anderen Voraussetzungen erst die Unlauterkeit begründet, kann nicht darin bestehen, dass schon für sich genommen ein ohnehin bedenkliches Wettbewerbsverhalten gegeben ist (Rdn. 46). Vielmehr muss eine Interessenabwägung hinzukommen. Abzuwägen sind die rechtlich geschützten Interessen des betroffenen Unternehmens, der Mitbewerber und der Allgemeinheit. Den kollidierenden Grundrechtspositionen ist Rechnung zu tragen.[127] Die rechtlich geschützten, wettbewerbsfunktionalen Interessen der Mitbewerber und der Allgemeinheit müssen die Interessen des betroffenen Unternehmens deutlich überwiegen, um ein Verbot rechtfertigen zu können. Da es sich um wettbewerbsfunktionale Belange handeln muss, scheidet ein Interesse an der Erhaltung des Kundenstamms, von Absatzkonzepten und -strategien sowie Gewinnmargen oder an der Amortisation von Investitionen von vornherein aus. Zu berücksichtigen ist zugunsten des betroffenen Unternehmens, ob ein bestimmter Anlass für die Verhaltensweise besteht. So kann ein in den Markt eintretendes Unternehmen zur Überwindung von Marktzutrittsschranken zu besonderen Marketinganstrengungen greifen müssen. **53**

---

122 *BGH, 14.12.2000*, I ZR 147/98, GRUR 2001, 752, 753 – *Eröffnungswerbung*.
123 BGH, 27.10.1988, I ZR 29/87, GRUR 1990, 371, 372 – *Preiskampf*; BGH, 20.11.2003, I ZR 151/01, BGHZ 157, 55, 61 – *20 Minuten Köln*.
124 BGH, 24.06.2004, I ZR 26/02, GRUR 2004, 877, 880 – *Werbeblocker*; BGH, 29.10.2009, I ZR 180/07, GRUR 2010, 455 Rn. 25 – *Stumme Verkäufer II*.
125 *Köhler*/Bornkamm/Feddersen § 4 UWG Rn. 5.1; MünchKomm/*Heermann* UWG Anh. §§ 1–7 B Rn. 19; FBO/*Osterrieth/Schönig* S 1 Rn. 140.
126 *Koppensteiner*, WRP 2007, 475, 476.
127 BGH, 24.06.2004, I ZR 26/02, GRUR 2004, 877, 880 – *Werbeblocker*.

d) Fallgruppen

54 Der Anwendungsbereich der Grundsätze der allgemeinen Marktstörung ist nicht auf bestimmte Fallgruppen beschränkt. Die Grundsätze sind verallgemeinerungsfähig. In der Praxis kommt der allgemeinen Marktstörung allerdings keine große Bedeutung zu. Das hängt ersichtlich damit zusammen, dass die Rechtsprechung die allgemeine Marktstörung zwar nicht aufgegeben, die Voraussetzungen aber in der jüngeren Vergangenheit immer wieder verneint hat. In der Praxis konzentrieren sich die Fälle, in denen die allgemeine Marktstörung erwogen wird, auf den Verkauf unter Einstandspreis, das Verschenken von Waren und die kostenlose Verteilung von Presseerzeugnissen.

aa) Verkauf unter Selbstkosten

55 Preiswettbewerb ist in einer Marktwirtschaft besonders erwünscht und essentieller Teil des Konkurrenzkampfes. Einem Unternehmen steht es grundsätzlich frei, seine Preise zu gestalten und Konkurrenten zu unterbieten.[128] Der Verkauf unter Selbstkosten oder unter Einstandspreis des Unternehmers ist daher schon im Ansatz nicht unlauter.[129] Erst wenn besondere Umstände hinzukommen, lässt sich ein Verbot des Verkaufs unter Einstandspreis oder Selbstkosten rechtfertigen.[130]

56 Außerhalb des Anwendungsbereichs der allgemeinen Marktstörung kann ein Verbot des Verkaufs unter Einstandspreis oder Selbstkosten aus dem **Kartellrecht** folgen. § 20 Abs. 3 Satz 1 GWB sieht ein Verbot unbilliger Behinderung durch marktmächtige Unternehmen gegenüber kleinen und mittleren Wettbewerbern vor. Nach § 20 Abs. 3 Satz 2 GWB liegt eine unbillige Behinderung vor, wenn ein Unternehmen Lebensmittel im Sinne des § 2 Absatz 2 des Lebensmittel- und Futtermittelgesetzbuches unter Einstandspreis oder andere Waren oder gewerbliche Leistungen nicht nur gelegentlich unter Einstandspreis anbietet oder von kleinen oder mittleren Unternehmen, mit denen es auf dem nachgelagerten Markt beim Vertrieb von Waren oder gewerblichen Leistungen im Wettbewerb steht, für deren Lieferung einen höheren Preis fordert, als es selbst auf diesem Markt anbietet, es sei denn, dies ist jeweils sachlich gerechtfertigt. Der Verkauf unter Selbstkosten kann weiter die Voraussetzungen einer **gezielten Behinderung** i. S. von **§ 4 Nr. 4** erfüllen.

57 Liegen weder die Voraussetzungen eines kartellrechtlichen Verbots des Verkaufs unter Einstandspreis vor noch diejenigen einer gezielten Behinderung nach § 4 Nr. 4, kann sich ein Verbot des Verkaufs unter Selbstkosten aus den Grundsätzen der **allgemeinen Marktstörung ergeben**. Erforderlich ist, (1) dass ein Verkauf unter Selbstkosten erfolgt, (2) wodurch die konkrete Gefahr hervorgerufen wird, dass Mitbewerber vom Markt verdrängt werden und (3) der Wettbewerb auf dem relevanten Markt gefährdet wird, ohne dass dies durch Belange des unter Selbstkosten anbietenden Unternehmens gerechtfertigt ist.[131]

---

128 BGH, 06.10.1983, I ZR 39/83, GRUR 1984, 204, 206 – *Verkauf unter Einstandspreis II.*
129 BGH, 02.10.2008, I ZR 48/06, GRUR 2009, 416 Rn. 13 – *Küchentiefstpreis-Garantie.*
130 BGH, 27.10.1988, I ZR 29/87, GRUR 1990, 371, 372 – *Preiskampf.*
131 BGH, 02.10.2008, I ZR 48/06, GRUR 2009, 416 Rn. 25 – *Küchentiefstpreis-Garantie.*

Ein Verkauf unter **Einstandspreis** liegt vor, wenn der vom Unternehmer verlangte Preis unter den von ihm für den Erwerb aufgewandten Kosten (Einkaufspreis zuzüglich Bezugskosten) liegt.[132] Selbstkosten sind die Aufwendungen für vom Unternehmer hergestellte Waren oder erbrachte Dienstleistungen.[133] 58

Durch die Preisunterbietung muss die **konkrete Gefahr** (Rdn. 48 ff.) der Verdrängung von Wettbewerbern bestehen, die so weit reicht, dass zu erwarten ist, dass der Wettbewerb auf dem relevanten Markt zu erliegen droht.[134] Das setzt einen gewissen Umfang hinsichtlich Unternehmensgröße, Marktanteil und Finanzkraft bei dem den Einstandspreis unterbietenden Unternehmen voraus.[135] Weiter muss die Abgabe von Waren unter Einstandspreis eine gewisse Intensität nach Art, Umfang und Dauer haben. Nur gelegentliche Aktionen reichen regelmäßig nicht.[136] 59

Ein Verbot erfordert, dass für den Verkauf unter Einstandspreis oder Selbstkosten **keine sachlichen Gründe** bestehen. Sachliche Gründe können aus Sicht des Unternehmers aus tatsächlichen oder ökonomischen Umständen folgen. Die Ware kann schwer verkäuflich oder verderblich sein. Der Unternehmer kann eine Mischkalkulation vornehmen.[137] Er kann durch einzelne, besonders günstige Angebote den Eindruck überdurchschnittlicher Leistungsfähigkeit hervorrufen wollen oder den Versuch unternehmen, den Verbraucher anzulocken. Nicht gerechtfertigt ist eine dauerhafte Unterschreitung des Einstandspreises oder der Selbstkosten, wenn hierfür kein anderer nachvollziehbarer Grund erkennbar ist als die Schädigung von Mitbewerbern unter Inkaufnahme eigener Verluste.[138] 60

bb) Kostenlose Abgabe von Produkten

Eine unentgeltliche Abgabe von Waren oder eine kostenlose Erbringung von Dienstleistungen ist lauterkeitsrechtlich grundsätzlich nicht zu beanstanden. Es kann aus Sicht des Unternehmers eine Vielzahl vernünftiger Gründe für ein derartiges Verhalten geben. Bereits in der älteren Rechtsprechung ist die kostenlose Abgabe zur Erprobung oder zur Einführung neuer Produkte als Gründe für ein derartiges Verhalten anerkannt.[139] Dagegen wurde das allgemeine Verschenken von Originalware oder eine Abgabe, die über Probezwecke hinausging, wesentlich kritischer beurteilt und regelmäßig als Verstoß gegen § 1 UWG 1909 angesehen.[140] Die Unlauterkeit bejahte die Rechtsprechung, wenn durch die kostenlose Verteilung mindestens für einen begrenz- 61

132 FBO/*Osterrieth/Schönig* S 1 Rn. 271.
133 A.A. *Ohly*/Sosnitza § 4 Rn. 4/94: Selbstkosten = Einstandspreis plus Gemeinkosten.
134 BGH, 02.10.2008, I ZR 48/06, GRUR 2009, 416 Rn. 25 – *Küchentiefstpreis-Garantie.*
135 BGH, 31.01.1979, I ZR 21/77, GRUR 1979, 321, 323 – *Verkauf unter Einstandspreis.*
136 BGH, 30.03.2006, I ZR 144/03, GRUR 2006, 596 Rn. 19 – *10% billiger.*
137 BGH, 06.10.1983, I ZR 39/83, GRUR 1984, 204, 206 – *Verkauf unter Einstandspreis II*; BGH, 30.03.2006, I ZR 144/03, GRUR 2006, 596 Rn. 19 – *10% billiger.*
138 BGH, 02.10.2008, I ZR 48/06, GRUR 2009, 416 Rn. 25 – *Küchentiefstpreis-Garantie.*
139 BGH, 26.02.1965, Ib ZR 51/63, BGHZ 43, 278, 280 und 285 – *Kleenex*; BGH, 14.06.1974, I ZR 104/73, GRUR 1975, 26, 27f. – *Colgate.*
140 BGH, 26.02.1965, Ib ZR 51/63, BGHZ 43, 278, 284 – *Kleenex.*

ten Zeitraum der Bedarf der Beschenkten gedeckt wurde und die unentgeltliche Verteilung nach Art der Ware, Umfang und Dauer der Bedarfsdeckung die Gefahr mit sich brachte, dass der Kunde nach Beendigung der Verteilung davon absah, die Angebote der Mitbewerber unbeeinflusst zu prüfen.[141] Neben der Begründung der Unlauterkeit aufgrund eines Gewöhnungseffekts stellte die Rechtsprechung auf eine Marktverstopfung durch die kostenlose Abgabe von Produkten ab. Danach wurde es als wettbewerbswidrig angesehen, wenn durch Geschenkaktionen, die sich nicht mehr im Rahmen eines Erprobungszwecks hielten, Mitbewerbern für eine geraume Zeit die Möglichkeit genommen wurde, an dem grundsätzlich allen offenstehenden Wettbewerb teilzunehmen.[142]

62 Nach Abschaffung der Zugabeverordnung und des Rabattgesetzes kann an dieser restriktiven Rechtsprechung nicht festgehalten werden. Die Unlauterkeit der kostenlosen Abgabe von Waren und der unentgeltlichen Erbringung von Dienstleistungen muss auf **enge Ausnahmefälle beschränkt** bleiben, die eine konkrete Gefährdung des Wettbewerbs begründen. Es ist deshalb auch bei einer kostenlosen Abgabe von Waren und der unentgeltlichen Erbringung von Dienstleistungen, die nicht durch einen Probezweck oder zur Markteinführung bedingt ist, nicht regelmäßig von einer Unlauterkeit auszugehen. Die Rechtsprechung hat die Anforderungen an eine Unlauterkeit gegenüber älteren Entscheidungen erhöht und stellt auf eine konkrete Gefährdung des Wettbewerbs ab.[143] In dem der Entscheidung »ad-hoc-Meldung« zugrundeliegenden Sachverhalt waren die Parteien die einzigen Anbieter der Dienstleistung und durch die kostenlose Erbringung der ad-hoc-Meldungen drohte eine Monopolisierung des Marktes.[144]

63 Eine Unlauterkeit des Verschenkens von Waren oder der unentgeltlichen Erbringung von Dienstleistungen setzt eine **dauerhafte Gefährdung** des Wettbewerbsbestands voraus (Rdn. 48 ff.).[145] Regelmäßig erfordert dies ein systematisches Vorgehen und eine erhebliche Finanzkraft. Es muss die konkrete Gefahr bestehen, dass der Wettbewerb ganz oder nahezu zum Erliegen kommt. Dazu muss ein Verhalten vorliegen, das für sich oder in Verbindung mit dem gleichartigen Verhalten von Mitbewerbern die Gefahr für den Bestand des Wettbewerbs verursacht (Rdn. 51 f.) und die Interessenabwägung muss zu Lasten des betroffenen Unternehmens ausgehen (Rdn. 53). Dabei ist zu berücksichtigen, dass die kostenlose Überlassung von Waren oder die unentgeltliche Erbringung von Dienstleistungen als Marketingstrategie in bestimmten Bereichen Verbreitung gefunden hat. So können bestimmte Waren zu deutlich subventionierten Preisen oder kostenlos überlassen werden, um das Zubehör-, Wartungs-, Reparatur- und Ersatzteilgeschäft zu übernehmen, oder Dienstleistungen werden im Internet für den

141 BGH, 22.01.1969, I ZR 49/67, GRUR 1969, 295, 297 – *Goldener Oktober.*

142 BGH, 14.06.1974, I ZR 104/73, GRUR 1975, 26, 29. – *Colgate.*

143 BGH, 29.06.2000, I ZR 128/98, GRUR 2001, 80, 81 – *ad-hoc-Meldung.*

144 *BGH, 29.06.2000, I ZR 128/98,* GRUR 2001, 80, 82 – *ad-hoc-Meldung.*

145 BGH, 20.11.2003, I ZR 151/01, BGHZ 157, 55, 61 – *20 Minuten Köln*; OLG Köln, 22.11.2004, 6 W 115/04, GRUR 2005-RR 168, 169.

Nutzer kostenlos erbracht, um Werbung zu platzieren.[146] Derartigen Entwicklungen darf nicht mit einem Verbot aufgrund allgemeiner Marktstörung nach § 3 Abs. 1 entgegengewirkt werden. Etwas anderes gilt nur, wenn die kostenlose Überlassung von Waren und Erbringung von Dienstleistungen den Wettbewerb bedroht, weil dauerhaft ein derartiges Geschäftsmodell nicht wirtschaftlich tragbar ist.

cc) Verschenken von Presseprodukten

Nach Art. 5 Abs. 1 Satz 2 GG werden die Pressefreiheit und die Freiheit der Berichterstattung durch Rundfunk und Film gewährleistet. Aus Art. 5 Abs. 1 Satz 2 GG folgt eine **Institutionsgarantie für die Presse.**[147] Der Staat muss in der Rechtsordnung überall, wo der Geltungsbereich einer Norm die Presse berührt, dem Postulat ihrer Freiheit Rechnung zu tragen. Unter Geltung des § 1 UWG 1909 hat die Rechtsprechung aufgrund der Bestandsgarantie der Presse eine ablehnende Haltung gegenüber kostenlos verteilten Presseerzeugnissen und unentgeltlichen Leistungen im Pressebereich eingenommen.[148] Dazu beigetragen haben die jedenfalls früher sehr ausgeprägten gegenseitigen Abhängigkeiten von Leser- und Anzeigenmarkt.[149] Zudem hat die Rechtsprechung den Gesichtspunkt des Absinkens der redaktionellen Leistung in die Beurteilung einbezogen[150] und die Existenz einer einzelnen Zeitung als durch die Garantie der Presse geschützt angesehen.[151] 64

Von dieser mit wettbewerbsfunktionalen Gesichtspunkten nicht zu vereinbarenden Betrachtungsweise gegenüber kostenlosen Leistungen im Pressebereich hat sich die **Rechtsprechung in jüngerer Zeit gelöst.**[152] Danach können entgeltlich vertriebene Zeitungen im Rahmen der wettbewerblichen Beurteilung nicht auf eine höhere Stufe gestellt werden als anzeigenfinanzierte Presseerzeugnisse. Weder kann entgeltlich vertriebenen Zeitungen ein präventiver Schutz zugesprochen noch kann das kostenlose Verteilen von Tageszeitungen ohne konkrete Gefahr für den Wettbewerb als unlauter angesehen werden. Entgeltlich vertriebene Zeitungen sind nicht in ihrem Bestand geschützt und Absatzrückgänge bei Kaufzeitungen begründen für sich keine Unlauterkeit der Gratisverteilung. Zudem betont die Rechtsprechung, dass gerade wegen der 65

---

146 BGH, 27.04.2017, I ZR 55/16, GRUR 2017, 1265 Rn. 21 – *Preisportal.*

147 BVerfG, 05.08.1966, 1 BvR 586/62, BVerfGE 20, 162, 175; BGH, 05.02.2015, I ZR 136/13, GRUR 2015, 906 Rn. 34 – *TIP der Woche*; BGH, 30.04.2015, I ZR 13/14, BGHZ 205, 195 Rn. 66 – *Tagesschau-App.*

148 BGH, 27.01.1956, I ZR 146/54, BGHZ 19, 392, 398 – *Freiburger Wochenbericht*; BGH, 18.12.1968, I ZR 133/66, BGHZ 51, 236, 244 – *Stuttgarter Wochenblatt I*; BGH, 26.03.1971, I ZR 128/69, GRUR 1971, 477, 478 – *Stuttgarter Wochenblatt II*; BGH, 03.07.1981, I ZR 84/79, BGHZ 81, 291, 297 – *Bäckerfachzeitschrift.*

149 BGH, 18.12.1979, KVR 2/79, BGHZ 76, 55, 74 – *Anzeigenmarkt.*

150 BGH, 27.01.1956, I ZR 146/54, BGHZ 19, 392, 398 – *Freiburger Wochenbericht*; BGH, 03.07.1981, I ZR 84/79, BGHZ 81, 291, 297 – *Bäckerfachzeitschrift.*

151 BGH, 26.03.1971, I ZR 128/69, GRUR 1971, 477, 478f. – *Stuttgarter Wochenblatt II.*

152 BGH, 20.11.2003, I ZR 151/01, BGHZ 157, 55, 60 – *20 Minuten Köln*; BGH, 20.11.2003, I ZR 120/00, WRP 2004, 746, 747 – *Zeitung zum Sonntag*; BGH, 29.10.2009, I ZR 180/07, GRUR 2010, 455 Rn. 21 – *Stumme Verkäufer II.*

verfestigten Strukturen und hoher Marktzutrittsschranken auf Pressemärkten neuen Anbietern der Marktzutritt über ausschließlich anzeigenfinanzierte Presseangebote nicht verwehrt werden darf. Der aktuell erreichte Stand der Rechtsprechung führt dazu, dass die traditionelle Unterscheidung zwischen der kostenlosen Abgabe von Anzeigenblättern, anzeigenfinanzierten Zeitungen, Kaufzeitungen und Fachzeitschriften überflüssig geworden ist.[153] Für den Bereich der kostenlosen Verteilung von Presseerzeugnissen kommt es – wie auch sonst bei der allgemeinen Marktstörung – darauf an, ob eine **dauerhafte Abgabe unter Selbstkosten** vorliegt, der **Bestand des Wettbewerbs** dadurch **gefährdet** wird und es für dieses Vorgehen **keine sachlichen Gründe** gibt (Rdn. 45–53).

3. Unmittelbarer Leistungsschutz

a) Überholte Fallgruppen des Einschiebens in eine fremde Serie und Modeneuheiten

66 Die Rechtsprechung hat unter Geltung des § 1 UWG 1909 im Rahmen der Grundsätze des wettbewerbsrechtlichen Leistungsschutzes Fallgruppen entwickelt, in denen das Originalerzeugnis über wettbewerbliche Eigenart verfügte und das angegriffene Produkt eine Nachahmung des Originalerzeugnisses war, bei denen aber auf zusätzliche Unlauterkeitskriterien verzichtet wurde, wie sie nunmehr in § 4 Nr. 3 lit. a bis c enthalten sind. In diesen Fällen ist der **Schutz einer Leistung als solcher** begründet worden. Als Korrektiv hat die Rechtsprechung diesen Schutz auch beim Fortbestehen wettbewerblicher Eigenart des Originalerzeugnisses zeitlich begrenzt. Betroffen sind die Fallgruppen »**Einschieben in eine fremde Serie**«[154] und »**Modeneuheiten**«.[155]

67 Mit der »**Modeneuheiten«-Rechtsprechung** hat der BGH saisongebundene, wettbewerblich und ästhetisch eigenartige Modeerzeugnisse gegen eine identische oder nahezu identische Nachahmung geschützt und diesen Schutz regelmäßig auf die Dauer einer Saison begrenzt. Dem lag die Überlegung zugrunde, dass der Unternehmer, der im Modebereich mit erheblichen Aufwendungen ein aus dem Durchschnitt herausragendes Muster oder Modell schafft, erwarten kann, dass seine Mitbewerber zumindest in der Saison, in der er mit der Modeneuheit auf den Markt kommt, keine Nachahmungen anbieten.[156]

68 Bei der Fallgruppe des **Einschiebens in eine fremde Serie** hat die Rechtsprechung das Unlautere im Überleiten des Markterfolgs einer fremden Leistung durch Einschieben gleichartiger, beliebig austauschbarer fremder Ergänzungserzeugnisse in das von Anfang

---

153 BGH, 29.10.2009, I ZR 180/07, GRUR 2010, 455 Rn. 22 – *Stumme Verkäufer II.*

154 BGH, 06.11.1963, Ib ZR 37/62, BGHZ 41, 55 – *Klemmbausteine*; BGH, 07.05.1992, I ZR 163/90, GRUR 1992, 619 – *Klemmbausteine II*; BGH, 02.12.2004, I ZR 30/02, BGHZ 161, 204 – *Klemmbausteine III.*

155 BGH, 19.01.1973, I ZR 39/71, BGHZ 60, 168 – *Modeneuheit*; BGH, 10.11.1983, I ZR 158/81, GRUR *1984, 453 – Hemdblusenkleid*; BGH, 06.11.1997, I ZR 102/95, GRUR 1998, *477 – Trachtenjanker.*

156 BGH, 19.01.1973, I ZR 39/71, BGHZ 60, 168, 170 – *Modeneuheit.*

an auf die Deckung eines Ergänzungsbedarfs ausgerichtete Verkaufssystem des Erstherstellers trotz vorhandener Ausweichmöglichkeiten unter dem Gesichtspunkt der Ausbeutung fremder Leistung gesehen.[157] In diesem Fall lag ebenfalls keiner der in § 4 Nr. 3 lit. a bis c vom Gesetzgeber geregelten, aus der Rechtsprechung des BGH zu § 1 UWG 1909 abgeleiteten besonderen Unlauterkeitstatbestände vor.

Der **BGH** hat diese Fallgruppen aufgegeben, weil sie sich weder aus den Grundsätzen des wettbewerbsrechtlichen Leistungsschutzes nach § 4 Nr. 3 noch aus einer gezielten Behinderung nach § 4 Nr. 4 herleiten lassen und für diese Entscheidungspraxis kein Bedürfnis mehr besteht.[158] Dadurch entstehen **keine Schutzlücken**.[159] Der Schutz von Modeneuheiten ist durch das nicht eingetragene Gemeinschaftsgeschmacksmuster nach Art. 11 (1) GGV gewährleistet. Das setzt voraus, dass das Muster oder Modell neu ist und Eigenart hat (Art. 4 (1), Art. 5 und 6 GGV). Die Fallgruppe des Einschiebens in eine fremde Serie hat keine über die Klemmbausteine-Entscheidungen hinausgehende Bedeutung erlangt. Die bestehenden gewerblichen Schutzrechte bieten hier ausreichende Möglichkeiten zu einem Schutz durch eine dreidimensionale Warenformmarke und durch den Designschutz. Die Rechtsprechung ist zudem mit jüngeren Entscheidungen zum wettbewerbsrechtlichen Leistungsschutz zur Befriedigung eines Ergänzungs-und Erweiterungsbedarfs[160] kaum in Einklang zu bringen. **69**

b) Schutz eines Leistungsergebnisses aufgrund der allgemeinen Generalklausel des § 3 Abs. 1

aa) Ausgangslage

Einen Leistungsschutz in direkter oder analoger Anwendung des § 4 Nr. 3 ohne Vorliegen einer Nachahmung lehnt die Rechtsprechung ab.[161] In Betracht kommt allerdings ein Schutz eines Leistungsergebnisses aufgrund der allgemeinen Generalklausel des § 3 Abs. 1. Dies wird unter dem Stichwort des »**unmittelbaren Leistungsschutzes**« erwogen.[162] Dabei werden unter dem Begriff des unmittelbaren Leistungsschutzes zum Teil unterschiedliche Fallkonstellationen zusammengefasst und dem Anwendungsbereich der Generalklausel des § 3 Abs. 1 zugeordnet. Es handelt sich um Fälle, bei denen (1) **70**

157 BGH, 02.12.2004, I ZR 30/02, BGHZ 161, 204, 212 – *Klemmbausteine III.*
158 BGH, 04.05.2016, I ZR 58/14, BGHZ 210, 144 Rn. 96 – *Segmentstruktur.*
159 Kritisch *Sack*, WRP 2017, 132.
160 BGH, 24.01.2013, I ZR 136/11, GRUR 2013, 951 Rn. 39–41 – *Regalsystem*; BGH, 17.07.2013, I ZR 21/12, GRUR 2013, 1052 Rn. 41 – *Einkaufswagen III.*
161 BGH, 28.10.2010, I ZR 60/09, BGHZ 187, 255 Rn. 16 – *Hartplatzhelden.de.*
162 Bejahend: Ohly/*Sosnitza* § 3 Rn. 53; *Ohly* FS Schricker, 2005, 105, 119; *ders.* GRUR 2010, 487, 492; *ders.* GRUR 2017, 90, 92; *Sambuc*, FS Bornkamm, 2014, 455, 460; *Sack*, GRUR 2016, 782, 783; *ders.* WRP 2017, 132; *Büscher*, GRUR 2017, 105, 106; *ders.* GRUR 2018, 1, 5; *Becker*, GRUR 2017, 346, 352; FBO/*Fezer* § 3 Rn. 392; FBO/*Götting/Hetmank* § 4 Nr. 3 Rn. 133e; a. A. *Köhler*, GRUR 2010, 654, 655; *ders. Köhler*/Bornkamm/Feddersen § 3 UWG Rn. 2.28; jurisPK-UWG/*Ullmann* § 3 Rn. 34; *Nemeczek*, GRUR 2011, 292; offen gelassen BGH, 28.10.2010, I ZR 60/09, BGHZ 187, 255 Rn. 19 – *Hartplatzhelden.de*; BGH, 19.11.2015, I ZR 149/14, GRUR 2016, 725 Rn. 24 – *Pippi-Langstrumpf-Kostüm II*; BGH, 04.05.2016, I ZR 58/14, BGHZ 210, 144 Rn. 97 – *Segmentstruktur.*

die Voraussetzungen einer Nachahmung nicht gegeben sind[163] oder (2) eines der in § 4 Nr. 3 lit. a bis c zusätzlich zur wettbewerblichen Eigenart des Originalerzeugnisses und der Nachahmung erforderlichen Unlauterkeitsmerkmale nicht erfüllt ist.[164] In dem der Entscheidung »Hartplatzhelden.de« zugrunde liegenden Sachverhalt lag keine Nachahmung vor, weil das Originalprodukt nicht nachgeahmt, sondern in das eigene Leistungsergebnis, das Internetportal des Beklagten, übernommen worden war.[165] Im Fall »Pippi-Langstrumpf-Kostüm« war der Abstand zwischen den Merkmalen, die die Romanfigur ausmachen, und der Gestaltung der beanstandeten Kostüme zu groß.[166] Dem Urteil »Segmentstruktur« lag eine Konstellation zugrunde, bei der das Berufungsgericht von einer Nachahmung ausgegangen war, es aber keines der Unlauterkeitserkmale des § 4 Nr. 3 lit. a bis c festgestellt hatte.

bb) Kein grundsätzlicher Ausschluss unmittelbaren Leistungsschutzes nach § 3 Abs. 1

71 Im Grundsatz kann ein unmittelbarer Leistungsschutz in eng begrenzten Ausnahmefällen aus der allgemeinen Generalklausel hergeleitet werden. Der B2C-Bereich und damit das Schutzniveau der UGP-RL sind durch einen Schutz von Mitbewerbern und der Berücksichtigung der Interessen der Allgemeinheit an einem unverfälschten Wettbewerb nicht tangiert. Die Wettbewerbsfreiheit und die daraus folgende Nachahmungsfreiheit lässt ein Verbot nur aufgrund eines Eingriffstatbestands zu. Als eine derartige Ermächtigungsgrundlage kommt die Generalklausel des § 3 Abs. 1 in Betracht. Diese hat die Funktion eines Auffangtatbestands. Erforderlich ist, dass die gewerblichen Schutzrechte und das Lauterkeitsrecht eine **planwidrige Schutzlücke** lassen, deren Schließung unter Berücksichtigung der kollidierenden Interessen und Grundrechtspositionen der Beteiligten notwendig ist.[167]

72 Den gewerblichen Schutzrechten und dem in § 4 Nr. 3 und 4 vorgesehenen Mitbewerberschutz lässt sich keine abschließende, vom Gesetzgeber gezogene Trennlinie für alle denkbaren Fallgestaltungen entnehmen, in denen der Schutz eines Leistungsergebnisses in Rede steht.[168] Nicht überzeugen kann der gegen einen unmittelbaren Leistungsschutz nach § 3 Abs. 1 vorgebrachte Hinweis auf **Art. 20 Abs. 3 GG**.[169] Die Bindung des Richters an Gesetz und Recht steht der Schaffung von Generalklauseln durch den Gesetzgeber unter verfassungsrechtlichen Gesichtspunkten nicht entgegen und macht die Anwendung und Auslegung der Generalklauseln durch Gerichte nicht entbehrlich (Rdn. 1). Dazu gehört die Beachtung der Wertungen der Grundrechte bei der Anwen-

---

163 BGH, 28.10.2010, I ZR 60/09, BGHZ 187, 255 Rn. 19 – *Hartplatzhelden.de*.
164 BGH, 04.05.2016, I ZR 58/14, BGHZ 210, 144 Rn. 77 und 97 – *Segmentstruktur*.
165 BGH, 28.10.2010, I ZR 60/09, BGHZ 187, 255 Rn. 16 und 17 – *Hartplatzhelden.de*; hierzu auch BGH, 30.04.2009, I ZR 42/07, BGHZ 181, 77 Rn. 43 – *DAX*.
166 BGH, 19.11.2015, I ZR 149/14, GRUR 2016, 725 Rn. 19 – *Pippi-Langstrumpf-Kostüm II*.
167 *Ohly* FS Schricker, 2005, 105, 119.
168 A. A. *Köhler*/Bornkamm/Feddersen § 3 UWG Rn. 2.28.
169 A. A. jurisPK-UWG/*Ullmann* § 3 Rn. 34.

dung der Generalklausel des § 3 Abs. 1 UWG.[170] Die Notwendigkeit, kollidierende Grundrechtspositionen auszugleichen, kann den Schutz eines Leistungsergebnisses erfordern. Zum Schutz der Berufsfreiheit nach Art. 12 Abs. 1 GG gehört das Recht auf wirtschaftliche Verwertung der beruflich erbrachten Leistung.[171] Der Hinweis auf Art. 20 Abs. 3 GG macht die Prüfung, ob der Schutz eines Leistungsergebnisses eine Anwendung des § 3 Abs. 1 erforderlich macht, nicht entbehrlich. Die Schwierigkeit besteht weniger in der Beantwortung der Frage, ob ein unmittelbarer Leistungsschutz im Grundsatz anerkannt wird, als mehr bei der Beurteilung, wann ausnahmsweise ein derartiger Schutz nach § 3 Abs. 1 zu gewähren ist.

cc) Voraussetzungen eines unmittelbaren Leistungsschutzes

Die Gewährung unmittelbaren Leistungsschutzes setzt voraus, dass **(1)** keine abschließende Regelung durch gesetzliche Bestimmungen erfolgt ist, **(2)** ein Leistungsergebnis vorliegt, für das der Hersteller oder Dienstleister erhebliche Investitionen getätigt hat, **(3)** Erbringung und Bestand des Leistungsergebnisses ohne den Rechtsschutz ernstlich gefährdet sind und **(4)** die wettbewerbsfunktionalen Interessen des Herstellers oder Leistungserbringers die entsprechenden Interessen der anderen Beteiligten an der Versagung von Rechtsschutz deutlich überwiegen.[172] 73

Zu den gesetzlichen Vorschriften, die **keine abschließende Regelung** enthalten dürfen, gehören in erster Linie die Normen zu den gewerblichen Schutzrechten und die einen Mitbewerberschutz begründenden Bestimmungen des UWG. Ob die Vorschriften eine abschließende Regelung enthalten, ist durch Auslegung zu ermitteln. Anhaltspunkt für ein nicht abschließendes System gesetzlicher Vorschriften kann ein besonderer gesetzlicher Vorbehalt sein, wie er etwa in § 2 MarkenG und Art. 96 (1) GGV enthalten ist. Aus speziell geregelten Tatbeständen kann sich allerdings ein Rückschluss auf eine gesetzgeberische Wertung ergeben, die durch die Anwendung anderer Bestimmungen einschließlich der Generalklausel des § 3 Abs. 1 nicht unterlaufen werden darf.[173] Sind die Voraussetzungen einer markenrechtlichen Schutzschranke gegeben und scheidet deshalb eine Markenverletzung aus, darf die dahinter stehende gesetzgeberische Wertung nicht durch den Rückgriff auf § 3 Abs. 1 konterkariert werden. Ist ein Tatbestand gesetzlich geregelt und liegt eine der Voraussetzungen der Norm nicht vor, kann im Regelfall nicht ohne andere zusätzliche Gesichtspunkte ein Anspruch aus der allgemeinen Generalklausel des § 3 Abs. 1 begründet werde. Ist § 4 Nr. 3 mangels Nachahmung nicht erfüllt, kann ohne Hinzutreten eines von dieser Vorschrift nicht erfassten Merkmals kein Anspruch aus § 3 Abs. 1 hergeleitet werden.[174] Hat ein Anmelder für ein originär nicht unterscheidungskräftiges Zeichen – wie etwa eine konturlose Farbe – 74

170 BVerfG, 14.09.2010, 1 BvR 1504/10, GRUR-RR 2011, 217, 218.

171 BVerfG, 06.05.1964, 1 BvR 320/57; BVerfGE 18, 1, 15; BVerfG, 17.02.1998, 1 BvF 1/91, BVerfGE 97, 228, 253; BVerfG, 13.06.2006, 1 BvR 1160/03, BVerfGE 116, 135 Rn. 60; BGH, 12.11.2009, I ZR 183/07, GRUR 2010, 642 Rn. 60 – *WM-Marken*.

172 *Büscher*, GRUR 2017, 105, 106; *ders.* GRUR 2018, 1, 5.

173 BGH, 23.06.2016, I ZR 241/14, GRUR 2016, 965 Rn. 23 – *Baumann II*.

174 BGH, 26.06.2008, I ZR 170/05, GRUR 2008, 1115 Rn. 30–33 – *ICON*.

keine Verkehrsdurchsetzung i. S. von § 8 Abs. 3 MarkenG erlangt, darf nicht ohne zusätzliche Unlauterkeitsmerkmale durch unmittelbaren Leistungsschutzes nach § 3 Abs. 1 Schutz für eine konturlose Farbe gegen Verwechslungsgefahr begründet werden.

75 Der Hersteller oder Dienstleister muss ein **Leistungsergebnis** hervorgebracht haben, für das er **erhebliche Investitionen** getätigt hat. Beim unmittelbaren Leistungsschutz erfordert dies wegen der Nähe zum wettbewerbsrechtlichen Leistungsschutz nach § 4 Nr. 3 im Regelfall, dass das Produkt (Ware oder Dienstleistung) wettbewerbliche Eigenart hat (§ 4 Nr. 3 Rdn. 29 ff.). Nicht jedes Originalerzeugnis, das wettbewerblich eigenartig ist ist durch § 3 Abs. 1 zu schützen. Das folgt aus der Bestimmung des § 4 Nr. 3, die neben der wettbewerblichen Eigenart zusätzliche Tatbestandsmerkmale vorsieht. Erforderlich ist, dass der Berechtigte erhebliche Investitionen getätigt hat, um das Leistungsergebnis hervorzubringen.[175]

76 **Erbringung und Bestand** des Leistungsergebnisses müssen ohne den Rechtsschutz ernstlich gefährdet sein. Im Grundsatz muss die Gefahr eines Marktversagens bestehen. Es muss zu befürchten sein, dass ohne die Gewährung des Rechtsschutzes der Originalhersteller und Konkurrenten nicht in den betreffenden Markt investieren.[176]

77 Die **Abwägung der kollidierenden Interessen** muss ein deutliches Überwiegen der wettbewerbsfunktionalen Interessen des Herstellers oder Leistungserbringers über die entsprechenden Interessen der anderen Beteiligten an der Versagung von Rechtsschutz ergeben.[177] Greifen keine spezialgesetzlichen Tatbestände ein, ist vom Grundsatz der Wettbewerbs- und Nachahmungsfreiheit auszugehen. Der Wettbewerber hat ein rechtlich anerkennenswertes Interesse an der Nutzung nicht unter Sonderrechtsschutz stehender Elemente oder des gesamten Leistungsergebnisses. Dieses Interesse ist für denjenigen, der ein fremdes Erzeugnis nachahmt oder übernimmt, grundgesetzlich durch die Berufsausübungsfreiheit nach Art. 12 Abs. 1 Satz 2 GG und durch die allgemeine Handlungsfreiheit nach Art. 2 Abs. 1 GG geschützt. Zudem bestehen **Interessen der Allgemeinheit** an einem funktionierenden Wettbewerb zwischen verschiedenen Anbietern, der nicht über das notwendige Maß hinaus durch Leistungsschutzrechte eingeschränkt wird.

78 Auf der anderen Seite kann auch derjenige, der ein Leistungsergebnis unter erheblichen Investitionen geschaffen hat, grundrechtlich geschützte Interessen in Anspruch nehmen, wenn er durch eine Übernahme dieses Leistungsergebnisses – sei es durch unmittelbare Übernahme oder durch Nachahmung – an der wirtschaftlichen Verwertung gehindert wird (Rdn. 72).[178] An diese Abwägung zugunsten desjenigen, der das Leistungsergebnis geschaffen hat, sind wegen des Ausnahmecharakters von Ansprüchen

175 BGH, 28.10.2010, I ZR 60/09, BGHZ 187, 255 Rn. 25 – *Hartplatzhelden.de.*

176 BGH, 28.10.2010, I ZR 60/09, BGHZ 187, 255 Rn. 25 – *Hartplatzhelden.de*; BGH, 19.11.2015, I ZR 149/14, GRUR 2016, 725 Rn. 28 – *Pippi-Langstrumpf-Kostüm II.*

177 BGH, 28.10.2010, I ZR 60/09, BGHZ 187, 255 Rn. 25 – *Hartplatzhelden.de*; BGH, *19.11.2015, I ZR 149/14,* GRUR 2016, 725 Rn. 25 – *Pippi-Langstrumpf-Kostüm II*; BGH, 04.05.2016, I ZR 58/14, BGHZ 210, 144 Rn. 97 – *Segmentstruktur.*

178 BGH, 19.11.2015, I ZR 149/14, GRUR 2016, 725 Rn. 25 – *Pippi-Langstrumpf-Kostüm II.*

aufgrund unmittelbaren Leistungsschutzes nach § 3 Abs. 1 strenge Anforderungen zu stellen. Die Zubilligung derartiger Ansprüche aufgrund der allgemeinen Generalklausel läuft im Ergebnis auf die Schaffung eines neuen Leistungsschutzrechts durch Richterrecht hinaus. Das ist vom Grundsatz her nicht ausgeschlossen. Die Rechtsprechung hat eine solche Praxis auch in jüngster Zeit nicht verworfen. Die Anforderungen hat sie in mehreren Entscheidungen durchgängig zu Recht aber hoch angesetzt und spätestens an der Interessenabwägung scheitern lassen.[179]

dd) Zeitliche Begrenzung

Wird aufgrund der Generalklausel nach § 3 Abs. 1 ein unmittelbarer Leistungsschutz 79
gewährt, muss eine zeitliche Begrenzung der Schutzdauer erfolgen.[180] Eine solche zeitliche Begrenzung ist wegen der Parallelität zu den Schutzrechten notwendig, die, vom Markenrecht abgesehen, nur eine bestimmte maximale Schutzdauer vorsehen. Welche Schutzdauer vorzusehen ist, ist durch Auslegung zu ermitteln. Entscheidend ist die Nähe des Produkts, auf das sich der unmittelbare Leistungsschutz bezieht, zu einem der Schutzrechte. Weist das Produkt technische Merkmale auf, die vom unmittelbaren Leistungsschutz umfasst sind, darf die maximale Schutzdauer in Anlehnung an § 16 PatG 20 Jahre nicht überschreiten. Stehen ästhetische Merkmale im Vordergrund, ist als maximale Schutzdauer ein Zeitraum von 25 Jahren entsprechend dem Designschutz nach § 27 DesignG angemessen. Handelt es sich um Produkte, die einem steten Wandel unterworfen sind, kann die Schutzdauer unter Heranziehung der für ein nicht eingetragenes Gemeinschaftsgeschmacksmuster nach Art. 11 (1) GGV vorgesehen Zeitdauer auf drei Jahren festgelegt werden. Besteht eine Nähe zum Urheberrecht, ist die Dauer des Urheberrechts nach § 64 UrhG mit 70 Jahren nach dem Tod des Urhebers für eine Übertragung auf ein Leistungsschutzrecht nach § 3 Abs. 1 erheblich zu lang. Hier ist die maximale Schutzdauer wie beim Designschutz auf einen Zeitraum von allenfalls 25 Jahren zu begrenzen. Ist keine Nähe zu einem Schutzrecht festzustellen, wie dies bei dem Schutz einer Dienstleistung oder eines anderen nichtkörperlichen Leistungsergebnisses der Fall sein wird, kann die Schutzdauer mit maximal 20 Jahren bemessen werden.

ee) Einzelne Fallgruppen

In der Rechtsprechung ist ein unmittelbarer Leistungsschutz zum Schutz von **Sportver-** 80
anstaltungen abgelehnt worden.[181] Die BGH-Entscheidung »Hartplatzhelden.de« betraf zwar keine Sportveranstaltungen im Profibereich; betroffen waren Fußballspiele im Amateurbereich. Der Sache »WM-Marken« lag dagegen die wirtschaftliche Verwertung einer Fußballweltmeisterschaft durch Fanartikel (Sammelbilder) zugrunde. Die

179 BGH, 28.10.2010, I ZR 60/09, BGHZ 187, 255 Rn. 25 – *Hartplatzhelden.de*; BGH, 19.11.2015, I ZR 149/14, GRUR 2016, 725 Rn. 25 – *Pippi-Langstrumpf-Kostüm II*; BGH, 04.05.2016, I ZR 58/14, BGHZ 210, 144 Rn. 97 – *Segmentstruktur*.
180 BGH, 02.12.2004, I ZR 30/02, BGHZ 161, 204, 213 – *Klemmbausteine III*.
181 BGH, 12.11.2009, I ZR 183/07, GRUR 2010, 642 Rn. 60 – *WM-Marken*; BGH, 28.10.2010, I ZR 60/09, BGHZ 187, 255 Rn. 25 – *Hartplatzhelden.de*.

Rechtsprechung nimmt den Standpunkt ein, dass nicht jede wirtschaftliche Verwertung einer Sportveranstaltung geschützt werden muss und die vorhandenen Vorschriften, die in gewissen Umfang einen Schutz gewährleisten, ausreichen. Der Veranstalter eines Sportereignisses kann anders als der Veranstalter der Darbietung eines ausübenden Künstlers kein verwandtes Schutzrecht nach § 81 UrhG für sich in Anspruch nehmen.[182] Geschützt werden Sportveranstaltungen aufgrund der geltenden Rechtslage über das Hausrecht (§§ 823, 854, 862, 903, 1004 BGB).[183] Im Schrifttum wird dieser begrenzte Schutz für Sportveranstaltungen teilweise als unbefriedigend angesehen.[184]

81 Den Schutz von **Merchandising-Artikeln** über einen unmittelbaren Leistungsschutz nach § 3 Abs. 1 hat der BGH in der Entscheidung »Pippi-Langstrumpf-Kostüm II« zu Recht abgelehnt.[185] Er hält den urheberrechtlichen[186] und lauterkeitsrechtlichen[187] Schutz der Romanfigur gegen eine Übernahme der charakteristischen Merkmale und die Möglichkeit eines Schutzes des Erscheinungsbildes konkreter Merchandising-Artikeln durch Markenrechte und Design sowie den wettbewerbsrechtlichen Leistungsschutz nach § 4 Nr. 3 für ausreichend und sieht keine Schutzlücke und kein Marktversagen in diesem Bereich, das die Schaffung eines Leistungsschutzrechts nach § 3 Abs. 1 rechtfertigen könnte.[188]

4. Verletzung wettbewerbsrechtlicher Verkehrspflichten

82 Die Rechtsprechung wendet im Bereich des UWG, das an ein Verhaltensunrecht anknüpft, die Grundsätze der **Störerhaftung** nicht mehr an.[189] Aufgrund der Störerhaftung konnte derjenige, der selbst nicht Täter oder Teilnehmer einer unlauteren geschäftlichen Handlung war, allerdings willentlich und adäquat kausal zur Rechtsverletzung beitrug, im Fall der Verletzung von Prüf- oder Überwachungspflichten auf Unterlassung und Beseitigung in Anspruch genommen werden. Schutzlücken, die sich aus der Abschaffung der Störerhaftung im Lauterkeitsrecht ergeben, können über die Rechtsfigur der **Verletzung von wettbewerbsrechtlichen Verkehrspflichten** geschlossen oder zumindest eingegrenzt werden. Danach haftet derjenige als Täter, der durch sein Handeln im geschäftlichen Verkehr in einer ihm zurechenbaren Weise die Gefahr

---

182 BGH, 14.03.1990, KVR 4/88, BGHZ 110, 371, 383 – *Sportübertragungen*; BGH, 28.10.2010, I ZR 60/09, BGHZ 187, 255 Rn. 21 – *Hartplatzhelden.de*.

183 BGH, 08.11.2005, KZR 37/03, BGHZ 165, 62, 69 – *Hörfunkrechte*; BGH, 28.10.2010, I ZR 60/09, BGHZ 187, 255 Rn. 21 – *Hartplatzhelden.de*.

184 *Ohly* FS Schricker, 2005, 105, 112; *Krebs/Becker/Dück*, GRUR 2011, 391, 394; *Fezer*, WRP 2012, 1173, 1179; *ders.* WRP 2012, 1321, 1324 ff; zurückhaltender *Heermann*, GRUR 2012, 791 ff.; *ders.* GRUR 2015, 232.

185 BGH, 19.11.2015, I ZR 149/14, GRUR 2016, 725 Rn. 25 – *Pippi-Langstrumpf-Kostüm II*.

186 BGH, 17.07.2013, I ZR 52/12, GRUR 2014, 258 Rn. 29 – *Pippi-Langstrumpf-Kostüm*.

187 BGH, 19.11.2015, I ZR 149/14, GRUR 2016, 725 Rn. 15 – *Pippi-Langstrumpf-Kostüm II*.

188 BGH, 19.11.2015, I ZR 149/14, GRUR 2016, 725 Rn. 27 und 28 – *Pippi-Langstrumpf-Kostüm II*; *Kur*, GRUR 1990, 1, 10.

189 BGH, 22.07.2010, I ZR 139/08, GRUR 2011, 152 Rn. 48 – *Kinderhochstühle im Internet*; BGH, 12.03.2015, I ZR 84/14, GRUR 2015, 1025 Rn. 17 – *TV-Wartezimmer*; BGH, 18.06.2015, I ZR 74/14, BGHZ 206, 103 Rn. 14 – *Haftung für Hyperlink*.

eröffnet, dass Dritte Interessen von Marktteilnehmern verletzen, die durch das Lauterkeitsrecht geschützt sind, wenn er die Gefahr nicht im Rahmen des ihm Möglichen und Zumutbaren begrenzt (§ 8 Rdn. 207 ff.).[190]

Die Haftung als Täter wegen Verletzung wettbewerbsrechtlicher Verkehrspflichten leitet die Rechtsprechung aus der **allgemeinen Generalklausel des § 3 Abs. 1** ab. Derjenige, der in seinem Verantwortungsbereich eine Gefahrenquelle schafft oder andauern lässt, muss die ihm möglichen und zumutbaren Maßnahmen treffen, die notwendig sind, um die Dritten drohenden Nachteile und Gefahren abzuwenden. Die Haftung folgt aus § 3 Abs. 1. In diesem Zusammenhang kommt es nicht darauf an, ob die von Dritten ausgehenden Rechtsverletzungen, für die eine Haftung nach den Grundsätzen der wettbewerbsrechtlichen Verkehrspflichten besteht, in den Anwendungsbereich der UGP-RL fallen. Haftungsfragen werden durch die UGP-RL nicht näher geregelt. Die Mitgliedstaaten müssen die notwendigen Sanktionen bei Verstößen gegen die zur Umsetzung der UGP-RL erlassenen nationalen Vorschriften festlegen (Erwägungsgrund Nr. 22 Satz1). Sie müssen nur wirksam, verhältnismäßig und abschreckend sein (Erwägungsgrund 22 Satz 2). Danach kann unabhängig von der Frage, ob die unlautere geschäftliche Handlung eines Dritten in den Anwendungsbereich der UGP-RL fällt, die täterschaftliche Haftung wegen Verletzung wettbewerbsrechtlicher Verkehrspflichten auf § 3 Abs. 1 gestützt werden. **83**

Die Verantwortung des **Betreibers einer Internetplattform** oder eines **virtuellen Marktplatzes** für die unlauteren geschäftlichen Handlungen dritter Unternehmer im B2C-Bereich wegen Verletzung wettbewerbsrechtlicher Verkehrspflichten bestimmt sich nach § 3 Abs. 1. Gleiches gilt für die Haftung eines **Organs einer juristischen Person** für die von der Gesellschaft zu verantwortenden unlauteren geschäftlichen Handlungen. **84**

5. Verletzung der Menschenwürde

a) Beeinträchtigung der Entscheidungsfreiheit

Nach **§ 4a Abs. 1 Satz 1** ist eine aggressive geschäftliche Handlung unlauter, die geeignet ist, den Verbraucher oder sonstigen Marktteilnehmer zu einer geschäftlichen Entscheidung zu veranlassen, die dieser andernfalls nicht getroffen hätte. Der Vorschrift können geschäftliche Handlungen unterfallen, die gegen die durch Art. 1 EU-Grundrechtecharta und Art. 1 Abs. 1 GG geschützte Menschenwürde verstoßen. Sie müssen allerdings geeignet sein, die Entscheidungsfreiheit des Verbrauchers oder sonstigen Marktteilnehmers durch Belästigung, Nötigung einschließlich der Anwendung körperlicher Gewalt oder unzulässige Beeinflussung erheblich zu beeinträchtigen. Lässt sich eine **erhebliche** Beeinflussung der Entscheidungsfreiheit nicht feststellen, scheidet ein Rückgriff auf § 4a Abs. 1 zur Begründung der Unlauterkeit einer geschäftlichen Hand- **85**

190 BGH, 12.07.2007, I ZR 18/04, BGHZ 173, 188 Rn. 22 – *Jugendgefährdende Medien bei eBay*; BGH, 18.06.2014, I ZR 242/12, BGHZ 201, 344 Rn. 31 – *Geschäftsführerhaftung*; BGH, 18.06.2015, I ZR 74/14, GRUR 2016, 209 Rn. 23 – *Haftung für Hyperlink*.

lung, die gegen die Menschenwürde verstößt, aus. Regelmäßig wird eine entsprechende Beeinflussung nicht festzustellen sein.[191]

86 Durch **§ 4 Nr. 1 UWG 2004** hatte der Gesetzgeber die Unlauterkeit von Wettbewerbshandlungen vorgesehen, die geeignet waren, die Entscheidungsfreiheit der Verbraucher oder sonstigen Marktteilnehmer in menschenverachtender Weise zu beeinträchtigen. Auch diese Vorschrift sah eine Beeinträchtigung der Entscheidungsfreiheit der Adressaten der geschäftlichen Handlung vor und ließ ein Verbot geschäftlicher Handlungen, die gegen die Menschenwürde verstießen, kaum zu. Das UWG 2015 enthält keine Bestimmung mehr, die ausdrücklich auf den Gesichtspunkt menschenverachtender geschäftlicher Handlungen abstellt. Der Gesetzgeber ging offensichtlich davon aus, dass derartige Verstöße außerhalb des Anwendungsbereichs der UGP-RL von der allgemeinen Generalklausel des § 3 Abs. 1 erfasst werden.[192]

b) Bedeutung der allgemeinen Generalklausel des § 3 Abs. 1

87 Verstößt eine geschäftliche Handlung gegen die **Menschenwürde**, verhindert die UGP-RL auch im **B2C**-Verhältnis nicht den Rückgriff auf § 3 Abs. 1. Nach Erwägungsgrund 7 Satz 5 können die Mitgliedstaaten im Einklang mit dem Unionsrecht in ihrem Hoheitsgebiet weiterhin Geschäftspraktiken aus Gründen der guten Sitten und des Anstands verbieten, auch wenn diese Praktiken die Wahlfreiheit des Verbrauchers nicht beeinträchtigen. Eine geschäftliche Handlung, die gegen die Menschenwürde verstößt, ist daher allgemein nach § 3 Abs. 1 unlauter, weil die Bagatellgrenze grundsätzlich überschritten ist. Ob die geschäftliche Handlung dem B2C-Bereich und dem Anwendungsbereich der UGP-RL nach deren Art. 3 unterfällt, ist nicht entscheidend. Es kommt auch nicht darauf an, ob Marktteilnehmer in ihrer Entscheidungsfreiheit beeinträchtigt werden.[193] Der Verstoß gegen die Menschenwürde nach Art. 1 EU-Grundrechtecharta und Art. 1 Abs. 1 GG führt zur Unlauterkeit einer geschäftlichen Handlung nach § 3 Abs. 1. Der Unternehmer kann sich nicht auf eigene Grundrechte (Art. 11, 15 EU-Grundrechtecharta, Art. 5, 12 GG) berufen. Die Menschenwürde ist nicht mit anderen Grundrechten abwägungsfähig.[194]

88 Ob in einer geschäftlichen Handlung ein Verstoß gegen die Menschenwürde vorliegt, beurteilt sich nach den verfassungsrechtlichen Maßstäben des Art. 1 EU-Grundrechtecharta und Art. 1 Abs. 1 GG. Nach der Rechtsprechung des BVerfG setzt die Menschenwürde anderen Grundrechten einschließlich der Meinungsfreiheit eine absolute Grenze. Angriffe auf die Menschenwürde können in Erniedrigung, Brandmarkung, Verfolgung, Ächtung und anderen Verhaltensweisen bestehen, die dem Betroffenen

191 *Ahrens*, FS Schricker, 2005, 619, 627.

192 Beschlussempfehlung und Bericht des Ausschusses für Recht und Verbraucherschutz, BT Drucksache 18/6571, Seite 14.

193 *Köhler*/Bornkamm/Feddersen § 3 UWG Rn. 2.34; GK/*Peukert* § 3 Rn. 512; a. A. Ohly/*Sosnitza* § 3 Rn. 65.

194 BVerfG, 12.12.2000, 1 BvR 1762/95, GRUR 2001, 170, 174 – *Benetton Werbung*; BVerfG, 11.03.2003, 1 BvR 426/02, GRUR 2003, 442, 443 – *Benetton Werbung II.*

seinen Achtungsanspruch als Mensch absprechen.[195] Die Menschenwürde als Fundament aller Grundrechte ist mit keinem Einzelgrundrecht abwägungsfähig. Wegen dieser Konsequenz muss sehr sorgfältig geprüft werden, ob die **unantastbare Menschenwürde verletzt** ist. Bei der Auslegung der Generalklausel des § 3 Abs. 1 gilt das deshalb, weil bei Annahme eines Verstoßes gegen die Menschenwürde die sonst notwendige Rechtfertigung des Eingriffs in ein anderes Grundrecht, etwa die Meinungsfreiheit, entfällt. Das BVerfG ist bei der Annahme eines Eingriffs in den unantastbaren Bereich der Menschenwürde daher sehr zurückhaltend, um nicht zu einer übermäßigen Einschränkung anderer Grundrechte zu gelangen.[196] In der praktischen Konsequenz wird die fehlende Abwägung mit anderen Grundrechten durch eine restriktive Annahme des Verstoßes gegen die Menschenwürde ausgeglichen.

C. Die Verbrauchergeneralklausel § 3 Abs. 2

I. Einführung

Die Verbrauchergeneralklausel des § 3 Abs. 2 hat der Gesetzgeber mit dem **UWG 2008** **89** eingeführt. Durch die Bestimmung des § 3 Abs. 2 UWG 2008 sollte Art. 5 (2) UGP-RL umgesetzt werden.[197] Art. 5 (2) UGP-RL soll die in den Mitgliedstaaten vorhandenen Generalklauseln und Rechtsgrundsätze durch ein generelles Verbot ersetzen und dadurch Hemmnisse für den Binnenmarkt beseitigen (Erwägungsgrund 13 Satz 1 und 2). Nach § 3 Abs. 2 Satz 1 UWG 2008 waren geschäftliche Handlungen gegenüber Verbrauchern unzulässig, wenn sie nicht der für den Unternehmer geltenden fachlichen Sorgfalt entsprachen und dazu geeignet waren, die Fähigkeit des Verbrauchers, sich auf Grund von Informationen zu entscheiden, spürbar zu beeinträchtigen und ihn damit zu einer geschäftlichen Entscheidung zu veranlassen, die er andernfalls nicht getroffen hätte. § 3 Abs. 2 Satz 2 und 3 UWG 2008 regelte, aus welcher Sicht die geschäftliche Handlung zu beurteilen war. Die Umsetzung des Art. 5 (2) UGP-RL in § 3 Abs. 2 Satz 1 wich in zweifacher Hinsicht von der Richtlinie ab. Statt der »beruflichen Sorgfalt« stellte § 3 Abs. 2 Satz 1 auf die für den Unternehmer geltende fachliche Sorgfalt ab und die Bestimmung enthielt eine Spürbarkeitsklausel. Im Zuge der weiteren Anpassung des UWG an die UGP-RL änderte der Gesetzgeber § 3 Abs. 2 im **UWG 2015**. § 3 Abs. 2 Satz 1 UWG 2008 wurde in § 3 Abs. 2 überführt, das Tatbestandsmerkmal »der beruflichen Sorgfalt« der Richtlinie wurde in § 3 Abs. 2 durch »unternehmerische Sorgfalt« (§ 2 Abs. 1 Nr. 7 Rdn. 1 ff.) ersetzt, die Voraussetzung, dass die geschäftliche Handlung sich an Verbraucher richtet oder diese erreicht, wurde in den Wortlaut des Gesetzes aufgenommen, und die Spürbarkeitsklausel wurde gegen eine Relevanzklausel ausgetauscht. Damit war eine weitere Annäherung an den Wortlaut der UGP-RL erreicht. Die in § 3 Abs. 2 Satz 2 und 3 UWG 2008 enthaltenen Regelungen sind nunmehr in § 3 Abs. 4 umgesetzt.

---

195 BVerfG, 19.12.1951, 1 BvR 220/51, BVerfGE 1, 97, 104.

196 BVerfG, 11.03.2003, 1 BvR 426/02, GRUR 2003, 442, 443 – Benetton Werbung II; *Ahrens*, FS Schricker, 2005, 619, 620.

197 Begründung des Regierungsentwurfs eines Ersten Gesetzes zur Änderung des Gesetzes gegen den unlauteren Wettbewerb, BT-Drucksache 16/10145, S. 15.

II. Anwendungsbereich und Verhältnis zu anderen Normen des UWG

1. Anwendungsbereich

90 § 3 Abs. 2 schützt unmittelbar nur Verbraucher vor unlauteren geschäftlichen Handlungen von Unternehmern. Nicht unmittelbar geschützt sind Mitbewerber und sonstige Marktteilnehmer. Deren Schutz ergibt sich allerdings mittelbar über den Verbraucherschutz (Erwägungsgrund 8 Satz 1 UGP-RL). Im deutschen Recht ist der mittelbare Schutz der Mitbewerber besonders stark ausgestaltet. Mitbewerber sind nach § 8 Abs. 3 Nr. 1 prozessführungsbefugt und aktivlegitimiert. Verbraucher sind darauf angewiesen, dass sich einer der in § 8 Abs. 3 angeführten Gläubiger ihrer Sache annimmt. Art. 5 (2) UGP-RL knüpft an den in Art. 2 lit. d UGP-RL definierten Begriff der Geschäftspraktik an. Erfasst werden von Art. 5 (2) UGP-RL nur Verhaltensweisen, die mit der Absatzförderung zusammenhängen.[198] Das sind die in erster Linie von § 3 Abs. 2 erfassten Fälle. Der Begriff der Geschäftspraktik i. S. von Art. 2 lit. d UGP-RL ist weit gefasst und daraus folgt ein weiter Anwendungsbereich der Richtlinie.[199] Erfasst werden alle Handlungen, Unterlassungen, Verhaltensweisen oder Erklärungen, kommerzielle Mitteilungen einschließlich Werbung und Marketing eines Gewerbetreibenden, die mit der Absatzförderung, dem Verkauf oder der Lieferung einer Ware oder Dienstleistung an Verbraucher in unmittelbarem Zusammenhang stehen.[200]

91 Da der Begriff der geschäftlichen Handlung nach § 2 Abs. 1 Nr. 1 weiter ist als derjenige der Geschäftspraktik der UGP-RL,[201] geht der Anwendungsbereich des § 3 Abs. 2 über denjenigen des Art. 5 (2) UGP-RL hinaus. Umfasst werden von § 3 Abs. 2 auch geschäftliche Handlungen von Unternehmern gegenüber Verbrauchern beim **Nachfragewettbewerb**.[202]

2. Verhältnis des § 3 Abs. 2 zu anderen Normen des UWG

a) § 3 Abs. 1

92 § 3 Abs. 2 ist die gegenüber § 3 Abs. 1 **speziellere Vorschrift**. Im Anwendungsbereich des § 3 Abs. 2 hat § 3 Abs. 1 nur die Funktion eines Rechtsfolgenverweises ohne materiell-rechtliche Regelung der Unlauterkeit. Ist die geschäftliche Handlung nach § 3 Abs. 2 unlauter, ergibt sich aus § 3 Abs. 1 die Rechtsfolge, dass die unlautere geschäftliche Handlung unzulässig ist. Für den Anwendungsbereich der UGP-RL kann § 3 Abs. 1 schon deshalb keine eigene Bestimmung der Unlauterkeit einer geschäftlichen Handlung enthalten, weil die Vorschrift keine Grundlage in der Richtlinie hat und deshalb ein weiterer Tatbestand, aus dem eine unlautere geschäftliche Handlung folgen

198 EuGH, 14.01.2010, C-304/08, GRUR 2010, 244 Rn. 37 – *Plus Warenhandelsgesellschaft*; EuGH, 17.10.2013, C-391/12, GRUR 2013, 1245 Rn. 36 – *RLvS [Good News]*.
199 EuGH, 19.09.2013, C-435/11, GRUR 2013, 1157 Rn. 27 – *CHS Tour Services*; EuGH, 16.04.2015, C-388/13, GRUR 2015, 600 Rn. 34 – *UPC Magyarország*; EuGH, 25.07.2018, C-632/16, GRUR 2018, 940 Rn. 30 – *Dyson/BSH*.
200 EuGH, 16.04.2015, C-388/13, GRUR 2015, 600 Rn. 35 – *UPC Magyarország*.
201 BGH, 06.02.2014, I ZR 2/11, GRUR 2014, 879 Rn. 13 – *GOOD NEWS II*.
202 *Köhler*/Bornkamm/Feddersen § 3 UWG Rn. 3.2.

könnte, mit der Vollharmonisierung der Richtlinie nach ihrem Erwägungsgrund 12 und ihrem Art. 4 nicht zu vereinbaren wäre.[203] Für den Bereich des Nachfragewettbewerbs stellt § 3 Abs. 2 im Verhältnis zu § 3 Abs. 1 die speziellere Vorschrift dar und verdrängt § 3 Abs. 1 als Auffangtatbestand.

b) § 3 Abs. 3

Durch § 3 Abs. 3 und den Anhang zu dieser Vorschrift werden Art. 5 (5) und Anhang I UGP-RL umgesetzt. Eine nach § 3 Abs. 3 i. V. mit dem Anhang unlautere geschäftliche Handlung ist **nicht zusätzlich an § 3 Abs. 2** zu messen. Art. 5 (5) und der Anhang I der UGP-RL sehen Geschäftspraktiken vor, die unter allen Umständen unlauter sind, und die nicht zusätzlich anhand des allgemeinen Tatbestands des Art. 5 (2) und des diese Vorschrift umsetzenden § 3 Abs. 2 zu beurteilen sind. Die UGP-RL sieht in Art. 5 (5) die speziellste Regelung unlauterer Geschäftspraktiken vor, während Art. 5 (2) die allgemeine Bestimmung im B2C-Verhältnis darstellt. Zwischen beiden Normen ist Art. 5 (4) angesiedelt, der irreführende Geschäftspraktiken (Art. 6 und 7) und aggressive Geschäftspraktiken (Art. 8 und 9) gegenüber Verbrauchern regelt. Die Prüfungsreihenfolge bei unlauteren geschäftlichen Handlungen im B2C-Bereich beginnt daher mit Art. 5 (5) und dem Anhang I UGP-RL sowie § 3 Abs. 3 und dem Anhang, wird mit der Prüfung nach Art. 5 (4) und Art. 6 bis 9 UGP-RL und §§ 4a, 5 und 5a fortgesetzt und erst anschließend wird eine geschäftliche Handlung an den Voraussetzungen des Art. 5 (2) und § 3 Abs. 2 gemessen.[204] **93**

c) § 3a

Ist ausschließlich das **B2B**-Verhältnis betroffen, ist die Verbrauchergeneralklausel des § 3 Abs. 2 nicht anwendbar, sondern es greift die allgemeine Generalklausel des § 3 Abs. 1 ein. Der Rechtsbruchtatbestand nach § 3a i. V. mit einer Marktverhaltensvorschrift ist einschlägig, ohne dass die UGP-RL eine Rolle spielt.[205] Gleiches gilt, wenn die geschäftliche Handlung den **Nachfragewettbewerb** betrifft, weil die UGP-RL nur für geschäftliche Handlungen von Unternehmern gegenüber Verbrauchern bei der Absatzförderung gilt (Rdn. 90). Ist letzteres der Fall, kommt es darauf an, ob die **UGP-RL anwendbar** ist. Das ist nach Art. 3 UGP-RL zu beurteilen. Art. 3 (1) regelt den Anwendungsbereich der UGP-RL positiv. Art. 3 (2) bis (4), (8) bis (10), Erwägungsgründe 7 Satz 2 und 3, 9 Satz 2 bis 6 enthalten gegenüber Art. 3 (1) UGP-RL Bereichsausnahmen. Ist der Anwendungsbereich der UGP-RL nach diesen Bestimmungen ausgeschlossen, ist § 3a i. V. mit einer Marktverhaltensvorschrift anwendbar, ohne dass es **94**

---

203 EuGH, 14.01.2010, C-304/08, GRUR 2010, 244 Rn. 50 – *Plus Warenhandelsgesellschaft*; EuGH, 19.10.2017, C-295/16 GRUR 2018, 303 Rn. 39 – *Europamur.*

204 EuGH, 19.09.2013, C-435/11, GRUR 2013, 1157 Rn. 38 und 39 – *CHS Tour Services*; EuGH, 13.09.2018, C-54/17 und C-55/17, GRUR 2018, 1156 Rn. 53–55 – *AGCM/Wind und Vodafone.*

205 BGH, 04.11.2010, I ZR 118/09, GRUR 2011, 539 Rn. 23 – *Rechtsberatung durch Lebensmittelchemiker*; BGH, 30.04.2015, I ZR 13/14, BGHZ 205, 195 Rn. 59 – *Tagesschau-App*; BGH, 26.01.2017, I ZR 207/14, GRUR 2017, 422 Rn. 27 ff – *ARD-Buffet.*

auf die UGP-RL ankommt.[206] Soweit der Anwendungsbereich der UGP-RL eröffnet ist, kann § 3a i. V. mit einer Marktverhaltensvorschrift ein Verbot rechtfertigen, wenn die Marktverhaltensvorschrift eine Grundlage im Unionsrecht hat.[207] In diesem Zusammenhang sieht die Rechtsprechung teilweise davon ab, den Anwendungsbereich der UGP-RL näher zu bestimmen und abzugrenzen, wenn die in Rede stehende Marktverhaltensvorschrift ohnehin eine Grundlage im Unionsrecht hat.[208]

95 Ist der Anwendungsbereich der **UGP-RL nach Art. 3 (1) eröffnet**, was voraussetzt, dass keine Bereichsausnahme nach Art. 3 (2) bis (4), (8) bis (10), Erwägungsgründe 7 Satz 2 und 3, 9 Satz 2 bis 6 eingreift, ist § 3 Abs. 2 nicht anwendbar, wenn ein Verbot aus § 3a i. V. mit einer Marktverhaltensvorschrift folgt.[209] § 3 Abs. 2 setzt im Anwendungsbereich der UGP-RL Art. 5 (2) um. Die Vorschrift greift nicht ein, wenn speziellere Bestimmungen des Unionsrechts zu einem Verbot führen. Folgt aus § 3a i. V. mit einer Marktverhaltensregelung, die ihre Grundlage im Unionsrecht hat, keine Unlauterkeit der Geschäftspraktik, kann sich aus Art. 5 (2) und der Verbrauchergeneralklausel § 3 Abs. 2 ergeben, dass die Geschäftspraktik unlauter ist.[210]

96 Soweit der Anwendungsbereich der **UGP-RL ausgeschlossen** ist, weil eine der Bereichsausnahmen nach Art. 3 eingreift, ist § 3a anwendbar. Die Verbrauchergeneralklausel des § 3 Abs. 2 ist als allgemeinere Vorschrift nicht einschlägig.[211]

d) § 4

97 § 4 betrifft einen Mitbewerberschutz. Verbraucher werden durch die Bestimmung nicht geschützt.[212] Im B2B-Bereich ist § 3 Abs. 2 nicht anwendbar (Rdn. 16 f, 20). Durch eine geschäftliche Handlung können allerdings sowohl ausschließlich dem Mitbewer-

---

206 EuGH, 07.07.2016, C-476/14, GRUR 2016, 945 Rn. 45 – *Citroën Commerce*; BGH, 04.11.2010, I ZR 118/09, GRUR 2011, 539 Rn. 23 – *Rechtsberatung durch Lebensmittelchemiker*; BGH, 12.02.2015, I ZR 213/13, GRUR 2015, 813 Rn. 11 – *Fahrdienst zur Augenklinik*; BGH, 14.01.2016, I ZR 107/14, GRUR 2016, 820 Rn. 12 – *Schadensregulierung durch Versicherungsmakler*; BGH, 01.12.2016, I ZR 143/15, GRUR 2017, 641 Rn.18 – *Zuzahlungsverzicht bei Hilfsmitteln*.

207 BGH, 18.09.2014, I ZR 201/12, GRUR 2014, 1208 Rn. 13 – *Preis zuzüglich Überführung*; BGH, 07.05.2015, I ZR 158/14, GRUR 2015, 1240 Rn. 18 – *Zauber des Nordens*; BGH, 14.01.2016, I ZR 61/14, GRUR 2016, 516 Rn. 13 – *Wir helfen im Trauerfall*; a. A. *Alexander* WRP 2012, 515, 521; zum Verhältnis der Spürbarkeitsklausel des § 3a und der Relevanzklausel des § 5a Abs. 2: BGH, 13.09.2018, I ZR 117/15, GRUR 2018, 1258 Rn. 43 bis 51 – *YouTube-Werbekanal II*; BGH, 31.10.2018, I ZR 73/17, GRUR 2019, 82 Rn. 30 – *Jogginghosen*.

208 BGH, 31.03.2010, I ZR 34/08, GRUR 2010, 1117 Rn. 17 – *Gewährleistungsausschluss im Internet*; BGH, 31.05.2012, I ZR 45/11, GRUR 2012, 949 Rn. 47 – *Missbräuchliche Vertragsstrafe*.

209 A. A. *Köhler*/Bornkamm/Feddersen § 3 UWG Rn. 3.11; *Alexander* WRP 2012, 515, 521: Art. 5 (2) UGP-RL und § 3 Abs. 2 anwendbar und nicht § 3a.

210 *Köhler*, GRUR 2010, 1047, 1052.

211 Im Ergebnis ebenso *Köhler*/Bornkamm/Feddersen § 3 UWG Rn. 3.10.

212 BGH, 23.06.2016, I ZR 137/15, GRUR 2017, 92 Rn. 31 – *Fremdcoupon-Einlösung*.

berschutz als auch dem Verbraucherschutz dienende Vorschriften tangiert sein.[213] In diesem Fall ist § 3 Abs. 2, soweit der Verbraucherschutz betroffen ist, anwendbar.[214] Diese Konstellation – auf eine geschäftliche Handlung sind verbraucherschützende und dem Mitbewerberschutz dienende Vorschriften anwendbar – ist zu unterscheiden von Bestimmungen, die sowohl Verbraucher als auch Mitbewerber schützen. Derartige nationale Bestimmungen mit einem umfassenden Regelungszweck, der auch die Absatzförderung gegenüber Verbrauchern umfasst, fallen in den Anwendungsbereich der UGP-RL,[215] wenn die Voraussetzungen einer Geschäftspraktik i. S. von Art. 2 lit. d erfüllt sind.[216]

e) §§ 4a, 5 und 5a

Durch §§ 4a, 5 und 5a werden Art. 5 (4) und Art. 6 bis 9 UGP-RL in deutsches Recht **98** umgesetzt. Die Bestimmungen gehen als speziellere Regelungen der Verbrauchergeneralklausel nach § 3 Abs. 2 vor. Deren Voraussetzungen brauchen nicht zusätzlich zu den Tatbestandsmerkmalen irreführender oder aggressiver Geschäftspraktiken vorzuliegen.[217] Art. 5 (2) UGP-RL und § 3 Abs. 2 sind zur Beurteilung unlauterer Geschäftspraktiken erst heranzuziehen, wenn sich eine Unlauterkeit nicht aus Art. 5 (4), 6 bis 9 UGP-RL und §§ 4a, 5 und 5a ergibt.

f) § 6

Die UGP-RL lässt die Vorschriften der Werbe-RL über vergleichende Werbung unbe- **99** rührt (Erwägungsgrund 6 Satz 4 UGP-RL). Die Werbe-RL bestimmt die Voraussetzungen, unter denen eine vergleichende Werbung[218] zulässig ist, im Grundsatz abschließend (Erwägungsgründe 6 Satz 2, 9 11 Satz 1 Werbe-RL).[219] Was die irreführende vergleichende Werbung anbelangt, ist ein irreführender Werbevergleich im B2C-Verhältnis nach Art. 4 lit. a Werbe-RL i. V. mit Art. 6 und 7 UGP-RL zu beurteilen.[220] Im Verhältnis zwischen Unternehmen (B2B) richtet sich die irreführende vergleichende

213 BGH, 23.06.2016, I ZR 137/15, GRUR 2017, 92 Rn. 31 und 32 – *Fremdcoupon-Einlösung*: § 4 Nr. 4 und § 5.

214 *Köhler*, WRP 2015, 275, 280; *Alexander*, WRP 2016, 411, 417.

215 EuGH, 09.11.2010, C-540/08, GRUR 2011, 76 Rn. 21 – *Mediaprint*; EuGH, 30.06.2011, C-288/10, GRUR Int 2011, 853 Rn. 21 und 22 – *Wamo*; EuGH, 19.10.2017, C-295/16 GRUR 2018, 303 Rn. 35 – *Europamur*.

216 EuGH, 17.10.2013, C-391/12, GRUR 2013, 1245 Rn. 35 – *RLvS [Good News]*.

217 EuGH, 19.09.2013, C-435/11, GRUR 2013, 1157 Rn. 39–42 – *CHS Tour Services*; EuGH, 16.04.2015, C-388/13, GRUR 2015, 600 Rn. 63 – *UPC Magyarország*.

218 Zu den Voraussetzungen vergleichender Werbung BGH, 19.05.2011, I ZR 147/09, GRUR 2012, 74 Rn. 18 – *Coaching Newsletter*.

219 EuGH, 08.02.2017, C-562/15, GRUR 2017, 280 Rn. 20 – *ITM/Carrefour*; BGH, 28.09.2011, I ZR 48/10, GRUR 2011, 1158 Rn. 21 und 26 – *Teddybär*; BGH, 02.04.2015, I ZR 167/13, GRUR 2015, 1136 Rn. 18 – *Staubsaugerbeutel im Internet*; Begründung des Regierungsentwurfs eines Gesetzes zur vergleichenden Werbung und zur Änderung wettbewerbsrechtlicher Vorschriften, BT-Drucks. 14/2959, S. 6.

220 EuGH, 08.02.2017, C-562/15, GRUR 2017, 280 Rn. 29–38 – *ITM/Carrefour*.

Werbung nach Art. 2 lit. b, Art. 3 und Art. 8 (1) Unterabs. 1 Werbe-RL.[221] Ein Rückgriff im Bereich vergleichender Werbung auf die Verbrauchergeneralklausel des Art. 5 (2) und § 3 Abs. 2 scheidet aus, weil die Unlauterkeit vergleichender Werbung grundsätzlich abschließend in der Werbe-RL bestimmt ist und für die irreführende vergleichende Werbung Art. 4 lit. a Werbe-RL i. V. mit Art. 6 und 7 UGP-RL eine abschließende Regelung enthalten.

g) § 7

100 § 7 schützt die Privatsphäre des Verbrauchers und die betriebliche Sphäre vor unzumutbaren Belästigungen.[222] Die Vorschrift schützt nicht die Entscheidungsfreiheit der Verbraucher und sonstigen Marktteilnehmer.[223] Art. 5 (2) UGP-RL und § 3 Abs. 2 sind im B2C-Verhältnis neben § 7 anwendbar.

III. Voraussetzungen des § 3 Abs. 2

1. Geschäftliche Handlung, die sich an Verbraucher richtet oder sie erreicht

101 Es muss eine **geschäftliche Handlung** i. S. von § 2 Abs. 1 Nr. 1 vorliegen (§ 2 Abs. 1 Nr. 1 Rdn. 1 ff.), die sich an **Verbraucher** gem. § 2 Abs. 2 (§ 2 Abs. 2 Rdn. 6 ff.) richtet oder sie erreicht. Mit den Wendungen »richten« und »erreichen« orientiert sich § 3 Abs. 2 am Wortlaut des Art. 5 (2) lit. b UGP-RL. Eine Geschäftspraktik **richtet sich an Verbraucher**, wenn sie unmittelbar mit der Absatzförderung, dem Verkauf oder der Lieferung eines Produkts i. S. von Art. 2 lit. c UGP-RL an Verbraucher zusammenhängt.[224] Ob dies der Fall ist, ist anhand **objektiver Umstände** und nicht einer subjektiven Zielsetzung des Unternehmers zu beurteilen. Maßgeblich sind Inhalt, Art und Weise der geschäftlichen Handlung, das Produkt, auf das sich die geschäftliche Handlung bezieht, und der Adressatenkreis eines Werbemediums. Es genügt, dass zu den angesprochenen Verkehrskreisen Verbraucher zählen. Dass daneben durch die geschäftliche Handlung andere Marktteilnehmer angesprochen werden, ist unschädlich. Auf die Häufigkeit der geschäftlichen Handlung eines Unternehmers gegenüber Verbrauchern kommt es nicht an. Eine an einen Verbraucher gerichtete Geschäftspraktik liegt bereits bei einem einmaligen Verhalten eines Unternehmers gegenüber einem Verbraucher vor.[225]

102 Für die Anwendung der Verbrauchergeneralklausel reicht es aus, dass die geschäftliche Handlung an andere Marktteilnehmer gerichtet ist, die **Verbraucher aber erreicht**. Dazu muss es für den Unternehmer vernünftigerweise vorhersehbar sein, dass neben

---

221 *Köhler*, GRUR 2013, 761, 765.

222 BGH, 03.03.2011, I ZR 167/09, GRUR 2011, 747 Rn. 17 – *Kreditkartenübersendung*;

223 BGH, 21.04.2016, I ZR 276/14, GRUR 2016, 831 Rn. 16 – *Lebens-Kost*.

224 EuGH, 14.01.2010, C-304/08, GRUR 2010, 244 Rn. 36 und 39 – *Plus Warenhandelsgesellschaft*; EuGH, 09.11.2010, C-540/08, GRUR 2011, 76 Rn. 21 – *Mediaprint*; EuGH, 19.09.2013, C-435/11, GRUR 2013, 1157 Rn. 27 – *CHS Tour Services*; EuGH, 16.04.2015, C-388/13, GRUR 2015, 600 Rn. 35 – *UPC Magyarország*.

225 EuGH, 16.04.2015, C-388/13, GRUR 2015, 600 Rn. 41 – *UPC Magyarország*.

denjenigen Marktteilnehmern, an die sich die geschäftliche Handlung richtet, auch die Verbraucher erreicht werden. Es genügt nicht, dass nur vereinzelt und eher zufällig Verbraucher mit der an andere Marktteilnehmer gerichteten geschäftlichen Handlung in Berührung kommen. Ob dies der Fall ist, ist aufgrund objektiver Umstände zu bestimmen. Diesen Anforderungen an das Tatbestandsmerkmal »erreichen« steht die EuGH-Entscheidung »UPC« nicht entgegen.[226] Diese betraf eine geschäftliche Handlung, die sich an einen Verbraucher richtete; hierfür kann ein einmaliges Verhalten des Unternehmers ausreichen.

Im Schrifttum wird teilweise angenommen, die geschäftliche Handlung müsse sich nicht nur an Verbraucher richten oder sie erreichen, sondern sie müsse zudem **Verbraucherinteressen berühren.**[227] In der UGP-RL und der Rechtsprechung des EuGH findet sich allerdings kein Hinweis auf die Notwendigkeit einer positiven Feststellung, es seien Verbraucherinteressen berührt. Vielmehr betont der EuGH den weiten Anwendungsbereich der UGP-RL und klammert hiervon nur unlautere Geschäftspraktiken aus, die »lediglich« die wirtschaftlichen Interessen von Mitbewerbern schädigen oder sich auf ein Rechtsgeschäft zwischen Gewerbetreibenden beziehen.[228] Eine gebotene Eingrenzung des Tatbestands des § 3 Abs. 2 kann nicht über ein zusätzliches, in der Bestimmung des Art. 5 (2) UGP-RL nicht angelegtes Merkmal erfolgen, sondern muss über die Relevanzklausel vorgenommen werden. **103**

2. Fehlende Einhaltung der unternehmerischen Sorgfalt

§ 3 Abs. 2 setzt einen Verstoß gegen die unternehmerische Sorgfalt voraus. Der Begriff der **unternehmerischen Sorgfalt** ist in § 2 Abs. 1 Nr. 7 definiert als der Standard an Fachkenntnissen und Sorgfalt, von dem billigerweise angenommen werden kann, dass ein Unternehmer ihn in seinem Tätigkeitsbereich gegenüber Verbrauchern nach Treu und Glauben unter Berücksichtigung der anständigen Marktgepflogenheiten einhält (§ 2 Abs. 1 Nr. 7 Rdn. 1 ff.). Der Begriff ist richtlinienkonform anhand des Art. 5 (2) lit. a UGP-RL auszulegen. Die Richtlinie verwendet den Begriff der beruflichen Sorgfalt, der in Art. 2 lit. h UGP-RL umschrieben ist und dem § 2 Abs. 1 Nr. 7 inhaltlich entspricht. **104**

Die geschäftliche Handlung muss der **unternehmerischen Sorgfalt widersprechen.** **105** § 3 Abs. 2 und Art. 5 (2) UGP-RL haben den Charakter eines Auffangtatbestands, auch wenn Erwägungsgrund 13 der Richtlinie den Eindruck einer allgemeinen Generalklausel vermittelt. Der EuGH geht in seiner Rechtsprechung zur UGP-RL davon aus, dass Art. 5 (5) zusammen mit dem Anhang I die Geschäftspraktiken bezeichnet, die ohne Wertung im konkreten Fall jedenfalls unlauter sind, und dass die in Art. 6 bis 9 angeführten Geschäftspraktiken unlauter sind, auch wenn nicht zusätzlich die

226 EuGH, 16.04.2015, C-388/13, GRUR 2015, 600 Rn. 40 – *UPC Magyarország.*
227 *Alexander* WRP 2016, 411, 417.
228 EuGH, 14.01.2010, C-304/08, GRUR 2010, 244 Rn. 39 – *Plus Warenhandelsgesellschaft.*

Voraussetzungen des Art. 5 (2) erfüllt sind.[229] Das verdeutlicht, dass Art. 5 (5) i. V. mit dem Anhang I und Art. 5 (4) und Art. 6 bis 9 der Richtlinie vorrangig vor Art. 5 (2) zu prüfen sind und erst anschließend die Verbrauchergeneralklausel des Art. 5 (2) und des § 3 Abs. 2.

106 Um ein hohes Verbraucherschutzniveau zu gewährleisten, sieht die UGP-RL ein generelles Verbot unlauterer Geschäftspraktiken vor, die das wirtschaftliche Verhalten der Verbraucher beeinträchtigen.[230] Greift keiner der vorrangigen Unlauterkeitstatbestände der Richtlinie ein, muss Art. 5 (2) UGP-RL die Funktion erfüllen, Geschäftspraktiken zu erfassen, die das wirtschaftliche Verhalten der Verbraucher beeinträchtigen.

107 Ob die Geschäftspraktik der beruflichen Sorgfalt widerspricht, ist aus Sicht der **berechtigten Erwartungen des Durchschnittsverbrauchers** zu beurteilen.[231] § 3 Abs. 4 bestimmt, auf die Sicht welcher Gruppe von Verbrauchern es ankommt. Welche Erwartungen der Durchschnittsverbraucher berechtigterweise haben kann, hängt etwa von den Gegebenheiten im maßgeblichen Produktbereich, den Informationen, über die der Verbraucher verfügt, und von der Möglichkeit ab, das Produkt sinnvoll zu nutzen oder sich von einem bereits geschlossenen Vertrag lösen zu können.[232]

108 Die Gegebenheiten im maßgeblichen Produktbereich werden durch die **anständigen Marktgepflogenheiten** mitbestimmt. Diese müssen ermittelt werden. Dazu muss zunächst festgestellt werden, ob es Marktgepflogenheiten in der Branche gibt und diese als »anständig« anzusehen sind. Dazu müssen die Marktgepflogenheiten an den rechtlichen und fachlichen Normen der Branche und des Produkttyps gemessen werden. Bei der Prüfung der Einhaltung der unternehmerischen Sorgfalt ist an den Standard an Fachkenntnissen und Sorgfalt anzuknüpfen, die für die fragliche Branche, den Produktbereich und den Vertragstyp üblich sind.[233] In jedem Fall ist eine Abwägung der gesamten relevanten Umstände des konkreten Falls erforderlich.[234] Zu berücksichtigen sind auch zugunsten des Unternehmers sprechende Gesichtspunkte und der Verhältnismäßigkeitsgrundsatz. Der Verbraucher kann nach § 2 Abs. 1 Nr. 7 nur einen Standard an Fachkenntnissen und Sorgfalt erwarten, von dem billigerweise angenommen werden kann, dass der Unternehmer ihn einhält.

109 Nur wenn nach den Gesamtumständen die Geschäftspraktik unter Berücksichtigung der anständigen Marktgepflogenheiten und Treu und Glauben nicht den berechtigten Erwartungen der Verbraucher entspricht und der Verstoß so schwer wie die in Art. 6 bis 9 UGP-RL angeführten irreführenden und aggressiven Geschäftspraktiken wiegt, widerspricht die Geschäftspraktik den Erfordernissen der beruflichen Sorgfalt i. S. von Art. 5 (2) UGP-RL und der unternehmerischen Sorgfalt nach § 3 Abs. 2.

229 EuGH, 19.09.2013, C-435/11, GRUR 2013, 1157 Rn. 39–42 – *CHS Tour Services*; EuGH, 16.04.2015, C-388/13, GRUR 2015, 600 Rn. 63 – *UPC Magyarország*.
230 EuGH, 19.12.2013, C-281/12, GRUR 2014, 196 Rn. 32 – *Trento Sviluppo*.
231 EuGH, 07.09.2016, C-310/15, GRUR 2016, 1180 Rn. 34 – *Deroo-Blanquart*.
232 EuGH, 07.09.2016, C-310/15, GRUR 2016, 1180 Rn. 34–37 – *Deroo-Blanquart*.
233 Götting/Nordemann/*Wirtz* § 3 Rn. 72.
234 EuGH, 07.09.2016, C-310/15, GRUR 2016, 1180 Rn. 37 – *Deroo-Blanquart*.

Anzulegen ist ein **objektiver Maßstab**. Das verdeutlicht der Begriff »Standard an Fachkenntnissen und Sorgfalt« in Art. 2 lit. h UGP-RL und in § 2 Abs. 1 Nr. 7. Auf subjektive Fähigkeiten und konkrete Sorgfaltsanforderungen des Unternehmers kommt es nicht an. Der Verstoß gegen die berufliche Sorgfalt setzt kein Verschulden voraus. **110**

Der Begriff der beruflichen Sorgfalt in Art. 2 lit. h UGP-RL ist auf den Standard an Fachkenntnissen und Sorgfalt bezogen, der von **Gewerbetreibenden im Verhältnis zu Verbrauchern** erwartet werden kann. Dieser Standard gilt nicht unbesehen in gleicher Weise für das B2B-Verhältnis. Mitbewerber und sonstige Marktteilnehmer befinden sich häufig nicht in einer Verbrauchern vergleichbaren unterlegenen Position. Ihnen gegenüber muss der Unternehmer nicht entsprechende strenge Standards einhalten, wie dies im Verhältnis zu Verbrauchern im Interesse eines hohen Verbraucherschutzniveaus der Fall ist. **111**

3. Relevanzklausel

Die der unternehmerischen Sorgfalt widersprechende geschäftliche Handlung muss **geeignet sein, das wirtschaftliche Verhalten des Verbrauchers wesentlich zu beeinflussen.** Mit dieser Formulierung setzt die Verbrauchergeneralklausel des § 3 Abs. 2 die Relevanzklausel des Art. 5 (2) lit. b UGP-RL um. Danach muss die Geschäftspraktik in Bezug auf das jeweilige Produkt das wirtschaftliche Verhalten des Durchschnittsverbrauchers wesentlich beeinflussen oder dazu geeignet sein, es wesentlich zu beeinflussen. § 3 Abs. 2 ist insoweit richtlinienkonform auszulegen. Unter welchen Voraussetzungen eine »wesentliche Beeinflussung des wirtschaftlichen Verhaltens des Verbrauchers« vorliegt, bestimmt **Art. 2 lit. e UGP-RL**. Danach ist eine wesentliche Beeinflussung des wirtschaftlichen Verhaltens des Verbrauchers die Anwendung einer Geschäftspraxis, um die Fähigkeit des Verbrauchers, eine informierte Entscheidung zu treffen, spürbar zu beeinträchtigen und damit den Verbraucher zu einer geschäftlichen Entscheidung zu veranlassen, die er andernfalls nicht getroffen hätte. Diese Definition wird im UWG in § 2 Abs. 1 Nr. 8 inhaltsgleich umgesetzt (§ 2 Abs. 1 Nr. 8 Rdn. 1 ff.). **112**

Erforderlich ist, dass die Geschäftspraktik in Bezug auf das Erzeugnis eine wesentliche Änderung des wirtschaftlichen Verhaltens des Durchschnittsverbrauchers hervorruft oder dazu geeignet ist, sie hervorzurufen.[235] Die objektive Eignung reicht aus. Auf Seiten des Unternehmers ist kein subjektives Element erforderlich. Die Relevanzklausel des § 3 Abs. 2 und des Art. 5 (2) lit. b UGP-RL setzt die Eignung der geschäftlichen Handlung bzw. Geschäftspraktik voraus, (1) die Fähigkeit des Verbrauchers zu einer informierten Entscheidung spürbar zu beeinträchtigen und (2) dadurch den Verbraucher zu einer geschäftlichen Entscheidung zu veranlassen, die er andernfalls nicht getroffen hätte. **113**

235 EuGH, 07.09.2016, C-310/15, GRUR 2016, 1180 Rn. 38 – *Deroo-Blanquart.*

a) Eignung zur spürbaren Beeinträchtigung der Fähigkeit des Verbrauchers zu einer informierten Entscheidung

114 Die Fähigkeit des Verbrauchers zu einer informierten Entscheidung ist **beeinträchtigt**, wenn die Möglichkeit des Verbrauchers zu einer informationsgeleiteten, freien und daher rationalen Entscheidung herabgesetzt wird.[236] Das ist der Fall, wenn der Verbraucher nicht über die für eine rationale Entscheidung nötigen Informationen verfügt. Die Möglichkeit zu einer informationsgeleiteten, freien Entscheidung des Verbrauchers braucht nicht vollständig entfallen zu sein. Ein solcher Extremfall wird in der Praxis kaum vorkommen.

115 Die Beeinträchtigung der Rationalität der Entscheidung des Verbrauchers muss nicht tatsächlich eintreten. Die **Eignung** hierzu **genügt**. Ob eine entsprechende Eignung besteht, ist aus Sicht eines durchschnittlichen Mitglieds der angesprochenen Gruppe i. S. des § 3 Abs. 4 normativ zu bestimmen.[237]

116 § 3 Abs. 2 und Art. 2 lit. e UGP-RL sehen eine spürbare Beeinträchtigung vor. Damit reicht nicht jede Beeinträchtigung aus. Vielmehr muss bei § 3 Abs. 2 eine bestimmte **Bagatellgrenze** überschritten sein.[238] Ein entsprechendes Spürbarkeitserfordernis sehen §§ 4a, 5 und 5a sowie § 6 und § 7 nicht vor. Bei einer aggressiven oder irreführenden Geschäftspraktik ist die Spürbarkeit nicht gesondert zu prüfen. In der Werbe-RL ist für die Unlauterkeit einer vergleichenden Werbung nach ihrem Art. 4 ebenfalls keine Bagatellklausel angeführt. Liegt eine unzumutbare Belästigung i. S. von § 7 Abs. 1 oder 2 vor, ist eine Bagatellklausel nicht zu prüfen.[239] Ob von einer spürbaren Beeinträchtigung i. S. von § 2 Abs. 1 Nr. 8 auszugehen ist, ist aufgrund einer Gesamtabwägung zu beurteilen. In diese sind die Art des beworbenen Produkts und seine wirtschaftliche Bedeutung einzubeziehen.[240]

b) Eignung zur wesentlichen Änderung des wirtschaftlichen Verhaltens des Durchschnittsverbrauchers

117 Die spürbare Beeinträchtigung der Fähigkeit des Verbrauchers zu einer informierten Entscheidung muss geeignet sein, den Verbraucher zu einer geschäftlichen Entscheidung zu veranlassen, die er ansonsten nicht getroffen hätte.

118 Der Begriff der »**geschäftlichen Entscheidung**« ist in § 2 Abs. 1 Nr. 9 definiert (§ 2 Abs. 1 Nr. 9 Rdn. 1 ff.). Im Anwendungsbereich der UGP-RL ist das Tatbestandsmerkmal richtlinienkonform anhand der Definition in Art. 2 lit. k auszulegen. »Geschäftli-

---

236 BGH, 12.12.2013, I ZR 192/12, GRUR 2014, 686 Rn. 23 – *Goldbärenbarren*; EuGH, 13.09.2018 C-54/17 und C-55/17, GRUR 2018, 1156 Rn. 45–50 – *AGCM/Wind und Vodafone.*

237 *Köhler*/Bornkamm/Feddersen § 3 UWG Rn. 3.26.

238 Ohly/*Sosnitza* § 3 Rn. 80.

239 BGH, 11.03.2010, I ZR 27/08, GRUR 2010, 939 Rn. 18 – *Telefonwerbung nach Unternehmenswechsel*; BGH, 12.09.2013, I ZR 208/12, GRUR 2013, 1259 Rn. 22 – *Empfehlungs-E-Mail.*

240 BGH, 12.12.2013, I ZR 192/12, GRUR 2014, 686 Rn. 23 – *Goldbärenbarren.*

che Entscheidung« ist jede Entscheidung eines Verbraucher darüber, ob, wie und unter welchen Bedingungen er einen Kauf tätigen, eine Zahlung insgesamt oder teilweise leisten, ein Produkt behalten oder abgeben oder ein vertragliches Recht im Zusammenhang mit dem Produkt ausüben will, unabhängig davon, ob der Verbraucher beschließt, tätig zu werden oder ein Tätigwerden zu unterlassen. Der Begriff der geschäftlichen Entscheidung ist weit zu verstehen.[241] Er erfasst die Entscheidung über den Erwerb oder Nichterwerb eines Produkts und damit unmittelbar zusammenhängende Entscheidungen wie das Betreten eines Geschäfts[242] oder das Aufrufen eines Verkaufsportals im Internet.[243] Hierzu rechnen auch andere einen möglichen Kauf oder Erwerb vorbereitende Handlungen und einem Geschäftsabschluss nachfolgende Verhaltensweisen eines Verbrauchers, wie eine Vertragskündigung.[244] Eine geschäftliche Entscheidung kann darin bestehen, untätig zu bleiben.[245]

Liegt eine spürbare Beeinträchtigung der Fähigkeit des Verbrauchers zu einer informier- 119
ten Entscheidung vor oder ist die Maßnahme jedenfalls dazu geeignet, ist **regelmäßig anzunehmen, dass auch die Eignung besteht, den Verbraucher zu einer geschäftlichen Entscheidung zu veranlassen, die er ansonsten nicht getroffen hätte**. Bestehen im konkreten Fall keine besonderen Umstände, ist grundsätzlich davon auszugehen, dass eine Geschäftspraktik, die geeignet ist, die Fähigkeit des Verbrauchers zu einer informierten Entscheidung spürbar zu beeinträchtigen, geeignet ist, den Verbraucher zu einer geschäftlichen Entscheidung zu veranlassen, die er ohne die Beeinträchtigung nicht getroffen hätte.[246] Es ist in einem solchen Fall Aufgabe des Unternehmers, Umstände vorzutragen, aus denen sich ausnahmsweise etwas anderes ergibt.

IV. Einzelne Fallgruppen

Greift keiner der in §§ 3 Abs. 3, 4a bis 5a angeführten Unlauterkeitstastbestände ein, 120
ist die Praxis mit der Bejahung eines Verstoßes gegen die Verbrauchergeneralklausel zurückhaltend. In Betracht kommen allerdings die nachfolgenden **Fallgruppen für die Annahme eines Verstoßes gegen § 3 Abs. 2.**

Die Rechtsprechung hat bei bestimmten Berufsgruppen eine Pflicht zur **Wahrung der** 121
Interessen Dritter unabhängig von der Ausgestaltung des Pflichtenkatalogs in Berufsordnungen angenommen und Verstöße hiergegen als nach § 4 Nr. 1 UWG 2004 und

241 EuGH, 19.12.2013, C-281/12, GRUR 2014, 196 Rn. 36 – *Trento Sviluppo.*
242 BGH, 28.01.2016, I ZR 231/14, GRUR 2016, 399 Rn. 13 – *MeinPaket.de.*
243 BGH, 14.09.2017, I ZR 231/14, GRUR 2017, 1269 Rn. 19 – *MeinPaket.de II.*
244 EuGH, 16.04.2015, C-388/13, GRUR 2015, 600 Rn. 39 und 40 – *UPC Magyarország.*
245 BGH, 02.03.2017, I ZR 41/16, GRUR 2017, 922 Rn. 34 – *Komplettküchen.*
246 BGH, 02.03.2017, I ZR 41/16, GRUR 2017, 922 Rn. 34 – *Komplettküchen*: zur Bedeutung des Vorenthaltens wesentlicher Informationen; *Köhler*/Bornkamm/Feddersen § 3 UWG Rn. 3.28.

2008 unlauter angesehen.[247] Zu diesen Berufsgruppen zählen Ärzte und Zahnärzte, Steuerberater, Wirtschaftsprüfer, Rechtsanwälte und Notare, deren geschäftliche Entscheidungen die Interessen von Patienten und Mandanten berühren können. Eine unangemessen unsachliche Einflussnahme kann vorliegen, wenn ein Berufsangehöriger durch das Versprechen finanzieller Vorteile veranlasst wird, diese Drittinteressen nicht mehr gebührend zu berücksichtigen. Die unter Geltung des § 4 Nr. 1 UWG 2004 unter diese Bestimmung subsumierten Verhaltensweisen lassen sich unter § 4a nur fassen, wenn eine aggressive Geschäftspraktik in Form einer unzulässigen Beeinflussung i. S. von § 4a Abs. 1 Satz 3 und Art. 2 lit. j UGP-RL bejaht werden kann. Dies ist in der Vergangenheit zwar teilweise angenommen worden; es ist jedoch nicht unzweifelhaft, ob in diesen Fallgestaltungen eine unzulässige Beeinflussung i. S. von Art. 2 lit. j UGP-RL vorliegt. Ist die Voraussetzung einer unzulässigen Beeinflussung i. S. von § 4a Abs. 1 Satz 3 und Art. 2 lit. j UGP-RL nicht erfüllt, was häufig der Fall sein wird, kommt die Anwendung der Verbrauchergeneralklausel in Betracht.[248] Auch ohne unzulässige Beeinflussung i. S. von Art. 2 lit. j UGP-RL entspricht der Unlauterkeitsgehalt demjenigen der in Art 6 bis 9 UGP-RL geregelten Tatbestände wegen des großen Vertrauens, das diese Berufsgruppen in die Unabhängigkeit ihrer Tätigkeit von finanziellen Anreizen in Anspruch nehmen.

122 Eine nach § 3 Abs. 2 unlautere geschäftliche Handlung kann vorliegen, wenn Kunden einer Kfz-Werkstatt durch deren Angebot eines Nachlasses auf die Selbstbeteiligung des Kunden bei ihrer Versicherung dazu veranlasst werden, auf das Angebot einzugehen, ohne den Vorteil an den Versicherer weiterzugeben. Diese unter Geltung des § 4 Nr. 1 UWG 2004 als unlauter eingestufte Verhaltensweise[249] wird von § 4a nicht erfasst und kann in den Anwendungsbereich des § 3 Abs. 2 fallen. Der Versicherungsnehmer hat in einer solchen Fallkonstellation ebenfalls die Drittinteressen des Versicherers wahrzunehmen.

123 Die **Werbung mit Testergebnissen** ohne Angabe der Fundstelle kann ein Verstoß gegen die unternehmerische Sorgfalt sein.[250] Zur unternehmerischen Sorgfalt gehört es regelmäßig, mit Testergebnissen nur zu werben, wenn dem Verbraucher die Fundstelle eindeutig und leicht zugänglich angegeben und ihm so eine einfache Möglichkeit eröffnet wird, den Test selbst zur Kenntnis zu nehmen. Unterbleiben im Interesse des Gesundheitsschutzes der Verbraucher gebotene **Warnhinweise**, widerspricht dieses

247 BGH, 21.04.2005, I ZR 201/02, GRUR 2005, 1059, 1060 – *Quersubventionierung von Laborgemeinschaften I*; BGH, 24.06.2010, I ZR 182/08, GRUR 2010, 850 Rn. 16 – *Brillenversorgung II*; BGH, 09.10.2010, I ZR 157/08, GRUR 2011, 431 Rn. 16 – *FSA-Kodex*; BGH, 23.02.2012, I ZR 231/10, GRUR 2012, 1050 Rn. 26 – *Dentallaborleistungen*.

248 Ohly/*Sosnitza* § 3 Rn. 77.

249 BGH, 08.11.2007, I ZR 60/05, GRUR 2008, 530 Rn. 14 – *Nachlass bei der Selbstbeteiligung*.

250 BGH, 16.07.2009, I ZR 50/07, GRUR 2010, 248 Rn. 32 – *Kamerakauf im Internet*; zur unterbliebenen Angabe der Testbedingungen bei der unionsrechtlich erforderlichen Bezeichnung der Energieeffizienzklasse: EuGH, 25.07.2018, C-632/16, GRUR 2018, 940 – *Dyson/BSH*.

Versäumnis der beruflichen Sorgfalt.[251] Die **Verwendung unwirksamer AGB** kann gegen die unternehmerische Sorgfalt verstoßen.[252]

Von § 3 Abs. 2 erfasst werden können weiter **Verkaufsförderungsmaßnahmen, bei denen die Rationalität der Entscheidung der Verbraucher erheblich herabgesetzt wird**, ohne dass eine irreführende oder aggressive Geschäftspraktik vorliegt. Das kann aufgrund von Angeboten mit erheblicher Anlockwirkung oder hohem Zeitdruck der Fall sein. Im Einzelfall unlauter kann je nach den Umständen und den angesprochenen Verbrauchergruppen die **Koppelung von Absatzgeschäften mit Gewinnspielen** sein.[253] In diesem Zusammenhang sind zu berücksichtigen die Art des beworbenen Produkts, seine wirtschaftliche Bedeutung und die durch die Teilnahme an dem Gewinnspiel entstehende finanzielle Gesamtbelastung, die Art der ausgelobten Gewinne, die Transparenz der Gewinnchancen und die geschäftliche Erfahrenheit der angesprochenen Verbrauchergruppe. **124**

D. Die stets unzulässigen geschäftlichen Handlungen nach § 3 Abs. 3

Nach § 3 Abs. 3 sind die im Anhang aufgeführten geschäftlichen Handlungen gegenüber Verbrauchern stets unzulässig. Die Bestimmung setzt Art. 5 (5) und Anhang I der UGP-RL in deutsches Recht um. Die allgemeinen Maßstäbe bei der Anwendung und Auslegung der Tatbestände der sogenannten »Schwarzen Liste« und die Einzelheiten zu den im Anhang aufgeführten, in jedem Fall unzulässigen Geschäftspraktiken sind im Anhang erläutert (Anhang (zu § 3 Abs. 3) Rdn. 1 ff.). **125**

E. Verbot unlauterer geschäftlicher Handlungen § 3 Abs. 4

Stefan Schilling

I. Anwendungsbereich

§ 3 Abs. 4 enthält keinen Unlauterkeitstatbestand, sondern normiert allgemeine **Prüfungsmaßstäbe** bei verbraucherbezogenen geschäftlichen Handlungen, indem festgelegt wird, aus wessen Sicht eine geschäftliche Handlung zu beurteilen ist. Zentraler Kern ist die Orientierung am Verständnis eines fiktiven, typischen Verbrauchers,[254] dem sog. Durchschnittsverbraucher. Die Regelungen sind aus § 3 Abs. 2 Satz 2 und 3 UWG 2008 überführt worden und dienen der Umsetzung von Art. 5 (2) lit. b und (3) Satz 1 UGP-RL. Mit dem UWG 2015 ist der Maßstab bei bestimmten angesprochenen Gruppen stärker an den Wortlaut des Art. 5 (3) Satz 1 UGP-RL angepasst. Dass sie Art. 5 (3) Satz 2 UGP-RL nicht umsetzen, ist zunächst einmal unschädlich,[255] da der **126**

---

251 BGH, 13.07.2006, I ZR 234/03, GRUR 2006, 953 Rn. 19 – *Warnhinweis II*; Ohly/*Sosnitza* § 3 Rn. 76.

252 BGH, 31.03.2010, I ZR 34/08, GRUR 2010, 1117 Rn. 17 – *Gewährleistungsausschluss im Internet*.

253 BGH, 12.12.2013, I ZR 192/12, GRUR 2014, 686 Rn. 23 – *Goldbärenbarren*.

254 Vgl. Erwägungsgrund 18 der UGP-RL.

255 AA *Köhler*/Bornkamm/Feddersen, UWG, § 3 Rn. 5.3f.

deutsche Gesetzgeber keinen Unlauterkeitstatbestand geschaffen, sondern lediglich den Prüfungsmaßstab des Verkehrsverständnisses normiert hat. Die von § 3 Abs. 4 aufgestellten Prüfungsmaßstäbe finden für das gesamte UWG Anwendung, sofern es um den Schutz der Verbraucher geht, also insoweit auch für die Tatbestände der §§ 4 – 7.[256] Für geschäftliche Handlungen gegenüber sonstigen Marktteilnehmern (z.B. Fachkreisen) oder Wettbewerbern findet § 3 Abs. 4 keine Anwendung. Gleichwohl gelten auch dort dieselben Grundsätze der Orientierung am durchschnittlichen Mitglied der angesprochenen (Gruppe der) sonstigen Marktteilnehmer.[257]

II. Verbraucherleitbild

1. Bedeutung

127 Die Bestimmung des Verbraucherleitbilds ist entscheidend für die Zulässigkeit geschäftlicher Handlungen. Mit ihm wird nicht nur bestimmt, aus wessen Sicht eine geschäftliche Handlung zu beurteilen ist, sondern auch, welche Parameter für dessen Ermittlung zu Grunde zu legen sind. Je mehr das Verbraucherleitbild von einem schwachen, leichtgläubigen Verbraucher ausgeht, desto mehr verschiebt sich der Maßstab der Zulässigkeit geschäftlicher Handlungen zu Lasten des Unternehmers und umgekehrt.[258] Es geht also um nicht weniger, als um einen angemessenen Ausgleich zwischen den Gefahren einer Wettbewerbsmaßnahme für den Verbraucher einerseits und den Erfordernissen des freien Waren- und Dienstleistungsverkehrs nach Art. 34, 56 AEUV andererseits und trägt insoweit dem Grundsatz der **Verhältnismäßigkeit** von Eingriffen in die unternehmerische Freiheit Rechnung.[259] Das Verhältnismäßigkeitsprinzip wird in Erwägungsgrund 18 Satz 2 UGP-RL ausdrücklich angesprochen und vom EuGH in seiner Rechtsprechung herangezogen.[260]

2. Verbraucherleitbild bis zum UWG 2004

128 Der BGH hat bis in die 1990er Jahre in seiner Rechtsprechung bei der Bestimmung des Verbraucherverständnisses zugrunde gelegt, dass an das breite Publikum gerichtete Werbeaussagen oft nur gewohnheitsmäßig und oberflächlich, nicht genau, nicht vollständig und nicht mit kritischer Würdigung zur Kenntnis genommen werden, so dass mit einer unkritischen, flüchtigen Betrachtungsweise zu rechnen ist.[261] Die verwendete

---

256 Ohly/*Sosnitza* UWG § 3 Rn. 93; *Köhler*/Bornkamm/Feddersen, UWG, § 3 Rn. 5.7.

257 Vgl. EuGH, 25.10.2001, C-112/99, GRUR 2002, 354 Rn. 52 – *Toshiba Europe*; im Ergebnis auch BGH, 30.06.2011, I ZR 157/10, GRUR 2012, 184 Rn. 19 – *Branchenbuch Berg*; für eine analoge Anwendung: *Köhler*/Bornkamm/Feddersen, UWG, § 3 Rn. 5.12.

258 Vgl. BGH, 06.04.2006, I ZR 125/03, GRUR 2006, 776 Rn. 19 – *Werbung für Klingeltöne* [zu § 4 Nr. 2 aF].

259 Vgl. EuGH, 13.01.2000, C-220/98, WRP 2000, 289 Rn. 27, 28 und 32 – *Lifting-Creme*; *Köhler*/Bornkamm/Feddersen UWG § 1 Rn. 22; Lettl, GRUR 2004, 449, 453.

260 Vgl. EuGH, 13.01.2000, C-220/98, WRP 2000, 289 Rn. 28 – *Lifting-Creme*.

261 Vgl. BGH, 13.02.1992, I ZR 79/90, GRUR 1992, 450, 452f. – *Beitragsrechnung*; BGH, 21.02.1991, I ZR 106/89, GRUR 1992, 66, 67 – *Königl.-Bayerische Weisse*; BGH, 02.05.1996, I ZR 152/94, WRP 1996, 1097, 1098 – *Preistest*; Ohly/*Sosnitza* UWG § 2 Rn. 115; *Köhler*/Bornkamm/Feddersen, UWG, § 1 Rn. 29, jeweils mwN.

Formel vom oberflächlichen, flüchtigen Verbraucher orientierte sich bei werblichen Anpreisungen in erster Linie am reinen Wortlaut, ohne diesen näher in einen Wissens- oder Erfahrungskontext zu setzen.[262]

Grundlage der rechtlichen Beurteilung war ein empirisches, tatsächliches Verständnis der Verbraucher.[263] Entscheidend war daher die Ermittlung von **Irreführungsquoten**, also danach wie eine Werbeaussage mehrheitlich oder von einem nicht ganz unmaßgeblichen Teil des angesprochenen Verkehrs verstanden wurde. Nach der Rechtsprechung des BGH war die Frage, wie groß der Teil des Verkehrs sein musste, der einer Irreführung unterliegt, nicht einheitlich, sondern abhängig von den Umständen des Einzelfalls zu beurteilen. Dabei konnte es einen Unterschied machen, ob die Täuschung lediglich auf einem unrichtigen Verständnis einer an sich zutreffenden Angabe beruhte – was einen höheren Prozentsatz erforderte – oder durch eine tatsächlich unrichtige Angabe verursacht wurde, wo in der Regel eine verhältnismäßig geringe Quote derer, die getäuscht werden, als ausreichend angesehen wurde.[264] 129

3. Verbraucherleitbild im Unionsrecht

Das Unionsrecht orientiert sich bei der Bestimmung des Verbraucherleitbilds am **mündigen Verbraucher** als Wirtschaftssubjekt.[265] Der EuGH stellte in seiner Rechtsprechung im Zusammenhang mit Werbung seit dem Erlass der Richtlinie 84/450/EWG bei der Auslegung des primären und sekundären Unionsrechts auf das Verbraucherleitbild des durchschnittlich informierten, aufmerksamen und verständigen Durchschnittsverbrauchers ab[266] bzw. auf den normal informierten und angemessen aufmerksamen und verständigen Durchschnittsverbraucher[267] – teilweise verwendet der EuGH auch die entsprechende Formulierung aus Erwägungsgrund 18 UGP-RL (»Durchschnittsverbraucher, der angemessen gut unterrichtet und angemessen aufmerksam und kritisch ist«),[268] was in der Sache keinen Unterschied macht. Der EuGH lässt dabei ausdrücklich auch die **Berücksichtigung sozialer, kultureller und sprachlicher Faktoren** 130

262 Vgl. BGH, 21.02.1991, I ZR 106/89, GRUR 1992, 66, 67 – *Königl.-Bayerische Weisse.*

263 Vgl. Ohly/*Sosnitza* UWG § 2 Rn. 115; *Fezer*/Büscher/Obergfell, UWG, § 2 Rn. 31a;

264 Vgl. BGH, 21.02.1991, I ZR 106/89, GRUR 1992, 66, 67 – *Königl.-Bayerische Weisse.*

265 *Fezer*/Büscher/Obergfell, UWG, § 3 Rn. 400.

266 St. Rspr. des EuGH, vgl. nur Urteil vom 16.07.1998, C-210/96, GRUR-Int. 1998, 795 Rn. 31, – *Gut Springenheide*; EuGH, 28.01.1999, C-303/97, GRUR Int 1999, 345 Rn. 36 – *Sektkellerei Kessler*; EuGH, 13.01.2000, C-220/98, WRP 2000, 289 Rn. 27 f. – *Lifting-Creme*; EuGH, 25.10.2001, C-112/99, GRUR 2002, 354 Rn. 52 – *Toshiba Europe*

267 In vgl. EuGH, 18.11.2010, C-159/09, GRUR 2011, 159 47 – *Lidl*; EuGH, 12.05.2011, C-122/10, GRUR 2011, 930 Rn. 23 – *Ving Sverige* EuGH, 04.06.2015, C-195/14, GRUR 2015, 701 Rn. 36 – *Teekanne.*

268 EuGH, 12.05.2011, C-122/10, GRUR 2011, 930 Rn. 22 – *Ving Sverige*; EuGH, 04.06.2015, C-195/14, GRUR 2015, 701 Rn. 42 – *Teekanne*; EuGH, 07.09.2016, C-310/15, GRUR 2016, 1180 Rn. 32 – *Deroo-Blanquart.*

zu.[269] Gleichzeitig sollen durch die Begründung von Informationspflichten zugunsten des Verbrauchers schärfere regulatorische Eingriffe im Interesse der Verhältnismäßigkeit vermieden werden.[270]

4. Verbraucherleitbild seit dem UWG 2004

131 Seit 1999 nimmt der BGH für das gesamte Wettbewerbsrecht, auch außerhalb des harmonisierten Bereichs, in ständiger Rechtsprechung den durchschnittlich informierten und verständigen Verbraucher zum Maßstab, der einer Werbung die der Situation angemessene Aufmerksamkeit entgegenbringt.[271] Der Durchschnittsverbraucher ist eine **Kunstfigur** und beruht auf dem fiktiven, typischen Verbraucher nach Erwägungsgrund 18 der UGP-RL. Dessen Verständnis und die Frage, wie der Durchschnittsverbraucher in einem gegebenen Fall typischerweise reagieren würde, ist Gegenstand der tatrichterlichen Würdigung.[272] Sie kann vom Gericht in der Regel kraft eigener Sachkunde und Lebenserfahrung beurteilt werden.[273] Die frühere Differenzierung hinsichtlich der Anforderungen an die gerichtliche Sachkunde einerseits für die Bejahung und andererseits für die Verneinung einer bestimmten Verkehrsauffassung hat der BGH mit der Elternbriefe-Entscheidung aufgegeben.[274] Ob das Gericht gleichwohl eine Begutachtung durch einen Sachverständigen anordnet oder auf Grund eigener Sachkunde entscheidet, steht grundsätzlich in seinem pflichtgemäßen Ermessen (siehe Rdn. 138).[275] Das Unionsrecht steht einer solchen Tatsachenermittlung nicht im

269 Vgl. EuGH, 12.05.2011, C-122/10, GRUR 2011, 930 Rn. 22 – *Ving Sverige*;; EuGH, 13.09.2018, C-54/17 und C-55/17, GRUR 2018, 1156 Rn. 51 – *AGCM/Wind und Vodafone*; vgl. auch BGH, 17.05.2018, I ZR 252/16, GRUR 2018, 1266 Rn. 40 – *Bekömmliches Bier* [zur VO (EG) 1924/2006].

270 Vgl. Streinz/*Lurger*, AEUV, 3. Aufl., Art. 169 Rn. 14; Grabitz/Hilf/Nettesheim/*Pfeiffer*, AEUV, 64. EL Mai 2018, Art. 169 Rn. 21.

271 StRspr; vgl. nur BGH, 20.10.1999, I ZR 167/97, GRUR 2000, 619, 621 – *Orient-Teppichmuster*; BGH, 01.10.2009, I ZR 134/07, GRUR 2010, 161 Rn. 20 – *Gib mal Zeitung*; BGH, 30.06.2011, I ZR 157/10, GRUR 2012, 184 Rn. 19 – *Branchenbuch Berg*; BGH, 08.03.2012, I ZR 202/10, GRUR 2012, 1053 Rn. 19 – *Marktführer Sport*; BGH, 05.02.2015, I ZR 136/13, GRUR 2015, 906 Rn. 22 – *TIP der Woche*; BGH, 11.10.2017, I ZR 78/16, GRUR 2018, 438 Rn. 27 – *Tiegelgröße*; BGH, 19.04.2018, I ZR 244/16, GRUR 2018, 950 Rn. 33 – *Namensangabe*; vgl. Gesetzesentwurf der Bundesregierung vom 22.08.2003, BT-Drucks. 15/1487, S. 19.

272 EuGH, 18.10.2012, C-428/11, GRUR 2012, 1269 Rn. 53 – *Purely Creative*; BGH, 13.09.2012, I ZR 230/11, BGHZ 194, 314 Rn. 43 – *Biomineralwasser*; BGH, 31.03.2016, I ZR 31/15, GRUR 2016, 1070 Rn. 18 – *Apothekenabgabepreis*; BGH, 11.10.2017, I ZR 78/16, GRUR 2018, 438 Rn. 23 – *Tiegelgröße*.

273 Vgl. BGH, 31.10.2012, I ZR 205/11, GRUR 2013, 644 Rn. 23 – *Preisrätselgewinnauslobung V*; BGH, 11.10.2017, I ZR 78/16, GRUR 2018, 438 Rn. 48 – *Tiegelgröße*.

274 Vgl. BGH, 18.10.2001, I ZR 193/99, GRUR 2002, 550, 552 – *Elternbriefe*; Harte/Henning/*Dreyer*, UWG, § 5 B Rn. 21 mwN.

275 EuGH, 13.01.2000, *C-220/98, GRUR* Int. 2000, 354 Rn. 31 – Estée Lauder/Lancaster; *BGH, 13.09.2012,* I ZR 230/11, BGHZ 194, 314 Rn. 43 – *Biomineralwasser*; BGH, 11.10.2017, I ZR 78/16, GRUR 2018, 438 Rn. 16 – *Tiegelgröße*.

Wege.[276] Nach der Rechtsprechung des BGH ist im Einzelfall weiterhin Raum für die Bestimmung etwaiger Irreführungsquoten.[277] Mit dem harmonisierten Verbraucherleitbild hat sich indes auch nach dieser Rechtsprechung der für eine wettbewerblich relevante Irreführung erforderliche Anteil des angesprochenen Verkehrs, der auf Grund der Werbung einer Fehlvorstellung unterliegt, nach oben verschoben.[278]

5. Die einzelnen Kriterien

Die Bestimmungskriterien des Informationsstandes, des Grades der Aufmerksamkeit **132** und Verständigkeit sind nicht starr, sondern von der Art der Werbung, des beworbenen Produkts und der ggf. angesprochenen besonderen Zielgruppe abhängig.

a) Informationsstand

Der Begriff des durchschnittlich informierten Verbrauchers bestimmt den **Wissens-** **133** **stand**, den der Werbende bei einem Durchschnittsverbraucher voraussetzen darf. Dieser hängt naturgemäß von der Art des beworbenen Produkts ab,[279] aber auch vom Adressatenkreis.[280] Die Orientierung an einem – nach diesen Maßstäben – durchschnittlich oder normal informierten Verbraucher bedeutet, dass der Unternehmer die Werbung nicht so gestalten muss, dass auch schlechter informierte Verbraucher die Werbung richtig verstünden.[281] Selbst wenn zu den angesprochenen Verkehrskreisen auch besonders schutzwürdige Gruppen gehören, wie etwa **Kinder**, bleibt es bei diesem Maßstab.[282] Ein anderes gilt nach § 3 Abs. 4 Satz 2 erst dann, wenn vorhersehbar nur eine besonders schutzbedürftige Gruppe von Verbrauchern angesprochen wird, siehe Rdn. 145. Der Durchschnittsverbraucher braucht in der Werbung auf für ihn Selbstverständliches nicht hingewiesen zu werden.[283] Kommt es dem Verbraucher im persönlichen Kontakt mit dem Werbenden auf bestimmte Informationen an, ist zu prüfen, ob es dem Verbraucher zuzumuten ist, die gewünschte Information zu erfragen.[284]

---

276 EuGH, 13.01.2000, C-220/98, GRUR Int. 2000, 354 Rn. 31 – Estée Lauder/Lancaster.

277 Vgl. BGH, 08.03.2012, I ZR 202/10, GRUR 2012, 1053 Rn. 20 – *Marktführer Sport*; Köhler/*Bornkamm/Feddersen*, UWG, § 5 Rn. 1.96 mwN; Ohly/*Sosnitza*, UWG, § 5 Rn. 148 ff.; aA Harte/Henning/*Dreyer*, UWG, § 5 B Rn. 21; Fezer/Büscher/Obergfell/*Peifer/Obergfell*, UWG, § 5 Rn. 218a.

278 BGH, 08.03.2012, I ZR 202/10, GRUR 2012, 1053 Rn. 19 – *Marktführer Sport*.

279 *Köhler*/Bornkamm/Feddersen, UWG, § 1 Rn. 34.

280 Vgl. BGH, 06.04.2006, I ZR 125/03, GRUR 2006, 776 Rn. 19 – *Werbung für Klingeltöne* [zu § 4 Nr. 2 aF].

281 Vgl. *Köhler*/Bornkamm/Feddersen, UWG, § 1 Rn. 26.

282 Vgl. BGH, 12.12.2013, I ZR 192/12, GRUR 2014, 686 Rn. 21 – *Goldbärenbarren*; *Köhler*/Bornkamm/Feddersen, UWG, § 3 Rn. 5.15.

283 Vgl. BGH, 12.05.2011, I ZR 119/10, GRUR 2012, 81 Rn. 13 – *Innerhalb 24 Stunden*; ähnlich EuGH, 04.04.2000, C-465/98, WRP 2000, 489 Rn. 24 ff. – *naturrein*;

284 Vgl. BGH, 19.04.2018, I ZR 244/16, GRUR 2018, 950 Rn. 33 – Namensangabe.

b) Aufmerksamkeit

134 Die Aufmerksamkeit bezieht sich auf die **Wahrnehmung des Angebots** und die darin enthaltenen Informationen.[285] Der Grad der Aufmerksamkeit ist von der jeweiligen Situation abhängig, in der der Verbraucher mit ihr konfrontiert wird.[286] Der Grad der Aufmerksamkeit ist ferner von der Bedeutung abhängig, die die beworbenen Waren für den Durchschnittsverbraucher haben. Bei geringwertigen **Gegenständen des täglichen Bedarfs** oder beim ersten Durchblättern von Werbebeilagen oder Zeitungsanzeigen ist seine Aufmerksamkeit regelmäßig eher gering, so dass er die Werbung eher flüchtig zur Kenntnis nehmen wird.[287] Der Grad der Aufmerksamkeit, den der Verbraucher der Werbung entgegenbringt, ist damit nicht nur abhängig von der Art des Produkts, sondern auch der jeweiligen Situation, mit der er mit ihr konfrontiert wird.[288]

135 Die Begriffe »flüchtig« und »verständig« schließen sich nicht gegenseitig aus, denn auch das erste Durchblättern von Werbebeilagen oder Zeitungsanzeigen wird regelmäßig flüchtig erfolgen.[289] Dies korrespondiert damit, dass für **Alltagsartikel** oder -dienstleistungen, wie Telefondienstleistungen, die geschäftliche Entscheidung des Verbrauchers iSd § 2 Abs. 1 Nr. 9, dem Angebot nähertreten zu wollen, nach der allgemeinen Lebenserfahrung schon im Zusammenhang mit der bloßen Wahrnehmung der Anzeige fallen kann,[290] insbesondere wenn die Werbung unübersichtlich gestaltet ist.[291] Im Gegenzug wird die Werbung für eine **höherwertige Ware** oder Dienstleistung vom Durchschnittsverbraucher mit entsprechend größerer Aufmerksamkeit wahrgenommen als die Werbung für geringwertige Gegenstände des täglichen Bedarfs[292] – er trifft auch eine geschäftliche Entscheidung (§ 2 Abs. 1 Nr. 9) erst nach eingehender Prüfung des

---

285 *Köhler*/Bornkamm/Feddersen, UWG, § 1 Rn. 35.

286 Vgl. BGH, 20.10.1999, I ZR 167/97, GRUR 2000, 619, 621 – *Orient-Teppichmuster*; BGH, 11.12.2003, I ZR 50/01, GRUR 2004, 605, 606 – *Dauertiefpreise*; BGH, 05.02.2015, I ZR 136/13, GRUR 2015, 906 Rn. 22 – *TIP der Woche*.

287 BGH, 20.10.1999, I ZR 167/97, GRUR 2000, 619, 621 – *Orient-Teppichmuster*; BGH, 02.10.2003, I ZR 150/01, BGHZ 156, 250, 252 f. – *Marktführerschaft*; BGH, 11.12.2003, I ZR 50/01, GRUR 2004, 605, 606 – *Dauertiefpreise*; BGH, 05.02.2015, I ZR 136/13, GRUR 2015, 906 Rn. 22 – *TIP der Woche*; BGH, 11.10.2017, I ZR 78/16, GRUR 2018, 438 Rn. 27 – *Tiegelgröße*; vgl. zur gegenteiligen Situation bei höherpreisigen und langlebigen Konsumgütern: BGH, 18.12.2014, I ZR 129/13, GRUR 2015, 698 Rn. 19 – *Schlafzimmer komplett*.

288 *Köhler*/Bornkamm/Feddersen, UWG, § 1 Rn. 35.

289 BGH, 20.10.1999, I ZR 167/97, GRUR 2000, 619, 621 – *Orient-Teppichmuster*; BGH, Urteil vom 11.12.2003, I ZR 50/01, GRUR 2004, 605, 606 – *Dauertiefpreise*.

290 Vgl. BGH, 15.10.2015, I ZR 260/14, GRUR 2016, 207 Rn. 18 – *All Net Flat*; so schon Alexander, GRUR-Prax 2015, 239.

291 Omsels, WRP 2016, 553 Rn. 34.

292 Vgl. BGH, 20.10.1999, I ZR 167/97, GRUR 2000, 619, 621 – *Orient-Teppichmuster*; BGH, 19.04.2001, I ZR 46/99, GRUR 2002, 81, 83 – *Anwalts- und Steuerkanzlei*; BGH, 17.03.2011, I ZR 170/08, GRUR 2011, 1050 Rn. 24 – *Ford-Vertragspartner*; BGH, 21.07.2011, I ZR 192/09, GRUR 2012, 402 Rn. 34 – *Treppenlift*; BGH, 12.09.2013, I ZR 123/12, GRUR 2014, 403 Rn. 17 – *DER NEUE*; BGH, 11.10.2017, I ZR 78/16, GRUR 2018, 438 Rn. 27 – *Tiegelgröße*.

Angebots, siehe § 2 Abs. 1 Nr. 9 Rdn. 5.[293] Geht es um Produkte wie Lebensmittel, Nahrungsergänzungsmittel oder Gesichtscremes, bei denen der Verbraucher seine Kaufentscheidung regelmäßig auch von ihrer Zusammensetzung abhängig macht, ist davon auszugehen, dass er nicht nur die Schauseite einer Packung, sondern auch die an anderer Stelle angebrachten Verzeichnisse über die Inhaltsstoffe wahrnehmen wird.[294]

Auch die Art der Werbung geht mit unterschiedlichen Aufmerksamkeitsgraden einher. **136**
Sie ist in der Regel in einem **persönlichen Beratungsgespräch** höher als bei allgemeiner Werbung.[295] Zur durchschnittlichen Aufmerksamkeit gehört dagegen nicht die (rechtliche) Erwartung des Werbenden, der Verbraucher werde bei den Informationen über die wesentlichen Merkmale einer Ware immer die gesamten Internetseiten des Anbieters – ebenso wenig wie alle Seiten einer gedruckten Werbeschrift oder eines Katalogs – zur Kenntnis nehmen, sondern nur die, auf die er mithilfe von Links und klaren Hinweisen auf dem Weg bis zum Vertragsschluss hingeführt wird.[296]

c) Verständigkeit

Angemessen kritisch meint die Fähigkeit des Verbrauchers, die in der Werbung aufge- **137**
führten **Informationen richtig einzuordnen**, in seinen Wissens- und Erfahrungskontext zu setzen und daraus zutreffende Schlüsse zu ziehen.[297] Die Verständigkeit ist naturgemäß abhängig von der angesprochenen Zielgruppe und ihrem Erfahrungs- und Bildungshorizont, vgl. § 3 Abs. 4 Satz 1 2. Alt. und § 3 Abs. 4 Satz 2. Sie ist aber ebenso wie der Grad der Aufmerksamkeit abhängig von der Art des beworbenen Produkts, da Alltagsprodukte und Dienstleistungen eher spontan erworben werden als langlebige und hochpreisige Wirtschaftsgüter.[298] Allerdings – ungeachtet der fehlenden Umsetzung von Art. 5 (3) Satz 2 UGP-RL – gehört es zur Verständigkeit des Durchschnittsverbrauchers, dass er übertriebene Behauptungen oder solche, die nicht ernst gemeint sind, von anderen unterscheiden kann.[299]

6. Ermittlung im Prozess

Der Begriff des Durchschnittsverbrauchers beruht nach Erwägungsgrund 18 Satz 5 **138**
UGP-RL nicht auf einer statistischen Grundlage. Die Beurteilung der Verkehrsauffas-

---

293 BGH, 18.12.2014, I ZR 129/13, GRUR 2015, 698 Rn. 20 – *Schlafzimmer komplett.*

294 Vgl. EuGH, 04.06.2015, C-195/14, GRUR 2015, 701 Rn. 37 – BVV/Teekanne; BGH, 02.12.2015, I ZR 45/13, GRUR 2016, 738 Rn. 12f. – Himbeer-Vanille-Abenteuer II; BGH, 11.10.2017, I ZR 78/16, GRUR 2018, 438 Rn. 27 – *Tiegelgröße*; BGH, 12.07.2018, I ZR 162/16, GRUR 2018, 959 Rn. 33 – *B-Vitamine*, jeweils mwN.

295 Vgl. Ohly/*Sosnitza* UWG § 2 Rn. 123.

296 Vgl. BGH, 16.12.2004, I ZR 222/02, GRUR 2005, 438, 441 – *Epson-Tinte*; vgl. auch zur PAngV: BGH, 03.04.2003, I ZR 222/00, GRUR 2003, 889, 890 – *Internet-Reservierungssystem*; BGH, 31.03.2016, I ZR 86/13, GRUR 2016, 741 Rn. 22 – Himalaya Salz.

297 *Köhler*/Bornkamm/Feddersen, UWG, § 1 Rn. 36.

298 *Köhler*/Bornkamm/Feddersen, UWG, § 1 Rn. 36 mwN.

299 Vgl. auch BGH, 01.10.2009, I ZR 134/07, GRUR 2010, 161 Rn. 20 und 23 – *Gib mal Zeitung* [zu § 6]; BGH, 12.05.2011, I ZR 119/10, GRUR 2012, 81 Rn. 12 – *Innerhalb 24 Stunden*;

sung und die Frage, wie der Durchschnittsverbraucher in einem gegebenen Fall typischerweise reagieren würde, unterliegt vielmehr der **tatrichterlichen Beurteilung**.[300] Da die Mitglieder eines gerichtlichen Spruchkörpers in der Regel ebenfalls dem allgemeinen Verkehr angehören, können sie dies **aus eigener Sachkunde** beurteilen.[301] Ausnahmen gelten allenfalls für das Verkehrsverständnis besonderer Gruppen von Verbrauchern oder der Fachkreise. Für letztere gilt, dass die Wettbewerbsgerichte das Verkehrsverständnis der Mitglieder von Fachkreisen zumindest dann beurteilen können, wenn der Erkenntnisstand der Wissenschaft im Hinblick auf den maßgebenden Sachverhalt vorgetragen wurde und kein Anhaltspunkt dafür besteht, dass ein Mitglied der Fachkreise die Werbung anders verstehen könne, als jemand, der ebenfalls ein wissenschaftliches Studium absolviert hat.[302] Ob das Gericht gleichwohl eine Begutachtung durch einen Sachverständigen anordnet oder auf Grund eigener Sachkunde entscheidet, steht grundsätzlich in seinem pflichtgemäßen Ermessen.[303] Das Unionsrecht verbietet es nach der Rechtsprechung des EuGH nicht, die Tatsachengrundlage für die Ermittlung des Verbraucherverständnisses durch ein **Sachverständigengutachten** oder eine **Verbraucherbefragung** zu ermitteln.[304] Daher ist auch nach der Rechtsprechung des BGH weiterhin Raum für die Bestimmung von etwaiger Irreführungsquoten, obwohl dies mit der Konzeption des Verbraucherverständnisses in der UGP-RL als reine Rechtsfrage im Grunde überflüssig ist.[305]

III. Die Prüfungsmaßstäbe des § 3 Abs. 4

139 § 3 Abs. 4 enthält drei Prüfungsmaßstäbe für das Verständnis von geschäftlichen Handlungen, die sich an Verbraucher richten. § 3 Abs. 4 Satz 1 1. Alt. bestimmt den Maßstab, der anzulegen ist, wenn sich eine geschäftliche Handlung an den allgemeinen Verkehr, mithin u.a. an die Gesamtheit der Verbraucher richtet. Prüfungsmaßstab ist hier die Rechtsfigur des Durchschnittsverbrauchers. § 3 Abs. 4 Satz 1 2. Alt. bestimmt, dass bei besonders angesprochenen Gruppen auf das (speziellere) Verständnis eines durchschnittlichen Mitglieds dieser Gruppe abzustellen ist. § 3 Abs. 4 Satz 2 normiert schließlich einen besonders strengen Maßstab für den Fall, dass eine besonders schutzbedürftige Gruppe von Verbrauchern angesprochen wird.

---

300 EuGH, 18.10.2012, C-428/11, GRUR 2012, 1269 Rn. 53 – *Purely Creative*; BGH, 13.09.2012, I ZR 230/11, BGHZ 194, 314 Rn. 42 – *Biomineralwasser*; BGH, 05.02.2015, I ZR 136/13, GRUR 2015, 906 Rn. 19 – *TIP der Woche*.

301 Vgl. BGH, 08.03.2012, I ZR 202/10, GRUR 2012, 1053 Rn. 22 – *Marktführer Sport*.

302 Vgl. HansOLG Hamburg, 18.05.2017, 3 U 211/16, GRUR-RR 2018, 85 Rn. 39; OLG München, 08.12.2016, 29 U 1893/16, GRUR-RR 2017, 158 Rn. 51.

303 BGH, 13.09.2012, I ZR 230/11, BGHZ 194, 314 Rn. 43 – *Biomineralwasser*; BGH, 11.10.2017, I ZR 78/16, GRUR 2018, 438 Rn. 16 – *Tiegelgröße*.

304 Vgl. EuGH, 13.01.2000, C-220/98, GRUR Int. 2000, 354 Rn. 31 – Estée Lauder/Lancaster.

305 Vgl. BGH, 08.03.2012, I ZR 202/10, GRUR 2012, 1053 Rn. 20 – *Marktführer Sport*; Köhler/*Bornkamm*/*Feddersen*, UWG, § 5 Rn. 1.96 mwN; Ohly/*Sosnitza*, UWG, § 5 Rn. 148 ff.; aA Harte/*Henning*/*Dreyer*, UWG, § 5 B Rn. 21; Fezer/Büscher/Obergfell/*Peifer*/*Obergfell*, UWG, § 5 Rn. 218a.

1. Durchschnittsverbraucher (§ 3 Abs. 4 Satz 1, 1. Alt.)

Das Verständnis des Durchschnittsverbrauchers ist nach § 3 Abs. 4 Satz 1, 1. Alt. als allgemeiner Maßstab zugrunde zu legen bei geschäftlichen Handlungen, die sich an Verbraucher richten. Verbraucher ist nach § 2 Abs. 2 UWG iVm § 13 BGB nach richtlinienkonformer Auslegung im Lichte von Art. 2 lit. a UGP-RL jede natürliche Person, die im Geschäftsverkehr im Sinne dieser Richtlinie zu Zwecken handelt, die nicht ihrer gewerblichen, handwerklichen oder selbständigen beruflichen Tätigkeit zugerechnet werden könnte (siehe § 2 Abs. 2 Rdn. 5). Wendet sich eine Werbemaßnahme oder ein Angebot an den **allgemeinen Verkehr** und ergibt sich eine Einschränkung des Adressatenkreises auf sonstige Marktteilnehmer auch nicht eindeutig aus der Natur der beworbenen Ware oder Dienstleistung, werden damit zumindest auch Verbraucher angesprochen,[306] so dass für die wettbewerbsrechtliche Beurteilung das Leitbild des Durchschnittsverbrauchers maßgeblich ist. Will ein Anbieter dies vermeiden und nur an **Gewerbetreibende** verkaufen, muss er dies nicht nur unmissverständlich kundtun und ggf. Vorkehrungen treffen, dass er nicht mit Verbrauchern Verträge schließt, sondern auch selbst einhalten.[307] Denn an wen sich eine geschäftliche Handlung richtet, ist **objektiv danach zu bestimmen**, an wen sich für den Unternehmer erkennbar seine geschäftliche Handlung richtet (§ 3 Abs. 4 Satz 1) bzw. wessen Verhalten sie voraussichtlich und vorhersehbar beeinflusst (§ 3 Abs. 4 Satz 2),[308] siehe § 2 Abs. 2 Rdn. 10. **140**

2. Durchschnittliches Mitglied einer bestimmten Gruppe (§ 3 Abs. 4 Satz 1, 2. Alt.)

Ein speziellerer – nicht notwendiger Weise strengerer – Prüfungsmaßstab gilt nach § 3 Abs. 4 Satz 1, 2. Alt., wenn der Unternehmer gezielt eine bestimmte, abgrenzbare Gruppe von Verbrauchern anspricht. **141**

a) Gezielte Ansprache einer Gruppe von Verbrauchern

Der speziellere Prüfungsmaßstab des § 3 Abs. 4 Satz 1, 2. Alt. ist dann einschlägig, wenn eine geschäftliche Handlung gezielt an eine besondere, abgrenzbare Gruppe von Verbrauchern gerichtet ist. Es muss sich um eine nach bestimmten, typischen Eigenschaften von anderen Verbrauchern abgrenzbare Gruppe handeln,[309] also etwa nach ihrem Status oder spezifischen Bedarf ggf. auch besonderem **Wissenshorizont** (wie bei den Fachkreisen als besondere Gruppen von sonstigen Marktteilnehmern)[310]. Umworbene Bestandskunden stellen nur dann eine besondere Gruppe dar, solange sich die **142**

---

306 *Köhler*/Bornkamm/Feddersen, UWG, § 2 Rn. 167.

307 Vgl. BGH, 31.03.2010, I ZR 34/08, GRUR 2010, 1117 Rn. 21f – *Gewährleistungsausschluss im Internet*; *Köhler*/Bornkamm/Feddersen, UWG, § 2 Rn. 167.

308 Vgl. BGH, 12.12.2013, I ZR 192/12, GRUR 2014, 686 Rn. 16 – *Goldbärenbarren*; BGH, 17.05.2018, I ZR 252/16, GRUR 2018, 1266 Rn. 44 – *Bekömmliches Bier*.

309 *Köhler*/Bornkamm/Feddersen, UWG, § 3 Rn. 5.15.

310 Für die Gruppe der »Bierkenner und Bierinteressierten« verneint: BGH, 17.05.2018, I ZR 252/16, GRUR 2018, 1266 Rn. 44 – *Bekömmliches Bier*.

Werbung ausschließlich an diese richtet.[311] Dass eine solche abgrenzbare Gruppe von der geschäftlichen Handlung lediglich auch erreicht wird, genügt dagegen nicht, so dass es dann bei dem allgemeinen Maßstab des Durchschnittsverbrauchers bleibt.[312]

143 **Internetnutzer** sind keine besondere Verbrauchergruppe. Zwar hatte der BGH in der Vergangenheit auf die Sicht des durchschnittlichen Nutzers des Internets abgestellt, der mit den Besonderheiten des Internets vertraut ist und z.B. weiß, dass Informationen zu angebotenen Waren auf mehrere Seiten verteilt sein können, die untereinander durch elektronische Verweise (»Links«) verbunden sind.[313] Diese Differenzierung dürfte sich indes mittlerweile überholt haben.[314] Vielmehr verfügt der Durchschnittverbraucher, immerhin eine Kunstfigur, nämlich der fiktive, typische Verbraucher,[315] über Erfahrung mit der Nutzung des Internets und der dort abrufbaren Werbung für Waren und Dienstleistungen. Das selbe gilt für die Kenntnis von in der Umgangssprache eingebürgerten englischen Begriffen.[316]

b) Modifikation des allgemeinen Maßstabs

144 Liegt eine gezielte Ansprache einer besonderen, abgrenzbaren Gruppe von Verbrauchern vor, ist nicht auf das Verständnis des Durchschnittsverbrauchers abzustellen, sondern auf das des **Durchschnittsmitglieds** eben dieser gezielt angesprochenen Gruppe von Verbrauchern.[317] Hierbei kann es sich kraft eines besonderen Wissenshorizonts um einen milderen Maßstab handeln, wenn diese Gruppe über besondere Erfahrung verfügt. Es kann sich aber auch um einen strengeren Maßstab handeln, wenn diese Gruppe besonders schutzbedürftig ist. In beiden Fällen ist die Frage, wie das Durchschnittsmitglieds dieser Gruppe in einem gegebenen Fall typischerweise reagieren würde, Gegenstand der tatrichterlichen Würdigung.[318] Ob das Gericht eine Begutachtung durch einen Sachverständigen anordnet oder auf Grund eigener Sachkunde entscheidet, steht grundsätzlich in seinem pflichtgemäßen Ermessen.[319]

311 Vgl. BGH, Urteil vom 10.12.2009, I ZR 149/07, GRUR 2010, 744 Rn. 33 – *Sondernewsletter*; BGH, Urteil vom 07.04.2011, I ZR 34/09, GRUR 2011, 742 Rn. 29 – *Leistungspakete im Preisvergleich*.

312 Vgl. BGH, 12.12.2013, I ZR 192/12, GRUR 2014, 686 Rn. 21 – *Goldbärenbarren*; *Köhler/Bornkamm/Feddersen*, UWG, § 3 Rn. 5.15.

313 Vgl. BGH, 20.07.2006, I ZR 228/03, GRUR 2007, 159 Rn. 21 – *Anbieterkennzeichnung im Internet*; BGH, 04.10.2007, I ZR 143/04, GRUR 2008, 84 Rn. 30 – *Versandkosten*; *Köhler/Bornkamm/Feddersen*, UWG, PAngV § 1 Rn. 34.

314 Vgl. LG Hamburg, 04.10.2012, 327 O 169/12, WRP 2013, 237 Rn. 16.

315 Vgl. Erwägungsgrund 18 der UGP-RL.

316 Vgl. BGH, 31.10.2018, I ZR 73/17, GRUR 2019, 82 Rn. 33 – *Jogginghosen*; vgl. auch zum MarkenR: BGH, 12.07.2018, I ZR 74/17, GRUR 2019, 173 Rn. 24 – *Combit/Commit*.

317 EuGH, 18.10.2012, C-428/11, GRUR 2012, 1269 Rn. 53 – *Purely Creative*.

318 EuGH, 18.10.2012, C-428/11, GRUR 2012, 1269 Rn. 53 – *Purely Creative*.

319 BGH, 13.09.2012, I ZR 230/11, BGHZ 194, 314 Rn. 43 – *Biomineralwasser*.

3. Durchschnittliches Mitglied einer besonders geschützten Verbrauchergruppe (§ 3 Abs. 4 Satz 2)

Der strengste Maßstab ist anzulegen, wenn eine geschäftliche Handlung für den Unternehmer vorhersehbar das wirtschaftliche Verhalten nur einer eindeutig identifizierbaren, besonders schutzbedürftigen Gruppe beeinflusst. **145**

a) Vorhersehbare Beeinflussung einer besonders geschützten Verbrauchergruppe

Im Unterschied zu § 3 Abs. 4 Satz 1 2. Alt. – und auch zu § 4 Nr. 2 aF[320] – kommt **146** es bei § 3 Abs. 4 Satz 2 nicht darauf an, ob sich die geschäftliche Handlung speziell an die besonders schutzbedürfte Gruppe von Verbrauchern wendet, sich also an sie richtet oder sie gezielt anspricht.[321] Nach § 3 Abs. 4 Satz 2 ist vielmehr erforderlich, aber auch ausreichend, dass die geschäftliche Handlung voraussichtlich und vorhersehbar allein das geschäftliche Verhalten (»nur«) dieser Verbrauchergruppe wesentlich beeinflusst.[322] Das Kriterium der Vorhersehbarkeit schützt den Unternehmer davor, sich in seiner Werbung stets am (Un-)Verständnis der schwächsten Verkehrsteilnehmer auszurichten.[323] Danach ist der strengere Prüfungsmaßstab des § 3 Abs. 4 Satz 2 nicht schon heranzuziehen, wenn möglicherweise auch Kinder und Jugendliche durch die fragliche Geschäftspraktik beeinflusst werden, weil sie jedenfalls auch von ihr angesprochen werden.[324] Spricht eine geschäftliche Handlung beispielsweise erkennbar die gesamte Familie an und ist das beworbene Produkt für Kinder und Erwachsene gleichermaßen interessant, kann nicht angenommen werden, dass »nur« das wirtschaftliche Verhalten von Kindern wesentlich beeinflusst werden soll.[325] Es bleibt damit bei dem Maßstab des Durchschnittsverbrauchers.

b) Geschützter Personenkreis

Zu der vom Gesetz in § 3 Abs. 4 Satz 2 besonders geschützten Verbrauchergruppe **147** zählen solche, die auf Grund von geistigen oder körperlichen Beeinträchtigungen, Alter oder Leichtgläubigkeit besonders schutzbedürftig sind. Diese Aufzählung dürfte nach dem Wortlaut von Gesetz und Richtlinie **abschließend** sein.[326] Die Schutzbedürftigkeit muss gerade in Relation auf das wirtschaftliche Verhalten in Bezug auf diese geschäftlichen Handlungen oder die diesen zugrunde liegenden Waren oder Dienstleis-

---

320 BGH, 06.04.2006, I ZR 125/03, GRUR 2006, 776 Rn. 20 – *Werbung für Klingeltöne* [zu § 4 Nr. 2 aF].

321 Vgl. BGH, 12.12.2013, I ZR 192/12, GRUR 2014, 686 Rn. 21 – *Goldbärenbarren*; *Köhler*/Bornkamm/Feddersen, UWG, § 3 Rn. 5.17.

322 Insoweit forderte der BGH zu § 3 Abs. 2 UWG 2008 richtigerweise noch eine richtlinienkonforme Auslegung, die mit der Kodifizierung von § 3 Abs. 4 UWG 2015 hinfällig wurde, vgl. BGH, 12.12.2013, I ZR 192/12, GRUR 2014, 686 Rn. 14 und 16 – *Goldbärenbarren*.

323 *Köhler*/Bornkamm/Feddersen, UWG, § 3 Rn. 5.30.

324 BGH, 12.12.2013, I ZR 192/12, GRUR 2014, 686 Rn. 17 – *Goldbärenbarren*.

325 Vgl. BGH, 12.12.2013, I ZR 192/12, GRUR 2014, 686 Rn. 18 – *Goldbärenbarren*

326 *Köhler*/Bornkamm/Feddersen, UWG, § 3 Rn. 5.18.

tungen bestehen.[327] Damit ist nicht erforderlich, dass eine absolute Schutzbedürftigkeit besteht. Geistige oder körperliche Beeinträchtigungen der Gruppe bestehen dann, wenn ihre Mitglieder in der Fähigkeit, eine informierte geschäftliche Entscheidung zu treffen (§ 2 Abs. 1 Nr. 8), hinter der des Durchschnittsverbrauchers zurückbleibt und aufgrund dessen für bestimmte (unlautere) Handlungen anfällig sind.[328] Dasselbe gilt für altersbedingt geschäftlich weniger erfahrene Kinder und Jugendliche, sofern es um geschäftliche Handlungen geht, in denen sich die geringere Erfahrung niederschlägt.[329] Die Fallgruppe der Leichtgläubigkeit, die in Art. 5 Abs. 3 Satz 1 UGP-RL ausdrücklich aufgeführt ist, dürfte im deutschen Recht schon von den beiden anderen vorgenannten abgedeckt sein.

c) Modifikation des allgemeinen Maßstabs

148 Nach § 3 Abs. 4 Satz 2 ist bei der Beurteilung von geschäftlichen Handlungen, die vorhersehbar nur das wirtschaftliche Verhalten einer besonders schutzbedürftigen Gruppe beeinflussen auf das Verständnis eines durchschnittlichen Mitglied dieser angesprochenen Personengruppe abzustellen. Dementsprechend können Handlungen, die gegenüber einer nicht besonders schutzwürdigen Zielgruppe noch zulässig sind, gegenüber geschäftlich Unerfahrenen unzulässig sein.[330] Auch diese Gruppe ist indes nach der Konzeption des Art. 5 (3) UGP-RL in richtlinienkonformer Auslegung grundsätzlich als in der Lage anzusehen, übertriebene Behauptungen oder solche, die nicht wörtlich zu nehmen sind, von anderen zu unterscheiden.

327 *Köhler*/Bornkamm/Feddersen, UWG, § 3 Rn. 5.19.

328 *Köhler*/Bornkamm/Feddersen, UWG, § 3 Rn. 5.20; vgl. Erwägungsgrund 18 der UGP-RL.

329 Vgl. *Köhler*/Bornkamm/Feddersen, UWG, § 3 Rn. 5.22; vgl. BGH, 06.04.2006, I ZR 125/03, GRUR 2006, 776 Rn. 23 – *Werbung für Klingeltöne* [zu § 4 Nr. 2 aF].

330 Vgl. BGH, 06.04.2006, I ZR 125/03, GRUR 2006, 776 Rn. 19 – *Werbung für Klingeltöne* [zu § 4 Nr. 2 aF].

§ 3a Rechtsbruch

Unlauter handelt, wer einer gesetzlichen Vorschrift zuwiderhandelt, die auch dazu bestimmt ist, im Interesse der Marktteilnehmer das Marktverhalten zu regeln, und der Verstoß geeignet ist, die Interessen von Verbrauchern, sonstigen Marktteilnehmern oder Mitbewerbern spürbar zu beeinträchtigen.

Martin Hohlweck

Übersicht Rdn.

A. Einleitung

I. Normzweck

1 Die Vorschrift des § 3a ist eine Transformationsnorm, die Vorschriften außerhalb des UWG (»Primärnomen«) eine lauterkeitsrechtliche Wirkung verschafft. Sie erfüllt damit im UWG eine ähnliche Funktion wie § 823 Abs. 2 im BGB. Bei § 823 Abs. 2 BGB führt nicht jeder Rechtsverstoß zu einer Schadensersatzhaftung, sondern nur der gegen solche Normen, die zumindest auch dazu dienen sollen, den Einzelnen oder einzelne Personenkreise gegen die Verletzung eines bestimmten Rechtsguts zu schützen.[1] Dementsprechend löst auch nach § 3a nicht jeder Rechtsverstoß wettbewerbsrechtliche Ansprüche aus, sondern nur ein Verstoß gegen Normen, die der Regelung des Marktverhaltens zumindest auch im Interesse der Marktteilnehmer dienen. § 3a ist somit vor dem Hintergrund der in § 1 statuierten Schutzzwecke des UWG zu sehen.

2 Praktisch bewirkt die Vorschrift, dass Normen des Berufs- und Verwaltungsrechts auf dem Zivilrechtsweg schnell durchgesetzt werden können. So kann das Interesse der Wettbewerber an einem »level playing field« nutzbar gemacht werden, um eine Kontrolle des Marktverhaltens auszuüben, die eine Verwaltungsbehörde schon allein mangels Ressourcen nie ausüben könnte.[2] Der Gesetzgeber geht daher mittlerweile gerade im Bereich der Umweltgesetzgebung dazu über, diesen Mechanismus aktiv einzusetzen. § 1 Satz 2 ElektroG (in der ab 24.10.2015 geltenden Fassung) bestimmt als vorrangigen Zweck des Gesetzes die Vermeidung von Abfällen von Elektro- und Elektronikgeräten sowie die Vorbereitung der Wiederverwertung solcher Abfälle, um Abfallmengen zu reduzieren und Ressourcen effektiver zu nutzen. Satz 3 der Vorschrift hält ausdrücklich fest, dass das Gesetz, um diese abfallwirtschaftlichen Ziele zu erreichen, das Marktverhalten der Verpflichteten regeln soll. Noch deutlicher ist § 1 Satz 3 VerpackV: Um die Ziele der Regelung (Abfallvermeidung und Wiederverwertung), soll die Verordnung das Marktverhalten regeln und »die Marktteilnehmer vor unlauterem Wettbewerb« schützen. Solche Regeln sind unter zwei Gesichtspunkten problematisch: (1) Vorschriften, die dem Umweltschutz dienen, regeln an sich nicht das Geschehen auf einem bestimmten Markt, sondern das Verhalten der Marktteilnehmer im Vor- und Umfeld des Marktgeschehens. Sie werden daher traditionell nicht als Marktverhaltensregeln im Sinn des § 3a verstanden.[3] Durch Regelungen wie § 1 Satz 2 ElektroG und § 1 Satz 3 VerpackV wird daher das als Beschränkung des Rechtsbruchtatbestandes dienende Merkmal der »Marktverhaltensregel« aufgeweicht. (2) Der Marktbezug sollte für jede einzelne Verhaltensnorm individuell geprüft und nicht pauschal für ein ganzes Gesetz angenommen werden, wie es die zitierten Bestimmungen nahelegen. Da nicht davon auszugehen ist, dass der Gesetzgeber mit diesen Bestimmungen die Systematik des § 3a (nur für die betreffenden Gesetze?) modifizieren wollte, ist es vorzugswürdig, auch in

---

1 BGH, 17.07.2008, I ZR 219/05, GRUR 2008, 996 Rn. 15 – *Clone-CD*; MünchKomm/Wagner BGB, § 823 Rn. 405.

2 Doepner, GRUR 2003, 825, 826; GK/Metzger, § 4 Nr. 11 Rn. 14, 22 ff.

3 BGH, 11.05.2000, I ZR 28/98, GRUR 2000, 1076, 1079 – *Abgasemissionen*; *Köhler*/Bornkamm/Feddersen, § 3a Rn. 169 m. w. N.

diesem Fall für jede konkrete Bestimmung zu prüfen, ob es sich um eine Marktverhaltensregel handelt.[4]

Ferner ist nicht zu verkennen, dass durch die Transformation von Vorschriften insbesondere des Verwaltungsrechts in das Wettbewerbsrecht **Missbrauchsgefahren** geschaffen werden: Anders als Verwaltungsbehörden sind Mitbewerber nicht den Interessen der Allgemeinheit verpflichtet und können die Verfolgung von Rechtsverstößen strategisch zur Förderung der eigenen Stellung im Wettbewerb einsetzen.[5] *Köhler* hat in diesem Zusammenhang einmal von »Sanktionenerschleichung« gesprochen.[6] Grundsätze des öffentlichen Rechts wie Verwaltungsermessen, Opportunitätsprinzip oder der Verhältnismäßigkeitsgrundsatz werden bei der Durchsetzung der betreffenden Normen durch Klagen vor den Zivilgerichten naturgemäß nicht beachtet.[7] Ökonomisch betrachtet, ist die parallele Rechtsdurchsetzung durch Verwaltungsbehörden und Private wenig effektiv und führt vor allem für die Betroffenen zu nicht erforderlichen Kostenbelastungen.[8] 3

Ebenso schafft die unübersehbare und für kleinere Unternehmen kaum noch handhabbare Fülle der außerwettbewerblichen Vorschriften ein breites Feld für missbräuchliches Vorgehen mit dem Ziel der Generierung von Einkünften.[9] Diesen Zusammenhang hat auch der Gesetzgeber erkannt.[10] Allerdings hat er nicht die Konsequenz gezogen, die Ursache des Problems – die Proliferation von als »Marktverhaltensregeln« qualifizierten außerwettbewerblichen Normen – zu bekämpfen, der er im Gegenteil selber durch Bestimmungen wie die zitierten § 1 Satz 2 ElektroG und § 1 Satz 3 VerpackV Vorschub leistet. Stattdessen sollen Symptome bekämpft werden, indem beispielsweise Abmahnungen durch Kosten- und verfahrensrechtliche Regelungen unattraktiver gemacht werden.[11] Dass dadurch sinnvolle Institute wie die Abmahnung beschädigt werden, wird als Kollateralschaden in Kauf genommen. 4

Ein praktisches Beispiel bieten Verstöße gegen das bereits genannte Elektro- und Elektronikgerätegesetz, das zur Umsetzung der EU-Elektroschrott-Richtlinien[12] dient. Nach § 9 Abs. 1 sind Elektro- und Elektronikgeräte dauerhaft so zu kennzeichnen, dass der Hersteller eindeutig zu identifizieren ist; nach § 9 Abs. 2 sind sie mit einem Symbol nach Ablage II zum ElektroG (»durchgestrichene Tonne«) zu kennzeichnen.[13] Verstöße 5

4 Metzger, GRUR Int. 2015, 687, 692.
5 *Ohly*/Sosnitza, § 3a Rn. 1; GK/Metzger, § 4 Nr. 11 Rn. 27.
6 Köhler, GRUR 2001, 777, 782.
7 Doepner, GRUR 2003, 825, 829 f.
8 *Metzger*, GRUR Int. 2015, 687, 689.
9 Ernst, jurisPR-WettbR 2/2017 Anm. 5.
10 Begründung des Entwurfes eines Gesetzes gegen unseriöse Geschäftspraktiken, BT-Drucksache 17/13057 S. 10.
11 Kritisch auch Hetmank, JZ 2014, 120, 125.
12 Richtlinie 2002/96/EG über Elektro- und Elektronik-Altgeräte (inzwischen neu gefasst durch die Richtlinie 2012/19/EU über Elektro- und Elektronik-Altgeräte).
13 In der ab dem 24.10.2015 geltenden Fassung; die gleichlautende Vorgängervorschrift fand sich in § 7 Satz 1 und 2 ElektroG.

gegen diese Bestimmungen kommen insbesondere bei geringwertigen Elektronikprodukten wie sogenannten »In Ear«-Kopfhörern häufig vor und sind einfach festzustellen. Entsprechende Verstöße waren daher Gegenstand einer bundesweiten Klagewelle, zuletzt beriefen sich die Anspruchsgegner auf eine Zahl von rund 100 Gerichtsverfahren und eine etwa gleich hohe Zahl von Abmahnungen. Die Abmahntätigkeit des Anspruchstellers stand in keinem vernünftigen Verhältnis zu seiner – bescheidenen – gewerblichen Tätigkeit.[14]

6 Andererseits erscheint die in der Literatur geäußerte Einschätzung, das deutsche Lauterkeitsrecht ufere im Gegensatz zur Mehrzahl der übrigen europäischen Rechtsordnung im Bereich der Verfolgung außerwettbewerbsrechtlicher Normen aus und zeige wenig Respekt für die Wertungen der angrenzende Rechtsgebiete,[15] übertrieben. Tatsächlich steht das deutsche Recht insoweit zwischen dem englischen Recht, wo wettbewerbsrechtliche Ansprüche aufgrund von außerwettbewerbsrechtlicher Vorschriften sehr restriktiv gehandhabt werden, und der österreichischen und französischen Rechtslage, die nahezu alle Gesetzesvorschriften einbezieht.[16]

7 Insgesamt kann die **praktische Bedeutung** des § 3a nicht unterschätzt werden. Es handelt sich um die Fallgruppe, zu der die meisten Gerichtsentscheidungen veröffentlicht werden; der Bundesgerichtshof hat im Zeitraum vom 07.02.2006 bis zum 18.09.2012 über hundert Entscheidungen zu ihr getroffen.[17]Eine Auswertung der in den Jahren 2013 bis 2016 geführten Berufungsverfahren vor dem Oberlandesgericht Köln führte zu dem Ergebnis, dass bei den Verfahren aus dem Bereich des UWG auf § 4 Nr. 11 a. F. gestützte Ansprüche, neben § 4 Nr. 9 a. F. = § 4 Nr. 3 n. F. und den Irreführungstatbeständen, zahlenmäßig den größten Umfang ausmachten.

II. Entstehungsgeschichte

8 Die Vorschrift geht zurück auf die alte Fallgruppe des »unlauteren Wettbewerbs durch Rechtsbruch«, die sich unter der Geltung des UWG 1909 entwickelt hatte.[18] Zunächst waren die Gerichte allerdings noch zurückhaltend bei der Beurteilung von Gesetzesverstößen als wettbewerbswidrig. Selbst ordnungswidriges oder strafbares Verhalten wurde nicht ohne weiteres als ein Verstoß gegen das UWG gewertet.[19] Vielmehr mussten noch weitere Umstände hinzutreten, die geeignet waren, das Urteil der Sittenwidrigkeit zu begründen.[20] Erstmals entschied das Reichsgericht in einem Urteil aus dem Jahr

14 OLG München, 03.09.2015, 29 U 721/15, GRUR-RR 2016, 210 – *Rechtsverfolgung mit Fremdgeldkonto*; LG Köln, 23.09.2014, 81 O 14/14, MMR 2015, 456 m. Anm. Dimitrova; Metzger, GRUR Int. 2015, 687, 691 f.

15 *Ohly*/Sosnitza, § 3a Rn. 9.

16 GK/Metzner, § 4 Nr. 11 Rn. 197; vgl. zu anderen europäischen Rechtsordnungen auch FBO/Götting/Hetmank, § 3a Rn. 12b.

17 Link, in: Ullmann, jurisPK-UWG, § 3a Rn. 10.

18 Doepner, GRUR 2003, 825.

19 GK/Metzger, § 4 Nr. 11 Rn. 1.

20 So z. B. RG, 28.09.1911, VI 407/10, RGZ 77, 217, 220; RG, 07.12.1926, II 203/26, RGZ 115, 319, 325 f.

1927, dass ein Verhalten, durch das ein Unternehmer sich durch Rechtsbruch einen Wettbewerbsvorsprung gegenüber seinen rechtstreuen Mitbewerbern verschaffte, einen Verstoß gegen § 1 UWG 1909 darstellte. Der Beklagte hatte Mitbewerber unterbieten können, indem er Löhne zahlte, die unter einem für allgemeinverbindlich erklärten Tarifvertrag lagen. Dieses Vorgehen bewertete das Reichsgericht als einen Verstoß gegen die guten Sitten sowohl im Sinn des § 1 UWG als auch des § 826 BGB.[21]

§ 1 UWG 1909 war in Anlehnung an § 826 BGB formuliert worden.[22] Es lag daher nahe, die aus dem BGB bekannte Differenzierung zwischen Gesetzesverstoß (§§ 134, 823 BGB) und sittenwidrigem Verhalten (§§ 138, 826 BGB) auch auf das UWG zu übertragen. Im Wettbewerbsrecht entwickelte sich daher eine Unterscheidung zwischen »wertbezogenen« und »wertneutralen« Normen. Bei einem Verstoß gegen eine »wertbezogene« Norm konnte dieser Norm unmittelbar auch das Unwerturteil im Sinn des § 1 UWG 1909 entnommen werden, während bei einem Verstoß gegen eine »wertneutrale« Vorschrift noch weitere Umstände hinzutreten mussten, um einen Wettbewerbsverstoß annehmen zu können.[23] Ausgangspunkt war eine Entscheidung des Reichsgerichts aus dem Jahr 1941. In ihr ging das Reichsgericht davon aus, es gäbe Verbote, die »selbst einer sittlichen Auffassung Ausdruck« verleihen würden. Ein Verstoß gegen ein solches Verbot stellte damit zugleich einen Verstoß gegen die »guten Sitten« im Sinne des § 1 dar. Zeittypisch ist der Hinweis, es sei »mit der heutigen Lebens- und Rechtsauffassung unvereinbar«, wenn die wettbewerbsrechtliche Bewertung solcher Verstöße nicht im Einklang mit dem »allgemeinen Volksempfinden« stünde. Davon abzugrenzen seien Vorschriften, die lediglich aus Gründen staatlicher Zweckmäßigkeit getroffen worden sein. Deren Nichtbeachtung könne nur dann den Vorwurf sittenwidrigen Verhaltens begründen, wenn ein Verstoß im Einzelfall tatsächlich konkrete Gefährdung auslöse oder »aus sonstigen Gründen dem gesunden Volksempfinden widerstrebe«.[24] **9**

Als »wertbezogen« wurden in der Folge vom Bundesgerichtshof einerseits Normen angesehen, die unmittelbarer Ausdruck einer sittlichen Wertung waren, andererseits Normen, die unmittelbar auf den Wettbewerb bezogen waren oder besonders wichtige Allgemeingüter wie dem Gesundheitsschutz (z. B. AMG, HWG) oder dem Schutz der Rechtspflege (RBerG, BRAO) dienten.[25] Als »wertneutrale« Normen wurden demgegenüber solche Vorschriften beurteilt, die aus Gründen ordnender Zweckmäßigkeit erlassen wurden und nicht Ausdruck einer sittlichen Wertung waren. Bei einem Verstoß gegen solche Bestimmungen mussten weitere Umstände gegeben sein, die das gesetzwidrige Verhalten aus wettbewerblicher Sicht als sittlich anstößig erschienen ließen. Dies konnte vor allem unter dem Gesichtspunkt der Ausnutzung der Gesetzestreue der Wettbewerber zur Erlangung eines Vorsprungs im Wettbewerb der Fall sein. Hierzu wurde es als erforderlich angesehen, dass es sich um eine Norm handelte, deren Über- **10**

21 RG, 12.04.1927, II 425/26, RGZ 117, 16, 22; Glöckner, GRUR 2013, 568, 569.
22 Oben Einl. Teil A Rdn. 25.
23 Glöckner, GRUR 2013, 568, 569.
24 RG, 07.04.1941, II 121/40, RGZ 166, 315, 319.
25 GK/Metzger, § 4 Nr. 11 Rn. 2.

tretung geeignet war, die Wettbewerbslage zu beeinflussen. In subjektiver Hinsicht musste hinzukommen, dass sich der Wettbewerber bewusst und planmäßig über das Gesetz hinwegsetzte, um sich einen sachlich nicht gerechtfertigten Vorsprung gegenüber gesetzestreuen Mitbewerbern zu verschaffen.[26] Insoweit lebte der alte Gedanke des Reichsgerichts des »Vorsprungs durch Rechtsbruch« weiter.

11 In den 1990er Jahren begann die Rechtsprechung allerdings den Grundsatz einzuschränken, dass jeder Verstoß gegen wertbezogene Normen per se einen Verstoß gegen § 1 UWG darstelle. Vielmehr könne es bei besonderen Umständen des Einzelfalles geboten sein, die Wettbewerbswidrigkeit nur aufgrund einer umfassenden Prüfung des Gesamtverhaltens des Wettbewerbers nach seinem Anlass, Zweck und Mittel, Begleitumständen und Auswirkungen anzunehmen.[27]

12 Ausdrücklich aufgegeben wurde die Differenzierung zwischen »wertbezogenen« und »wertneutralen« Vorschriften vom Bundesgerichtshof in der Entscheidung »Abgasemissionen«. Auch wenn die in Rede stehenden Vorschriften dem Schutz überragend wichtige Gemeinschaftsgüter wie dem Umweltschutz dienten, und damit wertbezogen im Sinn der alten Rechtsprechung waren, begründete allein der Verstoß gegen diese Vorschriften noch nicht der Vorwurf der (wettbewerbsbezogenen) Sittenwidrigkeit. Erforderlich sei vielmehr auch in diesen Fällen grundsätzlich vorab eine Beurteilung des beanstandeten Normverstoßes danach, ob er gerade auch in seinem Bezug auf das Wettbewerbsgeschehen als sittenwidrig im Sinne des § 1 anzusehen sei.[28] In der Folge nahm der Bundesgerichtshof Ansprüche aus § 1 bei Gesetzesverstößen nur noch dann an, wenn von ihnen zugleich eine unlautere Störung des Wettbewerbs auf dem Markt ausging. Es genügte nicht, dass bei einer Wettbewerbshandlung ein Gesetzesverstoß lediglich mitverwirklicht wurde. Der Gesetzesverstoß musste die Handlung vielmehr in der Weise prägen, dass diese gerade auch als Wettbewerbsverhalten sittenwidrig war. Dabei war der Zweck des UWG, also der Schutz der Lauterkeit des Wettbewerbs im Interesse der Wettbewerber und der Allgemeinheit, heranzuziehen.[29] Die verletzte Norm musste eine zumindest sekundäre wettbewerbsbezogene, das heißt eine auf die Lauterkeit bezogene Schutzfunktion aufweisen.[30] Gleichzeitig führte der Bundesgerichtshof eine Differenzierung zwischen Marktverhaltensregeln und Marktzutrittsregeln ein. Der Verstoß gegen Marktzutrittsregeln löste keine Ansprüchen nach dem UWG aus. Es sei nicht Sinn des UWG, Wettbewerber unter Berufung darauf, dass ein Gesetz ihren Marktzutritt verbiete, vom Markt fernzuhalten, wenn das betreffende Gesetz den Marktzutritt nur aus Gründen verhindern wolle, die den Schutz des lauteren Wettbe-

26 BGH, 18.05.1973, I ZR 31/72, GRUR 1973, 655, 657 – *Möbelauszeichnung*; BGH, 13.07.1989, I ZR 160/87, GRUR 1989, 830, 831 f. – *Impressumspflicht*.

27 BGH, 03.12.1998, I ZR 119/96, BGHZ 140, 135 ff. = GRUR 1999, 1128 – *Hormonpräparate*.

28 BGH, 11.05.2000, I ZR 28/98, BGHZ 144, 255 ff. = GRUR 2000, 1076, 1078 f. – *Abgasemissionen*.

29 BGH, 25.04.2002, I ZR 250/00, BGHZ 150, 343 ff. = GRUR 2002, 825, 826 – *Elektroarbeiten*.

30 BGH, 25.04.2002, I ZR 250/00, BGHZ 150, 343 ff. = GRUR 2002, 825, 826 – *Elektroarbeiten*.

werbs nicht berühren.[31] Damit hatte sich eine grundlegende Wendung von dem Gedanken des »Vorsprungs durch Rechtsbruch« hin zu einer am Schutzzweck der Norm orientierten Anwendung des Rechtsbruchtatbestandes vollzogen.[32] Allerdings traf die Rechtsprechung zu dieser Fallgruppe auch auf Kritik. Beklagt wurde insbesondere die ausufernde Entwicklung dieser Fallgruppe.[33]

Im UWG 2004 wurde der Rechtsbruchtatbestand in § 4 Nr. 11 übernommen. In der Gesetzesbegründung hieß es dazu unter ausdrücklichem Verweis auf die Entscheidung des Bundesgerichtshofs »Elektroarbeiten«, es sei nicht Aufgabe des Wettbewerbsrechts, Gesetzesverstöße generell zu sanktionieren. Daher sei die Vorschrift so gefasst, dass nicht jede Wettbewerbshandlung, die auf dem Verstoß gegen eine gesetzliche Vorschrift beruht, wettbewerbswidrig ist. Vielmehr wurde eine Beschränkung danach vorgenommen, dass der verletzten Norm zumindest eine sekundäre Schutzfunktion zu Gunsten des Wettbewerbs zukommen muss. Es werde dementsprechend nur ein Verstoß gegen solche Normen erfasst, die zumindest auch das Marktverhalten im Interesse der Marktbeteiligten regeln.[34] Die Formel der Rechtsprechung, nach der die betreffende Norm eine »zumindest sekundäre Schutzfunktion zu Gunsten des Wettbewerbs« haben müsse, wurde durch den Begriff der »Marktverhaltensregelung« ersetzt. 13

Im Gesetzgebungsverfahren wurde erörtert, die Vorschrift auch auf Marktzutrittsregelungen zu erstrecken. Dadurch sollte den Unternehmen ein Mittel an die Hand gegeben werden, der »ausufernden, weit über den Kernbereich der Daseinsvorsorge hinausgehenden wirtschaftlichen Betätigung der Gemeinden«, durch die die gemeindewirtschaftsrechtlichen Subsidiaritätsregeln der Gemeindeordnungen der Länder missachtet würden, durch Unterlassungsklagen entgegenzutreten.[35] Diese Anregung wurde nicht umgesetzt, da das UWG keine strukturpolitische Zielsetzungen habe.[36] Diese Begründung ist allerdings nicht überzeugend: Durch den Zutritt von aus Steuermitteln finanzierten Unternehmen wird der Wettbewerb, dessen Schutz vor Verfälschungen nach § 1 Satz 2 eines der primären Ziele des UWG ist, notwendig beeinträchtigt.[37] 14

In der Folge verlor allerdings das Kriterium der wettbewerbsbezogenen Schutzfunktion der verletzten Norm an Bedeutung. Sobald eine Norm als eine Marktverhaltensreglung qualifiziert wurde, führte dies in der Regel ohne weitere Auseinandersetzung mit ihrem Schutzzweck zur Anwendung des § 4 Nr. 11.[38] So wurde eine wettbewerbsbezogene 15

31 BGH, 25.04.2002, I ZR 250/00, BGHZ 150, 343 ff. = GRUR 2002, 825, 826 – *Elektroarbeiten*.
32 Metzger, GRUR Int. 2015, 687.
33 Doepner, GRUR 2003, 825, 832.
34 BT-Drucksache 15/1487, S. 19.
35 BT-Drucksache 15/1487, S. 31.
36 BT-Drucksache 15/1487, S. 41.
37 Link, in: Ullmann, jurisPK-UWG, § 3a Rn. 7.
38 *Ohly*/Sosnitza, § 3a Rn. 5.

Schutzfunktion auch bei den Vorschriften des Jugendschutzes angenommen,[39] obwohl diese nicht gleiche Marktbedingungen unter den Anbietern schaffen wollen, sondern den Vertrieb jugendgefährdender Schriften insgesamt verhindern sollen.[40] Sie dienen auch nicht dem Schutz von Kindern und Jugendlichen in ihrer Eigenschaft als Marktteilnehmer, sondern sollen sie allgemein vor Gefahren in der Öffentlichkeit und in Medien schützen, die geeignet sind, Minderjährige sozialethisch zu desorientieren oder in ihrer Entwicklung zu beinträchtigen.[41]

16 Bei der UWG-Reform 2015 wurde die Vorschrift des § 4 Nr. 11 inhaltsgleich in § 3a übernommen und um eine eigene, an § 3 Abs. 1 a. F. angelehnte Spürbarkeitsschwelle ergänzt. In der Sache hat sich nach Ansicht des Bundesgerichtshofs durch die Gesetzesänderung für den Tatbestand des Rechtsbruchs nichts geändert.[42] Die Vorschrift führt nunmehr die zuvor an unterschiedlichen Stellen im Gesetz geregelten Voraussetzungen des Rechtsbruchtatbestands an einer Stelle zusammen. Dies dient allein der einfacheren Rechtsanwendung und verdeutlicht durch den Wegfall der Bezugnahme auf § 3 Abs. 1 zudem, dass es sich bei § 3a um eine eigenständige Regelung außerhalb des Anwendungsbereichs der UGP-RL handelt.[43] Dennoch sollte die Neufassung Anlass dazu geben, das in der Vergangenheit vernachlässigte Kriterium der Spürbarkeit wieder verstärkt zu berücksichtigen.[44] Der in der Literatur mit Recht beklagten Ausuferung des Tatbestandes könnten so Grenzen gezogen werden.

III. Verhältnis zum Unionsrecht

1. Verhältnis zur UGP-Richtlinie

a) Problemstellung

17 Das Verhältnis des § 3a zur Richtlinie 2005/29/EG über unlautere Geschäftspraktiken (UGP-Richtlinie) ist problematisch. Die Richtlinie soll nach ihren Erwägungsgründen 5 und 6 sowie Art. 1 einheitliche Regeln für unlautere Geschäftspraktiken zwischen Unternehmen und Verbrauchern aufstellen, um zu einem reibungslosen Funktionieren des Binnenmarktes und zum Erreichen eines hohen Verbraucherschutzniveaus beizutragen. Sie bezweckt daher eine vollständige Harmonisierung dieser Regeln auf Unionsebene, so dass die Mitgliedstaaten auch keine strengeren als die in der Richtlinie festgelegten Maßnahmen erlassen dürfen.[45] Die Richtlinie enthält aber keine dem § 3a

39 BGH, 12.07.2007, I ZR 18/04, BGHZ 173, 188 ff. = GRUR 2007, 890 Rn. 34 f. – *Jugendgefährdende Medien bei eBay.*

40 Glöckner, GRUR 2013, 568, 570.

41 Erbs/Kohlhaas/Liesching, Jugendschutzgesetz, Vorbemerkung Rn. 2.

42 BGH, 14.01.2016, I ZR 61/14, GRUR 2016, 516 Rn. 11 – *Wir helfen im Trauerfall*; Büscher, GRUR 2017, 105, 107.

43 BGH, 04.02.2016, I ZR 181/14, GRUR 2016, 954 Rn. 11 – *Energieeffizienzklasse.*

44 Vgl. *Ohly*/Sosnitza, § 3a Rn. 5a, 30.

45 EuGH, 23.04.2009, C-261/07 und C-299/07, GRUR 2009, 599 Rn. 51 f. – *VTB/Total Belgium u. Galatea/Sanoma*; EuGH, 14.01.2010, C-304/08, GRUR 2010, 244 Tz. 41 – *Plus Warenhandelsgesellschaft.*

entsprechende Regelung.[46] Nur Art. 7 (5) UGP-RL verfolgt einen vergleichbaren Ansatz, wenn dort unionsrechtliche Informationspflichten stets als wesentliche Informationspflichten im Sinn des Art. 7 (1) UGP-RL definiert werden und somit eine Verletzung dieser Informationspflichten stets als eine irreführende Geschäftspraxis angesehen wird.[47]

Zu beachten ist zunächst, dass die Richtlinie nach ihrem Art. 3 (1) für unlautere Geschäftspraktiken von Unternehmen gegenüber Verbrauchern gilt. Geschäftspraktiken gegenüber anderen Unternehmen werden von ihr daher nicht erfasst (persönlicher Anwendungsbereich der Richtlinie).[48] Ferner sind zu berücksichtigen die sachlichen Ausnahmen vom Anwendungsbereich in Art. 3 (2), (3) (Gesundheit- und Sicherheitsaspekte von Produkten) und (8) bis (10). Außerdem gilt die Richtlinie nicht, soweit andere unionsrechtliche Bestimmungen Spezialregelungen geschaffen haben (Art. 3 (4)). Die in Art. 3 (5) vorgesehene, zeitlich befristete Ausnahmeregelung ist inzwischen infolge Zeitablaufs gegenstandslos geworden. Sie war für das deutsche Recht ohnehin bedeutungslos.[49] 18

Der Bundesgerichtshof geht vor diesem Hintergrund in ständiger Rechtsprechung davon aus, dass ein Verstoß gegen eine nationale Marktverhaltensregel die Unlauterkeit nach § 3a UWG im Anwendungsbereich der UGP-Richtlinie nur dann begründen kann, wenn diese nationale Bestimmung eine unionsrechtliche Grundlage hat.[50] Dem ist im Grundsatz insoweit zuzustimmen, dass ein Verstoß gegen Marktverhaltensregelungen, die ihre Grundlage im Unionsrecht haben, unproblematisch zu Anwendung des § 3a führen kann. Die Formulierung ist allerdings zu eng. Auch im Anwendungsbereich der Richtlinie sind nationale Vorschriften möglich, die grundsätzlich in den Anwendungsbereich der Richtlinie fallen, aber dennoch unionsrechtskonform zur Grundlage eines wettbewerbsrechtlichen Verbots gemacht werden können. In diesen Fällen ist zunächst zu prüfen, ob das beanstandete Verhalten nicht als unlautere Geschäftspraxis unter die Generalklausel des Art. 5 (1) und (2) UGP-RL fällt.[51] 19

Beispielsweise untersagt § 56 Abs. 1 Nr. 2 GewO das Feilbieten und den Ankauf von Edelmetallen, Edelsteinen und Perlen im Reisegewerbe. Die Vorschrift hat keine Grundlage im Unionsrecht und fällt auch nicht unter die Bereichsausnahme des Art. 3 (8) UGP-RL, da die Ausübung dieser Tätigkeit nicht von bestimmten Berufsqualifikationen abhängig ist und daher nicht zu den reglementierten Berufen im Sinn des Art. 2 lit. l UGP-RL gehört. Dennoch ist es möglich, die Bestimmung als eine Konkretisie- 20

---

46 BGH, 12.02.2015, I ZR 213/13, GRUR 2015, 813 Rn. 11 – *Fahrdienst zur Augenklinik*.

47 Glöckner, GRUR 2013, 568, 570.

48 BGH, 04.11.2010, I ZR 118/09, GRUR 2011, 539 Rn. 23 – *Rechtsberatung durch Lebensmittelchemiker*.

49 GK/Metzger, § 4 Nr. 11 Rn. 12; eine Aufzählung der erfassten Rechtsakte bei Link, in: Ullmann, jurisPK-UWG, § 3a Rn. 35.

50 BGH, 22.04.2009, I ZR 14/07, GRUR 2009, 1180 Ls. 2 und Rn. 24 – *0,00 Grundgebühr*; BGH, 07.05.2015, I ZR 158/14, GRUR 2015, 1240 Rn. 19 – *Zauber des Nordens*.

51 GK/Metzger, § 4 Nr. 11 Rn. 11; im Ergebnis ähnlich *Köhler*/Bornkamm/Feddersen, § 3a Rn. 1.9.

rung der »beruflichen Sorgfalt« gemäß Art. 5 (2) UGP-RL aufzufassen. Dann aber erscheint es möglich, ein Verbot auch auf § 3a (anstatt unmittelbar auf § 3 Abs. 2) zu stützen.[52] Die unterschiedliche gefassten Relevanzklauseln der beiden Tatbestände dürften in der Praxis nicht zu unterschiedlichen Ergebnissen führen; jedenfalls wäre in diesem Fall die Relevanzklausel des § 3a richtlinienkonform entsprechend der des Art. 5 (2) UGP-RL auszulegen. Gleichermaßen stellt das Verbot der sogenannten »Mogelpackungen« durch § 43 Abs. 2 MessEG (früher § 7 Abs. 2 EichG) eine Konkretisierung des Irreführungstatbestandes des § 5 Abs. 1 2 Nr. 1 = Art. 6 (1) lit. b UGP-RL (»Menge«) dar, so dass ein Verbot auch auf § 3a in Verbindung mit § 43 Abs. 2 MessEG gestützt werden kann.[53]

21 Präziser wäre daher die Formulierung, dass § 3a nur solche nationalen Marktverhaltensregelungen erfasst, die im Einklang mit dem primären und sekundären Unionsrecht stehen. Dazu ist die jeweilige Marktverhaltensregelung, soweit möglich, unionsrechtskonform, insbesondere richtlinienkonform auszulegen.[54]

b) Persönlicher Anwendungsbereich

22 Nach Art. 3 (1) UGP-RL gilt sie für unlautere Geschäftspraktiken von Unternehmen gegenüber Verbrauchern vor, während und nach Abschluss eines auf ein Produkt bezogenen Handelsgeschäfts. Verhaltensweisen gegenüber Unternehmen werden nicht erfasst. Auf Marktverhaltensregelungen, die lediglich das Verhältnis zwischen Mitbewerbern betreffen, ist § 3a danach nach wie vor uneingeschränkt anwendbar.[55] Daher wird beispielsweise die geschäftsmäßige Erteilung von Rechtsrat an Unternehmen unter Verstoß gegen das RDG von der UGP-Richtlinie nicht erfasst.[56] Auch die Ladenschlussregelungen betreffen allein das Verhältnis zwischen Unternehmern und Mitbewerbern und sonstigen Marktteilnehmern, so dass der Anwendungsbereich der UGP-Richtlinie nicht eröffnet ist.[57]

23 Der Begriff der »Geschäftspraktik … gegenüber Verbrauchern« ist nach der Rechtsprechung des Europäischen Gerichtshofs dahingehend auszulegen, dass zu prüfen ist, ob das beanstandete Verhalten geeignet sind, gerade das Verhalten der Verbraucher gegenüber dem betreffenden Unternehmer (und nicht gegenüber Dritten) zu beeinflussen. Der Europäische Gerichtshof hatte den Fall zu beurteilen, dass ein Zeitungsverlag gegen den Verleger eines kostenlosen Wochenblatts vorging, da dieser von Unternehmen »gesponserte« Artikel veröffentlicht hatte, ohne sie entgegen § 10 PresseG BW als »Anzeige« zu kennzeichnen. Nach Ansicht des Europäischen Gerichtshofs handelte es

52 Insoweit a. A. *Köhler*/Bornkamm/Feddersen, § 3a Rn. 1.16.

53 OLG Frankfurt, 21.10.2008, 14 U 240/07, juris Rn. 15; OLG Karlsruhe, 20.03.2015, 4 U 196/14, GRUR-RR 2015, 253 Rn. 15 – *Rondelé*; vgl. BGH, 11.10.2017, I ZR 78/16, juris Rn. 41 – *Tiegelgröße*.

54 *Köhler*/Bornkamm/Feddersen, § 3a Rn. 1.8.

55 BGH, 02.12.2009, I ZR 152/07, GRUR 2010, 654 Rn. 15 – *Zweckbetrieb*.

56 BGH, 31.03.2016, I ZR 88/15, GRUR 2016, 1189 Rn. 17 – *Rechtsberatung durch Entwicklungsingenieur*.

57 OLG Hamm, 26.03.2013, 4 U 176/12, GRUR-RR 2013, 297, 298 – *Weihnachtstassen*.

sich bei den beanstandeten Artikeln zwar um Geschäftspraktiken der »Sponsoren«, nicht aber um eine des Verlegers des Wochenblatts. Die ungekennzeichnete Veröffentlichung der Artikel sei nicht geeignet, das wirtschaftliche Verhalten des Verbrauchers bei seiner Entscheidung, das – im Übrigen gratis verteilte – Blatt zu erwerben oder zur Hand zu nehmen, wesentlich zu beeinflussen. Es sei nicht Aufgabe der UGP-RL, die Mitbewerber des Verlegers zu schützen, so dass sie einem entsprechenden Verbot auf nationaler Grundlage nicht entgegenstehe.[58] Die UGP-RL ist damit enger als das UWG, das in § 2 Abs. 1 Nr. 1 als »geschäftliche Handlung« auch das Verhalten zugunsten eines fremden Unternehmens ansieht.[59] Wichtiger als die begriffliche Argumentation erscheint jedoch der Hinweis auf die Zweckbestimmung der UGP-RL. Bei der Frage, ob eine Norm in den persönlichen oder sachlichen Anwendungsbereich der Richtlinie fällt, ist daher immer zu berücksichtigen, welche Zielsetzung die betreffende Norm verfolgt.

c) Sachlicher Anwendungsbereich

Art. 3 UGP-RL enthält eine Reihe von sachlichen Einschränkungen des Anwendungsbereichs der Richtlinie, in denen mithin § 3a UWG – vorbehaltlich der Vereinbarkeit der Primärnorm mit anderen Normen des Unionsrechts – uneingeschränkt anwendbar ist. 24

Nach Art. 3 (2) bleiben das **Vertragsrecht** und insbesondere die Bestimmungen über die Wirksamkeit, das Zustandekommen oder die Wirkungen eines Vertrags unberührt. Insoweit fallen die Vorschriften über Allgemeine Geschäftsbedingungen (§§ 307 ff. BGB) und den Verbrauchsgüterkauf (§§ 474 ff. BGB) bereits nicht in den Anwendungsbereich der Richtlinie.[60] Der Bundesgerichtshof weist demgegenüber in seiner Entscheidungspraxis darauf hin, dass die genannten Vorschriften auf Bestimmungen des Unionsrechts beruhen (Richtlinie 93/13/EWG über missbräuchliche Klauseln in Verbraucherverträgen bzw. Richtlinie 1999/44/EG über den Verbrauchsgüterkauf) und daher der Anwendungsbereich der UGP-RL gemäß Art. 3 (4) UGP-RL nicht berührt sei.[61] Diese Begründung ist insofern praktisch vorteilhaft, da die genannten Bestimmungen des nationalen Rechts, auch wenn sie nicht in den sachlichen Anwendungsbereich die UGP-Richtlinie fallen, selbstverständlich in Übereinstimmung mit den genannten Vorschriften des sekundären Unionsrechts stehen müssen. 25

In diesen Bereich gehören ferner die Bestimmungen über die Informationspflichten bei Verbraucherverträgen in den §§ 312 ff. BGB, durch die die Richtlinie 2011/83/EU über die Rechte der Verbraucher (Verbraucherrechte-RL) umgesetzt worden sind. Ein 26

58 EuGH, 17.10.2013, C-391/12, GRUR 2013, 1245 Rn. 40 ff – *RLvS [Good News]*; s. auch nachfolgend BGH, 06.02.2014, I ZR 2/11, GRUR 2014, 879 Rn. 20 ff. – *GOOD NEWS II.*

59 Ohly/*Sosnitza*, § 2 Rn. 28.

60 *Köhler*/Bornkamm/Feddersen, § 3a Rn. 1.23.

61 BGH, 31.05.2012, I ZR 45/11, GRUR 2012, 949 Rn. 47 – *Missbräuchliche Vertragsstrafe*, zu §§ 307 ff. BGB; BGH, 31.03.2010, I ZR 34/08, GRUR 2010, 1117 Rn. 17 – *Gewährleistungsausschluss im Internet*, zu § 475 BGB.

Verstoß gegen diese Pflichten kann daher über § 3a sanktioniert werden.[62] Informationspflichten im vorvertraglichen Bereich fallen gleichzeitig unter Art. 7 (5) UGP-RL, so dass ein Verstoß parallel unter §§ 3, 5a Abs. 2 und 4 fällt.[63]

27 Art. 3 (3) UGP-RL nimmt die die Rechtsvorschriften der Union oder der Mitgliedstaaten in Bezug auf die **Gesundheits- und Sicherheitsaspekte** von Produkten aus dem Anwendungsbereich der Richtlinie heraus. Erwägungsgrund 9 bestimmt dies näher dahingehend, dass die Mitgliedstaaten zum Schutz der Gesundheit und der Sicherheit der Verbraucher Geschäftspraktiken beschränken oder verbieten können, beispielsweise im Zusammenhang mit Spirituosen, Tabakwaren und Arzneimitteln. Die Regelung erfasst auch Vorschriften, welche die Möglichkeit beschränken, für solche Produkte zu werben.[64] Darunter fallen nach der Rechtsprechung des Bundesgerichtshofs die Preisbindung für Arzneimittel gemäß §§ 78 AMG, 1, 3 AMPreisV,[65] das Werbeverbot des § 22 Abs. 2 VTabakG (heute § 18 Abs. 2 TabakerzG),[66] das Verbot gesundheitsbezogener Angaben nach Art. 4 (3) und (10) I HCVO,[67] die Werbeverbote der §§ 5, 7, 11 HWG,[68] die Bestimmungen des PflSchG über das Einführen und Inverkehrbringen von Pflanzenschutzmitteln,[69] die Bestimmungen des ElektroG und der ElektroStoffV[70] sowie die Bestimmungen der Handwerksordnung, soweit Gesundheitshandwerke betroffen sind.[71]

28 Eine weitere Ausnahme vom sachlichen Anwendungsbereich betrifft die **reglementierten Berufe** (Art. 3 (8) UGP-RL). Nach der Legaldefinition in Art. 2 lit. l UGP-RL handelt es sich dabei um Berufe, bei denen Aufnahme oder Ausübung der Berufstätigkeit durch Rechts- oder Verwaltungsvorschriften an das Vorhandensein bestimmter Berufsqualifikationen gebunden sind. Diese Bedingungen werden von der Richtlinie unberührt gelassen, damit die strengen Integritätsstandards, die die Mitgliedstaaten den in dem Beruf tätigen Personen nach Maßgabe des Unionsrechts auferlegen können, gewährleistet bleiben. Zu den reglementierten Berufen gehören Architekten,[72] die

62 OLG Hamm, 21.01.2010, 4 U 168/09, juris Rn. 26.
63 *Köhler*/Bornkamm/Feddersen, § 3a Rn. 1.24.
64 BGH, 01.12.2016, I ZR 143/15, GRUR 2017, 641 Rn. 18 – *Zuzahlungsverzicht bei Hilfsmitteln.*
65 BGH, 09.09.2010, I ZR 193/07, GRUR 2010, 1136 Rn. 13 – *UNSER DANKESCHÖN FÜR SIE*; zur Auswirkung der Art. 34, 36 AEUV in diesem Bereich: EuGH, 19.10.2016, C-148/15, GRUR 2016, 1312 – *Deutsche Parkinson Vereinigung.*
66 BGH, 04.11.2010, I ZR 139/09, GRUR 2011, 633 Rn. 35 – *BIO TABAK.*
67 BGH, 13.01.2011, I ZR 22/09, GRUR 2011, 246 Rn. 13 – *Gurktaler Kräuterlikör* (zu Art. 4 (3) HCVO); BGH, 17.01.2013, I ZR 5/12, GRUR 2013, 958 Rn. 22 – *Vitalpilze* (zu Art. 10 HCVO).
68 BGH, 28.09.2011, I ZR 96/10, GRUR 2012, 647 Rn. 11 – *INJECTIO* (zu § 5 HWG); BGH, GRUR 2015, 813 Rn. 11 – *Fahrdienst zur Augenklinik* (zu § 7 HWG); OLG Koblenz, 08.06.2016, 9 U 1362/15, WRP 2016, 1293 Rn. 12 – *Vorher-Nachher-Bilder* (zu § 11 HWG).
69 BGH, 02.02.2012, I ZR 81/10, GRUR 2012, 945 Rn. 29 – *Tribenuronmethyl.*
70 BGH, 21.09.2016, I ZR 234/15, GRUR 2017, 203 Rn. 30 – *Quecksilberhaltige Leuchtstofflampen.*
71 BGH, 16.06.2016, I ZR 46/15, GRUR 2017, 194 Rn. 19 – *Sportorthopaedicum.*
72 BGH, 25.03.2010, I ZR 68/09, GRUR 2010, 1115 Rn. 12 – *Freier Architekt.*

Erbringung von Rechtsdienstleistungen,[73] Gesundheitshandwerke wie Hörgeräteakustiker[74] oder Orthopädietechniker,[75] Apotheker,[76] sowie Ärzte[77] und Zahnärzte[78].

Zweifelhaft erscheint dies für die Erlaubnispflicht für Pfandleiher oder Pfandvermittler nach § 34 Abs. 1 GewO,[79] da die Erlaubnis nicht an besondere Qualifikationen, sondern nur an die allgemeine Zuverlässigkeit des Gewerbetreibenden und das Vorhandensein ausreichender finanzieller Mittel geknüpft ist (§ 34 Abs. 1 3 Nr. 1 GewO). Einschlägig dürfte daher nicht Art. 3 (8) UGP-RL, sondern eher Art. 3 (9) UGP-RL (Bereichsausnahme für Finanzdienstleistungen) sein. Alternativ wäre an die Anwendung der Generalklausel des Art. 5 (1) und (2) UGP-RL zu denken. **29**

Im Zusammenhang mit **Immobilien und Finanzdienstleistungen** im Sinn der Richtlinie 2002/65/EG (Finanzdienstleistungs-Fernabsatz-RL) können die Mitgliedstaaten Anforderungen stellen, die im Vergleich zu den Vorgaben der UGP-Richtlinie strenger sind (Art. 3 (9) UGP-RL). Eine nationale Vorschrift, die ein Kopplungsgeschäft aus dem Angebot eines Neuwagens in Verbindung einer sechsmonatigen kostenlosen Versicherung untersagt, fällt daher nicht in den Anwendungsbereich der Richtlinie.[80] In diesem Zusammenhang sind nunmehr auch die Vorgaben der Richtlinie 2008/48/EG (Verbraucherkredit-RL) zu beachten. **30**

Nach Erwägungsgrund 7 bezieht sich die Richtlinie nicht auf die gesetzlichen Anforderungen in Fragen der **guten Sitten und des Anstands**, da diese in den Mitgliedstaaten sehr unterschiedlich seien. In Art. 3 UGP-RL hat diese Erwägung allerdings keinen Niederschlag gefunden. Der Bundesgerichtshof hat die Anwendung dieser Bereichsausnahme für § 1 Abs. 1 Nr. 1 und 2 EmbryonenschutzG in Erwägung gezogen, die er dann aber im Ergebnis nicht als Marktverhaltensregeln qualifiziert hat.[81] **31**

Nach Erwägungsgrund 9 werden ferner Vorschriften, die sich im Einklang mit dem Unionsrecht auf **Glücksspiele** beziehen, nicht berührt. Sie stand daher der Anwendung von 4 Nr. 11 a. F. auf § 4 Abs. 4 GlüStV nicht entgegen.[82] **32**

Entgegen einer in der Literatur vertretenen Ansicht[83] hat der Europäische Gerichtshof keine weitere Bereichsausnahme für bestimmte **presserechtliche Regelungen** geschaffen; die entsprechende Bestimmung des § 10 PresseG BW fiel deshalb nicht **33**

73 BGH, 31.03.2016, I ZR 88/15, GRUR 2016, 1189 Rn. 17 – *Rechtsberatung durch Entwicklungsingenieur.*
74 BGH, 17.07.2013, I ZR 222/11, GRUR 2013, 1056 Rn. 15 – *Meisterpräsenz.*
75 BGH, 16.06.2016, I ZR 46/15, GRUR 2017, 194 Rn. 19 – *Sportorthopaedicum.*
76 OLG Hamm, 12.05.2015, 4 U 53/15, GRUR-RR 2015, 385 Rn. 22 – *Rezeptsammelstelle.*
77 BGH, 24.07.2014, I ZR 68/13, GRUR 2015, 283 Rn. 23 – *Hörgeräteversorgung III.*
78 BGH, 21.05.2015, I ZR 183/13, GRUR 2015, 1237 Rn. 19 – *Erfolgsprämie für die Kundengewinnung.*
79 Anders BGH, 14.05.2009, I ZR 179/07, GRUR 2009, 886 Rn. 18 – *Die clevere Alternative.*
80 EuGH, 18.07.2013, C-265/12, GRUR 2013, 1154 Rn. 28 – *Citroën/FvF.*
81 BGH, 08.10.2015, I ZR 225/13, GRUR 2016, 513 Rn. 19 ff. – *Eizellspende.*
82 BGH, 28.09.2011, I ZR 92/09, GRUR 2012, 193 Rn. 16 – *Sportwetten im Internet II.*
83 *Köhler*/Bornkamm/Feddersen, § 3a Rn. 1.20.

in den Anwendungsbereich der UGP-Richtlinie, weil es sich bereits nicht um eine Geschäftspraxis eines Unternehmens gegenüber Verbrauchern handelte.[84]

d) Bestimmungen in anderen Rechtsvorschriften der Union

34 Nach Art. 3 (4) UGP-RL gehen andere Rechtsvorschriften der Union, die besondere Aspekte unlauterer Geschäftspraktiken regeln, gegenüber den Bestimmungen der Richtlinie vor und sind für diese besonderen Aspekte maßgebend. Auf dieser Ausnahme beruht inhaltlich die Rechtsprechung des Bundesgerichtshofs, ein Verstoß gegen eine nationale Marktverhaltensregel könne die Unlauterkeit nur begründen, wenn diese nationale Bestimmung eine unionsrechtliche Grundlage hat.[85] Der vom Bundesgerichtshof in diesem Zusammenhang häufig zitierte[86] Erwägungsgrund 15 der Richtlinie betrifft nur Informationsanforderungen in Bezug auf Werbung, kommerzielle Kommunikation oder Marketing.

35 In Erwägungsgrund 10 werden einige Richtlinien besonders genannt, nämlich die Richtlinie 84/450/EWG über irreführende und vergleichende Werbung (die mittlerweile abgelöst wurde durch die Richtlinie 2006/114/EG), Richtlinie 97/7/EG (Fernabsatz-RL), Richtlinie 98/27/EG (Unterlassungsklage-RL) sowie die Richtlinie 2002/65/EG über den Fernabsatz von Finanzdienstleistungen an Verbraucher. Da es aber gleichzeitig heißt, die genannten Richtlinien würden durch die UGP-RL geändert, ist davon auszugehen, dass diese Normen mit der UGP-RL harmonisiert sind und daher keine vorgreiflichen, von der UGP-RL abweichenden Bestimmungen enthalten.

36 Als Rechtsvorschriften im Sinn des Art. 3 (4) UGP-RL kommen daher insbesondere folgende Vorschriften in Betracht:
- Richtlinie 90/314/EWG (Pauschalreise-RL),[87]
- Richtlinie 93/13/EWG über missbräuchliche Klauseln in Verbraucherverträgen,[88]
- Richtlinie 94/47/EG über Teilzeitnutzungsrechten an Immobilien,[89]
- Richtlinie 97/7/EG über den Verbraucherschutz bei Vertragsabschlüssen im Fernabsatz,[90]
- Richtlinie 98/6/EG (EG-Grundpreis-RL),[91]
- Richtlinie 1999/44/EG (Verbrauchsgüterkauf-RL),[92]

84 EuGH, 17.10.2013, C-391/12, GRUR 2013, 1245 Rn. 40 ff. – *RLvS [Good News]*; s. o. Rdn. 23.

85 BGH, 07.05.2015, I ZR 158/14, GRUR 2015, 1240 Rn. 19 – *Zauber des Nordens*; ausdrücklich genannt wird Art. 3 (4) z. B. BGH, 22.04.2009, I ZR 216/06, GRUR 2009, 845 Rn. 38 – *Internet-Videorecorder*; BGH, 31.10.2013, I ZR 139/12, GRUR 2014, 576 Rn. 18 – *2 Flaschen GRATIS*. S. auch EuGH, 07.07.2016, C-476/14, GRUR 2016, 945 Rn. 42 ff. – *Citroën Commerce*.

86 BGH, 31.05.2012, I ZR 45/11, GRUR 2012, 949 Rn. 47 – *Missbräuchliche Vertragsstrafe*.

87 BGH, 29.04.2010, I ZR 23/08, GRUR 2010, 652 Rn. 11 – *Costa del Sol*.

88 BGH, 31.05.2012, I ZR 45/11, GRUR 2012, 949 Rn. 47 – *Missbräuchliche Vertragsstrafe*.

89 Amtl. Begründung zur UWG-Novelle 2008, BT-Drucksache 16/10145, S. 27.

90 BGH, 29.04.2010, I ZR 66/08, GRUR 2010, 1142 Rn. 12 – *Holzhocker*.

91 EuGH, 07.07.2016, C-476/14, GRUR 2016, 945 Rn. 42 ff. – *Citroën Commerce*.

92 BGH, 14.04.2011, I ZR 133/09, GRUR 2011, 638 Rn. 19 – *Werbung mit Garantie*.

- Richtlinie 1999/94/EG über die Bereitstellung von Verbraucherinformationen über den Kraftstoffverbrauch und CO_2-Emissionen beim Marketing für neue Personenkraftwagen,[93]
- Richtlinie 2000/31/EG über den elektronischen Geschäftsverkehr,[94]
- Richtlinie 2001/83/EG (Gemeinschaftskodex für Humanarzneimittel),[95]
- Richtlinie 2002/58/EG über Datenschutz in der elektronischen Kommunikation,[96]
- Verordnung (EG) Nr. 1008/2008 über gemeinsame Vorschriften für die Durchführung von Luftverkehrsdiensten in der Gemeinschaft,[97]
- Richtlinie 2008/48 (Verbraucherkredit-RL),[98]
- Richtlinie 2010/13/EU über audiovisuelle Mediendienste,[99]
- Delegierte Verordnung (EU) Nr. 1062/2010 zur Ergänzung der RL 2010/30/EU im Hinblick auf die Kennzeichnung von Fernsehgeräten in Bezug auf den Energieverbrauch.[100] Gleiches gilt für die weiteren, auf der Grundlage der RL 2010/30/EU (mittlerweile ersetzt durch die VO (EU) Nr. 2017/1369 zur Festlegung eines Rahmens für die Energieverbrauchskennzeichnung) erlassenen delegierten Rechtsakte.

Nicht ohne weiteres angenommen werden kann ein Vorrang dagegen bei der Richtlinie 2011/83/EU (Verbraucherrechte-RL), da diese Richtlinie nach ihrem Art. 3 (2) gegenüber Bestimmungen des Unionsrechts, die spezifische Sektoren regeln, subsidiär ist[101]. Auch der Richtlinie 2006/123/EG (Dienstleistungs-RL) kommt kein Vorrang im Sinn von Art. 3 (4) UGP-RL zu, da laut Erwägungsgrund 32 der Dienstleistungs-RL diese in Übereinstimmung mit der UGP-Richtlinie steht und daher die nach Art. 22 (5) Hs. 1 DienstleistungsRL geschuldeten Informationen die bereits im sonstigen Unionsrecht vorgesehenen Anforderungen (lediglich) ergänzen.[102] **37**

e) Spätere Mindestangleichungsklauseln

Art. 3 (4) UGP-RL stellt klar, dass unionsrechtliche Spezialregelungen den allgemeinen Bestimmungen der UGP-Richtlinie vorgehen können. Umstritten ist jedoch die Frage, welche Auswirkungen Mindestangleichungsklauseln in anderen unionsrechtlichen Vorschriften haben, ob mithin die Möglichkeit besteht, dass auch im grundsätzlichen Anwendungsbereich der UGP-Richtlinie der Unionsgesetzgeber den Mitgliedstaaten **38**

93 BGH, 04.02.2010, I ZR 66/09, GRUR 2010, 852 Rn. 16 – *Gallardo Spyder.*
94 BGH, 25.02.2016, I ZR 238/14, GRUR 2016, 957 Rn. 10 – *Mehrwertdienstenummer.*
95 BGH, 09.10.2008, I ZR 100/04, GRUR 2009, 509 Rn. 13 – *Schoenenberger Artischockensaft.*
96 Dort insbesondere Art. 13: Unerbetene Nachrichten.
97 BGH, 21.04.2016, I ZR 220/14, GRUR 2016, 716 Rn. 16 – *Flugpreise.*
98 LG Stuttgart, 22.09.2011, 17 O 165/11, BKR 2012, 206, 207.
99 EuGH, 17.10.2013, C-391/12, GRUR 2013, 1245 Rn. 45 – *RLvS [Good News]*; BGH, 22.04.2009, I ZR 216/06, GRUR 2009, 845 Rn. 38 – *Internet-Videorecorder*, noch zur Vorgängerregelung Richtlinie 89/552/EWG.
100 BGH, 04.02.2016, I ZR 181/14, GRUR 2016, 954 Rn. 11 – *Energieeffizienzklasse.*
101 Zum Verhältnis dieser RL zur RL 2000/31/EG und den diese umsetzenden § 5 TMG s. BGH, 25.02.2016, I ZR 238/14, GRUR 2016, 957 Rn. 32 f. – *Mehrwertdienstenummer.*
102 BGH, 14.01.2016, I ZR 61/14, GRUR 2016, 516 Rn. 21 – *Wir helfen im Trauerfall.*

die Möglichkeit einräumen kann, über den unionsrechtlich vorgegebenen Mindeststandard hinausgehende Vorschriften zu erlassen. Der Bundesgerichtshof hat die Frage bislang nicht entschieden.[103] Einerseits wird vertreten, solche strengeren Standards seien nur im Bereich der (mittlerweile durch Fristablauf obsolet gewordenen) Ausnahme des Art. 3 (5) UGP-RL zulässig.[104] Dagegen wird darauf hingewiesen, Art. 3 (5) UGP-RL sei eine Spezialregelung für nationale Bestimmungen, die ihre Grundlage in älteren (vor Erlass der UGP-Richtlinie geschaffenen) Richtlinien hätten. Der allgemeine Grundsatz finde sich dagegen in Art. 3 (4) UGP-RL, der sektorspezifische Regelungen und damit auch Mindeststandards erlaube.[105] Eine andere Lösungsmöglichkeit bestünde darin, Art. 3 (5) seinem Wortlaut entsprechend auf *vor* Erlass der UGP-Richtlinie in Kraft getretene Rechtsakte zu beschränken und für spätere Richtlinien nach dem allgemeinen Grundsatz *lex posterior derogat legi priori* Ausnahmen nach Art. 3 (4) UGP-RL zuzulassen.[106] Gegen eine allgemeine Sperrwirkung des Art. 3 (5) UGP-RL spricht auch Erwägungsgrund 15 der Richtlinie, nach dem die Mitgliedstaaten Informationsanforderungen in Bezug auf das Vertragsrecht oder mit vertragsrechtlichen Auswirkungen aufrechterhalten oder erweitern können, wenn dies aufgrund von Mindestklauseln in den bestehenden gemeinschaftlichen Rechtsakten zulässig ist, ohne dass dieser Erwägungsgrund auf Art. 3 (5) UGP-RL Bezug nimmt.

2. Verhältnis zu anderen Bestimmungen des Unionsrechts

39 Auch nationale Vorschriften, die einen Bereich außerhalb des Anwendungsbereichs der UGP-Richtlinie betreffen, dürfen nicht gegen andere Normen des Unionsrechts verstoßen. Die Gerichte der Mitgliedstaaten sind gehalten, für die volle Wirksamkeit des Unionsrechts Sorge zu tragen, indem sie mit der Freiheit des Warenverkehrs unvereinbare Bestimmungen des nationalen Rechts unangewendet lassen. Ein Verstoß gegen Vorschriften, die unionsrechtswidrig sind, ist daher nicht geeignet, den Unlauterkeitsvorwurf des § 3a zu begründen.[107]

40 Dabei ist im Bereich des **primären Unionsrechts** vor allem Art. 34 AEUV zu beachten, der mengenmäßige Einfuhrbeschränkungen sowie alle Maßnahmen gleicher Wirkung zwischen den Mitgliedstaaten untersagt. Diese Bestimmung war ausschlaggebend bei der Beurteilung des von einer niederländischen Versandapotheke angebotenen Rabattsystems, dessen Nutzung gemäß § 4 Nr. 11 a. F: i. V. m. § 78 Abs. 1 AMG untersagt werden sollte. Die UGP-Richtlinie stand wegen der sachlichen Ausnahme in Art. 3 (2) UGP-RL (Gesundheitsaspekte von Produkten) der Anwendung des § 4 Nr. 11 a. F. nicht entgegen.[108] Gleichwohl stellt die Vorschrift des § 78 Abs. 1 AMG eine Maßnahme mit gleicher Wirkung wie eine mengenmäßige Einfuhrbeschränkung im Sinne

103 BGH, 07.05.2015, I ZR 158/14, GRUR 2015, 1240 Rn. 34 – *Zauber des Nordens.*
104 Goldberg, WRP 2013, 1561, 1562.
105 Glöckner, GRUR 2013, 568, 575.
106 *Köhler*/Bornkamm/Feddersen, § 3a Rn. 1.27; Omsels, WRP 2013, 1286 Fn. 3.
107 BGH, 24.11.2016, I ZR 163/15, GRUR 2017, 635 Rn. 50 – *Freunde werben Freunde.*
108 Vgl. BGH, 12.02.2015, I ZR 213/13, GRUR 2015, 813 Rn. 11 – *Fahrdienst zur Augenklinik,* zu § 7 HWG.

des Art. 34 AEUV dar, die auch nicht durch Art. 36 AEUV gerechtfertigt ist, da die Festsetzung einheitlicher Apothekenabgabepreise nicht geeignet ist, das angestrebte Ziel einer gleichmäßigen und flächendeckenden Arzneimittelversorgung der Bevölkerung zu erreichen.[109] § 78 Abs. 1 4 AMG verstößt daher – nach derzeitigem Stand – gegen primäres Unionsrecht und kann nicht als Grundlage für einen auf § 3a UWG gestützten Unterlassungsanspruch herangezogen werden.[110]

Gleichermaßen sind Vorschriften des nationalen Glücksspielrechts, das entsprechend Erwägungsgrund 9 der UGP-Richtlinie nicht in deren sachlichen Anwendungsbereich fällt, am Maßstab des Art. 56 AEUV (Dienstleistungsfreiheit) zu messen.[111] 41

Neben dem primären Unionsrecht müssen Vorschriften, die über § 3a wettbewerbsrechtliche Ansprüche begründen sollen, auch im Einklang mit dem **sekundären Unionsrecht** stehen, selbst wenn der Anwendungsbereich der UGP-Richtlinie nicht berührt ist. So fallen die Bestimmungen des Arzneimittel- und Heilmittelwerberechts zwar nicht in den Anwendungsbereich der UGP-Richtlinie (Art. 3 (3) UGP-RL).[112] In diesem Bereich ist aber der Gemeinschaftskodex für Humanarzneimittel (Richtlinie 2001/83/EG) zu beachten, durch den im Bereich der Arzneimittelwerbung eine vollständige Harmonisierung erfolgt ist, wenn auch in einzelnen, ausdrücklich aufgeführten Fällen die Mitgliedstaaten befugt sind, abweichende Regelungen zu erlassen.[113] Werbebeschränkungen des HWG, die nicht einen der genannten Ausnahmefälle betrafen, sind daher unionsrechtswidrig.[114] 42

Als **Zusammenfassung** lässt sich festhalten, dass aufgrund der Bereichsausnahmen und der zahlreichen Spezialregelungen auf unionsrechtlicher Grundlage die Auswirkungen der UGP-Richtlinie auf den Rechtsbruchtatbestand als eher gering einzuschätzen sind.[115] Der Einschätzung des Bundestagsausschusses für Recht und Verbraucherschutz im Rahmen der Beratung der UWG-Novelle 2015, dass der Rechtsbruchtatbestand überwiegend Bestimmungen außerhalb des Geltungsbereichs der UGP-Richtlinie erfasst[116], ist zuzustimmen. 43

---

109 EuGH, 19.10.2016, C-148/15, GRUR 2016, 1312 Rn. 27, 45 – *Deutsche Parkinson Vereinigung*; Link, in: Ullmann, jurisPK-UWG, § 3a Rn. 25.

110 EuGH, 19.10.2016, C-148/15, GRUR 2016, 1312 Rn. 46 – *Deutsche Parkinson Vereinigung*; vgl. BGH, 24.11.2016, I ZR 163/15, GRUR 2017, 635 Rn. 48 ff. – *Freunde werben Freunde* (wo allerdings eine erneute Vorlage an den EuGH in Erwägung gezogen wird); BGH, 26.04.2018, I ZR 121/17, GRUR 2018, 1271 Rn. 26 – *Applikationsarzneimittel.*

111 EuGH, 12.06.2014, C-156/13, GRUR 2014, 876 Rn. 20 – *Digibet und Albers.*

112 BGH, 12.02.2015, I ZR 213/13, GRUR 2015, 813 Rn. 11 – *Fahrdienst zur Augenklinik*, zu § 7 HWG.

113 EuGH, 08.11.2007, C-374/05, GRUR 2008, 267 Rn. 39 – *Gintec/Verband Sozialer Wettbewerb*; BGH, 09.10.2008, I ZR 100/04, GRUR 2009, 509 Rn. 13 – *Schoenenberger Artischockensaft.*

114 *Ohly*/Sosnitza, § 3a Rn. 68.

115 Metzger, GRUR Int. 2015, 87, 689.

116 Beschlussempfehlung und Bericht v. 04.11.2015, BT-Drucksache 18/6571, S. 14.

IV. Verhältnis zu anderen Vorschriften

1. § 3 UWG

44 Bereits für § 4 Nr. 11 a. F. war unumstritten, dass die Vorschrift lediglich ein Beispiel einer unlauteren geschäftlichen Handlung im Sinn des § 3 darstellte.[117] Neben den Voraussetzungen des § 4 Nr. 11 waren daher stets auch die Voraussetzungen des § 3 zu prüfen, insbesondere war zu prüfen, ob ein Verstoß geeignet war, geschützte Interessen spürbar zu beeinträchtigen. Durch die Neufassung im UWG 2015 kommt dies nunmehr auch im Text der Vorschrift zum Ausdruck.

45 Es ist allerdings grundsätzlich nicht möglich, unter Rückgriff auf die Generalklausel des § 3 einen Verstoß gegen außerwettbewerbsrechtliche Normen zu sanktionieren, die keine Marktverhaltensregeln im Sinn des § 3a sind. Der Gesetzgeber hat mit dem Erlass des § 4 Nr. 11 UWG 2004 zu erkennen gegeben, dass Verstöße gegen außerwettbewerbsrechtliche Rechtsnormen allein unter den besonderen Voraussetzungen dieser Vorschrift als unlauter anzusehen sind. Er hat sich dabei von der Erwägung leiten lassen, dass es nicht Aufgabe des Lauterkeitsrechts sein kann, alle nur denkbaren Gesetzesverstöße im Zusammenhang mit geschäftlichen Handlungen (auch) lauterkeitsrechtlich zu sanktionieren. Aus diesem Grund können Verstöße gegen außerwettbewerbsrechtliche Normen, die keine Marktverhaltensregelungen sind, nicht allein wegen ihrer Gesetzeswidrigkeit nach § 3 UWG als unlauter angesehen werden.[118] Allein der Umstand, dass sich der Wettbewerber durch den Rechtsverstoß einen Vorsprung gegenüber seinen rechtstreuen Mitbewerbern verschafft, ist nicht geeignet, sein Verhalten als unlauter zu qualifizieren.[119] Eine ergänzende Anwendung des § 3 auf Marktzutrittsregelungen, Gesetzesverstöße im Vorfeld des Marktgeschehens oder Verstöße gegen außerrechtliche Normen wie Verhaltenskodizes kommt daher nicht in Betracht.[120]

2. § 5a UWG

46 Das Vorenthalten gesetzlich vorgeschriebener Informationen ist nicht nur ein Verstoß gegen die gesetzlich normierte Informationspflicht, sondern kann zugleich eine Irreführung durch Unterlassen im Sinn des § 5a darstellen, durch den Art. 7 UGP-RL umgesetzt worden ist. Grundsätzlich kann sich daher die Frage stellen, ob im Anwendungsbereich der UGP-Richtlinie neben § 5a auch ein Verstoß gegen §§ 3, 3a vorliegen kann. Zu berücksichtigen ist dabei zunächst, dass § 5a nicht für Informationspflichten

117 BGH, 29.04.2010, I ZR 66/08, GRUR 2010, 1142 Rn. 24 – *Holzhocker*; GK/Metzger, § 4 Nr. 11 Rn. 15.

118 BGH, 08.10.2015, I ZR 225/13, GRUR 2016, 513 Rn. 35 – *Eizellspende* a. A. FBO/Götting/Hetmank, § 3a Rn. 47 f.

119 BGH, 02.12.2009, I ZR 152/07, GRUR 2010, 654 Rn. 25 – *Zweckbetrieb*; Harte/Henning/v. Jagow, § 3a Rn. 38; GK/Metzger, § 4 Nr. 11 Rn. 16; a. A. FBO/Götting/Hetmank, § 3a Rn. 46g; *de lege ferenda* befürwortend Glöckner, GRUR 2013, 568, 576.

120 BGH, 09.09.2010, I ZR 157/08, GRUR 2011, 431 Rn. 11 – *FSA-Kodex*; *Ohly*/Sosnitza, § 3a Rn. 8.

gilt, die ihre Grundlagen in unionsrechtlichen Bestimmungen haben, die gemäß Art. 3 (4) UGP-Richtlinie nicht in deren Anwendungsbereich fallen.[121]

Die Rechtsprechung sieht die Vorschrift des § 5a als gleichrangig neben dem Tatbestand des § 3a anwendbar an. Auch für die Informationspflichten gemäß § 5a Abs. 4 gelte, dass es sich um Marktverhaltensregelungen handelt. Ein Verstoß gegen diese Informationspflichten kann daher grundsätzlich sowohl nach § 5a Abs. 4 als auch gemäß §§ 3, 3a verfolgt werden, ohne dass ein Konkurrenzverhältnis zwischen den beiden Normen besteht.[122] **47**

Demgegenüber neigt die Literatur dazu, im Anwendungsbereich der UGP-Richtlinie die Vorschrift des § 5a Abs. 3 und Abs. 4 gegenüber §§ 3, 3a als vorrangig anzusehen. Begründet wird dies in erster Linie damit, dass für ein Verbot nach § 5a zusätzliche Anforderungen zu stellen sind (§ 5a Abs. 2 1), die nach dem Wortlaut des § 3a nicht gefordert werden.[123] **48**

Tatsächlich dürfte der Streit allenfalls geringe praktische Bedeutung haben. Auch nach § 3a Abs. 2 muss der Verstoß geeignet sein, die Interessen der Verbraucher spürbar zu beeinträchtigen. Eine Fallkonstellation, in der zwar die Interessen der Verbraucher durch die Verletzung einer Informationspflicht spürbar beeinträchtigt werden, die Verletzung aber gleichwohl nicht geeignet ist, die Verbraucher zu einer geschäftlichen Entscheidung zu veranlassen, die sie sonst nicht getroffen hätten, ist nur schwer vorstellbar. Wird § 3a Abs. 2 in diesem Sinn richtlinienkonform ausgelegt, ist die Praxis der Rechtsprechung nicht zu beanstanden.[124] Praktisch sinnvoll ist die parallele Anwendung vor allem dann, wenn die Primärnorm über die reine Information hinaus ein weitergehendes Verhalten fordert (etwa das Bereitstellen eines Links zu einer Internetseite).[125] **49**

Umgekehrt gilt, dass durch Rückgriff auf die allgemeine Regelung des § 5a Abs. 1 und 2 nicht Pflichten zur Erteilung von Informationen geschaffen werden sollten, die nach spezialgesetzlichen Vorschriften für die betreffenden Geschäfte gerade nicht oder nicht in dieser Form bestehen.[126] **50**

3. Verhältnis zur Primärnorm

a) Grundsatz: Zweispurigkeit des Sanktionensystems

In der Regel wird die verletzte Primärnorm über eigenständige Sanktionsmöglichkeiten verfügen, typischerweise kann sie auf dem Verwaltungsrechtsweg durchgesetzt werden. **51**

---

121 BGH, 10.11.2016, I ZR 29/15, GRUR 2017, 286 Rn. 15 – *Hörgeräteausstellung*.
122 BGH, 31.10.2013, I ZR 139/12, GRUR 2014, 576 Rn. 15 – *2 Flaschen GRATIS*; vgl. auch BGH, 07.05.2015, I ZR 158/14, GRUR 2015, 1240 Rn. 17 – *Der Zauber des Nordens*; BGH, 14.01.2016, I ZR 61/14, GRUR 2016, 516 Rn. 10 – *Wir helfen im Trauerfall*.
123 Fezer, WRP 2010, 577, 582; *Ohly*/Sosnitza, § 3a Rn. 8a; Köhler, WRP 2016, 541, 542 f.
124 So im Ergebnis wohl auch *Köhler*/Bornkamm/Feddersen, § 3a Rn. 1.19.
125 OLG München, 22.09.2016, 29 U 2498/16, WRP 2017, 235 Rn. 5 – *OS-Plattform* (zu Art. 14 (1) Satz 1 VO (EU) 524/2013).
126 OLG Köln, 07.02.2014, 6 U 81/13, GRUR-RR 2014, 249, 250 – *Saft-Bockwurst*.

Grundsätzlich gilt, dass die Ansprüche nach dem UWG neben die Sanktionsmöglichkeiten der Primärnorm treten.[127] Die Möglichkeit, dass ein Verstoß als Ordnungswidrigkeit sanktioniert werden kann, steht seiner Verfolgung als Wettbewerbsverstoß grundsätzlich nicht entgegen. Ein solcher Nachrang wettbewerbsrechtlicher Ansprüche scheidet aus, weil die wettbewerbsrechtlichen Abwehransprüche gemäß § 8 anders als die Sanktionierung eines Verhaltens als Ordnungswidrigkeit gemäß § 10 OWiG weder ein vorsätzliches noch ein fahrlässiges Verhalten voraussetzen.[128]

52 Auch **öffentlich-rechtliche Kammern**, die berechtigt sind, die notwendigen Maßnahmen zur Beseitigung berufswidriger Zustände zu treffen und hierzu auch belastende Verwaltungsakte zu erlassen, können daneben berufsrechtliche Regeln auch über § 3a im Wettbewerbsverfahren durchsetzen. Dies folgt daraus, dass der Gesetzgeber ihnen in § 8 Abs. 3 Nr. 2 bewusst die Klagebefugnis nach dem UWG eingeräumt hat. Die Möglichkeit, im Zivilrechtsweg gegen berufswidrige Werbung von Kammerangehörigen vorzugehen, steht dabei grundsätzlich gleichberechtigt neben den Befugnissen, die der Kammer gegenüber ihren Kammerangehörigen zustehen. Die Kammer kann schon deshalb nicht ohne weiteres auf das Ergreifen berufsrechtlicher Maßnahmen verwiesen werden, weil ihr mit der Zuerkennung wettbewerbsrechtlicher Unterlassungsansprüche, die kein Verschulden voraussetzen, ein vergleichsweise einfacher und schneller Weg zur Unterbindung berufswidrigen Verhaltens zur Verfügung gestellt ist.[129]

53 Vor ihrer Entscheidung haben die zuständigen Organe der Kammer allerdings abzuwägen, ob das Vorgehen im Zivilrechtsweg angemessen erscheint und nicht unverhältnismäßig in die Berufsausübungsfreiheit des betroffenen Kammerangehörigen eingreift. Regelmäßig zulässig ist ein Vorgehen der Kammer gegen ihre Angehörigen, um ein Verhalten zu unterbinden, das geeignet ist, die Interessen von Mitbewerbern oder Verbrauchern spürbar zu beeinträchtigen. Nur unter besonderen Umständen könnte ein Vorgehen im Zivilrechtsweg wegen eines solchen Wettbewerbsverstoßes als unverhältnismäßig zu beurteilen und dementsprechend das Rechtsschutzbedürfnis zu verneinen sein.[130]

54 Ebenso steht die Möglichkeit des Vorgehens nach dem **UnterlassungsklageG** der Durchsetzung wettbewerbsrechtlicher Ansprüche über § 3a nicht entgegen. Nach §§ 1, 2 UKlaG kann auf Unterlassung in Anspruch genommen werden, wer gegen die §§ 307 ff. BGB verstoßende AGB im rechtsgeschäftlichen Verkehr verwendet oder empfiehlt oder Vorschriften zuwiderhandelt, die dem Schutz der Verbraucher dienen, kann auf Unterlassung und Beseitigung in Anspruch genommen werden. Anspruchsberechtigt sind nach § 3 UKlaG näher bestimmte Einrichtungen, Verbände oder Kammern und nicht Mitbewerber des in Anspruch genommenen Unternehmens. Eine ausdrückliche Vorrangregelung lässt sich aber weder dem UKlaG noch dem UWG entnehmen. Das UKlaG stellt kein in sich geschlossenes Rechtsschutzsystem dar. Aus

127 GK/Metzger, § 4 Nr. 11 Rn. 17.
128 BGH, 30.07.2015, I ZR 29/12, GRUR 2016, 392 Rn. 16 – *Buchungssystem II.*
129 BGH, 06.04.2006, I ZR 272/03, GRUR 2006, 598 Rn. 12 f. – *Zahnarztbriefbogen.*
130 BGH, 06.04.2006, I ZR 272/03, GRUR 2006, 598 Rn. 14 f. – *Zahnarztbriefbogen.*

ihm ergibt sich auch nichts dafür, dass Mitbewerber von der Bekämpfung von Verstößen gegen Verbraucherschutzgesetze, die im Zusammenhang mit Verbraucherverträgen stehen, ausgeschlossen sein sollen.[131]

Gleichermaßen sind die Bestimmungen des **Allgemeinen Gleichbehandlungsgesetzes** 55 (AGG) nicht abschließend. Bei Verletzungen stehen dem Benachteiligten Beseitigungs-, Unterlassungs- und Schadensersatzansprüche (§ 21 AGG) zu, bei deren Geltendmachung ihn Antidiskriminierungsverbände unterstützen dürfen (§ 23 AGG). Daneben können aber Mitbewerber, Wettbewerbsverbände, qualifizierte Einrichtungen sowie Industrie- und Handelskammern Ansprüche nach dem UWG wegen des Verstoßes gegen Marktverhaltensregeln geltend machen.[132]

Das **Beihilferecht** als Teil des Wettbewerbsrechts der Union (Art. 107, 108 AEUV) 56 enthält keine abschließende Regelung der zivilrechtlichen Ansprüche, die Mitbewerber bei einem solchen Verstoß geltend machen können. Es verweist dafür vielmehr auf das Recht der Mitgliedstaaten, so dass bei einem Verstoß gegen das beihilferechtliche Durchführungsverbot des Art. 108 (3) Satz 3 AEUV Mitbewerber gemäß § 3a UWG vorgehen können.[133]

b) Marktverhaltensregeln mit abschließendem Sanktionensystem

Es gibt allerdings auch Marktverhaltensregeln, die über abschließende Sanktionssysteme 57 verfügen und damit ein Rückgriff auf das UWG sperren. Durch die parallele Anwendung des UWG würde das spezifische Sanktionssystem dieser Vorschriften unterlaufen.[134]

Das **Arbeitnehmerüberlassungsgesetz** sieht für den Fall, dass der Verleiher unerlaubt 58 Arbeitnehmerüberlassung betreibt, zum Schutz des Leiharbeitnehmers ein spezielles Rechtsfolgensystem vor. Fehlt dem Verleiher die nach § 1 AÜG erforderliche Erlaubnis, ist nach § 9 Nr. 1 AÜG sein Vertrag mit dem Leiharbeitnehmer unwirksam und gilt nach § 10 Abs. 1 Satz 1 AÜG ein Arbeitsverhältnis zwischen dem Entleiher und dem Leiharbeitnehmer als zu Stande gekommen. Bei dieser Regelung hat der Bundesgerichtshof exemplarisch verdeutlicht, warum ein Rückgriff auf den Rechtsbruchtatbestand zu nicht sachgerechten Ergebnissen führen würde: Der Regelungsmechanismus des AÜG würde außer Kraft gesetzt, wenn ein Mitbewerber einen unerlaubt Arbeitnehmerüberlassung betreibenden Verleiher auf Unterlassung in Anspruch nehmen und dadurch das Zustandekommen von Arbeitsverhältnissen zwischen Entleihern und Leiharbeitnehmern verhindern könnte. Dadurch würde der Zweck des Arbeitnehmerüberlassungsgesetzes beeinträchtigt, Arbeitslosen eine Chance auf eine abgesicherte Beschäf-

131 BGH, 31.03.2010, I ZR 34/08, GRUR 2010, 1117 Rn. 31 – *Gewährleistungsausschluss im Internet*; BGH, 14.12.2017, I ZR 184/15, GRUR 2018, 423 Rn. 46 – *Klauselersetzung*.

132 Begründung zum Entwurf eines Gesetzes zur Umsetzung europäischer Richtlinien zur Verwirklichung des Grundsatzes der Gleichbehandlung, BT-Drucksache 16/1780, S. 49.

133 BGH, 10.02.2011, I ZR 136/09, BGHZ 188, 326 = GRUR 2011, 444 Rn. 54 – *Flughafen Frankfurt-Hahn*.

134 *Köhler*/Bornkamm/Feddersen, § 3a Rn. 1.34; Ullmann, GRUR 2003, 817, 823 m. Fn. 59.

tigung zu bieten. Außerdem liegt die Durchsetzung von Arbeitnehmerschutzrechten nach den arbeitsrechtlichen Bestimmungen vor allem in der Eigenverantwortung des betroffenen Arbeitnehmers. Diese Aufgaben- und Verantwortungszuweisung würde unterlaufen, wenn ein Mitbewerber die Einhaltung von Arbeitnehmerschutzvorschriften bei seinen Konkurrenten im Wege von Unterlassungsklagen durchsetzen könnte.[135]

59 Ein spezifisches Sanktionensystem besteht auch im **Kartellrecht**, das in §§ 32–34a GWB über ein auf die Fragen der Wettbewerbsbeschränkung zugeschnittenes System von Durchsetzungsregelungen verfügt. So sieht § 33 GWB einen Unterlassungs- und Schadensersatzanspruch für Mitbewerber und andere Marktteilnehmer vor und geht insoweit über das UWG hinaus.[136] Dieser Vorrang beschränkt sich allerdings auf die Fälle, in denen der Vorwurf der Unlauterkeit allein auf dem kartellrechtlichen Verstoß beruht. Gründet sich die Unlauterkeit dagegen – wie etwa in Fällen des Boykotts oder der unbilligen Behinderung – auf einen eigenständigen lauterkeitsrechtlichen Tatbestand (z. B. auf eine gezielte Behinderung nach § 4 Nr. 4 UWG), stehen die zivilrechtlichen Ansprüche, die sich aus dem Kartellrecht und aus dem Lauterkeitsrecht ergeben, gleichberechtigt nebeneinander.[137] In diesem Fall liegen auch unterschiedliche Streitgegenstände vor.[138]

60 Eine Gegenausnahme bildet das **Vergaberecht**, wo § 156 Abs. 3 GWB (früher § 104 Abs. 2 1) sonstige Ansprüche ausdrücklich zulässt. Anders als bei Zuwiderhandlungen gegen das im Ersten Teil des Gesetzes gegen Wettbewerbsbeschränkungen geregelte Kartellrecht, das für die geschützten Personen ausreichende zivilrechtliche Sanktionen bereitstellt, regelt das Kartellvergaberecht die zivilrechtlichen Ansprüche, die im Fall von Vergabeverstößen geltend gemacht werden können, nicht abschließend. Das GWB enthält für das Kartellvergaberecht kein in sich geschlossenes Rechtsschutzsystem, das eine Verfolgung von Rechtsverstößen nach § 3a ausschließt. Vielmehr setzt § 156 Abs. 3 GWB ausdrücklich voraus, dass wegen Vergabeverstößen auch andere (»sonstige«) Ansprüche auf Beseitigung und Unterlassung gegen öffentliche Auftraggeber bestehen. Satz 2 stellt klar, dass (auch insoweit) die Zuständigkeit der ordentlichen Gerichte für Schadensersatz unberührt bleibt.[139]

61 Durch § 69 SGB V hat der Gesetzgeber die im Vierten Kapitel des SGB V angeführten Rechtsbeziehungen der **gesetzlichen Krankenkassen** zu den Leistungserbringern, auch soweit sich daraus Rechte Dritter ergeben, ausschließlich sozialversicherungsrechtlich und nicht privatrechtlich geregelt und damit betroffenen Dritten den Rechtsschutz nach dem UWG entzogen. Für Streitigkeiten aus diesem Bereich sind daher nach § 51

135 BGH, 23.06.2016, I ZR 71/15, GRUR 2017, 95 Rn. 44 – *Arbeitnehmerüberlassung*.

136 BGH, 07.02.2006, KZR 33/04, BGHZ 166, 254 = GRUR 2006, 773 Rn. 13 – *Probeabonnement*; GK/Metzger, § 4 Nr. 11 Rn. 18.

137 BGH, 07.02.2006, KZR 33/04, BGHZ 166, 254 f = GRUR 2006, 773 Rn. 17 – *Probeabonnement*.

138 BGH, 05.02.2009, I ZR 119/06, GRUR 2009, 876 Rn. 10 – *Änderung der Voreinstellung II*.

139 BGH, 03.07.2008, I ZR 145/05, BGHZ 177, 150 = GRUR 2008, 810 Rn. 11 – *Kommunalversicherer*.

Abs. 1 Nr. 2, Abs. 2 Satz 1 SGG die Gerichte der Sozialgerichtsbarkeit zuständig, auch soweit durch diese Angelegenheiten Dritte betroffen werden. Für die Eröffnung des Rechtswegs zu den Sozialgerichten ist allein entscheidend, ob es sich um eine Streitigkeit in einer Angelegenheit der gesetzlichen Krankenversicherung handelt. Nicht von Bedeutung ist nach der Bestimmung des § 51 SGG, ob die Streitigkeit öffentlichrechtlicher oder privatrechtlicher Natur ist. Von einer Angelegenheit der gesetzlichen Krankenversicherung ist auszugehen, wenn der Gegenstand des Streits Maßnahmen betrifft, die unmittelbar der Erfüllung der den Krankenkassen nach dem Fünften Buch des Sozialgesetzbuchs obliegenden öffentlich-rechtlichen Aufgaben dienen. Die Vorschrift des § 69 Abs. 1 SGB V schließt es danach aus, Handlungen der Krankenkassen und der von ihnen eingeschalteten Leistungserbringer, die der Erfüllung des öffentlich-rechtlichen Versorgungsauftrags gegenüber den Versicherten dienen sollen, nach dem Gesetz gegen den unlauteren Wettbewerb zu beurteilen.[140] Werden dagegen Ansprüche nicht auf einen Verstoß gegen Vorschriften des SGB V, sondern ausschließlich auf wettbewerbsrechtliche Normen gestützt, deren Beachtung auch jedem privaten Mitbewerber obliegt, handelt es sich nicht um eine Angelegenheit der gesetzlichen Krankenversicherung im Sinn § 51 Abs. 1 Nr. 2, Abs. 2 Satz 1 SGG.[141]

Materiell soll durch § 69 SGB V sichergestellt werden, dass Handlungen der gesetzlichen Krankenkassen und der für sie tätigen Leistungserbringer zur Erfüllung des Versorgungsauftrags gegenüber dem Versicherten nur nach dem öffentlichen Recht beurteilt werden. Verhalten in Erfüllung des öffentlich-rechtlichen Versorgungsauftrags ist ausschließlich nach den in § 69 SGB V aufgeführten Bestimmungen zu beurteilen; die Anwendung des Wettbewerbsrechts ist ausgeschlossen.[142] Bei Werbemaßnahmen eines Leistungserbringers gegenüber den gesetzlich Versicherten (wie die Werbung mit dem Verzicht auf die gesetzlich vorgesehenen Zuzahlungen) handelt es sich dagegen um Handlungen im durch das Privatrecht bestimmten Wettbewerb, die damit auch dem UWG unterliegen.[143] **62**

Abschließend sind auch die Regeln im **Telekommunikationsgesetz**, da nach § 44 TKG Wettbewerbern und die in § 3 UKlaG genannten Stellen bei Verstößen gegen das Gesetz Ansprüche geltend machen können, so dass es eines Rückgriffs auf den Rechtsbruchtatbestand nicht bedarf.[144] Gleiches gilt für die Regelungen im **Energiewirtschaftgesetz** betreffend die Regulierung des Netzbetriebs (§§ 29–35 EnWG), da sie neben Ansprüchen der Mitbewerber auch solche anderer Marktbeteiligter zulas- **63**

140 BGH, 01.12.2016, I ZR 143/15, GRUR 2017, 641 Rn. 11 – *Zuzahlungsverzicht bei Hilfsmitteln.*

141 BGH, 04.12.2008, I ZB 31/08, GRUR 2009, 700 Rn. 13 – *Integrierte Versorgung.*

142 BGH, 23.02.2006, I ZR 164/03, GRUR 2006, 517 Rn. 23 f. – *Blutdruckmessungen.*

143 BGH, 01.12.2016, I ZR 143/15, GRUR 2017, 641 Rn. 13 – *Zuzahlungsverzicht bei Hilfsmitteln.*

144 OLG Düsseldorf, 18.09.2012, I-20 U 43/12, GRUR-RR 2013, 180 Rn. 18 – *Service-Dienste*; GK/Metzger, § 4 Nr. 11 Rn. 19.

sen[145]. Die verbraucherschützenden Vorschriften des 4. Teils des EnWG können dagegen als Marktverhaltensregeln angesehen werden, auf die § 3a anwendbar ist.[146]

64 Ebenso stellen die Sanktionen bei Verstößen gegen die **Buchpreisbindung** eine abschließende Regelung dar, die denen des UWG weitgehend entsprechen, so dass auch hier der Rechtsbruchtatbestand nicht herangezogen werden muss.[147] Praktische Bedeutung hat dies, weil Ansprüche wegen Verstößen gegen das BuchprG daher nicht der kurzen Verjährung des § 11 unterliegen, sondern nach §§ 195, 199 BGB verjähren.[148] Auch hier kann aber Verhalten, das einen eigenen lauterkeitsrechtlichen Tatbestand wie § 4 Nr. 4 erfüllt, nach dem UWG angegriffen werden.[149]

65 § 44 BDSG n. F. (in der ab 25. 5. 2018 geltenden Fassung) enthält eine Zuständigkeitsregelung für Klagen von Betroffenen bei Verstößen gegen Datenschutzbestimmungen. § 83 BDSG n. F. statuiert daneben einen eigenständigen Schadensersatzanspruch des Betroffenen bei Verstößen gegen Datenschutzregeln. Da das gesamte neue **Datenschutzrecht** auf das Verhältnis Betroffener – Datennutzer zum Zweck des Schutzes der Rechte des Betroffenen abstellt, spricht viel dafür, es als ein eigenständiges und abschließendes Sanktionensystem einzustufen.[150]

Schließlich stellt das **Recht des geistigen Eigentums** (Markenrecht, Urheberrecht, u. a.) ein eigenes und abschließendes Sanktionensystem bereit.[151] Insbesondere soll es dem Inhaber des Schutzrechts vorbehalten bleiben, ob er gegen Rechtsverletzungen vorgeht oder nicht. Mitbewerber können daher nicht, gestützt auf § 3a, gegen die Verletzungen der Schutzrechte eines Dritten vorgehen. Unberührt bleiben allerdings auch hier Ansprüche aus eigenständigen lauterkeitsrechtlichen Tatbeständen wie § 4 Nr. 3[152] oder – bei Marken – aus § 5 Abs. 2[153].

66 Das geplante Gesetz zur Umsetzung der Richtlinie (EU) 2016/943 zum **Schutz von Geschäftsgeheimnissen** vor rechtswidrigem Erwerb sowie rechtswidriger Nutzung und Offenlegung[154]enthält in §§ 6 ff. eigenständige Regelungen der Rechtsfolgen der Ver-

---

145 Alexander, WRP 2012, 660, 663; GK/Metzger, § 4 Nr. 11 Rn. 19.

146 Vgl. OLG Köln, 24.03.2017, 6 U 146/16, GRUR-RR 2017, 504 Rn. 9 ff. – *Strom Basic*; so auch für Teil 2 des EnWG (Entflechtung) OLG Jena, 21.02.2018, 2 U 188/17 Kart, WRP 2018, 743 Rn. 16 ff. – *Entflechtungsgebot*.

147 Büscher, GRUR 2017, 105, 111; *Köhler*/Bornkamm/Feddersen, § 3a Rn. 1.38; vgl. BGH, 24.06.2003, KZR 32/02, GRUR 2003, 807, 808 – *Buchpreisbindung*, wo der noch im Berufungsverfahren zitierte § 1 UWG nicht mehr herangezogen wird.

148 OLG Frankfurt, 02.04.2014, 11 U 3/14, juris Rn. 19.

149 HansOLG Hamburg, 26.09.2005, 5 W 109/05, GRUR-RR 2006, 200 – *Preisgebundene Abonnementzugabe*; vgl. BGH, 21.07.2016, I ZR 127/15, GRUR 2017, 199 Rn. 31 ff. – *Förderverein* (zu § 4 Nr. 1).

150 Einzelheiten s. u. Rdn. 273–282.

151 GK/Metzger, § 4 Nr. 11 Rn. 19; Link, in: Ullmann, jurisPK-UWG, § 3a Rn. 62 (zum Markenrecht).

152 Vgl. BGH, 22.01.2015, I ZR 107/13, GRUR 2015, 909 Rn. 23 – *Exzenterzähne*.

153 Köhler/Bornkamm/*Feddersen*, § 5 Rn. 0.111; s. § 5 Rdn. 486 ff.

154 https://www.bmjv.de/SharedDocs/Gesetzgebungsverfahren/DE/GeschGehG.html, abgerufen am 23. 10. 2018; dazu unten vor §§ 17–19 Rdn. 54 ff.

letzung von Geschäftsgeheimnissen. Insbesondere die detaillierte Regelung zur Begrenzung der Ansprüche bei Unverhältnismäßigkeit spricht dafür, dass es sich um ein abgeschlossenes Sanktionensystem handeln soll, das nicht durch Rückgriff auf das UWG unterlaufen werden darf.[155]

c) Verwaltungsbehördlich erlaubtes Verhalten

Eine weitere Ausnahme erfährt der Grundsatz von der Unabhängigkeit des wettbewerbsrechtlichen Rechtsschutzes von dem der Primärnorm in den Fällen, in denen eine Behörde über das beanstandete Verhalten durch einen wirksamen Verwaltungsakt entschieden hat. Grundsätzlich hat das Wettbewerbsgericht gemäß § 17 Abs. 2 GVG den Rechtsstreit unter allen in Betracht kommenden rechtlichen Gesichtspunkten zu prüfen. Dies bedeutet, dass der Verstoß gegen eine verwaltungsrechtliche Primärnorm vom Wettbewerbsgericht in eigener Verantwortung zu beurteilen ist, unabhängig von vorangegangenen Entscheidungen der zuständigen Behörden oder Fachgerichte.[156] Wettbewerbsrechtliche Ansprüche können daher von Mitbewerben auch dann geltend gemacht werden, wenn das beanstandete Verhalten bereits Gegenstand einer verwaltungsbehördlichen Untersagungsverfügung ist. Der Mitbewerber muss weder die Bestandskraft der Verfügung abwarten noch muss er im Hinblick auf gegebenenfalls für das Verbot bestehende behördliche Durchsetzungsmöglichkeiten auf einen allein durch ihn vollstreckbaren Unterlassungstitel verzichten.[157] **67**

Der Tatbestand des § 3a ist allerdings nicht erfüllt, wenn das beanstandete Verhalten durch einen Verwaltungsakt ausdrücklich erlaubt worden ist. Solange dieser Verwaltungsakt nicht durch die zuständige Behörde oder durch ein Verwaltungsgericht aufgehoben worden oder nichtig ist, ist die Zulässigkeit des beanstandeten Verhaltens einer Nachprüfung durch die Zivilgerichte entzogen.[158] Es hieße nicht nur die Anforderungen an einen Unternehmer zu überspannen, wenn er sich über den Verwaltungsakt hinaus sich vorsichtshalber nach der strengsten Gesetzesauslegung und Einzelfallbeurteilung richten müsste;[159] die Verbindlichkeit eines wirksamen Verwaltungsakts für das Wettbewerbsverfahren ist auch Ausfluss des Grundsatzes der Gewaltenteilung. Das Verhalten ist daher als rechtmäßig anzusehen, solange der Verwaltungsakt nicht in einem dafür vorgesehenen Verfahren aufgehoben worden ist. **68**

Allein die Erhebung einer Anfechtungsklage vor den Verwaltungsgerichten lässt die Wirksamkeit der Erlaubnis nicht entfallen. Sie begründet lediglich eine Vollziehbarkeitshemmung; der Verwaltungsakt als solcher bleibt davon unberührt. Dementsprechend ist die zuständige Verwaltungsbehörde an den Verwaltungsakt auch dann gebun- **69**

155 S. u. vor §§ 17–19 UWG Rdn. 126.

156 Link, in Ullmann, jurisPK-UWG, § 3a Rn. 45.

157 BGH, 13.12.2018, I ZR 3/16, juris Rn. 24 – *Uber Black II.*

158 St. Rspr.; BGH, 23.06.2005, I ZR 194/02, BGHZ 163, 265 ff. = GRUR 2005, 778, 779 – *Atemtest*; BGH, 30.04.2015, I ZR 13/14, GRUR 2015, 1228 Rn. 31 – *Tagesschau-App.*

159 So BGH, 11.10.2001, I ZR 172/99, GRUR 2002, 269, 270 – *Sportwetten-Genehmigung* (zu § 1 UWG 1909).

den, wenn dieser angefochten worden ist; sie kann daher gegen das betreffende Verhalten nicht mit einer Untersagungsverfügung vorgehen. Dies gilt auch für die Wettbewerbsgerichte. Zu prüfen ist lediglich, ob eine Aussetzung des Verfahrens nach § 148 ZPO in Betracht kommt. Gegen eine solche Aussetzung kann sprechen, dass bereits eine (wenn auch noch nicht rechtskräftige) Entscheidung der Verwaltungsgerichte vorliegt, durch die die Rechtmäßigkeit des Verwaltungsakts bestätigt wird.[160] Ebenso spricht es gegen die Aussetzung, wenn der Anspruchsteller bereits eine vorläufig vollstreckbare zivilgerichtliche Entscheidung erwirkt hat, da dann eine Aussetzung des Verfahrens im Ergebnis zu einem Verbot trotz einer wirksamen verwaltungsrechtlichen Erlaubnis führen würde.[161]

70 Eine Ausnahme gilt nur, wenn der Verwaltungsakt nichtig ist (§ 44 VwVfG). Dies ist dann der Fall, wenn der Verwaltungsakt an einem besonders schwerwiegenden Fehler leidet und dies bei verständiger Würdigung aller in Betracht kommenden Umstände offensichtlich ist. Dabei stellt die Nichtigkeit des Verwaltungsakts eine Ausnahme von dem Grundsatz dar, dass ein Akt staatlicher Gewalt die Vermutung seiner Gültigkeit in sich trägt. Schwerwiegend ist ein Fehler daher nur, wenn er den Verwaltungsakt schlechterdings unerträglich, das heißt mit tragenden Verfassungsprinzipien oder der Rechtsordnung immanenten wesentlichen Wertvorstellungen unvereinbar erscheinen lässt. Der schwerwiegende Fehler muss darüber hinaus für einen verständigen Bürger offensichtlich sein. Nichtigkeit eines Verwaltungsakts ist daher nur dann anzunehmen, wenn die an eine ordnungsgemäße Verwaltung zu stellenden Anforderungen in so erheblichem Maße verletzt werden, dass von niemandem erwartet werden kann, den Verwaltungsakt als verbindlich anzuerkennen.[162]

71 Zu beachten ist ferner, wie weit die Tatbestandswirkung des Verwaltungsaktes reicht. Sie wird durch den Regelungsgehalt bestimmt, der in entsprechender Anwendung der §§ 133, 157 BGB nach den Grundsätzen zu ermitteln ist, die auch für die Auslegung von Willenserklärungen gelten. Danach ist der erklärte Wille der erlassenden Behörde maßgebend, wie ihn der Empfänger bei objektiver Würdigung verstehen konnte. Bei der Ermittlung dieses objektiven Erklärungswerts ist in erster Linie auf den Entscheidungssatz und die Begründung des Verwaltungsakts abzustellen; darüber hinaus ist das materielle Recht, auf dem der Verwaltungsakt beruht, heranzuziehen.[163] Die Freigabe eines Telemedienkonzepts nach § 11f Abs. 1 RStV erfasst daher nur das abstrakte Konzept und nicht seine konkrete Umsetzung.[164]

72 Ist das beanstandete Verhalten generell untersagt und nur aufgrund einer behördlichen Erlaubnis überhaupt zulässig, muss der Anspruchsteller lediglich darlegen und im

---

160 Vgl. BGH, 18.09.2014, I ZR 228/12, GRUR 2014, 1101 Rn. 17 – *Gelbe Wörterbücher*, zur Aussetzung des markenrechtlichen Verletzungsverfahrens im Hinblick auf ein Löschungsverfahren.

161 BGH, 24.09.2013, I ZR 73/12, GRUR 2014, 405 Rn. 16 – *Atemtest II*.

162 BGH, 07.05.2015, I ZR 29/14, GRUR 2015, 1244 Rn. 22 – *Äquipotenzangabe in Fachinformation*.

163 BGH, 30.04.2015, I ZR 13/14, GRUR 2015, 1228 Rn. 35 – *Tagesschau-App*.

164 BGH, 30.04.2015, I ZR 13/14, GRUR 2015, 1228 Rn. 54 – *Tagesschau-App*.

Bestreitensfall beweisen, dass das Verhalten des Anspruchsgegners von dem Verbot erfasst wird. Es ist dann Sache des Anspruchsgegners, darzulegen und zu beweisen, dass er über eine entsprechende Erlaubnis verfügt und dass das beanstandete Verhalten von dieser Erlaubnis gedeckt wird.[165] Die Aufnahme einer erlaubnispflichtigen Tätigkeit ohne entsprechende Erlaubnis stellt grundsätzlich auch dann eine Zuwiderhandlung dar, wenn dem Unternehmer die Erlaubnis zu Unrecht versagt worden ist oder er die für die Erteilung der Genehmigung erforderlichen Voraussetzungen erfüllt. In diesem Fall ist der Unternehmer verpflichtet, sich die Erlaubnis auf dem Verwaltungsrechtsweg zu erstreiten.[166]

d) Sonstiges Verwaltungshandeln

Schlichtes Verwaltungshandeln, wie eine ständige Praxis der zuständigen Überwachungsbehörden oder behördliche Auskünfte ohne Regelungswirkung sind demgegenüber für die Wettbewerbsgerichte nicht verbindlich; es bleibt vielmehr bei dem Grundsatz, dass die Rechtswidrigkeit des beanstandeten Verhaltens von ihnen in eigener Verantwortung nach objektivem Maßstab zu beurteilen ist.[167] Dies gilt erst recht für die Auskünfte unzuständiger[168] oder ausländischer Behörden[169]. Etwaige Divergenzen in der Normauslegung zwischen Gerichten unterschiedlicher Rechtswege lassen sich nur in den dafür vorgesehenen Verfahren (Entscheidung des Gemeinsamen Senats der obersten Gerichtshöfe des Bundes) beseitigen.[170] 73

Daher steht auch die Duldung eines – rechtswidrigen – Verhaltens durch die zuständigen Behörden, wenn diese gegen das ihnen bekannte Verhalten nicht vorgegangen sind, einem auf § 3a UWG gestützten Anspruch nicht entgegen.[171] Das gilt auch dann, wenn diese Praxis der Behörden ihrerseits verwaltungsrechtlich nicht zu beanstanden ist, weil sie von einem ihnen eingeräumten Ermessen, ob und wie sie gegen rechtswidriges Verhalten einschreiten, pflichtgemäßen Gebrauch gemacht haben. Vertrauensschutz kann insoweit nur gegenüber den Behörden, nicht aber gegenüber den betroffenen Marktteilnehmern begründet werden, deren Interessen durch § 3a geschützt werden.[172] Der Umstand, dass die Behörde noch keine Gelegenheit hatte, ihr Ermessen auszuüben, 74

---

165 BGH, 02.02.2012, I ZR 81/10, GRUR 2012, 945 Rn. 32 – *Tribenuronmethyl.*

166 BGH, 14.03.2002, I ZR 279/99, GRUR 2002, 636, 637 – *Sportwetten*; MünchKomm/Schaffert UWG § 4 Nr. 11 Rn. 83.

167 BGH, 23.06.2005, I ZR 194/02, BGHZ 163, 265 ff. = GRUR 2005, 778, 779 – *Atemtest*(behördliche Auskunft); BGH, 20.10.2005, I ZR 10/03, GRUR 2006, 82 Tz. 21 ff. – *Betonstahl* (ständige Verwaltungspraxis).

168 BGH, 24.06.2010, I ZR 166/08, GRUR 2010, 1026 Rn. 19 – *Photodynamische Therapie.*

169 OLG Köln, 23.08.2013, 6 U 41/13, GRUR-RR 2014, 45, 46 f. – *L-Arginin Alpha-Ketoglutarat.*

170 Vgl. GmS-OGB, 22.08.2010, GmS-OGB 1/10, BGHZ 194, 354 = GRUR 2013, 417 Rn. 10 ff. – *Medikamentenkauf im Versandhandel.*

171 BGH, 28.11.2013, I ZR 7/13, GRUR 2014, 398 Rn. 28 – *Online-Versicherungsvermittlung.*

172 Doepner, GRUR 2003, 825, 831; *Köhler*/Bornkamm/Feddersen, § 3a Rn. 1.47.

steht einer Untersagung des beanstandeten Verhaltens nach diesen Grundsätzen ebenfalls nicht entgegen.[173]

75 Vertraut der Normadressat auf die Äußerung einer Behörde oder auf eine ständige Verwaltungspraxis, so spielt dies für die Annahme eines Unterlassungs- oder Beseitigungsanspruchs keine Rolle. Dieser setzt vielmehr allein einen objektiven Rechtsverstoß voraus. Im Rahmen des Schadensersatzanspruchs kann jedoch bei der Prüfung des Verschuldens berücksichtigt werden, dass das Vertrauen auf behördliche Äußerungen oder eine ständige Verwaltungspraxis zu einem unvermeidbaren Rechtsirrtum führen kann.[174] In diesem Zusammenhang darf der Unternehmer davon ausgehen, dass die zuständigen Fachbehörden aufgrund ihrer besonderen Sachkunde sein Verhalten zutreffend beurteilen.[175] Dies gilt selbstverständlich nur bei Äußerungen der zuständigen Behörde.[176]

76 Nicht berührt wird auch der Anspruch auf Erstattung der Abmahnkosten, der ebenfalls lediglich das Bestehen eines Unterlassungsanspruchs voraussetzt und daher verschuldensunabhängig besteht.[177] Soweit die gegenteilige Ansicht mit dem Schutz des Vertrauens auf die Äußerungen der zuständigen Behörde begründet wird,[178] so kann dieses Vertrauen eben nur im Verhältnis zu der Behörde, nicht aber zu dem abmahnenden Wettbewerber bestehen.

77 Rein praktisch wird sich allerdings ein Wettbewerbsgericht an der Einschätzung der Fachbehörden orientieren und nur in Ausnahmefällen dazu neigen, ein von diesen ausdrücklich gebilligtes Verhalten als rechtswidrig und wettbewerbsrechtlich unzulässig zu qualifizieren.[179] In diesen Fällen liegt vielmehr die Überlegung nahe, ob das in Rede stehende Verhalten tatsächlich geeignet ist, die Interessen der Marktteilnehmer spürbar zu beeinträchtigen.[180]

B. Elemente des Tatbestandes

I. Einleitung: Prüfungsschema

78 Ob ein Wettbewerbsverstoß gemäß § 3a vorliegt, ist in zwei Schritten zu prüfen: Im ersten Schritt muss festgestellt werden, ob ein Verstoß gegen die Primärnorm gegeben

173 A. A. Link in Ullmann, jurisPK-UWG, § 3a Rn. 46 unter Hinweis auf HansOLG Hamburg, 21.11.2002, 3 U 82/01, GRUR-RR 2003, 181, 182 – *Polyklonale Antikörper* (noch zu § 1 UWG 1909).

174 GK/Metzger, § 4 Nr. 11 Rn. 21.

175 BGH, 23.06.2005, I ZR 194/02, BGHZ 163, 265 ff. = GRUR 2005, 778, 779 – *Atemtest*; GK/Metzger, § 4 Nr. 11 Rn. 21.

176 BGH, 24.06.2010, I ZR 166/08, GRUR 2010, 1026 Rn. 19 – *Photodynamische Therapie*.

177 *Köhler*/Bornkamm/Feddersen, § 3a Rn. 1.46.

178 *Ohly*/Sosnitza, § 3a Rn. 11.

179 Doepner, GRUR 2003, 825, 830; *Köhler*/Bornkamm/Feddersen, § 3a Rn. 1.44; zurückhaltend auch GK/Metzger, § 4 Nr. 11 Rn. 20.

180 Harte/Henning/v. Jagow, § 3a Rn. 38; MünchKomm/Schaffert UWG, § 4 Nr. 11 Rn. 42.

ist. Im zweiten Schritt sind die Voraussetzungen des § 3a als Transformationsnorm zu prüfen.[181]

II. Verstoß gegen die Primärnorm

1. Tatbestand

Der Tatbestand des § 3a setzt die Erfüllung aller Merkmale des Tatbestands der das Marktverhalten regelnden gesetzlichen Vorschrift voraus. Ein Verhalten, das sich als (nicht strafbare) versuchte Anstiftung zum Betrug darstellt, kann daher nicht gemäß § 3a in Verbindung mit § 263 StGB untersagt werden.[182] Fraglich ist, inwieweit dies für subjektive Tatbestandselemente gilt. Grundsätzlich setzt eine nach § 3a unlautere geschäftliche Handlung allein ein objektiv rechtswidriges Verhalten voraus.[183] Enthält der Tatbestand der Primärnorm allerdings auch subjektive Elemente, von deren Vorliegen ein Verstoß abhängt, so müssen auch diese vorliegen.[184] Dies ist in erster Linie bei Strafvorschriften wie § 263 oder §§ 284, 287 StGB der Fall.[185] 79

Die Unlauterkeit eines Wettbewerbsverhaltens kann nur dann mit einem Verstoß gegen eine gesetzliche Vorschrift begründet werden, wenn die Vorschrift für den Handelnden verbindlich ist. Handelt es sich um eine Norm des Strafrechts, hängt ihre Verbindlichkeit unter anderem davon ab, ob sie dem verfassungsrechtlichen Bestimmtheitsgebot des Art. 103 Abs. 2 GG entspricht. Danach ist der Gesetzgeber verpflichtet, die Voraussetzungen der Strafbarkeit so genau zu umschreiben, dass Tragweite und Anwendungsbereich der Straftatbestände schon aus dem Gesetz selbst zu erkennen sind und sich durch Auslegung ermitteln lassen.[186] Dies wirkt sich aber nur dann auf die wettbewerbsrechtliche Beurteilung aus, wenn die Marktverhaltensregelung, auf die wettbewerbsrechtliche Ansprüche gemäß § 3a gestützt werden, selbst eine Vorschrift des Straf- oder Ordnungswidrigkeitenrechts ist. Soweit dagegen die Einhaltung einer Marktverhaltensregelung, die selbst keine solche straf- oder bußgeldrechtliche Vorschrift ist, durch eine (Blankett-)Norm des (Neben-)Strafrechts oder des Bußgeldrechts sanktioniert ist, gilt Art. 103 Abs. 2 GG für die Marktverhaltensregelung nur insoweit, als ein Gericht sie in Verbindung mit der Straf- oder Bußgeldnorm zur Verurteilung wegen einer Straftat oder Ordnungswidrigkeit anwendet.[187] 80

Versuchs- und Vorbereitungshandlungen können § 3a unterfallen, soweit die Marktverhaltensregelung eine entsprechende Sanktionierung vorsieht. Ist dies nicht der Fall, so 81

181 Doepner, GRUR 2003, 825, 830.
182 BGH, 08.11.2007, I ZR 60/05, GRUR 2008, 530 Rn. 11 – *Nachlass bei der Selbstbeteiligung.*
183 BGH, 23.06.2005, I ZR 194/02, BGHZ 163, 265 ff. = GRUR 2005, 778, 779 – *Atemtest.*
184 *Köhler*/Bornkamm/Feddersen, § 3a Rn. 1.84; MünchKomm/Schaffert UWG § 4 Nr. 11 Rn. 83; Link, in Ullmann, juris-PK UWG, § 3a Rn. 114; *Ohly*/Sosnitza, § 3a Rn. 27 f.
185 LG Köln, 02.02.2006, 31 O 605/04, juris Rn. 21.
186 BGH, 18.11.2010, I ZR 168/07, GRUR 2011, 169 Rn. 45 – *Lotterien und Kasinospiele.*
187 BGH, 03.11.2016, I ZR 227/14, GRUR 2017, 418 Rn. 28 – *Optiker-Qualität.*

ist das Verhalten gemäß § 8 Abs. 1 2 UWG unter dem Gesichtspunkt der Erstbegehungsgefahr zu prüfen.[188]

2. Täterschaft und Teilnahme

82 Es ist nicht erforderlich, dass der Handelnde selbst als Unternehmer im Sinne des § 2 Abs. 1 Nr. 6 auf dem Markt tätig ist, auf den der Normverstoß Auswirkung hat oder zumindest haben kann. Es genügt ein Verhalten zu Gunsten eines fremden Unternehmens (§ 2 Abs. 1 Nr. 1).[189] Richtet sich die Primärnorm aber nur an bestimmte Normadressaten, so kann als Täter gemäß § 3a nur in Anspruch genommen werden, wer auch zu diesem Adressatenkreis gehört. Private Unternehmen können daher nicht wegen Verstößen gegen das Vergaberecht, das allein die Beschaffungstätigkeit der öffentlichen Hand regelt, in Anspruch genommen werden.[190]

83 Allerdings kommt in diesen Fällen eine Haftung als Teilnehmer (Anstifter oder Gehilfe) an Wettbewerbsverstößen der Normadressaten in Betracht. Die Teilnehmerhaftung setzt nicht voraus, dass der Teilnehmer selber Adressat der Primärnorm ist. Diese Haftung setzt nach allgemeinen Grundsätzen – neben einer teilnahmefähigen Haupttat – voraus, dass der Teilnehmer vorsätzlich handelt. Dabei gehört zum Teilnehmervorsatz nicht nur die Kenntnis der objektiven Tatbestandsmerkmale, sondern auch das Bewusstsein der Rechtswidrigkeit der Haupttat.[191] Dies kann zwar dazu führen, dass der Dritte, der nicht Adressat der Norm ist, zunächst nicht mit Aussicht auf Erfolg wettbewerbsrechtlich in Anspruch genommen werden kann. Es besteht für denjenigen, der sich durch ein entsprechendes Verhalten in seinen wettbewerbsrechtlich geschützten Interessen verletzt sieht, aber die Möglichkeit, den Handelnden zunächst auf die Rechtslage hinzuweisen. Ein entsprechender Hinweis wird regelmäßig zur Folge haben, dass der Adressat der Mitteilung sein Verhalten im Weiteren korrigiert oder dass bei Fortsetzung der Verhaltensweise von einem Teilnehmervorsatz auszugehen ist.[192]

84 Eine Inanspruchnahme nach den Grundsätzen der Störerhaftung kommt im Rahmen des § 3a, nachdem dieses Rechtsinstitut für den Bereich des Verhaltensunrechts aufgegeben worden ist, nicht in Betracht.[193] Möglich ist zwar eine Haftung wegen der Verletzung wettbewerbsrechtlicher Verkehrspflichten.[194] Im Regelfall kann aber nicht angenommen werden, dass einen Dritten eine wettbewerbsrechtliche Pflicht zur Prü-

188 BGH, 12.03.2015, I ZR 84/14, GRUR 2015, 1025 Rn. 20 f. – *TV-Wartezimmer*; MünchKomm/Schaffert UWG § 4 Nr. 11 Rn. 83.

189 MünchKomm/Schaffert UWG § 4 Nr. 11 Rn. 44; *Köhler*/Bornkamm/Feddersen, § 3a Rn. 1.51.

190 BGH, 03.07.2008, I ZR 145/05, BGHZ 177, 150 = GRUR 2008, 810 Rn. 13 – *Kommunalversicherer.*

191 BGH, 03.07.2008, I ZR 145/05, BGHZ 177, 150 = GRUR 2008, 810 Rn. 14 f. – *Kommunalversicherer*

192 BGH, 12.03.2015, I ZR 84/14, GRUR 2015, 1025 Rn. 17 – *TV-Wartezimmer.*

193 BGH, 12.07.2012, I ZR 54/11, GRUR 2013, 301 Rn. 49 – *Solarinitiative.*

194 BGH, 12.07.2007, I ZR 18/04, BGHZ 173, 188 = GRUR 2007, 890 Rn. 21 f. – *Jugendgefährdende Medien bei eBay.*

fung trifft, ob der Adressat einer Primärnorm gegen diese verstößt. Ein Unternehmer darf daher bei der Zusammenarbeit mit einer öffentlich-rechtlichen Körperschaft darauf vertrauen, dass diese die für sie geltenden Bestimmungen in eigener Verantwortung prüft. Erst wenn ihm die Rechtswidrigkeit des Verhaltens der öffentlich-rechtlichen Körperschaft bewusst ist, kommt eine Haftung als Teilnehmer in Betracht.[195]

III. Geschäftliche Handlung

Aus der Systematik des UWG folgt, dass nach § 3a unlauteres Verhalten nur dann **85** vorliegt, wenn das betreffende Verhalten den Tatbestand der geschäftlichen Handlung im Sinn des § 3 Abs. 1 erfüllt. Dieser Begriff ist weiter als die frühere Voraussetzung der »Wettbewerbshandlung«, da auch Handlungen nach Vertragsschluss erfasst werden.[196] Marktverhaltensregeln beziehen sich zwar typischerweise auf Maßnahmen zur Förderung des Absatzes oder Bezugs. Sie können jedoch auch das Verhalten bei Abschluss und Durchführung eines Vertrages regeln. § 3a ermöglicht damit einen präventiven Schutz der Verbraucher und sonstiger Marktteilnehmer gegen zwingende Vorschriften des Vertragsrechts wie beispielsweise die Bestimmungen über die Kontrolle Allgemeiner Geschäftsbedingungen in §§ 307 ff. BGB.[197]

Die Anforderungen an die Bejahung eines »Wettbewerbsverhältnisses« sind auch im **86** Rahmen des § 3a UWG gering. So hat der Bundesgerichtshof ein Wettbewerbsverhältnis zwischen Prostituierten und dem Betreiber einer Bar, in der Prostituierten und deren Kunden sexuelle Kontakte ermöglicht werden, angenommen. Der Betreiber kann daher grundsätzlich gegen unzulässige Werbung von Prostituierten gemäß §§ 3a UWG, 119, 120 OWiG vorgehen.[198]

IV. Gesetzliche Vorschrift

Gesetzliche Vorschrift ist jede geltende innerstaatliche Rechtsnorm (Art. 2 EGBGB), **87** die für den Handelnden verbindlich ist (vgl. Art 2 EGBGB).[199] Dazu zählen zunächst sämtliche formellen Bundes- und Landesgesetze, beispielsweise die landesrechtlichen Ladenschlussbestimmungen.[200] Auch das Grundgesetz enthält Marktverhaltensregeln, wie das aus Art. 5 Abs. 1 2 GG abgeleitete Gebot der Staatsferne der Presse.[201] Gleichermaßen stellen die Bestimmungen des zwischen den Bundesländern abgeschlossene Rundfunkstaatsvertrages, die nach ihrer Umsetzung ins Landesrecht durch die Gesetzgebungsorgane der Länder als Landesgesetze gelten, gesetzliche Vorschriften im Sinn

---

195 BGH, 12.07.2012, I ZR 54/11, GRUR 2013, 301 Rn. 52, 48 – *Solarinitiative*.
196 Vgl. OLG Karlsruhe, 09.05.2012, 6 U 38/11, GRUR-RR 2012, 396, 397 – *Neuer Versorger*.
197 Köhler, WRP 2009, 898, 905 f.
198 BGH, 13.07.2006, I ZR 241/03, GRUR 2006, 1043 Rn. 18 – *Kontaktanzeigen*.
199 BGH, 21.07.2005, I ZR 170/02, GRUR 2005, 960, 961 – *Friedhofsruhe*; BGH, 18.11.2010, I ZR 168/07, GRUR 2011, 169 Rn. 45 – *Lotterien und Kasinospiele*.
200 OLG Hamm, 26.03.2013, 4 U 176/12, GRUR-RR 2013, 297 – *Weihnachtstassen* zum Niedersächsischen Gesetz über Ladenöffnungs- und Verkaufszeiten (Nds. GVBl. 2007, 111).
201 BGH, 15.12.2011, I ZR 129/10, GRUR 2012, 728 Rn. 9 ff. – *Einkauf aktuell*.

des § 3a dar.[202] Auch Rechtsverordnungen[203] und kommunale Satzungen[204] können Marktverhaltensregeln enthalten. Nach herrschender Meinung zählt auch das Gewohnheitsrecht in den Anwendungsbereich des § 3a;[205] praktische Anwendungsfälle sind allerdings jedenfalls aus neuerer Zeit nicht bekannt. Einschränkungen der durch Art. 12 Abs. 1 GG geschützten Berufsausübungsfreiheit aufgrund Gewohnheitsrechts wären ohnehin bedenklich.[206]

88 Satzungsbestimmungen in freiberuflichen Berufsordnungen zählen ebenfalls zu den gesetzlichen Vorschriften.[207] Noch unter der Geltung des UWG 1909 hat der Bundesgerichtshof die Unterschreitung eines für allgemeinverbindlich erklärten Tarifvertrages unter dem Gesichtspunkt des Rechtsbruchs erörtert.[208] Zwar dürfte ihnen die Rechtsnormqualität nicht abzusprechen sein, es dürfte sich aber nach geltenden Recht nicht um Marktverhaltensregeln handeln.[209]

89 Zu den gesetzlichen Vorschriften im Sinn des § 3a können auch völkerrechtliche Verträge gehören.[210] Soweit sie nicht in innerstaatliches Recht umgesetzt sind, wird aber ihre unmittelbare Anwendung in der Regel daran scheitern, dass diese in der Regel ausschließlich Staaten, aber nicht Individuen verpflichten.[211] Gleichermaßen kommen nur diejenigen Normen des Unionsrechts als gesetzliche Vorschriften im Sinn des § 3a in Betracht, die im Inland unmittelbar verbindlich sind. Hierzu gehören in erster Linie Verordnungen, da diese – im Gegensatz zu Richtlinien, die sich primär an die Staaten richten – Rechte und Pflichten der Normadressaten direkt begründen.[212]

90 Die Vorschrift muss in Kraft getreten sein und noch gelten. Ein Verstoß gegen eine Vorschrift, die gegen Grundrechte oder das Unionsrecht verstößt und sich nicht grundrechts- und unionsrechtskonform auslegen lässt, kann nicht gemäß § 3a als unlauter qualifiziert werden.[213] Im Fall von möglichen Grundrechtsverstößen ist allerdings die ausschließliche Verwerfungskompetenz des Bundesverfassungsgerichts gemäß Art. 100 Abs. 1 GG zu beachten. Die Anwendung des § 3a kann daher nicht mit der Begrün-

202 BGH, 26.01.2017, I ZR 207/14, GRUR 2017, 422 Rn. 28 – *ARD-Buffet.*
203 BGH, 14.01.2016, I ZR 61/14, GRUR 2016, 516 Rn. 12 – *Wir helfen im Trauerfall* (zur PAngV).
204 BGH, 21.07.2005, I ZR 170/02, GRUR 2005, 960, 961 – *Friedhofsruhe.*
205 Harte/Henning/v. Jagow, § 3a Rn. 15; GK/Metzger, § 4 Nr. 11 Rn. 30; *Köhler*/Bornkamm/Feddersen, § 3a Rn. 1.52; *Ohly*/Sosnitza, § 3a Rn. 12.
206 BGH, 13.06.1996, I ZR 102/94, GRUR 1997, 136, 138 – *Laborärzte.*
207 BGH, 26.02.2009, I ZR 222/06, GRUR 2009, 883 Rn. 11 – *MacDent.*
208 BGH, 03.12.1992, I ZR 276/90, GRUR 1993, 980, 982 – *Tariflohnunterschreitung.*
209 S. u. Rdn. 114.
210 BGH, 09.05.1980, I ZR 76/78, GRUR 1980, 858, 860 – *Asbestimporte*, zum ILO-Übereinkommen Nr. 139 über die Verhütung und Bekämpfung der durch krebserzeugende Stoffe und Einwirkungen verursachten Berufsgefahren.
211 MünchKomm/Schaffert UWG § 4 Nr. 11 Rn. 46 Fn. 215; so auch in BGH, 09.05.1980, I ZR 76/78, GRUR 1980, 858, 860 – *Asbestimporte.*
212 HansOLG Hamburg, 29.01.2009, 3 U 107/08, GRUR-RR 2010, 57, 58 – *EMEA-Leitlinie.*
213 BGH, 14.02.2008, I ZR 207/05, GRUR 2008, 438 Rn. 16 – *ODDSET*; BGH, 15.07.2010, I ZR 99/09, GRUR 2011, 355 Rn. 12 f. – *Gelenknahrung II.*

dung abgelehnt werden, ein (nachkonstitutionelles) Gesetz sei verfassungswidrig, solange nicht das Bundesverfassungsgericht die Verfassungswidrigkeit festgestellt hat.[214] Dies ist in der Rechtsprechung des Bundesgerichtshofs nicht immer hinreichend beachtet worden.[215] Vertretbar war es allerdings, bei Verstößen gegen das staatliche Glücksspielmonopol wettbewerbsrechtliche Ansprüche wegen verfassungswidriger Eingriffe in die Berufsfreiheit auch ohne Vorlage nach Art. 100 Abs. 1 GG abzulehnen. In diesen Fällen war nicht die Verfassungsmäßigkeit der §§ 284, 287 StGB als der relevanten Primärnormen fraglich. Verfassungswidrig waren vielmehr die vorgelagerten landesrechtlichen Bestimmungen (die daher zumindest teilweise bereits vom Bundesverfassungsgericht für nichtig erklärt worden waren), was infolge der verwaltungsakzessorischen Natur der §§ 284, 287 StGB zur Nichtanwendbarkeit dieser Bestimmungen führte.[216] Uneingeschränkt ist die Prüfungskompetenz der Wettbewerbsgerichte im Hinblick auf Rechtsnormen, die nicht im Rang formeller Gesetze stehen und daher nicht Art. 100 Abs. 1 GG unterfallen.[217] Bei Normen, die gegen das Unionsrecht verstoßen, stellt sich das Problem nicht: Hier folgt die fehlende Anwendbarkeit des § 3a nicht aus der Unwirksamkeit der Primärnorm, sondern aus der unionsrechtkonformen Auslegung des § 3a als der Transformationsnorm.[218]

Keine gesetzlichen Vorschriften im Sinn des § 3a sind: 91

- **Ausländische Rechtsnormen** werden von § 3a nicht erfasst.[219] Eine Ausnahme wird allerdings für Fälle diskutiert, in denen das deutsche Recht auf ausländisches Recht verweist.[220] Praktische Anwendungsfälle sind allerdings insoweit nicht bekannt geworden.[221] Zu beachten ist, dass ein Anspruch aus § 3a nicht gegeben ist, wenn sich ein ausländisches Unternehmen im Anwendungsbereich des Herkunftslandprinzips (z. B. § 3 Abs. 1 TMG, wobei aber die Einschränkungen in Abs. 4 und 5 der Vorschrift zu berücksichtigen sind) auf sein Heimatrecht berufen kann.[222]
- **Gerichtsentscheidungen** entfalten Verbindlichkeit allein zwischen den am Verfahren beteiligten Parteien, nicht im Verhältnis zu Dritten. Aber auch im Verhältnis der Parteien ist ein Verstoß gegen einen Tenor mit den Mitteln der Zwangsvollstre-

214 BGH, 15.05.2014, I ZR 137/12, GRUR 2014, 791 Rn. 17 – *Teil-Berufsausübungsgemeinschaft*; vgl. BVerfG, 16.12.2014, 1 BvR 2142/11, BVerfGE 138, 64 ff. = NVwZ 2015, 510 Rn. 76 ff. zu den Folgen einer Verletzung der Vorlagepflicht aus Art. 100 Abs. 1 GG.

215 So z. B. BGH, 18.11.2010, I ZR 168/07, GRUR 2011, 169 Rn. 29 – *Lotterien und Kasinospiele*.

216 BGH, 14.02.2008, I ZR 207/05, GRUR 2008, 438 Rn. 19 – *ODDSET*.

217 BGH, 15.05.2014, I ZR 137/12, GRUR 2014, 791 Rn. 17 – *Teil-Berufsausübungsgemeinschaft*.

218 S. o. Rdn. 39.

219 Vgl. bereits BGH, 09.05.1980, I ZR 76/78, GRUR 1980, 858, 860 – *Asbestimporte*; Köhler/Bornkamm/Feddersen, § 3a Rn. 53.

220 GK/Metzger, § 4 Nr. 11 Rn. 31.

221 In der Entscheidung OLG Düsseldorf, 08.03.2010, I-20 U 177/08, GRUR-RR 2011, 10 – *Griechischer Wirtschaftsprüfer*, stand ein Verstoß gegen griechische Vorschriften nicht zur Diskussion.

222 KG, 21.07.2015, 5 U 114/14, MMR 2016, 608 Rn. 29 f.

ckung zu sanktionieren und stellt nicht gleichzeitig ein wettbewerbswidriges Verhalten dar.[223]

- **Verwaltungsakte** haben keine Normqualität. Sie können nur im Weg der Verwaltungsvollstreckung durchgesetzt werden können.[224] Dies gilt auch dann, wenn eine abstrakte-generelle Regelung durch Verwaltungsentscheidung getroffen wird.[225] Stellen sie Verhaltenspflichten auf, kann ein Verstoß aber als Verstoß gegen die zugrundeliegende Rechtsnorm über § 3a wettbewerbsrechtlich sanktioniert werden.
- **Verwaltungsrichtlinien** und **Erlasse** sind lediglich für die Verwaltung selber verbindlich, nicht aber für Außenstehende.[226] Verstößt die Verwaltung durch ihr Zusammenwirken mit einem Unternehmer gegen solche internen Bestimmungen, stellt dies per se keinen Rechtsbruch durch den Unternehmer dar. Ein solches Verhalten kann aber unter dem Gesichtspunkt eines Verstoßes gegen das Gebot zu neutraler und objektiver Amtsführung wettbewerbswidrig sein, und – bei Vorliegen der weiteren Voraussetzungen – zu einer Teilnehmerhaftung des Unternehmers führen.[227]
- Auch die **Vergabe- und Vertragsordnungen** für Leistungen (VOL) und für Bauleistungen (VOB) stellen für die Vergabe öffentlicher Leistungen maßgebliche Verwaltungsvorschriften dar, die nur die Behörden verpflichten und Außenwirkung erst durch ihre Vereinbarung im Rahmen privatrechtlicher Verträge erhalten.[228]
- **Privatautonome Regelungen** sind auch dann keine Rechtsnormen, wenn sie Geltung für eine unbestimmte Vielzahl von Fällen beanspruchen. Weder Allgemeine Geschäftsbedingungen wie die »eBay-Grundsätze« noch Vereinssatzungen stellen daher gesetzliche Vorschriften im Sinn des § 3a dar, auch wenn sie das Marktverhalten der Anbieter auf eBay oder der Vereinsmitglieder regeln sollen.[229] Dementsprechend sind auch Handelsbräuche im Sinn des § 346 HGB keine gesetzlichen Vorschriften, sondern dienen vor allem der Auslegung von Willenserklärungen und Verhalten im Handelsverkehr.[230]
- **Technische Regeln** wie die **DIN-Normen** sind keine Rechtsvorschriften. Die DIN-Normen sind private technische Regelungen mit Empfehlungscharakter.[231] Allein

223 OLG Stuttgart, 05.11.2007, 2 U 26/07, GRUR-RR 2008, 17, 18 – *DVD-Automat*; a. A. OLG München, 08.02.1996, 29 U 3094/95, WRP 1996, 933, 935 – *Boney M.*

224 OLG Stuttgart, 05.11.2007, 2 U 26/07, GRUR-RR 2008, 17, 18 – *DVD-Automat.*

225 OLG Saarbücken, 18.09.2013, 1 U 222/12, juris Rn. 46 ff. – *Krankenhausplan.*

226 BGH, 04.04.1984, I ZR 9/82, GRUR 1984, 665, 667 – *Werbung in Schulen*; HansOLG Hamburg, 29.01.2009, 3 U 107/08, GRUR-RR 2010, 57, 58 – *EMEA-Leitlinie.* In BGH, 26.02.2009, I ZR 106/06, GRUR 2009, 606 Rn. 23 – *Buchgeschenk vom Standesamt*, wurde dagegen einer Verwaltungsanweisung lediglich der Charakter der Marktverhaltensregel abgesprochen.

227 BGH, 12.07.2012, I ZR 54/11, GRUR 2013, 301 Rn. 29, 47 ff. – *Solarinitiative.*

228 Alexander, WRP 2004, 700, 706; Ohly/Sosnitz/Ohly, § 3a Rn. 13; a. A. LG Hamburg, 28.10.1998, 406 O 169/98, WRP 1999, 441, 442 f. – *Thermo-Man-Test.*

229 BGH, 08.05.2003, I ZR 287/02, GRUR 2003, 973 – *Lohnsteuerhilfeverein*; OLG Hamm, GRUR-RR 2011, 218, 219 – *Drei Angebote.*

230 BGH, 28.03.1969, I ZR 33/67, GRUR 1969, 474, 476 – *Bierbezug.*

231 BGH, 14.04.1994, I ZR 123/92, GRUR 1994, 640, 641 – *Ziegelvorhangfassade.*

ein Verstoß gegen eine DIN-Norm kann daher keine wettbewerbsrechtlichen Ansprüche begründen. Auch das allgemeine Interesse an der Durchsetzung von zur Vermeidung von Personen- und Sachschäden erlassenen Normen genügt nicht, um einen Verstoß gegen diese Normen als wettbewerbswidrig zu qualifizieren. Es kann daher auch nicht unter Rückgriff auf die Generalklausel untersagt werden.[232] Ansprüche kommen erst dann in Betracht, wenn gesetzliche Bestimmungen auf sie Bezug nehmen, wie dies beispielsweise bei § 5 Abs. 1 ProdSG der Fall ist. In diesem Fall folgt die Wettbewerbswidrigkeit aus § 3a in Verbindung mit der betreffenden Gesetzesnorm (§ 3 ProdSG).[233] Ist das Bestehen solcher Normen dem Verkehr allgemein bekannt, und erweckt ein Produkt den Anschein, ihnen zu entsprechen, obwohl dies tatsächlich nicht der Fall ist, kommt auch eine Irreführung in Betracht.[234]

– Auch **Wettbewerbsregeln**, die von privaten Verbänden aufgestellt werden (wie die Wettbewerbsregeln der Versicherungswirtschaft oder des Verbands deutscher Zeitschriftenverleger) fehlt die normative Verbindlichkeit,[235] und zwar auch dann, wenn sie gemäß §§ 24, 26 GWB von der Kartellbehörde anerkannt worden sind. Rechtlich bedeutet die Anerkennung nur Selbstbindung der Kartellbehörde, die bei unveränderter Sachlage die Verabschiedung dieser Wettbewerbsregeln nicht mehr als Kartellverstoß nach § 1 GWB verfolgen kann.[236]
– Gleichermaßen sind **Standesregeln** und **Verhaltenskodizes** (§ 2 Abs. 1 Nr. 5) lediglich privat aufgestellte Regelwerke und keine tauglichen Primärnormen, die über § 3a wettbewerbsrechtliche Ansprüche auslösen können.[237] Standesregeln werden erst dann im Rahmen des § 3a relevant, wenn sie in förmlichen Gesetzen oder zumindest den Satzungen öffentlich-rechtlicher Körperschaften enthalten sind. Daher sind auch die Wettkampfregeln der Sportverbände keine gesetzlichen Vorschriften im Sinn des § 3a.[238] Etwas anderes gilt auch hier, wenn gesetzliche Bestimmungen auf solche Regelwerke verweisen, wie es bei §§ 12, 14 JSchG in Bezug auf die Freiwillige Selbstkontrolle der Filmwirtschaft (FSK) der Fall ist.[239] Wettbewerbswidrig ist es ferner, wenn im Zusammenhang mit solchen Regelwerken irreführend geworben wird (Nr. 3 Anh. § 3 Abs. 3, § 5 Abs. 1 2 Nr. 6).

---

232 BGH, 13.12.1984, I ZR 71/83, GRUR 1985, 555, 556 – *Abschleppseile*; a. A. MünchKomm/Schaffert UWG § 4 Nr. 11 Rn. 52.

233 BGH, 06.06.1991, I ZR 234/89, GRUR 1991, 921, 923 – *Sahnesiphon*; OLG Frankfurt, 21.05.2015, 6 U 64/14, WRP 2015, 996 Rn. 10, 14.

234 BGH, 13.12.1984, I ZR 71/83, GRUR 1985, 555, 556 – *Abschleppseile*.

235 BGH, 07.02.2006, KZR 33/04, BGHZ 166, 154 = GRUR 2006, 773 Rn. 20 – *Probeabonnement*; BGH, 20.05.2009, I ZR 220/06, GRUR 2009, 970 Rn. 20 – *Versicherungsberater*.

236 BGH, 07.02.2006, KZR 33/04, BGHZ 166, 154 = GRUR 2006, 773 Rn. 20 – *Probeabonnement*.

237 BGH, 09.09.2010, I ZR 157/08, GRUR 2011, 431 Rn. 11 – *FSA-Kodex*; a. A. FBO/Götting/Hetmank, § 3a Rn. 57 (Verstoß gegen § 3); Fezer, WRP 2010, 577, 585.

238 MünchKomm/Schaffert UWG § 4 Nr. 11 Rn. 51; a. A. Ullmann, GRUR 2003, 817, 823.

239 OLG Koblenz, 21.12.2004, 4 U 748/04, GRUR 2005, 266, 267 – *Board of Film Classification*.

V. Marktverhaltensregel

1. Regelung des Marktverhaltens

92 Die Primärnorm muss (zumindest) auch dazu bestimmt sein, im Interesse der Marktteilnehmer (§ 2 Abs. 1 Nr. 2) das Marktverhalten zu regeln. Eine Norm regelt das Marktverhalten im Interesse der Mitbewerber, Verbraucher oder sonstigen Marktteilnehmer, wenn sie einen Wettbewerbsbezug in der Form aufweist, dass sie die wettbewerblichen Belange der als Anbieter oder Nachfrager von Waren oder Dienstleistungen in Betracht kommenden Personen schützt. Eine Vorschrift, die dem Schutz von Rechten, Rechtsgütern oder sonstigen Interessen von Marktteilnehmern dient, ist eine Marktverhaltensregelung, wenn das geschützte Interesse gerade durch die Marktteilnahme, also durch den Abschluss von Austauschverträgen und den nachfolgenden Verbrauch oder Gebrauch der erworbenen Ware oder in Anspruch genommenen Dienstleistung berührt wird. Nicht erforderlich ist eine spezifisch wettbewerbsbezogene Schutzfunktion in dem Sinne, dass die Regelung die Marktteilnehmer speziell vor dem Risiko einer unlauteren Beeinflussung ihres Marktverhaltens schützt. Die Vorschrift muss jedoch – zumindest auch – den Schutz der wettbewerblichen Interessen der Marktteilnehmer bezwecken; lediglich reflexartige Auswirkungen zu deren Gunsten genügen daher nicht.[240]

93 Als Marktverhalten ist jede Tätigkeit auf dem Markt zu sehen, durch die ein Unternehmer auf die Mitbewerber, Verbraucher und sonstigen Marktteilnehmer einwirkt. Dazu gehören nicht nur das Angebot und die Nachfrage von Waren und Dienstleistungen, sondern auch die Werbung und der Abschluss und die Durchführung von Verträgen.[241] Geschützt wird auch die im Zusammenhang der Marktentscheidung des Kunden stehende Erwartung, ein Produkt angeboten zu erhalten, dass den in seinem Interesse bestehenden gesetzlichen Anforderungen entspricht. Auch produktbezogene Absatzverbote und -beschränkungen sowie Informationspflichten, die den Umgang mit dem erworbenen Produkt betreffen, stellen daher Marktverhaltensregeln dar.[242] Insgesamt wird der Begriff des Marktverhaltens in der Rechtsprechung weit ausgelegt.[243]

94 Ausgeschlossen aus dem Anwendungsbereich des § 3a sind Markzutrittsregeln, die lediglich bestimmte Unternehmen von bestimmten Märkten fernhalten sollen,[244] und Vorschriften, die das Verhalten im Vor- und Umfeld des Marktgeschehens regeln, wie die Produktion oder das Steuerrecht.[245] So betreffen die Regelungen des Immissionsschutzrechts die Durchführung des Produktionsprozesses, aber nicht das Marktverhalten.[246] Die Bestimmungen des Arbeitsrechts regeln das Verhältnis zwischen Arbeitgeber

240 BGH, 08.10.2015, I ZR 225/13, GRUR 2016, 513 Rn. 21 – *Eizellspende*.
241 KG, 29.04.2011, 5 W 88/11, GRUR-RR 2012, 19, 20 – *Gefällt-mir-Button*.
242 BGH, 10.12.2009, I ZR 189/07, GRUR 2010, 754 Rn. 20 f. – *Golly Telly*.
243 Link, in: Ullmann, jurisPK-UWG, § 3a Rn. 91.
244 BGH, 30.04.2015, I ZR 13/14, GRUR 2015, 1228 Rn. 56 – *Tagesschau-App*.
245 *Köhler*/Bornkamm/Feddersen, § 3a Rn. 1.62.
246 BGH, 11.05.2000, I ZR 28/98, BGHZ 144, 255 ff. = GRUR 2000, 1076, 1079 – *Abgasemissionen*.

und Arbeitnehmer. Eine Ausnahme wird nur diskutiert, soweit die Einstellung und Entlassung von Arbeitnehmern sowie Verstöße gegen gesetzliche Mindestlohnregelung zu beurteilen sind, da es sich hierbei um Verhalten auf dem Nachfragemarkt für Arbeitsleistungen handele.[247]

Die Frage, ob eine Norm einen hinreichenden Marktbezug aufweist, ist im Weg der Auslegung zu klären. Zu berücksichtigen dabei ist, ob sich die Norm auf einen bestimmten Markt bezieht und sich der Gesetzgeber mit den Auswirkungen der Norm auf das Marktgeschehen oder die Marktteilnehmer befasst hat.[248] In modernen Gesetzen wird teilweise ausdrücklich festgehalten, dass sie auch das Marktverhalten regeln (z. B. §§ 1 Satz 3 ElektroG, 1 I S. 3 ElektroG), wobei durchaus fraglich sein kann, ob dies nach dem herkömmlichen Verständnis des Begriffs der Marktverhaltensregel der Fall ist. Die Bestimmungen der VerpackV und des ElektroG regeln jedenfalls teilweise ein Verhalten, das an sich dem Vorfeld des Marktgeschehens zuzuordnen ist (z. B. § 4 ElektroG, der Anforderungen an die Gestaltung von Produkten enthält). Auch bei diesen Gesetzen sollte daher für jede einzelne Bestimmung geprüft werden, ob es sich dabei tatsächlich um eine Marktverhaltensregel handelt. 95

Liegt nach diesen Kriterien keine Marktverhaltensregel vor, wird ein Verstoß auch nicht dadurch zum wettbewerbswidrigen Verhalten, dass der Unternehmer – wie es häufig der Fall sein wird – durch den Verstoß seine Kosten reduziert (z. B. beim Verstoß gegen Umweltschutzbestimmungen oder durch Steuerhinterziehung) und sich damit einen Vorsprung im Wettbewerb gegenüber seinen rechtstreuen Mitbewerbern schafft. Daher ist auch der Rückgriff auf die Generalklausel des § 3 nicht möglich.[249] Dieser Gedanke des »Vorsprungs durch Rechtsbruch«, der ursprünglich dem Rechtsbruchtatbestand zugrunde lag, sollte durch die Neukonzeption des Rechtsbruchtatbestandes durch die Entscheidung »Abgasemissionen« und seine Beschränkung auf Verstöße gegen Marktverhaltensregeln gerade überwunden werden.[250] 96

Typische Marktverhaltensregeln sind: 97
- berufsbezogene Regelungen wie Tätigkeitsbeschränkungen und Werberegelungen für Angehörige bestimmter Berufe,
- produktbezogene Informations- und Werberegelungen,
- absatzbezogene Regelungen (Preisvorschriften, Vermarktungsbeschränkungen) sowie
- Regelungen bezogen auf den Inhalt des Geschäfts (AGB-Kontrolle, Informationspflichten).

247 Vgl. MünchKomm/Schaffert UWG § 4 Nr. 11 Rn. 56; Einzelheiten unten Rdn. 114.
248 BGH, 08.10.2015, I ZR 225/13, GRUR 2016, 513 Rn. 22 ff. – *Eizellspende*; MünchKomm/Schaffert UWG § 4 Nr. 11 Rn. 57.
249 BGH, 02.12.2009, I ZR 152/07, GRUR 2010, 654 Rn. 19, 25 – *Zweckbetrieb.*
250 BGH, 11.05.2000, I ZR 28/98, BGHZ 144, 255 ff. = GRUR 2000, 1076, 1079 – *Abgasemissionen*; BT-Drucksache 15/1487, S. 19.

2. Marktzutrittsregelungen

98 Keine Marktverhaltensregeln sind Regelungen, die allein den Marktzutritt regeln. Dies ergibt sich zwar nicht aus dem Wortlaut der Norm, aber aus der Gesetzgebungsgeschichte. Die Begründung des Regierungsentwurfs nahm insoweit ausdrücklich Bezug auf die Entscheidung des Bundesgerichtshofs »Elektroarbeiten«.[251] Im Gesetzgebungsverfahren wurde zwar ihre Einbeziehung, insbesondere im Hinblick auf die Regeln für die privatwirtschaftliche Betätigung der öffentlichen Hand erörtert, jedoch blieb es bei ihrem Ausschluss. Der Bundestag hat sich in dieser Frage im Gesetzgebungsverfahren ausdrücklich gegen eine entsprechende Stellungnahme des Bundesrates entschieden.[252]

99 Nach der ständigen Rechtsprechung des Bundesgerichtshofs fehlt es an der auf die Lauterkeit des Wettbewerbs bezogenen Schutzfunktion, die Voraussetzung für die Annahme einer Marktverhaltensregelung ist, wenn eine Vorschrift lediglich bestimmte Unternehmen von bestimmten Märkten fernhalten oder die Rahmenbedingungen des Wettbewerbs festlegen soll.[253] Marktzutrittsregelungen sind daher nur diejenigen Normen, die Personen den Marktzutritt aus Gründen verwehren, die nichts mit deren Marktverhalten, also mit der Art und Weise zu tun haben, wie sie am Markt agieren. Dabei handelt es sich einmal um wirtschaftslenkende Vorschriften, die bestimmte Unternehmer von bestimmten Märkten fernhalten sollen, um die dortigen Akteure vor unerwünschten Wettbewerb zu schützen. Es ist nicht der Sinn des UWG, dem Anspruchsberechtigten zu ermöglichen, Wettbewerber unter Berufung darauf, dass ein Gesetz ihren Marktzutritt verbiete, vom Markt fernzuhalten, wenn das betreffende Gesetz den Marktzutritt nur aus Gründen verhindern will, die den Schutz des lauteren Wettbewerbs nicht berühren. Unter dem Gesichtspunkt des Wettbewerbsrechts, zu dessen Zielen der Schutz der Freiheit des Wettbewerbs gehört, ist vielmehr jede Belebung des Wettbewerbs grundsätzlich erwünscht.[254] Problematisch ist es allerdings, wenn mit diesem Argument selbst der Marktzutritt der öffentlichen Hand als möglicherweise wettbewerbsfördernd angesehen wird.[255] Zum anderen handelt es sich bei Marktzutrittsregeln um Vorschriften, die bestimmten Personen zu ihrem eigenen Schutz den Marktzutritt untersagen oder nur unter bestimmten Voraussetzungen gestatten.[256]

100 Dabei ist aber zu beachten, dass Marktzutrittsregelungen auch eine sekundäre wettbewerbsbezogene Schutzfunktion aufweisen und damit zugleich das Marktverhalten im Interesse der Marktteilnehmer regeln können. Davon ist regelmäßig auszugehen, wenn die Betätigung auf einem bestimmten Markt einer öffentlich-rechtlichen Erlaubnis bedarf, um im Interesse der Marktteilnehmer, insbesondere der Verbraucher, eine

---

251 BGH, 25.04.2002, I ZR 250/00, GRUR 2002, 825 – *Elektroarbeiten*; BT-Drucksache 15/1487, S. 19.

252 BT-Drucksache 15/1487, S. 41; GK/Metzger, § 4 Nr. 11 Rn. 35.

253 BGH, 02.12.2009, I ZR 152/07, GRUR 2010, 654 Rn. 23 – *Zweckbetrieb*; BGH, 30.04.2015, I ZR 13/14, GRUR 2015, 1228 Rn. 56 – *Tagesschau-App*.

254 KG, 13.02.2007, 5 W 35/07, GRUR 2007, 515, 516 – *Sammel-Tragstuhlwagentransporte*.

255 So aber BGH, 25.04.2002, I ZR 250/00, GRUR 2002, 825, 826 – *Elektroarbeiten*.

256 MünchKomm/Schaffert, UWG, § 4 Nr. 11 Rn. 72.

bestimmte Qualität, Sicherheit oder Unbedenklichkeit der angebotenen Waren oder Dienstleistungen sicherzustellen. Eine Vorschrift, die eine Erlaubnispflicht zur Ausübung eines bestimmten Gewerbes statuiert und damit eine Marktzutrittsregelung darstellt, ist zugleich eine Marktverhaltensregelung, soweit sie darüber hinaus auch den Schutz anderer Marktteilnehmer vor einer Gefährdung ihrer Rechtsgüter durch unzuverlässige Gewerbetreibende bezweckt.[257] Das ist vor allem dann anzunehmen, wenn die Regelung im Interesse der Marktteilnehmer Abnehmer Qualitäts- oder Sicherheitsstandards vorsehen oder als Voraussetzung für die Ausübung bestimmter Tätigkeiten – etwa ärztlicher Behandlungen – im Interesse des Schutzes der Allgemeinheit den Nachweis besonderer fachlicher Fähigkeiten fordern.[258]

Im Bereich des Handwerks differenziert die Handwerksordnung zwischen zulassungspflichtigen (§ 1 HwO) und zulassungsfreien Handwerksbetrieben (§ 18 HwO), wobei in Anlage A die Gewerbe verzeichnet sind, die als zulassungspflichtige Handwerke betrieben werden können, und in Anlage B diejenigen, die zulassungsfrei betrieben werden können. Da in Anlage A Gewerbe aufgeführt sind, bei denen besondere Qualitätserfordernisse im Interesse der Verbraucher vorausgesetzt werden (z. B. im Gesundheitsbereich, wie Orthopädietechniker oder Zahntechniker, oder bei technischen Geräten, wie Kraftfahrzeugtechniker oder Elektrotechniker), handelt es sich dabei zwar um Marktzutrittsregeln, die aber sekundär auch im Interesse der Verbraucher das Marktverhalten regeln. Die unzulässige Ausübung eines sogenannten »A-Handwerks« kann daher Ansprüche nach § 3a begründen.[259] **101**

Praktisch relevant ist der Ausschluss von reinen Marktzutrittsregelungen aus dem Tatbestand des § 3a in erster Linie im Hinblick auf Normen, die die wirtschaftliche Betätigung der öffentlichen Hand beschränken sollen. So regelt beispielsweise § 107 der nordrhein-westfälischen Gemeindeordnung die Voraussetzungen, ob und in welchem Umfang sich eine Gemeinde wirtschaftlich betätigen kann. Als wirtschaftliche Betätigung wird dabei der Betrieb von Unternehmen definiert, die als Hersteller, Anbieter oder Verteiler von Gütern oder Dienstleistungen am Markt tätig werden, sofern die Leistung ihrer Art nach auch von einem Privaten mit der Absicht der Gewinnerzielung erbracht werden könnte (§ 107 Abs. 1 3 GO NRW). Diese Vorschriften dienen einmal dem Schutz der Gemeinden vor den Gefahren einer überdehnten unternehmerischer Tätigkeit, daneben auch dem Schutz privater Unternehmer vor der Konkurrenz durch aus öffentlichen Mitteln finanzierte Wettbewerber. Sie haben auch insofern eine den Wettbewerb regelnde Funktion, als sie durch die Beschränkung des Marktzutritts der Gemeinden Rahmenbedingungen des Wettbewerbs festlegen. Sie dienen jedoch nicht der Kontrolle der Lauterkeit des Marktverhaltens der Gemeinden.[260] Die gegen kom- **102**

---

257 BGH, 23.06.2016, I ZR 71/15, GRUR 2017, 95 Rn. 16 – *Arbeitnehmerüberlassung*.

258 BGH, 25.04.2002, I ZR 250/00, GRUR 2002, 825, 826 – *Elektroarbeiten*; BGH, 02.06.2005, I ZR 215/02, GRUR 2005, 875, 876 f. – *Diabetesteststreifen*; *Ohly*/Sosnitza, § 3a Rn. 19.

259 OLG Frankfurt, 28.04.2005, 6 U 36/05, GRUR 2005, 695 – *Werbung für Kfz-Reparaturen*; Detterbeck, Handwerksordnung (NomosBR), 3. Online-Auflage 2016, § 1 Rn. 14.

260 BGH, 26.09.2002, I ZR 293/99, GRUR 2003, 164, 166 – *Altautoverwertung*; Scherer, WRP 2006, 401, 405.

munalrechtliche Bestimmungen verstoßene Betätigung einer Gemeinde oder eines kommunalen Unternehmens im Wettbewerb kann allerdings aus anderen Gründen wie etwa wegen Autoritätsmissbrauchs oder wegen Missbrauchs amtlicher Informationen oder Einrichtungen unlauter sein.[261]

103 Kritisch ist es dagegen zu bewerten, wenn der Bundesgerichtshof das für den Staat aus Art. 5 Abs. 1 GG folgende Gebot, sich nur in engen Grenzen auf dem Gebiet der Presse zu betätigen, nicht als eine reine Marktzutrittsregelung eingestuft. Zur Begründung wird lediglich ausgeführt, es diene der Sicherung der Meinungsvielfalt und regele damit die Frage, wie sich Hoheitsträger und von Hoheitsträgern beherrschte Unternehmen im Falle ihrer Teilnahme am Wettbewerbsgeschehen auf dem Gebiet der Presse zu verhalten haben. Es stelle damit, da es auch den Schutz der Mitbewerber und der Verbraucher diene, eine Marktverhaltensregelung dar.[262] Inwieweit dieses Gebot allerdings dem Schutz der Verbraucher dienen soll, bleibt unklar, da es weder Qualitäts- noch Sicherheitsstandards etabliert oder eine besondere fachliche Qualifikation für die Betätigung auf dem Pressemarkt etabliert. Es bleibt damit bei einer Norm, die dem Schutz privater Wettbewerber vor der Konkurrenz durch die öffentliche Hand dient; eine Abgrenzung zu den (unzweifelhaft reine Marktzutrittsregelungen darstellenden) kommunalrechtlichen Bestimmungen über die wirtschaftliche Betätigung der Gemeinden ist kaum möglich.[263]

104 Eher vertretbar ist die Annahme einer Bestimmung, die zumindest auch das Marktverhalten regelt, für das Verbot nicht sendungsbezogener presseähnlicher Angebote in Telemedien durch die öffentlich-rechtlichen Rundfunkanstalten gemäß § 11d Abs. 2 Nr. 3 Teils. 3 RStV. Diese Bestimmung regelt nicht das »ob« des Angebots von Telemedien, die in § 11d Abs. 1 RStV ausdrücklich zugelassen werden, sondern das »wie« der inhaltlichen Ausgestaltung des Angebots. Sie bestimmt damit das Verhalten auf dem Markt der Telemedien, ohne den Zugang zu diesem Markt zu verschließen. Sie ist den Regelungen vergleichbar, die beispielsweise Werbung und Sponsoring (§ 11d Abs. 5 1 RStV S. 1) oder bestimmte Angebotsformen (§ 11d Abs. 5 4 RStV in Verbindung mit der Anlage zum Staatsvertrag) bei Telemedienangeboten verbieten.[264]

105 Keine Marktverhaltensregelungen sind die Wettbewerbsverbote der §§ 60, 112 HGB oder des § 88 AktG, die allein dem Schutz der Unternehmen gegen Wettbewerb durch ihre Mitarbeiter, Gesellschafter oder Organe dienen.[265] Auch § 86 Abs. 1 HGB betrifft allein die Pflichten des Handelsvertreters gegenüber dem Unternehmer, so dass

---

261 BGH, 12.07.2012, I ZR 54/11, GRUR 2013, 301 Rn. 29 – *Solarinitiative*; MünchKomm/Schaffert UWG § 4 Nr. 11 Rn. 75.

262 BGH, 15.12.2011, I ZR 129/10, GRUR 2012, 728 Rn. 11 – *Einkauf aktuell* Einzelheiten s. u. Rdn. 324.

263 *Ohly*/Sosnitza, § 3a Rn. 20.

264 BGH, 30.04.2015, I ZR 13/14, GRUR 2015, 1228 Rn. 59 – *Tagesschau-App*; BGH, 26.01.2017, I ZR 207/14, GRUR 2017, 422 Rn. 33 – *ARD-Buffet*; auch insoweit ablehnend Hain/Brings, WRP 2012, 1495, 1498.

265 *Köhler*/Bornkamm/Feddersen, § 3a Rn. 1.78; MünchKomm/Schaffert UWG § 4 Nr. 11 Rn. 80.

Pflichtverletzungen allein zivilrechtliche Ansprüche des Unternehmers, nicht aber wettbewerbsrechtliche Ansprüche aus § 3a auslösen.[266] Die §§ 21, 22 BGB, die die wirtschaftliche Betätigung eingetragener Vereine untersagen, verfolgen das Ziel, aus Gründen der Sicherheit des Rechtsverkehrs, insbesondere des Gläubigerschutzes, Vereinigungen mit wirtschaftlicher Zielsetzung auf die dafür zur Verfügung stehenden handelsrechtlichen Formen zu verweisen. Sie sollen eine wirtschaftliche Betätigung von Idealvereinen verhindern und haben daher keine wettbewerbsbezogene Schutzfunktion.[267]

3. Regelungen im Vor- und Umfeld des Marktgeschehens

Vorschriften, die das Verhalten im Vor- und Umfeld des Marktgeschehens regeln, fehlt der erforderliche unmittelbare Marktbezug. Eine Vorschrift, die ein dem Marktverhalten vorausgegangenes oder ihm nachfolgendes Verhalten betrifft, beinhaltet keine Marktverhaltensregel, sofern die Vorschrift nicht eine zumindest sekundäre, auf die Lauterkeit des Wettbewerbs bezogene Schutzfunktion erfüllt.[268] **106**

Hierzu gehören **steuerrechtliche Vorschriften**, die grundsätzlich keine Marktverhaltensregelungen darstellen. Ihr Zweck beschränkt sich im Normalfall darauf, die Finanzierung des Gemeinwesens zu ermöglichen. Steuerrechtliche Vorschriften regeln insoweit nicht das Marktverhalten, sondern lediglich das Verhältnis zwischen dem Hoheitsträger und dem Steuerpflichtigen. Sie bezwecken grundsätzlich auch nicht den Schutz der Interessen der Marktteilnehmer. Für die Beurteilung, ob ein Verstoß im Sinn des § 3a vorliegt, ist es daher unerheblich, ob sich ein Unternehmer durch das Hinterziehen von Steuern einen Vorsprung im Wettbewerb verschafft. Ebenso kann das Nichterheben einer Steuer bei einem Mitbewerber regelmäßig nicht als Wettbewerbsverstoß beanstandet werden.[269] Vorschriften, die wie §§ 51 ff. AO den Anwendungsbereich von Steuerbegünstigungen bestimmen, dienen zwar auch dem Schutz der Interessen der Mitbewerber des durch die Steuererleichterung begünstigten Unternehmens. Sie sind aber gleichwohl keine Marktverhaltensregelungen, weil sie nicht bezwecken, die Lauterkeit des Marktverhaltens der Steuerpflichtigen zu gewährleisten.[270] **107**

Dieser Bezug zur Lauterkeit des Marktverhaltens fehlt auch Steuern, die dem Zweck der Wirtschaftslenkung oder dem Schutz bestimmter Marktteilnehmer dienen (wie etwa die Sondersteuer auf alkoholhaltige Süßgetränke – Alkopops – gemäß Art. 1 des Gesetzes zur Verbesserung des Schutzes junger Menschen vor Gefahren des Alkohol- und Tabakkonsums vom 23.07.2004, BGBl I, 1857). Da sie keine Verhaltenspflichten der Marktteilnehmer begründen, stellen sie auch keine Marktverhaltensregelungen **108**

266 BGH, 06.11.2013, I ZR 104/12, GRUR 2014, 88 Rn. 28 – *Vermittlung von Netto-Policen.*
267 So schon BGH, 04.06.1986, I ZR 29/85, GRUR 1986, 823, 824 – *Fernsehzuschauerforschung.*
268 BGH, 27.04.2017, I ZR 215/15, GRUR 2017, 819 Rn. 27 – *Aufzeichnungspflicht.*
269 BGH, 02.12.2009, I ZR 152/07, GRUR 2010, 654 Rn. 19 – *Zweckbetrieb.*
270 BGH, 02.12.2009, I ZR 152/07, GRUR 2010, 654 Rn. 21 – *Zweckbetrieb.*

dar.[271] Etwas anderes gilt nur für steuerrechtliche Vorschriften, die sich in der Sache als Preisvorschriften darstellen, wie das Beipackverbot des § 24 Abs. 1 TabStG.[272] Auch öffentlich-rechtliche Gebührenvorschriften sind keine Marktverhaltensregelungen,[273] ebenso wenig die Vorschriften über das Abführen von Sozialbeiträgen.[274]

109 Parallel dazu sieht der Bundesgerichtshof die Vorschriften betreffend **Zuzahlungen in der gesetzlichen Krankenversicherung** wie zum Beispiel § 33 Abs. 8 SGB V. Sie sollen die das Kostenbewusstsein der Versicherten stärken und die Inanspruchnahme von Leistungen auf der Basis des Wirtschaftlichkeitsgebots fördern. Damit soll zwar auch das Verhalten der Versicherten gesteuert werden; diese Verhaltenssteuerung bezweckt aber nicht die Schaffung gleichwertiger Wettbewerbsbedingungen, um im Interesse der übrigen Marktteilnehmer den Wettbewerb zu regeln. Sie dient vielmehr lediglich dazu, die finanzielle Absicherung der Gesundheitsvorsorge zu erhalten, also – vergleichbar einer steuerrechtlichen Vorschrift – eine hoheitliche Aufgabe wirtschaftlich sicherzustellen.[275]

110 Vorschriften, die sich allein auf den **Produktionsvorgang** beziehen, wie die Bestimmungen des Umweltschutzes und des Tierschutzes schützen Allgemeininteressen und haben keinen Marktbezug.[276] Selbst bei massiven Rechtsverstößen in diesem Bereich ist es nicht die Aufgabe der Wettbewerbsgerichte, sondern der dazu berufenen Stellen, diesen abzuhelfen.[277] Zu beachten ist aber, dass ein Verstoß gegen Produktionsvorschriften im Arzneimittel- und Lebensmittelbereich zur Folge haben kann, dass das Produkt nicht verkehrsfähig ist und ein Inverkehrbringen Ansprüche nach § 3a auslösen kann.[278]

111 Die für das Verhalten der Ärzte in den einzelnen **ärztlichen Berufsordnungen** festgelegten Regeln stellen nicht von vornherein Marktverhaltensregelungen im Interesse der Marktteilnehmer dar. Vielmehr ist durch Auslegung der jeweiligen Bestimmung zu ermitteln, ob diese nach ihrem Schutzzweck dazu bestimmt ist, die Interessen der Verbraucher zu wahren oder die Wettbewerbsgleichheit innerhalb der Ärzteschaft her-

---

271 *Köhler*/Bornkamm/Feddersen, § 3a Rn. 1.71; offengelassen in BGH, 02.12.2009, I ZR 152/07, GRUR 2010, 654 Rn. 20 – *Zweckbetrieb*; auch OLG Oldenburg, 30.11.2006, 1 U 74/06, WRP 2007, 685 – *Knabberohren*, betrifft keine Lenkungssteuer.

272 OLG Frankfurt, 02.06.2004, 6 W 79/04, GRUR-RR 2004, 255 – *Internet-Versteigerung*; vgl. BGH, 02.12.2009, I ZR 152/07, GRUR 2010, 654 Rn. 20 – *Zweckbetrieb*.

273 HansOLG Hamburg, 29.01.2009, 3 U 107/08, GRUR-RR 2010, 57, 60 – *EMEA-Leitlinie*.

274 *Köhler*/Bornkamm/Feddersen, § 3a Rn. 1.70.

275 BGH, 01.12.2016, I ZR 143/15, GRUR 2017, 641 Rn. 11 – *Zuzahlungsverzicht bei Hilfsmitteln*.

276 BGH, 06.07.1995, I ZR 4/93, BGHZ 130, 182 ff. = GRUR 1995, 817, 818 – *Legehennenhaltung*; BGH, 11.05.2000, I ZR 28/98, BGHZ 144, 255 ff. = GRUR 2000, 1076, 1077 – *Abgasemissionen*.

277 BGH, 06.07.1995, I ZR 4/93, BGHZ 130, 182 ff. = GRUR 1995, 817, 818 – *Legehennenhaltung*.

278 BGH, 23.06.2005, I ZR 194/02, BGHZ 163, 265 ff. = GRUR 2005, 778, 780 – *Atemtest*; MünchKomm/Schaffert UWG § 4 Nr. 11 Rn. 64.

zustellen.[279] Die Vorschriften des Embryonenschutzgesetzes betreffend die »Eizellenspende« und die sie ergänzenden Vorschriften der ärztlichen Berufsordnungen dienen dem Schutz der Würde des Menschen und dem Kindeswohl, sind aber keine Marktverhaltensregelungen.[280]

Arbeitnehmerschutzvorschriften stellen im Blick auf das Angebot von Waren oder Dienstleistungen des Unternehmers betriebsinterne Regelungen dar, denen ein unmittelbarer Bezug zum Auftreten und Verhalten des Unternehmers auf dem Absatzmarkt fehlt. Sie weisen daher grundsätzlich keine auf das Marktverhalten des Unternehmers bezogene Schutzfunktion auf.[281] Allein der Umstand, dass Arbeitnehmerschutzvorschriften zugleich Wettbewerbsverzerrungen zwischen Unternehmen mit Arbeitnehmern und solchen ohne Arbeitnehmern entgegenwirken sollen, dürfte als reine Reflexwirkung einer sozialpolitischen Norm nicht ausreichen, um eine Marktverhaltensregelung anzunehmen.[282] 112

Die nach § 1 Abs. 1 AÜG erforderliche Erlaubnis für die Arbeitnehmerüberlassung hat zwar Auswirkungen auf dem Markt der Arbeitnehmerüberlasser. Sie soll aber nicht die Teilnehmer auf diesem Markt vor der Konkurrenz durch ungeeignete Verleiher, sondern die Leiharbeitnehmer vor sozialer Ausbeutung schützen. Soweit der Ausschluss unzuverlässiger Verleiher vom Markt der Arbeitnehmerüberlassung zugleich verhindert, dass sich diese durch für die Leiharbeitnehmer ungünstige Arbeitsbedingungen gegenüber ihren Mitbewerbern Wettbewerbsvorteile verschaffen, handelt es sich lediglich um eine tatsächliche Folge aus dem mit der gesetzlichen Regelung bezweckten sozialen Schutz der Leiharbeitnehmer. Solche reflexartigen Auswirkungen zu Gunsten von Marktteilnehmern rechtfertigen für sich gesehen nicht die Annahme einer Marktverhaltensregelung im Interesse dieser Marktteilnehmer.[283] 113

Auch Verstöße gegen gesetzliche Mindestlohnregelungen wie § 1 MiLoG oder § 5 TVG für allgemeinverbindlich erklärte Tarifverträge betreffen nicht das Verhalten auf dem Absatzmarkt. Sie sind auch nicht deshalb Marktverhaltensregeln, weil sie das Verhalten auf dem Nachfragemarkt für Arbeitsleistungen betreffen.[284] Auch insoweit gilt, dass die Durchsetzung von Arbeitnehmerschutzrechten nach den arbeitsrechtlichen Bestimmungen vor allem in der Eigenverantwortung des betroffenen Arbeitnehmers und deren gewerkschaftlichen Interessenvertretungen liegt. Diese Aufgaben- und Verantwortungszuweisung würde unterlaufen, wenn ein Mitbewerber die Einhaltung von 114

279 BGH, 08.10.2015, I ZR 225/13, GRUR 2016, 513 Rn. 32 – *Eizellspende*.

280 BGH, 08.10.2015, I ZR 225/13, GRUR 2016, 513 Rn. 33 – *Eizellspende*; Büscher, GRUR 2017, 105, 113.

281 BGH, 23.06.2016, I ZR 71/15, GRUR 2017, 95 Rn. 23 – *Arbeitnehmerüberlassung*.

282 A. A. MünchKomm/Schaffert UWG § 4 Nr. 11 Rn. 62 unter Hinweis auf BVerfG, 09.06.2004, 1 BvR 636/02, BVerfGE 111, 10 ff. = WRP 2004, 869, 877 – *Ladenschlussgesetz*.

283 BGH, 23.06.2016, I ZR 71/15, GRUR 2017, 95 Rn. 25 – *Arbeitnehmerüberlassung*.

284 *Köhler*/Bornkamm/Feddersen, § 3a Rn. 1.70; Harte/Henning/v. Jagow, § 3a Rn. 32; a. A. MünchKomm/Schaffert UWG § 4 Nr. 11 Rn. 56.

Arbeitnehmerschutzvorschriften bei seinen Konkurrenten im Wege von Unterlassungsklagen durchsetzen könnte.[285]

115 Zweck und Schutzgut der Bestimmungen des **Straßenverkehrsrechts** sowie des öffentlichen Straßen- und Wegerechts ist es, Gefahren für die Leichtigkeit und Sicherheit des Verkehrs möglichst auszuschließen oder doch in erheblichem Maße zu mindern, um die Straße für ihren widmungsgemäßen Benutzungszweck und damit den Gemeingebrauch freizuhalten.[286] Die Vorschriften des Straßenverkehrszulassungsrechts über Mietfahrzeuge sind dagegen Marktverhaltensregelungen. Sie ordnen unter anderem eine Hauptuntersuchung dieser stärkerer Belastung ausgesetzten Fahrzeuge im Zwölfmonatsrhythmus an und dienen damit nicht nur allgemein der Sicherheit des Straßenverkehrs, sondern gerade auch der diese Fahrzeuge nutzenden Marktteilnehmer.[287]

116 Die durch die **Gesetze zum Schutz des geistigen Eigentums** (UrhG, PatentG, DesignG, MarkenG) begründeten Rechte sind zwar von allen Wettbewerbern zu beachten, haben aber nicht den Zweck, den Wettbewerb durch Aufstellung gleicher Schranken zu regeln und dadurch zur Chancengleichheit der Wettbewerber beizutragen. Sie sollen als Individualrechte allein die Interessen der Urheber und derjenigen schützen, die ihre Rechtsposition von diesen ableiten. Ein Unternehmen, das fremde Urheberrechte nicht beachtet, gewinnt durch diesen Rechtsbruch allerdings Vorteile, die es möglicherweise auch im Wettbewerb einsetzen kann: Es nutzt geschützte Werke, die nach der Rechtslage nur mit Zustimmung des Urheberberechtigten genutzt werden dürften und deshalb bei rechtmäßigem Vorgehen zur gewerblichen Verwertung regelmäßig gar nicht oder nur gegen Entgelt zur Verfügung stehen. Es soll allerdings nach der Konzeption dieser Gesetze allein dem Rechteinhaber vorbehalten bleiben, ob er gegen eine Verletzung seiner Rechte vorgeht oder nicht.[288] Damit verfügen diese Gesetze über ein eigenes, insoweit abschließendes Sanktionensystem, so dass eine Anwendung des § 3a auch unter diesem Gesichtspunkt ausscheidet.[289] Das gleiche gilt für die durch § 823 BGB geschützten Rechte wie das Eigentum oder das allgemeine Persönlichkeitsrecht.[290]

117 Einen Grenzfall stellen die Bestimmungen des **Datenschutzrechts** dar. Sie bezwecken zwar den Schutz des Persönlichkeitsrechts des Einzelnen gegen Beeinträchtigungen durch den Umgang mit seinen personenbezogenen Daten (§ 1 Abs. 1 BDSG). Ob und inwieweit es sich bei ihnen aber um Marktverhaltensregeln zum Schutz der Verbraucher

---

285 KG, 14.02.2017, 5 U 105/16, WRP 2017, 460 Rn. 19 ff. – *Essensausfahrer*, unter Bezug auf BGH, 23.06.2016, I ZR 71/15, GRUR 2017, 95 Rn. 44 – *Arbeitnehmerüberlassung*.

286 BGH, 11.05.2006, I ZR 250/03, GRUR 2006, 872 Rn. 17 – *Kraftfahrzeuganhänger mit Werbeschildern*; LG Kiel, 30.11.2004, 16 O 51/04, GRUR 2005, 446 – *Frühstücksaktion*.

287 KG, 12.09.2006, 5 U 100/06, BeckRS 2007, 13325; MünchKomm/Schaffert UWG § 4 Nr. 11 Rn. 69.

288 BGH, 10.12.1998, I ZR 100/96, BGHZ 140, 183 ff. = GRUR 1999, 325, 326 – *elektronische Pressearchive*; FBO/Götting/Hetmank, § 3a Rn. 77.

289 *Ohly*/Sosnitza, § 3a Rn. 10.

290 BGH, 16.03.2006, I ZR 92/03, GRUR 2006, 879 Rn. 13 – *Flüssiggastank*; *Köhler*/Bornkamm/Feddersen, § 3a Rn. 1.75; MünchKomm/Schaffert UWG § 4 Nr. 11 Rn. 70.

handelt, ist streitig und für jede Einzelnorm gesondert zu bestimmen.[291] Einzelheiten werden in der Kommentierung unter C. erörtert.[292]

4. Auch im Interesse der Marktteilnehmer

Es genügt nicht, dass die verletzte Vorschrift eine Marktverhaltensregelung darstellt. Sie **118** muss das Marktverhalten gerade im Interesse der Mitbewerber, der Verbraucher oder sonstigen Marktteilnehmer (§ 1 Satz 1) regeln. Eine Norm regelt das Marktverhalten in diesem Sinn, wenn sie einen Wettbewerbsbezug in der Form aufweist, dass sie die wettbewerblichen Belange der als Anbieter oder Nachfrager von Waren oder Dienstleistungen in Betracht kommenden Personen schützt. Eine Vorschrift, die dem Schutz von Rechten, Rechtsgütern oder sonstigen Interessen von Marktteilnehmern dient, ist eine Marktverhaltensregelung, wenn das geschützte Interesse gerade durch die Marktteilnahme, also durch den Abschluss von Austauschverträgen und den nachfolgenden Verbrauch oder Gebrauch der erworbenen Ware oder in Anspruch genommenen Dienstleistung berührt wird. Nicht erforderlich ist eine spezifisch wettbewerbsbezogene Schutzfunktion in dem Sinne, dass die Regelung die Marktteilnehmer speziell vor dem Risiko einer unlauteren Beeinflussung ihres Marktverhaltens schützt. Die Vorschrift muss jedoch – zumindest auch – den Schutz der wettbewerblichen Interessen der Marktteilnehmer bezwecken; lediglich reflexartige Auswirkungen zu deren Gunsten genügen daher nicht.[293]

Der reine Schutz von Allgemeininteressen führt daher nicht in den Rechtsbruchtatbe- **119** stand. Auch wichtige Belange der Allgemeinheit (wie das Kindeswohl oder der Umweltschutz) und die sie schützenden Vorschriften sind daher per se wettbewerbsneutral.[294] Allerdings ist nicht zu verkennen, dass mit zunehmender Komplexität der umweltschutzrechtlichen Bestimmungen der Bundesgerichtshof dazu zu neigen scheint, im Zweifel auch eine auf die Interessen der Marktteilnehmer bezogene Schutzrichtung anzunehmen. So genügt es, wenn Mitbewerber vor einer Belastung mit höheren Kosten infolge regelwidrigen Verhaltens ihrer Konkurrenten geschützt werden sollen,[295] obwohl dieses Argument nicht sehr weit von dem alten – und an sich überholten – Gedanken des »Vorsprungs durch Rechtsbruch« entfernt ist.[296] Ebenso soll es ausreichen, wenn eine Vorschrift wie die Pkw-EnVKV betreffend Angaben über den Kraftstoffverbrauch und die CO_2-Emissionen dem Verbraucher eine geschäftliche Entschei-

291 FBO/Götting/Hetmank, § 3a Rn. 80 f.; *Köhler*/Bornkamm/Feddersen, § 3a Rn. 1.74; MünchKomm/Schaffert UWG § 4 Nr. 11 Rn. 71; Podszun/de Toma, NJW 2016, 2987, 2990, jeweils m. w. N.

292 S. unten Rdn. 272 ff.

293 BGH, 08.10.2015, I ZR 225/13, GRUR 2016, 513 Rn. 21 – *Eizellspende.*

294 BGH, 29.06.2006, I ZR 171/03, GRUR 2007, 162 Rn. 12 – *Mengenausgleich in Selbstversorgergemeinschaft*; BGH, 08.10.2015, I ZR 225/13, GRUR 2016, 513 Rn. 28 – *Eizellspende.*

295 So schon BGH, 29.06.2006, I ZR 171/03, GRUR 2007, 162 Rn. 12 – *Mengenausgleich in Selbstversorgergemeinschaft*; BGH, 09.07.2015, I ZR 224/13, GRUR 2015, 1021 Rn. 15 – *Kopfhörer-Kennzeichnung.*

296 *Ohly*/Sosnitza, § 3a Rn. 22.

dung »auf informierter Grundlage« erlauben soll, um einen über den reinen Umweltschutz hinausgehenden Schutzzweck anzunehmen.[297]

120 Zu den geschützten Interessen der Mitbewerber gehören der Schutz gegen Behinderung, Rufausbeutung oder -beeinträchtigung. Auch das Interesse an der Gleichheit der Verhältnisse auf einem bestimmten Markt soll erfasst werden. Mit dieser Begründung werden daher die Ladenschlussgesetze, die in erster Linie dem Schutz der Arbeitnehmer und der Feiertagsruhe dienen, als Marktverhaltensregelungen angesehen.[298] Zwar wird dies dahingehend eingeschränkt, dass es nicht genügen soll, wenn eine Norm allgemein auf eine Gleichbehandlung aller Mitbewerber durch eine gleichmäßige Anwendung des Gesetzes zielt. Nur wenn eine Regelung nicht lediglich die einfache Gleichheit vor dem Gesetz fordert, sondern gezielt auf gleiche Wettbewerbsbedingungen in einem bestimmten Markt hinwirken soll, so soll dies für die Anwendung des Rechtsbruchtatbestands genügen.[299] Diese Abgrenzung ist aber, ebenso wie die zwischen einem »auch« geschützten Interesse und einer »bloßen Reflexwirkung«, praktisch kaum handhabbar, wenn nicht auf die schwer zu ermittelnden subjektiven Vorstellungen der Organe der Gesetzgebung abgestellt werden soll.

121 Im Einzelnen ist es allerdings umstritten, ob sämtliche Vorschriften, die dem Schutz der Interessen der Verbraucher und sonstigen Marktteilnehmer dienen, vom Rechtsbruchtatbestand erfasst werden. Eindeutig erfasst sind Bestimmungen, die die Entscheidungsfreiheit des Verbrauchers schützen. Streitig ist dagegen, ob auch solche Regelungen das Marktverhalten im Interesse der Verbraucher regeln, die andere Interessen oder Rechtsgüter wie Gesundheit, Jugendschutz oder Produktsicherheit schützen.[300] Die Rechtsprechung des Bundesgerichtshofs geht davon aus, dass auch das Interesse des Verbrauchers geschützt wird, ein Produkt angeboten zu bekommen, das den in seinen Interessen bestehenden gesetzlichen Bestimmungen entspricht.[301] Gleiches gilt für die Inanspruchnahme von Dienstleistungen, so dass auch der Schutz der Verbraucher vor unqualifizierten Dienstleistungsanbietern eine Marktverhaltensregelung darstellt.[302]

122 Mit dieser Begründung sind selbst die Bestimmungen des Jugendschutzgesetzes über das Verbot des Versandhandels mit jugendgefährden Medien (§ 15 Abs. 1 Nr. 3 JSchG) als Marktverhaltensregelungen im Interesse der Verbraucher eingestuft worden.[303] Lediglich die §§ 130, 131 StGB (Volksverhetzung, Gewaltdarstellung) dienen allein

---

297 BGH, 04.02.2010, I ZR 66/09, GRUR 2010, 852 Rn. 16 – *Gallardo Spyder.*
298 OLG Düsseldorf, 28.02.2012, 20 U 168/11, Juris Rn. 15; *Köhler*/Bornkamm/Feddersen, § 3a Rn. 1.65.
299 GK/Metzger, § 4 Nr. 11 Rn. 37.
300 *Ohly*/Sosnitza, § 3a Rn. 25 m. w. N.
301 BGH, 10.12.2009, I ZR 189/07, GRUR 2010, 754 Rn. 21 – *Golly Telly.*
302 *Köhler*/Bornkamm/Feddersen, § 3a Rn. 1.83.
303 BGH, 12.07.2007, I ZR 18/04, BGHZ 173, 188 ff. = GRUR 2007, 890 Rn. 34 – *Jugendgefährdende Medien bei eBay.*

dem öffentlichen Frieden und sind daher keine Marktverhaltensregeln.[304] Ob beispielsweise das Verbot der Verbreitung kinderpornographischer Schriften (§ 184b Abs. 1 StGB) nach dieser Auffassung tatsächlich keine Marktverhaltensregelung darstellt,[305] erscheint zweifelhaft. Diese Vorschrift dient zwar in erster Linie dem Schutz der missbrauchten Kinder, daneben aber auch dem Jugendschutz.[306]

Insgesamt lässt sich daher festhalten, dass das Tatbestandsmerkmal »im Interesse der Marktteilnehmer« praktisch weitgehend leerläuft.[307]Es ist bezeichnend, dass die Anwendung des Rechtsbruchtatbestandes – mit Ausnahme des Urteils des Bundesgerichtshofs **»Eizellenspende«**[308] – in neueren Entscheidungen so gut wie nie an diesem Merkmal gescheitert ist. Selbst in **»Eizellenspende«** hätte sich das gegenteilige Ergebnis begründen lassen, wenn auf die Menschenwürde als ein über den Rechtsbruchtatbestand geschütztes Verbraucherinteresse[309] abgestellt worden wäre, da diese zu den Schutzzwecken des EmbryonenschutzG gehört.[310] 123

VI. Spürbare Beeinträchtigung

In der Neufassung ist § 3a mit einer eigenen Spürbarkeitsklausel versehen worden, die sich zuvor aus § 3 ergeben hatte. Auch insoweit ist damit materiellrechtlich keine Änderung eingetreten; ob sie dazu führt, dass die Spürbarkeitsklausel tatsächlich größere praktische Bedeutung gewinnt,[311] bleibt abzuwarten. 124

Durch das Erfordernis einer spürbaren Beeinträchtigung soll zum Ausdruck kommen, dass die Wettbewerbsmaßnahme von einem gewissen Gewicht für das Wettbewerbsgeschehen und die Interessen des geschützten Personenkreises sein muss. Dadurch soll die Verfolgung von Bagatellfällen ausgeschlossen werden, weshalb die Schwelle nicht zu hoch anzusetzen ist.[312] Nach dem Wortlaut der Vorschrift genügt es, wenn der Verstoß geeignet ist, die Interessen der Marktteilnehmer spürbar zu beeinträchtigen, eine konkrete Beeinträchtigung muss daher nicht festgestellt werden. Es genügt, wenn eine solche mit einer gewissen Wahrscheinlichkeit eintreten kann.[313] 125

Die Frage, ob es sich um einen Bagatellverstoß handelt oder die Grenze überschritten ist, ist unter umfassender Berücksichtigung der Umstände des Einzelfalls, namentlich der Art und Schwere des Verstoßes, anhand der Zielsetzung des Gesetzes gegen den 126

---

304 BGH, 12.07.2007, I ZR 18/04, BGHZ 173, 188 ff. = GRUR 2007, 890 Rn. 29 – *Jugendgefährdende Medien bei eBay.*

305 So GK/Metzger, § 4 Nr. 11 Rn. 38.

306 BGH, 27.06.2001, 1 StR 66/01, BGHSt 47, 61 ff. = NJW 2001, 3558, 3560; Schönke/Schröder/Eisele, StGB, 29. Aufl. 2014, § 184b Rn. 1.

307 *Ohly*/Sosnitza, § 3a Rn. 25.

308 BGH, 08.10.2015, I ZR 225/13, GRUR 2016, 513 – *Eizellspende.*

309 *Köhler*/Bornkamm/Feddersen, § 3a Rn. 1.66.

310 BGH, 08.10.2015, I ZR 225/13, GRUR 2016, 513 Rn. 22 – *Eizellspende.*

311 So *Ohly*/Sosnitza, § 3a Rn. 5a.

312 BGH, 28.06.2007, I ZR 153/04, GRUR 2008, 186 Rn. 25 – *Telefonaktion*; BGH, 21.09.2016, I ZR 234/15, GRUR 2017, 203 Rn. 31 – *Quecksilberhaltige Leuchtstofflampen.*

313 *Köhler*/Bornkamm/Feddersen, § 3a Rn. 1.97.

unlauteren Wettbewerb zu beurteilen. Für die Spürbarkeit des Eingriffs sprechen das Gewicht des betroffenen Interesses, die mit dem Verstoß verbundenen Risiken, sowie die Intensität des Verstoßes im Hinblick auf seine Dauer oder die Zahl der Verstöße.[314] Insbesondere bei Verstößen gegen Vorschriften, die dem Schutz der Gesundheit der Verbraucher dienen, nimmt die Rechtsprechung daher regelmäßig ohne nähere Begründung einen spürbaren Verstoß an.[315] Unzulässige Werbemaßnahmen, die einen großen Kreis potenzieller Abnehmer betreffen, stellen für die Mitbewerber des Werbenden eine nachhaltige und spürbare Beeinträchtigung dar.[316] Soweit die Dauer des Verstoßes als ein Kriterium für die Spürbarkeit herangezogen wird, bedeutet dies nicht im Umkehrschluss, dass ein nur kurzfristiger oder einmaliger Verstoß nicht spürbar sein kann: Gerade beim Verstoß gegen gesundheitsschützende Vorschriften kann auch ein nur einmaliger Verstoß eine spürbare Beeinträchtigung bedeuten.[317]

127 Nach der Gesetzesbegründung kann auch bei Verstößen mit nur geringen Auswirkung für die Marktteilnehmer im Einzelfall eine nicht unerhebliche Verfälschung des Wettbewerbs vorliegen, wenn eine nicht unerhebliche Nachahmungsgefahr besteht.[318] In der Literatur wird dieses Kriterium kritisiert, weil einerseits schon ein einzelner Gesetzesverstoß spürbar sein könne, andererseits die Annahme der Nachahmungsgefahr häufig spekulativ sei.[319] Diese Einwendungen sind aber nicht zwingend: Auch hier gilt wie bei der Dauer des Verstoßes, dass Nachahmungsgefahr zwar die Spürbarkeit steigern kann, aber nicht im Umkehrschluss fehlende Nachahmungsgefahr die Spürbarkeit – etwa bei Risiken für gewichtige Interessen – per se entfallen lässt. Dass es sich bei der Einschätzung der Nachahmungsgefahr um eine Prognoseentscheidung handelt, gilt für die Bewertung der möglichen Auswirkungen auf die Interessen der Marktbeteiligten allgemein. So ist es durchaus nachvollziehbar, dass schon einzelne Durchbrechungen eines strikten Preisbindungsgebots erhebliche Nachahmungseffekte nach sich ziehen können, da Wettbewerber allein im Interesse ihrer Konkurrenzfähigkeit auf solche Angebote reagieren müssen.[320]

128 Ein spürbarer Verstoß war nach der Rechtsprechung des Bundesgerichtshofs ferner dann ohne weiteres anzunehmen, wenn der Verstoß im Vorenthalten von Informationen besteht, die das Unionsrecht als wesentlich einstuft. Dies gebiete schon die richtlinienkonforme Auslegung des § 3a.[321] Allerdings hat die Neufassung des § 5a UWG klargestellt, dass nicht jedes Vorenthalten einer – auch vom Unionsrecht geforderten – Information unlauter ist. Erforderlich ist vielmehr, dass der Verbraucher die Informa-

314 *Ohly*/Sosnitza, § 3a Rn. 30c.
315 BGH, 18.06.2015, I ZR 26/14, GRUR 2016, 213 Rn. 20 – *Zuweisung von Verschreibungen.*
316 BGH, 12.07.2012, I ZR 54/11, GRUR 2013, 301 Rn. 34 – *Solarinitiative.*
317 BGH, 10.02.2011, I ZR 8/09, GRUR 2011, 842 Rn. 21 – *RC-Netzmittel.*
318 BT-Drucksache 15/1487, S. 17 so z. B. OLG Frankfurt, 10.07.2014, 6 U 32/14, GRUR-RR 2015, 31 – *Rubbellos in der Apotheke*; Harte/Henning/v. Jagow, § 3a Rn. 40.
319 *Köhler*/Bornkamm/Feddersen, § 3a Rn. 1.110; *Ohly*/Sosnitza, § 3a Rn. 30c; Link, in: Ullmann, jurisPK-UWG, § 3a Rn. 74.
320 OLG Frankfurt, 10.07.2014, 6 U 32/14, GRUR-RR 2015, 31 – *Rubbellos in der Apotheke.*
321 BGH, 07.05.2015, I ZR 158/14, GRUR 2015, 1240 Rn. 46 – *Der Zauber des Nordens.*

tion je nach den Umständen benötigt, um eine informierte geschäftliche Entscheidung zu treffen, und dass ihr Vorenthalten geeignet ist, den Verbraucher zu einer geschäftlichen Entscheidung zu veranlassen, die er andernfalls nicht getroffen hätte (§ 5a Abs. 2 1). Die frühere Rechtsprechung, auf die der Bundesgerichtshof auch bei der Anwendung des § 4 Nr. 11 a. F. Bezug genommen hatte[322], nach der das Vorenthalten einer vom Unionsrecht geforderten Information stets zugleich »spürbar« im Sinn des § 5a sei, ist damit nicht mehr vereinbar.[323] Inzwischen geht der Bundesgerichtshof davon aus, die Voraussetzungen des in § 5a Abs. 2 UWG geregelten Unlauterkeitstatbestands, dass der Verbraucher die ihm vorenthaltene wesentliche Information »je nach den Umständen benötigt, um eine informierte Entscheidung zu treffen« und »deren Vorenthalten geeignet ist, den Verbraucher zu einer geschäftlichen Entscheidung zu veranlassen, die er andernfalls nicht getroffen hätte«, nach § 5a Abs. 2 1 Nr. 1 und 2 UWG zusätzliche Tatbestandsmerkmale darstellen, die deshalb selbständig zu prüfen sind. Allerdings geht der Bundesgerichtshof davon aus, dass diese Merkmale »im Regelfall« beim Vorenthalten wesentlicher Informationen erfüllt sind.[324]

Für § 3a bedeutet dies, dass gerade in richtlinienkonformer Auslegung der Vorschrift **129**
auch beim Verstoß gegen unionsrechtliche Informationspflichten die Spürbarkeit zu prüfen ist. Sie ist immer und nur dann zu bejahen, wenn die Relevanzkriterien des § 5a Abs. 2 1 erfüllt sind. Dementsprechend führt der Bundesgerichtshof aus, bestehe der Verstoß gegen eine Marktverhaltensregelung darin, dass dem Verbraucher eine wesentliche Information vorenthalten wird, sei dieser Verstoß nur dann spürbar im Sinn des § 3a, wenn er die ihm vorenthaltene wesentliche Information je nach den Umständen benötigt, um eine informierte Entscheidung zu treffen, und deren Vorenthalten geeignet ist, den Verbraucher zu einer geschäftlichen Entscheidung zu veranlassen, die er andernfalls nicht getroffen hätte.[325]

Die Spürbarkeit ist regelmäßig bejaht worden bei Verstößen gegen Vorschriften, die **130**
bedeutende Rechtsgüter wie die Gesundheit betreffen. Einschlägig ist dies etwa für Vorschriften aus dem Recht der Heilberufe,[326] aus dem Pflanzenschutzrecht[327] oder der Zulassung von Bauprodukten.[328] Allerdings ist auch bei diesen Vorschriften die Möglichkeit eines Bagatellverstoßes nicht schlechthin ausgeschlossen. Die Anforderungen an die Darlegung der Voraussetzungen eines solchen Bagatellverstoßes sind aller-

322 BGH, 21.12.2011, I ZR 190/10, GRUR 2012, 842 Rn. 25 – *Neue Personenkraftwagen.*
323 Köhler, NJW 2016, 593, 597, *Köhler*/Bornkamm/Feddersen, § 5a Rn. 3.43 f.; *Ohly*/Sosnitza, § 3a Rn. 30 d.
324 BGH, 02.03.2017, I ZR 41/16, GRUR 2017, 922 Rn. 31 ff. – *Komplettküchen.*
325 BGH, 31.10.2018, I ZR 73/17, GRUR 2019, 82 Rn. 31 – *Jogginghosen.*
326 BGH, 18.06.2015, I ZR 26/14, GRUR 2016, 213 Rn. 20 – *Zuweisung von Verschreibungen.*
327 BGH, 10.02.2011, I ZR 8/09, GRUR 2011, 842 Rn. 21 – *RC-Netzmittel.*
328 BGH, 20.10.2005, I ZR 10/03, GRUR 2006, 82 Rn. 28 – *Betonstahl.*

dings hoch;[329] selbst zwei »Ausreißer« in der Produktion (konkret Leuchtstofflampen mit zu hohem Quecksilbergehalt) können einen spürbaren Verstoß begründen.[330]

131 Gleichermaßen sind die Anforderungen an die Spürbarkeit gering, wenn die Vorschriften dem Schutz der Verbraucher vor erheblichen wirtschaftlichen Beeinträchtigungen dienen wie etwa die Bestimmungen über das Geschäft der gewerblichen Pfandleiher und -vermittler.[331] Auch bei möglichen Interessenkonflikten eines Versicherungsmaklers, der einerseits »im Lager« des Versicherungsnehmers steht, andererseits aber die die Schadensregulierung für den Versicherer übernimmt, hat der Bundesgerichtshof die Spürbarkeit eines Verstoßes gegen § 4 RDG nicht einmal ausdrücklich erörtert.[332]

132 Die Spürbarkeit eines Verstoßes wird daher, wenn überhaupt, in der Rechtsprechung meist nur formelhaft begründet, etwa durch einen Verweis auf das Gewicht der geschützten Rechtsgüter.[333] Verneint worden ist die Spürbarkeit etwa bei einem Verstoß gegen Preisangabevorschriften, wenn die Ware im Regal mit einem höheren Preis als beworben ausgezeichnet war, dem Kunden aber nur der niedrigere Preis aus der Werbung berechnet wurde.[334] In einem weiteren Fall ist die Werbung mit einem Einkaufsgutschein von 1 EUR für die Einlösung eines Arzneimittelrezepts als Bagatellverstoß angesehen worden, wenn pro Rezept bei Verschreibung mehrerer Arzneimittel bis zu drei Gutscheine abgegeben wurden.[335] Hier war allerdings bereits der Verstoß gegen die Primärnorm des § 7 Abs. 1 Satz 1 Nr. 1 HWG fraglich, der die Zuwendung »geringwertiger Kleinigkeiten« zulässt. Auch bei einem formalen Verstoß – ein Krankentransportunternehmer hatte nur eine von zwei erforderlichen Genehmigungen eingeholt, wobei sich die materiellen Anforderungen der Genehmigungen nicht unterschieden – ist die Spürbarkeit verneint worden.[336] Im Bereich der Informationspflichten stellt die Verwendung des Begriffs »Cotton« statt des durch die TextilKennzV vorgeschriebenen Ausdrucks »Baumwolle« einen nicht spürbaren Formalverstoß dar.[337] An einer Spürbarkeit soll es ferner fehlen, wenn die zuständige Behörde das Verhalten geduldet hat.[338] Zutreffend ist, dass in diesem Fall die Spürbarkeit zumindest eine vertiefte Prüfung erfordert, da die Verwaltungspraxis indiziell gegen die Spürbarkeit spricht.

329 Zur Darlegungs- und Beweislast s. Rdn. 135 ff.

330 BGH, 21.09.2016, I ZR 234/15, GRUR 2017, 203 Rn. 31 – *Quecksilberhaltige Leuchtstofflampen.*

331 BGH, 14.05.2009, I ZR 179/07, GRUR 2009, 886 Rn. 17 – *Die clevere Alternative.*

332 BGH, 14.01.2016, I ZR 107/14, GRUR 2016, 820 Rn. 31 – *Schadensregulierung durch Versicherungsmakler.*

333 Zustimmend Link, in: Ullmann, jurisPK-UWG, § 3a Rn. 79; kritisch, insbesondere zum neuen Recht, *Ohly*/Sosnitza, § 3a Rn. 30a.

334 BGH, 04.10.2007, I ZR 182/05, GRUR 2008, 442 Rn. 15 – *Fehlerhafte Preisauszeichnung.*

335 BGH, 08.05.2013, I ZR 90/12, GRUR 2013, 1262 Rn. 11 – *Rezept-Prämie.*

336 BGH, 15.01.2009, I ZR 141/06, GRUR 2009, 881 Rn. 17 – *Überregionaler Krankentransport.*

337 BGH, 31.10.2018, I ZR 73/17, GRUR 2019, 82 Rn. 28 – *Jogginghosen.*

338 *Ohly*/Sosnitza, § 3a Rn. 30g.

Gerade im Bereich der Informationspflichten sollte im Interesse einer Eingrenzung des Rechtsbruchtatbestandes das Merkmal der Eignung zur spürbaren Interessenbeeinträchtigung kritischer als bisher geprüft werden. Ob etwa der Umstand, dass die nach § 7 Satz 1 ElektroG a. F. (heute § 9 Abs. 1 ElektroG) erforderliche Herstellerkennzeichnung eines Elektrogeräts auf einem »Klebefähnchen« angebracht war und damit nicht hinreichend »dauerhaft« im Sinn dieser Vorschrift war, dieses Kriterium erfüllt, erscheint denn doch fraglich.[339] Die Vorschrift ist eine Marktverhaltensregel nicht wegen des Schutzes der Umwelt oder von Verbraucherinteressen, sondern weil sie das Interesse der Mitbewerber vor einer Belastung mit höheren Entsorgungskosten infolge nicht gekennzeichneter Elektrogeräte von Konkurrenten schützt.[340] Ob dieses Interesse durch die Kennzeichnung der Ohrhörer mit einem Klebefähnchen, das – wie von den Gerichten unterstellt – von den Verbrauchern gerne abgeschnitten wird, spürbar beeinträchtigt wird, erscheint ohne nähere Begründung zweifelhaft.[341] Es wäre interessant gewesen, Tatsachen zu erfahren, wie hoch die Mehrbelastung des einzelnen Herstellers durch die Entsorgung ungekennzeichneter Kopfhörer tatsächlich ist. 133

Auch die Annahme, die Interessen der Verbraucher würden durch die Kennzeichnung eines über Discounter vertriebenen Kleidungsstücks mit »Acryl« (statt richtig mit »Polyacryl«) spürbar beeinträchtigt (bzw. diese Kennzeichnung sei geeignet, Verbraucher zu einer geschäftlichen Entscheidung zu veranlassen, die sie sonst nicht getroffen hätten), erscheint ohne entsprechende demoskopische Untersuchungen doch eher zweifelhaft.[342] Der gerade in diesem Bereich weitverbreitete Missbrauch des Wettbewerbsrechts zur Generierung von Einnahmen, der sich über § 8 Abs. 4 nur unzureichend eindämmen lässt,[343] sollte Anlass geben, das Kriterium der Spürbarkeit ernster zu nehmen als bisher. 134

VII. Darlegungs- und Beweislast

Die Darlegungs- und Beweislast für das Vorliegen der tatsächlichen Voraussetzungen des geltend gemachten Verstoßes liegt, da es sich um eine anspruchsbegründende Tatsache handelt, bei demjenigen, der den Verstoß geltend macht.[344] Insbesondere, wenn zu den Anspruchsvoraussetzungen eine negative Tatsache gehört – wie beispielsweise der Umstand, ob es sich bei einem beanstandeten Produkt um Lebensmittel handelt, die vor dem 15.05.1997 in der Gemeinschaft nicht in nennenswertem Umfang für den menschlichen Verzehr verwendet worden sind (Art. 1 (2) VO (EG) Nr. 258/97) – kann 135

---

339 So aber BGH, 09.07.2015, I ZR 224/13, GRUR 2015, 1021 Rn. 16 – *Kopfhörer-Kennzeichnung.*

340 BGH, 09.07.2015, I ZR 224/13, GRUR 2015, 1021 Rn. 16 – *Kopfhörer-Kennzeichnung.*

341 Ablehnend auch OLG Düsseldorf, 08.05.2014, I-15 U 69/14, GRUR-RR 2014, 499 Rn. 25 ff. – *Herstellerkennzeichen für Kopfhörer.*

342 So aber OLG München, 20.10.2016, 6 U 2046/16, GRUR-RR 2017, 11 Rn. 54 – *»Acryl« und »Cotton« als Textilkennzeichnung*, wenn auch die Entscheidung Zweifel anklingen lässt (»durchaus denkbar«).

343 Ernst, jurisPR-WettbR 2/2017 Anm. 5.

344 BGH, 22.11.2007, I ZR 77/05, GRUR 2008, 625 Rn. 18 – *Fruchtextrakt.*

den Anspruchsgegner eine sekundäre Darlegungslast treffen. Konkret hat er dazu vorzutragen, in welchem Umfang die von ihm verwendeten Produkte vor diesem Zeitpunkt von Menschen verzehrt worden sind.[345] Ergänzend hat der Bundesgerichtshof darauf hingewiesen, dass zwar einerseits das Inverkehrbringen von Lebensmitteln grundsätzlich keiner Genehmigung bedarf, andererseits aber ein Lebensmittelunternehmer Sorge dafür zu tragen hat, dass die von ihm beworbenen und vertriebenen Lebensmittel die Anforderungen des Lebensmittelrechts erfüllen.[346] Auch im Rahmen des § 5a geht der Bundesgerichtshof davon aus, dass den Unternehmer, der geltend macht, dass der Verbraucher eine ihm vorenthaltene wesentliche Information für eine Kaufentscheidung nicht benötigt und das Vorenthalten dieser Information den Verbraucher nicht zu einer anderen Kaufentscheidung veranlassen kann, insoweit eine sekundäre Darlegungslast trifft.[347] Diesen Grundsatz hat der Bundesgerichtshof auch auf das Spürbarkeitserfordernis des § 3a übertragen.[348]

136 Dieser Gedanke lässt sich verallgemeinern: Es entspricht einer allgemeinen Tendenz der Rechtsprechung des Bundesgerichtshofs, die allgemeinen Regeln der Beweislast durch eine sekundäre Darlegungslast des Beweisgegners zu modifizieren.[349] Den Prozessgegner der primär darlegungsbelasteten Partei trifft in der Regel eine sekundäre Darlegungslast, wenn die primär darlegungsbelastete Partei keine nähere Kenntnis der maßgeblichen Umstände und auch keine Möglichkeit zur weiteren Sachverhaltsaufklärung hat, während dem Prozessgegner nähere Angaben dazu ohne weiteres möglich und zumutbar sind. In diesem Zusammenhang kann den Prozessgegner sogar eine Nachforschungspflicht treffen.[350] Daraus lässt sich ableiten, dass der Unternehmer, den bestimmte Pflichten zur Sicherheit der von ihm vertriebenen Produkte treffen (wie den Lebensmittelunternehmer), im Prozess in diesem Bereich auch Tatsachen darzulegen hat, die die Erfüllung dieser Pflichten betreffen. Zu beachten ist aber, dass die sekundäre Darlegungslast keine Umkehr der Beweislast bewirkt.[351] Genügt der Anspruchsgegner seiner sekundären Darlegungslast durch substantiierten Vortrag, muss der Anspruchsteller seinerseits sein Vorbringen konkretisieren und auf den gegenteiligen Vortrag – gegebenenfalls unter Beweisantritt – eingehen.[352] Lässt sich der Sachverhalt danach nicht aufklären, geht das »non liquet« zu Lasten des beweisbelasteten Anspruchstellers.

137 Ist das beanstandete Verhalten generell untersagt und nur aufgrund einer behördlichen Erlaubnis überhaupt zulässig, muss der Anspruchsteller lediglich darlegen und im Bestreitensfall beweisen, dass das Verhalten des Anspruchsgegners von dem Verbot

345 BGH, 22.11.2007, I ZR 77/05, GRUR 2008, 625 Rn. 19 ff. – *Fruchtextrakt*.
346 BGH, 22.11.2007, I ZR 77/05, GRUR 2008, 625 Rn. 19 – *Fruchtextrakt*.
347 BGH, 02.03.2017, I ZR 41/16, GRUR 2017, 922 Rn. 32 – *Komplettküchen*.
348 BGH, 31.10.2018, I ZR 73/17, GRUR 2019, 82 Rn. 31 f. – *Jogginghosen*.
349 Zöller/Greger, § 138 Rn. 8b.
350 BGH, 08.01.2014, I ZR 169/12, BGHZ 200, 76 ff. = GRUR 2014, 657 Rn. 17 f. – *BearShare*.
351 BGH, 08.01.2014, I ZR 169/12, BGHZ 200, 76 ff. = GRUR 2014, 657 Rn. 18 – *BearShare*.
352 BGH, 16.04.2015, I ZR 27/14, GRUR 2015, 1140 Rn. 22, 32 – *Bohnengewächsextrakt*.

erfasst wird. Es ist dann Sache des Anspruchsgegners, darzulegen und zu beweisen, dass er über eine entsprechende Erlaubnis verfügt und dass das beanstandete Verhalten von dieser Erlaubnis gedeckt wird.[353]

Für den Nachweis eines Bagatellverstoßes, der die Spürbarkeit eines Verstoßes entfallen **138** lassen würde, soll nach der Rechtsprechung des Bundesgerichtshofs der Verletzer die Darlegungs- und Beweislast tragen.[354] Nach dem Wortlaut des § 3a stellt allerdings die Eignung des Verstoßes, die Interessen der Marktteilnehmer spürbar zu beeinträchtigen, ein normales Element des Tatbestandes dar. Die fehlende Spürbarkeit stellt nicht etwa einen Ausnahmetatbestand dar; dies würde eine Formulierung wie »es sei denn, der Verstoß ist nicht geeignet…« erfordern. Auch eine »Indizierung« der Spürbarkeit durch den Verstoß[355] lässt sich aus dem Wortlaut nicht ableiten. Grundsätzlich sollte es daher dabei bleiben, dass der Anspruchsteller nach allgemeinen Grundsätzen die Eignung des Verstoßes zur spürbaren Interessenbeeinträchtigung darzulegen und im Bestreitensfall zu beweisen hat. Dennoch dürfte sich die zitierte Entscheidung des Bundesgerichtshofs als im Ergebnis richtig darstellen, da bei einem Vertrieb von quecksilberhaltiger Leuchtstofflampen, deren Quecksilbergehalt den zulässigen Grenzwert in einem Fall um mehr als 100 % überstieg, im Rahmen der sekundären Darlegungslast substantiierter Vortrag seitens des für Vertrieb und Herstellung verantwortlichen Unternehmens zu fordern gewesen wäre, inwieweit es sich bei den festgestellten Verstößen um insignifikante »Ausreißer« im Produktionsprozess handelte.

C. Einzelne Vorschriften

Die Primärnomen, bei denen es sich um Marktverhaltensregelungen im Sinn des § 3a **139** handelt, lassen sich unter verschiedenen Gesichtspunkten einteilen. Gängig ist z. B. die Einteilung in berufs-, produkt- und absatzbezogene Vorschriften. Allerdings ist die Zuordnung einer konkreten Bestimmung nicht immer ganz eindeutig, und in zahlreichen Bereichen stehen berufsbezogene Bestimmungen (Zulassungsbeschränkungen) und produktbezogene Bestimmungen (Ausübung des Berufs) nebeneinander und ergänzen sich. Vor diesem Hintergrund werden nachfolgend die praktisch wichtigsten Marktverhaltensregelungen in alphabetischer Reihenfolge erläutert.

I. AEUV

Siehe Vertrag über die Arbeitsweise der Europäischen Union (AEUV). **140**

---

353 BGH, 23.06.2005, I ZR 194/02, BGHZ 163, 265 ff. = GRUR 2005, 778, 780 – *Atemtest II*; BGH, 02.02.2012, I ZR 81/10, GRUR 2012, 945 Rn. 32 – *Tribenuronmethyl*.

354 BGH, 21.09.2016, I ZR 234/15, GRUR 2017, 203 Rn. 31 – *Quecksilberhaltige Leuchtstofflampen*.

355 *Köhler*/Bornkamm/Feddersen, § 3a Rn. 1.112.

II. Apothekengesetz (ApoG), Apothekenbetriebsordnung (ApBetrO), Berufsordnungen Apotheker

1. Einleitung

141 Das Apothekenrecht mit den zentralen Normen des Apothekengesetzes, der Apothekenbetriebsordnung und den von den Apothekerkammern als Satzungen erlassenen Berufsordnungen gehört zu den Bestimmungen, die den Gesundheitsmarkt regulieren und damit zu einem Regelungskomplex, der in der Rechtspraxis zu § 3a zahlenmäßig das größte Gewicht einnimmt.[356] Flankiert wird es vom Arzneimittelgesetz (AMG), das die Zulässigkeit des Arzneimittelvertriebs regelt, sowie das für die Apotheken verbindliche Arzneimittelpreisrecht enthält, sowie das Heilmittelwerbegesetz (HWG), das maßgeblich für die Marketingaktivitäten einer Apotheke ist.

142 Nach § 1 Abs. 1 ApoG obliegt den Apotheken die im öffentlichen Interesse gebotene Sicherstellung einer ordnungsgemäßen Arzneimittelversorgung der Bevölkerung. Dazu enthält das ApoG eine Reihe von Bestimmungen, die als Marktverhaltensregelungen wettbewerbsrechtlich relevant sind. Praktisch bedeutsam sind in erster Linie die generelle Erlaubnispflicht für den Betrieb einer Apotheke und den Versandhandel mit verschreibungspflichtigen Arzneimitteln (§§ 1, 11a ApoG) sowie die Kooperationsverbote zwischen Apothekern einerseits, Arzneimittelherstellern und den Angehörigen von Gesundheitsberufen (in erster Linie Ärzten) andererseits (§§ 10, 11 ApoG).

143 Die Regelungen stellen Eingriffe in die Berufsausübungsfreiheit dar. Sie sind zwar grundsätzlich durch das öffentliche Interesse an der Sicherstellung einer ordnungsgemäßen Arzneimittelversorgung der Bevölkerung legitimiert. Beschränkungen sind aber nur insoweit zulässig, als sie diesem Ziel dienen und dem Grundsatz der Verhältnismäßigkeit entsprechen.[357]

2. Erlaubnispflicht für den Betrieb einer Apotheke (§§ 1, 11a ApoG)

a) Grundsatz

144 § 1 Abs. 2 ApoG bestimmt, dass der Betrieb einer Apotheke erlaubnispflichtig ist. Die Erlaubnis gilt nur für den Apotheker, dem sie erteilt ist, und für die in der Erlaubnisurkunde bezeichneten Räume (§ 1 Abs. 3).

145 Die Erlaubnispflicht ist zwar zunächst eine Marktzutrittsregelung. Sie soll aber die ordnungsgemäße Arzneimittelversorgung der Bevölkerung sicherstellen. Ferner stellt § 2 ApoG Voraussetzungen der Erlaubnis wie die deutsche Approbation als Apotheker (Nr. 3) sowie die persönliche Zuverlässigkeit (Nr. 4) auf. Die Erlaubnis dient also namentlich dem Schutz der Verbraucher, indem die Zulassung an besondere fachliche Fähigkeiten geknüpft wird. Außerdem soll gewährleistet werden, dass Arzneimittel nur

---

356 Büscher, GRUR 2017, 105, 107.

357 BVerfG, 22.05.1996, I BvR 744/88, 60/89 und 1519/91– GRUR 1996, 899, 904 – *Werbeverbot für Apotheker*; BGH, 19.07.2012, I ZR 40/11, GRUR 2013, 421 Rn. 18 – *Pharmazeutische Beratung über Call-Center.*

von zuverlässigen, fachkundigen Personen angeboten werden und auch deswegen im jeweiligen Fall für den Verbraucher unbedenklich sind. Es handelt sich daher um den Fall einer Marktzutrittsregelung, die eine sekundäre wettbewerbsbezogene Schutzfunktion aufweist.[358]

b) Versandhandel (§ 11a ApoG)

Nach § 11a ApoG bedarf der Betrieb eines Versandhandels mit apothekenpflichtigen Arzneimitteln einer gesonderten Erlaubnis, die an bestimmte Voraussetzungen geknüpft ist. Die Erlaubnis kann nur dem Inhaber einer Apothekenerlaubnis nach § 2 ApoG erteilt werden. **146**

Die Bestimmung regelt die Voraussetzungen für eine Versandhandelserlaubnis sowie die Organisation des Versandhandels. Sie bestimmt dabei zum einen, dass der Versand von Arzneimitteln allein von solchen (inländischen) Apothekern durchgeführt werden darf, die auch eine Präsenzapotheke betreiben (§ 11a Satz 1 Nr. 1 ApoG), so dass reine Versandapotheken, die sich beispielsweise nicht am Nacht- und Notdienst gemäß § 23 ApBetrO beteiligen, in Deutschland nicht zulässig sind. Zum anderen stellt die Vorschrift klar, dass nicht von jeder öffentlichen Apotheke aus Arzneimittel versendet werden dürfen, sondern hierfür eine besondere Erlaubnis erforderlich ist. Liegt eine solche Erlaubnis dagegen vor, erfasst sie sämtliche für Apotheken zulässigen Handlungen. Liegen die Voraussetzungen des § 11a vor, dürfen daher auch Defekturarzneimittel im Sinn des § 21 Abs. 2 Nr. 1 AMG versandt werden.[359] Auch diese Vorschrift stellt eine Marktzutrittsregelung dar, die aber sekundäre marktverhaltensregelnde Funktionen hat. **147**

Der Inhaber einer Versandhandelserlaubnis muss über ein Qualitätssicherungssystem verfügen, das einen gefahrlosen Versand der Arzneimittel sicherstellt (§ 11a Satz 1 Nr. 2 ApoG). Dazu gehört auch, dass eine Beratung durch pharmazeutisches Personal in deutscher Sprache erfolgt (§ 11a Satz 1 Nr. 2 lit. d ApoG). Diese Regel wird durch die Bestimmung des § 17 Abs. 2a Nr. 7 ApBetrO konkretisiert. Danach ist die behandelte Person darauf hinzuweisen, dass ihr die Beratung durch pharmazeutisches Personal auch mittels Einrichtungen der Telekommunikation zur Verfügung steht, wobei ihr die Möglichkeiten und Zeiten der Beratung mitzuteilen sind, und die Beratung gebührenfrei zu erfolgen hat. Der Apotheker, der Versandhandel mit Arzneimitteln betreibt, hat danach im Rahmen des ihm Möglichen und Zumutbaren auch dafür zu sorgen, dass der Kunde sich bei dieser Form der Versorgung mit Arzneimitteln in vergleichbarer Weise wie beim stationären Handel informieren und beraten lassen kann. Eine gebührenpflichtige Service-Hotline genügt diesen Anforderungen nicht, auch wenn daneben noch die Möglichkeit einer Beratung durch E-Mail besteht.[360] **148**

Die pharmazeutische Beratung muss nach § 4 Abs. 4 2 ApBetrO von Räumen aus erfolgen, die in angemessener Nähe zu der Apotheke liegen. Eine Versandhandelsapo- **149**

358 OLG Saarbrücken, 06.12.2006, 4 U 484/06, GRUR 2007, 344 – *Apothekenbetriebserlaubnis.*
359 BGH, 14.04.2011, I ZR 129/09, GRUR 2011, 1165 Rn. 31 – *Injektionslösung.*
360 BGH, 19.07.2012, I ZR 40/11, GRUR 2013, 421 Rn. 19 ff. – *Pharmazeutische Beratung über Call-Center.*

theke, die im Ausland ansässig ist und auch nur dort über eine Apothekenbetriebserlaubnis verfügt, darf daher die Beratung nicht durch ein von ihr beauftragtes Dienstleistungsunternehmen im Inland vornehmen lassen, das über keine solche Erlaubnis verfügt. Die pharmazeutische Tätigkeit des beauftragten Dienstleistungsunternehmens unterliegt in einem solchen Fall keiner adäquaten behördlichen Aufsicht.[361]

150 Die Zulässigkeit des von einer in einem anderen Mitgliedstaat der Europäischen Union ansässigen Apotheke durchgeführten Versands bestimmt sich nicht nach § 11a ApoG, sondern nach § 73 AMG (Verbringungsverbot). Danach dürfen Arzneimittel, die der Pflicht zur Zulassung oder Genehmigung nach § 21a AMG oder zur Registrierung unterliegen, in die Bundesrepublik im Weg des Versands an Endverbraucher nur verbracht werden, wenn sie zum Verkehr hier zugelassen, nach § 21a AMG genehmigt, registriert oder von der Zulassung oder der Registrierung freigestellt sind (§ 73 Abs. 1 1 AMG). Ferner muss der Versand durch eine Apotheke erfolgen, die nach ihrem nationalen Recht für den Versandhandel, soweit es dem deutschen Apothekenrecht im Hinblick auf die Vorschriften zum Versandhandel entspricht, zum Versandhandel befugt ist (§ 73 Abs. 1 1 Nr. 1a AMG).[362] Auch wenn das nationale Recht den Versandhandel ohne den gleichzeitigen Betrieb einer Präsenzapotheke erlaubt, entspricht dies nicht den Anforderungen des deutschen Apothekenrechts, so dass eine solche reine Versandapotheke nicht in die Bundesrepublik liefern dürfte.[363] Ob diese Bestimmung im Licht der Rechtsprechung des Europäischen Gerichtshofs zum Arzneimittelpreisrecht[364] mit dem primären Unionsrecht vereinbar ist, ist offen.[365]

3. Kooperationsverbote (§§ 10, 11 ApoG)

a) Grundsatz

151 Die Kooperationsverbote sollen gewährleisten, dass der Arzt sich bei der Auswahl der Arzneimittel ausschließlich von fachlich-medizinischen Gesichtspunkten und seinem ärztlichen Gewissen leiten lässt und der Apotheker die ihm zugewiesene Kontrollfunktion bei der Belieferung von Verschreibungen sachlich und eigenverantwortlich wahrnimmt. Zu diesem Zweck bewirken sie eine Trennung zwischen dem Beruf des Arztes und dem Beruf des Apothekers. So soll zudem die Wahlfreiheit des Patienten gewährleistet werden.[366]

b) Arzneimittelbevorzugungsverbot (§ 10 ApoG)

152 Nach § 10 ApoG darf sich der Betreiber einer Apotheke nicht verpflichten, bestimmte Arzneimittel ausschließlich oder bevorzugt anzubieten oder anderweitig die Auswahl

361 BGH, 19.07.2012, I ZR 40/11, GRUR 2013, 421 Rn. 55 f. – *Pharmazeutische Beratung über Call-Center.*
362 Einzelheiten s. u. Rdn. 216–218 zu § 73 AMG.
363 BGH, 20.12.2007, I ZR 205/04, GRUR 2008, 275 Rn. 30 – *Versandhandel mit Arzneimitteln.*
364 EuGH, 19.10.2016, C-148/15, GRUR 2016, 1312 – *Deutsche Parkinson Vereinigung.*
365 Vgl. VG Köln, 19.02.2015, 7 L 2088/14, juris Rn. 35 ff.
366 BGH, 13.03.2014, I ZR 120/13, GRUR 2014, 1009 Rn. 13 – *Kooperationsapotheke.*

der von ihm angebotenen Arzneimittel auf das Angebot bestimmter Hersteller oder Händler zu beschränken. Diese Bestimmung enthält eine Regelung der Berufsausübung, die die Eigenverantwortlichkeit des Apothekers und seine Entscheidungsfreiheit gegenüber anderen am Arzneimittelverkehr beteiligten Kreisen sicherstellen soll. Sie soll verhüten, dass das Arzneimittelsortiment der Apotheken durch Bindung an die Waren bestimmter Hersteller beschränkt wird und dadurch eine geordnete Arzneimittelversorgung beeinträchtigt wird. Der Apotheker soll durch die rechtliche Bindung nicht sachfremden Einwirkungen ausgesetzt sein. Es sollen sowohl die berufliche Verantwortlichkeit und Entscheidungsfreiheit des Apothekers gegenüber anderen am Arzneimittelverkehr beteiligten Kreisen abgesichert als auch die Verschreibungsfreiheit des Arztes und bei frei verkäuflichen Arzneimitteln auch die Freiheit der Arzneimittelauswahl der Bevölkerung gewahrt werden.[367]

Ein »Partnerprogramm«, durch das sich der Apotheker verpflichtete, Produkte eines bestimmten Herstellers bei der Abgabe an den Kunden »bevorzugt zu berücksichtigen«, und zwar für den Fall, dass der verschreibende Arzt eine Substitution des verschriebenen Arzneimittels nicht ausschließt (»aut idem-Substitution«) und dem Apotheker eine Wahlfreiheit in der Auswahl zwischen verschiedenen Arzneimitteln eröffnet ist, und bei dem der Apotheker im Gegenzug diese Produkte im Weg des Direktbezugs zum Herstellerabgabepreis anstatt zum Apothekereinkaufspreis erwerben kann, verstößt gegen § 10 ApoG.[368] 153

Anders als § 11, der sich ausdrücklich an Erlaubnisinhaber und das Personal von Apotheken richtet, gilt § 10 ausschließlich für den Erlaubnisinhaber. 154

c) Kooperationsverbot (§ 11)

Die Betreiber und das Personal von Apotheken dürfen mit Ärzten oder anderen Personen, die sich mit der Behandlung von Krankheiten befassen, keine Rechtsgeschäfte vornehmen oder Absprachen treffen, die eine bevorzugte Lieferung bestimmter Arzneimittel, die Zuführung von Patienten, die Zuweisung von Verschreibungen oder die Fertigung von Arzneimitteln ohne volle Angabe der Zusammensetzung zum Gegenstand haben (§ 11 Abs. 1 1 ApoG). 155

Die Regelung soll sicherstellen, dass der Erlaubnisinhaber einer Apotheke sich bei seinem Kontakt zu anderen Gesundheitsberufen wie insbesondere zu Ärzten, die Einfluss auf sein Entscheidungsverhalten haben, nicht von sachfremden und vor allem nicht von finanziellen Erwägungen leiten lässt. Sie soll damit Verhaltensweisen der Apotheker entgegenwirken, die die ordnungsgemäße Versorgung der Bevölkerung mit Arzneimitteln beeinträchtigen können. Zugleich soll sie die Wahlfreiheit des Patienten gewährleisten. Die Vorschrift stellt damit eine Marktverhaltensregelung im Sinn des § 3a dar.[369] 156

367 KG, 11.09.2012, 5 U 57/11, GRUR-RR 2013, 78, 80 – *aut-idem-Substitution.*

368 KG, 11.09.2012, 5 U 57/11, GRUR-RR 2013, 78 – *aut-idem-Substitution.*

369 BGH, 13.03.2014, I ZR 120/13, GRUR 2014, 1009 Rn. 13 – *Kooperationsapotheke*; BGH, 18.06.2015, I ZR 26/14, GRUR 2016, 213 Rn. 20 – *Zuweisung von Verschreibungen.*

157 Das Unionsrecht steht der Anwendung der Vorschrift im Rahmen des Rechtsbruchtatbestandes nicht entgegen. Rechtsvorschriften der Europäischen Union und der Mitgliedstaaten in Bezug auf Gesundheits- und Sicherheitsaspekte von Produkten, zu denen die Bestimmung des § 11 ApoG zählt, fallen nicht in den Anwendungsbereich der UGP-Richtlinie (Art. 3 (3) UGP-Richtlinie).[370] Auf im Ausland ansässige Apotheken findet § 11 ApoG keine Anwendung.[371]

158 § 11 untersagt **Rechtsgeschäfte und Absprachen**. Unter Absprachen sind dabei unverbindliche Zusagen oder Versprechungen zu rechnen; auch stillschweigendes Einverständnis der Beteiligten genügt.[372] Die »Zuführung von Patienten« betrifft die Empfehlung eines bestimmten Arztes durch den Apotheker oder sein Personal. Eine »Zuweisung von Verschreibungen« liegt vor, wenn der Arzt veranlasst, dass der Patient ein Rezept bei einer bestimmten Apotheke einlöst. Sie ist dann gegeben, wenn der Arzt dem Patienten die Verschreibung nicht aushändigt, sondern unmittelbar der begünstigten Apotheke zugehen lässt, die dem Patienten sodann die verschriebenen Arzneimittel abgibt. Die Übergabe des Rezepts verbunden mit der Bitte, es bei einer bestimmten Apotheke einzulösen, soll dagegen nicht genügen. Erst bei einer »intensiven und den Patienten einschüchternden« Empfehlung soll das Merkmal der Zuweisung möglicherweise erfüllt sein.[373] An einer Zuweisung der Verschreibung fehlt es jedenfalls dann, wenn der Arzt dem Patienten neutral verschiedene Auswahlmöglichkeiten zur Verfügung stellt.[374]

159 Zu den **Normadressaten** des § 11 ApoG gehören in erster Linie Apotheker und deren Personal. Nach einer Entscheidung des OVG Münster gehören auch Ärzte als »notwendige Teilnehmer« der Alternative »Zuweisung von Verschreibungen« zu dem von § 11 ApoG erfassten Personenkreis.[375] Dritte, die nicht zu den Normadressaten gehören, können nach den im allgemeinen Deliktsrecht und im Lauterkeitsrecht entsprechend geltenden strafrechtlichen Bestimmungen allenfalls als Teilnehmer (Anstifter oder Gehilfe) haften.[376]

160 Eine **Ausnahme von dem Verbot der Zuweisung der Verschreibungen** sieht Abs. 2 für Zytostatika vor. Die Regelung trägt dem Umstand Rechnung, dass angesichts der an die Herstellung anwendungsfertiger Zytostatika in personeller, räumlicher und apparativer Hinsicht gestellten hohen Anforderungen erfahrungsgemäß nur einzelne Apotheken Verschreibungen von Zytostatikazubereitungen ordnungsgemäß ausführen können und die Zubereitungen zudem aus Sicherheitsgründen nicht den Patienten ausgehändigt werden sollten.[377]

---

370 BGH, 18.06.2015, I ZR 26/14, GRUR 2016, 213 Rn. 20 – *Zuweisung von Verschreibungen.*

371 BGH, 26.04.2018, I ZR 121/17, GRUR 2018, 1271 Rn. 63 – *Applikationsarzneimittel.*

372 OVG Münster, 02.09.1999, 13 A 3323/97, NVwZ-RR 2000, 217; Senge/Hadamitzky, in: Erbs/Kohlhaas, Strafrechtliche Nebengesetze, 211. EL November 2016, § 11 ApoG Rn. 3.

373 OVG Münster, 02.09.1999, 13 A 3323/97, NVwZ-RR 2000, 217.

374 BGH, 18.06.2015, I ZR 26/14, GRUR 2016, 213 Rn. 23 – *Zuweisung von Verschreibungen.*

375 OVG Münster, 02.09.1999, 13 A 3323/97, NVwZ-RR 2000, 216 f.

376 BGH, 12.03.2015, I ZR 84/14, GRUR 2015, 1025 Rn. 16 – *TV-Wartezimmer.*

377 BGH, 18.06.2015, I ZR 26/14, GRUR 2016, 213 Rn. 22 – *Zuweisung von Verschreibungen.*

Eine weitere – ungeschriebene – **Ausnahme gilt im Fall medizinischer Notwendigkeit.** Ist in Folge Hilfsbedürftigkeit oder Unzuverlässigkeit des Patienten die rechtzeitige oder die qualitätswahrende Beschaffung eines Applikationsarzneimittels nicht gewährleistet und deshalb die ärztliche Therapie gefährdet, beruht die Zuweisung der Verschreibung nicht auf einer nach § 11 Abs. 1 1 Fall 3 ApoG verbotenen Absprache, sondern auf medizinischer Notwendigkeit.[378] Die Vorschrift ist damit strenger als die der ärztlichen Berufsordnungen (s. d.) zur Zulässigkeit eines »verkürzten Versorgungsweges«. Nach den insoweit maßgeblichen Bestimmungen ist die Verkürzung des Versorgungswegs schon dann zulässig, wenn dafür ein hinreichender Grund vorliegt.[379] 161

Eine weitere Ausnahme gilt für das auf §§ 39 Abs. 1a 4 bis 6, 11 Abs. 4 1 SGB V beruhende **Entlassmanagement**. Danach obliegt es den im Auftrag der Krankenkassen handelnden Krankenhäusern, den Übergang in den nächsten Versorgungsbereich – wie etwa die häusliche Krankenpflege oder die Inanspruchnahme von Pflegeleistungen nach dem SGB XI – zu planen und zu organisieren und in diesem Zusammenhang insbesondere die weitere Versorgung mit Heil- und Hilfsmitteln sowie mit Medikamenten zu koordinieren. In diesem Rahmen ist es auch zulässig, den Kontakt des Versicherten mit einer geeigneten Apotheke herzustellen.[380] 162

Nach der Rechtsprechung des Bundesgerichtshofs sollen Verstöße gegen § 11 Abs. 1 1 Fall 3 ApoG wegen des mit ihr bezweckten Schutzes der Gesundheit der Verbraucher regelmäßig geeignet sein, die Interessen der Verbraucher **spürbar zu beeinträchtigen.**[381] Unter Berücksichtigung der weiten Auslegung der Bestimmung, die schon durch rein tatsächliches Verhalten erfüllt sein kann (was etwa bei einer im gleichen Gebäude wie die Arztpraxis angesiedelten Apotheke leicht anzunehmen ist), erscheint diese Aussage in ihrer Allgemeinheit zweifelhaft.[382] 163

4. Apothekenbetriebsordnung (ApoBetrO), Berufsordnungen Apotheker

Die Einzelheiten über den Betrieb einer Apotheke werden in der Apothekenbetriebsordnung geregelt (ApBetrO), die vom Bundesministerium für Gesundheit auf Grundlage des § 21 Abs. 1 ApoG erlassen wird. Aus ihr folgt, dass Apotheken neben Arzneimitteln und apothekenpflichtigen Medizinprodukten nur apothekenübliche Waren (§ 1a Abs. 10 ApBetrO) in einem Umfang anbieten dürfen, der den ordnungsgemäßen Betrieb der Apotheke und den Vorrang des Arzneimittelversorgungsauftrages nicht beeinträchtigt; gleiches gilt für apothekenübliche Dienstleistungen (§ 2 Abs. 4 ApBe- 164

378 BGH, 18.06.2015, I ZR 26/14, GRUR 2016, 213 Rn. 23 – *Zuweisung von Verschreibungen.*
379 BGH, 18.06.2015, I ZR 26/14, GRUR 2016, 213 Rn. 25 – *Zuweisung von Verschreibungen.*
380 BGH, 13.03.2014, I ZR 120/13, GRUR 2014, 1009 Rn. 14 ff. – *Kooperationsapotheke.*
381 BGH, 18.06.2015, I ZR 26/14, GRUR 2016, 213 Rn. 20 – *Zuweisung von Verschreibungen.*
382 Vgl. etwa den Sachverhalt, der der Entscheidung OVG Münster, 02.09.1999, 13 A 3323/97, NVwZ-RR 2000, 216 f. zugrunde lag.

trO). Nicht apothekenübliche Waren oder Dienstleistungen dürfen daher nicht angeboten werden.[383]

165 Nach § 4 Abs. 5 ApBetrO müssen die Apothekenbetriebsräume von anderweitig gewerblich oder freiberuflich genutzten Räumen sowie von öffentlichen Verkehrsflächen und Ladenstraßen durch Wände oder Türen abgetrennt sein. Die Regelung hat den Zweck, die Versorgung der Bevölkerung mit Arzneimitteln zu gewährleisten und einen Arzneimittelfehlgebrauch zu verhindern. Sie bedeutet gleichzeitig, dass in Apothekenbetriebsräumen auch nur solche Tätigkeiten ausgeübt werden dürfen, die mit der Erfüllung der gesetzmäßigen Aufgaben einer Apotheke im Zusammenhang stehen.[384]

166 Bei diesen Bestimmungen handelt es sich um Marktverhaltensregeln zum Schutz der Verbraucher vor Beeinträchtigungen ihrer Versorgung mit Arzneimitteln.[385] Zu beachten ist dabei, dass nach der Vorgängervorschrift des § 25 Nr. 2 ApBetrO in der Fassung vom 14.11.2003 Produkte als apothekenüblich galten, die »die der Gesundheit von Menschen und Tieren mittelbar oder unmittelbar dienen oder diese fördern«. In der Neufassung des § 1a Abs. 10 ist der »mittelbare« Gesundheitsbezug bewusst gestrichen worden, so dass nur noch Produkte, die »unmittelbar« der Gesundheit dienen, erfasst sind. Damit soll einer Ausuferung des Warensortiments entgegengewirkt werden. Die Kernaufgaben der Apotheke sollen stärker herausgestellt werden und das Bild der Apotheke als Ort der Arzneimittelabgabe, der Krankheitsprävention und Gesundheitsförderung erhalten bleiben. Der »unmittelbare« Gesundheitsbezug setzt dabei voraus, dass eine positive Wirkung auf die Gesundheit nach objektiven Maßstäben gegeben sein muss. Eine gesundheitsbezogene (subjektive) Zweckbestimmung durch den Hersteller, Apotheker oder Verbraucher allein genügt nicht.[386] Andererseits ist dies anhand der Verkehrsanschauung zu beurteilen, so dass ein wissenschaftlicher Wirkungsnachweis nicht erforderlich ist.[387]

167 Auch bei der Bestimmung des § 17 Abs. 1a ApBetrO, nach der Arzneimittel und apothekenpflichtige Medizinprodukte nur in den Betriebsräumen einer Apotheke oder über eine nach § 11a ApoG zugelassene Versandapotheke abgeben werden dürfen, handelt es sich um eine Marktverhaltensregelung.[388] Verbunden mit den Informations- und Beratungspflichten aus § 20 ApBetrO wird ein eindeutiger Bezug zum Schutz der Verbrauchergesundheit hergestellt. Einzelheiten zu der aus § 17 Abs. 2a Nr. 7 ApBetrO resultierenden Pflicht, eine Beratungs- und Informationsmöglichkeit für die Kunden

383 BVerwG, 19.09.2013, 3 C 15/12, GRUR 2014, 503 Rn. 18 – *Magnetschmuck*; LG Wuppertal, 13.02.2015, 12 O 29/15, WRP 2015, 791 Rn. 8 ff. – *Ohrlochstechen in der Apotheke* (Dienstleistung).

384 BGH, 12.01.2012, I ZR 211/10, GRUR 2012, 954 Rn. 20 – *Europa-Apotheke Budapest*.

385 BGH, 24.07.2014, I ZR 221/12, GRUR 2014, 1013 Rn. 13 – *Original Bach-Blüten*.

386 BVerwG, 19.09.2013, 3 C 15/12, GRUR 2014, 503 Rn. 13 f. – *Magnetschmuck*.

387 BGH, 24.07.2014, I ZR 221/12, GRUR 2014, 1013 Rn. 15 – *Original Bach-Blüten*; BVerwG, 19.09.2013, 3 C 15/12, GRUR 2014, 503 Rn. 16 – *Magnetschmuck*.

388 In BGH, 19.07.2012, I ZR 40/11, GRUR 2013, 421 Rn. 17 ff. – *Pharmazeutische Beratung über Call-Center* ohne weiteres vorausgesetzt.

einer Versandapotheke bereitzustellen, sind oben im Zusammenhang des § 11a ApoG erläutert.[389]

Eindeutig dem Schutz der Kunden dient auch § 17 Abs. 8 ApBetrO, der fordert, dass das pharmazeutische Personal einem erkennbaren Arzneimittelmissbrauch in geeigneter Weise entgegenzutreten hat. Bei begründetem Verdacht auf Missbrauch ist die Abgabe zu verweigern. Gegen diese Pflicht verstößt der Betreiber einer Versandapotheke, wenn der gleiche Kunde 13 Packungen eines Schmerzmittels mit einer Bestellung – oder innerhalb von wenigen Tagen – bestellt und diese Bestellung ohne Nachfrage ausgeführt wird. Allein der bloße Hinweis auf »hohe pharmazeutische Bedenken« genügt nicht; es wäre eine Rückfrage zum Grund der außergewöhnlich großen Bestellmenge geboten gewesen.[390] **168**

Nach einer Entscheidung des OLG München soll es sich bei der die Herstellung von Defekturarzneimitteln regelnden Bestimmungen der §§ 6, 8 und 11 ApoBetrO nicht um Marktverhaltensregelungen handeln, da sie allein den Herstellungsprozess betreffen.[391] Der Ausgangspunkt ist zutreffend; nicht berücksichtigt ist dabei aber, dass ein Verstoß gegen Produktionsvorschriften im Arzneimittelbereich zur Folge haben kann, dass das Produkt nicht verkehrsfähig ist und das Inverkehrbringen Ansprüche nach § 3a auslösen kann.[392] So ist es nach § 8 Abs. 1 AMG verboten, Arzneimittel herzustellen oder in den Verkehr zu bringen, die durch Abweichung von den anerkannten pharmazeutischen Regeln in ihrer Qualität nicht unerheblich gemindert sind. **169**

Ergänzt wird die ApBetrO durch die Berufsordnungen für Apotheker, die von den Apothekerkammern erlassen werden und regelmäßig Regelungen über die Werbung enthalten. Als Beispiel kann § 18 der Berufsordnung für Apothekerinnen und Apotheker der Apothekerkammer Nordrhein vom 13.06.2007 dienen:[393] **170**

> *§ 18 Allgemeine Grundsätze / einzelne Verbote*
> *(1) Wettbewerb ist verboten, wenn er unlauter ist. Nicht erlaubt ist eine Werbung, die irreführend oder nach Form, Inhalt oder Häufigkeit übertrieben wirkt, sowie eine Werbung, die einen Mehrverbrauch oder Fehlgebrauch von Arzneimitteln begünstigt. Die Werbung der Apothekerin und des Apothekers darf ihrem beruflichen Auftrag, die ordnungsgemäße Versorgung der Bevölkerung mit Arzneimitteln sicherzustellen, nicht widersprechen. Die Bevölkerung soll darauf vertrauen dürfen, dass die Apothekerin und der Apotheker ihre Verantwortung im Rahmen der Gesundheitsberufe wahrnehmen. In diesem Sinne sollen die Werbeverbote dem Arzneimittelfehlgebrauch entgegenwirken und die ordnungsgemäße Berufsausübung stärken. Insbesondere soll das Vertrauen der Bevöl-*

389 S. o. § 11 ApoG, Rdn. 148–149.
390 OLG Naumburg, 22.06.2017, 9 U 19/17, GRUR 2017, 1055 Rn. 9, 21 ff. – *Schmerzmittelbestellung bei Versandapotheke.*
391 OLG München, 23.02.2006, 6 U 3721/05, GRUR-RR 2006, 343, 344 – *Gelenkschutzkapseln.*
392 BGH, 23.06.2005, I ZR 194/02, BGHZ 163, 265 ff. = GRUR 2005, 778, 780 – *Atemtest;* MünchKomm/Schaffert UWG, § 4 Nr. 11 Rn. 64.
393 https://aknr.de/service/berufsordnung.php; abgerufen am 16.08.2018.

kerung in die berufliche Integrität der Apothekerin und des Apothekers erhalten und gefördert werden.

(2) Nicht erlaubt sind insbesondere:

1. das Abgehen von dem sich aus der Arzneimittelpreisverordnung ergebenden einheitlichen Apothekenabgabepreis;

2. das Abweichen von den geltenden wettbewerbsrechtlichen Vorgaben hinsichtlich der Entgeltpflichtigkeit bei der Erbringung von Dienstleistungen;

3. der Verzicht auf Zuzahlungen und Mehrkosten nach den Regelungen des Sozialgesetzbuches, Fünftes Buch (SGB V), in der jeweils geltenden Fassung;

4. die kostenlose Abgabe von Arzneimitteln und Arzneimittelmustern und -proben;

5. die Erbringung von Dienstleistungen, die nicht mit der Ausübung des Apothekerberufes und den apothekenüblichen Waren in Zusammenhang stehen;

6. gesetzlich nicht ausdrücklich zugelassene Verträge, Absprachen und Maßnahmen, die bezwecken oder zur Folge haben können, andere Apotheken von der Belieferung oder Abgabe von Arzneimitteln ganz oder teilweise auszuschließen;

7. das Überschreiten der sich aus dem allgemeinen Wettbewerbsrecht, insbesondere dem Heilmittelwerbegesetz ergebenden Grenzen beim Gewähren von Zuwendungen und sonstigen Werbegaben. Im Übrigen ist beim Gewähren von Zuwendungen und sonstigen Werbegaben das Verbot der übertriebenen Werbung zu berücksichtigen.

8. werbende Hinweise auf Verhaltensweisen, die nach der Berufsordnung, insbesondere den vorstehenden Nummern 1 bis 7, und anderen Rechtsvorschriften untersagt sind.

Darüber hinaus ist Apothekerinnen und Apothekern untersagt

a) Werbung für Arzneimittel, soweit

sie nicht ihrer besonderen Stellung als Angehörige eines Heilberufes entspricht oder sich nicht im Rahmen der üblichen Werbung anderer Anbieter gleicher Waren hält;

bei der Werbung für Arzneimittel die Apothekerin und der Apotheker ihrer besonderen Verantwortung für die Verhinderung von Arzneimittelfehlgebrauch nicht gerecht werden;

b) Werbung für apothekerliche Dienstleistungen, soweit sie ihrer besonderen Stellung als Angehörige eines Heilberufes und den Geboten einer wahren und sachlichen Information nicht entspricht;

c) das Vortäuschen einer bevorzugten oder besonderen Stellung der eigenen Apotheke, der eigenen Person oder ihres Apothekenpersonals;

d) redaktionelle Werbung zu veranlassen oder zu dulden;

e) das werbliche Herausstellen der Abgabe von Speisen und Getränken zum Verzehr in der Apotheke mit Ausnahme von Probieraktionen aus dem Angebot der apothekenüblichen Waren (Apothekenbetriebsordnung).

171 Bei der Anwendung dieser Verbote ist zu beachten, dass es sich um Eingriffe in die durch Art. 12 GG geschützte Freiheit der Berufsausübung handelt. Diese sind zwar grundsätzlich nicht zu beanstanden. Sie tragen dazu bei, dass der Berufsstand seine Aufgaben ordnungsgemäß erfüllt. Sie sollen das berufliche Verantwortungsgefühl ebenso stärken wie das Vertrauen der Öffentlichkeit in den Berufsstand. Dem Apotheker ist die Sicherstellung der Arzneimittelversorgung der Bevölkerung überantwortet.

Die Bevölkerung soll darauf vertrauen dürfen, dass der Apotheker – obwohl auch Gewerbetreibender – sich nicht von Gewinnstreben beherrschen lässt, sondern seine Verantwortung im Rahmen der Gesundheitsberufe wahrnimmt. In diesem Sinn sollen die Werbeverbote dem Arzneimittelfehlgebrauch entgegenwirken und die ordnungsgemäße Berufsausübung stärken. Insbesondere soll das Vertrauen der Bevölkerung in die berufliche Integrität der Apotheker erhalten und gefördert werden. Daher ist es zulässig, »übertriebene« und »unangemessene« Werbung und insbesondere solche, die zu übermäßigem Arzneimittelgebrauch verleitet, zu untersagen. Das generelle Verbot bestimmter Werbeträger oder der Konkurrentenschutz sind jedoch keine legitimen Ziele von Werbebeschränkungen.[394]

III. Arbeitnehmerüberlassungsgesetz (AÜG)

Die in § 1 AÜG enthaltene Erlaubnispflicht für die gewerbliche Arbeitnehmerüberlassung stellt keine Marktverhaltensregelung im Sinn des § 3a dar.[395] Ferner stellt das AÜG ein spezielles Rechtsfolgensystem bereit, das durch die Anwendung des § 3a unterlaufen werden könnte.[396] **172**

IV. Architektengesetze

Die landesrechtlichen Architekten- und Baukammergesetze enthalten regelmäßig Bestimmungen zum Schutz der Berufsbezeichnung Architekt. Danach darf diese Bezeichnung nur von denjenigen geführt werden, die in die von den Architektenkammern geführten Architektenlisten eingetragen sind (so z. B. § 2 BaukammerG NRW). Bei diesen Bestimmungen handelt es sich um Marktverhaltensregelungen, deren Verletzung die wettbewerbsrechtlich geschützten Interessen dieser Personen spürbar beeinträchtigt. Denn sie dienen dem Schutz der auf der Marktgegenseite stehenden Personen vor falschen Vorstellungen über die berufliche Stellung desjenigen, der die betreffende Berufsbezeichnung führt.[397] **173**

Die UGP-Richtlinie steht der Anwendung des § 3a auf diese Bestimmungen nicht entgegen, da nach ihrem Art. 3 (8) alle Niederlassungs- oder Genehmigungsbedingungen, berufsständischen Verhaltenskodizes oder andere spezifische Regeln für reglementierte Berufe unberührt bleiben. Sie sind auch mit dem primären Unionsrecht vereinbar, da die Eintragung auch Angehörigen der Mitgliedstaaten der Union offensteht (z. B. § 4 Abs. 3 ff. BaukammerG NRW).[398] **174**

---

394 BVerfG, 22.05.1996, 1 BvR 744/88, 60/89 und 1519/91, GRUR 1996, 899, 903 – *Werbeverbot für Apotheker.*

395 BGH, 23.06.2016, I ZR 71/15, GRUR 2017, 95 Rn. 17 ff. – *Arbeitnehmerüberlassung.*

396 BGH, 23.06.2016, I ZR 71/15, GRUR 2017, 95 Rn. 44 – *Arbeitnehmerüberlassung.*

397 BGH, 25.03.2010, I ZR 68/09, GRUR 2010, 1115 Rn. 19 – *Freier Architekt.*

398 BGH, 25.03.2010, I ZR 68/09, GRUR 2010, 1115 Rn. 14 ff. – *Freier Architekt.*

V. ArzneimittelG (AMG), Arzneimittelpreisverordnung (AMPreisV)

1. Einleitung

175 Das Arzneimittelgesetz (AMG) gehört zu den Vorschriften, die den Gesundheitsmarkt regulieren und damit zu einem Regelungskomplex, der in der Rechtspraxis zu § 3a zahlenmäßig das größte Gewicht einnimmt.[399] Allein zum AMG sind zwischen 2006 und 2016 mehr als 30 wettbewerbsrechtliche Entscheidungen des Bundesgerichtshofs veröffentlicht worden, mehr als zu jedem anderen Einzelgesetz. Das AMG wird hinsichtlich des Vertriebs von Arzneimitteln durch die apothekenrechtlichen Regelungen (ApoG, ApBetrO und Berufungsordnungen der Apotheker) ergänzt, hinsichtlich der Werbung durch das Heilmittelwerberecht (HWG). Berührungspunkte bestehen schließlich auch mit dem Medizinprodukterecht, dem Kosmetikprodukterecht und dem Lebensmittelrecht.

176 Für die wettbewerbsrechtliche Praxis stehen die Frage der arzneimittelrechtlichen Zulassung von Produkten (§§ 2, 21 AMG) und das Arzneimittelpreisrecht (§ 78 AMG i. V. m. der auf der Grundlage von § 78 Abs. 1 AMG erlassenen Arzneimittelpreisverordnung) im Vordergrund. Weitere relevante Vorschriften sind die zur Gestaltung der Verpackung von Arzneimitteln (§ 10) und des Verbots der Abgabe verschreibungspflichtiger Arzneimittel ohne Rezept (§ 48).

2. Arzneimittelrechtliche Zulassung von Produkten (§§ 2, 21 AMG)

a) Grundsatz

177 Nach § 21 Abs. 1 AMG dürfen Arzneimittel nur in den Verkehr gebracht werden, wenn sie durch die zuständige Bundesoberbehörde zugelassen sind oder für die Europäische Union eine Genehmigung für das Inverkehrbringen erteilt worden ist. Bei dem Verbot, nicht zugelassene Arzneimittel in den Verkehr zu bringen, handelt es sich um eine Marktverhaltensregelung im Sinn des § 3a, deren Verletzung die Interessen der davon betroffenen Marktteilnehmer spürbar beeinträchtigt.[400] Wann ein zulassungspflichtiges Arzneimittel vorliegt, wird in § 2 AMG näher geregelt.

b) Begriff des Arzneimittels

178 Arzneimittel sind nach § 2 Abs. 1 Nr. 1 AMG einmal Stoffe oder Zubereitungen von Stoffen, die aufgrund ihrer »Bestimmung«, also Aufmachung, Kennzeichnung oder Bewerbung den Eindruck vermitteln, Krankheiten oder krankhafte Beschwerden zu heilen, zu lindern oder zu verhüten (»Präsentationsarzneimittel«). Produkte, die durch eine pharmakologische, immunologische oder metabolische Wirkung physiologische Funktionen beeinflussen, korrigieren oder wiederherstellen, sind »Funktionsarzneimittel« im Sinn des § 2 Abs. 1 Nr. 2 AMG. Durch die Bestimmung wird Art. 1 Nr. 2 der Richtlinie 2001/83/EG (Gemeinschaftskodex Humanarzneimittel) umgesetzt. Dabei

399 Büscher, GRUR 2017, 105, 107.
400 BGH, 25.06.2015, I ZR 11/14, PharmR 2016, 82 Rn. 9 – *Chlorhexidin*.

ist, da in diesem Bereich eine Vollharmonisierung eingetreten ist, von einem einheitlichen europäischen Begriff des Funktionsarzneimittels auszugehen.[401]

§ 2 Abs. 2 enthält eine Reihe von Produkten, die als Arzneimittel im Sinn des Gesetzes gelten (»Geltungsarzneimittel«, z. B. Verbandstoffe, § 2 Abs. 2 Nr. 3 AMG). Zur Abgrenzung führt Abs. 3 eine Reihe von Produkten auf, die keine Arzneimittel im Sinn des Gesetzes sind. Hierzu gehören: **179**

Nr. 1 Lebensmittel, **180**

Nr. 2 Kosmetische Mittel, und **181**

Nr. 3 Tabakerzeugnisse. **182**

Ein Produkt ist ein **Präsentationsarzneimittel**, wenn es ausdrücklich auf dem Etikett, durch die Angaben auf der Verpackung oder in sonstiger Weise, als ein Mittel zur Heilung oder zur Verhütung von menschlichen Krankheiten bezeichnet oder als ein solches empfohlen wird. Es wird ferner als Mittel zur Heilung oder Verhütung von Krankheiten bezeichnet, wenn bei einem durchschnittlich informierten Verbraucher auch nur schlüssig, aber mit Gewissheit der Eindruck entsteht, dass dieses Erzeugnis in Anbetracht seiner Aufmachung die betreffenden Eigenschaften haben müsse.[402] Der Begriff ist weit auszulegen und soll nicht nur Arzneimittel erfassen, die tatsächlich therapeutische oder medizinische Wirkung haben, sondern auch die Erzeugnisse, die nicht ausreichend wirksam sind oder die nicht die Wirkung haben, die der Verbraucher nach ihrer Bezeichnung von ihnen erwarten darf. Art. 1 Nr. 2 des Gemeinschaftskodex Humanarzneimittel und § 2 Abs. 1 AMG verfolgen das Ziel, den Verbraucher nicht nur vor schädlichen oder giftigen Arzneimitteln zu schützen, sondern auch vor ungeeigneten Erzeugnissen, die an Stelle geeigneter Heilmittel verwendet werden.[403] **183**

Ein **Funktionsarzneimittel** liegt dagegen nur vor, wenn dessen Eignung, physiologische Funktionen durch eine pharmakologische, immunologische oder metabolische Wirkung wiederherzustellen, zu korrigieren oder zu beeinflussen oder eine medizinische Diagnose zu erstellen, wissenschaftlich festgestellt wurde.[404] Nur so kann vermieden werden, dass die strengen Vorschriften des Arzneimittelrechts auf Sachverhalte erstreckt werden und der freie Warenverkehr damit behindert wird, ohne dass hierfür eine ausreichende Rechtfertigung aus Gründen des Gesundheitsschutzes vorliegt.[405] **184**

Die Bestimmung des § 2 Abs. 1 Nr. 2 lit. a AMG, wonach Arzneimittel unter anderem Stoffe und Zubereitungen von Stoffen sind, die im oder am menschlichen Körper **185**

---

401 BGH, 30.03.2006, I ZR 24/03, GRUR 2006, 513 Rn. 33 – *Arzneimittelwerbung im Internet.*
402 EuGH, 15.11.2007, C-319/05, GRUR 2008, 271 Rn. 45 f. – *Knoblauch-Extrakt-Pulver-Kapsel.*
403 EuGH, 15.11.2007, C-319/05, GRUR 2008, 271 Rn. 43 – *Knoblauch-Extrakt-Pulver-Kapsel.*
404 EuGH, 15.01.2009, C-140/07, GRUR 2009, 511 Rn. 26 ff. – *Hecht-Pharma/Gewerbeaufsichtsamt Lüneburg*; BGH, 25.06.2015, I ZR 205/13, GRUR 2016, 303 Rn. 19 – *Mundspüllösung III.*
405 BGH, 24.06.2010, I ZR 166/08, GRUR 2010, 1026 Rn. 18 – *Photodynamische Therapie*; Link, in: Ullmann, jurisPK-UWG, § 3a Rn. 273.

angewendet werden können, um die physiologischen Funktionen durch eine pharmakologische Wirkung wiederherzustellen, zu korrigieren oder zu beeinflussen, ist unionsrechtskonform auszulegen.[406] Nach der Rechtsprechung des Europäischen Gerichtshofs, die auch vom Bundesgerichtshof zugrunde gelegt wird, erfordert die Beurteilung der Frage, ob Produkte, die eine physiologisch wirksame Substanz enthalten, Funktionsarzneimittel sind, eine sorgfältige Prüfung des jeweiligen Einzelfalls, bei der die nach dem jeweiligen Stand der Wissenschaft feststellbaren pharmakologischen, immunologischen oder metabolischen Eigenschaften des Produkts zu berücksichtigen sind. Neben den pharmakologischen, immunologischen oder metabolischen Eigenschaften des Produkts sind alle seine weiteren Merkmale wie seine Zusammensetzung, die Modalitäten seines Gebrauchs, der Umfang seiner Verbreitung, seine Bekanntheit bei den Verbrauchern und die Risiken zu berücksichtigen, die seine Verwendung mit sich bringen kann.

186 Ein Produkt kann nur als Funktionsarzneimittel angesehen werden, wenn es aufgrund seiner Zusammensetzung und bei bestimmungsgemäßem Gebrauch physiologische Funktionen des Menschen in signifikanter Weise wiederherstellen, korrigieren oder beeinflussen kann.[407] Die physiologischen Funktionen im Sinn des § 2 Abs. 1 Nr. 2 AMG umfassen sämtliche Vorgänge des Körpers, also alle physikalischen oder biochemischen Prozesse in Zellen, Geweben und Organen.[408] Nach der Rechtsprechung des Europäischen Gerichtshofs und des Bundesgerichtshofs kommt den objektiven pharmakologischen Eigenschaften eines Produkts eine zentrale Bedeutung für die Beurteilung zu, ob es sich bei einem Erzeugnis um ein Arzneimittel handelt.[409] Allgemein wird unter pharmakologischen Wirkungen die Wechselwirkung zwischen einem Arzneistoff und dem Körper verstanden; dieses naturwissenschaftliche Verständnis führt aber nicht weiter, da auch bei Lebensmitteln wie Kaffee oder Tee solche Wechselwirkungen zu beobachten sind.[410] Der Begriff ist daher im Rahmen des § 2 Abs. 1 Nr. 2 AMG normativ auszulegen, wobei er aber auf einer empirischen Grundlage beruht.[411] Nicht erforderlich ist eine Wechselwirkung mit einem zellulären Bestandteil des menschlichen Körpers. Es genügt, wenn eine Substanz auf Grund ihrer Wechselwirkung mit anderen im Organismus des Anwenders vorhandenen zellulären Bestandteilen wie Bakterien, Viren oder Parasiten bewirken kann, dass physiologische Funktionen beim Menschen wiederhergestellt, korrigiert oder beeinflusst werden.[412] Auch eine Mundspüllösung, die geeignet ist, die Bildung bakterieller Zahnbeläge zu unterdrücken, kann daher ein Funktionsarzneimittel sein.[413] Eine physikalische Wirkung (wie

---

406 BGH, 08.01.2015, I ZR 141/13, GRUR 2015, 811 Rn. 9 – *Mundspüllösung II.*
407 EuGH, 06.09.2012, C-308/11, GRUR 2012, 1167 Rn. 33 ff. – *Chemische Fabrik Kreussler;* BGH, 08.01.2015, I ZR 141/13, GRUR 2015, 811 Rn. 11 – *Mundspüllösung II.*
408 Heßhaus, in: Spickhoff, Medizinrecht, § 2 AMG Rn. 10.
409 BGH, 01.07.2010, I ZR 19/08, GRUR 2010, 942 Rn. 16 – *Ginkgo-Extrakt.*
410 Kloesel/Cyran, Arzneimittelrecht, § 2 AMG Rn. 68 ff.; Heßhaus, in: Spickhoff, Medizinrecht, § 2 AMG Rn. 11.
411 BGH, 26.06.2008, I ZR 61/05, GRUR 2008, 830 Rn. 26 – *L-Carnitin II.*
412 EuGH, 06.09.2012, C-308/11, GRUR 2012, 1167 Rn. 31 – *Chemische Fabrik Kreussler.*
413 BGH, 05.10.2010, I ZR 90/08, GRUR 2010, 1140 Rn. 12 f. – *Mundspüllösung.*

der Ersatz von verlorener Gelenkflüssigkeit durch Hyaluronsäure) genügt dagegen nicht.[414] Nicht zwingend erforderlich ist es, dass mit der Verwendung der in Rede stehenden Erzeugnisse Gesundheitsgefahren verbunden sind, um eine pharmakologische Wirkung zu bejahen. Der Begriff des Arzneimittels ist nicht auf Präparate beschränkt, die gesundheitsgefährdend sein können. Vielmehr ist das Auftreten einer Gesundheitsgefahr lediglich ein eigenständiger Faktor, der bei der Einstufung als Arzneimittel zu berücksichtigen ist.[415]

Diese Wirkung muss wissenschaftlich nachgewiesen sein. Allein der Umstand, dass eine solche Wirkung in der Werbung behauptet wird, ersetzt diesen Nachweis nicht. Eine solche Behauptung, kann allenfalls geeignet sein das Produkt zu einem (Präsentations-)Arzneimittel im Sinn des § 2 Abs. 1 Nr. 2 lit. a AMG zu machen.[416] **187**

Stoffe, die zwar auf den menschlichen Körper einwirken, sich aber nicht nennenswert auf den Stoffwechsel auswirken und somit dessen Funktionsbedingungen nicht wirklich beeinflussen, dürfen nicht als Funktionsarzneimittel eingestuft werden. Der Begriff des Funktionsarzneimittels soll allein diejenigen Erzeugnisse erfassen, deren pharmakologische Eigenschaften wissenschaftlich festgestellt und die tatsächlich dazu bestimmt sind, eine ärztliche Diagnose zu erstellen oder physiologische Funktionen wiederherzustellen, zu bessern oder zu beeinflussen. Wirkt ein Stoff pharmakologisch erst ab einer bestimmten Menge oder in einer bestimmten Dosis, so kann ein Erzeugnis, das diesen Stoff enthält, nur dann als Arzneimittel eingestuft werden, wenn es die für die Wirkung erforderliche Menge dieses Stoffes aufweist.[417] **188**

Enthält ein Produkt im Wesentlichen einen Stoff, der auch in einem Lebensmittel in dessen natürlichem Zustand vorhanden ist, so gehen von ihnen keine nennenswerten Auswirkungen auf den Stoffwechsel aus, wenn bei einem normalen Gebrauch des Produkts seine Auswirkungen auf die physiologischen Funktionen nicht über die Wirkungen hinausgehen, die ein in angemessener Menge verzehrtes Lebensmittel auf diese Funktionen haben kann. Es kann dann nicht als ein Funktionsarzneimittel eingestuft werden.[418] Ein Knoblauchextrakt-Pulver, das bei angabegemäßer Dosierung dieselbe Menge Allicin enthielt wie 7,4 g roher frischer Knoblauch, ist daher nach Einschätzung des Europäischen Gerichtshofs kein Funktionsarzneimittel, da die physiologischen Wirkungen des Pulvers auch durch den Verzehr der entsprechenden Menge Knoblauch als Lebensmittel erzielt werden können, soweit es sich dabei noch um eine »angemessene« Menge des Lebensmittels handelt.[419] **189**

---

414 BGH, 09.07.2009, I ZR 193/06, GRUR 2010, 169 Rn. 14 – *CE-Kennzeichnung.*
415 BGH, 30.03.2006, I ZR 24/03, GRUR 2006, 513 Rn. 35 – *Arzneimittelwerbung im Internet.*
416 BGH, 08.01.2015, I ZR 141/13, GRUR 2015, 811 Rn. 13 – *Mundspüllösung II.*
417 BGH, 01.07.2010, I ZR 19/08, GRUR 2010, 942 Rn. 17 – *Ginkgo-Extrakt.*
418 BGH, 14.01.2010, I ZR 138/07, GRUR 2010, 259 Rn. 15 – *Zimtkapseln.*
419 EuGH, 15.11.2007, C-319/05, GRUR 2008, 271 Rn. 66 ff. – *Knoblauch-Extrakt-Pulver-Kapsel.*

190 Die **Beweislast** für das Vorliegen eines Funktionsarzneimittels trägt derjenige, der sich darauf beruft.[420] Daran ändert auch die Regelung des § 2 Abs. 3a AMG nichts, wonach Produkte, die unter § 2 Abs. 1 AMG fallen, zugleich aber unter die Ausschlussbestimmung des Abs. 3 fallen können, als Arzneimittel einzustufen sind.[421] Auch diese Bestimmung setzt voraus, dass die Arzneimitteleigenschaft eines Produkts zunächst festgestellt worden ist.[422]

c) Ausnahmen: Rezeptur- und Defekturarzneimittel

191 Die Zulassungspflicht nach § 21 AMG gilt für Fertigarzneimittel. Dabei handelt es sich um Arzneimittel, die im Voraus hergestellt und in einer zur Abgabe an den Verbraucher bestimmten Packung in den Verkehr gebracht werden oder andere zur Abgabe an Verbraucher bestimmte Arzneimittel, bei deren Zubereitung ein industrielles Verfahren zur Anwendung kommt oder die, ausgenommen in Apotheken, gewerblich hergestellt werden (§ 4 Abs. 1 1 AMG). Ein Arzneimittel, das aufgrund einer individuellen ärztlichen Verschreibung gefertigt wird (**Rezepturarzneimittel**; Einzelheiten sind in § 7 ApoBetrO geregelt), unterliegt daher nicht der Zulassungspflicht nach § 21 AMG (vgl. auch Art. 3 Nr. 1 Richtlinie 2001/83/EG). Voraussetzung dafür ist, dass das Mittel tatsächlich auf Grund einer individuellen Rezeptur hergestellt wird. Dies nicht der Fall, wenn ein Mittel in keiner Weise mehr von dem dem Apotheker angelieferten Wirkstoff abweicht und sich dessen Tätigkeit auf das bloße Aufteilen der Arznei auf Anwendungsportionen beschränkt.[423]

192 Nach § 21 Abs. 2 Nr. 1 AMG bedarf ein Arzneimittel keiner Zulassung, das zur Anwendung bei Menschen bestimmt ist und auf Grund nachweislich häufiger ärztlicher oder zahnärztlicher Verschreibung in den wesentlichen Herstellungsschritten in einer Apotheke in einer Menge bis zu hundert abgabefertigen Packungen an einem Tag im Rahmen des üblichen Apothekenbetriebs hergestellt wird und zur Abgabe im Rahmen der bestehenden Apothekenbetriebserlaubnis bestimmt ist (»**Defekturarzneimittel**«).

193 Die Bestimmung ist grundsätzlich vereinbar mit der Richtlinie 2001/83/EG, die nach Art. 2 Abs. 1 nur für »gewerblich oder unter Anwendung eines industriellen Verfahrens« hergestellte Erzeugnisse gilt. Sie enthält ferner eine Ausnahme »für in der Apotheke nach Vorschrift einer Pharmakopöe [Arzneibuch] zubereitete Arzneimittel, die für die unmittelbare Abgabe an die Patienten bestimmt sind, die Kunden dieser Apotheke sind« (Art. 3 Nr. 2 Richtlinie 2001/83/EG). § 21 Abs. 2 Nr. 1 AMG ist daher richtlinienkonform dahingehend auszulegen, dass die Arzneimittel zusätzlich nach den Regeln des Arzneibuches zubereitet werden müssen.[424]

---

420 BGH, 25.06.2015, I ZR 205/13, GRUR 2016, 303 Rn. 13 – *Mundspüllösung III.*
421 BGH, 25.06.2015, I ZR 205/13, GRUR 2016, 303 Rn. 19 – *Mundspüllösung III.*
422 BGH, 24.06.2010, I ZR 166/08, GRUR 2010, 1026 Rn. 18 – *Photodynamische Therapie.*
423 BGH, 23.06.2005, I ZR 194/02, BGHZ 163, 265 ff. = GRUR 2005, 778, 779 f. – *Atemtest.*
424 EuGH, 26.10.2016, C-276/15, GRUR 2017, 206 Rn. 41 f. – *Hecht-Pharma/Hohenzollern Apotheke.*

Mit der Bestimmung des § 21 Abs. 2 Nr. 1 AMG wollte der Gesetzgeber solche Fertigarzneimittel von der Zulassung freistellen, die im Wesentlichen in der Apotheke selbst und nicht durch einen industriellen Hersteller produziert werden. Ein industrielles Verfahren unterscheidet sich von einem handwerklichen Verfahren durch die eingesetzten Produktionsmittel und durch die hergestellten Mengen. Ein industrielles Verfahren ist im Allgemeinen durch eine Abfolge von Operationen gekennzeichnet, die insbesondere mechanisch oder chemisch sein können, um ein standardisiertes Erzeugnis in einer bedeutenden Menge zu erhalten. Für eine gewerbliche Zubereitung oder eine Zubereitung, bei der ein industrielles Verfahren zur Anwendung kommt, sind die standardisierte Herstellung bedeutender Mengen eines Arzneimittels auf Vorrat und der Verkauf im Großhandel ebenso wie die unbestellte Zubereitung von Chargen in großem Maßstab oder in Serienproduktionen kennzeichnend.[425] Erforderlich ist daher, dass alle wesentlichen Herstellungsschritte in der Apotheke erfolgen. Dabei sind die Art und die Anzahl der jeweiligen Herstellungsschritte des Mittels zu berücksichtigen. Der Gesetzgeber hat die Ausnahme auf die traditionelle »verlängerte Rezeptur« beschränken und die industrielle Herstellung ausschließen wollen. Dementsprechend sind auch diejenigen für das Fertigarzneimittel erforderlichen Herstellungsschritte zu berücksichtigen, die nicht in einer Apotheke, sondern nur industriell erfolgen können.[426] 194

Die Voraussetzungen der in § 21 Abs. 2 Nr. 1 AMG enthaltenen Ausnahmeregelung müssen kumulativ erfüllt sein. Selbst wenn alle wesentlichen Herstellungsschritte in einer Apotheke erfolgen, genügt dies nicht für die Anwendung des § 21 Abs. 2 Nr. 1 AMG, wenn diese Herstellungsschritte in der Apotheke nicht im Rahmen des üblichen Apothekenbetriebs vorgenommen werden, sondern die Apotheke lediglich als ausgelagerter Produktionsbetrieb des eigentlichen Herstellers erscheint.[427] Die Einschränkung, die Herstellung müsse im Rahmen des »üblichen Apothekenbetriebs« erfordern, schließt allerdings nicht aus, dass Defekturarzneimittel von einer nach § 11a ApoG zugelassenen Versandapotheke im Wege des Versands – auch bundesweit – vertrieben werden.[428] 195

Nach einer Entscheidung des OLG München soll es sich bei der die Herstellung von Defekturarzneimitteln regelnden Bestimmungen der §§ 6, 8 und 11 ApoBetrO nicht um Marktverhaltensregelungen handeln, da sie allein den Herstellungsprozess betreffen.[429] Der Ausgangspunkt ist zutreffend; nicht berücksichtigt ist dabei aber, dass ein Verstoß gegen Produktionsvorschriften im Arzneimittelbereich zur Folge haben kann, dass das Produkt nicht verkehrsfähig ist und das Inverkehrbringen Ansprüche nach § 3a auslösen kann.[430] 196

---

425 BGH, 09.02.2017, I ZR 130/13, GRUR 2017, 833 Rn. 24 – *Weihrauch-Extrakt-Kapseln II.*
426 BGH, 23.06.2005, I ZR 194/02, BGHZ 163, 265 ff. = GRUR 2005, 778, 779 – *Atemtest.*
427 BGH, 09.09.2010, I ZR 107/09, GRUR 2011, 453 Rn. 22 – *Handlanger.*
428 BGH, 14.04.2011, I ZR 129/09, GRUR 2011, 1165 Rn. 10 ff. – *Injektionslösung.*
429 OLG München, 23.02.2006, 6 U 3721/05, GRUR-RR 2006, 343, 344 – *Gelenkschutzkapseln.*
430 BGH, 23.06.2005, I ZR 194/02, BGHZ 163, 265 ff. = GRUR 2005, 778, 780 – *Atemtest;* MünchKomm/Schaffert UWG, § 4 Nr. 11 Rn. 64.

197 Da die Zulassungsfreiheit von Defekturarzneimitteln eine Ausnahme von dem Verbot des Vertriebs nicht zugelassener Fertigarzneimittel darstellt, trägt derjenige, der sich auf sie beruft, die Darlegungs- und Beweislast für das Vorliegen ihrer tatsächlichen Voraussetzungen.[431] Nach § 21 Abs. 4 AMG kann die zuständige Bundesoberbehörde auf Antrag einer Landesbehörde über Streitfragen hinsichtlich der Zulassungspflicht von Arzneimitteln entscheiden. Eine solche Entscheidung ist auch für das Wettbewerbsverfahren verbindlich.[432]

3. Kennzeichnung, Täuschungsverbot (§§ 8, 10 AMG)

198 **§ 10 AMG (Kennzeichnung)** enthält detaillierte Bestimmungen, wie die Behältnisse und äußeren Umhüllungen von Fertigarzneimitteln zu gestalten, insbesondere welche Informationen dort angebracht werden müssen. Nach § 10 Abs. 1 5 AMG sind weitere Angaben, die nicht aufgrund unionsrechtlicher Bestimmungen geboten oder zulässig sind, nur zulässig, soweit sie mit der Anwendung des Arzneimittels im Zusammenhang stehen und für die gesundheitliche Aufklärung der Patienten wichtig sind. Angaben, die Werbecharakter haben können, sind danach auf der äußeren Umhüllung eines Arzneimittels unzulässig. Damit soll verhindert werden, dass die Verwender von den ihnen gemäß § 10 Abs. 1 AMG gegebenen Informationen abgelenkt werden.[433]

199 Der Werbebegriff ist dabei aber einschränkend auszulegen. Nur solche Gestaltungen sind unzulässig, die entweder einen werblichen Überschuss enthalten oder zu Werbezwecken eingesetzt werden.[434] Stilisierte grafische Darstellungen, die einen Bezug zum Anwendungsgebiet des Arzneimittels haben (wie eine grüne Wiese mit stilisierten Pollen für ein Heuschnupfenmittel) sind marktüblich und weisen keinen werblichen Überschuss auf.[435]

200 Bei der Kennzeichnung ist der Zulassungsbescheid gemäß § 25 AMG zu berücksichtigen. Gestattet dieser eine bestimmte Kennzeichnung des Arzneimittels, ist diese Entscheidung – solange sie nicht nichtig ist – für die Wettbewerbsgerichte verbindlich.[436]

201 Die Bestimmung des § 10 AMG dient dem Schutz der Patienten, die die Mittel auf der Grundlage vollständiger und verständlicher Informationen ordnungsgemäß sollen anwenden können. Es handelt sich damit um eine Marktverhaltensregelung, die – da sie Gesundheitsaspekte berührt – nicht in den Anwendungsbereich der UGP-Richtlinie fällt.[437]

202 **§ 8 Abs. 1 AMG** enthält eine Reihe von Täuschungsverboten. So ist es nach § 8 Abs. 1 Nr. 2 AMG verboten, Arzneimittel herzustellen oder in den Verkehr zu bringen, wenn

431 BGH, 23.06.2005, I ZR 194/02, BGHZ 163, 265 ff. = GRUR 2005, 778, 780 – *Atemtest*; BGH, 09.09.2010, I ZR 107/09, GRUR 2011, 453 Rn. 21 – *Handlanger*.
432 BGH, 24.09.2013, I ZR 73/12, GRUR 2014, 405 Rn. 14 – *Atemtest II*.
433 BGH, 13.12.2012, I ZR 161/11, GRUR 2013, 857 Rn. 12 ff. – *Voltaren*.
434 BGH, 05.02.2009, I ZR 124/07, GRUR 2009, 990 Rn. 14 – *Metoprolol*.
435 *OLG Köln, 12.06.2015, 6 U 188/14*, GRUR-RR 2016, 32 Rn. 25 – *Gräserwiese mit Pollen*.
436 Vgl BGH, 02.12.2015, I ZR 239/14, GRUR 2016, 702 Rn. 27 – *Eligard* (zu § 24 MarkenG).
437 BGH, 13.12.2012, I ZR 161/11, GRUR 2013, 857 Rn. 10 f. – *Voltaren*.

sie mit einer irreführenden Kennzeichnung versehen sind. Eine irreführende Kennzeichnung ist insbesondere anzunehmen, wenn

– Arzneimitteln eine therapeutische Wirksamkeit oder Wirkungen oder Wirkstoffen eine Aktivität beigelegt werden, die sie nicht haben (lit. a);
– fälschlich der Eindruck erweckt wird, dass ein Erfolg mit Sicherheit erwartet werden kann oder dass nach bestimmungsgemäßem oder längerem Gebrauch keine schädlichen Wirkungen eintreten (lit. b); oder
– zur Täuschung über die Qualität geeignete Bezeichnungen, Angaben oder Aufmachungen verwendet werden, die für die Bewertung des Arzneimittels oder Wirkstoffs mitbestimmend sind (lit. c).

Auch bei dieser Bestimmung handelt es sich um eine Marktverhaltensregelung, die dem Schutz der menschlichen Gesundheit und damit dem Verbraucherschutz dient.[438] 203

4. Verschreibungspflicht (§ 48 AMG)

Nach § 48 Abs. 1 1 AMG dürfen verschreibungspflichtige Arzneimittel nur bei Vorliegen einer ärztlichen Verschreibung an Verbraucher abgegeben werden. Eine Abgabe von Arzneimitteln, die zur Anwendung bei Menschen bestimmt sind, darf grundsätzlich nicht erfolgen, wenn vor der ärztlichen Verschreibung offenkundig kein direkter Kontakt zwischen dem Arzt und der Person, für die das Arzneimittel verschrieben wird, stattgefunden hat (§ 48 Abs. 1 2 AMG). Es handelt sich dabei um eine Marktverhaltensregelung, die dem Schutz der Patienten vor gefährlichen Fehlmedikationen dient. Da sie Gesundheitsaspekte berührt, fällt sie nicht in den Anwendungsbereich der UGP-Richtlinie; ferner setzt sie den Titel VI und insbesondere Art. 71 der Richtlinie 2001/83/EG um.[439] 204

Nach Ansicht des Bundesgerichtshofs sind Verstöße gegen die Verschreibungspflicht stets spürbar. Das hohe Schutzgut der menschlichen Gesundheit und die großen Gefahren, die mit einer Fehlmedikation verschreibungspflichtiger Medikamente verbunden sind, würden es erfordern, Verstöße gegen die Verschreibungspflicht grundsätzlich als unlauter anzusehen, ohne dass für einzelfallbezogene Abwägungen Raum sein soll.[440] Diese apodiktische Aussage ist aber jedenfalls für die Neufassung des § 3a nicht haltbar. Nicht jedes verschreibungspflichtige Medikament weist die gleichen Gesundheitsrisiken auf. Der zitierten Entscheidung des Bundesgerichtshofs lag ein Fall zugrunde, in der eine Apothekerin einer Patientin ein Medikament, das sie schon seit Jahren ärztlich verordnet erhalten hatte, nach Rücksprache mit einer Ärztin (bei der die Patientin nicht in Behandlung war), am Wochenende ohne Verschreibung abgegeben hatte. In einem solchen Fall lag es zumindest nahe, von einer fehlenden Spürbarkeit des Verstoßes auszugehen, wie es das Berufungsgericht getan hatte. Zumindest wären Feststellun- 205

438 BGH, 07.05.2015, I ZR 29/14, GRUR 2015, 1244 Rn. 13 – *Äquipotenzangabe in Fachinformation.*
439 BGH, 08.01.2015, I ZR 123/13, GRUR 2015, 916 Rn. 14 f. – *Abgabe ohne Rezept.*
440 BGH, 08.01.2015, I ZR 123/13, GRUR 2015, 916 Rn. 16 f. – *Abgabe ohne Rezept.*

gen zu den konkreten Gesundheitsgefahren, die in dem Fall bestanden, geboten gewesen.

5. Preisbestimmung (§ 78 AMG, Arzneimittelpreisverordnung – AMPreisV)

206 Nach § 78 Abs. 2 AMG ist für die verschreibungspflichtigen Arzneimittel und die zwar nicht verschreibungs-, aber apothekenpflichtigen Arzneimittel, die zu Lasten der gesetzlichen Krankenversicherung abgegeben werden, ein einheitlicher Apothekenabgabepreis zu gewährleisten. Die Einzelheiten regelt die auf der Grundlage des § 78 Abs. 1 AMG ergangene Arzneimittelpreisverordnung (AMPreisV). Diese legt für verschreibungspflichtige Arzneimittel die Preisspannen des Großhandels und der Apotheken zwingend fest. Die Bestimmung des § 78 Abs. 3 1 AMG stellt die Rechtslage insoweit zusammenfassend klar, als danach ein einheitlicher Abgabepreis des pharmazeutischen Unternehmers für alle Arzneimittel zu gewährleisten ist, soweit für diese verbindliche Preise und Preisspannen durch die Arzneimittelpreisverordnung bestimmt sind. Diese Regelungen sollen insbesondere gewährleisten, dass die im öffentlichen Interesse gebotene flächendeckende und gleichmäßige Versorgung der Bevölkerung mit Arzneimitteln sichergestellt ist. Die Bestimmungen der § 78 Abs. 2 AMG und der AMPreisV sind nach ihrem Zweck dazu bestimmt, den (Preis-)Wettbewerb unter den Apotheken zu regeln. Sie stellen damit Marktverhaltensregelungen im Sinn des § 3a dar.[441]

207 Die Bestimmung des § 78 Abs. 2 2 AMG verbietet es dem Apotheker nicht nur, dem in dieser Vorschrift geregelten Gebot der Einheitlichkeit widersprechende Preise zu verlangen, sondern auch, mit solchen Preisen zu werben; denn auch eine Werbung mit Preisen, die dem genannten Gebot nicht entsprechen, gefährdet und beeinträchtigt die Einheitlichkeit des Apothekenabgabepreises.[442]

208 Ein Verstoß gegen die arzneimittelrechtliche Preisbindung liegt nicht nur dann vor, wenn der Apotheker ein preisgebundenes Arzneimittel zu einem anderen als dem nach der Arzneimittelpreisverordnung zu berechnenden Preis abgibt. Die Bestimmungen der Arzneimittelpreisbildung werden vielmehr auch dann verletzt, wenn für das preisgebundene Arzneimittel zwar der korrekte Preis angesetzt wird, dem Kunden aber gekoppelt mit dem Erwerb des Arzneimittels Vorteile gewährt werden, die den Erwerb für ihn wirtschaftlich günstiger erscheinen lassen. Insbesondere ein über einen bestimmten Geldbetrag lautender Gutschein stellt einen Vorteil im vorstehend genannten Sinn dar. Abweichendes kann nur dann gelten, wenn die Vorteile nicht allein für den Erwerb des preisgebundenen Arzneimittels, sondern auch aus anderem Anlass gewährt werden, etwa weil der Kunde beim Erwerb Unannehmlichkeiten in Kauf nehmen muss.[443] Dies

---

441 BGH, 09.09.2010, I ZR 193/07, GRUR 2010, 1136 Rn. 16 – *UNSER DANKESCHÖN FÜR SIE*; BGH, 05.10.2017, I ZR 172/16, GRUR 2017, 1281 Rn. 22 – *Großhandelszuschläge*.
442 BGH, 08.05.2013, I ZR 98/12, GRUR 2013, 1264 Rn. 17 – *RezeptBonus*.
443 BGH, 09.09.2010, I ZR 193/07, GRUR 2010, 1136 Rn. 17 f. – *UNSER DANKESCHÖN FÜR SIE*; BGH, 08.05.2013, I ZR 98/12, GRUR 2013, 1264 Rn. 12 f. – *RezeptBonus*.

gilt aber nicht nur für auf Geldbeträge lautende Gutscheine, sondern auch solche, die sich auf Sachleistungen beziehen.[444]

Die Verpflichtung zur Bestimmung eines einheitlichen Abgabepreises nach § 78 Abs. 3 AMG gilt nur für Arzneimittel, für die nach der AMPreisV Preise und Preisspannen bestimmt sind. § 1 Abs. 3 AMPreisV enthält eine Reihe von Ausnahmen für bestimmte Arzneimittelabgaben durch Apotheken; in diesem Fall ist auch der pharmazeutische Unternehmer nicht verpflichtet, einen einheitlichen Abgabepreis sicherzustellen. Dies gilt beispielsweise für aus Fertigarzneimitteln entnommenen Teilmengen, soweit deren Darreichungsform, Zusammensetzung und Stärke unverändert bleibt (§ 1 Abs. 3 Nr. 7 AMPreisV).[445] § 2 AMPreisV enthält eine Obergrenze für die Zuschläge, die der Großhandel auf die Herstellerabgabepreise verlangen kann; eine Verpflichtung, die dort genannten Zuschläge zu erheben, besteht dagegen nicht.[446] **209**

Die Gewährung von Preisnachlässen bei preisgebundenen Arzneimitteln stellt nicht nur einen Verstoß gegen §§ 78 Abs. 2 AMG, 1 AMPreisV dar, sondern kann auch in den Anwendungsbereich des § 7 HWG (Verbot von Werbegaben) fallen. Grundsätzlich sind die beiden Bestimmungen nebeneinander anwendbar, da sie unterschiedliche Zielsetzungen aufweisen. Der Zweck des § 7 HWG besteht vor allem darin, dass Verbraucher bei der Entscheidung, ob und welche Heilmittel sie in Anspruch nehmen, nicht durch die Aussicht auf Zugaben und Werbegaben unsachlich beeinflusst werden sollen.[447] Allerdings ist durch die zum 13.08.2013 in Kraft getretene Neufassung des § 7 Abs. 1 1 Nr. 1 HWG eine weitgehende Angleichung des HWG an das Arzneimittelpreisrecht eingetreten. Auch geringwertige Zuwendungen oder Werbegaben sind jetzt nur noch zulässig, wenn sie nicht entgegen den Preisvorschriften des AMG gewährt werden. Damit sind bei der Abgabe rezeptpflichtiger und preisgebundener Arzneimittel nunmehr auch geringwertige Zugaben unzulässig.[448] **210**

Das nach früherem Recht bestehende Spannungsverhältnis hat der Bundesgerichtshof aufgelöst, indem er eine nach § 7 Abs. 1 1 Nr. 1 HWG a. F. (da geringwertige) zulässige Zuwendung zwar als einen Verstoß gegen das Arzneimittelpreisrecht angesehen hat, der aber nicht geeignet war, den Wettbewerb spürbar zu beeinflussen.[449] In der Folge hat er diese Rechtsprechung dahingehend konkretisiert, dass eine spürbare Beeinträchtigung der Interessen von Mitbewerbern und sonstigen Marktteilnehmern nur vorliegt, wenn der Wert der für den Bezug eines Arzneimittels gewährten Werbegabe einen Euro **211**

444 *OLG Frankfurt*, 02.11.2017, 6 U 164/16, GRUR 2018, 208 Rn. 15 – *Brötchen-Gutschein.*
445 BGH, 05.03.2015, I ZR 185/13, GRUR 2015, 1033 Rn. 14 f. – *Patientenindividuell zusammengestellter Arzneimittelblister.*
446 BGH, 05.10.2017, I ZR 172/16, GRUR 2017, 1281 Rn. 27 ff. – *Großhandelszuschläge.*
447 BGH, 09.09.2010, I ZR 193/07, GRUR 2010, 1136 Rn. 21 – *UNSER DANKESCHÖN FÜR SIE.*
448 OLG Frankfurt, 02.11.2017, 6 U 164/16, GRUR 2018, 208 Rn. 18 – *Brötchen-Gutschein.*
449 BGH, 09.09.2010, I ZR 193/07, GRUR 2010, 1136 Rn. 21 – *UNSER DANKESCHÖN FÜR SIE.*

pro Arzneimittel übersteigt.[450] Aber auch nach der neuen Rechtslage ist zu prüfen, ob bei einer geringwertigen Zugabe ein spürbarer Verstoß vorliegt; dies kann bei einem Rabattgutschein im Wert von 1 EUR nach wie vor zu verneinen sein.[451]

212 Nach § 78 Abs. 1 4 AMG gilt die AMPreisV auch für Arzneimittel, die nach § 73 Abs. 1 1 Nr. 1a AMG durch Versandapotheken aus anderen Mitgliedstaaten der Europäischen Union in den Geltungsbereich des AMG verbracht werden. Aus deutscher Sicht bestanden keine verfassungsrechtlichen Bedenken gegen diese Bestimmung.[452] Allerdings hat der Europäische Gerichtshof mittlerweile entschieden, dass es sich dabei eine Maßnahme mit gleicher Wirkung wie eine mengenmäßige Einfuhrbeschränkung im Sinne des Art. 34 AEUV darstellt, da sie sich auf die Abgabe verschreibungspflichtiger Arzneimittel durch in anderen Mitgliedstaaten ansässige Apotheken stärker auswirkt als auf die Abgabe solcher Arzneimittel durch im Inland ansässige Apotheken.[453] Sie könne auch nicht mit dem Schutz der Gesundheit und des Lebens von Menschen im Sinne des Art. 36 AEUV gerechtfertigt werden, da sie nicht geeignet ist, die angestrebten Ziele zu erreichen.[454]

213 Die Entscheidung des Gemeinsamen Senats der obersten Gerichtshöfe des Bundes vom 22.08.2012, der noch die Vereinbarkeit des § 78 Abs. 1 4 AMG mit dem primären Unionsrecht angenommen hatte,[455] ist damit ebenso überholt wie die Rechtsprechung zu Umgehungsmodellen.[456] Der Bundesgerichtshof nimmt allerdings an, dass in einem Zivilverfahren zur Frage der Eignung des deutschen Arzneimittelpreisrechts Feststellungen getroffen werden könnten, die eine erneute Vorlage an den Europäischen Gerichtshof rechtfertigen könnten. Insbesondere komme in Betracht, gemäß § 273 Abs. 2 Nr. 2 ZPO zur Frage der Notwendigkeit von einheitlichen Apothekenabgabepreisen für verschreibungspflichtige Arzneimittel für die Wahrung der Belange der Gesundheit der Bevölkerung eine amtliche Auskunft staatlicher Stellen, insbesondere der Bundesregierung, einzuholen.[457] Zwar trifft es zu, dass der Europäische Gerichtshof ausgeführt hat, ein nationales Gericht müsse, wenn es eine nationale Regelung darauf prüfe, ob sie zum Schutz der Gesundheit und des Lebens von Menschen nach Art. 36 AEUV gerechtfertigt ist, mit Hilfe statistischer Daten, auf einzelne Punkte beschränkter Daten oder anderer Mittel objektiv prüfen, ob die von dem betreffenden Mitgliedstaat vorgelegten Beweise bei verständiger Würdigung die Einschätzung erlauben, dass die gewählten Mittel zur Verwirklichung der verfolgten Ziele geeignet sind und ob es möglich

450 BGH, 08.05.2013, I ZR 98/12, GRUR 2013, 1265 Rn. 20 – *RezeptBonus*; BGH, 08.05.2013, I ZR 90/12, GRUR 2013, 1262 Rn. 9 – *Rezept-Prämie*.

451 KG, 13.03.2018, 5 U 97/15, GRUR-RR 2018, 308 Rn. 23 ff. – *Apothekengutschein*.

452 So tendenziell BVerfG, 04.11.2015, 2 BvR 282/13, 2 BvQ 56/12, NJW 2016, 1436 Rn. 17 (»allerdings spricht manches dafür, dass … keine verfassungsrechtlichen Bedenken bestehen«).

453 EuGH, 19.10.2016, C-148/15, GRUR 2016, 1312 Rn. 27 – *Deutsche Parkinson Vereinigung*.

454 EuGH, 19.10.2016, C-148/15, GRUR 2016, 1312 Rn. 45 f. – *Deutsche Parkinson Vereinigung*.

455 GmS-OGB, 22.08.2012, GmS-OGB 1/10, BGHZ 194, 354 ff. = GRUR 2013, 417 Rn. 34 ff. – *Medikamentenkauf im Versandhandel*.

456 Z. B. BGH, 26.02.2014, I ZR 77/09, GRUR 2014, 591 Rn. 15 – *Holland-Preise*.

457 BGH, 24.11.2016, I ZR 163/15, GRUR 2017, 635 Rn. 49 – *Freunde werben Freunde*.

ist, diese Ziele durch Maßnahmen zu erreichen, die den freien Warenverkehr weniger einschränken.[458] Inwieweit aber die Einholung einer amtlichen Stellungnahme der Bundesregierung zu neuen Erkenntnissen führen kann, nachdem der Vortrag der Bundesregierung in dem Verfahren vor dem Europäischen Gerichtshof nicht genügte, um die Regelung des § 78 Abs. 1 4 AMG unionsrechtlich zu rechtfertigen, erscheint fraglich. Vor allem hat ein nationales Gericht nicht die Möglichkeit, amtliche Stellungnahmen der Europäischen Kommission oder anderer Regierungen einzuholen, die für die Entscheidung des Europäischen Gerichtshofs mitentscheidend waren.[459] Jedenfalls scheint auch der Bundesgerichtshof davon auszugehen, dass ohne die von ihm in Erwägung gezogenen Feststellungen und daran anschließend ein erneutes Vorlageverfahren an den Europäischen Gerichtshof ein Verstoß gegen §§ 78 Abs. 2, Abs. 1 4 in Verbindung mit der AMPreisV nicht als unlauter im Sinn des § 3a angesehen werden kann.[460] Bei rein innerstaatliche Sachverhalten ohne grenzüberschreitenden Bezug bleibt die Arzneimittelpreisbindung allerdings unberührt; in ihr liegt auch keine nach Art. 3 Abs. 1 GG unzulässige Inländerdiskriminierung.[461]

6. Verbringungsverbot (§ 73 AMG)

Das Verbringungsverbot des § 73 AMG spielt in der wettbewerbsrechtlichen Praxis vor allem im Zusammenhang mit dem Preiswettbewerb durch ausländische Apotheken eine Rolle; deutlich wird dieser Zusammenhang durch die ausdrückliche Bezugnahme in § 78 Abs. 1 4 AMG. 214

Grundsätzlich dürfen zulassungspflichtige Arzneimittel im Sinn des § 21 AMG nach § 73 Abs. 1 1 AMG nur unter engen Voraussetzungen aus dem Ausland nach Deutschland **eingeführt** werden. Nach § 73 Abs. 1 Nr. 1 AMG ist die Einfuhr zulassungspflichtiger Arzneimittel aus einem Mitgliedstaat der Europäischen Union unter anderem dann gestattet, wenn der Empfänger eine Apotheke betreibt. Es ist daher zulässig, wenn ein in Deutschland ansässiger Apotheker Arzneimittel von einer Apotheke aus einem anderen Mitgliedstaat bezieht, um sie nach eigener Prüfung (und unter Weitergabe des Preisvorteils) an Verbraucher abzugeben.[462] § 78 Abs. 1 4 AMG galt nach seinem eindeutigen Wortlaut für dieses Modell nicht, sondern nur für den Versandhandel nach § 73 Abs. 1 1 Nr. 1a AMG. 215

Der **Versandhandel** mit Arzneimitteln ist seit dem 01.01.2004 nicht mehr, wie bis dahin, grundsätzlich verboten, sondern bedarf nur noch einer besonderen Erlaubnis. Dies gilt gemäß § 73 Abs. 1 1 Nr. 1a AMG auch für einen Arzneimittelversand an Endverbraucher von einer Apotheke eines Mitgliedstaats der Europäischen Union aus. 216

---

458 EuGH, 19.10.2016, C-148/15, GRUR 2016, 1312 Rn. 36 – *Deutsche Parkinson Vereinigung.*

459 EuGH, 19.10.2016, C-148/15, GRUR 2016, 1312 Rn. 38, 43 – *Deutsche Parkinson Vereinigung.*

460 BGH, 24.11.2016, I ZR 163/15, GRUR 2017, 635 Rn. 50 – *Freunde werben Freunde*; BGH, 26.04.2018, I ZR 121/17, GRUR 2018, 1271 Rn. 27 – *Applikationsarzneimittel.*

461 BGH, 29.11.2018, I ZR 237/16, WRP 2019, 187 Rn. 35 ff. – *Versandapotheke.*

462 BGH, 12.01.2012, I ZR 211/10, GRUR 2012, 954 Rn. 12 – *Europa-Apotheke Budapest.*

Voraussetzung ist, dass das Arzneimittel entsprechend den deutschen Vorschriften zum Versandhandel oder zum elektronischen Handel versandt wird. Zum anderen muss die Apotheke nach dem deutschen Apothekengesetz oder nach ihrem nationalen Recht, soweit dieses dem deutschen Apothekenrecht im Hinblick auf die Vorschriften zum Versandhandel entspricht, zum Versandhandel befugt sein.[463] Entfaltet sie dabei über die damit notwendig verbundenen Vertriebstätigkeiten hinaus weitere Aktivitäten, so bedarf sie dafür einer eigenen Erlaubnis.[464]

217 Unbedenklich ist es etwa, wenn die ausländische Versandapotheke ein Logistikunternehmen einschaltet oder auch mit einer Drogeriemarktkette zusammenarbeitet, deren Niederlassungen als Abholstationen für die bestellten Arzneimittel fungieren. Dabei darf jedoch das in den Vertrieb eingeschaltete Unternehmen sich niemals so verhalten, als ob es selbst Arzneimittelhandel triebe; insbesondere darf es durch seine Werbung nicht den Eindruck erwecken, bei ihm könnten Arzneimittel im Wege der Bestellung erworben werden.[465] Unzulässig ist es auch, die nach § 11a Abs. 1 1 Nr. 2 lit. d ApoG erforderliche pharmazeutische Beratung über ein in Deutschland ansässiges Call-Center anzubieten.[466]

218 Zu der Frage, inwieweit das nationale Recht der Apotheke den Sicherheitsstandards des deutschen Rechts entspricht, veröffentlicht das Bundesministerium für Gesundheit in regelmäßigen Abständen eine aktualisierte Übersicht über die Mitgliedstaaten der Europäischen Union und die anderen Vertragsstaaten des Europäischen Wirtschaftsraums, in denen für den Versandhandel und den elektronischen Handel mit Arzneimitteln dem deutschen Recht vergleichbare Sicherheitsstandards bestehen. Diese bindet die Gerichte insoweit, als sie feststellt, dass in bestimmten Mitgliedstaaten der Europäischen Union – gegebenenfalls unter bestimmten Voraussetzungen – zum Zeitpunkt ihrer Veröffentlichung vergleichbare Sicherheitsstandards bestanden.[467]

VI. Ärztliche Berufsordnungen

219 Siehe Berufsordnung Ärzte.

VII. Bauordnungen

220 Die landesrechtlichen Bauordnungen enthalten Bestimmungen über die Zulassung von Bauprodukten. Bauprodukte, die ihnen nicht entsprechen, sind nicht verkehrsfähig. Es handelt es sich bei diesen Bestimmungen um Marktverhaltensregelungen im Sinn des § 3a. Sie betreffen das Verhalten auf dem Markt beim Absatz der Waren. Sie dienen dem Schutz der Marktteilnehmer, denen durch die Zulassung und durch den Überein-

---

463 BGH, 20.12.2007, I ZR 205/04, GRUR 2008, 275 Rn. 22 – *Versandhandel mit Arzneimitteln.*

464 BGH, 19.07.2012, I ZR 40/11, GRUR 2013, 421 Rn. 44 – *Pharmazeutische Beratung über Call-Center.*

465 BGH, 12.01.2012, I ZR 211/10, GRUR 2012, 954 Rn. 17 – *Europa-Apotheke Budapest.*

466 BGH, 19.07.2012, I ZR 40/11, GRUR 2013, 421 Rn. 54 f. – *Pharmazeutische Beratung über Call-Center.*

467 BGH, 20.12.2007, I ZR 205/04, GRUR 2008, 275 Rn. 30 – *Versandhandel mit Arzneimitteln.*

stimmungsnachweis Gewissheit darüber verschafft werden soll, dass das konkret gelieferte Bauprodukt unbedenklich seinem Zweck entsprechend verwendet werden kann. Das Inverkehrbringen nicht verkehrsfähiger Bauprodukte stellt daher ein nach § 3a UWG unlauteres Marktverhalten dar.[468]

VIII. Bundesdatenschutzgesetz (BDSG)

Siehe Datenschutzgesetze. 221

IX. Berufsordnung Apotheker

Siehe ApothekenG. 222

X. Berufsordnung Ärzte, Berufsordnung Zahnärzte, ZahnheilkundeG

1. Einleitung

Die Berufsordnungen der Ärzte und Zahnärzte gehören zu den Vorschriftenmit Gesundheitsbezug und damit zu einem Regelungskomplex, der in der Rechtspraxis zu § 3a zahlenmäßig das größte Gewicht einnimmt.[469] Die Verbote der Zuweisung von Patienten und ihrer Verweisung an bestimmte anderer Anbieter von Gesundheitsdienstleistungen finden ihre Parallele in den entsprechenden Regelungen des Apothekenrechts (§ 11 ApoG). Berührungspunkte bestehen auch mit dem Heilmittelwerberecht. Verhaltensweisen, die nach dem Heilmittelwerberecht zulässig sind, können nicht nach ärztlichem Berufsrecht untersagt werden.[470] 223

Die Berufsordnungen der Ärzte werden von den einzelnen Ärztekammern erlassen. Um gravierende Unterschiede zwischen den Berufsordnungen in den einzelnen Ländern zu vermeiden, hat die Bundesärztekammer eine Muster-Berufsordnung (M-BOÄ) geschaffen, nach der sich die verbindlichen Berufsordnungen der Ärztekammern in den Bundesländern richten. Empfehlungen für die ständige Anpassung und Modifizierung der Berufsordnung für die deutschen Ärzte erfolgen grundsätzlich und im Sinne einer möglichst für Deutschland einheitlichen Entwicklung zentral durch die Bundesärztekammer beziehungsweise den Deutschen Ärztetag.[471] Gleiches gilt für die Berufsordnungen der Zahnärzte. Auch diese werden von den Landeszahnärztekammern beschlossen, die sich nach der Muster-Berufsordnung für Zahnärzte der Bundeszahnärztekammer richten (M-BOZ).[472] 224

Rechtlich handelt es sich bei den Berufsordnungen um Satzungen von Körperschaften des öffentlichen Rechts, die zu den gesetzlichen Vorschriften im Sinn des § 3a gehö- 225

468 BGH, 20.10.2005, I ZR 10/03, GRUR 2006, 82 Rn. 22 – *Betonstahl.*
469 Büscher, GRUR 2017, 105, 107.
470 BGH, 17.08.2011, I ZR 13/10, GRUR 2011, 1163 Rn. 25 – *Arzneimitteldatenbank.*
471 https://www.bundesaerztekammer.de/fileadmin/user_upload/downloads/pdf-Ordner/MBO/MBO-AE.pdf, abgerufen am 16.08.2018.
472 Haage, Einführung in das Berufsrecht der Zahnärzte, Rn. 30.

ren.[473] Sie sind verfassungsrechtlich (Art. 12 GG) aber nur zulässig, soweit sie dem Schutz der Bevölkerung vor unsachlicher Beeinflussung und vor Gefahren für die ärztliche Versorgung dienen und dem Grundsatz der Verhältnismäßigkeit entsprechen. Insbesondere darf Verhaltensweisen entgegengewirkt werden, die den Eindruck vermitteln, der Arzt stelle die Erzielung von Gewinn über das Wohl seiner Patienten und deren ordnungsgemäße Behandlung. Der Patient soll darauf vertrauen können, dass sich der Arzt nicht von kommerziellen Interessen, sondern ausschließlich von medizinischen Notwendigkeiten leiten lässt.[474] Unzulässig sind dagegen Regelungen, die allein dem Schutz des einzelnen Arztes vor Konkurrenz dienen.[475]

226 Der Anwendung des § 3a in Verbindung mit diesen Normen steht nicht die Harmonisierung durch die UGP-Richtlinie nicht entgegen. Nach Art. 3 (8) der UGP-Richtlinie bleiben alle spezifischen Regeln für reglementierte Berufe unberührt, damit die strengen Integritätsstandards gewährleistet bleiben, die die Mitgliedstaaten den in dem Beruf tätigen Personen nach Maßgabe des Unionsrechts auferlegen können. Dementsprechend ist die Anwendung des § 3a auf die Bestimmungen des ärztlichen Berufsrechts, die das Marktverhalten der Ärzte in unionsrechtskonformer Weise regeln, zulässig.[476]

2. Approbation

227 Die Ausübung des (zahn-) ärztlichen Berufs setzt die Approbation als Arzt beziehungsweise Zahnarzt voraus (§ 1 Abs. 1 Bundesärzteordnung, § 1 Abs. 1 ZahnheilkundeG). Hierbei handelt es sich um Marktzutrittsregelungen, die aber zugleich die Qualität der ärztlichen Dienstleistungen sichern und die Verbraucher vor unqualifizierten Anbietern schützen sollen, und die damit eine sekundäre wettbewerbsbezogene Schutzfunktion aufweisen.[477]

3. Gewerbliche Tätigkeiten

228 Ärzte und Zahnärzte sollen nicht von kommerziellen Interessen beeinflusst werden, die dazu führen, dass sie ihr Gewinninteresse über das Wohl ihrer Patienten stellen. Zu diesem Zweck enthalten die Berufsordnungen eine Reihe von Regelungen, die Ärzten und Zahnärzten bestimmte Tätigkeiten untersagen oder eine Trennung zwischen ärztlicher und (zulässiger) gewerblicher Tätigkeit fordern. Diese Bestimmungen dienen grundsätzlich dem Gemeinwohl und sind daher verfassungsrechtlich nicht zu beanstanden. Sie dürfen aber den seinen Beruf ausübenden Arzt nicht übermäßig oder unzumutbar treffen. Bei der Bestimmung der Reichweite dieser Verbote ist zu beachten, dass mit ihnen nicht unmittelbar bestehenden Gesundheitsgefahren begegnet werden

473 BGH, 26.02.2009, I ZR 222/06, GRUR 2009, 883 Rn. 11 – *MacDent.*

474 BVerfG, 01.06.2011, 1 BvR 235/10, GRUR 2011, 838 Rn. 42 – *Zahnarzt für Implantologie*; BGH, 29.05.2008, I ZR 75/05, GRUR 2008, 816 Rn. 19 – *Ernährungsberatung.*

475 BVerfG, 08.12.2010, 1 BvR 1287/08, GRUR 2011, 530 Rn. 24 – *Zahnarzt-Preisvergleich*; BGH, 01.12.2010, I ZR 55/08, GRUR 2011, 343 Rn. 11 – *Zweite Zahnarztmeinung.*

476 BGH, 21.05.2015, I ZR 183/13, GRUR 2015, 1237 Rn. 19 – *Erfolgsprämie für die Kundengewinnung*; vgl. EuGH, 04.05.2017, C-339/15, GRUR 2017, 627 Rn. 30 – *Vanderborght.*

477 GK/Metzger, § 4 Nr. 11 Rn. 38.

soll, sondern lediglich langfristig negative Rückwirkungen auf die medizinische Versorgung durch eine Kommerzialisierung des Arztberufs verhindert werden sollen. Sie sind daher grundsätzlich eng auszulegen.[478]

Ärzten ist eine gewerblich-unternehmerische Tätigkeit auf dem Gebiet des Heilwesens nicht grundsätzlich untersagt. § 3 Abs. 1 1 M-BOÄ untersagt daher dem Arzt neben der Ausübung seines Berufs die Ausübung einer anderen Tätigkeit nur dann, wenn die Tätigkeit mit den ethischen Grundsätzen des ärztlichen Berufs nicht vereinbar ist.[479] 229

Nach § 3 Abs. 2 M-BOÄ ist es dem Arzt ferner untersagt, im Zusammenhang mit der Ausübung seiner ärztlichen Tätigkeit gewerbliche Dienstleistungen zu erbringen oder erbringen zu lassen, soweit diese nicht wegen ihrer Besonderheiten notwendiger Bestandteil der ärztlichen Therapie sind.[480] Die Abgabe von Verbrauchsprodukten (wie Diabetesteststreifen) in großem Umfang ist im Regelfall Ausdruck eines rein geschäftsmäßigen Verhaltens, das nach § 3 Abs. 2 M-BOÄ unzulässig ist. Gestattet ist dies nur für Produkte, die notwendiger Bestandteil der ärztlichen Therapie sind. Im Hinblick auf die verfassungsrechtlich gebotene weite Auslegung reicht es dafür aus, dass der Arzt Einweisungen, Schulungen, Anpassungs- oder Kontrolleistungen oder eine Notfallversorgung für erforderlich erachtet und die Abgabe der Ware in direktem Zusammenhang damit vornimmt oder veranlasst.[481] Ein Augenarzt, wenn er seine Patienten regelmäßig auf die Möglichkeit der Brillenversorgung im verkürzten Versorgungsweg durch einen bestimmten Optiker hinweist, verstößt dagegen auch gegen diese Vorschrift.[482] 230

Eine zulässige gewerbliche Tätigkeit des Zahnarztes muss nach § 9 Abs. 4 M-BOZ sachlich, räumlich und organisatorisch sowie für den Patienten erkennbar von der zahnärztlichen Tätigkeit getrennt sein. Die M-BOÄ enthält kein entsprechendes Gebot der räumlichen Trennung gewerblicher Tätigkeiten, so dass eine gewerbliche Ernährungsberatung in den Praxisräumen eines Arztes zulässig ist.[483] 231

4. Zuweisungsverbot

Nach §§ 31 Abs. 1 M-BOÄ, 1 Abs. 8 M-BOZ ist es Ärzten und Zahnärzten nicht gestattet, für die Zuweisung von Patienten oder Untersuchungsmaterial oder für die Verordnung oder den Bezug von Arznei- oder Hilfsmitteln oder Medizinprodukten ein Entgelt oder andere Vorteile zu fordern, sich oder Dritten versprechen oder gewähren zu lassen oder selbst zu versprechen oder zu gewähren (unerlaubte Zuweisung). Auch diese Bestimmungen dienen dem Zweck, die Unabhängigkeit ärztlicher Entscheidungen von merkantilen Erwägungen zu gewährleisten.[484] 232

478 BGH, 29.05.2008, I ZR 75/05, GRUR 2008, 816 Rn. 19 – *Ernährungsberatung.*
479 BGH, 29.05.2008, I ZR 75/05, GRUR 2008, 816 Rn. 20 – *Ernährungsberatung.*
480 BGH, 29.05.2008, I ZR 75/05, GRUR 2008, 816 Rn. 19 – *Ernährungsberatung*; BGH, 09.07.2009, I ZR 13/07, GRUR 2009, 977 Rn. 28 ff. – *Brillenversorgung.*
481 BGH, 02.06.2005, I ZR 215/02, GRUR 2005, 875, 876 – *Diabetesteststreifen.*
482 BGH, 24.06.2010, I ZR 182/08, GRUR 2010, 850 Rn. 22 f. – *Brillenversorgung II.*
483 BGH, 29.05.2008, I ZR 75/05, GRUR 2008, 816 Rn. 18 – *Ernährungsberatung.*
484 BGH, 15.05.2014, I ZR 137/12, GRUR 2014, 791 Rn. 16 – *Teil-Berufsausübungsgemeinschaft.*

233 Auch § 1 Abs. 5 der Berufsordnung der Zahnärztekammer Nordrhein bestimmt, dass der Zahnarzt keine Verpflichtung eingehen soll, die seine Unabhängigkeit bei der Berufsausübung beeinträchtigen kann. Sie soll gewährleisten, dass der Zahnarzt die Entscheidung, ob und wie er einen Patienten behandelt, nicht an sachfremden wirtschaftlichen Eigeninteressen, sondern allein an medizinischen Erwägungen mit Blick auf das Patientenwohl ausrichtet.[485] Mit dieser Bestimmung ist es unvereinbar, wenn sich der Zahnarzt im Vorfeld einer Behandlung in der Weise bindet, dass er Dritten für die Zuweisung von Patienten eine Gegenleistung verspricht oder gewährt. Zulässig ist dagegen die Vereinbarung einer Vergütung als Gegenleistung für das Zurverfügungstellen einer Internetplattform zum Anbieten freiberuflicher Leistungen und für die im Zusammenhang damit geleisteten Dienste, so dass »Internet-Marktplätze«, auf denen Patienten Heil- und Kostenpläne von Zahnärzten einholen können, auch dann zulässig sind, wenn die teilnehmenden Zahnärzte den Betreibern eine Vergütung zahlen.[486]

5. Verweisungsverbot

234 Im Verhältnis zu anderen Anbietern gesundheitlicher Leistungen gilt das Verweisungsgebot. Nach § 31 Abs. 2 M-BOÄ ist es nicht gestattet, Patienten ohne hinreichenden Grund an bestimmte Apotheken, Geschäfte oder Anbieter von gesundheitlichen Leistungen zu verweisen. Bei den entsprechenden Bestimmungen der Berufsordnungen handelt es sich um unionsrechtskonforme Marktverhaltensregelungen.[487]

235 Die Bestimmung soll die unbeeinflusste Wahlfreiheit des Patienten in Bezug auf Apotheken, Geschäfte und Anbieter gesundheitlicher Leistungen gewährleisten. Der Patient soll sich darauf verlassen können, dass der Arzt die gesamte Behandlung einschließlich etwaiger Empfehlungen anderer Leistungserbringer allein an medizinischen Erwägungen im Interesse des Patienten ausrichtet.[488] Diese Wahlfreiheit ist schon dann beeinträchtigt, wenn der Arzt dem Patienten von sich aus einen bestimmten Erbringer gesundheitlicher Leistungen nahelegt oder auch nur empfiehlt.[489] Vom Begriff der Verweisung sind daher schon alle Empfehlungen für bestimmte Leistungserbringer erfasst, die der Arzt seinen Patienten von sich aus erteilt. Dazu zählt etwa die Empfehlung nur eines Anbieters durch Plakate, Flyer, Visitenkarten und Gutscheine oder die Empfehlung einer bestimmten Apotheke durch Rezeptaufdruck.[490] Gleiches gilt, wenn der Arzt einem Orthopädietechniker in seiner Praxis einen Raum zur Verfügung stellt und entsprechende Hinweisschilder für seine Patienten anbringt.[491]

---

485 BGH, 21.05.2015, I ZR 183/13, GRUR 2015, 1237 Rn. 18 – *Erfolgsprämie für die Kundengewinnung.*

486 BGH, 01.12.2010, I ZR 55/08, GRUR 2011, 343 Rn. 22 – *Zweite Zahnarztmeinung*; BGH, 21.05.2015, I ZR 183/13, GRUR 2015, 1237 Rn. 21 – *Erfolgsprämie für die Kundengewinnung.*

487 BGH, 24.07.2014, I ZR 68/13, GRUR 2015, 283 Rn. 23 – *Hörgeräteversorgung III.*

488 BGH, 13.01.2011, I ZR 111/08, GRUR 2011, 345 Rn. 68 – *Hörgeräteversorgung II.*

489 BGH, 24.07.2014, I ZR 68/13, GRUR 2015, 283 Rn. 21 – *Hörgeräteversorgung III.*

490 BGH, 13.01.2011, I ZR 111/08, GRUR 2011, 345 Rn. 30 – *Hörgeräteversorgung II.*

491 BGH, 16.06.2016, I ZR 46/15, GRUR 2017, 194 Rn. 48 – *Orthopädietechniker.*

Anders verhält es sich dagegen, wenn der Patient den Arzt um eine Empfehlung bittet. Schon die mit dem Behandlungsvertrag übernommene Fürsorgepflicht spricht dafür, dass der Arzt auf der Grundlage seiner Erfahrungen die erbetene Empfehlung erteilen darf, wenn nicht erteilen muss.[492] Zulässig ist auch ohne Nachfrage des Patienten eine neutrale Information über die verfügbaren Versorgungswege und ihre allgemeinen Vor- und Nachteile, sofern dabei kein bestimmter Leistungserbringer empfohlen wird.[493] 236

Ein hinreichender Grund für die Verweisung an einen bestimmten Leistungserbringer muss nicht unmittelbar auf medizinischem Gebiet liegen. Er kann sich aus der Qualität der Versorgung, der Vermeidung von Wegen bei gehbehinderten Patienten und aus schlechten Erfahrungen ergeben, die Patienten bei anderen Anbietern gemacht haben. Hingegen reicht die größere Bequemlichkeit eines bestimmten Versorgungswegs für sich allein nicht als hinreichender Grund für eine Verweisung aus.[494] Die Abgabe von Produkten und die Erbringung gewerblicher Dienstleistungen durch den Arzt selber ist dagegen nur aus (unmittelbar) medizinischen Gründen zulässig.[495] 237

6. Verdrängungsverbot

Nach § 8 Abs. 2 der M-BOZ ist es berufsrechtswidrig, einen Zahnarztkollegen aus seiner Behandlungstätigkeit oder als Mitbewerber um eine berufliche Tätigkeit durch unlautere Handlungen zu verdrängen; eine inhaltlich entsprechende Regelung findet sich auch in § 29 Abs. 2 M-BOÄ. Die Vorschrift stellt eine spezielle Ausprägung des auch in den weiteren Absätzen des in §§ 8 M-BOZ, 29 M-BOÄ näher geregelten allgemeinen Grundsatzes der Kollegialität dar, der jederzeit gegenüber allen Berufsangehörigen zu beachten ist. Ein berufsunwürdiges Verhalten im Sinn dieser Vorschriften liegt nicht schon darin, dass durch dieses Verhalten ein Kollege verdrängt wird. Hinzutreten muss vielmehr eine besondere Unlauterkeit, die dieses Verhalten auszeichnet. Für sich genommen ist die Verdrängung eines Kollegen lediglich Folge eines grundsätzlich erwünschten Wettbewerbs und kann daher nicht als wettbewerbswidrig angesehen werden. Bei der Entscheidung, ob das beanstandete Verhalten unlauter ist, sind insbesondere die sonstigen Regelungen der Berufsordnung zu berücksichtigen (wie die Verpflichtung, das Recht des Patienten auf freie Arztwahl zu achten, oder das berechtigte Interesse der Patienten an sachgerechter Information).[496] Danach ist es nicht zu beanstanden, wenn ein Zahnarzt, dem ein Patient einen von einem anderen Zahnarzt erstellten Heil- und Kostenplan oder Kostenvoranschlag mit der Bitte um Prüfung vorlegt, ob er die Behandlung nicht zu einem günstigeren Preis vornehmen kann, eine alternative Kostenberechnung vornimmt und, sofern sich der Patient daraufhin zu einem Zahnarztwechsel entschließt, auch seine Behandlung übernimmt.[497] Zulässig ist daher auch 238

492 BGH, 13.01.2011, I ZR 111/08, GRUR 2011, 345 Rn. 28 – *Hörgeräteversorgung II.*
493 BGH, 24.07.2014, I ZR 68/13, GRUR 2015, 283 Rn. 25 – *Hörgeräteversorgung III.*
494 BGH, 24.07.2014, I ZR 68/13, GRUR 2015, 283 Rn. 36 – *Hörgeräteversorgung III*; BGH, 26.04.2018, I ZR 121/17, GRUR 2018, 1271 Rn. 71 – *Applikationsarzneimittel.*
495 BGH, 09.07.2009, I ZR 13/07, GRUR 2009, 977 Rn. 28 ff. – *Brillenversorgung.*
496 BGH, 01.12.2010, I ZR 55/08, GRUR 2011, 343 Rn. 11 – *Zweite Zahnarztmeinung.*
497 BGH, 01.12.2010, I ZR 55/08, GRUR 2011, 343 Rn. 13 – *Zweite Zahnarztmeinung.*

die Beteiligung eines Zahnarztes an einer Internetplattform, auf der Patienten Heil- und Kostenpläne oder Kostenvoranschläge (ohne Nennung des erstellenden Zahnarztes) einstellen können und dann andere Zahnärzte Gelegenheit haben, dem Patienten alternative Angebote zu unterbreiten.[498]

7. Werbebeschränkungen

239 Nach § 27 Abs. 3 M-BOÄ ist berufswidrige Werbung untersagt, wobei als berufswidrige Werbung insbesondere eine anpreisende, irreführende oder vergleichende Werbung angesehen wird. Unzulässig ist ferner eine Werbung für eigene oder fremde gewerbliche Tätigkeiten oder Produkte im Zusammenhang mit der ärztlichen Tätigkeit. Sachliche berufsbezogene Informationen sind dagegen gestattet (§ 27 Abs. 2 M-BOÄ).[499] § 21 Abs. 1 und Abs. 4 M-BOZ enthalten entsprechende Regelungen. Bei der Auslegung dieser Bestimmungen ist zu berücksichtigen, dass Ärzten von Verfassungs wegen die berufsbezogene und sachangemessene Werbung erlaubt ist. Ein vollständiges Verbot ärztlicher Werbung im Internet stellt darüber hinaus einen Verstoß gegen Art. 8 Abs. 1 der Richtlinie 2000/31/EG über bestimmte rechtliche Aspekte der Dienste der Informationsgesellschaft, insbesondere des elektronischen Geschäftsverkehrs, im Binnenmarkt (E-Commerce-RL) dar.[500] Die UGP-Richtlinie ist dagegen nicht berührt, da die Regelung Bezug auf Gesundheitsaspekte hat (Art. 3 (3) UGP-RL) und eine spezifische Regelung für einen reglementierten Beruf darstellt.[501]

240 Konkurrenzschutz und Schutz vor Umsatzverlagerungen sind keine legitimen Zwecke, die Einschränkungen der Berufsausübung rechtfertigen können. Der eigentliche Zweck der Werbung liegt darin, Kunden, oder hier Patienten, zu Lasten der Konkurrenz zu gewinnen. Akquisition als solche ist nicht berufswidrig.[502] Zu berücksichtigen ist ferner, dass Kliniken als gewerbliche Unternehmen nicht den Werbebeschränkungen für niedergelassene Ärzte unterliegen. Solchen Unternehmen kann daher Werbung nicht mit der Begründung untersagt werden, sie verstoße gegen die berufsrechtlichen Werbebeschränkungen. Etwas anderes gilt nur, wenn der Zweck des Unternehmens darauf beschränkt ist, die Werberegeln zu umgehen.[503]

241 Das vom werbenden Arzt zu beachtende Sachlichkeitsgebot verlangt von diesem daher nicht, sich auf die Mitteilung nüchterner Fakten zu beschränken. Vielmehr ist, da darüber hinausgehende Angaben ebenfalls zu dem – emotional geprägten – Vertrauensverhältnis zwischen Arzt und Patient beitragen können, eine »Sympathiewerbung«

498 BGH, 01.12.2010, I ZR 55/08, GRUR 2011, 343 Rn. 16 – *Zweite Zahnarztmeinung*.
499 BGH, 26.02.2009, I ZR 222/06, GRUR 2009, 883 Rn. 13 – *MacDent*.
500 EuGH, 04.05.2017, C-339/15, GRUR 2017, 627 Rn. 50 – *Vanderborght*.
501 EuGH, 04.05.2017, C-339/15, GRUR 2017, 627 Rn. 29 – *Vanderborght*.
502 BVerfG, 26.09.2003, 1 BvR 1608/02, GRUR 2004, 68, 69 – *Werbung einer Zahnarzt-GmbH*; BGH, 26.02.2009, I ZR 222/06, GRUR 2009, 883 Rn. 13 – *MacDent*.
503 BVerfG, 26.09.2003, 1 BvR 1608/02, GRUR 2004, 68, 69 – *Werbung einer Zahnarzt-GmbH*; BGH, 26.02.2009, I ZR 222/06, GRUR 2009, 883 Rn. 13 – *MacDent*.

zulässig, soweit durch sie nicht der Informationscharakter in den Hintergrund gedrängt wird.[504]

Diesen Bestimmungen in den Berufsordnungen, die sich ausdrücklich mit der Zulässigkeit der Werbung befassen, kommt eine auf die Lauterkeit des Wettbewerbs bezogene Schutzfunktion zu. § 3a ist daher auf sie anwendbar.[505] 242

In den Bereich der Werbung fallen auch die berufsrechtlichen Bestimmungen über die **Berufsbezeichnung** und die **Führung akademischer Grade**. So dürfen nach § 20 Abs. 2 der M-BOZ akademische Titel und Grade nur in der gesetzlich zulässigen Form geführt werden. Ergänzt wird die Regelung durch Bestimmungen wie § 33 HeilberufsG NRW, nach der die Angehörigen von Ärzte- und Zahnärztekammern neben ihrer Berufsbezeichnung weitere Bezeichnungen führen können, die auf besondere Kenntnisse in einem bestimmten beruflichen Gebiet (Gebietsbezeichnung) oder Teilgebiet (Teilgebietsbezeichnung) oder auf Bereiche (Zusatzbezeichnung) hinweisen. Da diese Bestimmungen die Selbstdarstellung der Ärzte regeln und sich unmittelbar auf seine Werbemöglichkeiten auswirken, kommt ihnen eine auf die Lauterkeit des Wettbewerbs bezogene Schutzfunktion zu.[506] Die Verwendung insbesondere ausländischer akademischer Grade darf zwar nicht zu einer Irreführung der Verbraucher führen. An die Feststellung einer relevanten Irreführung sind aber bei der rechtmäßigen Führung der Bezeichnung hohe Anforderungen zu stellen.[507] 243

XI. Berufsordnung Zahnärzte

Siehe Berufsordnung Ärzte, Berufsordnung Zahnärzte. 244

XII. Buchpreisbindungsgesetz (BuchPrG)

Nach § 9 BuchPrG kann, wer gegen die Vorschriften der Buchpreisbindung zuwiderhandelt, auf Unterlassung und Schadensersatz in Anspruch genommen werden, wobei § 9 Abs. 2 BuchPrG eine eigenständige Regelung der Aktivlegitimation (z. B. in Nr. 3 des Preisbindungstreuhänders) enthält. Das BuchPrG verfügt daher über ein eigenes Sanktionensystem, so dass es eines Rückgriffs auf § 3a nicht bedarf.[508] 245

XIII. Bundesrechtsanwaltsordnung (BRAO), Berufsordnung Rechtsanwälte (BORA)

1. Werbebeschränkungen (§ 43b BRAO, § 6 BORA)

Nach § 43b BRAO ist Werbung dem Rechtsanwalt nur erlaubt, soweit sie über die berufliche Tätigkeit in Form und Inhalt sachlich unterrichtet und nicht auf die Ertei- 246

504 BGH, 09.10.2003, I ZR 167/01, GRUR 2004, 164, 166 – *Arztwerbung im Internet.*
505 BGH, 26.02.2009, I ZR 222/06, GRUR 2009, 883 Rn. 17 – *MacDent.*
506 BGH, 18.03.2010, I ZR 172/08, GRUR 2010, 1024 Rn. 17 – *Master of Science Kieferorthopädie.*
507 BGH, 18.03.2010, I ZR 172/08, GRUR 2010, 1024 Rn. 25 – *Master of Science Kieferorthopädie.*
508 OLG Frankfurt, 02.04.2014, 11 U 3/14, juris 18; s. o. Rdn. 64; vgl. BGH, 21.07.2016, I ZR 127/15, GRUR 2017, 199 Rn. 31 ff. – *Förderverein*, wo § 3a nicht herangezogen wird.

lung eines Auftrags im Einzelfall gerichtet ist. § 6 Abs. 1 BORA formuliert positiv, dass der Rechtsanwalt über seine Dienstleistung und seine Person informieren darf, soweit die Angaben sachlich unterrichten und berufsbezogen sind. Spezielle Regelungen enthält § 6 Abs. 2 BORA. Nach Satz 1 ist die Angabe von Erfolgs- und Umsatzzahlen unzulässig, wenn sie irreführend ist; nach Satz 2 sind Hinweise auf Mandate und Mandanten nur zulässig, soweit der Mandant ausdrücklich eingewilligt hat. In diesem Zusammenhang ist ferner zu berücksichtigen, dass nach der Rechtsprechung des Bundesverfassungsgerichts ein Rechtsanwalt grundsätzlich berechtigt ist, im Internet auch unter Nennung der Namen seiner gewerblichen Gegner zu werben.[509] Sowohl bei § 43b BRAO als auch bei § 6 BORA handelt es sich um Bestimmungen, die im Interesse der Marktteilnehmer, insbesondere der Verbraucher, das Marktverhalten regeln. Auch die als Satzung auf der Grundlage des § 59b Abs. 1 BRAO ergangene BORA hat Rechtsnormqualität.[510]

247 Werbemaßnahmen eines Rechtsanwalts unterfallen der durch Art. 12 GG geschützten Berufsfreiheit sowie der Freiheit der Meinungsäußerung (Art. 5 GG), die durch § 43b BRAO im Interesse der Sicherung der Unabhängigkeit des Rechtsanwalts als Organ der Rechtspflege beschränkt werden.[511] Die Vorschrift des § 43b BRAO eröffnet nicht eine ansonsten nicht bestehende Werbemöglichkeit, sondern konkretisiert die verfassungsrechtlich garantierte Werbefreiheit. Deshalb bedarf nicht die Gestattung der Anwaltswerbung der Rechtfertigung, sondern deren Einschränkung. Sie ist nur dann mit dem Grundgesetz vereinbar, wenn sie im Einzelfall durch ausreichende Gründe des Gemeinwohls gerechtfertigt ist und im Übrigen dem Grundsatz der Verhältnismäßigkeit entspricht. Selbstdarstellungen des Rechtsanwalts unterliegen, soweit die Form und der Inhalt der Werbung nicht unsachlich sind, keinem generellen Werbeverbot. Das von den Angehörigen eines freien Berufs zu beachtende Sachlichkeitsgebot verlangt keine auf die Mitteilung nüchterner Fakten beschränkte Werbung.[512] Es ist auch nicht zu beanstanden, dass Werbung vorrangig mit der Absicht wirtschaftlicher Vorteile betrieben wird. Eine solche Zielrichtung ist mit jeder Werbung verbunden; denn es ist gerade ihr Zweck, Mandanten zu Lasten der Konkurrenz zu gewinnen. Verboten sind danach lediglich irreführende und insbesondere aufdringliche Werbemethoden, mit denen ein rein geschäftsmäßiges, ausschließlich an Gewinn orientiertes Verhalten zum Ausdruck kommt.[513]

248 Der Bereich zulässiger Werbung wird erst verlassen, wenn die Werbung ein reklamehaftes Anpreisen in den Vordergrund stellt, mit der eigentlichen Leistung des Anwalts nichts mehr zu tun hat und sich nicht mit dem unabdingbaren Vertrauensverhältnis im Rahmen eines Mandats vereinbaren lässt, wie es bei »Schockdarstellungen« auf »Werbetassen« der Fall ist.[514] Einer eigenen Werbung des Anwalts ist es gleichgestellt,

509 BVerfG, 12.12.2007, 1 BvR 1625/06, GRUR 2008, 352, 353 – *Gegnerliste.*
510 BGH, 27.01.2005, I ZR 202/02, GRUR 2005, 520, 512 – *Optimale Interessenvertretung.*
511 BVerfG, 05.03.2015, 1 BvR 3362/14, GRUR 2015, 507 Rn. 24 – *Werbetassen.*
512 BGH, 27.01.2005, I ZR 202/02, GRUR 2005, 520, 521 – *Optimale Interessenvertretung.*
513 BVerfG, 12.12.2007, 1 BvR 1625/06, GRUR 2008, 352 f. – *Gegnerliste.*
514 BVerfG, 05.03.2015, 1 BvR 3362/14, GRUR 2015, 507 Rn. 24 – *Werbetassen.*

wenn er Dritten (wie einem Prozessfinanzierer) Informationen zu seiner Person zur Verfügung stellt, die dieser auf seinem Internetauftritt werbend einsetzt, und von seinem eigenen Internetauftritt auf die entsprechende Seite des Prozessfinanzierers verweist.[515]

Unionsrechtlich stellt § 43b BRAO eine berufsrechtliche Regelung über die kommerzielle Kommunikation im Sinn des Art. 4 Nr. 12 der Richtlinie 2006/123/EG (Dienstleistungs-Richtlinie) dar, die die Rechtsanwaltschaft und damit einen reglementierten Beruf im Sinn des von Art. 4 Nr. 11 Richtlinie 2006/123/EG in Verbindung mit Art. 3 (1) lit. a der Richtlinie 2005/36/EG über die Anerkennung von Berufsqualifikationen betrifft (vgl. § 4 BRAO). § 43b BRAO ist daher im Licht des Wortlauts und Zwecks von Art. 24 der Richtlinie 2006/123/EG auszulegen. Nach dieser Bestimmung sind absolute Verbote der kommerziellen Kommunikation für reglementierte Berufe untersagt. Nach Erwägungsgrund 100 der Richtlinie 2006/123/EG sind mit absoluten Verboten nicht solche gemeint, die sich auf den Inhalt der kommerziellen Kommunikation beziehen, sondern solche, die diese allgemein und für ganze Berufsgruppen in einer oder mehreren Formen untersagen, beispielsweise ein Verbot von Werbung in einem bestimmten Medium oder in einer Reihe von Medien.[516] **249**

Nach Art. 24 (2) der Richtlinie 2006/123/EG stellen die Mitgliedstaaten sicher, dass die kommerzielle Kommunikation durch Angehörige reglementierter Berufe die Anforderungen der berufsrechtlichen Regeln erfüllt, die im Einklang mit dem Gemeinschaftsrecht je nach Beruf insbesondere die Unabhängigkeit, die Würde und die Integrität des Berufsstandes sowie die Wahrung des Berufsgeheimnisses gewährleisten sollen. Berufsrechtliche Regelungen über die kommerzielle Kommunikation dürfen nicht diskriminierend sein und müssen durch einen zwingenden Grund des Allgemeininteresses gerechtfertigt und verhältnismäßig sein. Zulässiges Schutzgut sind daneben auch die Interessen der Verbraucher.[517] **250**

Ein Werbeverbot kann zum Schutz des potenziellen Mandanten vor einer Beeinträchtigung seiner Entscheidungsfreiheit durch Belästigung, Nötigung und Überrumpelung gerechtfertigt sein. Aus der gesetzlichen Anordnung einer Verhältnismäßigkeitsprüfung ergibt sich ferner, dass eine Interessenabwägung im Einzelfall vorzunehmen ist. Dabei sind neben der Beeinträchtigung der Unabhängigkeit, der Würde oder der Integrität der Rechtsanwaltschaft auch Art und Grad der Beeinträchtigung der Entscheidungsfreiheit des Verbrauchers durch Form, Inhalt oder das verwendete Mittel der Werbung zu berücksichtigen. Außerdem kommt es darauf an, ob und inwieweit die Interessen des Verbrauchers deshalb nicht beeinträchtigt sind, weil er sich in einer Situation befindet, **251**

515 OLG Köln, 22.11.2017, 6 W 93/17.

516 BGH, 13.11.2013, I ZR 15/12, BGHZ 199, 43 = GRUR 2014, 86 Rn. 15 ff. – *Kommanditistenbrief.*

517 EuGH, 05.04.2011, C-119/09, EuZW 2011, 681 Rn. 28 – *Société fiduciaire nationale d'expertise comptable/Ministre du Budget, des Comptes publics et de la Fonction publique.*

in der er auf Rechtsrat angewiesen ist und ihm eine an seinem Bedarf ausgerichtete sachliche Werbung Nutzen bringen kann.[518]

252 Daraus ergibt sich, dass ein Werbeverbot nur in Betracht kommt, wenn sich ein Verbotsgrund im Einzelfall aus der Form, aus dem Inhalt oder aus dem verwendeten Mittel der Werbung ergibt. Allein der Umstand, dass ein potenzieller Mandant in Kenntnis von dessen konkretem Beratungsbedarf angesprochen wird, genügt diesen Anforderungen nicht.[519] Unzulässig ist es dagegen, einen potenziellen Mandanten in einer Situation zu kontaktieren, in der eine überlegte und informationsgeleitete Entscheidung erheblich erschwert ist, beispielsweise, weil die Gefahr des Verlusts erheblicher Vermögenswerte unmittelbar droht.[520] Dies ist beispielsweise der Fall, wenn ihm mitgeteilt wird, dass ihm durch seine Kapitalanlage bereits ein Schaden entstanden sei, sich sein Risiko fortlaufend erhöhe, wegen drohender Verjährung umgehendes Handeln erforderlich sei und bei Interesse dringend Rücksendung verschiedener Unterlagen, unter anderem einer beigefügten und vom Adressaten zu unterzeichnenden Prozessvollmacht erbeten wird.[521] Schließlich darf die Kontaktaufnahme auch nicht unter irreführenden Begleitumständen erfolgen (etwa, indem sie unter Vorschieben einer scheinbar neutralen Verbraucherschutzorganisation erfolgt),[522] oder wenn die Kontaktdaten des potenziellen Mandanten unter Missachtung datenschutzrechtlicher Bestimmungen erlangt worden sind.[523] Unzulässig ist es ferner, gezielt in eine bereits bestehende Mandatsbeziehung eines anderen Rechtsanwalts einzugreifen.[524]

253 Eine Werbebeschränkung enthält auch § 20 BORA, nach dem der Anwalt vor Gericht als Berufstracht eine Robe trägt. Diese Robe muss werbefrei sein; andernfalls kann sie nicht mehr die Stellung des Rechtsanwalts als Organ der Rechtspflege mit dem Ziel einer sachlichen und objektiven Verhandlungsatmosphäre zum Ausdruck bringen.[525] Der Aufdruck der Adresse des eigenen Internetauftritts auf der Robe verstößt zudem gegen das Sachlichkeitsgebot.[526]

254 Nach § 7 Abs. 1 BORA darf ein Rechtsanwalt unabhängig von Fachanwaltsbezeichnungen Teilbereiche der Berufstätigkeit nur benennen, wenn er seinen Angaben entsprechende Kenntnisse nachweisen kann, die er in der Ausbildung, durch Berufstätig-

518 BGH, 13.11.2013, I ZR 15/12, BGHZ 199, 43 ff. = GRUR 2014, 86 Rn. 21 – *Kommanditistenbrief.*

519 BGH, 13.11.2013, I ZR 15/12, BGHZ 199, 43 ff. = GRUR 2014, 86 Rn. 18 – *Kommanditistenbrief.*

520 BGH, 13.11.2013, I ZR 15/12, BGHZ 199, 43 ff. = GRUR 2014, 86 Rn. 23 – *Kommanditistenbrief.*

521 HansOLG Hamburg, 02.06.2005, 5 U 126/04, NJW 2005, 2783 – *Mandantenwerbung.*

522 OLG Köln, 15.06.2012, 6 U 129/11, juris Rn. 12.

523 OLG Köln, 17.01.2014, 6 U 167/13, WRP 2014, 733 Rn. 11 ff. – *Anlegerbrief.*

524 BGH, 10.07.2014, I ZR 188/12, GRUR-RR 2015, 108 Rn. 15 – *Anwaltsschreiben an Fondsanleger.*

525 BGH, 07.11.2016, AnwZ (Brfg) 47/15, GRUR 2017, 646 Rn. 16 – *Werbeaufdruck auf Anwaltsrobe.*

526 BGH, 07.11.2016, AnwZ (Brfg) 47/15, GRUR 2017, 646 Rn. 26 – *Werbeaufdruck auf Anwaltsrobe.*

keit, Veröffentlichungen oder in sonstiger Weise erworben hat. Verwendet er **qualifizierende Zusätze**, muss er zusätzlich über entsprechende theoretische Kenntnisse verfügen und auf dem benannten Gebiet in erheblichem Umfang tätig gewesen sein. Nach § 7 Abs. 2 BORA sind die Angaben nach Abs. 1 dieser Bestimmung unzulässig, wenn sie die Gefahr einer Verwechslung mit Fachanwaltschaften begründen oder sonst irreführend sind.

Auch diese Bestimmung stellt eine Marktverhaltensregelung dar, so dass Zuwiderhand- **255** lungen unlautere geschäftliche Handlungen gemäß § 3a darstellen können.[527] Sie steht sowohl mit Art. 12 GG als auch mit Art. 24 der Richtlinie 2006/123/EG in Einklang. Zutreffende Angaben über die spezielle Qualifikation des Rechtsanwalts sind zulässig; anwaltliche Werbung, die die Gefahr einer Irreführung der Rechtsuchenden begründet, kann dagegen verboten werden.[528] Die Werbung eines Rechtsanwalts, die im Hinblick auf seine Qualifikationen irreführend ist und damit gegen § 5 Abs. 1 Satz 2 Nr. 3 UWG verstößt, verlässt zudem den Rahmen berufsrechtlich zulässiger Werbung. Sie verletzt das Sachlichkeitsgebot und ist daher auch gemäß § 3a in Verbindung mit §§ 43b BRAO, 6 BORA unlauter.[529]

Einem Rechtsanwalt, der mit seinen Qualifikationen wirbt, obliegt der Nachweis, dass **256** seine Werbung im Hinblick auf theoretische Kenntnisse und praktische Erfahrungen gerechtfertigt ist. Dies folgt aus dem allgemeinen Grundsatz, dass derjenige, der für sich die Zugehörigkeit einer Spitzengruppe – hier: der besonders qualifizierten Rechtsanwälte – in Anspruch nimmt, die sie begründenden Tatsachen darlegen und beweisen muss, wenn seine Werbung als unrichtig beanstandet wird und die klagende Partei diese Tatsachen entweder überhaupt nicht oder nur mit erheblichen Schwierigkeiten aufklären kann.[530] Wer mit besonderen Qualifikationen auf einem Rechtsgebiet wirbt, für das eine Fachanwaltschaft besteht, muss daher nachweisen, dass seine Qualifikationen mindestens denen eines Fachanwalts entsprechen.[531] Wer neben einem Fachanwaltstitel noch mit einer weiteren Qualifikation wirbt (indem er sich z. B. neben »Fachanwalt für Erbrecht« auch als »Spezialist für Erbrecht und Erbschaftssteuer« bezeichnet), muss nachweisen, dass seine Kenntnisse und praktischen Erfahrungen diejenigen des reinen Fachanwalts erheblich überschreiten.[532]

2. Vergütung (§ 49b BRAO)

Nach § 49b BRAO ist es grundsätzlich unzulässig, geringere Gebühren und Auslagen **257** zu vereinbaren oder zu fordern, als das RVG vorsieht, soweit dieses nichts anderes bestimmt. Diese Bestimmungen über Mindestpreise sind Vorschriften, denen eine auf

527 BGH, 24.07.2014, I ZR 53/13, GRUR 2015, 286 Rn. 8 – *Spezialist für Familienrecht.*
528 BGH, 24.07.2014, I ZR 53/13, GRUR 2015, 286 Rn. 11 ff. – *Spezialist für Familienrecht.*
529 BGH, 09.06.2011, I ZR 113/10, GRUR 2012, 215 Rn. 21 – *Zertifizierter Testamentsvollstrecker.*
530 BGH, 24.07.2014, I ZR 53/13, GRUR 2015, 286 Rn. 27 – *Spezialist für Familienrecht.*
531 BGH, 24.07.2014, I ZR 53/13, GRUR 2015, 286 Rn. 25 – *Spezialist für Familienrecht.*
532 BGH, 05.12.2016, AnwZ (Brfg) 31/14, WRP 2017, 316 Rn. 15 – *Spezialist für Erbrecht.*

die Lauterkeit des Wettbewerbs bezogene Schutzfunktion zukommt. Sie sollen einen ruinösen Preiswettbewerb um Mandate und die mittelbare Vereinbarung von Erfolgshonoraren (außerhalb des mittlerweile durch § 4a RVG gezogenen Rahmens) in gerichtlichen Verfahren verhindern. Bei derartigen Mindestpreisvorschriften handelt es sich daher um Marktverhaltensregelungen im Sinn des § 3a, deren Verletzung wettbewerbswidrig ist.[533] Zu berücksichtigen ist dabei, dass das RVG seit dem 01.07.2006 für die außergerichtliche Beratung keine bestimmten gesetzlichen Gebühren mehr vorsieht, so dass sich Entscheidungen zur alten Rechtslage nicht immer übertragen lassen.[534] Ein Verstoß kann auch darin liegen, dass dem Adressaten eines Werbeschreibens suggeriert wird, dass er keiner Kostenforderung ausgesetzt sein wird, obwohl tatsächlich nur die Zusage einer Freistellung von etwaigen Gebührenforderungen vorliegt.[535]

XIV. Bürgerliches Gesetzbuch mit Einführungsgesetz (BGB, EGBGB)

1. Einleitung

258 Bei Vorschriften des Bürgerlichen Gesetzbuches kann es sich um Marktverhaltensregelungen handeln. Dies bezieht sich einmal auf Vorschriften, nach denen bestimmte Vertragsgestaltungen – insbesondere durch Allgemeine Geschäftsbedingungen – unzulässig sind, zum anderen auf Informationspflichten.

2. Unzulässige Vertragsgestaltungen – Klauselverbote

259 In der Literatur und Instanzrechtsprechung war früher umstritten, ob die Klauselverbote des BGB Marktverhaltensregelungen darstellten. Zweifel bestanden unter dem Gesichtspunkt, dass es sich bei unwirksamen Klauseln um Bestimmungen handelt, die erst nach Vertragsschluss bei der Abwicklung des Vertrags anwendbar sind und die nur auf die Regelung von Individualinteressen gerichtet seien.[536] Diese Frage hat der Bundesgerichtshof zunächst für § 475 BGB (Verbot des Gewährleistungsausschlusses beim Verbrauchsgüterkauf) dahingehend entschieden, dass es sich um eine Marktverhaltensregelung handele. Zur Begründung hat er auf den verbraucherschützenden Charakter der Norm abgestellt und darauf, dass ein Unternehmen durch unwirksame Geschäftsbedingungen wie unzulässige Gewährleistungsausschlüsse Kosten einsparen und sich damit einen Wettbewerbsvorteil verschaffen könne.[537] Letzterer Begründungsansatz ist kritisch zu sehen, da mit ihm der überholte Gedanke des »Vorsprungs durch Rechtsbruch« wieder aufgegriffen wurde.[538] Später hat der Bundesgerichtshof diesen Gedanken auch auf die Klauselverbote des § 307 BGB (unangemessene Benachteili-

---

533 BGH, 01.06.2006, I ZR 268/03, GRUR 2006, 955 Rn. 11 – *Gebührenvereinbarung II.*

534 OLG Stuttgart, 28.12.2006, 2 U 134/06, WRP 2007, 204, 205 ff. – *Beratung zum Pauschalpreis von 20 Euro*; *Köhler*/Bornkamm/Feddersen, § 3a Rn. 1.257.

535 OLG Köln, 29.06.2018, 6 U 179/17, WRP 2018, 1119 Rn. 30 ff. – *Verstoß gegen Werbeverbot.*

536 So z. B. HansOLG Hamburg, 13.11.2006, 5 W 162/06, GRUR-RR 2007, 287, 288 – *Horse-Equipe.*

537 BGH, 31.03.2010, I ZR 34/08, GRUR 2010, 1117 Rn. 24 ff. – *Gewährleistungsausschluss im Internet.*

538 Dazu oben Rdn. 45.

gung), § 308 Nr. 1 BGB (unangemessene Annahme- oder Lieferfrist) und § 309 Nr. 7 lit. a BGB (Haftungsausschluss für fahrlässig verursachte Körperschäden) ausgedehnt.[539] Insbesondere die Erwähnung der Generalklausel des § 307 BGB legt nahe, dass der Bundesgerichtshof geneigt ist, die Klauselverbote des BGB grundsätzlich als Marktverhaltensregelungen anzusehen.[540] Ob dies auch für Verträge mit Unternehmern gilt, die ebenfalls der Klauselkontrolle nach § 307 BGB unterliegen (§ 310 Abs. 1 BGB), ist offen. Der vom Bundesgerichtshof zur Begründung herangezogene Verbraucherschutz greift insoweit nicht, so dass insoweit der Gedanke naheliegt, dass in diesem Fall nur Individualinteressen betroffen sind. Allein der Umstand, dass sich ein Unternehmen durch nach § 307 BGB unwirksame Klauseln im geschäftlichen Verkehr mit anderen Unternehmen einen Vorsprung im Wettbewerb verschafft, genügt nicht, um eine Marktverhaltensregelung anzunehmen.

Das Unionsrecht steht der Anwendung des § 3a auf Klauselverbote im Verhältnis zu **260** Verbrauchern nicht entgegen. Der Bundesgerichtshof begründet dies damit, dass die Klauselverbote eine unionsrechtliche Grundlage haben. §§ 307 ff. BGB beruhen auf der Richtlinie 93/13/EWG über missbräuchliche Klauseln in Verbraucherverträgen,[541] § 475 BGB auf Art. 7 (1) der Richtlinie 1999/44/EG zu bestimmten Aspekten des Verbrauchsgüterkaufs und der Garantien für Verbrauchsgüter.[542] Tatsächlich dürften die Klauselverbote bereits gemäß Art. 3 (2) der UGP-Richtlinie, nach dem das Vertragsrecht und insbesondere die Bestimmungen über die Wirksamkeit, das Zustandekommen oder die Wirkungen eines Vertrags unberührt bleiben, von der UGP-Richtlinie nicht erfasst werden.[543] Zu prüfen ist daher nur, ob die Klauselverbote ihrerseits mit dem Unionsrecht vereinbar sind (wie beispielsweise der Klausel-Richtlinie).

Die Anwendbarkeit des § 3a ist nicht wegen eines Vorrangs des § 2 Abs. 1 1, Abs. 2 1 **261** Nr. 1 UKlaG ausgeschlossen. Nach diesen Bestimmungen kann auf Unterlassung in Anspruch genommen werden, wer in anderer Weise als durch Verwendung oder Empfehlung von Allgemeinen Geschäftsbedingungen Vorschriften über den Verbrauchsgüterkauf zuwiderhandelt. Anspruchsberechtigt sind nach § 3 Abs. 1 UKlaG näher bestimmte Einrichtungen, Verbände oder Kammern und nicht Mitbewerber des in Anspruch genommenen Unternehmens. Eine ausdrückliche Vorrangregelung lässt sich aber weder dem Unterlassungsklagengesetz noch dem Gesetz gegen den unlauteren Wettbewerb entnehmen. Das Unterlassungsklagengesetz stellt kein in sich geschlossenes Rechtsschutzsystem dar. Aus ihm ergibt sich auch nichts dafür, dass Mitbewerber von

539 BGH, 31.05.2012, I ZR 45/11, GRUR 2012, 949 Rn. 46 – *Missbräuchliche Vertragsstrafe*; BGH, 05.07.2017, VIII ZR 163/16, NJW-RR 2017, 1206 Rn. 9.

540 So ausdrücklich BGH, 06.11.2013, I ZR 104/12, GRUR 2014, 88 Rn. 26 – *Vermittlung von Netto-Policen*.

541 BGH, 31.05.2012, I ZR 45/11, GRUR 2012, 949 Rn. 47 – *Missbräuchliche Vertragsstrafe*.

542 BGH, 31.03.2010, I ZR 34/08, GRUR 2010, 1117 Rn. 29 – *Gewährleistungsausschluss im Internet*.

543 *Köhler*/Bornkamm/Feddersen, § 3a Rn. 1.23.

der Bekämpfung von Verstößen gegen Verbraucherschutzgesetze, die im Zusammenhang mit Verbraucherverträgen stehen, ausgeschlossen sein sollen.[544]

262 Auch bei der Anwendung des § 3a auf die Klauselverbote der §§ 307 ff. BGB ist die Eignung zur spürbaren Interessenbeeinträchtigung gesondert zu prüfen. Die Klausel-Richtlinie gebietet keinen Verzicht auf das Spürbarkeitserforderns. Auch wenn sie ein *per se* Verbot unwirksamer Klauseln fordert, führt dies nicht zu einer Einschränkung des § 3a.[545] Art. 7 (2) der Klauselrichtlinie erfordert nicht, dass individuellen Wettbewerbern Unterlassungsansprüche zuerkannt werden, da die Bestimmung die Klagebefugnis lediglich für Personen vorsieht, »die nach dem innerstaatlichen Recht ein berechtigtes Interesse am Schutz der Verbraucher« haben (z. B. ein Verbraucherombudsman).[546] Daher genügt es, dass § 1 UKlaG keine Bagatellklausel enthält; für den Wettbewerbsprozess ist ein Verzicht auf sie nicht geboten.

263 Der Bundesgerichtshof nimmt bei einem Verstoß gegen Klauselverbote an, dass hierdurch die Verbraucherinteressen grundsätzlich spürbar beeinträchtigt werden, da entsprechende Klauseln trotz ihrer Unwirksamkeit Verbraucher davon abhalten können, berechtigte Ansprüche gegen den Verwender geltend zu machen.[547] Dem ist zuzustimmen, da es andernfalls in der Regel bereits an einer unangemessenen Benachteiligung der Verbraucher und damit an einem Rechtsverstoß fehlen wird, soweit die Unangemessenheit nicht bereits vom Gesetz vorausgesetzt wird (wie bei den Klauselverboten ohne Wertungsmöglichkeit in § 309 BGB).

264 Eine konkrete Verletzungshandlung liegt erst vor, wenn der Unternehmer unter Verwendung der beanstandeten Klausel einen Vertrag abgeschlossen hat.[548] Der Gesichtspunkt einer effektiven Präventivkontrolle ist für den individuellen Wettbewerbsprozess unerheblich,[549] im Gegensatz zum Verbandsklageprozess, in dem bereits die Verwendung oder Empfehlung unwirksamer Allgemeiner Geschäftsbedingungen anspruchsbegründend ist (§ 1 UKlaG). Praktisch bedeutsam ist die Frage allenfalls verfahrensrechtlich, da Werbeanzeigen oder Internetauftritte mit unwirksamen Klauseln regelmäßig dafür sprechen werden, dass der Abschluss von Verträgen unter Einbeziehung dieser Klauseln in naher Zukunft bevorsteht und damit Erstbegehungsgefahr besteht.[550]

265 Ein praktisch wichtiges Klauselverbot außerhalb der §§ 307 ff. BGB stellt das Verbot des Gewährleistungsausschlusses beim Verbrauchsgüterkauf in § 475 Abs. 1 BGB dar, was sich schon daran zeigt, dass der Bundesgerichtshof diese Vorschrift erstmals zum Anlass genommen hat, um Klauselverbote als Marktverhaltensregelungen zu qualifizie-

544 BGH, 31.03.2010, I ZR 34/08, GRUR 2010, 1117 Rn. 24 ff. – *Gewährleistungsausschluss im Internet*; kritisch *Ohly*/Sosnitza, § 3a Rn. 78a.
545 A. A. *Köhler*/Bornkamm/Feddersen, § 3a Rn. 1.289.
546 Pfeiffer, in: Grabitz/Hilf, Das Recht der Europäischen Union, 40. Aufl. 2009, Art. 7 Richtlinie 93/13/EWG Rn. 5; dies übersieht Köhler, WRP 2012, 1475, 1477.
547 BGH, 31.05.2012, I ZR 45/11, GRUR 2012, 949 Rn. 46 ff. – *Missbräuchliche Vertragsstrafe*.
548 BGH, 19.05.2010, I ZR 140/08, GRUR 2010, 1120 Rn. 25 – *Vollmachtsnachweis*.
549 A. A. *Köhler*/Bornkamm/Feddersen, § 3a Rn. 1.293.
550 BGH, 19.05.2010, I ZR 140/08, GRUR 2010, 1120 Rn. 25 – *Vollmachtsnachweis*.

ren. Zwar enthält sie kein ausdrückliches Verbot einer von den gesetzlichen Gewährleistungsvorschriften abweichenden Vereinbarung. Nach ihrem Wortlaut kann sich der Unternehmer nur auf eine entgegen § 475 Abs. 1 1 BGB getroffene Vereinbarung nicht berufen. Das ändert aber nichts daran, dass eine § 475 Abs. 1 1 BGB entgegenstehende Vereinbarung nicht zulässig ist. Die Formulierung in § 475 Abs. 1 1 BGB, wonach der Unternehmer sich auf eine abweichende Vereinbarung nicht berufen kann, ist lediglich gewählt worden, um klarzustellen, dass der Kaufvertrag mit seinen sonstigen Pflichten wirksam bleibt.[551]

Weitere Klauselverbote, die Gegenstand wettbewerbsrechtlicher Klagen waren, betrafen intransparente Klauseln[552], unwirksame Preisanpassungsklauseln[553] oder Klauseln betreffend die Ausgestaltung des Widerrufsrechts[554]. **266**

3. Informationspflichten

In zunehmendem Maße statuiert das BGB bei Verbraucherverträgen Informationspflichten des Unternehmers. Den Grundsatz enthält § 312a Abs. 2 BGB, wobei die einzelnen Informationspflichten in Art. 246 ff. EGBGB geregelt sind. Im Rahmen des § 3a haben von diesen Informationspflichten vor allem die über das Widerrufsrecht (heute Art. 246 Abs. 3 EGBGB) und den Inhalt vertraglicher Garantien (§ 477 BGB) Bedeutung erlangt. **267**

Eine eigenständige Informationspflicht enthält bereits § 312a Abs. 1 BGB. Nach dieser Vorschrift muss ein Unternehmer, der bei einem Verbraucher anruft, um mit ihm einen Vertrag zu schließen, zu Beginn des Gesprächs seine Identität und den geschäftlichen Zweck des Anrufs offenlegen. Da sie die Regelung über Informationspflichten bei telefonischen Verkaufsgesprächen mit Verbrauchern aus Art. 8 (5) der Richtlinie 2011/83/EU umsetzt, handelt es sich um eine Marktverhaltensregelung im Sinne des § 3a, die auch eine Grundlage im Unionsrecht hat.[555] Es liegt allerdings kein Verstoß gegen diese Vorschrift vor, wenn der Anrufende zwar die Identität des Unternehmens, für das er arbeitet, offenlegt, aber seinen eigenen Namen falsch angibt.[556] In diesem Fall kann allerdings ein Verstoß gegen § 5 Abs. 1 2 vorliegen.[557] **268**

Auch bei den Informationspflichten im Sinn des § 312a Abs. 2 BGB handelt es sich um Marktverhaltensregelungen.[558] Da die UGP-Richtlinie die Verhältnis von Verbrauchern und Unternehmern bestehenden Informationspflichten abschließend regelt, kann **269**

551 BGH, 31.03.2010, I ZR 34/08, GRUR 2010, 1117 Rn. 24 f. – *Gewährleistungsausschluss im Internet.*
552 HansOLG Hamburg, 10.12.2012, 5 W 118/12, MMR 2013, 505.
553 OLG München, 16.07.2015, 29 U 1179/15, WRP 2015, 1154.
554 OLG Düsseldorf, 13.11.2014, 15 U 46/14, GRUR-RR 2015, 225 – *Kostenloser Abholservice.*
555 BGH, 19.04.2018, I ZR 244/16, juris Rn. – *Namensangabe.*
556 BGH, 19.04.2018, I ZR 244/16, juris Rn. 15 – *Namensangabe.*
557 BGH, 19.04.2018, I ZR 244/16, juris Rn. 41 ff. – *Namensangabe.*
558 BGH, 09.11.2011, I ZR 123/10, GRUR 2012, 643 Rn. 15 – *Überschrift zur Widerrufsbelehrung.*

ein Verstoß gegen nationale Informationspflichten eine Unlauterkeit nach § 3a UWG grundsätzlich nur noch dann begründen, wenn die betreffenden Regelungen eine Grundlage im Unionsrecht haben.[559] Dies ist aber für die praktisch wichtigen Widerrufsrechte der Fall. So beruht das Widerrufsrecht bei Fernabsatzgeschäften (§ 312g BGB) auf Art. 9 der Richtlinie 2011/83/EU über die Rechte der Verbraucher (früher Art. 6 Richtlinie 97/7/EG über den Verbraucherschutz bei Vertragsabschlüssen im Fernabsatz)[560], das für Verbraucherkredite (§ 495 BGB) auf Art. 14 der Richtlinie 2008/48/EG über Verbraucherkreditverträge. Auch § 477 BGB findet seine Grundlage in Art. 6 der Verbraucherrechterichtlinie. Unschädlich ist dabei, dass diese Bestimmung der Richtlinie nicht in Anhang II zur UGP-Richtlinie aufgeführt ist, da die dort enthaltene Liste nicht abschließend ist.[561]

270 Nach § 477 Abs. 1 BGB muss eine **Garantieerklärung** im Sinn des § 443 BGB einfach und verständlich abgefasst sein. Sie muss zudem den Hinweis auf die gesetzlichen Rechte des Verbrauchers und darauf, dass diese durch die Garantie nicht eingeschränkt werden, sowie den Inhalt der Garantie und alle wesentlichen Angaben enthalten, die für die Geltendmachung der Garantie erforderlich sind, insbesondere die Dauer und den räumlichen Geltungsbereich des Garantieschutzes sowie den Namen und die Anschrift des Garantiegebers (§ 477 Abs. 1 2 BGB). Zu beachten ist dabei, dass unter den Begriff der Garantieerklärung nur Willenserklärungen fallen, die zum Abschluss eines Kaufvertrags oder eines eigenständigen Garantievertrags führen. Nicht erfasst wird dagegen die Werbung, die den Verbraucher lediglich zur Bestellung auffordert und in diesem Zusammenhang eine Garantie ankündigt, ohne sie bereits rechtsverbindlich zu versprechen.[562] Unzureichende Angaben zu einer Garantie in der Werbung stellen daher keine Verletzung der Informationspflicht aus § 477 Abs. 1 BGB dar, sondern können nur unter § 5 Abs. 1 2 Nr. 7 fallen.

271 **Unzutreffende Widerrufsbelehrungen** begründen nach Ansicht des Bundesgerichtshofs die Gefahr, dass der die Rechtslage nicht überblickende Verbraucher in der irrigen Annahme, die Frist sei bereits verstrichen, davon absieht, von seinem Widerrufsrecht Gebrauch zu machen. Sie seien daher geeignet, die Interessen der Verbraucher und der Mitbewerber spürbar zu beeinträchtigen. Ferner handele es sich bei der Belehrung des Verbrauchers über sein Widerrufsrecht auf unionsrechtlicher Grundlage um Informationen die gemäß Art. 7 Abs. 5 der UGP-Richtlinie in Verbindung mit deren Anhang II, § 5a Abs. 4 UWG als wesentlich gelten.[563] Diese Rechtsprechung zeigt einmal mehr, wie wichtig es ist, auch beim Verstoß gegen Informationspflichten die Spürbarkeit gemäß § 3a beziehungsweise die Relevanz nach § 5a Abs. 2 1 kritisch zu prüfen. Gerade zur Formulierung von Widerrufsbelehrungen hat sich eine äußerst detaillierte, kaum noch überschaubare und selbst von Experten (einschließlich des Gesetzgebers selber)

559 BGH, 29.04.2010, I ZR 23/08, GRUR 2010, 652 Rn. 11 – *Costa del Sol.*
560 BGH, 29.04.2010, I ZR 66/08, GRUR 2010, 1142 Rn. 22 ff. – *Holzhocker.*
561 BGH, 14.04.2011, I ZR 133/09, GRUR 2011, 638 Rn. 19 f. – *Werbung mit Garantie.*
562 BGH, 05.12.2012, I ZR 146/11, GRUR 2013, 851 Rn. 10 f. – *Herstellergarantie II.*
563 BGH, 29.04.2010, I ZR 66/08, GRUR 2010, 1142 Rn. 22 ff. – *Holzhocker.*

nicht mehr handhabbare Rechtsprechung entwickelt. Die vollständigen, nach Art. 246a § 1 Abs. 2 1 EGBGB geschuldeten Informationen über das Widerrufsrecht bei Fernabsatzgeschäften können bis zu 1 ¼ DIN A4-Seiten in einem Prospekt in Anspruch nehmen.[564] Die Musterbelehrung der Anlage 2 zur BGB-InfoV in der Fassung vom 05.08.2002 enthielt eine Formulierung (»Die Frist beginnt frühestens mit Erhalt dieser Belehrung«), die nach Ansicht des Bundesgerichtshofs fehlerhaft ist.[565] Ob beispielsweise der exakte Wortlaut einer Fußnote zur Widerrufsbelehrung[566] tatsächlich geeignet ist, die geschäftliche Entscheidung des Verbrauchers zu beeinflussen, darf bezweifelt werden.

XV. Datenschutzgesetze (Bundesdatenschutzgesetz – BDSG, Telemediengesetz – TMG, DSGVO)

1. Einleitung

Durch Inkrafttreten der Datenschutz-Grundverordnung der EU (VO (EU) 2016/679, DSGVO) am 25.05.2018 hat sich die Rechtslage im Datenschutzrecht erheblich geändert. In Umsetzung der DSGVO ist auch das BDSG überarbeitet worden. Nachfolgend wird zunächst die Situation bis zum 25.05.2018 erörtert, um anschließend auf die Konsequenzen der Gesetzesänderungen im Rahmen des § 3a einzugehen. 272

2. Rechtslage bis zum Inkrafttreten der DSGVO

Inwieweit es sich bei den Bestimmungen des Datenschutzrechts um Marktverhaltensregelungen handelt, war für die Rechtslage bis zum Inkrafttreten der DSGVO im Einzelnen streitig; Rechtsprechung des Bundesgerichtshofs fehlt bislang.[567] Grundsätzlich dienen datenschutzrechtliche Bestimmungen dem Schutz des Persönlichkeitsrechts, nämlich des Rechts auf informationelle Selbstbestimmung des Einzelnen vor Zugriffen Dritter.[568] Sie regeln damit nicht primär das Marktverhalten im Interesse der Mitbewerber, Verbraucher oder sonstigen Marktteilnehmer in dem Sinn, dass sie die wettbewerblichen Belange der als Anbieter oder Nachfrager von Waren oder Dienstleistungen in Betracht kommenden Personen schützt. Die Tendenz in Rechtsprechung und Literatur geht daher dahin, die Eigenschaft als Marktverhaltensregelung für jede individuelle datenschutzrechtliche Bestimmung gesondert zu bestimmen.[569] 273

---

564 BGH, 14.06.2017, I ZR 54/16, GRUR 2017, 930 Rn. 18 – *Werbeprospekt mit Bestellpostkarte.*

565 BGH, 09.12.2009, VIII ZR 219/08, WRP 2010, 396, 398.

566 Vgl. BGH, 12.07.2016, XI ZR 564/15, NJW 2016, 3512 Rn. 19 einerseits, BGH, *24.01.2017, XI ZR 66/16,* WM 2017, 370 Rn. 6 andererseits.

567 In BGH, 14.01.2016, I ZR 65/14, GRUR 2016, 946 Rn. 63 – *Freunde finden,* ist ein möglicher Verstoß gegen §§ 4 Nr. 11, 28 III lit. a BDSG offen gelassen worden.

568 OLG München, 12.01.2012, 29 U 3926/11, GRUR-RR 2012, 395, 396 – *Personenbezogene Daten*; OLG Karlsruhe, 09.05.2012, 6 U 38/11, GRUR-RR 2012, 396, 398 – *Neuer Versorger*; OLG Dresden, 26.03.2013, 14 U 1776/12, BeckRS 2014, 15220; OLG Köln, 17.01.2014, 6 U 167/13, WRP 2014, 733 Rn. 9 – *Anlegerbrief.*

569 *Köhler*/Bornkamm/Feddersen, § 3a Rn. 1.74; MünchKomm/Schaffert UWG, § 4 Nr. 11 Rn. 71; Podszun/de Toma, NJW 2016, 2987, 2990, jeweils m. w. N.

274 Bestätigt wird diese Linie durch die Neuregelung des § 2 Abs. 2 1 Nr. 11 UKlaG. Nach dieser Bestimmung gilt die Unterlassungsklagebefugnis des § 2 Abs. 1 UKlaG für Vorschriften, die die Erhebung, Verarbeitung oder Nutzung personenbezogener Daten durch einen Unternehmer zu Zwecken der Werbung, der Markt- und Meinungsforschung, des Betreibens einer Auskunftei, des Erstellens von Persönlichkeits- und Nutzungsprofilen, des Adresshandels, des sonstigen Datenhandels oder zu vergleichbaren kommerziellen Zwecken regeln. Danach sind als Marktverhaltensregelungen die Bestimmungen anzusehen, die sich auf Handlungen eines Unternehmers beziehen, die personenbezogene Daten eines Verbrauchers betreffen und einen kommerziellen Zweck verfolgen.[570]

275 Nach § 4 Abs. 1 BDSG a. F. war die Erhebung, Verarbeitung und Nutzung personenbezogener Daten sind nur zulässig, soweit das BDSG a. F. oder eine andere Rechtsvorschrift dies erlaubt oder anordnet oder der Betroffene eingewilligt hat. Dieses Verbot mit Erlaubnisvorbehalt war nicht selber eine Marktverhaltensregelung. Eine solche war erst dann gegeben, sobald sich ein Marktteilnehmer auf einen Erlaubnistatbestand beruft, um diese Erlaubnis dazu zu nutzen, die Daten für seine eigenen kommerziellen Zwecke zu nutzen. In diesem Fall bezwecken die Grenzen, die das Datenschutzrecht einem solchen Marktverhalten setzt, den Schutz des Betroffenen in seiner Stellung als Marktteilnehmer. Auch dieser Schutz ist zwar Ausfluss des allgemeinen Schutzes eines Rechts des Verbrauchers, nämlich seines Rechts auf informationelle Selbstbestimmung. Auch eine dem Schutz von Rechten oder Rechtsgütern dienende Vorschrift ist aber dann eine Marktverhaltensvorschrift, wenn das geschützte Interesse gerade durch die Marktteilnahme berührt wird.[571]

276 Als praktisch bedeutsame Marktverhaltensregelung kam damit in erster Linie § 28 Abs. 3 BDSG a. F. in Betracht. Nach dieser Vorschrift war die Verarbeitung oder Nutzung personenbezogener Daten für Zwecke des Adresshandels oder der Werbung zulässig, soweit der Betroffene eingewilligt hat (S. 1). Satz 2 enthielt für bestimmte Fälle eine weitergehende Erlaubnis insbesondere für den Fall, dass die Daten aus allgemein zugänglichen Quellen erhoben worden sind. Satz 3 i. V. m. Abs. 3a stellte für nicht schriftlich erteilte Einwilligungen weitere Anforderungen auf. Bei diesen Voraussetzungen der Nutzung personenbezogener Daten handelte es sich nach überwiegender Meinung in der Rechtsprechung um Marktverhaltensregelungen.[572] Die Regelungen der §§ 4 Abs. 1, 28 Abs. 3 BDSG a. F. hatten auch eine unionsrechtliche Grundlage in Gestalt der Datenschutzrichtlinie 95/46/EG, die von der UGP-Richtlinie nicht berührt wird, so dass diese einem auf §§ 4 Abs. 1, 28 Abs. 3 BDSG a. F. gestützten Verbot nicht entgegensteht. Sie stehen auch im Einklang mit den Vorgaben der Richtlinie, so dass sich auch aus dem sekundären Unionsrecht keine Bedenken ableiten lassen.[573]

570 *Köhler*/Bornkamm/Feddersen, § 3a Rn. 1.74.

571 OLG Köln, 17.01.2014, 6 U 167/13, WRP 2014, 733 Rn. 9 – *Anlegerbrief.*

572 OLG Karlsruhe, 09.05.2012, 6 U 38/11, GRUR-RR 2012, 396, 398 f. – *Neuer Versorger*; OLG Köln, 17.01.2014, 6 U 167/13, WRP 2014, 733 Rn. 9 – *Anlegerbrief*; a. A. OLG München, 12.01.2012, 29 U 3926/11, GRUR-RR 2012, 395, 396 – *Personenbezogene Daten.*

573 OLG Karlsruhe, 09.05.2012, 6 U 38/11, GRUR-RR 2012, 396, 399. – *Neuer Versorger.*

Bei der Beurteilung der für die Nutzung personenbezogener Daten in aller Regel erforderlichen Einwilligung ist neben den besonderen Voraussetzungen in § 28 Abs. 3a BDSG a. F. (jetzt Art. 7 DSGVO) besonders zu berücksichtigen, dass formularmäßige Einwilligungserklärungen nach § 307 BGB unwirksam sein können. Um wirksam zu sein, muss die Einwilligung vom Verbraucher »in Kenntnis der Sachlage« erteilt werden. Der Verbraucher muss wissen, dass seine Erklärung ein Einverständnis darstellt und worauf sie sich bezieht. Sie muss für den konkreten Fall erfolgen, wenn klar wird, welche Produkte oder Dienstleistungen welcher Unternehmen sie konkret erfasst.[574] Ferner kann die Einwilligung wegen Verstoß gegen § 4a UWG unwirksam sein, insbesondere, wenn sie unter Ausnutzung der geschäftlichen Unerfahrenheit von Kindern eingeholt wird.[575] 277

Streitig ist die Einordnung des § 13 TMG. Nach dieser Vorschrift hat der Anbieter eines Telemediendienstes den Nutzer zu Beginn des Nutzungsvorgangs über Art, Umfang und Zwecke der Erhebung und Verwendung personenbezogener Daten sowie über die Verarbeitung seiner Daten in Staaten außerhalb des Anwendungsbereichs der Richtlinie 95/46/EG in allgemein verständlicher Form zu unterrichten, sofern eine solche Unterrichtung nicht bereits erfolgt ist. Das Kammergericht hat den erforderlichen Bezug zu den Interessen der Marktteilnehmer mit der Begründung abgelehnt, die datenschutzrechtlichen Vorschriften des TMG würden das Ziel verfolgen, »eine verlässliche Grundlage für die Gewährleistung des Datenschutzes im Bereich der Teledienste zu bieten und einen Ausgleich zwischen dem Wunsch nach freiem Wettbewerb, berechtigten Nutzerbedürfnissen und öffentlichen Ordnungsinteressen zu schaffen«. Die Informationspflicht des § 13 Abs. 1 TMG solle gewährleisten, dass der Nutzer »sich einen umfassenden Überblick über die Erhebung, Verarbeitung und Nutzung seiner personenbezogenen Daten verschaffen kann«. Der Gesetzgeber habe mithin allein überindividuelle Belange des freien Wettbewerbs bei der Gesetzgebung berücksichtigt, um Beschränkungen der Persönlichkeitsrechte der Nutzer von Telediensten zu rechtfertigen, nicht aber Interessen einzelner Wettbewerber.[576] 278

Demgegenüber haben das HansOLG Hamburg und das OLG Köln darauf abgestellt, dass die datenschutzrechtlichen Regelungen auf der Grundlage der Datenschutzrichtlinie 95/46/EG auch der Beseitigung von Hemmnissen dienen, die aus einem, unterschiedlichen Datenschutzniveau in den Mitgliedstaaten resultieren können. Sie sollen einen grenzüberschreitenden Fluss personenbezogener Daten kohärent in allen Mitgliedsstaaten und in Übereinstimmung mit dem Ziel des Binnenmarktes regeln. Ferner dienen sie dem Schutz der Verbraucherinteressen bei der Marktteilnahme, also beim Abschluss von Austauschverträgen über Waren und Dienstleistungen, indem sie den Verbraucher über die Datenverwendung aufklären und dadurch seine Entscheidungs- 279

574 BGH, 25.10.2012, I ZR 169/10, GRUR 2013, 531 Rn. 24 – *Einwilligung in Werbeanrufe II.*
575 OLG Frankfurt, 30.06.2005, 6 U 168/04, WRP 2005, 1029, 1032 – *Škoda-Autokids-Club.*
576 KG, 29.04.2011, 5 W 88/11, GRUR-RR 2012, 19, 20 f. – *Gefällt-mir-Button.*

und Verhaltensfreiheit beeinflussen.[577] Die Beseitigung von grenzüberschreitenden Handelshemmnissen ist allerdings kein spezifisches Ziel der Datenschutzrichtlinie, sondern liegt letztlich jedem Rechtsakt der Union zugrunde. Es spricht daher viel dafür, dass es sich bei den von den beiden Gerichten angesprochenen Wirkungen jeweils um Reflexwirkungen einer Bestimmung handelt, die allein dem Persönlichkeitsschutz dient.[578]

280 Keine Marktverhaltensregel stellte die Bestimmung des § 3a BDSG a. F. dar, nach der die Erhebung, Verarbeitung und Nutzung personenbezogener Daten und die Auswahl und Gestaltung von Datenverarbeitungssystemen an dem Ziel auszurichten sind, so wenig personenbezogene Daten wie möglich zu erheben, zu verarbeiten oder zu nutzen (Gebot der Datensparsamkeit), da sie allein dem Schutz der Persönlichkeitsrechte diente.[579]

281 Ferner ist bei Verstößen gegen Bestimmungen des Datenschutzrechts wie § 13 Abs. 1 TMG kritisch zu prüfen, ob die Spürbarkeitsschwelle des § 3a zu überschritten wird.[580] Dass für einen Verbraucher, der seine persönlichen Daten in ein Kontaktformular im Internet eingibt, die Information, diese Daten würden von dem Betreiber der Internetseite gespeichert und verwendet, von erheblicher Bedeutung sein soll, ist fraglich.[581]

3. DSGVO und BDSG n. F.

282 Die Datenschutz-Grundverordnung (VO (EU) 2016/679, DSGVO) ist ab dem 25.05.2018 in den Mitgliedstaaten anwendbar (Art. 99 (2) DSGVO). Als Verordnung gilt sie in den Mitgliedstaaten unmittelbar. Das BDSG ist gilt seit diesem Zeitpunkt in einer modifizierten Fassung. Nach § 1 Abs. 5 BDSG n. F. finden seine Vorschriften keine Anwendung, soweit die DSGVO unmittelbar gilt. Ziel des BDSG n. F. ist eine einheitliche Regelung des Datenschutzes; daher erklärt § 1 Abs. 8 BDSG n. F. die Bestimmungen der DSGVO auch auf die Bereiche für anwendbar, die nicht durch das Unionsrecht geregelt sind.[582] Dies gilt aber nur für die Datenverarbeitung durch öffentliche Stellen.

283 Auch bei der DSGVO steht der Schutz der Grundrechte natürlicher Personen im Vordergrund (Art. 1 (1) und (2) DSGVO), so dass sich an der grundsätzlichen Fragestellung der Einordnung datenschutzrechtlicher Bestimmungen nichts ändert. Nach Art. 79 (1) DSGVO hat jede betroffene Person »das Recht auf einen wirksamen gericht-

577 HansOLG Hamburg, 27.06.2013, 3 U 26/12, GRUR-RR 2013, 482, 484 – *Test unter Alltagsbedingungen*; OLG Köln, 11.03.2016, 6 U 121/15, GRUR-RR 2016, 284 Rn. 29 – *Datensammelnder Steuerberater.*

578 So i. E. KG, 29.04.2011, 5 W 88/11, GRUR-RR 2012, 19, 21 – *Gefällt-mir-Button.*

579 OLG Dresden, 26.03.2013, 14 U 1776/12, BeckRS 2014, 15220.

580 Vgl. KG, 29.04.2011, 5 W 88/11, GRUR-RR 2012, 19, 21 – *Gefällt-mir-Button*; OLG Köln, 20.02.2015, 6 U 136/14, juris Rn. 34 ff. (zu § 28 Abs. 3 BDSG).

581 So aber OLG Köln, 11.03.2016, 6 U 121/15, GRUR-RR 2016, 284 Rn. 38 – *Datensammelnder Steuerberater.*

582 BT-Drucksache 18/11325, S. 69.

lichen Rechtsbehelf, wenn sie der Ansicht ist, dass die ihr aufgrund dieser Verordnung zustehenden Rechte infolge einer nicht im Einklang mit dieser Verordnung stehenden Verarbeitung ihrer personenbezogenen Daten verletzt wurden«. Rechtsbehelfe für Mitbewerber des Datennutzers sind nicht vorgesehen.

So wird deutlich, dass die DSGVO allein die Rechtsstellung des Betroffenen gegenüber **284** Datennutzern regelt. Ergänzend kann auf § 83 BDSG n. F. hingewiesen werden, der einen eigenständigen Schadensersatzanspruch des Betroffenen (auch für Nichtvermögensschäden, § 83 Abs. 2 BDSG n. F.) enthält. Das Zusammenspiel dieser Regelungen spricht dafür, dass es sich nunmehr bei dem Datenschutzrecht um einen eigenständigen Regelungsbereich außerhalb des Marktgeschehens handelt, der über ein eigenständiges Sanktionensystem verfügt und daher insgesamt außerhalb des Anwendungsbereichs des § 3a bleiben sollte. Dies steht im Einklang mit den Zielen der DSGVO, die unter anderem auch für die Wirtschaftsteilnehmer einschließlich Kleinstunternehmen sowie kleiner und mittlerer Unternehmen Rechtssicherheit und Transparenz schaffen soll. Der Unionsgesetzgeber betont ausdrücklich, dass das reibungslose Funktionieren des Binnenmarkts erfordert, dass der freie Verkehr personenbezogener Daten in der Union nicht aus Gründen des Schutzes natürlicher Personen bei der Verarbeitung personenbezogener Daten eingeschränkt oder verboten wird.[583] Aus unionsrechtlicher Sicht stellt daher die DSGVO eine abschließende Regelung dar, die in ihr nicht vorgesehene Klagemöglichkeiten (wie die von Wettbewerben) ausschließt.[584]

Jedenfalls die Bestimmungen des Art. 5 (1) lit. d) DSGVO, nach der personenbezogene **285** Daten sachlich richtig und auf dem neuesten Stand sein müssen, und des Art. 5 (1) lit. f) DSGVO, nach der die Datenverarbeitung eine angemessene Sicherheit der personenbezogenen Daten gewährleisten muss, werden nicht als Marktverhaltensregelungen angesehen werden können. Gleiches gilt, entsprechend dem Gebot der Datensparsamkeit aus § 3a BDSG a. F., für die Grundsätze des Datenschutzes durch Technikgestaltung und durch datenschutzfreundliche Voreinstellungen (Art. 25 DSGVO).

XVI. Diätverordnung (DiätV)

Diätetische Lebensmittel für besondere medizinische Zwecke (bilanzierte Diäten) sind **286** gemäß § 1 Abs. 4a Satz 1 DiätV Erzeugnisse, die auf besondere Weise verarbeitet oder formuliert und für die diätetische Behandlung von Patienten bestimmt sind. Sie dienen der ausschließlichen oder teilweisen Ernährung von Patienten mit eingeschränkter, behinderter oder gestörter Fähigkeit zur Aufnahme, Verdauung, Resorption, Verstoffwechslung oder Ausscheidung gewöhnlicher Lebensmittel oder bestimmter darin enthaltener Nährstoffe oder ihrer Metaboliten oder der Ernährung von Patienten mit einem sonstigen medizinisch bedingten Nährstoffbedarf, für deren diätetische Behand-

583 DSGVO, Erwägungsgrund 13.

584 LG Bochum, 07.08.2018, 12 O 85/18, zitiert bei Hrube, jurisPR-ITR 1/2019 Anm. 4; Barth, WRP 2018, 290, 291 f.; *Köhler*/Bornkamm/Feddersen, § 3a Rn. 1.74b; a. A. HansOLG Hamburg, 25.10.2018, 3 U 66/17, WRP 2018, 1510 Rn. 25 – *Datenschutzverstoß als Wettbewerbsverstoß*.

lung eine Modifizierung der normalen Ernährung, andere Lebensmittel für eine besondere Ernährung oder eine Kombination aus beiden nicht ausreichen (§ 1 Abs. 4a Satz 2 DiätV). Für bilanzierte Diäten ist nach § 21 Abs. 1 DiätV die Bezeichnung »Diätetisches Lebensmittel für besondere medizinische Zwecke (bilanzierte Diät)« Verkehrsbezeichnung im Sinne der Lebensmittel-Kennzeichnungsverordnung.[585]

287 Der Vertrieb einer bilanzierten Diät ist nur zulässig, wenn für die diätetische Behandlung der Patienten weder eine Modifizierung der normalen Ernährung noch andere Lebensmittel für eine besondere Ernährung noch auch eine Kombination aus beidem ausreichen. Diese Vorschrift setzt die Richtlinie 1999/21/EG (EG-Diätlebensmittel-Richtlinie) in das deutsche Recht um.[586] Die Voraussetzung ist nur erfüllt, wenn die Herstellung der bilanzierten Diät auf vernünftigen medizinischen und diätetischen Grundsätzen beruht. Bilanzierte Diäten müssen sich gemäß den Anweisungen des Herstellers sicher und nutzbringend verwenden lassen und wirksam sein in dem Sinne, dass sie den besonderen Ernährungserfordernissen der Personen entsprechen, für die sie bestimmt sind (§ 14b Abs. 1 DiätV).[587]

288 Ferner dürfen nach § 14b Abs. 3 DiätV bilanzierte Diäten gewerbsmäßig nur hergestellt und in den Verkehr gebracht werden, wenn der Gehalt an den Stoffen der Anlage 6 (zu § 14b DiätV) die dort aufgeführten Höchstmengen nicht überschreitet und den dort festgelegten altersabhängigen Anforderungen entspricht. Dort sind Mindest- und Höchstmengen an Mineralstoffen, Spurenelementen und Vitaminen bei bilanzierten Diäten, bezogen auf das verzehrfertige Erzeugnis, angegeben.[588] § 25 DiätV enthält Werbebeschränkungen für Produkte, die zur Ernährung von Säuglingen bestimmt sind.

289 Die genannten Vorschriften der DiätV dienen der Herstellung transparenter Verhältnisse auf dem Markt für Gesundheitsprodukte. Sie stellen daher Vertriebsbestimmungen, die dem Schutz der Gesundheit der Verbraucher zumindest mittelbar dienen, und damit Marktverhaltensregelungen im Sinn des § 3a dar. Ihre Verletzung ist auch geeignet, die Interessen der Verbraucher spürbar zu beeinträchtigen.[589] Sie fallen unter die sachliche Ausnahme des Art. 3 (3) UGP-Richtlinie für Rechtsvorschriften in Bezug auf die Gesundheits- und Sicherheitsaspekte von Produkten und beruhen ferner auf einer unionsrechtlichen Grundlage, so dass sie in Verbindung mit § 3a angewandt werden können. Die Bezeichnung eines Mittels als bilanzierte Diät ist ferner irreführend im Sinne des § 11 Abs. 1 und 2 LFGB, wenn dieses Mittel nicht die Voraussetzungen eines diätetischen Lebensmittels für besondere medizinische Zwecke nach §§ 1 Abs. 4a, 14 DiätV erfüllt.[590]

---

585 BGH, 04.12.2008, I ZR 100/06, GRUR 2009, 413 Rn. 14 – *Erfokol-Kapseln.*
586 BGH, 30.11.2011, I ZR 8/11, GRUR 2012, 734 Rn. 8–10 – *Glucosamin Naturell.*
587 BGH, 02.10.2008, I ZR 220/05, GRUR 2008, 1118 Rn. 17 – *MobilPlus-Kapseln.*
588 BGH, 02.10.2008, I ZR 51/06, GRUR 2009, 75 Rn. 30 – *Priorin.*
589 BGH, 02.10.2008, I ZR 51/06, GRUR 2009, 75 Rn. 30 – *Priorin;* BGH, 30.11.2011, I ZR 8/11, GRUR 2012, 734 Rn. 17 – *Glucosamin Naturell.*
590 BGH, 02.10.2008, I ZR 220/05, GRUR 2008, 1118 Rn. 15 – *MobilPlus-Kapseln.*

Das Vorliegen der Voraussetzungen des § 14b DiätV hat der Hersteller und Vertreiber eines als bilanzierte Diät beworbenen Mittels darzulegen und gegebenenfalls zu beweisen. Die Diätverordnung enthält zwar keine ausdrücklichen Regelungen darüber, welchen Anforderungen an den Nachweis der Wirksamkeit im Sinn von § 14b Abs. 1 2 DiätV zu stellen sind und wer den Nachweis zu führen hat. Nach Art. 3 Satz 2 der Richtlinie 1999/21/EG ist aber die Wirksamkeit durch allgemein anerkannte wissenschaftliche Daten zu belegen. Dies im Weg der richtlinienkonformen Auslegung bei § 14b Abs. 1 2 DiätV zu berücksichtigen.[591] Dem Hersteller und Vertreiber einer bilanzierten Diät obliegt es ferner, auch das Fehlen einer nach den Umständen des Einzelfalls nicht fernliegenden mittelbaren Gesundheitsgefährdung nachzuweisen.[592] 290

XVII. Einführungsgesetz zum Bürgerlichen Gesetzbuch (EGBGB)

Siehe Bürgerliches Gesetzbuch mit Einführungsgesetz. 291

XVIII. Elektro- und Elektronikgerätegesetz (ElektroG), Elektro- und Elektronikgeräte-Stoff-Verordnung (ElektroStoffV)

Das Gesetz über das Inverkehrbringen, die Rücknahme und die umweltverträgliche Entsorgung von Elektro- und Elektronikgeräten vom 16.03.2005 (ElektroG a. F.) sollte den Einsatz für Umwelt und Gesundheit gefährlicher Stoffe reduzieren und zugleich die Wiederverwertung wertvoller Rohstoffe aus gebrauchten Geräten fördern. Neben Regelungen, die die Sammlung und Wiederverwertung dieser Geräte fördern sollten, enthielt es auch eine Reihe von Vorschriften zur Konzeption von Produkten, darunter auch das Verbot der Verwendung bestimmter Stoffe. Ab dem 24.10.2015 ist das ElektroG neu gefasst worden; die Stoffverbote (früher § 5 ElektroG) sind nunmehr in der Elektro- und Elektronikgeräte-Stoff-Verordnung (ElektroStoffV) enthalten. 292

Grundsätzlich stellen Vorschriften, die dem Schutz der Umwelt dienen, keine Marktverhaltensregelungen dar.[593] Erforderlich ist vielmehr, dass die Vorschriften zumindest auch Interessen der Marktteilnehmer schützen, sei es der Verbraucher, sei es der Mitbewerber. Daran hat sich durch die ausdrückliche Regelung in § 1 Satz 2 und 3 ElektroG nichts geändert. Nach diesen Bestimmungen bezweckt das ElektroG vorrangig die Vermeidung von Abfällen von Elektro- und Elektronikgeräten und darüber hinaus die Vorbereitung zur Wiederverwendung, das Recycling und andere Formen der Verwertung solcher Abfälle, um die zu beseitigende Abfallmenge zu reduzieren und dadurch die Effizienz der Ressourcennutzung zu verbessern. In Satz 3 heißt es zwar pauschal, das Gesetz solle das Marktverhalten der Verpflichteten regeln, um die abfallwirtschaftlichen Ziele zu erreichen. Es kann aber nicht angenommen werden, dass der Gesetzgeber damit Bestimmungen, die tatsächlich keine Marktverhaltensregelungen darstellen (wie reine Umweltschutzbestimmungen) als solche fingieren wollte; andernfalls hätte es nahegelegen, das ElektroG mit eigenen Unterlassungsansprüchen (wie beispielsweise 293

591 BGH, 02.10.2008, I ZR 220/05, GRUR 2008, 1118 Rn. 17 – *MobilPlus-Kapseln*.
592 BGH, 15.03.2012, I ZR 44/11, GRUR 2012, 1164 Rn. 20 – *ARTROSTAR*.
593 BGH, 09.07.2015, I ZR 224/13, GRUR 2015, 1021 Rn. 15 – *Kopfhörer-Kennzeichnung*.

das AGG) auszustatten. Es ist daher auch bei Anwendung der Neufassung für jede einzelne Vorschrift die Prüfung geboten, welche Interessen durch sie geschützt werden.[594]

294 Für das Stoffverbot betreffend Quecksilber (§ 5 Abs. 1 ElektroG a. F., jetzt § 3 Abs. 1 ElektroStoffV) hat der Bundesgerichtshof angenommen, dass es dem Gesundheits- und Verbraucherschutz dient, und dabei ausdrücklich auf die Gesundheitsgefahren abgestellt, die durch Freisetzen von Quecksilber beim Zerbrechen einer quecksilberhaltigen Leuchtstofflampe entstehen.[595] Allgemein wird für sämtliche in § 4 Abs. 1 ElektroStoffV aufgeführten Stoffe angenommen werden können, dass sie gesundheitsgefährlich sind, so dass die Vorschrift insgesamt als eine Marktverhaltensregelung eingestuft werden kann. Sollte aufgrund der konkreten Verwendung eines dieser Stoffe in einem Produkt keine Gesundheitsgefahren für den Benutzer bestehen, wäre dies erst auf der Ebene der Spürbarkeit des Verstoßes relevant.

295 Bevor ein Hersteller Elektro- oder Elektronikgeräte in Verkehr bringt, ist er oder ein Bevollmächtigter verpflichtet, sich bei der zuständigen Behörde mit der Geräteart und Marke registrieren zu lassen. Hersteller dürfen Elektro- oder Elektronikgeräte nicht in Verkehr bringen, wenn sie oder nicht oder nicht ordnungsgemäß registriert sind. Vertreiber dürfen Elektro- oder Elektronikgeräte nicht zum Verkauf anbieten, wenn die Hersteller dieser Geräte nicht ordnungsgemäß registriert sind (§ 6 ElektroG). Die Registrierungspflicht des Herstellers stellt die zentrale Regelung für das gesamte System der Herstellerpflichten nach dem ElektroG dar. Hersteller, die der Registrierungspflicht nicht nachkommen, sparen sich so die Kosten der Altgeräteentsorgung, die dementsprechend ihren gesetzeskonform agierenden Mitbewerbern zur Last fallen. Bei § 6 ElektroG handelt es sich daher um eine Marktverhaltensregelung im Interesse der Mitbewerber.[596]

296 Problematisch ist die Einordnung der Kennzeichnungsvorschriften als Marktverhaltensregelungen. So ist für das Gebot, Elektro- und Elektronikgeräte mit einer eindeutigen und dauerhaften Herstellerkennzeichnung zu versehen (§ 7 Satz 1 ElektroG a. F., 9 Abs. 1 ElektroG n. F.), bezweifelt worden, ob es sich um eine Marktverhaltensregelung handelte.[597] Nach Ansicht des Bundesgerichtshofs schützt die Bestimmung Mitbewerber vor einer Belastung mit höheren Entsorgungskosten infolge nicht gekennzeichneter Elektrogeräte durch andere Marktteilnehmer, und zwar auch dann, wenn sich die Kostenbelastung der Hersteller nicht nach den konkret identifizierten Altgeräten, sondern nach ihren Marktanteilen bestimmt.[598] Ob eine nur abstrakt mögliche, tatsächlich

594 Metzger, GRUR Int. 2015, 687, 692.

595 BGH, 21.09.2016, I ZR 234/15, GRUR 2017, 203 Rn. 28 – *Quecksilberhaltige Leuchtstofflampen.*

596 OLG München, 04.08.2011, 6 U 3128/10, GRUR-RR 2011, 424, 425 – *Elektrogeräteregistrierung*; OLG Köln, 20.02.2015, 6 U 118/14, WRP 2015, 616 Rn. 20 – *In Ear-Kopfhörer.*

597 OLG Düsseldorf, 08.05.2014, I-15 U 69/14, GRUR-RR 2014, 499 Rn. 9 ff. – *Herstellerkennzeichen für Kopfhörer*; OLG Köln, 20.02.2015, 6 U 118/14, WRP 2015, 616 Rn. 47 ff. – *In Ear-Kopfhörer.*

598 BGH, 09.07.2015, I ZR 224/13, GRUR 2015, 1021 Rn. 15 f. – *Kopfhörer-Kennzeichnung.*

nicht bestehende Belastung der Mitbewerber ausreicht, um zur Annahme einer Marktverhaltensregelung zu kommen, erscheint zweifelhaft. Kein Argument für die Annahme einer Marktverhaltensregelung stellt es dar, dass durch die unterlassene dauerhafte Herstellerkennzeichnung sich der Unternehmer einen Kostenvorsprung im Wettbewerb verschafft, da der Gedanke des »Vorsprungs durch Rechtsbruch« nicht mehr dem § 3a zugrunde liegt; es ist daher auch nicht geeignet, um die Spürbarkeit eines Verstoßes zu bejahen.[599]

Keine Marktverhaltensregelung stellt dagegen das Gebot dar, Elektro- und Elektronikgeräte mit dem Symbol gemäß Anlage 3 zum ElektroG (»durchgestrichene Tonne«) zu versehen (§ 7 Satz 2 ElektroG a. F., § 9 Abs. 2 ElektroG n. F.). Durch diese Kennzeichnung soll dem Verbraucher verdeutlicht werden, dass das so gekennzeichnete Elektro- oder Elektronikgerät nicht über die kommunale Abfalltonne entsorgt werden darf, sondern einer getrennten Verwertung zugeführt werden muss. Diese Information stellt indessen ein bloßes Mittel zur Erreichung des Gesetzesziels einer ökologisch effektiven Abfallbewirtschaftung im Allgemeininteresse dar. Der Umstand, dass durch den umweltgerechten Umgang mit natürlichen Ressourcen letztendlich langfristig Gesundheitsgefahren für den Verbraucher vermieden werden, stellt eine dem Allgemeingut des Umweltschutzes immanente, für sich genommen nicht ausreichende Folge dar. Die Kennzeichnungspflicht gewinnt auch nicht dadurch den Charakter einer Vorschrift zum Schutz von Verbraucherinteressen, dass der Verstoß gegen die Entsorgung von Elektro- oder Elektronikgeräten im Hausmüll in diversen kommunalen Satzungen mit einem Bußgeld sanktioniert wird. Der dem ElektroG immanente Gesetzeszweck eines nachhaltigen Umweltschutzes hat sich dadurch nicht geändert. Vielmehr handelt es sich bei dem Umstand, dass der Verbraucher durch die Beachtung der Kennzeichnung die Verhängung eines Bußgelds und damit wirtschaftliche Nachteile vermeiden kann, um einen bloßen, im ElektroG selbst nicht angelegten Reflex. Die kommunalen Bußgeldvorschriften ihrerseits dienen ebenfalls nicht dem Verbraucherschutz, sondern die unterlassene Trennung der Abfälle von Elektro- und Elektronikgeräten vom Hausmüll ahnden sollen und auf diese Weise ihrerseits dem Umweltschutz dienen.[600] 297

Die Vollharmonisierung des Lauterkeitsrechts durch die UGP-Richtlinie steht der Anwendung des § 3a in Verbindung mit den Bestimmungen des ElektroG und der ElektroStoffV nicht entgegen. Nach Art. 3 (3) der UGP-Richtlinie bleiben die Vorschriften der Europäischen Union und der Mitgliedstaaten in Bezug auf Gesundheits- und Sicherheitsaspekte von Produkten unberührt; bei den Bestimmungen des ElektroG und der ElektroStoffV handelt es sich um solche Vorschriften, die im Übrigen auch auf unionsrechtlichen Grundlagen beruhen.[601] 298

---

599 OLG Düsseldorf, 08.05.2014, I-15 U 69/14, GRUR-RR 2014, 499 Rn. 27 ff. – *Herstellerkennzeichen für Kopfhörer*; anders BGH, 09.07.2015, I ZR 224/13, GRUR 2015, 1021 Rn. 16 – *Kopfhörer-Kennzeichnung*.

600 OLG Köln, 20.02.2015, 6 U 118/14, WRP 2015, 616 Rn. 27 ff. – *In Ear-Kopfhörer*.

601 BGH, 21.09.2016, I ZR 234/15, GRUR 2017, 203 Rn. 30 – *Quecksilberhaltige Leuchtstofflampen*.

299 Nach Ansicht des Bundesgerichtshofs sind Verstöße gegen die Stoffverbote der ElektroStoffV wegen des mit diesen Bestimmungen bezweckten Schutzes der Gesundheit der Verbraucher regelmäßig geeignet, die Interessen der Verbraucher spürbar zu beeinträchtigen. Ob dies auch bei minimalen Überschreitungen der Grenzwerte gilt, wäre zu hinterfragen; in dem vom Bundesgerichtshof entschiedenen Sachverhalt waren die Grenzwerte deutlich, in einem Fall um mehr als 100 % überschritten. Eine fehlende Spürbarkeit ist auch vom Bundesgerichtshof für den Fall erwogen worden, wenn es sich um »Ausreißer« im Produktionsprozess handelt.[602] An diesen Nachweis sind aber hohe Anforderungen zu stellen; vor allem darf sich der Verletzer nicht auf die bloße Behauptung eines »Ausreißers« beschränken, sondern hat konkrete Untersuchungsergebnisse der betroffenen Produktionsserie vorzutragen.[603] Kaum zu begründen ist die Spürbarkeit des Verstoßes gegen die Pflicht zur Herstellerkennzeichnung, wenn die unterlassene Herstellerkennzeichnung faktisch keine Auswirkungen auf die Mitbewerber hat.[604]

XIX. Energieeinsparverordnung (EnEV), EnergieverbrauchskennzeichnungsV (EnVKV)

300 Ein komplexes und schwer durchschaubares Regelungsgeflecht bestimmt Kennzeichnungspflichten für den Energieverbrauch bestimmter Produkte.[605] Grundlage war zunächst die Richtlinie 2010/30/EU über die Angabe des Verbrauchs an Energie und anderen Ressourcen durch energieverbrauchsrelevante Produkte mittels einheitlicher Etiketten und Produktinformationen (EU-EnergieverbrauchsangabeRL), die durch die deutsche Verordnung zur Kennzeichnung von energieverbrauchsrelevanten Produkten mit Angaben über den Verbrauch an Energie und an anderen wichtigen Ressourcen (Energieverbrauchskennzeichnungsverordnung – EnVKV) umgesetzt worden ist. Ergänzt werden die Bestimmungen durch eine Reihe von Delegierten Verordnungen der Kommission, die jeweils eine bestimmte Produktkategorie betreffen (so z. B. die Delegierte Verordnung (EU) Nr. 1062/2010 zur Ergänzung der Richtlinie 2010/30/EU im Hinblick auf die Kennzeichnung von Fernsehgeräten in Bezug auf den Energieverbrauch), wobei die Zuordnung einzelner Geräte zu den Verordnungen Schwierigkeiten bereiten kann.[606] Sämtliche dieser Rechtsakte regeln unter anderem Verpflichtungen der Händler, die die betreffenden Produkte anbieten, zur Kennzeichnung der angebotenen Produkte mit Angaben zum Energieverbrauch (z. B. Art. 4 der genannten

---

602 BGH, 21.09.2016, I ZR 234/15, GRUR 2017, 203 Rn. 31 – *Quecksilberhaltige Leuchtstofflampen.*

603 Diese Erwägung des Berufungsgerichts (OLG Celle, 08.10.2015, 13 U 15/13, GRUR-RR 2016, 245 Rn. 46 – *Quecksilbergehalt bei Energiesparlampen*) ist vom BGH ausdrücklich gebilligt worden, BGH, 21.09.2016, I ZR 234/15, GRUR 2017, 203 Rn. 31 – *Quecksilberhaltige Leuchtstofflampen.*

604 Anders BGH, 09.07.2015, I ZR 224/13, GRUR 2015, 1021 Rn. 16 – *Kopfhörer-Kennzeichnung.*

605 Kritisch Büscher, GRUR 2018, 113, 119.

606 Z. B. OLG Köln, 26.02.2014, 6 U 189/13, GRUR-RR 2014, 296 – *LED-Monitor,* zur Abgrenzung von Fernsehgeräten und Videomonitoren.

Delegierte Verordnung (EU) Nr. 1062/2010). Vergleichbare Regelungen enthalten §§ 3 ff. Pkw-EnVKV. Mittlerweile ist die Richtlinie 2010/30/EU durch die VO (EU) Nr. 2017/1369 zur Festlegung eines Rahmens für die Energieverbrauchskennzeichnung ersetzt worden. Die noch unter der Geltung der Richtlinie 2010/30/EU erlassenen Delegierten Verordnungen gelten zunächst fort (Art. 20 (4) VO (EU) Nr. 2017/1369).

Für Immobilien bestehen vergleichbare Bestimmungen in der Verordnung über energie- **301**
sparenden Wärmeschutz und energiesparende Anlagentechnik bei Gebäuden (Energieeinsparverordnung, EnEV), die der Umsetzung der Richtlinie 2010/31/EU über die Gesamtenergieeffizienz von Gebäuden sowie der Richtlinie 2012/27/EU zur Energieeffizienz dienen. Nach § 16a Abs. 1 EnEV hat ein Verkäufer eines bebauten Grundstücks vor dem Verkauf bei Aufgabe einer Immobilienanzeige in kommerziellen Medien sicherzustellen, dass dort bestimmte Pflichtangaben enthalten sind, wenn zu diesem Zeitpunkt ein Energieausweis vorliegt. Als Pflichtangaben gelten die Art des Energieausweises (Energiebedarfs- oder Energieverbrauchsausweis), der im Energieausweis genannte Wert des Endenergiebedarfs oder Endenergieverbrauchs für Gebäude, die im Energieausweis genannten wesentlichen Energieträger für die Heizung des Gebäudes, bei Wohngebäuden das genannte Baujahr und die genannte Energieeffizienzklasse. Die Vorschrift des § 16a Abs. 1 EnEV ist entsprechend anzuwenden auf den Vermieter, Verpächter und Leasinggeber bei Immobilienanzeigen zur Vermietung, Verpachtung oder zum Leasing eines Gebäudes, einer Wohnung oder einer sonstigen selbständigen Nutzungseinheit (§ 16a Abs. 2 EnEV). Es handelt sich dabei um eine dem Schutz der Verbraucher dienende Marktverhaltensregelung im Sinne von § 3a UWG. Die dort getroffene Regelung soll gewährleisten, dass die Verbraucher über die Energieeffizienz der beworbenen Immobilie informiert werden und ihre Entscheidung, ob sie diese erwerben oder mieten, in voller Sachkenntnis treffen können.[607]

Die Bestimmungen sollen jeweils gewährleisten, dass die Verbraucher über die Energie- **302**
effizienz informiert werden und ihre Entscheidung, ob sie eine entsprechende Anschaffung tätigen, in voller Sachkenntnis treffen können. Es handelt sich daher um Marktverhaltensregelungen, bei denen der Bundesgerichtshof regelmäßig ohne nähere Begründung annimmt, Verstöße seien geeignet, die Interessen der Verbraucher spürbar zu beeinträchtigen.[608] Dem wird für das völlige Fehlen der geschuldeten Information (oder für irreführende Informationen) zuzustimmen sein; in diesem Fall ist die Spürbarkeit normativ zu bejahen, da die Information der Verbraucher gerade rechtspolitisch gewünscht ist. Sie kann daher nicht mit der Begründung abgelehnt werden, die Käufer – beispielsweise – leistungsstarker Fahrzeuge seien an Angaben zu Verbrauch und CO_2-Emissionen generell nicht interessiert.[609]

607 BGH, 05.10.2017, I ZR 232/16, GRUR 2018, 438 Rn. 11 f. – *Energieausweis*.

608 BGH, 04.02.2010, I ZR 66/09, GRUR 2010, 852 Rn. 16, 20 f. – *Gallardo Spyder* (zur Pkw-EnVKV); BGH, 04.02.2016, I ZR 181/14, GRUR 2016, 954 Rn. 13 – *Energieeffizienzklasse*; BGH, 15.12.2016, I ZR 221/15, GRUR 2017, 292 Rn. 24 – *Energieverbrauchskennzeichnung im Internet*, jeweils m. w. N.

609 BGH, 04.02.2010, I ZR 66/09, GRUR 2010, 852 Rn. 22 – *Gallardo Spyder*.

303 Bei Angeboten im Internet müssen die geforderten Angaben nicht zwingend auf der gleichen Seite vorhanden sein wie das Angebot selbst. Der Zweck der Bestimmungen ist auch erfüllt, wenn die Energieeffizienzklasse auf einer Internetseite angegeben wird, die sich nach dem Anklicken eines Links öffnet, der sich auf derselben Internetseite wie das beworbene Produkt befindet.[610] Der Link muss aber räumlich in der Nähe der preisbezogenen Werbung angebracht sein und inhaltlich als elektronischer Verweis auf die Angabe der Effizienzklasse zu er-kennen sein (»sprechender Link«). Ein »allgemeiner« Link mit der Bezeichnung »Mehr zum Artikel« oder ähnlich genügt nicht.[611]

304 Problematisch ist, ob die sich an Händler beziehungsweise Verkäufer richtenden Bestimmungen auch für Dritte verbindlich sind, die in den Verkaufsvorgang eingebunden sind, wie die Betreiber von Handelsplattformen im Internet[612] oder Immobilienmakler[613]. Auch wenn dies nicht der Fall ist, kommt insoweit eine Teilnehmerhaftung als Gehilfe oder Anstifter in Betracht, die auch dann eingreift, wenn der Teilnehmer nicht selbst Normadressat der betreffenden Normen ist.[614] Allerdings setzt dies eine rechtswidrige Haupttat voraus, an der es fehlt, wenn der Makler selber eine Immobilienanzeige ohne die erforderliche Information geschaltet hat.[615] Jedenfalls handelt es sich bei den geschuldeten Angaben um Informationen, die dem Verbraucher auf Grund unionsrechtlicher Verordnungen oder nach Rechtsvorschriften zur Umsetzung unionsrechtlicher Richtlinien für kommerzielle Kommunikation einschließlich Werbung und Marketing nicht vorenthalten werden dürfen, so dass eine Haftung nach § 5a Abs. 2 und Abs. 4 in Betracht kommt, und zwar auch dann, wenn der Werbende nicht selber Normadressat der Rechtsvorschrift ist.[616] Voraussetzung ist allerdings, dass sich der Betreffende die notwendigen Informationen in zumutbarer Weise beschaffen kann. Ein Immobilienmakler kann daher keine Angabe zur Energieeffizienzklasse einer Immobilie machen, wenn für die betreffende Immobilie kein Energieverbrauchsausweis existiert.[617]

XX. EnergiewirtschaftsG (EnWG)

305 Nach § 41 Abs. 2 EnWG sind dem Haushaltskunden vor Abschluss eines Energielieferungsvertrages verschiedene Zahlungsmöglichkeiten anzubieten. Die Vorschrift, die der Umsetzung von Art. 3 (7) i. V. mit Nr. 1 d) des Anhangs I der Richtlinie 2009/72/EG über gemeinsame Vorschriften für den Elektrizitätsbinnenmarkt sowie Art. 3 (3) i. V. mit Anhang I Nr. 1 d) der Richtlinie 2009/73/EG über gemeinsame Vorschriften für den Erdgasbinnenmarkt, dient, stellt eine Vorschrift zum Schutz der Verbraucher

610 BGH, 04.02.2016, I ZR 181/14, GRUR 2016, 954 Rn. 22 – *Energieeffizienzklasse.*
611 BGH, 06.04.2017, I ZR 159/16, GRUR 2017, 928 Rn. 23 – *Energieeffizienzklasse II.*
612 LG Köln, 03.04.2014, 31 O 608/12, MMR 2014, 393 (eBay).
613 BGH, 05.10.2017, I ZR 232/16, GRUR 2018, 438 Rn. 13 ff. – *Energieausweis.*
614 BGH, 12.03.2015, I ZR 84/14, GRUR 2015, 1025 Rn. 16 – *TV-Wartezimmer.*
615 BGH, 05.10.2017, I ZR 232/16, GRUR 2018, 438 Rn. 21 – *Energieausweis.*
616 BGH, 05.10.2017, I ZR 4/17, juris Rn. 22 ff.
617 BGH, 05.10.2017, I ZR 232/16, GRUR 2018, 438 Rn. 27 ff. – *Energieausweis.*

dar.[618] Sie ist damit auch eine Marktverhaltensregel im Sinn des § 3a. Sie betrifft das Zustandekommen der Verträge und fällt daher nicht in den Anwendungsbereich der UGP-RL (Art. 3(2)); außerdem stellen die genannten Bestimmungen spezielle Regelungen im Sinn des Art. 3 (4) UGP-RL dar. Eine Tarifgestaltung, die für einen bestimmten Tarif nur eine Zahlungsmöglichkeit (etwa durch Lastschrift) bietet, ist mit dieser Bestimmung unvereinbar, und zwar auch dann, wenn es andere Tarife mit anderen Zahlungsmöglichkeiten gibt.[619]

XXI. FahrlehrerG (FahrlehrerG)

§ 19 FahrlehrerG enthält eine Sondervorschrift für die Bekanntgabe der Unterrichtsentgelte von Fahrschulen sowie für die Werbung mit Preisen für Fahrunterricht. Es handelt sich um eine preisrechtliche Vorschrift, die den Fahrschülern die Marktübersicht erleichtern soll, und damit um eine Marktverhaltensregelung.[620] **306**

XXII. Gebührenordnung für Ärzte (GOÄ), Gebührenordnung für Zahnärzte (GOZ)

Bei den ärztlichen Gebührenordnungen handelt es sich um für alle Ärzte geltendes zwingendes Preisrecht. Nach § 1 Abs. 1 GOÄ sind alle Ärzte verpflichtet, die Vergütungen für ihre beruflichen Leistungen nach der GOÄ zu berechnen. Die ärztlichen Leistungen sind in einem Gebührenverzeichnis erfasst (vgl. § 4 Abs. 1 GOÄ) und innerhalb des durch § 5 GOÄ festgelegten Gebührenrahmens zu bewerten. Selbstständige ärztliche Leistungen, die in das Gebührenverzeichnis nicht aufgenommen sind, können nach § 6 Abs. 2 GOÄ entsprechend einer nach Art, Kosten- und Zeitaufwand gleichwertigen Leistung des Gebührenverzeichnisses berechnet werden. Nach § 10 Abs. 1 GOÄ können neben den für die einzelnen ärztlichen Leistungen vorgesehenen Gebühren als Auslagen nur die dort unter Nr. 1 vier aufgeführten Positionen berechnet werden. Die Berechnung von Pauschalen ist nicht zulässig.[621] Die GOZ enthält entsprechende Regelungen. Ergänzt werden die Bestimmungen durch die Vorschriften der ärztlichen Berufsordnungen, nach denen es untersagt ist, die Sätze der Gebührenordnung in unlauterer Weise zu unterschreiten. Als Beispiel sei hier die Regelung des § 12 M-BOÄ (Muster-Berufsordnung Ärzte) angeführt: **307**

> *§ 12 Honorar und Vergütungsabsprachen*
> *(1) Die Honorarforderung muss angemessen sein. Für die Bemessung ist die amtliche Gebührenordnung für Ärzte (GOÄ) die Grundlage, soweit nicht andere gesetzliche Vergütungsregelungen gelten. Ärztinnen und Ärzte dürfen die Sätze nach der GOÄ nicht in unlauterer Weise unterschreiten. Bei Abschluss einer Honorarvereinbarung haben Ärz-*

618 OLG Köln, 24.03.2017, 6 U 146/16, GRUR-RR 2017, 504 Rn. 10 – *Strom Basic.*
619 OLG Köln, 24.03.2017, 6 U 146/16, GRUR-RR 2017, 504 Rn. 16 – *Strom Basic.*
620 OLG Hamm, 28.02.2008, 4 U 168/07, GRUR-RR 2008, 405, 406 – *Pauschales Führerscheinentgelt*; OLG Celle, 21.03.2013, 13 U 134/12, GRUR-RR 2013, 224, 225 – *Fahrschulkosten.*
621 KG, 04.10.2016, 5 U 8/16, WRP 2017, 89 Rn. 63 – *Gutschein für eine Brustvergrößerung.*

innen und Ärzte auf die Einkommens- und Vermögensverhältnisse der oder des Zahlungspflichtigen Rücksicht zu nehmen.

(2) Ärztinnen und Ärzte können Verwandten, Kolleginnen und Kollegen, deren Angehörigen und mittellosen Patientinnen und Patienten das Honorar ganz oder teilweise erlassen.

308 Ähnliche, wenn auch zum Teil weniger detaillierte Bestimmungen enthalten die einzelnen zahnärztlichen Berufsordnungen (z. B. § 1 Abs. 8 BO der Zahnärztekammer Nordrhein).

309 Diese Bestimmungen regeln das Marktverhalten der Ärzte. Sie sollen eine angemessene und leistungsgerechte, aber auch ausreichende Vergütung der Ärzte sicherzustellen, und daneben im Interesse der zahlungspflichtigen Patienten die Transparenz privatärztlicher Liquidationen erhöhen.[622] Ferner sollen sie einem ruinösen Preiswettbewerb der Ärzte um Patienten im Interesse eines funktionierenden Gesundheitswesens entgegenzuwirken. Es handelt sich dabei um Marktverhaltensregelungen im Sinn des § 3a, die als Regeln für reglementierte Berufe nicht in den Anwendungsbereich der UGP-Richtlinie fallen.[623]

XXIII. Gemeinschaftskodex für Humanarzneimittel

310 siehe Heilmittelwerbegesetz

XXIV. Gewerbeordnung (GewO)

1. Einleitung

311 Die Gewerbeordnung enthält eine Reihe von Bestimmungen, die als Marktverhaltensregelungen in Verbindung mit § 3a angewendet werden können. In Frage kommen insbesondere die Bestimmungen der §§ 29 ff. GewO über Gewerbetreibende, die einer besonderen Genehmigung bedürfen.

2. Pfandleihgewerbe (§ 34 GewO)

312 Nach § 34 GewO bedarf, wer das Geschäft eines Pfandleihers oder Pfandvermittlers betreiben will, der Erlaubnis der zuständigen Behörde. Voraussetzungen für die Erlaubnis sind die persönliche Zuverlässigkeit des Antragstellers (§ 34 Abs. 1 3 Nr. 1 GewO) sowie der Nachweis der für den Gewerbebetrieb erforderlichen Mittel oder entsprechender Sicherheiten (§ 34 Abs. 1 3 Nr. 2 GewO). Durch die Bestimmung soll der Wettbewerb auf dem Gebiet des Pfandkreditgewerbes in geordnete Bahnen gelenkt werden soll, so dass es sich um eine Marktverhaltensregelung im Sinn des § 3a handelt.

---

622 BVerfG, 19.04.1991, 1 BvR 1301/89, NJW 1992, 737; BGH, 30.10.1991, VIII ZR 51/91, NJW 1992, 746, 747.

623 OLG Köln, 14.12.2012, 6 U 108/12, WRP 2013, 372 Rn. 11 ff. – *Pauschalpreis für ärztliche Leistungen*; vgl. auch BGH, 01.12.2010, I ZR 55/08, GRUR 2011, 343 Rn. 18 – *Zweite Zahnarztmeinung*, wo ein möglicher Verstoß gegen die GOZ kurz erörtert wird.

Sie bezweckt den Schutz der auf der Marktgegenseite stehenden Kreditnehmer und ist daher keine reine Marktzutrittsregelung.[624]

Die UGP-Richtlinie steht der Anwendung des § 3a nicht entgegen. Nach Ansicht des Bundesgerichtshofs handelt es sich um eine berufsrechtliche Bestimmung im Sinn des Art. 3 (8) der UGP-Richtlinie.[625] Nach dieser Regelung lässt die UGP-Richtlinie alle spezifischen Regeln für reglementierte Berufe unberührt, damit die strengen Integritätsstandards gewährleistet bleiben, die die Mitgliedstaaten den in dem Beruf tätigen Personen nach Maßgabe des Unionsrechts auferlegen können. 313

Diese Begründung erscheint allerdings zweifelhaft, da die Erlaubnis nicht an besondere Qualifikationen, sondern nur an die allgemeine Zuverlässigkeit des Gewerbetreibenden und das Vorhandensein ausreichender finanzieller Mittel geknüpft ist (§ 34 Abs. 1 3 Nr. 1 GewO). Einschlägig dürfte daher nicht Art. 3 (8) UGP-RL, sondern eher Art. 3 (9) UGP-RL (Bereichsausnahme für Finanzdienstleistungen) sein. Alternativ wäre an die Anwendung der Generalklausel des Art. 5 (1) und (2) UGP-RL zu denken. 314

§ 34 Abs. 4 GewO untersagt den gewerbsmäßigen Ankauf beweglicher Sachen mit Gewährung eines Rückkaufsrechts; hierbei handelt es sich in der Sache um ein Umgehungsverbot, dass eine für die Kreditnehmer besonders riskante Form des Pfandleihgewerbes generell untersagt.[626] 315

3. Darlehensvermittlung (§ 34c GewO)

Die Erlaubnispflicht für gewerbsmäßige Darlehensvermittlung (§ 34c Abs. 1 1 Nr. 2 GewO) stellt, wie die für gewerbsmäßige Versicherungsvermittlung (dazu sogleich), eine Marktverhaltensregelung im Sinn des § 3a dar.[627] Wer sie ohne die erforderliche Erlaubnis betreibt, kann daher lauterkeitsrechtlich in Anspruch genommen werden. Zur Vereinbarkeit mit der UGP-Richtlinie lassen sich die Überlegungen zu § 34 GewO übertragen.[628] 316

4. Versicherungsvermittlung (§ 34d GewO)

Nach der zur Umsetzung der Richtlinie 2002/92/EG über Versicherungsvermittlung in die Gewerbeordnung eingefügten Bestimmung des § 34d Abs. 1 GewO bedarf derjenige, der als Versicherungsmakler oder als Versicherungsvertreter gewerbsmäßig den Abschluss von Versicherungsverträgen vermitteln will, grundsätzlich einer Erlaubnis der zuständigen Industrie- und Handelskammer. Diese Regelung bezweckt – ebenso wie die ihr zu Grunde liegende Richtlinie – die Schaffung eines hohen beruflichen Niveaus der Versicherungsvermittlung und die Harmonisierung des unionsweiten Vermittlermarkts durch die Beseitigung von Hindernissen für die Niederlassungsfreiheit und den 317

---

624 BGH, 14.05.2009, I ZR 179/07, GRUR 2009, 886 Rn. 16 – *Die clevere Alternative.*
625 BGH, 14.05.2009, I ZR 179/07, GRUR 2009, 886 Rn. 18 – *Die clevere Alternative.*
626 BGH, 14.05.2009, I ZR 179/07, GRUR 2009, 886 Rn. 17 – *Die clevere Alternative.*
627 BGH, 28.11.2013, I ZR 7/13, GRUR 2014, 398 Rn. 35 – *Online-Versicherungsvermittlung.*
628 S. o. Rdn. 313–314.

freien Dienstleistungsverkehr sowie die Verbesserung des Verbraucherschutzes. Die Erlaubnispflicht zur Ausübung bestimmter Gewerbe stellt zwar grundsätzlich zunächst eine Marktzutrittsregelung dar. Da sie aber darüber hinaus dem Schutz der Verbraucher vor einer Gefährdung ihrer Rechtsgüter durch unzuverlässige Gewerbetreibende dient, ist sie daher eine Marktverhaltensregelung im Sinn des § 3a, die eine unionsrechtskonforme Reglementierung der Berufsausübung darstellt.[629] Die UGP-Richtlinie steht daher der Anwendung des § 3a nicht entgegen (Art. 3 (8) UGP-Richtlinie).[630] Ebenso stellen die Informationspflichten aus § 11 VersVermV eine Marktverhaltensregelung dar.[631]

318 Versicherungsvermittler im Sinn des § 34d Abs. 1 GewO ist jede natürliche oder juristische Person, die die Tätigkeit der Versicherungsvermittlung gegen Vergütung aufnimmt oder ausübt. Gemäß Art. 2 Nr. 3 I der Richtlinie 2002/92/EG, in dessen Licht § 34 GewO richtlinienkonform auszulegen ist, ist Versicherungsvermittlung das Anbieten, Vorschlagen und Durchführen anderer Vorbereitungsarbeiten zum Abschließen von Versicherungsverträgen oder das Abschließen von Versicherungsverträgen oder das Mitwirken bei der Verwaltung und Erfüllung, insbesondere im Schadensfall. Im Interesse eines hohen Verbraucherschutzniveaus ist der Begriff der Versicherungsvermittlung nicht eng zu bestimmen. Andererseits ist die Versicherungsvermittlung abzugrenzen von einer Tätigkeit, die ausschließlich darauf gerichtet ist, Möglichkeiten zum Abschluss von Versicherungsverträgen namhaft zu machen oder Kontakte zwischen einem potenziellen Versicherungsnehmer und einem Versicherungsvermittler oder Versicherungsunternehmen herzustellen, die für sich genommen keine Versicherungsvermittlung darstellt. Die Versicherungsvermittlung erfordert daher eine Tätigkeit, die auf einen konkreten Abschluss eines Versicherungsvertrags gerichtet ist. Maßgeblich ist das objektive Erscheinungsbild der betreffenden Tätigkeit.[632]

319 § 34d GewO unterscheidet zwischen Versicherungsmaklern und Versicherungsvertretern. Die Bestimmung enthält zwei unterschiedliche Erlaubnistatbestände. Nach dem Willen des Gesetzgebers soll ein Versicherungsvermittler nicht zugleich als Versicherungsmakler und Versicherungsvertreter tätig sein. Die Einordnung als Makler oder Vertreter soll für den Kunden zudem transparent sein und einer »Typenvermischung« entgegenwirken. Ein Versicherungsvermittler muss deshalb von vornherein entscheiden, ob er als Versicherungsmakler oder als Versicherungsvertreter tätig sein will und dies im Antrag auf Erteilung der Erlaubnis nach § 34d Abs. 1 GewO angeben. Dementsprechend wird die Erlaubnis typenspezifisch entweder für eine Tätigkeit als Versicherungsmakler oder als Versicherungsvertreter erteilt. Dies bedeutet nicht nur, dass der Wechsel in einen anderen Vermittlertyp einer geänderten Erlaubnis und Registrierung bedarf. Vielmehr folgt daraus auch, dass eine Vermittlungstätigkeit, die die Grenzen der

---

629 BGH, 06.11.2013, I ZR 104/12, GRUR 2014, 88 Rn. 14 – *Vermittlung von Netto-Policen*; BGH, 30.01.2014, I ZR 19/13, GRUR 2014, 794 Rn. 16 – *Gebundener Versicherungsvermittler*.

630 BGH, 06.11.2013, I ZR 104/12, GRUR 2014, 88 Rn. 14 – *Vermittlung von Netto-Policen*.

631 BGH, 28.11.2013, I ZR 7/13, GRUR 2014, 398 Rn. 29 – *Online-Versicherungsvermittlung*.

632 BGH, 28.11.2013, I ZR 7/13, GRUR 2014, 398 Rn. 21 – *Online-Versicherungsvermittlung*.

Erlaubnis überschreitet, ohne Gewerbeerlaubnis und damit in wettbewerbswidriger Weise erfolgt.[633]

§ 34d GewO gilt auch für gesetzliche Krankenkassen, soweit sie im Rahmen des § 194 Abs. 1a SGB V den Abschluss privater Zusatzversicherungsverträge zwischen ihren Versicherten und privaten Krankenversicherungsunternehmen vermitteln können. Auch sie bedürfen daher einer entsprechenden Erlaubnis.[634] 320

XXV. Glückspielstaatsvertrag (GlüStV)

Staatliche Regelungen des Glückspielmarkts sind grundsätzlich legitim, soweit sie der Bekämpfung der Spiel- und Wettsucht sowie Schutz der Verbraucher vor betrügerischen Machenschaften oder irreführender Werbung seitens der Anbieter von Glücksspielen dienen.[635] Allerdings entsprachen die bis 2008 geltenden landesrechtlichen Regelungen nicht diesen Anforderungen, da sie nicht konsequent am Ziel der Begrenzung der Wettleidenschaft und Bekämpfung der Wettsucht ausgerichtet waren.[636] Dementsprechend konnten Verstöße auch nicht gemäß § 284 StGB (unerlaubte Veranstaltung eines Glücksspiels) in Verbindung mit § 4 Nr. 11 a. F. untersagt werden.[637] Am 01.01.2008 trat der Glücksspielstaatsvertrag in Kraft, der nach § 1 Glücksspielsucht und Wettsucht verhindern, den Spieltrieb in geordnete und überwachte Bahnen lenken sollte und die Spieler schützen soll. In § 4 Abs. 4 ist das Veranstalten und Vermitteln öffentlicher Glücksspiele im Internet untersagt, in § 5 Abs. 3 die Fernsehwerbung für öffentliches Glücksspiel. Bei beiden Bestimmungen handelt es sich nach Ansicht des Bundesgerichtshofs um Marktverhaltensregelungen, deren Anwendbarkeit keine unions- oder verfassungsrechtlichen Bedenken entgegenstehen.[638] 321

Bereits zuvor hatte der Europäische Gerichtshof festgestellt, dass berechtigter Anlass zu der Schlussfolgerung besteht, dass das deutsche Staatsmonopol für Glücksspiele nicht geeignet sei, die Erreichung der vom deutschen Gesetzgeber geltend gemachten Ziele des Allgemeininteresses in kohärenter und systematischer Weise zu gewährleisten, wobei er auf intensive Werbekampagnen der Inhaber des aufgrund des Lotteriestaatsvertrags und des Glücksspielstaatsvertrags bestehenden staatlichen Monopols verwies.[639] Die Frage, ob unionsrechtliche Bedenken gegen die 2012 bestehende Rechtslage bestanden, als nach dem Auslaufen des GlüStV 2008 das Land Schleswig-Holstein dem neuen GlüStV 2012 zunächst nicht beigetreten war, sondern eine liberalere Regelung 322

633 BGH, 06.11.2013, I ZR 104/12, GRUR 2014, 88 Rn. 16 – *Vermittlung von Netto-Policen.*

634 BGH, 18.09.2013, I ZR 183/12, GRUR 2013, 1250 Rn. 16 – *Krankenzusatzversicherungen.*

635 *BVerfG, 28.03.2006,* 1 BvR 1051/01, BVerfGE 115, 276 ff. = GRUR 2006, 688 Rn. 97 ff. – *Oddset.*

636 BVerfG, 28.03.2006, 1 BvR 1051/01, BVerfGE 115, 276 ff. = GRUR 2006, 688 Rn. 120 – *Oddset* (Bayern); BVerfG, 04.07.2006, 1 BvR 138/05, WM 2006, 1644, 1645 – *Oddset-Sportwette* (Baden-Württemberg).

637 BGH, 14.02.2008, I ZR 207/05, BGHZ 175, 238 ff. = GRUR 2008, 438 Rn. 22 – *ODDSET*; BGH, 02.12.2009, I ZR 77/06, MMR 2010, 547 – *Internet-Sportwetten vor 2008.*

638 BGH, 24.01.2013, I ZR 171/10, GRUR 2013, 527 – *Digibet.*

639 EuGH, 04.03.2010, C-316/07, WM 2010, 1338, 1348 – *Stoß u. a.*

geschaffen hatten,[640] wurde nach Rücknahme der Revision nicht abschließend beantwortet.[641] Allerdings mussten landesrechtliche Bestimmungen, durch die die Fortgeltung der – zunächst ausgelaufenen – Regelungen von (u. a.) §§ 4 Abs. 4, 5 Abs. 3 GlüStV angeordnet wurde, gemäß Art. 8 der Richtlinie 98/34/EG der Kommission angezeigt werden. Ist dies – wie beispielsweise in Nordrhein-Westfalen – nicht geschehen, ist es unzulässig, diese Vorschriften anzuwenden.[642]

323 Nach § 21 Abs. 1 GlüStV besteht grundsätzlich die Möglichkeit, Sportwetten zu erlauben. Das vom Land Hessen durchgeführte Konzessionsverfahren für private Anbieter ist jedoch gescheitert. Das dadurch faktisch fortbestehende Monopol führt dazu, dass das Verbot der Vermittlung von Sportwetten durch einen Anbieter, der in einem anderen Mitgliedstaat eine Lizenz für die Veranstaltung von Sportwetten hat, einen Verstoß gegen Art. 56 AEUV darstellt.[643] Dementsprechend können solche Verstöße auch nicht nach § 3a untersagt werden. Das Verbot des § 4 Abs. 4 GlüStV ist allerdings nach Ansicht des Bundesgerichtshof unabhängig vom Bestehen des staatlichen Glücksspielmonopols und kann daher auch dann Bestand haben, wenn dieses unionsrechtswidrig ist.[644] Für § 5 Abs. 3 GlüStV kann dann nichts anderes gelten.

XXVI. Grundgesetz (GG)

324 Nach Ansicht des Bundesgerichtshofs stellt das aus Art. 5 Abs. 1 2 GG abgeleitete Gebot der Staatsferne der Presse eine Marktverhaltensregelung im Sinn des Rechtsbruchtatbestandes dar. Das für den Staat bestehende Gebot, sich nur in engen Grenzen auf dem Gebiet der Presse zu betätigen, diene der Sicherung der Meinungsvielfalt. Es regele damit die Frage, wie sich Hoheitsträger und von Hoheitsträgern beherrschte Unternehmen im Falle ihrer Teilnahme am Wettbewerbsgeschehen auf dem Gebiet der Presse zu verhalten haben. Das Gebot der Staatsferne der Presse stelle damit insoweit, als es auch den Schutz der Mitbewerber und der Verbraucher bezwecke, eine Marktverhaltensregelung dar.[645] Nicht ausdrücklich auseinandergesetzt hat sich der Bundesgerichtshof mit dem naheliegenden Einwand, es liege lediglich eine Marktzutrittsregelung vor. Anders als Bestimmungen, die zwar das Agieren öffentlich-rechtlicher Rechtssubjekte auf dem Pressemarkt erlauben, ihm aber inhaltliche Vorgaben machen (wie das Verbot nichtsendungsbezogener presseähnlicher Inhalte in Telemedien, § 11d Abs. 2 1 Nr. 3 RStV[646], oder das Verbot der Verbreitung nicht programmbezogener Druckwerke, § 11a Abs. 1 2 RStV[647]), soll das Gebot der Staatsferne der Presse diese generell

640 BGH, 24.01.2013, I ZR 171/10, GRUR 2013, 527 – *Digibet* (Vorlagebeschluss); EuGH, 12.06.2014, C-156/13, GRUR 2014, 876 – *Digibet und Albers*.

641 BGH, 07.05.2015, I ZR 171/10, GRUR 2015, 820 – *Digibet II*.

642 EuGH, 04.02.2016, C-336/14, NVwZ 2016, 369 Rn. 67, 75 – *Ince/Deutschland*; noch a. A. BGH, 28.09.2011, I ZR 93/10, GRUR 2012, 201 Rn. 34 – *Poker im Internet*.

643 EuGH, 04.02.2016, C-336/14, NVwZ 2016, 369 Rn. 95 – *Ince/Deutschland*.

644 BGH, 28.09.2011, I ZR 92/09, GRUR 2012, 193 Rn. 49 – *Sportwetten im Internet II*.

645 BGH, 15.12.2011, I ZR 129/10, GRUR 2012, 728 Rn. 11 – *Einkauf aktuell*; BGH, 20.12.2018, I ZR 112/17, BeckRS 2018, 35148 Rn. 18 f. – *Crailsheimer Stadtblatt II*.

646 BGH, 30.04.2015, I ZR 13/14, GRUR 2015, 1228 Rn. 55 ff. – *Tagesschau-App*.

647 BGH, 26.01.2017, I ZR 207/14, GRUR 2017, 422 Rn. 34 – *ARD-Buffet*.

von staatlichem Einfluss freihalten[648]. Die Annahme einer Marktverhaltensregel lässt sich daher nur dann bejahen, wenn das Gebot der Staatsferne dahingehend ausgelegt wird, dass es (auch) die Verbraucher vor unzuverlässigen (da nicht unabhängigen) Angeboten auf dem Pressemarkt schützen soll.

Das Gebot der Staatsferne der Presse verlangt unter Berücksichtigung des Grundsatzes einer vom Volk ausgehenden Meinungsbildung sowie des staatlichen Sachlichkeitsgebots, dass sich eine Gemeinde in ihren Publikationen wertender oder meinungsbildender Elemente enthält und sich auf Sachinformationen beschränkt. Dazu gehört auch, dass sich gemeindliche Publikationen keiner (boulevard-)pressemäßigen Illustration bedienen und das Layout nicht nach Art einer Tages- oder Wochenzeitung gestalten dürfen, um schon den Eindruck eines freien, von einem privaten Unternehmen stammenden Presseerzeugnisses zu vermeiden. Staatliche Publikationen müssen eindeutig als solche erkennbar sein; andernfalls wird die Unabhängigkeit der Informationsfunktion der Presse gefährdet. Allgemeine Beiträge über ortsansässige Unternehmen, die Bewertung privater Initiativen oder die allgemeine Beratung der Leserinnen und Leser sind daher unzulässig. Ebenso sind rein gesellschaftliche Ereignisse etwa aus den Bereichen Sport, Kunst und Musik in der Regel keine Aufgabe der öffentlichen Verwaltung und kein zulässiger Gegenstand gemeindlicher Öffentlichkeitsarbeit. Zulässig sind dagegen Informationen – auch in presseähnlicher Form – mit dem Ziel, Politik verständlich zu machen, die Bevölkerung über Politik und Recht im jeweiligen Aufgabenkreis zu informieren und staatliche Tätigkeit transparent zu gestalten. Mit der Veröffentlichung amtlicher Mitteilungen werden in legitimer Weise öffentliche Aufgaben erfüllt.[649]

XXVII. Handwerksordnung (HwO)

Nach § 1 HwO ist der selbständige Betrieb eines zulassungspflichtigen Handwerks als stehendes Gewerbe nur den in der Handwerksrolle eingetragenen natürlichen und juristischen Personen und Personengesellschaften gestattet. Als Inhaber eines Betriebs eines zulassungspflichtigen Handwerks kann nur in die Handwerksrolle eingetragen werden, wenn der Betriebsleiter die Voraussetzungen für die Eintragung in die Handwerksrolle mit dem zu betreibenden Handwerk oder einem mit diesem verwandten Handwerk erfüllt (§ 7 Abs. 1 1 HwO). Dies setzt grundsätzlich voraus, dass der Betriebsleiter in dem zu betreibenden oder in einem mit diesem verwandten zulassungspflichtigen Handwerk die Meisterprüfung bestanden hat (§ 7 Abs. 1a HwO, Ausnahmen in § 7 Abs. 2 HwO für z. B. Ingenieure oder Absolventen von technischen Hochschulen). **325**

Die Vorschriften der Handwerksordnung, soweit sie eine bestimmte Qualität, Sicherheit oder Unbedenklichkeit der hergestellten Waren oder angebotenen Dienstleistungen gewährleisten sollen, stellen Marktverhaltensregelungen im Sinn des Rechtsbruchtatbe- **326**

648 So ausdrücklich BGH, 15.12.2011, I ZR 129/10, GRUR 2012, 728 Rn. 9 – *Einkauf aktuell*.
649 BGH, 20.12.2018, I ZR 112/17, BeckRS 2018, 35148 Rn. 35 ff. – *Crailsheimer Stadtblatt II*.

standes dar.[650] Die Handwerksordnung differenziert zwischen zulassungspflichtigen (§ 1 HwO) und zulassungsfreien Handwerksbetrieben (§ 18 HwO), wobei in Anlage A die Gewerbe verzeichnet sind, die als zulassungspflichtige Handwerke betrieben werden können, und in Anlage B diejenigen, die zulassungsfrei betrieben werden können. Da in Anlage A Gewerbe aufgeführt sind, bei denen besondere Qualitätserfordernisse im Interesse der Verbraucher vorausgesetzt werden (z. B. im Gesundheitsbereich, wie Orthopädietechniker oder Zahntechniker, oder bei technischen Geräten, wie Kraftfahrzeugtechniker oder Elektrotechniker), handelt es sich dabei zwar um Marktzutrittsregeln, die aber sekundär auch im Interesse der Verbraucher das Marktverhalten regeln. Die unzulässige Ausübung eines sogenannten »A-Handwerks« kann daher Ansprüche nach § 3a begründen.[651] Zwingend ist die Abgrenzung allerdings nicht,[652] sondern nur von indizieller Wirkung, wie beispielsweise die Einordnung von Malern und Lackierern oder Seilern in die Anlage A, Estrichlegern oder Segelmachern in die Anlage B belegt.

327 Bei den genannten Bestimmungen handelt es sich um Regelungen, die einerseits einen Sicherheits- und – jedenfalls bei Gesundheitshandwerken – einen Gesundheitsbezug im Sinn des Art. 3 (3) der UGP-Richtlinie aufweisen und andererseits auch berufsrechtliche Bestimmungen im Sinn des Art. 3 (8) dieser Richtlinie darstellen. Die durch die UGP-Richtlinie in ihrem Anwendungsbereich bezweckte Vollharmonisierung steht daher der Anwendung des § 3a nicht entgegen.[653]

328 Bei den Gesundheitshandwerken, bei denen eine unzureichende Handwerkstätigkeit weitreichende Folgen haben kann, ist – von ganz engen Ausnahmefällen abgesehen – für jede Betriebsstätte ständige Meisterpräsenz zu verlangen. Der sich aus diesem Erfordernis ergebende Eingriff in die durch Art. 12 Abs. 1 2 GG gewährleistete Freiheit der Berufsausübung ist im Hinblick auf die dadurch geschützten Gesundheitsinteressen der Bevölkerung gerechtfertigt. Daraus folgt jedoch nicht, dass beispielsweise der Betreiber eines Hörgeräteakustik-Unternehmens sein Ladenlokal nur so lange offenhalten darf, wie ein Hörgeräteakustik-Meister in diesem anwesend ist oder jedenfalls kurzfristig erreicht werden kann. Ist das Geschäftslokal geöffnet, können – auch ohne Anwesenheit des Meisters – vom übrigen Personal Termine mit in das Ladenlokal kommenden Kunden vereinbart, Ersatz- und Verschleißteile wie etwa Batterien abgegeben und ähnliche Leistungen erbracht werden, bei denen eine Gefährdung der Gesundheit der Kunden ausgeschlossen ist. Dem Erfordernis der Meisterpräsenz wäre nur dann nicht mehr genügt, wenn ein Meister nur ganz gelegentlich in dem fraglichen Betrieb zur Verfügung stünde, etwa weil er eine Vielzahl von Betrieben oder weit voneinander entfernt liegende Betriebe zu betreuen hätte.[654] Ebenso genügt es nicht, wenn in einer Außenstelle eine Orthopädieunternehmens, die in einer Arztpraxis unterhalten wird, nur gelegentlich ein Meister präsent ist, obwohl dort wesentliche Leistungen des Orthopädie-

650 BGH, 16.06.2016, I ZR 46/15, GRUR 2017, 194 Rn. 19 – *Orthopädietechniker.*
651 OLG Frankfurt, 28.04.2005, 6 U 36/05, GRUR 2005, 695 – *Werbung für Kfz-Reparaturen*; Detterbeck, Handwerksordnung (NomosBR), 3. Online-Auflage 2016, § 1 Rn. 14.
652 A. A. Link, in: Ullmann, jurisPK-UWG, § 3a Rn. 105.
653 BGH, 16.06.2016, I ZR 46/15, GRUR 2017, 194 Rn. 19 – *Orthopädietechniker.*
654 BGH, 17.07.2013, I ZR 222/11, GRUR 2013, 1056 Rn. 16 ff. – *Meisterpräsenz.*

handwerks erbracht werden.[655] Eine solche Gestaltung kann ferner einen Verstoß gegen das in den ärztlichen Berufsordnungen enthaltene Verbot der Zuweisung von Patienten an Gesundheitsdienstleister darstellen, für den das Handwerksunternehmen als Gehilfe haften kann.[656]

XXIII. Health-Claim-Verordnung (Verordnung (EG) Nr. 1924/2006 über nährwert- und gesundheitsbezogene Angaben über Lebensmittel, HCVO)

1. Einleitung

a) Ziel und Systematik der Regelung

Durch die HCVO sollen die nationalen Bestimmungen betreffend die Kennzeichnung **329** von Lebensmitteln mit nährwert- und gesundheitsbezogenen Angaben vereinheitlicht werden. Hintergrund ist die seitens der EU wahrgenommene Tendenz, Lebensmittel zunehmend mit solchen Angaben zu versehen. Um dem Verbraucher ein hohes Schutzniveau zu gewährleisten und ihm die Wahl zu erleichtern, sollen die im Handel befindlichen Produkte, einschließlich der eingeführten Produkte, sicher sein und eine angemessene Kennzeichnung aufweisen.[657]

Regelungstechnisch verfolgt die HCVO dieses Ziel durch ein Verbot mit Erlaubnisvor- **330** behalt (Art. 10 HCVO). Gesundheitsbezogene Angaben in kommerziellen Mitteilungen oder bei der Werbung für Lebensmittel sind verboten, sofern sie nicht den allgemeinen Anforderungen in Kapitel II (Art. 3 ff.) und den speziellen Anforderungen in Kapitel IV der Verordnung (Art. 10 ff. HCVO) entsprechen, gemäß der HCVO zugelassen und in die Liste der zugelassenen Angaben gem. Art. 13 und 14 HCVO aufgenommen sind.[658] Am 31.01.2008 waren bei der Kommission Listen mit über 44.000 gesundheitsbezogenen Angaben eingegangen; bis heute sind die Listen nach Art. 13 und 14 noch nicht vollständig erstellt worden.[659]Das »EU Register on nutrition and health claims« enthält derzeit (Stand Januar 2019) 2337 Einträge, wobei sowohl autorisierte als auch nicht-autorisierte (verbotene) Angaben enthalten sind.[660] Im April 2017 waren es 2310 Einträge, so dass in diesem Zeitraum im Schnitt zwei Einträge pro Monat hinzugekommen sind. Theoretisch besteht die Möglichkeit, nach Art. 18 HCVO die Aufnahme einer nährwert- oder gesundheitsbezogenen Angabe in die Liste zu beantragen.

---

655 BGH, 16.06.2016, I ZR 46/15, GRUR 2017, 194 Rn. 21 ff. – *Orthopädietechniker.*

656 BGH, 16.06.2016, I ZR 46/15, GRUR 2017, 194 Rn. 42 f. – *Orthopädietechniker,* s. o. Rdn. 234–237.

657 *HCVO,* Erwägungsgrund 1 und 2.

658 BGH, 10.03.2016, I ZR 180/15, MD (VSW) 2016, 629 Rn. 5 – *Dieses Produkt macht schlau.*

659 Evaluation of a) Regulation (EC) No 1924/2006 on nutrition and health claims made on food with regard to nutrient profiles and health claims made on plants and their preparations and of b) the general regulatory framework for their use in foods, http://ec.europa.eu/smart-regulation/roadmaps/docs/2015_sante_595_evaluation_health_claims_en.pdf, abgerufen am 17.08.2018.

660 http://ec.europa.eu/food/safety/labelling_nutrition/claims/register/public/?event=search, abgerufen am 29.01.2019.

b) Verhältnis zu den Grundrechten

331 Nach der Rechtsprechung des Europäischen Gerichtshofs ist das absolute Verbot gesundheitsbezogener Angaben in Art. 4 (3) HCVO mit der durch die Charta der Grundrechte der Europäischen Union geschützten Berufsfreiheit und unternehmerischen Freiheit im Interesse des Gesundheitsschutzes vereinbar.[661] Nicht geprüft hat der Europäische Gerichtshof, inwieweit Art. 11 der Charta (Freiheit der Meinungsäußerung) berührt ist. Angesprochen ist die Informations- und Meinungsfreiheit in dem Vorlagebeschluss des Bundesgerichtshofs »Gurktaler Kräuterlikör«, der aber nicht zu einer Entscheidung des Europäischen Gerichtshofs geführt hat.[662] Dies ist besonders aus deutscher Sicht problematisch, da es sich bei dem System der Zulassung nährwert- und gesundheitsbezogener Angaben um die Vorschaltung eines präventiven Verfahrens handelt, vor dessen Abschluss die betreffenden Angaben nicht gemacht werden dürfen. Eine solche Vorzensur ist jedoch durch Art. 5 Abs. 1 2 GG absolut verboten.[663]

332 Nach deutschem Verständnis kann Werbung in den Schutzbereich des Art. 5 GG fallen, wenn sie einen wertenden, meinungsbildenden Inhalt hat oder Angaben enthält, die der Meinungsbildung dienen.[664] Diese Wertung ist auch bei der Entscheidung, ob eine Angabe im Rahmen »kommerzieller Mitteilungen« erfolgt oder als Werbung zu qualifizieren ist, zu berücksichtigen. Danach kann eine Äußerung nicht als Werbung klassifiziert werden, deren Anlass nicht von dem Werbenden selbst ausgeht, sondern die eine bloße Reaktion des Herstellers auf einen konkreten Angriff auf das Produkt durch einen Dritten darstellt; denn Anlass dieser Äußerung ist nicht ein eigener Entschluss des Anbieters, gerade jetzt den Vertrieb seines Produkts besonders zu fördern, sondern der einer dritten Stelle, die sich aktuell über dieses Produkt mit dem Ziel geäußert hat, über den Gehalt dieses Produkts eine öffentliche Diskussion in Gang zu bringen. In einem solchen Fall ist es mit der Garantie der Meinungsfreiheit unvereinbar, dem Kritiker ein Recht zur öffentlichen Äußerung einer Produktkritik zu geben, dem betroffenen Unternehmen aber aus wettbewerbsrechtlichen Erwägungen heraus zu untersagen, auf diese Kritik öffentlich zu erwidern. Selbst dann, wenn eine solche Reaktion als Werbung zu klassifizieren sein sollte, wäre sie indessen aus dem Gesichtspunkt der Meinungsäußerungsfreiheit heraus jedenfalls gerechtfertigt.[665]

333 Besonders kritisch ist in diesem Zusammenhang zu sehen, dass nach der Rechtsprechung des EuGH der EU-Kommission bei der Entscheidung, ob eine Angabe in die Liste aufgenommen wird, ein weites Ermessen zusteht. Sie darf bei der Entscheidung auch politische, wirtschaftliche und soziale Aspekte verfolgen. Nur wenn die Entschei-

---

661 EuGH, 06.09.2012, C-544/10, GRUR 2012, 1161 Rn. 44 ff. – *Deutsches Weintor.*

662 BGH, 13.01.2011, I ZR 22/09, GRUR 2011, 246 Rn. 10 – *Gurktaler Kräuterlikör.*

663 BVerfG, 25.04.1972, 1 BvL 13/67, BVerfG, 20.10.1992, 1 BvR 698/89, BVerfGE 33, 52 ff. = NJW 1972, 1934, 1937 f.; BVerfGE 87, 209 ff. = NJW 1992, 1457, 1459.

664 BVerfG, 12.12.2000, 1 BvR 1787/95, BVerfGE 102, 347 ff. = GRUR 2001, 170, 174 – *Schockwerbung der Firma Benetton*; BGH, 26.03.2009, I ZR 213/06, GRUR 2009, 984 Rn. 20 – *Festbetragsfestsetzung*; *Jarass*/Pieroth, GG, Art. 5 Rn. 3.

665 HansOLG Hamburg, 01.09.2015, 7 U 7/13, GRUR-RR 2016, 22 Rn. 23 – *Halbwahrheiten.*

dung, die Angabe nicht aufzunehmen, zur Erreichung des verfolgten Ziels offensichtlich ungeeignet ist, kann sie von den Unionsgerichten als rechtswidrig beurteilt werden.[666]

c) Verhältnis zu anderen Vorschriften

Nach Art. 1 (5) HCVO gilt die Verordnung unbeschadet weiterer unionsrechtlicher Bestimmungen, darunter der Mineralwasserrichtlinie (jetzt Richtlinie 2009/54/EG) oder der Nahrungsergänzungsmittelrichtlinie (Richtlinie 2002/46/EG). Zwar ergibt sich nicht schon aus dem Begriff »unbeschadet« als solchem, dass die Vorschriften dieser Verordnung (auch) im Anwendungsbereich dieser Richtlinien gelten. Eine Kollision zwischen ihnen einerseits und der HCVO andererseits, die deren Nichtanwendung rechtfertigte, kommt allerdings nur in Betracht, soweit die Richtlinien oder die deren Umsetzung dienenden nationalen Vorschriften Regelungen über nährwert- und gesundheitsbezogene Angaben enthalten. Außerdem gibt es angesichts des Schutzzwecks der HCVO keinen Grund, für die in Art. 1 (5) HCVO angesprochenen Produkte Aussagen zuzulassen, die nicht nach den für diese Produkte geltenden speziellen Vorschriften zulässig und nach der HCVO unzulässig sind. Dementsprechend enthält auch der Anhang zur HCVO zur nährwertbezogenen Angabe »natriumarm/kochsalzarm« eine gesonderte Bestimmung für Mineralwässer.[667] 334

Nach dem Erwägungsgrund 3 S. 3 der HCVO sollten mit ihr die allgemeinen Grundsätze der Richtlinie 2000/13/EG (inzwischen abgelöst durch die Lebensmittel-Informationsverordnung, LMIVO) ergänzt und spezielle Vorschriften für die Verwendung nährwertbezogener und gesundheitsbezogener Angaben bei Lebensmitteln festgelegt werden, die an den Endverbraucher abgegeben werden sollen. Die speziellen Vorschriften sollten die allgemeine Regelung über den Täuschungsschutz des Lebensmittelkennzeichnungsrechts nicht verdrängen, sondern lediglich ergänzen. Dies folgt aus Art. 3 (2) lit. a HCVO, wonach die verwendeten nährwertbezogenen und gesundheitsbezogenen Angaben unbeschadet der Richtlinie 2000/13/EG und der Richtlinie 84/450/EWG – an deren Stelle mittlerweile die Richtlinie 2006/114/EG über irreführende und vergleichende Werbung getreten ist – nicht falsch, mehrdeutig oder irreführend sein dürfen.[668] 335

2. Gesundheitsbezogene Angaben (Art. 10 HCVO)

a) Voraussetzungen, Marktverhaltensregelung

Nach Art. 10 (1) HCVO sind gesundheitsbezogene Angaben verboten, sofern sie nicht den allgemeinen Anforderungen in Kapitel II (Art. 3 ff.) und den speziellen Anforderungen in Kapitel IV der Verordnung (Art. 10 ff. HCVO) entsprechen, gemäß der 336

666 EuGH, 08.06.2017, C-296/16 P, GRUR 2017, 1051 Rn. 50 – *Dextro Energy*; kritisch Büscher, GRUR 2018, 113, 117.
667 BGH, 30.01.2017, I ZR 257/15, WRP 2017, 546 Rn. 6 – *Calcium im Mineralwasser.*
668 BGH, 12.02.2015, I ZR 36/11, GRUR 2015, 403 Rn. 18 – *Monsterbacke II.*

Verordnung zugelassen und in die Liste der zugelassenen Angaben gem. Art. 13 und 14 HCVO aufgenommen sind. Diese Anforderungen müssen kumulativ erfüllt werden.[669]

337 Bei der Bestimmung des Art. 10 HCVO handelt es sich um eine Marktverhaltensregelung im Sinn des § 3a, deren Verletzung nach Ansicht des Bundesgerichtshofs ohne weiteres geeignet ist, den Wettbewerb zum Nachteil von Mitbewerbern und Verbrauchern spürbar zu beeinträchtigen.[670] Ob diese Aussage in ihrer Allgemeinheit haltbar ist, ist zweifelhaft. Eine Verletzung schutzwürdiger Interessen ist beispielsweise bei einer nachweislich wahren Aussage, die lediglich (noch) nicht in das Gemeinschaftsregister nach Art. 20 (2) HCVO als zugelassene Angabe aufgenommen worden ist, nur schwer vorstellbar.

b) Kommerzielle Mitteilung oder Werbung

338 Die HCVO, und damit auch Art. 10, gilt nach Art. 1 (2) 1 für nährwert- und gesundheitsbezogene Angaben, die in kommerziellen Mitteilungen bei der Kennzeichnung und Aufmachung von oder bei der Werbung für Lebensmittel gemacht werden, die als solche an den Endverbraucher abgegeben werden sollen. Nach Art. 2 (2) Nr. 1 HCVO bezeichnet der Begriff »Angabe« in dieser Verordnung jede Aussage oder Darstellung, die nach dem Unionsrecht oder den nationalen Vorschriften nicht obligatorisch ist, einschließlich Darstellungen durch Bilder, grafische Elemente oder Symbole in jeder Form, und mit der erklärt, suggeriert oder auch nur mittelbar zum Ausdruck gebracht wird, dass ein Lebensmittel besondere Eigenschaften besitzt. Mit dieser Formulierung will der Gesetzgeber alle in der Etikettierung und Bewerbung von Lebensmitteln in irgendeiner Weise zum Ausdruck gebrachten Hinweise auf besondere Eigenschaften der betreffenden Lebensmittel erfassen.[671] Erfasst sind daher neben der Produktgestaltung selber und Werbeanzeigen auch Aussagen auf dem Internetauftritt des Herstellers oder in einem »Newsletter«.[672]

339 Art. 1 (2) HCVO trifft keine näheren Angaben zum Adressaten der kommerziellen Mitteilung macht und unterscheidet nicht danach, ob es sich um einen Endverbraucher oder einen Angehörigen medizinischer Fachkreise handelt. Daher muss lediglich die Ware selbst für den Verbraucher bestimmt sein, nicht jedoch die Mitteilung, deren Gegenstand sie bildet. Die HCVO gilt daher auch für nährwert- oder gesundheitsbezogene Angaben in kommerziellen Mitteilungen gilt, die ausschließlich an medizinische Fachkreise gerichtet sind.[673]

---

669 BGH, 10.03.2016, I ZR 180/15, MD (VSW) 2016, 629 Rn. 5 – *Dieses Produkt macht schlau.*
670 BGH, 07.04.2016, I ZR 81/15, GRUR 2016, 1200 Rn. 12 – *Repair-Kapseln.*
671 BGH, 24.07.2014, I ZR 221/12, GRUR 2014, 1013 Rn. 22 – *Original Bach-Blüten.*
672 BGH, 07.04.2016, I ZR 81/15, GRUR 2016, 1200 Rn. 15 – *Repair-Kapseln.*
673 EuGH, 14.07.2016, C-19/15, GRUR 2016, 1090 Rn. 31 f. – *Verband Sozialer Wettbewerb/ Innova Vital.*

c) Lebensmittel

Die HCVO gilt für Lebensmittel. Für diesen Begriff gelten die Begriffsbestimmungen in Art. 2 und 3 Nr. 3, 8 und 18 der Verordnung (EG) Nr. 178/2002 zur Festlegung der allgemeinen Grundsätze und Anforderungen des Lebensmittelrechts, zur Errichtung der Europäischen Behörde für Lebensmittelsicherheit und zur Festlegung von Verfahren zur Lebensmittelsicherheit (Lebensmittel-Basis-VO). Nach Art. 2 Satz 1 dieser Verordnung sind Lebensmittel alle Stoffe oder Erzeugnisse, die dazu bestimmt sind oder von denen nach vernünftigem Ermessen erwartet werden kann, dass sie in verarbeitetem, teilweise verarbeitetem oder unverarbeitetem Zustand von Menschen aufgenommen werden. Lebensmittel sind auch Nahrungsergänzungsmittel, da diese nach Art. 2 lit. a der Richtlinie 2002/46/EG zur Angleichung der Rechtsvorschriften der Mitgliedstaaten über Nahrungsergänzungsmittel spezielle Lebensmittel sind.[674] Nach Art. 2 (2) lit. d der Verordnung Nr. 178/2002 gehören »Arzneimittel« dagegen nicht zu den Lebensmitteln. Ein Produkt kann nicht gleichzeitig Arznei- und Lebensmittel sein.[675] **340**

d) Gesundheitsbezug

Erfasst werden »Angaben«, durch die erklärt, suggeriert oder auch nur mittelbar zum Ausdruck gebracht wird, dass ein Lebensmittel besondere Eigenschaften besitzt. Es sollen alle in der Etikettierung und Bewerbung von Lebensmitteln in irgendeiner Weise zum Ausdruck gebrachten Hinweise auf besondere Eigenschaften der betreffenden Lebensmittel erfasst werden. Der Anwendungsbereich der HCVO wird daher dadurch eröffnet, dass über bestimmte Lebensmittel Aussagen erfolgen oder Darstellungen gegeben werden, die bei einem normal informierten und angemessen aufmerksamen und verständigen Durchschnittsverbraucher den Eindruck hervorrufen können, ein Lebensmittel besitze besondere Eigenschaften.[676] **341**

Es genügt, wenn auch nur mittelbar zum Ausdruck gebracht wird, dass ein Zusammenhang zwischen einer Lebensmittelkategorie, einem Lebensmittel oder einem seiner Bestandteile einerseits und der Gesundheit andererseits besteht. Der Begriff »Zusammenhang« ist dabei weit zu verstehen. Der Begriff »gesundheitsbezogene Angabe« erfasst jeden Zusammenhang, der eine Verbesserung des Gesundheitszustands dank des Verzehrs des Lebensmittels impliziert. Darüber hinaus wird jeder Zusammenhang erfasst, der impliziert, dass für die Gesundheit negative oder schädliche Auswirkungen, die in anderen Fällen mit einem solchen Verzehr einhergehen oder sich ihm anschließen, fehlen oder geringer ausfallen. Dabei sind sowohl die vorübergehenden und flüchtigen Auswirkungen als auch die kumulativen Auswirkungen des wiederholten und längerfristigen Verzehrs eines bestimmten Lebensmittels auf den körperlichen Zustand zu berücksichtigen.[677] Daher genügt die Bewerbung eines Produkts mit der Aussage »so wichtig wie das tägliche Glas Milch« im Hinblick auf die verbreitete Meinung, **342**

674 BGH, 07.04.2016, I ZR 81/15, GRUR 2016, 1200 Rn. 15 ff. – *Repair-Kapseln.*
675 EuGH, 23.11.2016, C-177/15, GRUR 2017, 100 Rn. 41 f. – *Nelsons.*
676 BGH, 09.10.2014, I ZR 162/13, GRUR 2015, 498 Rn. 19 – *Combiotik.*
677 BGH, 26.02.2014, I ZR 178/12, GRUR 2014, 500 Rn. 16 – *Praebiotik.*

Kinder und Jugendliche sollten täglich ein Glas Milch trinken, um einen ausreichenden Zusammenhang zwischen dem beworbenen Produkt und der Gesundheit der Verbraucher herzustellen.[678] Auch die Bezeichnung eines Produkts (Kräutertee) mit dem Zusatz »Detox« kann als »Entgiftung« verstanden werden und ist dann eine gesundheitsbezogene Angabe.[679]

343 Vor dem Hintergrund dieser neueren Rechtsprechung ist die zunächst vom Bundesgerichtshof gestellte Frage, ob Aussagen betreffend das »allgemeinen Wohlbefinden« in Abgrenzung zum »gesundheitsbezogenen Wohlbefinden« nicht unter die HCVO fallen,[680] überholt. Wenn bereits eine nur flüchtige Auswirkung auf den körperlichen Zustand auch nur in dem Sinn, dass eine negative Folge ausbleibt, genügt, um den Gesundheitsbezug herzustellen,[681] sind kaum noch Aussagen denkbar, die lediglich einen Bezug auf das »allgemeine« Wohlbefinden aufweisen.[682] Demzufolge handelt es sich bei der Bewerbung eines Bieres als »bekömmlich« um eine gesundheitsbezogene und damit gemäß Art. 4 (3) Satz 1 HCVO unzulässige Angabe.[683]

344 Die Frage, ob sich eine Angabe auf die Gesundheit bezieht, ist anhand der in Art. 13 (1), 14 (1) HCVO aufgeführten Fallgruppen zu beurteilen. Nach Art. 13 (1) HCVO zählen Angaben, die die Bedeutung eines Nährstoffs oder einer anderen Substanz für Wachstum, Entwicklung und Körperfunktionen (lit. a) oder die psychische Funktionen oder Verhaltensfunktionen (lit. b) beschreiben oder darauf verweisen, zu den gesundheitsbezogenen Angaben. Aussagen zur Bedeutung von Substanzen für den Zustand von Haut, Haaren und Fingernägeln sind in die Liste der zugelassenen gesundheitsbezogenen Angaben gemäß Art. 13 der Verordnung (EU) 432/2012[684] aufgenommen worden. Daraus folgt, dass es sich auch bei solchen Aussagen um gesundheitsbezogene Angaben handelt.[685] Nach Art. 14 lit. b HCVO gehören ferner Angaben über die Entwicklung und die Gesundheit von Kindern zu den gesundheitsbezogenen Angaben.[686] Der Gesundheitsbegriff umfasst auch das seelische Gleichgewicht. Dies folgt daraus, dass Art. 13 (1) lit. b HCVO auch Angaben erfasst, die auf psychische Funktionen oder Verhaltensfunktionen Bezug nehmen.[687]

345 Nach Erwägungsgrund 16 der HCVO kommt es darauf an, wie Angaben über Lebensmittel vom Verbraucher verstanden werden. Dabei ist vom normal informierten, aufmerksamen und verständigen Durchschnittsverbraucher auszugehen. Es gilt kein statis-

678 BGH, 12.02.2015, I ZR 36/11, GRUR 2015, 403 Rn. 34 – *Monsterbacke II.*
679 BGH, 29.03.2017, I ZR 71/16, MD (VSW) 2017, 578 Rn. 9 ff. – *Detox.*
680 BGH, 13.01.2011, I ZR 22/09, GRUR 2011, 246 Rn. 9 – *Gurktaler Kräuterlikör.*
681 Vgl. EuGH, 06.09.2012, C-544/10, GRUR 2012, 1161 Rn. 38 ff. – *Deutsches Weintor.*
682 Büscher, GRUR 2013, 969, 976.
683 BGH, 17.05.2018, I ZR 252/16, GRUR 2018, 1266 Rn. 37 ff. – *Bekömmliches Bier.*
684 Verordnung (EU) Nr. 432/2012 der Kommission zur Festlegung einer Liste zulässiger anderer gesundheitsbezogener Angaben über Lebensmittel als Angaben über die Reduzierung eines Krankheitsrisikos sowie die Entwicklung und die Gesundheit von Kindern.
685 BGH, 07.04.2016, I ZR 81/15, GRUR 2016, 1200 Rn. 21 – *Repair-Kapseln.*
686 BGH, 10.12.2015, I ZR 222/13, GRUR 2016, 412 Rn. 22 – *Lernstark.*
687 BGH, 24.07.2014, I ZR 221/12, GRUR 2014, 1013 Rn. 23 – *Original Bach-Blüten.*

tischer, sondern ein normativer Maßstab, nach dem die nationalen Gerichte und Verwaltungsbehörden gehalten sind, von ihrer eigenen Urteilsfähigkeit unter Berücksichtigung der Rechtsprechung des Europäischen Gerichtshofs auszugehen. Daher liegt eine gesundheitsbezogene Angabe auch dann vor, wenn nach dem Verständnis des Durchschnittsverbrauchers, das naturgemäß auch durch Vorerwartungen und Kenntnisse geprägt wird, ein Zusammenhang zwischen dem Bestandteil eines Lebensmittels und dem Gesundheitszustand des Konsumenten suggeriert wird.[688] Zu berücksichtigen ist der gesamte Zusammenhang der Aussage, insbesondere auch die Aufmachung und Präsentation des Produkts.[689] Daher können auch Bestandteile, die isoliert als Herkunftshinweis verstanden werden könnten, diesen Zusammenhang begründen, wenn sie aus Sicht des Verbrauchers auch einen beschreibenden Bezug auf den körperlichen Zustand haben (wie es bei »Praebiotik® + Probiotik®« der Fall ist).[690] Die Abbildung eines Mädchens auf dem Produkt, zusammen mit Angaben wie »lernstark« und »mit Eisen … zur Unterstützung der Konzentrationsfähigkeit« kann das Verständnis nahelegen, dass das Produkt einen Bezug zur Gesundheit von Kindern hat (Art. 14 (1) lit. b HCVO).[691]

Allein der Umstand, dass auf der Produktverpackung eine Dosierungsanleitung angebracht ist, weist allerdings noch nicht darauf hin, dass die in der Verpackung enthaltenen Mittel besondere Eigenschaften besitzen, da auch Nahrungsergänzungsmittel in dosierter Form abzugeben sind (vgl. Art. 2 lit. a der Richtlinie 2002/46/EG zur Angleichung der Rechtsvorschriften der Mitgliedstaaten über Nahrungsergänzungsmittel).[692] Ebenfalls nicht zu berücksichtigen sind Verkaufsmodalitäten wie der Verkauf in einer Apotheke, da die HCVO ausschließlich produktbezogene Regelungen enthält.[693] **346**

Der in Art 14 (1) lit. b HCVO verwendete Begriff **»Angaben über die Entwicklung und Gesundheit von Kindern«** ist in der Verordnung nicht definiert. Sein Inhalt ist daher nach seinem Wortlaut unter Berücksichtigung des Regelungszusammenhangs und des mit der Regelung verfolgten Zwecks zu ermitteln. Danach kommen als Angaben über die Entwicklung und die Gesundheit von Kindern zunächst Angaben in Betracht, die ausdrücklich einen Zusammenhang zwischen dem Verzehr eines Lebensmittels oder eines seiner Bestandteile und einer Funktion des kindlichen Organismus behaupten. Zu den Angaben über die Entwicklung und die Gesundheit von Kindern zählen darüber hinaus auf die Gesundheit oder die Entwicklung bezogene Angaben, mit denen Lebensmittel beworben werden, die insbesondere zum Verzehr durch Kinder bestimmt sind, wobei es nicht erforderlich ist, dass sie ausschließlich für Kinder bestimmt sind. Eine ausdrückliche Verwendung des Ausdrucks »Kinder« oder die Abbildung eines Kindes sind nicht erforderlich.[694] **347**

688 BGH, 26.02.2014, I ZR 178/12, GRUR 2014, 500 Rn. 17 f. – *Praebiotik.*
689 BGH, 10.12.2015, I ZR 222/13, GRUR 2016, 412 Rn. 44 – *Lernstark.*
690 BGH, 26.02.2014, I ZR 178/12, GRUR 2014, 500 Rn. 21 – *Praebiotik.*
691 BGH, 10.12.2015, I ZR 222/13, GRUR 2016, 412 Rn. 42 – *Lernstark.*
692 BGH, 24.07.2014, I ZR 221/12, GRUR 2014, 1013 Rn. 27 – *Original Bach-Blüten.*
693 BGH, 24.07.2014, I ZR 221/12, GRUR 2014, 1013 Rn. 28 – *Original Bach-Blüten.*
694 BGH, 10.12.2015, I ZR 222/13, GRUR 2016, 412 Rn. 37 ff. – *Lernstark.*

348 Eine Aussage oder eine Darstellung stellt nur dann eine Angabe über ein Lebensmittel dar, wenn mit ihr zumindest mittelbar zum Ausdruck gebracht wird, dass das Lebensmittel eine besondere Eigenschaft besitzt. Eine solche Angabe liegt dann nicht vor, wenn eine Aussage oder Darstellung aus der Sicht der angesprochenen Verbraucher lediglich auf eine **gattungsbezogene Eigenschaft** eines Lebensmittels hinweist, die alle Lebensmittel der angesprochenen Gattung besitzen. In einem solchen Fall fehlt der Aussage oder Darstellung die Lenkungswirkung, deren Regulierung die Beschränkungen rechtfertigt, die die HCVO hinsichtlich der Verwendung nährwert- und gesundheitsbezogener Angaben vorsieht. Informationen über Eigenschaften eines Lebensmittels stellen daher auch dann, wenn sie sich auf Nährstoffe oder andere Substanzen beziehen, keine Angaben Art. 2 (2) Nr. 1 HCVO dar, wenn mit ihnen keine besonderen Eigenschaften des Lebensmittels herausgestellt, sondern lediglich objektive Informationen über die Beschaffenheit oder die Eigenschaften der Gattung von Lebensmitteln mitgeteilt werden, zu der das beworbene Lebensmittel gehört. Nach dem Erwägungsgrund 5 der HCVO sind von ihr allgemeine Bezeichnungen wie etwa »Digestif« oder »Hustenbonbon« auszunehmen, die traditionell zur Angabe einer Eigenschaft einer Kategorie von Lebensmitteln verwendet werden, die Auswirkungen auf die menschliche Gesundheit haben können.[695]

349 Eine Aussage oder Darstellung, die dem Verbraucher lediglich vermittelt, um welche Art von Lebensmittel es sich im konkreten Fall handelt (wie die Bezeichnung »ENERGY & VODKA« für ein Getränk), stellt daher keine Angabe im Sinn des Art. 2 (2) Nr. 1 HCVO dar.[696] Gleichermaßen wird mit der Bezeichnung »Bach-Blüten-Produkt« auch keine besondere Eigenschaft des so bezeichneten Produkts zum Ausdruck gebracht. Das gilt auch für Verbraucher, die die Bach-Blüten-Therapie kennen und darüber informiert sind, gegen welche körperlichen oder seelischen Leiden die Bach-Blüten-Präparate helfen sollen, und die deshalb wissen, dass diese Präparate das seelische Gleichgewicht wiederherstellen sollen. Für solche Verbraucher stellt die Bezeichnung »Original Bach-Blüten« zwar eine Angabe über ein Produkt dar, die Gesundheitsbezug aufweist. Sie geht aber nicht über die Information hinaus, dass das Produkt zur Gattung der »Bach-Blüten-Produkte« gehört.[697]

e) Spezifische und Nichtspezifische Angaben – Abgrenzung

350 Nach Art. 10 (1) HCVO sind gesundheitsbezogene Angaben verboten, sofern sie nicht den allgemeinen Anforderungen in Kapitel II und den speziellen Anforderungen in Kapitel IV entsprechen, gemäß der HCVO zugelassen und in die Liste der zugelassenen Angaben gemäß den Artikeln 13 und 14 HCVO aufgenommen sind. Für Verweise auf allgemeine, nichtspezifische Vorteile des Nährstoffs oder Lebensmittels für die Gesundheit im Allgemeinen oder das gesundheitsbezogene Wohlbefinden enthält Art. 10 (3)

695 BGH, 09.10.2014, I ZR 167/12, GRUR 2014, 1224 Rn. 13 – *ENERGY & VODKA*.
696 BGH, 09.10.2014, I ZR 167/12, GRUR 2014, 1224 Rn. 13 – *ENERGY & VODKA*.
697 BGH, 24.07.2014, I ZR 221/12, GRUR 2014, 1013 Rn. 22 – *Original Bach-Blüten*.

eine Sonderregel; sie sind nur zulässig, wenn ihnen eine in einer der Listen nach Artikel 13 oder 14 enthaltene spezielle gesundheitsbezogene Angabe beigefügt ist.

Solche Verweise auf nichtspezifische Vorteile stellen zwar ebenfalls gesundheitsbezogene Angaben im Sinn des Art. 2 (2) Nr. 1 HCVO dar.[698] Auch mit ihnen wird erklärt, suggeriert oder mittelbar zum Ausdruck gebracht, dass ein Zusammenhang zwischen einer Lebensmittelkategorie, einem Lebensmittel oder einem seiner Bestandteile einerseits und der Gesundheit andererseits besteht. Sie können jedoch aufgrund ihrer allgemeinen, nichtspezifischen Formulierung – im Unterschied zu den (speziellen) gesundheitsbezogenen Angaben im Sinn des Art. 10 (1) HCVO – nicht Gegenstand eines Zulassungsverfahrens sein. Für die Abgrenzung zwischen speziellen und nichtspezifischen gesundheitsbezogenen Angaben kommt es danach darauf an, ob mit der Angabe ein unmittelbarer Wirkungszusammenhang zwischen einer Lebensmittelkategorie, einem Lebensmittel oder einem seiner Bestandteile und einer Funktion des menschlichen Organismus hergestellt wird, dessen wissenschaftliche Absicherung in einem Zulassungsverfahren nach Art. 13 (1) ii oder Art. 15 ff. HCVO überprüft werden kann.[699] Bei der Bezeichnung »Lernstark« für ein Fruchtsaftgetränk ist dies nicht der Fall; in diesem Fall fehlt es an dem spezifischen Zusammenhang zwischen konkreten Nährstoffen und bestimmten Körperfunktionen.[700] Eine Angabe zu einzelnen Bestandteilen eines aus mehreren Inhaltsstoffen bestehenden Kombinationsprodukts (und nicht zum Produkt als Ganzes) kann nicht Gegenstand eines Zulassungsverfahrens sein, weil nicht klar ist, welche konkrete Wirkung welchen konkreten Bestandteils im Rahmen eines solchen Verfahrens wissenschaftlich zu überprüfen ist.[701] Die Verwendung medizinischer Begriffe ist nicht erforderlich, auch eher umgangssprachliche Formulierungen (»tolle« Haut, »fülliges« Haar, »feste« Fingernägel) können eine spezifische gesundheitsbezogene Angabe darstellen.[702] 351

f) Spezifische Angaben (Art. 10 (1) HCVO)

Die Zulässigkeit der Verwendung einer gesundheitsbezogenen Angabe nach Art. 10 (1) HCVO hängt grundsätzlich nicht davon ab, dass die verwendete Angabe mit einer zugelassenen Angabe wörtlich übereinstimmt. Vielmehr dürfen auch mit einer zugelassenen Angabe gleichbedeutende, also inhaltlich übereinstimmende Angaben verwendet werden. Dies ergibt sich für gesundheitsbezogene Angaben, die in den Anwendungsbereich des Art. 13 (1) fallen, aus Erwägungsgrund 9 S. 3 der VO (EU) Nr. 432/2012.[703] Danach soll in den Fällen, in denen der Wortlaut einer Angabe aus Verbrauchersicht gleichbedeutend mit demjenigen einer zugelassenen gesundheitsbezogenen Angabe ist, 352

698 BGH, 17.01.2013, I ZR 5/12, GRUR 2013, 958 Rn. 11 – *Vitalpilze*.
699 BGH, 07.04.2016, I ZR 81/15, GRUR 2016, 1200 Rn. 24 – *Repair-Kapseln*.
700 BGH, 10.12.2015, I ZR 222/13, GRUR 2016, 412 Rn. 33 f. – *Lernstark*.
701 BGH, 12.07.2018, I ZR 162/16, GRUR 2018, 959 Rn. 23 – *B-Vitamine*.
702 BGH, 07.04.2016, I ZR 81/15, GRUR 2016, 1200 Rn. 26 – *Repair-Kapseln*.
703 Verordnung (EU) Nr. 432/2012 der Kommission vom 16.05.2012 zur Festlegung einer Liste zulässiger anderer gesundheitsbezogener Angaben über Lebensmittel als Angaben über die Reduzierung eines Krankheitsrisikos sowie die Entwicklung und die Gesundheit von Kindern.

diese Angabe auch den Verwendungsbedingungen für die zugelassene gesundheitsbezogene Angabe unterliegen. Bei der Prüfung, ob eine verwendete gesundheitsbezogene Angabe mit einer zugelassenen gesundheitsbezogenen Angabe gleichbedeutend ist, ist aber grundsätzlich ein strenger Maßstab anzulegen. Bei dieser Prüfung ist andererseits auch das berechtigte Interesse der Lebensmittelunternehmen zu berücksichtigen, den Wortlaut einer zugelassenen Angabe der Produktaufmachung und dem maßgeblichen Verbraucherverständnis anpassen zu können, ohne für jede sprachlich abweichende Angabe einen eigenen Zulassungsantrag stellen zu müssen.[704] Die Aussage, ein Produkt könne Schäden an Haut, Haaren und Fingernägeln beseitigen, wie sie durch die Bezeichnung »Repair«-Kapseln zum Ausdruck gebracht werde, ist danach nicht gleichbedeutend mit der (zugelassenen) Angabe, bestimmte Nährstoffe würden zur Erhaltung dieser Körperteile beitragen. Die Beseitigung von Schäden ist inhaltlich nicht gleichbedeutend mit der »Erhaltung des Normalzustands« oder einem »Beitrag zum Normalzustand«.[705]

353 Die Annahme einer inhaltlichen Übereinstimmung zwischen zugelassener und verwendeter Angabe setzt jedenfalls voraus, dass die zugelassene Angabe und die verwendete Angabe hinsichtlich des Nährstoffs oder der anderen Substanz oder des Lebensmittels oder der Lebensmittelkategorie, für die die Angabe zugelassen wurde oder verwendet wird, übereinstimmen. Eine verwendete Angabe kann ferner nur dann als gleichbedeutend mit einer zugelassenen Angabe angesehen werden, wenn sich aus der im Zulassungsverfahren abgegebenen Stellungnahme der Europäischen Behörde für Lebensmittelsicherheit (EFSA) ergibt, dass die mit der verwendeten Angabe aufgestellte Wirkungsbehauptung von der mit der zugelassenen Angabe aufgestellten Wirkungsbehauptung gedeckt ist.[706] Die bloße Angabe einer bestimmten Wirkung ohne Benennung des Nährstoffs, der Substanz, des Lebensmittels oder der Lebensmittelkategorie, auf der diese Wirkung nach der Liste der zugelassenen Angaben beruht, ist mit der zugelassenen Angabe nicht inhaltsgleich und daher unzulässig.[707] Ein Produkt darf daher nicht mit der Aussage beworben werden, es halte die Herzmuskelzellen »bei guter Laune«, ohne dass klargestellt wird, welcher der verschiedenen Inhaltsstoffe des Produkts diese Wirkung hervorruft.[708]

g) Nichtspezifische Angaben (Art. 10 (3) HCVO)

354 Auch bei Verweisen auf nichtspezifische, allgemeine Vorteile handelt es sich um gesundheitsbezogene Angaben. Auch bei ihnen wird erklärt, suggeriert oder immerhin mittelbar zum Ausdruck gebracht, dass ein Zusammenhang zwischen einer Lebensmittelkategorie, einem Lebensmittel oder einem seiner Bestandteile einerseits und der Gesundheit andererseits besteht. Sie unterfallen nur deshalb nicht dem Verbot des Art. 10 (1)

---

704 BGH, 07.04.2016, I ZR 81/15, GRUR 2016, 1200 Rn. 30 – *Repair-Kapseln.*
705 BGH, 07.04.2016, I ZR 81/15, GRUR 2016, 1200 Rn. 33 – *Repair-Kapseln.*
706 BGH, 10.12.2015, I ZR 222/13, GRUR 2016, 412 Rn. 52–53 – *Lernstark.*
707 BGH, 07.04.2016, I ZR 81/15, GRUR 2016, 1200 Rn. 35 f. – *Repair-Kapseln.*
708 BGH, 07.04.2016, I ZR 81/15, GRUR 2016, 1200 Rn. 40 – *Repair-Kapseln.*

HCVO, weil sie nicht zulassungsfähig sind; stattdessen dürfen sie nach Art. 10 (3) HCVO nur zusammen mit einer zugelassenen gesundheitsbezogenen Angabe verwendet werden.[709] Wann eine spezielle gesundheitsbezogene Angabe einem Verweis auf allgemeine nichtspezifische Vorteile »beigefügt« ist, insbesondere, ob ein ausdrücklicher Verweis erforderlich ist oder eine inhaltliche Bezugnahme genügt, ist Gegenstand eines Vorlageverfahrens bei dem Europäischen Gerichtshof.[710]

Der Bundesgerichtshof geht davon aus, dass die Verwendung dem Art. 10 (3) HCVO unterfallender gesundheitsbezogener Angaben derzeit nicht unter Hinweis auf eine fehlende Beifügung einer speziellen gesundheitsbezogenen Angabe untersagt werden kann, weil die Listen nach Art. 13 und 14 HCVO noch nicht vollständig erstellt worden sind. Andernfalls würde das durch die Möglichkeit der Werbung mit zugelassenen Angaben eingeschränkte Verbot für die Übergangszeit strenger wirken als nach Erlass der Listen.[711] Diese Auslegung ist gerade im Hinblick auf die verfassungsrechtliche Problematik der Vorschrift vorzugswürdig. 355

Auch für nichtspezifische Angaben nach Art. 10 (3) HCVO gelten aber die zusätzlichen Anforderungen des Art. 10 (2) HCVO. Die dort angesprochenen Informationen (Hinweis auf die Bedeutung einer abwechslungsreichen und ausgewogenen Ernährung und einer gesunden Lebensweise, Informationen zur Menge des Lebensmittels und zum Verzehrmuster, die erforderlich sind, um die behauptete positive Wirkung zu erzielen, u. a.) können auch bei nicht spezifischen gesundheitsbezogenen Angaben ohne Weiteres ereilt werden und sind in diesem Fall ebenso sinnvoll wie im Fall spezifischer Angaben.[712] 356

Offen gelassen hat der Bundesgerichtshof bislang, ob bei nicht spezifischen Angaben auch die Anforderungen des Kapitels II der HCVO zu erfüllen sind.[713] Dies erscheint zweifelhaft, da die wissenschaftliche Absicherung (wie von Art. 6 HCVO gefordert) bei einer nicht spezifischen Angabe nur schwer möglich ist. Ein echter Bedarf für die Anwendung des Kapitels II dürfte auch nicht bestehen, da nach Art. 10 (3) HCVO die nicht spezifischen Angaben nur gemeinsam mit spezifischen Angaben verwendet werden dürfen, für die unzweifelhaft die Anforderungen des Kapitels II gelten. Auch diese Frage ist Gegenstand eines Vorlageverfahrens bei dem Europäischen Gerichtshof.[714] 357

709 BGH, 12.02.2015, I ZR 36/11, GRUR 2015, 403 Rn. 36 – *Monsterbacke II*.
710 BGH, 12.07.2018, I ZR 162/16, GRUR 2018, 959 Rn. 26 ff. – *B-Vitamine*.
711 BGH, 17.01.2013, I ZR 5/12, GRUR 2013, 958 Rn. 15 – *Vitalpilze*; BGH, 12.02.2015, I ZR 36/11, GRUR 2015, 403 Rn. 38 – *Monsterbacke II*; a. A. OLG Hamm, 07.10.2014, 4 U 138/13, GRUR-RR 2015, 169 Rn. 40 – *Bach-Blütenprodukte*.
712 BGH, 12.02.2015, I ZR 36/11, GRUR 2015, 403 Rn. 37 – *Monsterbacke II*.
713 BGH, 12.02.2015, I ZR 36/11, GRUR 2015, 403 Rn. 39 – *Monsterbacke II*.
714 BGH, 12.07.2018, I ZR 162/16, GRUR 2018, 959 Rn. 36 ff. – *B-Vitamine*.

h) Handelsmarken, Markennamen oder Fantasiebezeichnungen

358 Nach Art. 1 (3) HCVO dürfen Handelsmarken, Markennamen oder Fantasiebezeichnungen, die in der Kennzeichnung, Aufmachung oder Werbung für ein Lebensmittel verwendet werden und als nährwert- oder gesundheitsbezogene Angabe aufgefasst werden können, ohne die in der Verordnung vorgesehenen Zulassungsverfahren verwendet werden, sofern der betreffenden Kennzeichnung, Aufmachung oder Werbung eine nährwert- oder gesundheitsbezogene Angabe beigefügt ist, die der Verordnung entspricht.[715] Für Handelsmarken und Markennamen gilt ferner die besondere Übergangsvorschrift des Art. 28 (2) HCVO. Eine darüber hinausgehende Privilegierung solcher Bezeichnungen findet nicht statt. Insbesondere kann die Verwendung einer Bezeichnung mit einer beschreibenden – gesundheitsbezogenen – Bedeutung eine gesundheitsbezogene Angabe im Sinn des Art. 2 (2) Nr. 1 HCVO darstellen.[716] Auch die Verwendung einer Bildmarke kann bei der gebotenen Gesamtbetrachtung dazu führen, dass eine Produktgestaltung insgesamt als gesundheitsbezogene Angabe zu bewerten ist.[717]

i) Rechtlich geforderte Angaben

359 Nach Art. 2 (2) Nr. 1 HCVO fehlt es an einer (gesundheitsbezogenen) Angabe, wenn die Aussage nach dem Unionsrecht oder den nationalen Vorschriften obligatorisch ist. Damit werden alle Pflichtangaben, die sich aus unionsrechtlichen und mit dem Unionsrecht im Einklang stehenden nationalen Bestimmungen ergeben, vom Begriff der Angabe im Sinne der HCVO ausgenommen.[718] Zu diesen Angaben gehört nach § 3 Abs. 1 Nr. 2 LMKV (jetzt Art. 9 (1) lit. h LMIVO) der Name oder die Firma und die Anschrift des Herstellers, des Verpackers oder eines in einem Mitgliedstaat der Europäischen Union oder in einem anderen Vertragsstaat des Abkommens über den Europäischen Wirtschaftsraum niedergelassenen Verkäufers. Auch wenn diese Bezeichnung den Bestandteil »Remedies« (= »Heilmittel«) enthält, kann daraus kein Gesundheitsbezug der Produktgestaltung hergeleitet werden.[719] Gleiches gilt für das nach §§ 3 Abs. 3, Abs. 5 und Abs. 6 LMKV (jetzt Art. 18 LMIVO) gebotene Zutatenverzeichnis.[720]

3. Nährwertbezogene Angaben (Art. 8 HCVO)

360 Nach Art. 8 (1) HCVO dürfen nährwertbezogene Angaben nur gemacht werden, wenn sie im Anhang der HCVO aufgeführt sind und den in der HCVO festgelegten Bedingungen entsprechen. Unter »nährwertbezogener Angabe« sind gemäß Art. 2 (2) Nr. 4 HCVO Angaben zu verstehen, mit denen erklärt, suggeriert oder auch nur mittelbar

---

715 BGH, 26.02.2014, I ZR 178/12, GRUR 2014, 500 Rn. 22 – *Praebiotik.*
716 BGH, 26.02.2014, I ZR 178/12, GRUR 2014, 500 Rn. 32 – *Praebiotik.*
717 BGH, 10.12.2015, I ZR 222/13, GRUR 2016, 412 Rn. 47 – *Lernstark.*
718 BGH, 09.10.2014, I ZR 162/13, GRUR 2015, 498 Rn. 64 – *Combiotik.*
719 BGH, 24.07.2014, I ZR 221/12, GRUR 2014, 1013 Rn. 26 – *Original Bach-Blüten.*
720 BGH, 09.10.2014, I ZR 162/13, GRUR 2015, 498 Rn. 64–65 – *Combiotik.*

zum Ausdruck gebracht wird, dass ein Lebensmittel auf Grund der Energie (des Brennwerts), die es liefert, oder auf Grund der Nährstoffe oder anderen Substanzen, die es enthält, besondere positive Nährwerteigenschaften besitzt. Während mit gesundheitsbezogenen Angaben ein Zusammenhang zwischen einem Lebensmittel oder einem seiner Bestandteile und dem gesundheitlichen Wohlbefinden hergestellt wird, beziehen sich nährwertbezogene Angaben auf die Menge an Nährstoffen, anderen Substanzen oder Energie, die in einem Lebensmittel enthalten sind. Wie die im Anhang zu Art. 8 (1) HCVO aufgeführten Angaben zeigen, sind vor allem solche Angaben als nährwertbezogen anzusehen, die sich unmittelbar auf die Energie, die das Lebensmittel liefert, oder die in diesem enthaltenen Inhaltsstoffe mit ernährungsbezogener Wirkung beziehen. Nährwertbezogen sind darüber hinaus solche Angaben, die (nur) eine Sachinformation in Bezug auf einen bestimmten Nährstoff vermitteln. Der Slogan »So wichtig wie das tägliche Glas Milch« erfüllt diese Anforderungen nicht. Er enthält keine Angaben, die sich unmittelbar auf die Energie, die das Lebensmittel liefert, oder die in ihm enthaltenen Inhaltsstoffe mit ernährungsbezogener Wirkung beziehen oder eine konkrete Sachinformation in Bezug auf einen bestimmten Nährstoff vermitteln.[721]

Die Angabe »mild gesalzen« kann entweder als »natriumarm/kochsalzarm« verstanden **361**
werden oder dahingehend, dass das Produkt weniger gesalzen ist als vergleichbare Produkte. Im ersten Fall muss das Produkt den Anforderungen für diese Angabe gemäß Art. 8(1) HCVO i. V. mit dem Anhang zur HCVO entsprechen (nicht mehr als 0,12 mg Natrium oder den gleichwertigen Gehalt an Salz pro 100 g bzw. 100 ml). Der Anhang bestimmt ferner, dass die Angabe, ein bestimmter Nährstoff sei reduziert worden, nur zulässig ist, wenn die Reduzierung des Anteils mindestens einen bestimmten Prozentsatz gegenüber vergleichbaren Produkten ausmacht. Im Normallfall sind dies 30 %, für Salz ausnahmsweise 25 %.[722] Im zweiten Fall sind die Anforderungen des Art. 9 (1) HCVO einzuhalten. Danach ist ein Vergleich nur zwischen Lebensmitteln derselben Kategorie und unter Berücksichtigung einer Reihe von Lebensmitteln dieser Kategorie zulässig. Der Unterschied in der Menge eines Nährstoffs oder des Brennwerts ist anzugeben, und der Vergleich muss sich auf dieselbe Menge des Lebensmittels beziehen.[723] Diese Zusatzangaben müssen im räumlichen Zusammenhang mit der Angabe »mild gesalzen« stehen. Findet diese sich auf der Vorderseite der Produktverpackung, so müssen sich auch die Zusatzangaben dort befinden.[724]

Eine Aussage kann gemäß Art. 2 (2) Nr. 4 HCVO auch dann nährwertbezogen sein, **362**
wenn mit ihr suggeriert oder nur mittelbar zum Ausdruck gebracht wird, ein Lebensmittel besitze besondere positive Nährwerteigenschaften. Eine Angabe kann daher ferner als nährwertbezogen anzusehen sein, wenn mit ihr bestimmte Assoziationen des Verbrauchers geweckt werden. Sie muss sich aber auf eine konkrete Eigenschaft des Lebensmittels beziehen. Dies ist bei einer allgemein gehaltenen Gleichwertigkeitsbe-

721 BGH, 12.02.2015, I ZR 36/11, GRUR 2015, 403 Rn. 28 – *Monsterbacke II.*
722 BGH, 18.05.2017, I ZR 100/16, GRUR 2017, 1278 Rn. 18 f. – *Märchensuppe.*
723 BGH, 18.05.2017, I ZR 100/16, GRUR 2017, 1278 Rn. 21 – *Märchensuppe.*
724 BGH, 18.05.2017, I ZR 100/16, GRUR 2017, 1278 Rn. 32 ff. – *Märchensuppe.*

hauptung (»So wichtig wie das tägliche Glas Milch«) nicht der Fall, die auf ein Lebensmittel mit verschiedenen Nährstoffen Bezug nimmt, ohne dass der Verbraucher sie dahin versteht, dass sie sich auf sämtliche oder bestimmte Inhaltsstoffe des Vergleichslebensmittels bezieht.[725]

4. Verbot gesundheitsbezogener Angaben bei alkoholischen Getränken (Art. 4 (3) HCVO)

363 Art. 4 (3) HCVO enthält ein generelles Verbot gesundheitsbezogener Angaben für Getränke mit einem Alkoholgehalt von mehr als 1,2 Volumenprozent. Bei diesen sind nur nährwertbezogene Angaben zulässig, die sich auf einen geringen Alkoholgehalt oder eine Reduzierung des Alkoholgehalts oder eine Reduzierung des Brennwerts beziehen. Die Bestimmung dient dem Gesundheitsschutz, der in Anbetracht der Abhängigkeits- und Missbrauchsrisiken sowie der erwiesenen komplexen schädigenden Wirkungen des Alkoholkonsums, eine besonders strenge Regelung rechtfertigt.[726] Nicht als Getränke im Sinne der HCVO gelten nach deren Erwägungsgrund 13 allerdings Nahrungsergänzungsmittel, die in flüssiger Form dargereicht werden und mehr als 1,2 Volumenprozent Alkohol enthalten.[727] Die vom Bundesgerichtshof dem Europäischen Gerichtshof vorgelegte Frage, ob Produkte, die als Spray oder in Fläschchen zur tropfenweisen Anwendung vertrieben werden, als »Getränke« im Sinn dieser Bestimmung anzusehen sind,[728] hat der Europäische Gerichtshof nicht beantwortet.[729]

364 Bei der Bestimmung des Art. 4 (3) HCVO handelt es sich um eine Marktverhaltensregelung in Bezug auf die Gesundheits- und Sicherheitsaspekte von Produkten, die nach Art. 3 (3) UGP-Richtlinie nicht in deren Anwendungsbereich fällt, so dass sie der Anwendung des § 3a nicht entgegensteht.[730]

5. Generell unzulässige Angaben (Art. 12 HCVO)

365 Art. 12 HCVO untersagt gesundheitsbezogene Angaben, die den Eindruck erwecken, durch Verzicht auf das Lebensmittel könnte die Gesundheit beeinträchtigt werden (lit. a); über Dauer und Ausmaß der Gewichtsabnahme (lit. b) sowie solche, die auf Empfehlungen von einzelnen Ärzten oder Angehörigen von Gesundheitsberufen verweisen (lit. c). Die Werbung mit den Aussagen eines Apothekers über die Eignung eines Lebensmittels für eine bestimmte Diät ist daher unzulässig.[731]

---

725 BGH, 12.02.2015, I ZR 36/11, GRUR 2015, 403 Rn. 29 – *Monsterbacke II.*
726 EuGH, 06.09.2012, C-544/10, GRUR 2012, 1161 Rn. 48 – *Deutsches Weintor.*
727 BGH, 12.03.2015, I ZR 29/13, GRUR 2015, 611 Rn. 14 f. – *RESCUE-Produkte.*
728 BGH, 12.03.2015, I ZR 29/13, GRUR 2015, 611 Rn. 16 ff. – *RESCUE-Produkte.*
729 *EuGH, 23.11.2016, C-177/15,* GRUR 2017, 100 Rn. 49 – *Nelsons.*
730 BGH, 09.10.2014, I ZR 167/12, GRUR 2014, 1224 Rn. 11 – *ENERGY & VODKA.*
731 OLG Celle, 27.10.2010, 13 U 92/10, MD (VSW) 2011, 19.

6. Übergangsvorschrift (Art. 28 HCVO)

Art. 28 HCVO enthält eine Reihe von Übergangsvorschriften. Nach Art. 28 (2) HCVO dürfen Produkte mit bereits vor dem 01.01.2005 bestehenden Handelsmarken oder Markennamen, die der HCVO nicht entsprechen, bis zum 19.01.2022 weiterhin in den Verkehr gebracht werden. Die Vorschrift bezieht sich auf Lebensmittel mit einer Bezeichnung, die als nährwert- oder gesundheitsbezogene Angabe im Sinne der HCVO aufzufassen ist.[732] Nach ihrem eindeutigen Wortlaut erlaubt diese Bestimmung die Fortsetzung des Vertriebs von Produkten, die bereits vor dem 01.01.2005 in den Verkehr gebracht wurden. Dass zu diesem Zeitpunkt lediglich die beanstandete Marke bestand, reicht nicht aus.[733] Die Produkte mussten bereits vor dem 01.01.2005 über die gleichen materiellen Eigenschaften verfügen und mit derselben Handelsmarke oder demselben Markennamen versehen sein.[734] **366**

Nach Art. 28 (6) HCVO dürfen gesundheitsbezogene Angaben, die keiner Bewertung durch einen Mitgliedstaat unterzogen und nicht zugelassen wurden, weiterhin verwendet werden, sofern vor dem 19.01.2008 ein Antrag auf Zulassung der Angabe nach der HCVO gestellt wurde. Wurde der Antrag durch Entscheidung nach Art. 17 (3) HCVO abgelehnt, dürfen die Angaben bis zu sechs Monate nach der Entscheidung weiter verwendet werden. Offen ist, ob der Antrag von dem werbenden Unternehmen selber gestellt werden muss, oder ob der Antrag eines Verbandes genügt; offen ist auch, ob ein Antrag in einem Mitgliedstaat der Union ausreicht oder in jedem Staat, in dem die Angabe verwendet werden soll, gestellt werden muss.[735] Schließlich ist nicht eindeutig geklärt, ob die Angabe von dem Werbenden selber verwendet worden sein muss, oder ob es genügt, wenn ein anderes Unternehmen sie verwendet hat. Da die Aufnahme in die Liste nach Art. 13 und 14 gemeinschaftsweite Wirkung hat (Art. 17 Abs. 5 HCVO), spricht viel dafür, dass jeder Antrag eines beliebigen Unternehmens ausreichend ist.[736] **367**

Bei der Prüfung, ob eine verwendete gesundheitsbezogene Angabe inhaltlich mit einer nach Art. 28 (6) HCVO angemeldeten Angabe übereinstimmt, ist ein strenger Maßstab anzulegen. Insbesondere Sinn und Zweck sowie die Systematik der HCVO sprechen dafür, an die Übereinstimmung der verwendeten mit der beantragten Angabe strenge Anforderungen zu stellen. Die Übergangsbestimmung des Art. 28 (6) HCVO ist eine Ausnahme vom Verbotstatbestand des Art.10 (1) HCVO. Aus der systematischen Konzeption der Verordnung, wonach die Zulassung von gesundheitsbezogenen Angaben grundsätzlich die Aufnahme in eine Positivliste nach einer wissenschaftlichen Nachprüfung voraussetzt, folgt ferner, dass dem Gesichtspunkt der Rechtssicherheit besondere **368**

732 EuGH, 23.11.2016, C-177/15, GRUR 2017, 100 Rn. 39 – *Nelsons.*
733 BGH, 26.02.2014, I ZR 178/12, GRUR 2014, 500 Rn. 37 – *Praebiotik.*
734 EuGH, 23.11.2016, C-177/15, GRUR 2017, 100 Rn. 47 – *Nelsons*; BGH, 21.09.2017, I ZR 29/13, GRUR 2018, 206 Rn. 18 – *RESCUE-Produkte II.*
735 BGH, 26.02.2014, I ZR 178/12, GRUR 2014, 500 Rn. 28 – *Praebiotik.*
736 OLG München, 29.09.2016, 29 U 218/16, juris Rn. 50; Meisterernst/Haber, Praxiskommentar Health & Nutrition Claims, Art. 28 Rn. 28 g f.

Bedeutung zukommt. Damit stünde es nicht im Einklang, im Wege einer extensiven Anwendung der Übergangsvorschrift des Art. 28 (6) lit. b die Verwendung von Angaben zu gestatten, die sich nicht eng mit der beantragten Angabe decken.[737] Diese Anforderungen dürften auf die Prüfung im Rahmen des Art. 28 (2) entsprechend anzuwenden sein.

7. Darlegungs- und Beweislast

369 Aus dem Charakter der HCVO eines grundsätzlichen Verbots der Verwendung nährwert- und gesundheitsbezogener Angaben folgt, dass den Verwender solcher Angaben die Darlegungs- und Beweislast für die Zulässigkeit solcher Angaben trifft. Der Verwender muss ihre Zulässigkeit belegen, und zwar nicht erst dann, wenn sie vom Anspruchsteller im Prozess in Abrede gestellt wird. Dies kommt in den in Art. 28 (5) und (6) HCVO enthaltenen Übergangsbestimmungen dadurch zum Ausdruck, dass die betreffenden Angaben, soweit sie dem Art. 28 (5), dem Art. 28 (6) lit. a letzter Unterabs. sowie dem Art. 28 (6) lit. b der Verordnung unterfallen, (nur) unter den dort jeweils genannten Voraussetzungen zulässig sind, und, soweit sie in einem Mitgliedstaat (bereits) einer Bewertung unterzogen und zugelassen wurden, in dem in Art. 28 (6) lit. a i und ii der Verordnung geregelten Verfahren zugelassen werden.[738] Erforderlich ist der Nachweis, dass den betreffenden Inhaltsstoffen die jeweils behauptete Wirkung tatsächlich zukommt (Art. 5 (1) lit. a HCVO), dass diese Stoffe in den betreffenden Produkten in relevanter Menge und bioverfügbarer Form enthalten sind (Art. 5 (1) lit. b und c HCVO) sowie bei einem vernünftigerweise zu erwartenden Verzehr die behauptete Wirkung zu erzielen vermögen (Art. 5 (1) lit. d HCVO).[739]

370 Die Verwendung gesundheits- und nährwertbezogener Angaben ist nur dann zulässig, wenn die behauptete positive Wirkung der jeweiligen Substanz bereits zu dem Zeitpunkt anhand allgemein anerkannter wissenschaftlicher Erkenntnisse nachgewiesen ist, zu dem die Angaben gemacht werden.[740] Es genügt daher nicht, den entsprechenden Beweis erst im Verfahren anzubieten. Dies gilt auch, soweit einzelne Voraussetzungen für eine Übergangszeit noch nicht zu erfüllen sind.[741] Allerdings gelten nicht die gleichen strengen Anforderungen wie an den Nachweis der Wirksamkeit eines Arzneimittels oder einer bilanzierten Diät. Die Vorlage randomisierter und placebokontrollierte Doppelblindstudien, die durch ihre Veröffentlichung in den Diskussionsprozess der Fachwelt einbezogen worden sind, ist daher nicht grundsätzlich erforderlich.[742]

371 Auch die Voraussetzungen des Art. 10 (2) HCVO sind vom Verwender darzulegen und zu beweisen. Ein Lebensmittelunternehmer, der gesundheitsbezogene Angaben über ein Lebensmittel macht, muss dessen Wirkungen auf die Gesundheit in eigener Verantwor-

737 BGH, 26.02.2014, I ZR 178/12, GRUR 2014, 500 Rn. 29 – *Praebiotik.*
738 BGH, 17.01.2013, I ZR 5/12, GRUR 2013, 958 Rn. 18 – *Vitalpilze.*
739 BGH, 17.01.2013, I ZR 5/12, GRUR 2013, 958 Rn. 21 – *Vitalpilze.*
740 BGH, 17.01.2013, I ZR 5/12, GRUR 2013, 958 Rn. 21 – *Vitalpilze.*
741 BGH, 17.01.2013, I ZR 5/12, GRUR 2013, 958 Rn. 18 – *Vitalpilze.*
742 BGH, 17.01.2013, I ZR 5/12, GRUR 2013, 958 Rn. 20 – *Vitalpilze.*

tung kennen und somit über die von Art. 10 (2) HCVO geforderten Informationen verfügen.[743]

XXIX. HeilberufsG NW

Siehe Berufsordnung Ärzte, Berufsordnung Zahnärzte, ZahnheilkundeG. 372

XXX. HeilmittelwerbeG (HWG)

1. Einleitung

Das Heilmittelwerbegesetz (HWG) gehört zu den Vorschriften, die den Gesundheitsmarkt regulieren und damit zu einem Regelungskomplex, der in der Rechtspraxis zu § 3a zahlenmäßig das größte Gewicht einnimmt.[744] Sein Ziel ist der Schutz der Verbraucher vor Fehlentscheidungen beim Arzneimittelgebrauch und vor wirtschaftlicher Übervorteilung.[745] 373

Bei seiner Anwendung ist die Richtlinie 2001/83/EG zur Schaffung eines Gemeinschaftskodexes für Humanarzneimittel (Gemeinschaftskodex Humanarzneimittel) zu berücksichtigen, durch die eine vollständige Harmonisierung eingetreten ist.[746] Danach dürfen die Mitgliedstaaten, sofern ihnen nicht ausdrücklich die Befugnis eingeräumt ist, andere Regelungen zu treffen, die Arzneimittelwerbung allein den Anforderungen der Richtlinie 2001/83/EG unterwerfen.[747] Bei Werbebeschränkungen in Fällen, die von der Richtlinie nicht erfasst sind (wie Defekturarzneimittel gemäß Art. 3 Nr. 2 der Richtlinie), sind aber die Bestimmungen des primären Unionsrechts wie die des Verbots von Einfuhrbeschränkungen (Art. 34 AEUV) zu beachten.[748] 374

Die Werbeverbote des Heilmittelwerbegesetzes greifen in die Grundrechte des Werbenden, und zwar insbesondere in die Berufsausübungs- und die Meinungsfreiheit ein. Diese Eingriffe werden durch den Gesundheitsschutz als einen wichtigen Belang des Gemeinwohls grundsätzlich gerechtfertigt. Das Heilmittelwerbegesetz soll in erster Linie Gefahren begegnen, die der Gesundheit des Einzelnen und den Gesundheitsinteressen der Allgemeinheit durch unsachgemäße Selbstmedikation unabhängig davon drohen, ob sie im Einzelfall wirklich eintreten. Darüber hinaus soll verhindert werden, dass durch eine mit Übertreibungen arbeitende, suggestive oder marktschreierische Werbung Kranke und besonders ältere Menschen zu Fehlentscheidungen beim Arzneimittelgebrauch und bei der Verwendung anderer Mittel zur Beseitigung von Krankheiten oder Körperschäden verleitet werden. Diese dem Gesetz zu Grunde legenden Ziele des Gesundheitsschutzes und des Schutzes gegen wirtschaftliche Übervorteilung beson- 375

743 BGH, 12.02.2015, I ZR 36/11, GRUR 2015, 403 Rn. 45 – *Monsterbacke II.*
744 Büscher, GRUR 2017, 105, 107.
745 BGH, 12.12.2013, I ZR 83/12, GRUR 2014, 689 Rn. 111 – *Testen Sie Ihr Fachwissen.*
746 EuGH, 08.11.2007, C-374/05, GRUR 2008, 267 Rn. 39 – *Gintec/Verband Sozialer Wettbewerb*; BGH, 16.04.2015, I ZR 130/13, GRUR 2015, 705 Rn. 14 – *Weihrauch-Extrakt-Kapseln.*
747 BGH, 09.10.2008, I ZR 100/04, GRUR 2009, 509 Rn. 13 – *Schoenenberger Artischockensaft.*
748 EuGH, 08.11.2007, C-143/06, GRUR 2008, 264 Rn. 24 – *Ludwigs-Apotheke.*

ders schutzbedürftiger Privater stellen hinreichende Gründe des gemeinen Wohls dar, die die Einschränkung der Berufsausübungsfreiheit und der Meinungsäußerungsfreiheit rechtfertigen können.[749]

376 Allerdings müssen die betroffenen Grundrechte bei der Auslegung und Anwendung der Regelungen berücksichtigt werden. Auch das konkrete Verbot kann nur ausgesprochen werden, wenn es seinerseits durch kollidierendes Verfassungsrecht oder durch hinreichende Gründe des Gemeinwohls gerechtfertigt ist. Letzteres kann der Fall sein, wenn die konkrete Werbemaßnahme geeignet ist, unsachlich zu beeinflussen und dadurch zu einer zumindest mittelbaren Gesundheitsgefährdung zu führen.[750] Ein Verbot einer Äußerung, die allein das Ziel der Absatzsteigerung eines Medikaments verfolgt, ist dabei eher zu rechtfertigen als einer Äußerung, mit der ein legitimes gesundheitspolitisches Ziel in einer öffentlichen Debatte verfolgt wird.[751]

2. Begriff der Werbung

377 Nach § 1 Abs. 1 Nr. 1 HWG gilt das Gesetz für die Werbung für Arzneimittel, Medizinprodukte sowie andere Mittel, Verfahren, Behandlungen und Gegenstände, soweit sich die Werbeaussage auf die Erkennung, Beseitigung oder Linderung von Krankheiten, Leiden, Körperschäden oder krankhaften Beschwerden bei Mensch oder Tier bezieht, sowie operative plastisch-chirurgische Eingriffe, soweit sich die Werbeaussage auf die Veränderung des menschlichen Körpers ohne medizinische Notwendigkeit bezieht (§ 1 Abs. 1 Nr. 2 HWG).

378 Der Begriff der Werbung für ein Arzneimittel umfasst alle produkt- oder leistungsbezogenen Aussagen, die darauf angelegt sind, den Absatz des beworbenen Arzneimittels zu fördern. Für die Anwendung der Vorschriften des Heilmittelwerbegesetzes reicht es nach dessen Schutzzweck aus, dass die betreffende Maßnahme neben anderen Zwecken auch auf den Absatz eines oder mehrerer bestimmter Arzneimittel gerichtet ist.[752] Dabei ist zu berücksichtigen, ob nach dem Gesamtbild der Werbung die Darstellung des Unternehmens im Vordergrund steht, oder die Anpreisung bestimmter oder zumindest individualisierbarer Arzneimittel. So kann schon die Benennung eines Unternehmens, das lediglich einen Wirkstoff für ein Medikament herstellt, Produktbezug haben. Das gilt jedenfalls, wenn der Wirkstoff genannt wird, der lediglich von einem Unternehmen vermarktet wird.[753]

379 Das Heilmittelwerbegesetz gilt aber allein für **produktbezogene Werbung**, also Produkt- und Absatzwerbung, nicht dagegen für allgemeine Firmenwerbung (Unternehmens- und Imagewerbung), die ohne Bezugnahme auf bestimmte Produkte für das Ansehen und die Leistungsfähigkeit des Unternehmens allgemein wirbt. Die bloße Unternehmenswerbung, die nur mittelbar den Absatz der Produkte des Unternehmens

749 BGH, 28.09.2011, I ZR 96/10, GRUR 2012, 647 Rn. 40 – *INJECTIO*.
750 BGH, 30.04.2009, I ZR 117/07, GRUR 2009, 1189 Rn. 17 – *Blutspendedienst*.
751 BGH, 18.01.2012, I ZR 83/11, GRUR 2012, 1058 Rn. 18 – *Euminz*.
752 BGH, 26.03.2009, I ZR 213/06, GRUR 2009, 984 Rn. 13 – *Festbetragsfestsetzung*.
753 OLG Köln, 12.01.2018, 6 U 92/17, GRUR-RR 2018, 124 Rn. 55 – *Sicheres Zeckenmittel*.

fördern und die Aufmerksamkeit des Publikums nicht auf bestimmte Arzneimittel lenken soll, ist vom Anwendungsbereich des Heilmittelwerbegesetzes ausgenommen. Bei ihr bestehen nicht die Gefahren, denen das Heilmittelwerbegesetz mit der Einbeziehung produktbezogener Werbung in seinen Anwendungsbereich entgegenwirken will, dass nämlich ein bestimmtes, in seinen Wirkungen und Nebenwirkungen vom Publikum nicht überschaubares Mittel ohne ärztliche Aufsicht oder missbräuchlich angewandt werden könnte oder dass es dem Werbeadressaten ermöglicht würde, bei Arztbesuchen auf die Verschreibung eines bestimmten Arzneimittels zu drängen.[754]

Für die Frage, ob die zu beurteilende Werbung Absatz- oder Firmenwerbung ist, **380** kommt es maßgeblich darauf an, ob nach ihrem Gesamterscheinungsbild die Darstellung des Unternehmens oder aber die Anpreisung bestimmter oder zumindest individualisierbarer Produkte im Vordergrund steht. Danach liegt produktbezogene Werbung vor, wenn sie aus der Sicht des angesprochenen Verkehrs Werbung für ein konkretes Heilmittel darstellt oder auf eine Mehr- oder Vielzahl bestimmter Mittel bezogen ist.[755] Dies kann allerdings auch dann der Fall sein, wenn sich die Werbung (etwa durch Preisnachlässe) auf das gesamte Sortiment eines Unternehmens bezieht. Es gibt keinen Grund, den vom Gesetzgeber im Bereich der Heilmittelwerbung als grundsätzlich unerwünscht angesehenen Anreiz einer Wertreklame gerade dann hinzunehmen, wenn diese Form der Reklame für eine besonders große Zahl von Heilmitteln eingesetzt wird. Die Eignung einer Zuwendung, den Absatz eines Heilmittels unsachlich zu beeinflussen, hängt nicht davon ab, ob die Zuwendung allein für genau benannte Heilmittel, eine nicht näher eingegrenzte Vielzahl von Heilmitteln oder sogar für das gesamte, neben Heilmitteln auch andere Produkte umfassende Sortiment angekündigt und gewährt wird.[756] Aus der maßgeblichen Sicht des angesprochenen Verkehrs wird der beworbene Vorteil gerade für das von ihm erworbene Produkt relevant, so dass der erforderliche Produktbezug hergestellt ist.[757]

Adressat der Bestimmungen des HWG ist jeder, der auf dem Gebiet des Heilmittelwe- **381** sens Werbung treibt. Es ist nicht erforderlich, dass der Werbetreibende selber Arzneimittel verkauft oder verschreibt. Auch ein Klinikbetreiber, der selber keine Behandlungsverträge mit Patienten abschließt, sondern dies Partnerärzten überlässt, darf daher keine Werbung für ein nicht zugelassenes zulassungspflichtiges Arzneimittel auf seiner Internetseite machen.[758]

754 BGH, 26.03.2009, I ZR 213/06, GRUR 2009, 984 Rn. 18 – *Festbetragsfestsetzung*.

755 BGH, 26.03.2009, I ZR 99/07, GRUR 2009, 1082 Rn. 15 – *DeguSmiles & more*; BGH, 01.12.2016, I ZR 143/15, GRUR 2017, 641 Rn. 37 – *Zuzahlungsverzicht bei Hilfsmitteln*.

756 BGH, 26.03.2009, I ZR 99/07, GRUR 2009, 1082 Rn. 16 – *DeguSmiles & more*; BGH, 24.11.2016, I ZR 163/15, GRUR 2017, 635 Rn. 31 – *Freunde werben Freunde*; BGH, 29.11.2018, I ZR 237/16, WRP 2019, 187 Rn. 22 f. – *Versandapotheke*.

757 BGH, 01.12.2016, I ZR 143/15, GRUR 2017, 641 Rn. 38 – *Zuzahlungsverzicht bei Hilfsmitteln*.

758 KG, 17.02.2017, 5 U 78/16, GRUR-RR 2018, 36 Rn. 28 f. – *Botulinumtoxin*.

3. Irreführende Werbung (§ 3 HWG)

382 Nach § 3 Satz 1 HWG ist eine irreführende Werbung für dem Anwendungsbereich des Heilmittelwerbegesetzes unterfallende Produkte unzulässig. Eine Irreführung liegt unter anderem nach § 3 Satz 2 Nr. 3 lit. a HWG vor, wenn unwahre oder zur Täuschung geeignete Angaben über die Zusammensetzung oder Beschaffenheit von Arzneimitteln oder Medizinprodukten gemacht werden. Wie bei jeder Werbung gilt, dass eine geschäftliche Handlung irreführend ist, wenn das Verständnis, das sie bei den Verkehrskreisen erweckt, an die sie sich richtet, mit den tatsächlichen Verhältnissen nicht übereinstimmt. Für die Beurteilung kommt es darauf an, welchen Gesamteindruck sie bei den angesprochenen Verkehrskreisen hervorruft.[759] Erforderlich ist aber eine konkrete Irreführungsgefahr.[760]

383 Im Interesse des Gesundheitsschutzes der Bevölkerung gilt für Angaben mit fachlichen Aussagen auf dem Gebiet der gesundheitsbezogenen Werbung, dass die Werbung nur zulässig ist, wenn sie gesicherter wissenschaftlicher Erkenntnis entspricht. Danach ist es irreführend, wenn eine Werbeaussage auf Studien gestützt wird, die diese Aussage nicht tragen.[761] Der Nachweis, dass eine gesundheitsbezogene Angabe nicht gesicherter wissenschaftlicher Erkenntnis entspricht, obliegt grundsätzlich dem Anspruchsteller. Eine Umkehrung der **Darlegungs- und Beweislast** kommt allerdings dann in Betracht, wenn der Werbende mit einer fachlich umstrittenen Meinung geworben hat, ohne die Gegenmeinung zu erwähnen. Der Werbende übernimmt in einem derartigen Fall dadurch, dass er eine bestimmte Aussage trifft, die Verantwortung für die Richtigkeit, die er im Streitfall auch beweisen muss. Ob die beanstandete Aussage wissenschaftlich umstritten ist, muss wiederum vom Anspruchsteller dargelegt und bewiesen werden. Eine entsprechende Umkehr der Darlegungs- und Beweislast gilt, wenn dargelegt und nachgewiesen ist, dass nach der wissenschaftlichen Diskussion die Grundlagen, auf die der Werbende sich stützt, seine Aussage nicht rechtfertigen oder sogar jegliche tragfähige wissenschaftliche Grundlage für die Behauptung fehlt.[762]

384 Auch die nach § 11a Abs. 1 AMG vorgeschriebene **Fachinformation** unterliegt dem Irreführungsverbot des § 3 HWG. Es handelt sich um eine weitere, über die Packungsbeilage hinausgehende Informationsquelle über das Arzneimittel für die Ärzte bei ihrer Therapieentscheidung.[763] Insoweit gilt aber, dass regelmäßig davon auszugehen ist, dass die Angaben in einer Fachinformation, die dem Zulassungsantrag eines Arzneimittels beigefügt war, zum Zeitpunkt der Zulassung des Arzneimittels dem gesicherten Stand der Wissenschaft entsprochen haben. Die indizielle Bedeutung der Zulassung für die hinreichende wissenschaftliche Absicherung dieser Angaben beruht darauf, dass sie im

---

759 BGH, 03.11.2016, I ZR 227/14, GRUR 2017, 418 Rn. 13 – *Optiker-Qualität.*

760 BGH, 20.11.2008, I ZR 94/02, GRUR 2009, 179 Rn. 16 – *Konsumentenbefragung II.*

761 BGH, 07.05.2015, I ZR 29/14, GRUR 2015, 1244 Rn. 16 – *Äquipotenzangabe in Fachinformation.*

762 BGH, 06.02.2013, I ZR 62/11, GRUR 2013, 649 Rn. 32 – *Basisinsulin mit Gewichtsvorteil.*

763 BGH, 07.05.2015, I ZR 29/14, GRUR 2015, 1244 Rn. 17 – *Äquipotenzangabe in Fachinformation.*

Zulassungsverfahren nach §§ 22 Abs. 7 1, 25 Abs. 5 1 AMG Gegenstand der behördlichen Prüfung waren. Ein Werbender kann sich zum wissenschaftlichen Nachweis der Richtigkeit seiner werblichen Behauptungen in Bezug auf Eigenschaften eines Arzneimittels daher grundsätzlich auf die Angaben in der Fachinformation berufen. Der Anspruchsteller kann die indizielle Bedeutung der Zulassung für die hinreichende wissenschaftliche Absicherung der in einer Fachinformation enthaltenen Angaben allerdings erschüttern, indem er darlegt und erforderlichenfalls beweist, dass neuere, erst nach dem Zulassungszeitpunkt bekannt gewordene oder der Zulassungsbehörde bei der Zulassungsentscheidung sonst nicht zugängliche wissenschaftliche Erkenntnisse vorliegen, die gegen die wissenschaftliche Tragfähigkeit der durch die Zulassung belegten Aussagen sprechen.[764]

4. Werbeverbot für zulassungspflichtige Arzneimittel (§ 3a HWG)

Nach § 3a Satz 1 HWG ist eine Werbung für zulassungspflichtige Arzneimittel unzulässig, die nicht nach den arzneimittelrechtlichen Vorschriften zugelassen sind oder als zugelassen gelten. Durch die Bestimmung wird Art. 87 (1) der Richtlinie 2001/83/EG umgesetzt. Danach untersagen die Mitgliedstaaten die Werbung für ein Arzneimittel, für dessen Inverkehrbringen keine Genehmigung nach den Rechtsvorschriften der Union erteilt worden ist. Zu beachten ist aber, dass die Richtlinie nicht jede Werbung für nicht zugelassene Arzneimittel untersagt. Werbung für Arzneimittel, die nicht in den Anwendungsbereich der Richtlinie fallen (wie Rezeptur- und Defekturarzneimittel gemäß Art. 3 Nr. 1 und 2 der Richtlinie), bleibt zulässig. Dies entspricht auch dem Wortlaut des § 3a Satz 1 HWG, nach dem eine Werbung nur für solche Arzneimittel unzulässig ist, die der Pflicht der Zulassung unterliegen.[765] Die Frage, wann ein zulassungspflichtiges Arzneimittel vorliegt, ist nach § 21 AMG zu beantworten.[766] Eine Ausdehnung des Werbeverbots auf Defekturarzneimittel im Sinn des § 21 Abs. 2 Nr. 1 AMG ist nicht geboten.[767] 385

Es handelt sich bei § 3a HWG um eine Marktverhaltensregelung, bei deren Verletzung nach Ansicht des Bundesgerichtshofs grundsätzlich die Interessen der davon betroffenen Marktteilnehmer spürbar beeinträchtigt werden.[768] 386

5. Inhaltliche Anforderungen an die Werbung (§ 4 HWG)

a) Allgemeines

§ 4 HWG bestimmt, dass jede Werbung für Arzneimittel eine Reihe von Pflichtangaben enthalten muss. Dazu gehören nach § 4 Abs. 1 HWG beispielsweise Name oder Firma des pharmazeutischen Unternehmers (Nr. 1), Anwendungsgebiete (Nr. 4), 387

---

764 BGH, 07.05.2015, I ZR 29/14, GRUR 2015, 1244 Rn. 35 – *Äquipotenzangabe in Fachinformation.*
765 BGH, 09.02.2017, I ZR 130/13, GRUR 2017, 833 Rn. 16 – *Weihrauch-Extrakt-Kapseln II.*
766 S. o. Rdn. 178–197.
767 BGH, 09.02.2017, I ZR 130/13, GRUR 2017, 833 Rn. 17 – *Weihrauch-Extrakt-Kapseln II.*
768 BGH, 25.06.2015, I ZR 11/14, PharmR 2016, 82 Rn. 9 – *Chlorhexidin.*

Gegenanzeigen (Nr. 5) und Nebenwirkungen (Nr. 6), wobei ein Teil der Pflichtangaben bei Werbung außerhalb der Fachkreise entfallen kann (§ 4 Abs. 3). Der Sinn und Zweck dieser Pflichtangaben besteht darin, den Verbraucher vollständig über bestimmte medizinisch-relevante Merkmale eines Arzneimittels und insbesondere über dessen Indikation und Wirkungsweise zu informieren und ihn dadurch in die Lage zu versetzen, sich über das jeweilige Präparat vor einem Kaufentschluss ein sachbezogenes Bild zu machen.[769] Die Bestimmung dient in erster Hinsicht dem Schutz der gesundheitlichen Interessen der Verbraucher und ist dementsprechend dazu bestimmt, im Interesse der Marktteilnehmer das Marktverhalten zu regeln.[770]

388 Die Pflichtangaben, die vom Gesetzgeber als notwendiges Gegengewicht und Korrektiv zu regelmäßig nur positiven Werbeaussagen gedacht sind, müssen vom Werbeadressaten als sachlich informativer Teil der Gesamtwerbung erkannt werden. Nach § 4 Abs. 4 HWG müssen die Pflichtangaben von den übrigen Werbeaussagen deutlich abgesetzt, abgegrenzt und gut lesbar sein. Die Gewährleistung der vom Gesetzgeber beabsichtigten Gesamtinformation erfordert insbesondere, dass die Wahrnehmung der Pflichtangaben dem Leser keinen zusätzlichen Aufwand oder besonderen Einsatz abfordert; denn nach der Lebenserfahrung wird ein erheblicher Teil der Angesprochenen eine für die nähere Wahrnehmung erforderliche Mühe scheuen und sich auf das Lesen des vom Werbenden ausgesuchten regelmäßig auffälliger und leicht lesbar gestalteten positiven Teils der Werbung beschränken. Grundsätzlich sind daher Maßnahmen, mit denen dem Leser die – mit der Forderung »gut lesbar« gemeinte – leichte Wahrnehmung der Pflichtangaben erschwert wird, mit dem Schutzzweck des Gesetzes unvereinbar. Es gilt das Erfordernis, dass die Pflichtangaben ohne besondere Konzentration und Anstrengung wahrgenommen werden können.[771]

389 Bei der Bestimmung dessen, was ohne besondere Konzentration und Anstrengung wahrgenommen werden kann, sind die jeweiligen Umstände des Einzelfalls maßgebend, namentlich die Besonderheiten des Werbemediums. Bei einer Werbung im Internet ist zu berücksichtigen, dass der durchschnittliche Nutzer mit den Besonderheiten des Internets vertraut ist; er weiß, dass Informationen zu angebotenen Waren auf mehrere Seiten verteilt sein können, die untereinander durch elektronische Verweise (»Links«) verbunden sind und vom Nutzer unschwer durch einfachen Mausklick aufgesucht werden können. Dabei wird der Verkehr insbesondere diejenigen Internetseiten als zusammengehörig auffassen, die er zur Information über die von ihm ins Auge gefasste Ware benötigt oder zu denen er durch Links oder durch klare und unmissverständliche Hinweise auf ihre inhaltliche Verbundenheit geführt wird.[772]

390 Bei der Werbung im Internet (»Adword-Anzeige«) kann es daher genügen, wenn die Werbung einen eindeutig als solchen klar erkennbaren elektronischen Verweis enthält, der unzweideutig darauf hinweist, dass der Nutzer über ihn zu den Pflichtangaben

769 BGH, 29.04.2010, I ZR 202/07, GRUR 2010, 749 Rn. 29 – *Erinnerungswerbung im Internet.*
770 BGH, 06.06.2013, I ZR 2/12, GRUR 2014, 94 Rn. 9 – *Pflichtangaben im Internet.*
771 BGH, 06.06.2013, I ZR 2/12, GRUR 2014, 94 Rn. 15 f. – *Pflichtangaben im Internet.*
772 BGH, 06.06.2013, I ZR 2/12, GRUR 2014, 94 Rn. 17 – *Pflichtangaben im Internet.*

gelangt, und der auch tatsächlich zu einer Internetseite führt, auf der die Pflichtangaben unmittelbar, das heißt ohne weitere Zwischenschritte leicht lesbar wahrgenommen werden können. Es muss sich dabei um einen »sprechenden Link« handeln, bei dem bereits im Verweis der Inhalt, auf den verwiesen wird, kenntlich gemacht wird (z. B. durch den mit dem Verweis unterlegten Text »Pflichtangaben«).[773]

Verfassungsrechtliche Bedenken gegen die Reglung in ihrer geltenden Form bestehen nicht.[774] Allerdings ist die Regelung detaillierter als der zugrundeliegende Art. 89 der Richtlinie 2001/83/EG, der aber insbesondere durch die Anforderung, die Werbung müsse die die für eine sinnvolle Verwendung des Arzneimittels unerlässlichen Informationen enthalten (Art. 89 (1) lit. b Spiegelstrich 2), Raum für konkretisierende nationale Regelungen lässt.[775] **391**

b) Publikumswerbung (§ 4 Abs. 3 HWG)

Für die Werbung außerhalb der Fachkreise enthält § 4 Abs. 3 HWG Sonderregelungen. Danach müssen die Bezeichnung des Arzneimittels und seine Anwendungsgebiete angegeben werden; andere Pflichtangaben nach § 4 Abs. 1 HWG (wie Gegenanzeigen und Nebenwirkungen) können entfallen. Zusätzlich ist es erforderlich, den Text »Zu Risiken und Nebenwirkungen lesen Sie die Packungsbeilage und fragen Sie Ihren Arzt oder Apotheker« gut lesbar und von den übrigen Werbeaussagen deutlich abgesetzt und abgegrenzt anzugeben (§ 4 Abs. 3 1 HWG). Auch diese Regelungen stellen eine zulässige Konkretisierung des Art. 89 der Richtlinie 2001/83/EG dar.[776] **392**

Zwar können Zweifel an der Wirksamkeit des mittlerweile allgegenwärtigen Hinweises angebracht werden. Er macht aber immerhin auf die Arzneimitteleigenschaft des beworbenen Mittels aufmerksam; gerade wegen der Verbreitung des Hinweises besteht die ernstzunehmende Gefahr, dass die Verbraucher ein Produkt, das ohne den Hinweis beworben wird, nicht mehr als Arzneimittel wahrnehmen.[777] Vor diesem Hintergrund wird man auch die Eignung eines Verstoßes zur spürbaren Beeinträchtigung der Verbraucherinteressen nicht verneinen können.[778] **393**

Bei der Werbung in **audiovisuellen Medien** ist der nach § 4 Abs. 3 1 HWG vorgeschriebene Text einzublenden, der im Fernsehen vor neutralem Hintergrund gut lesbar wiederzugeben und gleichzeitig zu sprechen ist. Die anderen Pflichtangaben nach § 4 Abs. 1 HWG können entfallen (§ 4 Abs. 5 HWG). Diese Ausnahmeregelung gilt für Werbung im Internet aber nur dann, wenn sie nach Art eines Videoclips in bewegten Bildern dargestellt wird, nicht dagegen auch dann, wenn sie in stehenden Bildern und **394**

773 BGH, 06.06.2013, I ZR 2/12, GRUR 2014, 94 Rn. 18 – *Pflichtangaben im Internet.*
774 BGH, 09.10.2008, I ZR 100/04, GRUR 2009, 509 Rn. 14 – *Schoenenberger Artischockensaft.*
775 EuGH, 08.11.2007, C-374/05, GRUR 2008, 267 Rn. 22 – *Gintec/Verband Sozialer Wettbewerb*; BGH, 06.06.2013, I ZR 2/12, GRUR 2014, 94 Rn. 21 – *Pflichtangaben im Internet*; Bülow/Ring/Artz/*Brixius*, § 4 Rn. 125 f. m. w. Nachw.
776 BGH, 09.10.2008, I ZR 100/04, GRUR 2009, 509 Rn. 13 – *Schoenenberger Artischockensaft.*
777 BGH, 09.10.2008, I ZR 100/04, GRUR 2009, 509 Rn. 16 f. – *Schoenenberger Artischockensaft.*
778 BGH, 09.10.2008, I ZR 100/04, GRUR 2009, 509 Rn. 24 – *Schoenenberger Artischockensaft.*

Texten präsentiert wird. In diesem Fall ist die Werbung im Internet mit der Werbung in Printmedien vergleichbar. Maßgeblich ist, ob die Möglichkeit der Wiedergabe der Pflichtangaben – wie bei der Werbung in klassischen audiovisuellen Medien in Rundfunk oder Fernsehen – durch das Werbemedium zeitlich und räumlich beschränkt ist.[779]

c) Erinnerungswerbung (§ 4 Abs. 6 HWG)

395 Nach § 4 Abs. 6 HWG gelten die Anforderungen zu Pflichtangaben aus § 4 Abs. 1, Abs. 3 und Abs. 5 HWG nicht für Erinnerungswerbung. Eine solche liegt vor, wenn ausschließlich mit der Bezeichnung eines Arzneimittels oder zusätzlich mit dem Namen, der Firma, der Marke des pharmazeutischen Unternehmers oder dem Hinweis: »Wirkstoff:« geworben wird (§ 4 Abs. 6 2 HWG). Mit einer solchen Werbung sollen Kunden angesprochen werden, die das Mittel bereits kennen und deren weitere Unterrichtung daher entbehrlich erscheint. Andere Kunden, denen das Präparat nicht bekannt ist, können durch eine solche Werbung nicht fehlgeleitet werden. Die Aufzählung der Merkmale der Erinnerungswerbung in § 4 Abs. 6 2 HWG ist dabei nicht abschließend. Zusätzliche Angaben führen nur dann aus dem Anwendungsbereich des § 4 Abs. 6 HWG heraus, wenn sie einen in medizinischer Hinsicht relevanten Inhalt aufweisen. Dagegen sind weitere Angaben, die diese Voraussetzung nicht erfüllen, wie insbesondere solche über Packungsgrößen, Mengen und Preise im Rahmen einer Erinnerungswerbung zulässig.[780]

396 Die Bestimmung ist mit der Richtlinie 2001/83/EG vereinbar. Diese führt ausdrücklich Fälle auf, in denen die Mitgliedstaaten weiterhin befugt sind, Bestimmungen zu erlassen, die von den in der Richtlinie getroffenen Regelungen abweichen. Dazu gehört gemäß Art. 89 (2) und Art. 91 (2) die Freistellung der Erinnerungswerbung vom Erfordernis, insoweit Pflichtangaben zu machen.[781]

6. Verbot der Werbung mit Anwendungsgebieten für homöopathische Arzneimittel (§ 5 HWG)

397 Nach § 5 HWG darf für homöopathische Arzneimittel, die nach dem Arzneimittelgesetz registriert oder von der Registrierung freigestellt sind, nicht mit der Angabe von Anwendungsgebieten geworben werden. Es handelt sich dabei um eine Marktverhaltensregelung, deren Anwendung über § 3a auch mit der UGP-Richtlinie vereinbar ist, da sie dem Gesundheitsschutz dient.[782] Sie steht auch im Einklang mit der Richtlinie 2001/83/EG, die in Art. 69 (1), 100 ebenfalls Beschränkungen bei der Kennzeichnung und Bewerbung homöopathischer Arzneimittel vorsieht.[783]

---

779 BGH, 29.04.2010, I ZR 202/07, GRUR 2010, 749 Rn. 40 – *Erinnerungswerbung im Internet.*

780 BGH, 29.04.2010, I ZR 202/07, GRUR 2010, 749 Rn. 29 f. – *Erinnerungswerbung im Internet.*

781 EuGH, 08.11.2007, C-374/05, GRUR 2008, 267 Rn. 22 – *Gintec/Verband Sozialer Wettbewerb.*

782 BGH, 28.09.2011, I ZR 96/10, GRUR 2012, 647 Rn. 10 f. – *INJECTIO.*

783 BGH, 28.09.2011, I ZR 96/10, GRUR 2012, 647 Rn. 28 – *INJECTIO.*

Dem pharmazeutischen Unternehmer stehen für den Vertrieb eines homöopathischen Arzneimittels zwei Wege zur Verfügung, um die Verkehrsfähigkeit zu erreichen. Zum einen kann der Unternehmer den Weg der Zulassung nach § 21 Abs. 1 AMG gehen, was voraussetzt, dass die erforderlichen Nachweise und Unterlagen insbesondere im Hinblick auf Wirksamkeit und Anwendungsgebiete des Präparats beigebracht werden müssen. Ist das homöopathische Arzneimittel zugelassen, ist das Werbeverbot des § 5 HWG nicht anwendbar. Kann der pharmazeutische Unternehmer die für eine Zulassung notwendigen Nachweise und Unterlagen dagegen nicht beibringen, kann er dennoch die Verkehrsfähigkeit des Arzneimittels erreichen, indem er es als homöopathisches Arzneimittel nach Maßgabe der §§ 38, 39 AMG registrieren lässt. Der Grund für diese Privilegierung homöopathischer Arzneimittel liegt darin, dass sich bei einem Teil von ihnen ein Wirksamkeitsnachweis für ein bestimmtes Anwendungsgebiet wegen des hohen Verdünnungsgrades und des damit verbundenen geringen Gehalts an wirksamen Bestandteilen kaum führen lässt. Außerdem werden Art und Verdünnungsgrad dieser Arzneimittel auf Grund der individuellen Notwendigkeit und unter Berücksichtigung der besonderen Umstände des Einzelfalls vom Arzt ausgewählt und verordnet. Aus diesen Gründen hat der Gesetzgeber bei homöopathischen Mitteln auf der einen Seite vom Nachweis objektiv nachprüfbarer Wirkungen abgesehen, zum Schutz des Verbrauchers vor einer fehlerhaften Selbstmedikation mit solchen Mitteln aber auf der anderen Seite festgelegt, dass Angaben über Anwendungsgebiete weder bei der Kennzeichnung des Arzneimittels noch in der Werbung gemacht werden dürfen.[784] 398

Eine konkrete oder auch nur mittelbare Gesundheitsgefahr setzt die Vorschrift nicht voraus. Werden Angaben über die Wirksamkeit eines Arzneimittels für ein bestimmtes Anwendungsgebiet gemacht, ohne dass die behauptete Wirksamkeit wissenschaftlich abgesichert ist, wie es bei den nach §§ 38, 39 AMG registrierten homöopathischen Arzneimitteln regelmäßig der Fall ist, liegt eine hinreichend konkrete Gefahr für den einzelnen Verbraucher und die Volksgesundheit auf der Hand.[785] 399

Die Regelung gilt auch für die an Fachkreise gerichtete Werbung. Dies folgt aus dem klaren Wortlaut der Bestimmung, dem sich keine Beschränkungen im Hinblick auf den Adressatenkreis der Werbung entnehmen lassen.[786] 400

7. Verbot von Werbegaben (§ 7 HWG)

a) Ziel und Anwendungsbereich, Verhältnis zu anderen Vorschriften

Nach § 7 Abs. 1 HWG ist es unzulässig, Zuwendungen oder sonstige Werbegaben anzubieten, anzukündigen oder zu gewähren, wenn keine der in den Nummern 1 bis 5 dieser Vorschrift geregelten Ausnahmen vorliegt. Gemäß § 1 Abs. 1 Nr. 1a HWG 401

784 BGH, 28.09.2011, I ZR 96/10, GRUR 2012, 647 Rn. 31 – *INJECTIO.*
785 BGH, 28.09.2011, I ZR 96/10, GRUR 2012, 647 Rn. 29 ff. – *INJECTIO.*
786 BGH, 28.09.2011, I ZR 96/10, GRUR 2012, 647 Rn. 26 – *INJECTIO.*

gilt dieses grundsätzliche Verbot auch bei der Werbung für Medizinprodukte im Sinne von § 3 MPG.[787]

402 Die Regelung des § 7 Abs. 1 HWG soll durch eine weitgehende Eindämmung der Wertreklame im Bereich der Heilmittel der abstrakten Gefahr begegnen, dass Verbraucher bei der Entscheidung, ob und welche Heilmittel sie in Anspruch nehmen, durch die Aussicht auf Werbegaben unsachlich beeinflusst werden.[788] Die Gefahr einer unsachlichen Beeinflussung ist dabei im Sinne einer individuellen Beeinflussbarkeit der Zuwendungsempfänger zu bewerten. Mit dem grundsätzlichen Verbot der Wertreklame sollen ferner Verkaufsförderungspraktiken verhindert werden, die geeignet sind, bei den Angehörigen der Gesundheitsberufe ein wirtschaftliches Interesse an der Verschreibung oder Abgabe von Arzneimitteln zu wecken. Gefördert werden soll eine medizinische und pharmazeutische Praxis, die den Berufsregeln entspricht. Es muss daher eine wirtschaftlich relevante Koppelung zwischen dem Erhalt der Werbegabe und dem Bezug eines Arzneimittels bestehen.[789]

403 Das in § 7 Abs. 1 HWG geregelte grundsätzliche Verbot von Werbegaben stellt eine Marktverhaltensregelung dar.[790] Die UGP-Richtlinie steht der Anwendung der Vorschrift zusammen mit § 3a nicht entgegen, da es sich um eine Bestimmung handelt, die dem Schutz der Gesundheit oder der Sicherheit von Verbrauchern in dient.[791] Im Bereich der Arzneimittelwerbung sind die Bestimmungen der Richtlinie 2001/83/EG zu beachten, insbesondere die Art. 94 ff. Für den Bereich der Werbung für Verfahren und Behandlungen zur Erkennung, Beseitigung oder Linderung von Krankheiten, Leiden, Körperschäden oder krankhaften Beschwerden im Sinn des § 1 Abs. 1 Nr. 2 HWG sowie für den Bereich der Werbung für Medizinprodukte (§§ 1 Abs. 1 Nr. 1a, 3 MPG) enthält das Unionsrecht keine speziellen Bestimmungen.[792] Dies gilt auch für die Vorschriften der Richtlinie 2006/123/EG über Dienstleistungen im Binnenmarkt. Nach Art. 2 (2) lit. f der Richtlinie findet sie auf Gesundheitsdienstleistungen unabhängig davon keine Anwendung, ob sie durch Einrichtungen der Gesundheitsversorgung erbracht werden, wie sie auf nationaler Ebene organisiert und finanziert sind und ob es sich um öffentliche oder private Dienstleistungen handelt.[793]

404 Eine Zuwendung oder Werbegabe beim Verkauf von Arzneimitteln kann sowohl gegen § 7 Abs. 1 HWG wie auch gegen die arzneimittelrechtlichen Preisvorschriften (§§ 78

---

787 BGH, 01.12.2016, I ZR 143/15, GRUR 2017, 641 Rn. 33 – *Zuzahlungsverzicht bei Hilfsmitteln.*

788 BGH, 01.12.2016, I ZR 143/15, GRUR 2017, 641 Rn. 34 – *Zuzahlungsverzicht bei Hilfsmitteln.*

789 BGH, 25.04.2012, I ZR 105/10, GRUR 2012, 1279 Rn. 29, 47 – *DAS GROSSE RÄTSELHEFT.*

790 BGH, 01.12.2016, I ZR 143/15, GRUR 2017, 641 Rn. 34 – *Zuzahlungsverzicht bei Hilfsmitteln.*

791 BGH, 12.02.2015, I ZR 213/13, GRUR 2015, 813 Rn. 11 – *Fahrdienst zur Augenklinik.*

792 BGH, 06.11.2014, I ZR 26/13, GRUR 2015, 504 Rn. 10 – *Kostenlose Zweitbrille*; BGH, 12.02.2015, I ZR 213/13, GRUR 2015, 813 Rn. 12 – *Fahrdienst zur Augenklinik.*

793 BGH, 12.02.2015, I ZR 213/13, GRUR 2015, 813 Rn. 12 f. – *Fahrdienst zur Augenklinik.*

AMG, 1 AMPreisV) verstoßen. Die beiden Regelungsbereiche sind nebeneinander anwendbar, da sie unterschiedliche Zielsetzungen aufweisen. Die arzneimittelrechtlichen Vorschriften sollen insbesondere gewährleisten, dass die im öffentlichen Interesse gebotene flächendeckende und gleichmäßige Versorgung der Bevölkerung mit Arzneimitteln sichergestellt ist. Der Zweck der in § 7 Abs. 1 HWG enthaltenen Regelung besteht dagegen darin, dass Verbraucher bei der Entscheidung, ob und welche Heilmittel sie in Anspruch nehmen, nicht durch die Aussicht auf Zugaben und Werbegaben unsachlich beeinflusst werden sollen.[794]

Nach der Rechtsprechung des Bundesgerichtshofs kann bei Verstößen gegen § 7 HWG **405**
wie allgemein bei Vorschriften, die dem Schutz der Gesundheit der Verbraucher dienen, die Spürbarkeit nur ganz ausnahmsweise verneint werden. Bei Verstößen gegen die arzneimittelrechtlichen Preisvorschriften ist dies allerdings der Fall, wenn die daneben anwendbaren Grenzen des § 7 HWG eingehalten werden.[795] Die Tatbestandsvoraussetzungen des § 7 Abs. 1 Nr. 1 und 2 HWG können bei einer Werbung für verschreibungspflichtige Arzneimittel deshalb nur bejaht werden, wenn festgestellt wird, dass ein Verstoß gegen das Arzneimittelpreisrecht vorliegt.[796]

b) Werbegabe

Der Begriff der Werbegabe in § 7 Abs. 1 HWG ist im Hinblick auf den Zweck der **406**
Regelung, durch eine weitgehende Eindämmung von Werbegeschenken im Heilmittelbereich der abstrakten Gefahr einer hiervon ausgehenden unsachlichen Beeinflussung zu begegnen, weit auszulegen. Er erfasst grundsätzlich jede aus der Sicht des Empfängers nicht berechnete geldwerte Vergünstigung, die im Zusammenhang mit der Werbung für ein bestimmtes oder mehrere konkrete Heilmittel gewährt wird. Eine Werbegabe setzt demnach voraus, dass die Zuwendung aus der Sicht des Empfängers unentgeltlich gewährt wird; er muss diese also als ein Geschenk ansehen.[797]

Werden dem Werbeadressaten dagegen mehrere Waren als ein einheitliches, mit einem **407**
Gesamtpreis zu entgeltendes Angebot präsentiert, so liegt keine unentgeltliche Vergünstigung und damit keine Werbegabe vor. Das ist allerdings nur der Fall, wenn die beworbenen Produkte notwendigerweise oder üblicherweise zusammen genutzt, in der Praxis daher als Einheit angeboten und dementsprechend vom Verkehr erfahrungsgemäß als Gesamtangebot angesehen werden. Zwischen einer Erstbrille und einer Zweitbrille, die unabhängig voneinander genutzt werden können, besteht kein solcher enger funktionaler Zusammenhang, so dass die Werbung mit einer »kostenlosen Zweitbrille« kein Gesamtangebot in diesem Sinn betrifft.[798]

---

794 BGH, 09.09.2010, I ZR 193/07, GRUR 2010, 1136 Rn. 16, 21 – *UNSER DANKESCHÖN FÜR SIE.*
795 BGH, 12.02.2015, I ZR 213/13, GRUR 2015, 813 Rn. 25 – *Fahrdienst zur Augenklinik.*
796 BGH, 24.11.2016, I ZR 163/15, GRUR 2017, 635 Rn. 17 – *Freunde werben Freunde.*
797 BGH, 06.11.2014, I ZR 26/13, GRUR 2015, 504 Rn. 14 – *Kostenlose Zweitbrille.*
798 BGH, 06.11.2014, I ZR 26/13, GRUR 2015, 504 Rn. 23 – *Kostenlose Zweitbrille.*

408 Das Verbot von Werbegaben bei produktbezogener Werbung für Heilmittel soll der abstrakten Gefahr einer unsachlichen Beeinflussung der Werbeadressaten begegnen. Eine solche Gefahr besteht dann nicht, wenn die Adressaten die Zuwendung nicht als ein ihnen zugedachtes Werbegeschenk ansehen. Werbegaben im Sinn von § 7 Abs. 1 HWG sind daher von unentgeltlichen Werbehilfen an Angehörige der Heilberufe abzugrenzen, bei denen die Werbung gegenüber den Endverbrauchern im Mittelpunkt steht und die aus Sicht der Empfänger vorwiegend dem eigenen Interesse des Herstellers dienen. Werbehilfen können allerdings zugleich Werbegaben sein, wenn sie dem Einzel- oder Zwischenhändler einen über die Werbung gegenüber dem Endverbraucher oder Nächstabnehmer hinausgehenden gewichtigen Zweitnutzen bieten, der geeignet ist, den Kaufentschluss des Einzel- oder Zwischenhändlers zu beeinflussen.[799] Ein Optikern bei einem bestimmten Mindestumsatz überlassenes »Beratungs-iPad«, das einen (wenn auch eingeschränkten) Internetzugang ermöglicht, weist einen solchen privaten Zusatznutzen auf und ist daher keine reine Werbehilfe mehr.[800]

409 Beim Angebot eines kostenlosen Fahrdienstes zu einer Augenklinik kann nicht ausgeschlossen werden, dass ein Patient, der eine Diagnose oder eine operative Behandlung durch einen Augenarzt benötigt, durch dieses Angebot veranlasst wird, gerade deswegen die Dienste des Werbenden in Anspruch zu nehmen. Das reicht für die abstrakte Gefahr einer unsachlichen Beeinflussung aus.[801] Gleiches gilt für das Angebot eines kostenlosen »Quick-Checks« für eine Augen-Laserbehandlung.[802]

c) Geringwertige Kleinigkeit (§ 7 Abs. 1 1 Nr. 1 HWG)

410 Nach § 7 Abs. 1 1 Nr. 1 HWG sind Gegenstände von geringem Wert, die durch eine dauerhafte und deutlich sichtbare Bezeichnung des Werbenden oder des beworbenen Produktes oder beider gekennzeichnet sind, oder geringwertige Kleinigkeiten als Zuwendungen oder Werbegaben zulässig. Nach dem Sinn und Zweck dieser Regelung fallen unter den Begriff der geringwertigen Kleinigkeit allein Gegenstände von so geringem Wert, dass eine relevante unsachliche Beeinflussung der Werbeadressaten als ausgeschlossen erscheint. Als geringwertige Kleinigkeiten sind daher nur kleinere Zugaben anzusehen, die sich als Ausdruck allgemeiner Kundenfreundlichkeit darstellen. Unter Berücksichtigung dessen, dass bei einer Publikumswerbung im Hinblick auf die leichtere Beeinflussbarkeit der Werbeadressaten von einer eher niedrigeren Wertgrenze auszugehen ist, liegt sie bei Zuwendungen, die entgegen den auf Grund des Arzneimittelgesetzes geltenden Preisvorschriften gewährt werden, bei 1 Euro; ein Bonus von 1,50 Euro ist daher bereits unzulässig.[803]

---

799 BGH, 25.04.2012, I ZR 105/10, GRUR 2012, 1279 Rn. 24 – *DAS GROSSE RÄTSELHEFT.*

800 OLG Karlsruhe, 06.09.2012, 4 U 110/12, GRUR-RR 2012, 434, 435 – *Partnerprogramm.*

801 BGH, 12.02.2015, I ZR 213/13, GRUR 2015, 813 Rn. 18 – *Fahrdienst zur Augenklinik.*

802 OLG Köln, 20.05.2016, 6 U 155/15, GRUR-RR 2016, 465 Rn. 15 – *Kostenloser Lasik-Quick-Check.*

803 BGH, 08.05.2013, I ZR 98/12, GRUR 2013, 1264 Rn. 18 f. – *RezeptBonus.*

Bei anderen Werbegaben kann die Wertgrenze höher anzusetzen sein; insoweit kommt eine Wertgrenze von 5 Euro »allenfalls in Betracht«. Als Anhaltspunkt kommt dabei die Bestimmung des § 7 Abs. 1 1 Nr. 3 HWG in Betracht, nach der eine im Hinblick auf den Wert der Ware oder Leistung angemessene teilweise oder vollständige Erstattung oder Übernahme von Fahrtkosten für Verkehrsmittel des öffentlichen Personennahverkehrs zulässig ist.[804] **411**

Für die Wertbemessung kommt es auf den Verbrauchs- oder Verkehrswert an, den die Werbegabe im Allgemeinen für den Durchschnittsadressaten hat, wobei Werbeaufdrucke diesen Wert mindern. Werden für sich allein als geringwertig anzusehende Zuwendungen gebündelt gewährt, ist regelmäßig auf den Summeneffekt abzustellen.[805] **412**

d) Rabatt (§ 7 Abs. 1 1 Nr. 2 HWG)

Nach § 7 Abs. 1 1 Nr. 2 lit. a HWG sind Zuwendungen oder Werbegaben zulässig, die in einem bestimmten oder auf bestimmte Art zu berechnenden Geldbetrag gewährt werden, sofern die Zuwendung nicht für preisgebundene Arzneimittel erfolgt. Danach sind Rabatte jeder Art für nicht apothekenpflichtige Arzneimittel, Medizinprodukte und andere Heilmittel erlaubt.[806] Der Rabatt muss nicht zwingend als prozentualer Nachlass gewährt werden; es genügt, wenn der angesprochene Verkehr die ihm angebotene Ersparnis aus dem Abgabepreis berechnen kann, wenn etwa mit dem Verzicht auf eine feste Zuzahlung geworben wird.[807] **413**

Der Rabatt kann auch in der Form gewährt werden, dass die Zuwendung in einer bestimmten oder auf bestimmte Art zu berechnenden Menge gleicher Ware gewährt wird. Danach kann auch zu einem Einzelstück ein gleiches Produkt als Zuwendung dergestalt gewährt werden, dass der Empfänger insgesamt zwei gleiche Waren erhält (§ 7 Abs. 1 1 Nr. 2 lit. b HWG). Eine gleiche Ware im Sinn dieser Vorschrift liegt jedoch nur dann vor, wenn es sich um dieselbe Ware in identischer Qualität wie die entgeltlich abgegebene Ware handelt. Eine Gleichartigkeit, Ähnlichkeit oder Gebrauchsnähe genügt nicht. Es liegt daher kein Naturalrabatt im Sinn dieser Bestimmung vor, wenn zu einer hochwertigen »Premium-Brille« eine Zweitbrille geringerer Qualität zugegeben wird.[808] **414**

e) Handelsübliche Nebenleistungen (§ 7 Abs. 1 1 Nr. 3 HWG)

Nach § 7 Abs. 1 1 Nr. 3 HWG sind Zuwendungen oder Werbegaben zulässig, die nur in handelsüblichem Zubehör zur Ware oder in handelsüblichen Nebenleistungen **415**

---

804 BGH, *12.02.2015, I ZR 213/13*, GRUR 2015, 813 Rn. 21 – *Fahrdienst zur Augenklinik*; OLG Köln, 29.04.2016, 6 U 91/13, GRUR-RR 2016, 424 Rn. 26 – *Fahrdienst zur Augenklinik II.*

805 BGH, 25.04.2012, I ZR 105/10, GRUR 2012, 1279 Rn. 27 – *DAS GROSSE RÄTSELHEFT.*

806 BGH, 01.12.2016, I ZR 143/15, GRUR 2017, 641 Rn. 40 – *Zuzahlungsverzicht bei Hilfsmitteln.*

807 BGH, 01.12.2016, I ZR 143/15, GRUR 2017, 641 Rn. 41 – *Zuzahlungsverzicht bei Hilfsmitteln.*

808 BGH, 06.11.2014, I ZR 26/13, GRUR 2015, 504 Rn. 26 f. – *Kostenlose Zweitbrille.*

bestehen. Handelsüblich sind Nebenleistungen, wenn sie sich nach allgemeiner Auffassung der beteiligten Verkehrskreise im Rahmen vernünftiger kaufmännischer Gepflogenheiten halten. Der Begriff der Handelsüblichkeit setzt allerdings im Interesse notwendiger Weiterentwicklung nicht eine bereits bestehen allgemeine tatsächliche Übung voraus. Auch neue Erscheinungsformen – ungeachtet ihrer fehlenden Verbreitung – können schon dann als handelsüblich angesehen werden können, wenn sie sich nach den Anschauungen der beteiligten Verkehrskreise im Rahmen vernünftiger kaufmännischer Gepflogenheiten halten. Die Angesprochenen dürfen die Leistung aber nicht als eine Besonderheit ansehen, sondern sie muss ihren Erwartungen entsprechen. Eine Leistung, die von dem Werbenden gerade als eine Besonderheit seines Angebots herausgestellt wird, kann daher nicht als handelsüblich angesehen werden.[809]

f) Verwendung in der ärztlichen Praxis (§ 7 Abs. 1 2 HWG)

416 Nach der § 7 Abs. 1 2 HWG, der der Umsetzung der in Art. 94 Abs. 1 der Richtlinie 2001/83/EG enthaltenen Regelung in das deutsche Recht dient, sind Werbegaben für Angehörige der Heilberufe auch beim Vorliegen der Voraussetzungen des § 7 Abs. 1 1 HWG nur dann zulässig, wenn sie zur Verwendung in der ärztlichen, tierärztlichen oder pharmazeutischen Praxis bestimmt sind. Die Werbegabe darf danach nicht maßgeblich dem privaten Nutzen des Empfängers dienen. Im Hinblick auf den Wortlaut des Art. 94 Abs. 1 der Richtlinie 2001/83/EG, nach dem die Gewährung des Vorteils für die Praxis »von Belang« sein muss, genügt allerdings jede Förderung des Zwecks der Praxis, so wenn die Werbegaben im Rahmen des Geschäftsbetriebs als Werbegeschenke an Kunden oder Patienten weitergegeben werden sollen.[810] Bei der unentgeltlichen Abgabe eines Hammers, selbst wenn dieser bei Reparaturarbeiten auch in der Praxis zum Einsatz kommen kann, ist dies allerdings nicht mehr der Fall.[811]

g) Entnahme oder Beschaffung von Blut- oder Gewebespenden (§ 7 Abs. 3 HWG)

417 Nach § 7 Abs. 3 HWG ist es unzulässig, für die Entnahme oder sonstige Beschaffung von Blut-, Plasma- oder Gewebespenden zur Herstellung von Blut- und Gewebeprodukten und anderen Produkten zur Anwendung bei Menschen mit der Zahlung einer finanziellen Zuwendung oder Aufwandsentschädigung zu werben. Es handelt sich dabei um eine Marktverhaltensregelung im Sinn des § 3a.[812] Bei ihrer Auslegung ist aber zu berücksichtigen, dass der in dem Werbeverbot liegende Eingriff in die Grundrechte des Werbetreibenden nur zulässig ist, wenn er seinerseits durch kollidierendes Verfassungsrecht oder durch hinreichende Gründe des Gemeinwohls gerechtfertigt ist. Dies kann der Fall sein, wenn die konkrete Werbemaßnahme geeignet ist, unsachlich zu beein-

---

809 OLG Köln, 29.04.2016, 6 U 91/13, GRUR-RR 2016, 424 Rn. 23 – *Fahrdienst zur Augenklinik II*; OLG Köln, 20.05.2016, 6 U 155/15, GRUR-RR 2016, 465 Rn. 17 – *Kostenloser Lasik-Quick-Check.*

810 BGH, 25.04.2012, I ZR 105/10, GRUR 2012, 1279 Rn. 33 – *DAS GROSSE RÄTSELHEFT.*

811 HansOLG Hamburg, 20.03.2014, 3 U 96/13, GRUR-RR 2015, 28, 30 – *Hammer.*

812 BGH, 30.04.2009, I ZR 117/07, GRUR 2009, 1189 Rn. 14 – *Blutspendedienst.*

flussen und dadurch zu einer zumindest mittelbaren Gesundheitsgefährdung zu führen. Es ist daher zulässig, in der Werbung für eine Blutspende sachlich darüber zu informieren, dass – der gesetzlichen Regelung in § 10 TFG entsprechend – dem Blutspender zwar kein Entgelt gezahlt, ihm aber eine Aufwandsentschädigung gewährt wird, soweit dies nicht als übertrieben reklamehaft geschieht. Zulässig ist beispielsweise die nicht besonders hervorgehobene Wiedergabe des Textes des § 10 TFG.[813]

8. Werbeverbote für verschreibungspflichtige Arzneimittel und Psychopharmaka (§ 10 HWG)

Nach § 10 Abs. 1 HWG darf für verschreibungspflichtige Arzneimittel nur bei Ärzten, Zahnärzten, Tierärzten, Apothekern und Personen, die mit diesen Arzneimitteln erlaubterweise Handel treiben, geworben werden. § 10 Abs. 2 HWG untersagt die Werbung außerhalb der Fachkreise für Arzneimittel, die psychotrope Wirkstoffe mit der Gefahr der Abhängigkeit enthalten und die dazu bestimmt sind, bei Menschen die Schlaflosigkeit oder psychische Störungen zu beseitigen oder die Stimmungslage zu beeinflussen. **418**

Verfassungsrechtliche Bedenken bestehen nicht, auch soweit solche Tierarzneimittel erfasst werden, die zur Anwendung bei nicht zum Verzehr geeigneten Tieren bestimmt sind. Auch in diesen Fällen kann die Verabreichung oder Anwendung zu Gefahren (gerade bei Haustieren) für die menschliche Gesundheit führen.[814] **419**

Die Bestimmung gilt aber nicht für solche Informationen auf einer Internetseite, die nur denjenigen zugänglich sind, die sich selbst um sie bemühten, und entweder in der getreuen Wiedergabe der Umhüllung eines solchen Mittels und/oder in der wörtlichen und vollständigen Wiedergabe der Packungsbeilage und/oder in der von der zuständigen Behörde genehmigten Zusammenfassung der Merkmale des Mittels bestehen. Auch in diesem Fall ist es aber unzulässig, wenn diese Informationen Gegenstand einer vom Hersteller vorgenommenen Auswahl oder Umgestaltung waren und nur durch ein Werbeziel erklärbar sind. Das ist bei einer Formulierung wie »Diagnose Rheuma: Da kommt schnell Angst auf, sich bald gar nicht mehr bewegen zu können. Ursache ist oft die Unsicherheit, was genau mit diesem Krankheitsbild verbunden ist« der Fall.[815] **420**

Zulässig können auch Äußerungen sein, mit denen sich der Hersteller in eine öffentlich geführte Diskussion um die Risiken und Wirkungen seines Produkts einschalten will, soweit die Äußerungen sich erkennbar auf die Diskussion beziehen und mit ihnen kein vermeidbarer Werbeeffekt verbunden ist.[816] **421**

813 BGH, 30.04.2009, I ZR 117/07, GRUR 2009, 1189 Rn. 16 ff., 25 – *Blutspendedienst*.
814 OLG Köln, 12.01.2018, 6 U 92/17, GRUR-RR 2018, 124 Rn. 43 ff. – *Sicheres Zeckenmittel*.
815 BGH, 09.10.2011, I ZR 223/06, GRUR-RR 2012, 259 Rn. 12 f. – *Arzneimittelpräsentation im Internet II*.
816 OLG Köln, 12.01.2018, 6 U 92/17, GRUR-RR 2018, 124 Rn. 62, 73 – *Sicheres Zeckenmittel*.

9. Werbeverbot außerhalb der Fachkreise (§ 11 HWG)

422 § 11 HWG enthält eine Reihe einschränkender Bestimmungen für Werbung außerhalb der Fachkreise. So untersagt § 11 Abs. 1 Nr. 2 HWG die Werbung mit Angaben oder Darstellungen, die sich auf eine Empfehlung von Wissenschaftlern, von im Gesundheitswesen tätigen Personen oder anderen Personen, die auf Grund ihrer Bekanntheit zum Arzneimittelverbrauch anregen können, beziehen. Bei dieser Bestimmung, die Art. 90 lit. f der Richtlinie 2001/83/EG umsetzt, handelt es sich um eine dem Schutz der Gesundheit der Verbraucher dienende Marktverhaltensregelung, deren Verletzung zur spürbaren Beeinträchtigung der Interessen der angesprochenen Verbraucher geeignet ist.[817] Eine »Empfehlung« im Sinn dieser Vorschrift liegt vor, wenn die Werbeaussage geeignet ist, bei ihren Adressaten eine den Arzneimittelverbrauch anregende Wirkung zu erzeugen.[818] Nicht erforderlich soll es sein, dass sich die »Empfehlenden« individualisieren lassen, so dass auch eine Aussage wie »Die moderne Medizin setzt immer öfter auf das pflanzliche Arzneimittel Euminz…« eine Empfehlung im Sinn der Bestimmung sein kann.[819] Für Medizinprodukte gelten nur die Werbeverbote des § 11 Abs. 1 Nr. 7 bis 9, 11 und 12 entsprechend (§ 11 Abs. 1 2), so dass beispielsweise für sie mit ärztlichen Empfehlungen geworben werden darf. Der Grund hierfür ist, dass der Gesetzgeber insoweit ein geringeres Gefährdungspotential als bei Arzneimitteln angenommen hat.[820]

423 Nach § 11 Abs. 1 1 Nr. 3 HWG darf nicht mit der Wiedergabe von Krankengeschichten sowie mit Hinweisen darauf geworben werden, wenn dies in missbräuchlicher, abstoßender oder irreführender Weise erfolgt. Die Bestimmung ist richtlinienkonform dahingehend auszulegen, dass eine Werbung in missbräuchlicher, abstoßender oder irreführender Weise erfolgt: (1) wenn die heilenden Wirkungen von Arzneimitteln übertrieben dargestellt werden, so dass zu ihrem Verbrauch angeregt wird; (2) wenn Angst vor den Folgen ihrer Nichtverwendung geweckt wird; oder (3) wenn der Verbraucher dadurch in Bezug auf die Wirkweise und die therapeutischen Wirkungen der Mittel in die Irre geführt wird, dass den Mitteln Merkmale zugesprochen würden, die diese nicht besitzen.[821] Diese Auslegung dürfte sich auch auf die gleichlautenden Bestimmungen des § 11 Abs. 1 1 Nr. 5 (bildliche Darstellungen) und Nr. 11 (Werbung mit Äußerungen Dritter) übertragen lassen.[822]

424 § 11 Abs. 1 HWG enthält einen Katalog von Werbemaßnahmen, die bei ihrer Anwendung gegenüber Personen, die nicht den Fachkreisen angehören, schon von ihrer Art her die durch das Heilmittelwerbegesetz geschützten Interessen beeinträchtigen. Aus der Bestimmung kann aber nicht im Umkehrschluss gefolgert werden, dass eine dort geregelte Werbemaßnahme außerhalb ihres Anwendungsbereichs stets zulässig ist. Die

817 BGH, 18.01.2012, I ZR 83/11, GRUR 2012, 1058 Rn. 9 – *Euminz.*
818 BGH, 18.01.2012, I ZR 83/11, GRUR 2012, 1058 Rn. 15 – *Euminz.*
819 BGH, 18.01.2012, I ZR 83/11, GRUR 2012, 1058 Rn. 17 – *Euminz.*
820 BGH, 01.02.2018, I ZR 82/17, GRUR 2018, 627 Rn. 23 ff. – *Gefäßgerüst.*
821 BGH, 20.11.2008, I ZR 94/02, GRUR 2009, 179 Rn. 14 – *Konsumentenbefragung II.*
822 Zimmermann, HWG, § 11 Rn. 9, 18.

Einschränkung der Werbung mit Preisausschreibungen und Verlosungen (§ 11 Abs. 1 1 Nr. 13 HWG) bedeutet daher nicht, dass Preisausschreiben innerhalb der Fachkreise generell erlaubt sind. Vielmehr müssen auch sie sich an den anderen Bestimmungen des HWG messen lassen.[823]

XXXI. HeilpraktikerG (HeilprG)

Nach § 1 Abs. 1 HeilprG bedarf der Erlaubnis, wer die Heilkunde ausüben will, ohne als Arzt bestallt zu sein. Bei der Bestimmung handelt es sich, wie bei der Vorschrift, dass die ärztliche Tätigkeit der Approbation bedarf, um eine Marktzutrittsregelung, die aber zugleich die Qualität der medizinischen Dienstleistungen sichern und die Verbraucher vor unqualifizierten Anbietern schützen soll, und die damit eine sekundäre wettbewerbsbezogene Schutzfunktion aufweist.[824] 425

Nach § 1 Abs. 2 HeilprG ist Ausübung der Heilkunde jede berufs- oder gewerbsmäßig vorgenommene Tätigkeit zur Feststellung, Heilung oder Linderung von Krankheiten, Leiden oder Körperschäden bei Menschen. Diese weite Begriffsbestimmung bedarf der Einschränkung, weil bei wörtlichem Verständnis auch zahlreiche heilkundliche Verrichtungen mehr handwerklicher oder technischer Art unter das Ausübungsverbot fallen würden. Der mit der Erlaubnispflicht verbundene Eingriff in die Berufsausübungsfreiheit ist nur dann mit Art. 12 Abs. 1 GG vereinbar, wenn er zur Erreichung des Zwecks, die Volksgesundheit zu schützen, geeignet und auch erforderlich ist und wenn bei einer Gesamtabwägung zwischen der Schwere des Eingriffs und dem Gewicht der ihn rechtfertigenden Gründe auch die Grenze der Zumutbarkeit gewahrt wird. Eingriffe in die Berufsfreiheit sind nur unter engen Voraussetzungen zum Schutz besonders wichtiger Gemeinschaftsgüter und unter strikter Beachtung des Grundsatzes der Verhältnismäßigkeit statthaft. Deshalb ist eine Ausübung der Heilkunde im Sinn des § 1 Abs. 1 HeilprG nur bei solchen Behandlungen gegeben, die ärztliche Fachkenntnisse voraussetzen und die gesundheitliche Schäden verursachen können.[825] Grundsätzlich kann dies auch dann der Fall sein, wenn die Gesundheitsgefahr daraus resultiert, dass notwendige ärztliche Hilfe vernachlässigt oder versäumt wird. Bei einer solchen mittelbaren Gesundheitsgefährdung ist aber bei der gebotenen Gesamtabwägung besondere Vorsicht geboten. Allein die abstrakte und immer gegebene Möglichkeit, dass ein gebotener Arztbesuch unterbleibt, genügt nicht.[826] Das beanstandete Verhalten muss dazu geeignet sein, dass der Entschluss, sich nicht in ärztliche Behandlung zu begeben, veranlasst oder bestärkt wird.[827] 426

823 BGH, 12.12.2013, I ZR 83/12, GRUR 2014, 689 Rn. 11 – *Testen Sie Ihr Fachwissen.*
824 Link, in: Ullmann, jurisPK/UWG, § 3a Rn. 306.
825 OLG Celle, 24.07.2008, 13 U 14/08, GRUR-RR 2008, 427, 428 – *Fit durch den Winter.*
826 BVerfG, 17.07.2000, 1 BvR 254/99, NJW 2000, 2736.
827 BGH, 21.04.2005, I ZR 190/02, GRUR 2005, 607, 608 – *Optometrische Leistungen III.*

XXXII. Honorarordnung der Architekten und Ingenieure (HOAI)

427 Nach § 7 Abs. 3 HOAI dürfen die in der HOAI festgesetzten Mindestsätze nur durch schriftliche Vereinbarung in Ausnahmefällen unterschritten werden; die Bestimmung entspricht damit dem früheren § 4 Abs. 2 HOAI.[828] Die Vorschrift soll einen ruinösen Preiswettbewerb zwischen Architekten und Ingenieuren verhindern und gleiche rechtliche Voraussetzungen für die auf dem fraglichen Markt tätigen Wettbewerber schaffen. Sie ist daher eine Marktverhaltensregelung.[829] Ihre Anwendung zusammen mit § 3a ist auch bei Verstößen im Verhältnis zu Verbrauchern mit der UGP-Richtlinie vereinbar, da sie als Regelung für einen reglementierten Beruf nicht in den Anwendungsbereich der UGP-Richtlinie fällt.

XXXIII. Humanarzneimittelkodex

428 Siehe Heilmittelwerbegesetz.

XXXIV. Jugendmedienschutz-Staatsvertrag (JMStV)

429 § 4 JMStV enthält eine Liste von Inhalten, die in Telemedien unzulässig sind, wie z. B. kriegsverherrlichende oder kinderpornographische Darstellungen. Bestimmte Angebote sind nur zulässig, wenn sichergestellt ist, dass sie nur Erwachsenen zugänglich gemacht werden (§ 4 Abs. 2 JMStV). Bei dieser Bestimmung handelt es sich um eine Marktverhaltensregelung im Sinn des Rechtsbruchtatbestandes.[830]

XXXV. Jugendschutzgesetz (JSchG)

430 Der Verkauf indizierter jugendgefährdender, volksverhetzender und gewaltverherrlichender Medien im Wege im Weg des Versandhandels ist nach dem Jugendschutzgesetz verboten (§§ 15 Abs. 1 Nr. 3, Abs. 2, 24 Abs. 3, 27 Abs. 2 Nr. 1, Abs. 3 Nr. 2 JSchG). Verstöße gegen das Verbot des Versandhandels mit solchen Medien beeinträchtigen wettbewerblich geschützte Interessen der Verbraucher. Die Beschränkung des Versandhandels mit indizierten Medien dient insbesondere dem Schutz der Kinder und Jugendlichen, bei denen es sich um besonders schutzwürdige Verbraucher handelt. Die erhebliche Bedeutung dieses Jugendschutzes findet Ausdruck in der strafrechtlichen Ahndung von Zuwiderhandlungen gegen das Verbot des Versand- und damit auch Internethandels mit derartigen Medien. Es handelt sich bei ihnen um Marktverhaltensregelungen im Sinn des Rechtsbruchtatbestandes.[831]

---

828 Hartmann, HOAI, § 7 Rn. 9.

829 BGH, 15.05.2003, I ZR 292/00, GRUR 2003, 696, 970 – *Ausschreibung von Vermessungsleistungen* (zu § 4 Abs. 2 HOAI a. F. i. V. m. § 1 UWG a. F.); HansOLG Hamburg, 27.10.2010, 5 U 178/08, GRUR-RR 2011, 141 – *HOAI-Mindestsätze.*

830 BGH, 18.10.2007, I ZR 102/05, GRUR 2008, 534 Rn. 50 – *ueber18.de.*

831 BGH, 12.07.2007, I ZR 18/04, BGHZ 173, 188 = GRUR 2007, 890 Rn. 34 f. – *Jugendgefährdende Medien bei eBay.*

XXXVI. Kosmetik-VO (Verordnung (EG) Nr. 1223/2009 über kosmetische Mittel)

Durch die Kosmetik-VO (nicht zu verwechseln mit der zu ihrer Durchführung erlassenen deutschen KosmetikV[832]) sind Regeln aufgestellt worden, die jedes auf dem Markt bereitgestellte kosmetische Mittel erfüllen muss, um das Funktionieren des Binnenmarktes und ein hohes Gesundheitsschutzniveau zu gewährleisten (Art. 1 Kosmetik-VO). **431**

Nach Art. 20 (1) Kosmetik-VO dürfen bei der Kennzeichnung, der Bereitstellung auf dem Markt und der Werbung für kosmetische Mittel keine Texte, Bezeichnungen, Warenzeichen, Abbildungen und andere bildhafte oder nicht bildhafte Zeichen verwendet werden, die Merkmale oder Funktionen vortäuschen, die die betreffenden Erzeugnisse nicht besitzen. Diese Bestimmung stellt eine Marktverhaltensregelung im Sinn des § 3a dar. Da es sich bei Art. 20 (1) Kosmetik-VO um eine Rechtsvorschrift der Union handelt, die – jedenfalls in ihrem Zusammenwirken mit der auf der Grundlage des Art. 20 (2) Kosmetik-VO ergangenen VO (EU) Nr. 655/2013 zur Festlegung gemeinsamer Kriterien zur Begründung von Werbeaussagen im Zusammenhang mit kosmetischen Mitteln – einen besonderen Aspekt unlauterer Geschäftspraktiken regelt, geht sie gemäß Art. 3 (4) UGP-Richtlinie der in Art. 6 UGP-Richtlinie enthaltenen und in § 5 UWG in deutsches Recht umgesetzten Regelung über irreführende Handlungen vor.[833] Die ebenfalls gegen Irreführungen gerichtete Vorschrift des § 27 LFGB ist damit überholt.[834] **432**

Nach Art. 20 (1) Kosmetik-VO liegt die Darlegungs- und Beweislast dafür, dass einem kosmetischen Mittel Merkmale oder Funktionen fehlen, über die es nach seiner Aufmachung oder nach der dafür betriebenen Werbung verfügen soll, grundsätzlich bei dem Anspruchsteller. Abweichendes gilt, wenn der mit der Werbung angesprochene Durchschnittsverbraucher die Werbung dahin versteht, dass die Wirksamkeit des Mittels wissenschaftlich abgesichert ist. Nach Nr. 3 des Anhangs der VO (EU) Nr. 655/2013 müssen Werbeaussagen über kosmetische Mittel durch hinreichende und überprüfbare Nachweise belegt werden, die den Stand der Technik berücksichtigen (Nrn. 1 und 2) und müssen als Nachweis herangezogene Studien für das Produkt und den behaupteten Nutzen relevant sein, auf einwandfrei entwickelten und angewandten Methoden basieren und ethischen Erwägungen Rechnung tragen (Nr. 3); außerdem muss die Beweiskraft der Nachweise bzw. Belege mit der Art der getätigten Werbeaussage in Einklang stehen (Nr. 4). Diese Kriterien setzen ersichtlich durchweg voraus, dass der Werbende in der Lage sein muss, die Richtigkeit seine Behauptungen zu belegen.[835] **433**

---

832 Vom 16.07.2014, BGBl. I 2014, 1054.

833 BGH, 28.01.2016, I ZR 36/14, GRUR 2016, 418 Rn. 12 – *Feuchtigkeitsspendendes Gel-Reservoir.*

834 BGH, 28.01.2016, I ZR 36/14, GRUR 2016, 418 Rn. 13 – *Feuchtigkeitsspendendes Gel-Reservoir.*

835 BGH, 28.01.2016, I ZR 36/14, GRUR 2016, 418 Rn. 16 f. – *Feuchtigkeitsspendendes Gel-Reservoir.*

434 Allerdings müssen die Werbeaussagen lediglich durch »hinreichende und überprüfbare Nachweise« belegt werden, wobei neben Sachverständigengutachten auch andere Arten von Nachweisen herangezogen werden können, sofern diese Nachweise den Stand der Technik berücksichtigen (Nrn. 1 und 2). Da die Beweiskraft der Nachweise beziehungsweise Belege mit der Art der getätigten Werbeaussage in Einklang stehen muss, gelten für Aussagen, bei denen eine fehlende Wirksamkeit ein Sicherheitsproblem verursachen könnte, höhere Beweisanforderungen als für Werbeaussagen, bei denen dies nicht der Fall ist (Nrn. 4 und 7). Es ist daher nicht möglich, die für gesundheitsbezogene Werbung mit fachlichen Aussagen entwickelte Rechtsprechung auf jede Werbung für Kosmetika zu übertragen.[836]

435 Gemäß Art. 19 (1) lit. a S. 1 Kosmetik-VO dürfen kosmetische Mittel nur auf dem Markt bereitgestellt werden, wenn die Behältnisse und Verpackungen dieser Mittel unverwischbar, leicht lesbar und deutlich sichtbar den Namen oder die Firma und die Anschrift der verantwortlichen Person tragen. Bei der Bestimmung dürfte es sich um eine Marktverhaltensregelung handeln, die auch dem Verbraucherschutz dient.[837]

XXXVII. Lebensmittelrecht (Lebensmittel- und Futtermittelgesetzbuch (LFGB), Lebensmittelinformations-VO (LMIVO))

1. Einleitung

436 Das Lebensmittelrecht hat insbesondere durch das Inkrafttreten der Verordnung (EU) Nr. 1169/2011 betreffend die Information der Verbraucher über Lebensmittel (Lebensmittelinformations-VO, LMIVO) am 13.12.2014 tiefgreifende Änderungen erfahren. Das früher in § 11 Abs. 1 LFGB enthaltene, im Bereich des Rechtsbruchtatbestandes praktisch wichtige Täuschungsverbot ergibt sich nunmehr unmittelbar aus Art. 7 LMIVO.[838]

2. Irreführungsverbot (Art. 7 LMIVO, § 11 LFGB)

437 Nach Art. 7 (1) LMIVO dürfen Informationen über Lebensmittel nicht irreführend sein, wobei Abs. (1) lit. a) bis d) eine Reihe von Regelbeispielen enthält. Nach Art. 7 (2) LMIVO müssen Informationen über Lebensmittel müssen zutreffend, klar und für die Verbraucher leicht verständlich sein. Abs. (4) stellt klar, dass diese Anforderungen auch für die Werbung gelten. § 11 Abs. 1 LFGB nimmt ausdrücklich Bezug auf diese Verbotsvorschrift, was regelungstechnisch allerdings überflüssig ist, da die LMIVO als Verordnung unmittelbare Geltung beansprucht. Ein Verstoß gegen Art. 7 (1) LMIVO ist daher grundsätzlich, auch ohne Rückgriff auf § 11 Abs. 1 LFGB, geeignet, Ansprüche nach § 3a zu begründen. § 11 Abs. 2 Nr. 1 LFGB enthält das Verbot, für den menschlichen Verzehr ungeeignete Lebensmittel in den Verkehr zu bringen, das in

---

836 BGH, 28.01.2016, I ZR 36/14, GRUR 2016, 418 Rn. 19 – *Feuchtigkeitsspendendes Gel-Reservoir.*

837 Vgl. BGH, 12.01.2017, I ZR 258/15, GRUR 2017, 409 Rn. 24 – *Motivkontaktlinsen* (zu der vergleichbaren Bestimmung des § 6 Abs. 1 und 5 ProdSG).

838 Vgl. BGH, 12.02.2015, I ZR 36/11, GRUR 2015, 403 Rn. 16 – *Monsterbacke II.*

der Sache Art. 14 der Verordnung (EG) Nr. 178/2002 zur Festlegung der allgemeinen Grundsätze und Anforderungen des Lebensmittelrechts, zur Errichtung der Europäischen Behörde für Lebensmittelsicherheit und zur Festlegung von Verfahren zur Lebensmittelsicherheit (Lebensmittel-Basis-VO) entspricht. § 11 Abs. 2 Nr. 2 LFGB enthält weitere Irreführungsverbote, die zumindest teilweise ihre Entsprechung in Bestimmungen des Anhangs zur LMIVO finden.[839]

Bei den Irreführungsverboten handelt es sich um Marktverhaltensregelungen, bei denen Verstöße grundsätzlich geeignet sein können, Verbraucherinteressen spürbar zu beeinträchtigen.[840] Dies wird man allerdings nicht in jedem Fall pauschal annehmen können. So wird eine unrichtige Angabe des Herkunftsortes, die gegen Art. 7 (1) lit. a LMIVO verstößt, nicht ohne weiteres zu einer spürbaren Beeinträchtigung von Verbraucherinteressen führen, soweit der angesprochene Verkehr mit dem angegebenen Ort keine konkreten Qualitätsvorstellungen verbindet. **438**

Die lebensmittelrechtlichen Irreführungsverbote sind abschließend. Insbesondere lassen sich aus Art. 7 UGP-Richtlinie keine Informationspflichten ableiten, die über die Informationspflichten nach der LMIVO hinausgehen. Die Frage, ob die Verbraucher durch die konkrete Aufmachung eines Lebensmittels hinreichend über dessen Merkmale aufgeklärt sind, ist nach den einschlägigen Bestimmungen des Lebensmittelrechts zu beurteilen. Für eine diese abschließenden Regelungen ergänzende Anwendung des § 5a Abs. 3 Nr. 1 UWG ist im Anwendungsbereich der Lebensmittelinformationsverordnung kein Raum. Dies folgt insbesondere aus Art. 3 (4) UGP-Richtlinie, deren Art. 7 durch § 5a UWG umgesetzt worden ist.[841] **439**

In der Sache stellt Art. 7 LMIVO gegenüber dem früheren deutschen Rechtszustand insgesamt eine Verschärfung dar. Dies gilt beispielsweise für die Bestimmung, dass Informationen über Lebensmittel nicht irreführend sein dürfen, indem durch das Aussehen, die Bezeichnung oder bildliche Darstellungen das Vorhandensein eines bestimmten Lebensmittels oder einer Zutat suggeriert wird, obwohl tatsächlich in dem Lebensmittel ein von Natur aus vorhandener Bestandteil oder eine normalerweise in diesem Lebensmittel verwendete Zutat durch einen anderen Bestandteil oder eine andere Zutat ersetzt wurde.[842] § 11 Abs. 1 1 Nr. 2 LFGB in der bis zum 12.12.2014 geltenden Fassung enthielt allerdings noch die Bestimmung, dass eine Irreführung vorliege, wenn einem Lebensmittel Wirkungen beigelegt werden, die ihm nach den Erkenntnissen der Wissenschaft nicht zukommen oder die wissenschaftlich nicht hinreichend gesichert sind. Nach Art. 7 (1) lit. b LMIVO dürfen einem Lebensmittel dagegen keine Wirkungen oder Eigenschaften zugeschrieben werden, die es nicht besitzt; die wissenschaftliche Absicherung wird nicht erwähnt. Eine darin liegende Absenkung des Standards[843] dürfte aber praktisch bedeutungslos sein, da insoweit in Frage kommende Werbeaussa- **440**

839 Boch, LFGB, § 11 Rn. 28.
840 BGH, 02.12.2015, I ZR 45/13, GRUR 2016, 738 Rn. 18 – *Himbeer-Vanille-Abenteuer II.*
841 BGH, 02.12.2015, I ZR 45/13, GRUR 2016, 738 Rn. 23 – *Himbeer-Vanille-Abenteuer II.*
842 BGH, 02.12.2015, I ZR 45/13, GRUR 2016, 738 Rn. 21 – *Himbeer-Vanille-Abenteuer II.*
843 So Boch, LFGB, § 11 Rn. 19.

gen meist nährwert- oder gesundheitsbezogen sein werden und daher in den Anwendungsbereich der HCVO fallen.

441 Irreführend nach (jetzt) Art. 7 (1) lit. b LMIVO ist es beispielsweise, ein Lebensmittel als bilanzierte Diät zu bezeichnen, wenn dieses Mittel nicht die Voraussetzungen eines diätetischen Lebensmittels für besondere medizinische Zwecke nach §§ 1 Abs. 4a, 14 b DiätV erfüllt.[844] Allerdings liegt in diesem Fall bereits zugleich ein Verstoß gegen § 2 Abs. 1 DiätV vor, der seinerseits eine Marktverhaltensregelung darstellt.[845]

442 Nach § 11 Abs. 1 2 Nr. 3 LFGB a. F. lag eine verbotene irreführende Bezeichnung eines Lebensmittels vor, wenn damit zu verstehen gegeben wurde, dass ein Lebensmittel über besondere Eigenschaften verfügt, obwohl alle vergleichbaren Lebensmittel dieselben Eigenschaften aufweisen. Dieses Verbot folgt nunmehr aus Art. 7 (1) lit. c LMIVO. Eine entsprechende Irreführung setzt voraus, dass der Verbraucher nicht weiß, dass es sich bei den betreffenden Eigenschaften lediglich um einen gesetzlich vorgeschriebenen oder zum Wesen der Ware gehörenden Umstand handelt. Die Bezeichnung eines Mineralwassers als »Biomineralwasser« ist daher nur dann nicht irreführend, wenn das so bezeichnete Produkt Anforderungen erfüllt, die die gesetzlich vorgeschriebenen Qualitätsanforderungen für Mineralwässer übersteigen.[846]

443 Nach Art. 7 Abs. 1 lit. d LMIVO darf nicht durch das Aussehen, die Bezeichnung oder bildliche Darstellungen das Vorhandensein eines bestimmten Lebensmittels oder einer Zutat suggeriert werden, obwohl tatsächlich in dem Lebensmittel ein von Natur aus vorhandener Bestandteil oder eine normalerweise in diesem Lebensmittel verwendete Zutat durch einen anderen Bestandteil oder eine andere Zutat ersetzt wurde. Diese Regelung gilt nicht nur für »traditionelle« Lebensmittel, bei denen sich bei den Verbrauchern bereits bestimmte Vorstellungen über die in ihnen vorhandenen Zutaten gebildet haben. Bei neu geschaffenen Lebensmitteln sind als »normalerweise verwendete Zutaten« diejenigen Zutaten anzusehen, deren Verwendung der Verbraucher nach dem Aussehen, der Bezeichnung oder den bildlichen Darstellungen des Lebensmittels erwarten kann. Bei einem Früchtetee, der als »Himbeer-Vanille-Abenteuer« bezeichnet wird, und auf dessen Verpackung blickfangmäßig Himbeerfrüchte und Vanilleblüten angebracht sind, darf der Verbraucher daher erwarten, dass es tatsächlich Bestandteile von Himbeer- und Vanillepflanzen oder zumindest aus diesen gewonnenen Aromen enthält.[847]

444 § 12 LFGB, der bis zum 12.12.2014 galt, enthielt ein Verbot **krankheitsbezogener Werbung** für Lebensmittel. Dieses findet sich nunmehr in Art. 7 (3) LMIVO. Nach dieser Bestimmung dürfen Informationen über ein Lebensmittel diesem keine Eigenschaften der Vorbeugung, Behandlung oder Heilung einer menschlichen Krankheit

844 BGH, 02.10.2008, I ZR 220/05, GRUR 2008, 1118 Rn. 15 – *MobilPlus-Kapseln.*
845 BGH, 02.10.2008, I ZR 51/06, GRUR 2009, 75 Rn. 30 – *Priorin*; BGH, 30.11.2011, I ZR 8/11, GRUR 2012, 734 Rn. 17 – *Glucosamin Naturell.*
846 BGH, 13.09.2012, I ZR 230/11, GRUR 2013, 401 Rn. 29 – *Biomineralwasser.*
847 BGH, 02.12.2015, I ZR 45/13, GRUR 2016, 738 Rn. 17, 22 – *Himbeer-Vanille-Abenteuer II.*

zuschreiben oder den Eindruck dieser Eigenschaften entstehen lassen. Dieses Verbot gilt aber vorbehaltlich der Unionsvorschriften über Lebensmittel, die für eine besondere Ernährung bestimmt sind. Die nach den Bestimmungen der DiätV vorgeschriebenen Angaben (»… zur diätetischen Behandlung von Haarwachstumsstörungen und Haarausfall«) stellen daher keinen Verstoß gegen Art. 7 (3) LMIVO dar.[848] Andererseits dürfen auch solche Lebensmitteln nicht mit krankheitsbezogenen Aussagen beworben werden, die über die vorgeschriebenen oder erlaubten Angaben hinausgehen, indem insbesondere ein tatsächlicher Heilerfolg suggeriert wird, anstatt die bloße Bestimmung des Lebensmittels für bestimmte Krankheiten anzugeben.[849]

3. Verbot von Zusatzstoffen (§ 6 LFGB)

§ 6 LFGB untersagt die Verwendung nicht zugelassener Zusatzstoffe in Lebensmitteln. **445**
Bei dieser Bestimmung handelt es sich um eine Marktverhaltensregelung. Der Bundesgerichtshof ist allerdings davon ausgegangen, dass die nationalen Bestimmungen, die die Verwendung von Zusatzstoffen beschränken, die den Lebensmitteln aus anderen als technologischen Gründen zugegeben werden, im Hinblick auf die vorrangig anzuwendende Regelung in Art. 14 der VO (EG) 178/2002 (Lebensmittel-Basis-VO) nicht anwendbar sind.[850] Die Entscheidung des Bundesgerichtshofs ist allerdings nachfolgend vom Bundesverfassungsgericht aufgehoben worden, da der Bundesgerichtshof die Anwendung des Art. 14 der VO (EG) 178/2002 auf rein innerstaatliche Sachverhalte nicht ohne Vorlage an den Europäischen Gerichtshof annehmen durfte.[851]Mittlerweile hat der Europäische Gerichtshof entschieden, dass es – mangels Harmonisierung und soweit beim gegenwärtigen Stand der wissenschaftlichen Forschung noch Unsicherheiten bestehen – Sache der Mitgliedstaaten ist, zu bestimmen, in welchem Umfang sie den Schutz der Gesundheit und des Lebens von Menschen gewährleisten wollen. Nationale Regelungen bleiben daher wirksam, soweit sie mit dem allgemeinem Rahmen, den die Art. 5 bis 10 der Verordnung bilden, in Einklang stehen.[852]

4. Kosmetische Mittel (§ 27 LFGB)

§ 27 LFGB enthält eine Vorschrift zum Schutz vor Täuschung bei dem Vertrieb kosmetischer Mittel und der Werbung für sie. Sie diente der Umsetzung der Richtlinie 76/768/EWG zur Angleichung der Rechtsvorschriften der Mitgliedstaaten über kosmetische Mittel, die allerdings zwischenzeitlich durch die Kosmetik-VO abgelöst worden ist. Maßgeblich ist daher nur noch Art. 20 Kosmetik-VO in Verbindung mit der VO (EG) Nr. 655/2013.[853] **446**

848 Vgl. BGH, 02.10.2008, I ZR 51/06, GRUR 2009, 75 Rn. 36 – *Priorin* (zu § 12 LFGB).

849 BGH, 02.10.2008, I ZR 220/05, GRUR 2008, 1118 Rn. 26 – *MobilPlus-Kapseln* (zu § 12 LFGB).

850 BGH, 15.07.2010, I ZR 99/09, GRUR 2011, 355 Rn. 14 – *Gelenknahrung II.*

851 BVerfG, 15.12.2016, 2 BvR 221/11 und 222/11, juris Rn. 46.

852 EuGH, 19.01.2017, C-282/15, WRP 2017, 288 Rn. 45 f. – *Queisser Pharma/Deutschland.*

853 BGH, 28.01.2016, I ZR 36/14, GRUR 2016, 418 Rn. 13 – *Feuchtigkeitsspendendes Gel-Reservoir*; s. o. Rdn. 431–435.

5. Kennzeichnungsvorschriften (Lebensmittel-KennzeichnungsV (LMKV), Nährwert-KennzeichnungsV (NKV), Lebensmittelinformations-Durchführungsverordnung (LMIDV)

a) Anwendbare Vorschriften

447 Das deutsche Recht enthielt für die Kennzeichnung von Lebensmitteln Bestimmungen in der Lebensmittel-KennzeichnungsV (LMKV) und der Nährwert-KennzeichnungsV (NKV). Lebensmittel in Fertigpackungen (§ 42 Abs. 1 MessEG), die dazu bestimmt sind, an Verbraucher abgegeben zu werden, unterlagen den Vorschriften der Lebensmittel-KennzeichnungsV (§ 1 Abs. 1 1 LMKV). Nährwertbezogenen Angaben im Verkehr mit Lebensmitteln und in der Werbung für Lebensmittel sowie die Nährwertkennzeichnung von Lebensmitteln, soweit sie zur Abgabe an Verbraucher bestimmt sind, unterlagen den Vorschriften der Nährwert-KennzeichnungsV (§ 1 Abs. 1 1 NKV). Die Bestimmungen dienten der Umsetzung der Richtlinie 2000/13/EG zur Angleichung der Rechtsvorschriften der Mitgliedstaaten über die Etikettierung und Aufmachung von Lebensmitteln sowie die Werbung hierfür sowie der Richtlinie 90/496/EWG über die Nährwertkennzeichnung von Lebensmitteln. Beide Richtlinien sind inzwischen außer Kraft und durch die Regelungen der Art. 30 ff. LMIVO abgelöst worden. Da sich der Erlass einer deutschen Durchführungsbestimmung verzögerte, galt vom 13.12.2014 bis zum 12.07.2017 die »Vorläufige Verordnung zur Ergänzung unionsrechtlicher Vorschriften betreffend die Information der Verbraucher über die Art und Weise der Kennzeichnung von Stoffen oder Erzeugnissen, die Allergien und Unverträglichkeiten auslösen, bei unverpackten Lebensmitteln (Vorläufige Lebensmittelinformations-Ergänzungsverordnung – VorlLMIEV)« vom 28.11.2014.[854] Seit dem 13.07.2017 gilt die Lebensmittelinformations-Durchführungsverordnung (LMIDV) vom 05.07.2017.[855]

448 Da es sich bei den Bestimmungen der LMIVO um unmittelbar geltendes Recht handelt, sind sie gegenüber den genannten deutschen Vorschriften vorrangig anzuwenden (vgl. § 1 Abs. 3 1 Nr. 9 LMKV). Ergänzend enthält § 5 LMIDV Verkehrs- und Abgabeverbote für nicht den unionsrechtlichen Kennzeichnungsvorschriften entsprechende Lebensmittel.

449 Auch die lebensmittelrechtlichen Kennzeichnungsvorschriften sind Marktverhaltensregelungen im Sinn des Rechtsbruchtatbestandes. Sie dienen der Information und Aufklärung der Verbraucher über ernährungs- und gesundheitsbezogene Aspekte der Lebensmittel.[856] Gegenüber den Bestimmungen der UGP-Richtlinie und den deutschen Umsetzungsvorschriften (§§ 5, 5a) haben sie Vorrang. Zu beachten ist, dass bereits dann ein Verstoß vorliegt, wenn das Produkt nicht die Voraussetzungen für die Kennzeichnung erfüllt, unabhängig davon, ob damit eine Irreführung über die Qualität des Produkts verbunden ist. So darf Wasser, das nicht entsprechend § 10 Abs. 1 1 Nr. 1

854 BGBl. I S. 1994.
855 BGBl. I S. 2272.
856 Vgl. BGH, 09.10.2014, I ZR 162/13, GRUR 2015, 498 Rn. 38 – *Combiotik* (zur LMKV).

Mineral- und Tafelwasser-Verordnung aus einem natürlichen unterirdischen Wasservorkommen gewonnen worden ist, nicht als »Quellwasser« bezeichnet werden, auch wenn es qualitativ den Anforderungen an Quellwasser genügt.[857]

Nach der früheren Rechtsprechung des Bundesgerichtshofs soll bei Verstößen gegen diese Vorschriften stets die Spürbarkeit zu bejahen sein. Er hat allerdings angedeutet, dass es beim Inverkehrbringen nur einzelner, unzureichend gekennzeichneter Verpackungen an der Spürbarkeit fehlen könnte.[858] **450**

b) Pflichtangaben (Art. 9 (1) LMIVO, § 3 LMKV)

Art. 9 (1) LMIVO zählt die grundsätzlich verpflichtenden Angaben auf, die einem Lebensmittel bei der Lieferung an Endverbraucher beizufügen sind (Art. 6 LMIVO). Hierzu gehören das Zutatenverzeichnis (Art. 9 (1) lit. b, 18 LMIVO) und die Angabe des Mindesthaltbarkeitsdatums (Art. 9 (1) lit. f, 24 LMIVO). Die Angaben sind an einer gut sichtbaren Stelle deutlich, gut lesbar und gegebenenfalls dauerhaft anzubringen (Art. 13 (1) LMIVO). Die Angaben sind in leicht verständlicher Sprache abzufassen (Art. 15 (1) LMIVO). Nach Art. 15 (2) LMIVO können die Mitgliedstaaten, in denen ein Lebensmittel vermarktet wird, bestimmen, dass diese Angaben in einer oder mehreren Amtssprachen der Union zu machen sind. Für Deutschland fand sich eine solche Regelung in § 3 Abs. 2 1 LMKV, wonach die Pflichtangaben in deutscher Sprache anzubringen sind. Mittlerweile folgt dies aus § 2 Abs. 1 LMIDV. Lebensmittel, bei denen das Zutatenverzeichnis in italienischer Sprache angebracht ist, oder die zwar ein Mindesthaltbarkeitsdatum tragen, das aber nicht in deutscher Sprache als solches bezeichnet wird, dürfen daher auch nach geltendem Recht in Deutschland nicht in den Verkehr gebracht werden.[859] **451**

c) Bezeichnung (Art. 17 (1), 18 (2) LMIVO)

Für Lebensmittel und die im Zutatenverzeichnis aufgeführten Zutaten gilt, dass sie mit ihrer rechtlich vorgeschriebenen Bezeichnung oder einer verkehrsüblichen Bezeichnung bezeichnet werden müssen (Art. 17 (1), 18 (2) LMIVO). Die Bezeichnung einer Zutat ist nach allgemeiner Verkehrsauffassung – das heißt nach der Anschauung aller am Verkehr mit dem Lebensmittel beteiligten Kreise, zu denen die Lebensmittel- und Ernährungswirtschaft, der Handel und die Verbraucher rechnen – nur insoweit als üblich anzusehen, als die Zutat auf Grund der Bezeichnung eindeutig und unmissverständlich identifiziert werden kann. Für die Verkehrsüblichkeit einer Bezeichnung sprechen vor allem regelmäßiger und weit verbreiteter Gebrauch, über den unter anderem Koch- und Fachwörterbücher, Lexika und die Leitsätze der Deutschen Lebensmittelbuchkommission Aufschluss geben können.[860] **452**

---

857 BGH, 24.07.2014, I ZR 221/12, GRUR 2014, 1013 Rn. 36 – *Original Bach-Blüten.*

858 BGH, 22.11.2012, I ZR 72/11, GRUR 2013, 739 Rn. 34 – *Barilla.*

859 Vgl. BGH, 22.11.2012, I ZR 72/11, GRUR 2013, 739 Rn. 21, 23 – *Barilla* (noch zur LMKV).

860 Vgl. BGH, 09.10.2014, I ZR 162/13, GRUR 2015, 498 Rn. 43 – *Combiotik* (noch zur LMKV).

453 Fehlt es an einer verkehrsüblichen Bezeichnung, ist das Lebensmittel mit einer beschreibenden Bezeichnung zu bezeichnen (Art. 17 (1) 2 LMIVO). Hierfür ist erforderlich, dass der Verbraucher auf Grund der Beschreibung unproblematisch verstehen kann, um was für eine Zutat es sich handelt. Zum Ausdruck kommen muss die charakteristische Besonderheit der Zutat, auf Grund derer sie sich von ähnlichen und deshalb verwechselbaren Erzeugnissen unterscheidet. Die charakteristischen Merkmale der Zutat ergeben sich aus dem Verwendungszweck und den damit zusammenhängenden Gesichtspunkten, die Auswirkungen auf die Wertbestimmung und den Geschmack haben. Dabei ist der Sinn und Zweck der Bezeichnung und des Zutatenverzeichnisses zu berücksichtigen. Die Angaben dem Verbraucher ermöglichen, sachkundig eine Wahl zu treffen. Der Verbraucher ist deshalb möglichst objektiv und umfassend über die Zusammensetzung des Lebensmittels zu unterrichten. Dabei ist zu prüfen, ob die verwendete Bezeichnung für die eindeutige Identifizierung der betreffenden Zutat ausreicht. Die Angabe eines bloßen Oberbegriffs für eine bestimmte Gattung, der die konkrete Zutat nicht identifiziert oder individualisiert, genügt nicht. Die Bezeichnung »probiotische Milchsäurekultur« für eine Zutat genügt daher nicht, wenn es eine Vielzahl unterschiedlicher probiotischer Bakterienstämme und -spezies gibt, die nach ihrer Eigenart grundverschieden sind.[861]

454 Für die LMKV hat der Bundesgerichtshof angenommen, dass eine Ergänzung gesetzlich vorgeschriebener oder verkehrsüblicher Bezeichnungen im Sinn des § 4 Abs. 1 LMKV mit beschreibenden Angaben, Hersteller- oder Handelsmarken oder auch Fantasiebezeichnungen zulässig ist, soweit der Verkehr dadurch nicht irregeführt wird. Ein Produkt mit der gesetzlich vorgeschriebenen Bezeichnung »natürliches Mineralwasser« dürfe daher auch – neben dieser Bezeichnung – als »Biomineralwasser« bezeichnet werden.[862] Dies wird man auf Art. 17 LMIVO übertragen können. Dafür spricht, dass nach Art. 17 (4) LMIVO (wie auch nach § 4 Abs. 4 LMKV) die Bezeichnung des Lebensmittels nicht durch eine als geistiges Eigentum geschützte Bezeichnung, Handelsmarke oder Fantasiebezeichnung *ersetzt* werden darf, so dass eine *Ergänzung* zulässig sein dürfte.

d) Nährwertkennzeichnung

455 Nach § 4 Abs. 1 NKV stand es Herstellern von Lebensmitteln grundsätzlich frei, ob sie nährwertbezogene Angaben für ihre Produkte verwenden. Entschieden sie sich aber für eine solche Kennzeichnung, so waren sie zu einer Nährwertkennzeichnung nach Maßgabe der Nährwert-Kennzeichnungsverordnung verpflichtet. Dagegen gehört nach Art. 9 (1) lit. l LMIVO eine Nährwertdeklaration nach Art. 29 ff. zu den Pflichtangaben. Neben den allgemeinen Anforderungen an Pflichtangaben (Art. 13, 15 LMIVO) gelten spezielle Anforderungen gemäß Art. 34 f. LMIVO. Die nach Art. 15 (2) LMIVO mögliche Bestimmung, dass Pflichtangaben in einer Amtssprache der Union gemacht

861 BGH, 09.10.2014, I ZR 162/13, GRUR 2015, 498 Rn. 50, 52 – *Combiotik* (noch zur LMKV).
862 BGH, 13.09.2012, I ZR 230/11, GRUR 2013, 401 Rn. 49 f. – *Biomineralwasser.*

werden können, fand sich für Nährwertangaben in § 5 Abs. 7 2 NKV. Mittlerweile gilt auch insoweit § 2 Abs. 1 LMIDV. Lebensmittel mit einer Nährwertkennzeichnung in italienischer Sprache dürfen daher auch nach geltendem Recht in Deutschland nicht in Verkehr gebracht werden.[863]

XXXVIII. Luftverkehrsdienste-VO (EG)

1. Einleitung

456 Die Verordnung (EG) Nr. 1008/2008 über gemeinsame Vorschriften für die Durchführung von Luftverkehrsdiensten in der Gemeinschaft (Luftverkehrsdienste-VO) regelt die Genehmigung von Luftfahrtunternehmen der Union, das Recht von Luftfahrtunternehmen der Union, Flugdienste in der Union durchzuführen, und die Preisfestsetzung für Flugdienste in der Union (Art. 1 (1) Luftverkehrsdienste-VO). Lauterkeitsrechtlich relevant geworden sind bisher die Bestimmungen des Kapitels IV (Bestimmungen zur Preisfestsetzung), und dort in erster Linie Art. 23 (1) betreffend die Angabe der Flugpreise.

2. Angabe des Endpreises (Art. 23 (1) 2 Luftverkehrsdienste-VO)

457 Die Bestimmung des Art. 23 (1) Luftverkehrsdienste-VO stellt eine Marktverhaltensregelung im Sinn des Rechtsbruchtatbestandes dar. Sie soll Information und Transparenz in Bezug auf die Preise für Flugdienste gewährleisten und trägt damit zum Schutz der Kunden bei, die diese Dienste in Anspruch nehmen. Der Umstand, dass Verstöße gegen diese Bestimmung gemäß § 108 Abs. 5 der Luftverkehrs-Zulassungs-Ordnung mit einem Bußgeld geahndet werden können, steht ihrer Einordnung als Marktverhaltensregelung nicht entgegen.[864]

458 Die Vollharmonisierung des Lauterkeitsrechts durch die UGP-Richtlinie steht der Anwendung des § 3a in Verbindung mit den Bestimmungen der Luftverkehrsdienste-VO nicht entgegen, weil es sich bei ihnen um Rechtsvorschriften der Union handelt, die einen besonderen Aspekt unlauterer Geschäftspraktiken regeln und daher nach Art. 3 (4) der UGP-Richtlinie den Bestimmungen dieser Richtlinie vorgeht.[865] Daraus folgt zugleich, dass § 5 UWG, durch den Art. 6 der UGP-Richtlinie umgesetzt wird, neben Art. 23 (1) der Luftverkehrsdienste-VO nicht anwendbar ist.[866]

459 Bei einem Verstoß gegen Art. 23 (1) Luftverkehrsdienste-VO soll nach der Rechtsprechung des Bundesgerichtshofs das Erfordernis der Spürbarkeit »grundsätzlich« erfüllt sein.[867] Fehl geht allerdings in diesem Zusammenhang der Verweis auf »unionsrechtliche Informationspflichten«, da die Bestimmungen der Art. 7 Abs. 5 UGP-Richtlinie,

---

863 Vgl. BGH, 22.11.2012, I ZR 72/11, GRUR 2013, 739 Rn. 24 – *Barilla* (zur NKV).
864 BGH, 21.04.2016, I ZR 220/14, GRUR 2016, 716 Rn. 16 – *Flugpreise.*
865 BGH, 30.07.2015, I ZR 29/12, GRUR 2016, 392 Rn. 15 – *Buchungssystem II.*
866 Vgl. BGH, 02.12.2015, I ZR 45/13, GRUR 2016, 738 Rn. 23 – *Himbeer-Vanille-Abenteuer II* (zum Verhältnis der LMIVO zu §§ 5, 5a).
867 BGH, 29.09.2016, I ZR 160/15, GRUR 2017, 283 Rn. 26 – *Servicepauschale.*

§ 5a Abs. 4 wegen des Vorrangs der Luftverkehrsdienste-VO nicht einschlägig sind.[868] Für die bisher entschiedenen Fälle trifft allerdings die Annahme eines spürbaren Verstoßes zu, da in ihnen die Vergleichbarkeit der angebotenen Preise mit Konkurrenzangeboten[869] und damit die Fähigkeit des Verbrauchers, eine informierte geschäftliche Entscheidung zu treffen, berührt war.

460 Nach Art. 23 (1) 2 Luftverkehrsdienste-VO ist der zu zahlende **Endpreis** stets auszuweisen und muss den anwendbaren Flugpreis beziehungsweise die anwendbare Luftfrachtrate sowie alle anwendbaren Steuern und Gebühren, Zuschläge und Entgelte, die unvermeidbar und zum Zeitpunkt der Veröffentlichung vorhersehbar sind, einschließen.[870]Die Angabe in Euro ist dabei nicht in jedem Fall zwingend. Es dürfen auch Angaben in Landeswährungen gemacht werden, die mit dem angebotenen Dienst objektiv in Verbindung stehen. Dies ist insbesondere bei einer Währung der Fall, die in dem Mitgliedstaat des Abflug- oder Ankunftsorts des betreffenden Flugs als gesetzliches Zahlungsmittel gilt.[871]

461 Der zu zahlende Endpreis nach Art. 23 (1) 2 Luftverkehrsdienste-VO ist stets auszuweisen, ohne dass zwischen dem Zeitpunkt, zu dem dieser Preis erstmalig angezeigt wird, dem Zeitpunkt, zu dem der Kunde einen bestimmten Flug auswählt, oder dem Zeitpunkt des verbindlichen Vertragsschlusses unterschieden wird. Es genügt daher nicht, wenn der Endpreis erstmals am Beginn des eigentlichen Buchungsvorgangs ausgewiesen wird. Im Interesse der mit der Bestimmung bezweckten Preisvergleichsmöglichkeit gilt die Verpflichtung, den Endpreis stets auszuweisen, nicht nur für den vom Kunden ausgewählten Flugdienst, sondern für jede Form der Veröffentlichung von Flugpreisen und damit ebenso für solche Preise, die für eine Reihe von Flugdiensten in einer tabellarischen Übersicht angeboten werden.[872]

462 Eine bei der Buchung regelmäßig anfallende Bearbeitungsgebühr (»Service Charge«, »Servicepauschale«) stellt ein im Sinn der Bestimmung unvermeidbares und im Zeitpunkt der Veröffentlichung vorhersehbares Entgelt dar, das in den bei jeder Preisangabe anzugebenden Endpreis einzubeziehen ist. Das gilt auch dann, wenn diese Servicepauschale einzelnen Kunden (etwa beim Einsatz einer bestimmten Kreditkarte) erlassen wird.[873]

3. Fakultative Zusatzkosten (Art. 23 (1) 4 Luftverkehrsdienste-VO)

463 Nach Art. 23 (1) Satz 4 Luftverkehrsdienste-VO müssen beim Angebot von innergemeinschaftlichen Flugdiensten fakultative Zusatzkosten auf klare, transparente und eindeutige Art und Weise am Beginn jedes Buchungsvorgangs mitgeteilt werden. Außer-

---

868 Zum allgemeinen Problem s. o. Rdn. 128.
869 Erwägungsgrund 16 der Luftverkehrsdienste-VO.
870 BGH, 29.09.2016, I ZR 160/15, GRUR 2017, 283 Rn. 28 ff. – *Servicepauschale.*
871 EuGH, 15.11.2018, C-330/17, WRP 2019, 41 Rn. 39 – *Verbraucherzentrale Baden-Württemberg e.V./Germanwings GmbH.*
872 BGH, 30.07.2015, I ZR 29/12, GRUR 2016, 392 Rn. 18 – *Buchungssystem II.*
873 BGH, 29.09.2016, I ZR 160/15, GRUR 2017, 283 Rn. 28 ff. – *Servicepauschale.*

dem darf die Annahme dieser fakultativen Zusatzkosten durch den Kunden nur auf Grundlage eines »Opt-in«-Verfahrens erfolgen.[874]

Die Bestimmung soll verhindern, dass der Flugkunde im Rahmen des Buchungsvorgangs für einen Flug dazu verleitet wird, Zusatzleistungen abzunehmen, die für den Flugtransport nicht unvermeidbar und unerlässlich sind, sofern er sich nicht ausdrücklich dafür entscheidet, solche Zusatzleistungen abzunehmen und die Zusatzkosten dafür zu zahlen. Die Gestaltung des Buchungsvorgangs muss daher dem Verbraucher eine bewusste und informierte Entscheidungsmöglichkeit eröffnen. Bei einer Gestaltung, bei der der Verbraucher, der sich gegen eine Zusatzleistung entschieden hat, im weiteren Buchungsverlauf in irreführender Weise dazu verleitet wird, diese doch in Anspruch zu nehmen, ist dies nicht der Fall.[875] **464**

Zu fakultativen Zusatzkosten im Sinn des Art. 23 (1) Satz 4 Luftverkehrsdienste-VO zählen im Zusammenhang mit Flugreisen stehende Kosten von Leistungen, die – wie eine Reiserücktrittsversicherung – den Luftverkehrsdienst ergänzen, aber für die Beförderung des Fluggastes weder obligatorisch noch unerlässlich sind. Die Vorschrift erfasst die im Rahmen einer Flugbuchung angebotenen Zusatzleistungen auch dann, wenn sie von einem Reisevermittler und nicht vom Luftfahrtunternehmen selbst angeboten werden. Zudem ist der Anwendungsbereich der Vorschrift nicht nur auf die Fälle beschränkt, in denen die Zusatzleistung vom Luftfahrtunternehmen selbst oder von einem von ihm abhängigen Unternehmen erbracht wird. Vielmehr erfasst sie auch solche Vertragsgestaltungen, in denen die Zusatzleistung (wie eine Reiserücktrittskostenversicherung) von einem mit dem Luftfahrtunternehmen nicht verbundenen Dritten erbracht wird, die Kosten dafür aber in einem Gesamtpreis mit den Kosten für die Flugleistung erhoben werden.[876] **465**

4. Preisfreiheit (Art. 22 Luftverkehrsdienste-VO)

Nach Art. 22 (1) Luftverkehrsdienste-VO legen ihre Flugpreise und Frachtraten für innergemeinschaftliche Flugdienste frei fest. Die Bestimmung steht der AGB-Kontrolle einer Klausel betreffend pauschalierte Bearbeitungsentgelte bei Nichtantritt oder Stornierung eines Fluges nicht entgegen.[877] **466**

XXXIX. Mess- und Eichgesetz (MessEG)

Nach § 7 Abs. 2 EichG mussten Fertigpackungen so gestaltet und befüllt sein, dass sie keine größere Füllmenge vortäuschen, als in ihnen enthalten ist. Nach der ab dem 01.01.2015 geltende Nachfolgevorschrift des § 43 Abs. 2 MessEG ist es verboten, Fertigpackungen herzustellen, herstellen zu lassen, in den Geltungsbereich des Gesetzes zu verbringen, in den Verkehr zu bringen oder sonst auf dem Markt bereit zu stellen, **467**

874 BGH, 29.09.2016, I ZR 160/15, GRUR 2017, 283 Rn. 19 – *Servicepauschale.*
875 BGH, 29.09.2016, I ZR 160/15, GRUR 2017, 283 Rn. 23 ff. – *Servicepauschale.*
876 BGH, 25.10.2012, I ZR 81/11, MMR 2013, 238 Rn. 10 – *»Opt-out«-Verfahren.*
877 EuGH, 06.07.2017, C-290/16, WRP 2017, 1062 Rn. 44 – *Air Berlin.*

wenn sie ihrer Gestaltung und Befüllung nach eine größere Füllmenge vortäuschen als in ihnen enthalten sind. Durch die Bestimmung soll eine Täuschung durch die Verpackung selbst, zum Beispiel durch doppelwandige Verpackungen, Hohlräume und ähnliches verhindert werden. Der Verbraucher soll davor geschützt werden, dass bei ihm auf Grund des äußeren Erscheinungsbildes einer Fertigpackung der Eindruck erweckt wird, er könne das Produkt in einer Menge erwerben, die dem äußeren Erscheinungsbild der Verpackung in etwa entspricht, obwohl diese tatsächlich wesentlich weniger enthält. Es handelt sich bei ihr daher um eine Marktverhaltensregelung im Interesse der Verbraucher; ein Verstoß stellt zugleich eine irreführende geschäftliche Handlung nach §§ 3, 5 UWG dar.[878] Liegt dagegen kein Verstoß gegen § 43 Abs. 2 MessEG vor, wird es regelmäßig auch an einer Täuschung im Sinn der §§ 3, 5 UWG fehlen.[879]

468 Maßstab ist dabei, welche Vorstellungen der durchschnittlich informierte und verständige Verbraucher, der dem Produkt die der Situation angemessene Aufmerksamkeit entgegenbringt, über den Inhalt der jeweiligen Verpackung auf Grund deren äußerer Gestaltung entwickelt, und ob diese Vorstellung vom tatsächlichen Inhalt der Verpackung abweicht. Die Verkehrsvorstellung kann dabei je nach der Art des verpackten Produkts divergieren. Ist dem Verkehr auf Grund entsprechender Gewöhnung bekannt, dass die Verpackungsgröße regelmäßig außer Verhältnis oder in keinem bestimmten Verhältnis zum Inhalt des eigentlichen Produkts steht, dann ist eine solche Verpackungsgröße zur Täuschung nicht geeignet. Dies kann beispielsweise bei hochwertigen Pralinen oder Kosmetika der Fall sein, nicht dagegen bei geringwertigen Lebensmitteln des Alltagsbedarfs.[880]

XL. Mineral- und Tafelwasserverordnung (MinTafWV)

469 Nach § 10 Abs. 1 der Mineral- und Tafelwasser-Verordnung (MinTafWV) darf nur Wasser, das bestimmte Anforderungen erfüllt, als Quell- oder Tafelwasser bezeichnet werden. Es darf nur unter der entsprechenden Verkehrsbezeichnung (§ 14 MinTafWV) in den Verkehr gebracht werden. Nach § 15 MinTafWV darf es nicht unter Bezeichnungen, Angaben, sonstigen Hinweisen oder Aufmachungen gewerbsmäßig in den Verkehr gebracht werden, die geeignet sind, zu einer Verwechslung mit natürlichen Mineralwässern zu führen. Nach §§ 16, 10 MinTafWV darf Wasser, das nicht den Anforderungen an Quellwasser genügt, unter einer solchen Bezeichnung nicht in den Verkehr gebracht werden. Da es sich um eine Kennzeichnungsvorschrift handelt, gilt dies auch dann, wenn das so bezeichnete Produkt den qualitativen Anforderungen an Quellwasser genügt.[881]

878 BGH, 11.10.2017, I ZR 78/16, juris Rn. 41 – *Tiegelgröße*.
879 Vgl. BGH, 11.10.2017, I ZR 78/16, juris Rn. 36 – *Tiegelgröße*.
880 BGH, 11.10.2017, I ZR 78/16, juris Rn. 43 ff. – *Tiegelgröße*; OLG Karlsruhe, 22.11.2012, 4 U 156/12, WRP 2013, 216 Rn. 27 – *Innenpackung*.
881 BGH, 24.07.2014, I ZR 221/12, GRUR 2014, 1013 Rn. 36 – *Original Bach-Blüten*.

XLI. MedizinprodukteG (MPG)

1. Begriff des Medizinprodukts

Nach § 3 Nr. 1 MPG sind Medizinprodukte Instrumente, Apparate, Vorrichtungen, Software, Stoffe oder andere Gegenstände, die zur Erkennung und Behandlung von Krankheiten, Verletzungen oder Behinderungen oder der Empfängnisregelung bestimmt sind. Ob ein Produkt einem medizinischen Zweck dient, richtet sich nach der subjektiven Bestimmung des Herstellers, wie sie sich aus den Angaben ergibt, die der angesprochene Verkehr der Kennzeichnung, der Gebrauchsanweisung oder der Werbung entnimmt. Die maßgebliche subjektive Zweckbestimmung schließt es mit ein, dass auch einem Gegenstand, der objektiv zur Erfüllung medizinischer Zwecke geeignet ist, auf Grund entsprechender Hinweise des Herstellers die Bestimmung zu einem medizinischen Zweck fehlen kann. Solange die Zweckbestimmung nach dem Verständnis des angesprochenen Verkehrs eindeutig ist und nicht willkürlich erscheint, insbesondere eine nichtmedizinische Verwendung des Produkts ohne Weiteres denkbar ist, kann der Hersteller demnach den Anwendungsbereich eines Produkts, das an sich sowohl medizinischen als auch nicht-medizinischen Zwecken dienen könnte, auf den nicht-medizinischen Bereich beschränken.[882] **470**

2. Verbotsbestimmungen (§ 4 MPG)

Nach § 4 MedizinprodukteG (MPG) ist es verboten, Medizinprodukte in den Verkehr zu bringen, zu errichten, in Betrieb zu nehmen, zu betreiben oder anzuwenden, wenn der begründete Verdacht besteht, dass sie die Sicherheit und die Gesundheit der Patienten, der Anwender oder Dritter bei sachgemäßer Anwendung, Instandhaltung und ihrer Zweckbestimmung entsprechender Verwendung über ein nach den Erkenntnissen der medizinischen Wissenschaften vertretbares Maß hinausgehend unmittelbar oder mittelbar gefährden (§ 4 Abs. 1 Nr. 1 MPG). Nach § 4 Abs. 2 MPG ist es verboten, Medizinprodukte in den Verkehr zu bringen, wenn sie mit irreführender Bezeichnung, Angabe oder Aufmachung versehen sind. Dies ist insbesondere dann der Fall, wenn ihnen eine Leistung beigelegt wird, die sie nicht haben (§ 4 Abs. 2 2 Nr. 1 MPG). **471**

Bei den Bestimmungen handelt es sich um Marktverhaltensregelungen, die zum Schutz der Verbraucher bestimmt ist.[883] Da es sich um Rechtsvorschriften in Bezug auf die Gesundheits- und Sicherheitsaspekte von Produkten handelt, steht die Vollharmonisierung des Lauterkeitsrechts durch die UGP-Richtlinie ihrer Anwendung in Verbindung mit § 3a nicht entgegen. **472**

An die Feststellung eines »begründeten Verdachts« im Sinn des § 4 Abs. 1 Nr. 1 MPG dürfen keine zu hohen Anforderungen gestellt werden. Die Anforderungen an die Wahrscheinlichkeit des Eintritts einer Schädigung bei sind umso geringer anzusetzen sind, je schwerwiegender sich die eintretende Gefahr auswirken kann. Der Vertrieb von **473**

882 BGH, 18.04.2013, I ZR 53/09, GRUR 2013, 1261 Rn. 12 – *Messgerät II.*

883 OLG München, 15.12.2016, 6 U 4618/15, MD (VSW) 2017, 186 Rn. 135 – *Millimeterwellentherapie.*

Brillen, die keine sichere Teilnahme am Straßenverkehr zulassen, ohne entsprechende Warnhinweise verstößt daher nach Ansicht des Bundesgerichtshofs gegen § 4 Abs. 1 MPG.[884]

474 Der Vertrieb eines Medizinprodukts, das aufgrund seiner Aufmachung (auch von den behandelnden Ärzten) mit einem höherwertigen Produkt verwechselt werden kann, kann einen Verstoß gegen § 4 Abs. 2 2 Nr. 1 MPG darstellen, da ihm dann die Leistungsfähigkeit des Originalprodukts beigelegt wird.[885]

3. CE-Kennzeichnung (§ 6 MPG)

475 Nach § 6 Abs. 1 MPG dürfen Medizinprodukte in Deutschland grundsätzlich nur in den Verkehr gebracht oder in Betrieb genommen werden, wenn sie mit einer CE-Kennzeichnung versehen sind. Dies darf nur erfolgen, wenn die auf sie unter Berücksichtigung ihrer Zweckbestimmung anwendbaren grundlegenden Anforderungen nach § 7 MPG erfüllt sind und ein für das jeweilige Medizinprodukt vorgeschriebenes Konformitätsbewertungsverfahren nach Maßgabe der Rechtsverordnung nach § 37 MPG durchgeführt worden ist.[886] § 6 Abs. 1 1 MPG enthält damit ein grundsätzliches Verbot des Inverkehrbringens von Medizinprodukten ohne CE-Kennzeichnung. Dabei handelt es sich um eine Marktverhaltensregelung im Sinn des Rechtsbruchtatbestandes. Da die in § 6 Abs. 1 1 MPG angeordnete Kennzeichnungspflicht der Sicherheit, Eignung und Leistung der Medizinprodukte und damit der Gesundheit und dem Schutz der mit ihnen in Kontakt kommenden Personen zu dienen bestimmt ist, ist ein Verstoß gegen diese Vorschrift auch geeignet, die Interessen der Mitbewerber und Verbraucher spürbar zu beeinträchtigen.[887]

476 Ausgenommen von der Kennzeichnungspflicht sind gemäß § 6 Abs. 1 1 MPG Sonderanfertigungen im Sinn des § 3 Nr. 8 MPG. Sonderanfertigungen sind nach dem mit der Begriffsbestimmung in Art. 1 (2) lit. d der Richtlinie 93/42/EWG über Medizinprodukte übereinstimmenden § 3 Nr. 8 S. 1 MPG Medizinprodukte, die – objektiv – auf Grund schriftlicher Verordnung nach spezifischen Auslegungsmerkmalen eigens angefertigt werden und – subjektiv – zur ausschließlichen Anwendung bei einem namentlich benannten Patienten bestimmt sind. Keine Sonderanfertigungen sind nach § 3 Nr. 8 S. 2 MPG serienmäßig hergestellte Medizinprodukte, die noch an die spezifischen Anforderungen des Arztes, Zahnarztes oder sonstigen beruflichen Anwenders angepasst werden müssen.[888] Eine § 21 Abs. 2 Nr. 1 AMG (Zulassungsfreiheit für Defektur-Arzneimittel) entsprechende Ausnahme enthält das MPG nicht, so dass auch in kleinen Mengen in Apotheken hergestellte Medizinprodukte nicht von der Kennzeichnungspflicht befreit sind.[889]

884 BGH, 03.11.2016, I ZR 227/14, GRUR 2017, 418 Rn. 27, 31 – *Optiker-Qualität.*
885 BGH, 15.04.2010, I ZR 145/08, GRUR 2010, 1125 Rn. 52 f. – *Femur-Teil* (dort mangels Verwechslungsgefahr verneint).
886 BGH, 17.07.2008, I ZR 133/07, GRUR 2008, 922 Rn. 3 – *In-vitro-Diagnostika.*
887 BGH, 09.07.2009, I ZR 193/06, GRUR 2010, 169 Rn. 16 – *CE-Kennzeichnung.*
888 BGH, 09.07.2009, I ZR 193/06, GRUR 2010, 169 Rn. 18 – *CE-Kennzeichnung.*
889 BGH, 10.12.2009, I ZR 189/07, GRUR 2010, 754 Rn. 19 – *Golly Telly.*

Das in § 7 MPG vorgeschriebene Konformitätsverfahren muss nicht – erneut – durchgeführt werden, wenn das Produkt bereits in einem anderen Mitgliedstaat der Europäischen Union zugelassen ist und lediglich in Deutschland umverpackt wird, um es mit einer erforderlichen Gebrauchsanleitung in deutscher Sprache zu versehen.[890] Das gilt auch dann, wenn der Parallelimporteur in der Vergangenheit bei der Umetikettierung fehlerhafte Angaben angebracht hat; insoweit stellt das nachlaufende Beobachtungs- und Meldeverfahren nach Art. 11 der RL 98/79/EG über In-vitro-Diagnostika eine ausreichende Maßnahme zum Schutz der Gesundheit und Sicherheit der Betroffenen dar.[891] 477

XLII. Novel-Food-VO (Verordnung (EG) Nr. 258/97 über neuartige Lebensmittel und neuartige Lebensmittelzutaten), Neuartige Lebensmittel- und Lebensmittelzutaten-Verordnung (NLV)

1. Einleitung

Die sogenannte Novel-Food-VO, die Verordnung (EG) Nr. 258/97 (mittlerweile abgelöst durch die VO (EU) 2015/2283) über neuartige Lebensmittel und neuartige Lebensmittelzutaten, regelt das Inverkehrbringen dieser Produkte in der Gemeinschaft (Art. 1 (1) Novel-Food-VO). Ihrer Durchführung dient die deutsche Verordnung zur Durchführung gemeinschaftsrechtlicher Vorschriften über neuartige Lebensmittel und Lebensmittelzutaten (Neuartige Lebensmittel- und Lebensmittelzutaten-Verordnung – NLV). Diese ist durch Verordnung vom 27.09.2017[892] mit Wirkung zum 01.01.2018 neu gefasst worden und enthält nunmehr nur noch in § 1 eine Zuständigkeitsregelung. 478

Unter die Novel-Food-VO fallende Produkte durften grundsätzlich nur mit einer Genehmigung in Verkehr gebracht werden (Art. 3 (2) Novel-Food-VO a. F., § 3 Abs. 1 NLV a. F.). Bei Produkten, die hinsichtlich ihrer Zusammensetzung, ihres Nährwerts, ihres Stoffwechsels, ihres Verwendungszwecks und ihres Gehalts an unerwünschten Stoffen den bestehenden Lebensmitteln und Lebensmittelzutaten im wesentlichen gleichwertig sind, genügte statt der Genehmigung eine Anzeige an die Europäische Kommission (Art. 3 (4), Art. 5 a. F. Novel-Food-VO, § 3 Abs. 2 NLV a. F.). Nach der Neufassung durch die VO (EU) Nr. 2015/2283 erstellt die Kommission eine Liste der für das Inverkehrbringen in der Union zugelassenen neuartigen Lebensmittel (Art. 6 (1) Novel-Food-VO n. F.). Nur zugelassene Lebensmittel und in der Liste aufgeführte neuartige Lebensmittel dürfen nach Maßgabe der in der Liste festgelegten Bedingungen und Kennzeichnungsvorschriften in den Verkehr gebracht werden (Art. 6 (2) Novel-Food-VO n. F.). 479

---

890 BGH, 01.06.2017, I ZR 152/13, GRUR 2017, 938 Rn. 23 – *Teststreifen zur Blutzuckerkontrolle II*, unter Aufgabe der früheren entgegenstehenden Rechtsprechung (BGH, 12.05.2010, I ZR 185/07, GRUR 2010, 756 Rn. 13 – *One Touch Ultra)*.

891 BGH, 01.06.2017, I ZR 152/13, GRUR 2017, 938 Rn. 30 – *Teststreifen zur Blutzuckerkontrolle II*; Büscher, GRUR 2018, 113, 116 f.

892 BGBl. I S. 3520.

480 Die Bestimmungen regeln das Marktverhalten im Interesse der Marktteilnehmer, weil sie nach dem zweiten Erwägungsgrund der Novel-Food-VO dem Schutz der Gesundheit der Verbraucher dienen.[893] Ihre Verletzung stellt aus diesem Grund auch keinen Bagatellverstoß im Sinn des § 3 a. F. dar.[894]

481 Das Inverkehrbringen im Sinn dieser Vorschriften umfasst auch die produktbezogene Werbung.[895]

2. Begriff der Neuartigkeit

482 Nach Art. 3 (2) lit. a Novel-Food-VO sind Lebensmittel und Lebensmittelzutaten als neuartig anzusehen und fallen in den Anwendungsbereich der Novel-Food-VO, wenn sie in der Europäischen Union noch nicht in nennenswertem Umfang für den menschlichen Verzehr verwendet worden sind. Abzustellen ist dabei auf alle Merkmale des in Rede stehenden Lebensmittels und des hierfür verwendeten Herstellungsvorgangs. Bei der Beurteilung der Frage, ob ein Lebensmittel oder eine Lebensmittelzutat in der Union bisher noch nicht in nennenswertem Umfang für den menschlichen Verzehr verwendet worden ist, muss auf die Verhältnisse am 15.05.1997 – dem Zeitpunkt des Inkrafttretens der ursprünglichen Novel-Food-VO – abgestellt werden (Art. 3 (2) lit. a Novel-Food-VO n. F.). Dabei ist eine Prüfung anhand aller Umstände des Einzelfalls vorzunehmen.[896]

483 Mit der Voraussetzung der Verwendung für den menschlichen Verzehr in nicht nennenswertem Umfang sind die durch in diesem Sinne neuartige Lebensmittel und Zutaten begründeten Gefahren für die Gesundheit der Bevölkerung angesprochen. Danach ist davon auszugehen, dass ein zur Annahme der Neuartigkeit des betreffenden Lebensmittels oder der betreffenden Zutat führender Verzehr durch Menschen in einer nicht erheblichen Menge dann anzunehmen ist, wenn das betreffende Lebensmittel oder die Zutat in einem so geringen Umfang verzehrt worden ist, dass durch sein Inverkehrbringen unter Berücksichtigung aller Umstände des Einzelfalls ernst zu nehmende Folgen für die Gesundheit der Bevölkerung nicht auszuschließen sind. Eine in diesem Sinne erhebliche Menge der Verwendung für den menschlichen Verzehr ist dementsprechend gegeben, wenn es nach dem Umfang, in dem das betreffende Mittel von Menschen verzehrt worden ist, zum Schutz der Gesundheit der Bevölkerung nicht (mehr) erforderlich erscheint, das Inverkehrbringen in der Gemeinschaft erst nach einer Sicherheitsprüfung nach den Bestimmungen der Novel-Food-VO zuzulassen.[897]

484 Es kommt dabei darauf an, ob Lebensmittel in der dem beanstandeten Produkt entsprechenden Form für den menschlichen Verzehr verwendet worden sind; es genügt nicht, dass sich Produkte mit vergleichbaren Inhaltsstoffen auf dem Markt befunden haben.

---

893 BGH, 16.04.2015, I ZR 27/14, GRUR 2015, 1140 Rn. 19 – *Bohnengewächsextrakt.*
894 BGH, 22.11.2007, I ZR 77/05, GRUR 2008, 625 Rn. 11 – *Fruchtextrakt.*
895 Vgl. BGH, 13.09.2012, I ZR 230/11, GRUR 2013, 401 Rn. 59 – *Biomineralwasser* (zu § 1 *ÖkoKennzG*).
896 BGH, 16.04.2015, I ZR 27/14, GRUR 2015, 1140 Rn. 21 – *Bohnengewächsextrakt.*
897 BGH, 22.11.2007, I ZR 77/05, GRUR 2008, 625 Rn. 22 – *Fruchtextrakt.*

Bei der Beurteilung eines Lebensmittels oder einer Lebensmittelzutat ist das hierfür verwendete Herstellungsverfahren zu berücksichtigen, weil der Herstellungsvorgang in der Struktur eines Lebensmittels zu physikalischen, chemischen oder biologischen Änderungen der verwendeten Zutaten mit möglicherweise schwerwiegenden Folgen für die öffentliche Gesundheit führen kann. Die Prüfung, welche Folgen dieser Vorgang hat, ist bei Anwendung der Novel-Food-VO selbst dann geboten, wenn das Enderzeugnis aus Zutaten besteht, die jeweils für sich genommen die Voraussetzung des Art. 1 (2) der Novel-Food-VO a. F. erfüllen oder unbedenklich sind.[898]

Dabei bezieht sich die Voraussetzung, dass das Lebensmittel oder die Lebensmittelzutat **485** bisher noch nicht in nennenswertem Umfang für den menschlichen Verzehr verwendet worden ist, auf die Verwendung für den Verzehr im Sinne der Aufnahme durch den Menschen. Sie ist erfüllt, wenn das betreffende Lebensmittel oder die betreffende Lebensmittelzutat vor dem Bezugszeitpunkt von Menschen nicht in erheblicher Menge verzehrt worden ist. In diesem Zusammenhang ist der Umstand, dass das betreffende Lebensmittel oder die betreffende Zutat vor dem Bezugszeitpunkt auf dem Markt eines Mitgliedstaats oder mehrerer Mitgliedstaaten vertrieben worden ist, (lediglich mit) von Bedeutung.[899]

3. Darlegungs- und Beweislast

Grundsätzlich hat der Anspruchsteller die seinen Anspruch begründenden Tatsachen. **486** darzulegen und zu beweisen. Dazu gehören die Darlegung und der Beweis der negativen Tatsache, dass es sich bei dem beanstandeten Produkt um Lebensmittel oder Lebensmittelzutaten handelt, die vor dem Stichtag 15.05.1997 in der Union nicht in nennenswertem Umfang für den menschlichen Verzehr verwendet worden sind. Dabei trifft aber den Anspruchsgegner eine sekundäre Darlegungslast. An den Beweis einer negativen Tatsache dürfen keine unerfüllbaren Anforderungen gestellt werden. Außerdem hat der Anspruchsgegner als Lebensmittelunternehmer nach Art. 17 (1) der Lebensmittel-Basis-VO[900] Sorge dafür zu tragen, dass die von ihr beworbenen und vertriebenen Lebensmittel die Anforderungen des Lebensmittelrechts erfüllen. Ihm müssen daher die betreffenden Informationen bereits vorliegen. Andererseits dürfen die Anforderungen an die sekundäre Darlegungslast nicht so hoch sein, dass es im Ergebnis zu einer Umkehr der Beweislast zu Lasten des Anspruchsgegners kommt. Genügt der Anspruchsgegner seiner sekundären Darlegungslast durch substantiierten Vortrag, muss der Anspruchsteller seinerseits sein Vorbringen konkretisieren und auf den gegenteiligen Vortrag – gegebenenfalls unter Beweisantritt – eingehen.[901]

898 BGH, 16.04.2015, I ZR 27/14, GRUR 2015, 1140 Rn. 26 – *Bohnengewächsextrakt*.
899 BGH, 04.12.2008, I ZR 100/06, GRUR 2009, 413 Rn. 28 ff. – *Erfokol-Kapseln*.
900 Verordnung (EG) Nr. 178/2002 zur Festlegung der allgemeinen Grundsätze und Anforderungen des Lebensmittelrechts, zur Errichtung der Europäischen Behörde für Lebensmittelsicherheit und zur Festlegung von Verfahren zur Lebensmittelsicherheit.
901 BGH, 22.11.2007, I ZR 77/05, GRUR 2008, 625 Rn. 19 – *Fruchtextrakt*; BGH, 16.04.2015, I ZR 27/14, GRUR 2015, 1140 Rn. 22, 32 – *Bohnengewächsextrakt*.

487 Die Arbeitsgruppe »Novel Food«, die regelmäßig von der Europäischen Kommission einberufen wird, befasst sich mit der Frage, ob Lebensmittel oder Lebensmittelzutaten als neuartig eingestuft werden. Die Arbeitsergebnisse werden im Novel-Food-Katalog gesammelt und seit Juni 2008 von der Europäischen Kommission im Internet in englischer Sprache veröffentlicht. Die Eintragungen binden die Gerichte allerdings nicht, sondern haben lediglich indizielle Bedeutung.[902]

XLIII. Online-Beilegung verbraucherrechtlicher Streitigkeiten (ODR-Verordnung, Verordnung (EU) Nr. 524/2013 über die Online-Beilegung verbraucherrechtlicher Streitigkeiten (Verordnung über Online-Streitbeilegung in Verbraucherangelegenheiten)

488 Durch die Verordnung ist eine OS-Plattform eingerichtet worden, die die eine unabhängige, unparteiische, transparente, effektive, schnelle und faire außergerichtliche Online-Beilegung von Streitigkeiten zwischen Verbrauchern und Unternehmern ermöglichen soll (Art. 1 ODR-Verordnung). Nach Art. 14 (1) ODR-Verordnung müssen in der Union niedergelassene Unternehmer, die Online-Kaufverträge oder Online-Dienstleistungsverträge eingehen, und in der Union niedergelassene Online-Marktplätze auf ihren Websites einen Link zur OS-Plattform einstellen. In der Rechtsprechung ist umstritten, ob ein Anbieter, der auf einer Plattform tätig ist, in seinem Angebot auf der Plattform diesen Link bereitstellen muss,[903] oder ob es genügt, dass sowohl auf seiner eigenen Internetseite als auch auf der des Plattformbetreibers der Link vorhanden ist.[904] Letztere Ansicht ist besser begründet, da ein praktischer Nutzen durch die Vervielfältigung der Links nicht erkennbar ist. Ferner dürfte der fehlende Link, soweit die OS-Plattform noch keine praktische Bedeutung erlangt hat, die Interessen der Verbraucher nicht spürbar beeinträchtigen. Es mag rechtspolitisch erwünscht sein, Werbung für die OS-Plattform zu betreiben. Dies ist aber kein legitimes Anliegen des Wettbewerbsrechts.[905]

XLIV. Öko-VO (Verordnung (EG) Nr. 834/2007 über die ökologische/biologische Produktion und die Kennzeichnung von ökologischen/biologischen Erzeugnissen), Öko-Kennzeichengesetz (ÖkoKennzG)

489 Die Verordnung (EG) Nr. 834/2007 über die ökologische/biologische Produktion und die Kennzeichnung von ökologischen/biologischen Erzeugnissen (Öko-VO) erhebt den Anspruch, die Grundlage für eine nachhaltige Entwicklung der ökologischen/biologischen Produktion zu schaffen. Dabei sollen gleichzeitig ein reibungsloses Funktionieren des Binnenmarkts sichergestellt, ein fairer Wettbewerb gewährleistet, das Vertrauen der Verbraucher gewahrt und die Verbraucherinteressen geschützt werden (Art. 1 (1) 1 Öko-VO). Sie enthält dazu Vorschriften über die Produktion und den Vertrieb ökolo-

---

902 BGH, 16.04.2015, I ZR 27/14, GRUR 2015, 1140 Rn. 32 f. – *Bohnengewächsextrakt*.
903 OLG Hamm, 03.08.2017, 4 U 50/17, WRP 2017, 1240 Rn. 10.
904 OLG Dresden, 11.08.2017, 14 U 732/17, WRP 2017, 1238 Rn. 8.
905 A. A. OLG München, 22.09.2016, 29 U 2498/16, WRP 2017, 235 Rn. 9 – *OS-Plattform*; HansOLG Hamburg, 26.04.2018, 3 W 39/18, GRUR-RR 2019, 16 – *Link zur OS-Plattform*.

gisch/biologischer Erzeugnisse (Art. 1 (1) 2 lit. a Öko-VO) sowie über die Verwendung von Angaben in der Kennzeichnung und Werbung, die auf die ökologische/biologische Produktion Bezug nehmen (Art. 1 (1) 2 lit. b Öko-VO).

Nach Art. 28 (1) Unterabs. 1 lit. b der Öko-VO ist jeder Unternehmer, der Erzeugnisse **490**
im Sinn des Art. 1 (2) Öko-VO erzeugt, aufbereitet, lagert, aus einem Drittland einführt oder in Verkehr bringt, verpflichtet, vor einem Inverkehrbringen dieser Erzeugnisse als ökologisch/biologische Erzeugnisse sein Unternehmen dem **Kontrollsystem** nach Art. 27 Öko-VO zu unterstellen. Bei der Bestimmung handelt es sich um eine Marktverhaltensregelung im Sinn des Rechtsbruchtatbestandes. Sie ist auch dazu bestimmt, das Marktverhalten der Unternehmer im Interesse der Verbraucher zu regeln. Die Verpflichtung zur Unterstellung unter ein Kontrollsystem dient der Kontrolle der Einhaltung der durch die Öko-VO geschaffenen Verpflichtungen. Diese Verpflichtungen sollen unter anderem gewährleisten, dass die von der Verordnung erfassten ökologischen/biologischen Erzeugnisse der menschlichen Gesundheit nicht abträglich sind (vgl. Art. 3 lit. c Öko-VO). Art. 28 (1) Unterabs. 1 lit. b der Öko-VO dient damit auch dem Schutz der Gesundheit der Verbraucher. Es handelt sich ferner um eine Vorschrift mit Bezug in Bezug auf die Gesundheits- und Sicherheitsaspekte von Produkten im Sinn des Art. 3 (3) UGP-Richtlinie, so dass die durch die UGP-Richtlinie eingetretene Vollharmonisierung der Anwendung des § 3a nicht entgegensteht. Ein Verstoß soll nach Ansicht des Bundesgerichtshofs auch »ohne weiteres« geeignet sein, Verbraucherinteressen spürbar zu beeinträchtigen.[906]

Nach Art. 28 (2) Öko-VO können die Mitgliedstaaten Unternehmer, die Erzeugnisse **491**
direkt an Endverbraucher oder -nutzer verkaufen, von der Anwendung dieses Artikels befreien. Von dieser Möglichkeit hat Deutschland in § 3 Abs. 2 des Gesetzes zur Durchführung der Rechtsakte der Europäischen Union auf dem Gebiet des ökologischen Landbaus Gebrauch gemacht. Erzeugnisse werden nur dann im Sinne dieser Bestimmung »direkt« an den Endverbraucher oder -nutzer verkauft, wenn der Verkauf unter gleichzeitiger Anwesenheit des Unternehmers oder seines Verkaufspersonals und des Endverbrauchers erfolgt. Der Internet-Versandhandel fällt daher nicht unter die Ausnahmebestimmung.[907]

Der Durchführung der Bestimmungen über die **Kennzeichnung von biologischen/** **492**
ökologischen Erzeugnissen dient das Gesetz zur Einführung und Verwendung eines Kennzeichens für Erzeugnisse des ökologischen Landbaus (Öko-KennzeichenG). § 1 Abs. 2 Nr. 1 Öko-KennzeichenG untersagt die missbräuchliche Verwendung des Öko-Kennzeichens. Nach § 1 Abs. 2 Nr. 2 Öko-KennzeichenG ist es verboten, ein Erzeugnis oder einen sonstigen Gegenstand mit einer dem Öko-Kennzeichen nachgemachten Kennzeichnung in Verkehr zu bringen, wenn die Kennzeichnung zur Irreführung über die Art der Erzeugung, die Zusammensetzung oder andere verkehrswesentliche Eigenschaften des gekennzeichneten Erzeugnisses oder Gegenstands geeignet ist. Wegen des

906 BGH, 24.03.2016, I ZR 243/14, GRUR 2016, 833 Rn. 9 ff. – *Bio-Gewürze.*
907 EuGH, 12.10.2017, C-289/16, GRUR 2017, 1277 Rn. 34 – *Wettbewerbszentrale/Kamin und Grill Shop*; BGH, 29.03.2018, I ZR 243/14, GRUR 2018, 745 Rn. 29 – *Bio-Gewürze II.*

damit bezweckten Schutzes der Verbraucher vor Irreführung handelt es sich bei dieser Bestimmung um eine Marktverhaltensregelung im Sinn des Rechtsbruchtatbestandes. Zum Inverkehrbringen im Sinn der Bestimmung gehört auch die produktbezogene Werbung.[908] Da es sich um eine spezielle Ausprägung des Irreführungstatbestandes handelt, ist eine bewusste Nachahmung des Öko-Kennzeichnens nicht erforderlich.[909]

XLV. Ordnungswidrigkeitengesetz (OWiG)

493 Zu den Vorschriften, die im Interesse der Verbraucher das Marktverhalten von Unternehmen bestimmen, gehören auch §§ 119 Abs. 1, 120 Abs. I Nr. 2 OWiG. Die Vorschriften sanktionieren als Ordnungswidrigkeiten mit einer Geldbuße unter bestimmten Voraussetzungen das öffentliche Anbieten, Anpreisen und Ankündigen der Gelegenheit zu sexuellen Handlungen. Sie enthalten Werbebeschränkungen und haben damit einen auch unmittelbar das Marktverhalten von Unternehmen regelnden Charakter. Denn durch sie ist jede Werbung, die die Voraussetzungen der §§ 119, 120 erfüllt, untersagt und mit einer Geldbuße belegt.[910] Allerdings sind diese Vorschriften im Licht einer gewandelten Einstellung zur Prostitution, wie sie unter anderem in der Schaffung des ProstitutionsG zum Ausdruck gekommen ist, einschränkend auszulegen. Das Verbot ist daher auf Fälle zu beschränken, in denen durch die Werbung eine konkrete Beeinträchtigung von Rechtsgütern der Allgemeinheit, insbesondere des Jugendschutzes, eintritt.[911]

XLVI. PersonenbeförderungsG (PBefG)

1. Einleitung

494 Die Personenbeförderung mit Kraftfahrzeugen im Linien- und Gelegenheitsverkehr ist nach § 2 Abs. 1 1 PBefG genehmigungspflichtig. Die Genehmigungspflicht dient nicht nur dem Interesse der Beförderungsunternehmen an einem unverfälschten Wettbewerb, sondern auch dem Verbraucherschutz, weil dadurch gewährleistet wird, dass der Betrieb des Unternehmens, seine Ausrüstung und die Beschaffenheit der Fahrzeuge sowie die Verkehrskenntnisse der Fahrer das Vertrauen in eine sichere und ordnungsgemäße Beförderung rechtfertigen können. Es handelt sich daher um eine Marktverhaltensregelung im Sinn des § 3a.[912]

495 Nicht erforderlich ist die Genehmigung für Beförderungen mit Kraftfahrzeugen, die unentgeltlich sind oder bei denen das Gesamtentgelt die Betriebskosten der Fahrt nicht übersteigt (§ 1 Abs. 2 1 Nr. 1 PBefG). Durch diese Ausnahmeregelungen sollen in erster Linie Gefälligkeitsfahrten, wie beispielsweise die Mitnahme von Bekannten oder von Arbeitskollegen, privilegiert werden. Der Anbieter von »UberPop« konnte sich nicht auf diese Ausnahmebestimmung berufen, da die von ihm für Fahrten in Rech-

---

908 BGH, 13.09.2012, I ZR 230/11, GRUR 2013, 401 Rn. 59 – *Biomineralwasser.*
909 BGH, 13.09.2012, I ZR 230/11, GRUR 2013, 401 Rn. 68 – *Biomineralwasser.*
910 *BGH, 13.07.2006, I ZR 241/03,* GRUR 2006, 1043 Rn. 18 – *Kontaktanzeigen.*
911 BGH, 13.07.2006, I ZR 241/03, GRUR 2006, 1043 Rn. 24 f. – *Kontaktanzeigen.*
912 OLG Frankfurt, 09.06.2016, 6 U 73/15, GRUR-RR 2017, 17 Rn. 50 – *UBER POP.*

nung gestellten Entgelte die unmittelbaren Betriebskosten der Fahrzeuge um ein Mehrfaches überschritten.[913]

Unternehmer im Sinn des Personenbeförderungsgesetzes ist derjenige, der den Verkehr im eigenen Namen unter eigener Verantwortung und für eigene Rechnung betreibt (§ 3 Abs. 2 1 PBefG). Die **Unternehmereigenschaft** knüpft an die Beförderung an. Wer Beförderungsleistungen nur vermittelt, ist nicht Unternehmer im Sinne des Gesetzes. Für die Feststellung der Unternehmereigenschaft kommt es nicht darauf an, ob der Unternehmer eigene Fahrzeuge besitzt. Entscheidend ist vielmehr, wer die Verfügungsgewalt über die Fahrzeuge und Einrichtungen sowie über das Betriebspersonal innehat. Dafür kommt es auf die Vertragsgestaltung und auf deren Durchführung an. Maßgeblich ist in erster Linie, wer aus Sicht der Fahrgäste der Erbringer der Dienstleistung ist.[914] Für den Anbieter von »Uber« ist zweifelhaft, ob er Unternehmer im Sinn dieser Bestimmung ist; er ist aber jedenfalls für Verstöße der die Fahrten anbietenden Fahrer als Gehilfe oder Anstifter verantwortlich.[915] **496**

Nicht erfasst wird dagegen die reine Vermittlung von Taxifahrten.[916] Der Anbieter einer »Taxi-App«, der Kunden einen erheblichen Rabatt auf Taxifahrten gewährt, ist daher selber kein Anbieter.[917] **497**

2. Verkehr mit Taxen

Als Gelegenheitsverkehr ist – neben Ausflugsfahrten und Reisen sowie Mietfahrzeugen – der Verkehr mit Taxen zulässig. Taxen dürfen dabei grundsätzlich nur in der Gemeinde bereitgehalten werden, in der der Unternehmer seinen Betriebssitz hat (§ 47 Abs. 2 1 PBefG). Nur auf vorherige Bestellung dürfen Fahrten auch von anderen Gemeinden aus durchgeführt werden (§ 47 Abs. 2 2 PBefG). Zweck dieser Bestimmungen ist es, eine Umgehung des Genehmigungserfordernisses gemäß § 13 Abs. 1 und Abs. 4 PBefG zu verhindern. Nach § 13 Abs. 4 PBefG ist die Genehmigung zum Verkehr mit Taxen zu versagen, wenn ihre Erteilung die Funktionsfähigkeit des örtlichen Taxengewerbes bedrohen würde. Diese Zulassungsschranke würde ausgehöhlt, wenn uneingeschränkt Fahrten in einem bestimmten Konzessionsgebiet auch durch in anderen Gebieten konzessionierte Taxen ausgeführt werden dürften. Bei § 47 Abs. 2 PBefG handelt es sich, wie auch bei dem Genehmigungserfordernis des § 13 PBefG, um Marktverhaltensregelungen im Sinn des Rechtsbruchtatbestandes. Sie regeln das Marktverhalten der Taxiunternehmer, indem sie festlegen, wo welche Taxen eingesetzt werden dürfen. Sie sind dazu bestimmt, auch im Interesse der Marktteilnehmer, nämlich der **498**

913 *OLG Frankfurt, 09.06.2016,* 6 U 73/15, GRUR-RR 2017, 17 Rn. 32 – *UBER POP*; OVG Hamburg, 24.09.2014, 3 Bs 175/14, NVwZ 2014, 1528 Rn. 10.

914 OLG Frankfurt, 09.06.2016, 6 U 73/15, GRUR-RR 2017, 17 Rn. 39 f. – *UBER POP*; OLG Stuttgart, 19.11.2015, 2 U 88/15, WRP 2016, 240 Rn. 64 ff. – *Rabattaktion von mytaxi.*

915 BGH, 13.12.2018, I ZR 3/16, juris Rn. 62 ff. – *Uber Black II*; KG, 11.12.2015, 5 U 31/15, GRUR-RR 2016, 84 Rn. 50 ff. – *UBER Black*; OLG Frankfurt, 09.06.2016, 6 U 73/15, GRUR-RR 2017, 17 Rn. 45 – *UBER POP.*

916 BGH, 29.03.2018, I ZR 34/17, GRUR 2018, 946 Rn. 18 – *Bonus Aktion für Taxi App.*

917 OLG Stuttgart, 19.11.2015, 2 U 88/15, WRP 2016, 240 Rn. 66 – *Rabattaktion von mytaxi.*

Verbraucher und Mitbewerber, ein funktionsfähiges örtliches Taxigewerbe zu erhalten.[918]

499 Gleiches gilt für § 47 Abs. 1 PBefG. Ihrem Wortlaut nach stellt die Vorschrift eine Definition des Taxiverkehrs dar, der als die Beförderung von Personen mit Personenkraftwagen, die der Unternehmer an behördlich zugelassenen Stellen bereithält und mit denen er Fahrten zu einem vom Fahrgast bestimmten Ziel ausführt, bestimmt wird. Zugleich enthält die Vorschrift aber das Verbot, Taxen außerhalb behördlich zugelassener Taxistände bereit zu halten. Bei der Vorschrift handelt es sich um eine Regelung der Berufsausübung, die der Wahrung der Chancengleichheit der Taxiunternehmer beim Wettbewerb um Fahraufträge dient. Sie stellt daher wie §§ 47 Abs. 2, 49 Abs. 4 PBefG eine Marktverhaltensregelung dar.[919]

500 Die Regelungen der §§ 51 Abs. 5, 39 Abs. 3 PBefG zur Tarifpflicht im Taxiverkehr sind Marktverhaltensregelungen im Sinne von § 3a UWG. Mit den Beförderungstarifen wird das Marktverhalten der Taxiunternehmen geregelt. Diese Regelung erfolgt auch im Interesse der Marktteilnehmer. Durch die im Personenbeförderungsgesetz vorgesehenen Beförderungsentgelte mit Festpreischarakter soll im Interesse der Gesamtwirtschaft und der Ordnung im Verkehr eine unerlässliche Koordinierung der Beförderungsentgelte der einzelnen Verkehrsträger untereinander und im Verhältnis zum Schienenverkehr erreicht werden. Schutzgut des Personenbeförderungsgesetzes ist auch ein funktionsfähiges örtliches Taxigewerbe, dem nach § 8 Abs. 1 und Abs. 3 PBefG eine ergänzende und unterstützende Funktion für den öffentlichen Personennahverkehr zukommt. Dementsprechend darf die Genehmigung zum Verkehr mit Taxen nur erteilt werden, wenn dadurch das örtliche Taxengewerbe nicht in seiner Funktionsfähigkeit bedroht wird (§ 13 Abs. 4 1 PBefG). Die Regelungen zur Tarifpflicht für den Taxiverkehr sind ebenfalls zumindest auch dazu bestimmt, im Interesse der Marktteilnehmer, nämlich der Verbraucher und Mitbewerber, einen unbilligen und ruinösen Wettbewerb unter den Beförderungsunternehmen zu verhindern und so ein funktionsfähiges örtliches Taxigewerbe zu erhalten.[920] Ein Verstoß gegen die Tarifpflicht liegt aber nicht vor, wenn dem Taxiunternehmer ein Teil des Fahrpreises im Rahmen einer Rabattaktion von einem Dritten gezahlt wird. Maßgeblich ist allein, dass der Taxiunternehmer den vollen Tarifbetrag erhält; es ist nicht erforderlich, dass dem eine entsprechende Vermögensminderung beim Fahrgast gegenübersteht. Zulässig ist es auch, wenn ein Teil des Entgelts als Provision an einen Vermittler fließt, da dieser dem Taxiunternehmer eine geldwerte Leistung erbracht hat.[921] Möglich bleibt allenfalls eine Haftung unter dem Aspekt des Verdrängungswettbewerbs (§ 4 Nr. 4).[922]

---

918 BGH, 18.10.2012, I ZR 191/11, GRUR 2013, 412 Rn. 15 f. – *Taxibestellung*.
919 BGH, 06.04.2017, I ZR 33/16, GRUR 2017, 926 Rn. 11 – *Anwaltsabmahnung II*.
920 BGH, 29.03.2018, I ZR 34/17, GRUR 2018, 946 Rn. 21 f. – *Bonus Aktion für Taxi App*.
921 BGH, 29.03.2018, I ZR 34/17, GRUR 2018, 946 Rn. 24 ff. – *Bonus Aktion für Taxi App*.
922 OLG Köln, 17.12.2016, 6 W 134/15; in BGH, 29.03.2018, I ZR 34/17, GRUR 2018, 946 Rn. 44 ff. – *Bonus Aktion für Taxi App* lagen die tatsächlichen Voraussetzungen der Vorschrift nicht vor.

Keine Marktverhaltensregelung stellt dagegen die Bestimmung des § 13 Abs. 4 PBefG dar, nach der die Genehmigung für den Taxenverkehr zu versagen ist, wenn die öffentlichen Verkehrsinteressen dadurch beeinträchtigt werden, dass durch die Ausübung des beantragten Verkehrs das örtliche Taxengewerbe in seiner Funktionsfähigkeit bedroht wird. Dies ist als objektive Zulassungsschranke eine reine Marktzutrittsregelung.[923] **501**

3. Verkehr mit Mietwagen

Nach § 49 Abs. 4 1 PBefG ist Verkehr mit Mietwagen die Beförderung von Personen mit Personenkraftwagen, die nur im ganzen zur Beförderung gemietet werden und mit denen der Unternehmer Fahrten ausführt, deren Zweck, Ziel und Ablauf der Mieter bestimmt und die nicht Verkehr mit Taxen nach § 47 PBefG sind. Mit Mietwagen dürfen nur Beförderungsaufträge ausgeführt werden, die am Betriebssitz oder in der Wohnung des Unternehmers eingegangen sind (§ 49 Abs. 4 2 PBefG). Nach Ausführung des Beförderungsauftrages hat der Mietwagen unverzüglich zum Betriebssitz zurückzukehren, es sei denn, er hat vor der Fahrt von seinem Betriebssitz oder der Wohnung oder während der Fahrt fernmündlich einen neuen Beförderungsauftrag erhalten (§ 49 Abs. 4 3 PBefG). Grundlegend für die Auslegung dieser Bestimmungen ist die Absicht des Gesetzgebers, eine klare Abgrenzung zwischen Taxen- und Mietwagenverkehr zu schaffen. Der Begriff des Taxiverkehrs ist dabei dadurch gekennzeichnet, dass Fahrgäste auf öffentlichen Straßen und Plätzen bereitgestellten oder vorbeifahrenden Taxen einen Beförderungsauftrag zur unmittelbaren Ausführung, aber auch unter Verwendung von Telefon oder durch Funkvermittlung erteilen können. Das Personenbeförderungsgesetz sieht damit als entscheidendes Abgrenzungsmerkmal zwischen Taxen- und Mietwagenverkehr an, dass die unmittelbare Annahme von Beförderungsaufträgen durch den Fahrer während der Fahrt Taxen vorbehalten ist.[924] **502**

Der Anwendung des § 3a UWG in Verbindung mit § 49 Abs. 4 PBefG steht nicht entgegen, dass die Richtlinie 2005/29/EG, die in ihrem Anwendungsbereich (Art. 3 der Richtlinie) zu einer vollständigen Harmonisierung des Lauterkeitsrechts geführt hat (Art. 4 der Richtlinie), keinen vergleichbaren Unlauterkeitstatbestand kennt. Die Richtlinie gilt nur für das Verhältnis von Unternehmern zu Verbrauchern, nicht dagegen für deren Verhältnis zu Mitbewerbern und sonstigen Marktteilnehmern. § 49 Abs. 4 PBefG regelt allein den Wettbewerb der Mietwagenunternehmer untereinander sowie den Wettbewerb zwischen Mietwagen- und Taxiunternehmen.[925] Verfassungsrechtliche Bedenken gegen die Bestimmung bestehen nicht;[926] inwieweit sie mit dem Unionsrecht, insbesondere mit den Vorschriften zur Dienstleistungsfreiheit in Art. 56 Abs. 1 AEUV und der Richtlinie 2006/123/EG über Dienstleistungen im Binnenmarkt vereinbar ist, war Gegenstand eines Vorlageverfahrens bei dem Europäischen Gerichts- **503**

923 BGH, 15.01.2009, I ZR 141/06, GRUR 2009, 881 Rn. 13 – *Überregionaler Krankentransport.*
924 BGH, 18.05.2017, I ZR 3/16, GRUR 2017, 743 Rn. 20 – *Uber Black.*
925 BGH, 18.05.2017, I ZR 3/16, GRUR 2017, 743 Rn. 15 – *Uber Black.*
926 BGH, 18.05.2017, I ZR 3/16, GRUR 2017, 743 Rn. 22 f. – *Uber Black*; BGH, 13.12.2018, I ZR 3/16, juris Rn. 37 ff. – *Uber Black II.*

hof.[927] In einem parallelen Vorlageverfahren eines spanischen Gerichts hat der Europäische Gerichtshof entschieden, dass auf den Vermittlungsdienst »Uber« weder die Richtlinie 2006/123/EG noch Art. 56 Abs. 1 AEUV anwendbar sind, da es sich um eine Verkehrsdienstleistung handele, die von den genannten Bestimmungen nicht erfasst werde. Beim gegenwärtigen Stand des Unionsrechts sei es Sache der Mitgliedstaaten, die Bedingungen zu regeln, unter denen solche Vermittlungsdienste unter Beachtung der allgemeinen Vorschriften des AEU-Vertrags erbracht werden können.[928] Daraufhin hat der Bundesgerichtshof sein Vorabentscheidungsersuchen zurückgenommen und entschieden, dass ein auf § 49 Abs. 4 PBefG gestütztes Verbot mit den Vorschriften zur Dienstleistungsfreiheit in Art. 56 (1) AEUV und der Richtlinie 2006/123/EG vereinbar ist.[929]

504 Gemäß § 49 Abs. 4 2 PBefG dürfen Mietwagen nur Beförderungsaufträge ausführen, die am Betriebssitz oder in der Wohnung des Unternehmers eingegangen sind. Nach Ausführung des Beförderungsauftrags hat der Mietwagen unverzüglich zum Betriebssitz zurückzukehren, es sei denn, er hat vor der Fahrt von seinem Betriebssitz oder während der Fahrt fernmündlich einen neuen Beförderungsauftrag erhalten (§ 49 Abs. 4 3 PBefG). Aus diesen Bestimmungen folgt, dass Mietwagen nur Beförderungsaufträge ausführen dürfen, die zuvor am Betriebssitz des Unternehmers eingegangen sind. Aus dem Zusammenhang der in § 49 Abs. 4 PBefG getroffenen Regelungen ergibt sich, dass es sich bei den fernmündlich während der Fahrt erhaltenen Beförderungsaufträgen im Sinne von Satz 3 dieser Bestimmung nur um solche handeln kann, die zuvor gemäß Satz 2 am Betriebssitz des Unternehmers eingegangen sind und dem Fahrer von dort mitgeteilt wurden. Dabei erfasst der Übermittlungsweg »fernmündlich« zwar im Hinblick auf die technische Entwicklung ohne weiteres auch die Benachrichtigung des Fahrers per E-Mail, SMS oder auf einem anderen Weg mobiler Kommunikation (wie beispielsweise einer Smartphone-Applikation). Unverändert gilt aber nach wie vor, dass der Beförderungsauftrag nicht unmittelbar dem Fahrer erteilt werden darf, sondern zuerst am Betriebssitz des Unternehmens eingehen muss. Nur dieses Verständnis ist mit der Zielsetzung des Gesetzgebers vereinbar, durch § 49 Abs. 4 PBefG eine klare Abgrenzung zwischen Taxi- und Mietwagenverkehr zu ermöglichen.[930] Auch § 49 Abs. 4 2 PBefG stellt eine Marktverhaltensregel dar.[931]

505 Bei der in § 49 Abs. 4 3 PBefG geregelten **Rückkehrpflicht** handelt es sich um eine Marktverhaltensregelung im Sinn des Rechtsbruchtatbestandes. Sie hat den Zweck, die taxiähnliche Betätigung durch Mietwagenunternehmer zu unterbinden und wirkt sich sowohl auf den Wettbewerb der Mietwagenunternehmen untereinander als auch auf

927 BGH, 18.05.2017, I ZR 3/16, GRUR 2017, 743 Rn. 30 – *Uber Black.*
928 EuGH, 20.12.2017, C-434/15, GRUR 2018, 308 Rn. 43 ff. – *Asociación Profesional Elite Taxi/ Uber Systems SpainSL.*
929 BGH, 13.12.2018, I ZR 3/16, juris Rn. 45 – *Uber Black II.*
930 BGH, 18.05.2017, I ZR 3/16, GRUR 2017, 743 Rn. 20 f. – *Uber Black*; BGH, 13.12.2018, I ZR 3/16, juris Rn. 34 – *Uber Black II.*
931 BGH, 13.12.2018, I ZR 3/16, juris Rn. 29 – *Uber Black II.*

den Wettbewerb zwischen Mietwagen- und Taxiunternehmen unmittelbar aus.[932] Nach § 49 Abs. 4 3 PBefG hat der Mietwagen nach Ausführung des Beförderungsauftrags unverzüglich zum Betriebssitz des Mietwagenunternehmens zurückzukehren, es sei denn, er hat vor der Fahrt von seinem Betriebssitz oder der Wohnung oder während der Fahrt fernmündlich einen neuen Beförderungsauftrag erhalten. Ein Verstoß gegen diese Bestimmung liegt demnach regelmäßig vor, wenn der Mietwagenfahrer nach Ausführung eines Beförderungsauftrags nicht unverzüglich zum Betriebssitz zurückkehrt. Dies gilt nur ausnahmsweise nicht, wenn ihm zuvor in der genannten Weise ein neuer Beförderungsauftrag erteilt worden ist.[933]

Das Rückkehrgebot ist nicht Selbstzweck. Es soll vielmehr auf wirksame Weise unter- **506**
binden, dass Mietwagen nach Beendigung eines Beförderungsauftrags taxiähnlich auf öffentlichen Straßen und Plätzen bereitgestellt werden und dort Beförderungsaufträge annehmen. Dabei ist aber zu gewährleisten, dass ein sinnvoller Einsatz des Mietwagens möglich bleiben muss und sachlich nicht gebotene Rückfahrten zum oder in Richtung auf den Betriebssitz vermieden werden.[934] Eine Rückkehrpflicht besteht daher nur, solange der Mietwagen für Beförderungsaufträge bereit steht. Dies ist solange der Fall, wie sich der Fahrer des Mietwagens im Dienst befindet einschließlich der vom Mietwagenfahrer eingelegten Pausen. Nach dem Ende der Arbeitszeit des Fahrers besteht dagegen keine Gefahr, dass mit dem Mietwagen bei Ausführung eines neuen Auftrags Anfahrtszeiten erspart werden. Der Mietwagen muss daher außerhalb der Arbeitszeit des Fahrers nicht am Betriebssitz verbleiben, sondern kann von dem Fahrer zu privaten Zwecken, einschließlich der Fahrt von und zu seiner Wohnung benutzt werden.[935]

Nach § 49 Abs. 4 5 PBefG darf **Werbung für Mietwagenverkehr** nicht geeignet sein, **507**
zur Verwechslung mit dem Taxenverkehr zu führen. Auch diese Vorschrift ist eine Marktverhaltensregelung im Sinn des Rechtsbruchtatbestandes. Sie bezweckt, den mit besonderen Pflichten verbundenen Betrieb des Taxenverkehrs in gewissem Umfang vor der Konkurrenz des weniger belasteten Mietwagenverkehrs zu schützen. § 49 Abs. 4 5 PBefG soll Wettbewerbsverzerrungen zwischen beiden Betriebsarten vermeiden, zu denen es käme, wenn der Mietwagenverkehr für das breite Publikum nicht mehr ohne weiteres vom Taxenverkehr zu unterscheiden wäre.[936]

XLVII. Pflanzenschutzmittel-VO (Verordnung (EG) Nr. 1107/2009 über das Inverkehrbringen von Pflanzenschutzmitteln), PflanzenschutzG (PflSchG)

1. Einleitung

Nach Art. 28 (1) der Verordnung (EG) Nr. 1107/2009 über das Inverkehrbringen von **508**
Pflanzenschutzmitteln (Pflanzenschutzmittel-VO) darf ein Pflanzenschutzmittel nur in

932 BGH, 30.04.2015, I ZR 196/13, GRUR 2015, 1235 Rn. 12 – *Rückkehrpflicht V.*
933 BGH, 30.04.2015, I ZR 196/13, GRUR 2015, 1235 Rn. 14 – *Rückkehrpflicht V.*
934 BGH, 30.04.2015, I ZR 196/13, GRUR 2015, 1235 Rn. 22 – *Rückkehrpflicht V.*
935 BGH, 30.04.2015, I ZR 196/13, GRUR 2015, 1235 Rn. 23 – *Rückkehrpflicht V.*
936 BGH, 24.11.2011, I ZR 154/10, GRUR 2012, 645 Rn. 12 – *Mietwagenwerbung.*

Verkehr gebracht oder verwendet werden, wenn es über eine Zulassung verfügt. Der Durchführung dieser Bestimmung dient § 28 Pflanzenschutzgesetz (PflSchG), der nach seinem Wortlaut kein eigenständiges Verbot des Inverkehrbringens nicht zugelassener Pflanzenschutzmittel enthält. Dies ist aber auch nicht erforderlich, da Art. 28 (1) der Pflanzenschutzmittel-VO unmittelbar geltendes Recht darstellt.

509 Die Zulassungsbestimmungen des Pflanzenschutzrechts stellen im Hinblick darauf, dass sie gemäß § 1 Nr. 3 PflSchG dem Schutz der Gesundheit der Verbraucher dienen, Marktverhaltensregelungen im Sinn des Rechtsbruchtatbestandes dar.[937] Für die Pflanzenschutzmittel-VO ergibt sich dies aus Art. 1 (2) Unterabs. 1, nach dem das Ziel der Verordnung die Gewährleistung eines hohen Schutzniveaus für die Gesundheit von Mensch und Tier und für die Umwelt und das bessere Funktionieren des Binnenmarkts durch die Harmonisierung der Vorschriften für das Inverkehrbringen von Pflanzenschutzmitteln und die Verbesserung der landwirtschaftlichen Produktion ist. Der Bundesgerichtshof hat aus § 1 Nr. 4 PflSchG a. F. (entspricht § 1 Nr. 3 PflSchG n. F.) abgeleitet, die Bestimmungen des Pflanzenschutzgesetzes würden dem Schutz der Verbraucher, nicht aber dem Schutz der Interessen der Mitbewerber dienen.[938] Für die Pflanzenschutzmittel-VO erscheint dies zweifelhaft, da sie nach Erwägungsgrund 9 ausdrücklich auch den Zweck verfolgt, den freien Verkehr von Pflanzenschutzmitteln und deren Verfügbarkeit in den Mitgliedstaaten zu verbessern.

510 Die durch die UGP-Richtlinie eingetretene Vollharmonisierung steht der Anwendung des § 3a in Verbindung mit den Bestimmungen des Pflanzenschutzrechts nicht entgegen, da es sich um Bestimmungen handelt, die Gesundheits- und Sicherheitsaspekte von Produkten in unionsrechtskonformer Weise regeln und die daher gemäß Art. 3 (3) nicht in den Anwendungsbereich der UGP-Richtlinie fallen.[939] Für die Pflanzenschutzmittel-VO folgt dies auch aus Art. 3 (4) UGP-Richtlinie, da es sich um eine speziellere Rechtsvorschrift des Unionsrechts handelt.

511 Verstöße gegen die Bestimmungen sind nach Ansicht des Bundesgerichtshofs grundsätzlich geeignet, die Interessen der Verbraucher spürbar zu beeinträchtigen.[940] Selbst das Angebot eines nicht zugelassenen Mittels in einem einzigen Fall, das nicht einmal dazu führte, dass das Mittel in den Verkehr gelangt ist, soll bereits für einen spürbaren Verstoß genügen.[941]

2. Zulassungspflicht

512 Für das Inverkehrbringen eines Pflanzenschutzmittels ist grundsätzlich eine Zulassung nach Art. 28 (1) der Pflanzenschutzmittel-VO erforderlich. Diese ist nur dann entbehrlich, wenn eine für den Parallelhandel erteilte Genehmigung nach Art. 52 der Pflan-

---

937 BGH, 11.06.2015, I ZR 226/13, GRUR 2016, 88 Rn. 22 – *Deltamethrin.*
938 BGH, 06.10.2011, I ZR 117/10, GRUR 2012, 407 Rn. 37 – *Delan.*
939 BGH, 02.02.2012, I ZR 81/10, GRUR 2012, 945 Rn. 29 – *Tribenuronmethyl.*
940 BGH, 11.06.2015, I ZR 226/13, GRUR 2016, 88 Rn. 22 – *Deltamethrin.*
941 BGH, 10.02.2011, I ZR 8/09, GRUR 2011, 842 Rn. 21 – *RC-Netzmittel.*

zenschutzmittel-VO vorliegt, oder wenn es sich um einen Reimport handelt, für den es keiner gesonderten Zulassung bedarf (§ 46 Abs. 1 1 PflSchG).[942]

Nach Art. 52 (1) Pflanzenschutzmittel-VO kann ein Pflanzenschutzmittel, das in einem Mitgliedstaat (Ursprungsmitgliedstaat) zugelassen ist, in einen anderen Mitgliedstaat (nur) dann eingeführt und dort in Verkehr gebracht oder verwendet werden (Einfuhrmitgliedstaat), wenn dieser Mitgliedstaat feststellt, dass das Pflanzenschutzmittel in seiner Zusammensetzung mit einem Pflanzenschutzmittel identisch ist, das in seinem Gebiet bereits zugelassen ist (Referenzmittel). Pflanzenschutzmittel gelten nach Art. 52 (3) der Pflanzenschutzmittel-VO als identisch mit dem Referenzmittel, wenn sie von demselben Unternehmen oder einem angeschlossenen Unternehmen oder unter Lizenz nach demselben Verfahren hergestellt wurden, in Spezifikation und Gehalt an Wirkstoffen, Safenern und Synergisten sowie in Formulierungsart identisch sind und hinsichtlich der enthaltenen Beistoffe und der Größe, des Materials und der Form der Verpackung im Hinblick auf die potenziell nachteiligen Wirkungen auf die Sicherheit des Produkts in Bezug auf die Gesundheit von Mensch oder Tier oder auf die Umwelt identisch oder gleichwertig sind.[943] 513

Ein zulassungsfreier Reimport liegt nur vor, wenn ein in Deutschland zugelassenes Pflanzenschutzmittel in seiner für das Inverkehrbringen in Deutschland bestimmten Originalverpackung und Originaletikettierung aus einem anderen Staat wieder eingeführt oder innergemeinschaftlich verbracht wird (§ 2 Nr. 17 PflSchG). Die Regelung ist unionsrechtlich unbedenklich, da der Reimport von dem Genehmigungsverfahren nach Art. 52 Pflanzenschutzmittel-VO nicht erfasst wird und ansonsten keine Überprüfung der Identität des in den Verkehr gebrachten Produkts mit dem Originalprodukt möglich wäre. Nach einer Umverpackung liegt damit kein Reimport mehr vor.[944] 514

Das Inverkehrbringen von Geräten zur Herstellung von Pflanzenschutzmitteln ist im Pflanzenschutzgesetz – anders als das Inverkehrbringen von Geräten zum Ausbringen von Pflanzenschutzmitteln im Sinn von § 2 Nr. 11 PflSchG (Pflanzenschutzgeräte) – nicht geregelt. Für Pflanzenschutzgeräte ist nur eine freiwillige Prüfung vorgesehen (§ 52 PflanzenschutzG); das Inverkehrbringen von Geräten zur Herstellung von Pflanzenschutzmitteln unterliegt keinen gesetzlichen Beschränkungen.[945] 515

3. Darlegungs- und Beweislast

Das Inverkehrbringen von Pflanzenschutzmitteln unterliegt daher einem Verbot mit Erlaubnisvorbehalt. Bei einer solchen Regelung muss der Anspruchsteller lediglich darlegen und im Bestreitensfall beweisen muss, dass das von ihm beanstandete Verhalten des Anspruchsgegners von dem generellen Verbot erfasst wird. Ist die Identität eines 516

942 BGH, 17.01.2013, I ZR 187/09, GRUR 2013, 414 Rn. 16 – *Flonicamid.*
943 BGH, 02.02.2012, I ZR 81/10, GRUR 2012, 945 Rn. 30 – *Tribenuronmethyl.*
944 BGH, 17.01.2013, I ZR 187/09, GRUR 2013, 414 Rn. 19 f. – *Flonicamid.*
945 BGH, 01.06.2011, I ZR 25/10, GRUR 2011, 843 Rn. 23 – *Vorrichtung zur Schädlingsbekämpfung.*

importierten Produkts mit dem Referenzmittel im Sinn des Art. 52 (1) 1 Pflanzenschutzmittel-VO streitig, so obliegt dem Importeur dieser Nachweis.[946]

XLVIII. Pkw-Energieverbrauchskennzeichnungsverordnung (Pkw-EnVKV)

517 Nach § 1 Abs. 1 Pkw-EnVKV haben Hersteller und Händler, die neue Personenkraftwagen ausstellen, anbieten oder für diese werben, dabei Angaben über den Kraftstoffverbrauch, die CO_2-Emissionen und gegebenenfalls den Stromverbrauch zu machen. Sie haben nach § 5 Abs. 1 Pkw-EnVKV ferner sicherzustellen, dass die von ihnen verwendeten Werbematerialien für neue Personenkraftwagen Angaben über den offiziellen Kraftstoffverbrauch und die spezifischen CO_2-Emissionen der betreffenden Modelle enthalten. Die Vorschriften beruhen auf dem Gesetz zur Umsetzung von Rechtsakten der Europäischen Gemeinschaften auf dem Gebiet der Energieeinsparung bei Geräten und Kraftfahrzeugen (Energieverbrauchskennzeichnungsgesetz – EnVKG) vom 30.01.2002 und dienen der Umsetzung der Richtlinie 1999/94/EG über die Bereitstellung von Verbraucherinformationen über den Kraftstoffverbrauch und CO_2-Emissionen beim Marketing für neue Personenkraftwagen.

518 Bei den genannten Bestimmungen der Pkw-EnVKV handelt es sich um **Marktverhaltensregelungen** im Sinn des Rechtsbruchtatbestandes.[947] Die Angabe der entsprechenden Verbrauchs- und Emissionswerte soll sicherstellen, dass die Verbraucher ihre Entscheidung über Kauf oder Leasing eines neuen Personenkraftwagens in voller Sachkenntnis treffen können. Die in §§ 1 Abs. 1, 5 Abs. 1 Pkw-EnVKV enthaltenen Regelungen dienen daher nicht allein dem Interesse der Allgemeinheit an einem wirksamen Umweltschutz. Der Bundesgerichtshof begründet diese Annahme damit, dass der Kraftstoffverbrauch eines Fahrzeugs für dessen laufende Betriebskosten und damit auch für den Wiederverkaufswert von maßgeblicher Bedeutung ist. Im Hinblick darauf, dass die Schadstoffemissionen auch Einfluss auf die Höhe der Kraftfahrzeugsteuer haben, gilt dies auch für die Angabe der CO_2-Emissionen. Das Lauterkeitsrecht schützt nicht allein die wirtschaftlichen Interessen des Verbrauchers, sondern schlechthin seine Fähigkeit, geschäftliche Entscheidungen auf informierter Grundlage zu treffen. Dementsprechend kann die Unlauterkeit einer geschäftlichen Handlung nicht mit der Begründung verneint werden, diese Handlung beeinträchtige lediglich ideelle – etwa auf dem Gebiet des Umweltschutzes liegende – Interessen des Verbrauchers.[948] Der Bundesgerichtshof betont ausdrücklich, dass er davon ausgeht, dass auch die Käufer hochwertiger Sportwagen an den Verbrauch- und Abgaswerten der Fahrzeuge interessiert sind.[949]

519 Nach § 2 Nr. 1 Pkw-EnVKV sind »**neue Personenkraftwagen**« Kraftfahrzeuge, die noch nicht zu einem anderen Zweck als dem des Weiterverkaufs oder der Auslieferung verkauft wurden. Die Pkw-EnVKV, die der Umsetzung unionsrechtlicher Vorgaben dient, enthält eine eigenständige Definition des Begriffs »neuer Personenkraftwagen«.

946 BGH, 11.06.2015, I ZR 226/13, GRUR 2016, 88 Rn. 23 – *Deltamethrin.*
947 BGH, 05.03.2015, I ZR 164/13, GRUR 2015, 1017 Rn. 13 – *Neue Personenkraftwagen II.*
948 BGH, 04.02.2010, I ZR 66/09, GRUR 2010, 852 Rn. 16 – *Gallardo Spyder.*
949 BGH, 04.02.2010, I ZR 66/09, GRUR 2010, 852 Rn. 22 – *Gallardo Spyder.*

Aus diesem Grund kann nicht auf den im deutschen Recht entwickelten Begriff des »Neuwagens« zurückgegriffen werden. § 2 Nr. 1 Pkw-EnVKV stellt maßgeblich auf die Motivlage des Händlers – Anschaffung zum Zweck des Weiterverkaufs oder der Auslieferung – im Zeitpunkt des Erwerbs des fraglichen Fahrzeugs ab. Das könnte zu erheblichen Abgrenzungsschwierigkeiten führen, weil die konkreten Vorstellungen, die sich der Händler beim Erwerb eines Fahrzeugs – in der Regel vom Hersteller – macht, kaum zuverlässig ermittelt werden können. Daher ist das Verständnis des Begriffes »neue Personenkraftwagen« an objektivierbaren Umständen auszurichten, aus denen sich ergibt, dass der Händler das betreffende Fahrzeug alsbald veräußern will. Eine kurzfristige Zwischennutzung des Personenkraftwagens im Betrieb des Händlers – etwa als Vorführwagen – ist damit nicht ausgeschlossen. Maßgeblich ist in erster Linie die Kilometerleistung des Fahrzeugs zum Zeitpunkt seines Angebots zum Verkauf. Bietet ein Händler ein Fahrzeug mit einer geringen Kilometerleistung (bis 1.000 km) zum Verkauf an, ist im Allgemeinen davon auszugehen, dass er dieses Fahrzeug zum Zweck des Weiterverkaufs erworben hat. Liegt die Kilometerleistung des angebotenen Fahrzeugs darüber, spricht dies dafür, dass der Händler den Pkw (auch) zu einem anderen Zweck als dem des Weiterverkaufs – und zwar für die nicht ganz unerhebliche Eigennutzung – erworben hat.[950] Daneben eignet sich auch die Dauer der Zulassung für einen Schluss auf die Motivlage des Händlers bei Erwerb des Fahrzeugs. Wird ein Personenkraftwagen vom Händler erst längere Zeit nach der Erstzulassung zum Verkauf angeboten, kann auch dies den Schluss rechtfertigen, dass der Händler das Fahrzeug für eine nicht ganz unerhebliche Eigennutzung erworben hat. Einige Tage reichen dafür nicht, wohl aber eine ununterbrochene Zulassung von zehn Monaten.[951]

Die Pflichtangaben sind bei der Werbung für ein konkretes »**Modell**« eines Fahrzeugs 520
zu machen. Nach § 2 Nr. 15 Pkw-EnVKV ist unter »Modell« die Handelsbezeichnung eines Fahrzeugs, bestehend aus Fabrikmarke, Typ sowie gegebenenfalls Variante und Version eines Personenkraftwagens zu verstehen. Wenn für ein Fahrzeug (z. B. »Mercedes-Benz SLK«), das in verschiedenen Varianten oder Versionen (z. B. »SLK 200«, »SLK 250« und »SLK 350«) und damit verschiedenen Modellen angeboten wird, ohne Bezug auf ein konkretes Modell geworben wird, so besteht keine Verpflichtung zur Angabe der gemäß § 5 Pkw-EnVKV zu machenden Angaben.[952] Ob ein bestimmtes Modell oder eine Modellreihe beworben werden, hängt von der konkreten Ausgestaltung der Werbung aus der Sicht der angesprochenen Verkehrskreise ab.[953]

Der deutsche Verordnungsgeber hat, einer Empfehlung der EU-Kommission folgend, 521
die Verpflichtung zur Angabe des Kraftstoffverbrauchs und der CO_2-Emissionen in § 5 Abs. 2 Pkw-EnVKV auch auf **elektronisch verbreitetes Werbematerial** und auf Werbung in elektronischen, magnetischen und optischen Speichermedien erstreckt.

950 BGH, 21.12.2011, I ZR 190/10, GRUR 2012, 842 Rn. 22 – *Neue Personenkraftwagen*; BGH, 05.03.2015, I ZR 164/13, GRUR 2015, 1017 Rn. 15 – *Neue Personenkraftwagen II.*
951 BGH, 05.03.2015, I ZR 164/13, GRUR 2015, 1017 Rn. 19 – *Neue Personenkraftwagen II.*
952 BGH, 24.07.2014, I ZR 119/13, GRUR 2015, 393 Rn. 16 – *Der neue SLK.*
953 OLG Köln, 14.09.2012, 6 U 90/12, MD (VSW) 2012, 1155 = juris Rn. 17.

Eine solche Regelung wird durch Art. 6 der Richtlinie 1999/94/EG ermöglicht. Nach Absatz 1 gilt die Richtlinie zwar zunächst für »Werbeschriften«. Nach Absatz 2 tragen die Mitgliedstaaten aber dafür Sorge, dass auch anderes Werbematerial die Pflichtangaben enthält.[954] Ausgenommen sind lediglich nach § 5 Abs. 2 Hs. 2 Pkw-EnVKV Hörfunkdienste und audiovisuelle Mediendienste. Nicht unter diese Ausnahme fallen »YouTube«-Werbekanäle eines Kfz-Herstellers, und zwar weder der Kanal insgesamt noch die auf ihm eingestellten einzelnen Werbevideos.[955]

XLIX Pressegesetze der Länder

522 Sämtliche Landespressegesetze enthalten nahezu wortgleiche Regelungen, nach denen der Verleger eines periodischen Druckwerks, der für eine Veröffentlichung ein Entgelt erhalten, gefordert oder sich hat versprechen lassen, diese Veröffentlichung, soweit sie nicht schon durch Anordnung und Gestaltung allgemein als Anzeige zu erkennen ist, deutlich mit dem Wort »Anzeige« zu bezeichnen hat. Sie verfolgen zwei gleichrangig nebeneinanderstehende Ziele: Zum einen sollen sie eine Irreführung der Leser verhindern, die daraus resultiert, dass die Verbraucher häufig Werbemaßnahmen, die als redaktionelle Inhalte getarnt sind, unkritischer gegenüberstehen als einer Wirtschaftswerbung, die als solche erkennbar ist. Zum anderen dient das Gebot der Trennung der Werbung vom redaktionellen Teil der Erhaltung der Objektivität und Neutralität der Presse. Vor diesem Hintergrund handelt es sich bei den Bestimmungen um Marktverhaltensregelungen im Sinn des Rechtsbruchtatbestandes.[956]

523 Die Vollharmonisierung des Lauterkeitsrechts durch die UGP-Richtlinie steht der Anwendung der Bestimmungen in Verbindung mit § 3a UWG nicht entgegen. Nach Ansicht des Europäischen Gerichtshofs handelt es sich zwar bei der Veröffentlichung von durch Unternehmen als »Sponsoren« geförderten Artikeln in einem Gratis-Wochenblatt um Geschäftspraktiken der »Sponsoren«, nicht aber um eine des Verlegers des Wochenblatts. Die ungekennzeichnete Veröffentlichung der Artikel sei nicht geeignet, das wirtschaftliche Verhalten des Verbrauchers bei seiner Entscheidung, das gratis verteilte Blatt zu erwerben oder zur Hand zu nehmen, wesentlich zu beeinflussen. Es sei nicht Aufgabe der UGP-RL, die Mitbewerber des Verlegers zu schützen, so dass sie einem entsprechenden Verbot auf nationaler Grundlage nicht entgegenstehe.[957] Diese Begründung steht in einem gewissen Spannungsverhältnis zur Annahme des Bundesgerichtshofs, dass die an den Verleger gerichteten Trennungsgebote dem Schutz der Ver-

954 BGH, 12.01.2017, I ZR 117/15, GRUR 2017, 412 Rn. 23 – *YouTube-Werbekanal*; diese Erstreckung auf elektronisches Werbematerial hat der EuGH nachfolgend nicht beanstandet; vgl. EuGH, 21.02.2018, C-132/17, GRUR 2018, 621 Rn. 17 – *Peugeot Deutschland*

955 EuGH, 21.02.2018, C-132/17, GRUR 2018, 621 Rn. 32 – *Peugeot Deutschland*; BGH, 13.09.2018, I ZR 117/15, GRUR 2018, 1258 Rn. 33 ff. – *YouTube-Werbekanal II*

956 BGH, 06.02.2014, I ZR 2/11, GRUR 2014, 879 Rn. 16 – *GOOD NEWS II* (zu § 10 LPresseG BW).

957 EuGH, 17.10.2013, C-391/12, GRUR 2013, 1245 Rn. 40 ff – *RLvS [Good News]*.

braucher dienen, und der damit gerade das Vorliegen von Marktverhaltensregelungen begründet.[958]

L. ProduktsicherheitsG (ProdSG)

Nach § 1 Abs. 4 ProdsG gelten die Vorschriften dieses Gesetzes nicht, soweit in anderen Rechtsvorschriften entsprechende oder weitergehende Vorschriften vorgesehen sind. Als »andere Rechtsvorschrift« kann jedoch nicht die auf der Grundlage des § 8 Abs. 1 ProdSG erlassene ElektroStoffV angesehen werden, auf die das ProdSG zum Beispiel in § 3 Abs. 1 Bezug nimmt.[959] 524

Nach § 6 Abs. 1 Nr. 2 ProdSG haben der Hersteller, sein Bevollmächtigter und der Einführer jeweils im Rahmen ihrer Geschäftstätigkeit bei der Bereitstellung eines Verbraucherprodukts auf dem Markt den Namen und die Kontaktanschrift des Herstellers oder, sofern dieser nicht im Europäischen Wirtschaftsraum ansässig ist, den Namen und die Kontaktanschrift des Bevollmächtigten oder des Einführers anzubringen. Diese Verpflichtung trifft nur die genannten Personen, nicht aber den Händler.[960]

Im Rahmen der Verpflichtung des Händlers aus § 6 Abs. 5 ProdSG, dazu beizutragen, dass nur sichere Verbraucherprodukte auf dem Markt bereitgestellt werden, nimmt der Bundesgerichtshof allerdings an, ein Produkt, das nicht entsprechend § 6 Abs. 1 Nr. 2 ProdSG gekennzeichnet sei, sei kein »sicheres« Produkt, auch wenn die Kennzeichnungsvorschriften nicht in den allgemeinen Anforderungen des § 3 ProdSG genannt sei.[961] Bei § 6 Abs. 5 ProdSG handele es sich auch um eine Marktverhaltensregelung im Sinn des Rechtsbruchtatbestandes. Die Vollharmonisierung des Lauterkeitsrechts durch die UGP-Richtlinie stehe ihrer Anwendung in Verbindung mit § 3a nicht entgegen, da es sich um eine Bestimmung handele, die Gesundheits- und Sicherheitsaspekte von Produkten in unionsrechtskonformer Weise regele und daher nicht in den sachlichen Anwendungsbereich der Richtlinie falle (Art. 3 (3) UGP-Richtlinie.[962] Ein Verstoß sei auch regelmäßig geeignet, die Interessen der Verbraucher spürbar zu beeinträchtigen.[963] 525

Abgesehen von der formelhaften Begründung der Eignung einer fehlenden Herstellerkennzeichnung, die Interessen der Verbraucher spürbar zu beeinträchtigen, ist die Entscheidung mit der Systematik des ProdSG und der Produktsicherheitsrichtlinie (Richtlinie 2001/95/EG) nur schwer vereinbar. Dem Hersteller und dem Händler dürfen nach der Systematik dieser Bestimmungen nur die Verpflichtungen auferlegt werden, 526

958 Kritisch zur Entscheidung des EuGH Alexander, WRP 2013, 1577 f. und Demuth, WRP 2014, 35, 38.
959 OLG Köln, 28.07.2017, 6 U 193/16, GRUR-RR 2017, 435 Rn. 14 – *LED-Lampen*.
960 BGH, 12.01.2017, I ZR 258/15, GRUR 2017, 409 Rn. 20 f. – *Motivkontaktlinsen*.
961 BGH, 11.05.2017, I ZR 59/16, GRUR-RR 2017, 500 Rn. 26 – *Herstellerangaben auf Kopfhörer*.
962 BGH, 12.01.2017, I ZR 258/15, GRUR 2017, 409 Rn. 28 ff. – *Motivkontaktlinsen*.
963 BGH, 12.01.2017, I ZR 258/15, GRUR 2017, 409 Rn. 37 – *Motivkontaktlinsen*.

die in der Richtlinie jeweils für sie vorgesehen sind.[964] Es erscheint problematisch – zumindest ohne Vorlage an den Europäischen Gerichtshof – eine nur den Hersteller treffende Verpflichtung auf dem »Umweg« über § 6 Abs. 5 ProdSG auf den Händler zu erstrecken.[965]

527 Zutreffend hat daher das OLG Köln entschieden, dass ein Händler nicht gegen § 7 Abs. 2 Nr. 2 ProdSG oder § 3 Abs. 1 Nr. 1 ProdSG verstößt, wenn er Produkte vertreibt, die zwar mit der – erforderlichen – CE-Kennzeichnung versehen sind, diese sich jedoch nicht (wie an sich geboten) nur auf der Verpackung, nicht aber auf dem Produkt selber befindet. Verantwortlich für die richtige CE-Kennzeichnung ist allein der Hersteller (§ 7 Abs. 1 ProdSG, § 12 Abs. 1 ElektroStoffV). Der Händler hat nach § 6 Abs. 5 ProdSG und § 8 ElektroStoffV lediglich zu prüfen, ob überhaupt eine CE-Kennzeichnung vorhanden ist, nicht jedoch, ob diese auch an der richtigen Stelle angebracht ist.[966]

LI. RechtsanwaltsvergütungsG (RVG)

528 Die berufsrechtlichen Bestimmungen über Mindestpreise nach dem RVG sind Vorschriften, denen eine auf die Lauterkeit des Wettbewerbs bezogene Schutzfunktion zukommt. Ergänzend bestimmt § 49b BRAO, dass es unzulässig ist, geringere Gebühren zu fordern als nach dem RVG vorgesehen. Diese Vorschriften sollen einen Preiswettbewerb um Mandate und die mittelbare Vereinbarung von Erfolgshonoraren in gerichtlichen Verfahren verhindern. Bei derartigen Mindestpreisvorschriften handelt es sich daher um Marktverhaltensregeln im Sinn des Rechtsbruchtatbestandes.[967] Anders als im Fall der ärztlichen Gebührenordnungen, bei denen ein Unterschreiten der gesetzlichen Gebührensätze grundsätzlich rechtswidrig ist,[968] erlaubt für den Bereich der außergerichtlichen Vertretung § 4 Abs. 1 RVG die Vereinbarung einer niedrigeren als der gesetzlichen Vergütung. Das Angebot einer Rechtsberatung zu Pauschaltarifen, die unter den gesetzlichen Gebührensätzen liegen, ist daher nicht zwingend unlauter.[969]

LII. RechtsdienstleistungsG (RDG)

1. Einleitung

529 Gemäß § 3 RDG ist die selbstständige Erbringung außergerichtlicher Rechtsdienstleistungen nur in dem Umfang zulässig, in dem sie durch Gesetz erlaubt wird. Durch diese Bestimmung sollen die Rechtsuchenden, der Rechtsverkehr und die Rechtsordnung vor unqualifizierten Rechtsdienstleistungen geschützt werden. Es handelt sich daher um

964 EuGH 30.04.2009, C-132/08, Slg. 2009, I- 3841 Rn. 39 – *Lidl/Hatóság.*
965 Der BGH hält eine Vorlage für nicht erforderlich; BGH, 11.05.2017, I ZR 59/16, GRUR-RR 2017, 500 Rn. 26 – *Herstellerangaben auf Kopfhörer.*
966 OLG Köln, 28.07.2017, 6 U 193/16, GRUR-RR 2017, 435 Rn. 25 – *LED-Lampen.*
967 BGH, 01.06.2006, I ZR 268/03, GRUR 2006, 955 Rn. 11 – *Gebührenvereinbarung II.*
968 S. o. Rdn. 307.
969 BGH 30.09.2004, I ZR 261/02, GRUR 2005, 433, 435 – *Telekanzlei.*

eine Marktverhaltensregelung im Sinn des Rechtsbruchtatbestandes.[970] Zwar handelt es sich bei diesem Verbot mit Erlaubnisvorbehalt um eine Marktzutrittsregelung; da sie aber dem Schutz der Rechtssuchenden dient, hat sie zugleich eine auf die Lauterkeit des Wettbewerbs bezogene Schutzfunktion.[971]

Der Anwendung des Rechtsbruchtatbestands steht nicht entgegen, dass nach Art. 4 der UGP-Richtlinie die Vorschriften der Mitgliedstaaten über unlautere Geschäftspraktiken vollständig harmonisiert werden sollen, die die wirtschaftlichen Interessen der Verbraucher beeinträchtigen. Nach Art. 3 (7) der Richtlinie bleiben alle spezifischen Regeln für reglementierte Berufe unberührt, damit die strengen Integritätsstandards gewährleistet bleiben, die die Mitgliedstaaten den in dem Beruf tätigen Personen nach Maßgabe des Unionsrechts auferlegen können. Dementsprechend ist die Anwendung des Rechtsbruchtatbestandes auf berufsrechtliche Bestimmungen zulässig, die das Marktverhalten in unionsrechtskonformer Weise regeln. Im Fall einer unerlaubten Rechtsberatung gegenüber einem Unternehmer kommt hinzu, dass dann keine Geschäftspraktik gegenüber einem Verbraucher zu beurteilen ist.[972] **530**

Das Verbot der selbstständigen Erbringung außergerichtlicher Rechtsdienstleistungen berührt die Berufsfreiheit (Art. 12 GG). Zur Vermeidung einer unverhältnismäßigen Beschränkung sind bei der Auslegung und Anwendung der maßgeblichen Normen die typischen Merkmale einer Berufstätigkeit zu berücksichtigen und die grundrechtlichen Belange des Dienstleisters mit den entgegenstehenden Belangen des Gemeinwohls in ein angemessenes Verhältnis zu bringen.[973] **531**

Sonderregelungen für ausländische Rechtsdienstleister enthalten § 10 Abs. 1 1 Nr. 3 und § 15 RDG. Danach dürfen Rechtsdienstleistungen in einem ausländischen Recht bei besonderer Sachkunde erbracht werden; erforderlich ist eine Registrierung bei der zuständigen (Landes-) Behörde (§ 10 RDG). Im Fall nur vorübergehender Rechtsdienstleistungen ausländischer Personen genügt eine Anzeige nach § 15 Abs. 2 RDG. Nicht ausdrücklich geregelt ist die Frage, ob § 15 RDG auch dann eingreift, wenn ein im Ausland ansässiger Rechtsdienstleister seine Leistungen im Weg der Telekommunikation im Inland anbietet.[974] Noch für das Rechtsberatungsgesetz hat der Bundesgerichtshof entschieden, dass es im Hinblick auf die Schutzfunktion des Gesetzes auf den Sitz des Anbieters nicht ankommen kann. Richtet sich sein Angebot auf inländische Rechtsdienstleistungen (beispielsweise auf die Schuldenregulierung eines inländischen Schuldners gegenüber inländischen Gläubigern), ist sein Sitz im Ausland unerheblich. Nicht qualifizierte Rechtsbesorger könnten sich ansonsten den Anforderungen des **532**

---

970 BGH, 31.03.2016, I ZR 88/15, GRUR 2016, 1189 Rn. 18 – *Rechtsberatung durch Entwicklungsingenieur.*

971 BGH, 11.11.2004, I ZR 182/02, GRUR 2005, 355, 356 – *Testamentsvollstreckung durch Steuerberater* (noch zum RBerG).

972 BGH, 31.03.2016, I ZR 88/15, GRUR 2016, 1189 Rn. 17 – *Rechtsberatung durch Entwicklungsingenieur.*

973 BGH, 31.03.2016, I ZR 88/15, GRUR 2016, 1189 Rn. 37 – *Rechtsberatung durch Entwicklungsingenieur.*

974 Schmidt, in: Krenzler, RechtsdienstleistungsG, § 15 Rn. 32.

Rechtsberatungsgesetzes durch die bloße Verlegung ihrer Niederlassung in das Ausland entziehen, um von dort aus rechtsberatende Tätigkeiten in Deutschland vorzunehmen.[975] Die Interessenlage unter der Geltung des RDG ist keine andere.

533 Das Verbot des § 3 RDG erfasst nach seinem Wortlaut das selbständige Erbringen außergerichtlicher Rechtsdienstleistungen. Allerdings genügt auch das **Angebot** einer solchen Rechtsdienstleistung, um einen Unterlassungsanspruch nach § 8 Abs. 1 auszulösen. Bereits das Erbieten zur Rechtsdienstleistung ohne entsprechende Erlaubnis begründet die Gefahr, der Empfänger des Angebots werde sich an einen nicht ausreichend qualifizierten Rechtsdienstleister wenden.[976]

2. Begriff der Rechtsdienstleistung (§ 2 RDG)

534 Nach dem Vorgängergesetz des RDG, dem Rechtsberatungsgesetz, war die gesamte berufliche Tätigkeit zu beurteilen, so dass sich die Frage stellte, ob der Schwerpunkt dieser Tätigkeit auf der »Besorgung fremder Rechtsangelegenheiten« (Art. 1 § 1 Satz 1 RBerG) lag. Nach dem RDG ist dagegen jeweils die Tätigkeit im Einzelfall zu beurteilen. Zentral für die Anwendung des RDG ist daher die Prüfung, ob eine Rechtsdienstleistung im Einzelfall vorliegt. § 2 Abs. 1 RDG bestimmt als Rechtsdienstleistung jede Tätigkeit in konkreten fremden Angelegenheiten, sobald sie eine rechtliche Prüfung des Einzelfalls erfordert.

535 Unverändert muss es sich um die Besorgung einer **»fremden« Angelegenheit** handeln. Die Frage ist nach dem wirtschaftlichen Interesse zu beurteilen, das hinter der Tätigkeit steht.[977] Die Stellvertretung oder die Treuhandtätigkeit erfolgen im wirtschaftlichen Interesse eines Dritten und stellen daher eine Tätigkeit in »fremden« Angelegenheiten dar, ebenso das Inkasso, wie § 2 Abs. 2 RDG ausdrücklich klarstellt.[978] Die die Erledigung von Rechtsangelegenheiten innerhalb verbundener Unternehmen ist dagegen keine Tätigkeiten in »fremden« Angelegenheiten (§ 2 Abs. 3 Nr. 6 RDG). Ein Haftpflichtversicherer, der im Rahmen der Schadensregulierung Stellung zu den Honoraransprüchen des vom Geschädigten eingeschalteten Sachverständigen bezieht und dem Geschädigten von der Erfüllung dieser Ansprüche abrät, handelt im eigenen wirtschaftlichen Interesse und besorgt daher keine fremde Angelegenheit.[979]

536 Auch bei der Prüfung, ob eine unter das RDG fallende **Inkassotätigkeit** vorliegt, ist auf die wirtschaftliche Interessenlage abzustellen. Keine Inkassotätigkeit liegt daher in den Fällen des Forderungskaufs vor, bei denen ein endgültiger Forderungserwerb stattfindet und das Risiko des Forderungsausfalls auf den Erwerber übergeht, so dass die Einziehung auf eigene Rechnung erfolgt. Für diese Abgrenzung kommt es darauf an,

975 BGH, 05.10.2006, I ZR 7/04, GRUR 2007, 245 Rn. 23 f. – *Schulden Hulp.*
976 OLG Köln, 26.08.2016, 6 U 7/16; *Köhler*/Bornkamm/Feddersen, § 3a Rn. 1.118.
977 BGH, 03.05.2007, I ZR 19/05, GRUR 2009, 978 Rn. 22 – *Rechtsberatung durch Haftpflichtversicherer* (noch zum RBerG).
978 Krenzler, in: Krenzler, Rechtsdienstleistungsgesetz, § 2 Rn. 50.
979 BGH, 03.05.2007, I ZR 19/05, GRUR 2009, 978 Rn. 22 f. – *Rechtsberatung durch Haftpflichtversicherer.*

ob das wirtschaftliche Ergebnis der Einziehung dem Abtretenden zukommen soll. Entscheidend ist dabei, ob die Forderung einerseits endgültig auf den Erwerber übertragen wird und dieser andererseits insbesondere das Bonitätsrisiko, das heißt das volle wirtschaftliche Risiko der Beitreibung der Forderung, übernimmt. Bleiben dagegen nach der konkreten vertraglichen Ausgestaltung die wirtschaftlichen Risiken beim Abtretenden, liegt eine – erlaubnispflichtige – Inkassotätigkeit vor.[980]

Die Vorschrift des § 2 Abs. 1 RDG erfasst mit der **»rechtlichen Prüfung des Einzelfalls«** jede konkrete Subsumtion eines Sachverhalts unter die maßgeblichen rechtlichen Bestimmungen, die über eine bloß schematische Anwendung von Rechtsnormen ohne weitere rechtliche Prüfung hinausgeht. Ob es sich um eine einfache oder schwierige Rechtsfrage handelt, ist unerheblich. Dies ergibt sich aus Wortlaut, Gesetzgebungsgeschichte, Zweck und systematischer Einordnung der Bestimmung. Insbesondere lässt ihr Wortlaut keine Beschränkung des Anwendungsbereichs auf Tätigkeiten erkennen, die eine »besondere« rechtliche Prüfung des Einzelfalls erfordern. Vielmehr erfasst der Wortlaut der Norm ausnahmslos alle Tätigkeiten in konkreten fremden Angelegenheiten, die eine rechtliche Prüfung des Einzelfalls erfordern, unabhängig davon, wie intensiv oder schwierig diese Prüfung ist.[981] Das folgt bereits daraus, dass der Regierungsentwurf des RDG noch in § 2 das Erfordernis einer »besonderen rechtlichen Prüfung« vorgesehen hatte, die dann im Gesetzgebungsverfahren gestrichen worden ist.[982] Daher kann auch ein standardisiertes, massenhaft verwendetes und aus einer geringfügigen Anpassung vorhandener Textbausteine zusammengesetztes Schreiben eine Rechtsdienstleistung darstellen. Auch wenn die rechtliche Prüfung des Einzelfalls dadurch vereinfacht wird, erfordert die Anpassung eines Musterschreibens an einen konkreten Fall eine Subsumtion und damit eine rechtliche Prüfung.[983] 537

Eine Rechtsdienstleistung wird nicht allein deshalb zulässig, weil sich der Dienstleister eines zugelassenen **Rechtsanwalts als Erfüllungsgehilfe** bedient. Denn auch dann, wenn er sich insofern eines Rechtsanwalts bedient, verpflichtet er sich gegenüber dem Vertragspartner, die Rechtsbesorgung zu übernehmen. Nur so wird sichergestellt, dass die gesetzliche Regelung nicht umgangen wird und nur Rechtsberater tätig werden, die selbst die erforderliche persönliche und sachliche Zuverlässigkeit besitzen, und gewährleistet, dass im Falle einer fehlerhaften Beratung Schadensersatzansprüche erfolgreich geltend gemacht werden können. Außerdem hat der Rechtsberater, der vom ohne Erlaubnis handelnden Geschäftsbesorger zugezogen wird, nach seinen vertraglichen Verpflichtungen in erster Linie die Interessen seines Auftraggebers und nicht die des zu beratenden Rechtsuchenden wahrzunehmen, so dass die Gefahr von Interessenkollisionen besteht, die die Unabhängigkeit und Eigenverantwortlichkeit des hinzugezoge- 538

980 BGH, 11.12.2013, IV ZR 46/13, NJW 2014, 847 Rn. 17 ff.

981 BGH, 14.01.2016, I ZR 107/14, GRUR 2016, 820 Rn. 43 f. – *Schadensregulierung durch Versicherungsmakler.*

982 BT-Drucksache 16/3655, S. 103.

983 BGH, 14.01.2016, I ZR 107/14, GRUR 2016, 820 Rn. 51 – *Schadensregulierung durch Versicherungsmakler.*

nen Rechtsberaters gefährden können.[984] Ein Vorschlag im Gesetzgebungsverfahren, dem Dienstleistenden zu gestatten, die Rechtsdienstleistung als Teil seines eigenen Leistungsangebots zu erbringen, solange er einen Anwalt hinzuzieht, der die Rechtsdienstleistung eigenverantwortlich erbringt, ist nicht umgesetzt worden.[985] Selbst wenn formal ein Mandatsverhältnis zwischen dem Kunden des Dienstleisters und dem Rechtsanwalt begründet wird, liegt eine unzulässige Rechtsberatung vor, wenn der Dienstleister bestimmenden Einfluss auf die Tätigkeit des Rechtsanwalts behält.[986]

3. Nebenleistungen (§ 5 RDG)

539 Nach der Bestimmung des § 5 Abs. 1 1 RDG sind Rechtsdienstleistungen im Zusammenhang mit einer anderen Tätigkeit gestattet, wenn sie als Nebenleistung zum Berufs- oder Tätigkeitsbild gehören. Ob eine Nebenleistung vorliegt, ist nach ihrem Inhalt, Umfang und sachlichen Zusammenhang mit der Haupttätigkeit unter Berücksichtigung der Rechtskenntnisse zu beurteilen, die für die Haupttätigkeit erforderlich sind (§ 5 Abs. 1 2 RDG). Ziel der Vorschrift ist es einerseits, diejenigen, die in einem nicht spezifisch rechtsdienstleistenden Beruf tätig sind, in ihrer Berufsausübung nicht zu behindern und andererseits den erforderlichen Schutz der Rechtsuchenden vor unqualifiziertem Rechtsrat zu gewährleisten. Das Vorliegen der Voraussetzungen einer Nebenleistung nach § 5 Abs. 1 2 RDG ist nach objektiven Kriterien und nicht nach der vertraglichen Vereinbarung als Haupt- oder Nebenleistung zu bestimmen.[987] Dabei ist im Hinblick auf die grundrechtlich geschützte Berufsausübungsfreiheit (Art. 12 GG) grundsätzlich eine weite Auslegung des § 5 Abs. 1 RDG geboten.[988]

540 Dabei ist nicht entscheidend, ob die Dienstleistung ohne den rechtsdienstleistenden Anteil überhaupt erbracht werden kann. Maßgeblich ist vielmehr, ob die Rechtsdienstleistung nach der Verkehrsanschauung ein solches Gewicht innerhalb der Gesamtleistung hat, dass nicht mehr von einer bloßen Nebenleistung ausgegangen werden kann. § 5 RDG soll damit nur Anwendung finden, wenn die fragliche Rechtsdienstleistung nicht selbst wesentlicher Teil der Hauptleistung ist. Der Schwerpunkt der Tätigkeit muss – soweit es sich nicht um Dienstleistungen von Angehörigen steuerberatender Berufe oder nach § 10 RDG registrierter Personen handelt – stets auf nicht rechtlichem Gebiet liegen.[989]

541 Als typisch für zulässige Nebenleistungen nennt die Gesetzesbegründung rechtliche Beratungs- und Aufklärungspflichten.[990] Dabei kann auch die Komplexität der zu beantwortenden Rechtsfragen eine Rolle spielen. Handelt es sich nur um die schlichte

984 BGH, 29.07.2009, I ZR 166/06, GRUR 2009, 1077 Rn. 24 – *Finanz-Sanierung*.
985 BT-Drucksache 16/3655, S. 38, 56 f., 103.
986 BGH, 12.11.2015, I ZR 211/14, NJW-RR 2016, 693 Rn. 12.
987 BGH, 31.03.2016, I ZR 88/15, GRUR 2016, 1189 Rn. 32 – *Rechtsberatung durch Entwicklungsingenieur*.
988 BGH, 06.10.2011, I ZR 54/10, GRUR 2012, 405 Rn. 24 – *Kreditkontrolle*.
989 BGH, 06.10.2011, I ZR 54/10, GRUR 2012, 405 Rn. 22 f. – *Kreditkontrolle*.
990 BT-Drucksache 16/3655, S. 52.

Anwendung des Gesetzestextes oder einer gefestigten Rechtsprechung, spricht dies eher für eine Nebenleistung, als wenn komplexe rechtliche Überlegungen anzustellen sind, die die volle Kompetenz eines Rechtsanwalts erfordern.[991] Es spricht auch gegen die Annahme einer Nebenleistung, wenn die Haupttätigkeit (wie die eines in der technisch geprägten Produktentwicklung tätigen Entwicklungsingenieurs) kaum Rechtskenntnisse erfordert, die Nebentätigkeit (wie die Anmeldung gewerblicher Schutzrechte) dagegen erhebliche Anforderungen an die Rechtsberatung stellt.[992] Für den Charakter einer Dienstleistung als Nebenleistung spricht es, wenn sie nicht isoliert als gesondert zu vergütende Dienstleistung angeboten wird.[993] Nicht erforderlich ist es dagegen, dass die Nebenleistung bereits Teil eines typischen, etablierten Berufsbildes ist. Die Bestimmung des § 5 Abs. 1 RDG ist vielmehr für die Schaffung neuer Berufsbilder offen.[994] Weiter ist erforderlich ein zeitlicher Zusammenhang zwischen Haupt- und Nebenleistung. Dabei kann auch eine nachfolgende, aber noch in einem unmittelbaren Zusammenhang mit der Haupttätigkeit stehende Nebenleistung in einem sachlichen Zusammenhang mit der Haupttätigkeit stehen, wenn sie zum Ablauf oder zur Abwicklung der Haupttätigkeit gehört.[995]

Offen gelassen hat der Bundesgerichtshof dagegen, ob eine Nebentätigkeit auch dann **542**
vorliegen kann, wenn deren Auftraggeber nicht mit dem der Haupttätigkeit identisch ist, wie es bei einem vom Versicherungsnehmer einer Haftpflichtversicherung beauftragten Versicherungsmakler der Fall ist, der zugleich im Auftrag des Versicherers in die Schadensregulierung eingeschaltet ist. In diesem Fall spricht gegen die Annahme einer Nebenleistung bereits, dass für die Nebenleistung andere Rechtskenntnisse erforderlich sind (auf dem Gebiet des Haftungsrechts) als für die Hauptleistung (bei einem Versicherungsmakler das Vertragsrecht).[996]

Nach § 4 RDG dürfen Rechtsdienstleistungen, die unmittelbaren Einfluss auf die **543**
Erfüllung einer anderen Leistungspflicht haben können, nicht erbracht werden, wenn hierdurch die ordnungsgemäße Erbringung der Rechtsdienstleistung gefährdet wird. Diese Regelung soll **Interessenkollisionen** vermeiden. Auch aus diesem Grund ist die Schadensregulierung im Rahmen der Haftpflichtversicherung durch einen Versicherungsmakler unzulässig. Als Versicherungsmakler steht er »im Lager« des Versicherungsnehmers, und in dessen Interesse kann es liegen, dass Ansprüche eines durch ihn

991 BGH, 06.10.2011, I ZR 54/10, GRUR 2012, 405 Rn. 32 f. – *Kreditkontrolle.*
992 BGH, 31.03.2016, I ZR 88/15, GRUR 2016, 1189 Rn. 13 – *Rechtsberatung durch Entwicklungsingenieur.*
993 BGH, 06.10.2011, I ZR 54/10, GRUR 2012, 405 Rn. 30 – *Kreditkontrolle.*
994 BGH, 06.10.2011, I ZR 54/10, GRUR 2012, 405 Rn. 26 – *Kreditkontrolle*; vgl. auch BGH, 14.01.2016, I ZR 107/14, GRUR 2016, 820 Rn. 26 – *Schadensregulierung durch Versicherungsmakler.*
995 BGH, 04.11.2010, I ZR 118/09, GRUR 2011, 539 Rn. 37 – *Rechtsberatung durch Lebensmittelchemiker.*
996 BGH, 14.01.2016, I ZR 107/14, GRUR 2016, 820 Rn. 27 f. – *Schadensregulierung durch Versicherungsmakler.*

geschädigten Kunden schnell befriedigt werden, während der Versicherer wirtschaftlich eher an der Abwehr der Ansprüche interessiert ist.[997]

4. Ausnahmen

544 Bereits § 2 RDG enthält in Absatz 3 eine Reihe von Ausnahmen aus dem Bereich der Rechtsdienstleistungen. Rechtsdienstleistung ist danach nicht:
- die Erstattung wissenschaftlicher Gutachten (Nr. 1),
- die Tätigkeit von Einigungs- und Schlichtungsstellen, Schiedsrichterinnen und Schiedsrichtern (Nr. 2),
- die Erörterung der die Beschäftigten berührenden Rechtsfragen mit ihren gewählten Interessenvertretungen, soweit ein Zusammenhang zu den Aufgaben dieser Vertretungen besteht (Nr. 3),
- die Mediation und jede vergleichbare Form der alternativen Streitbeilegung, sofern die Tätigkeit nicht durch rechtliche Regelungsvorschläge in die Gespräche der Beteiligten eingreift (Nr. 4),
- die an die Allgemeinheit gerichtete Darstellung und Erörterung von Rechtsfragen und Rechtsfällen in den Medien (Nr. 5),
- die Erledigung von Rechtsangelegenheiten innerhalb verbundener Unternehmen (§ 15 des Aktiengesetzes) (Nr. 6).

545 Für die Ausnahme bezüglich der Erstattung **wissenschaftlicher Gutachten** ist – wie bereits für die Vorgängervorschrift des Art. 1 § 2 RBerG – streitig, ob sich nur natürliche Personen auf sie berufen können. Dies wird zu verneinen sein; maßgeblich ist die »wissenschaftliche« Qualität des Gutachtens, nicht die Person des Gutachters.[998] Daher kann sich auch ein als KG organisierter Verlag, der Rechtsanwälten die Erstattung wissenschaftlicher Gutachten zu spezifischen Fragen anbietet, grundsätzlich auf diese Ausnahme berufen.[999]

546 Eine weitere Ausnahmeregelung enthält § 7 RDG. Danach sind Rechtsdienstleistungen erlaubt, die von **Berufs- und Interessenvereinigungen** oder Genossenschaften im Rahmen ihres satzungsmäßigen Aufgabenbereichs für ihre Mitglieder erbracht werden, soweit sie gegenüber der Erfüllung ihrer übrigen satzungsmäßigen Aufgaben nicht von übergeordneter Bedeutung sind. Voraussetzung ist, dass die Rechtsdienstleistungen eine dienende Funktion haben. Sie darf daher nur Mittel sein, um den Gesamtzweck der Vereinigung zu erreichen. Eine Ausweitung des Satzungszwecks auf die allgemeine Rechtsberatung der Mitglieder ist unzulässig. Abhängig vom Satzungszweck und dem Charakter der Vereinigung kann die Erlaubnis, Rechtsdienstleistungen zu erbringen, aber durchaus in verschiedene Rechtsbereiche hineinreichen. Daher kann es zulässig

---

997 BGH, 14.01.2016, I ZR 107/14, GRUR 2016, 820 Rn. 31 – *Schadensregulierung durch Versicherungsmakler.*

998 A. A. Offermann-Burckart, in: Krenzler, RechtsdienstleistungsG, 2014, § 2 Rn. 186; vom *Stein*, AnwBl. 2008, 385, 388; offen Kleine-Cosack, RechtsdienstleistungsG, 3. Aufl. 2014, § 2 Rn. 141.

999 LG Köln, 18.11.2014, 33 O 55/14.

sein, wenn ein Einzelhandelsverband ein Mitglied bei der Abgabe einer Unterwerfungserklärung auf eine markenrechtliche Abmahnung hin berät.[1000]

Wer sich auf die Erlaubnis nach § 7 RDG beruft, muss über die zur sachgerechten Erbringung dieser Rechtsdienstleistungen erforderliche personelle, sachliche und finanzielle Ausstattung verfügen und sicherstellen, dass die Rechtsdienstleistung durch eine qualifizierte Person oder unter Anleitung einer solchen Person erfolgt (§ 7 Abs. 2 1 RDG). 547

Zulässig sind ferner **unentgeltliche Rechtsdienstleistungen**, die aber – solange sie außerhalb persönlicher Näheverhältnisse erbracht werden – nur durch qualifizierte Personen erbracht werden dürfen (§ 6 RDG).[1001] § 8 RDG erlaubt schließlich **Rechtsdienstleistungen durch öffentliche und öffentlich anerkannte Stellen** (wie z. B. Verbraucherzentralen und andere mit öffentlichen Mitteln geförderte Verbraucherverbände, § 8 Abs. 1 Nr. 4 RDG). Diese Stellen sind dabei nicht auf die reine Rechtsberatung beschränkt, sondern dürfen sich beispielsweise auch Forderungen von Verbrauchern zur Einziehung abtreten lassen (vgl. § 79 Abs. 2 1 Nr. 3 ZPO).[1002] 548

LIII. Rettungsgesetze der Länder

Nach § 17 des nordrhein-westfälischen Gesetzes über den Rettungsdienst sowie die Notfallrettung und den Krankentransport durch Unternehmen (RettG NRW) ist für die Durchführung der Aufgaben der Notfallrettung oder des Krankentransportes durch ein Unternehmen eine Genehmigung erforderlich. Die Rettungsgesetze anderer Bundesländer enthalten vergleichbare Regelungen (z. B. § 15 Abs. 2 des baden-württembergischen Gesetzes über den Rettungsdienst oder Art. 21 des Bayerischen Rettungsdienstgesetzes). 549

Soweit diese Bestimmungen in erster Linie dem öffentlichen Interesse an einem funktionsfähigen, flächendeckenden und bedarfsgerechten Rettungsdienst dienen, stellen sie keine Marktverhaltensregelungen im Interesse der privaten Mitbewerber dar, sondern als objektive Zulassungsschranken Marktzutrittsregelungen. Der Genehmigungsvorbehalt dient aber auch dem Schutz der im Wege des Krankentransports zu befördernden Kranken, Verletzten und sonstigen hilfsbedürftigen Personen. Dies folgt beispielsweise aus § 2 Abs. 2 und 3 RettG NRW; denn danach hat der Krankentransport die Aufgabe, den genannten Personen fachgerechte Hilfe zu leisten und sie unter Betreuung durch qualifiziertes Personal zu befördern. Damit handelt es sich auch um eine Marktverhaltensregelung zum Schutz dieser Personen.[1003] Da es sich somit um Vorschriften handelt, die dem Schutz der Gesundheit und Sicherheit von Verbrauchern dienen, steht 550

1000 BGH, 01.06.2011, I ZR 58/10, GRUR 2012, 79 Rn. 17 f. – *Rechtsberatung durch Einzelhandelsverband.*

1001 OLG Frankfurt, 28.05.2015, 6 U 51/14, GRUR-RR 2015, 474 – *Beratung bei psycho-sozialem Stress.*

1002 BGH, 26.06.2013, IV ZR 39/10, NJW 2013, 3580 Rn. 43.

1003 BGH, 15.01.2009, I ZR 141/06, GRUR 2009, 881 Rn. 13 – *Überregionaler Krankentransport.*

auch das Unionsrecht der Anwendung des Rechtsbruchtatbestandes nicht entgegen.[1004] Verstößt allerdings ein Unternehmen bei einem überregionalen Krankentransport gegen diese Bestimmungen, weil es nur in einem der beteiligten Bundesländer über die erforderliche Genehmigung verfügt (wobei es hinsichtlich der sachlichen Voraussetzungen der Genehmigungen keine Unterschiede gibt), liegt keine spürbare Beeinträchtigung der geschützten Interessen vor.[1005]

LIV. Rundfunkstaatsvertrag (RStV)

1. Einleitung

551 Bei den Bestimmungen des Rundfunkstaatsvertrages handelt es sich um gesetzliche Vorschriften im Sinn des Rechtsbruchtatbestandes. In diesem Zusammenhang ist gesetzliche Vorschrift jede Rechtsnorm. Dazu zählen alle von deutschen Gesetzgebungsorganen erlassenen Normen, auch wenn ihr räumlicher Anwendungsbereich, wie etwa bei landesrechtlichen Regelungen, begrenzt ist. Die Bestimmungen des Rundfunkstaatsvertrags erfüllen diese Voraussetzung. Sie gelten nach ihrer Umsetzung ins Landesrecht durch die Gesetzgebungsorgane der Länder als Landesgesetze.[1006] Von den Bestimmungen des Rundfunkstaatsvertrages haben lauterkeitsrechtliche Bedeutung bisher die Bestimmungen über das Angebot von Druckwerken (§ 11a Abs. 1 2) und das Verbot presseähnlicher, nicht programmbezogener Telemedienangebote (§ 11d Abs. 2 Nr. 3 Teils. 3 RStV) erlangt.

552 Nach § 16a Abs. 1 1 RStV sind zwar die Anstalten des öffentlich-rechtlichen Rundfunks berechtigt, kommerzielle Tätigkeiten auszuüben. Unter kommerziellen Tätigkeiten werden Betätigungen verstanden, bei denen Leistungen auch für Dritte im Wettbewerb angeboten werden, insbesondere Werbung und Sponsoring, Verwertungsaktivitäten, Merchandising, Produktion für Dritte und die Vermietung von Senderstandorten an Dritte (§ 16a Abs. 1 2 RStV). Die wirtschaftliche Betätigung des öffentlich-rechtlichen Rundfunks ist aber durch den Rundfunkauftrag bedingt und begrenzt. Die Bestimmung kann daher nicht als Generalklausel verstanden werden, die ansonsten unzulässige Betätigungen des öffentlich-rechtlichen Rundfunks erlaubt.[1007]

2. Angebot von Druckwerken (§ 11a Abs. 1 2 RStV)

553 Nach § 11a Abs. 1 2 RStV kann der öffentlich-rechtliche Rundfunk programmbegleitend Druckwerke mit programmbezogenem Inhalt anbieten. Dem Wortlaut nach gestattet die Bestimmung dem öffentlich-rechtlichen Rundfunk allein das (eigene) Angebot von Druckwerken. Der Bundesgerichtshof entnimmt ihr darüber hinaus, dass sie die Unterstützung (privater) Dritter bei dem Angebot von Druckwerken untersagt.

1004 BGH, 15.01.2009, I ZR 141/06, GRUR 2009, 881 Rn. 16 – *Überregionaler Krankentransport.*

1005 BGH, 15.01.2009, I ZR 141/06, GRUR 2009, 881 Rn. 17 – *Überregionaler Krankentransport.*

1006 BGH, 26.01.2017, I ZR 207/14, GRUR 2017, 422 Rn. 28 – *ARD-Buffet.*

1007 BGH, 26.01.2017, I ZR 207/14, GRUR 2017, 422 Rn. 41 – *ARD-Buffet.*

Einer erweiternden Auslegung des Wortlauts dahin, dass die Bestimmung dem öffentlich-rechtlichen Rundfunk auch die Förderung des Angebots von Druckwerken durch Dritte erlaubt, steht entgegen, dass der öffentlich-rechtliche Rundfunk beim Angebot von Druckwerken nicht stärker als zur Erfüllung seiner Aufgaben notwendig in die Pressefreiheit eingreifen darf. Er greift aber stärker in die Pressefreiheit ein, wenn er das Druckwerk nicht selbst anbietet, sondern die Veröffentlichung des Druckwerkes durch einen Dritten unterstützt, weil er damit in das Konkurrenzverhältnis der Anbieter von Druckwerken eingreift und dem von ihm unterstützten Dritten Vorteile im Wettbewerb verschafft. Nach § 11a Abs. 1 2 RStV ist dem öffentlich-rechtlichen Rundfunk danach allein das Angebot eigener Druckwerke gestattet. Dagegen ist jegliche Beteiligung des öffentlich-rechtlichen Rundfunks am Angebot von Druckwerken durch Dritte unzulässig, und zwar auch, wenn es sich bei diesen Druckwerken um programmbegleitende Druckwerke mit programmbezogenem Inhalt handelt.[1008] Diese Differenzierung findet ihre Grundlage darin, dass die Unterstützung (nur) eines privaten Verlags diesem einen nicht zu rechtfertigenden Vorsprung gegenüber seinen Wettbewerbern verschaffen kann. Insoweit liegt eine Parallele zu dem Gebot neutraler und objektiver Amtsführung durch die öffentliche Hand nahe.[1009] Ein nach § 11a Abs. 1 2 RStV unzulässiges Verhalten kann auch nicht durch Rückgriff auf die allgemeine Bestimmung des § 16a RStV, der den öffentlich-rechtlichen Rundfunkanstalten kommerzielle Betätigungen zu Marktbedingungen erlaubt, gerechtfertigt werden. Insoweit hat § 11a Abs. 1 2 RStV als Spezialvorschrift Vorrang vor der allgemeinen Regel des § 16a RStV.[1010]

Bei dieser Bestimmung handelt es sich auch um eine Marktverhaltensregelung im Sinn **554** des Rechtsbruchtatbestandes. Es handelt sich nicht um eine reine Marktzutrittsregelung. Sie gestattet dem öffentlich-rechtlichen Rundfunk, Druckwerke anzubieten, aber nur unter der Voraussetzung, dass es sich dabei um programmbegleitende Druckwerke mit programmbezogenem Inhalt handelt. Damit öffnet sie dem öffentlich-rechtlichen Rundfunk den Zugang zum Markt der Druckwerke und regelt zugleich sein Verhalten auf diesem Markt. Die Vorschrift hat den Zweck, die Betätigung des öffentlich-rechtlichen Rundfunks auf dem Markt der Telemedien zum Schutz von Presseverlagen zu begrenzen. Sie ist damit dem für den Staat bestehenden Gebot vergleichbar, sich nur in engen Grenzen auf dem Gebiet der Presse zu betätigen, bei dem es sich gleichfalls um eine Marktverhaltensregelung handelt, die (auch) dem Schutz von Presseunternehmen dient.[1011]

Ein Verstoß gegen diese Bestimmung liegt vor, wenn die Zeitschrift eines privaten **555** Verlegers in Sendungen und auf der Internetpräsenz des öffentlich-rechtlichen Rundfunks beworben wird und dem Verleger durch Lizenzen die Nutzung von Marken des öffentlich-rechtlichen Rundfunks gestattet wird. Durch diese Maßnahmen wird dem

1008 BGH, 26.01.2017, I ZR 207/14, GRUR 2017, 422 Rn. 36 – *ARD-Buffet.*
1009 Zu diesem Gebot BGH, 12.07.2012, I ZR 54/11, GRUR 2013, 301 Rn. 29 – *Solarinitiative.*
1010 BGH, 26.01.2017, I ZR 207/14, GRUR 2017, 422 Rn. 40 f. – *ARD-Buffet.*
1011 BGH, 26.01.2017, I ZR 207/14, GRUR 2017, 422 Rn. 33 f. – *ARD-Buffet.*

Verleger gegenüber anderen Verlagen ein unzulässiger Vorteil im Wettbewerb um Käufer derartiger Zeitschriften verschafft.[1012] Schließlich nimmt der Bundesgerichtshof mit lediglich formelhafter Begründung an, ein solcher Verstoß sei geeignet, die Interessen von Verbrauchern, sonstigen Marktteilnehmern oder Mitbewerbern spürbar zu beeinträchtigen.[1013] In der Sache ist dies allerdings zutreffend, da aufgrund der erheblichen Marktmacht des gebührenfinanzierten öffentlich-rechtlichen Rundfunks eine solche Förderung einzelner Unternehmer zu erheblichen Verwerfungen auf dem freien Markt führen kann.

3. Verbot nichtsendungsbezogener presseähnliche Angebote (§ 11d Abs. 2 Nr. 3 Teils. 3 RStV)

556 Nach § 11d Abs. 1 RStV I bietet der öffentlich-rechtliche Rundfunk Telemedien (elektronische Informations- und Kommunikationsdienste, § 2 Abs. 1 3 RStV) an. Nach § 11d Abs. 2 Nr. 3 Teils. 3 RStV sind nichtsendungsbezogene presseähnliche Angebote unzulässig.

557 Auch bei dieser Bestimmung handelt es sich um eine Marktverhaltensregelung. § 11d Abs. 1 RStV eröffnet dem öffentlich-rechtlichen Rundfunk allgemein den Zutritt zum Markt der Telemedien. § 11d Abs. 2 RStV bestimmt das Verhalten auf diesem Markt näher, ohne den Zugang zu ihm zu verschließen.[1014] Den Telemedienangeboten nach § 11d RStV liegen jeweils Telemedienkonzepte nach § 11f RStV zugrunde, die von den zuständigen Rechtsaufsichtsbehörden zu prüfen sind. Dieser Prüfung und Freigabe liegt aber nur ein abstraktes Konzept zugrunde, so dass sie keine Legitimationswirkung für konkrete Angebote entfalten kann.[1015]

558 Presseähnliche Angebote im Sinn von § 11d Abs. 2 Nr. 3 Teils. 3 RStV sind nach § 2 Abs. 2 Nr. 20 RStV nicht nur elektronische Ausgaben von Printmedien, sondern alle journalistisch-redaktionell gestalteten Angebote, die nach Gestaltung und Inhalt Zeitungen oder Zeitschriften entsprechen. Dabei ist grundsätzlich das gesamte Telemedienangebot zu verstehen, das auf einem entsprechenden Telemedienkonzept beruht. Das ergibt sich bereits daraus, dass der Begriff des Telemedienangebots auch in den übrigen Bestimmungen der §§ 11 f, 11d RStV in diesem umfassenden Sinne verwendet wird. Es kommt dagegen nicht darauf an, ob einzelne Beiträge innerhalb dieses Angebots für sich genommen als presseähnlich einzustufen sind.[1016]

559 Zur Beurteilung der Presseähnlichkeit eines Telemedienangebots ist dieses mit Zeitungen und Zeitschriften zu vergleichen. Für diesen Vergleich ist auf die gedruckten Ausgaben von Zeitungen und Zeitschriften abzustellen. Das ergibt sich bereits daraus, dass elektronische Ausgaben von Printmedien – und damit auch elektronische Ausgaben von gedruckten Zeitungen und Zeitschriften – nach der Legaldefinition ohne weiteres

1012 BGH, 26.01.2017, I ZR 207/14, GRUR 2017, 422 Rn. 57 – *ARD-Buffet.*
1013 BGH, 26.01.2017, I ZR 207/14, GRUR 2017, 422 Rn. 61 – *ARD-Buffet.*
1014 BGH, 30.04.2015, I ZR 13/14, GRUR 2015, 1228 Rn. 59 – *Tagesschau-App.*
1015 BGH, 30.04.2015, I ZR 13/14, GRUR 2015, 1228 Rn. 50 – *Tagesschau-App.*
1016 BGH, 30.04.2015, I ZR 13/14, GRUR 2015, 1228 Rn. 61 – *Tagesschau-App.*

als presseähnliche Angebote anzusehen sind. Auf das Internetangebot von Presseverlagen kommt es für den Vergleich dagegen nicht an. Bei dem Vergleich ist auf die Gestaltung und den Inhalt von Zeitungen und Zeitschriften abzustellen. Für Zeitungen und Zeitschriften ist es charakteristisch, dass sie vor allem Texte und daneben (unbewegte) Bilder enthalten. Steht der Text deutlich im Vordergrund, deutet dies daher auf die Presseähnlichkeit eines Angebots hin.[1017]

4. Weitere Bestimmungen

In der Entscheidung »ARD Buffet« hat der Bundesgerichtshof in einem obiter dictum weitere Bestimmungen des RStV erwähnt, die Marktverhaltensregelungen darstellen.[1018] Es handelt sich dabei um § 11 Abs. 5 1 RStV (Verbot von Werbung und Sponsoring in Telemedien) sowie die Verbote der Anlage zu § 11 Abs. 5 4 RStV: **560**

1. Anzeigenportale, Anzeigen oder Kleinanzeigen, **561**
2. Branchenregister und -verzeichnisse, **562**
3. Preisvergleichsportale sowie Berechnungsprogramme (z.B. Preisrechner, Versicherungsrechner), **563**
4. Bewertungsportale für Dienstleistungen, Einrichtungen und Produkte, **564**
5. Partner-, Kontakt-, Stellen-, Tauschbörsen, **565**
6. Ratgeberportale ohne Sendungsbezug, **566**
7. Business-Networks, **567**
8. Telekommunikationsdienstleistungen im Sinne von § 3 Nr. 24 des Telekommunikationsgesetzes, **568**
9. Wetten im Sinne von § 762 des Bürgerlichen Gesetzbuches, **569**
10. Softwareangebote, soweit nicht zur Wahrnehmung des eigenen Angebots erforderlich, **570**
11. Routenplaner, **571**
12. Verlinkung ohne redaktionelle Prüfung; Verlinkungen sollen ausschließlich der unmittelbaren Ergänzung, Vertiefung oder Erläuterung eines Eigeninhalts (auch von Beteiligungsunternehmen) dienen und nicht unmittelbar zu Kaufaufforderungen führen, **572**
13. Musikdownload von kommerziellen Fremdproduktionen, **573**
14. Spieleangebote ohne Sendungsbezug, **574**
15. Fotodownload ohne Sendungsbezug, **575**
16. Veranstaltungskalender (sendungsbezogene Hinweise auf Veranstaltungen sind zulässig), **576**
17. Foren, Chats ohne Sendungsbezug und redaktionelle Begleitung; Foren, Chats unter Programm- oder Sendermarken sind zulässig. Foren und Chats dürfen nicht *inhaltlich* auf Angebote ausgerichtet sein, die nach den Nummern 1 bis 16 unzulässig sind. **577**

1017 BGH, 30.04.2015, I ZR 13/14, GRUR 2015, 1228 Rn. 64 f. – *Tagesschau-App*.
1018 BGH, 26.01.2017, I ZR 207/14, GRUR 2017, 422 Rn. 33 – *ARD-Buffet*.

578 Bei dem Gebot, kommerzielle Tätigkeiten nur unter Marktbedingungen zu erbringen (§ 16a Abs. 1 RStV), soll es sich dagegen ausschließlich um eine Marktzutrittsregelung handeln, die keine konkreten Vorgaben für das Marktverhalten der öffentlich-rechtlichen Rundfunkanstalten beinhalte. Soweit das darin liegende Verbot der Quersubventionierung kommerzieller Aktivitäten durch die Einnahmen aus den Rundfunkgebühren auch private Wettbewerber begünstige, handele es sich dabei um eine reine Reflexwirkung.[1019] Diese Begründung ist allerdings nur schwer mit dem Ansatz des Bundesgerichtshofs zu vereinbaren, dass die Begrenzungen des RStV der Betätigung des öffentlich-rechtlichen Rundfunks auf dem Markt der Telemedien dem Schutz privater Medienanbieter dienen und daher Marktverhaltensregeln darstellen.[1020]

579 Keine Marktverhaltensregelung stellen die §§ 11 Abs. 2 6, 19 Satz 3 RStV dar, durch den den öffentlich-rechtlichen Rundfunkanstalten der Ersatz digitaler Programme durch analoge Programme verboten wird. Diese Bestimmungen sollen die Entwicklung hin zur politisch angestrebten Digitalisierung fördern. Ihre positiven Auswirkungen auf private Rundfunkanbieter, die keine digitalen Programme anbieten können, stellen lediglich Reflexwirkungen dar.[1021]

LV. SaatG

580 Nach § 3 Abs. 1 SaatG darf Saatgut zu gewerblichen Zwecken nur unter bestimmten Voraussetzungen in den Verkehr gebracht werden. Bei dieser Bestimmung handelt es sich um eine Marktverhaltensregelung. Sie stellt ein öffentlich-rechtliches Verbot mit Erlaubnisvorbehalt für das Inverkehrbringen von Saatgut zu gewerblichen Zwecken dar. Dieses Verbot dient dem Schutz des Saatgutverbrauchers und der Sicherung der Versorgung der Landwirtschaft und des Gartenbaus mit qualitativ hochwertigem Saatgut zur Erzielung eines größtmöglichen und besten Ernteertrags. Die Sicherstellung des Ernteertrags im Interesse der Lebensmittelversorgung ist ein kollektives Schutzgut, das allein die Einordnung der Vorschrift als Marktverhaltensregelung nicht gestatten würde. Allerdings schützt die Vorschrift auch das Interesse der Abnehmer von Saatgut an der Bereitstellung dem gesetzlichen Kontrollmaßstab entsprechenden, unbedenklichen und leistungsfähigen Saatguts. Das Verbot des Absatzes von Saatgut, das nicht den Vorschriften des Gesetzes entspricht, vermittelt danach eine auf die Eigenschaften des Saatguts bezogene Konformitätserwartung der Saatgutverbraucher beim Erwerb und berührt mithin deren wettbewerbliche Belange als Nachfrager von Waren. Der Vertrieb von – nicht regelkonformen – Saatgut an gewerbliche Abnehmer (Landwirte) stellt keine Geschäftspraktik gegenüber Verbrauchern dar, so dass die durch die UGP-Richtlinie bewirkte Vollharmonisierung der Anwendung des Rechtsbruchtatbestandes

1019 HansOLG Hamburg, 01.06.2017, 3 U 124/13, WRP 2017, 1254 Rn. 97 ff. – *Radiowerbezeiten.*

1020 BGH, 30.04.2015, I ZR 13/14, GRUR 2015, 1228 Rn. 59 – *Tagesschau-App.*

1021 OLG München, 27.07.2017, U 2184/15 Kart, GRUR-RR 2018, 133 Rn. 35 f.– *Frequenzwechsel.*

nicht entgegensteht.[1022] Die gleichen Grundsätze gelten für die Aufzeichnungspflichten nach § 27 SaatG.[1023]

LVI. Schulgesetze der Länder

Die in den Landesschulgesetzen enthaltenen Regelungen über geschäftliche Betätigung auf dem Schulgelände stellen Marktverhaltensregelungen dar. Zu beachten ist allerdings, dass Tätigkeiten, die im Einzelfall durch die Schulleitung erlaubt werden können, nicht unlauter sind.[1024] **581**

LVII. SteuerberatungsG (StBerG), Steuerberaterberufsordnung (StBerBerufsO)

Nach § 5 Abs. 1 1 StBerG dürfen grundsätzlich nur die nach dem StBerG dazu befugten Personen und Gesellschaften (§§ 3 ff. StBerG) geschäftsmäßig Hilfe in Steuersachen leisten. Bei dieser Bestimmung handelt es sich um eine Marktverhaltensregelung.[1025] Sie regelt zwar den Zutritt zum Markt der Steuerberatungsdienstleistungen, soll aber zugleich die Nachfrager solcher Dienstleistungen vor dem Angebot unqualifizierter Dienstleistungen schützen (vgl. z. B. §§ 35 ff. StBerG). Als spezifische Regelung eines reglementierten Berufes fällt die Regelung auch nicht in den Anwendungsbereich der UGP-Richtlinie, so dass die durch diese bewirkte Vollharmonisierung des Lauterkeitsrechts der Anwendung des Rechtsbruchtatbestandes nicht entgegensteht. Gleiches gilt für die Bestimmungen betreffend das Führen der im StBerG geregelten Berufsbezeichnungen (§§ 18, 43 StBerG).[1026] Auch bei den berufsrechtlichen Mindest- oder Höchstpreisvorschriften des § 64 StBerG und der Steuerberatergebührenverordnung handelt es sich um Marktverhaltensregelungen.[1027] **582**

Nach § 57a StBerG ist Werbung nur erlaubt, soweit sie über die berufliche Tätigkeit in Form und Inhalt sachlich unterrichtet und nicht auf die Erteilung eines Auftrags im Einzelfall gerichtet ist. Wie bei allen die Werbung reglementierenden Bestimmungen in den Berufsordnungen der freien Berufe handelt es sich um eine Marktverhaltensregelung.[1028] Zu beachten ist aber, dass durch Werbebeschränkungen die durch Art. 12 Abs. 1 GG geschützte Berufsfreiheit berührt wird. Die Vorschrift eröffnet nicht eine ansonsten verschlossene Werbemöglichkeit, sondern konkretisiert die verfassungsrechtlich garantierte Werbefreiheit. Deshalb bedarf nicht die Gestattung der Steuerberaterwerbung der Rechtfertigung, sondern ihre Einschränkung. Sie ist nur dann mit Art. 12 **583**

1022 BGH, 02.03.2017, I ZR 194/15, GRUR 2017, 537 Rn. 23 – *Konsumgetreide*.

1023 BGH, 27.04.2017, I ZR 215/15, GRUR 2017, 819 Rn. 22 ff. – *Aufzeichnungspflicht*.

1024 BGH, 20.10.2005, I ZR 112/03, GRUR 2006, 77 Rn. 25 – *Schulfotoaktion* (zu § 47 Abs. 3 BbgSchulG); vgl. z. B. auch § 99 Abs. 1 SchulG NRW.

1025 BGH, 21.02.2008, I ZR 142/05, GRUR 2008, 815 Rn. 12 – *Buchführungsbüro*.

1026 BGH, 28.06.2007, I ZR 153/04, GRUR 2008, 186 Rn. 33 – *Telefonaktion* (zu § 18 StBerG betreffend Lohnsteuerhilfevereine).

1027 BGH, 30.09.2004, I ZR 89/02, GRUR 2005, 436, 437 – *Steuerberater-Hotline*.

1028 BGH, 29.07.2009, I ZR 77/07, GRUR 2010, 349 Rn. 19 – *EKW-Steuerberater*.

Abs 1 GG vereinbar, wenn sie im Einzelfall durch ausreichende Gründe des Gemeinwohls gerechtfertigt ist sowie dem Grundsatz der Verhältnismäßigkeit entspricht.[1029]

584 Das von den Angehörigen eines freien Berufs zu beachtende Sachlichkeitsgebot verlangt keine auf die Mitteilung nüchterner Fakten beschränkte Werbung. Zudem ist es gerade legitimer Zweck der auch Steuerberatern grundsätzlich erlaubten Werbung, Kunden zu Lasten der Konkurrenz zu gewinnen. Verboten und eingeschränkt werden kann die Werbung eines Steuerberaters nur, um das Vertrauen der steuerliche Beratung suchenden Personen darauf zu erhalten, dass der Steuerberater seine Dienste nicht rein gewerblich und gewinnorientiert anbietet und seine Leistungen an den Interessen des Mandanten, nicht aber am eigenen wirtschaftlichen Vorteil ausrichtet.[1030] Berufsrechtlich unzulässig sind ferner Werbemaßnahmen, durch die Mitbewerber unlauter herabgesetzt werden oder die irreführend sind.[1031]

LVIII. Strafgesetzbuch (StGB)

585 Das **unbefugte Führen von Berufsbezeichnungen** ist gemäß § 132a StGB strafbar. Soweit dies zu Wettbewerbszwecken erfolgt, dürfte ein Verstoß zugleich Ansprüche nach § 3a auslösen.[1032] § 132a StGB entfaltet in diesen Fällen – wie die entsprechenden Vorschriften der Berufsordnungen der freien Berufe (z. B. §§ 12 Abs. 4 BRAO, 7 BOFA, 43 StBerG) – eine die Lauterkeit des Wettbewerbs schützende Funktion, die auch dem Schutz der Nachfrager entsprechender Dienstleistungen vor unqualifizierten Berufsträgern dient. Zumindest, soweit die Bezeichnungen reglementierter Berufe im Sinn des Art. 3 (8) UGP-RL betroffen sind, steht auch die durch die UGP-RL bewirkte Vollharmonisierung des Lauterkeitsrechts einer Anwendung des Rechtsbruchtatbestandes nicht entgegen.

586 § 184 StGB (**Verbot der Verbreitung pornographischer Schriften**) stellt die Verbreitung pornographischer Schriften im Sinn dieser Vorschrift nicht schlechthin unter Strafe, sondern nur bestimmte Modalitäten (z. B. die Überlassung an Minderjährige, § 184 Abs. 1 Nr. 1 StGB). Die Vorschrift stellt daher, entsprechend den Bestimmungen der §§ 119 Abs. 1, 120 Abs.1 Nr. 2 OWiG,[1033] eine Marktverhaltensregelung zum Schutz der Minderjährigen dar.[1034]

587 Ob § 263 StGB (**Betrug**) eine Marktverhaltensregelung darstellt, hat der Bundesgerichtshof bisher offen gelassen. Auf jeden Fall ist kritisch zu prüfen, ob ein als gegen § 263 StGB verstoßendes Verhalten den Begriff der geschäftlichen Verhandlung erfüllt. Rechtsanwälte, die systematisch für ihre Mandanten wahrheitswidrig vortragen, sollen sich dadurch nach Ansicht des Bundesgerichtshofs im Wettbewerb um Mandate keine

---

1029 BGH, 29.07.2009, I ZR 77/07, GRUR 2010, 349 Rn. 22 – *EKW-Steuerberater.*
1030 BGH, 29.07.2009, I ZR 77/07, GRUR 2010, 349 Rn. 22, 25 – *EKW-Steuerberater.*
1031 BGH, 29.07.2009, I ZR 77/07, GRUR 2010, 349 Rn. 37 – *EKW-Steuerberater.*
1032 Vgl. OLG Düsseldorf, 11.11.2014, 20 U 26/14, ZKJ 2015, 121, 123.
1033 S. o. Rdn. 493.
1034 BGH, 18.10.2007, I ZR 102/05, GRUR 2008, 534 Rn. 50 – *ueber18.de*; Link, in: Ullmann, jurisPK-UWG, § 3a Rn. 335.

Vorteile verschaffen, so dass es an einer geschäftlichen Handlung im Sinn des § 2 Abs. 1 Nr. 1 UWG fehle.[1035]

Nach § 284 StGB ist die **Veranstaltung eines Glücksspiels** ohne die erforderliche behördliche Erlaubnis strafbar. Grundsätzlich kann die Bestimmung als Marktverhaltensregelung qualifiziert werden. Allerdings verstießen die bis 2008 geltenden landesrechtlichen Regelungen gegen nationales Verfassungsrecht und Unionsrecht, da sie nicht konsequent am Ziel der Begrenzung der Wettleidenschaft und Bekämpfung der Wettsucht ausgerichtet waren.[1036] Dementsprechend konnten Verstöße auch nicht gemäß § 284 StGB in Verbindung mit § 4 Nr. 11 a. F. untersagt werden.[1037] Zur aktuellen Situation wird auf die Kommentierung zum Glückspielstaatsvertrag verwiesen.[1038] 588

Auch die Vorschriften des 26. Abschnitts »**Straftaten gegen den Wettbewerb**« wie das Verbot wettbewerbsbeschränkende Absprachen bei Ausschreibungen (§ 298 StGB) oder die Vorschriften gegen Bestechlichkeit und Bestechung im geschäftlichen Verkehr und im Gesundheitswesen (§§ 299 ff. StGB) stellen Marktverhaltensregelungen dar.[1039] 589

LIX. TabakerzeugnisG (TabakerzG)

Bei den Werbeverboten der §§ 18 ff. TabakerzG handelt es sich um Marktverhaltensregelungen im Sinn des Rechtsbruchtatbestandes. Der Anwendungsbereich des § 3a UWG beschränkt sich nicht auf solche Marktverhaltensregelungen, die eine spezifisch wettbewerbsbezogene Schutzfunktion aufweisen, indem sie die Marktteilnehmer speziell vor dem Risiko einer unlauteren Beeinflussung ihres Marktverhaltens schützen.[1040] Auch solche Bestimmungen, die allein dem Gesundheitsschutz der Verbraucher dienen, können daher Marktverhaltensregelungen darstellen. Die durch die UGP-Richtlinie bewirkte Vollharmonisierung steht der Anwendung des Rechtsbruchtatbestandes nicht entgegen. Denn nach Art. 3 (3) der Richtlinie bleiben die Rechtsvorschriften der Mitgliedstaaten in Bezug auf die Gesundheits- und Sicherheitsaspekte von Produkten unberührt. Gemäß dem Erwägungsgrund 9 S. 2 der Richtlinie gilt dies insbesondere für Regelungen im Zusammenhang mit Tabakwaren. Damit bleibt die Anwendung des § 3a in diesem Bereich zulässig.[1041] 590

1035 BGH, 10.01.2013, I ZR 190/11, GRUR 2013, 945 Rn. 23 ff. – *Standardisierte Mandatsbearbeitung.*

1036 BVerfG, 28.03.2006, 1 BvR 1051/01, BVerfGE 115, 276 ff. = GRUR 2006, 688 Rn. 120 – *Oddset* (Bayern); BVerfG, 04.07.2006, 1 BvR 138/05, WM 2006, 1644, 1645 – *Oddset-Sportwette* (Baden-Württemberg).

1037 BGH, 14.02.2008, I ZR 207/05, BGHZ 175, 238 ff. = GRUR 2008, 438 Rn. 22 – *ODDSET*; BGH, 02.12.2009, I ZR 77/06, MMR 2010, 547 – *Internet-Sportwetten vor 2008.*

1038 S. o. Rdn. 321–323.

1039 *Köhler*/Bornkamm/Feddersen, § 3a Rn. 1.327 f.

1040 BGH, 18.11.2010, I ZR 137/09, GRUR 2011, 631 Rn. 10 – *Unser wichtigstes Cigarettenpapier* (zum Vorläufigen VTabakG); BGH, 05.10.2017, I ZR 117/16, GRUR 2017, 1273 Rn. 16 – *Tabakwerbung im Internet.*

1041 BGH, 04.11.2010, I ZR 139/09, GRUR 2011, 633 Rn. 35 – *BIO TABAK*; BGH, 05.10.2017, I ZR 117/16, GRUR 2017, 1273 Rn. 15 – *Tabakwerbung im Internet.*

591 Infolge des hohen Ranges, der nach der Rechtsprechung des Bundesverfassungsgerichts dem Gesundheitsschutz zukommt,[1042] sind die mit den Werbebeschränkungen verbundenen Eingriffe in Freiheitsrechte auch mit Verfassungsrecht[1043] und Unionsrecht[1044] vereinbar. Vor diesem Hintergrund ist es auch nicht erforderlich, dass ein Verstoß gegen die Vorschriften auch nur zu einer mittelbaren Gesundheitsgefahr führt.[1045] Es handelt sich damit um abstrakte Verbote.

592 Nach § 19 Abs. 2 und 3 TabakerzG ist die Werbung für Tabakerzeugnisse auch in Diensten der Informationsgesellschaft verboten. Die eigene Homepage eines Tabakerzeugnisse herstellenden Unternehmens stellt einen solchen Dienst der Informationsgesellschaft dar, da es sich um eine kommerzielle Kommunikation handelt, die letztlich der Absatzförderung des Unternehmens dient.[1046]

LX. TextilkennzeichnungsG (TextilKennzG), Verordnung (EU) Nr. 1007/2011 über die Bezeichnungen von Textilfasern und die damit zusammenhängende Etikettierung und Kennzeichnung der Faserzusammensetzung von Textilerzeugnissen (TextilKennzVO)

593 Nach § 4 Abs. 1 TextilKennzG, der insoweit Art. 16 (1) TextilKennzVO wiederholt, dürfen Textilerzeugnisse nur auf dem Markt bereitgestellt werden, wenn sie entsprechend den Bestimmungen der TextilKennzVO etikettiert oder gekennzeichnet sind. Bei diesen Bestimmungen handelt es sich um Marktverhaltensregelungen, die dem Schutz der Verbraucher dienen.[1047] Es soll auch eine spürbare Beeinträchtigung der Interessen der Verbraucher vorliegen, wenn ein Kleidungsstück mit »Acryl« statt »Polyacryl« gekennzeichnet ist.[1048] Entscheidungen wie die zuletzt genannte zeigen die Tendenz, das Tatbestandsmerkmal der Eignung zur spürbaren Beeinträchtigung der geschützten Interessen leerlaufen zu lassen.

LXI. TelekommunikationsG (TKG)

594 Das TKG enthält Regelungen, die als Marktverhaltensregelungen verstanden werden können, so z. B. in § 66a betreffend die Preisangaben für Telekommunikationdienste. Da jedoch nach § 44 TKG Wettbewerber und die in § 3 UKlaG genannten Stellen bei Verstößen gegen das Gesetz Ansprüche geltend machen können, bedarf es eines Rückgriffs auf den Rechtsbruchtatbestand nicht.[1049]

1042 BVerfG, 30.07.2008, 1 BvR 3262/07 ua, BVerfGE 121, 317 ff. = NJW 2008, 2409 Rn. 103 ff.

1043 BGH, 04.11.2010, I ZR 139/09, GRUR 2011, 633 Rn. 16 – *BIO TABAK.*

1044 EuGH, 04.05.2016, C-547/14, ZLR 2016, 643 Rn. 152 – *The Queen, auf Antrag von Philip Morris Brands ua/Secretary of State for Health.*

1045 BGH, 04.11.2010, I ZR 139/09, GRUR 2011, 633 Rn. 19 – *BIO TABAK.*

1046 BGH, 05.10.2017, I ZR 117/16, GRUR 2017, 1273 Rn. 26 ff. – *Tabakwerbung im Internet.*

1047 BGH, 24.03.2016, I ZR 7/15, GRUR 2016, 1068 Rn. 14 – *Textilkennzeichnung.*

1048 OLG München, 20.10.2016, 6 U 2046/16, GRUR-RR 2017, 11 Rn. 54.

1049 OLG Düsseldorf, 18.09.2012, I-20 U 43/12, GRUR-RR 2013, 180 Rn. 18 – *Service-Dienste*; GK-UWG/Metzger, § 4 Nr. 11 Rn. 19.

LXII. TelemedienG (TMG)

Nach § 5 Abs. 1 TMG haben Anbieter für geschäftsmäßige, in der Regel gegen Entgelt angebotene Telemedien bestimmte Informationen wie Namen, Anschrift und Kontaktmöglichkeiten leicht erkennbar, unmittelbar erreichbar und ständig verfügbar zu halten. Diese Pflichten dienen der Transparenz von geschäftsmäßig erbrachten Telemediendiensten und dabei auch dem Verbraucherschutz. Auch wenn sie gegenüber der Allgemeinheit der Nutzer – Verbraucher und Unternehmer – bestehen, handelt es sich bei ihnen um Markverhaltensregelungen im Sinn des Rechtsbruchtatbestandes. Daran ändert auch der Umstand nichts, dass Verstöße gegen § 5 Abs. 1 TMG nach § 16 Abs. 2 TMG als Ordnungswidrigkeiten sanktioniert sind.[1050] 595

Die durch die UGP-Richtlinie bewirkte Vollharmonisierung des Lauterkeitsrechts im Bereich der Geschäftspraktiken im Geschäftsverkehr zwischen Unternehmen und Verbrauchern steht der Anwendung des Rechtsbruchtatbestandes in Verbindung mit § 5 Abs. 1 TMG nicht entgegen, da die Vorschrift der Umsetzung von Art. 5 Abs. 1 der Richtlinie 2000/31/EG des Europäischen Parlaments und des Rates vom 08.06.2000 über bestimmte rechtliche Aspekte der Dienste der Informationsgesellschaft, insbesondere des elektronischen Geschäftsverkehrs, im Binnenmarkt (»E-Commerce-RL«) dient und damit ihre Grundlage im Unionsrecht findet. Daraus folgt zugleich, dass die Bestimmung richtlinienkonform, also vor allem unter Berücksichtigung des Zwecks der Richtlinie, auszulegen ist.[1051] 596

Nach der Rechtsprechung des Europäischen Gerichtshofs muss der Diensteanbieter den Nutzern des Dienstes vor Vertragsschluss neben der Adresse der elektronischen Post weitere Informationen zur Verfügung stellen, die eine schnelle Kontaktaufnahme und eine unmittelbare und effiziente Kommunikation ermöglichen. Diese Informationen müssen nicht zwingend eine Telefonnummer umfassen. Sie können eine elektronische Anfragemaske betreffen, über die sich die Nutzer des Dienstes im Internet an den Diensteanbieter wenden können, woraufhin dieser mit elektronischer Post antwortet. Als Kommunikationswege, die den Kriterien einer unmittelbaren und effizienten Kommunikation genügen, können auch ein persönlicher Kontakt mit einer verantwortlichen Person in den Räumen des Diensteanbieters oder eine Kommunikation über Telefax angesehen werden. Der Diensteanbieter ist aber in jedem Fall verpflichtet, den Nutzern der Dienste neben seiner Adresse der elektronischen Post einen weiteren schnellen, unmittelbaren und effizienten Kommunikationsweg zur Verfügung zu stellen.[1052] 597

1050 BGH, 25.02.2016, I ZR 238/14, GRUR 2016, 957 Rn. 10 – *Mehrwertdienstenummer.*

1051 BGH, 25.02.2016, I ZR 238/14, GRUR 2016, 957 Rn. 11 – *Mehrwertdienstenummer.*

1052 EuGH, 16.10.2008, C-298/07, NJW 2008, 3553 Rn. 31 ff. – *Verbraucherzentrale Bundesverband/DIV*; BGH, 25.02.2016, I ZR 238/14, GRUR 2016, 957 Rn. 14 – *Mehrwertdienstenummer.*

598 Es genügt, wenn die erforderlichen Angaben über einen »sprechenden«, mit »Impressum« oder »Kontakt« bezeichneten Link auf der Internetseite erreichbar sind.[1053] Die Angabe einer Mehrwertdienstenummer, die nur mit höheren als den üblicherweise anfallenden Verbindungsentgelten erreichbar ist, genügt diesen Anforderungen nicht.[1054]

599 Auch Nutzer von »Social Media« wie Facebook-Accounts müssen eine eigene Anbieterkennung vorhalten, wenn diese Dienste zu Marketingzwecken benutzt werden und nicht nur eine rein private Nutzung vorliegt. Dies gilt für Seiten auf »facebook«,[1055] aber auch auf »eBay«.[1056] Allgemein gilt, dass bei Internetportalen nicht nur der einzelne Portalbetreiber verpflichtet ist, Angaben nach § 5 TMG zu machen, sondern dass auch die einzelnen Anbieter, sofern sie geschäftsmäßige Teledienste anbieten, für ihre Unterseiten impressumspflichtig sind, obwohl sie den »übergeordneten« Teledienst nicht betreiben.[1057]

600 Die Datenschutzregel des § 13 TMG wird oben unter »Datenschutzgesetze« erörtert.[1058]

LXIII. UWG

601 Die bislang im UWG selber enthaltenen Straftatbestände wie §§ 17, 18 stellen Marktverhaltensregelungen im Sinn des Rechtsbruchtatbestandes dar.[1059]

LXIV. Verordnung (EG) Nr. 1924/2006 über nährwert- und gesundheitsbezogene Angaben über Lebensmittel

602 Siehe Health-Claim-Verordnung.

LXV. Verordnung (EU) Nr. 524/2013 des Europäischen Parlaments und des Rates über die Online-Beilegung verbraucherrechtlicher Streitigkeiten und zur Änderung der Verordnung (EG) Nr. 2006/2004 und der Richtlinie 2009/22/EG (Verordnung über Online-Streitbeilegung in Verbraucherangelegenheiten)

603 Siehe Online-Beilegung verbraucherrechtlicher Streitigkeiten.

LXVI. VerpackungsV (VerpackV)

604 Nach § 6 VerpackV haben sich Hersteller und Vertreiber von mit Ware befüllten Verkaufsverpackungen an einem System zur Rücknahme gebrauchter Verkaufsverpackun-

---

1053 BGH, 20.07.2006, I ZR 228/03, GRUR 2007, 159 Rn. 19 ff. – *Anbieterkennzeichnung im Internet* (zu § 6 TDG).

1054 BGH, 25.02.2016, I ZR 238/14, GRUR 2016, 957 Rn. 23 – *Mehrwertdienstenummer.*

1055 OLG Düsseldorf, 13.08.2013, 20 U 75/13, WRP 2014, 88 Rn. 7 – *Facebook-Impressum.*

1056 OLG Karlsruhe, 27.04.2006, 4 U 119/04, WRP 2006, 1038, 1041 – *Anbieterkennzeichnung auf eBay* (zu § 6 TDG).

1057 Müller-Broich, TMG, 2012, § 5 Rn. 2.

1058 S. o. Rdn. 278–279.

1059 BGH, 26.02.2009, I ZR 28/06, GRUR 2009, 603 Rn. 22 – *Versicherungsuntervertreter* (zu § 17 UWG); *Köhler*/Bornkamm/Feddersen, § 3a Rn. 1.326.

gen im Sinn des § 6 Abs. 3 VerpackV zu beteiligen. Die Bestimmung stellt eine Marktverhaltensregelung dar. Der Marktbezug ergibt sich zwar nicht aus der in § 1 VerpackV geregelten unmittelbaren Zielsetzung der Vermeidung und Verringerung der Auswirkung von Abfällen aus Verpackungen auf die Umwelt, da Belange des Umweltschutzes für sich genommen wettbewerbsneutral sind. Die in § 6 VerpackV geregelten Rücknahme- und Verwertungspflichten wirken sich jedoch deutlich auf das Verhalten der Hersteller und Vertreiber auf dem Absatzmarkt aus. Die Verpackungsverordnung hält Hersteller und Vertreiber dazu an, Verpackungen möglichst vollständig zu vermeiden oder – wenn sie als Selbstentsorger tätig werden – Vorkehrungen zu treffen, um einen Teil der Verkaufsverpackungen von den Kunden zurückzuerhalten. Da der Gesetzgeber mit der Verpackungsverordnung ausdrücklich auch das Ziel der Herstellung der Wettbewerbsgleichheit zwischen verschiedenen Systemen der Abfallentsorgung verfolgte,[1060] weist die Bestimmung zumindest im Verhältnis zum Mitbewerber den erforderlichen Marktbezug auf.[1061]

LXVII. Versicherungsrecht (VersicherungsvertragsG – VVG, VersicherungsaufsichtsG – VAG, VersicherunsgvermittlungsV – VersVermV)

Die versicherungsrechtlichen Vorschriften des Versicherungsvertragsgesetzes (VVG), Versicherungsaufsichtsgesetzes (VAG) und der Versicherungsvermittlungsverordnung enthalten eine Reihe von Marktverhaltensregelungen. Eine weitere, für die Versicherungswirtschaft praktisch bedeutsame Marktverhaltensregelung stellt § 34d GewO dar.[1062] **605**

Nach §§ 6 Abs. 1, 61 Abs. 1 VVG haben Versicherer und Versicherungsvermittler, soweit dazu Anlass besteht, den Versicherungsnehmer nach seinen Wünschen und Bedürfnissen zu befragen und, auch unter Berücksichtigung eines angemessenen Verhältnisses zwischen Beratungsaufwand und der vom Versicherungsnehmer zu zahlenden Prämien, zu beraten sowie die Gründe für jeden zu einer bestimmten Versicherung erteilten Rat anzugeben. Nach § 6 Abs. 6 VVG gilt diese Pflicht für den Versicherer nicht, wenn der Vertrag im Fernabsatz nach § 312c BGB abgeschlossen wird; für den Versicherungsvermittler ist diese Ausnahme nicht analog anwendbar.[1063] **606**

Nach § 127 Abs. 1 VVG ist bei der Rechtsschutzversicherung der Versicherungsnehmer berechtigt, seinen Rechtsanwalt frei zu wählen; nach § 129 VVG darf von dieser Bestimmung nicht zum Nachteil des Versicherungsnehmers abgewichen werden. Ob es sich bei diesen Bestimmungen um Marktverhaltensregelungen handelt, hat der Bundesgerichtshof (anders als noch die Vorinstanz, die von Marktverhaltensregelungen ausge- **607**

1060 BT-Drucksache 13/10943, S. 20.

1061 BGH, 29.06.2006, I ZR 171/03, GRUR 2007, 162 Rn. 12 – *Mengenausgleich in Selbstentsorgergemeinschaft.*

1062 S. o. Rdn. 317–320.

1063 OLG München, 06.04.2017, 29 U 3139/16, WRP 2017, 1385 Rn. 28 – *Versicherungsvergleichsportal.*

gangen war[1064]) offen gelassen.[1065] Tatsächlich dürfte es sich dabei, entsprechend der Tendenz der Rechtsprechung zu den Klauselverboten des BGB,[1066] um Marktverhaltensregelungen zum Schutz der Verbraucher handeln. Gleiches gilt dann für die anderen halbzwingenden Normen des VVG (z. B. §§ 106, 109 VVG für die Haftpflichtversicherung, §§ 153 ff., 171 VVG für die Lebensversicherung).

608 Nach § 11 VersVermV hat ein Versicherungsvermittler dem Versicherungsnehmer beim ersten Geschäftskontakt bestimmte Angaben klar und verständlich in Textform mitzuteilen, darunter auch, ob er als Versicherungsmakler oder Versicherungsvertreter nach § 34d Abs. 1 GewO auftritt.[1067] Bei der Bestimmung handelt es sich um eine Marktverhaltensregelung. Die nach ihr geschuldeten statusbezogenen Informationen, für die ausschließlich auf die Eintragung und nicht auf das konkrete Tätigwerden abzustellen ist, sollen sicherstellen, dass die typenspezifisch erteilte Gewerbeerlaubnis vom Kunden im Sinne der beabsichtigten Transparenz zur Kenntnis genommen werden kann.[1068] Es handelt sich bei ihr um eine Marktverhaltensregelung,[1069] die der Umsetzung der Richtlinie 2002/92/EG über Versicherungsvermittlung dient, so dass auch die durch die UGP-Richtlinie eingetretene Vollharmonisierung des Lauterkeitsrechts der Anwendung des Rechtsbruchtatbestandes nicht entgegensteht.

609 Es genügt – anders als bei den Impressumangaben nach § 5 Abs. 1 TMG – nicht, dass bei dem Onlineportal eines Versicherungsvermittlers die Statusinformationen lediglich über einen Link erreichbar sind.[1070] Dies wird durch die besondere Bedeutung der Statusinformation gerechtfertigt. Dem Verbraucher soll nicht allein eine einfache Kontaktaufnahme mit dem Versicherungsvermittler ermöglicht werden, sondern er soll bereits »beim ersten Geschäftskontakt« Klarheit darüber gewinnen, ob er es mit einem – im Lager des Versicherers stehenden – Versicherungsvertreter oder einem unabhängigen Versicherungsmakler zu tun hat. Nach Ansicht des OLG München ist es sogar erforderlich, dass die Statusinformationen dem Kunden »in Textform« zugehen.[1071] Dabei ist allerdings nicht berücksichtigt, dass nach § 11 Abs. 3 1 VersVermV ein Verzicht des Kunden auf die Textform möglich ist, was bei der Nutzung eines Online-Portals naheliegt.

610 Nach § 298 Abs. 4 VAG konnte durch Rechtsverordnung Versicherern und Versicherungsvermittlern untersagt werden. dem Versicherungsnehmer Sondervergütungen zu gewähren. Auf dieser Grundlage beruhen **Provisionsabgabeverbote**, die teilweise noch auf Anordnungen des Reichsaufsichtsamts für das Versicherungswesen aus dem Jahr 1934 zurückgehen. Nach einer Entscheidung des OLG Köln kam ihnen jedoch faktisch

1064 OLG Bamberg, 20.06.2012, 3 U 236/11, NJW 2012, 2282, 2285.
1065 BGH, 04.12.2013, IV ZR 215/12, NJW 2014, 630 Rn. 48 – *Freie Anwaltswahl.*
1066 S. o. Rdn. 259.
1067 Zu dieser Bestimmung s. o. Rdn. 319.
1068 BGH, 06.11.2013, I ZR 104/12, GRUR 2014, 88 Rn. 18 – *Vermittlung von Netto-Policen.*
1069 BGH, 28.11.2013, I ZR 7/13, GRUR 2014, 398 Rn. 29 – *Online-Versicherungsvermittlung.*
1070 LG München I, 13.07.2016, 37 O 15268/15, VersR 2016, 1315.
1071 OLG München, 06.04.2017, 29 U 3139/16, WRP 2017, 1385 Rn. 47 f. – *Versicherungsvergleichsportal.*

eine verbraucherschützende Wirkung nicht mehr zu, so dass sie keine Marktverhaltensregelungen mehr darstellen.[1072] Diese Begründung, die rein auf die faktische Wirkungslosigkeit eines vom Gesetzgeber durchaus als verbraucherschützend intendiertes Gesetzes abstellt, erscheint aber fraglich, da sie letztlich die Eigenschaft einer Norm als Marktverhaltensregelung von unter Umständen schwierig zu klärenden tatsächlichen Feststellungen abhängig macht. Vorzugswürdig dürfte es sein, bei einem Verstoß gegen eine faktisch wirkungslose Norm die Eignung des Verstoßes zur spürbaren Beeinträchtigung der geschützten Interessen zu verneinen. Mittlerweile hat der Gesetzgeber das Provisionsabgabeverbot neu in das VAG eingefügt (§ 48b VAG). Dieser Neuregelung wird man den Charakter einer Marktverhaltensreglung nicht absprechen können.

LXVIII. Vertrag über die Arbeitsweise der Europäischen Union (AEUV)

Nach Art. 107 (1) AEUV sind staatliche oder aus staatlichen Mitteln gewährte Beihilfen, die durch die Begünstigung bestimmter Unternehmen oder Produktionszweige den Wettbewerb verfälschen, mit dem Binnenmarkt grundsätzlich unvereinbar, wobei Art. 107 (2) AEUV eine Reihe von Ausnahmen macht. Art. 108 (3) AEUV bestimmt im Rahmen der Beihilfeaufsicht, dass die Kommission von jeder Einführung oder Umgestaltung von Beihilfen so rechtzeitig unterrichtet wird, dass sie sich dazu äußern kann. Leitet die Kommission ein Prüfungsverfahren ein, darf die beabsichtigte Maßnahme nicht durchgeführt werden, bevor die Kommission einen abschließenden Beschluss erlassen hat (Durchführungsverbot, Art. 108 (3) 3 AEUV). **611**

Dieses Durchführungsverbot ist sowohl Schutzgesetz im Sinn des § 823 Abs. 2 BGB wie auch eine Marktverhaltensregelung im Sinn des Rechtsbruchtatbestandes. Das Durchführungsverbot hat auch die Funktion, gleiche Voraussetzungen für die auf einem Markt tätigen Wettbewerber zu schaffen. Ihm kommt ferner eine auf die Lauterkeit des Wettbewerbs bezogene Schutzfunktion zu, weil es die im Binnenmarkt tätigen Unternehmen gerade vor Wettbewerbsverfälschungen schützen soll. Im Fall eines Verstoßes gegen das Durchführungsverbot bestehen die wettbewerbs- und deliktsrechtlichen Ansprüche nebeneinander.[1073] Das Beihilferecht der Union enthält keine abschließende Regelung der zivilrechtlichen Ansprüche, die Mitbewerber bei einem solchen Verstoß geltend machen können (anders als das deutsche Recht mit §§ 32–34a GWB). Es verweist dafür vielmehr auf das Recht der Mitgliedstaaten.[1074] Bereits vor einer abschließenden Entscheidung der Kommission dürfen die nationalen Gerichte keine Entscheidungen treffen, die einer Entscheidung der Kommission zuwiderlaufen, selbst wenn sie nur vorläufigen Charakter hat.[1075] Nach Ansicht des Bundesgerichtshofs können sich die nationalen Gerichte aber dennoch – im Gegensatz zur vorläufigen Auffas- **612**

1072 OLG Köln, 11.10.2016, 6 U 176/15, VersR 2017, 227, 228 ff. – *Provisionsabgabeverbot.*

1073 BGH, 10.02.2011, I ZR 136/09, BGHZ 188, 326 = GRUR 2011, 444 Rn. 53 – *Flughafen Frankfurt-Hahn*; a. A. MünchKomm/Schaffert UWG, § 4 Nr. 11 Rn. 67.

1074 BGH, 10.02.2011, I ZR 136/09, BGHZ 188, 326 = GRUR 2011, 444 Rn. 53 f. – *Flughafen Frankfurt-Hahn.*

1075 EuGH, 21.11.2013, C-284/12, EuZW 2014, 65 Rn. 41 – *Deutsche Lufthansa AG/Flughafen Frankfurt-Hahn GmbH.*

sung der Kommission – auf den Standpunkt stellen, eine bestimmte Maßnahme stelle keine Beihilfe dar.[1076]

LXIX. Wein-Marktorganisations-VO (EG)

613 Die Verordnung (EG) Nr. 479/2008 über die gemeinsame Marktorganisation für Wein (Wein-Marktorganisations-VO) enthält in den Kapiteln III bis VI des III. Titels umfangreiche Bestimmungen über die Bezeichnung und Aufmachung von Wein, insbesondere auch eine Reihe von Verboten irreführender Bezeichnungen (so. z. B. Art. 45 (2) betreffend geschützte Ursprungsbezeichnungen und geografische Angaben). Bei ihnen handelt es sich um Marktverhaltensregelungen im Sinn des Rechtsbruchtatbestandes.[1077]

LXX. ZahnärzteBerufsO NW

614 Siehe Berufsordnung Zahnärzte.

1076 BGH, 09.02.2017, I ZR 91/15, WRP 2017, 451 Rn. 36 ff. – *Flughafen Lübeck*.
1077 BGH, 30.04.2009, I ZR 45/07, GRUR 2009, 972 Rn. 14 – *Lorch Premium II*.

§ 4 Mitbewerberschutz

Unlauter handelt, wer

1. **die Kennzeichen, Waren, Dienstleistungen, Tätigkeiten oder persönlichen oder geschäftlichen Verhältnisse eines Mitbewerbers herabsetzt oder verunglimpft;**
2. **über die Waren, Dienstleistungen oder das Unternehmen eines Mitbewerbers oder über den Unternehmer oder ein Mitglied der Unternehmensleitung Tatsachen behauptet oder verbreitet, die geeignet sind, den Betrieb des Unternehmens oder den Kredit des Unternehmers zu schädigen, sofern die Tatsachen nicht erweislich wahr sind; handelt es sich um vertrauliche Mitteilungen und hat der Mitteilende oder der Empfänger der Mitteilung an ihr ein berechtigtes Interesse, so ist die Handlung nur dann unlauter, wenn die Tatsachen der Wahrheit zuwider behauptet oder verbreitet wurden;**
3. **Waren oder Dienstleistungen anbietet, die eine Nachahmung der Waren oder Dienstleistungen eines Mitbewerbers sind, wenn er**
   a) **eine vermeidbare Täuschung der Abnehmer über die betriebliche Herkunft herbeiführt,**
   b) **die Wertschätzung der nachgeahmten Ware oder Dienstleistung unangemessen ausnutzt oder beeinträchtigt oder**
   c) **die für die Nachahmung erforderlichen Kenntnisse oder Unterlagen unredlich erlangt hat;**
4. **Mitbewerber gezielt behindert.**

Asmus Maatsch, Annette Wille

Übersicht **Seite**

Übersicht **Rdn.**

A. Normzweck und Entstehungsgeschichte

Asmus Maatsch

1 § 4 konkretisiert das Verbot unlauteren Verhaltens, das allgemein in § 3 Abs. 1 normiert ist. Der Katalog, zu dessen Einführung sich der Gesetzgeber erst beinahe 100 Jahre nach Einführung des UWG vor dem Hintergrund einer durch die Rechtsprechung entwickelten Kasuistik im Jahr 2004 entschloss,[1] ist durch die UWG-Reform von 2015 wesentlich verkleinert worden. Er umfasst nun, wie die geänderte amtliche Überschrift zum Ausdruck bringt, nur noch Fallgruppen des Mitbewerberschutzes, die früher in den Nummern 7 – 10 des § 4 geregelt waren.[2] Die bis 2015 auch in § 4 enthaltenen Beispiele unlauteren Verhaltens gegenüber Verbrauchern (§ 4 Nr. 1 – 6 a.F.) sind in den §§ 4a bis 5a aufgegangen. § 4 Nr. 11 a.F. ist zu § 3a n.F. geworden. Seine jetzt geltende Fassung hat § 4 erst im Zuge des Gesetzgebungsverfahrens erhalten.[3] Als rein mitbewerberschützende Norm fällt § 4 nicht in den Anwendungsbereich der UGP-RL (2005/29/EG).[4] Unionsrechtliche Vorgaben bestehen daher nur insoweit, als die Handlungen nach § 4 in Gestalt unlauterer (d.h. irreführender oder unzulässig vergleichender) Werbungen begangen werden und daher zugleich in den Anwendungsbereich der Werbe-RL (2006/114/EG) fallen.

B. Verhältnis des § 4 zu anderen Vorschriften

I. Verhältnis zur Generalklausel (§ 3 Abs. 1)

2 Das in der alten Fassung des § 4 enthaltene Wort »insbesondere« ist entfallen. Der Grund ist den Gesetzesmaterialien nicht eindeutig zu entnehmen, liegt aber vermutlich darin, dass der Gesetzgeber den nicht enumerativen Charakter des Unlauterkeitskatalogs in § 4 angesichts der Neufassung der Norm für selbstverständlich und die Klarstellung daher jetzt für entbehrlich hielt. Diese Einschätzung trifft zu, denn die amtliche Überschrift des § 4 sowie die Existenz der §§ 3a, 4a bis 6 belegen ohne weiteres, dass § 4 nicht die Gesamtheit unlauteren Verhaltens, sondern eben nur den die Interessen der Mitbewerber betreffenden Teilbereich zu regeln beansprucht. Einigkeit besteht allerdings weitergehend darüber, dass § 4 selbst in seinem unmittelbaren Anwendungsbereich, dem Mitbewerberschutz, nicht abschließend ist, sondern § 3 Abs. 1 seine

---

1 Vgl. BT-Drs. 15/1487, S. 13.

2 Vgl. zum Schutzzweck der § 4 Nr. 7 – 10 a.F. BGH, 28.05.2009, I ZR 124/06, GRUR 2010, 80, 81 f. Rn. 20 – *LIKEaBIKE* (zu § 4 Nr. 9 a.F.); BGH, 16.07.2009, I ZR 56/07, GRUR 2009, 1075, 1076 Rn. 15 – *Betriebsbeobachtung* (zu § 4 Nr. 10 a.F.); BGH, 07.10.2009, I ZR 150/07, GRUR, 2010, 346, 347 Rn. 10 – Rufumleitung (zu § 4 Nr. 10 a.F.); BGH, 19.05.2011, I ZR 147/09, GRUR 2012, 74, 77 Rn. 28 – *Coaching Newsletter*; Köhler, GRUR 2008, 841; Köhler, WRP 2012, 638, 644.

3 Vgl. abweichend noch RegE v. 01.04.2015, BT-Drs. 18/4535; Beschlussempfehlung des Ausschusses für Recht und Verbraucherschutz v. 04.11.2015, BT-Drs. 18/6571.

4 Vgl. den dortigen Erwägungsgrund 6; vgl. a. BT-Drs. 18/6571, S. 14; Ohly/Sosnitza/Ohly, § 4 Rn. 3 m.w.N. sowie die Nachw. o., Anm. 2.

Funktion als Auffangtatbestand[5] auch hier behält.[6] Unproblematisch ist dies dort, wo es um Verhaltensweisen geht, die von § 4 tatbestandsmäßig gar nicht erfasst werden wie z.B. menschenverachtende geschäftliche Handlungen[7] (i.S.d. § 4 Nr. 1 a.F., ohne Herabsetzung eines Mitbewerbers) oder die allgemeine Marktbehinderung.[8] Anders liegt es, wenn der Anwendungsbereich des § 4 grundsätzlich eröffnet ist, die Handlung aber nicht ausreichend schwer wiegt, um danach als unlauter zu gelten. Sind sämtliche Umstände, die geeignet sein könnten, die Unlauterkeit der beanstandeten Werbemaßnahme zu begründen, bereits bei der Subsumtion unter die Tatbestände des § 4 berücksichtigungsfähig, vermögen hier aber ein Verbot nicht zu begründen, so kommt dem konkretisierenden Katalog des § 4 zugleich eine begrenzende Funktion zu und ein Rückgriff auf die Generalklausel des § 3 Abs. 1 nicht in Betracht.[9]

II. Verhältnis zu den verbraucherschützenden Unlauterkeitstatbeständen (§§ 4a bis 5a)

Soweit ein Verhalten außer den Voraussetzungen des § 4 zugleich einen der verbraucherschützenden Verbotstatbestände der §§ 4a ff. erfüllt (z.B. gezielte Behinderung eines Mitbewerbers durch Verbrauchertäuschung), stellt sich die Frage, ob die Vollharmonisierung des verbraucherbezogenen Lauterkeitsrechts durch die UGP-RL die Anwendung des § 4 sperrt. Sie ist zu verneinen. In Fällen der genannten Art bleiben die mitbewerberschützenden Verbote des § 4 neben den Verbraucherschutzvorschriften der §§ 4a ff. anwendbar; es kommt also ggf. zu einer »Doppelkontrolle«.[10] Denn Vorschriften, die allein dem Mitbewerberschutz dienen und somit nicht zu einer Verschärfung der im b2c-Verhältnis zu beachtenden Verhaltensanforderungen führen, bleiben von der UGP-RL unberührt.[11] 3

5 Vgl. zur a.F. ausführlich Sack, WRP 2005, 531; Steinbeck, GRUR 2008, 848, 853.

6 Vgl. BT-Drs. 18/6571, S. 14; Ohly/Sosnitza/Ohly, § 4 Rn. 5; *Köhler*/Bornkamm/Feddersen, § 4 Rn. 0.4; zum Verhältnis des § 4 Nr. 3 zu § 3 Abs. 1 ausführlicher a. *Köhler*/Bornkamm/Feddersen, § 4 Rn. 3.5c.

7 Vgl. BT-Drs. 18/6571, S. 14.

8 Vgl. BT-Drs. 15/1487, S. 19.

9 Vgl. OLG Frankfurt, 04.08.2005, 6 U 224/04, GRUR 2005, 1064, 1066 (juris Rn. 34); Steinbeck, GRUR 2008, 848, 853; *Köhler*/Bornkamm/Feddersen, § 4 Rn. 0.4.

10 Vgl. Köhler, WRP 2015, 275, 281; Kirchhoff, WRP 2015, 659, 662; *Köhler*/Bornkamm/Feddersen, § 4 Rn. 0.5; Ohly/Sosnitza/Ohly, § 4 Rn. 6.

11 Vgl. Erwägungsgrund 6 Satz 3 der RL.

§ 4 Nr. 1 Mitbewerberschutz – Mitbewerberherabsetzung

Unlauter handelt, wer

1. die Kennzeichen, Waren, Dienstleistungen, Tätigkeiten oder persönlichen oder geschäftlichen Verhältnisse eines Mitbewerbers herabsetzt oder verunglimpft;

Asmus Maatsch

Übersicht **Rdn.**

A. Entstehungsgeschichte, Normzweck und unionsrechtlicher Rahmen

Die Vorschrift ist ohne inhaltliche Veränderung aus § 4 Nr. 7 a.F. hervorgegangen.[1] Im Gegensatz zur Anschwärzung nach § 4 Nr. 2, die schon früher ausdrücklich geregelt war (§ 14 a.F.), beurteilte sich die Mitbewerberherabsetzung vor Einführung des Kataloges des § 4 (a.F.) ausschließlich nach der großen Generalklausel des § 1 a.F.[2] § 4 Nr. 1 dient – wie alle Tatbestände des § 4 – in erster Linie dem Schutz der wirtschaftlichen Interessen des **betroffenen Mitbewerbers** und daneben dem Schutz des Interesses der **Allgemeinheit** an einem unverfälschten Wettbewerb.[3] Entgegen der Beurteilung des Gesetzgebers[4] geht es jedenfalls nicht unmittelbar um den Schutz der Geschäftsehre des Unternehmers.[5] Weder setzt die Vorschrift eine im Einzelfall festzustellende Beeinträchtigung der geschäftlichen Ehre (d.h. des Unternehmenspersönlichkeitsrechts)[6] oder auch nur die Eignung hierzu[7] voraus noch würde diese für sich genommen zur Erfüllung des Verbotstatbestandes genügen. Maßgeblich sind vielmehr die – allerdings regelmäßig mit einer Verletzung der Geschäftsehre einhergehenden – *wirtschaftlichen* Nachteile des Betroffenen. Das Schutzobjekt ist somit treffender mit dem Begriff der geschäftlichen Wertschätzung (goodwill) umschrieben.[8] 1

Anders als der insoweit gleichlautende § 6 Abs. 2 Nr. 5, der auf Art. 4 lit. d der Werbe-RL (2006/114/EG) zurückgeht, dient § 4 Nr. 1 **nicht der Umsetzung sekundären Europarechts**.[9] Eine richtlinienkonforme Auslegung der Vorschrift ist deshalb nicht unmittelbar geboten. Im Hinblick auf den identischen Wortlaut und den jedenfalls weitgehend gleichen Schutzzweck wird der Begriff der Herabsetzung allerdings in aller Regel nicht anders auszulegen sein als das unionsrechtlich überformte gleichlautende Tatbestandsmerkmal in § 6.[10] Ist eine Herabsetzung im Rahmen einer vergleichenden Werbung zu beurteilen, so ist die Vollharmonisierung durch die Werbe-RL zu berücksichtigen (näher noch u., § 4 Nr. 1 Rdn. 7 f.).[11] 2

---

1 Vgl. BT-Drs. 18/6571, S. 15; BGH, 31.03.2016, I ZR 160/14, GRUR 2016, 710, 714 Rn. 35 – *Im Immobiliensumpf.*

2 Vgl. ausführlich zur Entstehungsgeschichte FBO/Nordemann, § 4 Nr. 1 Rn. 6.

3 Vgl. zu § 4 Nr. 7 a.F. BGH, 12.12.2013, I ZR 131/12, GRUR 2014, 601, 603 Rn. 24 – *englischsprachige Pressemitteilung.*

4 Vgl. BT-Drs. 15/1487, S. 15.

5 Vgl. BGH, 12.12.2013, I ZR 131/12, GRUR 2014, 601, 603 Rn. 24 – *englischsprachige Pressemitteilung*; *Köhler*/Bornkamm/Feddersen, § 4 Rn. 1.2; Ohly/Sosnitza/Ohly, § 4 Rn. 1/1; a.A. wohl FBO/Nordemann, § 4 Nr. 1 Rn. 3 f., 33; krit. zu der Unterscheidung zwischen wirtschaftlichem Interesse und geschäftsschädigender Ansehensminderung GK/Toussaint, § 4 Nr. 7 Rn. 5.

6 Vgl. dazu ausführlich Koreng, GRUR 2010, 1065.

7 Vgl. BT-Drs. 15/1487, S. 18.

8 Vgl. Ohly/Sosnitza/Ohly, § 4 Rn. 1/1.

9 Vgl. BGH, 31.03.2016, I ZR 160/14, GRUR 2016, 710, 714 f. Rn. 45 – *Im Immobiliensumpf*; BGH, 01.03.2018, I ZR 264/16, GRUR 2018, 622, 624 Rn. 19 – *Verkürzter Versorgungsweg II.*

10 Vgl. GK/Toussaint, § 4 Nr. 7 Rn. 12; Ohly/Sosnitza/Ohly, § 4 Rn. 1/2; *Köhler*/Bornkamm/Feddersen, § 4 Rn. 1.12; a.A. MünchKomm/Jänich UWG, § 4 Nr. 7 Rn. 5.

11 Vgl. EuGH, 08.04.2003, C-44/01, GRUR 2003, 533, 536 Rn. 44 – *Pippig Augenoptik*; EuGH, 18.11.2010, C-159/09, GRUR 2011, 159, 161 Rn. 22 – *Lidl.*

B. Verhältnis zu anderen Vorschriften

I. Verhältnis zu § 4 Nr. 2 (Anschwärzung)

3 Der in § 4 Nr. 2 geregelte Unlauterkeitstatbestand der Anschwärzung steht der Herabsetzung nach § 4 Nr. 1 inhaltlich nahe, weil es in beiden Fällen um für (einen) Mitbewerber nachteilige Äußerungen geht. Entsprechend problematisch und umstritten ist das Verhältnis beider Vorschriften. Teilweise wird § 4 Nr. 2 als abschließende Sonderregelung (lex specialis) bezüglich unwahrer oder nicht erweislich wahrer Tatsachenbehauptungen angesehen; der Anwendungsbereich des § 4 Nr. 1 bleibt nach dieser Auffassung auf (die Herabsetzung durch) Werturteile und wahre Tatsachenbehauptungen beschränkt.[12] Diese Entgegensetzung beider Tatbestände hat zwar den Vorzug der Klarheit für sich, kann letztlich aber nicht überzeugen. Die Annahme, dass eine Herabsetzung i.S.d. § 4 Nr. 1 durch eine unwahre Tatsachenbehauptung nicht verwirklicht werden könne, findet weder im Wortlaut noch in Systematik und Telos des Gesetzes eine hinreichende Stütze. Neben wahren Tatsachenbehauptungen können – erst recht – [13] unwahre Tatsachenbehauptungen einen Mitbewerber herabsetzen oder verunglimpfen. § 4 Nr. 2 kommt zudem schon deshalb nicht als abschließende Regelung herabsetzender unwahrer Tatsachenbehauptungen in Betracht, weil die Vorschrift eine Herabsetzung gar nicht zwingend fordert. Umgekehrt ist auch nicht jede herabsetzende Tatsachenbehauptung immer zugleich schädigungsgeeignet i.S.d. § 4 Nr. 2. Ein Spezialitätsverhältnis zwischen beiden Vorschriften kann daher nicht angenommen werden; vielmehr überschneiden sie sich zwar weitgehend, weisen aber auch eigene Anwendungsbereiche ohne Berührung zu dem jeweils anderen Tatbestand auf. Bei unwahren oder nicht erweislich wahren Tatsachen können daher § 4 Nr. 1 und Nr. 2 **nebeneinander** erfüllt sein, wenn die Behauptung sowohl den betroffenen Mitbewerber herabsetzt als auch geeignet ist, seinen Betrieb oder Kredit zu schädigen.[14] Die praktische Bedeutung der Abgrenzung ist allerdings gering. Steht fest, dass eine unwahre Tatsachenbehauptung die Voraussetzungen des § 4 Nr. 2 erfüllt, kann offenbleiben, ob daneben auch § 4 Nr. 1 gegeben ist, denn sämtliche Ansprüche, die auf § 4 Nr. 1 gestützt werden könnten, ergeben sich ebenso schon aus einem Verstoß gegen § 4 Nr. 2.

II. Verhältnis zu § 4 Nr. 4 (gezielte Behinderung)

4 Letzteres (Entbehrlichkeit einer Abgrenzung wegen identischer Rechtsfolge) trifft auch auf das Verhältnis zwischen § 4 Nr. 1 und § 4 Nr. 4 zu.[15] Allerdings besteht hier der

---

12 Vgl. Ohly/Sosnitza/Ohly, § 4 Rn. 1/3, 1/15; FBO/Nordemann, § 4 Nr. 1 Rn. 20; Harte/Henning/Omsels, § 4 Nr. 1 Rn. 6; zu § 4 Nr. 7 a.F. wohl ebenso die Gesetzesbegründung, BT-Drs. 15/1487, S. 18: »in Abgrenzung«.

13 Vgl. MünchKomm/Jänich UWG, § 4 Nr. 7 UWG.

14 So auch *Köhler*/Bornkamm/Feddersen, § 4 Rn. 1.5 m.w.N.; MüKo-Jänich, UWG, § 4 Nr. 7 Rn. 8; jurisPK/Müller-Bidinger, § 4 UWG Rn. 13; zur Tatbestandsmäßigkeit unwahrer Tatsachenbehauptungen *gem. § 4 Nr. 7* a.F. auch BGH, 19.05.2011, I ZR 147/09, GRUR 2012, *74*, *77* Rn. 27 – *Coaching Newsletter*.

15 Vgl. *Köhler*/Bornkamm/Feddersen, § 4 Rn. 1.6 m.w.N.

Sache nach ein **Spezialitätsverhältnis**, denn bei der Herabsetzung oder Verunglimpfung handelt es sich um Unterfälle der gezielten Behinderung.[16]

III. Verhältnis zu § 4a (aggressive geschäftliche Handlungen)

Soweit die Herabsetzung oder Verunglimpfung i.S.d. § 4 Nr. 1 sich zugleich als aggressive geschäftliche Handlung i.S.d. § 4a (insbesondere nach § 4a Abs. 2 Satz 1 Nr. 2) darstellt, sind beide Vorschriften **nebeneinander** anwendbar.[17] Ein Spezialitätsverhältnis besteht nicht, weil weder jede aggressive geschäftliche Handlung der Sache nach zugleich eine Herabsetzung oder Verunglimpfung eines Mitbewerbers darstellt noch umgekehrt. 5

IV. Verhältnis zu § 5 (irreführende geschäftliche Handlungen)

Da § 4 Nr. 1 wie ausgeführt (vgl. o., § 4 Nr. 1 Rdn. 3) nicht nur durch Werturteile, sondern auch durch (unwahre) Tatsachenbehauptungen, d.h. Angaben i.S.d. § 5, begangen werden kann, können sich Überschneidungen insbesondere mit § 5 Abs. 1 Satz 2 Nr. 1 oder 3 ergeben. Beide Tatbestände sind dann **nebeneinander** anwendbar.[18] 6

V. Verhältnis zu § 6 (Vergleichende Werbung)

Der Unlauterkeitskatalog des § 6 Abs. 2 nennt in seiner Nr. 5 ausdrücklich den Großteil der auch durch § 4 Nr. 1 verbotenen Verhaltensweisen (Herabsetzung oder Verunglimpfung der Waren, Dienstleistungen, Tätigkeiten oder persönlichen oder geschäftlichen Verhältnisse eines Mitbewerbers). Die in § 4 Nr. 1 des Weiteren genannten Kennzeichen des Mitbewerbers werden zudem durch § 6 Abs. 2 Nr. 4 auch vor vergleichender Werbung, die ihren Ruf beeinträchtigt, geschützt. Bei § 6 Abs. 1 i.V.m. § 6 Abs. 2 Nr. 4 und Nr. 5 handelt es sich somit um Vorschriften, die die Unlauterkeit der auch durch § 4 Nr. 1 verbotenen Herabsetzung oder Verunglimpfung für den speziellen Fall regeln, dass es hierzu im Rahmen einer vergleichenden Werbung kommt. Sie gehen § 4 Nr. 1 daher nach dem Grundsatz der Spezialität vor. Der **Vorrang des § 6** folgt daneben noch aus einem anderen Gesichtspunkt: dem Umstand, dass die Norm auf der Werbe-RL (2006/114/EG) beruht, welche die Vollharmonisierung des Rechts der vergleichenden Werbung vorgibt.[19] Hierdurch ist nicht nur jede Verschärfung,[20] son- 7

16 Vgl. zur a.F. BGH, 14.05.2009, I ZR 82/07, GRUR 2009, 1186, 1188 Rn. 25 – *Mecklenburger Obstbrände*; BGH, 29.07.2009, I ZR 77/07, GRUR 2010, 349, 352 Rn. 38 – *EKW-Steuerberater*; OLG Köln, 30.11.2015, 6 W 130/15, WRP 2016, 646, 648 Rn. 14 – *»Wenn 1&1 sich streiten«*; a.A. (Rückgriff auf § 4 Nr. 10 a.F. bleibt möglich) GK/Toussaint, § 4 Nr. 7 Rn. 18; FBO/Nordemann, § 4 Nr. 1 Rn. 23 (Abgrenzung nach dem Schwerpunkt der Äußerung).

17 Vgl. a. *Köhler*/Bornkamm/Feddersen, § 4 Rn. 1.4.

18 So auch Ohly/Sosnitza/Ohly, § 4 Rn. 1/5; HansOLG Hamburg, 28.10.2009, 5 U 204/07, MD 2010, 18, juris Rn. 45 – *»Immer der günstigste Preis. Garantiert.«*; a.A. wohl FBO/Nordemann, § 4 Nr. 1 Rn. 24 f., der bei irreführenden Angaben einen Vorrang der §§ 5, 5a annimmt.

19 Vgl. EuGH, 08.04.2003, C-44/01, GRUR 2003, 533, 536 Rn. 44 – *Pippig Augenoptik*; EuGH, 18.11.2010, C-159/09, GRUR 2011, 159, 161 Rn. 22 – *Lidl*.

20 Vgl. EuGH, 08.04.2003, C-44/01, GRUR 2003, 533, 536 Rn. 44 – *Pippig Augenoptik*.

dem auch jede Absenkung (vgl. Art. 8 (1) Unterabsatz 2 der Werbe-RL) des unionsrechtlich vorgegebenen Schutzniveaus bezüglich vergleichender Werbung ausgeschlossen.[21]

8 Allerdings vermag § 6 seine abschließende Wirkung naturgemäß nur in seinem Anwendungsbereich zu entfalten. Diesen versteht der BGH (neuerdings) relativ eng.[22] Erforderlich ist danach ein hinreichend deutlicher Bezug der werbenden Äußerung auf die eigenen Waren oder Dienstleistungen des werbenden Unternehmers und ein Vergleich. Deshalb soll § 6 nicht einschlägig sein, wenn eine Werbeaussage allgemein gehalten ist und sich den angesprochenen Verkehrskreisen eine Bezugnahme auf den Werbenden daher nicht aufdrängt. Ein Bezug, der sich nur reflexartig daraus ergibt, dass mit jeder Kritik an Mitbewerbern in der Regel unausgesprochen zum Ausdruck gebracht wird, den Werbenden selbst treffe diese Kritik nicht, genügt für die Annahme einer unlauter vergleichenden Werbung nicht (näher noch u., § 6 Rdn. 104).[23] Hiernach verbleiben drei Fallgruppen, in denen sich die Herabsetzung oder Verunglimpfung von § 6 unbeeinflusst allein nach § 4 Nr. 1 beurteilt:[24] Äußerungen ohne vergleichenden Charakter (namentlich ohne Bezug auf die eigenen Waren oder Dienstleistungen des werbenden Unternehmers), Äußerungen, die einen konkreten Mitbewerber nicht erkennen lassen (Kollektivherabsetzung, Allgemeinvergleich) sowie bloß unternehmensbezogene oder persönliche Vergleiche.[25] Im Übrigen darf die Anwendung des § 4 Nr. 1 jedenfalls zu keinem anderen Ergebnis führen als die des § 6; ist dies gewährleistet, kann bei der Fallanwendung in Zweifelsfällen sogar offenbleiben, ob § 6 tatbestandlich erfüllt ist.[26]

VI. Verhältnis zum allgemeinen Deliktsrecht

9 Eine Herabsetzung oder Verunglimpfung i.S.d. § 4 Nr. 1 kann zugleich eine unerlaubte Handlung i.S.d. §§ 823 ff. BGB darstellen und in der Folge den quasinegatorischen Unterlassungsanspruch aus § 1004 Abs. 1 Satz 2 BGB analog begründen. In Betracht kommen insbesondere Eingriffe in das allgemeine (Unternehmens-)Persönlichkeitsrecht[27] sowie das Recht am eingerichteten und ausgeübten Gewerbebetrieb.[28] Das

21 Vgl. Eckel, GRUR Int 2016, 726, 727.

22 Vgl. BGH, 19.05.2011, I ZR 147/09, GRUR 2012, 74, 76 Rn. 18 f. – *Coaching Newsletter*

23 Vgl. BGH, 19.05.2011, I ZR 147/09, GRUR 2012, 74, 76 Rn. 19 – *Coaching Newsletter.*

24 Vgl. FBO/Nordemann, § 4 Nr. 1 Rn. 16.

25 Ob § 6 einen Produktbezug erfordert oder weitergehend auch Vergleiche mit dem konkurrierenden Unternehmen oder Unternehmer erfasst, ist allerdings str. Vgl. näher hierzu § 6 Rdn. 106 ff.; FBO/Koos, § 6 Rn. 21 ff.

26 Vgl. z.B. OLG Köln, 04.09.2015, 6 U 7/15, GRUR-RS 2015, 55272 Rn. 47 m.w.N.

27 Vgl. zum Unternehmenspersönlichkeitsrecht nur BGH, 16.12.2014, VI ZR 39/14, GRUR 2015, 289, 291 Rn. 12 – *Hochleistungsmagneten*; BGH, 28.07.2015, VI ZR 340/14, BGHZ 206, 289, 299 f. Rn. 27 ff. – *Artikel auf Internetportal »recht § billig«*; je m.w.N.

28 Vgl. dazu BGH, 22.12.1961, I ZR 152/59, BGHZ 36, 252, 256 f. (juris Rn. 11) – *Gründerbildnis*; BGH, 21.04.1998, VI ZR 196/97, NJW 1998, 2141, 2142 (juris Rn. 12 f.); BGH, 11.03.2008, VI ZR 7/07, NJW 2008, 2110, 2112 Rn. 12 – *Gen-Milch*; BGH, 16.12.2014, VI ZR 39/14, GRUR 2015, 289, 291 Rn. 13 – *Hochleistungsmagneten*; HansOLG Hamburg, 18.01.2012, 5 U 51/11, MMR 2012, 605; OLG Köln, 04.09.2015, 6 U 7/15, WRP 2016, 268, 272 – *Internetfernsehen.*

Namensrecht (§ 12 BGB) dürfte hingegen durch nach § 4 Nr. 1 tatbestandsmäßige Handlungen kaum je verletzt sein, denn es schützt nur gegen die Identitätsverwirrung durch den unbefugten Namensgebrauch sowie davor, dass dem Namensträger das Recht zum Gebrauch des Namens von einem anderen bestritten wird.[29] Derartiges wird aber mit einer Herabsetzung oder Verunglimpfung in aller Regel nicht verbunden sein. Daneben können sich Schadensersatzansprüche aus § 824 BGB[30] und § 826 BGB ergeben sowie u.U. aus § 823 Abs. 2 BGB i.V.m. strafrechtlichen Ehrdelikten.

Was das **Konkurrenzverhältnis** angeht, so kommt ein Rückgriff auf das Recht am eingerichteten und ausgeübten Gewerbebetrieb nur in Betracht, wenn die Voraussetzungen des § 4 Nr. 1 – etwa mangels geschäftlicher Handlung oder Wettbewerbsverhältnisses – nicht gegeben sind. Dies beruht aber auf keiner Besonderheit des Lauterkeitsrechts. Vielmehr gilt ganz allgemein, dass das Recht am eingerichteten und ausgeübten Gewerbebetrieb von der Rechtsprechung als ein Auffangtatbestand entwickelt worden ist, der dementsprechend gegenüber sämtlichen geschriebenen Schutzvorschriften subsidiär ist, also nur dort herangezogen werden kann, wo sonst eine rechtliche Schutzlücke bestünde.[31] Mit den anderen in Frage kommenden deliktischen Anspruchsgrundlagen besteht demgegenüber nach allgemeiner Meinung Anspruchskonkurrenz.[32] 10

VII. Verhältnis zum Markenrecht

Da Schutzobjekt des § 4 Nr. 1 insbesondere auch Kennzeichen sind, stellt sich schließlich die Frage nach dem Verhältnis der Norm zum Markenrecht. Die Vorschriften der §§ 14 Abs. 2 Nr. 3, 15 Abs. 3 MarkenG (Art. 9 (2) lit. c UMV) schützen bekannte Marken vor der Beeinträchtigung ihrer Unterscheidungskraft oder Wertschätzung. Ihr Verhältnis zu § 4 Nr. 1 ist nach wie vor nicht unumstritten. 11

Der BGH und große Teile der Literatur vertraten früher die These, dass die markenrechtlichen Vorschriften in ihrem Anwendungsbereich den wettbewerbsrechtlichen Kennzeichenschutz (aus §§ 1, 3 UWG a.F.) verdrängen.[33] Diese **Vorrangthese** war im Hinblick auf § 2 MarkenG nie unproblematisch. Heute wird angesichts der jüngeren 12

---

29 Vgl. BGH, 03.06.1986, VI ZR 102/85, GRUR 1986, 759, 760 Rn. 10 – *BMW.*

30 Vgl. zu einem solchen Fall BGH, 16.12.2014, VI ZR 39/14, GRUR 2015, 289, 290 f. – *Hochleistungsmagneten.*

31 Vgl. BGH, 21.04.1998, VI ZR 196/97, BGHZ 138, 311, 315 (juris Rn. 12) – *Appartement-Hotelanlage*; OLG Düsseldorf, 18.12.2015, I-16 U 2/15, NJW-RR 2016, 656, 661 Rn. 54; a.A. zum Verhältnis zu § 4 Nr. 1 a.F. ohne ausdrückliche Begründung OLG Frankfurt, 07.07.2016, 12 W 71/15, juris Rn. 35.

32 Vgl. Ohly/Sosnitza/Ohly, § 4 Rn. 1/7 und Einl., D Rn. 60; *Köhler*/Bornkamm/Feddersen, § 4 Rn. 1.8; ebenso schon o., Einl., Rdn. 318.

33 Vgl. grundlegend BGH, 30.04.1998, I ZR 268/95, BGHZ 138, 349, 351 f. (juris Rn. 14) – *MAC Dog*; BGH, 22.11.2001, I ZR 138/99, BGHZ 149, 191, 195 f. (juris Rn. 24) – *shell.de*; BGH, 15.07.2004, I ZR 37/01, GRUR 2005, 163, 165 (juris Rn. 22) – *Aluminiumräder*; BGH, 03.02.2005, I ZR 159/02, GRUR 2005, 583, 585 (juris Rn. 33) – *Lila Postkarte*; Ingerl, WRP 2004, 809; Bornkamm, GRUR 2005, 97; abl. Deutsch, WRP 2000, 854; Sack, WRP 2004, 1405, 1414; Fezer, Markenrecht, § 2 Rn. 15 f.; Bärenfänger, WRP 2011, 160, 168.

Entwicklung der unionsrechtlichen Vorgaben jedenfalls ein umfassender Vorrang des Markenrecht allgemein nicht mehr als haltbar betrachtet.[34] Allerdings wird man hierfür nicht (mehr) anführen können, dass eine Sperrwirkung des markenrechtlichen Bekanntheitsschutzes wertungswidersprüchlich wäre, weil sie ein geringeres Schutzniveau für bekannte als für nicht bekannte Marken bewirken würde. Richtig ist zwar, dass das Markenrecht die Wertschätzung bekannter Marken nur gegen beeinträchtigende *markenmäßige* Benutzungen schützt,[35] während § 4 Nr. 1 eine solche Beschränkung nicht vorsieht. Hieraus resultiert aber nur vorderhand ein besserer Schutz der markenrechtlich nicht gegen Rufbeeinträchtigungen geschützten und daher von einer Sperrwirkung des Markenrechts jedenfalls unberührten nicht bekannten Marken. Denn nach der Rechtsprechung des EuGH ist bei bekannten Marken von einem sehr weiten Begriff des markenmäßigen Gebrauchs auszugehen. Insbesondere muss die Marke nicht in ihrer Herkunftsfunktion betroffen sein, sondern es genügt, dass die angesprochenen Verkehrskreise die angegriffene Zeichennutzung gedanklich mit der bekannten Marke verknüpfen.[36] Hieran dürfte es bei Verhaltensweisen, die als nach § 4 Nr. 1 tatbestandsmäßige Markenherabsetzung in Betracht kommen, aber kaum je fehlen.[37]

13 Im Bereich der Herkunftstäuschung steht der Vorrangthese allerdings inzwischen entgegen, dass § 5 Abs. 2 UWG (in Umsetzung des Art. 6 (2) lit. a UGP-RL) die Marke ausdrücklich zum Schutzgegenstand erhebt; der BGH hat sie daher diesbezüglich aufgegeben und vertritt nunmehr ein Nebeneinander von marken- und wettbewerbsrechtlichem Schutz.[38] Entsprechendes ist auch mit Blick auf § 4 Nr. 1 anzunehmen. Zwar ist die Norm selbst, wie oben ausgeführt, nicht unmittelbar unionsrechtlich überformt. Indes findet sich ein Verbot der Herabsetzung oder Verunglimpfung von Kennzeichen (im Rahmen vergleichender Werbung) in § 6 Abs. 2 Nr. 4. Diese Vorschrift nennt zwar diese Handlungen nicht ausdrücklich, sondern verbietet ihrem Wortlaut nach die unlautere Rufbeeinträchtigung des Kennzeichens. Art. 4 lit. d der Werbe-RL (2006/114/EG), dessen Umsetzung die Vorschrift dient, verlangt allerdings, dass die Marken eines Mitbewerbers nicht herabgesetzt oder verunglimpft werden. Bei richtlinienkonformer Auslegung ist die tatbestandsmäßige Handlung des § 6 Abs. 2 Nr. 4 somit mit

34 Vgl. Ohly/Sosnitza/Ohly, Einführung D Rn. 82 und § 4 Rn. 1/8; *Köhler*/Bornkamm/Feddersen, § 4 Rn. 1.9b; Sack, GRUR 2017, 664, 667.

35 Vgl. BGH, 13.03.2008, I ZR 151/05, GRUR 2008, 912, 915 Rn. 33 – *Metrosex*.

36 Vgl. EuGH, 23.10.2003, C-408/01, GRUR 2004, 58, 60 Rn. 38 ff. – *Adidas/Fitnessworld*; EuGH 27.11.2008, C-252/07, GRUR 2009, 56, 57 Rn. 30 – *Intel Corporation/CPM United Kingdom*; EuGH, 18.06.2009, C-487/07, GRUR 2009, 756, 759 ff. Rn. 36, 53 – *L'Oréal/Bellure* m.w.N.; vgl. auch BGH, 17.08.2011, I ZR 108/09, GRUR 2011, 1043, 1046 Rn. 54 – *TÜV I*; BGH, 23.09.2015, I ZR 105/14, GRUR 2015, 1214, 1217 Rn. 32 – *Goldbären*; Ströbele/*Hacker*/Thiering, § 14 Rn. 114 ff.; Ingerl/Rohnke, § 14 Rn. 128 ff.; Köhler/Bornkamm/Feddersen, § 4 Rn. 1.9a.

37 *Vgl. zur gedanklichen Verknüpfung* durch (bzw. in Gestalt einer) Rufschädigung (Markenparodie) Ströbele/*Hacker*/Thiering, § 14 Rn. 259.

38 Vgl. BGH, 15.08.2013, I ZR 188/11, BGHZ 198, 159, 176 f. Rn. 60 – *Hard Rock Café*.

der des § 4 Nr. 1 gleichzusetzen.[39] Ist daher das Lauterkeitsrecht im Bereich der vergleichenden Werbung neben dem Markenrecht anwendbar,[40] so dürfte dasselbe für das Verhältnis von § 4 Nr. 1 zum Markenrecht anzunehmen sein.[41] Allerdings ist bei der Auslegung des § 4 Nr. 1, insbesondere in Fällen der Markenparodie, auf die Wertungen des Markenrechts Rücksicht zu nehmen.[42] Besteht die Verletzungshandlung nicht in einer markenmäßigen Verwendung des (ähnlichen) Zeichens, ist allein § 4 Nr. 1 anwendbar. Zu beachten ist schließlich, dass § 4 Nr. 1 hinsichtlich der Schutzgegenstände über den Anwendungsbereich des MarkenG hinausgeht, weil unter Kennzeichen i.S.d. Vorschrift nicht nur Marken und Unternehmenskennzeichen zu verstehen sind (vgl. u. § 4 Nr. 1 Rdn. 23).

C. Tatbestand

I. Geschäftliche Handlung

Der Tatbestand des § 4 Nr. 1 setzt zunächst eine geschäftliche Handlung voraus.[43] Dies **14** ergibt sich zwar nicht unmittelbar aus dem Wortlaut der Norm, wohl aber aus ihrer systematischen Stellung und ihrem Zweck. Es handelt sich, wie bereits oben allgemein zu § 4 ausgeführt wurde (vgl. o., § 4 Nr. 1 Rdn. 2), um eine **Konkretisierung des allgemeinen Unlauterkeitsverbots gem. § 3 Abs. 1**, welches sich seinerseits aber entsprechend dem Regelungszweck des UWG insgesamt ausdrücklich nur auf geschäftliche Handlungen bezieht.[44] Wegen des Begriffs der geschäftlichen Handlung im Allgemeinen kann auf die Kommentierung zu § 2 Abs. 1 Nr. 1 verwiesen werden (vgl. o., § 2 Abs. 1 Nr. 1 Rdn. 9 ff.). Speziell für § 4 Nr. 1 kommt es v.a. darauf an, wann eine ***Äußerung*** **als geschäftliche Handlung** zu qualifizieren ist. Unproblematisch zu bejahen ist dies bei sämtlichen Aussagen zu werblichen Zwecken sowie bei Äußerungen, die der unmittelbaren Anbahnung eines Geschäftsabschlusses dienen oder sonst mit einem solchen in Zusammenhang stehen. Schwieriger zu beurteilen sind Äußerungen, die nicht unmittelbar auf die Förderung eigenen oder fremden Wettbewerbs gerichtet,

---

39 Ebenso *Köhler*/Bornkamm/Feddersen, § 4 Rn. 1.9b; zur Gleichsetzung von Rufbeeinträchtigung und Herabsetzung/Verunglimpfung im Rahmen der Marken-RL (89/104/EWG) auch EuGH, 18.06.2009, C-487/07, GRUR 2009, 756, 760 Rn. 40 – *L'Oréal/Bellure*.

40 Vgl. BGH, 01.10.2009, I ZR 94/07, GRUR 2010, 343, 345 Rn. 26 m.w.N. – *Oracle*; Alexander, GRUR 2010, 482, 486 f.; Sack, GRUR 2017, 664, 667.

41 Vgl. *Köhler*/Bornkamm/Feddersen, § 4 Rn. 1.9b m.w.N.; Ohly/Sosnitza/Ohly, Einführung D Rn. 82 und § 4 Rn. 1/8 a.A. (MarkenG als lex specialis zum nicht harmonisierten Bereich des Lauterkeitsrechts) FBO/Nordemann, § 4 Nr. 1 Rn. 86; ebenso (Verdrängung des § 4 Nr. 1 durch die Vorschriften des markenrechtlichen Bekanntheitsschutzes) Ströbele/*Hacker*/Thiering, § 2 Rn. 61.

42 Vgl. Ingerl/Rohnke, § 2 Rn. 11 unter Verweis auf BGH, 03.02.2005, I ZR 159/02 (WRP 2005, 896, 899) – *Lila Postkarte*; Ohly/Sosnitza/Ohly, § 4 Rn. 1/8; *Köhler*/Bornkamm/Feddersen, § 4 Rn. 1.9b, je m.w.N.

43 Vgl. BGH, 19.05.2011, I ZR 147/09, GRUR 2012, 74, 76 Rn. 13 – *Coaching Newsletter*; BGH, 17.12.2015, I ZR 219/13, GRUR-RR 2016, 410, 411 Rn. 10 ff. – *Dr. Estrich*; BGH, 31.03.2016, I ZR 160/14, GRUR 2016, 710, 711 Rn. 10 ff. – *Im Immobiliensumpf*.

44 Vgl. MünchKomm/Jänich UWG § 4 Nr. 7 (a.F.) Rn. 13 f.

hierzu aber (objektiv) gleichwohl geeignet sind. Zu nennen sind insbesondere redaktionelle Beiträge in den Medien einschließlich der Veröffentlichung von Warentests,[45] der Rechtsverfolgung dienende Äußerungen von Rechtsanwälten,[46] wissenschaftliche Veröffentlichungen[47] einschließlich der Erhebungen von Meinungsforschungsinstituten. Die **Rechtsprechung des BGH** hierzu vermittelt kein völlig einheitliches Bild. Während in einigen Entscheidungen der Charakter derartiger Äußerungen als geschäftliche Handlung erst dann verneint worden ist, wenn sie *allein* anderen Zwecken als der Absatzförderung (insbesondere der Information und Meinungsbildung ihrer Adressaten) dienen,[48] lässt es der BGH in anderen Fällen zur Ablehnung einer geschäftlichen Handlung ausdrücklich genügen, dass das in Frage stehende Verhalten *vorrangig* anderen Zielen als der Beeinflussung der geschäftlichen Entscheidung von Verbrauchern in Bezug auf Produkte diene und sich lediglich reflexartig auf die Absatz- oder Bezugsförderung auswirke.[49] Zwar bezieht sich der BGH hierbei auf den Erwägungsgrund 7 der (hier nicht einschlägigen) UGP-RL,[50] lehnt aber zugleich eine nach dem betroffenen Personenkreis differenzierende Auslegung der geschäftlichen Handlung ab.[51] Richtig dürfte es sein, ausgehend vom Wortlaut der Definitionsnorm des § 2 Abs. 1 Nr. 1 und der Gesetzesbegründung hierzu[52] jedenfalls außerhalb des Geltungsbereichs der UGP-RL grundsätzlich von einem **weiten Begriff der geschäftlichen Handlung** auszugehen, der erst dann nicht erfüllt ist, wenn der Handelnde *ausschließlich* andere als wettbewerbliche Zwecke verfolgt.

15 Lediglich im Bereich spezifisch **grundrechtlich geschützter Betätigung** kann es geboten sein, den Begriff der geschäftlichen Handlung verfassungskonform enger auszulegen

---

45 Vgl. dazu Beater, WRP 2016, 787, 789.

46 Vgl. BGH, 21.12.1966, Ib ZR 146/64, GRUR 1967, 428, 429 – *Anwaltsberatung*; OLG Frankfurt, 13.06.2013, 6 U 75/12, WRP 2014, 1098, 1100 Rn. 22; zu einer in der Presse wiedergegebenen Äußerung eines Rechtsanwalts auch BGH, 31.03.2016, I ZR 160/14, GRUR 2016, 710, 711 Rn. 10 ff. – *Im Immobiliensumpf.*

47 Vgl. BGH, 17.12.2015, I ZR 219/13, GRUR-RR 2016, 410, 411 Rn. 10 ff. – *Dr. Estrich*; KG, 28.03.2012, 5 U 23/04, juris Rn. 29 ff.; KG, 14.08.2012, 5 U 92/07, juris Rn. 29 ff.; OLG Düsseldorf, 05.11.2013, I-20 U 107/13, MD 2014, 20 (juris Rn. 15) – *Manuelle Therapie, KISS/KIDD-Syndrom*; verneinend HansOLG Hamburg, 29.06.2006, 3 U 12/06, GRUR-RR 2007, 206, 208 (juris Rn. 54 ff.); OLG Frankfurt, 11.05.2017, 6 U 76/16, WRP 2017, 875 Rn. 10 ff.

48 Vgl. (unter Verweis auf die Gesetzesmaterialien) BGH, 19.05.2011, I ZR 147/09, GRUR 2012, 74, 76 Rn. 15 – *Coaching Newsletter*; BGH, 17.12.2015, I ZR 219/13, GRUR-RR 2016, 410, 411 Rn. 11 – *Dr. Estrich*; jeweils zu redaktionellen Beiträgen.

49 Vgl. BGH, 10.01.2013, I ZR 190/11, GRUR 2013, 945, 946 Rn. 29 – *Standardisierte Mandatsbearbeitung*; BGH, 11.12.2014, I ZR 113/13, GRUR 2015, 694, 696 – *Bezugsquellen für Bachblüten*; BGH, 31.03.2016, I ZR 160/14, GRUR 2016, 710, 711 Rn. 12 – *Im Immobiliensumpf*; vgl. zu der Problematik im Kontext der Herabsetzung auch KG, 14.08.2012, 5 U 92/07, juris Rn. 47); Isele, GRUR 2009, 727, 728.

50 Vgl. BGH, 11.12.2014, I ZR 113/13, GRUR 2015, 694, 696 Rn. 22 – *Bezugsquellen für Bachblüten.*

51 *Vgl. BGH, 10.01.2013, I ZR 190/11*, GRUR 2013, 945, 947 Rn. 19 – *Standardisierte Mandatsbearbeitung.*

52 Vgl. BT-Drs. 16/10145, S. 21.

und bereits dann zu verneinen, wenn *vorrangig* derart geschützte Zwecke verfolgt werden, mag daneben auch ein erwerbswirtschaftliches Ziel mitschwingen (vgl. näher o., § 2 Abs. 1 Nr. 1 Rdn. 80 ff., zu Medienunternehmen).[53] Die deutschen Grundrechte sind hier ohne Einschränkungen anwendbar, weil der Mitbewerberschutz außerhalb des Anwendungsbereichs der UGP-RL liegt und damit nicht der Vollharmonisierung untersteht.[54] In Betracht kommen namentlich die Freiheit von Wissenschaft und Forschung[55], der Kunst (jeweils Art. 5 Abs. 3 GG) und der Presse (Art. 5 Abs. 1 Satz 2 GG).[56] So wurde unter Geltung des Erfordernisses der Wettbewerbsabsicht (§ 1, 3 bzw. § 2 Abs. 1 Nr. 1 a.F.) angenommen, dass bei Presseberichten ein zur Wettbewerbsbeeinflussung geeigneter Inhalt für sich genommen keine Vermutung einer entsprechenden Absicht des Verantwortlichen (Journalisten) begründe.[57] Der Sache nach gilt diese Erwägung unter dem jetzigen Recht fort; denn der nach § 2 Abs. 1 Nr. 1 n.F. erforderliche »objektive Zusammenhang« entspricht dem früheren Tatbestandsmerkmal der Wettbewerbsabsicht.[58] Demgegenüber steht bei Werbeanzeigen, die ebenfalls den Schutz des Grundrechts auf Pressefreiheit genießen können,[59] der kommerzielle Zweck im Vordergrund, so dass nicht schon eine geschäftliche Handlung – sondern allenfalls deren Unlauterkeit – (s.u., § 4 Nr. 1 Rdn. 33 ff.) verneint werden kann.[60]

Zu beachten ist die Ausstrahlungswirkung der Grundrechte auf den Begriff der geschäftlichen Handlung ggf. aber auch bei **Meinungsäußerungen außerhalb der Medien**. So hat das BVerfG es für verfassungsrechtlich bedenklich gehalten, dass die

53 Ohly/Sosnitza/Sosnitza, § 2 Rn. 39 ff. m.w.N.

54 Vgl. BGH, 31.03.2016, I ZR 160/14, GRUR 2016, 710, 714 f. Rn. 45 – *Im Immobiliensumpf*; BGH, 01.03.2018, I ZR 264/16, GRUR 2018, 622, 624 Rn. 19 – *Verkürzter Versorgungsweg II*; ebenso die Gesetzesbegründung, BT-Drs. 15/1487, S. 18; zur Verdrängung deutscher Grundrechte im vollharmonisierten Bereich demgegenüber Raue, GRUR Int 2012, 402; Katsivelas, MMR 2017, 286, 288 ff.

55 Vgl. die Nachweise in Fn. 52.

56 Vgl. BGH, 30.10.1981, I ZR 93/79, GRUR 1982, 234, 235 Rn. 18 ff. – *»Großbanken-Restquoten«* (zu § 1 a.F.); eingehend Gomille, WRP 2009, 525 m.w.N.; FBO/Nordemann, § 4 Nr. 1 Rn. 81.

57 Vgl. BGH, 10.11.1994, I ZR 216/92, GRUR 1995, 270, 272 Rn. 38 – *Dubioses Geschäftsgebaren*; BGH, 06.12.2001, I ZR 14/99, GRUR 2002, 987, 993 Rn. 34 – *Wir Schuldenmacher*; je m.w.N.; HansOLG Hamburg, 09.03.2000, 3 U 175/99, WRP 2000, 647, 648 Rn. 35 – *Beißhemmungen*; zum Fortbestand der Vermutung einer geschäftlichen Handlung von Presseunternehmen außerhalb eigener redaktioneller Tätigkeit aber OLG München, 11.12.2003, 29 U 4296/03, GRUR-RR 2004, 309, 310 Rn. 32 ff. (je zu § 1 a.F.).

58 So zutr. OLG Frankfurt, 31.07.2014, 6 U 74/14, WRP 2014, 1483, 1484 Rn. 7; der Sache nach ebenso OLG Hamm, 11.05.2010, 4 U 14/10, juris Rn. 24; vgl. zum Ganzen auch Gomille, WRP 2009, 525, 528 ff.; *Köhler*/Bornkamm/Feddersen, § 2 Rn. 64 ff.

59 Vgl. BVerfG, 12.12.2000, 1 BvR 1762/95 u.a., BVerfGE 102, 347, 359 Rn. 40 – *Schockwerbung*; die – im Grunde selbstverständliche – Einschränkung, dass dies nur für solche Werbeaussagen die einen »wertenden, meinungsbildenden Inhalt« haben, spielt im vorliegenden Zusammenhang keine Rolle, da Werbeformen ohne wertende Aussage (wie insbesondere die bloße Nennung des eigenen Unternehmensnamens, etwa im Rahmen von Sponsoring) von vornherein nicht als Herabsetzung in Betracht kommt.

60 Vgl. hierzu ausführlich Beater, WRP 2016, 929 ff.

Zivilgerichte die Teilnahme an einer Protestaktion zu einer gesundheitspolitischen Angelegenheit als geschäftliche Handlung eingestuft und daher dem Lauterkeitsrecht unterworfen haben. Die Teilhabe an Auseinandersetzungen über Fragen von allgemeinem Interesse dürfe einem Grundrechtsträger nicht deshalb erschwert werden, weil er sich in dem betreffenden Bereich selbst beruflich und wettbewerblich betätige und dies nicht verschweige.[61]

16 In derartigen Konstellationen ist der auch im Zivilrecht zu beachtenden wertsetzenden Bedeutung des jeweils betroffenen Grundrechts des Äußernden also durch eine zurückhaltende Annahme einer geschäftlichen Handlung Rechnung zu tragen.[62] Dasselbe wäre zwar auch bei weiter Auslegung des (ungeschriebenen) Tatbestandsmerkmals der geschäftlichen Handlung erreichbar, indem das Grundrecht im Rahmen der Prüfung der Unlauterkeit der Herabsetzung oder Verunglimpfung berücksichtigt wird. Vorzugswürdig erscheint aber, den Grundrechtsschutz bereits am frühestmöglichen Prüfungspunkt zu berücksichtigen. Anders liegt es nur, wenn ein vorrangiger Wettbewerbszweck feststellbar ist und eine geschäftliche Handlung daher auch im Interesse des Grundrechtsschutzes nicht verneint werden kann. Dann bleibt die Meinungsfreiheit im Rahmen der Unlauterkeit zu beachten.

17 Fehlt es an einer geschäftlichen Handlung, bleibt ein **Rückgriff auf §§ 823 ff. BGB** möglich (vgl. o., § 4 Nr. 1 Rdn. 9 f.).[63]

II. Bezugsobjekte der Herabsetzung

18 Als Objekt der Herabsetzung oder Verunglimpfung nennt das Gesetz die Kennzeichen, Waren, Dienstleistungen, Tätigkeiten sowie die persönlichen oder geschäftlichen Verhältnisse eines Mitbewerbers.

1. Mitbewerber

19 Der Hinweis auf den Mitbewerber als Inhaber der geschützten Güter verdeutlicht zunächst, dass zwischen dem Handelnden und dem Betroffenen der Herabsetzung/Verunglimpfung ein konkretes Wettbewerbsverhältnis bestehen muss (§ 2 Abs. 1 Nr. 3). Dieses muss allerdings nicht zwingend in einem **Substitutionswettbewerb**

61 Vgl. BVerfG, 12.07.2007, 1 BvR 2041/02, GRUR 2008, 81, 82 Rn. 36 – *Pharmakartell*; vgl. a. KG, 18.08.2009, 5 W 95/09, KG-Report 2009, 917 Rn. 6 ff.

62 Vgl. BGH, 30.04.1997, I ZR 196/94, GRUR 1997, 912, 913 f. Rn. 15 – *Die Besten*; BGH, 30.04.1997, I ZR 154/95, GRUR 1997, 914, 915 f. Rn. 25 – *Die Besten II* (jew. zum Grundrecht auf Pressefreiheit); BGH, 19.06.1997, I ZR 16/95, BGHZ 136, 111, 121 (juris Rn. 50) – *Kaffeebohne*; Ohly/Sosnitza, § 2 Rn. 39 f.

63 MünchKomm/Jänich UWG, § 4 Nr. 7 Rn. 14 m.w.N.

bestehen, sondern kann sich auch in einem **Behinderungswettbewerb** erschöpfen.[64] Verletzer und Verletzter müssen daher nicht unbedingt auf demselben relevanten Markt tätig sein.[65] Würde beispielsweise eine Winzergenossenschaft mit Bezug auf Abgasmanipulationen bei Verbrennungsmotoren damit werben, in ihrem Erzeugnis stecke Wahrheit und nicht Lug und Betrug wie in den Fahrzeugen eines (namentlich genannten) Automobilherstellers, so wäre ein Wettbewerbsverhältnis mit diesem trotz äußerster Ferne beider Absatzmärkte zu bejahen.[66] Gefordert wird aber zu Recht eine **Wechselwirkung** zwischen der Förderung des eigenen und der Behinderung des fremden Wettbewerbs (vgl. o., § 2 Abs. 1 Nr. 3 Rdn. 23).[67] Fehlt es hieran, beeinträchtigt eine Äußerung also ein anderes Unternehmen, ohne zugleich geeignet zu sein, die eigene Marktposition des äußernden Unternehmers zu verbessern, ist eine Herabsetzung eines *Mitbewerbers* gem. § 4 Nr. 1 zu verneinen.[68]

Nicht erforderlich ist hingegen, dass die Äußerung einen einzelnen **Mitbewerber** des Äußernden benennt oder auch nur sonst **erkennen** lässt. Die Voraussetzungen des § 4 Nr. 1 erfüllt vielmehr auch eine **Kollektivherabsetzung** oder -verunglimpfung, die die gesamte Konkurrenz des Äußernden trifft.[69] Dies folgt im Grunde zwanglos daraus, **20**

64 Vgl. allgemein *Köhler*/Bornkamm/Feddersen, § 2 Rn. 109b; BGH, 10.04.2014, I ZR 43/13, GRUR 2014, 1114, 1116 Rn. 32 – *nickelfrei*, je m.w.N.; BGH, 19.03.2015, I ZR 94/13, GRUR 2015, 1129, 1131 Rn. 19 f. – *Hotelbewertungsportal*; BGH, 21.04.2016, I ZR 151/15, GRUR 2016, 1193, 1194 Rn. 15 – *Ansprechpartner*; je m.w.N.; zu den Grenzen BGH, 17.10.2013, I ZR 173/12, GRUR 2014, 573, 575 Rn. 21 – *Werbung für Fremdprodukte*. In den jüngeren Entscheidungen meidet der BGH allerdings die Bezeichnung als Behinderungswettbewerb und stellt stattdessen auf das Kriterium des wettbewerblichen Bezuges ab; vgl. BGH, 26.01.2017, I ZR 217/15, GRUR 2017, 918, 920 Rn. 19 – *Wettbewerbsbezug*; anders noch z.B. BGH, 21.02.2002, I ZR 281/99, GRUR 2002, 902, 905 (juris Rn. 41) – *Vanity-Nummer*.

65 Vgl. *Köhler*/Bornkamm/Feddersen, § 2 Rn. 109d; OLG Köln, 04.09.2015, 6 U 7/15, WRP 2016, 268, 272 Rn. 44 – *Internetfernsehen*; im Ausgangspunkt ebenso, in der Subsumtion aber enger: OLG Frankfurt, 24.09.2015, 6 U 181/14, WRP 2016, 108, 109 f. Rn. 16 ff. m. zust. Anm. v. Schmitt-Gaedke, WRP 2016, 111; OLG Frankfurt, 08.12.2016, 6 U 229/15, WRP 2017, 338 Rn. 13 ff. (kein konkretes Wettbewerbsverhältnis zwischen Fondsunternehmen und Anleger-Rechtsanwalt mangels Konkurrenzmoments); grds. a.A. OLG Brandenburg, 16.09.2008, 6 U 6/08, GRUR-RR 2009, 140, 141 Rn. 34 ff.

66 Vgl. *Köhler*/Bornkamm/Feddersen, § 2 Rn. 109d; enger wohl FBO/Nordemann, § 4 Nr. 1 Rn. 29, wonach die beiderseits angebotenen Waren oder Dienstleistungen zumindest in dem Teilbereich, auf den sich die Äußerung bezieht, austauschbar sein müssten.

67 *Köhler*/Bornkamm/Feddersen, § 2 Rn. 109d.

68 Vgl. exempl. OLG Frankfurt, 11.12.2012, 6 U 43/12, juris Rn. 14: Schreiben eines Versicherers an seine Kunden.

69 Vgl. HansOLG Hamburg, 28.10.2009, 5 U 204/07, NJOZ 2010, 1122, 1126 – *»Immer der günstigste Preis. Garantiert.«*; OLG Hamm, 28.01.2010, 4 U 157/09, MMR 2010, 330, 331 (juris Rn. 17) – *Herabsetzender »Testbericht« im Internet*; OLG Dresden, 08.03.2011, 14 U 134/11, juris Rn. 4; OLG Saarbrücken, 18.12.2013, 1 U 36/13, GRUR-RR 2014, 150, 152 (juris Rn. 38) – *bessere Energie*; OLG Hamm, 27.10.2016, 4 U 22/16, juris Rn. 69; zur unlauter herabsetzenden vergleichenden Werbung auch BGH, 05.02.1998, I ZR 211/95, BGHZ 138, 55, 65 (juris Rn. 52) – *Testpreis-Angebot*; *Köhler*/Bornkamm/Feddersen, § 4 Rn. 1.11; a.A. FBO/Nordemann, § 4 Nr. 1 Rn. 33; Ohly/Sosnitza/Ohly, § 4 Rn. 1.10 sowie (ohne nähere Begründung) Sack, WRP 2005, 531, 535, der nur eine unlautere geschäftliche Handlung nach § 3 UWG annimmt.

dass eine herabsetzende Äußerung bezüglich sämtlicher Mitbewerber eben jeden einzelnen von ihnen trifft. Bei dem angesprochenen Verkehr können dann hinsichtlich keines der Mitbewerber Zweifel aufkommen, ob auch dieser gemeint sei. Wer etwa behauptet, *alle* außer ihm böten minderwertige Ware an oder täuschten die Verbraucher, kann sich gegenüber der Klage eines Mitbewerbers nicht darauf berufen, gerade diesen nicht gemeint zu haben (falls der Kläger nicht erst nach dem Äußerungszeitpunkt in den Markt eingetreten ist).[70] Anders kann es liegen, wo der Kreis der pauschal herabgesetzten Mitbewerber so groß und heterogen ist, dass der Verkehr die Äußerung gar nicht als ernstgemeinte Kritik an allen – dem Wortlaut nach – Betroffenen auffasst. Soweit demgegenüber allgemein gegen die Tatbestandsmäßigkeit einer pauschalen Herabsetzung angeführt wird, dass die Interessen des Mitbewerbers erheblich schwerwiegender verletzt würden, wenn er individuell identifiziert werden kann,[71] ist dies im Ausgangspunkt sicher zutreffend. Zwingend gegen die Möglichkeit einer Kollektivherabsetzung spricht dieser Befund aber nicht. Anders wäre es nur, wenn angenommen werden müsste, dass § 4 Nr. 1 ein Mindestmaß an Schwere der Verletzung des Betroffenen voraussetzt. Zu dieser Annahme besteht aber kein Anlass. Insbesondere kann dem geringeren Maß an Betroffenheit der einzelnen Mitbewerber durch eine Kollektivherabsetzung auch bei Bejahung einer nach § 4 Nr. 1 tatbestandsmäßigen Handlung noch im Rahmen der Lauterkeitsprüfung Rechnung getragen werden (vgl. dazu näher u., § 4 Nr. 1 Rdn. 55). Auch das weitere gegen die Einbeziehung von Äußerungen gegen alle Mitbewerber angeführte Argument, dass § 4 Nr. 1 nicht anders als § 6 Abs. 2 Nr. 5 ausgelegt werden sollte, vermag nicht zu überzeugen. Zwar trifft es zu, dass bei der vergleichenden Werbung der betroffene Mitbewerber erkennbar sein muss.[72] Auch sollten gleiche Begriffe innerhalb eines Gesetzes im Allgemeinen möglichst gleich ausgelegt werden, selbst wenn – wie hier – nur einer der beiden Tatbestände eine richtlinienkonforme Auslegung erfordert. Denn dem Gesetzgeber darf nicht ohne weiteres ein Mangel an terminologischer (kodifikatorischer) Disziplin unterstellt werden. Im vorliegenden Zusammenhang ist jedoch zu beachten, dass sich beide Vorschriften nicht allein darin unterscheiden, dass nur § 6 unionsrechtlich vorgegeben ist. Vielmehr unterscheidet sich auch der Wortlaut beider Vorschriften maßgeblich. Nur § 6 Abs. 1 verlangt ausdrücklich, dass ein Mitbewerber erkennbar gemacht sein muss, während § 4 Nr. 1 ein derartiges Erfordernis gerade nicht zu entnehmen ist. Auch dies spricht dafür, hier eine auf alle Mitbewerber des Handelnden bezogene geschäftliche Handlung für tatbestandsmäßig zu halten.

---

70 A.A. FBO/Nordemann, § 4 Nr. 1 Rn. 33, der unter die Rechtsprechung des BVerfG zur Verletzung des allgemeinen Persönlichkeitsrechts eine Individualisierbarkeit fordert; hiergegen spricht allerdings zum einen, dass § 4 Nr. 1 nicht unmittelbar die Geschäftsehre schützt (s.o., § 4 Nr. 1 Rdn. 1), und zum anderen, dass jedenfalls bei einer überschaubaren Gruppe auch die kollektive Herabsetzung jedes einzelne Mitglied der Gruppe individuell betrifft.

71 Vgl. *Ohly/Sosnitza/Ohly*, § 4 Rn. 1.10.

72 Vgl. EuGH, 19.04.2007, C-381/05, GRUR 2007, 511, 513 Rn. 17 – *De Landtsheer Emmanuel* sowie u., § 6 Rdn. 89 ff.

Nichts anderes dürfte anzunehmen sein, wenn nicht alle, sondern nur einzelne Mitbewerber herabgesetzt oder verunglimpft werden, ohne dass deren Namen genannt oder sie sonst erkennbar gemacht sind.[73] Denn wenn sich die herabsetzende Äußerung gegen einen oder mehrere **nicht identifizierbare Mitbewerber** richtet, so besteht aus der Sicht des angesprochenen Verkehrs hinsichtlich jedes Mitbewerbers des Äußernden immerhin die Möglichkeit, dass dieser gemeint sein könnte. Äußert also z.B. ein Unternehmer (wahrheitswidrig), dass viele seiner Konkurrenten ihre Ware durch Kinderarbeit herstellen ließen, so bringt dies, falls unklar bleibt, welche Unternehmen gemeint sind, jeden dem Verkehr bekannten Mitbewerber des Äußernden in den Verdacht, unter den Gemeinten zu sein. 21

2. Kennzeichen, Waren, Dienstleistungen, Tätigkeiten, Verhältnisse

§ 4 Nr. 1 gewährt den Mitbewerbern des Verletzers Schutz gegen Herabsetzungen oder Verunglimpfungen nicht schlechthin, sondern ausschließlich in Bezug auf die einzeln aufgezählten Gegenstände. 22

a) Kennzeichen

Der Begriff des Kennzeichens ist hier – mangels Anhaltspunkten für eine spezielle Begriffsverwendung – wie in § 6 Abs. 2 Nr. 4, also weit, zu verstehen.[74] Erfasst sind mithin jegliche Zeichen, die der Verkehr mit einem Unternehmen oder dessen Waren oder Dienstleistungen in Verbindung bringt, die also als von einem bestimmten Unternehmen stammend identifiziert werden.[75] Außer den in **§ 1 MarkenG** genannten Schutzgegenständen (also neben Marken auch geschäftliche Bezeichnungen und geografische Herkunftsangaben) wird man auch **nicht markenrechtlich geschützte Zeichen** einbeziehen können.[76] Denn für den Schutzzweck des § 4 kann es nicht darauf ankommen, ob daneben auch der Anwendungsbereich des Markenrechts eröffnet ist oder nicht. Als Gegenstand der Herabsetzung kommen somit auch z.B. Bestellnummern[77] oder Symbole, die zur Unterscheidung verschiedener Produkte eines Anbieters dienen,[78] in Betracht. 23

---

73 Vgl. ebenso Harte/Henning/Omsels, § 4 Nr. 1 Rn. 26 ff.; *Köhler*/Bornkamm/Feddersen, § 4 Rn. 1.11.

74 Ebenso Ohly/Sosnitza/Ohly, § 4 Rn. 1/11; *Köhler*/Bornkamm/Feddersen, § 4 Rn. 1.25.

75 Vgl. zu Art. 3a (1) lit. g der (§ 6, nicht aber unmittelbar § 4 zugrundeliegenden) Richtlinie 84/450/EWG EuGH, 25.10.2001, C-112/99, GRUR 2002, 354, 356 Rn. 48 ff. – *Toshiba Europe*; zu § 6 Abs. 2 Nr. 4 BGH, 28.09.2011, I ZR 48/10, GRUR 2011, 1158 Rn. 12 ff. – *Teddybär*.

76 Vgl. Ohly/Sosnitza/Ohly, § 4 Rn. 1/11; *Köhler*/Bornkamm/Feddersen, § 4 Rn. 1.23; jurisPK/Müller-Bidinger, § 4 Nr. 7 Rn. 6; FBO/Nordemann, § 4 Nr. 1 Rn. 85; zu § 6 auch Sack, WRP 2004, 1405, 1416.

77 Vgl. EuGH, 23.02.2006, C-59/05, GRUR 06, 345 Rn. 12 – *Siemens/VIPA*.

78 Vgl. BGH, 28.09.2011, I ZR 48/10, GRUR 2011, 1158 Rn. 13 ff. – *Teddybär*.

b) Waren und Dienstleistungen

24 Auch das Begriffspaar »Waren und Dienstleistungen« ist wie im allgemeinen Kontext der geschäftlichen Handlung (§ 2 Abs. 1 Nr. 1) **weit auszulegen.**[79] Umfasst sind also alle körperlichen und unkörperlichen Gegenstände, die von Unternehmern am Markt gegen Entgelt angeboten werden. Wegen der Einzelheiten kann auf die Kommentierung zur Definition der geschäftlichen Handlung verwiesen werden(vgl. o., § 2 Abs. 1 Nr. 1 Rdn. 16 ff.). Die Herabsetzung der Waren und Dienstleistungen kann an jegliche Aspekte dieser Produkte anknüpfen, insbesondere deren Qualität, daneben aber auch deren Herstellungsweise, Bezugsquelle usw. Die Unterscheidung zu den Tätigkeiten des Mitbewerbers kann mitunter fließend sein; eine präzise Abgrenzung ist aber auch entbehrlich.

c) Tätigkeiten, persönliche und geschäftliche Verhältnisse

25 Unter **Tätigkeit** kann jedes Verhalten eines Mitbewerbers fallen. In Betracht kommen namentlich auch Betätigungen außerhalb des zum Verletzer bestehenden Wettbewerbsverhältnisses und – soweit der betroffene Unternehmer eine natürliche Person ist – sogar solche, die überhaupt außerhalb seines unternehmerischen Handelns, also im Privatbereich stattfinden. Dies folgt aus der Systematik der Norm: Wenn bei den »Verhältnissen« des betroffenen Mitbewerbers ausdrücklich auch die persönlichen geschützt sind, wäre nicht einzusehen, dass unter das mit keinem einschränkenden Attribut versehene Tatbestandsmerkmal der Tätigkeiten nur solche aus dem geschäftlichen Bereich fallen sollten.[80]

26 Auch der Begriff **»Verhältnisse«** ist weit zu verstehen und bedarf wegen der identischen Rechtsfolgen keiner trennscharfen Abgrenzung zu den Tätigkeiten. In Betracht kommen sämtliche **Eigenschaften, Beziehungen und Lebensumstände** des betroffenen Mitbewerbers wie etwa seine Qualifikation, religiöse, politische oder moralische Einstellung, Partei- oder Vereinszugehörigkeit, sexuelle Identität und Orientierung, seine körperlichen Merkmale, Lebensumstände, insbesondere familiären oder finanziellen Verhältnisse sowie (sonstige) Vorgänge aus seinem Vor- und Privatleben.

III. Verletzungshandlung (Herabsetzung, Verunglimpfung)

27 Unter Herabsetzung im Sinne der Vorschrift ist die **Verringerung der Wertschätzung** des Mitbewerbers durch ein abträgliches Werturteil oder durch eine abträgliche wahre oder unwahre[81] Tatsachenbehauptung zu verstehen. Mit Verunglimpfung ist eine gesteigerte Form der Herabsetzung gemeint, die darin besteht, dass der Mitbewerber verächtlich oder lächerlich gemacht wird.[82] Einen **tatbestandlichen Erfolg** in Gestalt

79 Vgl. Ohly/Sosnitza/Ohly, § 4 Rn. 1/11; FBO/Nordemann, § 4 Nr. 1 Rn. 35 (»umfassend«).

80 Vgl. ebenso Ohly/Sosnitza/Ohly, § 4 Rn. 1/11; enger FBO/Nordemann, § 4 Nr. 1 Rn. 37: nur Tätigkeiten mit Außenwirkung zur Erreichung betrieblicher Zwecke.

81 *Vgl. näher zur Bedeutung* des Wahrheitsgehalts u., § 4 Nr. 1 Rdn. 47.

82 Vgl. *Köhler*/Bornkamm/Feddersen, § 4 Rn. 1.12; Ohly/Sosnitza/Ohly, § 4 Rn. 1/13; jurisPK/Müller-Bidinger, § 4 Rn. 27.

einer bestimmten Wirkung der herabsetzenden Handlung fordert die Vorschrift allerdings nicht. Es muss daher nicht festgestellt werden, dass das Ansehen des betroffenen Unternehmers bei den angesprochenen Verkehrskreisen infolge der Äußerung tatsächlich gemindert oder der Mitbewerber gar lächerlich gemacht ist. Vielmehr genügt bereits die **Eignung** der Tathandlung, eine derartige Wirkung zu erzielen.[83] Hierfür muss die Handlung ihren Adressaten freilich wenigstens erreichen. Dies kann bei an die Öffentlichkeit gerichteten Äußerungen jedoch ohne weiteres angenommen werden.[84] Äußerungen, mit denen ein Unternehmer unmittelbar nur die eigenen Leistungen hervorhebt, woraus sich lediglich **reflexartig** der Schluss ergibt, dass sein Mitbewerber diese Vorzüge nicht aufweise, sollen als Herabsetzung aber nicht ausreichen.[85]

Die Rechtsprechung und der überwiegende Teil der Literatur definieren die Tathandlungen weiter einschränkend, indem sie eine *sachlich nicht gerechtfertigte* Verringerung der Wertschätzung bzw. (für die Verunglimpfung) eine Verächtlichmachung *ohne sachliche Grundlage* verlangen.[86] Dies entspricht der Formulierung des § 4 (»Unlauter handelt, wer … herabsetzt«) und trifft im Ergebnis zu. Zur Verdeutlichung der Prüfungsfolge sollte dennoch zwischen der Tathandlung als solcher und den (ungeschriebenen) Voraussetzungen ihrer Unlauterkeit unterschieden werden (vgl. näher u., § 4 Nr. 1 Rdn. 33 ff.).[87] Erforderlich ist stets eine zweistufige Prüfung, bei der erstens nach den (potenziellen) Auswirkungen der Äußerung auf den Mitbewerber gefragt und zweitens deren Legitimität untersucht wird.[88] Noch diesseits von Fragen der Lauterkeit ist dabei zu beachten, dass bereits zur Beurteilung des herabsetzenden Gehalts einer Äußerung alle Umstände des Einzelfalls in den Blick zu nehmen und insgesamt zu würdigen sind wie insbesondere der Inhalt und die Form der Äußerung, ihr Anlass und der Zusammenhang, in dem sie erfolgt ist. Die zutreffende Sinndeutung einer Äußerung ist unabdingbare Voraussetzung für die richtige rechtliche Würdigung ihres Aussagegehalts.[89] Maßgeblich sind hierbei nach der zutreffenden Rechtsprechung des BGH die Sichtweise und die **Verständnismöglichkeiten der angesprochenen Verkehrskreise**, genauer des durchschnittlich informierten, verständigen und situationsadäquat auf- **28**

83 Vgl. allg. zu § 4: BT-Drs. 15/1487, S. 17.

84 Vgl. *Köhler*/Bornkamm/Feddersen, § 4 Rn. 1.13.

85 Vgl. BGH, 25.03.1999, I ZR 77/97, GRUR 1999, 1100, 1101 f. (juris Rn. 24 ff.) – *Generika-Werbung*; HansOLG Hamburg, 11.11.2009, 5 U 214/08, juris Rn. 32 – *Der beliebteste Anbieter II*.

86 Vgl. BGH, 17.12.2015, I ZR 219/13, GRUR-RR 2016, 410, 411 Rn. 19 – *Dr. Estrich*; BGH, *31.03.2016*, I ZR 160/14, GRUR 2016, 710, 714 Rn. 38 – *Im Immobiliensumpf*; BGH, 01.03.2018, I ZR 264/16, GRUR 2018, 622, 624 Rn. 15 – *Verkürzter Versorgungsweg II*; *Köhler*/Bornkamm/Feddersen, § 4 Rn. 1.12; MünchKomm/Jänich UWG, § 4 Nr. 7 Rn. 32.

87 Krit. zur Vermischung beider Prüfungsebenen auch Ohly/Sosnitza/Ohly, § 4 Rn. 1/12.

88 Vgl. Ohly/Sosnitza/Ohly, § 4 Nr. 1 Rn. 1/12.

89 St. Rspr. des BGH, vgl. zuletzt BGH, 01.03.2018, I ZR 264/16, GRUR 2018, 622, 624 Rn. 12 – *Verkürzter Versorgungsweg II*; zum allgemeinen Deliktsrecht ebenso BGH, 10.01.2017, VI ZR 562/15, GRUR 2017, 308, 310 Rn. 13 – *Die Anstalt* m.w.N. (zugleich zum Sonderfall satirischer Äußerungen).

merksamen Mitglieds derselben.[90] Das dürfte außer für das Erfassen des Sinngehalts der Äußerung auch für die Frage gelten, ob die so verstandene Aussage den Ruf (die Wertschätzung) des betroffenen Unternehmers zu beeinträchtigen vermag. Eine gespaltene Verkehrsauffassung (statt nur des Verständnisses eines einheitlich bestimmten Durchschnittsrezipienten) kommt in Betracht, wenn festgestellt werden kann, dass die Äußerung an mehrere objektiv voneinander abgegrenzte Verkehrskreise (z.B. Fachpublikum und Laienpublikum, deutschsprachiger und fremdsprachiger Verkehr) gerichtet ist.[91] Nach dem Schutzzweck der Norm dürfte es dann genügen, wenn die herabsetzende Wirkung bei einem der angesprochenen Verkehrskreise eintreten kann.

Eine Äußerung, die zwar der betroffene Mitbewerber (wegen seiner »Insider«-Kenntnisse) als Herabsetzung begreift, nicht aber der angesprochene Verkehr (dem sich z.B. eine Anspielung nicht erschließt), ist nicht tatbestandsmäßig. Dasselbe gilt für eine Äußerung, die bei wörtlichem Verständnis zwar herabwürdigend ist, aber vom angesprochenen Verkehr als **ironisch** gemeint erkannt und daher nicht ernst genommen wird.[92] Dabei sind u.U. auch etwaige Gewöhnungs- oder gar Abstumpfungserscheinungen der Verbraucher bei der Rezeption aggressiver Werbeaussagen in Rechnung zu stellen.[93]

Weitergehend ist hervorzuheben, dass bereits auf der Ebene der Ermittlung des Aussageinhalts auch den Anforderungen des Grundrechts auf Meinungsfreiheit (Art. 5 Abs. 1 GG) an die Deutung einer Äußerung Rechnung zu tragen ist.[94] Wie das BVerfG in ständiger Rechtsprechung betont, ist wegen der weichenstellenden Bedeutung des Sinnverständnisses einer in Streit stehenden Äußerung bereits deren Deutung unter Berücksichtigung der auch im Zivilrecht zu beachtenden wertsetzenden Funktion der **Grundrechte** durchzuführen.[95] Auch Werbeaussagen sind nicht grundsätzlich vom Schutzbereich des Art. 5 Abs. 1 GG ausgenommen. Dies ist an sich selbstverständlich und wird heute nicht mehr bezweifelt,[96] bedurfte aber gegenüber einer den Lauterkeits-

---

90 Vgl. BGH, 19.05.2011, I ZR 147/09, GRUR 2012, 74, 77 Rn. 22 – *Coaching Newsletter*; BGH, 17.12.2015, I ZR 219/13, GRUR-RR 2016, 410, 411 Rn. 19 – *Dr. Estrich*; zu § 6 ebenso: BGH, 22.02.2005, KZR 2/04, GRUR 2005, 609, 610 (juris R. 19) – *Sparberaterin II*; *Köhler*/Bornkamm/Feddersen, § 4 Rn. 1.13; Harte/Henning/Omsels, § 4 Nr. 1 Rn. 17.

91 Vgl. (zu § 5 UWG) Harte/Henning/Dreyer, § 5 Rn. 16 f.; Scherer, WRP 2016, 8.

92 Vgl. BGH, 12.07.2001, I ZR 89/99, GRUR 2002, 72, 74 Rn. 37 – *Preisgegenüberstellung im Schaufenster*; BGH, 17.01.2002, I ZR 215/99, GRUR 2002, 828, 830 Rn. 30 – *Lottoschein*.

93 Vgl. HansOLG Hamburg, 30.10.2002, 5 U 75/02, GRUR-RR 2003, 50, 51 Rn. 19 m.w.N.; jurisPK/Müller-Bidinger, § 4 Nr. 7 Rn. 29.

94 Vgl. zur Anwendbarkeit der deutschen Grundrechte näher oben Rn. 15.

95 Vgl. BVerfG, 10.10.1995, 1 BvR 1476/91 u.a., BVerfGE 93, 266, 295 f. Rn. 124 ff. – *Soldaten sind Mörder*; BVerfG, 25.10.2005, 1 BvR 1696/98, BVerfGE 114, 339, 348 Rn. 31 – *IM Sekretär*; BVerfG, 04.02.2010, 1 BvR 369/04 u.a., NJW 2010, 2193, 2194 Rn. 25 – *»Aktion Ausländerrückführung – für ein lebenswertes deutsches Augsburg«*; BVerfG, 18.02.2010, 1 BvR 2477/08, WRP 2010, 743, 745 Rn. 27 – *wörtliche Zitate aus anwaltlichen Schreiben*.

96 Vgl. zur früheren Unterbewertung des Art. 5 Abs. 1 GG durch die wettbewerbsrechtliche Judikatur auch *Ohly*, GRUR 2004, 889, 892 f.; problematische Unterscheidung zwischen Wettbewerbsrecht und anderen Rechtsbereichen noch bei OLG München, 22.10.1992, 6 U 4044/92, WRP 1993, 414, 419 f. Rn. 20 ff., 24 – *Schmähkritik*.

schutz überdehnenden Rechtsprechung der Fachgerichte[97] der ausdrücklichen Hervorhebung durch das BVerfG.[98] Dem Erfordernis der grundrechtssensiblen Deutung des Äußerungsgehalts wird im vorliegend interessierenden Kontext des geschäftlichen Verkehrs zwar häufig eine geringere Bedeutung zukommen als im nicht kommerziellen Bereich. Dennoch muss auch im Wettbewerbsrecht ggf. erkennbar werden, dass das Gericht etwaige alternative Deutungsmöglichkeiten, die es nicht zugrunde legt, erwogen und aus tragfähigen Gründen ausgeschlossen hat.[99]

Die Beurteilung, ob der so ermittelte herabsetzende Aussagegehalt schon die Schwelle zur **Verunglimpfung** überschritten hat oder nur eine (einfache) Herabsetzung vorliegt, kann im Einzelfall schwierig sein. Da sich aus der Einordnung aber keine unterschiedlichen Rechtsfolgen ergeben, braucht auf die Abgrenzung in Zweifelsfällen keine Mühe verwandt zu werden, sofern wenigstens eine Herabsetzung feststeht.[100] 29

IV. Handlungsform

Hinsichtlich der Form, in der die herabsetzenden Inhalte geäußert werden, lassen sich 30 § 4 Nr. 1 keine Beschränkungen entnehmen. Außer expliziten verbalen Äußerungen unmittelbar herabsetzenden Gehalts kommen somit auch alle anderen Äußerungsformen in Betracht, wie Wortspiele – sofern der Verkehr ihnen eine Sachaussage entnimmt –[101], (bildliche Wiedergaben von) Tathandlungen,[102] szenische Darstellungen,[103] Anspielungen durch grafische Symbole,[104] die Abbildung des eigenen Produkts neben einem defekten Konkurrenzprodukt,[105] Gesten und Gebärden[106] etc. Zu Äuße-

97 So auch Säcker, WRP 2004, 1199, 1201 f. unter Verweis auf BGH, 06.07.1995, I ZR 180/94, GRUR 95, 600 – *»H.I.V. Positive«* und BGH, 06.12.2001, I ZR 284/00, BGHZ 149, 247 – *»H.I.V. Positive« II.*

98 Vgl. BVerfG, 12.12.2000, 1 BvR 1762/95 u.a., BVerfGE 102, 347 Rn. 40 ff. – *Schockwerbung*; BVerfG, 01.08.2001, 1 BvR 1188/92, NJW 2001, 3403, 3404 Rn. 11 – *Therapeutische Äquivalenz*; BVerfG, 06.02.2002, 1 BvR 952/90 u.a., WRP 2002, 430, 431 Rn. 18 – *Tier- und Artenschutz*; BVerfG, 11.03.2003, 1 BvR 426/02, BVerfGE 107, 275, 280 Rn. 16 – *Schockwerbung II.*

99 Vgl. zu den verfassungsrechtlichen Anforderungen an die Deutung von Äußerungen im Wettbewerb näher Kießling/Kling, WRP 2002, 615, 621 ff.

100 Vgl. ebenso Ohly/Sosnitza/Ohly, § 4 Rn. 1/13.

101 Vgl. BGH, 17.01.2002, I ZR 215/99, GRUR 2002, 828, 830 (juris Rn. 26 ff.) – *Lottoschein*; BGH, 25.04.2002, I ZR 272/99, GRUR 2002, 982, 984 (juris Rn. 27) – *DIE »STEINZEIT« IST VORBEI!*; BGH, 01.10.2009, I ZR 134/07, GRUR 2010, 161, 163 Rn. 14 – *Gib mal Zeitung* (Herabsetzung in concreto aber jeweils verneinend).

102 Vgl. OLG Frankfurt, 09.10.2014, 6 U 199/13, WRP 2015, 122, 124 Rn. 19 ff. – *Sprayender Waschbär.*

103 Vgl. LG Köln, 29.05.2008, 31 O 845/07, GRUR-RR 2009, 154 (juris Rn. 17) – *Haftung für Virals.*

104 Vgl. OLG Frankfurt, 22.02.2001, 6 U 203/00, GRUR-RR 2001, 221 (juris Rn. 8) – *Systemvergleich.*

105 Vgl. HansOLG Hamburg, 13.08.1998, 3 U 12/98, WRP 1999, 355, 357 (juris Rn. 25) – *Photographische Gegenüberstellung.*

106 Vgl. *Köhler*/Bornkamm/Feddersen, § 4 Rn. 1.14.

rungen, die sich in einem positiven Urteil über das eigene Produkt erschöpfen und die Behauptung, dass alle Mitbewerber die herausgestellte Eigenschaft nicht aufwiesen, nur implizit mitschwingen lassen (vgl. schon o., III. § 4 Nr. 1 Rdn. 27).

V. Adressat

31 Aus dem Zweck der Norm, der im Schutz des Mitbewerbers vor einer Beeinträchtigung seiner Wettbewerbsinteressen sowie des Allgemeininteresses am unverfälschten Wettbewerb zu sehen ist,[107] und dem hierauf beruhenden ungeschriebenen Tatbestandsmerkmal der geschäftlichen Handlung ergibt sich, dass nur nach außen, an **andere Marktteilnehmer** gerichtete Äußerungen tatbestandsmäßig sein können. Rein betriebsinterne Aussagen zwischen mehreren Inhabern oder Geschäftsführern eines Unternehmens erfüllen nicht die Voraussetzungen einer geschäftlichen Handlung (vgl. näher § 2 Abs. 1 Nr. 1 Rdn. 55)[108] und fallen daher auch bei an sich einschlägigem Äußerungsinhalt nicht unter § 4 Nr. 1. Schwieriger zu beurteilen sind Verhaltensweisen, die sich ebenfalls nur an **unternehmensangehörige Personen richten**, dabei aber den engen Kreis der Unternehmer bzw. unternehmerischen Leitungsebene verlassen. Zu denken ist etwa an Rundschreiben an oder Schulungsmaßnahmen für die Belegschaft eines Betriebes. Auch hierbei handelt es sich zwar um unternehmensinterne Äußerungen. Allerdings können – je nach der Branche, in der das Unternehmen tätig ist – die angesprochenen Mitarbeiter zugleich (potenzielle) Verbraucher und als solche taugliche Adressaten einer Herabsetzung oder Verunglimpfung eines Mitbewerbers ihres Unternehmens sein. Insofern wird nach dem Äußerungszweck zu unterscheiden sein: Spricht die Unternehmensleitung die Mitarbeiter allein in ihrer Funktion als Unternehmensangehörige an, um sie über den Mitbewerber (sei es auch unzutreffend) zu unterrichten und ihnen ein bestimmtes Handeln des eigenen Unternehmens vorzugeben (z.B. die bisherige Zusammenarbeit mit dem Mitbewerber nicht mehr fortzusetzen oder sich Kunden gegenüber in bestimmter Weise zu dessen Geschäftsgebaren zu äußern), so liegt (noch) keine geschäftliche Handlung vor. Es handelt sich nur um eine Vorbereitungshandlung zu einem geschäftlichen Verhalten, das erst in der späteren Umsetzung der Vorgaben durch die Mitarbeiter liegt.[109] Zielt hingegen die Ansprache an Unternehmensangehörige zumindest auch darauf, deren eigenes Verhalten als Marktteilnehmer (Verbraucher) zu beeinflussen,[110] so ist eine geschäftliche Handlung – als Vorbedingung einer Herabsetzung oder Verunglimpfung – zu bejahen.[111]

---

107 Vgl. o., Fn. 4.

108 MünchKomm/Bähr UWG, § 2 Rn. 118.

109 Vgl. *Köhler*/Bornkamm/Feddersen, § 2 Rn. 36; MünchKomm/Bähr UWG, § 2 Rn. 112 ff., 116 mit zutreffendem Hinweis, dass auch ein derartiges unternehmensinternes Verhalten allerdings u.U. bereits eine Erstbegehungsgefahr als Voraussetzung eines vorbeugenden Unterlassungsanspruchs begründen kann.

110 Vgl. zu § 3 a.F. z.B. OLG Stuttgart, 18.03.1983, 2 U 187/82, WRP 1983, 446: Verhinderung von auf die eigenen Mitarbeiter zielenden Abwerbeversuchen eines Mitbewerbers.

111 Vgl. zur Abgrenzung auch Ohly/Sosnitza/Ohly, § 4 Rn. 1/13.

Aus dem Schutzzweck der Norm ergibt sich des Weiteren, dass Äußerungen, die allein den **herabgesetzten Mitbewerber selbst** erreichen, nicht tatbestandsmäßig sind. Zwar ist auch eine in einem Zwiegespräch eines Unternehmers mit einem Mitbewerber oder in einem Brief eines Unternehmers an einen anderen Unternehmer fallende Äußerung nach außen gerichtet und kommt unter diesem Gesichtspunkt als geschäftliche Handlung in Betracht. Auch mag in ihr – einen entsprechenden Aussagegehalt vorausgesetzt – eine Verletzung der Geschäftsehre liegen. Allerdings ist bereits oben (vgl. o., § 4 Nr. 1 Rdn. 1) ausgeführt worden, dass die Vorschrift nicht deren Schutz dient, sondern vielmehr dem der wettbewerblichen Interessen des betroffenen Mitbewerbers (sowie dem der Allgemeinheit an einem unverfälschten Wettbewerb). Es ist aber nicht erkennbar, wie eine herabsetzende Äußerung, die allein den Betroffenen selbst erreicht, dessen wirtschaftliche Interessen beeinträchtigen könnte.[112] Der Tatbestand gleicht daher strukturell eher den strafrechtlichen Aussagedelikten der §§ 186, 187 StGB als dem der Beleidigung (§ 185 StGB), welche – selbstverständlich – auch und gerade durch eine Äußerung allein gegenüber dem Beleidigten begangen werden kann. **32**

VI. Unlauterkeit

Entgegen dem Wortlaut der Norm (»Unlauter handelt, wer…«) steht mit der Feststellung einer Herabsetzung/Verunglimpfung im soeben dargestellten Sinn noch nicht fest, dass auch der Unlauterkeitstatbestand (§ 3) erfüllt ist. Vielmehr bedarf dies weiterer Überlegungen. Unlauter ist eine Herabsetzung (auch in ihrer gesteigerten Form der Verunglimpfung) nämlich erst dann, wenn sie sich auch unter Berücksichtigung der berechtigten Interessen des Handelnden (Herabsetzers) oder der Allgemeinheit als rechtswidrig erweist. Hierbei geht es nicht, jedenfalls nicht unmittelbar, um die Frage, ob dem Äußernden Rechtfertigungsgründe zur Seite stehen, die seine herabsetzende Aussage im Einzelfall als erlaubt erscheinen lassen. Vielmehr muss die **Unlauterkeit positiv festgestellt** werden, wobei allerdings die Wertungen von Rechtfertigungsnormen zu berücksichtigen sind. Demgemäß hat der BGH bei der Abwehr unlauteren Wettbewerbs dienenden Äußerungen auch lediglich eine *entsprechende* Anwendung der Notwehr nach § 227 BGB erwogen.[113] Größere praktische Bedeutung kommt dem Rechtsgedanken der Wahrnehmung berechtigter Interessen (§ 193 StGB) und den hierdurch in das Zivilrecht einfließenden Wertungen der **Grundrechte**[114] zu. Dabei kommen naturgemäß vor allem die Kommunikationsfreiheitsrechte in Betracht, insbesondere die Meinungsfreiheit gem. Art. 5 Abs. 1 GG und (im Rang eines einfachen Bundesgesetzes) Art. 10 EMRK[115], deren wertsetzende Bedeutung nach der Rechtspre- **33**

---

112 So auch Ohly/Sosnitza/Ohly, § 4 Rn. 1/13.

113 Vgl. zu § 1 a.F. BGH, 22.01.1971, I ZR 76/69, GRUR 1971, 259, 260 (juris Rn. 19) – *W.A.Z.*; FBO/Nordemann, § 4 Nr. 1 Rn. 80.

114 Vgl. BVerfG, 15.12.2008, 1 BvR 1404/04, juris Rn. 22 ff. m.w.N.

115 Vgl. zum Rang der EMRK als einfaches Bundesgesetz: BVerfG, 14.10.2004, 2 BvR 1481/04, BVerfGE 111, 307, 315 f. Rn. 30 m.w.N.

chung des BVerfG auch im Zivilrecht zu beachten ist.[116] Den besondere Kommunikationsformen schützenden Grundrechten der Pressefreiheit (Art. 5 Abs. 1 Satz 2 GG, Art. 10 EMRK) und der Kunstfreiheit (Art. 5 Abs. 3 GG, Art. 10 EMRK) kommt dagegen weniger praktische Bedeutung für die Lauterkeitsprüfung zu, weil in Fällen, in denen ihr Schutzbereich eröffnet ist, häufig schon das Tatbestandsmerkmal der geschäftlichen Handlung zu verneinen sein wird (vgl. o., § 4 Nr. 1 Rdn. 15). Das spezielle Kommunikationsgrundrecht aus Art. 8 GG (Versammlungsfreiheit) hat sogar überhaupt keine eigenständige Bedeutung. Zwar mag es Sachverhaltskonstellationen geben, in denen sein Schutzbereich eröffnet ist – etwa wenn auf einer Versammlung mit herabsetzender Begründung zum Boykott eines Unternehmens aufgerufen wird. Allerdings geht der Schutz des Art. 8 GG insoweit inhaltlich nicht über den aus Art. 5 Abs. 1 GG hinaus.[117] Zu erwähnen sind schließlich Art. 12 und Art. 14 GG, die Bedeutung erlangen können, wo ein Unternehmer sich herabsetzend über einen Mitbewerber äußert, um hierdurch seinen eigenen Gewerbebetrieb bzw. seinen eigenen Geschäftsruf[118] zu verteidigen. Der Schwerpunkt liegt freilich bei Art. 5 Abs. 1 Satz 1 GG (bei Äußerungen juristischer Personen i.V.m. Art. 19 Abs. 3 GG), auf den sich die nachfolgende Darstellung daher beschränken soll.

34 Unter Berücksichtigung der Rechtsprechung des BVerfG[119] ergibt sich hierbei folgendes **Prüfungsprogramm**:[120] Liegt eine tatbestandliche Herabsetzung/Verunglimpfung vor, so ist sie dann unlauter, wenn sie schon nicht in den Schutzbereich der Meinungsfreiheit fällt (vgl. hierzu u., 1.) oder der in einem Verbot (oder einer sonstigen belastenden Rechtsfolge wie z.B. einer Verurteilung zu Schadensersatz etc.) liegende Eingriff verfassungsrechtlich gerechtfertigt ist, Art. 5 Abs. 2 GG (hierzu u., 2.). Letzteres ist dann der Fall, wenn es sich um eine Äußerung handelt, die ohne Rücksicht auf die Umstände in jedem Fall unzulässig ist (vgl. u., 2., a)), oder die umfassende Abwägung der beiderseitigen Interessen (namentlich: Meinungsfreiheit des Äußernden, guter Ruf/ Wettbewerbsposition des Verletzten) ergibt, dass das Unterlassungsinteresse des von der Herabsetzung betroffenen Mitbewerbers überwiegt (vgl. u., 2., b)).

116 Sog. Drittwirkung der Grundrechte, vgl. grundlegend BVerfG, 15.01.1958, 1 BvR 400/51, BVerfGE 7, 198, 205 ff. Rn. 28 – *Lüth*; zu § 1 UWG a.F. BVerfG, 12.12.2000, 1 BvR 1762/ 95 u.a., BVerfGE 102, 347, 359 Rn. 40 – *Schockwerbung*.

117 Vgl. BVerfG, 04.11.2009, 1 BvR 2150/08, BVerfGE 124, 300, 319 Rn. 45 – *Rudolf-Heß-Gedenkfeier*.

118 Vgl. zu dessen Schutz durch Art. 12 Abs. 1 GG BVerfG, 08.05.2007, 1 BvR 193/05, NJW 2008, 358, 359 (juris Rn. 19) – *Bauernfängerei*; BGH, 19.05.2011, I ZR 147/09, GRUR 2012, 74, 78 Rn. 31 – *Coaching Newsletter*.

119 Einen guten, im Wesentlichen noch immer aktuellen Überblick bietet Grimm, NJW 1995, 1697; instruktive Rechtsprechungsanalyse auch bei Paetzold, in: Rensen/Brink, Linien der Rechtsprechung des Bundesverfassungsgerichts, Bd. I, Berlin 2009, S. 507 ff.

120 Vgl. a. BGH, 19.05.2011, I ZR 147/09, GRUR 2012, 74, 77 Rn. 22 – *Coaching Newsletter*; *BGH, 31.03.2016, I ZR 160/14*, GRUR 2016, 710, 714 Rn. 38 – *Im Immobiliensumpf*; OLG Düsseldorf, 12.07.2016, 20 U 117/15, CR 2017, 223, 224 f. (juris Rn. 41) – *Zulässiger Blogpost über Gebrauchtsoftwarehandel*.

1. Schutzbereich

Als Meinung geschützt ist jegliche wertende Stellungnahme, also jede Äußerung, die durch das Element der Stellungnahme, des Dafürhaltens, der Beurteilung geprägt ist.[121] Darauf, ob die Äußerung wertvoll oder wertlos, richtig oder falsch, emotional oder rational begründet ist, kommt es nicht an.[122] Ebenso wenig ist die Kommunikationsform, in der die Meinung kundgegeben wird, erheblich. So können neben verbalen Äußerungen auch rein bildliche Darstellungen als Meinung geschützt sein, sofern in ihnen ein Werturteil, eine Ansicht oder Anschauung bestimmter Art zum Ausdruck kommt.[123] Demgegenüber unterfallen **Tatsachenäußerungen** *für sich genommen* nicht dem Grundrecht auf Meinungsfreiheit. Dessen Schutz kommt ihnen u.U. allerdings mittelbar zugute, nämlich soweit sie Voraussetzung für die Bildung von Meinungen sind.[124] Letzteres wird jedenfalls bei Äußerungen über andere Personen (und deren Verhältnisse) auch häufiger zu bejahen als zu verneinen sein, zumal oftmals schon die Auswahl dessen, was geäußert und was verschwiegen wird, erkennbar Ergebnis einer wertenden Auswahl des Äußernden ist. Die Tatsachenmitteilung kann dann im Einzelfall sogar das Vehikel eines Werturteils darstellen. Nur wenn es sich um die Wiedergabe bloßer Sachinformationen ohne jeden wertenden Bezug handelt (wie z.B. die Mitteilung der Wetterdaten des Vortages), ist bereits der Schutzbereich des Art. 5 Abs. 1 Satz 1 Hs. 1 GG nicht eröffnet. Die teilweise vertretene Auffassung, dass unwahren Tatsachenbehauptungen der Grundrechtsschutz stets versagt bleiben müsse,[125] erscheint demgegenüber verkürzt und bedarf der Präzisierung. Richtig ist zwar, dass unwahre Informationen zur Meinungsbildung nichts beitragen können. Dennoch kann nach der ständigen Rechtsprechung des BVerfG auch an der Mitteilung unwahrer Tatsachen u.U. ein berechtigtes Interesse bestehen. Prinzipiell verschlossen ist der Schutzbereich des Art. 5 Abs. 1 Satz 1 Hs. 1 GG nur *bewusst* unwahren Tatsachenbehauptungen und solchen, deren Unwahrheit bereits im Zeitpunkt der Äußerung unzweifelhaft feststeht. Alle übrigen Tatsachenbehauptungen mit Meinungsbezug genießen den Grundrechtsschutz, auch wenn sie sich später als unwahr herausstellen.[126] Ob den Sorgfaltsanforderungen, die an eine Verdachtsberichterstattung zu stellen sind, Genüge getan ist, ist dann erst im Rahmen der Abwägung zu prüfen.[127] 35

121 Vgl. BVerfG, 22.06.1982, 1 BvR 1376/79, BVerfGE 61, 1, 8 Rn. 15 – *NPD Europas*.

122 Vgl. BVerfG, 22.06.1982, 1 BvR 1376/79, BVerfGE 61, 1, 7 Rn. 13 – *NPD Europas*.

123 Vgl. BVerfG, 23.03.1971, 1 BvL 25/61 u.a., BVerfGE 30, 336, 352 Rn. 57 – *Jugendgefährdende Schriften*.

124 Vgl. BVerfG, 22.06.1982, 1 BvR 1376/79, BVerfGE 61, 1, 8 Rn. 15 – *NPD Europas*; BVerfG, 09.10.1991, 1 BvR 1555/88, BVerfGE 85, 1, 15 Rn. 45 – *kritische Bayer-Aktionäre*.

125 Vgl. BGH, 19.05.2011, I ZR 147/09, GRUR 2012, 74, 77 Rn. 27 – *Coaching Newsletter*, *Köhler*/Bornkamm/Feddersen, § 4 Rn. 1.15.

126 Vgl. BVerfG, 22.06.1982, 1 BvR 1376/79, BVerfGE 61, 1, 8 Rn. 14 – *NPD Europas*; BVerfG, 11.01.1994, 1 BvR 434/87, BVerfGE 90, 1, 15 Rn. 59 – *Jugendgefährdende Schriften II*; BVerfG, 13.04.1994, 1 BvR 23/94, BVerfGE 90, 241, 254 Rn. 50 – *Auschwitzlüge*; BVerfG 10.11.1998, 1 BvR 1531/96, BVerfGE 99, 185, 197 Rn. 52 – *Scientology*.

127 Vgl. BVerfG 10.11.1998, 1 BvR 1531/96, BVerfGE 99, 185, 198 Rn. 55 – *Scientology*; Paetzold, in: Rensen/Brink, Linien der Rechtsprechung des Bundesverfassungsgerichts, Bd. I, Berlin 2009, S. 510 f.

36 Für die – revisionsgerichtlicher Kontrolle unterliegende –[128] Unterscheidung zwischen Tatsachenbehauptungen und Werturteilen ist maßgeblich, dass erstere prinzipiell dem **Wahrheitsbeweis** zugänglich sind, während Werturteile sich der Kategorisierung als wahr oder unwahr von vornherein verschließen.[129] Allerdings werden reine Tatsachenbehauptungen eher selten vorkommen. Soweit sich aber Elemente des Dafürhaltens und Bewertens mit einer Tatsachenbehauptung mischen, kann das zur Folge haben, dass die *gesamte* Äußerung dem Grundrecht unterfällt.[130] Dabei kommt es nach dem BVerfG weniger auf eine Schwerpunktbetrachtung an als darauf, ob eine Trennung der tatsächlichen von den wertenden Elementen möglich ist, ohne dass hierbei der Sinn der Äußerung verlorenginge oder verfälscht würde.[131] Entscheidend hierfür ist stets der Gesamtkontext der Aussage,[132] mag auch zivilprozessual nur ein isolierter Teil davon streitgegenständlich sein.[133]

37 Steht eine Herabsetzung in Gestalt einer **unberechtigten Schutzrechtsverwarnung** – genauer der Mitteilung hierüber an Dritte – (vgl. zum Adressaten o., § 4 Nr. 1 Rdn. 31 f.) in Streit, so kann die Einstufung als Tatsachenbehauptung oder Werturteil problematisch sein.[134] Zumeist dürfte allerdings eine Meinungsäußerung anzunehmen sein, denn die Behauptung, dass ein Verhalten gegen eine bestimmte Rechtsnorm verstoße, ist regelmäßig das Ergebnis einer wertenden Betrachtung.[135]

2. verfassungsrechtliche Rechtfertigung

38 Liegt demnach eine Äußerung vor, die wegen ihres wertenden Elements oder meinungsbildenden Gehalts in den Schutzbereich des Grundrechts auf Meinungsfreiheit fällt, ist weiter zu prüfen, ob das Unlauterkeitsverdikt gem. § 4 Nr. 1, § 3 mit der **Schrankenregelung des Art. 5 Abs. 2 GG** in Einklang steht. Grundsätzlich handelt es sich bei § 4 Nr. 1 (i.V.m. §§ 3, 8) um ein allgemeines Gesetz, denn die Vorschrift richtet sich nicht gegen eine bestimmte Meinung als solche, sondern dient – wie oben dargelegt – dem Schutz des guten Rufs des Mitbewerbers und des Interesses der Allge-

128 Vgl. BGH, 14.05.2009, I ZR 82/07, GRUR 2009, 1186, 1187 Rn. 15 – *Mecklenburger Obstbrände.*

129 Vgl. eingehend zur Abgrenzung noch die Kommentierung zu § 4 Nr. 2 Rdn. 16 ff.

130 Vgl. BVerfG, 22.06.1982, 1 BvR 1376/79, BVerfGE 61, 1, 9 Rn. 16 – *NPD Europas*; BVerfG, 09.10.1991, 1 BvR 1555/88, BVerfGE 85, 1, 15 Rn. 46 – *kritische Bayer-Aktionäre*; BVerfG, 13.04.1994, 1 BvR 23/94, BVerfGE 90, 241, 248 Rn. 29 – *Auschwitzlüge.*

131 Vgl. die Nachw. in Fn. 147; vorsichtiger überraschenderweise BVerfG (Kammer), 28.03.2000, 2 BvR 1392/96, NJW 2000, 3196, 3197 (juris Rn. 11): »…jedenfalls dann, wenn beide sich nicht trennen lassen *und der tatsächliche Gehalt in den Hintergrund tritt.*« (Hervorhebung nur hier).

132 Vgl. BVerfG, 04.08.2016, 1 BvR 2619/13, juris Rn. 13 m.w.N.

133 Vgl. Paetzold, in: Rensen/Brink, Linien der Rechtsprechung des Bundesverfassungsgerichts, Bd. I, Berlin 2009, S. 510.

134 Vgl. MünchKomm/Jänich UWG, § 4 Nr. 7 Rn. 40.

135 Vgl. allg. BGH, 19.01.2016, VI ZR 302/15, NJW 2016, 1584, 1585 Rn. 20 – *»Nerzquäler«*; *OLG Frankfurt, 24.05.2012, 6 U 103/11,* GRUR-RR 2012, 392, 394 (juris Rn. 28) – *Screen-Scraping*; zur unberechtigten Schutzrechtsverwarnung OLG Düsseldorf, 21.10.2008, 20 U 189/08, InstGE 10, 98, 103 Rn. 24; MünchKomm/Jänich UWG, § 4 Nr. 7 Rn. 40.

meinheit an einem unverfälschten Wettbewerb.[136] Dies allein genügt aber bekanntlich nicht, um den im gerichtlichen Verbot einer herabsetzenden geschäftlichen Handlung liegenden Eingriff in die Meinungsfreiheit zu rechtfertigen. Zu beachten sind vielmehr auch die sog. **Schranken-Schranken**, hier vor allem der allgemeine Grundsatz der Verhältnismäßigkeit staatlicher Freiheitseingriffe. Dieser verlangt nach dem klassischen Schema eine dreistufige Prüfung, die die Fragen nach der Eignung der Maßnahme, namentlich der gerichtlichen Untersagung der herabsetzenden Äußerung, zur Erreichung ihres zulässigen Zwecks[137], der Erforderlichkeit (kein milderes, gleich geeignetes Mittel verfügbar) sowie der Angemessenheit (Verhältnismäßigkeit im engeren Sinn)[138] umfasst. Während die ersten beiden Prüfungsebenen im hier interessierenden Zusammenhang in aller Regel keine Probleme aufwerfen werden, bedarf es im Rahmen der Angemessenheitsprüfung zumeist der sorgfältigen Berücksichtigung aller Umstände des Einzelfalles. Hier ist erforderlichenfalls die gebotene Abwägung zwischen der grundrechtlichen Freiheit und den widerstreitenden, durch die Schrankennorm[139] geschützten Interessen zu verorten.[140] Im Rahmen des Art. 5 Abs. 1 GG hat diese Abwägung ihre besondere Ausprägung in Gestalt der sog. Wechselwirkungslehre erfahren, wonach das einschränkende Gesetz seinerseits im Lichte der besonderen Bedeutung der Meinungsfreiheit auszulegen und anzuwenden ist.[141]

a) Fallgruppen der absoluten Unzulässigkeit

Nur ausnahmsweise ergibt sich die Unzulässigkeit einer herabsetzenden Äußerung **39**
bereits ohne einzelfallbezogene Abwägung, nämlich dann, wenn eine Menschenwürdeverletzung, eine Schmähkritik oder eine Formalbeleidigung vorliegt.[142]

aa) Menschenwürdeverletzung

Gerichtsentscheidungen, in denen die Herabsetzung eines Mitbewerbers als Menschen- **40**
würdeverletzungen eingestuft worden wäre, sind allerdings bisher, soweit ersichtlich, nicht ergangen; lediglich die Verletzung der Menschenwürde Dritter durch Werbeaus-

136 Vgl. grundlegend zur Schrankenregelung des Art. 5 Abs. 2 BVerfG, 15.01.1958, 1 BvR 400/51, BVerfGE 7, 198, 209 Rn. 36 – *Lüth*; zu § 1 UWG a.F. BVerfG, 12.12.2000, 1 BvR 1762/95, BVerfGE 102, 347, 360 Rn. 45 – *Schockwerbung*.

137 Hier: des Mitbewerberschutzes und des Schutzes des unverfälschten Wettbewerbs.

138 Vgl. nur BVerfG, 06.06.1989, 1 BvR 921/85, BVerfGE 80, 137, 159 ff. Rn. 87 ff. – *Reiten im Walde*.

139 Hier: § 4 Nr. 1 i.V.m. § 8 UWG.

140 Vgl. dogmatisch einordnend Kalenborn, JA 2016, 6, 8.

141 Vgl. BVerfG, 15.01.1958, 1 BvR 400/51, BVerfGE 7, 198, 208 f. Rn. 34 – *Lüth*; vgl. im lauterkeitsrechtlichen Zusammenhang auch BGH, 19.05.2011, I ZR 147/09, GRUR 2012, 74, 78 Rn. 31 – *Coaching Newsletter* m.w.N.; Ullmann, GRUR 1996, 948, 951.

142 Vgl. BVerfG, 10.10.1995, 1 BvR 1476/91 u.a., BVerfGE 93, 266, 293 f. Rn. 116 f. – *Soldaten sind Mörder*; BGH, 31.03.2016, I ZR 160/14, GRUR 2016, 710, 715 Rn. 46 – *Im Immobiliensumpf*.

sagen ist in der Rechtsprechung angenommen worden.[143] Wegen des auch dem Grundrecht auf Meinungsfreiheit innewohnenden Menschenwürdekerns ist bei der Heranziehung von Art. 1 Abs. 1 GG als Schranke auch Zurückhaltung geboten.[144] Sie ist grundsätzlich erst bei Äußerungen in Betracht zu ziehen, die der betroffenen natürlichen Person ihren sozialen Achtungsanspruch absprechen und ihre **Subjektqualität** prinzipiell in Frage stellen. Angriffe auf die Menschenwürde können in Erniedrigung, Brandmarkung, Verfolgung, Ächtung und damit in allen Verhaltensweisen bestehen, die dem Betroffenen den Anspruch auf Anerkennung als Mensch absprechen. Eine Verletzung allein der Ehre begründet hingegen noch keinen Eingriff in die Menschenwürde.[145]

bb) Schmähkritik

41 Auch die Kategorie der Schmähkritik ist nur selten einschlägig, was aber in der fachgerichtlichen Rechtsprechung bis heute[146] häufiger verkannt wird. Der Terminus ist unglücklich gewählt und leistet Missverständnissen Vorschub.[147] Hervorzuheben ist, dass eine Schmähung, die die Berücksichtigung der weiteren Umstände des Einzelfalls entbehrlich macht, nach der Rechtsprechung des BVerfG von Verfassungs wegen nur unter strengen Voraussetzungen angenommen werden kann und keineswegs schon immer dann vorliegt, wenn die Ehre eines anderen in besonders krasser Weise angegriffen wird. Vielmehr betont das Gericht ständig, dass auch eine überzogene und selbst eine ausfällige Kritik eine Äußerung noch nicht zur Schmähung macht. Einer Schmähkritik ist vielmehr vorausgesetzt, dass nicht mehr die Auseinandersetzung in der Sache, sondern die **Diffamierung der Person** im Vordergrund steht.[148] Wesentlich ist also nicht, in welchem Maß eine Person (hier ein Mitbewerber) angegriffen wird, sondern in welcher Hinsicht. Geht es noch um eine irgendwie geartete – auch überzogene – Kritik an dem Verhalten des Betroffenen, so liegt selbst bei dem Gebrauch von Schimpfwörtern eine Schmähkritik nicht vor.[149] Demgegenüber ist eine Herabsetzung

143 Vgl. BGH, 18.05.1995, I ZR 91/93, MDR 1995, 1030, 1031 Rn. 19 – *Sexuell anzügliche Werbung*; BGH, 06.07.1995, I ZR 180/94, GRUR 95, 600 – *»H.I.V. Positive«*, allerdings aufgehoben durch BVerfG, 12.12.2000, 1 BvR 1762/95, BVerfGE 102, 347 – *Schockwerbung*.

144 Vgl. – eine Menschenwürdeverletzung jeweils verneinend – BVerfG, 10.10.1995, 1 BvR 1476/91 u.a., BVerfGE 93, 266, 293 Rn. 116 – *Soldaten sind Mörder*; BVerfG, 12.12.2000, 1 BvR 1762/95, BVerfGE 102, 347, 366 f. Rn. 66 f. – *Schockwerbung*; BVerfG, 11.03.2003, 1 BvR 426/02, BVerfGE 107, 275, 283 f. Rn. 26 – *Schockwerbung II*.

145 Vgl. zusammenfassend BVerfG, 04.02.2010, 1 BvR 369/04 u.a., NJW 2010, 2193, 2195 Rn. 27 f. m.w.N. – *»Aktion Ausländerrückführung – für ein lebenswertes deutsches Augsburg«*.

146 Vgl. jüngst (erneut zusammenfassend) BVerfG, 08.02.2017, 1 BvR 2973/14, GRUR 2017, 841 (Rn. 14 ff.) – *Obergauleiter der SA-Horden*.

147 So auch Masing, FS f. Rolf Stürner zum 70. Geburtstag, S. 25 ff., 27.

148 Vgl. grundlegend BVerfG, 26.06.1990, 1 BvR 1165/89, BVerfGE 82, 272, 283 f. Rn. 41 – *Postmortale Schmähkritik*.

149 Vgl. BVerfG, 05.12.2008, 1 BvR 1318/07, NJW 2009, 749, 750 Rn. 16 – *Dummschwätzer*; *BVerfG, 12.05.2009, 1 BvR 2272/04*, NJW 2009, 3016, 3018 Rn. 35 – *durchgeknallter Staatsanwalt*; BVerfG, 11.12.2013, 1 BvR 194/13, NJW 2014, 764, 765 Rn. 21 – *durchgeknallte Frau*.

des Betroffenen selbst, also eine ehrabschneidende Äußerung, die gar nicht mehr an sein Verhalten oder seine Position in einer bestimmten Sache anknüpft, sondern auf ein Niedermachen der Person zielt, als Schmähkritik absolut verboten.[150] Zumindest faustformelartig kann also gesagt werden, dass eine Schmähkritik erst dann gegeben ist, wenn der Betroffene nicht nur als Mitdiskutant (äußerst) hart angegangen, sondern darüber hinaus als tauglicher Teilnehmer des Diskurses – als unfähig oder unwürdig – gänzlich ausgeschlossen wird. In aller Regel kann dies nicht ohne Berücksichtigung von Anlass und Kontext der Äußerung beurteilt werden.[151] Im Rahmen des § 4 Nr. 1 kommt Derartiges allenfalls in der Alternative der Herabsetzung der »persönlichen Verhältnisse« in Betracht und wird auch dort auf seltene Ausnahmefälle beschränkt bleiben.[152]

cc) Formalbeleidigung

Noch geringere praktische Bedeutung kommt der Kategorie der Formalbeleidigung zu. **42**
Der Begriff entstammt der Vorschrift des § 192 StGB, nach der eine strafbare Beleidung auch durch die Äußerung einer wahren Tatsache begangen werden kann, sofern sich dies aus der Form der Äußerung ergibt. Im Zusammenhang mit Art. 5 Abs. 1 GG wird die Formalbeleidigung zwar regelmäßig neben der Schmähkritik als Fall der ohne Abwägung unzulässigen Ehrverletzung erwähnt, zumindest vom BVerfG aber so gut wie nie eigenständig beleuchtet und ernstlich problematisiert. Das erscheint konsequent. Denn eine Äußerung, die allein wegen ihrer Form unter keinen Umständen zu rechtfertigen ist, ist kaum vorstellbar.[153] Am ehesten könnte eine Formalbeleidigung bei Begriffen aus der Fäkalsprache und (sonstigen) Äußerungen, die dem Betroffenen die Menschenwürde absprechen, erwogen werden,[154] wobei es dann auf die Kategorie der Formalbeleidigung eigentlich gar nicht mehr ankommt (s.o.). Ein Beleidigungsexzess, der ebenfalls Formalbeleidigung sein könnte,[155] wird sich hingegen regelmäßig erst unter Berücksichtigung der gegenläufigen berechtigten Interessen, mithin im Rahmen der Abwägung, zuverlässig feststellen lassen und scheidet daher als absolute Schranke des Art. 5 Abs. 1 GG aus.

---

150 Vgl. BVerfG, 30.09.2003, 1 BvR 865/00, NJW 2004, 590, 591 (juris Rn. 12) – *»Bundesscheiße«*; BVerfG, 12.07.2005, 1 BvR 2097/02, ZUM-RD 2006, 127, 129 (juris Rn. 18) – *»Zigeunerjude«*; zum Ganzen Masing, FS f. Rolf Stürner zum 70. Geburtstag, S. 25 ff., S. 28 ff.

151 Vgl. Masing, FS f. Rolf Stürner zum 70. Geburtstag, S. 25 ff., S. 28.

152 Vgl. BGH, 31.03.2016, I ZR 160/14, GRUR 2016, 710, 715 Rn. 48 – *Im Immobiliensumpf*; 01.03.2018, I ZR 264/16, GRUR 2018, 622, 625 Rn. 29 f. – *Verkürzter Versorgungsweg II*; krit. zu einer großzügigeren Heranziehung der Kategorie Schmähkritik im Lauterkeitsrecht als im Presserecht Glöckner, WRP 2009, 1175, 1185.

153 Vgl. z.B. LG Hamburg, 11.05.2017, 324 O 217/17, AfP 2017, 262 (juris Rn. 9 ff.): »Nazi-Schlampe« als zulässige Satire.

154 Vgl. Masing, FS f. Rolf Stürner zum 70. Geburtstag, S. 25 ff., S. 28 m.w.N.

155 Vgl. NK/Zaczyk, § 192 StGB Rn. 3.

b) Abwägung

43 Liegt eine der soeben genannten Fallgruppen nicht vor, kommt es auf die Abwägung zwischen der Meinungsfreiheit einerseits und den ihr entgegenstehenden Interessen des Äußerungsbetroffenen andererseits an. Auch wenn hierfür stets die konkreten Umstände des Einzelfalles maßgeblich sind, haben sich in der Rechtsprechung doch eine Reihe von Abwägungsregeln herausgebildet. Diese sind zwar im Wesentlichen im Hinblick auf die Kollisionslage zwischen der Meinungsfreiheit des Äußernden und dem allgemeinen Persönlichkeitsrecht des Betroffenen entwickelt worden sind, können aber auch für das vorliegend interessierende Verhältnis zu der rechtlich geschützten geschäftlichen Wertschätzung des äußerungsbetroffenen Unternehmers herangezogen werden; denn auch diese genießt (wie das allgemeine Persönlichkeitsrecht) nicht nur einfachgesetzlichen, sondern auch grundrechtlichen Schutz (Art. 12, 14 GG). Danach sind prinzipiell folgende Gesichtspunkte zu beachten:

aa) Weichenstellung: Tatsachenbehauptung oder Werturteil

44 Zunächst ist zu unterscheiden, ob es sich bei der in Frage stehenden Äußerung um eine Tatsachenbehauptung oder um ein Werturteil handelt. Die Abgrenzung ist abstrakt einfach, bereitet im Konkreten aber nicht selten Schwierigkeiten, insbesondere weil sich in den meisten Äußerungen Elemente beider Aussageformen vermengen. Eine Tatsachenbehauptung zeichnet sich grundsätzlich dadurch aus, dass sie dem Wahrheitsbeweis zugänglich und nicht durch die Elemente des Dafürhaltens oder Meinens zumindest wesentlich mitgeprägt ist.[156] Bei der Unterscheidung ist nach der ständigen Rechtsprechung des BVerfG die Aussage nicht isoliert zu betrachten, sondern stets ihr Gesamtkontext in den Blick zu nehmen. Schon die unzutreffende Einordnung einer Äußerung als Tatsachenbehauptung statt als Werturteil kann – wegen ihrer weichenstellenden Bedeutung für die anschließende Prüfung der verfassungsrechtlichen Rechtfertigung – einen Grundrechtsverstoß darstellen.[157] Dies ist hier besonders deshalb hervorzuheben, weil in der wettbewerbsrechtlichen Judikatur insgesamt eine größere Neigung zu bestehen scheint, Äußerungen einen Tatsachenkern beizulegen und sie deshalb als Tatsachenbehauptungen einzustufen, als etwa im Bereich des Presse- oder allgemeinen Äußerungsrechts.[158] Die unterschiedliche Messlatte mag im vollharmonisierten Bereich der irreführenden Werbung (§§ 5, 5a) unbedenklich sein, mutet im Rahmen des § 4

---

156 Vgl. BVerfG, 22.06.1982, 1 BvR 1376/79, BVerfGE 61, 1, 8 Rn. 15 – *NPD Europas*; vertiefend zur Abgrenzung noch u., § 4 Nr. 2 Rdn. 16 ff.

157 Vgl. BVerfG, 29.06.2016, 1 BvR 2732/15, juris Rn. 12 ff.; BVerfG, 16.30.2017, 1 BvR 3085/15, NJW-RR 2017, 1003, Rn. 12 f. m.w.N. (allerdings mit dem unzutreffenden, offenbar auf einem Fehlverständnis des angegriffenen Berufungsurteils (vgl. BeckRS 2014, 120353) durch das BVerfG beruhenden Vorwurf, dort werde eine Meinungsäußerung mit der Begründung verneint, dass der Durchschnittsleser die streitgegenständliche Äußerung als Wertung verstehe.

158 Vgl. exempl. die Rechtsprechung zu Allein- oder Spitzenstellungsbehauptungen in der Werbung, z.B. OLG Frankfurt, 12.06.2014, 6 U 64/13, WRP 2015, 113, 114 Rn. 14 – *Deutschlands Nr. 1 für Werbeartikel*; OLG Köln, 07.04.2017, 6 U 134/16, juris Rn. 69 f. – *Das beste Netz*; anders BGH, 03.05.2001, I ZR 318/98, GRUR 2002, 182, 183 (juris Rn. 32) – *Das Beste jeden Morgen*; weitere Nachw. u. § 5 Rdn. 237 ff.

Nr. 1 (oder Nr. 2) aber als noch von vorkonstitutionellen Maßstäben geprägt an.[159] Auch mit dem an sich zulässigen Gesichtspunkt, dass es im wettbewerbsrechtlichen Kontext regelmäßig auf das Verständnis der angesprochenen Verkehrskreise ankomme, lässt sie sich nicht in jedem Fall rechtfertigen.[160]

bb) Abwägungskriterium: Wahrheitsgehalt der Tatsachenbehauptung

Liegt eine Tatsachenbehauptung vor, so richtet sich die Lauterkeit primär nach deren Wahrheitsgehalt. Um diesen ermitteln zu können, muss naturgemäß zuerst der Inhalt der Aussage festgestellt werden, was gelegentlich Schwierigkeiten aufwerfen kann. Gelingt es auch unter Berücksichtigung des Äußerungszusammenhangs nicht, den Inhalt der in Streit stehenden Aussage eindeutig zu bestimmen, so handelt es sich – falls es nicht wie häufig bei (Werbe-)Slogans überhaupt an hinreichender tatsächlicher Substanz fehlt –[161] um eine **mehrdeutige Tatsachenbehauptung**. Nach der allerdings vielfach kritisierten Entscheidung »IM Sekretär (Stolpe)« des BVerfG[162] ist in einem solchen Fall einer – in die Zukunft gerichteten – Unterlassungsklage[163] die das Recht des Betroffenen stärker verletzende Deutungsvariante zugrunde zu legen, also im Zweifel gegen die Meinungsfreiheit zu entscheiden, weil es dem Äußernden freistehe, sich künftig eindeutig zu äußern. 45

Ist der maßgebliche Aussageinhalt ermittelt, so gilt weiter: Während bewusst oder schon im Äußerungszeitpunkt objektiv feststehend unwahre Behauptungen mit herabsetzendem Inhalt stets unzulässig sind (schon nicht in den Schutzbereich der Meinungsfreiheit fallen), kommt es im Übrigen auf die Umstände des Einzelfalls an. Äußerungen, deren Unwahrheit sich erst später herausstellt, können ausnahmsweise durch die Wahr- 46

---

159 Vgl. zu unterschiedlichen Deutungsmaßstäben in der verfassungsgerichtlichen und der wettbewerbsrechtlichen Rechtsprechung krit. auch Kießling/Kling, WRP 2002, 615, 622; Hösch, WRP 2003, 936, 939; zustimmend aber Ahrens, JZ 2004, 763, 768.

160 Vgl. bedenklich z.B. OLG Köln, 08.10.2010, 6 U 88/10, WRP 2011, 779, 780 Rn. 14: Aussage, dass die Streitwerte in einem bestimmten Rechtsgebiet »verhältnismäßig hoch« seien und sich daher die Anwaltstätigkeit wirtschaftlich betreiben lasse, als Tatsachenbehauptung; OLG Düsseldorf, 14.08.2013, 15 U 121/13, juris Rn. 39: Einordnung wertender Äußerung als Tatsachenbehauptungen, weil sie beim Adressaten zugleich die Vorstellung von konkreten, in die Wertung eingekleideten Vorgängen hervorriefen; anders (jedenfalls außerhalb des Wettbewerbsrechts) die Vorgehensweise des BVerfG, vgl. exempl. BVerfG, 24.07.2013, 1 BvR 444/13 u.a., ZUM 2013, 793 Rn. 17 ff.: wertende Zusammenfassung tatsächlicher Ereignisse als Werturteil.

161 Vgl. BVerfG, 08.09.2010, 1 BvR 1890/08, WRP 2010, 1384, 1387 f. (juris Rn. 21 ff.) – *Gen-Milch.*

162 Vgl. BVerfG, 25.10.2005, 1 BvR 1696/98, BVerfGE 114, 339, 349 ff. Rn. 33 ff.; krit. dazu z.B. Grimm, AfP 2008, 1; Seelmann-Eggebert, AfP 2007, 86.

163 Anders bei repressiven Ansprüchen, vgl. BVerfG, 19.12.2007, 1 BvR 967/05, WRP 2008, 343, 347 – *Gegendarstellungsanspruch.*

nehmung berechtigter Interessen gedeckt sein.[164] Insbesondere können die von der Rechtsprechung entwickelten Grundsätze der **Verdachtsberichterstattung** zum Tragen kommen.[165] Liegt eine zulässige Verdachtsberichterstattung vor, so entfallen nicht nur repressive Ansprüche (insbesondere auf Schadensersatz), sondern – mangels rechtswidriger Erstbegehung und hierdurch indizierter Wiederholungsgefahr – auch der in die Zukunft gerichtete Unterlassungsanspruch.

Zwar entstammen die Maßstäbe der Verdachtsberichterstattung dem Presserecht. Es ist aber kein dogmatischer Grund ersichtlich, der Verdachtsäußerung eines Privaten, die die Sorgfaltsanforderungen wahrt, welche an einen Pressebericht entsprechenden Inhalts zu stellen wären, die Rechtfertigung zu versagen. Fraglich und durch die Rechtsprechung soweit ersichtlich nicht geklärt ist allein, ob eine nicht pressemäßige Verdachtsäußerung geringeren Anforderungen unterliegen kann, ob also die relativ strengen Voraussetzungen der zulässigen Verdachtsberichterstattung in der Presse erst ab einem pressetypischen Verbreitungsgrad gelten oder auch schon bei Äußerungen innerhalb eines kleineren Rezipientenkreises. Soweit die für die Presse geltenden Sorgfaltsmaßstäbe heranzuziehen sind, wird der Fallgruppe im hier interessierenden Bereich allerdings wenig praktische Bedeutung zukommen, weil Äußerungen eines Unternehmers über einen Mitbewerber, mit dem er in einem konkreten Wettbewerbsverhältnis steht, regelmäßig nicht die Voraussetzungen einer zulässigen Verdachtsberichterstattung erfüllen werden. Erforderlich ist nämlich zunächst ein Mindestbestand an Beweistatsachen, die für den Wahrheitsgehalt der Information sprechen und ihr damit erst »Öffentlichkeitswert« verleihen.[166] Die Aussage darf zuden keine Vorverurteilung des Betroffenen enthalten; sie muss also ausgewogen sein und darf nicht durch eine präjudizierende Darstellung den unzutreffenden Eindruck erwecken, der Betroffene sei der ihm vorgeworfenen Handlung bereits überführt. Ferner ist vor der Veröffentlichung regelmäßig eine Stellungnahme des Betroffenen einzuholen, deren Inhalt wiederzugeben ist. Schließlich muss es sich um einen Vorgang von gravierendem Gewicht handeln, dessen Mitteilung durch ein Informationsbedürfnis der Allgemeinheit gerechtfertigt ist. Letzteres mag im Anwendungsbereich des § 4 Nr. 1 durchaus vorkommen (z.B.: einem

---

164 Vgl. BVerfG, 25.10.2005, 1 BvR 1696/98, BVerfGE 114, 339, 353 f. Rn. 44 f. – *IM Sekretär*; BVerfG, 28.06.2016, 1 BvR 3388/14, NJW 2016, 3360, 3361 ff. Rn. 20 – *Doping in der DDR* (wo allerdings – sehr weitgehend – eine Abwägung selbst für einen Zivilrechtsstreit gefordert wird, in dem sich der Beklagte offenbar nur auf die Wahrheit seiner Behauptung und gar nicht auf eine sorgfältige Recherche berufen und behauptete Tatsache als feststehend ohne Angabe etwa gegen ihre Wahrheit sprechender Gesichtspunkte oder sonstige Einschränkungen geäußert hatte); BGH, 12.02.1985, VI ZR 225/83, NJW 1985, 1621, 1623 (juris Rn. 22) – *Türkeiflug*; BGH, 12.05.1987, VI ZR 195/86, NJW 1987, 2225, 2226 (juris Rn. 19 ff.).

165 Vgl. BVerfG, 25.10.2005, 1 BvR 1696/98, BVerfGE 114, 339, 353 – *IM Sekretär*; BVerfG, 25.06.2009, 1 BvR 134/03, NJW-RR 2010, 470, 471 Rn. 62; BGH, 16.02.2016, VI ZR 367/15, GRUR 2016, 532, 533 f. Rn. 20 ff. m.w.N. – *Online-Archiv einer Tageszeitung*; Lehr, NJW 2013, 728, 730; Lettl, WRP 2005, 1045, 1071.

166 Vgl. zur Herabsetzung durch einen ins Blaue hinein geäußerten Verdacht gegen einen Mitbewerber demgegenüber OLG Hamm, 25.03.2014, 4 U 160/13, GRUR-RR 2014, 450, 452 – *Zweitmarkt*.

Textilunternehmen wird vorgeworfen, seine Ware durch Kinderarbeit produzieren zu lassen). Demgegenüber wird es an der drittgenannten Bedingung aber fast immer fehlen. Anders als die Presse wird ein Unternehmer seinem Mitbewerber in aller Regel keine Gelegenheit zur Stellungnahme bieten und hierauf im Rahmen seiner Äußerung über diesen auch nicht eingehen.

Handelt es sich bei der tatbestandsmäßigen Herabsetzung hingegen um eine **wahre** 47
Tatsachenbehauptung, so überwiegt zumeist das grundrechtlich geschützte Äußerungsinteresse.[167] Auch dies gilt aber nicht ausnahmslos.[168] Zunächst kann sich Abweichendes aus dem Schutzbedarf der Persönlichkeitssphäre ergeben, der die – wahre – Information entstammt. So genießt nach der Rechtsprechung des BVerfG der Kernbereich höchstpersönlicher, privater Lebensgestaltung – die Intimsphäre – absoluten Schutz.[169] Weitergehend wird sich auch bei Tatsachenbehauptungen über bloß der Privatsphäre eines Mitbewerbers zuzuordnende Vorgänge häufiger dessen Unterlassungsinteresse gegenüber dem Äußerungsinteresse durchsetzen.[170] Die Mitteilung, dass ein Mitbewerber bereits drei gescheiterte Ehen hinter sich habe, wird daher – auch wenn der Schluss auf auch im Geschäftsleben bedeutsame negative Charaktereigenschaften des mehrfach geschiedenen Unternehmers nicht gänzlich fernliegen mag – in der Regel unzulässig sein.[171] Allerdings ist die Privatsphäre anders als die Intimsphäre nicht absolut geschützt,[172] so dass im Einzelfall das öffentliche Informationsinteresse überwiegen kann. Zu denken ist namentlich an Fälle, in denen sich Privat- und Sozialsphäre berühren, weil ein Widerspruch zwischen dem öffentlichen Auftreten und dem privaten Verhalten aufgezeigt werden soll (z.B.: Unternehmer nutzt privat Produkte der Konkurrenz oder wirbt mit besonderen ökologischen Standards, erweist sich aber privat als »Umweltsünder«). Betrifft die wahre Tatsachenbehauptung hingegen überhaupt nur die sog. Sozialsphäre, so ist sie umgekehrt nur ausnahmsweise unzulässig. Dies gilt vor allem dann, wenn ihre Äußerung geeignet ist, eine besondere Stigmatisierung des Betroffenen nach sich zu ziehen. Wiegt diese Wirkung so schwer, dass sie zum Anknüpfungspunkt für eine soziale Ausgrenzung und Isolierung werden und damit zu einer nachhaltigen Beeinträchtigung der Persönlichkeitsentfaltung führen kann, die außer Verhältnis zu dem Interesse an der Verbreitung der Wahrheit steht, muss dieses rechtlich zurückstehen.[173] Dies ist namentlich bei der Mitteilung begangener und gesühnter Straftaten im Hinblick auf das hohe Gewicht des Resozialisierungsinteresses angenom-

---

167 Vgl. BVerfG 10.11.1998, 1 BvR 1531/96, BVerfGE 99, 185, 196 Rn. 50 – *Scientology.*
168 *Vgl. zum Ganzen Grimm,* NJW 1995, 1697, 1702 f.
169 Vgl. BVerfG, 10.06.2009, 1 BvR 1107/09, NJW 2009, 3357, 3359 Rn. 25 m.w.N.; BGH, 19.03.2013, VI ZR 93/12, GRUR 2013, 965, 967 Rn. 23 m.w.N. – *Der Kachelmann-Krimi.*
170 Vgl. BVerfG 10.11.1998, 1 BvR 1531/96, BVerfGE 99, 185, 196 f. Rn. 51 – *Scientology;* jurisPK/Müller-Bidinger, § 4 Nr. 7 Rn. 31.
171 Vgl. ebenso *Köhler*/Bornkamm/Feddersen, § 6 Rn. 181.
172 Vgl. HansOLG Hamburg, 25.11.2014, 7 U 42/13, AfP 2016, 546, zit. nach juris Rn. 23.
173 Vgl. BVerfG, 10.06.2009, 1 BvR 1107/09, NJW 2009, 3357 f. Rn. 17; BGH, 22.11.2011, VI ZR 26/11, NJW 2012, 763, 765 Rn. 15; von Pentz, AfP 2014, 8, 11 m.w.N.

men worden.[174] Des Weiteren kann auch die Art und Weise der Informationsbeschaffung Bedeutung erlangen; so ist die Veröffentlichung wahrer Tatsachen, die durch widerrechtliche Täuschung erlangt worden waren, für unzulässig gehalten worden.[175] Allerdings kommt es auch bei rechtswidrig erlangten Informationen stets auf die konkreten Umstände an. Neben dem öffentlichen Interesse an dem Inhalt der Information einerseits und dem dem Betroffenen drohenden Schaden andererseits ist dabei insbesondere auch das objektive und subjektive Ausmaß des Rechtsbruchs zu berücksichtigen.[176]

48 Die frühere lauterkeitsrechtliche Rechtsprechung hat an die Behauptung wahrer Tatsachen durch Wettbewerber freilich einen **strengeren Maßstab** als die soeben dargestellten Grundsätze angelegt und die Mitteilung geschäftsschädigender wahrer Tatsachen (auch solcher aus der Sozialsphäre) stets nur unter der Voraussetzung für wettbewerbsrechtlich zulässig gehalten hat, dass der Wettbewerber einen hinreichenden Anlass zu der Behauptung hat und sich die Kritik nach Art und Maß im Rahmen des Erforderlichen hält.[177] Ein derartiges Verhältnismäßigkeitserfordernis ist allerdings kritisch zu beurteilen. Einen Versuch, es verfassungskonform zu begründen, lässt die es fordernde Rechtsprechung nicht erkennen. Unter Geltung des Art. 5 Abs. 1 GG kann im Wettbewerbsverhältnis auch kein prinzipielles Sachlichkeits- oder Zurückhaltungsgebot postuliert werden. Insbesondere vermittelt die Marktteilnahme dem gewerblich tätigen Unternehmer keine Position, die der eines den – verfassungskonformen – Sachlichkeitsgeboten der §§ 43a, 43b BRAO unterliegenden Rechtsanwalts[178] auch nur ansatzweise entsprechen würde. So gehört ein reklamehaftes Anpreisen des eigenen Tuns, das diesem verboten ist, vielmehr geradezu zu den Wesensmerkmalen des Gewerbetreibenden. Sein Mitbewerber muss wahrheitsgemäße Informationen über sich daher grundsätzlich, von den soeben genannten Ausnahmefällen abgesehen, hinnehmen.[179]

---

174 Vgl. BVerfG, 05.06.1973, 1 BvR 536/72, BVerfGE 35, 202, 226 ff. Rn. 65 ff. – *Lebach I*; anders – aber unzutreffend – in Bezug auf ein über das Internet abrufbares Pressearchiv BGH, 13.11.2012, VI ZR 330/11, GRUR 2013, 200, 201 – *MS Apollonia*; vgl. wettbewerbsrechtlich [Information der Öffentlichkeit über Gerichtsurteile zulasten eines Mitbewerbers] auch OLG Hamm, 07.02.2008, 1–4 U 154/07, MMR 2008, 750 f. (juris Rn. 26).

175 Vgl. BVerfG, 25.01.1984, 1 BvR 272/81, BVerfGE 66, 116, 139 Rn. 57 – *Wallraff.*

176 Vgl. BGH, 30.09.2014, VI ZR 490/12, GRUR 2015, 92, 94 f. Rn. 20 f. – *Innenminister unter Druck*; BGH, 10.04.2018, VI ZR 396/16, GRUR 2018, 648, 652 Rn. 20 ff. – *Filmaufnahmen aus Bio-Hühnerställen.*

177 Vgl. BGH, 14.07.1961, I ZR 40/60, GRUR 1962, 45, 48 (juris Rn. 43) – *Betonzusatzmittel*; BGH, 26.04.1990, I ZR 127/88, GRUR 1990, 1012, 1013 f. (juris Rn. 32) – *Pressehaftung.*

178 Vgl. BVerfG, 10.03.2009, 1 BvR 2650/05, NJW-RR 2010, 204, 205 Rn. 25 m.w.N. (zu § 43a BRAO); BVerfG, 05.03.2015, 1 BvR 3362/14, GRUR 2015, 507, 508 Rn. 24 m.w.N. – *Schockwerbung durch Rechtsanwälte (Werbetassen)* (zu § 43b BRAO).

179 Vgl. krit. auch MünchKomm/Jänich UWG, § 4 Nr. 7 Rn. 39; Ohly/Sosnitza/Ohly, § 4 Rn. 1/18; Gerards, Äußerungsrechtlicher Unternehmensschutz vor Herabsetzung und unwahrer Kritik im Wettbewerbs- und Deliktsrecht, Diss. Univ. Düsseldorf, 2015, abrufbar unter https://d-nb.info/1073642100/34, S. 139 ff.

Lässt sich auch im Prozess nicht aufklären, ob die angegriffene Tatsachenbehauptung wahr oder unwahr ist, so ist nach **Beweislastregeln** zu entscheiden (s. u., § 4 Nr. 1 Rdn. 63). **49**

cc) Abwägung bei Werturteilen

Liegt demgegenüber ein Werturteil vor, kann es auf Fragen der **Wahrheit** oder Unwahrheit oder auch nur der inhaltlichen Richtigkeit der Aussage von vornherein nicht ankommen, da es gerade der durch Art. 5 Abs. 1 GG geschützten Entscheidung jedes Einzelnen unterfällt, ein Werturteil für zutreffend zu halten oder abzulehnen. Dennoch kann die Frage der Wahrheit auch hier eine Rolle spielen, nämlich dann, wenn Werturteile auf der Grundlage von unwahren Tatsachenbehauptung geäußert werden oder sich insgesamt als Werturteil darstellen, aber auch tatsächliche, dem Wahrheitsbeweis zugängliche Elemente umfassen. Sie können sich dann wegen der Unwahrheit ihrer tatsächlichen Basis[180] oder Anteile[181] auch ihrerseits als unzulässig erweisen. **50**

Im Übrigen können bei Meinungsäußerungen im Allgemeinen vor allem die folgenden Abwägungsgesichtspunkte maßgeblich werden: Bedeutsam ist zunächst, ob es sich bei dem Gegenstand der Meinungsäußerung um einen **Sachverhalt von öffentlichem Interesse** handelt oder ob lediglich eine Privatfehde ausgetragen wird oder sonst ausschließlich Eigeninteressen verfolgt werden.[182] Der BGH stützt auf diesen Gedanken die These, dass Meinungsäußerungen, die zugleich wettbewerblichen Zwecken dienen, strenger zu bewerten seien als Äußerungen, die nicht den lauterkeitsrechtlichen Verhaltensanforderungen, sondern lediglich dem allgemeinen Deliktsrecht unterliegen.[183] Für die Zulässigkeit herabsetzender Werturteile in Wettbewerbsverhältnissen soll es darauf ankommen, ob für sie ein hinreichender Anlass besteht (der sich in der Regel aus dem schutzwürdigen Aufklärungsinteresse der angesprochenen Verkehrskreise ergibt) und ob **51**

---

180 Vgl. exemplarisch BGH, 04.04.2017, VI ZR 123/16, GRUR 2017, 844, 846 Rn. 35 – *klinikbewertungen.de*.

181 Vgl. BVerfG, 13.04.1994, 1 BvR 23/94, BVerfGE 90, 241, 248 f. Rn. 31 – *Auschwitzlüge*; BVerfG, 13.02.1996, 1 BvR 262/91, BVerfGE 94, 1, 8 Rn. 28 – *DGHS*; BVerfG, 25.10.2012, 1 BvR 901/11, NJW 2013, 217, 218 (juris Rn. 19); wettbewerbsrechtlich: BGH, 31.03.2016, I ZR 160/14, GRUR 2016, 710, 715 Rn. 51 (Informationsinteresse an dem der Wertung zugrundeliegenden Sachverhalt) – *Im Immobiliensumpf*; OLG München, 06.06.2013, 29 U 4911/12, GRUR-RR 2013, 516, 518 – *Warnschreiben*; OLG Hamm, 23.08.2011, 4 U 67/11, GRUR-RR 2012, 279, 281 Rn. 47; KG, 18.08.2009, 5 W 95/09, KG-Report 2009, 917, 920 Rn. 38.

182 Vgl. BVerfG, 15.01.1958, 1 BvR 400/51, BVerfGE 7, 198, 208, 212 Rn. 41 – *Lüth*; BVerfG, 22.06.1982, 1 BvR 1376/79, BVerfGE 61, 1, 11 Rn. 21 – *NPD Europas*; BVerfG, 12.07.2007, 1 BvR 2041/02, GRUR 2008, 81, 83 Rn. 50 – *Pharmakartell*; BGH, 01.03.2018, I ZR 264/16, GRUR 2018, 622, 626 Rn. 35 – *Verkürzter Versorgungsweg II*.

183 So ausdrücklich BGH, 19.05.2011, I ZR 147/09, GRUR 2012, 74, 76 Rn. 12 – *Coaching Newsletter*; ebenso schon die Vorinstanz: OLG Köln, 09.09.2009, 6 U 48/09, NJOZ 2010, 729, 730 f. (juris Rn. 10); BGH, 01.03.2018, I ZR 264/16, GRUR 2018, 622, 626 Rn. 35 – *Verkürzter Versorgungsweg II*; jeweils unter Berufung auf *Köhler*/Bornkamm/Feddersen; OLG Hamm, 23.08.2011, 4 U 67/11, GRUR-RR 2012, 279, 281 Rn. 45; OLG München, 06.06.2013, 29 U 4911/12, GRUR-RR 2013, 516, 518 – *Warnschreiben*.

sich die Herabsetzung darüber hinaus nach Art und Maß im Rahmen des Erforderlichen oder sachlich Gebotenen hält.[184] Eine derartige generelle Verpflichtung der Meinungsäußerungsfreiheit im wettbewerblichen Bereich auf das Gebot der Verhältnismäßigkeit erscheint im Hinblick auf die Wechselwirkungslehre, nach der das einschränkende einfache Gesetz seinerseits im Lichte der grundrechtlichen Freiheit auszulegen ist, auch hier[185] zweifelhaft.[186] Richtig ist zwar, dass Äußerungen, die den Tatbestand des § 4 Nr. 1 erfüllen, nie ausschließlich informierend oder meinungsbildend, sondern immer wenigstens auch durch Absatzinteressen motiviert sind, weil anderenfalls bereits das Tatbestandsmerkmal der geschäftlichen Handlung zu verneinen wäre.[187] Schon bei dessen Prüfung muss allerdings der Bedeutung des Grundrechts Rechnung getragen, das Merkmal also im Lichte der Meinungsfreiheit eng ausgelegt[188] und hierdurch auch dem Unternehmer ein angemessen großer Bereich privater Äußerungsfreiheit belassen werden. Auch im Übrigen darf das Kind nicht mit dem Bade ausgeschüttet werden. Die Vorstellung einer strikten Dichotomie von altruistisch motivierten nicht kommerziellen, insbesondere politischen Meinungsäußerungen einerseits und egoistisch motivierter Wirtschaftswerbung andererseits bildet die Wirklichkeit wohl zu schematisch ab.[189] Sie dürfte sich auch verfassungsrechtlich seit der Pharmakartell-Entscheidung des BVerfG[190] nicht mehr halten lassen.[191] Dass geschäftliche Handlungen jedenfalls nicht ausschließlich auf die Information der Öffentlichkeit abzielen, bedeutet nicht, dass sie nicht gleichwohl objektiv einen bedeutenden Beitrag zu einer die Öffentlichkeit wesentlich interessierenden Debatte leisten können.[192] Wegen ihres Marktbezugs und ihrer hieraus resultierenden Relevanz für Verbraucher (und andere Marktteilnehmer) liegt bei Mitbewerberherabsetzungen ein gewisses öffentliches Interesse sogar nahe. Mit einem Nachbarschaftsstreit um den Verlauf des Gartenzauns können sie typischerweise nicht gleichgesetzt werden. Im Einzelfall kann ihr Öffentlichkeitswert sogar bis zu politischer Brisanz reichen. So wird etwa bei einem öffentlich breit diskutierten geschäftlichen Fehlverhalten eines Unternehmers (z.B. dem

184 Vgl. BGH, 19.05.2011, I ZR 147/09, GRUR 2012, 74, 78 Rn. 37 – *Coaching Newsletter*; BGH, 17.12.2015, I ZR 219/13, GRUR-RR 2016, 410, 413 Rn. 36 – *Dr. Estrich*; BGH, 31.03.2016, I ZR 160/14, GRUR 2016, 710, 716 Rn. 57 – *Im Immobiliensumpf*; OLG Düsseldorf, 21.10.2008, 20 U 189/08, juris Rn. 32 – Lithographische Druckplatten; OLG Frankfurt, 24.05.2012, 6 U 103/11, GRUR-RR 2012, 392, 394 Rn. 30 – *Screen-Scraping*.

185 Vgl. zu Tatsachenbehauptungen schon o., § 4 Nr. 1 Rdn. 48.

186 Zustimmend aber Ahrens, JZ 2004, 763, 765 f.; differenzierend Sakowski, WRP 2017, 138, 144.

187 Vgl. BGH, 17.12.2015, I ZR 219/13, GRUR-RR 2016, 410, 411, Rn. 11 – *Dr. Estrich*.

188 Vgl. Gomille, WRP 2009, 525, 528; Hösch, WRP 2003, 936, 941.

189 Vgl. zutreffend Ullmann, GRUR 1996, 948, 951: »Die einzelne Person ist Träger des Grundrechts. Sie verliert das Recht, ihre Meinung frei zu äußern, nicht dadurch, daß sie in das Gewand des Wettbewerbers schlüpft.«.

190 Vgl. o., Fn. 200.

191 So auch Gerards, Äußerungsrechtlicher Unternehmensschutz vor Herabsetzung und unwahrer Kritik im Wettbewerbs- und Deliktsrecht, Diss. Univ. Düsseldorf, 2015, S. 177; anders noch z.B. BGH, 16.01.1980, I ZR 65/77 sowie die Verfassungsbeschwerde hiergegen zurückweisend BVerfG, 15.11.1982 – beides zit. nach Ullmann, GRUR 1996, 948, 949 f.

192 A.A. für den Regelfall indes Gomille, WRP 2009, 525, 527 f.

Skandal um manipulierte Abgaswerte bei Dieselfahrzeugen) auch und gerade die kritische Meinung eines Mitbewerbers oftmals von besonderem Interesse des Publikums sein. Auch ist zutreffend hervorgehoben worden, dass rein altruistische, allein am Informationsinteresse der Öffentlichkeit orientierte Meinungsäußerungen ohnehin – auch außerhalb des Wettbewerbs – kaum je vorkommen.[193] Ob der Äußernde mit seiner Meinung aber allein den Erfolg anstrebt, andere von seinen politischen oder sonstigen Auffassungen zu überzeugen, oder ob er darüber hinaus auf einen wirtschaftlichen Vorteil abzielt, dürfte keinen kategorialen Unterschied darstellen und keine grundlegend abweichende Bewertung der Freiheitsausübung rechtfertigen. Zu einer (widerleglichen) Vermutung der fehlenden Wahrhaftigkeit herabsetzender Aussagen über Mitbewerber – also der Annahme, der Äußernde meine die Kritik gar nicht ernst, sondern wolle tatsächlich nur seine eigene Marktposition verbessern –, ist kein hinreichender Grund erkennbar. Sie müsste sich ihrerseits an Art. 5 Abs. 1 GG messen lassen.

Ebenso wenig ist ersichtlich, warum die durch das Lauterkeitsrecht geschützten Interes- **52**
sen eines verletzten Mitbewerbers ohne weiteres höher einzustufen sein sollten als das allgemeine Persönlichkeitsrecht einer sonstigen, nicht unternehmerisch tätigen Person, die von einer Äußerung getroffen wird. Das überkommene Bild eines Leistungswettbewerbs, der von (ungeschriebenen) Regeln gegenseitigen Respekts geprägt ist und sein muss, dürfte sich unter den heutigen verfassungsrechtlichen Bedingungen nicht mehr ohne weiteres halten lassen.[194] Zwar mag das Gewicht des Unterlassungsinteresses dadurch gesteigert sein, dass neben den Rechten des unmittelbar Äußerungsbetroffenen auch das Allgemeininteresse an einem unverfälschten Wettbewerb in die Waagschale fällt. Allerdings versteht es sich nicht von selbst, dass eine herabsetzende Äußerung, die außerhalb eines Wettbewerbsverhältnisses von dem Betroffenen als zulässiger Beitrag zum Meinungskampf hingenommen werden müsste, geeignet sein kann, den Wettbewerb zu verfälschen. Dementsprechend kann eine **Beeinträchtigung des Leistungswettbewerbs**, wie das BVerfG mehrfach entschieden hat, nicht allein aus dem Umstand geschlossen werden, dass die Äußerung als geschäftliche Handlung in den Anwendungsbereich des Lauterkeitsrechts fällt. Vielmehr muss sie im Einzelfall festgestellt werden.[195] Bei reinen Werturteilen wird dies freilich nicht ohne weiteres gelingen, denn die Verbraucher und anderen Marktteilnehmer sind grundsätzlich frei darin, diese zu teilen oder abzulehnen. Eine *grundsätzlich* restriktivere Behandlung von Werturteilen im Rahmen von Wettbewerbsverhältnissen lässt sich demnach entgegen der anderslau-

---

193 Vgl. Hösch, WRP 2003, 936, 940 f.

194 Vgl. zur historischen Begründung des Verbots vergleichender Werbung Gerards, Äußerungsrechtlicher Unternehmensschutz vor Herabsetzung und unwahrer Kritik im Wettbewerbs- und Deliktsrecht, Diss. Univ. Düsseldorf, 2015, S. 154; Ohly/Spence, GRUR Int 1999, 681, 684; Kloepfer/Michael, GRUR 1991, 170, 171 f.

195 Vgl. BVerfG, 01.08.2001, 1 BvR 1188/92, WRP 2001, 1160, 1163 Rn. 19 f. – *anlehnende Arzneimittelwerbung* zu BGH v. 11.06.1992, I ZR 226/90, GRUR 1992, 625 – *Therapeutische Äquivalenz*; BVerfG, 12.07.2007, 1 BvR 2041/02, GRUR 2008, 81, 83 Rn. 43 – *Pharmakartell* m.w.N.; sehr krit. hierzu allerdings Ahrens, JZ 2004, 763, 771 f.; dem BVerfG folgend aber BGH, 01.03.2018, I ZR 264/16, GRUR 2018, 622, 626 Rn. 31 – *Verkürzter Versorgungsweg II*.

tenden fachgerichtlichen Rechtsprechung[196] ebenso wenig rechtfertigen wie ein *allgemeines* **Sachlichkeitsgebot** bei der Kritik von Mitbewerbern.[197] So hält denn auch der Bundesgerichtshof seine strenge Linie nicht konsequent durch, sondern hat der Meinungsfreiheit auch eines werbenden Unternehmens ein höheres Gewicht in Fällen zugebilligt, in denen die Werbung vom erkennenden Senat (offenbar) als witzig empfunden worden ist.[198] Die Entscheidungen überzeugen im Ergebnis, in der Begründung allerdings nur teilweise. Soweit der BGH der Meinungsfreiheit des werbenden Unternehmens den Vorrang vor dem allgemeinen Persönlichkeitsrecht des betroffenen Dritten (Prominenten) deshalb eingeräumt hat, weil dieser nur in einfachgesetzlich, nicht aber grundrechtlich geschützten Bestandteilen seines Rechts betroffen sei, kann ihm nicht gefolgt werden.[199] Denn der BGH sah allein die vermögenswerten Bestandteile des Persönlichkeitsrechts deshalb betroffen, weil die Kläger nicht Unterlassung, sondern Zahlung einer fiktiven Lizenzgebühr forderten. Die Rechtmäßigkeit oder Rechtswidrigkeit der Werbung kann indes schwerlich davon abhängen, welche Rechtsfolgen der Betroffene geltend macht.

53 Anstelle der somit problematischen Formulierung abweichender, strengerer Obersätze wird allerdings die *Anwendung* der allgemeinen Abwägungsprinzipien auf Fälle der Herabsetzung nach § 4 Nr. 1 häufiger dazu führen, dass die Meinungsfreiheit des Äußernden zurückzutreten hat. Denn der Ausgangspunkt der Rechtsprechung, dass der Meinungsfreiheit ein umso höheres Gewicht zukommt, je mehr das Werturteil geeignet ist, ein Informationsinteresse des Publikums zu befriedigen und hierdurch zu dessen eigener Meinungsbildung beizutragen, ist zutreffend. Ebenso richtig ist es, dass eine solche Eignung herabsetzenden Äußerungen unter Mitbewerbern de facto vielfach fehlt. Namentlich bei **pauschal herabsetzenden Meinungsäußerungen** ohne Mitteilung der tatsächlichen Umstände, auf die sie gestützt werden, wird in der Regel dem – grundrechtlich geschützten – Unterlassungsinteresse des betroffenen Mitbewerbers der Vorrang vor der Meinungsfreiheit des Äußernden einzuräumen sein.[200] Äußert also

---

196 Vgl. die Nachw. o., Fn. 201.

197 Vgl. deutlich BVerfG, 28.07.2004, 1 BvR 2566/95, BVerfGK 3, 337, zit. nach juris, Rn. 35; ablehnend auch MüKo/Jänich, UWG, § 4 Nr. 7 Rn. 41; differenzierend Sakowski, WRP 2017, 138, 144, nach dem der Äußernde nicht auf die mildeste in Betracht kommende Kritik beschränkt ist, das wirtschaftliche Interesse des Äußernden bei der gebotenen Abwägung im Einzelfall aber stark limitierend wirkt.

198 Vgl. BGH, 01.10.2009, I ZR 134/07, GRUR 2010, 161 – *Gib mal Zeitung*; zur Beeinträchtigung von Bestandteilen des allgemeinen Persönlichkeitsrechts Dritter (Nichtwettbewerber) auch BGH, 26.10.2006, I ZR 182/04, BGHZ 169, 340, 348 Rn. 21 – *Rücktritt des Finanzministers*; BGH, 05.06.2008, I ZR 223/05, WRP 2008, 1527 – *Schau mal, Dieter*; BGH, 05.06.2008, I ZR 96/07, GRUR 2008, 1124 – *Zerknitterte Zigarettenschachtel*; vgl. zur Zulässigkeit »kommerzieller Satire« ausführlich P. Koch, WRP 2009, 10 ff.

199 Vgl. krit. zur (fehlenden) Begründung und zum Ergebnis a. Götting, GRUR Int. 2015, 657, 662 f.; nur im Erg. zust. Alexander, AfP 2008, 556.

200 Vgl. BGH, 19.05.2011, I ZR 147/09, GRUR 2012, 74, 78 Rn. 37 – *Coaching Newsletter*; BGH, 12.12.2013, I ZR 131/12, GRUR 2014, 601, 604 Rn. 42 – *englischsprachige Pressemitteilung*; OLG Köln, 18.08.2000, 6 U 58/00, GRUR-RR 2001, 186, 188 (juris Rn. 14 ff.) – *Versicherungsmakler*.

beispielsweise ein Unternehmer, er halte das Produkt eines Mitbewerbers für »ganz miserabel«, ohne dies aber in irgendeiner Weise zu erläutern, so ist zwar niemand gezwungen, ihm in dieser Wertung zu folgen. Dennoch wird man es hier – je nach dem Verbreitungsgrad der Äußerung – für naheliegend halten dürfen, dass eine Vielzahl von Verbrauchern den Eindruck gewinnen wird, an dem Urteil werde wohl »etwas dran« sein, und ihre Kaufentscheidung hieran ausrichten wird.[201] Eine Beeinträchtigung des Leistungswettbewerbs erscheint in derartigen Fällen mithin begründbar.

Zwar nicht unmittelbar, aber sinngemäß kann im Einzelfall auch ein weiterer Abwä- **54**
gungsgesichtspunkt bedeutsam werden, nämlich der Aspekt der **Machtkritik**, unter dem das BVerfG der Meinungsfreiheit besonders großes Gewicht zumisst.[202] Obschon es bei § 4 Nr. 1 nicht um eine Kritik am hoheitlichen Staat und seinen Amtsträgern geht, wird man auch hier annehmen können, dass ein besonders einflussreiches und zumindest in wirtschaftlicher Hinsicht auch mächtiges Unternehmen (auch unterhalb der Schwelle zur Marktbeherrschung) mehr an Kritik hinnehmen muss als etwa ein kleiner Handwerksbetrieb, der im Übrigen auch wirtschaftlich oft schwerer getroffen wird. Entsprechendes wird anzunehmen sein, wo staatliche Stellen wettbewerblich tätig sind und in dieser Eigenschaft kritisiert werden. Umgekehrt erlegt die Rechtsprechung einem öffentlich-rechtlich organisierten, der mittelbaren Staatsverwaltung zugehörigen Mitbewerber auch dort, wo er nicht hoheitlich, sondern gewerblich tätig wird (und nur deshalb überhaupt in einem konkreten Wettbewerbsverhältnis zu dem Äußerungsbetroffenen steht), ein besonderes Neutralitäts- und Sachlichkeitsgebot auf. Äußerungen einer juristischen Person des öffentlichen Rechts sollen daher selbst insoweit, als sie grundrechtlichen Schutz genießen, im Rahmen des § 4 Nr. 1 strenger zu bewerten sein als Äußerungen privater Mitbewerber.[203] Dies erscheint allerdings fragwürdig, weil es die Dichotomie von Grundrechtträgern und Grundrechtsverpflichteten relativiert.

Ferner kann in die Abwägung einzustellen sein, inwieweit die herabsetzende Äußerung **54.1**
als Reaktion auf ein vorausgegangenes Verhalten des Betroffenen erscheint. Auch außerhalb von notwehrähnlichen Abwehrsituationen ist ein **Recht zum »Gegenschlag«** anerkannt, das auch harsche Äußerungen rechtfertigen kann, soweit der Betroffene durch vorausgegangene eigene Aussagen hierzu einen Anlass gesetzt hat.[204] In solchen Fällen ist auch zu berücksichtigen, ob die Äußerung sich im Rahmen des durch den Anlass

201 Vgl. zur fehlenden Nachvollziehbarkeit einer Werbeaussage als zulässiges einzelfallbezogenes Abwägungskriterium auch BVerfG, 18.12.2002, 1 BvR 2118/96 u.a., GRUR 2003, 349 (juris Rn. 6).

202 Vgl. BVerfG, 10.10.1995, 1 BvR 1476/91 u.a., BVerfGE 93, 266, 293 Rn. 114 – *Soldaten sind Mörder.*

203 Vgl. BGH, 01.03.2018, I ZR 264/16, GRUR 2018, 622, 624 Rn. 17 m.w.N. – *Verkürzter Versorgungsweg II* (zu Äußerungen einer Handwerksinnung).

204 Vgl. BVerfG, 10.03.2016, 1 BvR 2844/13, NVwZ 2016, 761, 763 Rn. 29; wettbewerbsrechtlich BVerfG, 04.10.1988, 1 BvR 1611/87, NJW 1992, 1153, 1154 (juris Rn. 15); HansOLG Hamburg, 09.03.1995, 3 U 245/94, NJW 1996, 1002, 1004; OLG Düsseldorf, 12.07.2016, 20 U 117/15, CR 2017, 223, 224 f. (juris Rn. 43): eigene Rechtsmeinung als Entgegnung auf Äußerungen des Mitbewerbers.

Gebotenen hält oder diesen sprengt, ob es sich also um eine sachliche Kritik oder um einen sich der Schmähkritik annähernden Angriff auf die persönliche Ehre handelt.[205]

55 Schließlich kann die Gewichtung der beiderseitigen Rechtspositionen auch davon abhängen, in welchem Ausmaß beiden Seiten durch das Äußerungsverbot oder die Klageabweisung ein **Rechtsverlust** droht; handelt es sich beispielsweise nur um das Verbot einer bestimmten Formulierung, das sinngleiche Äußerungen bei abweichender Wortwahl aber nicht erfasst, so ist die Meinungsfreiheit weniger schwer betroffen und daher mit geringerem Gewicht in die Abwägung einzustellen als in einem Fall, in dem das Verbot dazu führt, dass die Meinung überhaupt nicht mehr geäußert werden kann.[206] Demgegenüber kommt es auf Seiten des Verletzten vor allem darauf an, welche wirtschaftlichen Nachteile er befürchten muss. Diese können insbesondere dann, wenn er nur als einer von mehreren Mitbewerbern des Äußernden genannt ist, eher gering sein und schwerer wiegen, wenn er allein angeprangert wird. Ebenso hat sein Unterlassungsinteresse ein höheres Gewicht, wenn ihm infolge der Äußerung der wirtschaftliche Ruin droht, als wenn nur vorübergehende Rückgänge beim Absatz eines im Sortiment wenig bedeutsamen Produkts zu befürchten sind.

3. Kasuistik

a) Tatsachenbehauptungen

56 Unlautere Herabsetzung **bejaht**: OLG München, 20.01.1994, 29 U 6159/93, OLGR München 1994, 184 (Mitbewerber klaubten sich »die Rosinen raus«); LG Erfurt, 08.05.2007, 1 HKO 28/07, juris Rn. 32 (Behauptung, ein Mitbewerber existiere nicht mehr); OLG Hamm, 23.10.2007, 4 U 87/07, MMR 2008, 757 (juris Rn. 9) (Vorwurf, die Werbung des Mitbewerbers führe ihre Rezipienten hinters Licht); OLG Hamm, 07.02.2008, 4 U 154/07, MMR 2008, 750 (Veröffentlichung von Verurteilungen gegen den Mitbewerber); OLG Frankfurt, 03.07.2008, 6 U 179/07, juris Rn. 11 (Vorwurf, der Mitbewerber habe technologische Probleme); LG Heilbronn, 05.08.2008, 21 O 21/08 KfH, WRP 2008, 1390, 1391 (unzutreffende Behauptungen über die Herstellung von Fleischwaren); HansOLG Hamburg, 28.10.2009, 5 U 204/07, MD 2010, 18 (juris Rn. 47 ff.) – *»Immer der günstigste Preis. Garantiert.«* (Behauptung, die Rabatte von Mitbewerbern seien nicht »echt«, sondern zuvor auf den Preis aufgeschlagen worden); OLG Hamm, 22.04.2010, 4 U 226/09, juris Rn. 40 f. (negative Aussagen über die Liquidität und Bonität eines Mitbewerbers); OLG Frankfurt 23.08.2011, 6 U 49/11, juris Rn. 21 (unwahre Aussage zum Testergebnis des Produkts eines Mitbewerbers); OLG Köln, 06.02.2013, 6 U 127/12, WRP 2013, 938, 939 Rn. 15 f. (Behauptung, ein – tatsächlich ordentlich gekündigter – Vertrag sei mit sofortiger Wirkung beendet worden); OLG Frankfurt, 19.09.2013, 6 U 105/12, juris Rn. 22 (Verbreitung wettbewerbsrechtlicher Urteile gegen den Mitbewerber); OLG Saarbrücken,

---

205 Vgl. BGH, 17.12.2015, I ZR 219/13, GRUR-RR 2016, 411, 413 Rn. 39 – *Dr. Estrich*; Dittmer, in: Büscher/Dittmer/Schiwy, § 4 Nr. 7 Rn. 19.

206 Vgl. BVerfG, 11.05.1976, 1 BvR 671/70, BVerfGE 42, 143, 149 Rn. 15 – *Deutschland-Magazin*; Grimm, NJW 1995, 1697, 1703.

18.12.2013, 1 U 36/13, GRUR-RR 2014, 150, 152 (juris Rn. 38) – *bessere Energie*; (in Frageform gekleidete Behauptung, ein Energieversorger verstecke eine Preiserhöhung in seinen Abrechnungsschreiben); LG München I, 25.02.2014, 1 HKO 1401/13, ZUM 2014, 981, zit. nach juris, dort Rn. 92 ff. (Behauptung, eine Verwertungsgesellschaft [GEMA] habe grundlos keine Rechte eingeräumt); LG Hagen, 15.12.2015, 21 O 129/13, DStR 2016, 935 (finanzielle Nachteile bei Beauftragung nicht spezialisierter Steuerberater); OLG Frankfurt, 07.07.2016, 12 W 71/15, juris Rn. 29 ff. (Behauptung, eine Privatklinik sei von der Verpflichtung zur Umsatzbesteuerung befreit und fordere gleichwohl Mehrwertsteuer für deren Leistungen von deren Patienten);

verneint: OLG München, 23.05.1996, 29 U 5936/95, WRP 1996, 925, 927 – *»Der Scheiß des Monats«* – (Aussage, mit geschickten Formulierungen werde dem Verbraucher eine Heilwirkung vorgegaukelt); OLG Schleswig, 31.01.2008, 5 U 96/07, OLGR Schleswig 2008, 287, 289 f. (Übersendung eines dem Mitbewerber nachteiligen Urteils an Dritte); OLG Düsseldorf, 07.10.2010, 2 W 1/10, juris Rn. 4 (Presseerklärung über den Erfolg einer Patentverletzungsklage); OLG Köln, 08.10.2010, 6 U 88/10, WRP 2011, 779 – *abmahnende Anwälte* (Streitwerte in Urheberrechtsangelegenheiten verhältnismäßig hoch; Mandate in diesem Bereich mit wirtschaftlichem Erfolg betreibbar); OLG Köln, 30.11.2015, 6 W 130/15, WRP 2016, 646, 647 – *»Wenn 1&1 sich streiten«*.

b) Werturteile

Unlautere Herabsetzung **bejaht**: OLG München, 22.10.1992, 6 U 4044/92, NJW-RR 57
1993, 750, 752 (juris Rn. 50) (Kritik an Medienkonzentration mit der Aussage, es sei, »als würde man die Zulassung der SA und SS wieder erlauben. Wenn man de facto einen Hugenberg zuläßt, der wieder einen anderen kreiert, schafft man Risikofaktoren für die Demokratie« [mit allerdings unzutreffender Annahme einer Schmähkritik]); HansOLG Hamburg, 09.03.1995, 3 U 245/94, NJW 1996, 1002, 1003 – *Schmuddelsender* (Aussage, »die Geschäftsführung eines Schmuddelsenders bediene sich für ihre Schmuddelkampagne eines Schmuddelblatts«); OLG München, 11.12.2003, 29 U 4296/03, GRUR-RR 2004, 309, 310 – *billiges Plagiat* (Bezeichnung des Produkts eines Mitbewerbers als »billiges Plagiat«); OLG München, 21.07.2005, 6 U 5248/04, juris Rn. 3 (Darstellung der Konsumenten des Mitbewerberprodukts als rückständige und lasche Persönlichkeiten); OLG München, 09.03.2006, 6 U 5757/04, GRUR-RR 2006, 268, 277 (juris Rn. 72 ff.) – *Trivial-Patente* (Vorwurf, ein Mitbewerber melde systematisch Selbstverständlichkeiten zum Patent an); OLG Düsseldorf, 21.10.2008, 20 U 189/08, InstGE 10, 98, zit. nach juris, dort Rn. 24 ff. (Vorwurf der Patentverletzung); KG, 20.05.2009, 24 U 54/08, AfP 2010, 271 (juris Rn. 11 ff.) (Aussage, ein Rechtsanwalt sei wohl zu sehr mit anderen Mandaten befasst, um sich hinreichend sorgfältig mit einem bestimmten Fall zu befassen); OLG Hamm, 28.01.2010, 4 U 157/09, MMR 2010, 330, 331 (juris Rn. 19) – *Herabsetzender »Testbericht« im Internet* (Einreihung eines Mitbewerbers unter »Schwarze Schafe« einer Branche); BGH, 19.05.2011, I ZR 147/09, GRUR 2012, 74, 78 – *Coaching Newsletter* (»Scharlatane«, »merkwürdige Anbieter«); OLG Frankfurt, 23.02.2012, 6 U 173/11, juris Rn. 11 (Vorwurf, ein Mitbewerber begehe Prozessbetrug); OLG Oldenburg, 19.04.2012, 1 U 98/07, WRP

2013, 943, 951 – *Abwerbung von Handelsvertretern* (Behauptung, ein Mitbewerber beschäftige »scheinselbständige« Handelsvertreter); LG Heidelberg, 23.05.2012, 1 S 58/11, MMR 2012, 607 (juris Rn. 15) (Frage: »Sie wissen hoffentlich, in was für einem Unternehmen Sie gelandet sind?«); OLG Frankfurt/Main, 24.05.2012, 6 U 103/11, GRUR-RR 2012, 392, 394 – (Aussagen, ein Mitbewerber betreibe eine rechtswidrige Reisevermittlungs-Website und biete Tickets zu überhöhten Preisen an); OLG Frankfurt, 27.03.2014, 6 U 75/12, WRP 2014, 1098, 1100 Rn. 27 – *Meisterbetrüger* (»Prozessbetrüger«); LG Köln, 08.01.2015, 31 O 313/14, WRP 2016, 268, 272 f. Rn. 46 ff. – *Internetfernsehen* (Vorwurf, das Geschäftsmodell eines Mitbewerbers verstoße gegen das Urheberrecht); OLG Frankfurt, 18.06.2015, 6 U 46/14, WRP 2015, 1119, 1120 Rn. 15 ff. – *Schmuddelkind der Bankenbranche*; BGH, 17.12.2015, I ZR 219/13, GRUR-RR 2016, 410, 411 f. Rn. 20 ff. – *Dr. Estrich* (»Verwundern tut dabei, dass [der Mitbewerber] offensichtlich die Zusammenhänge der Festigkeitslehre nicht beherrscht und deshalb auf eine Formelsammlung […] zurückgreifen muss.«); BGH, 31.03.2016, I ZR 160/14, GRUR 2016, 710, 713 f. Rn. 32 ff. – *Im Immobiliensumpf* (»Ich halte das für organisierte Wirtschaftskriminalität, bei der gezielt Anleger ruiniert werden«); OLG Köln, 01.04.2016, 6 U 182/15, WRP 2016, 891, 893 f. Rn. 13 ff. – *Werbung für Anwaltsregress* (Aussage, Mandanten des Antragstellers seien in »Prozesse mit vermeintlich hervorragenden Erfolgsaussichten hineinberaten« worden)

58 **verneint**: BGH, 19.06.1997, I ZR 16/95, BGHZ 136, 111, 118 ff. (zit. nach juris, dort Rn. 49 ff.) – *Kaffeebohne*; OLG Koblenz, 11.01.2001, 6 U 1414/98, GRUR-RR 2002 114, 115 (juris Rn. 14 ff.) (Aussage, Wettbewerber behindere den Wettbewerb, entziehe sich der Besteuerung und vernichte Arbeitsplätze, biete Beratung »von der Stange« und Beratungsleistungen von äußerst bedenklicher Qualität); OLG Karlsruhe, 24.07.2002, 6 U 205/01, GRUR-RR 2003, 61, 62 (juris Rn. 17 ff.) (Bezeichnung als »Scharlatan« und »Pfuscher«); BGH, 22.02.2005, KZR 2/04, GRUR 2005, 609, 610 – *Sparberaterin II* (Angebot der eigenen Dienstleistung an Kunden, die sich [durch Mitbewerber] »schlecht, einseitig oder gar nicht beraten fühlen«); OLG Jena, 02.11.2005, 2 U 418/05, GRUR-RR 2006, 134, 135; (Aussage, ein Mitbewerber handle wettbewerbswidrig und strafbar); LG Saarbrücken, 09.06.2008, 7 O 195/08, juris Rn. 30 ff. (Aussage, private Abfallentsorger handelten aus Gewinnstreben und stellten ihre Tonnen nur dort auf, wo es lukrativ sei); OLG Jena, 08.04.2009, 2 U 901/08, GRUR-RR 2010, 211, 212 – *ARGE Phoenix* (Aussage, ein Mitbewerber schüre Ängste); KG, 18.08.2009, 5 W 95/09, KG-Report 2009, 917, 919 ff. (juris Rn. 24) (Bezeichnung eines Mitbewerbers als »Garagenvertrieb mit Kartoffelpresse in Spanien«); OLG Düsseldorf, 01.09.2009, 20 U 89/09, MMR 2010, 57 (juris Rn. 5) (Aussage bezüglich eines gebrauchte Software vertreibenden Unternehmens, die Weitergabe von Software sei nur mit Genehmigung des Rechteinhabers zulässig); OLG Jena, GRUR-RR 2010, 211, 212; OLG Köln, WRP 2011, 779 (»horrende Streitwerte«); OLG Köln, 29.07.2011, 6 U 56/11, GRUR-RR 2012, 121 (juris Rn. 4 ff.: Aussage, eine Anwaltskanzlei verfolge das »Prinzip der häppchenweisen Abmahnung«); OLG Hamm, 23.08.2011, 4 U 67/11, GRUR-RR 2012, 279, 281 (juris Rn. 45 ff.) – *Doppelmoral* (Bewertung der Tätigkeit eines Mitbewerbers als »doppelmoralisch mehr als bedenklich«); LG Düsseldorf, 09.01.2013, 12 O 392/11, juris Rn. 42 ff. (Bewertung eines Arzthonorars als unange-

messen hoch [nachgehend OLG Düsseldorf, 28.05.2014, I-15 U 45/14, GRUR 2014, 1219, 1220 – *Wucherhonorar* (bereits die Klagezulässigkeit verneinend)]); OLG München, 06.06.2013, 29 U 4911/12, GRUR-RR 2013, 516, 518 – *Warnschreiben* (Warnung eines Versicherers an ihre Kunden vor Angeboten zum Ankauf von Versicherungen unter Rückkaufwert); LG Fulda, 14.03.2014, 3 O 230/14, juris Rn. 29 ff. (Aussage, die Leser einer Zeitung würden systematisch hinters Licht geführt und ein dort tätiger Journalist bilde eine »Seilschaft« mit dem Bürgermeister, um diesen in bestem Licht darzustellen); BGH, 17.12.2015, I ZR 219/13, GRUR-RR 2016, 410, 413 f. – *Dr. Estrich* (u.a. Rn. 40 ff.: Aussage, es deute alles darauf hin, dass der Mitbewerber »nicht einmal die Mischungsberechnung selbst vorgenommen hat.«); OLG Düsseldorf, 12.07.2016, 20 U 117/15, CR 2017, 223 (juris Rn. 39 ff.: Warnung vor »aufgespaltenen Volumenlizenzen« für Computersoftware); HansOLG Hamburg, 21.01.2016, 3 U 143/13, GRURPrax 2016, 420 (juris Rn. 214 ff.: Aussage, das Produkt des Mitbewerbers sei »überteuert«); Rn. 51 ff.: Mitbewerber vergleiche in seiner Dissertation »Äpfel mit Birnen«); OLG Schleswig, 30.11.2016, 6 U 39/15, juris Rn. 28 ff. (Aussage, die Produkte eines Mitbewerbers seien Nachahmungen einer eigenen Gestaltungsidee); OLG Brandenburg, 13.12.2016, 6 U 76/15, WRP 2017, 469, 470 Rn. 18 – *Ehefrau im Bauamt* (die Vermutung, ein Verwandtschaftsverhältnis laufe den Bedingungen von Fördermittelbescheiden zuwider); BGH, 01.03.2018, I ZR 264/16, GRUR 2018, 622, 625 Rn. 29 f. – *Verkürzter Versorgungsweg II* (»Hier wird für schlechte Qualität gutes Geld ausgegeben.« sowie: »…zu lange Wartezeiten, falscher Umgang mit Reklamation, zu wenig Raum, um auf den Kunden eingehen zu können«)

D. Rechtsfolgen und Verfahrensrechtliches

I. Anspruchsberechtigung

Da § 4 Nr. 1 das generelle Verbot des § 3 konkretisiert, ergeben sich die Rechtsfolgen **59**
eines Verstoßes aus den §§ 8 ff.[207] Wer zur gerichtlichen Durchsetzung des Unterlassungsanspruchs aus § 8 Abs. 1 i.V.m. §§ 3, 4 Nr. 1 befugt ist, bestimmt somit § 8 Abs. 3. Zum Teil wird allerdings einschränkend angenommen, dass zur Abwehr einer Herabsetzung i.S.d. § 4 Nr. 1 allein der betroffene Mitbewerber selbst berechtigt sei.[208] Diese Auffassung vermag nicht zu überzeugen.[209] Da dem Wortlaut des § 8 Abs. 1, Abs. 3 Nr. 2 bis 4 keinerlei Anhaltspunkte für eine derartige Begrenzung der Klagemöglichkeit der Verbände und sonstigen Institutionen zu entnehmen sind, geht es methodisch um eine teleologische Reduktion. Für eine solche müssen aber starke Gründe bestehen, die hier nicht ersichtlich sind. Soweit angeführt wird, dass allein der betroffene Mitbewerber hinsichtlich seiner (geschäftlichen) Ehre dispositionsbefugt sei, bleibt unberücksichtigt, dass dies eben nicht der alleinige Schutzzweck des § 4 Nr. 1

---

207 Zur Unzulässigkeit von Klagen gegen Äußerungen, die der Vorbereitung oder Durchführung gerichtlicher Verfahren dienen, vgl. u., § 4 Nr. 2 Rdn. 54.

208 Vgl. Ohly/Sosnitza/Ohly, § 4 Rn. 1/21; *Köhler*/Bornkamm/Feddersen, § 4 Rn. 1.27; Köhler/*Bornkamm*/Feddersen, § 8 Rn. 3.6.

209 So auch MünchKomm/Jänich UWG, § 4 Rn. 42; Harte/Henning/Bruhn, § 4 Nr. 2 Rn. 10.

ist, sondern die Vorschrift daneben auch dem allgemeinen Interesse am unverfälschten Wettbewerb dient.[210] Ebendieses durchzusetzen ist aber Aufgabe der klagebefugten Wettbewerbsverbände.

II. Anspruchsinhalt

60 Die sachlichen Rechtsfolgen ergeben sich ebenfalls aus § 8 und § 9. Nach § 8 Abs. 1 Satz 1 kann Beseitigung, vor allem in Gestalt des Widerrufs unrichtiger Tatsachenbehauptungen, und bei bestehender (durch die rechtswidrige Erstbegehung indizierter) **Wiederholungsgefahr** Unterlassung beansprucht werden. Gemäß § 8 Abs. 1 Satz 2 kommt zudem unter der Voraussetzung der **Erstbegehungsgefahr** ein vorbeugender Unterlassungsanspruch in Betracht (vgl. näher u., § 8 Rn. 8 ff.).

61 Der Anspruch auf **Schadensersatz** ist in § 9 geregelt. Wie sich aus dieser Vorschrift ergibt, setzt er eine schuldhafte Begehung voraus, wobei auch einfache Fahrlässigkeit genügt. Bezugspunkt des Verschuldensvorwurfs sind sowohl bei vorsätzlicher als auch bei fahrlässiger Begehung sämtliche Merkmale des Verletzungstatbestandes (§ 4 Nr. 1). Der Verletzer muss also insbesondere die Eignung seines Verhaltens zur Herabsetzung des Betroffenen erkannt oder sorgfaltswidrig verkannt haben. Das Verschulden muss sich darüber hinaus auch auf die Unlauterkeit beziehen; die Kenntnis der den Unlauterkeitsvorwurf begründenden Tatsachen allein soll nicht genügen.[211] Allerdings wird derjenige, der alle einschlägigen Tatsachen kennt, in aller Regel zumindest fahrlässig handeln, wenn sich ihm die Unlauterkeit seines Tuns gleichwohl nicht erschließt. Gelangt eine herabsetzende Äußerung ohne den Willen des Äußernden an einen Dritten, so ist der objektive Tatbestand des § 4 Nr. 1 erfüllt; für den Schadensersatzanspruch (§ 9) kommt es hingegen darauf an, ob dem Äußernden insoweit Fahrlässigkeit zur Last fällt.

62 Erstattungsfähig ist der durch die Herabsetzung (resp. Verunglimpfung) verursachte materielle Schaden (§§ 249 ff. BGB). Nach inzwischen einhelliger Auffassung kommt die im Recht des geistigen Eigentums entwickelte Methode der dreifachen Schadensberechnung nicht zur Anwendung, weil der durch § 4 Nr. 1 gewährte Schutz der Rechtsposition des Inhabers eines Immaterialgüterrechts nicht vergleichbar ist.[212] Ohly hat seine früher vertretene Gegenauffassung[213] aufgegeben.[214] **Entschädigung wegen immaterieller Einbußen** kann gem. § 253 BGB nach § 4 Nr. 1, § 9 nicht verlangt werden; im Ergebnis anderes gilt allerdings, wenn mit dem Wettbewerbsverstoß zugleich eine hinreichend schwerwiegende, nicht in anderer Weise befriedigend ausgleichbare Verletzung des allgemeinen Persönlichkeitsrechts des betroffenen Unternehmers einhergeht.[215] Feststellung der Ersatzpflicht für noch nicht bezifferbare Schäden

---

210 Vgl. 12.12.2013, I ZR 131/12, BGH, GRUR 2014, 601, 603 Rn. 24 – *englischsprachige Pressemitteilung*.

211 Vgl. zum Vorsatz BT-Drs. 15/1487, S. 23.

212 Vgl. *Köhler*/Bornkamm/Feddersen, § 4 Rn. 1.28, 9 Rn. 1.36b; MünchKomm/Jänich UWG, § 4 Nr. 7 Rn. 44.

213 Vgl. GRUR 2007, 926, 928.

214 Vgl. Ohly/Sosnitza/Ohly, § 4 Rn. 1/21.

215 Vgl. BGH, 20.03.1986, I ZR 13/84, GRUR 1986, 812, 814 (juris Rn. 38) – *Gastrokritiker*.

und Auskunft können unter den allgemeinen Voraussetzungen (§ 256 ZPO; § 242 BGB) verlangt werden.[216]

III. Beweislast

Die Beweislast für die Voraussetzungen der Vorschrift trifft nach den allgemeinen Regeln denjenigen, der sich auf sie beruft, zumeist also den (Unterlassungs-)Kläger. Zu beachten ist aber, dass die Rechtsprechung bei ehrenrührigen Tatsachenbehauptungen die Vorschrift des **§ 186 StGB** in das Zivilrecht transponiert mit der Folge, dass der Äußernde die Wahrheit seiner Behauptung – soweit es nach dem oben Ausgeführten darauf ankommt – zu beweisen hat.[217] Dies gilt allerdings nach richtiger Auffassung nicht im **einseitigen Verfahren** auf Erlass einer einstweiligen Verfügung. Hier verbleibt es bei der aus den allgemeinen Regeln folgenden Glaubhaftmachungslast des Antragstellers (§ 920 Abs. 2 ZPO).[218] **63**

---

216 Vgl. OLG Hamm, 10.11.2009, 4 U 124/09, GRUR-RR 2010, 295, 296 f. (juris Rn. 37 ff.) – *Warnhinweis*.

217 Vgl. BVerfG 25.10.2005, 1 BvR 1696/98, BVerfGE 114, 339, 352 Rn. 42 – *IM Sekretär*; BGH, 17.12.2013, VI ZR 211/12, BGHZ 199, 237, 250 Rn. 24 – *Sächsische Korruptionsaffäre*, je m.w.N.

218 Vgl. OLG München, 30.05.1996, 21 W 1564/96, NJW-RR 1996, 926; OLG München, 02.04.2003, 21 W 1074/03, juris Rn. 1, je m.w.N.

§ 4 Nr. 2 Mitbewerberschutz – Anschwärzung

Unlauter handelt, wer

2. über die Waren, Dienstleistungen oder das Unternehmen eines Mitbewerbers oder über den Unternehmer oder ein Mitglied der Unternehmensleitung Tatsachen behauptet oder verbreitet, die geeignet sind, den Betrieb des Unternehmens oder den Kredit des Unternehmers zu schädigen, sofern die Tatsachen nicht erweislich wahr sind; handelt es sich um vertrauliche Mitteilungen und hat der Mitteilende oder der Empfänger der Mitteilung an ihr ein berechtigtes Interesse, so ist die Handlung nur dann unlauter, wenn die Tatsachen der Wahrheit zuwider behauptet oder verbreitet wurden;

Asmus Maatsch

Übersicht **Rdn.**

A. Allgemeines

Vgl. zu § 4 allgemein zunächst o., § 4 Rdn. 1–3. 1

B. § 4 Nr. 2

I. Entstehungsgeschichte

Der Tatbestand der Anschwärzung war bis zur UWG-Novelle von 2015 in § 4 Nr. 8 2 geregelt und geht auf § 14 UWG 1909 zurück. Dieser enthielt – neben Rechtsfolgenbestimmungen, die jetzt allgemein in §§ 8 ff. geregelt sind – in seinem Absatz 1 Satz 1 fast wortgleich zu der jetzigen Normfassung den Grundtatbestand (jetzt § 4 Nr. 2 Hs. 1) und in seinem Absatz 2 die Sondervorschrift zu vertraulichen Mitteilungen (jetzt § 4 Nr. 2 Hs. 2). Auf frühere Rechtsprechung zu den Vorgängernormen kann daher, jedenfalls soweit sie bereits unter Geltung des Art. 5 Abs. 1 GG ergangen ist, weiterhin zurückgegriffen werden.[1]

II. Normzweck und Verhältnis zum Unionsrecht

Die Vorschrift dient – wie alle Ziffern des § 4 n.F. (entsprechend § 4 Nr. 7–10 a.F.) – 3 ausweislich der amtlichen Überschrift dem **Mitbewerberschutz**.[2] Als **Konkretisierung der lauterkeitsrechtlichen Generalklausel** des § 3 Abs. 1 hat sie zugleich am allgemeinen Schutzzweck des UWG teil, dient also auch dem Allgemeininteresse an einem unverfälschten Wettbewerb (§ 1 Satz 2). Sie hat darüber hinaus allerdings keine unmittelbare Verbraucherschutzfunktion, ist **nicht durch die UGP-Richtlinie vorgegeben** und bedarf an sich keiner richtlinienkonformen Auslegung.[3] Freilich können unwahre Tatsachenbehauptungen, mit denen ein Mitbewerber angeschwärzt wird, zugleich i.S.d. § 5 geeignet sein, Verbraucher zu täuschen. Hieraus ergibt sich indes auch kein mittelbares Erfordernis, bei Anwendung des § 4 Nr. 2 unionsrechtliche Vorgaben zu beachten

---

1 So auch *Köhler*/Bornkamm/Feddersen, § 4 Rn. 2.1.

2 Vgl. bereits o., § 4 Rdn. 1.

3 So auch Ohly/Sosnitza/Ohly, § 4 Rn. 2/3; *Köhler*/Bornkamm/Feddersen, § 4 Rn. 2.2; differenzierend aber Köhler, WRP 2012, 638, 645; Henning/Harte/Bruhn, § 4 Nr. 2 Rn. 4; MünchKomm/Brammsen/Doehner UWG, § 4 Nr. 8 Rn. 11.

(vgl. näher u., § 4 Nr. 2 Rdn. 8). Anders liegt es nur, wo eine Anschwärzung im Rahmen einer vergleichenden Werbung in Frage steht. Hier sind die Maßstäbe der Werbe-RL, die § 6 Abs. 2 Nr. 5 zugrunde liegt und auf eine Vollharmonisierung gerichtet ist, zu beachten (vgl. näher u., § 4 Nr. 2 Rdn. 9).

III. Verhältnis zu anderen Vorschriften

1. Verhältnis zu § 4 Nr. 1 (Mitbewerberherabsetzung)

4 § 4 Nr. 2 ist sowohl im Grundtatbestand des Halbsatzes 1 als auch in der Sonderregelung des Halbsatzes 2 allein auf nicht (erweislich) wahre Tatsachenbehauptungen anwendbar. Werturteile oder wahre Tatsachen, die geeignet sind, den Betrieb oder Kredit eines Mitbewerbers zu schädigen, fallen nach dem eindeutigen Normwortlaut nicht unter die Vorschrift. Sie werden allerdings von § 4 Nr. 1 erfasst, soweit sie – wie regelmäßig – auch die Voraussetzungen einer Herabsetzung oder Verunglimpfung erfüllen. Dass wahre Tatsachenbehauptungen stets lauter und zulässig seien, kann somit aus § 4 Nr. 2 nicht abgeleitet werden.[4] Unwahre Tatsachenbehauptungen, die den Tatbestand des § 4 Nr. 2 erfüllen, können allerdings zugleich § 4 Nr. 1 unterfallen (vgl. näher o., § 4 Nr. 1 Rdn. 3). Beide Vorschriften sind dann **nebeneinander anwendbar**.

2. Verhältnis zu § 4 Nr. 4 (gezielte Behinderung)

5 Die Anschwärzung nach § 4 Nr. 2 ist der Sache nach ein besonders geregelter Beispielsfall der gezielten Behinderung.[5] § 4 Nr. 2 verdrängt daher § 4 Nr. 4 nach dem **Spezialitätsgrundsatz**.[6]

3. Verhältnis zu § 4a (aggressive geschäftliche Handlung)

6 Soweit eine Anschwärzung zugleich die Voraussetzungen einer aggressiven geschäftlichen Handlung i.S.d. § 4a erfüllt (vgl. § 4a Abs. 1 Nr. 3), sind beide Vorschriften nebeneinander anwendbar.[7] Ein **Spezialitätsverhältnis besteht nicht**, weil weder jede aggressive geschäftliche Handlung i.S.d. § 4a der Sache nach zugleich eine Anschwärzung eines Mitbewerbers darstellt noch umgekehrt.

4. Verhältnis zu § 5 Abs. 1 (irreführende geschäftliche Handlungen)

7 Der Katalog des § 5 Abs. 1 Satz 2 betrifft unmittelbar nur irreführende Aussagen über eigene Waren, Tätigkeiten oder Verhältnisse des Verletzers, nicht hingegen über Mitbewerber. Insofern überschneidet sich der Anwendungsbereich der Vorschrift nicht mit § 4 Nr. 2. Allerdings ist der Katalog des § 5 Abs. 1 Satz 2 nicht abschließend, sondern

4 Vgl. *Köhler*/Bornkamm/Feddersen, § 4 Rn. 1.5.

5 Vgl. BGH, 14.05.2009, I ZR 82/07, GRUR 2009, 1186, 1188 Rn. 25 – *Mecklenburger Obstbrände*.

6 Vgl. *Köhler*/Bornkamm/Feddersen, § 4 Rn. 2.7; Ohly/Sosnitza/Ohly, § 4 Rn. 2/5; MünchKomm/Brammsen/Doehner UWG, § 4 Nr. 8 Rn. 16.

7 Vgl. auch *Köhler*/Bornkamm/Feddersen, § 4 Rn. 2.5.

es können daneben auch irreführende Angaben über sonstige Umstände, namentlich über Mitbewerber,[8] den Tatbestand des § 5 erfüllen (vgl. näher u., § 5 Rdn. 268). Außerdem können im Einzelfall unzutreffende Angaben über eigene Produkte oder das eigene Unternehmen zugleich eine unwahre Behauptung über Mitbewerber umfassen, namentlich wenn das eigene Unternehmen von diesen abgegrenzt wird, indem es wahrheitswidrig als das einzige dargestellt wird, das eine bestimmte Eigenschaft aufweist. In diesem Fall kann eine irreführende geschäftliche Handlung zugleich den Tatbestand des § 4 Nr. 2 erfüllen.[9] Es sind dann beide Vorschriften nebeneinander anwendbar; ein **Spezialitätsverhältnis ist nicht anzunehmen.**[10] Da die Beweiserleichterung des § 4 Nr. 2 Hs. 1 allerdings nicht für § 5 gilt, kann es bei Tatsachenbehauptungen, die weder erweislich wahr noch erweislich unwahr sind, auch dazu kommen, dass allein ein Verstoß gegen § 4 Nr. 2, nicht aber gegen § 5 festgestellt werden kann.

Dass § 5 auf Unionsrecht zurückgeht (UGP-RL 2005/29/EG), welches in seinem Anwendungsbereich eine Vollharmonisierung verlangt (vgl. näher u., § 5 Rdn. 23 ff.), beeinflusst Auslegung und Anwendung des § 4 Nr. 2 nicht, denn die UGP-RL dient dem Verbraucherschutz. § 4 Nr. 2 als mitbewerberschützende Vorschrift betrifft daher einen von der Richtlinie nicht geregelten und somit außerhalb der Vollharmonisierung bleibenden Lauterkeitsaspekt. 8

5. Verhältnis zu § 6 Abs. 2 Nr. 5, § 5 Abs. 3 (unlautere vergleichende Werbung)

Geschieht die Anschwärzung im Rahmen einer vergleichenden Werbung, so kann sie zugleich die Voraussetzungen des § 4 Nr. 2 als auch die des § 6 Abs. 2 Nr. 5 erfüllen. Dann stehen **beide Unlauterkeitstatbestände nebeneinander**, ohne dass der eine den anderen verdrängen würde.[11] Allerdings darf die Anwendung des § 4 Nr. 2 nicht dazu führen, dass eine vergleichende Werbung als unlauter eingestuft und verboten wird, die am Maßstab der §§ 5, 6 gemessen zulässig wäre. Denn die Werbe-RL (2006/114/EG), auf der die Vorschriften über vergleichende Werbung beruhen, beansprucht eine abschließende **Vollharmonisierung** des Rechts der vergleichenden Werbung.[12] Die Beweislastumkehr des § 4 Nr. 2 ist allerdings mit den Vorgaben der Werbe-RL (Art. 7) vereinbar.[13] 9

---

8 Vgl. *Köhler*/Bornkamm/Feddersen/Bornkamm/Feddersen, § 5 Rn. 1.24.

9 Vgl. z.B. den Sachverhalt von LG Hagen, 15.12.2015, 21 O 129/13, DStR 2016, 935.

10 So auch Ohly/Sosnitza/Ohly, § 4 Rn. 2/6; *Köhler*/Bornkamm/Feddersen, § 4 Rn. 2.8; MünchKomm/Brammsen/Doehner UWG, § 4 Nr. 8 Rn. 17; a.A. Henning/Harte/Bruhn, § 4 Nr. 2 Rn. 8.

11 Vgl. Ohly/Sosnitza/Ohly, § 4 Rn. 2/7; *Köhler*/Bornkamm/Feddersen, § 4 Rn. 2.8; MünchKomm/Brammsen/Doehner UWG § 4 Nr. 8 Rn. 18; Henning/Harte/Bruhn, § 4 Nr. 2 Rn. 7; vgl. a. u., § 6 Rdn. 47; zum Verhältnis von § 14 a.F. zu § 2 Abs. 2 Nr. 5 a.F. UWG ebenso BGH, 17.01.2002, I ZR 161/99, GRUR 2002, 633, 635 Rn. 29 – *Hormonersatztherapie.*

12 Vgl. *Köhler*/Bornkamm/Feddersen, § 6 Rn. 29.

13 Vgl. zur früheren Richtlinienfassung BGH, 17.01.2002, I ZR 161/99, GRUR 2002, 633, 635 Rn. 29 – *Hormonersatztherapie.*

6. Verhältnis zu §§ 823 ff. BGB

10 Tatsachenbehauptungen i.S.d. § 4 Nr. 2 sind zugleich unerlaubte Handlungen i.S.d. bürgerlich-rechtlichen Deliktsrechts. Eine unwahre Tatsachenbehauptung i.S.d. § 4 Nr. 2 ist (objektiv) immer zugleich als Kreditgefährdung i.S.d. § 824 BGB einzustufen (wenn auch nicht umgekehrt). Allerdings gilt diese zwingende Parallelität nur materiellrechtlich; prozessual unterscheiden sich beide Normen dadurch, dass § 824 BGB keine Beweiserleichterung für den Anspruchsgläubiger vorsieht, dieser also den Unwahrheitsbeweis führen muss.[14] Angesichts dessen kommt der Vorschrift im Anwendungsbereich des § 4 Nr. 2 kaum praktische Bedeutung zu. Nur dort, wo die Einordnung der kreditgefährdenden Behauptung als geschäftliche Handlung problematisch ist (etwa bei einer Äußerung im redaktionellen Teil eines Mediums), wird sich ein Kläger auf § 824 BGB berufen, den § 4 Nr. 2 auch in seinem Anwendungsbereich nicht verdrängt.[15] Daneben kommen § 823 Abs. 2 BGB i.V.m. § 186 StGB sowie § 826 BGB in Betracht, die außer Schadensersatzansprüchen i.V.m. § 1004 BGB analog auch einen (quasinegatorischen) Unterlassungsanspruch gewähren und ohne Einschränkungen neben § 4 Nr. 2 anwendbar sind. Lediglich Ansprüche wegen Eingriffs in den eingerichteten und ausgeübten Gewerbebetrieb (§ 823 Abs. 1 BGB) werden verdrängt, weil dieses Recht wegen seines lückenfüllenden Charakters gegenüber den normierten Schutzgütern des UWG subsidiär ist.[16]

IV. Tatbestand

1. Geschäftliche Handlung

11 Ebenso wie § 4 Nr. 1 setzt § 4 Nr. 2 als ungeschriebenes Tatbestandsmerkmal voraus, dass die Verletzung durch eine geschäftliche Handlung geschieht. Dies ergibt sich hier wie dort aus dem Umstand, dass die Vorschrift lediglich eine Konkretisierung der lauterkeitsrechtlichen Generalklausel des § 3 Abs. 1 darstellt, mithin ein Beispiel für eine unlautere geschäftliche Handlung gibt. Wegen der spezifischen Probleme, die sich hieraus bei Äußerungen über Mitbewerber ergeben, kann auf die Kommentierung zu § 4 Nr. 1 verwiesen werden (vgl. o., § 4 Nr. 1 Rdn. 14 ff.).

2. Mitbewerber

12 Wie die Herabsetzung nach § 4 Nr. 1 ist auch die Anschwärzung nach § 4 Nr. 2 nur tatbestandsmäßig, soweit sie sich gegen einen Mitbewerber i.S.d. § 2 Abs. 1 Nr. 3 richtet. Erforderlich ist also ein **konkretes Wettbewerbsverhältnis**, an dessen Vorliegen allerdings auch hier keine hohen Anforderungen zu stellen sind. Nach der Rechtsprechung des BGH und der h.L. muss das Wettbewerbsverhältnis nicht zwischen dem

---

14 Vgl. OLG Düsseldorf, 26.06.2001, 4 U 213/00, NJW-RR 2002, 1427 juris Rn. 6; OLG München, 09.09.2014, 18 U 516/14, GRUR 2014, 1126, 1130 Rn. 50 – *Ritter Sport Voll-Nuss*.

15 Vgl. MünchKomm/Wagner BGB, § 824 Rn. 7 m.w.N.

16 Vgl. BGH, 24.02.1983, I ZR 207/80, GRUR 1983, 467, 468 Rn. 15 – *Photokina*; vgl. a. MünchKomm/Brammsen/Doehner UWG § 4 Nr. 8 Rn. 23; im Erg. ebenso *Köhler*/Bornkamm/Feddersen, § 4 Rn. 2.9 (Spezialität); Ohly/Sosnitza/Ohly, § 4 Rn. 2/8.

Äußernden und dem Äußerungsbetroffenen bestehen, sondern es genügt, wenn der Äußernde mit seiner Behauptung fremden Wettbewerb fördert.[17] Zwischen den Vorteilen, die die eine Partei durch eine Maßnahme für ihr Unternehmen oder das eines Dritten zu erreichen sucht, und den Nachteilen, die die andere Partei dadurch erleidet, muss also eine Wechselwirkung in dem Sinne bestehen, dass der Wettbewerb der eigenen Seite gefördert und der fremde Wettbewerb beeinträchtigt werden kann.[18] Ob beide Unternehmen auf derselben oder auf unterschiedlichen Wirtschaftsstufen tätig sind, ist unerheblich. Ebenso wenig bedarf es der Feststellung, dass dem betroffenen Unternehmer tatsächlich ein Nachteil entstanden ist; die Behauptung muss lediglich **geeignet** sein, den Betroffenen beim Absatz zu behindern. Hierfür braucht, wie allgemein im Äußerungsrecht, der Betroffene, hier der Mitbewerber, nicht ausdrücklich bezeichnet zu werden. Ausreichend ist vielmehr, wenn der angesprochene Verkehr den **Bezug der Behauptung** auf (mindestens) einen bestimmten, nicht zwingend namentlich bekannten **Mitbewerber** nachvollziehen kann, was etwa bei verbalen Umschreibungen (»größter deutscher Autobauer«, »Sportartikel mit drei Streifen«, »Pharmaunternehmen in Leverkusen« o.ä.) oder der bildlichen Darstellung eines bekannten Zeichens im Zusammenhang mit der Behauptung der Fall sein kann. Zur Anschwärzung aller Mitbewerber kann auf die Ausführungen zur Kollektivherabsetzung verwiesen werden (vgl. o., § 4 Nr. 1 Rdn. 20.). Dasselbe gilt, wo die Behauptung ein Produkt betrifft. Auch hier braucht nicht festgestellt zu werden, ob der Verkehr den Hersteller zu benennen vermag, sondern es genügt, wenn er erkennt, dass das Produkt eines oder mehrerer bestimmter Unternehmer gemeint ist und nicht eine ganze Produktart, unabhängig von den Herstellerunternehmen.[19] Betroffen und damit ggf. aktivlegitimiert ist dann jeder Unternehmer, dem das angesprochene Produkt im Geschäftsleben zugeordnet wird.[20]

3. Bezugspunkte der Anschwärzung

Die Behauptung muss sich auf die Erzeugnisse oder Angebote des Unternehmens (»Waren, Dienstleistungen«), das Unternehmen selbst oder die es maßgeblich bestimmenden Personen (»Unternehmen ... den Unternehmer oder ein Mitglied der Unternehmensleitung«) beziehen. **13**

a) Waren und Dienstleistungen

Das Begriffspaar »Waren und Dienstleistungen« ist wie im – allgemeinen – Kontext der geschäftlichen Handlung (§ 2 Abs. 1 Nr. 1) **weit auszulegen**.[21] Umfasst sind also alle körperlichen und unkörperlichen Gegenstände, die von Unternehmern am Markt **14**

17 Vgl. Brammsen/Apel, WRP 2009, 1464, 1470.

18 Vgl. im Zusammenhang mit § 4 Nr. 8: BGH, 19.03.2015, I ZR 94/13, GRUR 2015, 1129, 1131 Rn. 19 m.w.N. – *Hotelbewertungsportal*.

19 Vgl. Ohly/Sosnitza/Ohly, § 4 Rn. 2/10.

20 Vgl. Ohly/Sosnitza/Ohly, § 4 Rn. 2/10 unter Verweis auf BGH, 20.12.1988, VI ZR 95/88, GRUR 1989, 222, 224 – *Filmbesprechung*.

21 Vgl. Ohly/Sosnitza/Ohly, § 4 Rn. 1/11, 2/11.

gegen Entgelt angeboten werden. Wegen der Einzelheiten kann auf die Kommentierung zur Definition der geschäftlichen Handlung (§ 2 Abs. 1 Nr. 1) verwiesen werden (vgl. o., § 2 Abs. 1 Nr. 1 Rdn. 16 ff.). Die Anschwärzung kann dabei an jegliche Aspekte der Waren und Dienstleistungen anknüpfen, insbesondere deren Qualität, daneben aber auch deren Herstellungsweise, Bezugsquelle, Preis usw.

b) Unternehmen, Unternehmer, Unternehmensleitung

15 Der Begriff Unternehmer ist in § 2 Abs. 1 Nr. 6 legal definiert und bereitet hier keine speziellen Auslegungsprobleme. Gemeint ist der Mitbewerber selbst, was der Gesetzgeber vielleicht noch eindeutiger hätte zum Ausdruck bringen können, wenn er in § 4 Nr. 2 statt »… eines Mitbewerbers oder über den Unternehmer« formuliert hätte: »… über … das Unternehmen eines Mitbewerbers oder über diesen selbst«. Das Tatbestandsmerkmal »**Unternehmen**« wird hingegen weder in § 2 noch in § 14 BGB legal definiert. Das Gesetz verwendet den Begriff allerdings zur Definition der geschäftlichen Handlung (§ 2 Abs. 1 Nr. 1). Er kann dort wie hier vom Unternehmerbegriff her bestimmt werden als die sachliche Substanz dessen unternehmerischer Tätigkeit, d.h. als die Organisationseinheit der wirtschaftlichen Betätigung oder kurz als der Betrieb, dessen Inhaber der Unternehmer ist (vgl. auch o., § 2 Abs. 1 Nr. 1 Rdn. 45.). Unter dem weiteren Bezugsobjekt der Anschwärzung »**Unternehmensleitung**« dürfte nur das (gesellschafts-)rechtlich zur Geschäftsführung berufene Organ oder Gremium zu verstehen sein, also z.B. der Geschäftsführer einer GmbH, der Vorstand einer AG und die geschäftsführenden Gesellschafter einer Personengesellschaft.[22] Anschwärzungen, die sich auf ein Mitglied einer untergeordneten Führungsebene, z.B. einen Abteilungsleiter in einem großen Unternehmen, beziehen, sind nicht unmittelbar tatbestandsmäßig. In ihnen kann aber im Einzelfall zugleich eine Anschwärzung des Unternehmens als Ganzes liegen.

4. Handlungsform: Behaupten oder Verbreiten von Tatsachen

a) Tatsachenbehauptung

aa) Grundsatz

16 Anders als § 4 Nr. 1 kann § 4 Nr. 2 nicht sowohl durch Tatsachenbehauptungen als auch durch Meinungsäußerungen über einen Mitbewerber begangen werden. Äußerungsinhalt muss hier vielmehr immer eine Tatsache sein. Die Abgrenzung zwischen Tatsachen und Wertungen ist bei § 4 Nr. 2 folglich nicht erst für die Zulässigkeit der Äußerung (Lauterkeitsprüfung), sondern schon auf der Ebene des Verletzungstatbestandes bedeutsam. Allgemein gilt, dass **Tatsachen** Vorgänge oder Zustände sind, deren Vorliegen prinzipiell dem **Wahrheitsbeweis** zugänglich ist. Ob dieser praktisch leicht zu führen ist oder ob dies typischerweise mit Schwierigkeiten verbunden ist – wie vor allem bei Umständen aus der Innenwelt einer Person (Gedanken, Gefühlen, sog. inneren Tatsachen) – ist nicht maßgeblich. Demgegenüber sind **Werturteile** durch das Ele-

22 Vgl. *Köhler*/Bornkamm/Feddersen, § 4 Rn. 2.17; Ohly/Sosnitza/Ohly, § 2 Rn. 2/11.

ment des Wertens, Meinens und Dafürhaltens gekennzeichnet und können daher geteilt oder nicht geteilt, nicht aber verifiziert oder falsifiziert werden.[23] Sie sind keine Aussagen (Erkenntnisurteile) über Eigenschaften des Bezugsobjekts, sondern über Einstellungen des Subjekts zu diesem. Als solche geben sie keine Sachverhalte wieder und sind deshalb einem intersubjektiven Wahrheitsbegriff unzugänglich. Zwar können im Prinzip sämtliche Urteilssätze über einen Gegenstand zugleich als elliptische Aussagen über das äußernde Subjekt verstanden werden. So enthält der Satz: »Der Stuhl ist grün.« implizit auch die Aussage: »Ich sehe (oder: weiß), dass (der Stuhl grün ist)«. Der Satz »Der Stuhl ist schön« kann gelesen werden als: »Ich meine, dass (der Stuhl schön ist)«. Nur der erste Satz gibt dabei aber sowohl einen das Subjekt als auch einen das Objekt betreffenden *Sachverhalt* wieder. Im zweiten enthält hingegen nur der Hauptsatz (»Ich meine ...«) eine (innere) Tatsache, deren Wahrheit (Wahrhaftigkeit) sinnvoll untersucht werden kann. Zutreffend formuliert die Rechtsprechung daher, dass für Werturteile die subjektive Beziehung des sich Äußernden zum Inhalt seiner Aussage kennzeichnend ist, während Tatsachenbehauptungen durch die objektive Beziehung zwischen der Äußerung und der Wirklichkeit charakterisiert werden.[24]

Sofern eine Äußerung durch Elemente der Stellungnahme, des Dafürhaltens oder Mei- **17**
nens geprägt ist, ist sie auch dann als Meinungsäußerung einzustufen, wenn sich diese **Elemente**, wie häufig, mit Elementen einer Tatsachenmitteilung oder -behauptung **verbinden oder vermischen**. Sie genießt dann insgesamt den Schutz des Grundrechts auf Meinungsfreiheit (Art. 5 Abs. 1 1 GG). Dies wurde vom BVerfG zunächst für Fälle angenommen, in denen sich die tatsächlichen und die wertenden Teile nicht trennen lassen *und* der tatsächliche Gehalt gegenüber der Wertung in den Hintergrund tritt.[25] In späteren Judikaten hat es das BVerfG dann genügen lassen, dass beide Elemente *entweder* dergestalt miteinander verbunden sind, dass sie erst gemeinsam den Sinn einer Äußerung ausmachen, eine Auftrennung den Sinn also verfälschen würde,[26] *oder* dass der wertende Gehalt den Schwerpunkt bildet, das tatsächliche Element also nicht

23 Vgl. BGH, 17.11.2009, VI ZR 226/08, GRUR 2010, 458, 460 Rn. 15 m.w.N. – *Heute wird offen gelogen.*

24 Vgl. BVerfG, 13.04.1994, 1 BvR 23/94, BVerfGE 90, 241, 247 Rn. 26 f. – *Auschwitzlüge*; BVerfG, 13.02.1996, 1 BvR 262/91, BVerfGE 94, 1, 8 Rn. 28 – *DGHS*; BVerfG, 04.11.2009, 1 BvR 2150/08, BVerfGE 124, 300, 320 Rn. 49 – *Rudolf-Heß-Gedenkfeier*; BVerfG, 16.03.2017, 1 BvR 3085/15, NJW-RR 2017, 1003 Rn. 13; BGH, 16.12.2014, VI ZR 39/14, GRUR 2015, 289, 290 Rn. 8 – *Hochleistungsmagneten*; BGH, 26.01.2017, I ZR 217/15, juris Rn. 41 m.w.N. – *Wettbewerbsbezug*; vgl. zum Ganzen auch Grimm, NJW 1995, 1697, 1699; Rühl, AfP 2000, 17; R. Schmidt, Äußerungsrechtlicher Schutz gegenüber Bewertungsportalen im Internet, S. 54 ff.

25 Vgl. BVerfG, 22.06.1982, 1 BvR 1376/79, BVerfGE 61, 1, 9 Rn. 16 – *NPD Europas*.

26 Vgl. BVerfG, 09.10.1991, 1 BvR 1555/88, BVerfGE 85, 1, 16 f. Rn. 49; BVerfG, 13.04.1994, 1 BvR 23/94, BVerfGE 90, 241, 248 Rn. 29 – *Auschwitzlüge*.

gleichgewichtig mitprägend ist.[27] Der für das allgemeine Deliktsrecht und damit für den nicht lauterkeitsrechtlichen Rechtsschutz gegen herabsetzende oder kreditgefährdende Äußerungen zuständige VI. Zivilsenat des BGH folgert hieraus in ständiger Rechtsprechung, dass aus einer komplexen Äußerung nicht Sätze oder Satzteile mit tatsächlichem Gehalt herausgegriffen werden und als unrichtige Tatsachenbehauptung untersagt werden dürfen, wenn die Äußerung nach ihrem – zu würdigenden – Gesamtzusammenhang in den Schutzbereich des Grundrechts auf freie Meinungsäußerung gemäß Art. 5 Abs. 1 GG fallen kann und in diesem Fall eine Abwägung zwischen den verletzten Grundrechtspositionen erforderlich wird.[28] Daran ist jedenfalls richtig, dass eine isolierte Betrachtung tatsächlicher Äußerungsteile die Anforderung an die Deutung der Gesamtaussage verfehlen kann. Scheinbar tatsächliche Aussagen können sich bei der gebotenen Berücksichtigung des Kontextes, in den sie eingebettet sind und durch den ihr Verständnis beeinflusst wird, als Ausdrucksweisen von Wertungen erweisen.[29] Die Anwendung dieser Erwägung auf den Einzelfall durch den BGH erscheint mitunter allerdings überzogen. Versucht etwa jemand, seinem Werturteil dadurch eine größere Überzeugungskraft zu verleihen, dass er (bewusst) wahrheitswidrig behauptet, auch andere hätten sich entsprechend geäußert,[30] so ist nicht einzusehen, warum beide Äußerungsteile nicht unterschiedlich zu behandeln sein sollten. Das Werturteil des Äußernden (im Fall des BGH: Bezeichnung der Geschäftsmethoden der Klägerin als »Bauernfängerei«) und der tatsächliche Teil der Äußerung (unzutreffende Behauptung, ein Dritter habe das Geschäftsmodell der Klägerin so bezeichnet) beeinflussen die Deutung des jeweils anderen Äußerungsteils nicht und lassen sich daher ohne Sinnentstellung voneinander trennen. In einer solchen Konstellation ist kein Grund ersichtlich, nicht jeden Teil den für ihn geltenden Regeln zu unterwerfen, also das Werturteil als zulässige Meinungsäußerung einzustufen, das tatsächliche Element aber als unwahre Tatsachenbehauptung zu behandeln und bei Vorliegen der weiteren Voraussetzungen (ggf. nach § 4 Nr. 2) zu verbieten.[31]

18 Maßgeblich für die Abgrenzung ist stets das **Verkehrsverständnis**. Zu prüfen ist also, wie der angesprochene Verkehr die Äußerung nach Form und Inhalt in ihrem Gesamt-

---

27 Vgl. BVerfG, 07.11.2002, 1 BvR 580/02, WRP 2003, 69, 70 (juris Rn. 8 f.) – *Anwaltsranking*; ebenso BGH, 19.05.2011, I ZR 147/09, GRUR 2012, 74, 78 Rn. 30 – *Coaching Newsletter*; BGH, 31.03.2016, I ZR 160/14, GRUR 2016, 710, 712 Rn. 23 ff. – *Im Immobiliensumpf*; BGH, 01.03.2018, I ZR 264/16, GRUR 2018, 622, 625 Rn. 29 f. – *Verkürzter Versorgungsweg II*; HansOLG Hamburg, 30.06.2016, 5 U 58/13, GRUR-RR 2017, 148, 152 Rn. 39 – *Abgewohntes Hotel*.

28 Vgl. BGH, 25.03.1997, VI ZR 102/96, WRP 1997, 785, 786 f. Rn. 16 ff. – *Beratung bei Kapitalanlagegeschäften*; BGH, 03.02.2009, VI ZR 36/07, WRP 2009, 631, 632 Rn. 11 – *»Fraport-Manila-Skandal«*; BGH, 17.11.2009, VI ZR 226/08, GRUR 2010, 458, 460 Rn. 15 m.w.N. – *Heute wird offen gelogen*.

29 Vgl. zutreffend BGH, 25.03.1997, VI ZR 102/96, WRP 1997, 785, 786 f. (juris Rn. 17 f.) – *Beratung bei Kapitalanlagegeschäften*.

30 So der Sachverhalt von BGH, 16.11.2004, VI ZR 298/03, WRP 2005, 236 – *Bauernfängerei* m.w.N., aufgehoben durch BVerfG, 08.05.2007, 1 BvR 193/05, NJW 2008, 358; neu, aber mit gleichem Ergebnis entschieden durch BGH, 20.11.2007, VI ZR 144/07, VersR 2008, 1081.

31 So zum Lauterkeitsrecht auch Ohly/Sosnitza/Ohly, § 4 Rn. 2/12 m.w.N.

zusammenhang versteht.[32] Hiervon ausgehend erkennen die Wettbewerbsgerichte bei Äußerungen, die sich als geschäftliche Handlungen darstellen, vielfach in weiterem Umfang einen **Tatsachenkern** und unterstellen die Äußerung häufiger (auch) den für Tatsachenbehauptungen einschlägigen Regelungen, als dies außerhalb des Lauterkeitsrechts der Fall ist. So ist etwa der Einstufung eines Verhaltens als strafrechtlich relevant der Charakter einer Tatsachenbehauptung i.S.d. § 4 Nr. 2 in Fällen zugesprochen worden, in denen sie nicht als Rechtsmeinung kenntlich gemacht war. Dabei wurde als maßgeblich angesehen, dass sie bei dem Adressaten zugleich die Vorstellung von konkreten, in die Wertung eingekleideten Vorgängen hervorgerufen habe, die als solche einer Überprüfung mit den Mitteln des Beweises zugänglich sind, also auf eine erkennbare und ihrerseits nicht nur ganz substanzarme Tatsachengrundlage gestützt gewesen sei.[33] Auch sonstige an sich wertende Aussagen sind als Tatsachenbehauptungen qualifiziert worden, wenn sich entweder aus dem Kontext der Äußerung selbst[34] oder aus den beim angesprochenen (Fach-)Publikum vorhandenen Vorkenntnissen ergibt, welcher – substanzielle – Tatsachengehalt mit der an sich wertenden Ausdrucksweise behauptet wird.[35] Noch weiter geht die Rechtsprechung zur sog. **Spitzenstellungswerbung** (§ 5), die sogar in an sich gänzlich substanzarmen Anpreisungen wie »die große Tageszeitung« oder »das beste Netz« einen Tatsachenkern erkennt und sie daher als (irreführende) Angaben, also Tatsachenbehauptungen, einstuft.[36]

Allerdings wird eine tragfähige Begründung dafür, dass im Lauterkeitsrecht andere (verfassungsrechtliche) Maßstäbe gelten könnten als außerhalb von Wettbewerbsverhältnissen, nicht angegeben und ist – zumindest außerhalb des vollharmonisierten Bereichs – auch nicht ersichtlich. Rechtfertigen lässt sich die großzügigere Heranziehung der Kategorie der Tatsachenbehauptung daher wohl nicht rechtlich, sondern allenfalls aus empirischer Perspektive: *Sofern* das maßgebliche *Verkehrsverständnis* einer Aussage im Wettbewerb ihr trotz ihres wertenden Gehalts einen abgrenzbaren Tatsachenkern beimisst und dieses Verständnis im Einzelfall willkürfrei und ohne Verstoß gegen prozessuale Grundrechte ermittelt worden ist, bestehen keine verfassungsrechtlichen Bedenken

---

32 Vgl. BGH, 22.10.1987, I ZR 247/85, GRUR 1988, 402, 403 (juris Rn. 17) – *Mit Verlogenheit zum Geld*; BGH, 14.05.2009, I ZR 82/07, GRUR 2009, 1186 Rn. 15 – *Mecklenburger Obstbrände*; BGH, 26.01.2017, I ZR 217/15, WRP 2017, 1085, 1088 Rn. 41 m.w.N. – *Wettbewerbsbezug*; zur Berücksichtigung des Gesamtkontextes auch BVerfG, 10.10.1995, 1 BvR 1476/91 u.a., BVerfGE 93, 266, 295 Rn. 120 – *Soldaten sind Mörder*; BVerfG, 04.08.2016, 1 BvR 2619/13, juris Rn. 13; BVerfG, 16.03.2017, 1 BvR 3085/15, juris, Rn. 13; BGH, 27.06.2002, I ZR 103/00, GRUR 2003, 436, 438 (juris Rn. 56 ff.) – *Feldenkrais.*

33 Vgl. BGH, 22.06.1982, VI ZR 255/80, GRUR 1982, 633, 634 Rn. 14 – *Geschäftsführer*; BGH, 31.03.2016, I ZR 160/14, GRUR 2016, 710, 712 f. Rn. 28 f. m.w.N. – *Im Immobiliensumpf.*

34 Vgl. BGH, 27.06.2002, I ZR 103/00, GRUR 2003, 436, 438 (juris Rn. 57: »nicht die notwendige Erfahrung«) – *Feldenkrais.*

35 Vgl. BGH, 14.05.2009, I ZR 82/07, GRUR 2009, 1186, 1187 Rn. 18 (»hoher« Methylalkoholgehalt) – *Mecklenburger Obstbrände*; zum Ganzen auch *Köhler*/Bornkamm/Feddersen, § 4 Rn. 2.13.

36 Vgl. exemplarisch HansOLG Hamburg, 15.05.1996, 3 U 216/95, NJWE-WettbR 1997, 49, 50 (juris Rn. 23); OLG Köln, 07.04.2017, 6 U 134/16, juris Rn. 70; anders OLG Hamm, 24.09.2013, 4 U 64/13, WRP 2014, 220, 228 (juris Rn. 96) – *Zahngesundheitsprogramm.*

dagegen, die Zulässigkeit der Aussage den für Tatsachenbehauptungen geltenden Regeln zu unterwerfen. Allerdings wird diese Annahme umso problematischer, je näher die angesprochenen Verkehrskreise dem im allgemeinen Äußerungsrecht maßgeblichen verständigen Durchschnittsrezipienten stehen.

bb) Folgerungen

19 Als Tatsachenbehauptungen i.S.d. § 4 Nr. 2 kommen demnach sämtliche Äußerungen in Betracht, die die angesprochenen Verkehrskreise als Wiedergabe eines realen (vergangenen oder gegenwärtigen) Vorgangs auffassen. Dies ist in der **Rechtsprechung** z.B. bei folgenden Äußerungen angenommen worden:[37] Behauptung, ein anderer lüge, konkret: Behauptung, eine Zeitung veröffentliche im Gewinninteresse immer wieder Artikel bewusst unwahren Inhalts[38] (anders aber bei bestimmten Umständen des Äußerungszusammenhangs)[39], Behauptung, die Aussage eines Arztes, er habe in New York studiert, sei mit an Sicherheit grenzender Wahrscheinlichkeit nicht korrekt;[40] Behauptung, ein Unternehmen der chemischen Industrie habe »Chemiegift einfach weggekippt«[41]; Behauptung, ein Stoff sei gesundheitsschädlich, insbesondere krebserregend[42]; Behauptung der Mangelhaftigkeit einer Teppichkehrmaschine, »die jeden Teppich zerpflückt«[43]; Behauptung, jemand sei inoffizieller Mitarbeiter der Stasi gewesen[44]; Behauptung, die Memoiren eines Politikers seien aufgrund von Eingriffen Dritter nicht authentisch[45]; Vorwurf des Transports von Tierfellen ohne die artenschutzrechtlich erforderlichen Dokumente[46]; Behauptung, jemand habe »pleite gemacht«[47].

20 Liegt eine Tatsachenbehauptung vor, so führen auch **einschränkende oder distanzierende Zusätze** des Äußernden wie etwa »Ich glaube…«, »wahrscheinlich«, »…sollen angeblich…« nicht dazu, dass dieser sich auf den weitergehenden Schutz für Meinungsäußerungen berufen kann (und § 4 Nr. 2 nicht anwendbar wäre)[48]. Eine nach dem

---

37 Vgl. zum allgemeinen Äußerungsrecht die umfangreiche Kasuistik bei Staudinger/Hager, § 823 BGB, Rn. C 73 ff.

38 Vgl. BGH, 22.10.1987, I ZR 247/85, GRUR 1988, 402, 403 (juris Rn. 17) – *Mit Verlogenheit zum Geld.*

39 Vgl. BGH, 17.11.2009, VI ZR 226/08, GRUR 2010, 458, 460 Rn. 15 ff. – *Heute wird offen gelogen.*

40 Vgl. BGH, 26.11.1996, VI ZR 323/95, GRUR 1997, 233, 235 (juris Rn. 48) – *Gynäkologe.*

41 Vgl. BGH, 12.05.1987, VI ZR 195/86, AfP 1987, 597 (juris Rn. 16).

42 Vgl. OLG Frankfurt, 18.01.1996, 6 U 43/94, juris Rn. 25; a.A. OLG München, 27.10.1993, 30 U 36/93, VersR 1994, 1478 (juris Rn. 17).

43 Vgl. BGH, 21.06.1966, VI ZR 266/64, NJW 1966, 2010 (juris Rn. 16) – *Teppichkehrmaschine.*

44 Vgl. BGH, 11.12.2012, VI ZR 314/10, GRUR 2013, 312, 313 Rn. 9 – *IM »Christoph«.*

45 Vgl. BGH, 30.05.1974, VI ZR 174/72, MDR 1974, 921 (juris Rn. 34 ff.) – *Brüning-Memoiren I.*

46 Vgl. BGH, 17.11.1992, VI ZR 344/91, GRUR 1993, 409, 410 (juris Rn. 12) – *»Illegaler Fellhandel«.*

47 Vgl. BGH, 28.06.1994, VI ZR 252/93, GRUR 1994, 915, 917 (juris Rn. 18) – *Börsenjournalist.*

48 Vgl. BGH, 22.04.2008, VI ZR 83/07, BGHZ 176, 175, 182 Rn. 18; BGH, 22.09.2009, VI ZR 19/08, WRP 2009, 1540, 1541 (juris Rn. 13); OLG München, 06.06.2013, 29 U 4911/12, GRUR-RR 2013, 516, 517.

Verkehrsverständnis bei Berücksichtigung des Gesamtzusammenhangs greifbare, mit Beweismitteln auf ihren Wahrheitsgehalt überprüfbare Aussage bleibt trotz der Verwendung derartiger Reservationsformeln eine Tatsachenbehauptung (wenn auch u.U. nur mit dem Gewissheitsgrad einer Verdachtsäußerung).

Werturteile und damit nicht nach § 4 Nr. 2 tatbestandsmäßige Äußerungen sind hingegen bei der Verwendung von Begriffen anzunehmen, die (unter Berücksichtigung des Äußerungskontextes) als Ergebnis einer subjektiven Beurteilung der gemeinten Person oder Sache durch den Äußernden erscheinen, insbesondere bei Schimpfwörtern, oder sonstigen pejorativen Beschreibungen (z.B. Halunke, Kredithai, Faschist, Bruchbude, Nepp, Primitivverkleidung der Fassaden,[49] Sekte[50], schlechte Qualität[51] o.ä.)[52]. **21**

cc) Besondere Äußerungsformen

(1) Verdacht

Wird ein Verdacht oder eine Vermutung geäußert, so liegt darin zwar insofern ein Moment der Stellungnahme, als der Sprecher zum Ausdruck bringt, dass die Tat, um die es geht, wahrscheinlich begangen worden sei. Dies ist aber nur scheinbar eine Besonderheit der Verdachtsbehauptung. Recht besehen ist das Verhältnis des Äußernden zu dem Gegenstand seiner Äußerung bei einer Verdachtsbehauptung kein grundsätzlich, sondern nur ein graduell anderes als bei der Behauptung einer Tatsache als feststehend. Denn auch diese enthält mit der zum Ausdruck gebrachten Überzeugung, dass das Behauptete tatsächlich geschehen sei, immer ein subjektives Moment, ohne hierdurch aber zur Meinungsäußerung zu werden. Zwar tritt bei einer Verdachtsbehauptung das subjektiv-wertende Element – die Einschätzung des Äußernden, dass das Berichtete mit *hinreichender* Wahrscheinlichkeit geschehen sei – stärker in den Vordergrund als bei der Behauptung einer Tatsache als Gewissheit. Dies ändert aber nichts daran, dass auch der Gegenstand der Verdachtsäußerung, die als wahrscheinlich hingestellte Tat, dem Beweis zugänglich ist. Der BGH hat daher Verdachtsäußerungen mehrfach als (verdeckte) Tatsachenbehauptungen qualifiziert.[53] Diese Einstufung liegt auch der **Rechtsprechung zur Verdachtsberichterstattung** zugrunde, wonach deren Zulässigkeit u.a. von einem Mindestbestand an Beweistatsachen abhängt.[54] Allerdings **22**

49 Vgl. zu §§ 14, 15 a.F. OLG Köln, 19.06.1998, 6 U 215/97, juris Rn. 45.

50 Vgl. OLG Frankfurt, 28.06.2018, 16 U 105/17, juris Rn. 57.

51 Vgl. BGH, 01.03.2018, I ZR 264/16, GRUR 2018, 622, 625 Rn. 29 f. – *Verkürzter Versorgungsweg II*.

52 Vgl. die Nachweise bei Staudinger/Hager, a.a.O., Rn. C 75.

53 Vgl. BGH, 26.01.1951, I ZR 19/50, NJW 1951, 352 – *Möbelbezugsstoffe*; BGH, 30.05.1974, VI ZR 174/72, MDR 1974, 921 Rn. 38 f. – *Brüning-Memoiren I*; BGH, 20.06.1978, VI ZR 66/77, NJW 1978, 2151 Rn. 10 – *Fehlmeldungen*; BGH, 11.12.2012, VI ZR 314/10, GRUR 2013, 312, 313 Rn. 12 ff. – *IM »Christoph«*; ebenso für die Verbreitung eines »Gerüchts« OLG Stuttgart, 08.02.2017, 4 U 166/16, juris Rn. 145 m.w.N.; vgl. a. Staudinger/Hager, § 823 BGB Rn. C 76.

54 Vgl. nur BGH, 16.02.2016, VI ZR 367/15, GRUR 2016, 532, 534 Rn. 24 m.w.N. – *Online-Archiv einer Tageszeitung*.

kommt es stets auf die Umstände des Einzelfalls an. So kann der Tatsachengehalt durch ein wertendes Element derart überlagert sein, dass es zum Schutz der Meinungsfreiheit geboten ist, die Äußerung insgesamt den für ein Werturteil geltenden Rechtsfolgen zu unterstellen.[55] Auch kann der subjektiv geprägte Vorgang der Schlussfolgerung aus bestimmten Umständen auf die geäußerte Vermutung so sehr im Vordergrund stehen, dass sich die Äußerung als Werturteil darstellt.[56] Im Ergebnis dasselbe gilt, wenn eine Verdachtsäußerung so wenig konkret greifbare tatsächliche Substanz hat, dass der angesprochene Verkehr sie nicht mehr als intersubjektiv nachvollziehbare Aussage, sondern nur noch als Ausdruck der subjektiven Stellungnahme auffassen kann.[57]

(2) Fragen

23 Auch Sätze in der grammatischen Form von Fragen können rechtlich als Tatsachenbehauptungen zu qualifizieren sein. Entscheidend ist, ob es sich um echte, sog. offene Fragen handelt, deren Antwort der Fragende nicht kennt, sondern erst erfahren möchte, oder ob die Frageform sich nur als ein Stilmittel darstellt, mittels dessen eigentlich eine Aussage transportiert werden soll (rhetorische Frage).[58] Als Anschwärzung i.S.d § 4 Nr. 2 kommen nur rhetorische Fragen, nicht aber offene Fragen in Betracht. Die Abgrenzung wird oftmals schwierig sein. Maßgeblich sind der Äußerungskontext und die weiteren Umstände, wie sie sich dem angesprochenen Verkehr darstellen. Im Zweifel ist im Interesse eines wirksamen Grundrechtsschutzes von einer offenen Frage auszugehen.[59]

(3) Rechtsbegriffe

24 Werden juristische Fachbegriffe verwendet, ist zu differenzieren: Die rechtliche Würdigung eines Sachverhalts ist für sich genommen das Ergebnis eines Wertungsprozesses und daher als **Werturteil** einzustufen. Keine Tatsachenbehauptung i.S.d. § 4 Nr. 2 liegt daher vor, wenn ohne Bezug zu einem bestimmten Sachverhalt z.B. geäußert wird, ein

55 Vgl. BGH, 03.02.2009, VI ZR 36/07, WRP 2009, 631, 633 Rn. 15 – *»Fraport-Manila-Skandal«*; BGH, 17.12.2015, I ZR 219/13, GRUR-RR 2016, 410, 413 f. Rn. 44 f. – *Dr. Estrich* m.w.N.

56 Vgl. BVerfG, 04.08.2016, 1 BvR 2619/13, juris Rn. 14; OLG Karlsruhe, 25.10.2002, 14 U 67/02, NJW-RR 2003, 109, 110 Rn. 11; bedenklich aber BVerfG, 16.03.2017, 1 BvR 3085/15, NJW-RR 2017, 1003, 1004 Rn. 14, wo eine überzeugende Abgrenzung fehlt und überdies die Gründe des mit der Verfassungsbeschwerde angegriffenen Urteils (vgl. zu diesem BeckRS 2014, 120353) entscheidend fehlgedeutet werden.

57 Vgl. z.B. BGH, 22.09.2009, VI ZR 19/08, WRP 2009, 1540, 1541 (juris Rn. 15): Verdacht »unsauberer Geschäfte«; BGH, 19.05.2011, I ZR 147/09, GRUR 2012, 74, 77 f. Rn. 30 – *Coaching Newsletter*; zu einer auf eine rechtliche Subsumtion bezogene Vermutung OLG Brandenburg, 13.12.2016, 6 U 76/15, WRP 2017, 469 Rn. 15 (juris Rn. 22) – *Ehefrau im Bauamt.*

58 Vgl. BVerfG, 09.10.1991, 1 BvR 221/90, BVerfGE 85, 23, 33 Rn. 45 – *rhetorische Frage*; BVerfG, 12.11.2002, 1 BvR 232/97, NJW 2003, 660, 661 f. Rn. 15; BGH, 09.12.2003, VI ZR 38/03, WRP 2004, 367, 368 f. (juris Rn. 19 f.) BGH, 27.09.2016, VI ZR 250/13, GRUR 2017, 298 Rn. 13 ff. – *»Mal PR-Agent, mal Reporter«*.

59 Vgl. BVerfG, 09.10.1991, 1 BvR 221/90, BVerfGE 85, 23, 33 Rn. 46; BVerfG, 04.11.2013, 1 BvR 2102/12, NJW 2014, 766, 767 Rn. 24.

Mitbewerber verhalte sich wettbewerbswidrig oder nehme betrügerische Geschäfte vor. Entsprechendes gilt für die Subsumtion eines Sachverhalts unter einen Rechtsbegriff, wenn der Sachverhalt als solcher nicht in Streit steht, etwa weil er bereits allgemein bekannt ist oder vom Kläger aus sonstigen Gründen nicht angegriffen wird. Die Verwendung des Rechtsbegriffs ist dann ein Werturteil.[60] Anders liegt es hingegen, wenn diese sich nicht als bloße Rechtsauffassung darstellt, sondern beim Adressaten zugleich die Vorstellung von **konkreten**, in die Wertung eingekleideten **Vorgängen** hervorruft, die als solche einer Überprüfung mit den Mitteln des Beweises zugänglich sind.[61] Dies kann etwa der Fall sein, wenn einem Rechtsanwalt vorgeworfen wird, er veruntreue Mandantengelder[62] oder über einen anderen behauptet wird, er habe Polizisten bestochen[63] oder illegal mit Häuten und Fellen geschützter Arten gehandelt.[64] Bei der Bezeichnung des Betroffenen mit Rechtsbegriffen wie »Betrüger« oder »Dieb« ist von einer Wertung auszugehen, soweit sich nicht aus dem Zusammenhang ergibt oder als bekannt vorausgesetzt werden kann, dass an ein bestimmtes historisches Geschehen, z.B. die Verurteilung des Äußerungsbetroffenen wegen eines entsprechenden Delikts, angeknüpft wird.

(4) Unberechtigte Schutzrechtsverwarnungen

Nach denselben Grundsätzen sind die Fälle unberechtigter Schutzrechtsverwarnungen 25
zu beurteilen.[65] Die Behauptung, dass der Verwarnte ein Schutzrecht des Verwarners verletzt habe, ist in der Regel insgesamt als Meinungsäußerung einzustufen, weil mit ihr das Ergebnis einer rechtlichen Würdigung geltend gemacht wird.[66] Allerdings kann die Verwarnung auch tatsächliche Elemente aufweisen, die – soweit sie isoliert angegriffen werden – als Tatsachenbehauptung i.S.d. § 4 Nr. 2 in Betracht zu ziehen sein können (wofür die Verwarnung allerdings einem Dritten gegenüber, namentlich als Abnehmerverwarnung, geäußert worden sein muss). So kann es z.B. liegen, wenn bereits der Wahrheit zuwider behauptet wird, dass überhaupt ein Schutzrecht erteilt worden sei.[67] Dasselbe gilt, wenn der Inhalt des Rechts, dessen sich der Verwarner

60 Vgl. BGH, 31.03.2016, I ZR 160/14, WRP 2016, 843, 847 Rn. 30 – *Im Immobiliensumpf*: »Ich halte das für organisierte Wirtschaftskriminalität.«; OLG Celle, 21.01.1988, 13 U 281/87, VersR 1988, 801; OLG Karlsruhe, 23.10.1996, 6 U 74/96, AfP 1998, 72, 73 (juris Rn. 48 f.).

61 Vgl. BGH, 22.06.1982, VI ZR 251/80, GRUR 1982, 631, 632 (juris Rn. 17) – *Klinikdirektoren*; BGH, 22.06.1982, VI ZR 255/80, GRUR 1982, 633, 634 (juris Rn. 14) – *Geschäftsführer*; BGH, 27.04.1999, VI ZR 174/97, NJW-RR 1999, 1251, 1252 f. Rn. 18 m.w.N.; vgl. hierzu a. BVerfG, 08.05.2007, 1 BvR 193/05, NJW 2008, 358, 359 Rn. 28.

62 Vgl. den Sachverhalt aus OLG Schleswig, 25.01.2002, 1 W 3/02, JurBüro 2002, 316.

63 So – zu einer Verdachtsäußerung – OLG Stuttgart, 08.02.2017, 4 U 166/16, GRUR-Prax 2017, 335 (zit. nach juris, dort Rn. 145); MünchKomm/Wagner BGB, § 824 Rn. 23.

64 Vgl. BGH, 17.11.1992, VI ZR 344/91, GRUR 1993, 409, 410.

65 Vgl. Brammsen/Apel, WRP 2009, 1464, 1467.

66 Vgl. Teplitzky, GRUR 2005, 9, 13.

67 Vgl. Ullmann, GRUR 2001, 1027, 1030.

berühmt, in tatsächlicher Hinsicht unzutreffend bzw. nicht erweislich wahr dargestellt wird.[68]

(5) Prognosen

26 Prognosen betreffen ein zukünftiges Geschehen und entziehen sich daher definitionsgemäß den Kategorien von wahr und unwahr, also der Beweisbarkeit. Es handelt sich folglich nicht um Tatsachenbehauptungen. Nicht ausgeschlossen ist allerdings, dass sich in einer Aussage über ein zukünftiges Geschehen die Behauptung einer Absicht oder Bereitschaft einer Person verbirgt. Z.B. kann die Behauptung, ein Mitbewerber werde bei nächster Gelegenheit seine Produktion in ein Billiglohnland verlagern und viele Arbeitnehmer entlassen, dahingehend zu verstehen sein, dass der Unternehmer bereits jetzt diese Absicht hege. Dies ist dann allerdings eine **innere Tatsache**, die prinzipiell dem Beweis zugänglich ist, mag dieser auch nicht unmittelbar und daher de facto zumeist schwerer als bei einer äußeren Tatsache zu führen sein.

(6) Sachverständigengutachten, wissenschaftliche Untersuchungen

27 Auch Sachverständigengutachten oder wissenschaftliche Studien können den Charakter einer geschäftlichen Handlung erlangen, wenn sie von einem Unternehmer zu Wettbewerbszwecken eingesetzt werden.[69] Was ihre Einordnung als Tatsachenbehauptung oder Werturteil angeht, dürfte zu differenzieren sein: Soweit ein Gutachten, eine Studie oder sonstige wissenschaftliche Stellungnahme – wie regelmäßig – eine Darstellung von **Anknüpfungs- oder Befundtatsachen** enthält, handelt es sich um Tatsachenbehauptungen. Der tatsächliche Charakter derartiger Mitteilungen geht dadurch, dass ein zu sachkundigen Bewertungen Befähigter sie (aufgrund fachlicher Vorauswahl) mitteilt, nicht verloren. Problematischer ist hingegen die Einordnung der Schlussfolgerungen, die der Sachverständige aus den zugrunde zu legenden Tatsachen zieht. Hierbei handelt es sich um das Ergebnis subjektiver Wertungen unter Auswahl, Ausschluss und Gewichtung von Erfahrungssätzen und Hypothesen – worin sich die Funktion des Sachverständigen im Prozess gerade von der Rolle des auf rein tatsächliche Wahrnehmungen beschränkten Zeugen unterscheidet.[70] Das spricht dafür, die Ergebnisse eines Gutachtens oder einer Studie als Werturteile einzustufen. Zweifelhaft erscheint dies aber wiederum dann, wenn man bedenkt, dass es sich bei Sachverständigengutachten gerade um ein Mittel des Erkenntnisgewinns auf tatsächlichem Gebiet handelt. Insbesondere im Prozess soll das Gutachten eines Sachverständigen dazu dienen, Beweis über eine zwischen den Parteien streitige *Tatsache* zu erbringen. Dies scheint nun dafür zu sprechen, auch die (mitgeteilten) Ergebnisse einer wissenschaftlichen Arbeit als Tatsachenbehauptungen zu qualifizieren. Die Rechtsprechung stuft dennoch wissenschaftliche

---

68 Vgl. OLG München, 27.01.1994, 29 U 210/93, ZUM 1994, 734, 736; SaarlOLG, 24.10.2001, 1 U 354/01 – juris Rn. 44: Mitbewerber setze eine für den Verwarner rechtlich geschützte Technik ein.

69 *Vgl. exempl. BGH, 17.01.2002, I ZR 161/99*, GRUR 2002, 633, 635 Rn. 25 – *Hormonersatztherapie*: Versendung eines wissenschaftlichen Beitrags an Fachkreise.

70 Vgl. Zöller/Greger, ZPO, § 402 Rn. 1 f.

Äußerungen, namentlich den Schlussteil eines wissenschaftlichen Gutachtens, seit jeher regelmäßig als **Werturteil** und nicht als Tatsachenbehauptung ein.[71] Eine Ausnahme hiervon wird nur für solche (praktisch wohl wenig bedeutsamen) Fälle anerkannt, in denen der Experte seine Kenntnisse und Fertigkeiten bloß vortäuscht oder sich leichtfertig über die Regeln seines Fachs hinwegsetzt.[72] Diesen Grundsätzen dürfte zu folgen sein. Dass ein Sachverständigengutachten prozessual als Beweismittel für Tatsachen vorgesehen ist und wissenschaftliche Hypothesen verifizieren oder falsifizieren kann, ändert nichts daran, dass es hier in aller Regel um eine zusammenfassende Würdigung des Tatsachenmaterials anhand wissenschaftlich anerkannter Erfahrungssätze und Axiome geht. Diese kann immer nur den Anspruch erheben, näher zu liegen oder überzeugender begründet zu sein als denkbare Alternativen, nicht aber den Wahrheitsanspruch, den ein Augenzeuge für seine Wahrnehmung erhebt.

b) Behaupten oder Verbreiten

aa) Allgemeines

Der objektive Tatbestand des § 4 Nr. 2 erfordert des Weiteren, dass die Tatsache behauptet oder verbreitet wird. Das Begriffspaar ist auch aus anderen Bereichen des Äußerungsrechts geläufig, namentlich aus §§ 186 f. StGB und § 824 Abs. 1 BGB. Hier wie dort geht es bei der Unterscheidung um das – erkennbare – Verhältnis des Äußernden zum Äußerungsinhalt. Eine Tatsache wird behauptet, wenn sie Dritten gegenüber als **Gegenstand der eigenen Kenntnis** und Richtigkeitsüberzeugung des Äußernden dargestellt wird. Dabei ist nicht erforderlich, dass eine eigene Wahrnehmung des Äußernden zugrunde liegt. Vielmehr wird eine Tatsache auch dann behauptet und nicht lediglich verbreitet, wenn der Äußernde sich die Kenntnis eines anderen zu eigen gemacht hat.[73] Verbreitet wird eine Tatsache demgegenüber, wenn eine **fremde Tatsachenbehauptung** weitergegeben wird, *ohne dass* der Äußernde sich mit dem Inhalt identifiziert.[74] 28

Maßgeblich ist insoweit der zurechenbare Eindruck, der durch die Äußerung entsteht.[75] Ebenso wie für die Auslegung des Inhalts kommt es nicht entscheidend auf 29

71 Vgl. bereits RG, 14.03.1914, I 242/13, RGZ 84, 294, 296 f.; BGH, 18.10.1977, VI ZR 171/76, GRUR 1978, 258, 259 Rn. 15 ff. – *Schriftsachverständiger*; BGH, 23.02.1999, VI ZR 140/98, NJW 1999, 2736 f. Rn. 12 – *Alkoholintoxikation*; OLG Hamm, 19.12.1983, 3 U 71/83, AfP 1984, 110 (zit. nach juris, dort Rn. 41); OLG München, 27.10.1993, 30 U 36/93, MDR 1994, 28 f. (juris Rn. 16 f.); OLG Köln, 29.08.2012, 5 U 104/12, VersR 2013, 1143, 1144 (juris Rn. 14).

72 Vgl. BGH, 23.02.1999, VI ZR 140/98, NJW 1999, 2736 f. Rn. 12 – *Alkoholintoxikation*.

73 Vgl. (zu § 4 Nr. 8 a.F.) BGH, 19.03.2015, I ZR 94/13, GRUR 2015, 1129, 1131 Rn. 25 – *Hotelbewertungsportal*; zu § 824 BGB auch BGH, 20.06.1969, VI ZR 234/67, NJW 1970, 187, 188 Rn. 31 – *Hormoncreme*; zu § 186 StGB BGH, 30.01.1996, VI ZR 386/94, BGHZ 132, 13, 18 f. (juris Rn. 18 ff.) – *Polizeichef*; BGH, 17.12.2013, VI ZR 211/12, BGHZ 199, 237, 248 Rn. 18 f. – *Sächsische Korruptionsaffäre*, je m.w.N.

74 Vgl. BGH, 23.02.1995, I ZR 75/93, GRUR 1995, 427, 428 (juris Rn. 15) – *Schwarze Liste*; BGH, 19.03.2015, I ZR 94/13, GRUR 2015, 1129, 1132 Rn. 30 – *Hotelbewertungsportal*.

75 Vgl. Ohly/Sosnitza/Ohly, § 4 Rn. 2/14.

die – wahre – innere Einstellung des Äußernden an, sondern auf eine objektive Perspektive, d.h. die Sicht eines verständigen Durchschnittsrezipienten auf Grundlage einer Gesamtbetrachtung aller relevanten Umstände.[76] Ein Zu-eigen-Machen liegt danach regelmäßig vor, wenn die fremde Äußerung so in den eigenen Gedankengang eingefügt wird, dass die gesamte Äußerung als eigene *erscheint*. Hierfür kann es u.U. bereits genügen, dass die fremde Äußerung ohne Distanzierung wiedergegeben wird. Allerdings ist zum Schutz der (negativen) Meinungsfreiheit bei der Annahme des Zu-eigen-Machens einer fremden Äußerung Zurückhaltung geboten[77]. Insbesondere kann sich schon aus der äußeren Form der Veröffentlichung ergeben, dass lediglich eine fremde Äußerung ohne eigene Wertung oder Stellungnahme mitgeteilt wird, so beispielsweise bei der Wiedergabe einer Übersicht verschiedener Meinungen wie etwa dem Abdruck einer Presseschau.[78]

bb) Sonderfall: Internetveröffentlichungen

30 Diese Grundsätze gelten im Wesentlichen auch für die Kommunikation im Internet, namentlich für die Haftung eines Portalbetreibers (Hostproviders) für dort von Dritten geäußerte Tatsachen.[79] Hier kommt es auf die Abgrenzung zwischen eigenen und lediglich verbreiteten fremden Behauptungen allerdings besonders an. § 7 Abs. 1 TMG eröffnet nämlich eine eigene Haftung des Diensteanbieters nach den allgemeinen Gesetzen, also ggf. auch nach § 4 Nr. 2, ohne weiteres nur in Bezug auf »eigene Informationen« des Anbieters. Für lediglich verbreitete fremde Informationen ist die Haftung des Diensteanbieters hingegen nach § 7 Abs. 2, Abs. 3, §§ 8 bis 10 TMG erheblich eingeschränkt. Zu den eigenen Informationen zählen allerdings auch hier neben den ursprünglich vom Diensteanbieter selbst stammenden Mitteilungen auch Tatsachenbehauptungen Dritter, die sich der Diensteanbieter im soeben dargestellten Sinn zu eigen gemacht hat. Nach der Rechtsprechung soll dabei für ein Zu-eigen-Machen insbesondere sprechen, wenn der Anbieter die von Dritten hochgeladenen Inhalte inhaltlich-redaktionell auf Vollständigkeit und Richtigkeit kontrolliert oder ausgewählt oder die fremden Informationen in das eigene redaktionelle Angebot eingebunden hat. Dabei genügt, dass er sie auf die Rüge eines Äußerungsbetroffenen hin inhaltlich überprüft und auf sie Einfluss nimmt, indem er selbständig entscheidet, welche Äußerungen

76 Vgl. BGH, 12.11.2009, I ZR 166/07, GRUR 2010, 616, 618 Rn. 23 – *marions-kochbuch.de*; BGH, 27.03.2012, VI ZR 144/11, GRUR 2012, 751, 752 Rn. 11 – *RSS-Feeds*; BGH, 19.03.2015, I ZR 94/13, GRUR 2015, 1129, 1131 Rn. 25 – *Hotelbewertungsportal*; BGH, 01.03.2016, VI ZR 34/15, BGHZ 209, 139, 145 f. Rn. 17 – *jameda.de II*; Staudinger/Hager, § 823 BGB Rn. C 85a.

77 Vgl. BGH, 30.06.2009, VI ZR 210/08, GRUR 2009, 1093, 1094 Rn. 19 – *Focus Online*; BGH, 17.11.2009, VI ZR 226/08, GRUR 2010, 458, 459 Rn. 11 – *Heute wird offen gelogen*; BGH, 17.12.2013, VI ZR 211/12, BGHZ 199, 237, 248 f. Rn. 19 – *Sächsische Korruptionsaffäre*; Staudinger/Hager, § 823 BGB Rn. C 85a.

78 Vgl. *BVerfG, 30.09.2003,* 1 BvR 865/00, NJW 2004, 590, 591 (juris Rn. 15); BVerfG, 25.06.2009, 1 BvR 134/03, NJW-RR 2010, 470, 472 Rn. 67.

79 Vgl. zum Ganzen eingehend Büscher, GRUR 2017, 433 ff. (speziell zu § 4 Nr. 2: S. 437).

er abändert oder entfernt und welche er beibehält.[80] Nicht ausreichen sollen hingegen eine bloß statistische Auswertung der Portaleinträge und eine der Veröffentlichung vorgeschaltete automatische Überprüfung durch einen Wortfilter, die allein darauf ausgerichtet ist, die Einhaltung der Nutzungsbedingungen und etwaiger eigener Rechtspflichten sicherzustellen (z.B. Formalbeleidigungen oder unzulässige Eigenbewertungen zu finden).[81] Dies entspricht der Rechtsprechung des EuGH zu der dem TMG zugrundeliegenden Richtlinie 2000/31/EG (e-commerce-RL). Auch nach dieser kommt es für die unbeschränkte Verantwortlichkeit des Diensteanbieters darauf an, dass er sich nicht auf eine rein neutrale Rolle beschränkt, bei der seine Tätigkeit nur »rein technischer, automatischer und passiver Art« ist, weil er »weder Kenntnis noch Kontrolle über die weitergeleitete oder gespeicherte Information besitzt«. Vielmehr muss er eine **aktive Rolle** eingenommen haben, die ihm eine Kenntnis von bestimmten Daten oder eine Kontrolle über sie verschaffen kann.[82]

Liegt demnach ein Zu-eigen-Machen nicht vor und kommt daher nur ein Verbreiten **31**
in Betracht, ist in den Internetfällen die Grundentscheidung der §§ 7 ff. TMG und der ihnen zugrundeliegenden e-commerce-RL[83] zu beachten, wonach den Diensteanbieter keine allgemeine Überwachungspflicht trifft.[84] Diese Haftungsbeschränkung darf nicht dadurch unterlaufen werden, dass die Tätigkeit des Diensteanbieters als Verbreiten i.S.d. § 4 Nr. 2 eingestuft wird. Vielmehr kommt allenfalls eine Haftung wegen der Verletzung zumutbarer Prüfungspflichten nach Kenntniserlangung von einem Rechtsverstoß in Betracht. Die Rechtsprechung hat diese Pflichten unter dem Gesichtspunkt der Störerhaftung entwickelt,[85] sie der Sache nach aber auch im Wettbewerbsrecht, wo sie von diesem Institut abgerückt ist,[86] als – täterschaftliche – Verantwortlich-

---

80 Vgl. BGH, 04.04.2017, VI ZR 123/16, GRUR 2017, 844, 846 Rn. 18 ff. m.w.N. – *klinikbewertungen.de* (m. Anm. Hofmann).

81 Vgl. BGH, 19.03.2015, I ZR 94/13, GRUR 2015, 1129, 1131 Rn. 25 – *Hotelbewertungsportal.*

82 Vgl. EuGH, 23.03.2010, C-236/08 bis C-238/08, GRUR 2010, 445, 451 Rn. 113 f. – *Google und Google France*; EuGH, 12.07.2011, C-324/09, GRUR 2011, 1025, 1032 Rn. 112 f. – *L'Oréal/eBay*; BGH, 17.08.2011, I ZR 57/09, BGHZ 191, 19, 26 f. Rn. 22 f. – *Stiftparfüm*; BGH, 19.03.2015, I ZR 94/13, GRUR 2015, 1129, 1132 Rn. 31 – *Hotelbewertungsportal*; HansOLG Hamburg, 30.06.2016, 5 U 58/13, GRUR-RR 2017, 148, 151 Rn. 35 – *Abgewohntes Hotel.*

83 Vgl. Art. 15 RL 2000/31/EG; § 7 Abs. 2 Satz 1 TMG.

84 Vgl. BGH, 12.07.2007, I ZR 18/04, BGHZ 173, 188, 202 ff. Rn. 39 ff. – *Jugendgefährdende Medien bei eBay*; BGH, 19.03.2015, I ZR 94/13, GRUR 2015, 1129, 1132 Rn. 31 – *Hotelbewertungsportal*; Hofmann, WRP 2015, 1331; NK/Müller-Broich, § 7 TMG Rn. 4.

85 Vgl. BGH, HansOLG Hamburg, 28.01.2009, 5 U 255/07, MMR 2009, 405, 409 Rn. 82 – *Alphaload.*

86 Vgl. BGH, 22.07.2010, I ZR 139/08, GRUR 2011, 152, 156 Rn. 48 – *Kinderhochstühle im Internet*; BGH, 18.06.2014, I ZR 242/12, BGHZ 201, 344, 347 Rn. 11 – *Geschäftsführerhaftung.*

keit wegen der Verletzung wettbewerblicher Verkehrspflichten aufrechterhalten.[87] Ob und inwieweit dies allerdings auch nach der Einführung des § 7 Abs. 3 TMG angenommen werden kann, nach dem die Pflicht zur Entfernung oder Sperrung nur noch »aufgrund« gerichtlicher oder behördlicher Anordnung besteht, erscheint zweifelhaft.[88]

Diensteanbieter, die fremde Informationen i.S.d. § 8 Abs. 1 TMG lediglich durchleiten, insbesondere Internetzugangsvermittler (Access-Provider) ohne aktive Rolle[89], sind gem. § 8 Abs. 1 Satz 2 TMG n.F. überhaupt nicht für diese verantwortlich und können daher auch nicht auf Unterlassung in Anspruch genommen werden. In Betracht kommt lediglich ein Anspruch auf – vom Kläger konkret zu benennende – Sperrmaßnahmen entsprechend § 7 Abs. 4 TMG.[90]

32 Geschieht die Anschwärzung in einem **sozialen Netzwerk** und erfüllt sie einen Straftatbestand, insbesondere den des § 186 StGB, so sind hinsichtlich der Pflichten des verantwortlichen Telemediensteanbieters (Betreibers des Netzwerks) schließlich die Vorschriften des neuen NetzDG zu beachten.[91]

c) Adressat

33 Eine Anschwärzung nach § 4 Nr. 2 setzt schließlich in beiden Varianten (Behaupten und Verbreiten) voraus, dass die Aussage sich an einen **Dritten** richtet. Eine Äußerung nur dem betroffenen Mitbewerber selbst gegenüber ist hingegen nicht tatbestandsmäßig. Dies lässt sich zwar nicht ohne weiteres dem Wortlaut der Tätigkeitsbeschreibung entnehmen, denn eine Tatsache wird an sich auch dann – als Gegenstand eigenen oder fremden Wissens – weitergegeben, wenn sie nur demjenigen zur Kenntnis gebracht wird, den sie betrifft. Auch die Äußerung gegenüber dem Betroffenen ließe sich also eigentlich zwanglos unter die Handlungsbeschreibung »behaupten oder verbreiten« subsumieren. Die Einschränkung auf drittgerichtete Äußerungen ergibt sich hier aber ebenso wie bei § 824 BGB aus einem weiteren Tatbestandsmerkmal, nämlich der **Schädigungseignung**. § 4 Nr. 2 dient nicht, jedenfalls nicht allein, dem Schutz der (Geschäfts-)Ehre, die auch durch eine Äußerung allein gegenüber dem Beleidigungsopfer verletzt werden könnte, sondern erfordert die Eignung zur Betriebs- oder Kreditschädigung.[92] Diese setzt aber zwingend voraus, dass außer dem Äußernden und dem vom Äußerungsinhalt betroffenen Unternehmer auch ein Dritter die Äußerung zur

---

87 Vgl. BGH, 12.07.2007, I ZR 18/04, BGHZ 173, 188, 194 ff. Rn. 22 ff. – *Jugendgefährdende Medien bei eBay*; OLG Frankfurt, 23.10.2008, 6 U 139/08, GRUR-RR 2009, 315 – *Impressumspflicht*; speziell zu § 4 Nr. 8 a.F. BGH, 19.03.2015, I ZR 94/13, GRUR 2015, 1129, 1133 Rn. 40 ff. – *Hotelbewertungsportal*; NK/Müller-Broich, § 7 TMG Rn. 7; Paschke/Berlit/Meyer/v. Petersdorff-Campen, HKGesMedR, § 7 Rn. 9 ff.; Ohly, GRUR 2017, 441, 448 ff.

88 Vgl. Grisse, GRUR 2017, 1073, 1077 m.w.N.; Holznagel, CR 2017, 738, 740 ff.

89 Vgl. (zum Urheberrecht) Fromm/Nordemann/J.B. Nordemann, Urheberrecht, 12. Aufl. 2018, § 97 Rn. 170, 188.

90 Vgl. BGH, 26.07.2018, I ZR 64/17, GRUR 2018, 1044, 1048 Rn. 39 ff. – *Dead Island*.

91 Vgl. dazu (krit. zur Frage der Vereinbarkeit mit Unionsrecht) Guggenberger, NJW 2017, 2577, 2581 f.

92 Vgl. hierzu näher sogleich, § 4 Nr. 2 Rdn. 36 ff.

Kenntnis nehmen kann.[93] Nicht notwendig ist hingegen, dass der Dritte die Äußerung auch tatsächlich wahrnimmt; es genügt vielmehr, dass ihm die Möglichkeit zur Kenntnisnahme verschafft wird.[94] Der Grund hierfür ist, dass die Anschwärzung i.S.d. § 4 Nr. 2 keinen tatbestandlichen Verletzungserfolg erfordert, sondern eine Gefährdung (Schädigungseignung) genügen lässt.[95]

Als Dritter kommt im Ausgangspunkt jede weder mit dem Äußernden noch mit dem Äußerungsbetroffenen identische Person in Betracht. Eine Vielzahl von Adressaten ist nicht vorausgesetzt.[96] Andererseits ist nicht Dritter in diesem Sinne derjenige, der den Äußerungsbetroffenen repräsentiert wie insbesondere die Organe einer unternehmerisch tätigen juristischen Person. Äußerungen, die sich z.B. allein an den Vorstand der betroffenen Aktiengesellschaft richten, sind somit nicht tatbestandsmäßig.[97] Dasselbe dürfte für Äußerungen gelten, die ausschließlich zwischen mehreren Mitgliedern eines organschaftlichen Gremiums oder zwischen mehreren Organen einer Gesellschaft (z.B. zwischen zwei Vorstandsmitgliedern oder einem Vorstands- und einem Aufsichtsratsmitglied einer AG) erfolgen, selbst wenn sie einen anderen Unternehmer betreffen. Denn hier fehlt es an der Verschiedenheit von Äußerndem und Adressat, weil beide dieselbe juristische Person repräsentieren.[98] Zugleich liegt die für eine geschäftliche Handlung erforderliche Außenwirkung nicht vor.[99] 34

Sofern eine natürliche Person wegen der Anschwärzung (z.B. auf Unterlassen) in Anspruch genommen wird, stellt sich schließlich die Frage, ob der Schutz der Privatsphäre oder bestimmter besonders schutzbedürftiger Vertrauensverhältnisse eine tatbestandliche Reduktion gebietet, wie sie im Bereich der (strafrechtlichen) Ehrdelikte unter dem Stichwort der »**beleidigungsfreien Sphäre**« diskutiert wird.[100] Die Frage dürfte zu bejahen sein. Aus der Perspektive des Schutzes der Privat- oder einer spezifischen Vertrauenssphäre erscheint es unerheblich, ob ein Angriff auf die Ehre oder (lediglich) den geschäftlichen Ruf eines Dritten in Rede steht. Demgegenüber sind Äußerungen im Rahmen von gerichtlichen oder behördlichen Verfahren nicht vom Anwendungsbe- 35

93 So zu § 824 BGB bereits RG, 17.02.1921, VI 473/20, RGZ 101, 335, 338.

94 Vgl. zu § 14 a.F. BGH, 23.02.1995, I ZR 75/93, GRUR 1995, 427, 428 (juris Rn. 15) – *Schwarze Liste*; *Köhler*/Bornkamm/Feddersen, § 4 Rn. 2.18d unter Hinweis auf die Zugangsregelung des § 130 BGB; zu § 824 BGB auch BeckOK/Förster, 43. Ed. 2017, § 824 BGB Rn. 21 m.w.N.

95 Vgl. näher u., Rn. 36 ff.

96 Vgl. zu § 824 BGB MünchKomm/Wagner BGB, § 824 Rn. 35 m.w.N.

97 Vgl. *Köhler*/Bornkamm/Feddersen, § 4 Rn. 2.18d; MünchKomm/Wagner BGB, § 824 Rn. 35.

98 Vgl. MünchKomm/Wagner BGB, § 824 Rn. 35.

99 Vgl. *Köhler*/Bornkamm/Feddersen, § 4 Rn. 2.18b zu Äußerungen gegenüber eigenen Mitarbeitern.

100 Vgl. dazu OLG Frankfurt, 17.01.2019 – 16 W 54/18; Schönke/Schröder/Lenckner/Eisele, Vorbem. zu §§ 185 ff. StGB Rn. 9 ff.; zur grundrechtlichen Begründung BVerfG, 26.04.1994, 1 BvR 1689/88, NJW 1995, 1015, 1016 m.w.N.

reich des § 4 Nr. 2 ausgenommen.[101] Einschränkungen können sich insoweit nur auf prozessualer Ebene ergeben (vgl. näher u., § 4 Nr. 2 Rdn. 54).

5. Schädigungseignung

36 Die Äußerung muss schließlich geeignet sein, den Betrieb des Unternehmens oder den Kredit des betroffenen Unternehmers zu schädigen. Voraussetzung hierfür ist zunächst, dass der **Betroffene erkennbar** wird. Dies erfordert zwar nicht zwingend eine namentliche Nennung des Unternehmers oder seiner Firma; vielmehr genügt es, wenn die angesprochenen Verkehrskreise erkennen können, auf wen sich die Äußerung bezieht.[102] Dieser Bezug muss andererseits aber ein unmittelbarer sein. Nicht tatbestandsmäßig sind demgegenüber nachteilige Behauptungen über Erzeugnisse einer unüberschaubar großen Gruppe von Hersteller- und Vertriebsunternehmen. Die Behauptung, Zucker sei gesundheitsschädlich, mag somit zwar an sich geeignet sein, der gesamten Zucker- und Süßwarenindustrie Umsatzeinbußen zuzufügen, kann aber mangels Betriebsbezogenheit nicht von sämtlichen Zuckerherstellern und -verarbeitern nach § 4 Nr. 2 angegriffen werden.[103]

37 Ein **Schädigungserfolg** ist nach dem eindeutigen Wortlaut nicht erforderlich. Vielmehr genügt es, dass nach dem Verständnis des angesprochenen Verkehrs eine Tatsache geäußert wird, die für den betroffenen Unternehmer nachteilig ist und daher eine Beeinträchtigung seiner von § 4 Nr. 2 geschützten wirtschaftlichen Interessen ernstlich bewirken *kann*. Die geschützten Belange entsprechen im Wesentlichen denjenigen des § 824 BGB. Unterschiede bestehen allerdings insofern, als § 824 BGB anders als der Anschwärzungstatbestand den Kredit des – nicht notwendigerweise unternehmerisch tätigen – Betroffenen in den Vordergrund rückt und über den Betrieb eines Unternehmens hinaus auch das sonstige wirtschaftliche Fortkommen des Äußerungsbetroffenen (also etwa auch mittels eines Neubeginns in einer ganz anderen Branche) schützt. § 4 Nr. 2 stellt somit eine auf den Unternehmer verengte Fassung des allgemeinen Kreditgefährdungstatbestandes des § 824 BGB dar. Hieraus kann zugleich geschlossen werden, dass unter dem »Betrieb« des Unternehmens i.S.d. § 4 Nr. 2 nicht (nur) die technisch-organisatorische Einheit der unternehmerischen Tätigkeit zu verstehen ist, sondern diese Tätigkeit selbst (als das wirtschaftliche Fortkommen des Unternehmers). Maßgeblich ist also, ob die Tatsachenbehauptung den Unternehmer beim Betreiben seines Geschäfts behindern kann.[104] Unter Kredit ist demgegenüber nicht anders als in § 824 BGB das Vertrauen Dritter in die Zahlungsfähigkeit und -willigkeit des Unternehmers zu verstehen.[105]

---

101 Vgl. zutr. Ohly/Sosnitza/Ohly, § 4 Rn. 2/14b; mindestens missverständlich hingegen Brammsen/Apel, WRP 2009, 1464, 1465: »generell nicht anwendbar«.

102 Vgl. HansOLG Hamburg, 05.06.2014, 3 W 64/14, MMR 2014, 670, 671 (juris Rn. 18).

103 Vgl. HansOLG Hamburg, 29.10.1987, 3 U 11/87, GRUR 1988, 480, 481 (juris Rn. 34 ff.) – *»Schadstoff Zucker«* m.w.N.

104 Vgl. GK/Toussaint, § 4 Nr. 8 Rn. 54.

105 Vgl. GK/Toussaint, § 4 Nr. 8 Rn. 54 m.w.N.

Beide Varianten (Kredit- und Betriebsschädigung) stehen allerdings nicht unverbunden nebeneinander. Vielmehr handelt es sich bei der Kreditschädigung insofern um einen Sonderfall der Betriebsschädigung, als Nachteile für die Bonität wohl immer zugleich geeignet sind, den Betrieb des Unternehmens zu schädigen.[106] Denn Unternehmer arbeiten zumindest auf die Dauer nicht nur mit Eigenmitteln, sondern sind für ihre Tätigkeit auf Fremdkapital angewiesen. Im Übrigen sind auch kaum Äußerungen vorstellbar, die zur Schädigung des Betriebs geeignet wären und nicht zugleich – wenigstens als Fernwirkung – auch den Kredit des Unternehmers gefährden könnten. Wegen der gleichen Rechtsfolgen kommt es auf die Abgrenzung beider Schutzgüter allerdings auch nicht maßgeblich an, weshalb die Feststellung genügt, dass die Tatsache entweder den Betrieb oder den Kredit zu schädigen geeignet ist.[107] **38**

Die Rechtsprechung hat die Schädigungseignung traditionell relativ großzügig bejaht.[108] Als schädigungsgeeignet sind u.a. folgende Äußerungen angesehen worden: **39**

die Behauptung gegenüber Mitgliedern einer Taxizentrale, die Nutzung der Taxi-App eines Mitbewerbers stelle einen Verstoß gegen den Rahmenvertrag der Taxigenossenschaft dar;[109] die Behauptung, gegen einen Mitbewerber sei eine einstweilige Verfügung ergangen;[110] die Behauptung, ein Dritter spreche urheberrechtliche Abmahnungen wegen der Verletzung von Nutzungsrechten an einem Computerspiel aus, die in Wahrheit der Klägerin zustanden;[111] die in der Werbung aufgestellte Behauptung, die Webseite eines Mitbewerbers werde »nicht gelesen«;[112] die Äußerungen: »Dreimal hat er [= der Mitbewerber] mich angeklagt und dreimal verloren.« sowie »…dass die Geräte sehr oft kaputtgehen bzw. sehr anfällig sind für Defekte!«;[113] die Behauptung, die Gutachten eines Sachverständigenbüros enthielten ein »Überprüfungsverbot«, das Büro wolle also eine Prüfung der Güte und Sorgfalt seiner Arbeit unterbinden;[114] die Behauptung, ein Spiel der Fußballbundesliga habe wegen des Wurfs eines Mehrwegbechers aus dem Vertrieb des Mitbewerbers auf den Linienrichter abgebrochen werden müssen, was beim Wurf eines Einwegbechers nicht passiert wäre;[115] die Behauptung, ein Mitbewerber habe in einem Warentest deutlich schlechter abgeschnitten;[116] die Aussage, es sei bei den abmahnenden Rechtsanwaltskanzleien »übliche Praxis«, ein (verbotenes) **40**

106 Vgl. Brammsen/Apel, WRP 2009, 1464, 1468; GK/Toussaint, § 4 Nr. 8 Rn. 55.

107 Vgl. etwa OLG Frankfurt, 11.12.2012, 6 U 43/12, juris Rn. 28: »…geeignet (…), die wirtschaftlichen Interessen der Klägerin nachteilig zu berühren«; OLG Düsseldorf, 14.08.2013, 15 U 121/13, juris Rn. 41: »…geeignet, Nachteile für die Erwerbstätigkeit der Verfügungsklägerin mit sich zu bringen«.

108 So auch Harte/Henning/Bruhn, § 4 Nr. 2 Rn. 29 bzgl. der Rspr. zu § 14 a.F.

109 Vgl. OLG Köln, 13.05.2015, 6 W 16/15, juris Rn. 17.

110 Vgl. OLG Frankfurt, 04.12.2014, 6 U 30/14, WRP 2015, 231, 232 Rn. 6.

111 Vgl. HansOLG Hamburg, 05.06.2014, 3 W 64/14, MMR 2014, 670, 671 (juris Rn. 23).

112 Vgl. OLG Frankfurt, 16.01.2014, 6 U 182/12, juris Rn. 29.

113 Vgl. jew. OLG Düsseldorf, 14.08.2013, 15 U 121/13, juris Rn. 41.

114 Vgl. OLG Frankfurt, 11.12.2012, 6 U 43/12, juris Rn. 28.

115 Vgl. OLG Koblenz, 25.07.2012, 9 U 31/12, juris.

116 Vgl. OLG Frankfurt, 23.08.2011, 6 U 49/11, juris Rn. 21.

Erfolgshonorar zu vereinbaren;[117] die Behauptung, dass »die Firma des Klägers ihren Geschäftsbetrieb eingestellt habe«;[118] die Behauptung, die Obstbrände eines Mitbewerbers wiesen hohe bzw. erhöhte Methylalkoholwerte auf;[119] die Behauptung, die von einem Mitbewerber gelieferten Waren seien Produktfälschungen;[120] die Behauptung, das Produkt eines Mitbewerbers (eine Spielzeugautorennbahn) erfülle nicht alle DIN-Normen;[121] die Behauptung, das pharmazeutische Präparat eines Mitbewerbers habe einen negativen Einfluss auf die Mammografiediagnostik;[122] die Behauptung, ein Mitbewerber verwende eine für den Äußernden rechtlich geschützte Technik;[123] die Behauptung eines – potenziellen – Messeausstellers, der Akquisiteur einer von zwei in hartem Wettbewerb stehenden Messegesellschaften (hier: Kunst- und Antiquitätenmessen) habe ihm angeboten, einen Messestand unentgeltlich zur Verfügung zu stellen und so einen Ausstellungserfolg zu erzielen, der unter regulären Bedingungen der Belastung aller Teilnehmer mit dem üblichen Standentgelt nicht erreicht worden wäre;[124] die Behauptung eines Sachverständigenverbandes über eine Zertifizierungsstelle, diese sei nicht durch die einzige und allein für Deutschland zuständige Trägergemeinschaft für Akkreditierung akkreditiert;[125] die Behauptung eines Händlers, ein Wettbewerber habe seinen Katalog »nachgemacht«;[126] die Behauptung eines Arztes, ein Berufskolleg injiziere seinen Patienten Giftstoffe (Endotoxine) in einer gefährlichen Konzentration;[127] die Nennung des Betriebs eines Mitbewerbers in der Liste, welche über Unternehmen von zweifelhafter Bonität unterrichten sollte;[128] die Behauptung, ein Mitbewerber habe seine finanziellen Verpflichtungen nicht erfüllt;[129] die Behauptung, ein Mitbewerber habe zweimal »pleite gemacht«;[130] die Behauptung, ein Mitbewerber mache »absichtlich die Preise kaputt«;[131] die Behauptung der mangelnden Bezugs- und damit Lieferfähigkeit eines Mitbewerbers;[132] die Behauptung eines Mitbewerbers, ein Augenoptiker zentriere die Brillengläser falsch;[133] der Vorwurf, ein Mitbewerber täusche seine Kun-

117 Vgl. OLG Köln, 08.10.2010, 6 U 88/10, GRUR-RR 2011, 325, 327 (juris Rn. 22).
118 Vgl. OLG Hamm, 24.09.2009, 4 U 89/09, juris Rn. 55.
119 Vgl. BGH, 14.05.2009, I ZR 82/07, GRUR 2009, 1186 Rn. 20 (»…, die das Produkt in schlechtem Licht erscheinen lassen«) – *Mecklenburger Obstbrände*.
120 Vgl. OLG Düsseldorf, 15.01.2008, I-20 U 134/07, juris Rn. 32.
121 Vgl. HansOLG Hamburg, 06.07.2006, 3 U 51/06, WRP 2007, 443, 444 f. (juris Rn. 33).
122 Vgl. BGH, 17.01.2002, I ZR 161/99, GRUR 2002, 633, 635 Rn. 30 – *Hormonersatztherapie*.
123 Vgl. SaarlOLG, 24.10.2001, 1 U 354/01, juris Rn. 43.
124 Vgl. OLG Köln, 23.08.2000, 6 U 181/99, juris Rn. 37.
125 Vgl. OLG Köln, 19.12.1997, 6 U 128/97, juris Rn. 10.
126 Vgl. OLG Stuttgart, 07.02.1997, 2 U 242/96, NJWE-WettbR 1997, 271, 272.
127 Vgl. OLG München, 09.11.1995, 29 U 6710/94, NJWE-WettbR 1996, 177.
128 Vgl. BGH, 23.02.1995, I ZR 75/93, GRUR 1995, 427, 428 (juris Rn. 12) – *Schwarze Liste*.
129 Vgl. OLG Dresden, 16.09.1994, 5 U 1423/93, WRP 1995, 838, 843.
130 Vgl. BGH, 28.06.1994, VI ZR 252/93, GRUR 1994, 915, 918 (juris Rn. 26) – *Börsenjournalist* (zu § 824 BGB).
131 Vgl. OLG Karlsruhe, 23.06.1993, 6 U 184/92, GRUR 1994, 130, 131 (juris Rn. 22).
132 Vgl. BGH, 08.10.1992, I ZR 220/90, GRUR 1993, 572, 573 (juris Rn. 28) – *Fehlende Lieferfähigkeit*.
133 Vgl. OLG Hamm, 10.08.1989, 4 U 125/89, WRP 1990, 187 (Anspruch in concreto allerdings mangels Unwahrheitsbeweises verneint).

den i.S.e. strafbaren Betruges;[134] der Vorwurf der bewussten Verbreitung von Unwahrheiten in einer Ärztezeitung;[135] die Äußerung, die Machenschaften des Mitbewerbers (einer Werbeagentur) ließen befürchten, dass bei dessen Kunden der Einsatz der Steuerfahndung drohe;[136] die Äußerung des Verdachts durch einen Schausteller, ein Mitbewerber habe sich in einem konkreten Fall durch Sonderzahlungen an den Veranstalter einen Standplatz gesichert;[137] die unzutreffende Behauptung, in dem von dem Mitbewerber propagierten Großhandelssystem habe der Einzelhändler nicht die Möglichkeit, zwischen mehreren Großhändlern zu wählen;[138] der Vorwurf, ein Mitbewerber habe wider besseres Wissen ein ihm nicht zustehendes technisches Schutzrecht in Anspruch genommen.[139]

6. Nichterweislichkeit der Wahrheit (Halbsatz 1)

Ebenso wenig wie eine Herabsetzung nach § 4 Nr. 1 ist jede kredit- oder betriebsgefähr- **41**
dende Äußerung ohne weiteres unlauter i.S.d. § 3 UWG. Vielmehr ist im Wege der **Gesamtabwägung aller Umstände** zu prüfen, ob sie sich auch unter Berücksichtigung der beiderseitigen rechtlich geschützten Interessen als unzulässig erweist. Aus der Perspektive des Äußernden ist insoweit maßgeblich, ob die Anschwärzung als Ausübung seiner Meinungsfreiheit nach Art. 5 Abs. 1 (ggf. i.V.m. Art. 19 Abs. 3) GG geschützt ist. Wie bereits oben zu § 4 Nr. 1 ausgeführt wurde (vgl. o., § 4 Nr. 1 Rdn. 45 ff.), kommt es hierfür bei Tatsachenbehauptungen, die in Rechtspositionen Dritter (hier die Grundrechte aus Art. 12, 14, ggf. auch aus Art. 2 Abs. 1 i.V.m. Art. 1 Abs. 1 GG) eingreifen, vor allem auf den **Wahrheitsgehalt** der Äußerung an. Während wahre Tatsachenbehauptungen auch dann, wenn sie sich abträglich auf den Ruf des Betroffenen auswirken können, in der Regel hingenommen werden müssen, fallen jedenfalls bewusst unwahre Behauptungen nicht einmal in den Schutzbereich des Art. 5 Abs. 1 GG und haben daher, sofern sie in geschützte Rechtspositionen Dritter eingreifen, zu unterbleiben.[140]

Dementsprechend bezieht sich auch § 4 Nr. 2 nur auf unwahre Tatsachen. Anders als **42**
§ 824 BGB, aber ebenso wie § 823 Abs. 2 BGB i.V.m. § 186 StGB,[141] lässt es die Vorschrift für den Regelfall (Halbsatz 1) allerdings genügen, dass die Wahrheit nicht erweislich ist. Hierbei handelt es sich der Sache nach um eine **prozessrechtliche Rege-**

134 Vgl. OLG Frankfurt, 25.02.1988, 6 U 2/87, juris Rn. 25.
135 Vgl. BGH, 22.10.1987, I ZR 247/85, GRUR 1988, 402, 403 – *Mit Verlogenheit zum Geld.*
136 Vgl. OLG Frankfurt, 11.07.1985, 6 U (Kart) 104/84, WM 1986, 652, 655.
137 Vgl. OLG Düsseldorf, 19.07.1984, 2 U 154/83, WRP 1985, 156, 157.
138 Vgl. OLG Karlsruhe, 22.08.1979, 6 U 109/79, WRP 1980, 220, 221 f.
139 Vgl. BGH, 15.03.1967, Ib ZR 25/65, juris Rn. 33 – *Kuppelmuffenverbindung.*
140 Vgl. BVerfG, 10.11.1998, 1 BvR 1531/96, BVerfGE 99, 185, 196 Rn. 50 – *Scientology*; BVerfG, 28.06.2016, 1 BvR 3388/14, NJW 2016, 3360, 3361 Rn. 15; Grimm, NJW 1995, 1697, 1702 f.
141 Vgl. zu der in das Zivilrecht transformierten Beweisregel des § 186 StGB BVerfG, 25.10.2005, 1 BvR 1696/98, BVerfGE 114, 339, 352 Rn. 42 – *IM Sekretär*; BGH, 22.04.2008, VI ZR 83/07, WRP 2008, 1114, 1117 (juris Rn. 21); BGH, 17.12.2013, VI ZR 211/12, BGHZ 199, 237, 250 Rn. 24 – *Sächsische Korruptionsaffäre.*

lung, die nichts daran ändert, dass materiell die Unwahrheit der Tatsache das Unlauterkeitsurteil maßgeblich bestimmt. § 4 Nr. 2 erlegt somit in Umkehrung der allgemeinen Regel, nach der der äußerungsbetroffene Kläger sämtliche Voraussetzungen der Unlauterkeit zu beweisen hätte, sowohl die formelle als auch die materielle Beweislast dem Äußernden auf. Dieser muss die Wahrheit seiner Behauptung einwenden. Dafür, dass § 4 Nr. 2 dem Äußernden sogar nur eine Einrede, die eigens erhoben werden müsste, gewährt, enthält der Wortlaut der Norm allerdings keine Anhaltspunkte. Vielmehr ist die unstreitige Wahrheit der Behauptung vom Gericht von Amts wegen zu beachten.[142] Die von § 824 BGB und den allgemeinen Regeln abweichende **Beweislastverteilung** des § 4 Nr. 2 trägt dem Umstand Rechnung, dass die Anschwärzung im Wettbewerbsverhältnis sich nicht wie eine bürgerlich-rechtliche Kreditgefährdung in dem Verhältnis von Äußerndem und Äußerungsbetroffenen erschöpft. Vielmehr betrifft sie zugleich die Interessen der weiteren Marktteilnehmer an einem unverfälschten Wettbewerb, weswegen dem Äußernden eine größere Sorgfalt und nötigenfalls Zurückhaltung abverlangt werden kann. Wird eine negative Tatsache behauptet, so müsste dem Äußernden nach allgemeinen Regeln eine Beweiserleichterung aufgrund der Schwierigkeiten, das Nichtsein eines tatsächlichen Umstandes zu beweisen (negativa non sunt probanda),[143] zugebilligt werden. Der BGH hält auch dies aber im Fall der Anschwärzung nicht ohne weiteres für angezeigt. Da das Negativum hier nicht schon im abstrakten gesetzlichen Tatbestand enthalten ist, sondern nur infolge der Äußerung des Beklagten im konkreten Fall Gegenstand seiner Beweispflicht ist, könne es hier unbillig erscheinen, dem Beweispflichtigen die Beweisführung zu erleichtern. Anders liege es unter Zumutbarkeitsgesichtspunkten allerdings dann, wenn der Äußernde berechtigten Anlass hatte, seine Behauptung gerade in die Form einer negativen Tatsache zu kleiden.[144]

43 Ist im Prozess von der Unwahrheit der (zur Kredit- oder Betriebsschädigung geeigneten) Behauptung auszugehen, steht im Regelfall die Unlauterkeit fest. Die Überschreitung der **Spürbarkeitsschwelle** des § 3 Abs. 2 UWG ist dem Unlauterkeitstatbestand des § 4 Nr. 2 UWG immanent.[145] Allerdings kann im Einzelfall auch die Behauptung einer unwahren Tatsache insbesondere durch die Wahrnehmung berechtigter Interessen (§ 193 StGB) gerechtfertigt sein. Dies wird aber nur ausnahmsweise in Betracht kommen. Unrichtige Informationen als solche sind kein durch die Meinungsfreiheit geschütztes Gut. Zwar erkennt die Rechtsprechung des BVerfG seit langem an, dass an der Mitteilung von die Öffentlichkeit wesentlich berührenden Tatsachen auch dann ein berechtigtes Interesse bestehen kann, wenn diese möglicherweise unwahr sind und der Äußernde die erforderliche Sorgfalt bei der Ermittlung des Sachverhalts aufgewen-

142 A.A. GK/Toussaint, § 4 Rn. 61.
143 Vgl. Zöller/Greger, Vorbem. zu § 284 ZPO Rn. 24.
144 Vgl. BGH, 08.10.1992, I ZR 220/90, GRUR 1993, 572, 574 (juris Rn. 33) – *Fehlende Lieferfähigkeit*.
145 Vgl. zur Spürbarkeit i.S.d. § 3 Abs. 1 a.F.: OLG Köln, 13.05.2015, 6 W 16/15, juris Rn. 27; ähnlich Brammsen/Apel, WRP 2009, 1464, 1471 m.w.N.: Spürbarkeit regelmäßig zu bejahen.

det hat.[146] Eine hiernach zulässige Verdachtsberichterstattung wird aber unter Mitbewerbern praktisch kaum vorkommen.[147]

7. vertrauliche Mitteilungen (Halbsatz 2)

Eine Sonderregelung enthält § 4 Nr. 2 Halbsatz 2. Ist die tatbestandsmäßige Behauptung eine vertrauliche Mitteilung, an der entweder der Mitteilende oder der Mitteilungsempfänger ein berechtigtes Interesse hat, so genügt die Nichterweislichkeit der Wahrheit nicht. Vielmehr muss hier die Unwahrheit positiv festgestellt werden. Die **Beweislast** für die Unwahrheit der behaupteten Tatsache trifft somit den Verletzten, der nach den allgemeinen Regeln die Voraussetzungen der Norm beweisen muss, auf die er sich beruft. Zuvor muss allerdings ggf. der Mitteilende (Anspruchsgegner) nach derselben allgemeinen Regel seinerseits beweisen, dass der Tatbestand des § 4 Nr. 2 Halbsatz 2 erfüllt ist. Er muss also zunächst darlegen und ggf. beweisen, dass die Mitteilung vertraulich war und ein berechtigtes Interesse an ihr gegeben ist.[148] Beide Voraussetzungen (Vertraulichkeit und berechtigtes Interesse) müssen, wie aus dem Wortlaut der Norm zweifelsfrei hervorgeht, kumulativ erfüllt sein.[149] **44**

a) Vertraulichkeit

Vertraulich ist eine Mitteilung, wenn sie **nur für einen näher bezeichneten Personenkreis bestimmt** ist.[150] Dies ist der Fall, wenn eine Weiterleitung an Dritte schlechthin ausgeschlossen ist.[151] Darüber hinaus können aber, wie sich aus dem Normzweck ergibt, auch solche Mitteilungen noch vertraulich sein, die der Empfänger an Dritte weitergeben darf, soweit nur der Kreis dieser Dritten bestimmt und (eng) begrenzt ist (Bsp.: Mitteilung an den Vorstandsvorsitzenden eines Unternehmens, die anschließend vertraulich in einer Vorstandssitzung erörtert werden soll; vertrauliches Schreiben an einen Geschäftspartner, der den Inhalt mit seinem Rechtsanwalt besprechen soll). Die Vertraulichkeit kann sich aus einer entsprechenden **Vereinbarung** der Parteien oder einer ausdrücklichen einseitigen Erklärung des Mitteilenden, dass die Mitteilung nur für den Empfänger bestimmt ist, ergeben.[152] Darüber hinaus kann sie aber auch aus **45**

---

146 Vgl. BVerfG, 25.10.2005, 1 BvR 1696/98, BVerfGE 114, 339, 352 ff., Rn. 44 ff. – *IM Sekretär.*

147 Vgl. schon o., § 4 Nr. 1 Rdn. 46.

148 Vgl. *Köhler*/Bornkamm/Feddersen, § 4 Rn. 2.21; Henning/Harte/Bruhn, § 4 Nr. 2 Rn. 47; Brammsen/Apel, WRP 2009, 1464, 1469.

149 Vgl. zu § 14 a.F. BGH, 12.10.1956, I ZR 34/56, GRUR 1957, 93, 95 – *Jugendfilmverleih*; BGH, 02.04.1992, I ZR 217/90, GRUR 1992, 860, 861 (juris Rn. 13) – Bauausschreibungen; BGH, 08.10.1992, I ZR 220/90, GRUR 1993, 572, 573 – *Fehlende Lieferfähigkeit.*

150 Vgl. BGH, 02.04.1992, I ZR 217/90, GRUR 1992, 860, 861 (juris Rn. 13) – *Bauausschreibungen*; Henning/Harte/Bruhn, § 4 Nr. 2 Rn. 41.

151 Vgl. *Köhler*/Bornkamm/Feddersen, § 4 Rn. 2.22.

152 Vgl. Henning/Harte/Bruhn, § 4 Nr. 2 Rn. 41; demgegenüber sehen Ohly/Sosnitza/Ohly, § 4 Rn. 2/17 und *Köhler*/Bornkamm/Feddersen, § 4 Rn. 2.22, eine explizite Verpflichtung des Empfängers durch den Mitteilenden auf Vertraulichkeit nicht als ausreichend an, dies allerdings ohne nähere Begründung und unter Verweis auf BGH-Entscheidungen, die eine solche Aussage jedenfalls nicht ausdrücklich treffen.

gesetzlichen Vorschriften, die den Empfänger zur Verschwiegenheit verpflichten (z.B. § 43a Abs. 2 BRAO oder die Vorschriften zur Amtsverschwiegenheit von Behörden[153]), sowie aus den sonstigen **objektiven Umständen** folgen.[154] Diese müssen solcher Art sein, dass der Mitteilende davon ausgehen darf, der Empfänger werde die Mitteilung nicht an (beliebige) Dritte weitergeben.[155] Konkret in Betracht kommen u.a. der Zweck, die Adressierung und die Versendungsart einer schriftlichen Mitteilung.[156] So hat der BGH die Vertraulichkeit einer schriftlichen Mitteilung damit begründet, dass das Schreiben ausschließlich für ein einziges Unternehmen bestimmt war und nur für dieses Interesse hatte. Deshalb sei eine wettbewerbsschädigende Verbreitung nicht ernstlich in Betracht zu ziehen gewesen. Die Vertraulichkeit kann einer solchen, ausschließlich für einen einzigen Empfänger bestimmten Mitteilung nach dieser Rechtsprechung nur dann abgesprochen werden, wenn sie wenigstens geeignet ist, in weiteren Kreisen bekannt zu werden.[157] Darüber hinaus können auch Zeit und Ort der Mitteilung von Bedeutung sein,[158] wenngleich die Fälle, in denen aus diesen Kriterien auf die Vertraulichkeit geschlossen werden kann, praktisch selten vorkommen dürften. Umgekehrt kann sich aus der Art des Adressaten einer Mitteilung ergeben, dass sie *nicht* vertraulich ist. Dies ist etwa bei einem Schreiben an einen Wirtschaftsverband angenommen worden;[159] auch Auskünfte gegenüber der Presse sind, sofern nicht ausnahmsweise explizit Vertraulichkeit vereinbart worden ist, aus der Natur der Sache zur Weitergabe an die Öffentlichkeit bestimmt.

b) Berechtigtes Interesse

46 An der Mitteilung muss zudem ein berechtigtes Interesse entweder **des Mitteilenden oder des Mitteilungsempfängers** bestehen.[160] Mitteilender ist derjenige, der die Tatsa-

---

153 Vgl. zu Petitionen an den Dt. Bundestag OLG Köln, 09.07.1982, 6 U 30/82, WRP 1983, 226, 229.

154 Vgl. BGH, 15.05.1959, VI ZR 98/58, GRUR 1960, 135, 136 (juris Rn. 16) – *Druckaufträge.*

155 Vgl. *Köhler*/Bornkamm/Feddersen, § 4 Rn. 2.22; wohl strenger FBO/Nordemann, § 4 Nr. 2 Rn. 65: wenn sich (aus der Mitteilung) für den normal denkenden Menschen der Anspruch des Mitteilenden auf Geheimhaltung unzweifelhaft ergibt.

156 Vgl. BGH, 02.04.1992, I ZR 217/90, GRUR 1992, 860, 861 (juris Rn. 13) – *Bauausschreibungen*; BGH, 08.10.1992, I ZR 220/90, GRUR 1993, 572, 573 (juris Rn. 29) – *Fehlende Lieferfähigkeit.*

157 Vgl. BGH, 15.05.1959, VI ZR 98/58, GRUR 1960, 135, 136 (juris Rn. 16) – *Druckaufträge.*

158 Vgl. *Köhler*/Bornkamm/Feddersen, § 4 Rn. 2.22; Henning/Harte/Bruhn, § 4 Nr. 2 Rn. 41.

159 Vgl. BGH, 02.04.1992, I ZR 217/90, GRUR 1992, 860, 861 (juris Rn. 13) – *Bauausschreibungen*; vgl. a. OLG Düsseldorf, 19.07.1984, 2 U 154/83, GRUR 1985, 224, 225: keine Vertraulichkeit einer auf der allen Mitgliedern eines Verbandes offenstehenden Versammlung getanen Äußerung.

160 Dass der Gegenstand des berechtigten Interesses die Mitteilung sein muss, ergibt sich aus der Vorschrift letztlich eindeutig; sprachlich ist sie insoweit allerdings nicht restlos gelungen. Das Pronomen »ihr« kann sich, da es im Singular steht, nur auf »Mitteilung« (und nicht auf das zuvor gebrauchte Wort »Mitteilungen«) beziehen; der Begriff »Mitteilung« wird aber nur in Bezug auf den Empfänger, nicht auf den Äußernden gebraucht – es sei denn man wollte annehmen, dass die Vorschrift zu lesen sei als: »…der Mitteilende der Mitteilung oder der Empfänger der Mitteilung…«.

che behauptet oder verbreitet.[161] Ein berechtigtes Interesse des bloßen **Verbreiters**, der sich die Mitteilung eben nicht zu eigen gemacht hat, wird allerdings eher die Ausnahme sein. Wird der Verbreiter einer vertraulichen Mitteilung, der an ihr kein eigenes Interesse hat, von dem Verletzten in Anspruch genommen, kann er sich ggf. aber auch auf ein berechtigtes Interesse des Behauptenden, d.h. des Urhebers der Information, berufen. Mitteilungsempfänger ist nur der vom Mitteilenden bewusst ins Vertrauen gezogene bestimmungsgemäße Adressat, nicht auch jeder Dritte, der sie ohne den Willen des Äußernden zur Kenntnis nimmt.[162] Dies folgt daraus, dass sonst das Unlauterkeitsurteil von Zufälligkeiten abhinge.

In objektiver Hinsicht kommen als berechtigte Interessen grundsätzlich sämtliche materiellen oder ideellen Zwecke in Betracht, die **von der Rechtsordnung anerkannt** sind. **47**
Rechts- oder sittenwidrige Interessen scheiden aus.[163] Wie sich aus der Systematik des § 4 Nr. 2 begründen lässt, genügt das Interesse an der Förderung des eigenen Absatzes allein allerdings nicht.[164] Es besteht im von § 4 Nr. 2 vorausgesetzten Wettbewerbsverhältnis immer und hätte daher keine begrenzende Wirkung. Wie dem Wortlaut (»hat«) deutlich zu entnehmen ist, muss das Interesse tatsächlich bestehen. Es kommt also auf einen objektiven Maßstab an. Die irrtümliche Annahme des Mitteilenden, im eigenen oder des Empfängers berechtigten Interesse zu handeln, genügt nicht.[165] Auf die **Wahrheit** der mitgeteilten Tatsache selbst kann es hierbei allerdings nicht ankommen. Bei der Prüfung des berechtigten Interesses muss vielmehr (solange nicht die Unwahrheit zwischen den Parteien unstreitig ist) unterstellt werden, dass die Mitteilung wahr ist.[166] Auch dies ergibt sich zwingend aus der systematischen Auslegung der Vorschrift. Denn wäre schon für das berechtigte Interesse die Wahrheit maßgeblich, so könnte sich der Äußerungsbetroffene auf das Bestreiten der Wahrheit beschränken, während die Sondervorschrift des § 4 Nr. 2 Halbsatz 2 im Unterschied zum Regelfall (Halbsatz 1) ihm hierfür gerade die Beweislast auferlegt. Lediglich für *bewusst* unwahre Behauptungen kann der Äußernde ein berechtigtes Interesse von vornherein nicht in Anspruch nehmen.[167] Ist danach ein für sich genommen anerkennenswertes, nämlich weder rechts- noch sittenwidriges Interesse des Äußernden gegeben, bedarf es des Weiteren – nicht anders als bei § 193 StGB und § 824 Abs. 2 BGB – einer umfassenden Abwägung mit dem widerstreitenden Unterlassungsinteresse des Betroffenen, hier dem Interesse, von einer zur Schädigung seines Betriebes oder Kredits geeigneten Behauptung verschont

---

161 Vgl. *Köhler*/Bornkamm/Feddersen, § 4 Rn. 2.23.

162 Vgl. *Köhler*/Bornkamm/Feddersen, § 4 Rn. 2.23; Brammsen/Apel, WRP 2009, 1464, 1469.

163 Vgl. RG 29.05.1902, VI 50/02, RGZ 51, 369, 378 zu § 824 BGB.

164 Vgl. Brammsen/Apel WRP 2009, 1464, 1469; Harte/Henning/Bruhn, § 4 Nr. 2 Rn. 44)

165 Allg. Mg., vgl. BGH, 10.12.1969, I ZR 20/68, juris Rn. 27 – *Remington*; Ohly/Sosnitza/Ohly, § 4 Rn. 2/17; *Köhler*/Bornkamm/Feddersen, § 4 Rn. 2.23; Henning/Harte/Bruhn, § 4 Rn. 44; GK/Toussaint, § 4 Rn. 66; Brammsen/Apel, WRP 2009, 1464, 1469 unter Hinweis auf RGZ 51, 369, 379 zum berechtigten Interesse i.S.d. § 824 BGB.

166 Vgl. i. Erg. ebenso FBO/Nordemann, § 4 Nr. 2 Rn. 69: Privileg gilt auch für den Fall, dass sich die Mitteilung im Nachhinein als unrichtig herausstellt.

167 Vgl. OLG Düsseldorf, 19.07.1984, 2 U 154/83, GRUR 1985, 224, 225 (Unsicherheit über die Wahrheit infolge nicht ausreichender Recherche).

zu bleiben.[168] Maßgeblich können außer dem Gewicht des Informationsinteresses einerseits und dem Ausmaß der (möglichen) Schädigung andererseits Anlass, Umstände und Form der Äußerung werden.[169] Auch kann der aus dem öffentlichen Recht stammende Verhältnismäßigkeitsgrundsatz in die Beurteilung einfließen:[170] Ist die Behauptung objektiv ungeeignet, das mit ihr verfolgte Interesse zu fördern, wird diesem in der Abwägung nicht der Vorrang zu geben sein; dasselbe gilt, wenn sie zwar geeignet ist, aber über das Maß des Erforderlichen hinausgeht, weil auch ein die berechtigten Interessen des Betroffenen schonenderes, gleich geeignetes Mittel verfügbar gewesen wäre. Auf die Wahrheit der Behauptung kommt es auch hier – noch – nicht an; vielmehr ergibt sich umgekehrt aus einer zugunsten des Äußernden ausfallenden Interessenabwägung, dass der Gegner im Weiteren die Unwahrheit zu beweisen hat. Gelingt ihm dies, erweist sich das Interesse allerdings als letztlich unberechtigt und die Äußerung als gem. §§ 3 4 Nr. 2 unlauter.

V. Rechtsfolgen

1. Anspruchsberechtigter

48 Wer Gläubiger der in § 8 Abs. 1 geregelten Ansprüche sein und sie gerichtlich durchsetzen kann, ist in § 8 Abs. 3 geregelt. Wie schon zu § 4 Nr. 1 ausgeführt wurde (vgl. o., § 4 Nr. 1 Rdn. 59), lässt sich eine Beschränkung der Anspruchsberechtigung auf den **betroffenen Mitbewerber** dem Gesetz nicht entnehmen. Dies gilt auch für § 4 Nr. 2, denn auch das Anschwärzungsverbot dient neben dem Mitbewerberschutz dem **Interesse der Allgemeinheit** an einem unverfälschten Wettbewerb (§ 1 Satz 2).

2. Anspruchsinhalt

49 Da § 4 Nr. 2 die Unlauterkeit i.S.d. § 3 konkretisiert, ergeben sich als Rechtsfolgen der Anschwärzung zunächst die in §§ 8 bis 11 geregelten Ansprüche wegen einer unzulässigen geschäftlichen Handlung. Da eine Anschwärzung nur selten nachweisbar kausal für eigene Gewinne des Verletzers sein wird, kommt der **Gewinnabschöpfung** nach § 10 kaum praktische Bedeutung zu. Die wesentlichen Rechtsfolgen sind vielmehr die des § 8 (negatorische Ansprüche: **Beseitigung und Unterlassung**) und ggf. des § 9 (restituierender Anspruch: **Schadensersatz**). Hierzu gilt Folgendes:

a) negatorische Ansprüche (§ 8 I)

50 Der Unterlassungsanspruch setzt eine **Wiederholungsgefahr** voraus, die durch die rechtswidrige Erstbegehung indiziert wird. Besteht (ausnahmsweise) **Erstbegehungsge-**

168 Vgl. *Köhler*/Bornkamm/Feddersen, § 4 Rn. 2.23; Ohly/Sosnitza/Ohly, § 4 Rn. 2/17; Henning/Harte/Bruhn, § 4 Rn. 44; GK-Toussaint, § 4 Rn. 66; Brammsen/Apel, WRP 2009, 1464, 1469; zu § 824 Abs. 2 BGB auch BGH, 03.12.1985, VI ZR 160/84, juris Rn. 12 – *Warentest III.*

169 Vgl. GK/Toussaint, § 4 Rn. 65.

170 Vgl. *Köhler*/Bornkamm/Feddersen, § 4 Rn. 2.23; Ohly/Sosnitza/Ohly, § 4 Rn. 2/17; Henning/Harte/Bruhn, § 4 Rn. 44; GK-Toussaint, § 4 Rn. 66; Brammsen/Apel, WRP 2009, 1464, 1469.

fahr, so kann auch ein vorbeugender Unterlassungsanspruch geltend gemacht werden. Beseitigung kann in Form eines **Widerrufs** beansprucht werden. Hierbei ist allerdings in mehrfacher Hinsicht zu differenzieren: Zum einen ist zu beachten, dass nur von demjenigen, der eine schädigungsgeeignete Tatsache selbst behauptet, also als Gegenstand eigenen Wissens geäußert hat, eine Zurücknahme verlangt werden kann, während gegen den bloßen Verbreiter, der sich die Behauptung nicht zu eigen gemacht hat, nur ein Anspruch auf Distanzierung (»Von dieser Behauptung distanziere ich mich.«) besteht.[171] Zum anderen ist nach dem Grad der Gewissheit über die Unwahrheit der Tatsache zu unterscheiden: Ist (im Fall des § 4 Nr. 2 Halbsatz 1) lediglich die Wahrheit nicht erweislich, ohne dass auch die Unwahrheit bewiesen wäre, so erkennt die Rechtsprechung allenfalls einen abgeschwächten Widerrufsanspruch an. Verlangt werden kann dann lediglich eine Erklärung des Verletzers, er erhalte die Äußerung nicht aufrecht, und auch dies nur unter der Voraussetzung, dass bei objektiver Betrachtung sogar ernstliche Anhaltspunkte für die Wahrheit des erhobenen Vorwurfs fehlen.[172] Schließlich kann ein Widerrufsanspruch auch – ohne dass es auf die Voraussetzungen einer Verjährung oder Verwirkung ankäme – durch Zeitablauf entfallen sein, wenn der rechtswidrige Störungszustand (am Schluss der mündlichen Verhandlung) nicht mehr fortbesteht. Dies wird angenommen, wenn eine unwahre Behauptung im Bewusstsein des Publikums nicht mehr vorhanden und daher nicht mehr geeignet ist, Dritte in ihrem Marktverhalten zu beeinflussen.[173]

b) Schadensersatz

Während Unterlassungs- und Beseitigungsansprüche verschuldensunabhängig sind, **51**
setzt der Schadensersatzanspruch nach § 9 Vorsatz oder Fahrlässigkeit voraus. Das **Verschulden** muss sich sowohl bei dem Grundtatbestand (§ 4 Nr. 2 Halbsatz 1) als auch bei dem Sonderfall der vertraulichen Mitteilungen (§ 4 Nr. Halbsatz 2) auf **sämtliche objektiven Tatbestandsmerkmale** beziehen. Hierzu gehört bei dem Grundtatbestand auch die Nichterweislichkeit der behaupteten Tatsache. Demgegenüber hält die wohl überwiegende Meinung ein hierauf bezogenes Verschulden für entbehrlich und verlangt es allein bei Halbsatz 2 (vertrauliche Mitteilungen) in Bezug auf die Unwahrheit.[174] Diese Auffassung kann für sich in Anspruch nehmen, dass auch bei § 186 StGB die Nichterweislichkeit der Behauptung nach h.M. nur objektive Bedingung der Strafbarkeit ist und damit nicht vom subjektiven Tatbestand erfasst sein muss.[175] Zudem wird auf die ursprüngliche Fassung des Anschwärzungstatbestandes (§ 14 UWG 1909) ver-

171 Vgl. BGH, 06.04.1976, VI ZR 246/74, BGHZ 66, 182, 191 (zit. nach juris, dort Rn. 19) – *Bittenbinder*; Henning/Harte/Bruhn, § 4 Nr. 2 Rn. 37; zu § 824 BGB MünchKomm/Wagner § 824 BGB Rn. 59.

172 Vgl. BGH, 14.06.1977, VI ZR 111/75, BGHZ 69, 181, 182 (zit. nach juris, dort Rn. 19) – *Heimstättengemeinschaft* m.w.N.; Henning/Harte/Bruhn, § 4 Nr. 2 Rn. 36; MünchKomm/Wagner BGB, § 824 Rn. 60.

173 Vgl. OLG Hamm, 24.09.2009, 4 U 89/09, juris Rn. 64 m.w.N.

174 Vgl. *Köhler*/Bornkamm/Feddersen, § 4 Nr. 2 Rn. 2.26; Ohly/Sosnitza/Ohly, § 4 Nr. 2 Rn. 2/19; a.A. Henning/Harte/Bruhn, § 4 Nr. 2 Rn. 39.

175 Vgl. Schönke/Schröder/Lenckner/Eisele, § 186 StGB Rn. 10.

wiesen. Dort war ausdrücklich geregelt, dass nur in dem Ausnahmefall der vertraulichen Mitteilungen (§ 14 Abs. 1 Satz 2 a.F.) der Schadensersatzanspruch Kenntnis oder Kennenmüssen der Unwahrheit erforderte; § 14 Abs. 1 Satz 1 a.F. ließ hingegen die objektive Nichterweislichkeit der behaupteten Tatsache genügen. Mit der Ersetzung des § 14 a.F. durch § 4 Nr. 8 a.F. hat der Gesetzgeber auch nicht erkennbar eine inhaltliche Änderung vornehmen wollen.[176] Dennoch vermag diese Auffassung letztlich nicht zu überzeugen. Abgesehen davon, dass sich die rein objektive Verortung der Nichterweislichkeit auch im Rahmen des § 186 StGB zunehmend Bedenken ausgesetzt sieht,[177] lässt sich die unterschiedliche Behandlung der Nichterweislichkeit im Halbsatz 1 und der Unwahrheit im Halbsatz 2 mit dem Wortlaut des § 9 kaum in Einklang bringen. Denn das dort für den Schadensersatzanspruch geforderte Verschulden hat sich nach allgemeinen Regeln auf den gesamten objektiven Tatbestand zu beziehen.[178] Auch der Verweis auf § 14 a.F. und dessen Ersetzung durch § 4 Nr. 8 a.F. erscheint fraglich. Die Selbstkommentierung des Gesetzgebers, wonach mit der Neuregelung keine inhaltliche Änderung verbunden war, dürfte sich allein auf den *Tatbestand* der Anschwärzung beziehen, denn die Rechtsfolgenregelung ist zweifellos geändert worden. Die noch in § 14 enthaltene Unterscheidung zwischen der Gefährdungshaftung beim Grundtatbestand (§ 14 Abs. 1 Satz 1 a.F.) und der Verschuldenshaftung beim Sonderfall der vertraulichen Mitteilungen (§ 14 Abs. 1 Satz 2 a.F.) findet sich in der jetzigen Rechtsfolgennorm des § 9 nicht mehr.

52 Wegen der haftungsausfüllenden Kausalität wird auf die Kommentierung zu § 4 Nr. 1 verwiesen (vgl. o., § 4 Nr. 1 Rdn. 62).

c) Anspruch auf Urteilsveröffentlichung (§ 12 III)

53 Als spezielle Ausprägung des Anspruchs auf Beseitigung eines fortwährenden Störungszustandes (§ 1004 BGB) und – ggf. – auf Naturalrestitution kommt des Weiteren die in § 12 Abs. 3 geregelte Befugnis zur Bekanntmachung des der Unterlassungsklage stattgebenden Urteils in Betracht, die allerdings in der Praxis keine große Rolle spielt. Das dem Anspruch vorausgesetzte berechtigte Interesse dürfte bei Verwirklichung des § 4 Nr. 2 häufig zu bejahen sein, ist aber stets anhand der Gesamtumstände des konkreten Einzelfalls festzustellen. Fehlen kann es etwa, wenn die Verletzung so lange zurückliegt, dass die Erinnerung des angesprochenen Verkehrs und damit die Auswirkungen auf den Wettbewerb bereits weitgehend verblasst sind.[179] Wegen der Einzelheiten wird auf die Kommentierung zu § 12 Abs. 3 verwiesen (vgl. u., § 12 Rdn. 548 ff.).

---

176 Vgl. BT-Drs. 15/1487, S. 18: »Die Regelung entspricht § 14 UWG a.F.«.
177 Vgl. NK/Zaczyk, § 186 StGB Rn. 16.
178 Vgl. allg. MünchKomm/Grundmann BGB, § 276 Rn. 52.
179 Vgl. BGH, 14.12.1966, Ib ZR 125/64, juris Rn. 97 (in BGHZ 46, 305 insoweit nicht abgedruckt) – *Spezialsalz.*

3. Ausnahmen

Klagen wegen Äußerungen, die der **Rechtsverfolgung oder Rechtsverteidigung** in einem gerichtlichen oder behördlichen Verfahren oder der Vorbereitung einer gerichtlichen Auseinandersetzung dienen, sind nach der ständigen Rechtsprechung des BGH mangels **Rechtsschutzbedürfnisses** unzulässig.[180] Eine möglicherweise rechtsverletzende Äußerung in einem Verfahren soll nur innerhalb dieses Verfahrens, nicht aber mit einer gesonderten Klage angegriffen und zur Überprüfung gestellt werden können.[181] Nach der Rechtsprechung des BGH liegt dem die Erwägung zugrunde, dass auf den Ablauf und Ausgang eines gerichtlichen Verfahrens nicht dadurch Einfluss genommen werden darf, dass ein an diesem Verfahren in irgendeiner Weise Beteiligter durch Unterlassungs- oder Widerrufsansprüche in seiner Äußerungsfreiheit eingeengt wird. Unzulässig sind insoweit allerdings auch Schadensersatzklagen.[182] Auch Klagen nicht verfahrensbeteiligter Dritter kann nach diesen Grundsätzen das Rechtsschutzbedürfnis abzusprechen sein. Dabei ist allerdings im Rahmen einer Abwägung der widerstreitenden Interessen besonders sorgfältig zu prüfen, ob es dem Dritten, der sich anders als ein Verfahrensbeteiligter auch nicht in dem Ausgangsverfahren gegen die fragliche Äußerung wehren kann, zuzumuten ist, diese hinzunehmen.[183] 54

180 Vgl. BGH, 28.02.2012, VI ZR 79/11, NJW 2012, 1659 Rn. 7 m.w.N.; BGH, 19.07.2012, I ZR 105/11, GRUR 2013, 305, 306 Rn. 20 – *Honorarkürzung*.

181 Vgl. BGH, 22.01.1998, I ZR 177/95, GRUR 1998, 587, 589 Rn. 43 – *Bilanzanalyse Pro 7*; BGH, 10.12.2009, I ZR 46/07, BGHZ 183, 309, 313 f. Rn. 14 – *Fischdosendeckel*; OLG Düsseldorf, 28.05.2014, I-15 U 45/14, GRUR 2014, 1219, 1220 – *Wucherhonorar*; OLG Brandenburg, 13.12.2016, 6 U 76/15, WRP 2017, 469, 470 Rn. 19 – *Ehefrau im Bauamt* je m.w.N.

182 Vgl. BGH, 28.02.2012, VI ZR 79/11, NJW 2012, 1659 Rn. 9.

183 Vgl. BGH, 10.12.2009, I ZR 46/07, BGHZ 183, 309, 314 Rn. 17 – *Fischdosendeckel*; OLG Düsseldorf, 28.05.2014, I-15 U 45/14, GRUR 2014, 1219, 1220 – *Wucherhonorar*.

§ 4 Nr. 3 Mitbewerberschutz – Nachahmung

Unlauter handelt, wer

3. Waren oder Dienstleistungen anbietet, die eine Nachahmung der Waren oder Dienstleistungen eines Mitbewerbers sind, wenn er

a) eine vermeidbare Täuschung der Abnehmer über die betriebliche Herkunft herbeiführt,

b) die Wertschätzung der nachgeahmten Ware oder Dienstleistung unangemessen ausnutzt oder beeinträchtigt oder

c) die für die Nachahmung erforderlichen Kenntnisse oder Unterlagen unredlich erlangt hat.

Annette Wille

Übersicht

A. Allgemeines

I. Schutzzweck

1 Der Tatbestand des § 4 Nr. 3 regelt den **lauterkeitsrechtlichen Nachahmungsschutz** bzw. den **wettbewerbsrechtlichen Leistungsschutz**. Wettbewerbsrechtliche Ansprüche gegen unlauteres Nachahmen einer Ware oder Dienstleistung bezwecken in erster Linie den **Schutz der individuellen Leistung des Herstellers** vor einer unlauteren Übernahme seines Leistungsergebnisses.[1] Daneben dienen sie dem **Interesse der Allgemeinheit** an einem unverfälschten Wettbewerb (§ 1 Satz 2).[2] Die Interessen der Verbraucher und sonstigen Marktteilnehmer als Abnehmer von Produktnachahmungen sollen durch den lauterkeitsrechtlichen Nachahmungsschutz nicht geschützt werden.[3] Dementsprechend hat der Gesetzgeber den Tatbestand des lauterkeitsrechtlichen Nachahmungsschutzes den Regelungen zum Mitbewerberschutz in § 4 zugeordnet.[4]

---

1 BGH, 24.05.2007, I ZR 104/04, GRUR 2007, 984 Rn. 23 – *Gartenliege*; BGH, 28.05.2009, I ZR 124/06, GRUR 2010, 80 Rn. 17 – *LIKEaBIKE*; BGH, 02.12.2015, I ZR 176/14, GRUR 2016, 730 Rn. 21 – *Herrnhuter Stern*.

2 BGH, 24.05.2007, I ZR 104/04, GRUR 2007, 984 Rn. 23 – *Gartenliege*; BGH, 28.05.2009, I ZR 124/06, GRUR 2010, 80 Rn. 17 – *LIKEaBIKE*; BGH, 02.12.2015, I ZR 176/14, GRUR 2016, 730 Rn. 21 – *Herrnhuter Stern*.

3 *Köhler*/Bornkamm/Feddersen § 4 Rn. 3.2.

4 Vgl. Begr. Ausschussempfehlung zu § 4 UWG-E, BT-Drucksache 18/6571, S. 14.

II. Struktur

Im Interesse der Wettbewerbsfreiheit ist vom **Grundsatz der Nachahmungsfreiheit** auszugehen.[5] Der lauterkeitsrechtliche Nachahmungsschutz sieht keinen allgemeinen Schutz von Innovationen oder des reinen Leistungsergebnisses gegen Nachahmungen vor.[6] Die Nachahmung einer Ware oder Dienstleistung ist als solche nicht nach § 4 Nr. 3 unlauter. Hinzutreten müssen besondere Begleitumstände wie die in § 4 Nr. 3 lit. a bis c geregelten Tatbestände, aufgrund derer die nachahmende Handlung des Mitbewerbers unlauter wird. Der lauterkeitsrechtliche Nachahmungsschutz begründet demnach kein subjektives Recht an dem geschaffenen Leistungsergebnis, sondern kommt nur bei einer unlauteren Verwertung des Leistungsergebnisses und damit bei einem wettbewerbsrechtlich missbilligten Verhalten des nachahmenden Mitbewerbers zum Tragen.[7] Er bietet daher keinen Schutz vor Erfolgsunrecht, sondern Schutz vor **Verhaltensunrecht**, das an die unlautere Art und Weise der Nachahmung der fremden Leistung anknüpft.[8] 2

III. Verhältnis des lauterkeitsrechtlichen Nachahmungsschutzes zu anderen Bestimmungen

1. Verhältnis zu anderen lauterkeitsrechtlichen Bestimmungen

a) Verhältnis zu § 4 Nr. 4 UWG

Eine Nachahmung kann unter dem Gesichtspunkt der gezielten **Behinderung** des Mitbewerbers wettbewerbswidrig sein. Bei der Behinderung handelt es sich nicht um ein ungeschriebenes Unlauterkeitsmerkmal im Rahmen des lauterkeitsrechtlichen Nachahmungsschutzes nach § 4 Nr. 3, sondern um einen eigenständigen Unlauterkeitstatbestand nach § 4 Nr. 4.[9] Die Unlauterkeitstatbestände des § 4 Nr. 3 lit. a bis c und des § 4 Nr. 4 können daher nebeneinander Anwendung finden. Liegt kein Unlauterkeitstatbestand nach § 4 Nr. 3 lit. a bis c vor, kann wegen der grds. bestehenden Nachahmungsfreiheit das Nachahmen einer fremden Ware oder Dienstleistung allerdings nur 3

5 Begr. RegE zu § 4 Nr. 9 UWG 2004, BT-Drucksache 15/1487, S. 18; BGH, 04.05.2016, I ZR 58/14, BGHZ 210, 144 Rn. 77 – *Segmentstruktur*.

6 BGH, 04.05.2016, I ZR 58/14, BGHZ 210, 144 Rn. 96 – *Segmentstruktur*; BGH, 15.12.2016, I ZR 197/15, GRUR 2017, 734 Rn. 22 – *Bodendübel*.

7 BGH, 04.05.2016, I ZR 58/14, BGHZ 210, 144 Rn. 94 – *Segmentstruktur*; BGH, 15.12.2016, I ZR 197/15, GRUR 2017, 734 Rn. 74 – *Bodendübel*; BGH, 11.01.2018, I ZR 187/16, GRUR 2018, 832 Rn. 46 – *Ballerinaschuh*.

8 BGH, 02.12.2015, I ZR 176/14, GRUR 2016, 730 Rn. 22 – *Herrnhuter Stern*; *Köhler*/Bornkamm/Feddersen § 4 Rn. 3.4; *Ohly*/Sosnitza § 4.3 Rn. 3/12.

9 BGH, 04.05.2016, I ZR 58/14, BGHZ 210, 144 Rn. 79 – *Segmentstruktur*; anders noch BGH, 11.01.2007, I ZR 198/04, GRUR 2007, 795 Rn. 50 – *Handtaschen*; BGH, 26.06.2008, I ZR 170/05, GRUR 2008, 1115 Rn. 32 – *ICON*; BGH, 27.03.2013, I ZR 9/12, GRUR 2013, 1213 Rn. 63 – *SUMO*.

ausnahmsweise und unter besonderen Umständen als gezielte Behinderung i.S. des § 4 Nr. 4 angesehen werden.[10]

b) Verhältnis zu Anh. (zu § 3 Abs. 3) Nr. 13, § 5 Abs. 1 Satz 2 Nr. 1, Abs. 2 UWG

4 Der lauterkeitsrechtliche Nachahmungsschutz wegen vermeidbarer betrieblicher Herkunftstäuschung (§ 4 Nr. 3 lit. a) oder wegen unangemessener Ausnutzung oder Beeinträchtigung der Wertschätzung der nachgeahmten Ware oder Dienstleistung (§ 4 Nr. 3 lit. b) weist Berührungspunkte zu **lauterkeitsrechtlichen Verbraucherschutzbestimmungen** auf. Anh. (zu § 3 Abs. 3) Nr. 13 sieht ein Verbot der absichtlichen Täuschung über die betriebliche Herkunft einer beworbenen Ware oder Dienstleistung vor. Nach § 5 Abs. 1 Satz 2 Nr. 1 sind irreführende Angaben über die betriebliche Herkunft einer Ware oder Dienstleistung unzulässig. Gem. § 5 Abs. 2 ist eine geschäftliche Handlung irreführend, wenn sie im Zusammenhang mit der Vermarktung von Waren oder Dienstleistungen eine Verwechslungsgefahr mit einer anderen Ware oder Dienstleistung hervorruft. Die Tatbestände der Anh. (zu § 3 Abs. 3) Nr. 13, § 5 Abs. 1, Abs. 2 bezwecken in Umsetzung der UGP-RL den Verbraucherschutz. Dagegen dient der lauterkeitsrechtliche Nachahmungsschutz nach § 4 Nr. 3 vorrangig dem Schutz der Individualinteressen des Herstellers (Rdn. 1). Der Unlauterkeitstatbestand des § 4 Nr. 3 ist daher neben den Unlauterkeitstatbeständen der Anh. (zu § 3 Abs. 3) Nr. 13, § 5 und unabhängig von den Voraussetzungen der verbraucherschützenden Tatbestände anwendbar (str.).[11]

c) Verhältnis zu § 6 Abs. 2 Nr. 3, 5, 6 UWG

5 Nach § 6 Abs. 2 ist im Rahmen der **vergleichenden Werbung** das Herbeiführen der Gefahr von Verwechslungen zwischen den vom Werbenden und einem Mitbewerber angebotenen Waren oder Dienstleistungen (Nr. 3), die Herabsetzung oder Verunglimpfung der Waren oder Dienstleistungen eines Mitbewerbers (Nr. 5) und die Darstellung einer Ware oder Dienstleistung als Imitation oder Nachahmung einer unter einem geschützten Kennzeichen vertriebenen Ware oder Dienstleistung (Nr. 6) unlauter. Die Werbung für eine Nachahmung kann den Tatbestand der vergleichenden Werbung erfüllen, wenn der Originalhersteller oder seine Produkte ausdrücklich[12] oder mittelbar[13] in Bezug genommen werden. In diesem Fall kann der lauterkeitsrechtliche Nachahmungsschutz neben dem Tatbestand der vergleichenden Werbung anwendbar sein.[14] Da es sich bei der Vorschrift des § 6 Abs. 2, der Art. 4 der Werbe-RL umsetzt, auch

10 BGH, 11.01.2007, I ZR 198/04, GRUR 2007, 795 Rn. 51 – *Handtaschen*; BGH, 26.06.2008, I ZR 170/05, GRUR 2008, 1115 Rn. 32 – *ICON*.

11 *Köhler*/Bornkamm/Feddersen § 4 Rn. 3.16a; Büscher, GRUR 2018, 1, 4; a. A. GK/Leistner § 4 Nr. 3 Rn. 9; Sack, GRUR 2015, 442, 444; Sack, WRP 2017, 650, 653 f.

12 EuGH, 18.06.2009, C-487/07, GRUR 2009, 756 Rn. 80 – *L'Oréal/Bellure*.

13 BGH, 06.12.2007, I ZR 169/04, GRUR 2008, 628 Rn. 21 – *Imitationswerbung*.

14 BGH, 01.10.2009, I ZR 94/07, GRUR 2010, 343 Rn. 42 – *Oracle*.

im Verhältnis zu Gewerbetreibenden[15] um vollharmonisiertes Recht handelt (vgl. Erwägungsgrund 9 Werbe-RL),[16] dürfen die Zulässigkeitsvoraussetzungen der vergleichenden Werbung durch § 4 Nr. 3 allerdings nicht unterlaufen werden. Daher kann wegen des Vorrangs des Unionsrechts eine nach § 6 Abs. 2 zulässige vergleichende Werbung nicht als nach § 4 Nr. 3 unlauter angesehen werden.[17]

d) Verhältnis zu § 3 Abs. 1 UWG

Der in § 4 Nr. 3 vorgesehene Nachahmungsschutz greift nicht bereits bei der Ausnutzung eines fremden Leistungsergebnisses und der damit einhergehenden Beeinträchtigung der Möglichkeit des Herstellers ein, die Entwicklungs- und Markterschließungskosten nebst einem angemessenen Gewinn zu erwirtschaften. Erforderlich ist zusätzlich ein unlauteres Verhalten des nachahmenden Mitbewerbers, wie es in den Tatbeständen des § 4 Nr. 3 lit. a bis c geregelt ist.[18] Ob über die Generalklausel des § 3 Abs. 1 ein unmittelbarer wettbewerbsrechtlicher Schutz des Leistungsergebnisses im Hinblick auf seine wirtschaftliche Verwertung gewährt werden kann, wenn kein Unlauterkeitstatbestand nach § 4 Nr. 3 lit. a bis c gegeben ist (§ 3 Rdn. 70 ff.), ist höchstrichterlich noch nicht geklärt.[19] 6

Nach der Rspr. des BGH kommt ein **unmittelbarer Leistungsschutz** allenfalls in Betracht, wenn das durch Art. 12 GG geschützte Interesse des Herstellers an der wirtschaftlichen Verwertung seines Leistungsergebnisses gegenüber der Wettbewerbsfreiheit und damit den Interessen der Allgemeinheit sowie gegenüber den ebenfalls durch Art. 12 GG geschützten Interessen des Nachahmenden überwiegt.[20] Der BGH hat ein unmittelbares wettbewerbsrechtliches Leistungsschutzrecht nicht ausgeschlossen, wenn der Hersteller erhebliche Investitionen in das Leistungsergebnis getätigt hat und die Erbringung und der Bestand des Leistungsergebnisses ansonsten ernsthaft in Gefahr gerieten.[21] Insoweit muss grds. die Gefahr eines Marktversagens, d.h. die Gefahr bestehen, dass ohne die Gewährung des Rechtsschutzes weder der Originalhersteller noch Mitbewerber in den betreffenden Markt investieren.[22] 7

---

15 Vgl. EuGH, 18.06.2009, C-487/07, GRUR 2009, 756 Rn. 80 – *L'Oréal/Bellure*; EuGH, 18.11.2010, C-159/09, GRUR 2011, 159 Rn. 20 – *Lidl*; *Köhler*/Bornkamm/Feddersen § 6 Rn. 11.

16 Vgl. Art. 8 (1) Werbe-RL; EuGH, 08.04.2003, C-44/01, GRUR 2003, 533 Rn. 44 – *Pippig Augenoptik*.

17 BGH, 19.05.2010, I ZR 158/08, GRUR 2011, 79 Rn. 33 – *Markenheftchen*; BGH, 28.09.2011, I ZR 48/10, GRUR 2011, 1158 Rn. 26 – *Teddybär*.

18 BGH, 04.05.2016, I ZR 58/14, BGHZ 210, 144 Rn. 94, 96 – *Segmentstruktur*.

19 Vgl. BGH, 28.10.2010, I ZR 60/09, BGHZ 187, 255 Rn. 19 – *Hartplatzhelden.de*; BGH, 19.11.2015, I ZR 149/14, GRUR 2016, 725 Rn. 24 – *Pippi-Langstrumpf-Kostüm II*; BGH, 04.05.2016, I ZR 58/14, BGHZ 210, 144 Rn. 97 – *Segmentstruktur*.

20 BGH, 28.10.2010, I ZR 60/09, BGHZ 187, 255 Rn. 25 – *Hartplatzhelden.de*; BGH, 19.11.2015, I ZR 149/14, GRUR 2016, 725 Rn. 25 – *Pippi-Langstrumpf-Kostüm II*; BGH, 04.05.2016, I ZR 58/14, BGHZ 210, 144 Rn. 97 – *Segmentstruktur*.

21 BGH, 28.10.2010, I ZR 60/09, BGHZ 187, 255 Rn. 25 – *Hartplatzhelden.de*; BGH, 19.11.2015, I ZR 149/14, GRUR 2016, 725 Rn. 26 – *Pippi-Langstrumpf-Kostüm II*.

22 BGH, 19.11.2015, I ZR 149/14, GRUR 2016, 725 Rn. 28 – *Pippi-Langstrumpf-Kostüm II*.

8 Für den unmittelbaren Schutz eines auf die Deckung eines Ergänzungs- oder Erweiterungsbedarfs ausgerichteten Produkts gegen das **Einschieben** einer Nachahmung **in eine fremde Serie**[23] oder für den unmittelbaren Schutz einer **Modeneuheit** vor Nachahmungen innerhalb eines begrenzten Zeitraums, z.B. während einer Modesaison,[24] besteht nach der neueren Rspr. des BGH kein Anlass mehr. Die bestehenden gewerblichen Schutzrechte (insbes. die dreidimensionale Warenformmarke, das eingetragene Design oder das Gemeinschaftsgeschmacksmuster) bieten insoweit ausreichende Schutzmöglichkeiten.[25]

9 Ein Schutz des Leistungsergebnisses als solches sollte über die Generalklausel des § 3 Abs. 1 auch ansonsten nicht gewährt werden. Anderenfalls würde richterrechtlich ein Leistungsschutzrecht geschaffen, das dem Hersteller – abweichend von dem in § 4 Nr. 3 geregelten Verhaltensunrecht (Rdn. 2) – ein ausschließliches Recht zur Verwertung des geschaffenen Leistungsergebnisses zuwiese. Auf diese Weise würde über das Wettbewerbsrecht faktisch ein weiteres gewerbliches Schutzrecht geschaffen, für das angesichts der bestehenden Immaterialgüterrechte kein Bedarf besteht.[26]

2. Verhältnis zum Gesetz zum Schutz von Geschäftsgeheimnissen

10 Wer den Tatbestand des lauterkeitsrechtlichen Nachahmungsschutzes wegen unredlicher Erlangung für die Nachahmung erforderlicher Kenntnisse oder Unterlagen (§ 4 Nr. 3 lit. c) erfüllt, kann zugleich gegen ein Handlungsverbot nach § 4 **GeschGehG** verstoßen und sich deshalb einem Unterlassungs- oder Schadensersatzanspruch nach §§ 6, 10 GeschGehG ausgesetzt sehen (vor §§ 17–19 Rdn. 126). In diesem Fall ist eine Anspruchskonkurrenz zu Ansprüchen wegen Erfüllung des Unlauterkeitstatbestands des § 4 Nr. 3 lit. c möglich.[27]

3. Verhältnis zu Sonderschutzrechten

a) Allgemeines

11 Der lauterkeitsrechtliche Nachahmungsschutz bzw. wettbewerbsrechtliche Leistungsschutz ist nach Schutzzweck, Voraussetzungen und Rechtsfolgen anders als die Sonder-

---

23 BGH, 04.05.2016, I ZR 58/14, BGHZ 210, 144 Rn. 95 f. – *Segmentstruktur*; anders noch BGH, 06.11.1963, Ib ZR 37/62, BGHZ 41, 55, 58 f. – *Klemmbausteine*; BGH, 07.05.1992, I ZR 163/90, GRUR 1992, 619, 620 – *Klemmbausteine II*.

24 BGH, 04.05.2016, I ZR 58/14, BGHZ 210, 144 Rn. 95 f. – *Segmentstruktur*; anders noch BGH, 19.01.1973, I ZR 39/71, BGHZ 60, 168, 170 f. – *Modeneuheit*; BGH, 10.11.1983, I ZR 158/81, GRUR 1984, 453, 453 f. – *Hemdblusenkleid*; BGH, 06.11.1997, I ZR 102/95, GRUR 1998, 477, 479 f. – *Trachtenjanker*.

25 BGH, 04.05.2016, I ZR 58/14, BGHZ 210, 144 Rn. 95 f. – *Segmentstruktur*; BGH, 11.01.2018, I ZR 187/16, GRUR 2018, 832 Rn. 67 – *Ballerinaschuh*.

26 *Köhler*/Bornkamm/Feddersen § 4 Rn. 3.5c; einschränkend *Ohly*/Sosnitza § 4.3 Rn. 3/78b; s. auch BGH, 04.05.2016, I ZR 58/14, BGHZ 210, 144 Rn. 96 – *Segmentstruktur*.

27 Vgl. BGH, 13.12.2007, I ZR 71/05, GRUR 2008, 727 Rn. 20 – *Schweißmodulgenerator*; *Ohly*/Sosnitza § 4.3 Rn. 3/24.

schutzrechte ausgestaltet.[28] Er schützt nicht wie die Immaterialgüterrechte vor Erfolgsunrecht, sondern vor **Verhaltensunrecht**. Ansprüche aus lauterkeitsrechtlichem Nachahmungsschutz können deshalb unabhängig von Ansprüchen aus einem Sonderschutzrecht bestehen, weil sie besondere Unlauterkeitsmerkmale wie die in § 4 Nr. 3 lit. a bis c geregelten Tatbestände aufweisen. Sie knüpfen damit an **besondere Begleitumstände** an, die außerhalb der sondergesetzlichen Tatbestände liegen.[29] Es handelt sich deshalb nicht um einen »ergänzenden« wettbewerbsrechtlichen Leistungsschutz, sondern um einen eigenständigen lauterkeitsrechtlichen Nachahmungsschutz.[30]

Bei den Ansprüchen aus lauterkeitsrechtlichem Nachahmungsschutz und aus Sonderschutzrechten handelt es sich daher um eigenständig nebeneinander stehende prozessuale Ansprüche, die bei gleichzeitiger gerichtlicher Geltendmachung zu einer objektiven Klagehäufung führen.[31] Zwischen den Ansprüchen aus lauterkeitsrechtlichem Nachahmungsschutz und aus Sonderschutzrechten sind allerdings Wertungswidersprüche zu vermeiden.[32] **12**

Der an ein Verhaltensunrecht des Nachahmenden anknüpfende lauterkeitsrechtliche Nachahmungsschutz ist – anders als ein Immaterialgüterrecht – als solcher **nicht übertragbar**.[33] Für ihn gelten **keine festen zeitlichen Grenzen** wie für die Gewährung von Sonderrechtsschutz.[34] **13**

b) Verhältnis zum Urheberrecht

Werke der Literatur, Wissenschaft und Kunst können urheberrechtlichen Schutz genießen (§ 2 UrhG). Zugleich können sie als Waren Gegenstand des lauterkeitsrechtlichen Nachahmungsschutzes sein. Ansprüche aus lauterkeitsrechtlichem Nachahmungsschutz können grds. neben urheberrechtliche Ansprüche treten, weil die in § 4 Nr. 3 lit. a bis c normierten Unlauterkeitstatbestände nicht in den Schutzbereich des **Urheberrecht**s fallen.[35] Sie können auch dann gegeben sein, wenn die nachgeahmte Ware nicht als **14**

---

28 BGH, 24.01.2013, I ZR 136/11, GRUR 2013, 951 Rn. 20 – *Regalsystem*; BGH, 04.05.2016, I ZR 58/14, BGHZ 210, 144 Rn. 37 – *Segmentstruktur*; jeweils m.w.N.

29 BGH, 28.05.2009, I ZR 124/06, GRUR 2010, 80 Rn. 18 – *LIKEaBIKE*; BGH, 22.01.2015, I ZR 107/13, GRUR 2015, 909 Rn. 23 – *Exzenterzähne*; jeweils m.w.N.

30 *Köhler*/Bornkamm/Feddersen § 4 Rn. 3.4.

31 Büscher, GRUR 2018, 1.

32 BGH, 02.12.2004, I ZR 30/02, BGHZ 161, 204, 213 – *Klemmbausteine III*; BGH, 15.12.2016, I ZR 197/15, GRUR 2017, 734 Rn. 22, 24 – *Bodendübel*; vgl. zu § 5 Abs. 1 Satz 2 Nr. 1, Abs. 2 UWG BGH, 15.08.2013, I ZR 188/11, BGHZ 198, 159 Rn. 64 – *Hard Rock Café*; BGH, 23.06.2016, I ZR 241/14, GRUR 2016, 965 Rn. 23 – *Baumann II*; BGH, 15.02.2018, I ZR 138/16, GRUR 2018, 924 Rn. 65 – *ORTLIEB*; BGH, 15.02.2018, I ZR 201/16, GRUR 2018, 935 Rn. 57 – *goFit*.

33 BGH, 02.12.2015, I ZR 176/14, GRUR 2016, 730 Rn. 22 – *Herrnhuter Stern*.

34 BGH, 04.05.2016, I ZR 58/14, BGHZ 210, 144 Rn. 91 – *Segmentstruktur*; BGH, 11.01.2018, I ZR 187/16, GRUR 2018, 832 Rn. 46 – *Ballerinaschuh*.

35 BGH, 01.12.2010, I ZR 12/08, GRUR 2011, 134 Rn. 65 – *Perlentaucher*; BGH, 12.05.2011, I ZR 53/10, GRUR 2012, 58 Rn. 41 – *Seilzirkus*.

persönliche geistige Schöpfung nach § 2 Abs. 2 UrhG urheberrechtlich schutzfähig[36] oder ihr Hersteller nicht Schöpfer i.S. des § 7 UrhG ist[37].

c) Verhältnis zum Designrecht

15 Die zwei- oder dreidimensionale Erscheinungsform einer Ware kann durch ein eingetragenes **Design** (§ 1 Nr. 1 DesignG), ein eingetragenes **Gemeinschaftsgeschmacksmuster** (Art. 1 (2) lit. b, Art. 3 lit. a GGV) oder ein nicht eingetragenes Gemeinschaftsgeschmacksmuster (Art. 1 (2) lit. a, Art. 3 lit. a GGV) geschützt sein. In derartigen Fällen können Ansprüche aus lauterkeitsrechtlichem Nachahmungsschutz unabhängig von design- oder geschmacksmusterrechtlichen Ansprüchen gegeben sein, weil die zusätzlich zur Nachahmung erforderlichen Begleitumstände (§ 4 Nr. 3 lit. a bis c) nicht in den Schutzbereich des Design- oder Geschmacksmusterrechts fallen.[38] Die vom lauterkeitsrechtlichen Nachahmungsschutz erfasste Ware muss nicht die für ein eingetragenes Design oder ein Gemeinschaftsgeschmacksmuster geltenden Schutzvoraussetzungen der Neuheit und Eigenart (§ 2 Abs. 1 DesignG, Art. 4 (1) GGV) erfüllen.[39] Die zeitliche Befristung des Schutzes eines Erzeugnisses als eingetragenes Design (§ 27 Abs. 2 DesignG) oder als eingetragenes (Art. 12 GGV) oder nicht eingetragenes Gemeinschaftsgeschmacksmuster (Art. 11 (1) GGV) ist wegen der unterschiedlichen Schutzrichtungen auf den lauterkeitsrechtlichen Nachahmungsschutz nicht übertragbar.[40]

d) Verhältnis zum Markenrecht

16 Ist eine Kennzeichnung oder eine Warenform als Marke registriert, stellen die spezialgesetzlichen Bestimmungen des MarkenG in ihrem Anwendungsbereich und ihrer Zielrichtung grds. eine in sich geschlossene Regelung dar. Wegen des **Vorrangs des Markenrechts** ist für einen gleichzeitigen lauterkeitsrechtlichen Nachahmungsschutz der Kennzeichnung oder der Warenform wegen vermeidbarer betrieblicher Herkunftstäuschung oder wegen unangemessener Ausnutzung oder Beeinträchtigung ihrer Wertschätzung (§ 4 Nr. 3 lit. a, b UWG) grds. kein Raum, weil diese Gesichtspunkte in § 14 Abs. 2 Nr. 2, 3 MarkenG, Art. 9 (2) lit. b, c UMV geregelt sind.[41]

---

36 Vgl. BGH, 04.05.2016, I ZR 58/14, BGHZ 210, 144 Rn. 56 – *Segmentstruktur.*

37 BGH, 02.12.2015, I ZR 176/14, GRUR 2016, 730 Rn. 21 – *Herrnhuter Stern.*

38 BGH, 15.09.2005, I ZR 151/02, GRUR 2006, 79 Rn. 18 – *Jeans*; BGH, 28.05.2009, I ZR 124/06, GRUR 2010, 80 Rn. 18 – *LIKEaBIKE*; BGH, 11.01.2018, I ZR 187/16, GRUR 2018, 832 Rn. 46 – *Ballerinaschuh.*

39 BGH, 08.11.1984, I ZR 128/82, GRUR 1985, 876, 877 – *Tchibo/Rolex*; Harte/Henning/Sambuc § 4 Nr. 3 Rn. 90.

40 BGH, 15.09.2005, I ZR 151/02, GRUR 2006, 79 Rn. 18 – *Jeans*; BGH, 09.10.2008, I ZR 126/06, GRUR 2009, 79 Rn. 26 – *Gebäckpresse*; BGH, 04.05.2016, I ZR 58/14, BGHZ 210, 144 Rn. 95 f. – *Segmentstruktur*; BGH, 11.01.2018, I ZR 187/16, GRUR 2018, 832 Rn. 46 – *Ballerinaschuh.*

41 BGH, 22.11.2001, I ZR 138/99, BGHZ 149, 191, 195 f. – *shell.de*; BGH, 10.04.2003, I ZR 276/00, GRUR 2003, 973, 974 – *Tupperwareparty*; BGH, 30.04.2009, I ZR 42/07, BGHZ 181, 77 Rn. 40 – *DAX.*

Dagegen können Ansprüche aus lauterkeitsrechtlichem Nachahmungsschutz neben markenrechtlichen Ansprüchen gegeben sein, wenn sie an den im MarkenG nicht geregelten Unlauterkeitstatbestand des § 4 Nr. 3 lit. c oder an einen anderen vom Markenrecht nicht erfassten Sachverhalt anknüpfen. Letzteres ist z.B. der Fall, wenn markenrechtlicher Schutz für eine Kennzeichnung und wettbewerbsrechtlicher Schutz für das darunter präsentierte konkrete Leistungsergebnis begehrt wird.[42] Ist allerdings die beschreibende Verwendung der Kennzeichnung nach § 23 Abs. 1 Nr. 2, Abs. 2 MarkenG markenrechtlich zulässig, weil die Benutzung den anständigen Gepflogenheiten in Gewerbe und Handel entspricht, so kann die Vermarktung des darunter präsentierten Leistungsergebnisses nicht als unlauter i.S. des § 4 Nr. 3 angesehen werden.[43] **17**

Kein Vorrang des Markenrechts besteht, wenn eine Kennzeichnung oder eine Warenform nicht als Marke geschützt ist. Die fehlende Inanspruchnahme eines registerrechtlichen Markenschutzes schließt die Heranziehung des lauterkeitsrechtlichen Nachahmungsschutzes nicht aus.[44] Das Gleiche gilt, wenn eine Warenform nicht als dreidimensionale Marke schutzfähig ist (§ 3 Abs. 2 MarkenG, Art. 7 (1) lit. e UMV).[45] Da der lauterkeitsrechtliche Nachahmungsschutz nur so lange andauert, wie die wettbewerbliche Eigenart des Originalprodukts erhalten bleibt und die besonderen Unlauterkeitsmerkmale des Verhaltens des Nachahmenden vorliegen (Rdn. 108), besteht nicht die Gefahr, dass die Warenform im Widerspruch zu den sondergesetzlichen Wertungen zeitlich unbegrenzt monopolisiert wird (str.).[46] **18**

e) Verhältnis zum Patentrecht

Ein technisches Erzeugnis kann als Patent geschützt oder schutzfähig sein. Unabhängig von einem bestehenden oder möglichen **Patentschutz** kann das technische Erzeugnis unter dem Gesichtspunkt des lauterkeitsrechtlichen Nachahmungsschutzes Schutz gegen Nachahmungen genießen, wenn außerhalb der patentrechtlichen Tatbestände liegende besondere Begleitumstände wie die in § 4 Nr. 3 lit. a bis c geregelten Unlauterkeitstatbestände vorliegen.[47] Die Gewährung lauterkeitsrechtlichen Nachahmungsschutzes setzt nicht voraus, dass das technische Erzeugnis eine Erfindung i.S. des § 1 Abs. 1 PatG darstellt.[48] **19**

---

42 BGH, 21.09.2006, I ZR 270/03, GRUR 2007, 339 Rn. 23 – *Stufenleitern*; BGH, 30.04.2008, I ZR 123/05, GRUR 2008, 793 Rn. 26 – *Rillenkoffer*; BGH, 30.04.2009, I ZR 42/07, BGHZ 181, 77 Rn. 40 – *DAX*.

43 BGH, 30.04.2009, I ZR 42/07, BGHZ 181, 77 Rn. 44 – *DAX*.

44 Vgl. BGH, 10.04.2003, I ZR 276/00, GRUR 2003, 973, 974 – *Tupperwareparty*; jurisPK-UWG/Ullmann § 4 Nr. 3 Rn. 14.

45 BGH, 24.01.2013, I ZR 136/11, GRUR 2013, 951 Rn. 20 – *Regalsystem*; BGH, 15.12.2016, I ZR 197/15, GRUR 2017, 734 Rn. 27 – *Bodendübel*; Büscher, GRUR 2018, 1, 2.

46 BGH, 15.12.2016, I ZR 197/15, GRUR 2017, 734 Rn. 27 – *Bodendübel*; a. A. FBO/Götting/Hetmank § 4 Nr. 3 Rn. 48, 51; Sosnitza, MarkenR 2015, 1, 5; Ullmann, FS Fezer, 2016, S. 195, 201.

47 BGH, 22.01.2015, I ZR 107/13, GRUR 2015, 909 Rn. 22 f. – *Exzenterzähne*; BGH, 15.12.2016, I ZR 197/15, GRUR 2017, 734 Rn. 21 – *Bodendübel*.

48 Vgl. Harte/Henning/Sambuc § 4 Nr. 3 Rn. 90.

20 Die Verwirklichung des Tatbestands des § 4 Nr. 3 kommt auch in Betracht, wenn der **Patentschutz** für das technische Erzeugnis **abgelaufen** ist und seine vormals patentgeschützten Merkmale nunmehr zum freien Stand der Technik gehören (Rdn. 38; str.).[49] Der Ablauf des Patentschutzes schließt nicht aus, dass das technische Erzeugnis als konkretes Leistungsergebnis wettbewerbsrechtlichen Schutz genießt, weil im konkreten Einzelfall einer der in § 4 Nr. 3 lit. a bis c vorgesehenen Unlauterkeitstatbestände verwirklicht ist.[50] Es besteht kein Wertungswiderspruch zum Patentrecht, weil die vormalige Monopolstellung des Patentinhabers nicht verlängert wird, sondern Schutz nur gegen Verhaltensunrecht gewährt wird (Rdn. 2).

4. Verhältnis zum Unionsrecht

a) Verhältnis zur Richtlinie 2005/29/EG (UGP-RL)

21 Die **UGP-RL** enthält Regelungen zum Vertrieb von Produktnachahmungen, die die Gefahr der Irreführung über die kommerzielle Herkunft des Produkts (**Art. 6** (1) lit. b) oder der Verwechslung mit einem anderen Produkt (Art. 6 (2) lit. a) begründen oder bei deren Bewerbung über den Hersteller getäuscht wird (**Anh. I Nr. 13**). Die unionsrechtlichen Bestimmungen der Art. 6, Anh. I Nr. 13 UGP-RL erfassen unlautere Geschäftspraktiken, die den Schutz der wirtschaftlichen Interessen der Verbraucher bezwecken (Art. 1 UGP-RL). Die Vorschrift des § 4 Nr. 3 UWG dient dem Schutz der individuellen Leistung des Herstellers vor unlauterer Übernahme seines Leistungsergebnisses und daneben dem Interesse der Öffentlichkeit an einem unverfälschten Wettbewerb, aber nicht dem Verbraucherschutz (Rdn. 1). Damit fällt sie nicht in den Anwendungsbereich der UGP-RL.[51] Insoweit ist ohne Bedeutung, dass die Verbraucher im Fall des lauterkeitsrechtlichen Nachahmungsschutzes nach § 4 Nr. 3 lit. a reflexartig vor einer Täuschung über die betriebliche Herkunft geschützt werden (str.).[52]

b) Verhältnis zur Richtlinie 2006/114/EG (Werbe-RL)

22 Nach **Art. 4 Werbe-RL** sind im Rahmen der vergleichenden Werbung die Herabsetzung oder Verunglimpfung von Mitbewerbern (lit. d), die unlautere Rufausnutzung von Unterscheidungszeichen eines Mitbewerbers (lit. f), die Darstellung einer Ware oder Dienstleistung als Imitation oder Nachahmung einer anderen Ware oder Dienstleistung (lit. g) und die Verwechslungsgefahr zwischen Waren oder Dienstleistungen des Werbenden und denen eines Mitbewerbers (lit. h) verboten. Liegt danach eine

---

49 BGH, 22.01.2015, I ZR 107/13, GRUR 2015, 909 Rn. 23 – *Exzenterzähne*; BGH, 15.12.2016, I ZR 197/15, GRUR 2017, 734 Rn. 22 – *Bodendübel*; a. A. FBO/Götting/Hetmank § 4 Nr. 3 Rn. 50 f.; tendenziell *Ohly*/Sosnitza § 4.3 Rn. 3/16.

50 EuGH, 14.09.2010, C-48/09, GRUR 2010, 1008 Rn. 61 – *Lego*; BGH, 22.01.2015, I ZR 107/13, GRUR 2015, 909 Rn. 35 f., 41 – *Exzenterzähne*; vgl. BGH, 15.12.2016, I ZR 197/15, GRUR 2017, 734 Rn. 54, 66 – *Bodendübel*.

51 Begr. Ausschussempfehlung zu § 4 UWG-E, BT-Drucksache 18/6571, S. 14; BGH, 28.05.2009, I ZR 124/06, GRUR 2010, 80 Rn. 17 – *LIKEaBIKE*; BGH, 12.05.2011, I ZR 53/10, GRUR 2012, 58 Rn. 40 – *Seilzirkus*.

52 *Köhler*/Bornkamm/Feddersen § 4 Rn. 3.16a; a. A. Sack, WRP 2017, 650 Rn. 32.

zulässige vergleichende Werbung vor, so kann diese wegen der durch die Werbe-RL erfolgten Vollharmonisierung des Rechts der vergleichenden Werbung[53] und des deshalb bestehenden Vorrangs des Unionsrechts nicht als nach § 4 Nr. 3 UWG unlauter angesehen werden (Rdn. 5).[54]

c) Verhältnis zur Warenverkehrsfreiheit (Art. 34 AEUV)

Ein auf lauterkeitsrechtlichen Nachahmungsschutz gestütztes Verbot, in anderen Mit- **23** gliedstaaten der Europäischen Union rechtmäßig in Verkehr gebrachte Erzeugnisse im Inland zu vertreiben, steht im Einklang mit der durch Art. 34 AEUV gewährleisteten **Freiheit des Warenverkehrs**. Die Untersagung einer Verwechslungen im Inland hervorrufenden Nachahmung ist gerechtfertigt, weil sie erforderlich ist, um zwingenden Erfordernissen der Lauterkeit des Handelsverkehrs gerecht zu werden.[55]

B. Tatbestandsvoraussetzungen

I. Allgemeines

Der lauterkeitsrechtliche Nachahmungsschutz setzt nach § 4 Nr. 3 voraus, dass ein **24** Unternehmer (II) Waren oder Dienstleistungen (III) eines Mitbewerbers, die (IV) wettbewerblich eigenartig sind, (V) nachahmt, (VI) die Nachahmung anbietet und (VII) besondere Umstände hinzutreten, die sein Verhalten unlauter erscheinen lassen. Dabei besteht eine **Wechselwirkung** zwischen dem Grad der wettbewerblichen Eigenart, der Art und Weise und der Intensität der Nachahmung sowie den besonderen Begleitumständen. Je größer die wettbewerbliche Eigenart und je höher der Grad der Übernahme sind, desto geringere Anforderungen sind an die besonderen Umstände zu stellen, die die Unlauterkeit der Nachahmung begründen und umgekehrt.[56]

II. Waren oder Dienstleistungen

Der lauterkeitsrechtliche Nachahmungsschutz bezieht sich auf **Waren** und **Dienstleis- 25 tungen**. Die Begriffe der Waren und Dienstleistungen sind weit auszulegen und erfassen **Leistungs- und Arbeitsergebnisse** aller Art.[57] Dazu können Produktsets,[58] Produktver-

53 Vgl. Art. 8 (1) Werbe-RL; EuGH, 08.04.2003, C-44/01, GRUR 2003, 533 Rn. 44 – *Pippig Augenoptik*.

54 BGH, 19.05.2010, I ZR 158/08, GRUR 2011, 79 Rn. 33 – *Markenheftchen*; BGH, 28.09.2011, I ZR 48/10, GRUR 2011, 1158 Rn. 26 – *Teddybär*.

55 EuGH, 02.03.1982, 6/81, GRUR Int. 1982, 439 Rn. 7, 9, 15 – *Multi Cable Transit*; BGH, 15.12.2016, I ZR 197/15, GRUR 2017, 734 Rn. 28 – *Bodendübel*; OLG Köln, 05.05.2017, 6 U 114/16, GRUR-RS 2017, 113334 Rn. 46 – *Le Pliage aus Frankreich*.

56 BGH, 15.04.2010, I ZR 145/08, GRUR 2010, 1125 Rn. 19 – *Femur-Teil*; BGH, 17.07.2013, I ZR 21/12, GRUR 2013, 1052 Rn. 15 – *Einkaufswagen III*; BGH, 16.11.2017, I ZR 91/16, GRUR 2018, 311 Rn. 13 – *Handfugenpistole*; BGH, 11.01.2018, I ZR 187/16, GRUR 2018, 832 Rn. 47 – *Ballerinaschuh*.

57 BGH, 22.03.2012, I ZR 21/11, GRUR 2012, 1155 Rn. 19 – *Sandmalkasten*; BGH, 19.11.2015, I ZR 149/14, GRUR 2016, 725 Rn. 15 – *Pippi-Langstrumpf-Kostüm II*; BGH, 04.05.2016, I ZR 58/14, BGHZ 210, 144 Rn. 44 – *Segmentstruktur*.

58 BGH, 22.03.2012, I ZR 21/11, GRUR 2012, 1155 Rn. 22 – *Sandmalkasten*.

packungen,[59] verkörperte Werbemittel,[60] Werbeslogans,[61] erstellte Aktienindizes,[62] Datenbanken,[63] im Wege des »character merchandising« vermarktete literarische Figuren[64] sowie ungewöhnliche Farbkombinationen[65] und Produktkennzeichnungen (str.)[66] zählen. Ein Produkt ist dem lauterkeitsrechtlichen Nachahmungsschutz zugänglich, selbst wenn sein Vertrieb gesetzes- oder wettbewerbswidrig ist.[67]

26 Gegenstand des lauterkeitsrechtlichen Nachahmungsschutzes sind Waren oder Dienstleistungen in ihrer **konkreten Gestaltung**.[68] Eine gestalterische Grundidee,[69] ein bestimmter Stil,[70] eine bestimmte Technik oder Methode[71] oder eine Grundform[72] können im Interesse des freien Wettbewerbs nicht im Wege des lauterkeitsrechtlichen Nachahmungsschutzes für einen Wettbewerber monopolisiert werden.[73] Die Umsetzung gemeinfreier allgemeiner Gestaltungselemente in der konkreten Ausgestaltung einer Ware oder Dienstleistung ist dagegen dem lauterkeitsrechtlichen Nachahmungsschutz zugänglich.[74]

27 Wegen des abweichenden Schutzzwecks sowie der unterschiedlichen Voraussetzungen und Rechtsfolgen des lauterkeitsrechtlichen Nachahmungsschutzes ist es **i.d.R. bedeutungslos, ob** die nachgeahmte Ware oder Dienstleistung unter **Sonderrechtsschutz** steht, gestanden hat oder sonderrechtsschutzfähig ist (Rdn. 11). Etwas anderes gilt wegen des Vorrangs des Markenrechts für eingetragene Kennzeichen (Rdn. 16). Bei

59 BGH, 02.04.2009, I ZR 144/06, GRUR 2009, 1069 Rn. 13 – *Knoblauchwürste*; Harte/Henning/Sambuc § 4 Nr. 3 Rn. 41.

60 BGH, 23.09.2015, I ZR 105/14, BGHZ 207, 71 Rn. 73 – *Goldbären*.

61 BGH, 17.10.1996, I ZR 153/94, GRUR 1997, 308, 309 f. – *Wärme fürs Leben*.

62 BGH, 30.04.2009, I ZR 42/07, BGHZ 181, 77 Rn. 40 – *DAX*.

63 BGH, 04.05.2016, I ZR 58/14, BGHZ 210, 144 Rn. 45 – *Segmentstruktur*.

64 BGH, 19.11.2015, I ZR 149/14, GRUR 2016, 725 Rn. 15 – *Pippi-Langstrumpf-Kostüm II*.

65 BGH, 20.03.1997, I ZR 246/94, GRUR 1997, 754, 755 f. – *grau/magenta*.

66 BGH, 10.04.2003, I ZR 276/00, GRUR 2003, 973, 974 – *Tupperwareparty*; FBO/Götting/Hetmank § 4 Nr. 3 Rn. 72; a. A. Harte/Henning/Sambuc § 4 Nr. 3 Rn. 48; *Köhler*/Bornkamm/Feddersen § 4 Rn. 3.22; *Ohly*/Sosnitza § 4.3 Rn. 3/27.

67 BGH, 24.02.2005, I ZR 101/02, BGHZ 162, 246, 252 f. – *Vitamin-Zell-Komplex*.

68 BGH, 04.05.2016, I ZR 58/14, BGHZ 210, 144 Rn. 71 – *Segmentstruktur*.

69 BGH, 28.10.2004, I ZR 326/01, GRUR 2005, 166, 168 – *Puppenausstattungen*; BGH, 02.04.2009, I ZR 144/06, GRUR 2009, 1069 Rn. 21 – *Knoblauchwürste*; BGH, 22.03.2012, I ZR 21/11, GRUR 2012, 1155 Rn. 19 – *Sandmalkasten*; OLG Köln, 25.08.2017, 6 U 170/16, GRUR-RR 2017, 438 Rn. 64 – *Natursteinpflaster*.

70 BGH, 02.04.2009, I ZR 144/06, GRUR 2009, 1069 Rn. 21 – *Knoblauchwürste*.

71 BGH, 20.10.1978, I ZR 160/76, GRUR 1979, 119, 120 – *Modeschmuck*.

72 BGH, 02.12.2015, I ZR 176/14, GRUR 2016, 730 Rn. 37 f. – *Herrnhuter Stern*.

73 BGH, 28.10.2004, I ZR 326/01, GRUR 2005, 166, 168 – *Puppenausstattungen*; BGH, 02.04.2009, I ZR 144/06, GRUR 2009, 1069 Rn. 21 – *Knoblauchwürste*; BGH, 22.03.2012, I ZR 21/11, GRUR 2012, 1155 Rn. 19 – *Sandmalkasten*; BGH, 02.12.2015, I ZR 176/14, GRUR 2016, 730 Rn. 37 – *Herrnhuter Stern*.

74 BGH, 28.10.2004, I ZR 326/01, GRUR 2005, 166, 168 – *Puppenausstattungen*; BGH, 02.04.2009, I ZR 144/06, GRUR 2009, 1069 Rn. 22 – *Knoblauchwürste*; BGH, 02.12.2015, I ZR 176/14, GRUR 2016, 730 Rn. 37 – *Herrnhuter Stern*; OLG Köln, 25.08.2017, 6 U 170/16, GRUR-RR 2017, 438 Rn. 64 – *Natursteinpflaster*.

nicht eingetragenen Kennzeichen greift der Vorrang des Markenrechts nicht ein (Rdn. 18). Allerdings ist bei der Beurteilung der wettbewerbsrechtlichen Unlauterkeit darauf zu achten, dass die Wertungen der markenrechtlichen Verbotstatbestände nicht unterlaufen werden.[75]

III. Mitbewerber

Bei dem nachgeahmten Produkt muss es sich um eine Ware oder Dienstleistung eines Mitbewerbers handeln. Zwischen dem Hersteller der nachgeahmten Ware oder Dienstleistung und dem Anbieter der Nachahmung muss ein konkretes Wettbewerbsverhältnis i.S. des § 2 Abs. 1 Nr. 3 bestehen. Die beteiligten Unternehmer müssen gleichartige Waren oder Dienstleistungen anbieten (§ 2 Abs. 1 Nr. 3 UWG Rdn. 14), oder das Angebot der Nachahmung muss den Absatz der Originalware oder -dienstleistung beeinträchtigen (§ 2 Abs. 1 Nr. 3 UWG Rdn. 23). Das kann auch beim Angebot von Luxusartikeln einerseits und von billigen Imitaten andererseits der Fall sein, wenn das Angebot der Nachahmung geeignet ist, den Absatz des Originals zu stören.[76] Die beteiligten Unternehmer müssen grds. nicht auf derselben Vertriebsstufe tätig sein (§ 2 Abs. 1 Nr. 3 UWG Rdn. 9 f.). Da Ansprüche aus lauterkeitsrechtlichem Nachahmungsschutz auch dem Interesse der Allgemeinheit an einem unverfälschten Wettbewerb dienen (Rdn. 1), kommt es für das tatsächliche Bestehen eines Wettbewerbsverhältnisses nicht darauf an, ob der Vertrieb der nachgeahmten Ware oder Dienstleistung gesetzeswidrig oder wettbewerbsrechtlich unlauter ist.[77] **28**

IV. Wettbewerbliche Eigenart

1. Begriff der wettbewerblichen Eigenart

Dem lauterkeitsrechtlichen Nachahmungsschutz sind nur solche Produkte zugänglich, bei denen der Verkehr Wert auf ihre betriebliche Herkunft legt und gewohnt ist, aus bestimmten Merkmalen auf die betriebliche Herkunft zu schließen.[78] Dem nachgeahmten Produkt muss deshalb **wettbewerbliche Eigenart** zukommen. Die die wettbewerbliche Eigenart begründenden Produktmerkmale bestimmen den Gegenstand und den Umfang des lauterkeitsrechtlichen Nachahmungsschutzes.[79] **29**

---

75 Vgl. zu § 5 Abs. 1 Satz 2 Nr. 1, Abs. 2 UWG BGH, 15.08.2013, I ZR 188/11, BGHZ 198, 159 Rn. 64 – *Hard Rock Café*; BGH, 23.06.2016, I ZR 241/14, GRUR 2016, 965 Rn. 23 – *Baumann II*; BGH, 15.02.2018, I ZR 138/16, GRUR 2018, 924 Rn. 65 – *ORTLIEB*; BGH, 15.02.2018, I ZR 201/16, GRUR 2018, 935 Rn. 57 – *goFit*; *Köhler*/Bornkamm/Feddersen § 4 Rn. 3.22; Büscher, GRUR 2009, 230, 234.

76 *Köhler*/Bornkamm/Feddersen § 4 Rn. 3.19; *Ohly*/Sosnitza § 4.3 Rn. 3/31.

77 BGH, 24.02.2005, I ZR 101/02, BGHZ 162, 246, 252 f. – *Vitamin-Zell-Komplex*.

78 BGH, 03.05.1968, I ZR 66/66, BGHZ 50, 125, 130 – *Pulverbehälter*; BGH, 15.06.2000, I ZR 90/98, GRUR 2001, 251, 253 – *Messerkennzeichnung*.

79 BGH, 04.05.2016, I ZR 58/14, BGHZ 210, 144 Rn. 58 – *Segmentstruktur*.

2. Kriterien der wettbewerblichen Eigenart

30 Ein Produkt besitzt wettbewerbliche Eigenart, wenn seine konkrete Ausgestaltung oder bestimmte Merkmale des Produkts **geeignet** sind, die interessierten Verkehrskreise **auf** seine **betriebliche Herkunft oder** seine **Besonderheiten hinzuweisen.**[80] Für die Annahme eines Herkunftshinweises müssen sich die konkrete Gestaltung oder die charakteristischen Merkmale des Produkts von den anderen Produkten im Marktumfeld so abheben, dass der angesprochene Verkehr dieses aufgrund seiner Gestaltung oder seiner Merkmale einem bestimmten Hersteller zuordnet.[81] Die Beurteilung, ob einem Produkt wettbewerbliche Eigenart zukommt, richtet sich nach der **Sichtweise der angesprochenen Verkehrskreise.**[82] Dazu können sowohl Endabnehmer als auch Abnehmer auf vorangehenden Vertriebsstufen zählen.[83]

31 Für die Zuordnung zu einem bestimmten Hersteller kann sich der angesprochene Verkehr grds. nur an den äußeren Gestaltungsmerkmalen des Produkts orientieren.[84] Die Gestaltungsmerkmale können sich auch aus der Kombination von äußeren Merkmalen und ausgeprägten Charaktereigenschaften einer literarischen Figur[85] oder aus besonderen Merkmalen einer Dienstleistung[86] ergeben. Die wettbewerbliche Eigenart eines Produkts ist anhand des **Gesamteindrucks der (äußeren) Gestaltungsmerkmale** zu bestimmen.[87] Der Gesamteindruck kann durch ästhetische und/oder technische Merkmale begründet oder mitbestimmt werden, die zwar nicht für sich genommen, aber in ihrem Zusammenwirken geeignet sind, im Verkehr auf die Herkunft des nachgeahmten Produkts aus einem bestimmten Unternehmen hinzuweisen.[88] Deshalb kann ggf. auch

---

80 BGH, 22.01.2015, I ZR 107/13, GRUR 2015, 909 Rn. 10 – *Exzenterzähne*; BGH, 19.11.2015, I ZR 109/14, GRUR 2016, 720 Rn. 16 – *Hot Sox*; BGH, 04.05.2016, I ZR 58/14, BGHZ 210, 144 Rn. 58 – *Segmentstruktur*; BGH, 14.09.2017, I ZR 2/16, GRUR 2017, 1135 Rn. 20 – *Leuchtballon*.

81 Vgl. BGH, 15.04.2010, I ZR 145/08, GRUR 2010, 1125 Rn. 23 – *Femur-Teil*; BGH, 24.01.2013, I ZR 136/11, GRUR 2013, 951 Rn. 24 – *Regalsystem*; OLG Köln, 25.08.2017, 6 U 170/16, GRUR-RR 2017, 438 Rn. 48 – *Natursteinpflaster*.

82 BGH, 22.03.2012, I ZR 21/11, GRUR 2012, 1155 Rn. 19 – *Sandmalkasten*; BGH, 04.05.2016, I ZR 58/14, BGHZ 210, 144 Rn. 52 – *Segmentstruktur*.

83 BGH, 22.01.2015, I ZR 107/13, GRUR 2015, 909 Rn. 15 – *Exzenterzähne*.

84 BGH, 14.01.1999, I ZR 203/96, GRUR 1999, 751, 752 – *Güllepumpen*; BGH, 07.02.2002, I ZR 289/99, GRUR 2002, 820, 822 – *Bremszangen*; BGH, 24.05.2007, I ZR 104/04, GRUR 2007, 984 Rn. 21 – *Gartenliege*; BGH, 19.11.2015, I ZR 109/14, GRUR 2016, 720 Rn. 22 – *Hot Sox*; BGH, 14.09.2017, I ZR 2/16, GRUR 2017, 1135 Rn. 20 – *Leuchtballon*.

85 BGH, 19.11.2015, I ZR 149/14, GRUR 2016, 725 Rn. 16 – *Pippi-Langstrumpf-Kostüm II*.

86 Vgl. BGH, 15.02.2018, I ZR 243/16, GRUR 2018, 740 Rn. 21 – *Gewohnt gute Qualität*.

87 BGH, 22.03.2012, I ZR 21/11, GRUR 2012, 1155 Rn. 31 – *Sandmalkasten*; BGH, 22.01.2015, I ZR 107/13, GRUR 2015, 909 Rn. 27 – *Exzenterzähne*; BGH, 16.11.2017, I ZR 91/16, GRUR 2018, 311 Rn. 16 – *Handfugenpistole*.

88 BGH, 17.07.2013, I ZR 21/12, GRUR 2013, 1052 Rn. 19 – *Einkaufswagen III*; BGH, 22.01.2015, I ZR 107/13, GRUR 2015, 909 Rn. 20 – *Exzenterzähne*; BGH, 02.12.2015, I ZR 176/14, GRUR 2016, 730 Rn. 33 – *Herrnhuter Stern*; BGH, 16.11.2017, I ZR 91/16, GRUR 2018, 311 Rn. 16 – *Handfugenpistole*; BGH, 11.01.2018, I ZR 187/16, GRUR 2018, 832 Rn. 51 – *Ballerinaschuh*.

die Kombination von im wettbewerblichen Umfeld vorzufindenden Gestaltungsmerkmalen nach ihrem Gesamteindruck eine wettbewerbliche Eigenart des Produkts begründen.[89] Sieht sich der angesprochene Verkehr in einem Warensegment einer Vielzahl ähnlicher Produkte von unterschiedlichen Herstellern gegenüber, zieht er für die betriebliche Herkunft eines Produkts ggf. ergänzend die Produktbezeichnung oder die Herstellerangabe heran.[90]

Für die Annahme eines betrieblichen **Herkunftshinweis**es genügt es, dass der angesprochene Verkehr aufgrund der Gestaltung des Produkts annimmt, dieses stamme von einem bestimmten (Original-)Hersteller, wie auch immer dieser heißen möge, oder von einem mit dem Hersteller lizenz- oder gesellschaftsvertraglich verbundenen Unternehmen.[91] Es kommt nicht darauf an, dass der angesprochene Verkehr den Hersteller des Produkts namentlich kennt und zutreffend bezeichnet[92] oder dass er das Produkt dem richtigen Hersteller zuordnet[93]. Der angesprochene Verkehr muss allerdings Wert darauf legen, dass das Produkt aus einem bestimmten Unternehmen stammt. Ist ihm – wie i.d.R. bei »**Allerweltsprodukte**n« oder »Dutzendware« – die betriebliche Herkunft gleichgültig, fehlt dem Produkt die wettbewerbliche Eigenart.[94] **32**

Für die wettbewerbliche Eigenart eines Produkts kann es ausreichen, dass seine konkrete Ausgestaltung geeignet ist, den angesprochenen Verkehr auf die **Besonderheiten** des Produkts hinzuweisen.[95] Das kommt bei einer individuellen ästhetischen Gestaltung eines Modeartikels in Betracht, durch die dieser sich vom Durchschnitt vergleichbarer Produkte deutlich abhebt.[96] Die wettbewerbliche Eigenart aufgrund von Besonderheiten des Produkts reicht ohne weitergehenden Hinweis auf die betriebliche Herkunft allerdings nicht aus, um den Unlauterkeitstatbestand der vermeidbaren betrieblichen Herkunftstäuschung (§ 4 Nr. 3 lit. a) begründen zu können. **33**

---

89 OLG Köln, 14.07.2017, 6 U 197/16, GRUR-RR 2018, 207 Rn. 66 – *Jeanshose mit V-Naht*; vgl. OLG Frankfurt, 23.11.2017, 6 U 224/16, WRP 2018, 237 Rn. 16.

90 BGH, 19.10.2000, I ZR 225/98, GRUR 2001, 443, 446 – *Viennetta*.

91 BGH, 24.05.2007, I ZR 104/04, GRUR 2007, 984 Rn. 23 – *Gartenliege*; BGH, 19.11.2015, I ZR 109/14, GRUR 2016, 720 Rn. 16 – *Hot Sox*; BGH, 02.12.2015, I ZR 176/14, GRUR 2016, 730 Rn. 23 – *Herrnhuter Stern*; BGH, 16.11.2017, I ZR 91/16, GRUR 2018, 311 Rn. 14 – *Handfugenpistole*.

92 BGH, 21.09.2006, I ZR 270/03, GRUR 2007, 339 Rn. 40 – *Stufenleitern*; BGH, 22.01.2015, I ZR 107/13, GRUR 2015, 909 Rn. 11 – *Exzenterzähne*; BGH, 02.12.2015, I ZR 176/14, GRUR 2016, 730 Rn. 23 – *Herrnhuter Stern*; BGH, 16.11.2017, I ZR 91/16, GRUR 2018, 311 Rn. 14 – *Handfugenpistole*.

93 BGH, 09.10.2008, I ZR 126/06, GRUR 2009, 79 Rn. 32 – *Gebäckpresse*.

94 BGH, 03.05.1968, I ZR 66/66, BGHZ 50, 125, 130 – *Pulverbehälter*; BGH, 02.04.2009, I ZR 199/06, GRUR 2009, 1073 Rn. 10 – *Ausbeinmesser*; BGH, 15.12.2016, I ZR 197/15, GRUR 2017, 734 Rn. 38 – *Bodendübel*.

95 BGH, 24.05.2007, I ZR 104/04, GRUR 2007, 984 Rn. 24 – *Gartenliege*.

96 BGH, 10.11.1983, I ZR 158/81, GRUR 1984, 453, 454 – *Hemdblusenkleid*.

3. Erscheinungsformen der wettbewerblichen Eigenart

a) Wettbewerbliche Eigenart aufgrund von ästhetischen Gestaltungsmerkmalen

34 Die wettbewerbliche Eigenart eines Produkts kann durch seine **ästhetischen Merkmale** (Form, Farbe, Design) begründet oder mitbestimmt werden. Es kommt nicht darauf an, ob die ästhetische Gestaltung eine persönliche geistige Schöpfung darstellt,[97] i.S. des Designrechts neu und eigenartig[98] oder als Marke schutzfähig[99] ist. Die einzelnen Gestaltungsmerkmale müssen nicht originell oder auffällig sein; ein zurückhaltendes, schlichtes Design kann genügen.[100] Eine gemeinfreie gestalterische **Grundidee** kann im Interesse des freien Wettbewerbs nicht als solche, sondern nur in ihrer konkreten Umsetzung die wettbewerbliche Eigenart eines Produkts (mit)begründen (Rdn. 26).[101]

b) Wettbewerbliche Eigenart aufgrund von technischen Gestaltungsmerkmalen

35 Die wettbewerbliche Eigenart eines Produkts kann durch Merkmale (mit)bestimmt werden, deren Gestaltung auf einer technischen Funktion beruht. Insofern ist allerdings zu beachten, dass die technische Lehre und der Stand der Technik grds. frei benutzbar sind, soweit kein Sonderschutz (mehr) besteht.[102]

aa) Technisch notwendige Gestaltungsmerkmale

36 Technisch notwendige Merkmale können aus Rechtsgründen keine wettbewerbliche Eigenart eines Produkts (mit)begründen. Ein Merkmal ist technisch notwendig, wenn ein bestimmter technischer Erfolg die Verwendung dieses Merkmals zwingend voraussetzt und nicht auch durch ein anderes Gestaltungsmerkmal erreicht werden kann.[103] Die Übernahme solcher nicht (mehr) unter Sonderrechtsschutz stehender Merkmale ist mit Rücksicht auf den Grundsatz des freien Stands der Technik von vornherein wettbewerbsrechtlich nicht zu beanstanden.[104] Auf welchen technischen Erfolg abzustellen ist, bestimmt sich anhand der technischen Funktion des Produkts im Hinblick

---

97 BGH, 04.05.2016, I ZR 58/14, BGHZ 210, 144 Rn. 56 – *Segmentstruktur.*

98 BGH, 04.04.1984, I ZR 25/82, GRUR 1984, 597, 598 – *vitra programm*; BGH, 08.11.1984, I ZR 128/82, GRUR 1985, 876, 877 – *Tchibo/Rolex.*

99 BGH, 15.12.2016, I ZR 197/15, GRUR 2017, 734 Rn. 27 – *Bodendübel*; Büscher, GRUR 2018, 1, 3.

100 BGH, 22.03.2012, I ZR 21/11, GRUR 2012, 1155 Rn. 34 – *Sandmalkasten*; OLG Köln, 28.04.2017, 6 U 136/16, GRUR-RR 2017, 323 Rn. 15 – *ChariTea.*

101 BGH, 28.10.2004, I ZR 326/01, GRUR 2005, 166, 168 – *Puppenausstattungen*; BGH, 22.03.2012, I ZR 21/11, GRUR 2012, 1155 Rn. 19 – *Sandmalkasten*; BGH, 02.12.2015, I ZR 176/14, GRUR 2016, 730 Rn. 37 – *Herrnhuter Stern.*

102 BGH, 21.09.2006, I ZR 270/03, GRUR 2007, 339 Rn. 27 – *Stufenleitern.*

103 BGH, 24.05.2007, I ZR 104/04, GRUR 2007, 984 Rn. 20 – *Gartenliege*; BGH, 24.01.2013, I ZR 136/11, GRUR 2013, 951 Rn. 19 – *Regalsystem*; BGH, 22.01.2015, I ZR 107/13, GRUR 2015, 909 Rn. 18 – *Exzenterzähne.*

104 BGH, 22.01.2015, I ZR 107/13, GRUR 2015, 909 Rn. 18 – *Exzenterzähne*; BGH, 14.09.2017, I ZR 2/16, GRUR 2017, 1135 Rn. 20 – *Leuchtballon.*

auf seinen konkreten Gebrauchszweck.[105] Eine für den Gebrauchszweck optimale Gestaltung ist nur dann technisch notwendig, wenn sie einen derart großen technischen Vorsprung gegenüber anderen Gestaltungen aufweist, dass die Benutzung anders gestalteter Produkte für den angesprochenen Verkehr aus technischen Gründen unzumutbar ist.[106]

bb) Technisch bedingte Gestaltungsmerkmale

Technisch bedingte Merkmale können die wettbewerbliche Eigenart eines Produkts (mit)begründen, wenn der Verkehr wegen dieser Merkmale auf die Herkunft des Produkts aus einem bestimmten Unternehmen Wert legt oder mit ihnen gewisse Qualitätserwartungen verbindet.[107] Ein Merkmal ist technisch bedingt, wenn es durch ein anderes, denselben technischen Zweck erfüllendes Gestaltungsmerkmal austauschbar ist, ohne dass damit Qualitäts- oder Funktionalitätseinbußen verbunden sind.[108] Der Vergleich mit anderen marktgängigen, demselben technischen Zweck dienenden Produkten kann zeigen, dass die Ausgestaltung der technischen Merkmale für sich genommen oder in ihrer Kombination nicht technisch notwendig, sondern technisch bedingt ist.[109] Dabei ist der Vergleich nicht auf Produkte beschränkt, bei denen der technische Zweck durch dieselbe technische Lösung erreicht wird.[110] 37

(1) Verhältnis zum Patentrecht

Technisch bedingte Gestaltungsmerkmale können die wettbewerbliche Eigenart eines Produkts auch dann (mit)begründen, wenn sie Gegenstand eines inzwischen abgelaufenen **Patents** waren (str.).[111] Der Umstand, dass die vormals patentgeschützten technisch bedingten Merkmale nunmehr zum freien Stand der Technik gehören, gebietet nicht, ihnen aus Rechtsgründen die Eignung als betrieblicher Herkunftshinweis abzusprechen.[112] Infolge des Wegfalls des Patentschutzes und der damit verbundenen Son- 38

105 Vgl. BGH, 24.03.2005, I ZR 131/02, GRUR 2005, 600, 602 – *Handtuchklemmen*; BGH, 15.12.2016, I ZR 197/15, GRUR 2017, 734 Rn. 31 – *Bodendübel*.

106 BGH, 02.04.2009, I ZR 199/06, GRUR 2009, 1073 Rn. 13 – *Ausbeinmesser*.

107 BGH, 21.09.2006, I ZR 270/03, GRUR 2007, 339 Rn. 27 – *Stufenleitern*; BGH, 19.11.2015, I ZR 109/14, GRUR 2016, 720 Rn. 24 – *Hot Sox*; BGH, 14.09.2017, I ZR 2/16, GRUR 2017, 1135 Rn. 20 – *Leuchtballon*.

108 BGH, 02.04.2009, I ZR 199/06, GRUR 2009, 1073 Rn. 10 – *Ausbeinmesser*; BGH, 24.01.2013, I ZR 136/11, GRUR 2013, 951 Rn. 19 – *Regalsystem*; BGH, 22.01.2015, I ZR 107/13, GRUR 2015, 909 Rn. 19 – *Exzenterzähne*.

109 BGH, 02.04.2009, I ZR 199/06, GRUR 2009, 1073 Rn. 13 f. – *Ausbeinmesser*; BGH, 28.05.2009, I ZR 124/06, GRUR 2010, 80 Rn. 28 – *LIKEaBIKE*; BGH, 15.12.2016, I ZR 197/15, GRUR 2017, 734 Rn. 31 – *Bodendübel*.

110 BGH, 15.12.2016, I ZR 197/15, GRUR 2017, 734 Rn. 30, 32 – *Bodendübel*.

111 BGH, 22.01.2015, I ZR 107/13, GRUR 2015, 909 Rn. 23 – *Exzenterzähne*; BGH, 15.12.2016, I ZR 197/15, GRUR 2017, 734 Rn. 21 – *Bodendübel*; a. A. FBO/Götting/Hetmank § 4 Nr. 3 Rn. 50 f.; tendenziell *Ohly*/Sosnitza § 4.3 Rn. 3/16.

112 BGH, 22.01.2015, I ZR 107/13, GRUR 2015, 909 Rn. 23 – *Exzenterzähne*; BGH, 15.12.2016, I ZR 197/15, GRUR 2017, 734 Rn. 21 – *Bodendübel*; a. A. Leistner, GRUR 2018, 697, 699/704.

derstellung ist das vormals patentgeschützte technische Erzeugnis nicht mehr besser, aber nunmehr auch nicht schlechter als ein technisches Erzeugnis zu stellen, das niemals unter Patentschutz gestanden hat.[113] Ein Wertungswiderspruch zum Patentrecht folgt daraus nicht, weil die im Produkt verkörperte technische Lösung nicht als solche weiter monopolisiert wird, sondern nur bei Hinzutreten besonderer Unlauterkeitsumstände wie die in § 4 Nr. 3 lit. a bis c vorgesehenen Tatbestände gegen eine Vermarktung geschützt ist.[114] Bei der für die Beurteilung der Unlauterkeit vorzunehmenden Interessenabwägung ist auch das Interesse der Mitbewerber zu berücksichtigen, auf die nach Wegfall des Patentschutzes zum freien Stand der Technik gehörige technische Lösung zuzugreifen (Rdn. 73, 92).[115]

(2) Verhältnis zu sonstigen Sonderschutzrechten

39 Technisch bedingte Gestaltungsmerkmale können einem Produkt wettbewerbliche Eigenart verleihen, selbst wenn dieses aufgrund der ausschließlich technisch bedingten Form seiner Gestalt nicht dem Sonderrechtsschutz als Marke oder eingetragenem Design bzw. Gemeinschaftsgeschmacksmuster oder dem Urheberrechtsschutz zugänglich ist.

40 Ein Schutz als **dreidimensionale Marke** ist nach § 3 Abs. 2 Nr. 2 MarkenG, Art. 7 (1) lit. e Nr. ii UMV ausgeschlossen, wenn die wesentlichen Merkmale einer Warenform eine technische Funktion erfüllen, ohne dass es darauf ankommt, ob die technische Funktion auch durch anders gestaltete Merkmale erreicht werden kann.[116] Die Erscheinungsform eines Erzeugnisses ist nicht als **eingetragenes Design** oder als **Gemeinschaftsgeschmacksmuster** schutzfähig, wenn seine Erscheinungsmerkmale ausschließlich durch seine technische Funktion bedingt sind, selbst wenn diese technische Funktion auch durch Designalternativen erreicht werden könnte (§ 3 Abs. 1 Nr. 1 DesignG, Art. 8 (1) GGV).[117] Einem Gebrauchsgegenstand kommt mangels persönlicher geistiger Schöpfung (§ 2 Abs. 2 UrhG) kein **Urheberrechtsschutz** zu, wenn seine Gestaltung allein auf technischen Erfordernissen beruht, selbst wenn die technische Funktion auch mithilfe anderer Gestaltungsmerkmale erfüllt werden könnte.[118]

41 Die Annahme, dass technisch bedingte Gestaltungsmerkmale einem Produkt wettbewerbliche Eigenart verleihen können, begründet keinen Widerspruch zu den Wertun-

---

113 BGH, 15.12.2016, I ZR 197/15, GRUR 2017, 734 Rn. 22 – *Bodendübel.*

114 BGH, 15.12.2016, I ZR 197/15, GRUR 2017, 734 Rn. 22 – *Bodendübel*; a. A. Leistner, GRUR 2018, 697, 699.

115 BGH, 15.12.2016, I ZR 197/15, GRUR 2017, 734 Rn. 22 – *Bodendübel.*

116 EuGH, 18.06.2002, C-299/99, GRUR 2002, 804 Rn. 83 – *Philips/Remington*; EuGH, 14.09.2010, C-48/09, GRUR 2010, 1008 Rn. 83 – *Lego*; EuGH, 11.05.2017, C-421/15, GRUR Int. 2017, 623 Rn. 28 – *Yoshida/Pi-Design u.a.*

117 Vgl. EuGH, 14.09.2010, C-48/09, GRUR 2010, 1008 Rn. 46 – *Lego*; EuGH, 08.03.2018, C-395/16, GRUR 2018, 612 Rn. 22, 30 – *DOCERAM*; BGH, 12.05.2011, I ZR 53/10, GRUR 2012, 58 Rn. 21 – *Seilzirkus*; *Eichmann*/von Falckenstein/Kühne § 3 Rn. 8.

118 BGH, 12.05.2011, I ZR 53/10, GRUR 2012, 58 Rn. 20 – *Seilzirkus*; BGH, 13.11.2013, I ZR 143/12, BGHZ 199, 52 Rn. 41 – *Geburtstagszug.*

gen des Immaterialgüterrechts. Dem Inhaber eines Immaterialgüterrechts soll es verwehrt werden, technische Lösungen zeitlich unbegrenzt für sich zu monopolisieren.[119] Durch den lauterkeitsrechtlichen Nachahmungsschutz wird die in einem technischen Produkt verkörperte technische Lösung nicht monopolisiert. Das technische Produkt genießt nur dann lauterkeitsrechtlichen Nachahmungsschutz, wenn und solange seine wettbewerbliche Eigenart besteht sowie der Mitbewerber einen der Unlauterkeitstatbestände des § 4 Nr. 3 lit. a bis c verwirklicht und dadurch das Leistungsergebnis in unlauterer Weise vermarktet (Rdn. 108).[120]

c) Wettbewerbliche Eigenart aufgrund von Kennzeichnungen

Die wettbewerbliche Eigenart eines Produkts kann auch durch seine Kennzeichnung (mit)bestimmt werden (str.).[121] Das kommt insbes. in Betracht, wenn in einem bestimmten Warensegment eine Fülle ähnlich gestalteter Produkte verschiedener Hersteller auf dem Markt ist.[122] Zu beachten ist allerdings ein möglicher Vorrang des Markenrechts (Rdn. 16). 42

d) Wettbewerbliche Eigenart von Produktteilen oder Produktgesamtheiten

Wettbewerbliche Eigenart kann nicht nur einem vollständigen Produkt, sondern auch einem **Produktteil** zukommen, sofern es sich als eigenständiger Herkunftshinweis eignet.[123] Ebenso kann eine **Produktgesamtheit** aufgrund einheitlicher Gestaltungsmerkmale oder einer funktionalen Zusammengehörigkeit als Herkunftshinweis dienen.[124] Das kommt vor allem bei Produkten und mit ihnen funktional zusammenhängenden Zubehörstücken[125] oder bei einem Produktprogramm oder einer Produktserie mit Gemeinsamkeiten in der Zweckbestimmung und der wiederkehrenden charakteristischen Formgestaltung der Einzelprodukte in Betracht.[126] 43

---

119 EuGH, 16.09.2015, C-215/14, GRUR 2015, 1198 Rn. 44 f. – *Nestlé/Cadbury*; vgl. EuGH, 08.03.2018, C-395/16, GRUR 2018, 612 Rn. 30 – *DOCERAM*; BGH, 12.05.2011, I ZR 53/10, GRUR 2012, 58 Rn. 21 – *Seilzirkus*.

120 Vgl. EuGH, 14.09.2010, C-48/09, GRUR 2010, 1008 Rn. 61 – *Lego*; BGH, 24.01.2013, I ZR 136/11, GRUR 2013, 951 Rn. 20 – *Regalsystem*; BGH, 15.12.2016, I ZR 197/15, GRUR 2017, 734 Rn. 27 – *Bodendübel*.

121 BGH, 15.06.2000, I ZR 90/98, GRUR 2001, 251, 253 – *Messerkennzeichnung*; BGH, 10.04.2003, I ZR 276/00, GRUR 2003, 973, 974 – *Tupperwareparty*; a. A. OLG Köln, 14.07.2017, 6 U 197/16, GRUR-RR 2018, 207 Rn. 70 – *Jeanshose mit V-Naht*; Harte/Henning/Sambuc § 4 Nr. 3 Rn. 48; *Köhler*/Bornkamm/Feddersen § 4 Rn. 3.22; *Ohly*/Sosnitza § 4.3 Rn. 3/27.

122 BGH, 19.10.2000, I ZR 225/98, GRUR 2001, 443, 446 – *Viennetta*.

123 BGH, 22.03.2012, I ZR 21/11, GRUR 2012, 1155 Rn. 19 – *Sandmalkasten*; Harte/Henning/Sambuc § 4 Nr. 3 Rn. 40.

124 BGH, 22.03.2012, I ZR 21/11, GRUR 2012, 1155 Rn. 19 – *Sandmalkasten*.

125 BGH, 28.10.2004, I ZR 326/01, GRUR 2005, 166, 168 – *Puppenausstattungen*; BGH, 22.03.2012, I ZR 21/11, GRUR 2012, 1155 Rn. 19 – *Sandmalkasten*.

126 BGH, 30.04.2008, I ZR 123/05, GRUR 2008, 793 Rn. 29 – *Rillenkoffer*.

4. Entstehung und Grad der wettbewerblichen Eigenart

44 Die wettbewerbliche Eigenart des Produkts muss im **Zeitpunkt der Markteinführung und** des nachfolgenden Angebots **der Nachahmung** vorliegen.[127] Es genügt die Eignung als Herkunftshinweis; eine Bekanntheit des Erzeugnisses auf dem Markt oder auch nur ein Marktzutritt ist für seine wettbewerbliche Eigenart nicht erforderlich.[128] Die Marktverhältnisse können allerdings den **Grad der wettbewerblichen Eigenart** beeinflussen, der für die Beurteilung der Unlauterkeit im Rahmen der Wechselwirkung von Bedeutung sein kann (Rdn. 24).

45 Der Grad der wettbewerblichen Eigenart kann durch die tatsächliche Bekanntheit des Produkts im Verkehr **verstärkt** werden.[129] Indizien für eine durch Verkehrsbekanntheit gesteigerte wettbewerbliche Eigenart können z.B. eine langjährige Marktpräsenz,[130] ein hoher Marktanteil,[131] erhebliche Absatz- oder Umsatzzahlen[132] oder umfangreiche Werbeaufwendungen[133] sein. Ist das Produkt Bestandteil einer Serie, kommt eine Steigerung seiner wettbewerblichen Eigenart auch durch den Vertrieb von anderen Produkten der Serie in Betracht.[134] Abzustellen ist grds. auf die **Bekanntheit** des Produkts **auf dem inländischen Markt**.[135] Eine Präsenz des Produkts im Ausland kann seine wettbewerbliche Eigenart u.U. erhöhen, wenn es in zahlreichen weiteren Staaten vertrieben wird und die inländischen Verkehrskreise ihm bei Reisen im Ausland häufig begegnen.[136] Die wettbewerbliche Eigenart eines vormals patentgeschützten Produkts

---

127 Vgl. BGH, 07.11.2002, I ZR 64/00, GRUR 2003, 356, 358 – *Präzisionsmessgerät*; BGH, 02.12.2015, I ZR 176/14, GRUR 2016, 730 Rn. 31 a.E. – *Herrnhuter Stern*; BGH, 04.05.2016, I ZR 58/14, BGHZ 210, 144 Rn. 92 – *Segmentstruktur*; Nemeczek, GRUR-Prax 2017, 473; a. A. [Zeitpunkt der Markteinführung des Originalprodukts] OLG Köln, 25.08.2017, 6 U 170/16, GRUR-RR 2017, 438 Rn. 46 f. – *Natursteinpflaster*.

128 BGH, 17.10.1996, I ZR 153/94, GRUR 1997, 308, 309 f. – *Wärme fürs Leben*; BGH, 24.03.2005, I ZR 131/02, GRUR 2005, 600, 602 – *Handtuchklemmen*; BGH, 24.05.2007, I ZR 104/04, GRUR 2007, 984 Rn. 28 – *Gartenliege*; BGH, 09.10.2008, I ZR 126/06, GRUR 2009, 79 Rn. 35 – *Gebäckpresse*.

129 BGH, 24.05.2007, I ZR 104/04, GRUR 2007, 984 Rn. 28 – *Gartenliege*; BGH, 15.04.2010, I ZR 145/08, GRUR 2010, 1125 Rn. 24 – *Femur-Teil*; BGH, 04.05.2016, I ZR 58/14, BGHZ 210, 144 Rn. 55 – *Segmentstruktur*.

130 BGH, 15.04.2010, I ZR 145/08, GRUR 2010, 1125 Rn. 24 – *Femur-Teil*; BGH, 24.01.2013, I ZR 136/11, GRUR 2013, 951 Rn. 27 – *Regalsystem*.

131 BGH, 24.01.2013, I ZR 136/11, GRUR 2013, 951 Rn. 27 – *Regalsystem*; BGH, 17.07.2013, I ZR 21/12, GRUR 2013, 1052 Rn. 25 – *Einkaufswagen III*.

132 BGH, 22.01.2015, I ZR 107/13, GRUR 2015, 909 Rn. 28 – *Exzenterzähne*; vgl. BGH, 15.12.2016, I ZR 197/15, GRUR 2017, 734 Rn. 43 – *Bodendübel*; OLG Köln, 14.07.2017, 6 U 197/16, GRUR-RR 2018, 207 Rn. 82 – *Jeanshose mit V-Naht*.

133 BGH, 28.05.2009, I ZR 124/06, GRUR 2010, 80 Rn. 37 – *LIKEaBIKE*; vgl. BGH, 15.12.2016, I ZR 197/15, GRUR 2017, 734 Rn. 43 – *Bodendübel*; OLG Köln, 14.07.2017, 6 U 197/16, GRUR-RR 2018, 207 Rn. 81 – *Jeanshose mit V-Naht*.

134 BGH, 11.01.2018, I ZR 187/16, GRUR 2018, 832 Rn. 66 – *Ballerinaschuh*.

135 BGH, 09.10.2008, I ZR 126/06, GRUR 2009, 79 Rn. 35 – *Gebäckpresse*; Harte/Henning/Sambuc § 4 Nr. 3 Rn. 92.

136 Vgl. BGH, 02.06.2016, I ZR 75/15, GRUR 2017, 75 Rn. 42 – *Wunderbaum II*; a. A. Harte/Henning/Sambuc § 4 Nr. 3 Rn. 92.

kann gesteigert sein, wenn seine Verkehrsbekanntheit nicht nur Folge der früheren patentbedingten Monopolstellung ist, sondern auf den Marketing- oder Vertriebsaktivitäten des früheren Patentinhabers beruht.[137]

Die wettbewerbliche Eigenart eines Produkts kann **geschwächt** sein, wenn sich im wettbewerblichen Umfeld Produkte anderer Hersteller finden, die einen ähnlichen oder vergleichbaren Gesamteindruck aufweisen. Erforderlich ist allerdings, dass die Drittprodukte seit längerer Zeit in erheblichem Umfang vertrieben werden.[138] Der Nachahmende kann sich jedoch grds. nicht darauf berufen, die wettbewerbliche Eigenart des Originalprodukts sei durch seinen eigenen umfangreichen Vertrieb von Nachahmungen gemindert.[139] **46**

5. Wegfall der wettbewerblichen Eigenart

Die wettbewerbliche Eigenart des nachgeahmten Produkts muss im Zeitpunkt des Angebots der Nachahmung (fort)bestehen.[140] Ein Produkt besitzt keine wettbewerbliche Eigenart (mehr), wenn seine prägenden Gestaltungsmerkmale aufgrund der Marktverhältnisse vom Verkehr nicht (mehr) einem bestimmten Hersteller oder einem mit diesem durch einen Lizenz- oder Gesellschaftsvertrag verbundenen Unternehmen oder einer bestimmten Ware zugeordnet werden.[141] **47**

Ein Wegfall der wettbewerblichen Eigenart kommt in Betracht, wenn der Hersteller das Originalprodukt an verschiedene Unternehmen liefert, die es in großem Umfang unter eigenen Kennzeichnungen vertreiben. In diesem Fall kann die wettbewerbliche Eigenart entfallen, wenn der angesprochene Verkehr die **verschiedenen Kennzeichnungen** als Hinweis auf eigenständige, mit dem Originalhersteller nicht lizenz- oder gesellschaftsvertraglich verbundene Herstellerunternehmen ansieht.[142] Dagegen ist es für die Annahme einer wettbewerblichen Eigenart unschädlich, wenn der angesprochene Verkehr die abweichenden Kennzeichnungen für Zweitmarken des Originalherstellers oder für Handelsmarken des vertreibenden Unternehmens hält.[143] Für die wett- **48**

137 BGH, 15.12.2016, I ZR 197/15, GRUR 2017, 734 Rn. 43 – *Bodendübel.*

138 Vgl. BGH, 24.03.2005, I ZR 131/02, GRUR 2005, 600, 602 – *Handtuchklemmen*; BGH, 16.11.2017, I ZR 91/16, GRUR 2018, 311 Rn. 20 – *Handfugenpistole*; OLG Köln, 12.12.2014, 6 U 28/14, GRUR-RR 2015, 441, 443 – *VITA-SED.*

139 BGH, 24.05.2007, I ZR 104/04, GRUR 2007, 984 Rn. 27 – *Gartenliege.*

140 Vgl. BGH, 07.11.2002, I ZR 64/00, GRUR 2003, 356, 358 – *Präzisionsmessgerät*; BGH, 04.05.2016, I ZR 58/14, BGHZ 210, 144 Rn. 92 – *Segmentstruktur.*

141 BGH, 22.01.2015, I ZR 107/13, GRUR 2015, 909 Rn. 11 – *Exzenterzähne*; BGH, 04.05.2016, I ZR 58/14, BGHZ 210, 144 Rn. 52 – *Segmentstruktur*; BGH, 16.11.2017, I ZR 91/16, GRUR 2018, 311 Rn. 14, 20 – *Handfugenpistole.*

142 BGH, 24.05.2007, I ZR 104/04, GRUR 2007, 984 Rn. 26 – *Gartenliege*; BGH, 19.11.2015, I ZR 109/14, GRUR 2016, 720 Rn. 26 f. – *Hot Sox*; BGH, 15.12.2016, I ZR 197/15, GRUR 2017, 734 Rn. 41 – *Bodendübel*; BGH, 16.11.2017, I ZR 91/16, GRUR 2018, 311 Rn. 20 – *Handfugenpistole*; OLG Frankfurt, 23.11.2017, 6 U 224/16, WRP 2018, 237 Rn. 18.

143 BGH, 24.05.2007, I ZR 104/04, GRUR 2007, 984 Rn. 26 – *Gartenliege*; BGH, 22.01.2015, I ZR 107/13, GRUR 2015, 909 Rn. 14 – *Exzenterzähne*; BGH, 19.11.2015, I ZR 109/14, GRUR 2016, 720 Rn. 27 – *Hot Sox.*

bewerbliche Eigenart ist es demnach grds. bedeutungslos, wenn ein Vertrieb des Originalprodukts unter fremden Kennzeichnungen nur in geringem Umfang oder unter für den angesprochenen Verkehr als solche erkennbaren Handelsmarken erfolgt.[144]

49 Ob der angesprochene Verkehr die Fremdkennzeichnung als **Herstellerzeichen** auffasst, kann dadurch beeinflusst werden, wo und in welcher Weise das Kennzeichen auf dem Produkt angebracht und wie deutlich sichtbar es ist.[145] Ist das Originalprodukt in großem Umfang mit einer vom Verkehr als Herstellerzeichen aufgefassten Kennzeichnung des Vertreibers auf dem Markt, schadet dies seiner wettbewerblichen Eigenart.[146] Sind auf dem Produkt sowohl die Kennzeichnung des Originalherstellers als auch die Kennzeichnung des Vertreibers angebracht und sieht der angesprochene Verkehr auch in der Kennzeichnung des Vertreibers ein Herstellerkennzeichen, so hängt es vom Verkehrsverständnis ab, ob die Doppelkennzeichnung die wettbewerbliche Eigenart des Originalprodukts beeinträchtigt.[147]

50 Die wettbewerbliche Eigenart kann ferner entfallen, wenn der Vertrieb einer **Vielzahl von Nachahmungen** dazu führt, dass das Originalprodukt aus Sicht des angesprochenen Verkehrs nicht mehr auf einen bestimmten Hersteller hinweist. Davon ausgenommen ist der Fall, dass mehrere Nachahmungen etwa zeitgleich auf den Markt kommen, weil sonst dem Hersteller die Möglichkeit zur Gegenwehr genommen würde.[148] Auch bei einem Angebot zahlreicher Nachahmungen geht die wettbewerbliche Eigenart nicht verloren, solange der Verkehr zwischen dem Originalprodukt und den als solchen erkannten Nachahmungen unterscheidet.[149] Die wettbewerbliche Eigenart kann allerdings entfallen, wenn ein Unternehmen das Originalprodukt und die Nachahmung unter einer einheitlichen Handelsmarke vertreibt und der Verkehr deshalb annimmt, der Händler beziehe ähnliche Produkte verschiedener Hersteller und vertreibe sie unter einer einheitlichen Marke.[150]

6. Feststellung der wettbewerblichen Eigenart

51 Der Kläger muss die Merkmale, aus denen er die wettbewerbliche Eigenart des Originalprodukts herleitet, konkret beschreiben und hierfür das betreffende Produkt oder zumindest Abbildungen vorlegen, anhand derer das Produkt und seine die wettbewerb-

---

144 BGH, 24.05.2007, I ZR 104/04, GRUR 2007, 984 Rn. 26 – *Gartenliege*; BGH, 16.11.2017, I ZR 91/16, GRUR 2018, 311 Rn. 20 – *Handfugenpistole*.

145 BGH, 16.11.2017, I ZR 91/16, GRUR 2018, 311 Rn. 38 – *Handfugenpistole*; OLG Frankfurt, 23.11.2017, 6 U 224/16, WRP 2018, 237 Rn. 19.

146 BGH, 16.11.2017, I ZR 91/16, GRUR 2018, 311 Rn. 39 – *Handfugenpistole*.

147 BGH, 16.11.2017, I ZR 91/16, GRUR 2018, 311 Rn. 38 f. – *Handfugenpistole*.

148 BGH, 08.11.1984, I ZR 128/82, GRUR 1985, 876, 878 – *Tchibo/Rolex*; BGH, 24.03.2005, I ZR 131/02, GRUR 2005, 600, 602 – *Handtuchklemmen*; OLG Köln, 14.07.2017, 6 U 197/16, GRUR-RR 2018, 207 Rn. 72 – *Jeanshose mit V-Naht*.

149 BGH, 05.03.1998, I ZR 13/96, BGHZ 138, 143, 149 – *Les-Paul-Gitarren*; BGH, 11.01.2007, I ZR 198/04, GRUR 2007, 795 Rn. 28 – *Handtaschen*.

150 BGH, 16.11.2017, I ZR 91/16, GRUR 2018, 311 Rn. 46 – *Handfugenpistole*.

liche Eigenart begründenden Merkmale erkennbar sind.[151] Das Gericht kann die wettbewerbliche Eigenart eines Produkts **aus eigener Sachkunde** feststellen, wenn seine Mitglieder zu den angesprochenen Verkehrskreisen gehören. Richtet sich das Produkt an Fachkreise, so kann das Gericht die wettbewerbliche Eigenart ohne Einholung eines demoskopischen Gutachtens ermitteln, wenn für die Sichtweise der angesprochenen Fachkreise keine besonderen Kenntnisse oder Erfahrungen erforderlich sind oder wenn das Gericht die erforderliche besondere Erfahrung aufgrund der ständigen Befassung mit Wettbewerbssachen erworben hat.[152] Ist eine eigene Sachkunde des Gerichts nicht selbstverständlich, muss es darlegen, warum es sich für hinreichend sachkundig hält, um die wettbewerbliche Eigenart ohne sachverständige Hilfe zu beurteilen.[153]

Sind die vorgetragenen Merkmale des Produkts grundsätzlich geeignet, ihm wettbewerbliche Eigenart zu verleihen, hat der Beklagte darzulegen und ggf. zu beweisen, dass die an sich gegebene wettbewerbliche Eigenart des Originalprodukts geschwächt oder entfallen ist. Dazu kann der Vortrag und Beweis gehören, dass Produkte anderer Hersteller mit vergleichbarem oder ähnlichem Gesamterscheinungsbild seit längerer Zeit in erheblichem Umfang vertrieben werden[154] oder dass das Originalprodukt in großem Umfang unter einer Fremdkennzeichnung oder mehreren Fremdkennzeichnungen vertrieben worden ist[155]. Zum Umfang der gestatteten Fremdkennzeichnung kann dem Kläger eine sekundäre Darlegungslast obliegen.[156] Steht der umfangreiche Vertrieb unter einer Fremdkennzeichnung fest, ist der Kläger dafür darlegungs- und beweispflichtig, dass es sich bei der Fremdkennzeichnung aus Sicht des Verkehrs nicht um eine Herstellerkennzeichnung, sondern um eine unschädliche Handelsmarke handelt.[157] **52**

V. Nachahmung

Der lauterkeitsrechtliche Nachahmungsschutz knüpft an die Nachahmung der wettbewerblich eigenartigen Ware oder Dienstleistung an. **53**

151 BGH, 16.11.2017, I ZR 91/16, GRUR 2018, 311 Rn. 17 – *Handfugenpistole*.

152 BGH, 17.07.2013, I ZR 21/12, GRUR 2013, 1052 Rn. 29 – *Einkaufswagen III*; BGH, 15.12.2016, I ZR 197/15, GRUR 2017, 734 Rn. 58 – *Bodendübel*; vgl. BGH, 14.09.2017, I ZR 2/16, GRUR 2017, 1135 Rn. 23 – *Leuchtballon*.

153 BGH, 02.10.2003, I ZR 150/01, BGHZ 156, 250, 254 – *Marktführerschaft*; BGH, 15.12.2016, I ZR 197/15, GRUR 2017, 734 Rn. 70 – *Bodendübel*.

154 OLG Köln, 12.12.2014, 6 U 28/14, GRUR-RR 2015, 441, 443 – *VITA-SED*; OLG Köln, 14.07.2017, 6 U 197/16, GRUR-RR 2018, 207 Rn. 73 – *Jeanshose mit V-Naht*; *Köhler*/Bornkamm/Feddersen § 4 Rn. 3.78.

155 BGH, 16.11.2017, I ZR 91/16, GRUR 2018, 311 Rn. 22 – *Handfugenpistole*.

156 BGH, 16.11.2017, I ZR 91/16, GRUR 2018, 311 Rn. 22 – *Handfugenpistole*.

157 BGH, 16.11.2017, I ZR 91/16, GRUR 2018, 311 Rn. 45 – *Handfugenpistole*; OLG Frankfurt, 23.11.2017, 6 U 224/16, WRP 2018, 237 Rn. 24.

1. Begriff der Nachahmung

54 Eine Nachahmung liegt vor, wenn ein fremdes Leistungsergebnis ganz oder teilweise als eigene Leistung angeboten wird.[158] Das angebotene Produkt muss dem Originalprodukt so ähnlich sein, dass es sich in ihm wiedererkennen lässt.[159] Bei der Nachahmung kann es sich grds. auch um eine andere Produktart als das nachgeahmte Produkt handeln.[160] Außerdem muss dem Hersteller der Nachahmung im Schaffenszeitpunkt das Originalprodukt bekannt sein; anderenfalls handelt es sich um eine selbstständige Zweitentwicklung.[161] Stimmt das angebotene Produkt mit dem Originalprodukt weitgehend überein und erscheint es später als dieses auf dem Markt, besteht anhand der Lebenserfahrung die tatsächliche Vermutung, dass es in Kenntnis des Originalprodukts geschaffen worden ist.[162]

55 **Keine Nachahmung** liegt vor, **wenn** kein fremdes Leistungsergebnis vermarktet, sondern eine **eigene Leistung** angeboten wird.[163] Davon ist auszugehen, wenn die eigene Leistung lediglich an das fremde Leistungsergebnis anknüpft und es als Vorspann für das eigene Angebot ausnutzt.[164] Das ist z.B. der Fall, wenn ein Internetsuchdienst einen Hyperlink auf die Internetseite eines anderen Unternehmens setzt und dadurch Nutzern den unmittelbaren Zugriff auf die dort eingestellten Presseartikel ermöglicht,[165] wenn auf den von der Deutschen Börse ermittelten Aktienindex bezogene Finanzprodukte angeboten[166] oder wenn von den vielfältigen charakteristischen Merkmalen einer literarischen Gestalt lediglich einzelne Merkmale in eine andere Produktart übernommen werden.[167] Von der Nachahmung zu unterscheiden ist die **unmittelbare Übernahme** des fremden, nicht als solches nachgebildeten Leistungsergebnisses.[168] Der unmittelbare Schutz des Leistungsergebnisses kann allenfalls nach der Generalklausel des § 3 Abs. 1 unlauter sein (Rdn. 6–9; § 3 Rdn. 70 ff.).

---

158 BGH, 19.11.2015, I ZR 149/14, GRUR 2016, 725 Rn. 18 – *Pippi-Langstrumpf-Kostüm II*; BGH, 04.05.2016, I ZR 58/14, BGHZ 210, 144 Rn. 64 – *Segmentstruktur*.

159 BGH, 23.09.2015, I ZR 105/14, BGHZ 207, 71 Rn. 78 – *Goldbären*; BGH, 15.12.2016, I ZR 197/15, GRUR 2017, 734 Rn. 45 – *Bodendübel*; BGH, 11.01.2018, I ZR 187/16, GRUR 2018, 832 Rn. 50 – *Ballerinaschuh*.

160 Vgl. BGH, 19.11.2015, I ZR 149/14, GRUR 2016, 725 Rn. 18 – *Pippi-Langstrumpf-Kostüm II*; Büscher, GRUR 2018, 1, 5.

161 BGH, 26.06.2008, I ZR 170/05, GRUR 2008, 1115 Rn. 24 – *ICON*; BGH, 13.09.2012, I ZR 230/11, BGHZ 194, 314 Rn. 68 – *Biomineralwasser*; BGH, 04.05.2016, I ZR 58/14, BGHZ 210, 144 Rn. 64 – *Segmentstruktur*.

162 BGH, 06.11.1997, I ZR 102/95, GRUR 1998, 477, 480 – *Trachtenjanker*.

163 BGH, 30.04.2009, I ZR 42/07, BGHZ 181, 77 Rn. 43 – *DAX*.

164 BGH, 28.10.2010, I ZR 60/09, BGHZ 187, 255 Rn. 16 – *Hartplatzhelden.de*; BGH, 19.11.2015, I ZR 149/14, GRUR 2016, 725 Rn. 18 – *Pippi-Langstrumpf-Kostüm II*.

165 BGH, 17.07.2003, I ZR 259/00, BGHZ 156, 1, 18 – *Paperboy*.

166 BGH, 30.04.2009, I ZR 42/07, BGHZ 181, 77 Rn. 43 – *DAX*.

167 Vgl. BGH, 19.11.2015, I ZR 149/14, GRUR 2016, 725 Rn. 19 – *Pippi-Langstrumpf-Kostüm II*.

168 BGH, 28.10.2010, I ZR 60/09, BGHZ 187, 255 Rn. 17 – *Hartplatzhelden.de*.

2. Kriterien der Nachahmung

Die Ähnlichkeit des angebotenen Produkts mit dem Originalprodukt ist nach dem **Gesamteindruck** der sich gegenüberstehenden Produkte aus der Sicht der angesprochenen Verkehrskreise zu beurteilen.[169] Dabei kommt es i.d.R. eher auf die Übereinstimmungen als auf die Unterschiede der betreffenden Produkte an, weil der Verkehr diese üblicherweise nicht gleichzeitig wahrnimmt und unmittelbar miteinander vergleicht, sondern sie aus der Erinnerung heraus in Beziehung zueinander setzt.[170] **56**

Für die Annahme einer Nachahmung ist darauf abzustellen, ob gerade diejenigen **Gestaltungsmerkmale** übernommen worden sind, **aus denen sich** die **wettbewerbliche Eigenart** des Originalprodukts **ergibt**.[171] Ähnlichkeiten in Merkmalen, denen der Verkehr keine herkunftshinweisende Bedeutung beimisst oder die allenfalls Erinnerungen oder Assoziationen an das Originalprodukt wachrufen können, genügen nicht.[172] Die Übernahme der abstrakten Grundidee in einer anderen konkreten Ausgestaltung reicht nicht aus.[173] An die Nachahmung einer fiktiven Figur durch die Übernahme ihrer wettbewerblich eigenartigen Merkmale in eine andere Produktart sind im Interesse der Wettbewerbsfreiheit keine geringen Anforderungen zu stellen; die Übernahme nur vereinzelter Gestaltungsmerkmale genügt deshalb nicht.[174] **57**

3. Erscheinungsformen der Nachahmung

Die Merkmale, die eine wettbewerbliche Eigenart des Originalprodukts begründen, können in unterschiedlicher Intensität nachgeahmt werden. Der **Grad der Nachahmung** ist aufgrund der Wechselwirkung mit den anderen Tatbestandsmerkmalen für die Unlauterkeit des Verhaltens des Mitbewerbers von Bedeutung (Rdn. 24).[175] Für die Beurteilung kann das Gericht die zu den Akten gereichten Originalprodukte heran- **58**

---

169 BGH, 11.01.2007, I ZR 198/04, GRUR 2007, 795 Rn. 32 – *Handtaschen*; BGH, 02.12.2015, I ZR 176/14, GRUR 2016, 730 Rn. 47 – *Herrnhuter Stern*; BGH, 15.12.2016, I ZR 197/15, GRUR 2017, 734 Rn. 45 – *Bodendübel*; BGH, 11.01.2018, I ZR 187/16, GRUR 2018, 832 Rn. 50, 65 – *Ballerinaschuh*.

170 BGH, 11.01.2007, I ZR 198/04, GRUR 2007, 795 Rn. 34 – *Handtaschen*; BGH, 28.05.2009, I ZR 124/06, GRUR 2010, 80 Rn. 41 – *LIKEaBIKE*; BGH, 02.12.2015, I ZR 176/14, GRUR 2016, 730 Rn. 47 – *Herrnhuter Stern*; BGH, 14.09.2017, I ZR 2/16, GRUR 2017, 1135 Rn. 29 – *Leuchtballon*; BGH, 11.01.2018, I ZR 187/16, GRUR 2018, 832 Rn. 65 – *Ballerinaschuh*.

171 BGH, 28.10.2004, I ZR 326/01, GRUR 2005, 166, 168 – *Puppenausstattungen*; BGH, 15.04.2010, I ZR 145/08, GRUR 2010, 1125 Rn. 25 – *Femur-Teil*; BGH, 15.12.2016, I ZR 197/15, GRUR 2017, 734 Rn. 45 – *Bodendübel*; BGH, 14.09.2017, I ZR 2/16, GRUR 2017, 1135 Rn. 29 – *Leuchtballon*.

172 Vgl. BGH, 24.03.2005, I ZR 131/02, GRUR 2005, 600, 603 – *Handtuchklemmen*; BGH, 28.10.2004, I ZR 326/01, GRUR 2005, 166, 168 – *Puppenausstattungen*.

173 OLG Köln, 25.08.2017, 6 U 170/16, GRUR-RR 2017, 438 Rn. 64 f. – *Natursteinpflaster*.

174 BGH, 19.11.2015, I ZR 149/14, GRUR 2016, 725 Rn. 18 f. – *Pippi-Langstrumpf-Kostüm II*.

175 BGH, 04.05.2016, I ZR 58/14, BGHZ 210, 144 Rn. 64 – *Segmentstruktur*.

ziehen.[176] Ausreichend kann aber auch die Beurteilung anhand von Abbildungen des Originalprodukts und des beanstandeten Produkts sein.[177]

a) Identische Nachahmung

59 Eine identische Nachahmung liegt vor, wenn die Ware oder Dienstleistung – meist mithilfe technischer Vervielfältigungsverfahren – unverändert übernommen wird.[178] Bei einer identischen Nachahmung sind die unlauterkeitsbegründenden Umstände i.d.R. gegeben.[179]

b) Nahezu identische Nachahmung

60 Eine nahezu identische Nachahmung liegt vor, wenn das angebotene Produkt nur geringfügige, im Gesamteindruck unerhebliche Abweichungen von den die wettbewerbliche Eigenart begründenden Merkmalen des Originalprodukts aufweist.[180] Die sich gegenüberstehenden Produkte müssen ungeachtet kleinerer Abweichungen im Detail im Gesamteindruck einander so ähnlich sein, dass sie vom Verkehr praktisch nicht auseinandergehalten werden können.[181] Bei einer nahezu identischen Übernahme sind an die unlauterkeitsbegründenden Umstände geringe Anforderungen zu stellen.[182]

c) Nachschaffende Nachahmung

61 Eine nachschaffende Nachahmung liegt vor, wenn die fremde Leistung lediglich als Vorbild benutzt wird und eine bloße Annäherung an das Originalprodukt vorliegt.[183] Das ist der Fall, wenn das angebotene Produkt sich dem Originalprodukt in seinen die wettbewerbliche Eigenart begründenden Merkmalen erkennbar annähert, aber deutlich sichtbare Abweichungen im Gesamteindruck bestehen.[184] Weisen die sich gegenüberstehenden Produkte allein in ihrer abstrakten Grundidee, aber nicht in ihrer diese Grundidee umsetzenden konkreten Gesamterscheinung Übereinstimmungen auf, ist

---

176 BGH, 17.07.2013, I ZR 21/12, GRUR 2013, 1052 Rn. 31 – *Einkaufswagen III.*

177 BGH, 11.01.2007, I ZR 198/04, GRUR 2007, 795 Rn. 23 – *Handtaschen*; BGH, 19.11.2015, I ZR 109/14, GRUR 2016, 720 Rn. 17 – *Hot Sox.*

178 BGH, 06.05.1999, I ZR 199/96, BGHZ 141, 329, 341 – *Tele-Info-CD.*

179 BGH, 15.07.2004, I ZR 142/01, GRUR 2004, 941, 943 – *Metallbett*; BGH, 02.04.2009, I ZR 199/06, GRUR 2009, 1073 Rn. 15 – *Ausbeinmesser.*

180 BGH, 15.04.2010, I ZR 145/08, GRUR 2010, 1125 Rn. 25 – *Femur-Teil*; BGH, 22.01.2015, I ZR 107/13, GRUR 2015, 909 Rn. 29 – *Exzenterzähne*; BGH, 15.12.2016, I ZR 197/15, GRUR 2017, 734 Rn. 47 – *Bodendübel*; BGH, 11.01.2018, I ZR 187/16, GRUR 2018, 832 Rn. 50 – *Ballerinaschuh.*

181 BGH, 08.12.1999, I ZR 101/97, GRUR 2000, 521, 522/524 – *Modulgerüst.*

182 BGH, 05.03.1998, I ZR 13/96, BGHZ 138, 143, 150 – *Les-Paul-Gitarren*; BGH, 02.12.2015, I ZR 176/14, GRUR 2016, Rn. 61 – *Herrnhuter Stern.*

183 BGH, 21.03.1991, I ZR 158/89, GRUR 1992, 523, 524 – *Betonsteinelemente*; BGH, 11.01.2018, I ZR 187/16, GRUR 2018, 832 Rn. 50 – *Ballerinaschuh.*

184 Vgl. BGH, 11.01.2007, I ZR 198/04, GRUR 2007, 795 Rn. 29, 36 – *Handtaschen*; BGH, 14.09.2017, I ZR 2/16, GRUR 2017, 1135 Rn. 31 f. – *Leuchtballon.*

keine (nachschaffende) Nachahmung gegeben.[185] Bei der nachschaffenden Nachahmung bedarf es ausgeprägter besonderer Begleitumstände, um von der Unlauterkeit ausgehen zu können.[186]

4. Feststellung der Nachahmung

Das Gericht kann den Grad der Nachahmung selbst beurteilen, wenn seine Mitglieder zu den angesprochenen Verkehrskreisen gehören. Richten sich die Produkte an Fachkreise, so kann das Gericht den Nachahmungsgrad aus eigener Sachkunde bestimmen, wenn für die Sichtweise keine besonderen Fachkenntnisse oder -erfahrungen erforderlich sind oder wenn das Gericht sich aufgrund seiner ständigen Befassung mit Wettbewerbssachen die erforderliche Sachkunde angeeignet hat, um die Verkehrsauffassung der Fachkreise beurteilen zu können.[187] **62**

VI. Angebot

Der lauterkeitsrechtliche Nachahmungsschutz greift erst ein, wenn die Nachahmung auf dem Markt angeboten wird. Ein Angebot i.S. des § 4 Nr. 3 liegt in jeder **auf** den **Vertrieb gerichteten Handlung.**[188] Dafür können Werbemaßnahmen, bei denen zum Erwerb der Nachahmung aufgefordert wird,[189] oder die Auslieferung an einen Zwischenhändler zum Weiterverkauf an die Endabnehmer[190] genügen. Die Herstellung der Nachahmung stellt als solche noch kein Angebot dar,[191] sondern kann allenfalls die Gefahr eines (erstmaligen) Angebots begründen.[192] Die Präsentation der Nachahmung auf einer Messe ist als solche weder als Angebot anzusehen, noch begründet sie ohne Weiteres die (Erstbegehungs-)Gefahr eines Angebots.[193] Die Erstbegehungsgefahr eines Angebots liegt jedoch vor, wenn der Nachahmende am Messestand auf Nachfrage bestätigt, das vertriebsfertige Produkt nach Deutschland zu liefern.[194] Die Gefahr eines Angebots ist i.d.R. zu verneinen, wenn es sich bei der ausgestellten Nachahmung nicht um ein vertriebsfertiges Produkt, sondern um einen Prototyp oder eine Designstudie handelt.[195] Die rein formale Bezeichnung als Prototyp genügt allerdings nicht.[196] **63**

---

185 OLG Köln, 25.08.2017, 6 U 170/16, GRUR-RR 2017, 438 Rn. 64, 66 – *Natursteinpflaster.*

186 *Ohly*/Sosnitza § 4.3 Rn. 3/49.

187 BGH, 17.07.2013, I ZR 21/12, GRUR 2013, 1052 Rn. 29, 35 – *Einkaufswagen III*; BGH, 14.09.2017, I ZR 2/16, GRUR 2017, 1135 Rn. 30 – *Leuchtballon.*

188 *Köhler*/Bornkamm/Feddersen § 4 Rn. 3.39.

189 Vgl. BGH, 22.04.2010, I ZR 17/05, GRUR 2010, 1103 Rn. 22 – *Pralinenform II.*

190 Vgl. BGH, 15.05.2003, I ZR 214/00, GRUR 2003, 892, 893 – *Alt Luxemburg.*

191 Vgl. BGH, 02.12.2015, I ZR 176/14, GRUR 2016, 730 Rn. 75 – *Herrnhuter Stern*; BGH, *15.12.2016, I ZR 197/15, GRUR 2017, 734 Rn. 74 – Bodendübel.*

192 JurisPK-UWG/Ullmann § 4 Nr. 3 Rn. 47; *Köhler*/Bornkamm/Feddersen § 4 Rn. 3.39.

193 BGH, 22.04.2010, I ZR 17/05, GRUR 2010, 1103 Rn. 22 f. – *Pralinenform II*; BGH, 23.10.2014, I ZR 133/13, GRUR 2015, 603 Rn. 21 – *Keksstangen*; BGH, 20.09.2018, I ZR 71/17, GRUR 2019, 196 Rn. 13 – *Industrienähmaschinen.*

194 BGH, 20.09.2018, I ZR 71/17, GRUR 2019, 196 Rn. 13 – *Industrienähmaschinen*; OLG Frankfurt, 28.02.2018, 6 W 14/18, WRP 2018, 735 Rn. 11.

195 BGH, 23.10.2014, I ZR 133/13, GRUR 2015, 603 Rn. 22 – *Keksstangen.*

196 Vgl. BGH, 23.02.2017, I ZR 92/16, GRUR 2017, 793 Rn. 31 – *Mart-Stam-Stuhl.*

VII. Unlauterkeitstatbestände

1. Allgemeines

64 Der lauterkeitsrechtliche Nachahmungsschutz gewährt dem Hersteller des Originalprodukts keinen Schutz gegen die Übernahme seines Leistungsergebnisses als solches, sondern gegen die unlautere Verwertung des Leistungsergebnisses und damit gegen ein wettbewerbsrechtlich missbilligtes Verhalten des Mitbewerbers. Erforderlich ist deshalb, dass zu der Nachahmung eines wettbewerblich eigenartigen Produkts besondere Begleitumstände wie die in § 4 Nr. 3 lit. a bis c geregelten Tatbestände hinzutreten, aufgrund derer die Vermarktung der Nachahmung durch den Mitbewerber unlauter erscheint.[197]

2. Vermeidbare betriebliche Herkunftstäuschung

65 Nach § 4 Nr. 3 lit. a ist das Angebot einer Nachahmung unlauter, wenn der Mitbewerber eine vermeidbare Täuschung der Abnehmer über die betriebliche Herkunft herbeiführt.

a) Herkunftstäuschung

aa) Begriff der Herkunftstäuschung

66 Eine Herkunftstäuschung liegt vor, wenn der angesprochene Verkehr den unzutreffenden Eindruck gewinnt, die Nachahmung stamme vom Hersteller des Originalprodukts oder von einem mit ihm geschäftlich oder organisatorisch verbundenen Unternehmen.[198] Bei einer **unmittelbaren Herkunftstäuschung** hält der angesprochene Verkehr die Nachahmung für das Originalprodukt.[199] Bei einer **Herkunftstäuschung im weiteren Sinne** nimmt der angesprochene Verkehr irrig an, bei der Nachahmung handele es sich um eine neue Serie oder eine Zweitmarke des Originalherstellers oder der Hersteller der Nachahmung stehe in geschäftlichen oder organisatorischen, z.B. lizenz- oder gesellschaftsvertraglichen Beziehungen zu dem Hersteller des Originalprodukts.[200] Der Verkehr muss das Unternehmen, dem er die Nachahmung irrtümlich zuschreibt, nicht namentlich kennen (vgl. Rdn. 32).[201]

---

197 BGH, 04.05.2016, I ZR 58/14, BGHZ 210, 144 Rn. 94 – *Segmentstruktur.*

198 BGH, 24.05.2007, I ZR 104/04, GRUR 2007, 984 Rn. 32 – *Gartenliege*; BGH, 02.12.2015, I ZR 176/14, GRUR 2016, 730 Rn. 64 – *Herrnhuter Stern*; BGH, 16.11.2017, I ZR 91/16, GRUR 2018, 311 Rn. 53 – *Handfugenpistole.*

199 Vgl. BGH, 02.04.2009, I ZR 144/06, GRUR 2009, 1069 Rn. 14 – *Knoblauchwürste*; BGH, 20.09.2018, I ZR 71/17, GRUR 2019, 196 Rn. 15 – *Industrienähmaschinen.*

200 BGH, 02.04.2009, I ZR 144/06, GRUR 2009, 1069 Rn. 15 – *Knoblauchwürste*; BGH, 02.04.2009, I ZR 199/06, GRUR 2009, 1073 Rn. 15 – *Ausbeinmesser*; BGH, 20.09.2018, I ZR 71/17, GRUR 2019, 196 Rn. 15 – *Industrienähmaschinen.*

201 BGH, 15.09.2005, I ZR 151/02, GRUR 2006, 79 Rn. 36 – *Jeans*; BGH, 02.12.2015, I ZR 176/14, GRUR 2016, 730 Rn. 64 – *Herrnhuter Stern.*

bb) Gewisse Verkehrsbekanntheit

Sofern nicht Original und Nachahmung nebeneinander vertrieben werden und der Verkehr deshalb beide unmittelbar miteinander vergleichen kann,[202] muss das nachgeahmte Produkt eine **gewisse Bekanntheit** bei nicht unerheblichen Teilen der angesprochenen Verkehrskreise erlangt haben.[203] Es genügt eine Bekanntheit, bei der sich Herkunftstäuschungen in relevantem Umfang ergeben können, wenn Nachahmungen vertrieben werden.[204] Dafür ist nicht erforderlich, dass die angesprochenen Verkehrskreise das Originalprodukt dem Hersteller namentlich zuordnen können.[205] Die gewisse Verkehrsbekanntheit muss grds. auf dem inländischen Markt bestehen (vgl. Rdn. 45).[206] Abzustellen ist auf den Zeitpunkt der Markteinführung der Nachahmung.[207] **67**

cc) Kriterien der Herkunftstäuschung

Für die Beurteilung der Herkunftstäuschung ist auf die **Sichtweise** und das Verständnis **der angesprochenen Verkehrskreise** abzustellen.[208] Die Gefahr einer Herkunftstäuschung ist bei Zwischenhändlern, gewerblichen Wiederverkäufern und Fachkreisen i.d.R. geringer als bei Endverbrauchern, weil diese üblicherweise über genauere Kenntnisse von den auf dem Markt vertretenen Produkten, deren Gestaltung sowie deren Herstellern und Vertreibern verfügen.[209] Das Gericht kann die Sichtweise der angesprochenen Fachkreise aus eigener Sachkunde beurteilen, wenn dafür keine besonderen Kenntnisse oder Erfahrungen erforderlich sind.[210] Bei einer identischen Nachahmung ist grds. von einer unmittelbaren Herkunftstäuschung auszugehen, weil sich dem angesprochenen Verkehr der Eindruck aufdrängt, die identischen Produkte stammten von demselben Hersteller.[211] Bei einer nahezu identischen Nachahmung sind – insbesondere bei deutlich erkennbarer Anbringung eines **68**

202 BGH, 16.11.2017, I ZR 91/16, GRUR 2018, 311 Rn. 50 – *Handfugenpistole*.
203 BGH, 21.09.2006, I ZR 270/03, GRUR 2007, 339 Rn. 39 – *Stufenleitern*; BGH, 28.05.2009, I ZR 124/06, GRUR 2010, 80 Rn. 36 – *LIKEaBIKE*; BGH, 02.12.2015, I ZR 176/14, GRUR 2016, 730 Rn. 58 – *Herrnhuter Stern*.
204 BGH, 15.09.2005, I ZR 151/02, GRUR 2006, 79 Rn. 35 – *Jeans*; BGH, 02.12.2015, I ZR 176/14, GRUR 2016, 730 Rn. 58 – *Herrnhuter Stern*.
205 BGH, 15.09.2005, I ZR 151/02, GRUR 2006, 79 Rn. 36 – *Jeans*; BGH, 02.12.2015, I ZR 176/14, GRUR 2016, 730 Rn. 58 – *Herrnhuter Stern*.
206 BGH, 09.10.2008, I ZR 126/06, GRUR 2009, 79 Rn. 35 – *Gebäckpresse*.
207 BGH, 08.11.2001, I ZR 199/99, GRUR 2002, 275, 277 – *Noppenbahnen*; BGH, 09.10.2008, I ZR 126/06, GRUR 2009, 79 Rn. 35 – *Gebäckpresse*; vgl. BGH, 02.12.2015, I ZR 176/14, GRUR 2016, 730 Rn. 57 – *Herrnhuter Stern*.
208 BGH, 15.04.2010, I ZR 145/08, GRUR 2010, 1125 Rn. 30 – *Femur-Teil*.
209 Vgl. BGH, 14.12.1995, I ZR 240/93, GRUR 1996, 210, 212 – *Vakuumpumpen*; BGH, 12.05.2011, I ZR 53/10, GRUR 2012, 58 Rn. 49 – *Seilzirkus*; BGH, 23.10.2014, I ZR 133/13, GRUR 2015, 603 Rn. 23, 36 – *Keksstangen*; BGH, 20.09.2018, I ZR 71/17, GRUR 2019, 196 Rn. 19 – *Industrienähmaschinen*.
210 BGH, 20.09.2018, I ZR 71/17, GRUR 2019, 196 Rn. 19 – *Industrienähmaschinen*.
211 BGH, 24.05.2007, I ZR 104/04, GRUR 2007, 984 Rn. 36 – *Gartenliege*; BGH, 02.04.2009, I ZR 199/06, GRUR 2009, 1073 Rn. 15 – *Ausbeinmesser*; BGH, 24.01.2013, I ZR 136/11, GRUR 2013, 951 Rn. 32 – *Regalsystem*.

als solches wahrgenommenen Herstellerkennzeichens (Rdn. 70) – für eine Herkunftstäuschung im weiteren Sinne zusätzliche Hinweise auf mögliche geschäftliche oder organisatorische Verbindungen erforderlich.[212]

69 Einer Herkunftstäuschung kann der Umstand entgegenstehen, dass dem Verkehr das **Vorhandensein von Originalen und Nachahmungen bekannt** ist und er den Angeboten deshalb mit einem entspr. hohen Aufmerksamkeitsgrad begegnet.[213] Auch der unterschiedliche **Vertriebsweg** von Originalprodukt und Nachahmung kann gegen eine Herkunftstäuschung sprechen.[214]

70 Eine Herkunftstäuschung kann ausscheiden, wenn die Nachahmung an dem Produkt selbst, in den Angebotsdokumenten oder in der Werbung mit einer vom Originalprodukt abweichenden, deutlich sichtbaren **Kennzeichnung** versehen ist. Voraussetzung ist, dass der angesprochene Verkehr die Produkte einem bestimmten Unternehmen nicht allein anhand ihrer äußeren Gestaltungsmerkmale, sondern auch anhand der Herstellerangabe zuordnet.[215] Außerdem muss der angesprochene Verkehr die Kennzeichnung der Nachahmung als Hinweis auf einen Hersteller auffassen, der mit dem Hersteller des Originalprodukts nicht in geschäftlichen oder organisatorischen Verbindungen steht (Rdn. 66).[216] Das kann nicht nur bei Fachleuten,[217] sondern auch beim Durchschnittsverbraucher der Fall sein, etwa wenn sich die äußere Aufmachung von Produkten des täglichen Bedarfs stark ähnelt, aber die Produkte nach dem Kenntnisstand des Verbrauchers von unterschiedlichen Herstellern stammen.[218]

dd) Zeitpunkt

71 Die Herkunftstäuschung muss grds. im Zeitpunkt der **Kaufentscheidung** gegeben sein.[219] Der BGH hat bislang offengelassen, ob es ausreicht, dass die Herkunftstäuschung erst nach dem Erwerb der Nachahmung, etwa bei ihrer Benutzung oder ihrem Verbrauch nach Entfernung der Verpackung, eintritt (**post-sale confusion**).[220] Eine

---

212 BGH, 20.09.2018, I ZR 71/17, GRUR 2019, 196 Rn. 20 – *Industrienähmaschinen.*

213 BGH, 11.01.2007, I ZR 198/04, GRUR 2007, 795 Rn. 39 – *Handtaschen.*

214 BGH, 10.04.2003, I ZR 276/00, GRUR 2003, 973, 975 – *Tupperwareparty*; BGH, 11.01.2007, I ZR 198/04, GRUR 2007, 795 Rn. 40 – *Handtaschen.*

215 BGH, 19.10.2000, I ZR 225/98, GRUR 2001, 443, 446 – *Viennetta*; BGH, 15.04.2010, I ZR 145/08, GRUR 2010, 1125 Rn. 28, 32 – *Femur-Teil*; BGH, 15.12.2016, I ZR 197/15, GRUR 2017, 734 Rn. 61 – *Bodendübel.*

216 BGH, 15.12.2016, I ZR 197/15, GRUR 2017, 734 Rn. 62 – *Bodendübel.*

217 Vgl. BGH, 14.12.1995, I ZR 240/93, GRUR 1996, 210, 212 – *Vakuumpumpen*; BGH, 12.05.2011, I ZR 53/10, GRUR 2012, 58 Rn. 49 – *Seilzirkus.*

218 BGH, 19.10.2000, I ZR 225/98, GRUR 2001, 443, 446 – *Viennetta*; OLG Köln, 28.04.2017, 6 U 136/16, GRUR-RR 2017, 323 Rn. 34 – *ChariTea.*

219 BGH, 15.04.2010, I ZR 145/08, GRUR 2010, 1125 Rn. 34 – *Femur-Teil*; BGH, 15.12.2016, I ZR 197/15, GRUR 2017, 734 Rn. 62 – *Bodendübel.*

220 BGH, 30.04.2008, I ZR 123/05, GRUR 2008, 793 Rn. 33 – *Rillenkoffer*; BGH, 15.04.2010, I ZR 145/08, GRUR 2010, 1125 Rn. 35 – *Femur-Teil*; vgl. auch BGH, 15.12.2016, I ZR 197/15, GRUR 2017, 734 Rn. 62 – *Bodendübel*; BGH, 14.09.2017, I ZR 2/16, GRUR 2017, 1135 Rn. 28, 35 – *Leuchtballon.*

Erweiterung auf solche außerhalb des Marktgeschehens stattfindenden Vorgänge ist nicht angezeigt. Der lauterkeitsrechtliche Nachahmungsschutz dient dem Schutz des konkreten Leistungsergebnisses vor einer unlauteren Vermarktung durch den Mitbewerber und nicht dem Schutz der Verbraucher vor Herkunftstäuschungen bei der späteren Verwendung des Produkts (vgl. Rdn. 1).[221] Soweit gem. § 2 Abs. 1 Nr. 1 auch ein Verhalten im Zusammenhang mit der Vertragsdurchführung eine unlautere geschäftliche Handlung begründen kann, beruht dies auf den Vorgaben in Art. 3 (1) der UGP-RL, in deren Anwendungsbereich der lauterkeitsrechtliche Nachahmungsschutz nicht fällt (Rdn. 21).

b) Vermeidbarkeit

aa) Allgemeines

Eine Herkunftstäuschung ist vermeidbar, wenn sie durch geeignete und dem Nachahmenden zumutbare Maßnahmen verhindert werden kann.[222] Im Rahmen der **Wechselwirkung** sind an die Vermeidbarkeit der Herkunftstäuschung umso geringere Anforderungen und an die Zumutbarkeit von der Herkunftstäuschung entgegenwirkenden Maßnahmen umso größere Anforderungen zu stellen, je höher der Grad der wettbewerblichen Eigenart und der Nachahmung ist (Rdn. 24). 72

Ob und welche Maßnahmen dem Mitbewerber zur Verhinderung einer Herkunftstäuschung zugemutet werden können, ist anhand einer umfassenden **Interessenabwägung** zu beurteilen.[223] Dabei sind das Interesse des Herstellers des Originalprodukts an der Vermeidung einer Herkunftstäuschung, das Interesse des nachahmenden Mitbewerbers an der Nutzung nicht unter Sonderrechtsschutz stehender Gestaltungsmerkmale und das Interesse der Abnehmer an der Auswahl zwischen mehreren nach Preis und Leistung geeignet erscheinenden Produkten zu berücksichtigen.[224] Hat der Mitbewerber alle möglichen und ihm zumutbaren Maßnahmen zur Vermeidung einer Herkunftstäuschung ergriffen, so ist eine danach noch verbleibende Herkunftstäuschung als unvermeidbar hinzunehmen.[225] 73

---

221 Vgl. BGH, 10.01.2008, I ZR 67/05, GRUR 2008, 790 Rn. 37 – *Baugruppe*; BGH, 04.05.2016, I ZR 58/14, BGHZ 210, 144 Rn. 71 – *Segmentstruktur*.

222 BGH, 08.12.1999, I ZR 101/97, GRUR 2000, 521, 525 – *Modulgerüst*; BGH, 21.09.2006, I ZR 270/03, GRUR 2007, 339 Rn. 43 – *Stufenleitern*; BGH, 24.01.2013, I ZR 136/11, GRUR 2013, 951 Rn. 35 – *Regalsystem*.

223 BGH, 08.12.1999, I ZR 101/97, GRUR 2000, 521, 525 – *Modulgerüst*; BGH, 24.01.2013, I ZR 136/11, GRUR 2013, 951 Rn. 35 – *Regalsystem*; BGH, 14.09.2017, I ZR 2/16, GRUR 2017, 1135 Rn. 39 – *Leuchtballon*.

224 BGH, 24.01.2013, I ZR 136/11, GRUR 2013, 951 Rn. 36 – *Regalsystem*; BGH, 02.12.2015, I ZR 176/14, GRUR 2016, 730 Rn. 68 – *Herrnhuter Stern*; BGH, 15.12.2016, I ZR 197/15, GRUR 2017, 734 Rn. 54 – *Bodendübel*.

225 BGH, 21.09.2006, I ZR 270/03, GRUR 2007, 339 Rn. 44 – *Stufenleitern*; BGH, 24.01.2013, I ZR 136/11, GRUR 2013, 951 Rn. 38 – *Regalsystem*; BGH, 14.09.2017, I ZR 2/16, GRUR 2017, 1135 Rn. 43 – *Leuchtballon*.

74 Beruht eine Herkunftstäuschung auf der Nachahmung von Gestaltungsmerkmalen, die durch die Umsetzung einer freizuhaltenden **Grundidee** vorgegeben sind, so ist sie zur Vermeidung der Monopolisierung der gemeinfreien Elemente als unvermeidbar hinzunehmen.[226]

bb) Zumutbarkeit einer unterscheidenden Kennzeichnung

75 Ist die Herkunftstäuschung durch die Verwendung einer vom Originalprodukt abweichenden **Kennzeichnung** vermeidbar, so ist die Anbringung einer solchen Kennzeichnung dem nachahmenden Mitbewerber grds. zumutbar.[227] Voraussetzung für die Vermeidbarkeit ist, dass der angesprochene Verkehr die Produkte einem bestimmten Hersteller nicht allein aufgrund ihrer äußeren Gestaltung, sondern auch anhand der Produktbezeichnung oder der Herstellerangabe zuordnet. Ob das der Fall ist, kann von den angesprochenen Verkehrskreisen, dem Produktsegment und/oder dem Vertriebsweg abhängen.

76 Eine Orientierung (auch) an der Kennzeichnung kommt z.B. in Betracht bei Produkten, die sich an Fachkreise richten,[228] bei technischen Geräten,[229] bei hochpreisigen und deshalb vor dem Kauf genauer betrachteten Erzeugnissen,[230] bei einer Vielzahl ähnlicher Produktverpackungen verschiedener Hersteller,[231] bei der Bestellung über Fachhändler[232] oder bei einem Erwerb nach eingehender Prüfung.[233] Abweichende Kennzeichen oder Farbgebungen können einer Herkunftstäuschung nicht entgegenwirken, wenn die Produkte insoweit nach den Wünschen der Abnehmer gestaltetet werden.[234]

77 Die Kennzeichnung der Nachahmung muss sich von derjenigen des Originalprodukts so deutlich **unterscheiden**, dass der angesprochene Verkehr die Nachahmung weder dem Hersteller des Originalprodukts zuschreibt noch geschäftliche oder organisatorische Verbindungen zwischen den Unternehmen vermutet.[235] Die Anbringung einer

226 BGH, 12.12.2002, I ZR 221/00, GRUR 2003, 359, 361 – *Pflegebett*; BGH, 02.12.2015, I ZR 176/14, GRUR 2016, 730 Rn. 71 – *Herrnhuter Stern*.

227 Vgl. BGH, 19.10.2000, I ZR 225/98, GRUR 2001, 443, 445 f. – *Viennetta*; BGH, 22.01.2015, I ZR 107/13, GRUR 2015, 909 Rn. 35, 37 – *Exzenterzähne*.

228 BGH, 15.04.2010, I ZR 145/08, GRUR 2010, 1125 Rn. 28, 32 – *Femur-Teil*; BGH, 12.05.2011, I ZR 53/10, GRUR 2012, 58 Rn. 49 – *Seilzirkus*.

229 BGH, 14.01.1999, I ZR 203/96, GRUR 1999, 751, 753 – *Güllepumpen*; BGH, 07.02.2002, I ZR 289/99, GRUR 2002, 820, 823 – *Bremszangen*.

230 OLG Köln, 02.08.2013, 6 U 214/12, WRP 2013, 1646 Rn. 34 – *Küchenarmaturen*.

231 BGH, 19.10.2000, I ZR 225/98, GRUR 2001, 443, 446 – *Viennetta*.

232 OLG Köln, 21.10.2016, 6 U 112/16, GRUR-RS 2016, 112348 Rn. 28.

233 HansOLG Hamburg, 21.01.2016, 3 U 143/13, juris Rn. 187.

234 BGH, 14.09.2017, I ZR 2/16, GRUR 2017, 1135 Rn. 37, 43 – *Leuchtballon*.

235 Vgl. BGH, 28.05.2009, I ZR 124/06, GRUR 2010, 80 Rn. 43 – *LIKEaBIKE*; BGH, 22.01.2015, I ZR 107/13, GRUR 2015, 909 Rn. 37 – *Exzenterzähne*; BGH, 15.12.2016, I ZR 197/15, GRUR 2017, 734 Rn. 62 – *Bodendübel*.

dem Verkehr als Handelsmarke bekannten Kennzeichnung genügt deshalb nicht (vgl. Rdn. 48).[236]

Die Kennzeichnung muss nicht zwingend auf den Produkten selbst angebracht sein, **78**
sondern kann sich u.U. auf den Verpackungen oder in den Angebotsunterlagen befinden oder in der Werbung verwendet werden.[237] Sie muss allerdings **dauerhaft und** so **deutlich sichtbar** angebracht sein, dass sie dem angesprochenen Verkehr noch im maßgeblichen Zeitpunkt des Kaufs (Rdn. 71) vor Augen steht.[238] Sie muss grds. nicht so auffällig sein, dass die Verkäuflichkeit der Nachahmung dadurch beeinträchtigt wird.[239]

cc) Zumutbarkeit einer abweichenden Produktgestaltung

Kann eine Herkunftstäuschung durch die Anbringung einer Kennzeichnung nicht ver- **79**
mieden werden, so kann es dem Mitbewerber zumutbar sein, einer Herkunftstäuschung durch die Änderung der Gestaltung der Nachahmung entgegenzuwirken.

(1) Änderung ästhetischer Gestaltungsmerkmale

Bei einer Nachahmung von die wettbewerbliche Eigenart (mit)bestimmenden ästheti- **80**
schen Merkmalen ist dem Mitbewerber i.d.R. ein Ausweichen auf eine andere ästhetische Gestaltung und damit ein größerer Abstand vom Originalprodukt möglich und zumutbar, weil ihm ein größerer Spielraum für abweichende optisch ansprechende Gestaltungsformen zur Verfügung steht.[240] Eine Änderung der äußeren Gestaltung kann allerdings unzumutbar sein, wenn die Nachahmung der Befriedigung eines Ersatz- oder Ergänzungsbedarfs der Abnehmer und ihrem Interesse an der Verfügbarkeit von sich optisch in das Originalprodukt einfügenden kompatiblen Konkurrenzprodukten dient (Rdn. 84).[241]

(2) Änderung technischer Gestaltungsmerkmale

Technisch bedingte Gestaltungsmerkmale können die wettbewerbliche Eigenart des **81**
Originalprodukts (mit)begründen (Rdn. 37–41). Der Verzicht auf solche Merkmale,

---

236 BGH, 02.04.2009, I ZR 144/06, GRUR 2009, 1069 Rn. 16, 18 – *Knoblauchwürste*.

237 Vgl. BGH, 15.04.2010, I ZR 145/08, GRUR 2010, 1125 Rn. 28 – *Femur-Teil*; BGH, 15.12.2016, I ZR 197/15, GRUR 2017, 734 Rn. 61 – *Bodendübel*; BGH, 16.11.2017, I ZR 91/16, GRUR 2018, 311 Rn. 56 – *Handfugenpistole*.

238 BGH, 15.09.2005, I ZR 151/02, GRUR 2006, 79 Rn. 33 – *Jeans*; BGH, 24.01.2013, I ZR 136/11, GRUR 2013, 951 Rn. 32 – *Regalsystem*; BGH, 15.12.2016, I ZR 197/15, GRUR 2017, 734 Rn. 62 – *Bodendübel*; BGH, 16.11.2017, I ZR 91/16, GRUR 2018, 311 Rn. 50 – *Handfugenpistole*.

239 Vgl. BGH, 24.01.2013, I ZR 136/11, GRUR 2013, 951 Rn. 41 – *Regalsystem*.

240 BGH, 18.12.1968, I ZR 130/66, GRUR 1969, 292, 293 – *Buntstreifensatin II*; BGH, 22.01.2015, I ZR 107/13, GRUR 2015, 909 Rn. 34 – *Exzenterzähne*; BGH, 14.09.2017, I ZR 2/16, GRUR 2017, 1135 Rn. 39 – *Leuchtballon*.

241 BGH, 24.01.2013, I ZR 136/11, GRUR 2013, 951 Rn. 37 f. – *Regalsystem*; BGH, 17.07.2013, I ZR 21/12, GRUR 2013, 1052 Rn. 41 f. – *Einkaufswagen III*.

die mangels (noch) bestehenden Sonderrechtsschutzes dem freizuhaltenden Stand der Technik angehören und der angemessenen Lösung einer technischen Aufgabe dienen, ist dem Mitbewerber i.d.R. unzumutbar.[242] Eine gemeinfreie technische Lösung darf grds. verwertet werden, ohne dass der übernehmende Mitbewerber auf das Risiko verwiesen werden darf, es mit einer anderen technisch angemessenen und für den Einsatzzweck ggf. ebenso gut geeigneten Lösung zu versuchen.[243]

82 Bei einer **nachschaffenden Nachahmung** darf der Mitbewerber daher ein technisches Gestaltungsmerkmal übernehmen, in dem eine angemessene technische Lösung zum Ausdruck kommt, sofern er die ihm zumutbaren Möglichkeiten für eine sonstige abweichende Gestaltung des Merkmals ausgeschöpft hat.[244] Eine danach verbleibende Herkunftstäuschung ist als unvermeidbar anzusehen und hinzunehmen.[245]

83 Bei einer **identischen**[246] **oder nahezu identischen**[247] **Nachahmung** gilt dagegen wegen der Wechselwirkung der Tatbestandsmerkmale (Rdn. 24) ein strengerer Maßstab. Bei einer (nahezu) identischen Nachahmung ist es dem Mitbewerber i.d.R. zumutbar, durch die Wahl von anderen technisch bedingten Gestaltungsmerkmalen auf eine andere angemessene technische Lösung auszuweichen, falls er der Gefahr einer Herkunftstäuschung nicht anderweitig – etwa durch die Anbringung einer Kennzeichnung – entgegenwirken kann.[248] Das gilt insbes. bei komplexen Produkten mit einer Vielzahl von technisch bedingten Merkmalen, hinsichtlich derer zahlreiche Abweichungsmöglichkeiten bestehen.[249] Der Umstand, dass die technisch bedingten Merkmale des nachgeahmten Produkts früher patentgeschützt und deshalb zunächst nicht frei verfügbar waren, rechtfertigt keine andere Beurteilung.[250] Eine Änderung der technisch bedingten Merkmale kann für den Mitbewerber jedoch unzumutbar sein, wenn die (nahezu) identische Nachahmung der Befriedigung eines Ersatz- oder Erweiterungsbedarfs der Abnehmer und ihrem Interesse an der Verfügbarkeit technisch kompatibler Produkte dient (Rdn. 84).[251]

242 BGH, 08.11.2001, I ZR 199/99, GRUR 2002, 275, 276 – *Noppenbahnen*; BGH, 12.05.2011, I ZR 53/10, GRUR 2012, 58 Rn. 46 – *Seilzirkus*; BGH, 14.09.2017, I ZR 2/16, GRUR 2017, 1135 Rn. 39 – *Leuchtballon*.

243 BGH, 12.07.2001, I ZR 40/99, GRUR 2002, 86, 90 – *Laubhefter*; vgl. BGH, 14.09.2017, I ZR 2/16, GRUR 2017, 1135 Rn. 45 – *Leuchtballon*.

244 BGH, 14.09.2017, I ZR 2/16, GRUR 2017, 1135 Rn. 42, 45 – *Leuchtballon*.

245 BGH, 14.09.2017, I ZR 2/16, GRUR 2017, 1135 Rn. 43 – *Leuchtballon*.

246 BGH, 02.04.2009, I ZR 199/06, GRUR 2009, 1073 Rn. 15 – *Ausbeinmesser*.

247 BGH, 22.01.2015, I ZR 107/13, GRUR 2015, 909 Rn. 36 – *Exzenterzähne*; BGH, 15.12.2016, I ZR 197/15, GRUR 2017, 734 Rn. 54 – *Bodendübel*.

248 Vgl. BGH, 02.04.2009, I ZR 199/06, GRUR 2009, 1073 Rn. 15 – *Ausbeinmesser*; BGH, 22.01.2015, I ZR 107/13, GRUR 2015, 909 Rn. 36 – *Exzenterzähne*; BGH, 15.12.2016, I ZR 197/15, GRUR 2017, 734 Rn. 54 – *Bodendübel*; BGH, 16.11.2017, I ZR 91/16, GRUR 2018, 311 Rn. 56 – *Handfugenpistole*.

249 BGH, 12.07.2001, I ZR 40/99, GRUR 2002, 86, 90 – *Laubhefter*; BGH, 24.05.2007, I ZR 104/04, GRUR 2007, 984 Rn. 14 – *Gartenliege*.

250 Vgl. BGH, 15.12.2016, I ZR 197/15, GRUR 2017, 734 Rn. 56 – *Bodendübel*.

251 BGH, 08.12.1999, I ZR 101/97, GRUR 2000, 521, 525 – *Modulgerüst*.

(3) Änderung kompatibler Gestaltungsmerkmale

Selbst bei einer identischen oder nahezu identischen Nachahmung kann dem Nachahmenden eine Änderung der äußeren Gestaltung unzumutbar sein, wenn es sich um ein **kompatibles Produkt** zum Originalerzeugnis handelt. Haben die Abnehmer wegen eines Ersatz- oder Erweiterungsbedarfs ein Interesse am Angebot von mit dem Originalprodukt kompatiblen Konkurrenzprodukten, so ist dem Mitbewerber eine Änderung der Produktgestaltung nicht zuzumuten, wenn dadurch die Kompatibilität und damit die Verkäuflichkeit der Nachahmung als Ersatz- oder Ergänzungsteil entscheidend eingeschränkt würde.[252] Das gilt sowohl für ästhetisch kompatible Merkmale (**optische Kompatibilität**)[253] als auch für technisch kompatible Merkmale (**technische Kompatibilität**)[254]. Der Anbieter der Nachahmung muss allerdings durch andere Maßnahmen – z.B. durch die Verwendung einer Kennzeichnung (Rdn. 75–78) – einer Herkunftstäuschung so weit wie möglich entgegenwirken, sofern solche Maßnahmen möglich und ihm zumutbar sind.[255] Eine danach verbleibende Herkunftstäuschung ist als unvermeidbar anzusehen und hinzunehmen. 84

dd) Feststellung der Vermeidbarkeit

Die Beurteilung, ob dem Mitbewerber eine abweichende Gestaltung zumutbar ist, kann das Gericht aus eigener Sachkunde treffen, wenn dafür keine besonderen Kenntnisse oder Erfahrungen erforderlich sind. Das ist i.d.R. der Fall, wenn es um die Zumutbarkeit der Änderung von ästhetischen Merkmalen geht.[256] Bei der Frage, ob die Änderung von technischen Merkmalen zumutbar ist, hat sich das Gericht zur Ermittlung der technischen oder funktionalen Vor- und Nachteile der verschiedenen Gestaltungsformen sachverständiger Hilfe zu bedienen, sofern es nicht über eine darzulegende eigene Sachkunde verfügt.[257] 85

3. Unangemessene Ausnutzung oder Beeinträchtigung der Wertschätzung

Die Regelung des § 4 Nr. 3 lit. b befasst sich mit den Unlauterkeitstatbeständen der unangemessenen **Rufausnutzung** und der unangemessenen **Rufbeeinträchtigung**. Das Angebot der Nachahmung ist danach unlauter, wenn der Mitbewerber die Wertschätzung der nachgeahmten wettbewerblich eigenartigen Ware oder Dienstleistung unangemessen ausnutzt oder beeinträchtigt. Je größere Wertschätzung das nachgeahmte Produkt beim angesprochenen Verkehr genießt und je höher der Grad seiner Nachahmung 86

252 BGH, 08.12.1999, I ZR 101/97, GRUR 2000, 521, 525/527 – *Modulgerüst*; BGH, 24.01.2013, I ZR 136/11, GRUR 2013, 951 Rn. 37 f. – *Regalsystem*; BGH, 17.07.2013, I ZR 21/12, GRUR 2013, 1052 Rn. 42 – *Einkaufswagen III*.
253 BGH, 24.01.2013, I ZR 136/11, GRUR 2013, 951 Rn. 38, 42 – *Regalsystem*; BGH, 17.07.2013, I ZR 21/12, GRUR 2013, 1052 Rn. 41 f. – *Einkaufswagen III*.
254 BGH, 08.12.1999, I ZR 101/97, GRUR 2000, 521, 525 – *Modulgerüst*.
255 BGH, 24.01.2013, I ZR 136/11, GRUR 2013, 951 Rn. 42 – *Regalsystem*; BGH, 17.07.2013, I ZR 21/12, GRUR 2013, 1052 Rn. 42 – *Einkaufswagen III*.
256 BGH, 15.12.2016, I ZR 197/15, GRUR 2017, 734 Rn. 58 – *Bodendübel*.
257 BGH, 15.12.2016, I ZR 197/15, GRUR 2017, 734 Rn. 70 – *Bodendübel*.

ist, umso geringere Anforderungen sind nach dem Grundsatz der Wechselwirkung (Rdn. 24) an die unangemessene Ausnutzung oder Beeinträchtigung seines Rufs zu stellen.[258]

a) Wertschätzung

87 Die **Wertschätzung** einer Ware oder Dienstleistung **ist gleichbedeutend mit** ihrem **guten Ruf**.[259] Sie setzt voraus, dass die Eigenart oder die Besonderheiten des wettbewerblich eigenartigen Produkts zu positiven Erwartungen des angesprochenen Verkehrs führen, die er diesem Produkt zuschreibt. Die positiven Vorstellungen betreffen i.d.R. die Güte oder Qualität des Produkts.[260] Sie können sich im Einzelfall aber auch auf seine Exklusivität, sein Prestige oder sein sonstiges positives Image beziehen.[261] Dabei muss der gute Ruf auf geschäftlichen Aktivitäten des Herstellers, z.B. in Form von Werbeanstrengungen, beruhen.[262]

88 Die Wertschätzung erfordert eine **gewisse Bekanntheit** des Produkts beim angesprochenen Verkehr.[263] Der Grad der Bekanntheit kann nach dem Grundsatz der Wechselwirkung (Rdn. 24) im Rahmen der Gesamtabwägung Bedeutung gewinnen.[264] Für die Bekanntheit des nachgeahmten Produkts können seine langjährige Marktpräsenz,[265] sein hoher Marktanteil,[266] erhebliche Absatz- oder Umsatzzahlen[267] oder umfangreiche Werbeaufwendungen[268] sprechen.

b) Unangemessene Ausnutzung der Wertschätzung

aa) Ausnutzung der Wertschätzung

89 Eine Ausnutzung der Wertschätzung des nachgeahmten Produkts (Rufausnutzung) setzt voraus, dass die angesprochenen Verkehrskreise ihre Erwartungen zur Güte oder

---

258 Vgl. *Köhler*/Bornkamm/Feddersen § 4 Rn. 3.51a; *Ohly*/Sosnitza § 4.3 Rn. 3/68.

259 Harte/Henning/Sambuc § 4 Nr. 3 Rn. 139; *Ohly*/Sosnitza § 4.3 Rn. 3/66.

260 BGH, 15.04.2010, I ZR 145/08, GRUR 2010, 1125 Rn. 41 – *Femur-Teil*; BGH, 17.07.2013, I ZR 21/12, GRUR 2013, 1052 Rn. 37 – *Einkaufswagen III*.

261 BGH, 08.11.1984, I ZR 128/82, GRUR 1985, 876, 878 – *Tchibo/Rolex*; OLG Frankfurt, 28.10.2010, 6 U 87/09, GRUR-RR 2011, 182, 183 – *Leuchtpflasterstein*.

262 *Köhler*/Bornkamm/Feddersen § 4 Rn. 3.52; MünchKomm/Wiebe UWG § 4 Nr. 9 Rn. 174; Hohlweck, WRP 2015, 934 Rn. 15.

263 OLG Frankfurt, 28.10.2010, 6 U 87/09, GRUR-RR 2011, 182, 183 – *Leuchtpflasterstein*.

264 JurisPK-UWG/Ullmann § 4 Nr. 3 Rn. 135; *Köhler*/Bornkamm/Feddersen § 4 Rn. 3.52.

265 BGH, 15.04.2010, I ZR 145/08, GRUR 2010, 1125 Rn. 24 – *Femur-Teil*; vgl. BGH, 24.01.2013, I ZR 136/11, GRUR 2013, 951 Rn. 27 – *Regalsystem*.

266 Vgl. BGH, 24.01.2013, I ZR 136/11, GRUR 2013, 951 Rn. 27 – *Regalsystem*; BGH, 17.07.2013, I ZR 21/12, GRUR 2013, 1052 Rn. 25 – *Einkaufswagen III*.

267 BGH, 22.01.2015, I ZR 107/13, GRUR 2015, 909 Rn. 28 – *Exzenterzähne*; vgl. BGH, 15.12.2016, I ZR 197/15, GRUR 2017, 734 Rn. 43 – *Bodendübel*.

268 Vgl. BGH, 28.05.2009, I ZR 124/06, GRUR 2010, 80 Rn. 37 – *LIKEaBIKE*; BGH, 15.12.2016, I ZR 197/15, GRUR 2017, 734 Rn. 43 – *Bodendübel*.

Qualität des Originalprodukts auf die Nachahmung übertragen (sog. **Rufübertragung** oder **Imagetransfer**).[269]

Eine Rufausnutzung liegt vor, wenn die dem nachgeahmten Produkt zugeschriebenen Güte- oder Qualitätserwartungen der Nachahmung zugutekommen, weil der angesprochene Verkehr die Nachahmung mit dem Originalprodukt **verwechselt**, also eine unmittelbare Herkunftstäuschung vorliegt.[270] Eine Rufausnutzung kann aber auch gegeben sein, wenn die Abnehmer nicht über die betriebliche Herkunft der Nachahmung getäuscht werden.[271] In diesem Fall erfordert die Ausnutzung der Wertschätzung des nachgeahmten Produkts eine **erkennbare Bezugnahme** auf den Originalhersteller oder das Originalprodukt.[272] Eine namentliche Benennung oder eine zutreffende Bezeichnung des Originalherstellers oder des Originalprodukts ist nicht erforderlich.[273] Die erkennbare Bezugnahme kann offen oder verdeckt erfolgen.[274] Für eine erkennbare Bezugnahme reicht es nicht aus, dass durch das Herbeiführen von bloßen Assoziationen an das Originalprodukt Aufmerksamkeit für die Nachahmung erweckt wird.[275] An einer erkennbaren Bezugnahme auf das Originalprodukt fehlt es, wenn Waren mit gleichen Gestaltungsmerkmalen in großem Umfang unter verschiedenen Herstellermarken vertrieben werden (vgl. Rdn. 48 f.).[276] **90**

Für eine Übertragung der Güte- oder Qualitätsvorstellungen kann bereits die Annäherung an die verkehrsbekannten Merkmale des Originalprodukts als solche genügen.[277] Bei einer (nahezu) identischen Nachahmung gilt insofern ein strenger Maßstab.[278] Bei einem Originalerzeugnis mit hohem Prestigewert kann die Übertragung der Wertschät- **91**

269 BGH, 19.05.2010, I ZR 158/08, GRUR 2011, 79 Rn. 34 – *Markenheftchen*; BGH, 17.07.2013, I ZR 21/12, GRUR 2013, 1052 Rn. 38 – *Einkaufswagen III*; BGH, 04.05.2016, I ZR 58/14, BGHZ 201, 144 Rn. 86 – *Segmentstruktur*.

270 BGH, 14.12.1995, I ZR 240/93, GRUR 1996, 210, 212 – *Vakuumpumpen*; BGH, 15.04.2010, I ZR 145/08, GRUR 2010, 1125 Rn. 41 – *Femur-Teil*; BGH, 17.07.2013, I ZR 21/12, GRUR 2013, 1052 Rn. 38 – *Einkaufswagen III*.

271 BGH, 06.05.1999, I ZR 199/96, BGHZ 141, 329, 342 – *Tele-Info-CD*; OLG Köln, 02.08.2013, 6 U 214/12, WRP 2013, 1646 Rn. 39 – *Küchenarmaturen*.

272 BGH, 02.12.2004, I ZR 30/02, BGHZ 161, 204, 214 – *Klemmbausteine III*; BGH, 17.07.2013, I ZR 21/12, GRUR 2013, 1052 Rn. 38 – *Einkaufswagen III*; BGH, 04.05.2016, I ZR 58/14, BGHZ 201, 144 Rn. 86 – *Segmentstruktur*; BGH, 20.09.2018, I ZR 71/17, GRUR 2019, 196 Rn. 23 – *Industrienähmaschinen*.

273 BGH, 02.12.2004, I ZR 30/02, BGHZ 161, 204, 214 – *Klemmbausteine III*.

274 BGH, 19.05.2010, I ZR 158/08, GRUR 2011, 79 Rn. 34 – *Markenheftchen*.

275 BGH, 10.04.2003, I ZR 276/00, GRUR 2003, 973, 975 – *Tupperwareparty*; BGH, 15.04.2010, I ZR 145/08, GRUR 2010, 1125 Rn. 42 – *Femur-Teil*; BGH, 04.05.2016, I ZR 58/14, BGHZ 201, 144 Rn. 86 – *Segmentstruktur*.

276 OLG Frankfurt, 23.11.2017, 6 U 224/16, WRP 2018, 237 Rn. 25.

277 BGH, 02.12.2004, I ZR 30/02, BGHZ 161, 204, 214 – *Klemmbausteine III*; BGH, 15.04.2010, I ZR 145/08, GRUR 2010, 1125 Rn. 42 – *Femur-Teil*; BGH, 17.07.2013, I ZR 21/12, GRUR 2013, 1052 Rn. 38 – *Einkaufswagen III*; OLG Frankfurt, 28.02.2018, 6 W 14/18, WRP 2018, 735 Rn. 9.

278 BGH, 15.04.2010, I ZR 145/08, GRUR 2010, 1125 Rn. 49, 51 – *Femur-Teil*; BGH, 20.09.2018, I ZR 71/17, GRUR 2019, 196 Rn. 23 – *Industrienähmaschinen*.

zung auch dadurch erfolgen, dass Dritte, die bei den Käufern die erworbenen Nachahmungen sehen, zu Fehlvorstellungen über ihre Echtheit verleitet werden.[279] Einer Rufübertragung kann entgegenstehen, dass der angesprochene Verkehr durch eine vom Originalprodukt unterscheidbare **Kennzeichnung** oder einen deutlich erkennbaren Hinweis darüber informiert wird, dass die Nachahmung mit dem Originalprodukt nicht notwendigerweise gleichwertig ist.[280]

bb) Unangemessenheit

(1) Allgemeines

92 Die Frage, ob die Ausnutzung der Wertschätzung unangemessen ist, ist anhand einer **Gesamtwürdigung** aller relevanten Umstände des Einzelfalls zu beantworten. Dafür sind das Interesse des Herstellers des Originalprodukts an der Vermeidung einer Rufübertragung, das Interesse des Mitbewerbers an der Nutzung nicht unter Sonderrechtsschutz stehender Gestaltungsmerkmale und das Interesse der Allgemeinheit an einem Preis- und Leistungswettbewerb zwischen unterschiedlichen Anbietern gegeneinander abzuwägen. Dabei sind nach dem Grundsatz der Wechselwirkung (Rdn. 24) insbes. der Grad der wettbewerblichen Eigenart des nachgeahmten Produkts und seine Bekanntheit, die Stärke seines Rufs sowie der Grad der Nachahmung und der Anlehnung zu berücksichtigen.[281]

(2) Zumutbarkeit einer abweichenden Kennzeichnung

93 Dem nachahmenden Mitbewerber ist es grds. zumutbar, einer Rufübertragung dadurch entgegenzuwirken, dass er den angesprochenen Verkehr durch einen unterscheidenden Hinweis oder eine unterscheidende **Kennzeichnung** unmissverständlich darüber informiert, dass sich die Nachahmung vom Originalprodukt unterscheidet.[282] Unterlässt er einen solchen möglichen und ihm zumutbaren Hinweis oder eine entspr. Kennzeichnung, ist die Rufausnutzung i.d.R. als unangemessen anzusehen.

(3) Zumutbarkeit einer abweichenden Produktgestaltung

94 Lässt sich eine Rufübertragung nicht durch die Anbringung einer unterscheidenden Kennzeichnung vermeiden, ist es dem Mitbewerber i.d.R. zumutbar, eine Rufausnut-

279 BGH, 08.11.1984, I ZR 128/82, GRUR 1985, 876, 878 – *Tchibo/Rolex*; BGH, 11.01.2007, I ZR 198/04, GRUR 2007, 795 Rn. 44 – *Handtaschen*.

280 BGH, 02.12.2004, I ZR 30/02, BGHZ 161, 204, 215 – *Klemmbausteine III*; BGH, 15.04.2010, I ZR 145/08, GRUR 2010, 1125 Rn. 42 – *Femur-Teil*; BGH, 17.07.2013, I ZR 21/12, GRUR 2013, 1052 Rn. 38 – *Einkaufswagen III*.

281 BGH, 17.07.2013, I ZR 21/12, GRUR 2013, 1052 Rn. 38 – *Einkaufswagen III*; BGH, 22.01.2015, I ZR 107/13, GRUR 2015, 909 Rn. 40 – *Exzenterzähne*; BGH, 15.12.2016, I ZR 197/15, GRUR 2017, 734 Rn. 66 – *Bodendübel*; BGH, 20.09.2018, I ZR 71/17, GRUR 2019, 196 Rn. 26 – *Industrienähmaschinen*.

282 Vgl. BGH, 02.12.2004, I ZR 30/02, BGHZ 161, 204, 215 – *Klemmbausteine III*; BGH, 22.01.2015, I ZR 107/13, GRUR 2015, 909 Rn. 41 – *Exzenterzähne*; BGH, 15.12.2016, I ZR 197/15, GRUR 2017, 734 Rn. 66 – *Bodendübel*.

zung durch eine abweichende Gestaltung der die wettbewerbliche Eigenart des Originalprodukts (mit)bestimmenden **ästhetischen Merkmale** zu verhindern. Die Anlehnung an **technisch bedingte Merkmale**, die dem freizuhaltenden Stand der Technik angehören und der angemessenen Lösung einer technischen Aufgabe dienen, ist dagegen grds. nicht unangemessen, weil dem Mitbewerber ein Ausweichen auf eine andere technische Lösung i.d.R. – insbes. bei einer **nachschaffenden Nachahmung**[283] – nicht zumutbar ist.[284] Bei einer **identischen oder nahezu identischen Nachahmung** ist die rufausnutzende Übernahme von technisch bedingten Merkmalen dagegen meist unangemessen. In einem solchen Fall ist es dem Mitbewerber i.d.R. zumutbar, auf eine andere angemessene technische Lösung auszuweichen, falls er der Rufausnutzung nicht auf eine sonstige geeignete und ihm zumutbare Weise – etwa durch die Anbringung oder Verwendung einer sich vom Originalprodukt unterscheidenden Kennzeichnung – entgegenwirken kann.[285]

(4) Beispiele

Eine **unangemessene** Ausnutzung der Wertschätzung kann gegeben sein, wenn sich der Nachahmende ohne sachlichen Grund in so starkem Maß an die bekannte Aufmachung des Originalprodukts anlehnt, dass er sich an das »Image« des Originals »anhängt« und so unlauter an der vom Anbieter des Konkurrenzprodukts durch eigene, unter Umständen intensive und langjährige Anstrengungen am Markt erworbenen Wertschätzung partizipiert.[286] Eine Rufausnutzung ist ferner unangemessen, wenn sie aus einer vermeidbaren betrieblichen Herkunftstäuschung der angesprochenen Verkehrskreise[287] oder aus dem Anhängen an den Prestigewert des Originalprodukts zur Förderung des Vertriebs von nahezu identischen Billignachahmungen[288] folgt. **95**

Eine Rufausnutzung ist dagegen grds. **nicht unangemessen, wenn** die Nachahmung der Befriedigung eines Ersatz- oder Erweiterungsbedarfs der Abnehmer dient und ihre Verkäuflichkeit unzumutbar erschwert würde, wenn ihre Gestaltung mit dem Originalprodukt nicht **optisch oder technisch kompatibel** wäre.[289] Ist die Nachahmung qualitativ minderwertig, kommt allerdings eine Beeinträchtigung der Wertschätzung des Originalprodukts in Betracht.[290] **96**

283 Vgl. BGH, 14.09.2017, I ZR 2/16, GRUR 2017, 1135 Rn. 42, 45 – *Leuchtballon*.
284 BGH, 15.04.2010, I ZR 145/08, GRUR 2010, 1125 Rn. 43 – *Femur-Teil*; BGH, 22.01.2015, I ZR 107/13, GRUR 2015, 909 Rn. 41 – *Exzenterzähne*.
285 BGH, 22.01.2015, I ZR 107/13, GRUR 2015, 909 Rn. 41 – *Exzenterzähne*; BGH, 15.12.2016, I ZR 197/15, GRUR 2017, 734 Rn. 66 – *Bodendübel*.
286 OLG Köln, 28.04.2017, 6 U 136/16, GRUR-RR 2017, 323 Rn. 37 – *ChariTea*.
287 BGH, 14.12.1995, I ZR 240/93, GRUR 1996, 210, 212 – *Vakuumpumpen*; BGH, 15.04.2010, I ZR 145/08, GRUR 2010, 1125 Rn. 41 – *Femur-Teil*.
288 BGH, 08.11.1984, I ZR 128/82, GRUR 1985, 876, 878 – *Tchibo/Rolex*.
289 BGH, 17.07.2013, I ZR 21/12, GRUR 2013, 1052 Rn. 41 f., 47 – *Einkaufswagen III*.
290 BGH, 08.12.1999, I ZR 101/97, GRUR 2000, 521, 526 f. – *Modulgerüst*; BGH, 24.01.2013, I ZR 136/11, GRUR 2013, 951 Rn. 46 – *Regalsystem*.

c) Unangemessene Beeinträchtigung der Wertschätzung

aa) Beeinträchtigung der Wertschätzung

97 Eine Beeinträchtigung der Wertschätzung des nachgeahmten Produkts (**Rufbeeinträchtigung**) liegt vor, wenn der gute Ruf, den dieses aufgrund seiner Güte, seiner Qualität oder seines Prestigewerts bei dem angesprochenen Verkehr genießt, durch die Nachahmung Schaden nehmen kann (sog. **Rufschädigung**).[291] Das kommt in Betracht, wenn die Nachahmung im Wesentlichen nicht dieselbe Qualität wie das nachgeahmte Produkt aufweist, der angesprochene Verkehr aber eine entspr. Qualität erwartet.[292] Bei einer (nahezu) identischen Nachahmung ist i.d.R. von einer Übertragung der Qualitätserwartung auszugehen.[293] Beruht die Wertschätzung eines Produkts (auch) auf seiner Exklusivität, so kann sein Ruf beeinträchtigt werden, wenn der Prestigewert durch den massenhaften Vertrieb billiger Imitate zerstört wird.[294] Eine Zerstörung des Prestigewerts ist ausgeschlossen, wenn weder bei den Kaufinteressenten noch bei Dritten, die die Nachahmung bei den Käufern sehen, die Gefahr einer Herkunftstäuschung besteht.[295] Beim Angebot einer mit dem Originalprodukt **kompatiblen Nachahmung** kann eine Rufbeeinträchtigung ausscheiden, wenn der angesprochene Verkehr beim Auftreten einer Qualitätsbeeinträchtigung der aus dem Original und der Nachahmung gebildeten Funktionseinheit eindeutig erkennen kann, dass die Qualitätseinbuße auf dem Austausch- oder Ergänzungsprodukt des Mitbewerbers beruht.[296]

bb) Unangemessenheit

98 Die Unangemessenheit der Rufbeeinträchtigung ist unter Abwägung aller Umstände des Einzelfalls und unter Einbeziehung der Interessen des Originalherstellers, des Mitbewerbers und der Allgemeinheit festzustellen (Rdn. 92).[297] Die Beeinträchtigung der Wertschätzung des Originalprodukts zieht i.d.R. ihre Unangemessenheit nach sich.[298]

4. Unredliche Erlangung von Kenntnissen oder Unterlagen

99 Die Regelung des § 4 Nr. 3 lit. c betrifft den Unlauterkeitstatbestand der wirtschaftlichen Verwertung von unredlich erlangtem **Know-how**.[299] Danach ist das Angebot der Nachahmung unlauter, wenn der Mitbewerber die für die Nachahmung erforderlichen Kenntnisse oder Unterlagen unredlich erlangt hat.

---

291 BGH, 05.03.1998, I ZR 13/96, BGHZ 138, 143, 151 – *Les-Paul-Gitarren*.
292 BGH, 15.04.2010, I ZR 145/08, GRUR 2010, 1125 Rn. 49, 51 – *Femur-Teil*; vgl. BGH, 24.01.2013, I ZR 136/11, GRUR 2013, 951 Rn. 46 – *Regalsystem*.
293 BGH, 15.04.2010, I ZR 145/08, GRUR 2010, 1125 Rn. 49, 51 – *Femur-Teil*.
294 BGH, 08.11.1984, I ZR 128/82, GRUR 1985, 876, 878 – *Tchibo/Rolex*; BGH, 11.01.2007, I ZR 198/04, GRUR 2007, 795 Rn. 48 – *Handtaschen*.
295 BGH, 11.01.2007, I ZR 198/04, GRUR 2007, 795 Rn. 48 – *Handtaschen*.
296 BGH, 08.12.1999, I ZR 101/97, GRUR 2000, 521, 527 – *Modulgerüst*.
297 MünchKomm/Wiebe UWG § 4 Nr. 9 Rn. 191; *Ohly*/Sosnitza § 4.3 Rn. 3/68.
298 JurisPK-UWG/Ullmann § 4 Nr. 3 Rn. 153.
299 JurisPK-UWG/Ullmann § 4 Nr. 3 Rn. 156; *Ohly*/Sosnitza § 4.3 Rn. 3/71.

a) Für die Nachahmung erforderliche Kenntnisse oder Unterlagen

Unter für die Nachahmung erforderlichen Kenntnissen oder Unterlagen sind alle **betrieblichen Informationen** zu verstehen, die notwendige Bedingung für die Nachahmung sind.[300] Dazu können im Unternehmen des Originalherstellers erarbeitetes und mündlich vermitteltes Know-how,[301] Konstruktionszeichnungen, Designlayouts, Organisationspläne und Messdaten[302] gehören. Das Know-how darf nicht offenkundig sein oder aus allgemein zugänglichen Quellen mit vernünftigem Aufwand erschlossen werden können.[303] **100**

Die Informationen müssen sich auf Merkmale beziehen, die die wettbewerbliche Eigenart des nachgeahmten Produkts (mit)begründen (str.).[304] Dabei müssen die Kriterien für ein rechtsverletzendes Produkt i.S. des § 2 Nr. 4 GeschGehG nicht erfüllt sein (vor §§ 17–19 Rdn. 127).[305] **101**

b) Unredliche Erlangung

Die betrieblichen Informationen sind **unredlich erlangt**, wenn der nachahmende Mitbewerber sie unter Verstoß gegen das Handlungsverbot nach § 4 GeschGehG oder aufgrund eines Vertrauensbruchs beschafft hat.[306] Ein **Vertrauensbruch** liegt vor, wenn die Information im Rahmen eines Vertrauensverhältnisses zunächst redlich erlangt und alsdann missbräuchlich zur Nachahmung ausgenutzt wird.[307] Ein Vertrauensverhältnis, das den anderen zur vertraulichen Behandlung der überlassenen Informationen und zu ihrer Verwendung im Interesse oder nach den Weisungen des Überlassenden verpflichtet, kann durch den Abschluss eines Vertrags, aber auch schon durch die Anbahnung eines Vertragsverhältnisses im Rahmen von Vertragsverhandlungen begründet werden.[308] Dabei kann eine (vor)vertragliche Rücksichtnahmepflicht insbes. anzunehmen sein, wenn im Zusammenhang mit dem Vertragsabschluss oder den Vertragsverhandlungen Muster, Pläne, Konstruktionszeichnungen oder sonstige technischen Unterlagen übergeben werden.[309] Erstellt ein Anbieter allerdings für einen potenziellen Kunden Pläne für einen individuell zu fertigenden Gegenstand und muss er damit rechnen, dass der Interessent Vergleichsangebote einholt, so kann er ohne ausdrückliche Verein- **102**

300 *Ohly*/Sosnitza § 4.3 Rn. 3/72.
301 JurisPK-UWG/Ullmann § 4 Nr. 3 Rn. 165; MünchKomm/Wiebe UWG § 4 Nr. 9 Rn. 209.
302 JurisPK-UWG/Ullmann § 4 Nr. 3 Rn. 165; *Ohly*/Sosnitza § 4.3 Rn. 3/72.
303 BGH, 21.03.1991, I ZR 158/89, GRUR 1992, 523, 524 – *Betonsteinelemente.*
304 *Köhler*/Bornkamm/Feddersen § 4 Rn. 3.60; MünchKomm/Wiebe UWG § 4 Nr. 9 Rn. 206; *Ohly/Sosnitza § 4.3 Rn. 3/72;* a. A. Sack, FS Büscher, 2018, S. 359, 367; FBO/Götting/Hetmank § 4 Nr. 3 Rn. 106; Harte/Henning/Sambuc § 4 Nr. 3 Rn. 172.
305 A. A. *Köhler*/Bornkamm/Feddersen § 4 Rn. 3.64.
306 Vgl. BGH, 18.03.2010, I ZR 158/07, BGHZ 185, 11 Rn. 55 – *Modulgerüst II.*
307 BGH, 07.11.2002, I ZR 64/00, GRUR 2003, 356, 357 – *Präzisionsmessgerät.*
308 BGH, 22.01.1983, I ZR 177/80, GRUR 1983, 377, 379 – *Brombeer-Muster*; BGH, 02.10.2008, I ZR 48/06, GRUR 2009, 416 Rn. 18 – *Küchentiefstpreis-Garantie.*
309 BGH, 22.01.1983, I ZR 177/80, GRUR 1983, 377, 379 – *Brombeer-Muster*; BGH, 02.10.2008, I ZR 48/06, GRUR 2009, 416 Rn. 18 – *Küchentiefstpreis-Garantie.*

barung grds. nicht davon ausgehen, dass der potenzielle Kunde die erstellten Pläne vertraulich behandelt und Mitbewerbern nicht zugänglich macht.[310]

c) Kenntnis oder grob fahrlässige Unkenntnis von der unredlichen Erlangung?

103 Nach § 4 Abs. 3 Satz 1 und 2 GeschGehG stellt das Anbieten oder Inverkehrbringen von rechtsverletzenden Produkten nur dann eine rechtsverletzende Nutzung eines Geschäftsgeheimnisses dar, wenn der Handelnde weiß oder wissen müsste, dass das Geschäftsgeheimnis auf rechtswidrige Weise erlangt worden ist (vgl. § 4 Abs. 2 Nr. 1, Abs. 1 Nr. 1 oder Nr. 2 GeschGehG), gegen eine Verpflichtung zur Beschränkung der Nutzung des Geschäftsgeheimnisses verstößt (§ 4 Abs. 2 Nr. 2 GeschGehG) oder gegen eine Verpflichtung verstößt, das Geschäftsgeheimnis nicht offenzulegen (§ 4 Abs. 2 Nr. 3 GeschGehG). Die Regelung in § 4 GeschGehG dient der Umsetzung von Art. 4 (5) der RL (EU) 2016/943 (Geschäftsgeheimnis-RL). Eine richtlinienkonforme Auslegung dahingehend, dass auch hinsichtlich der unredlichen Erlangung der betrieblichen Informationen i.S. des § 4 Nr. 3 lit. c UWG eine Kenntnis oder fahrlässige Unkenntnis vorliegen muss, ist wegen der unterschiedlichen Schutzzwecke (Rdn. 1; vor §§ 17–19 Rdn. 61) und der abweichenden Tatbestandsvoraussetzungen (vor §§ 17–19 Rdn. 127) allerdings nicht geboten.[311]

5. Sonstige Unlauterkeitstatbestände

a) Allgemeines

104 Die in § 4 Nr. 3 lit. a bis c angeführten Unlauterkeitstatbestände sind **nicht abschließend**.[312] Liegt keiner der ausdrücklich benannten Fälle vor, kann wegen der grds. bestehenden Nachahmungsfreiheit das Nachahmen einer fremden Ware oder Dienstleistung allerdings nur ausnahmsweise als wettbewerbswidrig angesehen werden.[313] Dabei müssen nach der Struktur des § 4 Nr. 3 zusätzlich zu der Nachahmung eines wettbewerblich eigenartigen Produkts besondere Unlauterkeitsmerkmale gegeben sein; ein unmittelbarer Leistungsschutz kommt allenfalls nach § 3 Abs. 1 in Betracht (Rdn. 7–9; § 3 Rdn. 70 ff.). Welche ungeschriebenen besonderen Begleitumstände einen lauterkeitsrechtlichen Nachahmungsschutz gegen die Nachahmung wettbewerblich eigenartiger Produkte begründen können, ist nach der neueren höchstrichterlichen Rspr. offen.

b) Behinderung

105 Nach früherer Rspr. des BGH stellte die durch die Nachahmung einer Ware oder Dienstleistung erfolgende Behinderung des Herstellers des Originalprodukts ein unbe-

310 BGH, 02.10.2008, I ZR 48/06, GRUR 2009, 416 Rn. 19 – *Küchentiefstpreis-Garantie*.
311 A. A. *Köhler*/Bornkamm/Feddersen § 4 Rn. 3.64.
312 *Begr.* RegE zu § 4 Nr. 9 UWG 2004, BT-Drucksache 15/1487, S. 18.
313 BGH, 11.01.2007, I ZR 198/04, GRUR 2007, 795 Rn. 51 – *Handtaschen*; BGH, 26.06.2008, I ZR 170/05, GRUR 2008, 1115 Rn. 32 – *ICON*; BGH, 27.03.2013, I ZR 9/12, GRUR 2013, 1213 Rn. 63 – *SUMO*.

nanntes Unlauterkeitsmerkmal dar, das im Rahmen des lauterkeitsrechtlichen Nachahmungsschutzes nach § 4 Nr. 3 Berücksichtigung finden konnte.[314] Daran hält der BGH angesichts der systematisch klaren Abgrenzung der Tatbestände der unlauteren Nachahmung (§ 4 Nr. 3) und der gezielten Mitbewerberbehinderung (§ 4 Nr. 4) nicht fest.[315] Die Nachahmung von Waren oder Dienstleistungen stellt nunmehr nur dann eine wettbewerbswidrige Behinderung dar, wenn sie die Voraussetzungen des § 4 Nr. 4 erfüllt (Rdn. 3; § 4 Nr. 4 Rdn. 62–64).[316]

c) Einschieben in eine fremde Serie

Für den wettbewerbsrechtlichen Leistungsschutz eines auf Ergänzungen und Erweiterungen angelegten Produkts gegen Nachahmungen, die sich unter Ausbeutung des Erfolgs des Ausgangsprodukts in die angelegte Produktserie einschieben, besteht nach der neueren Rspr. des BGH kein Anlass.[317] Über den lauterkeitsrechtlichen Nachahmungsschutz wird grds. kein allgemeiner Innovationsschutz gewährt und der Hersteller des Originalprodukts grds. nicht davor geschützt, die Entwicklungs- und Markterschließungskosten sowie einen angemessenen Gewinn zu erwirtschaften.[318] In der Sache geht es beim Einschieben in eine fremde Serie um einen unmittelbaren Leistungsschutz (Rdn. 7 f.). Die bestehenden gewerblichen Schutzrechte, insbes. der Schutz des Originalerzeugnisses durch eine dreidimensionale Marke, ein Design oder ein Gemeinschaftsgeschmacksmuster, bieten hier ausreichende Schutzmöglichkeiten.[319] **106**

d) Saisonschutz von Modeneuheiten

Ebenfalls abzulehnen ist nach der neueren Rspr. des BGH ein saisonal oder sonst zeitlich begrenzter wettbewerbsrechtlicher Leistungsschutz gegen die Nachahmung von kurzlebigen Modeerzeugnissen, hinsichtlich derer sich der Hersteller unter erheblichem Zeit-, Kosten- und Arbeitsaufwand einen Wettbewerbsvorteil erarbeitet hat.[320] Über den lauterkeitsrechtlichen Nachahmungsschutz wird grds. kein allgemeiner Innovationsschutz gewährt und der Hersteller des Originalprodukts grds. nicht davor geschützt, die Entwicklungs- und Markterschließungskosten sowie einen angemessenen Gewinn **107**

---

314 BGH, 11.01.2007, I ZR 198/04, GRUR 2007, 795 Rn. 50 – *Handtaschen*; BGH, 26.06.2008, I ZR 170/05, GRUR 2008, 1115 Rn. 32 – *ICON*; BGH, 27.03.2013, I ZR 9/12, GRUR 2013, 1213 Rn. 63 – *SUMO*.

315 BGH, 04.05.2016, I ZR 58/14, BGHZ 210, 144 Rn. 79 – *Segmentstruktur*.

316 BGH, 04.05.2016, I ZR 58/14, BGHZ 210, 144 Rn. 79 – *Segmentstruktur*.

317 BGH, 04.05.2016, I ZR 58/14, BGHZ 210, 144 Rn. 95 f. – *Segmentstruktur*; BGH, *11.01.2018, I ZR 187/16*, GRUR 2018, 832 Rn. 67 – *Ballerinaschuh*; anders noch BGH, 06.11.1963, Ib ZR 37/62, BGHZ 41, 55, 58 f. – *Klemmbausteine*; BGH, 07.05.1992, I ZR 163/90, GRUR 1992, 619, 620 – *Klemmbausteine II*.

318 BGH, 04.05.2016, I ZR 58/14, BGHZ 210, 144 Rn. 96 – *Segmentstruktur*.

319 BGH, 04.05.2016, I ZR 58/14, BGHZ 210, 144 Rn. 96 – *Segmentstruktur*.

320 BGH, 04.05.2016, I ZR 58/14, BGHZ 210, 144 Rn. 95 f. – *Segmentstruktur*; anders noch BGH, 19.01.1973, I ZR 39/71, BGHZ 60, 168, 170 f. – *Modeneuheit*; BGH, 10.11.1983, I ZR 158/81, GRUR 1984, 453, 453 f. – *Hemdblusenkleid*; BGH, 06.11.1997, I ZR 102/95, GRUR 1998, 477, 479 f. – *Trachtenjanker*.

zu erwirtschaften.[321] In der Sache handelt es sich bei dem saisonalen Schutz von Modeneuheiten um einen unmittelbaren Leistungsschutz, für den angesichts der Möglichkeit eines dreijährigen Schutzes als nicht eingetragenes Gemeinschaftsgeschmacksmuster kein Anlass besteht.[322]

6. Schutzdauer

108 Der lauterkeitsrechtliche Nachahmungsschutz weist **keine festen zeitlichen Grenzen** auf.[323] Er dauert so lange an, wie die wettbewerbliche Eigenart der nachgeahmten Ware oder Dienstleistung fortbesteht und die besonderen unlauterkeitsbegründenden Umstände nicht weggefallen sind,[324] also die vermeidbare Herkunftstäuschung (§ 4 Nr. 3 lit. a) oder die Ausnutzung oder Beeinträchtigung eines anhaltenden guten Rufs des Originalprodukts (§ 4 Nr. 3 lit. b) andauert oder die unredlich erlangten Kenntnisse oder Unterlagen nicht offenkundig geworden sind (§ 4 Nr. 3 lit. c). Allerdings kann eine Verwirkung[325] oder Verjährung (§ 11)[326] der aus dem lauterkeitsrechtlichen Nachahmungsschutz resultierenden Rechte in Betracht kommen.

C. Rechtsfolgen

I. Anspruchsberechtigung und Anspruchsverpflichtung

1. Anspruchsberechtigung

109 Ansprüche aus lauterkeitsrechtlichem Nachahmungsschutz können abweichend von § 8 Abs. 3 nicht von jedem Mitbewerber oder von Verbänden geltend gemacht werden, sondern nur von demjenigen, der eine schützenswerte individuelle Leistung erbracht hat und zu dessen Disposition der durch § 4 Nr. 3 vermittelte Schutz steht.[327] (Sonstige) Mitbewerber (§ 8 Abs. 3 Nr. 1) sowie Wirtschafts- und Verbraucherverbände (§ 8 Abs. 3 Nr. 2, 3) sind nur insoweit anspruchsberechtigt, als aufgrund der unlauteren Nachahmung zugleich ein anderer mitbewerber- oder ein verbraucherschützender Tatbestand, z.B. § 5 Abs. 1 Satz 2 Nr. 1 oder Abs. 2, verwirklicht ist.[328]

---

321 BGH, 04.05.2016, I ZR 58/14, BGHZ 210, 144 Rn. 96 – *Segmentstruktur*.

322 BGH, 04.05.2016, I ZR 58/14, BGHZ 210, 144 Rn. 96 – *Segmentstruktur*.

323 BGH, 11.01.2018, I ZR 187/16, GRUR 2018, 832 Rn. 46 – *Ballerinaschuh*.

324 BGH, 14.01.1999, I ZR 203/96, GRUR 1999, 751, 754 – *Güllepumpen*; BGH, 15.07.2004, I ZR 142/01, GRUR 2004, 941, 943 – *Metallbett*; BGH, 02.12.2015, I ZR 176/14, GRUR 2016, 730 Rn. 31 – *Herrnhuter Stern*; BGH, 04.05.2016, I ZR 58/14, BGHZ 210, 144 Rn. 91 f. – *Segmentstruktur*.

325 BGH, 14.12.1995, I ZR 240/93, GRUR 1996, 210, 213 – *Vakuumpumpen*; BGH, 02.12.2015, I ZR 176/14, GRUR 2016, 730 Rn. 74 – *Herrnhuter Stern*.

326 BGH, 14.01.1999, I ZR 203/96, GRUR 1999, 751, 754 – *Güllepumpen*.

327 BGH, 02.10.2008, I ZR 48/06, GRUR 2009, 416 Rn. 23 – *Küchentiefstpreis-Garantie*; BGH, 02.12.2015, I ZR 176/14, GRUR 2016, 730 Rn. 21 – *Herrnhuter Stern*.

328 Harte/Henning/Sambuc § 4 Nr. 3 Rn. 205; *Köhler*/Bornkamm/Feddersen § 4 Rn. 3.86; *Ohly*/Sosnitza § 4.3 Rn. 3/84.

Anspruchsberechtigt ist i.d.R. der Hersteller des nachgeahmten Produkts.[329] Hersteller ist derjenige, der in eigener Verantwortung das Erzeugnis herstellt oder die Dienstleistung erbringt oder von einem Dritten herstellen oder erbringen lässt und über das Inverkehrbringen der Ware oder das Erbringen der Dienstleistung entscheidet.[330] Er muss grds. **Hersteller**, aber nicht Schöpfer oder Urheber **des Originalprodukts** sein.[331] Dabei kann es sich auch um einen Hersteller handeln, der im Einvernehmen mit dem ursprünglichen Hersteller die Produktion übernommen hat und fortführt. Voraussetzung ist, dass der spätere Hersteller als Rechtsnachfolger oder aufgrund anderer personeller und wirtschaftlicher Beziehungen an die Stelle des ursprünglichen Originalherstellers getreten ist.[332] Nach einem **Produktionsübergang** kann der wettbewerbsrechtliche Leistungsschutz für den späteren Hersteller neu begründet werden, wenn das Verhalten des nachahmenden Mitbewerbers nach wie vor einen Unlauterkeitstatbestand des § 4 Nr. 3 erfüllt.[333] **110**

Die Beeinträchtigung der geschäftlichen Interessen des Vertreibers des nachgeahmten Produkts begründet grds. keine Ansprüche aus lauterkeitsrechtlichem Nachahmungsschutz. Ein Händler ist nur ausnahmsweise anspruchsberechtigt, wenn er eine besondere schutzwürdige Eigenleistung erbracht hat.[334] Einem **Alleinvertriebsberechtigten** können aufgrund seines Individualinteresses an der alleinigen Vermarktung des Produkts Ansprüche aus lauterkeitsrechtlichem Nachahmungsschutz zustehen, wenn durch den Vertrieb der Nachahmung über die Herkunft aus dem Betrieb eines bestimmten Herstellers und damit auch über die Herkunft aus dem Betrieb des ausschließlich Vertriebsberechtigten getäuscht wird.[335] **111**

2. Anspruchsverpflichtung

Die Ansprüche aus lauterkeitsrechtlichem Nachahmungsschutz können sich gegen jeden Anbieter der Nachahmung richten. Dazu zählen neben dem **Hersteller** der Nachahmung auch ihr **Importeur** und der die Nachahmung vertreibende **Händler**.[336] **112**

---

329 BGH, 24.03.1994, I ZR 42/93, GRUR 1994, 630, 634 – *Cartier-Armreif* (insoweit nicht in BGHZ 125, 322 abgedruckt); BGH, 24.02.2005, I ZR 101/02, BGHZ 162, 246, 252 – *Vitamin-Zell-Komplex*; BGH, 02.12.2015, I ZR 176/14, GRUR 2016, 730 Rn. 21 – *Herrnhuter Stern.*

330 BGH, 02.12.2015, I ZR 176/14, GRUR 2016, 730 Rn. 21 – *Herrnhuter Stern*; BGH, 04.05.2016, I ZR 58/14, BGHZ 210, 144 Rn. 37 – *Segmentstruktur.*

331 BGH, 02.12.2015, I ZR 176/14, GRUR 2016, 730 Rn. 21 – *Herrnhuter Stern.*

332 BGH, 02.12.2015, I ZR 176/14, GRUR 2016, 730 Rn. 24 – *Herrnhuter Stern.*

333 BGH, 02.12.2015, I ZR 176/14, GRUR 2016, 730 Rn. 22 – *Herrnhuter Stern.*

334 BGH, 18.10.1990, I ZR 283/88, GRUR 1991, 223, 224 f. – *Finnischer Schmuck.*

335 BGH, 18.10.1990, I ZR 283/88, GRUR 1991, 223, 225 – *Finnischer Schmuck*; BGH, 24.03.1994, I ZR 42/93, GRUR 1994, 630, 634 – *Cartier-Armreif* (insoweit nicht in BGHZ 125, 322 abgedruckt); BGH, 15.07.2004, I ZR 142/01, GRUR 2004, 941, 943 – *Metallbett.*

336 Vgl. BGH, 23.01.1981, I ZR 48/79, GRUR 1981, 517, 520 – *Rollhocker*; BGH, 15.07.2004, I ZR 142/01, GRUR 2004, 941, 943 – *Metallbett.*

II. Unterlassungsanspruch

113 § 4 Nr. 3 gewährt Schutz gegen das Angebot der Nachahmung. Für ein Angebot i.S. des § 4 Nr. 3 genügt jede auf den Vertrieb gerichtete Handlung (Rdn. 63).[337] Der Verletzte kann daher nach § 8 Abs. 1 Satz 1 Alt. 2, Satz 2, § 3 Abs. 1, § 4 Nr. 3 die Unterlassung der **Bewerbung,** des **Angebot**s und des **Inverkehrbringen**s der Nachahmungsstücke verlangen.[338] Ein Anspruch auf Unterlassung der Herstellung der Nachahmungsstücke steht dem Hersteller nicht zu, weil sein Leistungsergebnis nur gegen die unlautere Vermarktung der Nachahmung geschützt ist.[339] Die Unterlassungspflicht des Anbieters erstreckt sich i.d.R. auch auf die Vornahme möglicher und zumutbarer Handlungen zur Beseitigung eines geschaffenen und andauernden Störungszustands.[340] Dazu kann auch der **Rückruf** von Nachahmungen gehören, die an Groß- und Einzelhändler verkauft und ausgeliefert worden sind.[341]

III. Beseitigungsanspruch

114 Der Beseitigungsanspruch des Verletzten nach § 8 Abs. 1 Satz 1 Alt. 1, § 3 Abs. 1, § 4 Nr. 3 kann darauf gerichtet sein, die Nachahmungsstücke vom Markt zu nehmen.[342] Dazu kann auch der **Rückruf** der Nachahmungsstücke gehören, selbst wenn diese sich nicht mehr in der Verfügungsgewalt des Anbieters befinden.[343] Die Vernichtung der Nachahmungsstücke kann nicht verlangt werden, weil die Herstellung als solche noch nicht unlauter ist.[344]

IV. Schadensersatz

115 Hat der Anbieter vorsätzlich oder fahrlässig gehandelt, steht dem Verletzten nach § 9 Satz 1 ein Schadensersatzanspruch zu. Für die Annahme eines fahrlässigen Verhaltens genügt es, dass der Anbieter sich erkennbar in einem Grenzbereich des rechtlich Zulässigen bewegt und deshalb eine von der eigenen Einschätzung abweichende Beurteilung des Vertriebs der Nachahmungsstücke als rechtlich unzulässig in Betracht ziehen

337 OLG Hamm, 16.06.2015, 4 U 32/14, WRP 2015, 1374 Rn. 104; *Köhler*/Bornkamm/Feddersen § 4 Rn. 3.39.

338 Vgl. BGH, 06.05.1999, I ZR 199/96, BGHZ 141, 329, 344 – *Tele-Info-CD.*

339 BGH, 14.01.1999, I ZR 203/96, GRUR 1999, 751, 754 – *Güllepumpen*; BGH, 02.12.2015, I ZR 176/14, GRUR 2016, 730 Rn. 75 – *Herrnhuter Stern*; BGH, 15.12.2016, I ZR 197/15, GRUR 2017, 734 Rn. 74 – *Bodendübel.*

340 BGH, 19.11.2015, I ZR 109/14, GRUR 2016, 720 Rn. 34 – *Hot Sox.*

341 BGH, 29.09.2016, I ZB 34/15, GRUR 2017, 208 Rn. 30, 33 – *Rückruf von RESCUE-Produkten*; BGH, 11.10.2017, I ZB 96/16, GRUR 2018, 292 Rn. 20, 31 – *Produkte zur Wundversorgung.*

342 BGH, 22.03.2012, I ZR 21/11, GRUR 2012, 1155 Rn. 36 – *Sandmalkasten.*

343 Vgl. BGH, 29.09.2016, I ZB 34/15, GRUR 2017, 208 Rn. 30, 33 – *Rückruf von RESCUE-Produkten*; anders noch BGH, 22.03.2012, I ZR 21/11, GRUR 2012, 1155 Rn. 36 – *Sandmalkasten.*

344 BGH, 06.05.1999, I ZR 199/96, BGHZ 141, 329, 346 – *Tele-Info-CD*; BGH, 22.03.2012, I ZR 21/11, GRUR 2012, 1155 Rn. 36 – *Sandmalkasten.*

muss.[345] Der durch das Angebot einer Nachahmung entstandene Schaden kann nicht nur konkret nach dem entgangenen Gewinn, sondern auch objektiv nach dem Grundsatz der Lizenzanalogie oder nach dem herauszugebenden Verletzergewinn berechnet werden (**dreifache Schadensberechnung**).[346]

V. Bereicherungsanspruch

Anstelle des Schadensersatzanspruchs kann der Verletzte nach § 812 Abs. 1 Satz 1 Alt. 2 BGB (Eingriffskondiktion) einen Bereicherungsanspruch geltend machen, der auf die Zahlung einer angemessenen Lizenz gerichtet ist.[347] **116**

VI. Auskunfts- und Rechnungslegungsanspruch

Dem Verletzten steht nach § 242 BGB zur Vorbereitung seines Schadensersatz- oder Bereicherungsanspruchs i.d.R. ein unselbstständiger Anspruch auf Auskunft über Tatsachen zu, die er zur Bezifferung seines Schadensersatz- oder Bereicherungsanspruchs benötigt. Ergänzend kommt ein Anspruch auf Rechnungslegung (§ 259 Abs. 1 BGB) in Betracht.[348] Daneben kann dem Verletzten ein selbstständiger Anspruch auf Drittauskunft über die Lieferanten und Abnehmer des Verletzers zustehen.[349] Der Auskunftsanspruch umfasst nicht die Angabe des Herstellers oder die Anzahl der hergestellten Nachahmungen, weil die Herstellung einer Nachahmung als solche nicht unlauter ist.[350] **117**

D. Prozessuales

I. Streitgegenstand

Die Unlauterkeitstatbestände des § 4 Nr. 3 lit. a und b bilden einen einheitlichen Streitgegenstand.[351] Der Kläger muss deshalb nicht angeben, in welcher Reihenfolge er die verschiedenen Unlauterkeitstatbestände geltend macht. Er muss die jeweiligen unlauterkeitsbegründenden Umstände allerdings schlüssig darlegen.[352] **118**

---

345 BGH, 06.05.1999, I ZR 199/96, BGHZ 141, 329, 345 – *Tele-Info-CD*; BGH, 15.12.2016, I ZR 197/15, GRUR 2017, 734 Rn. 73 – *Bodendübel.*

346 BGH, 08.10.1971, I ZR 12/70, BGHZ 57, 116, 121 f. – *Wandsteckdose II*; BGH, 17.06.1992, I ZR 107/90, GRUR 1993, 55, 57 – *Tchibo/Rolex II* (insoweit nicht in BGHZ 119, 20 abgedruckt); BGH, 19.11.2015, I ZR 149/14, GRUR 2016, 725 Rn. 12 – *Pippi-Langstrumpf-Kostüm II*; BGH, 04.05.2016, I ZR 58/14, BGHZ 210, 144 Rn. 79 – *Segmentstruktur.*

347 Vgl. BGH, 24.11.1981, X ZR 7/80, BGHZ 82, 299, 308 – *Kunststoffhohlprofil II.*

348 BGH, 23.01.1981, I ZR 48/79, GRUR 1981, 517, 520 – *Rollhocker*; BGH, 17.06.1999, I ZR 213/96, GRUR 1999, 1106, 1109 – *Rollstuhlnachbau.*

349 BGH, 24.03.1994, I ZR 42/93, BGHZ 125, 322, 329 f. – *Cartier-Armreif*, BGH, 09.11.1995, I ZR 220/95, GRUR 1996, 78, 79 – *Umgehungsprogramm.*

350 BGH, 02.12.2015, I ZR 176/14, GRUR 2016, 730 Rn. 75 – *Herrnhuter Stern*; BGH, 15.12.2016, I ZR 197/15, GRUR 2017, 734 Rn. 74 – *Bodendübel.*

351 BGH, 24.01.2013, I ZR 136/11, GRUR 2013, 951 Rn. 10 – *Regalsystem.*

352 Vgl. zu § 5 Abs. 1 UWG BGH, Urteil vom 11.10.2017, I ZR 78/16, GRUR 2018, 431 Rn. 16 – *Tiegelgröße.*

II. Bestimmtheit des Klageantrags

119 Der Unterlassungsantrag muss beim lauterkeitsrechtlichen Nachahmungsschutz eindeutig erkennen lassen, an welchen Merkmalen des angegriffenen Produkts der Wettbewerbsverstoß und damit das Unterlassungsgebot anknüpfen soll. Dafür genügt es, dass eine Abbildung des beanstandeten Erzeugnisses als konkrete Verletzungsform in den Antrag aufgenommen wird und sich aus der Klagebegründung ergibt, welche nachgeahmten Gestaltungsmerkmale Grundlage des Verbots sein sollen.[353]

III. Darlegungs- und Beweislast

1. Kläger

120 Der Kläger trägt grds. die Darlegungs- und Beweislast für die anspruchsbegründenden und ihm günstigen Tatbestandsmerkmale der (ggf. gesteigerten) wettbewerblichen Eigenart des Originalprodukts, der (ggf. hochgradigen) Nachahmung und der besonderen Unlauterkeitsmerkmale.

121 Der Kläger hat konkret darzulegen, welche Merkmale eine wettbewerbliche Eigenart des Klageprodukts begründen.[354] Hierfür kann er sich Abbildungen bedienen, wenn diese das in Rede stehende Produkt und die Merkmale, die dessen wettbewerbliche Eigenart begründen, deutlich erkennen lassen. Im Regelfall ist der Kläger gehalten, dem Gericht das Originalerzeugnis vorzulegen.[355] Behauptet der Beklagte, das Originalprodukt sei in großem Umfang unter Fremdkennzeichnungen vertrieben worden, kann er aber zum Umfang der Fremdkennzeichnung nicht aus eigener Anschauung vortragen, so ist der Kläger grds. nach dem Grundsatz der sekundären Darlegungslast zu Vortrag gehalten, in welchem Umfang er die Anbringung einer Fremdkennzeichnung auf dem Originalprodukt gestattet.[356] Steht der Vertrieb unter einer Fremdkennzeichnung fest, ist der Kläger dafür darlegungs- und beweispflichtig, dass es sich um eine für die wettbewerbliche Eigenart unschädliche Handelsmarke handelt.[357]

122 Zugunsten des Klägers besteht bzgl. der Nachahmung nach der Lebenserfahrung die tatsächliche Vermutung, dass das Produkt des Dritten in Kenntnis des Originalprodukts entworfen worden ist, wenn es diesem hochgradig ähnlich und später als das Original auf den Markt gekommen ist.[358]

---

353 BGH, 11.01.2007, I ZR 198/04, GRUR 2007, 795 Rn. 18 – *Handtaschen*; BGH, 17.07.2013, I ZR 21/12, GRUR 2013, 1052 Rn. 12 – *Einkaufswagen III*; BGH, 02.12.2015, I ZR 176/14, GRUR 2016, 730 Rn. 14 – *Herrnhuter Stern*.

354 BGH, 04.05.2016, I ZR 58/14, BGHZ 210, 144 Rn. 58 – *Segmentstruktur*; BGH, 16.11.2017, I ZR 91/16, GRUR 2018, 311 Rn. 17 – *Handfugenpistole*; OLG Köln, 12.12.2014, 6 U 28/14, GRUR-RR 2015, 441, 443 – *VITA-SED*.

355 BGH, 06.11.1997, I ZR 102/95, GRUR 1998, 477, 479 – *Trachtenjanker*; BGH, 16.11.2017, I ZR 91/16, GRUR 2018, 311 Rn. 17 – *Handfugenpistole*.

356 BGH, 16.11.2017, I ZR 91/16, GRUR 2018, 311 Rn. 22 – *Handfugenpistole*.

357 BGH, 16.11.2017, I ZR 91/16, GRUR 2018, 311 Rn. 45 – *Handfugenpistole*; OLG Frankfurt, 23.11.2017, 6 U 224/16, WRP 2018, 237 Rn. 24.

358 BGH, 06.11.1997, I ZR 102/95, GRUR 1998, 477, 480 – *Trachtenjanker*.

2. Beklagter

Der Beklagte hat die Umstände darzulegen und ggf. zu beweisen, die der Entstehung der wettbewerblichen Eigenart des Originalprodukts entgegenstehen oder aus denen sich die Schwächung oder der Wegfall der wettbewerblichen Eigenart ergibt.[359] Dazu gehört der Umstand, dass Produkte des wettbewerblichen Umfelds mit ähnlichem oder vergleichbarem Gesamteindruck seit längerer Zeit in erheblichem Umfang vertrieben werden,[360] oder dass das Originalprodukt in großem Umfang unter Fremdkennzeichnungen auf den Markt gelangt ist.[361] **123**

359 BGH, 06.11.1997, I ZR 102/95, GRUR 1998, 477, 479 – *Trachtenjanker*; vgl. BGH, 24.03.2005, I ZR 131/02, GRUR 2005, 600, 602 – *Handtuchklemmen*; OLG Köln, 12.12.2014, 6 U 28/14, GRUR-RR 2015, 441, 443 – *VITA-SED*; OLG Köln, 25.08.2017, 6 U 170/16, GRUR-RR 2017, 438 Rn. 52 – *Natursteinpflaster*.

360 OLG Köln, 12.12.2014, 6 U 28/14, GRUR-RR 2015, 441, 443 – *VITA-SED*; OLG Köln, 14.07.2017, 6 U 197/16, GRUR-RR 2018, 207 Rn. 73 – *Jeanshose mit V-Naht*; *Köhler*/Bornkamm/Feddersen § 4 Rn. 3.78.

361 BGH, 16.11.2017, I ZR 91/16, GRUR 2018, 311 Rn. 22 – *Handfugenpistole*.

§ 4 Nr. 4 Mitbewerberschutz – Gezielte Behinderung

Unlauter handelt, wer
4. Mitbewerber gezielt behindert.

Annette Wille

Übersicht **Rdn.**

A. Allgemeines

I. Schutzzweck

1 Das Verbot der gezielten Behinderung von Mitbewerbern dient ausschließlich dem **Schutz** der wirtschaftlichen Interessen der Mitbewerber **vor** einer **unlauteren** individuellen **Beeinträchtigung ihrer wettbewerblichen Entfaltungsmöglichkeiten**; es dient nicht zugleich dem Schutz von Verbraucherinteressen.[1] Dementsprechend hat der Gesetzgeber den Tatbestand der gezielten Behinderung den Regelungen zum Mitbewerberschutz in § 4 zugeordnet.

II. Struktur

2 Die Beeinträchtigung der wettbewerblichen Entfaltungsmöglichkeiten von Mitbewerbern ist für sich genommen nicht unlauter, weil die Erzielung von Wettbewerbsvortei-

1 BGH, 16.07.2009, I ZR 56/07, GRUR 2009, 1075 Rn. 15 – *Betriebsbeobachtung*; BGH, 07.10.2009, I ZR 150/07, GRUR 2010, 346 Rn. 10 – *Rufumleitung*.

len auf Kosten der Konkurrenz dem Wettbewerb immanent ist.[2] Durch das Tatbestandsmerkmal des gezielten Handelns wird klargestellt, dass **besondere Umstände** hinzutreten müssen, **die** die **Behinderung** des Mitbewerbers im konkreten Fall **unlauter erscheinen lassen**.[3] Die generalklauselartige Fassung des § 4 Nr. 4 stellt sicher, dass alle Erscheinungsformen der unlauteren Mitbewerberbehinderung erfasst werden.[4] Die Rspr. hat dazu typische Fallgruppen herausgearbeitet. Die zu § 4 Nr. 10 a.F. ergangene Rspr. kann auch für die wort- und inhaltsgleiche Nachfolgevorschrift des § 4 Nr. 4 herangezogen werden.[5]

III. Verhältnis der gezielten Mitbewerberbehinderung zu anderen Bestimmungen

1. Verhältnis zu anderen lauterkeitsrechtlichen Bestimmungen

a) Verhältnis zu § 4 Nr. 1 und 2 UWG

Die Tatbestände der § 4 Nr. 1 und 2 stellen **spezielle Fälle der Mitbewerberbehinderung** in Form der Herabsetzung oder Verunglimpfung (Nr. 1) oder der Anschwärzung (Nr. 2) dar.[6] Sie sind innerhalb ihres Geltungsbereichs vorrangig anwendbar (str.).[7] 3

b) Verhältnis zu § 4 Nr. 3 UWG

Der Vertrieb der Nachahmung eines wettbewerblich eigenartigen Produkts kann den Hersteller des Originalprodukts bei dessen Absatz behindern.[8] Der Tatbestand des § 4 Nr. 4 kommt neben den nicht abschließenden[9] Tatbeständen des § 4 Nr. 3 lit. a bis c oder an ihrer Stelle in Betracht, wenn die Nachahmung unter einem vom **lauterkeitsrechtlichen Nachahmungsschutz** nicht erfassten Aspekt die Kriterien der gezielten Behinderung erfüllt.[10] Liegt kein Unlauterkeitsmerkmal nach § 4 Nr. 3 lit. a bis c vor, kann wegen des Grundsatzes der **Nachahmungsfreiheit** das Nachahmen des Produkts eines Mitbewerbers allerdings nur ausnahmsweise eine gezielte Behinderung i.S. des § 4 Nr. 4 darstellen (Rdn. 62–64).[11] 4

---

2 Begr. RegE zu § 4 Nr. 10 UWG 2004, BT-Drucksache 15/1487, S. 19; BGH, 11.01.2007, I ZR 96/04, BGHZ 171, 73 Rn. 22 – *Außendienstmitarbeiter.*

3 BGH, 17.05.2001, I ZR 216/99, BGHZ 148, 1, 5 – *Mitwohnzentrale*; BGH, 22.06.2011, I ZR 159/10, GRUR 2011, 1018 Rn. 65 – *Automobil-Onlinebörse*; BGH, 11.10.2017, I ZR 210/16, GRUR 2018, 317 Rn. 12 – *Portierungsauftrag.*

4 Begr. RegE zu § 4 Nr. 10 UWG 2004, BT-Drucksache 15/1487, S. 19.

5 Vgl. BGH, 12.01.2017, I ZR 253/14, GRUR 2017, 397 Rn. 48 – *World of Warcraft II*; BGH, 11.10.2017, I ZR 210/16, GRUR 2018, 317 Rn. 10 – *Portierungsauftrag.*

6 BGH, 29.07.2009, I ZR 77/07, GRUR 2010, 349 Rn. 38 – *EKW-Steuerberater.*

7 FBO/Götting/Hetmank § 4 Nr. 4 Rn. 12; *Köhler*/Bornkamm/Feddersen § 4 Rn. 1.6, 2.7; *Ohly*/Sosnitza § 4.4 Rn. 4/14, 4/55; a. A. BGH, 29.07.2009, I ZR 77/07, GRUR 2010, 349 Rn. 38 – *EKW-Steuerberater*; Harte/Henning/Omsels § 4 Nr. 4 Rn. 6 f.

8 BGH, 04.05.2016, I ZR 58/14, BGHZ 210, 144 Rn. 79 – *Segmentstruktur.*

9 Begr. RegE zu § 4 Nr. 9 UWG 2004, BT-Drucksache 15/1487, S. 18.

10 BGH, 04.05.2016, I ZR 58/14, BGHZ 210, 144 Rn. 79 – *Segmentstruktur.*

11 BGH, 11.01.2007, I ZR 198/04, GRUR 2007, 795 Rn. 51 – *Handtaschen*; BGH, 26.06.2008, I ZR 170/05, GRUR 2008, 1115 Rn. 32 – *ICON.*

c) Verhältnis zu § 3 Abs. 3, §§ 4a, 5, 5a UWG

5 Die Behinderung von Mitbewerbern kann daraus folgen, dass auf (potenzielle) Kunden oder Mitarbeiter mit den unlauteren Mitteln der **Belästigung, Nötigung oder unzulässigen Beeinflussung** (§ 4a), **irreführender Angaben** (§§ 5, 5a Abs. 1) oder des **Vorenthaltens wesentlicher Informationen** (§ 5a Abs. 2, Abs. 3) oder im Wege einer nach § 3 Abs. 3 unzulässigen geschäftlichen Handlung eingewirkt wird und die (potenziellen) Kunden oder Mitarbeiter auf diese Weise abgeworben oder umgelenkt werden. In solchen Fällen tritt der dem Mitbewerberschutz dienende Tatbestand des § 4 Nr. 4 nicht hinter den Vorschriften zum Schutz der Verbraucher oder sonstigen Marktteilnehmer als subsidiär zurück, sondern kann wegen des abweichenden Schutzzwecks neben den §§ 3 Abs. 3, §§ 4a, 5, 5a zur Anwendung kommen (str.).[12]

6 Bei der Beurteilung, ob eine gezielte Mitbewerberbehinderung i.S. des § 4 Nr. 4 vorliegt, dürfen allerdings die **Voraussetzungen und Grenzen der verbraucherschützenden Unlauterkeitstatbestände** der § 3 Abs. 3, §§ 4a, 5, 5a nicht unterlaufen werden, die als vollharmonisiertes Recht der Umsetzung der UGP-RL dienen.[13] Folgt die Mitbewerberbehinderung aus einer unlauteren Einwirkung auf die geschäftliche Entscheidung von Verbrauchern in Form der in § 3 Abs. 3, §§ 4a, 5, 5a geregelten Tatbestände, kann eine gezielte Mitbewerberbehinderung nur vorliegen, wenn die Voraussetzungen der betr. Verbraucherschutzvorschrift erfüllt sind.[14] Dem Tatbestand des § 4 Nr. 4 kommt jedoch eine eigenständige Bedeutung zu, wenn sich die Mitbewerberbehinderung nicht in der Einwirkung auf Abnehmer mit den in §§ 3 Abs. 3, 4a, 5, 5a geregelten unlauteren Mitteln erschöpft.[15] In derartigen Fällen ist § 4 Nr. 4 auch dann anwendbar, wenn die in Rede stehende geschäftliche Handlung andere, von § 3 Abs. 3, §§ 4a, 5, 5a nicht erfasste Verbraucherinteressen betrifft (Rdn. 14; str.).[16]

d) Verhältnis zu § 6 Abs. 2 UWG

7 Bei der Mitbewerberbehinderung durch eine **vergleichende Werbung** findet § 6 Abs. 2 vorrangig Anwendung, weil es sich bei der Regelung zur vergleichenden Werbung um vollharmonisiertes, Art. 4 Werbe-RL umsetzendes Recht auch im Verhältnis zu Gewerbetreibenden handelt (Art. 1 Werbe-RL).[17] Im Hinblick auf die in § 6 Abs. 2 UWG, Art. 4 Werbe-RL zum Ausdruck kommenden Wertungen kann eine nach § 6 Abs. 2

---

12 BGH, 29.07.2009, I ZR 77/07, GRUR 2010, 349 Rn. 37 – *EKW-Steuerberater*; Harte/Henning/Omsels § 4 Nr. 4 Rn. 6 f.; jurisPK-UWG/Müller-Bidinger § 4 Nr. 4 Rn. 16, 18; *Köhler*/Bornkamm/Feddersen § 4 Rn. 4.25 a.E.; a. A. FBO/Götting/Hetmank § 4 Nr. 4 Rn. 12; *Ohly*/Sosnitza § 4.4 Rn. 4/13.

13 Harte/Henning/Omsels § 4 Nr. 4 Rn. 6; jurisPK-UWG/Müller-Bidinger § 4 Nr. 4 Rn. 16.

14 *Ohly*/Sosnitza § 4.4 Rn. 4/13; jurisPK-UWG/Müller-Bidinger § 4 Nr. 4 Rn. 16.

15 Vgl. *Ohly*/Sosnitza § 4.4 Rn. 4/13 a.E; FBO/Götting/Hetmank § 4 Nr. 4 Rn. 12.

16 FBO/Götting/Hetmank § 4 Nr. 4 Rn. 11b; jurisPK-UWG/Müller-Bidinger § 4 Nr. 4 Rn. 16; *Ohly*/Sosnitza § 4.4 Rn. 4/5; a. A. *Köhler*/Bornkamm/Feddersen § 4 Rn. 4.3a.

17 Vgl. BGH, 19.05.2011, I ZR 147/09, GRUR 2012, 74 Rn. 17 – *Coaching Newsletter*; BGH, 28.09.2011, I ZR 48/10, GRUR 2011, 1158 Rn. 26 – *Teddybär*; FBO/Götting/Hetmank § 4 Nr. 4 Rn. 12; *Ohly*/Sosnitza § 4.4 Rn. 4/14.

zulässige vergleichende Werbung nicht als gezielte Mitbewerberbehinderung i. S. des § 4 Nr. 4 angesehen werden.[18]

e) Verhältnis zu § 3 Abs. 1 UWG

§ 4 Nr. 4 erfasst die individuelle Behinderung von Mitbewerbern. Ein Wettbewerbsverhalten, das sich nicht gezielt gegen einzelne Mitbewerber richtet, sondern den Bestand des Wettbewerbs gefährdet, kann unter dem Gesichtspunkt der **allgemeinen Marktbehinderung (Marktstörung)** unter die Generalklausel des § 3 Abs. 1 fallen (§ 3 Rdn. 41 ff.).[19] **8**

2. Verhältnis zu Sondergesetzen

a) Verhältnis zum Markenrecht

Eine gezielte Behinderung i. S. des § 4 Nr. 4 kann in der Weise erfolgen, dass ein Mitbewerber in der Benutzung eines für ihn geschützten **Kennzeichen**s beeinträchtigt oder gehindert wird. Nach § 2 MarkenG schließt der Schutz von Kennzeichen nach dem Markengesetz einen wettbewerbsrechtlichen Schutz dieser Kennzeichen nicht aus. Im Anwendungsbereich der umfassenden und in sich geschlossenen **Spezialregelungen des Markengesetzes** verdrängt der markenrechtliche Schutz jedoch den lauterkeitsrechtlichen Schutz.[20] Das gilt auch für geografische Herkunftsangaben, die nach §§ 126 ff. MarkenG kennzeichenrechtlichen Schutz genießen.[21] Ein wettbewerbsrechtlicher Kennzeichenschutz kommt grds. nur in Betracht, wenn sich das beanstandete Verhalten nicht in Umständen erschöpft, die eine markenrechtliche Verletzungshandlung begründen können, sondern ein von den markenrechtlichen Regelungen nicht erfasster Unlauterkeitstatbestand hinzutritt.[22] **9**

b) Verhältnis zum Kartellrecht

Das den **unverfälschten Wettbewerb schützende Kartellrecht** (vgl. § 1 GWB) sieht ein Verbot der unbilligen Behinderung eines Unternehmens durch ein marktbeherrschendes Unternehmen (§ 19 Abs. 2 Nr. 1 Alt. 1 GWB, Art. 102 AEUV) oder durch ein Unternehmen mit relativer (§ 20 Abs. 3 GWB) oder überlegener Marktmacht (§ 20 Abs. 3 GWB) vor. Ferner regelt das Kartellrecht das Verbot einer Aufforderung zu Liefer- oder Bezugssperren (§ 21 Abs. 1 GWB). Der Tatbestand der gezielten Behinde- **10**

---

18 BGH, 28.09.2011, I ZR 48/10, GRUR 2011, 1158 Rn. 26 – *Teddybär.*

19 Begr. RegE zu § 4 Nr. 10 UWG 2004, BT-Drucksache 15/1487, S. 19; BGH, 02.10.2008, I ZR 48/06, GRUR 2009, 416 Rn. 24 f. – *Küchentiefstpreis-Garantie*; BGH, 29.10.2009, I ZR 180/07, GRUR 2010, 455 Rn. 20 – *Stumme Verkäufer II*; BGH, 19.04.2018, I ZR 154/16, GRUR 2018, 1251 Rn. 43 – *Werbeblocker II*; HansOLG Hamburg, 15.03.2018, 5 U 152/15, WRP 2018, 604 Rn. 153.

20 BGH, 22.11.2001, I ZR 138/99, BGHZ 149, 191, 195 f. – *shell.de*; BGH, 06.12.2007, I ZR 169/04, GRUR 2008, 628 Rn. 14 – *Imitationswerbung.*

21 BGH, 31.03.2016, I ZR 86/13, BGHZ 209, 302 Rn. 11 ff. – *Himalaya Salz.*

22 BGH, 16.12.2004, I ZR 177/02, GRUR 2005, 419, 422 – *Räucherkate*; BGH, 06.12.2007, I ZR 169/04, GRUR 2008, 628 Rn. 14 – *Imitationswerbung.*

rung nach § 4 Nr. 4 UWG ist wegen des abweichenden Schutzes von individuellen Mitbewerbern und des auch nicht marktbeherrschende Unternehmen erfassenden Adressatenkreises grds. neben den kartellrechtlichen Behinderungstatbeständen als eigenständiger Unlauterkeitstatbestand anwendbar.[23] Bei der Auslegung des § 4 Nr. 4 UWG sind allerdings die **Wertungen des Kartellrechts** zu beachten.[24] Die Wertungsmaßstäbe für eine kartellrechtlich unbillige Behinderung und eine wettbewerbsrechtlich unlautere Behinderung stimmen weitgehend überein.[25] Eine wettbewerbsrechtlich unlautere Behinderung stellt deshalb auch eine kartellrechtlich unbillige Behinderung dar.[26] Wegen der Begrenzung des kartellrechtlichen Adressatenkreises auf marktbeherrschende und marktmächtige Unternehmen gilt das allerdings nicht umgekehrt.[27] Wird ein Verhalten vom Anwendungsbereich des Kartellrechts erfasst, erfüllt aber nicht die Voraussetzungen für ein kartellrechtliches Verbot, erfordert die Annahme einer gezielten Behinderung i. S. des § 4 Nr. 4 UWG ein zusätzliches Unlauterkeitsmerkmal, das außerhalb des kartellrechtlichen Tatbestands liegt und durch diesen nicht ausgeschlossen ist.[28]

3. Verhältnis zum Deliktsrecht

11 Die gezielte Mitbewerberbehinderung i.S. des § 4 Nr. 4 kann zugleich eine deliktische Handlung nach §§ 823 ff. BGB darstellen. In Betracht kommt vor allem ein **Eingriff in den eingerichteten und ausgeübten Gewerbebetrieb** (§ 823 Abs. 1 BGB). Wegen des Vorrangs der wettbewerblichen Regelungen kommt der **Auffangtatbestand** allerdings nur in Betracht, wenn der Anwendungsbereich des § 4 Nr. 4 UWG nicht eröffnet ist, weil es an einer geschäftlichen Handlung (§ 2 Abs. 1 Nr. 1 UWG)[29] oder an der Mitbewerbereigenschaft des Behinderten[30] fehlt. Das gilt auch für den Fall der unberechtigten Schutzrechtsverwarnung (Rdn. 125; str.). Ist die Beeinträchtigung des Mitbewerbers durch eine geschäftliche Handlung nicht als gezielte Behinderung i. S. des § 4 Nr. 4 UWG anzusehen, scheidet im Hinblick auf die vorrangigen wettbewerbs-

---

23 BGH, 07.02.2006, KZR 33/04, BGHZ 166, 154 Rn. 17 – *Probeabonnement*; BGH, 05.02.2009, I ZR 119/06, GRUR 2009, 876 Rn. 10 – *Änderung der Voreinstellung II*.

24 BGH, 07.02.2006, KZR 33/04, BGHZ 166, 154 Rn. 13, 16 – *Probeabonnement*.

25 Vgl. BGH, 10.12.1985, KZR 22/85, BGHZ 96, 337, 346 f. – *Abwehrblatt II*; BGH, 14.07.1998, KZR 1/97, GRUR 1999, 278, 281 – *Schilderpräger im Landratsamt*; BGH, 28.09.1999, KZR 18/98, GRUR 2000, 344, 347 – *Beteiligungsverbot für Schilderpräger*.

26 Vgl. BGH, 10.12.1985, KZR 22/85, BGHZ 96, 337, 346 f. – *Abwehrblatt II*; BGH, 14.07.1998, KZR 1/97, GRUR 1999, 278, 281 – *Schilderpräger im Landratsamt*; BGH, 28.09.1999, KZR 18/98, GRUR 2000, 344, 347 – *Beteiligungsverbot für Schilderpräger*.

27 FBO/Götting/Hetmank § 4 Nr. 4 Rn. 15; Harte/Henning/Omsels § 4 Nr. 4 Rn. 12; *Köhler*/Bornkamm/Feddersen § 4 Rn. 4.18.

28 BGH, 04.04.1995, KZR 34/93, BGHZ 129, 203, 213 – *Hitlisten-Platten*; FBO/Götting/Hetmank § 4 Nr. 4 Rn. 13a; *Ohly*/Sosnitza § 4.4 Rn. 4/15; Harte/Henning/Omsels § 4 Nr. 4 Rn. 12.

29 BGH, 24.06.2004, I ZR 26/02, GRUR 2004, 877, 880 – *Werbeblocker*; Harte/Henning/Omsels § 4 Nr. 4 Rn. 8.

30 FBO/Götting/Hetmank § 4 Nr. 4 Rn. 16; vgl. *Köhler*/Bornkamm/Feddersen § 4 Rn. 4.23.

rechtlichen Wertungen auch eine Haftung wegen Eingriffs in den eingerichteten und ausgeübten Gewerbebetrieb nach § 823 Abs. 1 BGB aus.[31]

4. Verhältnis zum Unionsrecht

a) Verhältnis zur Richtlinie 2005/29/EG (UGP-RL)

Die Regelungen der UGP-RL und die sie umsetzenden nationalen Vorschriften dienen dem Schutz der wirtschaftlichen Interessen von Verbrauchern vor unmittelbaren Beeinträchtigungen (Erwägungsgrund 6 Satz 1, Art. 1). Sie berühren nicht die nationalen Rechtsvorschriften zum (ausschließlichen) Schutz der wirtschaftlichen Interessen von Mitbewerbern (Erwägungsgrund 6 Satz 3). Der Tatbestand der **gezielten Mitbewerberbehinderung** nach § 4 Nr. 4 UWG fällt **nicht** in den **Anwendungsbereich der UGP-RL**, weil er allein die wettbewerblichen Entfaltungsmöglichkeiten der Mitbewerber und nicht auch die wirtschaftlichen Interessen der Verbraucher schützt.[32] Das gilt auch für den Fall, dass sich die beanstandete geschäftliche Handlung an Verbraucher richtet.[33] 12

Folgt die Mitbewerberbehinderung daraus, dass auf die geschäftliche Entscheidung der Verbraucher durch eine irreführende Geschäftspraxis (Art. 6, 7 UGP-RL, §§ 5, 5a UWG), eine aggressive Geschäftspraxis (Art. 8, 9 UGP-RL, § 4a UWG) oder eine sonst unlautere Geschäftspraxis (Art. 5 (2), (5) UGP-RL, § 3 Abs. 2, Abs. 3 UWG) eingewirkt wird, ist (auch) der Anwendungsbereich der UGP-RL eröffnet (Art. 1, 3 (1) UGP-RL). In diesem Fall sind bei der Beurteilung der Unlauterkeit der Mitbewerberbehinderung die Anforderungen der UGP-RL zu berücksichtigen, um ein **Unterlaufen der vollharmonisierten Verbraucherschutzvorschriften** zu **vermeiden** (Rdn. 6).[34] 13

Sind die Interessen von Verbrauchern durch eine von der UGP-RL nicht erfasste Geschäftspraxis betroffen, bleibt eine eigenständige Beurteilung des Tatbestands der gezielten Mitbewerberbehinderung möglich. Das betrifft insbesondere das Verleiten von Kunden zum Vertragsbruch, ohne dass auf diese Druck ausgeübt wird oder diese irregeführt werden. Eine solche Verhaltensweise kann eine gezielte Mitbewerberbehinderung i.S. des § 4 Nr. 4 UWG begründen, auch wenn auf die geschäftliche Entscheidung der Verbraucher nicht mit den in § 3 Abs. 2, Abs. 3, §§ 4a, 5, 5a UWG (Art. 5 (2), Art. 6–9 UGP-RL) vorgesehenen Mitteln eingewirkt wird (Rdn. 6; str.).[35] Anderenfalls würde 14

---

31 BGH, 24.06.2004, I ZR 26/02, GRUR 2004, 877, 880 – *Werbeblocker*; BGH, 21.01.2016, I ZR 274/14, GRUR 2016, 825 Rn. 30 – *Tarifwechsel*.

32 BGH, 16.07.2009, I ZR 56/07, GRUR 2009, 1075 Rn. 15 – *Betriebsbeobachtung*; BGH, 07.10.2009, I ZR 150/07, GRUR 2010, 346 Rn. 10 – *Rufumleitung*.

33 Vgl. BGH, 07.10.2009, I ZR 150/07, GRUR 2010, 346 Rn. 10 – *Rufumleitung*; *Ohly*/Sosnitza § 4.4 Rn. 4/5.

34 JurisPK-UWG/Müller-Bidinger § 4 Nr. 4 Rn. 16; *Ohly*/Sosnitza § 4.4 Rn. 4/5.

35 FBO/Götting/Hetmank § 4 Nr. 4 Rn. 11b; Harte/Henning/Omsels § 4 Nr. 4 Rn. 5; jurisPK-UWG/Müller-Bidinger § 4 Nr. 4 Rn. 16; *Ohly*/Sosnitza § 4.4 Rn. 4/5; a. A. MünchKomm/Jänich UWG § 4 Nr. 10 Rn. 7; *Köhler*/Bornkamm/Feddersen § 4 Rn. 4.3a.

der Mitbewerberschutz durch die UGP-RL unangemessen verkürzt, obwohl er nicht in ihren Anwendungsbereich fällt.[36]

b) Verhältnis zur Richtlinie 2006/114/EG (Werbe-RL)

15 Erfolgt die Mitbewerberbehinderung durch eine vergleichende Werbung, ist der durch § 6 Abs. 2 umgesetzte Art. 4 Werbe-RL als (auch) für Gewerbetreibende vollharmonisiertes Recht im Hinblick auf die Voraussetzungen und Grenzen der **vergleichenden Werbung vorrangig anwendbar** (Rdn. 7). Eine selbstständige Beurteilung des Tatbestands der gezielten Mitbewerberbehinderung kommt allerdings in Betracht, wenn sich die Unlauterkeit (auch) aus einem von der Werbe-RL nicht erfassten Gesichtspunkt ergibt.

B. Tatbestandsvoraussetzungen

16 Der Tatbestand des § 4 Nr. 4 UWG setzt (I) eine geschäftliche Handlung voraus, die dazu führt, dass (II) ein oder mehrere Mitbewerber (IV) gezielt (III) behindert werden.

I. Geschäftliche Handlung

17 Die gezielte Mitbewerberbehinderung stellt eine besondere Ausprägung einer unlauteren geschäftlichen Handlung nach § 3 Abs. 1 dar. Bei dem beanstandeten Verhalten muss es sich daher um eine **geschäftliche Handlung i. S. des § 2 Abs. 1 Nr. 1** handeln. Die betr. Handlung muss bei objektiver Betrachtung vorrangig **darauf gerichtet** sein, durch die Beeinflussung der geschäftlichen Entscheidung von Verbrauchern oder sonstigen Marktteilnehmern den **Absatz oder** den **Bezug** von Waren oder Dienstleistungen **zum Nachteil des Mitbewerbers zu fördern**.[37] Es genügt, dass durch die beanstandete Handlung der Waren- oder Dienstleistungsabsatz eines fremdes Unternehmens gefördert wird.[38] Eine nur versehentliche Verletzung von Pflichten aus einem bestehenden Vertragsverhältnis, die sich nur mittelbar zum Nachteil eines Mitbewerbers auswirkt, weist i.d.R. keinen funktionalen Zusammenhang mit dem Absatz von Waren oder Dienstleistungen auf.[39] Bei der kritischen Äußerung eines Presseunternehmens,[40]

---

36 FBO/Götting/Hetmank § 4 Nr. 4 Rn. 11b; GK/Peifer § 4 Nr. 10 Rn. 24; *Ohly*/Sosnitza § 4.4 Rn. 4/5.

37 Vgl. BGH, 10.01.2013, I ZR 190/11, GRUR 2013, 945 Rn. 17, 19 – *Standardisierte Mandatsbearbeitung*; BGH, 31.03.2016, I ZR 160/14, GRUR 2016, 710 Rn. 12 f., 16 – *Im Immobiliensumpf*.

38 BGH, 02.02.1984, I ZR 4/82, GRUR 1984, 461, 462 – *Kundenboykott*; BGH, 28.09.1999, KZR 18/98, GRUR 2000, 344, 347 – *Beteiligungsverbot für Schilderpräger*.

39 BGH, 29.03.2007, I ZR 164/04, GRUR 2007, 987 Rn. 24 – *Änderung der Voreinstellung*; BGH, 05.02.2009, I ZR 119/06, GRUR 2009, 876 Rn. 14, 19 – *Änderung der Voreinstellung II*; BGH, 10.01.2013, I ZR 190/11, GRUR 2013, 945 Rn. 26 – *Standardisierte Mandatsbearbeitung*.

40 BGH, 02.02.1984, I ZR 4/82, GRUR 1984, 461, 463 – *Kundenboykott*; BGH, 22.01.1985, KZR 4/84, GRUR 1985, 468, 469 f. – *Ideal-Standard*.

einer politischen, religiösen oder gemeinnützigen Organisation[41] oder eines Verbraucherverbands[42] über ein Unternehmen bedarf es einer Gesamtwürdigung anhand der Einzelfallumstände, ob die Äußerung vorrangig der Stärkung der wirtschaftlichen Interessen von bestimmten Unternehmen oder vorrangig der argumentativen Auseinandersetzung über Belange der Allgemeinheit dient.[43]

Eine spürbare Beeinträchtigung der Interessen der Mitbewerber durch die geschäftliche **18** Handlung ist nach § 3 Abs. 1 nicht notwendig.[44] Die Erheblichkeit der Beeinträchtigung der Mitbewerberinteressen ist Bestandteil der Prüfung, ob bei Abwägung der widerstreitenden Interessen der Mitbewerber eine gezielte Behinderung vorliegt.[45] Eine Relevanz der geschäftlichen Handlung für die geschäftliche Entscheidung der Verbraucher i.S. der Verbraucherschutzvorschrift des § 3 Abs. 2 ist für den dem Mitbewerberschutz dienenden Tatbestand des § 4 Nr. 4 grds. ebenfalls nicht erforderlich, auch wenn die Mitbewerberbehinderung aus einer an Verbraucher gerichteten oder diese erreichenden geschäftlichen Handlung folgt.[46] Da der Tatbestand des § 4 Nr. 4 ausschließlich dem Mitbewerberschutz dient und deshalb nicht in den Anwendungsbereich der UGP-RL fällt, müssen die Voraussetzungen des die Vorschrift des Art. 5 (2) UGP-RL umsetzenden § 3 Abs. 2 nicht erfüllt sein, selbst wenn die betr. geschäftliche Handlung zugleich Verbraucherinteressen berührt.[47]

II. Mitbewerber

Die geschäftliche Handlung muss gegen einen Mitbewerber **i. S. des § 2 Abs. 1 Nr. 3** **19** gerichtet sein. Zwischen dem Handelnden und dem oder den betroffenen Unternehmen muss ein **konkretes Wettbewerbsverhältnis** bestehen. Dafür kann es genügen, dass das beanstandete Verhalten den Wettbewerb eines Unternehmers zugunsten eines anderen Unternehmers beeinträchtigt, sofern die von den Unternehmern angebotenen Waren oder Dienstleistungen einen wettbewerblichen Bezug zueinander aufweisen (§ 2 Abs. 1 Nr. 3 Rdn. 23). Die Unternehmer können auf verschiedenen Wirtschaftsstu-

41 OLG München, 14.01.1999, 29 W 3470/98, NJWE WettbR 1999, 274, 275; OLG Stuttgart, 15.09.2005, 2 U 60/05, GRUR-RR 2006, 20, 21 – *Absperrband-Aktion*.

42 *Köhler*/Bornkamm/Feddersen § 2 Rn. 60.

43 BGH, 02.02.1984, I ZR 4/82, GRUR 1984, 461, 463 – *Kundenboykott*; BGH, 22.01.1985, KZR 4/84, GRUR 1985, 468, 469 f. – *Ideal-Standard*; BGH, 31.03.2016, I ZR 160/14, GRUR 2016, 710 Rn. 12 a.E., 16 – *Im Immobiliensumpf*.

44 Begr. RegE zu § 3 UWG 2015, BT-Drucksache 18/4535, S. 12 f.

45 Vgl. BGH, 05.02.2009, I ZR 119/06, GRUR 2009, 876 Rn. 26 – *Änderung der Voreinstellung II*; FBO/Götting/Hetmank § 4 Nr. 4 Rn. 22; *Ohly*/Sosnitza § 4 Rn. 4; § 4.4 Rn. 4/10.

46 Begr. Beschlussempfehlung Rechtsausschuss zu § 3 UWG 2015, BT-Drucks. 18/6571, S. 14; vgl. *Köhler*/Bornkamm/Feddersen § 3 UWG Rn. 3.12; Alexander, WRP 2016, 411 Rn. 61; offenlassend BGH, 05.02.2009, I ZR 119/06, GRUR 2009, 876 Rn. 26 – *Änderung der Voreinstellung II*; unklar BGH, 23.06.2016, I ZR 137/15, GRUR 2017, 92 Rn. 10 – *Fremdcoupon-Einlösung*.

47 Alexander, WRP 2016, 411 Rn. 61.

fen[48] (§ 2 Abs. 1 Nr. 3 Rdn. 9 f.) oder in unterschiedlichen Branchen[49] (§ 2 Abs. 1 Nr. 3 Rdn. 8) tätig sein. Betroffen sein können mehrere Mitbewerber, sofern sie individualisierbar sind.[50] Die Behinderung aller Mitbewerber kann unter dem Gesichtspunkt der allgemeinen Marktbehinderung (Marktstörung) nach § 3 Abs. 1 unlauter sein (§ 3 Rdn. 41 ff.).[51]

III. Behinderung

20 Durch die geschäftliche Handlung müssen ein oder mehrere Mitbewerber behindert worden sein. Unter einer Behinderung i. S. des § 4 Nr. 4 ist jede **Beeinträchtigung der wettbewerblichen Entfaltungsmöglichkeiten** des Mitbewerbers zu verstehen.[52] Die Behinderung kann sich auf alle Wettbewerbsparameter des Mitbewerbers wie z.B. Absatz, Bezug, Werbung, Produktion, Finanzierung oder Personal beziehen.[53] Eine gezielte Behinderung der wettbewerblichen Entfaltungsfreiheit des Mitbewerbers ist auch in der Weise möglich, dass diesem durch die beanstandete Maßnahme (Werbe-)Einnahmen entgehen, mit deren Hilfe er den Vertrieb seiner Waren oder Dienstleistungen finanziert.[54]

21 Die Behinderung muss nicht tatsächlich eingetreten sein. Es genügt, dass die geschäftliche Handlung zur Behinderung objektiv **geeignet** ist.[55] Die bloß theoretische Möglichkeit einer Behinderung genügt allerdings nicht.[56]

IV. Gezielt

22 Durch das Tatbestandsmerkmal des gezielten Handelns soll klargestellt werden, dass eine Behinderung des Mitbewerbers als bloße Folge des Leistungswettbewerbs für eine

---

48 Begr. RegE zu § 4 Nr. 10 UWG 2004, BT-Drucksache 15/1487, S. 19; BGH, 05.10.2000, I ZR 1/98, GRUR 2001, 448 – *Kontrollnummernbeseitigung II.*

49 BGH, 24.06.2004, I ZR 26/02, GRUR 2004, 877, 878 f. – *Werbeblocker.*

50 OLG Köln, 02.07.2010, 6 U 48/10, WRP 2010, 1179, 1180; *Ohly*/Sosnitza § 4.4 Rn. 4/7.

51 Begr. RegE zu § 4 Nr. 10 UWG 2004, BT-Drucksache 15/1487, S. 19; BGH, 02.10.2008, I ZR 48/06, GRUR 2009, 416 Rn. 24 f. – *Küchentiefstpreis-Garantie*; BGH, 29.10.2009, I ZR 180/07, GRUR 2010, 455 Rn. 20 – *Stumme Verkäufer II*; OLG Hamm, 27.09.2011, I-4 U 91/11, MMR 2012, 32, 33.

52 BGH, 17.05.2001, I ZR 216/99, BGHZ 148, 1, 5 – *Mitwohnzentrale*; BGH, 24.06.2004, I ZR 26/02, GRUR 2004, 877, 879 – *Werbeblocker*; BGH, 22.06.2011, I ZR 159/10, GRUR 2011, 1018 Rn. 65 – *Automobil-Onlinebörse*; BGH, 11.10.2017, I ZR 210/16, GRUR 2018, 317 Rn. 12 – *Portierungsauftrag.*

53 BGH, 24.06.2004, I ZR 26/02, GRUR 2004, 877, 879 – *Werbeblocker.*

54 Vgl. BGH, 24.06.2004, I ZR 26/02, GRUR 2004, 877, 879 – *Werbeblocker*; BGH, 22.06.2011, I ZR 159/10, GRUR 2011, 1018 Rn. 67 f. – *Automobil-Onlinebörse.*

55 BGH, 12.01.2017, I ZR 253/14, GRUR 2017, 397 Rn. 81 – *World of Warcraft II*; BGH, 11.10.2017, I ZR 210/16, GRUR 2018, 317 Rn. 34 – *Portierungsauftrag*, vgl. BGH, 29.03.2018, I ZR 34/17, GRUR 2018, 946 Rn. 47 f. – *Bonus Aktion für Taxi App.*

56 Vgl BGH, 12.10.1989, I ZR 155/87, GRUR 1990, 44, 46 – *Annoncen-Avis*; BGH, 12.01.2017, I ZR 253/14, GRUR 2017, 397 Rn. 81 – *World of Warcraft II.*

unlautere individuelle Mitbewerberbehinderung nicht ausreicht.[57] Erforderlich ist eine Beeinträchtigung der wettbewerblichen Entfaltungsmöglichkeiten des Mitbewerbers, die über die mit jedem Wettbewerb verbundene Beeinträchtigung hinausgeht und bestimmte Merkmale aufweist, aufgrund derer die Behinderung als unlauter zu bewerten ist.[58] Die **Zielgerichtetheit** der Behinderung ist daher **mit** der **Unlauterkeit** der Behinderung **gleichzusetzen**.[59] Der Handelnde muss die Beeinträchtigung der wettbewerblichen Entfaltungsmöglichkeiten des Mitbewerbers nicht kennen, in Kauf nehmen oder gar beabsichtigen.[60]

1. Verdrängungsabsicht

Die Grenze der als Folge des Leistungswettbewerbs hinzunehmenden Mitbewerberbe- **23**
hinderung ist überschritten, wenn mit der Beeinträchtigung gezielt der **Zweck** verfolgt wird, den Mitbewerber an seiner wettbewerblichen Entfaltung zu hindern und ihn dadurch **zu verdrängen**.[61] Davon ist auszugehen, wenn das betr. Verhalten bei objektiver Würdigung der Umstände in erster Linie auf die Beeinträchtigung der wettbewerblichen Entfaltung des Mitbewerbers und nicht auf die Förderung des eigenen Wettbewerbs gerichtet ist.[62] Das ist der Fall, wenn der Behindernde mit seinem Verhalten keinen eigenen unternehmerischen Nutzen bezweckt, sondern dieses keinem anderen Ziel als der Schwächung des Mitbewerbers dient.[63] Gegen eine unlautere Mitbewerberbehinderung spricht deshalb, wenn das Angebot nicht auf die Störung der wettbewerb-

---

57 Begr. RegE zu § 4 Nr. 10 UWG 2004, BT-Drucksache 15/1487, S. 19; BGH, 11.01.2007, I ZR 96/04, BGHZ 171, 73 Rn. 22 – *Außendienstmitarbeiter*.

58 BGH, 22.06.2011, I ZR 159/10, GRUR 2011, 1018 Rn. 65 – *Automobil-Onlinebörse*; BGH, 30.04.2014, I ZR 224/12, GRUR 2014, 785 Rn. 23 – *Flugvermittlung im Internet*; BGH, 12.03.2015, I ZR 188/13, GRUR 2015, 607 Rn. 16 – *Uhrenankauf im Internet*; BGH, 23.06.2016, I ZR 137/15, GRUR 2017, 92 Rn. 14 – *Fremdcoupon-Einlösung*; BGH, 12.01.2017, I ZR 253/14, GRUR 2017, 397 Rn. 49 – *World of Warcraft II*; BGH, 11.10.2017, I ZR 210/16, GRUR 2018, 317 Rn. 12 – *Portierungsauftrag*.

59 Vgl. BGH, 22.01.2014, I ZR 164/12, GRUR 2014, 393 Rn. 28 – *wetteronline.de*; BGH, 12.03.2015, I ZR 188/13, GRUR 2015, 607 Rn. 16 – *Uhrenankauf im Internet*; BGH, 12.01.2017, I ZR 253/14, GRUR 2017, 397 Rn. 49 – *World of Warcraft II*.

60 BGH, 11.01.2007, I ZR 96/04, BGHZ 171, 73 Rn. 21 f. – *Außendienstmitarbeiter*; BGH, 19.02.2009, I ZR 135/06, GRUR 2009, 685 Rn. 41 – *ahd.de*; BGH, 22.01.2014, I ZR 164/12, GRUR 2014, 393 Rn. 42 – *wetteronline.de*.

61 BGH, 22.06.2011, I ZR 159/10, GRUR 2011, 1018 Rn. 65 – *Automobil-Onlinebörse*; BGH, *30.04.2014, I ZR 224/12*, GRUR 2014, 785 Rn. 23 – *Flugvermittlung im Internet*; BGH, 12.03.2015, I ZR 188/13, GRUR 2015, 607 Rn. 16 – *Uhrenankauf im Internet*; BGH, 23.06.2016, I ZR 137/15, GRUR 2017, 92 Rn. 14 – *Fremdcoupon-Einlösung*; BGH, 12.01.2017, I ZR 253/14, GRUR 2017, 397 Rn. 49 – *World of Warcraft II*; BGH, 11.10.2017, I ZR 210/16, GRUR 2018, 317 Rn. 12 – *Portierungsauftrag*.

62 BGH, 11.01.2007, I ZR 96/04, BGHZ 171, 73 Rn. 23 – *Außendienstmitarbeiter*; BGH, 26.06.2008, I ZR 190/05, GRUR 2008, 917 Rn. 23 – *EROS*; BGH, 12.03.2015, I ZR 188/13, GRUR 2015, 607 Rn. 17, 29 – *Uhrenankauf im Internet*.

63 BGH, 12.03.2015, I ZR 188/13, GRUR 2015, 607 Rn. 17 – *Uhrenankauf im Internet*.

lichen Entfaltung des Mitbewerbers abzielt, sondern auf dem Angebot des Mitbewerbers und dessen Funktionsfähigkeit aufbaut.[64]

2. Unangemessene Beeinträchtigung der wettbewerblichen Entfaltungsmöglichkeit

24 Die Behinderung des Mitbewerbers ist auch ohne Verdrängungsabsicht unlauter, wenn sie zur **Folge** hat, **dass der Mitbewerber seine Leistung** am Markt **durch eigene Anstrengung nicht mehr in angemessener Weise zur Geltung bringen kann**. Dazu bedarf es einer **Gesamtwürdigung** der Umstände des Einzelfalls unter Berücksichtigung der Interessen der Mitbewerber, Verbraucher und sonstiger Marktteilnehmer sowie der Allgemeinheit.[65] Eine Mitbewerberbehinderung kann danach unlauter sein, wenn sie sich zwar als Entfaltung des eigenen Wettbewerbs des Handelnden darstellt, aber dessen Eigeninteresse unter Berücksichtigung des Grundsatzes der Wettbewerbsfreiheit weniger schutzwürdig ist als die Interessen der übrigen Beteiligten und der Allgemeinheit.[66] Zu berücksichtigen sind dabei konkreter Anlass und Zweck der behindernden Maßnahme, die eingesetzten Mittel und Begleitumstände, die Auswirkungen der Maßnahme auf den Mitbewerber und die Möglichkeiten, mit denen der behinderte Mitbewerber sich durch wettbewerbliche Maßnahmen zu Wehr setzen kann.[67] Einzubeziehen sind außerdem die Wertungen anderer gesetzlicher Tatbestände sowie die widerstreitenden Grundrechte.[68] Dabei kann es nach dem Grundsatz der **Verhältnismäßigkeit** von Bedeutung sein, ob der Handelnde seine Ziele mit weniger einschneidenden Mitteln erreichen könnte, wenn anderenfalls schutzwürdige Interessen des behinderten Mitbewerbers unverhältnismäßig beeinträchtigt würden.[69]

64 BGH, 22.06.2011, I ZR 159/10, GRUR 2011, 1018 Rn. 66 – *Automobil-Onlinebörse*; BGH, 30.04.2014, I ZR 224/12, GRUR 2014, 785 Rn. 25 – *Flugvermittlung im Internet*; BGH, 19.04.2018, I ZR 154/16, GRUR 2018, 1251 Rn. 26 – *Werbeblocker II*; HansOLG Hamburg, 15.03.2018, 5 U 152/15, WRP 2018, 604 Rn. 106, 123.

65 BGH, 24.06.2004, I ZR 26/02, GRUR 2004, 877, 879 – *Werbeblocker*; BGH, 22.06.2011, I ZR 159/10, GRUR 2011, 1018 Rn. 65 – *Automobil-Onlinebörse*; BGH, 30.04.2014, I ZR 224/12, GRUR 2014, 785 Rn. 23 – *Flugvermittlung im Internet*; BGH, 12.03.2015, I ZR 188/13, GRUR 2015, 607 Rn. 16 – *Uhrenankauf im Internet*; BGH, 23.06.2016, I ZR 137/15, GRUR 2017, 92 Rn. 14 – *Fremdcoupon-Einlösung*; BGH, 12.01.2017, I ZR 253/14, GRUR 2017, 397 Rn. 49 – *World of Warcraft II*; BGH, 11.10.2017, I ZR 210/16, GRUR 2018, 317 Rn. 12 – *Portierungsauftrag*; BGH, 19.04.2018, I ZR 154/16, GRUR 2018, 1251 Rn. 23 – *Werbeblocker II*.

66 BGH, 19.02.2009, I ZR 135/06, GRUR 2009, 685 Rn. 41 – *ahd.de*; BGH, 22.01.2014, I ZR 164/12, GRUR 2014, 393 Rn. 42 – *wetteronline.de*.

67 Vgl BGH, 19.04.2018, I ZR 154/16, GRUR 2018, 1251 Rn. 39, 41 – *Werbeblocker II*; Harte/Henning/Omsels § 4 Nr. 4 Rn. 17; FBO/Götting/Hetmank § 4 Nr. 4 Rn. 19a.

68 BGH, 24.06.2004, I ZR 26/02, GRUR 2004, 877, 879 – *Werbeblocker*; BGH, 23.06.2016, I ZR 137/15, GRUR 2017, 92 Rn. 30 – *Fremdcoupon-Einlösung*; BGH, 19.04.2018, I ZR 154/16, GRUR 2018, 1251 Rn. 36 – *Werbeblocker II*; HansOLG Hamburg, 15.03.2018, 5 U 152/15, WRP 2018, 604 Rn. 129.

69 BGH, 23.06.2016, I ZR 137/15, GRUR 2017, 92 Rn. 30 – *Fremdcoupon-Einlösung*.

C. Fallgruppen

Wegen des generalklauselartigen Charakters des Tatbestands der gezielten Mitbewerberbehinderung nach § 4 Nr. 4 hat die Rspr. **Fallgruppen** entwickelt, in denen unter Abwägung der in Rede stehenden gegenläufigen Interessen typischerweise eine unlautere Behinderung in Betracht kommt und an denen sich die Bewertung zu orientieren hat.[70] Dabei kann dasselbe Verhalten unter verschiedenen Aspekten eine unlautere Mitbewerberbehinderung begründen. 25

I. Absatzbehinderung

Die **gezielte Absatzbehinderung** betrifft die unlautere Beeinträchtigung der wettbewerblichen Entfaltungsfreiheit des Mitbewerbers bei seinen Bemühungen, seine Waren oder Dienstleistungen an Abnehmer abzusetzen. Sie kann sich in Einwirkungen (1) auf (potenzielle) Kunden des Mitbewerbers (kundenbezogene Behinderung), (2) auf Waren oder Dienstleistungen des Mitbewerbers (produktbezogene Behinderung) oder (3) auf den Vertriebsweg vom Mitbewerber zum Abnehmer (vertriebsbezogene Behinderung) äußern. 26

1. Kundenbezogene Absatzbehinderung

Die **kundenbezogene Absatzbehinderung** betrifft die Beeinträchtigung der wettbewerblichen Entfaltungsfreiheit des Mitbewerbers durch Einwirkung auf die Anbahnung oder Ausführung von Verträgen mit seinen vorhandenen oder möglichen Abnehmern. 27

a) Allgemeines

Der Mitbewerber hat keinen Anspruch auf die Erhaltung oder den Ausbau seines Kundenstamms, auch wenn er dafür Mühe und Kosten aufgewandt hat.[71] Das Eindringen in einen fremden Kundenkreis und das Abwerben (= Ausspannen) von Kunden sowie das Abfangen von potenziellen Kunden gehören grds. zum Wesen des Wettbewerbs.[72] Das gilt auch bei einem zielbewussten und systematischen Vorgehen.[73] Das **Abwerben oder Abfangen von (potenziellen) Kunden** ist **nur wettbewerbswidrig, wenn besondere Umstände** hinzutreten, die die Unlauterkeit des Eindringens in den fremden Kundenkreis begründen.[74] Eine unlautere Behinderung des Mitbewerbers liegt danach vor, wenn auf (potenzielle) Kunden, die bereits dem Mitbewerber zuzurechnen sind, 28

---

70 BGH, 21.02.2002, I ZR 281/99, GRUR 2002, 902, 905 – *Vanity-Nummer*; BGH, 07.10.2009, I ZR 150/07, GRUR 2010, 346 Rn. 12 – *Rufumleitung*.

71 BGH, 30.10.1962, I ZR 128/61, GRUR 1963, 197, 201 – *Zahnprothesen-Pflegemittel*; *Köhler*/Bornkamm/Feddersen § 4 Rn. 4.33.

72 BGH, 08.11.2001, I ZR 124/99, GRUR 2002, 548, 549 – *Mietwagenkostenersatz*; BGH, 22.01.2009, I ZR 30/07, GRUR 2009, 500 Rn. 23 – *Beta Layout*; BGH, 23.06.2016, I ZR 137/15, GRUR 2017, 92 Rn. 16 – *Fremdcoupon-Einlösung*.

73 BGH, 08.11.2001, I ZR 124/99, GRUR 2002, 548, 549 – *Mietwagenkostenersatz*; BGH, 11.09.2008, I ZR 74/06, BGHZ 178, 63 Rn. 38 – *bundesligakarten.de*.

74 BGH, 22.01.2009, I ZR 30/07, GRUR 2009 Rn. 23 – *Beta Layout*; BGH, 21.01.2016, I ZR 274/14, GRUR 2016, 825 Rn. 22 – *Tarifwechsel*.

in unangemessener Weise eingewirkt wird, um sie als eigene Kunden zu erhalten oder zu gewinnen. Das ist insbes. der Fall, wenn sich der Abfangende gewissermaßen zwischen den Mitbewerber und dessen (potenziellen) Kunden stellt, um dem (potenziellen) Kunden eine Änderung seines Entschlusses aufzudrängen, die Waren oder Dienstleistungen des Mitbewerbers in Anspruch zu nehmen.[75]

b) Abwerben von Kunden

29 Das Abwerben (= Ausspannen) von Kunden betrifft das Eindringen in einen bestehenden Kundenstamm des Mitbewerbers, indem seine Kunden zur Beendigung von Vertrags- oder Geschäftsbeziehungen mit ihm veranlasst werden. Das Abwerben von Kunden ist für sich genommen nicht unlauter. Im freien Wettbewerb besteht **kein Anspruch auf Erhaltung des Kundenstamms**, auch wenn die Kunden noch vertraglich an den Mitbewerber gebunden sind.[76] Die Veranlassung zur Beendigung von Vertrags- oder Geschäftsbeziehungen stellt **nur** dann eine **gezielte Behinderung** i.S. des § 4 Nr. 4 dar, **wenn** sie unter **besonderen Umständen** geschieht, aufgrund derer das Einbrechen in fremde Vertrags- oder Geschäftsbeziehungen als unlauter anzusehen ist.[77] Dazu zählt insbes. der Einsatz unlauterer Abwerbemittel oder -methoden.[78]

aa) Kündigungshilfe

30 Es ist **nicht unlauter**, **Kunden zur ordnungsgemäßen Vertragsauflösung** unter Beachtung der gesetzlichen oder vertraglichen Kündigungsfristen **zu bestimmen.**[79] Das gilt grds. auch dann, wenn der Abwerbende planmäßig und systematisch eine Vielzahl von Kunden des Mitbewerbers abzugewinnen versucht[80] oder die Kunden durch ein besonders preisgünstiges oder sonst vorteilhaftes Angebot anlockt[81]. Auf den vertraglich noch an den Mitbewerber gebundenen Kunden wird nicht unangemessen eingewirkt, wenn ihm **Kündigungshilfe** geleistet wird, indem ihm Hinweise zur Notwendigkeit,

---

75 BGH, 24.11.2011, I ZR 154/10, GRUR 2012, 645 Rn. 17 – *Mietwagenwerbung*; BGH, 21.01.2016, I ZR 274/14, GRUR 2016, 825 Rn. 22 – *Tarifwechsel*; BGH, 23.06.2016, I ZR 137/15, GRUR 2017, 92 Rn. 16 – *Fremdcoupon-Einlösung*; BGH, 11.10.2017, I ZR 210/16, GRUR 2018, 317 Rn. 13 – *Portierungsauftrag*.

76 BGH, 08.11.2001, I ZR 124/99, GRUR 2002, 548, 549 – *Mietwagenkostenersatz*; BGH, 22.04.2004, I ZR 303/01, GRUR 2004, 704, 705 – *Verabschiedungsschreiben*; BGH, 11.03.2010, I ZR 27/08, GRUR 2010, 939 Rn. 30 – *Telefonwerbung nach Unternehmenswechsel*.

77 BGH, 11.03.2010, I ZR 27/08, GRUR 2010, 939 Rn. 30 – *Telefonwerbung nach Unternehmenswechsel*; BGH, 15.02.2018, I ZR 243/16, GRUR 2018, 740 Rn. 26 – *Gewohnt gute Qualität*.

78 BGH, 07.04.2005, I ZR 140/02, GRUR 2005, 603, 604 – *Kündigungshilfe*; *Köhler*/Bornkamm/Feddersen § 4 Rn. 4.34.

79 BGH, 22.04.2004, I ZR 303/01, GRUR 2004, 704, 705 – *Verabschiedungsschreiben*; BGH, 07.04.2005, I ZR 140/02, GRUR 2005, 603, 604 – *Kündigungshilfe*.

80 BGH, 08.11.2001, I ZR 124/99, GRUR 2002, 548, 549 – *Mietwagenkostenersatz*; BGH, 11.09.2008, I ZR 74/06, BGHZ 178, 63 Rn. 38 – *bundesligakarten.de*.

81 BGH, 08.11.2001, I ZR 124/99, GRUR 2002, 548, 549 – *Mietwagenkostenersatz*; BGH, 27.02.2003, I ZR 253/00, BGHZ 154, 105, 110 – *Gesamtpreisangebot*.

Frist und Form einer Kündigung erteilt werden,[82] ein vorformuliertes Kündigungsschreiben vorgelegt wird[83] oder der Abwerbende sich eine Vollmacht zur Übersendung eines Kündigungsschreibens erteilen lässt[84]. Auch der Ersatz der dem Kunden bei einer ordnungsmäßigen Kündigung entstehenden wirtschaftlichen Nachteile stellt kein unlauteres Abwerbemittel dar.[85] Auf den abgeworbenen Kunden wird jedoch unangemessen eingewirkt, wenn das vorformulierte Kündigungsschreiben ein pauschales Verbot der telefonischen Kontaktaufnahme des bisherigen Vertragspartners im Anschluss an die Kündigung enthält.[86]

bb) Vertragsbindungen des Abwerbenden

Die Veranlassung eines Kunden zur Beendigung der Vertragsbeziehung zum Mitbewerber stellt nicht schon deshalb eine unlautere Abwerbemethode dar, weil der Abwerbende dadurch eine **Vertragsverletzung** gegenüber dem Mitbewerber begeht.[87] Ein Verstoß gegen relative individuelle Pflichten gegenüber dem Vertragspartner kann nicht ohne Weiteres mit einem durch umfassende Interessenabwägung festzustellenden Wettbewerbsverstoß gleichgestellt und dadurch das unterschiedliche Sanktionssystem unterlaufen werden.[88] Das gilt entgegen der Rspr. des BGH[89] auch für den Fall, dass es sich bei dem Abwerbenden um einen einer vertraglichen Loyalitätspflicht unterliegenden (ehemaligen) Mitarbeiter handelt,[90] und auch, wenn dem (ehemaligen) Mitarbeiter eine nachwirkende Treuepflicht obliegt oder der (ehemalige) Mitarbeiter oder Unternehmer an ein vertragliches Wettbewerbsverbot gegenüber dem Mitbewerber gebunden ist[91]. Die Vertragsverletzung macht das Abwerben von Kunden nicht zugleich wettbewerbswidrig, sondern wird durch vertragliche Ansprüche sanktioniert.[92] Im Übrigen kann der Hinweis auf die künftige Tätigkeit als Wettbewerber oder für einen Wettbewerber einem berechtigten Informationsinteresse der Kundschaft dienen.[93] 31

Der (ehemalige) Mitarbeiter und nunmehrige Mitbewerber darf für die Kontaktaufnahme zu Kunden seines bisherigen Arbeitgebers auf Informationen zurückgreifen, die er während seiner Tätigkeit für diesen erlangt hat, sofern ihm das Zunutzemachen der 32

82 BGH, 08.11.2001, I ZR 124/99, GRUR 2002, 548, 549 – *Mietwagenkostenersatz*; BGH, 07.04.2005, I ZR 140/02, GRUR 2005, 603, 604 – *Kündigungshilfe*.
83 BGH, 07.04.2005, I ZR 140/02, GRUR 2005, 603, 604 – *Kündigungshilfe*.
84 OLG Dresden, 14.07.2015, 14 U 584/15, WRP 2015, 1395 Rn. 8.
85 *Köhler*/Bornkamm/Feddersen § 4 Rn. 4.43; *Ohly*/Sosnitza § 4.4 Rn. 4/56 a.E.
86 OLG Dresden, 14.07.2015, 14 U 584/15, WRP 2015, 1395 Rn. 14 f.
87 Harte/Henning/Omsels § 4 Nr. 4 Rn. 96; *Köhler*/Bornkamm/Feddersen § 4 Rn. 4.42; *Ohly*/Sosnitza § 4.4 Rn. 4/58.
88 Harte/Henning/Omsels § 4 Nr. 4 Rn. 96; *Köhler*/Bornkamm/Feddersen § 4 Rn. 4.42.
89 BGH, 22.04.2004, I ZR 303/01, GRUR 2004, 704, 705 – *Verabschiedungsschreiben*.
90 FBO/Götting/Hetmank § 4 Nr. 4 Rn. 114; *Köhler*/Bornkamm/Feddersen § 4 Rn. 4.42; *Ohly*/Sosnitza § 4.4 Rn. 4/57.
91 *Köhler*/Bornkamm/Feddersen § 4 Rn. 4.42.
92 Harte/Henning/Omsels § 4 Nr. 4 Rn. 97; *Köhler*/Bornkamm/Feddersen § 4 Rn. 4.42; *Ohly*/Sosnitza § 4.4 Rn. 4/58.
93 FBO/Götting/Hetmank § 4 Nr. 4 Rn. 114; *Ohly*/Sosnitza § 4.4 Rn. 4/58.

Informationen nicht untersagt werden kann.[94] Nutzt er dagegen unerlaubt eine ihm während der Laufzeit des Arbeitsverhältnisses überlassene Kundendatei oder sonstige Geschäftsgeheimnisse des früheren Arbeitgebers (§ 4 GeschGehG), so ist die Abwerbemethode unlauter.[95]

cc) Standesregeln und Werberichtlinien

33 Die Abwerbung ist nicht schon deshalb unlauter, weil sie gegen **Standesregeln** oder **Wettbewerbsrichtlinien** verstößt.[96] Wettbewerbsrichtlinien der Privatwirtschaft können allenfalls ein Indiz darstellen, welches Verhalten nach Ansicht der beteiligten Verkehrskreise als unlauter anzusehen ist. Es bedarf der gesonderten Prüfung, ob das wettbewerbliche Verhalten auch vom Standpunkt der ebenfalls betroffenen Allgemeinheit aus unlauter erscheint.[97]

dd) Ausnutzung eines Vertragsbruchs

34 Das **Ausnutzen eines** vom abgeworbenen Kunden begangenen **Vertragsbruchs** stellt als solches keine unlautere Behinderung des Mitbewerbers dar.[98] Da vertragliche Pflichten i.d.R. nur zwischen dem Kunden und dem Mitbewerber als Vertragspartnern rechtliche Wirkungen entfalten, käme es sonst zu einer Verdinglichung der schuldrechtlichen Pflichten. **Hinzukommen müssen** deshalb **besondere Umstände**, aufgrund derer das Ausnutzen des vom Kunden begangenen Vertragsbruchs als unlauter anzusehen ist.[99] Die Kenntnis des Abwerbenden von der Vertragsverletzung[100] oder eine systematische und planmäßige Ausnutzung des fremden Vertragsbruchs[101] stellt kein solches Unlauterkeitsmerkmal dar.

ee) Verleitung zum Vertragsbruch

35 Das Ausspannen eines Kunden ist grds. **unlauter**, wenn der Abwerbende den abgeworbenen Kunden dazu verleitet, gegenüber dem Mitbewerber vertragsbrüchig zu wer-

---

94 BGH, 16.07.2009, I ZR 56/07, GRUR 2009, 1075 Rn. 19 – *Betriebsbeobachtung*; BGH, 11.03.2010, I ZR 27/08, GRUR 2010, 939 Rn. 30 – *Telefonwerbung nach Unternehmenswechsel.*

95 BGH, 22.04.2004, I ZR 303/01, GRUR 2004, 704, 705 – *Verabschiedungsschreiben*; BGH, 16.07.2009, I ZR 56/07, GRUR 2009, 1075 Rn. 20 – *Betriebsbeobachtung*; FBO/Götting/Hetmank § 4 Nr. 4 Rn. 114 a.E.; *Köhler*/Bornkamm/Feddersen § 4 Rn. 4.41 f.; *Ohly*/Sosnitza § 4 Rn. 4/57 a.E.

96 *Köhler*/Bornkamm/Feddersen § 4 Rn. 4.33, 4.45; *Ohly*/Sosnitza § 4.4 Rn. 4/58.

97 BGH, 08.11.2001, I ZR 124/99, GRUR 2002, 548, 550 – *Mietwagenkostenersatz*; OLG Dresden, 14.07.2015, 14 U 584/15, WRP 2015, 1395 Rn. 12.

98 BGH, 16.03.2006, I ZR 92/03, GRUR 2006, 879 Rn. 12 – *Flüssiggastank*; BGH, 11.09.2008, I ZR 74/06, BGHZ 178, 63 Rn. 35 – *bundesligakarten.de.*

99 BGH, 11.09.2008, I ZR 74/06, BGHZ 178, 63 Rn. 35 – *bundesligakarten.de*; BGH, 12.01.2017, I ZR 253/14, GRUR 2017, 397 Rn. 68 – *World of Warcraft II.*

100 BGH, 16.03.2006, I ZR 92/03, GRUR 2006, 879 Rn. 12 – *Flüssiggastank*; vgl. BGH, 11.01.2007, I ZR 96/04, BGHZ 171, 73 Rn. 23 – *Außendienstmitarbeiter*; BGH, 11.09.2008, I ZR 74/06, BGHZ 178, 63 Rn. 37 – *bundesligakarten.de.*

101 BGH, 11.09.2008, I ZR 74/06, BGHZ 178, 63 Rn. 38 – *bundesligakarten.de.*

den[102] oder sich gegenüber dem Mitbewerber als Vertragspartner rechtsmissbräuchlich zu verhalten[103]. Ein **Verleiten zum Vertragsbruch** liegt vor, wenn bewusst und gezielt darauf hingewirkt wird, dass der Kunde eine ihm obliegende vertragliche Hauptpflicht[104] oder jedenfalls eine wesentliche Vertragspflicht[105] gegenüber dem Mitbewerber verletzt. Der Abwerbende muss die Bindung des Kunden kennen und ihn aktiv beim Vertragsbruch unterstützen. Eine Initiative zum Vertragsbruch im Sinne einer Anstiftung ist nicht erforderlich; auch eine Bestärkung zum Vertragsbruch im Sinne einer psychischen Beihilfe kann genügen (str.).[106] Deshalb ist es unerheblich, ob der Kunde bereits zum Vertragsbruch entschlossen ist.[107]

Eine an die Allgemeinheit gerichtete Anzeige oder Bewerbung der eigenen Lieferbereitschaft in Form einer invitatio ad offerendum stellt keine gezielte Einwirkung auf konkrete Personen dar.[108] Auch die Abgabe eines Vertragsangebots, das der Kunde nur unter Verletzung seiner Vertragspflichten gegenüber dem Mitbewerber annehmen kann, genügt nicht, weil der Kunde eine autonome Entscheidung über den Vertragsbruch trifft.[109] Die Aufforderung eines Unternehmers gegenüber einem Verbraucher, ihm Planunterlagen eines Mitbewerbers zur Erstellung eines Vergleichsangebots zu überlassen, ist nicht unlauter, wenn den Kunden keine (vor-)vertragliche Pflicht zur vertraulichen Behandlung der ihm überlassenen Planunterlagen trifft.[110] **36**

Das Verleiten zum Vertragsbruch ist grds. unlauter, ohne dass auf die Entscheidung des vertragsbrüchigen Kunden mit unlauteren Mitteln i.S. der § 3 Abs. 2, Abs. 3, §§ 4a, 5, 5a eingewirkt werden muss (Rdn. 14; str.).[111] Insofern geht es nicht um die Verding- **37**

---

102 BGH, 24.02.1994, I ZR 74/92, GRUR 1994, 447, 448 – *Sistierung von Aufträgen*; BGH, 24.04.1997, I ZR 210/94, GRUR 1997, 920, 921 – *Automatenaufsteller*; BGH, 11.09.2008, I ZR 74/06, BGHZ 178, 63 Rn. 31 – *bundesligakarten.de*.

103 LG München I, 11.12.2017, 37 O 14236/17, GRUR-RR 2018, 302 Rn. 39 f. – *Error Fares*.

104 BGH, 24.04.1997, I ZR 210/94, GRUR 1997, 920, 921 – *Automatenaufsteller*.

105 HansOLG Hamburg, 17.10.2012, 5 U 168/11, MMR 2013, 453, 455; Harte/Henning/Omsels § 4 Nr. 4 Rn. 37.

106 Harte/Henning/Omsels § 4 Nr. 4 Rn. 94 f.; *Köhler*/Bornkamm/Feddersen § 4 Rn. 4.36; a. A. FBO/Götting/Hetmank § 4 Nr. 4 Rn. 113.

107 BGH, 24.02.1994, I ZR 74/92, GRUR 1994, 447, 449 – *Sistierung von Aufträgen*; *Köhler*/Bornkamm/Feddersen § 4 Rn. 4.36.

108 BGH, 24.05.2007, I ZR 150/06, juris; BGH, 11.09.2008, I ZR 74/06, BGHZ 178, 63 Rn. 32 – *bundesligakarten.de*.

109 HansOLG Hamburg, 06.11.2014, 3 U 86/13, GRUR-RR 2015, 110, 112 – *Buddy-Bots*; Harte/Henning/Omsels § 4 Nr. 4 Rn. 94; jurisPK-UWG/Müller-Bidinger § 4 Nr. 4 Rn. 47; *Köhler*/Bornkamm/Feddersen § 4 Rn. 36; offenlassend BGH, 11.09.2008, I ZR 74/06, BGHZ 178, 63 Rn. 32 – *bundesligakarten.de*; a. A. Sack, WRP 2000, 447, 452; Tiemann, WRP 2004, 289, 294.

110 BGH, 02.10.2008, I ZR 48/06, GRUR 2009, 416 Rn. 18 f. – *Küchentiefstpreis-Garantie*.

111 BGH, 24.02.1994, I ZR 74/92, GRUR 1994, 447, 448 – *Sistierung von Aufträgen*; BGH, 24.04.1997, I ZR 210/94, GRUR 1997, 920, 921 – *Automatenaufsteller*; Harte/Henning/Omsels § 4 Nr. 4 Rn. 38; jurisPK-UWG/Müller-Bidinger § 4 Nr. 4 Rn. 50; *Ohly*/Sosnitza § 4.4 Rn. 4/56; a. A. FBO/Götting/Hetmank § 4 Nr. 4 Rn. 113a; *Köhler*/Bornkamm/Feddersen § 4 Rn. 3a, 36a; MünchKomm/Jänich UWG § 4 Nr. 10 Rn. 21.

lichung schuldrechtlicher Pflichten,[112] sondern um das schützenswerte Interesse des Mitbewerbers an der ungestörten Durchführung der seinem Unternehmen zuzurechnenden Kundenbeziehungen.[113]

ff) Entziehung von Kunden oder Leistungen

38 Auch ohne Veranlassung des Kunden zum Wechsel des Vertragspartners kann eine unlautere Mitbewerberbehinderung i.S. des § 4 Nr. 4 vorliegen, wenn der Handelnde den **Kunden** mit unlauteren Mitteln anderweitig **auf das eigene Unternehmen umlenkt**. Das ist der Fall, wenn er eine zur Vertragsausführung erforderliche Mitwirkungshandlung bewusst weisungswidrig so zurückhält oder ausgeführt, dass der Kunde anstelle der Leistungen des Mitbewerbers die Leistungen des Handelnden in Anspruch nimmt.[114] Eine unangemessene Einwirkung auf den Kunden ist danach gegeben, wenn der Handelnde den Auftrag des Kunden zur Vornahme einer dauerhaften Voreinstellung eines Telefonanschlusses (**Preselection**) auf den Mitbewerber bewusst nicht ausgeführt[115] oder bewusst auftragswidrig so ausführt, dass der Anschluss auf das eigene Unternehmen umgestellt wird.[116] Eine in gleicher Weise unangemessene Einwirkung liegt vor, wenn der Handelnde gegenüber dem Mitbewerber unter Vorspiegelung einer tatsächlich nicht abgegebenen Willenserklärung des Kunden eine Handlung vornimmt, die auf die Umlenkung des Kunden auf das eigene Unternehmen abzielt.[117] Das ist der Fall, wenn dem Mitbewerber vorgespiegelt wird, der Kunde habe einen Auftrag zur Portierung der Rufnummer von dessen Unternehmen auf das eigene Unternehmen erteilt.[118] Eine nur fahrlässige Vertragsverletzung oder ein nur versehentlich weisungswidriges Handeln stellt dagegen noch keine unangemessene Einwirkung auf den Kunden dar.[119]

39 Ein unlauteres Umlenken auf das eigene Unternehmen kommt ferner in Betracht, wenn dem unwissenden Kunden des Mitbewerbers anstelle der bestellten Waren oder Dienstleistungen des Mitbewerbers eigene Produkte **untergeschoben** werden.[120]

---

112 So *Köhler*/Bornkamm/Feddersen § 4 Rn. 36a.

113 JurisPK-UWG/Müller-Bidinger § 4 Nr. 4 Rn. 50; MünchKomm/Jänich UWG § 4 Nr. 10 Rn. 21.

114 BGH, 29.03.2007, I ZR 164/04, GRUR 2007, 987 Rn. 32 – *Änderung der Voreinstellung*; BGH, 05.02.2009, I ZR 119/06, GRUR 2009, 876 Rn. 22 – *Änderung der Voreinstellung II*; BGH, 11.10.2017, I ZR 210/16, GRUR 2018, 317 Rn. 13 – *Portierungsauftrag*.

115 BGH, 29.03.2007, I ZR 164/04, GRUR 2007, 987 Rn. 32 – *Änderung der Voreinstellung*.

116 BGH, 05.02.2009, I ZR 119/06, GRUR 2009, 876 Rn. 22 – *Änderung der Voreinstellung II*.

117 BGH, 11.10.2017, I ZR 210/16, GRUR 2018, 317 Rn. 14 – *Portierungsauftrag*; OLG Düsseldorf, 27.11.2014, I-15 U 56/14, MMR 2015, 279.

118 BGH, 11.10.2017, I ZR 210/16, GRUR 2018, 317 Rn. 14 – *Portierungsauftrag*, OLG Düsseldorf, 27.11.2014, I-15 U 56/14, MMR 2015, 279.

119 BGH, 29.03.2007, I ZR 164/04, GRUR 2007, 987 Rn. 25 – *Änderung der Voreinstellung*.

120 Vgl. BGH, 15.03.2012, I ZR 125/11, BeckRS 2012, 07782 Rn. 4 – *Parkplatz-Service*.

gg) Einwirkung auf die Entscheidungsfreiheit von Kunden

Der Abwerbende wirkt auf die **Entscheidungsfreiheit von Kunden** des Mitbewerbers mit unlauteren Mitteln ein, wenn er diese z.B. unter Verstoß gegen gesetzlich geregelte Unlauterkeitstatbestände überrumpelt (§ 3 Abs. 2, Abs. 3), belästigt, nötigt, unzulässig beeinflusst (§ 4a) oder irreführt (§ 5). In diesem Fall kann sein Verhalten sowohl die verbraucherschützenden wettbewerbsrechtlichen Verbotstatbestände als auch den Tatbestand der unlauteren Mitbewerberbehinderung (§ 4 Nr. 4) verwirklichen (Rdn. 5 f.; str.).[121] Sofern die Behinderung des Mitbewerbers im Wege einer unlauteren Herabsetzung oder Anschwärzung des Mitbewerbers geschieht, gehen die speziellen Behinderungstatbestände des § 4 Nr. 1 oder 2 vor (Rdn. 3). **40**

hh) Rechtsfolge des Belieferungsverbots?

Bei unlauterer Abwerbung des Kundenstamms hat nach älterer Rspr. des BGH der behinderte Mitbewerber unter dem Gesichtspunkt der Naturalrestitution (§ 249 BGB) einen Anspruch auf zeitlich begrenzte Unterlassung der Belieferung der abgeworbenen Kunden, um den unlauter erlangten Vorteil des Verletzers wieder auszugleichen (§ 9 Satz 1 UWG).[122] Im Hinblick auf die Interessen der betr. Kunden und des freien Wettbewerbs sollte davon, wenn überhaupt, nur in besonders gravierenden Fällen Gebrauch gemacht und i.d.R. stattdessen Ausgleich in Form von Geldentschädigung (§ 251 Abs. 2 Satz 1 BGB) gewährt werden.[123] **41**

c) Abfangen von Kunden

Das **Abfangen von Kunden** betrifft das Umlenken von potenziellen Kunden des Mitbewerbers auf das eigene Unternehmen. Es ist grds. nicht zu beanstanden, dass sich ein Unternehmer um Kunden bemüht, die dem Erwerb einer Ware oder der Inanspruchnahme einer Dienstleistung bei dem Mitbewerber bereits nähergetreten sind.[124] Eine **unlautere** Behinderung des Mitbewerbers liegt erst vor, **wenn** der Abfangende durch das Anlocken von potenziellen Kunden auf die Verdrängung des Mitbewerbers abzielt[125] oder er **auf** einen bereits dem Mitbewerber zuzurechnenden **potenziellen Kunden unangemessen einwirkt**. Das ist der Fall, wenn sich der Abfangende gewissermaßen zwischen den Mitbewerber und dessen potenziellen Kunden stellt, um dem potenziellen Kunden eine **Änderung seines Entschlusses** aufzudrängen, die Waren **42**

---

121 BGH, 08.11.2001, I ZR 124/99, GRUR 2004, 548, 549 – *Mietwagenkostenersatz*; Harte/Henning/Omsels § 4 Nr. 4 Rn. 99; *Köhler*/Bornkamm/Feddersen § 4 Rn. 4.36a, 4.38, 4.40 f.; *MünchKomm/Jänich UWG § 4 Nr. 10 Rn. 20*; a. A. FBO/Götting/Hetmank § 4 Nr. 4 Rn. 111; *Ohly*/Sosnitza § 4.4 Rn. 4/55.

122 BGH, 06.11.1963, Ib ZR 41/62 und 40/63, GRUR 1964, 215, 216 f. – *Milchfahrer*; BGH, 03.12.1969, I ZR 151/67, GRUR 1970, 182, 184 – *Bierfahrer*.

123 *Köhler*/Bornkamm/Feddersen § 9 Rn. 1.26; tendenziell MünchKomm/Fritzsche UWG § 9 Rn. 71; offenlassend BGH, 16.11.2017, I ZR 161/16, GRUR 2018, 535 Rn. 41 – *Knochenzement I*.

124 BGH, 17.05.2001, I ZR 216/99, BGHZ 148, 1, 8 – *Mitwohnzentrale*.

125 BGH, 02.10.2008, I ZR 48/06, GRUR 2009, 416 Rn. 16 – *Küchentiefstpreis-Garantie*.

oder Dienstleistungen des Mitbewerbers in Anspruch zu nehmen.[126] Das kommt insbesondere in Betracht, wenn der potenzielle Kunde durch die anlockende Maßnahme unzumutbar belästigt oder unangemessen unsachlich beeinflusst wird.[127]

43 Als Erwerbsentschluss in diesem Sinne ist jede **geschäftliche Entscheidung** des potenziellen Kunden anzusehen. Der Begriff der geschäftlichen Entscheidung umfasst sowohl die Entscheidung über den Erwerb oder Nichterwerb eines Produkts als auch damit unmittelbar zusammenhängende Entscheidungen wie z.B. das Betreten eines Geschäfts oder das Aufsuchen einer Internetseite, auf der ein Unternehmer sein Angebot präsentiert.[128]

44 Der Mitbewerber drängt sich **nicht** zwischen den Mitbewerber und dessen potenziellen Kunden, **wenn er** letzteren nicht an einem unmittelbar bevorstehenden Erwerb beim Mitbewerber hindert, sondern **dem Verbraucher** die Möglichkeit zum Einkauf zu denselben wirtschaftlichen Vorteilen bei seinem Unternehmen eröffnet und ihm die **freie Entscheidung überlässt**, für welches Angebot er sich entscheidet.[129]

aa) Potenzielle Kunden

45 Der Handelnde muss auf Personen einwirken, die **dem Mitbewerber als potenzielle Kunden zuzurechnen** sind. Die Personen müssen der Entscheidung nähergetreten sein, Waren oder Dienstleistungen des Mitbewerbers zu erwerben. Das kann der Fall sein, wenn sie sich entschlossen haben, das Geschäftslokal[130] oder die Internetseite des Mitbewerbers aufzusuchen (Rdn. 43). Die Empfänger von Rabattgutscheinen eines Mitbewerbers sind noch nicht seine potenziellen Kunden, selbst wenn sie Inhaber einer Kundenkarte oder Teilnehmer eines Kundenbindungsprogramms des Mitbewerbers sind. Die Ausgabe solcher Rabattgutscheine führt nicht ohne Weiteres zum Entschluss der Empfänger, Waren oder Dienstleistungen des Mitbewerbers zu erwerben.[131]

bb) Werbung in räumlicher Nähe zum Mitbewerber

46 Auf die Entscheidungsfreiheit von potenziellen Kunden des Mitbewerbers wird entgegen der (älteren) Rspr.[132] noch **nicht** dadurch **unangemessen** eingewirkt, **dass in**

---

126 BGH, 24.11.2011, I ZR 154/10, GRUR 2012, 645 Rn. 17 – *Mietwagenwerbung*; BGH, 21.01.2016, I ZR 274/14, GRUR 2016, 825 Rn. 22 – *Tarifwechsel*; BGH, 23.06.2016, I ZR 137/15, GRUR 2017, 92 Rn. 16 – *Fremdcoupon-Einlösung*; BGH, 11.10.2017, I ZR 210/16, GRUR 2018, 317 Rn. 13 – *Portierungsauftrag*.

127 BGH, 02.10.2008, I ZR 48/06, GRUR 2009, 416 Rn. 16 – *Küchentiefstpreis-Garantie*.

128 BGH, 28.04.2016, I ZR 23/15, GRUR 2016, 1073 Rn. 34 – *Geo-Targeting*; BGH, 14.09.2017, I ZR 231/14, GRUR 2017, 1269 Rn. 17 – *MeinPaket.de II*; *Köhler*/Bornkamm/Feddersen § 4 Rn. 4.25.

129 BGH, 24.06.2004, I ZR 26/02, GRUR 2004, 877, 879 – *Werbeblocker*; BGH, 23.06.2016, I ZR 137/15, GRUR 2017, 92 Rn. 19 – *Fremdcoupon-Einlösung*.

130 OLG Frankfurt, 06.10.2016, 6 U 61/16, WRP 2017, 100 Rn. 13.

131 BGH, 23.06.2016, I ZR 137/15, GRUR 2017, 92 Rn. 17 – *Fremdcoupon-Einlösung*.

132 BGH, 27.02.1986, I ZR 210/83, GRUR 1986, 547, 548 – *Handzettelwerbung*, m.w.N.; tendenziell OLG Hamm, 14.01.2010, 4 U 199/09, juris Rn. 25.

unmittelbarer räumlicher Nähe vom Geschäftslokal des Mitbewerbers **ein Unternehmer** durch die Verteilung von Handzetteln oder die Aufstellung eines Werbestands für seine eigenen Waren oder Dienstleistungen **wirbt.**[133] Dadurch wird nicht die Möglichkeit des Verbrauchers beeinträchtigt, sich bewusst und frei für das Betreten des Geschäftslokals und den dortigen Erwerb von Produkten zu entscheiden, sondern lediglich eine Alternative zu dem ins Auge gefassten Erwerb aufgezeigt.[134] Der Mitbewerber drängt sich auch nicht unangemessen zwischen den Mitbewerber und dessen potenzielle Kunden, wenn er seine Werbeanzeige in unmittelbarer Nähe der Anzeige des Mitbewerbers platziert und dadurch den Verbrauchern sein Leistungsangebot als frei wählbare Alternative präsentiert.[135]

Eine unangemessene Einwirkung auf die Entscheidungsfreiheit der potenziellen Kunden liegt erst vor, wenn diese vom Werbenden z.B. durch eine Belästigung, Nötigung oder unzulässige Beeinflussung (§ 4a) physisch oder psychisch vom Betreten des Geschäftslokals abgehalten werden. Eine unzumutbare Belästigung der potenziellen Kunden liegt vor, wenn diese sich der werblichen Ansprache und der Verteilung von Handzetteln nicht ohne Weiteres entziehen können.[136] **47**

cc) Unterschieben oder Aufdrängen eigener Waren oder Dienstleistungen

Sich anbahnende Geschäftsbeziehungen werden unlauter auf ein Unternehmen kanalisiert, wenn dem Kaufinteressenten nur ein Produkt angeboten wird, ohne dass für ihn erkennbar ist, dass **Alternativprodukte von Mitbewerbern** zur Auswahl stehen,[137] oder wenn er nur mit zusätzlichem Aufwand das Alternativprodukt auswählen kann[138]. Dadurch wird eine autonome Entscheidung des potenziellen Kunden verhindert, welches der konkurrierenden Produkte er erwerben möchte, und dieser unsachlich beeinflusst. Gleiches gilt, wenn ein Unternehmer ein an den Mitbewerber gerichtetes Bestellschreiben abfängt und auf das eigene Unternehmen umleitet,[139] wenn er ein erkennbar fehlgeleitetes Bestellschreiben dazu nutzt, vom Besteller selbst den Auftrag zu erhalten,[140] oder wenn sich ein Dritter über den ausdrücklichen Wunsch des Verbrauchers hinwegsetzt, den Mitbewerber zu beauftragen, und den Auftrag weisungswidrig einem Konkurrenzunternehmen erteilt[141]. **48**

---

133 OLG Frankfurt, 06.10.2016, 6 U 61/16, WRP 2017, 100 Rn. 15; FBO/Götting/Hetmank § 4 Nr. 4 Rn. 99; Harte/Henning/Omsels § 4 Nr. 4 Rn. 82; jurisPK-UWG/Müller-Bidinger § 4 Nr. 4 Rn. 66; *Köhler*/Bornkamm/Feddersen § 4 Rn. 4.29; *Ohly*/Sosnitza § 4.4 Rn. 4/47.

134 Vgl. BGH, 23.06.2016, I ZR 137/15, GRUR 2017, 92 Rn. 27 – *Fremdcoupon-Einlösung*.

135 Vgl. BGH, 22.01.2009, I ZR 30/07, GRUR 2009, 500 Rn. 23 – *Beta Layout*; BGH, 24.11.2011, I ZR 154/10, GRUR 2012, 645 Rn. 18 – *Mietwagenwerbung*.

136 OLG Frankfurt, 06.10.2016, 6 U 61/16, WRP 2017, 100 Rn. 16, 18.

137 BGH, 16.10.1962, I ZR 162/60, GRUR 1963, 218, 221 f. – *Mampe Halb und Halb II*.

138 HansOLG Hamburg, 15.02.2001, 3 U 126/99, GRUR 2002, 278, 279 – *AKUmed*.

139 BGH, 15.01.1987, I ZR 215/84, GRUR 1987, 532, 533 – *Zollabfertigung*; vgl. OLG Köln, 30.03.2007, 6 U 182/06, GRUR-RR 2007, 367 – *Fehlerhafte Auftragsbestätigung im Resalegeschäft*.

140 BGH, 07.10.1982, I ZR 93/80, GRUR 1983, 34, 35 – *Bestellschreiben*.

141 BGH, 21.02.1989, KZR 7/88, BGHZ 107, 40, 45 – *Krankentransportbestellung*.

dd) Umlenkung von Kontaktaufnahmen

49 Der Unternehmer fängt einen potenziellen Kunden des Mitbewerbers mit unlauteren Methoden ab, wenn er diesen durch eine **Annäherung an die Kontaktdaten des Mitbewerbers** irrtümlich von dem gewünschten Angebot ablenkt und auf das eigene Angebot umlenkt. Die Vorspiegelung, es handele sich um das vom Kunden gewünschte Angebot, kann durch die Angabe einer **Telefonnummer,**[142] einer **Telefaxnummer**, einer **E-Mail-Adresse** oder eines Domainnamens (sog. **Tippfehler-Domain**)[143] erfolgen, die mit den Kontaktdaten des Mitbewerbers weitgehend übereinstimmt und typischerweise verwechselt oder versehentlich falsch eingegeben werden kann.[144] Der Domainname, an den sich die Tippfehler-Domain anlehnt, kann auch aus einem beschreibenden Begriff bestehen.[145] Eine unlautere Behinderung kann allerdings ausscheiden, wenn nach der Herstellung des Kontakts sogleich und unübersehbar darüber aufgeklärt wird, dass es sich um ein anderes als das gewünschte Angebot handelt.[146]

50 Ein unlauteres Abfangen von potenziellen Kunden eines Mitbewerbers scheidet bei der Nutzung eines Gattungsbegriffs als **Domainname** grds. aus, auch wenn sie zu einer gewissen Kanalisierung der Kundenströme führt. Der Internetnutzer weiß zwar, dass vielfach generische Domainnamen von einem bestimmten Anbieter kommerziell genutzt werden.[147] Gibt er auf der Suche nach einem bestimmten Angebot versuchsweise einen generischen Begriff als Domainnamen ein, weiß er i.d.R. aber auch, dass er kein vollständiges Bild über entspr. Internetangebote erhält. Gibt er sich aus Bequemlichkeit mit dem darunter gefundenen Angebot zufrieden und sucht nicht weiter nach anderen Anbietern, wird er **nicht von Mitbewerbern weggelenkt**, sondern zu dem den generischen Domainnamen nutzenden Unternehmer hingelenkt.[148] Verwendet ein Unternehmer denselben Gattungsbegriff wie der Mitbewerber in abweichender Schreibweise als Domainname, liegt darin keine unlauteres Abfangen von potenziellen Kunden i.S. des § 4 Nr. 4. Die Verwendung unterschiedlicher Schreibweisen desselben Gattungsbegriffs ist in diesem Begriff angelegt und Teil des Wettbewerbs.[149] Dieselben Kriterien gelten für die Verwendung von **Vanity-Nummern**, die

---

142 HansOLG Hamburg, 22.05.2003, 3 U 18/03, GRUR-RR 2004, 151, 152 – *Telefonauskunft 11881*; OLG Frankfurt, 11.09.2008, 6 U 197/07, GRUR-RR 2009, 65, 66 – *Kundenhotline.*

143 BGH, 22.01.2014, I ZR 164/12, GRUR 2014, 393 Rn. 36 – *wetteronline.de.*

144 BGH, 22.01.2014, I ZR 164/12, GRUR 2014, 393 Rn. 36 – *wetteronline.de*; kritisch jurisPK-UWG/Müller-Bidinger § 4 Nr. 4 Rn. 74.

145 BGH, 22.01.2014, I ZR 164/12, GRUR 2014, 393 Rn. 41 – *wetteronline.de.*

146 BGH, 22.01.2014, I ZR 164/12, GRUR 2014, 393 Rn. 48 – *wetteronline.de*; vgl. OLG Frankfurt, 11.09.2008, 6 U 197/07, GRUR-RR 2009, 65, 66 – *Kundenhotline.*

147 BGH, 22.01.2014, I ZR 164/12, GRUR 2014, 393 Rn. 41 – *wetteronline.de.*

148 BGH, 17.05.2001, I ZR 216/99, BGHZ 148, 1, 7 f. – *Mitwohnzentrale*; vgl. BGH, 02.12.2004, I ZR 207/01, GRUR 2005, 687, 688 – *weltonline.de.*

149 BGH, 22.01.2014, I ZR 164/12, GRUR 2014, 393 Rn. 41 a.E. – *wetteronline.de*; OLG Köln, 02.09.2005, 6 U 39/05, GRUR-RR 2006, 19 – *schlüsselbänder.de*; FBO/Götting/Hetmank § 4 Nr. 4 Rn. 103.

die Anwahl einer bestimmten Rufnummer durch die Eingabe eines beschreibenden Begriffs ermöglichen,[150] und von **Apps** mit beschreibenden Bezeichnungen[151].

ee) Beeinflussung von Suchmaschinen

Ein Unternehmer kann Internetsuchmaschinen dadurch beeinflussen, dass er vom Mitbewerber genutzte Begriffe als Metatags oder als Keywords seiner eigenen Internetseite verwendet. In diesem Fall werden bei Eingabe des entspr. Suchbegriffs (auch) seine eigene Internetseite (bei **Metatags**) oder (auch) eine von der Trefferliste abgesetzte eigene Werbung (bei **Keyword-Advertising**) angezeigt und dadurch Interessenten des Mitbewerbers auf das eigene Angebot aufmerksam gemacht. Handelt es sich bei dem als Metatag oder Keyword verwendeten Begriff um ein fremdes Kennzeichen, ist wegen der kennzeichenmäßigen Benutzung der Anwendungsbereich des Markengesetzes eröffnet[152] und für den Unlauterkeitstatbestand des § 4 Nr. 4 kein Raum (Rdn. 9). 51

Der Einsatz vom Mitbewerber benutzter beschreibender Begriffe als Metatags[153] oder als Keywords[154] führt nicht zu einer unangemessenen Einwirkung auf die Entscheidungsfreiheit von potenziellen Kunden des Mitbewerbers i.S. des § 4 Nr. 4. Der Internetnutzer rechnet damit, dass er anhand der angezeigten Suchmaschinentreffer noch eine Auswahl zwischen mehreren Unternehmen treffen muss.[155] Durch die Anzeige (auch) der Webseite eines anderen Unternehmens als Suchmaschinentreffer wird der Nutzer nicht von der gesuchten Webseite weggelenkt, sondern auf die andere Webseite hingelenkt.[156] Das gilt auch für den Fall, dass ein vorderer Platz auf der Trefferliste im Wege des **Keyword-Buying** erkauft ist (**Paid Listing**).[157] In diesem Fall kommt allerdings eine Verletzung wesentlicher Informationspflichten (§ 5a Abs. 2) in Betracht, wenn der Internetnutzer halbwegs objektive Rankinglisten erwartet.[158] 52

---

150 BGH, 21.02.2002, I ZR 281/99, GRUR 2002, 902, 905 – *Vanity-Nummer.*

151 OLG Köln, 05.09.2014, 6 U 205/13, GRUR 2014, 1111 Rn. 33 – *Wetter-App*; jurisPK-UWG/Müller-Bidinger § 4 Nr. 4 Rn. 77.

152 Zum Metatag BGH, 18.05.2006, I ZR 183/03, BGHZ 168, 28 Rn. 17 – *Impuls*; BGH, 08.02.2007, I ZR 77/04, GRUR 2007, 784 Rn. 18 – *AIDOL*; zum Keyword BGH, 13.01.2011, I ZR 125/07, GRUR 2011, 828 Rn. 20 – *Bananabay II*; BGH, 13.12.2012, I ZR 217/10, GRUR 2013, 290 Rn. 19 – *MOST-Pralinen*; BGH, 27.06.2013, I ZR 53/12, GRUR 2014, 182 Rn. 10 – *Fleurop.*

153 OLG Düsseldorf, 01.10.2002, 20 U 93/02, WRP 2003, 104, 105.

154 *BGH, 22.01.2009, I ZR 30/07*, GRUR 2009, 500 Rn. 23 – *Beta Layout.*

155 JurisPK-UWG/Müller-Bidinger § 4 Nr. 4 Rn. 87; *Ohly*/Sosnitza § 4.4 Rn. 4/53a.

156 Vgl. BGH, 17.05.2001, I ZR 216/99, BGHZ 148, 1, 8 – *Mitwohnzentrale*; *Köhler*/Bornkamm/Feddersen § 4 Rn. 4.31.

157 FBO/Götting/Hetmank § 4 Nr. 4 Rn. 108; *Köhler*/Bornkamm/Feddersen § 4 Rn. 4.31a; *Ohly*/Sosnitza § 4 Nr. 4 Rn. 4/53c.

158 Vgl. BGH, 27.04.2017, I ZR 55/16, GRUR 2017, 1265 Rn. 21 – *Preisportal*; FBO/Götting/Hetmank § 4 Nr. 4 Rn. 108; *Ohly*/Sosnitza § 4.4 Rn. 4/53c; a. A. *Köhler*/Bornkamm/Feddersen § 4 Rn. 4.31a.

ff) Ausnutzung einer fremden Einrichtung

53 Eine gezielte Mitbewerberbehinderung i.S. des § 4 Nr. 4 liegt vor, wenn die **von** einem **oder für** einen **Mitbewerber geschaffene Einrichtung für eigene Zwecke der Kundengewinnung ausgenutzt** wird, ohne dafür ein Entgelt zu entrichten.[159] Unter den Begriff der Einrichtung fallen Produktions- und Betriebsmittel, die unmittelbar für Umsatzgeschäfte oder im Zusammenhang mit Umsatzgeschäften genutzt werden, nicht aber dem Umsatzgeschäft vorgelagerte Werbemaßnahmen des Mitbewerbers.[160]

54 Die Einrichtung eines Mitbewerbers wird unlauter ausgenutzt, wenn ein Telekommunikationsunternehmen sich die Bereithaltung des Mobilfunkanschlusses und die Unterhaltung des Mobilfunknetzes durch einen Mitbewerber bei der Schaltung einer **Rufumleitung** zunutze macht und den Anfall eines Zusammenschlussentgelts zugunsten des Mitbewerbers verhindert.[161] Eine Einrichtung wird unlauter ausgenutzt, wenn ein Taxifahrer sein Fahrzeug auf einer von einer Taxivereinigung angemieteten Fläche, die diese ihren Mitgliedern zur Aufnahme von Kunden entgeltlich zur Verfügung stellt, unberechtigt bereithält.[162] Die Nutzung vom Mitbewerber erstellter und dem potenziellen Kunden überlassener Planunterlagen, um ein eigenes Angebot zu erstellen, ist nicht unlauter, wenn der Mitbewerber mit der Einholung von Vergleichsangeboten rechnen musste.[163] Bei der Verwendung einer **Tippfehler-Domain** wird nicht das Bereithalten der Internetseite des Mitbewerbers unter dem richtig eingegebenen Domainnamen, sondern die falsche Eingabe des Domainnamens ausgenutzt.[164] Ein unlauteres Ausnutzen einer fremden Einrichtung liegt nicht darin, dass **Suchmaschinen** den Inhalt von frei zugänglichen Internetseiten absuchen und den Nutzern ohne Umgehung technischer Schutzvorkehrungen den unmittelbaren Zugriff auf Internetseiten ohne Aufruf der werbefinanzieren Startseite ermöglichen. Ein solches Vorgehen ist wegen der besonderen Bedeutung von Suchmaschinen für die Funktionsfähigkeit des Internets wettbewerbsrechtlich grds. hinzunehmen.[165]

gg) Einwirkung auf die Entscheidungsfreiheit von Kunden

55 Werden potenzielle Kunden durch eine Belästigung, Nötigung oder unzulässige Beeinflussung, durch Vorspiegelung falscher Tatsachen oder durch Vorenthalten wesentlicher Informationen davon abgehalten, eine Ware oder Dienstleistung des Mitbewerbers in Anspruch zu nehmen, können sowohl die verbraucherschützenden Unlauterkeitstatbe-

---

159 BGH, 07.10.2009, I ZR 150/07, GRUR 2010, 346 Rn. 15 a.E. – *Rufumleitung*; BGH, 22.01.2014, I ZR 164/12, GRUR 2014, 393 Rn. 33 – *wetteronline.de*; BGH, 23.06.2016, I ZR 137/15, GRUR 2017, 92 Rn. 26 – *Fremdcoupon-Einlösung*.

160 Tendenziell BGH, 23.06.2016, I ZR 137/15, GRUR 2017, 92 Rn. 27 – *Fremdcoupon-Einlösung*.

161 BGH, 07.10.2009, I ZR 150/07, GRUR 2010, 346 Rn.18 – *Rufumleitung*.

162 OLG Frankfurt, 05.01.2017, 6 U 24/16, WRP 2017, 473 Rn. 19.

163 BGH, 02.10.2008, I ZR 48/06, GRUR 2009, 416 Rn. 19 – *Küchentiefstpreis-Garantie*.

164 BGH, 22.01.2014, I ZR 164/12, GRUR 2014, 393 Rn. 33 – *wetteronline.de*.

165 BGH, 17.07.2003, I ZR 259/00, BGHZ 156, 1, 18 f. – *Paperboy*; BGH, 22.06.2011, I ZR 159/10, GRUR 2011, 1018 Rn. 69 – *Automobil-Onlinebörse*.

stände der §§ 4a, 5, 5a als auch der dem Mitbewerberschutz dienende Unlauterkeitstatbestand des § 4 Nr. 4 verwirklicht sein (Rdn. 5; str.).[166] Geschieht das Abfangen durch eine unlautere Herabsetzung oder Anschwärzung des Mitbewerbers, gehen die speziellen Tatbestände der Mitbewerberbehinderung nach § 4 Nr. 1 oder 2 vor (Rdn. 3).

2. Produktbezogene Absatzbehinderung

Die **produktbezogene Absatzbehinderung** betrifft die Beeinträchtigung der wettbewerblichen Entfaltungsfreiheit des Mitbewerbers durch Einflussnahme auf die von ihm angebotenen Waren oder Dienstleistungen. 56

a) Einwirkung auf Waren oder Dienstleistungen

aa) Unmittelbare Einwirkung

Eine unlautere produktbezogene Behinderung kann in der unmittelbaren Einwirkung auf die Ware oder Dienstleistung des Mitbewerbers liegen, z.B. indem sein **Produkt vernichtet, beschädigt, beiseitegeschafft oder verändert wird**[167] oder indem der Mitbewerber an der Erbringung der Dienstleistung gehindert oder dabei gestört wird.[168] Der Mitbewerber muss auf das Produkt direkt einwirken.[169] Die Vernichtung oder Beschädigung von Produkten stellt grds. eine gezielte Mitbewerberbehinderung i.S. des § 4 Nr. 4 dar, ohne dass es zusätzlicher Unlauterkeitsmerkmale bedarf (str.).[170] 57

Der Vertrieb einer **veränderte**n **Ware** des Mitbewerbers, die mit seinem **Kennzeichen** versehen ist, stellt i.d.R. eine Kennzeichenverletzung nach dem vorrangig anwendbaren Markenrecht dar, weil keine Erschöpfung eingetreten ist (§ 24 Abs. 2 MarkenG). In diesem Fall kann der Tatbestand der gezielten Mitbewerberbehinderung (§ 4 Nr. 4) nur verwirklicht sein, wenn ein von den markenrechtlichen Regelungen nicht erfasstes Unlauterkeitsmerkmal hinzutritt (Rdn. 9).[171] 58

bb) Mittelbare Einwirkung

Eine gezielte Absatzbehinderung eines Mitbewerbers i.S. des § 4 Nr. 4 kann aus der mittelbaren Einwirkung auf dessen Waren oder Dienstleistungen folgen.[172] Das kommt bei dem Vertrieb von Waren oder Dienstleistungen in Betracht, die geeignet sind, Dritten einen unberechtigten Zugang zu einer entgeltlich angebotenen Leistung zu 59

166 *Köhler*/Bornkamm/Feddersen § 4 Rn. 4.26, 4.27; a. A. *Ohly*/Sosnitza § 4.4 Rn. 4/46.
167 BGH, 24.06.2004, I ZR 26/02, GRUR 2004, 877, 879 – *Werbeblocker*, BGH, 19.04.2018, I ZR 154/16, GRUR 2018, 1251 Rn. 29 – *Werbeblocker II.*
168 *Köhler*/Bornkamm/Feddersen § 4 Rn. 4.48 a.E.
169 BGH, 19.04.2018, I ZR 154/16, GRUR 2018, 1251 Rn. 29 – *Werbeblocker II.*
170 Vgl. BGH, 24.06.2004, I ZR 26/02, GRUR 2004, 877, 879 – *Werbeblocker*; *Köhler*/Bornkamm/Feddersen § 4 Rn. 4.48; a. A. *Ohly*/Sosnitza § 4.4 Rn. 4/59.
171 FBO/Götting/Hetmank § 4 Nr. 4 Rn. 116 a.E.; *Ohly*/Sosnitza § 4.4 Rn. 4/59.
172 BGH, 24.06.2004, I ZR 26/02, GRUR 2004, 877, 879 – *Werbeblocker*; BGH, 12.01.2017, I ZR 253/14, GRUR 2017, 397 Rn. 68 – *World of Warcraft II.*

verschaffen.[173] Das **Angebot eines Zusatz- oder Ergänzungsprodukts**, das auf dem Angebot des Mitbewerbers und der Funktionsfähigkeit dieses Angebots aufbaut, ist als solches nicht auf die Störung der wettbewerblichen Entfaltungsfreiheit des Mitbewerbers gerichtet.[174] Eine gezielte Absatzbehinderung liegt jedoch vor, wenn das Zusatz- oder Ergänzungsprodukt das Produkt des Mitbewerbers unzulässig ausbeutet und dadurch den Mitbewerber um seinen wirtschaftlichen Erfolg bringt oder ihn zwingt, sein Angebot zu ändern (sog. **parasitäres Ausnutzen**).[175]

60 Eine produktbezogene Absatzbehinderung kommt in Betracht, wenn durch das Angebot eines Ergänzungs- oder Zusatzprodukts das **Produktangebot des Mitbewerbers systematisch verändert** wird. Das kann der Fall sein, wenn Dritten durch technische Manipulationen ein unberechtigter kostenloser Zugang zu der entgeltlich angebotenen Leistung des Mitbewerbers verschafft[176] oder durch den Einsatz des Produkts das Angebot des Mitbewerbers unterlaufen oder verändert wird[177]. Von Letzterem ist auszugehen, wenn zu einem Massen-Mehrspieler-Onlinespiel eines Mitbewerbers mit Wettstreitcharakter Software vertrieben wird, die dem Spieler unter Verstoß gegen die verbindlichen Spielregeln Vorteile verschafft und dazu führen kann, dass die sich regelkonform verhaltenden Spieler von der Spielteilnahme Abstand nehmen.[178] Für die Bewertung eines solchen Angebots als unlauter muss allerdings hinzukommen, dass beim Einsatz des Produkts eine **technische Schutzvorkehrung unterlaufen oder umgangen** wird, die der Mitbewerber zur Verhinderung von Einwirkungen auf sein Produkt getroffen hat.[179] Das bloße Sich-Hinwegsetzen über (verbindliche) Vertragsbedingungen genügt nicht, weil dadurch schuldrechtliche Pflichten über das Wettbewerbsrecht verdinglicht würden.[180] Auch eine Produktbeeinträchtigung, die Folge der freien Entscheidung eines weiteren Marktteilnehmers ist, reicht grundsätzlich nicht aus.[181] Das Angebot eines Geräts oder einer Software, die dem Nutzer nach seiner

173 BGH, 24.06.2004, I ZR 26/02, GRUR 2004, 877, 879 – *Werbeblocker*; BGH, 19.04.2018, I ZR 154/16, GRUR 2018, 1251 Rn. 31 – *Werbeblocker II*.

174 BGH, 28.10.2010, I ZR 60/09, BGHZ 187, 255 Rn. 28 – *Hartplatzhelden.de*; BGH, 22.06.2011, I ZR 159/10, GRUR 2011, 1018 Rn. 66 – *Automobil-Onlinebörse*; BGH, 30.04.2014, I ZR 224/12, GRUR 2014, 785 Rn. 25 – *Flugvermittlung im Internet*; BGH, 19.04.2018, I ZR 154/16, GRUR 2018, 1251 Rn. 26 – *Werbeblocker II*.

175 BGH, 28.10.2010, I ZR 60/09, BGHZ 187, 255 Rn. 28 – *Hartplatzhelden.de*; BGH, 12.01.2017, I ZR 253/14, GRUR 2017, 397 Rn. 74 – *World of Warcraft II*; LG München I, 11.12.2017, 37 O 14236/17, GRUR-RR 2018, 302 Rn. 45 – *Error Fares*; Harte/Henning/Omsels § 4 Nr. 4 Rn. 108.

176 BGH, 24.06.2004, I ZR 26/02, GRUR 2004, 877, 879 – *Werbeblocker*; OLG Frankfurt, 13.06.1995, 6 U 14/95, NJW 1996, 264, 265.

177 BGH, 12.01.2017, I ZR 253/14, GRUR 2017, 397 Rn. 67, 75 – *World of Warcraft II*.

178 BGH, 12.01.2017, I ZR 253/14, GRUR 2017, 397 Rn. 67, 77 – *World of Warcraft II*.

179 BGH, 30.04.2014, I ZR 224/12, GRUR 2014, 785 Rn. 37 – *Flugvermittlung im Internet*; BGH, 12.01.2017, I ZR 253/14, GRUR 2017, 397 Rn. 68 a.E. – *World of Warcraft II*; BGH, 19.04.2018, I ZR 154/16, GRUR 2018, 1251 Rn. 31 – *Werbeblocker II*.

180 BGH, 30.04.2014, I ZR 224/12, GRUR 2014, 785 Rn. 35, 38 – *Flugvermittlung im Internet*; BGH, 12.01.2017, I ZR 253/14, GRUR 2017, 397 Rn. 68 – *World of Warcraft II*.

181 BGH, 19.04.2018, I ZR 154/16, GRUR 2018, 1251 Rn. 30 – *Werbeblocker II*.

freien Entscheidung die Ausblendung von unerwünschter Werbung während der Ausstrahlung von Fernsehsendungen oder auf einer Internetseite ermöglicht (**Werbeblocker**), stellt keine unlautere produktbezogene Behinderung des Betreibers eines werbefinanzieren Fernsehsenders[182] oder einer werbefinanzierten Internetseite[183] dar.

b) Entfernung von Kennzeichen

Die **Entfernung einer Kennzeichnung** an der Ware des Mitbewerbers kann eine gezielte produktbezogene Absatzbehinderung darstellen, wenn ein Herkunftshinweis nicht auf andere Weise erfolgen kann[184] oder der Wegfall der Kennzeichnung die Handhabbarkeit des Produkts erschwert oder seine Güte mindert.[185] Der Vorrang des Markenrechts greift in diesem Fall nicht, weil keine Benutzungshandlung i.S. der § 14 Abs. 2, Abs. 3, § 15 Abs. 2, Abs. 3 MarkenG vorliegt.[186] **61**

c) Vertrieb von Nachahmungen

Der Vertrieb einer **Produktnachahmung** kann eine gezielte Mitbewerberbehinderung begründen, wenn besondere Unlauterkeitsmerkmale i.S. des § 4 Nr. 4 vorliegen.[187] Um die Wertungen des lauterkeitsrechtlichen Nachahmungsschutzes (§ 4 Nr. 3) nicht zu unterlaufen, kommt der Tatbestand des § 4 Nr. 4 grds. nur in Betracht, wenn dem nachgeahmten Produkt **wettbewerbliche Eigenart** zukommt und es sich bei dem behinderten Mitbewerber um den Hersteller des Originalprodukts handelt. Liegt kein Unlauterkeitstatbestand nach § 4 Nr. 3 lit. a bis c vor, kann wegen der grds. bestehenden Nachahmungsfreiheit das Nachahmen eines fremden Produkts **nur** ausnahmsweise **unter besonderen Umständen** als **unlautere Mitbewerberbehinderung** i.S. des § 4 Nr. 4 angesehen werden.[188] **62**

Der Umstand, dass die Nachahmung zu einem niedrigeren Preis als das Originalprodukt angeboten wird[189] oder der Hersteller des Originalprodukts infolge des Vertriebs der Produktnachahmung seine Preise senken muss, stellt als solcher kein Unlauterkeitsmerkmal dar.[190] Das gilt entgegen der älteren Rspr. des BGH grds. auch dann, wenn sich in dem Preis für das Originalprodukt erhebliche Entwicklungskosten niederschlagen und kurze Zeit nach seiner Markteinführung ein identisches oder nahezu identisches Produkt unter Anfall deutlich geringerer Gestehungskosten vertrieben wird **63**

---

182 BGH, 24.06.2004, I ZR 26/02, GRUR 2004, 877, 879 – *Werbeblocker.*

183 BGH, 19.04.2018, I ZR 154/16, GRUR 2018, 1251 Rn. 30 – *Werbeblocker II.*

184 BGH, 18.02.1972, I ZR 82/70, GRUR 1972, 558, 559 – *Teerspritzmaschinen*; BGH, 13.10.2004, I ZR 277/01, GRUR 2004, 1039, 1041 – *SB-Beschriftung.*

185 BGH, 13.10.2004, I ZR 277/01, GRUR 2004, 1039, 1042 – *SB-Beschriftung.*

186 BGH, 13.10.2004, I ZR 277/01, GRUR 2004, 1039, 1041 – *SB-Beschriftung.*

187 BGH, 04.05.2016, I ZR 58/14, BGHZ 210, 144 Rn. 77–79 – *Segmentstruktur.*

188 BGH, 11.01.2007, I ZR 198/04, GRUR 2007, 795 Rn. 51 – *Handtaschen*; BGH, 26.06.2008, I ZR 170/05, GRUR 2008, 1115 Rn. 32 – *ICON.*

189 BGH, 12.12.2002, I ZR 221/00, GRUR 2003, 359, 361 – *Pflegebett.*

190 BGH, 04.05.2016, I ZR 58/14, BGHZ 210, 144 Rn. 82 – *Segmentstruktur*; BGH, 20.09.2018, I ZR 71/17, GRUR 2019, 196 Rn. 31 – *Industrienähmaschinen.*

(str.).[191] Die Beeinträchtigung der Möglichkeit des Herstellers, durch den Vertrieb des Originalprodukts die Entwicklungs- und Markterschließungskosten sowie einen angemessenen Gewinn zu erwirtschaften, ist als solche nicht unlauter, sondern dem Wettbewerb immanent.[192] Die Nachahmung eines kurzlebigen Modeerzeugnisses, hinsichtlich dessen sich der Mitbewerber unter erheblichem Zeit-, Kosten- und Arbeitsaufwand einen Wettbewerbsvorteil erarbeitet hat, begründet deshalb keine unlautere Behinderung (§ 4 Nr. 3 Rdn. 107).[193]

64 Eine unlautere Absatzbehinderung kann allerdings vorliegen, wenn systematisch, d.h. zielgerichtet und über einen längeren Zeitraum, eine Vielzahl von wettbewerblich eigenartigen Produkten des Mitbewerbers nachgeahmt wird und der Hersteller der Originale wegen der eingesparten Entwicklungskosten und der dadurch ermöglichten Preisunterbietung seine eigenen Produkte nicht mehr in angemessener Weise zur Geltung bringen kann.[194] Das Angebot einer Nachahmung kann ferner eine gezielte Absatzbehinderung darstellen, wenn der Hersteller des Originalprodukts sein bereits im Ausland vertriebenes Produkt in Kürze auf dem deutschen Markt einzuführen beabsichtigt und der Vertreiber der Nachahmung mit dem bevorstehenden Inlandsvertrieb des Originalprodukts rechnet.[195]

3. Vertriebsbezogene Absatzbehinderung

65 Die **vertriebsbezogene Absatzbehinderung** betrifft die Beeinträchtigung der wettbewerblichen Entfaltungsfreiheit des Mitbewerbers durch Störung des von ihm gewählten Vertriebswegs beim Absatz seiner Waren oder Dienstleistungen.

a) Ankauf fremder Ware

66 Der **Ankauf von Waren eines Mitbewerbers** stellt als solcher keine unlautere Behinderung beim Warenabsatz dar. Der Mitbewerber hat nach dem Verkauf der Ware grds. keinen Anspruch auf eine bestimmte Art des Weitervertriebs oder auf Weiterveräußerung an einen bestimmten Kundenkreis.[196] Eine unlautere Absatzbehinderung kommt jedoch in Betracht, wenn in der Werbung herausgestellte Ware des Mitbewerbers aufgekauft wird, um den Mitbewerber als lieferunfähig hinzustellen oder seine Preispolitik

---

191 *Ohly*/Sosnitza § 4.3 Rn. 3/74; a. A. BGH, 14.12.1995, I ZR 240/93, GRUR 1996, 210, 213 – *Vakuumpumpen*; FBO/Götting/Hetmank § 4 Nr. 3 Rn. 114; *Köhler*/Bornkamm/Feddersen § 4 Rn. 4.210.

192 Vgl. BGH, 04.05.2016, I ZR 58/14, BGHZ 210, 144 Rn. 96 – *Segmentstruktur*; jurisPK-UWG/Ullmann § 4 Nr. 3 Rn. 36 f.

193 Vgl. BGH, 04.05.2016, I ZR 58/14, BGHZ 210, 144 Rn. 95 f. – *Segmentstruktur*.

194 BGH, 14.12.1995, I ZR 240/93, GRUR 1996, 210, 212 f. – *Vakuumpumpen*; BGH, 06.05.1999, I ZR 199/96, BGHZ 141, 329, 343 – *Tele-Info-CD*; BGH, 07.02.2002, I ZR 289/99, GRUR 2002, 820, 823 – *Bremszangen*; BGH, 20.09.2018, I ZR 71/17, GRUR 2019, 196 Rn. 32 – *Industrienähmaschinen*; *Köhler*/Bornkamm/Feddersen § 4 Rn. 4.211 ff.; *Ohly*/Sosnitza § 4.3 Rn. 3/74.

195 BGH, 19.06.1974, I ZR 20/73, WRP 1976, 370, 371 – *Ovalpuderdose*.

196 BGH, 17.03.1988, I ZR 98/86, GRUR 1988, 619, 620 – *Lieferantenwechsel*.

zu behindern,[197] wenn eine preisgünstig angebotene Ware des Mitbewerbers aufgekauft wird, um dessen Lieferfähigkeit einzuschränken und dadurch den Eindruck eines unzulässigen Lockangebots (Anh. (zu § 3 Abs. 3) Nr. 5) zu erwecken,[198] oder wenn die Produkte des Mitbewerbers systematisch aufgekauft werden, um sie dem Zugriff möglicher Kunden zu entziehen[199]. Eine unlautere **Nachfragebehinderung** kann vorliegen, wenn der Unternehmer eine weitaus größere Anzahl an Wirtschaftsgütern aufkauft, als er für eigene Zwecke benötigt, um ihren Bezug durch den Mitbewerber zu unterbinden oder zu erschweren und diesen dadurch an der Erbringung seiner Leistungen zu hindern oder dabei zu beeinträchtigen.[200]

b) Unterlaufen eines Vertriebsbindungssystems

Eine vertriebsbezogene Absatzbehinderung kann darin liegen, dass das Vertriebskonzept **67**
des Mitbewerbers unterlaufen wird, indem dessen Waren oder Dienstleistungen auf einem von ihm nicht autorisierten Weg zur anschließenden Weiterveräußerung angekauft werden. Ein solches Vertriebskonzept kann in einem **selektiven Vertriebssystem** bestehen, bei dem der Lieferant seine Produkte ausschließlich über ausgewählte unabhängige Händler vertreibt, die sich vertraglich verpflichtet haben, die Produkte nicht an Händler außerhalb des Vertriebssystems (sog. Außenseiter) zu vertreiben.[201] In Betracht kommt ferner ein **Direktvertriebssystem**, bei dem der Anbieter seine Waren oder Dienstleistungen ausschließlich selbst oder über weisungsabhängige Vertreter oder Agenturen absetzt.[202]

aa) Schutzwürdigkeit des Vertriebsbindungssystems

Der Schutz des Mitbewerbers gegen den Absatz seiner Produkte an Abnehmer, die **68**
nicht in sein Vertriebsbindungssystem integriert sind, setzt voraus, dass der Mitbewerber das Vertriebssystem **in rechtlich zulässiger Weise errichtet** hat und demnach mit der Beschränkung auf bestimmte Händler legitime Absatzinteressen verfolgt.[203]

Ein Vertriebssystem, das gegen kartellrechtliche Vorschriften verstößt, ist wettbewerbs- **69**
rechtlich nicht schutzwürdig.[204] Die **Zulässigkeit eines selektiven Vertriebssystems** nach Art. 101 (1) AEUV und § 1 GWB setzt voraus, dass (1) die Eigenschaften des

197 BGH, 17.03.1988, I ZR 98/86, GRUR 1988, 619, 620 – *Lieferantenwechsel.*

198 *Köhler*/Bornkamm/Feddersen § 4 Rn. 4.50; *Ohly*/Sosnitza § 4.4 Rn. 4/62.

199 *Ohly*/Sosnitza § 4.4 Rn. 4/62.

200 FBO/Götting/Hetmank § 4 Nr. 4 Rn. 141; *Köhler*/Bornkamm/Feddersen § 4 Rn. 4.69.

201 BGH, 11.09.2008, I ZR 74/06, BGHZ 178, 63 Rn. 27 – *bundesligakarten.de*; Harte/Henning/Omsels § 4 Nr. 4 Rn. 125.

202 BGH, 11.09.2008, I ZR 74/06, BGHZ 178, 63 Rn. 27 – *bundesligakarten.de*; BGH, 30.04.2014, I ZR 224/12, GRUR 2014, 785 Rn. 28 – *Flugvermittlung im Internet.*

203 BGH, 01.12.1999, I ZR 130/96, BGHZ 143, 232, 243 f. – *Außenseiteranspruch II*; BGH, 11.09.2008, I ZR 74/06, BGHZ 178, 63 Rn. 22, 27 – *bundesligakarten.de*; BGH, 30.04.2014, I ZR 224/12, GRUR 2014, 785 Rn. 28, 32 – *Flugvermittlung im Internet.*

204 BGH, 01.12.1999, I ZR 130/96, BGHZ 143, 232, 243 – *Außenseiteranspruch II*; BGH, 30.04.2014, I ZR 224/12, GRUR 2014, 785 Rn. 32 – *Flugvermittlung im Internet.*

vertriebenen Produkts zur Wahrung seiner Qualität und zur Sicherstellung seines richtigen Gebrauchs ein solches Vertriebsnetz erfordern, (2) die Auswahl der Wiederverkäufer nach einheitlichen objektiven qualitativen Kriterien erfolgt, die sich auf die fachliche Eignung des Wiederverkäufers, seines Personals und seiner sachlichen Ausstattung beziehen sowie einheitlich und diskriminierungsfrei angewendet werden, und (3) die festgelegten Kriterien nicht über das erforderliche Maß hinausgehen.[205] Zur diskriminierungsfreien Anwendung gehört, dass der Hersteller innerhalb eines einheitlichen Wirtschaftsraums alle belieferten Händler denselben vertraglichen Verpflichtungen unterwirft und dafür Sorge trägt, dass innerhalb dieses Wirtschaftsraums nur in das Vertriebssystem eingebundene Händler als Anbieter auftreten, das Vertriebssystem also nicht gespalten ist.[206] Eine Lückenlosigkeit in der praktischen Handhabung ist dagegen nicht erforderlich.[207] Liegen die Zulässigkeitsvoraussetzungen nach Art. 101 (1) AEUV nicht vor, kommt eine Einzelfreistellung (Art. 101 (3) AEUV) oder eine Gruppenfreistellung (Art. 101 (3) AEUV, § 1 GWB i.V. mit der GVO Nr. 330/2010 über Vertikalvereinbarungen, § 2 Abs. 2 GWB) in Betracht.

70 Erfolgt die Ausgestaltung des Vertriebsbindungssystems durch **Allgemeine Geschäftsbedingungen**, muss das Klauselwerk rechtsverbindlich sein. Die Allgemeinen Geschäftsbedingungen müssen demnach wirksam in die Verträge einbezogen worden sein und der Inhaltskontrolle standhalten.[208]

bb) Unlauteres Eindringen

71 Der Produktankauf von einem in das (schutzwürdige) Vertriebssystem eingebundenen und zur Abgabe an Außenseiter nicht berechtigten Händler stellt als solcher keine gezielte Behinderung des Betreibers des Vertriebssystems i.S. des § 4 Nr. 4 dar, weil anderenfalls schuldrechtliche Pflichten der gebundenen Händler verdinglicht würden. Es müssen besondere Umstände hinzutreten, die das Unterlaufen des Vertriebsbindungssystems unlauter erscheinen lassen.[209]

(1) Unlautere Methoden

72 Einen solchen Umstand stellt der **Schleichbezug** dar, bei dem ein Unternehmer Produkte von einem gebundenen Händler unter Täuschung über die Ankaufberechtigung,

205 EuGH, 25.10.1977, 26/76, GRUR Int. 1978, 254 Rn. 20 – *SABA II*; EuGH, 11.12.1980, C-31/80, GRUR Int. 1981, 315 Rn. 15 f. – *L'Oréal*; EuGH, 13.10.2011, C-439/09, GRUR 2012, 844 Rn. 41 – *Pierre Fabre Dermo-Cosmétique*; vgl. BGH, 15.07.1999, I ZR 14/97, BGHZ 142, 192, 202 – *Entfernung der Herstellungsnummer.*
206 BGH, 15.07.1999, I ZR 14/97, BGHZ 142, 192, 202 – *Entfernung der Herstellungsnummer*; BGH, 05.10.2000, I ZR 1/98, GRUR 2001, 448, 449 – *Kontrollnummernbeseitigung II.*
207 BGH, 15.07.1999, I ZR 14/97, BGHZ 142, 192, 203 – *Entfernung der Herstellungsnummer*; BGH, 05.10.2000, I ZR 1/98, GRUR 2001, 448, 449 – *Kontrollnummernbeseitigung II.*
208 BGH, 30.04.2014, I ZR 224/12, GRUR 2014, 785 Rn. 32 – *Flugvermittlung im Internet*; vgl. BGH, 12.01.2017, I ZR 253/14, GRUR 2017, 397 Rn. 51 – *World of Warcraft II.*
209 BGH, 30.04.2014, I ZR 224/12, GRUR 2014, 785 Rn. 35 – *Flugvermittlung im Internet*; vgl. BGH, 12.01.2017, I ZR 253/14, GRUR 2017, 397 Rn. 68 – *World of Warcraft II.*

z.B. durch Täuschung über die Wiederverkaufsabsicht, selbst oder unter Einschaltung von Strohmännern erwirbt.[210] In Betracht kommt ferner ein **Verleiten** eines gebundenen Händlers **zum Vertragsbruch** (Rdn. 35–37). Das Ausnutzen eines von einem gebundenen Händler begangenen Vertragsbruchs reicht dagegen für sich genommen nicht aus, auch wenn der Außenseiter die Vertriebsbindung des Händlers kennt[211] sowie planmäßig und zielgerichtet vorgeht[212] (Rdn. 34). Es müssen besondere Umstände hinzutreten, aufgrund derer das Ausnutzen des Vertragsbruchs des gebundenen Händlers als unlauter anzusehen ist.[213]

(2) Kontrollnummernbeseitigung

Die Unlauterkeit kann ferner in der **Überwindung einer technischen Schutzvorrichtung** liegen, durch die der Mitbewerber verhindern will, dass sein Vertriebssystem von jedermann genutzt werden kann.[214] Die vertragsrechtliche Maßnahme im Internet, durch das Setzen eines Häkchens die Allgemeinen Geschäftsbedingungen des Unternehmers zu akzeptieren, stellt keine solche technische Maßnahme dar.[215] Das Unterlaufen einer technischen Schutzmaßnahme kann jedoch durch die **Entfernung von** auf den Waren angebrachten **Kontrollnummern** erfolgen, die der Mitbewerber auf seinen Waren zur Überwachung angebracht hat, ob die gebundenen Händler gegen das vertragliche Verbot zur Belieferung von Wiederverkäufern außerhalb des selektiven Vertriebssystems verstoßen.[216] 73

Handelt es sich bei der entfernten Kontrollnummer um eine gesetzlich vorgeschriebene Herstellerkennzeichnung (z.B. nach Art. 19 (1) lit. e VO (EG) Nr. 1223/2009 (Kosmetik-VO) oder § 10 Abs. 1 Satz 1 Nr. 4 AMG), kommt auch ein Verstoß gegen § 3a in Betracht.[217] Der Verkauf von Waren, bei denen die Kontrollnummern entfernt worden sind, kann außerdem wegen des Vorenthaltens einer wesentlichen Information gegen § 5a Abs. 2 verstoßen, wenn den Händler eine Aufklärungspflicht trifft.[218] Das kann 74

---

210 BGH, 11.09.2008, I ZR 74/06, BGHZ 178, 63 Rn. 23, 25 – *bundesligakarten.de*; Rolfs, WRP 2017, 1437 Rn. 16.

211 BGH, 11.01.2007, I ZR 96/04, BGHZ 171, 73 Rn. 19 – *Außendienstmitarbeiter*; BGH, 11.09.2008, I ZR 74/06, BGHZ 178, 63 Rn. 30, 35 – *bundesligakarten.de*.

212 BGH, 08.11.2001, I ZR 124/99, GRUR 2002, 548, 549 – *Mietwagenkostenersatz*; BGH, 11.09.2008, I ZR 74/06, BGHZ 178, 63 Rn. 38 – *bundesligakarten.de*.

213 BGH, 01.12.1999, I ZR 130/96, BGHZ 143, 232, 243 – *Außenseiteranspruch II*.

214 Vgl. BGH, 17.07.2003, I ZR 259/00, BGHZ 156, 1, 19 – *Paperboy*; BGH, 22.06.2011, I ZR 159/10, GRUR 2011, 1018 Rn. 70 – *Automobil-Onlinebörse*; BGH, 30.04.2014, I ZR 224/12, GRUR 2014, 785 Rn. 37 – *Flugvermittlung im Internet*; BGH, 12.01.2017, I ZR 253/14, GRUR 2017, 397 Rn. 68 a.E. – *World of Warcraft II*.

215 BGH, 30.04.2014, I ZR 224/12, GRUR 2014, 785 Rn. 38 – *Flugvermittlung im Internet*.

216 BGH, 01.12.1999, I ZR 130/96, BGHZ 143, 232, 243 – *Außenseiteranspruch II*; BGH, 05.10.2000, I ZR 1/98, GRUR 2001, 448, 449 – *Kontrollnummernbeseitigung II*.

217 BGH, 15.07.1999, I ZR 14/97, BGHZ 142, 192, 197 – *Entfernung der Herstellungsnummer*; BGH, 17.05.2001, I ZR 291/98, BGHZ 148, 26, 31 – *Entfernung der Herstellungsnummer II*; BGH, 21.02.2002, I ZR 140/99, GRUR 2002, 709, 710 f. – *Entfernung der Herstellungsnummer III*.

218 BGH, 15.07.1999, I ZR 204/96, GRUR 1999, 1017, 1018 f. – *Kontrollnummernbeseitigung*.

der Fall sein, wenn die Kontrollnummer für die Geltendmachung von Garantieleistungen von Bedeutung ist.[219] Sind die Waren mit einer Marke gekennzeichnet, stellt ihr Vertrieb unter der Originalmarke nach Entfernung der Kontrollnummer mangels Erschöpfung (§ 24 Abs. 2 MarkenG) eine Markenverletzung dar.[220]

c) Unterlaufen eines Geschäftsmodells

75 Eine Beeinträchtigung des Geschäftsmodells eines Mitbewerbers in der Weise, dass der unmittelbare Zugriff auf seinen frei zugänglichen Internetauftritt, z.B. unter Umgehung der werbefinanzierten Startseite, eröffnet wird, stellt als solche noch keine unlautere Mitbewerberbehinderung dar. Eine gezielte Behinderung i.S. des § 4 Nr. 4 setzt zusätzlich voraus, dass der Mitbewerber sein Geschäftsmodell nicht nur in rechtlicher Hinsicht durch verbindliche Vertragsbedingungen, sondern auch in tatsächlicher Hinsicht durch **technische Schutzvorkehrungen** abgesichert hat. In einem solchen Fall kann seine wettbewerbliche Entfaltungsmöglichkeit unangemessen beeinträchtigt werden, wenn die Vertragsbedingungen ignoriert und die technischen Schutzmaßnahmen unterlaufen werden.[221]

76 Eine vertriebsbezogene Absatzbehinderung kann danach vorliegen, wenn Software zu einem Massen-Mehrspieler-Onlinespiel eines Mitbewerbers mit Wettstreitcharakter vertrieben wird, die dem Spieler unter Verstoß gegen die verbindlichen Spielregeln und unter Blockierung vom Anbieter eingesetzter Auffindungssoftware Spielvorteile verschafft und dazu führen kann, dass die sich regelkonform verhaltenden Mitspieler von der Spielteilnahme Abstand nehmen.[222]

d) Durchsetzung von Rechten

77 Die **Durchsetzung von bestehenden Verbotsrechten** gegenüber einem Mitbewerber behindert diesen grds. nicht unlauter in seinen wettbewerblichen Entfaltungsmöglichkeiten, sondern ist Bestandteil der Rechtsordnung und des Wettbewerbs. Etwas anderes kann ausnahmsweise gelten, wenn die Ausübung der formalen Rechtsposition ausschließlich dazu dient, Vertriebsaktivitäten des Mitbewerbers zu unterbinden oder zu beeinträchtigen.[223] Der Erwerb von Kennzeichen oder die Registrierung von Domain-

---

219 *Köhler*/Bornkamm/Feddersen § 4 Rn. 4.66; *Ohly*/Sosnitza § 4.4 Rn. 4/74.

220 BGH, 01.12.1999, I ZR 130/96, BGHZ 143, 232, 243 – *Außenseiteranspruch II*; BGH, 05.10.2000, I ZR 1/98, GRUR 2001, 448, 450 – *Kontrollnummernbeseitigung II*; BGH, 21.02.2002, I ZR 140/99, GRUR 2002, 709, 711 – *Entfernung der Herstellungsnummer III.*

221 BGH, 22.06.2011, I ZR 159/10, GRUR 2011, 1018 Rn. 69, 72 – *Automobil-Onlinebörse*; BGH, 30.04.2014, I ZR 224/12, GRUR 2014, 785 Rn. 37 f., 43 – *Flugvermittlung im Internet*; BGH, 12.01.2017, I ZR 253/14, GRUR 2017, 397 Rn. 67, 72 – *World of Warcraft II*; BGH, 19.04.2018, I ZR 154/16, GRUR 2018, 1251 Rn. 31 – *Werbeblocker II*; Rolfs, WRP 2017, 1437 Rn. 25, 39, 42.

222 BGH, 12.01.2017, I ZR 253/14, GRUR 2017, 397 Rn. 67, 77 – *World of Warcraft II.*

223 BGH, 06.12.1961, V ZR 186/60, GRUR 1962, 198, 200 – *Franziskaner*; vgl. BGH, 12.03.2015, I ZR 188/13, GRUR 2015, 607 Rn. 17 – *Uhrenankauf im Internet*; Harte/Henning/Omsels § 4 Nr. 4 Rn. 110; *Köhler*/Bornkamm/Feddersen § 4 Rn. 4.57.

namen kann eine unlautere Vertriebsbehinderung darstellen, wenn die erworbene Rechtsstellung vorrangig dazu dient, den Gebrauch eines Zeichens durch einen Mitbewerber zu verhindern oder zu stören (Rdn. 132, 138).[224]

e) Sonstige Vertriebsbehinderungen

Wechselt der Kunde zu einem anderen Telekommunikationsanbieter und muss der bisherige Vertragspartner an der Umstellung der Leistung auf den neuen Vertragspartner mitwirken, behindert der bisherige Vertragspartner den neuen Vertragspartner unlauter im Vertrieb seiner Leistungen, wenn er die Mitwirkung an der Umstellung bewusst unterlässt oder verzögert.[225] Dagegen liegt keine unlautere Vertriebsbehinderung vor, wenn auf der Grundlage vom Mitbewerber erstellter und dem potenziellen Kunden überlassener Planunterlagen ein eigenes Angebot erstellt wird, sofern der Mitbewerber mit der Einholung von Vergleichsangeboten rechnen musste.[226] **78**

II. Werbebehinderung

Ein Unternehmer hat keinen Anspruch darauf, seine Werbung ungestört von wettbewerblichen Reaktionen anderer Unternehmer durchführen zu können. Das »Anhängen« an die Werbung eines Mitbewerbers gehört zum Wesen des Wettbewerbs und ist als solches nicht unlauter. Eine gezielte Werbebehinderung i.S. des § 4 Nr. 4 kann nur bei Vorliegen besonderer unlauterkeitsbegründender Umstände vorliegen.[227] **79**

1. Unmittelbare Beeinträchtigung

Eine unlautere Werbebehinderung i.S. des § 4 Nr. 4 kann in der unmittelbaren Ausschaltung von Werbemaßnahmen eines Mitbewerbers liegen, z.B. indem die **Werbung** des Mitbewerbers **zerstört, beschädigt, beseitigt oder verdeckt** wird. Ein solches Vorgehen ist grds. unlauter, weil es ausschließlich auf die Beeinträchtigung der wettbewerblichen Entfaltung des Mitbewerbers abzielt (Rdn. 23) und die Werbewirkung gegenüber dem angesprochenen Publikum beeinträchtigt wird, ohne dass dieses sich bewusst gegen die Wahrnehmung der Werbung entschieden hat.[228] **80**

Unlauter ist danach das Abreißen oder Überkleben von Plakaten eines Mitbewerbers.[229] **81**
Die **Entfernung von** an der Ware dauerhaft befestigten **Kennzeichen** eines Mitbewer-

---

224 BGH, 20.05.2009, I ZB 53/08, GRUR 2009, 992 Rn. 16 – *Schuhverzierung*; BGH, 23.09.2015, I ZR 105/14, BGHZ 207, 71 Rn. 57 f. – *Goldbären*.

225 BGH, 29.03.2007, I ZR 164/04, GRUR 2007, 987 Rn. 32 – *Änderung der Voreinstellung*; *BGH, 05.02.2009, I ZR 119/06*, GRUR 2009, 876 Rn. 22 – *Änderung der Voreinstellung II*; OLG Köln, 30.03.2007, 6 U 182/06, GRUR-RR 2007, 367 – *Fehlerhafte Auftragsbestätigung im Resalegeschäft*.

226 BGH, 02.10.2008, I ZR 48/06, GRUR 2009, 416 Rn. 19 – *Küchentiefstpreis-Garantie*.

227 BGH, 23.06.2016, I ZR 137/15, GRUR 2017, 92 Rn. 28 – *Fremdcoupon-Einlösung*.

228 Vgl. BGH, 24.06.2004, I ZR 26/02, GRUR 2004, 877, 879 – *Werbeblocker*; BGH, 23.06.2016, I ZR 137/15, GRUR 2017, 92 Rn. 21 – *Fremdcoupon-Einlösung*.

229 OLG Karlsruhe, 09.04.2008, 6 U 20/08, GRUR-RR 2008, 350 – *Wildes Plakatieren*; jurisPK-UWG/Müller-Bidinger § 4 Nr. 4 Rn. 104.

bers, dem bei den Endabnehmern als Erinnerungswerbung sowie gegenüber interessierten Dritten eine erhebliche Werbewirkung zukommt, stellt i.d.R. eine unlautere Werbebehinderung dar (Rdn. 61).[230] In einem solchen Fall greift der Vorrang des Markenrechts nicht, weil die Beseitigung eines Kennzeichens keine Benutzung i.S. der § 14 Abs. 2, Abs. 3, § 15 Abs. 2, Abs. 3 MarkenG ist.[231]

2. Mittelbare Beeinträchtigung

82 Es stellt für sich genommen keine unlautere Werbebehinderung i.S. des § 4 Nr. 4 dar, wenn die eigene Werbemaßnahme oder das eigene Leistungsangebot eines Unternehmers mittelbar dazu führt, dass die Werbung von Mitbewerbern nicht oder nicht mehr so wie zuvor zur Geltung kommt.[232] In derartigen Fällen steht grds. nicht die Verdrängung der Mitbewerber, sondern die Bewerbung des eigenen Produkts im Vordergrund. Es müssen deshalb besondere Umstände vorliegen, aufgrund derer im Rahmen der vorzunehmenden Interessenabwägung (Rdn. 24) die Werbebehinderung unlauter erscheint. Die **Unlauterkeit** ist i.d.R. **zu verneinen, wenn** die Werbung ihre Wirkung erst aufgrund einer **bewussten und freien Entscheidung des** angesprochenen **Publikums** verfehlt, sich der Werbung des Mitbewerbers nicht auszusetzen.[233]

a) Ausnutzung fremder Werbung

83 Es ist grds. nicht unlauter, wenn sich ein Unternehmer durch das Anhängen an die Werbung des Mitbewerbers dessen Werbeaufwendungen zunutze macht und dadurch **Kostenvorteile** erzielt. Die Aufwendung von Kosten und Mühen gibt für sich genommen keinen Anspruch auf Rechtsschutz gegenüber Werbemaßnahmen anderer Unternehmer.[234]

84 Die Werbung mit der Einlösung von **Rabattgutscheinen** eines Mitbewerbers stellt keine unlautere Werbebehinderung dar. Soweit die Werbewirkung dadurch beeinträchtigt wird, dass der Rabattgutschein beim Konkurrenzunternehmen statt beim ausgebenden Mitbewerber eingelöst wird, beruht dies auf der autonomen Entscheidung der Verbraucher, bei welchem Unternehmen sie den Rabatt in Anspruch nehmen. Es handelt sich deshalb um eine Folge lauteren Leistungswettbewerbs.[235]

85 Eine Werbung im räumlichen oder zeitlichen Umfeld einer sportlichen oder kulturellen Großveranstaltung unter Ausnutzung des Aufmerksamkeits- und Werbewerts der Ver-

230 BGH, 18.02.1972, I ZR 82/70, GRUR 1972, 558, 559 – *Teerspritzmaschinen*; BGH, 13.10.2004, I ZR 277/01, GRUR 2004, 1039, 1041 f. – *SB-Beschriftung*.
231 BGH, 13.10.2004, I ZR 277/01, GRUR 2004, 1039, 1041 – *SB-Beschriftung*.
232 BGH, 23.06.2016, I ZR 137/15, GRUR 2017, 92 Rn. 21 – *Fremdcoupon-Einlösung*.
233 BGH, 24.06.2004, I ZR 26/02, GRUR 2004, 877, 879 – *Werbeblocker*; BGH, 23.06.2016, I ZR 137/15, GRUR 2017, 92 Rn. 21 – *Fremdcoupon-Einlösung*; BGH, 19.04.2018, I ZR 154/16, GRUR 2018, 1251 Rn. 30 – *Werbeblocker II*.
234 BGH, 27.02.1986, I ZR 210/83, GRUR 1986, 547, 548 – *Handzettelwerbung*; BGH, 23.06.2016, I ZR 137/15, GRUR 2017, 92 Rn. 28 – *Fremdcoupon-Einlösung*.
235 BGH, 23.06.2016, I ZR 137/15, GRUR 2017, 92 Rn. 22 f. – *Fremdcoupon-Einlösung*.

anstaltung (**Ambush Marketing**) behindert den Veranstalter oder als Sponsoren fungierende Mitbewerber nicht i.S. des § 4 Nr. 4 unlauter. Es ist wettbewerbsrechtlich nicht geboten, denjenigen, der eine Leistung erbringt, an jeder wirtschaftlichen Auswertung seiner Leistung zu beteiligen.[236] Wird der unzutreffende Eindruck eines offiziellen Sponsors erweckt, liegt allerdings eine irreführende Werbung i.S. des § 5 Abs. 1 vor. Der Veranstalter kann sich gegen die Werbung von Drittunternehmern u.U. durch die Ausübung seines Hausrechts zur Wehr setzen.[237]

b) Umgehung fremder Werbung

Der Vertrieb von Vorschaltgeräten zur Ausblendung von Fernsehwerbung[238] oder von Software zur Unterdrückung von Internetwerbung[239] (**Werbeblocker**) behindert einen privaten Fernsehsender oder den Betreiber einer werbefinanzierten Internetseite nicht unlauter, weil es der freien Entscheidung der Nutzer überlassen bleibt, ob sie sich unerwünschter Werbung entziehen. Der Vertrieb einer Werbeeinblendungen unterdrückenden Software (**Blacklisting**) stellt auch keine unlautere Behinderung von werbenden Unternehmern im Hinblick darauf dar, dass sie die Werbung nur gegen Zahlung eines Entgelts freischalten lassen können (**Whitelisting**).[240] **86**

Der Einsatz von **Deep Links**, die dem Nutzer den unmittelbaren Zugang zu frei zugänglichen Internetinhalten ohne vorherigen Aufruf der werbefinanzierten Startseite eines Mitbewerbers verschaffen, behindert wegen des Allgemeininteresses an der Funktionsfähigkeit des Internets den Mitbewerber grds. nicht unlauter, auch wenn diesem dadurch Werbeeinnahmen entgehen.[241] Aus dem gleichen Grund liegt grds. keine wettbewerbswidrige Behinderung vor, wenn Informationen auf der Internetseite eines Mitbewerbers systematisch durch **Suchmaschinen** oder im Wege des **Screen Scraping** abgerufen und dem Nutzer auf einer anderen Webseite angezeigt werden, ohne dass er die werbefinanzierte Internetseite des Mitbewerbers aufrufen muss.[242] Eine gezielte Behinderung i.S. des § 4 Nr. 4 kann allerdings gegeben sein, wenn technische Schutzmaßnahmen unterlaufen werden, durch die der Mitbewerber sichergestellt hat, dass die **87**

236 BGH, 28.10.2010, I ZR 60/09, BGHZ 187, 255 Rn. 28 – *Hartplatzhelden.de.*

237 JurisPK-UWG/Müller-Bidinger § 4 Nr. 4 Rn. 116; *Köhler*/Bornkamm/Feddersen § 4 Rn. 4.74; *Ohly*/Sosnitza § 4.4 Rn. 4/66.

238 BGH, 24.06.2004, I ZR 26/02, GRUR 2004, 877, 879 – *Werbeblocker.*

239 BGH, 19.04.2018, I ZR 154/16, GRUR 2018, 1251 Rn. 30, 38 – *Werbeblocker II.*

240 BGH, 19.04.2018, I ZR 154/16, GRUR 2018, 1251 Rn. 26 – *Werbeblocker II*; OLG München, 17.08.2017, U 2225/15 Kart, GRUR 2017, 1147 Rn. 179 – *Whitelisting I*; OLG München, 17.08.2017, U 2184/15 Kart, WRP 2017, 1365 Rn. 116 – *Whitelisting II*; OLG München, 17.08.2017, 29 U 1917/16, WRP 2017, 1377 Rn. 50 – *Whitelisting III.*

241 BGH, 17.07.2003, I ZR 259/00, BGHZ 156, 1, 18 f. – *Paperboy.*

242 BGH, 22.06.2011, I ZR 159/10, GRUR 2011, 1018 Rn. 69, 72 – *Automobil-Onlinebörse*; BGH, 30.04.2014, I ZR 224/12, GRUR 2014, 785 Rn. 37, 43 – *Flugvermittlung im Internet.*

Informationen nur über die Startseite seines Internetauftritts oder unmittelbar auf seiner Internetseite abgerufen werden können.[243]

88 In der Verteilung von **Briefkastenaufklebern** mit dem Aufdruck »Keine Werbung. Nur …« liegt keine unlautere Werbebehinderung von Mitbewerbern, weil es der freien Entscheidung des Verbrauchers überlassen bleibt, ob er den Aufkleber an seinem Briefkasten anbringt (str.).[244]

c) Verhinderung fremder Werbung

89 Eine allgemeine **Markenbeschwerde** gegenüber dem Betreiber einer Internetsuchmaschine, die sich gegen den Gebrauch einer Bezeichnung in einer Adwords-Werbung eines Mitbewerbers richtet, stellt noch keine gezielte Behinderung des werbewilligen Mitbewerbers dar, weil diesem die Möglichkeit bleibt, den Markeninhaber um Zustimmung zur Adwords-Werbung zu bitten.[245] Verweigert der Markeninhaber allerdings die erbetene Zustimmung, obwohl die Werbung seine Markenrechte nicht verletzt, und verhindert dadurch zielgerichtet die Schaltung der Adwords-Werbung, liegt eine unlautere Werbebehinderung i.S. des § 4 Nr. 4 vor.[246]

III. Betriebsstörung

90 Eine gezielte Behinderung kann in der Verursachung oder Herbeiführung der konkreten Gefahr einer Betriebsstörung im Wege der **Beeinträchtigung der betrieblichen Abläufe** im Unternehmen des Mitbewerbers liegen.[247] In Betracht kommen z.B. Eingriffe in die Sachsubstanz des Unternehmens, unzumutbare technische Beeinträchtigungen durch Überlastungen oder Ausfälle des Internetauftritts oder ein Mehraufwand an Betriebskosten, Arbeit oder Personal.[248]

1. Unmittelbare Störung

91 Die Betriebsabläufe im Unternehmen des Mitbewerbers können unmittelbar gestört werden, z.B. indem Maschinen, Anlagen, Fahrzeuge, Gebäude oder sonstige **Betriebsmittel zerstört oder beschädigt**, die Funktionsfähigkeit von Computersystemen gestört, gespeicherte elektronische Daten gelöscht, der Zugang zum Betriebsgelände blockiert oder Mitarbeiter zur rechtswidrigen Arbeitsverweigerung veranlasst werden.

---

243 BGH, 17.07.2003, I ZR 259/00, BGHZ 156, 1, 19 – *Paperboy*; BGH, 22.06.2011, I ZR 159/10, GRUR 2011, 1018 Rn. 69 f. – *Automobil-Onlinebörse*; BGH, 30.04.2014, I ZR 224/12, GRUR 2014, 785 Rn. 37 – *Flugvermittlung im Internet*.

244 FBO/Götting/Hetmank § 4 Nr. 4 Rn. 143; *Ohly*/Sosnitza § 4.4 Rn. 4/64 a.E.; a. A. OLG Koblenz, 16.01.2013, 9 U 982/12, WRP 2013, 361 Rn. 14; OLG Brandenburg, 22.12.2014, 6 U 142/13, WRP 2015, 362 Rn. 15.

245 BGH, 12.03.2015, I ZR 188/13, GRUR 2015, 607 Rn. 18 – *Uhrenankauf im Internet*.

246 BGH, 12.03.2015, I ZR 188/13, GRUR 2015, 607 Rn. 18 f., 29 – *Uhrenankauf im Internet*.

247 BGH, 16.07.2009, I ZR 56/07, GRUR 2009, 1075 Rn. 22 – *Betriebsbeobachtung*; BGH, 22.06.2011, I ZR 159/10, GRUR 2011, 1018 Rn. 73 – *Automobil-Onlinebörse*.

248 BGH, 22.06.2011, I ZR 159/10, GRUR 2011, 1018 Rn. 74 – *Automobil-Onlinebörse*; Hans-OLG Hamburg, 06.11.2014, 3 U 86/13, GRUR-RR 2015, 110, 113 – *Buddy-Bots*.

Derartige Eingriffe sind i.d.R. in erster Linie auf die Behinderung des betroffenen Mitbewerbers gerichtet und deshalb grds. unlauter (Rdn. 23).[249] Das Gleiche gilt für das Eindringen auf das Gelände oder in die Räumlichkeiten des Unternehmens des Mitbewerbers durch einen eingeschleusten Dritten, der die internen Betriebsvorgänge und -verhältnisse auskundschaften soll.[250]

2. Mittelbare Störung

Ein Unternehmer kann die betrieblichen Abläufe im Unternehmen des Mitbewerbers mittelbar dadurch beeinträchtigen, dass er zur Funktionsfähigkeit beitragende personelle oder sachliche Mittel des Unternehmens des Mitbewerbers für eigene wirtschaftliche Zwecke in Anspruch nimmt. 92

a) Abwerben von Mitarbeitern

Die Funktionsfähigkeit eines Unternehmens wird i.d.R. von der Beschäftigung qualifizierter Mitarbeiter wesentlich beeinflusst. Infolge der Abwerbung von Mitarbeitern können die betrieblichen Abläufe deshalb erheblich beeinträchtigt werden. 93

aa) Allgemeines

Das **Abwerben** (= Ausspannen) **von Mitarbeitern** eines Mitbewerbers ist als Bestandteil des freien Wettbewerbs und im Hinblick auf die Freiheit der Wahl des Arbeitsplatzes (Art. 12 Abs. 1 GG) grds. zulässig. Das gilt auch dann, wenn die Abwerbung planmäßig und gezielt (z.B. durch Headhunter) erfolgt und Mitarbeiter in herausgehobener Stellung betrifft.[251] Das Abwerben von Mitarbeitern behindert den Mitbewerber nur dann i.S. des § 4 Nr. 4 gezielt, wenn unlautere Begleitumstände hinzutreten, insbes. unlautere Zwecke verfolgt oder unlautere Mittel eingesetzt werden.[252] Dabei genügt ein konkretes Wettbewerbsverhältnis bei der Nachfrage nach Dienst- oder Arbeitsleistungen (§ 2 Abs. 1 Nr. 3 Rdn. 27), ohne dass die Unternehmer beim Absatz von Waren oder Dienstleistungen miteinander konkurrieren müssen. 94

bb) Unlauterer Zweck

Das Abwerben von Mitarbeitern stellt eine gezielte Behinderung i.S. des § 4 Nr. 4 dar, wenn es bei objektiver Würdigung der Umstände vorrangig auf die Störung der Betriebsabläufe bei dem betroffenen Mitbewerber und die Schwächung seiner wirtschaftlichen Leistungsfähigkeit und nicht auf die Förderung des eigenen Wettbewerbs 95

---

249 FBO/Götting/Hetmank § 4 Nr. 4 Rn. 45; *Köhler*/Bornkamm/Feddersen § 4 Rn. 4.160.

250 BGH, 16.03.1973, I ZR 154/71, GRUR 1973, 483, 485 – *Betriebsspionage*.

251 BGH, 19.11.1965, Ib ZR 122/63, GRUR 1966, 263, 265 – *Bau-Chemie*; OLG Frankfurt, 15.05.2018, 6 W 39/18, WRP 2018, 983 Rn. 6; FBO/Götting/Hetmank § 4 Nr. 4 Rn. 47; *Köhler*/Bornkamm/Feddersen § 4 Rn. 4.103.

252 BGH, 04.03.2004, I ZR 221/01, BGHZ 158, 174, 178 – *Direktansprache am Arbeitsplatz*; BGH, 11.01.2007, I ZR 96/04, BGHZ 171, 73 Rn. 14 – *Außendienstmitarbeiter*.

gerichtet ist (Rdn. 23).[253] Das Vorgehen muss erkennen lassen, dass der **Mitbewerber durch** ein **planmäßiges Ausspannen** eingearbeiteter Arbeitskräfte **geschädigt werden soll**.[254] Davon ist z.B. auszugehen, wenn der abzuwerbende Mitarbeiter in dem anderen Unternehmen nicht entspr. seinen Kenntnissen und Fähigkeiten eingesetzt werden kann.[255] Für eine unlautere Behinderungsabsicht kann ferner sprechen, dass der Unternehmer ohne Rücksicht auf andere Möglichkeiten des Arbeitsmarkts Mitarbeiter eines bestimmten Mitbewerbers abwirbt, um ohne größere Eigeninvestitionen komplette Geschäftsbereiche, Abteilungen oder Niederlassungen des Mitbewerbers einschließlich der zugehörigen Kunden zu übernehmen.[256] Dabei kann bereits der Versuch der Abwerbung eines einzelnen wichtigen Mitarbeiters in gehobener Position unlauter sein, wenn er den Beginn der Ausführung eines groß angelegten und das Unternehmen des Mitbewerbers ernstlich gefährdenden Abwerbeplans darstellt.[257] Der Abwerbende verfolgt ferner einen unlauteren Zweck, wenn er über den abzuwerbenden Mitarbeiter unter Verstoß gegen § 4 GeschGehG an Geschäftsgeheimnisse eines Mitbewerbers, etwa an Kundenlisten oder Konstruktionspläne, gelangen will, die dieser sich unbefugt verschafft hat.[258]

cc) Unlautere Mittel

(1) Ansprechen am Arbeitsplatz

96 Ein Unternehmer oder ein von ihm beauftragter Headhunter darf den abzuwerbenden Mitarbeiter an seinem Arbeitsplatz über das Festnetz- oder Mobiltelefon **zu einer ersten Kontaktaufnahme anrufen**. Der Anruf muss sich auf ein kurzes Telefonat beschränken, in dem die offene Arbeitsstelle knapp umschrieben, das Interesse des angerufenen Mitarbeiters erkundet und ggf. eine Kontaktmöglichkeit außerhalb des Arbeitsbereichs vereinbart wird. In diesem Fall muss wegen der nur kurzfristigen Beeinträchtigung das Interesse des Arbeitgebers an einem störungsfreien Betriebsablauf hinter dem Interesse des Mitarbeiters an einer möglichen beruflichen Veränderung zurücktreten.[259] Dagegen überwiegt das Interesse des Arbeitgebers an einem störungsfreien Betriebsablauf und wird er i.S. des § 4 Nr. 4 gezielt behindert, wenn sich der Anrufer nicht auf das zur ersten Kontaktaufnahme Notwendige beschränkt, sondern den ange-

---

253 BGH, 19.11.1965, Ib ZR 122/63, GRUR 1966, 263, 265 – *Bau-Chemie*.

254 OLG Brandenburg, 06.03.2007, 6 U 34/06, WRP 2007, 1368, 1370; OLG Oldenburg, 19.04.2012, 1 U 98/07, WRP 2013, 943 Rn. 37; *Köhler*/Bornkamm/Feddersen § 4 Rn. 4.105.

255 *Köhler*/Bornkamm/Feddersen § 4 Rn. 4.105; *Ohly*/Sosnitza § 4.4 Rn. 4/26.

256 OLG Frankfurt, 15.05.2018, 6 W 39/18, WRP 2018, 983 Rn. 10 f.; FBO/Götting/Hetmank § 4 Nr. 4 Rn. 58; Harte/Henning/Omsels § 4 Nr. 4 Rn. 30.

257 BGH, 19.11.1965, Ib ZR 122/63, GRUR 1966, 263, 265 f. – *Bau-Chemie*.

258 Vgl. FBO/Götting/Hetmank § 4 Nr. 4 Rn. 57; Harte/Henning/Omsels § 4 Nr. 4 Rn. 31; *Ohly*/Sosnitza § 4.4 Rn. 4/27.

259 BGH, 04.03.2004, I ZR 221/01, BGHZ 158, 174, 184 f. – *Direktansprache am Arbeitsplatz*; *BGH*, *09.02.2006*, I ZR 73/02, GRUR 2006, 426 Rn.19 f. – *Direktansprache am Arbeitsplatz II*; BGH, 22.11.2007, I ZR 183/04, GRUR 2008, 262 Rn.8 f. – *Direktansprache am Arbeitsplatz III*.

rufenen Mitarbeiter in einem längeren Gespräch zu umwerben beginnt.[260] Auch das **Aufsuchen** des abzuwerbenden Mitarbeiters **an** seinem **Arbeitsplatz** behindert den Arbeitgeber **unlauter**, weil damit eine nicht nur unwesentliche Störung der Betriebsabläufe verbunden ist.[261] Die Zulässigkeit von Anrufen oder persönlichen Vorsprachen an der Privatadresse des abzuwerbenden Mitarbeiters beurteilt sich nach § 7 und nicht nach § 4 Nr. 4, weil die Interessen des Mitbewerbers mangels Störung der Betriebsabläufe nicht über den als solchen zulässigen Abwerbeversuch hinaus beeinträchtigt werden.[262]

(2) Ausnutzung eines Vertragsbruchs

97 Das bloße **Ausnutzen eines Vertragsbruchs**, den der abzuwerbende Mitarbeiter gegenüber seinem Arbeitgeber – z.B. wegen unberechtigter Kündigung oder Verstoßes gegen ein (nach)vertragliches Wettbewerbsverbot – begeht, ist für sich genommen **nicht unlauter.**[263] Das gilt auch, wenn der Abwerbende weiß, dass der abgeworbene Mitarbeiter vertragsbrüchig wird und seine Bereitschaft, den vertragsbrüchigen Arbeitnehmer zu beschäftigen, den Arbeitnehmer im Entschluss zur Vertragsverletzung bestärken und den Vertragsbruch dadurch fördern kann.[264] Anderenfalls würden die relativen schuldrechtlichen Bindungen zwischen dem Mitarbeiter und seinem bisherigen Arbeitgeber über das Wettbewerbsrecht verdinglicht.[265] Eine gezielte Behinderung der Betriebsabläufe des Arbeitgebers i.S. des § 4 Nr. 4 liegt nur vor, wenn besondere Umstände hinzutreten, die das Ausnutzen des Vertragsbruchs – z.B. wegen der Gefahr der unbefugten Verwertung von Geschäftsgeheimnissen des vorherigen Arbeitgebers – unlauter machen (Rdn. 95 a.E.).

(3) Verleitung zum Vertragsbruch

98 Eine **unlauter**e Behinderung der Betriebsabläufe im Unternehmen des Arbeitgebers i.S. des § 4 Nr. 4 liegt vor, **wenn** der abzuwerbende Mitarbeiter **zum Vertragsbruch verleitet**, d.h. gezielt und bewusst auf seinen Vertragsbruch aktiv hingewirkt wird.[266] Der Vertragsbruch muss in der Verletzung einer wesentlichen Vertragspflicht gegenüber dem bisherigen Arbeitgebers liegen.[267] Der Abwerbende muss sich der vertraglichen Bindung des Mitarbeiters bewusst sein oder jedenfalls mit ihr rechnen und sie in Kauf

---

260 BGH, 04.03.2004, I ZR 221/01, BGHZ 158, 174, 185 – *Direktansprache am Arbeitsplatz*; BGH, 22.11.2007, I ZR 183/04, GRUR 2008, 262 Rn. 12 f. – *Direktansprache am Arbeitsplatz III*.

261 JurisPK-UWG/*Müller-Bidinger* § 4 Nr. 4 Rn. 171; *Köhler*/Bornkamm/Feddersen § 4 Rn. 4.112.

262 JurisPK-UWG/Müller-Bidinger § 4 Nr. 4 Rn. 173; *Ohly*/Sosnitza § 4.4 Rn. 4/31 a.E.

263 BGH, 11.01.2007, I ZR 96/04, BGHZ 171, 73 Rn. 15 f. – *Außendienstmitarbeiter*.

264 BGH, 11.01.2007, I ZR 96/04, BGHZ 171, 73 Rn. 23 f. – *Außendienstmitarbeiter*; *Köhler*/Bornkamm/Feddersen § 4 Rn. 4.111.

265 BGH, 11.01.2007, I ZR 96/04, BGHZ 171, 73 Rn. 15 – *Außendienstmitarbeiter*.

266 BGH, 11.01.2007, I ZR 96/04, BGHZ 171, 73 Rn. 14, 17 – *Außendienstmitarbeiter*.

267 Harte/Henning/Omsels § 4 Nr. 4 Rn. 37; *Ohly*/Sosnitza § 4.4 Rn. 4/28.

nehmen.[268] Eine Initiative des Abwerbenden zum Vertragsbruch ist nicht erforderlich; auch eine aktive Bestärkung des bereits zum Vertragsbruch entschlossenen Abzuwerbenden kann genügen (str.).[269]

99 Das Hinwirken auf den Vertragsbruch ist bereits für sich genommen unlauter, ohne dass der abzuwerbende Mitarbeiter nachfolgend einen Vertragsbruch begehen muss.[270]

100 Wegen des schützenswerten Interesses des Arbeitgebers an der ungestörten Erhaltung seiner Belegschaft ist das Verleiten des abzuwerbenden Mitarbeiters zum Vertragsbruch als solches unlauter, ohne dass es der Einwirkung auf die Entscheidungsfindung des vertragsbrüchigen Mitarbeiters mit unlauteren Mitteln i.S. der §§ 4a, 5, 5a bedarf (str.).[271] Insofern geht es nicht um die Verdinglichung schuldrechtlicher Pflichten,[272] sondern um das schützenswerte Interesse des Arbeitgebers an der ungestörten Erhaltung seiner Belegschaft und damit der personellen Grundlage seines Unternehmens.[273]

(4) Beeinträchtigung der Entscheidungsfreiheit

101 Eine gezielte Mitbewerberbehinderung i.S. des § 4 Nr. 4 liegt ferner vor, wenn die **Entscheidungsfreiheit** des abzuwerbenden Mitarbeiters **unlauter beeinflusst** wird (Rdn 5 f.). Auf den Wechsel des Arbeitsplatzes darf nicht durch irreführende Angaben (§ 5 Abs. 1) über den alten oder neuen Arbeitgeber oder über die alte oder neue Beschäftigung hingewirkt werden.[274] Ein unlauteres Abwerbemittel kann ferner in einer unsachlichen Beeinflussung des Mitarbeiters oder in der Androhung von Nachteilen liegen (§ 4a). Das Versprechen oder Gewähren von Vorteilen (z.B. Prämien oder Einkaufsrabatten), die zur besonderen Attraktivität des unterbreiteten Angebots beitragen, stellt keine unsachliche Beeinflussung dar.[275] Ebenso zulässig sind Hilfestellungen bei einer rechtmäßigen Kündigung.[276] Wird der Mitarbeiter durch unsachliche oder herabsetzende Äußerungen über den Mitbewerber als seinen bisherigen Arbeitgeber

---

268 BGH, 30.01.1976, I ZR 108/74, GRUR 1976, 372, 374 – *Möbelentwürfe*; OLG Hamm, 09.05.2003, 35 U 59/02, GRUR-RR 2004, 27, 28 – *AVAD*.

269 BGH, 28.03.1969, I ZR 33/67, GRUR 1969, 474 – *Bierbezug*; a. A. FBO/Götting/Hetmank § 4 Nr. 4 Rn. 113.

270 OLG Hamm, 09.05.2003, 35 U 59/02, GRUR-RR 2004, 27, 28 – *AVAD*; *Ohly*/Sosnitza § 4.4 Rn. 4/28.

271 Vgl. BGH, 11.01.2007, I ZR 96/04, BGHZ 171, 73 Rn. 14 – *Außendienstmitarbeiter*; OLG Hamm, 09.05.2003, 35 U 59/02, GRUR-RR 2004, 27, 28 – *AVAD*; FBO/Götting/Hetmank § 4 Nr. 4 Rn. 52a; Harte/Henning/Omsels § 4 Nr. 4 Rn. 38; jurisPK-UWG/Müller-Bidinger § 4 Nr. 4 Rn. 169; MünchKomm/Jänich UWG § 4 Nr. 10 Rn. 89; *Ohly*/Sosnitza § 4.4 Rn. 4/28a; a. A. OLG Oldenburg, 15.02.2007, 1 U 97/06, WRP 2007, 460, 462 f.; *Köhler*/Bornkamm/Feddersen § 4 Rn. 108a.

272 So *Köhler*/Bornkamm/Feddersen § 4 Rn. 108a.

273 FBO/Götting/Hetmank § 4 Nr. 4 Rn. 52a; jurisPK-UWG/Müller-Bidinger § 4 Nr. 4 Rn. 169.

274 OLG Karlsruhe, 22.01.2014, 6 U 135/10, GRUR-RR 2014, 362, 366 f. – *Unternehmensübergang*; OLG Hamm, 18.11.2014, 4 U 90/14, juris Rn. 58; Harte/Henning/Omsels § 4 Nr. 4 Rn. 33; *Köhler*/Bornkamm/Feddersen § 4 Rn. 4.108b.

275 *Köhler*/Bornkamm/Feddersen § 4 Rn. 4.108b; *Ohly*/Sosnitza § 4.4 Rn. 4/30.

276 Harte/Henning/Omsels § 4 Nr. 4 Rn. 34; *Ohly*/Sosnitza § 4.4 Rn. 4/30.

abzuwerben versucht, beurteilt sich die Unlauterkeit nach den Spezialregelungen in 4 Nr. 1 und 2 (Rdn. 3).

dd) Rechtsfolge des Beschäftigungsverbots?

Bei unlauterer Mitarbeiterabwerbung hat nach älterer Rspr. des BGH der behinderte Mitbewerber unter dem Gesichtspunkt der Naturalrestitution (§ 249 BGB) einen Anspruch auf zeitlich begrenzte Unterlassung der Beschäftigung des abgeworbenen Mitarbeiters, um den unlauter erlangten Vorteil des Verletzers wieder auszugleichen (§ 9 Satz 1 UWG).[277] Im Hinblick auf die Interessen des betr. Mitarbeiters an der freien Wahl seines Arbeitsplatzes (Art. 12 Abs. 1 GG) und des freien Wettbewerbs sollte davon, wenn überhaupt, nur bei rechtswidrigem Handeln des betr. Mitarbeiters oder in besonders gravierenden Fällen Gebrauch gemacht und i.d.R. stattdessen Ausgleich in Form von Geldentschädigung (§ 251 Abs. 2 Satz 1 BGB) gewährt werden.[278] **102**

b) Testmaßnahmen

aa) Allgemeines

Testmaßnahmen, z.B. in Form von Testkäufen, Testfahrten, Testgesprächen oder Testfotos, dienen der Dokumentation und dem Nachweis von Wettbewerbsverstößen des Mitbewerbers. Zugleich kann sich der Unternehmer dadurch Informationen über die Leistungen und den Preis eines Mitbewerbers verschaffen. Derartige Maßnahmen sind als **Bestandteil des Leistungswettbewerbs** zulässig, sofern sich die Testperson nicht anders als ein normaler Käufer verhält, und stellen nur bei Hinzutreten besonderer Umstände einen unlauteren Eingriff in die Betriebsabläufe des Mitbewerbers i.S. des § 4 Nr. 4 dar.[279] **103**

Der Mitbewerber ist allerdings nicht verpflichtet, an einen als solchen erkannten Testkäufer Ware zu veräußern.[280] Ein mündlich, schriftlich[281] oder virtuell[282] verhängtes **Hausverbot**, das Testmaßnahmen eines sich wie ein normaler Käufer verhaltenden **104**

277 BGH, 17.03.1961, I ZR 26/60, GRUR 1961, 482, 481 – *Spritzgussmaschine*; BGH, 23.04.1975, I ZR 3/74, GRUR 1976, 306, 307 – *Baumaschinen*.

278 *Köhler*/Bornkamm/Feddersen § 9 Rn. 1.26; MünchKomm/Jänich UWG § 4 Nr. 10 Rn. 104; tendenziell OLG Frankfurt, 01.03.2018, 6 U 165/17, WRP 2018, 981 Rn. 10, 14 f.; MünchKomm/Fritzsche UWG § 9 Rn. 70 f.; offenlassend BGH, 16.11.2017, I ZR 161/16, GRUR 2018, 535 Rn. 41 – *Knochenzement I*.

279 BGH, 14.04.1965, Ib ZR 72/63, BGHZ 43, 359, 367 – *Warnschild*; BGH, 25.04.1991, I ZR 283/89, GRUR 1991, 843, 844 – *Testfotos*; BGH, 03.11.1988, I ZR 231/86, GRUR 1989, 113, 114 – *Mietwagen-Testfahrt*; FBO/Götting/Hetmank § 4 Nr. 4 Rn. 60; jurisPK-UWG/Müller-Bidinger § 4 Nr. 4 Rn. 186 f.; *Köhler*/Bornkamm/Feddersen § 4 Rn. 4.161; *Ohly*/Sosnitza § 4.4 Rn. 4/20.

280 Vgl. BGH, 25.03.1987, I ZR 61/85, GRUR 1987, 835, 837 – *Lieferbereitschaft*.

281 BGH, 18.05.1966, Ib ZR 60/64, GRUR 1966, 564, 565 f. – *Hausverbot*; BGH, 13.07.1979, I ZR 138/77, GRUR 1979, 859, 860 – *Hausverbot II*.

282 HansOLG Hamburg, 18.04.2007, 5 U 190/06, WRP 2007, 1249, 1250 – *»Hausverbot« im Internet*; OLG Hamm, 23.10.2007, 4 U 99/07, MMR 2008, 175, 175 f.

Testkäufers unterbinden soll, ist dagegen unwirksam und kann seinerseits eine unlautere Behinderung i.S. des § 4 Nr. 4 darstellen. Das Gleiche gilt für eine in Allgemeinen Geschäftsbedingungen geregelte Pflicht zur Unterlassung von Testkäufen.[283]

105 Die **Kosten** eines zulässigen **Testkaufs** können nach § 91 Abs. 1 ZPO[284] oder nach § 9 Satz 1 UWG erstattungsfähig sein.[285] Ist eine Testmaßnahme unlauter, kann der Geltendmachung eines darauf gestützten wettbewerbsrechtlichen Anspruchs der **Einwand des Rechtsmissbrauchs** (§ 242 BGB) entgegengehalten werden, falls der Mitbewerber erst durch den Testkauf zum Wettbewerbsverstoß bewogen worden ist.[286]

bb) Störung des Betriebsablaufs

106 Eine Testmaßnahme behindert den Mitbewerber i.S. des § 4 Nr. 4 **unlauter, wenn** die Testperson sich **anders als ein normaler Nachfrager** verhält und dadurch den Betriebsorganismus oder Betriebsablauf erheblich stört oder beeinträchtigt, z.B. indem das Personal von der Arbeit abgehalten wird, Auseinandersetzungen heraufbeschworen oder Kunden abgeschreckt werden.[287] Auch eine systematische Überwachung des Mitbewerbers durch andauernde und umfassende Testkäufe kann eine unlautere Betriebsstörung begründen.[288]

107 Die Anfertigung von **Fotografien** in den Geschäftsräumen des Mitbewerbers kann nicht als so ungewöhnlich angesehen werden, dass die generelle Gefahr einer erheblichen Betriebsstörung besteht.[289] Eine gezielte Behinderung liegt erst vor, wenn von Fotografien zu Testzwecken innerhalb oder außerhalb von Geschäftsräumen (z.B. an Messeständen) nach den besonderen Einzelfallumständen die konkrete Gefahr einer erheblichen Betriebsstörung ausgeht.[290] Die konkrete Gefahr einer erheblichen Betriebsstörung ist für die Annahme einer wettbewerbswidrigen Behinderung insbes.

---

283 BGH, 26.06.1981, I ZR 71/79, GRUR 1981, 827, 829 – *Vertragswidriger Testkauf.*

284 BGH, 20.10.2005, I ZB 21/05, GRUR 2006, 439 Rn. 11 – *Geltendmachung der Abmahnkosten*; BGH, 11.12.2014, I ZB 7/14, ZUM-RD 2015, 214 Rn. 8.

285 Vgl. BGH, 30.03.2017, I ZR 263/15, GRUR 2017, 1160 Rn. 64 – *BretarisGenuair.*

286 Vgl. BGH, 19.12.1984, I ZR 181/82, GRUR 1985, 447, 450 – *Provisionsweitergabe durch Lebensversicherungsmakler* (insoweit nicht in BGHZ 93, 177 abgedruckt); BGH, 11.05.2017, I ZR 60/16, GRUR 2017, 1140 Rn. 26, 33 – *Testkauf im Internet*; Harte/Henning/Omsels § 4 Nr. 4 Rn. 63; *Ohly*/Sosnitza § 4.4 Rn. 4/21d.

287 BGH, 25.04.1991, I ZR 283/89, GRUR 1991, 843, 844 – *Testfotos*; BGH, 23.05.1996, I ZR 122/94, WRP 1996, 1099, 1101 – *Testfotos II*; Harte/Henning/Omsels § 4 Nr. 4 Rn. 60; *Ohly*/Sosnitza § 4.4 Rn. 4/21a a.E.

288 *Köhler*/Bornkamm/Feddersen § 4 Rn. 4.163 a.E.; *Ohly*/Sosnitza § 4.4 Rn. 4/21c; zweifelnd Harte/Henning/Omsels § 4 Nr. 4 Rn. 59; offenlassend BGH, 16.07.2009, I ZR 56/07, GRUR 2009, 1075 Rn. 22 – *Betriebsbeobachtung.*

289 BGH, 25.01.2007, I ZR 133/04, GRUR 2007, 802 Rn. 27 – *Testfotos III.*

290 Vgl. BGH, 16.07.2009, I ZR 56/07, GRUR 2009, 1075 Rn. 22 – *Betriebsbeobachtung*; Harte/Henning/Omsels § 4 Nr. 4 Rn. 60; *Köhler*/Bornkamm/Feddersen § 4 Rn. 4.163; offenlassend BGH, 25.01.2007, I ZR 133/04, GRUR 2007, 802 Rn. 28 – *Testfotos III.*

erforderlich, wenn der Beweis eines Wettbewerbsverstoßes nur durch die Anfertigung von Fotografien zu führen ist.[291]

cc) Einsatz unlauterer Mittel

108 Eine Testmaßnahme greift i.S. des § 4 Nr. 4 unlauter in die Betriebsabläufe eines Mitbewerbers ein, wenn die Testperson sich unlauterer Mittel bedient. Die **Verschleierung des Testcharakters** ist als solche **nicht unlauter**, weil die Testmaßnahme anderenfalls ihren Zweck von vornherein nicht erfüllen könnte.[292] Deshalb ist es i.d.R. unbedenklich, wenn Testmaßnahmen nicht vom Wettbewerber selbst, sondern von seinem anwaltschaftlichen Vertreter durchgeführt werden.[293] Auch das zwar hartnäckige, aber im Rahmen des üblichen Käuferverhaltens liegende Hinwirken auf einen Geschäftsabschluss stellt noch kein unlauteres Mittel dar.[294]

109 Die Testperson setzt jedoch **unlautere** Mittel ein, **wenn keine hinreichenden Anhaltspunkte für** einen begangenen oder bevorstehenden **Wettbewerbsverstoß** bestehen und sie durch Täuschungen, Drohungen, Tricks oder mit strafbaren oder sonst rechtswidrigen Handlungen auf einen Wettbewerbsverstoß des Mitbewerbers hinwirkt.[295] Das ist der Fall, wenn die Testperson einen gewerblichen Erwerbszweck vortäuscht und dadurch Vorsorgemaßnahmen des Mitbewerbers zur Verhinderung der wettbewerbswidrigen Abgabe von Waren an Verbraucher umgeht.[296] Die Unlauterkeit kann entfallen, wenn der Mitbewerber ohnehin zum Wettbewerbsverstoß bereit war.[297]

c) Betriebsspionage

110 Die **Betriebsspionage**, etwa durch Ausspähen von Geschäftsgeheimnissen,[298] durch Einschleusen Dritter zur Auskundschaftung von internen Betriebsvorgängen oder -verhältnissen[299] oder durch Veranlassung von Mitarbeitern des Mitbewerbers zur pflicht-

---

291 BGH, 25.01.2007, I ZR 133/04, GRUR 2007, 802 Rn. 28 – *Testfotos III.*

292 BGH, 14.04.1965, Ib ZR 72/63, BGHZ 43, 359, 367 – *Warnschild*; BGH, 15.07.1999, I ZR 204/96, GRUR 1999, 1017, 1019 – *Kontrollnummernbeseitigung*; BGH, 11.05.2017, I ZR 60/16, GRUR 2017, 1140 Rn. 31 – *Testkauf im Internet.*

293 BGH, 15.07.1999, I ZR 204/96, GRUR 1999, 1017, 1019 – *Kontrollnummernbeseitigung*; BGH, 11.05.2017, I ZR 60/16, GRUR 2017, 1140 Rn. 31 – *Testkauf im Internet.*

294 FBO/Götting/Hetmank § 4 Nr. 4 Rn. 62; Harte/Henning/Omsels § 4 Nr. 4 Rn. 59; jurisPK-UWG/Müller-Bidinger § 4 Nr. 4 Rn. 192.

295 BGH, 14.04.1965, Ib ZR 72/63, BGHZ 43, 359, 367 – *Warnschild*; BGH, 19.12.1984, I ZR 181/82, GRUR 1985, 447, 450 – *Provisionsweitergabe durch Lebensversicherungsmakler* (insoweit nicht in BGHZ 93, 177 abgedruckt); BGH, 03.11.1988, I ZR 231/86, GRUR 1989, 113, 114 – *Mietwagen-Testfahrt*; BGH, 25.02.1992, X ZR 41/90, BGHZ 117, 264, 269 f. – *Nicola*; BGH, 11.05.2017, I ZR 60/16, GRUR 2017, 1140 Rn. 31 – *Testkauf im Internet.*

296 BGH, 11.05.2017, I ZR 60/16, GRUR 2017, 1140 Rn. 32 f. – *Testkauf im Internet.*

297 BGH, 19.12.1984, I ZR 181/82, GRUR 1985, 447, 450 – *Provisionsweitergabe durch Lebensversicherungsmakler* (insoweit nicht in BGHZ 93, 177 abgedruckt); BGH, 03.11.1988, I ZR 231/86, GRUR 1989, 113, 114 – *Mietwagen-Testfahrt*; BGH, 05.10.1989, I ZR 201/87, NJW-RR 1990, 173 – *Beförderungsauftrag.*

298 Vgl. BGH, 16.07.2009, I ZR 56/07, GRUR 2009, 1075 Rn. 20 – *Betriebsbeobachtung.*

299 BGH, 16.03.1973, I ZR 154/71, GRUR 1973, 483, 485 – *Betriebsspionage.*

widrigen Herausgabe von Produktionsmitteln für den eigenen Wettbewerb[300], stellt grds. eine nach § 4 Nr. 4 unlautere Behinderung des betroffenen Mitbewerbers dar.[301] Durch die Auswertung und Nutzung der unlauter erlangten Informationen wird der Mitbewerber um die wettbewerbliche Chance der alleinigen Nutzung nicht offenkundiger Unternehmensaspekte gebracht.[302] Daneben kann der Tatbestand des § 4 GeschGehG verwirklicht sein, dessen Wertungen im Rahmen des § 4 Nr. 4 zu berücksichtigen sind. Die Beobachtung des Betriebsgeländes eines Mitbewerbers von einer öffentlich zugänglichen Stelle aus, um Informationen über seine Kunden zu erlangen, ist dagegen nicht unlauter.[303]

d) Abmahnung

111 Durch eine **Abmahnung** wird ein Mitbewerber ernsthaft und endgültig aufgefordert, ein bestimmtes als wettbewerbswidrig beanstandetes Verhalten zu unterlassen. Die Abmahnung behindert die betrieblichen Abläufe im Unternehmen des Mitbewerbers, weil sie diesen von seiner eigentlichen Geschäftstätigkeit abhält und veranlasst, sich mit der Abmahnung unter Einsatz von personellen und sachlichen Betriebsmitteln sowie u.U. von Kosten zu befassen und ggf. sein wettbewerbliches Verhalten zu ändern.[304]

aa) Begründete Abmahnung

112 Eine begründete Abmahnung (vgl. § 12 Rdn. 118) behindert den Mitbewerber **nicht** i.S. des § 4 Nr. 4 **unlauter**, weil sie auf die Unterbindung eines wettbewerbswidrigen Verhaltens abzielt. Das gilt auch dann, wenn der Abmahnende nicht zur Abmahnung befugt oder die Abmahnung rechtsmissbräuchlich (§ 8 Abs. 4) ist.[305] Auch in diesen Fällen dürfte der Abgemahnte das beanstandete wettbewerbswidrige Verhalten nicht wiederholen.[306] Dem Abgemahnten stehen daher auch keine Ansprüche wegen Eingriffs in den eingerichteten und ausgeübten Gewerbebetrieb (§ 823 Abs. 1 BGB) zu (Rdn. 11).

bb) Unbegründete Abmahnung

113 Eine Abmahnung, die wegen der Wettbewerbskonformität des beanstandeten Verhaltens unbegründet ist, ist **grds. ebenfalls nicht unlauter.**[307] Anderenfalls würde der

---

300 BGH, 04.02.1993, I ZR 319/90, WRP 1993, 396, 397 – *Maschinenbeseitigung.*

301 BGH, 16.07.2009, I ZR 56/07, GRUR 2009, 1075 Rn. 20 – *Betriebsbeobachtung.*

302 JurisPK-UWG/Müller-Bidinger § 4 Nr. 4 Rn. 185; *Köhler*/Bornkamm/Feddersen § 4 Rn. 4.164; zweifelnd *Ohly*/Sosnitza § 4.4 Rn. 4/19a.

303 BGH, 16.07.2009, I ZR 56/07, GRUR 2009, 1075 Rn. 23 – *Betriebsbeobachtung.*

304 Harte/Henning/Omsels § 4 Nr. 4 Rn. 180.

305 BGH, 05.10.2000, I ZR 224/98, GRUR 2001, 354, 355 – *Verbandsklage gegen Vielfachabmahner*; zweifelnd Harte/Henning/Omsels § 4 Nr. 4 Rn. 183 Fn. 681.

306 BGH, 05.10.2000, I ZR 224/98, GRUR 2001, 354, 355 – *Verbandsklage gegen Vielfachabmahner.*

307 BGH, 30.06.1994, I ZR 40/92, GRUR 1994, 841, 843 – *Suchwort*; BGH, 05.10.2000, I ZR 224/98, GRUR 2001, 354, 355 – *Verbandsklage gegen Vielfachabmahner*; BGH, 22.07.2010, I ZR 139/08, GRUR 2011, 152 Rn. 62 – *Kinderhochstühle im Internet.*

auch im Interesse des Abgemahnten liegende Zweck der Abmahnung gefährdet, eine wettbewerbsrechtliche Streitigkeit außergerichtlich beizulegen.[308] Der Abgemahnte kann die Abmahnung zudem ohne größere Risiken unbeachtet lassen, weil mit ihr i.d.R. keine so weitreichenden Beeinträchtigungen wie die Einstellung der Herstellung oder des generellen Vertriebs des betroffenen Produkts verbunden sind.[309] Etwas anderes gilt für eine Abmahnung wegen des Vertriebs einer angeblich unlauteren Nachahmung, die nach den Grundsätzen der unberechtigten Schutzrechtsverwarnung zu beurteilen ist (Rdn. 116).

Die mit einer **unbegründeten Abmahnung** verbundene Mitbewerberbehinderung ist **ausnahmsweise** i.S. des § 4 Nr. 4 **unlauter**, **wenn der Abmahnende** von der Unbegründetheit der Abmahnung **Kenntnis hat** oder sich dieser Kenntnis bewusst verschließt.[310] Eine (grob) fahrlässige Unkenntnis von der Rechtmäßigkeit des abgemahnten Verhaltens genügt nicht.[311] Die Abmahnung muss außerdem geeignet sein, das wettbewerbliche Verhalten des abgemahnten Mitbewerbers zu beeinflussen.[312] **114**

Ist die unbegründete Abmahnung nicht als gezielte Behinderung i.S. des § 4 Nr. 4 anzusehen, stehen dem Abgemahnten auch keine Ansprüche wegen Eingriffs in den eingerichteten und ausgeübten Gewerbebetrieb aus § 823 Abs. 1 BGB zu (Rdn. 11).[313] In Betracht kommt allerdings ein Anspruch des Abgemahnten aus § 678 BGB auf Ersatz der für die Abwehr der unbegründeten Abmahnung aufgewandten Kosten (str.).[314] **115**

e) Schutzrechtsverwarnung

Eine **Schutzrechtsverwarnung** liegt vor, wenn der Hersteller oder Nutzer eines Produkts ernsthaft und endgültig aufgefordert wird, ein bestimmtes Verhalten wegen der (angeblichen) Verletzung eines Immaterialgüterrechts (wie eines gewerblichen Schutzrechts, z.B. eines Kennzeichen-, Design-, Patent- oder Gebrauchsmusterrechts, oder wie eines Urheberrechts) zu unterlassen.[315] Einer Schutzrechtsverwarnung gleichgestellt ist eine wettbewerbsrechtliche Abmahnung wegen des Vertriebs einer **116**

---

308 FBO/Götting/Hetmank § 4 Nr. 4 Rn. 65.

309 BGH, 22.07.2010, I ZR 139/08, GRUR 2011, 152 Rn. 63 – *Kinderhochstühle im Internet*; jurisPK-UWG/Müller-Bidinger § 4 Nr. 4 Rn. 250.

310 BGH, 09.09.2010, I ZR 98/08, GRUR 2010, 1133 Rn. 24 – *Bonuspunkte*.

311 FBO/Götting/Hetmank § 4 Nr. 4 Rn. 66; *Köhler*/Bornkamm/Feddersen § 4 Rn. 4.167; *Ohly*/Sosnitza § 4.4 Rn. 4/43.

312 FBO/Götting/Hetmank § 4 Nr. 4 Rn. 66; *Köhler*/Bornkamm/Feddersen § 4 Rn. 4.167; *Ohly*/*Sosnitza* § 4.4 Rn. 4/43.

313 Harte/Henning/Omsels § 4 Nr. 4 Rn. 186; jurisPK-UWG/Müller-Bidinger § 4 Nr. 4 Rn. 253.

314 HansOLG Hamburg, 19.09.2002, 3 U 54/99, NJW-RR 2003, 857, 858; vgl. OLG München, 08.01.2008, 29 W 2738/07, WRP 2008, 1384, 1385; FBO/Büscher § 12 Rn. 54; Harte/Henning/Omsels § 4 Nr. 4 Rn. 185; Köhler/*Bornkamm*/Feddersen § 12 Rn. 1.89; *Ohly*/Sosnitza § 4.4 Rn. 4/43; zweifelnd OLG Hamm, 18.02.2010, 4 U 158/09, NJOZ 2010, 2522, 2523; a. A. Ahrens/Achilles Kap. 4 Rn. 12.

315 BGH, 10.07.1997, I ZR 42/95, GRUR 1997, 896, 897 – *Mecki-Igel III*; BGH, 12.07.2011, X ZR 56/09, GRUR 2011, 995 Rn. 29 – *Besonderer Mechanismus*.

unlauteren Nachahmung (§ 4 Nr. 3), weil der lauterkeitsrechtliche Nachahmungsschutz dem Hersteller des Originalprodukts eine den Immaterialgüterrechten angenäherte Rechtsposition gegen die unlautere Übernahme seines Leistungsergebnisses verleiht und die Einstellung des Vertriebs des als nachgeahmt beanstandeten Produkts zur Folge haben kann (vgl. Rdn. 117; str.).[316] Die **Herstellerverwarnung** richtet sich an den Hersteller bzw. Lieferanten des Produkts, die **Abnehmerverwarnung** richtet sich an die das Produkt abnehmenden Vertreiber. Von der Schutzrechtsverwarnung abzugrenzen ist die **Berechtigungsanfrage**, bei der im Rahmen eines der Rechtswahrung dienenden Meinungsaustauschs das Bestehen eines Rechts behauptet wird, ohne ein ernsthaftes und endgültiges Unterlassungsverlangen an den Adressaten zu richten.[317]

117 Die Schutzrechtsverwarnung führt i.d.R. zu erheblicheren Störungen der Betriebsabläufe als die wettbewerbsrechtliche Abmahnung. Der verwarnte Hersteller oder Abnehmer muss in kurzer Zeit **weitreichende unternehmerische Entscheidungen über die Einstellung oder Änderung der Produktion** (bei der Herstellerverwarnung) **oder des Vertriebs** (bei der Abnehmerverwarnung) treffen, ohne ggf. die Schutzrechtslage zuverlässig beurteilen zu können. Anderenfalls hat er weitreichende Schadensersatzansprüche des Verwarnenden zu befürchten, die auch in der Herausgabe des Verletzergewinns oder der Zahlung einer fiktiven Lizenz bestehen können. Bei der Abnehmerverwarnung kommt hinzu, dass nicht nur die das Produkt abnehmenden Händler, sondern auch der die Abnehmer beliefernde Hersteller bzw. Lieferant in den Absatzbemühungen beeinträchtigt werden. Dabei sind die Beziehungen des nicht unmittelbar beteiligten Herstellers bzw. Lieferanten zu seinen Abnehmern besonders gefährdet, weil die Händler i.d.R., insbes. wenn sie auf ein anderes Produkt oder einen anderen Lieferanten ausweichen können, ein geringeres Interesse an einer sachlichen Auseinandersetzung mit dem Verwarnenden haben und deshalb geneigt sein werden, sich der Verwarnung ohne nähere Prüfung ihrer Berechtigung zu beugen.[318]

---

316 OLG Stuttgart, 10.09.2009, 2 U 11/09, GRUR-RR 2010, 298, 298 ff. – *Dampfdruckbügeleisen*; FBO/Götting/Hetmank § 4 Nr. 4 Rn. 70; Harte/Henning/Omsels § 4 Nr. 4 Rn. 188; *Köhler*/Bornkamm/Feddersen § 4 Rn. 4.169 a.E.; *Ohly*/Sosnitza § 4.4 Rn. 4/33; a. A. Köhler/*Bornkamm*/Feddersen § 12 Rn. 1.85; GK/Feddersen § 12 B Rn. 97 Fn. 489.

317 BGH, 10.07.1997, I ZR 42/95, GRUR 1997, 896, 897 – *Mecki-Igel III*; BGH, 12.07.2011, X ZR 56/09, GRUR 2011, 995 Rn. 29 – *Besonderer Mechanismus*; jurisPK-UWG/Müller-Bidinger § 4 Nr. 4 Rn. 215.

318 BGH, 15.07.2005, GSZ 1/04, BGHZ 164, 1, 4 – *unberechtigte Schutzrechtsverwarnung*; BGH, *19.01.2006, I ZR 217/03*, GRUR 2006, 433 Rn. 18 – *Unbegründete Abnehmerverwarnung*; BGH, 15.01.2009, I ZR 123/06, GRUR 2009, 878 Rn. 17 – *Fräsautomat*; BGH, 11.01.2018, I ZR 187/16, GRUR 2018, 832 Rn. 92 – *Ballerinaschuh*.

aa) Berechtigte Schutzrechtsverwarnung

Eine begründete Schutzrechtsverwarnung, mit der der Verwarnende eine Verletzung seines Immaterialgüterrechts zu unterbinden sucht, ist **wettbewerbskonform** und vom betroffenen Mitbewerber hinzunehmen.[319] **118**

bb) Unberechtigte Schutzrechtsverwarnung

Eine Schutzrechtsverwarnung ist **unberechtigt**, wenn der geltend gemachte Anspruch mangels Verletzung des Schutzrechts tatsächlich nicht besteht.[320] Das kann der Fall sein, wenn das behauptete Ausschließlichkeitsrecht im Zeitpunkt der Verwarnung nicht (mehr) besteht, wenn das Ausschließlichkeitsrecht nicht verletzt worden ist oder wenn es nicht dem Verwarnenden zusteht.[321] Entscheidend für die Berechtigung ist die objektive Rechtslage; auf den guten Glauben des Verwarnenden kommt es nicht an.[322] **119**

(1) Unmittelbarer Unternehmenseingriff

Die **unberechtigte Hersteller- oder Abnehmerverwarnung** stellt einen betriebsbezogenen, d.h. unmittelbaren **Eingriff in den** eingerichteten und ausgeübten **Gewerbebetrieb** des verwarnten Herstellers (im Fall der Herstellerverwarnung) oder des Abnehmers und des den verwarnten Abnehmer beliefernden Unternehmers (im Fall der Abnehmerverwarnung) dar (**§ 823 Abs. 1 BGB**).[323] Bei der unberechtigten Abnehmerverwarnung ergibt sich der unmittelbare Bezug zum Geschäftsbetrieb des Herstellers oder Lieferanten daraus, dass sie dessen Absatz beeinträchtigen kann (Rdn. 117).[324] Dagegen fehlt es an einem betriebsbezogenen Eingriff in den Gewerbebetrieb des Zulieferers.[325] **120**

(2) Rechtswidrigkeit

Nach der Rspr. des Großen Senats des BGH in Zivilsachen kann der unmittelbare Eingriff in den Gewerbebetrieb des Verwarnten auch bei nur fahrlässiger Fehleinschätzung der Rechtslage rechtswidrig sein. Der Große Senat in Zivilsachen hat es wegen der einschneidenden Wirkung der Ausschließlichkeitsrechte (Rdn. 117) abgelehnt, die **121**

---

319 BGH, 23.02.1995, I ZR 15/93, GRUR 1995, 424, 425 – *Abnehmerverwarnung*; BGH, 15.07.2005, GSZ 1/04, BGHZ 164, 1, 6 – *unberechtigte Schutzrechtsverwarnung*; BGH, 15.01.2009, I ZR 123/06, GRUR 2009, 878 Rn. 16 – *Fräsautomat*.

320 BGH, 12.08.2004, I ZR 98/02, GRUR 2004, 958, 959 – *Verwarnung aus Kennzeichenrecht*; BGH, 11.01.2018, I ZR 187/16, GRUR 2018, 832 Rn. 70 – *Ballerinaschuh*.

321 BGH, 23.02.1995, I ZR 15/93, GRUR 1995, 424, 425 – *Abnehmerverwarnung*; BGH, 15.01.2009, I ZR 123/06, GRUR 2009, 878 Rn. 17 – *Fräsautomat*.

322 BGH, 05.11.1962, I ZR 39/61, BGHZ 38, 200, 206 – *Kindernähmaschinen*.

323 BGH, 15.07.2005, GSZ 1/04, BGHZ 164, 1, 2 f. – *unberechtigte Schutzrechtsverwarnung*; BGH, 30.01.2007, X ZR 53/04, BGHZ 171, 13 Rn. 26, 28 – *Funkuhr II*; BGH, 11.01.2018, I ZR 187/16, GRUR 2018, 832 Rn. 70 – *Ballerinaschuh*.

324 BGH, 19.01.2006, I ZR 217/03, GRUR 2006, 433 Rn. 18 – *Unbegründete Abnehmerverwarnung*.

325 BGH, 30.01.2007, X ZR 53/04, BGHZ 171, 13 Rn. 26, 28 f. – *Funkuhr II*.

für Gerichtsverfahren geltende Privilegierung (Rdn. 126) auf die i.d.R. vorausgehende, der Vermeidung eines Prozesses dienende Schutzrechtsverwarnung zu erstrecken,[326] wie es der I. Zivilsenat des BGH für kennzeichenrechtliche Streitigkeiten befürwortet hat.[327] Im Rahmen des offenen Tatbestands des Eingriffs in den eingerichteten und ausgeübten Gewerbebetriebs (§ 823 Abs. 1 BGB) wird die **Rechtswidrigkeit** der Schutzrechtsverwarnung allerdings nicht bereits durch deren objektiv fehlende Berechtigung indiziert, sondern ist **anhand einer Güter- und Interessenabwägung** festzustellen.[328] Ein wichtiger Aspekt kann dabei sein, ob die für oder gegen eine Schutzrechtsverletzung sprechenden Tatsachen besser vom Verwarnenden oder vom Verwarnten überprüft werden können.[329]

122 Die für die Rechtswidrigkeit vorzunehmende Güter- und Interessenabwägung führt bei der **Abnehmerverwarnung** wegen der besonderen Gefährlichkeit für den Hersteller und Lieferanten (Rdn. 117) und des häufig bestehenden Informationsgefälles i.d.R. zur Rechtswidrigkeit der unbegründeten Schutzrechtsverwarnung.[330] Das gilt insbes., wenn die Schutzrechtsverwarnung aus tatsächlichen Gründen unberechtigt ist, die sich dem Verwarnenden eher als dem Verwarnten erschließen.[331] Bei der **Herstellerverwarnung** besteht dagegen meist kein Informationsvorsprung des Verwarnenden bei der Beurteilung der Sach- und Rechtslage. Die Interessenabwägung kann daher eher als bei der Abnehmerverwarnung ergeben, dass die Schutzrechtsverwarnung nicht als rechtswidrig anzusehen ist.[332]

(3) Verschulden

123 Der unberechtigt Verwarnende ist bei **schuldhafter Fehleinschätzung der Sach- oder Rechtslage** zum Schadensersatz verpflichtet.[333] Art und Umfang der Sorgfaltspflichten des Verwarnenden bestimmen sich danach, inwieweit er auf den Bestand und die Trag-

326 BGH, 15.07.2005, GSZ 1/04, BGHZ 164, 1, 8 – *unberechtigte Schutzrechtsverwarnung.*

327 BGH, 12.08.2004, I ZR 98/02, GRUR 2004, 958, 959 – *Verwarnung aus Kennzeichenrecht.*

328 Harte/Henning/Omsels § 4 Nr. 4 Rn. 206; *Köhler*/Bornkamm/Feddersen § 4 Rn. 4.180; *Ohly*/Sosnitza § 4.4 Rn. 4/38; offenlassend BGH, 19.01.2006, I ZR 98/02, GRUR 2006, 432 Rn. 23 f. – *Verwarnung aus Kennzeichenrecht II*; BGH, 19.01.2006, I ZR 217/03, GRUR 2006, 433 Rn. 20 – *Unbegründete Abnehmerverwarnung*; unklar BGH, 11.01.2018, I ZR 187/16, GRUR 2018, 832 Rn. 76 – *Ballerinaschuh.*

329 Harte/Henning/Omsels § 4 Nr. 4 Rn. 206.

330 Vgl. BGH, 19.01.2006, I ZR 217/03, GRUR 2006, 433 Rn. 20 f. – *Unbegründete Abnehmerverwarnung*; BGH, 15.01.2009, I ZR 123/06, GRUR 2009, 878 Rn. 17 – *Fräsautomat.*

331 BGH, 19.01.2006, I ZR 217/03, GRUR 2006, 433 Rn. 21 – *Unbegründete Abnehmerverwarnung.*

332 OLG Frankfurt, 26.05.2015, 11 U 18/14, WRP 2015, 1004 Rn. 38 f., *Ohly*/Sosnitza § 4.4 Rn. 4/38 a.E.

333 BGH, 15.07.2005, GSZ 1/04, BGHZ 164, 1, 10 f. – *unberechtigte Schutzrechtsverwarnung*; *BGH, 19.01.2006*, I ZR 98/02, GRUR 2006, 432 Rn. 20 – *Verwarnung aus Kennzeichenrecht II*; BGH, 01.12.2015, X ZR 170/12, BGHZ 208, 119 Rn. 15 – *unberechtigte Schutzrechtsverwarnung II.*

fähigkeit seines Immaterialgüterrechts vertrauen darf.[334] Der Inhaber einer eingetragenen Marke kann grds. von der Rechtsbeständigkeit des Zeichens ausgehen, weil die Marke vom DPMA oder EUIPO vor der Eintragung auf das Vorliegen absoluter Eintragungshindernisse zu prüfen ist.[335] Bei materiell ungeprüften Immaterialgüterrechten (z.B. Designs, Gebrauchsmustern, Urheberrechten) bestehen demgegenüber höhere Sorgfaltsanforderungen.[336] Der Verwarnende muss alles ihm Zumutbare tun, um zu einer objektiv richtigen Beurteilung der Rechtslage zu gelangen; dazu kann auch die Einholung von rechtlichem oder fachlichem Rat eines erfahrenen Rechts- oder Patentanwalts gehören.[337] Bei der Abnehmerverwarnung bestehen wegen der hochgradigen Gefährlichkeit für den Hersteller bzw. Lieferanten (Rdn. 117) besonders hohe Sorgfaltsanforderungen.[338] In diesem Fall entgeht der Verwarnende dem Fahrlässigkeitsvorwurf i.d.R. nur, wenn er zuvor den Hersteller erfolglos verwarnt hat und er aufgrund vorausgegangener sorgfältiger Prüfung der Rechtslage davon überzeugt sein konnte, seine Ansprüche seien berechtigt.[339] Geht die unberechtigte Schutzrechtsverwarnung auf eine fahrlässige Fehlberatung durch einen Rechts- oder Patentanwalt zurück, kann auch der Rechts- oder Patentanwalt wegen rechtswidrigen und schuldhaften Eingriffs in den eingerichteten und ausgeübten Gewerbebetrieb des Verwarnten oder seines Lieferanten nach § 823 Abs. 1 BGB haften.[340]

(4) Ansprüche

Der Verwarnte kann den Verwarnenden bei einem betriebsbezogenen rechtswidrigen Eingriff in seinen eingerichteten und ausgeübten Gewerbebetrieb nach **§ 823 Abs. 1, § 1004 BGB analog** auf **Unterlassung** der außergerichtlichen Schutzrechtsverwarnung in Anspruch nehmen.[341] Bei schuldhafter Fehleinschätzung der Sach- oder Rechtslage ist der Verwarnende nach **§ 823 Abs. 1 BGB schadensersatzpflichtig**.[342] **124**

Handelt es sich bei dem unberechtigt verwarnten Hersteller bzw. Lieferanten oder Abnehmer um einen Mitbewerber des Verwarnenden, kommt vorrangig eine **gezielte** **125**

---

334 BGH, 19.01.2006, I ZR 98/02, GRUR 2006, 432 Rn. 25 – *Verwarnung aus Kennzeichenrecht II*.

335 BGH, 19.01.2006, I ZR 98/02, GRUR 2006, 432 Rn. 25 – *Verwarnung aus Kennzeichenrecht II*; BGH, 02.10.2012, I ZR 37/10, GRUR-RS 2013, 06018 Rn. 31 – *XVIII PLUS*; BGH, 11.01.2018, I ZR 187/16, GRUR 2018, 832 Rn. 89 – *Ballerinaschuh*.

336 BGH, 19.01.1979, I ZR 166/76, GRUR 1979, 332, 336 – *Brombeerleuchte*; BGH, 11.01.2018, I ZR 187/16, GRUR 2018, 832 Rn. 89 – *Ballerinaschuh*.

337 BGH, 11.12.1973, X ZR 14/70, BGHZ 62, 29, 38 – *Maschenfester Strumpf*; BGH, 22.06.1976, X ZR 44/74, GRUR 1976, 715, 717 – *Spritzgießmaschine*.

338 BGH, 19.01.1979, I ZR 166/76, GRUR 1979, 332, 336 – *Brombeerleuchte*.

339 BGH, 11.01.2018, I ZR 187/16, GRUR 2018, 832 Rn. 92 – *Ballerinaschuh*.

340 BGH, 01.12.2015, X ZR 170/12, BGHZ 208, 119 Rn. 17, 20 f. – *unberechtigte Schutzrechtsverwarnung II*.

341 *Köhler*/Bornkamm/Feddersen § 4 Rn. 4.180.

342 BGH, 15.07.2005, GSZ 1/04, BGHZ 164, 1, 10 f. – *unberechtigte Schutzrechtsverwarnung*; BGH, 19.01.2006, I ZR 98/02, GRUR 2006, 432 Rn. 20 – *Verwarnung aus Kennzeichenrecht II*; BGH, 01.12.2015, X ZR 170/12, BGHZ 208, 119 Rn. 15 – *unberechtigte Schutzrechtsverwarnung II*.

Behinderung der Betriebsabläufe des Verwarnten **i.S. des § 4 Nr. 4** in Betracht (Rdn. 11; str.).[343] Bei der Abnehmerverwarnung kann außerdem eine unlautere Behinderung des mittelbar betroffenen Herstellers oder Lieferanten unter dem Gesichtspunkt der Absatzbehinderung[344] oder des Boykotts[345] vorliegen. Der Entscheidung des Großen Senats des BGH in Zivilsachen lässt sich nicht entnehmen, dass bei Bestehen eines Wettbewerbsverhältnisses trotz Einschlägigkeit einer lauterkeitsrechtlichen Spezialvorschrift der Auffangtatbestand des § 823 Abs. 1 BGB anwendbar sein soll.[346] Bei Vorliegen eines Wettbewerbsverhältnisses ergibt sich deshalb der Unterlassungsanspruch des verwarnten Mitbewerbers aus **§ 8 Abs. 1 Satz 1, § 3 Abs. 1, § 4 Nr. 4 UWG** und der Schadensersatzanspruch aus **§ 9 Satz 1, § 3 Abs. 1, § 4 Nr. 4 UWG**. Finden sich in der Abnehmerverwarnung zusätzlich negative Äußerungen über den Lieferanten oder seine Produkte, können außerdem die Tatbestände der Herabsetzung oder Verunglimpfung (§ 4 Nr. 1) oder der Anschwärzung (§ 4 Nr. 2) gegeben sein.

cc) Unberechtigte Schutzrechtsklage

126 In der Erhebung einer auf eine (angebliche) Schutzrechtsverletzung gestützten Klage liegt auch im Fall ihrer Unbegründetheit grds. weder eine gezielte Behinderung (§ 4 Nr. 4 UWG) noch ein rechtswidriger Eingriff in den eingerichteten und ausgeübten Gewerbebetrieb des Beklagten (§ 823 Abs. 1 BGB), sofern der Kläger die Rechtslage lediglich fahrlässig falsch eingeschätzt hat. Bei **subjektiver Redlichkeit** des Klägers ist der Eingriff in den eingerichteten und ausgeübten Gewerbebetrieb i.d.R. gerechtfertigt, weil der **Schutz** des Beklagten **durch das gerichtliche Verfahren** gewährleistet ist.[347] In diesem Fall ist die Behinderung des verklagten Mitbewerbers, die durch die Klage wegen vermeintlicher Schutzrechtsverletzung erfogt, nicht als unlauter i.S. des § 4 Nr. 4 UWG anzusehen. Hat der Beklagte die Produktion oder den Vertrieb aufgrund einer der Klage vorausgegangenen unberechtigten Schutzrechtsverwarnung eingestellt, greift das Klageprivileg allerdings auch hinsichtlich der seit Klageerhebung eingetretenen Schäden nicht ein.[348] Kennt der Kläger dagegen die fehlende Berechtigung seines Begehrens und missbraucht er das gerichtliche Verfahren zur Schädigung des Gegners,

343 Vgl. BGH, 19.01.2006, I ZR 217/03, GRUR 2006, 433 Rn. 16 – *Unbegründete Abnehmerverwarnung*; FBO/Götting/Hetmank § 4 Nr. 4 Rn. 80, 83 a.E.; jurisPK-UWG/Müller-Bidinger § 4 Nr. 4 Rn. 241; *Ohly*/Sosnitza § 4.4 Rn. 4/38; a. A. [Anspruchskonkurrenz] Harte/Henning/Omsels § 4 Nr. 4 Rn. 213; *Köhler*/Bornkamm/Feddersen § 4 Rn. 4.176a; vgl. auch BGH, 28.01.2016, I ZR 40/14, GRUR 2016, 803 Rn. 63 – *Armbanduhr*; BGH, 29.06.2017, I ZR 9/16, GRUR 2018, 72 Rn. 46 – *Bettgestell*; BGH, 11.01.2018, I ZR 187/16, GRUR 2018, 832 Rn. 70 – *Ballerinaschuh*.

344 BGH, 15.01.2009, I ZR 123/06, GRUR 2009, 878 Rn. 17 f. – *Fräsautomat*.

345 JurisPK-UWG/Müller-Bidinger § 4 Nr. 4 Rn. 244; *Köhler*/Bornkamm/Feddersen § 4 Rn. 4.178.

346 JurisPK-UWG/Müller-Bidinger § 4 Nr. 4 Rn. 241; *Ohly*/Sosnitza § 4.4 Rn. 4/38; a. A. FBO/Götting/Hetmank § 4 Nr. 4 Rn. 80; *Köhler*/Bornkamm/Feddersen § 4 Rn. 4.176a.

347 BGH, 15.07.2005, GSZ 1/04, BGHZ 164, 1, 6 – *unberechtigte Schutzrechtsverwarnung*, BGH, 19.01.2006, I ZR 217/03, GRUR 2006, 433 Rn. 17 – *Unbegründete Abnehmerverwarnung*; BGH, 11.01.2018, I ZR 187/16, GRUR 2018, 832 Rn. 76 – *Ballerinaschuh*.

348 BGH, 11.01.2018, I ZR 187/16, GRUR 2018, 832 Rn. 84 – *Ballerinaschuh*.

z.B. indem er den Prozess mit unlauteren Mitteln betreibt, haftet er nach § 826 BGB oder § 4 Nr. 4 UWG.[349]

IV. Behinderung durch Registrierung von Marken oder Domainnamen

127 Das Markengesetz stellt in seinem Anwendungsbereich eine umfassende und in sich geschlossene Regelung dar. Ein wettbewerbsrechtlicher Kennzeichenschutz kommt deshalb grds. nur in Betracht, wenn sich das Verhalten nicht in Umständen erschöpft, die eine markenrechtliche Verletzungshandlung begründen können. Hinzutreten muss ein von den markenrechtlichen Vorschriften nicht erfasster Unlauterkeitstatbestand (Rdn. 9).[350]

1. Behinderung durch Markenanmeldung

a) Allgemeines

128 Die Eintragung einer Marke verleiht dem Markeninhaber ein Ausschließlichkeitsrecht, mit dem er Dritten die Benutzung des Zeichens für bestimmte Waren oder Dienstleistungen untersagen kann (sog. **Sperrwirkung**). Die damit verbundene Behinderung von Mitbewerbern ist im Markenrecht angelegt und als solche nicht i.S. des § 4 Nr. 4 unlauter.[351] Das gilt wegen des im Markenrecht geltenden **Prioritätsprinzip**s (§ 6 MarkenG, Art. 8 (1), (2) UMV) im Ausgangspunkt auch, wenn der Anmelder weiß, dass ein (potenzieller) Mitbewerber dasselbe oder ein verwechselbar ähnliches Zeichen im In- oder Ausland ohne formalen Schutz als Kennzeichen für identische oder gleichartige Waren oder Dienstleistungen benutzt.[352]

129 Eine **gezielte Mitbewerberbehinderung** i.S. des § 4 Nr. 4 liegt nur vor, **wenn** auf Seiten des Anmelders besondere Umstände hinzutreten, die das Erwirken der Markeneintragung als unlauter erscheinen lassen.[353] Davon ist auszugehen, wenn der Anmelder das Zeichen nicht als Marke, d.h. als Herkunftshinweis benutzen, sondern seine formale Rechtsstellung als Markeninhaber vorrangig zur unlauteren Behinderung eines Mitbewerbers einsetzen will.[354] Die Voraussetzungen für eine unlautere Behinderung i.S. des § 4 Nr. 4 UWG stimmen insoweit mit den Voraussetzungen für eine **bösgläubige Markenanmeldung** i. S. des § 8 Abs. 2 Nr. 14 MarkenG, Art. 59 (1) lit. b UMV

---

349 BGH, 11.01.2018, I ZR 187/16, GRUR 2018, 832 Rn. 77 – *Ballerinaschuh*.

350 BGH, 16.12.2004, I ZR 177/02, GRUR 2005, 419, 422 – *Räucherkate*; BGH, 06.12.2007, I ZR 169/04, GRUR 2008, 628 Rn. 14 – *Imitationswerbung*; BGH, 19.02.2009, I ZR 135/06, GRUR 2009, 685 Rn. 38 – *ahd.de*.

351 FBO/Götting/Hetmank § 4 Nr. 4 Rn. 148; Harte/Henning/Omsels § 4 Nr. 4 Rn. 113.

352 BGH, 10.08.2000, I ZR 283/97, GRUR 2000, 1032, 1034 – *EQUI 2000*; BGH, 20.01.2005, I ZR 29/02, GRUR 2005, 581, 582 – *The Colour of Elégance*; BGH, 10.01.2008, I ZR 38/05, GRUR 2008, 621 Rn. 21 – *AKADEMIKS*.

353 BGH, 10.01.2008, I ZR 38/05, GRUR 2008, 621 Rn. 21 – *AKADEMIKS*; BGH, 12.11.2009, I ZR 183/07, GRUR 2010, 642 Rn. 51 – *WM-Marken*.

354 BGH, 02.04.2009, I ZB 8/06, GRUR 2009, 780 Rn. 11 – *Ivadal*; BGH, 23.09.2015, I ZR 105/14, BGHZ 207, 71 Rn. 58 – *Goldbären*.

überein.[355] Die Bestimmungen in § 8 Abs. 2 Nr. 14, § 50 Abs. 1 MarkenG, Art. 59 (1) lit. b UMV zur bösgläubigen Markenanmeldung stellen insofern keine abschließenden Regelungen dar, weil ein Wettbewerbsprozess vor den ordentlichen Gerichten besser als das Amtsermittlungsverfahren beim DPMA oder EUIPO auf die Entscheidung häufig streitiger und komplexer Sachverhalte zugeschnitten ist.[356]

b) Sperrmarken

130 Besondere unlauterkeitsbegründende Umstände liegen vor, wenn der Anmelder in Kenntnis eines schutzwürdigen Besitzstands des Mitbewerbers die gleiche oder eine zum Verwechseln ähnliche Bezeichnung für gleiche oder gleichartige Waren oder Dienstleistungen als Marke ohne zureichenden sachlichen Grund mit dem **Ziel** eintragen lässt, **den schutzwürdigen Besitzstand des Mitbewerbers zu stören** oder für diesen den Gebrauch der Bezeichnung zu sperren.[357] Ein schutzwürdiger Besitzstand des Mitbewerbers setzt voraus, dass sein Zeichen aufgrund einer Nutzung im Inland oder einer überragenden Verkehrsgeltung im Ausland eine gewisse Bekanntheit im Inland erlangt hat.[358]

131 Ein besonderer unlauterkeitsbegründender Umstand liegt ferner vor, wenn der Anmelder die mit der Eintragung entstehende Sperrwirkung der Marke **zweckfremd als Mittel des Wettbewerbskampfs** einsetzt.[359] Erforderlich ist neben der objektiven Eignung des Zeichens, eine Sperrwirkung zu entfalten und als Mittel des Wettbewerbskampfs eingesetzt zu werden, eine entspr. Absicht des Anmelders.[360] Der objektiven Eignung zur Sperrwirkung steht i.d.R. nicht entgegen, dass der Mitbewerber das betr. Zeichen nur beschreibend und nicht markenmäßig benutzt, weil sich die Abgrenzung zwischen einer nicht angreifbaren beschreibenden Verwendung und einer angreifbaren kennzeichenmäßigen Verwendung im Einzelfall schwierig gestaltet.[361] Die Absicht des Anmelders, die Marke zweckfremd als Mittel des Wettbewerbskampfs einzusetzen, muss nicht sein einziger, aber sein wesentlicher Beweggrund sein.[362] Soweit der Anmelder die

355 BGH, 20.05.2009, I ZB 53/08, GRUR 2009, 992 Rn. 16 – *Schuhverzierung*; BGH, 30.01.2014, I ZR 107/10, GRUR 2014, 385 Rn. 23 – *H 15*; BGH, 23.09.2015, I ZR 105/14, BGHZ 207, 71 Rn. 57 – *Goldbären*.

356 Vgl. BGH, 10.08.2000, I ZR 283/97, GRUR 2000, 1032, 1034 – *EQUI 2000*.

357 BGH, 12.07.2007, I ZR 148/04, BGHZ 173, 230 Rn. 18 – *CORDARONE*; BGH, 02.04.2009, I ZB 8/06, GRUR 2009, 780 Rn. 13 – *Ivadal*; BGH, 15.10.2015, I ZB 69/14, GRUR 2016, 380 Rn. 17 – *GLÜCKSPILZ*.

358 BGH, 10.01.2008, I ZR 38/05, GRUR 2008, 621 Rn. 22 – *AKADEMIKS*.

359 BGH, 03.02.2005, I ZR 45/03, GRUR 2005, 414, 417 – *Russisches Schaumgebäck*; BGH, 12.07.2007, I ZR 148/04, BGHZ 173, 230 Rn. 18 – *CORDARONE*; BGH, 10.01.2008, I ZR 38/05, GRUR 2008, 621 Rn. 21 – *AKADEMIKS*; BGH, 12.11.2009, I ZR 183/07, GRUR 2010, 642 Rn. 51 – *WM-Marken*; BGH, 15.10.2015, I ZB 69/14, GRUR 2016, 380 Rn. 17 – *GLÜCKSPILZ*.

360 BGH, 20.01.2005, I ZR 29/02, GRUR 2005, 581, 582 – *The Colour of Elégance*.

361 BGH, 20.01.2005, I ZR 29/02, GRUR 2005, 581, 582 – *The Colour of Elégance*.

362 BGH, 10.08.2000, I ZR 283/97, GRUR 2000, 1032, 1034 – *EQUI 2000*; BGH, 10.01.2008, I ZR 38/05, GRUR 2008, 621 Rn. 32 – *AKADEMIKS*; BGH, 26.06.2008, I ZR 190/05, GRUR 2008, 917 Rn. 23 – *EROS*.

Marke auch für eigene Waren oder Dienstleistungen zu nutzen beabsichtigt, ist eine Gesamtabwägung aller Umstände des Einzelfalls erforderlich.[363]

Ein unlauterer Einsatz einer Marke als zweckwidriges Mittel zum Wettbewerbskampf **132** kann danach vorliegen, wenn der Anmelder ein Zeichen allein zu dem **Zweck** als Marke anmeldet, **den Marktzutritt eines** (potenziellen) **Mitbewerbers zu verhindern**, ohne selbst die markenmäßige Benutzung des Zeichens zu beabsichtigen.[364] Eine unlautere Mitbewerberbehinderung kommt auch in Betracht, wenn der Anmelder der Marke weiß, dass ein (potenzieller) Mitbewerber ein identisches oder verwechslungsfähig ähnliches Zeichen im Ausland bereits für gleichartige Waren oder Dienstleistungen benutzt, der (potenzielle) Mitbewerber die Absicht hat, das Zeichen in absehbarer Zeit im Inland zu benutzen, und sich dem Anmelder diese Absicht aufdrängen muss.[365] Reiht sich das angemeldete Zeichen in andere eingetragene Marken des Anmelders ein, steht i.d.R. die Pflege des eigenen Markenbestands sowie die Verhinderung eines Einbruchs in die eigene »Markenfamilie« und nicht eine Behinderungsabsicht im Vordergrund.[366] Demgegenüber stellt es eine gezielte Behinderung i.S. des § 4 Nr. 4 dar, wenn der Markeninhaber, nachdem er beim Betreiber einer Internetsuchmaschine eine allgemeine **Markenbeschwerde** eingelegt hat, die erbetene Zustimmung zu einer konkreten Adwords-Werbung eines Mitbewerbers verweigert, obwohl diese seine Markenrechte nicht verletzt.[367]

c) Hinterhaltsmarken

Die Anmeldung einer Marke zu dem Zweck, sie einem Mitbewerber zum Kauf anzu- **133** bieten, stellt für sich genommen keine unlautere Behinderung dar. Die Eintragung einer Marke erfordert keine Absicht des Anmelders zur eigenen Benutzung, sondern es genügt der generelle Wille, sie (z.B. als Werbeagentur oder Markendesigner) Dritten im Wege des Verkaufs oder der Lizenzierung zu überlassen.[368] Eine gezielte Behinderung i.S. des § 4 Nr. 4 liegt jedoch vor, wenn der Markeninhaber in **unlauter**er Weise versucht, Mitbewerber zum Erwerb der Marke zu veranlassen. Davon ist auszugehen, **wenn** der Markeninhaber eine Vielzahl von Marken für unterschiedliche Waren oder Dienstleistungen **anmeldet**, hinsichtlich derer er keinen ernsthaften Benutzungswillen hat, und die Marken im Wesentlichen hortet, **um Mitbewerber**, die identische oder ähnliche Bezeichnungen verwenden, **mit Ansprüchen** auf Unterlassung, Schadensersatz oder Erstattung von Abmahnkosten **zu überziehen** (sog. **Hinterhaltsmarken**).[369]

---

363 BGH, 26.06.2008, I ZR 190/05, GRUR 2008, 917 Rn. 23 – *EROS*.
364 BGH, 15.10.2015, I ZB 69/14, GRUR 2016, 380 Rn. 17 – *GLÜCKSPILZ*.
365 BGH, 10.01.2008, I ZR 38/05, GRUR 2008, 621 Rn. 26 – *AKADEMIKS*.
366 BGH, 20.01.2005, I ZR 29/02, GRUR 2005, 581, 582 – *The Colour of Elégance*.
367 BGH, 12.03.2015, I ZR 188/13, GRUR 2015, 607 Rn. 19 – *Uhrenankauf im Internet*.
368 BGH, 23.11.2000, I ZR 93/98, GRUR 2001, 242, 244 – *Classe E*; BGH, 02.04.2009, I ZB 8/06, GRUR 2009, 780 Rn. 19 – *Ivadal*.
369 BGH, 23.11.2000, I ZR 93/98, GRUR 2001, 242, 244 – *Classe E*; BGH, 02.04.2009, I ZB 8/06, GRUR 2009, 780 Rn. 10 – *Ivadal*.

d) Rechtsfolgen

134 Stellt die Anmeldung einer nationalen Marke eine wettbewerbswidrige Behinderung dar, kann der behinderte Mitbewerber nach § 8 Abs. 1 Satz 1, § 3 Abs. 1, § 4 Nr. 4 die Rücknahme der Markenanmeldung oder die Einwilligung in die Löschung der eingetragenen Marke verlangen.[370] Fehlt ein konkretes Wettbewerbsverhältnis, folgt der außerkennzeichenrechtliche **Löschungsanspruch** aus § 826 BGB.[371] Die Löschung der Marke wirkt analog § 52 Abs. 2 MarkenG auf den Zeitpunkt der Markeneintragung zurück.[372] Im Rechtsstreit wegen Verletzung der unlauter nationalen angemeldeten Marke kann der wettbewerbs- oder deliktsrechtliche Löschungsanspruch im Wege der Widerklage geltend gemacht werden.[373] Ob ein auf § 4 Nr. 4 UWG oder § 826 BGB gestützter Löschungsanspruch auch bei Inanspruchnahme aus einer bösgläubig angemeldeten Unionsmarke vor jedem Gericht widerklagend geltend gemacht werden kann[374] oder ob die in Art. 59 (1) lit. b, Art. 63 (1) lit. a, Art. 124 lit. d, 128 (1) UMV vorgesehenen Rechtsbehelfe abschließende Regelungen darstellen,[375] ist bislang nicht durch den EuGH geklärt.[376] Der Geltendmachung von Ansprüchen wegen Verletzung der bösgläubig angemeldeten Marke kann im Übrigen die **Einrede unlauterer Behinderung** i.S. des § 4 Nr. 4 UWG oder § 826 BGB entgegengehalten werden.[377] Das gilt auch für eine bösgläubig angemeldete Unionsmarke.[378]

2. Behinderung durch Registrierung von Domainnamen

a) Allgemeines

135 Soweit ein Domainname die Marke oder Unternehmensbezeichnung eines Dritten enthält, können dem Dritten gegen die Benutzung des Domainnamens im geschäftlichen Verkehr **markenrechtliche Ansprüche** (§§ 14, 15 MarkenG)[379] und kann ihm gegen

370 BGH, 10.08.2000, I ZR 283/97, GRUR 2000, 1032, 1034 – *EQUI 2000*; BGH, 30.01.2014, I ZR 107/10, GRUR 2014, 385 Rn. 23 – *H 15*.

371 BGH, 03.02.2005, I ZR 45/03, GRUR 2005, 414, 417 – *Russisches Schaumgebäck*; *Ohly*/Sosnitza § 4.4 Rn. 4/83.

372 BGH, 30.01.2014, I ZR 107/10, GRUR 2014, 385 Rn. 22 f. – *H 15*.

373 BGH, 30.01.2014, I ZR 107/10, GRUR 2014, 385 Rn. 23 – *H 15*.

374 Ingerl/Rohnke § 125b Rn. 14; *Köhler*/Bornkamm/Feddersen § 4 Rn. 4.85.

375 BeckOK MarkenR/Grüger Art. 128 UMV Rn. 1; jurisPK-UWG/Müller-Bidinger § 4 Nr. 4 Rn. 276.

376 Offenlassend BGH, 20.01.2005, I ZR 29/02, GRUR 2005, 581, 582 – *The Colour of Elégance*.

377 BGH, 03.02.2005, I ZR 45/03, GRUR 2005, 414, 417 – *Russisches Schaumgebäck*; BGH, 26.06.2008, I ZR 190/05, GRUR 2008, 917 Rn. 19 – *EROS*; BGH, 23.09.2015, I ZR 105/14, BGHZ 207, 71 Rn. 57 – *Goldbären*; BGH, 15.10.2015, I ZB 44/14, GRUR 2016, 378 Rn. 21 – *LIQUIDROM*.

378 jurisPK-UWG/Müller-Bidinger § 4 Nr. 4 Rn. 279.

379 Vgl. BGH, 02.12.2004, I ZR 207/01, GRUR 2005, 687, 689 – *weltonline.de*; vgl. BGH, 13.03.2008, I ZR 151/05, GRUR 2008, 912 Rn. 16 – *Metrosex*.

das Registrierthalten des Domainnamens ggf. ein **Löschungsanspruch** aus § 12 BGB[380] zustehen.

Die Registrierung eines Domainnamens kann außerdem den Tatbestand der gezielten Mitbewerberbehinderung i.S. des § 4 Nr. 4 UWG erfüllen. Die Reservierung eines Domainnamens zur geschäftlichen Nutzung stellt eine geschäftliche Handlung (§ 2 Abs. 1 Nr. 1) dar.[381] Ein konkretes Wettbewerbsverhältnis (§ 2 Abs. 1 Nr. 3) liegt bereits dann vor, wenn die Unternehmer denselben Domainnamen für sich registrieren lassen wollen.[382] Durch die Registrierung eines Domainnamens auf einen Unternehmer werden andere Unternehmer in ihrer wettbewerblichen Entfaltungsfreiheit beeinträchtigt, weil sie den Domainnamen nicht für ihr Unternehmen nutzen können. **136**

Eine solche Behinderung ist allerdings Folge des bei der Vergabe von Domainnamen geltenden **Prioritätsprinzips** und als solche Teil des Wettbewerbs.[383] Das gilt ebenfalls für die Registrierung eines Gattungsbegriffs als Domainname, auch wenn dadurch eine gewisse Kanalisierung der Kundenströme auf das Unternehmen des Domaininhabers eintreten kann.[384] Die in der Registrierung eines Domainnamens liegende **Mitbewerberbehinderung** ist **nur bei** Hinzutreten von **besonderen**, außerhalb der kennzeichenrechtlichen Regelungen liegenden **Umständen** i.S. des § 4 Nr. 4 als **unlauter** anzusehen.[385] **137**

b) Rechtsmissbrauch

Ein besonderes Unlauterkeitsmerkmal ist gegeben, wenn der Domaininhaber bei der Registrierung oder beim Halten des Domainnamens rechtsmissbräuchlich handelt.[386] Ein **Rechtsmissbrauch** ist insbes. anzunehmen, wenn der Inhaber den Domainnamen ohne ernsthaften Benutzungswillen hat registrieren lassen oder hält, um ihn sich vom Inhaber eines entspr. Kennzeichen- oder Namensrechts abkaufen zu lassen (**Domain-Grabbing**).[387] Steht im Registrierungszeitpunkt Dritten (noch) kein entspr. Kennzeichen- oder Namensrecht zu, genügt für einen ernsthaften Benutzungswillen des Domaininhabers grds. die Absicht, die Domain bei Gelegenheit an interessierte Dritte **138**

---

380 BGH, 09.11.2011, I ZR 150/09, GRUR 2012, 304 Rn. 32 – *Basler Haar-Kosmetik*; BGH, 22.01.2014, I ZR 164/12, GRUR 2014, 393 Rn. 16 – *wetteronline.de*.

381 BGH, 19.02.2009, I ZR 135/06, GRUR 2009, 685 Rn. 40 – *ahd.de*.

382 BGH, 19.02.2009, I ZR 135/06, GRUR 2009, 685 Rn. 40 – *ahd.de*.

383 BGH, 19.02.2009, I ZR 135/06, GRUR 2009, 685 Rn. 42 – *ahd.de*; BGH, 22.01.2014, I ZR 164/12, GRUR 2014, 393 Rn. 53 – *wetteronline.de*.

384 BGH, 17.05.2001, I ZR 216/99, BGHZ 148, 1, 6/10 – *Mitwohnzentrale*; BGH, 02.12.2004, I ZR 207/01, GRUR 2005, 687, 688 – *weltonline.de*; BGH, 22.01.2014, I ZR 164/12, GRUR 2014, 393 Rn. 41 – *wetteronline.de*.

385 BGH, 19.02.2009, I ZR 135/06, GRUR 2009, 685 Rn. 38, 41 – *ahd.de*; BGH, 22.01.2014, I ZR 164/12, GRUR 2014, 393 Rn. 52 – *wetteronline.de*.

386 BGH, 19.02.2009, I ZR 135/06, GRUR 2009, 685 Rn. 43 – *ahd.de*.

387 BGH, 24.04.2008, I ZR 159/05, GRUR 2008, 1099 Rn. 33 – *afilias.de*; BGH, 19.02.2009, I ZR 135/06, GRUR 2009, 685 Rn. 43 – *ahd.de*; BGH, 22.01.2014, I ZR 164/12, GRUR 2014, 393 Rn. 54 – *wetteronline.de*.

zu verkaufen oder gegen Entgelt zu lizenzieren.[388] Eine rechtsmissbräuchliche Registrierung kommt allerdings in Betracht, wenn der Domainname angemeldet wird, um bei passender Gelegenheit Dritte mit Unterlassungs- oder Schadensersatzansprüchen zu überziehen oder sie zur Vermeidung solcher Ansprüche zum Abkauf des Domainnamens zu veranlassen.[389]

c) Rechtsfolgen

139 Begründet die Aufrechterhaltung der Registrierung des Domainnamens eine gezielte Behinderung des Mitbewerbers, steht diesem nach § 8 Abs. 1 Satz 1 Alt. 1, § 3 Abs. 1, § 4 Nr. 4 ein Beseitigungsanspruch auf Einwilligung in die Löschung des Domainnamens zu.[390] Folgt die gezielte Behinderung aus der Verwendung des (verwechslungsfähigen) Domainnamens zum unlauteren Abfangen von Kunden (Rdn. 49), steht dem Mitbewerber nach § 8 Abs. 1 Satz 1 Alt. 2, § 3 Abs. 1, § 4 Nr. 4 ein Unterlassungsanspruch zu.

V. Boykottaufruf

1. Allgemeines

140 Ein **Boykottaufruf** ist die Aufforderung an eine Person oder mehrere Personen zum Abbruch oder zur Nichtaufnahme von geschäftlichen Beziehungen zu einem oder mehreren Unternehmen. Beteiligt sind der **Verrufer** (Boykottierer, Auffordernder), der **Adressat** der Aufforderung (Ausführer) und der **Verrufene** (Boykottierte), gegen den sich die Aufforderung richtet.[391]

141 Ein Boykottaufruf zielt seiner Natur nach auf die Beeinträchtigung der wettbewerblichen Entfaltungsfreiheit und damit auf die Behinderung des oder der verrufenen Unternehmen ab. Er kann sowohl den Tatbestand des wettbewerbsrechtlichen Boykottverbots (§ 4 Nr. 4 UWG) als auch den Tatbestand des kartellrechtlichen Boykottverbots (§ 21 Abs. 1 GWB) erfüllen. Zwischen beiden Tatbeständen besteht Anspruchskonkurrenz.[392] Fehlt es an der **Mitbewerbereigenschaft des Verrufenen** oder an einer geschäftlichen Handlung des Verrufers, kommt eine deliktische Haftung des Verrufers wegen Eingriffs in den eingerichteten und ausgeübten Gewerbebetrieb des Verrufenen

388 BGH, 19.02.2009, I ZR 135/06, GRUR 2009, 685 Rn. 45 f. – *ahd.de.*

389 BGH, 19.02.2009, I ZR 135/06, GRUR 2009, 685 Rn. 46 – *ahd.de.*

390 Vgl. BGH, 19.02.2009, I ZR 135/06, GRUR 2009, 685 Rn. 38 – *ahd.de*; BGH, 22.01.2014, I ZR 164/12, GRUR 2014, 393 Rn. 51 f. – *wetteronline.de.*

391 BGH, 18.11.1955, I ZR 176/53, BGHZ 19, 72, 77 – *Gesangbuch*; BGH, 12.03.1965, KZR 8/63, GRUR 1965, 440, 442 – *Milchboykott*; BGH, 28.09.1999, KZR 18/98, GRUR 2000, 344, 346 – *Beteiligungsverbot für Schilderpräger.*

392 Vgl. BGH, 28.09.1999, KZR 18/98, GRUR 2000, 344, 347 – *Beteiligungsverbot für Schilderpräger*; jurisPK-UWG/Müller-Bidinger § 4 Nr. 4 Rn. 407; *Köhler*/Bornkamm/Feddersen § 4 Rn. 4.127.

(§ 823 Abs. 1 BGB) oder wegen vorsätzlicher sittenwidriger Schädigung des Verrufenen (§ 826 BGB) in Betracht.[393]

2. Voraussetzungen

a) Geschäftliche Handlung

Der Boykottaufruf des Verrufers muss eine **geschäftliche Handlung i.S. des § 2 Abs. 1 Nr. 1** darstellen. Er muss objektiv mit der Förderung des Absatzes oder des Bezugs von Waren oder Dienstleistungen des eigenen oder eines fremden[394] Unternehmens zusammenhängen. Ein solcher Zusammenhang kann bei Äußerungen der Presse,[395] einer politischen, religiösen oder gesellschaftlichen Organisation[396] oder eines Verbraucherverbands[397] nicht vermutet werden. In einem derartigen Fall ist anhand der konkreten Umstände des Einzelfalls zu beurteilen, ob es vorrangig um die Wahrnehmung der wirtschaftlichen Interessen eines Unternehmens oder vorrangig um eine argumentative Auseinandersetzung über Belange der Allgemeinheit geht (Rdn. 17).[398] Liegt keine geschäftliche Handlung des Verrufers vor, kann er wegen Eingriffs in den eingerichteten und ausgeübten Gewerbebetrieb des Verrufenen (§ 823 Abs. 1 BGB) haften. 142

b) Aufforderung des Verrufers

Der Aufruf des Verrufers muss auf eine **Beeinflussung der freien Willensentscheidung des Adressaten** hinsichtlich der Lieferbeziehungen zu einem oder mehreren anderen Unternehmen gerichtet sein.[399] Der Adressat muss über einen eigenen Entscheidungsspielraum verfügen, in dessen Ausübung er durch den Aufruf des Verrufers beeinflusst werden kann.[400] Ein eigener Entscheidungsspielraum fehlt, wenn der Adressat gegenüber dem Verrufer weisungsgebunden ist[401] oder zu dem aufgerufenen Verhalten vertraglich oder gesetzlich verpflichtet ist[402]. Die Beeinflussung muss nicht mit der 143

---

393 BGH, 12.03.1965, KZR 8/63, GRUR 1965, 440, 442 – *Milchboykott*; BGH, 29.01.1985, VI ZR 130/86, GRUR 1985, 470, 471 – *Mietboykott*; BGH, 06.02.2014, I ZR 75/13, GRUR 2014, 904 Rn. 12 – *Aufruf zur Kontokündigung*.

394 BGH, 02.02.1984, I ZR 4/82, GRUR 1984, 461, 462 – *Kundenboykott*.

395 BGH, 02.02.1984, I ZR 4/82, GRUR 1984, 461, 463 – *Kundenboykott*; BGH, 22.01.1985, KZR 4/84, GRUR 1985, 468, 469 f. – *Ideal-Standard*.

396 OLG München, 14.01.1999, 29 W 3470/98, NJWE WettbR 1999, 274, 275; OLG Stuttgart, 15.09.2005, 2 U 60/05, GRUR-RR 2006, 20, 21 – *Absperrband-Aktion*.

397 *Köhler*/Bornkamm/Feddersen § 2 Rn. 60.

398 BGH, 02.02.1984, I ZR 4/82, GRUR 1984, 461, 463 – *Kundenboykott*; BGH, 22.01.1985, KZR 4/84, GRUR 1985, 468, 469 f. – *Ideal-Standard*; BGH, 31.03.2016, I ZR 160/14, GRUR 2016, 710 Rn. 12 a.E., 16 – *Im Immobiliensumpf*.

399 BGH, 22.01.1985, KZR 4/84, GRUR 1985, 468, 469 – *Ideal-Standard*; BGH, 10.10.1989, KZR 22/88, GRUR 1990, 474, 475 – *Neugeborenentransporte*.

400 BGH, 10.10.1989, KZR 22/88, GRUR 1990, 474, 475 – *Neugeborenentransporte*; FBO/Götting/Hetmank § 4 Nr. 4 Rn. 29; *Köhler*/Bornkamm/Feddersen § 4 Rn. 4.119b.

401 BGH, 18.11.1955, I ZR 176/53, BGHZ 19, 72, 77 – *Gesangbuch*; BGH, 26.10.1972, KZR 54/71, GRUR 1973, 277 – *Ersatzteile für Registrierkassen*; BGH, 10.10.1989, KZR 22/88, GRUR 1990, 474, 475 – *Neugeborenentransporte*.

402 OLG Stuttgart, 21.01.2010, 2 U 8/09, juris Rn. 122.

Ausübung von Druck verbunden sein.[403] Sie darf sich aber nicht auf eine bloße Information oder Meinungsäußerung, eine unverbindliche Anregung[404] oder die Äußerung einer Rechtsauffassung[405] beschränken, sondern muss eine Aufforderung beinhalten. Entscheidend ist nicht der Wortlaut der Äußerung, sondern, ob der Adressat sie in der konkreten Situation und im konkreten Zusammenhang als Aufforderung verstehen darf.[406]

144 Die Aufforderung muss zur Beeinflussung des Adressaten **objektiv geeignet** sein.[407] Ob der Adressat sich in seinem Verhalten tatsächlich beeinflussen lässt, ist ohne Bedeutung.[408] Die Eignung zur Beeinflussung ist zu verneinen, wenn der Adressat von sich aus bereits endgültig zu dem aufgeforderten Verhalten entschlossen war.[409]

c) Liefer- oder Bezugssperre

145 Inhalt der Aufforderung muss sein, bestimmte Lieferbeziehungen nicht einzugehen oder nicht aufrechtzuerhalten,[410] d.h. dauerhaft oder vorübergehend bestimmte Unternehmen nicht mit Waren oder Dienstleistungen zu beliefern oder von bestimmten Unternehmen keine Waren oder Dienstleistungen zu beziehen (**Liefer- oder Bezugssperre**).[411] Eine Äußerung, die nicht gegen andere Unternehmen gerichtet ist, sondern lediglich die Vorzüge des eigenen Angebots herausstellt, ist kein Boykottaufruf.[412] Ist die Aufforderung nicht auf eine Liefer- oder Bezugssperre, sondern auf ein Verhalten gegenüber dem Verrufenen gerichtet, das seinen Geschäftsbetrieb anderweitig erheblich stört, liegt eine **boykottähnliche Maßnahme** vor, die nach den gleichen Grundsätzen wie der Boykott zu beurteilen ist.[413]

---

403 BGH, 22.01.1985, KZR 4/84, GRUR 1985, 468, 469 – *Ideal-Standard.*

404 BGH, 02.02.1984, I ZR 4/82, GRUR 1984, 461, 462 – *Kundenboykott*; BGH, 27.04.1999, KZR 54/97, GRUR 1999, 1031, 1033 – *Sitzender Krankentransport.*

405 BGH, 10.10.1989, KZR 22/88, GRUR 1990, 474, 475 – *Neugeborenentransporte.*

406 BGH, 02.02.1984, I ZR 4/82, GRUR 1984, 461, 462 – *Kundenboykott*; BGH, 22.01.1985, KZR 4/84, GRUR 1985, 468, 469 – *Ideal-Standard*; vgl. BGH, 27.04.1999, KZR 54/97, GRUR 1999, 1031, 1033 – *Sitzender Krankentransport.*

407 BGH, 22.01.1985, KZR 4/84, GRUR 1985, 468, 469 – *Ideal-Standard.*

408 BGH, 13.11.1979, KZR 1/79, GRUR 1980, 242, 244 – *Denkzettel-Aktion.*

409 FBO/Götting/Hetmank § 4 Nr. 4 Rn. 30; jurisPK-UWG/Müller-Bidinger § 4 Nr. 4 Rn. 400; *Köhler*/Bornkamm/Feddersen § 4 Rn. 4.119d.

410 BGH, 22.01.1985, KZR 4/84, GRUR 1985, 468, 469 – *Ideal-Standard*; BGH, 10.10.1989, KZR 22/88, GRUR 1990, 474, 475 – *Neugeborenentransporte.*

411 BGH, 27.04.1999, KZR 54/97, GRUR 1999, 1031, 1033 – *Sitzender Krankentransport*; FBO/Götting/Hetmank § 4 Nr. 4 Rn. 32; *Köhler*/Bornkamm/Feddersen § 4 Rn. 4.121.

412 BGH, 22.07.1999, KZR 13/97, GRUR 2000, 340, 342 f. – *Kartenlesegerät.*

413 BGH, 08.01.1960, I ZR 7/59, GRUR 1960, 331, 335 – *Schleuderpreise*; BGH, 27.04.1999, KZR 54/97, GRUR 1999, 1031, 1032 – *Sitzender Krankentransport*; OLG Frankfurt, 03.08.2004, 11 U 17/04 (Kart), GRUR-RR 2005, 197, 198 – *Vertragshändlernetz*; OLG Frankfurt, 05.03.2009, 6 U 221/08, MMR 2009, 400.

d) Adressat und Verrufener

Der **Adressat** oder die Adressaten des Boykottaufrufs und das verrufene oder die verrufenen Unternehmen müssen **bestimmt oder** jedenfalls anhand von bestimmten Merkmalen, z. B. Gruppen-, Tätigkeits- oder Organisationsmerkmalen, **bestimmbar** sein.[414] Der Adressat eines Boykottaufrufs muss nicht derjenige sein, der die geschäftlichen Beziehungen sperren soll. Es genügt, dass er seine Lieferanten oder Kunden zu einer Liefer- oder Bezugssperre veranlassen soll.[415] Für den Tatbestand der gezielten Behinderung i.S. des § 4 Nr. 4 muss es sich bei dem **Verrufenen** um einen **Mitbewerber** des Verrufers oder des mit dem Boykottaufruf geförderten Unternehmers handeln. Anderenfalls kommt eine Haftung des Verrufers wegen Eingriffs in den eingerichteten und ausgeübten Gewerbebetrieb des Verrufenen (§ 823 Abs. 1 BGB) in Betracht. 146

e) Unlauterkeit

Ob die mit einem Boykottaufruf verbundene Behinderung des Verrufenen i.S. des § 4 Nr. 4 unlauter ist, beurteilt sich anhand einer umfassenden Abwägung der schutzwürdigen Interessen der Beteiligten unter Berücksichtigung des Interesses der Allgemeinheit an einem unverfälschten Wettbewerb.[416] Danach ist der Boykottaufruf **i.d.R. unlauter**, sofern nicht ausnahmsweise besondere Umstände vorliegen, die ihn gerechtfertigt erscheinen lassen.[417] Es müssen besonders schutzwürdige Interessen des Verrufers, des Adressaten oder der Allgemeinheit vorliegen, um die Unlauterheit der Behinderung zu verneinen.[418] 147

Ein Boykottaufruf ist im Hinblick auf das **Grundrecht der freien Meinungsäußerung** (Art. 5 Abs. 1 GG) grds. zulässig, wenn er seinen Grund nicht in eigenen Interessen wirtschaftlicher Art, sondern in der Sorge um politische, wirtschaftliche, soziale oder kulturelle Belange der Allgemeinheit findet, sich auf den Versuch der geistigen Einflussnahme und Überzeugung beschränkt und den Grundsatz der Verhältnismäßigkeit wahrt.[419] Ein Boykottaufruf kann allerdings unverhältnismäßig sein, wenn das mit dem Aufruf verfolgte Ziel auch durch die Inanspruchnahme des Rechtswegs erreicht werden 148

414 Vgl. BGH, 13.11.1979, KZR 1/79, GRUR 1980, 242, 244 – *Denkzettel-Aktion*; Harte/Henning/Omsels § 4 Nr. 4 Rn. 232.

415 BGH, 13.11.1979, KZR 1/79, GRUR 1980, 242, 243 – *Denkzettel-Aktion*; BGH, 02.02.1984, I ZR 4/82, GRUR 1984, 461, 462 – *Kundenboykott.*

416 BGH, 27.04.1999, KZR 54/97, GRUR 1999, 1031, 1033 – *Sitzender Krankentransport*; BGH, 28.09.1999, KZR 18/98, GRUR 2000, 344, 346 f. – *Beteiligungsverbot für Schilderpräger.*

417 OLG Stuttgart, 28.09.2001, 2 U 220/00, GRUR-RR 2003, 21, 22 – *Rohrpressverbindungen*; OLG Frankfurt, 03.08.2004, 11 U 17/04 (Kart), GRUR-RR 2005, 197, 198 – *Vertragshändlernetz.*

418 *Köhler*/Bornkamm/Feddersen § 4 Rn. 4.122.

419 BVerfG, 15.11.1982, 1 BvR 108, 437, 438/80, BVerfGE 62, 230, 244 f.; BVerfG, 04.10.1988, 1 BvR 1611/87, NJW 1992, 1153, 1154; BVerfG, 08.10.2007, 1 BvR 292/02, NJW-RR 2008, 200, 201; BGH, 06.02.2014, I ZR 75/13, GRUR 2014, 904 Rn. 24 – *Aufruf zur Kontokündigung.*

kann.[420] Ein Boykottaufruf kann ausnahmsweise als **Abwehrmaßnahme** gegenüber einem rechtswidrigen Angriff gerechtfertigt sein, wenn er zur Abwehr geeignet und erforderlich sowie verhältnismäßig ist, insbes. keine schützenswerten Interessen unbeteiligter Dritter beeinträchtigt.[421]

VI. Preisunterbietung

1. Allgemeines

149 Im freien Wettbewerb steht es dem Unternehmer grds. frei, seine Preisgestaltung in eigener Verantwortung vorzunehmen und die Preise von Mitbewerbern auch beim Angebot identischer Waren oder Dienstleistungen zu unterbieten.[422] Die Mitbewerberbehinderung durch den nicht kostendeckenden Verkauf von Waren oder Dienstleistungen unter dem Einstandspreis[423] (Einkaufspreis zuzüglich Bezugskosten abzüglich Preisnachlässen, vgl. § 20 Abs. 3 Satz 3 GWB) oder unter den Selbstkosten[424] (Einstandspreis zuzüglich Gemeinkosten) oder sogar durch die kostenlose Abgabe von Produkten[425] ist als **Mittel des Leistungswettbewerbs** grds. nicht zu beanstanden. Ein entspr. Angebot ist **nur bei** Vorliegen von **besonderen Umständen** als wettbewerbswidrig anzusehen.[426] Das gilt auch bei bekannten Markenartikeln.[427]

150 Unterbietet ein marktbeherrschendes oder marktstarkes Unternehmen die Preise der Mitbewerber, kommt ein Verstoß gegen die kartellrechtlichen Behinderungsverbote in Art. 102 AEUV oder § 19 Abs. 2 Nr. 1 Alt. 1, § 20 Abs. 1, Abs. 3 GWB in Betracht. Nach § 20 Abs. 3 Satz 2 GWB liegt eine unbillige Behinderung insbes. vor beim Angebot von Lebensmitteln unter Einstandspreis (Nr. 1) oder beim nicht nur gelegentlichen Angebot von Waren oder gewerblichen Leistungen unter Einstandspreis (Nr. 2).

---

420 BGH, 12.03.1965, KZR 8/63, GRUR 1965, 440, 443 – *Milchboykott*; BGH, 22.01.1971, I ZR 76/69, GRUR 1971, 259, 260 – *W.A.Z.*; BGH, 06.02.2014, I ZR 75/13, GRUR 2014, 904 Rn. 31, 33 – *Aufruf zur Kontokündigung*.

421 BGH, 22.01.1971, I ZR 76/69, GRUR 1971, 259, 260 – *W.A.Z.*; BGH, 02.02.1984, I ZR 4/82, GRUR 1984, 461, 463 – *Kundenboykott*.

422 BGH, 30.03.2006, I ZR 144/03, GRUR 2006, 596 Rn. 13, 22 – *10% billiger*; BGH, 02.10.2008, I ZR 48/06, GRUR 2009, 416 Rn. 13 – *Küchentiefstpreis-Garantie*; BGH, 31.03.2010, I ZR 75/08, GRUR 2010, 1022 Rn. 20 – *Ohne 19% Mehrwertsteuer*; BGH, 04.05.2016, I ZR 58/14, BGHZ 210, 144 Rn. 82 – *Segmentstruktur*.

423 BGH, 30.03.2006, I ZR 144/03, GRUR 2006, 596 Rn. 13 – *10% billiger*; BGH, 02.10.2008, I ZR 48/06, GRUR 2009, 416 Rn. 13 – *Küchentiefstpreis-Garantie*.

424 BGH, 31.01.1979, I ZR 21/77, GRUR 1979, 321, 322 – *Verkauf unter Einstandspreis*; vgl. BGH, 21.04.2005, I ZR 201/02, GRUR 2005, 1059, 1060 – *Quersubventionierung von Laborgemeinschaften*.

425 BGH, 29.06.2000, I ZR 128/98, GRUR 2001, 80 – *ad-hoc-Meldung*.

426 BGH, 30.03.2006, I ZR 144/03, GRUR 2006, 596 Rn. 13 – *10% billiger*; BGH, 02.10.2008, I ZR 48/06, GRUR 2009, 416 Rn. 13 – *Küchentiefstpreis-Garantie*; BGH, 29.03.2018, I ZR 34/17, GRUR 2018, 946 Rn. 46 – *Bonus Aktion für Taxi App*.

427 BGH, 06.10.1983, I ZR 39/83, GRUR 1984, 204, 206 – *Verkauf unter Einstandspreis II*.

2. Unlauteres Ziel der Marktverdrängung

Ein Angebot unter dem Einstandspreis oder unter den Selbstkosten stellt eine gezielte Behinderung i.S. des § 4 Nr. 4 dar, wenn es objektiv **geeignet und** subjektiv **dazu bestimmt** ist, einen oder mehrere **Mitbewerber** unter Missachtung kaufmännischer Grundsätze und damit mit nicht wettbewerbskonformen Methoden **vom Markt zu verdrängen**, oder wenn kein anderer nachvollziehbarer Grund als die Schädigung von Mitbewerbern unter Inkaufnahme eigener Verluste erkennbar ist.[428] **151**

Eine objektive **Eignung** zur Verdrängung setzt die ernsthafte Gefahr voraus, dass in einem nicht mehr hinnehmbaren Umfang Waren oder Dienstleistungen unter Einstandspreis oder unter den Selbstkosten abgegeben werden; eine bloß abstrakte Gefahr genügt nicht.[429] Erforderlich ist i.d.R., dass die den Einstandspreis oder die Selbstkosten unterschreitende Preisgestaltung nicht nur vorübergehend oder gelegentlich erfolgt, sondern auf Dauer angelegt ist[430] und der preisunterbietende Unternehmer über eine starke Marktstellung oder eine hohe Kapitalkraft verfügt.[431] **152**

Auf eine **Verdrängungsabsicht** deutet hin, wenn bei der nicht kostendeckenden Preiskalkulation kaufmännische Grundsätze missachtet werden.[432] Bei Unternehmen mit einem breiten Sortiment kann eine Mischkalkulation für das Gesamtsortiment eine vernünftige kaufmännische Erwägung darstellen.[433] Sind die Preise nach kaufmännischen Grundsätzen vertretbar kalkuliert, reicht allein der Umstand, dass die Preisgestaltung gezielt gegen Mitbewerber eingesetzt wird, für die Annahme einer unlauteren Behinderung nicht aus.[434] **153**

---

428 BGH, 10.12.1985, KZR 22/85, BGHZ 96, 337, 347 – *Abwehrblatt II*; vgl. BGH, 29.06.2000, I ZR 128/98, GRUR 2001, 80, 81 – *ad-hoc-Meldung*; BGH, 30.03.2006, I ZR 144/03, GRUR 2006, 596 Rn. 13 – *10% billiger*; BGH, 02.10.2008, I ZR 48/06, GRUR 2009, 416 Rn. 13 – *Küchentiefstpreis-Garantie*; BGH, 29.03.2018, I ZR 34/17, GRUR 2018, 946 Rn. 46 – *Bonus Aktion für Taxi App*.

429 BGH, 30.03.2006, I ZR 144/03, GRUR 2006, 596 Rn. 16, 18 – *10% billiger*; BGH, 29.03.2018, I ZR 34/17, GRUR 2018, 946 Rn. 47 – *Bonus Aktion für Taxi App*.

430 Vgl. BGH, 31.01.1979, I ZR 21/77, GRUR 1979, 321, 323 – *Verkauf unter Einstandspreis*; BGH, 26.04.1990, I ZR 71/88, GRUR 1990, 685, 686 – *Anzeigenpreis I*; BGH, 29.03.2018, I ZR 34/17, GRUR 2018, 946 Rn. 47 – *Bonus Aktion für Taxi App*.

431 BGH, 26.04.1990, I ZR 71/88, GRUR 1990, 685, 686 – *Anzeigenpreis I*; *Köhler*/Bornkamm/Feddersen *§ 4 Rn. 4.191*; *Ohly*/Sosnitza § 4.4 Rn. 4/94; BGH, 29.03.2018, I ZR 34/17, GRUR 2018, 946 Rn. 47 – *Bonus Aktion für Taxi App*.

432 BGH, 26.04.1990, I ZR 71/88, GRUR 1990, 685, 686 – *Anzeigenpreis I*; BGH, 02.10.2008, I ZR 48/06, GRUR 2009, 416 Rn. 13 – *Küchentiefstpreis-Garantie*.

433 BGH, 06.10.1983, I ZR 39/83, GRUR 1984, 204, 206 – *Verkauf unter Einstandspreis II*; BGH, 30.03.2006, I ZR 144/03, GRUR 2006, 596 Rn. 19 – *10% billiger*.

434 BGH, 10.12.1985, KZR 22/85, BGHZ 96, 337, 346 – *Abwehrblatt II*; BGH, 30.03.2006, I ZR 144/03, GRUR 2006, 596 Rn. 22 – *10% billiger*; BGH, 02.10.2008, I ZR 48/06, GRUR 2009, 416 Rn. 13 – *Küchentiefstpreis-Garantie*.

3. Unlautere Mittel

154 Eine **Preisunterbietung** kann wettbewerbswidrig sein, wenn sie **unter unlauteren Umständen** vorgenommen wird. Dafür genügt es entgegen der älteren Rspr. des BGH grds. nicht, dass ein Produkt, in dessen Preis sich erhebliche Entwicklungskosten niederschlagen, (nahezu) identisch nachgeahmt und kurze Zeit nach der Markteinführung des Originalprodukts unter Einsparung der Gestehungskosten zu einem deutlich geringeren Preis angeboten wird (Rdn. 63; str.).[435] Der Verkauf von hochwertigen Markenartikeln zu Niedrigpreisen kann eine gezielte Behinderung des Herstellers der Markenware begründen, wenn der Verbraucher den Eindruck einer qualitativen Minderwertigkeit,[436] der technischen oder modischen Überholung oder der weggefallenen Exklusivität gewinnen kann.[437] Die Unlauterkeit einer Preisunterbietung kann auch daraus folgen, dass der Preis für eine unangemessen kurze Zeit herabgesetzt wird (§ 5 Abs. 4) oder die im Preis herabgesetzten Waren oder Dienstleistungen in unzureichender Menge vorhanden sind (Lockvogelangebote, Anh. (zu § 3 Abs. 3) Nr. 5). Die Preisunterschreitung kann ferner wegen Verstoßes gegen gesetzliche Preisbindungsvorschriften, z.B. berufliche Gebührenordnungen (z.B. RVG, HOAI, GOÄ, GOZ) oder §§ 3, 5 Abs. 1 BuchPrG, unzulässig sein (§ 3a UWG, § 9 BuchPrG).

VII. Missbrauch von Nachfragemacht

155 Der Missbrauch von Nachfragemacht **zur Ausschaltung von Mitbewerbern** kann eine gezielte Behinderung nach § 4 Nr. 4 darstellen.[438] Die Ausübung von Nachfragemacht, um besonders günstige Einkaufsbedingungen zu erzielen und sich auf diese Weise besondere Wettbewerbsvorteile zu verschaffen, kann unter besonderen Umständen wettbewerbswidrig sein.[439] Das kann insbes. der Fall bei der Forderung nach Leistungen sein, denen keine echte Gegenleistung gegenübersteht, wie z.B. die Zahlung einer Regal- oder Schaufenstermiete oder die Gewährung eines besonderen Rabatts (sog. Anzapfen).[440] Das Aushandeln von möglichst günstigen Einkaufskonditionen ist allerdings grds. wettbewerbskonform; die von der Rspr. früher vertretene »Funktionswidrigkeit« des Händlerverhaltens ist kein geeignetes Kriterium für die Unlauterkeit.[441] Eine damit einhergehende Behinderung von Mitbewerbern des Nachfragers kann nur nach § 4 Nr. 4 unlauter sein, wenn die Inanspruchnahme von Vorzugsbedingungen bewusst darauf angelegt und objektiv geeignet ist, Mitbewerber vom Genuss vergleichbarer Einkaufsvorteile auszuschließen.[442]

---

435 BGH, 14.12.1995, I ZR 240/93, GRUR 1996, 210, 213 – *Vakuumpumpen.*

436 BGH, 06.10.1983, I ZR 39/83, GRUR 1984, 204, 206 – *Verkauf unter Einstandspreis II.*

437 Harte/Henning/Omsels § 4 Nr. 4 Rn. 177; *Köhler*/Bornkamm/Feddersen § 4 Rn. 4.204.

438 Begr. RegE zu § 4 Nr. 10 UWG 2004, BT-Drucksache 15/1487, S. 19.

439 FBO/Götting/Hetmank § 4 Nr. 4 Rn. 43; *Köhler*/Bornkamm/Feddersen § 4 Rn. 4.133.

440 FBO/Götting/Hetmank § 4 Nr. 4 Rn. 42; *Köhler*/Bornkamm/Feddersen § 4 Rn. 4.130, § 4a Rn. 1.18, 1.20.

441 Vgl. BGH, 22.04.1982, I ZR 66/80, GRUR 1982, 677, 678 – *Unentgeltliche Übernahme der Preisauszeichnung*; *Köhler*/Bornkamm/Feddersen § 4 Rn. 4.134.

442 *Köhler*/Bornkamm/Feddersen § 4 Rn. 4.136.

Die Beurteilung der Unlauterkeit der Mitbewerberbehinderung wegen Missbrauchs von Nachfragemacht hat sich an den **kartellrechtlichen Wertungen** (vgl. § 19 Abs. 2 Nr. 5, § 20 Abs. 2 GWB) zu orientieren. Ein Verstoß gegen die wettbewerbs- und mitbewerberschützenden Vorschriften der §§ 19, 20 GWB begründet zugleich eine gezielte Mitbewerberbehinderung nach § 4 Nr. 4 UWG.[443] Verfügt das anzapfende Unternehmen nicht über eine marktbeherrschende Stellung (§ 19 GWB) oder eine relative (§ 20 Abs. 1 GWB) oder überlegene Marktmacht (§ 20 Abs. 3 GWB), kommt eine wettbewerbswidrige Mitbewerberbehinderung nur in Betracht, wenn besondere vom Kartellrecht nicht erfasste Unlauterkeitsmerkmale vorliegen (Rdn. 10). Das kann der Fall sein, wenn der Nachfrager auf den (potenziellen) Lieferanten **unzulässigen Druck ausübt**, um zum Nachteil seiner Mitbewerber besondere Einkaufsvorteile, insbes. eine Exklusivbelieferung, durchzusetzen.[444] Die Drohung mit der Nichtaufnahme oder dem Abbruch von Geschäftsbeziehungen, falls der Lieferant nicht auf die Forderungen eines Unternehmers eingeht, stellt keine unzulässige Druckausübung dar, weil sie dem freien Aushandeln günstiger Konditionen im Wettbewerb immanent ist.[445] Bei einer unzulässigen Druckausübung kommt auch ein Verstoß gegen § 4a UWG in Betracht. **156**

D. Rechtsfolgen

I. Anspruchsberechtigung

Ansprüche wegen gezielter Mitbewerberbehinderung i.S. des § 4 Nr. 4 können nur von den **betroffenen einzelnen Mitbewerbern** geltend gemacht werden (§ 8 Abs. 3 Nr. 1), weil es ihnen überlassen bleiben muss, ob sie die Behinderung hinnehmen oder nicht.[446] Wirtschafts- und Verbraucherverbände können nach § 8 Abs. 3 Nr. 2 und 3 nur insoweit klagebefugt und anspruchsberechtigt sein, als das in Rede stehende Verhalten zugleich unter anderen Gesichtspunkten als der gezielten Mitbewerberbehinderung wettbewerbsrechtlich zu beanstanden ist.[447] **157**

II. Schadensersatzanspruch

Die für den Tatbestand des lauterkeitsrechtlichen Nachahmungsschutzes anerkannte Möglichkeit der **dreifachen Schadensberechnung** (§ 4 Nr. 3 Rdn. 115) kommt auch in Betracht, wenn eine Produktnachahmung die Voraussetzungen einer gezielten Behinderung nach § 4 Nr. 4 erfüllt (Rdn. 62, 64). In diesem Fall liegt ein Eingriff in eine schützenswerte wettbewerbliche Marktposition des Mitbewerbers vor, der den in § 4 Nr. 3 geregelten Tatbeständen vergleichbar ist.[448] **158**

---

443 FBO/Götting/Hetmank § 4 Nr. 4 Rn. 44; *Köhler*/Bornkamm/Feddersen § 4 Rn. 4.136; a. A. *Ohly*/Sosnitza § 4.4 Rn. 4/16.

444 FBO/Götting/Hetmank § 4 Nr. 4 Rn. 44; *Köhler*/Bornkamm/Feddersen § 4 Rn. 4.135, § 4a Rn. 1.20.

445 BGH, 09.06.1982, I ZR 96/80, GRUR 1982, 737, 738 – *Eröffnungsrabatt*.

446 BGH, 02.10.2008, I ZR 48/06, GRUR 2009, 416 Rn. 22 – *Küchentiefstpreis-Garantie*; BGH, 28.10.2010, I ZR 174/08, GRUR 2011, 543 Rn. 8 – *Änderung der Voreinstellung III*; BGH, 23.06.2016, I ZR 137/15, GRUR 2017, 92 Rn. 31 – *Fremdcoupon-Einlösung*.

447 BGH, 28.10.2010, I ZR 174/08, GRUR 2011, 543 Rn. 8 – *Änderung der Voreinstellung III*.

448 BGH, 04.05.2016, I ZR 58/14, BGHZ 210, 144 Rn. 79 – *Segmentstruktur*.

§ 4a Aggressive geschäftliche Handlungen

(1) Unlauter handelt, wer eine aggressive geschäftliche Handlung vornimmt, die geeignet ist, den Verbraucher oder sonstigen Marktteilnehmer zu einer geschäftlichen Entscheidung zu veranlassen, die dieser andernfalls nicht getroffen hätte. Eine geschäftliche Handlung ist aggressiv, wenn sie im konkreten Fall unter Berücksichtigung aller Umstände geeignet ist, die Entscheidungsfreiheit des Verbrauchers oder sonstigen Marktteilnehmers erheblich zu beeinträchtigen durch

1. **Belästigung,**
2. **Nötigung einschließlich der Anwendung körperlicher Gewalt oder**
3. **unzulässige Beeinflussung.**

Eine unzulässige Beeinflussung liegt vor, wenn der Unternehmer eine Machtposition gegenüber dem Verbraucher oder sonstigen Marktteilnehmer zur Ausübung von Druck, auch ohne Anwendung oder Androhung von körperlicher Gewalt, in einer Weise ausnutzt, die die Fähigkeit des Verbrauchers oder sonstigen Marktteilnehmers zu einer informierten Entscheidung wesentlich einschränkt.

(2) Bei der Feststellung, ob eine geschäftliche Handlung aggressiv im Sinne des Absatzes 1 Satz 2 ist, ist abzustellen auf

1. **Zeitpunkt, Ort, Art oder Dauer der Handlung;**
2. **die Verwendung drohender oder beleidigender Formulierungen oder Verhaltensweisen;**
3. **die bewusste Ausnutzung von konkreten Unglückssituationen oder Umständen von solcher Schwere, dass sie das Urteilsvermögen des Verbrauchers oder sonstigen Marktteilnehmers beeinträchtigen, um dessen Entscheidung zu beeinflussen;**
4. **belastende oder unverhältnismäßige Hindernisse nichtvertraglicher Art, mit denen der Unternehmer den Verbraucher oder sonstigen Marktteilnehmer an der Ausübung seiner vertraglichen Rechte zu hindern versucht, wozu auch das Recht gehört, den Vertrag zu kündigen oder zu einer anderen Ware oder Dienstleistung oder einem anderen Unternehmer zu wechseln;**
5. **Drohungen mit rechtlich unzulässigen Handlungen.**

Zu den Umständen, die nach Nummer 3 zu berücksichtigen sind, zählen insbesondere geistige und körperliche Beeinträchtigungen, das Alter, die geschäftliche Unerfahrenheit, die Leichtgläubigkeit, die Angst und die Zwangslage von Verbrauchern.

Wolfgang Büscher

Übersicht

A. Allgemeines

I. Entstehungsgeschichte

1 Unter Geltung des **UWG 1909** erfasste die allgemeine Generalklausel des § 1 aggressive und belästigende Werbeformen.[1] Mit dem **UWG von 2004** führte der Gesetzgeber mit den Beispielstatbeständen des § 4 Nr. 1 und 2 zwei Fallgruppen ein, die die Beeinträchtigung der Entscheidungsfreiheit der Marktteilnehmer durch Ausübung von Druck, in menschenverachtender Weise oder durch sonstigen unangemessenen unsachlichen Einfluss und die Ausnutzung der geschäftliche Unerfahrenheit insbesondere von Kindern oder Jugendlichen, die Leichtgläubigkeit, die Angst oder die Zwangslage von Verbrauchern als unlauter behandelten.

2 Das **UWG 2008** passte § 4 Nr. 1 und 2 an die geänderte Terminologie an und ersetzte den Begriff der Wettbewerbshandlung durch denjenigen der geschäftlichen Handlung.

1 BGH, 22.11.1974, I ZR 23/74, GRUR 1975, 264, 265 – *Werbung am Unfallort I*; BGH, 03.11.1978, I ZR 90/77, GRUR 1979, 157, 158 – *Kindergarten-Malwettbewerb*; BGH, 07.05.1998, I ZR 85/96, GRUR 1998, 1041, 1042 – *Verkaufsveranstaltung in Aussiedlerwohnheim*; BGH, 08.07.1999, I ZR 118/97, GRUR 2000, 235, 236 – *Werbung am Unfallort IV*.

Ansonsten blieben die Vorschriften inhaltlich unverändert. Einen Anpassungsbedarf an Art. 8 und 9 UGP-RL bei diesen Bestimmungen sah der deutsche Gesetzgeber nicht.[2] Die richtlinienkonforme Auslegung von § 4 Nr. 1 und 2 im Anwendungsbereich der UGP-RL blieb der Rechtsprechung überlassen. Diese musste die Voraussetzungen aggressiver Geschäftspraktiken nach Art. 8 und 9 UGP-RL in § 4 Nr. 1 und 2 implementieren.[3] Dazu zählte bei einer unzulässigen Beeinflussung i. S. von Art. 8 und Art. 2 lit. j UGP-RL die Feststellung der Ausnutzung einer Machtposition gegenüber dem Verbraucher zur Ausübung von Druck, auch ohne die Anwendung oder Androhung von körperlicher Gewalt, in einer Weise, die die Fähigkeit des Verbrauchers zu einer informationsgeleiteten Entscheidung wesentlich einschränkt.[4]

Mit dem **UWG 2015** hat der deutsche Gesetzgeber die notwendige Anpassung der Vorschriften des UWG an die Bestimmungen der Richtlinie über aggressive Geschäftspraktiken nach Art. 8 und 9 UGP-RL nunmehr mit § 4a vollzogen. Das Gesetzgebungsverfahren bot ein wechselhaftes Bild. Während der Referentenentwurf eines Zweiten Gesetzes zur Änderung des Gesetzes gegen den unlauteren Wettbewerb die Aufhebung von § 4 Nr. 1 und 2 und in § 4a eine gesetzliche Regelung aggressiver Geschäftspraktiken allgemein gegenüber Verbrauchern, Mitbewerbern und sonstigen Marktteilnehmern vorsah,[5] rückte der Regierungsentwurf hiervon wieder ab, hielt an § 4 Nr. 1 und 2 in der Fassung des UWG 2008 mit einer einleitenden Vermutungsregel fest und beschränkte § 4a auf einen Verbraucherschutz.[6] Auf die hiergegen im Schrifttum geäußerte Kritik[7] reagierte der Gesetzgeber mit einer Streichung des § 4 Nr. 1 und 2 sowie einer Erweiterung des § 4a auf sonstige Marktteilnehmer.[8] Durch die Aufhebung von § 4 Nr. 1 und 2 und die Umsetzung der aggressiven Geschäftspraktiken der UGP-RL in § 4a sollte die zuvor geltende Rechtslage nicht geändert, sondern das UWG nur weiter an die Richtlinie angepasst werden.[9] 3

2 Begründung des Regierungsentwurfs eines Ersten Gesetzes zur Änderung des Gesetzes gegen den unlauteren Wettbewerb, BT-Drucksache 16/10145, S. 18.

3 BGH, 29.10.2009, I ZR 180/07, GRUR 2010, 455 Rn. 17 – *Stumme Verkäufer II*; BGH, 31.03.2010, I ZR 75/08, GRUR 2010, 1022 Rn. 16 – *Ohne 19% Mehrwertsteuer*; BGH, 03.03.2011, I ZR 167/09, GRUR 2011, 747 Rn. 26 – *Kreditkartenübersendung*; BGH, 03.04.2014, I ZR 96/13, GRUR 2014, 1117 Rn. 26 – *Zeugnisaktion*; BGH, 19.03.2015, I ZR 157/13, GRUR 2015, 1134 Rn. 14 – *Schufa-Hinweis*; BGH, 22.3.2018, I ZR 25/17, GRUR 2018, 1063 Rn. 9 – *Zahlungsaufforderung*.

4 BGH, 24.06.2010, I ZR 182/08, GRUR 2010, 850 Rn. 13 – *Brillenversorgung II*; BGH, 21.07.2016, I ZR 127/15, GRUR 2017, 199 Rn. 32 – *Förderverein*.

5 Referentenentwurf eines Zweiten Gesetzes zur Änderung des Gesetzes gegen den unlauteren Wettbewerb, WRP 2014, 1374.

6 Begründung des Regierungsentwurfs eines Zweiten Gesetzes zur Änderung des Gesetzes gegen den unlauteren Wettbewerb, BT-Drucksache 18/4535, S. 6.

7 *Köhler*, WRP 2015, 275, 278; *Kirchhoff*, WRP 2015, 659, 661; *Ohly*, WRP 2015, 1443, 1445; *Sosnitza*, GRUR 2015, 318, 320.

8 Beschlussempfehlung und Bericht des Ausschusses für Recht und Verbraucherschutz, BT Drucksache 18/6571, Seite 14 f; BT-Plenarprotokoll 18/133, S. 13047.

9 Begründung des Regierungsentwurfs eines Zweiten Gesetzes zur Änderung des Gesetzes gegen den unlauteren Wettbewerb, BT-Drucksache 18/4535, S. 8.

II. Normzweck

4 Normzweck des § 4a ist die Sicherung der **geschäftlichen Entscheidungs- und Verhaltensfreiheit des Verbrauchers und sonstigen Marktteilnehmers**. Die Wahlfreiheit des geschützten Personenkreises soll vor erheblichen Beeinträchtigungen durch bestimmte Praktiken von Unternehmen, die sich der Belästigung, der Nötigung, einschließlich der Anwendung von Gewalt, und der unzulässigen Beeinflussung bedienen, bewahrt werden (Erwägungsgrund 16 UGP-RL). Unmittelbar geschützt sind **Verbraucher** und **sonstige Marktteilnehmer**. Nicht zum unmittelbar geschützten Personenkreis zählen **Mitbewerber**. Diese waren im Referentenentwurf noch in § 4a-Entw. angeführt.[10] Die Anwendung des § 4a-Entw. im B2B-Horizontalverhältnis ist teilweise kritisiert worden.[11] Die Mitbewerber sind im weiteren Gang des Gesetzgebungsverfahrens aus dem geschützten Personenkreis herausgenommen worden. Gegen aggressive geschäftliche Handlungen durch Konkurrenten sind Mitbewerber unmittelbar nach § 4 Nr. 1, Nr. 2 und Nr. 4 UWG 2015 gegen Herabsetzung, Anschwärzung und gezielte Behinderung[12]sowie durch die Generalklausel des § 3 Abs. 1 geschützt. Mittelbar sind die Interessen rechtmäßig handelnder Mitbewerber (Erwägungsgrund 6 Satz 2 UGP-RL) und der Allgemeinheit an einem unverfälschten Wettbewerb (§ 1 Satz 2) in den Schutz einbezogen (§ 1 Rdn. 20). § 4a erfasst aggressive geschäftliche Handlungen im Vertikalverhältnis gegenüber Verbrauchern und sonstigen Marktteilnehmern. Gegen aggressive geschäftliche Handlungen im Vertikalverhältnis können Mitbewerber nach § 4a vorgehen,[13]was einen mittelbaren Schutz gewährleistet. Einen Individualschutz besteht nach § 4a nicht (§ 1 Rdn. 28 f. und 47 f.). Dieser wird durch Bestimmungen des BGB und des Kartellrechts begründet.

III. Verhältnis zum Unionsrecht und Normstruktur

5 **§ 4a setzt Art. 8 und 9 UGP-RL um und ist richtlinienkonform auszulegen**, soweit die UGP-RL nach ihrem Art. 3 anwendbar ist. Das ist nicht der Fall im B2B-Verhältnis und beim Nachfragewettbewerb. Anwendbar ist die UGP-RL nach ihrem Art. 3 (1) bei der Absatzförderung im B2C-Verhältnis, soweit keine Bereichsausnahme eingreift. Die Auslegung der Tatbestandsmerkmale des § 4a, durch den Art. 8 und 9 UGP-RL umgesetzt werden, hat autonom sowie einheitlich und nicht nach nationalem Rechtsverständnis zu erfolgen.[14] Die abschließende Auslegungskompetenz zu Art. 8 und 9 UGP-RL hat der EuGH.

6 **§ 4a Abs. 1** setzt Art. 5 (4) lit. b und 8 UGP-RL um. § 4a Abs. 1 Satz 1 bestimmt, unter welchen Voraussetzungen eine aggressive geschäftliche Handlung unlauter ist.

---

10 Referentenentwurf eines Zweiten Gesetzes zur Änderung des Gesetzes gegen den unlauteren Wettbewerb, WRP 2014, 1374.

11 *Alexander*, WRP 2014, 1380, 1389; *Kirchhoff*, WRP 2015, 659, 662.

12 BGH, 19.04.2018, I ZR 154/16, WRP 2018, 1322 Rn. 22 – *Werbeblocker II.*

13 BGH, 19.04.2018, I ZR 154/16, WRP 2018, 1322 Rn. 58 – *Werbeblocker II.*

14 EuGH, 03.10.2013, C-59/12, GRUR 2013, 1159 Rn. 25 – *Zentrale zur Bekämpfung unlauteren Wettbewerbs.*

Wann eine Geschäftspraktik aggressiv ist, ergibt sich aus § 4a Abs. 1 Satz 2. Damit übernimmt § 4a Abs. 1 Satz 2 die Umschreibung einer aggressiven Geschäftspraktik in Art. 8 UGP-RL. § 4a Abs. 1 Satz 3 definiert die unzulässige Beeinflussung, die nach Art. 8 und § 4a Abs. 1 Satz 2 eines der Mittel zur Beeinträchtigung der Entscheidungsfreiheit des geschützten Personenkreises ist. § 4a Abs. 1 Satz 3 greift die Definition der »unzulässigen Beeinflussung« aus Art. 2 lit. j UGP-RL auf. **§ 4a Abs. 2 Satz 1** setzt Art. 9 UGP-RL um. Durch die Vorschrift des Art. 9 UGP-RL werden die Umstände konkretisiert, die bei der Feststellung heranzuziehen sind, ob im Rahmen einer Geschäftspraxis die Mittel der Belästigung, der Nötigung, einschließlich der Anwendung körperlicher Gewalt, oder der unzulässigen Beeinflussung eingesetzt worden sind. **§ 4a Abs. 2 Satz 2** zählt Umstände auf, die bei der Prüfung des § 4 a Abs. 2 Satz 1 Nr. 3 besonders schutzbedürftiger Verbrauchergruppen zu berücksichtigen sind. Die Vorschrift hat keine Grundlage in Art. 8 und 9 UGP-RL. Sie ist erst zu einem späten Zeitpunkt des Gesetzgebungsverfahrens im Hinblick auf die Aufhebung des § 4 Nr. 2 UWG 2008 eingeführt worden, um das Schutzniveau bei als besonders verletzlich angesehenen Verbrauchern nicht abzusenken.[15]Ob die gesonderte Regelung wirklich erforderlich ist, ist im Hinblick auf Art. 5 (3) UGP-RL und § 3 Abs. 4 zweifelhaft (Rdn. 111 ff.).

Der deutsche Gesetzgeber hat sich bei der Umsetzung von Art. 8 und 9 UGP-RL durch 7
§ 4a an den Inhalt des Unionsrechts angelehnt. Er hat die **Bestimmungen der Richtlinie allerdings nicht wörtlich übernommen**. Es fehlen die »Verhaltensfreiheit« und der Produktbezug aus Art. 8 UGP-RL in § 4a Abs. 1 und § 4a Abs. 2 Satz 1 verknüpft die unter Nr. 1 bis 5 angeführten Merkmale mit der Feststellung, ob die geschäftliche Handlung aggressiv ist, während die in Art. 9 unter lit. a bis e UGP-RL aufgeführten Merkmale auf die eingesetzten Mittel der Belästigung, der Nötigung, einschließlich der Anwendung körperlicher Gewalt, oder der unzulässigen Beeinflussung bezogen sind. Derartige Änderungen gegenüber dem Wortlaut der Richtlinie erschweren die Rechtsanwendung in der Praxis unnötig und werfen neue Fragen auf.

IV. Verhältnis zu anderen Normen des UWG und des Kartellrechts

1. § 3 Abs. 1

Im Anwendungsbereich der UGP-RL ist ein Rückgriff auf die allgemeine General- 8
klausel des § 3 Abs. 1 als materiell-rechtliche Regelung unlauterer geschäftlicher Handlungen ausgeschlossen (§ 3 Rdn. 15 f.). Geschäftspraktiken, die nicht von § 4a erfasst werden, können nicht nach § 3 Abs. 1 als unlauter angesehen werden, wenn die UGP-RL anwendbar ist. Die Funktion des § 3 Abs. 1 ist hier auf eine ausschließliche Bestimmung der Rechtsfolge gerichtet (§ 3 Rdn. 15). Stehen aggressive geschäftliche Handlungen **gegen Mitbewerber** in Rede, greift § 4a nicht ein.[16]In diesem Verhältnis kann

15 Beschlussempfehlung und Bericht des Ausschusses für Recht und Verbraucherschutz, BT Drucksache 18/6571, Seite 15.

16 BGH, 19.04.2018, I ZR 154/16, WRP 2018, 1322 Rn. 58 – *Werbeblocker II.*

§ 3 Abs. 1 die Funktion als Auffangtatbestand erfüllen und Schutzlücken schließen (§ 3 Rdn. 20 ff.).

9 § 4a erfasst aggressive geschäftliche Handlungen **gegen sonstige Marktteilnehmer**. Diese liegen außerhalb des Anwendungsbereichs der UGP-RL.[17] Ziel der UGP-RL ist es, Verbraucher umfassend vor unlauteren Geschäftspraktiken im B2C-Verhältnis zu schützen, weil sich Verbraucher im Vergleich zu Gewerbetreibenden häufig in einer unterlegenen Position befinden, da sie als wirtschaftlich schwächer und rechtlich weniger erfahren als Unternehmer angesehen werden müssen.[18] In einer vergleichbar unterlegenen Position können sich auch sonstige Marktteilnehmer befinden. Kleine Gewerbetreibende können von ihrer wirtschaftlichen Leistungsfähigkeit und rechtlichen Erfahrung eher den Verbrauchern als Unternehmern entsprechen und daher in gleichem Umfang wie Verbraucher gegen unlautere Geschäftspraktiken zu schützen sein. Liegen die Voraussetzungen des § 4a nicht vor und besteht im Verhältnis zwischen einem Unternehmer und einem sonstigen Marktteilnehmer eine Schutzlücke, die in ihrem Unlauterkeitsgehalt demjenigen des § 4a entspricht, kann § 3 Abs. 1 als allgemeiner Auffangtatbestand zur Lückenschließung herangezogen werden.

2. § 3 Abs. 2

10 Im Anwendungsbereich der UGP-RL ist § 4a als speziellere Norm, die Art. 8 und 9 UGP-RL umsetzt, vorrangig vor § 3 Abs. 2 zu prüfen, der der Umsetzung von Art. 5 (2) UGP-RL dient (§ 3 Rdn. 98). Liegen die Voraussetzungen des § 4a nicht vor, ist die allgemeine Verbrauchergeneralklausel des § 3 Abs. 2 anwendbar. § 3 Abs. 2 können nach Wegfall von § 4 Nr. 1 und 2 UWG 2008 bestimmte Fallgruppen zugeordnet werden, die zuvor unter § 4 Nr. 1 und 2 UWG 2008 subsumiert wurden, bei denen aber zweifelhaft ist, ob die geschäftlichen Handlungen die Voraussetzungen aggressiver Geschäftspraktiken i. S. von Art. 8 und 9 UGP-RL und Art. 2 lit. j UGP-RL erfüllten (§ 3 Rdn. 120 ff.).

3. § 3 Abs. 3

11 Durch die im Anhang zu § 3 Abs. 3 unter Nr. 17 und 25 bis 30 angeführten unlauteren geschäftlichen Handlungen werden Nr. 24, 25 und 27 bis 31 des Anhangs I der UGP-RL umgesetzt. Diese aggressiven Geschäftspraktiken sind nach Art. 5 (5) UGP-RL und § 3 Abs. 3 unter allen Umständen ohne eine Abwägung im Einzelfall unzulässig. Als speziellere Regelung unlauterer aggressiver Geschäftspraktiken gehen die Tatbestände der Nr. 17 und 25 bis 30 des Anhangs zu § 3 Abs. 3 der allgemeineren Vorschrift des § 4a vor (§ 3 Rdn. 93). Nur wenn diese Tatbestände nicht erfüllt sind, kommt ein Rückgriff auf § 4a in Betracht.

---

17 EuGH, 12.05.2011, C-122/10, GRUR 2011, 930 Rn. 21 – *Ving Sverige*.

18 EuGH, 03.10.2013, C-59/12, GRUR 2013, 1159 Rn. 35 – *Zentrale zur Bekämpfung unlauteren Wettbewerbs*.

4. § 3 Abs. 4

§ 3 Abs. 4 bestimmt den Maßstab für die Beurteilung geschäftlicher Handlungen von Unternehmen gegenüber Verbrauchern (B2C-Verhältnis). Die Vorschrift dient der Umsetzung von Art. 5 (2) lit. b und Art. 5 (3) Satz 1 UGP-RL. § 3 Abs. 4 Satz 1 Fall 1 enthält den allgemeinen Maßstab des Durchschnittsverbrauchers. Wendet sich die geschäftliche Handlung an eine bestimmte Gruppe von Verbrauchern, kommt es nicht auf die Sicht des Durchschnittsverbrauchers, sondern eines durchschnittlichen Mitglieds dieser Gruppe an, § 3 Abs. 4 Satz 1 Fall 2.[19] Betrifft die geschäftliche Handlung in einer für den Unternehmer vernünftigerweise vorhersehbaren Art und Weise das wirtschaftliche Verhalten einer eindeutig identifizierbaren Gruppe von Verbrauchern, die besonders schutzbedürftig sind, ist auf ein durchschnittliches Mitglied dieser Gruppe abzustellen, § 3 Abs. 4 Satz 2.[20] Die Bestimmung des § 3 Abs. 4 enthält Maßstäbe, die auf alle Unlauterkeitstatbestände im B2C-Verhältnis anwendbar sind. Sie gelten auch für § 4a. § 4a Abs. 2 Satz 2 bestimmt, dass zu den nach zu § 4a Abs. 2 Satz 1 Nr. 3 zu berücksichtigenden Umständen geistige und körperliche Beeinträchtigungen, das Alter, die geschäftliche Unerfahrenheit, die Leichtgläubigkeit, die Angst und die Zwangslage von Verbrauchern zählen. Die Vorschrift hat keine Grundlage in der UGP-RL. Der deutsche Gesetzgeber hat sie nach Aufhebung des § 4 Nr. 2 eingefügt, um das Schutzniveau bei als besonders verletzlich angesehenen Verbrauchern nicht abzusenken.[21]Teilweise wird die Vereinbarkeit des § 4a Abs. 2 Satz 2 mit der UGP-RL verneint (Rdn. 6 und 111 ff.).[22] 12

5. §§ 3a, 4, 5, 5a, 6 und 7

Durch eine nach **§§ 3a, 4, 5, 5a oder 7** unlautere geschäftliche Handlung kann zugleich der Tatbestand des § 4a verwirklicht werden. Die jeweiligen Vorschriften stehen selbständig nebeneinander und schließen sich grundsätzlich wechselseitig nicht aus. Nicht notwendig sind die Feststellung eines Schwerpunkts des Verhaltens und daran anschließend die Zuordnung zu einer Norm.[23] Die Voraussetzungen der Tatbestände müssen jeweils für sich vollständig erfüllt sein; eine Kombination einzelner Tatbestandsmerkmale der §§ 3a, 4, 5, 5a oder 7 mit § 4a ist ausgeschlossen. Ist keiner der Unlauterkeitstatbestände erfüllt, kommen als Auffangtatbestände nur § 3 Abs. 1 oder Abs. 2 in Betracht. 13

Liegt eine **vergleichende Werbung** i. S. von § 6 Abs. 1 vor, ist die Anwendung des § 4a ausgeschlossen, soweit die aggressive Geschäftspraktik sich aus dem Vergleich selbst ergibt. Die Bestimmungen der Werbe-RL regeln die vergleichende Werbung 14

---

19 BGH, 22.01.2014, I ZR 218/12, GRUR 2014, 682 Rn. 22 – *Nordjob-Messe*; BGH, 03.04.2014, I ZR 96/13, GRUR 2014, 1117 Rn. 29 – *Zeugnisaktion*.

20 BGH, 12.12.2013, I ZR 192/12, GRUR 2014, 686 Rn. 14 – *Goldbärenbarren*.

21 Beschlussempfehlung und Bericht des Ausschusses für Recht und Verbraucherschutz, BT Drucksache 18/6571, Seite 15.

22 *Köhler*/Bornkamm/Feddersen § 4a Rn. 2.11; *Fritzsche*, WRP 2016, 1, 6.

23 FBO/*Scherer* § 4a Rn. 63; a. A. Ohly/*Sosnitza* § 7 Rn. 16.

abschließend. Aggressive geschäftliche Handlungen im Rahmen vergleichender Werbung sind nach § 6 Abs. 2 Nr. 2, 4 oder 5 unlauter.

6. Kartellrecht

15 Das Kartellrecht schützt im Allgemeininteresse den Wettbewerb als Institution und im Individualinteresse die Handlungs- und Betätigungsfreiheit des einzelnen Unternehmens.[24]Das UWG schützt nach § 1 die Interessen der Mitbewerber, der Verbraucher und der sonstigen Marktteilnehmer sowie der Allgemeinheit an einem unverfälschten Wettbewerb. Zwischen Kartellrecht und UWG bestehen Überschneidungen (§ 1 Rdn. 9). Die Vorschriften des Kartellrechts und des UWG sind so auszulegen, dass Wertungswidersprüche möglichst vermieden werden.[25]

16 Die im Kartellrecht verankerten Vorschriften, die die Ausübung von Druck auf Unternehmen mitumfassen (§§ 1, 18 bis 21 GWB, Art. 101 und 102 AEUV), haben **Vorrang vor § 4a**. Die in diesen Bestimmungen enthaltenen Wertungen dürfen nicht durch die Anwendung von Normen des UWG aufgehoben werden. Verhaltensweisen, die nur marktbeherrschenden Unternehmen oder Unternehmen mit relativer oder überlegener Marktmacht untersagt sind, dürfen nicht Unternehmen, die diese Voraussetzungen nicht erfüllen, ohne weiteres nach § 4a verboten werden.[26] Eine Anwendung des § 4a neben kartellrechtlich geregelten Tatbeständen kommt daher nur in Betracht, wenn zusätzliche, durch das Kartellrecht nicht erfasste Unlauterkeitsmerkmale in Rede stehen.[27]

17 Diese **zusätzlichen Unlauterkeitsmerkmale** können nicht darin bestehen, dass ein Unternehmen im B2B-Verhältnis zu sonstigen Marktteilnehmern eine harte Verhandlungsstrategie verfolgt, die der anderen Seite einiges abverlangt. In diesem Zusammenhang kann auch mit dem Abbruch von Verhandlungen oder der Unterbrechung der Belieferung gedroht werden. Unternehmen sind grundsätzlich bei der Entscheidung frei, mit wem sie Geschäftsbeziehungen eingehen und aufrechterhalten. Die Entscheidungs- und Verhaltensfreiheit kann gezielt dazu eingesetzt werden, günstige Vertrags- und Preisbedingungen durchzusetzen, solange kein Verstoß gegen Kartellrecht vorliegt. Die Ausübung von Druck und die Ausnutzung unterschiedlicher Finanzstärke oder anderer günstiger Verhandlungspositionen oder allgemein die Stärke oder Schwäche einer Marktposition unterhalb kartellrechtlicher Eingriffsschwellen ist Teil des Wettbe-

24 BGH, 16.06.2015, KZR 83/13, BGHZ 205, 355 Rn. 57 – *Einspeiseentgelt*; Harte/Henning/*Ahrens* Einleitung G Rn. 109.

25 BGH, 27.04.1999, KZR 54/97, GRUR 1999, 1031, 1032 – *Sitzender Krankentransport*; BGH, 28.09.1999, KZR 18/98, GRUR 2000, 344, 347 – *Beteiligungsverbot für Schilderpräger*.

26 BGH, 07.02.2006, KZR 33/04, BGHZ 166, 154 Rn. 15 und 16 – *Probeabonnement*; *Alexander*, WRP 2014, 1384, 1389; *Scherer*, WRP 2015, 148, 152; kritisch auch; *Kirchhoff*, WRP 2015, 659, 662.

27 BGH, 07.02.2006, KZR 33/04, BGHZ 166, 154 Rn. 17 – *Probeabonnement*; OLG Köln, 24.06.2016, 6 U 149/15, GRUR 2016, 1082 Rn. 62 = juris Rn. 76.

werbs.[28]Eine Unlauterkeit lässt sich nicht mit allgemeinen Erwägungen zur volkswirtschaftlichen Funktion einer bestimmten Art von Unternehmen begründen. Eine Unlauterkeit der Forderung eines Händlers nach einem Eintrittsgeld ist nicht mit der Funktion des Handels zu rechtfertigen, die darin liegen soll, aus dem Angebot der Hersteller jene Waren auszuwählen, von denen der Händler annimmt, dass sie nach Art, Preis und Qualität vom Verbraucher bevorzugt würden, wenn dieser selbst die Auswahl treffen würde.[29] Unlauter kann das Verhalten dagegen werden, wenn im Rahmen der Vertragsverhandlungen mit Vertragsverstößen gedroht wird oder Anschwärzungen angekündigt werden, um Druck aufzubauen.

B. Voraussetzungen aggressiver geschäftlicher Handlungen nach § 4a

I. § 4a Abs. 1 Satz 1

§ 4a Abs. 1 Satz 1 bestimmt, wann eine aggressive geschäftliche Handlung unlauter ist. 18
Es muss (1) eine geschäftliche Handlung i. S. des § 2 Abs. 1 Nr. 1 vorliegen, (2) die aggressiv i. S. des § 4a Abs. 1 Satz 2 ist und (3) die geeignet ist, den Verbraucher oder sonstigen Marktteilnehmer zu einer geschäftlichen Entscheidung zu veranlassen, die dieser andernfalls nicht getroffen hätte.

1. Geschäftliche Handlung gem. § 2 Abs. 1 Nr. 1

Ausgangspunkt des Tatbestands des § 4a Abs. 1 Satz 1 ist eine geschäftliche Handlung 19
i. S. des § 2 Abs. 1 Nr. 1. Darunter fällt nach der gesetzlichen Definition jedes Verhalten einer Person zugunsten des eigenen oder eines fremden Unternehmens vor, bei oder nach einem Geschäftsabschluss, das mit der Förderung des Absatzes oder des Bezugs von Waren oder Dienstleistungen oder mit dem Abschluss oder der Durchführung eines Vertrags über Waren oder Dienstleistungen objektiv zusammenhängt; als Waren gelten auch Grundstücke, als Dienstleistungen auch Rechte und Verpflichtungen (§ 2 Abs. 1 Nr. 1 Rdn. 1 ff.). Der objektive Schutzbereich ist umfassend, weil sowohl der Absatz- als auch der Nachfragewettbewerb und das Verhalten vor, bei oder nach einem Vertragsschluss zugunsten des eigenen oder eines fremden Unternehmens erfasst werden. Der Begriff der geschäftlichen Handlung i. S. des § 2 Abs. 1 Nr. 1 ist weiter als derjenige der Geschäftspraktik nach Art. 2 lit. d UGP-RL. Der **objektive Anwendungsbereich** des § 4a geht deshalb über den Anwendungsbereich der UGP-RL hinaus.

Da die geschäftliche Handlung geeignet sein muss, einen Verbraucher i. S. des § 2 20
Abs. 2 (§ 2 Abs. 2 Rdn. 1 ff.) oder sonstigen Marktteilnehmer gem. § 2 Abs. 1 Nr. 2 (§ 2 Abs. 1 Nr. 2 Rdn. 3 ff.) zu einer geschäftlichen Entscheidung zu veranlassen, muss dieser Personenkreis Adressat der geschäftlichen Handlung sein. Die geschäftliche Handlung muss unmittelbar oder unter Einschaltung eines Dritten gegenüber einem

28 BGH, 17.12.1976, I ZR 77/75, GRUR 1977, 619, 621 – *Eintrittsgeld*; BGH, 09.06.1982, I ZR 96/80, GRUR 1982, 737, 738 – *Eröffnungsrabatt*.

29 A. A. BGH, 17.12.1976, I ZR 77/75, GRUR 1977, 619, 621 – *Eintrittsgeld*.

Verbraucher oder sonstigen Marktteilnehmer erfolgen. Da sonstige Marktteilnehmer in den Schutzbereich des § 4a einbezogen sind, geht auch der **subjektive Anwendungsbereich** der Bestimmung über denjenigen der UGP-RL hinaus. Mitbewerber werden nicht durch § 4a, sondern durch § 4 Nr. 1, Nr. 2 und Nr. 4 sowie § 3 Abs. 1 geschützt (Rdn. 8).

21 Täter ist derjenige, der zugunsten des eigenen oder eines fremden Unternehmens den Tatbestand verwirklicht. Mittäterschaft, mittelbare Täterschaft und Teilnahme als Anstifter oder Gehilfe sind nach allgemeinen Grundsätzen möglich. § 4a ist kein höchstpersönliches Delikt.

2. Aggressiv i. S. des § 4a Abs. 1 Satz 2

22 Gem. § 4a Abs. 1 Satz 2 ist eine geschäftliche Handlung **aggressiv**, wenn sie durch Belästigung, Nötigung einschließlich der Anwendung körperlicher Gewalt oder unzulässige Beeinflussung im konkreten Fall unter Berücksichtigung aller Umstände geeignet ist, die Entscheidungsfreiheit des Verbrauchers oder sonstigen Marktteilnehmers erheblich zu beeinträchtigen. **Voraussetzung ist danach,** dass (1) eines der drei in § 4a Abs. 1 Satz 2 aufgeführten Mittel zum Einsatz kommt und (2) die Handlung die Eignung besitzt, (3) die Entscheidungsfreiheit des Verbrauchers oder sonstigen Marktteilnehmers (4) erheblich zu beeinträchtigen.

a) Belästigung, Nötigung oder unzulässige Beeinflussung

23 Die Aufzählung der in Art. 8 UGP-RL und § 4a Abs. 1 Satz 2 angeführten Mittel der Belästigung, Nötigung einschließlich der Anwendung körperlicher Gewalt oder unzulässige Beeinflussung ist **abschließend**. Ist keines dieser Mittel zum Einsatz gekommen, ist eine geschäftliche Handlung nicht nach § 4a unlauter.

24 Nach **§ 4a Abs. 2 Satz 1** sind die in Nr. 1 bis 5 angeführten Kriterien bei der Feststellung heranzuziehen, ob eine geschäftliche Handlung aggressiv im Sinne des § 4a Absatzes 1 Satz 2 ist. Das ist nicht deckungsgleich mit Art.9 UGP-RL, dessen Umsetzung § 4a Abs. 2 Satz 1 dient. Art. 9 sieht vor, dass bei der Feststellung, ob im Rahmen einer Geschäftspraxis die Mittel der Belästigung, der Nötigung, einschließlich der Anwendung körperlicher Gewalt, oder der unzulässigen Beeinflussung eingesetzt werden, auf die in dieser Bestimmung angeführten Kriterien abzustellen ist. Während § 4a Abs. 2 Satz 1 beim übergeordneten Tatbestandsmerkmal »aggressiv« ansetzt, knüpft Art. 9 UGP-RL an das vorgelagerte Mittel »der Belästigung, der Nötigung, einschließlich der Anwendung körperlicher Gewalt, oder der unzulässigen Beeinflussung« an. Die in Art. 9 lit. a bis e UGP-RL angeführten Merkmale sind danach bei der Feststellung, ob eines der in Art. 8 UGP-RL genannten Mittel zum Einsatz gekommen ist, heranzuziehen. § 4a Abs. 2 Satz 1 ist entsprechend richtlinienkonform auszulegen.[30]

30 BGH, 03.04.2014, I ZR 96/13, GRUR 2014, 1117 Rn. 27 – *Zeugnisaktion*; BGH, 19.04.2018, I ZR 154/16, *WRP 2018, 1322* Rn. 63 – *Werbeblocker II*; *Köhler*/Bornkamm/Feddersen § 4a UWG Rn. 1.82; a. A. jurisPK-UWG/*Seichter* § 4a Rn. 46; FBO/*Scherer* § 4a Rn. 146; Ohly/*Sosnitza* § 4a Rn. 147 ff.

Die Aufzählung in Art. 9 lit. a bis e UGP-RL und § 4 Abs. 2 Satz 1 ist nicht abschließend. Der Wortlaut der deutschen Fassung des Art. 9 UGP-RL gibt keinen Anhalt für eine enumerative Aufzählung der maßgeblichen Kriterien. In der englischen und französischen Version der Richtlinie heißt es nicht wie in der deutschen Fassung »abstellen« sondern »berücksichtigen« und »in Betracht ziehen« (..., account shall be taken of ... und ... sont pris en considération ...). Die Annahme eines abschließenden Charakters der Kriterien ist zudem mit der Berücksichtigung aller tatsächlichen Umstände nach Art. 8 UGP-RL nicht vereinbar. 25

aa) Belästigung i. S. von § 4a Abs. 1 Satz 2 Nr. 1

(1) Unionsrecht

Von den abschließend angeführten Mitteln, von denen eines bei der Annahme einer aggressiven geschäftlichen Handlung vorliegen muss, nennen die Richtlinie und die deutsche Gesetzesfassung an erster Stelle die Belästigung. Der Begriff der Belästigung aus Art. 8 und 9 UGP-RL ist im Rahmen des § 4a Abs. 1 Satz 2 Nr. 1 richtlinienkonform, autonom, einheitlich und unter Heranziehung der weiteren Sprachfassungen der Richtlinie und nicht aufgrund eines nationalen Rechtsverständnisses auszulegen. Die englische und französische Fassung der Richtlinie umschreiben den Begriff mit »harassment« (Belästigung, Schikane), »harcèlement« (Stören, Bedrängen, Belästigung). Eine Definition der Belästigung enthalten die UGP-RL und das UWG nicht. 26

(2) Normzweck

Der Begriff der Belästigung ist im Hinblick auf den **Zweck der UGP-RL** nach ihren Erwägungsgründen 6, 7, 8 und 16 sowie Art. 1 auszulegen, die Verbraucher vor unlauteren Geschäftspraktiken zu schützen, die in unmittelbarem Zusammenhang mit der Beeinflussung der geschäftlichen Entscheidungen der Verbraucher in Bezug auf Produkte stehen und die ihre wirtschaftlichen Interessen beeinträchtigen. Schutzzweck des § 4a ist die Entscheidungs- und Verhaltensfreiheit des Verbrauchers.[31] 27

(3) Verhältnis zu § 7

Die Anwendungsbereiche von **§ 4a und § 7** können sich überschneiden. Beide Vorschriften knüpfen an das Tatbestandsmerkmal der Belästigung an. **Der Normzweck der Bestimmungen ist allerdings unterschiedlich.** Während § 4a die Art. 8 und 9 UGP-RL umsetzt und die Entscheidungsfreiheit der Verbraucher schützt (Rdn. 27), zielt § 7 auf die Verhinderung des Eindringens des Werbenden in die Privatsphäre des Verbrauchers und die geschäftliche Sphäre des Unternehmens, dessen Betriebsabläufe nicht gestört werden sollen. Es soll verhindert werden, dass dem Verbraucher und sonstigen Marktteilnehmer Werbemaßnahmen gegen seinen erkennbaren oder mutmaßlichen Willen aufgedrängt werden. Zudem soll die Bindung von Ressourcen des 28

31 EuGH, 13.09.2018, C-54/17 und C-55/17, GRUR 2018, 1156 Rn. 45–50 – *AGCM/Wind und Vodafone*; BGH, 21.04.2016, I ZR 276/14, GRUR 2016, 831 Rn.16 – *Lebens-Kost.*

Empfängers (Zeitaufwand, Kosten für Faxpapier, Vorhaltekosten von Empfangseinrichtungen, Entsorgungskosten) vermieden werden.[32] Dagegen ist die Entscheidungsfreiheit des Verbrauchers nicht Schutzgegenstand des § 7.[33] Die Bestimmung dient mit Ausnahme des § 7 Abs. 2 Nr. 1 nicht der Umsetzung einer unionsrechtlichen Vorschrift. § 7 liegt im Wesentlichen außerhalb des Anwendungsbereichs der UGP-RL (Erwägungsgrund 7 Satz 4 und 5 UGP-RL). Das Tatbestandsmerkmal der unzumutbaren Belästigung in § 7 ist durch die nationalen Gerichte und nicht durch den EuGH auszulegen.

29 Nach ihrem Erwägungsgrund 7 Satz 1 bezieht sich die UGP-RL auf Geschäftspraktiken, die in unmittelbarem Zusammenhang mit der Beeinflussung der geschäftlichen Entscheidung des Verbrauchers in Bezug auf Produkte stehen. In Erwägungsgrund 7 Satz 3 bis 5 ist festgehalten, dass sich die Richtlinie **nicht auf die gesetzlichen Anforderungen in Fragen der guten Sitten und des Anstands bezieht**, die in den Mitgliedstaaten sehr unterschiedlich sind. Geschäftspraktiken wie beispielsweise das Ansprechen von Personen auf der Straße zu Verkaufszwecken können in manchen Mitgliedstaaten aus kulturellen Gründen unerwünscht sein. Die Mitgliedstaaten sollen daher im Einklang mit dem Unionsrecht in ihrem Hoheitsgebiet weiterhin Geschäftspraktiken aus Gründen der guten Sitten und des Anstands verbieten können, auch wenn diese Praktiken die Wahlfreiheit des Verbrauchers nicht beeinträchtigen. Diese Ausführungen in Erwägungsgrund 7 UGP-RL beziehen sich **nicht auf das Bestehen einer Belästigung i. S. von Art. 8 UGP-RL** und die Frage, ob eine aggressive Geschäftspraktik im Sinne dieser Norm gegeben ist. Das Vorliegen einer aggressiven Geschäftspraktik, die die Entscheidungsfreiheit des Verbrauchers wesentlich beeinträchtigt, fällt – wenn der Anwendungsbereich der UGP-RL nach Art. 3 eröffnet ist – in den vollharmonisierten Bereich. Die Beurteilung erfolgt grundsätzlich aus Sicht eines Durchschnittsverbrauchers, der angemessen gut unterrichtet und angemessen aufmerksam und kritisch ist, unter Berücksichtigung sozialer, kultureller und sprachlicher Faktoren (Erwägungsgrund 18 Satz 2 UGP-RL). Insoweit können bezogen auf die Beurteilung der Beeinträchtigung der Entscheidungsfreiheit des Verbrauchers unterschiedliche soziale und kulturelle Gegebenheiten in den einzelnen Mitgliedstaaten eine Rolle spielen. Soweit dagegen eine Belästigung i. S. der Urschrift des § 7 in Rede steht, durch die nicht die Entscheidungsfreiheit des Verbrauchers geschützt wird, kommt es auf das Verständnis des Durchschnittsverbrauchers in den jeweiligen Mitgliedstaaten zu den Fragen der guten Sitten und des Anstands an. Dieser Bereich ist dem Anwendungsbereich der UGP-RL und der Auslegung durch den EuGH entzogen.

30 Liegen sowohl die Voraussetzungen des § 4a als auch des § 7 vor, sind beide Vorschriften **nebeneinander anwendbar**. Ein Vorrang des § 4a wegen dessen Grundlage im

---

32 BGH, 01.06.2006, I ZR 167/03, GRUR 2007, 164 Rn. 8 und 9 – *Telefax-Werbung II*; BGH, 11.03.2010, I ZR 27/08, GRUR 2010, 939 Rn. 20 – *Telefonwerbung nach Unternehmenswechsel*; BGH, 03.03.2011, I ZR 167/09, GRUR 2011, 747 Rn. 18 – *Kreditkartenübersendung*; BGH, 21.04.2016, I ZR 276/14, GRUR 2016, 831 Rn.16 – *Lebens-Kost*.

33 BGH, 21.04.2016, I ZR 276/14, GRUR 2016, 831 Rn.21 – *Lebens-Kost*.

Unionsrecht besteht nicht. Die parallele Anwendung des § 7 gefährdet die einheitliche Anwendung des Unionsrechts nicht.[34] Ein Vorrang des § 4a vor § 7 kann zu einer Verengung des Rechtsschutzes führen, weil die Bestimmungen unterschiedliche Schutzziele haben und durch § 4a nicht gewährleistet ist, dass die Vorschrift den Regelungsbereich des § 7 vollständig abdeckt. Deutlich wird dies im Fall einer Verurteilung, die ausschließlich auf § 4a gestützt wird. Ändert der Unternehmer sein Verhalten, kann die erhebliche Beeinträchtigung der Entscheidungsfreiheit des Verbrauchers entfallen, die unzumutbare Belästigung i. S. des § 7 aber bestehen bleiben.

(4) Verhältnis zu Nr. 26 des Anhangs I der UGP-RL

Eine Ausnahme davon, dass § 7 nicht der Umsetzung von Unionsrecht dient, besteht 31
für § 7 Abs. 2 Nr. 1, durch den **Nr. 26 des Anhangs I der UGP-RL** umgesetzt werden soll.[35] Deshalb ist entweder die Bestimmung des § 7 Abs. 2 Nr. 1 richtlinienkonform so auszulegen, dass der Geltungsbereich von Nr. 26 des Anhangs I der UGP-RL durch § 7 Abs. 2 Nr. 1 vollständig umfasst wird, oder der in Rede stehende Tatbestand des Anhangs muss durch § 4a in richtlinienkonformer Auslegung umgesetzt werden. Anders als im Regierungsentwurf eines Ersten Gesetzes zur Änderung des Gesetzes gegen den unlauteren Wettbewerb angenommen, liegt wegen des Schutzes der Entscheidungsfreiheit des Verbrauchers eine Umsetzung von Nr. 26 des Anhangs I der UGP-RL durch § 4a näher als durch § 7 Abs. 2 Nr. 1.[36]Die systemwidrig unterbliebene Umsetzung der Nr. 26 des Anhangs I der UGP-RL und die im Regierungsentwurf angesprochene, für die Auslegung nicht verbindliche Anführung des § 7 Abs. 2 zur richtlinienkonformen Umsetzung sollte durch eine Anwendung des § 4a und nicht des § 7 Abs. 2 Nr. 1 korrigiert werden, weil Nr. 26 des Anhangs I wegen des unterschiedlichen Normzwecks, der besonderen Auslegungsmaßstäbe bei den Bestimmungen der sog. schwarzen Liste und der Verankerung im Unionsrechts ein Fremdkörper innerhalb der Vorschrift über die unzumutbare Belästigung nach § 7 ist (hierzu § 7 Rdn. 101–103).

(5) Der Begriff der Belästigung

Eine Belästigung i. S. von § 4a Abs. 1 Satz 2 Nr. 1 ist eine geschäftliche Handlung, 32
die in die Privatsphäre des Verbrauchers oder die Geschäftssphäre des sonstigen Marktteilnehmers eindringt, wegen ihrer Art und Weise oder ihres Inhalts als störend empfunden wird, einen gewissen Bedrängungsgrad aufweist und in die der Adressat nicht in voller Kenntnis der Bedeutung eingewilligt hat. Zu § 7 wird eine geschäftliche Handlung als belästigend angesehen, die dem Empfänger aufgedrängt wird und die bereits wegen ihrer Art und Weise unabhängig von ihrem Inhalt als störend empfunden wird.[37]Die Belästigung nach § 7 reicht für sich genommen für eine

34 A. A. *Köhler*, WRP 2017, 253, 259.

35 Begründung des Regierungsentwurfs eines Ersten Gesetzes zur Änderung des Gesetzes gegen den unlauteren Wettbewerb, BT. Drucks. 16/10145 S. 29.

36 JurisPK-UWG/*Koch* § 7 Rn. 188; *Köhler*, WRP 2017, 253, 257.

37 BGH, 03.03.2011, I ZR 167/09, GRUR 2011, 747 Rn. 17 – *Kreditkartenübersendung*.

Belästigung i. S. von § 4a Abs. 1 Satz 2 Nr. 1 nicht aus. Das folgt aus einem Vergleich mit den weiteren Mitteln der Nötigung und unzulässigen Beeinflussung nach § 4a Abs. 1 Satz 2 Nr. 2 und 3 und den aggressiven Geschäftspraktiken nach Nr. 24 bis 31 des Anhangs I der UGP-RL. Jenen Geschäftspraktiken wohnt ein gewisser Bedrängungsfaktor inne. Dieser ist im Hinblick auf den Normzweck des § 4a erforderlich (Rdn. 27–31).[38] Das Bedrängungspotential kann sich aus der Art und Weise sowie Intensität der geschäftlichen Handlung oder ihrem Inhalt konkludent oder ausdrücklich ergeben Es kann darin bestehen, dass die Ansprache in hartnäckiger Form erfolgt.[39] Die in Art. 9 lit. a bis e UGP-RL und in § 4a Abs. 2 Satz 1 Nr. 1 bis 5 aufgezählten Kriterien, kulturelle, sittliche, moralische, soziale, religiöse und ethische Gesichtspunkte sowie Grenzen sozialadäquaten Verhaltens sind in die Beurteilung einzubeziehen.[40]

33 Geschäftliche Handlungen, in die der Verbraucher in Kenntnis der Gegebenheiten **eingewilligt** hat, begründen keine Belästigung i. S. von § 4a Abs. 1 Satz 2 Nr. 1.[41] Im Regelfall erreicht eine Verhaltensweise nicht die notwendige Intensität, um die Schwelle zur Belästigung zu erreichen, wenn der Verbraucher oder sonstige Marktteilnehmer ihr ohne weiteres ausweichen oder sich ihr entziehen kann.[42]

(6) Einzelfälle

34 Sämtliche Tatbestände der sog. **schwarzen Liste**, die aggressive Geschäftspraktiken zum Gegenstand haben, sind **nicht auf sonstige Marktteilnehmer** anwendbar (Anh. (zu § 3 Abs. 3) Rdn. 10). Richtet sich die geschäftliche Handlung gegen einen sonstigen Marktteilnehmer und erfüllt sie ansonsten die Voraussetzungen eines der Tatbestände der Nr. 24 bis 27 oder 29 bis 31 des Anhangs I UGP-RL, kann dies für die Annahme einer Belästigung i. S. von § 4a Abs. 1 Satz 2 Nr. 1 ausreichen.

35 Aus dem **Anhang I UGP-RL** weisen Nr. 26 zum hartnäckigen und unerwünschten Ansprechen über Telefon, Fax, E-Mail oder sonstige für den Fernabsatz geeignete Medien, Nr. 28 über die Einbeziehung einer direkten Aufforderung an Kinder in eine Werbung, ihre Eltern oder andere Erwachsene zu überreden, die beworbenen Produkte für sie zu kaufen, Nr. 29 über unbestellte Produkte, und Nr. 30 über die Gefährdung des Arbeitsplatzes und des Lebensunterhalts des Gewerbetreibenden deutliche Elemente einer Belästigung auf. Unterfallen geschäftliche Handlungen nicht diesen teilweise sehr eng gefassten per se-Verboten, kommt in Betracht, dass die Voraussetzungen einer Belästigung i. S. von § 4a Abs. 1 Satz 2 Nr. 1 erfüllt sind. So greift Nr. 26 des Anhangs I UGP-RL nur bei einem Verhalten gegenüber Kunden durch hartnäckiges und unerwünschtes Ansprechen über Telefon, Fax, E-Mail oder sonstige für den Fernabsatz

38 FBO/*Scherer* § 4a Rn. 119; *dies.* WRP 2017, 891, 894.

39 OLG Köln, 24.06.2016, 6 U 149/15, GRUR 2016, 1082 Rn. 56 = juris Rn. 70.

40 *Köhler*/Bornkamm/Feddersen § 4a UWG Rn. 1.40.

41 EuGH, 13.09.2018, C-54/17 und C-55/17, GRUR 2018, 1156 Rn. 45 – *AGCM/Wind und Vodafone*; zu *§ 7: BGH, 21.04.2016*, I ZR 276/14, GRUR 2016, 831 Rn.20 – Lebens-Kost.

42 BGH, 03.03.2011, I ZR 167/09, GRUR 2011, 747 Rn. 27 – *Kreditkartenübersendung*; OLG Köln, 02.02.2018, 6 U 85/17, GRUR-RR 2018, 200 Rn. 37 = juris Rn. 46.

geeignete Medien ein. Eine derartige Verhaltensweise kann je nach den relevanten Umständen des Falls vorliegen, wenn ein Unternehmer einen Verbraucher oder sonstigen Marktteilnehmer ohne Einsatz von Fernkommunikationsmitteln unmittelbar anspricht, um zu verhindern, dass der Adressat von einem Widerrufs- oder Rückgaberecht oder einem anderen Gestaltungsrecht Gebrauch macht. Ein solches Verhalten kann eine Belästigung i. S. von § 4a Abs. 1 Satz 2 Nr. 1 darstellen.

Den Tatbeständen der **schwarzen Liste** über aggressive Geschäftspraktiken können im Wege der Auslegung **verallgemeinerungsfähige Wertungen** entnommen werden, die wegen des abschließenden Charakters der schwarzen Liste zwar nicht die Annahme eines per se-Verbots außerhalb ihres unmittelbaren Anwendungsbereichs erlauben, die aber eine Bewertung eines vergleichbaren Verhaltens als Belästigung i. S. des § 4a Abs. 1 Satz 2 Nr. 1 rechtfertigen. 36

Bei **unerbetenen Hausbesuchen** kann Nr. 26 des Anhangs zu § 3 Abs. 3 einen Anhalt bieten, wann von einer Belästigung auszugehen ist. Nach dieser Bestimmung liegt eine stets unzulässige geschäftliche Handlung bei persönlichem Aufsuchen in der Wohnung vor, wenn die Aufforderung des Besuchten, die Wohnung zu verlassen oder nicht zu ihr zurückzukehren, nicht beachtet wird, es sein denn, der Besuch ist zur rechtmäßigen Durchsetzung einer vertraglichen Verpflichtung gerechtfertigt. Erfüllen die Räumlichkeiten nicht die Anforderungen, die an eine Wohnung zu stellen sind (Anh. (zu § 3 Abs. 3) Rdn. 316), kann ein Fall der Belästigung i. S. des § 4a Abs. 1 Satz 2 Nr. 1 vorliegen, wenn diese Räumlichkeiten trotz Aufforderung nicht verlassen werden oder der Unternehmer oder sein Mitarbeiter zu ihnen zurückkehrt. Das kann auch im öffentlichen Raum der Fall sein, wenn ein Ausweichen nicht ohne weiteres möglich ist, wie etwa beim Herantreten an ein infolge der Verkehrsverhältnisse wartendes Kraftfahrzeug, in voll besetzten öffentlichen Verkehrsmitteln oder am Arbeitsplatz. Entsprechendes gilt, wenn derjenige, der die Aufforderung ausspricht, nicht in den Schutzbereich der Nr. 26 des Anhangs fällt (Anh. (zu § 3 Abs. 3) Rdn. 316). 37

Nr. 26 des Anhangs ist kein allgemeiner Grundsatz zu entnehmen, dass **Hausbesuche** im Regelfall eine Belästigung i. S. des § 4a Abs. 1 Satz 2 Nr. 1 darstellen. Das wäre mit dem Charakter eines per se-Verbots wegen des weitgehenden Eingriffs in die nach der EU-Grundrechtecharta und dem Grundgesetz geschützte Berufsfreiheit und allgemeine Handlungsfreiheit (Art. 6, 15 und 16 EU-Grundrechtecharta, Art. 2 (1) und Art. 12 (1) GG) nicht zu vereinbaren. Der Ausgestaltung einer besonders aggressiven Geschäftspraktik als per se-Verbot in Nr. 26 des Anhangs ist aber die Wertung zu entnehmen, dass von Hausbesuchen schnell ein gewisses Bedrängungspotential ausgeht.[43] Dazu kann ein gewisser Überrumplungseffekt kommen. Weist das Verhalten beim unerbetenen Hausbesuch ein gewisses Maß an Hartnäckigkeit auf, liegt eine Belästigung i. S. des § 4a Abs. 1 Satz 2 Nr. 1 vor. 38

Nach Nr. 29 des Anhangs zu § 3 Abs. 3 ist die Aufforderung zur Bezahlung **nicht bestellter, aber gelieferter Waren oder erbrachter Dienstleistungen** oder eine 39

43 A. A. FBO/*Scherer* § 4a Rn. 120.

Aufforderung zur Rücksendung oder Aufbewahrung nicht bestellter Sachen stets unlauter. Der Tatbestand setzt eine Zahlungsaufforderung voraus (Anh. (zu § 3 Abs. 3) Rdn. 356). Fehlt die Zahlungsaufforderung und greift Nr. 29 der sog. schwarzen Liste deshalb nicht ein, kann in der Zusendung nicht bestellter Waren oder Erbringung nicht bestellter Dienstleistungen eine Belästigung i. S. des § 4a liegen. Davon ist auszugehen, wenn der von der Maßnahme betroffene Durchschnittsverbraucher nicht zweifelsfrei erkennt, wie er mit der Leistungserbringung umgehen kann.[44] Für den Fall einer unbestellten Überlassung einer Kreditkarte hat die Rechtsprechung angenommen, der Durchschnittsverbraucher werde erkennen, dass er ohne Nachteile befürchten zu müssen, die Kreditkarte unbrauchbar machen könne.[45]

40 Vom **Ansprechen in der Öffentlichkeit** geht nur eine Belästigung i. S. des § 4a Abs. 1 Satz 2 Nr. 1 aus, wenn zusätzliche Begleitumstände hinzutreten. Regelmäßig stellt das Ansprechen in der Öffentlichkeit keine Belästigung i. S. des § 4a Abs. 1 Satz 2 Nr. 1 dar. Zu § 7 hat die Rechtsprechung danach differenziert, ob der Werbende als solcher für den Angesprochenen erkennbar ist.[46]Für eine Belästigung i. S. des § 4a Abs. 1 Satz 2 Nr. 1 ist diese Unterscheidung zur Abgrenzung allein nicht geeignet. Selbst wenn der Werbende als solcher für den Angesprochenen nicht erkennbar ist, geht von einer Werbeansprache keine Belästigung i. S. von § 4a aus. Die Schutzziele von § 4a und des § 7 unterscheiden sich (Rdn. 28). Das ist bereits bei der Auslegung der Mittel nach § 4a Abs. 1 Satz 2 zu berücksichtigen.[47] Die Belästigung muss ein gewisses Bedrängungspotential aufweisen, weil nur so die Entscheidungsfreiheit des Verbrauchers oder sonstigen Marktteilnehmers überhaupt tangiert sein kann. Im öffentlichen Raum bestehen im Allgemeinen hinreichende Ausweichmöglichkeiten, um es überhaupt nicht zu einer Bedrängungssituation kommen zu lassen. Eine Belästigung nach § 4a Abs. 1 Satz 2 Nr. 1 setzt ein über das Ansprechen in der Öffentlichkeit hinausgehendes Verhalten voraus. Das kann sich aus einer gewissen Hartnäckigkeit ergeben, etwa wenn der Werbende es nicht bei einer ausdrücklichen oder schlüssigen Ablehnung des Angesprochenen belässt und mit Fragen oder Unmutsäußerungen seiner Ansprache Nachdruck verleiht. Die Belästigung kann aus dem Hinzutreten moralischer Appelle folgen. Nr. 30 des Anhangs I der UGP-RL zeigt die Wertung des Unionsgesetzgebers, dass von moralischen Appellen ein Druck ausgehen kann, der die Annahme einer aggressiven Geschäftspraktik rechtfertigt. Das Ansprechen in der Öffentlichkeit kann mit einem äußerlich oder verbal aggressiven Verhalten einhergehen, in dem häufig das Mittel der Belästigung überschritten sein wird und einer der Tatbestände des § 4a Abs. 1 Satz 2 Nr. 2 oder 3 vorliegen wird.

41 Die Art und Weise der **Durchsetzung vertraglicher oder gesetzlicher Ansprüche** kann das Tatbestandsmerkmal der Belästigung i. S. von § 4a Abs. 1 Satz 2 Nr. 1 erfül-

---

44 *Köhler*/Bornkamm/Feddersen § 4a UWG Rn. 1.45.

45 BGH, 03.03.2011, I ZR 167/09, GRUR 2011, 747 Rn. 27 – *Kreditkartenübersendung*.

46 BGH, 04.03.2004, I ZR 221/01, GRUR 2004, 699, 700 – *Direktansprache am Arbeitsplatz*; BGH, 09.09.2004, I ZR 93/02, GRUR 2005, 443, 444 – *Ansprechen in der Öffentlichkeit II*.

47 Im Ergebnis ebenso *Köhler*/Bornkamm/Feddersen § 4a UWG Rn. 1.43, die allerdings die Belästigung annehmen und die Beeinträchtigung der Entscheidungsfreiheit verneinen.

len. Der weite Begriff der geschäftlichen Handlung nach § 2 Abs. 1 Nr. 1 erfasst Verhaltensweisen nach Geschäftsabschluss (§ 2 Abs. 1 Nr. 1 Rdn. 13–15). Das für die Annahme einer Belästigung nach § 4a erforderliche Bedrängungspotential wird nicht schon durch sozialadäquate Verhaltensweisen vorprozessualer Rechtsdurchsetzung erreicht. Mahnungen und Verwarnungen für sich genommen erfüllen ohne Hinzutreten weiterer Umstände regelmäßig nicht das Ausmaß eine Belästigung i. S. von § 4a Abs. 1.[48] Eine Belästigung kann sich daraus ergeben, dass in besonders hartnäckiger Weise Ansprüche verfolgt werden oder Mittel angekündigt werden, die mit der Rechtslage nicht in Einklang stehen.[49] Unzulässig ist die Verschleierung der Rechtslage. Der Gläubiger ist bei einer Androhung von Zwangsvollstreckungsmaßnahmen aber nicht zur Erläuterung der gesetzlichen Voraussetzungen verpflichtet.[50] Die Ankündigung eines Schufaeintrags für den Fall, dass keine Zahlung erfolgte, obwohl die Voraussetzungen für die Unterrichtung der SCHUFA nicht vorlagen, hat der Bundesgerichtshof nicht nur als Belästigung, sondern als Nötigung eingestuft.[51] Eine Belästigung i. S. von § 4a Abs. 1 Satz 2 Nr. 1 ist ein auffälliger, in der Nachbarschaft wahrnehmbarer Hausbesuch eines Mitarbeiters eines Inkassounternehmens, um der Mahnung Nachdruck zu verleihen, oder eine Beschriftung auf dem Briefumschlag in der Art »Letzte Mahnung vor der Zwangsvollstreckung«.

Ein Verhalten, das bei einem Durchschnittsverbraucher nicht das Ausmaß einer Belästi- 42
gung i. S. von § 4a Abs. 1 Satz 2 Nr. 1 erreicht, kann bei einem **durchschnittlichen Mitglied einer besonders schutzbedürftigen Gruppe** oder einem **Durchschnittsverbraucher in einer Ausnahmesituation** für eine Belästigung genügen. Ein gehbehinderter Verbraucher kann eine nachdrückliche Ansprache durch einen Werbenden im öffentlichen Raum eher als ein Durchschnittsverbraucher als Belästigung empfinden, dem er sich durch ein Ausweichen nicht entziehen kann. Gleiches kann für einen älteren Menschen beim nachhaltigen Ansprechen an der Haustüre gelten. Ein Durchschnittsverbraucher, der sich in einer Unfallsituation befindet[52] oder dessen Angehöriger verstorben ist,[53] sieht in dem Angebot einer Dienstleistung wesentlich eher eine Belästigung i. S. von § 4a als dies in einer normalen Situation der Fall ist. Dem tragen Art.9 lit. c UGP-RL und § 4a Abs. 2 Satz 1 Nr. 3 Rechnung.

bb) Nötigung i. S. von § 4a Abs. 1 Satz 2 Nr. 2

(1) Unionsrecht

Ein weiteres der drei abschließend in § 4a Abs. 1 Satz 2 angeführten Mittel, von denen 43
eines verwirklicht sein muss, ist die Nötigung, einschließlich der Anwendung körperli-

48 *BGH, 19.03.2015, I ZR 157/13,* GRUR 2015, 1134 Rn. 20 – *Schufa-Hinweis*; BGH, 22.03.2018, I ZR 25/17, GRUR 2018, 1063 Rn. 26 – *Zahlungsaufforderung*.

49 BGH, 19.03.2015, I ZR 157/13, GRUR 2015, 1134 Rn. 19 – *Schufa-Hinweis*.

50 BGH, 22.03.2018, I ZR 25/17, GRUR 2018, 1063 Rn. 26 – *Zahlungsaufforderung*.

51 BGH, 19.03.2015, I ZR 157/13, GRUR 2015, 1134 Rn. 17 – *Schufa-Hinweis*.

52 BGH, 22.11.1974, I ZR 23/74, GRUR 1975, 264, 265 – *Werbung am Unfallort I*; BGH, 08.07.1999, I ZR 118/97, GRUR 2000, 235, 236 – *Werbung am Unfallort IV*.

53 BGH, 12.03.1971, I ZR 119/69, BGHZ 56, 18, 20 – *Grabsteinaufträge II*; BGH, 22.04.2010, I ZR 29/09, GRUR 2010, 1113 Rn. 21 – *Grabmalwerbung*.

cher Gewalt. Das Tatbestandsmerkmal stammt wörtlich aus Art. 8 UGP-RL und ist im Rahmen des § 4a Abs. 1 Satz 2 Nr. 2 richtlinienkonform, autonom, einheitlich und unter Heranziehung der weiteren Sprachfassungen der Richtlinie und nicht aufgrund eines nationalen Rechtsverständnisses auszulegen. Der Begriff der Nötigung i. S. von § 240 StGB ist nicht maßgeblich. Die englische und französische Fassung der Richtlinie umschreiben den Begriff der Nötigung mit »coercion« (Zwang, Gewalt, Nötigung), »contrainte« (Zwang, Einengung, Einschränkung, Beschränkung). Eine Definition der Nötigung enthalten die UGP-RL und das UWG nicht.

(2) Normzweck

44 Zur Berücksichtigung des Schutzzwecks bei der Auslegung des Tatbestandsmerkmals der Nötigung gelten die Ausführungen zum Begriff der Belästigung entsprechend (Rdn. 27).

(3) Der Begriff der Nötigung

45 Das Tatbestandsmerkmal der **Nötigung erfordert den Einsatz oder die Androhung physischer oder psychischer Gewalt, um den Verbraucher oder sonstigen Marktteilnehmer zu einem positiven Verhalten oder Unterlassen zu bewegen**. Auf den Adressaten muss Druck ausgeübt werden.[54] Insoweit besteht eine gewisse Überschneidung mit der unzulässigen Beeinflussung nach § 4a Abs. 1 Satz 2 Nr. 3. Diese setzt allerdings voraus, dass der Unternehmer eine Machtposition ausnutzt, was bei der Nötigung nach § 4a Abs. 1 Satz 2 Nr. 2 nicht zwingend ist. Eine Abgrenzung zwischen § 4a Abs. 1 Satz 2 Nr. 2 und Nr. 3 ist regelmäßig nicht erforderlich. § 4a Abs. 1 Satz 2 Nr. 3 wird häufig die Funktion eines Auffangtatbestands zukommen, der erfüllt ist, wenn die Feststellung einer Nötigung ausscheidet oder zweifelhaft ist.[55]

46 Nicht jeder Druck reicht aus. Im Wirtschaftsleben wird ständig Druck ausgeübt, um die Gegenseite zu einem erwünschten Verhalten zu veranlassen. Der Abbruch von Verhandlungen wird angekündigt oder umgesetzt. Eine Partei stellt die Lieferung von Waren oder die Erbringung von Dienstleistungen ein,[56] droht die Ausübung von Gestaltungsrechten an oder legt vertragliche Bestimmungen in einem für die Gegenseite nachteilhaften Sinn aus, um sich Vorteile zu verschaffen. Diese Verhaltensweisen reichen für die Annahme einer Nötigung i. S. von § 4a Abs. 1 nicht aus, weil der angedrohte Nachteil nicht rechtswidrig ist.[57] **Ein angedrohter Nachteil** darf nicht sozialadäquat sein, sondern **muss rechtswidrig oder vertragswidrig** sein.[58] Die Ausübung des Drucks muss das **Ausmaß von Zwang** erreichen.

---

54 HansOLG Hamburg, 15.03.2018, 5 U 152/15, WRP 2018, 604 Rn. 146 = juris Rn. 182.

55 OLG Köln, 24.06.2016, 6 U 149/15, GRUR 2016, 1082 Rn. 57 = juris Rn. 72; FBO/*Scherer* § 4a Rn. 114; a. A. HansOLG Hamburg, 15.03.2018, 5 U 152/15, WRP 2018, 604 Rn. 147 = juris Rn. 183: § 4a Abs. 1 Satz 2 Nr. 3 als Unterfall der Nötigung nach § 4a Abs. 1 Satz 2 Nr. 2.

56 HansOLG Hamburg, 25.11.2004, 5 U 22/04, OLGZ 2005, 671, 672.

57 JurisPK-UWG/*Seichter* § 4a Rn. 32.

58 BGH, 19.03.2015, I ZR 157/13, GRUR 2015, 1134 Rn. 20 – *Schufa-Hinweis*; HansOLG Hamburg, 15.03.2018, 5 U 152/15, WRP 2018, 604 Rn. 147 = juris Rn. 183.

Von den in § 4a Abs. 1 Satz 2 Nr. 1 bis 3 angeführten Mitteln weist die Nötigung die intensivste Form auf.[59] Sie kann in der Anwendung körperlicher Gewalt oder ihrer Androhung oder in der Anwendung oder Androhung psychischer Zwangsmittel bestehen. Die Anwendung oder Androhung psychischen Zwangs muss nicht der Anwendung körperlicher Gewalt entsprechen.[60] Werden Maßnahmen angedroht, muss der Adressat die Androhung als ernsthaft ansehen und ihre Verwirklichung für möglich halten. Der Unternehmer muss ein empfindliches Übel androhen und vorgeben, auf dessen Eintritt Einfluss zu haben. Ob der Unternehmer die Androhung objektiv umsetzen kann und wahrmachen will, ist nicht entscheidend. Das Verhalten braucht nicht den objektiven Tatbestand einer strafrechtlichen Norm, wie den der Nötigung oder Erpressung nach §§ 240, 253 StGB, zu erfüllen.[61] Ist der objektive Tatbestand der Nötigung oder Erpressung verwirklicht und handelt der Täter rechtswidrig, liegt das Tatbestandsmerkmal der Nötigung i. S. von § 4a Abs. 1 Satz 2 Nr. 2 vor.[62] 47

(4) Einzelfälle

Der Bundesgerichtshof hat den Tatbestand einer **Nötigung** i. S. von Art. 8 UGP-RL in einem Fall bejaht, in dem ein Inkassounternehmen in einer Mahnung für den Fall, dass nicht gezahlt wird, auf die Übermittlung der Daten des Schuldners an die SCHUFA hinwies und dabei die Voraussetzungen für die Übermittlung verschleierte.[63] Das Tatbestandsmerkmal der Nötigung nach § 4a Abs. 1 Satz 2 Nr. 2 liegt vor, wenn ein Inkassounternehmen eine Mahnung mit einem Erläuterungsblatt mit dem Titel »Eingehungsbetrug § 263 StGB« verbindet, mit dem dem Adressaten suggeriert wird, es drohe ihm eine strafrechtliche Verurteilung wegen Betrugs oder zumindest eine Strafanzeige.[64] 48

Im Einzelfall kann der Unternehmer durch **Herbeiführung eines Gruppendrucks** einen derartigen psychischen Zwang auf die einzelnen Mitglieder der Gruppe aufbauen, dass dies den Tatbestand der Nötigung i. S. von § 4a Abs. 1 Satz 2 Nr. 2 erfüllt. Es erscheint aber zweifelhaft, ob dies bereits in einen Fall erfüllt ist, in dem durch den Kauf von Produkten sog. Klassenfahrtpunkte gesammelt werden können, über die eine Klassenfahrt finanziert werden kann.[65] Unter Geltung der UGP-RL sind derartige Fälle des Gruppendrucks eher der **unzulässigen Beeinflussung** i. S. von § 4a Abs. 1 Satz 2 Nr. 3, Satz 3 zuzuordnen. Dasselbe gilt für den Aufbau **moralischen Drucks**. 49

Unter das Tatbestandsmerkmal der Nötigung nach § 4a Abs. 1 sind Fallkonstellationen zu fassen, die in **Nr. 25 und Nr. 26 des Anhangs zu § 3 Abs. 3** beschrieben sind, bei denen aber ein Tatbestandsmerkmal nicht verwirklicht ist, dessen Fehlen am Tatbestand 50

59 FBO/*Scherer* § 4a Rn. 112.
60 A. A. FBO/*Scherer* § 4a Rn. 113.
61 Harte/Henning/*Picht* § 4a Rn. 28.
62 Ohly/*Sosnitza* § 4a Rn. 16.
63 BGH, 19.03.2015, I ZR 157/13, GRUR 2015, 1134 Rn. 17 – *Schufa-Hinweis.*
64 LG Düsseldorf, 26.07.2017, 12 O 227/16, juris Rn. 62.
65 Bejahend zu § 4 Nr. 1 a. F. OLG Celle, 21.07.2005, 13 U 13/05, GRUR-RR 2005, 387, 388.

der Nötigung nichts ändert und nur das per se-Verbot entfallen lässt. Die Nötigung erfolgt nicht, um einen Vertragsabschluss i. S. der Nr. 25 des Anhangs herbeizuführen, sondern um den Verbraucher zu veranlassen, von einem Gestaltungsrecht keinen Gebrauch zu machen (Anh. (zu § 3 Abs. 3) Rdn. 309) oder das unlautere Verhalten erfolgt gegenüber einem sonstigen Marktteilnehmer, der nicht in den Schutzbereich der sog. schwarzen Liste fällt (Anh. (zu § 3 Abs. 3) Rdn. 306, 315). Eine Nötigung nach § 4a Abs. 1 Satz 2 Nr. 2 kann ebenfalls bei dem in Nr. 26 des Anhangs zu § 3 Abs. 3 beschriebenen Verhalten erfüllt sein, wenn etwa das Tatbestandsmerkmal der Räumlichkeiten nicht erfüllt ist oder sich das Verhalten gegen einen sonstigen Marktteilnehmer richtet. Im letzteren Fall ist aber jeweils gesondert zu beurteilen, ob gegenüber einem sonstigen Marktteilnehmer, der häufig nicht gleich schutzbedürftig wie ein Verbraucher ist, das Verhalten zur Begründung einer Nötigung ausreicht.

cc) Unzulässige Beeinflussung i. S. von § 4a Abs. 1 Satz 2 Nr. 3 und Satz 3

(1) Unionsrecht

51 Das Tatbestandsmerkmal der unzulässigen Beeinflussung ist wörtlich aus Art. 8 UGP-RL übernommen und ist im Rahmen des § 4a Abs. 1 Satz 2 Nr. 3 richtlinienkonform, autonom, einheitlich und unter Heranziehung der weiteren Sprachfassungen der Richtlinie auszulegen. Der Begriff der unzulässigen Beeinflussung ist der einzige der drei in Art. 8 UGP-RL angeführten und in § 4a Abs. 1 Satz 2 Nr. 1 bis 3 übernommenen Mittel zur Beeinträchtigung der Entscheidungs- oder Verhaltensfreiheit der Verbraucher, der gesetzlich definiert ist. Was eine unzulässige Beeinflussung ist, ist durch **Art. 2 lit. j UGP-RL** verbindlich umschrieben. Die Definition der unzulässigen Beeinflussung aus Art. 2 lit. j UGP-RL wird in § 4a Abs. 1 Satz 3 inhaltlich übereinstimmend mit der Richtlinie in das deutsche Recht umgesetzt. Die englische und französische Fassung der Richtlinie umschreiben den Begriff der unzulässigen Beeinflussung gleichbedeutend mit »undue influence« (unangebrachte, ungehörige, unangemessene oder unzulässige Beeinflussung) und »influence injustifiée« (ungerechtfertigter, unberechtigter oder unangemessener Einfluss oder Einwirkung). Im Sinne einer unangemessenen Beeinflussung ist das Tatbestandsmerkmal des § 4a Abs. 1 Satz 2 Nr. 3 zu verstehen.[66]

(2) Normzweck

52 Zur Berücksichtigung des Schutzzwecks bei der Auslegung des Tatbestandsmerkmals der unzulässigen Beeinflussung gelten die Ausführungen zum Begriff der Belästigung entsprechend (Rdn. 27).

---

66 OLG Köln, 24.06.2016, 6 U 149/15, GRUR 2016, 1082 Rn. 56 = juris Rn. 71; *Köhler*, WRP 2015, 1311, 1316; *Fritzsche* WRP 2016, 1, 4.

(3) Der Begriff der unzulässigen Beeinflussung

(a) Allgemeines

Nach der für die Auslegung des § 4a Abs. 1 Satz 2 Nr. 3 verbindlichen **Definition in Art. 2 lit. j UGP-RL** liegt eine unzulässige Beeinflussung in der Ausnutzung einer Machtposition gegenüber dem Verbraucher zur Ausübung von Druck, auch ohne die Anwendung oder Androhung von körperlicher Gewalt, in einer Weise, die die Fähigkeit des Verbrauchers zu einer informierten Entscheidung wesentlich einschränkt. Die Definition hat der Gesetzgeber in § 4a Abs. 1 Satz 3 in das deutsche Recht inhaltsgleich übernommen und nur um den sonstigen Marktteilnehmer erweitert. Eine unzulässige Beeinflussung setzt danach (1) eine Machtposition (2) zur Ausnutzung zur Ausübung von Druck (3) gegenüber einem Verbraucher oder sonstigen Marktteilnehmer voraus, (4) durch die die Fähigkeit des Adressaten zu einer informierten Entscheidung wesentlich einschränkt wird. **53**

(b) Machtposition

Von einer **Machtposition** i. S. von Art. 2 lit. j UGP-RL und § 4a Abs. 1 Satz 3 ist auszugehen, wenn der Unternehmer sich in einer überlegenen Position befindet, die es ihm erlaubt, Druck auf den Verbraucher oder sonstigen Marktteilnehmer auszuüben. Die englische und französische Sprachfassung bezeichnen die Stellung, aus der der Unternehmer auf den Verbraucher einwirkt, ähnlich mit »position of power« und »position de force« (Position der Stärke oder Macht). Nicht erforderlich für die Annahme einer Machtposition ist eine derart starke Stellung, dass der Unternehmer über die Möglichkeit verfügt, dem Verbraucher oder sonstigen Marktteilnehmer seinen Willen aufzuzwingen oder ihn anzuweisen.[67] Eine wirtschaftlich oder rechtlich überlegene Stellung, aus der der Unternehmer agieren kann, wird häufig vorliegen und kann eine Machtposition begründen, ist aber für deren Annahme nicht notwendig. Die Machtposition kann sich aus einer strukturellen – etwa aufgrund größerer Sachkunde und Erfahrung, Verbandszugehörigkeit oder organisatorischer Verfassung – oder situationsbedingten Überlegenheit ergeben.[68] **54**

Ob eine Machtposition besteht, ist **aus Sicht des Adressaten** der geschäftlichen Handlung zu beurteilen.[69] Der Begriff der Machtposition ist im Interesse eines hohen Schutzniveaus für den **Verbraucher** weit auszulegen, wenn das durch die **UGP-RL** geregelte Verhältnis zum Verbraucher betroffen ist.[70] Verbraucher befinden sich regelmäßig in einer gegenüber dem Unternehmer unterlegenen Position, weil sie wirtschaft- **55**

67 Ohly/*Sosnitza* § 4a Rn. 36; Götting/Nordemann/*Götting* § 4a Rn. 13.

68 FBO/*Scherer* § 4a Rn. 129.

69 EuGH, 12.05.2011, C-122/10, GRUR 2011, 930 Rn. 22 und 23 – *Ving Sverige*; EuGH, 19.09.2013, C-435/11, GRUR 2013, 1157 Rn. 43 – *CHS Tour Services*.

70 EuGH, 09.11.2010, C-540/08, GRUR 2011, 76 Rn. 27 – *Mediaprint*; EuGH, 16.04.2015, C-388/13, GRUR 2015, 600 Rn. 32 – *UPC Magyarország*.

lich schwächer und rechtlich unerfahrener sind als Gewerbetreibende.[71] Befindet sich der Unternehmer in einer überlegenen Lage, die es ihm ermöglicht, Druck auf den Verbraucher auszuüben, reicht dies für die Annahme einer Machtposition aus. **Entscheidendes Merkmal der Machtposition ist die Fähigkeit zur Ausübung von Druck.** Dazu kann eine psychische Einwirkung auf den Verbraucher ausreichen, die in der Erwähnung eines Preises liegt, den der Verbraucher gewonnen hat, und die ihn zu einer häufig nicht rationalen Entscheidung veranlasst.[72] Die Merkmale, aus denen sich eine zur Ausübung von Druck geeignete Überlegenheit ergibt, können danach vielgestaltig sein. Sie können aus einer wirtschaftlichen, rechtlichen, persönlichen, beruflichen, organisatorischen oder intellektuellen Überlegenheit folgen oder auf situationsbedingten Vorteilen beruhen. Zum letzteren Gesichtspunkt sind in § 4a Abs. 2 Satz 1 Nr. 3 beispielhaft konkrete Unglücksituationen und Umstände von solcher Schwere angeführt. Dazu rechnen den Verbraucher besonders belastende Situationen, wie eine plötzliche schwere Erkrankung oder der Tod eines nahen Angehörigen. Nicht ausreichend für die Bejahung einer Machtposition ist die Einnahme einer harten Verhandlungsposition durch den Unternehmer, die Ankündigung eines Verhandlungsabbruchs oder eine unterlegene Stellung, in die der Verbraucher sich selbst gebracht hat.

56 Ob der Unternehmer **tatsächlich** über eine Machtposition verfügt, ist unerheblich. Der Eindruck beim Verbraucher genügt.

57 Gegenüber einem **sonstigen Marktteilnehmer** gelten im Ausgangspunkt keine anderen Grundsätze. Auch hier ist entscheidendes Merkmal der Machtposition die Fähigkeit zur Ausübung von Druck. Die Möglichkeit hierzu kann sich aus einer überlegenen wirtschaftlichen, rechtlichen, strukturellen oder situationsbedingten Stellung ergeben. Allerdings ist bei sonstigen Marktteilnehmern häufig das B2B-Verhältnis betroffen und es stehen sich auf beiden Seiten Unternehmer gegenüber. Damit liegt in diesem Verhältnis nicht grundsätzlich ein dem B2C-Verhältnis entsprechendes strukturelles Ungleichgewicht vor, wie es in der Beziehung zwischen Unternehmer und Verbraucher gegeben ist. Die Beurteilung, ob eine Machtposition im B2B-Verhältnis vorliegt, muss an strengeren Maßstäben gemessen werden. Der Begriff der Machtposition darf hier nicht zum Schutz der Marktgegenseite weit ausgelegt werden, wie dies im Verhältnis zum Verbraucher geboten ist. Zudem dürfen die Wertungen des **Kartellrechts** durch eine Anwendung des § 4a Abs. 1 Satz 2 Nr. 3 nicht unterlaufen werden (Rdn. 15 ff.).[73]

(c) Ausnutzung zur Ausübung von Druck

58 Der Unternehmer muss die Machtposition **zur Ausübung von Druck** auf den Verbraucher oder sonstigen Marktteilnehmer **ausnutzen**. Mit dem Begriff des Ausnutzens ist

---

71 EuGH, 03.10.2013, C-59/12, GRUR 2013, 1159 Rn. 35 – *Zentrale zur Bekämpfung unlauteren Wettbewerbs*; EuGH, 16.04.2015, C-388/13, GRUR 2015, 600 Rn. 53 – *UPC Magyarország*.

72 EuGH, 18.10.2012, C-428/11, GRUR 2012, 1269 Rn. 49 – *Purely Creative*; kritisch hierzu *FBO/Scherer* § 4a Rn. 132.

73 *Köhler*/Bornkamm/Feddersen § 4a UWG Rn. 1.57; *Kirchhoff*, WRP 2015, 659, 662; *Fritzsche* WRP 2016, 1, 4; *Scherer*, GRUR 2016, 233, 235.

kein subjektives Tatbestandsmerkmal in Art. 2 lit. j und § 4a Abs. 1 Satz 3 eingefügt. Ausnutzen bedeutet **keine Absicht oder überhaupt vorsätzliches Verhalten** im Hinblick auf eine Druckausübung. Der Handelnde muss sich der Druckausübung nicht bewusst sein; ein Verhalten, durch das objektiv Druck ausgeübt wird, reicht aus.[74] Die Notwendigkeit eines bewussten Vorgehens auf Seiten des Unternehmers ist im Wortlaut des Art. 2 lit. j UGP-RL nicht angelegt und mit dem Normzweck des § 4a, den Schutz der Entscheidungsfreiheit des Verbrauchers zu gewährleisten (Rdn. 27),[75] nicht in Einklang zu bringen.

Die **Ausnutzung** zur Ausübung von Druck ist im Hinblick auf eine unangemessene Beeinflussung auszulegen. Die Anwendung des Drucks aufgrund der Machtposition muss eine nicht mehr hinnehmbare Einflussnahme auf den Verbraucher oder sonstigen Marktteilnehmer zur Folge haben.[76] Dadurch wird ein im Wirtschaftsleben (noch) zulässiges Verhalten, das der eigenen Interessenwahrung dient, von einer aggressiven Geschäftspraktik abgegrenzt. Ist die Ausübung des Drucks rechtswidrig, liegt ein Ausnutzen vor. Die Drohung mit rechtlich unzulässigen Handlungen ist nach § 4a Abs. 2 Satz 1 Nr. 5 eines der Kriterien bei der Feststellung, ob eine Geschäftspraktik aggressiv ist. Keine notwendige Bedingung für die Annahme einer nicht mehr hinnehmbaren Einflussnahme und daraus folgend eines Ausnutzens zur Ausübung von Druck ist das Eingreifen einer gesetzlichen Bestimmung, aus der sich die Rechtswidrigkeit des Verhaltens ergibt. Ist das Verhalten nach einer gesetzlichen Vorschrift zur Durchsetzung vertraglicher oder gesetzlicher Verpflichtungen zulässig, liegt ein Ausnutzen nicht vor. Das folgt aus einem Vergleich mit Nr. 26 des Anhangs I UGP-RL. Nach allgemeinen Vorschriften zulässige Handlungen stellen keine Ausnutzung zur Ausübung von Druck dar. Regelmäßig ist der Umstand, dass ein Unternehmer ein Geschäft nicht abschließt, kein Ausnutzen zur Ausübung von Druck.[77] 59

Zur **Ausübung von Druck** werden regelmäßig **Nachteile in Aussicht gestellt**. Im Schrifttum wird daraus gefolgert, dass die Ankündigung von Nachteilen, die nicht näher bezeichnet werden müssen und im Entzug von Vorteilen bestehen können, zur Ausübung von Druck i. S. des Art. 2 lit. j und § 4a Abs. 1 Satz 3 gehört.[78] In der Definition der unzulässigen Beeinflussung nach Art. 2 lit. j und § 4a Abs. 1 Satz 3 und in dem Begriff der Ausübung von Druck ist dieses Erfordernis, mag es auch häufig erfüllt sein, nicht angelegt. So ist mit den in Art. 9 lit. c und d UGP-RL und § 4a Abs. 2 Satz 1 Nr. 3 und 4 angeführten Kriterien keineswegs zwangsläufig die Ankündigung von Nachteilen verbunden. Die Ausnutzung von Unglückssituationen oder Umständen vergleichbarer Schwere kann beim Durchschnittsverbraucher eine Drucksituation auch bei fehlender Ankündigung von Nachteilen auslösen, so dass er sich zur 60

74 FBO/*Scherer* § 4a Rn. 144; dies., GRUR 2016, 233, 239; a. A. *Köhler*/Bornkamm/Feddersen § 4a UWG Rn. 1.59.

75 BGH, 21.04.2016, I ZR 276/14, GRUR 2016, 831 Rn.16 – *Lebens-Kost*.

76 Ohly/*Sosnitza* § 4a Rn. 36.

77 OLG München, 17.08.2017, 29 U 1917/16, WRP 2017, 1377, 1381.

78 FBO/*Scherer* § 4a Rn. 134; dies., GRUR 2016, 233, 239; *Köhler*/Bornkamm/Feddersen § 4a UWG Rn. 1.59; Götting/Nordemann/*Götting* § 4a Rn. 14; jurisPK-UWG/*Seichter* § 4a Rn. 44.

Inanspruchnahme des Produktangebots entschließt. Das Anbieten von Vorteilen kann daher für die Ausübung von Druck genügen. Die in Art. 9 lit. d UGP-RL und § 4a Abs. 2 Satz 1 Nr. 4 angeführten belastenden oder unverhältnismäßigen Hindernisse nichtvertraglicher Art, mit denen der Unternehmer den Verbraucher oder sonstigen Marktteilnehmer an der Ausübung seiner vertraglichen Rechte zu hindern versucht, brauchen nicht mit der Ankündigung von Nachteilen verbunden zu sein. Eine unzulässige Beeinflussung kann sich gleichwohl aus diesen Verhaltensweisen ergeben. Die in Nr. 30 und Nr. 31 des Anhangs I UGP-RL aufgeführten Angaben und Erklärungen weisen nicht notwendig die Ankündigung von Nachteilen auf, obwohl sie zu den als per se-Verbote ausgestalteten Tatbeständen aggressiver Geschäftspraktiken gehören.

61 Schließlich kann eine Ausübung von Druck ohne Ankündigung von Nachteilen **gegenüber besonders schutzbedürftigen Verbrauchern** eintreten. In diesen Fällen kann sich eine Machtposition aus der intellektuellen Überlegenheit des Unternehmers gegenüber dem durchschnittlichen Mitglied einer besonders schutzbedürftigen Gruppe ergeben, in der durch besondere Reize ein nicht mehr rational zu steuernder Druck aufgebaut wird.[79] Dagegen spricht nicht, dass die Rechtsprechung die Kopplung eines Gewinnspiels mit einem Umsatzgeschäft nicht als aggressive Geschäftspraktik eingestuft hat[80] und an dieser Bewertung festhält, wenn sie gegenüber Jugendlichen erfolgt.[81]

(d) Gegenüber einem Verbraucher oder sonstigen Marktteilnehmer

62 Das Ausnutzen der Machtposition zur Ausübung von Druck muss gegenüber einem **Verbraucher** (zum Begriff § 2 Abs. 2, § 22 Abs. 2 Rdn. 1 ff.) oder einem **sonstigen Marktteilnehmer** (zum Begriff § 2 Abs. 1 Nr. 2 § 2 Abs. 1 Nr. 2 Rdn. 1 ff.) erfolgen. Gegenüber einem Verbraucher ist – soweit die Absatzförderung in Rede steht – im B2C-Verhältnis die UGP-RL nach näherer Maßgabe ihres Art. 3 anwendbar (Einleitung Rdn. 162–165 und § 4a Rdn. 5–7). Im Verhältnis zu einem sonstigen Marktteilnehmer ist der Anwendungsbereich der UGP-RL nicht eröffnet; § 4a ist anwendbar (Rdn. 9). Im B2B-Verhältnis zu **Mitbewerbern** (zum Begriff § 2 Abs. 1 Nr. 3 § 2 Abs. 1 Nr. 3 Rdn. 1 ff.) findet § 4a keine Anwendung (Rdn. 4).

63 (e) Wesentliche Einschränkung der Fähigkeit zu einer informierten Entscheidung

64 Durch die Ausnutzung der Machtposition zur Ausübung von Druck muss die **Fähigkeit des Verbrauchers oder sonstigen Marktteilnehmers zu einer informierten Entscheidung wesentlich eingeschränkt** werden. Zweck der UGP-RL ist es nach ihren Erwägungsgründen 6, 7, 8 und 16 sowie Art. 1, die Verbraucher vor unlauteren Geschäftspraktiken zu schützen, die in unmittelbarem Zusammenhang mit der Beeinflussung der geschäftlichen Entscheidungen der Verbraucher in Bezug auf Produkte stehen und die ihre wirtschaftlichen Interessen beeinträchtigen. Nach Art. 2 lit. j und § 4a Abs. 1 Satz 3 erfordert eine unzulässige Beeinflussung, dass die Freiheit des Ver-

79 BGH, 22.01.2014, I ZR 218/12, GRUR 2014, 682 Rn. 21–26 – *Nordjob-Messe.*
80 BGH, 05.10.2010, I ZR 4/06, GRUR 2011, 532 Rn. 22 – *Millionen-Chance II.*
81 BGH, 12.12.2013, I ZR 192/12, GRUR 2014, 686 Rn. 37 – *Goldbärenbarren.*

brauchers oder sonstigen Marktteilnehmers zu einer informierten Entscheidung eingeschränkt wird.

Informierte Entscheidung i. S. des § 4a Abs. 1 Satz 3 ist eine **informierte geschäftliche Entscheidung**. Der Begriff der **geschäftlichen Entscheidung** ist definiert in Art. 2 lit. k UGP-RL. Er wird durch § 2 Abs. 1 Nr. 9 in das deutsche Recht umgesetzt. Geschäftliche Entscheidung ist nach dieser Vorschrift jede Entscheidung eines Verbrauchers oder sonstigen Marktteilnehmers darüber, ob, wie und unter welchen Bedingungen er ein Geschäft abschließen, eine Zahlung leisten, eine Ware oder Dienstleistung behalten oder abgeben oder ein vertragliches Recht im Zusammenhang mit einer Ware oder Dienstleistung ausüben will, unabhängig davon, ob der Verbraucher oder sonstige Marktteilnehmer sich entschließt, tätig zu werden (näher § 2 Abs. 1 Nr. 9 Rdn. 1 ff.). Der Begriff der **informierten geschäftlichen Entscheidung** entstammt der UGP-RL. Er wird in Art. 7 (1) UGP-RL verwandt und findet sich in § 5a Abs. 2 Satz 1 Nr. 1. Das ist in diesem Regelungszusammenhang eine Entscheidung, die der Verbraucher in voller Kenntnis der Sachlage trifft.[82] In Art. 2 lit. e UGP-RL und § 2 Abs. 1 Nr. 8 ist der Begriff der informierten Entscheidung genannt. 65

Die Fähigkeit des Verbrauchers oder sonstigen Marktteilnehmers zu einer **informierten Entscheidung ist eingeschränkt**, wenn seine Möglichkeit zu einer informationsgeleiteten, freien und daher rationalen Entscheidung herabgesetzt wird.[83] Das ist im Bereich der irreführenden Geschäftspraktiken der Fall, wenn der Verbraucher oder sonstige Marktteilnehmer nicht über die für eine rationale Entscheidung nötigen Informationen verfügt.[84] Dazu gehören keine Angaben, die dem Verbraucher oder sonstigen Marktteilnehmer keinen Erkenntnisgewinn verschaffen.[85]Im Rahmen der Prüfung, ob die Entscheidungs- und Verhaltensfreiheit des Verbrauchers oder sonstigen Marktteilnehmers eingeschränkt ist, ist von Bedeutung. ob die Betroffenen über die für eine rationale Entscheidung nötigen Informationen verfügen.[86] Ein Abstellen auf die für eine rationale Entscheidung nötigen Informationen erfasst nicht vollständig die durch die aggressive Geschäftspraktik hervorgerufene Beeinträchtigung der Entscheidungsfreiheit des Verbrauchers oder sonstigen Marktteilnehmers.[87]Dieser kann über sämtliche Informationen verfügen. Gleichwohl kann er sich wegen des von der geschäftlichen Handlung des Unternehmers ausgehenden Drucks nicht rational entscheiden können.[88] Seine Entscheidung ist nicht mehr informationsgeleitet. Für die unzulässige Beeinflussung i. S. von Art. 2 lit. j UGP-RL und § 4a Abs. 1 Satz 3 kommt es daher auch darauf an, ob das eingesetzte Mittel (Belästigung, Nötigung, unzulässige Beeinflussung) die Fähig- 66

82 *EuGH, 16.04.2015, C-388/13*, GRUR 2015, 600 Rn. 40 – *UPC Magyarország.*
83 EuGH, 18.10.2012, C-428/11, GRUR 2012, 1269 Rn. 38 – *Purely Creative*; BGH, 12.12.2013, I ZR 192/12, GRUR 2014, 686 Rn. 23 – *Goldbärenbarren.*
84 EuGH, 16.04.2015, C-388/13, GRUR 2015, 600 Rn. 40 – *UPC Magyarország.*
85 BGH, 21.07.2016, I ZR 26/15, GRUR 2016, 1076 Rn. 46 – *LGA tested.*
86 EuGH, 13.09.2018, C-54/17 und C-55/17, GRUR 2018, 1156 Rn. 48–52 – *AGCM/Wind und Vodafone.*
87 FBO/*Scherer* § 4a Rn. 96; *Ohly*, GRUR 2014, 1137, 1142.
88 OLG Stuttgart, 30.10.2008, 2 U 25/08, GRUR-RR 2008, 429, 434.

keit des Verbrauchers oder sonstigen Marktteilnehmers zu einer informationsgeleiteten, freien und daher rationalen Entscheidung herabsetzt.

67 Die Einschränkung muss **wesentlich** sein. Das Erfordernis einer wesentlichen Einschränkung stellt ein Korrektiv zu dem weit gefassten Tatbestandsmerkmal der unzulässigen Beeinflussung dar. Um wesentlich zu sein, muss die Einschränkung von einigem Gewicht sein.[89] Dadurch werden zum Wettbewerb gehörende Einschränkungen der Entscheidungsfreiheit vom Tatbestandsmerkmal der unzulässigen Beeinflussung und einer aggressiven geschäftlichen Handlung nach § 4a Abs. 1 Satz 2 Nr. 3 ausgenommen. Unternehmer handeln regelmäßig nicht altruistisch und dürfen innerhalb sozialadäquater Grenzen eine bestehende Überlegenheit nutzen.

68 Die Möglichkeit zu einer informationsgeleiteten, freien Entscheidung des Verbrauchers braucht **nicht vollständig entfallen** zu sein. Ein solcher Extremfall wird in der Praxis kaum vorkommen. Es reicht aus, dass das Urteilsvermögen des Verbrauchers wesentlich eingeschränkt wird. In diesem Sinn ist die Formulierung in der Rechtsprechung zu verstehen, dass die beanstandete geschäftliche Handlung geeignet sein muss, die Rationalität der Nachfrageentscheidung der angesprochenen Verbraucher vollständig in den Hintergrund treten zu lassen.[90]

b) Eignung, die Entscheidungsfreiheit erheblich zu beeinträchtigen

69 Der Einsatz der Mittel der Belästigung, Nötigung oder unzulässigen Beeinflussung reicht zur Begründung einer aggressiven geschäftlichen Handlung nicht aus. Nach § 4a Abs. 1 Satz 2 liegt eine aggressive geschäftliche Handlung nur vor, wenn sie **geeignet ist, die Entscheidungsfreiheit des Verbrauchers oder sonstigen Marktteilnehmers erheblich zu beeinträchtigen**. In Art. 8 UGP-RL wird darauf abgestellt, ob die Geschäftspraktik tatsächlich oder voraussichtlich die Entscheidungs- oder Verhaltensfreiheit erheblich beeinträchtigt.

aa) Eignung

70 Die geschäftliche Handlung muss die **Eignung** zur Beeinträchtigung der Entscheidungsfreiheit besitzen. In Art. 8 UGP-RL wird der in § 4a Abs. 1 Satz 2 angeführte Begriff der Eignung mit »**tatsächlich oder voraussichtlich**« umschrieben. Die englische und französische Sprachfassung der Richtlinie lauten »it significantly impairs or is likely to significantly impair« und »elle altère ou est susceptible d'altérer de manière significative« und stellen damit auch zumindest auf die Wahrscheinlichkeit einer erheblichen Beeinträchtigung ab. Geeignet zur Beeinträchtigung ist die geschäftliche Handlung, wenn sie **wahrscheinlich** diese Wirkung zeitigt. Die Wahrscheinlichkeit einer erheblichen Beeinträchtigung muss objektiv gegeben sein.[91] Subjektive Elemente auf

---

89 BGH, 03.04.2014, I ZR 96/13, GRUR 2014, 1117 Rn. 27 – *Zeugnisaktion*.
90 BGH, 03.04.2014, I ZR 96/13, GRUR 2014, 1117 Rn. 26f. – *Zeugnisaktion*; BGH, 19.03.2015, I ZR 157/13, GRUR 2015, 1134 Rn. 14 – *Schufa-Hinweis*.
91 OLG München, 02.07.2009, 29 U 3992/08, GRUR-RR 2010, 53, 56.

Seiten des Unternehmers oder der Marktgegenseite spielen keine Rolle. Ob die geschäftliche Handlung tatsächlich oder wahrscheinlich die fragliche Wirkung hat, ist aus Sicht eines durchschnittlichen Mitglieds der angesprochenen Gruppe unter Heranziehung der relevanten Umstände des konkreten Falls zu beurteilen. Der Beurteilungsmaßstab bei geschäftlichen Handlungen gegenüber Verbrauchern richtet sich nach § 3 Abs. 4 und bei geschäftlichen Handlungen gegenüber sonstigen Marktteilnehmern ist auf die Sicht eines durchschnittlichen Mitglieds dieser Gruppe abzustellen.[92]

bb) Entscheidungs- oder Verhaltensfreiheit

Während § 4a Abs. 1 Satz 2 nur die Entscheidungsfreiheit anführt, hat der Unionsgesetzgeber in Art. 8 auf die **Beeinträchtigung der Entscheidungs- und Verhaltensfreiheit** abgestellt. Die in § 4a fehlende Anführung der Verhaltensfreiheit ist durch eine richtlinienkonforme Auslegung zu korrigieren. Da die Vorschriften des UWG, die der Umsetzung der UGP-RL dienen, richtlinienkonform auszulegen sind und eine unterschiedliche Auslegung einer Norm, die einen über die Umsetzung einer Bestimmung der Richtlinie hinausgehenden Regelungsgehalt hat, möglichst vermieden werden sollte,[93] umfasst § 4a Abs. 1 Satz 2 auch im Verhältnis zu sonstigen Marktteilnehmern den Schutz der Verhaltensfreiheit. 71

Die **Entscheidungsfreiheit** bezieht sich auf die freie Wahl des Verbrauchers oder sonstigen Marktteilnehmers eine bestimmte geschäftliche Entscheidung zu treffen, von dieser Entscheidung abzusehen, sie in einer anderen Art und Weise oder zu einem anderen Zeitpunkt zu treffen. Die **Verhaltensfreiheit** besteht in der freien Wahl zu einem bestimmten Tun oder Unterlassen. Die Entscheidungs- und Verhaltensfreiheit sind Unterfälle der allgemeinen Wahlfreiheit des Verbrauchers, die in Erwägungsgrund 16 UGP-RL angeführt ist und deren Schutz die Bestimmungen über aggressive Geschäftspraktiken dienen. Die englische und französische Fassung der Richtlinie stellen der Verhaltensfreiheit die Wahlfreiheit gegenüber. Entscheidungsfreiheit und Verhaltensfreiheit des Verbrauchers oder sonstigen Marktteilnehmers sind durch die Anwendung der in § 4a Abs. 1 Satz 2 Nr. 1 bis 3 angeführten Mittel häufig kumulativ betroffen. Eine Abgrenzung zwischen Entscheidungsfreiheit und Verhaltensfreiheit ist regelmäßig nicht erforderlich, weil eine Eignung zur Beeinträchtigung der Verhaltensfreiheit ohne Auswirkungen auf die Entscheidungsfreiheit im Hinblick auf den weiten Begriff der geschäftlichen Handlung in der Praxis nur in seltenen Ausnahmefällen vorkommt. Schließlich erfordert der Tatbestand der aggressiven Geschäftspraktik nach Art. 8 UGP-RL und § 4a Abs. 1 Satz 1, dass die Marktgegenseite veranlasst wird, eine geschäftliche Entscheidung zu treffen, die sie andernfalls nicht getroffen hätte. Ohne Bezug zu einer geschäftlichen Entscheidung kann der Tatbestand des Art. 8 UGP-RL und des § 4a nicht verwirklicht werden. 72

92 BGH, 19.04.2018, I ZR 154/16, GRUR 2018, 1251 Rn. 68 – *Werbeblocker II*.
93 EuGH, 19.10.2017, C-295/16, GRUR 2018, 303 Rn. 29 – *Europamur*; BGH, 30.06.2011, I ZR 157/10, GRUR 2012, 184 Rn. 16 – *Branchenbuch Berg*.

cc) Erhebliche Beeinträchtigung

73 Nach Art. 8 UGP-RL muss die Entscheidungs- oder Verhaltensfreiheit des Durchschnittsverbrauchers tatsächlich oder voraussichtlich **erheblich beeinträchtigt** werden. Eine erhebliche Beeinträchtigung sieht § 4a Abs. 1 Satz 2 ebenfalls vor. Von einer erheblichen Beeinträchtigung ist auszugehen, wenn der Druck, der von der geschäftlichen Handlung des Unternehmers herrührt, so groß ist, dass die Fähigkeit des Durchschnittsverbrauchers oder eines durchschnittlichen sonstigen Marktteilnehmers **zu einer freien und rationalen Entscheidung deutlich reduziert ist und er konkret die Möglichkeit in Betracht zieht, dem Druck nachzugeben**. Dazu muss das angewandte Mittel intensiv und nachhaltig sein. Es muss einiges Gewicht aufweisen.

74 Im Schrifttum wird weitergehend angenommen, der von der Belästigung, Nötigung oder unzulässigen Beeinflussung ausgehende Druck müsse ein solches Ausmaß erreichen, dass der durchschnittliche Verbraucher oder sonstige Marktteilnehmer sich dem Druck nicht mehr entziehen und er sich nicht mehr anders verhalten könne.[94] Eine derart weitgehende Wirkung des ausgeübten Drucks ist nicht erforderlich. Sie wird normalerweise nur bei Anwendung körperlicher Gewalt vorliegen. Ansonsten hat der Verbraucher oder sonstige Marktteilnehmer regelmäßig die Möglichkeit, sich dem Druck zu widersetzen. So kann etwa in dem der Entscheidung des Bundesgerichtshofs »Schufa-Hinweis« zugrunde liegenden Fall, in der eine Nötigung vorlag, der Adressat der Mahnung Rechtsrat einholen und erkennen, dass er die Forderung ohne Angabe von Gründen bestreiten und dadurch eine Meldung an die SCHUFA verhindern kann.[95] Es ist ausreichend, dass der Durchschnittsverbraucher oder der durchschnittliche sonstige Marktteilnehmer **den Druck als so groß ansieht, dass er ein Nachgeben für sinnvoller hält als sich dem Druck zu widersetzen.** Für diese Wertung spricht ein Vergleich mit den per se-Verboten aggressiver Geschäftspraktiken nach Nr. 25 bis 31 des Anhangs I UGP-RL, die sämtlich keine derart weitgehende Beschränkung der Entscheidungsfreiheit des Durchschnittsverbrauchers vorsehen.

75 Ein Tatbestandsmerkmal der unzulässigen Beeinflussung i. S. von § 4a Abs. 1 Satz 3 ist die wesentliche Einschränkung der Fähigkeit des Verbrauchers oder sonstigen Marktteilnehmers zu einer informierten Entscheidung. Diese Einschränkung ist gegeben, wenn die Möglichkeit zu einer informationsgeleiteten, freien und daher rationalen Entscheidung deutlich herabgesetzt wird. Bei den hierfür maßgeblichen Umständen ist zwischen aggressiven und irreführenden Geschäftspraktiken zu unterscheiden. Darauf, ob der Verbraucher oder sonstige Marktteilnehmer über alle nötigen Informationen verfügt, um eine informierte geschäftliche Entscheidung zu treffen, kommt es bei einer aggressiven Geschäftspraktik nicht allein an. Entscheidend ist hier vielmehr auch, ob das eingesetzte Mittel i. S. von § 4a Abs. 1 Satz 2 Nr. 1 bis 3 die Fähigkeit des Verbrauchers oder sonstigen Marktteilnehmers zu einer informationsgeleiteten, freien und daher rationalen Entscheidung herabsetzt (näher Rdn. 62–68). Bei einem derartigen

---

94 FBO/*Scherer* § 4a Rn. 109 und 110; *Köhler*/Bornkamm/Feddersen § 4a UWG Rn. 1.34; GK/*Pahlow* § 4 Nr. 1 Rn. 17.

95 BGH, 19.03.2015, I ZR 157/13, GRUR 2015, 1134 – *Schufa-Hinweis.*

Verständnis der wesentlichen Einschränkung der Fähigkeit zu einer informierten Entscheidung i. S. des § 4a Abs. 1 Satz 3 stimmt das Tatbestandsmerkmal mit der erheblichen Beeinträchtigung der Entscheidungsfreiheit nach § 4a Abs. 1 Satz 2 überein.[96] Die Einschränkung der Möglichkeit zu einer informationsgeleiteten, freien und daher rationalen Entscheidung reicht aus. Nicht erforderlich ist, dass der Betroffene zu einer **irrationalen Entscheidung** veranlasst wird.[97] Sich dem Druck zu beugen, kann durchaus rational sein. Gibt der Betroffene dem Druck nach, fehlt eine informationsgeleitete und freie Entscheidung; zwangsläufig irrational ist die Entscheidung deshalb nicht.

c) Kriterien des § 4a Abs. 2 zur Beurteilung der Voraussetzungen des § 4a Abs. 1 Satz 2

aa) § 4a Abs. 2 Satz 1

(1) Allgemeines

§ 4a Abs. 2 Satz 1 führt eine Reihe von Kriterien an, auf die bei der Feststellung, ob eine geschäftliche Handlung aggressiv ist, abzustellen ist. Die Bestimmung setzt **Art. 9 UGP-RL** um. Anders als § 4a Abs. 2 Satz 1, der sich auf die Feststellung der Aggressivität der geschäftlichen Handlung i. S. des § 4a Abs. 1 Satz 2 bezieht, knüpft Art. 9 UGP-RL mit den in den lit. a bis e angeführten Kriterien an die Feststellung an, ob die Mittel der Belästigung, der Nötigung, einschließlich der Anwendung körperlicher Gewalt, oder der unzulässigen Beeinflussung eingesetzt wurden (Rdn. 7). Das entspricht der englischen und französischen Fassung der Richtlinie. Die Vorschrift des § 4a Abs. 2 Satz 1 ist **richtlinienkonform** anhand des Art. 9 UGP-RL auszulegen. Die Kriterien des § 4a Abs. 2 Satz 1 sind auf die Mittel der Belästigung, Nötigung und unzulässige Beeinflussung zu beziehen.[98] Andererseits sind die Merkmale derart gehalten, dass sie auch bei der Feststellung herangezogen werden können, ob eine Handlung aggressiv i. S. des § 4a Abs. 1 Satz 2 ist. Die Beurteilung, ob eine Geschäftspraktik als aggressiv gilt, ist nach Art. 8 UGP-RL im konkreten Fall unter Berücksichtigung aller tatsächlichen Umstände zu treffen. Davon sind keine relevanten Kriterien, auch nicht solche, die in Art. 9 UGP-RL angeführt sind, ausgeschlossen. Da die Kriterien des Art. 9 UGP-RL und des § 4a Abs. 2 Satz 1 Nr. 1 bis 5 bei dem eingesetzten Mittel zu berücksichtigen sind und bei der Beurteilung, ob die geschäftliche Handlung aggressiv ist, herangezogen werden können, ist eine genaue Abgrenzung in der Rechtspraxis nicht notwendig und häufig unnötig schwierig.[99] **76**

96 JurisPK-UWG/*Seichter* § 4a Rn. 45; a. A. *Köhler*/Bornkamm/Feddersen § 4a UWG Rn. 1.66: Übereinstimmung nur in der Regel.
97 Missverständlich BGH, 19.04.2018, I ZR 154/16, WRP 2018, 1322 Rn. 71 – *Werbeblocker II.*
98 *Köhler*, WRP 2015, 275, 277.
99 FBO/*Scherer* § 4a Rn. 146.

77 **Die Aufzählung in § 4a Abs. 2 Satz 1 ist beispielhaft und nicht abschließend.**[100] Der Wortlaut des Art. 9 UGP-RL und des § 4a Abs. 2 Satz 1 spricht allerdings eher gegen dieses Ergebnis. Die Formulierung »Bei der Feststellung…ist abzustellen auf« deutet auf einen abschließenden Katalog hin. Eine Klarstellung durch Einfügung etwa von »insbesondere« ist nicht erfolgt. Andererseits sind die in § 4a Abs. 2 Satz 1 Nr. 2 bis 5 aufgeführten Kriterien vergleichsweise speziell. Nur § 4a Abs. 2 Satz 1 Nr. 1 lässt eine umfassendere Würdigung zu. Alle denkbaren Umstände, die zur Beurteilung heranzuziehen und nicht in § 4a Abs. 2 Satz 1 Nr. 2 bis 5 angeführt sind, enthält § 4a Abs. 2 Satz 1 Nr. 1 nicht.[101] So lässt sich der Umstand, dass eine aggressive Geschäftspraktik eine besonders schutzbedürftige Gruppe oder einen sonstigen Marktteilnehmer betrifft, kaum unter § 4a Abs. 2 Satz 1 Nr. 1 subsumieren, obwohl dies im Einzelfall relevant sein kann. Sinn und Zweck von Art. 8 und 9 UGP-RL sprechen für eine beispielhafte Aufzählung der Kriterien in Art. 9 UGP-RL. Im Interesse einheitlicher Regeln, die ein hohes Verbraucherschutzniveau gewährleisten (Erwägungsgrund 5 Satz 3), müssen aggressive Geschäftspraktiken im Anwendungsbereich der UGP-RL möglichst weitgehend erfasst werden (Erwägungsgrund 16 Satz 1). Dementsprechend sieht Art. 8 UGP-RL die Berücksichtigung aller tatsächlichen Umstände im konkreten Fall vor. Damit ist die Annahme eines abschließenden Katalogs in Art. 9 UGP-RL und § 4a Abs. 2 Satz 1 nicht vereinbar.

78 Die Kriterien des § 4a Abs. 2 Satz 1 Nr. 1 bis 5 können im konkreten Fall nach den jeweiligen Umständen **einzeln oder kumulativ** zur Beurteilung herangezogen werden, ob die Mittel der Belästigung, der Nötigung, oder der unzulässigen Beeinflussung eingesetzt worden sind. Die Verwirklichung eines der angeführten Kriterien kann wegen der Art und Weise, der Intensität oder des Gewichts für sich genommen genügen oder erst das Zusammenwirken mehrerer Kriterien kann den Schluss rechtfertigen, dass ein in § 4a Abs. 1 Satz 2 Nr. 1 bis 3 angeführtes Mittel zum Einsatz gekommen ist.

79 Sämtliche der in § 4a Abs. 2 Satz 1 angeführten Kriterien können zur Feststellung der Belästigung, der Nötigung, oder der unzulässigen Beeinflussung herangezogen werden.[102] Zu einer **ausschließlichen Zuordnung bestimmter Kriterien zu einzelnen Mitteln** – etwa § 4a Abs. 2 Satz 1 Nr. 5 nur zur Begründung einer Nötigung – besteht kein Anlass. Die Mittel der Belästigung, der Nötigung, oder der unzulässigen Beeinflussung überschneiden sich und eine genaue Zuordnung zu einem Mittel ist für die komplexe Beurteilung des konkreten Falls unter Berücksichtigung aller Umstände hinderlich.

80 Die einzelnen Kriterien weisen in ihrem Anwendungsbereich und ihrer Bedeutung **eine erhebliche Bandbreite** auf. Vergleichsweise eng ist der Anwendungsbereich von § 4a

---

100 *Köhler*/Bornkamm/Feddersen § 4a UWG Rn. 1.83; Ohly/*Sosnitza* § 4a Rn. 147; MünchKomm/*Micklitz* UWG EG D Art. 8–9 Rn. 27; *Apetz*, Das Verbot aggressiver Geschäftspraktiken, 2011, 497; a. A. HansOLG Hamburg, 15.03.2018, 5 U 152/15, WRP 2018, 604 Rn. 147 = juris Rn. 183; FBO/*Scherer* § 4a Rn. 150.

101 A. A. FBO/*Scherer* § 4a Rn. 150.

102 A. A. *Köhler*/Bornkamm/Feddersen § 4a UWG Rn. 1.84.

Abs. 2 Satz 1 Nr. 3, 4 und 5, während der Anwendungsbereich von § 4a Abs. 2 Satz 1 Nr. 2 weiter gefasst ist. § 4a Abs. 2 Satz 1 Nr. 1 hat zwar einen weiten Anwendungsbereich, ist aber derart vage formuliert, dass mit dieser Vorschrift bei der Rechtsanwendung kein Erkenntnisgewinn verbunden ist.

Auch wenn Art. 9 UGP-RL durch § 4a Abs. 2 Satz 1 umsetzt wird, sind die Kriterien anwendbar, wenn auf der Marktgegenseite kein Verbraucher, sondern ein **sonstiger Marktteilnehmer** aufgetreten ist. § 4a Abs. 2 Satz 1 verweist allgemein auf § 4a Abs. 1 Satz 2 und erfasst Verbraucher und sonstige Marktteilnehmer. Die Bedeutung einzelner Umstände kann allerdings je nach Adressat unterschiedlich zu gewichten sein. **81**

(2) § 4a Abs. 2 Satz 1 Nr. 1 (Zeitpunkt, Ort, Art oder Dauer)

Nach § 4a Abs. 2 Satz 1 Nr. 1 ist bei der Feststellung, ob eine geschäftliche Handlung aggressiv ist, auf **Zeitpunkt, Ort, Art oder Dauer** der Handlung abzustellen. Die Vorschrift setzt Art. 9 lit. a UGP-RL um, in der Zeitpunkt, Ort, Art oder Dauer des Einsatzes angeführt sind. Sachlich macht die abweichende Wortwahl (Handlung – Einsatz) keinen Unterschied. Die Kriterien sind in § 4a Abs. 2 Satz 1 Nr. 1 **so allgemein gehalten**, dass ihre Bedeutung kaum über den Appell hinausgeht, sämtliche relevanten Umstände bei der Falllösung zu berücksichtigen. Welche Umstände relevant sind und welches Gewicht sie haben, ist der Aufzählung nicht zu entnehmen und kann ein derartiger Katalog nicht leisten. So ist der Zeitpunkt einer geschäftlichen Handlung häufig ohne Bedeutung. Im Hinblick auf das Mittel der Belästigung oder Nötigung ist der Zeitpunkt einer geschäftlichen Handlung bei nächtlichen Anrufen oder Faxübermittlungen gegenüber Verbrauchern oder einer Werbung unmittelbar nach einem Todesfall bedeutungsvoll. Der Ort der geschäftlichen Handlung spielt vielfach für ihre Aggressivität keine Rolle. Anders kann dies zu beurteilen sein beim Besuch an der Haustür, beim Ansprechen in der Öffentlichkeit oder an einem Unglücksort. **82**

(3) § 4a Abs. 2 Satz 1 Nr. 2 (Drohende oder beleidigende Verhaltensweisen)

Nach § 4a Abs. 2 Satz 1 Nr. 2 ist die Verwendung **drohender oder beleidigender Formulierungen oder Verhaltensweisen** zu berücksichtigen. Die Bestimmung stimmt wörtlich mit Art. 9 lit. b UGP-RL überein. Die Drohung (zum Begriff Rdn. 104) oder Beleidigung kann ausdrücklich oder schlüssig, schriftlich oder mündlich erfolgen. Das Vorliegen einer Drohung oder Beleidung ist aus der Sicht eines durchschnittlichen Mitglieds derjenigen Gruppe zu beurteilen, der der Adressat angehört. Für den Verbraucher folgt der Maßstab aus § 3 Abs. 4 und bei einem sonstigen Marktteilnehmer kommt es auf einen durchschnittlichen Adressaten dieses Verkehrskreises an. Ob der Adressat besonders sensibel oder unempfindlich ist, ist unerheblich.[103] **83**

Die Drohung kann sich auf **rechtlich zulässige oder unzulässige Handlungen** beziehen. Soweit sie auf rechtlich unzulässige Handlungen gerichtet ist, deckt sich § 4a **84**

103 A. A. FBO/*Scherer* § 4a Rn. 153 und 154: eine besondere Unempfindlichkeit beim Adressaten soll zu berücksichtigen sein.

Abs. 2 Satz 1 Nr. 2 mit Nr. 5. In der gesonderten Anführung der Drohung mit einer rechtlich unzulässigen Handlung wird deutlich, dass dieser Variante im Hinblick auf die in § 4a Abs. 1 Satz 2 Nr. 1 bis 3 angeführten Mittel und die Aggressivität des Verhaltens zusätzliches Gewicht zukommt. Die Wertung liegt allerdings auch ohne Hilfestellung durch den Unionsgesetzgeber in Art. 9 lit. b und e UGP-RL auf der Hand. Die Drohung mit **rechtlich zulässigen Mitteln** fällt als Kriterium unter § 4a Abs. 2 Satz 1 Nr. 2.[104] Das zeigt schon ein Vergleich mit § 4a Abs. 2 Satz 1 Nr. 5, der ansonsten überflüssig wäre. Zudem ist der Umstand, dass der Unternehmer der Marktgegenseite Nachteile im Rahmen der geschäftlichen Handlung androht, für die Beurteilung, ob eines der in § 4a Abs. 1 Satz 2 aufgeführten Mittel verwirklicht ist, von Bedeutung. Die Einordnung der Verhaltensweisen des Unternehmers braucht sich nicht aus einem einzigen Kriterium zu ergeben, sondern kann aus dem Zusammenwirken mehrerer, in § 4a Abs. 2 Satz 1 angeführter Umstände folgen.

(4) § 4a Abs. 2 Satz 1 Nr. 3 (Bewusste Ausnutzung besonderer Umstände)

85 Gem § 4a Abs. 2 Satz 1 Nr. 3 ist die bewusste Ausnutzung von konkreten **Unglückssituationen oder Umständen von solcher Schwere** zu berücksichtigen, dass sie das Urteilsvermögen des Verbrauchers oder sonstigen Marktteilnehmers beeinträchtigen, um dessen Entscheidung zu beeinflussen. Die Vorschrift setzt Art. 9 lit. c UGP-RL um.

86 § 4a Abs. 2 Satz 1 Nr. 3 erfordert ein **bewusstes Ausnutzen**. Das kommt im Wortlaut von Art. 9 lit. c UGP-RL ebenfalls zum Ausdruck (…,worüber sich der Gewerbetreibende bewusst ist, …). Auf die Eignung zur Ausnutzung der Zwangslage von Verbrauchern stellte bereits § 4 Nr. 2 UWG 2004 ab. Die Vorschrift ist erst mit der weiteren Umsetzung der UGP-RL durch das UWG 2015 entfallen. Das bewusste Ausnutzen i. S. von § 4a Abs. 2 Satz 1 Nr. 3 muss sich auf die Ausnutzung durch den Unternehmer von konkreten Unglückssituationen oder Umständen von solcher Schwere beziehen, dass sie das Urteilsvermögen des Verbrauchers beeinträchtigen, und dies muss dem Unternehmer bewusst sein. Das bedeutet, dass der Unternehmer die in § 4a Abs. 2 Satz 1 Nr. 3 angeführten Umstände und ihre Wirkungen auf die Marktgegenseite kennen muss. Eine **Absicht** des Unternehmers zur Ausnutzung ist nicht erforderlich. Auf die Notwendigkeit einer Absicht deutet mit dem Merkmal »bewusste Ausnutzung« zwar der Wortlaut der deutschen Vorschrift hin. Dass eine Absicht des Unternehmers nicht erforderlich ist, folgt aus dem zwar etwas umständlich anmutenden, in der Sache aber gegenüber dem deutschen Gesetzestext klareren Wortlaut der UGP-RL. Auch die englische und französische Fassung der UGP-RL belegen deutlich, dass eine Kenntnis des Unternehmers genügt (»of which the trader is aware« und »en connaissance de cause par le professionnel«). Die vom deutschen Gesetzgeber mit der abweichenden Sprachfassung versuchte Verbesserung des Sprachstils ist zu Lasten der Verständlichkeit gegangen.

104 Ohly/*Sosnitza* § 4a Rn. 155; *Köhler*/Bornkamm/Feddersen § 4a UWG Rn. 1.86; a. A. FBO/*Scherer* § 4a Rn. 155; *dies.* GRUR 2016, 233, 239.

Eine konkrete Unglücksituation ist ein plötzlich eintretendes, verhängnisvolles Ereignis von erheblicher Schwere, durch das Menschen, Tiere oder bedeutende Sachwerte betroffen sind. Die englische und französische Fassung der UGP-RL bezeichnen es als »specific misfortune« (bestimmtes, besonderes Unglück) und »tout malheur« (großes Unglück). Darunter fallen Unfälle mit Fahrzeugen, Naturkatastrophen oder Brände. Wer die Unglückssituation verursacht hat, ist gleichgültig. Auf die Anzahl der betroffenen Verbraucher oder sonstigen Marktteilnehmer kommt es nicht an. Es kann eine größere Gruppe oder nur eine Person berührt sein. **87**

»**Umstände von solcher Schwere**« bezeichnet Verhältnisse, die in ihren Auswirkungen auf die Entscheidungs- und Verhaltensfreiheit von Verbrauchern oder sonstigen Marktteilnehmern erhebliches Gewicht haben. Sie brauchen nicht plötzlich einzutreten. Sie müssen in ihren Wirkungen auf das Urteilsvermögen konkreten Unglückssituationen gleichstehen. In der englischen und französischen Fassung wird dieses Tatbestandsmerkmal vergleichbar mit »circumstance of such gravity« (Umstand von solcher Schwere) und »circonstance particulière d'une gravité propre« (besonderer Umstand von einer Schwere) umschrieben. Es muss sich um negative Ereignisse, Eigenschaften oder Zustände handeln. Positive Verhältnisse, die den Verbraucher oder sonstigen Marktteilnehmer in eine Ausnahmesituation versetzen, werden von dem Tatbestandsmerkmal nicht umfasst.[105] Das zeigt der Vergleich mit den übrigen in Art. 9 UGP-RL angeführten Kriterien und den in Nr. 24 bis 31 des Anhangs I und Art. 8 UGP-RL umschriebenen aggressiven Geschäftspraktiken. »Umstände von solcher Schwere« sind Seuchen, Todesfälle oder schwere Erkrankungen naher Angehöriger, Straftaten mit Ausnahme von Bagatellkriminalität, Verlust des Arbeitsplatzes oder bedeutender Sach- oder Vermögenswerte. **88**

Durch die konkrete Unglücksituation oder einen anderen Umstand i. S. von § 4a Abs. 2 Satz 1 Nr. 3 muss das **Urteilsvermögen des Verbrauchers oder sonstigen Marktteilnehmers beeinträchtigt werden**. Das Tatbestandsmerkmal der Beeinträchtigung des Urteilsvermögens bezieht sich sowohl auf konkrete Unglücksituationen als auch auf die weiteren in der Bestimmung angeführten Umstände. Das ist zwar dem Wortlaut der Vorschrift nicht eindeutig zu entnehmen. Es ergibt sich aber aus dem Normzweck der Vorschriften über aggressive Geschäftspraktiken, die Entscheidungs- und Verhaltensfreiheit der Marktgegenseite zu schützen. Von einer Beeinträchtigung des Urteilsvermögens ist auszugehen, wenn die Fähigkeit des Adressaten der geschäftlichen Handlung zu einer informationsgeleiteten, freien und rationalen Entscheidung herabgesetzt ist (näher Rdn. 64–68, 75). Die Rechtsprechung bringt dies mit der Formulierung zum Ausdruck, die geschäftliche Handlung müsse geeignet sein, die Rationalität der Entscheidung der angesprochenen Verbraucher vollständig in den Hintergrund treten zu lassen.[106] Diese Formel darf nicht dahin missverstanden werden, das Urteilsvermögen des Verbrauchers oder sonstigen Marktteilnehmers müsse ausgeschal- **89**

105 A. A. *Köhler*/Bornkamm/Feddersen § 4a UWG Rn. 1.90.

106 BGH, 03.04.2014, I ZR 96/13, GRUR 2014, 1117 Rn. 26f. – *Zeugnisaktion*; BGH, 19.03.2015, I ZR 157/13, GRUR 2015, 1134 Rn. 14 – *Schufa-Hinweis*.

tet worden sein. Es geht nicht um ein Ausschalten des Urteilsvermögens, sondern um ein Zurücktreten der Rationalität der Entscheidung durch die (emotionale) Wirkung der Ausnahmesituation auf den Verbraucher oder sonstigen Marktteilnehmer.

90 Das Ausnutzen der besonderen, in § 4a Abs. 2 Satz 1 Nr. 3 angeführten Situation muss erfolgen, **um die Entscheidung des Verbrauchers oder sonstigen Marktteilnehmers zu beeinflussen**. Der Unternehmer muss die Situation kennen, in der der Verbraucher sich befindet und die ihn an einer freien Entscheidung hindert, und gleichwohl auf den Verbraucher einwirken. Die Kenntnis des Unternehmers von der den Verbraucher in seinen Urteilsvermögen beeinträchtigenden Lage reicht aus. Eine Absicht des Unternehmers, die Entscheidung des Verbrauchers zu beeinflussen, ist nicht notwendig. Zur Feststellung, ob dem Unternehmer der Zusammenhang zwischen seinem Verhalten und dem Einfluss auf die Entscheidung des Verbrauchers oder sonstigen Marktteilnehmers bewusst ist, ist nicht auf einen individuellen Sorgfaltsmaßstab des konkreten Unternehmers abzustellen. Es gilt der Maßstab der unternehmerischen Sorgfalt nach § 2 Abs. 1 Nr. 7 (§ 2 Abs. 1 Nr. 7 Rdn. 1 ff.).[107] Ob der Unternehmer mit dem Ziel der Beeinflussung der Marktgegenseite handelt, lässt sich regelmäßig nur anhand von Indizien feststellen. Das Verhalten des Unternehmers muss beim Verbraucher oder sonstigen Marktteilnehmer nicht erfolgreich sein. Die Verfolgung des Ziels, Einfluss zu nehmen, reicht aus.

(5) § 4a Abs. 2 Satz 1 Nr. 4 (Hindernisse nichtvertraglicher Art)

91 Nach **§ 4a Abs. 2 Satz 1 Nr. 4** ist bei der Feststellung, ob eine geschäftliche Handlung aggressiv im Sinne des Absatzes 1 Satz 2 ist, auf belastende oder unverhältnismäßige Hindernisse nichtvertraglicher Art abzustellen, mit denen der Unternehmer den Verbraucher oder sonstigen Marktteilnehmer an der Ausübung seiner vertraglichen Rechte zu hindern versucht, wozu auch das Recht gehört, den Vertrag zu kündigen oder zu einer anderen Ware oder Dienstleistung oder einem anderen Unternehmer zu wechseln. Durch die Bestimmung wird Art. 9 lit. d UGP-RL umgesetzt und ihr Anwendungsbereich auf sonstige Marktteilnehmer erweitert. Die nachstehenden Ausführungen zum Verbraucher gelten auch ohne ausdrückliche Hervorhebung für den sonstigen Marktteilnehmer entsprechend.

92 **Hindernisse nichtvertraglicher Art** sind Schwierigkeiten und Hemmnisse für den Verbraucher, die keine vertragliche Grundlage haben. Dazu zählen Hindernisse, die den **Empfang von Erklärungen** des Verbrauchers durch den Unternehmer **erschweren oder unmöglich machen**. Das kann in der Weise geschehen, dass der Kontakt zum Unternehmen – etwa durch falsche Angabe von Kontaktdaten oder defekte Kommunikationseinrichtungen – unterbunden oder durch Beschränkungen der Kontaktmöglichkeiten – keine ausreichend dimensionierten Empfangseinrichtungen, zeitlich stark eingeschränkte Erreichbarkeit, Einrichtung teurer Sonderrufnummern – erschwert wird. Darunter fällt die Angabe einer Telefaxnummer, um den Verbraucher zu der Annahme

107 Ähnlich FBO/*Scherer* § 4a Rn. 161.

zu veranlassen, er könne noch am letzten Tag der Frist eine Erklärung rechtzeitig übermitteln, obwohl das Telefax defekt ist. Die Entgegennahme oder Bearbeitung von Erklärungen des Verbrauchers darf nicht von seiner Einwilligung zu Handlungen des Unternehmers abhängig gemacht werden, die im Vertrag oder Gesetz keine Stütze haben. Dazu zählt eine vertraglich und gesetzlich nicht vorgesehene Weitergabe von Daten an Dritte oder eine Nutzung für Werbezwecke.

Sieht das Gesetz Informationspflichten des Unternehmers vor, die dem Verbraucher **93** eine Kontaktaufnahme ermöglichen, etwa Art. 246b § 1 Abs. 1 Ziffer 4 EGBGB), liegt ein Hindernis nichtvertraglicher Art vor, wenn der Unternehmer die Pflicht nicht erfüllt. Ein Hindernis nichtvertraglicher Art folgt daraus, dass der Unternehmer Erklärungen des Verbrauchers in einer Fremdsprache beantwortet, ohne dass dies wirksam vereinbart worden ist.

Hindernisse nichtvertraglicher Art können sich aus einem **Verhalten des Unternehmens bei der Vertragsabwicklung oder -beendigung** ergeben. **94** Darunter fällt die Anforderung von Unterlagen zur Geltendmachung gesetzlicher Gewährleistungsansprüche oder zur Ausübung von Gestaltungsrechten, für deren Vorlage kein Anlass besteht. Einen speziellen Fall eines derartigen Verhaltens erfasst das per se-Verbot der **Nr. 27 des Anhangs zu § 3 Abs. 3**. Danach sind Maßnahmen stets unzulässig, durch die der Verbraucher von der Durchsetzung seiner vertraglichen Rechte aus einem Versicherungsverhältnis dadurch abgehalten werden soll, dass von ihm bei der Geltendmachung seines Anspruchs die Vorlage von Unterlagen verlangt wird, die zum Nachweis dieses Anspruchs nicht erforderlich sind, oder dass Schreiben zur Geltendmachung eines solchen Anspruchs systematisch nicht beantwortet werden (Anh. (zu § 3 Abs. 3) Nr. 27 Rdn. 1 ff.). Die Wertung, die Nr. 27 des Anhangs zugrunde liegt, kann zur Auslegung des § 4a Abs. 2 Satz 1 Nr. 4 im B2C-Verhältnis herangezogen werden. Im Verhältnis zwischen Unternehmer und sonstigem Marktteilnehmer ist insoweit Zurückhaltung geboten, wenn der sonstige Marktteilnehmer nicht einem Verbraucher vergleichbar schutzbedürftig ist. Die systematische Nichtbeantwortung oder Außerachtlassung von Erklärungen von Verbrauchern, kann ein Hindernis nichtvertraglicher Art darstellen. Ein Hindernis nichtvertraglicher Art kann sich aus einem widersprüchlichen Verhalten des Unternehmers bei der Vertragsabwicklung ergeben. Eine Stelle im Unternehmen sagt die Prüfung der Beanstandung einer Rechnung durch den Verbrauchers zu, während eine andere Abteilung des Unternehmens dieselbe Rechnung anmahnt oder ein Inkassoinstitut beauftragt.

Ein Hindernis nichtvertraglicher Art kann sich aus der **Außerachtlassung der Ausübung von Gestaltungsrechten** durch den Verbraucher ergeben. **95** Kündigt ein Verbraucher einen Versorgungsvertrag über die Belieferung mit Strom, Gas oder Wasser oder einen Telekommunikationsvertrag und verlangt die Umstellung auf ein Konkurrenzunternehmen, liegt ein Hindernis nichtvertraglicher Art vor, wenn der Unternehmer derartige Verlangen nicht berücksichtigt oder die Umstellung erschwert, ohne dass eine vertragliche Grundlage besteht.

Nichtvertraglich ist ein Hindernis nur, wenn es keine Grundlage im Vertragsverhältnis **96** der Parteien hat. Grundlage im Vertragsverhältnis haben Hindernisse, die im Vertrag wirksam vereinbart sind oder die sich aus den auf den Vertrag anwendbaren gesetzlichen Vorschriften ergeben. Der Unternehmer darf zivilrechtliche Ansprüche gegen den Verbraucher verfolgen und Ansprüche und die Ausübung von Gestaltungsrechten des Verbrauchers abwehren. Innerhalb der Grenzen zulässiger Rechtsverfolgung und –verteidigung ist der Unternehmer in der Durchsetzung seiner Interessen frei. Vertragliche oder gesetzliche Ansprüche des Verbrauchers, die der Unternehmer für nicht gerechtfertigt hält, darf er zurückweisen. Das Lauterkeitsrecht dient grundsätzlich nicht der Klärung zivilrechtlicher Streitigkeiten.[108] Nach einer sachlich vorgebrachten Erklärung kann der Verbraucher allerdings erwarten, dass der Unternehmer seine Entscheidung begründet.[109] Unterlässt es der Unternehmer systematisch, auf eine sachlich begründete Erklärung des Verbrauchers einzugehen, kann dies ein Hindernis nichtvertraglicher Art sein.

97 Die Hindernisse müssen aus dem Bereich des Unternehmens herrühren und dürfen nicht von dritter Seite veranlasst sein. Sie müssen **belastend oder unverhältnismäßig** sein. Dazu müssen die Hindernisse über den vertraglich vorgesehenen und üblichen Aufwand hinausgehen.[110] Normale Telekommunikations- oder Portokosten für die Übermittlung einer Erklärung sind nicht belastend und unverhältnismäßig.

98 Der Unternehmer muss durch das belastende oder unverhältnismäßige Hindernis nichtvertraglicher Art versuchen, den Verbraucher oder sonstigen Marktteilnehmer **an der Ausübung seiner vertraglichen Rechte zu hindern**. Es reicht aus, dass der Unternehmer Kenntnis der Umstände hat, aus denen sich das Hindernis i. S. von § 4a Abs. 2 Satz 1 Nr. 4 ergibt. Eine Absicht des Unternehmers ist nicht erforderlich. Die englische und französische Fassung der Richtlinie machen dies mit den Formulierungen »imposed by the trader« und »imposé par le professionnel« deutlich. Das Verhalten des Unternehmers muss nicht erfolgreich sein. Der Versuch reicht aus.

99 Es muss sich um **vertragliche Rechte** handeln, an deren Ausübung der Unternehmer den Verbraucher zu hindern sucht. Ob es sich um vertragliche Rechte handelt, die im **Verhältnis zum Unternehmer** bestehen oder ob auch **zu einem Dritten bestehende vertragliche Rechte**, an deren Ausübung der Unternehmer den Verbraucher hindert, erfasst werden, ist Art. 9 lit. d UGP-RL und § 4a Abs. 2 Satz 1 Nr. 4 nicht zweifelsfrei zu entnehmen. Der Wortlaut der Bestimmung schließt einen weiten Anwendungsbereich nicht aus. Sinn und Zweck der Vorschrift, Verbraucher vor aggressiven Geschäftspraktiken umfassend zu schützen und die Vergleichbarkeit der Sachverhalte sprechen dafür, den Anwendungsbereich der Bestimmung nicht auf vertragliche Rechte zu beschränken, die gegenüber dem Unternehmer bestehen.[111] Hat ein Unternehmer beispielsweise ein Kraftfahrzeug verkauft und dem Käufer die Finanzierung des Pkws

---

108 BGH, 11.10.2017, I ZR 210/16, GRUR 2018, 317 Rn. 34 – *Portierungsauftrag*.

109 *Köhler*/Bornkamm/Feddersen § 4a UWG Rn. 1.102.

110 Ohly/*Sosnitza* § 4a Rn. 187.

111 OLG Köln, 24.06.2016, 6 U 149/15, GRUR 2016, 1082 Rn. 57; a. A. BGH, 19.04.2018, I ZR 154/16, WRP 2018, 1322 Rn. 65 – *Werbeblocker II*; *Köhler*/Bornkamm/Feddersen § 4a UWG Rn. 1.104; *Alexander*, GRUR 2016, 1089, 1090; *Fritzsche*, WRP 2016, 1036, 1037.

durch ein Finanzierungsinstitut und den Abschluss einer Versicherung mit einem Versicherer vermittelt, und hindert er den Verbraucher an der Ausübung von vertraglichen Rechten gegenüber dem Bankinstitut und dem Versicherer durch Hindernisse nichtvertraglicher Art, unterfällt dies § 4a Abs. 2 Satz 1 Nr. 4.

Vertragliche Rechte i. S. von § 4a Abs. 2 Satz 1 Nr. 4 sind Rechte, die dem Verbraucher **100** aufgrund **vertraglicher Vereinbarung** oder aufgrund **gesetzlicher Vorschriften** zustehen, die auf den Vertrag anwendbar sind. Erfasst werden sämtliche vertraglichen und gesetzlichen Ansprüche und Gestaltungsrechte aus dem Vertragsverhältnis. Die Ansprüche oder Gestaltungsrechte müssen dem Verbraucher nur ihrer Art nach zustehen. Ob die Rechte des Verbrauchers tatsächlich begründet sind, ist nicht im UWG-Prozess, sondern im Zivilprozess zu klären.[112]

§ 4a Abs. 2 Satz 1 Nr. 4 nennt drei Beispiele vertraglicher Rechte. Das sind das Recht, **101** den Vertrag zu kündigen, das Recht zu einer anderen Ware oder Dienstleistung zu wechseln oder zu einem anderen Gewerbetreibenden zu wechseln. Das Recht, zu einer anderen Ware oder Dienstleistung zu wechseln, bedeutet, unter Beibehaltung des Unternehmers als Vertragspartner ein anderes Produkt zu erhalten. Der Wechsel zu einem anderen Unternehmer führt zur Auswechselung des Vertragspartners.

Wie bei allen Tatbeständen des § 4a Abs. 2 Satz 1 reicht auch das Vorliegen sämtlicher **102** Merkmale des § 4a Abs. 2 Satz 1 Nr. 4 zur Annahme einer unzulässigen geschäftlichen Handlung nicht aus. Die weiteren in § 4a Abs. 1 Satz 1 und 2 vorgesehenen Voraussetzungen müssen ebenfalls erfüllt sein (näher Rdn. 18 ff. und 22 ff.).

(6) § 4a Abs. 2 Satz 1 Nr. 5 (Drohung mit rechtlich unzulässigen Handlungen)

Gem. **§ 4a Abs. 2 Satz 1 Nr. 5** ist bei der Feststellung, ob eine geschäftliche Handlung **103** aggressiv im Sinne des Absatzes 1 Satz 2 ist, darauf abzustellen, ob mit rechtlich unzulässigen Handlungen gedroht worden ist. Die Vorschrift setzt wörtlich Art. 9 lit. e UGP-RL um und erweitert den Anwendungsbereich auf sonstige Marktteilnehmer. Diese werden neben Verbrauchern im folgenden Text nicht mehr gesondert hervorgehoben. Die Verwendung drohender Formulierungen oder Verhaltensweisen ist bereits in § 4a Abs. 2 Satz 1 Nr. 2 angeführt. In Art. 9 lit. e UGP-RL und § 4a Abs. 2 Satz 1 Nr. 5 wird die Drohung mit rechtlich unzulässigen Handlungen besonders herausgestellt. Der Unionsgesetzgeber hat mit der Hervorhebung dieses Verhaltens dem Umstand, dass mit unzulässigen Handlungen gedroht wird, im Hinblick auf die Beeinträchtigung der Entscheidungsfreiheit der Verbraucher und die Aggressivität der geschäftlichen Handlung **besonderes Gewicht** beigemessen.

Drohung *ist die* Ankündigung einer negativen Reaktion für den Fall, dass derjenige, **104** gegen den sich die Drohung richtet, sich *nicht* in einer bestimmten Art und Weise verhält. Die Drohung muss von dem Unternehmer oder auf seine Veranlassung von einem Dritten ausgehen und unmittelbar oder mittelbar gegen den Verbraucher gerich-

112 BGH, 11.10.2017, I ZR 210/16, GRUR 2018, 317 Rn. 34 – *Portierungsauftrag.*

tet sein. Durch sie muss Druck aufgebaut werden, um den Verbraucher zu einer geschäftlichen Entscheidung zu veranlassen. Die Drohung kann ausdrücklich oder schlüssig, schriftlich, mündlich oder nonverbal erfolgen.

105 Ob eine Drohung vorliegt, ist aus der Sicht eines Durchschnittsverbrauchers zu beurteilen, wenn sich die Ankündigung an das allgemeine Publikum oder ein Mitglied der allgemeinen Verkehrskreise richtet. Wendet sich der Unternehmer an eine bestimmte Gruppe von Verbrauchern, ist die Maßnahme aus der Sicht eines durchschnittlichen Mitglieds dieser Gruppe zu beurteilen (§ 3 Abs. 4 Satz 1 Fall 2). Die Drohung muss ernst zu nehmen sein. Ob der Unternehmer dem Verbraucher drohen wollte, ob der angesprochene Durchschnittsverbraucher die Drohung tatsächlich ernst genommen hat und ob er auf die Drohung eingegangen ist, ist nicht entscheidend. Es reicht aus, dass Umstände vorliegen, aus denen sich aus dem Blickwinkel eines Durchschnittsverbrauchers eine Drohung ergibt.

106 Der Unternehmer muss mit einer **rechtlich unzulässigen Handlung** drohen. Ob die angedrohte Handlung rechtlich zulässig ist, richtet sich nach der Gesamtheit der gesetzlichen Bestimmungen und Rechtsgrundsätze, die für ein derartiges Verhalten einschlägig sind. Liegen etwa die Voraussetzungen einer Kündigung des Vertragsverhältnisses oder eines Rücktritts vom Vertrag nicht vor und droht der Unternehmer gleichwohl mit einer Kündigung oder einem Rücktritt, ist eine rechtlich unzulässige Handlung angedroht. Ob die Handlung rechtlich unzulässig ist, ist anhand der objektiven Sach- und Rechtslage zu beurteilen. Auf ein vorsätzliches Verhalten oder einen Irrtum auf Seiten des Unternehmers kommt es nicht an (zum objektiven Bestehen eines Beurteilungsspielraums Rdn. 107 ff.). Die Drohung mit einer rechtlich unzulässigen Handlung braucht keinen Straftatbestand zu erfüllen.

107 Bei der Feststellung, ob eine Drohung mit einer rechtlich unzulässigen Handlung vorliegt, muss dem Unternehmer **in Grenzfällen ein gewisser Beurteilungsspielraum zuerkannt werden**. Bei der Durchsetzung von Ansprüchen kann im Wirtschaftsleben nicht immer derjenige Weg gewählt und der Rechtsstandpunkt eingenommen werden, der keine Zweifel aufwirft und mit dem der Unternehmer in jedem Fall auf der sicheren Seite ist.[113]Hat der Unternehmer seinen Rechtsstandpunkt sorgfältig geprüft und kommt er zu dem vertretbaren Ergebnis, dass die angekündigte Handlung rechtlich zulässig ist, liegt der Tatbestand des § 4a Abs. 2 Satz 1 Nr. 5 nicht vor. Hierzu ist auf einen objektiven Maßstab und nicht die subjektive Sorgfalt des jeweiligen Unternehmers abzustellen. Es kommt auf die Einhaltung der unternehmerischen Sorgfalt i. S. des § 2 Abs. 1 Nr. 7 an (§ 2 Abs. 1 Nr. 7 Rdn. 1 ff.).

108 Die Ankündigung rechtlich zulässiger Handlungen unterfällt nicht § 4a Abs. 2 Satz 1 Nr. 5. Liegen die Voraussetzungen vor, ist die Ankündigung der Ausübung eines **Gestaltungsrechts** keine Drohung mit einer rechtlich unzulässigen Handlung. Dasselbe gilt, wenn der Unternehmer in einem Zweifelsfall nach sorgfältiger Prüfung zu dem vertretbaren Ergebnis gelangt, die Voraussetzungen seien gegeben. Rechtlich zuläs-

113 BGH, 16.01.2009, V ZR 133/08, BGHZ 179, 238 Rn. 20.

sig ist eine **Klageerhebung**, auch wenn die Forderung nicht besteht. Der Unternehmer kann daher im Regelfall mit der Klageerhebung drohen. Die Grenze des rechtlichen Zulässigen ist überschritten, wenn durch die Klageerhebung der Tatbestand der vorsätzlich sittenwidrigen Schädigung nach § 826 BGB verwirklicht wird.[114] In einem solchen Fall ist die Ankündigung der Klageerhebung die Androhung einer rechtlich unzulässigen Handlung.

Ein weiter Spielraum ist dem Unternehmer bei einer **einfachen Mahnung** zuzubilligen. **109**
Ist der Standpunkt vertretbar, dass die Forderung besteht, kann der Unternehmer eine Mahnung aussprechen, ohne dass der Tatbestand des § 4a Abs. 2 Satz 1 Nr. 5 verwirklicht ist. Anders ist eine Konstellation zu beurteilen, in der der Unternehmer über eine einfache Mahnung hinaus weitergehende Konsequenzen androht, deren Voraussetzungen nicht vorliegen oder die in intransparenter Weise dargestellt werden.[115] Ein Gläubiger darf in einem Mahnschreiben dem Schuldner vom Gesetz vorgesehene Zwangsvollstreckungsmaßnahmen nach Erwirkung eines Titels plakativ benennen, ohne im Einzelnen deren Voraussetzungen darlegen zu müssen.[116] Die **Abmahnung oder Verwarnung** aus einem Schutzrecht unterliegt grundsätzlich strengeren Anforderungen als die einfache Mahnung. Die unberechtigte Verwarnung aus einem gewerblichen Schutzrecht kann unter dem Gesichtspunkt eines rechtswidrigen und schuldhaften Eingriffs in das Recht am eingerichteten und ausgeübten Gewerbebetrieb zum Schadensersatz verpflichten.[117] Zudem steht dem zu Unrecht Verwarnten ein Anspruch auf Unterlassung der Verwarnung nach §§ 823 Abs. 1, 1004 BGB zu.[118] Die unberechtigte Verwarnung aus einem Schutzrecht oder nach den Grundsätzen des wettbewerbsrechtlichen Leistungsschutzes ist die Drohung mit einer rechtlich unzulässigen Handlung. Damit steht allerdings noch nicht fest, dass die Verwarnung nach § 4a Abs. 1 Satz 1 unzulässig ist. Die weiteren Voraussetzungen der Bestimmung müssen ebenfalls vorliegen, so dass das Eingreifen des § 4a Abs. 1 neben §§ 823 Abs. 1, 1004 BGB keine praktische Bedeutung hat.

Droht der Unternehmer mit einer rechtlich zulässigen Handlung, kann **§ 4a Abs. 2** **110**
Satz 1 Nr. 2 verwirklicht sein. Die Bestimmung setzt nicht eine Drohung mit einer rechtlich unzulässigen Handlung voraus (streitig Rdn. 84).

---

114 BGH, 25.03.2003, VI ZR 175/02, BGHZ 154, 269, 274; BGH, 11.01.2018, I ZR 187/16, *GRUR 2018, 832 Rn. 76* und *77 – Ballerinaschuh*.

115 BGH, 19.03.2015, I ZR 157/13, GRUR 2015, 1134 Rn. 23 und 24 – *Schufa-Hinweis*; BGH, 22.3.2018, I ZR 25/17, GRUR 2018, 1063 Rn. 24 – *Zahlungsaufforderung*.

116 BGH, 22.3.2018, I ZR 25/17, GRUR 2018, 1063 Rn. 26 – *Zahlungsaufforderung*.

117 BGH, 15.07.2005, GSZ 1/04, BGHZ 164, 1, 2f. – *unberechtigte Schutzrechtsverwarnung*; BGH, 01.12.2015, X ZR 170/12, BGHZ 208, 119 Rn. 15 – *unberechtigte Schutzrechtsverwarnung II*; BGH, 11.01.2018, I ZR 187/16, GRUR 2018, 832 Rn. 77 – *Ballerinaschuh*.

118 BGH, 15.07.2005, GSZ 1/04, BGHZ 164, 1, 8 – *unberechtigte Schutzrechtsverwarnung*; BGH, 19.01.2006, I ZR 217/03, GRUR 2006, 433 Rn. 17 – *Unbegründete Abnehmerverwarnung*.

bb) § 4a Abs. 2 Satz 2 (Alter, geschäftliche Unerfahrenheit, Leichtgläubigkeit, Angst, Zwangslage)

(1) Allgemeines

111 § 4a Abs. 2 Satz 2 führt zu den Umständen, die nach § 4a Abs. 2 Satz 1 Nr. 3 zu berücksichtigen sind, **geistige und körperliche Beeinträchtigungen, das Alter, die geschäftliche Unerfahrenheit, die Leichtgläubigkeit, die Angst und die Zwangslage von Verbrauchern** an. Der deutsche Gesetzgeber hat die Bestimmung nach Aufhebung des § 4 Nr. 2 UWG 2008 eingeführt, um das Schutzniveau bei als besonders verletzlich angesehenen Verbrauchern nicht abzusenken.[119] Ob dazu die Regelung des § 4a Abs. 2 Satz 2 wirklich erforderlich war, ist zweifelhaft. Der durch § 4a und § 3 jeweils in Verbindung mit § 3 Abs. 4 begründete Schutz reicht vielmehr aus.[120]Andererseits geht § 4a Abs. 2 Satz 2 bei richtlinienkonformer Auslegung (Rdn. 112 ff.) über eine Konkretisierung von § 4a Abs. 2 Satz 1 Nr. 3 nicht hinaus und ist als Klarstellung unschädlich.

(2) Unionsrecht

112 Art. 8 und 9 UGP-RL enthalten keine § 4a Abs. 2 Satz 2 vergleichbare Bestimmung. **Gleichwohl ist die Norm unionsrechtskonform.**[121] Art. 5 (3) UGP-RL sieht vor, dass unter den weiteren Voraussetzungen dieser Bestimmung Geschäftspraktiken aus der Sicht eines durchschnittlichen Mitglieds einer Gruppe von Verbrauchern zu beurteilen sind, die aufgrund von geistigen oder körperlichen Gebrechen, Alter oder Leichtgläubigkeit im Hinblick auf diese Praktiken oder die ihnen zugrunde liegenden Produkte besonders schutzbedürftig sind. Die Vorschrift wird durch § 3 Abs. 4 Satz 2 umgesetzt. Sie enthält nur eine Bestimmung, aus wessen Sicht eine geschäftliche Handlung zu beurteilen ist.

113 Geistige und körperliche Gebrechen, Alter und Leichtgläubigkeit können Umstände sein, die ein solches Gewicht haben, dass sie das Urteilsvermögen des Verbrauchers beeinträchtigen. Dasselbe gilt für eine geschäftliche Unerfahrenheit, Angstzustände oder eine Zwangslage auf Seiten des Verbrauchers. Die in § 4a Abs. 2 Satz 2 angeführten Eigenschaften eines Verbrauchers können auch ohne ausdrückliche Bezeichnung in Art. 9 lit. c UGP-RL unter den Begriff der **Umstände von solcher Schwere** zu subsumieren sein. § 4a Abs. 2 Satz 2 konkretisiert daher nur das in Art. 9 lit. c UGP-RL enthaltene Tatbestandsmerkmal »Umständen von solcher Schwere«, ohne ein von der Richtlinie abweichendes Schutzniveau zu begründen.[122] Selbst wenn das Tatbestands-

---

119 Beschlussempfehlung und Bericht des Ausschusses für Recht und Verbraucherschutz, BT Drucksache 18/6571, Seite 15.

120 *Köhler*/Bornkamm/Feddersen § 4a UWG Rn. 2.1.

121 Ohly/*Sosnitza* § 4a Rn. 160; FBO/*Scherer* § 4a Rn. 348 und 349; Götting/Nordemann/*Götting* § 4a Rn. 39; Harte/Henning/*Picht* /*Stuckel* § 4a Rn. 124; a. A. *Köhler*/Bornkamm/Feddersen § 4a UWG Rn. 2.11 für die auf einer persönlichen Eigenschaft beruhende Schutzbedürftigkeit von Verbrauchern.

122 Ohly/*Sosnitza* § 4a Rn. 160; FBO/*Scherer* § 4a Rn. 348 und 349; Götting/Nordemann/*Götting* § 4a Rn. 39; Harte/Henning/*Picht* /*Stuckel* § 4a Rn. 124.

merkmal von »Umständen von solcher Schwere« in Art. 9 lit. c UGP-RL so eng ausgelegt wird, dass es die in § 4a Abs. 2 Satz 2 aufgeführten besonderen Eigenschaften oder Zustände auf Seiten des Verbrauchers nicht erfasst, sind alle dort wiedergegebenen Merkmale bei der Auslegung des Art. 8 UGP-RL und des § 4a Abs. 1 Satz 2 zu berücksichtigen. An der Bedeutung der in § 4a Abs. 2 Satz 2 angeführten Merkmale für die Feststellung der Unlauterkeit nach § 4a Abs. 1 Satz 1 ändert sich nichts.

(3) Das Verhältnis von § 4a Abs. 2 Satz 2 und § 4a Abs. 2 Satz 1 Nr. 3

Da § 4a Abs. 2 Satz 2 ausschließlich an § 4a Abs. 2 Satz 1 Nr. 3 und hier an das Tatbestandsmerkmal der Umstände anknüpft, müssen **sämtliche weiteren Voraussetzungen des § 4a Abs. 2 Satz 1 Nr. 3 vorliegen**. Sie werden durch die in § 4a Abs. 2 Satz 2 genannten persönlichen oder situationsbezogenen Kriterien nicht determiniert. Die in § 4a Abs. 2 Satz 2 genannten Kriterien müssen einen Umstand von solcher Schwere darstellen, dass sie das Urteilsvermögen des Verbrauchers beeinträchtigen und der Unternehmer muss diesen Umstand bewusst ausnutzen, um die Entscheidung des Verbrauchers zu beeinflussen. § 4a Abs. 2 Satz 2 bezeichnet nur Kriterien, die zu den Umständen nach § 4a Abs. 2 Satz 1 Nr. 3 zählen, ohne eine Wertung damit zu verbinden, dass es sich um Umstände von solcher Schwere handelt, dass sie das Urteilvermögen des Verbrauchers beeinträchtigen. Die Wertung, dass die Umstände entsprechend schwer wiegen, ist deshalb in jedem Fall erforderlich. Das folgt aus einer richtlinienkonformen Auslegung von § 4a Abs. 2 Satz 2 anhand von Art. 9 lit. c UGP-RL, dessen Schutzniveau nicht überschritten werden darf. 114

§ 4a Abs. 2 Satz 2 bezieht sich anders als § 4a Abs. 2 Satz 1 Nr. 3 nur auf Verbraucher. Sonstige Marktteilnehmer fallen nicht in den Anwendungsbereich der Vorschrift. Die Merkmale des § 4a Abs. 2 Satz 2 sind bei sonstigen Marktteilnehmern gleichwohl von Bedeutung. Sie gehören zu den relevanten Umständen, aus denen sich ergeben kann, dass die geschäftliche Handlung aggressiv i. S. von § 4a Abs. 1 Satz 2 ist. 115

(4) Bewusstes Ausnutzen der Defizite

§ 4a Abs. 2 Satz 1 Nr. 3 setzt ein bewusstes Ausnutzen durch den Unternehmer von konkreten Unglückssituationen oder Umständen von solcher Schwere voraus, dass sie das Urteilsvermögen des Verbrauchers beeinträchtigen. Der Unternehmer muss deshalb die konkrete Situation kennen, in der sich der Verbraucher befindet. Für die in § 4a Abs. 2 Satz 2 angeführten Gegebenheiten, die die persönlichen Eigenschaften des Verbrauchers oder seine Situation kennzeichnen, muss dies ebenfalls gelten. Der Unternehmer muss Kenntnis davon haben, dass bei dem Verbraucher, an den er sich mit seiner geschäftlichen Handlung wendet, die in § 4a Abs. 2 Satz 2 angeführten Merkmale in einer Art und Weise vorliegen, dass sie das Urteilsvermögen des Verbrauchers beeinträchtigen. Für die Kenntnis ist nicht auf einen individuellen Sorgfaltsmaßstab des konkreten Unternehmers abzustellen. Es gilt der Maßstab der unternehmerischen Sorgfalt nach § 2 Abs. 1 Nr. 7 (Rdn. 90). Maßgeblich ist, ob die konkrete Situation oder die persönliche Eigenschaft des Verbrauchers, die sein Urteilsvermögen reduziert, für 116 den Unternehmer bei Beachtung der gebotenen unternehmerischen Sorgfalt zu erkennen ist.[123]

(5) Geistige oder körperliche Beeinträchtigungen

117 Der deutsche Gesetzgeber hat das in Art. 5 (3) UGP-RL enthaltene Tatbestandsmerkmal der geistigen oder körperlichen Gebrechen als überholt angesehen und den Begriff durch denjenigen der geistigen oder körperlichen Beeinträchtigungen ersetzt.[124]In der Sache entspricht dieses Tatbestandsmerkmal demjenigen in Art. 5 (3) UGP-RL und § 3 Abs. 4 Satz 2 (§ 3 Rdn. 145 ff.). Geistige Beeinträchtigungen sind schwerwiegende intellektuelle Mängel oder erhebliche psychische Störungen, die nicht nur vorübergehend sind.[125] Zu den körperlichen Beeinträchtigungen rechnen Einschränkungen der menschlichen Sinne sowie der körperlichen Bewegung und eine Pflegebedürftigkeit aufgrund körperlicher Schwächen.

(6) Alter

118 Die Bedeutung des Alters in § 4a Abs. 2 Satz 2 erschließt sich nur durch den Zusammenhang mit der Beeinträchtigung des Urteilsvermögens in § 4a Abs. 2 Satz 1 Nr. 3. Das Kriterium des Alters ist ebenfalls in Art. 5 (3) UGP-RL und in § 3 Abs. 4 Satz 2 angeführt. Eine Rolle kann das Alter nur bei besonders jungen und besonders alten Menschen spielen, deren **Fähigkeiten wegen des Alters von denjenigen eines Durchschnittsverbrauchers** abweichen. Insoweit überschneiden sich die Unterschiede in den Fähigkeiten vom Leitbild des erwachsenen Durchschnittsverbrauchers, das dem UWG zugrunde liegt,[126] mit weiteren in § 4a Abs. 2 Satz 2 angeführten persönlichen Kriterien.

119 Für eine an **Kinder** gerichtete Werbung enthält Nr. 28 des Anhangs zu § 3 Abs. 3 eine spezielle Regelung zum Schutz von Kindern vor unmittelbaren Kaufaufforderungen und zum Schutz von Erwachsenen vor der Beeinflussung ihrer Kaufentscheidung durch Einwirkung auf Kinder (Anh. (zu § 3 Abs. 3) Rdn. 333). Diese geht als lex specialis § 4a vor. Werden Kinder und Jugendliche angehalten, auf geschäftliche Entscheidungen ihrer Eltern oder erwachsener Angehöriger einzuwirken, ohne dass der Tatbestand der Nr. 28 des Anhangs zu § 3 Abs. 3 verwirklicht ist, ist nicht auf die Sicht eines durchschnittlichen Kindes oder Jugendlichen, sondern eines erwachsenen Durchschnittsverbrauchers abzustellen. Entscheidend ist, über welches Alter und welche Erfahrung ein durchschnittlicher Verbraucher verfügt, der die geschäftliche Entscheidung trifft.[127]

---

123 FBO/*Scherer* § 4a Rn. 368.
124 Beschlussempfehlung und Bericht des Ausschusses für Recht und Verbraucherschutz, BT Drucksache 18/6571, Seite 14.
125 *Scherer, WRP 2008, 563, 570.*
126 BGH, 22.01.2014, I ZR 218/12, GRUR 2014, 682 Rn. 22 – *Nordjob-Messe.*
127 BGH, 12.07.2007, I ZR 82/05, GRUR 2008, 183 Rn. 17 – *Tony Taler.*

Kinder und Jugendliche verfügen regelmäßig nicht über dieselbe geschäftliche Erfahrung wie ein Durchschnittsverbraucher.[128] Zudem sind sie leichtgläubiger als Erwachsene.[129] Werbemaßnahmen, die sich gezielt an Kinder und Jugendliche richten, unterliegen im Verhältnis zu einer Werbung, die sich an das allgemeine Publikum wendet, strengeren Anforderungen.[130] Allerdings ist nicht jede gezielte Beeinflussung von Kindern und Jugendlichen unlauter.[131] Entscheidend ist auch bei Kindern und Jugendlichen, ob sie typischerweise in genügendem Maße in der Lage sind, Waren- oder Dienstleistungsangebote kritisch zu beurteilen. Dazu gehört bei der Beurteilung der Bedeutung aggressiver geschäftlicher Handlungen gegenüber Kindern und Jugendlichen, ob ein durchschnittliches Mitglied der jeweiligen Gruppe in der Lage ist, einem vom Unternehmer erzeugten Druck auszuweichen und eine geschäftliche Entscheidung frei und rational zu treffen. Das kann je nach beworbenem Produkt, Transparenz der Werbemaßnahme und Alter des typischerweise angesprochenen Kreises unterschiedlich sein.[132] **120**

Gegenüber Kindern und Jugendlichen hat die unzulässige Beeinflussung durch Ausübung einer Machtposition Bedeutung, weil die Autorität, über die Erwachsene gegenüber Kindern und Jugendlichen verfügen, sich im besonderen Maß dazu eignet, Kinder und Jugendliche zu beeinflussen. Zudem kann in der Schule über Kinder und Jugendliche Druck durch einen Gruppenzwang erzeugt werden.[133] **121**

Alte Menschen sind nicht allein aufgrund ihres Alters allgemein besonders schutzbedürftig.[134] Sie bilden bezogen auf eine Beeinträchtigung des Urteilsvermögens keine einheitliche Gruppe.[135] Bei ihnen können individuelle körperliche oder geistige Beeinträchtigungen vorliegen, sie können hilfs- und pflegebedürftig sein oder sie können aufgrund altersbedingter intellektueller Defizite besonders leichtgläubig sein. Es kann eine mit einem hohen Alter verbundene Angst, die das Urteilsvermögen beeinträchtigt, ausgenutzt werden. Nicht ausgeschlossen ist, dass die Angst, in Notfällen in der eigenen Wohnung nicht versorgt zu sein, zur Werbung für den Abschluss von Heimverträgen **122**

---

128 BGH, 22.01.2014, I ZR 218/12, GRUR 2014, 682 Rn. 22 – *Nordjob-Messe*; BGH, 03.04.2014, I ZR 96/13, GRUR 2014, 1117 Rn. 30 – *Zeugnisaktion*.

129 BGH, 06.04.2006, I ZR 125/03, GRUR 2006, 776 Rn. 22 und 23 – *Werbung für Klingeltöne*; *Dembowski*, FS Ullmann, 2006, 599.

130 BGH, 06.04.2006, I ZR 125/03, GRUR 2006, 776 Rn. 21 – *Werbung für Klingeltöne*.

131 BGH, 22.09.2005, I ZR 28/03, GRUR 2006, 161 Rn. 21 – *Zeitschrift mit Sonnenbrille*.

132 BGH, 06.04.2006, I ZR 125/03, GRUR 2006, 776 Rn. 24 – *Werbung für Klingeltöne*; BGH, 17.07.2008, I ZR 160/05, GRUR 2009, 71 Rn. 16 – *Sammelaktion für Schoko-Riegel*; BGH, 12.12.2013, I ZR 192/12, GRUR 2014, 686 Rn. 35 – *Goldbärenbarren*; BGH, 22.01.2014, I ZR 218/12, GRUR 2014, 682 Rn. 26 – *Nordjob-Messe*; BGH, 03.04.2014, I ZR 96/13, GRUR 2014, 1117 Rn. 30 – *Zeugnisaktion*.

133 BGH, 21.07.2016, I ZR 127/15, GRUR 2017, 199 Rn. 36 und 37 – *Förderverein*; OLG Celle, 21.07.2005, 13 U 13/05, GRUR-RR 2005, 387.

134 *Scherer*, WRP 2008, 563, 570; *Fritzsche*, FS Fezer, 2016, 885, 892.

135 *Fritzsche*, FS Fezer, 2016, 885, 892.

ausgenutzt wird[136] oder die Situation hilfs- und pflegebedürftiger alter Menschen in Alten- und Pflegeeinrichtungen kann von Ärzten, dem Pflegepersonal oder der Heimleitung bewusst ausgenutzt werden, um die Entscheidung der Heimbewohner zu beeinflussen. Regelmäßig ist das hohe Alter hier nur ein Kriterium, zu dem weitere in § 4a Abs. 2 Satz 2 ausdrücklich angeführte Umstände oder unbenannte Kriterien, die unmittelbar § 4a Abs. 1 Satz 2 unterfallen, hinzutreten.

(7) **Geschäftliche Unerfahrenheit**

123 Die geschäftliche Unerfahrenheit ist in Art. 5 (3) und § 3 Abs. 4 Satz 2 nicht angeführt. Sie war in § 4 Nr. 2 UWG 2008 als besonderes Tatbestandsmerkmal enthalten. Um das Schutzniveau gegenüber der zuvor geltenden Rechtslage nicht abzusenken, ist das Kriterium der geschäftlichen Unerfahrenheit im UWG 2015 in § 4a Abs. 2 Satz 2 übernommen worden.[137] Die Berücksichtigung der geschäftlichen Unerfahrenheit darf nicht zu einer Abkehr vom Leitbild des Durchschnittsverbrauchers führen. Dieser ist normal informiert, angemessen aufmerksam und verständig.[138] Er verfügt über normale Kenntnisse des Geschäftslebens und des Rechtssystems sowie des jeweiligen Produktbereichs. Er hat keine über- oder unterdurchschnittlichen Fähigkeiten und Kenntnisse. Dass der durchschnittlich informierte Verbraucher nicht über besondere Kenntnisse zu speziellen Fragen des Wirtschafts- und Rechtsverkehrs verfügt, macht ihn nicht zu einer geschäftlich unerfahrenen Person, wenn er mit derartigen Problemen konfrontiert wird.[139]Es muss deshalb eine abgrenzbare Verbrauchergruppe bestehen, die aufgrund besonderer Merkmale geschäftlich unerfahren ist. Das sind in erster Linie Kinder und Jugendliche (Rdn. 118–121). Erwachsene verfügen grundsätzlich über die Kenntnisse eines Durchschnittsverbrauchers. Dass es einen gewissen Prozentsatz geschäftlich unerfahrener Verbraucher gibt, ändert daran nichts.

124 Die geschäftliche Handlung ist aus Sicht eines Durchschnittsverbrauchers zu beurteilen. Eine Ausnahme gilt nur, wenn sich der Unternehmer gem. § 3 Abs. 4 Satz 1 mit der geschäftlichen Handlung an eine bestimmte Gruppe von Verbrauchern wendet, bei der eine besondere Schutzbedürftigkeit besteht, die sich aus der geschäftlichen Unerfahrenheit ergibt.[140] Die Verbraucher müssen (1) besonders schutzbedürftig und (2) geschäftlich unerfahren sein. Das kann etwa bei Personen gegeben sein, die nach langer Erkrankung wieder in ein normales selbstbestimmtes Leben zurückfinden müssen oder die aus einem anderen Lebenskreis stammen und den Informationsstand eines Durch-

136 *Ohly/Sosnitza* § 4a Rn. 162; *Burmeister/Alexander*, WRP 2009, 159, 167; *Fritzsche*, FS Fezer, 2016, 885, 897.

137 Beschlussempfehlung und Bericht des Ausschusses für Recht und Verbraucherschutz, BT Drucksache 18/6571, Seite 15.

138 EuGH, 30.04.2014, C-26/13, NJW 2014, 2335 Rn. 74 – *Kásler und Káslerné Rábai*; EuGH, 26.02.2015, C-143/13, WM 2016, 14 Rn. 75 – *Volksbank România*.

139 BGH, 03.05.2007, I ZR 19/05, GRUR 2007, 978 Rn. 27 – *Rechtsberatung durch Haftpflichtversicherer*.

140 *Peterek*, WRP 2008, 714, 719.

schnittsverbrauchers in der Union nicht aufweisen.[141] Nutzt der Unternehmer deren geschäftliche Unerfahrenheit bewusst aus, um ihre Entscheidung zu beeinflussen, unterfällt dies § 4a Abs. 2 Satz 1 Nr. 3 und Satz 2.

Verfügt ein Verbraucher nicht über spezielle Kenntnisse zu besonderen Rechtsfragen, sondern nur über das normale Wissen, das von einem Durchschnittsverbraucher erwartet werden kann, ist er nicht geschäftlich unerfahren. Das gilt auch, wenn er mit entsprechenden Rechtsfragen befasst wird.[142] Dadurch wird keine partielle geschäftliche Unerfahrenheit begründet. Verwendet der Unternehmer unwirksame AGB-Klauseln oder Vertragsformulare mit falschen Belehrungen, um Verbraucher von der Durchsetzung ihrer Rechte abzuhalten oder diese zu erschweren, und überblickt ein durchschnittlich informierter Verbraucher die Rechtslage nicht, lässt sich eine Unlauterkeit der Geschäftspraktik nicht über eine geschäftliche Unerfahrenheit des Verbrauchers begründen. 125

Der Umweg über eine geschäftliche Unerfahrenheit i. S. von § 4a Abs. 2 Satz 2 ist regelmäßig auch nicht erforderlich. Verwendet der Unternehmer von ihm oder in seinem Auftrag entworfene unwirksame Vertragsklauseln oder unzutreffende Belehrungen, verfügt er im Verhältnis zum Durchschnittsverbraucher, der grundsätzlich einen geringeren Informationsstand als der Unternehmer in diesem Bereich hat,[143] über eine Machtposition i. S. von § 4a Abs. 1 Satz 3. Nutzt der Unternehmer zur Durchsetzung von Ansprüchen unwirksame Vertragsklauseln oder unrichtige Belehrungen aus, kommt eine unzulässige Beeinflussung nach § 4a Abs. 1 Satz 2 Nr. 3 und Satz 3 in Betracht. Zudem lassen sich derartige Konstellationen ohne Rückgriff auf die geschäftliche Unerfahrenheit grundsätzlich über eine Irreführung[144] oder wegen Verstoßes gegen eine Marktverhaltensregelung nach § 3a i. V. mit den entsprechenden zivilrechtlichen Vorschriften sachgerecht lösen.[145] Eine Ausdehnung der geschäftlichen Unerfahrenheit von Verbrauchern in Widerspruch zum Leitbild des Durchschnittsverbrauchers ist zur Erzielung gerechter Ergebnisse nicht notwendig. 126

(8) Leichtgläubigkeit

Das Merkmal der Leichtgläubigkeit war bereits in § 4 Nr. 2 UWG 2008 angeführt. Es dient ebenfalls der Charakterisierung der in Art. 5 (3) und § 3 Abs. 4 Satz 2 angeführten Gruppen von Verbrauchern. In der englischen und französischen Sprachfassung ist 127

141 BGH, 07.05.1998, I ZR 85/96, GRUR 1998, 1041f. – *Verkaufsveranstaltung in Aussiedlerwohnheim.*

142 OLG Köln, 30.03.2007, 6 U 249/06, GRUR-RR 2007, 285, 287; a. A. KG, 04.02.2005, 5 W 13/05, KGR Berlin 2005, 284, 285.

143 EuGH, 30.04.2014, C-26/13, NJW 2014, 2335 Rn. 72 – *Kásler und Káslerné Rábai.*

144 BGH, 07.05.1986, I ZR 119/84, GRUR 1986, 819, 820 – *Zeitungsbestellkarte*; BGH, 25.06.1992, I ZR 120/90, GRUR 1993, – *Haftungsbeschränkung bei Anwälten.*

145 BGH, 09.11.2011, I ZR 123/10, GRUR 2012, 643 Rn. 15 – *Überschrift zur Widerrufsbelehrung*; BGH, 31.05.2012, I ZR 45/11, GRUR 2012, 949 Rn. 45 ff. – *Missbräuchliche Vertragsstrafe*; BGH, 14.12.2017, I ZR 184/15, GRUR 2018, 423 Rn. 41 – *Klauselersetzung.*

der entsprechende Begriff (credulity, crédulité) enthalten. Das Merkmal der Leichtgläubigkeit ist weder in der UGP-RL definiert noch durch EuGH-Rechtsprechung geklärt.

128 Die Leichtgläubigkeit ist durch eine Haltung gekennzeichnet, bei der der Verbraucher Behauptungen, Erklärungen, Angaben oder Werbebotschaften weniger kritisch und rational gegenübersteht und dem Unternehmer daher größeres Vertrauen entgegenbringt als ein Durchschnittsverbraucher. Damit weicht ein leichtgläubiger Verbraucher vom Leitbild des erwachsenen Durchschnittsverbrauchers ab, das der UGP-RL und dem UWG zugrunde liegt (Rdn. 118, 123–126). Um einen Widerspruch zur Sicht des Durchschnittsverbrauchers auszuschließen, darf nicht auf einen besonders sorglosen Verbraucher abgestellt werden. Das würde das durch die UGP-RL vorgesehene Schutzniveau verschieben. Erforderlich ist vielmehr, dass der Verbraucher einer Gruppe von Personen angehört, deren Eigenschaften sie für unlautere Geschäftspraktiken besonders anfällig macht (Erwägungsgrund 18 Satz 2 UGP-RL). Diese Anfälligkeit muss darin bestehen, dass ein durchschnittliches Mitglied der Gruppe weniger kritisch Angaben des Unternehmers gegenübersteht als der erwachsene Durchschnittsverbraucher. Das ist bei Verbrauchern der Fall, die nicht über die für die Beurteilung der Angaben des Unternehmers vergleichbaren Informationen verfügen und keinen Anlass sehen, sich diese Informationen zu verschaffen, und deshalb ohne weiteres auf die Erklärungen vertrauen. Häufig wird das Merkmal der Leichtgläubigkeit mit anderen in § 4 Abs. 2 Satz 2 angeführten Kriterien zusammentreffen (geistige und körperliche Beeinträchtigungen, Alter oder geschäftliche Unerfahrenheit) und nicht isoliert vorliegen.

129 Das Merkmal der Leichtgläubigkeit wird in erster Linie bei der **Gruppe der Kinder und Jugendlichen** vorliegen (Rdn. 118–121). **Bei erwachsenen Verbrauchern** kann das Merkmal der Leichtgläubigkeit nur ausnahmsweise bejaht werden. Als besonders schutzbedürftige Gruppe, die auf die Richtigkeit der Angaben der werbenden Unternehmen angewiesen ist, kommen Verbraucher in Betracht, die geistige oder körperliche Beeinträchtigungen haben, die sie in ihrer informationsgeleiteten, freien und rationalen Entscheidung massiv beeinträchtigen. Das kann bei alten Menschen mit geistigen Beeinträchtigungen (etwa bei Altersdemenz) der Fall sein, wenn sie Werbebotschaften nicht mehr rational beurteilen können. Fehlende Sprachkenntnisse oder Analphabetismus können dazu führen, dass ein erwachsener Verbraucher das Merkmal der Leichtgläubigkeit erfüllt. Erforderlich ist wegen des Zusammenhangs des § 4a Abs. 2 Satz 2 mit § 4a Abs. 2 Satz 1 Nr. 3, dass die weiteren Voraussetzungen des § 4a Abs. 2 Satz 1 Nr. 3 erfüllt sind (Rdn. 85 ff.).

130 Verfügt der **Unternehmer über besondere Kenntnisse oder Erfahrungen und nimmt er eine Vertrauensstellung** im Verhältnis zum Verbraucher ein, wie dies bei Angehörigen freier Berufe (Ärzte, Zahnärzte, Wirtschaftsprüfer, Steuerberater, Rechtsanwälte, Notare, Architekten) regelmäßig der Fall ist, ist der Verbraucher wegen des Wissensgefälle in einer gegenüber dem Unternehmer unterlegenen Position. Er ist darauf angewiesen, dem Unternehmer Vertrauen entgegen zu bringen und kann die Angaben und Erklärungen, mit denen er konfrontiert wird, häufig nicht abschließend überblicken. Dadurch erfüllt ein normal informierter, erwachsener Verbraucher, der dem Unternehmer vertraut, nicht das Tatbestandsmerkmal der Leichtgläubigkeit. Es gelten dieselben

Erwägungen, die dagegen sprechen, dass ein Durchschnittsverbraucher, der sich schwierigen Wirtschafts- oder Rechtsfragen gegenübersieht, nicht partiell geschäftlich unerfahren ist. Vielmehr begründet die überlegene Stellung des Unternehmers eine Machtposition im Verhältnis zum Durchschnittsverbraucher i. S. des § 4a Abs. 1 Satz 3 und es kann, wenn die weiteren Voraussetzungen vorliegen, das Tatbestandsmerkmal der unzulässigen Beeinflussung nach § 4a Abs. 1 Satz 2 Nr. 3 und Satz 3 erfüllt sein.

(9) Angst und Zwangslage

Während in § 4a Abs. 2 Satz 2 mit den Merkmalen »geistige und körperliche Beeinträchtigungen«, »Alter«, »geschäftliche Unerfahrenheit« und »Leichtgläubigkeit« persönliche Eigenschaften des angesprochenen Verbrauchers angeführt sind, beziehen sich die weiteren Kriterien der »Angst« und der »Zwangslage« auf **Umstände, die die Situation kennzeichnen, in der sich der Verbraucher befindet**. Diese Kriterien kommen den in Art. 9 lit. c und § 4a Abs. 2 Satz 1 Nr. 3 beschriebenen Unglückssituationen und Umständen von solcher Schwere, dass sie das Urteilsvermögen des Verbrauchers beeinträchtigen, in ihrer psychischen Einwirkung auf das Urteilsvermögen des Verbrauchers besonders nahe. Die Angst und die Zwangslage von Verbrauchern haben **keine Entsprechung in Art. 5 (3) UGP-RL und in § 3 Abs. 4 Satz 2**. Der deutsche Gesetzgeber hat auch diese Kriterien aus § 4 Nr. 2 UWG 2008 in § 4a Abs. 2 Satz 2 übernommen, um das Schutzniveau gegenüber der zuvor geltenden Rechtslage nicht abzusenken.[146]Die Bestimmung des § 4a Abs. 2 Satz 2 ist im Hinblick auf die Merkmale der »Angst« und der »Zwangslage« unionsrechtskonform (Rdn. 111–113). **131**

Das Bestehen einer Angstsituation oder einer Zwangslage auf Seiten des Verbrauchers reicht für sich genommen nicht aus, um geschäftliche Handlungen im B2C-Verhältnis als aggressiv einzustufen. § 4a Abs. 2 Satz 2 bezeichnet mit den dort angeführten Kriterien nur einen Umstand i. S. des § 4a Abs. 2 Satz 1 Nr. 3. Die weiteren Voraussetzungen, die in § 4a Abs. 2 Satz 1 Nr. 3 angeführt sind, müssen ebenfalls vorliegen (Rdn. 114). **132**

(a) Angst

Der **Begriff der Angst** in § 4a Abs. 2 Satz 2 ist gesetzlich nicht definiert und durch die Rechtsprechung nicht konkretisiert. Das Merkmal der Angst wird deshalb durch den allgemeinen Sprachgebrauch bestimmt. Angst ist ein Gefühl der Besorgnis in einer vom Menschen als Bedrohung empfundenen Situation. Ob tatsächlich eine Bedrohung existiert oder fälschlicherweise nur angenommen wird, ist unerheblich. Entscheidend ist, dass der Verbraucher auf die von ihm empfundene Bedrohung mit dem Gefühl der Angst reagiert. Die Bedrohung kann für individuelle Güter des betroffenen Verbrauchers (Leben, Gesundheit, Sicherheit, Eigentum und Vermögen) oder Güter der Allgemeinheit (Umwelt, Frieden, Gesundheit der Bevölkerung) bestehen. **133**

---

146 Beschlussempfehlung und Bericht des Ausschusses für Recht und Verbraucherschutz, BT Drucksache 18/6571, Seite 15.

134 Für sich genommen ist Angst im Hinblick auf die Frage, ob eine aggressive geschäftliche Handlung vorliegt, zunächst einmal neutral. Angst kann beim Menschen überdurchschnittliche Kräfte mobilisieren. Sie kann allerdings auch sein Urteilsvermögen beeinträchtigen und ihn daran hindern, eine informationsgeleitete, freie und rationale Entscheidung zu treffen. Diesen Umstand kann sich ein Unternehmer zunutze machen, um Druck auf einen Verbraucher auszuüben. Deshalb fügt sich das Merkmal der »Angst« in die in Art. 9 lit. c und § 4a Abs. 2 Satz 1 Nr. 3 angeführten Umstände ein. **Es reicht allerdings nicht jede Angstsituation auf Verbraucherseite aus.** Die Angst muss ein Ausmaß erreichen, das das Urteilsvermögen des Verbrauchers beeinträchtigt. Dazu reicht das Hervorrufen einer gewissen Ängstlichkeit nicht aus.[147] Da die weiteren in § 4a Abs. 2 Satz 1 Nr. 3 angeführten Voraussetzungen vorliegen müssen und dazu das bewusste Ausnutzen der Angst des Verbrauchers rechnet, erfüllen **sachliche Warnungen vor tatsächlich existierenden Gefahren** nicht den Tatbestand von § 4a Abs. 2 Satz 1 Nr. 3 und Satz 2.

135 Anders als die Merkmale der »geschäftlichen Unerfahrenheit« und der »Leichtgläubigkeit«, die bei einem Durchschnittsverbraucher, der keiner besonders schutzbedürftigen Gruppe angehört, nicht zu berücksichtigen sind, ist ein verständiger Durchschnittsverbraucher nicht davor gefeit, dass bei ihm ein Zustand der Angst ausgelöst wird. **Das Ausnutzen der Angst in der Werbung ist nicht auf extreme Ausnahmesituationen beschränkt.**[148] Es ist nicht notwendig, dass der Unternehmer den Durchschnittsverbraucher in einen Zustand der Panik oder einer Angststörung versetzt.[149] Das gilt gerade für Bereiche, in denen der Durchschnittsverbraucher besonders sensibel auf die Darstellung von Gefahren reagiert (etwa Gesundheits- und Unfallgefahren oder andere Gefahren existenzieller Art für den Verbraucher). Risiken dürfen in der Werbung dargestellt werden. Das gilt für Gefahren für Leib und Leben und andere Güter, die für die angesprochenen Verkehrskreise von Bedeutung sind, und der Unternehmer kann einen Schutz vor solchen Gefahren anbieten.[150] Die plakative Darstellung von Vorteilen eines Produkts, etwa in der Werbung für ein Reinigungsmittel mit dem Slogan: »HaRa: Damit Mensch und Natur eine Chance haben«, darf nicht in eine unterschwellige Werbung mit der Angst wegen der Umweltzerstörung überinterpretiert werden.[151] Ein derart vager Zusammenhang zwischen der Werbeaussage und drohenden Gefahren genügt nicht. Der Unternehmer darf in der Werbung auch einen direkten Zusammenhang zu Gefahren herstellen, solange die Darstellung sachlich bleibt. In der Werbung dürfen die Gefahren nur nicht unsachlich, intransparent und übertrieben reißerisch dargestellt und nicht in einer Art und Weise dramatisiert werden, dass der Durch-

147 BGH, 12.06.1986, I ZR 52/84, GRUR 1986, 902, 903 – *Angstwerbung.*
148 A. A. GK/*Pahlow* § 4 Nr. 2 Rn. 30.
149 *Schünemann*, FS Köhler, 2014, 663, 670.
150 BGH, 12.06.1986, I ZR 52/84, GRUR 1986, 902, 903 – *Angstwerbung.*
151 So aber OLG Saarbrücken, 04.03.1992, 1 U 175/91, WRP 1992, 510.

schnittsverbraucher in seinem Urteilsvermögen beeinträchtigt wird.[152] Eine solche Darstellung kann die Voraussetzungen des § 4a Abs. 2 Satz 1 Nr. 3 und Satz 2 erfüllen.

Eine besonderes Werbeverbot für Arzneimittel enthält **§ 11 Abs. 1 Nr. 7 HWG.** **136**
Danach darf außerhalb der Fachkreise für Arzneimittel nicht geworben werden mit Werbeaussagen, die nahelegen, dass die Gesundheit durch die Nichtverwendung des Arzneimittels beeinträchtigt oder durch die Verwendung verbessert werden könnte. Es handelt sich um ein spezielles Verbot der Werbung mit der Angst der Verbraucher.[153]Die Vorschrift des § 4a ist neben § 11 Abs. 1 Nr. 7 HWG anwendbar.

Spezielle Regelungen zu unwahren Angaben im Zusammenhang mit Sicherheitsgefah- **137**
ren und zur heilenden Wirkung von Produkten enthalten **Nr. 12 und Nr. 18 des Anhangs zu § 3 Abs. 3**. Nach Nr. 12 des Anhangs sind stets unzulässig unwahre Angaben über Art und Ausmaß einer Gefahr für die persönliche Sicherheit des Verbrauchers oder seiner Familie für den Fall, dass er die angebotene Ware nicht erwirbt oder die angebotene Dienstleistung nicht in Anspruch nimmt (näher Anh. (zu § 3 Abs. 3) Rdn. 167 ff.). Nr. 18 des Anhangs sieht ein per se-Verbot vor für die unwahre Angabe, eine Ware oder Dienstleistung könne Krankheiten, Funktionsstörungen oder Missbildungen heilen (näher Anh. (zu § 3 Abs. 3) Rdn. 233 ff.). Es handelt sich nach der Einordnung im Anhang I der UGP-RL um per se-Verbote irreführender und nicht aggressiver Geschäftspraktiken.

(b) Zwangslage

Das Merkmal der Zwangslage ist im UWG nicht definiert. Maßgeblich ist der allge- **138**
meine Sprachgebrauch. Eine **Zwangslage** bezeichnet eine Situation der Bedrängnis, in der dem Betroffenen nur eine bestimmte Verhaltensweise bleibt. Ob die Zwangslage tatsächlich besteht oder nur eingebildet ist, ist gleichgültig. Da § 4a Abs. 2 Satz 2 nach § 4a Abs. 2 Satz 1 Nr. 3 zu berücksichtigende Umstände aufzählt, muss die Zwangslage auf die Beeinträchtigung des Urteilsvermögens des Verbrauchers bezogen sein. Der Verbraucher muss sich tatsächlich oder vermeintlich[154] in einer Situation befinden, in der er sich nicht mehr frei entscheiden kann, auf die ihm angetragene geschäftliche Handlung des Unternehmers einzugehen, sondern sich gezwungen sieht, sich auf das Verlangen der Marktgegenseite einzulassen. Die Zwangslage kann sich aus physischen oder psychischen, wirtschaftlichen oder rechtlichen Gründen auf Seiten des Verbrauchers ergeben.

Ob eine Zwangslage besteht, ist aus der **Sicht eines Durchschnittsverbrauchers** zu **139**
beurteilen, wenn die geschäftliche Handlung an das allgemeine Publikum gerichtet ist. Das Kriterium der Zwangslage in § 4a Abs. 2 Satz 2 ist nicht wie die geschäftliche *Unerfahrenheit und Leichtgläubigkeit* bei erwachsenen Durchschnittsverbrauchern auf

152 OLG Karlsruhe, 20.12.1990, 4 U 201/89, WRP 1991, 331, 332; anschauliches Beispiel einer unzulässigen Werbung für Versicherungen bei *Schünemann*, FS Köhler, 2014, 663, 671.

153 BGH, 12.06.1986, I ZR 52/84, GRUR 1986, 902 – *Angstwerbung*.

154 GK/*Pahlow* § 4 Nr. 2 Rn. 26; a. A. Ohly/*Sosnitza* § 4a Rn. 182 wonach die Zwangslage objektiv bestehen muss.

Angehörige besonders schutzbedürftiger Kreise beschränkt. Jeder Verbraucher kann in eine Zwangslage geraten. Wendet sich die geschäftliche Handlung an eine bestimmte Gruppe von Verbrauchern, ist für die Beurteilung, ob eine Zwangslage vorliegt, auf die Sicht eines durchschnittlichen Mitglieds dieser Gruppe abzustellen (§ 3 Abs. 4 Satz 1).

140 § 4a Abs. 2 Satz 2 bezeichnet nur Umstände i. S. des § 4a Abs. 2 Satz 1 Nr. 3, so dass die übrigen Voraussetzungen dieser Bestimmung vorliegen müssen (Rdn. 114). Die Auswirkungen der Zwangslage auf den Verbraucher müssen eine Intensität erreichen, die das Urteilsvermögen eines Durchschnittsverbrauchers beeinträchtigt. Übliche Alltagsituationen, mit denen ein gewisses Maß an Stress oder Zeitdruck verbunden ist, genügen nicht. Das gilt auch für einen vom Unternehmer ohne sachlichen Grund erzeugten Zeitdruck, mit dem der Verbraucher zu einer sofortigen Entscheidung veranlasst werden soll. Ein normal informierter und aufmerksamer Durchschnittsverbrauchers ist ohne Hinzutreten weiterer Umstände in der Lage, sich einem vom Unternehmer hervorgerufenen Zeitdruck zu entziehen und sich nicht von einer rationalen Entscheidung abhalten zu lassen. Zu den Voraussetzungen des § 4a Abs. 2 Satz 1 Nr. 3 gehört das bewusste Ausnutzen der Zwangslage des Verbrauchers durch den Unternehmer. Dazu muss der Unternehmer Kenntnis von der Zwangslage des Verbrauchers haben und gleichwohl auf den Verbraucher einwirken, um seine Entscheidung in Bezug auf das Produkt zu beeinflussen (Rdn. 116).

3. Relevanzklausel

141 Nach § 4a Abs. 1 Satz 1 ist eine aggressive geschäftliche Handlung i. S. von § 4a Abs. 1 Satz 2 nur unlauter, wenn sie geeignet ist, den Verbraucher oder sonstigen Marktteilnehmer zu einer geschäftlichen Entscheidung zu veranlassen, die dieser andernfalls nicht getroffen hätte. In Art. 8 UGP-RL, dessen Umsetzung § 4a dient, ist diese Voraussetzung damit umschrieben, dass der Durchschnittsverbraucher »tatsächlich oder voraussichtlich dazu veranlasst wird, eine geschäftliche Entscheidung zu treffen, die er andernfalls nicht getroffen hätte«. In der englischen und französischen Sprachfassung der Richtlinie ist dies folgendermaßen ausgedrückt: »thereby causes him or is likely to cause him to take a transactional decision that he would not have taken otherwise« und »par conséquent, l'amène ou est susceptible de l'amener à prendre une décision commerciale qu'il n'aurait pas prise autrement«. Die englische und französische Fassung stellen danach auf die Wahrscheinlichkeit der Wirkung ab.

142 Die **Eignung** zur Beeinflussung der geschäftlichen Entscheidung ist danach gegeben, wenn die aggressive geschäftliche Handlung i. S. des § 4a Abs. 1 Satz 2 tatsächlich oder wahrscheinlich diese Wirkung hat (näher zur Eignung Rdn. 69–72). Der Begriff der **geschäftlichen Entscheidung** ist in Art. 2 lit. k UGP-RL und in § 2 Abs. 1 Nr. 9 definiert (§ 2 Abs. 1 Nr. 9 Rdn. 1 ff.). Die aggressive geschäftliche Handlung muss geeignet sein, den Verbraucher oder sonstigen Marktteilnehmer zu einer geschäftlichen Entscheidung zu veranlassen, die er andernfalls nicht getroffen hätte. Das setzt eine entsprechende Wirkung der aggressiven geschäftlichen Handlung voraus.

143 Von der **Relevanz** der aggressiven geschäftlichen Handlung im Hinblick auf die geschäftliche Entscheidung des Verbrauchers und sonstigen Marktteilnehmers ist

grundsätzlich auszugehen. Zu § 5a Abs. 2 Satz 1 Nr. 1 und 2 nimmt die Rechtsprechung an, es sei im Regelfall anzunehmen, der Verbraucher werde eine wesentliche Information benötigen, um eine informierte geschäftliche Entscheidung zu treffen, und deren Vorenthalten sei geeignet, den Verbraucher zu einer geschäftlichen Entscheidung zu veranlassen, die er andernfalls nicht getroffen hätte.[155] Daraus folgert die Rechtsprechung, den Unternehmer, der das Gegenteil behaupte, treffe eine **sekundäre Darlegungslast**.[156] Das Schrifttum geht von einer **Vermutung** aus, dass die aggressive geschäftliche Handlung relevant i. S. von § 4a Abs. 1 Satz 1 ist,[157] oder die Relevanzklausel bei § 4a **ohne eigene Bedeutung** ist.[158]

Im Ausgangspunkt stimmen die Ansätze im Schrifttum überein. Liegen die Voraussetzungen einer aggressiven geschäftlichen Handlung vor, ist richtigerweise im Regelfall von deren geschäftlicher Relevanz auszugehen. Da das Merkmal der geschäftlichen Relevanz in Art. 8 UGP-RL und in § 4a Abs. 1 Satz 1 ausdrücklich angeführt ist, kann nicht dessen Bedeutungslosigkeit bei aggressiven geschäftlichen Handlungen unterstellt werden. Die gegenteilige Annahme ist mit dem abschließenden Charakter der per se-Verbote des Anhangs I UGP-RL (hierzu Anh. (zu § 3 Abs. 3) Rdn. 8) nicht zu vereinbaren. In Anbetracht des engen Tatbestands aggressiver geschäftlicher Handlungen gem. § 4a Abs. 1 Satz 2 ist vielmehr die Vermutung geschäftlicher Relevanz gerechtfertigt. Die Anwendung des Rechtsinstituts der sekundären Darlegungslast ist allerdings nicht unproblematisch. **144**

Die **sekundäre Darlegungslast** setzt voraus, dass eine Partei Umstände darlegen und beweisen muss, die zu dem ihrem Einblick entzogenen Bereich des Prozessgegners gehören, der Prozessgegner alle wesentlichen Tatsachen kennt und es ihm zumutbar ist, nähere Angaben zu machen.[159] Dass der Gläubiger nicht über die für seinen Anspruch notwendigen Kenntnisse aus dem Bereich des Unternehmers verfügt, lässt sich für die Beurteilung der geschäftlichen Relevanz der aggressiven geschäftlichen Handlung aber nicht sagen. Ob der Verbraucher oder sonstige Marktteilnehmer in relevanter Weise beeinflusst wird, ist kein Umstand, der dem Geschäfts- und Betriebsbereich des Unternehmers zuzuordnen und dem Einblick des Gläubigers entzogen ist. Näher liegt deshalb beim Vorliegen einer aggressiven geschäftlichen Handlung i. S. des § 4a Abs. 1 Satz 2 von der **Lebenserfahrung** auszugehen, dass eine derartige Verhaltensweise für die geschäftliche Entscheidung relevant ist, und nicht nur eine sekundäre Darlegungs- **145**

---

155 BGH, 04.02.2016, I ZR 194/14, GRUR 2016, 403 Rn. 25 – *Fressnapf*; BGH, 21.07.2016, I ZR 26/15, GRUR 2016, 1076 Rn. 55 – *LGA tested*; BGH, 02.03.2017, I ZR 41/16, GRUR 2017, 922 Rn. 33 und 34 – *Komplettküchen*; BGH, 13.09.2018, I ZR 117/15, GRUR 2018, 1258 Rn. 45 bis 50 – *YouTube-Werbekanal II*; BGH, 31.10.2018, I ZR 73/17, GRUR 2019, 82 Rn. 31 f. – *Jogginghosen*.

156 BGH, 02.03.2017, I ZR 41/16, GRUR 2017, 922 Rn. 32 – *Komplettküchen*.

157 *Köhler*/Bornkamm/Feddersen § 4a UWG Rn. 1.36; zu § 5a Abs. 2 Satz 1 Nr. 1 und 2: Ohly/*Sosnitza* § 5a Rn. 66 und 67, zurückhaltender zu § 4a Ohly/*Sosnitza* § 4a Rn. 192.

158 JurisPK-UWG/*Seichter* § 4a Rn. 103.

159 BGH, 07.12.1998, II ZR 266/97, BGHZ 140, 156, 158; BGH, 20.10.2005, IX ZR 276/02, NJW-RR 2006, 552 Rn. 11.

last des Unternehmers anzunehmen, die an der Beweislast nichts ändert, sondern die Beweislast umzukehren. Die Wirkungen aggressiver geschäftlicher Handlungen auf die Entscheidungs- und Verhaltensfreiheit rechtfertigen die **Umkehr der Darlegungs- und Beweislast**. Der Unternehmer muss beim Vorliegen der Voraussetzungen einer aggressiven geschäftlichen Handlung danach darlegen und – soweit erforderlich – beweisen, dass die in Rede stehende aggressive geschäftliche Handlung nicht die Eignung besitzt, den Verbraucher oder sonstigen Marktteilnehmer zu einer geschäftlichen Handlung zu veranlassen, die dieser andernfalls nicht getroffen hätte.

C. Bisherige Fallgruppen

I. Einfluss des Unionsrechts

146 Der Beispielskatalog des § 4 UWG 2008 sah in § 4 Nr. 1 vor, dass geschäftliche Handlungen unlauter waren, die geeignet waren, die Entscheidungsfreiheit der Verbraucher oder sonstigen Marktteilnehmer durch Ausübung von Druck, in menschenverachtender Weise oder durch sonstigen unangemessenen unsachlichen Einfluss zu beeinträchtigen. Nach § 4 Nr. 2 UWG 2008 waren geschäftliche Handlungen unlauter, die geeignet waren, geistige oder körperliche Gebrechen, das Alter, die geschäftliche Unerfahrenheit, die Leichtgläubigkeit, die Angst oder die Zwangslage von Verbrauchern auszunutzen. Da bei diesen Tatbeständen weitgehende Überschneidungen mit Art. 8 und 9 UGP-RL vorlagen und im Verhältnis zwischen Unternehmern und Verbrauchern bei der Absatzförderung (B2C-Verhältnis) das UWG kein anderes als das durch die UGP-RL vorgegebene Schutzniveau vorsehen darf (Rdn. 2 und 5), war schon vor der weiteren Umsetzung der UGP-RL durch das UWG 2015 und die Anpassung der Vorschriften des UWG in § 4a an Art. 8 und 9 UGP-RL eine richtlinienkonforme Auslegung der Beispielstatbestände des § 4 Nr. 1 und 2 UWG 2008 notwendig.[160] In der Sache führte dies zu einer Fortsetzung der Tendenz in der Rechtsprechung, die Eingriffsschwellen anzuheben.[161] Die unter Geltung des § 1 UWG 1909 entwickelten Fallgruppen haben daher bereits mit § 4 Nr. 1 und Nr. 2 UWG 2004 und UWG 2008 Bedeutung verloren. Verbotsentscheidungen aus der Zeit vor Inkrafttreten des UWG 2008 sind daher nicht auf heutige Sachverhalte ohne richtlinienkonforme Auslegung anhand von Art. 8

160 BGH, 29.10.2009, I ZR 180/07, GRUR 2010, 455 Rn. 17 – *Stumme Verkäufer II*; BGH, 24.06.2010, I ZR 182/08, GRUR 2010, 850 Rn. 13 – *Brillenversorgung II*; BGH, 03.03.2011, I ZR 167/09, GRUR 2011, 747 Rn. 26 – *Kreditkartenübersendung*; BGH, 03.04.2014, I ZR 96/13, GRUR 2014, 1117 Rn. 26 – *Zeugnisaktion*.

161 BGH, 09.06.2004, I ZR 187/02, GRUR 2004, 960 – *500 DM-Gutschein für Autokauf*; BGH, 23.02.2006, I ZR 245/02, GRUR 2006, 511 Rn. 21 – *Umsatzsteuererstattungs-Modell*; BGH, 22.01.2009, I ZR 31/06, GRUR 2009, 875 Rn. 12 – *Jeder 100. Einkauf gratis*; BGH, 31.03.2010, I ZR 75/08, GRUR 2010, 1022 Rn. 16 – *Ohne 19% Mehrwertsteuer*; BGH, 03.04.2014, I ZR 96/13, GRUR 2014, 1117 Rn. 26 – *Zeugnisaktion*.

und 9 UGP-RL übertragbar. Zudem erlangen die Irreführungstatbestände nach §§ 5 und 5a und die Generalklausel nach § 3 Abs. 1 und 2 eine größere Bedeutung.[162]

II. Psychischer Kaufzwang, übertriebenes Anlocken, Wertreklame, gefühlsbetonte Werbung und moralischer Druck

1. Psychischer Kaufzwang, übertriebenes Anlocken und Wertreklame

Nach § 1 UWG 1909 ging die Rechtsprechung von einem auf den Umworbenen ausgeübten **unlauteren Kaufzwang** aus, wenn mit außerhalb der Sache liegenden Mitteln in einem solchen Ausmaß auf seine Willensentscheidung eingewirkt wurde, dass er zumindest anstandshalber nicht umhinkann, auf das Angebot einzugehen.[163] Ein psychischer Kaufzwang in diesem Sinn lag vor, wenn mit der Inanspruchnahme einer kostenlosen Verkaufsförderungsmaßnahme das Betreten eines Ladenlokals mit individueller Bedienung notwendig war.[164] War für die Inanspruchnahme der Verkaufsfördermaßnahme kein persönlicher Kontakt zum Personal des Unternehmers erforderlich, schied ein psychischer Kaufzwang unter dem Gesichtspunkt der Einwirkung auf die Entscheidungsfreiheit des Verbrauchers, der dieser sich nicht entziehen konnte, aus. Ein psychischer Kaufzwang konnte sich aus einer **besonderen Vergünstigung** ergeben, von der eine derart starke Anziehungskraft ausging, dass der Kunde davon abgehalten wurde, sich mit dem Angebot der Mitbewerber zu befassen.[165] Eine derartige Vergünstigung konnte weiter unter dem **Gesichtspunkt des übertriebenen Anlockens** unlauter sein.[166] Eine mit den guten Sitten im Wettbewerb nicht zu vereinbarende **Wertreklame** konnte anzunehmen sein, wenn die Werbung geeignet war, den umworbenen Verbraucher dazu zu verleiten, seine Kaufentscheidung statt nach Preiswürdigkeit und Qualität des angebotenen Produkts allein danach zu treffen, ob ihm beim Erwerb besondere zusätzliche Vergünstigungen gewährt wurden.[167] 147

Bei dem heutigen Leitbild des normal informierten, angemessen aufmerksamen und verständigen Durchschnittsverbrauchers ist sind die **Maßstäbe der Fallgruppen des psychischen Kaufzwangs und des übertriebenen Anlockens nach § 1 UWG 1909 überholt**. Der Durchschnittsverbraucher wägt die Vor- und Nachteile eines Geschäfts regelmäßig so weitgehend ab, dass von einem psychischen Kaufzwang und einem übertriebenen Anlocken durch Gewährung besonderer Vergünstigungen nicht ausgegangen werden kann. Dem Durchschnittsverbraucher ist es – unabhängig von der konkreten Situation im Ladengeschäft – grundsätzlich auch nicht unangenehm, eine Verkaufsför- 148

162 BGH, 07.07.2011, I ZR 173/09, GRUR 2012, 208 Rn. 19 – *10% Geburtstags-Rabatt*; BGH, 10.01.2013, I ZR 190/11, GRUR 2013, 945 Rn. 37 – *Standardisierte Mandatsbearbeitung*; BGH, 16.05.2013, I ZR 175/12, GRUR 2014, 91 Rn. 19 – *Treuepunkte-Aktion*; BGH, 27.04.2017, I ZR 55/16, GRUR 2017, 1265 Rn. 19 – *Preisportal*.

163 BGH, 05.02.1998, I ZR 151/95, GRUR 1998, 735, 736 – *Rubbelaktion*.

164 BGH, 17.02.2000, I ZR 239/97, GRUR 2000, 820, 821 – *Space Fidelity Peep-Show*.

165 BGH, 06.06.2002, I ZR 45/00, GRUR 2002, 1000, 1002 – *Testbestellung*.

166 BGH, 22.05.2003, I ZR 185/00, GRUR 2003, 804f – *Foto-Aktion*.

167 BGH, 26.03.1998, I ZR 231/95, GRUR 1998, 1037, 1038 – *Schmuck-Set*.

dermaßnahme des Unternehmers in Anspruch zu nehmen, ohne ein Produkt zu kaufen.

149 **Werbe- und Verkaufsfahrten** sind nicht regelmäßig unter dem Gesichtspunkt eines psychischen Kaufzwangs unzulässig. Von einem günstigen Preis für die Fahrt geht kein psychischer Druck auf die Teilnehmer aus, sich durch den Kauf eines auf der Fahrt angebotenen Produkts zu revanchieren. Eine aggressive Geschäftspraktik liegt allerdings vor, wenn der Eindruck hervorgerufen wird, der Verbraucher könne die Räumlichkeiten, in denen der Verkauf stattfindet, ohne vorherigen Vertragsschluss nicht verlassen. Ein solches Verhalten ist nach Nr. 25 des Anhangs zu § 3 Abs. 3 stets unzulässig (Anh. (zu § 3 Abs. 3) Rdn. 303 ff.). Zudem ist die Werbung für derartige Fahrten irreführend, wenn der Charakter als Werbe- oder Verkaufsfahrt nicht unmissverständlich klargestellt wird.[168] Die Grundsätze zu Werbe- und Verkaufsfahrten gelten entsprechend für Einladungen in Hotels, in denen der Verbraucher kostenlose Leistungen erhält (Bewirtung, Fachvortrag) verbunden mit Verkaufsveranstaltungen.

2. Gefühlsbetonte Werbung

150 Eine gefühlsbetonte Werbung liegt vor, wenn das Kaufinteresse durch Ansprechen des sozialen Verantwortungsgefühls, der Hilfsbereitschaft, des Mitleids oder des Umweltbewusstseins geweckt werden soll. Nach § 1 UWG 1909 war eine solche Werbung nicht grundsätzlich unzulässig.[169] Wettbewerbswidrig war eine solche Werbung, wenn sie irreführend war.[170] Sittenwidrig i. S. des § 1 UWG 1909 war eine zutreffende gefühlsbetonte Werbung, wenn die Gefühle des Kunden ausgenutzt wurden, um ihn in einer dem Leitbild des Leistungswettbewerbs widersprechenden Weise unsachlich zu beeinflussen. Das war der Fall, wenn ein sachlicher Zusammenhang zwischen dem in der Werbung angesprochenen sozialen Engagement und der beworbenen Ware oder Leistung nicht bestand.[171] Diese Rechtsprechung hat der Bundesgerichtshof unter Geltung des § 4 Nr. 1 UWG 2004 nicht fortgesetzt.[172]Die Förderung des Produktabsatzes durch die Verbindung mit der Unterstützung sozialer, kultureller, gemeinnütziger, mildtätiger, sportlicher oder ökologischer Belange ist unabhängig von einem sachlichen Zusammenhang grundsätzlich nicht unlauter. Der Verbraucher oder sonstige Marktteilnehmer wird durch eine entsprechende Verknüpfung nicht in seiner Entscheidungsfreiheit beeinträchtigt. Es ist ausgeschlossen, dass durch eine entsprechende Werbung die Rationalität der Entscheidung der angesprochenen Verbraucher oder sonstigen Marktteilnehmer vollständig in den Hintergrund tritt (näher zu diesem Maßstab Rdn. 68–

---

168 BGH, 23.03.1962, I ZR 138/60, GRUR 1962, 461, 464 – *Film-Werbeveranstaltung*; BGH, 10.10.1985, I ZR 240/83, GRUR 1986, 318, 320 – *Verkaufsfahrten.*

169 BGH, 16.01.1976, I ZR 32/75, GRUR 1976, 308, 309 – *UNICEF-Grußkarten.*

170 BGH, 26.10.2006, I ZR 33/04, GRUR 2007, 247 Rn. 29 – *Regenwaldprojekt I.*

171 BGH, 18.10.1990, I ZR 113/89, GRUR 1991, 542 – *Biowerbung mit Fahrpreiserstattung*; BGH, 29.11.1990, I ZR 241/88, GRUR 1991, 545 – *Tageseinnahmen für Mitarbeiter*; BGH, 09.02.1995, I ZR 44/93, GRUR 1995, 742, 743 – *Arbeitsplätze bei uns.*

172 BGH, 22.09.2005, I ZR 55/02, BGHZ 164, 153, 157 – *Artenschutz*; BGH, 26.10.2006, I ZR 33/04, GRUR 2007, 247 Rn. 19 – *Regenwaldprojekt I.*

75). Nach § 4a ist eine gefühlsbetonte Werbung ohne Hinzutreten besonderer Umstände nicht unzulässig. Das schließt natürlich nicht aus, dass eine gefühlsbetonte Werbung irreführend ist.[173]

3. Ausübung moralischen Drucks

Gleichwohl kann durch die **Ausübung moralischen Drucks** eine Machtposition i. S. von § 4a Abs. 1 Satz 3 gegenüber dem Verbraucher bestehen, die die Fähigkeit des Verbrauchers zu einer informierten Entscheidung wesentlich beeinflusst (§ 4a Abs. 1 Satz 2 Nr. 3 und Satz 2). **Nr. 30 des Anhangs zu § 3 Abs. 3** enthält ein per se-Verbot, dem eine aufgrund moralischen Drucks aggressive Geschäftspraktik zugrunde liegt. Danach ist die ausdrückliche Angabe stets unzulässig, der Arbeitsplatz oder Lebensunterhalt des Unternehmers sei gefährdet, wenn der Verbraucher die Ware oder Dienstleistung nicht abnehme (Anh. (zu § 3 Abs. 3) Rdn. 359 ff.). 151

Richtet sich die geschäftliche Handlung an das allgemeine Publikum, bedarf es zur Annahme, moralischer Druck reiche zu einer unzulässigen Beeinflussung i. S. von § 4a Abs. 1 Satz 2 Nr. 3 und Satz 2 aus, besonderer Anhaltspunkte.[174] Dies gilt erst Recht, wenn die Ausübung moralischen Drucks gegenüber einem sonstigen Marktteilnehmer in Rede steht. Gegenüber einem Unternehmer kommt die Ausübung moralischen Drucks kaum in Betracht.[175] Die besonderen Anhaltspunkte bei der Ausübung moralischen Drucks gegenüber einem Verbraucher können sich aus den in § 4a Abs. 2 Satz 1 Nr. 1, Nr. 2 oder Nr. 3 angeführten Kriterien oder einer Kombination dieser Merkmale ergeben. Besonderheiten, die die Annahme moralischen Drucks rechtfertigen, können aus einer spezifischen Situation folgen, in der auch der Durchschnittsverbraucher besonders sensibel reagiert.[176] Ein Bestattungsunternehmer kann etwa gegenüber den Angehörigen ausdrücklich oder konkludent den Eindruck hervorrufen, die Thematisierung der Bestattungskosten sei unangebracht kleinlich und pietätlos. Dabei kann die Wortwahl die Ausübung moralischen Drucks noch verstärken. 152

Für die Frage der Ausübung moralischen Drucks spielt eine Rolle, ob der Verbraucher oder sonstige Marktteilnehmer den Druck allein mit sich ausmachen muss, ob er bei seiner Entscheidung unter Beobachtung steht, ob er annehmen muss, sich für seine Entscheidung rechtfertigen zu müssen, oder ob er sich gar einem **Gruppen- oder Solidaritätsdruck** ausgesetzt sieht.[177] Der Gruppen- oder Solidaritätsdruck kann sich aus unterschiedlichen Umständen ergeben. Er kann aus der Zugehörigkeit zu einer bestimmten Vereinigung oder Glaubensrichtung folgen und sich aus dem sozialen 153

173 BGH, 26.10.2006, I ZR 33/04, GRUR 2007, 247 Rn. 24 – *Regenwaldprojekt I*; BGH, 26.10.2006, I ZR 97/04, GRUR 2007, 251 Rn. 21 – *Regenwaldprojekt II*.

174 Götting/Nordemann/*Götting* § 4a Rn. 18.

175 Noch enger FBO/*Scherer* § 4a Rn. 189.

176 BGH, 12.03.1971, I ZR 119/69, BGHZ 56, 18, 20 – *Grabsteinaufträge II*; BGH, 22.04.2010, I ZR 29/09, GRUR 2010, 1113 Rn. 21 – *Grabmalwerbung*; HansOLG Hamburg, 24.09.1987, 3 U 66/87, GRUR 1988, 144, 145.

177 BGH, 12.07.2007, I ZR 82/05, GRUR 2008, 183 Rn. 19 – *Tony Taler*; BGH, 21.07.2016, I ZR 127/15, GRUR 2017, 199 Rn. 37 – *Förderverein*.

Umfeld oder dem Unternehmen ergeben, in dem der Verbraucher tätig ist. Der moralische Druck kann **durch Abhängigkeiten verstärkt werden**, denen sich der Verbraucher oder sonstige Marktteilnehmer tatsächlich oder vermeintlich ausgesetzt sieht und die es ihm erschweren, dem Druck auszuweichen. So können Eltern, deren Kinder eine Schule besuchen, in besonderem Maße einem Gruppenzwang ausgesetzt sein.[178]

154 Noch stärker kann sich ein moralischer Druck und ein etwaiger Gruppen- oder Solidaritätsdruck auf **Angehörige besonders schutzbedürftiger Gruppen** auswirken. Häufig ist bei diesen Gruppen die Möglichkeit, dem Druck auszuweichen, stark eingeschränkt oder aufgehoben. Dazu rechnen Kinder und Jugendliche, die einen Kindergarten, eine Schule, ein Internat oder einen Sportverein besuchen oder Bewohner von Alten- und Pflegeeinrichtungen und Krankenhauspatienten. Bei diesen können häufig mehrere Merkmale zusammentreffen, indem sich zum moralischen Druck ein Gruppen- oder Solidaritätsdruck und ein Autoritätsdruck gesellen.[179]

155 Nicht ausreichend zur Erzeugung eines moralischen Drucks, der die notwendige Intensität erreicht, um eine Machtposition i. S. von § 4a Abs. 1 Satz 3 gegenüber einem Durchschnittsverbraucher anzunehmen, sind **allgemeine Appelle zur Spendenbereitschaft** für in Not geratene Menschen ohne einen unmittelbaren persönlichen Kontakt zum Verbraucher. Daran ändern Bilder und Beschreibungen nichts, mit denen die Aufrufe unterlegt werden. Der Verbraucher wird in seiner freien und rationalen Entscheidung in derartigen Fällen nicht beeinträchtigt. Er kann dem Appell zur Hilfsbereitschaft ohne weiteres ausweichen. Das gilt auch bei einer telefonischen Kontaktaufnahme oder per E-Mail. Bei einer unmittelbaren persönlichen Kontaktaufnahme, beispielsweise an der Haustür oder im öffentlichen Straßenraum wirkt sich der von dem Werbenden ausgehende moralische Druck eines Appells zur Hilfsbereitschaft zwar stärker aus. Ohne Hinzutreten weiterer auf die Art und Weise des Appells bezogener Umstände – hartnäckiges Auftreten, beleidigende oder abfällige Bemerkungen oder Drohungen – oder in der Person des Werbenden bestehender Eigenschaften – der Unternehmer oder der von ihm beauftragte Dritte stammt aus dem Umfeld der Verbrauchers (Nachbar, Freund, Kollege, Vorgesetzter) – reicht der allgemeine Aufruf zur Hilfsbereitschaft bei einem Durchschnittsverbraucher nicht aus. Anders kann die Sache aussehen, wenn der Verbraucher nicht ohne weiteres sich dem Aufruf entziehen kann.

III. Autoritärer Druck

156 **Autoritärer Druck** kann zur Ausübung einer Machtposition des Unternehmers i. S. von § 4a Abs. 1 Satz 3 eingesetzt werden. Der autoritäre Druck kann vom Unternehmer ausgehen oder dieser kann sich eines Dritten bedienen, der im Verhältnis zum Verbraucher oder sonstigen Marktteilnehmer über Ansehen und Einfluss verfügt. Dazu muss die Stellung des Unternehmers oder des Dritten so gestaltet sein, dass sie die Fähigkeit des Verbrauchers oder sonstigen Marktteilnehmers zu einer informierten Entscheidung wesentlich einschränkt (§ 4a Abs. 1 Satz 3).

---

178 BGH, 12.07.2007, I ZR 82/05, GRUR 2008, 183 Rn. 19 und 21 – *Tony Taler.*
179 BGH, 12.07.2007, I ZR 82/05, GRUR 2008, 183 Rn. 21 – *Tony Taler.*

Die entsprechende **Stellung als Autoritätsperson** kann sich aus einer amtlichen, beruflichen, unternehmerischen, sozialen oder politischen Funktion oder gesellschaftlichen Stellung ergeben.[180] 157

Es reicht nicht jede Stellung und Präsenz einer Person in der Öffentlichkeit und in den Medien, die Einfluss auf geschäftliche Entscheidungen des Verbrauchers oder sonstigen Marktteilnehmers hat. Bekannte Personen werden häufig als Werbebotschafter (**Testimonial**) zur Präsentation eines Produkts eingesetzt. Sportler, Trainer, Schauspieler, Künstler, Modeschöpfer oder Musiker werben für den Absatz von Produkten oder treten zu Zwecken der Imagewerbung auf. Diese Personen haben regelmäßig keine autoritäre Stellung im Verhältnis zum Verbraucher oder sonstigen Marktteilnehmer unabhängig von ihrer Bekanntheit. Die Rechtsprechung hat eine unsachliche Beeinflussung des Publikums durch den werblichen Auftritt einer bundesweit bekannten Persönlichkeit verneint, die im räumlichen Bereich der Werbemaßnahme vom Publikum sehr verehrt wurde.[181] 158

Von **autoritärem Druck** in der Werbung ist erst auszugehen, wenn eine Person über eine Autoritätsstellung verfügt und durch deren Einsatz die Fähigkeit des Verbrauchers oder sonstigen Marktteilnehmers zu einer informierten Entscheidung wesentlich eingeschränkt wird. Das ist der Fall, wenn die betroffenen Verbraucher oder sonstigen Marktteilnehmer mit Nachteilen rechnen müssen, wenn sie sich nicht in dem vom Unternehmer angestrebten Sinn entscheiden.[182] Die Nachteile können unspezifisch sein und müssen sich nicht schon konkret aus der geschäftlichen Handlung ergeben, von der der Druck ausgeht.[183] 159

Eine **Autoritätsstellung** ist gegeben, wenn ein Über- und Unterordnungsverhältnis, ein Weisungs- oder Direktionsrecht besteht. Zwingend für eine Autoritätsstellung ist ein Über- und Unterordnungsverhältnis mit einem Weisungsrecht nicht. Die Autoritätsstellung kann sich aus einer besonderen Sachkunde, aus einer Neutralität im Wettbewerb oder aus einer besonderen Vertrauensstellung ergeben. Eine Autoritätsstellung besteht regelmäßig im Verhältnis der Schulleitung und des Lehrpersonals zu Schülern und Eltern,[184] der Leitung eines Kindergartens und der Beschäftigten im Verhältnis zu Kindern und Eltern,[185] der Leitungsebene, der Ärzte und des Pflegepersonals in Krankenhäusern und Pflege- und Alteneinrichtungen gegenüber den Patienten, der Geschäftsleitung und Vorgesetzten gegenüber Mitarbeitern des Unternehmens[186] und der Leitung und der Vorgesetzten gegenüber Mitarbeitern in Behörden sowie der 160

180 OLG München, 10.12.2009, 29 U 3789/09, WRP 2010, 299, 300.

181 *BGH, 14.12.2000,* I ZR 147/98, GRUR 2001, 752, 754 – *Eröffnungswerbung.*

182 BGH, 12.07.2007, I ZR 82/05, GRUR 2008, 183 Rn. 22 – *Tony Taler*; OLG München, 10.12.2009, 29 U 3789/09, WRP 2010, 299, 300; *Köhler*/Bornkamm/Feddersen § 4a UWG Rn. 1.67.

183 OLG Düsseldorf, 28.12.2001, 20 U 119/01, WRP 2002, 479, 481.

184 BGH, 04.04.1984, I ZR 9/82, GRUR 1984, 665, 666 – *Werbung in Schulen*; BGH, 12.07.2007, I ZR 82/05, GRUR 2008, 183 Rn. 21 – *Tony Taler.*

185 BGH, 03.11.1978, I ZR 90/77, GRUR 1979, 157, 158 – *Kindergarten-Malwettbewerb.*

186 OLG Düsseldorf, 28.12.2001, 20 U 119/01, WRP 2002, 479, 481.

öffentlichen Hand gegenüber dem allgemeinen Publikum.[187] Im Arzt-Patientenverhältnis kann der Arzt ebenfalls über eine Autoritätsstellung verfügen, die für die Ausübung von Druck genügt.[188]

161 Die Autoritätsstellung für sich genommen ist **lauterkeitsrechtlich zunächst neutral.**[189] Ist die Werbung auf Informationen und Anpreisungen allgemeiner Art beschränkt, ohne dass von der Einschaltung der Autoritätsperson Druck auf die Entscheidungsfreiheit des Verbrauchers oder sonstigen Marktteilnehmers ausgeht, liegt ein Fall aggressiver geschäftlicher Handlungen nach § 4a Abs. 1 Satz 2 unter dem hier in Rede stehenden Blickwinkel nicht vor. Die Durchführung einer Schulfotoaktion, bei der kein Druck auf Schüler und Eltern zur Abnahme von Fotos der Kinder ausgeübt wird, ist nicht nach § 4a Abs. 1 Satz 1 unzulässig.[190] Erst wenn die Autoritätsstellung und die daraus folgende Machtposition vom Unternehmer zur Beeinträchtigung der Entscheidungsfreiheit des Verbrauchers oder sonstigen Marktteilnehmers ausgenutzt werden, liegt eine unzulässige Beeinflussung i. S. von § 4a Abs. 1 Satz 2 Nr. 3 und Satz 3 vor. Die Ausnutzung amtlicher Autorität liegt nicht vor, wenn eine Gemeinde im Friedhofsgebäude das Büro ihres erwerbswirtschaftlichen Bestattungsdienstes neben dem Büro ihrer Friedhofsverwaltung unterbringt.[191] Werden einem Schreiben der Gemeinde an die Eltern von Schulkindern Werbeschreiben der örtlichen Sparkasse beigefügt, liegt darin keine Empfehlung der Leistungen der Sparkasse.[192]

162 Nutzt der Unternehmer seine eigene Autoritätsstellung oder diejenige eines Dritten aus, haftet er als Täter. Wirkt der Dritte an der geschäftlichen Handlung des Unternehmers mit, ist er nach den allgemeinen deliktsrechtlichen Kategorien als **Mittäter oder Teilnehmer** verantwortlich. Liegen die Voraussetzungen der Mittäterschaft oder Teilnahme nicht vor, kommt eine täterschaftliche Haftung des Dritten nach den Grundsätzen der **wettbewerbsrechtlichen Verkehrspflicht** in Betracht. Derjenige, der durch sein Handeln im geschäftlichen Verkehr in einer ihm zurechenbaren Weise die Gefahr eröffnet, dass Dritte Interessen von Marktteilnehmern verletzen, die durch das Wettbewerbsrecht geschützt sind, kann eine unlautere Wettbewerbshandlung begehen, wenn er diese Gefahr nicht im Rahmen des Möglichen und Zumutbaren begrenzt (Rdn. 21, § 8 Rdn. 137 ff.).[193] Der Dritte, der über eine Autoritätsstellung verfügt, schafft durch die Mitwirkung an der geschäftlichen Handlung eine Gefahrenquelle, die ihn verpflichtet, die ihm möglichen und zumutbaren Maßnahmen zu ergreifen, um Gefahren

187 OLG Saarbrücken, 03.11.2004, 1 U 125/04, GRUR-RR 2005, 283, 284.

188 OLG München, 10.12.2009, 29 U 3789/09, WRP 2010, 299, 300; abgelehnt in BGH, 24.06.2010, I ZR 182/08, GRUR 2010, 850 Rn. 13 – *Brillenversorgung II*.

189 BGH, 04.04.1984, I ZR 9/82, GRUR 1984, 665, 666 – *Werbung in Schulen*.

190 BGH, 20.10.2005, I ZR 112/03, GRUR 2006, 77 Rn. 16 – *Schulfotoaktion*; zur strafrechtlichen Seite: BGH, 26.05.2011, 3 StR 492/10, WRP 2011, 1203.

191 BGH, 21.07.2005, I ZR 170/02, GRUR 2005, 960, 962 – *Friedhofsruhe*.

192 BGH, 18.10.2001, I ZR 193/99, GRUR 2002, 550, 552 – *Elternbriefe*.

193 BGH, 12.07.2007, I ZR 18/04, BGHZ 173, 188 Rn. 22 – *Jugendgefährdende Medien bei eBay*; BGH, 18.06.2015, I ZR 74/14, BGHZ 206, 103 Rn. 23 – *Haftung für Hyperlink*.

für Verbraucher und sonstige Marktteilnehmer, auf die seine Autoritätsstellung einwirkt, zu beseitigen.

IV. Wirtschaftlicher oder rechtlicher Druck

1. Allgemeines

Eine Machtposition i. S. von § 4a Abs. 1 Satz 3 kann sich aus einer **Überlegenheit des Unternehmers in wirtschaftlicher oder rechtlicher Hinsicht** im Verhältnis zum Verbraucher oder sonstigen Marktteilnehmer ergeben. Die auf dem Markt agierenden Parteien sind – soweit sie keinen kartellrechtlichen oder zivilrechtlichen Beschränkungen unterliegen (§§ 19–21 GWB, Art. 102 AEUV, §§ 134, 138 BGB) – frei, ob und zu welchen Konditionen sie ein Geschäft abschließen. Dabei kann ein Unternehmer seine überlegene Position gegenüber dem Verbraucher oder sonstigen Marktteilnehmer ausspielen, der auf einen Vertragsschluss angewiesen ist. Insoweit gilt nichts anderes als im umgekehrten Verhältnis; der Verbraucher oder sonstige Marktteilnehmer kann sich bei Vertragsverhandlungen den Umstand zunutze machen, dass der Unternehmer dringend auf Aufträge angewiesen ist. 163

2. Öffentlich-rechtliche Körperschaften

Eine Machtposition wirtschaftlicher oder rechtlicher Art kann sich aus einer besonderen Stellung des Unternehmers ergeben. **Öffentlich-rechtlichen Körperschaften** sind hoheitliche Aufgaben zugewiesen. Daraus und aus der Insolvenzfestigkeit öffentlich-rechtlicher Körperschaften kann sich eine wirtschaftlich oder rechtlich überlegene Position ergeben, die sie zur Ausübung von Druck auf die Entscheidungsfreiheit von Verbrauchern oder sonstigen Marktteilnehmern nutzen können. Die Rechtsprechung hat dies verneint für die Beifügung von Werbebeilagen zu Schreiben der Gemeinde an Eltern von Schulkindern und für die Einrichtung eines Büros des kommunalen Bestattungsdienstes neben dem Büro der Friedhofsverwaltung.[194] Eine Ausnutzung der rechtlichen Machtposition der öffentlich-rechtlichen Körperschaft liegt vor, wenn sie die Erfüllung hoheitlicher Aufgaben und erwerbswirtschaftliche Tätigkeit verquickt.[195] Vergibt die Gemeinde Standplätze bei einem jährlich stattfindenden Volksfest und bietet sie über einen kommunalen Eigenbetrieb Dienstleistungen den Betreibern der Stände an, liegt die Ausnutzung einer Machtposition gegenüber sonstigen Marktteilnehmern nahe, wenn diese den Eindruck nicht ausschließen können, im nächsten Jahr bei der Standvergabe benachteiligt zu werden, falls sie den kommunalen Eigenbetrieb nicht beauftragen. 164

3. Wirtschaftlicher oder rechtlicher Druck vor, bei oder nach Vertragsschluss

Die Ausübung einer wirtschaftlichen oder rechtlichen Machtposition eines Unternehmers kann **vor, bei und nach Vertragsschluss** zum Tragen kommen. Der Unternehmer 165

---

194 BGH, 18.10.2001, I ZR 193/99, GRUR 2002, 550, 553 – *Elternbriefe*; BGH, 21.07.2005, I ZR 170/02, GRUR 2005, 960, 962 – *Friedhofsruhe*.

195 BGH, 18.10.2001, I ZR 193/99, GRUR 2002, 550, 553 – *Elternbriefe*.

kann seine überlegene Position dazu nutzen, den Verbraucher oder sonstigen Marktteilnehmer an der Durchsetzung seiner Rechte zu hindern (§ 4a Abs. 2 Satz 1 Nr. 2, 4 und 5). Er kann seine überlegenen Rechtskenntnisse dazu nutzen, den Verbraucher oder sonstigen Marktteilnehmer durch intransparente Aufforderungen unter Druck zu setzen.[196] Wirtschaftlicher oder rechtlicher Druck kann der Unternehmer innerhalb einer **Sonderbeziehung** zu Verbrauchern oder sonstigen Marktteilnehmern ausüben. Die Leitungsorgane eines Vereins, einer Gewerkschaft, einer privaten oder gesetzlichen Krankenkasse, eines Unternehmer- oder eines Berufsverbandes und einer Kammer können wirtschaftlichen Druck auf die Mitglieder der Vereinigung ausüben, um sie zu bestimmten geschäftlichen Entscheidungen zu veranlassen. Ob die Leitungsorgane, die die Vereinigung repräsentieren, im Verhältnis zu den Mitgliedern über eine Machtposition i. S. von § 4a Abs. 1 Satz 3 verfügen, ist eine Frage des Einzelfalls. Verstärkend kann sich in derartigen Fällen ein Gruppenzwang auswirken.

4. Koppelungsangebote

166 **Kopplungsangebote** liegen bei der Zusammenstellung mehrerer Waren oder Leistungen zu einem Gesamtangebot vor. Durch das Gesamtangebot ist der Verbraucher oder sonstige Marktteilnehmer gezwungen, die zu einem Angebot zusammengefassten Waren oder Leistungen insgesamt abzunehmen oder vom Erwerb abzusehen. Kopplungsangebote sind grundsätzlich zulässig. Der Unternehmer kann frei und ohne Rücksicht darauf, ob ein Funktionszusammenhang zwischen den Waren oder Dienstleistungen besteht, entscheiden, ob er Waren oder Dienstleistungen – auch ganz verschiedener Art – zusammen zu einem einheitlichen Preis abgeben will. Er ist nicht gehalten, für die einzelnen Waren oder Leistungen Einzelpreise auszuweisen.[197] Von einem an einen Durchschnittsverbraucher oder einen sonstigen Marktteilnehmer gerichteten Kopplungsangebot geht keine Anlockwirkung aus, die die Rationalität der Entscheidung beeinträchtigen kann. Die Rechtsprechung hat in der Vergangenheit zwar nicht ausgeschlossen, dass ein Kopplungsangebot einen so starken Einfluss auf das Urteilsvermögen eines Durchschnittsverbrauchers ausüben kann, dass die Rationalität der Nachfrageentscheidung vollständig in den Hintergrund tritt.[198] Bejaht worden ist das jedoch unter Geltung des Leitbilds des angemessen gut unterrichteten und angemessen aufmerksamen und kritischen Durchschnittsverbrauchers allein im Hinblick auf eine Anlockwirkung nicht mehr. Dafür, dass nur durch die Anlockwirkung die Rationalität der Nachfrageentscheidung des Durchschnittsverbrauchers beeinträchtigt werden könnte, ist nach der Lebenserfahrung nichts ersichtlich.[199] Die Attraktivität eines günstigen Ange-

---

196 BGH, 19.03.2015, I ZR 157/13, GRUR 2015, 1134 Rn. 20 – *Schufa-Hinweis*.

197 BGH, 27.02.2003, I ZR 253/00, BGHZ 154, 105, 108 – *Gesamtpreisangebot*.

198 BGH, 06.06.2002, I ZR 45/00, GRUR 2002, 1000, 1002 – *Testbestellung*; BGH, 13.06.2002, I ZR 173/01, BGHZ 151, 84, 89 – *Kopplungsangebot I*; BGH, 13.06.2002, I ZR 71/01, GRUR 2002, 979, 981 – *Kopplungsangebot II*; BGH, 30.01.2003, I ZR 142/00, GRUR 2003, 624, 626 – *Kleidersack*; BGH, 10.04.2003, I ZR 291/00, GRUR 2003, 890, 891 – *Buchclub-Kopplungsangebot*;

199 Zu Angeboten unter Selbstkosten BGH, 21.04.2005, I ZR 201/02, GRUR 2005, 1059 Rn. 21 – *Quersubventionierung von Laborgemeinschaften I*.

bots ist erwünschte Folge des Wettbewerbs.[200] Die gegenteilige Rechtsprechung, die von einer derartigen Möglichkeit ausgeht, ist überholt.[201]Hier gelten keine anderen Maßstäbe als diejenigen, auf die es bei wertvollen Zugaben ankommt, bei denen der Wert der Zugabe allein das Urteilsvermögen des Verbrauchers nicht beeinträchtigt (Rdn. 148). Bei Kopplungsangeboten besteht die Gefahr unlauteren Verhaltens im Verhältnis zum Durchschnittsverbraucher nicht so sehr in der Anwendung aggressiver Geschäftspraktiken, sondern in einer Irreführung des Verbrauchers oder sonstigen Marktteilnehmers. Von solchen Angeboten geht häufig die Gefahr aus, dass über den tatsächlichen Wert des Angebots und damit im Zusammenhang stehende finanzielle Belastungen getäuscht oder doch unzureichend informiert wird.[202]

Ein unzulässiger wirtschaftlicher Druck auf den Verbraucher oder sonstigen Marktteil- **167**
nehmer geht nicht von einer wertvollen **Zugabe** aus. Zwar ist der Tatbestand der aggressiven Geschäftspraktiken nicht auf eine Ausübung von Druck durch Androhung von Nachteilen oder Entzug von Vorteilen beschränkt; die Entscheidungsfreiheit des Verbrauchers kann durch Druck beeinträchtigt werden, der nicht in einer Ankündigung von Nachteilen besteht (Rdn. 60, streitig). Die Rationalität der Nachfrageentscheidung des Durchschnittsverbrauchers und des durchschnittlichen sonstigen Marktteilnehmers wird jedoch durch eine wertvolle Zugabe nicht vollständig in den Hintergrund gedrängt.[203] Ein verständiger Durchschnittsverbraucher ist ohne weiteres in der Lage, die Bedeutung der Zugabe für die Wirtschaftlichkeit des Geschäfts zu beurteilen. Eine die Entscheidungsfreiheit des Verbrauchers oder sonstigen Marktteilnehmers negativ beeinflussende Wirkung geht von einer wertvollen Zugabe nicht aus. Die Anlockwirkung ist gewollte Folge des Wettbewerbs.

Gesondert zu bewerten sind Kopplungsangebote und Zugaben, mit denen der Unter- **168**
nehmer sich an bestimmte **besonders schutzbedürftige Gruppen von Verbrauchern** wendet. Die geschäftliche Handlung ist nach § 3 Abs. 4 Satz 1 Fall 2 aus der Sicht eines durchschnittlichen Mitglieds dieser Gruppe zu beurteilen. Erforderlich ist, dass ein durchschnittliches Mitglied der Gruppe die wirtschaftliche Bedeutung und die mit dem Geschäft verbundenen finanziellen Belastungen und Folgen überblicken kann.[204]

Kinder und Jugendliche sind geschäftlich unerfahrener und leichtgläubiger als ein **169**
Durchschnittsverbraucher (Rdn. 120 f., 128 f.). Sie stehen einem **Kopplungsangebot oder einer Zugabe** nicht so kritisch gegenüber wie ein erwachsener Durchschnittsverbraucher und sie können deshalb eher durch derartige Verkaufsfördermaßnahmen in

200 BGH, 27.02.2003, I ZR 253/00, BGHZ 154, 105, 110 – *Gesamtpreisangebot.*
201 A. A. Ohly/*Sosnitza* § 4a Rn. 75.
202 BGH, 08.10.1998, I ZR 187/97, BGHZ 139, 368, 376 – *Handy für 0,00 DM*; BGH, 27.02.2003, I ZR 253/00, BGHZ 154, 105, 108 – *Gesamtpreisangebot*; BGH, 02.06.2005, I ZR 252/02, GRUR 2006, 164 Rn. 20 – *Aktivierungskosten II.*
203 BGH, 09.06.2004, I ZR 187/02, GRUR 2004, 960f. – *500 DM-Gutschein für Autokauf*; BGH, 22.09.2005, I ZR 28/03, GRUR 2006, 161 Rn. 17 – *Zeitschrift mit Sonnenbrille.*
204 BGH, 22.09.2005, I ZR 28/03, GRUR 2006, 161 Rn. 21f. – *Zeitschrift mit Sonnenbrille*; BGH, 22.01.2014, I ZR 218/12, GRUR 2014, 682 Rn. 22 und 23 – *Nordjob-Messe*; BGH, 03.04.2014, I ZR 96/13, GRUR 2014, 1117 Rn. 29 und 30 – *Zeugnisaktion.*

ihrer Entscheidungsfreiheit beeinträchtigt werden. Es kommt daher bei derartigen Angeboten darauf an, ob die Kinder und Jugendlichen altersgemäß bereits Erfahrungen gesammelt haben, so dass sie den Markt für derartige oder vergleichbare Produkte und ihre Werthaltigkeit kennen, und ob die mit dem Angebot zusammenhängenden Belastungen sich in dem finanziellen Rahmen halten, über den Kinder und Jugendliche normalerweise verfügen und den sie überschauen können.[205] Bei der Zugabe einer Sonnenbrille zu einer Jugendzeitschrift zum Preis von 4,50 DM hat der Bundesgerichtshof eine unangemessene unsachliche Beeinflussung der Jugendlichen i. S. von § 4 Nr. 1 UWG 2004 und eine Ausnutzung ihrer Unerfahrenheit i. S. von § 4 Nr. 2 UWG 2004 verneint.[206] Das Angebot zum Erwerb eines Gutscheins im Wert von 5 € beim Kauf von 25 Schokoriegeln zum Gesamtpreis von 10 € oder einen Preisnachlass von 2 € für jede Eins auf dem Zeugnis kann ein durchschnittlich informierter, aufmerksamer und verständiger Minderjähriger überblicken.[207] Eine Ausnutzung der Unerfahrenheit von Kindern und Jugendlichen liegt bei einer Werbung für Handy-Klingeltöne vor, in der nur der Minutenpreis angegeben ist und wegen der Dauer des Ladevorgangs höhere Kosten entstehen[208] und die geschäftliche Unerfahrenheit von Jugendlichen im Alter von 15 bis 17 Jahren wird ausgenutzt, wenn im Rahmen der Teilnahme an einem Gewinnspiel umfangreich personenbezogene Daten erhoben werden.[209]

5. Aleatorische Reize

170 Mit **aleatorischen Reizen** werden Werbemittel bezeichnet, die auf Spiel und Zufall basieren. Dazu rechnen Gewinnspiele und Preisausschreiben. Vom Einsatz aleatorischer Reize geht vielfach eine besondere Anlockwirkung aus. Dieser Anreiz erfüllt nicht die Voraussetzungen eines der in § 4a Abs. 1 Satz 2 Nr. 1 bis 3 aufgeführten Mittel. Das gilt auch für die unzulässige Beeinflussung i. S. von § 4a Abs. 1 Satz 3. Der Verbraucher wird nicht unter Druck gesetzt, so dass eine Ausnutzung einer Machtposition zur Ausübung von Druck i. S. von Art. 2 lit. j UGP-RL fehlt.[210]

V. Personen mit beruflicher Verantwortung für Dritte

171 Angehörige freier Berufe sind keine Gewerbetreibenden, die innerhalb der gesetzlich vorgegebenen Grenzen in ihrer Berufsausübung frei sind. Sie müssen die Interessen ihrer Patienten oder Mandanten wahren. Zwischen ihnen und ihren Kunden besteht

---

205 BGH, 22.09.2005, I ZR 28/03, GRUR 2006, 161 Rn. 19 – *Zeitschrift mit Sonnenbrille*; BGH, 06.04.2006, I ZR 125/03, GRUR 2006, 776 Rn. 24 – *Werbung für Klingeltöne*; BGH, 17.07.2008, I ZR 160/05, GRUR 2009, 71 Rn. 18 – *Sammelaktion für Schoko-Riegel*.

206 BGH, 22.09.2005, I ZR 28/03, GRUR 2006, 161 Rn. 17 und 20 – *Zeitschrift mit Sonnenbrille*.

207 BGH, 17.07.2008, I ZR 160/05, GRUR 2009, 71 Rn. 18 – *Sammelaktion für Schoko-Riegel*; BGH, 03.04.2014, I ZR 96/13, GRUR 2014, 1117 Rn. 31 – *Zeugnisaktion*.

208 BGH, 06.04.2006, I ZR 125/03, GRUR 2006, 776 Rn. 23 und 24 – *Werbung für Klingeltöne*.

209 BGH, 22.01.2014, I ZR 218/12, GRUR 2014, 682 Rn. 22 ff. – *Nordjob-Messe*.

210 BGH, 22.01.2009, I ZR 31/06, GRUR 2009, 875 Rn. 12 – *Jeder 100. Einkauf gratis*; BGH, 05.10.2010, I ZR 4/06, GRUR 2011, 532 Rn. 22 – *Millionen-Chance II*.

regelmäßig durch den Behandlungs- oder Mandatsvertrag ein besonderes Vertrauensverhältnis, das bei vielen dieser Berufsgruppen durch eine Verschwiegenheitspflicht abgesichert ist. Die Verpflichtung zur Wahrung der Interessen ihrer Patienten und Mandanten kommt in zahlreichen Bestimmungen der berufsrechtlichen Regelwerke zum Ausdruck (etwa §§ 1 bis 5, 7 bis 11, 13 bis 16, 29a bis 33 Berufsordnung der Landesärztekammer Baden-Württemberg, Stand 01.11.2016, §§ 43, 43a 45 BRAO). Dazu gehören Bestimmungen über die Wahrung der berufsrechtlichen Unabhängigkeit. Diese kann unmittelbar das Zweipersonen-Verhältnis zwischen dem Patienten oder Mandanten und dem Berufsträger betreffen. Die Unabhängigkeit des Berufsträgers zum Patienten oder Mandanten kann auch von dritter Seite in Art eines **Dreipersonen-Verhältnisses** tangiert werden. Der HNO-Arzt arbeitet etwa mit dem Hersteller von Hörgeräten zusammen und empfiehlt dem Patienten die Versorgung mit einem Hörgerät im verkürzten Versorgungsweg dieses Herstellers oder der Steuerberater oder Wirtschaftsprüfer rät seinem Mandanten zum Erwerb einer Schiffsbeteiligung, die von einer Kapitalanlagegesellschaft vertrieben wird, mit der der Berufsträger zusammenarbeitet. Der Drittanbieter kann auch ein anderer Berufsträger sein, mit dem eine Zusammenarbeit stattfindet.[211]

Die Zusammenarbeitet der Angehörigen freier Berufe mit Unternehmen in einem der- 172
artigen Dreipersonen-Verhältnis kann wegen eines **Verstoßes gegen berufsrechtliche Vorschriften**, die Marktverhaltensregeln sind, nach § 3a unlauter sein.[212] In Betracht kommt allerdings auch eine **unzulässige Beeinflussung i. S. des § 4a Abs. 1 Satz 3**. Die Rechtsprechung hat sich in der Vergangenheit in einer Reihe von Entscheidungen mit derartigen Fallkonstellationen im ärztlichen Bereich befasst. Die unzulässige Beeinflussung ist in zwei Richtungen denkbar. Der Arzt, der mit dem Drittanbieter zusammenarbeitet und regelmäßig von dieser Zusammenarbeit wirtschaftlich profitiert, beeinflusst seine Patienten unzulässig i. S. von § 4a Abs. 1 Satz 3 oder die unzulässige Beeinflussung geht vom Drittanbieter aus und richtet sich gegen den Arzt. Der Bundesgerichtshof hat in diesen Fallkonstellationen eine unzulässige Beeinflussung der Patienten durch den Arzt in richtlinienkonformer Auslegung des § 4 Nr. 1 UWG 2008 anhand von Art. 2 lit. j UGP-RL verneint. Die Einwirkung des Arztes soll keine erhebliche Beeinträchtigung der Entscheidungsfreiheit der Patienten zur Folge haben.[213] Dagegen soll die unzulässige Beeinflussung von dem Drittanbieter ausgehen und den Arzt treffen. Durch die Vergütung (in einem der Verfahren war dem Arzt eine Vergütung von 80 € bei einer einfachen Brille und 160 € bei einer Mehrstärkenbrille versprochen worden) setzt der Drittanbieter einen so erheblichen Anreiz, dass Ärzte entgegen ihren Pflichten aus dem Behandlungsvertrag und dem Berufsrecht nicht allein anhand des Patienteninteresses entscheiden, ob sie einen Patienten an bestimmte Anbieter gesundheitlicher Leistungen verweisen (verkürzter Versorgungsweg).[214] Entscheidend

211 BGH, 21.04.2005, I ZR 201/02, GRUR 2005, 1059 Rn. 19 – *Quersubventionierung von Laborgemeinschaften I.*
212 BGH, 13.01.2011, I ZR 111/08, GRUR 2011, 345 Rn. 24 ff – *Hörgeräteversorgung II.*
213 BGH, 24.06.2010, I ZR 182/08, GRUR 2010, 850 Rn. 13 – *Brillenversorgung II.*
214 BGH, 24.06.2010, I ZR 182/08, GRUR 2010, 850 Rn. 13 – *Brillenversorgung II.*

für die unangemessene unsachliche Einflussnahme i. S. des § 4 Nr. 1 UWG 2008 auf die Ärzte war der Umstand, dass die Berufsträger bei ihren geschäftlichen Entscheidungen (auch) die **Interessen Dritter zu wahren hatten** und sie diese Interessenwahrungspflicht aufgrund der Gewährung oder des Inaussichtstellens eines finanziellen Vorteils verletzen.[215] Verträge, in denen sich Ärzte in wettbewerbswidriger Weise verpflichten, Leistungen Dritter bei der Versorgung von Patienten in Anspruch zu nehmen und die nicht am Patienteninteresse sondern an dem Interesse des Arztes an der Erlangung einer Gegenleistung ausgerichtet sind, sind gem. § 134 BGB nichtig.[216]

173 Diese zu § 4 Nr. 1 UWG 2008 ergangene Rechtsprechung lässt sich unter Geltung des § 4a schwerlich fortsetzen. Die Ärzte sind zwar keine Verbraucher, sondern sonstige Marktteilnehmer, so dass der Anwendungsbereich der UGP-RL im Verhältnis zwischen Drittanbieter und Berufsträger nicht eröffnet ist. § 4a Abs. 1 Satz 2 erfordert aber für Verbraucher und sonstige Marktteilnehmer einheitlich die Anwendung eines der drei in § 4a Abs. 1 Satz 2 Nr. 1 bis 3 aufgeführten Mittel. Da vorliegend nur eine unzulässige Beeinflussung nach § 4a Abs. 1 Satz 3 in Betracht kommt, müsste der Drittanbieter eine Machtposition im Verhältnis zum Berufsträger innehaben. Selbst bei Anlegung eines nicht zu engen Maßstabs kann aber nicht davon ausgegangen, ein wirtschaftlicher Anreiz in der dargestellten Höhe wirke auf einen Arzt derart ein, dass er dem Drittanbieter eine wirtschaftliche Machtposition im Verhältnis zum Berufsträger verschafft.

174 Die Einwirkung auf den Berufsträger in einer Art und Weise, die dessen Unabhängigkeit durch wirtschaftliche Anreize gefährdet, ist berufswidrig und im Patienteninteresse auszuschließen. In erster Linie kommt ein Verbot nach § 3a wegen Verstoßes gegen berufsrechtliche Vorschriften in Betracht. Scheiden berufsrechtliche Bestimmungen zur Begründung eines Verbots aus, kann Rechtsgrundlage eines **Verbots § 4a Abs. 1 oder unmittelbar die allgemeine Generalklausel des § 3 Abs. 1** sein. Da eine unzulässige Beeinflussung des Arztes durch den Drittanbieter wegen einer fehlenden Machtposition i. S. des § 4a Abs. 1 Satz 3 regelmäßig ausscheidet, muss in den Fällen, in denen der Arzt auf die Entscheidung des Patienten zur Inanspruchnahme der Dienstleistungen oder Erzeugnisse des Dritten einwirken muss, die Frage einer unzulässigen Beeinflussung im Arzt-Patientenverhältnis nochmals aufgeworfen werden. Das Behandlungsverhältnis versetzt den Arzt aufgrund seiner Sachkunde und des Vertrauensverhältnisses, das der Patient dem Arzt entgegenbringen muss, in eine überlegene Stellung. Hinzu kommt die emotionale Situation, in der sich der Patient im Krankheitsfall befindet und die ihn besonders anfällig für Vorschläge des Arztes zur Erhaltung oder Wiederherstellung seiner Gesundheit macht. **Im Arzt-Patientenverhältnis ist daher typischerweise von einer Machtposition auszugehen**, die die Fähigkeit des Verbrauchers zu einer informierten Entscheidung wesentlich beeinträchtigt.

---

215 BGH, 21.04.2005, I ZR 201/02, GRUR 2005, 1059 Rn. 19 – *Quersubventionierung von Laborgemeinschaften I*; BGH, 23.02.2012, I ZR 231/10, GRUR 2012, 1050 Rn. 23 – *Dentallaborleistungen*.

216 BGH, 23.02.2012, I ZR 231/10, GRUR 2012, 1050 Rn. 20 – *Dentallaborleistungen*.

Ist für die Inanspruchnahme der Leistungen des Drittanbieters eine **Einwirkung auf den Patienten nicht erforderlich**, scheidet eine unzulässige Beeinflussung des Patienten durch den Arzt nach § 4a Abs. 1 Satz 2 Nr. 3 und Satz 3 aus. Das ist etwa der Fall, wenn der Arzt Laborleistungen in Auftrag gibt, bei denen typischerweise nicht mit dem Patienten abgestimmt wird, welches Labor die Arbeiten ausführt. In einer solchen Konstellation, in der die Unabhängigkeit des Arztes durch Gewährung von Vorteilen beeinträchtigt wird, folgt die Unlauterkeit des Verhaltens von Arzt und Drittanbieter unmittelbar aus der allgemeinen Generalklausel des § 3 Abs. 1. Das Außerachtlassung der Patienteninteressen und die Beeinträchtigung der Unabhängigkeit der Berufsausübung durch den Arzt sind hier in gleichem Maße gegeben wie in den Fällen, in denen der Arzt auf den Patienten einwirken muss. Das rechtfertigt die Anwendung der Generalklausel des § 3 Abs. 1 auf die hier in Rede stehenden Fälle. 175

§ 5 Irreführende geschäftliche Handlungen

(1) Unlauter handelt, wer eine irreführende geschäftliche Handlung vornimmt, die geeignet ist, den Verbraucher oder sonstigen Marktteilnehmer zu einer geschäftlichen Entscheidung zu veranlassen, die er andernfalls nicht getroffen hätte. Eine geschäftliche Handlung ist irreführend, wenn sie unwahre Angaben enthält oder sonstige zur Täuschung geeignete Angaben über folgende Umstände enthält:

1. die wesentlichen Merkmale der Ware oder Dienstleistung wie Verfügbarkeit, Art, Ausführung, Vorteile, Risiken, Zusammensetzung, Zubehör, Verfahren oder Zeitpunkt der Herstellung, Lieferung oder Erbringung, Zwecktauglichkeit, Verwendungsmöglichkeit, Menge, Beschaffenheit, Kundendienst und Beschwerdeverfahren, geographische oder betriebliche Herkunft, von der Verwendung zu erwartende Ergebnisse oder die Ergebnisse oder wesentlichen Bestandteile von Tests der Waren oder Dienstleistungen;
2. den Anlass des Verkaufs wie das Vorhandensein eines besonderen Preisvorteils, den Preis oder die Art und Weise, in der er berechnet wird, oder die Bedingungen, unter denen die Ware geliefert oder die Dienstleistung erbracht wird;
3. die Person, Eigenschaften oder Rechte des Unternehmers wie Identität, Vermögen einschließlich der Rechte des geistigen Eigentums, den Umfang von Verpflichtungen, Befähigung, Status, Zulassung, Mitgliedschaften oder Beziehungen, Auszeichnungen oder Ehrungen, Beweggründe für die geschäftliche Handlung oder die Art des Vertriebs;
4. Aussagen oder Symbole, die im Zusammenhang mit direktem oder indirektem Sponsoring stehen oder sich auf eine Zulassung des Unternehmers oder der Waren oder Dienstleistungen beziehen;
5. die Notwendigkeit einer Leistung, eines Ersatzteils, eines Austauschs oder einer Reparatur;
6. die Einhaltung eines Verhaltenskodexes, auf den sich der Unternehmer verbindlich verpflichtet hat, wenn er auf diese Bindung hinweist, oder
7. Rechte des Verbrauchers, insbesondere solche auf Grund von Garantieversprechen oder Gewährleistungsrechte bei Leistungsstörungen.

(2) Eine geschäftliche Handlung ist auch irreführend, wenn sie im Zusammenhang mit der Vermarktung von Waren oder Dienstleistungen einschließlich vergleichender Werbung eine Verwechslungsgefahr mit einer anderen Ware oder Dienstleistung oder mit der Marke oder einem anderen Kennzeichen eines Mitbewerbers hervorruft.

(3) Angaben im Sinne von Absatz 1 Satz 2 sind auch Angaben im Rahmen vergleichender Werbung sowie bildliche Darstellungen und sonstige Veranstaltungen, die darauf zielen und geeignet sind, solche Angaben zu ersetzen.

(4) Es wird vermutet, dass es irreführend ist, mit der Herabsetzung eines Preises zu werben, sofern der Preis nur für eine unangemessen kurze Zeit gefordert worden ist. Ist streitig, ob und in welchem Zeitraum der Preis gefordert worden ist, so trifft die Beweislast denjenigen, der mit der Preisherabsetzung geworben hat.

Wolfgang Büscher

Übersicht

A. Allgemeines

I. Entstehungsgeschichte

1. UWG von 1896

1 Der Schutz vor Irreführung hat eine lange Tradition. Bereits das Gesetz zur Bekämpfung des unlauteren Wettbewerbs vom 27.05.1896[1] enthielt in § 1 eine Bestimmung, die Unterlassungsansprüche und bei Verschulden Schadensersatzansprüche gegen denjenigen vorsah, der in öffentlichen Bekanntmachungen oder in Mitteilungen, welche für einen größeren Kreis von Personen bestimmt waren, über geschäftliche Verhältnisse unrichtige Angaben tatsächlicher Art machte, die geeignet waren, den Anschein eines besonders günstigen Angebots hervorzurufen. Anspruchsberechtigt waren Gewerbetreibende, die Waren oder Leistungen gleicher oder verwandter Art herstellten oder in Verkehr brachten und Verbände zur Förderung gewerblicher Interessen. Der Anspruch war damit beschränkt auf unrichtige Angaben, die an eine Vielzahl von Personen gerichtet und die geeignet waren, den Anschein eines besonders günstigen Angebots hervorzurufen. Die auf einen Geschäftspartner beschränkte Irreführung erfasste § 1 UWG 1896 nicht. Daneben sah § 4 UWG 1896 einen Straftatbestand im Fall vorsätzlich unwahrer und zur Irreführung geeigneter Angaben vor.

2. UWG von 1909

2 Das Gesetz gegen den unlauteren Wettbewerb von 1909[2] führte in § 1 die große Generalklausel ein, die in dieser Form bis zum Inkrafttreten des UWG 2004 am 08.07.2004 erhalten blieb. Der bisherige § 1 UWG 1896 wurde im UWG 1909 inhaltlich unverändert in § 3 übernommen und allgemein als kleine Generalklausel bezeichnet. Die Einschränkungen des Irreführungstatbestands auf Mitteilungen gegenüber einem größeren Personenkreis und Angaben, die geeignet waren, den Anschein eines besonders günstigen Angebots hervorzurufen, blieb erhalten.

3. UWG-Novelle von 1969 sowie Richtlinien 84/450/EWG und 97/55/EG

3 Erst im Jahre 1969 erweiterte der Gesetzgeber durch das Gesetz zur Änderung des Gesetzes gegen den unlauteren Wettbewerb vom 26.06.1969[3] die irreführende Werbung nach § 3 auf die Einzelwerbung und die irreführenden Angaben mussten nicht mehr geeignet sein, den Anschein eines besonders günstigen Angebots hervorzurufen. Zudem wurde der Begriff der unrichtigen Angaben durch denjenigen der irreführenden Angaben ersetzt. In der Sache hatte die Änderung dieses Tatbestandsmerkmals keine Auswirkungen. Der Gesetzgeber vollzog damit nur eine Rechtsprechung nach, die *schon zuvor* bei der Generalklausel des § 3 UWG 1909 nicht allein auf unrichtige Angaben abstellte, sondern auch irreführende Angaben genügen ließ.[4] Die Richtlinie

1 RGBl. 1896, 145.
2 RGBl. 1909, 499.
3 BGBl. I, 633.
4 BGH, 17.09.1957, I ZR 105/56, GRUR 1958, 39, 40 – *Rosenheimer Gummimäntel.*

84/450/EWG zur Angleichung der Rechts- und Verwaltungsvorschriften der Mitgliedstaaten über irreführende Werbung vom 10.09.1984 enthielt nur eine Mindestangleichung der Vorschriften über irreführende Werbung (Erwägungsgrund 18 und Art. 7 der Richtlinie). Die deutsche Bestimmung des § 3 in der Fassung der Novelle von 1969 genügte dem durch die Richtlinie vorgesehenen Schutzniveau, so dass für den Gesetzgeber keinen Änderungsbedarf bestand.[5] Erst durch die Richtlinie 97/55/EG vom 06.10.1997 zur Änderung der Richtlinie 84/450/EWG über irreführende Werbung zwecks Einbeziehung der vergleichenden Werbung sah der Gesetzgeber die Notwendigkeit einer Novellierung des § 3. Durch das Gesetz zur vergleichenden Werbung und zur Änderung wettbewerbsrechtlicher Vorschriften vom 01.09.2000[6] wurde § 3 folgender Satz 2 angefügt: »Angaben über geschäftliche Verhältnisse im Sinne des Satzes 1 sind auch Angaben im Rahmen vergleichender Werbung«. Damit war im Rahmen des § 3 und nicht bei § 2, der die vergleichende Werbung zum Gegenstand hatte, klargestellt, dass vergleichende Werbung nicht irreführend sein durfte (Art. 3a (1) lit. a der Richtlinie 97/55/EG).[7] Die Rechtsprechung hatte zuvor bei der irreführenden vergleichenden Werbung die Generalklausel des § 1 UWG 1909 herangezogen.[8]

4. UWG 2004

4 Das am 08.07.2004 in Kraft getretene UWG 2004[9] ordnete den Irreführungstatbestand grundlegend neu in § 5. Die Bestimmung wurde in das neue Normsystem der §§ 3 bis 7 eingefügt. Die §§ 4 bis 7 enthielten gesetzlich geregelte Tatbestände unlauterer Verhaltensweisen, die unter den Voraussetzungen der allgemeinen Generalklausel des § 3 unzulässig waren. Durch den Verweis in § 5 Abs. 1 auf § 3 war klargestellt, dass die Verfolgung von Bagatellverstößen ausgeschlossen war.[10] Der Gesetzgeber ging bei der Neufassung des § 5 vom unionsrechtlichen Verbraucherleitbild aus, wie es der Rechtsprechung des EuGH und des BGH entsprach.[11]

5 § 5 Abs. 2 Satz 1 UWG 2004 lehnte der Gesetzgeber eng an den Wortlaut des Art. 3 der Richtlinie 84/450/EWG an. In § 5 Abs. 2 Satz 2 übernahm der Gesetzgeber die von der Rechtsprechung entwickelten Maßstäbe zur Irreführung durch Verschweigen einer Tatsache.[12] Dagegen sah er keinen Anlass, den Vorschlägen zu einer umfassenden Regelung von Informationspflichten zur Verbesserung des Verbraucherschutzes nachzu-

---

5 Begründung des Regierungsentwurfs eines Gesetzes zur vergleichenden Werbung und zur Änderung wettbewerbsrechtlicher Vorschriften, BT-Drucks. 14/2959, S. 6.

6 BGBl. I, 1374.

7 BGH, 17.01.2002, I ZR 161/99, GRUR 2002, 633, 634 – *Hormonersatztherapie.*

8 BGH, 15.03.1967, Ib ZR 25/65, GRUR 1967, 596, 599 – *Kuppelmuffenverbindung*; BGH, 27.02.1986, I ZR 7/84, GRUR 1986, 548, 549 – *Dachsteinwerbung.*

9 BGBl. I, 1414.

10 Begründung des Regierungsentwurfs eines Gesetzes gegen unlauteren Wettbewerb (UWG), BT-Drucks. 15/1487, S. 19.

11 Begründung des Regierungsentwurfs eines Gesetzes gegen unlauteren Wettbewerb (UWG), BT-*Drucks. 15/1487, S. 19.*

12 Begründung des Regierungsentwurfs eines Gesetzes gegen unlauteren Wettbewerb (UWG), BT-Drucks. 15/1487, S. 19.

kommen. Die Bestimmung von Informationspflichten in § 4 Nr. 4 und 5 UWG 2004 bei Verkaufsförderungsmaßnahmen und Preisausschreiben sowie Gewinnspielen mit Werbecharakter, die Regelung in § 5 Abs. 2 Satz 2 über die Irreführung durch Verschweigen von Tatsachen und den Rechtsbruchtatbestand, durch den die Verletzung gesetzlich normierter Informationspflichten erfasst werden konnte, hielt er für ausreichend.[13]

§ 5 Abs. 3 UWG 2004 verwies wegen der Angaben im Rahmen vergleichender Werbung auf § 5 Abs. 2 und stellte damit klar, dass die irreführende vergleichende Werbung unlauter war. Zudem nahm der Gesetzgeber die Bestimmung des § 5 UWG 1909 in § 5 Abs. 3 UWG 2004 auf und stellte Angaben bildliche Darstellungen und sonstige Veranstaltungen gleich, die darauf zielten und geeignet waren, solche Angaben zu ersetzen. § 5 Abs. 4 UWG 2004 führte einen Vermutungstatbestand für eine Werbung mit einer Preisherabsetzung ein, sofern der Preis nur für eine unangemessen kurze Zeit gefordert worden war und bestimmte in diesem Zusammenhang eine Umkehr der Beweislast, wenn die Frage streitig war, ob und in welchem Zeitraum der Preis gefordert worden war. Die gesonderte Regelung erfolgte wegen des hohen Irreführungspotentials einer Werbung mit Preissenkungen und im Hinblick auf die Aufhebung des § 7 Abs. 1 UWG 1909 zu Sonderveranstaltungen. **6**

§ 5 Abs. 5 Satz 1 UWG 2004 regelte einen besonderen Irreführungstatbestand bei einer Werbung für eine Ware, die nicht in angemessener Menge zur Befriedigung der zu erwartenden Nachfrage vorgehalten wurde. Nach der Bestimmung war nicht die unzulängliche Bevorratung der beworbenen Ware, sondern die unzureichende Aufklärung über eine unzulängliche Bevorratung irreführend.[14] Nach § 5 Abs. 5 Satz 2 war für den Regelfall einen Vorrat von zwei Tagen angemessen, wenn nicht der Unternehmer Gründe nachwies, die eine geringere Bevorratung rechtfertigten. § 5 Abs. 5 Satz 3 UWG 2004 erstreckte die Bestimmung auf die Werbung für Dienstleistungen. **7**

§ 4 UWG 1909 über die strafbare irreführende Werbung übertrug der Gesetzgeber in die Bestimmung des § 16 Abs. 1. Die Vorschriften der §§ 6, 6a, 6b, 7 und 8 UWG 1909 über den Insolvenzwarenverkauf, über Hersteller- und Großhändlerwerbung, über den Kaufscheinhandel und über Sonderveranstaltungen sowie Räumungsverkäufe wurden nicht in das UWG 2004 übernommen. Die Vorschriften wurden im Hinblick auf das Leitbild vom unionsrechtlich geprägten Durchschnittsverbraucher und eine Liberalisierung des Lauterkeitsrechts als nicht mehr zeitgemäß angesehen.[15] Nach Ansicht der Bundesregierung konnten dadurch entstehende Schutzlücken durch das allgemeine Irreführungsgebot geschlossen werden.[16] **8**

---

13 Begründung des Regierungsentwurfs eines Gesetzes gegen unlauteren Wettbewerb (UWG), BT-Drucks. 15/1487, S. 20.

14 BGH, 10.02.2011, I ZR 183/09, GRUR 2011, 340 Rn. 21 – *Irische Butter.*

15 Begründung des Regierungsentwurfs eines Gesetzes gegen unlauteren Wettbewerb (UWG), BT-Drucks. 15/1487, S. 14 und 15.

16 Begründung des Regierungsentwurfs eines Gesetzes gegen unlauteren Wettbewerb (UWG), BT-Drucks. 15/1487, S. 14 und 15.

5. UWG 2008

9 Eine grundlegende Änderung hat das Irreführungsgebot nach § 5 durch die UWG-Novelle 2008[17] erfahren. Durch diese UWG-Novelle ist das Lauterkeitsrecht an die Bestimmungen der UGP-RL angepasst worden. Die Vorschriften sind am 30.12.2008 in Kraft getreten. Da die Bestimmungen der UGP-RL nach Art. 19 von den Mitgliedstaaten seit dem 12.12.2007 anzuwenden waren, war das deutsche Recht seitdem richtlinienkonform auszulegen.[18] Durch die UWG-Novelle 2008 hat der Gesetzgeber eine richtlinienkonforme Umsetzung der Bestimmungen über irreführende Geschäftspraktiken im B2C-Bereich vornehmen wollen[19] und diese Änderung des Irreführungstatbestands in § 5 und § 5a Abs. 1 UWG 2008 auch auf den B2B-Bereich erstreckt.[20] Durch § 5 UWG 2008 wurde Art. 6 UGP-RL und durch § 5a Abs. 2 bis 4 UWG 2008 Art. 7 UGP-RL umgesetzt. Die Aufspaltung in § 5 und § 5a ist nicht sonderlich gelungen. Der Anwendungsbereich von § 5a Abs. 1 UWG 2008 ist umstritten (streitig zu Verbrauchern § 1 Rdn. 22 und § 5a Rdn. 18 f.). Nach seinem Wortlaut ist § 5a Abs. 1 UWG 2008 auf Verbraucher, Mitbewerber und sonstige Marktteilnehmer anwendbar, was auch den Vorstellungen des Gesetzgebers entsprach.[21] Die Bestimmung ist den irrenführenden geschäftlichen Handlungen nach § 5 UWG 2008 zuzuordnen. § 5a Abs. 2 bis 4 UWG 2008 regelt dagegen das Vorenthalten von Informationen gegenüber Verbrauchern.

10 In § 5 wurde der Begriff der Werbung durch geschäftliche Handlung ersetzt. Durch den Begriff der geschäftlichen Handlung führte der Gesetzgeber in § 5 die allgemeine Terminologie der UWG-Novelle 2008 ein, in der nicht mehr auf unlautere Wettbewerbshandlungen, sondern auf unlautere geschäftliche Handlungen abgestellt wurde. Damit wurde der Anwendungsbereich des § 5 der UGP-RL entsprechend über die Werbung hinaus allgemein auf irreführende Geschäftspraktiken erweitert.[22] Geschäftspraktiken i. S. von Art. 2 lit. d UGP-RL erfassen auch Handlungen, Unterlassungen, Verhaltensweisen oder Erklärungen, die unmittelbar mit dem Verkauf oder der Lieferung eines Produkts zusammenhängen. Der Anwendungsbereich der UGP-RL ist daher nach Art. 3 (1) auf Geschäftspraktiken während und nach Abschluss eines auf ein Produkt bezogenen Handelsgeschäfts erstreckt.

11 In § 3 Abs. 2 UWG 2008 wurde eine Erheblichkeitsschwelle und das Erfordernis bestimmt, dass die geschäftliche Handlung geeignet war, den Verbraucher zu einer

17 Erstes Gesetz zur Änderung des Gesetzes gegen den unlauteren Wettbewerb vom 22.12.2008, BGBl. I, 2949.

18 BGH, 05.06.2008, I ZR 4/06, GRUR 2008, 807 Rn. 9 – *Millionen-Chance*.

19 Begründung des Regierungsentwurfs eines Ersten Gesetzes zur Änderung des Gesetzes gegen den unlauteren Wettbewerb, BT-Drucksache 16/10145, S. 10.

20 Begründung des Regierungsentwurfs eines Ersten Gesetzes zur Änderung des Gesetzes gegen den unlauteren Wettbewerb, BT-Drucksache 16/10145, S. 23.

21 Begründung des Regierungsentwurfs eines Ersten Gesetzes zur Änderung des Gesetzes gegen den unlauteren Wettbewerb, BT-Drucksache 16/10145, S. 25.

22 Begründung des Regierungsentwurfs eines Ersten Gesetzes zur Änderung des Gesetzes gegen den unlauteren Wettbewerb, BT-Drucksache 16/10145, S. 16 und 23.

geschäftlichen Entscheidung zu veranlassen, die er andernfalls nicht getroffen hätte. Diese Voraussetzungen galten auch für den Irreführungstatbestand nach § 5, der an die Generalklausel des § 3 anknüpfte.[23]

§ 5 Abs. 1 Satz 2 UWG 2008 passte der Gesetzgeber an Art. 6 (1) lit. a bis g UGP-RL an. Art. 6 (2) lit. a UGP-RL setzte der Gesetzgeber in § 5 Abs. 2 UWG 2008 und Art. 6 (2) lit. b in § 5 Abs. 1 Satz 2 Nr. 6 UWG 2008 um. § 5 Abs. 5 UWG 2004 zur Irreführung über die Vorratsmenge ist wegen Überschneidung mit Nr. 5 des Anhangs zu § 3 Abs. 3 aufgehoben worden.[24] 12

Da irreführende Unterlassungen im UWG 2004 nur in einem Satz in § 5 Abs. 2 Satz 2 angesprochen waren, wurde im UWG 2008 eine umfängliche Anpassung an Art. 7 UGP-RL über irreführende Unterlassungen erforderlich. Diese nahm der Gesetzgeber im neu eingefügten § 5a UWG 2008 über Irreführung durch Unterlassen vor. Während § 5a Abs. 1 allgemein für geschäftliche Handlungen gegenüber Verbrauchern, Mitbewerbern und sonstigen Marktteilnehmern gilt (streitig zu Verbrauchern § 1 Rdn. 22), ist der Anwendungsbereich des § 5a Abs. 2 bis 4 UWG 2008 auf das B2C-Verhältnis beschränkt. Der Gesetzgeber glaubte, den kaufmännischen Verkehr insoweit nicht belasten zu dürfen.[25] 13

Die Bestimmungen des § 5 und § 5a Abs. 1 erfassen nicht nur das Verhältnis von Unternehmen gegenüber Verbrauchern, sondern auch das Verhältnis von Unternehmen untereinander. An einer derartigen Erstreckung auf den B2B-Bereich war der Gesetzgeber durch die Werbe-RL nicht gehindert.[26] Deren Art. 8 (1) Unterabs. 1 sieht für die Mitgliedstaaten im Bereich irreführender Werbung die Möglichkeit eines gegenüber der Werbe-RL weiterreichenden Schutzes der Gewerbetreibenden und Mitbewerber vor. Für den B2B-Bereich ist die allgemeine Generalklausel des § 3 Abs. 1 UWG 2008 einschlägig und nicht die Verbrauchergeneralklausel des § 3 Abs. 2 UWG 2008. 14

6. UWG 2015

Nachdem die Kommission bemängelt hatte, dass sich die Umsetzung der UGP-RL in deutsches Recht zu sehr vom Wortlaut der Richtlinie entfernte und dadurch nicht dem Gebot der Rechtssicherheit genüge getan war,[27] nahm der Gesetzgeber mit dem Zweiten Gesetz zur Änderung des Gesetzes gegen den unlauteren Wettbewerb vom 02.12.2015[28] eine weitere Anpassung des Wortlauts des UWG an die UGP-RL vor. 15

---

23 Begründung des Regierungsentwurfs eines Ersten Gesetzes zur Änderung des Gesetzes gegen den unlauteren Wettbewerb, BT-Drucksache 16/10145, S. 16.
24 Begründung des Regierungsentwurfs eines Ersten Gesetzes zur Änderung des Gesetzes gegen den unlauteren Wettbewerb, BT-Drucksache 16/10145, S. 24.
25 Begründung des Regierungsentwurfs eines Ersten Gesetzes zur Änderung des Gesetzes gegen den unlauteren Wettbewerb, BT-Drucksache 16/10145, S. 25.
26 Begründung des Regierungsentwurfs eines Ersten Gesetzes zur Änderung des Gesetzes gegen den unlauteren Wettbewerb, BT-Drucksache 16/10145, S. 23.
27 Hierzu EuGH, 10.05.2001, C-144/99, NJW 2001, 2241 Rn. 21 – *Kommission/Niederlande*.
28 BGBl. I, 2158.

§ 5 Abs. 1 Satz 1 wurde um die Relevanzklausel erweitert: »..., die geeignet ist, den Verbraucher oder sonstigen Marktteilnehmer zu einer geschäftlichen Entscheidung zu veranlassen, die er andernfalls nicht getroffen hätte.« § 5a Abs. 2 UWG 2015 wurde dem Wortlaut des Art. 7 (1) und (2) der UGP-RL weitergehend angepasst und § 5a UWG 2015 wurde um die Absätze 5 und 6 erweitert, um Art. 7 (2)[29] und (3) UGP-RL[30] deutlicher Rechnung zu tragen. Ein grundlegender Eingriff in die Tatbestände der §§ 5 und 5a ist mit der Novelle 2015 nicht verbunden. Die Rechtsprechung hatte die Bestimmungen schon zuvor richtlinienkonform anhand der UGP-RL ausgelegt.[31]

II. Normzweck

16 Das UWG war ursprünglich als reiner Mitbewerberschutz konzipiert und ein Verbraucherschutz allenfalls reflexartig anerkannt (§ 1 Rdn. 1). Diese Sichtweise änderte sich erst sehr langsam (§ 1 Rdn. 3). Heute ist der umfassende Schutz der Mitbewerber, der Verbraucher und der sonstigen Marktteilnehmer durch das Lauterkeitsrecht in § 1 anerkannt (§ 1 Rdn. 5 f.).

17 Das Irreführungsverbot dient der Sicherung einer informierten Entscheidung der Marktgegenseite, die nicht gewährleistet ist, wenn sie nicht über die für eine rationale Entscheidung nötigen Informationen verfügt.[32] Dadurch können sich die irreführenden Geschäftspraktiken von den aggressiven Geschäftspraktiken unterscheiden, bei denen die Marktgegenseite über alle notwendigen Informationen für eine informierte Entscheidung verfügen kann, zu einer entsprechenden Entscheidung wegen des eingesetzten Mittels i. S. des § 4a Abs. 1 Satz 2 aber außerstande sein kann (§ 4a Rdn. 66).

18 § 5 dient dem umfassenden Schutz der Verbraucher, Mitbewerber und der sonstigen Marktteilnehmer vor irreführenden geschäftlichen Handlungen und dem Interesse der Allgemeinheit an einem unverfälschten Wettbewerb (§ 1 Rdn. 5, 6). Der Irreführungstatbestand ist nicht mehr auf eine irreführende Werbung beschränkt (Rdn. 10). Er umfasst geschäftliche Handlungen vor, bei oder nach einem Geschäftsabschluss und sichert so umfassend die Möglichkeit, eine informierte Entscheidung auf einer richtigen Tatsachengrundlage zu treffen.

19 Der **Schutz der Verbraucher** ist durch die UGP-RL im Lauterkeitsrecht in den Vordergrund gerückt. Das gilt auch für den Schutz vor Irreführung. Dazu trägt der Umstand bei, dass geschäftliche Handlungen gegenüber dem allgemeinen Publikum aus der Sicht eines Durchschnittsverbrauchers nach dem unionsrechtlichen Verbraucherleitbild zu

---

29 Beschlussempfehlung und Bericht des Ausschusses für Recht und Verbraucherschutz, BT Drucksache 18/6571, Seite 15.

30 Begründung des Regierungsentwurfs eines Zweiten Gesetzes zur Änderung des Gesetzes gegen den unlauteren Wettbewerb, BT-Drucksache 18/4535, S. 16.

31 Zu § 5 BGH, 18.01.2012, I ZR 104/10, GRUR 2012, 942 Rn. 11 und 23 – *Neurologisch/Vaskuläres Zentrum*; BGH, 10.04.2014, I ZR 43/13, GRUR 2014, 1114 Rn. 42 – *nickelfrei*; zu *§ 5a BGH, 04.02.2016, I ZR 194/14,* GRUR 2016, 403 Rn. 28f – *Fressnapf*; BGH, 21.07.2016, I ZR 26/15, GRUR 2016, 1076 Rn. 18 – *LGA tested.*

32 EuGH, 16.04.2015, C-388/13, GRUR 2015, 600 Rn. 40 – *UPC Magyarország.*

beurteilen sind.[33] Gleichwohl unterscheidet sich der Schutz der Mitbewerber von demjenigen der Verbraucher und sonstigen Marktteilnehmer deutlich. Den Mitbewerbern ist durch das Lauterkeitsrecht ein **Individualschutz** eingeräumt, der sie berechtigt, Unterlassungs-, Beseitigungs-, Auskunfts- und Schadensersatzansprüche geltend zu machen. Für Verbraucher und sonstige Marktteilnehmer besteht im UWG nur ein **Kollektivschutz**. Verbraucher und sonstige Marktteilnehmer können – von § 823 Abs. 2 BGB i. V. mit § 16 Abs. 1 abgesehen (Einleitung Rdn. 321) – selbst keine Ansprüche wegen einer unzulässigen irreführenden geschäftlichen Handlung verfolgen. § 5 ist kein Schutzgesetz i. S. des § 823 Abs. 2 BGB (Einleitung Rdn. 322).[34] Diese Ansicht der Rechtsprechung hat der Gesetzgeber übernommen.[35] Verbraucher und sonstige Marktteilnehmer sind darauf angewiesen, dass eine zur Anspruchsverfolgung nach § 8 Abs. 3 berechtigte Partei sich ihrer Sache annimmt.

§ 5 schützt unmittelbar **Mitbewerber** vor unzulässigen irreführenden geschäftlichen 20
Handlungen von Konkurrenten. § 5 Abs. 1 Satz 1 führt zwar nur die Verbraucher und sonstigen Marktteilnehmer an und nennt die Mitbewerber nicht. Damit ist keine Einschränkung des Anwendungsbereichs des § 5 im B2B-Bereich verbunden und sind Mitbewerber vom Schutzbereich nicht ausgeklammert. Die ausdrückliche Anführung der Mitbewerber war wegen fehlender praktischer Relevanz als überflüssig angesehen worden.[36] Die praktische Relevanz ist deshalb gering, weil der klagende Mitbewerber zugleich Adressat der irreführenden geschäftlichen Handlung sein muss. Eine Einschränkung des Anwendungsbereichs der Norm ist damit nicht verbunden.[37] Sind Mitbewerber als Abnehmer von Waren oder Dienstleistungen angesprochen, werden sie vom Tatbestandsmerkmal der sonstigen Marktteilnehmer erfasst.

Der Schutz der Mitbewerber vor unzulässigen irreführenden geschäftlichen Handlun- 21
gen von Konkurrenten gilt sowohl für den B2B-Bereich als auch für den Bereich geschäftlicher Handlungen von Unternehmern gegenüber Verbrauchern. Die UGP-RL geht nach Erwägungsgrund 8 zwar von einem unmittelbaren Schutz der Verbraucher im Anwendungsbereich der Richtlinie und einem nur mittelbaren Schutz rechtmäßig handelnder Unternehmen vor Mitbewerbern aus, die sich nicht an die Regeln der Richtlinie halten. Diese rechtstheoretischen Ausführungen sind in der Rechtspraxis in Deutschland durch die Beschränkung der zur Rechtsverfolgung Berechtigten in § 8 Abs. 3 **umgekehrt** (§ 1 Rdn. 28 ff.). Dem Schutz der Mitbewerber durch den Irreführungstatbestand nach § 5 kommt daher eine erhebliche Bedeutung zu. Im Lauterkeitsrecht haben der Irreführungsschutz nach §§ 5 und 5a Abs. 1, der Schutz gegen Vorenthaltung von Informationen gem. § 5a Abs. 2 bis 4 und der Rechtsbruchtatbestand nach § 3a vom Umfang und von der Effektivität der Rechtsdurchsetzung die größte Bedeutung.

---

33 BGH, 08.03.2012, I ZR 202/10, GRUR 2012, 1053 Rn. 19 – *Marktführer Sport.*

34 BGH, 14.05.1974, VI ZR 48/73, GRUR 1975, 150, – *Prüfzeichen.*

35 Begründung des Regierungsentwurfs eines Gesetzes gegen unlauteren Wettbewerb (UWG), BT-Drucks. 15/1487, S. 22.

36 Stellungnahme der GRUR zum Referentenentwurf GRUR 2014, 1185, 1187.

37 A. A. Ohly/*Sosnitza* § 5 Rn. 8.

22 Im **Unionsrecht** ist der Schutz von Verbrauchern und Gewerbetreibenden vor irreführenden Verhaltensweisen auf unterschiedliche Richtlinien aufgeteilt. Der Schutz der Verbraucher vor irreführenden Geschäftspraktiken ist in der UGP-RL verankert. Den Schutz von Gewerbetreibenden vor einer irreführenden Werbung sieht die Werbe-RL vor (Einleitung Rdn. 173–175, § 1 Rdn. 21–23 und nachstehend Rdn. 23 ff.). Der **Schutz in Deutschland** aufgrund § 5 geht weiter als derjenige der UGP-RL und der Werbe-RL gegen irreführendes Verhalten. Der Begriff der geschäftlichen Handlung i. S. von § 2 Abs. 1 Nr. 1 geht über denjenigen der Geschäftspraktik nach Art. 2 lit. d UGP-RL hinaus.[38] Weiter ist der Anwendungsbereich der UGP-RL nach Art. 3 nicht auf sämtliche geschäftlichen Handlungen von Unternehmen gegenüber Verbrauchern erstreckt. Schließlich schützt die Werbe-RL Gewerbetreibende nach Art. 1 und 3 nur vor irreführender Werbung i. S. von Art. 2 lit. c Werbe-RL und nicht vor irreführenden geschäftlichen Handlungen bei oder nach einem Geschäftsabschluss.

III. Verhältnis des § 5 zum Unionsrecht

23 Das Irreführungsverbot hat auf Unionsebene seine Grundlage in der Werbe-RL[39] und in der UGP-RL.[40] Beide Richtlinien haben für den Irreführungsschutz einen unterschiedlichen Anwendungsbereich, ein unterschiedliches Schutzniveau und einen verschiedenen Harmonisierungsgrad.

1. Richtlinie 2005/29/EG über unlautere Geschäftspraktiken

a) Persönlicher und sachlicher Anwendungsbereich

24 Die UGP-RL regelt in ihrem Anwendungsbereich irreführende Geschäftspraktiken von Unternehmen gegenüber Verbrauchern abschließend. Geschützt werden nach Art. 1 und Art. 3 (1) UGP-RL Verbraucher gegen Geschäftspraktiken von Unternehmern (persönlicher Anwendungsbereich). Die Begriffe »Verbraucher« und »Gewerbetreibender« sind in Art. 2 lit. a und b UGP-RL definiert. Im Sinne der UGP-RL entspricht der Begriff des Gewerbetreibenden demjenigen des Unternehmers.[41] Der sachliche Anwendungsbereich der UGP-RL ist in Art. 3 (1) positiv bestimmt und enthält in Art. 3 (2) bis (10) Ausnahmen von dem durch die Richtlinie harmonisierten Anwendungsbereich.

---

38 BGH, 06.02.2014, I ZR 2/11, GRUR 2014, 879 Rn. 13 – *GOOD NEWS II.*

39 Richtlinie 2006/114/EG des Europäischen Parlaments und des Rates vom 12.12.2006 über irreführende und vergleichende Werbung, ABl. v. 27.12.2006 L 376/21.

40 Richtlinie 2005/29/EG des Europäischen Parlaments und des Rates vom 11.05.2005 über unlautere Geschäftspraktiken im binnenmarktinternen Geschäftsverkehr zwischen Unternehmen und Verbrauchern und zur Änderung der Richtlinie 84/450/EWG des Rates, der Richtlinien 97/7/EG, 98/27/EG und 2002/65/EG des Europäischen Parlaments und des Rates sowie der Verordnung (EG) Nr. 2006/2004 des Europäischen Parlaments und des Rates.

41 EuGH, 03.10.2013, C-59/12, GRUR 2013, 1159 Rn. 31 – *Zentrale zur Bekämpfung unlauteren Wettbewerbs.*

b) Harmonisierungsgrad

In ihrem Anwendungsbereich sieht die UGP-RL nach ihrem Art. 4 eine Vollharmonisierung vor.[42] Die Bestimmung des Irreführungsverbots nach § 5 muss, soweit sie der Umsetzung der UGP-RL dient, richtlinienkonform ausgelegt werden. Die Mitgliedstaaten dürfen kein abweichendes Schutzniveau im Geltungsbereich der UGP-RL vorsehen.[43] Das abschließende Auslegungsmonopol zu den Vorschriften der UGP-RL hat der EuGH. Stellt sich eine Frage zur Auslegung der Vorschriften der UGP-RL, die irreführende Geschäftspraktiken regeln, muss nach den allgemein Grundsätzen für die verbindliche Auslegung des Unionsrechts hierüber letztlich der EuGH im Rahmen eines Vorabentscheidungsersuchens befinden (Einleitung Rdn. 85). 25

c) Irreführende Geschäftspraktiken

Bestimmungen zu irreführenden Geschäftspraktiken, die nach Art. 5 (5) UGP-RL unter allen Umständen als unlauter anzusehen sind, enthalten **Nr. 1 bis 23 des Anhangs I** der Richtlinie (Anh. (zu § 3 Abs. 3) Rdn. 2). Eine Würdigung der Unlauterkeit des Verhaltens anhand der jeweiligen Umstände des Einzelfalls entfällt bei den Tatbeständen der sog. schwarzen Liste. Auf die Relevanz der Irreführung kommt es bei diesen Tatbeständen nicht an. Sie ist gesetzlich vorgegeben. **Art. 6 und Art. 7 UGP-RL** regeln irreführende Handlungen und irreführende Unterlassungen. Art. 6 und 7 UGP-RL über die irreführenden Handlungen und Unterlassungen bestimmen die irreführenden Geschäftspraktiken eigenständig und unabhängig von der Werbe-RL. Art. 5 (2) UGP-RL erfasst in Form einer Generalklausel auch irreführende Geschäftspraktiken. Die speziellsten Vorschriften sind diejenigen des Anhangs I, es folgen die weniger speziellen Bestimmungen der Art. 6 und 7 UGP-RL, die bei der Feststellung der Unlauterkeit eine Würdigung des Einzelfalls und die Feststellung der Relevanz der Irreführung erfordern (Erwägungsgrund 6 Satz 2), und die allgemeine Vorschrift Art. 5 (2) UGP-RL, für die das Erfordernis der Einzelfallwürdigung und der Feststellung der Relevanz der Irreführung ebenfalls gilt. 26

Art. 6 (1) und (2) UGP-RL setzt eine **Geschäftspraktik** voraus. Der Begriff der Geschäftspraktik der UGP-RL, der in Art. 2 lit. d definiert ist, geht weiter als derjenige der Werbung i. S. von Art. 2 lit. a Werbe-RL. Eine Geschäftspraktik schließt nicht nur Werbung ein, sondern auch Verhaltensweisen, die mit dem Verkauf und der Lieferung von Produkten zusammenhängen. Der Anwendungsbereich der UGP-RL umfasst nach Art. 3 (1) und Erwägungsgrund 13 Satz 3 deshalb Geschäftspraktiken während und nach Abschluss eines Handelsgeschäfts und während dessen Ausführung. Eine irreführende Auskunft eines Unternehmers gegenüber einem Verbraucher über die Kündigungsmöglichkeit eines Vertrags, der dem Anwendungsbereich der Richtlinie unterfällt, 27

42 EuGH, 26.10.2016, C-611/14, GRUR 2016, 1307 Rn. 26 – *Canal Digital Danmark.*

43 EuGH, 14.01.2010, C-304/08, GRUR 2010, 244 Rn. 41 – *Plus Warenhandelsgesellschaft*; EuGH, 09.11.2010, C-540/08, GRUR 2011, 76 Rn. 30 – *Mediaprint*; EuGH, 17.01.2013, C-206/11, GRUR 2013, 297 Rn. 35 – *Köck.*

ist eine irreführende Geschäftspraktik.[44] Die entsprechende Auskunft gegenüber einem Gewerbetreibenden wird nicht von der UGP-RL erfasst, sondern unterliegt dem Anwendungsbereich der Werbe-RL, die irreführende Verhaltensweisen außerhalb der Werbung allerdings nicht erfasst.

28 Nach Art.6 (1) UGP-RL gilt eine **Geschäftspraktik als irreführend**, wenn sie falsche Angaben enthält und somit unwahr ist oder wenn sie in irgendeiner Weise, einschließlich sämtlicher Umstände ihrer Präsentation, selbst mit sachlich richtigen Angaben den Durchschnittsverbraucher in Bezug auf einen oder mehrere der unter Art. 6 (1) lit. a bis g aufgeführten Punkte täuscht oder zu täuschen geeignet ist und ihn in jedem Fall tatsächlich oder voraussichtlich zu einer geschäftlichen Entscheidung veranlasst, die er ansonsten nicht getroffen hätte. Die **geschäftliche Entscheidung** ist in Art. 2 lit. k UGP-RL definiert. Der Begriff der geschäftlichen Entscheidung ist weit zu verstehen.[45] Hierzu rechnen nicht nur die Entscheidung über den Erwerb oder den Nichterwerb des Produkts, sondern ebenfalls damit unmittelbar zusammenhängende Entscheidungen, die den Kauf vorbereiten.[46] Dazu zählen das Betreten des Geschäfts[47] und das Aufrufen eines Internet-Verkaufsportals.[48] Der Verbraucher muss tatsächlich oder voraussichtlich zu einer geschäftlichen Entscheidung veranlasst werden, die er ansonsten nicht getroffen hätte.[49]

29 Neben den in Art. 6 (1) genannten Voraussetzungen erfordert eine irreführende Geschäftspraktik nicht, dass ein Verstoß gegen die berufliche Sorgfalt i. S. von Art. 5 (2) lit. a UGP-RL vorliegt.[50] Es kommt auch nicht darauf an, ob ein einmaliger oder ein wiederholter Verstoß gegeben ist.[51] Zeitliche und räumliche Beschränkungen des Kommunikationsmittels sind in Art. 6 (1), anders als in Art. 7 (1) und (2) UGP-RL nicht angeführt. Daraus folgt, dass zeitliche und räumliche Zwänge bei der Beurteilung des irreführenden Charakters einer Geschäftspraktik nicht zu berücksichtigen sind.[52]

30 **Art. 6 (2) UGP-RL** führt zwei weitere Tatbestände irreführender Geschäftspraktiken auf. Beiden ist das Erfordernis gemeinsam, dass sie einen Durchschnittsverbraucher zu einer geschäftlichen Entscheidung veranlassen oder zu veranlassen geeignet sind, die er ansonsten nicht getroffen hätte. Es gelten dieselben Erwägungen wie zu diesem Tatbestandsmerkmal in Art. 6 (1) UGP-RL. Die Hervorhebung in Art. 6 (2), dass die Beurteilung unter Berücksichtigung aller tatsächlichen Umstände des konkreten Falls zu erfolgen hat, gilt auch ohne gesonderte Anführung für dieses Tatbestandsmerkmal in Art. 6 (1). Es handelt sich um eine Selbstverständlichkeit der Entscheidungsfindung. **Art. 6 (2) lit. a UGP-RL** setzt weiter voraus, dass die Geschäftspraxis eine Vermarktung des Produkts

44 EuGH, 16.04.2015, C-388/13, GRUR 2015, 600 Rn. 35–55 – *UPC Magyarország.*
45 EuGH, 19.12.2013, C-281/12, GRUR 2014, 196 Rn. 36 – *Trento Sviluppo/AGCM.*
46 EuGH, 19.12.2013, C-281/12, GRUR 2014, 196 Rn. 36f – *Trento Sviluppo/AGCM.*
47 EuGH, 19.12.2013, C-281/12, GRUR 2014, 196 Rn. 36 – *Trento Sviluppo/AGCM.*
48 BGH, 14.09.2017, I ZR 231/14, GRUR 2017, 1269 Rn. 19 – *MeinPaket.de II.*
49 EuGH, 19.12.2013, C-281/12, GRUR 2014, 196 Rn. 33 – *Trento Sviluppo/AGCM.*
50 EuGH, 19.09.2013, C-435/11, GRUR 2013, 1157 Rn. 45 – *CHS Tour Services.*
51 EuGH, 16.04.2015, C-388/13, GRUR 2015, 600 Rn. 41 – *UPC Magyarország.*
52 EuGH, 26.10.2016, C-611/14, GRUR 2016, 1307 Rn. 42 – *Canal Digital Danmark.*

einschließlich vergleichender Werbung beinhaltet, die eine Verwechslungsgefahr mit einem anderen Produkt, Warenzeichen, Warennamen oder anderen Kennzeichen eines Mitbewerbers begründet. Die Bestimmung führt zu Überschneidungen mit dem Kennzeichenschutz und Vorschriften der Markenrechtsrichtlinie und der Unionsmarkenverordnung. Ihre Reichweite ist noch nicht abschließend geklärt. Jedenfalls müssen Wertungswidersprüche zwischen kennzeichenrechtlichen Bestimmungen und einem Irreführungsschutz nach Art. 6 (2) lit. a UGP-RL vermieden werden.[53]

Art. 6 (2) lit. b UGP-RL bestimmt als irreführende Geschäftspraktik die mangelnde Einhaltung einer eindeutigen nachprüfbaren Verpflichtung, die der Gewerbetreibende im Rahmen eines Verhaltenskodex eingegangen ist, wenn der Gewerbetreibende auf die Bindung durch den Kodex hingewiesen hat. 31

Weder Art. 6 noch Art. 7 UGP-RL enthalten eine **§ 5a Abs. 1** entsprechende Bestimmung. Art. 7 UGP-RL wird umfassend durch § 5a Abs. 2 bis 4 umgesetzt. § 5a Abs. 1 UWG 2008, der der Bestimmung des § 5 Abs. 2 Satz 2 UWG 2004 sinngemäß entspricht,[54] konkretisiert eine Irreführung i. S. des § 5 Abs. 1 durch Unterlassen. Das ist mit Art. 6 UGP-RL vereinbar. Dass nicht nur ein positives Verhalten, sondern auch ein Unterlassen von Angaben irreführend sein kann, ist in der Rechtsprechung anerkannt.[55] 32

2. Richtlinie 2006/114/EG über irreführende und vergleichende Werbung

a) Persönlicher und sachlicher Anwendungsbereich

Der persönliche und sachliche Anwendungsbereich der Werbe-RL zum Irreführungsschutz wird durch Art. 1 der Richtlinie bestimmt. Danach schützt die Richtlinie nur **Gewerbetreibende** (persönlicher Anwendungsbereich) und nur vor **irreführender Werbung** und deren unlauteren Auswirkungen (sachlicher Anwendungsbereich). Der Schutz der Verbraucher gegen irreführende Geschäftspraktiken (B2C-Verhältnis) ist **abschließend in der UGP-RL** geregelt. Die Richtlinie 2006/114/EG ist in ihrem persönlichen Anwendungsbereich insoweit eingeschränkt worden. Die Richtlinien 84/450/EWG und die Richtlinie 97/55/EG sahen in Art. 1 noch einen Schutz der Verbraucher, der Gewerbetreibenden sowie der Interessen der Allgemeinheit gegen irreführende Werbung vor. Für die **irreführende vergleichende Werbung gegenüber Verbrauchern** sind, soweit der Anwendungsbereich der UGP-RL nach ihrem Art. 3 eröffnet ist, die Vorschriften der UGP-RL maßgeblich. Ein irreführender Werbever- 33

53 BGH, 23.06.2016, I ZR 241/14, GRUR 2016, 965 Rn. 23 – *Baumann II*; BGH, 15.02.2018, I ZR 201/16, GRUR 2018, 935 Rn. 57 – *goFit*.

54 Begründung des Regierungsentwurfs eines Ersten Gesetzes zur Änderung des Gesetzes gegen den unlauteren Wettbewerb, BT-Drucksache 16/10145, S. 25.

55 EuGH, 16.01.1992, C-373/90, GRUR Int. 1993, 951 Rn. 15 – *Nissan*; EuGH, 19.09.2006, C-356/04, GRUR 2007, 69 Rn. 80 – *Lidl/Colruyt*; EuGH, 26.10.2016, C-611/14, GRUR 2016, 1307 Rn. 36, 40 und 43 – *Canal Digital Danmark*.

gleich im B2C-Verhältnis ist nach Art. 4 lit. a Werbe-RL i. V. mit Art. 6 und 7 UGP-RL zu beurteilen.[56]

34 **Gewerbetreibender** ist nach Art. 2 lit. d Werbe-RL jede natürliche oder juristische Person, die im Rahmen ihrer gewerblichen, handwerklichen oder beruflichen Tätigkeit handelt, und jede Person, die im Namen oder Auftrag des Gewerbetreibenden handelt. Der Begriff des Gewerbetreibenden entspricht im Wesentlichen demjenigen des Unternehmers nach § 2 Abs. 1 Nr. 6. Die Vorschrift des § 2 Abs. 1 Nr. 6 dient der Umsetzung von Art. 2 lit. b UGP-RL, der den zusätzlichen Hinweis auf den Geschäftsverkehr i.S. der Richtlinie enthält, der in Art. 2 lit. d Werbe-RL fehlt. Der Schutz der Werbe-RL umfasst danach gewerbliche Marktteilnehmer. Das sind i. S. des UWG Mitbewerber und sonstige Marktteilnehmer, die gewerblich tätig sind.[57]

35 Die Begriffe **»Werbung«** und **»irreführende Werbung«** sind in Art. 2 lit. a und b Werbe-RL legaldefiniert. Werbung ist jede Äußerung bei der Ausübung eines Handels, Gewerbes, Handwerks oder freien Berufs mit dem Ziel, den Absatz von Waren oder die Erbringung von Dienstleistungen, einschließlich unbeweglicher Sachen, Rechte und Verpflichtungen, zu fördern. Dazu muss die Äußerung einen irgendwie gearteten Tatsachenkern aufweisen. Das reine Werturteil oder die reklamehafte Übertreibung ohne Tatsachenkern genügen nicht.[58] Irreführende Werbung ist nach Art. 2 lit. b Werbe-RL jede Werbung, die in irgendeiner Weise – einschließlich ihrer Aufmachung – die Personen, an die sie sich richtet oder die von ihr erreicht werden, täuscht oder zu täuschen geeignet ist und die infolge der ihr innewohnenden Täuschung ihr wirtschaftliches Verhalten beeinflussen kann oder aus diesen Gründen einen Mitbewerber schädigt oder zu schädigen geeignet ist. Der sachliche Umfang der irreführenden Werbung bleibt hinter dem Begriff der irreführenden Geschäftspraktiken der UGP-RL zurück. Er umfasst nicht Handlungen und Unterlassungen während und nach Abschluss eines Handelsgeschäfts, auf die sich der Anwendungsbereich der UGP-RL bezieht. Da der Gesetzgeber den Anwendungsbereich des § 5 einheitlich für Verbraucher, Mitbewerber und sonstige Marktteilnehmer gestaltet und unterschiedslos auf geschäftliche Handlungen i. S. des § 2 Abs. 1 Nr. 1 erstreckt hat, ist für den Bereich der **Mitbewerber und sonstigen gewerblichen Marktteilnehmer** die Werbe-RL überschießend ins deutsche Recht umgesetzt worden. Soweit § 5 einen Schutz der Gewerbetreibenden gegen irreführende Werbung vorsieht, der dem Schutzniveau der Werbe-RL entspricht, ist das deutsche Recht richtlinienkonform auszulegen.

b) Harmonisierungsgrad

36 Für den Bereich irreführender Werbung enthält die Werbe-RL – anders als die UGP-RL – nach ihrem Art. 8 (1) Unterabs. 1 nur eine **Teilharmonisierung**.[59] Die Mitglied-

56 EuGH, 08.02.2017, C-562/15, GRUR 2017, 280 Rn. 29–38 – *ITM/Carrefour.*

57 FBO/*Peifer/Obergfell* § 5 Rn. 82.

58 FBO/*Peifer/Obergfell* § 5 Rn. 81.

59 EuGH, 13.12.1990, C-238/89, GRUR Int. 1991, 215 Rn. 22 – *Pall/Dahlhausen*; EuGH, 02.02.1994, C-315/92, GRUR 1994, 303 Rn. 10 – *Clinique*; EuGH, 08.04.2003, C-44/01, GRUR 2003, 533 Rn. 40 – *Pippig Augenoptik* jeweils zu Art. 7 (1) Richtlinie 84/450/EWG.

staaten sind danach nicht gehindert, einen weiterreichenden Schutz für Gewerbetreibende im nationalen Recht vorzusehen.[60] Deutschland hat hiervon Gebrauch gemacht, indem es den Anwendungsbereich des § 5 unterschiedslos auf Verbraucher, Mitbewerber und sonstige Marktteilnehmer erstreckt hat (Rdn. 16–22). Soweit der Schutz der Gewerbetreibenden gegen irreführende Verhaltensweisen (B2B-Verhältnis) betroffen ist, sind die der Umsetzung der Werbe-RL dienenden nationalen Vorschriften richtlinienkonform auszulegen. Zweifelfragen können von mitgliedstaatlichen Gerichten dem EuGH nach Art. 267 AEUV vorgelegt werden; letztinstanzlich entscheidende Gerichte der Mitgliedstaaten sind zur Vorlage verpflichtet. Soweit § 5 für Gewerbetreibende ein über der Werbe-RL liegendes Schutzniveau verankert, ist der nichtharmonisierte Bereich betroffen. Durch die unionsrechtlichen Vorschriften ist damit die Auslegung nicht vorgegeben. Weicht die Auslegung des § 5 in diesem Fall von dem Schutzniveau der UGP-RL ab, kommt es zu einer gespaltenen Anwendung des § 5, je nach dem ob das durch die UGP-RL harmonisierte B2C-Verhältnis oder das über die Werbe-RL hinausgehende Schutzniveau im B2B-Verhältnis betroffen ist. Eine unterschiedliche Auslegung und Anwendung ein und derselben Norm ist zwar nicht ausgeschlossen.[61] Grundsätzlich sind Normen, die auch der Umsetzung von Richtlinienvorschriften dienen, einheitlich und anhand der Richtlinie auszulegen,[62] wenn nicht besondere Gründe für eine unterschiedliche Auslegung sprechen. Führt die nationale Bestimmung zu einer überschießenden Umsetzung, ist bei einer sich in diesem Zusammenhang stellenden Auslegungsfrage zum Unionsrecht eine Vorlage an den EuGH möglich.[63] Teilweise wird im Schrifttum eine Vorlagepflicht angenommen.[64]

Die Werbe-RL bestimmt die Voraussetzungen, unter denen eine vergleichende Werbung zulässig ist, im Grundsatz abschließend (Erwägungsgründe 6 Satz 2, 9, 11 Satz 1 Werbe-RL).[65] Die **irreführende vergleichende Werbung im Verhältnis zwischen Gewerbetreibenden und Verbrauchern** ist nach Art. 4 lit. a Werbe-RL i. V. mit Art. 6 und 7 UGP-RL zu beurteilen.[66] Damit setzen sich im B2C-Verhältnis im Anwendungsbereich der UGP-RL die Vorschriften dieser Richtlinie durch. Es gilt das vollharmonisierte Recht der UGP-RL für die irreführende vergleichende Werbung. **Im Verhältnis zwischen Unternehmen** (B2B) richtet sich die **irreführende vergleichende Werbung** nach Art. 2 lit. b, Art. 3 und Art. 8 (1) Werbe-RL. Da Art. 4 lit. a Werbe-RL für die irreführende vergleichende Werbung auf Art. 8 (1) insgesamt Bezug nimmt, 37

60 EuGH, 08.04.2003, C-44/01, GRUR 2003, 533 Rn. 40 – *Pippig Augenoptik*.
61 BGH, 05.11.2015, I ZR 50/14, GRUR 2016, 705 Rn. 48 und 49 – *ConText*.
62 EuGH, 19.10.2017, C-295/16 GRUR 2018, 303 Rn. 29 – *Europamur*; GK/*Lindacher* Vor §§ 5, 5a Rn. 46 und 48.
63 EuGH, 18.10.1990, C-297/88 und C-197/89, EuZW 1991, 319 Rn. 41 – *Dzodzi*.
64 GK/*Lindacher* Vor §§ 5, 5a Rn. 49.
65 EuGH, 08.02.2017, C-562/15, GRUR 2017, 280 Rn. 20 – *ITM/Carrefour*; BGH, 28.09.2011, I ZR 48/10, GRUR 2011, 1158 Rn. 21 und 26 – *Teddybär*; BGH, 02.04.2015, I ZR 167/13, GRUR 2015, 1136 Rn. 18 – *Staubsaugerbeutel im Internet*; Begründung des Regierungsentwurfs eines Gesetzes zur vergleichenden Werbung und zur Änderung wettbewerbsrechtlicher Vorschriften, BT-Drucks. 14/2959, S. 6.
66 EuGH, 08.02.2017, C-562/15, GRUR 2017, 280 Rn. 29–38 – *ITM/Carrefour*.

kommt auch Art. 8 (1) Unterabs. 2 zur Anwendung, der einen Rückgriff auf Art. 8 (1) Unterabs. 1 ausschließt. Daraus ist der Schluss zu ziehen, dass irreführende vergleichende Werbung im B2B-Verhältnis sich ausschließlich nach der Werbe-RL richtet und eine überschießende Umsetzung nach Art. 8 (1) Unterabs. 2 Werbe-RL ausgeschlossen ist.[67]

c) Irreführende Werbung

38 Der Begriff der Irreführung wird in der Werbe-RL durch Art. 2 lit. b und Art. 3 vorgegeben. Irreführend ist eine Werbung, die in irgendeiner Weise die Personen, an die sie sich richtet oder die von ihr erreicht werden, täuscht oder zu täuschen geeignet ist und die infolge der ihr innewohnenden Täuschung ihr wirtschaftliches Verhalten beeinflussen kann oder aus diesen Gründen einen Mitbewerber schädigt oder zu schädigen geeignet ist. Aus den Vorschriften folgt, dass die Frage der Irreführung aus der Sicht derjenigen Verkehrskreise zu beurteilen ist, an die sie gerichtet ist oder die sie erreicht und nicht rein objektiv zu bestimmen ist.[68] Die Eignung zur Täuschung genügt; es muss nicht festgestellt werden, dass die Verkehrskreise tatsächlich getäuscht worden sind. Die zur Täuschung geeignete Werbung i. S. des Art. 2 lit. a Werbe-RL muss einen gewissen Einfluss auf das wirtschaftliche Verhalten der Marktgegenseite haben. Der EuGH hat in der Entscheidung »Nissan« in Abwägung mit der Warenverkehrsfreiheit nach Art. 34 AEUV eine gewisse Eingriffsintensität gefordert.[69] Danach muss eine erhebliche Zahl derjenigen in ihrem wirtschaftlichen Verhalten beeinflusst sein, an die sich die Werbung richtet. Das steht mit der erst zeitlich nach der »Nissan«-Entscheidung entwickelten **Figur eines durchschnittlich informierten, aufmerksamen und verständigen Durchschnittsverbrauchers und seiner mutmaßlichen Erwartung** in Einklang (zur normativen oder empirischen Begründung des Verbraucherleitbilds des Durchschnittsverbraucher Rdn. 169–172).[70] Mit der mutmaßlichen Sicht des Durchschnittsverbrauchers ist ein nur kleiner Teil der Verkehrskreise, die irregeführt werden oder die sich in ihrer Marktentscheidung beeinflussen lassen, nicht zu vereinbaren.[71] Das Kriterium der mutmaßlichen Sicht des Durchschnittsverbrauchers dient dazu, die Belange des Irreführungsschutzes und des freien Warenverkehrs in Einklang zu bringen und dem Grundsatz der Verhältnismäßigkeit Rechnung zu tragen.[72] Die Figur des Durchschnittsverbrauchers und dessen mutmaßlicher Verständnishorizont enthalten danach ein **normatives Kriterium**. Der EuGH hält einen normativen Ansatz allerdings nicht konsequent durch. Er lässt zur Bestimmung der mutmaßlichen Sicht des Durchschnittsverbrauchers die Einholung von Verkehrsgutachten und die Bestimmung kon-

---

67 EuGH, 08.04.2003, C-44/01, GRUR 2003, 533 Rn. 44 – *Pippig Augenoptik*; FBO/*Peifer*/*Obergfell* § 5 Rn. 92; Ohly/*Sosnitza* § 5 Rn. 44; *Köhler*, GRUR 2013, 761, 765.
68 EuGH, 16.01.1992, C-373/90, GRUR Int. 1993, 951 Rn. 15 – *Nissan*.
69 EuGH, 16.01.1992, C-373/90, GRUR Int. 1993, 951 Rn. 16 – *Nissan*.
70 EuGH, 16.07.1998, C-210/96, GRUR Int. 1998, 795 Rn. 31 – *Gut Springenheide*.
71 BGH, 08.03.2012, I ZR 202/10, GRUR 2012, 1053 Rn. 19 – *Marktführer Sport*; BGH, 10.04.2014, I ZR 43/13, GRUR 2014, 1114 Rn. 42 – *nickelfrei*
72 EuGH, 13.01.2000, C-220/98, GRUR Int. 2000, 354 Rn. 27 und 28 – *Lifting-Creme*.

kreter Prozentsätze der Verbraucher zu, die durch die Aussage irregeführt werden.[73] Die Feststellung der mutmaßlichen Sicht des Durchschnittsverbrauchers und die Festlegung eines entsprechenden Prozentsatzes überlässt der EuGH den Gerichten der Mitgliedstaaten.[74] Die Einordnung der Irreführung als Tatsachen- oder Rechtsfrage ist durch die Werbe-RL nicht vorgegeben.

Nach Art. 5 (1) Werbe-RL stellen die Mitgliedstaaten im Interesse der Gewerbetreiben- **39**
den und ihrer Mitbewerber sicher, dass geeignete und wirksame Mittel zur Bekämpfung der irreführenden Werbung vorhanden sind. Die Mitgliedstaaten übertragen den Gerichten oder Verwaltungsbehörden in den in Artikel 5 genannten Verfahren die Befugnis a) vom Werbenden **Beweise für die Richtigkeit** von in der Werbung enthaltenen Tatsachenbehauptungen zu verlangen, wenn ein solches Verlangen unter Berücksichtigung der berechtigten Interessen des Werbenden und anderer Verfahrensbeteiligter im Hinblick auf die Umstände des Einzelfalls angemessen erscheint und b) **Tatsachenbehauptungen als unrichtig anzusehen**, wenn der Beweis nicht angetreten wird oder wenn er von dem Gericht oder der Verwaltungsbehörde für unzureichend erachtet wird. Der Gesetzgeber hat von dieser Möglichkeit in § 5 nur in Abs. 4 bei der Werbung mit Preisherabsetzungen Gebrauch gemacht. In Deutschland geht die Rechtsprechung auf der Grundlage allgemeiner zivilprozessualer Vorschriften und Maßstäbe zur Beweislast grundsätzlich davon aus, dass der Gläubiger die Voraussetzungen des Irreführungstatbestands darlegen und beweisen muss.[75] Verfügt der Kläger nicht über die erforderlichen Kenntnisse, weil sie aus dem Bereich des Beklagten stammen, trifft den Beklagten regelmäßig eine **sekundäre Darlegungslast**.[76] Nur in Ausnahmefällen geht die Rechtsprechung von einer **Umkehr der Beweislast** aus.[77] Diese flexible Verteilung der Darlegungs- und Beweislast führt zu angemessenen Ergebnissen im Zivilprozess, ohne eine effiziente Rechtsdurchsetzung zu gefährden. Es bestehen daher keine durchgreifenden Bedenken dagegen, dass die Verteilung der Darlegungs- und Beweislast beim Irreführungsschutz nach § 5 mit der Werbe-RL in Einklang steht.[78]

3. Irreführungsschutz und Warenverkehrs- und Dienstleistungsfreiheit

Der Irreführungsschutz kann durch die Warenverkehrsfreiheit nach Art. 34 AEUV und **40**
die Dienstleistungsfreiheit nach Art. 56 AEUV begrenzt werden. Zahlreiche Entscheidungen des EuGH sind zum Verhältnis zwischen Irreführungsschutzes und Warenver-

73 EuGH, 16.07.1998, C-210/96, GRUR Int. 1998, 795 Rn. 35 und 36 – *Gut Springenheide*; EuGH, 13.01.2000, C-220/98, GRUR Int. 2000, 354 Rn. 31 – *Lifting-Creme.*

74 EuGH, 13.01.2000, C-220/98, GRUR Int. 2000, 354 Rn. 31 – *Lifting-Creme.*

75 BGH, 26.10.2006, I ZR 97/04, GRUR 2007, 251 Rn. 31 – *Regenwaldprojekt II*; BGH, 22.10.2009, I ZR 73/07, GRUR 2010, 352 Rn. 22 – *Hier spiegelt sich Erfahrung*; BGH, 03.07.2014, I ZR 84/13, GRUR 2015, 186 Rn. 10 – *Wir zahlen Höchstpreise.*

76 BGH, 19.02.2014, I ZR 230/12, GRUR 2014, 578 Rn. 14 – *Umweltengel für Tragetasche.*

77 BGH, 07.03.1991, I ZR 127/89, GRUR 1991, 848, 849 – *Rheumalind II*; BGH, 06.02.2013, I ZR 62/11, GRUR 2013, 649 Rn. 32 – *Basisinsulin mit Gewichtsvorteil*; BGH, 03.07.2014, I ZR 84/13, GRUR 2015, 186 Rn. 10 – *Wir zahlen Höchstpreise.*

78 Im Ergebnis ebenso Köhler/*Bornkamm*/*Feddersen* § 5 Rn. 0.20.

kehrsfreiheit ergangen.[79] Bei der Anwendung der Grundsätze der Warenverkehrsfreiheit und der Dienstleistungsfreiheit ist danach zu unterscheiden, ob die anwendbare nationale Regelung eine Bestimmung des Sekundärrechts der Union umsetzt, die eine Vollharmonisierung vorsieht, oder ob dies nicht der Fall ist.

a) Durch das Sekundärrecht vollständig harmonisierter Bereich

41 Beruht die nationale Bestimmung auf einer Vorschrift des Sekundärrechts, die eine vollständige Harmonisierung vorgibt, ist die nationale Regelung nicht unmittelbar am primären Unionsrecht und damit nicht direkt an der Warenverkehrsfreiheit und der Dienstleistungsfreiheit zu messen, sondern an der Vorschrift des Sekundärrechts (Einleitung Rdn. 116). **Die Grundfreiheiten wirken sich gleichwohl in zweifacher Hinsicht in diesem Bereich aus.** (1) Das Sekundärrecht darf nicht gegen das Primärrecht und damit nicht gegen die Warenverkehrs- und Dienstleistungsfreiheit verstoßen (zum Gestaltungsspielraum des Unionsgesetzgebers bei der Setzung von Sekundärrecht Einleitung Rdn. 116). Die Annahme eines Verstoßes des Sekundärrechts gegen das Primärrecht ist einer Entscheidung durch den EuGH vorbehalten (Einleitung Rdn. 98). (2) Das Primärrecht und damit die Warenverkehrs- und Dienstleistungsfreiheit sind bei der Auslegung des Sekundärrechts zu berücksichtigen (Einleitung Rdn. 116).[80] Damit sind die Wertungen der Entscheidungen des EuGH zur Bedeutung der Warenverkehrs- und Dienstleistungsfreiheit weiter in einem vollharmonisierten Bereich bei der Auslegung des Sekundärrechts und der daraus folgenden Auslegung des das Unionsrecht umsetzenden nationalen Rechts zu berücksichtigen. Die Entscheidungen des EuGH zur unmittelbaren Anwendung der Grundsätze über die Warenverkehrsfreiheit nach Art. 34 und 36 AEUV behalten ihre Bedeutung.

42 Soweit der Irreführungsschutz nach nationalem Recht der Umsetzung von Sekundärrecht dient, das eine Vollharmonisierung vorsieht, sind Irreführungsschutz und Warenverkehrsfreiheit nicht unmittelbar gegeneinander abzuwägen und in Einklang zu bringen, sondern die Bedeutung der Warenverkehrsfreiheit ist bei der Auslegung des unionsrechtlichen Sekundärrechts zu berücksichtigen. Das gilt zum einen für spezielle Irreführungsbestimmungen, die vollharmonisiertes Unionsrecht umsetzen. Dazu zählt § 3 HWG, soweit durch die Vorschrift Bestimmungen der Richtlinie 2001/83/EG zur Schaffung eines Gemeinschaftskodexes für Humanarzneimittel umgesetzt werden, weil die Richtlinie eine Vollharmonisierung bestimmt.[81] Zum anderen rechnet hierzu der allgemeine Irreführungstatbestand des § 5, soweit die Bestimmung der Umsetzung der UGP-RL dient.

79 EuGH, 06.11.1984, 177/83, GRUR Int. 1985, 110 Rn. 10 – *Kohl/Ringelhan und Rennett*; EuGH, 13.12.1990, C-238/89, GRUR Int. 1991, 215 Rn. 20 – *Pall/Dahlhausen*; EuGH, 22.10.1998, C-184/96, LRE 35, 257 – Kommission/Frankreich; EuGH, 12.09.2000, C-366/98, GRUR Int. 2001, 55 – *Geffroy*.

80 EuGH, 02.02.1994, C-315/92, GRUR 1994, 303 Rn. 12 – *Clinique*.

81 Doepner/*Reese*, Heilmittelwerbegesetz, 3. Aufl., § 3 Rn. 12.

b) Durch das Sekundärrecht nicht vollständig harmonisierter Bereich

In einem Bereich, in dem durch das Sekundärrecht keine Vollharmonisierung erfolgt ist, sind die **Grundfreiheiten unmittelbar anwendbar** (Einleitung Rdn. 117).[82] Das gilt für Konstellationen, in der Sekundärrecht maßgeblich ist, das nur eine Teilharmonisierung vorsieht, oder für die kein Sekundärrecht der Union einschlägig ist. Erforderlich ist in diesem Zusammenhang, dass die nationale Regelung auf Sachlagen anwendbar ist, die einen **Bezug zum Handel zwischen den Mitgliedstaaten** aufweisen (Einleitung Rdn. 117). Für das Irreführungsverbot nach § 5 bedeutet dies, dass die Grundsätze des freien Warenverkehrs unmittelbar anwendbar sind, soweit die Bestimmung nicht der Umsetzung der UGP-RL dient, sondern Gewerbetreibende schützt und ein Bezug zum Handel zwischen den Mitgliedstaaten besteht. Die Werbe-RL sieht nur eine Teilharmonisierung vor. 43

c) Warenverkehrsfreiheit nach Art. 34 und 35 AEUV

aa) Allgemeine Grundsätze

Aufgrund der Warenverkehrsfreiheit nach Art. 34 AEUV sind mengenmäßige Einfuhrbeschränkungen und alle Maßnahmen gleicher Wirkung zwischen den Mitgliedstaaten verboten. Art. 35 AEUV sieht eine entsprechende Regelung für mengenmäßige Ausfuhrbeschränkungen vor. Einschränkungen der Warenverkehrsfreiheit sind aus den in Art. 36 AEUV angeführten benannten Rechtfertigungsgründen zulässig (Einleitung Rdn. 118–143). 44

Die Entwicklung der Rechtsprechung des EuGH ist durch drei Entscheidungen maßgeblich geprägt. (1) Nach der **»Dassonville«-Entscheidung**[83] ist jede Handelsregelung der Mitgliedstaaten, die geeignet ist, den innergemeinschaftlichen Handel unmittelbar oder mittelbar, tatsächlich oder potentiell zu behindern, als Maßnahme kontingentgleicher Wirkung anzusehen. Derartige Maßnahmen dürfen weder ein Mittel zur willkürlichen Diskriminierung noch eine verschleierte Beschränkung des Handels zwischen den Mitgliedstaaten darstellen (Einleitung Rdn. 119). (2) Das Urteil **»Cassis de Dijon«**[84] besagt, dass Hemmnisse für den freien Warenverkehr, die sich wegen fehlender Harmonisierung der Rechtsvorschriften daraus ergeben, dass Waren aus anderen Mitgliedstaaten, die dort rechtmäßig hergestellt und in den Verkehr gebracht worden sind, bestimmten Vorschriften entsprechen müssen, selbst wenn diese Vorschriften unterschiedslos für alle Erzeugnisse gelten, verbotene Maßnahmen gleicher Wirkung darstellen, sofern sich die Anwendung dieser Vorschriften nicht durch einen Zweck rechtfertigen lässt, der im Allgemeininteresse liegt und den Erfordernissen des freien Warenverkehrs vorgeht (Einleitung Rdn. 121). (3) Seit dem Urteil **»Keck und Mithouard«**[85] unterscheidet der EuGH zwischen Vorschriften, die die Merkmale der Waren 45

82 EuGH, 13.12.1990, C-238/89, GRUR Int. 1991, 215 Rn. 22 – *Pall/Dahlhausen.*
83 EuGH, 11.07.1974, Rs. 8/74, GRUR Int. 1974, 467, 468 – *Dassonville.*
84 EuGH, 20.02.1979, Rs. 120/78, Slg. 1979, 649 Rn. 15 – *Cassis de Dijon.*
85 EuGH, 24.11.1993, C-267/91 und C-268/91, GRUR 1994, 296 Rn. 15 ff – *Keck und Mithouard.*

betreffen, und Bestimmungen, die die Modalitäten des Verkaufs regeln (zu den Einzelheiten der Unterscheidung und ihren Auswirkungen Einleitung Rdn. 123 ff. und nachstehend Rdn. 47–49).

46 Aus den in Art. 36 AEUV angeführten Gründen können **Einschränkungen des freien Warenverkehrs** gerechtfertigt sein (Einleitung Rdn. 128–138). Die Bestimmungen zum Irreführungsschutz gehören nicht zu den in Art. 36 AEUV benannten Rechtfertigungsgründen (Einleitung Rdn. 138).In der Entscheidung »Cassis de Dijon«[86] hat der EuGH erstmals **ungeschriebene Gründe** anerkannt, die die Freiheit des Warenverkehrs einschränken können (Einleitung Rdn. 139–143). Zu ihnen rechnen **Erfordernisse der Lauterkeit des Handelsverkehrs und des Verbraucherschutzes.**[87] Die ungeschriebenen Rechtfertigungsgründe müssen den strengen Anforderungen genügen, die der EuGH für eine Einschränkung des freien Warenverkehrs nach Art. 36 AEUV vorsieht (Einleitung Rdn. 140). Der Schutz der Verbraucher vor Irreführung und die Wahrung der Lauterkeit des Handelsverkehrs können eine Einschränkung des freien Warenverkehrs begründen (Einleitung Rdn. 141 f.).

bb) Die Unterscheidung zwischen Merkmalen der Waren und Verkaufsmodalitäten

47 Die Grundsätze der Dassonville[88]- und der Cassis de Dijon-Entscheidung[89] gelten nach dem »Keck und Mithouard«-Urteil[90] für gesetzliche Bestimmungen, die die Waren selbst betreffen. Dazu zählen Vorschriften, die **die Bezeichnung, die Form, die Abmessungen, das Gewicht, die Zusammensetzung, die Aufmachung, die Etikettierung und die Verpackung der Erzeugnisse** betreffen. Diese durch produktbezogene Vorschriften verursachten Hemmnisse, die sich wegen fehlender Harmonisierung der Rechtsvorschriften daraus ergeben, dass Waren aus anderen Mitgliedstaaten, die dort rechtmäßig hergestellt und in den Verkehr gebracht worden sind, bestimmten Vorschriften entsprechen müssen, selbst wenn diese Vorschriften unterschiedslos für alle Erzeugnisse gelten, sind verbotene Maßnahmen gleicher Wirkung, sofern sich die Anwendung dieser Vorschriften nicht durch einen Zweck rechtfertigen lässt, der im Allgemeininteresse liegt und den Erfordernissen des freien Warenverkehrs vorgeht.[91] Die produktbezogenen Vorschriften sind danach Hemmnisse für den freien Warenverkehr wenn (1) die Waren aus anderen Mitgliedstaaten im Herkunftsland rechtmäßig zirkulieren dürfen und (2) im Bestimmungsland nicht vollständig harmonisierte Vor-

86 EuGH, 20.02.1979, Rs. 120/78, Slg. 1979, 649 Rn. 8 – *Cassis de Dijon.*
87 EuGH, 20.02.1979, Rs. 120/78, Slg. 1979, 649 Rn. 8 – *Cassis de Dijon*; EuGH, 05.12.2000, C-448/98, GRUR Int. 2001, 451 Rn. 27 – *Guimont.*
88 EuGH, 11.07.1974, Rs. 8/74, GRUR Int. 1974, 467 – *Dassonville.*
89 EuGH, 20.02.1979, Rs. 120/78, Slg. 1979, 649 – *Cassis de Dijon.*
90 EuGH, 24.11.1993, C-267/91 und C-268/91, GRUR 1994, 296 – *Keck und Mithouard.*
91 EuGH, 06.07.1995, C-470/93, GRUR Int. 1995, 804 Rn. 13 – *Mars*; EuGH, 26.06.1997, C-368/95, GRUR Int. 1997, 829 Rn. 8 – *Familiapress*; EuGH, 05.06.2007, C-170/04, EuZW 2007, 401 Rn. 32 – *Rosengren*; EuGH, 08.11.2007, C-143/06, GRUR 2008, 264 Rn. 26 – *Ludwigs-Apotheke.*

schriften gelten, (3) die geeignet sind, den Handel mit den Waren im Bestimmungsland unmittelbar oder mittelbar, tatsächlich oder potentiell zu behindern. Liegen diese Voraussetzungen bei einer Bestimmung zum Schutz gegen Irreführung vor, müssen die sich daraus ergebenden Einschränkungen durch einen benannten oder unbenannten Rechtfertigungsgrund gedeckt sein; sie müssen zudem verhältnismäßig, kohärent und systematisch sein (Einleitung Rdn. 122 und 132).[92]

Diese Grundsätze haben für den Irreführungsschutz nach § 5 Bedeutung, soweit die Bestimmung kein vollharmonisiertes Recht umsetzt. Das ist beim Schutz von Gewerbetreibenden im B2B-Bereich der Fall. Soweit § 5 der Umsetzung der UGP-RL dient, ist der vollharmonisierte Bereich betroffen. Rechtstheoretisch ist damit ein Verstoß gegen die Grundsätze des freien Warenverkehrs im Anwendungsbereich der UGP-RL ausgeschlossen, weil § 5 richtlinienkonform ausgelegt und bei dieser Auslegung das Primärrecht beachtet werden muss. Der deutsche Gesetzgeber hat entsprechend auch keinen Umsetzungsbedarf bei der Binnenmarktklausel des Art. 4 UGP-RL gesehen.[93] Allerdings kann sich trotz Vollharmonisierung ein rechtliches Gefälle zwischen Herkunftsland und Bestimmungsland dadurch ergeben, dass das unionsrechtliche Sekundärrecht unzureichend umgesetzt worden ist oder sich Unterschiede in der Rechtsanwendung des durch die UGP-RL vollharmonisierten Rechts ergeben. Ist im Herkunftsland die UGP-RL im Hinblick auf irreführende Geschäftspraktiken unzureichend umgesetzt, stehen einem Verbot im Inland bei richtlinienkonformer Auslegung des § 5 anhand des Primär- und Sekundärrechts die Warenverkehrsfreiheit und die Binnenmarktklausel des Art. 4 UGP-RL nicht entgegen. Ist im Inland die UGP-RL unzureichend umgesetzt, darf sich daraus keine Einschränkung des freien Warenverkehrs durch ein Verbot nach § 5 ergeben. Haben Herkunftsland und Bestimmungsland die Vorschriften über irreführende Geschäftspraktiken der UGP-RL vollständig und richtig umgesetzt, sind theoretisch Unterschiede in der Anwendung der nationalen Vorschriften ausgeschlossen. Kommt es zu Unterschieden in der Rechtsanwendung, so dass Produkte im Herkunftsland unbeanstandet zirkulieren können, während ihr Vertrieb im Bestimmungsland verboten wird, müssen die Mechanismen zur Rechtsvereinheitlichung angewandt werden. **Unterschiede in der Auslegung des Unionsrechts** müssen nach allgemeinen Maßstäben durch ein Vorabentscheidungsersuchen an den EuGH beseitigt werden (Einleitung Rdn. 85–113). **Unterschiede im Tatsächlichen**, etwa bei der Feststellung der Verkehrsauffassung, müssen auch in dem durch die UGP-RL harmonisierten Bereich hingenommen werden. In der Rechtsprechung des EuGH ist anerkannt, dass soziale, kulturelle und sprachliche Eigenheiten des Verkehrskreises in einem Mitgliedstaat zu berücksichtigen sind und Einfluss auf die Verkehrsanschauung und das Verständnis des Durchschnittsverbrauchers haben können.[94] Es ist daher grundsätzlich *Aufgabe der Gerichte* der Mitgliedstaaten festzustellen, ob eine Handlung oder Unterlassung die angesprochenen Verkehrskreise irreführt. In diesem Zusammenhang kommt 48

92 EuGH, 06.07.1995, C-470/93, GRUR Int. 1995, 804 Rn. 12–15 – *Mars*
93 Begründung des Regierungsentwurfs eines Ersten Gesetzes zur Änderung des Gesetzes gegen den unlauteren Wettbewerb, BT-Drucksache 16/10145, S. 15.
94 EuGH, 13.01.2000, C-220/98, GRUR Int. 2000, 354 Rn. 29 – *Lifting-Creme*.

es nicht darauf an, ob die nationale Irreführungsvorschrift eine unionsrechtliche Bestimmung umsetzt.[95]

49 Anders als produktbezogene Regelungen sind nationale Vorschriften, die bestimmte **Verkaufsmodalitäten** beschränken oder verbieten, nicht geeignet, den Handel zwischen den Mitgliedstaaten zu behindern, sofern diese Bestimmungen für alle betroffenen Wirtschaftsteilnehmer gelten, die ihre Tätigkeit im Inland ausüben, und sofern sie den Absatz der inländischen Erzeugnisse und der Erzeugnisse aus anderen Mitgliedstaaten rechtlich wie tatsächlich in der gleichen Weise berühren (Einleitung Rdn. 125 ff.). Verkaufsmodalitäten betreffen nicht die Merkmale der Produkte sondern die Umstände, unter denen sie verkauft werden (zu Beispielen für Verkaufsmodalitäten Einleitung Rdn. 127). Gelten derartige Verkaufsmodalitäten (1) für alle betroffenen Wirtschaftsteilnehmer, die im Inland tätig sind, und (2) berühren sie den Absatz der inländischen Erzeugnisse und der Erzeugnisse aus anderen Mitgliedstaaten rechtlich wie tatsächlich in der gleichen Weise, stellen sie keine Einschränkung des freien Warenverkehrs dar (Einleitung Rdn. 126). Erfüllen die Verkaufsmodalitäten diese Voraussetzungen nicht und schränken sie deshalb den freien Warenverkehr ein, können sie durch benannte Gründe i. S. von Art. 36 AEUV oder durch unbenannte Gründe gerechtfertigt sein (Einleitung Rdn. 128–143). Zu den Verkaufsmodalitäten zählen häufig Werbemaßnahmen, weil sie regelmäßig keine Merkmale des Produkts selbst sind, sofern sie nicht auf dem Produkt oder seiner Verpackung angebracht sind. Damit stellen Verbote nach § 5, die Verkaufsmodalitäten betreffen, keine Maßnahmen gleicher Wirkung und keine Einschränkung des freien Warenverkehrs dar, wenn sie für alle im Inland tätigen Wirtschaftsteilnehmer gelten und den Absatz der inländischen Erzeugnisse und der Erzeugnisse aus anderen Mitgliedstaaten rechtlich wie tatsächlich in der gleichen Weise berühren. Die letzte Voraussetzung wird in der Rechtsprechung des EuGH allerdings häufig sehr restriktiv gehandhabt (Einleitung Rdn. 126), so dass es wiederum auf das Vorliegen von Rechtfertigungsgründen für die Einschränkung des freien Warenverkehrs ankommen kann.

d) Einzelfälle

50 Die Warenverkehrsfreiheit nach Art. 34 AEUV ist verletzt, wenn der Irreführungsschutz nach § 5 nur den Vertrieb eingeführter Produkte erfasst. Davon ist die Rechtsprechung in dem Fall **»Kohl/Ringelhan und Rennett«** ausgegangen, in dem eine französisches Unternehmen und seine deutsche Vertriebsgesellschaft ein Firmenzeichen (r + r) benutzten, das das deutsche Publikum einer früheren, mittlerweile in Insolvenz gegangenen Schwestergesellschaft des französischen Unternehmens zuordnete.[96] Ein Rechtfertigungsgrund nach Art. 36 AEUV bestand nicht, weil der Verbraucherschutz nicht der öffentlichen Ordnung unterfällt.[97] Die Entscheidung ist mit dieser Begrün-

95 EuGH, 12.09.2000, C-366/98, GRUR Int. 2001, 55 Rn. 18 – *Geffroy*.
96 EuGH, 06.11.1984, 177/83, GRUR Int. 1985, 110 Rn. 15 und 16 – *Kohl/Ringelhan und Rennett*.
97 EuGH, 06.11.1984, 177/83, GRUR Int. 1985, 110 Rn. 19 – *Kohl/Ringelhan und Rennett*.

dung zweifelhaft und nicht mit der nachfolgenden Entscheidung »Pall/Dahlhausen« in Einklang zu bringen, weil der Irreführungsschutz auch ein von der deutschen Vertriebsgesellschaft im Inland produziertes und mit dem Firmenzeichen versehenes Produkt erfasst hätte. Die deutsche Öffentlichkeit sah das Firmenzeichen ohne klarstellenden Zusatz als Hinweis auf das nicht mehr existente frühere Unternehmen an.[98] Darauf, dass das mit dem Firmenzeichen versehene Produkt in Frankreich produziert worden war, kam es für die Irreführung in jenem Fall nicht an. Näher hätte es gelegen, das Verbot als unverhältnismäßig anzusehen.

Im Fall **»Pall/Dahlhausen«** hatte eine deutsche Gesellschaft im Inland Blutfilter eines italienischen Herstellers vertrieben. Auf den Filtern und der Verpackung hatte der Hersteller neben seiner italienischen Marke ein R im Kreis angebracht. In Deutschland bestand kein entsprechender Markenschutz. Das vorlegende Gericht sah in dem Vertrieb im Inland einen Verstoß gegen das Irreführungsverbot. Der EuGH hat ein Hemmnis für den Handel innerhalb der Union wegen der Notwendigkeit unterschiedlicher Aufmachungen in den Mitgliedstaaten bejaht, das unterschiedslos für inländische und ausländische Produkte gilt.[99] Er hat aber angenommen, dass ein Verbot nicht durch zwingende Erfordernisse gerechtfertigt war. Dabei hat er es zum einen als nicht erwiesen angesehen, das R im Kreis werde allgemein dahin verstanden, es bestehe Markenschutz in dem Land, in dem das Produkt in Verkehr gebracht werde. Zum anderen hat er eine unterstellte Irreführung im Hinblick auf den Schutz der Verbraucher als nicht so schwerwiegend angesehen, dass sie das Hindernis für den freien Warenverkehr rechtfertigen könnte.[100] Zum selben Ergebnis ist der EuGH gekommen, soweit es um ein unlauteres Verhalten gegenüber Mitbewerbern ging.[101] Anders als in der Sache »Kohl/Ringelhan und Rennett« hat der EuGH angenommen, dass das nationale Irreführungsverbot gleichermaßen inländische und ausländische Produkte erfasst und hat hier einen Verstoß gegen die Warenverkehrsfreiheit damit begründet, dass ein unterstellter Verstoß gegen das Irreführungsverbot keine Einschränkung der Warenverkehrsfreiheit rechtfertigt. 51

Hemmnisse für den freien Warenverkehr können sich aus **unterschiedlichen Vorschriften zur Herstellung, Verkaufsbezeichnung, Aufmachung und Etikettierung in den Mitgliedstaaten** ergeben. Diese Vorschriften sind regelmäßig produktbezogen und keine Verkaufsmodalitäten.[102] In der Sache **»Kommission/Frankreich«**[103] hat der EuGH eine französische Vorschrift wegen Verstoßes gegen den freien Warenverkehr beanstandet, die eine Reihe von Bezeichnungen und Aufmachungs- und Verpackungsmodalitäten solchen Stopfleberzubereitungen vorbehielt, die die festgelegten Voraussetzungen für Zusammensetzung und Qualität erfüllten. Er hat angenommen, dass eine 52

98 EuGH, 06.11.1984, 177/83, GRUR Int. 1985, 110 Rn. 10 – *Kohl/Ringelhan und Rennett.*
99 EuGH, 13.12.1990, C-238/89, GRUR Int. 1991, 215 Rn. 14 – *Pall/Dahlhausen.*
100 EuGH, 13.12.1990, C-238/89, GRUR Int. 1991, 215 Rn. 18 und 19 – *Pall/Dahlhausen.*
101 EuGH, 13.12.1990, C-238/89, GRUR Int. 1991, 215 Rn. 20 – *Pall/Dahlhausen.*
102 EuGH, 02.02.1994, C-315/92, GRUR 1994, 303 Rn. 13 – *Clinique*; EuGH, 06.07.1995, C-470/93, GRUR Int. 1995, 804 Rn. 12 – *Mars.*
103 EuGH, 22.10.1998, C-184/96. LRE 35, 257 – Kommission/Frankreich.

potentielle Behinderung des innergemeinschaftlichen Handels vorliegt. Diese reicht zur Annahme einer Beschränkung des freien Warenverkehrs aus; zu tatsächlichen Behinderungen muss es nicht gekommen sein.[104] Der konkret zur Entscheidung anstehende Fall muss ebenfalls keinen Bezug zu einem anderen Mitgliedstaat haben, sondern kann auf einen reinen Inlandssachverhalt beschränkt sein.[105] Dagegen kann die Warenverkehrsfreiheit nicht herangezogen werden, damit **Waren aus nationaler Produktion** genauso behandelt werden, wie eingeführte Produkte; eine Ungleichbehandlung von Waren, die nicht geeignet ist, die Einfuhr zu behindern oder den Absatz eingeführter Waren zu erschweren, fällt nicht unter Art. 34 AEUV.[106] Die Einschränkungen des freien Warenverkehrs durch die Vorschrift zu Stopfleberzubereitungen hat der EuGH als nicht durch zwingende Erfordernisse des Verbraucherschutzes und zur Bekämpfung von Betrügereien gerechtfertigt angesehen, weil weniger einschneidende Maßnahmen, wie Angaben auf der Etikettierung, ausreichten.[107]

53 Entsprechen Produkte, die in einem Mitgliedstaat unter einer bestimmten Bezeichnung rechtmäßig in Verkehr gebracht werden, nicht den Anforderungen, die in einem anderen Mitgliedstaat an Erzeugnisse mit dieser Bezeichnung gestellt werden, reicht dies für sich genommen nicht aus, um die Vermarktung der Produkte in diesem Mitgliedstaat wegen Irreführung der Verbraucher zu verbieten. **Eine angemessene Etikettierung genügt, um Käufer und Verbraucher zu informieren.**[108] Dann ist die weitergehende nationale Vorschrift unverhältnismäßig.[109] Eine Ausnahme besteht, wenn die Produkte nach Zusammensetzung oder Herstellungsweise so stark von den in der Union unter dieser Bezeichnung allgemein bekannten Waren abweichen, dass sie nicht mehr derselben Kategorie zugerechnet werden können.[110] Das hat der EuGH in dem Urteil **»Guimont«** für einen unter der Bezeichnung »Emmentaler« vertriebenen Käse ohne Rinde verneint, weil sich aus dem Codex alimentarius der Welternährungsorganisation der Vereinten Nationen und der Weltgesundheitsorganisation Hinweise darauf ergaben, dass eine Käse ohne Rinde die Bezeichnung »Emmentaler« tragen konnte.[111]

54 Ein Verstoß gegen die Warenverkehrsfreiheit liegt bei einer nationalen Regelung vor, die die **Verwendung einer bestimmten Sprache** für die Etikettierung von Lebensmitteln vorschreibt, ohne die Möglichkeit vorzusehen, eine andere für den Käufer leicht ver-

104 EuGH, 07.05.1997, C-321/94 bis 324/94, GRUR Int. 1997, 737 Rn. 44 – *Pistre*; EuGH, 22.10.1998, C-184/96. LRE 35, 257 Rn. 17 – Kommission/Frankreich.

105 EuGH, 07.05.1997, C-321/94 bis 324/94, GRUR Int. 1997, 737 Rn. 44 – *Pistre.*

106 EuGH, 05.12.2000, C-448/98, GRUR Int. 2001, 451 Rn. 15 – *Guimont.*

107 EuGH, 22.10.1998, C-184/96. LRE 35, 257 Rn. 22 ff – Kommission/Frankreich.

108 EuGH, 12.09.2000, C-366/98, GRUR Int. 2001, 55 Rn. 21 und 23 – *Geffroy*; EuGH, 05.12.2000, C-448/98, GRUR Int. 2001, 451 Rn. 31 – *Guimont.*

109 EuGH, 05.12.2000, C-448/98, GRUR Int. 2001, 451 Rn. 29 – *Guimont.*

110 EuGH, 22.10.1998, C-184/96. LRE 35, 257 Rn. 23 – Kommission/Frankreich; EuGH, 12.09.2000, C-366/98, GRUR Int. 2001, 55 Rn. 22 – *Geffroy*; EuGH, 05.12.2000, C-448/98, GRUR Int. 2001, 451 Rn. 30 – *Guimont.*

111 EuGH, 05.12.2000, C-448/98, GRUR Int. 2001, 451 Rn. 32 – *Guimont.*

ständliche Sprache zu verwenden oder die Unterrichtung des Käufers durch andere Maßnahmen zu gewährleisten.[112]

Gegenstand der Entscheidung **»Prantl«** des EuGH war eine deutsche Bestimmung, wonach die Form von Bocksbeutelflaschen Weinen aus einen bestimmten Anbaugebiet in Franken vorbehalten war.[113] Vergleichbare Flaschenformen wurden in Italien rechtmäßig für Wein bestimmter Anbaugebiete verwandt. Die nationale Regelung, die einem Produkt mit einem Ursprung in dem Mitgliedstaat eine bestimmte Flaschenform vorbehält, ist eine Maßnahme mit gleicher Wirkung i. S. des Art. 34 AEUV, wenn sie auf Produkte aus einem anderen Mitgliedstaat angewandt wird, die dort rechtmäßig vertrieben werden.[114] Die Beschränkung des freien Warenverkehrs ist nicht durch Gründe i. S. von Art. 36 AEUV oder unbenannte Gründe gerechtfertigt. Eine entsprechende Bestimmung gehört nicht zum Bereich der öffentlichen Ordnung und dient nicht dem Schutz des gewerblichen und kommerziellen Eigentums. Eine Täuschung der Verbraucher, durch die eine Einschränkung der Warenverkehrsfreiheit aus zwingenden Erfordernissen im Hinblick auf den Verbraucherschutz und die Lauterkeit des Handelsverkehrs gerechtfertigt sein kann, hat der EuGH unter Hinweis auf die ausführlichen Vorschriften über die Etikettierung von Wein verneint.[115] **55**

Besondere Bedeutung misst der EuGH aufklärenden Hinweisen und Anwendungsangaben sowie Begleitumständen des Vertriebs zur Verhinderung einer Irreführung zu. Die Entscheidung »VSW/Clinique« hat die Verwendung der Bezeichnung »Clinique« beim Vertrieb eines kosmetischen Mittels zum Gegenstand. Die Unterlassungsklage war auf die Behauptung gestützt, die Verbraucher würden dem Produkt aufgrund der Bezeichnung zu Unrecht eine medizinische Wirkung beilegen. Ein durch § 5 begründetes Verbot, kosmetische Mittel mit einer bestimmten Bezeichnung in Verkehr zu bringen, die in einem anderen Mitgliedstaat rechtmäßig vermarktet werden, beeinträchtigt den freien Warenverkehr. Es handelt sich nicht um eine Verkaufsmodalität sondern eine produktbezogene Beschränkung, die durch Art. 36 AEUV oder zwingende Erfordernisse gerechtfertigt sein muss. Da die Produkte in Parfümerien und Kosmetikabteilungen und nicht in Apotheken vertrieben werden und nicht als Arzneimittel aufgemacht sind, ist der EuGH davon ausgegangen, dass ein Verbot zum Schutz der Gesundheit der Bevölkerung nicht erforderlich ist. Eine irreführende Wirkung der Bezeichnung »Clinique« im Hinblick auf eine klinische oder medizinische Konnotation beim Verbraucher hat der EuGH von sich aus verneint, obwohl das vorlegende Gericht hierzu die Einholung eines Meinungsforschungsgutachtens für notwendig hielt.[116] Eine Irreführung des Verbrauchers hat der EuGH ebenfalls im Fall »Mars« verneint, in dem ein Süßwarenriegel mit der Aufdruck »+10 %« versehen war und die Produktverpackung mit einem Balken und dem Aufdruck »+10 %« optisch einen größeren Raum als 10 % **56**

112 EuGH, 12.09.2000, C-366/98, GRUR Int. 2001, 55 Rn. 28 – *Geffroy.*
113 EuGH, 13.03.1984, C-16/83, GRUR Int. 1984, 291 – *Prantl.*
114 EuGH, 13.03.1984, C-16/83, GRUR Int. 1984, 291 Rn. 30 – *Prantl.*
115 EuGH, 13.03.1984, C-16/83, GRUR Int. 1984, 291 Rn. 36–38 – *Prantl.*
116 EuGH, 02.02.1994, C-315/92, GRUR 1994, 303 Rn. 22–24 – *Clinique.*

einnahmen. Er hat lapidar angenommen, der verständige Verbraucher wisse, dass zwischen der Größe von Werbeaufdrucken, die auf eine Erhöhung der Menge des Erzeugnisses hinweisen, und dem Ausmaß dieser Erhöhung nicht notwendig ein Zusammenhang bestehe.[117]

57 Zurückhaltender hat der EuGH im Fall **»Lifting-Creme«** die Frage der Irreführung der Verbraucher und der Einschränkung des freien Warenverkehrs bei der Verwendung der Bezeichnung »Lifting« für eine Creme zur Hautstraffung beurteilt.[118] Hier hat er die Entscheidung der Frage, ob Verbraucher irregeführt werden, weil sie annehmen, die hautstraffende Wirkung sei nicht nur von ganz kurzer Dauer, dem nationalen Gericht überlassen. In diesem Zusammenhang hat der EuGH konstatiert, dass das Verständnis der Verbraucher in verschiedenen Mitgliedstaaten unterschiedlich ausfallen kann. Zugleich hat er die Bedeutung der Angaben zur Anwendung des Produkts für eine Vermeidung der Irreführung hervorgehoben.

58 Erhebliche Bedeutung räumt der EuGH bei der Frage der Irreführung der Verbraucher dem auf der Produktverpackung von Lebensmitteln angebrachten **Zutatenverzeichnis** ein. Er geht in ständiger Rechtsprechung davon aus, dass Verbraucher, die sich in ihrer Kaufentscheidung nach der Zusammensetzung der Erzeugnisse richten, zunächst das Zutatenverzeichnis lesen.[119] Sind die Angaben im Zutatenverzeichnis richtig, nimmt der EuGH grundsätzlich an, die verbleibende Gefahr einer Irreführung der Verbraucher sei gering und rechtfertige keine Einschränkung der Warenverkehrsfreiheit. Wird der Verbraucher nicht irregeführt, erlangen diejenigen Unternehmen, die kostengünstigere Erzeugnisse verwenden, keinen unzulässigen Wettbewerbsvorteil und die Lauterkeit des Handelsverkehrs bleibt gewährleistet.[120] Es ist wegen der Beschränkungen der Warenverkehrsfreiheit danach unzulässig, zusätzliche Angaben zu Verkehrsbezeichnungen festzulegen, die bereits im Zutatenverzeichnis enthalten sind.[121] Bei Angaben, die nicht im Zutatenverzeichnis anzuführen sind und dort auch nicht angeführt werden, ist eine zusätzliche Beschreibung nicht erforderlich, wenn der Verbraucher mit deren Vorhandensein rechnen muss. Der EuGH hat aufgrund der allgemein bekannten Luft- und Wasserverschmutzung daraus gefolgert, dass der Verbraucher durch die Angabe **»naturrein«** für eine Konfitüre nicht irregeführt wird, wenn das Produkt Blei-, Cadmium- und Pestizidrückstände enthält, solange diese deutlich unter den höchstzulässigen Werten bleiben. Selbst wenn in Einzelfällen Verbraucher diese Tatsache nicht beachten und somit irregeführt werden sollten, ist diese Gefahr gering und kann daher ein Hemmnis

117 EuGH, 06.07.1995, C-470/93, GRUR Int. 1995, 804 Rn. 24 – *Mars*.
118 EuGH, 13.01.2000, C-220/98, GRUR Int. 2000, 354 Rn. 29 – *Lifting-Creme*.
119 EuGH, 26.10.1995, C-51/94, EuZW 1996, 245 Rn. 34 – Kommission/Deutschland [Sauce béarnaise]; EuGH, 04.04.2000, C-465/98, WRP 2000, 489 Rn. 22 – *Darbo naturrein*; EuGH, 04.06.2015, C-195/14, GRUR 2015, 701 Rn. 36 – *Teekanne*.
120 EuGH, 26.10.1995, C-51/94, EuZW 1996, 245 Rn. 36 – Kommission/Deutschland [Sauce béarnaise].
121 EuGH, 26.10.1995, C-51/94, EuZW 1996, 245 Rn. 41 – Kommission/Deutschland [Sauce béarnaise].

für den freien Warenverkehr nicht rechtfertigen.[122] Von dem Grundsatz, dass Verbraucher, die sich in ihrer Kaufentscheidung nach der Zusammensetzung des Erzeugnisses richten, zunächst das Verzeichnis der Zutaten lesen, hat der EuGH sich selbst in dem Fall »**Teekanne**«[123] nicht lösen können, in dem die Verpackungsaufmachung insgesamt so gestaltet war, dass der Verbraucher keinen Anlass hatte, sich wegen bestimmter Inhaltsstoffe noch mit dem Zutatenverzeichnis zu befassen.[124] Er hat allerdings die Bedeutung des Zutatenverzeichnisses für die zutreffende Information der Verbraucher und die Verhinderung einer Irreführung relativiert.[125] Der BGH hat in der nachfolgenden Entscheidung die Angaben im Zutatenverzeichnis zur Verhinderung einer Irreführung nicht genügen lassen.[126]

Art. 35 AEUV sieht ein Verbot mengenmäßiger Ausfuhrbeschränkungen und Maßnahmen gleicher Wirkung vor. Die Bestimmung und nicht Art. 34 AEUV ist zur Beurteilung einer Einschränkung der Warenverkehrsfreiheit heranzuziehen, wenn nicht die Einfuhr von Waren aus einem Mitgliedstaat, sondern ausschließlich die Ausfuhr von Waren aus einem Mitgliedstaat in einen anderen Mitgliedstaat betroffen ist. Zur Beurteilung einer Einschränkung der Warenverkehrsfreiheit durch mengenmäßige Ausfuhrbeschränkungen und Maßnahmen gleicher Wirkung gelten im Wesentlichen dieselben Maßstäbe, die zu Art. 34 AEUV entwickelt worden sind. Danach fällt eine für alle im Inland tätigen Wirtschaftsteilnehmer geltende nationale Maßnahme, die tatsächlich die Ausfuhren stärker betrifft als den Absatz der Waren auf dem inländischen Markt, unter das Verbot des Art. 35 AEUV.[127] Auf die Bedeutung der Einschränkung der Warenverkehrsfreiheit kommt es nicht an.[128] 59

Zulässig sind Einschränkungen aus den in Art. 36 AEUV angeführten und den vom EuGH entwickelten unbenannten Rechtfertigungsgründen.[129] Die entsprechende Beschränkung muss zudem geeignet sein, das im Allgemeininteresse liegende Ziel zu erreichen, und sie darf nicht über das hinausgehen, was zur Erreichung des verfolgten Ziels erforderlich ist.[130] Lauterkeitsrechtliche Irreführungsverbote unterfallen nicht dem gewerblichen und kommerziellen Eigentum i. S. des Art.36 AEUV und können durch die dort aufgeführten Gründe nicht gerechtfertigt werden. Nicht ausgeschlossen ist allerdings, dass entsprechende Ausfuhrbeschränkungen unter andere Rechtfertigungsgründe fallen. Die Bedeutung des Art. 35 AEUV ist im Bereich des gewerblichen Rechtsschutzes und speziell des Anwendungsbereichs des § 5 von nur geringer praktischer Bedeutung. In der Sache hat der EuGH eine für Weine mit einer Ursprungsbe- 60

---

122 EuGH, 04.04.2000, C-465/98, WRP 2000, 489 Rn. 27–33 – *Darbo naturrein.*
123 EuGH, 04.06.2015, C-195/14, GRUR 2015, 701 Rn. 36 – *Teekanne.*
124 BGH, 26.02.2014, I ZR 45/13, GRUR 2014, 588 Rn. 10 – *Himbeer-Vanille-Abenteuer.*
125 EuGH, 04.06.2015, C-195/14, GRUR 2015, 701 Rn. 38–40 – *Teekanne.*
126 BGH, 02.12.2015, I ZR 45/13, GRUR 2016, 738 Rn. 15–17 – *Himbeer-Vanille-Abenteuer II.*
127 EuGH, 16.12.2008, C-205/07, NJW 2009, 1579 Rn. 43–45 – *Gysbrechts und Santurel Inter.*
128 EuGH, 01.04.2008, C-212/06, Slg. 2008, I-1683 Rn. 52.
129 EuGH, 01.04.2008, C-212/06, Slg. 2008, I-1683 Rn. 55; EuGH, 21.06.2016, C-15/15, EuZW 2016, 717 Rn. 48 – *New Valmar.*
130 EuGH, 21.06.2016, C-15/15, EuZW 2016, 717 Rn. 48 – *New Valmar.*

zeichnung geltende nationale Regelung, die die Verwendung des Namens des Erzeugungsgebiets als Ursprungsbezeichnung von der Abfüllung in diesem Gebiet abhängig macht, als eine Maßnahme mit gleicher Wirkung wie eine mengenmäßige Ausfuhrbeschränkung angesehen, weil sie spezifische Beschränkungen der Ausfuhrströme im Hinblick auf Wein bewirkt, der die fragliche Ursprungsbezeichnung tragen kann, und damit unterschiedliche Bedingungen für den Handel innerhalb eines Mitgliedstaats und seinen Außenhandel schafft.[131] Er hat diese Beschränkung allerdings nach Art. 36 AEUV zur Erhaltung des großen Ansehens des mit der Ursprungsbezeichnung versehenen Weines durch eine bessere Beherrschung seiner besonderen Eigenschaften und seiner Qualität als gerechtfertigt angesehen. Er hat weiter angenommen, die Maßnahme sei verhältnismäßig, weil sie ein zur Verwirklichung des verfolgten Zieles erforderliches und verhältnismäßiges Mittel darstellte und keine anderen, weniger restriktiven Maßnahmen zur Verfügung standen.[132]

e) Dienstleistungsfreiheit nach Art. 56 AEUV

61 Nach Maßgabe der Art. 56 bis 62 AEUV steht den Unionsbürgern die Dienstleistungsfreiheit zu. Sie umfasst die grenzüberschreitende Erbringung und Entgegenahme von Dienstleistungen und gilt zugunsten des Dienstleisters und des Dienstleistungsempfängers[133] (näherEinleitung Rdn. 144–156). Einschränkungen der Dienstleistungsfreiheit innerhalb der Union für Dienstleister, die in einem anderen Mitgliedstaat als demjenigen des Leistungsempfängers ansässig sind, sind grundsätzlich unzulässig.[134] Das gilt auch für Beschränkungen im Mitgliedstaat, in dem der Dienstleister ansässig ist.[135] Zum freien Dienstleistungsverkehr nach Art. 56 AEUV gehört die Beseitigung jeder Diskriminierung des Dienstleistenden aufgrund seiner Staatsangehörigkeit oder des Umstands, dass er in einem anderen Mitgliedstaat niedergelassen ist als dem, in dem die Dienstleistung erbracht werden soll, und die Aufhebung aller Beschränkungen – selbst wenn sie unterschiedslos für inländische Dienstleistende wie für solche aus anderen Mitgliedstaaten gelten –, sofern sie geeignet sind, die Tätigkeiten des Dienstleistenden, der in einem anderen Mitgliedstaat niedergelassen ist und dort rechtmäßig vergleichbare Dienstleistungen erbringt, zu unterbinden, zu behindern oder weniger attraktiv zu machen.[136]

62 **Irreführungsverbote**, die in die Dienstleistungsfreiheit eingreifen, sind nur aus zwingenden Erfordernissen des Allgemeininteresses und zur Verwirklichung der Ziele des Art. 52 AEUV gerechtfertigt.[137] Im grenzüberschreitenden Dienstleistungsverkehr kann danach ein Verbot nach § 5 wegen Eingriffs in die Dienstleistungsfreiheit unzulässig sein. Einschränkungen der Dienstleistungsfreiheit durch nationale Vorschriften sind

131 EuGH, 16.05.2000, C-388/95, GRUR Int. 2000, 750 Rn. 42 – *Belgien/Spanien [Rioja]*.
132 EuGH, 16.05.2000, C-388/95, GRUR Int. 2000, 750 Rn. 53 ff – *Belgien/Spanien [Rioja]*.
133 EuGH, 24.03.1994, C-275/92, NJW 1994, 2013 Rn. 45 – *Schindler*.
134 EuGH, 10.05.1995, C-384/93, GRUR Int. 1995, 900 Rn. 30 – *Alpine Investments*.
135 EuGH, 10.05.1995, C-384/93, GRUR Int. 1995, 900 Rn. 31 – *Alpine Investments*.
136 EuGH, 17.12.2015, C-342/14, NJW 2016, 857 Rn. 48.
137 EuGH, 30.04.2014, C-475/12, MMR 2015, 339 Rn. 103 – *UPC/NMHH*.

unter vier Voraussetzungen zulässig. (1) Sie müssen in nichtdiskriminierender Weise angewandt werden, (2) sie müssen aus zwingenden Gründen des Allgemeininteresses gerechtfertigt sein, (3) sie müssen geeignet sein, die Verwirklichung des mit ihnen verfolgten Zieles zu gewährleisten, (4) und sie dürfen nicht über das hinausgehen, was zur Erreichung dieses Zieles erforderlich ist.[138] Die Vorschrift, durch die die Dienstleistungsfreiheit eingeschränkt wird, muss aus Gründen der Rechtssicherheit **klar, bestimmt und in ihren Auswirkungen vorhersehbar** sein.[139] Zu den zwingenden Erfordernissen des Allgemeininteresses, die einen Eingriff in die Dienstleistungsfreiheit rechtfertigen können, sind die von der Rechtsprechung entwickelten Maßstäbe zur Warenverkehrsfreiheit heranzuziehen. Danach kann eine Beschränkung der Dienstleistungsfreiheit aus Gründen des Verbraucherschutzes, der Lauterkeit des Handelsverkehrs,[140] des Schutzes der Sozialordnung und der Verbrechensbekämpfung gerechtfertigt sein (Einleitung Rdn. 154–156). Die Aufzählung ist nicht abschließend. So kann die Aufrechterhaltung des guten Rufs des Finanzsektors eines Mitgliedstaats oder der Schutz vor einem Übermaß kommerzieller Werbung einen zwingenden Grund des Allgemeininteresses ergeben.[141] Sittliche, religiöse und kulturelle Erwägungen und die Abschätzung schädlicher persönlicher oder sozialer Folgen, die in den Mitgliedstaaten angestellt und vorgenommen werden, können berücksichtigt werden.[142]

Von der Dienstleistungsfreiheit umfasst sind Werbemaßnahmen. Werbeverbote von Dienstleistern in einem anderen Mitgliedstaat sind an der Dienstleistungsfreiheit und den Rechtfertigungsgründen zu ihrer Einschränkung zu messen.[143] Ob die Grundsätze der Keck-Rechtsprechung auf den Bereich der Dienstleistungsfreiheit sinngemäß übertragbar sind, ist nicht eindeutig geklärt (Einleitung Rdn. 153). 63

Überschneidungen zwischen der Dienstleistungs- und der Warenverkehrsfreiheit werden nach der vorrangig betroffenen Grundfreiheit gelöst. Das gilt auch im Verhältnis zu anderen Grundfreiheiten (näher Einleitung Rdn. 146). 64

IV. § 5 und Verfassungsrecht

1. EU-Grundrechte

a) Allgemeines

Klageverfahren wegen irreführender geschäftlicher Handlungen gem. § 5 können in verfassungsrechtlich geschützte Rechtspositionen der Parteien eingreifen. Durch Verbote wird häufig das Recht des Beklagten auf **Meinungsfreiheit** und auf **freie Berufs-** 65

138 EuGH, 30.11.1995, C-55/94, NJW 1996, 579 Rn. 37 – *Gebhard*.
139 EuGH, 17.12.2015, C-342/14, NJW 2016, 857 Rn. 59.
140 EuGH, 09.07.1997, C-34/95 bis C-36/95, WRP 1998, 145 Rn. 53 – *De Agostoni*.
141 EuGH, 10.05.1995, C-384/93, GRUR Int. 1995, 900 Rn. 44 – *Alpine Investments*; EuGH, 23.10.2003, C-245/01, GRUR Int. 2004, 242 Rn. 71 – *RTL Television*.
142 EuGH, 24.03.1994, C-275/92, NJW 1994, 2013 Rn. 60 – *Schindler*.
143 EuGH, 24.03.1994, C-275/92, NJW 1994, 2013 Rn. 45 und 63 – *Schindler*; EuGH, 10.05.1995, C-384/93, GRUR Int. 1995, 900 Rn. 33 ff – *Alpine Investments*; EuGH, 09.07.1997, C-34/95 bis C-36/95, WRP 1998, 145 Rn. 50 und 52 – *De Agostoni*.

ausübung tangiert. In Betracht kommen auch Eingriffe in die **Informations-, Presse- und Kunstfreiheit** und Beschränkungen der **allgemeinen Handlungsfreiheit**.

66 Wird durch die nationale Regelung eine Vorschrift des Sekundärrechts umgesetzt, die eine Vollharmonisierung vorsieht, hat der nationale Gesetzgeber grundsätzlich keinen Gestaltungsspielraum bei deren Umsetzung. Liegt zwingendes Unionsrecht ohne Umsetzungsspielraum durch die Mitgliedstaaten vor, werden die grundrechtlichen Positionen der Parteien durch die **Grundrechte der EU-Grundrechtecharta** und nicht durch deutsches Verfassungsrecht gewährleistet.[144] Im Prozess müssen die Fachgerichte die Grundrechte der EU-Grundrechtecharta anwenden und erforderlichenfalls ein Vorabentscheidungsersuchen an den EuGH richten. Da das Sekundärrecht der Union beim jetzigen Stand der Integration sich von der Teilharmonisierung zunehmend zur Vollharmonisierung ohne Gestaltungsspielräume für die Mitgliedstaaten bei der Umsetzung entwickelt, wird die Bedeutung der EU-Grundrechte und die Gewährleistung des Grundrechtsschutzes durch die Fachgerichte der Mitgliedstaaten und den EuGH erheblich an Bedeutung gewinnen. Das BVerfG hat hierauf schon mit einer umfassenden Kontrolldichte in diesem Bereich reagiert (zur Überprüfung der Vorlagepflicht durch das BVerfG in diesem Bereich Einleitung Rdn. 52–57).

67 Soweit § 5 der Umsetzung der Vorschriften über irreführende Geschäftspraktiken der UGP-RL dient, wird vollharmonisiertes Sekundärrecht der Union durch die deutsche Norm umgesetzt. Der Gesetzgeber hat bei der Bestimmung des Schutzniveaus keinen Gestaltungsspielraum und der **Grundrechtsschutz ist anhand der EU-Grundrechtecharta** zu bestimmen. In der Sache ergeben sich im Zusammenhang mit dem Schutz gegen Irreführung nach § 5 kaum Unterschiede zum nationalen Grundrechtsschutz. Häufig führt die Anwendung der Grundrechte der EU-Grundrechtecharta zu einer Interessenabwägung, bei der die verschieden Grundrechte und Belange des Allgemeininteresses in einen möglichst weitgehenden Ausgleich zu bringen sind.

b) Freie Meinungsäußerung (Art. 10 EU-Grundrechtecharta)

68 Das Recht auf freie Meinungsäußerung und Informationsfreiheit ist durch Art. 10 EU-Grundrechtecharta geschützt und schließt die Freiheit ein, Informationen und Ideen ohne behördliche Eingriffe und ohne Rücksicht auf Staatsgrenzen zu empfangen und weiterzugeben. Dieses Recht auf freie Meinungsäußerung umfasst die Wirtschaftswerbung.[145] **Einschränkungen der Meinungsfreiheit** sind unter Berücksichtigung von Gründen und zur Verfolgung von Zielen des Allgemeininteresses zulässig.[146] Diese

144 BVerfG, 19.07.2011, 1 BvR 1916/09, BVerfGE 129, 78 Rn. 91–93; BVerfG, 31.05.2016, 1 BvR 1585/13, BVerfGE 142, 74 Rn. 115; BGH, 31.03.2016, I ZR 160/14, GRUR 2016, 710 Rn. 45 – *Im Immobiliensumpf*; hierzu auch EuGH, 20.05.2003, C-465/00, AfP 2004, 243 Rn. 68 – *Rechnungshof/Österreichischer Rundfunk*.

145 EuGH, 23.10.2003, C-245/01, GRUR Int. 2004, 242 Rn. 73 – *RTL Television*; EuGH, 25.03.2004, C-71/02, WRP 2004, 599 Rn. 51 – *Karner/Troostwijk*.

146 EuGH, 23.10.2003, C-245/01, GRUR Int. 2004, 242 Rn. 73 – *RTL Television*; EuGH, 25.03.2004, C-71/02, WRP 2004, 599 Rn. 50 – *Karner/Troostwijk*.

müssen gesetzlich vorgesehen sein, den Wesensgehalt des Grundrechts achten und durch ein dringendes gesellschaftliches Bedürfnis gerechtfertigt sein sowie in einem angemessenen Verhältnis zu den legitimen Zielen stehen.[147] Zu den die Meinungsäußerungsfreiheit einschränkenden Zielen des Allgemeininteresses rechnen der Verbraucherschutz und die Lauterkeit des Handelsverkehrs.[148]

Die Abwägung zwischen der Freiheit der Meinungsäußerung und den Zielen des Allgemeininteresses ist je nach dem Ziel, das eine Beschränkung des Rechts auf freie Meinungsäußerung rechtfertigt, und je nach der Art der Tätigkeit, um die es geht, unterschiedlich. Trägt die Meinungsäußerung nicht zu einer Debatte von allgemeinem Interesse bei, sondern erfolgt sie im Geschäftsverkehr, etwa in der Werbung, können die Ziele des Allgemeininteresses eher eine Einschränkung der Meinungsäußerungsfreiheit rechtfertigen.[149] Diese Gewichtung zwischen dem Schutz der freien Meinungsäußerung im Geschäftsverkehr und den sie einschränkenden Gründen stimmt überein mit der Rechtsprechung des BGH zum Schutz der freien Meinungsäußerung nach Art. 5 GG.[150] Ist das Interesse der Allgemeinheit an einem unverfälschten Wettbewerb betroffen, so ist es gerechtfertigt, geschäftlichen Zwecken dienende Meinungsäußerungen strenger zu bewerten als Äußerungen, die nicht den lauterkeitsrechtlichen Verhaltensanforderungen, sondern lediglich dem allgemeinen Deliktsrecht unterliegen. Unwahre Äußerungen sind grundsätzlich nicht durch die freie Meinungsäußerung gedeckt. Ist die Angabe objektiv unwahr und liegen die Voraussetzungen einer unlauteren irreführenden Geschäftspraktik i. S. der UGP-RL vor, gehen die Belange des Verbraucherschutzes grundsätzlich einem Interesse des Unternehmens an der Fortsetzung seines unlauteren Verhaltens vor. Anders kann die Abwägung ausgehen, wenn die Angaben sachlich richtig sind und sie nur vom Verkehr falsch aufgefasst werden. Hier muss eine nähere auf den Einzelfall abgestellte Interessenabwägung zwischen dem Grundrecht des Art. 10 EU-Grundrechtecharta auf freie Meinungsäußerung und den Belangen des Verbraucherschutzes erfolgen.[151] 69

c) Berufsfreiheit und unternehmerische Freiheit (Art. 15 und 16 EU-Grundrechtecharta)

Art. 15 EU-Grundrechtecharta schützt die Berufsfreiheit. Die Bestimmung wird vom EuGH teilweise zusammen mit dem durch Art. 17 geschützten Eigentumsrecht[152] oder 70

147 EuGH, 26.06.1997, C-368/95, WRP 1997, 706 Rn. 26 – *Familiapress*; EuGH, 12.06.2003, C-112/00, NJW 2003, 3185 Rn. 79 – *Schmidberger*; EuGH, 22.01.2013, C-283/11, GRUR Int. 2013, 288 Rn. 48 – *Sky Österreich*.

148 GK/*Lindacher* Vor §§ 5, 5a Rn. 55.

149 EuGH, 25.03.2004, C-71/02, WRP 2004, 599 Rn. 51 – *Karner/Troostwijk*.

150 BGH, 19.05.2011, I ZR 147/09, GRUR 2012, 74 Rn. 33 – *Coaching Newsletter*; BGH, 31.03.2016, I ZR 160/14, GRUR 2016, 710 Rn. 51 und 56 – *Im Immobiliensumpf*.

151 BGH, 24.09.2013, I ZR 219/12, GRUR 2013, 1252 Rn. 17 – *Medizinische Fußpflege*, allerdings unter Heranziehung der nationalen Grundrechte.

152 EuGH, 14.05.1974, Rs. 4/73, NJW 1975, 518, 520 – *Nold KG/Kommission*; EuGH, 10.01.1992, C-177/90, Slg. 1992, I-35 Rn. 16 – *Kühn*.

der unternehmerischen Freiheit nach Art. 16 EU-Grundrechtecharta[153] genannt. In seinen Entscheidungen trennt der EuGH daher nicht immer zwischen diesen Grundrechten. Die **Berufsfreiheit** i. S. von Art. 15 EU-Grundrechtecharta umfasst die freie Wahl des Berufs und seiner Ausübung.[154] Das Recht auf **unternehmerische Freiheit** nach Art. 16 EU-Grundrechtecharta schützt das Recht jedes Unternehmens, in den Grenzen seiner Verantwortlichkeit für seine eigenen Handlungen frei über seine wirtschaftlichen, technischen und finanziellen Ressourcen verfügen zu können.[155] Geschützt werden die Freiheit zur Ausübung einer Wirtschafts- oder Geschäftstätigkeit, die Vertragsfreiheit und der freie Wettbewerb.[156] Diese Freiheit wird eingeschränkt, wenn dem Unternehmen eine Verpflichtung auferlegt wird, die es daran hindert, die ihm zur Verfügung stehenden Ressourcen frei zu nutzen oder die es verpflichtet, Maßnahmen zu ergreifen, die mit Kosten verbunden sind und Auswirkungen auf die Ausgestaltung seiner Tätigkeit haben können.[157].

71 Die Grundrechte nach Art. 15 und 16 EU-Grundrechtecharta werden **nicht schrankenlos gewährleistet**; sie sind im Zusammenhang mit ihrer gesellschaftlichen Funktion zu sehen.[158] Die unternehmerische Freiheit kann grundsätzlich einer Vielzahl von Eingriffen der öffentlichen Gewalt unterworfen werden, die im allgemeinen Interesse die Ausübung der wirtschaftlichen Tätigkeit beschränken können.[159] Die Freiheiten können daher Einschränkungen unterworfen werden, wenn diese im Einklang mit Art. 52 (1) EU-Grundrechtecharta gesetzlich vorgesehen sind, den Wesensgehalt dieser Freiheit achten, unter Wahrung des Grundsatzes der Verhältnismäßigkeit erforderlich sind und den von der Union anerkannten, dem Gemeinwohl dienenden Zielsetzungen oder den Erfordernissen des Schutzes der Rechte und Freiheiten anderer tatsächlich entsprechen.[160] Zu den allgemeinen Interessen, die eine Einschränkung der unternehmerischen Freiheit rechtfertigen können, zählen allgemein der Verbraucherschutz und speziell die vollständige Information der Verbraucher.[161] Verbote zur Verhinderung irreführender Geschäftspraktiken rechtfertigen daher Eingriffe in die unternehmerische Freiheit.

72 Der Eingriff in die Berufsfreiheit und in die unternehmerische Freiheit muss **verhältnismäßig** sein. Dazu muss er geeignet und erforderlich sein, das zulässigerweise verfolgte Ziel zu erreichen und, falls mehrere geeignete Maßnahmen zur Auswahl stehen, muss die am wenigsten belastende gewählt werden und die verursachten Nachteile

153 EuGH, 06.09.2012, C-544/10, GRUR 2012, 1161 Rn. 54 – *Deutsches Weintor.*
154 EuGH, 30.06.2016, C-134/15, LMuR 2016, 240 Rn.26 – *Lidl/Freistaat Sachsen.*
155 EuGH, 27.03.2014, C-314/12, GRUR 2014, 468 Rn. 49 – *UPC Telekabel Wien.*
156 EuGH, 27.03.2014, C-314/12, GRUR 2014, 468 Rn. 50 – *UPC Telekabel Wien*; EuGH, 30.06.2016, C-134/15, LMuR 2016, 240 Rn.28 – *Lidl/Freistaat Sachsen.*
157 EuGH, 30.06.2016, C-134/15, LMuR 2016, 240 Rn.29 – *Lidl/Freistaat Sachsen.*
158 EuGH, 22.01.2013, C-283/11, GRUR Int. 2013, 288 Rn. 45 – *Sky Österreich.*
159 EuGH, 22.01.2013, C-283/11, GRUR Int. 2013, 288 Rn. 46 – *Sky Österreich.*
160 EuGH, 30.06.2016, C-134/15, LMuR 2016, 240 Rn.31 – *Lidl/Freistaat Sachsen.*
161 EuGH, 30.06.2016, C-134/15, LMuR 2016, 240 Rn.35 und 37 – *Lidl/Freistaat Sachsen.*

dürfen nicht außer Verhältnis zu den angestrebten Zielen stehen.[162] Allerdings ist zweifelhaft, ob mit dem prozessualen Institut der sekundären Darlegungslast das Problem zutreffend erfasst ist. Die sekundäre Darlegungslast setzt voraus, dass die an sich darlegungspflichtige Partei nicht die notwendigen Informationen hat, diese aber dem Gegner zur Verfügung stehen, weil sie aus seinem Bereich herrühren. Diese Voraussetzungen liegen in der vorliegenden Konstellation regelmäßig nicht vor. Es liegt daher näher, in diesen Fällen, in denen der Unternehmer eine wesentliche Information dem Verbraucher vorenthält, bei der Verletzung unionsrechtlicher Informationspflichten von einer gesetzlichen Vermutung der geschäftlichen Relevanz und in den übrigen Konstellationen nach der Lebenserfahrung von einer geschäftlichen Relevanz auszugehen und eine Umkehr nicht nur der Darlegungs- sondern auch der Beweislast zu Lasten des Unternehmers anzunehmen. Dieser muss geltend machen und erforderlichenfalls beweisen, dass das Vorenthalten wesentlicher Informationen wettbewerbsrechtlich für die Verbraucherentscheidung nicht relevant ist.

Was **Eingriffe** in die freie Berufsausübung oder die unternehmerische Freiheit **durch** 73
ein Verbot irreführender Werbung nach § 5 anbelangt, rechtfertigt der Verbraucherschutz und speziell das Interesse der Verbraucher, nicht durch irreführende Geschäftspraktiken an einer informierten Entscheidung gehindert zu werden, Beschränkungen dieser Grundrechte, sofern der Verhältnismäßigkeitsgrundsatz beachtet wird. Eine **eingehende Interessenabwägung** ist allerdings notwendig, wenn die Angaben objektiv richtig sind und das angesprochene Publikum sie unrichtig versteht und deshalb einem Irrtum unterliegt (Rdn. 69).

2. § 5 und nationale Grundrechte

a) Allgemeines

Verfassungsrechtliche Bedenken unter dem Gesichtspunkt der Rechtssicherheit und der 74
Berechenbarkeit gerichtlicher Entscheidungen bestehen gegen die Generalklauseln des Lauterkeitsrechts nicht.[163] Das gilt auch für § 5. Die Norm ist wesentlich weiter konkretisiert als die Generalklausel des § 1 UWG 1909.[164]

Soweit § 5 nicht der Umsetzung der Bestimmungen über irreführende Geschäftsprakti- 75
ken der UGP-RL dient, wird durch die Vorschrift kein vollharmonisiertes Sekundärrecht der Union umgesetzt. Das gilt auch für die Umsetzung der Bestimmungen der irreführenden Werbung der Werbe-RL. Diese schützt Gewerbetreibende vor einer irreführenden Werbung und enthält für diesen Bereich nur eine Teilharmonisierung (Rdn. 36). Eine Vollharmonisierung durch die Werbe-RL besteht bei der irreführenden Werbung nur für den Teilbereich der irreführenden vergleichenden Werbung. Nur für diesen engen Sektor liegt eine Vollharmonisierung vor und insoweit wird der Grundrechtsschutz ausschließlich durch die EU-Grundrechtecharta gewährleistet. In dem

162 EuGH, 12.07.2001, C-189/01, Slg. 2001, I-5689 Rn. 81 – *Jippes*.
163 BVerfG, 08.02.1972, 1 BvR 170/71, GRUR 1972, 358, 360.
164 BVerfG, 13.07.1992, 1 BvR 303/90, NJW 1993, 1969, 1970.

Umfang, in dem § 5 kein vollharmonisiertes Recht umsetzt, sind die Grundrechte des GG heranzuziehen. In dem Umfang, in dem durch § 5 **teilharmonisiertes Recht** umgesetzt wird, kommen daneben die Grundrechte der EU-Grundrechtecharta zur Anwendung.

b) Grundrechtsträger

76 **Natürliche und inländische juristische Personen** genießen für geschäftliche Handlungen einschließlich werblicher Äußerungen umfassend grundrechtlichen Schutz. Für inländische juristische Personen gelten die Grundrechte unmittelbar nach Art. 19 (3) GG, soweit sie ihrem Wesen nach auf diese anwendbar sind. Das gilt für die im Zusammenhang mit einer irreführenden geschäftlichen Handlung i. S. von § 5 in Betracht kommenden Grundrechte der Meinungs-, Presse- und Kunstfreiheit nach Art. 5 GG, der Berufs- und Berufsausübungsfreiheit nach Art. 12 GG und des Schutzes des Eigentums gem. Art. 14 GG. Inländische Unternehmen können daher, soweit die nationalen Grundrechte anwendbar sind, Grundrechtsschutz gegenüber Verboten nach § 5 in Anspruch nehmen. **In anderen Mitgliedstaaten der Union ansässige juristische Personen** können wegen des allgemeinen unionsrechtlichen Diskriminierungsverbots aus Art. 18 AEUV unter Erweiterung des Anwendungsbereichs des Art. 19 (3) GG Grundrechtsschutz nach dem GG wie inländische juristische Personen beanspruchen.[165] Nach Ansicht des BGH können juristische Personen mit Sitz außerhalb der Union Grundrechtsschutz in Anspruch nehmen, wenn sie ihren **Sitz in einem Verbandsland der PVÜ** haben.[166] Zum Schutz des gewerblichen Eigentums nach Art. 1 (2) PVÜ rechnet die Unterdrückung unlauteren Wettbewerbs. Nach Art. 2 (1) PVÜ genießen die Angehörigen eines Verbandslandes in allen übrigen Ländern des Verbandes in Bezug auf das gewerbliche Eigentum die Vorteile, die Inländern gewährt werden. Auf diesen Schutz kann sich eine juristische Person auch zur Abwehr von Ansprüchen berufen. Das BVerfG hat diese Frage in der anschließenden Entscheidung über die gegen das Urteil des BGH gerichtete Verfassungsbeschwerde offen gelassen.[167] Es steht in ständiger Rechtsprechung auf dem Standpunkt, dass ausländische juristische Personen, die außerhalb der Union ansässig sind, sich nicht auf einen Grundrechtsschutz berufen können.[168]

c) Meinungs- und Pressefreiheit

77 In den **Schutzbereich der Meinungs- und Pressefreiheit** nach Art. 5 (1) Satz 1 und 2 GG fallen geschäftliche Handlungen, kommerzielle Meinungsäußerungen einschließlich reiner Wirtschaftswerbung, die einen wertenden meinungsbildenden Inhalt

165 BVerfG, 19.07.2011, 1 BvR 1916/09, GRUR 2012, 53 Rn. 57.
166 BGH, 12.11.2009, I ZR 183/07, GRUR 2010, 642 Rn. 59 – *WM-Marken.*
167 BVerfG, 14.09.2010, 1 BvR 1504/10, GRUR-RR 2011, 217 Rn. 15.
168 BVerfG, 01.03.1967, 1 BvR 46/66, BVerfGE 21, 207, 209; BVerfG, 19.03.1968, 1 BvR 554/65, BVerfGE 23, 229, 233, 236.

haben.[169] Durch das Grundrecht auf Meinungsfreiheit werden Meinungsäußerungen aller Art geschützt einschließlich Tatsachenbehauptungen. Soweit eine Meinungsäußerung, eine Ansicht, ein Werturteil oder eine bestimmte Anschauung in einem Bild zum Ausdruck kommt, fällt dieses ebenfalls in den Schutzbereich von Art. 5 (1) Satz 1 GG.[170]

Zu den **allgemeinen Gesetzen**, die eine Einschränkung der Meinungs- und Pressefreiheit nach Art. 5 (2) GG rechtfertigen können, **gehört § 5**.[171] Die die Meinungs- und Pressefreiheit einschränkenden Gesetze sind ihrerseits im Hinblick auf die Grundrechte auszulegen und einzuschränken, um die Kommunikationsfreiheit angemessen zu sichern.[172] Die die Meinungs- oder Pressefreiheit einschränkende Norm muss mit den Wertungen des GG übereinstimmen und sie muss geeignet und erforderlich sein, den Schutz der Rechtsgüter zu bewirken, die sie sichern soll. Die Einschränkung des Grundrechts muss in einem angemessenen Verhältnis zu den mit der allgemeinen Vorschrift verfolgten Zielen stehen.[173] **78**

Die Bedeutung des Grundrechts und des allgemeinen Gesetzes sowie die zu sichernden Rechtsgüter müssen bei der Auslegung berücksichtigt werden. Die Tatbestandsmerkmale des allgemeinen Gesetzes dürfen nicht so weit auslegt werden, dass dies durch den Schutzzweck nicht mehr gerechtfertigt ist. **79**

Bei der Feststellung des Sinns der Äußerung ist Art. 5 (1) GG zu beachten. Tatsachen sind Vorgänge oder Zustände, deren Vorliegen dem Wahrheitsbeweis zugänglich ist. Werturteile sind durch das Element des Wertens, Meinens und Dafürhaltens gekennzeichnet. Die Einstufung einer Äußerung bestimmt sich danach, wie der angesprochene Verkehr sie nach Form und Inhalt in ihrem Gesamtzusammenhang versteht. Vermengt eine Äußerung Tatsachen und Meinungen, so kommt es für die Anwendung des Art. 5 (1) Satz 1 GG darauf an, ob sie durch die Elemente der Stellungnahme, des Dafürhaltens oder Meinens geprägt wird. Im Falle einer solchermaßen engen Verknüpfung von Tatsachenbehauptung und Bewertung darf der Grundrechtsschutz nicht dadurch verkürzt werden, dass ein tatsächliches Element aus dem Zusammenhang gerissen und isoliert betrachtet wird oder durch die Trennung der tatsächlichen und der wertenden Bestandteile einer Äußerung ihr Sinn verfälscht wird.[174] **80**

---

169 BVerfG, 19.11.1985, 1 BvR 934/82, NJW 1986, 1533, 1534; BVerfG, 12.12.2000, 1 BvR 1762/95, GRUR 2001, 170, 172 – *Benetton Werbung*; BVerfG, 01.08.2001, 1 BvR 1188/92, GRUR 2001, 158, 1059 – *Therapeutische Äquivalenz*; BVerfG, 05.03.2015, 1 BvR 3362/14, *GRUR 2015, 507 Rn. 20.*

170 BVerfG, 23.03.1971, 1 BvL 25/61 BVerfGE 30, 336, 352; BVerfG, 19.11.1985, 1 BvR 934/82, BVerfGE, 71, 162, 175.

171 BVerfG, 12.12.2000, 1 BvR 1762/95, GRUR 2001, 170, 172 – *Benetton Werbung*.

172 BVerfG, 15.01.1958, 1 BvR 400/51, BVerfGE 7, 198, 208 – *Lüth*; BVerfG, 03.12.1985, 1 BvL 15/84, BVerfGE 71, 206, 214.

173 BVerfG, 13.01.1982, 1 BvR 848/77, BVerfGE 59, 231, 265.

174 BVerfG, 09.10.1991, 1 BvR 1555/88, BVerfGE 85, 1, 15; BVerfG, 24.07.2013, 1 BvR 444/13, ZUM 2013, 793 Rn. 18.

81 **Die durch das Grundrecht und das allgemeine Gesetz geschützten Rechtsgüter sind zu gewichten und gegeneinander abzuwägen.** Regelmäßig erfordert dies eine auf den Einzelfall bezogene Abwägung der wechselseitig geschützten Rechtsgüter, die der Bedeutung und Tragweite des Grundrechts Rechnung tragen muss.[175] Erforderlich ist eine Gesamtwürdigung, bei der alle relevanten Umstände des Einzelfalls zu berücksichtigen und die Interessen der Parteien und der Allgemeinheit im Licht der Bedeutung des Grundrechts aus Art. 5 (1) GG unter Beachtung des Grundsatzes der Verhältnismäßigkeit und etwaiger weiterer geschützter Rechtspositionen, insbesondere anderer Grundrechtspositionen, gegeneinander abzuwägen sind.

82 § 5 erfasst nur Angaben und keine Werturteile. Durch die Einordnung als Tatsachenbehauptung darf der Grundrechtsschutz aus Art. 5 GG nicht verkürzt werden. **Bei Tatsachenbehauptungen hängt die Abwägung vom Wahrheitsgehalt ab.** Unwahre Aussagen müssen in der Regel nicht hingenommen werden.[176] Bewusst unwahre Tatsachenbehauptungen und Tatsachenbehauptungen, deren Unwahrheit im Zeitpunkt der Äußerung feststeht, werden schon nicht durch die Meinungsfreiheit geschützt.[177] Andere Tatsachenbehauptungen fallen zwar in den Schutzbereich von Art. 5 (1) GG. Die Unwahrheit der Tatsachenbehauptung ist aber bei der Interessenabwägung zu berücksichtigen. An der Verbreitung objektiv unrichtiger Tatsachen besteht grundsätzlich kein schützenswertes Interesse.[178] Deshalb kann sich ein Unternehmen grundsätzlich nicht mit Erfolg auf den Schutz der Meinungsfreiheit berufen, wenn der Verstoß gegen § 5 auf einer objektiv unrichtigen Angabe beruht. Folgt die irreführende geschäftliche Handlung dagegen aus einer objektiv zutreffenden Angabe, die der Verkehr falsch versteht und die deshalb irreführend ist, muss eine Interessenabwägung im Einzelfall erfolgen.[179] Soweit der Äußernde den Schutz der Meinungsfreiheit für die Angabe in Anspruch nehmen kann, muss in die Abwägung auch der Grundrechtsschutz einfließen.[180] Dieser ist abzuwägen mit den durch die Irreführung betroffenen Rechtsgütern des Verbraucherschutzes und der Lauterkeit des Handelsverkehrs. Dabei sind der Grad der Irreführung und die Bedeutung der durch die beanstandete Angabe betroffenen Rechtsgüter zu berücksichtigen. So kann Angaben im Bereich des Gesundheitswesens ein größeres Gewicht zukommen, als in anderen Bereichen. Zu berücksichtigen ist auch, ob der Äußernde zu der unrichtigen Vorstellung und der Bedeutung für den Verkehr beigetragen hat, etwa durch eine besondere Art der Präsentation, die die Aufmerksamkeit auf die Angaben lenkt. Führt die Abwägung nicht zur Versagung eines

175 BVerfG, 10.11.1998, 1 BvR 1531/96, NJW 1999, 1322, 1324.

176 BVerfG, 24.03.1998, 1 BvR 131/96, BVerfGE 97, 391, 403; BVerfG, 10.11.1998, 1 BvR 1531/96, NJW 1999, 1322, 1324.

177 BVerfG, 22.06.1982, 1 BvR 1376/79, NJW 1983, 1415.

178 BVerfG, 10.11.1998, 1 BvR 1531/96, NJW 1999, 1322, 1324.

179 BGH, 22.04.1999, I ZR 108/97, GRUR 2000, 73, 75 – *Tierheilpraktiker*; BGH, 18.03.2010, I ZR 172/08, GRUR 2010, 1024 Rn. 25 – *Master of Science Kieferorthopädie*; BGH, *16.08.2012, I ZR 200/11*, WRP 2012, 1526 Rn. 3; BGH, 24.09.2013, I ZR 219/12, GRUR 2013, 1252 Rn. 17 – *Medizinische Fußpflege*.

180 BGH, 24.09.2013, I ZR 219/12, GRUR 2013, 1252 Rn. 17 – *Medizinische Fußpflege*.

Unterlassungsanspruchs, kann jedenfalls unter dem Gesichtspunkt der Verhältnismäßigkeit eine Einschränkung des Verbots in Betracht kommen.

d) Berufsfreiheit

Art. 12 GG schützt die Freiheit der Berufswahl und der Berufsausübung. Die **Berufsfreiheit** garantiert zusammen mit der Eigentumsfreiheit eine freiheitliche Wirtschaftsverfassung und ermöglicht dem Einzelnen, im Zusammenhang mit der freien Entfaltung seiner Persönlichkeit die wirtschaftlichen Grundlagen für die Erhaltung seiner Existenz zu schaffen. Die in Art. 12 (1) GG gewährleistete Berufsfreiheit umfasst jede Tätigkeit, die auf Dauer angelegt ist und der Schaffung und Aufrechterhaltung einer Lebensgrundlage dient.[181] Zum Schutz der Berufsfreiheit gehört das Recht auf wirtschaftliche Verwertung der beruflich erbrachten Leistung.[182] 83

Schutzsubjekte sind Deutsche, in gewissen Grenzen Unionsbürger sowie juristische Personen des Privatrechts, die in der Union geschäftsansässig sind. Juristische Personen des öffentlichen Rechts können Grundrechtsträger sein, soweit nicht die Wahrnehmung der öffentlichen Aufgaben betroffen ist, sondern eine Vertretung privater Interessen erfolgt.[183] Für außerhalb der Union ansässige juristische Personen kommt ein Schutz nach der hier vertretenen Ansicht im Zusammenhang mit § 5 nach der PVÜ in Betracht (Rdn. 76). 84

Praktische Bedeutung haben im Zusammenhang mit dem Schutz gegen irreführende geschäftliche Handlungen Einschränkungen der **Freiheit der Berufsausübung**. Zur Freiheit der Berufsausübung gehören die berufliche Praxis und jede Tätigkeit, die mit der Berufsausübung zusammenhängt und dieser dient. Das schließt die Außendarstellung von selbständig oder gewerblich tätigen natürlichen und juristischen Personen ein, soweit sie auf die Förderung des beruflichen oder geschäftlichen Erfolgs gerichtet ist.[184] Werbeverbote und andere Verbote unzulässiger geschäftlicher Handlungen, wie sie aus § 5 hergeleitet werden können, greifen in die Freiheit der Berufsausübung ein.[185] Die Berufsfreiheit entfaltet ihre Schutzwirkung zwar nur gegenüber solchen Normen oder Akten, die sich entweder unmittelbar auf die Berufstätigkeit beziehen oder zumindest eine objektiv berufsregelnde Tendenz haben.[186] Diese Voraussetzung ist bei einem Verbot wegen einer irreführenden geschäftlichen Handlung aber regelmäßig erfüllt. 85

Eingriffe in den Schutzbereich des Art. 12 (1) Satz 1 GG bedürfen nach Art. 12 (1) Satz 2 GG einer gesetzlichen Ermächtigung. Die gesetzlichen Grundlagen sind mit Art. 12 (1) GG vereinbar, wenn sie durch ausreichende Gründe des Gemeinwohls gerechtfertigt werden und wenn sie dem Grundsatz der Verhältnismäßigkeit entspre- 86

181 BVerfG, 18.06.1980, 1 BvR 697/77, BVerfGE 54, 301, 313.
182 BVerfG, 06.05.1964, 1 BvR 320/57 und 1 BvR 70/63, BVerfGE 18, 1, 15.
183 BGH, 01.03.2018, I ZR 264/16, GRUR 2018, 622 Rn. 24 – *Verkürzter Versorgungsweg II*.
184 BVerfG, 23.07.2001, 1 BvR 873/00 und 1 BvR 874/00, WRP 2001, 1064, 1066.
185 BVerfG, 13.07.1992, 1 BvR 303/90, NJW 1993, 1969; BVerfG, 22.05.1996, 1 BvR 744/88, BVerfGE 94, 372, 389.
186 BVerfG, 17.02.1998, 1 BvF 1/91, BVerfGE 97, 228, 253.

chen, wenn also das gewählte Mittel zur Erreichung des verfolgten Zwecks geeignet und auch erforderlich ist und wenn bei einer Gesamtabwägung zwischen der Schwere des Eingriffs und dem Gewicht der ihn rechtfertigenden Gründe die Grenze der Zumutbarkeit noch gewahrt ist.[187] Diese Grundsätze gelten nicht nur für den Gesetzgeber, sondern sie müssen auch von den Gerichten bei der Rechtsanwendung beachtet werden.[188] Erfolgt die unternehmerische Berufstätigkeit am Markt nach den Grundsätzen des Wettbewerbs, wird die Reichweite des Freiheitsschutzes auch durch die rechtlichen Regeln mitbestimmt, die den Wettbewerb ermöglichen und begrenzen.[189] Regelmäßig ist bei Verboten aufgrund § 5, die sich gegen unzulässige geschäftliche Handlungen aufgrund objektiv unwahrer Angaben richten, ein Eingriff in die Berufsfreiheit gerechtfertigt. Die Vorschrift des § 5 erfordert unwahre oder zur Täuschung geeignete Angaben. Zudem muss die Irreführung geschäftlich relevant sein. Die Untersagung unlauteren Wettbewerbs wegen irreführender geschäftlicher Handlungen hält sich grundsätzlich im Rahmen der nach Art. 12 (1) Satz 2 GG zulässigen Beschränkung der freien Berufsausübung.[190] Das Verbot muss nur dem Verhältnismäßigkeitsgrundsatz Rechnung tragen. Dazu dürfen abstrakt gefasste Unterlassungsgebote nicht zu weit reichen. Dagegen ist grundsätzlich ein Verbot der konkreten Verletzungsform unbedenklich, weil der Unterlassungsschuldner diejenigen Maßnahmen ergreifen muss, die aus dem Verbotsbereich herausführen.

87 **Ist die Angabe dagegen objektiv richtig** und fasst sie der Verkehr nur falsch auf, etwa weil er mit ihr irrtümlicherweise bestimmte Erwartungen verbindet, kann ein Verbot unverhältnismäßig sein und einen unzulässigen Eingriff in die Berufsausübungsfreiheit darstellen.[191]

3. Besonderheiten bei Medien aufgrund Pressefreiheit

88 Nach § 9 Satz 2 kann gegen verantwortliche Personen von periodischen Druckschriften der Anspruch auf Schadensersatz nur bei einer vorsätzlichen Zuwiderhandlung geltend gemacht werden. Das Presseprivileg ist Ausfluss der durch Art. 5 (1) Satz 2 GG geschützten Pressefreiheit. Eine uneingeschränkte Haftung im Anzeigengeschäft hätte einen erheblichen organisatorischen und finanziellen Aufwand zur Folge, der den Pressesektor erheblich belasten würde und mit der Notwendigkeit schneller Entscheidungen nicht in Einklang zu bringen wäre. Die Haftung der Presse im Bereich des Anzeigengeschäfts ist über den Schadensersatzanspruch hinaus auch bei Abwehransprüchen im Hinblick auf den Schutz der Pressefreiheit nach Art. 11 (2) EU-Grundrechtecharta

---

187 BVerfG, 14.07.1987, 1 BvR 362/79, NJW 1988, 194, 195; BVerfG, 11.02.1992, 1 BvR 1531/90, BVerfGE 85, 248, 259.

188 BVerfG, 13.07.1992, 1 BvR 303/90, NJW 1993, 1969, 1970.

189 BVerfG, 26.06.2002, 1 BvR 558/91, NJW 2002, 2621, 2622 – *Glykolwarnung*.

190 BVerfG, 08.02.1972, 1 BvR 170/71, GRUR 1972, 358, 360; BVerfG, 13.07.1992, 1 BvR 303/90, NJW 1993, 1969, 1970; BVerfG, 21.07.2005, 1 BvR 217/99, NJW 2005, 3201.

191 BVerfG, 15.11.1994, 1 BvR 1969/91, NJW 1995, 712; BVerfG, 23.07.2001, 1 BvR 873/00 und 1 BvR 874/00, WRP 2001, 1064, 1067; BGH, 24.09.2013, I ZR 219/12, GRUR 2013, 1252 Rn. 17 – *Medizinische Fußpflege*.

und Art. 5 (1) Satz 2 GG beschränkt.[192] **Die Presse trifft nur eine eingeschränkte Prüfpflicht im Anzeigengeschäft.** Diese ist auf grobe, vom Verleger oder Redakteur unschwer zu erkennende Verstöße beschränkt.[193] An der im Ansatz bestehenden Haftung der Presse für den Bereich des Anzeigengeschäfts, die zeitweise mit der Störerhaftung begründet worden ist,[194] hat sich nach Aufgabe dieser Haftungsform für den Bereich des Lauterkeitsrechts nichts geändert. Im Falle der Verbreitung wettbewerbswidriger Äußerungen in Medien haftet jeder an der Weitergabe und der Verbreitung Beteiligte, soweit sein Verhalten eine geschäftliche Handlung im Sinne von § 2 Abs. 1 Nr. 1 UWG darstellt, was bei Presseunternehmen im Bereich des Anzeigengeschäfts der Fall ist.[195]

Zu den durch den Schutz der Pressefreiheit derart **privilegierten Erzeugnissen** rechnen **89** Zeitungen, Zeitschriften einschließlich Kundenzeitschriften und Anzeigenblätter, die in der Hauptsache Werbeanzeigen und nur in einem geringen Umfang redaktionelle Beiträge enthalten.[196] Allerdings ist der Schutz der Pressefreiheit umso geringer, je weniger ein Presseerzeugnis der Befriedigung eines Informationsbedürfnisses von öffentlichem Interesse oder der Einwirkung auf die öffentliche Meinung dient und je mehr es eigennützige Geschäftsinteressen wirtschaftlicher Art verfolgt.[197] Hat eine Zeitschrift keinen nennenswerten meinungsbildenden Bezug, sondern enthält sie fast nur Werbung, steht sie einem Werbeprospekt gleich und die für den Inhalt Verantwortlichen können sich für den Anzeigenteil auf die Maßstäbe der nur eingeschränkten Prüfpflicht der Presse nicht berufen.

Die Maßstäbe sind entwickelt worden zu Printmedien. Der Schutz der Presse bezieht **90** sich auf **Inhalte, die auf einem körperlichen Trägermedium** festgelegt sind. Dazu dürften Ausgaben von Zeitungen in Form eines E-Papers rechnen, bei denen die Darstellung der Printausgabe entspricht. Wie der grundrechtliche Schutz für Presseerzeugnissen vergleichbare **Online-Medien** gewährleistet wird, ist allerdings nicht abschließend geklärt. Teilweise werden sie der Rundfunkfreiheit zugeordnet.[198] Der BGH hat einen Online-Newsletter ohne Problematisierung der Zuordnung zur Presse- oder Rundfunkfreiheit an ersterer gemessen.[199] Für die Anwendung der Grundsätze zu einer nur eingeschränkten Haftung der Medien sollte es im Ergebnis keinen Unterschied

---

192 BGH, 05.02.2015, I ZR 136/13, GRUR 2015, 906 Rn. 34 – *TIP der Woche.*

193 BGH, 26.04.1990, I ZR 127/88, GRUR 1990, 1012, 1014 – *Pressehaftung*; BGH, 07.05.1992, I ZR 119/90, GRUR 1992, 618, 619 – *Pressehaftung II*; BGH, 26.01.2006, I ZR 121/03, GRUR 2006, 429 Rn. 15 – *Schlank-Kapseln*; BGH, 05.02.2015, I ZR 136/13, GRUR 2015, 906 Rn. 31 – *TIP der Woche.*

194 BGH, 26.01.2006, I ZR 121/03, GRUR 2006, 429 Rn. 13 – *Schlank-Kapseln*; BGH, 14.06.2006, I ZR 249/03, GRUR 2006, 957 Rn. 14 – *Stadt Geldern.*

195 BGH, 05.02.2015, I ZR 136/13, GRUR 2015, 906 Rn. 16 und 29 – *TIP der Woche.*

196 BGH, 20.11.2003, I ZR 151/01, BGHZ 157, 55, 62 – *20 Minuten Köln.*

197 BGH, 05.02.2015, I ZR 136/13, GRUR 2015, 906 Rn. 37 – *TIP der Woche.*

198 OLG Köln, 09.09.2009, 6 U 48/09, BeckRS 2009, 26919; Schemmer, BeckOK Grundgesetz, 38 Ed. Art. 5 GG Rn. 43.

199 BGH, 19.05.2011, I ZR 147/09, GRUR 2012, 74 Rn. 31 und 38 – *Coaching Newsletter*; *Gersdorf*, AfP 2010, 421.

machen, ob Online-Medien den Schutz der Presse- oder Rundfunkfreiheit in Anspruch nehmen können. Die für Presseerzeugnisse in gedruckter Form entwickelten Haftungsgrundsätze sind jedenfalls auf vergleichbare Internetangebote übertragbar.

91 Eine Haftung der Medien aufgrund des Lauterkeitsrechts ist ausgeschlossen, wenn **keine geschäftliche Handlung i. S. des § 2 Abs. 1 Nr. 1** vorliegt. Damit eine geschäftliche Handlung gegeben ist, muss das Verhalten mit der Förderung des Absatzes oder des Bezugs von Waren oder Dienstleistungen oder mit dem Abschluss oder der Durchführung eines Vertrags über Waren oder Dienstleistungen objektiv zusammenhängen. Das Merkmal des objektiven Zusammenhangs ist funktional zu verstehen und setzt voraus, dass die Handlung bei objektiver Betrachtung darauf gerichtet ist, durch Beeinflussung der geschäftlichen Entscheidung der Verbraucher oder sonstigen Marktteilnehmer den Absatz oder Bezug von Waren oder Dienstleistungen des eigenen oder eines fremden Unternehmens zu fördern.[200] Das ist bei redaktionellen Inhalten von Presseerzeugnissen regelmäßig nicht der Fall. Diese dienen der öffentlichen Meinungsbildung und nicht dem Produktabsatz.[201] **Etwas anderes gilt bei Beiträgen, die zwar redaktionell aufgemacht sind, für die das Presseunternehmen aber von einem Sponsor ein Entgelt erhalten hat.** Die Veröffentlichung ist objektiv geeignet, den Wettbewerb des Sponsors selbst zu fördern. Gleichzeitig handelt das Presseunternehmen, das Sponsoring in Anspruch nimmt, in der Absicht, den eigenen Wettbewerb zu fördern, weil das Sponsoring nicht oder allenfalls in nur geringem Maße der Information des Lesers dient. Das Sponsoring geschieht vorrangig im eigenen Interesse des Veröffentlichenden zur Verbesserung seiner Wettbewerbslage und erfüllt die Voraussetzungen einer geschäftlichen Handlung.[202]

92 Eine Haftung für **irreführende Angaben von Medien im redaktionellen Teil** scheidet danach grundsätzlich mangels geschäftlicher Handlung nach § 2 Abs. 1 Nr. 1 aus. Eine Ausnahme gilt für redaktionell aufgemachte Beiträge, für die das Presseunternehmen ein Entgelt erhalten hat. Für letztere kann das Presseunternehmen eine eingeschränkte Haftung unter Berufung auf die Pressefreiheit nach Art. 5 (1) Satz 2 nicht in Anspruch nehmen, wenn durch den Inhalt der Veröffentlichung die Voraussetzungen des § 5 erfüllt werden. Die Bestimmung des § 5 dient dem Verbraucherschutz und der der Lauterkeit des Handelsverkehrs und kann als allgemeines Gesetz die Pressefreiheit einschränken.[203] Für den Anzeigenteil kann ein Presseunternehmen bei einer Anzeige, durch die der Inserent den Tatbestand des § 5 verwirklicht, sich auf die Grundsätze über eine nur eingeschränkte Prüfungspflicht berufen.

---

200 BGH, 31.03.2010, I ZR 34/08, GRUR 2010, 1117 Rn. 18 – *Gewährleistungsausschluss im Internet*; BGH, 10.01.2013, I ZR 190/11, GRUR 2013, 945 Rn. 17 – *Standardisierte Mandatsbearbeitung*.

201 BGH, 31.03.2016, I ZR 160/14, GRUR 2016, 710 Rn. 16 – *Im Immobiliensumpf*.

202 BGH, 06.02.2014, I ZR 2/11, GRUR 2014, 879 Rn. 14 – *Good News II*.

203 BVerfG, 21.07.2005, 1 BvR 217/99, NJW 2005, 3201; BGH, 06.02.2014, I ZR 2/11, GRUR 2014, 879 Rn. 17 – *Good News II*.

V. Das Verhältnis des § 5 zu anderen Vorschriften

1. Lauterkeitsrechtliche Bestimmungen

a) §§ 3 bis 4a und 5a bis 7 UWG

93 Viele Lebenssachverhalte, bei denen irreführende Handlungen oder Unterlassungen in Rede stehen, weisen Überschneidungen mit anderen Tatbeständen des UWG auf, die eine Unlauterkeit geschäftlicher Handlungen bestimmen. Das gilt etwa für den Rechtsbruchtatbestand nach § 3a, bei dem eine geschäftliche Handlung gegen eine Marktverhaltensvorschrift verstößt, die bestimmte Angaben oder Kennzeichnungen anordnet oder untersagt,[204] oder für den wettbewerbsrechtlichen Leistungsschutz nach § 4 Nr. 3 lit. a und b.[205] Enthalten die herabsetzenden oder verunglimpfenden Aussagen i. S. des § 4 Nr. 1 oder die Angaben, die zu einer Schädigung nach § 4 Nr. 2 führen, unrichtige Tatsachenbehauptungen, ist § 5 neben § 4 Nr. 1 oder Nr. 2 anwendbar. § 5 enthält allerdings eine ungünstigere Verteilung der Darlegungs- und Beweislast als § 4 Nr. 2 für den Verletzten. Weitere Überschneidungen können sich mit den Grundsätzen zur Unlauterkeit gezielter Behinderung nach § 4 Nr. 4[206] oder vergleichender Werbung nach § 6 ergeben.[207] Ob in diesen Fällen unterschiedliche Streitgegenstände vorliegen, beurteilt sich nach allgemeinen Grundsätzen des Zivilprozessrechts (§ 12 Anh. I Rdn. 64–89).[208] Grundsätzlich ist § 5 neben anderen Unlauterkeitstatbeständen selbständig anwendbar. Die §§ 3 bis 4a und §§ 5a bis 7 stellen keine speziellen, das allgemeine Verbot irreführender geschäftlicher Handlungen ausschließende Tatbestände unlauterer geschäftlicher Handlungen dar (zur irreführenden vergleichenden Werbung näher Rdn. 37).

b) Anhang zu § 3 Abs. 3 und § 5a UWG

94 Besondere Schnittstellen bestehen zwischen § 5 einerseits und den per se-Verboten nach Nr. 1 bis 24 des Anhangs zu § 3 Abs. 3, der Irreführung durch Unterlassen nach § 5a Abs. 1 und dem Vorenthalten wesentlicher Informationen nach § 5a Abs. 2 bis 6. Die **per se-Verbote** nach Nr. 1 bis 16 und 18 bis 24 des Anhangs zu § 3 Abs. 3, durch die Tatbestände unter allen Umständen unzulässiger irreführender Geschäftspraktiken nach Nr. 1 bis 23 des Anhangs I der UGP-RL umgesetzt werden (Einzelheiten Anhang zu § 3 Abs. 3), haben immer **Vorrang vor der Grundnorm des § 5.**[209] Liegen die Voraussetzungen eines per se-Verbots vor, ist die geschäftliche Handlung unzulässig i. S. von § 3 Abs. 3, ohne dass ein Rückgriff auf die Tatbestandsmerkmale des § 5 erfolgt.

---

204 BGH, 10.12.2009, I ZR 149/07, GRUR 2010, 744 Rn. 24 und 42 – *Sondernewsletter*; BGH, 13.09.2012, I ZR 230/11, BGHZ 194, 314 Rn. 40 – *Biomineralwasser*.

205 BGH, 13.01.2011, I ZR 125/07, GRUR 2011, 828 Rn. 33 und 36 – *Bananabay II*.

206 BGH, 13.01.2011, I ZR 125/07, GRUR 2011, 828 Rn. 34f und 36 – *Bananabay II*.

207 BGH, 07.12.2006, I ZR 166/03, GRUR 2007, 605 Rn. 14 und 28 – *Umsatzzuwachs*; BGH, 20.09.2007, I ZR 171/04, GRUR 2008, 443 Rn. 14 und 29 – *Saugeinlagen*.

208 BGH, 13.09.2012, I ZR 230/11, BGHZ 194, 314 Rn. 17 ff – *Biomineralwasser*.

209 EuGH, 13.09.2018, C-54/17 und C-55/17, GRUR 2018, 1156 Rn. 55 – *AGCM/Wind und Vodafone*; FBO/*Peifer/Obergfell* § 5 Rn. 273.

Über das per se-Verbot hinaus bestehen keine zusätzlichen, in § 5 enthaltenen Prüfungsmerkmale. Greifen die Tatbestände irreführender geschäftlicher Handlungen nach der schwarzen Liste des Anhangs zu § 3 Abs. 3 nicht ein, ist der Rückgriff auf § 5 zur Begründung eines Verbots nicht gesperrt. Der Anhang enthält spezielle Bestimmungen, die häufig sehr eng gefasst sind, keine Würdigung der Besonderheiten des Einzelfalls zulassen, keine wettbewerbliche Relevanz erfordern und nicht analogiefähig sind. Sie stellen schon aufgrund ihrer Spezialität keine abschließende Regelung der Fallkonstellation dar, so dass die nicht vollständige Verwirklichung eines Tatbestands des Anhangs keine Rückschlüsse auf das Eingreifen des § 5 erlaubt.[210] In welchem Umfang die Tatbestände der schwarzen Liste Wertungen enthalten, die in die Prüfung des § 5 einfließen können, hängt von dem jeweiligen Tatbestand und dem konkreten Fall ab.

95 **§ 5a Abs. 1**, der im wesentlich § 5 Abs. 2 Satz 2 UWG 2004 entspricht, regelt nach überwiegender Ansicht einen **Irreführungstatbestand**, nur dass nicht an ein positives Verhalten, sondern an ein Unterlassen angeknüpft wird (§ 5a Rdn. 18 f.). Durch § 5a Abs. 1 wird die Irreführung durch Unterlassen der Irreführung durch positives Verhalten nach § 5 gleichgestellt. Beide Vorschriften regeln die Voraussetzungen eines Verbots unzutreffender Information der Marktgegenseite. Es handelt sich um **Irreführungsverbote**.

96 **§ 5a Abs. 2 bis 6** bestimmen dagegen **echte Informationsgebote** und keine Irreführungsverbote. Diese stehen selbständig neben § 5 und – soweit § 5a Abs. 1 als Irreführungstatbestand aufgefasst wird – neben § 5a Abs. 1. Der deutsche Gesetzgeber hatte sich beim UWG 2004 noch gegen den Vorschlag gesperrt, über § 4 Nr. 4 und 5 UWG 2004 hinaus Informationsgebote in das UWG aufzunehmen.[211] Wegen der Notwendigkeit der Umsetzung des Art. 7 UGP-RL sind die Informationsgebote nunmehr in § 5a Abs. 2 bis 6 enthalten.

97 Das Verhältnis der verschiedenen Bestimmungen zu irreführenden geschäftlichen Handlungen führt zu folgender **Reihenfolge der Prüfung**: Vorliegen (1) eines Tatbestands einer irreführenden geschäftlichen Handlung nach dem Anhang zu § 3 Abs. 3, (2) eines Unlauterkeitstatbestands nach §§ 5, 5a Abs. 1 und (3) eines Verstoßes gegen § 5a Abs. 2 bis 6.

c) § 16 Abs. 1 UWG

98 § 16 Abs. 1 bestimmt die Voraussetzungen **strafbarer irreführender Werbung** in öffentlichen Bekanntmachungen oder in Mitteilungen, die für einen größeren Kreis von Personen bestimmt sind. Die Tatbestandsmerkmale des § 16 Abs. 1 gehen zurück auf diejenigen des § 1 UWG 1896. Die Verwirklichung des § 16 Abs. 1 ist auch ein Verstoß gegen § 5 Abs. 1 Satz 1. § 16 Abs. 1 verdrängt die allgemeine Vorschrift des § 5 nicht.

---

210 Ebenso *GK/Lindacher* § 5 Rn. 308, der nur Nr. 5 des Anhangs hiervon ausnimmt.
211 Begründung des Regierungsentwurfs eines Gesetzes gegen unlauteren Wettbewerb (UWG), BT-Drucks. 15/1487, S. 20.

2. Vorschriften außerhalb des UWG

a) Spezialgesetzliche Irreführungsverbote

Außerhalb des UWG finden sich zahlreiche spezielle abstrakte und konkrete Irreführungstatbestände und besondere Kennzeichnungsvorschriften. Im Grundsatz bleibt § 5 neben diesen Vorschriften anwendbar.[212] Dieser Grundsatz wird aber in zahlreichen Fällen dadurch durchbrochen, dass diese Irreführungstatbestände auf EU-Recht beruhen, durch das der Sachverhalt abschließend geregelt wird, oder es sich um nationales Recht handelt, das wegen seiner Spezialität den allgemeinen Irreführungstatbestand nach § 5 sperrt. Soweit die **UGP-RL einschlägig** ist und § 5 der Umsetzung dieser Richtlinie dient, wird der Anwendungsbereich der Vorschrift durch die UGP-RL vorgegeben. Kollidieren die Bestimmungen der UGP-RL mit anderen Rechtsvorschriften der Union, die besondere Aspekte unlauterer Geschäftspraktiken regeln, so gehen nach Art. 3 (4) UGP-RL die Letzteren vor und sind für diese besonderen Aspekte maßgebend (Einleitung Rdn. 165). Werden besondere Aspekte irreführender Geschäftspraktiken in Rechtsvorschriften der Union geregelt, schließen diese die Anwendung der Art. 6 und 7 UGP-RL aus und § 5 kann keine Anwendung finden.[213] Eine Ausnahme besteht nur, wenn § 5 auch der Umsetzung dieser speziellen Aspekte unlauterer Geschäftspraktiken aus dem Unionsrecht in das nationale Recht dient. Bestehen keine besonderen Vorschriften der Union, die spezielle Aspekte unlauterer Geschäftspraktiken regeln, bestimmen im Anwendungsbereich der UGP-RL die Bestimmungen des Anhangs I und Art. 5 bis 7 UGP-RL das Schutzniveau abschließend. Nationale Vorschriften können in diesem Bereich die Anwendung der Normen des UWG, die der Umsetzung irreführender Geschäftspraktiken der UGP-RL in nationales Recht dienen, nicht sperren. 99

Das **LFGB** enthält in §§ 11 und 19 spezielle Irreführungstatbestände, die auf Bestimmungen der VO (EU) 1169/2011 [**LMIV**] und der VO (EG) 178/2002 [**BasisVO**] Bezug nehmen. **Die Verordnungen der Union sind vorrangig.** Nach Erwägungsgrund 5 LMIV sollen die allgemeinen Grundsätze der UGP-RL in Bezug auf unlautere Geschäftspraktiken durch spezielle Regelungen für die Information der Verbraucher über Lebensmittel ergänzt werden. Art. 7 LMIV regelt die Lauterkeit der Informationspraxis. Aus § 5 dürfen für einen von der LMIV erfassten Sachverhalt danach keine weiterreichenden Rechtsfolgen hergeleitet werden, als sie sich ohnehin aus Art. 7 LMIV ergeben.[214] Soweit die entsprechenden unionsrechtlichen Vorschriften kein eigenes Sanktionssystem enthalten, können über § 3a und § 5 die Sanktionen des UWG angewendet werden. Art. 14 und 16 BasisVO enthalten ebenfalls spezielle Irreführungstatbestände, wobei Art. 14 einen Fall abstrakter Täuschungsgefahr und Art. 16 eine kon- 100

212 BGH, 11.10.2017, I ZR 78/16, GRUR 2018, 431 Rn. 41 – *Tiegelgröße*; FBO/*Peifer/Obergfell* § 5 Rn. 36; Ohly/*Sosnitza* § 5 Rn. 21.

213 EuGH, 07.07.2016, C-476/14, GRUR 2016, 945 Rn. 44 bis 46 – *Citroën Commerce*; BGH, 28.01.2016, I ZR 36/14, GRUR 2016, 418 Rn. 12 – *Feuchtigkeitsspendendes Gel-Reservoir*; BGH, 11.10.2017, I ZR 78/16, GRUR 2018, 431 Rn. 41 – *Tiegelgröße*.

214 FBO/*Meyer/Reinhart* S 4 Rn. 126; FBO/*Peifer/Obergfell* § 5 Rn. 39.

krete Irreführung regelt. Aus § 5 lassen sich gegenüber Art. 14 und 16 BasisVO für die dort geregelten Sachverhalte keine weitereichenden Verbote ableiten. Art. 20 Verordnung (EG) 1223/2009 über **kosmetische Mittel** enthält eine spezielle Regelung des Irreführungsverbots, die dem allgemeinen Tatbestand des § 5 vorgeht.[215]

101 Spezielle Irreführungstatbestände enthalten **§ 3 HWG und § 8 AMG**. Die Rechtsprechung wendet den allgemeinen Irreführungstatbestand des § 5 neben § 3a UWG i. V. mit § 3 WHG und § 8 AMG an.[216] Dasselbe gilt für **§ 43 MessEG**.[217]

b) Kennzeichenrechtliche Vorschriften, Namensgebrauch nach § 12 BGB und § 37 HGB

aa) Kennzeichenrechtliche Bestimmungen

102 Durch das Markengesetz werden nach § 1 MarkenG Marken, geschäftliche Bezeichnungen (Unternehmenskennzeichen und Werktitel) und geographische Herkunftsangaben und durch die UMV wird die Unionsmarke nach ihrem Art. 1 (2) geschützt. Spezielle Vorschriften, die gegen eine zeichenrechtliche Verwechslungsgefahr zum Schutz von Marken gerichtet sind, enthalten § 14 Abs. 2 Nr. 2 und Art. 9 (2) UMV. Durch § 15 Abs. 2 MarkenG werden geschäftliche Bezeichnungen gegen Verwechslungsgefahr geschützt. Zugunsten von geographischen Herkunftsangaben i. S. von § 126 Abs. 1 sieht § 127 Abs. 1 MarkenG einen Schutz gegen die Gefahr einer Irreführung über die geographische Herkunft vor. Einen besonders weiten Schutz gegen irreführende Geschäftspraktiken begründet Art. 13 (1) VO (EU) 1151/2012 über Qualitätsregelungen für Agrarerzeugnisse und Lebensmittel für nach der Verordnung geschützte geographische Angaben und Ursprungsbezeichnungen. Das Verhältnis zwischen § 5 und Kennzeichenrechten stellt sich, (1) wenn Kennzeichen irreführend verwendet werden und aus § 5 hiergegen vorgegangen wird und (2) wenn ein Zeicheninhaber zusätzlich zu seinen kennzeichenrechtlichen Ansprüchen wegen Verwechslungsgefahr Ansprüche nach § 5 verfolgt.

103 **Werden Marken oder geschäftliche Bezeichnungen irreführend i. S. von § 5 verwendet,** ohne dass hiergegen parallel kennzeichenrechtlicher Schutz in Betracht kommt, ist § 5 uneingeschränkt anwendbar. Das ist der Fall, wenn die geschäftlichen Verhältnisse mit der Firmierung nicht in Einklang stehen und der Verkehr hieraus unzutreffende Schlüsse zieht. Wird für ein Unternehmen die Bezeichnung »Bundesdruckerei« verwendet, ohne dass die Bundesrepublik Deutschland Mehrheitsgesellschafter ist, besteht ein Unterlassungsanspruch wegen irreführender Verwendung der Bezeich-

215 BGH, 28.01.2016, I ZR 36/14, GRUR 2016, 418 Rn. 12 – *Feuchtigkeitsspendendes Gel-Reservoir*; BGH, 11.10.2017, I ZR 78/16, GRUR 2018, 431 Rn. 41 – *Tiegelgröße*.

216 BGH, 06.02.2013, I ZR 62/11, GRUR 2013, 649 Rn. 15 – *Basisinsulin mit Gewichtsvorteil*; BGH, 07.05.2015, I ZR 29/14, GRUR 2015, 1244 Rn. 13 – *Äquipotenzangabe in Fachinformation*; BGH, 03.11.2016, I ZR 227/14, GRUR 2017, 418 Rn. 12 und 13 – *Optiker-Qualität*.

217 BGH, 11.10.2017, I ZR 78/16, GRUR 2018, 431 Rn. 41 – *Tiegelgröße*.

nung nach § 5.[218] Entsprechendes gilt für die Verwendung eines Hinweises auf die Gemeinnützigkeit in der Firmenbezeichnung, wenn das Unternehmen die Voraussetzungen der Gemeinnützigkeit nicht erfüllt.[219] Diese Grundsätze finden ebenfalls auf die irreführende Benutzung von Marken Anwendung. Sind diese nicht schon nach § 8 Abs. 2 Nr. 4 MarkenG oder Art. 7 (1) lit. g UMV von der Eintragung ausgeschlossen, kann ihre konkrete irreführende Verwendung nach § 5 untersagt werden.[220] Irreführend i. S. von § 5 ist es, den falschen Eindruck eines bestehenden Markenschutzes hervorzurufen.[221] Werden geographische Herkunftsangaben irreführend benutzt, kann hiergegen nach § 5 vorgegangen werden.[222]

Nach § 2 MarkenG schließt der Schutz von Marken, geschäftlichen Bezeichnungen und geographischen Herkunftsangaben nach diesem Gesetz die Anwendung anderer Vorschriften zum Schutz dieser Kennzeichen nicht aus. Die Rechtsprechung ist gleichwohl nach dem Inkrafttreten des Markengesetzes von einem **Vorrang der kennzeichenrechtlichen Bestimmungen** im Anwendungsbereich des Markengesetzes gegenüber dem Schutz aufgrund der Generalklauseln des UWG einschließlich des Irreführungsschutzes nach § 5 ausgegangen.[223] Ansprüche aus §§ 1, 3 UWG 1909 nahm die Rechtsprechung im Anwendungsbereich des MarkenG nur an, wenn sie sich gegen ein wettbewerbswidriges Verhalten richteten, das als solches nicht Gegenstand der markenrechtlichen Regelung war.[224] Diese Grundsätze wandte die Rechtsprechung auch auf das Verhältnis zwischen dem kennzeichenrechtlichen Bekanntheitsschutz nach § 14 Abs. 2 Nr. 3 und § 15 Abs. 3 MarkenG und dem lauterkeitsrechtlichen Schutz bekannter Kennzeichen an.[225] Den Schutz geographischer Herkunftsangaben begriffen Rechtsprechung und Teile des Schrifttums nach Inkrafttreten des MarkenG am 1 Januar 1995 nach wie vor wettbewerbsrechtlich und nicht kennzeichenrechtlich.[226] 104

218 BGH, 29.03.2007, I ZR 122/04, GRUR 2007, 1079 Rn. 24 ff – *Bundesdruckerei.*

219 BGH, 27.02.2003, I ZR 25/01, GRUR 2003, 448, 449 – *Gemeinnützige Wohnungsgesellschaft.*

220 BGH, 10.06.2010, I ZR 42/08, GRUR 2011, 85 Rn. 18 – *Praxis Aktuell*; BGH, 09.11.2016, I ZB 43/15, Rn. 13 – *Stadtwerke Bremen.*

221 BGH, 26.02.2009, I ZR 219/06, GRUR 2009, 888 Rn. 13 ff – *Thermoroll.*

222 BGH, 30.07.2015, I ZR 250/12, GRUR 2016, 406 Rn. 22 – *Piadina-Rückruf.*

223 BGH, 22.11.2001, I ZR 138/99, BGHZ 149, 191, 196 – *shell.de*; BGH, 05.12.2002, I ZR 91/00, BGHZ 153, 131, 146 – *Abschlussstück.*

224 BGH, 05.12.2002, I ZR 91/00, BGHZ 153, 131, 146 – *Abschlussstück.*

225 BGH, 22.11.2001, I ZR 138/99, BGHZ 149, 191, 196 – *shell.de*; BGH, 26.04.2001, I ZR 212/98, GRUR 2002, 167, 171 – *Bit/Bud.*

226 BGH, 02.07.1998, I ZR 55/96, BGHZ 139, 138, 139 f. – *Warsteiner II*; BGH, 25.01.2001, I ZR 120/98, GRUR 2001, 420, 422 – *SPA*; OLG Karlsruhe, 23.01.2013, 6 U 38/12, GRUR-RR 2013, 327, 328; OLG Stuttgart, 04.07.2013, 2 U 157/12, GRUR-RR 2014, 251 253; Ingerl/Rohnke, MarkenG, Vor §§ 126 bis 139 Rn. 1; Köhler/*Bornkamm*, UWG, 34. Aufl., § 5 Rn. 4.203; MünchKomm/*Busche* UWG, § 5 Rn. 692; Ohly/*Sosnitza*, UWG, 6. Aufl., § 5 Rn. 327; *ders.* FS Doepner, 2008, S. 63, 66 f.; *Omsels*, GRUR Int. 2009, 971 ff.; a. A. BDS/*Büscher*, § 126 MarkenG Rn. 18; *Fezer*, § 126 MarkenG Rn. 4 bis 8; Ströbele/*Hacker*, Markengesetz, 11. Aufl., § 126 Rn. 6 bis 9; *Lange*, Marken- und Kennzeichenrecht, 2. Aufl., Rn. 116; *Knaak*, GRUR 1995, 103, 104 f.; *Loschelder*, MarkenR 2015, 225, 226 f.; *ders.*, FS Ahrens, 2016, S. 255, 261; GK/*Lindacher*, Vor §§ 5, 5a Rn. 161.

105 Die Umsetzung der UGP-RL hat zu einer Neubewertung des Verhältnisses zwischen kennzeichenrechtlichem und lauterkeitsrechtlichem Schutz geführt. Der Vorrang der Bestimmungen des Markengesetzes vor dem lauterkeitsrechtlichen Irreführungsschutz war mit Art. 6 (2) lit. a UGP-RL und § 5 Abs. 2 nicht mehr vereinbar.[227] Danach besteht kein Vorrang des kennzeichenrechtlichen Schutzes mehr. Vielmehr stehen der individualrechtliche Schutz aus dem Kennzeichenrecht und der lauterkeitsrechtliche Schutz nunmehr nebeneinander.[228] Das hat zur Folge, dass bei der Anwendung des § 5 Wertungswidersprüche zu den Grundsätzen des Marken- und Kennzeichenrechts zu vermeiden sind.[229] Die Einschränkung, die ein Unternehmenskennzeichen durch das Recht der Gleichnamigen erfährt, führen zur Verneinung eines auf die Bestimmung des § 5 Abs. 2 UWG gestützten Anspruchs des Inhabers des Unternehmenskennzeichens.[230] Die Grundsätze der Verwirkung, die gegenüber einem Kennzeichenrecht nicht ausgeschlossen sind, setzen sich unter denselben Voraussetzungen gegen einen Anspruch aus § 5 durch.[231] Dasselbe gilt für den Prioritätsgrundsatz. Scheiden aufgrund des Prioritätsgrundsatzes kennzeichenrechtliche Ansprüche wegen eines schlechteren Zeitrangs aus, kann sich der Inhaber des prioritätsjüngeren Kennzeichenrechts grundsätzlich nicht mit Erfolg auf den lauterkeitsrechtlichen Schutz vor einer Irreführung über die betriebliche Herkunft berufen, um dem Inhaber des Kennzeichenrechts mit älterem Zeitrang die Benutzung seines Kennzeichens zu verbieten.[232]

106 Eine grundlegende Änderung hat die Rechtsprechung ebenfalls beim **Schutz geographischer Herkunftsangaben** aufgrund der Vorschriften der §§ 126 ff MarkenG vollzogen. Anlass hierzu war die Novellierung des Markengesetzes durch das Gesetz zur Verbesserung der Durchsetzung von Rechten des geistigen Eigentums vom 07.07.2008,[233] das der Umsetzung der Richtlinie 2004/48/EG zur Durchsetzung der Rechte des geistigen Eigentums dient. Dadurch ist der Schutz geographischer Herkunftsangaben in wesentlichen Punkten dem Schutz von Marken und Unternehmenskennzeichen angenähert worden.[234] **Der Schutz geographischer Angaben nach § 127 Abs. 1 MarkenG gegen Irreführung ist nunmehr ein kennzeichenrechtlicher und kein lauter-**

227 BGH, 15.08.2013, I ZR 188/11, BGHZ 198, 159 Rn. 60 – *Hard Rock Café.*
228 BGH, 24.01.2013, I ZR 60/11, GRUR 2013, 397 Rn. 41 – *Peek & Cloppenburg III*; BGH, 15.08.2013, I ZR 188/11, BGHZ 198, 159 Rn. 60 – *Hard Rock Café.*
229 BGH, 24.01.2013, I ZR 60/11, GRUR 2013, 397 Rn. 44 – *Peek & Cloppenburg III*; BGH, 15.08.2013, I ZR 188/11, BGHZ 198, 159 Rn. 64 – *Hard Rock Café*; BGH, 23.06.2016, I ZR 241/14, GRUR 2016, 965 Rn. 23 – *Baumann II*; BGH, 15.02.2018, I ZR 201/16, GRUR 2018, 935 Rn. 57 – *goFit; Büscher*, GRUR 2009, 230, 236; Bornkamm, FS Loschelder, 2010, S. 31, 43; *ders.*, GRUR 2011, 1, 4, 8; Ohly/*Sosnitza*, § 5 Rn. 707; MünchKomm/*Ruess* UWG § 5 Rn. 143; GK/*Lindacher* § 5 Rn. 565; zur einheitlichen Auslegung der Markenrechtsrichtlinie und der Richtlinie 84/450/EWG über irreführende und vergleichende Werbung EuGH, 12.06.2008, C-533/06, GRUR 2008, 698 Rn. 46 – *O2 Holdings ET O2 (UK).*
230 BGH, 24.01.2013, I ZR 60/11, GRUR 2013, 397 Rn. 44 – *Peek & Cloppenburg III.*
231 BGH, 15.08.2013, I ZR 188/11, BGHZ 198, 159 Rn. 64 – *Hard Rock Café.*
232 BGH, 23.06.2016, I ZR 241/14, GRUR 2016, 965 Rn. 23 – *Baumann II.*
233 BGBl. I, S. 1191.
234 BGH, 31.03.2016, I ZR 86/13, BGHZ 209, 302 Rn. 13 – *Himalaya Salz.*

keitsrechtlicher Schutz mehr.[235] Diese Änderung der Qualifikation des Schutzes geographischer Herkunftsangaben nach dem MarkenG steht nicht in Widerspruch zur UGP-RL. Diese lässt nach ihrem Erwägungsgrund 9 Satz 2 die nationalen Vorschriften zum Schutz des geistigen Eigentums unberührt. Zu den Vorschriften zum Schutz des geistigen Eigentums rechnen ebenso wie die unionsrechtlichen Normen zum Schutz von geographischen Angaben und Ursprungsbezeichnungen nach der VO (EU) 1151/2012[236] die Bestimmungen des MarkenG zum Schutz geographischer Herkunftsangaben.[237] Da der kennzeichenrechtliche Schutz nach dem MarkenG den lauterkeitsrechtlichen Schutz grundsätzlich nicht ausschließt, **kann § 5 neben § 127 MarkenG angewandt werden**. Lediglich Wertungswidersprüche zwischen beiden Schutzsystemen müssen vermieden werden. Das bedeutet allerdings nicht, dass sich aus § 5 nicht Ansprüche ergeben können, die aufgrund des Schutzes geographischer Herkunftsangaben nicht bestehen. Der Schutz nach § 127 MarkenG und derjenige nach § 5 müssen nicht deckungsgleich sein.

Kennzeichenrechtliche Ansprüche und lauterkeitsrechtliche Ansprüche aus § 5 sind im Prozess nach dem zweigliedrigen Streitgegenstandsbegriff unterschiedliche Streitgegenstände. **107**

bb) § 12 BGB

Der Schutz aus § 12 BGB ist gegen eine Namensleugnung und eine Namensanmaßung gerichtet. Für das Verhältnis zum Irreführungsschutz nach § 5 ist nur die Namensanmaßung von Bedeutung. **Eine unberechtigte Namensanmaßung** nach § 12 Satz 1 Fall 2 BGB liegt vor, wenn ein Dritter unbefugt den gleichen Namen gebraucht, dadurch eine Zuordnungsverwirrung eintritt und schutzwürdige Interessen des Namensträgers verletzt werden.[238] Der Schutz aus § 12 BGB wird im Bereich des geschäftlichen Verkehrs im Grundsatz verdrängt durch den Kennzeichenschutz nach §§ 5, 15 MarkenG. Die Bestimmung des § 12 BGB bleibt jedoch anwendbar, wenn der Funktionsbereich des Unternehmens ausnahmsweise durch eine Verwendung der Unternehmensbezeichnung außerhalb der kennzeichenrechtlichen Verwechslungsgefahr berührt wird. In solchen Fällen kann der Namensschutz ergänzend gegen Beeinträchtigungen der Unternehmensbezeichnung herangezogen werden, die nicht mehr im Schutzbereich des Unternehmenskennzeichens liegen[239] und wenn mit der Löschung von Zeichen eine Rechtsfolge begehrt wird, die aus kennzeichenrechtlichen Vorschriften grundsätzlich **108**

235 BGH, 31.03.2016, I ZR 86/13, BGHZ 209, 302 Rn. 11 – *Himalaya Salz.*

236 EuGH, 10.11.1992, C-3/91, GRUR Int. 1993, 76 Rn. 37 f. – *Exportur / LOR und Confiserie du Tech*; EuGH, 20.05.2003, C-469/00, GRUR 2003, 609 Rn. 49 – *Grana Padano*; EuGH, 20.05.2003, C-108/01, GRUR 2003, 616 Rn. 64 – *Consorzio del Prosciutto di Parma und Salumificio S. Rita* .

237 BGH, 31.03.2016, I ZR 86/13, BGHZ 209, 302 Rn. 15 – *Himalaya Salz.*

238 BGH, 08.02.2008, I ZR 59/04, BGHZ 171, 104 Rn. 11 – *grundke.de.*

239 BGH, 09.09.2004, I ZR 65/02, GRUR 2005, 430 – *mho.de*; BGH, 24.04.2008, I ZR 159/05, GRUR 2008, 1099 Rn. 10 – *afilias.de*; BGH, 22.01.2014, I ZR 164/12, GRUR 2014, 393 Rn. 13f – *wetteronline.de.*

nicht hergeleitet werden kann.[240] Danach kann es zu Überschneidungen zwischen der Anwendung des § 12 BGB und des § 5 kommen. Für das Verhältnis des Schutzes aus § 12 BGB und aus § 5 gelten dieselben Grundsätze, wie sie für das Verhältnis der Kennzeichenrechte nach dem MarkenG zum Irreführungsschutz nach dem UWG nunmehr maßgeblich sind. **Die Vorschriften sind nebeneinander anwendbar.** Im Prozess bilden sie unterschiedliche Streitgegenstände.[241]

cc) § 37 Abs. 2 HGB

109 Nach § 37 Abs. 2 HGB kann derjenige, der in seinen Rechten dadurch verletzt wird, dass ein anderer eine Firma unbefugt gebraucht, von diesem die Unterlassung des Gebrauchs der Firma verlangen. Liegen die Voraussetzungen eines Anspruchs aus §§ 5, 15 Abs. 4 MarkenG oder § 12 BGB vor, ist regelmäßig ein Anspruch aus § 37 Abs. 2 HGB gegeben.[242] Der Anspruch aus § 37 Abs. 2 HGB tritt neben die Ansprüche aus dem Kennzeichenrecht und aus § 12 BGB. Der Anspruch aus § 37 Abs. 2 HGB tritt dann neben Ansprüche aufgrund des Irreführungsschutzes nach § 5, ohne Voraussetzungen und Reichweite des lauterkeitsrechtlichen Anspruchs zu beeinflussen.

VI. Normstruktur

110 **§ 5 Abs. 1 Satz 1** bestimmt allgemein, unter welchen Voraussetzungen eine irreführende geschäftliche Handlung unlauter ist. Danach muss (1) eine geschäftliche Handlung vorliegen, die (2) irreführend ist, und (3) diese muss geeignet sein, den Verbraucher oder sonstigen Marktteilnehmer zu einer geschäftlichen Entscheidung zu veranlassen, die er andernfalls nicht getroffen hätte. Es handelt sich um einen **konkreten Gefährdungstatbestand**. Weder muss eine Irreführung der Marktgegenseite tatsächlich eingetreten sein, noch reicht eine abstrakte Gefährdung aus. Unwahre oder zur Täuschung geeignete Angaben genügen für eine Unlauterkeit nach § 5 Abs. 1 Satz 1 nicht. Es muss eine Relevanz der Irreführung hinzukommen. Diese muss geeignet sein, die Marktentscheidung der angesprochenen Verkehrskreise zu beeinflussen. Unterschieden wird im Irreführungstatbestand danach zwischen einer Irreführung im engeren Sinn, die durch § 5 Abs. 1 Satz 2 näher bestimmt ist, und einer relevanten Irreführung, die sich nach § 5 Abs. 1 Satz 1 aus der Kombination der Irreführung im engeren Sinn und der Eignung zur Beeinflussung einer geschäftlichen Entscheidung ergibt. Die Vorschrift des § 5 Abs. 1 Satz 1 verknüpft zugleich den Irreführungstatbestand über die Rechtsfolgenanordnung mit § 3 Abs. 1. § 5 Abs. 1 Satz 1 schließt Verbraucher und sonstige Marktteilnehmer in den Schutz ein. Daraus folgt, dass beim Schutz der Verbraucher vorrangig die im Anhang zu § 3 Abs. 3 angeführten irreführenden geschäftlichen Handlungen zu prüfen sind, die ausschließlich für das B2C-Verhältnis gelten und insoweit Vorrang vor § 5 haben.

---

240 BGH, 09.11.2011, I ZR 150/09, GRUR 2012, 304 Rn. 32 – *Basler Haar-Kosmetik.*
241 BGH, 22.01.2014, I ZR 164/12, GRUR 2014, 393 Rn. 13f – *wetteronline.de.*
242 Staub/*Burghard*, HGB, 5. Aufl., § 37 Rn. 63.

tragsschluss in den Anwendungsbereich des § 5 fallen. Die weite Definition der Geschäftspraktik i. S. von Art. 2 lit. d UGP-RL und der weite Begriff der geschäftlichen Handlung i. S. von § 2 Abs. 1 Nr. 1 sehen keine Unterscheidung zwischen Verhaltensweisen vor, die sich an die Allgemeinheit, einen größeren Kreis von Empfängern oder an eine einzelne Person richten.[248]

Die Vereinbarung von Vertragsbestimmungen,[249] die Vertragsabwicklung[250] oder die unrichtige Auskunft des Unternehmers an einen Verbraucher zur Möglichkeit, den bestehenden Vertrag zu kündigen, ist eine geschäftliche Handlung.[251] Die Geltendmachung von Forderungen durch einen Unternehmer, die Berechnung einer Vergütung oder eines Honorars, die Verfolgung von Gewährleistungsansprüchen oder die Abwehr von Forderungen sind regelmäßig geschäftliche Handlungen.[252] Werden in diesem Zusammenhang irreführende Angaben gemacht, fällt dies in den sachlichen Schutzbereich des § 5. Darauf, ob es sich um einen **einmaligen Bearbeitungsfehler** handelte, der nur einen Kunden betraf, und es sich deshalb um einen einmaligen Ausreißer handelte, ob dem Unternehmer ein Schuldvorwurf zu machen und ob der Kunde auf die Auskunft angewiesen war oder er sie auch aus anderen Quellen erhalten konnte, kommt es für das Vorliegen einer geschäftlichen Handlung nicht an.[253] Eine **notwendige Korrektur einer zu weitgehenden Haftung** erfolgt nicht über die Definition der geschäftlichen Handlung. Sie muss vielmehr bei der Wahl der Mittel erfolgen. Die Maßnahmen aufgrund einer unlauteren geschäftlichen Handlung müssen geeignet und wirksam und die Sanktionen müssen wirksam, verhältnismäßig und abschreckend sein. Sämtliche Maßnahmen gegen Unternehmen müssen dem Gebot der Verhältnismäßigkeit genügen.[254] Ob ein Korrektiv des weiten Begriffs der geschäftlichen Handlung bereits bei der Frage des Verbots oder erst bei der Verhängung von Ordnungsmitteln erfolgt, hat der EuGH in seiner Rechtsprechung zur Geschäftspraktik nach Art. 2 lit. d UGP-RL offen gelassen und der Entscheidung der Gerichte der Mitgliedstaaten überlassen, denen insoweit ein Wertungsspielraum zusteht. In der Entscheidung »Änderung der Voreinstellung« hat der BGH ein einmaliges Verhalten gegenüber einem Verbraucher ausreichen lassen.[255] 118

3. Objektiver Zusammenhang mit der Förderung des Absatzes oder Bezugs von Produkten

Die Handlung muss neben dem Bezug zum eigenen oder einem fremden Unternehmen 119
einen Marktbezug aufweisen. Eine geschäftliche Handlung i. S. des § 2 Abs. 1 Nr. 1

248 EuGH, 16.04.2015, C-388/13, GRUR 2015, 600 Rn. 41 – *UPC Magyarország.*
249 BGH, 31.03.2010, I ZR 34/08, GRUR 2010, 1117 Rn. 18 – *Gewährleistungsausschluss im Internet.*
250 BGH, 15.01.2009, I ZR 141/06, GRUR 2009, 881 Rn. 11 – *Überregionaler Krankentransport.*
251 Zur Geschäftspraktik i. S. der UGP-RL EuGH, 16.04.2015, C-388/13, GRUR 2015, 600 Rn. 35 – *UPC Magyarország.*
252 GK/*Lindacher*, § 5 Rn. 15 und 16.
253 EuGH, 16.04.2015, C-388/13, GRUR 2015, 600 Rn. 41, 47 und 54 – *UPC Magyarország.*
254 EuGH, 16.04.2015, C-388/13, GRUR 2015, 600 Rn. 57 und 59 – *UPC Magyarország.*
255 BGH, 05.02.2009, I ZR 119/06, GRUR 2009, 876 Rn. 25 – *Änderung der Voreinstellung II.*

setzt voraus, dass die Handlung bei der gebotenen objektiven Betrachtung vorrangig dem Ziel der Förderung des Absatzes oder Bezugs von Waren oder Dienstleistungen dient und sich nicht nur reflexartig auf die Absatz- oder Bezugsförderung auswirkt.[256] Enthält ein Internetauftritt eines Dritten Hinweise auf die Bezugsmöglichkeiten der Produkte eines Unternehmens, spricht dies für einen ausreichenden Marktbezug.[257] Dagegen fehlt einer mangelhaften oder nicht vertragsgemäßen Leistung für sich genommen die Qualität einer geschäftlichen Handlung.[258] Die Schlecht- oder Nichterfüllung einer vertraglichen Leistung liegt zunächst nur auf der Ebene des von der UGP-RL nicht erfassten Vertragsrechts. Ein ausreichender Marktbezug und demzufolge eine geschäftliche Handlung liegen in einer mangelhaften oder nicht vertragsgemäßen Leistung dagegen vor, wenn der Unternehmer auf eine Übervorteilung des Kunden abzielt und von vornherein nicht gewillt ist, sich an seine Ankündigungen zu halten. In diesem Fall dient die Täuschung über die Schlechtleistung dem Abschluss des Vertrages und wird als Mittel im Wettbewerb um Kunden eingesetzt.[259]

120 Die Förderung des Absatzes oder des Bezugs von Waren oder Dienstleistungen i. S. des § 2 Abs. 1 Nr. 1 muss **objektiv** vorliegen. Auf eine Absicht eigenen oder fremden Wettbewerb zu fördern, wie dies für eine Wettbewerbshandlung i. S. des § 2 Abs. 1 Nr. 1 UWG 2004 erforderlich war, kommt es nicht mehr an.[260]

121 Eine geschäftliche Handlung ist **Handeln im geschäftlichen Verkehr**. Ein Marktbezug fehlt bei rein unternehmensinternen Vorgängen ohne Außenwirkung oder Äußerungen im Privatbereich.[261] Aus unternehmensinternen Vorgängen können sich Anhaltspunkte für ein zukünftiges marktbezogenes Verhalten ergeben, das die Voraussetzungen einer geschäftlichen Handlung erfüllt. Zudem können die betriebsinternen Vorgänge eine Erstbegehungsgefahr begründen.

122 Der Anwendungsbereich der UGP-RL ist auf den **Absatzwettbewerb** von Unternehmern gegenüber Verbrauchern beschränkt.[262] Die Geschäftspraktik i. S. des Art. 2 lit. d UGP-RL erfasst nur Verhaltensweisen, die unmittelbar mit der Absatzförderung, dem Verkauf oder der Lieferung eines Produkts an Verbraucher zusammenhängen. Nach Erwägungsgrund 7 bezieht sich die UGP-RL auf Geschäftspraktiken, die in unmittelbarem Zusammenhang mit der Beeinflussung der geschäftlichen Entscheidungen des Verbrauchers in Bezug auf Produkte stehen. Geschäftspraktiken, die vorrangig anderen

256 BGH, 10.01.2013, I ZR 190/11, GRUR 2013, 945 Rn. 29 – *Standardisierte Mandatsbearbeitung*; BGH, 11.12.2014, I ZR 113/13, GRUR 2015, 694 Rn. 22 – *Bezugsquellen für Bachblüten*.
257 BGH, 11.12.2014, I ZR 113/13, GRUR 2015, 694 Rn. 30 – *Bezugsquellen für Bachblüten*.
258 BGH, 10.01.2013, I ZR 190/11, GRUR 2013, 945 Rn. 26 – *Standardisierte Mandatsbearbeitung*.
259 BGH, 10.01.2013, I ZR 190/11, GRUR 2013, 945 Rn. 37 – *Standardisierte Mandatsbearbeitung*.
260 BGH, *17.08.2011, I ZR 134/10*, GRUR 2012, 82 Rn. 15 – *Auftragsbestätigung*.
261 GK/*Lindacher*, § 5 Rn. 20.
262 BGH, 06.02.2014, I ZR 2/11, GRUR 2014, 879 Rn. 13 – *GOOD NEWS II*.

Zielen dienen, erfasst die UGP-RL nicht.[263] Der Gesetzgeber konnte danach ohne Verstoß gegen die UGP-RL, die eine Vollharmonisierung nur für ihren Anwendungsbereich vorsieht,[264] den **Nachfragewettbewerb** in den Begriff der geschäftlichen Handlung einbeziehen. Durch die Anknüpfung in § 5 Abs. 1 Satz 1 an die geschäftliche Handlung fällt auch der Nachfragewettbewerb in den Schutzbereich des § 5.

II. Normadressaten und persönlicher Schutzbereich

Die Normadressaten werden beim Irreführungstatbestand über den Begriff der 123
geschäftlichen Handlung bestimmt. **Jeder der die Voraussetzungen einer geschäftlichen Handlung i. S. von § 2 Abs. 1 Nr. 1 erfüllt, ist Normadressat des § 5.** Das sind Gewerbetreibende, Angehörige freier Berufe und diejenigen, die ein Handwerk ausüben sowie Personen, die zugunsten eines fremden Unternehmens handeln (Rdn. 116). Erfasst werden natürliche und juristische Personen und Personenhandelsgesellschaften.[265] Ob der gewerblichen oder beruflichen Tätigkeit erwerbswirtschaftliche, gemeinnützige, ideelle oder wohltätige Ziele zugrunde liegen, ist gleichgültig.[266] Erforderlich ist nur, dass die konkrete Handlung gleichzeitig dem Zweck dient, den Absatz oder Bezug von Waren oder Dienstleistungen zu fördern.[267] Kirchliche und staatliche Einrichtungen sind Normadressaten, wenn sie geschäftliche Handlungen vornehmen (Rdn. 115). Gleiches gilt für Verbände und Vereine. Diese können das eigene Unternehmen oder Unternehmen ihrer Mitglieder fördern und so geschäftlich tätig werden.

Der **persönliche Schutzbereich** von § 5 erfasst Verbraucher und sonstige Marktteil- 124
nehmer. Geschützt werden durch § 5 damit neben Verbrauchern alle Personen, die als Anbieter und Nachfrager von Waren oder Dienstleistungen tätig sind. Das sind in erster Linie Gewerbetreibende. Verbraucher werden ebenfalls als Nachfrager und als Anbieter von Waren oder Dienstleistungen geschützt. Dass in § 5 UWG 2015 nur Verbraucher und sonstige Marktteilnehmer und nicht Mitbewerber angeführt sind, bedeutet keine Einschränkung des Schutzbereichs. **Der Begriff des sonstigen Marktteilnehmers in § 5 Abs. 1 Satz 1 umfasst sämtliche Marktteilnehmer, die nicht Verbraucher sind.** § 5 schützt umfassend gegen irreführende geschäftliche Handlungen im **Vertikalverhältnis**, in dem sich Unternehmen einerseits und Verbraucher oder sonstige Marktteilnehmer andererseits auf verschieden Stufen gegenüberstehen, und im **Horizontalverhältnis**, in dem Unternehmer und sonstige Marktteilnehmer sich auf derselben Stufe befinden. Täuscht ein Telekommunikationsunternehmen seinen Konkurrenten darüber, dass einer seiner Kunden den Anbieter wechseln will, wird dies von § 5 erfasst.[268]

---

263 BGH, 10.01.2013, I ZR 190/11, GRUR 2013, 945 Rn. 18 – *Standardisierte Mandatsbearbeitung*.
264 EuGH, 17.10.2013, C-391/12, GRUR 2013, 1245 Rn. 40–42 – *RLvS [Good News]*.
265 Ohly/*Sosnitza* § 5 Rn. 79.
266 GK/*Lindacher*, § 5 Rn. 23.
267 BGH, 31.03.2016, I ZR 160/14, GRUR 2016, 710 Rn. 16 – *Im Immobiliensumpf*;
268 BGH, 11.10.2017, I ZR 210/16, GRUR 2018, 317 Rn. 36 – *Portierungsauftrag*.

III. Angaben

125 § 5 Abs. 1 Satz 1 knüpft an eine irreführende geschäftliche Handlung und diese wiederum in Satz 2 an unwahre oder sonstige zur Täuschung geeignete Angaben an. Entsprechende Regelungen enthielten § 3 UWG 1909 und § 5 UWG 2004 und 2008. Nach § 3 UWG 1909 konnte auf Unterlassung in Anspruch genommen werden, wer irreführende Angaben über geschäftliche Verhältnisse machte. Gem. § 5 Abs. 1 UWG 2004 handelte unlauter, wer irreführend warb. Nach Abs. 2 Satz 1 waren bei der Beurteilung der Frage, ob eine Werbung irreführend war, alle ihre Bestandteile zu berücksichtigen, insbesondere in ihr enthaltene Angaben zu den in Nr. 1 bis 3 der Vorschrift angeführten Umständen. § 5 UWG 2008 stellte sodann auf die irreführende geschäftliche Handlung ab, die unwahre oder zur Täuschung geeignete Angaben erforderte. Die Generalklausel zur lauterkeitsrechtlichen Irreführung knüpfte daher bereits mit dem UWG 1909 an den Begriff der Angabe an. Die UGP-RL, die in Art. 6 (1) auf das Tatbestandsmerkmal der Angabe abstellt, enthält keine eigene Definition und hat keine Änderung im Hinblick auf die Anforderungen an eine Angabe bewirkt, die sich im deutschen Lauterkeitsrecht herausgebildet haben. Da der Begriff der Angabe in Art. 6 UGP-RL enthalten ist, ist er allerdings in § 5 richtlinienkonform und damit autonom auszulegen.

126 Irreführend i. S. des § 5 Abs. 1 Satz 1 und 2 ist eine geschäftliche Handlung, wenn sie (1) Angaben enthält und (2) diese Angaben unwahr oder zur Täuschung über die in § 5 Abs. 1 Satz 2 Nr. 1 bis 7 angeführten Umstände geeignet sind.

1. Inhaltliche Anforderungen

a) Tatsachenbehauptung

127 Die Anforderungen an das Tatbestandsmerkmal »Angaben« i. S. von § 5 Abs. 1 Satz 2 sind von der Funktion des Irreführungstatbestands her zu bestimmen.[269] Die Adressaten sollen in die Lage versetzt werden, eine informierte Entscheidung zu treffen. In Erwägungsgrund 14 Satz 1 UGP-RL wird hervorgehoben, dass der Begriff der irreführenden Geschäftspraktiken Praktiken umfasst, die den Verbraucher durch Täuschung davon abhalten, eine informierte und deshalb effektive Wahl zu treffen. In der englischen und der französischen Sprachfassung des Art. 6 (1) UGP-RL heißt es dementsprechend »false information« und »informations fausses«. Eine Angabe muss daher ein gewisses Maß an Information enthalten. Dazu muss die Angabe sich auf Tatsachen beziehen, die auf ihre Richtigkeit überprüft werden können.[270]

---

269 GK/*Lindacher*, § 5 Rn. 30.

270 BGH, 21.02.1991, I ZR 106/89, GRUR 1992, 66, 67 – *Königl.-Bayerische Weisse*; BGH, 03.05.2001, I ZR 318/98, GRUR 2002, 182, 183 – *Das Beste jeden Morgen*; BGH, 16.11.2017, I ZR 160/16, GRUR 2018, 541 Rn. 35 – *Knochenzement II*; FBO/*Peifer/Obergfell* § 5 Rn. 181; Köhler/*Bornkamm/Feddersen* § 5 Rn. 1.20; BDS/*Lehmler* § 5 UWG Rn. 26; Ohly/*Sosnitza* § 5 Rn. 84; Götting/*Nordemann* § 5 Rn. 0.56.

Die Einstufung einer Äußerung bestimmt sich danach, wie der angesprochene Verkehr sie nach **Form und Inhalt in ihrem Gesamtzusammenhang** versteht.[271] Reklamehafte Übertreibungen und reine Werturteile sind keine Angaben i. S. von § 5.[272] Ein Mindestmaß an Informationen kann genügen. Dazu reicht es aus, dass eine Aussage einen **Tatsachenkern** aufweist. Anpreisungen können in die äußere Form einer subjektiven Wertung gekleidet sein und gleichwohl in verdeckter Form eine objektiv nachprüfbare Aussage enthalten. Eine Anpreisung mit einem nachprüfbaren Tatsachenkern liegt vor, wenn der angesprochene Verkehr eine Angabe ungeachtet ihrer subjektiven Einfärbung als Hinweis auf eine bestimmte Beschaffenheit des mit der Angabe beworbenen Produkts auffasst.[273] So reicht es für eine Tatsachenbehauptung aus, dass die Anpreisung den Eindruck einer besseren als der durchschnittlichen Qualität hervorruft.[274] Äußerungen zu einer zukünftigen Tatsache haben regelmäßig informativen Charakter und sind Angaben, jedenfalls wenn sie mit einer Aussage zur Wahrscheinlichkeit oder Möglichkeit ihres Eintritts verbunden sind.[275] 128

b) Werturteile, Kaufappelle, Anpreisungen

Enthält eine Aussage keine Informationen, die einer Überprüfung zugänglich sind, liegt keine Angabe i. S. von § 5 Abs. 1 Satz 2 vor. Das ist bei **reinen Werturteilen, Kaufappellen, Anpreisungen, Phantasiebezeichnungen und marktschreierischen Übertreibungen sowie werbetypischen Übertreibungen** der Fall.[276] Werturteile sind durch das Element des Wertens, Meinens und Dafürhaltens gekennzeichnet. 129

Mit Kaufappellen und Anpreisungen allgemeiner Art, versucht der Unternehmer die Aufmerksamkeit des angesprochen Verkehrs auf das Produkt und dessen Erwerb zu lenken. Sie enthalten häufig keine ausdrückliche oder schlüssige Tatsachenbehauptung und auch keinen Tatsachenkern, sondern beschränken sich auf eine Werbeaussage ohne Informationsgehalt. Anpreisungen ohne Tatsachenkern sind für sich genommen die Aussagen »Das Beste jeden Morgen« für ein Cerealienprodukt und »hochwertig« für Gleitsichtbrillen.[277] Allgemeinen Ankündigungen wie »Geiz ist geil«, »Das gibt es doch nicht«, »Es lebe billig« oder »Preis-Skandal« versteht der Verkehr als eine Werbung mit der Preiswürdigkeit des Angebots, ohne ihr einen Tatsachenkern zu entnehmen.[278] Dasselbe gilt für die Werbeslogans »Mutti gibt mir immer nur das Beste«,[279] »AEG- 130

271 BGH, 14.05.2009, I ZR 82/07, GRUR 2009, 1186 Rn. 15 – *Mecklenburger Obstbrände.*

272 BGH, 20.04.1989, I ZR 125/87, GRUR 1989, 608, 609 – *Raumausstattung*; BGH, 03.05.2001, I ZR 318/98, GRUR 2002, 182, 183 – *Das Beste jeden Morgen.*

273 BGH, 03.11.2016, I ZR 227/14, GRUR 2017, 418 Rn. 22 – *Optiker-Qualität.*

274 BGH, 25.10.1974, I ZR 94/73, GRUR 1975, 141, 142 – *Unschlagbar.*

275 GK/*Lindacher*, § 5 Rn. 31; FBO/*Peifer/Obergfell* § 5 Rn. 26.

276 BGH, 03.05.2007, I ZR 19/05, GRUR 2007, 978 Rn. 29 – *Rechtsberatung durch Haftpflichtversicherer*; BGH, 12.12.2013, I ZR 192/12, GRUR 2014, 686 Rn. 25 – *Goldbärenbarren.*

277 BGH, 03.05.2001, I ZR 318/98, GRUR 2002, 182, 183 – *Das Beste jeden Morgen*; BGH, 03.11.2016, I ZR 227/14, GRUR 2017, 418 Rn. 21 – *Optiker-Qualität.*

278 OLG Celle, 04.11.2004, 13 U 136/04, WRP 2005, 250, 251; GK/*Lindacher*, § 5 Rn. 41.

279 BGH, 15.01.1965, Ib ZR 46/63, GRUR 1965, 363 – *Fertigbrei.*

Lavamat, den und keinen anderen«[280] und »Sinnbild und Maßstab«.[281] Immer muss aber festgestellt werden, ob nicht das Werturteil oder die Anpreisung auf Tatsachen beruht, die der Aussage zu entnehmen sind und vom Verkehr so verstanden werden. Dazu muss die Aussage keine konkreten Merkmale bezeichnen. Sie kann deshalb vage und auslegungsbedürftig sein. So wird die Werbeaussage für eine Brille »Premium-Gleitsichtgläser in Optiker-Qualität«, die in die Ankündigung »Individuelle Gleitsichtbrillen von L., bestehend aus einer modischen Kunststofffassung und Premium-Gleitsichtgläsern in Optiker-Qualität« eingebunden ist, so verstanden, dass die Brille an den individuellen Sehverlust des Kunden angepasst ist und die Leistung derjenigen eines im stationären Handel tätigen Optikers entspricht.[282]

131 Die Abgrenzung kann im Einzelfall schwierig sein. Die Rechtsprechung zur Abgrenzung von Tatsachenbehauptungen und Meinungsäußerungen zu § 4 Nr. 2 kann herangezogen werden. In die Bestimmung des Verständnisses einer Äußerung sind Form und Inhalt und der Gesamtzusammenhang, in dem sie steht, zu berücksichtigen.[283] Eine **Schlussfolgerung** kann je nach dem Zusammenhang und dem Inhalt der Darstellung ein Werturteil und eine Meinungsäußerung sein oder eine Zusammenfassung bestimmter Tatsachen oder objektiv beweisbarer Einzelfälle.[284] Je mehr Tatsachen geschildert werden, desto eher ist auch die Schlussfolgerung eine Tatsachenbehauptung. Wird ein wertender Begriff verwendet, ohne dass irgendwelche Tatsachen angegeben werden, kann dies gegen eine Einordnung als Tatsachenbehauptung sprechen.

132 Bei der **Abgrenzung zwischen Tatsachenbehauptungen und Anpreisungen** ist zu berücksichtigen, **in welchem Zusammenhang die Äußerung fällt**. Wird in einem Artikel in einer Tageszeitung über Immobiliengeschäfte eine bestimmte Äußerung getan, kann der Leser eher von einer Tatsachenbehauptung ausgehen als in einer Werbeanzeige. Dasselbe gilt für die einem Produkt beigefügte Gebrauchsanweisung gegenüber einer Werbeanzeige. Der Verkehr steht Werbeaussagen skeptischer gegenüber und geht hier schneller von einer allgemeinen Anpreisung ohne Tatsachenkern aus, als bei einem Medium, bei dem er eine Sachinformation erwartet.[285]

c) Sichtweise

133 Die Abgrenzung zwischen Tatsachenbehauptung und Werturteil erfolgt nicht objektiv, sondern maßgeblich ist das **Verkehrsverständnis**. Es kommt bei einer an das allgemeine Publikum gerichteten Aussage darauf an, wie der durchschnittlich informierte, aufmerksame und verständige Durchschnittsverbraucher die Äußerung auffasst.[286]

---

280 BGH, 05.02.1965, Ib ZR 30/63, GRUR 1965, 365 – *Lavamat II.*

281 BGH, 24.02.1965, Ib ZR 48/63, GRUR 1965, 438 – *Sinnbild und Maßstab.*

282 BGH, 03.11.2016, I ZR 227/14, GRUR 2017, 418 Rn. 14 ff – *Optiker-Qualität.*

283 BGH, 14.05.2009, I ZR 82/07, GRUR 2009, 1186 Rn. 15 – *Mecklenburger Obstbrände.*

284 BGH, 22.10.1987, I ZR 247/85, GRUR 1988, 402, 403 – *Mit Verlogenheit zum Geld.*

285 BGH, 01.07.2010, I ZR 161/09, GRUR 2011, 163 Rn. 13, 24 – *Flappe*; BGH, 06.02.2014, I ZR 2/11, GRUR 2014, 879 Rn. 16 – *GOOD NEWS II.*

286 EuGH, 16.07.1998, C-210/96, GRUR Int. 1998, 795 Rn. 31 – *Gut Springenheide*; EuGH, 08.02.2017, C-562/15, GRUR 2017, 280 Rn. 31 – *ITM/Carrefour.*

Richtet sich die Aussage an Fachkreise, ist die Sicht eines durchschnittlich informierten, aufmerksamen und verständigen Durchschnittsfachmanns maßgeblich.[287]

134 Die Bedeutung der Werbung für die Abgrenzung zwischen Tatsachenbehauptungen und Werturteilen wird mitgeprägt vom **Wandel des Verbraucherleitbilds**. Bis Anfang der 1990er Jahre lag der deutschen Rechtsprechung das Leitbild eines flüchtigen Verbrauchers zugrunde.[288] Unter Zugrundelegung dieses Leitbilds stellte die Rechtsprechung höhere Anforderungen an eine lautere Werbung. Das Leitbild des durchschnittlich informierten, aufmerksamen und verständigen Durchschnittsverbrauchers hat zu einer Liberalisierung des Lauterkeitsrechts geführt. Bei der Abgrenzung zwischen Tatsachenbehauptungen und bloßen werbemäßigen Anpreisungen ohne Tatsachenkern ist dieser Wandel zu berücksichtigen. Ältere Entscheidungen zur Abgrenzung zwischen Tatsachenbehauptungen und Werturteilen sind daher unter dem Blickwinkel des gewandelten Verbraucherleitbilds zu überprüfen.

135 Der Durchschnittsverbraucher oder der durchschnittliche Angehörige der Fachkreise fasst eine Äußerung **nicht allein deshalb als Tatsachenbehauptung auf, weil die Aussage einem Beweis zugänglich ist.** Form, Inhalt und Zusammenhang der Äußerung müssen für die Einordnung als Tatsachenbehauptung oder Werturteil berücksichtigt werden. So können die Aussagen »Das Beste jeden Morgen« und »hochwertig« durchaus mit den Mitteln des Beweises überprüft werden. Ob ein Cerealienprodukt mit sehr hohem Zuckeranteil wirklich jeden Morgen das beste Nahrungsmittel ist, kann wissenschaftlich belegt oder widerlegt werden und ist einem Beweis zugänglich. Ob eine als »hochwertig« bezeichnete Brille die auf dem Markt befindlichen Durchschnittsprodukte qualitätsmäßig überragt, kann durch Sachverständigengutachten belegt werden. Der Durchschnittsverbraucher muss die Aussage in der Werbung gleichwohl nicht als Tatsachenbehauptung ansehen, sondern kann von einer allgemeinen suggestiven Anpreisung mit subjektivem Einschlag ausgehen, weil bei der Frage, was etwa das beste Nahrungsmittel jeden Morgen ist, persönliche geschmackliche Vorlieben und Gewohnheiten eine Rolle spielen. Die Anforderungen an ein gesundes Frühstück, die sich zwar objektivieren und nachweisen lassen, treten für den Durchschnittsverbraucher zurück und der subjektive Einschlag kann in einem solchen Fall derart im Vordergrund stehen, dass der Adressat der Werbebotschaft nicht mehr als eine allgemeine Anpreisung entnimmt.[289] Diese Sichtweise zeigt anschaulich die Auswirkungen des gewandelten Leitbilds vom flüchtigen Verbraucher zum Durchschnittsverbrauchers. Die Angaben »absolute Spitze«[290] und »Einmalig«[291] wird der Durchschnittsverbraucher ohne weitere Tatsachenangaben heute nur als marktschreierische Anpreisung

287 BGH, 30.09.2004, I ZR 14/02, GRUR 2005, 172, 175 – *Stresstest*; BGH, 15.04.2010, I ZR 145/08, GRUR 2010, 1125 Rn. 32 – *Femur-Teil*.

288 BGH, 20.10.1988, I ZR 219/87, GRUR 1991, 548, 550 – *Umweltengel*; BGH, 22.10.1992, I ZR 284/90, GRUR 1993, 127 – *Teilzahlungspreis II*.

289 BGH, 03.05.2001, I ZR 318/98, GRUR 2002, 182, 183 – *Das Beste jeden Morgen*.

290 OLG Hamm, 04.03.1980, 4 U 37/79, WRP 1980, 500.

291 OLG Düsseldorf, 25.11.1952, 2 U 224/52, GRUR 1953, 132, 133.

auffassen. Dem Hühnergegacker[292] im Hintergrund einer Werbung für Teigwaren wird er allein kaum den Hinweis auf die Verwendung von frischen Eiern bei der Herstellung entnehmen.

d) Gesundheitswerbung

136 Im Bereich der Gesundheitswerbung stellt die Rechtsprechung besonders strenge Anforderungen an die Richtigkeit, Eindeutigkeit und Klarheit einer Werbeaussage, weil mit irreführenden gesundheitsbezogenen Angaben erhebliche Gefahren für das hohe Schutzgut des Einzelnen sowie der Bevölkerung verbunden sein können.[293] Diese strengeren Maßstäbe wirken sich bereits bei der Einordnung einer Aussage als Tatsachenbehauptung oder bloße Anpreisung aus. An die Annahme einer reinen Werbebotschaft ohne Tatsachenkern werden danach in der Gesundheitswerbung höhere Anforderungen als an Werbemaßnahmen in anderen Produktsektoren gestellt.[294] Diese Maßstäbe sind auf andere Bereiche nicht übertragbar. Die Rechtsprechung hat zwar in der Vergangenheit die strengen Maßstäbe der Gesundheitswerbung auf eine Werbung mit Umweltschutzbegriffen und -zeichen übertragen.[295] Dies geschah noch unter dem Leitbild des flüchtigen Verbrauchers. Der Durchschnittsverbraucher, auf dessen Sicht es heute ankommt, wird eine Werbung mit Umweltschutzgesichtspunkten nicht anders einordnen als andere Werbemaßnahmen.

e) Rechtsansichten

137 Die Schwierigkeiten der Abgrenzung zwischen Aussagen über Tatsachen und Werturteilen zeigen sich besonders bei **Aussagen zur Rechtslage**. Dass diese Äußerungen mehr als reine Werturteile sein können, folgt aus § 5 Abs. 1 Satz 2 Nr. 7. Danach können irreführende Angaben sich auf Rechte des Verbrauchers, insbesondere solche auf Grund von Garantieversprechen oder Gewährleistungsrechte bei Leistungsstörungen beziehen. Andererseits darf ein Unternehmen nicht in seiner Rechtsverfolgung oder -verteidigung daran gehindert werden, einen ihm günstigen Rechtsstandpunkt einzunehmen, auch wenn dieser sich später als unzutreffend erweist. Vertritt ein Haftpflichtversicherer in einem Regulierungsschreiben den Rechtstandpunkt, dem Kfz-Sachverständigen stehe ein Anspruch nur in einer bestimmten Höhe zu, hat der BGH darin eine Meinungsäußerung und keine Angabe gesehen und den Tatbestand des § 5 verneint.[296] **Eine Tatsachenangabe enthält die Beurteilung der Rechtslage**, wenn der Unternehmer sich in diesem Zusammenhang zu den tatsächlichen Grundlagen des Anspruchs äußert oder zur Rechtslage Ausführungen macht, die einer Überprüfung zugänglich sind. **Falsche Tatsachen** darf der Unternehmer im Zusammenhang mit seinen Angaben zur Rechtslage nicht behaupten. Bei **rechtlichen Ausführungen** ist die Konstellation komplexer.

---

292 BGH, 27.06.1961, I ZR 135/59, GRUR 1961, 544 – *Hühnergegacker.*
293 BGH, 06.02.2013, I ZR 62/11, GRUR 2013, 649 Rn. 15 – *Basisinsulin mit Gewichtsvorteil.*
294 BGH, 03.11.2016, I ZR 227/14, GRUR 2017, 418 Rn. 22 – *Optiker-Qualität.*
295 BGH, 20.10.1988, I ZR 219/87, GRUR 1991, 548, 549 – *Umweltengel.*
296 BGH, 03.05.2007, I ZR 19/05, GRUR 2007, 978 Rn. 30 – *Rechtsberatung durch Haftpflichtversicherer.*

Beruft der Unternehmer sich etwa für seinen Standpunkt auf gerichtliche Entscheidungen oder Stimmen im Schrifttum, liegt in den zitierten Entscheidungen oder Fundstellen eine Äußerung, die mit den gängigen juristischen Auslegungsmitteln darauf überprüft werden kann, ob sich die vom Unternehmer angenommene Rechtsfolge daraus herleiten lässt. Im Interesse eines ausreichenden Spielraums bei der Vertretung der eigenen Interessen muss dem Unternehmer bei einer nicht zweifelsfreien Rechtslage die Möglichkeit bleiben, eine ihm günstige Rechtsansicht zu vertreten. **Nur die eindeutig falsche Darstellung der Rechtslage ist eine irreführende Angabe.**[297]

Im Zusammenhang mit einem Vorgehen gegen Rechtsansichten, die ein Unternehmen **138** im Rahmen der Rechtsverfolgung- oder –verteidigung geäußert hat, sind schließlich die Einschränkungen zu berücksichtigen, die die Rechtsprechung in diesem Zusammenhang entwickelt hat. Danach fehlt das **Rechtsschutzbedürfnis für eine Unterlassungsklage** in Fällen, in denen Äußerungen in einem gerichtlichen Verfahren untersagt werden sollen. Privilegiert sind grundsätzlich auch Äußerungen, die der Rechtsverfolgung oder -verteidigung in einem behördlichen Verfahren dienen oder die im Vorfeld einer gerichtlichen Auseinandersetzung erfolgen.[298]

f) Unterlassen

Aus einem Unterlassen für sich genommen kann keine Angabe folgen.[299] Die Angabe **139** knüpft an ein positives Verhalten an. Diesem Verhalten kann – in welcher Ausdrucksform auch immer – eine Angabe zu entnehmen sein, die lückenhaft oder unvollständig ist. Auswirkungen hat dies erst bei der Frage, ob die Irreführung auf einer positiven Handlung in Form der unvollständigen Angabe oder einem Unterlassen der notwendigen Klarstellung beruht (§ 5a Rdn. 18 ff.).

g) Angaben Dritter und über Dritte

Regelmäßig stammt die Information, der der angesprochene Verkehr eine Angabe i. S. **140** von § 5 entnimmt, vom Unternehmen selbst. Das ist allerdings nicht zwingend. Der Unternehmer kann im Rahmen seiner Werbebotschaft Dritte zu Wort kommen lassen. Er macht sich die Angaben des Dritten in einem solchen Fall zu eigen.[300] Das kann etwa durch Versendung von Studien und Forschungsergebnissen sowie Zuschriften Dritter oder dadurch geschehen, dass in der Werbung Personen auftreten, die eine eigene Botschaft verkünden. Deren Aussagen sind nach denselben Kriterien wie unmittelbar vom Unternehmen stammende Äußerungen danach abzugrenzen, ob einerseits eine Tatsachenbehauptung oder andererseits ein Werturteil oder eine Anpreisung ohne Tatsachenkern vorliegt.

Die Angaben i. S. von § 5 Abs. 1 Satz 2 werden sich regelmäßig auf die **eigenen** **141** **geschäftlichen Verhältnisse**, auf eigene Waren, Dienstleistungen oder allgemein auf

297 Köhler/*Bornkamm*/*Feddersen* § 5 Rn. 1.18.
298 BGH, 19.07.2012, I ZR 105/11, GRUR 2013, 305 Rn. 20 – *Honorarkürzung.*
299 Ohly/*Sosnitza* § 5 Rn. 96; GK/*Lindacher* § 5 Rn. 56.
300 BGH, 17.01.2002, I ZR 161/99, GRUR 2002, 633, 635 – *Hormonersatztherapie.*

das eigene Unternehmen und seine Verhältnisse beziehen. Der Katalog des § 5 Abs. 1 Satz 2 Nr. 1 bis 7 zeigt die Vielgestaltigkeit der Angaben zu den geschäftlichen Verhältnissen des Unternehmens auf. Der Begriff der Angaben ist aber nicht beschränkt auf die eigenen geschäftlichen Verhältnisse. Unter den Begriff der Angaben fallen auch **Äußerungen über Dritte**. Dazu gehören Aussagen über die geschäftlichen Verhältnisse der Mitbewerber oder anderer Marktteilnehmer.[301] Der Begriff der Angabe enthält, von dem Erfordernis einer tatsächlichen Information abgesehen, keine gegenständlichen Beschränkungen. Diese lassen sich auch nicht aus § 5 Abs. 1 Satz 2 Nr. 1 bis 7 ableiten.[302] Dieser Katalog stellt keine abschließende Aufzählung dar.[303]

2. Form der Angabe, § 5 Abs. 3 Fall 2

142 Auf die Form der Äußerung kommt es nicht an. Jede Ausdrucksform kommt für eine Angabe in Betracht. Das wird durch § 5 Abs. 3 Fall 2 verdeutlicht, wonach Angaben im Sinne von § 5 Abs. 1 Satz 2 bildliche Darstellungen und sonstige Veranstaltungen sind, die darauf zielen und geeignet sind, solche Angaben zu ersetzen. **Es kommt nur darauf an, dass die Kommunikationsform dem Adressaten eine Information vermittelt.** Angaben können erfolgen ausdrücklich, schlüssig oder auch nur unterschwellig,[304] schriftlich oder mündlich, in Wort, Bild[305] oder Ton.[306] Eine Angabe kann sich unausgesprochen aus dem Gesamtzusammenhang ergeben.[307] Ein tatsächliches Verhalten kann als Angabe aufzufassen sein.[308] Sie kann aus der Gestaltung einer Ware oder der Verpackung folgen. Häufig besteht eine Aussage aus einer Kombination von Ausdrucksformen, aus denen erst in ihrem Zusammenwirken die Angabe folgt. Wirbt ein Möbelhaus mit der Angabe »Komplett« und der Abbildung eines Schlafzimmers mit einem Bett mit Matratze, folgt aus der wörtlichen Aussage und der Abbildung, dass das Angebot ein Bettgestell mit Matratze und Lattenrost umfasst.[309]

143 Die **Größe der Verpackung** oder des Warenbehältnisses kann eine Angabe zum Füllvolumen enthalten.[310] Die Verwendung von **Länderfarben** bei der Produktaufmachung kann als Hinweis auf die geographische Herkunft des Produkts zu verstehen sein.[311]

---

301 BGH, 20.09.2007, I ZR 171/04, GRUR 2008, 443 Rn. 29 – *Saugeinlagen*; Köhler/*Bornkamm/Feddersen* § 5 Rn. 1.24; a. A. FBO/*Peifer/Obergfell* § 5 Rn. 27.

302 A. A. FBO/*Peifer/Obergfell* § 5 Rn. 27.

303 Köhler/*Bornkamm/Feddersen* § 5 Rn. 0.30 und 1.56; offengelassen BGH, 19.04.2018, I ZR 244/16, GRUR 2018, 950 Rn. 41 – *Namensangabe*.

304 BGH, 07.11.2002, I ZR 276/99, GRUR 2003, 628, 629 – *Klosterbrauerei*; BGH, 09.12.2003, VI ZR 38/03, WRP 2004, 367, 368.

305 BGH, 20.03.1981, I ZR 1/79, GRUR 1981, 656, 657 – *Schlangenzeichen*.

306 BGH, 27.06.1961, I ZR 135/59, GRUR 1961, 544 – *Hühnergegacker*.

307 BGH, 12.12.2013, I ZR 192/12, GRUR 2014, 686 Rn. 25 – *Goldbärenbarren*: Angabe dort allerdings im Ergebnis verneint.

308 BGH, 23.01.1997, I ZR 226/97, GRUR 1997, 380, 381 – *Füllanzeigen*.

309 BGH, 18.12.2014, I ZR 129/13, GRUR 2015, 698 Rn. 13 – *Schlafzimmer komplett*.

310 BGH, 30.10.1981, I ZR 156/79, GRUR 1982, 118 – *Kippdeckeldose*; BGH, 11.10.2017, I ZR 78/16, GRUR 2018, 431 Rn. 47 – *Tiegelgröße*.

311 BGH, 10.04.1981, I ZR 162/79, GRUR 1981, 666, 667 – *Ungarische Salami*.

Auf die geographische Herkunft eines Produkts kann weiter eine Werbung in einer bestimmten Mundart hinweisen.[312] Die Verwendung von Bezeichnungen mit dem Zusatz »Kloster« kann der Verkehr als Hinweis auf eine besondere Brautradition ansehen.[313]

Dem Anzeigenteil einer Zeitung kann eine **schlüssige Angabe** über den Umfang des bezahlten Anzeigenvolumens und damit über die Einschätzung der Werbewirksamkeit der Zeitung durch andere Gewerbetreibende zu entnehmen sein.[314] Die Einordnung eines gebrauchten Kraftfahrzeugs in einer bestimmten Suchrubrik kann eine konkludente Angabe über die Laufleistung beinhalten.[315] **144**

Ein **Zeichen** kann für den Verkehr **Sachinformationen ausdrücken** und dadurch eine Angabe enthalten.[316] Zusätze bei Kennzeichen können einen Angabe i. S. von § 5 sein. Der Zusatz »Bundes« in der Bezeichnung »B-Bundesdruckerei International GmbH« deutet auf eine Mehrheitsbeteiligung der Bundesrepublik Deutschland hin.[317] Entsprechendes gilt für die Benutzung »Stadtwerke« in einer Marke oder einer Unternehmensbezeichnung, der der Verkehr eine kommunale Trägerschaft entnimmt.[318] Dem Zusatz »**R im Kreis**« an einem Zeichen entnimmt der Durchschnittsverbraucher, dass dieses Zeichen für den Verwender als Marke eingetragen ist oder dass ihm der Markeninhaber eine Lizenz erteilt hat.[319] Verbindet der Verkehr mit einer **Marke** oder einem **Gütezeichen** bestimmte Eigenschaften, folgert er aus der Anbringung der Marke oder des Gütezeichens, dass die derart gekennzeichneten Produkte diese Eigenschaften aufweisen.[320] **145**

3. Angaben im Rahmen vergleichender Werbung, § 5 Abs. 3 Fall 1

Nach § 5 Abs. 3 Fall 1 sind Angaben im Sinne von Absatz 1 Satz 2 Angaben im Rahmen vergleichender Werbung. Die Bestimmung geht zurück auf § 3 Satz 2 UWG 1909. § 3 UWG 1909 war durch das Gesetz zur vergleichenden Werbung und zur Änderung wettbewerbsrechtlicher Vorschriften vom 01.09.2000[321] um Satz 2 ergänzt worden, um das UWG an die Richtlinie 97/55/EG anzupassen (Rdn. 3). Die Richtlinie 97/55/EG sah in Art. 3a (1) lit. a vor, dass eine vergleichende Werbung nicht irreführend sein durfte. Eine Nachfolgeregelung enthält nunmehr Art. 4 lit. a Werbe-RL. **In** **146**

312 LG München I, 16.01.1980, 7 HKO 14322/79, GRUR Int. 1980, 667, 668.
313 BGH, 07.11.2002, I ZR 276/99, GRUR 2003, 628, 629 – *Klosterbrauerei.*
314 BGH, 23.01.1997, I ZR 226/97, GRUR 1997, 380, 381 – *Füllanzeigen.*
315 BGH, 06.10.2011, I ZR 42/10, GRUR 2012, 286 Rn. 21 – *Falsche Suchrubrik.*
316 BGH, 20.03.1981, I ZR 1/79, GRUR 1981, 656, 657 – *Schlangenzeichen.*
317 BGH, 29.03.2007, I ZR 122/04, GRUR 2007, 1079 Rn. 24 ff – *Bundesdruckerei.*
318 BGH, 13.06.2012, I ZR 228/10, GRUR 2012, 1273 Rn. 18 – *Stadtwerke Wolfsburg*; BGH, 09.11.2016, I ZB 43/15, GRUR 2017, 186 Rn. 25 – *Stadtwerke Bremen.*
319 BGH, 26.02.2009, I ZR 219/06, GRUR 2009, 888 Rn. 16 – *Thermoroll*; BGH, 17.10.2013, I ZB 11/13, GRUR 2014, 376 Rn. 24 ff – *grill meister.*
320 BGH, 03.11.1976, I ZB 11/75, GRUR 1977, 488, 489 – DIN geprüft; BGH, 01.03.1984, I ZR 48/82, GRUR 1984, 737, 738 – *Ziegelfertigstürze.*
321 BGBl. I, 1374.

dieser Bestimmung wird zwischen dem Schutz der Gewerbetreibenden und der Verbraucher vor einer irreführenden vergleichenden Werbung unterschieden. Während ersterer sich nach Art. 2 lit. b, Art. 3 und Art. 8 (1) Werbe-RL richtet (Rdn. 37), verweist Art. 4 lit. a Werbe-RL wegen des Schutzes der Verbraucher auf Art. 6 und 7 UGP-RL. Ein irreführender Werbevergleich im B2C-Verhältnis ist nach Art. 4 lit. a Werbe-RL i. V. mit Art. 6 und 7 UGP-RL zu beurteilen (Rdn. 37).[322] In beiden Fällen – irreführende vergleichende Werbung gegenüber Verbrauchern und Gewerbetreibenden – liegt eine **Vollharmonisierung** vor (Rdn. 25, 36 f., 147).

147 Durch § 5 Abs. 3 Fall 1 wird klargestellt, dass die irreführende vergleichende Werbung anhand des § 5 Abs. 1 Satz 2 zu beurteilen ist. Das entspricht der UGP-RL und der Werbe-RL. Dabei ist allerdings zu berücksichtigen, dass beim Schutz der Gewerbetreibenden (B2B-Verhältnis) eine Vollharmonisierung vorliegt, so dass § 5 insoweit richtlinienkonform auf das Schutzniveau der Werbe-RL zu beschränken ist und ein weitergehender Schutz unzulässig wäre (Rdn. 37).[323] Das kann über eine richtlinienkonforme Auslegung des § 5 Abs. 3 Satz 1 geschehen.[324] Danach ist § 5 Abs. 2, durch den Art. 6 (2) lit. a UGP-RL umgesetzt wird, auf einen Werbevergleich gegenüber Gewerbetreibenden (B2B-Verhältnis) nicht anwendbar.[325] Zudem gilt **§ 5a Abs. 2** durch die Verweisung in Art. 4 lit. a Werbe-RL auf Art. 7 UGP-RL auch für die vergleichende Werbung gegenüber Verbrauchern.[326]

148 § 5 Abs. 3 Fall 1 umfasst **Angaben über den Werbenden, über den Mitbewerber und Angaben im Rahmen des Werbevergleichs**. Für die Abgrenzung der Tatsachenbehauptung von einem Werturteil im Rahmen irreführender vergleichender Werbung gelten im Grundsatz die allgemeinen Maßstäbe. Allerdings legt der EuGH die an die vergleichende Werbung zu stellenden Anforderungen in dem für sie günstigsten Sinn aus, um den Wettbewerb zwischen den Anbietern von Waren und Dienstleistungen zu fördern.[327] Das kann zu einem **Zielkonflikt** führen, weil Äußerungen im Rahmen eines Werbevergleichs gem. § 6 Abs. 2 Nr. 2 nachprüfbar sein müssen. Dazu müssen sie einen Tatsachenkern enthalten.[328] An den grundsätzlichen Maßstäben für die Abgrenzung zwischen Tatsachenbehauptungen und Werturteilen bei der Prüfung, ob eine Angabe i. S. von § 5 Abs. 1 Satz 2 vorliegt, ändert auch der vom EuGH zur vergleichenden Werbung aufgestellte Auslegungsmaßstab nichts. Maßgeblich ist die Sicht des angesprochenen Verkehrs und damit regelmäßig die Sicht und das Verständnis des Durchschnittsverbrauchers von einer Aussage.

149 **Ist eine vergleichende Werbung irreführend, ist sie unlauter.** Es ist nicht erforderlich, dass zusätzlich einer der Unlauterkeitstatbestände nach § 6 Abs. 2 vorliegt. Die

322 EuGH, 08.02.2017, C-562/15, GRUR 2017, 280 Rn. 29–38 – *ITM/Carrefour*.
323 EuGH, 08.04.2003, C-44/01, GRUR 2003, 533 Rn. 40–44 und 56 – *Pippig Augenoptik*
324 *Köhler*, GRUR 2013, 761, 763.
325 *Köhler*, GRUR 2013, 761, 766.
326 EuGH, 08.02.2017, C-562/15, GRUR 2017, 280 Rn. 29–38 – *ITM/Carrefour*; *Köhler*, GRUR *2013, 761, 763*.
327 EuGH, 25.10.2001, C-112/99, GRUR 2002, 354 Rn. 36 und 37 – *Toshiba Europe*.
328 BGH, 30.09.2004, I ZR 14/02, GRUR 2005, 172, 175 – *Stresstest*.

irreführende und die unzulässige vergleichende Werbung sind selbständige Tatbestände unlauterer Verhaltensweisen, so dass es zur Untersagung einer irreführenden Werbung nicht notwendig ist, dass diese gleichzeitig eine unzulässige vergleichende Werbung darstellt.[329]

IV. Irreführende Angaben, § 5 Abs. 1 Satz 2

1. Einführung

Die Frage der Irreführung steht regelmäßig im Mittelpunkt der Prüfung des § 5, dessen sachlicher Schutzbereich durch dieses Kriterium maßgeblich bestimmt wird. Es handelt sich bei § 5 um einen konkreten Irreführungstatbestand. Eine nur abstrakte Gefahr der Irreführung genügt nicht. Eine entsprechende weite Auslegung des § 5 wäre mit der UGP-RL nicht zu vereinbaren, weil dadurch die Grenze zu den per se-Verboten verwischte. Die Irreführung setzt kein Verschulden und kein wiederholtes Verhalten voraus[330] und die Einhaltung der beruflichen Sorgfalt kann den Unternehmer nicht entlasten.[331] **Die Eignung zur Irreführung genügt.** Es ist nicht erforderlich, dass auch nur ein einzelnes Mitglied des angesprochenen Verkehrs tatsächlich getäuscht worden ist. Gegenteiliges lässt sich der Nissan-Entscheidung des EuGH nicht entnehmen. Diese ist zur Abwägung der Warenverkehrsfreiheit mit dem Irreführungsverbot ergangen und ist zu einer Zeit getroffen worden, als die Rechtsfigur des Durchschnittsverbrauchers, auf dessen mutmaßliche Sicht es ankommt, vom EuGH noch nicht entwickelt war.[332] **150**

Nach § 5 Abs. 1 Satz 2 ist eine geschäftliche Handlung irreführend, wenn sie unwahre Angaben oder sonstige zur Täuschung geeignete Angaben enthält. Damit folgt die Vorschrift seit der Novellierung durch das Erste Gesetz zur Änderung des Gesetzes gegen den unlauteren Wettbewerb[333] im Jahr 2008 (zu den Fassungen des Irreführungstatbestands ab 1896 Rdn. 1 ff.) der Struktur des Art. 6 (1) UGP-RL zu den irreführenden Geschäftspraktiken. In Art. 6 (1) UGP-RL wird unterschieden zwischen falschen Angaben einerseits und täuschenden oder täuschungsgeeigneten Angaben andererseits. Unwahr i. S. des § 5 Abs. 1 Satz 2 und falsch i. S. des Art. 6 (1) ist die Angabe, wenn sie **objektiv unrichtig** ist.[334] Für eine Irreführung reicht dies nicht aus. Die objektiv unrichtige Angabe muss auch **zur Täuschung der angesprochenen Verkehrskreise geeignet** sein. Ansonsten scheidet die Gefahr einer Irreführung aus. Das folgt aus der Definition der irreführenden Werbung in Art. 2 lit. b Werbe-RL[335] und aus der Relevanzklausel in Art. 6 (1) UGP-RL. Art. 2 lit. b Werbe-RL definiert irreführende Werbung als jede Werbung, die in irgendeiner Weise – einschließlich ihrer Aufmachung – **151**

329 EuGH, 13.03.2014, C-52/13, GRUR 2014, 493 Rn. 26–28 – *Posteshop*.
330 EuGH, 16.04.2015, C-388/13, GRUR 2015, 600 Rn. 41 und 47 – *UPC Magyarország*.
331 EuGH, 19.09.2013, C-435/11, GRUR 2013, 1157 Rn. 42 – *CHS Tour Services*.
332 EuGH, 16.01.1992, C-373/90, GRUR Int. 1993, 951 – *Nissan*.
333 BGBl. 2008, I 2949.
334 BGH, 19.04.2018, I ZR 244/16, GRUR 2018, 950 Rn. 41 – *Namensangabe*.
335 *Sosnitza*, WRP 2008, 1014, 1028; a. A. FBO/*Peifer*/*Obergfell* § 5 Rn. 234; offengelassen BGH, 19.04.2018, I ZR 244/16, GRUR 2018, 950 Rn. 42 – *Namensangabe*.

die Personen, an die sie sich richtet oder die von ihr erreicht werden, täuscht oder zu täuschen geeignet ist und die infolge der ihr innewohnenden Täuschung ihr wirtschaftliches Verhalten beeinflussen kann oder aus diesen Gründen einen Mitbewerber schädigt oder zu schädigen geeignet ist. Die Relevanzklausel in Art. 6 (1) UGP-RL sieht vor, dass die falsche Angabe den Durchschnittsverbraucher in jedem Fall tatsächlich oder voraussichtlich zu einer geschäftlichen Entscheidung veranlasst, die er ansonsten nicht getroffen hätte. Das kann nur geschehen, wenn die falsche Angabe geeignet ist, den Durchschnittsverbraucher zu täuschen. Die Täuschungseignung ist deshalb immer zu prüfen. Der BGH sieht den Tatbestand der unwahren Angaben nach § 5 Abs. 1 Satz 2 Fall 1 als durch den Katalog des § 5 Abs. 1 Satz 2 Nr. 1 bis 7 nicht begrenzt an.[336] Danach können unrichtige Angaben i. S. von § 5 Abs. 1 Satz 2 Fall 1 vorliegen, die in § 5 Abs. 1 Satz 2 Nr. 1 bis 7 nicht angeführt sind.

152 Zur Prüfung, ob eine geschäftliche Handlung irreführend ist, muss zunächst die **Vorstellung des Verkehrs** von der Angabe i. S. des § 5 Abs. 1 Satz 2 ermittelt werden. Dazu muss festgestellt werden, **an welchen Verkehrskreis** die geschäftliche Handlung gerichtet ist und wie ein durchschnittlich verständiges situationsadäquat aufmerksames Mitglied dieses Kreises die Angabe auffasst.[337] Anschließend muss geprüft werden, **ob das Verkehrsverständnis von der Realität abweicht**. Liegt eine Abweichung vor, wird der Verkehr irregeführt.[338]

153 Damit das Verhalten nach § 5 Abs. 1 Satz 1 unlauter ist, reicht die Irreführung für sich nicht aus. Die irreführende geschäftliche Handlung muss gem. § 5 Abs. 1 Satz 1 weiter geeignet sein, den Verbraucher oder sonstigen Marktteilnehmer zu einer geschäftlichen Entscheidung zu veranlassen, die er andernfalls nicht getroffen hätte. Die irrige Vorstellung des Durchschnittsverbrauchers oder durchschnittlichen Gewerbetreibenden über die relevanten Umstände muss geeignet sein, die zu treffende Marktentschließung in wettbewerblich relevanter Weise zu beeinflussen (**Relevanzklausel**).[339] Schließlich kann in besonderen Fällen eine **Interessenabwägung** erforderlich werden. Das sind vor allem die Konstellationen, in denen der angesprochene Verkehr aufgrund einer objektiv zutreffenden Angabe einer Täuschung unterliegt.[340]

2. Unwahre Angaben, § 5 Abs. 1 Satz 2 Fall 1

154 Mit dem Begriff der unwahren Angaben übernimmt der Gesetzgeber in § 5 Abs. 1 Satz 2 aus Art. 6 (1) UGP-RL das Tatbestandsmerkmal der falschen Angaben. Ist die Angabe falsch, bezeichnet Art. 6 (1) UGP-RL bei wörtlich/grammatikalischer Ausle-

---

336 BGH, 19.04.2018, I ZR 244/16, GRUR 2018, 950 Rn. 41 – *Namensangabe.*

337 BGH, 07.04.2005, I ZR 314/02, GRUR 2005, 690, 692 – *Internet-Versandhandel*; BGH, 21.04.2016, I ZR 151/15, GRUR 2016, 1193 Rn. 20 und 32 – *Ansprechpartner.*

338 BGH, 06.11.2013, I ZR 104/12, GRUR 2014, 88 Rn. 30 – *Vermittlung von Netto-Policen*; BGH, 10.04.2014, I ZR 43/13, GRUR 2014, 1114 Rn. 39 – *nickelfrei.*

339 BGH, 11.10.2017, I ZR 78/16, GRUR 2018, 431 Rn. 30 – *Tiegelgröße*;

340 BGH, 22.04.1999, I ZR 108/97, GRUR 2000, 73, 75 – *Tierheilpraktiker*; BGH, 18.03.2010, I ZR 172/08, GRUR 2010, 1024 Rn. 25 – *Master of Science Kieferorthopädie*; BGH, 30.07.2015, I ZR 250/12, GRUR 2016, 406 Rn. 26 – *Piadina-Rückruf.*

gung die Geschäftspraktik als unwahr. Näher hätte es gelegen, die falsche Angabe als unwahr zu bezeichnen. Da die Geschäftspraxis in der falschen Angabe besteht, ist die Fassung des Art. 6 (1) insoweit noch verständlich. Mit **falsch** i. S. von Art. 6 (1) UGP-RL wird eine Angabe bezeichnet, die **objektiv unrichtig** ist. Sie muss darüber hinaus zur **Täuschung** des angesprochenen Verkehrs **geeignet** sein (Rdn. 151). Die Werbung eines Möbelhauses für ein Schlafzimmer mit der Angabe »Komplett« und der Abbildung eines Betts mit Matratze und Lattenrost ist objektiv unrichtig, wenn das Angebot nur das Bettgestell ohne Lattenrost und Matratze umfasst.[341] Sie ist zur Täuschung ungeeignet, wenn der Verkehr durch beständige Werbemaßnahmen im Möbelbereich weiß, dass unabhängig von der Darstellung und Abbildung das Angebot nur das Bettgestell einschließt oder wenn die für sich objektiv unrichtige Angabe durch einen aufklärenden Hinweis neutralisiert wird.[342]

3. Sonstige zur Täuschung geeignete Angaben, § 5 Abs. 1 Satz 2 Fall 2

155 Nach § 5 Abs. 1 Satz 2 Fall 2 ist eine geschäftliche Handlung ebenfalls irreführend, wenn sie sonstige zur Täuschung geeignete Angaben enthält. Durch § 5 Abs. 1 Satz 2 Fall 2 wird Art. 6 (1) Fall 2 UGP-RL umgesetzt, wonach eine Geschäftspraxis als irreführend gilt, wenn sie in irgendeiner Weise, einschließlich sämtlicher Umstände ihrer Präsentation, selbst mit sachlich richtigen Angaben den Durchschnittsverbraucher täuscht oder ihn zu täuschen geeignet ist und ihn in jedem Fall tatsächlich oder voraussichtlich zu einer geschäftlichen Entscheidung veranlasst, die er ansonsten nicht getroffen hätte. Durch § 5 Abs. 1 Satz 2 Fall 2 werden sämtliche Angaben erfasst, die zur Täuschung des durchschnittlichen Angehörigen des angesprochenen Verkehrs geeignet sind. Wie der Vergleich mit § 5 Abs. 1 Satz 2 Fall 1 zeigt, braucht die Angabe nicht objektiv unrichtig zu sein. Sie kann **unklar, vage, missverständlich oder unvollständig** sein. Sie kann aber auch **objektiv richtig** sein und vom Verkehr, der mit der richtigen Sach- oder Rechtslage nicht vertraut ist, falsch verstanden werden.

4. Ermittlung der Verkehrsauffassung

156 Der erste Prüfungsschritt zur Feststellung der Irreführung i. S. von § 5 Abs. 1 Satz 2 besteht in der **Ermittlung der Verkehrsauffassung** (Rdn. 152). Eine **Ausnahme** von der Maßgeblichkeit der Verkehrsauffassung besteht nur bei gesetzlich vorgeschriebenen Angaben. Ist eine bestimmte Angabe gesetzlich vorgeschrieben, kann ihre Verwendung grundsätzlich nicht nach § 5 als irreführend beanstandet werden.[343]

157 Eine geschäftliche Handlung ist im Sinne von § 5 Abs. 1 UWG irreführend, wenn das Verständnis, das sie bei den Verkehrskreisen erweckt, an die sie sich richtet, mit den *tatsächlichen* Verhältnissen nicht übereinstimmt.[344] Daraus ergeben sich folgende **Prü-**

341 BGH, 18.12.2014, I ZR 129/13, GRUR 2015, 698 Rn. 13 – *Schlafzimmer komplett.*
342 BGH, 18.12.2014, I ZR 129/13, GRUR 2015, 698 Rn. 14 und 15 – *Schlafzimmer komplett.*
343 FBO/*Peifer*/*Obergfell* § 5 Rn. 241; GK/*Lindacher* Vor §§ 5, 5a Rn. 177; Ohly/*Sosnitza* § 5 Rn. 198.
344 BGH, 03.11.2016, I ZR 227/14, GRUR 2017, 418 Rn. 13 – *Optiker-Qualität.*

fungsschritte: Es muss festgestellt werden, (1) an wen sich die geschäftliche Handlung richtet, (2) wie der oder die Adressaten die geschäftliche Handlung auffassen und (3) ob dieses Verständnis von den tatsächlichen Verhältnissen abweicht.

a) Adressaten der geschäftlichen Handlung

aa) Verbraucher

158 Hat die geschäftliche Handlung Waren oder Dienstleistungen zum Gegenstand, die zum täglichen Bedarf zu zählen sind und wendet sich der Unternehmer mit der geschäftlichen Handlung an das allgemeine Publikum, sind Adressaten der geschäftlichen Handlung die gesamte Bevölkerung.[345] Handelt es sich nicht um Gegenstände des täglichen Bedarfs, kann die geschäftliche Handlung sich je nach Produkt, Preis und Gesamtumständen an die gesamte Bevölkerung oder nur einen eingeschränkten Verkehrskreis richten.[346] Bezieht sich die geschäftliche Handlung auf Luxusartikel, ist der Verkehrskreis auf diejenigen Teile der Bevölkerung beschränkt, die als Nachfrager derartiger Waren oder Dienstleistungen in Betracht kommen.

bb) Gewerbetreibende, Freiberufler, Fachleute

159 Die geschäftliche Handlung kann an Gewerbetreibende, Angehörige der freien Berufe oder Fachkreise gerichtet sein. Adressaten der geschäftlichen Handlung sind die Angehörigen des jeweils angesprochenen Kreises, auf deren Auffassung es zur Beurteilung der geschäftlichen Handlung ankommt.[347] **Angehörige der Fachkreise** wenden einen hohen Aufmerksamkeitsgrad auf und verfügen im Regelfall über weitreichende Kenntnisse und Erfahrungen, wenn die geschäftliche Handlung zu ihrem Fachbereich gehört, und sie sind besser als das allgemeine Publikum in der Lage, die geschäftliche Handlung zu beurteilen. Sie unterliegen vielfach nicht so leicht einer Täuschung wie Verkehrskreise, die kein entsprechendes Fachwissen haben.[348]

160 **Gewerbetreibende und Angehörige der freien Berufe** verfügen regelmäßig in dem geschäftlichen Bereich, in dem sie tätig sind, über Kenntnisse und Erfahrungen, die ein Verbraucher nicht hat. Sie dürfen aber nicht ohne weiteres den Fachkreisen zugerechnet werden. Ob sie Fachkenntnisse haben, hängt eng mit dem Gegenstand der geschäftlichen Handlung zusammen. Gewerbetreibende, Angehörige der freien Berufe und ihre Mitarbeiter müssen nur deshalb, weil sie gewerblich oder beruflich tätig sind, nicht in allen Bereichen, die durch ihre Arbeit berührt werden, Fachleute sein. So kann nicht ohne weiteres angenommen werden, dass die mit der Beschaffung oder Wartung von Maschinen und Automaten befassten Mitarbeiter zugleich mit der Beschaffung und

345 BGH, 11.10.2017, I ZR 78/16, GRUR 2018, 431 Rn. 27 – *Tiegelgröße.*
346 BGH, 13.02.2003, I ZR 41/00, GRUR 2003, 800, 802 – *Schachcomputerkatalog*; BGH, 02.10.2003, I ZR 150/01, BGHZ 156, 250, 252 – *Marktführerschaft*; BGH, 06.10.2011, I ZR 42/10, GRUR 2012, 286 Rn. 19 und 20 – *Falsche Suchrubrik.*
347 BGH, 22.10.2009, I ZR 73/07, GRUR 2010, 352 Rn. 11 – *Hier spiegelt sich Erfahrung*; BGH, 30.06.2011, I ZR 157/10, GRUR 2012, 184 Rn. 19 – *Branchenbuch Berg.*
348 BGH, 30.01.1963, Ib ZR 118/61, GRUR 1963, 478, 489 – *Bleiarbeiter.*

Wartung der zum Betrieb dieser Maschinen und Automaten erforderlichen Software befasst sind und in diesem Bereich über besondere Fachkunde verfügen.[349] Betrifft die geschäftliche Handlung unmittelbar den geschäftlichen oder beruflichen Bereich der Gewerbetreibenden oder Angehörigen der freien Berufe, rechnen sie grundsätzlich zu den Fachkreisen.[350]

cc) Schutzbedürftige Personengruppen

Geschäftliche Handlungen erreichen häufig neben dem allgemeinen Publikum auch besonders schutzbedürftige Gruppen von Verbrauchern. Dazu rechnen Kinder und Jugendliche, die einerseits besonders empfänglich für bestimmte Werbemaßnahmen sein können und andererseits noch nicht über den Kenntnisstand erwachsener Verbraucher verfügen. Ein generelles Abstellen auf diese besonders schutzbedürftigen Gruppen hätte eine deutliche Heraufsetzung des Schutzniveaus im Lauterkeitsrecht zur Folge, die mit dem Maßstab des Durchschnittsverbrauchers nicht in Einklang zu bringen ist. Art. 5 (3) Satz 1 UGP-RL sieht deshalb vor, dass Geschäftspraktiken, die voraussichtlich in einer für den Gewerbetreibenden vernünftigerweise vorhersehbaren Art und Weise das wirtschaftliche Verhalten nur einer eindeutig identifizierbaren Gruppe von Verbrauchern wesentlich beeinflussen, die aufgrund von geistigen oder körperlichen Gebrechen, Alter oder Leichtgläubigkeit im Hinblick auf diese Praktiken oder die ihnen zugrunde liegenden Produkte besonders schutzbedürftig sind, aus der Perspektive eines durchschnittlichen Mitglieds dieser Gruppe beurteilt werden. Die Vorschrift wird durch § 3 Abs. 4 Satz 2 umgesetzt. Der strenge Prüfungsmaßstab, den § 3 Abs. 4 Satz 2 vorsieht, erfordert, dass die geschäftliche Handlung voraussichtlich und vorhersehbar allein das geschäftliche Verhalten dieser Verbrauchergruppe wesentlich beeinflusst. Die Bestimmung ist nicht schon heranzuziehen, wenn neben den Mitgliedern der schutzbedürftigen Gruppe durch die fragliche Geschäftspraktik auch die allgemeinen Verkehrskreise beeinflusst werden, weil sie auch von ihr angesprochen werden.[351] 161

Wendet sich die geschäftliche Handlung an eine bestimmte Gruppe von Verbrauchern, ist nach § 3 Abs. 4 Satz 1 auf ein durchschnittliches Mitglied dieser Gruppe abzustellen. Bei dieser Vorschrift kommt es nicht wie im Fall des § 3 Abs. 4 Satz 2 auf die **Verhaltensbeeinflussung** sondern auf die **Zielrichtung** an. Erforderlich ist, dass die geschäftliche Handlung eine bestimmte Gruppe von Verbrauchern gezielt anspricht.[352] Liegen die Voraussetzungen von § 3 Abs. 4 Satz 1 und 2 nicht vor, ist die geschäftliche Handlung nicht aus der Sicht eines durchschnittlichen Mitglieds der bezeichneten Gruppen zu beurteilen. Maßgeblich ist die Sicht des allgemeinen Publikums. 162

---

349 BGH, 05.03.2015, I ZR 161/13, GRUR 2015, 1004 Rn. 30 – *IPS/ISP.*
350 BGH, 06.02.2013, I ZR 62/11, GRUR 2013, 649 Rn. 50 – *Basisinsulin mit Gewichtsvorteil.*
351 BGH, 12.12.2013, I ZR 192/12, GRUR 2014, 686 Rn. 16 und 17 – *Goldbärenbarren.*
352 BGH, 12.12.2013, I ZR 192/12, GRUR 2014, 686 Rn. 21 – *Goldbärenbarren.*

dd) Geschäftliche Handlung gegenüber einer Einzelperson

163 Adressat einer geschäftlichen Handlung kann eine einzelne Person sein. In einer solchen Fallkonstellation muss bestimmt werden, welchem Verkehrskreis der Betroffene zuzurechnen ist (Verbraucher, Gewerbetreibender, Fachmann). Er kann allgemein als Verbraucher von der geschäftlichen Handlung tangiert sein. Die Beurteilung der geschäftlichen Handlung gegenüber dem Einzelnen unterscheidet sich dann nicht von einer geschäftlichen Handlung, die sich an das allgemeine Publikum richtet.[353] Im Einzelfall ist denkbar, dass der Betroffene über Kenntnisse verfügt, die sich **vom allgemeinen Publikum unterscheiden**, weil er einem bestimmten Verkehrskreis (Gewerbetreibender, Fachmann) angehört, der im Hinblick auf den Gegenstand der geschäftlichen Handlung weitergehende Kenntnisse hat. In einer solchen Fallkonstellation kommt es darauf an, wie Angehörige dieses Teils der Bevölkerung die geschäftliche Handlung auffassen. Nicht entscheidend ist grundsätzlich der individuelle Bildungs- und Kenntnisstand eines Verbrauchers, Gewerbetreibenden oder Fachmanns. Etwas anderes kann im Rahmen eines **Einzelgesprächs** gelten, in dem der Unternehmer oder seine Mitarbeiter sich auf den individuellen Kenntnisstand des Verbrauchers oder Gewerbetreibenden einstellen können. Hier kann ein überdurchschnittlicher Kenntnisstand berücksichtigt werden, ein erkennbar unterdurchschnittlicher Kenntnisstand muss Berücksichtigung finden.

ee) Überschneidung der Verkehrskreise

164 Die angesprochenen Verkehrskreise können sich überschneiden. Eine geschäftliche Handlung kann sich sowohl an Verbraucher als auch an Gewerbetreibende und Fachkreise richten. Das ist etwa der Fall, wenn der Unternehmer mit Werbemitteln an den Handel tritt, der die Werbung bestimmungsgemäß auch gegenüber Verbrauchern verwendet. Das kann die Ermittlung der Verkehrsauffassung für sämtliche Verkehrskreise erforderlich machen. Häufig reicht es allerdings aus, die Verkehrsauffassung der Verbraucher festzustellen. Wenn dieser Verkehrskreis nicht irregeführt wird, kommt eine Irreführung gegenüber Gewerbetreibenden oder Fachleuten kaum in Betracht. Eine Ausnahme kommt in Betracht, wenn der Durchschnittsverbraucher mit einer Aussage keine Sachinformation verbindet, während der Fachmann darin eine Sachaussage erkennt und irregeführt wird, weil die Angabe unrichtig ist. Werden die Endverbraucher irregeführt, genügt dies regelmäßig für das beanspruchte Verbot.[354]

ff) Gespaltener Verkehrskreis

165 Richtet sich die geschäftliche Handlung an einen bestimmten Verkehrskreis (Verbraucher, Gewerbetreibende oder Fachkreise), kann innerhalb des Verkehrskreises eine gespaltene Verkehrsauffassung bestehen. Geht diese auf Kriterien zurück, die eine **objektive Abgrenzung** ermöglichen, sind die verschiedenen Teile des Verkehrs bei der Beurteilung zu berücksichtigen, wie die geschäftliche Handlung aufgefasst wird. Dage-

353 EuGH, 16.04.2015, C-388/13, GRUR 2015, 600 Rn. 40 ff, 52f – *UPC Magyarország.*
354 BGH, 02.10.2003, I ZR 150/01, BGHZ 156, 250, 256 – *Marktführerschaft.*

gen scheidet eine gespaltene Verkehrsauffassung innerhalb eines Verkehrskreises aus, wenn objektive Abgrenzungskriterien fehlen. In der Rechtsprechung anerkannt ist die Aufteilung des einheitlichen Verkehrskreises der Verbraucher, wenn diese über **unterschiedliche Sprachkenntnisse** verfügen.[355] Eine unterschiedliche Beurteilung ist weiter gerechtfertigt, wenn eine Geschäftspraxis sich speziell – allein oder zumindest auch – an eine **eindeutig identifizierbare Gruppe** von Verbrauchern richtet, die **besonders schutzbedürftig** ist, und durch diese Geschäftspraxis voraussichtlich und vorhersehbar allein das geschäftliche Verhalten dieser Verbrauchergruppe wesentlich beeinflusst wird, Erwägungsgrund 18 Satz 3, Art. 5 (2) Satz 1 und (3) Satz 1 UGP-RL; § 3 Abs. 4 Satz 2 UWG.[356]

Keine objektiven Abgrenzungskriterien sind gegeben, wenn innerhalb eines einheitlichen Verkehrskreises ein unterschiedlicher Kenntnis- oder Erfahrungsstand vorliegt. 166
Vertreibt die Beklagte an Verbraucher Produkte mit der Angabe »Bach-Blüten« auf dem Etikett und mit der weiteren Bezeichnung »ROCK WATER« und enthält dieses Erzeugnis keinen Blüten- oder Pflanzenextrakt, kann innerhalb des einheitlichen Verkehrskreises bei der Ermittlung des Verkehrsverständnisses nicht danach unterschieden werden, welche Verbraucher Bach-Blüten-Produkte kennen und deshalb um das Fehlen von Blüten- oder Pflanzenextrakten im Erzeugnis »ROCK WATER« wissen und welche anderen Verkehrsteilnehmer keine Kenntnisse von der Zusammensetzung haben.[357] Eine derartige Aufspaltung des Adressatenkreises ist mit der Ermittlung der Verkehrsauffassung aus der mutmaßlichen Sicht des angemessen gut unterrichteten und angemessen aufmerksamen und kritischen Durchschnittsverbrauchers nicht zu vereinbaren.

gg) Regionale Besonderheiten

Die Verkehrsauffassung innerhalb des Bundesgebiets kann durch regionale Besonder- 167
heiten geprägt werden. In dem der Entscheidung »Stangenglas I«[358] zugrundeliegenden Sachverhalt war auf dem beanstandete Etikett einer Bierflasche ein Glas abgebildet. Nach Ansicht des Berufungsgerichts entnahm der Verbraucher im Raum Köln der Abbildung des Glases die Angabe, dass es sich um ein in Köln gebrautes helles obergäriges Bier handelte. Bei einer regional beschränkten Verkehrsauffassung, die zu einer Irreführung in einem Teilgebiet Deutschlands führt, ist nach der **Verbreitung der geschäftlichen Handlung zu unterscheiden.** Ist diese auf die Region beschränkt, in der es zu einer Irreführung kommt, ist grundsätzlich ein regional begrenztes Verbot auszusprechen.[359] Ist die geschäftliche Handlung räumlich innerhalb des Bundesgebiets nicht begrenzt, wie dies bei einer bundesweiten Werbung oder einem räumlich nicht eingegrenzten Internetauftritt der Fall ist, muss auf die Verkehrsauffassung im gesamten

355 BGH, 27.03.2013, I ZR 100/11, GRUR 2013, 631 Rn. 64 – *AMARULA/Marulablu*.
356 BGH, 22.01.2014, I ZR 218/12, GRUR 2014, 682 Rn. 23 – *Nordjob-Messe*; BGH, 12.12.2013, I ZR 192/12, GRUR 2014, 686 Rn. 16 – *Goldbärenbarren*.
357 BGH, 24.07.2014, I ZR 221/12, GRUR 2014, 1013 Rn. 33 – *Original Bach-Blüten*.
358 BGH, 29.09.1982, I ZR 25/80, GRUR 1983, 32, 33 – *Stangenglas*.
359 BGH, 29.09.1982, I ZR 25/80, GRUR 1983, 32, 34 – *Stangenglas*; BGH, 18.12.1985, I ZR 216/83, GRUR 1986, 469, 470 – *Stangenglas II*; GK/*Lindacher* § 5 Rn. 84.

Bundesgebiet abgestellt werden. In einem solchen Fall scheidet ein regional beschränktes Verbot aus. Es bleibt nur ein bundesweites Verbot, wenn ein entsprechend erheblicher Teil der angesprochenen Verkehrskreise getäuscht wird. Andernfalls besteht kein Unterlassungsanspruch. Ein räumlich beschränktes Verbot einer bundesweit wirksamen geschäftlichen Handlung ist mit dem Maßstab des Durchschnittsverbrauchers nicht zu vereinbaren.[360]

b) Maßstab für die Bestimmung der Verkehrsauffassung

aa) Durchschnittsverbraucher

(1) Begriff

168 Nachdem der BGH bis etwa Anfang der 1990er Jahre vom Leitbild eines flüchtigen Verbrauchers bei der Beurteilung der Verkehrsauffassung ausgegangen war (Rdn. 134), liegt den Entscheidungen des BGH nunmehr bei einer an Verbraucher gerichteten geschäftlichen Handlung der Maßstab des durchschnittlich informierten und verständigen Verbrauchers zugrunde, der einer Werbung die der Situation angemessene Aufmerksamkeit entgegenbringt.[361] Dieses Verbraucherleitbild ist vom EuGH entwickelt worden[362] und fester Bestandteil seiner Rechtsprechung auch außerhalb des Lauterkeits- und des Markenrechts.[363] Der Begriff des Durchschnittsverbrauchers als Maßstab hat mittlerweile Eingang in das Unionsrecht (Art. 5 [2] lit. b UGP-RL) und das nationale Recht (§ 3 Abs. 4 Satz 1) gefunden. Die UGP-RL bezeichnet den Durchschnittsverbraucher in Erwägungsgrund 18 Satz 2 als angemessen gut unterrichtet und angemessen aufmerksam und kritisch, unter Berücksichtigung sozialer, kultureller und sprachlicher Faktoren. Das entspricht inhaltlich der Formel des EuGH, der **auf die Wahrnehmung des normal informierten und angemessen aufmerksamen und verständigen Durchschnittsverbrauchers abstellt.**[364] Damit hat der EuGH die ursprünglich in der »Gut Springenheide«[365] verwandte Formel vom durchschnittlich informierten, aufmerksamen und verständigen Durchschnittsverbraucher dahingehend klargestellt, dass der Durchschnittsverbraucher nicht durchschnittlich, sondern ange-

---

360 Köhler/*Bornkamm/Feddersen* § 5 Rn. 1.72; a. A. GK/*Lindacher* § 5 Rn. 84; Ohly/*Sosnitza* § 5 Rn. 124; FBO/*Peifer/Obergfell* § 5 Rn. 210: regionales Verbot nach Interessenabwägung möglich.

361 BGH, 20.10.1999, I ZR 167/97, GRUR 2000, 619, 621 – *Orient-Teppichmuster*; BGH, 30.06.2011, I ZR 157/10, GRUR 2012, 184 Rn. 19 – *Branchenbuch Berg*; BGH, 08.03.2012, I ZR 202/10, GRUR 2012, 1053 Rn. 19 – *Marktführer Sport*; BGH, 05.02.2015, I ZR 136/13, GRUR 2015, 906 Rn. 22 – *TIP der Woche*.

362 EuGH, 16.07.1998, C-210/96, GRUR Int. 1998, 795 Rn. 31 und 37 – *Gut Springenheide*.

363 EuGH, 12.05.2011, C-122/10, GRUR 2011, 726 Rn. 23 – *Ving Sverige*; EuGH, 23.04.2015, C-96/14, VersR 2015, 605 Rn. 47 – *Van Hove/CNP Assurances*; EuGH, 20.09.2017, C-186/16, WM 2017, 1974 Rn. 47 – *Banca Românească*; EuGH, 07.06.2018, C-44/17, GRUR 2018, 843 Rn. 47 – *Scotch Whisky Association*.

364 EuGH, 19.09.2006, C-356/04, GRUR 2007, 69 Rn. 78 – *Lidl/Colruyt*; EuGH, 12.05.2011, C-122/10, GRUR 2011, 726 Rn. 23 – *Ving Sverige*.

365 EuGH, 16.07.1998, C-210/96, GRUR Int. 1998, 795 Rn. 31 und 37 – *Gut Springenheide*.

messen aufmerksam ist. Dem entspricht die Rechtsprechung des BGH, der beim Durchschnittsverbraucher von einer situationsangemessenen Aufmerksamkeit ausgeht.

(2) Normativer oder empirischer Ansatz

Nicht eindeutig geklärt ist die Frage, ob der Figur des Durchschnittsverbrauchers ein empirisches oder ein normatives Verständnis zugrunde liegt. Es geht um die Einordnung des Leitbilds des Durchschnittsverbrauchers als Rechtsbegriff oder als Tatsachenfrage. Das BVerwG hatte in dem Vorabentscheidungsersuchen zu der »Gut Springenheide«-Entscheidung des EuGH gefragt, ob zur Beurteilung der Eignung von Angaben, die Käufer irrezuführen, die tatsächliche Erwartung der angesprochenen Verbraucher zu ermitteln oder von einem objektivierten, allein juristisch zu interpretierenden Käuferbegriff als Maßstab auszugehen ist.[366] Der **EuGH** hat sich weder in dieser Entscheidung noch in anderen Entscheidungen festgelegt. Ein Teil des **Schrifttums** verfolgt den Ansatz eines normativ geprägten Verständnisses mit empirischen Elementen.[367] Teilweise wird demgegenüber angenommen, dass ein empirisches und kein normatives Verständnis im Vordergrund steht, die Ermittlung des Verkehrsverständnisses aber auch normative Elemente enthält.[368] Ein im Ausgangspunkt empirischer Ansatz liegt auch der **BGH-Rechtsprechung** zugrunde, die bei der Ermittlung des Verkehrsverständnisses auf die eigene Sachkunde des Richters und sein Erfahrungswissen abstellt und bei einer Feststellung der Verkehrsvorstellung ohne eigene Sachkunde einen Verfahrensfehler nach § 286 ZPO annimmt.[369] Von der Maßgeblichkeit normativer Elemente geht allerdings auch die BGH-Rechtsprechung aus.[370] **169**

In der **EuGH-Rechtsprechung** halten sich normative und empirische Ansätze die Waage. Einerseits betont der EuGH, das Kriterium der mutmaßlichen Sicht des Durchschnittsverbrauchers diene dazu, die Belange des Irreführungsschutzes und des freien Warenverkehrs in Einklang zu bringen und dem Grundsatz der Verhältnismäßigkeit Rechnung zu tragen.[371] Dieser Ansatz liegt auch der **UGP-RL** zugrunde. Nach Erwägungsgrund 18 Satz 2 nimmt die Richtlinie dem Verhältnismäßigkeitsprinzip entsprechend und um die wirksame Anwendung der vorgesehenen Schutzmaßnahmen zu ermöglichen, den Durchschnittsverbraucher, der angemessen gut unterrichtet und angemessen aufmerksam und kritisch ist, unter Berücksichtigung sozialer, kultureller und sprachlicher Faktoren in der Auslegung des Gerichtshofs als Maßstab. Erwägungsgrund 18 Satz 5 stellt klar, dass der Begriff des Durchschnittsverbrauchers nicht auf einer statistischen Grundlage beruht. Andererseits lässt der EuGH zur Bestimmung der **170**

366 EuGH, *16.07.1998*, *C-210/96*, GRUR Int. 1998, 795 Rn. 15 – *Gut Springenheide*.
367 FBO/*Peifer*/*Obergfell* § 5 Rn. 216 a. E; BDS/*Lehmler* § 5 UWG Rn. 44; Ohly/*Sosnitza* § 2 Rn. 119; *Wiebe*, FS Köhler, 2014, 799, 803.
368 Köhler/*Bornkamm*/*Feddersen* § 5 Rn. 0.63; GK/*Lindacher* § 5 Rn. 64; *Reese*, WRP 1998, 1035, 1039; *Ahrens*, WRP 2000, 812, 813 f; a. A. *Fezer*, WRP 1995, 671, 675; *Scherer*, WRP 1999, 991, 992; *Wiebe*, FS Köhler, 2014, 799, 803.
369 BGH, 02.10.2003, I ZR 150/01, BGHZ 156, 250, 254 – *Marktführerschaft*.
370 BGH, 08.03.2012, I ZR 202/10, GRUR 2012, 1053 Rn. 20 – *Marktführer Sport*.
371 EuGH, 13.01.2000, C-220/98, GRUR Int. 2000, 354 Rn. 27 und 28 – *Lifting-Creme*.

mutmaßlichen Sicht des Durchschnittsverbrauchers die **Einholung von Verkehrsgutachten** und die Bestimmung **konkreter Prozentsätze** der Verbraucher zu, die durch die Aussage irregeführt werden.[372] Die Feststellung der mutmaßlichen Sicht des Durchschnittsverbrauchers und die Festlegung eines entsprechenden Prozentsatzes überlässt der EuGH den Gerichten der Mitgliedstaaten.[373] Die Zuweisung der Feststellung der mutmaßlichen Sicht des Durchschnittsverbrauchers, die Berücksichtigung sozialer, kultureller und sprachlicher Faktoren und die Bestimmung konkreter Prozentsätze der Verbraucher, die durch die Aussage irregeführt werden, durch die Gerichte der Mitgliedstaaten und nicht den EuGH spricht für einen empirischen Ansatz.

171 Auf der anderen Seite dürften die Auswirkungen der unterschiedlichen Ansätze im Schrifttum und die Offenhaltung der genauen Einordnung der Figur des Durchschnittsverbrauchers durch die Rechtsprechung in der Praxis nicht allzu groß sein. Ohne Berücksichtigung normativer und empirischer Elemente kommen die unterschiedlichen Ansichten nicht aus. Die Herleitung des Leitbilds des Durchschnittsverbrauchers aufgrund eines normativen Ansatzes ermöglicht die normative Bestimmung eines bestimmten Niveaus des Verbraucherschutzes. Sie birgt gleichzeitig die Gefahr einer Loslösung lauterkeitsrechtlicher Tatbestände von ihrem Normzweck und die Verschiebung gerichtlicher Entscheidungen von der Rechtsanwendung zur Rechts- und Verbraucherschutzpolitik. Der empirische Ansatz wirkt hier als wichtiges Korrektiv. Das Leitbild des Durchschnittsverbrauchers hat sich wegen der Überlagerung beider Ansätze in der Vergangenheit möglicherweise gerade deshalb besonders bewährt.

172 Abzuwarten bleibt, ob der EuGH in der Zukunft eine **Verschiebung** zu einem mehr normativ geprägten Ansatz vornimmt. Die Gelegenheit könnte sich ihm durch die UGP-RL bieten. Nach Erwägungsgrund 18 Satz 5 beruht der Begriff des Durchschnittsverbrauchers nicht auf einer statistischen Grundlage. Erwägungsgrund 18 Satz 6 sieht vor, dass die nationalen Gerichte und Verwaltungsbehörden sich bei der Beurteilung der Frage, wie der Durchschnittsverbraucher in einem gegebenen Fall typischerweise reagieren würde, auf ihre eigene Urteilsfähigkeit unter Berücksichtigung der Rechtsprechung des Gerichtshofs verlassen müssen. Die Einholung von Meinungsforschungsgutachten und die Bestimmung konkreter Irreführungsquoten finden sich in diesem Ansatz nicht.

(3) Merkmale der Figur des Durchschnittsverbrauchers

173 Der EuGH definiert den Durchschnittsverbraucher als einen normal informierten, angemessen aufmerksamen und verständigen Verbraucher.[374] Der Durchschnittsverbraucher muss nicht homogen sein. Er kann sich je nach geschäftlicher Handlung unterscheiden, etwa aufgrund des konkreten Produktangebots[375] (zur vorrangigen

---

372 EuGH, 16.07.1998, C-210/96, GRUR Int. 1998, 795 Rn. 35 und 36 – *Gut Springenheide*; EuGH, 13.01.2000, C-220/98, GRUR Int. 2000, 354 Rn. 31 – *Lifting-Creme*.
373 EuGH, 13.01.2000, C-220/98, GRUR Int. 2000, 354 Rn. 31 – *Lifting-Creme*.
374 EuGH, 12.05.2011, C-122/10, GRUR 2011, 726 Rn. 23 – *Ving Sverige*.
375 BGH, 13.02.2003, I ZR 41/00, GRUR 2003, 800, 802 – *Schachcomputerkatalog*.

Bestimmung des Adressaten der geschäftlichen Handlung Rdn. 157 ff.). Dem tragen Art. 5 (2) lit. b und Art. 5 (3) Satz 1 UGP-RL und § 3 Abs. 4 Rechnung. Ist Zielgruppe der geschäftlichen Handlung die **Bevölkerung**, kommt es auf ein durchschnittliches Mitglied der Gesamtbevölkerung an. Dabei bleiben Kinder und Jugendliche sowie andere Angehörige besonders schutzbedürftiger Gruppen grundsätzlich außer Betracht. Deren Berücksichtigung erfordert es, dass die Voraussetzungen des § 3 Abs. 4 Satz 1 Fall 2 oder Satz 2 vorliegen (Rdn. 161 f). Das Leitbild des UWG geht von einem erwachsenen Durchschnittsverbraucher aus, der nicht zu einer besonders schutzbedürftigen Gruppe zählt.[376] Ist eine geschäftliche Handlung an eine bestimmte Zielgruppe aus der Gesamtbevölkerung gerichtet, ist die Verkehrsauffassung aus Sicht eines durchschnittlichen Angehörigen dieser Gruppe zu beurteilen. Die Werbung für eine Gleitsichtbrille, die im Onlinehandel vertrieben wird und die die Übernahme der Daten aus einem schon vorhandenen Brillenpass erforderlich macht, ist an diejenigen Verbraucher gerichtet, die schon eine Brille tragen.

(a) Normal informiert

Den Informationsstand des Durchschnittsverbrauchers hat der EuGH zunächst mit »durchschnittlich informiert« bezeichnet.[377] In jüngeren Entscheidungen wird er als »normal informiert« charakterisiert.[378] Die UGP-RL kennzeichnet ihn in Erwägungsgrund 18 Satz 2 als »angemessen gut unterrichtet«. Der BGH geht von einem »durchschnittlich informierten« Verbraucher aus.[379] Die verschiedenen Formulierungen deuten keinen inhaltlichen Unterschied an. Der Kenntnisstand des durchschnittlichen Adressaten wird beeinflusst durch die **Zielgruppe**, der er angehört (allgemeine Bevölkerung, Gewerbetreibende, Fachleute) und das in Rede stehende **Produkt**. Ist die Zielgruppe die allgemeine Bevölkerung und rechnet das Produkt zu den Erzeugnissen des täglichen Bedarfs, ist von einem Kenntnisstand auszugehen, der bei einem **Erwachsenen mit allgemeiner Schulbildung** erwartet werden kann. Alltagswissen kann vorausgesetzt werden. Ein Wissensstand, der erst nach Einholung von Informationen erreicht wird, darf nicht zugrunde gelegt werden.[380] »Normal informiert« bezeichnet den vorhandenen Kenntnisstand des Verbrauchers. 174

Der angemessen gut unterrichtete Verbraucher verfügt über normale **Sprachkenntnisse**, zu denen die deutsche Sprache in Wort und Schrift und der Grundwortschatz der englischen Sprache[381] sowie Basisbegriffe der französischen, italienischen und spani- 175

376 BGH, 03.05.2007, I ZR 19/05, GRUR 2007, 978 Rn. 27 – *Rechtsberatung durch Haftpflichtversicherer.*

377 EuGH, 16.07.1998, C-210/96, GRUR Int. 1998, 795 Rn. 31 – *Gut Springenheide.*

378 EuGH, 07.07.2016, C-476/14, GRUR 2016, 945 Rn. 30 – *Citroën Commerce.*

379 BGH, 11.03.2009, I ZR 194/06, GRUR 2009, 1067 Rn. 37 – *Geld-zurück-Garantie II*; BGH, 11.10.2017, I ZR 78/16, GRUR 2018, 431 Rn. 27 – *Tiegelgröße.*

380 GK/*Lindacher* Vor §§ 5, 5a Rn. 75; *Lettl*, 2004, 449, 454.

381 BGH, 01.02.2001, I ZB 55/98, GRUR 2001, 1047, 1048 – *LOCAL PRESENCE, GLOBAL POWER*; BGH, 22.01.2009, I ZB 34/08, GRUR 2009, 949 Rn. 14 – *My World*; BGH, 19.02.2014, I ZB 3/13, GRUR 2014, 569 Rn. 12 – *HOT.*

schen Sprache zählen.[382] Mit üblichen **Marktmechanismen und gebräuchlichen Werbeaussagen** und -methoden ist der Verbraucher vertraut. Er weiß, dass die Inhaltsstoffe eines Lebensmittels in einem Zutatenverzeichnis auf der Produktverpackung wiedergeben werden[383] und es Konfitüre oder Mineralwasser ohne jede Blei-, Cadmium- und Pestizidrückstände einfach nicht gibt, auch wenn das Erzeugnis mit »naturrein« oder »Bio« bezeichnet ist.[384] Der durchschnittlich informierte Verbraucher geht davon aus, dass ein Kaufmann Waren von nicht unerheblichem Wert nicht ohne weiteres verschenkt. Er nimmt deshalb an, dass die Kosten für eine als gratis beworbene Ware in den Preis des sonstigen Angebots mit eingerechnet sind.[385] Der Verbraucher ist daran gewöhnt, dass Verkaufsförderungsmaßnahmen zeitlich begrenzt sind[386] und er weiß, dass am Sonntag normalerweise keine Lieferungen erfolgen.[387]

176 **Besondere Fach-, Rechts- und Marktkenntnisse** hat der Durchschnittsverbraucher nicht.[388] Auf die über- oder unterdurchschnittlichen Kenntnisse von Verbrauchern kommt es beim Leitbild des normal informierten Verbrauchers grundsätzlich nicht an (zu den Ausnahmen bei bestimmten Zielgruppen Rdn. 158 ff.). Ausnahmsweise kann eine Abweichung vom Maßstab des normal informierten Verbrauchers gerechtfertigt sein. Das ist der Fall, wenn der Unternehmer sich mit seiner geschäftlichen Handlung zwar an die allgemeine Bevölkerung wendet, aber darauf abzielt, besondere **Randgruppen** zu täuschen.[389]

(b) Angemessen aufmerksam

177 Die angemessene Aufmerksamkeit des Verbrauchers wird durch die konkrete Situation und das jeweilige Produkt und seine Bedeutung für den Verbraucher maßgeblich bestimmt. Der BGH hebt diesen Umstand beim Leitbild des Durchschnittsverbrauchers mit der Formulierung hervor, dass der Verbraucher einer Werbung die der **Situation angemessene Aufmerksamkeit** entgegenbringt.[390] Die Aufmerksamkeit des Verbrauchers kann durch die konkrete Situation beeinflusst werden, in der er sich entscheidet. Die Situation kann auf schnelle Botschaften und schnelle Abschlüsse

382 BGH, 31.05.2016, I ZB 39/15, GRUR 2016, 934 Rn. 14 – *OUI.*

383 EuGH, 04.06.2015, C-195/14, GRUR 2015, 701 Rn. 37 – *Teekanne.*

384 EuGH, 04.04.2000, C-465/98, WRP 2000, 489 Rn. 22 und 26f – *Darbo naturrein*; BGH, 13.09.2012, I ZR 230/11, BGHZ 194, 314 Rn. 34 – *Biomineralwasser.*

385 BGH, 06.11.2014, I ZR 26/13, GRUR 2015, 504 Rn. 17 – *Kostenlose Zweitbrille.*

386 BGH, 11.03.2009, I ZR 194/06, GRUR 2009, 1064 Rn. 41 – *Geld-zurück-Garantie II.*

387 BGH, 12.05.2011, I ZR 119/10, GRUR 2012, 81 Rn. 13 – *Innerhalb 24 Stunden.*

388 BGH, 03.05.2007, I ZR 19/05, GRUR 2007, 978 Rn. 27 – *Rechtsberatung durch Haftpflichtversicherer.*

389 BGH, 20.12.2001, I ZR 215/98, GRUR 2002, 715, 716 – *Scanner-Werbung*; BGH, 30.06.2011, I ZR 157/10, GRUR 2012, 184 Rn. 25 – *Branchenbuch Berg*; *Köhler*/Bornkamm/Feddersen § 2 Rn. 33.

390 BGH, 20.10.1999, I ZR 167/97, GRUR 2000, 619, 621 – *Orient-Teppichmuster*; BGH, 30.06.2011, I ZR 157/10, GRUR 2012, 184 Rn. 19 – *Branchenbuch Berg*; BGH, 08.03.2012, I ZR 202/10, GRUR 2012, 1053 Rn. 19 – *Marktführer Sport*; BGH, 05.02.2015, I ZR 136/13, GRUR 2015, 906 Rn. 22 – *TIP der Woche.*

gerichtet sein. Die Anforderungen an die Aufmerksamkeit des normalen Verbrauchers dürfen in einer solchen Lage nicht überspannt werden. Wird ein besonderer **Zeitdruck** vom Unternehmer hervorgerufen, kann der Verbraucher vor einer geschäftlichen Entscheidung möglicherweise nicht die nötige Aufmerksamkeit aufwenden, um eine informierte Entscheidung zu treffen.[391] Einer Werbung bei einem Einkauf im Supermarkt wird der Verbraucher gewöhnlich nicht die gleiche Aufmerksamkeit zuwenden, wie er sie einem Werbeprospekt entgegenbringt, den er in Ruhe zu Hause durchsehen kann. Höher als bei der Durchsicht von Publikumswerbung wird die Aufmerksamkeit des Verbrauchers in einem Beratungsgespräch sein.

Die angemessene Aufmerksamkeit wird weiter beeinflusst durch die **Art des Produkts**. 178
Betrifft eine Werbung geringwertige Waren oder Dienstleistungen des täglichen Bedarfs, ist die situationsadäquate Aufmerksamkeit eher gering; dasselbe gilt beim ersten Durchblättern von Werbebeilagen oder Zeitungsanzeigen.[392] Produkte wie Lebensmittel, bei denen der Verbraucher seine Kaufentscheidung regelmäßig auch von ihrer Zusammensetzung abhängig macht, wird er nicht nur mit der Schauseite der Verpackung zur Kenntnis nehmen, sondern die an anderer Stelle angebrachten Verzeichnisse über die Inhaltsstoffe wahrnehmen.[393] Dasselbe gilt für Körperpflegeprodukte.[394] Die Werbung für eine Ware oder Dienstleistung mit einem erheblichen Preis wird von einem durchschnittlich informierten und verständigen Verbraucher mit größerer Aufmerksamkeit wahrgenommen als die Werbung für geringwertige Gegenstände des täglichen Bedarfs.[395] Der Verbraucher wird sich intensiv mit der Werbung beschäftigen und diese aufmerksam zur Kenntnis nehmen. Dasselbe gilt für Produkte, auf die der Verbraucher mit besonderer Feinfühligkeit reagiert. Dazu rechnen Erzeugnisse, die die Gesundheit betreffen, wie Arzneimittel und Medizinprodukte.

(c) Verständig

Das Merkmal des verständigen Durchschnittsverbrauchers wird in Erwägungsgrund 18 179
Satz 2 UGP-RL mit »kritisch« umschrieben. Der Maßstab ist der angemessen verständige oder angemessen kritische Verbraucher. Es kommt auf das Maß der Verständigkeit und Umsichtigkeit an, dass von einem Verbraucher in der konkreten Situation und bei dem jeweiligen Produkt sinnvollerweise erwartet werden kann. Dieses wird bestimmt durch die konkrete **Zielgruppe**, an die die geschäftliche Handlung gerichtet ist, und das jeweilige **Produkt**. Mit geringwertigen Gegenständen des täglichen Bedarfs befasst sich der normale Verbraucher weniger intensiv und kritisch als mit hochpreisigen Pro-

391 BGH, 07.07.2011, I ZR 181/10, GRUR 2012, 213 Rn. 25 – *Frühlings-Special*.

392 BGH, 11.12.2003, I ZR 50/01, GRUR 2004, 605, 606 – *Dauertiefpreise*; BGH, 11.10.2017, I ZR 78/16, GRUR 2018, 431 Rn. 27 – *Tiegelgröße*.

393 EuGH, 04.06.2015, C-195/14, GRUR 2015, 701 Rn. 37 ff – *Teekanne*.

394 BGH, 11.10.2017, I ZR 78/16, GRUR 2018, 431 Rn. 27 – *Tiegelgröße*.

395 BGH, 20.10.1999, I ZR 167/97, GRUR 2000, 619, 621 – *Orient-Teppichmuster*; BGH, 17.03.2011, I ZR 170/08, GRUR 2011, 1050 Rn. 24 – *Ford-Vertragspartner*; BGH, 21.07.2011, I ZR 192/09, GRUR 2012, 402 Rn. 34 – *Treppenlift*; BGH, 12.09.2013, I ZR 123/12, GRUR 2014, 403 Rn. 17 – *DER NEUE*.

dukten. Bei letzteren wird er von dem Angebot erfahrungsgemäß nur nach reiflicher Überlegung und Prüfung von Vergleichsangeboten Gebrauch machen, jedenfalls wenn Vergleichsangebote in ausreichendem Maße zur Verfügung stehen und leicht zugänglich sind.[396] Bei diesem Tatbestandsmerkmal können in besonderer Weise **normative Kriterien** berücksichtigt werden und der **Verhältnismäßigkeitsgrundsatz** zur Geltung kommen.[397]

180 Bei diesem Tatbestandsmerkmal besteht die Gefahr, dass aus der Betrachtung **ex post** die Verständigkeit und die kritische Einstellung von Verbrauchern überschätzt werden und in Verbindung mit normativen Überlegungen die Täuschungsgefahr zu gering eingestuft wird. Das kann zu einer wesentlichen Entlastung der Informationsanforderungen auf Unternehmerseite zu Lasten der Verbraucher führen. Wird in einer an Brillenträger gerichteten Werbung eine Leistung in Optiker-Qualität versprochen, bei der die Gleitsichtbrillen aufgrund eines beim Kunden bereits vorhandenen Brillenpasses hergestellt werden, kann nicht davon ausgegangen werden, dass der durchschnittliche Brillenträger weiß, dass ein Brillenpass nicht alle für die Fertigung einer Gleitsichtbrille nötigen Daten enthält.[398] Es fehlten Angaben zum Hornhautscheitelabstand, zur Fassungsvorneigung und zur Einschleifhöhe. Dass der durchschnittliche Brillenträger diese Begriffe kennt oder konkrete Vorstellungen zum Umfang und Gegenstand von Eintragungen im Brillenpass hat, ist ohne gegenteilige Feststellungen nicht zu erwarten.

181 Häufig werden retrospektiv der Informationsstand, die Aufmerksamkeit und die Verständigkeit des normalen Verbrauchers überschätzt. Dadurch wird unnötigerweise die Gefahr einer Irreführung auf den Verbraucher verlagert. Zu Recht wird im Schrifttum die Frage aufgeworfen, warum es zulässig ist, eine Konfitüre als »naturrein« zu bezeichnen, wenn sie Blei-, Cadmium- und Pestizidrückstände aufweist.[399] Der Durchschnittsverbraucher entspricht nicht einem besonders aufmerksamen Idealtypus.

182 Dass die Verständigkeit des normalen Verbrauchers überschätzt wird, kommt gerade in Betracht, wenn er durch situative oder produktbezogene Faktoren in seiner Kritikfähigkeit beeinträchtigt ist. Einen derartigen Bereich betrifft die **Gesundheitswerbung**. Der Verbraucher ist hier besonders bereitwillig, auf die Wirksamkeit eines Produkts zu vertrauen, und daher geneigt, Werbeaussagen tatsächliche Angaben zu entnehmen und sie für wahr zu halten.[400] Entsprechendes gilt für den Produktsektor der **Schönheits- und Schlankheitswerbung**. Anders ist nicht vorstellbar, dass eine Werbung für ein »Hollywood-Lifting-Bad« Erfolg haben konnte.[401] Dieses bestand angeblich aus »taufrischem Frischzellenextrakt« und sollte im Blitztempo von nur zwölf Bädern wieder

---

396 BGH, 26.03.1998, I ZR 222/95, GRUR 1999, 256, 257 – *1.000,– DM Umwelt-Bonus*; BGH, 05.07.2001, I ZR 104/99, GRUR 2001, 1166, 1169 – *Fernflugpreise*; BGH, 13.03.2003, I ZR 212/00, GRUR 2003, 626, 627 – *Umgekehrte Versteigerung II.*

397 *Wiebe*, FS Köhler, 2014, 799, 808.

398 BGH, 03.11.2016, I ZR 227/14, GRUR 2017, 418 Rn. 18f – *Optiker-Qualität.*

399 *Wiebe*, FS Köhler, 2014, 799, 809.

400 BGH, 03.11.2016, I ZR 227/14, GRUR 2017, 418 Rn. 22 – *Optiker-Qualität.*

401 Werbeaussagen nach BGH, 22.10.1986, 3 StR 226/86, BGHSt. 34, 199.

schlank, straff und jung formen, und zwar »mit 100 %iger Figurgarantie«. Verblüfft und zufrieden hätten Testpersonen festgestellt, »dass sie um herrliche zehn, fünfzehn oder mehr Jahre verjüngt« und zur Figur eines Filmstars geliftet worden seien. Mit dem angeblich von einem Schweizer Schönheitschirurgen erfundenen Mittel »Frischzellen-Formel Zellaplus 100« könne man schon nach der ersten Anwendung von nur zehn Minuten »mindestens fünf Jahre jünger« werden, nach vollständiger Behandlung »so jung wie vor 25 Jahren«. Beim Einnehmen der »Schlank-Pille M-E-D 300« müsse man sogar reichlich essen, »damit die ungeheure Fettabschmelzkraft mit genügend Nahrung ausgeglichen« werde. Rückschauend betrachtet erscheint es für mit Fragen des gewerblichen Rechtsschutzes regelmäßig befasste Juristen schwierig vorstellbar, wie Verbraucher die mit zwischen 46,50 und 76 DM im Jahre 1984 nicht gerade preiswerten Produkte erwerben konnten. Hier lässt sich die Formel vom angemessen kritischen Verbraucher, der bei nicht geringwertigen und nicht alltäglichen Produkten mit einer gewissen Verständigkeit an die Entscheidung über den Erwerb eines Produktes herangeht, nur durch die Berücksichtigung der Zielgruppe in Einklang bringen, bei der eine Bereitwilligkeit besteht, an den Erfolg des Produkts, so unwahrscheinlich er auch klingen mag, zu glauben.

bb) Durchschnittlicher Gewerbetreibender, Freiberufler und Fachmann

183 Richtet sich die geschäftliche Handlung an einen Gewerbetreibenden, einen Angehörigen eines freien Berufs oder einen auf dem fraglichen Produktsektor tätigen Fachmann, ist die Verkehrsauffassung aus der Sicht eines durchschnittlich informierten, situationsadäquat aufmerksamen und verständigen Angehörigen der jeweiligen Zielgruppe zu beurteilen.[402] Gewerbetreibende und Freiberufler sind nicht in allen Bereichen, die mit ihrer geschäftlichen Tätigkeit zusammenhängen, als Fachleute anzusehen (zur Abgrenzung Rdn. 160). In den Bereichen, die zum **Kernbereich ihrer gewerblichen und beruflichen Tätigkeit gehören**, sind Gewerbetreibende und Angehörige der freien Berufe allerdings Fachleute, die gegenüber einem Durchschnittsverbraucher über größeres Fachwissen verfügen.[403] Sie haben im Regelfall einen höheren Kenntnisstand über die im Markt angebotenen Produkte, ihre Form und Marktanteile sowie über die Hersteller und Vertriebsgesellschaften.[404]

184 Angehörige der Fachkreise wenden einen hohen Aufmerksamkeitsgrad auf und verfügen im Regelfall über weitreichende Kenntnisse und Erfahrungen, wenn die geschäftliche Handlung zu ihrem Fachbereich gehört, und sie sind besser als das allgemeine Publikum in der Lage, die geschäftliche Handlung zu beurteilen.[405] Sie unterliegen vielfach nicht so leicht einer Täuschung wie Verkehrskreise, die kein entsprechendes

402 BGH, 02.10.2003, I ZR 150/01, BGHZ 156, 250, 255 – *Marktführerschaft*; BGH, 07.12.2006, I ZR 166/03, GRUR 2007, 605 Rn. 15 – *Umsatzzuwachs*; BGH, 30.06.2011, I ZR 157/10, GRUR 2012, 184 Rn. 19 – *Branchenbuch Berg*.

403 BGH, 06.02.2013, I ZR 62/11, GRUR 2013, 649 Rn. 50 – *Basisinsulin mit Gewichtsvorteil*.

404 BGH, 05.05.2011, I ZR 157/09, GRUR 2011, 1153 Rn. 41 und 43 – *Creation Lamis*; BGH, 23.10.2014, I ZR 133/13, GRUR 2015, 603 Rn. 23 – *Keksstangen*.

405 BGH, 22.10.2009, I ZR 73/07, GRUR 2010, 352 Rn. 11–13 – *Hier spiegelt sich Erfahrung*.

Fachwissen haben.[406] Gewerbetreibende sind geschäftlich erfahrener als der normale Verbraucher. Sie sind besser informiert und bringen den geschäftlichen Handlungen der Marktgegenseite regelmäßig eine größere Aufmerksamkeit entgegen. Das schließt allerdings nicht aus, dass sie in bestimmten Situationen geschäftlichen Handlungen nur eine geringe Aufmerksamkeit entgegenbringen. So werden Schreiben von vermeintlich geringer Bedeutung auch im Geschäftsleben mit weniger Aufmerksamkeit zur Kenntnis genommen.[407]

cc) Nichtberücksichtigung der Verkehrsauffassung

185 **Durch gesetzliche Bestimmungen können bestimmte Kennzeichnungen oder Angaben verpflichtend vorgesehen werden.** Zahlreiche unionsrechtliche und nationale Vorschriften schreiben dem Unternehmer bestimmte Angaben bei der Produktaufmachung und -kennzeichnung vor. Das ist gerade im **Lebensmittelbereich und bei alkoholischen Getränken** der Fall. So schreibt Art. 9 (1) VO (EG) 110/2008 zur Begriffsbestimmung, Bezeichnung, Aufmachung und Etikettierung von Spirituosen sowie zum Schutz geografischer Angaben für Spirituosen vor, dass die Spirituosen, die den Spezifikationen für die Erzeugnisse der Kategorien 1 bis 46 des Anhangs II entsprechen, in der Bezeichnung, Aufmachung und Etikettierung die darin vorgesehenen Verkehrsbezeichnungen führen. Verbindet der Verkehr mit diesen Bezeichnungen falsche Vorstellungen, muss diese Irreführung hingenommen werden. Die verpflichtende Anordnung zur Führung der Bezeichnung geht etwaigen falschen Vorstellungen des Verkehrs und einer Anwendung des § 5 vor.[408]

186 Von der gesetzlich vorgeschriebenen Verwendung bestimmter Bezeichnungen ist die Fallkonstellation zu unterscheiden, in der **gesetzlich vorgesehene oder verwendete Angaben entfallen**, weil die Vorschriften aufgehoben oder geändert werden. Ging der Verkehr nach Fortfall der Vorschrift des § 7 UWG 1909 über Sonderveranstaltungen zunächst davon aus, dass ein mit »Saisonschlussverkauf« bezeichnetes Angebot in Anlehnung an den früheren Winterschlussverkauf nur zwei Wochen lang andauerte, lag darin eine Täuschung des Verkehrs, die nicht auf einer gesetzlich vorgesehenen Angabe beruhte. Ob diese Irreführung – wenn sie überhaupt ausreichend gewichtig war und nicht nur bei einzelnen Verbrauchern vorlag – ein Verbot rechtfertigte, ist unter Heranziehung des **Verhältnismäßigkeitsgrundsatzes durch eine Interessenabwägung** zu beantworten (Rdn. 264). Regelmäßig muss eine derartige Fehlvorstellung, die nur während einer Übergangszeit besteht, hingenommen werden, weil ansonsten die alte Rechtslage mit Hilfe des Irreführungsverbots festgeschrieben würde.[409]

187 Nicht zu berücksichtigen ist die Auffassung des Verkehrs vom Sinn einer bestimmten Bezeichnung, wenn das **Verkehrsverständnis von einer aus dem Gesetz abgeleiteten**

---

406 BGH, 30.01.1963, Ib ZR 118/61, GRUR 1963, 478, 489 – *Bleiarbeiter.*

407 BGH, 30.06.2011, I ZR 157/10, GRUR 2012, 184 Rn. 23 – *Branchenbuch Berg.*

408 FBO/*Peifer/Obergfell* § 5 Rn. 241; GK/*Lindacher* Vor §§ 5, 5a Rn. 177; Ohly/*Sosnitza* § 5 Rn. 198.

409 BGH, 11.09.2008, I ZR 120/06, GRUR 2008, 1114 Rn. 14 – *Räumungsfinale.*

Bedeutung des Begriffs abweicht, der in den Sprachgebrauch von Behörden und Gerichten übernommen worden ist. Über die Bedeutung neuer, für den Rechts- oder Wirtschaftsverkehr bestimmter Begriffe, die entweder durch das Gesetz eingeführt oder von Rechtsprechung und Verwaltungspraxis aus dem Gesetz abgeleitet worden sind, können für eine Übergangszeit Missverständnisse aufkommen. Ist der Begriff nach dem Wortsinn eindeutig, muss eine abweichende Verkehrsvorstellung unberücksichtigt bleiben.[410]

c) Feststellungen zur Verkehrsauffassung

Nach der Rechtsprechung des EuGH haben die Gerichte der Mitgliedstaaten die mutmaßliche Erwartung eines normal informierten, angemessen aufmerksamen und verständigen Verbraucher festzustellen, **ohne ein Sachverständigengutachten einzuholen oder eine Verbraucherbefragung in Auftrag zu geben.**[411] Es ist allerdings auch nicht ausgeschlossen, dass ein nationales Gericht zumindest bei Vorliegen besonderer Umstände nach seinem nationalen Recht ein Sachverständigengutachten einholen oder eine Verbraucherbefragung in Auftrag geben kann, um beurteilen zu können, ob eine Werbeaussage irreführen kann.[412] Diese Grundsätze hat der EuGH bislang nicht aufgegeben.[413] Nach Erwägungsgrund 18 Satz 5 und 6 UGP-RL beruht der Begriff des Durchschnittsverbrauchers nicht auf einer statistischen Grundlage. Die nationalen Gerichte und Verwaltungsbehörden müssen sich bei der Beurteilung der Frage, wie der Durchschnittsverbraucher in einem gegebenen Fall typischerweise reagieren würde, auf ihre eigene Urteilsfähigkeit unter Berücksichtigung der Rechtsprechung des Gerichtshofs verlassen. Die Richtlinie deutet damit an, dass Verkehrsgutachten und Verbraucherbefragungen bei der Feststellung der Auffassung des Durchschnittsverbrauchers ihre Bedeutung ganz verlieren sollen. **188**

In der **Rechtsprechung in Deutschland** spielen Verkehrsgutachten in Rechtstreitigkeiten über lauterkeitsrechtliche Fragen praktisch keine Rolle mehr. Nur im Markenrecht haben Meinungsforschungsgutachten bei der Ermittlung der durch Benutzung erworbenen Unterscheidungskraft (Verkehrsdurchsetzung) eine gewisse Bedeutung behalten.[414] **189**

Die Ermittlung der Verkehrsauffassung bei UWG-Streitigkeiten im Prozess ist Aufgabe des Tatrichters.[415] Dieser kann die Verkehrsauffassung regelmäßig aufgrund eigener Sachkunde feststellen. Gehören die entscheidenden Richter selbst zu den angesprochenen Verkehrskreisen, ist grundsätzlich keine Meinungsumfrage erforderlich, um das **190**

410 *BGH, 10.06.1964, I ZR 128/62*, BGHZ 42, 134, 139 – *Richtpreiswerbung*.

411 EuGH, 16.07.1998, C-210/96, GRUR Int. 1998, 795 Rn. 31 und 32 – *Gut Springenheide*.

412 EuGH, 16.07.1998, C-210/96, GRUR Int. 1998, 795 Rn. 35 – *Gut Springenheide*.

413 EuGH, 08.09.2009, C-478/07, GRUR 2010, 143 Rn. 89 – *Budweis/Ammersin [American Bud II]*.

414 EuGH, 19.06.2014, C-217/13 und C-218/13, GRUR 2014, 776 Rn. 43 – *Deutscher Sparkassen- und Giroverband/Banco Santander*; BGH, 21.07.2016, I ZB 52/15, GRUR 2016, 1167 Rn. 32 – *Sparkassen-Rot*.

415 BGH, 21.04.2016, I ZR 151/15, GRUR 2016, 1193 Rn. 20 – *Ansprechpartner*.

Verständnis des Verkehrs zu ermitteln. Dies gilt unabhängig davon, ob das Gericht im konkreten Fall eine Irreführung aufgrund eigener Sachkunde bejahen oder verneinen möchte.[416] Die Einholung eines Meinungsforschungsgutachtens ist auch nicht zwingend geboten, wenn der zweitinstanzliche Richter die Verkehrsauffassung anders als der Richter der Vorinstanz beurteilen will.[417]

191 Der Tatrichter braucht nicht zu den durch die geschäftliche Handlung angesprochenen Verkehrskreisen zu gehören, um das Verkehrsverständnis festzustellen. Er kann als ständig mit Wettbewerbssachen befasster Richter über die notwendige Sachkunde verfügen, um eine an Kinder und Jugendliche gerichtete Werbemaßnahme zu beurteilen.[418] Das gilt auch, wenn es um die Ermittlung des Verkehrsverständnisses von Gewerbetreibenden, Angehörigen der freien Berufe und der Fachkreise geht. Häufig sind keine Gesichtspunkte ersichtlich, die Anlass zur Annahme einer vom normalen Verständnis abweichenden Auffassung dieser Kreise geben könnte.[419] Schließlich können Gerichte, die ständig mit Wettbewerbssachen befasst sind, aufgrund ihrer besonderen Erfahrung die erforderliche Sachkunde erworben haben, um eigenständig beurteilen zu können, wie Fachkreise eine bestimmte Werbeaussage verstehen.[420] Nur wenn ein Gericht nicht über die erforderliche Sachkunde zur Feststellung der Verkehrsauffassung verfügt oder sich ihm in der konkreten Situation trotz eigener Sachkunde Zweifel am Ergebnis aufdrängen müssen, ist die Einholung eines Sachverständigengutachtens erforderlich.[421] Grundsätzlich steht es aber im pflichtgemäßen Ermessen des Gerichts, ob es eine Begutachtung durch einen Sachverständigen anordnet oder aufgrund eigener Sachkunde entscheidet. Insoweit legt das Revisionsgericht bei der Beantwortung der Frage, ob der Tatrichter aufgrund eigener Sachkunde die Vorstellung des Verkehrs ohne Sachverständigengutachten ermitteln konnte, einen großzügigen Maßstab an. Diese Sichtweise stimmt mit der Rechtsprechung des EuGH überein, der die Einholung von Meinungsforschungsgutachten zur Ermittlung der Verkehrsauffassung auf Ausnahmefälle begrenzt. Eine davon abweichende Rechtsprechungspraxis, die zu einer großzügigeren Einholung von Sachverständigengutachten gelangte, wäre weder mit dem Leitbild des Durchschnittsverbrauchers noch mit einer effektiven Durchsetzung lauterkeitsrechtlicher Ansprüche und einer prozessökonomischen Entscheidungsfindung wegen der hohen Kosten von Verbraucherbefragungen vereinbar.

192 Der Tatrichter muss in **Zweifelsfällen** seine eigene Sachkunde darlegen, um der nachfolgenden Instanz eine Möglichkeit zur Überprüfung zu eröffnen. Dies gilt besonders in Fällen, in denen gegen seine Entscheidung das Rechtsmittel der Revision gegeben ist, weil das Revisionsgericht keine eigenen Feststellungen treffen kann. Was die Feststellung der Verkehrsauffassung anbelangt, wendet der BGH aber auch insoweit einen

416 BGH, 18.10.2001, I ZR 193/99, GRUR 2002, 550, 552 – *Elternbriefe*; BGH, 24.07.2014, I ZR 53/13, GRUR 2015, 286 Rn. 15 – *Spezialist für Familienrecht*.
417 BGH, 13.09.2012, I ZR 230/11, BGHZ 194, 314 Rn. 43 – *Biomineralwasser*.
418 BGH, 22.01.2014, I ZR 218/12, GRUR 2014, 682 Rn. 29 – *Nordjob-Messe*.
419 BGH, 12.07.2001, I ZR 261/98, GRUR 2002, 77, 79 – *Rechenzentrum*.
420 BGH, 02.10.2003, I ZR 150/01, BGHZ 156, 250, 255 – *Marktführerschaft*.
421 BGH, 13.09.2012, I ZR 230/11, BGHZ 194, 314 Rn. 43 – *Biomineralwasser*.

großzügigen Maßstab an, wenn keine gewichtigen Anhaltspunkte bestehen, dass der Richter nicht aufgrund eigener Sachkunde entscheiden konnte.[422]

5. Vergleich der Verkehrsauffassung mit den objektiven Gegebenheiten

Ist die Auffassung des Verkehrs von der geschäftlichen Handlung ermittelt worden, muss das Ergebnis mit den **objektiven Gegebenheiten** verglichen werden. Weicht der so ermittelte Gesamteindruck der geschäftlichen Handhandlung, den die angesprochenen Verkehrskreise gewonnen haben, von der Realität ab, liegt eine Irreführung i. S. von § 5 Abs. 1 Satz 2 vor. **193**

a) Maßgeblicher Zeitpunkt

Maßgeblicher Zeitpunkt für die Beurteilung, ob die geschäftliche Handlung irreführend ist, ist die **Verkehrsauffassung im Zeitpunkt ihrer Vornahme**. Wirkt eine zunächst zutreffende geschäftliche Handlung fort, kann der Unternehmer zu einer Richtigstellung verpflichtet sein (Rdn. 225, 226, 283). Bei einer Dauerhandlung ist auf den gesamten Zeitraum des Verhaltens abzustellen. **194**

Im Prozess ist nach dem jeweils geltend gemachten Anspruch zu unterscheiden. Ein auf **Wiederholungsgefahr gestützter Unterlassungsanspruch** ist nur begründet, wenn das beanstandete Verhalten des Beklagten sowohl zum Zeitpunkt seiner Vornahme rechtswidrig war als auch zum Zeitpunkt der Entscheidung rechtswidrig ist.[423] Bei einem aus einer **Erstbegehungsgefahr** hergeleiteten Unterlassungsanspruch muss das in Rede stehende Verhalten zum Zeitpunkt der die Erstbegehungsgefahr begründenden Verhaltensweise und zum Zeitpunkt der Entscheidung rechtswidrig sein. Für den Anspruch auf Ersatz der **Abmahnkosten** kommt es darauf an, dass dem Gläubiger im Zeitpunkt der Abmahnung ein Unterlassungsanspruch zustand.[424] Für den **Schadensersatzanspruch** und die Verpflichtung zur **Auskunftserteilung** zur Vorbereitung der Berechnung des Schadensersatzanspruchs ist die Sach- und Rechtslage zur Zeit der beanstandeten Handlung maßgeblich.[425] Für die den Ansprüchen zugrundeliegenden **Tatsachenfeststellungen** kommt es auf den Zeitpunkt des Schlusses der mündlichen Verhandlung in den Tatsacheninstanzen an. **Änderungen der Rechtslage** können bis zum Zeitpunkt der Entscheidung, auch noch in der Revisionsinstanz berücksichtigt werden.[426] **195**

422 BGH, 22.01.2014, I ZR 218/12, GRUR 2014, 682 Rn. 23 – *Nordjob-Messe.*
423 BGH, 12.01.2017, I ZR 258/15, GRUR 2017, 409 Rn. 12 – *Motivkontaktlinsen.*
424 BGH, 31.05.2012, I ZR 45/11, GRUR 2012, 949 Rn. 32 – *Missbräuchliche Vertragsstrafe.*
425 BGH, 15.04.2010, I ZR 145/08, GRUR 2010, 1125 Rn. 15 – *Femur-Teil.*
426 BGH, 03.03.2016, I ZR 110/15, GRUR 2016, 961 Rn. 24 – *Herstellerpreisempfehlung bei Amazon.*

b) Teil des Verkehrs, Irreführungsquote

196 Eine Irreführung des Verkehrs setzt nicht voraus, dass die gesamten Verkehrsteilnehmer getäuscht werden.[427] Ausreichend ist vielmehr eine Irreführung eines Teils des angesprochenen Publikums. Vor Übernahme des Leitbilds des Durchschnittsverbrauchers ging die Rechtsprechung vom Maßstab eines oberflächlichen, flüchtigen Verbrauchers aus. Mit diesem Maßstab ging einher, dass die Täuschung eines nicht unerheblichen Teils des Verkehrs genügte.[428] Dem entsprach eine Irreführungsquote von etwa 10 bis 15 % der angesprochenen Verkehrskreise.[429] Diese Grundsätze haben in Anbetracht des geänderten Verbraucherleitbilds ihre Bedeutung verloren.[430] Maßgeblich ist nicht mehr ein nicht unerheblicher Teil des Verkehrs, mit dem sinngemäß die geringe Irreführungsquote von 10 bis 15 % bezeichnet wurde, sondern ein **erheblicher Teil des Verkehrs.**[431] Das entspricht der Figur des Durchschnittsverbrauchers. Der normalen Sichtweise der Zielgruppe entspricht nicht die Verkehrsauffassung eines nur geringen Teils.[432] Der BGH geht deshalb für die Annahme einer Irreführung davon aus, dass ein erheblicher Teil des Verkehrs getäuscht worden sein muss.[433] **Auf feste Prozentsätze kommt es grundsätzlich nicht an.**[434] Die generelle Forderung nach der Festlegung starrer Prozentsätze ist mit den normativen Elementen des Begriffs des Durchschnittsverbrauchers und der Beurteilung der Verkehrsauffassung durch den Richter ohne Einholung von Meinungsforschungsgutachten nicht vereinbar. Soweit es im Einzelfall auf die Bezeichnung eines Prozentsatzes für die Irreführungsquote ankommen sollte, ist im Grundsatz ein **Anteil von einem Drittel** der Angehörigen der angesprochenen Zielgruppe zu fordern. Deutlich darunter liegende Prozentsätze spiegeln schwerlich den Maßstab eines normalen Mitglieds der Zielgruppe wider.

197 Auf Irreführungsquoten hebt die Rechtsprechung nach wie vor im Zusammenhang mit objektiv richtigen, vom Verkehr aber falsch verstandenen und deshalb täuschenden Angaben ab. Hier wird grundsätzlich eine höhere Irreführungsquote als im Fall einer Täuschung mit objektiv unrichtigen Angaben gefordert. Außerdem ist eine Interessenabwägung vorzunehmen.[435] **Die Forderung nach einer höheren Irreführungsquote hat bei einem ausschließlichen Abstellen auf einen normal informierten, angemessen aufmerksamen und verständigen Angehörigen der Zielgruppe ihre Bedeutung**

---

427 BGH, 02.10.2003, I ZR 252/01, GRUR 2004, 162, 163 – *Mindestverzinsung.*

428 BGH, 07.07.1983, I ZR 119/81, GRUR 1983, 779, 780 – *Schuhmarkt*; BGH, 22.10.1992, I ZR 284/90, GRUR 1993, 127 – *Teilzahlungspreis II.*

429 BGH, 21.02.1991, I ZR 106/89, GRUR 1992, 66, 68 – *Königl.-Bayerische Weisse.*

430 BGH, 08.03.2012, I ZR 202/10, GRUR 2012, 1053 Rn. 19 – *Marktführer Sport.*

431 BGH, 02.10.2003, I ZR 252/01, GRUR 2004, 162, 163 – *Mindestverzinsung*; BGH, 29.03.2007, I ZR 122/04, GRUR 2007, 1079 Rn. 38 – *Bundesdruckerei*; BGH, 26.02.2009, I ZR 219/06, GRUR 2009, 888 Rn. 18 – *Thermoroll.*

432 BGH, 02.10.2003, I ZR 252/01, GRUR 2004, 162, 163 – *Mindestverzinsung.*

433 BGH, 28.04.2016, I ZR 23/15, GRUR 2016, 1073 Rn. 27 – *Geo-Targeting.*

434 BGH, 08.03.2012, I ZR 202/10, GRUR 2012, 1053 Rn. 20 – *Marktführer Sport.*

435 BGH, 22.04.1999, I ZR 108/97, GRUR 2000, 73, 75 – *Tierheilpraktiker*; BGH, 18.03.2010, I ZR 172/08, GRUR 2010, 1024 Rn. 25 – *Master of Science Kieferorthopädie*; BGH, 30.07.2015, I ZR 250/12, GRUR 2016, 406 Rn. 26 – *Piadina-Rückruf.*

verloren.[436] Stellt das Gericht die Verkehrsauffassung des Durchschnittsverbrauchers ohne Rückgriff auf eine konkrete Irreführungsquote fest, läuft die Forderung nach einer höheren Irreführungsquote ins Leere. Die Bedeutung, die dem Umstand zukommt, dass die Angabe objektiv richtig ist und vom Verkehr falsch verstanden wird, kann ausschließlich bei der Interessenabwägung berücksichtigt werden. Nur wenn es ausnahmsweise noch auf eine konkrete Irreführungsquote im Lauterkeitsrecht ankommen sollte, weil ein Meinungsforschungsgutachten eingeholt worden ist, behält die Forderung nach einer höheren Irreführungsquote Bedeutung.

Nach § 5 Abs. 1 Satz 1 ist unlauter nur die geschäftlich relevante Irreführung. Durch 198
eine unwahre oder sonstige zur Täuschung geeignete Angabe kann ein Teil des Verkehrs irregeführt werden. Die Irreführung kann für diesen Teil des Verkehrs auch geschäftlich relevant sein. Zwingend ist dies nicht. Der Anteil derjenigen, die durch die Irreführung in ihrer Marktentschließung beeinflusst werden, kann kleiner ausfallen und sogar gegen Null gehen (Rdn. 246, 250).

6. Einzelne Fallgestaltungen irreführender geschäftlicher Handlungen

a) Objektiv richtige Angaben

Objektiv richtige Angaben kann der angesprochene Verkehr unrichtig verstehen und 199
dadurch getäuscht werde. Die Irreführung durch objektiv richtige Angaben wird von den irreführenden Geschäftspraktiken und den irreführenden geschäftlichen Handlungen erfasst. Das wird durch Art. 6 (1) klargestellt, wonach eine »Geschäftspraxis als irreführend gilt, wenn sie in irgendeiner Weise … selbst mit sachlich richtigen Angaben den Durchschnittsverbraucher … täuscht oder ihn zu täuschen geeignet ist …«. Das entsprach ständiger Rechtsprechung in Deutschland schon vor Inkrafttreten der UGP-RL.[437] Aus § 5 Abs. 1 Satz 2 ergibt sich dieselbe Rechtsfolge aus der Aufzählung der unwahren Angaben und der sonstigen zur Täuschung geeigneten Angaben.

Irreführend ist die Führung des von einer österreichischen Universität verliehenen aka- 200
demischen Grades »Master of Science Kieferorthopädie« in Deutschland, wenn der Verkehr darin eine Fachzahnarztbezeichnung nach der Weiterbildungsordnung der Zahnärzte sieht.[438] Folgert der Verkehr aus einem TÜV-Prüfzeichen, das nach entsprechender Prüfung durch den TÜV auf einer Brillenfassung angebracht ist, Brillenfassungen mit diesem Zeichen seien besser als alle anderen ohne dieses Zeichen, liegt eine objektiv richtige, vom Verkehr falsch verstandene Angabe vor.[439] Ein Unterfall einer

436 BGH, 31.03.2016, I ZR 86/13, BGHZ 209, 302 Rn. 27 und 28 – *Himalaya Salz.*

437 BGH, 29.05.1991, I ZR 204/89, GRUR 1991, 852, 854 – *Aquavit*; BGH, 27.04.1995, I ZR 116/93, GRUR 1995, 612, 614 – *Sauerstoff-Mehrschritt-Therapie*; BGH, 15.02.1996, I ZR 9/94, GRUR 1996, 910, 912 – *Der meistverkaufte Europas*; BGH, 23.05.1996, I ZR 76/94, GRUR 1996, 985, 986 – *PVC-frei.*

438 BGH, 18.03.2010, I ZR 172/08, GRUR 2010, 1024 Rn. 23 – *Master of Science Kieferorthopädie.*

439 BGH, 11.10.1990, I ZR 10/89, GRUR 1991, 552, 553 – *TÜV-Prüfzeichen.*

irreführenden Werbung mit objektiv richtigen Angaben ist die nachfolgend dargestellte Werbung mit Selbstverständlichkeiten (Rdn. 203–210).

201 Grundsätzlich ist eine irreführende geschäftliche Handlung unter den Voraussetzungen des § 5 Abs. 1 Satz 1 unzulässig. Allerdings ist in diesem Zusammenhang zu berücksichtigen, dass das Verbot regelmäßig in den durch **Art. 15 und 16 EU-Grundrechtecharta und Art. 12 GG** (zur Anwendung der Grundrechte der Union und der nationalen Grundrechte Rdn. 65–92) grundrechtlich geschützten Bereich der **Berufsfreiheit** eingreift.[440] Dem trägt die Rechtsprechung mit der Annahme einer höheren Irreführungsquote und dem Erfordernis einer Interessenabwägung bei einer objektiv wahren zur Täuschung geeigneten Angabe Rechnung. Dabei kommt der Notwendigkeit einer höheren Irreführungsquote wegen des Leitbilds des Durchschnittsverbrauchers praktisch keine Bedeutung mehr zu (Rdn. 197).

202 Entscheidend für die Frage des Verbots einer wahren Angabe ist deshalb die Interessenabwägung, die den Grundrechtsschutz, die betroffenen Interessen und ihr jeweiliges Gewicht und den Verhältnismäßigkeitsgrundsatz in Einklang bringen muss.[441] Hier sind die wechselseitigen Interessen der Parteien, der Verbraucher und der Allgemeinheit an einem unverfälschten Wettbewerb zu berücksichtigen. Dazu zählen die Auswirkungen und die Bedeutung der Irreführung sowie das Gewicht der Interessen der Verbraucher, des Werbenden und der Allgemeinheit, sowie die Schutzbedürftigkeit der Betroffenen.[442] Gesetzgeberische Wertungen sind in die Beurteilung ebenso einzubeziehen wie der Eingriff in grundrechtlich geschützte Rechtspositionen.[443] Darf der Unternehmer bestimmte Tätigkeiten ausüben, muss es ihm unbenommen sein, darauf auch hinzuweisen. Ein uneingeschränktes Verbot auf eine rechtlich erlaubte Tätigkeit hinzuweisen, ist deshalb grundsätzlich unverhältnismäßig.[444] Bei der Gewichtung der Verbraucherinteressen ist zu berücksichtigen, aus welchem Grund die Unkenntnis über die tatsächlichen Gegebenheiten schutzwürdig ist. Wird der angesprochene Verkehr durch eine objektiv richtige Angabe getäuscht, weil er in Unkenntnis über ihre Bedeutung Vermutungen anstellt, kann dies dafür sprechen, dass die Irreführung hinzunehmen ist. Den Verkehrskreisen ist zuzumuten, sich zu unterrichten (zur Bedeutung der Fortwirkung aufgehobener gesetzlicher Bestimmungen auf das Verkehrsverständnis Rdn. 186).

b) Werbung mit Selbstverständlichkeiten

203 Eine Werbung mit objektiv richtigen Angaben, liegt der allgemeinen Fallgruppe der irreführenden Werbung mit Selbstverständlichkeiten nach § 5 zugrunde. Ist die Angabe

440 BGH, 25.06.2015, I ZR 145/14, GRUR 2015, 1019 Rn. 32 – *Mobiler Buchhaltungsservice*; BGH, 24.09.2013, I ZR 219/12, GRUR 2013, 1252 Rn. 17 – *Medizinische Fußpflege.*

441 BGH, 18.03.2010, I ZR 172/08, GRUR 2010, 1024 Rn. 28f – *Master of Science Kieferorthopädie.*

442 BGH, 22.04.1999, I ZR 108/97, GRUR 2000, 73, 75 – *Tierheilpraktiker.*

443 *BGH, 24.09.2013, I ZR 219/12,* GRUR 2013, 1252 Rn. 17 – *Medizinische Fußpflege.*

444 BGH, 08.03.1990, I ZR 239/87, GRUR 1990, 1032, 1034 – *Krankengymnastik*; BGH, 24.09.2013, I ZR 219/12, GRUR 2013, 1252 Rn. 17 – *Medizinische Fußpflege.*

schon für sich genommen unrichtig, sind die Grundsätze der Werbung mit Selbstverständlichkeiten nicht einschlägig. Ein unrichtiger Eindruck kann bei einem erheblichen Teil der maßgeblichen Verkehrskreise entstehen, wenn Werbebehauptungen etwas Selbstverständliches in einer Weise anführen, dass der Adressat der Werbung hierin einen besonderen Vorzug der beworbenen Ware oder Leistung sieht.[445] Der Verkehr geht aufgrund der in der Werbung herausgestellten Eigenschaft der Ware oder Dienstleistung irrtümlich von einem Vorteil aus, den er nicht ohne weiteres bei Bezug der gleichen Ware oder Leistung bei einem Mitbewerber erwartet. Das ist etwa der Fall, wenn gesetzlich vorgeschriebene Eigenschaften oder zum Wesen der angebotenen Ware oder Leistung gehörende Umstände besonders hervorgehoben werden, so dass das angesprochene Publikum annimmt, die Produkte verfügten über einen Vorteil gegenüber anderen Waren gleicher Gattung oder Konkurrenzangeboten, obwohl es sich tatsächlich um Merkmale handelt, die das Leistungsangebot des Werbenden gegenüber anderen Angeboten nicht auszeichnen.[446] Der Hinweis auf die Besonderheiten des Angebots kann blickfangmäßig geschehen. Erforderlich ist eine blickfangmäßige oder hervorgehobene Darstellung nicht.[447] Notwendig ist eine Betonung des selbstverständlichen Umstands.[448] Erkennt der Verkehr, dass es sich nicht um eine Besonderheit handelt, liegt keine irreführende Werbung mit Selbstverständlichkeiten vor.[449]

Die Irreführung folgt regelmäßig **nicht aus der Information als solcher**, sondern aus ihrer **Herausstellung**, der der Verkehr eine Besonderheit entnimmt. Der Unternehmer darf deshalb in seiner Werbung auf Merkmale und Umstände eingehen, die sein Angebot enthält, auch wenn andere Produkte über dieselben Vorzüge verfügen.[450] Informationsmöglichkeiten dürfen dem Unternehmer nicht durch eine ausufernde Annahme einer Werbung mit Selbstverständlichkeiten abgeschnitten werden.[451] Er darf grundsätzlich auf freiwillig erbrachte Leistungen wie einen niedrigen Preis oder die hohe Qualität seiner Ware oder Dienstleistung hinweisen, auch wenn andere Mitbewerber keinen höheren Preis verlangen oder die gleiche Qualität bieten.[452] Er kann auf eine Gratisleistung verweisen, die Mitbewerber ebenfalls erbringen.[453] Dazu zählt der Hinweis auf eine kostenlose Deckungsanfrage bei der Rechtsschutzversicherung.[454] Auf gesetzlich bestehende Rechte kann der Unternehmer aufmerksam machen, wenn er sie **204**

445 BGH, 09.07.1987, I ZR 120/85, GRUR 1987, 916, 917 – *Gratis-Sehtest*; BGH, 23.10.2008, I ZR 121/07, WRP 2009, 435 Rn. 2 – *Edelmetallankauf*; BGH, 28.11.2013, I ZR 34/13, GRUR 2014, 498 Rn. 13 – *Kostenlose Schätzung*.

446 BGH, 28.11.2013, I ZR 34/13, GRUR 2014, 498 Rn. 13 – *Kostenlose Schätzung*.

447 BGH, 19.03.2014, I ZR 185/12, GRUR 2014, 1007 Rn. 11 – *Geld-zurück-Garantie III* zu Nr. 10 des Anhangs zu § 3 Abs. 3.

448 BGH, 22.02.1990, I ZR 201/88, GRUR 1990, 1028, 1029 – *incl. MwSt. II*.

449 BGH, 28.11.2013, I ZR 34/13, GRUR 2014, 498 Rn. 15 – *Kostenlose Schätzung*.

450 OLG Stuttgart, 10.11.1995, 2 U 275/94, WRP 1996, 246, 248.

451 GK/*Lindacher* § 5 Rn. 135.

452 BGH, 23.10.2008, I ZR 121/07, WRP 2009, 435 Rn. 2 – *Edelmetallankauf*.

453 BGH, 09.07.1987, I ZR 120/85, GRUR 1987, 916, 917 – *Gratis-Sehtest*; BGH, 28.11.2013, I ZR 34/13, GRUR 2014, 498 Rn. 15 – *Kostenlose Schätzung*.

454 KG, 19.03.2010, 5 U 42/08, WRP 2010, 948, 949.

nicht als etwas Ungewöhnliches herausstellt, sondern als selbstverständlich bestehend bezeichnet.[455] Ein Rechtsanwalt darf potentielle Mandanten darüber informieren, an welchen Gerichten er zugelassen ist.[456] Das darf allerdings nicht in einer Weise geschehen, die die Zulassung als etwas Besonderes herausgestellt wird. Ob dies der Fall ist, ist nach den Gesamtumständen zu ermitteln. Für den zurückhaltend wiedergegebenen Zusatz auf einem Anwaltsbriefbogen »Rechtsanwalt auch zugelassen am OLG Frankfurt« hat der BGH eine Werbung mit Selbstverständlichkeiten verneint, weil die Angabe über eine sachliche Information nicht hinausging. Als nicht zulässig angesehen wurde eine Werbung für eine Pauschalreise, in der die Übersendung des Reisepreissicherungsscheins zusammen mit der Reisebestätigung als Besonderheit hervorgehoben wurde.[457]

205 Die Besonderheit, die der Werbende herausstellt, wird häufig ausdrücklich bezeichnet sein. **Sie kann aber auch ohne ausdrückliche Nennung umschrieben werden**, wenn der Verkehr mit dem Begriff besondere Merkmale verbindet. Mit dem Begriff »**Bio**« verbindet ein erheblicher Teil des Verkehrs die Erwartung, dass das so bezeichnete Produkt weitestgehend frei von Rückständen und Schadstoffen ist.[458] Weisen die auf dem Markt befindlichen Produkte allgemein diese Voraussetzungen auf oder ist ihre Einhaltung gesetzlich vorgeschrieben, kann in dem Zusatz »Bio« eine irreführende Werbung mit Selbstverständlichkeiten zu sehen sein.

206 In zwei Entscheidungen vom selben Tag hat sich die BGH-Rechtsprechung mit **Angaben zur Umsatzsteuer** befasst.[459] Beide Fälle betrafen eine Automobilwerbung. Einmal war der Hinweis auf die im Preis enthaltene Umsatzsteuer im Fließtext der Anzeige enthalten. Diese trug die Überschrift »Für DM 15.135,-* verkaufen wir Ihnen das Original.« Das Sternchen wies auf die Angaben zur Umsatzsteuer hin. Der BGH hat den auf eine irreführende Werbung mit Selbstverständlichkeiten gestützten Unterlassungsanspruch verneint, weil es an einer besonderen Herausstellung der im Preis enthaltenen Umsatzsteuer fehlte.[460] In dem zweiten Fall war der Hinweis auf die im Preis enthaltene Umsatzsteuer vom übrigen Text abgesetzt und der Kaufpreisangabe unmittelbar zugeordnet und fiel durch die Art der konkreten Textgestaltung, auch bei nur flüchtiger Betrachtungsweise, auf und erschien dem Verkehr nicht lediglich als ein erläuternder Zusatz. In dieser Fallkonstellation hat der BGH eine irreführende Werbung mit Selbstverständlichkeiten bejaht. Er hat angenommen, die Preisangabe bringe etwas Selbstverständliches zum Ausdruck. Nach der Preisangabenverordnung müssten in der Werbung eines Gewerbetreibenden unter Angabe von Preisen gegenüber Letztverbrauchern stets die Endpreise einschließlich der Mehrwertsteuer angegeben wer-

455 BGH, 19.03.2014, I ZR 185/12, GRUR 2014, 1007 Rn. 15 – *Geld-zurück-Garantie III.*

456 BGH, 20.02.2013, I ZR 146/12, GRUR 2013, 950 Rn. 15 ff. – *auch zugelassen am OLG Frankfurt*; KG, 14.06.2013, 5 W 119/13, WRP 2013, 1242.

457 OLG Frankfurt, 25.11.2013, 6 U 154/13, WRP 2014, 213.

458 BGH, 13.09.2012, I ZR 230/11, BGHZ 194, 314 Rn. 34 – *Biomineralwasser.*

459 BGH, *22.02.1990, I ZR 146/88*, GRUR 1990, 1027 – *incl. MwSt. I*; BGH, 22.02.1990, I ZR 201/88, GRUR 1990, 1028 – *incl. MwSt. II.*

460 BGH, 22.02.1990, I ZR 146/88, GRUR 1990, 1027, 1028 – *incl. MwSt. I.*

den.[461] Den Entscheidungen liegt nach das Leitbild des oberflächlichen Verbrauchers zugrunde, der die Werbung nur flüchtig zur Kenntnis nimmt. **Sie sind auf die heutige Zeit nicht übertragbar.** Dem allgemeinen Publikum ist geläufig, dass der Unternehmer in einer an Verbraucher gerichteten Werbung die Endpreise einschließlich Umsatzsteuer angeben muss. Es fasst die Angaben zur im Preis enthaltenen Umsatzsteuer nicht mehr als etwas Besonderes auf und wird heutzutage durch den Hinweis auf die Umsatzsteuer unabhängig vom Grad der Hervorhebung oder Betonung nicht über eine Selbstverständlichkeit getäuscht.

Eine besonders geregelte Konstellation einer irreführenden Werbung mit Selbstverständlichkeiten enthält die schwarze Liste. Nach **Nr. 10 des Anhangs** zu § 3 Abs. 3 ist eine unzulässige geschäftliche Handlung die unwahre Angabe oder das Erwecken des unzutreffenden Eindrucks, **gesetzlich bestehende Rechte stellten eine Besonderheit des Angebots dar**. Die Angabe ist unwahr, weil der falsche Eindruck einer Besonderheit hervorgerufen wird. Es handelt sich um einen Unterfall einer Werbung mit Selbstverständlichkeiten i. S. von § 5, der in Umsetzung von Nr. 10 des Anhangs I UGP-RL als per se-Verbot ausgestaltet ist (Erläuterungen Anh. (zu § 3 Abs. 3) Rdn. 148 ff.). Das per se-Verbot geht als lex specialis dem Tatbestand des § 5 vor.[462] **207**

Der EuGH hat eine nationale Regelung, die zum Schutz von Verbrauchern gegen Irreführung ein Verbot vorsieht, den Eindruck zu erwecken, ein Erzeugnis besitze besondere Eigenschaften, obwohl alle gleichartigen Lebensmittel dieselben Eigenschaften aufweisen, als mit der Warenverkehrsfreiheit vereinbar angesehen.[463] **208**

Die Fallgruppe der Werbung mit Selbstverständlichkeiten unterscheidet sich von den Grundsätzen, die die Rechtsprechung bei anderen objektiv zutreffenden, vom Verkehr falsch verstandenen Angaben anlegt, dadurch, dass keine höhere Irreführungsquote und im Grundsatz keine Interessenabwägung gefordert werden darf. Zwar hat die Rechtsprechung auch bei dieser Fallgruppe gelegentlich auf die Notwendigkeit einer höheren Irreführungsquote und eine Interessenabwägung abgestellt.[464] Hierzu besteht jedoch kein Anlass. Bei der Fallgruppe der Werbung mit Selbstverständlichkeiten hat der Unternehmer den Irrtum durch die Betonung der Selbstverständlichkeit erst herbeigeführt, so dass das bei anderen objektiv richtigen Angaben notwendige Korrektiv (Rdn. 199–202) hier nicht gerechtfertigt ist. **209**

Es besteht auch kein Grund, bei der Werbung mit Selbstverständlichkeiten andere Maßstäbe an das **Relevanzkriterium** anzulegen, als sie allgemein beim Tatbestand der irreführenden Werbung gelten.[465] **210**

---

461 BGH, 22.02.1990, I ZR 201/88, GRUR 1990, 1028, 1029 – *incl. MwSt. II.*
462 FBO/*Obergfell* Anhang zu § 3 Abs. 3 Nr. 10 Rn. 8.
463 EuGH, 05.04.2001, C-123/00, WRP 2001, 525 Rn. 22 – *Bellamy.*
464 BGH, 22.02.1990, I ZR 201/88, GRUR 1990, 1028, 1029 – *incl. MwSt. II*; Ohly/*Sosnitza* § 5 Rn. 197.
465 Köhler/*Bornkamm/Feddersen* § 5 Rn. 1.22.

c) Mehrdeutige Angaben

211 **Mehrdeutige Angaben haben nach normalem Verständnis verschiedene Inhalte.** Ob eine geschäftliche Handlung eine mehrdeutige Angabe enthält, ist nach dem Gesamtzusammenhang zu ermitteln, in dem die Aussage dem Adressaten begegnet.[466] Maßgeblich ist die Sicht des durchschnittlichen Angehörigen der Zielgruppe. Die Verkehrsanschauung orientiert sich grundsätzlich am Wortsinn der Aussage, d. h. am allgemeinen Sprachgebrauch und am allgemeinen Sprachverständnis.[467] Lässt die Angabe danach mehrere Verständnismöglichkeiten zu und ist mindestens eine dieser Deutungen zur Täuschung geeignet, muss der Unternehmer die mehrdeutige Aussage gegen sich als irreführend gelten lassen.[468] Durch das Abstellen auf das Leitbild eines Durchschnittsverbrauchers oder eines durchschnittlichen Gewerbetreibenden oder Angehörigen eines freien Berufs wird die Mehrdeutigkeit eines Begriffs nicht ausgeschlossen. Die Rechtsprechung zu den Folgen mehrdeutiger Angaben gilt daher im Grundsatz weiter. Nur ist nicht mehr ein unerheblicher Teil des Verkehrs ausreichend, der die Angabe in einem bestimmten Sinn versteht. Vielmehr ist jeweils auf einen erheblichen Teil des Verkehrs abzustellen, der durch die mehrdeutige Angabe irregeführt wird.[469] Ob der Unternehmer es bewusst auf die Mehrdeutigkeit angelegt hat oder ob dies nicht der Fall ist, ist unerheblich. Auch bei vom Unternehmer nicht vorhergesehener Mehrdeutigkeit muss er die für ihn ungünstigste Deutung gegen sich gelten lassen,[470] wenn die Äußerung von einem erheblichen Teil des angesprochenen Verkehrs so verstanden wird.

212 Eine mehrdeutige Angabe hat die Rechtsprechung in der Aussage »Königl.-Bayerisch« für ein Bier gesehen. Danach ist eine der möglichen Deutungen, dass die Braustätte im Eigentum des bayerischen Königshauses stand.[471] Der Begriff »Betonklinker« ist mehrdeutig. Durch den Begriff kann zum Ausdruck gebracht werden, es werde ein Betonstein angeboten, der das Aussehen eines Klinkersteins habe. Er kann aber dahin verstanden werden, es werde ein Erzeugnis angeboten, das neben den Eigenschaften des Betons auch die Eigenschaften des Klinkersteines besitze. Die letztere Aussage ist irreführend und der Werbende muss sie als ihm ungünstig gegen sich gelten lassen.[472]

466 BGH, 08.03.2012, I ZR 202/10, GRUR 2012, 1053 Rn. 22 – *Marktführer Sport.*

467 BGH, 26.09.2002, I ZR 89/00, GRUR 2003, 247, 248 – *THERMAL BAD.*

468 BGH, 12.12.1980, I ZR 158/78, GRUR 1981, 654, 655 – *Testpreiswerbung*; BGH, 15.09.1999, I ZR 131/97, GRUR 2000, 436, 438 – *Ehemalige Herstellerpreisempfehlung*; BGH, 08.03.2012, I ZR 202/10, GRUR 2012, 1053 Rn. 17 – *Marktführer Sport*; OLG Hamm, 22.02.2007, 4 U 153/06, GRUR-RR 2007, 294, 296; OLG München, 09.07.2009, 29 U 1852/09, GRUR-RR 2010, 50, 51; GK/*Lindacher* § 5 Rn. 124; a. A. Götting/*Nordemann* § 5 Rn. 0.139.

469 BGH, 08.03.2012, I ZR 202/10, GRUR 2012, 1053 Rn. 18 und 20 – *Marktführer Sport*;

470 BGH, 23.10.1956, I ZR 76/54, GRUR 1957, 128, 130 – *Steinhäger*; BGH, 28.06.1960, I ZR 13/59, GRUR 1960, 567, 569 – *Kunstglas*; BGH, 03.05.1963, Ib ZR 93/61, GRUR 1963, 539, 541 – *echt skai*; BGH, 29.04.1970, I ZR 123/68, GRUR 1970, 425 – *Melitta-Kaffee*; BGH, *18.02.1982, I ZR 23/80*, GRUR 1982, 563, 564 – *Betonklinker.*

471 BGH, 21.02.1991, I ZR 106/89, GRUR 1992, 66, 68 – *Königl.-Bayerische Weisse.*

472 BGH, 18.02.1982, I ZR 23/80, GRUR 1982, 563, 564 – *Betonklinker.*

d) Unklare Angaben

Bei unklaren, vagen Angaben kommt es darauf an, ob der angesprochene Verkehr ihnen gleichwohl eine bestimmte Tatsachenbehauptung entnimmt. Ist dies der Fall und ist diese Bedeutung unrichtig, ist die Angabe irreführend. Der Verkehr braucht mit der Angabe nicht klare Vorstellungen und einen eindeutigen Inhalt zu verbinden. Es genügt, dass die angesprochenen Verkehrskreise mit der Aussage allgemeine Vorstellungen im Hinblick auf die Qualität, die Eigenschaften oder die Wirkungen verbinden. 213

Ruft die Angabe »**Spezial**« beim Verkehr in dem Begriff »Spezialsalz« die Vorstellung hervor, das Produkt habe eine gesundheitsfördernde Wirkung, und trifft diese Erwartung nicht zu, liegt eine irreführende Angabe vor.[473] Dass der Verkehr der Aussage nicht entnehmen kann, welche gesundheitsfördernde Wirkung der Zusatz »Spezial« beschreibt, spielt keine Rolle. **Auch eine nicht näher konkretisierte durch die Aussage hervorgerufene Vorstellung der Verkehrskreise über die für die Gesundheit günstige Wirkung ist im Rahmen des § 5 beachtlich.** Die Angabe »Thermal Bad« versteht das Publikum bei einem für die häusliche Anwendung in der Badewanne vorgesehenen Produkt in Tablettenform, dass die Wirkungen einer Thermalquelle entsprechen.[474] 214

Entnimmt der Verkehr der unklaren, vagen Aussage dagegen **keinen bestimmten Aussagegehalt**, liegt keine Angabe i. S. von § 5 Abs. 1 Satz 2 vor. Löst der Begriff nur Assoziationen an bestimmte Produktbereiche oder Wirkungen aus, reicht dies für eine Angabe nicht aus. Verbindet das angesprochene Publikum mit dem Begriff »**med**« in der konkreten Werbung keine einigermaßen klaren Vorstellungen über den Inhalt des Begriffs in dem Zusammenhang, in dem er gebraucht wird, liegt keine Angabe vor.[475] Nimmt der Verkehr dagegen an, die Abkürzung bedeute, dass die Waren medizinische Stoffe enthielten oder als Arzneimittel Verwendung finden, reicht dies für eine Angabe aus, die irreführend ist, wenn sie nicht zutrifft. Die Werbung mit einer »**Gefällt-nicht-Garantie**« ist so unspezifisch, dass der Verkehr hiermit keine so eindeutigen Vorstellungen verbindet, dass eine auf unbenutzte und nicht individuell für den Kunden bestellte Möbel beschränkte Rücknahmegarantie nicht irreführend ist.[476] 215

e) Unvollständige Angaben

Unvollständige Angaben sind nicht zwangsläufig irreführend. Der Unternehmer ist grundsätzlich nicht zu einer umfassenden Aufklärung verpflichtet. Ein generelles Informationsgebot, alle auch weniger vorteilhafte oder negative Eigenschaften des eige- 216

473 BGH, 14.12.1966, Ib ZR 125/64, GRUR 1967, 362, 369 – *Spezialsalz.*
474 BGH, 26.09.2002, I ZR 89/00, GRUR 2003, 247, 248 – *THERMAL BAD.*
475 BGH, 07.03.1969, I ZR 41/67, GRUR 1969, 546, 548 – *med.*
476 BGH, 29.06.2000, I ZR 155/98, GRUR 2000, 1106, 1108 – *Möbel-Umtauschrecht.*

nen Angebots offenzulegen, besteht nicht.[477] Negative Eigenschaften des eigenen Angebots muss der Unternehmer in Werbeanzeigen nur offenlegen, wenn dies zum Schutz des Verbrauchers auch unter Berücksichtigung der berechtigten Interessen des Werbenden unerlässlich ist.[478] Erkennt der Verkehr, dass die Angaben unvollständig sind, wird er im Regelfall ohnehin nicht irregeführt.[479] Positive Aussagen dürfen nicht unrichtig sein. In welchem Umfang der Unternehmer über richtige positive Aussagen hinaus zur Vervollständigung seiner Angaben verpflichtet ist, hängt davon ab, ob wie die positiven Aussagen zu verstehen sind, in welchem Zusammenhang sie getätigt werden und wem gegenüber sie fallen. Eine Produktinformation oder Gebrauchsanweisung, die einem Erzeugnis beigefügt wird, muss umfassend über Risiken informieren, die mit seiner Anwendung verbunden sind. Dagegen kann der Unternehmer in einer Werbung seine Information regelmäßig auf positive Angaben beschränken, solange dadurch kein falscher Eindruck entsteht. Eine Irreführung durch Unterlassen ist in § 5a, durch den Art. 7 UGP-RL umgesetzt wird, näher geregelt. Wegen der Grundsätze zur Irreführung durch Unterlassen nach § 5a Abs. 1 und § 5a Abs. 2 bis 6 (§ 5a Rdn. 7 ff.).

217 Durch eine unvollständige positive Information kann beim Adressaten ein unzutreffender Eindruck entstehen. Wirbt ein Unternehmen bei der Einführung eines neuen Produkts mit der Behauptung, Marktführer im Bereich des Vertriebs derartiger Erzeugnisse gewesen zu sein, und der weiteren Aussage »Zurück an die Spitze«, entnimmt der angesprochene Verkehr diesen Aussagen nicht nur die Behauptung einer **Spitzenstellung** für das konkret beworbene Produkt, sondern auch eine Aussage zu der Leistungsfähigkeit des werbenden Unternehmens selbst.[480] Mit der Werbung mit einer Spitzenstellung verbindet der Verkehr regelmäßig die Erwartung, der Anbieter sei in der Lage, nach Qualität, Service und Preis für den Käufer besonders attraktive Produkte anzubieten. Der Verkehr geht dagegen nicht davon aus, dass das werbende Unternehmen die herausgestellte Spitzenstellung nicht allein durch eigene Leistung, sondern unter Verletzung von Betriebsgeheimnissen eines Wettbewerbers erreicht hat. Der Unternehmer, der in einem solchen Fall ohne weitere Erläuterung mit der Spitzenstellung wirbt, macht unvollständige Angaben zu einer für die Marktgegenseite wichtigen Information, die eine Aufklärung erfordert, wenn der Werbende meint, auf einen Hinweis auf die Spitzenstellung nicht verzichten zu können.

---

477 BGH, 14.12.1995, I ZR 213/93, GRUR 1996, 367, 368 – *Umweltfreundliches Bauen*; BGH, 08.10.1998, I ZR 187/97, BGHZ 139, 368, 376 – *Handy für 0,00 DM*; BGH, 26.10.2006, I ZR 33/04, GRUR 2007, 247 Rn. 23 f. – *Regenwaldprojekt I*; BGH, 10.01.2013, I ZR 190/11, GRUR 2013, 945 Rn. 34 – *Standardisierte Mandatsbearbeitung*.

478 BGH, 11.05.1989, I ZR 141/87, GRUR 1989, 682, 683 – *Konkursvermerk*; BGH, 03.12.1998, I ZR 63/96, GRUR 1999, 757, 758 – *Auslaufmodelle I*; BGH, 03.12.1998, I ZR 74/96, GRUR 1999, 760, 761 – *Auslaufmodelle II*; BGH, 19.08.1999, I ZR 225/97, GRUR 1999, 1125, 1126 – *EG-Neuwagen II*.

479 BGH, 20.03.1997, I ZR 241/94, GRUR 1997, 672, 673 – *Sonderpostenhändler*.

480 BGH, 16.11.2017, I ZR 160/16, GRUR 2018, 541 Rn. 42 – *Knochenzement II*.

f) Zeitliche Wirkungen der Irreführung

Geschäftspraktiken i. S. von Art. 2 lit. d -RL und geschäftliche Handlungen kön- 218
nen vor, bei oder nach einem Ge schluss erfolgen. Entsprechend sind irreführ-
rende geschäftliche Handlu iesen Zeiträumen möglich und werden von § 5
erfasst. Die Wirkunge führung der angesprochenen Verkehrskreise bleiben
bestehen, auch ere Handlung nicht wiederholt wird, solange die ange-
sprochenen noch eine Vorstellung vom Inhalt der geschäftlichen Hand-
lung is der Unternehmer die irreführenden Angaben in eindeutiger
orm berichtigt.[482] Die Fortwirkung einer irreführenden geschäftlichen
rf nicht bloß unterstellt werden. Es kommt darauf an, ob die frühere
einem solchen Umfang und in einer solchen Intensität verwendet worden
ass sie sich einem erheblichen Teil der angesprochenen Verkehrskreise genügend ngeprägt hat, um fortwirken zu können. Ist dies der Fall, kann eine ursprünglich irreführende Verhaltensweise Einfluss auf das Verkehrsverständnis einer geänderten geschäftlichen Handlung, insbesondere eine Werbung, haben.

Angesprochen sind Fallkonstellationen, in denen die unrichtigen Vorstellungen, die die ursprüngliche geschäftliche Handlung hervorgerufen hatte, ein späteres Verhalten auch dann irreführend erscheinen lassen, wenn dieses Verhalten für sich allein betrachtet, also ohne die voraufgegangene und fortwirkende Irreführung des Verkehrs durch die frühere irreführende Handlung, unverfänglich wäre und daher nicht beanstandet werden könnte. Die weitere Irreführung äußert sich darin, dass wegen der weiteren Wirkung der früheren unrichtigen Angabe, die als solche nicht wiederholt wird, auch das spätere Verhalten des Unternehmers im Sinne derselben unrichtigen Angabe verstanden wird, mit der zuvor ausdrücklich geworben worden war. Das setzt eine erhebliche Einwirkung der irreführenden geschäftlichen Handlung auf die angesprochenen Verkehrskreise voraus. Zu berücksichtigen sind Dauer, Intensität und Umfang der Werbung oder der sonstigen geschäftlichen Handlung.[483] Ein geringer und kurzfristiger Werbeaufwand und geringe Umsätze sprechen gegen eine Fortwirkung.[484] Einen Absatz von 50.000 Flaschen Gin, der unerheblich zum Gesamtabsatz dieses Produktsektors im Inland war, hat die Rechtsprechung nicht genügen lassen.[485] 219

Der BGH hat eine **Fortwirkung der ursprünglichen Werbeaussage** »Japanische Künstler malen die berühmten Dekore in Handarbeit mit feinen Pinselstrichen« beim Vertrieb von Teetassen für das Verständnis der geänderten Aussage »50 Gramm Tee 220

481 BGH, 03.07.1964, Ib ZR 179/62, GRUR 1964, 686, 688 – *Glockenpackung II*; BGH, 09.10.1970, I ZR 23/69, GRUR 1971, 255, 257 – *Plym-Gin*; BGH, 24.06.1982, I ZR 108/80, GRUR 1982, 685, 686 – *Ungarische Salami II*; BGH, 05.10.2006, I ZR 229/03, GRUR 2007, 67 Rn. 21 – *Pietra di Soln*; BGH, 05.05.2011, I ZR 157/09, GRUR 2011, 1153 Rn. 15 – *Creation Lamis*; BGH, 18.09.2013, I ZR 65/12, GRUR 2014, 494 Rn. 16 – *Diplomierte Trainerin*.

482 BGH, 12.07.1963, Ib ZR 187/61, GRUR 1963, 589, 593 – *Lady Rose*.

483 BGH, 05.10.2006, I ZR 229/03, GRUR 2007, 67 Rn. 21 – *Pietra di Soln*.

484 FBO/*Peifer/Obergfell* § 5 Rn. 253.

485 BGH, 09.10.1970, I ZR 23/69, GRUR 1971, 255, 257 – *Plym-Gin*.

mit einer Original Japan-Teetasse« a
kung weiter bei Änderung der ursprüngommen.[486] Bejaht worden ist eine Fortwir-
rine in »Ei-wie-fein«[487] und der Änderung d Bezeichnung »Ei-fein« für eine Marga-
Herzsymbol und der Bezeichnung »Heilquellen bung für Tafelwasser mit einem
mit dem Herzsymbol und der Bezeichnung »Naturbru nen« in eine Aufmachung

221 **In zeitlicher Hinsicht** ist eine Fortwirkung im Regelfall über e naden«.[488]
als drei Jahren verneint worden.[489] Ein Verbot wegen einer fortwirk
geschäftlichen Handlung über einen Zeitraum von drei Jahren hinaus, von mehr
auch grundsätzlich nicht in Betracht.[490] der

222 Die Einstellung einer irreführenden geschäftlichen Handlung kann wegen der Fortw kung im Einzelfall nicht ausreichen und Beseitigungsmaßnahmen erforderlich machen. Dazu können eindeutige Maßnahmen erforderlich sein, mit denen der Gewerbetreibende sich von seinem früheren unlauteren Verhalten absetzt. Nur geringfügige kaum ins Gewicht fallende Änderungen der geschäftlichen Handlung reichen nicht. Nicht genügend ist bei einer Irreführung durch eine den ungarischen Nationalfarben entsprechende rot-weiß-grüne-Farbaufmachung der Etikettierung einer Salami die Einfügung eines goldfarbenen Streifens.[491]

223 In Grenzfällen kann eine **Interessenabwägung** erforderlich sein. Das kommt in Betracht, wenn die Auswirkungen der in Rede stehenden geschäftlichen Handlung auf die anderen Marktteilnehmer und die Interessen der Allgemeinheit nicht schwerwiegend sind und das in Anspruch genommene Unternehmen durch ein Verbot nachhaltig berührt wird, wie dies bei der Verwendung eines Unternehmenskennzeichens oder einer Marke der Fall sein kann.[492]

224 Die Frage der **Fortwirkung einer irreführenden geschäftlichen Handlung** ist zu unterscheiden von der **Fortdauer der Wiederholungsgefahr** und dem **Umfang des Unterlassungsanspruchs**. Berührungspunkte rechtlicher Art bestehen insoweit nicht. Bei der Fortwirkung einer irreführenden Handlung geht es um die weiter bestehende Einwirkung auf die Verkehrsauffassung. Die Wiederholungsgefahr nach vorausgegangener Verletzungshandlung wirkt grundsätzlich fort, bis der Verletzer eine strafbewehrte Unterwerfungserklärung abgegeben hat oder ein Unterlassungstitel vorliegt. Der Umfang eines in einem Unterlassungsvertrag enthaltenen Unterlassungsangebots ist durch Auslegung zu ermitteln. Die Reichweite eines Unterlassungstitels ist nach der Kerntheorie zu bestimmen.

486 BGH, 03.07.1964, Ib ZR 179/62, GRUR 1964, 686, 688f – *Glockenpackung II.*
487 BGH, 12.07.1957, I ZR 52/55, GRUR 1958, 86, 89 – *Ei-fein.*
488 BGH, 26.09.1961, I ZR 55/60, GRUR 1962, 97, 99 – *Tafelwasser.*
489 BGH, 05.05.2011, I ZR 157/09, GRUR 2011, 1153 Rn. 16 – *Creation Lamis.*
490 Keine zeitliche Befristung des Verbots allerdings BGH, 12.07.1957, I ZR 52/55, GRUR 1958, 86, 90 – *Ei-fein.*
491 BGH, 24.06.1982, I ZR 108/80, GRUR 1982, 685, 686 – *Ungarische Salami II.*
492 GK/*Lindacher* § 5 Rn. 178; Ohly/*Sosnitza* § 5 Rn. 203.

g) Irreführung aufgrund nachträglicher Umstände

Eine ursprünglich vom Verkehr richtig aufgefasste geschäftliche Handlung kann aufgrund geänderter Umstände irreführend wirken. Ein Eingreifen des Irreführungsverbots setzt voraus, dass die geschäftliche Handlung fortwirkt.[493] Das kann bei einer Katalogangabe der Fall sein, wenn trotz Einstellung des Vertriebs des Katalogs dessen Angaben fortwirken und in Erinnerung der Verkehrskreise bleiben. An diese Annahme sind allerdings grundsätzlich strenge Anforderungen zu stellen, weil regelmäßig die Angaben in einem Katalog nur für den üblichen Vertriebszeitraum Wirkung entfalten. **225**

Handelt es sich um eine **Dauerhandlung**, darf die Benutzung einer ursprünglich richtigen, durch Änderung der Verhältnisse nunmehr irreführenden geschäftlichen Handlung nicht fortgesetzt werden. Wird eine Unternehmensbezeichnung, Marke oder ein Werktitel unrichtig, darf seine Benutzung in ursprünglicher Form grundsätzlich nicht fortgesetzt werden.[494] Ob eine weitere Benutzung nicht gegen handelsrechtliche Vorschriften verstößt, ist in diesem Zusammenhang ohne Belang. Die handelsrechtlichen Bestimmungen über den unzulässigen Gebrauch einer Firma und der lauterkeitsrechtliche Unterlassungsanspruch wegen Irreführung des Verkehrs stehen selbständig nebeneinander. Die Kennzeichnung darf deshalb im Prozess zum Zeitpunkt des Schlusses der mündlichen Verhandlung nicht irreführend sein. Nur ausnahmsweise kann eine irreführende geschäftliche Handlung aufgrund einer Interessenabwägung hinzunehmen sein (Rdn. 257–267). **226**

h) Blickfangwerbung

Blickfangwerbung bezeichnet eine Werbeaussage, die gegenüber den weiteren Teilen der Werbung besonders herausgestellt wird und regelmäßig nur eine kurze Botschaft enthält. Sie soll die Aufmerksamkeit und das Interesse des Publikums wecken und auf die Werbung lenken. Sie kann in Ausnahmefällen so inhaltslos sein, dass sie keine Angabe i. S. von § 5 Abs. 1 Satz 2 enthält und deshalb nicht irreführend wirken kann.[495] Regelmäßig enthält der Blickfang eine Werbebotschaft, die die Anforderungen an eine Angabe erfüllt. Aussagen wie »Handy für 0,00 DM«[496] oder »Aufgepasst zugefasst jetzt die Sommerpreise nutzen«[497] sowie »Festzins Plus«[498] reichen für eine Angabe i. S. von § 5 Abs. 1 Satz 2 aus. Der Werbung »Handy für 0,00 DM« entnimmt der Verkehr, dass er für einen Teil des Angebots, und zwar für den Erwerb eines Mobiltelefons keine zusätzlichen Kosten aufwenden muss. Die Angabe »Aufgepasst zugefasst jetzt die Sommerpreise nutzen« vermittelt den Eindruck, dass die angebotenen Skiartikel als **227**

493 *BGH, 31.05.1957,* I ZR 163/55, GRUR 1958, 30, 31 – *Außenleuchte.*
494 BGH, 09.06.1953, I ZR 97/51, BGHZ 10, 196, 201 – *DUN-Europa*; BGH, 07.04.1965, Ib ZR 86/63, GRUR 1965, 610, 611 – *Diplom-Ingenieur*; BGH, 24.10.1991, I ZR 271/89, GRUR 1992, 121, 122 – *Dr. Stein… GmbH*; BGH, 27.02.2003, I ZR 25/01, GRUR 2003, 448, 449 – *Gemeinnützige Wohnungsgesellschaft.*
495 BGH, 29.06.2000, I ZR 155/98, GRUR 2000, 1106, 1108 – *Möbel-Umtauschrecht.*
496 BGH, 08.10.1998, I ZR 187/97, BGHZ 139, 368, 376 – *Handy für 0,00 DM.*
497 BGH, 24.04.1986, I ZR 56/84, GRUR 1987, 45, 47 – *Sommerpreiswerbung.*
498 BGH, 21.09.2017, I ZR 53/16, GRUR 2018, 320 Rn. 22 – *Festzins Plus.*

typische Winterware besonders preisgünstig deswegen angeboten werden, weil sie sich im Sommer ohne Kaufanreize über den Preis schlecht absetzen lassen. Bei der Angabe »Festzins Plus« geht der Verkehr von einem festen, über die Laufzeit des Darlehens unverändert gezahlten Zins aus.

228 **Auch eine Blickfangwerbung darf nicht irreführend sein.** Da es sich zwangsläufig um eine kurze, überblicksartige Werbebotschaft handelt, kann sie häufig auch **nicht erschöpfend** sein. Diese gegenläufigen Gesichtspunkte können durch aufklärende Hinweise so in Einklang gebracht werden, dass eine Irreführung des angesprochenen Publikums nicht eintritt.

aa) Schlichtweg falsche Angaben im Blickfang

229 Die in einem Blickfang herausgestellte Aussage darf nicht für sich genommen schlichtweg falsch sein. Wie auch sonst in der Werbung darf der Blickfang keine dreiste Lüge enthalten.[499] Es besteht kein anerkennenswertes Interesse des Werbenden mit einer **grob unrichtigen Aussage** zu werben, die erst durch einen Sternchenhinweis aufgeklärt wird.[500] Ob eine schlichtweg falsche blickfangmäßige Angabe vorliegt, die keiner Korrektur durch aufklärende Hinweise zugänglich ist, beurteilt sich nach dem Verständnis des angesprochenen Verkehrs. Die blickfangmäßige Angabe »Festpreis« in der Werbung »Festpreis* bis zu 36 Monaten konservieren. Genießen Sie Preissicherheit *– bis 30.06.2013« für einen Stromtarif versteht das allgemeine Publikum nicht als Pauschalpreis. Der normale Verbraucher hält es für möglich, dass der Vertragspartner das Risiko von Preisänderungen nicht ausnahmslos ohne jeden Vorbehalt übernehmen will, etwa im Hinblick auf eine Erhöhung des Mehrwertsteuersatzes.[501]

bb) Aufklärungsbedürftige Angaben im Blickfang

230 Ist der Blickfang nicht grob falsch, sondern enthält er nur **nicht alle Angaben, die für eine irrtumsfreie Erfassung durch das angesprochene Publikum erforderlich sind**, kann einem Irrtum durch aufklärende Hinweise entgegengewirkt werden. Dazu rechnen Fälle, in denen nur bestimmte günstige Preisbestandteile eines Gesamtangebots herausgestellt oder die blickfangmäßige Angabe ungünstige Eigenschaften und Leistungsinhalte unerwähnt lässt. Ein Telekommunikationsunternehmen bietet ein Mobiltelefon zusammen mit einem Netzkartenvertrag an und hebt im Blickfang nur den Preis des Telefons mit 0,00 DM hervor, ohne auf die Kosten des Netzkartenvertrags einzugehen.[502] In der Werbung für Skimodelle unter der Überschrift »Aufgepasst zugefasst jetzt die Sommerpreise nutzen« weist der Werbende nicht darauf hin, dass die angebotenen Waren Auslaufmodelle sind.[503] Der Blickfang der Werbung eines Möbel-

---

499 BGH, 20.12.2001, I ZR 215/98, GRUR 2002, 715, 716 – *Scanner-Werbung*; BGH, 26.02.2009, I ZR 219/06, GRUR 2009, 888 Rn. 20 – *Thermoroll*; BGH, 12.05.2011, I ZR 119/10, GRUR 2012, 81 Rn. 14 – *Innerhalb 24 Stunden*.

500 OLG Köln, 20.04.2018, 6 U 153/17, WRP 2018, 1000, 1002.

501 OLG Hamm, 08.11.2011, 4 U 58/11, RdE 2012, 163.

502 BGH, 08.10.1998, I ZR 187/97, BGHZ 139, 368, 376 – *Handy für 0,00 DM*.

503 BGH, 24.04.1986, I ZR 56/84, GRUR 1987, 45, 47 – *Sommerpreiswerbung*.

hauses enthält die Aussage »19 % MwSt. geschenkt«. Die Preisherabsetzung bezieht sich nur auf einen Teil des Sortiments.[504] In diesen Fällen kann die für sich genommen unvollständige Angabe, die eine fehlerhafte Vorstellung vermittelt, durch aufklärende Hinweise klargestellt werden.[505] Diese müssen so gestaltet sein, dass bei einer an das allgemeine Publikum gerichteten Werbung ein normal informierter, angemessen aufmerksamer und verständiger Verbraucher die erläuternden Hinweise nicht übersieht.[506] Dazu müssen die Hinweise regelmäßig am Blickfang teilhaben. Danach reicht es nicht aus, wenn etwa der beworbene Artikel zusammen mit weiteren Artikeln abgebildet wird, ohne die er nicht benutzt werden kann, und der aufklärende Hinweis nur innerhalb der Produktbeschreibung steht, ohne am Blickfang teilzuhaben und die Zuordnung zu den herausgestellten Angaben zu wahren.[507] In der Praxis hat sich die **Anbringung eines Sternchens** am Blickfang herausgebildet, durch das der Leser auf den aufklärenden Hinweis gelenkt wird. Im Internet kann die Aufklärung über einen elektronischen Verweis (Link) erfolgen, wenn dem Nutzer hinreichend deutlich wird, welche Informationen er über den Link erhält.[508]

Die Anbringung eines Sternchens an einer blickfangmäßig hervorgehobenen Angabe ist allerdings nicht zwingende Voraussetzung, um den normalen Verbraucher oder normalen Angehörigen einer bestimmten anderen Zielgruppe in klarer und eindeutiger Form auf eine Stelle hinzuweisen, an der der Blickfang erläutert wird. **231**

Von einer solchen Fallkonstellation ist der BGH in der **Entscheidung »Schlafzimmer komplett«** ausgegangen.[509] In der Werbung eines Möbelhauses waren Schlafzimmermöbel unter der hervorgehobenen Angabe »Komplett« und der weiteren Angabe »Schlafzimmer komplett« abgebildet, die jeweils ein Bett mit Matratze und Bettzeug zeigten. Im unteren Rand der Werbung war in kleinerer Schrift der Hinweis »Ohne Lattenroste, Matratzen, … Beimöbel und Deko« angebracht. Ohne weitere Erläuterungen erweckt die Werbung für Schlafzimmereinrichtungen mit der hervorgehobenen Angabe »KOMPLETT« und der Abbildung eines Bettes mit Matratze beim Verbraucher den Eindruck, das Angebot umfasse ein Bett mit Lattenrost und Matratze und nicht nur ein Bettgestell. Ohne aufklärenden Hinweis war die blickfangmäßig herausgestellte Werbebotschaft objektiv unrichtig. Auch ohne Sternchenhinweis genügte die konkrete Aufmachung der Werbung, um den angemessen aufmerksamen Verbraucher darüber aufzuklären, dass Lattenrost und Matratzen nicht zum Angebotsumfang gehörten. Bei einer Werbung für langlebige und kostspielige Güter, mit der sich der Verbraucher eingehend und nicht nur flüchtig befasst und die er aufgrund einer kurzen und übersichtlichen Gestaltung insgesamt zur Kenntnis nehmen wird, kann die Aufklärung **232**

504 BGH, 27.07.2017, I ZR 153/16, GRUR 2018, 199 Rn. 3 und 15 – *19% MwSt. GESCHENKT.*

505 BGH, 10.12.2009, I ZR 149/07, GRUR 2010, 744 Rn. 43 – *Sondernewsletter*; BGH, 18.12.2014, I ZR 129/13, GRUR 2015, 698 Rn. 16 – *Schlafzimmer komplett.*

506 BGH, 15.10.2015, I ZR 260/14, GRUR 2016, 207 Rn. 13 – *All Net Flat.*

507 BGH 28.11.2002, I ZR 110/00, GRUR 2003, 249 f. – *Preis ohne Monitor.*

508 BGH, 12.05.2011, I ZR 119/10, GRUR 2012, 81 Rn. 14 – *Innerhalb 24 Stunden.*

509 BGH, 18.12.2014, I ZR 129/13, GRUR 2015, 698 – *Schlafzimmer komplett.*

auch ohne Sternchenhinweis erfolgen. Entscheidend im vorliegenden Fall waren das angebotene Produkt (kostspielige und langlebige Güter) und die übersichtlich gestaltet Werbung (Preis und Angebotsbeschreibung), die nur wenige Informationen enthielt, so dass der Verbraucher zwangsläufig auf den aufklärenden Hinweis zum Angebotsumfang stoßen musste. Ein Abstellen allein auf den fehlenden Sternchenhinweis am Blickfang ohne Berücksichtigung des Umstands, dass die Hinweise zum Angebotsumfang zur Aufklärung eines situationsadäquat aufmerksamen Verbrauchers ausreichten, ist mit der UGP-RL unvereinbar. Danach sind ausschließlich die per se-Verbote des Anhangs I der UGP-RL Verbote, die ohne Wertung des Einzelfalls und der Feststellung der wettbewerblichen Relevanz eine Unlauterkeit einer Geschäftspraktik begründen (Erwägungsgrund 17 Satz 3 UGP-RL).[510] Damit ist es nicht vereinbar, ohne gesonderten Hinweis am Blickfang generell aufklärende Zusätze bei der Frage auszuklammern, wie ein Durchschnittsverbraucher die Werbung auffasst. Unerheblich in diesem Zusammenhang ist der Umstand, dass der angesprochene Verkehr sich trotz des für sich genommen fehlerhaften Blickfangs mit der Werbung befasst. Das geschieht auch bei einem Sternchenhinweis.

233 Ob auch ohne Sternchenhinweis der Verbraucher bei situationsadäquater Aufmerksamkeit ausreichend aufgeklärt wird, ist eine Frage der konkreten Werbung. Der Zusammenhang zwischen unrichtiger Blickfangangabe und aufklärendem Hinweis muss gewissermaßen »auf einen Blick« zu erkennen sein.[511] Ist die Werbung nicht kurz und übersichtlich gestaltet, kann auf einen gesonderten Hinweis am Blickfang, der eine eindeutige Verbindung zu aufklärenden Zusätzen herstellt, nicht verzichtet werden.[512] Dabei kann eine Werbung so unübersichtlich gestaltet sein, dass selbst Sternchenhinweise zur Beseitigung der durch den Blickfang hervorgerufenen Fehlvorstellung nicht ausreichen.[513]

234 Unter bestimmten Voraussetzungen können **Hinweise, die nicht jedem Artikel und jedem Blickfang zugeordnet** in der Werbung platziert sind, für eine Aufklärung genügen. Dazu müssen die Hinweise klar, verständlich, unzweideutig, leicht auffindbar und prominent platziert sein. Die Rechtsprechung hat in diesem Zusammenhang gefordert, dass die Hinweise am Blickfang teilhaben oder doch zumindest sofort ins Auge springen. Gingen die Verbraucher bei Waren, die blickfangmäßig beworben waren, davon aus, dass diese im Geschäft vorrätig waren, gekauft und, wie etwa bei Computern, sofort mitgenommen werden konnten, reichte ein Hinweis in der Fußzeile der jeweiligen Seite nicht aus, wonach nicht immer alles vorrätig sei und eine Mitnahmegarantie nicht gegeben werden könne.[514] In einer weiteren Entscheidung genügte der Hinweis am unteren Rand der ersten Seite der Werbung, um die Erwartung von der sofortigen

---

510 EuGH, 17.01.2013, C-206/11, GRUR 2013, 297 Rn. 35 – *Köck*; EuGH, 19.09.2013, C-435/11, GRUR 2013, 1157 Rn. 38 – *CHS Tour Services.*

511 BGH, 21.09.2017, I ZR 53/16, GRUR 2018, 320 Rn. 25 – *Festzins Plus.*

512 *BGH, 15.10.2015,* I ZR 260/14, GRUR 2016, 207 Rn. 18 – *All Net Flat.*

513 BGH, 15.10.2015, I ZR 260/14, GRUR 2016, 207 Rn. 20 – *All Net Flat.*

514 BGH, 17.02.2000, I ZR 254/97, GRUR 2000, 911, 912f – *Computerwerbung.*

Mitnahmemöglichkeit zu zerstören, weil er leicht lesbar war und sofort ins Auge fiel.[515] Wurden in einem Prospekt einer Franchisegeberin Produkte einheitlich beworben und fand sich im Prospekt auf der ersten Seite und auf jeder der nachfolgenden Doppelseiten unten der Hinweis »Alle Angebote sind ausschließlich unverbindliche Preisempfehlungen und nur in teilnehmenden Märkten erhältlich.«, reichte dies für eine entsprechende Aufklärung nicht aus, weil der Verbraucher keine Veranlassung hatte, den klein gedruckten Disclaimer zur Kenntnis zu nehmen.[516]

Diese Grundsätze sind nicht auf Printwerbung beschränkt. Sie sind übertragbar auf geschäftliche Handlungen im Internet,[517] im Fernsehen und im Rundfunk. Bei einer Werbung im Internet müssen aufklärende Hinweise nicht auf der Internetseite enthalten sein, auf der die Werbung platziert ist. Der Gewerbetreibende kann dem Verbraucher die aufklärenden Hinweise auf einer anderen Internetseite zur Verfügung stellen. Erforderlich ist, dass der Verbraucher durch einen eindeutigen Link, dem er entnehmen kann, welche Informationen dort bereitgehalten werden, zu dieser Internetseite geführt wird.[518] 235

In der **Fernseh- und Rundfunkwerbung dürfen Angaben nicht aus räumlichen oder zeitlichen Beschränkungen irreführend** sein.[519] Aufklärende Hinweise müssen deshalb in der in dem jeweiligen Medium möglichen Art und Weise zur Verhinderung von Fehlvorstellungen gegeben werden. Bei der Fernsehwerbung kann dies durch einen Hinweis in Wort oder Bild erfolgen.[520] Ein Hinweis auf ein anderes Medium, etwa auf weitere Erläuterungen im Internet, reicht nicht aus, um einer einmal durch eine unrichtige Angabe hervorgerufenen Fehlvorstellung entgegenzuwirken. 236

i) Spitzen- und Alleinstellungswerbung

aa) Begriff

Ein Gewerbetreibender kann für Umstände in Zusammenhang mit seinem Unternehmen oder seinen Produkten eine Spitzen- oder Alleinstellung in Anspruch nehmen. Eine **Alleinstellungswerbung** liegt vor, wenn der Unternehmer für sich, für die Unternehmensgruppe oder den Verbund, dem er angehört, in Anspruch nimmt, alle Mitbewerber zu übertreffen.[521] Eine **Spitzenstellungswerbung** ist gegeben, wenn die Behauptung aufgestellt wird, zu einer Spitzengruppe zu gehören. 237

bb) Angaben zu einer Spitzen- oder Alleinstellung

Wie bei jeder irreführenden geschäftlichen Handlung ist zunächst Voraussetzung, dass es sich überhaupt um eine Angabe und kein bloßes Werturteil oder eine reklamehafte 238

---

515 BGH, 24.10.2002, I ZR 50/00, GRUR 2003, 163, 164 – *Computerwerbung II.*
516 BGH, 04.02.2016, I ZR 194/14, GRUR 2016, 403 Rn. 14f – *Fressnapf.*
517 BGH, 21.09.2017, I ZR 53/16, GRUR 2018, 320 Rn. 22 – *Festzins Plus.*
518 BGH, 06.04.2017, I ZR 159/16, GRUR 2017, 928 Rn. 22 – *Energieeffizienzklasse II.*
519 EuGH, 26.10.2016, C-611/14, GRUR 2016, 1307 Rn. 42 – *Canal Digital Danmark.*
520 BGH, 11.09.2008, I ZR 58/06, GRUR 2009, 418 Rn. 17 – *Fußpilz.*
521 BGH, 30.06.1972, I ZR 16/71, GRUR 1973, 78, 80 – *Verbraucherverband.*

Übertreibung ohne Tatsachenkern handelt (Rdn. 125–149).[522] Die Aussagen »Das Beste jeden Morgen« für ein Cerealienprodukt[523] und »Mutti gibt mir immer nur das Beste« für einen Fertigbrei[524] können im Zusammenhang der konkreten Werbung bloße Anpreisungen ohne Tatsachenkern sein. Das gilt entsprechend für die Aussagen »Hier werden Sie besser behandelt«[525] und »Irgendwie besser«.[526] Dagegen liegt in der Formulierung »die am Markt ihresgleichen sucht« oder in der Aussage »In der Summe bündeln wir für Ihre Werkzeuge eine Material- und Verfahrenskompetenz in Politur, Laserschweißen und Oberflächenschutz, die am Markt ihresgleichen sucht« eine Spitzenstellungsbehauptung.[527] Die Aussage »RANK XEROX bietet bessere Produkte« enthält ebenfalls eine Tatsachenbehauptung.[528]

239 Die Behauptung einer Alleinstellung oder einer Spitzenstellung kann **ausdrücklich** etwa durch den Begriff »Marktführer«[529] oder einen **Superlativ** in der Form »Der meistverkaufte Europas«,[530] »die Nr. 1«[531] sowie »Der größte Schuhmarkt Deutschlands«[532] aufgestellt werden oder in einer Aussage wie »Das große deutsche Wörterbuch«[533] **schlüssig** enthalten sein (weitere Beispiele Rdn. 325–327).

240 Ob der Verkehr der Angabe die Behauptung einer Allein- oder einer Spitzenstellung entnimmt und auf welchen Umstand oder welches Merkmal aus dem Geschäftsbereich des Gewerbetreibenden der Verkehr die Angabe bezieht, richtet sich nach der Sicht eines normalen Angehörigen der angesprochenen Zielgruppe. Dieser beurteilt die Angabe regelmäßig nach dem **Wortsinn**[534] und dem **Zusammenhang**, in den sie eingebettet ist.[535] Die Ergebnisse der Entscheidungen sind sehr stark einzelfallbezogen. Dies gilt gerade für die **Abgrenzung zwischen Allein- und Spitzenstellungsbehauptung**. Ein **Superlativ** (»Der meistverkaufte«, »der größte«, »die Nr. 1«, das Beste«, »absolute Spitze«, »Höchstpreise«) bringt im Allgemeinen die Inanspruchnahme einer Alleinstellung zum Ausdruck. Mit einem **Komparativ** bezeichnet der Gewerbetreibende regelmäßig eine Spitzenstellung (»bessere Preise«). Möglich ist nach dem Wortsinn und dem Zusammenhang aber auch das umgekehrte Ergebnis. Danach beschreibt

---

522 BGH, 29.04.1970, I ZR 123/68, GRUR 1979, 425, 426 – *Melitta-Kaffee.*
523 BGH, 03.05.2001, I ZR 318/98, GRUR 2002, 182, 183 – *Das Beste jeden Morgen.*
524 BGH, 15.01.1965, Ib ZR 46/63, GRUR 1965, 363 – *Fertigbrei.*
525 OLG Hamm, 24.09.2013, 4 U 64/13, WRP 2014, 220, 228.
526 OLG Rostock, 19.04.1995, 2 U 13/95, WRP 1995, 658.
527 BGH, 22.10.2009, I ZR 73/07, GRUR 2010, 352 Rn. 18 ff – *Hier spiegelt sich Erfahrung.*
528 BGH, 30.06.1972, I ZR 16/71, GRUR 1973, 78, 89 – *Verbraucherverband.*
529 BGH, 08.03.2012, I ZR 202/10, GRUR 2012, 1053 Rn. 22 – *Marktführer Sport.*
530 BGH, 15.02.1996, I ZR 9/94, GRUR 1996, 910, 911f – *Der meistverkaufte Europas.*
531 BGH, 16.01.1992, I ZR 20/90, GRUR 1992, 404, 406 – *Systemunterschiede.*
532 BGH, 07.07.1983, I ZR 119/81, GRUR 1983, 779, 780 – *Schuhmarkt.*
533 BGH, 02.04.1971, I ZR 22/70, GRUR 1971, 365, 366 – *Wörterbuch.*
534 BGH, 08.03.2012, I ZR 202/10, GRUR 2012, 1053 Rn. 22 – *Marktführer Sport.*
535 BGH, 25.10.1972, I ZR 22/71, GRUR 1973, 534, 535 – *Mehrwert II*; BGH, 12.02.1998, I ZR 110/96, GRUR 1998, 951, 952 – *Die große deutsche Tages- und Wirtschaftszeitung*; BGH, 22.10.2009, I ZR 73/07, GRUR 2010, 352 Rn. 11 – *Hier spiegelt sich Erfahrung.*

die Angabe »RANK XEROX bietet bessere Produkte« eine Alleinstellung.[536] »Das Beste« beschreibt im Regelfall eine Alleinstellung. Ohne Artikel kann sich nach dem Sinn die Behauptung einer Spitzenstellung ergeben (»beste Preise« oder »Beste Auswahl, beste Lage, beste Übersicht).[537] Der **negative Komparativ** (»Es gibt keinen besseren Kaffee…«) beschreibt im Regelfall eine Spitzenstellung.[538] Die Einordnung kann aber auch umgekehrt ausfallen und die Behauptung einer Alleinstellung vorliegen. In diesem Sinn sind folgende Angaben gesehen worden: »Keine Bausparkasse ist besser als Schwäbisch Hall«,[539] »Es gibt weit und breit nichts Besseres für Möbel«,[540] »Es gibt kein besseres BIER«.[541]

cc) Irreführung durch die Behauptung einer Spitzen- oder Alleinstellung

Eine Alleinstellungs- oder Spitzenstellungsbehauptung darf nicht irreführend sein. Die **241** mit der Behauptung einer Alleinstellung oder einer Spitzenstellung verbundene Angabe muss wahr sein. Dazu muss bei einer Alleinstellungsbehauptung der Werbende in dem Bereich, auf den sich seine Behauptung bezieht, einen deutlichen Vorsprung gegenüber seinen Mitbewerbern vorzuweisen haben und der Vorsprung muss die Aussicht auf eine gewisse Stetigkeit bieten.[542] Problematisch an dieser Formel ist die generelle Forderung nach einem deutlichen Vorsprung gegenüber Mitbewerbern.[543] Es erscheint zweifelhaft, dass der Verkehr tatsächlich mit einer Alleinstellungsbehauptung immer und unabhängig von der konkreten Aussage die Vorstellung eines deutlichen Abstands zu den Mitbewerbern verbindet. So kann die Annahme, der Verkehr ginge von einem deutlichen Vorsprung vor den Mitbewerbern aus, gerechtfertigt sein, wenn der Werbende sich als Marktführer bezeichnet.[544] Dagegen ist die Annahme eines deutlichen Abstands bei einer Alterswerbung nicht im gleichen Maße naheliegend. Selbst wenn diese Vorstellung des Verkehrs festzustellen ist, bleibt der Umstand, dass die Behauptung einer Alleinstellung regelmäßig zutrifft, wenn zum nächsten Mitbewerber ein wie auch immer gearteter Vorsprung besteht. In einem solchen Fall muss eine Interessenabwägung erfolgen, weil eine objektiv zutreffende Angabe untersagt wird.

---

536 BGH, 30.06.1972, I ZR 16/71, GRUR 1973, 78, 89 – *Verbraucherverband.*

537 KG, 19.02.1995, 5 U 8375/98, GRUR 1999, 1021.

538 BGH, 29.04.1970, I ZR 123/68, GRUR 1979, 425, 426 – *Melitta-Kaffee.*

539 OLG Frankfurt, 06.03.1981, 6 U 140/80, GRUR 1981, 603, 604 mit zahlreichen weiteren Beispielen.

540 OLG Düsseldorf, 09.12.1976, 2 U 65/76, WRP 1977, 26.

541 HansOLG Hamburg, 11.08.1977, 3 U 65/77, WRP 1977, 811.

542 BGH, 22.05.1981, I ZB 7/80, GRUR 1981, 910 – *Der größte Biermarkt der Welt*; BGH, 17.10.1984, I ZR 187/82, GRUR 1985, 140, 141 – *Größtes Teppichhaus der Welt*; BGH, 11.07.1991, I ZR 5/90, GRUR 1991, 850, 851 – *Spielzeug-Autorennbahn*; BGH, 15.02.1996, I ZR 9/94, GRUR 1996, 910, 911 – *Der meistverkaufte Europas*; BGH, 12.02.1998, I ZR 110/96, GRUR 1998, 951, 952 – *Die große deutsche Tages- und Wirtschaftszeitung*; BGH, 13.02.2003, I ZR 41/00, GRUR 2003, 800, 802 – *Schachcomputerkatalog*; BGH, 16.11.2017, I ZR 160/16, GRUR 2018, 541 Rn. 35 – *Knochenzement II.*

543 Köhler/*Bornkamm/Feddersen* § 5 Rn. 1.152.

544 BGH, 16.11.2017, I ZR 160/16, GRUR 2018, 541 Rn. 34 – *Knochenzement II.*

242 Bei der **Spitzenstellungswerbung** behauptet der Werbende zur Spitzengruppe zu gehören. Die Behauptung muss inhaltlich zutreffend sein und die Zugehörigkeit muss ebenfalls die Aussicht auf eine gewisse Stetigkeit bieten.[545] Besteht ein deutlicher Abstand zu den größeren Gewerbetreibenden, rechnet der Werbende nicht zur Spitzengruppe und die gegenteilige Behauptung ist irreführend.[546]

dd) Darlegungs- und Beweislast

243 Für die Verteilung Darlegungs- und Beweislast im Fall der Behauptung einer Allein- oder Spitzenstellung gilt im Ausgangspunkt die allgemeine Regel, dass der Kläger die Voraussetzungen einer irreführenden geschäftlichen Handlung darlegen und beweisen muss.[547] Normalerweise verfügt der Kläger allerdings nicht über die notwendigen Kenntnisse oder er kann sie sich nur sehr schwer beschaffen, um zu der vom Gegner aufgestellten Behauptung, er verfüge über eine Allein- oder Spitzenstellung, substantiiert vortragen und Beweis antreten zu können. In diesem Fall muss der Beklagte, der die Allein- oder Spitzenstellung in Anspruch genommen hat, seinerseits die Voraussetzungen für seine Werbebehauptung darlegen und beweisen.[548] Das hat zur Konsequenz, dass den Beklagten nicht nur eine sekundäre Darlegungslast trifft und der Kläger, soweit der Beklagte ihr nachkommt, die Beweislast für seinen gegenteiligen Vortrag trägt. Vielmehr nimmt die Rechtsprechung bei der Alleinstellungs- der Spitzenstellungsbehauptung eine **Umkehr der Darlegungs- und Beweislast** an, wenn der Kläger sich die nötigen Informationen nicht oder nur schwer verschaffen kann. Nur wenn auch der Kläger über die entsprechenden Informationen verfügt und es ihm ohne weiteres möglich ist, zur Allein- oder Spitzenstellung der Gegenseite vorzutragen und Beweis anzutreten, bleibt es bei der grundsätzlichen Verteilung der Darlegungs- und Beweislast.[549]

V. Relevanz der Irreführung, § 5 Abs. 1 Satz 1

1. Allgemeines

244 § 5 Abs. 1 Satz 1 bestimmt, dass eine irreführende geschäftliche Handlung unlauter ist, die geeignet ist, den Verbraucher oder sonstigen Marktteilnehmer zu einer geschäftlichen Entscheidung zu veranlassen, die er andernfalls nicht getroffen hätte. Nicht jede geschäftliche Handlung, durch die ein erheblicher Teil der Verkehrskreise getäuscht wird, ist geschäftlich relevant. Das lauterkeitsrechtliche Irreführungsverbot besteht nicht zur Durchsetzung der Wahrheit im Geschäftsverkehr. Das Verbot irreführender geschäftlicher Handlungen dient der Wahrung lauterkeitsrechtlich schützenswerter

545 FBO/*Peifer/Obergfell* § 5 Rn. 189.
546 BGH, 26.02.1969, I ZR 108/67, GRUR 1969, 415, 416 – *Kaffeerösterei*; GK/*Lindacher* § 5 Rn. 194.
547 BGH, 22.10.2009, I ZR 73/07, GRUR 2010, 352 Rn. 22 – *Hier spiegelt sich Erfahrung*.
548 BGH, 20.12.1977, I ZR 1/76, GRUR 1978, 249, 250 – *Kreditvermittlung*; BGH, 07.07.1983, I ZR 119/81, GRUR 1983, 779, 780 – *Schuhmarkt*.
549 BGH, 22.10.2009, I ZR 73/07, GRUR 2010, 352 Rn. 22 – *Hier spiegelt sich Erfahrung*.

Interessen der Verbraucher oder sonstiger Marktteilnehmer.[550] Es kommt nur zum Zuge, wenn die Irreführung auch geschäftlich relevant ist. Dazu muss die irreführende geschäftliche Handlung geeignet sein, die Entschließung der Marktgegenseite zu beeinflussen. Die Werbe-RL nennt in Art. 2 lit. b neben der Beeinflussung des wirtschaftlichen Verhaltens die Schädigung der Mitbewerber als eigenständiges Kriterium der irreführenden Werbung.[551]

Die Relevanzklausel hat mit dem UWG 2015 in § 5 Abs. 1 Satz 1 Eingang in das Gesetz gefunden. Das Erfordernis wettbewerblicher Erheblichkeit oder Relevanz der Irreführung war schon zuvor immanentes Erfordernis des Irreführungstatbestands. Eine Werbung war auch unter Geltung des § 3 UWG 1909 und des § 5 UWG 2004 und 2008 nur irreführend, wenn sie geeignet war, bei einem erheblichen Teil der umworbenen Verkehrskreise irrige Vorstellungen über das Angebot hervorzurufen und die zu treffende Marktentschließung in wettbewerblich relevanter Weise zu beeinflussen.[552] Mit der Aufnahme der Relevanzklausel in den Tatbestand des § 5 in der Fassung des UWG 2015 ist der Gesetzgeber der Forderung nach einer weitergehenden Anpassung der Bestimmungen des UWG an die UGP-RL nachgekommen.[553] Nach Art. 6 (1) UGP-RL gilt eine Geschäftspraxis nur als irreführend, wenn sie den Durchschnittsverbraucher in jedem Fall tatsächlich oder voraussichtlich zu einer geschäftlichen Entscheidung veranlasst, die er ansonsten nicht getroffen hätte. Das Relevanzerfordernis setzt danach voraus, dass die geschäftliche Handlung (1) die Eignung besitzt, (2) den Verbraucher oder sonstigen Marktteilnehmer zu einer geschäftlichen Entscheidung zu veranlassen, (3) die er andernfalls nicht getroffen hätte. 245

2. Relevanzkriterium als eigenständiges Tatbestandsmerkmal

Das Merkmal der geschäftlichen Relevanz hat eigenständige Bedeutung im Irreführungstatbestand.[554] Es tritt als **selbständiges Merkmal** neben die irreführende geschäftliche Handlung i. S. von § 5 Abs. 1 Satz 2. Eine relevante Irreführung liegt nur vor, wenn die geschäftliche Handlung irreführend ist und wenn sie geeignet ist, die Marktgegenseite in relevanter Weise zu beeinflussen. Häufig wird sich die geschäftliche Relevanz ohne weiteres aus der irreführenden geschäftlichen Handlung ergeben. Das ist der Fall, wenn die Irreführung einen Umstand betrifft, der für die geschäftliche Entschei- 246

550 BGH, 13.01.2000, I ZR 253/97, GRUR 2000, 914, 915 – *Tageszulassung II.*

551 GK/*Lindacher* § 5 Rn. 239.

552 Zu *§ 3 UWG 1909* BGH, 10.11.1994, I ZR 201/92, GRUR 1995, 125, 126 – *Editorial I*; BGH, 29.01.2004, I ZR 132/01, GRUR 2004, 437, 438 – *Fortfall einer Herstellerpreisempfehlung*; BGH, 26.02.2009, I ZR 219/06, GRUR 2009, 888 Rn. 18 – *Thermoroll*; Begründung des Regierungsentwurfs eines Gesetzes gegen unlauteren Wettbewerb (UWG), BT-Drucks. 15/1487, S. 19.

553 Begründung des Regierungsentwurfs eines Zweiten Gesetzes zur Änderung des Gesetzes gegen den unlauteren Wettbewerb, BT-Drucksache 18/4535, S. 15.

554 EuGH, 19.09.2013, C-435/11, GRUR 2013, 1157 Rn. 42 und 43 – *CHS/Team4 Travel*; EuGH, 19.12.2013, C-281/12, GRUR 2014, 196 Rn. 34 und 35 – *Trento Sviluppo/AGCM.*

dung der Marktgegenseite bedeutsam ist.[555] Der Teil des Verkehrs, der durch die unwahre oder zur Täuschung geeignete Angabe irregeführt wird, entspricht dann dem Teil des Verkehrs, für den die Irreführung geschäftlich relevant ist. Betrifft die irreführende geschäftliche Handlung einen für die wirtschaftliche Entschließung der Marktgegenseite unbedeutenden Punkt, kann sie je nach den Umständen des konkreten Falls nur einen Teil der irregeführten Verkehrskreise in relevanter Weise beeinflussen. Das kann dazu führen, dass zwar ein bedeutender Teil des angesprochenen Verkehrs irregeführt wird, der Anteil des auch in wettbewerblich relevanter Weise irregeführten Verkehrskreises aber so weit absinkt, dass nicht mehr von einem erheblichen Teil der durch die geschäftliche Handlung angesprochenen Zielgruppe ausgegangen werden kann.[556]

3. Voraussetzungen des Relevanzkriteriums

a) Geschäftliche Entscheidung

aa) Inhaltliche Anforderungen

247 Die von der irreführenden geschäftlichen Handlung ausgelöste Einflussnahme muss eine **geschäftliche Entscheidung** eines Verbrauchers oder sonstigen Marktteilnehmers betreffen. Nach § 2 Abs. 1 Nr. 9 ist eine geschäftliche Entscheidung jede Entscheidung eines Verbrauchers oder sonstigen Marktteilnehmers darüber, ob, wie und unter welchen Bedingungen er ein Geschäft abschließen, eine Zahlung leisten, eine Ware oder Dienstleistung behalten oder abgeben oder ein vertragliches Recht im Zusammenhang mit einer Ware oder Dienstleistung ausüben will, unabhängig davon, ob der Verbraucher oder sonstige Marktteilnehmer sich entschließt, tätig zu werden. Durch die Vorschrift wird Art. 2 lit. k UGP-RL umgesetzt. Der Begriff der geschäftlichen Entscheidung ist deshalb richtlinienkonform und damit autonom auszulegen. Der EuGH legt den Begriff der geschäftlichen Entscheidung weit aus.[557] Dazu rechnen dem Erwerbsvorgang vorausgehende Entscheidungen. Eine geschäftliche Entscheidung ist nicht nur die Entscheidung über den Erwerb oder Nichterwerb eines Produkts, sondern auch damit unmittelbar zusammenhängende Entscheidungen wie das Betreten des Geschäfts oder das Aufsuchen eines Verkaufsportals im Internet.[558] Wegen der **weiten Auslegung** des Begriffs der geschäftlichen Entscheidung kann sie der Kaufentscheidung vorgelagert sein. Keine geschäftliche Entscheidung ist dagegen die Entscheidung eines Verbrauchers, sich mit einem beworbenen Angebot in einer Werbeanzeige näher zu befassen. Es fehlt ein unmittelbarer Zusammenhang mit einem Erwerbsvorgang.[559]

---

555 BGH, 26.02.2009, I ZR 219/06, GRUR 2009, 888 Rn. 19 – *Thermoroll*; BGH, 30.07.2015, I ZR 250/12, GRUR 2016, 406 Rn. 22 – *Piadina-Rückruf.*

556 BGH, 13.01.2000, I ZR 253/97, GRUR 2000, 914, 915 – *Tageszulassung II.*

557 EuGH, 19.12.2013, C-281/12, GRUR 2014, 196 Rn. 36 – *Trento Sviluppo/AGCM.*

558 BGH, 14.01.2016, I ZR 61/14, GRUR 2016, 516 Rn. 28 – *Wir helfen im Trauerfall*; BGH, 28.04.2016, I ZR 23/15, GRUR 2016, 1073 Rn. 34 – *Geo-Targeting*; BGH, 14.09.2017, I ZR 231/14, GRUR 2017, 1269 Rn. 17 und 19 – *MeinPaket.de II.*

559 BGH, 18.12.2014, I ZR 129/13, GRUR 2015, 698 Rn. 20 – *Schlafzimmer komplett*; BGH, 02.03.2017, I ZR 41/16, GRUR 2017, 922 Rn. 23 – *Komplettküchen.*

bb) Auswirkungen auf einen Irrtum aufklärende Maßnahmen

248 Damit die irreführende geschäftliche Handlung auf eine geschäftliche Entscheidung des Verbrauchers oder sonstigen Marktteilnehmers Einfluss haben kann, muss sie im Zeitpunkt, in dem er seine geschäftliche Entscheidung trifft, noch fortwirken. Das hat Einfluss auf den Zeitpunkt, nach dem ein den Irrtum aufklärender Hinweis des Unternehmers an die Marktgegenseite zu spät kommt. **Eine Information erreicht den Verbraucher nur rechtzeitig, wenn er sie erhält, bevor er aufgrund der Werbung eine geschäftliche Entscheidung treffen kann.** Hat der Verbraucher oder sonstige Marktteilnehmer seine geschäftliche Entscheidung, etwa ein Geschäft, eine Praxis oder eine Internetseite eines Verkaufsportals aufzusuchen, getroffen, ist keine einen Irrtum aufklärende Maßnahme mehr möglich. Wird ein Kunde durch eine irreführende Werbung veranlasst, ein Geschäft aufzusuchen oder eine Internetseite eines Verkaufsportals aufzurufen, kommt ein Hinweis im Geschäft oder auf der Internetseite, durch den der Irrtum noch vor der Kaufentscheidung aufgeklärt wird, zu spät.[560] Das gilt grundsätzlich für jede Kontaktaufnahme zum Gewerbetreibenden, die auf einer irrführenden geschäftlichen Handlung beruht.[561]

249 Die Rechtsprechung hat allerdings eine Anlockwirkung einer irreführenden Werbung in der Vergangenheit für sich genommen ausreichen lassen und eine nachfolgende Korrektur ausgeschlossen.[562] Danach genügte es, dass der Unternehmer durch eine irreführende Angabe den Adressaten dazu veranlasste, sich näher mit der Werbung zu befassen.[563] Dadurch hatte der Werbende das mit der irreführenden Angabe verfolgte Ziel erreicht, den Verbraucher oder sonstigen Marktteilnehmer zu veranlassen, sich mit der Werbung im Einzelnen zu beschäftigen. Daran kann in dieser Allgemeinheit nicht festgehalten werden, weil eine nähere Befassung mit einer Werbeanzeige für sich gesehen keine geschäftliche Entscheidung ist.[564] Ist davon auszugehen, dass der Durchschnittsverbraucher sich mit der gesamten Werbeanzeige befassen wird, bevor er eine geschäftliche Entscheidung trifft, reicht ein den Irrtum aufklärender Hinweis in der Werbung aus.[565] Ist die Werbung allerdings so gestaltet, dass nicht angenommen werden kann, der normale Verbraucher werde den aufklärenden Zusatz zur Kenntnis nehmen, wird die Irreführung vor der geschäftlichen Entscheidung des Verbrauchers nicht ausgeschlossen.[566] Danach müssen auch bei einer Blickfangwerbung nicht zwingend

560 BGH, 28.04.2016, I ZR 23/15, GRUR 2016, 1073 Rn. 35 – *Geo-Targeting*; BGH, 21.07.2016, I ZR 26/15, GRUR 2016, 1076 Rn. 29 – *LGA tested*; BGH, 14.09.2017, I ZR 231/14, GRUR 2017, 1269 Rn. 30 – *MeinPaket.de II*.

561 BGH, 08.03.1990, I ZR 239/87, GRUR 1990, 1032, 1034 – *Krankengymnastik*.

562 BGH, 05.04.1995, I ZR 59/93, GRUR 1995, 610, 611 – *Neues Informationssystem*; BGH, 07.07.2011, I ZR 173/09, GRUR 2012, 208 Rn. 34 – *10% Geburtstags-Rabatt*.

563 BGH, 05.10.1989, I ZR 56/89, GRUR 1990, 282, 286 – *Wettbewerbsverein IV*; BGH, 13.12.1990, I ZR 103/89, GRUR 1991, 554, 555 – *Bilanzbuchhalter*; BGH, 17.02.2000, I ZR 254/97, GRUR 2000, 911, 913f – *Computerwerbung*.

564 BGH, 18.12.2014, I ZR 129/13, GRUR 2015, 698 Rn. 20 – *Schlafzimmer komplett*; BGH, 02.03.2017, I ZR 41/16, GRUR 2017, 922 Rn. 23 – *Komplettküchen*.

565 BGH, 18.12.2014, I ZR 129/13, GRUR 2015, 698 Rn. 20 – *Schlafzimmer komplett*.

566 BGH, 15.10.2015, I ZR 260/14, GRUR 2016, 207 Rn. 18 und 19 – *All Net Flat*.

Hinweise an der blickfangmäßig herausgestellten Angabe angebracht werden, um einen Irrtum noch vor einer geschäftlichen Entscheidung zu neutralisieren. Die von einer unrichtigen Angabe ausgehende Anlockwirkung, die darin besteht, sich mit der Werbung weiter zu befassen, reicht für sich genommen nicht.[567] Diese Maßstäbe gelten auch für eine Werbung gegenüber sonstigen Marktteilnehmern, die nicht in den Anwendungsbereich der UGP-RL fällt. Zwar führt Art. 2 lit. b Werbe-RL den Schutz der Mitbewerber vor einer Schädigung durch eine irreführende Werbung an. Dieser Schutz reicht aber nicht so weit, dass er über den Schutz der Verbraucher durch die UGP-RL hinausgeht und Mitbewerber davor schützt, dass Marktteilnehmer sich mit einer irreführenden Werbung näher befassen. Eine Beeinträchtigung der Mitbewerberinteressen ohne gleichzeitige Beeinträchtigung der Verbraucherinteressen scheidet in diesem Zusammenhang aus.[568]

b) Eignung zur Beeinflussung

aa) Teil des Verkehrs

250 Die irreführende geschäftliche Handlung muss geeignet sein, die Verbraucher oder sonstigen Marktteilnehmer zu einer geschäftlichen Entscheidung zu veranlassen. Beeinflusst werden muss **ein erheblicher Teil des angesprochenen Verkehrs**. Insoweit gelten dieselben Maßstäbe, die für die Irreführung des Verkehrs einschlägig sind (Rdn. 196–198). Es reicht eine Beeinflussung eines erheblichen Teils des durch die geschäftliche Handlung angesprochenen Verkehrs aus. Die früher verwandte Formel von einem nicht unerheblichen oder einem nicht ganz unerheblichen Teil des angesprochenen Publikums ist unter Geltung des Leitbilds des Durchschnittsverbrauchers überholt. In relevanter Weise beeinflusst werden kann nur der Teil des Verkehrs, der durch die geschäftliche Handlung irregeführt worden ist. Wer nicht irregeführt worden ist, kann nicht i. S. von § 5 Abs. 1 Satz 1 zu einer geschäftlichen Entscheidung veranlasst worden sein, die er andernfalls nicht getroffen hätte.

bb) Eignung

251 Nach § 5 Abs. 1 Satz 1 genügt die **Eignung** zur wettbewerblich relevanten Beeinflussung. Dass tatsächlich Verbraucher oder sonstige Marktteilnehmer in relevanter Weise beeinflusst worden sind, ist nicht Voraussetzung dieses Tatbestandsmerkmals. Art. 6 (1) UGP-RL bestimmt inhaltsgleich, dass die Geschäftspraktik den Durchschnittsverbraucher in jedem Fall tatsächlich oder voraussichtlich zu einer geschäftlichen Entscheidung veranlasst, die er ansonsten nicht getroffen hätte. Art. 2 lit. b Werbe-RL führt als Tatbestandsmerkmal an, dass die Werbung das wirtschaftliche Verhalten der Personen, an die sie sich richtet, beeinflussen kann.

252 Ob eine irreführende geschäftliche Handlung geeignet ist, den Durchschnittsverbraucher in geschäftlich relevanter Weise zu beeinflussen, hängt von der **Bedeutung der**

567 Ohly/*Sosnitza* § 5 Rn. 206; a A. Köhler/*Bornkamm*/*Feddersen* § 5 Rn. 1.91.
568 FBO/*Peifer*/*Obergfell* § 5 Rn. 178b.

Angabe für die geschäftliche Entscheidung des Verbrauchers ab.[569] Regelmäßig ist davon auszugehen, dass eine irreführende geschäftliche Handlung die Eignung zur relevanten Beeinflussung besitzt.[570] Es bedarf daher besonderer Gründe für die Annahme, dass die geschäftliche Relevanz trotz einer irreführenden geschäftlichen Handlung fehlt. Andererseits darf die geschäftliche Relevanz nicht mit der Begründung bejaht werden, der Gewerbetreibende habe die Marktgegenseite getäuscht, weil er sich davon Vorteile versprochen habe.[571] Betrifft die irreführende geschäftliche Handlung einen für die geschäftliche Entscheidung des Durchschnittsverbrauchers oder des durchschnittlichen sonstigen Marktteilnehmer unbedeutenden Punkt, spricht dies gegen eine geschäftliche Relevanz.[572] Wird gleichwohl die geschäftliche Relevanz in einer solchen Fallkonstellation bejaht, muss dies näher begründet werden.

Betrifft die irreführende geschäftliche Handlung einen für die **geschäftliche Entscheidung wesentlichen Punkt**, liegt die geschäftliche Relevanz grundsätzlich vor. Einen Anhalt für das, was wesentlich für die geschäftliche Entscheidung des Verbrauchers ist, ist dem Katalog des § 5a Abs. 3 Nr. 1 bis 5 zu entnehmen. Ruft der Gewerbetreibende zu einem dieser Umstände eine Fehlvorstellung hervor, spricht dies für ihre Relevanz. Von einem für die geschäftliche Entscheidung relevanten Punkt ist auszugehen, wenn die Fehlvorstellung im Zusammenhang mit der **Preisgestaltung** steht. Die Preisbemessung ist von zentraler Bedeutung für die geschäftliche Entscheidung der Marktgegenseite.[573] Die Werbung mit Preisvorteilen und Vergleichspreisen fällt darunter.[574] Das gleiche gilt für eine unrichtige Angabe des Zeitraums, in dem ein Rabatt, also ein besonders günstiger Preis, gewährt wird. Durch die zeitliche Begrenzung der Preisherabsetzung wird der Verbraucher gezwungen, die Kaufentscheidung unter einem zeitlichen Druck vorzunehmen.[575] Die Verbraucher müssen durch die Irreführung nicht geschädigt werden. Wird mit einem Preisvorteil geworben und über den Grund für die Preisherabsetzung getäuscht, steht das der Annahme einer geschäftlichen Relevanz nicht 253

569 BGH, 19.04.2018, I ZR 244/16, GRUR 2018, 950 Rn. 43 – *Namensangabe.*

570 BGH, 17.06.1999, I ZR 149/97, GRUR 2000, 239, 241 – *Last-Minute-Reise*; BGH, 26.10.2006, I ZR 33/04, GRUR 2007, 247 Rn. 34 – *Regenwaldprojekt I*; BGH, 20.09.2007, I ZR 171/04, GRUR 2008, 443 Rn. 29 – *Saugeinlagen*; BGH, 19.04.2018, I ZR 244/16, GRUR 2018, 950 Rn. 43 – *Namensangabe.*

571 Problematisch BGH, 26.02.2009, I ZR 219/06, GRUR 2009, 888 Rn. 21 – *Thermoroll.*

572 BGH, 26.10.2006, I ZR 33/04, GRUR 2007, 247 Rn. 34 – *Regenwaldprojekt I*; BGH, 29.03.2007, I ZR 122/04, GRUR 2007, 1079 Rn. 26 – *Bundesdruckerei*; BGH, 19.04.2018, I ZR 244/16, GRUR 2018, 950 Rn. 43 – *Namensangabe.*

573 EuGH, 13.09.2018, C-54/17 und C-55/17, GRUR 2018, 1156 Rn. 47 – *AGCM/Wind und Vodafone*; BGH, 30.09.2004, I ZR 261/02, GRUR 2005, 433, 436 – *Telekanzlei*; BGH, 20.11.2008, I ZR 122/06, GRUR 2009, 788 Rn. 24 – *20% auf alles*; BGH, 31.03.2016, I ZR 31/15, GRUR 2016, 1070 Rn. 21 – *Apothekenabgabepreis.*

574 BGH, 03.03.2016, I ZR 110/15, GRUR 2016, 961 Rn. 30 – *Herstellerpreisempfehlung bei Amazon.*

575 BGH, 07.07.2001, I ZR 173/09, GRUR 2012, 208 Rn. 33 – *10% Geburtstags-Rabatt.*

entgegen.[576] Erheblichen Einfluss auf die geschäftliche Entscheidung haben irreführende Angaben, die den **Lebensmittel- und Gesundheitsbereich** betreffen.[577]

254 Die für eine geschäftliche Entscheidung maßgeblichen Überlegungen des Durchschnittsverbrauchers können sich einer **rationalen Überprüfung** entziehen. Die geschäftliche Entscheidung kann auf **positiven Assoziationen** beruhen und **unterschwelligen Qualitätssignalen** beruhen.[578] Es reicht aus, dass die Fehlvorstellung des angesprochenen Verkehrs für die geschäftliche Entscheidung irgendwie, auch im Sinne einer allgemeinen Wertschätzung, von Bedeutung ist, ohne dass es auf besondere Qualitätserwartungen ankommt.[579] Die positive Beeinflussung der Kauflust der Verbraucher genügt.[580] Regelmäßig relevant ist eine Irreführung über die **geographische Herkunft**[581] und eine irreführende **Alterswerbung**.[582] Die **Verfügbarkeit eines Produkts** ist normalerweise geschäftlich relevant. Angaben mit denen der Verbraucher eine besondere Leistungsfähigkeit verbindet, sind geschäftlich relevant. Irreführende Behauptungen zu einer **Alleinstellung oder eine Spitzenstellung** haben für den Verkehr erhebliche Bedeutung. Er sieht darin eine Aussage über die Leistungsfähigkeit, so dass eine Fehlvorstellung grundsätzlich geschäftlich relevant ist.[583] Die Fehlvorstellung, dass ein Autohändler **Vertragspartner des Automobilherstellers** ist, ist wettbewerblich relevant.[584] Der Verkehr erwartet von einem Händler, der vertraglich in das Vertriebsnetz eines Automobilherstellers eingebunden ist, ein besonders geschultes Fachpersonal, eine gehobene Qualität bei der Beratung, beim Service und bei Werkstattleistungen. Dasselbe gilt für die Angabe Vertragswerkstatt.[585]

255 Die geschäftliche Relevanz braucht sich nicht in einem **Umsatzgeschäft** des Werbenden mit dem getäuschten Verbraucher niederzuschlagen. Sie kann sich daraus ergeben, dass die irreführende Werbung geeignet ist, Mitbewerber zu beeinträchtigen.[586] Eine geschäftliche Entscheidung besteht auch darin, einem Angebot der Konkurrenz nicht näher zu treten, weil es durch die irreführende geschäftliche Handlung in einem schlechten Licht erscheint. Bietet ein Händler Kraftfahrzeuge nur zum Export und nur Händlern an und weist er die Preisangaben ohne Umsatzsteuer aus, werden die Angebote der Mitbewerber in ein ungünstiges Licht gerückt, weil deren Preise hoch erschei-

576 BGH, 28.06.1960, I ZR 13/59, GRUR 1960, 567, 570 – *Kunstglas*; BGH, 29.05.1991, I ZR 204/89, GRUR 1991, 852, 855 – *Aquavit*.
577 BGH, 20.09.2007, I ZR 171/04, GRUR 2008, 443 Rn. 29 – *Saugeinlagen*.
578 BGH, 07.11.2002, I ZR 276/99, GRUR 2003, 628, 630 – *Klosterbrauerei*.
579 BGH, 29.04.1982, I ZR 111/80, GRUR 1982, 564, 566 – *Elsässer Nudeln*; BGH, 13.10.1994, I ZR 96/92, GRUR 1995, 65, 66 – *Produktionsstätte*.
580 BGH, 29.05.1991, I ZR 204/89, GRUR 1991, 852, 855 – *Aquavit*.
581 BGH, 30.07.2015, I ZR 250/12, GRUR 2016, 406 Rn. 22 – *Piadina-Rückruf*.
582 BGH, 07.11.2002, I ZR 276/99, GRUR 2003, 628, 630 – *Klosterbrauerei*.
583 BGH, 16.11.2017, I ZR 160/16, GRUR 2018, 541 Rn. 38 und 42 – *Knochenzement II*.
584 BGH, 17.03.2011, I ZR 170/08, GRUR 2011, 1050 Rn. 27 – *Ford-Vertragspartner*.
585 BGH, 13.03.1970, I ZR 108/68, GRUR 1970, 467, 469 – *Vertragswerkstatt*.
586 BGH, 29.04.2010, I ZR 99/08, GRUR 2011, 82 Rn. 30 – *Preiswerbung ohne Umsatzsteuer*.

nen. Dies beeinträchtigt die Interessen der Mitbewerber und muss nicht hingenommen werden.[587]

Eine Fehlvorstellung über für die geschäftliche Entscheidung **unbedeutende Umstände** begründet regelmäßig keine geschäftliche Relevanz. Keine geschäftliche Relevanz liegt vor bei einer Werbung mit der Angabe »Tageszulassung mit 0 km« für ein Neufahrzeug, das sechs Tage zugelassen und im Straßenverkehr nicht benutzt worden war.[588] Dem Verkehr kommt es nicht darauf an, ob das als Neuwagen beworbene Fahrzeug nur einen Tag oder für wenige Tage zugelassen war. Für den potentiellen Autokäufer ist vielmehr entscheidend, dass es noch nicht im Straßenverkehr genutzt wurde. Unbedeutend ist die Fehlvorstellung der Verbraucher, ein mit Aquavit bezeichnetes trinkfertiges Produkt habe die Äquatorlinie passiert. Mit dem Transport des trinkfertigen Erzeugnisses über die Äquatorlinie sind keine produktbezogenen Eigenschaften verbunden.[589] **256**

VI. Interessenabwägung

Sämtliche lauterkeitsrechtlichen Ansprüche unterliegen dem **Verhältnismäßigkeitsgebot**. Die UGP-RL führt den Verhältnismäßigkeitsgrundsatz in Erwägungsgrund 6 Satz 2 und Art. 13 Satz 2 ausdrücklich an. Im Regelfall scheitert ein Verbot unzulässiger geschäftlicher Handlungen nicht am Verhältnismäßigkeitsgrundsatz. Dieser wirkt sich eher auf den Umfang des Unterlassungsanspruchs aus. In den gerichtlichen Entscheidungen wird der Verhältnismäßigkeitsgrundsatz im Zusammenhang mit einem Unterlassungsanspruch ohne besondere Anhaltspunkte im konkreten Fall nicht thematisiert. Es haben sich jedoch Fallgruppen herausgebildet, bei deren Vorliegen eine **Verhältnismäßigkeitsprüfung in Form einer Abwägung der wechselseitigen Interessen** zu erfolgen hat. Abzuwägen sind die im konkreten Fall berührten, in § 1 angeführten Belange der Mitbewerber, der Verbraucher und der sonstigen Marktteilnehmer sowie die Interessen der Allgemeinheit an einem unverfälschten Wettbewerb und die Interessen des betroffenen Unternehmens an der Fortsetzung der beanstandeten geschäftlichen Handlung. In die Interessenabwägung einzubeziehen sind die Bedeutung und das Gewicht der Irreführung, Wertungen des Gesetzgebers und verfassungsrechtliche Gebote, zu denen betroffene Grundrechtspositionen gehören.[590] Sind besonders sensible Produktbereiche betroffen, kann ein Verbot eher gerechtfertigt sein. Dazu zählen der Lebensmittel- und Gesundheitssektor. **257**

1. Untersagung einer irreführenden geschäftlichen Handlung aufgrund objektiv richtiger Angaben

Objektiv zutreffende Angaben können bei den angesprochenen Verkehrskreisen eine *Fehlvorstellung* hervorrufen und die Voraussetzungen einer irreführenden geschäftlichen Handlung i. S. des § 5 Abs. 1 Satz 2 begründen. Art. 6 (1) UGP-RL führt die **258**

587 BGH, 29.04.2010, I ZR 99/08, GRUR 2011, 82 Rn. 31 – *Preiswerbung ohne Umsatzsteuer.*
588 BGH, 13.01.2000, I ZR 253/97, GRUR 2000, 914, 915 – *Tageszulassung II.*
589 BGH, 29.05.1991, I ZR 204/89, GRUR 1991, 852, 855f – *Aquavit.*
590 BGH, 24.09.2013, I ZR 219/12, GRUR 2013, 1252 Rn. 17 – *Medizinische Fußpflege.*

Täuschung durch sachlich richtige Angaben ausdrücklich an. Aus § 5 Abs. 1 Satz 2 folgt dieses Ergebnis mittelbar aus der Aufzählung der unwahren und sonstigen zur Täuschung geeigneten Angaben. Das Verbot einer objektiv richtigen Angabe, die vom Verkehr falsch aufgefasst wird und die deshalb eine Fehlvorstellung hervorruft, erfordert eine **Interessenabwägung**. Ein solcher Fall ist gegeben, wenn die Führung des von einer österreichischen Universität verliehenen akademischen Grades »**Master of Science Kieferorthopädie**« in Deutschland vom Verkehr als eine Fachzahnarztbezeichnung nach der Weiterbildungsordnung der Zahnärzte verstanden wird.[591] Folgert der Verkehr aus einem **TÜV-Prüfzeichen**, das nach entsprechender Prüfung durch den TÜV auf einer Brillenfassung angebracht ist, Brillenfassungen mit diesem Zeichen seien besser als alle anderen ohne dieses Zeichen, liegt eine objektiv richtige, vom Verkehr falsch verstandene Angabe vor.[592] Ist der Werbende nach dem »Gesetz über die Ausübung der Berufe des Masseurs, des medizinischen Bademeisters und des Krankengymnasten« berechtigt, krankengymnastische Behandlungen vorzunehmen und weist er auf seine Tätigkeit im Bereich »**Krankengymnastik**« hin, ist diese Angabe objektiv richtig. Der Verkehr unterliegt gleichwohl einer Fehlvorstellung, wenn er aufgrund der Ankündigung erwartet, der Werbende habe eine auf den Bereich »Krankengymnastik« bezogene Berufsausbildung.[593] Verwendet eine Fußpflegerin die Bezeichnung »**medizinische Fußpflege**« und bietet sie entsprechende Dienstleistungen an, ist die Angabe objektiv richtig. Sie verstößt auch nicht gegen das Gesetz über den Beruf der Podologin und des Podologen, weil nach dessen Bestimmungen allein die Berufsbezeichnungen »Podologin/Podologe« und »Medizinische Fußpflegerin/-pfleger« geschützt sind. Unterscheidet der Verkehr nicht zwischen den verschiedenen Bezeichnungen und hält er die Werbung mit »medizinische Fußpflege« für eine Tätigkeit einer Podologin, eines Podologen, unterliegt er einer Fehlvorstellung. Im Rahmen der gebotenen Interessenabwägung bei einer Irreführung des Verkehrs ist die **gesetzgeberische Wertung** zu berücksichtigen, die den Schutz der Berufs- und Tätigkeitsbezeichnung eng begrenzt und die Angabe »medizinische Fußpflege« nicht in diesen Schutzbereich eingeschlossen hat.[594]

259 Verwendet ein Rechtsanwalt, der schwerpunktmäßig und nach den einschlägigen berufsrechtlichen Vorschriften zulässigerweise Steuerberatungsleistungen erbringt, auf seinem Briefbogen die Bezeichnung »**Rechtsanwaltskanzlei und Steuerbüro**«, ist diese Angabe objektiv richtig. Der Verkehr nimmt allerdings aufgrund der Angabe »Steuerbüro« an, in der Kanzlei sei ein Steuerberater oder Fachanwalt für Steuerrecht tätig.[595]

260 Führt eine objektiv zutreffende Angabe nicht zu einer relevanten Irreführung des Verkehrs, weil bei keinem erheblichen Teil des angesprochenen Publikums eine Fehlvorstellung hervorgerufen wird oder ist die Irreführung für keinen erheblichen Teil des Verkehrs geschäftlich relevant, erübrigt sich eine Interessenabwägung. Die Voraussetzungen

---

591 BGH, 18.03.2010, I ZR 172/08, GRUR 2010, 1024 Rn. 23 – *Master of Science Kieferorthopädie.*

592 BGH, 11.10.1990, I ZR 10/89, GRUR 1991, 552, 553 – *TÜV-Prüfzeichen.*

593 BGH, 08.03.1990, I ZR 239/87, GRUR 1990, 1032, 1033 – *Krankengymnastik.*

594 BGH, 24.09.2013, I ZR 219/12, GRUR 2013, 1252 Rn. 18 – *Medizinische Fußpflege,*

595 BGH, 18.10.2012, I ZR 137/11, GRUR 2013, 409 Rn. 15 ff – *Steuerbüro.*

eines Verbots liegen unabhängig von der Abwägung der wechselseitigen Interessen nicht vor. Die Interessenabwägung erlangt Bedeutung erst, wenn die Voraussetzungen einer relevanten irreführenden geschäftlichen Handlung vorliegen. Ist dies der Fall, ist nach gefestigter Rechtsprechung für die Anwendung des § 5 UWG grundsätzlich eine höhere Irreführungsquote als im Fall einer Täuschung mit objektiv unrichtigen Angaben erforderlich und es ist eine Interessenabwägung vorzunehmen.[596]

Die Forderung nach einer **höheren Irreführungsquote** rührt aus der Zeit, als die Fehlvorstellung eines nicht unerheblichen oder gar nicht ganz unerheblichen Teils des angesprochenen Verkehrskreises für ein Verbot ausreichte,[597] und hat sich unter Geltung des Leitbilds eines normal informierten, angemessen aufmerksamen und verständigen Verbraucher erhalten. Grundsätzlich ist mit diesem Leitbild die Feststellung bestimmter Irreführungsquoten nicht verbunden. Die Beurteilung der Verkehrsvorstellung aus der Sicht des Durchschnittsverbrauchers impliziert eine Fehlvorstellung des angesprochenen Verkehrs, von der nur Randgruppen ausgenommen sind. Wird keine bestimmte Irreführungsquote im Prozess festgestellt, sondern auf die mutmaßliche Erwartung des Durchschnittsverbrauchers abgehoben, kommt der **Forderung nach einer höheren Irreführungsquote keine eigenständige Bedeutung** neben der Interessenabwägung zu.[598] In diese Interessenabwägung sind vielmehr Bedeutung und Gewicht der Irreführung und ihre Gefährlichkeit für einen unverfälschten Wettbewerb einzustellen. **261**

Besondere Zurückhaltung ist bei Verboten objektiv zutreffender Angaben angesagt, die einem Unternehmer Hinweise auf rechtlich zulässige Tätigkeiten wegen einer Fehlvorstellung des Verkehrs untersagen. Hier wird unmittelbar in den grundgesetzlich garantierten Schutz der Berufsfreiheit in einer Art eingegriffen, die besonders schwer wiegt. Im Allgemeinen ist es eher dem angesprochenen Publikum zuzumuten, sich zu informieren, als dem Unternehmer auf eine erlaubte Tätigkeit nicht mehr hinzuweisen.[599] **262**

2. Änderung von Begrifflichkeiten

Fehlvorstellungen des Verkehrs können sich durch **Einführung oder Änderungen gesetzlicher Vorschriften** ergeben. Führt der Gesetzgeber beistimmte Kennzeichnungsvorschriften ein, darf der Unternehmer die gesetzlich vorgesehenen Bezeichnungen ver- **263**

---

596 BGH, 23.05.1996, I ZR 76/94, GRUR 1996, 985, 986 – *PVC-frei*; BGH, 22.04.1999, I ZR 108/97, GRUR 2000, 73, 75 – *Tierheilpraktiker*; BGH, 07.11.2002, I ZR 276/99, GRUR 2003, 628, 630 – *Klosterbrauerei*; BGH, 18.03.2010, I ZR 172/08, GRUR 2010, 1024 Rn. 25 – *Master of Science Kieferorthopädie*; BGH, 13.06.2012, I ZR 228/10, GRUR 2012, 1273 Rn. 22 – *Stadtwerke Wolfsburg*.

597 BGH, 01.10.1986, I ZR 126/84, GRUR 1987, 171, 172 – *Schlussverkaufswerbung*; BGH, 08.03.1990, I ZR 239/87, GRUR 1990, 1032, 1033 und 1034 – *Krankengymnastik*; BGH, 21.02.1991, I ZR 106/89, GRUR 1992, 66, 68 – *Königl.-Bayerische Weisse*;

598 BGH, 31.03.2016, I ZR 86/13, BGHZ 209, 302 Rn. 27 und 28 – *Himalaya Salz*.

599 BGH, 08.03.1990, I ZR 239/87, GRUR 1990, 1032, 1034 – *Krankengymnastik*; BGH, 18.10.2012, I ZR 137/11, GRUR 2013, 409 Rn. 35 – *Steuerbüro*.

wenden, auch wenn sie zu einer Irreführung des Verkehrs führen. Die gesetzlich erlaubte Bezeichnung geht einer Fehlvorstellung des Verkehrs vor (Rdn. 185).

264 **Rechtsänderungen** können zu einer Fehlvorstellung des Verkehrs führen, wenn das bisherige Verkehrsverständnis durch die nunmehr aufgehobene oder geänderte Regelung bestimmt war. Ein auf eine Irreführung gestütztes Verbot ist in einem solchen Fall nur nach einer Interessenabwägung möglich. Geht ein erheblicher Teil des Verkehrs nach Fortfall der gesetzlichen Bestimmungen über Sonderveranstaltungen immer noch davon aus, dass ein Saisonschlussverkauf sich stets durch eine bestimmte Dauer auszeichnet, kann er aufgrund einer Werbung mit dem Hinweis »Räumungsfinale/Saisonschlussverkauf« annehmen, dass diesem Verkauf ein fester Zeitraum zugrunde liegt. Einem Verbot einer entsprechenden Werbung steht entgegen, dass eine regelmäßig nur während einer Übergangszeit bestehende Fehlvorstellung mit den Mitteln des Lauterkeitsrechts verlängert würde.[600] Eine Interessenabwägung ist weiter erforderlich, wenn der Verkehr während eines bestehenden Monopols bestimmte Vorstellungen gebildet hat, die sich nach **Lockerung oder Fortfall des Monopols** als unzutreffend erweisen. Geht etwa der Verkehr nach Fortfall des Postmonopols weiter davon aus, dass die Briefbeförderung ausschließlich durch die Deutsche Post erfolgt und ordnet er Leistungen und Einrichtungen von Konkurrenten dem ehemaligen Monopolisten zu, muss im Wege einer Interessenabwägung beurteilt werden, ob ein Verbot gerechtfertigt ist.[601]

3. Schutzwürdiger Besitzstand

265 Grundsätzlich kann sich ein Unternehmen nicht darauf berufen, dass ein Verbot einer irreführenden geschäftlichen Handlung erhebliche Anpassungsmaßnahmen erforderlich macht. Eine Interessenabwägung kann unter dem Gesichtspunkt der Verhältnismäßigkeit erforderlich sein, wenn durch ein Verbot ein **wertvoller Besitzstand zerstört** wird. Wird etwa eine Unternehmensbezeichnung unrichtig, weil sich die gesellschaftlichen oder rechtlichen Verhältnisse ändern, muss die Bezeichnung grundsätzlich so geändert werden, dass eine Irreführung ausgeschlossen ist. Dadurch kann ein wertvoller Besitzstand an einer Individualkennzeichnung verlorengehen. Ein Verbot erfordert daher zusätzlich zur relevanten Irreführung eine Interessenabwägung, die zu Lasten des Inhabers des Kennzeichens ausgeht.[602] Wiegt die Irreführung der angesprochenen Verkehrskreise nicht sonderlich schwer, kann dem Interesse des Unternehmens an der weiteren Verwendung der irreführenden Angabe ein größeres Gewicht zukommen, als der Ausräumung der Fehlvorstellung des Verkehrs.[603]

266 Ein schutzwürdiger wertvoller Besitzstand kann darin liegen, dass eine Bezeichnung in Fachkreisen umfangreich benutzt wird und dort keine Fehlvorstellungen auslöst, wäh-

600 BGH, 11.09.2008, I ZR 120/06, GRUR 2008, 1114 Rn. 14 – *Räumungsfinale.*

601 BGH, 12.05.2010, I ZR 214/07, GRUR 2011, 166 Rn. 23 – *Rote Briefkästen.*

602 BGH, 07.11.2002, I ZR 276/99, GRUR 2003, 628, 630 – *Klosterbrauerei*; BGH, 19.02.2004, I ZR 76/02, GRUR 2004, 613, 614 – *Schlauchbeutel*; BGH, 29.03.2007, I ZR 122/04, GRUR 2007, 1079 Rn. 33 – *Bundesdruckerei.*

603 BGH, 28.01.1957, I ZR 88/55, GRUR 1957, 285, 287 – *Erstes Kulmbacher*; BGH, 07.11.2002, I ZR 276/99, GRUR 2003, 628, 630 – *Klosterbrauerei.*

rend der Durchschnittsverbraucher durch die Angabe getäuscht wird, die Irreführung hier aber nicht sonderlich ins Gewicht fällt.[604]

4. Technische oder wirtschaftliche Zwänge

Ausnahmsweise können **erhebliche wirtschaftliche oder technische Zwänge,** die einer Änderung des beanstandeten Verhaltens entgegenstehen, eine Interessenabwägung erforderlich machen.[605] Das kommt insbesondere in Betracht, wenn für die Beibehaltung der fraglichen geschäftlichen Handlung ein beachtliches Interesse der Allgemeinheit an einer konkreten technischen oder wirtschaftlichen Weiterentwicklung besteht. Für den Ausgang der Interessenabwägung spielt in diesem Zusammenhang eine bedeutende Rolle, dass die mit der Irreführung der angesprochenen Verkehrskreise verbundenen Gefahren nur ein untergeordnetes Gewicht haben und der Unternehmer die zur Reduzierung der Irreführung möglichen Maßnahmen ergriffen hat. 267

C. Irreführende Umstände, § 5 Abs. 1 Satz 2 Nr. 1 bis 7

I. Allgemeines

§ 5 Abs. 1 Satz 2 Nr. 1 bis 7 enthält einen Katalog von Umständen, auf die sich zur Täuschung geeignete Angaben beziehen können. **Die Aufzählung ist nicht abschließend.**[606] Zwar ist in § 5 Abs. 1 Satz 2 UWG 2008 das Wort insbesondere vor der Aufzählung entfallen, das noch in der Fassung des § 5 Abs. 2 UWG 2004 vor den näher aufgeführten Angaben enthalten war. Daraus lässt sich aber nicht folgern, dass die Aufzählung der Umstände in § 5 Abs. 1 Satz 2 Nr. 1 bis 7 erschöpfend ist. Durch die Bestimmung wird Art. 6 (1) UGP-RL umgesetzt. Dieser Vorschrift ist ebenfalls nicht zu entnehmen, dass die Aufzählung der in Art. 6 (1) lit. a bis g UGP-RL enthaltenen Merkmale abschließend ist. Die Bezugnahme in Art. 6 (1) auf den Katalog der Merkmale ist nur im Rahmen der zur Täuschung geeigneten Angaben erfolgt (… oder wenn sie in irgendeiner Weise, …, selbst mit sachlich richtigen Angaben den Durchschnittsverbraucher in Bezug auf einen oder mehrere der nachstehend aufgeführten Punkte täuscht oder ihn zu täuschen geeignet ist…), während die Bezugnahme bei den falschen Angaben fehlt (…wenn sie falsche Angaben enthält und somit unwahr ist… und ihn in jedem Fall tatsächlich oder voraussichtlich zu einer geschäftlichen Entscheidung veranlasst, die er ansonsten nicht getroffen hätte…). Gegen eine erschöpfende Aufzählung spricht zudem Erwägungsgrund 14 Satz 1 der Richtlinie. Danach ist es wünschenswert, dass der Begriff der irreführenden Praktiken auch Praktiken, einschließlich irreführender Werbung, umfasst, die den Verbraucher durch Täuschung 268

604 BGH, 28.02.1958, I ZR 129/56, GRUR 1958, 444, 447 – *Emaillelack*; BGH, 23.03.1966, Ib 28/64, GRUR 1966, 445, 450 – *Glutamal.*

605 BGH, 30.10.1981, I ZR 156/79, GRUR 1982, 118, 119 – *Kippdeckeldose.*

606 FBO/*Peifer/Obergfell* § 5 Rn. 270; GK/*Lindacher* § 5 Rn. 306; Köhler/*Bornkamm/Feddersen* § 5 Rn. 0.30 und 1.56; Ohly/*Sosnitza* § 5 Rn. 228; BDS/*Lehmler* § 5 UWG Rn. 82; MünchKomm/*Busche* UWG, § 5 Rn. 288; a. A. Götting/*Nordemann* § 5 Rn. 1.1; Harte/Henning/*Dreyer,* § 5 B Rn.256.

davon abhalten, eine informierte und deshalb effektive Wahl zu treffen. Sinn und Zweck, den Verbraucher vor irreführenden Geschäftspraktiken zu schützen, die ihn an einer informierten Entscheidung hindern, sprechen dagegen, von einer abschließenden Aufzählung auszugehen. Auch die Werbe-RL definiert die irreführende Werbung in Art. 2 lit. b umfassend ohne Beschränkung auf einzelne Tatbestände. Dass die Werbe-RL mit Art. 2 lit. b für Gewerbetreibende einen weitergehenden Schutz bietet, als derjenige der UGP-RL für Verbraucher, ist nicht systemgerecht. Eine geschäftliche Handlung, die eine unwahre oder zur Täuschung geeignete Angabe enthält, ist deshalb irreführend i. S. des § 5 Abs. 1 Satz 2. Im Übrigen sind die Tatbestände von § 5 Abs. 1 Satz 2 Nr. 1 bis 7 und Abs. 2 sowie Art. 6 (1) lit. a bis g und (2) UGP-RL teilweise so weit und offen formuliert, dass ohnehin der größte Teil irreführender Handlungen erfasst wird. Der Tatbestand der unwahren Angaben nach § 5 Abs. 1 Satz 2 Fall 1 wird von der Rechtsprechung ohnehin als offener, durch § 5 Satz 2 Nr. 1 bis 7 nicht begrenzter Fall einer Irreführung angesehen.[607]

269 Mit dem Katalog des § 5 Abs. 1 Satz 2 Nr. 1 bis 7 hat der Gesetzgeber Art. 6 (1) und (2) lit. b UGP-RL inhaltsgleich umgesetzt. Art. 6 (2) lit. b UGP-RL wird durch § 5 Abs. 2 in das deutsche Recht übernommen. Die deutschen Vorschriften sind richtlinienkonform und autonom auszulegen. Rechtsprechung und Schrifttum vor Übernahme des Leitbilds des Durchschnittsverbrauchers können bei der Bewertung der Sachverhalte nur insoweit herangezogen werden, als sie nicht auf der Sichtweise eines flüchtigen, oberflächlichen Verbrauchers und einer Irreführung eines nicht erheblichen Teils der Verkehrskreise beruhen.

270 Die in § 5 Abs. 1 Satz 2 Nr. 1 bis 7 aufgeführten Umstände müssen Gegenstand einer geschäftlichen Handlung sein (Rdn. 114–122). Zudem müssen die allgemeinen Anforderungen, die an eine Angabe i. S. von § 5 Abs. 1 Satz 2 gestellt werden, erfüllt sein (Rdn. 125–149).

II. Irreführung über wesentliche Merkmale von Waren oder Dienstleistungen, § 5 Abs. 1 Satz 2 Nr. 1

1. Einführung

271 Nach § 5 Abs. 1 Satz 2 Nr. 1 zählen zu den Umständen, die Gegenstand unwahrer oder zur Täuschung geeigneter Angaben sein können, die wesentlichen Merkmale der Ware oder Dienstleistung. Die Bestimmung listet beispielhaft eine Reihe wesentlicher Merkmale auf. Es handelt sich um einen nicht abschließenden Katalog wesentlicher Merkmale. Mit § 5 Abs. 1 Satz 2 Nr. 1 hat der Gesetzgeber Art. 6 (1) lit. a und b UGP-RL umgesetzt. Art. 6 (1) lit. a UGP-RL nennt Vorhandensein und Art des Produkts. Das Merkmal »Art des Produkts« ist in § 5 Abs. 1 Satz 2 Nr. 1 enthalten. Das weitere Merkmal »Vorhandensein des Produkts« hat der Gesetzgeber nicht umgesetzt,

607 BGH, 19.04.2018, I ZR 244/16, GRUR 2018, 950 Rn. 41 – *Namensangabe.*

weil es sich mit Verfügbarkeit i. S. von Art. 6 (1) lit. b UGP-RL und § 5 Abs. 1 Satz 2 Nr. 1 übereinstimmen soll.[608]

§ 5 Abs. 1 Satz 2 Nr. 1 erfasst nur wesentliche Merkmale der Ware oder Dienstleistung. **272** Das deckt sich mit Art. 6 (1) lit. b UGP-RL, nicht aber mit Art. 6 (1) lit. a UGP-RL. In der Sache ergibt sich daraus kein Unterschied. Unwesentliche Merkmale, die sich auf das Vorhandensein und die Art des Produkts beziehen, werden von Art. 6 (1) lit. a UGP-RL nicht erfasst.

Der Begriff der Ware oder Dienstleistung wird in § 2 Abs. 1 Nr. 1 für einen Teilbereich **273** in Umsetzung von Art. 2 lit. c UGP-RL klargestellt. Als Waren gelten auch Grundstücke, als Dienstleistungen auch Rechte und Verpflichtungen. Die Begriffe Waren und Dienstleistungen sind umfassend zu verstehen. Waren sind alle Güter, die übertragen oder zur Verfügung gestellt werden können. Dienstleistungen sind alle geldwerten nichtkörperlichen Leistungen.[609] Nach Art. 2 lit. c UGP-RL bezeichnet »Produkt« sowohl Ware als auch Dienstleistung.

2. Verfügbarkeit

Die Verfügbarkeit der Ware oder Dienstleistung stellt ein wesentliches Merkmal eines **274** Produkts dar, über das gemäß § 5 Abs. 1 Satz 2 Nr. 1 UWG keine unwahren oder sonst zur Täuschung geeigneten Angaben gemacht werden dürfen.[610]

a) Nr. 5 des Anhangs zu § 3 Abs. 3 UWG

Der Begriff der Verfügbarkeit in § 5 Abs. 1 Satz 2 Nr. 1 umfasst auch das Vorhanden- **275** sein des Produkts i. S. der UGP-RL (Rdn. 273). Eine spezielle Ausprägung einer Irreführung über die Verfügbarkeit eine Waren- oder Dienstleistungsangebots enthält das per se-Verbot nach Nr. 5 des Anhangs zu § 3 Abs. 3 UWG (Einzelheiten Anh. (zu § 3 Abs. 3) Rdn. 76 ff.). Danach sind unzulässige geschäftliche Handlungen Waren- oder Dienstleistungsangebote im Sinne des § 5a Absatz 3 zu einem bestimmten Preis, wenn der Unternehmer nicht darüber aufklärt, dass er hinreichende Gründe für die Annahme hat, er werde nicht in der Lage sein, diese oder gleichartige Waren oder Dienstleistungen für einen angemessenen Zeitraum in angemessener Menge zum genannten Preis bereitzustellen oder bereitstellen zu lassen (**Lockangebote**). Die Anwendung des per se-Verbots ist auf Angebote zu einem bestimmten Preis und auf das B2C-Verhältnis beschränkt (Anh. (zu § 3 Abs. 3) Rdn. 10, 78, 83). Liegen die Voraussetzungen des per se-Verbots vor, geht es § 5 Abs. 1 Satz 2 Nr. 1 vor. Die in Nr. 5 des Anhangs zum Ausdruck kommende Wertung ist auf das B2B-Verhältnis übertragbar. Sie erfordert in *diesem* Verhältnis allerdings eine Würdigung des Einzelfalls und die Feststellung der geschäftlichen Relevanz, weil die per se-Verbote nicht analogiefähig sind (Rdn. 94 und

608 Begründung des Regierungsentwurfs eines Ersten Gesetzes zur Änderung des Gesetzes gegen den unlauteren Wettbewerb, BT-Drucksache 16/10145, S. 24.

609 BGH, 19.04.2007, I ZR 57/05, GRUR 2007, 981 Rn. 27 – *150% Zinsbonus.*

610 BGH, 17.07.2013, I ZR 222/11, GRUR 2013, 1056 Rn. 12 – *Meisterpräsenz.*

Anh. (zu § 3 Abs. 3) Rdn. 14). Überschneidungen können auch mit den per se-Verboten nach Nr. 6 und Nr. 7 des Anhangs zu § 3 Abs. 3 bestehen. Liegen deren Voraussetzungen vor, gehen sie der Anwendung von § 5 Abs. 1 Satz 2 Nr. 1 als lex specialis vor (Rdn. 94 und Anh. (zu § 3 Abs. 3) Rdn. 8).

b) Irreführung über Verfügbarkeit, § 5 Abs. 1 Satz 2 Nr. 1

276 **Verfügbar ist eine Ware**, wenn der Unternehmer sie liefern kann und hierzu auch bereit ist. Eine Dienstleistung ist verfügbar, wenn der Unternehmer sie erbringen kann und will. Fehlen ausdrückliche Angaben zur Verfügbarkeit, kommt es darauf an, welche Angabe der angesprochene Verkehr einer Werbung oder einer anderen geschäftlichen Handlung im Hinblick auf die Verfügbarkeit entnimmt. Bei einer Anzeigenwerbung nimmt der Verkehr an, dass das Produkt am Tag des Erscheinens der Anzeige verfügbar ist, wenn die Werbung keine gegenteilige Aussage enthält.[611] Bei einer an Verbraucher gerichteten Werbung geht der Verkehr im allgemeinen davon aus, dass er den Artikel im Geschäft erwerben und, soweit nicht ein gesonderter Transport erforderlich ist, sofort mitnehmen kann.[612] Bewirbt ein Unternehmer gegenüber Verbrauchern einen Computer, nimmt der Verbraucher an, den Computer im Geschäftslokal kaufen und mitnehmen zu können.[613] Bei einer Werbung in einem Verkaufsportal im Internet geht der Verbraucher von einer entsprechenden Verfügbarkeit aus. Die Aussage »24 Stunden Lieferservice ohne Aufschlag« in einer Werbung im Internet für Druckerpatronen fasst ein verständiger Verbraucher nicht so auf, dass eine Lieferung auch am Sonntag erfolgt. Der durchschnittlich aufmerksame und interessierte Verbraucher weiß, dass am Sonntag regelmäßig nicht geliefert wird.[614] Bei einer räumlich unbeschränkten Werbemaßnahme geht der Verkehr davon aus, dass die beworbenen Artikel in sämtlichen Filialen verfügbar sind.[615] Enthält die Werbung eine Aufzählung der Märkte, die sich in der Nähe befinden, nimmt der angesprochene Verbraucher an, dass die beworbenen Waren in diesen Märkten erhältlich sind.[616]

277 Die für Warenangebote maßgeblichen Grundsätze gelten entsprechend für das Angebot von **Dienstleistungen**.[617] Ein Unternehmen, das eine Dienstleistung anbietet, vermittelt dem Werbeadressaten grundsätzlich den Eindruck, die Dienstleistung werde in seinem Geschäftslokal während der Geschäftszeiten den Kunden, die an ihrer Inanspruchnahme interessiert seien, unmittelbar erbracht.[618] Etwas anderes kann sich aus

611 GK/*Lindacher* § 5 Rn. 317.

612 BGH, 09.05.1996, I ZR 107/94, GRUR 1996, 800, 801 – *EDV-Geräte*; BGH, 30.10.1997, I ZR 127/95, GRUR 1998, 949, 950 – *D-Netz-Handtelefon*; BGH, 10.12.1998, I ZR 141/96, GRUR 1999, 509, 511 – *Vorratslücken*; BGH, 27.06.2002, I ZR 19/00, GRUR 2002, 1095 – *Telefonische Vorratsanfrage*.

613 BGH, 17.02.2000, I ZR 254/97, GRUR 2000, 911, 913 – *Computerwerbung*; BGH, 24.10.2002, I ZR 50/00, GRUR 2003, 163, 164 – *Computerwerbung II*.

614 BGH, 12.05.2011, I ZR 119/10, GRUR 2012, 81 Rn. 13 – *Innerhalb 24 Stunden*.

615 BGH, 28.04.2016, I ZR 23/15, GRUR 2016, 1073 Rn. 30 – *Geo-Targeting*.

616 BGH, 04.02.2016, I ZR 194/14, GRUR 2016, 403 Rn. 14 und 25 – *Fressnapf*.

617 BGH, 28.04.2016, I ZR 23/15, GRUR 2016, 1073 Rn. 30 – *Geo-Targeting*.

618 BGH, 17.07.2013, I ZR 222/11, GRUR 2013, 1056 Rn. 12 – *Meisterpräsenz*.

der Art der nachgefragten Dienstleistung sowie den Üblichkeiten im Geschäftsverkehr ergeben, die ein verständiger Verbraucher in Rechnung stellen wird. Erfordert die Erbringung der Leistung einen gewissen Zeitraum hat sich in vielen Branchen die Übung herausgebildet, einen Termin für eine Beratung oder Leistung zu vereinbaren. So wird eine solche Beratung oder Behandlung, wie etwa bei Friseuren oder bei medizinischen Dienstleistungen, üblicherweise nur nach vorheriger Terminvereinbarung erbracht.[619]

Eine Angabe im Zusammenhang mit der Verfügbarkeit ist irreführend, wenn der **Eindruck einer nur zeitlich beschränkten Verfügbarkeit** hervorgerufen wird, obwohl eine zeitliche Beschränkung tatsächlich nicht besteht. Dadurch wird der Verbraucher zu einer kurzfristigen geschäftlichen Entscheidung veranlasst, die er ohne die Täuschung über die befristete Verfügbarkeit nicht getroffen hätte. Dasselbe gilt, wenn die Angebotsmenge kleiner dargestellt wird als es den Tatsachen entspricht. Die Angaben in einem Verkaufsportal im Internet, es sei nur noch ein Stück des angebotenen Produkts verfügbar, ist irreführend, falls der Unternehmer noch über weitere Exemplare verfügt. **278**

Einschränkungen der Verfügbarkeit können sich ausdrücklich oder schlüssig aus Ankündigungen oder aus der Art der angebotenen Waren oder Dienstleistungen und Verkehrsgewohnheiten ergeben. **279**

Aus den Umständen der Werbung ergibt sich, ob eine Ware oder Dienstleistung **bundesweit oder nur räumlich beschränkt** verfügbar. Einer uneingeschränkten Werbung eines bundesweit tätigen Dienstleistungsunternehmens entnimmt der Verbraucher, dass die Dienstleistung bundesweit erbracht wird.[620] Ist der Zuschnitt des Unternehmens nach seiner Art räumlich beschränkt, geht der Verkehr davon aus, dass die Dienstleistungen auch nur in einem üblichen Umkreis oder im Geschäftslokal oder der Praxis eines Angehörigen eines freien Berufs erbracht werden.[621] **280**

Ausdrückliche Einschränkungen können sich aus einem Disclaimer in der Werbung ergeben. Die Erwartung des Verkehrs, dass eine einschränkungslos angebotene Ware in sämtlichen in die Werbung einbezogenen Filialen in ausreichender Menge erworben werden kann, kann nur dadurch ausgeräumt werden, dass sie durch einen aufklärenden Hinweis wirksam neutralisiert wird, der **klar formuliert, leicht lesbar und gut erkennbar** sein muss.[622] Dazu reicht nicht jeder formelhafte Hinweis aus. Der Angabe »Dieser Artikel kann aufgrund begrenzter Vorratsmenge bereits im Laufe des ersten Angebotstages ausverkauft sein« fasst der Verkehr nicht dahin auf, das beworbene Produkt könne bereits am Vormittag des ersten Angebotstages nicht mehr erhältlich sein. Gleiches gilt für den Zusatz »Alle Artikel solange der Vorrat reicht«. Angaben wie »Restposten« oder »Ausstellungstück« weisen hinreichend deutlich auf eine sehr **281**

619 BGH, 17.07.2013, I ZR 222/11, GRUR 2013, 1056 Rn. 13 – *Meisterpräsenz.*
620 BGH, 28.04.2016, I ZR 23/15, GRUR 2016, 1073 Rn. 21 – *Geo-Targeting.*
621 BGH, 17.07.2013, I ZR 222/11, GRUR 2013, 1056 Rn. 12 – *Meisterpräsenz.*
622 BGH, 17.09.2015, I ZR 92/14, GRUR 2016, 395 Rn. 21 – *Smartphone-Werbung.*

begrenzte Menge oder ein Einzelstück hin. Eindeutig sind auch Angaben wie »Nur beschränkter Vorrat« und »Lieferung nur nach Bestellung«.[623]

282 Bei **hochpreisigen und exklusiven Luxusartikeln** erwartet der Verkehr bei einer Händlerwerbung im Allgemeinen nicht, dass Waren in erheblichem Umfang vorgehalten werden.[624] Bei einer Herstellerwerbung geht er nicht einmal davon aus, dass ein Ansichtsexemplar in einem Fachgeschäft vorrätig ist, wenn nicht besondere Umstände in der Werbung für das Gegenteil sprechen.[625]

283 **Entfällt die Verfügbarkeit der Waren oder Dienstleistungen nachträglich** aus einem Umstand, den der Unternehmer nicht vorhersehen konnte (Brand, Diebstahl, Streik) oder unterbleibt eine Belieferung des Unternehmers und musste er im Zeitpunkt der Werbung wegen der Zuverlässigkeit des Lieferanten damit nicht rechnen, ist die Werbung nicht irreführend. Im Einzelfall kann allerdings eine Berichtigung der fortwirkenden irreführenden Werbung in Betracht kommen. Hat der Unternehmer das Angebot in der Werbung besonders herausgestellt, kann er sich regelmäßig auf durch seinen Lieferanten verursachte Beeinträchtigungen der Verfügbarkeit nicht berufen. Er übernimmt mit der besonders hervorgehobenen Werbung schlüssig die Garantie der Verfügbarkeit jedenfalls zu Beginn des Angebots.

3. Art, Ausführung, Zusammensetzung, Zubehör, Beschaffenheit

284 Art, Ausführung, Zusammensetzung, Zubehör, Beschaffenheit beschreiben Merkmale der Beschaffenheit der Waren oder Dienstleistungen. Die Merkmale sind in Art. 6 (1) lit. b UGP-RL angeführt und in § 5 Abs. 1 Satz 2 Nr. 1 übernommen. Zwischen den einzelnen Merkmalen bestehen Überschneidungen. Es kommt daher nicht darauf an, ob Beschaffenheit der Oberbegriff ist[626] oder ein Vergleich der Sprachfassungen eher auf spezielle Eigenschaften hindeutet.[627]

285 Überschneidungen zwischen den Merkmalen zur Produktbeschaffenheit können mit Nr. 9, 16 und 18 des Anhangs zu § 3 Abs. 3 bestehen. Bei Vorliegen der Voraussetzungen gehen die per se-Verbote als speziellere Regelungen dem allgemeinen Irreführungstatbestand vor.

a) Art

286 Angaben zur **Art beziehen sich auf die Zugehörigkeit der Waren oder Dienstleistungen zu einer bestimmten Gattung.**[628] Die Angaben zur Gattung ermöglichen dem Verkehr eine Zuordnung des Produkts zu einer bestimmten Gruppe mit gemeinschaftli-

623 FBO/*Peifer/Obergfell* § 5 Rn. 286.
624 BGH, 26.04.2007, I ZR 120/04, GRUR 2007, 991 Rn. 22 – *Weltreiterspiele*.
625 BGH, 26.04.2007, I ZR 120/04, GRUR 2007, 991 Rn. 23 – *Weltreiterspiele*.
626 Ohly/*Sosnitza* § 5 Rn. 247; Götting/*Nordemann* § 5 Rn. 1.38.
627 *Köhler/Bornkamm/Feddersen* § 5 Rn. 2.4.
628 BGH, 21.06.2018, I ZR 157/16, GRUR 2018, 1263 Rn. 20 f. – *Vollsynthetisches Motorenöl*; FBO/*Peifer/Obergfell* § 5 Rn. 287; GK/*Lindacher* § 5 Rn. 348.

chen Eigenschaften. Eine geschäftlich relevante Irreführung tritt hier nur auf, wenn bereits die Zugehörigkeit zu einer bestimmten Gattung der Ware oder Dienstleistung für den Verkehr ein die geschäftliche Entscheidung beeinflussendes Kriterium ist. Geht der Verkehr bei der Angabe »Kunstglas« von einer Leuchte aus Glas und nicht aus Kunststoff aus, liegt ein Irrtum über die Art des Produkts vor.[629] Die Bezeichnung »Acrylglas« setzte der Verkehr Mitte der 1960er Jahre mit Glas gleich und sah darin keine Bezeichnung für glasartigen Kunststoff.[630] Dasselbe gilt, wenn der Verkehr die Bezeichnung »Cupresa-Seide« als Naturseide und nicht als Kunstseide ansieht.[631] Mit dem Begriff »vollsynthetisches Motorenöl« verbindet der Verkehr ein Produkt, das in einem aufwendigen Verfahren hergestellt worden und im oberen Preissegment angesiedelt ist.[632]

Die Zusätze **»natur«, »echt« oder »Original«** können den Eindruck einer Zugehörigkeit zu einer bestimmten Gattung begründen oder verstärken. Die Angabe »echt skai« konnte der Verkehr als Hinweis auf ein Erzeugnis aus echtem Leder auffassen, wenn er die Marke »skai« nicht kannte und mit Kunstledererzeugnissen nicht vertraut war.[633] Die in dieser Entscheidung getroffene Wertung lässt sich nicht ohne weiteres in die Gegenwart übertragen, weil sie stark vom Leitbild eines flüchtigen Verbrauchers und der Irreführung eines nicht unerheblichen Teils geprägt ist. Sieht der Verkehr in der Bezeichnung »Betonklinker« einen besonders harten Klinkerstein und handelt es sich tatsächlich um einen Betonstein in Klinkeroptik, liegt eine Fehlvorstellung über die Art der Ware vor.[634] **287**

b) Ausführung und Zubehör

Gegenüber der Art der Ware oder Dienstleistung führen Angaben zur Ausführung und zum Zubehör zu einer **detaillierteren Beschreibung der Beschaffenheit des angebotenen Produkts.**[635] »Ausführung« betrifft die serienmäßige Ausstattung einer angebotenen Ware und »Zubehör« bezeichnet die zusätzlichen Komponenten, die zur serienmäßigen Ausstattung hinzutreten.[636] Der Begriff »Zubehör« bezieht sich auch auf Dienstleistungen. Hier tritt die zusätzliche Leistung zur Grundausstattung einer Ware oder zu einer allgemein angebotenen Dienstleistung hinzu. **288**

Das Angebot einer Ausflugsfahrt während einer Kreuzfahrt ist in diesem Sinn Zubehör zur Grundleistung. Die Buchung der Kreuzfahrt in der ersten oder zweiten Klasse betrifft die Wahl der Ausführung der Dienstleistung. Die Angabe »Optiker-Qualität« bei einer Gleitsichtbrille beschreibt die Ausführung der Brille in einer Qualität, die den **289**

629 BGH, 28.06.1960, I ZR 13/59, GRUR 1960, 567, 570 – *Kunstglas.*
630 BGH, 21.06.1967, Ib ZR 159/64, GRUR 1968, 200, 202 – *Acrylglas.*
631 BGH, 11.05.1954, I ZR 178/52, GRUR 1955, 37, 40 – *Cupresa-Kunstseide.*
632 BGH, 21.06.2018, I ZR 157/16, GRUR 2018, 1263 Rn. 22 – *Vollsynthetisches Motorenöl.*
633 BGH, 03.05.1963, Ib ZR 93/61, GRUR 1963, 539, 541 – *echt skai.*
634 BGH, 18.02.1982, I ZR 23/80, GRUR 1982, 563, 564 – *Betonklinker.*
635 FBO/*Peifer/Obergfell* § 5 Rn. 288.
636 Köhler/*Bornkamm/Feddersen* § 5 Rn. 2.7; GK/*Lindacher* § 5 Rn. 379.

Anforderungen einer ordnungsgemäßen Leistung eines im stationären Handel tätigen Optikers entspricht.[637] Bei einer Werbung für ein Kraftfahrzeug ohne zusätzliche Hinweise auf ein Importmodell erwartet der Verkehr, dass es der serienmäßigen Ausstattung der Modelle dieses Fahrzeugtyps auf dem inländischen Markt entspricht.[638] Irreführend ist die Werbung für ein Kraftfahrzeug mit der Angabe des Grundpreises für das Modell, wenn das abgebildete Fahrzeug Sonderausstattung zeigt, die im angegebenen Preis nicht enthalten ist und dies in der Werbung nicht deutlich wird. Die Bezeichnung einer Busreise als »Ausflugsfahrt« ist irreführend, wenn es sich um eine Verkaufsfahrt handelt, die dem Absatz von Waren oder Dienstleistungen dient.[639] Ein Buchungsvorgang im Internet für eine Flugreise ist zur Täuschung geeignet, wenn durch die Gestaltung der Internetseite verschleiert wird, dass mit weiteren Kosten verbundene zusätzliche Leistungen (Reiserücktritts- oder Auslandskrankenversicherung) gebucht werden.[640] Ob die Aussagen eine geschäftlich relevante Irreführung auslösen, hängt davon ab, welche Vorstellungen der Verkehr mit der Aussage im Hinblick auf Ausführung und Zubehör verbindet und ob diese Angaben für ihn eine Bedeutung für die geschäftliche Entscheidung haben.

290 Die Aktualität der angebotenen Ware oder Dienstleistung zählt zur Ausführung. Wird eine Ware oder Dienstleistung ohne Einschränkung angeboten, geht der Verkehr bei Produkten, bei denen ihre Aktualität eine wertbildende Rolle spielt, nicht davon aus, es handele sich um ein Auslaufmodell.[641] Bei Computern, Kraftfahrzeugen, Artikeln der Unterhaltungselektronik und Elektrogroßgeräten, die einen verhältnismäßig hohen Preis und eine längere Lebensdauer haben, legt der Verkehr Wert darauf, dass sie nicht schon nach kurzer Zeit veraltet sind. Es handelt sich für den Verbraucher beim Erwerb dieser Geräte um Kaufentscheidungen, die der Deckung eines nicht alltäglichen, sondern auf Dauer angelegten Bedarfs dienen und bei denen der Verkehr wegen der Langlebigkeit der Geräte Wert auf Möglichkeiten zur Ersatzteilbeschaffung legt.

c) Zusammensetzung

aa) Allgemeines

291 »Zusammensetzung« bezeichnet bei Waren die **stoffliche Beschaffenheit** und bei Dienstleistungen den **Gegenstand der Leistung**. Der Verkehr sieht darin Aussagen über die **Qualität, die Eigenschaften und Wirkungen** der Produkte. Die Angaben haben wesentliche Bedeutung für die geschäftliche Entscheidung der Marktgegenseite und sind regelmäßig geschäftlich relevant. Sie müssen ohne Einschränkung zutreffend

637 BGH, 03.11.2016, I ZR 227/14, GRUR 2017, 418 Rn. 19 – *Optiker-Qualität.*

638 BGH, 19.08.1999, I ZR 225/97, GRUR 1999, 1125, 1126 – *EG-Neuwagen II*; GK/*Lindacher* § 5 Rn. 380.

639 BGH, 10.10.1985, I ZR 240/83, GRUR 1986, 318, 320 – *Verkaufsfahrten.*

640 BGH, 29.09.2016, I ZR 160/15, GRUR 2017, 283 Rn. 19 ff – *Servicepauschale.*

641 BGH, 03.12.1998, I ZR 63/96, GRUR 1999, 757, 758 – *Auslaufmodelle I*; BGH, 06.10.1999, I ZR 92/97, GRUR 2000, 616, 618 – *Auslaufmodelle III.*

sein.[642] Ohne Belang ist für die Relevanz der Irreführung, dass die unzutreffende Angabe über die Zusammensetzung nicht zu einer Qualitätseinbuße führt.[643]

bb) Ausdrückliche und schlüssige Angaben

Die Angaben über die Zusammensetzung können in ausdrücklichen Aussagen über in dem Produkt enthaltene Bestandteile und Stoffe oder über fehlende Bestandteile und Stoffe bestehen[644] oder über diese Merkmale können schlüssige oder mittelbare Aussagen getätigt werden.[645] Die Bezeichnung »nickelfrei« ist eine ausdrückliche Aussage, mit der der Unternehmer angibt, es seien in dem Produkt keine Bestandteile von Nickel enthalten. Tätigt der Unternehmer eine ausdrückliche Aussage, muss er sich regelmäßig am Wortsinn der Angabe festhalten lassen.[646] Eine Berufung auf gesetzlich zugelassene Grenzwerte kommt grundsätzlich nicht in Betracht. Die Angabe »Ohne Parfum« fasst der Verkehr als frei von Duftstoffen auf.[647] 292

Schlüssigen oder mittelbaren Aussagen muss der angesprochene Verkehr eine inhaltliche Äußerung entnehmen. Sie müssen die an eine Angabe i. S. von § 5 Abs. 1 Satz 2 zu stellenden Anforderungen erfüllen (Rdn. 125–149). Die Angabe kann wörtlich erfolgen oder sich aus den Umständen ergeben. Sie kann der Aufmachung eines Produkts in seiner Gesamtheit zu entnehmen sein. Verwendete Begriffe und Abbildungen sowie Platzierung, Größe, Farbe, Schriftart und Sprache können eine Rolle spielen.[648] Angaben wie »naturrein« oder »Bio« enthalten keine ausdrückliche Aussage über das Fehlen von Schadstoffen. Der Verbraucher wird bei diesen Angaben in Rechnung stellen, dass in der Natur Schadstoffe vorhanden sind und das Produkt deshalb nicht frei von jeglichen Schadstoffen ist.[649] Er wird allerdings erwarten, dass ein mit »naturrein« oder »Bio« gekennzeichnetes Produkt deutlich weniger als die gesetzlich zugelassenen Schadstoffe aufweist.[650] Ist dies nicht der Fall, ist die Erwartung des Verkehrs unzutreffend und die Irreführung geschäftlich relevant. 293

---

642 BGH, 10.04.2014, I ZR 43/13, GRUR 2014, 1114 Rn. 40 – 42 – *nickelfrei*.

643 RG, 16.09.1919, I 76/19, RGZ 96, 242, 243; BGH, 17.09.1957, I ZR 105/56, GRUR 1958, 39, 40 – Rosenheimer Gummimäntel; BGH, 28.06.1960, I ZR 13/59, GRUR 1960, 567, 570 – *Kunstglas*; BGH, 07.02.1961, I ZR 123/59, GRUR 1961, 361, 364 – *Hautleim*; BGH, 19.05.1965, Ib ZR 36/63, GRUR 1965, 681, 684 – *de Paris*; BGH, 15.01.1969, I ZR 52/67, GRUR 1969, 280, 282 – *Scotch Whisky*.

644 *BGH, 10.04.2014*, I ZR 43/13, GRUR 2014, 1114 Rn. 40 – *nickelfrei*.

645 BGH, 02.12.2015, I ZR 45/13, GRUR 2016, 738 Rn. 14 – *Himbeer-Vanille-Abenteuer II*.

646 BGH, 10.04.2014, I ZR 43/13, GRUR 2014, 1114 Rn. 40 – *nickelfrei*.

647 OLG Köln, 14.04.1989, 6 U 253/88, GRUR 1989, 684.

648 EuGH, 04.06.2015, C-195/14, GRUR 2015, 701 Rn. 43 – *Teekanne*.

649 EuGH, 04.04.2000, C-465/98, WRP 2000, 489 Rn. 26f – *Darbo naturrein*; BGH, 13.09.2012, I ZR 230/11, BGHZ 194, 314 Rn. 35 – *Biomineralwasser*.

650 EuGH, 04.04.2000, C-465/98, WRP 2000, 489 Rn. 31f – *Darbo naturrein*; BGH, 13.09.2012, I ZR 230/11, BGHZ 194, 314 Rn. 47 – *Biomineralwasser*.

cc) Gesetzlich vorgeschriebene Zusammensetzungen

294 Gesetzliche Bestimmungen können vorschreiben, welche stoffliche Zusammensetzung ein Produkt aufweisen muss. Verwendet der Unternehmer die gesetzlich geregelte Bezeichnung für ein Produkt, das diesen Anforderungen nicht genügt, wird der Verkehr in relevanter Weise irregeführt. Die Verkehrsvorstellung geht bei Produkten regelmäßig dahin, dass die gesetzlich vorgegebene Zusammensetzung, auch wenn sie dem Verkehr nicht im Einzelnen geläufig ist, eingehalten wird.[651] Macht der Verkehr sich allerdings überhaupt keine Vorstellungen, dass es sich um ein Produkt handelt, dessen stoffliche Zusammensetzung gesetzlich bestimmt ist, vertraut er nicht auf deren Einhaltung und eine geschäftlich relevante Irreführung scheidet mangels Fehlvorstellung aus.[652]

295 In weiten Bereichen existieren unionsrechtliche und nationale Vorschriften, die eine genaue Zusammensetzung und Bezeichnung von Produkten regeln. Diese Bestimmungen sind im Allgemeinen Marktverhaltensregelungen, so dass ein lauterkeitsrechtlicher Unterlassungsanspruch wegen Rechtsbruchs nach § 3a bei einem objektiven Verstoß gegen die Kennzeichnungsvorschriften gegeben ist. Dazu rechnen Vorschriften, die eine Kennzeichnung nach der VO (EU) 1007/2011 über die Bezeichnungen von Textilfasern und die damit zusammenhängende Etikettierung und Kennzeichnung der Faserzusammensetzung von Textilerzeugnissen und nach dem TextilKennzG vorsehen.[653] Entsprechendes gilt für Kennzeichnungsbestimmungen nach der VO (EG) 834/2007 über die ökologische/biologische Produktion und die Kennzeichnung von ökologischen/biologischen Erzeugnissen[654] oder nach der VO (EG) 1924/2006 über nährwert- und gesundheitsbezogene Angaben über Lebensmittel[655] sowie nach der VO (EU) 1169/2011 betreffend die Information der Verbraucher über Lebensmittel. In diesen Fällen erfordert die Annahme des Tatbestandsmerkmals der Spürbarkeit nach § 3a, dass eine geschäftlich relevante Irreführung vorliegt;[656] so wird die Übereinstimmung mit §§ 5 Abs. 1 und 5a Abs. 2 hergestellt.

296 Im nationalen Recht bestehen ebenfalls zahlreiche Vorschriften, die Bestimmungen über die Bezeichnung und Beschaffenheit enthalten. Dazu rechnen die Butterverordnung, die Diätverordnung, die Käseverordnung, die Honigverordnung, die Konfitüreverordnung, das Milch- und Margarinegesetz, die Mineral- und Tafelwasserverordnung.

dd) Einzelfälle

297 Die Bezeichnung »**Bio**« kann je nach dem Produkt, für das sie benutzt wird, unterschiedliche Bedeutungen haben. Für **landwirtschaftliche Erzeugnisse** ist die Verwendung der Bezeichnungen **»Bio« und »Öko«** in der VO (EG) Nr. 834/2007 über die ökologische/biologische Produktion und die Kennzeichnung von ökologischen/biologi-

651 BGH, 15.01.1969, I ZR 52/67, GRUR 1969, 280, 281 – *Scotch Whisky.*
652 BGH, 15.01.1969, I ZR 52/67, GRUR 1969, 280, 282 – *Scotch Whisky.*
653 BGH, 24.03.2016, I ZR 7/15, GRUR 2016, 1068 Rn. 14 – *Textilkennzeichnung.*
654 BGH, 29.03.2018, I ZR 243/14, GRUR 2018, 745 Rn. 12 – *Bio-Gewürze II.*
655 BGH, 18.05.2017, I ZR 100/16, GRUR 2017, 1278 Rn. 10 – *Märchensuppe.*
656 BGH, 31.10.2018, I ZR 73/17, GRUR 2019, 82 Rn. 31 – *Jogginghosen.*

schen Erzeugnissen geregelt (Art. 23 VO). Das Verkehrsverständnis von nicht genau umrissenen Bezeichnungen wie »Bio« kann in Produktbereichen, in denen keine gesetzlichen Vorgaben für eine bestimmte Zusammensetzung bestehen, durch gesetzliche Vorschriften in anderen Sektoren beeinflusst sein. Das Begriffsverständnis des Verkehrs zu »BIO«-Kennzeichnungen bei zum menschlichen Verzehr bestimmten Genussmitteln wird maßgeblich durch deren Verwendung im Lebensmittelbereich bestimmt. Das lebensmittelrechtlich geprägte Verkehrsverständnis solcher Kennzeichnungen lässt sich daher auf deren gesetzlich nicht geregelte Verwendung für Tabakerzeugnisse übertragen.[657]

Bei Lebensmitteln ist dem Verkehr bekannt, dass die stoffliche Zusammensetzung in einem Zutatenverzeichnis enthalten ist. Der Verbraucher wird daher die Angaben im Zutatenverzeichnis zur Kenntnis nehmen, wenn ihn die im Produkt enthaltenen Bestandteile interessieren,[658] und im Regelfall keiner Fehlvorstellung über die im Zutatenverzeichnis aufgeführte stoffliche Zusammensetzung des Produkts unterliegen. Voraussetzung ist natürlich, dass das Zutatenverzeichnis richtig ist. Eine Fehlvorstellung der Verbraucher kann ausnahmsweise ungeachtet der zutreffenden Angaben im Zutatenverzeichnis durch die Gesamtaufmachung des Lebensmittels hervorgerufen werden. Der BGH hat dies nach einer Vorlage an den EuGH in einem Fall bejaht und eine Irreführung der Verbraucher angenommen, in dem durch hervorgehobene Angaben auf der Verpackung auf das Vorhandensein von Himbeer- und Vanillebestandteilen in einem Tee hingewiesen wurde, der keine Bestandteile von Himbeerfrüchten und Vanillepflanzen enthielt, sondern nur entsprechende Aromen, was sich ausschließlich aus dem Zutatenverzeichnis ergab.[659] Der Unternehmer kann sich im Fall einer irreführenden Lebensmittelaufmachung nicht allgemein auf die Angaben im Zutatenverzeichnis zurückziehen. **298**

Einen weiten Bereich in der Rechtsprechung nahmen in der Vergangenheit Produkte ein, die **künstliche Bestandteile** enthielten und mit Angaben versehen waren, die auf ein Naturprodukt hindeuteten. Eine genaue Abgrenzung zur Art der Ware oder Dienstleistung, durch die die Gattungszugehörigkeit bezeichnet wird, ist nicht erforderlich. Die Begriffe überschneiden sich, ohne dass die konkrete Zuordnung zu rechtlichen Unterschieden führt. Die Fehlvorstellung bezieht sich in diesen Fällen typischerweise darauf, dass der Verkehr von einem Naturprodukt ausgeht, natürliche Bestandteile in dem Erzeugnis entweder nicht oder nur mit einem bestimmten Anteil enthalten sind. **299**

Die Bezeichnungen »**Acrylglas**« und »**Kunstglas**« setzte der Verkehr in den 1960er Jahren mit Glas gleich und sah darin keine Bezeichnung für glasartigen Kunststoff.[660] **300**

---

657 BGH, 04.11.2010, I ZR 139/09, GRUR 2011, 633 Rn. 26 – *BIO TABAK.*

658 EuGH, 26.10.1995, C-51/94, EuZW 1996, 245 Rn. 34 – Kommission/Deutschland [Sauce béarnaise]; EuGH, 04.04.2000, C-465/98, WRP 2000, 489 Rn. 22 – *Darbo naturrein*; EuGH, 04.06.2015, C-195/14, GRUR 2015, 701 Rn. 36 – *Teekanne.*

659 BGH, 02.12.2015, I ZR 45/13, GRUR 2016, 738 Rn. 14 ff – *Himbeer-Vanille-Abenteuer II.*

660 BGH, 28.06.1960, I ZR 13/59, GRUR 1960, 567, 570 – *Kunstglas*; BGH, 21.06.1967, Ib ZR 159/64, GRUR 1968, 200, 202 – *Acrylglas.*

In den Bezeichnungen einer Kunstseide mit »**Bemberg-Seide**«, »Agfa-Seide« und »Azetat-Seide«[661] sowie »Kupferseide« und »Cupresa-Kupferseide« sah der Verkehr Bezeichnungen für Erzeugnisse aus Seide und nicht aus Kunstseide.[662] Die Verwendung dieser Bezeichnungen verstößt nunmehr gegen Art. 5 (1) und (2) i. V. mit Anhang I Nr. 4 der VO (EU) Nr. 1007/2011 über die Bezeichnungen von Textilfasern und die damit zusammenhängende Etikettierung und Kennzeichnung der Faserzusammensetzung von Textilerzeugnissen und § 4 TextilKennzG. Die Bezeichnung »**Ei-fein**« für eine Margarine mit maximal 1 % Eigelb ist irreführend.[663] Die Angabe »**mit allergenfreiem Natur Latex**« entnimmt der Verkehr, dass die so beworbene Matratze zumindest zum überwiegenden Teil aus Natur-Latex besteht. Die Angabe ist irreführend, wenn der Anteil von Naturlatex nur 10 bis 30 % ausmacht.[664] Der Angabe »**aus**« entnimmt der Verkehr je nach Produkt und Aufmachung, dass das Erzeugnis zu 100% oder ganz überwiegend aus dem angegebenen Stoff besteht. Die Aussage »**aus Altpapier**« bedeutet zu 100 % aus Altpapier.[665] Dem Begriff »**pur**« entnimmt der Verkehr etwas Reines.[666] Bei Kosmetika fasst er die Bezeichnung »**pure & natural**« als ein Erzeugnis aus natürlichen Inhaltsstoffen ohne chemische Zusätze auf.[667] Bei einer Werbung mit der Angabe »**Natur**« erwartet der Verkehr regelmäßig Fremdstoffreinheit und Naturbelassenheit.[668]

d) Beschaffenheit

301 Der Begriff der Beschaffenheit der Ware oder Dienstleistung wird zum Teil in einem umfassenden weiten Sinn verstanden,[669] teilweise wird ihm im Hinblick auf die anderen Sprachfassungen der Richtlinie eine engere Bedeutung entnommen.[670] In der englischen Sprachfassung ist Beschaffenheit mit »specification« und in der französischen Version mit »ses spécifications« im Sinne von »genaue Aufzählung, Einzelaufstellung, Spezifizierung« bezeichnet. Für die letztere Ansicht spricht die Aufzählung der weiteren Merkmale, die in § 5 Abs. 1 Satz 2 enthalten sind und deren Aufzählung überflüssig wäre, wenn der Begriff der Beschaffenheit in einem umfassenden Sinn zu verstehen wäre. Die Ansicht von einem umfassenden Begriff entsprach der Konzeption des § 3 UWG 1909 mit einer geringeren Zahl angeführter Merkmale der Waren und Dienstleistungen. Das Merkmal der Beschaffenheit ist daher in der Bedeutung von speziellen Eigenschaften zu verstehen.[671] Eine genaue Abgrenzung der einzelnen Merkmale des § 5 Abs. 1 Satz 2 Nr. 1 ist aber auch insoweit nicht erforderlich. Im Schrifttum wieder-

661 RG, 25.03.1930, II 393/29, RGZ 128, 265, 267.
662 BGH, 11.05.1954, I ZR 178/52, GRUR 1955, 37, 40 – *Cupresa-Kunstseide.*
663 BGH, 12.07.1957, I ZR 52/55, GRUR 1958, 86, 88 – *Ei-fein.*
664 OLG Köln, 01.03.2000, 6 U 121/99, NJWE-WettbR 2000, 281.
665 BGH, 20.10.1988, I ZR 238/87 GRUR 1991, 546, 547 – *…aus Altpapier.*
666 HansOLG Hamburg, 17.05.2001, 3 U 282/00, GRUR-RR 2002, 173, 174.
667 LG Hamburg, 21.12.2012, 312 O 96/12, WRP 2013, 543; FBO/*Peifer/Obergfell* § 5 Rn. 290a.
668 OLG Stuttgart, 11.12.2003, 2 U 119/03, OLGR 2004, 486, 489.
669 *Ohly/Sosnitza* § 5 Rn. 247; Götting/*Nordemann* § 5 Rn. 1.38.
670 GK/*Lindacher* § 5 Rn. 346; Köhler/*Bornkamm/Feddersen* § 5 Rn. 2.4.
671 GK/*Lindacher* § 5 Rn. 346; Köhler/*Bornkamm/Feddersen* § 5 Rn. 2.4.

holen sich die zu den wesentlichen Merkmalen des § 5 Abs. 1 Satz 2 Nr. 1 angeführten gerichtlichen Entscheidungen, ohne dass sich aus der konkreten Zuordnung zu einem Merkmal Rechtserhebliches ergibt.

aa) Qualitätsaussagen

(1) Abgrenzung zu Anpreisungen

Aussagen, die einen Bezug zur Qualität des Produktes herstellen, wird der Verkehr **302** regelmäßig eine Sachaussage entnehmen. Gleichwohl muss auch bei derartigen Aussagen und Bezeichnungen zunächst zwischen Tatsachenbehauptungen und reinen Werturteilen unterschieden werden (Rdn. 125 ff.). Die Aussage kann derart allgemein gefasst sein oder so hochtönend übertrieben daherkommen, dass der Verkehr sie nicht für bare Münze hält. Dazu zählen Werbeslogans wie »Das Beste für Ihren Raum« in einer Anzeige für eine Großauswahl von Teppichen, Teppichböden und Bodenbelägen in allen Größen und Preislagen[672] und Anpreisungen für ein Präparat in der Art »aktiviert die versteckten Energiereserven, die sich in allen Körperzellen befinden«.[673] Die Bezeichnung mit »hochwertig« kann nach der Produktart und dem Gesamtzusammenhang der Werbeaussage ohne Informationsgehalt sein, während die Ankündigung einer Gleitsichtbrille mit »**Premium-Gleitsichtgläser in Optiker-Qualität**« eine Sachaussage enthält.[674] Ein Grenzfall ist die Angabe »**in unübertroffener Qualität**«.[675] Sie kann ebenso wie »hochwertig« nur als eine vollmundige Werbebehauptung anzusehen sein, weil der Verkehr mit derartigen Werbeanpreisungen überhäuft wird und den Eindruck gewinnen kann, es gebe in der Werbung Produkte »mittlerer Art und Güte« nicht mehr. Im konkreten Kontext »**Vom individuellen Selbstbausatz … bis zur kompletten Anlage in unübertroffener Qualität mit automatischem Lüftungssystem**« ist die Aussage in Sachinformationen eingefügt, was eher für eine Äußerung mit einem Tatsachenkern und gegen eine inhaltslose Anpreisung spricht.

(2) Allgemeine und spezielle Qualitätsaussagen

Qualitätsaussagen können, ohne auf eine bestimmte Eigenschaft des Produkts Bezug **303** zu nehmen, allgemein eine bestimmte Stellung im Markt bezeichnen. Dazu rechnen Aussagen, mit denen allgemein eine bestimmte hervorgehobene Stellung und Bedeutung in Anspruch genommen wird.

672 BGH, 20.04.1989, I ZR 125/87, GRUR 1989, 608, 609 – *Raumausstattung.*
673 BGH, 04.09.2003, I ZR 32/01, GRUR 2004, 72, 73 – *Coenzym Q10.*
674 BGH, 03.11.2016, I ZR 227/14, GRUR 2017, 418 Rn. 14 und 21 – *Optiker-Qualität.*
675 OLG Schleswig, 29.10.1996, 6 U 26/96, OLGR 1997, 177, 178.

(a) Angaben zu Spitzenerzeugnissen und -leistungen

304 Dazu gehören Bezeichnungen, die eine Spitzenstellung für das Produkt reklamieren. »Spitzenerzeugnis«,[676] »Luxusklasse«, »high-end«,[677] »die Nr. 1«,[678] »Es gibt kein besseres Produkt«[679] beschreiben im Allgemeinen eine Spitzenstellung.

(b) Angaben zu einer herausgehobenen Qualität

305 Die Angaben »Auslese« für einen Kaffee,[680] »Delikatess«,[681] »Extra«,[682] »extrafein«, »Ia«, »erste Wahl« für Lebensmittel bezeichnen im Regelfall keine Allein- oder Spitzenstellung, sondern weisen auf eine herausgehobene Qualität hin, die den Durchschnitt deutlich übertrifft.

306 Bei Lebensmitteln und Naturprodukten bezieht der Verkehr die Aussage »Frische« und »frisch« sowie vergleichbare Bezeichnungen auf eine natürliche Frische. Normalerweise dürfen derart gekennzeichnete Produkte nicht tiefgefroren oder konserviert sein und nicht aus entsprechenden Bestandteilen bestehen.[683] Ein Produkt darf nicht als frische Ware bezeichnet werden, wenn es durch besondere Vorkehrungen über längere Zeit hinweg haltbar gemacht worden ist.[684] Bei manchen Produkten (Obst, Gemüse) fasst der Verkehr den Begriff »frisch« je nach Präsentation im Sinn von erntefrisch auf. Aus Konzentrat hergestellter Fruchtsaft darf nicht als »frischer Saft« bezeichnet werden.[685] Die Aussage »fast wie frisch gepresst« ist zulässig für einen derartigen Saft, wenn er annähernd die Qualität eines frisch gepressten Saftes erreicht.[686] Die Bezeichnung »vacuum frisch« für einen frisch gerösteten in Vakuum-Packung verpackten Röstkaffee ist irreführend.[687] Ein aus Kaffeekonzentrat hergestellter Kaffee ist kein »frischer Kaffee«.[688] Milch muss grundsätzlich wärmebehandelt werden. Pasteurisierte Milch darf im Gegensatz zu ultrahoch erhitzter Milch als Frischmilch bezeichnet werden.[689] Aus pasteurisierter Milch hergestellter Joghurt darf die Angabe »frischer Joghurt« tragen.[690]

---

676 BGH, 14.04.1961, I ZR 150/59, GRUR 1961, 538, 540 – *Feldstecher*.
677 OLG Köln, 23.02.2007, 6 U 150/06, GRUR-RR 2007, 2007, 243, 244.
678 BGH, 16.01.1992, I ZR 20/90, GRUR 1992, 404, 406 – *Systemunterschiede*.
679 HansOLG Hamburg, 11.08.1977, 3 U 65/77, WRP 1977, 811.
680 HansOLG Hamburg, 15.01.1976, 3 U 179/75, GRUR 1977, 113, 114.
681 GK/*Lindacher* § 5 Rn. 404.
682 OLG Frankfurt, 27.10.1983, 6 U 191/82, GRUR 1985, 226, 227.
683 Harte/Henning/*Weidert*, § 5 C Rn.408.
684 HansOLG Hamburg, 08.12.1977, 3 U 160/77, GRUR 1978, 313, 314.
685 LG Düsseldorf, 12.01.2005, 12 O 147/03, WRP 2005, 766, 767.
686 KG, 30.09.1986, 5 U 3745/86, GRUR 1987, 737, 738.
687 HansOLG Hamburg, 08.12.1977, 3 U 160/77, GRUR 1978, 313, 314.
688 OLG Düsseldorf, 20.04.2004, 20 U 12/04, GRUR-RR 2005, 55, 56.
689 BVerwG, 06.11.1986, 3 C 27/85, BVerwGE 75, 119, 123; GK/*Lindacher* § 5 Rn. 410.
690 OLG Köln, 29.09.2000 6 U 11/00, ZLR 2001, 299.

(c) Bezeichnung »Echt« oder »Original«

Die Bezeichnungen »Echt« und »Original« können je nach dem Gesamtzusammenhang, in dem sie verwandt werden, vom Verkehr sehr unterschiedlich aufgefasst werden. Sie können als Hinweis auf die Originalware oder -dienstleistung verstanden werden in Abgrenzung zu den Produkten der Konkurrenz oder zur Bezeichnung des eingeführten, aktuellen Erzeugnisses des Herstellers. Die Bezeichnung darf nur bei vollständiger Identität verwandt werden. Weist das angebotene Modell einer Matratze einen anderen Bezugsstoff als das im aktuellen Angebot des Herstellers beschriebene Modell auf, ist die Bezeichnung mit »Original« irreführend.[691] In diesem Sinn kann je nach Verwendung des Begriffs auch die Bezeichnung mit »echt« zu verstehen sein. Die Begriffe »echt« und »Original« können sich auf die Stoffbeschaffenheit beziehen.[692] Werden sie im Zusammenhang mit einer Marke oder einem Unternehmenskennzeichen benutzt, wird dadurch der Hinweis auf die Herkunft des Produkts betont, wenn der Verkehr die mit »echt« oder »Original« verbundene Bezeichnung als Kennzeichen erkennt. Die Angabe »echt« kann im Zusammenhang, in dem sie verwendet wird, eine besondere Qualität ausdrücken. Ob der Verkehr einen Zusatz als bloße Hervorhebung versteht oder ob er darin einen Hinweis mit eigenem Inhalt, etwa der Behauptung einer gehobenen Qualität, erblickt, hängt von den jeweiligen Umständen ab und lässt sich nicht abstrakt bestimmen. Aus der Bezeichnung »**echt versilbert**« kann der Verkehr auf eine bessere Versilberung als üblich schließen.[693] Der Begriff »Das Original« kann den Eindruck hervorrufen, es handele sich um das erste Erzeugnis dieser Art auf dem Markt.[694] 307

(d) Bedeutung der Angabe »Spezial« und »Spezialist«

Die Bedeutung der Angabe »**Spezial**« hängt maßgeblich von dem Zusammenhang ab, in dem sie verwendet wird. Bei Waren bezeichnet »Spezial« häufig eine besondere Eignung oder hervorgehobene Ausführung der damit verbundenen Aussage. Die Bezeichnung eines Erzeugnisses unter Voranstellung des Wortes »Spezial« vor die gattungsmäßige Bezeichnung der Ware ist im Allgemeinen nicht als irreführend zu beanstanden, wenn sich das Erzeugnis tatsächlich in irgendeiner Weise von der normalen Ware derselben Gattung abhebt.[695] Der Zusatz »Spezial« ändert nicht die Vorstellungen über den Grundcharakter der bezeichneten Ware, sondern drückt aus, dass das Produkt sich in irgendeiner, aber nicht in grundlegender Weise von der Grundware, der der Zusatz »Spezial« beigefügt ist, unterscheidet.[696] Die Ankündigung »**Spezialreinigung**« wurde als Bezeichnung einer über das bloße Kleiderbad hinausgehenden Leistung in Form einer Vollreinigung oder chemischen Reinigung mit individueller Nachbehandlung verbliebener Flecken angesehen.[697] Die Entscheidung »**Spezialsalz**« des BGH, wonach 308

691 KG, 16.10.1984, 5 U 4395/84, GRUR 1985, 298, 299.
692 BGH, 03.05.1963, Ib ZR 93/61, GRUR 1963, 539, 541 – *echt skai.*
693 BGH, 18.09.1986, I ZR 82/84, GRUR 1987, 124 – *Echt versilbert.*
694 OLG Celle, 04.09.2018, 13 U 77/18, WRP 2018, 1493.
695 BGH, 14.12.1966, Ib ZR 125/64, GRUR 1967, 362, 369 – *Spezialsalz.*
696 BGH, 22.10.1971, I ZR 36/70, GRUR 1972, 132 – *Spezial-Zucker.*
697 BGH, 31.01.1968, Ib ZR 48/66, GRUR 1968, 387f – *Spezialreinigung.*

der Verkehr der Bezeichnung »Bad Reichenhaller Spezialsalz« eine besondere gesundheitsfördernde Wirkung entnahm, ist durch die Besonderheiten der seinerzeitigen Verkehrsauffassung geprägt.[698] Die Angabe »**Spezial-Zucker**« für ein Produkt, dessen Süßkraft zu 50 % aus Zucker und zu weiteren 50 % aus Süßstoff stammt, ist irreführend.[699]

309 Bei Dienstleistungen weisen die Angaben »**Spezialisiert**«, »**Spezialist**«, »**Experte**« und »**Spezialgebiet**« auf eine besondere Sachkunde auf dem jeweiligen Tätigkeitsgebiet hin.[700] Gibt es für die Bereiche besondere Aus- und Fortbildungen, kann der Verkehr bei Verwendung der auf eine Spezialisierung hindeutenden Begriffe der Fehlvorstellung unterliegen, der Werbende habe die Aus- oder Weiterbildung erfolgreich abgeschlossen. Der Verkehr wird bei Angehörigen freier Berufe derartige Hinweise auf eine Spezialisierung leicht mit Fachbezeichnungen verwechseln, wie sie im Bereich der Ärzte und Rechtsanwälte verliehen werden. So wird der Verkehr den Spezialisten für Familienrecht für einen Fachanwalt für Familienrecht halten.[701] Bei anderen beruflichen Bezeichnungen, Titeln und Hochschulabschlüssen soll der Verkehr allerdings zum Teil recht feinsinnige Überlegungen anstellen. So soll die Verwendung des Begriffs »**diplomiert**« in einem Zusammenhang, in dem der angesprochene Verkehr an sich mit der Verwendung des Begriffs »**Diplom**« oder »**Dipl.**« rechnet, nicht auf das Vorliegen einer solchen Qualifikation, sondern eher auf deren Fehlen hinweisen.[702] Das ist nachvollziehbar in einem Bereich, zu dem dem Verkehr bekannt ist, dass keine Hochschuldiplome vergeben werden, aber nicht so eindeutig für andere Tätigkeitsbereiche wie etwa bei der Angabe »Diplomierte Legasthenie und Dyskalkulie-Trainerin«. Treffen in diesem Bereich die Angaben zu und enthält die Werbung mithin eine objektiv richtige Angabe, die der Verkehr lediglich falsch auffasst, erlangt die in solchen Fällen erforderliche Interessenabwägung zum Schutz der Berufsfreiheit eine besondere Bedeutung (Rdn. 262). Im Rahmen dieser Interessenabwägung ist eine gesetzgeberische Wertung, nur bestimmte Berufsangaben an Qualifikationsvoraussetzungen zu binden, zu berücksichtigen.[703]

(e) DIN-Normen

310 DIN oder DIN-Normen weisen auf die Regeln des Arbeitsausschusses im DIN Deutsches Institut für Normung hin. Sie enthalten Festlegungen anerkannter Maße und Regeln der Technik durch das entsprechende Gremium. Beschränkt sich die Norm darauf, den **Endzustand der Ware** nach deren Fertigstellung hinsichtlich des Materials, der Maße, der Eigenschaften und dergleichen zu beschreiben, so erwartet der Verkehr regelmäßig, dass die Ware normgemäß ist. Beschreibt eine Norm auch eine bestimmte

---

698 BGH, 10.12.1971, I ZR 65/70, GRUR 1972, 550, 551 – *Spezialsalz II.*

699 BGH, 22.10.1971, I ZR 36/70, GRUR 1972, 132 – *Spezial-Zucker.*

700 BGH, 24.07.2014, I ZR 53/13, GRUR 2015, 286 Rn. 21 – *Spezialist für Familienrecht.*

701 BGH, 24.07.2014, I ZR 53/13, GRUR 2015, 286 Rn. 17 – *Spezialist für Familienrecht; OLG Frankfurt, 30.04.2015*, 6 U 3/14, GRUR-RR 2015, 302, 303.

702 BGH, 18.09.2013, I ZR 65/12, GRUR 2014, 494 Rn. 15 – *Diplomierte Trainerin.*

703 BGH, 24.09.2013, I ZR 219/12, GRUR 2013, 1252 Rn. 18 – *Medizinische Fußpflege.*

Fertigungsmethode, mit der der normgerechte Zustand herbeigeführt werden soll, so erwartet der Verkehr auch die Anwendung der normierten Herstellungsmethode.[704] Führt der Unternehmer mehrere DIN-Normen an, geht der Verkehr von der Einhaltung aller Normen aus.[705] Das gilt auch für internationale Normen, die der Unternehmer in diesem Zusammenhang angeführt hat. **Der Verkehr braucht den Inhalt der Normen nicht zu kennen**. Er muss allerdings Kenntnis vom Bestehen derartiger Normen haben.[706] Bei einem Hinweis auf »DIN« oder »DIN-Norm« ist das grundsätzlich der Fall. Der Verkehr nimmt weiter an, dass das Produkt die sich aus der Einhaltung der Norm ergebenden Qualitätsstandards erfüllt. Eine irreführende Werbung mit DIN-Normen ist grundsätzlich geschäftlich relevant.[707]

(f) Werbung mit der Neuheit

Die Werbung mit der **Neuheit eines Angebots oder Produkts** muss zutreffen. Dabei kann sich der Begriff »**neu**« darauf beziehen, dass das Produkt noch nicht benutzt worden ist, es sich um ein neuartiges Produkt handelt oder das Angebot erstmalig dem Werbeadressaten gemacht wird. Welche Bedeutung die Werbung mit der Neuheit hat, folgt für den Verkehr aus der konkreten Aussage und den Begleitumständen. Die Werbeaussage kann sich auf den Zeitpunkt der Herstellung beziehen. Sie unterfällt dann dem in § 5 Abs. 1 Satz 2 Nr. 1 gesondert angeführten Merkmal »Zeitpunkt der Herstellung« (Rdn. 335–337). **311**

Wird ein **neuartiges Produkt beworben oder erfolgt ein neues Angebot**, darf das so beworbene Produkt oder das Angebot nur eine begrenzte Zeit bereits existiert haben. Der Zeitraum, bis zu dem ein Angebot oder eine Werbung mit »neu« bezeichnet werden darf, hängt maßgeblich vom beworbenen Produkt, der jeweiligen Branche und der Verkehrsanschauung ab. Handelt es sich um einen Bereich, der durch Schnelllebigkeit und ständig neue Angebote gekennzeichnet ist, ist der Zeitraum deutlich kürzer als bei anderen Angeboten. Kommen nur wenige neue Angebote auf den Markt, weil die Entwicklung der Produkte lange Zeiträume erfordert, kann der Zeitraum, innerhalb dessen ein Produkt noch mit »neu« bezeichnet werden darf, wesentlich länger sein. **312**

Das verbreitete Vorgehen in Internetportalen, Angebote im Wesentlichen inhaltsgleich zu wiederholen und als »neu« zu kennzeichnen, ist irreführend. Wird eine Geschäftseröffnung mit »**Neueröffnung**« angekündigt, darf es sich nicht um eine Wiedereröffnung nach einem Umbau oder nach einer Schließung oder um eine Sitzverlegung am selben Ort handeln.[708] »**Eröffnung**« bringt zum Ausdruck, dass das betreffende Geschäft bisher nicht existiert hat und nunmehr die Tätigkeit dort aufgenommen wird. Die Wer- **313**

704 BGH, 24.01.1985, I ZR 22/83, GRUR 1985, 973, 974 – *DIN 2093*; BGH, 19.05.1988, I ZR 170/86, GRUR 1988, 832, 833 – *Benzinwerbung*; BGH, 11.07.1991, I ZR 33/90, GRUR 1992, 117, 119 – *IEC-Publikation*.
705 BGH, 11.07.1991, I ZR 33/90, GRUR 1992, 117, 119 – *IEC-Publikation*.
706 BGH, 13.12.1984, I ZR 71/83, GRUR 1985, 555 – *Abschleppseile*.
707 BGH, 19.05.1988, I ZR 170/86, GRUR 1988, 832, 834 – *Benzinwerbung*.
708 OLG Koblenz, 25.02.1988, 6 U 1830/87, GRUR 1988, 555;

bung mit der »**Neueröffnung**« eines Möbelhauses ist irreführend, wenn Anlass nur der Abschluss von Erweiterungs- und Umbauarbeiten am Gebäude ist. Der Zusatz »**Nach Totalumbau und großer Erweiterung**« reicht nicht aus, die Irreführung in ausreichend eindeutiger Weise zu beseitigen.[709]

314 **Fabrikneu** bezeichnet im Allgemeinen ein Produkt, das noch nicht benutzt worden ist, durch Stand- oder Lagerzeiten keine Mängel aufweist und das neueste Modell darstellt.[710] Bei Kraftfahrzeugen darf die Lagerzeit eine Dauer von 12 Monaten nicht überschreiten.[711] Eine Tages- oder Kurzzulassung auf den Autohändler beseitigt die Eigenschaft des Fahrzeugs als fabrikneu nicht.[712] Die Angabe »**Tageszulassung mit 0 km**« für ein wenige Tage zugelassenes unbenutztes Fahrzeug fehlt jedenfalls die geschäftliche Relevanz.[713]

315 Die Angabe »**Jahreswagen**« darf nur verwandt werden, wenn das Fahrzeug nicht mehr als 12 Monate Standzeit vor der Erstzulassung aufweist und es sich um ein Gebrauchsfahrzeug aus erster Hand handelt, das von einem Werksangehörigen gefahren worden ist.[714]

(g) Einzelfälle

316 Die Angabe »**Baugleich**« erfordert, dass das Produkt in den technischen Merkmalen und der Handhabung dem in Bezug genommenen Gerät entspricht.[715] Die Bezeichnung eines Produkts als »**1. Wahl**« ist irreführend, wenn es mangelhaft ist.[716] Die Bezeichnung »**Karat**« fasst der Verbraucher, anders als Fachkreise, nicht nur als Gewichtsangabe, sondern auch als Qualitätsangabe bei Diamanten auf. Das gilt ebenfalls für die Aussage »**moderner Schliff**«. Die Bezeichnung »**einkaräter Brillantring**« darf nicht für einen Industriediamanten benutzt werden.[717] Die Angabe »**Branchenbuch**« erweckt beim Verkehr den Eindruck eines weitgehend vollständigen Verzeichnisses.[718]

317 Folgende Angaben zu Dienstleistungen sind als irreführend angesehen worden:

318 **Auskünfte zum Kontostand**, die bereits Guthaben vor deren Wertstellung ohne klarstellenden Hinweis enthalten.[719] Irreführende Angaben über die **Höhe der Erträge oder die Risiken**, die mit einer Geldanlage verbunden sind. Die Angabe »Mindestver-

709 OLG Hamm, 21.03.2017, 4 U 183/16, GRUR-RR 2017, 330.
710 BGH, 06.02.1980, VIII ZR 275/78, NJW 1980, 1097, 1098; BGH, 06.022013, VIII ZR 374/11, NJW 2013, 1365 Rn. 13.
711 BGH, 29.06.2016, VIII ZR 191/15, NJW 2016, 3015 Rn. 44.
712 BGH, 12.01.2005, VIII ZR 109/04, NJW 2005, 1422, 1423.
713 BGH, 13.01.2000, I ZR 253/97, GRUR 2000, 914, 915 – *Tageszulassung II.*
714 BGH, 29.06.2016, VIII ZR 191/15, NJW 2016, 3015 Rn. 45.
715 GK/*Lindacher* § 5 Rn. 403.
716 OLG Karlsruhe, 24.11.1967, 9 U 125/67, WRP 1968, 36.
717 *OLG Köln, 24.02.1978*, 6 U 82/76, GRUR 1978, 480, 481.e.
718 OLG Frankfurt, 25.02.2010, 6 U 237/08, GRUR-RR 2011, 142, 143.
719 BGH, 27.06.2002, I ZR 86/00, GRUR 2002, 1093, 1094 – *Kontostandsauskunft.*

zinsung« mit der Erläuterung »**6% der zur Zeit erbrachten Einlage jahresdurchschnittlich ergebnisunabhängig vertraglich zugesichert**«, wenn nicht gesichert ist, dass die versprochenen Zinszahlungen unabhängig von der Geschäftsentwicklung in der zugesagten Höhe erbracht werden.[720] Die Angabe »**Festzins Plus**« ist irreführend, wenn die Zinszahlung nicht nur vom allgemeinen Insolvenzrisiko des Darlehnsnehmers, sondern auch von dessen wirtschaftlicher Situation abhängig ist, weil er die Zinszahlungen einstellen kann, wenn er keine Gewinne erwirtschaftet.[721]

Irreführend sind folgende Angaben über den Umfang von Dienstleistungen: **319**

Unternehmer, die nur im Rahmen von § 6 Nr. 3 und 4 StBerG zur **Hilfeleistung in** **320**
Steuersachen befugt sind, werben irreführend, wenn sie ihre Dienstleistungen mit den Begriffen »**Finanzbuchführung**«, »**Lohnabrechnung**« und »**Einrichtung der Buchführung**« anbieten.[722] Die in § 6 Nr. 4 StBerG bezeichneten Personen sind allerdings nicht verpflichtet, die von ihnen angebotenen Tätigkeiten nach § 6 Nr. 3 und 4 StBerG im Einzelnen aufzuführen, wenn sie auf ihre Befugnis zur Hilfeleistung in Steuersachen hinweisen und sich als Buchhalter bezeichnen oder unter Verwendung von Begriffen wie »**Buchhaltungsservice**« werben.[723] Sie müssen gleichwohl der Gefahr einer Fehlvorstellung über den Umfang der ihnen erlaubten Tätigkeiten durch klarstellende Hinweise entgegenwirken.[724] Bei einem mit der Angabe »**ganztägig erreichbar**« beworbenen Notdienst erwartet der Verkehr eine Erreichbarkeit rund um die Uhr, so dass eine Erreichbarkeit nur tagsüber und nicht nachts irreführend ist.[725]

bb) Markenware und Marktbedeutung

(1) Markenware und Markenkennzeichnung

Mit der Bezeichnung »Markenware« verbindet der Verkehr nicht nur das Bestehen von **321**
Markenschutz. Er nimmt bei der Werbung mit dem Begriff »Markenware« an, dass das Produkt von guter Qualität und am Markt eingeführt ist sowie über einen guten Ruf verfügt.[726] Die Verkehrserwartung stimmt nicht mit markenrechtlichen Kategorien überein. Die Marke braucht nicht verkehrsdurchgesetzt i. S. von § 8 Abs. 3 MarkenG zu sein und nicht die Voraussetzungen einer bekannten Marke nach § 14 Abs. 2 Nr. 3 MarkenG zu erfüllen. Der Verkehr hat keine Vorstellung von markenrechtlichen Bestimmungen. Er bezieht die Angabe »Markenware« vielmehr auf die Qualität des Produkts und die Stellung der Marke im Markt. Wird eine Ware als Markenware

---

720 BGH, 02.10.2003, I ZR 252/01, GRUR 2004, 162, 163 – *Mindestverzinsung*.
721 BGH, 21.09.2017, I ZR 53/16, GRUR 2018, 320 Rn. 20 – *Festzins Plus*.
722 BGH, 12.07.2001, I ZR 261/98, GRUR 2002, 77, 79 – *Rechenzentrum*.
723 BGH, 25.06.2015, I ZR 145/14, GRUR 2015, 1019 Rn. 31 – *Mobiler Buchhaltungsservice*.
724 BGH, 25.06.2015, I ZR 145/14, GRUR 2015, 1019 Rn. 30 – *Mobiler Buchhaltungsservice*.
725 OLG Hamm, 09.08.2005, 4 U 51/05, GRUR-RR 2006, 105.
726 BGH, 29.06.1989, I ZR 88/87, GRUR 1989, 754, 755 – *Markenqualität*; OLG Düsseldorf, 01.07.1978, 2 U 135/77, GRUR 1978, 543, 544; offen gelassen BGH, 24.09.2013, I ZR 89/12, GRUR 2013, 1254 Rn. 37 – *Matratzen Factory Outlet*.

bezeichnet, muss Markenschutz für die Kennzeichnung bestehen[727] und die Ware muss eine gute Qualität aufweisen. Die Bezeichnung Markenware darf auch nicht von einem Unternehmen für markenlose anonyme Waren verwandt werden, die aus der Produktion von Markenartikeln stammen oder qualitativ mit Markenware vergleichbar sind.[728] Es kommt daher nicht allein auf den Ursprung der Produkte aus der Fertigung eines einzigen Unternehmens an, das etwa einen Teil seiner Produkte mit seiner Marke vermarktet und einen Teil einem Discounter überlässt, der die Erzeugnisse ohne die Marke aber mit der Bezeichnung »Markenware« vertreibt. Die Ware muss nicht nur mit einer Marke gekennzeichnet sein, es muss auch Markenschutz nach markenrechtlichen Vorschriften bestehen. Dazu muss die Marke grundsätzlich eingetragen sein oder es müssen die Voraussetzungen einer Benutzungsmarke vorliegen. Ohne bestehenden Markenschutz kann die Marke ihr Herkunfts- und Garantiefunktion nicht erfüllen. Teilweise wird angenommen, der Verkehr verstehe die Angabe »Markenware« nur als Gleichwertigkeitsangabe, wenn er weiß, dass die Ware nicht mit einer Marke versehen ist.[729] Eine so weitreichende Schlussfolgerung wird der Verkehr aus dem Fehlen einer Marke trotz der Angabe »Markenware« normalerweise nicht ziehen. Ob das bei freien Tankstellen anders ist, ist nicht zweifelsfrei.[730] Auf dem Treibstoffsektor bieten die großen Tankstellenkonzerne, mittelgroße, teilweise nur regional tätige Tankstellennetze mit Eigenmarken und freie Einzeltankstellen ihre Produkte an. Es spricht daher eher etwas für das Ergebnis, dass auf diesem Bereich keine Besonderheiten gelten.

322 Die Angaben »**Starke Marken günstig!**« und »**Starke Marken günstig! aus eigener Herstellung**« für in Wirklichkeit markenlose (anonyme) Ware ist in geschäftlich relevanter Weise irreführend.[731] Die Bezeichnung »**Die starke Marke**« verstärkt die Bedeutung und legt eine Stellung in der Spitzengruppe nahe.[732] Die Aussagen »Starke Marken günstig!« und »Starke Marken günstig! aus eigener Herstellung«, vermitteln dem Verkehr den Eindruck, als handele es sich dabei um Produkte, denen auf Grund einer gesteigerten Bekanntheit eine herausgehobene Marktstellung zukomme.[733]

323 Dagegen suggeriert der Begriff »**Markenqualität**« dem Verkehr weder, dass die angebotenen Produkte mit Marken gekennzeichnet sind, noch, dass es sich dabei um im Verkehr bekannte und anerkannte Erzeugnisse handelt. Die Bezeichnung als »Markenware« ist aus der Sicht des angesprochenen Verbrauchers nicht mit dem Begriff »Markenqualität« identisch.[734]

---

727 BGH, 07.04.1965, Ib ZR 32/63, GRUR 1966, 45, 46 – *Markenbenzin*; BGH, 29.06.1989, I ZR 88/87, GRUR 1989, 754, 755 – *Markenqualität*; BGH, 13.07.2000, I ZR 203/97, GRUR 2000, 1084, 1086 – *Unternehmenskennzeichnung*; OLG Hamm, 17.02.1967, 4 U 291/66, GRUR 1968, 318, 319; Gloy/Loschelder/Erdmann/*Helm* § 59 Rn. 300.

728 BGH, 13.07.2000, I ZR 203/97, GRUR 2000, 1084, 1086 – *Unternehmenskennzeichnung*.

729 FBO/*Peifer/Obergfell* § 5 Rn. 399; GK/*Lindacher* § 5 Rn. 433.

730 A. A. FBO/*Peifer/Obergfell* § 5 Rn. 399; GK/*Lindacher* § 5 Rn. 433.

731 BGH, 24.09.2013, I ZR 89/12, GRUR 2013, 1254 Rn. 32 – *Matratzen Factory Outlet*.

732 OLG Düsseldorf, 01.07.1978, 2 U 135/77, GRUR 1978, 543, 544.

733 BGH, 24.09.2013, I ZR 89/12, GRUR 2013, 1254 Rn. 38 – *Matratzen Factory Outlet*.

734 BGH, 24.09.2013, I ZR 89/12, GRUR 2013, 1254 Rn. 38 – *Matratzen Factory Outlet*; anders noch BGH, 29.06.1989, I ZR 88/87, GRUR 1989, 754, 755 – *Markenqualität*.

Aus der Verwendung einer bestimmten Marke folgt grundsätzlich keine stillschweigende Garantie einer gleichbleibenden Qualität oder im Zeitablauf gleichbleibender Eigenschaften. Marken sind unter Geltung des Markengesetzes nicht mehr an einen bestimmten Geschäftsbetrieb gebunden. Sie können ohne weiteres auf ein anderes Unternehmen übertragen oder lizenziert werden. Sie gewährleisten daher grundsätzlich nur die Herkunft aus einen bestimmten Unternehmen oder dessen Produktverantwortung. Sie enthalten kein Versprechen zumindest gleichbleibender Qualität oder Beschaffenheit.[735] Der Markeninhaber ist bei einer Änderung des mit der Marke versehenen Produkts auch nicht aufgrund der bestehenden Kennzeichnung mit der Marke oder einem Unternehmenskennzeichen zu einem Hinweis an seine Abnehmer oder das allgemeine Publikum verpflichtet.[736] Eine solche Verpflichtung lässt sich aus der Kennzeichnung allein nicht ableiten. Es müssten vielmehr außerhalb der Kennzeichnung liegende Umstände hinzukommen, die eine entsprechende Hinweispflicht begründen. **324**

(2) Allein- und Spitzenstellung

Wegen der Grundsätze zur Irreführung bei einer Allein- oder Spitzenstellungsangabe wird zunächst auf die Erläuterungen Rdn. 237–243 verwiesen. Die Angabe einer Allein- oder Spitzenstellung kann eine ausdrückliche oder schlüssige Beschaffenheitsangabe enthalten. Die Berühmung kann sich auf den nationalen Markt oder einen internationalen Bereich beziehen. Sie kann sogar eine weltweite Geltung beanspruchen. Zunächst ist auch hier festzustellen, ob überhaupt eine Angabe i. S. von § 5 Abs. 1 Satz 2 vorliegt und wenn dies der Fall ist, ob derartige Aussagen im Wortsinn zu verstehen sind. Aussagen wie »Besser kann ein Produkt nicht sein«, »feinste Qualität«, »Höchste Qualität«, »Von höchstem Rang«, »Für höchste Qualität«, »Reinste Prägung« wird der Verkehr bei einem Genussmittel regelmäßig nicht als Beschaffenheitsangabe, sondern als allgemeine Anpreisung ansehen.[737] Die Aussage »Aus dieser Quelle trinkt die Welt« im Zusammenhang mit einem Mineralwasser versteht der Verkehr nicht im Wortsinn einer weltweiten Verbreitung oder einer Alleinstellungsbehauptung.[738] **325**

Der Zusatz »**Welt**« ist kein feststehender Begriff, sondern seine Bedeutung bestimmt sich erst aus dem Zusammenhang. Das gilt auch für die Bezeichnung »**Weltmarke**«. Der Verkehr entnimmt dieser Angabe eine besondere Stellung der Marke oder des mit ihr gekennzeichneten Produkts. Er ist normalerweise nicht irreführend, wenn es sich um eine in zahlreichen Ländern bekannte Marke handelt.[739] Die Lieferung eines Mineralwassers in mehr als 60 Länder ist als ausreichend angesehen worden. Nicht erforder- **326**

735 BGH, 02.02.1973, I ZR 85/71, BGHZ 60, 185, 194 – *Cinzano.*
736 Differenzierter: BGH, 07.04.1965, Ib ZR 1/64, GRUR 1965, 676, 677 – *Nevada-Skibindung*; BGH, 02.02.1973, I ZR 85/71, BGHZ 60, 185, 194 – *Cinzano.*
737 BGH, 28.01.1957, I ZR 88/55, GRUR 1957, 285, 286 – *Erstes Kulmbacher*; OLG Köln, 29.10.1982, 6 U 115/82, GRUR 1983, 135, 136.
738 OLG Köln, 18.01.1991, 6 U 262/86, GRUR 1991, 387, 389.
739 OLG Köln, 18.01.1991, 6 U 262/86, GRUR 1991, 387, 389.

lich ist, dass die Marke oder das Produkt der Mehrzahl der Verbraucher in der Mehrzahl der Länder der Erde bekannt ist.[740]

327 Werden Zusätze mit dem Bestandteil »**Welt**« oder »**International**« als Tatsachenbehauptung aufgefasst, kommt es auf den Kontext an, ob darin eine Beschaffenheitsangabe liegt. Aussagen wie »**weltweit bewährt**« und »**weltweit verwendet**« lassen auf eine bewährte Verwendung unter sehr unterschiedlichen Bedingungen schließen.[741] Die Werbung mit einer Spitzenstellung auf einem internationalen Markt oder dem Weltmarkt beinhaltet im Allgemeinen nicht die Behauptung einer entsprechenden Stellung auf dem **heimischen Markt**.[742] Die Angabe »**Die große internationale Marke**« deutet auf eine weite Verbreitung des mit der Marke gekennzeichneten Produkts in vielen Ländern der Erde hin. Sie ist nicht deshalb irreführend, weil die Marke nur national registriert ist.[743]

4. Verfahren oder Zeitpunkt der Herstellung, Lieferung oder Erbringung, § 5 Abs. 1 Satz 2 Nr. 1

328 § 5 Abs. 1 Satz 2 Nr. 1 setzt mit den Merkmalen »Verfahren oder Zeitpunkt der Herstellung, Lieferung oder Erbringung« der Waren und Dienstleistungen Art. 6 (1) lit. b UGP-RL nicht wörtlich um. Inhaltliche Unterschiede folgen daraus nicht.

a) Verfahren der Herstellung oder Erbringung

aa) Handwerkliche Fertigung

329 Wird für ein industriell oder fabrikmäßig hergestelltes Erzeugnis der Eindruck einer handwerklichen Fertigung hervorgerufen, liegt darin eine geschäftlich relevante Irreführung. Handwerklich hergestellten Produkten bringt der Verbraucher regelmäßig eine Wertschätzung entgegen, die geeignet ist, ihn zu einer geschäftlichen Entscheidung zu veranlassen, die er ansonsten nicht getroffen hätte. Die Fehlvorstellung kann sich darauf beziehen, dass überhaupt ein handwerklich hergestelltes Erzeugnis vorliegt oder auf den Umfang des handwerklich hergestellten teils des Produkts. Von einem Unternehmen, das die Bezeichnung »**Möbelhaus des Handwerks**« führt, erwartet der Verkehr ein Angebot, das zum überwiegenden Teil handwerklich hergestellte Produkte im Sortiment führt und nur zu einem kleineren Anteil Erzeugnisse aus industrieller Fertigung. Weisen die Anteile ein umgekehrtes Verhältnis auf, ist die Angabe irreführend.[744] In der Bezeichnung »**Porzellan-Manufaktur**« sieht der Verkehr eine Herstellungsstätte, die eine längere geschichtliche Tradition aufweist, sich durch Handfertigung auszeichnet und hochwertige und schöne Porzellanware hervorbringt.[745] Bei der Werbung für

---

740 HansOLG Hamburg, 04.08.1977, 3 U 8/77, WRP 1978, 142, 145.
741 Gloy/Loschelder/Erdmann/*Helm* § 59 Rn. 299.
742 BGH, 15.02.1996, I ZR 9/94, GRUR 1996, 910, 911f – *Der meistverkaufte Europas.*
743 GK/*Lindacher* § 5 Rn. 429; a. A. OLG Hamm, 09.06.2009, 4 U 222/08, GRUR-RR 2010, 104, 105.
744 BGH, 10.03.1961, I ZR 142/59, GRUR 1961, 425, 427 – *Möbelhaus des Handwerks.*
745 KG, 03.10.1975, 5 U 1244/75, GRUR 1976, 640, 641.

Bekleidung mit der Angabe »**nach Maß**« geht der Verkehr von einer handwerklichen Schneiderarbeit aus, wenn nicht deutlich gemacht wird, dass es sich nur um Maßkonfektion handelt.[746] Beschränkt sich die handwerkliche Arbeit auf die Herstellung eines **Vorprodukts** darf nicht mit der Angabe »**Garantie – reine Handarbeit**« geworben werden. Eine entsprechende Werbung für Kerzen ist unzulässig, wenn die Handarbeit sich auf Tätigkeiten bei der Herstellung der Rohlinge beschränkt.[747] Eine Werbung für handwerkliche Tätigkeiten, die dem Tätigkeitsbereich verschiedener Handwerke unterfallen, ist irreführend, wenn dabei nicht eindeutig darauf hingewiesen wird, dass die beworbene Leistung ausschließlich im Zusammenhang mit der dem Handwerker erlaubten Tätigkeit angeboten wird.[748]

bb) Herstellung oder Erbringung nach einem bestimmten Verfahren oder System

Wird in der Werbung eine bestimmte **Herstellungsmethode** benannt, muss das Erzeugnis nach diesem Verfahren hergestellt sein. Die Herstellungsmethode gehört grundsätzlich zu den wesentlichen Merkmalen der Herstellung und eine Irreführung hierüber ist normalerweise geschäftlich relevant. Zu den Merkmalen der Herstellung rechnen Angaben zur Fertigung eines Erzeugnisses nach einem **bestimmten Rezept, einem System, oder unter amtlicher Kontrolle**.[749] Angaben mit dem Zusatz »**Art**« weisen häufig nicht auf eine bestimmte Herstellungsart hin, sondern sind teilweise unspezifisch oder bezeichnen eine gehobene Qualität oder eine Geschmacksrichtung.[750] Zu den Begriffen »**öko**«, »**ökologisch**«, »**bio**«, »**biologisch**« (Rdn. 295–297). **330**

Das Merkmal der Erbringung bezieht sich auf Dienstleistungen. Angaben zum Verfahren, nach dem eine Dienstleistung erbracht wird, können ausdrücklich oder schlüssig erfolgen. Verbindet der Verkehr mit einer Bezeichnung eine bestimmte Weise der Leistung, muss das Verfahren eingehalten werden. Es kommt nicht darauf an, ob bei der abweichenden Art der Leistungserbringung keine Unterschiede im Ergebnis bestehen. Fasst der Verkehr die Bezeichnung »**Spezialreinigung**« als eine über das bloße Kleiderbad hinausgehende Leistung in Form einer Vollreinigung oder chemischen Reinigung mit individueller Nachbehandlung verbliebener Flecken auf, ist die Werbung für eine dahinter zurückbleibende Leistung irreführend.[751] **331**

cc) Eigene Herstellung

Die Bezeichnung als **eigene Herstellung oder eigene Leistungserbringung** ist irreführend, wenn die angebotenen Erzeugnisse von dritter Seite gekauft werden oder die Dienstleistung nicht vom Unternehmer oder seinen Mitarbeitern erbracht wird. Ob **332**

746 BGH, 22.06.1956, I ZR 152/54, GRUR 1957, 274, 275 – *Maßkonfektion.*
747 OLG Nürnberg, 29.09.1970, 3 U 26/70, BB 1971, 1075.
748 BGH, 29.10.1992, I ZR 306/90, GRUR 1993, 397, 398 – *Trockenbau.*
749 Ohly/*Sosnitza* § 5 Rn. 290.
750 BGH, 15.05.1956, I ZR 148/54, GRUR 1956, 550, 553 – *Tiefenfurter Bauernbrot*; GK/*Lindacher* § 5 Rn. 502.
751 BGH, 31.01.1968, Ib ZR 48/66, GRUR 1968, 387f – *Spezialreinigung.*

die gesamte Fertigung im eigenen Unternehmen erfolgen muss oder ein untergeordneter Anteil zugekauft werden kann oder bestimmte Fertigungsschritte und Vorprodukte von anderen Unternehmen stammen können, hängt von der konkreten Angabe, dem Produktbereich und den Gesamtumständen der Werbung ab. Die wesentlichen Fertigungsschritte und Vorprodukte, die für die Qualität des Erzeugnisses ausschlaggebend sind, müssen normalerweise im eigenen Unternehmen gefertigt werden.[752] Die Bezeichnung »**Hersteller**« ist als irreführend angesehen worden, wenn mehr als nur geringfügig hinzugekauft wird.[753] Bei der Bezeichnung »**Herstellung und Vertrieb**« kann jedenfalls der fachkundige Einkäufer erkennen, dass der Anteil der eigenen Herstellung nicht die gesamte oder nahezu gesamte Produktion, sondern nur einen wesentlicher Teil abdeckt.[754] Die Angabe »**aus einer Hand**« besagt in der Werbung eines Fertighausherstellers nicht, dass keine Subunternehmer eingeschaltet werden.[755] Verbrauchern ist geläufig, dass im Baugewerbe nicht alle Gewerke vom Anbieter selbst hergestellt und Subunternehmer für einzelne Gewerke eingeschaltet werden.

b) Verfahren der Lieferung

333 Zum Verfahren der Lieferung zählen der **Ort der Lieferung** sowie der **Vertriebsweg.**[756] Der Ort der Lieferung entscheidet darüber, wo der Verbraucher das Produkt in Empfang nehmen muss.[757] Mittelbar ergibt sich daraus auch, ob Versandkosten anfallen und vom Verbraucher zu tragen sind. Erweckt der Unternehmer den Eindruck, der Erfüllungsort sei beim Käufer, ist das Verlangen nach zusätzlichen Versandkosten eine irreführende geschäftliche Handlung. Eine Täuschung über den Lieferort liegt vor, wenn der Unternehmer den Eindruck erweckt, der gesetzlich vorgesehene Erfüllungsort bei einem Autokauf sei beim Herstellerwerk und die Überführungskosten zum Händler müssten auch ohne gesonderte Vereinbarung übernommen werden.

334 Zum Verfahren der Lieferung zählen die Vertriebsart und der Vertriebsweg. Eine Irreführung liegt vor, wenn der Unternehmer angibt, nur an gewerbliche Abnehmer zu verkaufen, tatsächlich aber keine Kontrollen durchführt und auch an Verbraucher verkauft.

c) Zeitpunkt der Herstellung, Lieferung oder Erbringung

335 Aussagen zum Zeitpunkt der Herstellung oder Erbringung haben geschäftliche Handlungen zum Gegenstand, die das **Alter der Produkte oder der Dienstleistung** betreffen. Das sind zunächst einmal alle Angaben, die das **Produktionsdatum** benennen. Dazu zählen etwa Lebensmittel, auf deren Verpackung neben dem Haltbarkeitsdatum das Produktionsdatum angegeben ist, und Industrieerzeugnisse, bei denen das

---

752 BGH, 24.10.1975, I ZR 59/74, GRUR 1976, 197, 198 – *Herstellung und Vertrieb.*
753 BGH, 04.12.1956, I ZR 106/55, GRUR 1957, 348, 349 – *Klasen-Möbel.*
754 BGH, 24.10.1975, I ZR 59/74, GRUR 1976, 197 – *Herstellung und Vertrieb.*
755 *OLG Stuttgart, 12.02.1997, 2 W 9/97,* NJWE-WettbR 1998, 11.
756 GK/*Lindacher* § 5 Rn. 507.
757 BGH, 18.09.2014, I ZR 201/12, GRUR 2014, 1208 Rn. 20 – *Preis zuzüglich Überführung.*

Herstellungsdatum vermerkt ist, wie etwa bei Kraftfahrzeugreifen. Hierzu können auch mittelbare Angaben über die Herstellungszeit zu rechnen sein, wie die Angabe der **Chargennummer** bei einem Arzneimittel. Angaben zum Zeitpunkt der Erbringung beziehen sich auf den **Zeitpunkt der Dienstleistung**. Verspricht ein Schlüsseldienst einen **Notdienst rund um die Uhr**, muss der Dienst 24 Stunden an allen Tagen zur Verfügung stehen, einschließlich der Wochenenden und Sonn- und Feiertagen.

Der **Zeitpunkt der Lieferung** betrifft die Angaben, die sich ausdrücklich oder schlüssig **336** darauf beziehen, wann oder innerhalb welchen Zeitraums eine Lieferung erfolgt. Die Aussage »**24 Stunden Lieferservice ohne Aufschlag**« in einer Werbung im Internet für Druckerpatronen fasst ein verständiger Verbraucher nicht so auf, dass eine Lieferung auch am Sonntag erfolgt. Der durchschnittlich aufmerksame und interessierte Verbraucher weiß, dass am Sonntag regelmäßig nicht geliefert wird.[758] Die Verkehrsanschauung kann je nach Produktart und Leistung allerdings unterschiedlich ausfallen. Bei einem Pizzadienst wird der Verkehr die Ankündigung »**Lieferung binnen 1 Stunde**« dahin verstehen, dass die Lieferung während der Öffnungszeiten des Betriebs im angemessenen Umkreis innerhalb einer Stunde erfolgt.

Angaben zum Zeitpunkt der Herstellung, Lieferung oder Erbringung beziehen auch **337** die **Neuheits- und Alterswerbung** ein. Die Angaben zur Neuheit können sich auf die Neuheit auf dem Markt, auf die Modellneuheit oder auf die Neuheit eines Produkts im Gegensatz zu einem gebrauchten Erzeugnis beziehen. Mit Alterswerbung nimmt der Unternehmer ausdrücklich oder unterschwellig besondere Erfahrung in Anspruch (zu den Einzelheiten der Neuheits- und Alterswerbung Rdn. 311–315, 450 f.).

5. Vorteile, Risiken, Zwecktauglichkeit, Verwendungsmöglichkeit, von der Verwendung zu erwartende Ergebnisse

Aussagen über die Verwendungsmöglichkeiten, die Wirkungen, Vorteile und Risiken **338** eines Produkts haben für die angesprochenen Verkehrskreise regelmäßig erhebliche Bedeutung. Der Verkehr entnimmt derartigen Aussagen normalerweise eine inhaltliche Aussage und fasst sie nur in Ausnahmefällen als Werturteil oder inhaltslose Anpreisung auf. Angaben zu diesen Merkmalen der Waren und Dienstleistungen sind grundsätzlich geschäftlich relevant.

Zwecktauglichkeit und Verwendungsmöglichkeit beschreiben, wofür eine Ware oder **339** eine Dienstleistung eingesetzt werden kann. Das Merkmal »von der Verwendung zu erwartende Ergebnisse« bezeichnet Angaben über die Wirkung des eingesetzten Produkts (Ware oder Dienstleistung). Eng mit den Wirkungen des Produkts hängen Angaben zu den Vorteilen und Risiken zusammen. Die einzelnen Merkmale überschneiden sich in ihrem Anwendungsbereich untereinander und mit weiteren in § 5 Abs. 1 Satz 2 Nr. 1 angeführten Merkmalen, ohne dass eine genaue Abgrenzung möglich und erforderlich ist.

758 BGH, 12.05.2011, I ZR 119/10, GRUR 2012, 81 Rn. 13 – *Innerhalb 24 Stunden.*

a) Gesundheitswerbung

aa) Nr. 18 des Anhangs zu § 3 Abs. 3

340 Von dem per se-Verbot nach Nr. 18 des Anhangs zu § 3 Abs. 3 wird eine unwahre Angabe erfasst, eine Ware oder Dienstleistung könne Krankheiten, Funktionsstörungen oder Missbildungen heilen (Anh. (zu § 3 Abs. 3) Rdn. 233).

bb) Sondergesetzliche Irreführungsverbote

341 Sondergesetzliche Irreführungsverbote im Zusammenhang mit dem Gesundheitsbereich enthalten § 8 AMG, § 3 HWG, § 11 Abs. 1 Nr. 2 LFGB i. V. mit Art. 7 (3) VO (EU) 1169/2011 [LMIV]. Nach § 8 Abs. 1 Nr. 2 Satz 1 AMG ist es verboten, Arzneimittel oder Wirkstoffe herzustellen oder in den Verkehr zu bringen, die mit irreführender Bezeichnung, Angabe oder Aufmachung versehen sind. Für den Anwendungsbereich des HWG nach § 1 enthält § 3 Satz 1 HWG ein Verbot irreführender Werbung, das in § 3 Satz 2 HWG mit Beispielstatbeständen konkretisiert wird. Vorbehaltlich der in den Unionsvorschriften über natürliche Mineralwässer und über Lebensmittel, die für eine besondere Ernährung bestimmt sind, vorgesehenen Ausnahmen dürfen gem. Art. (3) LMIV Informationen über ein Lebensmittel diesem keine Eigenschaften der Vorbeugung, Behandlung oder Heilung einer menschlichen Krankheit zuschreiben oder den Eindruck dieser Eigenschaften entstehen lassen. Die VO (EG) 1924/2006 [Health-Claims-VO] enthält detaillierte Vorschriften über die Verwendung nährwert- und gesundheitsbezogener Angaben. Gem. Art. 3 Unterabs. 2 lit. a Health-Claims-VO dürfen unbeschadet der Richtlinien 2000/13/EG und 84/450/EWG nährwert- und gesundheitsbezogene Angaben nicht falsch, mehrdeutig oder irreführend sein. Die VO (EG) 1223/2009 über kosmetische Mittel bestimmt in Art. 20 (1), dass bei der Kennzeichnung, der Bereitstellung auf dem Markt und der Werbung für kosmetische Mittel keine Texte, Bezeichnungen, Warenzeichen, Abbildungen und andere bildhafte oder nicht bildhafte Zeichen verwendet werden dürfen, die Merkmale oder Funktionen vortäuschen, die die betreffenden Erzeugnisse nicht besitzen.

342 Die entsprechenden unionsrechtlichen und nationalen Vorschriften über Irreführungsverbote enthalten spezielle Irreführungstatbestände, die das allgemeine Irreführungsverbot grundsätzlich nicht verdrängen.[759] Nur wenn die unionsrechtlichen Irreführungsverbote besondere Aspekte unlauterer Geschäftspraktiken regeln und diese mit den Irreführungsverboten nach der UGP-RL kollidieren, gehen nach Art. 3 (4) UGP-RL die speziellen Irreführungsverbote denjenigen der UGP-RL vor.[760] Nicht abschließend ausgelotet durch die Rechtsprechung des EuGH ist, wann von einer Kollision in diesem Sinn auszugehen ist (Einzelheiten Einleitung Rdn. 165). Ist durch einen speziellen Irreführungstatbestand eine bestimmte Fallkonstellation abschließend geregelt, können die

759 Zum nationalen Recht BGH, 28.06.1957, I ZR 230/55, 1958, 32, 34 – *Haferschleim*; BGH, 14.12.1966, Ib ZR 125/64, 1967, 362, 368 – *Spezialsalz*; BGH, 25.06.1971, I ZR 68/70, GRUR 1971, 580 – *Johannisbeersaft*; BGH, 30.10.1981, I ZR 156/79, GRUR 1982, 118, 119 – *Kippdeckeldose*.

760 EuGH, 07.07.2016, C-476/14, GRUR 2016, 945 Rn. 42 – *Citroën Commerce*.

allgemeinen Vorschriften irreführender Geschäftspraktiken nach Art. 6 und 7 UGP-RL und § 5 UWG nicht zur Anwendung kommen. Dagegen schließt der Umstand, dass das spezielle Irreführungsverbot ein Verhalten nicht untersagt, nicht zwingend die Anwendung des § 5 aus. Hier muss hinzukommen, dass es sich bei dem spezialgesetzlichen Tatbestand um eine abschließende Regelung handelt.

cc) Besondere Anforderungen an Aussagen im Gesundheitsbereich

Besondere Anforderungen an Aussagen zu Verwendungsmöglichkeiten, Wirkungen, 343 Vorteilen und Risiken stellt die Rechtsprechung im Bereich der **Gesundheitswerbung**. Der Verbraucher ist hier besonders bereitwillig, auf die Wirksamkeit eines Produkts zu vertrauen, und daher geneigt, Werbeaussagen tatsächliche Angaben zu entnehmen und sie für wahr zu halten.[761] Irreführende Angaben bringen in diesem Bereich erhebliche Gefahren für die Gesundheit der Bevölkerung mit sich, so dass strenge Anforderungen an die Richtigkeit, Eindeutigkeit und Klarheit der Angaben in diesem Bereich gerechtfertigt sind.[762]

Die Angabe »**bewährt auch bei Erkältung und Grippe**« ist gegenüber dem Verbrau- 344 cher irreführend, wenn das Arzneimittel nur gegen die Symptome und nicht gegen die Ursachen der Grippe wirkt.[763] Die Aussage »**Stoppt Durchfall**« ist unrichtig, wenn die Wirkung nicht innerhalb weniger Stunden eintritt.[764] Angaben mit fachlichen Aussagen auf dem Gebiet der gesundheitsbezogenen Werbung sind generell nur zulässig, wenn sie **gesicherten wissenschaftlichen Erkenntnissen** entsprechen.[765] Das ist nicht der Fall, wenn dem Werbenden jegliche wissenschaftlich gesicherte Erkenntnisse fehlen, die die werbliche Behauptung stützen können. Unzulässig ist es weiter, mit einer fachlich umstrittenen Meinung zu werben, ohne die Gegenmeinung zu erwähnen.[766]

Hohe Anforderungen werden an die Genauigkeit einer Werbung im Gesundheitsbe- 345 reich gestellt, die sich auf **Studien** stützt. Es reicht nicht aus, dass die Werbeaussage für sich genommen richtig ist. Die Studie muss den Anforderungen an einen wissenschaftlichen Beleg genügen. Dabei sind Studienergebnisse grundsätzlich nur dann hinreichend aussagekräftig, wenn sie nach den anerkannten Regeln und Grundsätzen wissenschaftlicher Forschung durchgeführt und ausgewertet wurden. Dafür ist im Regelfall erforderlich, dass eine randomisierte, placebokontrollierte Doppelblindstudie mit einer adäquaten statistischen Auswertung vorliegt, die durch Veröffentlichung in den Diskus-

761 BGH, 03.11.2016, I ZR 227/14, GRUR 2017, 418 Rn. 22 – *Optiker-Qualität*.

762 BGH, 03.05.2001, I ZR 318/98, GRUR 2002, 182, 185 – *Das Beste jeden Morgen*; BGH, 06.02.2013, I ZR 62/11, GRUR 2013, 649 Rn. 15 – *Basisinsulin mit Gewichtsvorteil*.

763 BGH, 20.01.1983, I ZR 183/80, GRUR 1983, 333, 334 – *Grippewerbung II*.

764 OLG Schleswig, 30.01.2014, 6 U 15/13, GRUR-RR 2014, 347, 348.

765 BGH, 23.10.1970, I ZR 86/69, GRUR 1971, 153, 155 – *Tampax*; BGH, 07.03.1991, I ZR 127/89, GRUR 1991, 848, 849 – *Rheumalind II*; BGH, 07.12.2000, I ZR 260/98, GRUR 2002, 273, 274 – *Eusovit*; BGH, 04.09.2003, I ZR 32/01, GRUR 2004, 72.

766 BGH, 07.03.1991, I ZR 127/89, GRUR 1991, 848, 849 – *Rheumalind II*; BGH, 06.02.2013, I ZR 62/11, GRUR 2013, 649 Rn. 16 – *Basisinsulin mit Gewichtsvorteil*.

sionsprozess der Fachwelt einbezogen worden ist.[767] Bestehen Besonderheiten der Art, Durchführung oder Auswertung der Studie oder enthält die Studie Einschränkungen oder Zweifel im Hinblick auf die Validität und Bedeutung der gefundenen Ergebnisse, müssen diese in der Werbung wiedergegeben werden. Das ist der Fall, wenn die Studie abweichende Studienergebnisse nennt oder wenn sie eine vorsichtige Bewertung der Ergebnisse vornimmt. Diese Umstände müssen in der Werbung, die auf eine Studie Bezug nimmt, dargestellt werden. Trägt die Studie die Werbeaussage nicht uneingeschränkt, ist eine Bezugnahme auf die Studie ohne eindeutige und klare Benennung der Umstände, die die Werbeaussage nicht hinreichend belegen, irreführend.[768]

346 Diese Grundsätze gelten auch für Angaben in einer **Fachinformation für Arzneimittel** nach § 11a Abs. 1 Satz 1 AMG.[769] Fachinformation ist die zwingend vorgeschriebene Gebrauchsinformation für die Fachkreise. Der Inhaber der Arzneimittelzulassung kann sich allerdings darauf berufen, dass die Angaben in der dem Zulassungsantrag des Arzneimittels beigefügten Fachinformation zum Zeitpunkt der Zulassung des Arzneimittels dem gesicherten Stand der Wissenschaft entsprochen haben. Die indizielle Bedeutung der Zulassung für die hinreichende wissenschaftliche Absicherung der in der Fachinformation enthaltenen Angaben kann der Gegner erschüttern. Dazu muss er darlegen und erforderlichenfalls beweisen, dass neuere, erst nach dem Zulassungszeitpunkt bekannt gewordene oder der Zulassungsbehörde bei der Zulassungsentscheidung sonst nicht zugängliche wissenschaftliche Erkenntnisse vorliegen, die gegen die wissenschaftliche Tragfähigkeit der durch die Zulassung belegten Aussagen sprechen.[770]

347 **Risiken** müssen in der Werbung, die einen Bezug zum Gesundheitsbereich hat, zutreffend dargestellt werden. Bei frei verkäuflichen Produkten, deren Gebrauch oder Genuss mit Risiken für die Sicherheit oder Gesundheit verbunden ist, dürfen die bestehenden Sicherheits- oder Gesundheitsrisiken nicht verharmlost werden und es darf nicht der falsche unzutreffende Eindruck der gesundheitlichen Unbedenklichkeit des Produkts erweckt werden.[771]

767 BGH, 02.10.2008, I ZR 51/06, GRUR 2009, 75 Rn. 26 – *Priorin*; BGH, 01.06.2011, I ZR 199/09, MD 2011, 583 f.; BGH, 15.03.2012, I ZR 44/11, GRUR 2012, 1164 Rn. 20 – *ARTROSTAR*.

768 BGH, 06.02.2013, I ZR 62/11, GRUR 2013, 649 Rn. 16 ff – *Basisinsulin mit Gewichtsvorteil*.

769 BGH, 07.05.2015, I ZR 29/14, GRUR 2015, 1244 Rn. 17 – *Äquipotenzangabe in Fachinformation*.

770 BGH, 07.05.2015, I ZR 29/14, GRUR 2015, 1244 Rn. 35 – *Äquipotenzangabe in Fachinformation*.

771 BGH, 14.01.1993, I ZR 301/90, GRUR 1993, 756 – *Mild-Abkommen*; BGH, 20.06.1996, I ZR 113/94, GRUR 1996, 793 – *Fertiglesebrillen*; BGH, 13.07.2006, I ZR 234/03, GRUR 2006, 953 Rn. 19 – *Warnhinweis II*.

b) Umweltbezogene Angaben

Die Rechtsprechung hat an die Richtigkeit umweltbezogener Angaben vergleichbar strenge Anforderungen gestellt, wie sie für die Gesundheitswerbung gelten.[772] Begründet wurde dies mit der allgemeinen Anerkennung der Umwelt als eines wertvollen und schutzbedürftigen Gutes, das zunehmend in das Bewusstsein gerückt ist, was dazu geführt hat, dass der Verkehr vielfach Waren und Leistungen bevorzugt, auf deren besondere Umweltverträglichkeit hingewiesen wird. Zudem sollen Werbemaßnahmen, die an den Umweltschutz anknüpfen, sich als besonders geeignet erwiesen haben, emotionale Bereiche im Menschen anzusprechen, die von einer Besorgnis um die eigene Gesundheit bis zum Verantwortungsgefühl für spätere Generationen reichen. Die Rechtsprechung hat die strengen Anforderungen bereits auf eine direkte Werbung mit Umweltbegriffen beschränkt.[773] **Die strengen Anforderungen für eine Werbung mit Umweltbegriffen sind aber insgesamt in Anbetracht des gewandelten Verbraucherleitbilds nicht mehr gerechtfertigt und mit der UGP-RL nicht zu vereinbaren.** Es besteht die Gefahr, dass durch eine großzügige Schaffung von Bereichen, in denen strengere Anforderungen an die Werbung gestellt werden, die grundsätzliche Unterscheidung zwischen den per se-Verboten und den allgemeinen Irreführungsverboten nach Art. 6 und 7 UGP-RL und § 5 aufgehoben oder nivelliert wird. Das ist mit der Beschränkung der per se-Verbote auf die ausdrücklich im Anhang I beschränkten Tatbestände nicht zu vereinbaren.[774] Werbung mit Umweltbegriffen unterliegt danach keinen strengeren Regeln als Werbung mit anderen Inhalten. Das ändert allerdings nichts daran, dass eine entsprechende Werbung richtig sein muss. **348**

Wer ein Umweltzeichen verwendet, muss die damit zusammenhängenden Voraussetzungen erfüllen.[775] Die unberechtigte Nutzung eines Umweltzeichens stellt eine Irreführung über die Beschaffenheit oder Wirkung einer Ware oder Dienstleistung dar. Werden Begriffe wie »**umweltschonend**«, »**umweltverträglich**« oder »**umweltfreundlich**« benutzt, müssen diese zutreffen, auch wenn der Verbraucher kein klares Bild davon hat, wann bei einem Produkt von Umweltverträglichkeit auszugehen ist. Der Verkehr entnimmt derartigen Aussagen regelmäßig eine Tatsachenangabe und geht allgemein von einer entsprechenden umweltschonenden Wirkung aus. Wird mit der Angabe »**hohe Umweltverträglichkeit**« mit gesteigerter Umweltverträglichkeit geworben, kann eine Offenlegung erforderlich sein, aus welchen Eigenschaften seines Produkts der Werbende diese Bewertung konkret ableitet.[776] Die Aussage »**schnell biolo-** **349**

772 BGH, 20.10.1988, I ZR 219/87, BGHZ 105, 277, 280 – *Umweltengel*; BGH, 20.10.1988, I ZR 238/87, GRUR 1991, 546, 547 – *...aus Altpapier*; BGH, 04.10.1990, I ZR 39/89, GRUR 1991, 550, 551 – *Zaunlasur*; BGH, 23.05.1996, I ZR 76/94, GRUR 1996, 985, 986 – *PVC-frei*.

773 BGH, 23.05.1996, I ZR 76/94, GRUR 1996, 985, 986 – *PVC-frei*.

774 EuGH, 14.01.2010, C-304/08, GRUR 2010, 244 Rn. 41 – *Plus Warenhandelsgesellschaft*; EuGH, 19.10.2017, C-295/16 GRUR 2018, 303 Rn. 41 und 42 – *Europamur*.

775 BGH, 19.02.2014, I ZR 230/12, GRUR 2014, 578 Rn. 11 – *Umweltengel für Tragetasche*.

776 HansOLG Hamburg, 02.05.2007, 5 U 85/06, OLGR 2008, 583.

gisch abbaubar« ist ohne erläuternde Hinweise irreführend, wenn der Werbende eine fachlich umstrittene Analysemethode herangezogen hat.[777]

350 Soweit mit Begriffen geworben wird, die einen Bezug zur Natur haben (zur Werbung mit der Angabe »Bio« Rdn. 295, 297), ist dem Durchschnittsverbraucher bekannt, dass in der Natur Schadstoffe vorkommen. Er stellt deshalb in Rechnung, dass entsprechende Erzeugnisse nicht völlig frei von Schadstoffen sind, selbst wenn sie mit »naturrein«, »natürlich« oder »bio« bezeichnet sind.[778] Die Erzeugnisse müssen allerdings die höchstzulässigen Grenzwerte deutlich unterschreiten.

c) Weitere Angaben

351 Angaben zu den Wirkungen und Verwendungsmöglichkeiten müssen auch im Übrigen zutreffend sein. Die Angabe »**30 m wasserdicht**« ist falsch, wenn die Uhr nur 3 Bar Wasserdruck standhält.[779] Die Angabe »**Praxis Aktuell**« für eine Software, die der Übermittlung der Meldungen und Beitragsnachweise durch die Arbeitgeber an die Sozialversicherungsträger dient und bei der keine Verbindung zur AOK besteht, ist irreführend, weil sie im Hinblick auf die von der AOK mitherausgegebene gleichnamige Zeitschrift den unzutreffenden Eindruck erweckt, es handele sich bei der Software um ein von der AOK oder in enger Zusammenarbeit mit der AOK hergestelltes Produkt, das schon deshalb für die Kommunikation der Arbeitgeber mit der AOK besonders geeignet sei.[780]

6. Menge

a) Allgemeines

352 »**Menge**« bezeichnet die Quantität des Angebots. Hierzu rechnen Aussagen zur Stückzahl, zum Gewicht, zur Größe, zur Fläche, zum Volumen oder zur Füllmenge der angebotenen Ware. Sie beziehen sich auf den Umfang des jeweiligen Angebots und nicht auf die Vorratsmenge, die der Unternehmer für sein Angebot bereithält. Bei der Dienstleistung betreffen sie ebenfalls die Quantität der angebotenen Dienstleistung, etwa nach dem Zeitraum der Dienstleistung oder der Zahl der einzelnen Leistungen. Die Angaben können ausdrücklich oder schlüssig erfolgen. Sie haben erhebliche wirtschaftliche Bedeutung und sind deshalb regelmäßig für den Adressaten geschäftlich relevant.[781]

353 Vielfach befinden sich Mengenangaben auf der Verpackung etwa in Form von Volumen- oder Gewichtsangaben. Mengenangaben bezieht der Verkehr regelmäßig auf Net-

---

777 HansOLG Hamburg, 02.05.2007, 5 U 85/06, OLGR 2008, 583, 586.
778 EuGH, 04.04.2000, C-465/98, WRP 2000, 489 Rn. 27–33 – *Darbo naturrein*; BGH, 17.10.1996, I ZR 159/94, GRUR 1997, 306, 308 – *Naturkind*; BGH, 13.09.2012, I ZR 230/11, BGHZ 194, 314 Rn. 34 – *Biomineralwasser*.
779 *OLG Frankfurt, 10.04.2008, 6 U 34/07*, MD 2008, 636.
780 BGH, 10.06.2010, I ZR 42/08, GRUR 2001, 85 Rn. 17 – *Praxis Aktuell*.
781 BGH, 10.12.1986, I ZR 136/84, GRUR 1987, 180, 181 – *Ausschank unter Eichstrich II*.

toangaben ohne Verpackung.[782] Die Angaben können auch konkludent erfolgen, etwa durch die Abbildung der Stückzahl in der Werbung.[783] Ist in einem Werbeprospekt eine Sachgesamtheit abgebildet, geht der Verkehr davon aus, dass das Angebot diese Sachgesamtheit umfasst. Eine Werbung für eine Küchenzeile ist deshalb irreführend, wenn nicht alle abgebildeten Einzelteile zum Angebot gehören. Bei einem Angebot eines Computers mit einem Monitor schließt das Angebot nach der Verbrauchererwartung den Monitor ein.[784] Bildet der Unternehmer in der Werbung für Schlafzimmermöbel ein Bett mit Matratze ab, geht der Verbraucher davon aus, dass nicht nur ein Bettgestell, sondern auch ein Lattenrost mit Matratze zum Angebotsumfang gehört.[785]

Der Verkehr kann ohne unmittelbare Aussagen aus den Begleitumständen auf die angebotene Menge schließen. Bei vielen Produkten geht der Durchschnittsverbraucher von einem **Zusammenhang zwischen Packungsgröße und Angebotsmenge** aus.[786] **354**

Normalerweise sind Mengenabweichungen irreführend, wenn es sich um Mindermengen handelt. Umgekehrt liegen die Dinge, wenn eine **geringe Menge für den Verbraucher vorteilhaft** ist. Das ist etwa bei Gewichtsangaben bei einem Notebook oder einem Kraftfahrzeug der Fall, bei dem ein geringes Gewicht für den Verbraucher von Vorteil ist.[787] **355**

Enthält die Werbung für sich genommen keine irreführenden Mengenangaben, liegt regelmäßig in der **Lieferung einer von der Angebotsmenge ungünstig abweichenden Liefermenge eine Schlechtleistung**, die für sich genommen den Irreführungstatbestand nicht erfüllt.[788] Daran hat sich auch durch die Ausweitung der geschäftlichen Handlung auf Sachverhalte nach Vertragsschluss nichts geändert.[789] Es fehlt das für die geschäftliche Handlung erforderliche Merkmal des »objektiven Zusammenhangs«, das funktional zu verstehen ist und voraussetzt, dass die Handlung bei objektiver Betrachtung darauf gerichtet ist, durch Beeinflussung der geschäftlichen Entscheidung der Verbraucher oder sonstigen Marktteilnehmer den Absatz oder Bezug von Waren oder Dienstleistungen des eigenen oder eines fremden Unternehmens zu fördern. Eine irreführende geschäftliche Handlung kommt in diesem Zusammenhang danach unter zwei Gesichtspunkten in Betracht. Irreführend ist die Schlechtleistung des Unternehmers zum einen, wenn er die ungünstige Mengenabweichung bei der Leistungserbringung verschleiert.[790] Zum anderen liegt eine irreführende geschäftliche Handlung vor, wenn **356**

782 GK/*Lindacher* § 5 Rn. 529.
783 OLG Hamm, 07.05.1981, 4 U 73/81, BB 1981, 1790.
784 BGH, 28.11.2002, I ZR 110/00, GRUR 2003, 249 – *Preis ohne Monitor.*
785 BGH, 18.12.2014, I ZR 129/13, GRUR 2015, 698 Rn. 11 – *Schlafzimmer komplett.*
786 BGH, 30.10.1981, I ZR 156/79, GRUR 1982, 118, 119 – *Kippdeckeldose*; BGH, 11.10.2017, I ZR 78/16, GRUR 2018, 431 Rn. 24 – *Tiegelgröße.*
787 Gloy/Loschelder/Erdmann/*Helm* § 59 Rn. 331.
788 BGH, 21.04.1983, I ZR 30/81, GRUR 1983, 451, 452 – *Ausschank unter Eichstrich.*
789 BGH, 10.01.2013, I ZR 190/11, GRUR 2013, 945 Rn. 17 – *Standardisierte Mandatsbearbeitung.*
790 BGH, 10.01.2013, I ZR 190/11, GRUR 2013, 945 Rn. 26 – *Standardisierte Mandatsbearbeitung.*

der Unternehmer schon bei der Werbung nicht gewillt ist, die beschriebene Menge zu liefern.[791]

b) Sondergesetzliche Bestimmungen

357 Durch einige sondergesetzliche Vorschriften soll eine Irreführung der Verbraucher durch unzutreffende Mengenangaben ausgeschlossen werden. Das Gesetz über das Inverkehrbringen und die Bereitstellung von Messgeräten auf dem Markt, ihre Verwendung und Eichung sowie über Fertigpackungen [MessEG][792] hat das Gesetz über das Meß- und Eichwesen abgelöst. Fertigpackungen dürfen nach § 43 Abs. 1 MessEG nur hergestellt, in den Geltungsbereich des Gesetzes verbracht, in den Verkehr gebracht oder sonst auf dem Markt bereitgestellt werden, wenn die Nennfüllmenge angegeben ist, die Füllmenge die festgelegten Anforderungen erfüllt und die Fertigpackung mit den erforderlichen Angaben, Aufschriften und Zeichen versehen ist. Nach § 43 Abs. 2 MessEG ist es verboten, Fertigpackungen herzustellen, herstellen zu lassen, in den Geltungsbereich dieses Gesetzes zu verbringen, in Verkehr zu bringen oder sonst auf dem Markt bereitzustellen, wenn sie ihrer Gestaltung und Befüllung nach eine größere Füllmenge vortäuschen als in ihnen enthalten ist. Nach § 1 Abs. 1 Satz 2 PAngV sind, soweit es der allgemeinen Verkehrsauffassung entspricht, die Verkaufs- oder Leistungseinheit und die Gütebezeichnung anzugeben, auf die sich die Preise beziehen. Zudem enthält die Verordnung über Fertigpackungen (Fertigpackungsverordnung) vom 08.03.1994[793] detaillierte Regelungen über Fertigverpackungen.

c) Mogelpackungen

358 Auf eine Irreführung der Verbraucher angelegt sind Mogelpackungen, durch die aufgrund der Aufmachung der Verpackung eine größere Füllmenge als tatsächlich enthalten vorgetäuscht wird.[794] Um durch die Verpackungsaufmachung über die Füllmenge getäuscht zu werden, muss der Verkehr von der Aufmachung auf die Füllmenge schließen. Bei manchen Produkten ist dies schon deshalb nicht der Fall, weil dem Verkehr bekannt ist, dass die Produkte in einer besonders voluminösen Verpackung in Verkehr gebracht werden, die keinen Rückschluss auf den Inhalt erlaubt. Das ist etwa bei Pralinenverpackungen oder Parfümflaschen der Fall.[795] Ansonsten kommt es neben den Verhältnissen im jeweiligen Produktbereich auf die konkrete Gestaltung der Produktaufmachung und Verpackung an, ob der Verbraucher diesen Begleitumständen einen Hinweis auf die Warenmenge entnimmt.[796] Vielfach besteht die Verkehrserwartung,

---

791 BGH, 21.04.1983, I ZR 30/81, GRUR 1983, 451, 452 – *Ausschank unter Eichstrich*; BGH, 10.12.1986, I ZR 136/84, GRUR 1987, 180, 181 – *Ausschank unter Eichstrich II*; BGH, 10.01.2013, I ZR 190/11, GRUR 2013, 945 Rn. 37 – *Standardisierte Mandatsbearbeitung*.

792 BGBl. 2013, I 2722.

793 BGBl. I 451.

794 BGH, 30.10.1981, I ZR 156/79, GRUR 1982, 118 – *Kippdeckeldose*; BGH, 11.10.2017, I ZR 78/16, GRUR 2018, 431 Rn. 17 – *Tiegelgröße*.

795 BGH, 11.10.2017, I ZR 78/16, GRUR 2018, 431 Rn. 43 – *Tiegelgröße*.

796 BGH, 11.10.2017, I ZR 78/16, GRUR 2018, 431 Rn. 44 und 47 – *Tiegelgröße*.

dass die Verpackung in einem angemessenen Verhältnis zu der darin enthaltenen Füllmenge des Produkts steht.[797] Ist dies der Fall und täuscht die Umverpackung oder die Produktaufmachung eine größere Füllmenge vor, kann der Unternehmer durch **aufklärende Hinweise** eine entsprechende Fehlvorstellung neutralisieren. Dazu muss sichergestellt sein, dass ein angemessen aufmerksamer und verständiger Verbraucher die Hinweise vor der geschäftlichen Entscheidung zur Kenntnis nimmt.[798] Ist bei einer Gesichtscreme auf der Verpackung die Füllmenge zutreffend angegeben und die Tiegelgröße richtig abgebildet, wird der Durchschnittsverbraucher diese Angaben zur Kenntnis nehmen, weil er sich vor dem Kauf einer ihm unbekannten Gesichtscreme über die nähere Zusammensetzung des Produkts informieren wird.

d) Interessenabwägung

Sind bestimmte Packungsgrößen oder -ausführungen aus technischen oder wirtschaftlichen Gründen vorgegeben, kann eine nicht sonderlich ins Gewicht fallende Irreführung, die nicht durch aufklärende Hinweise ausgeräumt werden kann, im Rahmen einer Interessenabwägung hinzunehmen sein (Rdn. 267).[799] **359**

7. Kundendienst und Beschwerdeverfahren

a) per se-Verbote

Spezielle Irreführungstatbestände zu Kundendienstleistungen in einer anderen Sprache als derjenigen, in der die Verhandlungen vor dem Abschluss des Geschäfts geführt worden sind, und zu unwahren Angaben über die Verfügbarkeit eines Kundendienstes in einem anderen Mitgliedstaat der Union als dem des Warenverkaufs oder der Dienstleistung enthalten die per se-Verbote nach Nr. 8 und 24 des Anhangs zu § 3 Abs. 3 (Anh. (zu § 3 Abs. 3) Rdn. 130 und 294). Diese gehen als lex specialis bei Vorliegen der jeweiligen Voraussetzungen dem allgemeinen Irreführungstatbestand vor. **360**

b) Kundendienst

Die Merkmale »Kundendienst und Beschwerdeverfahren« sind in Art. 6 (1) lit. b UGP-RL enthalten. § 5 Abs. 1 Satz 2 Nr. 1, in den sie mit dem UWG 2008 aufgenommen worden sind, dient insoweit der Umsetzung der UGP-RL. Die Begriffe sind richtlinienkonform und autonom auszulegen. **361**

Kundendienst bezieht sich auf Dienstleistungen des Herstellers für den Verbraucher nach dem Kauf. Das machen die englische und französische Fassung der UGP-RL mit den Begriffen »after-sale customer assistance« und »le service après-vente« deutlich. Hierzu zählen Dienstleistungen zur Wartung, Reparatur, Mängelbeseitigung und Ausführung von Garantieleistungen. Unterstützung bei der Aufstellung und Installation **362**

797 BGH, 11.10.2017, I ZR 78/16, GRUR 2018, 431 Rn. 47 – *Tiegelgröße.*
798 BGH, 11.10.2017, I ZR 78/16, GRUR 2018, 431 Rn. 27 – *Tiegelgröße.*
799 BGH, 30.10.1981, I ZR 156/79, GRUR 1982, 118, 119 – *Kippdeckeldose.*

rechnet ebenfalls hierzu.[800] Die Leistungen können an Ort und Stelle beim Verbraucher aber auch im Wege der Fernwartung oder über eine Telefonhotline erfolgen.[801] Die Angaben beziehen sich darauf, dass ein Kundendienst existiert und in welchem Umfang Leistungen erbracht werden. Nicht erfasst werden geschäftliche Handlungen, die sich auf die Darstellung der Rechte der Verbraucher i. S. von § 5 Abs. 1 Satz 2 Nr. 7 beziehen. Irreführend ist danach eine Werbung, die eine »**rund um die Uhr-Hotline**« für die Installation eines Computerprogramms oder einen »**24 Stunden Notdienst**« verspricht, wenn die entsprechenden Leistungen nicht an 24 Stunden erbracht werden.[802]

c) Beschwerdeverfahren

363 Beschwerdeverfahren betreffen die Behandlung von Reklamationen des Verbrauchers gegenüber dem Unternehmer, die sich auf den Zeitpunkt des Vertragsschlusses und die Zeit danach beziehen. Erfasst werden Angaben zur Existenz eines Beschwerdeverfahrens und seiner Ausgestaltung. Kündigt der Unternehmer eine Hotline zur Entgegennahme und Abwicklung von Reklamationen an und ist die Hotline innerhalb angemessener Zeit nicht zu erreichen, ist die einschränkungslose Ankündigung irreführend.

8. Geographische Herkunftsangaben

a) Allgemeines

364 Geographische Herkunftsangaben haben für die geschäftliche Entscheidung der Verbraucher eine erhebliche Bedeutung. Irreführende Angaben zur geographischen Herkunft sind grundsätzlich geschäftlich relevant.[803] Der Verkehr verbindet mit ihnen regelmäßig eine allgemeine Wertschätzung, ohne dass es auf besondere Qualitätserwartungen der Verbraucher ankommt.[804] Geographische Herkunftsangaben haben für den Verbraucher häufig eine unterschwellige Bedeutung, die er in seine geschäftliche Entscheidung einbezieht. Es bedarf daher grundsätzlich besonderer Gründe für die Annahme, eine irreführende geographische Herkunftsbezeichnung sei für geschäftliche Entscheidung des getäuschten Publikums ohne Bedeutung.

b) Begriff

365 § 126 Abs. 1 MarkenG enthält eine Definition der geographischen Herkunftsangaben, die zur Auslegung des Begriffs i. S. von § 5 Abs. 1 Satz 2 Nr. 1 herangezogen werden kann. Geographische Herkunftsangaben sind danach die Namen von Orten, Gegen-

---

800 GK/*Lindacher* § 5 Rn. 619.

801 FBO/*Peifer/Obergfell* § 5 Rn. 326.

802 Götting/*Nordemann* § 5 Rn. 1.138.

803 BGH, 19.01.1995, I ZR 197/92, GRUR 1995, 354, 357 – *Rügenwalder Teewurst II*; BGH, 31.03.2016, I ZR 86/13, BGHZ 209, 302 Rn. 34 – *Himalaya Salz.*

804 BGH, 06.06.1980, I ZR 97/78, GRUR 1981, 71, 73 – *Lübecker Marzipan*; BGH, 29.04.1982, I ZR 111/80, GRUR 1982, 564, 566 – *Elsässer Nudeln*; BGH, 13.10.1994, I ZR 96/92, GRUR 1995, 65, 66 – *Produktionsstätte*; BGH, 30.07.2015, I ZR 250/12, GRUR 2016, 406 Rn. 22 – *Piadina-Rückruf.*

den, Gebieten oder Ländern sowie sonstige Angaben oder Zeichen, die im geschäftlichen Verkehr zur Kennzeichnung der geographischen Herkunft von Waren oder Dienstleistungen benutzt werden. Die Aufzählung ist nicht abschließend. Ortsteile, Stadtbezirke, Straßennamen, Wälder, Berge, Flüsse, Seen, Quellen, Küstenstreifen, Meere und Erdteile können geographische Herkunftsangaben sein.[805] Neben unmittelbaren geographischen Herkunftsangaben kommen mittelbare geographische Herkunftsangaben in Betracht. Sie enthalten keinen geographischen Namen. Der Verkehr fasst sie aber als geographische Herkunftsangabe auf, weil sie auf ein bestimmtes Gebiet hinweisen. In Betracht kommen Landesfarben und –flaggen,[806] Flaschenformen,[807] Wahrzeichen,[808] Lagenamen,[809] Tiere,[810] Veranstaltungsnamen[811] und typische Landschaften.

Der Verkehr braucht den mit der geographischen Angabe beschriebenen Ort nicht **366**
zu kennen. Erforderlich ist nur, dass der Verkehr die Bezeichnung als geographische Angabe auffasst.[812]

c) Verhältnis des lauterkeitsrechtlichen Schutzes geographischer Herkunftsangaben zum markenrechtlichen Schutz

Lange Zeit war das Verhältnis des lauterkeitsrechtlichen und des markenrechtlichen **367**
Schutzes geographischer Herkunftsangaben durch die These vom Vorrang der markenrechtlichen Bestimmungen geprägt. Die Rechtsprechung fasste die §§ 126 ff MarkenG in ihrem Anwendungsbereich als speziellere Regelungen gegenüber § 5 auf.[813] Die Vorrangthese des Markenrechts gegenüber dem Lauterkeitsrecht ist durch die UGP-RL mittlerweile überholt. Die jeweiligen Schutzsysteme bestehen nebeneinander[814] und müssen widerspruchsfrei aufeinander abgestimmt werden.[815] In jüngerer Zeit hat die Rechtsprechung zudem die Rechtsnatur des markenrechtlichen Schutzes geographischer Herkunftsangaben neu bestimmt. Danach ist der Schutz geographischer Herkunftsan-

805 BDS/*Büscher*, § 126 MarkenG Rn. 21.
806 BGH, 10.04.1981, I ZR 162/79, GRUR 1981, 666, 667 – *Ungarische Salami*.
807 BGH, 12.03.1971, I ZR 115/69, GRUR 1971, 313, 317 – *Bocksbeutelflasche*.
808 BGH, 11.06.1954, I ZR 174/52, BGHZ 14, 15, 19 – *Römer*.
809 BGH, 10.08.2000, I ZR 126/98, GRUR 2001, 73 – *Stich den Buben*.
810 BGH, 27.03.2013, I ZR 100/11, GRUR 2013, 631 Rn. 53 – *AMARULA/Marulablu*.
811 LG München, 19.02.2008, 9 HK O 20939/07, GRUR-RR 2008, 339, 340.
812 OLG München, 25.10.2012, 29 U 5084/03, GRUR-RR 2013, 163, 164; BDS/*Büscher*, § 126 MarkenG Rn. 21.
813 BGH, 10.08.2000, I ZR 126/98, GRUR 2001, 73, 76 – *Stich den Buben*; BGH, 19.09.2001, I ZR 54/96, GRUR 2002, 160, 161 – *Warsteiner III*.
814 BGH, 24.01.2013, I ZR 60/11, GRUR 2013, 397 Rn. 41 – *Peek & Cloppenburg III*; BGH, 15.08.2013, I ZR 188/11, BGHZ 198, 159 Rn. 60 – *Hard Rock Café*.
815 BGH, 24.01.2013, I ZR 60/11, GRUR 2013, 397 Rn. 44 – *Peek & Cloppenburg III*; BGH, 15.08.2013, I ZR 188/11, BGHZ 198, 159 Rn. 64 – *Hard Rock Café*; BGH, 23.06.2016, I ZR 241/14, GRUR 2016, 965 Rn. 23 – *Baumann II*; BGH, 15.02.2018, I ZR 201/16, GRUR 2018, 935 Rn. 57 – *goFit*;. *Büscher*, GRUR 2009, 230, 236; Bornkamm, FS Loschelder, 2010, S. 31, 43; *ders.*, GRUR 2011, 1, 4, 8; Ohly/*Sosnitza*, § 5 Rn. 707; MünchKomm/*Ruess* UWG § 5 Rn. 143; GK/*Lindacher* § 5 Rn. 565.

gaben kein lauterkeitsrechtlicher Schutz sondern kennzeichenrechtlicher Natur.[816] Daraus folgt, dass Ansprüche nach §§ 127, 128 MarkenG und nach § 5 verschiedene prozessuale Ansprüche (Streitgegenstände) bilden.[817] Der Kläger kann daher im Prozess Ansprüche wegen einer irreführenden geschäftlichen Handlung über eine geographische Herkunftsangabe kumulativ oder in einem Eventualverhältnis auf markenrechtliche und lauterkeitsrechtliche Ansprüche stützen. Häufig führen allerdings die markenrechtlichen Ansprüche weiter als lauterkeitsrechtliche Ansprüche nach § 5, so dass ein Vorrang des Markenrechts aus prozessökonomischen Gründen in weiten Bereichen erhalten bleibt.

d) Vom Markenrecht nicht erfasster Schutzbereich geographischer Herkunftsangaben

368 Nicht jede Bezeichnung, die der Verkehr als geographische Herkunftsangabe auffasst, wird durch die markenrechtlichen Bestimmungen nach §§ 126 ff MarkenG geschützt.

aa) Phantasiebezeichnung

369 Ein markenrechtlicher Schutz scheidet aus, wenn die Angabe nicht auf einen existierenden Ort hinweist, vom Verkehr aber als geographische Herkunftsangabe fälschlicherweise aufgefasst wird.[818] In einem derartigen Fall kann eine relevante Irreführung des Verkehrs daraus folgen, dass das Publikum in der unrichtigen Annahme, es liege eine existente geographische Herkunftsangabe vor, mit dem Produkt bestimmte Wertvorstellungen verbindet, die seine geschäftliche Entscheidung beeinflussen.[819] Der Unternehmer darf deshalb keine Phantasiebezeichnungen oder ehemalige, nicht mehr existierende geographische Herkunftsangaben verwenden, mit denen er dem Verkehr das Vorhandensein einer bestehenden geographischen Herkunftsangabe vorspiegelt.

370 Eine ehemalige geographische Herkunftsangabe kann sich zu einer personengebundenen Herkunftsangabe entwickeln. Die Rechtsprechung hat dies angenommen für die Bezeichnung »Rügenwalder Teewurst«. Früher in Rügenwalde in Pommern ansässige deutsche Fleischfabrikanten hatten sich nach dem Ende des zweiten Weltkriegs in Westdeutschland angesiedelt und weiter Rügenwalder Teewurst derselben Art wie zuvor produziert. Diese waren berechtigt, ihre mit einer Ortsangabe verbundenen, auf eine Herstellergruppe hinweisenden Warenbezeichnungen ihrer nicht ortsgebundenen Erzeugnisse für ihre am neuen Produktionsstandort hergestellten Erzeugnisse unverändert weiter zu benutzen. Die Bezeichnung hat sich dadurch zu einer auf eine Herstellergruppe hinweisenden ursprünglich geographischen Angabe entwickelt. Die Verwendung der Bezeichnungen durch einen nicht zu dieser Personengruppe gehörenden

816 BGH, 31.03.2016, I ZR 86/13, BGHZ 209, 302 Rn. 11 – *Himalaya Salz.*

817 BGH, 24.01.2013, I ZR 60/11, GRUR 2013, 397 Rn. 13 – *Peek & Cloppenburg III*; BDS/ *Büscher, § 126 MarkenG Rn. 15.*

818 OLG München, 28.06.2001, 29 U 6094/00, OLGR 2002, 366.

819 BGH, 28.09.1979, I ZB 2/78, GRUR 1980, 173, 174 – *FÜRSTENTHALER.*

Hersteller kann einen Verstoß gegen das Irreführungsverbot darstellen.[820] Mittlerweile ist die Bezeichnung »Rügenwalder Teewurst« als Kollektivmarke geschützt.[821]

bb) Unbenutzte geographische Herkunftsangabe

Für den Schutz einer geographischen Herkunftsangabe nach §§ 126 ff MarkenG ist deren Benutzung im geschäftlichen Verkehr zur Kennzeichnung von Waren oder Dienstleistungen nach ihrer geographischen Herkunft erforderlich.[822] Die Benutzung als Unternehmenskennzeichen oder Marke reicht zur Begründung eines markenrechtlichen Schutzes nach § 126 ff MarkenG nicht aus.[823] Eine bislang im geschäftlichen Verkehr nicht benutzte geographische Herkunftsangabe wird durch den markenrechtlichen Schutz, in dessen Mittelpunkt der Schutz des mit der geographischen Angabe verbundenen kollektiven good-will steht, nicht geschützt. Gegen die Benutzung einer nach den markenrechtlichen Vorschriften nicht geschützten geographischen Herkunftsangabe bleibt nur der Schutz gegen die Gefahr einer Irreführung über die geographische Herkunft nach § 5. **371**

9. Betriebliche Herkunft

a) Begriff

§ 5 Abs. 1 Satz 2 Nr. 1 erfasst als wesentliches Merkmal von Waren oder Dienstleistungen Angaben über die betriebliche Herkunft. Dadurch wird Art.6 (1) lit. b UGP-RL umgesetzt, der dieses Tatbestandsmerkmal als »kommerzielle Herkunft« bezeichnet. Die englische und französische Fassung beschreiben dieses Tatbestandsmerkmal inhaltsgleich mit »commercial origin« und »origine commerciale«. Der Richtlinientext bezeichnet das Merkmal mit geschäftlicher Herkunft genauer. Es kommt auf die Herkunft der Waren oder Dienstleistungen aus einem Unternehmen und nicht einem Betrieb an. Zur Kennzeichnung der Herkunft der Waren oder Dienstleistungen aus einem Unternehmen dienen Marken und zur Kennzeichnung des Unternehmens Unternehmensbezeichnungen. Sie können auf einen bestimmten Hersteller oder Händler hinweisen.[824] Die Bestimmung des Art. 6 (2) lit. a UGP-RL, die die Verwechslungsgefahr mit einem anderen Produkt ausdrücklich anführt, ist in § 5 Abs. 2 gesondert umgesetzt. **372**

Die Angaben zur Herkunft der Waren oder Dienstleistungen sind grundsätzlich relevant für die geschäftliche Entscheidung der Abnehmerkreise. Der Unternehmer trägt für seine Erzeugnisse und Leistungen die Verantwortung und dokumentiert dies mit **373**

---

820 BGH, 13.12.1955, I ZR 86/54, GRUR 1956, 270, 272 – *Rügenwalder Teewurst I*; BGH, 19.01.1995, I ZR 197/92, GRUR 1995, 354, 357 – *Rügenwalder Teewurst II*.

821 DPMA-Registernummer 715810.

822 BGH, 10.08.2000, I ZR 126/98, GRUR 2001, 73, 76 – *Stich den Buben*; BDS/*Büscher*, § 126 MarkenG Rn. 24; *Fezer* § 126 Rn. 13; *Knaak*, GRUR 1995, 103, 105, *Fürmann*, MarkenR 2003, 381; a. A. *Ullmann*, GRUR 1999, 666, 667.

823 BGH, 10.08.2000, I ZR 126/98, GRUR 2001, 73, 76 – *Stich den Buben*:

824 BGH, 16.11.2017, I ZR 91/16, GRUR 2018, 311 Rn. 45 – *Handfugenpistole*.

seiner Produktkennzeichnung und der Verwendung seines Unternehmenskennzeichens. Der Hinweis auf die betriebliche Herkunft i. S. von § 5 Abs. 1 Satz 2 Nr. 1 kann ausdrücklich durch Anbringung eines Kennzeichens oder durch eine Beschreibung der betrieblichen Herkunft geschehen oder durch die Anbringung von Merkmalen, aufgrund deren der Verkehr auf die betriebliche Herkunft schließt. Dazu zählen auch Produktgestaltungen und Verpackungsaufmachungen, denen der Verkehr einen Hinweis auf die Herkunft aus einem bestimmten Unternehmen entnimmt. Die Angabe über die betriebliche Herkunft weist regelmäßig auf ein bestimmtes Unternehmen hin. Sie kann allerdings auch auf eine Gruppe von Unternehmen hinweisen und ist irreführend, wenn derjenige, der das Zeichen benutzt, nicht zu der Unternehmensgruppe gehört.

b) per se-Verbot nach Nr. 13 des Anhangs zu § 3 Abs. 3

374 Eine spezielle Ausprägung der Irreführung über die betriebliche Herkunft regelt Nr. 13 des Anhangs zu § 3 Abs. 3. Danach ist eine Werbung für eine Ware oder Dienstleistung stets unzulässig, die der Ware oder Dienstleistung eines bestimmten Herstellers ähnlich ist, wenn dies in der Absicht geschieht, über die betriebliche Herkunft der beworbenen Ware oder Dienstleistung zu täuschen (Anh. (zu § 3 Abs. 3) Rdn. 176).

c) Kein Vorrang des Kennzeichenrechts

375 Nach Umsetzung der UGP-RL ist die früher vertretene These vom Vorrang des Kennzeichenrechts vor dem Lauterkeitsrecht[825] hinfällig geworden. Der individualrechtliche Schutz aus dem Kennzeichenrecht und der lauterkeitsrechtliche Schutz stehen selbständig nebeneinander.[826] Das hat zur Folge, dass bei der Anwendung des § 5 Wertungswidersprüche zu den Grundsätzen des Marken- und Kennzeichenrechts zu vermeiden sind (Rdn. 105 und 486–495).[827] Mit dem Nebeneinander kennzeichenrechtlicher und lauterkeitsrechtlicher Ansprüche ist eine Ausweitung der Aktivlegitimation verbunden, weil kennzeichenrechtliche Ansprüche im Grundsatz nur vom Inhaber und in eingeschränktem Umfang vom Lizenznehmer verfolgt werden können, während die Ansprüche nach § 5 von den in § 8 Abs. 3 angeführten Berechtigten geltend gemacht werden können.

376 Auf die frühere Unterscheidung zwischen **einfachen und qualifizierten Herkunftsangaben** kommt es nicht mehr entscheidend an. Sie hatte ihre Grundlage im mittlerweile überholten Vorrang der markenrechtlichen Ansprüche vor den lauterkeitsrechtlichen

825 BGH, 22.11.2001, I ZR 138/99, BGHZ 149, 191, 196 – *shell.de*; BGH, 05.12.2002, I ZR 91/00, BGHZ 153, 131, 146 – *Abschlussstück*.

826 BGH, 24.01.2013, I ZR 60/11, GRUR 2013, 397 Rn. 41 – *Peek & Cloppenburg III*; BGH, 15.08.2013, I ZR 188/11, BGHZ 198, 159 Rn. 60 – *Hard Rock Café*.

827 BGH, 24.01.2013, I ZR 60/11, GRUR 2013, 397 Rn. 44 – *Peek & Cloppenburg III*; BGH, 15.08.2013, I ZR 188/11, BGHZ 198, 159 Rn. 64 – *Hard Rock Café*; BGH, 23.06.2016, *I ZR 241/14, GRUR 2016, 965 Rn. 23 – Baumann II*; *Büscher*, GRUR 2009, 230, 236; Bornkamm, FS Loschelder, 2010, S. 31, 43; *ders.*, GRUR 2011, 1, 4, 8; Ohly/*Sosnitza*, § 5 Rn. 707; MünchKomm/*Ruess* UWG § 5 Rn. 143; GK/*Lindacher* § 5 Rn. 565.

Irreführungsvorschriften. Eine irreführende Angabe über die betriebliche Herkunft war trotz des Vorrangs des Markenrechts bedeutsam, wenn mit ihr besondere Gütevorstellungen verbunden waren, weil in einem solchen Fall nicht nur das Individualinteresse des Kennzeicheninhabers, sondern auch das Allgemeininteresse am Schutz vor Irreführung berührt war.[828] Da markenrechtliche Ansprüche wegen Verwechslungsgefahr nach §§ 14 Abs. 2 Nr. 2 und 15 Abs. 2 MarkenG keinen grundsätzlichen Vorrang vor einer Irreführung über die betriebliche Herkunft nach § 5 Abs. 1 Satz 2 Nr. 1 und einer Verwechslungsgefahr nach § 5 Abs. 2 mehr haben, hat der Umstand, dass eine qualifizierte Herkunftsbezeichnung vorliegt nur noch für das Gewicht der Irreführung Bedeutung.

d) Irreführende Angaben über die betriebliche Herkunft

aa) Produktverantwortung

Irreführend sind die Angaben über die betriebliche Herkunft, wenn die Ware oder Dienstleistung nicht aus dem Unternehmen stammt, das durch die Angabe bezeichnet wird. Grundsätzlich machen Verbraucher sich allerdings keine näheren Vorstellungen darüber, ob der Unternehmer die Waren selbst produziert hat, sie in Lohnfertigung herstellen lässt oder einfach zukauft. Der Hinweis auf die betriebliche Herkunft, der in der Verwendung eines konkreten Zeichens liegt, besagt regelmäßig nichts über die konkrete Produktionsstätte, sondern er beschreibt die Produktverantwortung. Die Verantwortung für das Produkt kann der Hersteller oder der Händler übernehmen. Der Hinweis auf die betriebliche Herkunft lässt auch keinen Rückschluss darauf zu, wer in dem Unternehmen das Produkt erstellt. Das gilt häufig auch bei einer aus dem Namen einer natürlichen Person gebildeten Produktkennzeichnung. Besteht das Zeichen etwa aus dem Namen eines bekannten Designers, Modeschöpfers oder Künstlers, hat der Verkehr bei den heutigen Kennzeichnungsgewohnheiten regelmäßig allein aufgrund eines Produktkennzeichens keinen Anlass anzunehmen, das Erzeugnis sei von der angegebenen Person gestaltet worden. Der Verkehr weiß, dass Marken übertragen werden können und nicht mehr zu dem Geschäftsbetrieb des Unternehmensgründers gehören können. Selbst wenn der Verkehr einer Irreführung unterliegen sollte, handelt es sich grundsätzlich um keine Irreführung über die betriebliche Herkunft, sondern über die Beschaffenheit. Liegt eine derartige Irreführung vor, muss das Interesse an der ungehinderten Nutzung der **Namensmarke im Rahmen einer Interessenabwägung** berücksichtigt werden.[829] 377

Die Irreführung über die betriebliche Herkunft muss sich deshalb regelmäßig auf die Frage der Produktverantwortung beziehen, wenn der Unternehmer nicht durch besondere Hinweise den Eindruck einer Eigenproduktion hervorgerufen hat (dazu Rdn. 377, 380). 378

828 BGH, 20.03.1997, I ZR 246/94, GRUR 1997, 754, 755 – *grau/magenta*; BGH, 28.02.2002, I ZR 195/99, GRUR 2002, 703, 705 – *VOSSIUS & PARTNER*.

829 Zum Markenrecht EuGH, 30.03.2006, C-259/04, GRUR 2016, 416 Rn. 46 ff – *ELIZABETH EMANUEL*.

bb) Verstärkende Zusätze

379 Die Vorstellung von der betrieblichen Herkunft kann durch Zusätze erst hervorgerufen oder verstärkt werden. Dazu rechnen die Angaben »**echt**« oder »**Original**«, wenn sie zusammen mit einer Bezeichnung verwendet werden, die als Hinweis auf die Herkunft aus einem Unternehmen aufgefasst werden kann.[830] Verwendet ein ausländisches Unternehmen die im Inland geschützte Unternehmensbezeichnung »Baumann« mit den Zusätzen »das Original« und »der echte« kann dadurch eine Fehlvorstellung über die betriebliche Herkunft der so bezeichneten Produkte eintreten, weil der Verkehr die Bezeichnung dem in Deutschland ansässigen Unternehmen zuordnet. Bei komplexen Erzeugnissen, bei denen dem Verkehr bekannt ist, dass Teile der Produktion von Zulieferfirmen stammen, wird der Verkehr auch bei der Angabe »**Original-Ersatzteil**« nicht generell annehmen, es stamme aus der Produktion des Herstellers des Gesamtprodukts.[831] Vielmehr ist für den Verkehr entscheidend, dass die Produktverantwortung bei dem Unternehmen liegt, das das komplexe Erzeugnis fertigt.[832] Die Angabe »Original-Ersatzteil« kann deshalb irreführend sein, wenn der Hersteller des Gesamtprodukts nicht die Verantwortung übernimmt, auch wenn das Erzeugnis vom Zulieferer stammt und keine schlechtere Qualität aufweist.[833]

cc) Lizenzierung

380 Unter Geltung des Warenzeichengesetzes war die Marke an den Geschäftsbetrieb gebunden. Diese Bindung ist im Markengesetz nicht erhalten geblieben. Die Marke kann veräußert und an ihr können Lizenzen erworben werden. Der Verkehr kann heute nicht mehr davon ausgehen, dass ein mit einer Marke versehenes Produkt aus dem Unternehmen stammt, das über den Markenschutz verfügt. Vielmehr besteht die Funktion der Marke in der Übernahme der Produktverantwortung durch den Markeninhaber. Diese Produktverantwortung kann der Markeninhaber auch übernehmen, wenn die Marke lizenziert ist. Ob er den Lizenznehmer zur Einhaltung bestimmter Qualitätsstandards verpflichtet hat und deren Einhaltung kontrolliert, ist nicht entscheidend. Die Marke garantiert keine gleichbleibende Qualität (Rdn. 324).[834] Kommt es gleichwohl allein durch eine Markenlizenz bei den Verkehrskreisen ausnahmsweise zu einer Fehlvorstellung, muss eine **Interessenabwägung** vorgenommen werden. Wiegt die Irreführung der Verkehrskreise nicht besonders schwer und sind auch keine Allgemeininteressen berührt, muss das berechtigte Interesse an der Lizenzierung grundsätzlich Vorrang haben.[835]

---

830 BGH, 23.06.2016, I ZR 241/14, GRUR 2016, 965 Rn. 25 – *Baumann II.*

831 BGH, 16.10.1962, KZR 2/62, GRUR 1963, 142, 145 – *Original-Ersatzteile*; BGH, 10.11.1965, Ib ZR 112/63, GRUR 1966, 211, – *Ölfilter.*

832 BGH, 22.09.1981, KVR 8/80, GRUR 1982, 60, 63 – *Original-VW-Ersatzteile II.*

833 GK/Lindacher § 5 Rn. 579.

834 BGH, 21.06.1967, VIII ZR 26/65, BGHZ 48, 118, 123.

835 BGH, 28.02.2002, I ZR 195/99, GRUR 2002, 703, 705 – *VOSSIUS & PARTNER.*

10. Ergebnisse oder wesentliche Bestandteile von Tests

Nach § 5 Abs. 1 Satz 2 Nr. 1 gehören zu den wesentlichen Merkmalen der Waren oder Dienstleistungen die Ergebnisse oder wesentlichen Bestandteile von Tests. Art. 6 (1) lit. b UGP-RL bezeichnet dieses Tatbestandsmerkmal mit »die Ergebnisse und wesentlichen Merkmale von Tests oder Untersuchungen, denen das Produkt unterzogen wurde«. Unter § 5 Abs. 1 Satz 2 Nr. 1 fallen daher auch amtliche Untersuchungen, Prüfungen und behördliche Zulassungen. Die Werbung mit amtlichen Untersuchungen und Testergebnissen ist häufig geeignet, die geschäftliche Entscheidung der Verbraucher in relevanter Weise zu beeinflussen. Durch die Ergebnisse derartiger Untersuchungen oder Tests entsteht der Eindruck eines neutralen sachkundigen Urteils von dritter Seite. 381

a) Neutrale Stelle

Eine Werbung mit amtlichen Untersuchungen und Tests ist danach irreführend, wenn die Ergebnisse nicht auf einer unabhängigen Untersuchung durch einen Dritten beruht. Das ist der Fall, wenn der Werbende fälschlicherweise eine Prüfung durch einen neutralen Dritten behauptet oder das Ergebnis des Tests auf einer Selbsteinschätzung oder jedenfalls auf Angaben des Unternehmens beruht.[836] Die Werbung für Kaffee mit der Angabe »**Zwei Angebote mit Auszeichnung!**« fasst der Verkehr als Hinweis auf eine erfolgreich durchlaufene neutrale Prüfung auf.[837] 382

Der Werbende darf nicht über die **Neutralität und Sachkunde des Testers** irreführen. Er muss angeben, wer den Test durchgeführt hat. Der Verkehr geht davon aus, dass der Testende ein gewisses Maß an Sachkunde hat. Ist dies nicht der Fall, darf mit dem Ergebnis nicht geworben werden. 383

b) Darstellung des Tests

Der durchgeführte Test oder die **amtliche Untersuchung** darf nicht falsch dargestellt werden. Das ist der Fall, wenn der Eindruck einer amtlichen Überprüfung hervorgerufen wird, obwohl es sich nicht um eine behördliche Prüfung, sondern um eine privat veranlasste Prüfung handelte.[838] Die Verwendung eines Prüfzeichens darf nicht erfolgen, wenn es zu Unrecht verliehen worden ist.[839] Es darf nicht in einer Art und Weise benutzt werden, die Qualitätsvorstellungen hervorruft, die mit dem Prüfzeichen nicht verbunden sind. Der Test muss auf einer **repräsentativen Erhebung** bestehen, wenn eine umfassende Überprüfung nicht möglich ist. Werden in einen Test verschiedener Lohnsteuerhilfevereine nur einzelne Beratungsstellen einbezogen, so ist die Werbung eines am Test beteiligten Vereins, die den Eindruck erweckt, die vergebene Testnote beziehe sich auf seine gesamte Organisation, irreführend, wenn nur einzelne Beratungs- 384

836 FBO/*Peifer/Obergfell* § 5 Rn. 325a.
837 HansOLG Hamburg, 08.11.1990, 3 U 149/90, GRUR 1991, 470.
838 BGH, 11.10.1990, I ZR 10/89, GRUR 1991, 552, 554 – *TÜV-Prüfzeichen*.
839 BGH, 23.10.1997, I ZR 98/95, GRUR 1998, 1043, 1044 – *GS-Zeichen*.

stellen getestet sind, die keinen Rückschluss auf die gesamte Organisation erlauben (Test von 42 von insgesamt 2000 Beratungsstellen).[840]

385 Die Werbung mit Testergebnissen darf beim Adressaten keine Fehlvorstellung hervorrufen. Das Testergebnis muss **objektiv richtig wiedergegeben** werden. Der Angabe »**Klarer Testsieger ist die Lohnsteuerhilfe. e.V.**« kann der angesprochene Verkehr nicht entnehmen, in welcher Hinsicht die untersuchten Lohnsteuerhilfevereine geprüft worden sind und wie die Untersuchung vorgenommen worden ist. Die Angabe ist wegen der mangelnden Information über den durchgeführten Test irreführend. **Eine objektiv für sich genommen richtige Angabe kann nach dem Zusammenhang einen unzutreffenden Eindruck vermitteln.** Irreführend ist eine Werbung mit der Angabe »**Test Gut**« für ein von der Stiftung Warentest mit »gut« bezeichnetes Erzeugnis, wenn das Produkt mit dieser Note unter dem Notendurchschnitt der getesteten Waren geblieben ist und der Werbende die Zahl und die Noten der besser beurteilten Erzeugnisse nicht angibt.[841] Zwar darf der Werbende sich in der Regel auf die Hervorhebung der als vorteilhaft angesehenen Umstände beschränken. Eine Aufklärungspflicht besteht jedoch, wenn die verschwiegene Tatsache geeignet ist, die geschäftliche Entscheidung des Publikums wesentlich zu beeinflussen. Wird mit der Angabe »**Testsieger**«, »**1. Platz**« oder »**Weltmeister**« geworben, muss nicht darauf hingewiesen werden, wenn das beworbene Produkt nicht alleiniger Testsieger ist.[842] Etwas anderes gilt aber in einem Fall, in dem 6 der insgesamt 13 getesteten Produkte 5 von 5 Sternen erhalten hatten.[843]

c) Aktualität des Tests

386 Der Unternehmer darf keine Fehlvorstellungen über die Aktualität des Tests hervorrufen. **Eine Werbung mit einem Testergebnis ist unzulässig, wenn ein neuer Test vorliegt und der ältere Test dadurch überholt ist.** Dagegen ist eine Werbung mit Testergebnissen, deren Veröffentlichung acht Jahre zurückliegt, nicht als irreführend angesehen worden, wenn der Zeitpunkt der Testveröffentlichung erkennbar gemacht wird und die angebotenen Waren den seinerzeit geprüften gleich sind, technisch nicht durch neuere Entwicklungen überholt sind und für solche Waren keine neueren Prüfungsergebnisse vorliegen.[844]

d) Angabe der Fundstelle

387 In der Werbung mit einem Test der Stiftung Warentest muss die Fundstelle angegeben werden.[845] Die Pflicht zur Angabe der Fundstelle folgt unter Geltung der UGP-RL aus § 5a Abs. 2 und ist nicht auf Tests der Stiftung Warentest beschränkt.[846]

840 BGH, 07.07.2005, I ZR 253/02, GRUR 2005, 877, 879 – *Werbung mit Testergebnis.*
841 BGH, 11.03.1982, I ZR 71/80, GRUR 1982, 437, 438 – *Test Gut.*
842 BGH, 13.02.2003, I ZR 41/00, GRUR 2003, 800, 802 – *Schachcomputerkatalog*; OLG Düsseldorf, 17.09.2015, 15 U 24/15, GRUR-RR 2016, 208.
843 LG Hamburg, 18.04.2013, 327 O 64/13, juris Rn. 67.
844 BGH, 02.05.1985, I ZR 200/83, GRUR 1985, 932, 933 – *Veralteter Test.*
845 BGH, 21.03.1991, I ZR 151/89, GRUR 1991, 679, 680 – *Fundstellenangabe.*
846 BGH, 16.07.2009, I ZR 50/07, GRUR 2010, 248 Rn. 30 und 31 – *Kamerakauf im Internet.*

III. Irreführung über den Anlass des Verkaufs, den Preis oder die Bedingungen der Warenlieferung oder Leistungserbringung, § 5 Abs. 1 Satz 2 Nr. 2

1. Unionsrecht

§ 5 Abs. 1 Satz 2 Nr. 2 betrifft Umstände zu den Beweggründen für den Kauf, den Preis und die Berechnungsweise sowie die Konditionen des Kaufs. Die Vorschrift dient in erster Linie der Umsetzung von Art. 6 (1) lit. d UGP-RL. Dort sind der Preis, die Art der Preisberechnung oder das Vorhandensein eines besonderen Preisvorteils angeführt. Der Anlass des Verkaufs ist nicht genannt. Die Gesetzesbegründung führte hierzu an, die bisher schon über den Anlass des Verkaufs gelösten Fälle seien häufig mit der Täuschung über das Vorhandensein eines besonderen Preisvorteils verbunden.[847] Der Gesetzgeber hat offensichtlich keine weitere Vorschrift der UGP-RL mit der Aufnahme des Anlasses des Verkaufs in § 5 Abs. 1 Satz 2 Nr. 2 umsetzen wollen. Das Merkmal kann allerdings zur Umsetzung der in Art. 6 (1) lit. c UGP-RL angeführten Beweggründe für die Geschäftspraktik herangezogen werden.[848] **388**

2. Irreführung über den Anlass des Verkaufs

a) Allgemeines

Häufig geht der Verkehr bei einem besonderen Anlass des Verkaufs von besonderen Preisvorteilen aus. Das UWG 1909 griff mit den Vorschriften der §§ 6, 7 und 8 a.F. über den Insolvenzwarenverkauf und über Sonderveranstaltungen sowie Räumungsverkäufe die von der Ankündigung besonderer Anlässe des Verkaufs ausgehenden Gefahren in Form besonderer Verbote auf.[849] Dahinter steckte das von nur zum Schein angeführten Anlässen des Verkaufs ausgehende besondere Irreführungspotential. § 3 UWG 1909 führte als Auffangtatbestand den Anlass des Verkaufs ebenfalls an. Täuscht der Unternehmer über den Anlass des Verkaufs, ist diese Irreführung grundsätzlich geschäftlich relevant, weil der Verkehr sich von einem besonders angeführten Verkaufsanlass besondere Vorteile verspricht.[850] **389**

b) Einzelfälle zur Irreführung über des Anlass des Verkaufs

aa) Insolvenzverkäufe

Die unter Geltung des UWG 1909 gesondert angeführten Anlässe des Verkaufs veranlassen den Verbraucher zur Annahme, er könne einen günstigen Kauf tätigen. Dazu rechnen Insolvenzverkäufe. Die Ankündigung eines Insolvenzverkaufs ist regelmäßig irreführend, wenn eine **Insolvenz nicht stattgefunden** hat, weil das Insolvenzverfahren nicht eröffnet worden ist. Dazu zählt auch die **Ablehnung der Eröffnung mangels** **390**

---

847 Begründung des Regierungsentwurfs eines Ersten Gesetzes zur Änderung des Gesetzes gegen den unlauteren Wettbewerb, BT-Drucksache 16/10145, S. 24.

848 Köhler/*Bornkamm*/*Feddersen* § 5 Rn. 3.2.

849 BGH, 07.07.2011, I ZR 181/10, GRUR 2012, 213 Rn. 17 – *Frühlings-Special*.

850 BGH, 17.06.1999, I ZR 149/97, GRUR 2000, 239, 241 – *Last-Minute-Reise*; BGH, 07.07.2011, I ZR 181/10, GRUR 2012, 213 Rn. 25 – *Frühlings-Special*.

Masse. Irreführend ist die Ankündigung weiter, wenn die **Waren nicht zur Insolvenzmasse gehören**. Das ist der Fall, wenn sie zu keinem Zeitpunkt dazugehörten, etwa wegen bestehender Aussonderungsrechte, oder wenn sie sich zum Zeitpunkt der Werbung nicht mehr in der Insolvenzmasse befinden. Eine Ankündigung eines Insolvenzverkaufs ist deshalb auch irreführend, wenn der Verkauf nicht unmittelbar aus der Insolvenzmasse stammt, sondern Zwischenverkäufe stattgefunden haben, so dass Zwischenerwerber, die die Waren aus der Insolvenzmasse erworben haben, diese weiterverkaufen.[851]

391 Eine Verpflichtung zum Hinweis auf eine laufende Insolvenz besteht normalerweise nicht.[852] Ein Insolvenzverwalter, der unter dem Handelsnamen des Gemeinschuldners in Anzeigen ohne Hinweis auf die Insolvenz wirbt, handelt daher grundsätzlich nicht irreführend.

bb) Räumungsverkäufe

392 Nr. 15 des Anhangs zu § 3 Abs. 3 verbietet in Form eines per se-Verbots die unwahre Angabe, der Unternehmer werde demnächst sein Geschäft aufgeben oder seine Geschäftsräume verlegen (Anh. (zu § 3 Abs. 3) Rdn. 202).

393 Besondere Preisvorteile verspricht sich das Publikum von Räumungsverkäufen. Die hierzu angegeben Gründe können ganz unterschiedlich sein. § 8 UWG 1909 führte Schadensfälle durch Feuer, Wasser, Sturm oder ein vom Veranstalter nicht zu vertretendes vergleichbares Ereignis, Umbauvorhaben und Geschäftsaufgabe an. Nach Abschaffung des § 8 UWG 1909 sind Räumungsverkäufe nicht auf diese Anlässe beschränkt. Sie können wegen Geschäftsverlagerung, Schließung einer Abteilung, einer Filiale oder Aufgabe eines Sortimentsbereichs erfolgen. Die Angabe des Grundes für den Räumungsverkauf und die damit im Zusammenhang stehenden Begleitumstände müssen zutreffend sein.[853] Durch die Ankündigung eines Räumungsverkaufs erweckt der Unternehmer den Eindruck besonderer Preisvorteile. Werden Preisvergünstigungen nicht gewährt, ist die Werbung ebenfalls irreführend.

cc) Weitere besondere Verkaufsanlässe

394 Der Gewerbetreibende kann über Insolvenz- und Räumungsverkäufe hinaus andere Gründe für einen Sonderverkauf anführen. Dazu rechnen **Saisonverkäufe (Winter- und Sommerschlussverkäufe), Jubiläumsverkäufe, Eröffnungsangebote, Sortimentswechsel, Last-Minute-Angebote**. Es handelt sich um Verkaufsveranstaltungen, die der Beschleunigung des Warenabsatzes dienen und besondere Preisvorteile suggerieren. Gesetzliche Beschränkungen bestehen nach Abschaffung der Sondertatbestände des UWG 1909 nicht mehr. Es bestehen keine zeitlichen oder saisonalen Einschränkungen. Die angegeben Gründe für die Sonderverkäufe müssen zutreffend sein und es darf

---

851 *Ohly/Sosnitza § 5 Rn. 426.*
852 BGH, 11.05.1989, I ZR 141/87, GRUR 1989, 682 – *Konkursvermerk.*
853 OLG Köln, 18.09.2009, 6 U 79/00, GRUR-RR 2010, 250, 251.

nicht der falsche Eindruck von Preisvorteilen hervorgerufen werden. **Wird mit einem Saisonverkauf geworben, ist die Werbung irreführend, wenn Auslaufmodelle angeboten werden.** Der Verkehr rechnet bei einem Saisonverkauf mit Preisnachlässen aus Anlass des Endes der entsprechenden Saison und nicht mit dem Verkauf von Auslaufmodellen zu ermäßigten Preisen.[854]

dd) Zeitliche Grenzen

Sonderveranstaltungen müssen nicht zeitlich begrenzt werden.[855] Geht der Verkehr 395
ohne Anhalt in der Ankündigung aufgrund früherer zeitlicher Beschränkungen von einer zeitlich genau befristeten Veranstaltung aus, ist dieser Irrtum hinzunehmen, um die Fehlvorstellung nicht dauerhaft zu verlängern.[856] **Aus den Umständen kann sich allerdings eine zeitliche Befristung ergeben.** Bei der Ankündigung eines Sortimentswechsels geht der Verkehr von einer zeitlich befristeten Maßnahme aus. Ein Sortimentsverkauf über mehr als vier Monate, dessen Ende nicht abzusehen ist, ist irreführend.[857] Jubiläums- und Saisonverkäufe sind ebenfalls ihrer Natur nach zeitlich begrenzt. Hier kann von einem angemessenen Zeitraum von bis etwa vier Wochen ausgegangen werden. Eine entsprechende Beschränkung kann bei Räumungsverkäufen je nach angegebenem Grund in Betracht kommen. Dem Unternehmer muss es aber unbenommen bleiben, einen ohne zeitliche Begrenzung angekündigten Räumungsverkauf wegen Geschäftsaufgabe bis zum endgültigen Verkauf des Sortiments fortzusetzen. Werden Sonderverkäufe ohne zeitliche Befristung angekündigt, muss ein je nach den Umständen angemessener **Mindestzeitraum** eingehalten werden.[858] Ein Jubiläums-, Saisonschluss- oder Räumungsverkauf, der schon nach ein oder zwei Tagen ohne vorherige Befristung beendet wird, ist regelmäßig irreführend.

Auf eine bestehende zeitliche Begrenzung muss der Unternehmer hinweisen.[859] Er 396
braucht sich bei einer Sonderveranstaltung, soweit sich aus der Natur der Veranstaltung keine zeitlichen Grenzen ergeben, allerdings nicht auf einen zeitlichen Rahmen festzulegen, sondern kann den Sonderverkauf etwa bis zum vollständigen Abverkauf durchführen.[860] Den angegebenen Zeitrahmen des Sonderverkaufs muss der Unternehmer grundsätzlich einhalten.[861] Er handelt daher im Regelfall irreführend, wenn er von Anfang an beabsichtigte, den Zeitraum zu verkürzen oder zu verlängern.[862] Ein Durchschnittsverbraucher wird bei einem vorbehaltlosen Angebot einer Sonderveranstaltung

854 BGH, 24.04.1986, I ZR 56/84, GRUR 1987, 45, 47 – *Sommerpreiswerbung.*
855 BGH, 30.04.2009, I ZR 66/07, GRUR 2009, 1083 Rn. 11 – *Räumungsverkauf wegen Umbau*; BGH, 30.04.2009, I ZR 68/07, GRUR 2009, 1185 Rn. 13 – *Totalausverkauf.*
856 BGH, 11.09.2008, I ZR 120/06, GRUR 2008, 1114 Rn. 14 – *Räumungsfinale.*
857 OLG Köln, 05.02.2010, 6 U 168/09, GRUR-RR 2010, 339.
858 Köhler/*Bornkamm/Feddersen* § 5 Rn. 3.9.
859 BGH, 11.09.2008, I ZR 120/06, GRUR 2008, 1114 Rn. 13 – *Räumungsfinale*; BGH, 30.04.2009, I ZR 68/07, GRUR 2009, 1185 Rn. 13 – *Totalausverkauf.*
860 BGH, 30.04.2009, I ZR 68/07, GRUR 2009, 1185 Rn. 15 – *Totalausverkauf.*
861 BGH, 07.07.2011, I ZR 181/10, GRUR 2012, 213 Rn. 19 – *Frühlings-Special.*
862 BGH, 07.07.2011, I ZR 173/09, GRUR 2012, 208 Rn. 21 – *10% Geburtstags-Rabatt*; BGH, 16.05.2013, I ZR 175/12, GRUR 2014, 91 Rn. 21 – *Treuepunkte-Aktion.*

mit der Angabe eines Endtermins davon ausgehen, dass der Unternehmer den genannten Endtermin auch tatsächlich einhalten will. Wird die Sonderveranstaltung aus Gründen verkürzt oder verlängert, die erst nach Ankündigung der Veranstaltung eingetreten sind, kommt es darauf an, ob die Umstände unter Berücksichtigung fachlicher Sorgfalt vorhersehbar waren.[863] Der Verbraucher wird nur in Rechnung stellen, dass eine befristete Vergünstigung allein aus Gründen verkürzt oder verlängert wird, die zum Zeitpunkt der Schaltung der Werbung ersichtlich nicht zugrunde gelegt wurden und auch nicht berücksichtigt werden konnten. Mit einer Verkürzung oder Verlängerung aus Gründen, die bei Schaltung der Anzeige bereits absehbar waren, rechnet der Verkehr dagegen nicht.

3. Preis und Preisbemessung

a) Bedeutung

397 Geschäftliche Handlungen, die sich auf den Preis und seine Bemessung beziehen, gehören zu den zentralen Umständen für die geschäftliche Entscheidung der Marktgegenseite. Sie sind grundsätzlich geschäftlich relevant.[864] An die Klarheit und Eindeutigkeit der Werbung mit Preisen sind deshalb strenge Anforderungen zu stellen. Durch § 5 Abs. 1 Satz 2 Nr. 2 soll das Gebot der Preiswahrheit im Geschäftsverkehr gewahrt werden.

b) per se-Verbote im Zusammenhang mit der Preisgestaltung

398 Nr. 19 und Nr. 21 des Anhangs zu § 3 Abs. 3 sehen stets unzulässige Geschäftspraktiken im Verhältnis zwischen Unternehmern und Verbrauchern vor, die einen Zusammenhang mit der Preisbemessung aufweisen können. Nach Nr. 19 ist unzulässig eine unwahre Angabe über die Marktbedingungen oder Bezugsquellen, um den Verbraucher dazu zu bewegen, eine Ware oder Dienstleistung zu weniger günstigen Bedingungen als den allgemeinen Marktbedingungen abzunehmen oder in Anspruch zu nehmen (Anh. (zu § 3 Abs. 3) Rdn. 243). Nr. 21 des Anhangs bestimmt als unzulässig, das Angebot einer Ware oder Dienstleistung als »gratis«, »umsonst«, »kostenfrei« oder dergleichen, wenn hierfür gleichwohl Kosten zu tragen sind (Anh. (zu § 3 Abs. 3) Rdn. 263).

c) Preisangabenverordnung

399 Detaillierte Bestimmungen zu den Preisangaben enthält die Preisangabenverordnung. Diese sieht in § 1 Abs. 1 Satz 1 und 2 PAngV vor, dass derjenige, der Verbrauchern gemäß § 13 des Bürgerlichen Gesetzbuchs gewerbs- oder geschäftsmäßig oder regelmä-

---

863 BGH, 07.07.2011, I ZR 173/09, GRUR 2012, 208 Rn. 22 – *10% Geburtstags-Rabatt*; BGH, 16.05.2013, I ZR 175/12, GRUR 2014, 91 Rn. 23 – *Treuepunkte-Aktion*.

864 BGH, 30.09.2004, I ZR 261/02, GRUR 2005, 433, 436 – *Telekanzlei*; BGH, 20.11.2008, I ZR 122/06, GRUR 2009, 788 Rn. 24 – *20% auf alles*; BGH, 31.03.2016, I ZR 31/15, GRUR 2016, 1070 Rn. 21 – *Apothekenabgabepreis*; BGH, 03.03.2016, I ZR 110/15, GRUR 2016, 961 Rn. 30 – *Herstellerpreisempfehlung bei Amazon*.

ßig in sonstiger Weise Waren oder Leistungen anbietet oder als Anbieter von Waren oder Leistungen gegenüber Verbrauchern unter Angabe von Preisen wirbt, die Preise anzugeben hat, die einschließlich der Umsatzsteuer und sonstiger Preisbestandteile zu zahlen sind (Gesamtpreise). Soweit es der allgemeinen Verkehrsauffassung entspricht, sind auch die Verkaufs- oder Leistungseinheit und die Gütebezeichnung anzugeben, auf die sich die Preise beziehen. § 1 Abs. 7 Satz 1 und 2 bestimmt, dass die Angaben nach der PAngV der allgemeinen Verkehrsauffassung und den Grundsätzen von Preisklarheit und Preiswahrheit entsprechen müssen. Wer zu Angaben nach der PAngV verpflichtet ist, hat diese dem Angebot oder der Werbung eindeutig zuzuordnen sowie leicht erkennbar und deutlich lesbar oder sonst gut wahrnehmbar zu machen. Die PAngV sichert damit die Durchsetzung der **Preisklarheit** bei der Angabe von Preisen.

Die PAngV dient der Umsetzung der Preisangabenrichtlinie.[865] Diese Richtlinie regelt im Zusammenhang mit der Angabe des Verkaufspreises von Erzeugnissen in Verkaufsangeboten besondere Aspekte im Sinne von Art. 3 (4) UGP-RL und geht den entsprechenden Vorschriften der UGP-RL vor.[866] § 1 Abs. 1 Satz 1 Fall 1 PAngV hat danach seine unionsrechtliche Grundlage in der Preisangabenrichtlinie.[867] § 5 und § 5a dienen im Verhältnis zwischen Unternehmen und Verbrauchern im Anwendungsbereich der UGP-RL der Umsetzung von Art. 6 und 7 UGP-RL. Da die Preisangabenrichtlinie besondere Aspekte i. S. von Art. 3 (4) UGP-RL der als unlauter einzustufenden Geschäftspraktiken im B2C-Verhältnis regelt, die mit der Angabe des Verkaufspreises von Erzeugnissen in Warenangeboten und in der Werbung im Zusammenhang stehen, kann die UGP-RL hinsichtlich eines in der Preisangabenrichtlinie geregelten Aspekts eines in einer Werbung angegebenen oder anzugebenden Verkaufspreises nicht zur Anwendung kommen. Daher kann im Anwendungsbereich der Preisangabenrichtlinie neben den zur Umsetzung dienenden Vorschriften der PAngV nicht auf den allgemeinen Irreführungstatbestand nach § 5 zurückgegriffen werden, solange die Vorschriften der PAngV nicht hinter dem Schutzniveau der Preisangabenrichtlinie zurückbleiben.[868] 400

d) Keine allgemeine Verpflichtung zur Angabe von Preisen

Besteht keine gesetzliche Vorschrift, die eine Verpflichtung zur Angabe von Preisen begründet, ist der Unternehmer frei zu entscheiden, ob er mit Preisangaben wirbt. Eine Pflicht zu Angabe von Preisen bestimmt die PAngV unter genau festgelegten Voraussetzungen.[869] Außerhalb des Anwendungsbereichs der PAngV besteht keine allgemeine Pflicht zur Angabe von Preisen. Eine entsprechende Verpflichtung kann aus § 5a grundsätzlich nur abgeleitet werden, wenn der Sachverhalt nicht in den Anwen- 401

865 Richtlinie 98/6/EG vom 16.02.1998 über den Schutz der Verbraucher bei der Angabe der Preise der ihnen angebotenen Erzeugnisse, ABl. L 80 vom 18.03.1998, S. 27–31.

866 EuGH, 07.07.2016, C-476/14, GRUR 2016, 945 Rn. 30 bis 35 – *Citroën Commerce.*

867 BGH, 10.11.2016, I ZR 29/15, GRUR 2017, 286 Rn. 11 – *Hörgeräteausstellung.*

868 Zur richtlinienkonformer Auslegung bei unzureichender Umsetzung BGH, 05.10.2017, I ZR 232/16, GRUR 2018, 438 Rn.28 – *Energieausweis.*

869 BGH, 10.11.2016, I ZR 29/15, GRUR 2017, 286 Rn. 14 – *Hörgeräteausstellung.*

dungsbereich der Preisangabenrichtlinie fällt (Einleitung Rdn. 165 und § 5 Rdn. 400). Der Unternehmer ist weiter im Grundsatz in der Gestaltung seiner Preise frei, soweit nicht durch gesetzliche Vorschriften in die Preisbemessung eingegriffen wird.[870] Nach Aufhebung des RabattG und der ZugabeVO darf der Unternehmer Preisnachlässe aushandeln und Zugaben gewähren. Die Preisangaben und -nachlässe, Zugaben und die Preisbildung dürfen nur keine Fehlvorstellungen bei den angesprochenen Verkehrskreisen hervorrufen.[871]

e) Irreführende Preisangaben

aa) Verkehrsvorstellung

402 Ob eine Preisangabe irreführend ist, richtet sich nach der Auffassung der angesprochenen Verkehrskreise. Es gelten die allgemeinen Maßstäbe zum Verständnis des Durchschnittsverbrauchers oder eines durchschnittlichen Mitglieds der angesprochenen Zielgruppe (Rdn. 156 ff.). Regelmäßig wird es sich bei einer Aussage zum Preis und seiner Gestaltung um eine Angabe i. S. von § 5 Abs. 1 Satz 2 handeln (Rdn. 125 ff.). Sie ist irreführend, wenn die Vorstellung des Verkehrs nicht mit der Realität übereinstimmt (Rdn. 193–198). Ob der Unternehmer es auf eine Irreführung der Marktgegenseite angelegt hat oder ob er von einem von der Verkehrsvorstellung abweichenden Verständnis ausgegangen ist, ist für den Verstoß gleichgültig.

bb) Übertreibungen

403 Weist der Unternehmer in besonders hochtönender Weise auf seine Preise hin, kann nur eine marktschreierische Übertreibung ohne Tatsachenkern vorliegen. Regelmäßig fasst der Verkehr Begriffe wie »**billig**«, »**radikal gesenkte Preise**« und »**Wahnsinnspreise**« als Ankündigungen mit einem Tatsachenkern auf, die irreführend sein können.[872] Die Angabe »**Tiefpreis**« oder »**Tiefstpreis**« versteht der Verkehr im Sinne einer Preisgestaltung am unteren Rand der Marktpreise.[873] In der Angabe »**Sparvorwahl**« eines Telekommunikationsunternehmens sieht der Verkehr eine Preisgestaltung, die gemessen am allgemeinen Preisniveau sich im unteren Preissegment wiederfindet.[874] Dagegen bringt der Werbende mit dieser Ankündigung ohne eine Bezugnahme auf sämtliche Wettbewerber nicht zum Ausdruck, preisgünstiger als die gesamte Konkurrenz zu sein.

cc) Unvollständige und mehrdeutige Angaben, einzelne Fallgestaltungen

404 Der Unternehmer ist nicht verpflichtet, zu sämtlichen Teilen seines Angebots, der Preisgestaltung und -berechnung Angaben zu machen. Unvollständige Angaben über den

---

870 BGH, 24.11.2016, I ZR 163/15, GRUR 2017, 635 Rn. 31 und 36 – *Freunde werben Freunde.*
871 BGH, 31.03.2016, I ZR 31/15, GRUR 2016, 1070 Rn. 20 – *Apothekenabgabepreis.*
872 BGH, 13.07.1979, I ZR 128/77, GRUR 1979, 781, 782 – *radikal gesenkte Preise.*
873 GK/*Lindacher* § 5 Rn. 748.
874 BGH, 24.10.2002, I ZR 100/00, GRUR 2003, 361, 362 – *Sparvorwahl.*

Preis oder seine Bemessung sind irreführend, wenn sie zu einer Fehlvorstellung des Verkehrs führen.

(1) Gesamtpreis und Umsatzsteuer

Die Werbung mit einer Preisangabe wird der Verbraucher regelmäßig dahin auffassen, dass die Umsatzsteuer im Preis enthalten ist, auch wenn die Preiswerbung nicht in den Geltungsbereich der PAngV fällt.[875] Der Verbraucher ist gewöhnt, dass Preisangaben die Umsatzsteuer enthalten und erwartet einen klarstellenden Zusatz, dass die Umsatzsteuer nicht eingerechnet ist. Wendet der Unternehmer sich mit der Werbung an die Allgemeinheit, ist er aber nur zu Verkäufen an gewerbliche Wiederverkäufer bereit, ist die Werbung irreführend, wenn die Umsatzsteuer nicht im Preis enthalten ist. Die Irreführung ist trotz des Umstands, dass der Unternehmer an Verbraucher nicht verkauft, geschäftlich relevant. Die geschäftliche Relevanz braucht sich nicht in einem Umsatzgeschäft des Werbenden mit dem getäuschten Verbraucher niederzuschlagen. Sie kann sich auch daraus ergeben, dass die irreführende Werbung geeignet ist, Mitbewerber zu beeinträchtigen. **405**

Im reinen B2B-Verkehr besteht keine durch Gesetz angeordnete Pflicht zur Benennung eines Gesamtpreises einschließlich Umsatzsteuer. Die Werbung in diesem Verhältnis mit Preisen ohne Umsatzsteuer kann gleichwohl irreführend sein, wenn die angesprochenen Gewerbetreibenden die Preisangabe einschließlich Umsatzsteuer verstehen. Das wird nach den Gesamtumständen häufig der Fall sein, so dass auch in diesem Verhältnis regelmäßig ein klarstellender Zusatz geboten ist, ob es sich um Netto- oder Bruttopreise handelt.[876] **406**

(2) Festpreis, Komplettpreis, Inklusivpreis

Wirbt der Unternehmer mit der Angabe »**Festpreis**«, geht der Verkehr davon aus, dass dieser Preis nicht verändert wird, wenn keine Erweiterungen des Vertragsumfangs vereinbart werden. Bei einem Vertrag über Telekommunikationsdienstleistungen darf sich der Preis bei der Vereinbarung eines Festpreises nicht wegen einer Überschreitung des Datenvolumens erhöhen.[877] Das Risiko eines Irrtums bei der Preiskalkulation geht zu Lasten des Unternehmers. Festpreis bedeutet nicht Pauschalpreis. Bei einem Dauerschuldverhältnis können Änderungen der Umsatzsteuer trotz einer Festpreisvereinbarung auf den Verbraucher überwälzt werden. Der normale Verbraucher hält es für möglich, dass der Vertragspartner das Risiko von Preisänderungen nicht ausnahmslos ohne jeden Vorbehalt übernehmen will, etwa im Hinblick auf eine Erhöhung des Mehrwertsteuersatzes.[878] Die Werbung mit »**notarieller Festpreis**« ist irreführend, **407**

875 BGH, 29.04.2010, I ZR 99/08, GRUR 2011, 82 Rn. 28 – *Preiswerbung ohne Umsatzsteuer.*
876 GK/*Lindacher* § 5 Rn. 685.
877 HansOLG Hamburg, 19.07.2006, 5 U 156/05, GRUR-RR 2007, 169, 172.
878 OLG Hamm, 08.11.2011, 4 U 58/11, RdE 2012, 163.

wenn der Verkehr annimmt, der Notar sei als unparteiischer Amtsträger in die Preisfestsetzung eingeschaltet.[879]

408 Preisangaben mit der Bezeichnung »**Komplettpreis**« oder »**Inklusivpreis**« fasst der angesprochene Verkehr dahin auf, dass für den anfallenden Transport oder die Versendung keine zusätzlichen Kosten anfallen.[880] Bei dem Angebot eines kompletten Bettes geht der Verkehr nicht davon aus, dass er nur ein Bettgestell erhält.[881]

409 **Zu Fehlvorstellungen können unklare Angaben führen.** Das ist der Fall, wenn mit einer eindeutigen Preisangabe geworben wird, Einschränkungen und Zusatzkosten aber im Gesamtangebot nur versteckt dargestellt werden.[882] Wird mit der Angabe »**Für nur 19,90 € statt 29,90 € im Monat telefonieren und surfen Sie ab sofort so lange und wann Sie wollen**« geworben und enthält das Angebot im kleingedruckten Text Einschränkungen für Service- und Sonderrufnummern sowie Auskunftsdienste und fällt ein Startpaketpreis von 29,90 € zusätzlich an, ist die Werbung irreführend. Die Gegenüberstellung eines herabgesetzten Preises mit einem höheren durchgestrichen Preis, der als »**einheitlicher Apothekenabgabepreis zur Verrechnung mit der Krankenkasse**« bezeichnet wird, ist irreführend, wenn die Krankenkasse bei Zahlung innerhalb einer vorgegebenen Frist einen Rabatt von 5 % auf den Preis erhält.[883] Eine Fehlvorstellung des Verkehrs kann sich aus einer **Unübersichtlichkeit** der angegebenen Preise ergeben. Davon ist auszugehen, wenn die Bedingungen eines Netzkartenvertrags so unübersichtlich dargestellt werden, dass die Preisgestaltung im Unklaren bleibt. Das ist bei folgender Darstellung der Kosten des Vertrags »Grundgebühr: mtl. 24,50 DM x 24 plus Anschlussgebühr: 99 DM plus mtl. Mindestumsatz: 15 DM x 24« der Fall, die nicht in der Gesamtsumme angegeben sind und sich zu einem Gesamtbetrag von 1.000 DM innerhalb 24 Monaten aufsummieren.[884]

(3) Teilleistung

410 Irreführend ist eine Werbung, die nicht erkennen lässt, dass sich die Preisangabe auf eine Teilleistung bezieht.[885] Bei einem Ratenzahlungskauf ist die Angabe »**Ratenzuschlag 0,5 %**« irreführend, weil sie den Schluss nahelegt, der Zinssatz betrage jährlich 12 x 0,5 % = 6 %. Das ist falsch, weil der effektive Zins deutlich höher liegt.[886]

(4) Geld-zurück-Garantie

411 Einer Geld-zurück-Garantie im Hinblick auf die Preisgestaltung entnimmt der Verkehr das Versprechen, den Artikel zurückzunehmen, wenn er bei der Konkurrenz günstiger

879 BGH, 01.02.1990, I ZR 161/87, GRUR 1990, 532, 533 – *Notarieller Festpreis.*
880 Ohly/*Sosnitza* § 5 Rn. 446.
881 BGH, 18.12.2014, I ZR 129/13, GRUR 2015, 698 Rn. 13 – *Schlafzimmer komplett.*
882 BGH, 15.10.2015, I ZR 260/14, GRUR 2016, 207 Rn. 16 – *All Net Flat.*
883 BGH, 31.03.2016, I ZR 31/15, GRUR 2016, 1070 Rn. 15 – *Apothekenabgabepreis.*
884 BGH, 07.06.2001, I ZR 157/98, GRUR 2002, 287, 288 – *Widerruf der Erledigungserklärung.*
885 BGH, 13.06.2002, I ZR 173/01, GRUR 2002, 976, 978 – *Kopplungsangebot I.*
886 BGH, 01.02.1990, I ZR 45/88, GRUR 1990, 609, 611 – *Monatlicher Ratenzuschlag.*

ist, und die schlüssige Ankündigung, dass es sich um sehr günstige Preise handelt. Eine Ankündigung mit einer Geld-zurück-Garantie ist nur zulässig, wenn die Konkurrenz den oder die Artikel ebenfalls führt.[887] Die Bedingungen einer Geld-zurück-Garantie dürfen nicht so ausgestaltet sein, dass mit einer Inanspruchnahme nicht zu rechnen ist.[888] Soll nicht das Produkt zurückgenommen und der Kaufpreis erstattet werden, sondern nur die Preisdifferenz zum Konkurrenzprodukt ausgezahlt werden, muss dies deutlich werden. Im Wortsinn bedeutet Geld-zurück-Garantie Erstattung des gesamten Kaufpreises.

(5) Superlative in der Preiswerbung

Aussagen mit Superlativen entnimmt der Verkehr durchaus einen Tatsachenkern. In der Werbung »**Immer der günstigste Preis. Garantiert**« liegt eine Alleinstellungsbehauptung in dem Sinn, dass der Preis der »günstigste« und für ein gleiches oder gleichwertiges Produkt niedriger ist als derjenige der Konkurrenz.[889] Wird die Aussage mit einer Geld-zurück-Garantie verknüpft, wird sie zu einer Spitzenstellungsbehauptung reduziert.[890] Durch die »Geld-zurück-Garantie« wird die Möglichkeit ersichtlich, dass es niedrigere Preisangebote geben könnte. Die Aussage »**Bester-Preis-der-Stadt-Garantie**« mit der Garantie, bei Vorhandensein eines günstigeren Angebots innerhalb von 14 Tagen den Differenzbetrag zu dem höheren Angebotspreis zurückzuzahlen, versteht der Verkehr dahingehend, dass das fragliche Gerät nach dem Wissensstand des Werbenden zum Zeitpunkt der Schaltung der Anzeige in der betreffenden Stadt nicht günstiger angeboten wurde. Die von einer solchen Anzeige angesprochenen Verkehrskreise erkennen aber auch, dass der Werbende keine Aussage darüber machen kann, ob der herausgestellte Sonderangebotspreis auch in der Zeit nach Erscheinen der Anzeige der »beste Preis der Stadt« sein wird.[891] Die Angabe »**Einmalig preisgünstig**« ist keine Alleinstellungsbehauptung, sondern die Angabe zu einer Spitzengruppe zu gehören.[892] Eine Werbung mit der Aussage »**Wir zahlen Höchstpreise**« setzt voraus, dass der Werbende den Markt beobachtet, um eine solche Aussage treffen zu können, und er mit den angebotenen Ankaufspreisen jedenfalls zur Spitzengruppe gehört.[893] **412**

(6) Tiefpreise

Die Angabe »**Tiefpreis**« oder »**Tiefstpreis**« versteht der Verkehr im Sinne einer Preisgestaltung am unteren Rand der Marktpreise.[894] »**Dauertiefpreis**« ist ein Preis, der unter den üblichen Preisen liegt, und für eine gewisse Zeitspanne in dieser Höhe gehalten **413**

---

887 BGH, 25.10.1974, I ZR 8/74, GRUR 1975, 553, 554 – *Preisgarantie*; BGH, 07.02.1991, I ZR 140/89, GRUR 1991, 468, 469 – *Preisgarantie II*.

888 HansOLG Hamburg, 13.09.1983, 3 W 81/83; GK/*Lindacher* § 5 Rn. 705.

889 HansOLG Hamburg, 28.10.2009, 5 U 204/07, juris Rn. 36.

890 HansOLG Hamburg, 28.10.2009, 5 U 204/07, juris Rn. 59.

891 BGH, 19.04.2012, I ZR 173/11, WRP 2012, 1233 Rn. 7 – *Bester Preis der Stadt*.

892 OLG Hamm, 17.02.1967, 4 U 291/66, GRUR 1968, 318, 320.

893 BGH, 03.07.2014, I ZR 84/13, GRUR 2015, 186 Rn. 9, 10 und 14 – *Wir zahlen Höchstpreise*.

894 GK/*Lindacher* § 5 Rn. 748.

wird. Der Verkehr nimmt neben der Preisgünstigkeit eine gewisse Preisbeständigkeit an. Der Zeitraum hängt von den Gesamtumständen einschließlich des Produktbereichs ab.[895] Ein Zeitraum von einem Monat ist angemessen, wenn keine besonderen Gründe für einen kürzeren oder längeren Zeitraum sprechen.[896]

(7) Statt-Preis

414 Die Angabe »statt«-Preis mit einem gegenübergestellten Preis besagt ohne nähere Erläuterung im Regelfall, dass es sich um einen früheren, vom Unternehmer verlangten Preis handelt.[897] Sie ist nicht deshalb irreführend, weil die Bedeutung des durchgestrichenen Preises nicht ausdrücklich klargestellt wird. Durchgestrichene Preise werden heute allgemein als die früheren eigenen Preise des Werbenden verstanden. Das gilt auch für Preisankündigungen auf Verkaufsplattformen im Internet wie Amazon. Preisgegenüberstellungen mit einem durchgestrichenen Preis im Rahmen einer **Eröffnungswerbung** fasst der Verkehr so auf, dass es sich um den Normalpreis des Unternehmers nach Beendigung des Eröffnungsverkaufs handelt.[898] Soll der Preisvergleich mit einem anderen als dem vom Werbenden zuvor verlangten Preis erfolgen, beispielsweise mit einer unverbindlichen Preisempfehlung des Herstellers oder dem Preis eines Wettbewerbers, so liegt es fern, dass dieser Vergleichspreis ohne weitere Erläuterungen nur durchgestrichen wird. Die Preisgünstigkeit des Angebots des Werbenden soll sich in diesem Fall aus dem Vergleich mit einem anderen, weiterhin gültigen Preis ergeben, der regelmäßig näher erklärt werden muss.[899] Will der Unternehmer mit dem durchgestrichenen Preis eine andere Aussage treffen, muss er dies klar und deutlich angeben.

(8) Lockvogelangebote

415 Eine besonders günstige Preisgestaltung gehört zum Wesen des Wettbewerbs. Dem Verbraucher ist auch bekannt, dass Unternehmer mit einzelnen besonders preisgünstigen Angeboten versuchen, die Abnehmer auf sich und ihr gesamtes Angebot aufmerksam zu machen. Durch Lockvogelangebote oder Lockvogelwerbung kann der Unternehmer den Eindruck erwecken, nicht nur das einzelne Produkt, sondern das gesamte Sortiment sei besonders preisgünstig. Die Rechtsprechung hat in der Vergangenheit angenommen, eine Irreführung über die Preiswürdigkeit des gesamten Sortiments könne vorliegen, wenn ein Händler einige wenige Waren, mit denen der Verbraucher bereits genauere Preisvorstellungen verbindet, auffallend preisgünstig und ins Auge fallend anbietet, ohne gleichzeitig deutlich werden zu lassen, dass es sich um die Einzelerscheinung eines Sonderangebots handelt.[900] Als irreführend ist die Präsentation beur-

895 BGH, 11.12.2003, I ZR 50/01, GRUR 2004, 605, 606 – *Dauertiefpreise.*
896 BGH, 11.12.2003, I ZR 50/01, GRUR 2004, 605, 606 – *Dauertiefpreise.*
897 BGH, 05.11.2015, I ZR 182/14, GRUR 2016, 521 Rn. 8 – *Durchgestrichener Preis II.*
898 BGH, 17.03.2011, I ZR 81/09, GRUR 2011, 1151 Rn. 22 – *Original Kanchipur.*
899 BGH, 05.11.2015, I ZR 182/14, GRUR 2016, 521 Rn. 13 – *Durchgestrichener Preis II.*
900 BGH, 17.09.1969, I ZR 35/68, BGHZ 52, 302, 306 – *Lockvogel*; BGH, 21.12.1973, I ZR 37/73, GRUR 1974, 344 – *Intermarkt*; BGH, 07.07.1978, I ZR 169/76, GRUR 1978, 649, 650 – *Elbe-Markt*; BGH, 29.09.1978, I ZR 122/6, GRUR 1979, 116, 117 – *Der Superhit.*

teilt worden, wenn ein Einzelhändler einzelne bekannte Markenartikel zu einem Preis anbietet, der unter dem niedrigsten Fabrikabgabepreis liegt und den Charakter als besonders preisgünstiges aus dem übrigen Sortiment herausfallendes Sonderangebot nicht herausstellt. Diese Grundsätze beruhen wesentlich auf dem Leitbild des flüchtigen Verbrauchers und einer Täuschung eines nicht unerheblichen Teils des Verkehrs und können auf die Sicht des Durchschnittsverbrauchers nicht übertragen werden.[901] Zunächst kommt den Grundsätzen keine große praktische Bedeutung zu, weil die günstigen Angebote regelmäßig besonders herausgestellt werden und der Verkehr sie deshalb ohnehin nicht auf das gesamte Angebot überträgt.[902] In den anderen Fällen, in denen die Angebote nicht in dieser Art herausgestellt werden, hat ein angemessen aufmerksamer und verständiger Verbraucher ohne Hinzutreten besonderer Umstände keinen Anlass, die Preisgünstigkeit der einzelnen Angebote, selbst wenn sie preislich unter dem Fabrikabgabepreis liegen, auf das gesamte Sortiment zu übertragen.

(9) Kopplungsangebote

Kopplungsangebote sind Angebote bei denen mehrere Waren oder Dienstleistungen oder eine Ware und eine Dienstleistung zusammen im Rahmen eines einheitlichen Angebots zu einem Gesamtpreis erworben werden können. **Kopplungsangebote sind lauterkeitsrechtlich für sich genommen nicht zu beanstanden.** Dem Unternehmer ist es grundsätzlich erlaubt, verschiedene Angebote miteinander zu verbinden und zwar auch dann, wenn ein Teil der auf diese Weise gekoppelten Waren oder Leistungen ohne gesondertes Entgelt abgegeben wird.[903] Dass von Kopplungsangeboten eine Anlockwirkung ausgeht, die sich so auswirkt, dass der Verbraucher die geschäftliche Entscheidung nicht mehr rational trifft, ist ein in der Praxis kaum denkbarer Ausnahmefall. Die Anlockwirkung, die von einem attraktiven Angebot ausgeht, ist jedenfalls nicht lauterkeitsrechtlich unzulässig, sondern gewollte Folge des Preiswettbewerbs.[904] Das Lauterkeitsrecht kann nicht dazu dienen, besonders günstige Angebote vom Markt fernzuhalten. 416

Kopplungsangebote können allerdings intransparent sein und so geeignet sein, den Verkehr über die Preisgestaltung oder den Wert des Gesamtangebots irrezuführen.[905] Die Heterogenität des Angebots kann den Preisvergleich erschweren und ein gewisses Irreführungs- und Preisverschleierungspotential mit sich bringen. Die Werbung für ein gekoppeltes Angebot zu einem Gesamtpreis ist allerdings nicht allgemein wegen der Erschwerung des Preisvergleichs lauterkeitsrechtlich unzulässig.[906] Kopplungsangebote sind wegen der damit verbundenen Intransparenz und des Irreführungspotentials nach 417

901 A. A. Ohly/*Sosnitza* § 5 Rn. 457.
902 BGH, 29.09.1978, I ZR 122/6, GRUR 1979, 116, 117 – *Der Superhit.*
903 BGH, 10.04.2003, I ZR 291/00, GRUR 2003, 890, 891 – *Buchclub-Kopplungsangebot.*
904 BGH, 22.05.2003, I ZR 8/01, GRUR 2003, 1057 – *Einkaufsgutschein.*
905 BGH, 13.06.2002, I ZR 173/01, GRUR 2002, 976, 978 – *Kopplungsangebot I*; BGH, 13.06.2002, I ZR 71/01, GRUR 2002, 979, 981 – *Kopplungsangebot II.*
906 BGH, 27.02.2003, I ZR 253/00, GRUR 2003, 538, 539 – *Gesamtpreisangebot*; BGH, 11.12.2003, I ZR 83/01, GRUR 2004, 343, 344 – *Playstation.*

§ 5 unzulässig, wenn die Preise nicht einheitlich beworben sind. Unlauter ist es, in der Werbung allein das Versprechen unentgeltlicher Teilleistungen oder den günstigen Preis einer Teilleistung herauszustellen, ohne gleichzeitig in klarer Zuordnung leicht erkennbar und deutlich lesbar auf das Entgelt hinzuweisen, das für den anderen Teil des Kopplungsangebots verlangt wird. Gegenüber dem herausgestellten Hinweis auf die günstige Teilleistung dürfen dabei die Angaben, aus denen sich die wirtschaftliche Belastung des Verbrauchers ergibt, nicht verschwiegen werden und nicht vollständig in den Hintergrund treten.[907] Die Gesamtbelastung des Verbrauchers muss deutlich werden. Einzelne Positionen und Teile des Angebots dürfen nicht blickfangmäßig herausgestellt werden, während über die weiteren Kosten nicht ausreichend aufgeklärt wird.[908] Dagegen besteht keine allgemeine Pflicht zu einer umfassenden Aufklärung über die Preiswürdigkeit des Angebots.

(10) Werbung mit einer Herstellerpreisempfehlung

418 Der Unternehmer darf unter Hinweis auf unverbindliche Preisempfehlungen des Herstellers werben. Die Bezugnahme auf eine unverbindliche Preisempfehlung ist allerdings irreführend, wenn nicht klargestellt wird, dass es sich bei der Herstellerempfehlung um eine unverbindliche Preisempfehlung handelt, wenn die Empfehlung nicht auf der Grundlage einer ernsthaften Kalkulation als angemessener Verbraucherpreis ermittelt worden ist oder wenn sie im Zeitpunkt der Bezugnahme nicht mehr gültig ist.[909] Mit einer Herstellerpreisempfehlung darf daher nicht mehr geworben werden, wenn es sich um ein Auslaufmodell handelt, das in den Fachhandelspreislisten und Fachhandelsportalen nicht mehr geführt wird. Die Preisempfehlung des Herstellers stellt für den Verbraucher eine wesentliche Orientierungshilfe bei der Einschätzung der Vorteilhaftigkeit von Marktangeboten dar. Eine Fehlvorstellung über eine bestehende Herstellerpreisempfehlung ist für die geschäftliche Entscheidung des Verbrauchers grundsätzlich relevant.[910] Stellt ein Unternehmer auf einer Verkaufsplattform im Internet ein Angebot ein und kann nur der Plattformbetreiber die unverbindliche Herstellerpreisempfehlung dem Angebot hinzufügen, ist der Händler neben dem Plattformbetreiber für die unrichtige Angabe lauterkeitsrechtlich verantwortlich.[911] Grundsätzlich zulässig ist eine

---

907 BGH, 13.06.2002, I ZR 173/01, GRUR 2002, 976, 978 – *Kopplungsangebot I*; BGH, 13.06.2002, I ZR 71/01, GRUR 2002, 979, 981 – *Kopplungsangebot II*; BGH, 07.04.2011, I ZR 34/09, GRUR 2011, 742 Rn. 34 – *Leistungspakete im Preisvergleich.*

908 BGH, 08.10.1998, I ZR 187/97, GRUR 1999, 264, 267 – Handy für 0,00 DM; BGH, 07.04.2011, I ZR 34/09, GRUR 2011, 742 Rn. 34 – *Leistungspakete im Preisvergleich*; BGH, 15.10.2015, I ZR 260/14, GRUR 2016, 207 Rn. 19 – *All Net Flat.*

909 BGH, 15.09.1999, I ZR 131/97, GRUR 2000, 436, 437 – *Ehemalige Herstellerpreisempfehlung*; BGH, 14.11.2002, I ZR 137/00, GRUR 2003, 446 – *Preisempfehlung für Sondermodelle*; BGH, 29.01.2004, I ZR 132/01, GRUR 2004, 437 – *Fortfall einer Herstellerpreisempfehlung*; BGH, 03.03.2016, I ZR 110/15, GRUR 2016, 961 Rn. 27 – *Herstellerpreisempfehlung bei Amazon.*

910 BGH, 03.03.2016, I ZR 110/15, GRUR 2016, 961 Rn. 30 – *Herstellerpreisempfehlung bei Amazon.*

911 BGH, 03.03.2016, I ZR 110/15, GRUR 2016, 961 Rn. 31 – *Herstellerpreisempfehlung bei Amazon.*

Preiswerbung mit einer ehemaligen Herstellerpreisempfehlung. Der Begriff der »ehemaligen unverbindlichen Preisempfehlung« selbst ist nicht irreführend.[912]

(11) Vergleiche mit den Preisen der Mitbewerber

Vergleicht der Unternehmer seine Preise mit denjenigen der Konkurrenz, liegt eine vergleichende Werbung vor. Diese muss die Zulässigkeitsvoraussetzungen vergleichender Werbung nach § 6 Abs. 2 erfüllen und darf nicht irreführend sein (Rdn. 37). Ist eine vergleichende Werbung irreführend, ist sie unlauter. Eine Unlauterkeit nach § 6 Abs. 2 muss nicht zusätzlich vorliegen. Der Preisvergleich muss objektiv sein und darf nicht zu einer Fehlvorstellung des Verkehrs führen. Dagegen kann ein Preisvergleich verstoßen, wenn die Preise von Geschäften unterschiedlicher Größe verglichen werden, die Größenunterschiede Auswirkungen auf die Preisgestaltung haben und dies in dem Preisvergleich nicht deutlich gemacht wird.[913] In den Preisvergleich müssen alle preisbildenden Merkmale einbezogen werden und, wenn sich Unterschiede hinsichtlich der Preisbildung ergeben, muss der Unternehmer zur Verhinderung einer Fehlvorstellung hierauf hinweisen. Der Vergleich der Preise ist irreführend, wenn der Unternehmer nicht sämtliche zwangsläufig anfallenden Kosten in den Preisvergleich einbezieht. Ein Telekommunikationsunternehmen muss beim Vergleich seiner Preise mit denen der Konkurrenz die Kosten für den notwendigen Betrieb eines Kabelanschlusses berücksichtigen.[914] **419**

4. Bedingungen der Lieferung der Ware oder Erbringung der Dienstleistung

a) Unionsrecht

Das Merkmal der Bedingungen, unter denen die Ware geliefert oder die Dienstleistung erbracht wird, beschreibt die Konditionen des Angebots und den Vertragsinhalt. Der Unternehmer kann sein Angebot auch über die Gestaltung der Konditionen, zu denen er Waren liefert und Leistungen erbringt, aufwerten. Das Tatbestandsmerkmal ist in Art. 6 UGP-RL nicht ausdrücklich angeführt, sondern ist aus Art. 3 lit. b Werbe-RL in § 5 Abs. 2 Nr. 2 UWG 2004 übernommen worden. Soweit der Katalog aus Art. 6 (1) lit. a bis g UGP-RL nicht als abschließend angesehen wird (Rdn. 268), ist die Anwendung im B2C-Verhältnis unproblematisch. Ansonsten besteht die Grundlage dieses Merkmals des § 5 Abs. 1 Satz 2 Nr. 2 in Art. 6 (1) lit. b UGP-RL (Verfahren und Zeitpunkt der Erbringung und Lieferung, Kundendienst) und in Art. 6 (1) lit. g UGP-RL (Rechte der Verbraucher). Damit ist das Merkmal unionsrechtlich unbedenklich und sowohl im B2B- als auch im B2C-Verhältnis anwendbar.[915] **420**

---

912 BGH, 15.09.1999, I ZR 131/97, GRUR 2000, 436, 438 – *Ehemalige Herstellerpreisempfehlung.*
913 EuGH, 08.02.2017, C-562/15, GRUR 2017, 280 Rn. 32 und 33 – *ITM/Carrefour.*
914 BGH, 07.04.2011, I ZR 34/09, GRUR 2011, 742 Rn. 35 – *Leistungspakete im Preisvergleich.*
915 GK/*Lindacher* § 5 Rn. 780; Köhler/*Bornkamm/Feddersen* § 5 Rn. 3.188.

b) per se-Verbote nach Nr. 10, 19 und 24 des Anhangs zu § 3 Abs. 3

421 Spezielle Irreführungstatbestände, die sich auf die Angebotsbedingungen und die Rechte der Verbraucher beziehen, enthalten Nr. 10, 19 und 24 des Anhangs zu § 3 Abs. 3. Nach Nr. 10 des Anhangs ist stets unzulässig die unwahre Angabe oder das Erwecken des unzutreffenden Eindrucks, gesetzlich bestehende Rechte stellten eine Besonderheit des Angebots dar. Nr. 19 des Anhangs bestimmt als per se-Verbot eine unwahre Angabe über die Marktbedingungen oder Bezugsquellen, um den Verbraucher dazu zu bewegen, eine Ware oder Dienstleistung zu weniger günstigen Bedingungen als den allgemeinen Marktbedingungen abzunehmen oder in Anspruch zu nehmen. Gem. Nr. 24 des Anhangs ist unzulässig die unwahre Angabe oder das Erwecken des unzutreffenden Eindrucks, es sei im Zusammenhang mit Waren oder Dienstleistungen in einem anderen Mitgliedstaat der Europäischen Union als dem des Warenverkaufs oder der Dienstleistung ein Kundendienst verfügbar.

c) Anwendungsbereich

422 Erfasst wird eine Irreführung über die Modalitäten des Angebots. Dazu rechnen der geschäftliche Charakter des Angebots, die Konditionen der Leistung und Zahlung und der Vertragsinhalt.

aa) Geschäftlicher Charakter

423 Eine Irreführung über den geschäftlichen Charakter des Angebots kann beim Abnehmer eine Fehlvorstellung über die Vergütungspflicht oder die Vorteilhaftigkeit des Angebots auslösen. Bei einer Immobilienanzeige, aus der nicht deutlich wird, dass die Anzeige von einem Makler stammt, kann der Leser von einem privaten Angebot ausgehen, das keine Provisionszahlung auslöst und insoweit irregeführt werden.[916] Entschließt er sich zur Kontaktaufnahme, hat er bereits eine geschäftliche Entscheidung getroffen. Handelt ein Gewerbetreibender privat, ist er allerdings grundsätzlich nicht verpflichtet, auf seine Eigenschaft als Gewerbetreibender hinzuweisen. Ein Makler muss bei einem von ihm getätigten Privatverkauf seinen Maklerberuf nicht offenlegen.[917]

bb) Leistungszeit und Leistungsort

424 Zu den Leistungskonditionen rechnen Angaben zu den Lieferfristen und dem Zeitpunkt der Leistungserbringung. Die Angabe »**sofort**« kann der Verbraucher im Wortsinn verstehen, wenn nicht die Gesamtumstände gegen ein Wortverständnis sprechen. Bei einem »**Sofort-Kredit**« erwartet der Verbraucher, dass über seinen Kreditantrag sofort entschieden wird und bei einer positiven Entscheidung das Darlehen unmittelbar ausgezahlt wird.[918] Bei einem Anforderungsscheck für einen Barkredit wird der Verkehr

---

916 BGH, 16.11.1989, I ZR 107/87, GRUR 1990, 377 – *RDM*.
917 BGH, 22.04.1993, I ZR 75/91, GRUR 1993, 761, 762 – *Makler-Privatangebot*.
918 OLG Hamm, 27.09.1979, 4 U 176/79, WRP 1980, 89.

irregeführt, wenn er nach dessen Ausfüllung und Einsendung erst einen Antragsvordruck erhält, den er ausfüllen muss.[919]

Zu den Konditionen des Angebots rechnen Angaben zum Leistungsort. Für den Ver- **425**
braucher hat es erhebliche wirtschaftliche Bedeutung, ob er die Kosten und das Risiko des Transports tragen muss. Mit der Ankündigung »**Lieferung frei Haus**« übernimmt der Gewerbetreibende die Kosten und das Risiko einer Versendung oder eines Transports einschließlich einer ordnungsgemäßen Transportverpackung. Wird keine gesonderte Vereinbarung getroffen und ergibt sich der Leistungsort auch nicht aus den Umständen, gilt grundsätzlich nach § 269 BGB als Leistungsort der Sitz des Schuldners. Der Verbraucher kann auch bei sperrigem Gut, wie Möbeln oder Großgeräten, ohne gesonderte Vereinbarung nicht von einer kostenlosen Lieferung zu seiner Wohnung ausgehen.[920] Auf die Geschäftsstruktur (Facheinzelhandel, Fachmärkte) kommt es in diesem Zusammenhang nicht an.

cc) Vertragsinhalt

(1) Allgemeines

Von § 5 Abs. 1 Satz 2 Nr. 2 werden die gesamten Vertragskonditionen erfasst. Hierzu **426**
rechnen Zahlungsmodalitäten, Leistungsbestimmungsrechte, Gestaltungsrechte, Informations- und Hinweispflichten, Unterstützungsleistungen bei der Aufstellung und Installation sowie Garantien. Letztere haben für den Warenabsatz neuer und gebrauchter Produkte erhebliche Bedeutung. Eine Täuschung über den aus der Garantie Verpflichteten und den Umfang der Garantieleistungen hat regelmäßig geschäftliche Relevanz.

(2) Garantien

Garantieversprechen, mit denen der Unternehmer wirbt, dürfen nicht so ausgestaltet **427**
sein, dass die vertraglich begründeten Rechte bedeutungslos sind. Der Verbraucher verbindet mit dem Wort »Garantie« einen bestimmten Inhalt, der zumindest eine kostenlose Mängelbeseitigung während der Garantiezeit umfasst, soweit die Mängel nicht auf unsachgemäßer Nutzung beruhen.[921] Eine Garantie enthält die schlüssige Aussage, dass das Produkt im Allgemeinen bei normaler Abnutzung eine der Garantiezeit entsprechend lange Lebensdauer hat.[922] Das gilt auch bei sehr langen Garantiezeiträumen. Bedeutungslos ist eine Garantie etwa dann, wenn sie so ausgestaltet ist, dass sich das Vorliegen der Voraussetzungen des Garantiefalls für den Verbraucher nur schwer beweisen lässt. Eine Garantiefrist darf nicht so bemessen sein, dass sie über die rechtlich

---

919 BGH, 18.12.1981, I ZR 198/79, GRUR 1982, 242, 244 – *Anforderungsscheck für Barauszahlungen.*

920 BDS/*Lehmler* § 5 UWG Rn. 198; a. A. OLG Stuttgart, 21.11.1986, 2 U 136/86, WRP 1987, 271; GK/*Lindacher* § 5 Rn. 783.

921 BGH, 31.01.1958, I ZR 182/56, GRUR 1958, 455, 457 – *Federkernmatratzen*; BGH, 26.09.1975, I ZR 72/74, GRUR 1976, 146, 147 – *Kaminisolierung.*

922 BGH, 26.06.2008, I ZR 221/05, GRUR 2008, 915 Rn. 18 – *40 Jahre Garantie.*

zulässige Höchstdauer hinausreicht.[923] Der Verbraucher kennt die rechtlichen Grundlagen von Garantieversprechen nicht und geht bei einer über dreißig Jahre dauernden Garantie von deren Verbindlichkeit aus. Bei einem selbständigen Garantieversprechen kann die Garantiefrist die Dauer von 30 Jahren überschreiten.[924]

428 Die Angabe »**Vollgarantie**« bezeichnet eine Garantie, die das gesamte Produkt umfasst und bei der keine gesonderten Kosten zu den Garantieleistungen hinzukommen. Die Garantie ist bedeutungslos, wenn sie bei normaler Abnutzung auftretende Mängel nicht abdeckt.[925]

429 Eine Garantie ist irreführend, wenn sie den Verpflichteten falsch oder unklar bezeichnet. Die Werbung mit einer Garantie ist nicht generell irreführend, wenn nicht eine **Herstellergarantie**, sondern eine **Händlergarantie** geboten wird. Eine Vermutung für eine Herstellergarantie besteht nicht. Vielmehr kann die Verkehrserwartung je nach Produktbereich unterschiedlich ausfallen. Eine Garantie für einen Neuwagen fasst der Verkehr als Herstellergarantie auf.[926] Verallgemeinern lässt sich diese Sichtweise für neue Produkte nicht. Die Ausgabe von Garantiekarten lässt ebenfalls keinen sicheren Rückschluss auf das Vorliegen einer Herstellergarantie zu.[927]

IV. Irreführung über Person, Eigenschaften oder Rechte des Unternehmers, § 5 Abs. 1 Satz 2 Nr. 3

1. Unionsrecht

430 Mit § 5 Abs. 1 Satz 2 Nr. 3 hat der Gesetzgeber Art. 6 (1) lit. f und teilweise auch Art. 6 (1) lit. c UGP-RL umgesetzt. § 3 UWG 1909 enthielt keinen vergleichbaren Tatbestand, sondern führte nur allgemein als Oberbegriff die geschäftlichen Verhältnisse an und konkretisierte diese im Hinblick auf Merkmale zum Unternehmen mit dem Ursprung, der Art des Bezugs und der Bezugsquelle von Waren. In § 5 Abs. 2 Nr. 3 UWG 2004 waren die geschäftlichen Verhältnisse und die sie konkretisierenden Merkmale bereits näher angeführt. Die Bestimmung lehnte sich an Art. 3 lit. c Werbe-RL an. Mit der Umsetzung der UGP-RL durch das UWG 2008 erhielt § 5 Abs. 1 Satz 2 Nr. 3 seine jetzige Fassung. Aus Art. 6 (1) lit. c UGP-RL übernimmt § 5 Abs. 1 Satz 2 Nr. 3 den Umfang der Verpflichtungen und die Beweggründe der Geschäftspraktik und die Art des Vertriebsverfahrens.[928] Art. 6 (1) lit. f UGP-RL wird durch § 5 Abs. 1 Satz 2 Nr. 3 nahezu wörtlich umgesetzt. **Nicht angeführt sind in § 5 die Person, Eigenschaften oder Rechte des Vertreters des Unternehmers.** Das fehlende Merkmal ist durch Auslegung zu ergänzen. Da die Bestimmung des § 5 Abs. 1 Satz 2

---

923 BGH, 09.06.1994, I ZR 91/92, GRUR 1994, 830 – *Zielfernrohr.*

924 BGH, 26.06.2008, I ZR 221/05, GRUR 2008, 915 Rn. 16 – *40 Jahre Garantie.*

925 OLG Köln, 28.05.1980, 6 U 217/79, WRP 1980, 648.

926 BGH, 20.02.1986, I ZR 149/83, GRUR 1986, 615, 618 – *Reimportierte Kraftfahrzeuge*; BGH, 15.07.1999, I ZR 44/97, GRUR 1999, 1122, 1123 – *EG-Neuwagen.*

927 *GK/Lindacher* § 5 Rn. 790.

928 Begründung des Regierungsentwurfs eines Ersten Gesetzes zur Änderung des Gesetzes gegen den unlauteren Wettbewerb, BT-Drucksache 16/10145, S. 24.

Nr. 3 der Umsetzung der UGP-RL dient, ist die deutsche Vorschrift richtlinienkonform und autonom auszulegen.

2. Person des Unternehmers

Der Gewerbetreibende darf keine Fehlvorstellung über seine Identität hervorrufen. Zur Unterscheidung der Unternehmen im Wirtschafts- und Rechtsverkehr dienen Firma und Unternehmensbezeichnung. Durch unrichtige oder unvollständige Angaben zum Unternehmen kann der Gewerbetreibende seine Identität verschleiern. Die Bedeutung der entsprechenden Angaben zeigt Art. 7 (4) lit. b UGP-RL, wonach bei einer Aufforderung zum Kauf zu den wesentlichen Informationen Anschrift und Identität des Gewerbetreibenden, wie sein Handelsname und gegebenfalls Anschrift und Identität des Gewerbetreibenden gehören, für den er handelt. **431**

Die handelsrechtliche Zulässigkeit einer Firmierung bedeutet nicht, dass kein Verstoß gegen das lauterkeitsrechtliche Irreführungsverbot bei Führung der Firma vorliegt. Eine mit den handelsrechtlichen Vorschriften über die Fortführung der Firma nach § 22 HGB im Einklang stehende Firmierung kann vom Verkehr irreführend i. S. von § 5 aufgefasst werden.[929] Stehen die geschäftlichen Verhältnisse eines Unternehmens mit der Firmierung nicht mehr in Einklang und kann der Verkehr hieraus unzutreffende Schlüsse ziehen, so endet auch das Recht zur Führung der Firma. Die Führung eines fremden Namens in einer Unternehmens- oder Kanzleibezeichnung kann zur Täuschung der Allgemeinheit und Verwirrung des Rechtsverkehrs geeignet sein.[930] **432**

Soweit der Namensträger **einem Dritten den Namensgebrauch gestattet oder der Inhaber eines geschäftlichen Kennzeichens eine Lizenz erteilt**, ist die damit verbundene Verunsicherung über die Zuordnung des Namens oder der Kennzeichnung zu einer bestimmten Person oder einem bestimmten Geschäftsbetrieb als Folge der Gestattung oder Lizenz grundsätzlich hinzunehmen. Eine Irreführung bei Gestattung der Nutzung durch den Namensträger wird erst bejaht, wenn der Verkehr mit der fraglichen Angabe eine bestimmte Gütevorstellung verbindet und in dieser Erwartung getäuscht wird.[931] Zudem muss in diesem Zusammenhang eine Interessenabwägung erfolgen, wenn andernfalls ein wertvoller Besitzstand zerstört würde. **433**

Die Irreführung kann durch die Unternehmensbezeichnung selbst hervorgerufen werden oder durch ausdrückliche oder konkludente Angaben, die sich auf die Identität des Unternehmens oder seines Trägers beziehen. Der Verkehr wird irregeführt, wenn die Unternehmensbezeichnung zu Verwechslungen mit anderen Unternehmen führt (hierzu Rdn. 372–380 und 486–495). Darunter fallen die unzutreffende Angabe der Unternehmensbezeichnung oder die Tätigkeit in Geschäftsräumen, die den Eindruck **434**

929 BGH, 29.03.2007, I ZR 122/04, GRUR 2007, 1079 Rn. 24 – *Bundesdruckerei.*

930 BGH, 06.03.1951, I ZR 40/50, BGHZ 1, 241, 246 – *Piek Fein*; BGH, 09.06.1953, I ZR 97/51, BGHZ 10, 196, 202 – *DUN-Europa*; BGH, 17.09.1969, I ZR 131/67, GRUR 1970, 528, 530 – *Migrol.*

931 BGH, 28.02.2002, I ZR 195/99, GRUR 2002, 703, 705 – *VOSSIUS & PARTNER.*

einer Zugehörigkeit zu einem anderen Unternehmen erwecken.[932] Der Betrieb eines selbständigen Friseursalons in einem Warenhaus darf nicht den Eindruck erwecken, es handele sich um eine unselbständige Abteilung des Warenhauses.

435 Die Rechtsform des Unternehmens muss zutreffend angegeben werden. Eine unzutreffende Bezeichnung der Rechtsform kann zu einer Fehlvorstellung des Verkehrs über die Identität oder über Eigenschaften des Unternehmens führen. Eine Unternehmensbezeichnung ist irreführend, wenn sie Bestandteile enthält, die bei der Verwendung als Firmenschlagwort irreführend wirken. Zur Täuschung über die Rechtsform ist die Unternehmensbezeichnung »INDROHAG Industrie Rohstoffe Handelsgesellschaft mit beschränkter Haftung« trotz der ausgeschriebenen Rechtsform geeignet, weil der Bestandteil »INDROHAG« auf eine AG hindeutet und die Gefahr einer isolierten Verwendung besteht.[933]

436 Die Unternehmensbezeichnung darf keine Angaben enthalten, die unrichtige Vorstellungen über die Gesellschafterverhältnisse des Unternehmens hervorrufen.[934] Regelmäßig werden diese Angaben zu den Eigenschaften des Unternehmens zählen. Ein falscher Hinweis auf die Gesellschafterverhältnisse kann aber auch eine Fehlvorstellung über die Identität des Unternehmens auslösen.

437 In richtlinienkonformer Auslegung des Art. 6 (1) lit. f UGP-RL sind diese Grundsätze auch auf irreführende Angaben über die **Person des Vertreters** des Unternehmens anzuwenden. Dazu rechnen unklare oder unrichtige Aussagen über die organschaftliche oder rechtsgeschäftliche Vertretung des Unternehmens. Wird etwa ein bereits ausgeschiedenes Mitglied der Geschäftsführung weiter auf den Briefbögen und im Impressum des Unternehmens geführt, ruft dies eine Fehlvorstellung über einen Vertreter des Unternehmens hervor. Nicht unter § 5 Abs. 1 Satz 2 Nr. 3 fällt eine unrichtige Namensangabe des Mitarbeiters eines Unternehmers.[935]

3. Eigenschaften und Rechte des Unternehmens

a) Begriff

438 Eigenschaften eines Unternehmens bezeichnen umfassend alle Merkmale, die zu seinem Wesen gehören. Daneben führt § 5 Abs. 1 Satz 2 Nr. 3 Rechte des Unternehmens auf. Der Übergang zwischen den in der Bestimmung angeführten Merkmalen »Person, Eigenschaften, Rechte« kann fließend sein. Beispielhaft führt § 5 Abs. 1 Satz 2 Nr. 3 einige Merkmale auf, die zu den Eigenschaften und Rechten zählen und zwar Vermögen einschließlich der Rechte des geistigen Eigentums, den Umfang von Verpflichtungen, Befähigung, Status, Zulassung, Mitgliedschaften oder Beziehungen, Auszeichnungen oder Ehrungen.

932 BGH, 27.10.1988, I ZR 47/87, GRUR 1989, 211, 212 – *Shop in the Shop II.*
933 BGH, 25.10.1956, II ZB 18/56, BGHZ 22, 88, 89.
934 BGH, 29.03.2007, I ZR 122/04, GRUR 2007, 1079 Rn. 24 – *Bundesdruckerei*; BGH, 13.06.2012, I ZR 228/10, GRUR 2012, 1273 Rn. 16 – *Stadtwerke Wolfsburg.*
935 BGH, 19.04.2018, I ZR 244/16, GRUR 2018, 950 Rn. 39 – *Namensangabe.*

b) Größenbehauptungen, Geschäftsgegenstand, Gesellschaftsverhältnisse

aa) Bezeichnungen zur Größe und zum Gegenstand des Unternehmens

Zu den Eigenschaften des Unternehmens rechnen Angaben, die sich auf die Unternehmensgröße, den Geschäftsgegenstand oder die Gesellschaftsverhältnisse beziehen. Sie können vom Unternehmer ausdrücklich oder konkludent getätigt werden. Die Merkmale können sich mit der Person des Unternehmers überschneiden. **439**

Der Unternehmensbezeichnung selbst oder Zusätzen kann der Verkehr eine Angabe über die Größe, Bedeutung, Ausstattung oder den Geschäftsgegenstand entnehmen. Die Aussagen dürfen keine Fehlvorstellung beim Publikum hervorrufen. **440**

Vielfach bestehen gesetzlich geschützte Bezeichnungen oder Angaben, mit denen der Verkehr eine mehr oder weniger feststehende Bedeutung verbindet. **441**

»Apotheke« bezeichnet einen Geschäftsbetrieb, der von einem Erlaubnisinhaber nach §§ 1, 2 ApoG geführt wird. Eine Sparkasse ist regelmäßig eine öffentlich-rechtliche Bank in kommunaler Trägerschaft. Sparkassen, Kreditinstitute sowie Banken müssen über eine schriftliche Erlaubnis der Aufsichtsbehörde zur Führung eines Geschäftsbetriebs verfügen, der Bankgeschäfte betreibt oder Finanzdienstleistungen erbringt (§ 32 KWG). **442**

»Fabrik« ist in Abgrenzung zu einem Handwerksbetrieb und zum Handel ein industrieller Herstellungsbetrieb. Ein Möbelhaus, das nicht den überwiegenden Teil der Möbelstücke selbst herstellt, darf sich nicht als Möbelfabrik bezeichnen.[936] Ein Handwerksbetrieb zeichnet sich durch die Mitarbeit des Inhabers und eine eher handwerksmäßige Fertigung und eine fehlende Serienfertigung aus. »Manufaktur« bezeichnet häufig einen Betrieb, in dem Handfertigung im Vordergrund steht. Mit der Bezeichnung »Fabrik« verbindet der Verkehr eine gewisse Größe. »Handwerksbetrieb«, »Fabrikation« und »Manufaktur« sagen über die Betriebsgröße für sich genommen nichts. Mit dem Begriff »Werk« verbindet der Verkehr regelmäßig eine bedeutende Fabrikationsstätte. Die Führung der Bezeichnung »Werk« in der Firmierung ist irreführend, wenn es sich nicht um ein großes Unternehmen handelt. Unter »Fabrikverkauf« und »Factory Outlet« versteht der Verbraucher den Verkauf besonders preisgünstig angebotener Markenware durch den Hersteller unter Ausschaltung des Groß- und Zwischenhandels.[937] Die Preise müssen unter den Preisen des Einzelhandels liegen. Ein Unternehmen kann die Bezeichnungen benutzen, wenn es den überwiegenden Teil der Produktion selbst hergestellt und einen geringeren Teil von dritter Seite bezieht.[938] Werden einzelne Erzeugnisse komplett von Dritten eingekauft, darf nicht der Eindruck erweckt werden, diese würden überwiegend selbst hergestellt. **443**

Mit dem Zusatz »**Handel**« oder synonymen Begriffen wie »**Kaufhaus**« wird ein Unternehmen bezeichnet, das ganz oder überwiegend keine Produkte herstellt, sondern sie **444**

936 BGH, 04.12.1956, I ZR 106/55, GRUR 1957, 348, 349 – *Klasen-Möbel.*
937 BGH, 24.09.2013, I ZR 89/12, GRUR 2013, 1254 Rn. 20 – *Matratzen Factory Outlet*
938 BGH, 24.09.2013, I ZR 89/12, GRUR 2013, 1254 Rn. 22 – *Matratzen Factory Outlet.*

an- und verkauft. »**Lager**« erweckt den Eindruck einer gewissen Größenordnung, besagt aber nichts über die Preisgünstigkeit des Angebots.

445 Ein **Fachgeschäft** bezeichnet ein Handelsgeschäft mit Spezialisierung, Fachkunde und fachkundiger Beratung.[939]

446 Die Bezeichnung »Hauptgeschäft« darf nur ein Unternehmen führen, das mindestens eine Filiale hat. Bei einer »Zentrale« erwartet der Verkehr ein größeres Unternehmen. Die Bezeichnung »Center« ist im Hinblick auf die Unternehmensgröße inhaltsleer.[940] »Zentrum« weist häufig auf ein größeres Unternehmen, eine Mehrzahl von Unternehmen oder eine besondere Kompetenz hin.[941] Die Werbung mit der Bezeichnung »Neurologisch/Vaskuläres Zentrum« für die Abteilung eines Krankenhauses fasst das Publikum als Angabe auf, die Abteilung habe besondere Bedeutung und damit eine überdurchschnittliche Kompetenz, Ausstattung und Erfahrung auf dem genannten Gebiet.

447 Der Zusatz »**Haus**« zu einer Geschäftsbezeichnung sagt über die Größe des Unternehmens nichts aus. Der Zusatz »**Markt**« kann je nach dem Zusammenhang, in dem er gebraucht wird, über die Größe oder die Ausstattung etwas aussagen. Mit den Begriffen »Verbrauchermarkt«, »Möbelmarkt«, »Supermarkt« verbindet der Verbraucher eine gewisse Größe.

448 Wird ein bestimmter Geschäftsgegenstand angegeben oder die Tätigkeit des Unternehmens beschrieben, darf der Unternehmer bei den angesprochenen Verkehrskreisen keine Fehlvorstellung hervorrufen. Die Führung eines Hinweises auf die **Gemeinnützigkeit** in der Firmenbezeichnung ist irreführend, wenn das Unternehmen die Voraussetzungen der Gemeinnützigkeit nicht erfüllt.[942] »**Treuhandgesellschaft**« bezeichnet ein Unternehmen, das fremde Vermögensangelegenheiten im eigenen Namen besorgt.[943]

bb) Gesellschaftsverhältnisse

449 Die Unternehmensbezeichnung und Aussagen des Unternehmens dürfen keine Angaben enthalten, die unrichtige Vorstellungen über die Gesellschafterverhältnisse des Unternehmens hervorrufen.[944] Über die Zugehörigkeit zu einer Unternehmensgruppe oder einem Konzern darf das Publikum nicht getäuscht werden.

---

939 BGH, 19.09.1996, I ZR 76/95, GRUR 1997, 141, – *Kompetenter Fachhändler.*
940 BGH, 18.01.2012, I ZR 104/10, GRUR 2012, 942 Rn. 17 – *Neurologisch/Vaskuläres Zentrum.*
941 BGH, 18.01.2012, I ZR 104/10, GRUR 2012, 942 Rn. 17 – *Neurologisch/Vaskuläres Zentrum.*
942 BGH, 27.02.2003, I ZR 25/01, GRUR 2003, 448, 449 – *Gemeinnützige Wohnungsgesellschaft.*
943 BGH, 30.07.2015, I ZR 18/14, GRUR 2016, 292 Rn. 14 ff – *Treuhandgesellschaft.*
944 BGH, 29.03.2007, I ZR 122/04, GRUR 2007, 1079 Rn. 24 – *Bundesdruckerei*; BGH, 13.06.2012, I ZR 228/10, GRUR 2012, 1273 Rn. 16 – *Stadtwerke Wolfsburg.*

c) Allein- und Spitzenstellungsangaben, Alterswerbung

Wegen der Werbung mit Allein- und Spitzenstellungsbehauptungen (Erläuterungen Rdn. 237–243). Die Werbung mit dem Alter des Unternehmens oder die Inanspruchnahme einer Tradition kann ausdrücklich oder unterschwellig erfolgen[945] und positive Eigenschaften transportieren.[946] Die Verkehrskreise können je nach dem Zusammenhang und der Aussage darin einen Hinweis auf eine besondere Qualität des Produktangebots oder eine hohe Beständigkeit, Kontinuität und Solidität des Unternehmens oder besondere Erfahrungen sehen.[947] Die Angaben haben für den Verkehr häufig eine erhebliche Bedeutung. Eine Irreführung ist in diesem Zusammenhang regelmäßig geschäftlich relevant.[948] Beruft sich ein Unternehmen auf ein bestimmtes Alter oder eine besondere Tradition, muss das Unternehmen sich auf diese Wurzeln zu Recht berufen können. Wie eng die Verbindung sein muss, hängt von der jeweiligen Angabe ab. Erforderlich kann eine rechtliche oder nur eine wirtschaftliche Identität sein oder es kann ausreichen, dass gewisse wirtschaftliche Beziehungen zum Gründungsunternehmen bestehen.[949] **450**

Bezieht der Verkehr die Angabe auch auf den Produktbereich, ist die Aussage irreführend, wenn ein vollständiger Produktwechsel stattgefunden hat. Dazu muss der Verkehr allerdings Veranlassung haben, der Alterswerbung nicht nur eine Angabe zum Unternehmensalter zu entnehmen, sondern auch Schlussfolgerungen im Hinblick auf die Kontinuität des Produktprogramms zu ziehen. Die ältere Rechtsprechung[950] stellt mit ihren strengen Anforderungen auf das Leitbild vom flüchtigen Verbraucher ab und lässt einen nicht unerheblichen Teil der Verbraucher für eine Irreführung ausreichen. Diese Maßstäbe sind zu streng.[951] Erforderlich ist, dass in der Werbung eine Verbindung nicht nur zum Alter des Unternehmens, sondern auch zum Produkt oder Sortiment hergestellt wird. **451**

d) Vermögen und Umfang von Verpflichtungen, Rechte des geistigen Eigentums

aa) Vermögen

Der Unternehmer ist grundsätzlich nicht verpflichtet, ungefragt Angaben zu seinen Vermögensverhältnissen zu machen. Zum Vermögen i. S. von § 5 Abs. 1 Satz 2 Nr. 3 rechnen alle Vermögenswerte. Das sind alle Aktiva des Unternehmens einschließlich der **452**

945 BGH, 21.02.1991, I ZR 106/89, GRUR 1992, 66, 68 – *Königl.-Bayerische Weisse.*

946 BGH, 07.11.2002, I ZR 276/99, GRUR 2003, 628, 629 – *Klosterbrauerei.*

947 BGH, 22.10.2009, I ZR 73/07, GRUR 2010, 352 Rn. 10 und 13 – *Hier spiegelt sich Erfahrung;*

948 BGH, 21.02.1991, I ZR 106/89, GRUR 1992, 66, 67 – *Königl.-Bayerische Weisse*; BGH, 07.11.2002, I ZR 276/99, GRUR 2003, 628, 630 – *Klosterbrauerei.*

949 Zu § 4 Nr. 3 BGH, 02.12.2015, I ZR 176/14, GRUR 2016, 730 Rn. 26–28 – *Herrnhuter Stern.*

950 BGH, 14.04.1961, I ZR 7/60, GRUR 1961, 485, 486 – *Fleischereimaschinen*; BGH, 22.12.1961, I ZR 152/59, GRUR 1962, 310, 312 – *Gründerbildnis.*

951 Köhler/*Bornkamm/Feddersen* § 5 Rn. 4.64.

Rechte des geistigen Eigentumes. Zu den Vermögensverhältnissen des Unternehmens gehören auch die Verpflichtungen, die ausdrücklich genannt sind. Trifft der Unternehmer zu seinem Vermögen und zum Umfang seiner Verpflichtungen Aussagen, müssen diese zutreffend sein. Falsche Angaben zu den Vermögensverhältnissen gegenüber Gläubigern oder dem allgemeinen Publikum fallen unter § 5 Abs. 1 Satz 2 Nr. 3 und sind häufig für geschäftliche Entscheidungen relevant. In einer unzutreffenden Ad-hoc-Meldung eines Unternehmens liegt eine irreführende geschäftliche Handlung.[952] Der Umstand, dass es sich um eine gesetzlich vorgeschriebene Pflichtmitteilung handelt, ändert am Charakter einer geschäftlichen Handlung nichts.

bb) Rechte des geistigen Eigentums

(1) Begriff

453 Zu den Rechten des geistigen Eigentums i. S. von § 5 Abs. 1 Satz 2 Nr. 3 zählen in richtlinienkonformer Auslegung auch gewerbliche und kommerzielle Rechte, die in Art. 6 lit. f UGP-RL gesondert angeführt sind. Der Gesetzgeber hat die Anführung der gewerblichen und kommerziellen Rechte für entbehrlich angesehen, weil sie von den Rechten des geistigen Eigentums umfasst sind.[953] Dazu zählen Patente, Gebrauchsmuster, Designs, Marken, Urheberrechte und verwandte Schutzrechte und Sortenschutzrechte.

(2) Irreführende Angaben zu Rechten des geistigen Eigentums

454 Die Angaben i. S. des § 5 Abs. 1 Satz 2 Nr. 3 über Rechte des geistigen Eigentums können sich darauf beziehen, dass ein bestimmtes Produkt durch Schutzrechte geschützt ist, dem Unternehmen bestimmte Schutzrechte zustehen oder der Unternehmer kann gegen Dritte in Form von Schutzrechtsverwarnungen vorgehen und sich auf das Bestehen und den Schutzumfang dieser Rechte berufen. Die Angaben in diesem Zusammenhang dürfen grundsätzlich keine Fehlvorstellung der angesprochenen Verkehrskreise hervorrufen.

455 Eine Irreführung im Zusammenhang mit der Inanspruchnahme eines Schutzes durch ein Recht des geistigen Eigentums liegt vor, wenn dem Unternehmer ein entsprechendes Recht nicht zusteht. Kennzeichnet ein Unternehmen seine Produkte mit einem Hinweis auf einen bestehenden Patent- oder Markenschutz, muss es Inhaber oder Lizenznehmer entsprechender Schutzrechte sein.[954] Der Anbringung des Zeichens »**R im Kreis**« entnimmt der Verkehr, dass es ein entsprechendes eingetragenes Markenrecht gibt.[955] Eine irreführende Angabe über die Berechtigung zur Verwendung des Zeichens ist in diesem Zusammenhang regelmäßig geschäftlich relevant.[956] Ob die geschäftliche

---

952 HansOLG Hamburg, 19.07.2006, 5 U 10/06, GRUR-RR 2006, 377.
953 Begründung des Regierungsentwurfs eines Ersten Gesetzes zur Änderung des Gesetzes gegen den unlauteren Wettbewerb, BT-Drucksache 16/10145, S. 24.
954 BGH, 26.02.2009, I ZR 219/06, GRUR 2009, 888 Rn. 13 ff – *Thermoroll*.
955 BGH, 26.02.2009, I ZR 219/06, GRUR 2009, 888 Rn. 16 – *Thermoroll*.
956 BGH, 26.02.2009, I ZR 219/06, GRUR 2009, 888 Rn. 19 – *Thermoroll*.

Relevanz auch vorliegt, wenn das Unternehmen nicht Inhaber oder Lizenznehmer einer eingetragenen Marke, sondern einer Benutzungsmarke ist, hängt von den jeweiligen Umständen des Einzelfalls ab. Die gegenteilige frühere Rechtsprechung, die grundsätzlich formellen Schutz für erforderlich erachtete,[957] stellte auf die Irreführung eines nicht ganz unerheblichen Teils des Verkehrs ab und ist deshalb überholt. Es lässt sich allerdings auch nicht generell sagen, dass die Frage, ob ein Schutzrecht registriert oder nur kraft Benutzung besteht, geschäftlich irrelevant ist.[958] Der Nachweis des Bestehens eines Benutzungsrechts ist häufig nur schwer zu führen, so dass der Irrtum über die Eintragung durchaus Relevanz haben kann.

Die Angabe »**gesetzlich geschützt**« oder ähnliche Bezeichnungen und Abkürzungen versteht der Verkehr im Allgemeinen als Hinweis auf einen **Patentschutz**.[959] Die Angabe setzt regelmäßig bestehenden Patentschutz voraus.[960] Eine Anmeldung allein genügt nicht, kann aber in der Werbung Verwendung finden, wenn klargestellt wird, dass erst eine Anmeldung erfolgt ist und noch keine Erteilung des Patents vorliegt.[961] Dabei ist zwischen einer Anmeldung, die noch nicht offen gelegt ist, einer offengelegten Anmeldung und einem erteilten Patent zu unterscheiden.[962] 456

Die vom Unternehmer hervorgerufene Fehlvorstellung kann sich auch auf die **territoriale Reichweite** des Schutzrechts erstrecken. Besteht Schutz nur für einen Mitgliedstaat der Union, darf der Unternehmer nicht den Eindruck eines unionsweiten Schutzes hervorrufen. Die Anbringung einer nationalen Herstellermarke am Produktionsort, an dem Markenschutz besteht, lässt bei einem Vertrieb im Ausland regelmäßig nicht den Schluss zu, dass dort auch Markenschutz besteht. 457

Der Unternehmer darf im Geschäftsverkehr keine unrichtigen Angaben über den ihm zustehenden Bestand an Schutzrechten machen. Berühmt er sich gegenüber Geschäftspartnern, Inhaber bestimmter Schutzrechte zu sein, müssen die Angaben zutreffen. Rechte des geistigen Eigentums haben eine erhebliche wirtschaftliche Bedeutung. Die richtige Darstellung, welche Schutzrechte dem Unternehmen zustehen, hat auf die Beurteilung der Vermögenslage Einfluss. Das Unternehmen darf auch nicht den Eindruck erwecken, Inhaber des Rechts zu sein, wenn es nur Lizenznehmer ist. 458

(3) Schutzrechtsverwarnungen

Wegen Verletzung von Schutzrechten kommt es vielfach zu Schutzrechtsverwarnungen durch den Inhaber des Rechts. Diese dürfen nicht auf irreführenden Angaben über den Bestand und den Schutzumfang des Rechts beruhen. § 5 gewährt im Grundsatz allerdings nur einen Schutz gegen Tatsachenbehauptungen und nicht gegen Werturteile 459

957 BGH, 08.02.1957, I ZR 157/55, GRUR 1957, 358, 359 – *Kölnisch Eis.*

958 A. A. Ohly/*Sosnitza* § 5 Rn. 574.

959 OLG Düsseldorf, 17.11.1977, 2 U 25/77, GRUR 1978, 437.

960 BGH, 06.10.1965, Ib ZR 4/64, GRUR 1966, 92, 95 – *Bleistiftabsätze*; FBO/*Peifer*/*Obergfell* § 5 Rn. 396.

961 HansOLG Hamburg, 08.02.1973, 3 U 88/71, GRUR 1974, 398, 399.

962 Köhler/*Bornkamm*/*Feddersen* § 5 Rn. 4.132.

(wegen der Einzelheiten der Abgrenzung bei Rechtsansichten Erläuterungen Rdn. 137 f.). **Unberechtigte Schutzrechtsverwarnungen** können einen schuldhaften Eingriff in den eingerichteten und ausgeübten Gewerbebetrieb darstellen und Schadensersatzansprüche nach § 823 Abs. 1 BGB auslösen.[963] Unberechtigt ist die Schutzrechtsverwarnung, wenn der geltend gemachte Anspruch mangels Rechtsverletzung tatsächlich nicht besteht.[964] Der Gläubiger handelt allerdings nicht schon fahrlässig, wenn er vom Schuldner zu Unrecht eine Leistung verlangt und nicht erkennt, dass seine Forderung unberechtigt ist. Der im Verkehr erforderlichen Sorgfalt entspricht der Gläubiger regelmäßig, wenn er sorgfältig prüft, ob der eigene Rechtsstandpunkt plausibel ist. Dies gilt auch, wenn die zu beurteilende Rechtslage unklar ist. Ein Schutzrechtsinhaber handelt im Falle einer unberechtigten Verwarnung nicht schuldhaft, wenn er sich seine Überzeugung durch gewissenhafte Prüfung gebildet hat oder wenn er sich bei seinem Vorgehen von vernünftigen und billigen Überlegungen hat leiten lassen.[965]

V. Irreführung über Befähigung, Status, Zulassung, Mitgliedschaften oder Beziehungen, Auszeichnungen oder Ehrungen

460 Befähigung, Status, Zulassung, Mitgliedschaften und Beziehungen, Auszeichnungen und Ehrungen sagen etwas über die Qualifikation und Befähigung des Unternehmers aus und lassen Rückschlusse auf seine Fähigkeiten und die Bedeutung des Unternehmens zu.

1. Befähigung, Status, Zulassung

461 Hierzu rechnen Berufsabschlüsse, Hochschulausbildung und -abschluss[966] und akademische Grade.[967]

462 Entsprechende Angaben fasst der Verkehr regelmäßig dahin auf, dass der Inhaber der Qualifikation in verantwortlicher Stellung im Unternehmen aktuell tätig ist.[968] Er darf nicht ausgeschieden und nicht nur Strohmann sein. Das gilt sowohl bei entsprechenden Angaben in der Unternehmensbezeichnung als auch im allgemeinen Geschäftsverkehr. In der Unternehmensbezeichnung darf nach Ausscheiden des Trägers des Titels die Firmierung ohne einen Nachfolgezusatz nicht fortgeführt werden.[969] Diese Grundsätze gelten nicht nur für eine Einzelfirma oder eine Personenhandelsgesellschaft, sondern auch für eine juristische Person.

---

963 BGH, 15.07.2005, GSZ 1/04, BGHZ 164, 1, 3 f. – *unberechtigte Schutzrechtsverwarnung*; BGH, 01.12.2015, X ZR 170/12, BGHZ 208, 119 Rn. 15 – *unberechtigte Schutzrechtsverwarnung II.*

964 BGH, 11.01.2018, I ZR 187/16, GRUR 2018, 832 Rn. 70 – *Ballerinaschuh.*

965 BGH, 11.12.1973, X ZR 14/70, BGHZ 62, 29, 37 – *Maschenfester Strumpf*; BGH, 11.01.2018, I ZR 187/16, GRUR 2018, 832 Rn. 88 – *Ballerinaschuh.*

966 BGH, 07.04.1965, Ib ZR 86/63, GRUR 1965, 610, 611 – *Diplom-Ingenieur.*

967 BGH, 05.04.1990, I ZR 19/88, GRUR 1990, 604, 605 – *Dr. S.-Arzneimittel*; BGH, *24.10.1991, I ZR 271/89, GRUR 1992*, 121 – *Dr. Stein*... GmbH.

968 BGH, 24.10.1991, I ZR 271/89, GRUR 1992, 121, 122 – *Dr. Stein... GmbH.*

969 BGH, 24.10.1991, I ZR 271/89, GRUR 1992, 121 – *Dr. Stein... GmbH.*

Für die geschäftliche Relevanz kommt es darauf an, ob der Verkehr der Qualifikation Bedeutung für die Unternehmensführung, den Waren- oder Dienstleistungsbereich beimisst. Das ist etwa bei einem Doktortitel im Arzneimittelbereich und dem Hochschulabschluss »Diplom Ingenieur« in einen Ingenieurbüro der Fall.[970] Es gilt aber auch für ein Maklerunternehmen. Dem Träger eines akademischen Grads wird hier besonderes Vertrauen und Wertschätzung entgegengebracht. Ein im Ausland verliehener Titel muss im konkreten Fall unter Umständen und Voraussetzungen verliehen worden sein, die denen entsprechen, die der Verkehr mit einem inländischen Titel und mit dessen Verleihung verbindet.[971] **463**

Zahlreiche **Berufsbezeichnungen** setzen die Ablegung einer gesetzlich geregelten Prüfung, den Erwerb einer bestimmten Qualifikation oder die Eintragung in eine Rolle oder Liste voraus. Die Berufsbezeichnungen »**Stadtplaner**«, »**Innenarchitekt**«, »**Landschaftsarchitekt**« darf nach gesetzlichen Bestimmungen der Länder nur führen, wer in die Architektenliste eingetragen ist.[972] Die **Inhaber von Betrieben zulassungspflichtiger Handwerke** müssen nach § 6 HwO in die Handwerksrolle eingetragen sein. Bestimmte Berufsbezeichnungen sind gesetzlich geschützt. Dazu rechnen die Angehörigen der freien Berufe. Die Berufsbezeichnungen eines **Arztes, Zahnarztes, Tierarztes, Rechtsanwalts, Notars, Steuerberaters und Wirtschaftsprüfers** dürfen nur diejenigen Berufsangehörigen führen, die die gesetzlichen Voraussetzungen hierzu erfüllen. **464**

Durch eine Berufsangabe darf nicht der falsche Eindruck erweckt werden, bestimmte Leistungen erbringen zu dürfen. Der Kreis derjenigen, die **Hilfe in Steuersachen** leisten dürfen, ist gesetzlich beschränkt (§§ 3 bis 5 StBerG). § 6 StBerG sieht Ausnahmen hiervon vor. Wer mit den Begriffen »**Buchführung**« oder »Buchführungsbüro« wirbt und nur die in § 6 Nr. 4 StBerG angeführten Tätigkeiten ausüben darf, muss hierauf hinweisen.[973] Entsprechendes gilt für den Begriff »**mobiler Buchhaltungsservice**«. Mit dieser Angabe entsteht der unzutreffende Eindruck, dem Betreffenden könne die umfassende Führung der Bücher übertragen werden. In einem solchen Fall reicht der bloße Hinweis auf die Vorschrift des § 6 StBerG zur Beschreibung der erlaubten Tätigkeiten nicht aus.[974] **465**

Als **Zertifizierung** wird ein Verfahren bezeichnet, mit dessen Hilfe die Einhaltung bestimmter Anforderungen an Produkte oder Dienstleistungen einschließlich der Herstellungsverfahren nachgewiesen werden kann. Sie werden von unabhängigen Stellen vergeben und müssen sich nach festgelegten Standards richten. Der Begriff der Zertifizierung besagt nicht, dass sie von einer amtlichen Stelle vergeben worden ist.[975] Führt **466**

970 BGH, 07.04.1965, Ib ZR 86/63, GRUR 1965, 610, 611 – *Diplom-Ingenieur*; BGH, 05.04.1990, I ZR 19/88, GRUR 1990, 604, 605 – *Dr. S.-Arzneimittel.*

971 Für einen ausländischen Professorentitel BGH, 09.04.1992, I ZR 240/90, GRUR 1992, 525, 526 – *Professorenbezeichnung in der Arztwerbung II.*

972 BGH, 27.02.1980, I ZR 41/78, GRUR 1980, 855, 856 – *Innenarchitektur.*

973 BGH, 21.02.2008, I ZR 142/05, GRUR 2008, 815 Rn. 18 – *Buchführungsbüro.*

974 BGH, 25.06.2015, I ZR 145/14, GRUR 2015, 1019 Rn. 20 – *Mobiler Buchhaltungsservice.*

975 BGH, 09.06.2011, I ZR 113/10, GRUR 2012, 215 Rn. 12 – *Zertifizierter Testamentsvollstrecker.*

ein Rechtsanwalt die Bezeichnung »**Zertifizierter Testamentsvollstrecker (AGT)**« ruft dies beim angesprochenen Verkehr die Vorstellung über eine besondere Qualifikation des Rechtsanwalts auf dem Gebiet der Testamentsvollstreckung hervor. Dazu muss der Rechtsanwalt über theoretische Kenntnisse und praktische Erfahrungen auf dem fraglichen Gebiet verfügen.[976]

467 Gelegentlich fasst der Verkehr Berufsbezeichnungen falsch auf. Der Berufsträger verwendet zwar eine objektiv richtige Bezeichnung, zu deren Führen er berechtigt ist, der Verkehr versteht sie aber in einem anderen Sinn und unterliegt einer Fehlvorstellung. In diesen Fällen ist eine Interessenabwägung erforderlich, in der zugunsten des Berufsträgers die grundgesetzlich geschützte Berufsfreiheit besonderes Gewicht erlangt (Rdn. 258–262).

2. Mitgliedschaften oder Beziehungen, Auszeichnungen oder Ehrungen

468 Die Angabe von Mitgliedschaften, Beziehungen, Auszeichnungen und Ehrungen kann die Bedeutung, des Unternehmens, des Unternehmensinhabers, der Gesellschafter und der Organe herausstellen. Der Verkehr kann aufgrund dieser Umstände Rückschlüsse auf die wirtschaftliche Leistungskraft und Innovationsfähigkeit, die Verbindungen in Fachkreisen, die Kompetenz und Seriosität ziehen. Von Bedeutung im Geschäftsverkehr sind Mitgliedschaften in Berufsverbänden, Fachverbänden und Arbeitskreisen, wissenschaftlichen Einrichtungen und Selbstverwaltungskörperschaften. Die Tätigkeit in herausgehobener Stellung kann die Bedeutung noch unterstreichen. Beziehungen beschreibt die Verbindung zu außenstehenden Organisationen und Einrichtungen. Auszeichnungen und Ehrungen sind Anerkennungen, die von privaten oder öffentlichen Einrichtungen dem Unternehmen, seinen Trägern oder Organen verliehen werden.

469 Angaben über Mitgliedschaften oder Beziehungen, Auszeichnungen oder Ehrungen sind irreführend, wenn sie nicht bestehen oder eine Fehlvorstellung über ihre Bedeutung hervorgerufen wird. Die Werbung mit einer Auszeichnung erweckt den Eindruck einer positiven Bewertung. Sie ist irreführend, wenn die Auszeichnung lediglich auf einem Jubiläum beruht.[977] Der Verkehr geht bei einer Auszeichnung häufig davon aus, dass sie aufgrund eines ernsten und objektiven Prüfungsverfahrens vergeben wird.[978] Ob eine Irreführung über die fraglichen Merkmale geschäftlich relevant ist, hängt von ihrer Bedeutung ab. Ist mit ihr eine Anerkennung verbunden, ist sie im Regelfall auch geschäftlich relevant.[979] Kann eine Mitgliedschaft durch einfache Beitrittserklärung erworben werden, kann eine geschäftliche Relevanz dagegen fehlen.

976 BGH, 09.06.2011, I ZR 113/10, GRUR 2012, 215 Rn. 16 – *Zertifizierter Testamentsvollstrecker.*

977 *OLG Köln, 17.03.2006, 6 U 176/05,* GRUR-RR 2006, 287, 289.

978 BGH, 23.05.1984, I ZR 140/82, GRUR 1984, 780, 781 – *Anerkannter Kfz-Sachverständiger.*

979 OLG Köln, 17.03.2006, 6 U 176/05, GRUR-RR 2006, 287, 289.

3. Beweggründe für die geschäftliche Handlung oder die Art des Vertriebs

Beweggründe für die geschäftliche Handlung umfassen einen breiten Bereich von Motiven, die für die geschäftliche Handlung eine Rolle spielen. Hierzu rechnen die Gründe, die der Unternehmer für die geschäftliche Handlung angibt und aus denen der Verkehr Rückschlüsse auf die Preisgestaltung oder Qualität der Produkte zieht. Dazu zählen Aussagen zum Anlass des Verkaufs, insbesondere zu Sonderveranstaltungen (Rdn. 389–396), und Angaben zum geschäftlichen oder privaten Charakter des Angebots (Rdn. 423). **470**

Einen besonderen Fall der Verschleierung des geschäftlichen Charakters des Angebots wird von **Nr. 23 des Anhangs** zu § 3 Abs. 3 erfasst. Danach ist stets unzulässig, die unwahre Angabe oder das Erwecken des unzutreffenden Eindrucks, der Unternehmer sei Verbraucher oder nicht für Zwecke seines Geschäfts, Handels, Gewerbes oder Berufs tätig (Anh. (zu § 3 Abs. 3) Rdn. 283). **471**

Mit dem Merkmal »Art des Vertriebs« werden Angaben über die Bezugsart oder Bezugsquelle bezeichnet. Dazu rechnen Aussagen über die Stellung des Werbenden als Hersteller oder Händler, über den Verkauf ab Fabrik oder vom Erzeuger, über günstige Einkaufsmöglichkeiten direkt vom Großhändler (Rdn. 332). Weiter zählen hierzu Angaben über die Stellung des Unternehmers als Vertragshändler oder als Vertragswerkstatt (Rdn. 254), als Spezialist oder Fachmann. **472**

VI. Irreführung über Sponsoring oder Zulassung, § 5 Abs. 1 Satz 2 Nr. 4

1. Sponsoring

§ 5 Abs. 1 Satz 2 Nr. 4 setzt Art. 6 lit. c UGP-RL um, soweit die Umsetzung nicht durch § 5 Abs. 1 Satz 2 Nr. 3 erfolgt. Eine Definition des Begriffs des Sponsorings enthalten UGP-RL und Werbe-RL nicht. Art. 1 lit. k der Richtlinie 2010/13/EU über audiovisuelle Mediendienste definiert Sponsoring als »jeden Beitrag von nicht im Bereich der Bereitstellung von audiovisuellen Mediendiensten oder in der Produktion von audiovisuellen Werken tätigen öffentlichen oder privaten Unternehmen oder natürlichen Personen zur Finanzierung von audiovisuellen Mediendiensten oder Sendungen mit dem Ziel, ihren Namen, ihre Marke, ihr Erscheinungsbild, ihre Tätigkeiten oder ihre Leistungen zu fördern«. Allgemein kann Sponsoring danach beschrieben werden als die gezielte Förderung von Personen, Organisationen oder Veranstaltungen durch Geld-, Sach-oder Dienstleistungen, um einen positiven Zusammenhang zwischen dem Erscheinungsbild, dem Namen, der Marke, den Waren oder der Dienstleistung des Sponsors und den geförderten Aktivitäten herzustellen.[980] Häufig besteht das Verhalten in einer Imagewerbung durch Unterstützung sozialer, sportlicher, kultureller oder ökologischer Belange. Es kann allerdings auch eine Kopplung mit dem Produktabsatz stattfinden, wenn der Unternehmer sich verpflichtet, für jedes abgesetzte Produkt einen Betrag an den gesponserten Empfänger zu leisten.[981] **473**

980 FBO/*Peifer/Obergfell* § 5 Rn. 407; GK/*Lindacher* § 5 Rn. 1034; Ohly/*Sosnitza* § 5 Rn. 698.
981 BGH, 26.10.2006, I ZR 33/04, GRUR 2007, 247 Rn. 21 – *Regenwaldprojekt I.*

474 Die Irreführung kann durch ausdrückliche oder schlüssige Angaben, die einen Zusammenhang mit dem Sponsoring suggerieren, oder durch die Verwendung von Symbolen erfolgen. Die Irreführung kann sich beziehen auf die Stellung als Sponsor, etwa durch die Bezugnahme auf eine Großveranstaltung, und das Hervorrufen des Eindrucks zu den offiziellen Sponsoren zu gehören. Dazu reicht aber nicht jede Bezugnahme auf die Veranstaltung aus. Der Unternehmer muss durch ausdrückliches oder schlüssiges Verhalten den Eindruck hervorrufen, Sponsor zu sein.[982] Der Verbraucher unterscheidet zwischen der Werbung eines Sponsors und der sonstigen werblichen Vermarktung einer Großveranstaltung. Er weiß, dass der offizielle Ausstatter, Lieferant, Sponsor oder Werbepartner diesen Umstand deutlich herausstellt.[983]

475 Der Unternehmer kann die Verbraucher weiter darüber täuschen, **welchen Beitrag er als Sponsor leistet**. Er ist allerdings nicht verpflichtet, in der Werbung Details der Leistungen als Sponsor zu nennen. Erst wenn die Art der Werbung oder Darstellung der Aktivitäten zu einer Fehlvorstellung des Verkehrs führt, ist er zur Aufklärung verpflichtet.[984] Hat der Werbende den Produktabsatz mit einem Sponsoring verknüpft, wird der Verbraucher nur erwarten, dass das werbende Unternehmen zeitnah überhaupt eine Unterstützungsleistung erbringt und diese nicht so geringfügig ist, dass sie die werbliche Herausstellung nicht rechtfertigt.

2. Zulassung

476 Spezielle Regelungen zur Zulassung enthalten die per se-Verbote nach Nr. 2, 4 und Nr. 9 des Anhangs zu § 3 Abs. 3. Stets unzulässig ist nach Nr. 2 die Verwendung von Gütezeichen, Qualitätskennzeichen oder Ähnlichem ohne die erforderliche Genehmigung. Nr. 4 des Anhangs sieht als unzulässig vor die unwahre Angabe, ein Unternehmer, eine von ihm vorgenommene geschäftliche Handlung oder eine Ware oder Dienstleistung sei von einer öffentlichen oder privaten Stelle bestätigt, gebilligt oder genehmigt worden, oder die unwahre Angabe, den Bedingungen für die Bestätigung, Billigung oder Genehmigung werde entsprochen. Das per se-Verbot nach Nr. 9 des Anhangs bestimmt als stets unzulässig die unwahre Angabe oder das Erwecken des unzutreffenden Eindrucks, eine Ware oder Dienstleistung sei verkehrsfähig. Die Tatbestände des Anhangs gehen in ihrem Anwendungsbereich als lex specialis der allgemeinen Norm des § 5 vor.

477 Ob die Bestimmung des § 5 Abs. 1 Satz 2 Nr. 4 Fall 2 als ein Tatbestand aufgefasst wird, der Überschneidungen mit § 5 Abs. 1 Satz 2 Nr. 1 und Nr. 3 enthält[985] oder auf eine spezielle Regelung geschützter Angaben und Symbole mit geregeltem Aussagegehalt beschränkt ist,[986] ist bei den vielfachen Überschneidungen der Merkmale des § 5

982 BGH, 12.11.2009, I ZR 183/07, GRUR 2010, 642 Rn. 44 – *WM-Marken.*
983 BGH, 12.11.2009, I ZR 183/07, GRUR 2010, 642 Rn. 45 – *WM-Marken.*
984 BGH, *26.10.2006, I ZR 33/04,* GRUR 2007, 247 Rn. 24 – *Regenwaldprojekt I.*
985 GK/*Lindacher* § 5 Rn. 1045 und 1047.
986 FBO/*Peifer/Obergfell* § 5 Rn. 409.

Abs. 1 Satz 2 nicht bedeutungsvoll. Erfasst werden jedenfalls aufgrund von Vorschriften geschützte Angaben und Symbole mit einem vorgegebenen Aussagegehalt.

VII. Irreführung über die Notwendigkeit einer Leistung, eines Ersatzteils, eines Austauschs oder einer Reparatur, § 5 Abs. 1 Satz 2 Nr. 5

478 § 5 Abs. 1 Satz 2 Nr. 5 setzt wörtlich Art. 6 (1) lit. e UGP-RL um. Die Bestimmung dient dem Schutz vor einem unnötigen Erwerb von Waren oder der Inanspruchnahme von Dienstleistungen. Von der Bestimmung werden Zubehörteile, Zusatzgeräte und Wartungsarbeiten mitumfasst.[987] Die Irreführung kann sich auf den Grund der zusätzlichen Inanspruchnahme, auf den Umfang und den Zeitpunkt beziehen. Darunter fällt der Austausch eines Teils, obwohl eine preisgünstigere Reparatur möglich ist. Die Bestimmung begründet keine umfassende Beratungspflicht des Unternehmers. Dieser darf nur nicht positiv den Eindruck der Notwendigkeit der Maßnahme erwecken. Auf eine irgendwie geartete Ausnahmesituation, in der sich der Abnehmer befindet, kommt es nicht an.[988] Entsprechend der weiten Definition der geschäftlichen Handlung fallen hierunter Verhaltensweisen vor, bei oder nach einem Vertragsschluss.

VIII. Irreführung über die Einhaltung eines Verhaltenskodexes, § 5 Abs. 1 Satz 2 Nr. 6

479 Durch die Vorschrift des § 5 Abs. 1 Satz 2 Nr. 6 wird Art. 6 (2) lit. b UGP-RL umgesetzt. Die Bestimmung erfordert, dass der Unternehmer sich auf den Verhaltenskodex verpflichtet hat und zusätzlich einen Hinweis des Unternehmers auf die Bindung.

480 Nr. 1 und Nr. 3 des Anhangs zu § 3 Abs. 3 sehen spezielle Verbote im Zusammenhang mit einem Verhaltenskodex vor. Nach Nr. 1 ist unzulässig die unwahre Angabe eines Unternehmers, zu den Unterzeichnern eines Verhaltenskodexes zu gehören (Anh. (zu § 3 Abs. 3) Rdn. 23). Nr. 3 bestimmt, dass die unwahre Angabe, ein Verhaltenskodex sei von einer öffentlichen oder anderen Stelle gebilligt, unzulässig ist (Anh. (zu § 3 Abs. 3) Rdn. 48).

481 § 2 Abs. 1 Nr. 5 enthält in Umsetzung von Art. 2 lit. f UGP-RL eine Definition des Verhaltenskodex. Es handelt sich um Vereinbarungen oder Vorschriften über das Verhalten von Unternehmern, zu welchem diese sich in Bezug auf Wirtschaftszweige oder einzelne geschäftliche Handlungen verpflichtet haben, ohne dass sich solche Verpflichtungen aus Gesetzes- oder Verwaltungsvorschriften ergeben. Erforderlich ist eine Verpflichtung, bloße Empfehlungen reichen nicht.[989] Der Verhaltenskodex muss verbindlich sein. Wegen Verstoßes gegen das Kartellrecht unwirksame Verhaltenskodizes binden den Unternehmer nicht. Der Verstoß gegen einen Verhaltenskodex ist grundsätzlich *nicht für sich genommen* unlauter. Ein Verhaltenskodex unterfällt nicht § 3a und eine Verstoß wird regelmäßig nicht von der Generalklausel nach § 3 Abs. 1 und 2

987 GK/*Lindacher* § 5 Rn. 1050.
988 FBO/*Peifer/Obergfell* § 5 Rn. 412.
989 Ohly/*Sosnitza* § 5 Rn. 703.

erfasst.[990] Nur in bestimmten Fällen sehen UGP-RL und UWG das Nichteinhalten von Verhaltenskodizes als unlauter an.

482 Neben der Unterwerfung unter den Verhaltenskodex muss der Unternehmer den Verkehr auf die Bindung an den Kodex hingewiesen haben. Irreführend ist der Hinweis auf den Verhaltenskodex, wenn der Unternehmer ihn nicht einhält. Unter die Vorschrift fällt weiter, wenn ein Verhaltenskodex nicht existiert und wenn der Unternehmer sich nicht verbindlich verpflichtet hat, soweit nicht Nr. 1 des Anhangs zu § 3 Abs. 3 als lex specialis vorgeht.[991]

483 Nur bei den per se-Verboten nach Nr. 1 und Nr. 3 des Anhangs entfällt im Zusammenhang mit einer Irreführung die Relevanzprüfung. Der Unternehmer nimmt mit dem Hinweis auf seine Verpflichtung auf den Verhaltenskodex besonderes Vertrauen in Anspruch. Ob die Irreführung für die geschäftliche Entscheidung relevant ist, hängt auch vom Inhalt des Verhaltenskodexes ab. Regelmäßig ist mit dem Hinweis auf die verbindliche Verpflichtung auf den Verhaltenskodex eine Einwirkung auf die geschäftliche Entscheidung der Marktgegenseite verbunden.

IX. Irreführung über die Rechte des Verbrauchers, § 5 Abs. 1 Satz 2 Nr. 7

484 Nach § 5 Abs. 1 Satz 2 Nr. 7 gehören zu den zur Täuschung geeigneten Angaben Aussagen über die Rechte des Verbrauchers, insbesondere solche auf Grund von Garantieversprechen oder Gewährleistungsrechte bei Leistungsstörungen. Die Vorschrift setzt Art. 6 (1) lit. g UGP-RL um. Sie gilt nur im B2C-Verhältnis und nicht für Rechte von sonstigen Marktteilnehmern. Die Vorschrift erfasst geschäftliche Handlungen, die auf die Abwehr von Ansprüchen der Verbraucher gerichtet sind, und geschäftliche Handlungen, durch die Verbraucherrechte unrichtig dargestellt werden. Unter die Vorschrift fällt eine irreführende Information einer Krankenkasse über die nachteiligen Folgen eines Wechsels der Mitgliedschaft, in der nicht auf ein bestehendes Sonderkündigungsrecht eingegangen wird.[992] Die irreführende Werbung mit Garantien unterfällt § 5 Abs. 1 Satz 2 Nr. 2 (Rdn. 427–429). Unter Nr. 10 des Anhangs zu § 3 Abs. 3 fällt die unwahre Angabe oder das Erwecken des unzutreffenden Eindrucks, gesetzlich bestehende Rechte stellten eine Besonderheit des Angebots dar. Wird in der Werbung nur klarstellend darauf hingewiesen, dass bestimmte Verbraucherrechte selbstverständlich bestehen, liegt auch keine nach § 5 Abs. 1 Satz 2 Nr. 7 unzulässige Werbung vor.[993]

485 In gewissem Umfang steht es dem Unternehmer in einer Auseinandersetzung mit seinen Kunden frei, einen für ihn günstigen Rechtsstandpunkt zu vertreten (Einzelheiten zur Irreführung durch Rechtsansichten Rdn. 137). Die Grenze zulässiger Anspruchsabwehr wird allerdings überschritten, wenn ein Unternehmer seine Kunden durch unwahre Angaben an der Geltendmachung berechtigter Ansprüche hindert. Das ist der

---

990 BGH, 09.09.2010, I ZR 157/08, GRUR 2011, 431 Rn. 11 ff – *FSA-Kodex.*

991 FBO/*Peifer/Obergfell* § 5 Rn. 419; GK/*Lindacher* § 5 Rn. 1064; a. A. Ohly/*Sosnitza* § 5 Rn. 703.

992 BGH, 30.04.2014, I ZR 170/10, GRUR, 2014, 1120 Rn. 29 – *Betriebskrankenkasse II.*

993 BGH, 19.03.2014, I ZR 185/12, GRUR 2014, 1007 Rn. 15 – *Geld-zurück-Garantie III.*

Fall, wenn der Unternehmer in einem Schreiben an einen Verbraucher eine ihm nachteilige höchstrichterliche Rechtsprechung unrichtig wiedergibt oder durch unwahre Angaben eine solche Rechtsprechung in Abrede stellt.[994] Dagegen kann der Unternehmer den Standpunkt einnehmen, dass er die Rechtsprechung für unrichtig hält und auf eine Änderung vertraut.

D. Verwechslungsgefahr mit einem anderen Produkt oder Kennzeichen, § 5 Abs. 2

I. Unionsrecht

§ 5 Abs. 2 setzt Art. 6 (2) lit. a UGP-RL um. Irreführend ist danach im Zusammenhang mit der Vermarktung von Waren oder Dienstleistungen einschließlich vergleichender Werbung das Hervorrufen einer Verwechslungsgefahr mit einer anderen Ware oder Dienstleistung oder mit der Marke oder einem anderen Kennzeichen eines Mitbewerbers. Die Vorschrift ist eine besondere Ausgestaltung der Irreführung über die betriebliche Herkunft nach § 5 Abs. 1 Satz 2 Nr. 1.[995] **486**

II. Per se-Verbot nach Nr. 13 des Anhangs

Einen Spezialfall einer Täuschung über die betriebliche Herkunft enthält Nr. 13 des Anhangs zu § 3 Abs. 3. Danach ist unlauter die Werbung für eine Ware oder Dienstleistung, die der Ware oder Dienstleistung eines bestimmten Herstellers ähnlich ist, wenn dies in der Absicht geschieht, über die betriebliche Herkunft der beworbenen Ware oder Dienstleistung zu täuschen (Anh. (zu § 3 Abs. 3) Rdn. 176). **487**

III. Konkurrenzverhältnis zu lauterkeitsrechtlichen Ansprüchen und Schutzrechten

Überschneidungen ergeben sich weiter zwischen § 4 Nr. 3 lit. a und § 5 Abs. 2. Die Vorschriften sind nebeneinander anwendbar, weil der wettbewerbsrechtliche Leistungsschutz vom Anwendungsbereich der UGP-RL nicht erfasst wird.[996] **488**

Die Bestimmung des § 5 Abs. 2 ist neben kennzeichenrechtlichen Ansprüchen nach Umsetzung der UGP-RL anwendbar (Rdn. 102–107). Ein Vorrang des Kennzeichenrechts besteht nicht. Allerdings muss der Schutzbereich des § 5 Abs. 2 mit dem Kennzeichenschutz in Übereinstimmung stehen, so das Wertungswidersprüche zwischen lauterkeitsrechtlichem und kennzeichenrechtlichem Verwechslungsschutz zu vermeiden sind (Rdn. 105). Der Prioritätsgrundsatz muss beachtet werden, so dass aus einem Zeichen mit jüngerem Zeitrang nicht gegen ein Kennzeichen mit älterem Zeitrang vorgegangen werden kann.[997] Die Einschränkungen der Rechte aus einem Unterneh- **489**

---

994 OLG Frankfurt, 17.11.2011, 6 U 126/11, GRUR-RR 2012, 161.
995 Ohly/*Sosnitza* § 5 Rn. 707.
996 BGH, 28.05.2009, I ZR 124/06, GRUR 2010, 80 Rn. 17 – *LIKEaBIKE*; Begründung des Regierungsentwurfs eines Ersten Gesetzes zur Änderung des Gesetzes gegen den unlauteren Wettbewerb, BT-Drucksache 16/10145, S. 17.
997 BGH, 23.06.2016, I ZR 241/14, GRUR 2016, 965 Rn. 23 – *Baumann II.*

menskennzeichen durch das Recht der Gleichnamigen müssen bei § 5 Abs. 2 UWG berücksichtigt werden.[998] Scheidet ein kennzeichenrechtlicher Schutz wegen fehlender rechtsverletzender Verwendung aus, kommt auch ein lauterkeitsrechtlicher Anspruch nach der BGH-Entscheidung »goFit« nicht in Betracht.[999] Durch diese Entscheidung wird klargestellt, dass der Anspruch aus § 5 Abs. 2 allgemein ausscheidet, wenn ein kennzeichenrechtlicher Anspruch nicht besteht, weil die Voraussetzungen nach § 14 Abs. 2 Nr. 2 und § 15 Abs. 2 MarkenG oder nach Art. 9 (2) lit. b UMV nicht vorliegen. Nicht ausgeschlossen sind naturgemäß von einer kennzeichenrechtlichen Verwechslungsgefahr abweichende Irreführungsaspekte.[1000]

490 Nicht abschließend geklärt ist die Frage, ob ein Verwechslungsschutz nach § 5 Abs. 2 für ein Zeichen bestehen kann, für das kein Markenschutz begründet werden kann, weil es originär nicht unterscheidungskräftig und nicht verkehrsdurchgesetzt ist (§ 8 Abs. 2 Nr. 1, Abs. 3 MarkenG). Ansprüchen aufgrund wettbewerbsrechtlichen Leistungsschutzes steht die fehlende Möglichkeit Markenschutz zu erlangen, nicht generell entgegen.[1001] **Formgebende technische Merkmale** eines Erzeugnisses können als Herkunftshinweis dienen, auch wenn sie zur Monopolisierung der Warenform als dreidimensionale Marke ungeeignet sind. Der wettbewerbsrechtliche Leistungsschutz nach § 4 Nr. 3 lit. a setzt über die wettbewerbliche Eigenart hinaus das Vorliegen eines unlauteren Verhaltens voraus, das außerhalb des Sonderschutztatbestands liegt. Dadurch unterscheidet sich der Schutz nach § 4 Nr. 3 lit. a von § 5 Abs. 2. Ob über § 4 Nr. 3 lit. a eine **Zeichenschutz** zu erlangen ist, der sich über den Markenschutz nicht begründen lässt – etwa für eine abstrakte Farbe, die nicht verkehrsdurchgesetzt ist – ist im Ergebnis wegen der Wertungen des Markenrechts ausgeschlossen. Um über § 5 Abs. 2 keinen Zeichenschutz zu gewähren, der über das Markenrecht nicht zu erlangen ist, müssen ebenfalls die Wertungen des § 8 Abs. 2 Nr. 1 und Abs. 3 MarkenG im Rahmen des § 5 Abs. 2 Berücksichtigung finden. Für eine abstrakte Farbe darf daher nicht über § 5 Abs. 2 Schutz gegen Verwechslungsgefahr begründet werden, wenn eine Markeneintragung nicht zu erreichen ist. Das Problem einer Verwechslungsgefahr mit Kennzeichen von Mitbewerbern stellt sich in diesem Zusammenhang allerdings nicht, wenn – wie hier – für § 5 Abs. 2 als Voraussetzung ein bestehender Kennzeichenschutz gefordert wird (Rdn. 494).

491 Die Erteilung von Lizenzen kann zu einer Irreführung und damit zu einer Verwechslungsgefahr i. S. von § 5 Abs. 2 führen. Wegen der grundsätzlichen Zulässigkeit der Lizenzerteilung muss die Irreführungs- und Verwechslungsgefahr nach § 5 grundsätzlich hingenommen werden (Rdn. 380). Zur Vermeidung von Widersprüchen müssen auch die den Schutzschranken des Kennzeichenrechts zugrundeliegenden Wertungen bei § 5 Abs. 2 berücksichtigt werden. Dazu zählt § 23 Nr. 2 MarkenG zur beschreiben-

998 BGH, 24.01.2013, I ZR 60/11, GRUR 2013, 397 Rn. 44 – *Peek & Cloppenburg III*.
999 *BGH, 15.02.2018, I ZR 201/16, GRUR* 2018, 935 Rn. 57 – goFit.
1000 BGH, 15.02.2018, I ZR 201/16, GRUR 2018, 935 Rn. 58 – *goFit*.
1001 BGH, 15.12.2016, I ZR 197/15, GRUR 2017, 734 Rn. 27 – *Bodendübel*.

den Benutzung.[1002] Werden kennzeichenrechtliche und lauterkeitsrechtliche Ansprüche im Prozess verfolgt, liegen unterschiedliche Streitgegenstände vor.[1003]

Ansprüche aufgrund des Urheberrechts und des Designrechts und lauterkeitsrechtliche Ansprüche aus § 5 Abs. 2 stehen selbständig nebeneinander.[1004] Das Urheberrecht und das Designrecht begründen keinen dem Markenrecht und dem Schutz nach § 5 Abs. 2 vergleichbaren Verwechslungsschutz. 492

IV. Anspruchsvoraussetzungen

Für die **Aktivlegitimation** gelten bei § 5 Abs. 2 keine Besonderheiten. Sie richtet sich nach § 8 Abs. 3 und ist damit von der Anspruchsberechtigung aus Marken und geschäftlichen Bezeichnungen gelöst. 493

§ 5 Abs. 2 schützt gegen eine Verwechslungsgefahr mit einer anderen Ware oder Dienstleistung oder mit der Marke oder einem anderen Kennzeichen eines Mitbewerbers. Erforderlich ist, dass sich die Verwechslungsgefahr auf Produkte oder Zeichen eines **Mitbewerbers** i. S. von § 2 Abs. 1 Nr. 3 bezieht. **Für eine Verwechslungsgefahr mit einer Marke oder einem anderen Kennzeichen muss Zeichenschutz zugunsten des Mitbewerbers bestehen.** Hat dieser keinen Schutz für sein Zeichen erlangt, ist § 5 Abs. 2 nicht anwendbar. 494

Verwechslungsgefahr bedeutet Irreführungsgefahr i. S. von § 5 Abs. 1 Satz 2. Die Grundsätze der kennzeichenrechtlichen Verwechslungsgefahr sind damit nicht deckungsgleich. Die kennzeichenrechtliche Verwechslungsgefahr, in die normative Überlegungen einfließen, kann weiter reichen, weil besonders kennzeichnungskräftigen Zeichen ein weiter Schutzbereich zugebilligt wird und aufklärende Hinweise, etwa auf das Vorliegen einer Nachahmung, nicht ausreichen, die kennzeichenrechtliche Verwechslungsgefahr auszuschließen.[1005] Der Begriff der Verwechslungsgefahr i. S. von § 5 Abs. 2 ist richtlinienkonform und autonom auszulegen. Die Bestimmung der lauterkeitsrechtlichen Verwechslungsgefahr wird daher abschließend durch den EuGH erfolgen müssen. Dieser hat den in Art. 3a (1) lit. d Richtlinie 84/450 – jetzt Art. 4 lit. h Werbe-RL – und in der Markenrechtsrichtlinie enthaltenen gleichlautenden Begriff der Verwechslungsgefahr einheitlich ausgelegt.[1006] Es ist danach nicht ausgeschlossen, dass der EuGH auch im Verhältnis zu § 5 Abs. 2 eine einheitliche Auslegung favorisiert. Das kann zu erheblichen Einschränkungen des Markenschutzes führen. 495

E. Werbung mit einem herabgesetzten Preis, § 5 Abs. 4

§ 5 Abs. 4 enthält keine materiell-rechtliche Regelung, sondern ergänzt § 5 Abs. 1 Satz 2 Nr. 2 über die Preiswerbung um einen **Vermutungstatbestand und eine** 496

1002 BGH, 27.03.2013, I ZR 100/11, GRUR 2013, 631 Rn. 73 – *AMARULA/Marulablu.*
1003 BGH, 24.01.2013, I ZR 60/11, GRUR 2013, 397 Rn. 13 – *Peek & Cloppenburg III*;
1004 Köhler/*Bornkamm/Feddersen* § 5 Rn. 9.24.
1005 EuGH, 12.11.2002, C-206/10, GRUR 2003, 55 Rn. 57 – *Arsenal.*
1006 EuGH, 12.06.2008, C-533/06, GRUR 2008, 698 Rn. 49 – *O2 Holdings ET O2 (UK).*

Beweislastbestimmung. Von einer Werbung mit Preisherabsetzungen geht eine erhebliche Anlockwirkung aus. Irreführende Werbemaßnahmen mit Preisherabsetzungen sind grundsätzlich geschäftlich relevant. Voraussetzung der Bestimmung ist, dass mit einer Preisherabsetzung geworben wird. Häufig werden zwei Preise ausdrücklich gegenübergestellt. Zwingend ist das nicht.[1007]

497 Nach § 5 Abs. 4 Satz 1 besteht eine Vermutung für eine Irreführung bei einer Werbung mit einer Preisherabsetzung, wenn der Ausgangspreis nur eine unangemessen kurze Zeit gefordert wurde. Es handelt sich um eine Vermutungsregel und keine Fiktion. Da der Kläger häufig keine eigenen Erkenntnisse über den Zeitraum hat, währenddessen der ursprüngliche Preis gefordert worden ist, wird die Vermutungsregel des Satz 1 durch eine Beweislastbestimmung flankiert. Ist streitig, ob der Unternehmer überhaupt den ursprünglichen Preis gefordert hat oder ist der Zeitraum streitig, trifft den Werbenden nach § 5 Abs. 4 Satz 2 die Beweislast. Die Bestimmung regelt nicht nur die Beweislast, sondern auch die Darlegungslast.[1008]

498 Welcher **Zeitraum angemessen** ist, lässt sich nicht allgemein bestimmen. Maßgeblich sind die Marktverhältnisse, die Produktart und die konkrete Wettbewerbssituation. Orientierungshilfe für eine angemessene Zeitdauer ist der Zeitraum der in diesem Produktbereich von der Konkurrenz üblicherweise eingehalten wird.[1009] Bei kostspieligen Produkten ist der Zeitraum länger als bei preisgünstigen Waren.[1010] Eine Woche kann bei Produkten des täglichen Bedarfs ausreichen. Bei Bekleidung darf der Zeitraum grundsätzlich zwei Wochen nicht unterschreiten. Bei Möbeln ist eine Zeitdauer von einem Monat regelmäßig die Untergrenze.[1011]

499 Die Darlegungs- und Beweislast nach Satz 2 betrifft **alle Produkte, die in die Preisherabsetzung einbezogen** worden sind.[1012] Eine Werbung »20% auf alles« versteht der Verkehr regelmäßig im Wortsinn und bezieht sie auf das gesamte Produktangebot. Die Darlegungs- und Beweislast nach § 5 Abs. 4 Satz 2 bezieht sich auch darauf, dass der Ursprungspreis ernsthaft gefordert worden ist, also kein Mondpreis vorlag, wenn für die gegenteilige Annahme Anhaltspunkte bestehen und der Preis nur einen unangemessen kurzen Zeitraum gefordert worden ist.[1013]

1007 BGH, 20.11.2008, I ZR 122/06, GRUR 2009, 788 Rn. 22 – *20% auf alles*.
1008 OLG Karlsruhe, 08.11.2006, 6 U 227/05, WRP 2007, 819, 820.
1009 FBO/*Peifer*/*Obergfell* § 5 Rn. 460.
1010 OLG Stuttgart, 17.11.1995, 2 U 175/95, WRP 1996, 469, 473.
1011 OLG Stuttgart, 17.11.1995, 2 U 175/95, WRP 1996, 469, 473.
1012 BGH, 20.11.2008, I ZR 122/06, GRUR 2009, 788 Rn. 22 – *20% auf alles*.
1013 FBO/*Peifer*/*Obergfell* § 5 Rn. 461.

§ 5a Irreführung durch Unterlassen

(1) Bei der Beurteilung, ob das Verschweigen einer Tatsache irreführend ist, sind insbesondere deren Bedeutung für die geschäftliche Entscheidung nach der Verkehrsauffassung sowie die Eignung des Verschweigens zur Beeinflussung der Entscheidung zu berücksichtigen.

(2) Unlauter handelt, wer im konkreten Fall unter Berücksichtigung aller Umstände dem Verbraucher eine wesentliche Information vorenthält,
1. die der Verbraucher je nach den Umständen benötigt, um eine informierte geschäftliche Entscheidung zu treffen, und
2. deren Vorenthalten geeignet ist, den Verbraucher zu einer geschäftlichen Entscheidung zu veranlassen, die er andernfalls nicht getroffen hätte.

Als Vorenthalten gilt auch
1. das Verheimlichen wesentlicher Informationen,
2. die Bereitstellung wesentlicher Informationen in unklarer, unverständlicher oder zweideutiger Weise,
3. die nicht rechtzeitige Bereitstellung wesentlicher Informationen.

(3) Werden Waren oder Dienstleistungen unter Hinweis auf deren Merkmale und Preis in einer dem verwendeten Kommunikationsmittel angemessenen Weise so angeboten, dass ein durchschnittlicher Verbraucher das Geschäft abschließen kann, gelten folgende Informationen als wesentlich im Sinne des Absatzes 2, sofern sie sich nicht unmittelbar aus den Umständen ergeben:
1. alle wesentlichen Merkmale der Ware oder Dienstleistung in dem dieser und dem verwendeten Kommunikationsmittel angemessenen Umfang;
2. die Identität und Anschrift des Unternehmers, gegebenenfalls die Identität und Anschrift des Unternehmers, für den er handelt;
3. der Gesamtpreis oder in Fällen, in denen ein solcher Preis auf Grund der Beschaffenheit der Ware oder Dienstleistung nicht im Voraus berechnet werden kann, die Art der Preisberechnung sowie gegebenenfalls alle zusätzlichen Fracht-, Liefer- und Zustellkosten oder in Fällen, in denen diese Kosten nicht im Voraus berechnet werden können, die Tatsache, dass solche zusätzlichen Kosten anfallen können;
4. Zahlungs-, Liefer- und Leistungsbedingungen sowie Verfahren zum Umgang mit Beschwerden, soweit sie von Erfordernissen der unternehmerischen Sorgfalt abweichen, und
5. das Bestehen eines Rechts zum Rücktritt oder Widerruf.

(4) Als wesentlich im Sinne des Absatzes 2 gelten auch Informationen, die dem Verbraucher auf Grund unionsrechtlicher Verordnungen oder nach Rechtsvorschriften zur Umsetzung unionsrechtlicher Richtlinien für kommerzielle Kommunikation einschließlich Werbung und Marketing nicht vorenthalten werden dürfen.

(5) Bei der Beurteilung, ob Informationen vorenthalten wurden, sind zu berücksichtigen:

1. räumliche oder zeitliche Beschränkungen durch das für die geschäftliche Handlung gewählte Kommunikationsmittel sowie
2. alle Maßnahmen des Unternehmers, um dem Verbraucher die Informationen auf andere Weise als durch das Kommunikationsmittel nach Nummer 1 zur Verfügung zu stellen.

(6) Unlauter handelt auch, wer den kommerziellen Zweck einer geschäftlichen Handlung nicht kenntlich macht, sofern sich dieser nicht unmittelbar aus den Umständen ergibt, und das Nichtkenntlichmachen geeignet ist, den Verbraucher zu einer geschäftlichen Entscheidung zu veranlassen, die er andernfalls nicht getroffen hätte.

Wolfgang Büscher

Übersicht Rdn.

A. Allgemeines

I. Entstehungsgeschichte

1. UWG 1909 und 2004

1 Die Vorschrift des § 5a hat der Gesetzgeber mit der Novelle vom 22.12.2008[1] in das UWG eingefügt. Das UWG 1909 enthielt keine Vorschrift, die eine Irreführung durch Unterlassen ausdrücklich regelte. Die Regelungslücke schloss die Rechtsprechung durch die Anwendung des **§ 3 UWG 1909** auf eine Irreführung durch Verschweigen von Tatsachen. Voraussetzung war, dass den Unternehmer eine Aufklärungspflicht traf und er diese verletzte. Sofern eine Pflicht zur Aufklärung sich nicht aus Gesetz, Vertrag oder vorangegangenem Verhalten ergab, wurde sie nicht schlechthin bejaht. Im Wettbewerb konnte der Verkehr nicht ohne weiteres die Offenlegung der weniger vorteilhaften Eigenschaften einer Ware oder Leistung erwarten. Die Pflicht zur Aufklärung wurde nur in den Fällen angenommen, in denen das Publikum bei Unterbleiben des Hinweises **in einem wesentlichen Punkt**, der den Kaufentschluss zu beeinflussen geeignet war, getäuscht wurde. Dazu musste es sich um nach der Verkehrsauffassung wesentliche Tatsachen handeln.[2] Eine Verpflichtung, negative Eigenschaften des Angebots in der Werbung offenzulegen, wurde nur insoweit angenommen, als dies zum Schutz des Verbrauchers auch unter Berücksichtigung der berechtigten Interessen des Werbenden unerlässlich war.[3] Vom Verbot der Irreführung durch Unterlassen umfasst war auch die nur unzureichende Information.[4] Das Irreführungsverbot blieb aber seiner Natur nach ein Desinformationsverbot.

---

1 Erstes Gesetz zur Änderung des Gesetzes gegen den unlauteren Wettbewerb vom 22.12.2008, BGBl. I, 2949.

2 RG, 05.07.1939, II 14/39, GRUR 1939, 978, 979; BGH, 13.11.1951, I ZR 44/51, GRUR 1952, 416, 418 – *Dauerdose*; BGH, 31.05.1957, I ZR 163/55, GRUR 1958, 30, 31 – *Außenleuchte*; BGH, 15.07.1999, I ZR 44/97, GRUR 1999, 1122, 1123 – *EG-Neuwagen*.

3 BGH, 11.05.1989, I ZR 141/87, GRUR 1989, 682, 683 – *Konkursvermerk*; BGH, 03.12.1998, I ZR 74/96, GRUR 1999, 760, 761 – *Auslaufmodelle II*.

4 BGH, 13.06.2002, I ZR 71/01, GRUR 2002, 979, 981 – *Kopplungsangebot II*.

Eine gesetzliche Regelung erfuhr das Verbot der Irreführung durch Unterlassen in **§ 5 Abs. 2 Satz 2 UWG 2004**. Danach waren bei der Beurteilung, ob das Verschweigen einer Tatsache irreführend war, insbesondere deren Bedeutung für die Entscheidung zum Vertragsschluss nach der Verkehrsauffassung sowie die Eignung des Verschweigens zur Beeinflussung der Entscheidung zu berücksichtigen. Die Vorschrift diente dazu, die Maßstäbe der Rechtsprechung zur Irreführung durch Unterlassen gesetzlich zu verankern.[5] Darüber hinaus legte das Gesetz in § 4 Nr. 4 und 5 UWG 2004 Informationspflichten bei bestimmten Verkaufsfördermaßnahmen, Preisausschreiben und Gewinnspielen fest. Eine Begründung von weitergehenden generellen Informationspflichten im UWG zugunsten von Verbrauchern sah der Gesetzgeber im Interesse der Unternehmen als nicht erforderlich an.[6] Die bisherigen Grundsätze der Rechtsprechung zum Irreführungsverbot durch Unterlassen galten damit fort.[7] 2

2. UWG 2008 und 2015

Mit den am 30.12.2008 in Kraft getretenen Vorschriften[8] hat der Gesetzgeber die UGP-RL nach Ablauf der in der Richtlinie vorgesehenen Frist (zu den Konsequenzen der verspäteten Umsetzung § 5 Rdn. 9) in das UWG umgesetzt. Die in Art. 6 und Art. 7 UGP-RL vorgesehene Unterscheidung zwischen irreführenden Handlungen und irreführenden Unterlassungen hat er in §§ 5, 5a übernommen. In **§ 5a Abs. 1 UWG 2008** ist die zuvor in § 5 Abs. 2 Satz 2 UWG 2004 enthaltene Regelung zur Irreführung durch Unterlassen aufgegangen. Die Vorschrift des § 5a Abs. 1 entspricht bis auf die Aufnahme der »geschäftlichen Entscheidung« anstelle der »Entscheidung zum Vertragsschluss« wörtlich der vorherigen Bestimmung. Die Anpassung war notwendig, weil die UGP-RL auf Geschäftspraktiken vor, während und nach einem Vertragsschluss abstellt (Art. 2 lit. d und k sowie Art. 3 [1] UGP-RL) und diese Ausweitung des Anwendungsbereichs des Lauterkeitsrechts in § 2 Abs. 1 Nr. 1 in der Definition der geschäftlichen Handlung übernommen worden ist.[9] In **§ 5a Abs. 2 bis 4 UWG 2008** sind die in Art. 7 UGP-RL bestimmten Vorgaben zur Irreführung durch Unterlassen umgesetzt worden. Während § 5a Abs. 1 einen klassischen Irreführungstatbestand enthielt, bestimmte § 5a Abs. 2 bis 4 UWG 2008 echte Informationspflichten im Verhältnis zum Verbraucher. Die Absicht des Gesetzgebers mit § 5a Abs. 2 bis 4 die Bestimmung des Art. 7 UGP-RL umzusetzen,[10] war nicht vollständig gelungen.[11] Die 3

5 Begründung des Regierungsentwurfs eines Gesetzes gegen unlauteren Wettbewerb (UWG), BT-Drucks. 15/1487, S. 19.

6 Begründung des Regierungsentwurfs eines Gesetzes gegen unlauteren Wettbewerb (UWG), BT-Drucks. 15/1487, S. 20.

7 BGH, 22.09.2005, I ZR 28/03, GRUR 2006, 161 Rn. 26 und 27 – *Zeitschrift mit Sonnenbrille*.

8 Erstes Gesetz zur Änderung des Gesetzes gegen den unlauteren Wettbewerb vom 22.12.2008, BGBl. I, 2949.

9 Begründung des Regierungsentwurfs eines Ersten Gesetzes zur Änderung des Gesetzes gegen den unlauteren Wettbewerb, BT-Drucksache 16/10145, S. 25.

10 Begründung des Regierungsentwurfs eines Ersten Gesetzes zur Änderung des Gesetzes gegen den unlauteren Wettbewerb, BT-Drucksache 16/10145, S. 10.

11 Köhler, GRUR 2012, 1073 und WRP 2013, 1419.

Umsetzung des Art. 7 (1) bis (3) UGP-RL in § 5a Abs. 2 erfolgte nicht hinreichend präzise und verkürzt.

4 Der Gesetzgeber passte mit dem **UWG 2015**[12] die zuvor in § 5a Abs. 2 bis 4 UWG 2008 enthaltene Regelung weiter an Art. 7 UGP-RL an. In § 5a Abs. 2 wurde die Relevanzklausel aus Art. 7 (1) UGP-RL und die weitere Konkretisierung irreführender Unterlassung aus Art. 7 (2) UGP-RL bis auf die unterbliebene Kenntlichmachung des kommerziellen Zwecks der Geschäftspraxis übernommen. Die in Art. 7 (3) UGP-RL angeführte Bestimmung zu räumlichen und zeitlichen Beschränkungen des Kommunikationsmediums findet sich in § 5a Abs. 5 und die unterlassene Kenntlichmachung des kommerziellen Zwecks der Geschäftspraxis ist jetzt in § 5a Abs. 6 angeführt. § 5a Abs. 1 ist im UWG 2015 unverändert geblieben.

II. Unionsrecht

5 Eine **§ 5a Abs. 1** entsprechende Bestimmung ist in Art. 6 und 7 UGP-RL nicht enthalten. Auch die Werbe-RL führt keine Vorschrift auf, zu deren Umsetzung § 5a Abs. 1 dient. Die Bestimmung des § 5a Abs. 1 geht gleichwohl nicht über das Schutzniveau der UGP-RL hinaus. Das ist schon im Ansatz unproblematisch, wenn der Anwendungsbereich des § 5a Abs. 1, wie teilweise angenommen wird, auf sonstige Marktteilnehmer beschränkt wird und der Schutz der Verbraucher gegen irreführende Unterlassungen sich ausschließlich nach § 5a Abs. 2 bis 6 richtet oder im Verhältnis zu Verbrauchern § 5a Abs. 1 am Maßstab von § 5a Abs. 2 bis 6 gemessen wird.[13] Aber auch wenn der Anwendungsbereich des § 5a Abs. 1 auf sämtliche Marktteilnehmer einschließlich Verbraucher erstreckt wird,[14] verstößt die Vorschrift nicht gegen Unionsrecht, weil das Schutzniveau der UGP-RL nicht überschritten wird. Im Unionsrecht ist ebenfalls anerkannt, dass eine Irreführung der Verbraucher nicht auf positives Verhalten beschränkt ist, sondern eine Irreführung durch Unterlassen einschließt.[15]

6 Der Anwendungsbereich des **§ 5a Abs. 2 bis 6** ist entsprechend der UGP-RL auf geschäftliche Handlungen gegenüber Verbrauchern beschränkt. Art. 7 (1) und (2) UGP-RL werden – mit Ausnahme der Kenntlichmachung des kommerziellen Zwecks

---

12 Zweites Gesetz zur Änderung des Gesetzes gegen den unlauteren Wettbewerb vom 02.12.2015, BGBl. I, 2158.

13 GK/*Lindacher* § 5a Rn. 6; *ders.* FS Spellenberg, 2010, 43, 48; MünchKomm/*Alexander* UWG, § 5a Rn. 82; *ders.* GRUR Int. 2012, 1, 7; ders. FS Bornkamm, 2014, 297, 301; FBO/*Obergfell* § 5a Rn. 29; *Köhler*/Bornkamm/Feddersen § 5a Rn. 2.2; BDS/*Koch* § 5a UWG Rn. 7 bis 11.

14 BGH, 20.01.2011, I ZR 28/09, GRUR 2011, 846 Rn. 14 – *Kein Telekom-Anschluss nötig*; BGH, 19.02.2014, I ZR 17/13, GRUR 2014, 584 Rn. 19 – *Typenbezeichnung*; Götting/*Nordemann* § 5a Rn. 4; Ohly/*Sosnitza* § 5a Rn. 3; Harte/Henning/*Dreyer*, § 5a Rn.4 und 47; Begründung des Regierungsentwurfs eines Ersten Gesetzes zur Änderung des Gesetzes gegen den unlauteren Wettbewerb, BT-Drucksache 16/10145, S. 25.

15 EuGH, 16.01.1992, C-373/90, GRUR Int. 1993, 951 Rn. 15 – *Nissan*; EuGH, 19.09.2006, C-356/04, GRUR 2007, 69 Rn. 80 – *Lidl/Colruyt*; EuGH, 18.11.2010, C-159/09, GRUR 2011, 159 Rn. 49 – *Lidl*; EuGH, 26.10.2016, C-611/14, GRUR 2016, 1307 Rn. 36, 40 und 43 – *Canal Digital Danmark.*

in Art. 7 (2) – durch § 5a Abs. 2 umgesetzt. Die Umsetzung des Art. 7 (3) UGP-RL zu räumlichen und zeitlichen Beschränkungen des Kommunikationsmediums erfolgt durch § 5 Abs. 5 und die fehlende Information über den kommerziellen Zeck aus Art. 7 (2) UGP-RL regelt § 5 Abs. 6. Art. 7 (4) UGP-RL wird durch § 5a Abs. 3 und Art. 7 (5) UGP-RL durch § 5a Abs. 4 umgesetzt.

III. Schutzzweck und Normstruktur

1. § 5a Abs. 2 bis 6

Art. 7 UGP-RL und § 5a Abs. 2 bis 6 schützen unmittelbar den Verbraucher vor irreführenden Geschäftspraktiken, die ihn davon abhalten, eine informierte und damit effektive Wahl zu treffen (Erwägungsgrund 8 Satz 1 und 14 Satz 1 UGP-RL). Rechtmäßig handelnde Mitbewerber sind nach der UGP-RL nur reflexartig über den Schutz der Verbraucher vor unlauteren Geschäftspraktiken der Konkurrenz geschützt. § 5a Abs. 2 bis 6 sieht entsprechend der Konzeption der UGP-RL nur einen Schutz im B2C-Verhältnis vor. Eine Erstreckung des Schutzes auf das Verhältnis zwischen Unternehmen hat der Gesetzgeber nicht vorgesehen, »um den kaufmännischen Verkehr nicht mit Informationsanforderungen zu belasten, die in erster Linie dem Verbraucherschutz dienen.«[16] 7

§ 5a Abs. 2 bestimmt als Grundnorm, wann ein Vorenthalten von Informationen gegenüber dem Verbraucher unlauter ist. Nach § 5a Abs. 2 Satz 1 Halbs. 1 muss dem Verbraucher eine wesentliche Information vorenthalten werden und dieser Umstand muss nach § 5a Abs. 2 Satz 1 Halbs. 2 Nr. 1 und 2 im Hinblick auf die geschäftliche Entscheidung des Verbrauchers relevant sein. § 5a Abs. 2 Satz 2 bezeichnet typische Verhaltensweisen, die ein Vorenthalten kennzeichnen. **§ 5a Abs. 3** enthält einen Katalog von Informationen, die als wesentlich i. S. von § 5a Abs. 2 Satz 1 gelten, wenn Waren oder Dienstleistungen unter Hinweis auf deren Merkmale und Preis in einer dem verwendeten Kommunikationsmittel angemessenen Weise so angeboten werden, dass ein durchschnittlicher Verbraucher das Geschäft abschließen kann. Die in § 5a Abs. 3 Nr. 1 bis 5 angeführten Informationen sind aus Art. 7 (4) lit. a bis e UGP-RL inhaltsgleich übernommen. Nach Art. 7 (4) UGP-RL gelten diese Informationen bei einer **Aufforderung zum Kauf** als wesentlich. Der Begriff der Aufforderung zum Kauf ist in Art. 2 lit. i UGP-RL definiert und entsprechend ist § 5a Abs. 3 richtlinienkonform auszulegen. **§ 5a Abs. 4** erweitert den Bereich wesentlicher Informationen entsprechend Art. 7 (5) UGP-RL um im Unionsrecht festgelegte Informationsanforderungen für kommerzielle Kommunikation. Durch **§ 5a Abs. 5**, der der Umsetzung von Art. 7 (3) UGP-RL dient, werden die Maßstäbe für der Entscheidung bestimmt, ob ein Vorenthalten von Informationen vorliegt, wenn durch das Kommunikationsmedium räumliche oder *zeitliche Beschränkungen* auferlegt werden. **§ 5a Abs. 6** enthält einen eigenen Unlauterkeitstatbestand. Unlauter ist danach ein Verhalten, bei dem der kommerzielle Zweck einer geschäftlichen Handlung nicht kenntlich wird. 8

16 Begründung des Regierungsentwurfs eines Ersten Gesetzes zur Änderung des Gesetzes gegen den unlauteren Wettbewerb, BT-Drucksache 16/10145, S. 25.

9 Nicht einheitlich beantwortet wird die Frage, ob die **geschäftliche Relevanz** bei § 5a Abs. 2 bis 6 zu prüfen ist. Teilweise wird angenommen, die Beurteilung der Wesentlichkeit und der Eignung zur Beeinflussung der geschäftlichen Entscheidung ständen in einem Wechselverhältnis. Sei das Vorenthalten einer wesentlichen Information festgestellt, ergebe sich daraus die Eignung zur Beeinflussung der geschäftlichen Entscheidung.[17] Zum Teil wird nach dem jeweiligen Tatbestand differenziert. Danach muss beim Rückgriff auf den allgemeinen Tatbestand des § 5a Abs. 2 die geschäftliche Relevanz positiv festgestellt werden, während sie im Anwendungsbereich von § 5a Abs. 3 und 4 unwiderleglich vermutet wird.[18] Schließlich wird entsprechend der gesetzlich Regelung angenommen, dass die geschäftliche Relevanz bei § 5a Abs. 2 festzustellen ist,[19] wobei regelmäßig von ihrem Vorlegen auszugehen ist.[20] Die Rechtsprechung hat unter Geltung des UWG 2015 klargestellt, dass die geschäftliche Relevanz nach § 5a Abs. 2 Satz 1 Nr. 1 und 2 UWG ein zusätzliches Tatbestandsmerkmal darstellt, das selbständig zu prüfen ist.[21] Regelmäßig ist in den Fällen des § 5a Abs. 2 vom Vorliegen der geschäftlichen Relevanz auszugehen. Den Unternehmer, der geltend macht, dass abweichend vom Regelfall der Verbraucher eine ihm vorenthaltene wesentliche Information für eine Kaufentscheidung nicht benötigt und das Vorenthalten dieser Information den Verbraucher nicht zu einer anderen Kaufentscheidung veranlassen kann, trifft eine **sekundäre Darlegungslast.**[22] Dies Änderung in der Sichtweise bei der Auslegung des § 5a Abs. 2 lässt sich allerdings nicht mit der Neufassung der Bestimmung durch das UWG 2015 begründen, weil die Vorschrift schon zuvor richtlinienkonform auszulegen war.[23]

2. § 5a Abs. 1

10 Schutzzweck und Normstruktur des § 5a Abs. 1 hängen unmittelbar mit der Frage zusammen, welche Verkehrskreise die Bestimmung schützt. Teilweise wird angenommen, die Vorschrift sei auf den Schutz sonstiger Marktteilnehmer beschränkt und schließe Verbraucher in ihren Schutzbereich nicht ein[24] oder im Verhältnis zu Verbrauchern sei der Schutz nach § 5a Abs. 1 an den Maßstäben des § 5a Abs. 2 bis 6 zu

17 BGH, 18.04.2013, I ZR 180/12, GRUR 2013, 1169 Rn. 19 – *Brandneu von der IFA*; BGH, 07.05.2015, I ZR 158/14, GRUR 2015, 1240 Rn. 46 – *Der Zauber des Nordens*; FBO/*Obergfell* § 5a Rn. 129.

18 Ohly/*Sosnitza* § 5a Rn. 8.

19 Harte/Henning/*Dreyer*, § 5a Rn. 78 und 113; *Alexander* WRP 2016, 139, 145.

20 *Köhler*/Bornkamm/Feddersen § 5a Rn. 3.44; *ders.* WRP 2017, 1, 4.

21 BGH, 02.03.2017, I ZR 41/16, GRUR 2017, 922 Rn. 31 – *Komplettküchen*; BGH, 13.09.2018, I ZR 117/15, GRUR 2018, 1258 Rn. 44 bis 50 – *YouTube-Werbekanal II*; BGH, 31.10.2018, I ZR 73/17, GRUR 2019, 82 Rn. 30 – *Jogginghosen.*

22 BGH, 02.03.2017, I ZR 41/16, GRUR 2017, 922 Rn. 32 – *Komplettküchen*; *Köhler*/Bornkamm/Feddersen § 5a Rn. 3.44.

23 BGH, 04.02.2016, I ZR 194/14, GRUR 2016, 403 Rn. 25 – *Fressnapf.*

24 GK/*Lindacher* § 5a Rn. 6; *ders.* FS Spellenberg, 2010, 43, 48; MünchKomm/*Alexander* UWG, § 5a Rn. 82; *ders.* GRUR Int. 2012, 1, 7; *ders.* FS Bornkamm, 2014, 297, 301; FBO/*Obergfell* § 5a Rn. 29.

messen.[25] Zur Begründung wird darauf verwiesen, die Bestimmung des § 5a Abs. 1 müsste wie § 5a Abs. 2 bis 6 ausgelegt werden, wenn sie auf Verbraucher anwendbar sei.[26] Eine parallele Anwendung von § 5a Abs. 1 und § 5a Abs. 2 bis 6 bringe keine Vorteile, sondern könne allenfalls zu einem Auseinanderklaffen des Schutzumfangs nach dem geschützten Personenkreis führen.[27] Die Bestimmung wird im B2B-Verhältnis als echtes Informationsgebot angesehen.[28] Teilweise wird ein Auseinanderfallen des Schutzes nach § 5a Abs. 1 im Verhältnis zu Verbrauchern und im Verhältnis zu sonstigen Marktteilnehmern ausdrücklich hingenommen.[29]

Rechtsprechung und ein Teil des Schrifttums sehen in § 5a Abs. 1 dagegen zu Recht keinen eigenen Unlauterkeitstatbestand, sondern die **Normierung der Grundsätze, nach denen ein Unterlassen irreführend ist**.[30] Der Tatbestand behält die ursprüngliche Funktion des § 5 Abs. 2 Satz 2 UWG 2004 bei und wandelt sich nicht zu einem echten Informationsgebot. Für dieses Ergebnis sprechen die Entstehungsgeschichte und der Wortlaut der Norm. Vorläufer des § 5a Abs. 1 war § 5 Abs. 2 Satz 2 UWG 2004, durch den der Gesetzgeber die Maßstäbe der Rechtsprechung gesetzlich festgeschrieben hat, nach denen ein Unterlassen irreführend ist. Den Regelungsgehalt des § 5 Abs. 2 Satz 2 UWG 2004 hat der Gesetzgeber unter Anpassung an den erweiterten Anwendungsbereich des UWG infolge der Umsetzung der UGP-RL in § 5a Abs. 1 übernommen (Rdn. 3). § 5a Abs. 1 enthält zudem, anders als die Unlauterkeitstatbestände nach § 5a Abs. 2 und 6, **keine Beschränkung des geschützten Personenkreises**. Bei dieser Auslegung geht der Anwendungsbereich des § 5a Abs.1 nicht über das Schutzniveau der UGP-RL hinaus, weil er lediglich die Kriterien bestimmt, nach denen ein Verschweigen von Tatsachen einer Irreführung durch Handlungen gleichsteht. Systematisch enthält § 5a Abs. 1 eine Ergänzung zu § 5 Abs. 1 Satz 2, der bestimmt, wann eine geschäftliche Handlung irreführend ist. § 5a Abs. 1 steht daher mit Art. 6 (1) UGP-RL in Einklang, nach dem Geschäftspraktiken als irreführend gelten, wenn sie in irgendeiner Weise zur Täuschung geeignet sind. Die Irreführung durch Verschweigen ist von Art. 6 (1) UGP-RL umfasst[31] und allgemein im Unionsrecht verankert.[32] Im Verhältnis zwischen Unternehmen lässt Art. 8 (1) Unterabs. 1 Werbe-RL ein höheres 11

---

25 *Köhler*/Bornkamm/Feddersen § 5a Rn. 2.2; BDS/*Koch* § 5a UWG Rn. 7 bis 11.

26 *Köhler*/Bornkamm/Feddersen § 5a Rn. 2.2; BDS/*Koch* § 5a UWG Rn. 7 bis 11.

27 *Alexander*, GRUR Int. 2012, 1, 7.

28 FBO/*Obergfell* § 5a Rn. 29.

29 *Köhler*/Bornkamm/Feddersen § 5a Rn. 2.2 und 2.3; jurisPK-UWG/*Seichter* § 5a Rn. 48.

30 BGH, 20.01.2011, I ZR 28/09, GRUR 2011, 846 Rn. 14 – *Kein Telekom-Anschluss nötig*; BGH, 16.05.2012, I ZR 74/11, GRUR 2012, 1275 Rn. 36 – *Zweigstellenbriefbogen*; BGH, 19.02.2014, I ZR 17/13, GRUR 2014, 584 Rn. 19 – *Typenbezeichnung*; Götting/*Nordemann* § 5a Rn. 4; Ohly/*Sosnitza* § 5a Rn. 3; Harte/Henning/*Dreyer*, § 5a Rn.4 und 47; Begründung des Regierungsentwurfs eines Ersten Gesetzes zur Änderung des Gesetzes gegen den unlauteren Wettbewerb, BT-Drucksache 16/10145, S. 25.

31 EuGH, 26.10.2016, C-611/14, GRUR 2016, 1307 Rn. 36, 40 und 43 – *Canal Digital Danmark*.

32 EuGH, 16.01.1992, C-373/90, GRUR Int. 1993, 951 Rn. 15 – *Nissan*; EuGH, 19.09.2006, C-356/04, GRUR 2007, 69 Rn. 80 – *Lidl/Colruyt*; EuGH, 18.11.2010, C-159/09, GRUR 2011, 159 Rn. 49 – *Lidl*.

nationales Schutzniveau zu.[33] Dieses höhere Schutzniveau folgt nicht aus der Konkretisierung der Irreführung durch Unterlassen, sondern aus der gegenüber der irreführenden Werbung nach Art. 2 lit. b Werbe-RL weiterreichenden Definition der geschäftlichen Handlung nach § 2 Abs. 1 Nr. 1. Die Rechtsprechung hat daher unter Geltung der UGP-RL unverändert an § 5a Abs. 1 als Irreführungstatbestand im Verhältnis zu Verbrauchern festgehalten und die zu § 5 Abs. 2 Satz 2 entwickelten Maßstäbe auf § 5a Abs. 1 übertragen.[34] Unterschiedliche Maßstäbe bei der Anwendung des § 5a Abs. 1 zum Schutz von Verbrauchern oder sonstigen Marktteilnehmern kommen – sieht man von der unterschiedlichen Sicht des normalen Verbrauchers oder normalen sonstigen Marktteilnehmers ab – insoweit nicht zur Anwendung.[35]

IV. Verhältnis des § 5a zu anderen Vorschriften

1. § 5a Abs. 1

12 § 5a Abs. 1 stellt nach der hier vertretenen Ansicht einen **Irreführungstatbestand** dar, der § 5 Abs. 1 Satz 2 ergänzt (Rdn. 11). Darauf ist der Anwendungsbereich des § 5a Abs. 1 beschränkt. Ein Konkurrenzverhältnis zu anderen lauterkeitsrechtlichen Tatbeständen besteht nicht.

2. § 5a Abs. 2

a) Verhältnis zu § 3

13 § 5a Abs. 2 bis 6 enthält in Abs. 2 und 6 Unlauterkeitstatbestände, die über § 3 Abs. 1 zur Unzulässigkeit der geschäftlichen Handlung führen. Gegenüber der Verbrauchergeneralklausel nach § 3 Abs. 2 geht § 5 Abs. 2 bis 6 vor (§ 3 Rdn. 98). Der in § 3 Abs. 2 angeführte Verstoß gegen die berufliche Sorgfalt, der auf Art. 5 (2) lit. a UGP-RL zurückgeht, braucht nicht zusätzlich vorzuliegen.[36]

b) Verhältnis zu § 3a

14 Mit § 3a bestehen Überschneidungen, wenn Vorschriften wesentliche Informationspflichten bestimmen, die Marktverhaltensregelungen sind. § 3a i. V. mit der Marktverhaltensvorschrift und § 5a Abs. 2 stehen grundsätzlich selbständig nebeneinander.[37] Das gilt im Regelfall, soweit die UGP-RL auf den Sachverhalt nicht anwendbar ist. § 5a Abs. 2 dient dann nicht der Umsetzung der Richtlinie und Einschränkungen seines Anwendungsbereichs können sich aus der UGP-RL nicht ergeben. Nicht anwendbar

33 BGH, 16.11.2017, I ZR 160/16, GRUR 2018, 541 Rn. 38 – *Knochenzement II.*
34 BGH, 20.01.2011, I ZR 28/09, GRUR 2011, 846 Rn. 21 – *Kein Telekom-Anschluss nötig.*
35 BGH, 20.01.2011, I ZR 28/09, GRUR 2011, 846 Rn. 21 – *Kein Telekom-Anschluss nötig*; BGH, 10.01.2013, I ZR 190/11, GRUR 2013, 945 Rn. 34 – *Standardisierte Mandatsbearbeitung*; BGH, 16.11.2017, I ZR 160/16, GRUR 2018, 541 Rn. 38 – *Knochenzement II.*
36 EuGH, 19.09.2013, C-435/11, GRUR 2013, 1157 Rn. 39–42 – CHS Tour Services; EuGH, 16.04.2015, C-388/13, GRUR 2015, 600 Rn. 63 – *UPC Magyarország.*
37 BGH, 10.11.2016, I ZR 29/15, GRUR 2017, 286 Rn. 6 – *Hörgeräteausstellung.*

ist die UGP-RL soweit Einschränkungen des Anwendungsbereichs aus Art. 3 (2) bis (10) UGP-RL folgen.

15 Einschränkungen der Anwendbarkeit des § 5a Abs. 2 können sich ergeben, wenn die unionsrechtliche Vorschrift eine Norm ist, die besondere Aspekte unlauterer Geschäftspraktiken regelt und mit Bestimmungen i. S. von Art. 3 (4) UGP-RL kollidiert und wenn der Bestimmung eine gesetzgeberische Wertung zu entnehmen ist, die nicht durch eine Anwendung des § 5a Abs. 2 unterlaufen werden darf.[38] Ist die Preisangabenrichtlinie[39] anwendbar, liegen aber ihre Voraussetzungen nicht vor, dürfen über § 5a Abs. 2 in richtlinienkonformer Auslegung anhand des Art. 3 (4) UGP-RL keine Informationspflichten begründet werden.[40] Besteht nach der speziellen Regelung des Art. 16 (1) Satz 1 und 2 TextilKennzVO[41] die Pflicht, dem Verbraucher die in der Vorschrift bestimmten Angaben über die Faserzusammensetzung der Textilerzeugnisse erst zu dem Zeitpunkt zu machen, zu dem ihm diese Erzeugnisse vor dem Kauf im Ladenlokal präsentiert werden, stellen die betreffenden Angaben vor diesem Zeitpunkt noch keine wesentlichen Informationen im Sinne von § 5a Abs. 2 und 3 Nr. 1 UWG dar. Aus § 5a Abs. 2 dürfen sich keine Informationspflichten ergeben, wenn ein Sachverhalt vorliegt, der gesetzlich abschließend geregelt ist und für den keine Informationspflichten des Unternehmers vom Gesetzgeber begründet sind. Eine spezialgesetzliche Wertung geht insoweit vor.[42]

c) Verhältnis zu § 5

16 § 5 und § 5a Abs. 2 stehen selbständig nebeneinander.[43] § 5 regelt ein Irreführungsverbot und setzt voraus, dass eine Fehlvorstellung beim Verbraucher hervorgerufen wird. Nach § 5a Abs. 2 und 6 ist die Verletzung von Informationsgeboten unlauter. Dass eine Fehlvorstellung beim Verbraucher veranlasst wird, ist für § 5a Abs. 2 bis 6 nicht erforderlich. Sowohl § 5 als auch § 5a Abs. 2 bis 6 haben gemeinsam das Erfordernis geschäftlicher Relevanz.

d) Verhältnis zu § 6

17 Für die irreführende vergleichende Werbung gegenüber Verbrauchern sind, soweit der Anwendungsbereich der UGP-RL nach ihrem Art. 3 eröffnet ist, die Vorschriften der UGP-RL maßgeblich. Ein irreführender Werbevergleich im B2C-Verhältnis ist nach

---

38 BGH, 24.03.2016, I ZR 7/15, GRUR 2016, 1068 Rn. 20 – *Textilkennzeichnung.*

39 Richtlinie 98/6/EG vom 16.02.1998 über den Schutz der Verbraucher bei der Angabe der Preise der ihnen angebotenen Erzeugnisse, ABl. L 80 vom 18.03.1998.

40 EuGH, 07.07.2016, C-476/14, GRUR 2016, 945 Rn. 44 ff – *Citroën Commerce*; BGH, 10.11.2016, I ZR 29/15, GRUR 2017, 286 Rn. 6 – *Hörgeräteausstellung.*

41 Verordnung (EU) Nr. 1007/2011 vom 27.09.2011 über die Bezeichnungen von Textilfasern und die damit zusammenhängende Etikettierung und Kennzeichnung der Faserzusammensetzung von Textilerzeugnissen, ABl. L 272 vom 18.10.2011.

42 EuGH, 25.07.2018, C-632/16, GRUR 2018, 940 Rn. 32 ff. – *Dyson/BSH*; BGH, 24.03.2016, I ZR 7/15, GRUR 2016, 1068 Rn. 20 – *Textilkennzeichnung.*

43 EuGH, 26.10.2016, C-611/14, GRUR 2016, 1307 Rn. 36 und 50 – *Canal Digital Danmark.*

Art. 4 lit. a Werbe-RL i. V. mit Art. 6 und 7 UGP-RL zu beurteilen.[44] § 5a Abs. 2 bis 6 ist auf die vergleichende Werbung anwendbar.

B. Irreführung durch Verschweigen von Tatsachen, § 5a Abs. 1

I. Anwendungsbereich

18 Der Anwendungsbereich des § 5a Abs. 1 wird nicht einheitlich beurteilt. Von einem Teil des Schrifttums werden Verbraucher vom Schutz nach § 5a Abs. 1 ausgeklammert oder der Schutzumfang des § 5a Abs. 1 wird im B2C-Verhältnis auf denjenigen des § 5a Abs. 2 bis 6 beschränkt. Die Gegenansicht sieht zu Recht in § 5a Abs. 1 die gesetzliche Bestimmung der Maßstäbe für die Beurteilung, ob das Verschweigen einer Tatsache irreführend i. S. von § 5 Abs. 1 Satz 2 ist (Einzelheiten Rdn. 10 f.). Diese Ansicht liegt den nachfolgenden Erläuterungen zugrunde. **§ 5a Abs. 1 ist damit uneingeschränkt auf Verbraucher, Mitbewerber und sonstige Marktteilnehmer anwendbar.** Im Anwendungsbereich der UGP-RL ist die Bestimmung richtlinienkonform anhand Art. 6 UGP-RL auszulegen.

19 Die Vorschrift enthält keinen Unlauterkeitstatbestand, sondern einen Beurteilungsmaßstab, wann das Verschweigen einer Tatsache irreführend ist. Die Bestimmung ergänzt § 5 Abs. 1 Satz 2. Die Unlauterkeit der geschäftlichen Handlung aufgrund einer durch Verschweigen von Tatsachen hervorgerufenen Fehlvorstellung der Marktgegenseite folgt aus § 5 Abs. 1 Satz 1. Die Unlauterkeit setzt danach voraus, dass die Irreführung durch Verschweigen von Tatsachen geschäftlich relevant i. S. von § 5 Abs. 1 Satz 1. In dieser Auslegung ist die Bestimmung mit dem Unionsrecht vereinbar, entspricht dem Wortlaut der Vorschrift und der Intention des Gesetzgebers (Einzelheiten Rdn. 11).

II. Abgrenzung Handeln und Unterlassen

20 § 5 knüpft an eine Irreführung durch positives Handeln an, während § 5a Abs. 1 auf ein Verschweigen von Tatsachen abstellt und damit an ein Unterlassen. Vielfach stellt sich die Frage nach einer Abgrenzung nicht, weil die Irreführung eindeutig dem positiven Verhalten des Unternehmers zuzuordnen ist oder eine parallele Anwendung von § 5 und § 5a Abs. 1 zu keinen unterschiedlichen Ergebnissen führt und deshalb entbehrlich ist. Wird im Einzelfall gleichwohl eine Abgrenzung zwischen Handeln und Unterlassen erforderlich, kommt es auf den Schwerpunkt des Verhaltens des Unternehmers an. **Maßgeblich ist, ob der Schwerpunkt der Vorwerfbarkeit in einem positiven Tun oder einem Unterlassen besteht.**[45]

21 Wirbt ein Unternehmen mit der zutreffenden Behauptung, Marktführer beim Absatz eines bestimmten Produkts zu sein, und weist es nicht darauf hin, dass es die Spitzenstellung nur unter Verletzung von Betriebsgeheimnissen eines Wettbewerbers erreicht hat, liegt der Schwerpunkt des Verhaltens in dem Unterlassen des Hinweises auf sein

44 EuGH, 08.02.2017, C-562/15, GRUR 2017, 280 Rn. 29–38 – *ITM/Carrefour.*
45 BGH, 22.07.2010, I ZR 139/08, GRUR 2011, 152, Rn. 34 – *Kinderhochstühle im Internet.*

unredliches Verhalten und nicht in der Werbung mit der Spitzenstellung.[46] Die Angabe, der Verbraucher könne die Kabelanschlussgebühren sparen, enthält einen Hinweis darauf, dass eine Kabelanschlussgebühr nicht anfällt, umfasst aber keinen Hinweis darauf, dass ein bestimmter, dem Kabelanschluss entsprechender Leistungsumfang bereitgestellt werde. Die Angabe bestimmter Vorzüge beinhaltet regelmäßig nicht zugleich die Behauptung, nicht genannte Nachteile existierten nicht. Es liegt daher schwerpunktmäßig ein Unterlassen vor, wenn die Angabe, die Kabelanschlussgebühr entfalle, zutreffend ist, aber der Hinweis fehlt, dass das Leistungsangebot nicht dem eines Kabelanschlusses entspricht.[47] Werden auf einer Internet-Verkaufsplattform von Dritten rechtsverletzende Produkte angeboten, liegt der Schwerpunkt der Vorwerfbarkeit auf Seiten des Inhabers der Verkaufsplattform nicht im Betrieb der Plattform, sondern im Unterlassen von Kontrollmaßnahmen.[48] Dagegen liegt der Schwerpunkt der Vorwerfbarkeit in einem positiven Tun, wenn ein Händler mit einem Verkaufsangebot auf der Internet-Verkaufsplattform wirbt, dem der Plattformbetreiber eine unrichtige Herstellerpreisempfehlung beigefügt hat.[49] Wird eine zunächst zutreffende Unternehmensbezeichnung durch Änderung der Umstände unrichtig, liegt der Schwerpunkt der Vorwerfbarkeit in der weiteren Verwendung dieser Unternehmensbezeichnung und nicht in der unterbliebenen Änderung der Firmierung.[50]

III. Beurteilungsmaßstab

Durch § 5 Abs. 2 Satz 2 UWG 2004 sind die zuvor von der Rechtsprechung entwickelten Maßstäbe gesetzlich verankert worden. Die Bestimmung ist in § 5a Abs. 1 aufgegangen (Rdn. 3). Die schon unter Geltung des § 3 UWG 1909 und § 5 Abs. 2 Satz 2 UWG 2004 entwickelten Beurteilungsmaßstäbe können daher weiter herangezogen werden, es sei denn aus Art. 6 UGP-RL oder aus Grundsätzen des Unionsrechts ergeben sich Änderungen für die Bewertung des jeweiligen Einzelfalls.[51] Eine Änderung gegenüber älteren Entscheidungen folgt aus dem **Wandel des Verbraucherleitbilds** (Einzelheiten § 5 Rdn. 134, 168). **22**

46 BGH, 16.11.2017, I ZR 160/16, GRUR 2018, 541 Rn. 37 – *Knochenzement II.*

47 BGH, 15.12.2016, I ZR 241/15, GRUR 2017, 295 Rn. 14 – *Entertain.*

48 BGH, 22.07.2010, I ZR 139/08, GRUR 2011, 152, Rn. 31–34 – *Kinderhochstühle im Internet.*

49 BGH, 03.03.2016, I ZR 110/15, GRUR 2016, 961 Rn. 22 und 28 – *Herstellerpreisempfehlung bei Amazon.*

50 BGH, 27.02.2003, I ZR 25/01, GRUR 2003, 448, 449 – *Gemeinnützige Wohnungsgesellschaft.*

51 BGH, 22.09.2005, I ZR 28/03, GRUR 2006, 161 Rn. 26 und 27 – *Zeitschrift mit Sonnenbrille*; BGH, 22.10.2009, I ZR 73/07, GRUR 2010, 352 Rn. 10 – *Hier spiegelt sich Erfahrung*; BGH, 10.06.2010, I ZR 42/08, GRUR 2011, 85 Rn. 15 – *Praxis Aktuell*, BGH, 20.01.2011, I ZR 28/09, GRUR 2011, 846 Rn. 14 – *Kein Telekom-Anschluss nötig*; BGH, 14.04.2011, I ZR 133/09, GRUR 2011, 634 Rn. 34 – *Werbung mit Garantie*; BGH, 19.02.2014, I ZR 17/13, GRUR 2014, 584 Rn. 19 – *Typenbezeichnung*; Begründung des Regierungsentwurfs eines Gesetzes gegen unlauteren Wettbewerb (UWG), BT-Drucks. 15/1487, S. 19; Begründung des Regierungsentwurfs eines Ersten Gesetzes zur Änderung des Gesetzes gegen den unlauteren Wettbewerb, BT-Drucksache 16/10145, S. 25.

1. Grundsatz

a) Aufklärungspflicht

23 Eine Irreführung durch Unterlassen gemäß § 5a Abs. 1 UWG setzt die **Verletzung einer Aufklärungspflicht** voraus. Den Unternehmer trifft grundsätzlich im Verhältnis zu Verbrauchern, Mitbewerbern und sonstigen Marktteilnehmern **keine allgemeine Aufklärungspflicht.**[52] Eine solche Pflicht besteht im geschäftlichen Verkehr nicht. Der Verkehr erwartet nicht ohne weiteres die Offenlegung weniger vorteilhafter Eigenschaften einer Ware oder Leistung.[53]

24 Eine **Pflicht zur Aufklärung** kann sich aus gesetzlichen Vorschriften,[54] aus Vertrag oder aus einem vorausgegangenen Verhalten ergeben.[55] Weiter besteht eine Pflicht zur Aufklärung in Fällen, in denen die angesprochenen Verkehrskreise bei Unterbleiben des Hinweises in einem wesentlichen Punkt, der die geschäftliche Entscheidung zu beeinflussen geeignet ist, getäuscht werden. Dazu muss es sich um nach der Verkehrsauffassung wesentliche Tatsachen handeln.[56] Eine Verpflichtung, negative Eigenschaften des Angebots offenzulegen, besteht nur insoweit, als dies zum Schutz des Verbrauchers oder sonstiger Marktteilnehmer auch unter Berücksichtigung der berechtigten Interessen des Unternehmers unerlässlich ist.[57] Das erfordert eine **Interessenabwägung**, in deren Rahmen auf Seiten des Verbrauchers oder sonstigen Marktteilnehmers zu berücksichtigen ist, inwieweit er auf die Mitteilung angewiesen ist und welche Bedeutung sie für ihn hat und auf Seiten des Unternehmers, inwieweit ihm eine Aufklärung zumutbar ist.[58] Vom Verbot der Irreführung durch Unterlassen umfasst sind unzureichende Informationen.[59]

25 Da Verbraucher häufig nicht so geschäftserfahren wie Gewerbetreibende und deshalb schutzbedürftiger sind, **kann eine Aufklärungspflicht gegenüber Verbrauchern bestehen, während eine entsprechende Verpflichtung gegenüber Gewerbetreibenden nicht anzunehmen ist**. Aus dem Vorliegen von Informationsgeboten nach § 5a Abs. 2 bis 6 kann nicht auf eine Aufklärungspflicht im Verhältnis zwischen Unternehmern geschlossen werden. Andererseits ist es möglich, dass ein aus § 5a Abs. 2 bis 6 folgendes Informationsgebot gegenüber Verbrauchern im Verhältnis zwischen Unter-

---

52 BGH, 14.04.2011, I ZR 133/09, GRUR 2011, 634 Rn. 34 – *Werbung mit Garantie.*

53 BGH, 14.12.1995, I ZR 213/93, GRUR 1996, 367, 368 – *Umweltfreundliches Bauen*; BGH, 26.10.2006, I ZR 33/04, GRUR 2007, 247 Rn. 23 f. – *Regenwaldprojekt I*; BGH, 10.01.2013, I ZR 190/11, GRUR 2013, 945 Rn. 34 – *Standardisierte Mandatsbearbeitung.*

54 BGH, 05.10.2017, I ZR 232/16, GRUR 2018, 438 Rn. 12 und 22 – *Energieausweis.*

55 BGH, 16.11.2017, I ZR 160/16, GRUR 2018, 541 Rn. 42 – *Knochenzement II.*

56 RG, 05.07.1939, II 14/39, GRUR 1939, 978, 979; BGH, 13.11.1951, I ZR 44/51, GRUR 1952, 416, 418 – *Dauerdose*; BGH, 31.05.1957, I ZR 163/55, GRUR 1958, 30, 31 – *Außenleuchte*; BGH, 15.07.1999, I ZR 44/97, GRUR 1999, 1122, 1123 – *EG-Neuwagen*; BGH, 11.03.2009, I ZR 194/06, GRUR 2009, 1064 Rn. 46 – *Geld-zurück-Garantie II.*

57 BGH, 11.05.1989, I ZR 141/87, GRUR 1989, 682, 683 – *Konkursvermerk*; BGH, 03.12.1998, I ZR 74/96, GRUR 1999, 760, 761 – *Auslaufmodelle II.*

58 BGH, 16.11.2017, I ZR 160/16, GRUR 2018, 541 Rn. 38 – *Knochenzement II.*

59 BGH, 13.06.2002, I ZR 71/01, GRUR 2002, 979, 981 – *Kopplungsangebot II.*

nehmern bei einem Unterbleiben gem. § 5a Abs. 1 irreführend ist. Besteht eine Aufklärungspflicht gegenüber Verbrauchern nicht, ist grundsätzlich auch keine Aufklärungspflicht gegenüber Gewerbetreibenden gegeben.

b) Verletzung

Der Unternehmer muss die bestehende Aufklärungspflicht verletzen. Er muss die erforderlichen Hinweise unterlassen oder in unklarer, unverständlicher oder zweideutiger Weise erteilen. 26

Das Irreführungsverbot bleibt seiner Natur nach ein Desinformationsverbot. Es muss beim angesprochenen Verkehr durch das Verschweigen einer Tatsache eine Fehlvorstellung eintreten.[60] Macht der Verkehr sich über den fraglichen Punkt keinerlei Gedanken, kommt es nicht zu einer Fehlvorstellung. 27

2. Einzelfälle

Eine Aufklärungspflicht kann über die Tatsache bestehen, dass das angebotene Modell ein **Auslaufmodell** ist, weil es vom Hersteller nicht mehr produziert wird oder schon ein Nachfolgemodell auf dem Markt ist.[61] Ob dieser Umstand zur Aufklärung verpflichtet, kann von Produktgruppe zu Produktgruppe unterschiedlich zu beurteilen sein. Entscheidend ist, ob der Verkehr einen entsprechenden Hinweis erwartet, weil er Wert auf das jeweils neueste Modell legt. Das ist bei einer Vielzahl von Produkten der Fall. Dazu rechnen modische Erzeugnisse, bei denen der Verkehr keine Waren aus der vorherigen Kollektion erwartet, und technische Produkte, die einer technischen Weiterentwicklung unterliegen, sowie langlebige Waren, bei denen die Frage der Ersatzteilbeschaffung und des Wiederverkaufswerts eine maßgebliche Rolle spielen. Bei hochwertigen Erzeugnissen der Unterhaltungselektronik und Elektrohaushaltsgroßgeräten hat die Rechtsprechung eine Aufklärungspflicht bejaht.[62] Eine Rolle in diesem Zusammenhang können die im Handel üblichen Kennzeichnungen und Preisgestaltungen bieten.[63] Ist es üblich, im Handel auf Auslaufmodelle hinzuweisen, kann eine entsprechende Verkehrserwartung bestehen, dass ein Hinweis erfolgt. Dasselbe gilt, wenn Auslaufmodelle regelmäßig preisgünstiger angeboten werden. 28

Ein Händler muss in der Werbung für fabrikneue Fahrzeuge, die aus dem EU-Ausland importiert worden sind und bei denen die Herstellergarantie wegen einer im Ausland erfolgten Erstzulassung (»**Tageszulassung**«) bereits zu laufen begonnen hat, auf diesen 29

60 BGH, 14.04.2011, I ZR 133/09, GRUR 2011, 634 Rn. 34 – *Werbung mit Garantie*; BGH, 16.05.2012, I ZR 74/11, GRUR 2012, 1275 Rn. 36 – *Zweigstellenbriefbogen*.

61 BGH, 06.11.1981, I ZR 164/79, GRUR 1982, 374, 375 – *Ski-Auslaufmodell*; BGH, 24.04.1986, I ZR 56/84, GRUR 1987, 45, 47 – *Sommerpreiswerbung*.

62 BGH, 03.12.1998, I ZR 63/96, GRUR 1999, 757, 758 – *Auslaufmodelle I*; BGH, 06.10.1999, I ZR 92/97, GRUR 2000, 616, 618 – *Auslaufmodelle III*.

63 BGH, 03.12.1998, I ZR 63/96, GRUR 1999, 757, 758 – *Auslaufmodelle I*;

Umstand hinweisen, wenn die Garantiezeit zum Zeitpunkt der Werbung um mehr als zwei Wochen verkürzt ist.[64]

30 Werden an Wiederverkäufer Produkte verkauft, bei denen die **Gerätenummern entfernt** wurden und führt dies zum Ausschluss der Herstellergarantie oder von Kundendienstleistungen, muss dies offenbart werden.[65]

IV. Geschäftliche Relevanz

31 Da § 5a Abs. 1 die Beurteilungsmaßstäbe für einen Irreführung durch Verschweigen von Tatsachen regelt, ergänzt er die Bestimmung des § 5 Abs. 1 Satz 2. Die durch das Verschweigen einer Tatsache beim angesprochenen Verkehr auftretende Irreführung muss geschäftlich relevant i. S. des § 5 Abs. 1 Satz 1 sein.[66] Da eine Irreführung durch Verschweigen von Tatsachen das Bestehen einer Aufklärungspflicht voraussetzt, die wiederum einen wesentlichen Punkt betreffen muss, der die geschäftliche Entscheidung zu beeinflussen geeignet ist, liegt in einem derartigen Fall auch regelmäßig eine geschäftliche Relevanz vor.

C. Vorenthalten wesentlicher Informationen gegenüber Verbrauchern, § 5a Abs. 2

I. Allgemeines

32 § 5a Abs. 2 enthält – anders als § 5a Abs. 1 – einen Unlauterkeitstatbestand und schließt wegen der Rechtsfolge an § 3 Abs. 1 an. Die Bestimmung regelt das Vorenthalten wesentlicher Informationen im Verhältnis von Unternehmen zu Verbrauchern. § 5a Abs. 2 ist die Grundnorm, mit der § 5a Abs. 3 bis 5 in Zusammenhang stehen. § 5a Abs. 6 tritt als weiterer Unlauterkeitstatbestand ergänzend hinzu. Nähere Ausführungen finden sich vorstehend zur Entstehungsgeschichte (Rdn. 3, 4), zu den unionsrechtlichen Grundlagen (Rdn. 5, 6), dem Schutzzweck und der Normstruktur (Rdn. 7–11) sowie dem Verhältnis des § 5a zu anderen Vorschriften (Rdn. 12–17).

II. Voraussetzungen

33 § 5a Abs. 2 setzt voraus, dass (1) eine geschäftliche Handlung (2) gegenüber einem Verbraucher, (3) dem eine wesentliche Information (4) vorenthalten wird, (5) die der Verbraucher je nach den Umständen benötigt, um eine informierte geschäftliche Entscheidung zu treffen, und (6) deren Vorenthalten geeignet ist, den Verbraucher zu einer geschäftlichen Entscheidung zu veranlassen, die er andernfalls nicht getroffen hätte.

---

64 BGH, 15.07.1999, I ZR 44/97, GRUR 1999, 1122, 1123 – *EG-Neuwagen.*

65 *BGH, 28.01.1988, I ZR 219/86,* GRUR 1988, 461, 462 – *Radio-Recorder;* BGH, 29.09.1988, I ZR 57/87, GRUR 1989, 110, 113 – *Synthesizer.*

66 BGH, 16.11.2017, I ZR 160/16, GRUR 2018, 541 Rn. 42 – *Knochenzement II.*

1. Geschäftliche Handlung

34 Das Erfordernis der geschäftlichen Handlung i. S. von § 2 Abs. 1 Nr. 1 (Einzelheiten § 2 Abs. 1 Nr. 1 Rdn. 1 ff.) folgt aus Art. 7 (1) UGP-RL, der auf eine Geschäftspraxis abstellt und zu dessen Umsetzung § 5a Abs. 2 dient,[67] und mittelbar aus § 3 Abs. 1, wonach unlautere geschäftliche Handlungen unzulässig sind.

2. Verbraucher als Adressat

35 Die geschäftliche Handlung muss an einen Verbraucher gerichtet sein. § 5a Abs. 2 ist auf den Schutz der Verbraucher beschränkt. Sie gilt nur im B2C-Verhältnis. Regelmäßig treten Verbraucher als Nachfrager von Waren und Dienstleistungen auf. § 5a Abs. 2 umfasst allerdings auch den wesentlich weniger bedeutsamen Bereich, in dem Verbraucher als Anbieter von Waren oder Dienstleistungen gegenüber Unternehmern auftreten.[68]

3. Wesentliche Information

a) Begriff

36 In § 5a Abs. 2 ist aus Art. 7 (1) UGP-RL der Begriff der wesentlichen Information übernommen worden. Weder die UGP-RL noch das UWG enthalten eine Definition dieses Tatbestandsmerkmals.[69] Art. 7 (4) und (5) UGP-RL und der diese Vorschrift umsetzende § 5a Abs. 3 und 4 enthalten nur Tatbestände, bei denen eine wesentliche Information vorliegt, ohne den Begriff der wesentlichen Information abschließend zu umschreiben.

37 Der **EuGH** beschreibt den Begriff der wesentlichen Information, dass eine Information diesen Charakter hat, die der durchschnittliche Verbraucher je nach den Umständen benötigt, um eine informierte geschäftliche Entscheidung zu treffen, und deren Vorenthaltung diesen daher zu einer geschäftlichen Entscheidung veranlassen kann, die er sonst nicht getroffen hätte.[70] Unmittelbar ergiebig für die Rechtsanwendung ist diese Definition der wesentlichen Information nicht, weil sie das Merkmal aufgrund der weiteren Voraussetzungen des Art. 7 (1) beschreibt, die im deutschen Recht in § 5a Abs. 2 Satz 1 Nr. 1 und 2 angeführt sind. Der geschäftlichen Relevanz kommt in der Rechtsprechung des EuGH eine selbständige Bedeutung zu, wie die Entscheidungspraxis zu Art. 6 (1) UGP-RL zeigt.[71] Der Rechtsprechung des EuGH zur wesentlichen Information liegt die Wertung zugrunde, dass es sich um eine bedeutsame Information

---

67 *Köhler*/Bornkamm/Feddersen § 5a Rn. 3.6.

68 MünchKomm/*Alexander* UWG, § 5a Rn. 81; *Köhler*/Bornkamm/Feddersen § 5a Rn. 3.7; a. A. Begründung des Regierungsentwurfs eines Ersten Gesetzes zur Änderung des Gesetzes gegen den unlauteren Wettbewerb, BT-Drucksache 16/10145, S. 25.

69 A. A. FBO/*Obergfell* § 5a Rn. 75; *Fezer*, WRP 2010, 577, 581f.

70 EuGH, 08.02.2017, C-562/15, GRUR 2017, 280 Rn. 30 – *ITM/Carrefour*; ebenso FBO/*Obergfell* § 5a Rn. 75; *Fezer*, WRP 2010, 577, 581f.

71 EuGH, 19.12.2013, C-281/12, GRUR 2014, 196 Rn. 38 – *Trento Sviluppo/AGCM*; a. A. zu Art. 7 (1) UGP-RL FBO/*Obergfell* § 5a Rn. 75.

für die geschäftliche Entscheidung des Verbrauchers handeln muss, weil sie nur so geschäftlich relevant i. S. von Art. 7 (1) UGP-RL sein kann.[72] Die Prüfung, ob eine wesentliche Information vorliegt, ist Aufgabe der nationalen Gerichte.[73]

38 Der **BGH** sieht eine Information nicht allein als wesentlich im Sinne des § 5a Abs. 2 UWG an, weil sie für die geschäftliche Entscheidung des Verbrauchers von Bedeutung sein kann. Bedeutung haben für den Verbraucher verschiedenste Informationen und er kann an ihnen auch Interesse haben. Das macht sie aber noch nicht zu einer wesentlichen Information.[74] Eine wesentliche Information setzt vielmehr voraus, dass ihr für die geschäftliche Entscheidung des Verbrauchers ein erhebliches Gewicht zukommt und ihre Angabe unter Berücksichtigung der beiderseitigen Interessen vom Unternehmer erwartet werden kann.[75] Die Berücksichtigung der beiderseitigen Interessen und damit auch der Interessen des Unternehmers beruht auf dem allgemeinen Prinzip der Verhältnismäßigkeit (Erwägungsgrund 6 Satz 2 UGP-RL).

39 Im Vordergrund der im Schrifttum zum Tatbestandsmerkmal der wesentlichen Information vertretenen Ansichten steht ebenfalls die erhebliche Bedeutung und das große Gewicht der Information für die geschäftliche Entscheidung des Verbrauchers[76] und die Zumutbarkeit für den Unternehmer, die Information zu erteilen.[77] Unzulässig ist es allerdings, auf die Grundsätze zu § 5 Abs. 2 Satz 2 UWG 2004 und die zuvor schon von der Rechtsprechung entwickelten Maßstäbe zu § 3 UWG 1909 bei einer Irreführung durch Verschweigen von Tatsachen zurückzugreifen.[78] § 5a Abs. 2 setzt keine Fehlvorstellung des Verkehrs voraus.[79] Deshalb kommt es nicht darauf an, ob sich der angesprochene Verkehr bei Kenntnisnahme der Werbung über deren Verständnis Gedanken macht. Die Bestimmung kann über das hinausreichen, was nach § 5a Abs. 1 aufklärungspflichtig ist.[80]

b) Verhältnis zu § 5a Abs. 3

40 Die in § 5a Abs. 3 angeführten Informationen sind aus Art. 7 (4) UGP-RL abgeleitet. Nach Erwägungsgrund 14 Satz 3 legt die Richtlinie zu irreführenden Unterlassungen eine bestimmte Anzahl von Basisinformationen fest, die der Verbraucher benötigt, um

72 EuGH, 08.02.2017, C-562/15, GRUR 2017, 280 Rn. 35 – *ITM/Carrefour.*

73 EuGH, 12.05.2011, C-122/10, GRUR 2011, 726 Rn. 52 und 58 – *Ving Sverige*; EuGH, 08.02.2017, C-562/15, GRUR 2017, 280 Rn. 31 – *ITM/Carrefour.*

74 BGH, 16.05.2012, I ZR 74/11, GRUR 2012, 1275 Rn. 36 – *Zweigstellenbriefbogen.*

75 BGH, 16.05.2012, I ZR 74/11, GRUR 2012, 1275 Rn. 36 – *Zweigstellenbriefbogen*; BGH, 21.07.2016, I ZR 26/15, GRUR 2016, 1076 Rn. 31 – *LGA tested*; BGH, 15.12.2016, I ZR 241/15, GRUR 2017, 295 Rn. 17 – *Entertain*; BGH, 27.04.2017, I ZR 55/16, BGHZ 215, 12 Rn. 19 – *Preisportal.*

76 FBO/*Obergfell* § 5a Rn. 75; GK/*Lindacher* § 5a Rn. 26.

77 *Köhler*/Bornkamm/Feddersen § 5a Rn. 3.14; jurisPK-UWG/*Seichter* § 5a Rn. 61; BDS/*Koch* § 5a UWG Rn. 15; Ohly/*Sosnitza* § 5a Rn. 24 und 33.

78 *A. A. BDS/Koch § 5a UWG Rn. 15.*

79 BGH, 09.02.2012, I ZR 178/10, GRUR 2012, 943 – Rn. 13 – *Call-by-Call.*

80 BGH, 16.05.2012, I ZR 74/11, GRUR 2012, 1275 Rn. 36 – *Zweigstellenbriefbogen.*

eine informierte geschäftliche Entscheidung treffen zu können. Solche Informationen müssen nach Erwägungsgrund 14 Satz 4 nicht notwendigerweise in jeder Werbung enthalten sein, sondern nur, wenn der Gewerbetreibende zum Kauf auffordert. Daraus folgt, dass Art. 7 (4) UGP-RL den Umfang der **Basisinformationen** bei einer Aufforderung zum Kauf festlegt und darin eine Wertung des Unionsgesetzgebers liegt, die über Art. 7 (1) UGP-RL und § 5a Abs. 2 für diese Basisinformationen nicht erweiterbar ist. Die Bestimmung des Art. 7 (4) UGP-RL enthält danach eine abschließende Liste von Informationen, die im Rahmen der Aufforderung zum Kauf als wesentlich anzusehen sind.[81] Sind alle in Art. 7 (4) UGP-RL angeführten Informationen in einer Aufforderung zum Kauf bereitgestellt, ist umgekehrt nicht ausgeschlossen, dass diese Geschäftspraxis als irreführend im Sinne von Art. 6 (1) oder Art. 7 (2) dieser Richtlinie anzusehen ist.[82] Eine außerhalb des Bereichs der Basisinformationen liegender Umstand kann eine wesentliche Information nach Art. 7 (1) UGP-RL und § 5a Abs. 2 sein. Ist diese Information in einer Aufforderung zum Kauf enthalten, entfaltet Art. 7 (4) UGP-RL keine Sperrwirkung.[83] Ansonsten könnten zu einer geschäftlichen Handlung nach § 5a Abs. 2 weitergehende Informationen zu erteilen sein als bei einer Aufforderung zum Kauf.

c) Verhältnis zu § 5a Abs. 4

§ 5a Abs. 4 dient der Umsetzung von Art. 7 (5) UGP-RL. Die Bestimmung des § 5a **41**
Abs. 4 geht allerdings über Art. 7 (5) UGP-RL hinaus, als sie nicht auf die Liste des Anhangs II der UGP-RL allein Bezug nimmt, sondern alle Informationen einschließt, die dem Verbraucher auf Grund unionsrechtlicher Verordnungen oder nach Rechtsvorschriften zur Umsetzung unionsrechtlicher Richtlinien für kommerzielle Kommunikation einschließlich Werbung und Marketing nicht vorenthalten werden dürfen. Die Erweiterung ist zulässig, weil der Verweis in Art. 7 (5) UGP-RL auf den Anhang II als nicht erschöpfend bezeichnet wird. Dagegen darf in dem durch Art. 3 vorgegebenen Anwendungsbereich der UGP-RL keine wesentliche Information allein aus der Existenz einer nationalen Vorschrift abgeleitet werden, die Informationspflichten vorsieht. Das hebt Erwägungsgrund 15 Satz 5 UGP-RL hervor. Das Gegenteil ist mit der Vollharmonisierung der UGP-RL nicht vereinbar, was allerdings voraussetzt, dass der Anwendungsbereich der Richtlinie nicht ausgeschlossen ist. Unzulässig ist es weiter, aufgrund von § 5a Abs. 2 eine wesentliche Information anzunehmen, wenn den unionsrechtlichen Vorschriften eine abschließende Wertung des Informationsumfangs zu entnehmen ist und sich aus den unionsrechtlichen Bestimmungen im konkreten Fall keine Informationspflicht ergibt.[84]

81 EuGH, 26.10.2016, C-611/14, GRUR 2016, 1307 Rn. 68 – *Canal Digital Danmark.*
82 EuGH, 26.10.2016, C-611/14, GRUR 2016, 1307 Rn. 71 – *Canal Digital Danmark.*
83 BGH, 21.07.2016, I ZR 26/15, GRUR 2016, 1076 Rn. 48–50 – *LGA tested* m.w.N. zum Streitstand.
84 EuGH, 25.07.2018, C-632/16, GRUR 2018, 940 Rn. 32 ff. – *Dyson/BSH*; BGH, 10.11.2016, I ZR 29/15, GRUR 2017, 286 Rn. 15 – *Hörgeräteausstellung.*

d) Berücksichtigung der Umstände des Einzelfalls

aa) Maßgebliche Umstände

42 Liegt keine wesentliche Information nach § 5a Abs. 3 oder 4 vor und ist die Berücksichtigung des fraglichen Umstands auch nicht aufgrund richtlinienkonformer Auslegung von Art. 7 (4) und (5) UGP-RL ausgeschlossen, können die jeweiligen Umstände des Einzelfalls bei der Wertung berücksichtigt werden, ob eine wesentliche Information i. S. von § 5a Abs. 2 vorliegt. In die Beurteilung einzubeziehen sind **alle Umstände**, die für eine **informierte Entscheidung des Verbrauchers wesentliche Bedeutung haben.** Das sind etwa Umstände des Angebots, der Beschaffenheit und der Merkmale des Produkts,[85] des Anlasses des Verkaufs oder der Preisgestaltung[86] sowie des verwendeten Kommunikationsmediums.[87] Wesentlich ist eine Information, wenn ihre Vorenthaltung zur Folge hat, dass der Durchschnittsverbraucher gehindert ist, die geschäftliche Entscheidung, vor die ihn das Angebot stellt, informationsgeleitet zu treffen.[88]

43 Auf Seiten des Unternehmers sind in die Interessenabwägung mit einzustellen der zeitliche und der kostenmäßige Aufwand für die Beschaffung der Information, die für den Unternehmer mit der Informationserteilung verbundenen Nachteile sowie möglicherweise bestehende Geheimhaltungsbelange.[89]

bb) Beurteilungssicht

44 Ob es sich um wesentliche Informationen handelt, ist aus der Sicht des durchschnittlichen Mitglieds des angesprochenen Adressatenkreises zu beurteilen. Ist das allgemeine Publikum angesprochen, ist Maßstab die Sicht eines normal informierten, angemessen aufmerksamen und verständigen Verbrauchers (Einzelheiten § 5 Rdn. 168–182).[90] Wendet sich die geschäftliche Handlung an eine bestimmte Gruppe von Verbrauchern, ist nach § 3 Abs. 4 Satz 1 Halbs. 2 auf ein durchschnittliches Mitglied dieser Gruppe abzustellen (§ 3 Rdn. 139; § 5 Rdn. 162). Unter den Voraussetzungen des § 3 Abs. 4 Satz 2 ist auf die Sicht eines durchschnittlichen Mitglieds der besonders schutzbedürftigen Gruppe abzustellen (§ 3 Rdn. 145; § 5 Rdn. 162).

---

85 BGH, 09.02.2012, I ZR 178/10, GRUR 2012, 943 – Rn. 13 und 16 – *Call-by-Call*; BGH, 15.12.2016, I ZR 241/15, GRUR 2017, 295 Rn. 17 – *Entertain*.

86 BGH, 22.04.2009, I ZR 14/07, GRUR 2009, 1180 Rn. 30 – *0,00 Grundgebühr*; BGH, 27.04.2017, I ZR 55/16, BGHZ 215, 12 Rn. 21 – *Preisportal*.

87 EuGH, 12.05.2011, C-122/10, GRUR 2011, 726 Rn. 53–57 – *Ving Sverige*; BGH, 19.02.2014, I ZR 17/13, GRUR 2014, 584 Rn. 11 – *Typenbezeichnung*.

88 BGH, 19.02.2014, I ZR 17/13, GRUR 2014, 584 Rn. 12 – *Typenbezeichnung*.

89 BGH, 21.07.2016, I ZR 26/15, GRUR 2016, 1076 Rn. 33 – *LGA tested*.

90 EuGH, 12.05.2011, C-122/10, GRUR 2011, 726 Rn. 23 – *Ving Sverige*; EuGH, 26.10.2016, C-611/14, GRUR 2016, 1307 Rn. 57 – *Canal Digital Danmark*; BGH, 19.02.2014, I ZR 17/13, GRUR 2014, 584 Rn. 14 – *Typenbezeichnung*; BGH, 21.07.2016, I ZR 26/15, GRUR 2016, 1076 Rn. 37 – *LGA tested*.

cc) Einzelfälle

45 Die bisherige Rechtsprechung zur Irreführung durch Unterlassen unter Geltung des § 3 UWG 1909 und des § 5 Abs. 2 Satz 2 UWG 2004 kann zur Beurteilung, ob eine Information wesentlich ist, als Maßstab berücksichtigt werden, wenn eine Irreführung bejaht worden ist und für die Entscheidung nicht die Grundsätze des flüchtigen Verbrauchers ausschlaggebend waren. Das überholte Leitbild vom flüchtigen Verbraucher kann bereits bei einer Täuschung eines nicht unerheblichen oder nicht ganz unerheblichen Teils des angesprochenen Verkehrs zu einer Irreführung führen. Dieser Maßstab kann der Beurteilung nicht mehr zugrunde gelegt werden. Nicht übertragbar sind ohne weiteres die Wertungen älterer Entscheidungen, wenn eine Irreführung verneint wurde, weil das Hervorrufen einer Fehlvorstellung beim angesprochenen Publikum nicht Voraussetzung des § 5a Abs. 2 ist.[91]

46 Unter Geltung des § 5a Abs. 2 hat die Rechtsprechung eine wesentliche Information angenommen bei einem **Preisvergleichsportal** im Internet über die Beschränkung der Angebote auf Anbieter, die mit dem Portalbetreiber eine Provisionsabrede für den Fall eines Vertragsschlusses vereinbaren.[92] Verwendet der Unternehmer ein **Prüfzeichen** in der Werbung für sein Produkt, ist eine wesentliche Information, welche Kriterien in den Zertifizierungsverfahren zur Vergabe des Prüfzeichens in Ansatz gebracht worden sind.[93] Zu den Prüfzeichen »LGA tested Quality« und »LGA tested safety« hat der Verbraucher ein besonderes Interesse zu erfahren, welche Qualitäts- und Sicherheitsaspekte und welche technischen Maßstäbe bei der Vergabe für das beworbene Gerät herangezogen worden sind. Eine wesentliche Information ist auch die Angabe der Fundstelle bei der Werbung einer Versandapotheke mit der Angabe »**TÜV-geprüft**«.[94]

47 Eine wesentliche Information bei einer **Werbung mit einem Testergebnis** ist die Angabe der Fundstelle.[95] Eine Werbung für ein Produkt mit einem Testergebnis im Internet muss so gestaltet sein, dass die Fundstelle entweder deutlich auf der ersten Bildschirmseite angegeben wird oder ein deutlicher Sternchenhinweis den Verbraucher zu der Fundstellenangabe führt. Die Angabe einer Fundstelle mit dem Testergebnis genügt, soweit der Verbraucher unter dieser Fundstelle mit zumutbarem Aufwand nähere Informationen über den Test auffinden kann. Das ist nicht der Fall, wenn in der Werbung zwar eine Internetadresse genannt ist, sich auf der Startseite dieser Internetadresse jedoch weder die Informationen selbst noch ein auf die Testergebnisse verweisender Menüpunkt befinden.[96] Die Angabe der Fundstelle eines Designpreises ist dagegen keine wesentliche Information.[97]

91 BGH, 09.02.2012, I ZR 178/10, GRUR 2012, 943 – Rn. 13 – *Call-by-Call*; BGH, 16.05.2012, I ZR 74/11, GRUR 2012, 1275 Rn. 36 – *Zweigstellenbriefbogen*.
92 BGH, 27.04.2017, I ZR 55/16, BGHZ 215, 12 Rn. 22 – *Preisportal*.
93 BGH, 21.07.2016, I ZR 26/15, GRUR 2016, 1076 Rn. 36 – *LGA tested*.
94 OLG Düsseldorf, 25.11.2014, 20 U 208/13, WRP 2015, 762, 763.
95 BGH, 16.07.2009, I ZR 50/07, GRUR 2010, 248 Rn. 31 – *Kamerakauf im Internet*.
96 OLG Frankfurt, 16.11.2017, 6 U 182/14, WRP 2018, 109, 110.
97 OLG Köln, 24.05.2017, 6 U 203/16, GRUR-RR 2018, 120, 121.

48 Bei Elektrohaushaltsgeräten stellt die **Typenbezeichnung** eine wesentliche Information dar.[98] Sie ermöglicht es dem Verbraucher, das Produkt zu identifizieren und dessen Eigenschaften und Preis mit den Eigenschaften und dem Preis konkurrierender Produkte und konkurrierender Angebote zu vergleichen. Eine wesentliche Information ist die Angabe, welche der auf einem Werbeprospekt angegebenen Märkte einer Franchisekette an einer **Verkaufsaktion teilnehmen**.[99] Eine wesentliche Information sind die Angaben zum **Energieverbrauch** eines Gebäudes in einer Immobilienanzeige, wenn ein Energieausweis vorliegt.[100]

49 Ein Telekommunikationsunternehmen, dessen Angebot von Telefondienstleistungen nicht die Möglichkeit der fallweisen Betreiberauswahl (»**Call-by-Call**«) beinhaltet, muss hierauf in der Werbung hinweisen, weil es sich um eine wesentliche Information handelt. Dies gilt auch, wenn für Gespräche ins deutsche Festnetz ein Pauschaltarif (»Flatrate«) angeboten wird. In diesem Fall kann es für den Verbraucher wirtschaftlich vorteilhaft sein, Verbindungen in Mobilfunknetze und in ausländische Festnetze im »Call-by-Call«-Verfahren über andere Anbieter abzuwickeln.[101] Besteht ein Pauschaltarif ist eine fehlende »Preselection«-Option keine wesentliche Information.[102] Eine wesentliche Information ist die Angabe, wie die **Rechte des Erwerbers einer gebrauchten Softwarelizenz zur bestimmungsgemäßen Benutzung des Programms** ausgestaltet sind.[103]

50 Die Bedingungen für die **Inanspruchnahme von Preisnachlässen** sind wesentliche Informationen.[104] Keine wesentlichen Informationen auf **Briefbögen eines Rechtsanwalts** sind sämtliche Standorte der Niederlassungen oder die Angabe, wo er seine Kanzlei im Sinne von § 27 Abs. 1 BRAO und wo er Zweigstellen unterhält.[105]

4. Vorenthalten, § 5a Abs. 2 Satz 1 und Satz 2, Abs. 5

a) Begriff

51 Der Unternehmer muss die wesentliche Information dem Verbraucher nach Art. 7 (1) UGP-RL und § 5a Abs. 2 Satz 1 vorenthalten. Als Vorenthalten wesentlicher Informationen gilt es nach § 5a Abs. 2 Satz 2 Nr. 1 bis 3, wenn die Informationen verheimlicht, in unklarer, unverständlicher oder zweideutiger Weise bereitgestellt werden oder die Bereitstellung nicht rechtzeitig erfolgt. Das Vorenthalten ist danach der Oberbegriff, der durch Art. 7 (2) UGP-RL und § 5a Abs. 2 Satz 2 Nr. 1 bis 3 in nicht erschöpfender

98 BGH, 19.02.2014, I ZR 17/13, GRUR 2014, 584 Rn. 13 – *Typenbezeichnung*; BGH, 02.03.2017, I ZR 41/16, GRUR 2017, 922 Rn. 37 – *Komplettküchen*.
99 BGH, 04.02.2016, I ZR 194/14, GRUR 2016, 403 Rn. 22 – *Fressnapf*.
100 BGH, 05.10.2017, I ZR 232/16, GRUR 2018, 438 Rn.25 – *Energieausweis*.
101 BGH, 09.02.2012, I ZR 178/10, GRUR 2012, 943 – Rn. 13 und 14 – *Call-by-Call*.
102 BGH, 09.02.2012, I ZR 178/10, GRUR 2012, 943 – Rn. 16 – *Call-by-Call*.
103 HansOLG Hamburg, 16.06.2016, 5 W 36/16, MMR 2017, 344.
104 *BGH, 27.07.2017, I ZR 153/16*, GRUR 2018, 199 Rn. 30 – *19% MwSt. GESCHENKT*; OLG Bamberg, 22.06.2016, 3 U 18/16, GRUR-RR 2016, 348, 350.
105 BGH, 16.05.2012, I ZR 74/11, GRUR 2012, 1275 Rn. 19 – *Zweigstellenbriefbogen*.

Weise weiter konkretisiert wird. Der Unternehmer enthält dem Verbraucher eine Information vor, wenn dieser sie nicht oder nicht so bekommt, dass er sie bei seiner geschäftlichen Entscheidung berücksichtigen kann.[106]

b) Verfügbarkeit

Das Vorenthalten wesentlicher Informationen setzt voraus, dass die Information zum 52
Geschäfts- und Verantwortungsbereich des Unternehmers gehört oder in sonstiger Weise für ihn verfügbar ist.[107] Die Informationspflicht ist nicht auf Informationen beschränkt, die sich im Besitz des Unternehmers befinden.[108] Das nach Art. 1 UGP-RL bezweckte hohe Verbraucherschutzniveau wäre beeinträchtigt, wenn der Unternehmer dem Verbraucher eine Information, die dieser für eine informierte geschäftliche Entscheidung benötigt, unter Verweis darauf entziehen könnte, er müsse sich die Information erst noch beschaffen. Eine Information, auf die der Unternehmer nicht in seinem Unternehmen zurückgreifen kann, muss er sich verschaffen können. Eine allgemeine umfassende **Beschaffungspflicht** besteht nicht. Die Beschaffung muss dem Unternehmer im Einzelfall zumutbar sein.[109] Das ist der Fall, wenn er sich die notwendigen Informationen mit verhältnismäßigem Aufwand besorgen kann. Welcher Aufwand dem Unternehmer zumutbar ist, hängt von den konkreten Umständen und der Bedeutung der Informationen für den Verbraucher ab. Abzuwägen sind der Beschaffungsaufwand für den Unternehmer und die Bedeutung der Information für die Verbraucher. Unschwer erreichbare Informationen muss der Unternehmer nutzen. Dazu rechnet die Beschaffung von Informationen, die der Unternehmer sich vom Hersteller, vom Vorlieferanten oder aufgrund eines Lizenzvertrags oder sonstigen Vertragsverhältnisses verschaffen kann.[110] In welchem Umfang der Unternehmer zur Beschaffung und Zurverfügungstellung von Informationen verpflichtet ist, richtet sich nach der Verkehrsanschauung. Der Verbraucher kann die Pflichten des Unternehmers nicht durch Anfragen nach bestimmten Informationen ausweiten. Der Unternehmer seinerseits ist der Verpflichtung nicht deshalb enthoben, weil der Verbraucher sich die Informationen selbst verschaffen kann.[111] Verbraucher sind im Vergleich zu Unternehmen im Hinblick auf das Informationsniveau in einer unterlegenen Position, weil sie regelmäßig wirtschaftlich schwächer und rechtlich weniger erfahren als Unternehmen sind.

---

106 BGH, 21.07.2016, I ZR 26/15, GRUR 2016, 1076 Rn. 27 – *LGA tested*; GK/*Lindacher* § 5a Rn. 34.

107 BGH, 21.07.2016, I ZR 26/15, GRUR 2016, 1076 Rn. 27 – *LGA tested.*

108 A. A. OLG Düsseldorf, 30.12.2014, 15 U 76/14, WRP 2015, 365 372; Ohly/*Sosnitza* § 5a Rn. 12; Götting/*Nordemann*, § 5a Rn. 58; BDS/*Koch*, § 5a UWG Rn. 13.

109 BGH, 02.03.2017, I ZR 41/16, GRUR 2017, 922 Rn. 27 – *Komplettküchen.*

110 BGH, 21.07.2016, I ZR 26/15, GRUR 2016, 1076 Rn. 27 – *LGA tested.*

111 EuGH, 16.04.2015, C-388/13, GRUR 2015, 600 Rn. 54 – *UPC Magyarország.*

c) Die Fälle des Vorenthaltens nach § 5a Abs. 2 Satz 2

53 § 5a Abs. 2 Satz 2 dient der Umsetzung von Art. 7 (2) UGP-RL, wonach es als irreführende Unterlassung gilt, wenn ein Gewerbetreibender **wesentliche Informationen verheimlicht, auf unklare, unverständliche, zweideutige Weise oder nicht rechtzeitig bereitstellt.** Der weitere in Art. 7 (2) UGP-RL enthaltene Tatbestand einer fehlenden Kenntlichmachung des kommerziellen Zwecks der Geschäftspraxis ist in § 5a Abs. 6 umgesetzt. Die in § 5a Abs. 2 Satz 2 Nr. 1 bis 3 angeführten Voraussetzungen betreffen nur das Tatbestandsmerkmal des Vorenthaltens, so dass die übrigen Voraussetzungen des § 5a Abs. 2 Satz 1 vorliegen müssen, um eine Unlauterkeit zu begründen.

aa) Verheimlichen, § 5a Abs. 2 Satz 2 Nr. 1

54 In der englischen und französischen Sprachfassung wird das Merkmal des Verheimlichens mit »hides« und »dissimule« (verbergen, verstecken, verheimlichen, verhüllen, verschleiern) bezeichnet. Aus dem Vergleich der Sprachfassungen folgt, dass mit »Verheimlichen« etwas anderes als ein Unterlassen oder Verschweigen bezeichnet wird. Der Unternehmer muss von der Informationserteilung bewusst absehen[112] oder Maßnahmen ergreifen, um den Verbraucher an der Informationserlangung zu hindern,[113] etwa indem er die Information versteckt.[114]

bb) Bereitstellen in unklarer, unverständlicher oder zweideutiger Weise, § 5a Abs. 2 Satz 2 Nr. 2

55 Die einzelnen in § 5a Abs. 2 Satz 2 Nr. 1 bis 3 angeführten Merkmale überschneiden sich. Ob sie vorliegen, beurteilt sich aus der Sicht eines Durchschnittsverbrauchers oder eines normalen Mitglieds der durch die geschäftliche Handlung angesprochenen Zielgruppe (§ 5 Rdn. 168–182, 162). Bereitstellung in unklarer Weise kann sich auf die Art der Informationsvermittlung und auf den Inhalt der Information beziehen. Die Darstellung der Information kann in einer Weise erfolgen, dass sie einer völlig unterbliebenen Information gleichkommt. Das ist etwa der Fall, wenn die Information nur **schwer erkennbar, kaum lesbar oder wahrnehmbar** ist.[115]

56 Davon ist auszugehen, wenn die Information in einen unübersichtlichen oder zu klein wiedergegebenen Text eingefügt ist oder die Wiedergabe aus dem Sachzusammenhang gerissen ist, also an einer Stelle eingefügt ist, an der nicht mit ihr zu rechnen ist. Unklar ist die Bereitstellung in inhaltlicher Hinsicht, wenn sie der durchschnittliche Adressat nicht oder nicht zweifelsfrei versteht.

57 **Unverständlich** ist die Bereitstellung, wenn der Durchschnittsverbraucher oder der durchschnittliche Angehörige einer bestimmten Gruppe den Inhalt der Information nicht zur Kenntnis nehmen und verarbeiten kann. Das kann an der Sprache (Fremd-

112 FBO/*Obergfell* § 5a Rn. 105.
113 Ohly/Sosnitza § 5a Rn. 14.
114 *Köhler*/Bornkamm/Feddersen § 5a Rn. 3.27.
115 LG Essen, 19.10.2016, 41 O 40/16, juris Rn. 36.

sprache, Fremdwörter, Fachwörter) oder der Art oder dem Inhalt der Darstellung liegen.

Zweideutig ist die Bereitstellung, wenn der Durchschnittsverbraucher der Angabe bei verständiger Würdigung mehr als eine inhaltliche Aussage entnimmt. Darauf, ob eine der Aussagen wahrscheinlicher ist, kommt es nicht an. 58

cc) Nicht rechtzeitige Bereitstellung, § 5a Abs. 2 Satz 2 Nr. 3

Nicht rechtzeitig ist die Information bereitgestellt, wenn der Verbraucher sie **nicht bei seiner geschäftlichen Entscheidung berücksichtigen kann**. Der Begriff der geschäftliche Entscheidung umfasst nicht nur die Entscheidung über den Erwerb oder Nichterwerb eines Produkts, sondern auch damit unmittelbar zusammenhängende Entscheidungen wie insbesondere das Betreten des Geschäfts oder das Aufsuchen eines Verkaufsportals im Internet.[116] Es reicht daher für einen aufklärenden Hinweis nicht aus, wenn der Verbraucher die geschäftliche Entscheidung auf unzureichender Informationsbasis getroffen hat, weil ihm eine wesentliche Information vorenthalten worden ist, und er im Geschäft oder auf der Internetseite des Verkaufsportals vor der Kaufentscheidung aufgeklärt wird.[117] 59

d) Räumliche oder zeitliche Beschränkungen und anderweitige Bereitstellung, § 5a Abs. 5

aa) Unionsrecht, Anwendungsbereich und Normzweck

Nach § 5a Abs. 5 sind bei der Prüfung des Tatbestandsmerkmals des Vorenthaltens von Informationen, räumliche oder zeitliche Beschränkungen durch das für die geschäftliche Handlung gewählte Kommunikationsmittel und alle Maßnahmen des Unternehmers, um dem Verbraucher die Informationen auf andere Weise als durch das Kommunikationsmittel nach Nummer 1 zur Verfügung zu stellen, zu berücksichtigen. Durch die Vorschrift wird Art. 7 (3) UGP-RL umgesetzt. Da § 5a Abs. 5 die Beurteilung des Tatbestandsmerkmals des Vorenthaltens i. S. von § 5a Abs. 2 Satz 1 zum Gegenstand hat, muss es sich um wesentliche Informationen handeln. 60

Aus der Anknüpfung an § 5a Abs. 2 Satz 1 folgt weiter, dass die Bestimmung des § 5a Abs. 5 auch anwendbar ist, wenn die Information nach § 5a Abs. 3 oder Abs. 4 wesentlich ist. Für dieses Ergebnis spricht die Anbindung von Art. 7 (3) an Art. 7 (1) UGP-RL, auf den wiederum Art. 7 (4) und (5) UGP-RL durch die Bestimmung Bezug 61

116 EuGH, 19.12.2013, C-281/12, GRUR 2014, 196 Rn. 36 – *Trento Sviluppo/AGCM*; BGH, 14.01.2016, I ZR 61/14, GRUR 2016, 516 Rn. 28 – *Wir helfen im Trauerfall*; BGH, 28.04.2016, I ZR 23/15, GRUR 2016, 1073 Rn. 34 – *Geo-Targeting*; BGH, 14.09.2017, I ZR 231/14, GRUR 2017, 1269 Rn. 17 und 19 – *MeinPaket.de II*.

117 BGH, 21.07.2016, I ZR 26/15, GRUR 2016, 1076 Rn. 29 – *LGA tested*; BGH, 02.03.2017, I ZR 41/16, GRUR 2017, 922 Rn. 28 – *Komplettküchen*.

nehmen, was eine wesentliche Information ist.[118] Daraus ergibt sich in richtlinienkonformer Auslegung weiter, dass § 5a Abs. 5 auch bei der Beurteilung anwendbar ist, ob der kommerzielle Zweck der geschäftlichen Handlung nicht i. S. von **§ 5a Abs. 6** kenntlich gemacht worden ist.

62 § 5a Abs. 2 bis 4 und Abs. 6 und Art. 7 UGP-RL legen umfängliche Informationspflichten fest. **Art. 7 (3) UGP-RL und § 5a Abs. 5 sollen unverhältnismäßigen Beschränkungen der durch Art. 16 EU-Grundrechtecharta gewährleisteten Werbefreiheit der Unternehmen entgegenwirken.**[119] Durch die Bestimmung des § 5a Abs. 5 und des Art. 7 (3) UGP-RL erhält der Unternehmer die Möglichkeit, Kommunikationsmedien zu nutzen, die nicht oder nur mit großem Aufwand die Möglichkeit zur umfassenden Information des Verbrauchers bieten. Dadurch hat der Unternehmer die Möglichkeit, Kommunikationsmedien umfassend zu nutzen, ohne dass dem Verbraucher wesentliche Informationen vorenthalten werden. Dazu dient die durch § 5a Abs. 5 eröffnete Möglichkeit des **Medienbruchs**. § 5a Abs. 5 und Art. 7 (3) UGP-RL ist Ausfluss des **Verhältnismäßigkeitsprinzips**.

bb) Räumliche oder zeitliche Beschränkungen des Kommunikationsmittels, § 5a Abs. 5 Nr. 1

63 Räumliche oder zeitliche Beschränkungen des Kommunikationsmittels bestehen typischerweise bei Fernseh- und Rundfunkwerbung.[120] Räumliche Beschränkungen können sich auch bei einer Printwerbung und der Werbung mit elektronischen Medien ergeben.[121] Der EuGH betont in diesem Zusammenhang, dass nicht unabhängig von der Form, in der die kommerzielle Kommunikation erfolgt – über Hörfunk oder Fernsehen, elektronisch oder auf Papier – derselbe Grad an Genauigkeit in der Beschreibung des Produkts verlangt werden kann.[122] § 5a Abs. 5 greift nicht erst ein, wenn es unmöglich ist, die erforderlichen Informationen in dem fraglichen Kommunikationsmedium zu erteilen.[123] Ein solcher Fall kommt praktisch nicht vor. Die Beschränkungen folgen in erster Linie aus hohen Kosten, die mit dem Kommunikationsmedium verbunden sind, aber auch aus Beschränkungen, die der Inhaber des Kommunikationsmittels für Werbung vornimmt oder die sich aus einer fehlenden Aufnahmemöglichkeit zu großer Informationsmengen beim Adressaten ergeben.

64 Die Frage der räumlichen oder zeitlichen Beschränkungen des Kommunikationsmediums ist **nicht abstrakt**, sondern unter Einbeziehung der konkreten Werbemaßnahme

---

118 Zu Art. 7 (4) UGP-RL EuGH, 12.05.2011, C-122/10, GRUR 2011, 726 Rn. 67 – *Ving Sverige*; EuGH, 26.10.2016, C-611/14, GRUR 2016, 1307 Rn. 58 – *Canal Digital Danmark*; zu Art. 7 (4) und (5) UGP-RL FBO/*Obergfell* § 5a Rn. 96.

119 BGH, 14.09.2017, I ZR 231/14, GRUR 2017, 1269 Rn. 27 – *MeinPaket.de II*.

120 EuGH, 26.10.2016, C-611/14, GRUR 2016, 1307 Rn. 60 – *Canal Digital Danmark*.

121 EuGH, 30.03.2017, C- 146/16, GRUR 2017, 535 Rn. 29 – *VSW/DHL Paket*.

122 EuGH, 12.05.2011, C-122/10, GRUR 2011, 726 Rn. 45 – *Ving Sverige*.

123 *EuGH, 30.03.2017, C- 146/16,* GRUR 2017, 535 Rn. 27 und 28 – *VSW/DHL Paket*; BGH, 14.09.2017, I ZR 231/14, GRUR 2017, 1269 Rn. 27 – *MeinPaket.de II*; unklar EuGH, 26.10.2016, C-611/14, GRUR 2016, 1307 Rn. 68 – *Canal Digital Danmark*.

zu beantworten.[124] Hat der Unternehmer eine doppelseitige Anzeige in einer Zeitung vorgesehen, bestehen im Allgemeinen keine ins Gewicht fallenden räumlichen Beschränkungen für wesentliche Informationen.[125]

cc) Anderweitige Bereitstellung, § 5a Abs. 5 Nr. 2

Die Bereitstellung von Informationen auf andere Weise als nach § 5a Abs. 5 Nr. 1 setzt voraus, dass räumliche oder zeitliche Beschränkungen i. S. von § 5a Abs. 5 Nr. 1 bestehen.[126] Das folgt aus dem Wortlaut von Art. 7 (3) UGP-RL und § 5a Abs. 5, der Nr. 1 und 2 durch ein »sowie« verknüpft. **Liegen räumliche oder zeitliche Beschränkungen vor, kommt ein sog. Medienbruch in Betracht.** Bei der Frage, ob ein Vorenthalten i. S. von § 5a Abs. 2 Satz 1 vorliegt, sind die anderweitigen, vom Unternehmer bereitgestellten Informationen zu berücksichtigen. Es muss sich um eine im Wesentlichen gleichwertige Informationsquelle handeln.[127] Der Verbraucher muss die Möglichkeit haben, die Information mit vertretbarem Aufwand zu erhalten.[128] Die Bedeutung der Informationen, die Umstände der Aufforderung, der Beschaffenheit und der Merkmale des Produkts sowie das verwendete Kommunikationsmittel sind im Rahmen einer Interessenabwägung zu berücksichtigen.[129] **65**

5. Geschäftliche Relevanz

§ 5a Abs. 2 Satz 1 enthält in Nr. 1 und 2 ein Relevanzkriterium. Danach ist es unlauter, eine wesentliche Information vorzuenthalten, Nr. 1 die der Verbraucher je nach den Umständen benötigt, um eine informierte geschäftliche Entscheidung zu treffen, und Nr. 2 deren Vorenthalten geeignet ist, den Verbraucher zu einer geschäftlichen Entscheidung zu veranlassen, die er andernfalls nicht getroffen hätte. **66**

a) Selbständiger Prüfungspunkt

Ob die geschäftliche Relevanz bei § 5a Abs. 2 bis 6 selbstständig zu prüfen ist, wird nicht einheitlich beantwortet (zum Meinungsstand Rdn. 9). § 5a Abs. 2 UWG 2008 enthielt keine Relevanzklausel, sah aber das Erfordernis vor, dass die Entscheidungsfähigkeit i. S. von § 3 Abs. 2 UWG 2008 beeinflusst sein musste. Nach § 3 Abs. 2 UWG 2008 war es notwendig, dass die geschäftliche Handlung geeignet war, die Fähigkeit des Verbrauchers, sich auf Grund von Informationen zu entscheiden, spürbar zu beeinträchtigen und ihn damit zu einer geschäftlichen Entscheidung zu veranlassen, die er andernfalls nicht getroffen hätte. Die Rechtsprechung folgerte unter Geltung des UWG 2008 zu § 5a Abs. 2 zunächst aus dem Umstand, dass eine wesentliche Information **67**

124 BGH, 14.09.2017, I ZR 231/14, GRUR 2017, 1269 Rn. 28 – *MeinPaket.de II.*
125 BGH, 27.07.2017, I ZR 153/16, GRUR 2018, 199 Rn. 29 – *19% MwSt. GESCHENKT.*
126 BGH, 27.07.2017, I ZR 153/16, GRUR 2018, 199 Rn. 29 – *19% MwSt. GESCHENKT.*
127 Ohly/*Sosnitza* § 5a Rn. 19.
128 FBO/*Obergfell* § 5a Rn. 98.
129 EuGH, 30.03.2017, C- 146/16, GRUR 2017, 535 Rn. 27 und 28 – *VSW/DHL Paket*; BGH, 14.09.2017, I ZR 231/14, GRUR 2017, 1269 Rn. 27 – *MeinPaket.de II.*

vorenthalten wurde, auf das Vorliegen geschäftlicher Relevanz.[130] In der Folgezeit hat sie diesen Zusammenhang nur noch als Grundsatz formuliert und Ausnahmen als möglich erachtet.[131]

68 Unter Geltung des UWG 2015 geht der BGH vom Erfordernis der geschäftlichen Relevanz als **eigenständigen Prüfungspunkt** aus.[132] Danach ist die geschäftliche Relevanz nach § 5a Abs. 2 Satz 1 Nr. 1 und 2 UWG ein zusätzliches Tatbestandsmerkmal, das selbständig zu prüfen ist.[133]

b) § 5a Abs. 2 Satz 1 Nr. 1

69 Der Verbraucher muss die wesentliche Information je nach den Umständen benötigen, um eine informierte Entscheidung zu treffen, § 5a Abs. 2 Satz 1 Nr. 1. Maßgeblich ist die Sicht des Durchschnittsverbrauchers oder eines durchschnittlichen Mitglieds einer bestimmten Zielgruppe. Der Durchschnittsverbraucher muss die Information für eine informierte geschäftliche Entscheidung benötigen. Der Begriff der geschäftlichen Entscheidung folgt aus § 2 Abs. 1 Nr. 9 (§ 2 Abs. 1 Nr. 9 Rdn. 1 ff. und § 5 Rdn. 247–249). Mit informierter Entscheidung ist eine **Entscheidung in voller Kenntnis der Sachlage** gemeint.[134] Der Verbraucher muss die Information für die informierte Entscheidung benötigen. Es reicht aus, dass ein Verbraucher die Information in einem einzigen Fall benötigt.[135] Das Tatbestandsmerkmal »je nach den Umständen« in § 5a Abs. 2 Satz 1 Nr. 1 macht eine Abwägung im Einzelfall erforderlich, weil die Tatbestände des § 5a Abs. 2 bis 6 keine per se-Verbote sind. Das ist allerdings keine Besonderheit des § 5a Abs. 2, sondern gilt allgemein für sämtliche Unlauterkeitstatbestände, die auf die UGP-RL zurückgehen und nicht im Anhang I, der sog. schwarzen Liste, enthalten sind.

c) § 5a Abs. 2 Satz 1 Nr. 2

70 Nach § 5a Abs. 2 Satz 1 Nr. 2 muss das Vorenthalten der wesentliche Information geeignet sein, den Verbraucher zu einer geschäftlichen Entscheidung zu veranlassen, die er andernfalls nicht getroffen hätte. Der Verbraucher muss wegen der unzureichenden Information eine geschäftliche Entscheidung treffen, die voraussichtlich bei Vorliegen der Information anders ausgefallen wäre.

---

130 BGH, 04.02.2010, I ZR 66/09, GRUR 2010, 852 Rn. 21 – *Gallardo Spyder*; BGH, 19.02.2014, I ZR 17/13, GRUR 2014, 584 Rn. 23 – *Typenbezeichnung*.

131 BGH, 04.02.2016, I ZR 194/14, GRUR 2016, 403 Rn. 25 – *Fressnapf*.

132 BGH, 04.02.2016, I ZR 194/14, GRUR 2016, 403 Rn. 29–31 – *Fressnapf*; BGH, 21.07.2016, I ZR 26/15, GRUR 2016, 1076 Rn. 54 und 55 – *LGA tested*.

133 BGH, 02.03.2017, I ZR 41/16, GRUR 2017, 922 Rn. 31 – *Komplettküchen*; BGH, 13.09.2018, I ZR 117/15, GRUR 2018, 1258 Rn. 44 bis 50 – *YouTube-Werbekanal II*; BGH, 31.10.2018, I ZR 73/17, GRUR 2019, 82 Rn. 30 – *Jogginghosen*.

134 EuGH, 16.04.2015, C-388/13, GRUR 2015, 600 Rn. 40 – *UPC Magyarország*.

135 EuGH, 16.04.2015, C-388/13, GRUR 2015, 600 Rn. 41 – *UPC Magyarország*.

d) Beispielsfälle

Sind beispielsweise in einem Prospekt Aktionsangebote beworben und enthält der Unternehmer dem Verbraucher die Angabe der Märkte vor, die an der Verkaufsaktion teilnehmen, ist dies geschäftlich relevant. Der Verbraucher benötigt die Information über die an der Verkaufsaktion teilnehmenden Märkte, um zu entscheiden, in welchem Markt er die beworbenen Produkte erwerben möchte. Die unzureichende Information über die an der Verkaufsaktion teilnehmenden Märkte ist geeignet, Verbraucher dazu veranlassen, einen der genannten Märkte aufzusuchen, und diese geschäftliche Entscheidung hätten die Verbraucher nicht getroffen, wenn sie gewusst hätten, dass der aufgesuchte Markt nicht an der Verkaufsaktion teilnimmt.[136] Geschäftlich relevant ist auch die Information, welche Qualitäts- und Sicherheitsaspekte und welche technischen Maßstäbe bei der Vergabe eines Prüfsiegels für ein mit diesem Siegel beworbenes Gerät herangezogen worden sind. Die Informationen benötigt der Verbraucher, um beurteilen zu können, ob die beworbenen Produkte über die Qualitäts- und Sicherheitsmerkmale verfügen, die er mit der Vergabe des Siegels der prüfenden Stelle verbindet. Die unzureichende Information kann den Verbraucher zu falschen Vorstellungen über den Umfang der Prüfung der Qualität und Sicherheit des beworbenen Produkts bei der Verleihung des Prüfsiegels und deshalb zu einer geschäftlichen Entscheidung veranlassen, die er bei richtiger Information über den Umfang der Prüfung nicht getroffen hätte.[137] 71

e) Umkehr der Darlegungslast

Regelmäßig ist in den Fällen des § 5a Abs. 2 vom Vorliegen der geschäftlichen Relevanz auszugehen. Den Unternehmer, der geltend macht, dass abweichend vom Regelfall der Verbraucher eine ihm vorenthaltene wesentliche Information für eine Kaufentscheidung nicht benötigt und das Vorenthalten dieser Information den Verbraucher nicht zu einer anderen Kaufentscheidung veranlassen kann, trifft eine **sekundäre Darlegungslast**.[138] Die **geschäftliche Relevanz** kann fehlen, wenn für die geschäftliche Entscheidung, ein bestimmtes Produkt zu erwerben oder ein Geschäft oder eine Internetseite aufzusuchen, die Information ohne Bedeutung ist. Das kann etwa bei den Tatbeständen des § 5a Abs. 3 und Abs. 4 der Fall sein, bei denen bestimmte vorgegebene Informationen als wesentlich gelten, ohne dass sich zwangsläufig ein Zusammenhang zwischen der Wesentlichkeit der Information und der Bedeutung für die geschäftliche Relevanz ergeben muss. Allerdings ist zweifelhaft, ob mit dem prozessualen Institut der sekundären Darlegungslast das Problem zutreffend erfasst ist. Die sekundäre Darlegungslast setzt voraus, dass die an sich darlegungspflichtige Partei nicht die notwendigen Informationen hat, diese aber dem Gegner zur Verfügung stehen, weil sie aus seinem Bereich herrühren. Diese Voraussetzungen liegen in der vorliegenden Kons- 72

136 BGH, 04.02.2016, I ZR 194/14, GRUR 2016, 403 Rn. 30 und 31 – *Fressnapf.*
137 BGH, 21.07.2016, I ZR 26/15, GRUR 2016, 1076 Rn. 54 und 55 – *LGA tested.*
138 BGH, 02.03.2017, I ZR 41/16, GRUR 2017, 922 Rn. 32 – *Komplettküchen*; *Köhler*/Bornkamm/Feddersen § 5a Rn. 3.44.

tellation regelmäßig nicht vor. Es liegt daher näher, in diesen Fällen, in denen der Unternehmer eine wesentliche Information dem Verbraucher vorenthält, bei der Verletzung unionsrechtlicher Informationspflichten von einer gesetzlichen Vermutung der geschäftlichen Relevanz und in den übrigen Konstellationen nach der Lebenserfahrung von einer geschäftlichen Relevanz auszugehen und eine Umkehr nicht nur der Darlegungs- sondern auch der Beweislast zu Lasten des Unternehmers anzunehmen. Dieser muss geltend machen und erforderlichenfalls beweisen, dass das Vorenthalten wesentlicher Informationen wettbewerbsrechtlich für die Verbraucherentscheidung nicht relevant ist.

D. Wesentliche Informationen bei einer Aufforderung zum Kauf, § 5a Abs. 3

I. Unionsrecht

73 § 5a Abs. 3 führt eine Reihe von Informationen auf, die als wesentlich gelten, wenn Waren oder Dienstleistungen unter Hinweis auf deren Merkmale und Preis in einer dem verwendeten Kommunikationsmittel angemessenen Weise so angeboten, dass ein durchschnittlicher Verbraucher das Geschäft abschließen kann. Die Bestimmung dient der Umsetzung von Art. 7 (4) UGP-RL. Ist einer der Tatbestände des Art. 7 (4) UGP-RL erfüllt, greift eine unwiderlegliche Vermutung, dass die Information wesentlich ist. Allerdings enthält Art. 7 (4) lit. a UGP-RL mit »wesentliche Merkmale des Produkts in dem für das Medium und das Produkt angemessenen Umfang« wiederum ein auslegungsbedürftiges Tatbestandsmerkmal, das eine Beurteilung im Einzelfall erforderlich macht.

II. Verhältnis zu § 5a Abs. 2 und Abs. 4

74 § 5a Abs. 3 ist nur anwendbar, wenn die Waren oder Dienstleistungen in der näher bezeichneten Weise angeboten werden. Ansonsten richtet sich die Beurteilung, ob die Information wesentlich i. S. von Art 7 (1) UGP-RL und § 5a Abs. 2 ist, nicht nach Art. 7 (4) UGP-RL und § 5a Abs. 3. Für die in Art. 7 (4) UGP-RL angeführten **Basisinformationen enthält die Bestimmung eine abschließende Aufzählung** der bei einer Aufforderung zum Kauf als wesentlich anzusehenden Informationen. Es darf etwa über die in Art. 7 (4) lit. b UGP-RL angeführten Angaben hinaus nicht die Telefonnummer des Unternehmens als wesentliche Information eingestuft werden. Außerhalb der Basisinformationen ist die Aufzählung bei einer Aufforderung zum Kauf nicht abschließend (Rdn. 40).[139] Über § 5a Abs. 2 kann daher auch ohne Rückgriff auf § 5a Abs. 3 eine Information als wesentlich eingestuft werden.

---

139 EuGH, 26.10.2016, C-611/14, GRUR 2016, 1307 Rn. 71 – *Canal Digital Danmark*; BGH, 21.07.2016, I ZR 26/15, GRUR 2016, 1076 Rn. 48–50 – *LGA tested*; Begründung des Regierungsentwurfs eines Ersten Gesetzes zur Änderung des Gesetzes gegen den unlauteren Wettbewerb, BT-Drucksache 16/10145, S. 25; Ohly/*Sosnitza* § 5a Rn. 69; Götting/*Nordemann § 5a Rn. 120; jurisPK-UWG/*Seichter § 5a Rn. 63; *Köhler*/Bornkamm/Feddersen § 5a Rn. 4.9, anders noch *ders.* WRP 2009, 109, 116; a. A. Gloy/Loschelder/Erdmann/*Helm* § 59 Rn. 143; Hoeren, BB 2008, 1182, 1186.

Die Informationsanforderungen nach § 5a Abs. 4 stehen selbständig neben denjenigen nach § 5a Abs. 3 und können sich überschneiden (zum Verhältnis § 5a Abs. 2 zu § 5a Abs. 4 Rdn. 41).[140] Handelt es sich um eine Vorschrift i. S. des § 5a Abs. 4, die besondere Aspekte unlauterer Geschäftspraktiken regelt, und kollidiert die unionsrechtliche Bestimmung i. S. von Art. 3 (4) UGP-RL mit den Vorschriften der Richtlinie, ist die UGP-RL nicht anwendbar. Dieser Umstand entfaltet keine Sperrwirkung im Hinblick auf eine Anwendung des § 5a Abs. 3. Die spezielle unionsrechtliche Vorschrift geht den Bestimmungen der UGP-RL vor.[141] Dasselbe Ergebnis gilt für die Anwendung des § 5a Abs. 4, die nach Art. 3 (4) UGP-RL ebenfalls nicht ausgeschlossen ist. 75

III. Aufforderung zum Kauf

Der Anwendungsbereich des § 5a Abs. 3 Nr. 1 bis 5 erfordert, dass Waren oder Dienstleistungen unter Hinweis auf deren Merkmale und Preis in einer dem verwendeten Kommunikationsmittel angemessenen Weise so angeboten werden, dass ein durchschnittlicher Verbraucher das Geschäft abschließen kann. **Mit diesem Tatbestandsmerkmal des § 5a Abs. 3 wird der Begriff der Aufforderung zum Kauf aus Art. 7 (4) UGP-RL in das deutsche Recht übernommen.** Nach Art. 2 lit. i UGP-RL ist eine Aufforderung zum Kauf jede kommerzielle Kommunikation, die die Merkmale des Produkts und den Preis in einer Weise angibt, die den Mitteln der verwendeten kommerziellen Kommunikation angemessen ist und den Verbraucher dadurch in die Lage versetzt, einen Kauf zu tätigen. Das Merkmal des Angebots zum Vertragsschluss in § 5a Abs. 3 ist danach anhand des unionsrechtlichen Begriffs der Aufforderung zum Kauf richtlinienkonform und autonom auszulegen.[142] Begriffe des nationalen Vertragsrechts spielen keine Rolle und Ableitungen aus dem Vertragsrecht der Mitgliedstaaten scheiden aus. Die Auslegung des Begriffs der Aufforderung zum Kauf darf nicht restriktiv erfolgen und muss mit dem Ziel der UGP-RL in Einklang stehen, ein hohes Verbraucherschutzniveau zu erreichen.[143] 76

Eine Aufforderung zum Kauf liegt vor, wenn der Verbraucher hinreichend über das beworbene Produkt und dessen Preis informiert ist, um eine geschäftliche Entscheidung treffen zu können, ohne dass die kommerzielle Kommunikation auch eine tatsächliche Möglichkeit bieten muss, das Produkt zu kaufen, oder dass sie im Zusammenhang mit einer solchen Möglichkeit steht.[144] Der Begriff der Aufforderung zum Kauf deckt sich nicht mit den Anforderungen, die an eine geschäftliche Entscheidung zu stellen sind. Zur geschäftlichen Entscheidung rechnen Entscheidungen, die dem Kaufentschluss vorgelagert sind. Eine geschäftliche Entscheidung liegt schon in dem Entschluss, ein Geschäft oder ein Internet-Verkaufsportal aufzusuchen. Diese Entscheidung kann der 77

140 EuGH, 12.05.2011, C-122/10, GRUR 2011, 726 Rn. 25 – *Ving Sverige.*
141 BGH, 02.12.2015, I ZR 45/13, GRUR 2016, 738 Rn. 44–46 – *Himbeer-Vanille-Abenteuer II*; BGH, 30.07.2015, I ZR 29/12, GRUR 2016, 392 Rn. 15 – *Buchungssystem II*; BGH, 02.12.2015, I ZR 45/13, GRUR 2016, 738 Rn. 23 – *Himbeer-Vanille-Abenteuer II.*
142 BGH, 14.09.2017, I ZR 231/14, GRUR 2017, 1269 Rn. 16 – *MeinPaket.de II.*
143 EuGH, 12.05.2011, C-122/10, GRUR 2011, 726 Rn. 29 – *Ving Sverige.*
144 EuGH, 12.05.2011, C-122/10, GRUR 2011, 726 Rn. 33 – *Ving Sverige.*

Verbraucher treffen, ohne hinreichend über die das Produkt individualisierenden Merkmale unterrichtet zu sein. Dagegen muss eine entsprechende hinreichende Information über das beworbene Produkt und den Preis bestehen, wenn eine Aufforderung zum Kauf vorliegen soll. Für die Frage, ob eine Aufforderung zum Kauf i. S. von Art. 2 lit. i und Art. 7 (4) UGP-RL vorliegt, kommt es nicht darauf an, ob bereits eine geschäftliche Entscheidung i. S. von Art. 2 lit. k und Art. 6 (1) UGP-RL getroffen ist. Es ist daher unerheblich, dass die Entscheidung eines Verbrauchers, sich mit einer Werbeanzeige zu befassen, für sich gesehen noch keine geschäftliche Entscheidung darstellt.[145]

78 Der Begriff der Aufforderung zum Kauf ist nicht in einem vertragsrechtlichen Sinn auszulegen und nicht auf einen Kaufvertrag beschränkt. Es kann sich um eine beliebigen Vertrag handeln, der den Verbraucher zur Zahlung eines Entgelts verpflichtet. Die Verpflichtung braucht nicht in einem Gegenseitigkeitsverhältnis i. S. des BGB zu stehen. Ein Vertrag ohne jede Zahlungspflicht für den Verbraucher erfüllt die Voraussetzungen der Aufforderung zum Kauf nicht, weil eine Preisangabe ausscheidet.[146]

79 Die Aufforderung zum Kauf ist eine besondere Form der Werbung, die verstärkte Informationspflichten auslöst.[147] Sie muss sich auf eine Werbung an einen größeren Verkehrskreis oder das allgemeine Publikum richten. Ein individuelles Vertragsangebot wird davon nicht erfasst.

80 Der Verbraucher ist über das beworbene Produkt und den Preis erst ausreichend informiert, um eine geschäftliche Entscheidung treffen zu können, wenn er in einem bestimmten, im Einzelfall festzulegenden Umfang über diese Merkmale unterrichtet worden ist. In welchem Umfang ein Gewerbetreibender über die wesentlichen Merkmale eines Produkts informieren muss, damit das Tatbestandsmerkmal der Aufforderung zum Kauf erfüllt ist, ist anhand der Umstände dieser Aufforderung, der Beschaffenheit und der Merkmale des Produkts sowie des verwendeten Kommunikationsmediums zu beurteilen.[148] In die Beurteilung, wie weit diese Unterrichtung gehen muss, ist somit das Medium der Kommunikation einzubeziehen. Es kann nicht unabhängig von der Form, in der die kommerzielle Kommunikation erfolgt – über Hörfunk oder Fernsehen, elektronisch oder auf Papier – derselbe Grad an Genauigkeit in der Beschreibung eines Produkts verlangt werden.[149]

81 Erforderlich ist, dass **der Verbraucher sich eine Meinung über die Beschaffenheit und die Merkmale des Produkts bilden kann, um eine geschäftliche Entscheidung treffen zu können.** Dazu muss der Verbraucher das Produkt im Hinblick auf eine geschäftliche Entscheidung identifizieren und unterscheiden können.[150] Werden nur bestimmte Merkmale des Produkts angegeben, ist es Sache der Gerichte der Mitglied-

145 BGH, 18.12.2014, I ZR 129/13, GRUR 2015, 698 Rn. 20 – *Schlafzimmer komplett*; BGH, 02.03.2017, I ZR 41/16, GRUR 2017, 922 Rn. 23 – *Komplettküchen*.
146 A.A. wohl *Köhler*/Bornkamm/Feddersen § 5a Rn. 4.13.
147 EuGH, 12.05.2011, C-122/10, GRUR 2011, 726 Rn. 28 – *Ving Sverige*.
148 *EuGH, 30.03.2017, C- 146/16, GRUR* 2017, 535 Rn. 28 – *VSW/DHL Paket*.
149 EuGH, 12.05.2011, C-122/10, GRUR 2011, 726 Rn. 45 – *Ving Sverige*.
150 EuGH, 12.05.2011, C-122/10, GRUR 2011, 726 Rn. 48 – *Ving Sverige*.

staaten zu entscheiden, ob die Voraussetzungen einer Aufforderung zum Kauf im Einzelfall erfüllt sind.[151] Nicht erforderlich ist, dass sämtliche wesentlichen Merkmale der Ware oder Dienstleistung angegeben werden.[152] Gehörte dieser Umfang der Angaben schon zum Tatbestandsmerkmal der Aufforderung zum Kauf, wäre § 5a Abs. 3 Nr. 1 überflüssig.

Es müssen **Angaben zum Preis** gemacht werden. Diese können in der Angabe eines **82** »ab«-Preises als des niedrigsten Preises bestehen, zu dem ein in verschiedenen Ausführungsformen angebotenes Produkt erhältlich ist.[153] Ausreichend ist die Angabe einer unverbindlichen Herstellerpreisempfehlung.[154] Die Angaben zu den wesentlichen Merkmalen und zum Preis müssen daher nicht so weit konkretisiert sein, dass der Verbraucher bereits die für ein Angebot i. S. des § 145 BGB erforderlichen Angaben vorfindet oder von einer Aufforderung zur Abgabe eines Angebots im vertragsrechtlichen Sinn auszugehen ist. Die Formulierung in § 5a Abs. 3 »dass ein durchschnittlicher Verbraucher das Geschäft abschließen kann« ist nicht in einem vertragsrechtlichen Sinn zu verstehen, sondern anhand des Merkmals der Aufforderung zum Kauf richtlinienkonform auszulegen.

Verfügt der Verbraucher über ausreichende Informationen über die Merkmale des Pro- **83** dukts und den Preis, um eine geschäftliche Entscheidung treffen zu können, ist es nicht erforderlich, dass das Angebot die **Möglichkeit zum Vertragsschluss** bietet,[155] oder der Verbraucher so viel über das Produkt erfährt, dass er andere Ausführungen nicht mehr in Betracht zieht.[156] Die Angabe über die Merkmale des Produkts und den Preis kann in Wort, Bild oder Ton oder in einer Kombination dieser Darstellungsmöglichkeiten erfolgen. Sie kann nicht durch einen versteckten, unklaren oder zweideutigen **Disclaimer** ausgeschlossen werden.[157] Es reicht nicht, dass in einen Werbeprospekt sämtliche Angaben enthalten sind, die für eine Aufforderung zum Kauf erforderlich sind, und der Verbraucher den Eindruck gewinnt, die angeführten Produkte in sämtlichen zur Franchisegruppe gehörenden Geschäften erwerben zu können, wenn ein Disclaimer mit der Aussage »Alle Angebote sind ausschließlich unverbindliche Preisempfehlungen und nur in den teilnehmenden Märkten erhältlich« so klein angebracht ist, dass er vom Durchschnittsverbraucher leicht übersehen wird.

Keine Aufforderung zum Kauf ist eine **bloße Aufmerksamkeits- oder Imagewerbung** **84** und eine Produktwerbung ohne Angabe von Merkmalen des Produkts und des Preises.

---

151 EuGH, 12.05.2011, C-122/10, GRUR 2011, 726 Rn. 58 – *Ving Sverige*; EuGH, 26.10.2016, C-611/14, GRUR 2016, 1307 Rn. 52 – *Canal Digital Danmark.*

152 BGH, 18.10.2017, I ZR 84/16, GRUR 2018, 324 Rn. 16 – *Kraftfahrzeugwerbung.*

153 EuGH, 12.05.2011, C-122/10, GRUR 2011, 726 Rn. 41 – *Ving Sverige*; BGH, 18.10.2017, I ZR 84/16, GRUR 2018, 324 Rn. 16 – *Kraftfahrzeugwerbung.*

154 Offengelassen BGH, 04.02.2016, I ZR 194/14, GRUR 2016, 403 Rn. 16 – *Fressnapf.*

155 EuGH, 12.05.2011, C-122/10, GRUR 2011, 726 Rn. 32 – *Ving Sverige*; EuGH, 26.10.2016, C-611/14, GRUR 2016, 1307 Rn. 52 – *Canal Digital Danmark.*

156 BGH, 02.03.2017, I ZR 41/16, GRUR 2017, 922 Rn. 17 – *Komplettküchen.*

157 BGH, 04.02.2016, I ZR 194/14, GRUR 2016, 403 Rn. 14 – *Fressnapf.*

Es muss sich daher immer um eine Absatzwerbung handeln, die zudem die Merkmale des Produkts und den Preis anführt.

IV. Zeitpunkt, Inhalt, Notwendigkeit und Form der Informationserteilung

1. Zeitpunkt

85 Eine wesentliche Information i. S. des § 5a Abs. 3 erreicht den Verbraucher rechtzeitig, wenn er sie erhält, bevor er aufgrund einer Aufforderung zum Kauf eine geschäftliche Entscheidung treffen kann.[158] Maßgeblich ist der Begriff der geschäftlichen Entscheidung nach § 2 Abs. 1 Nr. 9. Davon erfasst werden auch Entscheidungen des Verbrauchers vor dem Kaufentschluss, wie die Entscheidung ein Geschäft aufzusuchen oder ein Verkaufsportal im Internet aufzurufen oder davon abzusehen.[159] Erreicht den Verbraucher die Information nach diesem Zeitpunkt, erhält er sie nicht mehr rechtzeitig, auch wenn er noch keinen Kaufentschluss gebildet hat. Es genügt deshalb nicht, dass dem Verbraucher zunächst die Informationen vorenthalten werden, die geschäftliche Entscheidung getroffen wird, das Geschäft aufzusuchen, und im Ladenlokal vor dem Kaufvorgang die Informationserteilung erfolgt.[160] Dasselbe gilt für die Informationserteilung im Internet. Sucht der Verbraucher aufgrund einer gegen § 5a Abs. 2 und 3 verstoßenden Werbung ein Verkaufsportal auf und erhält er erst im Rahmen des Kaufabschlusses die notwendigen Informationen, ist dies nicht mehr rechtzeitig.[161] Diese Maßstäbe sind auch bei einer Schaufensterwerbung zu beachten.

2. Inhalt und Notwendigkeit

86 Inhaltlich müssen die Angaben nach § 5a Abs. 3 den Anforderungen von § 5a Abs. 2 Satz 2 Nr. 2 entsprechen. Sie müssen **klar, verständlich und eindeutig** sein.[162] Ob die Informationen diesen Anforderungen genügen, ist aus Sicht eines durchschnittlichen Adressaten der angesprochenen Verkehrskreise zu beurteilen (§ 5 Rdn. 168 ff.).[163]

87 **Welche Informationen zu erteilen sind,** richtet sich im Grundsatz nach § 5a Abs. 3 Nr. 1 bis 5. Einschränkungen können daraus folgen, dass die Informationen sich unmittelbar aus den Umständen ergeben und deshalb vom Unternehmer nicht ausdrücklich angeführt werden müssen. Sie können unter den Voraussetzungen des **§ 5a Abs. 5** weiter aus räumlichen oder zeitlichen Beschränkungen folgen. Schließlich können sich Einschränkungen des Umfangs aus dem **Verhältnismäßigkeitsgrundsatz** ergeben. Dabei ist zu berücksichtigen, ob der Verbraucher die Angaben i. S. von § 5a

158 EuGH, 30.03.2017, C- 146/16, GRUR 2017, 535 Rn. 30 – *VSW/DHL Paket.*

159 EuGH, 19.12.2013, C-281/12, GRUR 2014, 196 Rn. 36 – *Trento Sviluppo/AGCM*; BGH, 14.01.2016, I ZR 61/14, GRUR 2016, 516 Rn. 28 – *Wir helfen im Trauerfall*; BGH, 28.04.2016, I ZR 23/15, GRUR 2016, 1073 Rn. 34 – *Geo-Targeting*; BGH, 14.09.2017, I ZR 231/14, GRUR 2017, 1269 Rn. 17 und 19 – *MeinPaket.de II.*

160 BGH, 21.07.2016, I ZR 26/15, GRUR 2016, 1076 Rn. 29 – *LGA tested.*

161 BGH, 14.09.2017, I ZR 231/14, GRUR 2017, 1269 Rn. 23 – *MeinPaket.de II.*

162 BGH, 04.02.2016, I ZR 194/14, GRUR 2016, 403 Rn. 23 – *Fressnapf.*

163 BGH, 04.02.2016, I ZR 194/14, GRUR 2016, 403 Rn. 21 – *Fressnapf.*

Abs. 3 für eine informierte Entscheidung nicht oder nicht zu diesem Zeitpunkt benötigt. Hat der Unternehmer ein Produkt im Schaufenster seines Geschäfts unter Angabe des Preises ausgestellt, braucht er weder an dem Ausstellungsstück seine Identität und seine Anschrift anzugeben, noch auf ein Recht zum Rücktritt vom Vertrag hinzuweisen, wenn ein solches Recht besteht, oder alle wesentlichen Merkmale der Ware anzuführen. Die Anschrift des Unternehmers ergibt sich aus den Umständen. Seine Identität folgt regelmäßig aus einer Angabe an der Tür des Geschäftslokals. Nimmt der Verbraucher sie dort wahr, ist dies an sich zu spät, weil er die geschäftliche Entscheidung, das Geschäft zu betreten, schon nach dem Betrachten des ausgestellten Produkts gebildet hat. Es wäre aber unverhältnismäßig, den Unternehmer zu entsprechenden Angaben an jedem Dekorationsstück zu verpflichten. Gleiches gilt für das Bestehen eines Rücktrittsrechts oder die Angabe aller wesentlichen Merkmale der Ware.

Einschränkungen der Notwendigkeit, Informationen zu den in § 5a Abs. 3 Nr. 1 bis 5 **88**
angeführten Merkmalen zu erteilen, können sich aus **spezialgesetzlich abschließend geregelten Sachverhalten** ergeben. Im Anwendungsbereich der UGP-RL muss es sich wegen der mit der Richtlinie verbundenen Vollharmonisierung um spezielle Vorschriften handeln, die ihre Grundlage im Unionsrecht haben. Regeln diese die Informationspflicht abschließend und besteht danach im konkreten Fall keine Pflicht zur Information, darf diese nicht über § 5a Abs. 2 und 3 begründet werden.[164]

3. Form

Eine besondere Form der Informationserteilung besteht für die in § 5a Abs. 3 Nr. 1 **89**
bis 5 enthaltenen Merkmale nicht. Sie müssen nur den inhaltlichen und zeitlichen Anforderungen genügen und den Verbraucher zuverlässig erreichen.

V. Wesentliche Merkmale der Ware oder Dienstleistung, § 5a Abs. 3 Nr. 1

1. Wesentliche Merkmale

Liegt eine Aufforderung zum Kauf vor (Rdn. 76–84), gelten nach § 5a Abs. 3 Nr. 1 als **90**
wesentliche Information i. S. des § 5a Abs. 2 alle wesentlichen Merkmale der Ware oder Dienstleistung in dem dieser und dem verwendeten Kommunikationsmittel angemessenen Umfang. Welche Merkmale dazu rechnen, ist gesetzlich nicht definiert und im Einzelfall zu bestimmen. Zu berücksichtigen sind die Umstände der Aufforderung, die Beschaffenheit und die Merkmale des Produkts sowie das verwendete Kommunikationsmediums.[165] Dabei ist die Auslegung am Zweck der Informationspflichten auszurichten, dem Verbraucher eine informierte Entscheidung zu ermöglichen.

164 BGH, 24.03.2016, I ZR 7/15, GRUR 2016, 1068 Rn. 20 – *Textilkennzeichnung.*
165 EuGH, 12.05.2011, C-122/10, GRUR 2011, 726 Rn. 51 bis 55 – *Ving Sverige.*

a) Wesentliche Merkmale i. S. von § 5a Abs. 3 Nr. 1 und Aufforderung zum Kauf i. S. von Art. 2 lit. i UGP-RL

91 Der Umfang der Informationen, die mit dem Tatbestandsmerkmal der wesentlichen Merkmale der Waren oder Dienstleistungen des § 5a Abs. 3 Nr. 1 bezeichnet sind, ist nicht deckungsgleich mit den Merkmalen des Produkts, die angegeben sein müssen, um von einer Aufforderung zum Kauf auszugehen.[166] Für eine Aufforderung zum Kauf reicht es aus, dass die Angaben zum Produkt es dem Verbraucher ermöglichen, das Produkt im Hinblick auf eine geschäftliche Entscheidung identifizieren und unterscheiden zu können.[167] Dagegen müssen die wesentlichen Merkmale der Ware oder Dienstleistung nach § 5a Abs. 3 Nr. 1 den Verbraucher in die Lage versetzen, eine informierte Entscheidung zu treffen. Nach der Systematik und Sinn und Zweck des § 5a Abs. 3 Nr. 1 und des Art. 7 (4) lit. a UGP-RL können die Informationsanforderungen an die wesentlichen Merkmale über das hinausgehen, was für eine Aufforderung zum Kauf erforderlich ist. Ansonsten wäre § 5a Abs. 3 Nr. 1 überflüssig. Die Anforderungen an die Aufforderung zum Kauf und das Informationsgebot nach § 5a Abs. 3 Nr. 1 und Art. 7 (4) lit. a UGP-RL dürfen daher nicht vermengt werden, auch wenn die Kriterien, anhand deren die Identifizierung und Individualisierung und die Bestimmung des Informationsumfangs nach der EuGH-Entscheidung »Ving Sverige« gleich sind.[168]

b) Bedeutung der Merkmale für die geschäftliche Entscheidung

92 Wesentliche Merkmale des Produkts sind regelmäßig solche, die für die geschäftliche Entscheidung des Verbrauchers relevant sind. Dazu rechnen normalerweise Merkmale, die bestimmend für die Qualität, Beschaffenheit und Brauchbarkeit der Ware oder Dienstleistung sind, und darüber hinaus alle Merkmale, die im Einzelfall für die geschäftliche Entscheidung des Verbrauchers relevant sind.[169] Gewisse Anhaltspunkte lassen sich aus der beispielhaften Aufzählung wesentlicher Merkmale in § 5 Abs. 1 Satz 2 Nr. 1 ableiten.[170] Über einen ersten indiziellen Hinweis geht dieser Katalog für die Auslegung des § 5a Abs. 3 Nr. 1 allerdings nicht hinaus. Die Aufzählung ist nicht abschließend, so dass sich aus der fehlenden Zuordnung zu einem der Merkmale des Katalogs des § 5 Abs. 1 Satz 2 Nr. 1 nicht sicher ergibt, dass es sich nicht um ein wesentliches Merkmal i. S. von § 5a Abs. 3 Nr. 1 handelt. Die beispielhafte Aufzählung wesentlicher Merkmale in § 5 Abs. 1 Satz 2 Nr. 1 kann auch zu weit gehen, weil es einen Unterschied macht, ob ein Unternehmer Verbraucher durch aktives Verhalten täuscht oder Informationen vorenthält. Entscheidend für die Beurteilung bleibt daher die Betrachtung des Einzelfalls.

---

166 BGH, 18.10.2017, I ZR 84/16, GRUR 2018, 324 Rn. 16 – *Kraftfahrzeugwerbung*.
167 EuGH, 12.05.2011, C-122/10, GRUR 2011, 726 Rn. 49 – *Ving Sverige*.
168 *EuGH, 12.05.2011, C-122/10,* GRUR 2011, 726 Rn. 42, 49 und Rn. 55 – Ving Sverige.
169 BGH, 19.02.2014, I ZR 17/13, GRUR 2014, 584 Rn. 17 – *Typenbezeichnung*.
170 BGH, 19.02.2014, I ZR 17/13, GRUR 2014, 584 Rn. 12 – *Typenbezeichnung*.

kein wesentliches Merkmal i. S. von § 5a Abs. 3 Nr. 1 bei einer Werbung mit dem Testergebnis.[180]

VI. Identität und Anschrift des Unternehmers, § 5a Abs. 3 Nr. 2

1. Unionsrecht

Nach § 5a Abs. 3 Nr. 2 gelten als wesentliche Informationen i. S. von Abs. 2, sofern sie sich nicht aus den Umständen ergeben, die Identität und Anschrift des Unternehmers, gegebenenfalls die Identität und Anschrift des Unternehmers, für den er handelt. Durch die Vorschrift wird Art. 7 (4) lit. b UGP-RL umgesetzt. In § 5a Abs. 3 Nr. 2 hat der deutsche Gesetzgeber darauf verzichtet, neben Anschrift und Identität des Unternehmers aus Art. 7 (4) lit. b UGP-RL auch den beispielhaft angeführten Handelsnamen zu übernehmen. Die Vorschrift des § 5a Abs. 3 Nr. 2 ist richtlinienkonform und autonom anhand von Art. 7 (4) lit. b UGP-RL auszulegen. **99**

2. Normzweck

Um eine informierte geschäftliche Entscheidung treffen zu können, muss der Verbraucher **klar und unmissverständlich wissen, wer sein Vertragspartner ist und wo er ihn erreichen kann.**[181] Diese Informationen benötigt der Verbraucher, um Kontakt zum Unternehmer aufnehmen zu können. Die Informationen sind weiter wichtig für den Verbraucher, um ihn in die Lage zu versetzen, sich über den Unternehmer zu erkundigen. Wesentlich für die geschäftliche Entscheidung des Verbrauchers ist der Ruf des Unternehmers, den er im Hinblick auf die Qualität und Zuverlässigkeit seiner Produkte und seine Zahlungsfähigkeit und Kreditwürdigkeit hat. Eine unkomplizierte Kontaktaufnahme und die Möglichkeit, Informationen einzuholen, um die Bonität und Haftung des Unternehmers einschätzen zu können, sind nicht gewährleistet, wenn der Verbraucher die Identität und die Anschrift des Unternehmers erst ermitteln muss. Besonders nachteilhaft für den Verbraucher sind die fehlenden Informationen, wenn es zu einer Auseinandersetzung mit dem Unternehmer kommt. Stehen Identität und Anschrift des Unternehmers nicht fest, drohen Schwierigkeiten bei der Rechtsverfolgung und -durchsetzung. § 5a Abs. 3 Nr. 2 dient dazu, dem Verbraucher die zu den Basisinformationen zählenden Angaben vor einer geschäftlichen Entscheidung zu verschaffen, wenn sich das Angebot des Unternehmers so weit konkretisiert, dass eine Aufforderung zum Kauf vorliegt. **100**

3. Identität des Unternehmers

Identität des Unternehmers ist der **Name des Unternehmers**. Das ist regelmäßig der Handelsname, der in Art. 7 (4) lit. b UGP-RL beispielhaft angeführt ist. Die Angabe **101**

---

180 OLG Düsseldorf, 17.09.2015, 15 U 24/15, GRUR-RR 2016, 208, 209.

181 BGH, 18.04.2013, I ZR 180/12, GRUR 2013, 1169 Rn. 13 – *Brandneu von der IFA*; BGH, 09.10.2013, I ZR 24/12, GRUR 2014, 580 Rn. 21 – *Alpenpanorama im Heißluftballon*; BGH, 18.10.2017, I ZR 84/16, GRUR 2018, 324 Rn. 18 – *Kraftfahrzeugwerbung*.

muss so genau erfolgen, dass eine Identifizierung des Unternehmers klar und eindeutig möglich ist. Auf die Gefahr einer Irreführung kommt es nicht an. Es dürfen keine zur vollständigen Firmierung gehörenden Bestandteile weggelassen werden, unabhängig davon, ob eine Verwechslungsgefahr besteht.[182] Zur Firma des Unternehmens zählt der Rechtsformzusatz (§ 19 HGB, § 4 GmbHG, § 4 AktG).[183] Es ist keine Einzelfallwürdigung vorzunehmen, ob der Rechtsformzusatz beizufügen ist.[184] Zwar mag im Zeitpunkt der Aufforderung zum Kauf die Identifizierung des Unternehmers auch ohne Rechtsformzusatz gelingen. Ob das gleichermaßen für einen späteren Zeitpunkt gilt, etwa wenn der Verbraucher einen Rechtsstreit gegen den Unternehmer einleiten will, lässt sich zum Zeitpunkt der Aufforderung zum Kauf nicht sicher prognostizieren. Wegen der Bedeutung einer sicheren Identifizierung des Geschäftspartners auch noch zu einem späteren Zeitpunkt ist der Rechtsformzusatz generell anzugeben, wenn der Unternehmer nicht ganz auf die Angabe zu seiner Identität verzichten kann.

102 Bei einem **Einzelunternehmer** muss der Unternehmer zur Angabe seiner Identität seinen Vornamen und seinen Nachnamen nennen, wenn der Unternehmer über keinen in kaufmännischer Weise eingerichteten Geschäftsbetrieb verfügt.[185] In diesem Fall darf der Unternehmer keine Firma angeben. Erfordert das Unternehmen einen in kaufmännischer Weise eingerichteten Geschäftsbetrieb muss der Einzelkaufmann die Firma mit der Rechtsformbezeichnung »eingetragener Kaufmann« oder eine allgemein verständliche Abkürzung dieser Bezeichnung führen.[186] § 19 Abs. 1 Nr. 1 HGB nennt beispielhaft »e.K.«, »e.Kfm.« und »e.Kfr.«. Eine **offene Handelsgesellschaft** muss diese Rechtsformbezeichnung oder eine allgemein verständliche Abkürzung (§ 19 Abs. 2 HGB) und eine Kommanditgesellschaft diese Bezeichnung oder eine allgemein verständliche Abkürzung (§ 19 Abs. 2 HGB) tragen. Bei einer **juristischen Person** muss der nach den gesetzlichen Bestimmungen vorgeschriebene Rechtsformzusatz angegeben werden.

103 Eine **Abkürzung der Firmierung**, etwa auf ein Firmenschlagwort, ist unzulässig. Die Angabe eines **Firmenlogos** oder einer von der Firma des Unternehmers abweichende Unternehmensbezeichnung genügt nicht. Der Unternehmer darf daher nicht eine von der Firma abweichende Bezeichnung wählen, selbst wenn sie im Verkehr allgemein bekannt ist.

104 Die Angabe der Identität des Unternehmers ist nicht erforderlich, **wenn sich die Identität aus den Umständen ergibt**. Ist dies der Fall, kann der Unternehmer, statt ganz von Angaben abzusehen, ein Firmenlogo oder eine Abkürzung der vollständigen Firma verwenden, vorausgesetzt die Angaben sind nicht irreführend. Die Angabe der Identität des Unternehmers kann unter eng begrenzten Voraussetzungen entbehrlich sein, wenn

---

182 BGH, 18.04.2013, I ZR 180/12, GRUR 2013, 1169 Rn. 15 – *Brandneu von der IFA*; BGH, 18.10.2017, I ZR 84/16, GRUR 2018, 324 Rn. 21 – *Kraftfahrzeugwerbung*.
183 BGH, 18.04.2013, I ZR 180/12, GRUR 2013, 1169 Rn. 11 – *Brandneu von der IFA*; OLG München, 20.11.2011, 29 U 2357/11, WRP 2012, 230.
184 A. A. FBO/Obergfell § 5a Rn. 140.
185 BGH, 18.10.2017, I ZR 84/16, GRUR 2018, 324 Rn. 20 – *Kraftfahrzeugwerbung*.
186 BGH, 18.10.2017, I ZR 84/16, GRUR 2018, 324 Rn. 21 – *Kraftfahrzeugwerbung*.

sie für eine informierte geschäftliche Entscheidung nicht erforderlich ist. Im Allgemeinen benötigt der Verbraucher die Identität des Unternehmers für seine geschäftliche Entscheidung.[187] Dies gilt im Grundsatz auch für Produkte des täglichen Bedarfs. Nur wenn der Verbraucher unter keinem wirtschaftlichen oder rechtlichen Gesichtspunkt für die geschäftliche Entscheidung und die dem Vertragsschluss nachfolgende Zeit die Identität benötigt, kann auf die Angabe verzichtet werden.

4. Anschrift des Unternehmers

Mit Anschrift i. S. des § 5a Abs. 3 Nr. 2 ist die **ladungsfähige Anschrift** bezeichnet.[188] **105** Dazu zählt die Angabe des geographischen Orts, der Straße und Hausnummer. Die Postleitzahl braucht nicht genannt zu werden, es sei denn, ohne Anführung der Postleitzahl steht der geographische Ort nicht fest.

Verfügt das Unternehmen über eine **Hauptniederlassung** und ein oder mehrere **106** **Zweigniederlassungen**, kann der Unternehmer seine Hauptniederlassung angegeben. Unter der Adresse der Hauptniederlassung kann der Verbraucher Kontakt aufnehmen und Klage erheben (§§ 12, 17 ZPO). Der Unternehmer kann die Adresse seiner Zweigniederlassung angeben, wenn der Verbraucher unter der Adresse den Unternehmer kontaktieren und ihn verklagen kann.[189] Nach deutschem Recht ist dies unter den Voraussetzungen des § 21 ZPO der Fall. Die Angabe einer Filialanschrift genügt nicht, wenn nicht zugleich die Voraussetzungen des § 21 ZPO gegeben sind.

Die Angabe eines **Postfachs, einer Telefonnummer, einer Internetadresse oder einer** **107** **E-Mail-Adresse** reicht nicht aus.[190]

5. Unternehmer, der für einen anderen Unternehmer handelt, § 5a Abs. 3 Nr. 2 Halbs. 2

a) Normzweck und Anwendungsbereich

Handelt der Unternehmer für einen anderen Unternehmer, müssen nach § 5a Abs. 3 **108** Nr. 2 Halbs. 2 auch die Identität und die Anschrift dieses weiteren Unternehmers angegeben werden. In dieser Fallkonstellation hat der Verbraucher ein Interesse, nicht nur die Identität und Anschrift des handelnden Unternehmers zu erfahren, sondern auch die Identität und die Anschrift desjenigen Unternehmers, der sein Vertragspartner werden soll. Nicht erforderlich ist, dass das Angebot bereits eine vertragliche Bindung des Verbrauchers an den anderen Unternehmer vorsieht.[191] Damit den Unternehmer eine **zweifache Informationspflicht** trifft, müssen zwei Unternehmer vorhanden sein, von

---

187 BGH, 18.10.2017, I ZR 84/16, GRUR 2018, 324 Rn. 26 – *Kraftfahrzeugwerbung.*
188 BGH, 18.10.2017, I ZR 84/16, GRUR 2018, 324 Rn. 20 – *Kraftfahrzeugwerbung.*
189 *Köhler*/Bornkamm/Feddersen § 5a Rn. 4.34; a. A. OLG Brandenburg, 26.06.2012, 6 W 72/12, WRP 2013, 127.
190 OLG München, 15.05.2014, 6 U 3500/13, MMR 2014, 818; GK/*Lindacher* § 5a Rn. 51; FBO/*Obergfell* § 5a Rn. 141.
191 BGH, 18.10.2017, I ZR 84/16, GRUR 2018, 324 Rn. 28 – *Kraftfahrzeugwerbung.*

denen einer bei der Aufforderung zum Kauf auftritt und der andere das Geschäft mit dem Verbraucher abschließt.[192]

109 Unter § 5a Abs. 3 Nr. 2 Halbs. 2 fallen eine offene Stellvertretung des Unternehmers für einen anderen Unternehmer nach §§ 164 ff BGB[193] und eine Werbung für einen anderen Unternehmer, die die Voraussetzungen einer Aufforderung zum Kauf erfüllt.[194] Dazu zählt eine Printwerbung für ein Verkaufsportal, auf dem gewerbliche Verkäufer Waren oder Dienstleistungen anbieten. Weiter rechnen zu § 5a Abs. 3 Nr. 2 Halbs. 2 Vermittlungsleistungen eines Unternehmers gegenüber dem Verbraucher für einen anderen Unternehmer. Der erste Unternehmer vermittelt den Abschluss eines Vertrags über Waren oder Dienstleistungen zwischen Verbrauchern und einem zweiten Unternehmer, der das Geschäft mit dem Verbraucher abschließt.[195] Bewirbt ein Unternehmer in einer Neuwagenanzeige die Vermittlung der Finanzierung und der Versicherung und liegt eine Aufforderung zum Kauf vor, müssen die Identität und die Anschrift des Finanzinstituts und des Versicherungsunternehmens angegeben werden.[196]

b) Organe und Mitarbeiter des Unternehmers

110 Unter § 5a Abs. 3 Nr. 2 Halbs. 2 fallen nicht **Organe oder Vertreter**, die im Namen oder Auftrag des Unternehmers handeln. Diese Personen sind nach § 2 Abs. 1 Nr. 9 zwar Unternehmer und nach Art. 2 lit. b UGP-RL Gewerbetreibende. Nach Sinn und Zweck ist diese Erweiterung der Eigenschaft des Unternehmers und Gewerbetreibenden auf § 5a Abs. 3 Nr. 2 Halbs. 2 und Art. 7 (4) lit. b Halbs. 2 UGP-RL nicht übertragbar. Die Bestimmungen dienen der sicheren Identifizierung der Unternehmer, von denen die Aufforderung zum Kauf ausgeht und die den Vertrag abschließen und nicht der Identifizierung der Mitarbeiter und Organe des Unternehmers.[197]

c) Keine Anwendung auf Subunternehmer und bei mittelbarer Stellvertretung

111 Keine Vermittlungsleistung, die in den Anwendungsbereich des § 5a Abs. 3 Nr. 2 Halbs. 2 fällt, liegt nach der BGH-Entscheidung »Alpenpanorama im Heißluftballon« vor, wenn ein Unternehmer Gutscheine für Erlebnisveranstaltungen verkauft, die der Inhaber des Gutscheins bei Unternehmern einlösen kann, die vertraglich mit dem Unternehmer verbunden sind, der die Gutscheine ausgegeben hat. Der Unternehmer ist danach nicht verpflichtet, Unternehmer zu benennen, die er in die spätere Durchführung einbindet, indem er die Drittunternehmer dem Verbraucher benennt und der Verbraucher einen von ihnen als Leistungserbringer auswählt.[198]

192 BGH, 09.10.2013, I ZR 24/12, GRUR 2014, 580 Rn. 18 – *Alpenpanorama im Heißluftballon*; BGH, 14.09.2017, I ZR 231/14, GRUR 2017, 1269 Rn. 21 – *MeinPaket.de II.*
193 Götting/*Nordemann* § 5a Rn. 145; Ohly/*Sosnitza* § 5a Rn. 76.
194 BGH, 14.09.2017, I ZR 231/14, GRUR 2017, 1269 Rn. 21 – *MeinPaket.de II.*
195 BGH, 09.10.2013, I ZR 24/12, GRUR 2014, 580 Rn. 18 – *Alpenpanorama im Heißluftballon.*
196 BGH, 18.10.2017, I ZR 84/16, GRUR 2018, 324 Rn. 29 – *Kraftfahrzeugwerbung.*
197 BGH, 19.04.2018, I ZR 244/16, GRUR 2018, 950 Rn. 26 – *Namensangabe.*
198 BGH, 09.10.2013, I ZR 24/12, GRUR 2014, 580 Rn. 18 – *Alpenpanorama im Heißluftballon.*

Die Entscheidung ist bedenklich, weil der Verbraucher beim Erwerb des Gutscheins nicht nur die Vermittlungsleistung, sondern den Gesamtpreis einschließlich Ballonfahrt zahlen musste und später die Leistung nur einer beschränkten Anzahl von Unternehmern in Anspruch nehmen konnte. Nach dem Schutzzweck des § 5a Abs. 3 Nr. 2 Halbs. 2 muss der Unternehmer, der die Ballonfahrt an eine nur bestimmte Zahl von Unternehmern vermittelt und bei Ausgabe des Gutscheins den gesamten Preis einzieht, die Identität und Anschrift der Drittunternehmer angeben, die für die Leistungserbringung in Betracht kommen. Selbst wenn nicht feststeht, dass zum Zeitpunkt der Auswahl des Verbrauchers die angegebenen Unternehmer noch zum Kreis der Leistungserbringer gehören, muss der Unternehmer die Angaben zu den Drittunternehmen machen, die für die Ballonfahrt in Betracht kommen. Ansonsten werden dem Verbraucher Informationen vorenthalten, die er für eine informierte Entscheidung benötigt. Auch unter Berücksichtigung des Verhältnismäßigkeitsgrundsatzes scheidet die Verpflichtung zur Angabe der Identität und der Anschrift der Drittunternehmen nicht aus. 112

Der Unternehmer braucht nicht diejenigen Unternehmer zu nennen, die er bei der späteren Durchführung des allein zwischen ihm und dem Verbraucher zustande gekommenen Vertrags einschaltet.[199] Hierzu rechnen **Subunternehmer**, die vom Unternehmer mit der Leistungserbringung gegenüber dem Verbraucher vom Unternehmer beauftragt werden. Vertragspartner des Verbrauchers bleibt der Unternehmer, der das Geschäft angeboten hat und dessen Identität und Anschrift angegeben werden muss. 113

Nicht zum Anwendungsbereich der Bestimmung gehört eine **mittelbare Stellvertretung**, bei der der Unternehmer im eigenen Namen für Rechnung eines Dritten handelt. Der Dritte tritt nicht in Erscheinung, wird aus dem Geschäft zwischen Verbraucher und Unternehmer nicht berechtigt und verpflichtet und der Unternehmer braucht sein Handeln für fremde Rechnung dem Verbraucher nicht ungefragt offenzulegen. 114

6. Werbung für eine Mehrheit von Unternehmen

Liegt eine Werbung in Form einer Aufforderung zum Kauf von mehreren Unternehmen vor oder wirbt ein Unternehmer für mehrere andere Unternehmen, etwa selbständige Unternehmen einer Filialkette oder eines Franchisesystems, muss das werbende Unternehmen die Identität und die Anschrift der Unternehmen angeben, für die die Werbung erfolgt. Allein der Umstand, dass eine Vielzahl von Unternehmensangaben erforderlich ist, macht die Angaben nicht entbehrlich. Bestehen räumliche oder zeitliche Beschränkungen des Kommunikationsmittels, wie dies bei einer Vielzahl von Angaben in derartigen Fallkonstellationen dem Regelfall entspricht, sind nach § 5a Abs. 5 alle Maßnahmen des Unternehmers zu berücksichtigen, um dem Verbraucher auf andere Weise als durch das Kommunikationsmittel die Informationen zur Verfügung zu stellen. Der Unternehmer kann wegen der Identität und Anschrift der Unternehmen, die an der Werbeaktion teilnehmen, auf eine Internetseite verweisen, die die 115

199 BGH, 09.10.2013, I ZR 24/12, GRUR 2014, 580 Rn. 18 – *Alpenpanorama im Heißluftballon*.

Informationen enthält.[200] Diese Internetseite darf allerdings nicht Bestandteil des Verkaufsportals sein, weil der Unternehmer den Verbraucher in diesem Fall bereits zu der geschäftlichen Entscheidung veranlasst hat, die im Aufsuchen des Verkaufsportals liegt.[201]

VII. Preis, Preisberechnung und Kosten, § 5a Abs. 3 Nr. 3

1. Unionsrecht

a) Richtlinienkonformität

116 Nach § 5a Abs. 3 Nr. 3 rechnen zu den wesentlichen Informationen der Gesamtpreis und in Fällen, in denen ein Gesamtpreis aufgrund der Beschaffenheit der Ware oder Dienstleistung nicht im Voraus berechnet werden kann, die Art der Preisberechnung und gegebenenfalls alle zusätzlichen Fracht-, Liefer- und Zustellkosten oder in Fällen, in denen diese Kosten nicht im Voraus berechnet werden können, die Tatsache, dass solche zusätzlichen Kosten anfallen können. Die Vorschrift dient der Umsetzung des Art. 7 (4) lit. c UGP-RL. Der Gesetzgeber hat die Richtlinienbestimmung nicht wörtlich umgesetzt. Die Rechtsanwendung wird dadurch nur unnötigerweise erschwert, weil der deutsche Gesetzestext für die Rechtsanwendung nicht ausreicht. Art. 7 (4) lit. c UGP-RL enthält nicht den Begriff »Gesamtpreis«, sondern nennt den »Preis einschließlich aller Steuern und Abgaben«. Außerdem führt die UGP-RL den zweimaligen Hinweis »vernünftigerweise« mit der Wendung an, »oder in den Fällen, in denen der Preis aufgrund der Beschaffenheit des Produkts vernünftigerweise nicht im Voraus berechnet werden kann,…oder in den Fällen, in denen diese Kosten vernünftigerweise nicht im Voraus berechnet werden können,…«. Die Bestimmung des § 5a Abs. 3 Nr. 3 ist anhand des Art. 7 (4) lit. c richtlinienkonform und autonom auszulegen.

b) Verhältnis zur Preisangabenrichtlinie

117 Nach Art. 3 (4) UGP-RL gehen unionsrechtliche Vorschriften, die besondere Aspekte unlauterer Geschäftspraktiken regeln und mit den Vorschriften der UGP-RL kollidieren, den Bestimmungen der UGP-RL vor und sind für diese besonderen Aspekte maßgebend. Zu diesen speziellen Vorschriften rechnen die Bestimmungen der Preisangabenrichtlinie.[202] Diese regelt besondere Aspekte als unlauter einzustufender Geschäftspraktiken in den Beziehungen zwischen Gewerbetreibenden und Verbrauchern, die mit der Angabe des Verkaufspreises von Erzeugnissen in Warenangeboten und in der Werbung im Zusammenhang stehen. **In ihrem Anwendungsbereich schließen die Vorschriften der Preisangabenrichtlinie die Anwendung der UGP-**

200 EuGH, 12.05.2011, C-122/10, GRUR 2011, 726 Rn. 56 – *Ving Sverige*; EuGH, 30.03.2017, C- 146/16, GRUR 2017, 535 Rn. 30 – *VSW/DHL Paket.*

201 A. A. möglicherweise EuGH, 30.03.2017, C- 146/16, GRUR 2017, 535 Rn. 30 – *VSW/DHL Paket.*

202 Richtlinie 98/6/EG vom 16.02.1998 über den Schutz der Verbraucher bei der Angabe der Preise der ihnen angebotenen Erzeugnisse, ABl. L 80 vom 18.03.1998.

RL insgesamt aus.[203] Das gilt auch für Art. 7 (4) lit. c UGP-RL. Im Anwendungsbereich der Preisangabenrichtlinie scheidet daher eine Anwendung des § 5a Abs. 2 und 3 aus.[204] Die Preisangabenrichtlinie bestimmt, welche Preisangaben bei einem Angebot und einer Werbung zu machen sind, in der die Besonderheiten des beworbenen Erzeugnisses und der Preis angegeben sind.[205] Die Bestimmungen enthalten eine **abschließende Wertung** des Unionsgesetzgebers, die nicht durch eine Anwendung der UGP-RL unterlaufen werden darf. Dies gilt gerade für die Anwendung des § 5a Abs. 3 Nr. 3, der mit der Aufforderung zum Kauf identische Merkmale aufweist, wie sie für eine Werbung nach der Preisangabenrichtlinie gilt, die eine Verpflichtung zur Angabe des Endpreises auslöst. Selbst wenn man die Anforderungen an eine »Aufforderung zum Kauf« unterhalb des Anwendungsbereichs der Preisangabenrichtlinie ansiedeln wollte, greift Art. 3 (4) UGP-RL und schließt die Anwendung des UGP-RL aus.[206] Ansonsten würden über die UGP-RL die Aufgreifkriterien der Preisangabenrichtlinie als die spezielleren Vorschriften konterkariert.

c) Verhältnis zu anderen Preisangabenvorschriften

Art. 23 VO (EG) 1008/2008 über gemeinsame Vorschriften für die Durchführung von Luftverkehrsdiensten in der Gemeinschaft enthält spezielle Vorschriften über die Angabe der Flugpreise und ihre Aufschlüsselung. Die Bestimmung schließt die parallele Anwendung des Art. 7 (4) lit. c und des § 5a Abs. 3 Nr. 3 aus. **118**

Die Informationspflichten zu Preisangaben nach § 312a Abs. 2 BGB i. V. mit Art. 246 (1) Nr. 3 EGBGB, § 312d Abs. 1 BGB i. V. mit Art. 246a § 1 Abs. 1 Satz 1 Nr. 4 EGBGB, durch die Art. 5 (1) lit. c und Art. 6 (1) lit. e Verbraucherrechte-Richtlinie[207] umgesetzt werden, sind spezielle vertragsrechtliche Vorschriften zur Angabe von Preisen, die § 5a Abs. 3 Nr. 3 vorgehen. **119**

2. Voraussetzungen

a) Gesamtpreis

Die Bestimmung des § 5a Abs. 3 Nr. 3 enthält einen mehrstufigen Aufbau. In erster Linie muss der Unternehmer den Gesamtpreis einschließlich Steuern und Abgaben nennen. In Fällen, in denen der Preis aufgrund der Beschaffenheit des Produkts vernünftigerweise nicht im Voraus berechnet werden kann, muss der Unternehmer die Art der Preisberechnung und alle zusätzlichen Fracht-, Liefer- und Zustellkosten angeben. Schließlich muss der Unternehmer in Fällen, in denen die zusätzlichen Fracht-, Liefer- und Zustellkosten vernünftigerweise nicht im Voraus berechnet werden können, über **120**

---

203 EuGH, 07.07.2016, C-476/14, GRUR 2016, 945 Rn. 45 – *Citroën Commerce.*
204 BGH, 10.11.2016, I ZR 29/15, GRUR 2017, 286 Rn. 15 – *Hörgeräteausstellung*; a. A. *Köhler*, GRUR 2016, 891, 893.
205 EuGH, 07.07.2016, C-476/14, GRUR 2016, 945 Rn. 30 – *Citroën Commerce.*
206 A. A. *Köhler*, GRUR 2016, 891, 893.
207 Richtlinie 2011/83/EU über die Rechte der Verbraucher vom 25.10.2011, ABl. L 304/64.

die Art der Preisberechnung und die Tatsache informieren, dass solche zusätzlichen Kosten anfallen können.

121 Der **Gesamtpreis**, den der Unternehmer in erster Linie anzugeben hat, umfasst den Preis einschließlich der anfallenden Steuern, Abgaben und Kosten, die der Verbraucher aufwenden muss, um die Ware oder Dienstleistung zu erhalten. Dazu rechnen alle Aufwendungen, die der Verbraucher **unvermeidbar und vorhersehbar** zahlen muss.[208] Die Überführungskosten für ein Neufahrzeug vom Hersteller zum Händler sind unvermeidbar anfallende Kosten, wenn der Händler dem Verbraucher die Kosten in Rechnung stellt und keine Möglichkeit zur Werksabholung eröffnet. Fallen Kosten nur **fakultativ** nach Wahl des Verbrauchers an, braucht der Unternehmer diese in den Gesamtpreis nicht einzubeziehen.[209] Eine andere Frage in diesem Zusammenhang ist, ob der Unternehmer den Verbraucher darüber unterrichten muss, dass zusätzliche Kosten für eine vertragsgemäße Erfüllung anfallen. Ein solcher Sachverhalt ist bei fakultativen Überführungskosten für ein Neufahrzeug vom Hersteller zum Händler gegeben. Der Erfüllungsort für die Übergabe des Kraftfahrzeugs durch den Händler an den Verbraucher ist der Ort der Niederlassung des Händlers, § 269 Abs. 1 und 2 BGB. Die Überführungskosten für das Verbringen des Fahrzeugs zum Händler sind Kosten zur Überführung der Kaufsache zum Erfüllungsort. Mag die Kraftfahrzeugindustrie den Verbraucher auch daran gewöhnt haben, dass diese Kosten zusätzlich anfallen können, muss der Unternehmer den Verbraucher über diese Kosten informieren, selbst wenn der Verbraucher die Möglichkeit hat, den Neuwagen im Werk abzuholen. Er verzichtet in einem solchen Fall auf einen Teil der gesetzlich vorgesehenen Rechte und zwar auf die Erfüllung am Leistungsort.

122 Die **Umsatzsteuer** ist stets in voller Höhe in den Preis einzubeziehen. Das gilt auch bei einem an die Allgemeinheit gerichteten Angebot, wenn der Unternehmer nicht an Verbraucher, sondern nur an Gewerbetreibende leisten will.[210] Der Gesamtpreis ist der **aktuelle Preis**.[211]

123 In den Gesamtpreis einzuberechnen sind sämtliche obligatorisch anfallenden Kosten, die der Verbraucher zu tragen hat. Der BGH hatte in der Vorlageentscheidung »Preis zuzüglich Überführung«[212] zum EuGH-Urteil »Citroën Commerce« angefragt, ob sich in Art. 7 (4) lit. c UGP-RL »alle zusätzlichen Fracht-, Liefer- oder Zustellkosten« nur auf den Fall bezieht, dass der Preis im Voraus nicht berechnet werden kann oder auch auf den Preis einschließlich aller Steuern und Abgaben. Nach dem Schutzzweck der Norm sind **sämtliche obligatorisch anfallenden Kosten** in den Preis einschließlich

208 EuGH, 07.07.2016, C-476/14, GRUR 2016, 945 Rn. 37 – *Citroën Commerce* zur Preisangabenrichtlinie.

209 EuGH, 07.07.2016, C-476/14, GRUR 2016, 945 Rn. 40 und 41 – *Citroën Commerce* zur Preisangabenrichtlinie.

210 BGH, 29.04.2010, I ZR 99/08, GRUR 2011, 82 Rn. 33 – *Preiswerbung ohne Umsatzsteuer.*

211 BGH, *11.03.2010, I ZR 123/08*, GRUR 2010, 936 Rn. 10 – *Espressomaschine*; BGH, 18.03.2010, I ZR 16/08, GRUR 2010, 1110 Rn. 36f. – *Versandkosten bei Froogle II.*

212 BGH, 18.09.2014, I ZR 201/12, GRUR 2014, 1208 Rn. 20 – *Preis zuzüglich Überführung.*

Steuern und Abgaben i. S. von Art. 7 (4) lit. c UGP-RL und den Gesamtpreis i. S. von § 5a Abs. 3 Nr. 3 einzubeziehen.[213] Von dem Gebot der Angabe des Preises ist nach Art. 7 (4) lit. c UGP-RL nur der Fall ausgenommen, dass der Preis wegen der Beschaffenheit des Produkts vernünftigerweise im Voraus nicht berechnet werden kann.

Zu den Aufwendungen, die in den Preis einzuberechnen sind, gehören etwa **obligatorisch anfallende Reinigungskosten und Tourismusabgaben** oder eine Bettensteuer im Bereich von Hotelübernachtungen und Ferienwohnungen.[214] Hierzu rechnen ebenfalls **Kurtaxen**, auch wenn es sich um kommunale Abgaben handelt, bei denen Steuerschuldner der Verbraucher ist und der Unternehmer die Abgabe nur einzieht.[215] Die Steuern fallen obligatorisch an und müssen vom Verbraucher aufgebracht werden. Dagegen brauchen die Kosten nicht in den Preis eingerechnet zu werden, wenn sie nur fakultativ anfallen, etwa weil sie nicht im Fall beruflich veranlasster Reisen erhoben werden. 124

b) Art der Preisberechnung

Die Pflicht zur Angabe des Gesamtpreises besteht nicht, wenn der Preis wegen der Beschaffenheit des Produkts vernünftigerweise nicht im Voraus berechnet werden kann. In einem solchen Fall ist die Art der Preisberechnung anzugeben und zusätzliche Fracht-, Liefer- und Zustellkosten sind auszuweisen. Betroffen sind Fallkonstellationen, in denen im Zeitpunkt der Aufforderung zum Kauf aufgrund der Beschaffenheit des Produkts ein Gesamtpreis nicht gebildet werden kann.[216] Nicht hierunter einzuordnen sind Sachverhalte, in denen die Bildung eines Gesamtpreises nicht an der Beschaffenheit des Produkts, sondern an Umständen im Verantwortungsbereich des Unternehmers scheitert. Dazu rechnen Fälle, in denen der Preis mengen-, zeit- oder verbrauchsabhängig berechnet wird oder aufgrund individueller Auswahlentscheidungen des Verbrauchers gebildet wird. Fallen in diesem Zusammenhang Fixkosten und variable Kosten an, müssen die Preisbestandteile genannt werden. Dazu zählen Grundgebühren, Kosten je Leistungseinheit und etwaige Mindestumsätze, einmalige Anschluss- oder Bereitstellungskosten. »Vernünftigerweise« lassen sich der Gesamtpreis und die Kosten im Voraus nicht berechnen, wenn eine Zusammenfassung zu einem einheitlichen Preis wegen des Aufwands nur schwer möglich oder wegen der Notwendigkeit der Bildung von Durchschnittsgrößen intransparent ist. 125

Zusätzlich anfallende Fracht-, Liefer- und Zustellkosten müssen angegeben werden. 126

c) Nicht im Voraus berechenbare Kosten

Lassen sich die zusätzlich anfallenden Fracht-, Liefer- oder Zustellkosten nicht im Voraus berechnen, *muss* der Preis einschließlich Steuern und Abgaben angegeben werden, 127

213 GK/*Lindacher* § 5a Rn. 59 und 56; a. A. OLG München, 02.02.2012, 29 U 4176/11, WRP 2012, 736, 739.
214 OLG Köln, 14.03.2014, 6 U 172/13, GRUR-RR 2014, 298; GK/*Lindacher* § 5a Rn. 56.
215 A. A. zur PAngV OLG Köln, 14.03.2014, 6 U 172/13, GRUR-RR 2014, 298.
216 MünchKomm/*Alexander* UWG, § 5a Rn. 255; FBO/*Obergfell* § 5a Rn. 151.

wenn ein Gesamtpreis gebildet werden kann und auf die zusätzlich anfallenden Kosten ist hinzuweisen. Kann ein Preis einschließlich Steuern und Abgaben nicht gebildet werden und lassen sich die Fracht-, Liefer- und Zustellkosten vernünftigerweise nicht im Voraus berechnen, muss die Art der Preisberechnung und der Umstand angegeben werden, dass zusätzliche Kosten anfallen. Dem Wortlaut des Art. 7 (4) lit. c UGP-RL und § 5a Abs. 3 Nr. 3 ist nicht eindeutig zu entnehmen, ob der bloße Hinweis auf die anfallenden Kosten ausreicht oder ob die Art der Kostenberechnung anzugeben ist. Der Normzweck, dem Verbraucher eine informierte Entscheidung zu ermöglichen, und die im Verhältnis zum Unternehmer unterlegene Stellung des Verbrauchers sprechen dafür, dass der Unternehmer in derartigen Fällen sich nicht auf einen Hinweis, dass zusätzliche Kosten anfallen, beschränken darf. **Er muss vielmehr angeben, wie die Kosten berechnet werden.**[217] Dazu kann der Unternehmer bei einem Internetversandhandel zur Erläuterung der zusätzlichen Kosten auf eine über einen Link erreichbare Internetseite mit der Kostenaufstellung verweisen.[218] Dieser Hinweis muss erfolgen, bevor der Verbraucher eine geschäftliche Entscheidung trifft.[219]

VIII. Zahlungs-, Liefer- und Leistungsbedingungen sowie Beschwerdeverfahren, § 5a Abs. 3 Nr. 4

1. Unionsrecht

128 § 5a Abs. 3 Nr. 4 sieht vor, dass Zahlungs-, Liefer- und Leistungsbedingungen sowie Verfahren zum Umgang mit Beschwerden als wesentliche Informationen i. S. des § 5a Abs. 2 gelten, wenn sie von den Erfordernissen der unternehmerischen Sorgfalt abweichen. Durch die Vorschrift wird Art. 7 (4) lit. d UGP-RL wörtlich umgesetzt. Nach § 2 Abs. 1 Nr. 7 ist »unternehmerische Sorgfalt« der Standard an Fachkenntnissen und Sorgfalt, von dem billigerweise angenommen werden kann, dass ein Unternehmer ihn in seinem Tätigkeitsbereich gegenüber Verbrauchern nach Treu und Glauben unter Berücksichtigung der anständigen Marktgepflogenheiten einhält. **Hält der Unternehmer diesen Standard ein, gelten die in § 5a Abs. 3 Nr. 4 angeführten Bedingungen und Verfahren nicht als wesentliche Informationen.** Der Unionsgesetzgeber ist davon ausgegangen, dass ein Durchschnittsverbraucher die Bedingungen und Verfahren kennt, soweit sie beruflicher Sorgfalt i. S. von Art. 2 lit. h UGP-RL entsprechen und der Unternehmer hierüber nicht ungefragt informieren muss.[220] Da die in Art. 7 (4) angeführten Basisinformationen eine abschließende Regelung bilden (Rdn. 40), darf über § 5a Abs. 2 keine Pflicht zur Informationsbeschaffung begründet werden, wenn die in § 5a Abs. 3 Nr. 4 angeführten Bedingungen und Verfahren der unternehmerischen Sorgfalt entsprechen.

217 BGH, 14.01.2016, I ZR 61/14, GRUR 2016, 516 Rn. 38 – *Wir helfen im Trauerfall.*
218 Zur PAngV BGH, 16.07.2009, I ZR 50/07, GRUR 2010, 248 Rn. 27 – *Kamerakauf im Internet.*
219 BGH, 16.07.2009, I ZR 140/07, GRUR 2010, 251 Rn. 15 – *Versandkosten bei Froogle.*
220 MünchKomm/*Alexander* UWG, § 5a Rn. 260; FBO/*Obergfell* § 5a Rn. 154.

2. Zahlungs-, Liefer- und Leistungsbedingungen und Beschwerdeverfahren

Zahlungsbedingungen betreffen die Modalitäten der Zahlung, etwa Barzahlung, Kreditkartenzahlung, Vorauskasse, Abbuchung oder PayPal, und die Zahlungsfristen.[221] Liefer- und Leistungsbedingungen bezeichnen den Zeitpunkt und die Art und Weise der Bereitstellung der Ware oder der Erbringung der Dienstleistung. Verfahren zum Umgang mit Beschwerden betreffen die Ausgestaltung von Reklamationsverfahren. Der Begriff der Beschwerden entspricht demjenigen in § 5 Abs. 1 Satz 2 Nr. 1.[222] **129**

3. Widerspruch zur unternehmerischen Sorgfalt

Als wesentliche Informationen gelten Zahlungs-, Liefer- und Leistungsbedingungen und Beschwerdeverfahren nur, die nicht den Erfordernissen unternehmerischer Sorgfalt entsprechen. Wann dies der Fall ist, lässt sich nur anhand einer Wertung im Einzelfall bestimmen, weil der Begriff der unternehmerischen oder beruflichen Sorgfalt auslegungsbedürftig ist. Der beruflichen Sorgfalt entspricht nicht ein Angebot mit unwirksamen oder unüblichen Bedingungen, mit denen der Verbraucher nicht rechnet.[223] Hierzu zählen unwirksame oder unübliche AGB zu den in § 5a Abs. 3 Nr. 4 aufgeführten Bedingungen und Verfahren. Der beruflichen Sorgfalt entspricht es nicht, wenn der Unternehmer Überführungskosten für die Verbringung eines Neuwagens zum Erfüllungsort verlangt. **130**

Der Unternehmer muss den Verbraucher auf die entsprechenden Bedingungen und Verfahren hinweisen. **Er muss keine tatsächliche oder rechtliche Würdigung der Bedingungen vornehmen.** Deshalb muss er den Verbraucher auf die Unüblichkeit oder Unwirksamkeit der Bedingungen oder Verfahren nicht hinweisen.[224] **131**

IX. Rücktritts- und Widerrufsrecht, § 5a Abs. 3 Nr. 5

Nach § 5a Abs. 3 Nr. 5 gilt als wesentliche Information das Bestehen eines Rechts zum Rücktritt oder Widerruf. Durch die Bestimmung wird Art. 7 (4) lit. e UGP-RL umgesetzt. Danach gilt als wesentliche Information für Produkte und Rechtsgeschäfte, die ein Rücktritts- oder Widerrufsrecht beinhalten, das Bestehen eines solchen Rechts. **132**

Dem Wortlaut der Vorschriften ist nicht zu entnehmen, ob nur **gesetzlich bestehende Rechte**[225] oder auch **vertraglich eingeräumte Rechte** damit gemeint sind.[226] Nach dem Schutzzweck der Norm sind vertraglich eingeräumte Rechte nicht mitumfasst. Der Verbraucher soll davor bewahrt werden, eine Entscheidung ohne Kenntnis der Sachlage und damit eine uninformierte Entscheidung zu treffen. Diese Gefahr besteht **133**

221 GK/*Lindacher* § 5a Rn. 61.
222 Begründung des Regierungsentwurfs eines Ersten Gesetzes zur Änderung des Gesetzes gegen den unlauteren Wettbewerb, BT-Drucksache 16/10145, S. 26.
223 BGH, 14.04.2011, I ZR 133/09, GRUR 2011, 634 Rn. 34 – *Werbung mit Garantie.*
224 *Köhler*/Bornkamm/Feddersen § 5a Rn. 4.49.
225 *Köhler*/Bornkamm/Feddersen § 5a Rn. 4.50; BDS/*Koch* § 5a UWG Rn. 35.
226 MünchKomm/*Alexander* UWG, § 5a Rn. 268; FBO/*Obergfell* § 5a Rn. 164.

nicht, wenn der Unternehmer dem Verbraucher ein Rücktritts- oder Widerrufsrecht vertraglich einräumt. Ein solches Recht gewährt der Unternehmer ohne gesetzliche Verpflichtung. Es besteht in einer solchen Fallkonstellation kein Grund, den Unternehmer mit Informationspflichten zu belasten, wenn er nicht bereits im Rahmen der Werbung auf diese Rechtseinräumung hinweisen will. Zu den gesetzlichen Rücktritts- und Widerrufrechten zählen die Rechte nach §§ 312g, 495 Abs. 1 und 651 h Abs. 1 und 651k Abs. 1 BGB.

134 Über gesetzliche Rücktrittsrechte aufgrund von **Leistungsstörungen** braucht der Unternehmer nicht nach § 5a Abs. 3 Nr. 5 zu informieren.[227] Es gibt keinen Anhalt in der UGP-RL, dass derart weitgehende Belehrungspflichten zum Leistungsstörungsrecht begründet werden sollten. Nach Art. 3 (2) UGP-RL berührt die Richtlinie nicht das Vertragsrecht, zu dem das Leistungsstörungsrecht gehört.[228]

E. Informationspflichten aufgrund Unionsrecht, § 5a Abs. 4

I. Allgemeines

1. UGP-RL und Informationspflichten aufgrund des Unionsrechts

135 Nach § 5a Abs. 4 gelten als wesentlich i. S. des § 5a Abs. 2 Informationen, die dem Verbraucher aufgrund unionsrechtlicher Verordnungen oder nach Rechtsvorschriften zur Umsetzung unionsrechtlicher Richtlinien für kommerzielle Kommunikation einschließlich Werbung und Marketing nicht vorenthalten werden dürfen. Die Vorschrift dient der Umsetzung von Art. 7 (5) UGP-RL. Nach der Richtlinienbestimmung gelten als wesentlich im Unionsrecht festgelegte Informationsanforderungen in Bezug auf kommerzielle Kommunikation einschließlich Werbung und Marketing, auf die in der nicht erschöpfenden Liste des Anhangs II verwiesen wird.

136 Art. 7 (5) UGP-RL bindet die Vorschriften des Unionsrechts zu Informationspflichten gegenüber Verbrauchern in die UGP-RL ein und sichert deren Anwendung im B2C-Verhältnis unter Beachtung des durch die Vollharmonisierung gewährleisteten einheitlichen Schutzniveaus. Die Bestimmung des Art. 7 (5) UGP-RL und § 5a Abs. 4 enthalten eine Fiktion, dass die unionsrechtlichen Informationsanforderungen wesentliche Informationen i. S. des Art. 7 (1) UGP-RL und § 5a Abs. 2 sind. Die übrigen Voraussetzungen des Grundtatbestands des Art. 7 (1) UGP-RL und des § 5a Abs. 2 müssen daher ebenfalls vorliegen, damit ein unlauteres Verhalten vorliegt.

137 Der Gesetzgeber hat darauf verzichtet, in § 5a Abs. 4 auf den Anhang II der UGP-RL Bezug zu nehmen oder den Anhang II in das UWG zu übernehmen, weil die Aufzählung in Anhang II nicht erschöpfend ist, und hat der Rechtsprechung überlassen, die

---

227 GK/*Lindacher* § 5a Rn. 66; FBO/*Obergfell* § 5a Rn. 165; *Köhler*/Bornkamm/Feddersen § 5a Rn. 4.50.

228 BGH, 10.01.2013, I ZR 190/11, GRUR 2013, 945 Rn. 26 – *Standardisierte Mandatsbearbeitung.*

Informationspflichten gegenüber Verbrauchern zu bestimmen, die sich aus dem Unionsrecht ergeben.[229]

138 Zur Auslegung des Art. 7 (5) UGP-RL und des Verhältnisses der Informationspflichten aufgrund des Unionsrechts und mitgliedstaatlicher Rechtsvorschriften verhält sich **Erwägungsgrund 15 UGP-RL**. Erwägungsgrund 15 Satz 1 stellt klar, dass die aus dem Unionsrecht folgenden Informationsanforderungen zur Werbung, kommerziellen Kommunikation und Marketing wesentlich sind. Nach Erwägungsgrund 15 Satz 4 UGP-RL sind nur die nach dem Unionsrecht vorgeschriebenen Informationsanforderungen als wesentlich i. S. des Art. 7 (5) UGP-RL anzusehen. Haben die Mitgliedstaaten aufgrund von Mindestklauseln im Unionsrecht weitergehende Informationsanforderungen eingeführt, die über diejenigen des Unionsrechts hinausgehen, so ist das Vorenthalten dieser Informationen nach Erwägungsgrund 15 Satz 5 kein Unterlassen i. S. des Art. 7 UGP-RL. Nach Erwägungsgrund 15 Satz 6 UGP-RL können die Mitgliedstaaten strengere Vorschriften einführen oder aufrechterhalten, die nach unionsrechtlichen Mindestklauseln zulässig sind, um ein höheres Schutzniveau für die individuellen vertraglichen Rechte der Verbraucher zu gewährleisten. Daraus folgt, dass nur im Unionsrecht begründete Informationspflichten wesentlich i. S. von Art. 7 (5) UGP-RL sind und mitgliedstaatlich begründete Informationspflichten ohne Grundlage im Unionsrecht hierzu nicht rechnen.

2. Die Bedeutung des Art. 3 (4) UGP-RL

139 Kollidieren die Bestimmungen der UGP-RL mit anderen Rechtsvorschriften der Union, die spezielle Aspekte unlauterer Geschäftspraktiken regeln, so gehen nach Art. 3 (4) UGP-RL die Letzteren vor und sind für diese besonderen Aspekte maßgebend. Daraus folgt für den Kollisionsfall die Unanwendbarkeit der UGP-RL.[230] Enthält die Preisangabenrichtlinie eine abschließende Regelung der Verpflichtung und Ausgestaltung der Preisangaben in einem Angebot und in der Werbung, kommt daneben die UGP-RL auf diesen Sachverhalt nicht zur Anwendung.[231] Daran ändert die Aufnahme der Preisangabenrichtlinie im Anhang II der UGP-RL nichts.[232] Durch die Aufnahme in den Anhang II der UGP-RL ist keine Entscheidung über den Anwendungsbereich der UGP-RL getroffen, sondern nur bestimmt, dass im Fall der Anwendung der UGP-RL die festgelegten Informationen wesentlich sind. Anders liegen die Dinge, wenn die im übrigen Unionsrecht festgelegten Informationsanforderungen und die Bestimmungen der UGP-RL sich ergänzen.[233]

229 Begründung des Regierungsentwurfs eines Ersten Gesetzes zur Änderung des Gesetzes gegen den unlauteren Wettbewerb, BT-Drucksache 16/10145, S. 27.

230 EuGH, 07.07.2016, C-476/14, GRUR 2016, 945 Rn. 45 – *Citroën Commerce*; BGH, 10.11.2016, I ZR 29/15, GRUR 2017, 286 Rn. 15 – *Hörgeräteausstellung*.

231 EuGH, 07.07.2016, C-476/14, GRUR 2016, 945 Rn. 44 ff. – *Citroën Commerce*.

232 A. A. *Köhler*/Bornkamm/Feddersen § 5a Rn. 5.1.

233 EuGH, 16.07.2015, C-544/13 und 544/13, GRUR 2015, 1206 Rn. 78 bis 82 – *Abcur*.

3. Verhältnis des § 5a Abs. 4 zu § 5a Abs. 2 und 3 sowie § 3a

140 Wegen des Verhältnisses des § 5a Abs. 4 zu § 5a Abs. 2 wird verwiesen auf Rdn. 41, wegen des Verhältnisses zu § 5a Abs. 3 auf Rdn. 40 und wegen des Verhältnisses zu § 3a auf Rdn. 14.

II. Unionsrechtliche Verordnungen und Rechtsvorschriften zur Umsetzung unionsrechtlicher Richtlinien für kommerzielle Kommunikation einschließlich Werbung und Marketing

1. Kommerzielle Kommunikation einschließlich Werbung und Marketing

141 Die in § 5a Abs. 4 und Art. 7 (5) UGP-RL angeführten Bestimmungen des Unionsrechts müssen Informationsanforderungen in Bezug auf kommerzielle Kommunikation einschließlich Werbung und Marketing festlegen. **Der Begriff der kommerziellen Kommunikation** ist in Art. 2 lit. f der Richtlinie über den elektronischen Geschäftsverkehr[234] definiert. »Kommerzielle Kommunikation« bezeichnet alle Formen der Kommunikation, die der unmittelbaren oder mittelbaren Förderung des Absatzes von Waren und Dienstleistungen oder des Erscheinungsbilds eines Unternehmens, einer Organisation oder einer natürlichen Person dienen, die eine Tätigkeit im Handel, Gewerbe oder Handwerk oder einen reglementierten Beruf ausübt. Hierzu rechnen Werbung und Marketing. Der Begriff der kommerziellen Kommunikation erfasst den gesamten Bereich der Werbung und nicht nur Werbemaßnahmen, die eine Aufforderung zum Kauf darstellen.[235] Zur kommerziellen Kommunikation gehören nicht Informationspflichten im Rahmen des Vertragsschlusses und der Vertragsabwicklung.[236]

2. Anhang II UGP-RL

a) Verweis in Art. 7 (5) UGP-RL

142 Während § 5a Abs. 4 allgemein auf Informationsanforderungen aufgrund des Unionsrechts und der zur Umsetzung unionsrechtlicher Richtlinien erlassenen Rechtsvorschriften verweist, nimmt Art. 7 (5) UGP-RL wegen der im Unionsrecht festgelegten Informationsanforderungen auf die nicht abschließende Aufzählung der Liste des Anhangs II UGP-RL Bezug, die als wesentlich gelten. Der umfassende Verweis in § 5a Abs. 4 schließt die unionsrechtlichen Bestimmungen des Anhangs II ein. Der Verweis in Art. 7 (5) UGP-RL ist ein **dynamischer Verweis**, der auch nachfolgende Richtlinienbestimmungen umfasst, die an die Stelle der im Anhang II UGP-RL aufgeführten Richtlinien treten.[237] Der Anhang II ist nach Erwägungsgrund 15 Satz 3 und Art. 7 (5) UGP-RL nicht abschließend. Der Verweis auf die Rechtsvorschriften, die der Umsetzung von

234 Richtlinie 2000/31/EG vom 08.06.2000 über bestimmte rechtliche Aspekte der Dienste der Informationsgesellschaft, insbesondere über den elektronischen Geschäftsverkehr, im Binnenmarkt, ABl. L 178 vom 17.07.2000, S. 1.

235 FBO/*Obergfell* § 5a Rn. 169.

236 *GK/Lindacher* § 5a Rn. 70.

237 *Köhler*/Bornkamm/Feddersen § 5a Rn. 5.4.

unionsrechtlichen Richtlinien dienen, bedeutet eine Bezugnahme auf die nationalen Bestimmungen in richtlinienkonformer Auslegung; eine unrichtige Umsetzung in das nationale Recht ist durch Auslegung zu korrigieren.[238]

b) Die einzelnen Richtlinienvorschriften des Anhangs II

aa) Artikel 4 und 5 der Richtlinie 97/7/EG, Fernabsatzrichtlinie und Verbraucherrechte-RL

An die Stelle der Art. 4 und 5 der Fernabsatzrichtlinie[239] sind Art. 6 und 8 Verbraucherrechte-Richtlinie[240] getreten. Art. 6 Verbraucher-RL wird durch § 312a und §§ 312d, i und j BGB i. V. mit Art. 246 und Art. 246a § 1 EGBGB umgesetzt und betrifft Informationspflichten bei Fernabsatzverträgen und außerhalb von Geschäftsräumen abgeschlossenen Verträgen. Art. 6 Verbraucherrechte-RL wird durch Art. 7 und 8 Verbraucherrechte-RL ergänzt. Art. 8 (2) Verbraucherrechte-RL wird durch § 312j Abs. 3 BGB umgesetzt und dient der Verhinderung von Bestellfallen im Internet. Art. 8 (5) Verbraucherrechte-RL wird durch § 312a BGB umgesetzt; die Bestimmungen sehen vor, dass der Unternehmer bei einem Telefonanruf dem Verbraucher zu Beginn des Gesprächs seine Identität und gegebenenfalls die Identität der Person, in deren Auftrag er anruft, sowie den geschäftlichen Zweck des Anrufs offenzulegen hat. 143

Die Vorschriften der Verbraucherrechte-RL schließen die parallele Anwendung des Art. 7 UGP-RL nicht nach Art. 3 (2) und (4) UGP-RL aus. Die UGP-RL lässt zwar die Vorschriften über das Zustandekommen von Verträgen unberührt. Die hier in Rede stehenden Bestimmungen der Verbraucherrechte-RL stellen Informationsanforderungen auf, die auch im Bereich kommerzieller Kommunikation gelten und die Bestimmungen der UGP-RL ergänzen. Die Informationsanforderungen der Verbraucherrechte-RL kollidieren nicht mit denjenigen der UGP-RL i. S. des Art. 3 (4).[241] Für dieses Ergebnis spricht die Aufnahme der Vorschriften der Art. 4 und 5 der Fernabsatzrichtlinie in den Anhang II UGP-RL, an deren Stelle Art. 6 und 8 Verbraucherrechte-Richtlinie getreten sind. Die Art. 6 bis 8 Verbraucherrechte-RL sind danach wesentliche Informationen i. S. des Art. 7 (4) UGP-RL. 144

bb) Artikel 3 der Richtlinie 90/314/EWG, Pauschalreise-RL

Art. 3 der Pauschalreise-RL vom 13.06.1990[242] sah vor, dass die Beschreibungen, der Preis und die übrigen Vertragsbedingungen des Veranstalters zu der Pauschalreise keine 145

238 BGH, 05.10.2017, I ZR 232/16, GRUR 2018, 438 Rn.28 – *Energieausweis*.

239 Richtlinie 97/7/EG vom 20.05.1997 über den Verbraucherschutz bei Vertragsabschlüssen im Fernabsatz, ABl. L 144 vom 04.06.1997, S. 19.

240 Richtlinie 2011/83/EU vom 25.10.2011 über die Rechte der Verbraucher, zur Abänderung der Richtlinie 93/13/EWG und der Richtlinie 1999/44/EG sowie zur Aufhebung der Richtlinie 85/577/EWG und der Richtlinie 97/7/EG.

241 Zum Verhältnis der Richtlinie 2001/83/EG zur Schaffung eines Gemeinschaftskodexes für Humanarzneimittel und der UGP-RL EuGH, 16.07.2015, C-544/13 und 544/13, GRUR 2015, 1206 Rn. 78 bis 82 – *Abcur*.

242 Richtlinie 90/314/EWG des Rates vom 13.06.1990 über Pauschalreisen, ABl. L 158 vom 23.06.1990, S. 59.

irreführenden Angaben enthalten durften. Weiter legte die Vorschrift bestimmte Informationsanforderungen fest, wenn dem Verbraucher ein Prospekt zur Verfügung gestellt wurde.

146 An die Stelle der Pauschalreise-RL von 1990 ist die Pauschalreise-RL von 2015 getreten.[243] Art. 5 Pauschalreise-RL 2015, der durch Art. 6 bis 8 ergänzt wird, bestimmt zahlreiche vorvertragliche Informationspflichten des Reiseveranstalters. Die Bestimmungen des § 651d BGB und Art. 250, 251 EGBGB dienen der Umsetzung der Vorschriften der Pauschalreise-RL 2015 zu den Informationspflichten in das deutsche Recht. Die neuen Vorschriften sind am 01.07.2018 in Kraft getreten[244] und gelten für ab diesem Zeitpunkt geschlossene Pauschalreiseverträge. Für den davorliegenden Zeitraum richteten sich die Informationspflichten nach § 651a Abs. 3 BGB a.F. und § 4 BGB-InfoV.

cc) Artikel 3 (3) der Richtlinie 94/47/EG, Teilzeitnutzungsrechte-RL

147 Art. 3 (3) der Teilnutzungsrechte-RL[245] sah bestimmte Informationspflichten bei Verträgen vor, die unmittelbar oder mittelbar den Erwerb von Teilzeitnutzungsrechten an einer oder mehreren Immobilien (»time-sharing«) betrafen. An die Stelle dieser Richtlinie ist die Richtlinie 2008/122/EG[246] getreten, die Informationsanforderungen in Art. 3 und Art. 4 enthält. Die Bestimmungen werden durch § 482 BGB und Art. 242 § 1 EGBGB umgesetzt.

dd) Artikel 3 (4) der Richtlinie 98/6/EG, Preisangaben-RL

148 Nach Art. 3 (4) der Preisangaben-RL[247] ist bei jeglicher Werbung, bei der der Verkaufspreis der Erzeugnisse gemäß Art. 1 genannt wird, vorbehaltlich des Art. 5 auch der Preis je Maßeinheit anzugeben. Nach Art. 4 (1) Preisangaben-RL müssen der Verkaufspreis und der Preis je Maßeinheit unmissverständlich, klar erkennbar und gut lesbar sein. Die Bestimmungen sind durch §§ 1, 2 PAngV umgesetzt. Nach der Rechtspre-

243 Richtlinie 2015/2302/EU vom 25.11.2015 über Pauschalreisen und verbundene Reiseleistungen, zur Änderung der Verordnung (EG) Nr. 2006/2004 und der Richtlinie 2011/83/EU sowie zur Aufhebung der Richtlinie 90/314/EWG, ABl. L 326 vom 11.12.2015, S. 1.

244 Art. 7 des dritten Gesetzes zur Änderung reiserechtlicher Vorschriften vom 17.07.2017, BGBl. I, 2394.

245 Richtlinie 94/47/EG vom 26.10.1994 zum Schutz der Erwerber im Hinblick auf bestimmte Aspekte von Verträgen über den Erwerb von Teilzeitnutzungsrechten an Immobilien, ABl. L 280 vom 29.10.1994, S. 83.

246 Richtlinie 2008/122/EG vom 14.01.2009 über den Schutz der Verbraucher im Hinblick auf bestimmte Aspekte von Teilzeitnutzungsverträgen, Verträgen über langfristige Urlaubsprodukte sowie Wiederverkaufs- und Tauschverträgen.

247 Richtlinie 98/6/EG vom 16.02.1998 über den Schutz der Verbraucher bei der Angabe der Preise der ihnen angebotenen Erzeugnisse, ABl. L 180 vom 18.03.1998, S. 27.

chung des EuGH kollidieren die speziellen Vorschriften der Preisangaben-RL mit den Vorschriften der UGP-RL und schließen die Anwendung der UGP-RL aus.[248]

Die Bestimmungen der PAngV sind Marktverhaltensvorschriften und Verstöße sind nach § 3a unlauter. Eine Anwendung der UGP-RL kommt trotz der Anführung des Art. 3 (4) Preisangaben-RL im Anhang II UGP-RL nicht in Betracht, weil die UGP-RL nicht anwendbar ist. Die Norm des Art. 3 (4) UGP-RL geht dem Katalog des Anhangs II vor; dieser Vorrang liegt inzident der EuGH-Rechtsprechung zugrunde. 149

ee) Artikel 86 bis 100 der Richtlinie 2001/83/EG, Gemeinschaftskodexes für Humanarzneimittel

Art. 86 bis 100 der Richtlinie 2001/83/EG[249] enthalten Vorschriften über die Werbung für Arzneimittel einschließlich irreführender Werbung, Werbeverboten und -beschränkungen sowie Informationsanforderungen. Die Vorschriften des HWG dienen der Umsetzung der Bestimmungen der Richtlinie. Die Bestimmungen über die Werbung des Gemeinschaftskodexes für Humanarzneimittel ergänzen die Bestimmungen der UGP-RL.[250] Art. 7 (1) und (5) UGP-RL und Art. 86 bis 100 des Gemeinschaftskodexes für Humanarzneimittel sind nebeneinander anwendbar. Informationsanforderungen im Zusammenhang mit kommerzieller Kommunikation nach Art. 86 bis 100 des Gemeinschaftskodexes gelten als wesentliche Informationen i. S. von Art. 7 (5) UGP-RL und damit § 5a Abs. 4. 150

ff) Art. 5 und 6 der Richtlinie 2000/31/EG, Richtlinie über den elektronischen Geschäftsverkehr

Art. 5 und 6 der Richtlinie über den elektronischen Geschäftsverkehr[251] regeln allgemeine Informationspflichten des Diensteanbieters und zusätzliche Informationspflichten im Zusammenhang mit kommerzieller Kommunikation. Die Bestimmungen werden durch §§ 5, 6 TMG umgesetzt. Die Informationspflichten bestehen im Grundsatz unabhängig neben denjenigen nach der Verbraucherrechte-RL.[252] §§ 5, 6 TMG enthalten nach der Fiktion des § 5a Abs. 4 wesentliche Informationen i. S. von § 5a Abs. 2. Sie sind zugleich Marktverhaltensvorschriften i. S. von § 3a.[253] 151

---

248 EuGH, 07.07.2016, C-476/14, GRUR 2016, 945 Rn. 45 – *Citroën Commerce*; BGH, 10.11.2016, I ZR 29/15, GRUR 2017, 286 Rn. 15 – *Hörgeräteausstellung*; a. A. *Köhler*/Bornkamm/Feddersen § 5a Rn. 5.9.

249 Richtlinie 2001/83/EG vom 06.11.2001 zur Schaffung eines Gemeinschaftskodexes für Humanarzneimittel, ABl. L 311 vom 28.11.2001, S. 67.

250 *EuGH, 16.07.2015*, C-544/13 und 544/13, GRUR 2015, 1206 Rn. 78 bis 82 – *Abcur.*

251 Richtlinie 2000/31/EG vom 08.06.2000 über bestimmte rechtliche Aspekte der Dienste der Informationsgesellschaft, insbesondere des elektronischen Geschäftsverkehrs, im Binnenmarkt (»Richtlinie über den elektronischen Geschäftsverkehr«), ABl. L 178 vom 17.07.2000, S. 1.

252 BGH, 25.02.2016, I ZR 238/14, GRUR 2016, 957 Rn. 32 – *Mehrwertdienstenummer*, zum Vorrang der Verbraucherrechte-RL bei einer Kollision BGH aaO Rn. 33.

253 BGH, 25.02.2016, I ZR 238/14, GRUR 2016, 957 Rn. 32 – *Mehrwertdienstenummer*; OLG Frankfurt, 02.10.2014, 6 U 219/13, GRUR-RR 2015, 17, 18; a. A. *Köhler*/Bornkamm/Feddersen § 5a Rn. 5.11.

gg) Art. 1 lit. d der Richtlinie 98/7/EG, Verbraucherkredit-RL

152 Art. 1 lit. d Richtlinie 98/7/EG[254] sah Informationspflichten bei einer Anzeige oder einem Angebot eines Verbraucherkredits vor. Die Verbraucherkredit-RL von 1998 ist ersetzt worden durch die Richtlinie 2008/48/EG über Verbraucherkreditverträge.[255] Die Informationspflichten sind nunmehr in Art. 4 bis 7 der Verbraucherkreditverträge-RL enthalten, die in § 6 bis § 6c PAngV umgesetzt ist.

hh) Art. 3 und 4 der Richtlinie 2002/65/EG, Fernabsatz von Finanzdienstleistungen

153 Die Richtlinie 2002/65/EG[256] sieht in Art. 3 und 4 Informationspflichten gegenüber Verbrauchern bei dem Abschluss eines Fernabsatzvertrags über Finanzdienstleistungen vor, die durch § 312d Abs. 2 BGB und Art. 246b EGBGB umgesetzt werden.

ii) Art. 1 Nummer 9 der Richtlinie 2001/107/EG, Informationspflichten bei Finanzprodukten

154 Die Richtlinie 2001/107/EG[257] ist ersetzt worden durch die Richtlinie 2009/65/EG.[258] Informationspflichten gegenüber Anlegern finden sich in Art. 68 ff Richtlinie 2009/65/EG, die durch §§ 164 ff KABG[259] umgesetzt werden.

jj) Art. 12 und 13 der Richtlinie 2002/92/EG, Versicherungsvermittlungs-RL

155 Die Richtlinie 2002/92/EG vom 09.12.2002 über Versicherungsvermittlung ist mit Wirkung vom 23, Februar 2018 aufgehoben. An die Stelle der Art. 12 und 13 der Richtlinie 2002/92/EG über Informationspflichten der Vermittler sind Art. 18 bis 23 der Richtlinie 2016/97/EU[260] getreten. Die §§ 7 und 60 bis 62 VVG und die VVG-InfoV dienen der Umsetzung der unionsrechtlichen Bestimmungen.

---

254 Richtlinie 98/7/EG vom 16.02.1998 zur Änderung der Richtlinie 87/102/EWG zur Angleichung der Rechts- und Verwaltungsvorschriften der Mitgliedstaaten über den Verbraucherkredit.

255 Richtlinie 2008/48/EG vom 23.04.2008 über Verbraucherkreditverträge und zur Aufhebung der Richtlinie 87/102/EWG, ABl. L 133 vom 22.05.2008, S. 66.

256 Richtlinie 2002/65/EG vom 23.09.2002 über den Fernabsatz von Finanzdienstleistungen an Verbraucher und zur Änderung der Richtlinie 90/619/EWG und der Richtlinien 97/7/EG und 98/27/EG, ABl. L 271 vom 09.10.2002, S. 16.

257 Richtlinie 2001/107/EG vom 21.01.2002 zur Änderung der Richtlinie 85/611/EWG zur Koordinierung der Rechts- und Verwaltungsvorschriften betreffend bestimmte Organismen für gemeinsame Anlagen in Wertpapieren (OGAW) zwecks Festlegung von Bestimmungen für Verwaltungsgesellschaften und vereinfache Prospekte, ABl. L 41 vom 13.02.2002, S. 20.

258 Richtlinie 2009/65/EG vom 13.07.2009 zur Koordinierung der Rechts- und Verwaltungsvorschriften betreffend bestimmte Organismen für gemeinsame Anlagen in Wertpapieren (OGAW), ABl. L 302 vom 17.11.2009, S. 32.

259 *Kapitalanlagegesetzbuch* vom 04.07.2013, BGBl. 2013, I 1981.

260 Richtlinie 2016/97/EU vom 20.01.2016 über Versicherungsvertrieb, ABl. L 26 vom 02.02.2016, S. 19.

kk) Art. 36 der Richtlinie 2002/83/EG, Lebensversicherungs-RL

Die Richtlinie 2002/83/EG[261] sah in Art. 36 Informationspflichten des Versicherungsunternehmens gegenüber dem Versicherungsnehmer vor Abschluss des Versicherungsvertrags und während dessen Laufzeit vor, die im Anhang III näher aufgeführt waren. Die Richtlinie 2002/83/EG ist durch Art. 310 der Richtlinie 2009/138/EG[262] mit Wirkung vom 01.11.2012 aufgehoben worden. Die Richtlinie 2009/138/EG sieht in Art. 183 bis 186 Informationspflichten vor, die in § 7 VVG und der VVG-InfoV umgesetzt sind. 156

ll) Art. 19 der Richtlinie 2004/39/EG über Märkte für Finanzinstrumente

Art. 19 der Richtlinie 2004/39/EG[263] sah Informationspflichten von Wertpapierfirmen gegenüber ihren Kunden vor. Die Richtlinie 2004/39/EG ist neugefasst worden durch die Richtlinie 2014/65/EU,[264] die die Informationspflichten der Wertpapierfirmen gegenüber ihren Kunden in Art. 24 und 25 anführt. Der Umsetzung der Richtlinienbestimmungen dienen §§ 63, 64 Wertpapierhandelsgesetz. 157

mm) Art. 31 und 43 der Richtlinie 92/49/EWG, Direktversicherungs-RL

Die Richtlinie 92/49/EWG[265] ist mit Wirkung vom 01.11.2012 nach Art. 310 der Richtlinie 2009/138/EG vom 25.11.2009 betreffend die Aufnahme und Ausübung der Versicherungs- und der Rückversicherungstätigkeit (Solvabilität II) aufgehoben worden. Die Informationspflichten finden sich nunmehr in Art. 183 und 184 der Richtlinie 2009/138/EG. Die Vorschriften werden umgesetzt durch § 7 VVG und die VVG-InfoV. 158

nn) Art. 5, 7 und 8 der Richtlinie 2003/71/EG, Wertpapierprospekte

Art. 5, 7 und 8 der Richtlinie 2003/71/EG[266] legen Angaben fest, die in einem Prospekt, der beim öffentlichen Angebot von Wertpapieren oder bei deren Zulassung zum 159

261 Richtlinie 2002/83/EG vom 05.11.2002 über Lebensversicherungen, ABl. L 345 vom 19.12.2002, S. 1.

262 Richtlinie 2009/138/EG vom 25.11.2009 betreffend die Aufnahme und Ausübung der Versicherungs- und der Rückversicherungstätigkeit (Solvabilität II), ABl. L 335 vom 17.12.2009, S. 1.

263 Richtlinie 2004/39/EG vom 21.04.2004 über Märkte für Finanzinstrumente; ABl. L 145 vom 30.04.2004, S. 1.

264 Richtlinie 2014/65/EU vom 15.05.2014 über Märkte für Finanzinstrumente sowie zur Änderung der Richtlinien 2002/92/EG und 2011/61/EU, ABl. L 173 vom 12.06.2014, S. 349.

265 Richtlinie 92/49/EWG vom 18.06.1992 zur Koordinierung der Rechts- und Verwaltungsvorschriften für die Direktversicherung (mit Ausnahme der Lebensversicherung) sowie zur Änderung der Richtlinien 73/239/EWG und 88/357/EWG (Dritte Richtlinie Schadenversicherung), ABl. L 228 vom 11.08.1992, S. 1.

266 Richtlinie 2003/71/EG vom 04.11.2003 betreffend den Prospekt, der beim öffentlichen Angebot von Wertpapieren oder bei deren Zulassung zum Handel zu veröffentlichen ist.

Handel zu veröffentlichen ist, enthalten sein müssen. Die Bestimmungen der Richtlinie werden umgesetzt durch die Vorschriften des Wertpapierprospektgesetzes.[267]

3. Weitere unionsrechtliche Informationsanforderungen außerhalb des Anhangs II UGP-RL

a) Allgemeines

160 Der in Art. 7 (5) UGP-RL in Bezug genommene Anhang II UGP-RL stellt keine abschließende Aufzählung unionsrechtlicher Informationsanforderungen dar (Rdn. 142). In einer Vielzahl anderer unionsrechtlicher Vorschriften werden Informationspflichten normiert. Die Rechtsprechung wendet auf diese Bestimmungen nicht ausschließlich § 5a Abs. 2 und 4, sondern auch § 3a an, wenn es sich um Marktverhaltensvorschriften handelt. Das ist in allen Fällen unbedenklich, in denen der Anwendungsbereich der UGP-RL nach Art. 3 nicht eröffnet ist.[268] Die Bestimmungen des § 5a Abs. 2 und 4 und § 3a können aber auch dann parallel angewandt werden, wenn der Anwendungsbereich der UGP-RL eröffnet ist,[269] weil dadurch kein unterschiedliches Schutzniveau eröffnet ist. Zwar setzt § 5a Abs. 2 eine geschäftliche Relevanz voraus. Diese Funktion übernimmt das Tatbestandsmerkmal der **Eignung zur spürbaren Beeinträchtigung der Interessen von Verbrauchern**, von der grundsätzlich nur auszugehen ist, wenn das beanstandete Verhalten geeignet ist, den Verbraucher zu einer geschäftlichen Entscheidung zu veranlassen, die er andernfalls nicht getroffen hätte. Entsprechend ist die **Spürbarkeitsschwelle** des § 3a auszulegen, nachdem der BGH bei einer Verletzung unionsrechtlicher Informationspflichten das Relevanzerfordernis nach § 5a Abs. 2 Satz 1 Nr. 1 und 2 gesondert prüft (Rdn. 66–72).[270] Zuvor hatte der BGH aus der Verletzung von Informationspflichten, die das Unionsrecht als wesentlich einstuft, automatisch die Spürbarkeit der Beeinträchtigung der Interessen der Verbraucher angenommen.[271]

---

267 BGBl. 2005, I 1698.

268 BGH, 15.01.2009, I ZR 141/06, GRUR 2009, 881 Rn. 16 – *Überregionaler Krankentransport*; BGH, 09.07.2009, I ZR 13/07, GRUR 2009, 977 Rn. 12 – *Brillenversorgung*; BGH, 31.03.2016, I ZR 88/15, GRUR 2016, 1189 Rn. 17 – *Rechtsberatung durch Entwicklungsingenieur*; BGH, 01.12.2016, I ZR 143/15, GRUR 2017, 641 Rn. 18 – *Zuzahlungsverzicht bei Hilfsmitteln*; BGH, 05.10.2017, I ZR 117/16, GRUR 2017, 1273 Rn. 15 – *Tabakwerbung im Internet*; BGH, 29.03.2018, I ZR 243/14 GRUR 2018 745 Rn. 14 – *Bio-Gewürze II*.

269 BGH, 29.04.2010, I ZR 23/08, GRUR 2010, 652 Rn. 11 – *Costa del Sol*; BGH, 14.01.2016, I ZR 61/14, GRUR 2016, 516 Rn. 13 – *Wir helfen im Trauerfall*; BGH, 25.02.2016, I ZR 238/14, GRUR 2016, 957 Rn. 11 – *Mehrwertdienstenummer*.

270 BGH, 02.03.2017, I ZR 41/16, GRUR 2017, 922 Rn. 31 – *Komplettküchen*; BGH, 13.09.2018, I ZR 117/15, GRUR 2018, 1258 Rn. 43 bis 51 – *YouTube-Werbekanal II*; BGH, 31.10.2018, I ZR 73/17, GRUR 2019, 82 Rn. 31 – *Jogginghosen*.

271 BGH, *21.12.2011, I ZR* 190/10, GRUR 2012, 842 Rn. 25 – *Neue Personenkraftwagen*; BGH, 18.04.2013, I ZR 180/12, GRUR 2013, 1169 Rn. 19 – *Brandneu von der IFA*; BGH, 30.07.2015, I ZR 29/12, GRUR 2016, 392 Rn. 23 – *Buchungssystem II*.

b) Einzelne unionsrechtliche Informationsanforderungen

aa) Richtlinie 1999/94/EG

Zu den wesentlichen Informationen zählen die Verbraucherinformationen über den Kraftstoffverbrauch und CO2-Emissionen beim Marketing für neue Personenwagen.[272] **161**

bb) Delegierte Verordnungen EU Nr. 1059/2010, Nr. 1060/2010, Nr. 1061/2010, Nr. 1062/2010 und Richtlinie 2010/30/EU zur Kennzeichnung des Energieverbrauchs

Die Richtlinie sah Informationen der Verbraucher über den Energieverbrauch von Produkten vor und die Verordnungen, die weiter in Kraft stehen, legen Anforderungen an die Kennzeichnung von Haushaltsgeräten (Haushaltsgeschirrspüler, Haushaltskühlgeräte, Haushaltswaschmaschinen, Fernsehgeräte) im Hinblick auf den Energieverbrauch fest. Die Informationsanforderungen der Verordnungen enthalten wesentliche Informationen i. S. des § 5a Abs. 4.[273] An die Stelle der Richtlinie 2010/30/EU ist die Verordnung (EU) 2017/1369 vom 4. Juli 2017 zur Festlegung eines Rahmens für die Energieverbrauchskennzeichnung getreten. **162**

cc) Richtlinie 2010/31/EU über die Gesamtenergieeffizienz von Gebäuden

Die Richtlinie 2010/31/EU[274] sieht in Art. 11 Ausweise über die Gesamtenergieeffizienz von Gebäuden und in Art. 12 die Information über die Ausweise vor. Die in Art. 12 (2) und (4) vorgesehenen Angaben sind wesentliche Informationen i. S. von Art. 7 (5) UGP-RL und § 5a Abs. 4.[275] Die Bestimmungen werden durch die deutsche Verordnung über energiesparenden Wärmeschutz und energiesparende Anlagentechnik bei Gebäuden umgesetzt. Danach muss bei Verkauf oder Vermietung von Gebäuden, Gebäudeteilen in einem Gebäude und Gebäudeteilen, für die ein Ausweis über die Gesamtenergieeffizienz vorliegt, in den Verkaufs- und Vermietungsanzeigen in kommerziellen Medien der im Ausweis angegebene Indikator genannt werden. Die Verpflichtung trifft den Verkäufer, Vermieter, Verpächter, Leasinggeber und Immobilienmakler.[276] **163**

---

272 Zur Auslegung der die Richtlinie umsetzenden Pkw-EnVKV: BGH, 04.02.2010, I ZR 66/09, *GRUR 2010*, 852 – *Gallardo Spyder*; BGH, 21.12.2011, I ZR 190/10, GRUR 2012, 842 – *Neue Personenkraftwagen*; BGH, 24.07.2014, I ZR 119/13, GRUR 2015, 393 – *Der neue SLK.*

273 Zur Energieverbrauchskennzeichnung: BGH, 04.02.2016, I ZR 181/14, GRUR 2016, 954 – *Energieeffizienzklasse*; BGH, 15.12.2016, I ZR 213/15, GRUR 2017, 288 – *Energieverbrauchskennzeichnung*; BGH, 06.04.2017, I ZR 159/16, GRUR 2017, 928 – *Energieeffizienzklasse II.*

274 Richtlinie 2010/31/EU vom 19.05.2010 über die Gesamtenergieeffizienz von Gebäuden, ABl. L 153 vom 18.06.2010, S. 13.

275 BGH, 05.10.2017, I ZR 232/16, GRUR 2018, 438 Rn. 30 – *Energieausweis.*

276 BGH, 05.10.2017, I ZR 232/16, GRUR 2018, 438 Rn. 20, 27, 29 und 33 – *Energieausweis.*

dd) Verordnung (EG) 1008/2008 über Luftverkehrsdienste

164 Die Verordnung (EG) 1008/2008[277] regelt in Art. 22 bis 24 die Preisfestsetzung für innergemeinschaftliche Flugdienste, Art. 1 (1). Art. 23 der Verordnung legt Informationspflichten gegenüber der Öffentlichkeit näher fest. Die Vorschrift des Art. 23 (1) VO (EG) 1008/2008 ist eine Marktverhaltensvorschrift i. S. von § 3a.[278] Die in dieser Bestimmung der Verordnung niedergelegten Pflichtangaben sind wesentliche Informationen i. S. des Art. 7 (5) UGP-RL. Die Vorschriften des § 3a und des § 5a Abs. 2 und 4 sind nebeneinander anwendbar. Der in Art. 23 (1) Satz 2 VO 1008/2008 angeführte Endpreis ist im Rahmen eines elektronischen Buchungssystems bei jeder Angabe von Preisen auszuweisen und nicht erst am Beginn des eigentlichen Buchungsvorgangs.[279] Ein unvermeidbares und vorhersehbares Entgelt, das in den Endpreis nach Art. 23 (1) Satz 2 VO 1008/2008 einzurechnen ist, ist eine Servicepauschale, die Kunden nur im Fall der Wahl eines von mehreren Zahlungsmitteln erlassen wird und bei der Zahlung auf andere Weise entrichtet werden muss.[280] Nach Art. 23 (1) Satz 4 Halbs. 1 VO 1008/2008 sind fakultative Zusatzkosten auf klare, transparente und eindeutige Art und Weise zu Beginn jedes Buchungsvorgangs mitzuteilen. Dem genügt die Gestaltung eines Buchungsvorgangs nicht, wenn der Verbraucher eine Zusatzleistung bereits abgewählt hat und im weiteren Verlauf des Buchungsvorgangs über die Notwendigkeit einer erneuten Abwahl getäuscht wird.[281]

ee) Richtlinie 98/79/EG über In-vitro-Diagnostika

165 Art. 16 der Richtlinie 98/79/EG[282] sieht eine CE-Kennzeichnung bei In-vitro-Diagnostika vor. Die CE-Kennzeichnung gehört zu den wesentlichen Informationen i. S. des Art. 7 (5) UGP-RL. Umgesetzt wird die Vorschrift des Art. 16 der Richtlinie 98/79/EG durch § 6 MPG.

ff) Richtlinie 2014/40/EU über Tabakerzeugnisse

166 Art. 8 bis 16 der Richtlinie 2014/40/EU[283] sehen umfangreiche Warnhinweise und Kennzeichnungspflichten für Erzeugnisse vor, die in den Anwendungsbereich der Richtlinie fallen. Die Rechtsvorschriften betreffen Gesundheitsaspekte, die nach Art. 3

277 Verordnung (EG) Nr. 1008/2008 vom 24.09.2008 über gemeinsame Vorschriften für die Durchführung von Luftverkehrsdiensten in der Gemeinschaft, ABl. L 293 vom 31.10.2008, S. 3.
278 BGH, 30.07.2015, I ZR 29/12, GRUR 2016, 392 Rn. 15 – *Buchungssystem II.*
279 EuGH, 15.01.2015, C-573/13, GRUR 2015, 281 Rn. 35 – *Air Berlin.*
280 BGH, 29.09.2016, I ZR 160/15, GRUR 2017, 283 Rn. 31 – *Servicepauschale.*
281 BGH, 29.09.2016, I ZR 160/15, GRUR 2017, 283 Rn. 25 – *Servicepauschale.*
282 Richtlinie 98/79/EG vom 27.10.1998 über In-vitro-Diagnostika, ABl. L 331 vom 07.12.1998, S. 1.
283 Richtlinie 2014/40/EU vom 03.04.2014 zur Angleichung der Rechts- und Verwaltungsvorschriften der Mitgliedstaaten über die Herstellung, die Aufmachung und den Verkauf von Tabakerzeugnissen und verwandten Erzeugnissen und zur Aufhebung der Richtlinie 2001/37/EG, ABl. L 127 vom 29.04.2014, S. 1.

(3) UGP-RL durch die Richtlinie nicht berührt werden.[284] Die Anwendung der UGP-RL einschließlich des Art. 7 (5) UGP-RL ist ausgeschlossen. Die Vorschriften der Richtlinie 2014/40/EU werden umgesetzt durch die Bestimmungen des Tabakerzeugnisgesetzes. Die Bestimmungen sind Marktverhaltensregelungen i. S. des § 3a (Rdn. 14).[285]

gg) Verordnung (EG) Nr. 834/2007 über die ökologische/biologische Produktion

Die Verordnung (EG) 834/2007[286] enthält in Art. 23 bis 26 Kennzeichnungsvorschriften im Zusammenhang mit ökologisch/biologischer Produktion und der Verwendung der Bezeichnungen »Bio« und »Öko«. Die UGP-RL lässt nach ihrem Art. 3 (3) die Vorschriften der Union zu Gesundheits- und Sicherheitsaspekten unberührt.[287] Die UGP-RL einschließlich des Art. 7 ist deshalb nicht anwendbar. Die Rechtsvorschriften der VO (EG) 834/2007 sind Marktverhaltensvorschriften i. S. des § 3a (Rdn. 14).[288] **167**

hh) Verordnung (EU) 1169/2011 zur Information der Verbraucher über Lebensmittel

In Art. 9 bis 35 der Verordnung (EU) Nr. 1169/2011[289] sind Pflichtangaben zu Lebensmitteln enthalten. Die speziellen Bestimmungen der Lebensmittelinformationsverordnung schließen weitergehende Informationspflichten nach Art. 7 UGP-RL aus.[290] Der Anwendungsbereich der UGP-RL ist nach Art. 3 (4) UGP-RL ausgeschlossen. **168**

ii) Richtlinie 2006/123/EG über Dienstleistungen im Binnenmarkt

Art. 22 (1) bis (3) der Richtlinie 2006/123/EG[291] bestimmt Informationspflichten für Dienstleistungserbringer gegenüber den Empfängern der Dienstleistungen. Die Angaben sind wesentliche Informationen i. S. des Art. 7 (5) UGP-RL und des § 5a Abs. 4.[292] Die Bestimmung des Art. 22 (1) bis (3) der Richtlinie 2006/123/EG sind keine speziellen Vorschriften über unlautere Geschäftspraktiken, die nach Art. 3 (4) UGP-RL den Anwendungsbereich der UGP-RL ausschließen. Vielmehr bestehen die **169**

284 BGH, 05.10.2017, I ZR 117/16, GRUR 2017, 1273 Rn. 15 – *Tabakwerbung im Internet.*
285 Zum Werbeverbot nach § 19 Abs. 2 und 3 TabakErzG BGH, 05.10.2017, I ZR 117/16, GRUR 2017, 1273 Rn. 16 und 31 – *Tabakwerbung im Internet.*
286 Verordnung (EG) Nr. 834/2007 vom 28.06.2007 über die ökologische/biologische Produktion und die Kennzeichnung von ökologischen/biologischen Erzeugnissen und zur Aufhebung der Verordnung (EWG) Nr. 2092/91, ABl. L 189 vom 20.07.2007, S. 1.
287 BGH, 29.03.2018, I ZR 243/14, GRUR 2018, 745 Rn. 14 – *Bio-Gewürze II.*
288 Zu Art. 28 der Verordnung 834/2007 BGH, 29.03.2018, I ZR 243/14, GRUR 2018, 745 Rn. 12 – *Bio-Gewürze II.*
289 Verordnung (EU) Nr. 1169/2011 vom 25.10.2011 betreffend die Information der Verbraucher über Lebensmittel, ABl. L 302 vom 22.11.2011, S. 18.
290 BGH, 02.12.2015, I ZR 45/13, GRUR 2016, 738 Rn. 23 – *Himbeer-Vanille-Abenteuer II.*
291 Richtlinie 2006/123/EG vom 12.12.2006 über Dienstleistungen im Binnenmarkt, ABl. L 376 vom 27.12.2006, S. 36.
292 BGH, 14.01.2016, I ZR 61/14, GRUR 2016, 516 Rn. 19 – *Wir helfen im Trauerfall.*

Rechtsvorschriften der UGP-RL neben denjenigen der Dienstleistungs-RL, die nach ihrem Art. 22 (5) Halbs. 1 die bereits im Unionsrecht verankerten Informationsanforderungen ergänzen.[293] Die §§ 2 bis 4 DL-InfoV[294] dienen der Umsetzung der Informationsanforderungen des Art 22 (1) bis (3) Dienstleistungs-RL. Es handelt sich um Marktverhaltensvorschriften i. S. des § 3a. § 3a i. V. mit §§ 2 bis 4 DL-InfoV und § 5a Abs. 2 und 4 sind parallel anwendbar.

F. Unterbliebenes Kenntlichmachen des kommerziellen Zwecks, § 5a Abs. 6

I. Allgemeines

1. Entstehungsgeschichte

170 § 5a Abs. 6, wonach unlauter handelt, wer den kommerziellen Zweck einer geschäftlichen Handlung nicht kenntlich macht, ist durch die Novelle von 2015 in das UWG aufgenommen worden. Bereits unter Geltung des UWG 1909 wurde die getarnte Werbung im Bereich der Printmedien, der elektronischen Medien und der Kinofilme wegen Verstoßes gegen § 1 UWG a. F. als sittenwidrig angesehen.[295] Mit dem UWG 2004 wurde die von der Rechtsprechung entwickelte Fallgruppe der getarnten Werbung in § 4 Nr. 3 übernommen. Danach handelte unlauter i. S. des § 3 UWG 2004, wer den Werbecharakter von Wettbewerbshandlungen verschleierte. Mit der Bestimmung dehnte der Gesetzgeber das medienrechtliche Verbot der Schleichwerbung auf alle Werbeformen aus.[296] Mit der UWG-Novelle 2008 wurde § 4 Nr. 3 nur insoweit modifiziert, als an die Stelle der Wettbewerbshandlungen die geschäftlichen Handlungen traten. Die Vorschrift diente nunmehr der Umsetzung von Art. 7 (2) UGP-RL über die fehlende Kenntlichmachung des kommerziellen Zwecks einer Geschäftspraxis. Die Notwendigkeit einer Anpassung der Vorschrift an die UGP-RL und die Aufnahme in den neu in das UWG 2008 eingefügten § 5a sah der Gesetzgeber nicht.[297] Die inhaltlichen Unterschiede zwischen § 4 Nr. 3 UWG 2008 und Art. 7 (2) UGP-RL überbrückte die Rechtsprechung durch eine richtlinienkonforme Auslegung.[298]

171 Im UWG 2015 ist die Bestimmung des § 4 Nr. 3 UWG 2008 in § 5a Abs. 6 übernommen und an Wortlaut und Inhalt des Art. 7 (2) UGP-RL angepasst worden.

293 BGH, 07.05.2015, I ZR 158/14, GRUR 2015, 1240 Rn. 29 – *Der Zauber des Nordens*; BGH, 14.01.2016, I ZR 61/14, GRUR 2016, 516 Rn. 21 – *Wir helfen im Trauerfall.*

294 Verordnung über Informationspflichten für Dienstleistungen, BGBl. 2010, I 267.

295 BGH, 23.03.1962, I ZR 138/60, GRUR 1962, 461, 464 – *Werbeveranstaltung mit Filmvorführung*; BGH, 10.07.1981, I ZR 96/79, BGHZ 81, 247, 250 – *Getarnte Werbung*; BGH, 22.02.1990, I ZR 78/88, BGHZ 110, 278, 291 – *Werbung im Programm*; BGH, 06.07.1995, I ZR 58/93, GRUR 1995, 744, 747 – *Feuer, Eis & Dynamit I.*

296 Begründung des Regierungsentwurfs eines Gesetzes gegen unlauteren Wettbewerb (UWG), BT-Drucks. 15/1487, S. 17.

297 Begründung des Regierungsentwurfs eines Ersten Gesetzes zur Änderung des Gesetzes gegen den unlauteren Wettbewerb, BT-Drucksache 16/10145, S. 17.

298 BGH, 01.07.2010, I ZR 161/09, GRUR 2011, 163 Rn. 21 – *Flappe.*

2. Unionsrecht

§ 5a Abs. 6 dient der teilweisen Umsetzung des Art. 7 (2) UGP-RL. Nach der Vorschrift des Art. 7 (2) UGP-RL gilt als irreführende Unterlassung, wenn ein Gewerbetreibender wesentliche Informationen i. S. des Art. 7 (1) unter Berücksichtigung der darin beschriebenen Einzelheiten verheimlicht oder auf unklare, unverständliche, zweideutige Weise oder nicht rechtzeitig bereitstellt. Dieser Teil des Art. 7 (2) UGP-RL ist in § 5a Abs. 2 Satz 2 umgesetzt worden. Daneben bezeichnet Art. 7 (2) UGP-RL als irreführende Unterlassung, wenn der Gewerbetreibende den kommerziellen Zweck der Geschäftspraxis nicht kenntlich macht, sofern er sich nicht unmittelbar aus den Umständen ergibt, und dies einen Durchschnittsverbraucher zu einer geschäftlichen Entscheidung veranlasst oder zu veranlassen geeignet ist, die er ansonsten nicht getroffen hätte. **Dieser Teil des Art. 7 (2) UGP-RL ist nahezu wörtlich nunmehr in § 5a Abs. 6 in das UWG eingefügt.** Dabei zeigt ein Vergleich mit der englischen und französischen Sprachfassung der UGP-RL, dass sich das Merkmal »unter Berücksichtigung der darin beschriebenen Einzelheiten« auch auf das unterbliebene Kenntlichmachen des kommerziellen Zwecks der Geschäftspraxis in Art. 7 (2) UGP-RL bezieht. Die Beurteilung, ob der Unternehmer den kommerziellen Zweck der Geschäftspraxis i. S. von Art. 7 (2) UGP-RL nicht kenntlich macht, ist daher »im konkreten Fall unter Berücksichtigung aller tatsächlichen Umstände und der Beschränkungen des Kommunikationsmediums« vorzunehmen. 172

3. Normzweck und -struktur

a) Normzweck

§ 5a Abs. 6 schützt den Verbraucher vor einer geschäftlichen Entscheidung, die er in Unkenntnis des kommerziellen Charakters der geschäftlichen Handlung des Unternehmers trifft. Die Bestimmung fügt sich in die Zielsetzung der irreführenden Unterlassungen nach Art. 7 UGP-RL und § 5a Abs. 2 bis 6 ein, **dem Verbraucher sämtliche Informationen zu verschaffen, die er für eine informierte Entscheidung benötigt.** Dazu rechnet die Kenntnis vom kommerziellen Charakter der geschäftlichen Handlung, die dem Verbraucher erst die Möglichkeit zu einer zutreffenden Einordnung und Gewichtung der Angaben für eine informierte Entscheidung verschafft. Der Verbraucher steht Verhaltensweisen und Angaben nichtkommerzieller Art häufig unkritischer gegenüber als solchen mit einem kommerziellen Hintergrund.[299] Geschützt werden soll der Verbraucher, der in Unkenntnis des kommerziellen Charakters keine informierte Entscheidung trifft. Schutzzweck ist nicht ein das Wettbewerbsrecht beherrschender 173

299 BGH, 06.07.1995, I ZR 58/93, GRUR 1995, 744, 747 – *Feuer, Eis & Dynamit I*; BGH, 01.07.2010, I ZR 161/09, GRUR 2011, 163 Rn. 13 – *Flappe*; BGH, 31.10.2012, I ZR 205/11, GRUR 2013, 644 Rn. 19 – *Preisrätselgewinnauslobung V*; BGH, 06.02.2014, I ZR 2/11, GRUR 2014, 879 Rn. 16 – *GOOD NEWS II*; Begründung des Regierungsentwurfs eines Ersten Gesetzes zur Änderung des Gesetzes gegen den unlauteren Wettbewerb, BT-Drucksache 16/10145, S. 32.

Wahrheitsgrundsatz[300] oder ein Schutz der Unabhängigkeit und Objektivität der Presse, des Rundfunks, des Fernsehens oder anderer Medien. Diesen letztgenannten Schutzzweck muss der Gesetzgeber durch andere Vorschriften sichern, etwa durch die Pressegesetze der Länder oder den Rundfunkstaatsvertrag.[301]

b) Normstruktur

174 § 5a Abs. 6 ist vom deutschen Gesetzgeber als **eigenständiger Unlauterkeitstatbestand** in das UWG übernommen worden.[302] Insoweit tritt § 5a Abs. 6 selbständig neben § 5a Abs. 2 und knüpft unmittelbar an § 3 Abs. 1 an. Ist der Tatbestand des § 5a Abs. 6 verwirklicht, ist das Verhalten unlauter und deshalb nach § 3 Abs. 1 unzulässig. Zwingend war diese Art der Normstruktur aufgrund des Art. 7 (2) UGP-RL nicht.[303] Der Gesetzgeber hat vielmehr den Regelungsbereich des Art. 7 (2) UGP-RL aufgeteilt und durch § 5a Abs. 2 Satz 2 teilweise an den Unlauterkeitstatbestand des § 5a Abs. 2 Satz 1 angefügt und im Übrigen mit § 5a Abs. 6 einen eigenen Unlauterkeitstatbestand geschaffen. **Für die Auslegung des § 5a Abs. 6 ist die Verselbständigung ohne Belang.**[304] Ob das unterbliebene Kenntlichmachen des kommerziellen Zwecks der Geschäftspraxis unlauter ist, ist anhand des konkreten Falls unter Berücksichtigung aller tatsächlichen Umstände und der Beschränkungen des Kommunikationsmediums festzustellen.

4. Nr. 11, Nr. 22 und Nr. 23 des Anhangs zu § 3 Abs. 3

175 Spezielle Ausprägungen einer Verschleierung des kommerziellen Charakters und Überschneidungen mit § 5a Abs. 6 enthalten Nr. 11, Nr. 22 und Nr. 23 des Anhangs zu § 3 Abs. 3.

176 Nach Nr. 11 des Anhangs ist eine unzulässige geschäftliche Handlung i. S. des § 3 Abs. 3 der vom Unternehmer finanzierte Einsatz redaktioneller Inhalte zu Zwecken der Verkaufsförderung, ohne dass sich dieser Zusammenhang aus dem Inhalt oder aus der Art der optischen oder akustischen Darstellung eindeutig ergibt (als Information getarnte Werbung, Einzelheiten siehe Anh. (zu § 3 Abs. 3) Nr. 11, Rdn. 154).

177 Nr. 22 bestimmt als unzulässige geschäftliche Handlung die Übermittlung von Werbematerial unter Beifügung einer Zahlungsaufforderung, wenn damit der unzutreffende Eindruck vermittelt wird, die beworbene Ware oder Dienstleistung sei bereits bestellt (Einzelheiten siehe Anh. (zu § 3 Abs. 3) Nr. 22, Rdn. 273).

---

300 So noch BGH, 06.07.1995, I ZR 58/93, GRUR 1995, 744, 747 – *Feuer, Eis & Dynamit I*; Ohly/*Sosnitza* § 5a Rn. 89.

301 BGH, 06.02.2014, I ZR 2/11, GRUR 2014, 879 Rn. 16 – *GOOD NEWS II.*

302 Beschlussempfehlung und Bericht des Ausschusses für Recht und Verbraucherschutz, BT Drucksache 18/6571, S. 15.

303 *Alexander, WRP 2016*, 139, 145; a. A. *Köhler*/Bornkamm/Feddersen § 5a Rn. 7.10.

304 A. A. offensichtlich Beschlussempfehlung und Bericht des Ausschusses für Recht und Verbraucherschutz, BT Drucksache 18/6571, S. 15.

Gem. Nr. 23 des Anhangs ist eine unzulässige geschäftliche Handlung die unwahre Angabe oder das Erwecken des unzutreffenden Eindrucks, der Unternehmer sei Verbraucher oder nicht für Zwecke seines Geschäfts, Handels, Gewerbes oder Berufs tätig (Einzelheiten siehe Anh. (zu § 3 Abs. 3) Nr. 23, Rdn. 283). **178**

Die Tatbestände der Nr. 11, Nr. 22 und Nr. 23 des Anhangs sind lex specialis zur allgemeinen Vorschrift des § 5a Abs. 6 und gehen in ihrem Anwendungsbereich der Bestimmung des § 5a Abs. 6 vor. **179**

5. Fehlendes Kenntlichmachen des kommerziellen Zwecks im B2B-Verhältnis

Der Anwendungsbereich des § 5a Abs. 6 ist auf geschäftliche Handlungen von Unternehmern gegenüber Verbrauchern beschränkt. Der Anwendungsbereich des § 4 Nr. 3 UWG 2004 und 2008 ging weiter und schützte auch Mitbewerber und sonstige Marktteilnehmer.[305] **Einigkeit besteht, dass auch Mitbewerber und sonstige Marktteilnehmer gegen getarnte Werbung zu schützen sind.** Unterschiedlich beurteilt wird dagegen, welche Rechtsgrundlage herangezogen werden soll. Teilweise wird angenommen, der Schutz folge aus einer analogen Anwendung des § 5a Abs. 6,[306] aus § 5a Abs. 1,[307] aus der »Unternehmergeneralklausel« des § 3 Abs. 1[308] oder aus § 5, soweit sonstige Marktteilnehmer betroffen seien, und aus § 3 Abs. 1, soweit der Schutz von Mitbewerbern begründet sei.[309] Gegen eine analoge Anwendung des § 5a Abs. 6 spricht das Fehlen einer Regelungslücke. Die Behauptung, die Vorschrift des § 5a Abs. 1 habe einen schwammigen Charakter,[310] ersetzt nicht die Feststellung einer Regelungslücke. Auf die Generalklausel des § 3 Abs. 1 kann wegen der subsidiären Funktion der Vorschrift (§ 3 Rdn. 8) erst zurückgegriffen werden, wenn speziellere Bestimmungen nicht zur Anwendung kommen. Für eine Aufspaltung nach dem zu schützenden Personenkreis besteht kein Anlass. Vielmehr werden Mitbewerber und sonstige Marktteilnehmer gegen ein unterbliebenes Kenntlichmachen des kommerziellen Zwecks einer geschäftlichen Handlung **nach § 5a Abs. 1 i. V. mit § 5 Abs. 1 Satz 1 geschützt** (zum Schutzbereich des § 5a Abs. 1 Rdn. 10 ff.). Dabei kann auf die Grundsätze zu § 5a Abs. 6 zurückgegriffen werden, soweit sich aus der unterschiedlichen Sichtweise der angesprochenen Verkehrskreise (Durchschnittsverbraucher, durchschnittlicher Unternehmer) keine Abweichungen ergeben. **180**

6. Verhältnis des § 5a Abs. 6 zu anderen lauterkeitsrechtlichen Vorschriften

a) § 3a

In verschiedenen Gesetzen finden sich medienrechtliche Bestimmungen, die besonderen Ausprägungen des unzureichenden Kenntlichmachens des kommerziellen Hinter- **181**

---

305 Zweideutig Beschlussempfehlung und Bericht des Ausschusses für Recht und Verbraucherschutz, BT Drucksache 18/6571, Seite 14.
306 *Köhler*/Bornkamm/Feddersen § 5a Rn. 7.9; Götting/*Nordemann*/*Hasselblatt* § 5a Rn. 207.
307 *Alexander* WRP 2016, 139, 145.
308 FBO/*Hoeren* § 5a Rn. 195.
309 Ohly/*Sosnitza* § 5a Rn. 90.
310 *Köhler*/Bornkamm/Feddersen § 5a Rn. 7.9; Götting/*Nordemann*/*Hasselblatt* § 5a Rn. 207.

grunds einer Maßnahme entgegenwirken. Im Anwendungsbereich der UGP-RL müssen diese Vorschriften eine Grundlage im Unionsrecht haben, um auf § 3a zurückgreifen zu können. Ist dies der Fall, kann neben § 5a Abs. 6 der Rechtsbruchtatbestand des § 3a i. V. mit der speziellen Vorschrift, soweit sie eine Marktverhaltensregelung ist, zur Anwendung kommen (Rdn. 14 ff.). Der Anwendungsbereich der UGP-RL ergibt sich aus ihrem Art. 3. Eine Einschränkung kann sich insbesondere aus Art. 3 (4) UGP-RL bei einer Kollision mit unionsrechtlichen Vorschriften ergeben, die besondere Aspekte unlauterer Geschäftspraktiken regeln. Außerhalb des Anwendungsbereichs der UGP-RL besteht keine Sperrwirkung durch die mit der UGP-RL verbundene Vollharmonisierung, so dass § 3a i. V. mit Marktverhaltensvorschriften mit und ohne unionsrechtlichen Hintergrund zur Anwendung kommt.[311]

182 **Spezielle Vorschriften für die Presse zur Trennung von redaktionellen Inhalten und Werbung enthalten die Pressegesetze der Länder**.[312] Danach hat der Verleger eines periodischen Druckwerks, der für eine Veröffentlichung ein Entgelt erhalten, gefordert oder sich hat versprechen lassen, diese Veröffentlichung, soweit sie nicht schon durch Anordnung und Gestaltung allgemein als Anzeige zu erkennen ist, deutlich mit dem Wort »Anzeige« zu bezeichnen. Die Bestimmungen der Landespressegesetze haben **zwei Ziele**. Sie sollen eine Irreführung der Leser verhindern, die daraus resultiert, dass die Verbraucher häufig Werbemaßnahmen, die als redaktionelle Inhalte getarnt sind, unkritischer gegenüberstehen als einer Wirtschaftswerbung, die als solche erkennbar ist, und sie sollen durch Trennung der Werbung vom redaktionellen Teil die Objektivität und Neutralität der Presse erhalten.[313]

183 Gesetzliche Grundlage für den Rundfunk ist der **Rundfunkstaatsvertrag**. Durch diesen zwischen den 16 Ländern Deutschlands abgeschlossenen Staatsvertrag werden Vorschriften der **Richtlinie 2010/13/EU über audiovisuelle Mediendienste**[314] umgesetzt. Nach Art. 9 (1) lit. a Richtlinie 2010/13/EU sorgen die Mitgliedstaaten dafür, dass die audiovisuelle kommerzielle Kommunikation, die von den ihrer Rechtshoheit unterworfenen Mediendiensteanbietern bereitgestellt wird, leicht als solche zu erkennen ist und Schleichwerbung in der audiovisuellen kommerziellen Kommunikation verboten ist. Art. 10 der Richtlinie 2010/13/EU sieht für gesponserte audiovisuelle Mediendienste oder Sendungen bestimmte Anforderungen vor. Art. 11 der Richtlinie schränkt Produktplatzierung ein. Der Umsetzung der Vorschriften der Richtlinie dienen §§ 7, 7a, 8, 10, 15, 16, 16a, 44 und 45 Rundfunkstaatsvertrag.

311 EuGH, 17.10.2013, C-391/12, GRUR 2013, 1245 Rn. 47 und 50 – *RLvS [Good News]*; BGH, 06.02.2014, I ZR 2/11, GRUR 2014, 879 Rn. 20 – *GOOD NEWS II*.

312 BGH, 06.02.2014, I ZR 2/11, GRUR 2014, 879 Rn. 16 – *GOOD NEWS II*.

313 BGH, 19.07.2012, I ZR 2/11, GRUR 2012, 1056 Rn. 10 – *GOOD NEWS*.

314 *Richtlinie 2010/13/EU* vom 10.03.2010 zur Koordinierung bestimmter Rechts- und Verwaltungsvorschriften der Mitgliedstaaten über die Bereitstellung audiovisueller Mediendienste (Richtlinie über audiovisuelle Mediendienste), ABl. L 95 vom 15.04.2010, S. 1.

Nach **Art. 6 der Richtlinie 2000/31/EG**[315] stellen die Mitgliedstaaten sicher, dass kommerzielle Kommunikationen, die Bestandteil eines Dienstes der Informationsgesellschaft sind oder einen solchen Dienst darstellen, klar als solche zu erkennen sind. Die Vorschrift wird durch **§ 6 Abs. 1 Nr. 1 und Abs. 2 TMG** umgesetzt. Nach § 6 Abs. 3 TMG bleiben die Vorschriften des UWG unberührt. § 5a Abs. 2 und 4 kommen zur Anwendung. Art. 6 der Richtlinie 2000/31/EG ist im Anhang II der UGP-RL angeführt (Rdn. 151). Daneben sind § 5a Abs. 6 und § 3a i. V. mit § 6 Abs. 1 Nr. 1 und Abs. 2 anwendbar. 184

b) § 5

Liegt eine Irreführung über den kommerziellen Zweck der geschäftlichen Handlung durch **positives Verhalten vor, greift § 5 Abs. 1 Satz 1 und 2 Nr. 3** ein. Es liegt eine Täuschung über die Beweggründe der geschäftlichen Handlung vor. Eine Abgrenzung zwischen positivem Verhalten und Unterlassen ist nicht erforderlich, wenn die parallele Anwendung von § 5 Abs. 1 und § 5a Abs. 6 zum selben Ergebnis führt. 185

c) § 5a Abs. 2 und 4

Zwischen § 5a Abs. 2 und 4 einerseits und § 5a Abs. 6 können im Anwendungsbereich der UGP-RL Überschneidungen bestehen, wenn in unionsrechtlichen Vorschriften Informationsanforderungen speziell geregelt sind, die sich gegen ein fehlendes Kenntlichmachen des kommerziellen Charakters einer geschäftlichen Handlung richten. 186

d) § 7

§ 5a Abs. 6 und § 7 können Überschneidungen im Anwendungsbereich aufweisen, wenn das fehlende Kenntlichmachen des kommerziellen Zwecks der geschäftlichen Handlung zugleich den Tatbestand einer unzumutbaren Belästigung erfüllt. 187

II. Voraussetzungen des § 5a Abs. 6

1. Geschäftliche Handlung gegenüber einem Verbraucher

§ 5a Abs. 6 setzt eine geschäftliche Handlung i. S. des § 2 Abs. 1 Nr. 1 gegenüber einem Verbraucher voraus. Der Anwendungsbereich des § 5a Abs. 6 ist auf den Schutz von Verbrauchern beschränkt. Erfasst werden Verhaltensweisen vor, bei oder nach einem Geschäftsabschluss. Der kommerzielle Charakter eines Verhaltens kann daher auch noch nach einem Vertragsschluss verschleiert werden. Hauptanwendungsfall des § 5a Abs. 6 ist allerdings das fehlende Kenntlichmachen vor einem Geschäftsabschluss. Im B2B-Verhältnis findet § 5a Abs. 6 jedenfalls keine direkte Anwendung (Rdn. 180). Der Begriff der geschäftlichen Handlung geht weiter als derjenige der Geschäftspraktik 188

---

315 Richtlinie 2000/31/EG vom 08.06.2000 über bestimmte rechtliche Aspekte der Dienste der Informationsgesellschaft, insbesondere über den elektronischen Geschäftsverkehr, im Binnenmarkt, ABl. L 178 vom 17.07.2000, S. 1.

nach Art. 2 lit. d UGP-RL.[316] Der Anwendungsbereich des § 5a Abs. 6 kann deshalb über denjenigen des Art. 7 (2) UGP-RL hinausgehen.

2. Kommerzieller Zweck

189 Nach Art. 7 (2) UGP-RL muss der kommerzielle Zweck der Geschäftspraktik nicht kenntlich gemacht worden sein. § 5a Abs. 6 übernimmt das Kriterium des kommerziellen Zwecks der geschäftlichen Handlung. Der kommerzielle Zweck besteht in der Förderung des Absatzes oder Bezugs von Waren oder Dienstleistungen oder dem Abschluss oder der Durchführung eines Vertrags und ist damit schon Bestandteil der Definition der geschäftlichen Handlung.[317] Der kommerzielle Zweck ist weit auszulegen und umfasst sämtliche auf Absatzförderung gerichteten Verhaltensweisen.

3. Nichtkenntlichmachen

a) Inhaltliche Anforderungen

190 Der kommerzielle Zweck der geschäftlichen Handlung muss sich entweder aus den Umständen ergeben oder der Unternehmer muss ihn kenntlich machen. Erforderlich ist, dass sich der kommerzielle Zweck aus den Umständen oder der Bezeichnung durch den Unternehmer für den angesprochenen Verkehrskreis **klar, verständlich und in eindeutiger Weise** ergibt.[318] Es gelten die Maßstäbe des § 5a Abs. 2 Satz 2 Nr. 2 (Rdn. 53–59). Diese sind auf § 5a Abs. 6 anwendbar. Das folgt aus einer richtlinienkonformen Auslegung des § 5a Abs. 6. Das Unionsrecht nimmt in Art. 7 (1) und (2) UGP-RL die im deutschen Recht vorgenommene Trennung zwischen § 5a Abs. 2 und 6 nicht vor. Die für ein Vorenthalten wesentlicher Informationen in § 5a Abs. 2 Satz 1 geltenden Maßstäbe sind daher auf § 5a Abs. 6 übertragbar. Maßgeblich für die Beantwortung der Frage, ob sich der kommerzielle Charakter klar, verständlich und eindeutig ergibt, ist die Sicht des Durchschnittsverbrauchers oder eines durchschnittlichen Mitglieds einer bestimmten Zielgruppe (§ 5 Rdn. 161 f., 168, 182).[319]

191 Der Unternehmer kann die Umstände der geschäftlichen Handlung so gestalten oder ausnutzen, dass sich der kommerzielle Zweck unmittelbar aus den Umständen zweifelsfrei ergibt. Das wird sehr häufig der Fall sein, weil die entsprechende Maßnahme eindeutig als Werbung zu erkennen ist. Erforderlich ist, dass diese Erkenntnis für den situationsadäquat aufmerksamen durchschnittlichen Angehörigen der Zielgruppe sich ohne weiteres und ohne eine analysierende Betrachtungsweise ergibt.[320]

192 **Folgt der kommerzielle Zweck nicht schon eindeutig und zweifelsfrei aus den Umständen, muss ihn der Unternehmer kenntlich machen.** Aus § 5a Abs. 6 ergibt

316 BGH, 06.02.2014, I ZR 2/11, GRUR 2014, 879 Rn. 13 – *GOOD NEWS II.*
317 *Köhler*/Bornkamm/Feddersen § 5a Rn. 7.23.
318 OLG Celle, 08.06.2017, 13 U 53/17, GRUR 2017, 1158; KG, 11.10.2017, 5 W 221/17, WRP 2018, 98, 99.
319 *Zu § 4 Nr. 3 UWG 2008* BGH, 30.06.2011, I ZR 157/10, GRUR 2012, 184 Rn. 19 – *Branchenbuch Berg.*
320 BGH, 31.10.2012, I ZR 205/11, GRUR 2013, 644 Rn. 21 – *Preisrätselgewinnauslobung V.*

sich eine Pflicht zum Tätigwerden. Die Bestimmung geht über den zuvor geltenden § 4 Nr. 3 UWG 2004 hinaus, der auf eine Verschleierung abstellte. Dagegen ist § 5a Abs. 6 der Vorschrift des Art. 7 (2) UGP-RL entsprechend als Unterlassungsdelikt ausgestaltet. § 5a Abs. 6 erfordert ein Tätigwerden des Unternehmers, um den kommerziellen Zweck zu verdeutlichen, wenn sich dieser nicht schon aus den Umständen ergibt.

Die richtlinienkonforme Auslegung des § 5a Abs. 6 erfordert bei der Beurteilung, ob **193** der Unternehmer den kommerziellen Zweck der Geschäftspraxis i. S. von Art. 7 (2) UGP-RL nicht kenntlich macht, die Berücksichtigung aller tatsächlichen Umstände und der Beschränkungen des Kommunikationsmediums (Rdn. 172).

b) Zeitliche Anforderungen

Der Unternehmer muss den kommerziellen Charakter rechtzeitig i. S. des § 5a Abs. 2 **194** Satz 2 Nr. 3 kenntlich machen. Die Grundsätze des § 5a Abs. 2 Satz 2 Nr. 3 (Rdn. 59) sind auf § 5a Abs. 6 entsprechend anwendbar. Das folgt aus Art. 7 (2) UGP-RL, der auf die rechtzeitige Bereitstellung der nach Art. 7 (1) und (2) wesentlichen Information abstellt. Der kommerzielle Zweck muss den angesprochenen Verkehrskreisen spätestens unzweideutig klar sein, bevor der Adressat eine geschäftliche Entscheidung trifft (Rdn. 59). Das bedeutet allerdings auch, dass an der bisherigen Rechtsprechung, wonach eine Aufklärung im Rahmen der näheren Befassung mit einer Veröffentlichung nicht ausreicht,[321] nicht uneingeschränkt festgehalten werden kann. Die eingehende Beachtung eines Artikels, bei dem der Durchschnittsverbraucher aufgrund seiner Aufmachung zunächst von einem nichtkommerziellen Hintergrund ausgeht und den kommerziellen Charakter erst beim Durchlesen erkennt, ist für sich genommen keine geschäftliche Entscheidung i. S. des § 2 Abs. 1 Nr. 9. **Das Kenntlichmachen des kommerziellen Hintergrunds ist in einem solchen Fall noch rechtzeitig vor der geschäftlichen Entscheidung, wenn davon auszugehen ist, dass der Durchschnittsverbraucher den aufklärenden Hinweis zur Kenntnis nimmt.** Es kommt darauf an, ob anzunehmen ist, ein situationsadäquat aufmerksamer Verbraucher werde so viel zur Kenntnis nehmen, dass ihm der Hinweis auf den kommerziellen Zweck auffällt.[322] Wird der kommerzielle Zweck dagegen erst deutlich, wenn der Nutzer in einem Internetauftritt einen Link zu einer Webseite mit Produktangeboten eines Unternehmens betätigt, ist die Aufklärung zu spät, weil das Aufsuchen der Internetseite mit derartigen Angeboten bereits eine geschäftliche Entscheidung ist.[323]

4. Geschäftliche Relevanz

Ebenso wie § 5a Abs. 2 enthält § 5a Abs. 6 eine Relevanzklausel. Das Nichtkenntlich- **195** machen muss geeignet sein, den Verbraucher zu einer geschäftlichen Entscheidung zu

---

321 BGH, 31.10.2012, I ZR 205/11, GRUR 2013, 644 Rn. 21 – *Preisrätselgewinnauslobung V.*

322 OLG Celle, 08.06.2017, 13 U 53/17, GRUR 2017, 1158; a. A. wohl unter Hinweis auf die vorstehende Entscheidung »Preisrätselgewinnauslobung V« KG, 11.10.2017, 5 W 221/17, WRP 2018, 98, 99.

323 KG, 11.10.2017, 5 W 221/17, WRP 2018, 98, 99.

veranlassen, die er andernfalls nicht getroffen hätte. Die Maßstäbe zu § 5a Abs. 2 Satz 1 Nr. 2 (Rdn. 70) gelten auch für § 5a Abs. 6. Die Relevanzklausel ist in Art. 7 (1) und (2) UGP-RL gleichermaßen ausgestaltet. Unter den Begriff der geschäftlichen Entscheidung fallen auch Entscheidungen des Verbrauchers, die dem Kaufentschluss vorgelagert sind, wie die Entscheidung ein Geschäft oder eine Veranstaltung aufzusuchen oder ein Verkaufsportal im Internet aufzurufen.

III. Fallgruppen

1. Allgemeines

196 Getarnte Werbung oder Schleichwerbung kann durch aktives Verhalten oder durch Unterbleiben der Aufdeckung des kommerziellen Charakters der Werbemaßnahme erfolgen. Der Unternehmer oder ein in seinem Auftrag handelnder Dritter stellt die Angaben so dar, dass der Eindruck entsteht, es handele sich um eine neutrale Information und keine Werbemaßnahme, oder er räumt den aufgrund der Umstände entstehenden Eindruck nicht aus. Der Verkehr wird der Information eines am Wettbewerb selbst nicht unmittelbar beteiligten Dritten regelmäßig größere Bedeutung und Beachtung beimessen als erkennbaren Angaben des Werbenden selbst. Dieser Gedanke gilt allgemein für alle Fallgestaltungen, bei denen Werbung als Äußerung eines scheinbar objektiven Dritten dargestellt und damit getarnt wird. Die Angaben können in die Form eines redaktionellen oder publizistischen Artikels,[324] einer Vorführung eines Films oder Fernsehbeitrags,[325] einer privaten Äußerung,[326] einer amtlichen Mitteilung oder einer wissenschaftlichen Veröffentlichung[327] gekleidet sein. Die getarnte Werbung kann darin bestehen, Verbraucher unter dem Vorwand einer neutralen Veranstaltung dazu zu veranlassen, an einer Produktvorstellung teilzunehmen.[328]

2. Werbung in redaktionell aufgemachten Beiträgen

a) Presse- und medienrechtlicher Trennungsgrundsatz

197 Für die Presse gilt der Grundsatz der Trennung redaktioneller Inhalte und Werbung. Der presse- und medienrechtliche Trennungsgrundsatz ist in den Landespressegesetzen inhaltlich ähnlich verankert. Danach hat der Verleger oder der Verantwortliche eines periodischen Druckwerks, der für eine Veröffentlichung ein Entgelt erhalten, gefordert oder sich hat versprechen lassen, diese Veröffentlichung, soweit sie nicht schon durch

324 BGH, 06.02.2014, I ZR 2/11, GRUR 2014, 879 Rn. 16 – *GOOD NEWS II.*

325 BGH, 22.02.1990, I ZR 78/88, BGHZ 110, 278, 291 – *Werbung im Programm*; BGH, 06.07.1995, I ZR 58/93, GRUR 1995, 744, 747 – *Feuer, Eis & Dynamit I.*

326 OLG Celle, 08.06.2017, 13 U 53/17, GRUR 2017, 1158; KG, 11.10.2017, 5 W 221/17, WRP 2018, 98, 99.

327 BGH, 17.11.1960, I ZR 78/59, GRUR 1961, 189, 191 – *Rippenstreckmetall*; BGH, 07.06.1967, Ib ZR 34/65, GRUR 1968, 382, 384 – *Favorit II*; BGH, 10.01.1968, Ib ZR 43/66, BGHZ 50, 1, 3 – *Pelzversand.*

328 BGH, 23.03.1962, I ZR 138/60, GRUR 1962, 461, 465 – *Werbeveranstaltung mit Filmvorführung.*

Anordnung und Gestaltung allgemein als Anzeige zu erkennen ist, deutlich mit dem Wort »Anzeige« zu bezeichnen.[329] Mit dem presse- und medienrechtlichen Trennungsgrundsatz werden gleichrangig zwei Ziele verfolgt. Es soll eine Irreführung der Leser verhindert werden, die daraus folgt, dass die Verbraucher häufig Werbemaßnahmen, die als redaktionelle Inhalte getarnt sind, unkritischer gegenüberstehen als einer Wirtschaftswerbung, die als solche erkennbar ist, und es soll die Objektivität und Neutralität der Presse erhalten bleiben.[330] Dadurch unterscheidet sich das presse- und medienrechtliche Trennungsgebot, wie es sich in den Landespressegesetzen findet, von dem lauterkeitsrechtlichen Verbot getarnter Werbung in redaktionellen Beiträgen. Der Schutz der Objektivität und Neutralität der Presse ist nur Schutzgegenstand des presse- und medienrechtlichen Trennungsgebots und nicht des § 5a Abs. 6, der ausschließlich der Irreführung der Verbraucher vorbeugen soll.[331]

Das presse- und medienrechtliche Trennungsgebot kann nach § 3a i. V. mit den jeweiligen Vorschriften der Landespressegesetze gegenüber Verlegern durchgesetzt werden, weil die beanstandete Maßnahme regelmäßig nicht in den Anwendungsbereich der UGP-RL fällt.[332] Daneben kann § 5a Abs. 6 zur Anwendung kommen, weil der Begriff der geschäftlichen Handlung nach § 2 Abs. 1 Nr. 1 weiter ist als derjenige der Geschäftspraxis und der Anwendungsbereich des § 5a Abs. 6 über denjenigen des Art. 7 (2) UGP-RL hinausgeht. Mittelbar führt der Normzweck des presse-und medienrechtlichen Trennungsgebots und des § 5a Abs. 6 zu einem Schutz rechtmäßig handelnder Mitbewerber. Dieser Schutz ist allerdings nur reflexartig ausgestaltet. Der Schutz des Wettbewerbers ist nicht Gegenstand des presse- und medienrechtlichen Trennungsgebots und des § 5a Abs. 6.[333] Ist keines der gesetzlichen Schutzgüter (Schutz der Interessen der Verbraucher und der Institution Presse) betroffen, versagt der Schutz der Mitbewerber. **198**

b) Werbeanzeige in Form eines redaktionellen Beitrags

Getarnte Werbung in der Presse kann dadurch erfolgen, dass eine Werbeanzeige in die Form eines redaktionellen Beitrags gekleidet wird. Dieser Fall wird häufig durch Nr. 11 des Anhangs zu § 3 Abs. 3 erfasst werden (siehe Anh. (zu § 3 Abs. 3) Nr. 11, Rdn. 154). Die Bestimmung geht § 5a Abs. 6 als lex specialis vor und erfordert keine geschäftliche Relevanz (siehe Anh. (zu § 3 Abs. 3) Nr. 11, Rdn. 156). **199**

---

329 § 10 LPresseG NW, § 10 LPresseG BW.

330 *BGH*, *01.07.2010*, I ZR 161/09, GRUR 2011, 163 Rn. 13 und 24 – *Flappe*; BGH, 19.07.2012, I ZR 2/11, GRUR 2012, 1056 Rn. 10 – *GOOD NEWS*; Begründung des Regierungsentwurfs eines Ersten Gesetzes zur Änderung des Gesetzes gegen den unlauteren Wettbewerb, BT-Drucksache 16/10145, S. 32.

331 BGH, 19.07.2012, I ZR 2/11, GRUR 2012, 1056 Rn. 10 – *GOOD NEWS*.

332 EuGH, 17.10.2013, C-391/12, GRUR 2013, 1245 Rn. 40 bis 50 – *RLvS [Good News]*; BGH, 06.02.2014, I ZR 2/11, GRUR 2014, 879 Rn. 20 – *GOOD NEWS II*; *Koch*, FS Köhler, 2014, 359, 368.

333 Anders noch BGH, 22.02.1990, I ZR 78/88, BGHZ 110, 278, 291 – *Werbung im Programm*.

200 Ein Kenntlichmachen des kommerziellen Charakters der Werbung ist nur erforderlich, wenn sich dieser Zweck nicht schon aus den Umständen ergibt. Wegen der Notwendigkeit der Trennung des redaktionellen Inhalts von Werbeanzeigen muss der Werbecharakter unzweifelhaft dargestellt werden. Verworrene, zweideutige, unklare oder versteckte Hinweise genügen nicht (Einzelheiten Anh. (zu § 3 Abs. 3) Nr. 11 Rdn. 163).

c) Verstoß gegen eine neutrale Berichterstattung

201 Der Leser erwartet von einem redaktionellen Beitrag eine objektive und neutrale Berichterstattung. Gegen das Gebot der objektiven und neutralen Berichterstattung kann das Presseunternehmen dadurch verstoßen, dass es **Beiträge Dritter** – etwa des Unternehmens, dessen Produkt besprochen wird – übernimmt, ohne kenntlich zu machen, von wem der Artikel stammt, wenn die Angaben in dem Beitrag unrichtig sind oder über eine sachliche Information hinaus eine werbende Darstellung erfolgt. Der Fall unrichtiger Angaben für sich genommen wird bereits von § 5 Abs. 1 Satz 2 Nr. 1 erfasst. § 5a Abs. 6 greift den Fall unrichtiger Angaben und werbemäßiger Herausstellung unter dem Gesichtspunkt des fehlenden Kenntlichmachens des kommerziellen Zwecks auf. Der Unternehmer, der den Beitrag zu seinem Produkt zur Verfügung stellt, verfolgt einen kommerziellen Zweck. Der Verleger oder verantwortliche Redakteur, der den Beitrag übernimmt, ist Mittäter oder Gehilfe, wenn er im Zusammenwirken mit dem Unternehmer davon absieht, den Beitrag als von dem Dritten stammend zu kennzeichnen. Der Durchschnittsverbraucher geht davon aus, dass der Artikel eine neutrale und objektive Darstellung enthält und stünde ihm wesentlich kritischer gegenüber, wenn ihm bekannt wäre, dass der Beitrag vom Hersteller oder Händler des besprochenen Produkts stammt.[334]

202 Der kommerzielle Charakter einer Berichterstattung muss nach § 5a Abs. 6 ebenfalls kenntlich gemacht werden, wenn zwar kein finanzieller Beitrag vom Unternehmer an das Presseorgan erfolgt, **die Redaktion wegen finanzieller Interessen aber nicht frei ist**, zu entscheiden, ob ein bestimmter Beitrag veröffentlicht wird.[335] Dazu reicht nicht jedes allgemeine finanzielle Interesse der Verlags oder der Redaktion – etwa an Anzeigenaufträgen – aus.[336]

---

334 BGH, 10.01.1968, Ib ZR 43/66, BGHZ 50, 1, 3 – *Pelzversand*; BGH, 29.03.1974, I ZR 15/73, GRUR 1975, 75, 77 – *Wirtschaftsanzeigen – publicrelations*; BGH, 10.07.1981, I ZR 96/79, BGHZ 81, 247, 251 – *Getarnte Werbung*; BGH, 18.02.1993, I ZR 219/91, GRUR 1993, 565, 566 – *Faltenglätter*; BGH, 18.02.1993, I ZR 14/91, GRUR 1993, 561, 562 – *Produktinformation*; BGH, 10.03.1994, I ZR 51/92, GRUR 1994, 445, 446 – *Beipackzettel*; BGH, 30.06.1994, I ZR 167/92, GRUR 1994, 819, 820 – *Produktinformation II*; BGH, 31.10.2012, I ZR 205/11, GRUR 2013, 644 Rn. 16 – *Preisrätselgewinnauslobung V*.

335 BGH, 10.07.1981, I ZR 96/79, BGHZ 81, 247, 251 – *Getarnte Werbung*.

336 BGH, 09.02.2006, I ZR 124/03, GRUR 2006, 875 Rn. 28 – *Rechtsanwalts-Ranglisten*.

d) Unterschiede bei bestimmten Publikationsorganen und Beiträgen

aa) Anzeigen- und Kundenzeitschriften, Werbeblätter

Die Anforderungen, die an Presseerzeugnisse im herkömmlichen Sinn zu stellen sind **203** und die in besonderem Maße den Schutz der Pressefreiheit in Anspruch nehmen können, gelten nicht in gleicher Weise für Anzeigen- und Kundenzeitschriften. Anzeigenblätter und Kundenzeitschriften enthalten regelmäßig einen umfangreichen Anzeigenteil und nur in einem geringeren Umfang redaktionelle Beiträge.[337] Der Verkehr erwartet in diesen Publikationsorganen, dass sie in besonderer Weise Werbezwecken dienen. Erst recht gilt dies für Werbeblätter, die in allererster Linie die Funktion eines Werbeprospekts haben und nur in untergeordneter Weise unterhaltsame Beiträge wie Horoskope oder Rätsel enthalten. Der Durchschnittsverbraucher stellt deshalb bei dieser Form von Zeitschriften und Blättern nach den Gesamtumständen eher in Rechnung, dass Inhalte einen kommerziellen Zweck haben. Das gilt auch für redaktionell aufgemachte Beiträge, bei denen der Durchschnittsverbraucher eher als bei herkömmlichen Presseerzeugnissen einen kommerziellen Zweck annehmen und ihnen deshalb kritischer gegenüberstehen wird. Erforderlich ist aber auch hier, dass der kommerzielle Zweck nach den Umständen oder dem Kenntlichmachen deutlich wird.

bb) Preisrätsel

Mit Preisrätseln ist eine Eigenwerbung des Verlags für das Presseprodukt verbunden, **204** die dessen Attraktivität erhöhen soll. Die für redaktionell gestaltete Beiträge geltenden strengen Anforderungen an die Trennung von Beiträgen und Anzeigen mit einem kommerziellen Hintergrund sind auf Preisrätsel nicht uneingeschränkt übertragbar. Preisrätsel sind zwar grundsätzlich dem redaktionell gestalteten und zu verantwortenden Bereich einer Zeitschrift zuzuordnen. **Es gelten jedoch für die lauterkeitsrechtliche Beurteilung solcher Beiträge und der darin enthaltenen Präsentation der ausgelobten Produkte andere Maßstäbe als für den engeren redaktionellen Bereich, der der Unterrichtung und der Meinungsbildung der Leser dient.**[338] Der durchschnittliche, situationsadäquat aufmerksame Leser erkennt in dem Gewinnspiel im Regelfall die Eigenwerbung des Verlages für die Zeitschrift und beurteilt das Gewinnspiel anders als Beiträge, die zum engeren redaktionellen Bereich zählen. Der Leser wird regelmäßig erwarten, dass ihm attraktive Gewinne präsentiert und diese positiv dargestellt werden. Aus diesem Grund ist eine Präsentation der ausgelobten Produkte grundsätzlich lauterkeitsrechtlich nicht zu beanstanden, wenn sie die Grenzen des Normalen und seriöserweise Üblichen nicht überschreitet.[339]

Lauterkeitsrechtlich unzulässig kann eine Darstellung der Preise sein, wenn die werb- **205** liche Herausstellung der ausgelobten Produkte deutlich im Vordergrund steht und

337 BGH, 05.02.2015, I ZR 136/13, GRUR 2015, 909 Rn. 34 – *TIP der Woche*.
338 BGH, 07.07.1994, I ZR 104/93, GRUR 1994, 821, 822 – *Preisrätselgewinnauslobung I*; BGH, 11.07.1996, I ZR 79/94, GRUR 1996, 804, 806 – *Preisrätselgewinnauslobung III*.
339 BGH, 11.07.1996, I ZR 183/93, GRUR 1997, 145, 146 – *Preisrätselgewinnauslobung IV*.

dabei dem Verkehr der Eindruck vermittelt wird, die Redaktion habe in einem objektiven Auswahlverfahren ein nicht nur als Preis attraktives, sondern wegen seiner Eigenschaften auch sonst besonders empfehlenswertes Produkt ausgesucht.[340] Der großzügigere Maßstab bei der Beurteilung redaktioneller Gewinnspiele greift nicht ein, wenn die Werbung für das ausgelobte Produkt selbst Teil des redaktionell verantworteten Gewinnspiels ist und dieses mit Elementen redaktioneller Berichterstattung angereichert ist, so dass werbliche und redaktionelle Ebenen ineinander übergehen und der Leser zwischen ihnen nicht mehr unterscheiden kann.[341] Der Verkehr stellt nicht von vornherein in Rechnung, dass die in redaktioneller Form dargebotene und mit sachlichen Informationen verbundene Unterhaltung der Förderung des Wettbewerbs eines Dritten dient. Vielmehr wird er davon ausgehen, dass der Beitrag auch in der Rubrik Preisrätsel von der Redaktion objektiv und unabhängig von wirtschaftlichen Interessen Dritter gestaltet worden ist. Er wird deshalb den in diesem Teil des Beitrags enthaltenen Informationen größere Bedeutung und Beachtung beimessen und ihm unkritischer gegenüberstehen als ohne weiteres als Werbung erkennbaren Angaben des Werbenden selbst.[342]

e) Passivlegitimation

206 Lauterkeitsrechtlich verantwortlich für eine getarnte Werbung sind der **Presseunternehmer**[343] **und der verantwortliche Redakteur.**[344]

207 Daneben haftet **der Unternehmer, der eine getarnte Werbung veranlasst** oder durch einen von ihm vorformulierten Beitrag mit unrichtigen Angaben oder einer übermäßig positiven Darstellung einen Verstoß gegen § 5a Abs. 6 veranlasst.[345] Nicht verwehrt ist es allerdings Unternehmen, ihre Leistungen gegenüber der Presse anzupreisen. Eine sachlich zutreffende Information der Presse durch ein Wirtschaftsunternehmen ist lauterkeitsrechtlich nicht zu beanstanden, wenn sie dem presserechtlich Verantwortlichen die freie und unbeeinflusste Entscheidung über die Verwertung der Information belässt. Ein Unternehmen, das zutreffend über seine Waren und Leistungen informiert, ist wettbewerbsrechtlich grundsätzlich nicht dafür verantwortlich, dass ein Presseorgan bei seiner Berichterstattung die erteilten Informationen unter Verletzung des Gebots der

340 BGH, 07.07.1994, I ZR 162/92, GRUR 1994, 823, 824 – *Preisrätselgewinnauslobung II*; BGH, 11.07.1996, I ZR 79/94, GRUR 1996, 804, 806 – *Preisrätselgewinnauslobung III*; BGH, 11.07.1996, I ZR 183/93, GRUR 1997, 145, 147 – *Preisrätselgewinnauslobung IV*; BGH, 31.10.2012, I ZR 205/11, GRUR 2013, 644 Rn. 17 – *Preisrätselgewinnauslobung V.*

341 BGH, 31.10.2012, I ZR 205/11, GRUR 2013, 644 Rn. 18 – *Preisrätselgewinnauslobung V.*

342 BGH, 31.10.2012, I ZR 205/11, GRUR 2013, 644 Rn. 19 – *Preisrätselgewinnauslobung V.*

343 BGH, 05.03.1963, VI ZR 55/62, BGHZ 39, 124, 129 – *Fernsehansagerin*; BGH, 03.02.1994, I ZR 321/91, GRUR 1994, 441, 443 – *Kosmetikstudio*; BGH, 18.09.1997, I ZR 71/95, GRUR 1998, 471, 473 – *Modenschau im Salvatorkeller.*

344 BGH, 18.06.1974, VI ZR 16/73, GRUR 1975, 208 – *Deutschland-Stiftung.*

345 BGH, 21.02.1964, Ib ZR 108/62, GRUR 1964, 392, 393 – *Weizenkeimöl*; BGH, 14.12.1966, Ib ZR 125/64, GRUR 1967, 363, 365, 367 – *Spezialsalz*; BGH, 10.07.1981, I ZR 96/79, BGHZ 81, 247, 251 – *Getarnte Werbung*; BGH, 18.02.1993, I ZR 14/91, GRUR 1993, 561, 562 – *Produktinformation.*

sachlichen Berichterstattung verwertet.[346] Anders liegen die Dinge, wenn ein Unternehmer dem Presseunternehmen die Produktinformation gezielt zur Veröffentlichung oder in einer Weise zukommen lässt, die die Annahme nahelegt, dass über das Produkt in einem redaktionellen Beitrag in der Form einer getarnten Werbung oder in irreführender Weise berichtet wird. In einem solchen Fall trifft das werbende Unternehmen die Verpflichtung, sich eine Überprüfung des Artikels vorzubehalten.[347] Dazu bedarf es allerdings konkreter Anhaltspunkte. Es besteht keine anlasslose Überprüfungspflicht des Unternehmers oder Informanten gegenüber Presseunternehmer und Redakteur.[348]

3. Schleichwerbung im Rundfunk und Fernsehen

a) Rundfunkstaatsvertrag

Durch den Rundfunkstaatsvertrag werden Vorschriften der Richtlinie 2010/13/EU über audiovisuelle Mediendienste[349] umgesetzt. Nach Art. 9 (1) lit. a Richtlinie 2010/13/EU sorgen die Mitgliedstaaten dafür, dass die audiovisuelle kommerzielle Kommunikation, die von den ihrer Rechtshoheit unterworfenen Mediendiensteanbietern bereitgestellt wird, leicht als solche zu erkennen ist und Schleichwerbung in der audiovisuellen kommerziellen Kommunikation verboten ist. Art. 10 der Richtlinie 2010/13/EU sieht für gesponserte audiovisuelle Mediendienste oder Sendungen bestimmte Anforderungen vor. Art. 11 der Richtlinie schränkt Produktplatzierung ein. Der Umsetzung der Vorschriften der Richtlinie dienen §§ 7, 7a, 8, 10, 15, 16, 16a, 44 und 45 Rundfunkstaatsvertrag. **208**

Nach § 7 Abs. 2 Satz 2 Rundfunkstaatsvertrag dürfen Werbung oder Werbetreibende das übrige Programm inhaltlich und redaktionell nicht beeinflussen. In § 7 Abs. 3 Rundfunkstaatsvertrag ist bestimmt, dass Werbung und Teleshopping als solche leicht erkennbar und vom redaktionellen Inhalt unterscheidbar sein müssen. In der Werbung und im Teleshopping dürfen keine Techniken der unterschwelligen Beeinflussung eingesetzt werden. Auch bei Einsatz neuer Werbetechniken müssen Werbung und Teleshopping dem Medium angemessen durch optische oder akustische Mittel oder räumlich eindeutig von anderen Sendungsteilen abgesetzt sein. Gem. § 7 Abs. 4 Satz 1 Rundfunkstaatsvertrag ist eine Teilbelegung des ausgestrahlten Bildes mit Werbung zulässig, wenn die Werbung vom übrigen Programm eindeutig optisch getrennt und als solche gekennzeichnet ist. **209**

Schleichwerbung, Produkt- und Themenplatzierung sowie entsprechende Praktiken sind nach § 7 Abs. 7 Satz 1 Rundfunkstaatsvertrag unzulässig. §§ 15 und 44 Rundfunkstaatsvertrag sehen Ausnahmen für eine Produktplatzierung vor. In diesen Fällen **210**

---

346 BGH, 18.10.1995, I ZR 22/93, GRUR 1996, 71, 72 – *Produktinformation III*; BGH, 19.09.1996, I ZR 130/94, GRUR 1997, 139, 140 – *Orangenhaut.*

347 BGH, 18.02.1993, I ZR 14/91, GRUR 1993, 561, 562 – *Produktinformation.*

348 BGH, 23.01.1997, I ZR 238/93, GRUR 1997, 541, 543 – *Produkt-Interview.*

349 Richtlinie 2010/13/EU vom 10.03.2010 zur Koordinierung bestimmter Rechts- und Verwaltungsvorschriften der Mitgliedstaaten über die Bereitstellung audiovisueller Mediendienste (Richtlinie über audiovisuelle Mediendienste), ABl. L 95 vom 15.04.2010, S. 1.

muss die Produktplatzierung nach § 7 Abs. 7 Satz 2 Rundfunkstaatsvertrag folgende Voraussetzungen erfüllen: (1) Die redaktionelle Verantwortung und Unabhängigkeit hinsichtlich Inhalt und Sendeplatz müssen unbeeinträchtigt bleiben, (2) die Produktplatzierung darf nicht unmittelbar zu Kauf, Miete oder Pacht von Waren oder Dienstleistungen auffordern, insbesondere nicht durch spezielle verkaufsfördernde Hinweise auf diese Waren oder Dienstleistungen, und (3) das Produkt darf nicht zu stark herausgestellt werden; dies gilt auch für kostenlos zur Verfügung gestellte geringwertige Güter. Auf eine Produktplatzierung ist nach § 7 Abs. 7 Satz 3 und 4 Rundfunkstaatsvertrag eindeutig hinzuweisen und sie ist zu Beginn und zum Ende einer Sendung sowie bei deren Fortsetzung nach einer Werbeunterbrechung oder im Hörfunk durch einen gleichwertigen Hinweis angemessen zu kennzeichnen. Die Kennzeichnungspflicht entfällt nach § 7 Abs. 7 Satz 5 Rundfunkstaatvertrag für Sendungen, die nicht vom Veranstalter selbst oder von einem mit dem Veranstalter verbundenen Unternehmen produziert oder in Auftrag gegeben worden sind, wenn nicht mit zumutbarem Aufwand ermittelbar ist, ob Produktplatzierung enthalten ist; hierauf ist hinzuweisen.

b) Verstoß gegen die Grundsätze der getarnten Werbung

211 Verstöße gegen die Bestimmungen des Rundfunkstaatsvertrags über die Kennzeichnungspflicht von Werbung und die Unzulässigkeit von Schleichwerbung, Produkt- und Themenplatzierung sowie entsprechende Praktiken können den Tatbestand des Rechtsbruchs nach § 3a erfüllen. Es handelt sich um Marktverhaltensregeln.[350] Zudem kann das Verhalten die Voraussetzungen des § 5a Abs. 6 erfüllen und nach § 3 Abs. 1 unzulässig sein.

4. Getarnte Werbung im Internet

212 Besonders dynamisch hat sich in der Vergangenheit die Werbung im Internet entwickelt. Damit einhergehen Werbeformen, mit denen der kommerzielle Charakter nicht kenntlich gemacht wird und sich auch nicht aus den Umständen ergibt. In den Blickpunkt geraten ist die Bedeutung des Influencer-Marketings.[351] Als Influencer werden Personen bezeichnet, die in sozialen Netzwerken besonders aktiv sind und durch ihre Präsenz und ihr Ansehen sich besonders für Marketingmaßnahmen eignen.

213 Die getarnte Werbung im Internet unterliegt keinen besonderen Regeln. Vielmehr gelten die allgemeinen Maßstäbe des Nr. 11, Nr. 22 und Nr. 23 des Anhangs zu § 3 Abs. 3, § 5a Abs. 6, des § 3a i. V. mit einer Marktverhaltensvorschrift und des § 6 Abs. 1 Nr. 1 TMG.

350 Zu § 11d Abs. 2 Satz 1 Nr. 3 RStV BGH, 30.04.2015, I ZR 13/14, BGHZ 205, 195 Rn. 55–57 – *Tagesschau-App*; zu § 11a Abs. 1 Satz 2 RStV BGH, 26.01.2017, I ZR 207/14, GRUR 2017, 422 Rn. 27 – *ARD-Buffet*; zu § 7 RStV a. F. BGH, 22.02.1990, I ZR 78/88, BGHZ 110, 278, 290 – *Werbung im Programm*; BGH, 19.03.1992, I ZR 64/90, BGHZ 117, 353, 362 – *Ereignis-Sponsorwerbung*.

351 *Lettmann*, GRUR 2018, 1206; *Ahrens*, GRUR 2018, 1211; *Peifer*, GRUR 2018, 1218.

Erforderlich ist für das Vorliegen einer Unlauterkeit nach § 5a Abs. 6, dass eine geschäftliche Handlung vorliegt, der kommerzielle Zweck sich nicht aus den Umständen und einem Kenntlichmachen ergibt und das Verhalten geschäftlich relevant ist. 214

Im Internet bestehen zahlreiche Foren und Möglichkeiten zur Meinungsäußerung, die den **Eindruck privaten Handelns** erwecken. Dazu zählen Eintragungen in Blogs und Bewertungsportalen, die Betätigung von Buttons[352] im Internet und Empfehlungen von Influencern.[353] Geht der durchschnittliche Nutzer von einer privaten Äußerung aus und liegt tatsächlich ein kommerzieller Zweck der Angabe zugrunde, liegt ein Verstoß gegen § 5a Abs. 6 vor, wenn die geschäftliche Relevanz gegeben ist. Dazu rechnen Nutzerprofile, die gegen Entgelt positive Angaben zu Produkten veröffentlichen, Bewertungen auf Plattformen und den Internetauftritten von Unternehmen abgeben oder Eintragungen in Internetverzeichnissen, wie etwa Wikipedia, vornehmen.[354] Ob die gegen Entgelt vorgenommen Eintragungen richtig oder falsch sind, ob sie positive oder negative Bewertungen enthalten, ist für die Anwendung des § 5a Abs. 6 unerheblich. Die Bestimmung knüpft grundsätzlich nicht an die inhaltliche Richtigkeit, sondern das fehlende Kenntlichmachen des kommerziellen Zwecks an. 215

Eine getarnte Werbung im Internet kann durch das **Setzen von Links** erfolgen. Wird in einem redaktionellen Beitrag ein Link zu einer Produktwerbung gesetzt, dem der Nutzer den kommerziellen Zweck nicht entnehmen kann, kann dies nach § 5a Abs. 6 unlauter sein.[355] 216

5. Schleichwerbung in Kinofilmen

Bei einer getarnten Werbung in Kinofilmen greift das Verbot aus § 5a Abs. 6 ebenfalls ein. Die Grundsätze des Kenntlichmachens des kommerziellen Zwecks einer geschäftlichen Handlung sind wegen des Grundrechts der Kunstfreiheit weniger streng als bei einer getarnten Werbung in redaktionellen Beiträgen der Presse, des Rundfunks und des Fernsehens.[356] Der Verbraucher muss in Rechnung stellen, dass dem Filmhersteller von Unternehmen kostenlos Produkte zur Verfügung gestellt werden, um sie in die Handlung zu integrieren. Zudem kann kein Vertriebsverbot beansprucht werden, sondern nur die Erfüllung von Auflagen, etwa Hinweise auf den werblichen Charakter bestimmter Darstellungen, für die ein Entgelt gezahlt worden ist. 217

6. Sponsoring

Sponsoring ist die gezielte Förderung von Personen, Organisationen oder Veranstaltungen durch Geld-, Sach- oder Dienstleistungen, um einen positiven Zusammenhang 218

352 LG Hamburg, 10.01.2013, 327 O 438/11, WRP 2013, 679.
353 OLG Celle, 08.06.2017, 13 U 53/17, GRUR 2017, 1158; KG, 11.10.2017, 5 W 221/17, WRP 2018, 98, 99.
354 OLG München, 10.05.2012, 29 U 515/12, WRP 2012, 1145, 1147.
355 KG, 30.06.2006, 5 U 127/05, GRUR 2007, 254, 255; OLG München, 10.12.2009, 29 U 2841/09, WRP 2010, 671.
356 BGH, 06.07.1995, I ZR 58/93, BGHZ 130, 205, 215 ff – *Feuer, Eis & Dynamit I*.

zwischen dem Erscheinungsbild, dem Namen, der Marke, den Waren oder der Dienstleistung des Sponsors und den geförderten Aktivitäten herzustellen.[357] Sponsoring darf nach § 5 Abs. 1 Satz 2 Nr. 4 nicht irreführend sein (Einzelheiten § 5 Rdn. 473–475). Unter § 5a Abs. 6 fallen Verhaltensweisen, bei denen der Unternehmer den kommerziellen Charakter des Sponsorings verschleiert, indem er etwa die geldwerten Leistungen als seinem privaten Bereich zugehörig darstellt.

7. Weitere Erscheinungsformen der getarnten Werbung

219 Eine getarnte Werbung kann in der **Zusendung von Bestellscheinen** für einen entgeltlichen Bezug von Produkten liegen, durch die der Eindruck einer kostenlosen Leistung hervorgerufen wird.[358] Wird der Werbecharakter von **Verkaufsfahrten und Veranstaltungen** nicht kenntlich gemacht und ergibt er sich nicht aus den Umständen, kann ein Verstoß gegen § 5a Abs. 6 gegeben sein (zur Irreführung nach § 5 § 5 Rdn. 289).[359] Unter § 5a Abs. 6 fällt ein Angebot, das den **Eindruck eines Privatangebots** hervorruft, obwohl das Angebot dem geschäftlichen Bereich des Unternehmers zuzuordnen ist (Nr. 23 des Anhangs zu § 3 Abs. 3 und zur Irreführung nach § 5 § 5 Rdn. 423).

220 Dem fehlenden Kenntlichmachen des kommerziellen Zwecks nach § 5a Abs. 6 nicht zuzuordnen sind **Verhaltensweisen, bei denen der kommerzielle Zweck nicht unterdrückt wird,** sondern nur die Art der Leistung verschleiert wird. Dies ist etwa bei der Übersendung von Rechnungsformularen der Fall, denen keine Bestellung des Empfängers zugrunde liegt. Dieses Vorgehen ist über § 5 zu erfassen.

---

357 FBO/*Peifer/Obergfell* § 5 Rn. 407; GK/*Lindacher* § 5 Rn. 1034; Ohly/*Sosnitza* § 5 Rn. 698.
358 Ohly/*Sosnitza § 5a Rn. 150.*
359 BGH, 10.10.1985, I ZR 240/83, GRUR 1986, 318, 320 – *Verkaufsfahrten*; BGH, 07.07.1988, I ZR 36/87, GRUR 1988, 829, 830 – *Verkaufsfahrten II.*

§ 6 Vergleichende Werbung

(1) Vergleichende Werbung ist jede Werbung, die unmittelbar oder mittelbar einen Mitbewerber oder die von einem Mitbewerber angebotenen Waren oder Dienstleistungen erkennbar macht.

(2) Unlauter handelt, wer vergleichend wirbt, wenn der Vergleich

1. sich nicht auf Waren oder Dienstleistungen für den gleichen Bedarf oder dieselbe Zweckbestimmung bezieht,

2. nicht objektiv auf eine oder mehrere wesentliche, relevante, nachprüfbare und typische Eigenschaften oder den Preis dieser Waren oder Dienstleistungen bezogen ist,

3. im geschäftlichen Verkehr zu einer Gefahr von Verwechselungen zwischen dem Werbenden und einem Wettbewerber oder zwischen den von diesen angebotenen Waren oder Dienstleistungen oder den von ihnen verwendeten Kennzeichen führt,

4. den Ruf des von einem Mitbewerber verwendeten Kennzeichen in unlauterer Weise ausnutzt oder beeinträchtigt,

5. die Waren, Dienstleistungen, Tätigkeiten oder persönlichen oder geschäftlichen Verhältnisse eines Mitbewerbers herabsetzt oder verunglimpft oder

6. eine Ware oder Dienstleistung als Imitation oder Nachahmung einer unter einem geschützten Kennzeichen vertriebenen Ware oder Dienstleistung darstellt.

Celso Lopez Ramos

Übersicht **Rdn.**

A. Überblick

I. Regelungszweck und Systematik

1. Regelungszweck

Die Regelung des § 6 UWG statuiert die Voraussetzungen, unter denen vergleichende Werbung zulässig ist. Die aktuelle Fassung des § 6 UWG beruht auf Art. 1 Nr. 7 des am 30.12.2008 in Kraft getretenen »Ersten Gesetzes zur Änderung des Gesetzes gegen den unlauteren Wettbewerb« vom 22.12.2008[1], mit welchem die Richtlinie 2005/29/EG vom 11.05.2005[2] über unlautere Geschäftspraktiken von Unternehmen gegenüber Verbrauchern im Binnenmarkt[3] – teilweise – und die Richtlinie 2006/114/EG über irreführende und vergleichende Werbung vom 12.12.2006[4] in das nationale Recht umgesetzt wurde. 1

2. Systematik

§ 6 Abs. 1 UWG grenzt den sachlichen Anwendungsbereich der Regelung ein, in dem der Begriff der vergleichenden Werbung **legaldefiniert** wird. Danach muss die (vergleichende) Werbung zumindest einen Mitbewerber oder die von diesem angebotenen Waren oder Dienstleistungen unmittelbar oder mittelbar erkennbar machen. Zentrale Bestandteile des § 6 Abs. 1 UWG sind somit die Begriffe **Werbung**, **Mitbewerber** und (unmittelbare oder mittelbare) **Erkennbarkeit** (des Mitbewerbers oder seiner Waren oder Dienstleistungen). Nur wenn der sachliche Anwendungsbereich des § 6 Abs. 1 UWG eröffnet ist, mithin sämtliche Voraussetzungen der Definition der vergleichenden Werbung vorliegen, ist in einem zweiten Schritt zu bestimmen, ob der Werbevergleich unlauter ist. Dazu enthält § 6 Abs. 2 UWG einen Katalog von Tatbeständen, die in ihrer Zielrichtung verschiedene **Unlauterkeitskriterien** enthalten (§ 6 Abs. 2 Nr. 1 – Nr. 6 UWG). Erfüllt der Vergleich die Voraussetzungen (auch nur) eines der Tatbestände des § 6 Abs. 2 UWG oder enthält der Vergleich irreführende Angaben (§ 5 Abs. 3 i.V.m. Abs.1 UWG) ist er gemäß § 3 Abs. 1 UWG unlauter und fällt auf der Rechtsfolgenseite in den Anwendungsbereich der §§ 8 ff. UWG. 2

1 BGBl 2008 I, 2949.
2 Abl. Nr. L 149/2005, S. 22.
3 Im Folgenden: UGP-RL.
4 Abl. Nr. L 376/2006, S. 21.

II. Entstehungsgeschichte

1. Vergleichende Werbung in der höchstrichterlichen Rechtsprechung

3 Die Zulässigkeit der vergleichenden Werbung im deutschen Wettbewerbsrecht hat im Laufe der Zeit mehrere Wandlungen vollzogen[5]. Anfang des 20. Jahrhunderts galt vergleichende Werbung grundsätzlich als zulässig und im Wesentlichen nur beim Vorliegen einer Irreführungsgefahr – ausnahmsweise – als unlauter[6]. In der **Hellegold-Entscheidung**[7] kehrte das Reichsgericht das Regel-Ausnahme-Prinzip um. Vergleichende Werbung war jetzt **grundsätzlich sittenwidrig** und nur bei Vorliegen besonderer Umstände (Fortschritts- und Systemvergleiche sowie Abwehrvergleiche und Auskunftsvergleiche aufgrund eines Auskunftsverlangens von Kunden) wettbewerbsrechtlich zulässig[8]. Der BGH setzte diese Rechtsprechung im Wege der Rechtsfortbildung des § 1 UWG zunächst unverändert fort[9], um sie im Folgenden um einen Katalog von Rechtfertigungsgründen zu erweitern. So war vergleichende Werbung zulässig, wenn ein **»hinreichender Anlass«** bzw. ein **»hinreichend begründeter Anlass«** vorlag, die vergleichende Werbung in **Wahrnehmung berechtigter Interessen** erfolgte und sich der Vergleich nach Art und Maß in den Grenzen des Erforderlichen und der **sachlichen Erörterung** hielt. Irreführende Vergleiche sowie Vergleiche, die einen Mitbewerber oder dessen Leistung unsachlich oder pauschal herabwürdigten, wurden weiterhin als unzulässig angesehen. Preisvergleiche wurden nur ausnahmsweise als zulässig erachtet[10]. Die Rechtsprechung des BGH erfuhr nach dem Erlass der Richtlinie 97/55/EG vom 06.10.1997 zur Änderung der Richtlinie 84/450/EWG über irreführende Werbung zwecks Einbeziehung der vergleichenden Werbung[11] eine **grundlegende Änderung**. Schon vor Umsetzung der Richtlinie in deutsches Recht gab der BGH das Prinzip der Regel-Ausnahme auf. In **richtlinienkonformer Auslegung** des § 1 UWG wurde vergleichende Werbung nunmehr als grundsätzlich zulässig angesehen, wenn diese nicht gegen den Ausnahmekatalog des Art. 3 a der Richtlinie 97/55/EG verstieß. Dabei

5 Sack, Vergleichende Werbung nach der UWG-Novelle, WRP 2001, 327; *Köhler*/Bornkamm/Feddersen, § 6 Rn. 2; Harte/Henning/Sack, § 6 Rn. 1 ff.; GK/Glöckner, § 6, Rn. 19 ff.; FBO/Koos, § 6 Rn. 1 ff.

6 Vgl. Nachweise bei MünchKomm/Menke UWG, zu § 6 Rn. 3.

7 RG, 06.10.1931, GRUR 1931, 1299 – *Hellegold*: »Niemand kann Richter in eigener Sache sein«.

8 Die Änderung der Rechtsprechung wurde maßgeblich beeinflusst durch die Aufsätze von Kohler (MuW 1917, 127 ff.) und Lobe (MuW 1917, 129 ff.).

9 BGH, 13.11.1951, I ZR 44/51, GRUR 1952, 416 – *Dauerdose*; BGH, 08.04.1952, I ZR 80/51, GRUR 1952, 582 – *Sprechstunden*.

10 Vgl. Darstellung in BGH, 05.02.1998, I ZR 211/95, GRUR 1998, 824 – *Testpreis-Angebot*; allgemein BGH, 14.07.1961, I ZR 40/60, GRUR 1962, 45 – *Betonzusatzmittel*; BGH, 10.02.1986, I ZR 202/83, GRUR 1986, 618 – *Vorsatz-Fensterflügel*; BGH, 11.06.1992, I ZR 226/90, GRUR 1992, 625 – *Therapeutische Äquivalenz*; BGH, 01.02.1996, I ZR 50/94, GRUR 1996, 502 – *Energiekosten-Preisvergleich*; BGH, 19.09.1996, I ZR 72/94, GRUR 1997, 304 – *Energiekosten-Preisvergleich II*; BGH, 30.03.1989, I ZR 21/87, GRUR 1989, 668 – *Generikum-Preisvergleich*.

11 Abl. Nr. L 290/1997, S. 18.

stellte der BGH hinsichtlich des Begriffs der vergleichenden Werbung auf die in Art. 2 a der Richtlinie 97/55/EG aufgenommene Legaldefinition ab[12].

2. Normentwicklung

4 Durch das Gesetz zur vergleichenden Werbung und zur Änderung wettbewerbsrechtlicher Vorschriften vom 01.09.2000[13] wurde in Umsetzung der Richtlinie 97/55/EG zur Änderung der Richtlinie 84/450/EWG[14] über irreführende Werbung zwecks Einbeziehung der vergleichenden Werbung **erstmals** die Zulässigkeit der vergleichenden Werbung im UWG durch Änderung des § 2 UWG a. F. (Art. 1 Nr. 1) und Ergänzung des § 3 UWG a. F. (Art. 1 Nr. 2) gesetzlich geregelt. Der Gesetzessystematik des UWG folgend, wurden Verbotstatbestände aufgenommen, bei deren Vorliegen der Werbevergleich gegen »die guten Sitten im Sinne von § 1« verstieß. Die Unlauterkeit der **irreführenden** vergleichenden Werbung wurde in § 3 Satz 2 UWG a. F. geregelt. Durch das UWG-Reformgesetz vom 03.07.2004[15] wurde die Regelung des § 2 UWG a. F nahezu[16] unverändert in § 6 UWG übernommen. Die Unlauterkeit des irreführenden Werbevergleichs wurde in § 5 Abs. 3 i.V.m. Abs. 1 UWG verankert.

5 Durch das »Erste Gesetz zur Änderung des Gesetzes gegen den unlauteren Wettbewerb« vom 22.12.2008[17] wurden in Umsetzung der UGP-RL[18] und der Richtlinie 2006/114/EG über irreführende und vergleichende Werbung vom 12.12.2006[19] § 6 Abs. 2 Nr. 1 UWG (Streichung der Wörter »im Sinne von § 3«), § 6 Abs. 2 Nr. 3 UWG (Einfügung von »einer Gefahr von« vor dem Wort »Verwechselungen«) und § 6 Abs. 2 Nr. 4 UWG (statt »die Wertschätzung« das Wort »der Ruf«) geändert (Art. 1 Nr. 7). Zugleich wurde § 6 Abs. 3 UWG aufgehoben (Art. 1 Nr. 7). Schließlich wurde – mit Bezug zur Zulässigkeit der vergleichenden Werbung – in § 5 Abs. 2 UWG eine besondere Ausprägung der irreführenden vergleichenden Werbung aufgenommen (Art. 1 Nr. 5).

---

12 Grundlegend BGH, 05.02.1998, I ZR 211/95, GRUR 1998, 824 – *Testpreis-Angebot*: dem lag allerdings ein Warenartvergleich zugrunde, der allgemein nur »alle« Mitbewerber erkennbar machte, was nach der neueren BGH-Rechtsprechung nicht ausreichend sein dürfte, um vergleichende Werbung anzunehmen; BGH, 23.04.1998, I ZR 2/96, GRUR 1999, 69 – *Preisvergleichsliste II*; BGH, 15.10.1998, I ZR 69/96, GRUR 1999, 501 – *Vergleichen Sie*; BGH, 25.03.1999, I ZR 77/97, GRUR 1999, 1100 – *Generika-Werbung*.

13 BGBl 2000 I, 1374; in Kraft getreten am 14.09.2000.

14 Abl. Nr. L 290/1997, 18.

15 BGBl 2004 I, 1414, gültig ab 08.07.2004.

16 Verändert wurde der Einleitungssatz in § 6 Abs. 2 UWG: Statt des Verstoßes gegen die guten Sitten i.S.d. § 1 UWG wurde die Unlauterkeit gemäß § 3 UWG in Bezug genommen.

17 BGBl 2008 I, 2949, gültig ab 30.12.2008.

18 Abl. Nr. L 149/2005, S. 22.

19 Abl. Nr. L 376/2006, S. 21.

III. Unionsrechtliche Grundlagen

1. Richtlinien

a) Richtlinie 84/450/EWG

6 Schon in den Erwägungsgründen zur Richtlinie 84/450/EWG vom 10.09.1984 zur Angleichung der Rechts- und Verwaltungsvorschriften der Mitgliedsstaaten über irreführende Werbung[20] wurde ausgeführt, dass in einer ersten Phase die einzelstaatlichen Bestimmungen zum Schutz gegen irreführende Werbung einander anzugleichen sind und in einer zweiten Phase die unlautere Werbung und, soweit erforderlich, auch die **vergleichende Werbung** zu behandeln sei. Die Richtlinie hatte den Zweck, Verbraucher, Gewerbetreibende und die Allgemeinheit vor irreführender Werbung und deren unlauteren Auswirkungen zu schützen (Art. 1). Art. 2 der Richtlinie enthielt eine Legaldefinition des Begriffes »Werbung«. Art. 7 der Richtlinie erlaubte es den Mitgliedsstaaten, Bestimmungen aufrechtzuerhalten oder zu erlassen, die einen weiterreichenden Schutz der Verbraucher, der Gewerbetreibenden und der Allgemeinheit vorsehen.

b) Richtlinie 97/55/EG

7 Durch die Richtlinie 97/55/EG vom 06.10.1997 zur Änderung der Richtlinie 84/450/EWG über irreführende Werbung zwecks Einbeziehung der vergleichenden Werbung[21] wurde – wie schon aus der Richtlinienbezeichnung hervorgeht – die Richtlinie 84/450/EWG geändert und – wie schon in den Erwägungsgründen der Richtlinie 84/450/EWG angekündigt – um das Recht der **vergleichenden Werbung** ergänzt[22]. Die Richtlinie hatte das Ziel, die Bedingungen für vergleichende Werbung in den Mitgliedstaaten **abschließend** zu harmonisieren[23]. Damit wurde die Erwartung verknüpft, die Verbraucher objektiv über die Vorteile der verschiedenen vergleichbaren Produkte zu informieren, den Wettbewerb im Interesse der Verbraucher zu fördern[24] sowie eine damit einhergehende erhöhte Markttransparenz[25] zu begründen. In Art 2a wurde der Begriff der vergleichenden Werbung legaldefiniert. Art. 3a (1) regelte in den Buchstaben a) – g) kumulativ die Voraussetzungen, unter denen vergleichende Werbung zulässig war. Hielt

20 Abl. Nr. L 250/1984, S.17, auch als Irreführungsrichtlinie bezeichnet.

21 Abl. Nr. L 290/1997, S. 18.

22 Hierzu allgemein: Plassmann, Vergleichende Werbung im Gemeinsamen Markt – Die geplante EG-Richtlinie über vergleichende Werbung und ihre Auswirkungen auf das deutsche wettbewerbsrecht, GRUR 1996, 377; Plaß, Die gesetzliche Neuregelung der vergleichenden Werbung, NJW 2000, 3161; Sack, Vergleichende Werbung nach der UWG-Novelle, WRP 2001, 327; Ohly/Spence, Vergleichende Werbung: Die Auslegung der Richtlinie 97/55 EG in Deutschland und Großbritannien, GRUR Int. 1999, 681.

23 ErwG 2 und 3; EuGH, 08.02.2017, C-562/15, GRUR 2017, 280, Rn. 20 – *ITM/Carrefour*; EuGH, 18.11.2010, C-159/09, GRUR 2011, 159, Rn. 22 – *Lidl*.

24 ErwG 2 *und 5 RL; in diesem Sinne* auch EuGH, 19.09.2006, C-356/04, GRUR 2007, 69, Rn.22 – *Lidl/Colruyt*.

25 ErwG 7 der Richtlinie.

der Werbevergleich auch nur eine dieser Voraussetzungen nicht ein, war er zu verbieten.[26]

c) Richtlinie 2005/29/EG

Die UGP-Richtlinie vom 11.05.2005 führte durch ihren Art. 14 zu mehreren Änderungen der – bereits durch die Richtlinie 97/55/EG geänderten bzw. ergänzten – Richtlinie 84/450/EWG. Folgende Änderungen bzw. Ergänzungen wurden eingeführt: 8

- Art. 1 definiert den Zweck der Richtlinie (jetzt) als den »Schutz von Gewerbetreibenden vor irreführender Werbung und deren unlauteren Auswirkungen sowie die Festlegung der Bedingungen für zulässige vergleichende Werbung«. Die bis dahin geltende Regelung sah demgegenüber – in Bezug auf Irreführung und deren Auswirkungen – den Schutz der Verbraucher, Gewerbetreibenden und der Allgemeinheit (Schutzzwecktrias[27]) vor.
- Art. 3a (1) lit. a wurde dahingehend ergänzt, dass vergleichende Werbung, was den Vergleich anbelangt, als zulässig gilt, wenn sie nicht irreführend sowohl im Sinne der Regelungen der vorliegenden Richtlinie (Art. 2 Nr. 2, Art. 3 und Art. 7 (1)) als auch »im Sinne der Artikel 6 und 7 der Richtlinie 2005/29/EG« ist.
- Die bisherige Regelung des Art. 3a (1) lit. d (Herbeiführung einer Verwechselung) findet sich jetzt in Art. 3a (1) lit. h, wobei die Regelung auch inhaltlich dahingehend geändert wurde, dass bereits die Herbeiführung einer Verwechselungs**gefahr** (in Bezug auf die in der Regelung genannten Subjekte) ausreichend ist. Diese Regelung wird durch Art. 6 Abs. lit. a UGP-RL ergänzt, wonach eine Geschäftspraxis, die »jegliche Vermarktung eines Produkts, einschließlich **vergleichender Werbung**, die eine Verwechslungsgefahr mit einem anderen Produkt, Warenzeichen, Warennamen oder anderen Kennzeichen eines Mitbewerbers begründet«, als irreführend gilt.
- Im Übrigen wird klargestellt, dass von der Richtlinie weder die Bestimmungen der Richtlinie 84/450/EWG über Werbung, die für Unternehmen, aber nicht für Verbraucher irreführend ist, noch die Bestimmungen über vergleichende Werbung erfasst oder berührt werden[28]. Demnach enthält die Richtlinie keine speziellen Regelungen über vergleichende Werbung[29].

d) Richtlinie 2006/114/EG

Die verschiedenen Änderungen bzw. Ergänzungen der (Ursprungs-)Richtlinie 84/450/ EG (durch die Richtlinie 97/55/EG und Art. 14 der RL 2005/29/EG) führten zur **Unübersichtlichkeit** der Regeln über irreführende und vergleichende Werbung. Die Richtlinie 2006/114/EG vom 12.12.2006 über irreführende und vergleichende Werbung[30] hatte daher u. a. den Zweck, diesen Regelungsbereich wieder übersichtlich und 9

26 EuGH, 08.04.2003, C-44/01, GRUR 2003, 533, Rn. 44 u. 54 – *Pippig Augenoptik*
27 Ohly/Sosnitza, § 6 Rn. 9.
28 ErwG 6 UGP-RL.
29 Ohly/Sosnitza, § 6 Rn. 9.
30 Abl. Nr. L 376/2006, S. 21; im Folgenden: Werbe-RL.

klar darzustellen. Dieses Ziel sollte mit der Kodifizierung erreicht werden[31]. Neben der veränderten Gliederung der Erwägungsgründe enthält die Neufassung folgende redaktionelle Änderungen: Die Legaldefinitionen der Werbung bzw. der vergleichenden Werbung sind jetzt in Art. 2 lit. a bzw. Art. 2 lit. c enthalten. Der vorher in Art. 3 a lit. a – h normierte Zulässigkeitskatalog findet sich jetzt in Art. 4 lit. a – h. Die Regelung des Art. 7 a. F. wurde – zum Teil redaktionell verändert – in Art. 8 übernommen. Dabei wurde der Art. 7 (2) a. F. – inhaltlich unverändert – zum Art. 8 (1) Satz 2. Diese Änderung erforderte die Änderung der Verweisung in Art. 4 lit. a. Statt der Verweisung in Art. 3a (1) lit. a auf Art. 7 (1) a. F. wird jetzt in Art. 4 lit. a auf Art. 8 (1) verwiesen. Die Regelung in Art. 3 a Abs. 2 a. F. (auf Sonderangebote bezogener Vergleich) wurde ersatzlos gestrichen.

2. Auslegungsgrundsätze

a) Richtlinienkonforme Auslegung

10 Zur Auslegung des § 6 UWG ist zunächst auf die im deutschen Recht geltenden Auslegungsgrundsätze zurückzugreifen. So können Auslegungsfragen z. B. durch Heranziehung der Begründung zum Regierungsentwurf zu § 2 a. F. UWG (Vorgängerregelung zu § 6 UWG) geklärt werden[32]. Da aber § 6 UWG das Ergebnis der Umsetzung verschiedener europäischer Richtlinien in nationales Recht darstellt, gilt bei der Auslegung der Regelung das – aus der allgemeinen Loyalitätspflicht zwischen den Mitgliedsstaaten und der Gemeinschaft folgende[33] – Gebot der **richtlinienkonformen Auslegung**[34].

11 Dabei ist maßgeblich auf den aus den Erwägungsgründen ersichtlichen Zweck der Werbe-RL und ihren Wortlaut abzustellen. Zur Vermeidung von Widersprüchen ist auch das sonstige **primäre und sekundäre Unionsrecht** zu berücksichtigen[35]. So ist die Werbe-Richtlinie ihrerseits unter Beachtung der europarechtlichen Grundfreiheiten wie **Warenverkehrsfreiheit** und **Dienstleistungsfreiheit**[36] und der **europäischen Grundrechte**[37] auszulegen.

12 In Bezug auf das Gemeinschaftssekundärrecht ist insbesondere die (neue) **Markenrechtsrichtlinie**[38] zu beachten. Im Hinblick auf den Umstand, dass die Entscheidungen des EuGH für das nationale Recht der Mitgliedsstaaten bindend sind[39], hat natur-

31 ErwG 1 Werbe-RL.
32 Begr. RegE vom 20.03.2000, BT-Drs. 14/2959; FBO/Koos, § 6, Rn. 14.
33 Art. 4 (3) AEUV; MünchKomm/Menke UWG, § 6, Rn. 23.
34 GK/Glöckner, § 6, Rn. 67 ff.; *Köhler*/Bornkamm/Feddersen, § 6, Rn. 9 ff.
35 MünchKomm/Menke UWG, § 6 Rn. 28; *Köhler*/Bornkamm/Feddersen, § 6 Rn. 9.
36 Art. 34 ff. AEUV bzw. Art. 56 ff. AEUV.
37 Namentlich Art. 11 GR-Charta; Art. 10 (1) Satz 1 EMRK i.V.m. Art. 6 AEUV; BGH, 01.10.2009, I ZR 134/07, GRUR 2010, 161, Rn. 23 – *Gib mal Zeitung*; GK/Glöckner, § 6, Rn. 97 ff.
38 Richtlinie 2015/2436/EU vom 16.12.2015; Abl. Nr. L 336/2015, S. 1, die die Richtlinie 2008/95/EG vom 22.10.2008, Abl. Nr. L 299/2008, S. 25 ersetzt hat; Umsetzungsfrist läuft bis zum 14.01.2019, Art. 53 MRRL; jurisPK-UWG/Müller-Bidinger, zu § 6 Rn. 13.
39 MünchKomm/Menke UWG, § 6, Rn. 24.

gemäß auch die zur vergleichenden Werbung ergangene **Rechtsprechung des EuGH** Berücksichtigung zu finden[40]. Da die Zuständigkeit für die Auslegung der Werbe-RL allein beim EuGH liegt, sollten Auslegungsfragen frühzeitig dem EuGH nach Art. 267 AEUV zur Vorabentscheidung vorgelegt werden[41].

b) Besondere Auslegungsgrundsätze

In Anwendung der vorstehend dargelegten Grundsätze, insbesondere unter Berücksichtigung des – aus den Erwägungsgründen ersichtlichen – Zwecks der Werbe-Richtlinie und der bislang zu den einzelnen Richtlinien über vergleichende Werbung ergangenen Entscheidungen des EuGH sind die folgenden (besonderen) Auslegungsgrundsätze zu beachten: **13**

Werbung ist ein sehr wichtiges Instrument, mit welchem in der Gemeinschaft wirksam Märkte für Waren und Dienstleistungen erschlossen werden können. Damit Verbraucher und Gewerbetreibende den größtmöglichen Vorteil aus der Gemeinschaft ziehen können, sind die Bedingungen für vergleichende Werbung zu **harmonisieren**. Das trägt dazu bei, die Vorteile der verschiedenen vergleichbaren Erzeugnisse objektiv herauszustellen. Ferner kann vergleichende Werbung der Förderung des Wettbewerbs im Interesse der Verbraucher dienen[42]. **14**

Bei Einhaltung bestimmter Bedingungen ist vergleichende Werbung ein zulässiges Mittel zur Unterrichtung der Verbraucher über die Vorteile der Waren und Dienstleistungen. Daher ist der Begriff »vergleichende Werbung« **breit** zu fassen, um alle unterschiedliche Arten der vergleichenden Werbung abzudecken[43]. Hierfür sind die an vergleichende Werbung zu stellenden Anforderungen in dem für sie **günstigsten Sinn** auszulegen[44]. Die Vorteile, die vergleichende Werbung für die Verbraucher hat, sind **15**

---

40 BGH, 01.10.2009, I ZR 134/07, GRUR 2010, 161, Rn. 10 – *Gib mal Zeitung*; dabei ist die Rechtsprechung des EuGH zur Auslegung der RL 84/450/EWG auch auf Sachverhalte, die unter die RL 2006/114/EG fallen, in vollem Umfang anwendbar, EuGH, 08.02.2017, C-562/15, GRUR 2017, 280, Rn. 19 – *ITM/Carrefour*; dazu Köhler, Die Rechtsprechung des Europäischen Gerichtshofs zur vergleichenden Werbung: Analyse und Kritik, WRP 2008, 414.

41 MünchKomm/Menke UWG, § 6 Rn. 24; *Köhler*/Bornkamm/Feddersen, § 6 Rn. 10.

42 ErwG 6 Werbe-RL; EuGH, 19.04.2007, C-381/05, GRUR 2007, 511, Rn. 34 u. 62 – *De Landtsheer Emmanuel*; EuGH, 23.02.2006, C-59/05, GRUR 2006, 345, Rn. 22 – *Siemens/VIPA*.

43 ErwG 8 Werbe-RL; EuGH, 11.07.2013, C-657/11, GRUR 2013, 1049, Rn. 35 – *Belgian Electronic Sorting Technology*; EuGH, 18.06.2009, C-487/07, GRUR 2009, 756, Rn. 52 – *L'Oréal/Bellure*; EuGH, 12.06.2008, C-533/06, GRUR 2008, 698, Rn. 42 – *O2 Holdings ET O2 (UK)*; EuGH, 08.04.2003, C-44/01, GRUR 2003, 533, Rn. 35 »**weite** Definition« – *Pippig Augenoptik*; EuGH, 25.10.2001, C-112/99, GRUR 2002, 354, Rn. 30 – *Toshiba Europe*; dazu Sack, Die Toshiba-Entscheidung des EuGH zur vergleichenden Werbung, WRP 2002, 363.

44 EuGH, 08.02.2017, C-562/15, GRUR 2017, 280, Rn. 21 – *ITM/Carrefour*; EuGH, 19.04.2007, C-381/05, GRUR 2007, 511, Rn. 63 u. 71 – *De Landtsheer Emmanuel*; EuGH, 19.09.2006, C-356/04, GRUR 2007, 69, Rn. 22 – *Lidl/Colruyt*; EuGH, 08.04.2003, C-44/01, GRUR 2003, 533, Rn. 42 – *Pippig Augenoptik*; EuGH, 25.10.2001, C-112/99, GRUR 2002, 354, Rn. 37 – *Toshiba Europe*; sog. »Toshiba/Katun-Doktrin«, vgl. MünchKomm/Menke UWG, § 6 Rn. 27.

bei der Auslegung der Bedingungen über vergleichende Werbung **zwingend** zu berücksichtigen[45].

16 Durch das Vorgeben geeigneter Anforderungen ist aber auch sicherzustellen, dass vergleichende Werbung weder den Wettbewerb **verzerrt**, noch den Mitbewerber **schädigt** oder die Entscheidung der Verbraucher **negativ beeinflusst**[46]. Diese verschiedenen Interessen (einerseits weite Definition der vergleichenden Werbung und die Auslegung ihrer Anforderungen im günstigsten Sinne zugunsten des Werbenden und zur Unterrichtung der Verbraucher und andererseits der Schutz des Wettbewerbs vor Verzerrungen, der Mitbewerber vor Schädigungen und der Verbraucher vor negativer Beeinflussung) sind unter Anwendung des Grundsatzes der **Verhältnismäßigkeit** gegeneinander **abzuwägen**[47]. Dabei gilt, dass vergleichende Werbung zulässig ist, wenn sie zur Unterrichtung der Verbraucher durch Herausstellung der Vorteile der verschiedenen vergleichbaren Erzeugnisse geeignet ist und der durch die Werbung (unmittelbar oder mittelbar) erkennbar gemachte Mitbewerber nur im erforderlichen Maße beeinträchtigt wird. Letzteres wird man verneinen müssen, wenn ein weniger einschneidender Werbevergleich in gleicher Weise zur Unterrichtung der Verbraucher möglich gewesen wäre[48]. Aus dem Grundsatz, dass die an vergleichende Werbung zu stellenden Anforderungen in dem für sie **günstigsten Sinn** auszulegen sind[49], folgt, dass im Zweifel die Bedingungen – und damit auch § 6 UWG – **zugunsten** der Zulässigkeit der vergleichenden Werbung auszulegen sind[50].

17 Mit der Werbe-RL sind die Bedingungen, unter denen vergleichende Werbung in den Mitgliedsstaaten zulässig ist, **abschließend harmonisiert** worden. Die Harmonisierung bedingt, dass **allein** anhand der vom Unionsgesetzgeber aufgestellten Kriterien zu beurteilen ist, ob und wann vergleichende Werbung zulässig ist[51].

c) Unterschiede zwischen § 6 UWG und Werbe-RL

18 Der Gesetzgeber hat die maßgeblichen unionsrechtlichen Vorgaben der Werbe-RL (Art. 2 lit.t c und Art. 4) weder vollständig noch systematisch gleich in § 6 UWG umgesetzt. Es handelt sich im Wesentlichen um folgende Abweichungen, deren Auswirkungen durch **richtlinienkonforme Auslegung** zu minimieren bzw. zu beseitigen sind:

---

45 EuGH, 19.09.2006, C-356/04, GRUR 2007, 69, Rn. 33 – *Lidl/Colruyt.*

46 ErwG 9 Werbe-RL.

47 EuGH, 11.07.2013, C-657/11, GRUR 2013, 1049, Rn. 37 – *Belgian Electronic Sorting Technology*; EuGH, 18.11.2010, C-159/09, GRUR 2011, 159, Rn. 20 – *Lidl*; EuGH, 18.06.2009, C-487/07, GRUR 2009, 756, Rn. 68 u. 69 – *L'Oréal/Bellure.*

48 Ohly/Sosnitza, § 6 Rn. 2; *Köhler*/Bornkamm/Feddersen, § 6 Rn. 11.

49 Vgl. Rdn. 15.

50 Harte/Henning/Sack, § 6 Rn. 14; MünchKomm/Menke UWG, § 6 Rn. 27; jurisPK-UWG/Müller-Bidinger, zu § 6 Rn. 15; HansOLG Hamburg, 28.06.2012, 3 U 17/11, PharmaR 2012, 481 – *Werbung für Generika.*

51 Zuletzt EuGH, 08.02.2017, C-562/15, GRUR 2017, 280, Rn. 20 – *ITM/Carrefour*; vorgehend u. a. EuGH, 18.11.2010, C-159/09, GRUR 2011, 159, Rn. 22 – *Lidl.*

Art. 4 Werbe-RL regelt, dass vergleichende Werbung **zulässig** ist, wenn die im einzelnen aufgeführten Bedingungen erfüllt sind. Demgegenüber wird in § 6 Abs. 2 UWG eine **negative** Formulierung der Zulässigkeitskriterien vorgenommen und damit faktisch vergleichende Werbung **verboten**, wenn die dort aufgestellten Bedingungen nicht eingehalten werden. Damit (allein) bleibt die Regelung in § 6 Abs. 2 UWG jedoch nicht hinter dem Inhalt von Art. 4 Werbe-RL zurück oder setzt sich im Widerspruch zur Werbe-RL. Zum einen wendet der Gesetzgeber auch hier lediglich die dem (gesamten) UWG immanente Gesetzgebungstechnik, die nur **Verbotstatbestände** kennt, an. Zum anderen enthält Art. 4 Werbe-RL nach h. M. – in Ausweitung des Wortlauts und wegen des Zwecks der Richtlinie, eine (Voll-)Harmonisierung zu erreichen – nicht nur einen Zulässigkeitskatalog, sondern – insoweit ebenso wie § 6 Abs. 2 UWG – auch einen **Verbotskatalog**[52]. Auch der EuGH geht hiervon aus, wenn er ausführt, dass mit der Richtlinie »eine abschließende Harmonisierung der Bedingungen vorgenommen worden (sei), unter denen vergleichende Werbung in den Mitgliedsstaaten zulässig ist« bzw. dass eine Werbung, die diese Bedingungen nicht kumulativ erfüllt, »gemeinschaftsrechtlich verboten« ist[53]. Daraus folgt zum einen, dass die Mitgliedsstaaten keine (vergleichende) Werbung verbieten dürfen, die die Zulässigkeitsbedingungen der Richtlinie einhält, und zum anderen, dass vergleichende Werbung zu verbieten ist, die diese Bedingungen nicht einhält (und dass daher auch keine von der Richtlinie abweichende Formen der vergleichenden Werbung zugelassen werden dürfen)[54]. 19

Nicht in § 6 UWG umgesetzt wurde das in Art. 4 lit. a Werbe-RL (= Art. 3 (1) lit. a RL 97/55/EG) geregelte Verbot der **irreführenden** vergleichenden Werbung[55]. Allerdings stellt § 5 Abs. 3 Alt. 1 UWG die irreführende vergleichende Werbung den irreführenden geschäftlichen Handlungen gemäß § 5 Abs. 1 Satz 2 UWG gleich. Das stellt vom Grundsatz her eine richtlinienkonforme Umsetzung dar[56]. Gleichwohl sind in diesem Zusammenhang **Umsetzungsdefizite** vorhanden. Zum einen verweist Art. 4 lit. a Werbe-RL (auch) auf Art. 7 UGP-RL (»irreführende Unterlassungen«), so dass vergleichende Werbung, die in den Anwendungsbereich des Art. 7 UGP-RL fällt (im 20

52 Vgl. Harte/Henning/Sack, § 6 Rn. 20 ff.; MünchKomm/Menke UWG, § 6 Rn. 20; *Köhler/Bornkamm/Feddersen*, § 6 Rn. 3; FBO/Koos, § 6, Rn. 14; GK/Glöckner, § 6, Rn. 293; jurisPK-UWG/Müller-Bidinger, zu § 6 Rn. 12, jeweils m.w.N. und zum Meinungsstand.

53 EuGH, 08.04.2003, C-44/01, GRUR 2003, 533, Rn. 44 u. 54 – *Pippig Augenoptik*; offen gelassen BGH, 05.02.1998, I ZR 211/95, GRUR 1998, 824, Rn. 48 – *Testpreis-Angebot*.

54 Ohly/Sosnitza, § 6 Rn. 11, der § 6 Abs. 2 UWG um das Wort »nur« ergänzt wissen will; *Köhler/Bornkamm/Feddersen*, § 6 Rn. 3; MünchKomm/Menke UWG, § 6 Rn. 21; so auch Harte/Henning/Sack, § 6 Rn. 17, unter der Prämisse, dass Art. 4 Werbe-RL (auch) einen Verbotskatalog enthält; FBO/Koos, § 6, Rn. 6 ff.

55 Wortlaut: »vergleichende Werbung gilt als zulässig, wenn sie nicht irreführend (ist)…«.

56 BGH, 17.01.2002, I ZR 161/99, GRUR 2002, 633, Rn. 17 – *Hormonersatztherapie*; Bei der durch das UWG-Reformgesetz vom 03.07.2004 in § 5 Abs. 3 UWG aufgenommenen Regelung handelt es sich inhaltlich um die Regelung des § 3 Satz 2 UWG in der bis zum 07.07.2004 gültigen Fassung. § 3 Satz 2 a. F. UWG wurde seinerseits in Umsetzung der Richtlinie 97/55/EG zur Änderung der Richtlinie 84/450/EWG durch Gesetz zur vergleichenden Werbung und zur Änderung wettbewerbsrechtlicher Vorschriften vom 01.09.2000 in das UWG eingeführt (s.o.).

B2C-Verhältnis), unionsrechtlich unzulässig ist. Eine dem § 5 Abs. 3 Alt. 1 UWG in Bezug auf Werbevergleiche entsprechende Regelung findet sich in § 5 a UWG jedoch nicht. Demzufolge ist § 5 Abs. 3 Alt. 1 UWG richtlinienkonform auch auf den durch § 5 a UWG geregelten Bereich anzuwenden[57].

21 Zum anderen hat der Gesetzgeber (bewusst oder unbewusst) unbeachtet gelassen, dass sich die Werbe-RL in Bezug auf irreführende vergleichende Werbung in Art. 4 lit. a an unterschiedliche **Normadressaten** mit unterschiedlichen **Irreführungsbegriffen**[58] richtet. Während der Verweis in Art. 4 lit. a Werbe-RL auf Art. 6 (und 7) UGP-RL auf die Zulässigkeit vergleichender Werbung (unter Irreführungsgesichtspunkten) gegenüber Verbrauchern (**B2C-Verhältnis**) abzielt, behandelt der Verweis auf Art. 2 lit. b, 3 und 8 Abs. 1 Werbe-RL die Zulässigkeit vergleichender Werbung gegenüber Unternehmen (**B2B-Verhältnis**). Diese Unterscheidung findet sich in § 5 UWG nicht wieder. Vielmehr geht die Norm allein von der Regelung in § 6 UGP-RL (die aber nur im Verhältnis zu Verbrauchern gilt) aus. Im Streitfall ist § 5 Abs. 3 Alt. 1 UWG daher im Lichte der unterschiedlichen Irreführungsbegriffe und Adressaten richtlinienkonform auszulegen. Im Hinblick auf die Rechtsprechung des EuGH, wonach aufgrund des Harmonisierungszweckes der Werbe-RL ein einheitlicher unionsrechtlicher Irreführungsmaßstab gilt[59], dürften sich die durch die unterschiedlichen Irreführungsbegriffe in diesem Bereich auftretenden Auswirkungen jedoch in Grenzen halten[60].

22 Die in Art. 4 lit. d und f Werbe-RL geregelten Tathandlungen der **Herabsetzung**, **Verunglimpfung** und der **Ausnutzung** (jeweils von bestimmten Schutzgütern bzw. Verhältnissen) wurden ebenfalls nicht deckungsgleich umgesetzt. Art. 4 lit. f Werbe-RL schützt vor unlauterer Ausnutzung des Rufes (einer Marke, eines Handelsnamens oder anderer Unterscheidungskennzeichen oder der Ursprungsbezeichnung von Konkurrenzerzeugnissen). Diese Regelung ist in § 6 Abs. 2 Nr. 4 Alt. 1 UWG mit der Maßgabe umgesetzt worden, dass – stellt man auf den Wortlaut ab – nur »Kennzeichen« geschützt werden[61]. Art. 4 lit. d Werbe-RL regelt demgegenüber den Schutz vor Herabsetzung und Verunglimpfung (von Marken, Handelsnamen oder anderer Unterscheidungskennzeichen sowie von Produkten, Tätigkeiten oder Verhältnisse eines Mitbewerbers). Diese Regelung ist in § 6 Abs. 2 Nr. 5 UWG umgesetzt worden, allerdings mit der Maßgabe, dass der Schutz von Kennzeichen nicht übernommen wurde. Die Herabsetzung und Verunglimpfung von Kennzeichen der Mitbewerber ist in § 6 Abs. 2 Nr. 4

57 Ohly/Sosnitza, § 6 Rn. 11; FBO/Koos, § 6, Rn. 48.

58 Eckel, Die Kohärenz lauterkeitsrechtlicher Vollharmonisierung vergleichende Werbung nach Art. 4 lit. a RL 2006/114/EG, GRUR Int. 2016, 726.

59 EuGH, C-44/01, GRUR 2003, 533, Rn. 44 – *Pippig Augenoptik*; FBO/Koos, § 6, Rn. 43.

60 Ohly/Sosnitza, § 6 Rn. 11, 13; GK/Glöckner, § 6, Rn. 74 ff.; a. A. Köhler, Irreführende vergleichende Werbung, GRUR 2013, 761.

61 Unter dem *Kennzeichenbegriff* fallen allerdings alle in § 1 MarkenG genannten Angaben betrieblicher Herkunft wie Marken, geschäftliche Bezeichnungen und geographische Herkunftsangaben sowie (marken-)rechtlich (noch) nicht geschützte Kennzeichen.

Fall 2 UWG (als »Beeinträchtigung«) umgesetzt worden[62]. Die in Art. 4 lit. d Werbe-RL aufgeführten »Verhältnisse eines Mitbewerbers« sind in § 6 Abs. 2 Nr. 5 UWG in »persönliche oder geschäftliche Verhältnisse« konkretisiert worden sind. Im Hinblick auf die weite Fassung des Art 4 lit. d Werbe-RL ist dieser Normtext richtlinienkonform[63]. Soweit erforderlich, sind § 6 Abs. 2 Nr. 4 und Nr. 5 UWG im Sinne der Werbe-RL richtlinienkonform auszulegen[64].

Art. 4 lit. e Werbe-RL, wonach Waren mit **Ursprungsbezeichnungen** nur mit Waren mit gleicher Bezeichnung (werbend) verglichen werden dürfen[65], ist weder in § 6 UWG noch anderweitig umgesetzt worden. Wie aus dem Erwägungsgrund 12 der Werbe-RL hervorgeht, soll mit dieser Zulässigkeitsvoraussetzung der vergleichenden Werbung die Einhaltung der Vorschriften der Verordnung (EG) 510/2006 zum Schutz von geografischen Angaben und Ursprungsbezeichnungen für Agrarerzeugnisse und Lebensmittel[66], insbesondere ihres Art. 13, mit dem missbräuchliche Bezeichnungen untersagt werden sollen, sichergestellt werden. Die Bundesregierung sah ausweislich der Begründung zum Regierungsentwurf für eine entsprechende Umsetzung keine Veranlassung, da Art. 13 der Verordnung (EWG) 2081/92 zum Schutz von geografischen Angaben und Ursprungsbezeichnungen für Agrarerzeugnisse und Lebensmittel[67] insoweit bereits einen »hinreichenden Schutz« biete und »Art. 4 lit. e Werbe-RL neben dem bereits geltenden Recht keine eigenständige Bedeutung« habe[68]. Diese Argumentation greift zu kurz und überzeugt nicht. Der Anwendungsbereich der maßgeblichen Verordnungen (zunächst VO (EU) 1151/2012, dann VO (EG) 510/2006 und jetzt VO (EU) 1151/2012) bleibt hinter dem Regelungsbereich des Art. 4 lit. e Werbe-RL zurück[69]. Dieses Umsetzungsdefizit ist durch richtlinienkonforme Auslegung des § 6 Abs. 2 Nr. 1 UWG[70] oder durch Anwendung des § 3 Abs. 1 UWG auszugleichen[71]. 23

62 BGH, 28.09.2011, I ZR 48/10, GRUR 2011, 1158, Rn. 21 – *Teddybär*; *Köhler*/Bornkamm/Feddersen, § 6, Rn. 148, 163.

63 MünchKomm/Menke UWG, § 6, Rn. 299.

64 BGH, 02.04.2015, I ZR 167/13, GRUR 2015, 1136, Rn. 38 – *Staubsaugerbeutel im Internet*; BGH, 28.09.2011, I ZR 48/10, GRUR 2011, 1158, Rn. 21 – *Teddybär*: »Die Beeinträchtigung der Unterscheidungskraft eines Kennzeichens steht der herabsetzenden oder verunglimpfenden Beeinträchtigung des Rufes des Kennzeichens nicht gleich«.

65 Sog. **»Champagner-Klausel«**; Vgl. hierzu EuGH, 19.04.2007, C-381/05, GRUR 2007, 511 – *De Landtsheer Emmanuel*; EuGH, 20.12.2017, C-393/16, GRUR 2018, 327 – *Champagner Sorbet*.

66 Abl. Nr. L 93/2006, S. 12; ersetzt durch VO (EU) 1151/2012 über Qualitätsregelungen für Agrarerzeugnisse und Lebensmittel zum Schutz von geografischen Angaben und Ursprungsbezeichnungen für Agrarerzeugnisse und Lebensmittel, Abl. Nr. L 343/2012, S. 1;

67 Abl. Nr. L 208/1992, S. 1; diese VO wurde durch VO (EG) 510/2006 zum Schutz von geografischen Angaben und Ursprungsbezeichnungen für Agrarerzeugnisse und Lebensmittel, Abl. Nr. L 93/2006, S. 12, ersetzt.

68 Begr. RegE vom 23.02.2000, BT-Drucksache 14/2959, S. 8.

69 Einzelheiten bei Harte/Henning/Sack, § 6 Rn. 234 f.; Ohly/Sosnitza, § 6 Rn. 11; Sack, Ursprungsbezeichnungen in vergleichender Werbung, WRP 2008, 301.

70 Ohly/Sosnitza, § 6 Rn. 11, 45.

71 Harte/Henning/Sack, § 6 Rn. 236; a. A. FBO/Koos, § 6, Rn. 206; MünchKomm/Menke UWG, § 6, Rn. 235;

24 Art. 4 lit. h Werbe-RL, der Mitbewerber, ihre Produkte, ihre Warenzeichen, ihre Warennamen und sonstige Kennzeichen vor Verwechselungsgefahr schützt, ist seinem Wortlaut nach nur unvollständig umgesetzt worden. So schützt § 6 Abs. 2 Nr. 3 UWG, der der Umsetzung von Art. 4 lit. h Werbe-RL dient[72], vor Verwechselungsgefahr in Bezug auf den Werbenden und den Mitbewerber sowie den von diesen angebotenen Produkten und verwendeten Kennzeichen. Nicht erwähnt werden die in Art. 4 lit. h Werbe-RL aufgeführten Warenzeichen und Warennamen. Auch gilt Art. 4 lit. h UWG nur im Verhältnis zu Gewerbetreibenden. In Bezug auf Verbraucher ist die Regelung des Art. 6 (2) lit. a UGP-RL, die in § 5 Abs. 2 UWG umgesetzt worden ist, anzuwenden.

25 Nach Art. 4 lit. g Werbe-RL ist ein Werbevergleich unzulässig, wenn ein Produkt als Imitation oder Nachahmung eines Produkts mit **geschützter Marke** oder **geschütztem Handelsnamen** dargestellt wird. Demgegenüber stellt § 6 Abs. 2 Nr. 6 UWG auf **geschützte Kennzeichen** ab. Nach dem Wortlaut des § 6 Abs. 2 Nr. 6 UWG werden nur »**vertriebene**« Produkte vor Imitation geschützt. Eine solche Einschränkung findet sich jedoch nicht in Art. 4 lit. g Werbe-RL. § 6 Abs. 2 Nr. 6 UWG ist daher richtlinienkonform auszulegen. Der Schutz des § 6 Abs. 2 Nr. 6 UWG erstreckt sich daher auch auf Produkte, die der Hersteller bereits – aber nicht dauerhaft – aus dem Programm genommen hat[73].

IV. Verhältnis und Abgrenzungen zu anderen Regelungen

1. Spezielle Werbehindernisse

26 Soweit das Gemeinschaftsrecht oder das nationale Recht die Werbung für bestimmte Waren oder Dienstleistungen generell verbietet oder teilweise einschränkt, folgt daraus auch die generelle bzw. partielle Unzulässigkeit vergleichender Werbung[74]. So ist z. B. **Tabakwerbung** in Hörfunk, Fernsehen, Internet und Presse (Ausnahme Spezialzeitschriften) generell verboten[75].

27 Nach **§ 11 Abs. 2 HWG**[76] darf außerhalb von Fachkreisen für **Humanarzneimittel** nicht (vergleichend) mit Angaben beworben werden, die nahelegen, dass die Wirkung des Arzneimittels einem anderen Arzneimittel oder einer anderen Behandlung entspricht oder überlegen ist. Das stellt für den Anwendungsbereich der Norm ein rechtlich wirksames und der Regelung in § 6 Abs. 2 UWG vorgehendes[77] **Verbot** verglei-

72 Vgl. Begr. Reg.-Entw. v. 20.03.2000, BT-Drucks. 14/2959, S. 11, zur Umsetzung von Art. 3a lit. d RL 97/55/EG.

73 MünchKomm/Menke UWG, § 6, Rn. 307.

74 Art. 8 (2) und Abs. 3 Werbe-RL; früher in ErwG 22 RL 97/55/EG, der in der Werbe-RL nicht übernommen worden ist.

75 § 19 TabakerzG; BGH, 05.10.2017, I ZR 117/16, GRUR 2017, 1273 – *Tabakwerbung im Internet.*

76 In Umsetzung der RL 2001/83/EG zur Schaffung eines Gemeinschaftskodexes für Humanarzneimittel, *Abl. Nr. L 311/2001*, S. 67, geändert durch RL 2004/27/EG, Abl. Nr. L 136/2004, S. 34.

77 Art. 8 (2) Werbe-RL; FBO/Koos, § 6, Rn. 19.

chender Werbung dar. Nicht generell verboten, sondern anhand der §§ 6 Abs. 2, 5, 5 a UWG, § 3, 3 a HWG zu beurteilen ist dagegen eine Werbung, die sich lediglich auf andere Aspekte, z. B. auf unterschiedliche Anwendungsbereiche oder auf den Preis bezieht[78].

Art. 9 **HCVO**[79] schränkt die Zulässigkeit vergleichender Werbung in Bezug auf nährwertbezogene Angaben in wirksamer Weise ein[80]. Dabei ist der Begriff der **vergleichenden Angabe** in Sinne des Art. 9 HCVO nicht gleichbedeutend mit dem Begriff der vergleichenden Werbung im Sinne des Art. 2 lit. c der Werbe-RL[81]. 28

Schließlich enthalten verschiedene **Berufsordnungen** berufsrechtliche Werbeverbote und Werbebeschränkungen[82], die aufgrund Art. 8 (4) Werbe-RL als unionsrechtskonform zu bewerten sind. Strengere[83] Regelungen für Werbevergleiche als die in § 6 Abs. 2 UWG aufgestellten Regeln ergeben sich für den Bereich der **Wertpapierdienstleistungen** aus den Regelungen in § 63 Abs. 1, Abs. 6 Satz 1, Abs. 13 Nr. 4 WpHG i. V. m. Art. 44 (3) der Delegierten VO 2017/565/EU[84] zur Ergänzung der RL 2014/65/EU[85]. Der Vergleich von Wertpapierdienstleistungen muss aussagekräftig und in einer **redlichen** und ausgewogenen Weise dargestellt werden. Die für den Vergleich herangezogenen Informationsquellen, wesentliche Fakten und Hypothesen sind anzugeben. 29

Auch die Werbung für **öffentliches Glücksspiel** ist nur ausnahmsweise erlaubt[86]. Ein generelles oder partielles Werbeverbot besteht auch dann, wenn die Ware oder die Dienstleistung, die beworben werden soll, **nicht handelbar** ist oder der Handel nur bestimmten Personen vorbehalten ist. Das gilt insbesondere dann, wenn mit dem Handel der Waren oder der Erbringung der Dienstleistung **strafrechtliche** Konsequenzen 30

---

78 MünchKomm/Menke UWG, § 6 Rn. 33, 330; *Köhler*/Bornkamm/Feddersen, § 6 Rn. 12; Bülow, Vergleichende Werbung im Heilmittelrecht – Ein neuer § 11 Abs. 2 HWG, PharmaR 2000, 138, 140; HansOLG Hamburg, 23.04.2009, 3 U 211/08, GRUR-RR 2010, 67.

79 Health-Claims-VO 1924/2006/EG v. 20.12.2006, Abl. Nr. L 404/2006, S. 9.

80 Art. 8 (3) Werbe-RL.

81 BGH, 18.05.2017, I ZR 100/16, GRUR 2017, 1278, Rn. 2 – *Märchensuppe*.

82 Z. B. § 43 b BRAO und § 27 Abs. 3 Satz 2 Musterberufsordnung für Ärzte: »Berufswidrig ist insbesondere eine anpreisende, irreführende oder vergleichende Werbung«.

83 Harte/Henning/Sack, § 6 Rn. 296; GK/Glöckner, § 6 Rn. 169; a. A. Zeidler, Marketing nach MiFID, WM 2008, 238, 241.

84 Delegierte VO v. 25.04.2016 in Bezug auf die organisatorischen Anforderungen an Wertpapierfirmen und die Bedingungen für die Ausübung ihrer Tätigkeit sowie in Bezug auf die Definition bestimmter Begriffe. Abl. Nr. L 87/2017, S. 1, gültig ab dem **03.01.2018**; die vorherige inhaltsgleiche Regelung des **§ 4 Abs. 3** der Verordnung zur Konkretisierung der Verhaltensregeln und Organisationsanforderungen für Wertpapierdienstleistungsunternehmen v. 20.07.2007, BGBL I 2007, 1432 (**WpDVerOV**) ist in der Neufassung der WpDVerOV vom 17.10.2017, BGBl I 2017, 3566, nicht mehr enthalten.

85 RL vom 15.05.2014 über Märkte für Finanzinstrumente, Abl. Nr. L 173/2014, S. 349.

86 Vgl. § 5 GlüStV; OLG Oldenburg, 18.09.2008, 1 W 66/08, GRUR 2009, 67 – *Mehrwochenschein vor Urlaub*.

verbunden sind, wie z. B. für **Betäubungsmittel**[87] oder für den Fall des **Schwangerschaftsabbruches**[88].

2. Verhältnis zu Normen des UWG

a) § 3 Abs. 1 UWG

31 Anders als z. B. bei Vorliegen der Voraussetzungen des § 7 Abs. 1 Satz 1 UWG (unzumutbare Belästigung) führt ein Verstoß gegen § 6 Abs. 2 UWG nicht ohne weiteres zur Unzulässigkeit der vergleichenden Werbung. Ebenso wie §§ 4, 5 UWG verweist § 6 Abs. 2 UWG in seinem Einleitungssatz (»unlauter handelt.«)[89] auf § 3 Abs. 1 UWG und konkretisiert damit den Tatbestand der unlauteren geschäftlichen Handlung[90].

32 Aufgrund dieser Systematik war nach der bis zum 09.12.2015 geltenden Fassung des § 3 Abs. 1 Satz 2 UWG vergleichende Werbung daher erst dann unzulässig, wenn sie geeignet war, die Interessen von Mitbewerbern, Verbrauchern oder sonstigen Marktteilnehmern spürbar zu beeinträchtigen (sog. **Relevanzklausel**). Im Hinblick darauf, dass die Werbe-RL eine entsprechende Relevanzklausel nicht enthält und vergleichende Werbung nach dem Wortlaut von Art. 4 Werbe-RL bereits dann verboten ist, wenn die Voraussetzungen des Art. 4 Werbe-RL nicht eingehalten werden[91], wurde die Frage diskutiert, ob die Regelung des § 6 Abs. 2 UWG insoweit unionsrechtswidrig bzw. unionsrechtskonform auszulegen war[92].

33 Durch die UWG-Novelle 2015[93] ist § 3 Abs. 1 UWG neu gefasst worden. Die Relevanzklausel des § 3 Abs. 1 Satz 2 UWG a. F. ist ersatzlos gestrichen worden. Das hätte (jetzt) zur Folge, dass ein Verstoß gegen § 6 Abs. 2 UWG **stets und ohne weitere Prüfung** zur Unlauterkeit der vergleichenden Werbung führen würde. Allerdings dürfte nicht jede, die Voraussetzungen des § 6 Abs. 2 UWG (bzw. Art. 4 Werbe-RL) nicht einhaltende, vergleichende Werbung unzulässig sein. Dies ist im Hinblick darauf, dass Verstöße gegen § 6 Abs. 2 UWG denkbar sind, ohne dass die Interessen der Marktteil-

---

87 Z. B. § 29 BtMG.

88 Hier ist das Werbeverbot ausdrücklich in § 219 a Abs. 1 StGB geregelt.

89 Bis zur UWG-Novelle 2008 enthielt § 6 Abs. 2 UWG einen ausdrücklichen Hinweis auf § 3 Abs. 1 UWG (»Unlauter im Sinne von *§ 3* handelt...«), ohne dass sich an der systematischen Beurteilung durch die Gesetzesänderung etwas geändert hätte, MünchKomm/Menke UWG, § 6 Rn. 36 m. w. N.

90 *Köhler*/Bornkamm/Feddersen, § 6 Rn. 19; MünchKomm/Menke UWG, § 6 Rn. 34.

91 Art. 5 (3) a und Abs. 4 Werbe-RL enthalten den Begriff »unzulässige vergleichende Werbung«; im Übrigen enthält Art. 4 Werbe-RL (auch) einen Verbotskatalog.

92 Darstellung zum Meinungsstand MünchKomm/Menke UWG, § 6 Rn. 35; Harte/Henning/Sack, § 6 Rn. 237 m.w.N.; jurisPK-UWG/Müller-Bidinger, zu § 6 Rn. 36; FBO/Koos, § 6, Rn. 29 a; Sack, Vergleichende Werbung und Erheblichkeitsschwelle in § 3 des Regierungsentwurfs einer UWG-Novelle, WRP 2004, 30; Koos, Vergleichende Werbung und die Fesseln der Harmonisierung, WRP 2005, 1096.

93 Zweites Gesetz zur Änderung des Gesetzes gegen den unlauteren Wettbewerb, BGBl. 2015 I, S. 2158; Art. 1 Nr. 2.

nehmer spürbar beeinträchtigt werden und daher ein berechtigtes Interesse an einem Verbot nicht vorhanden ist[94], zweifelhaft. Denn insoweit wäre zum einen der unionsrechtliche Grundsatz der Verhältnismäßigkeit[95] tangiert[96] und zum anderen würden die Wertungen der unionsrechtlichen Grundrechte, insb. die Meinungsäußerungsfreiheit[97], unbeachtet bleiben.

Demzufolge wird unter Berufung auf die Erwägungsgründe[98] der Werbe-RL und der Rechtsprechung des EuGH[99] teilweise die Auffassung vertreten, dass bereits bei der Auslegung der Zulässigkeitsvoraussetzungen des § 6 Abs. 2 UWG in **jedem konkreten Einzelfall** zu fragen sei, ob eine bestimmte Maßnahme geeignet ist, den Wettbewerb zu verzerren oder die Mitbewerber zu schädigen oder die Entscheidung der Verbraucher negativ zu beeinflussen. Könne dieses ausgeschlossen werden, so sei die Unlauterkeit der vergleichenden Werbung zu verneinen und ein Verbot nach § 3 UWG komme nicht in Betracht[100]. **34**

Diese Auffassung ist – soweit sie Allgemeingültigkeit beansprucht – abzulehnen[101]. **35** Zum einen würde diese Auffassung im Ergebnis zu einer – unionsrechtswidrigen – Wiederaufnahme der Relevanzklausel (jetzt) in § 6 Abs. 2 UWG führen (und damit die durch die UWG-Reform 2015 für § 6 Abs. 2 UWG i.V.m. § 3 Abs. 1 UWG durchgeführte Streichung der Relevanzklausel ad absurdum führen). Zum anderen besteht für diese Vorgehensweise kein Bedarf. Im Anwendungsbereich des § 6 Abs. 2 Nr. 4 UWG (Rufausnutzung und Rufbeeinträchtigung) und des § 6 Abs. 2 Nr. 5 UWG (Herabsetzung und Verunglimpfung) ist ohnehin eine Interessenabwägung vorzunehmen. Hierbei können **Bagatellfälle** angemessen berücksichtigt werden. Imagevergleiche dürften nach der Rechtsprechung des EuGH zulässig sein, da auch das Ansehen einer Marke als Produkteigenschaft nach § 6 Abs. 2 Nr. 2 UWG anzusehen ist[102]. Fälle harmloser und humorvoller Vergleiche oder witziger Werbespots, die der Verbraucher nicht ernst nimmt und durch die er daher auch nicht negativ beeinflusst wird bzw. werden kann, sind in Anwendung der durch den EuGH wiederholt herausgestellten

94 Z. B. im Falle harmloser und humorvoller Imagevergleiche oder witziger Werbespots; Beispiele bei Ohly, Das neue UWG – Mehr Freiheit für den Wettbewerb?, GRUR 2004, 889 und Koos, Vergleichende Werbung und die Fesseln der Harmonisierung, WRP 2005, 1096; Ohly/Sosnitza, § 6 Rn. 40;

95 Art. 69 AEUV.

96 GK/Glöckner, § 6 Rn. 593.

97 Art. 11 GR-Charta und Art. 10 EMRK.

98 ErwG 9 Satz 1: »……welche Praktiken der vergleichenden Werbung den Wettbewerb verzerren, die Mitbewerber schädigen und die Entscheidung der Verbraucher negativ beeinflussen können«.

99 EuGH, C-44/01, GRUR 2003, 533, Rn. 53 – *Pippig Augenoptik*: Verstoß, wenn »die Marke der Produkte die Entscheidung des Käufers spürbar beeinflussen kann.«.

100 Namentlich *Köhler*/Bornkamm/Feddersen, § 6 Rn. 20 ff.; wohl auch Ohly/Sosnitza, § 6 Rn. 40.

101 Ebenso Harte/Henning/Sack, § 6 Rn. 237 ff. mit Erörterung der einzelnen Argumente; jurisPK- UWG/Müller-Bidinger, § 6 Rn. 36.

102 EuGH, 18.11.2010, C-159/09, GRUR 2011, 159, Rn. 53 – *Lidl*: »Ansehen einer Marke kann Entscheidung des Käufers beeinflussen«.

Auslegungsgrundsätze zu lösen. So sind die an die vergleichende Werbung zu stellenden Anforderungen in dem für sie **günstigsten Sinn** auszulegen[103]. Daraus folgt, dass im Zweifel (also in Grenzfällen wie den vorgenannten) die Bedingungen – und damit auch § 6 UWG – **zugunsten** der Zulässigkeit der vergleichenden Werbung auszulegen sind[104].

b) §§ 5, 5 a UWG (Irreführung)

36 Der deutsche Gesetzgeber hat die unionsrechtlichen Vorgaben des Art. 4 lit. a Werbe-RL zur irreführenden vergleichenden Werbung[105] nicht hinreichend umgesetzt. Insoweit reicht die Regelung des § 5 Abs. 3 UWG, wonach Angaben im Rahmen vergleichender Werbung (auch) Angaben im Sinne von § 5 Abs. 1 Satz 1 UWG (allgemeines Irreführungsverbot) sind, nicht aus.

37 Einerseits wird aus dem Zusammenspiel dieser Normen nicht deutlich, dass in Art. 4 lit. a Werbe-RL eine Differenzierung des Irreführungsmaßstabs im Rahmen vergleichender Werbung vorgenommen worden ist. So betrifft die Verweisung in Art. 4 lit. a Werbe-RL auf Art. 2 b, 3 und 8 Abs. 1 Werbe-RL ausschließlich die Zulässigkeit vergleichender Werbung gegenüber Unternehmen (**B2B**- Verhältnis).

38 Demgegenüber betrifft die Verweisung auf Art. 6 UGP-RL die Zulässigkeit vergleichender Werbung gegenüber Verbrauchern (**B2C**- Verhältnis). Das wird insbesondere aus den Regelungen in § 5 Abs. 2 UWG und in § 6 Abs. 2 Nr. 3 UWG, die ähnliche, aber nicht identische Tatbestände enthalten (Verwechslungsgefahr durch irreführende vergleichende Werbung bei Produktvermarktung bzw. Verwechslungsgefahr durch vergleichende Werbung) deutlich. Da durch § 5 Abs. 2 UWG Art. 6 (2) lit. a UGP-RL umgesetzt worden ist, ist diese Regelung nur im Fall einer an Verbraucher adressierten vergleichenden Werbung anwendbar (B2C-Verhältnis). Diese Einschränkung kommt allerdings in § 5 Abs. 2 UWG nicht zum Ausdruck. Seinem Wortlaut nach gilt die Regelung auch im Falle einer an sonstige Marktteilnehmer gerichteten vergleichenden Werbung[106]. Im Hinblick auf den Harmonisierungszweck der Werbe-RL und den Umstand, dass beide Normen denselben materiell-rechtlichen Anwendungsbereich

---

103 EuGH, 08.02.2017, C-562/15, GRUR 2017, 280, Rn. 21 – *ITM/Carrefour* EuGH, 19.04.2007, C-381/05, GRUR 2007, 511, Rn. 63 u. 71 – *De Landtsheer Emmanuel*; EuGH, 19.09.2006, C-356/04, GRUR 2007, 69, Rn. 22 – *Lidl/Colruyt*; EuGH, 08.04.2003, C-44/01, GRUR 2003, 533, Rn. 42 – *Pippig Augenoptik*; EuGH, 25.10.2001, C-112/99, GRUR 2002, 354, Rn. 37 – *Toshiba Europe*; sog. »Toshiba/Katun-Doktrin«, vgl. MünchKomm/Menke UWG, § 6 Rn. 27.

104 Harte/Henning/Sack, § 6 Rn. 14; MünchKomm/Menke UWG, § 6 Rn. 27; jurisPK-UWG/Müller-Bidinger, zu 6 Rn. 15; HansOLG Hamburg, 28.06.2012, 3 U 17/11, PharmaR 2012, 481 – *Werbung für Generika*.

105 Vgl. hierzu Köhler, Irreführende vergleichende Werbung, GRUR 2013, 761; Berlitt, Der irreführende Werbevergleich, WRP 2010, 1105; Ohly, Irreführende vergleichende Werbung, GRUR *2003, 641; Sack,* Irreführende vergleichende Werbung, GRUR 2004, 89.

106 Lösungsvorschläge hierzu bei MünchKomm/Menke UWG, § 6 Rn. 46 und Köhler, Irreführende vergleichende Werbung, GRUR 2013, 761, 766.

haben, sollten die Tatbestände des § 6 Abs. 2 Nr. 3 UWG und des § 5 Abs. 2 UWG dennoch gleich ausgelegt werden[107] und parallel herangezogen werden[108].

Im Übrigen fehlt eine dem § 5 Abs. 3 Satz 1 UWG entsprechende Vorschrift in § 5 a UWG, obwohl Art. 4 lit. a Werbe-RL durch die Bezugnahme auf die Regelung des Art. 7 UGP-RL, die in § 5 a UWG umgesetzt wurde, eine solche Bezugnahme jedenfalls für das B2C-Verhältnis erforderlich macht. Diese Umsetzungsdefizite sind durch richtlinienkonforme Auslegung der §§ 5, 5 a UWG (insbesondere § 5 Abs. 3 UWG) im Lichte von Art. 4 lit. a, Art, 2 b, Art. 8 (1) Werbe-RL (bei vergleichender Werbung gegenüber Unternehmen) bzw. Art. 6 und Art. 7 UGP-RL (bei vergleichender Werbung gegenüber Verbrauchern) auszufüllen. 39

Soweit ein an Unternehmer adressierter Werbevergleich irreführende Angaben durch **Unterlassen** enthält, fehlt es in diesem Bereich an einer dem Art. 7 UGP-RL entsprechenden unionsrechtlichen Regelung. Diese Lücke ist durch Anwendung der insoweit durch den EuGH für diesen Bereich aufgestellten Grundsätze[109] zu schließen. 40

Zwischen § 6 UWG und § 5 Abs. 3 i.V.m. Abs. 1 UWG besteht kein – wie auch immer beschaffenes – **Vorrangverhältnis**. Vielmehr ergänzen sich – der Systematik des Art. 4 lit. a Werbe-RL folgend – beide Vorschriften und sind nebeneinander zu prüfen. Vergleichende Werbung ist nach Art. 4 Werbe-RL nur zulässig, wenn sie sämtliche der dort geregelten Zulässigkeitsbedingungen einhält. Aufgrund der insoweit unionsrechtskonformen Umsetzung in das nationale Recht durch – negativ formulierte – **Verbotstatbestände**[110] ist vergleichende Werbung in Deutschland bereits dann verboten, wenn sie gegen **einen** der Unlauterkeitstatbestände des § 6 Abs. 2 Nr. 1 – 6 UWG verstößt **oder** irreführend ist. 41

Überschneidungen mit § 4 Nr. 2 UWG sind möglich, da eine nach § 4 Nr. 2 UWG verbotene (also eine nicht erweislich wahre) Behauptung stets irreführend ist[111]. Schadensersatzansprüche wegen der Verletzung des § 6 Abs. 2 UWG einerseits und wegen eines Verstoßes gegen § 5 UWG andererseits stellen verschiedene Streitgegenstände 42

107 Offengelassen BGH, 28.09.2011, I ZR 48/10, GRUR 2011; 1158, Rn. 25 – *Teddybär*; Ohly/Sosnitza, § 6 Rn. 57; a. A. *Köhler*/Bornkamm/Feddersen, § 6, Rn. 142, der aber die Unterschiede in der praktischen Rechtsanwendung als gering erachtet.

108 MünchKomm/Menke UWG, § 6, Rn. 226, 46; jurisPK-UWG/Müller-Bidinger, § 6 Rn. 175.

109 EuGH, 08.02.2017, C-562/15, GRUR 2017, 280, Rn. 29 – *ITM/Carrefour*; EuGH, 18.11.2010, C-159/09, GRUR 2011, 159, Rn. 49, 56 – *Lidl*; EuGH, 19.09.2006, C-356/04, GRUR 2007, 69, Rn. 80, 85 – *Lidl/Colruyt*; EuGH, 08.04.2003, C-44/01, GRUR 2003, 533, Rn. 52, 56 – Pippig Augenoptik/Hartlauer; EuGH, 16.01.1992, C-373/90, WRP 1992, 233, Rn. 15 – *Nissan*.

110 Vgl. Harte/Henning/Sack, § 6 Rn. 20 ff.; MünchKomm/Menke UWG, § 6 Rn. 20; *Köhler*/Bornkamm/Feddersen, § 6 Rn. 3, jeweils m.w.N. und zum Meinungsstand.

111 Zu § 14 Abs. 1 a. F.: BGH, 17.01.2002, I ZR 161/99, GRUR 2002, 633, Rn. 17, 29 – *Hormonersatztherapie*; BGH, 14.07.1961, I ZR 40/60, GRUR 1962, 45, Rn. 38 – *Betonzusatzmittel*; einschränkend MünchKomm/Menke UWG, § 6 Rn. 39.

dar[112]. Bei irreführender Werbung einerseits und unzulässiger vergleichender Werbung andererseits – jeweils in Bezug auf Gewerbetreibende – handelt es sich um zwei selbständige Zuwiderhandlungen. Zur Untersagung irreführender Werbung ist es nicht erforderlich, dass es sich dabei gleichzeitig um unzulässige vergleichende Werbung handelt[113].

43 Die Zulässigkeit eines Werbevergleichs, der irreführende Angaben enthält, richtet sich (liegen keine nach § 4 Nr. 2 UWG verbotenen Behauptungen vor) ausschließlich nach § 5 Abs. 3 i.V.m Abs. 1 UWG bzw. nach spezialgesetzlichen Irreführungstatbeständen (z. B. § 11 Abs. 1 Nr. 5 HWG). Im Hinblick auf den Einleitungssatz des Art. 4 Werbe-RL[114] hat sich die auf Irreführung zu prüfende Angabe auf einen der Elemente des Vergleichs zu beziehen. Das sind Angaben über das eigene Produkt und das Konkurrenzprodukt sowie das Verhältnis dieser Produkte zueinander[115].

44 Da das in § 6 Abs. 2 Nr. 2 UWG enthaltene Tatbestandsmerkmal der **Objektivität** weder Neutralität oder Richtigkeit des Werbevergleichs erfordert, sondern nur bezweckt, Vergleiche die sich nicht aus einer objektiven Feststellung, sondern aus einer subjektiven Wertung des Urhebers ergeben, auszuschließen[116], richtet sich die Zulässigkeit von unvollständigen oder einseitigen Äußerungen in Werbevergleichen allein nach Irreführungsgesichtspunkten[117]. Das kommt insbesondere bei **unvollständigen** Vergleichen, bei Vergleichen zwar austauschbarer Produkte aber **unterschiedlicher Qualität, Quantität oder Zusammensetzung** oder bei Vergleichen mit einem unter besonderen Umständen berechneten Preis in Betracht[118]. Wird mit einer wissenschaftlichen Studie geworben und ändern sich die tatsächlichen Grundlagen der Studie in wesentlichen Punkten vor dem Zeitpunkt der Werbung, so hat der Werbende – um eine Irreführung zu vermeiden – auf diesen Umstand **deutlich hinzuweisen**[119]. Das gilt auch, wenn Tarife von Telefongesprächen verglichen werden, sich der Werbende aber auf einen **wesentlichen Bereich** beschränkt. Der Werbende muss deutlich machen, dass der Tarifvergleich keine verallgemeinernde Aussage über das Tarifsystem insgesamt enthält[120].

---

112 BGH, 20.09.2007, I ZR 171/04, GRUR 2008, 443, Rn. 21 – *Saugeinlagen*. Das dürfte nach BGH, 13.09.2012, I ZR 230/11, GRUR 2013, 401 – *Biomineralwasser*, zweifelhaft sein.

113 EuGH, 13.03.2014, C-52/13, GRUR 2014, 493, Rn. 28 – *Posteshop*.

114 »Vergleichende Werbung gilt, was den Vergleich anbelangt…«.

115 EuGH, 08.04.2003, C-44/01, GRUR 2003, 533, Rn. 37 – *Pippig Augenoptik*; BGH, 07.04.2011, I ZR 34/09, GRUR 2011, 742, Rn. 36 – *Leistungspakete im Preisvergleich*.

116 EuGH, 19.09.2006, C-356/04, GRUR 2007, 69, Rn. 46 – *Lidl/Colruyt*.

117 BGH, 19.11.2009, I ZR 141/07, GRUR 2010, 658, Rn. 16 – *Paketpreisvergleich*; BGH 20.02.2013, I ZR 175/11, GRUR 2013, 1058, Rn. 15, 16 – *Kostenvergleich bei Honorarfactoring*.

118 Ohly/Sosnitza, § 6 Rn. 14.

119 HansOLG Hamburg, 28.10.1999, 3 U 40/99, GRUR 2000, 530 – *CSE-Hemmer*.

120 HansOLG *Hamburg, 15.06.1999*, 3 W 72/99, NJWE-WettbR 1999, 278; generell bei Weglassen wesentlicher Umstände, wenn dadurch ein unrichtiger Eindruck erweckt wird: OLG Hamm, 04.11.2010, 4 U 81/10, GRUR-RR 2011, 371 – Elektrotherapiegeräte.

f) EuGH und BGH hatten u. a. zu folgenden Fallgestaltungen irreführender Angaben innerhalb vergleichender Werbung Stellung zu nehmen: Fehlende Angaben über die (im Verhältnis zum Konkurrenzprodukt unterschiedliche) **kommerzielle Herkunft** (Vertriebsweg, insb. Parallelimport) der Ware des Werbenden[121], Durchführung eines **Testkaufs** vor Beginn des Angebots des Werbenden zur Vorbereitung eines Werbevergleichs von Brillen[122], **Nichtangabe der Marke** des Mitbewerbers oder Eigenschaften der Produkte wie Zusammensetzung, Art, Weise und Ort der Herstellung[123], Sammel-Sortiments- oder Warenkorbvergleiche, in denen **verschiedene Produkte** für den Einkauf des alltäglichen Bedarfs komprimiert und unter Darstellung des Preisvorteils verglichen werden[124], Preisvergleich von Waren, die in **Geschäften unterschiedlicher Größe** oder Art vertrieben werden[125], Vergleich von **Umsatzgebühren**, die auf dem Gebiet des Erwerbs und des Einzuges ärztlicher und zahnärztlicher Honorarforderungen gegen Patienten anfallen[126], Vergleich von **Leistungspaketen** für Telekommunikation[127] sowie der Vergleich von Preisen für das **Versenden** von **Paketen**[128]. 45

c) § 4 Nr. 1 UWG (Herabsetzung und Verunglimpfung)

Enthält die vergleichende Werbung Äußerungen, die sowohl in den Anwendungsbereich des § 4 Nr. 1 UWG als auch in den Anwendungsbereich des § 6 Abs. 2 UWG 46

---

121 EuGH, 16.01.1992, C-373/90, GRUR Int 1993, 951 – *Nissan*; EuGH, 08.04.2003, C-44/01, GRUR 2003, 533, Rn. 65 – *Pippig Augenoptik*: jeweils Irreführung verneint.

122 EuGH, 08.04.2003, C-44/01, GRUR 2003, 533, Rn. 71 – *Pippig Augenoptik*: Irreführung verneint.

123 EuGH, 08.04.2003, C-44/01, GRUR 2003, 533, Rn. 53 – *Pippig Augenoptik*; EuGH, 18.11.2010, C-159/09, GRUR 2011, 159, Rn. 51, 54 – *Lidl*: Irreführung möglich, wenn die Marke oder eine andere Eigenschaft die Kaufentscheidung spürbar beeinflussen kann und Produkte verglichen werden, deren jeweilige Marken deutliche Unterschiede hinsichtlich ihres Ansehens aufweisen.

124 EuGH, 19.09.2006, C-356/04, GRUR 2007, 69, Rn. 85 – *Lidl/Colruyt*; EuGH, 18.11.2010, C-159/09, GRUR 2011, 159, Rn. 56 – *Lidl*: Irreführend, wenn eine Fehlvorstellung über das allgemeine Preisniveau hervorgerufen wird, weil der irrige Eindruck erweckt wird, alle Produkte des Werbenden seien berücksichtigt worden.

125 EuGH, 08.02.2017, C-562/15, GRUR 2017, 280, Rn. 40 – *ITM/Carrefour*: irreführend, wenn der Werbende die Preise, die er in Geschäften größeren Umfangs oder größerer Art seiner Handelsgruppe verlangt, mit Preisen vergleicht, die in Geschäften kleineren Umfangs oder kleinerer Art seines Mitbewerbers ermittelt wurden und diesen Umstand nicht mitteilt; vgl. hierzu Brauneck, Neues Tatbestandsmerkmal der Geschäftsgrößenangabe bei vergleichender Werbung?, GRUR 2017, 419; Büscher, Aus der Rechtsprechung des EuGH und des BGH zum Lauterkeitsrecht seit Ende 2016, GRUR 2018, 113, 125; Alexander, Die Rechtsprechung des EuGH zur UGP-RL in den Jahren 2017 und 2018, WRP 2019, 152,156.

126 BGH, 20.02.2013, I ZR 175/11, GRUR 2013, 1058, Rn. 17 – *Kostenvergleich bei Honorarfactoring*: Irreführend, wenn der Vergleich den unzutreffenden Eindruck erweckt, bei der genannten Umsatzgebühr des Mitbewerbers handele es sich um den Normalpreis.

127 BGH, 07.04.2011, I ZR 34/09, GRUR 2011, 742, Rn. 34 ff. – *Leistungspakete im Preisvergleich*: Irreführend, wenn weder für das eigene Angebot anfallende Zusatzkosten noch ein anderes gleichwertiges und günstigeres Angebot des Mitbewerbers angegeben werden.

128 BGH, 19.11.2009, I ZR 141/07, GRUR 2010, 658, Rn. 17 – *Paketpreisvergleich*: Irreführend, wenn nicht angegeben wird, dass der Preis des Mitbewerbers bei großen Paketen günstiger ist.

(insb. § 6 Abs. 2 Nr. 4 und Nr. 5 UWG) fallen oder ggfls. irreführend sind, hat der Schutz nach § 6 Abs. 2 UWG und nach § 5 Abs. 3 UWG Vorrang gegenüber dem Schutz aus § 4 Nr. 1 UWG[129]. Das folgt aus dem Umstand, dass die Regelung des Art. 4 Werbe-RL, die in §§ 6 und 5 Abs. 3 UWG umgesetzt worden ist, für den Bereich der vergleichenden Werbung eine abschließende Regelung enthält[130]. Erfüllt der Werbevergleich alle Zulässigkeitsvoraussetzungen des Art. 4 Werbe-RL (liegt also keiner der Unlauterkeitstatbestände des § 6 Abs. 2 UWG vor und ist der Werbevergleich auch nicht irreführend), kommt ein Rückgriff auf § 4 Nr. 1 UWG als Auffangtatbestand nicht in Betracht[131]. Für die Anwendung des § 4 Nr. 1 UWG verbleibt daher nur noch dann Raum, wenn tatbestandlich keine vergleichende Werbung i.S.d. § 6 Abs. 1 UWG vorliegt. Das kommt in Betracht, wenn die Äußerung außerhalb einer werblichen Maßnahme erfolgt, sie weder den Mitbewerber oder dessen Waren erkennbar macht (weil sie z. B. lediglich pauschale Herabsetzungen enthält) oder es für einen Vergleich an dem erforderlichen Bezug zwischen mindestens zwei Mitbewerbern fehlt[132].

d) § 4 Nr. 2 UWG (Anschwärzung)

47 Der Tatbestand der Anschwärzung durch Behaupten oder Verbreiten unwahrer bzw. nicht erweislich wahrer und zur Schädigung des Mitbewerbers geeigneter Tatsachen (§ 4 Nr. 2 UWG) wird durch die Regeln über vergleichende Werbung (insbesondere § 6 Abs. 2 Nr. 5 UWG) grds. **nicht** verdrängt[133]. Die Tatbestände können sich überschneiden. Eine unter § 4 Nr. 2 UWG fallende Äußerung setzt – anders als es § 6 Abs. 2 Nr. 5 UWG erfordert – den Mitbewerber weder zwangsläufig herab oder verunglimpft diesen ohne Weiteres. Demgegenüber kommt es bei § 6 Abs. 2 Nr. 5 UWG nicht darauf an, ob die Äußerung wahr, nicht erweislich wahr oder unwahr ist. Insoweit können auch wahre Tatsachen oder Werturteile in den Anwendungsbereich des § 6 Abs. 2 Nr. 5 fallen. Wird im Rahmen einer vergleichenden Werbung eine nach § 4 Nr. 2 UWG verbotene Behauptung aufgestellt, liegt darin stets eine Irreführung im

129 BGH, 19.05.2011, I ZR 147/09, GRUR 2012, 74, Rn. 17 f. – *Coaching Newsletter*; BGH, 17.12.2015, I ZR 219/13, GRUR-RR 2016, 410, Rn. 18 – *Dr. Estrich*; nach a. A. soll die Anwendung des § 4 Nr. 1 UWG (nur) nicht zu abweichenden Ergebnissen führen dürfen, OLG Köln, 04.09.2015, 6 U 7/15, WRP 2016, 268, Rn. 55; Köhler/Bornkamm/Feddersen, § 4, Rn. 1.7.

130 Zuletzt EuGH, 08.02.2017, C-562/15, GRUR 2017, 280, Rn. 20 – *ITM/Carrefour*; vorgehend u. a. EuGH, 18.11.2010, C-159/09, GRUR 2011, 159, Rn. 22 – *Lidl*.

131 MünchKomm/Menke UWG, § 6 Rn. 37; Harte/Henning/Sack, § 6 Rn. 260; Ohly/Sosnitza, § 6 Rn. 17.

132 BGH, 31.03.2016, I ZR 160/14, GRUR 2016, 710, Rn. 37 – *Im Immobiliensumpf*; BGH, 19.05.2011, I ZR 147/09, GRUR 2012, 74, Rn. 17 f. – *Coaching Newsletter*; BGH, 21.06.2001, I ZR *69/99, GRUR 2002*, 75, Rn. 60 – *»SOOO…BILLIG!«?*;

133 BGH, 17.01.2002, I ZR 161/99, GRUR 2002, 633, Rn. 17, 29 – *Hormonersatztherapie*; Ohly/Sosnitza/Ohly, § 6 Rn. 18; jurisPK-UWG/Müller-Bidinger, zu § 6 Rn. 41.

Sinne von Art. 4 lit. a Werbe-RL bzw. nach § 5 Abs. 3, Abs. 1 UWG[134]. Die Beweislastumkehr in § 4 Nr. 2 UWG ist unionsrechtskonform[135]. Der abschließende Charakter des Unlauterkeitskatalogs in § 6 Abs. 2 UWG steht der Anwendbarkeit des § 4 Nr. 2 UWG im Rahmen vergleichender Werbung allerdings in den Fällen entgegen, in denen es an einer Irreführung fehlt. Zwar besteht zwischen § 5 Abs. 3 i.V.m. Abs. 1 UWG und § 6 Abs. 2 UWG kein Vorrangverhältnis[136]. Das ändert aber nichts an dem Umstand, dass vergleichende Werbung zulässig ist, wenn die Voraussetzungen von Art. 4 Werbe-RL, zu denen nach lit. a Werbe-RL auch gehört, dass der Vergleich nicht irreführend ist, eingehalten werden. Ein Verbot nach § 4 Nr. 2 UWG scheidet – trotz Vorliegen der Voraussetzungen – daher aus, wenn – allerdings wohl nur in theoretisch denkbaren fällen – **keine** Irreführung vorliegt. Die Anwendung des § 4 Nr. 2 UWG darf im Ergebnis nicht zu Ergebnissen führen, die von der Regelung in Art. 4 Werbe-RL bzw. von den diese Regelung umsetzenden §§ 6, 5 Abs. 3 UWG abweichen[137].

e) § 4 Nr. 3 UWG (ergänzender Leistungsschutz)

§ 6 Abs. 2 UWG (insbesondere Nr. 3, 5 und 6) und § 4 Nr. 3 UWG sind **nebeneinander** anwendbar. So kann vergleichende Werbung gegen § 6 Abs. 2 UWG verstoßen und – bietet der Werbende in der Werbung unter Bezugnahme auf das Originalprodukt nachgeahmte Waren oder Dienstleistungen eines Mitbewerbers in unlauterer Weise an – gleichzeitig die Voraussetzungen des ergänzenden wettbewerbsrechtlichen Leistungschutzes gemäß § 4 Nr. 3 UWG erfüllen[138]. Erfüllt der Werbevergleich jedoch alle Voraussetzungen des Art. 4 Werbe-RL bzw. verstößt er nicht gegen § 6 Abs. 2 UWG und ist er auch nicht irreführend, kann er – wegen des abschließenden Charakters der unionsrechtlichen Regeln über vergleichende Werbung – nicht gemäß § 4 Nr. 3 UWG verboten werden[139]. Im Umkehrschluss bedeutet das jedoch nicht, dass ein nach § 4 48

134 Zu § 14 Abs. 1 a. F.: BGH, 17.01.2002, I ZR 161/99, GRUR 2002, 633, Rn. 17, 29 – *Hormonersatztherapie*; BGH, 14.07.1961, I ZR 40/60, GRUR 1962, 45, Rn. 38 – *Betonzusatzmittel*; einschränkend MünchKomm/Menke UWG, § 6 Rn. 39; Harte/Henning/Sack, § 6 Rn. 261.

135 BGH, 17.01.2002, I ZR 161/99, GRUR 2002, 633, Rn. 29 – *Hormonersatztherapie*.

136 Vgl. Rdn. 41.

137 Köhler/Bornkamm/Feddersen, § 6, Rn. 29; FBO/Koos, § 6, Rn. 41; MünchKomm/Menke UWG, § 6, Rn. 39; Sack, Irreführende vergleichende Werbung, WRP 2004, 89; Harte/Henning/Sack, § 6 Rn. 261; a. A. wohl JurisPK-UWG/Müller-Bidinger, zu § 6 Rn. 41; Ohly/Sosnitza/Ohly, § 6 Rn. 18.

138 BGH, 01.10.2009, I ZR 94/07, GRUR 2010, 343, Rn. 42 – *Oracle*; vorhergehend OLG Frankfurt, 26.04.2007, 6 U 13/06, WRP 2007, 1372; Fiebig, Wohin mit dem »Look-alike«?, WRP 2007, 1316.

139 BGH, 28.09.2011, I ZR 48/10, GRUR 2011, 1158, Rn. 26 – *Teddybär*, BGH, 19.05.2010, I ZR 158/08, GRUR 2011, 79, Rn. 33 – *Markenheftchen*; Scherer, Das Verhältnis des lauterkeitsrechtlichen Nachahmungsschutzes nach § 4 Nr. 9 UWG zur europarechtlichen Vollharmonisierung der irreführenden oder vergleichenden Werbung, WRP 2009, 1446; MünchKomm/Menke UWG, § 6, Rn. 40, der das Verhältnis als noch abschließend geklärt ansieht; Köhler/Bornkamm/Feddersen, § 6, Rn.31.

Nr. 3 UWG zulässiger Werbevergleich nicht nach § 6 Abs. 2 UWG unzulässig sein könnte[140].

f) § 4 Nr. 4 UWG (gezielte Behinderung)

49 Die Regelung des § 6 UWG ist abschließend und verdrängt § 4 Nr. 4 UWG[141]. Ein Werbevergleich, durch den ein Mitbewerber (gezielt) behindert werden kann (z. B. weil die Verwendung von Marken des Wettbewerbers zu einem unlauteren Abfangen von Kunden führt), kann gleichwohl nicht nach § 4 Nr. 4 UWG verboten werden, wenn er nicht gegen § 6 Abs. 2 UWG verstößt und er auch nicht irreführend ist[142]. Der **Verlust** von Kunden an Wettbewerber infolge zulässiger vergleichender Werbung stellt ein **wettbewerbskonformes** Marktergebnis dar.[143]

3. Verhältnis zum Markenrecht

50 Das nationale Markenrecht gewährt den nach § 4 MarkenG geschützten Marken bekanntlich Schutz bei **Doppelidentität** (§ 14 Abs. 2 Nr. 1 MarkenG), vor **Verwechselungsgefahr** (§ 14 Abs. 2 Nr. 2 MarkenG) und bei **Bekanntheit** der Marke unter bestimmten Voraussetzungen (§ 14 Abs. 2 Nr. 3 MarkenG). Für geschützte Unionsmarken folgt Entsprechendes aus Art. 9 (2) UMV[144]. Allen Verletzungstatbeständen ist gemein, dass die geschützte Marke **markenmäßig verwendet** worden sein muss. Im Hinblick auf die Rechtsprechung des EuGH[145] und des BGH[146], die von der Literatur geteilt wird[147] und auf Art. 10 (3) lit. f MRRL[148] kann nicht mehr[149] zweifelhaft sein, dass die Benutzung einer geschützten Marke in einem Werbevergleich eine **markenmäßige Benutzung**[150] i.S.d. § 14 Abs. 2 MarkenG bzw. Art. 9 (2) UMV darstellt. Damit

140 *Köhler*/Bornkamm/Feddersen, § 4 Rn. 3.5.

141 MünchKomm/Menke UWG, § 6 Rn. 44; FBO/Koos, § 6, Rn. 42.

142 BGH, 28.09.2011, I ZR 48/10, GRUR 2011, 1158, Rn. 26 – *Teddybär*

143 BGH, 02.04.2015, I ZR 167/13, GRUR 2015, 1136, Rn. 43 – *Staubsaugerbeutel im Internet.*

144 VO 2015/2424/EU über die Gemeinschaftsmarke vom 16.12.2015, Abl. Nr. L 341/2015, S. 21.

145 EuGH, 12.06.2008, C-533/06, GRUR 2008, 698, Rn. 33, 36 – *O2 Holdings ET O2 (UK)*; EuGH, 18.06.2009, C-487/07, GRUR 2009, 756, Rn. 53 – *L'Oréal/Bellure*; EuGH, 23.10.2010, C-236/08 bis C-238/08, GRUR 2010, 445, Rn. 70 – *Google France und Google.*

146 BGH, 01.10.2009, I ZR 134/07, GRUR 2010, 161, Rn. 35 – *Gib mal Zeitung*; BGH, 02.04.2015, I ZR 167/13, GRUR 2015, 1136, Rn. 15 – *Staubsaugerbeutel im Internet.*

147 Vgl. Nachweis bei Sack, Vergleichende Werbung und Markenrecht nach der europäischen Markenrechtsreform von 2015, GRUR 2017, 664, FN 3.

148 Richtlinie 2015/2436/EU vom 16.12.2015; Abl. Nr. L 336, 1, die die Richtlinie 2008/95/EG vom 22.08.2008, Abl. Nr. L 299, 25 ersetzt hat; Art. 10 (3) lit. f MRRL ist umgesetzt worden in § 14 Abs. 3 Nr. 7 MarkenG i. d. F. v. 11.12.2018, in Kraft seit dem 14.01.2019, BGBl. I, S. 2357.

149 Darstellung der früher vertretenen Auffassung bei Sack, Vergleichende Werbung und Markenrecht nach der europäischen Markenrechtsreform von 2015, GRUR 2017, 664, Fn. 4.

150 Allgemein: Ingerl, Rechtsverletzende und rechtserhaltende Benutzung im Markenrecht, WRP 2002, 861; Bodewig, Nicht markenmäßiger Gebrauch und Art. 5 (5) Markenrichtlinie, GRUR *Int. 2008, 301*; Büscher, Schnittstellen zwischen Markenrecht und Wettbewerbsrecht, GRUR 2009, 230.

wird aber keine Aussage darüber getroffen, ob der Werbevergleich auch mit einer Markenrechtsverletzung einhergeht. Gleiches gilt für die Frage, wie das Konkurrenzverhältnis zwischen einer Markenrechtsverletzung und einem nach § 6 Abs. 2 UWG unlauteren Werbevergleich beschaffen ist[151].

Die Frage, ob die Benutzung einer geschützten Marke in einem Werbevergleich eine Markenrechtsverletzung nach § 14 Abs. 2 MarkenG bzw. Art. 9 (2) UMV darstellt, ist zu **verneinen**, wenn der Werbevergleich nicht gegen § 6 Abs. 2 UWG verstößt und auch nicht irreführend ist[152]. Vergleichende Werbung hat durch Art. 4 Werbe-RL eine **abschließende** unionsrechtliche Regelung erfahren. Sie kann daher nur aus den in Art. 4 Werbe-RL genannten Gründen bzw. bei einem Verstoß gegen das in § 6 Abs. 2 UWG bzw. § 5 Abs. 3 UWG zur vergleichenden Werbung umgesetzte Unionsrecht unlauter sein. Liegt keiner dieser Unlauterkeitstatbestände vor, ist vergleichende Werbung markenrechtlich zulässig[153]. Der markenrechtliche Schutz hat gegenüber dem Recht der vergleichenden Werbung keinen grundsätzlichen Vorrang[154]. 51

Ist dagegen der unter Verwendung einer geschützten Marke durchgeführte Werbevergleich **unlauter**, weil er entweder gegen § 6 Abs. 2 UWG verstößt[155] oder weil er irreführend ist (also die Zulässigkeitsbedingungen von Art. 4 Werbe-RL nicht einhält), ist eine Markenrechtsverletzung nach § 14 Abs. 2 MarkenG bzw. Art. 9 (2) UMV zu bejahen, wenn auch die (übrigen) Voraussetzungen dieser Normen vorliegen[156]. Nur dann kann die Benutzung der Marke im Werbevergleich markenrechtlich verboten werden[157]. Dabei ist im Anwendungsbereich des § 14 Abs. 2 Nr. 1 MarkenG (Doppeli- 52

151 Das ist im Hinblick u. a. auf die unterschiedlichen Verjährungsfristen im UWG (sechs Monate, § 11 UWG) und im MarkenG (drei Jahre, § 20 MarkenG) und auf die Art der Berechnung eines möglichen Schadensersatzes von Bedeutung.

152 Hierüber besteht im Ergebnis Einigkeit; in Bezug auf die Herleitung werden verschiedene Ansätze diskutiert, vgl. Sack, Vergleichende Werbung und Markenrecht nach der europäischen Markenrechtsreform von 2015, GRUR 2017, 664, 669, 670.

153 EuGH, 18.06.2009, C-487/07, GRUR 2009, 756, Rn. 54 – *L'Oréal/Bellure*; EuGH, 12.06.2008, C-533/06, GRUR 2008, 698, Rn. 45 – *O2 Holdings ET O2 (UK)*; EuGH, 23.02.2006, C-59/05, GRUR 2006, 345, Rn. 14 – *Siemens/VIPA*; EuGH, 08.04.2003, C-44/01, GRUR 2003, 533, Rn. 49, 83 – *Pippig Augenoptik*; EuGH, 25.10.2001, C-112/99, GRUR 2002, 354, Rn. 53 – *Toshiba Europe*; jeweils unter Berufung auf ErwG 15 Werbe-RL; BGH, 02.04.2015, I ZR 167/13, GRUR 2015, 1136, Rn. 18 – *Staubsaugerbeutel im Internet*; BGH, 05.02.2004, I ZR 171/01, GRUR 2004, 607, Rn. 36 – *Genealogie der Düfte*; BGH, 06.12.2007, I ZR 169/04, GRUR 2008, 628, Rn. 15 – *Imitationswerbung*; BGH, 01.10.2009, I ZR 134/07, GRUR 2010, 161, Rn. 35 – *Gib mal Zeitung*.

154 BGH, 05.05.2011, I ZR 157/09, GRUR 2011, 1153, Rn. 22 – *Creation Lamis*; BGH, 01.10.2009, I ZR 94/07, GRUR 2010, 343, Rn. 26 – *Oracle*; BGH, 04.12.2008, I ZR 3/06, GRUR 2009, 871, Rn. 30 – *Ohrclips*.

155 Insb. kommen hier § 6 Abs. 2 Nr. 3, Nr. 4 und Nr. 6 UWG in Betracht; vgl. OLG Düsseldorf, 05.07.2016, 20 U 78/15, juris.

156 EuGH, 12.06.2008, C-533/06, GRUR 2008, 698, Rn. 45 – *O2 Holdings ET O2 (UK)*; EuGH, 18.06.2009, C-487/07, GRUR 2009, 756, Rn. 54 – *L'Oréal/Bellure*

157 Vgl. Art. 10 (3) lit. f MRRL; § 14 Abs. 3 Nr. 7 MarkenG n. F.

dentität)[158] die Beeinträchtigung der **Herkunftsfunktion** der Marke nicht erforderlich. Ausreichend ist es, wenn eine andere der markenrechtlich geschützten **Funktionen** wie die Werbefunktion, die Investitionsfunktion, die Qualitätsgewährleistungsfunktion oder die Kommunikationsfunktion der Marke beeinträchtigt wird oder beeinträchtigt werden kann[159]. Zwischen Ansprüchen aus § 6 UWG und den markenrechtlichen Ansprüchen besteht dann kumulative Anspruchskonkurrenz[160].

53 Ist bei dem Werbevergleich (ausnahmsweise) nicht von Doppelidentität auszugehen, besteht aber **Verwechselungsgefahr**[161] sowohl im markenrechtlichen als auch im lauterkeitsrechtlichen Sinne zwischen dem vom Werbenden benutzen Zeichen und der Marke des Mitbewerbers, erfüllt der Werbevergleich nicht alle Zulässigkeitsbedingungen der vergleichenden Werbung und kann daher sowohl lauterkeitsrechtlich als **auch** nach Markenrecht verboten werden[162]. Ist eine Verwechslungsgefahr zu verneinen, kommt ein Verbot nach Markenrecht selbst dann nicht in Betracht, wenn der Werbevergleich nicht alle Zulässigkeitsbedingungen für vergleichende Werbung erfüllt[163]. Schließlich kann die Benutzung einer **bekannten Marke** in einem lauterkeitsrechtlich unzulässigen Werbevergleich markenrechtliche Ansprüche nach § 14 Abs. 2 Nr. 3 MarkenG begründen[164].

54 Der Vorwurf einer wettbewerbswidrigen Rufausbeutung oder Rufbeeinträchtigung nach § 6 Abs. 2 Nr. 4 UWG ist stets begründet, wenn die Voraussetzungen einer markenrechtswidrigen Rufausbeutung oder Rufausnutzung im Sinne des § 14 Abs. 2 Nr. 3 MarkenG vorliegen[165].

4. Verhältnis zum Urheberrecht

55 Die bildliche Darstellung von urheberrechtlich geschützten Produkten oder Produktverpackungen von Wettbewerbern innerhalb vergleichender Werbung kann den Tatbestand einer Urheberrechtsverletzung nach §§ 97, 16, 17 UrhG erfüllen. Insbesondere greift der Erschöpfungseinwand (§ 17 Abs. 2 UrhG) nicht ein. Eine Erschöpfung kann

---

158 Dieser Tatbestand dürfte bei Verwendung fremder Marken im Werbevergleich im Regelfall in Betracht kommen.

159 EuGH, 25.03.2010, C-278/08, GRUR 2010, 451, Rn. 31 – *BergSpechte*; EuGH, 18.06.2009, C-487/07, GRUR 2009, 756, Rn. 58, 65 – *L'Oréal/Bellure*.

160 Sack, Vergleichende Werbung und Markenrecht nach der europäischen Markenrechtsreform von 2015, GRUR 2017, 664, 667.

161 Sowohl dieser Begriff als auch die unlautere Ausnutzung des Rufes nach § 14 Abs. 2 Nr. 3 MarkenG bzw. § 6 Abs. 2 Nr. 4 UWG sind lauterkeitsrechtlich und markenrechtlich einheitlich auszulegen: EuGH, 12.06.2008, C-533/06, GRUR 2008, 698, Rn. 49 – *O2 Holdings ET O2 (UK)*; EuGH, 18.06.2009, C-487/07, GRUR 2009, 756, Rn. 77 – *L'Oréal/Bellure*; BGH, 04.02.2010, I ZR 51/08, GRUR 2010, 835, Rn. 41 – *POWER BALL*.

162 *Köhler*/Bornkamm/Feddersen, § 6 Rn. 36.

163 EuGH, 12.06.2008, C-533/06, GRUR 2008, 698, Rn. 45 ff., 69 – *O2 Holdings ET O2 (UK)*

164 Einzelheiten bei *Köhler/Bornkamm*/Feddersen, § 6 Rn. 37; MünchKomm/Menke UWG, § 6 *Rn. 52*.

165 BGH, 01.10.2009, I ZR 134/07, GRUR 2010, 161, Rn. 32 – *Gib mal Zeitung*.

im Urheberrecht grundsätzlich nur in Bezug auf das Verbreitungsrecht, nicht aber hinsichtlich des auch in Betracht kommenden Vervielfältigungsrechts eintreten[166].

Bei unterstellter Lauterkeit des Werbevergleichs – insbesondere wenn kein Verstoß 56
gegen § 6 Abs. 2 Nr. 4 UWG vorliegt – stellt sich daher die Frage des Konkurrenzverhältnisses zwischen Urheberrecht und Lauterkeitsrecht. Die Werbe-RL trifft weder in den Erwägungsgründen noch im Normtext zielführende Aussagen hierzu[167]. Unabhängig von der Frage, ob von einem Vorrang des Lauterkeitsrechts auszugehen ist[168] oder ob Lauterkeitsrecht und Urheberecht unabhängig nebeneinander stehen[169], ist im Falle **zulässiger vergleichender Werbung** der Schutz des Urheberrechts einzuschränken. Der Urheber einer urheberrechtlichen geschützten Warenaufmachung kann die Abbildung dieser Ware in einer (»einfachen«) Werbeanzeige aus Gründen der Verkehrsfähigkeit der Ware nicht untersagen, wenn und soweit es sich um eine übliche werbliche Maßnahme handelt[170]. Weil zwischen (einfacher) Werbung und vergleichender Werbung in Bezug auf das Urheberrecht kein relevanter Unterschied besteht, ist dieser Grundsatz auch auf die Fälle zulässiger[171] vergleichender Werbung zu übertragen[172].

5. Verhältnis zum Persönlichkeitsrecht

Die rechtliche Zulässigkeit von bildlichen Darstellungen von Personen im Rahmen 57
vergleichender Werbung ist anhand der in §§ 22, 23 KUG normierten Voraussetzungen zu beurteilen[173]. Daraus folgt, dass der Werbende grundsätzlich die **Einwilligung** der dargestellten Person benötigt (§ 22 Satz 1 KUG), wenn nicht einer der in § 23 aufgeführten Ausnahmefälle eingreift. Ein solcher auf § 23 Abs. 1 KUG gestützter Ausnahmefall liegt nicht vor, wenn die dargestellte – prominente – Person für die Ware des Konkurrenten wirbt und diese Werbung zum Zwecke des Werbevergleichs wiedergegeben wird[174]. Die Zulässigkeit ist auch nicht dann anders zu beurteilen, wenn sich das Bildnis auf dem Produkt selbst befindet[175]. Zum einen dürfte es beim Stand heutiger Drucktechnik ohne großen Aufwand möglich sein, das Bildnis aus dem Bild der Ware zu entfernen oder abzudecken[176]. Auch kann sich der Werbende darauf beschrän-

166 BGH, 04.05.2000, I ZR 256/97, GRUR 2001, 51, Rn. 22 – *Parfumflakon.*

167 Im ErwG. 10 wird das Urheberrecht lediglich in Bezug auf von Dritten durchgeführte vergleichende Tests erwähnt.

168 *Köhler*/Bornkamm/Feddersen, § 6 Rn. 41.

169 Ohly/Sosnitza, § 6 Rn. 20; MünchKomm/Menke UWG, § 6 Rn. 53.

170 BGH, 04.05.2000, I ZR 256/97, GRUR 2001, 51, Rn. 22 – *Parfumflakon.*

171 Hierzu gehört auch die Einhaltung des – auch in ErwG. 15 Werbe-RL erwähnten – Verhältnismäßigkeitsgrundsatzes.

172 All. Meinung, vgl. nur *Köhler*/Bornkamm/Feddersen, § 6 Rn. 41; Ohly/Sosnitza, § 6 Rn. 20; MünchKomm/Menke UWG, § 6 Rn. 54; FBO/Koos, § 6 Rn. 51.

173 Vgl. allgemein Bartnik, Überlegungen zum Verhältnis von Persönlichkeitsrechten und Wettbewerbsrecht, AfP 2004, 223.

174 LG München I, 28.01.2004, 21 O 23156/03, ZUM 2004, 318; MünchKomm/Menke UWG, § 6 Rn. 55.

175 A. A. Ohly/Sosnitza, § 6 Rn. 20.

176 MünchKomm/Menke UWG, § 6 Rn. 55.

ken, den Produktnamen anzugeben[177]. Notfalls muss der Werbende auf die Durchführung des Werbevergleichs verzichten. Sind die Vorschriften der §§ 22, 23 KUG nicht anwendbar, weil die vergleichende Werbung etwa nur ein Bildfragment enthält, ohne dass eine bestimmte Person erkennbar ist, kann die vergleichende Werbung auf der Grundlage des allgemeinen Persönlichkeitsrechts zu untersagen sein[178].

B. Tatbestand des § 6 UWG

I. Begriff der vergleichenden Werbung (§ 6 Abs. 1 UWG)

1. Einleitung

58 Damit der Weg zur Prüfung der Zulässigkeit vergleichender Werbung gemäß § 6 Abs. 2 UWG eröffnet ist, bedarf es zunächst der Feststellung, ob es sich bei dem zu beurteilenden Sachverhalt um **vergleichende Werbung** gemäß § 6 Abs. 1 UWG handelt. Demnach kommt der Bestimmung des Begriffs der vergleichenden Werbung zentrale Bedeutung zu.[179]

2. Legaldefinition

59 Der Begriff der vergleichenden Werbung wird in § 6 Abs. 1 UWG **legaldefiniert**. Danach ist vergleichende Werbung »jede Werbung, die unmittelbar oder mittelbar einen Mitbewerber oder die von einem Mitbewerber angebotenen Waren oder Dienstleistungen erkennbar macht«. Zentrale Bestandteile der Definition der vergleichenden Werbung in § 6 Abs. 1 UWG sind somit die Begriffe **Werbung**, **Mitbewerber** und (unmittelbare oder mittelbare) **Erkennbarkeit** (des Mitbewerbers oder seiner Waren oder Dienstleistungen). Diese Definition entspricht nahezu[180] der gemeinschaftsrechtlichen Definition der vergleichenden Werbung in Art. 2 lit. c Werbe-RL. Anerkannt ist, dass die gemeinschaftsrechtliche Begriffsbestimmung **breit** zu fassen ist, um alle unterschiedliche Arten der vergleichenden Werbung abzudecken[181]. Das erfordert, dass die an vergleichende Werbung zu stellenden Anforderungen in dem für sie **günstigsten Sinn** auszulegen sind[182]. Die Vorteile, die vergleichende Werbung für die Verbraucher

177 FBO/Koos, § 6 Rn. 52.

178 OLG Karlsruhe, 28.07.2004, 6 U 39/04, GRUR 2004, 1058, Rn. 15 – *Bildfragment*.

179 Ohly/Sosnitza, § 6 Rn. 21, MünchKomm/Menke UWG, § 6 Rn. 57; Köhler, Was ist »vergleichende Werbung«?, GRUR 2005, 273.

180 Statt »Waren« in § 6 Abs. 1 UWG heißt es in Art. 2 lit. c Werbe-RL »Erzeugnisse«.

181 ErwG. 8 Werbe-RL; EuGH, 11.07.2013, C-657/11, GRUR 2013, 1049, Rn. 35 – *Belgian Electronic Sorting Technology*; EuGH, 18.06.2009, C-487/07, GRUR 2009, 756, Rn. 52 – *L'Oréal/Bellure*; EuGH, 12.06.2008, C-533/06, GRUR 2008, 698, Rn. 42 – *O2 Holdings ET O2 (UK)*; EuGH, 08.04.2003, C-44/01, GRUR 2003, 533, Rn. 35 »**weite** Definition« – *Pippig Augenoptik*; EuGH, 25.10.2001, C-112/99, GRUR 2002, 354, Rn. 30 – *Toshiba Europe*.

182 EuGH, 08.02.2017, C-562/15, GRUR 2017, 280, Rn. 21 – *ITM/Carrefour* EuGH, 19.04.2007, C-381/05, GRUR 2007, 511, Rn. 63 u. 71 – *De Landtsheer Emmanuel*; EuGH, 19.09.2006, C-356/04, *GRUR 2007*, 69, Rn. 22 – *Lidl/Colruyt*; EuGH, 08.04.2003, C-44/ *01, GRUR 2003*, 533, Rn. 42 – *Pippig Augenoptik*; EuGH, 25.10.2001, C-112/99, GRUR 2002, 354, Rn. 37 – *Toshiba Europe*.

hat, sind bei der Auslegung der Bedingungen über vergleichende Werbung zwingend zu berücksichtigen[183]. Ebenso anerkannt ist, dass ein **allgemein gehaltener Vergleich**, der keinen Bezug zu einem Konkurrenten aufweist, nicht unter § 6 Abs. 1 UWG fällt. Demgegenüber ist umstritten, ob vergleichende Werbung eine vergleichende Bezugnahme des Werbenden auf den Mitbewerber oder dessen Waren bzw. Dienstleistungen, also einen **Vergleich**, erfordert[184]. Entsprechendes gilt für die Frage, ob § 6 Abs. 1 UWG auch auf **personenbezogene** und **unternehmensbezogene Werbung**, die keinen Produktbezug aufweist, sondern sich nur auf persönliche oder geschäftliche Eigenschaften des Mitbewerbers bezieht, anzuwenden ist.

3. Werbung

a) Definition

Der Begriff »**Werbung**« wird in Art. 2 lit. a Werbe-RL als »jede Äußerung bei der Ausübung eines Handels, Gewerbes, Handwerks oder freien Berufs mit dem Ziel, den Absatz von Waren oder die Erbringung von Dienstleistungen, einschließlich unbeweglicher Sachen, Rechte und Verpflichtungen zu fördern«, **legaldefiniert**. Auf diese Definition ist auch im Rahmen des § 6 Abs. 1 UWG abzustellen[185]. Ebenso wie der übergeordnete Begriff der vergleichenden Werbung ist auch der Begriff »Werbung« – wie auch schon die Formulierung »jede Äußerung« impliziert – weit zu fassen und ist nicht auf die Formen klassischer Werbung beschränkt[186]. Dieser Werbebegriff wird nicht durch den in Art. 2 lit. f RL 2000/31/EG[187] vorgesehenen Ausschluss bestimmter Angaben und Mitteilungen vom Begriff der »kommerziellen Kommunikation« beschränkt[188]. Der Werbebegriff ist mit dem Begriff der geschäftlichen Handlung (§ 2 Abs. 1 Nr. 1 UWG) nicht deckungsgleich, sondern enger. Jede Werbung ist geschäftliche Handlung, aber nicht jede geschäftliche Handlung ist Werbung[189]. **60**

b) Einzelne Tatbestandsmerkmale

aa) Jede Äußerung

Ebenso wie der übergeordnete Begriff »Werbung« ist auch das darin enthaltene Tatbestandsmerkmal »jede **Äußerung**« weit auszulegen. Es genügt »jede Äußerung in beliebi- **61**

183 EuGH, 19.09.2006, C-356/04, GRUR 2007, 69, Rn. 33 – *Lidl/Colruyt.*
184 Das fordert die Frage heraus: »Gibt es vergleichende Werbung ohne Vergleich?«.
185 BGH, 09.02.2006, I ZR 124/03, GRUR 2006, 875, Rn. 22 – *Rechtsanwalts-Ranglisten;*
186 EuGH, 11.07.2013, C-657/11, GRUR 2013, 1049, Rn. 35 – *Belgian Electronic Sorting Technology.*
187 RL 2000/31/EG vom 08.06.2000 über den elektronischen Rechtsverkehr, Abl. Nr. L 178/2000, S. 1, E-Commerce-RL.
188 EuGH, 11.07.2013, C-657/11, GRUR 2013, 1049, Rn. 50 – *Belgian Electronic Sorting Technology.*
189 MünchKomm/Menke UWG, § 6 Rn. 59; Ohly/Sosnitza/Ohly, § 6 Rn. 22.

ger Form«[190]. Hiervon wird jede Art des Gebrauchs von Sprache oder nonverbalen Zeichen als Mittel der öffentlichen, privaten, individuellen, kollektiven, direkten oder indirekten Kommunikation erfasst, z. B. bei Angaben über Tatsachen, Werturteile oder Meinungsäußerungen[191]. Ohne Belang ist, welches Medium (z. B. Printmedien, Plakate, Hörfunk, Fernsehen, Internet, E-Mail) hierfür verwendet wird, ob es sich bei dem Adressaten um einen Unternehmer, einen (End-)Verbraucher[192], einen Vertragspartner oder einen möglichen Kunden handelt und ob der Adressat **Fachkenntnisse** hat oder nicht. Da bei der Beurteilung der Lauterkeit der vergleichenden Werbung und damit auch bei der Beurteilung jedes ihrer Tatbestandsmerkmale auf das Leitbild einer durchschnittlich informierten, aufmerksamen und verständigen Durchschnittsperson abzustellen ist[193], kann aber die Feststellung von Bedeutung sein, an wen sich die Äußerung (Werbung) richtet. Das gilt insbesondere für die Unterscheidung zwischen Fachleuten und (normalen) Verbrauchern[194].

62 Auch die Nutzung von **Metatags** in den Metadaten einer Website zur Beeinflussung der Trefferliste[195] und die Verwendung von Schlüsselwörtern bei Google zur Schaltung von **AdWords**-Werbung[196] stellen Äußerungen in diesem Sinne dar. Gleiches gilt für die Anzeige konkurrierender Ergebnisse durch **Suchmaschinen**[197]. Die Verwendung von **Marken** oder bestimmten **Produktbezeichnungen**[198] sind unabhängig von der Frage, ob ihnen markenrechtlicher Schutz[199] zukommt, unter dem Begriff »Äußerung« zu fassen. Gleiches gilt, soweit sich der Werbende die in Werken Dritter, z. B. in

---

190 EuGH, 25.10.2001, C-112/99, GRUR 2002, 354, Rn. 31 – *Toshiba Europe*; BGH, 02.12.2004, I ZR 273/01, GRUR 2005, 348, Rn. 14 – *Bestellnummernübernahme*; dazu Dittmer, Rufausbeutung (nicht nur) durch Bestellnummernübernahme, WRP 2005, 955; BGH, 05.02.2004, I ZR 171/01, GRUR 2004, 607, Rn. 25 – *Genealogie der Düfte*.

191 Fraglich, ob darunter auch rein tatsächliche Handlungen ohne wörtlichen Erklärungsgehalt, wie z. B. die Anwendung körperlicher Gewalt fallen: insoweit jetzt bejahend jurisPK-UWG/Müller-Bidinger, § 6, Rn. 54.

192 BGH, 20.09.2007, I ZR 171/04, GRUR 2008, 443, Rn. 15 – *Saugeinlagen*; BGH, 05.02.2004, I ZR 171/01, GRUR 2004, 607, Rn. 25 – *Genealogie der Düfte*; BGH, 02.12.2004, I ZR 273/01, GRUR 2005, 348, Rn. 14 – *Bestellnummernübernahme*.

193 BGH, 01.10.2009, I ZR 134/07, GRUR 2010, 161, Rn. 20 – *Gib mal Zeitung*, unter Berufung auf die Rechtsprechung des EuGH.

194 BGH, 05.02.2004, I ZR 171/01, GRUR 2004, 607, Rn. 34 u. 35 – *Genealogie der Düfte*.

195 EuGH, 11.07.2013, C-657/11, GRUR 2013, 1049, Rn. 60 – *Belgian Electronic Sorting Technology*; nicht aber die Eintragung eines Domainnamens »als solche«; BGH 15.02.2018, I ZR 138/16, WRP 2018, 1074 – *Ortlieb*.

196 EuGH, 25.03.2010, C-278/08, GRUR 2010, 451, Rn. 32 – *BergSpechte*; EuGH, 22.09.2011, C-323/09, GRUR 2011, 1124, Rn. 30 – *Interflora*; allgemein: Ohly, Keyword-Advertising auf dem Weg von Karlsruhe nach Luxemburg, GRUR 2009, 709.

197 Ohly, Die markenrechtliche Haftung des Suchmaschinenbetreibers für Trefferlisten, WRP 2018, 131, 137, Rn. 41 f.

198 BGH, 06.12.2007, I ZR 169/04, GRUR 2008, 628, Rn. 18 – *Imitationswerbung*; BGH, 06.12.2007, I ZR 184/05, GRUR 2008, 726, Rn. 15 – *Duftvergleich mit Markenparfüm*.

199 BGH, 06.12.2007, I ZR 184/05, GRUR 2008, 726, Rn. 15 – *Duftvergleich mit Markenparfüm*.

wissenschaftlichen Untersuchungen oder Tests, enthaltenen Angaben für Werbezwecke **zu eigen** macht[200].

63 Ohne Belang ist es auch, in welcher Eigenschaft der Urheber die Äußerung abgegeben hat und wem diese nützen soll. Daher fallen sowohl Äußerungen des Anbietenden als auch Äußerungen des **Nachfragenden**[201] hierunter sowie Äußerungen zugunsten Dritter[202]. Damit ist keine Aussage darüber verbunden, ob die Äußerung auch die weiteren Voraussetzungen des Begriffs »Werbung«, insbesondere das Ziel, den Absatz zu fördern, erfüllt[203].

bb) Bei Ausübung unternehmerischer Tätigkeit

64 Die Äußerung muss »bei der Ausübung eines Handels, Gewerbes, Handwerks oder freien Berufs« abgegeben werden. Damit wird herausgestellt, dass die Äußerung im funktionellen Zusammenhang mit einer eigenen oder fremden **unternehmerischen Tätigkeit** stehen muss. Ein solche Tätigkeit setzt ein selbständiges und planmäßiges, auf eine gewisse Dauer angelegtes Anbieten entgeltlicher Leistungen am Markt[204] voraus. Darunter fallen sowohl eigene Äußerungen des Unternehmers (§ 2 Abs. 1 Nr. 6 UWG) bzw. seiner gesetzlichen Vertreter als auch von seinen Arbeitnehmern oder Beauftragten abgegebene Äußerungen, die sich der Unternehmer zurechnen lassen muss[205]. Hiervon sind Äußerungen von Privatpersonen (z. B. Kaufempfehlung im Freundeskreis ohne eigenes finanzielles Interesse), Verbänden oder von Behörden abzugrenzen.

cc) Ziel der Absatzförderung

65 Mit der Äußerung muss das Ziel verfolgt werden, den »**Absatz** von Waren oder die Erbringung von Dienstleistungen zu fördern«. Auch dieses Merkmal bedarf im Hinblick auf den Zweck der Werbe-RL und der Rechtsprechung des EuGH einer **weiten Auslegung**. Es setzt zunächst die **objektive** Eignung voraus, den Absatz von Waren oder Dienstleistungen einer Person (zum Nachteil einer anderen) zu begünstigen. Darüber hinaus ist in **subjektiver** Hinsicht die Absicht erforderlich, den eigenen oder fremden Wettbewerb (zum Nachteil eines anderen) zu fördern, sofern diese Absicht nicht völlig hinter anderen Beweggründen zurücktritt[206].

---

200 BGH, 17.01.2002, I ZR 161/99, GRUR 2002, 633, Rn. 21 – *Hormonersatztherapie*.
201 BGH, 17.07.2008, I ZR 75/06, GRUR 2008, 923, Rn. 13 – *Faxanfrage im Autohandel*.
202 BGH, 09.02.2006, I ZR 124/03, GRUR, 2006, 875, Rn. 22 – *Rechtsanwalts-Ranglisten*.
203 Zutreffend jurisPK-UWG/Müller-Bidinger, § 6, Rn. 56.
204 BGH, 04.12.2008, I ZR 3/06, GRUR 2009, 871, Rn. 33 – *Ohrclips*; BGH, 29.03.2006, VIII ZR 173/05, NJW 2006, 2250, Rn. 14.
205 So im Wesentlichen auch Art. 2 lit. b UGP-RL.
206 BGH, 23.04.1998, I ZR 2/96, GRUR 1999, 69, Rn. 20 – *Preisvergleichsliste II*; BGH, 09.02.2006, I ZR 124/03, GRUR 2006, 875, Rn. 22 – *Rechtsanwalts-Ranglisten*: Hiermit knüpft der BGH an die früher gebräuchliche Definition für das »Handeln zu Zwecken des Wettbewerbs« an. Das erscheint bedenklich, da die Legaldefinition weder eine objektive noch eine Nachteils-Komponente (objektiv oder subjektiv) enthält; so auch *Köhler*/Bornkamm/Feddersen, § 6 Rn. 59 und jurisPK-UWG/Müller-Bidinger, § 6, Rn. 61; Lettl, Lauterkeitsrechtliche Haftung von Presseunternehmen für »Rankings«, GRUR 2007, 936, 939.

66 Hierunter fällt neben der (abstrakten oder konkreten) **Produktwerbung**, die den Abschluss von Verträgen im umfassenden Sinne herbeiführen soll, auch die **Imagewerbung**[207] und das **Sponsoring**, bei denen ein Produktbezug in der Regel fehlt. Zwar zielen diese Arten von Werbung nicht auf unmittelbare Verkaufserfolge ab, sondern bezwecken zunächst nur die Verbesserung des allgemeinen **Ansehens** bzw. der allgemeinen Bekanntheit und des Erscheinungsbildes eines Unternehmens[208]. Wie aber letztlich jede Werbung eines auf Gewinnerzielung ausgerichteten Unternehmens, zielen auch Imagewerbung und Sponsoring mittelbar darauf ab, die Kundenakzeptanz durch ein verbessertes Ansehen zu erhöhen bzw. den Bekanntheitsgrad zu steigern, was letztlich auch den Absatz fördern kann. Denn »fördern« bedeutet nur, dass das Erreichen eines Zieles durch bestimmte Maßnahmen **unterstützt** wird, nicht dass dieses Ziel direkt durch die Maßnahmen erreicht werden muss.

67 Auch das Bestreben, einen Kunden von der angekündigten Vertragskündigung abzuhalten oder ihn zu bewegen, den Vertrag zu erweitern, ist Absatzförderung. Gleiches gilt auch bei Verwendung von Marken oder bestimmten **Produktbezeichnungen**[209] und zwar unabhängig von der Frage, ob ihnen markenrechtlicher Schutz zukommt[210]. Auch qualifizierte Äußerungen mit **Internetbezug**[211] und in den Sozialen Medien (wie Facebook, Twitter, Instagram etc.) verfolgen letztlich das Ziel, den Absatz zu fördern. Selbst die Übermittlung von **Kontaktdaten** dient grundsätzlich der Absatzförderung. Der Werbende eröffnet dem Kunden damit die Möglichkeit, Kontakt zu ihm aufzunehmen, (auch) um dessen Leistungen nachzufragen. Das gilt dann nicht, wenn die Übermittlung ausnahmsweise ausschließlich dazu dient, gesetzliche Pflichten zu erfüllen[212].

Fraglich ist, ob (positive) Äußerungen von Kunden in der Abteilung »Kundenrezensionen« auf der beliebten Verkaufsplattform »amazon« insb. unter dem Gesichtspunkt der Absatzförderungsabsicht den Werbebegriff erfüllen. Zweifel sind deshalb angebracht, weil das Bewertungssystem auch (und auch ausschließlich) negative Aussagen über das aufgerufene Produkt zulässt und der Anbieter die Kundenäußerungen weder ändern noch entfernen kann. Ein Anbieter wird im Regelfall aber nur mit positiven Aussagen

---

207 EuGH, 19.04.2007, C-381/05, GRUR 2007, 511, Rn. 42 – *De Landtsheer Emmanuel*; BGH, 19.05.2011, I ZR 147/09, GRUR 2012, 74, Rn. 16 – *Coaching Newsletter*.
208 Vgl. hierzu Art. 2 lit. f RL 2000/31/EG, Abl. Nr. L 178/2000, S. 1.
209 BGH, 06.12.2007, I ZR 169/04, GRUR 2008, 628, Rn. 18 – *Imitationswerbung*; BGH, 06.12.2007, I ZR 184/05, GRUR 2008, 726, Rn. 15 – *Duftvergleich mit Markenparfüm*.
210 BGH, 06.12.2007, I ZR 184/05, GRUR 2008, 726, Rn. 15 – *Duftvergleich mit Markenparfüm*.
211 EuGH, 11.07.2013, C-657/11, GRUR 2013, 1049, Rn. 60 – *Belgian Electronic Sorting Technology*: Nutzung von Metatags in den Metadaten einer Website zur Beeinflussung der Trefferliste, nicht aber die Eintragung eines Domainnamens; EuGH, 25.03.2010, C-278/08, GRUR 2010, 451, Rn. 32 – *BergSpechte*; EuGH, 22.09.2011, C-323/09, GRUR 2011, 1124, Rn. 30 – *Interflora*: Verwendung von Schlüsselwörtern bei Google zur Schaltung von *AdWords*-Werbung.
212 Ähnlich Köhler, Was ist »vergleichende Werbung?«, GRUR 2005, 273, 277.

werben wollen. Jedenfalls dürfte eine Zurechnung der von Kunden abgegebenen Äußerungen dem Anbieter nicht ohne Weiteres als Werbung zurechenbar sein[213].

Kritische Äußerungen in Bezug auf Waren, Leistungen oder Werbemethoden des Mitbewerbers[214] werden jedenfalls dann zum Zweck der (eigenen) Absatzförderung abgegeben, wenn aus den Äußerungen aus der Sicht eines durchschnittlich informierten, aufmerksamen und verständigen Empfängers[215] auch deutlich hervorgeht, dass die eigenen Waren, Leistungen oder Werbemethoden die Kritik auslösenden Merkmale nicht aufweisen. Denn dadurch soll der Adressat der Äußerung erkennbar dazu bewogen werden, statt den Leistungen des Mitbewerbers die Leistungen des Werbenden nachzufragen[216]. Das gilt jedoch nicht bei kritisierenden Angaben, die gegenüber Gerichten oder Behörden[217] abgegeben werden. **68**

Auch Äußerungen, die darauf gerichtet sind, Waren oder Dienstleistungen **nachzufragen**, lassen sich unter dem Begriff der **Absatz**förderung subsummieren. Denn der Begriff »fördern« impliziert jede Handlung, die zum Gelingen des zu erreichenden Zieles (Absatz) beitragen kann und – erst Recht – dieses erst ermöglicht. Der nachfragende Wiederverkäufer möchte mit seiner Nachfrage Waren oder Dienstleistungen beziehen. Für ihn ist der Bezug von Waren aber notwendige Voraussetzung für seinen Absatz. Damit ist die **Nachfrage** eine mittelbar auf (eigenen) Absatz gerichtete Handlung[218]. Ein sachlicher Grund für die Ungleichbehandlung von Angebot und Nachfrage ist insoweit nicht erkennbar[219]. **69**

Grundsätzlich ist davon auszugehen, dass bei Vorliegen einer objektiven Eignung zur Absatzförderung die Absatzförderungs**absicht vermutet** wird[220]. Diese **Vermutungswirkung** greift jedoch wegen des Presseprivilegs[221] in der Regel dann nicht, wenn die entsprechenden Äußerungen in **redaktionellen Beiträgen** von Zeitschriften, Zeitungen oder ähnlichen Pressemedien enthalten sind. Das ist z. B. bei der Veröffentlichung **70**

---

213 So OLG Hamm, 11.09.2018, 4 U 134/17; ebenso LG Heilbronn, 11.07.2017, 21 O 5/17 KfH, juris; a. A. LG Mannheim, 23.01.2018, 23 O 40/17, juris; OLG Köln, 24.05.2017, 6 U 161/16, MMR 2017, 842 jedenfalls für Äußerungen auf der **eigenen** Internethomepage des Anbieters.

214 BGH, 21.06.2001, I ZR 69/99, GRUR 2002, 61 – *»SOOO…BILLIG!«?*: im Ergebnis aber wegen fehlender Erkennbarkeit vergleichende Werbung verneint.

215 BGH, 01.10.2009, I ZR 134/07, GRUR 2010, 161, Rn. 20 – *Gib mal Zeitung*, unter Berufung auf die Rechtsprechung des EuGH.

216 So auch *Köhler*/Bornkamm/Feddersen, § 6 Rn. 62 und jurisPK-UWG/Müller-Bidinger, § 6, Rn. 71.

217 BGH, 10.12.2009, I ZR 46/07, GRUR 2010, 253, Rn. 14 – *Fischdosendeckel*: Kritisierende Äußerungen in der Beschreibung eines Patents.

218 BGH, 17.07.2008, I ZR 197/05, GRUR 2008, 925, Rn. 16 – *FC Troschenreuth*; BGH, 17.07.2008, I ZR 75/06, GRUR 2008, 923, Rn. 13 – *Faxanfrage im Autohandel*.

219 Zutreffend *Köhler*/Bornkamm/Feddersen, § 6 Rn. 63; GK/Glöckner, § 6, Rn. 211 ff.; a. A. Harte/Henning/Sack, § 6 Rn. 39; und jurisPK-UWG/Müller-Bidinger, § 6, Rn. 70; FBO/Koos, § 6, Rn. 54; wohl auch Ohly/Sosnitza, § 6 Rn. 23 a. E.

220 BGH, 13.02.2003, I ZR 41/00, GRUR 2003, 800, Rn. 21 – *Schachcomputerkatalog*.

221 Art. 11 GR-Charta; Art. 10 (1) Nr. 1 EMRK, Art. 5 (1) GG.

vergleichender (neutraler) **Tests** von Waren oder Dienstleistungen und damit verbundener **Rankings**[222] der Fall. In diesen Fällen bedarf es der Feststellung konkreter Umstände, wonach neben der Wahrnehmung der publizistischen Aufgabe die Absicht des Presseorgans, eigenen oder fremden Wettbewerb zu fördern, eine größere als nur eine unterordnete Rolle gespielt hat[223]. Das ist z. B. dann der Fall, wenn sich der redaktionelle Beitrag als **übermäßig anpreisend** darstellt und so den Boden sachlicher Information verlässt[224].

71 Eine Berufung auf das Presseprivileg kommt auch dann nicht in Betracht, so dass die Vermutungswirkung für eine Absatzförderungsabsicht greift, wenn ein Presseorgan sich in Bezug auf das **eigene** Presseprodukt äußert[225]. Auch jemand, der sich auf das Ergebnis eines Warentests[226], eines Rankings oder einer wissenschaftlichen Studie[227] beruft und sich dieses Ergebnis somit zu eigen macht, handelt in Absatzförderungsabsicht[228].

72 In Bezug auf **Internet-Bewertungsportale**[229] oder Vergleichsportale[230] ist zu differenzieren. Dient das Portal ausschließlich dem uneigennützigen[231] Austausch von Meinungen und/oder der Verbrauchinformation, liegt eine Absatzförderungsabsicht des Portalbetreibers fern. Eigennützige Motive liegen aber dann vor, wenn der Betreiber des Portals die Leistungen, die auf dem Portal behandelt werden (z. B. Reisen), selbst anbietet. In diesem Fall ist davon auszugehen, dass das Portal dazu dient, den Betreiber bekannt zu machen, um den Absatz seiner Leistungen zu fördern[232].

73 Auch das – evtl. erst vom Kunden initiierte – **individuelle Verkaufsgespräch**, in welchem der Verkäufer dem Kunden Produkte von miteinander konkurrierenden Unter-

---

222 Vgl. hierzu Köhler, Ranking als Rechtsproblem, FS Sonnenberger, 2004, S. 249 f.; Lettl, Lauterkeitsrechtliche Haftung von Presseunternehmen für »Rankings«, GRUR 2007, 936 f.; Koppe/Zagouras, Rechtsprobleme der Testwerbung, WRP 2008, 1035 f.

223 BGH, 09.02.2006, I ZR 124/03, GRUR 2006, 875, Rn. 23 – *Rechtsanwalts-Ranglisten*; BGH, 23.04.1998, I ZR 2/96, GRUR 1999, 69, Rn. 20 – *Preisvergleichsliste II*; BGH, 30.04.1997, I ZR 196/94, GRUR 1997, 912, Rn. 15 – *Die Besten*; BGH, 30.04.1997, I ZR 154/95, GRUR 1997, 914, Rn. 25 – *Die Besten II*.

224 BGH, 09.02.2006, I ZR 124/03, GRUR 2006, 875, Rn. 27 – *Rechtsanwalts-Ranglisten*: hier verneinend.

225 BGH, 01.10.2009, I ZR 134/07, GRUR 2010, 161, Rn. 11 – *Gib mal Zeitung*.

226 Aus ErwG 10 Werbe-RL folgt nicht inzident die generelle Zulässigkeit dieses Vorgehens, sondern nur, dass **auch** internationale Vereinbarungen zum Urheberrecht zu beachten sind.

227 BGH 17.01.2002, I ZR 161/99, GRUR 2002, 633, Rn. 25 – *Hormonersatztherapie*.

228 Damit ist keine Aussage darüber verbunden, ob auch die weiteren Voraussetzungen der Definition der vergleichenden Werbung vorliegen.

229 Hierzu BGH, 19.03.2015, I ZR 94/13, GRUR 2015, 1129 – *Hotelbewertungsportal*; OLG Köln, 05.01.2017, 15 U 121/16, MMR 2018, 178.

230 Hierzu Franz, Preisvergleichsportale aus wettbewerbsrechtlicher Sicht, WRP 2018, 20; Alexander, Aktuelle Problemfelder von Online-Vergleichsportalen, WRP 2018, 765.

231 Vgl. zu diesem Merkmal BGH, 23.04.1998, I ZR 2/96, GRUR 1999, 69, Rn. 20 – *Preisvergleichsliste II*.

232 *Köhler*/Bornkamm/Feddersen, § 6, Rn. 66; KG, 16.04.2013, 5 U 63/12, WRP 2013, 1242, 1243; einschränkend Ohly/Sosnitza, § 6 Rn. 75;.

nehmen vorstellt, kann – abhängig vom konkreten Inhalt des Gesprächs – objektiv und subjektiv der (fremden) Absatzförderung dienen[233].

dd) Von Waren oder Dienstleistungen

Die Äußerung muss das Ziel verfolgen, den Absatz von **Waren**[234] oder die Erbringung von **Dienstleistungen** zu fördern. Diese Begriffe sind im umfassenden Sinne zu verstehen. Darunter fallen zunächst alle körperlichen Gegenstände wie bewegliche und unbewegliche Sachen. Durch die Verwendung der Begriffe »Rechte und Verpflichtungen« wird jedoch verdeutlicht, dass mit Waren nicht nur körperliche Gegenstände gemeint sind. Daher gehören zum Warenbegriff auch Rechte aller Art. Diesen Gütern muss aber gemein sein, dass sie Gegenstand des **geschäftlichen Verkehrs** sein können[235]. 74

Dementsprechend umfasst der Begriff der **Dienstleistungen** ebenfalls sämtliche Tätigkeiten, die im geschäftlichen Verkehr erbracht werden können, unabhängig von ihrer rechtlichen Einordnung als Auftrag, Werkvertrag, Dienstvertrag oder Vertrag sui generis. Davon ausgenommen sind hoheitliche Tätigkeiten[236]. Da der in der Definition der »Werbung« enthaltene Begriff »fördern« weit auszulegen ist und darunter alle Handlungen fallen, die zum Gelingen des zu erreichenden Zieles (Absatz) beitragen können, umfasst der Waren- und Dienstleistungsbegriff auch alle Handlungen, die den Absatz der Ware bzw. die Erbringung der Dienstleistung erst ermöglichen bzw. sichern, wie z. B. Vorbereitungshandlungen, Kundenpflege etc.[237]. 75

4. Erkennbarkeit des Mitbewerbers oder seiner Waren oder Dienstleistungen

Die (strengen) Zulässigkeitsbedingungen der vergleichenden Werbung kommen nur zur Anwendung, wenn die Werbemaßnahme den Mitbewerber (a) oder die von ihm angebotenen Produkte[238] (b) unmittelbar (c) oder mittelbar erkennbar (d) macht. 76

a) Mitbewerber

Nach der Rechtsprechung des – insoweit zur Auslegung der Werbe-RL berufenen – EuGH beruht die Einstufung eines Unternehmens als **Mitwerber** nach Art. 2 lit. b Werbe-RL definitionsgemäß auf der **Substituierbarkeit** der Produkte, die es auf dem 77

---

233 BGH, 05.02.2004, I ZR 171/01, GRUR 2004, 607, Rn. 37 – *Genealogie der Düfte*; Ohly/Spence, Vergleichende Werbung: Die Auslegung der Richtlinie 97/55/EG in Deutschland und Großbritannien, GRUR-Int. 1999, 681, 685; *Köhler*/Bornkamm/Feddersen, § 6 Rn. 68; Harte/Henning/Sack, § 6, Rn. 42; kritisch dazu Scherer, Partielle Verschlechterung der Verbrauchersituation durch die europäische Rechtsvereinheitlichung bei vergleichender Werbung?, WRP 2001, 89, 91.

234 In der Definition für vergleichende Werbung in Art. 2 lit. c Werbe-RL ist statt von »Waren« insoweit von »Erzeugnissen« die Rede, ohne dass insoweit aber ein Unterschied besteht.

235 *Köhler*/Bornkamm/Feddersen, § 6 Rn. 93.

236 MünchKomm/Menke UWG, § 6 Rn. 87; *Köhler*/Bornkamm/Feddersen, § 6 Rn. 94.

237 Ausführlich jurisPK-UWG/Müller-Bidinger, § 6, Rn. 66.

238 Art. 2 lit. c UGP-RL fasst die Begriffe Waren und Dienstleistungen unter dem Oberbegriff »Produkt« zusammen; dieser Begriff wird im Folgenden verwendet.

Markt anbietet. Das Bestehen eines Wettbewerbsverhältnisses zwischen Unternehmen setzt die Feststellung voraus, dass die von ihnen angebotenen Produkte in gewissem Grad substituierbar sind.

78 Ein in allgemeiner Weise gewisser Grad an Substituierbarkeit liegt vor, wenn Produkte in gewisser Weise gleichen **Bedürfnissen** dienen können. Für die Feststellung des erforderlichen Wettbewerbsverhältnisses ist auf den augenblicklichen Zustand des Marktes, die Verbrauchsgewohnheiten und ihre Entwicklungsmöglichkeiten im innerstaatlichen Verbreitungsgebiet der Werbung abzustellen (**Marktzustand**). Allerdings dürfen die Auswirkungen, die die Entwicklung der in anderen Mitgliedsstaaten festgestellten Verbrauchsgewohnheiten auf den in Frage kommenden innerstaatlichen Markt haben kann, nicht unberücksichtigt bleiben (**Marktgebiet**). Auch kommen den besonderen Merkmalen der Ware, für welche geworben werden soll, sowie das Image, das der Werbende ihnen geben will, Bedeutung zu[239] (**Produkteigenschaften**). Zumindest zwischen **einem Teil** der von den betreffenden Unternehmen angebotenen **Produktpalette** muss ein Wettbewerbsverhältnis bestehen[240].

79 Diese für den Begriff des in Art. 2 lit. c Werbe-RL genannten »Mitbewerbers« aufgestellten Kriterien sind den Kriterien, die zur Beurteilung der Frage, ob der Vergleich die in Art. 4 lit. b Werbe-RL aufgestellten Voraussetzungen (Produkte für den gleichen Bedarf oder dieselbe Zweckbestimmung) erfüllt, heranzuziehen sind, ähnlich; sie entsprechen ihnen aber nicht vollends. Für den Bereich des Art. 4 lit. b Werbe-RL ist ein **allgemeiner Grad an gewisser Substitution** nicht ausreichend. Vielmehr ist zu prüfen, ob die Produkte **wirklich miteinander substituierbar** sind. Um das zu ermitteln, ist eine individuelle und konkrete Prüfung der **speziellen Waren**, die in der Werbeaussage **miteinander verglichen** werden, erforderlich[241].

80 Der durch die Rechtsprechung des EuGH zur Auslegung des Art. 2 lit. c Werbe-RL ausgefüllte Mitbewerberbegriff entspricht **nicht** in jeder Hinsicht dem – durch den BGH ausgelegten – Mitweberwerbegriff des § 2 Abs. 1 Nr. 3 UWG. Zwar wird bei § 2 Abs. 1 Nr. 3 UWG auch ein konkretes Wettbewerbsverhältnis mit dem Erfordernis der – aus der Sicht der angesprochenen Verkehrskreise zu ermittelnden – **Substituierbarkeit** der von den Unternehmen angebotenen Produkte für erforderlich gehalten[242]. Eine nach § 2 Abs. 1 UWG ausreichende Mitbewerberstellung besteht aber auch (bereits) dann, wenn sich der Verletzer durch seine Wettbewerbshandlung im konkreten Fall in irgendeiner Weise in Wettbewerb zu dem Betroffenen stellt. Das ist dann der

---

239 EuGH, 19.04.2007, C-381/05, GRUR 2007, 511, Rn. 28–30, 42, 47 – *De Landtsheer Emmanuel*; EuGH, 18.11.2010, C-159/09, GRUR 2011, 159, Rn. 31, 32 – *Lidl*.

240 EuGH, 19.04.2007, C-381/05, GRUR 2007, 511, Rn. 33 – *De Landtsheer Emmanuel*.

241 EuGH, 19.04.2007, C-381/05, GRUR 2007, 511, Rn. 47 – *De Landtsheer Emmanuel*: wohl einen gewissen Grad an Substituierbarkeit bejahend zwischen Champagner »Veuve Clicquot« und Bier »Malhuer Brut Reserve«; EuGH, 18.11.2010, C-159/09, GRUR 2011, 159, Rn. 33 – *Lidl*; nach EuGH, 19.09.2006, C-356/04, GRUR 2007, 69, Rn. 26 – *Lidl/Colruyt*, soll für Art. 4 lit. b Werbe-RL *ein »hinreichender* Grad an Austauschbarkeit« ausreichen.

242 *BGH, 17.01.2002*, I ZR 215/99, GRUR 2002, 828, Rn. 23 – *Lottoschein*: Substituierbarkeit zwischen Lottoschein und Wirtschaftszeitung verneint.

Fall, wenn zwischen den **Vorteilen**, die jemand durch seine Maßnahme für sein Unternehmen oder das eines Dritten zu erreichen sucht, und den **Nachteilen**, die ein anderer dadurch erleidet, eine **Wechselwirkung** in dem Sinne besteht, dass der eigene Wettbewerb gefördert und der fremde Wettbewerb beeinträchtigt werden kann[243]. Diese weite Auslegung des Mitbewerberbegriffs des § 2 Abs. 1 Nr. 3 UWG durch den BGH steht nicht im Einklang mit der Rechtsprechung des EuGH zu Art. 2 lit. c Werbe-RL[244].

Aus dem Gebot der richtlinienkonformen Auslegung folgt aber, dass die vom EuGH aufgestellten Grundsätze von den nationalen Gerichten auch zur Auslegung des in § 6 Abs. 1 UWG enthaltenen Begriffes des Mitbewerbers heranzuziehen sind[245]. Der Umstand, dass die Anwendung der von dem EuGH aufgestellten Grundsätze zu einem **gespaltenen Verständnis** des Mitbewerbegriffs innerhalb des UWG führt (zum einen in Bezug auf vergleichende Werbung und zum anderen in Bezug auf die weiteren Tatbestände des UWG), ist im Hinblick darauf, dass die Werbe-RL eine **Vollharmonisierung** und somit eine abschließende Regelung für den Bereich der vergleichenden Werbung bezweckt, hinzunehmen[246]. 81

Allerdings wird zurecht darauf hingewiesen[247], dass die vom EuGH aufgestellten Grundsätze einer Präzisierung durch den EuGH selbst und durch die nationalen Gerichte bedürfen. Das gilt sowohl für die vom EuGH verwendete Formulierung, wonach die »Waren in gewisser Weise gleichen Bedürfnissen« zu dienen haben als auch soweit daraus der Schluss zu ziehen ist, dass sie einen »in allgemeiner Weise gewissen Grad« an Austauschbarkeit aufweisen müssen. Das betrifft im Hinblick auf die vom EuGH vorgenommene unscharfe Abgrenzung zwischen dem Mitbewerberbegriff in Art. 2 lit. c Werbe-RL[248] und dem Tatbestand des Art. 4 lit. b Werbe-RL[249] (Produkte für den gleichen Bedarf oder dieselbe Zweckbestimmung, § 6 Abs. 2 Nr. 1 UWG) auch 82

243 BGH, 10.04.2014, I ZR 43/13, GRUR 2014, 1114, Rn. 32 – *nickelfrei*, unter Berufung auf die Begründung zum Regierungsentwurf eines Gesetzes gegen den unlauteren Wettbewerb, BT-Druck. 15/1487, S. 16; BGH, 19.03.2015, I ZR 94/13, GRUR 2015, 1129, Rn. 19 – *Hotelbewertungsportal*.

244 Soweit ersichtlich ist der BGH in Fällen vergleichender Werbung aber bislang nicht von den EuGH-Grundsätzen abgewichen, vgl. BGH, 01.10.2009, I ZR 134/07, GRUR 2010, 161, Rn. 12 – *Gib mal Zeitung*, mit ausdrücklicher Bezugnahme auf EuGH, 19.04.2007, C-381/05, GRUR 2007, 511, Rn. 47 – *De Landtsheer Emmanuel*.

245 So ausdrücklich EuGH, 19.04.2007, C-381/05, GRUR 2007, 511, Rn. 33 – *De Landtsheer Emmanuel*.

246 Sack, Der Mitbewerberbegriff des § 6 UWG, WRP 2008, 1141, 1147; Dreyer, Konvergenz oder Divergenz – Der deutsche und der europäische Mitbewerberbegriff im Wettbewerbsrecht, GRUR 2008, 123, 127; kritisch Blankenburg, Gespaltenes Verständnis des Mitbewerberbegriffs im UWG?, WRP 2008, 186.

247 Köhler, Der »Mitbewerber«, Vom schwierigen Umgang mit einer Legaldefinition, WRP 2009, 499, 501.

248 EuGH, 19.04.2007, C-381/05, GRUR 2007, 511, Rn. 47 – *De Landtsheer Emmanuel*: »allgemeiner Grad an gewisser Substitution«.

249 EuGH, 19.04.2007, C-381/05, GRUR 2007, 511, Rn. 47 – *De Landtsheer Emmanuel*: »individuelle und konkrete Beurteilung zur Ermittlung, ob die Produkte wirklich miteinander substituierbar sind«.

die Frage des Verhältnisses dieser Normen zueinander. Für die Rechtsanwendung durch die nationalen Gerichte wird es erforderlich aber auch ausreichend sein, die Mitbewerbereigenschaft einer **groben Prüfung** zu unterziehen. Bei **Branchengleichheit** wird das Vorliegen eines Wettbewerbsverhältnisses in der Regel zu bejahen sein[250]. Insoweit ist davon auszugehen, dass sich in den Produktpaletten branchengleicher Unternehmen substituierbare Produkte befinden, auch wenn es sich dabei nicht um die beworbenen Produkte handelt. Bei Branchenverschiedenheit ist es erforderlich, dass der angesprochene Verkehr eine Substitution **ernsthaft** in Erwägung zieht[251]. Nur dann wird sich ein »gewisser Grad« an Austauschbarkeit feststellen lassen. Demgegenüber erfordert das Vorliegen der Tatbestandsvoraussetzungen des § 6 Abs. 2 Nr. 1 UWG die Durchführung einer **Feinprüfung**[252] im Lichte von Art. 4 lit. b Werbe-RL.

83 Grundsätzlich wird ein Unternehmen den Absatz der **eigenen** Produkte fördern wollen und daher auch für diese werben. Das – erforderliche – Wettbewerbsverhältnis muss dann zwischen dem für die eigenen Produkte werbenden Unternehmen und dem durch die Werbung in Bezug genommenen Unternehmen bestehen. Es sind aber Werbesituationen denkbar, in denen ein **werbender Dritter**, der nicht Mitbewerber ist, Produkte von zwei Unternehmen, die untereinander im Wettbewerb stehen, vergleicht. Fraglich ist, ob auch in diesem Fall § 6 Abs. 1 UWG anwendbar ist[253]. Wäre davon auszugehen, dass das Wettbewerbsverhältnis immer zwischen dem Werbenden und dem in Bezug genommenen Unternehmen bestehen muss, wäre § 6 Abs. 1 UWG ohne Weiteres unanwendbar[254]. Zwar könnte der Wortlaut des Art. 2 lit. c Werbe-RL und des (insoweit umgesetzten) § 6 Abs. 1 UWG hierfür sprechen. Ein solches Verständnis stünde jedoch im Widerspruch zu einem der Zwecke der Werbe-RL. So soll der Begriff »vergleichende Werbung« breit gefasst werden, so dass alle Arten der vergleichenden Werbung abgedeckt werden[255]. Es ist auch kein sachlicher Grund ersichtlich, der es erforderlich machen würde, zwischen Werbevergleichen zur Förderung eigenen und fremden

250 Verneint zwischen einer Börsenzeitschrift und der Deutschen Börse bei Gegenüberstellung der Ergebnisse eines Musterdepots mit der Entwicklung des DAX, OLG Frankfurt, 17.06.1999, 6 U 43/98, GRUR 2000, 84 – *Deutscher Aktienindex DAX*.

251 BGH, 17.01.2002, I ZR 215/99, GRUR 2002, 828 – *Lottoschein*.

252 MünchKomm/Menke UWG, § 6 Rn. 78; Köhler, Die Rechtsprechung des Europäischen Gerichtshofs zur vergleichende Werbung: Analyse und Kritik, WRP 2008, 414, 415; jurisPK-UWG/Müller-Bidinger, § 6, Rn. 83 f. will die Prüfung des § 6 Abs. 2 Nr. 1 UWG vorziehen: Liegen diese Voraussetzungen vor, ist auch eine Mitbewerberstellung zu bejahen; liegen diese nicht vor, so sei nur noch zu prüfen, ob die Unternehmen andere austauschbare Produkte anbieten würden; sollte das zutreffen, wären sie Mitbewerber und die Unzulässigkeit des Werbevergleichs stünde fest.

253 Gemeint ist hier nur der »echte« unternehmerisch tätige Dritte, der nicht Mitarbeiter oder Beauftragter des geförderten Unternehmens ist; Äußerungen des Mitarbeiters oder Beauftragten fallen grundsätzlich in den Anwendungsbereich des § 6 UWG, z. B. Werbevergleiche von Werbeagenturen im Auftrage der Kunden.

254 So u. a. OLG München, *27.03.2003*, 29 U 4292/00, GRUR 2003, 719, Rn. 67 – *JUVE-Handbuch; wohl* auch MünchKomm/Menke UWG, § 6 Rn. 83 f.

255 ErwG 8 Werbe-RL.

Wettbewerbs zu unterscheiden[256]. Auch **Äußerungen Dritter**, mit denen bezweckt wird, fremden Wettbewerb zu fördern fallen – bei Vorliegen der weiteren Voraussetzungen, insbesondere der Absatzförderungsabsicht als Tatbestandsmerkmal der »Werbung«[257] – daher grundsätzlich in den Anwendungsbereich des § 6 UWG[258]. Das Wettbewerbsverhältnis besteht dann zwischen dem (vom werbenden Dritten) geförderten Unternehmen und dem in den Vergleich einbezogenen Unternehmen. In den Anwendungsbereich des § 6 UWG fallen daher die tabellarische Gegenüberstellung von Leistungsangeboten verschiedener Versicherer durch einen **Versicherungsmakler**[259] und Tätigkeiten des Betreibers eines **Internetbewertungsportals**, wenn er eigennützige Motive verfolgt[260].

Ob das auch für den Fall der – evtl. vom Käufer initiierten – **individuellen Verkaufsberatung** durch einen Händler, der – wie im Regelfall – Waren konkurrierender Hersteller verkauft, gilt, bedarf der differenzierenden Betrachtung. Berät der Händler **neutral** durch Gegenüberstallung der jeweiligen Vor- und Nachteile der zur Auswahl stehenden Produkte und ohne eines der zur Auswahl stehenden Produkte zu bevorzugen, befindet er sich in der Position eines unabhängigen **neutralen Dritten**. Ihm ist die Wahl des Kunden gleichgültig (wichtig ist ihm nur, dass der Kunde überhaupt eines der Produkte kauft). Der Anwendungsbereich des § 6 UWG ist nicht eröffnet. Verlässt er aber diese neutrale Position und gibt dem Kunden die **Empfehlung** zum Erwerb eines der zur Auswahl stehenden Produkte, so fördert er den Absatz des von ihm empfohlenen Produktes und somit den Absatz des fremden Unternehmens. Das gilt erst Recht (aber nicht nur), wenn der Händler ein eigenes wirtschaftliches Interesse daran hat, dass der Kunde das vom Händler bevorzugte Produkt erwirbt, z. B. weil er dafür eine Verkaufsprovision erhält[261]. **84**

Fehlt der Bezug zu einem Mitbewerber, weil ein Mitbewerber schlicht nicht vorhanden ist, sind die Voraussetzungen der vergleichenden Werbung gemäß § 6 Abs. 1 UWG nicht erfüllt. Das ist im Falle von Eigenvergleichen, insbesondere in Gestalt des **Eigenpreisvergleichs**[262] der Fall. Dabei vergleicht der Werbende seinen aktuellen Preis mit den früheren Preisen, mit Herstellerpreisempfehlungen[263] oder Katalogpreisen. Ein **85**

256 Harte/Henning/Sack, § 6 Rn. 59; FBO/Koos, § 6, Rn. 57; differenzierend *Köhler*/Bornkamm/Feddersen, § 6, Rn. 64 und Ohly/Sosnitza/Ohly, § 6 Rn. 27.

257 Diese fehlt z. B. bei unabhängigen neutralen Tests oder Rankinglisten.

258 Inzident BGH, 09.02.2006, I ZR 124/03, GRUR 2006, 875, Rn. 23 – *Rechtsanwalts-Ranglisten*; BGH, 23.04.1998, I ZR 2/96, GRUR 1999, 69, Rn. 17 – *Preisvergleichsliste II*; differenzierend *Köhler*/Bornkamm/Feddersen, § 6 Rn. 64; Ohly/Sosnitza, § 6 Rn. 28; Dreyer, Konvergenz oder Divergenz – Der deutsche und der europäische Mitbewerberbegriff im Wettbewerbsrecht, GRUR 2008, 123, 129.

259 OLG München, 15.12.1994, 29 U 3563/94, NJW-RR 1995, 1196.

260 KG, 16.04.2013, 5 U 63/12, WRP 2013, 1242, 1243.

261 Ohly/Sosnitza, § 6 Rn. 29, nur bei Vorliegen eines wirtschaftlichen Eigeninteresses; *Köhler*/Bornkamm/Feddersen, § 6, Rn. 68; FBO/Koos, § 6, Rn. 57.

262 MünchKomm/Menke UWG, § 6 Rn. 79.

263 BGH, 15.09.1999, I ZR 131/97, GRUR 2000, 436, Rn. 24 – *Ehemalige Herstellerpreisempfehlung*, stellt aber auf fehlende Erkennbarkeit ab.

Mitbewerberbezug besteht aber bei einem Werbevergleich, in dem ein Händler Preise der unter seiner Hausmarke vertriebenen Produkte den Preisen fremder Markenhersteller gegenüber stellt[264]. Mitbewerber sind auch **konzernmäßig** verbundene, rechtlich jedoch selbständige Unternehmen, soweit sie austauschbare Produkte anbieten.

86 Die Feststellung des Mitbewerberbezugs bei Werbung im **Ersatzteil- und Zubehörgeschäft** bedarf differenzierender Betrachtung. Nimmt der für das eigene Ersatzteil- und Zubehörgeschäft Werbende durch Angabe von »OEM-Nummern« und Artikelbezeichnungen Bezug auf vom Hersteller des Hauptprodukts angebotenes Zubehör oder angebotene Ersatzteile, liegt der Mitbewerberbezug auf der Hand[265].

87 Demgegenüber fehlt der Mitbewerberbezug, wenn der Anbieter des Hauptprodukts, das Gegenstand der Werbung ist, selbst kein Zubehör- und Ersatzteilgeschäft betreibt. In diesem Fall werden dem angesprochenen Verkehr keine **Kaufalternativen** präsentiert, zwischen den gewählt werden könnte. Zwischen dem Hauptprodukt und dem vom Werbenden angebotenen Zubehör bzw. Ersatzteil ist eine Substitutionsmöglichkeit somit nicht vorhanden[266]. Umstritten ist, wie folgende häufig anzutreffende Konstellation zu lösen ist: Die beteiligten Unternehmen bieten Zubehör **und** Ersatzteile an. Der Werbende nimmt jedoch nicht auf die vom Hersteller des Hauptprodukts (auch) angebotenen Ersatzteile Bezug, sondern nur auf das Hauptprodukt (z. B. durch Hinweise wie »**passend für Pkw XY**«). Der in Bezug genommene Hersteller des Hauptprodukts wird durch den Werbenden nicht als sein Konkurrent dargestellt, obwohl aufgrund des Umstandes, dass beide Zubehör- und Ersatzteile verkaufen, sie ohne Zweifel Konkurrenten sind. Fordert man, dass die Werbung den Mitbewerber auch in seiner **Funktion als Mitbewerber** erkennbar machen muss[267], wäre in diesem Fall der Anwendungsbereich des § 6 UWG nicht eröffnet. Ein solches Verständnis stünde jedoch im Widerspruch zu einem der Zwecke der Werbe-RL und der Rechtsprechung des EuGH. So soll der Begriff »vergleichende Werbung« breit gefasst werden, so dass alle Arten der vergleichenden Werbung abgedeckt werden[268]. Überdies überzeugt diese Auffassung methodisch nicht. Nach der Rechtsprechung des EuGH ist zur Feststellung der Mitbewerbereigenschaft »definitionsmäßig« auf die **Substituierbarkeit** der Produkte abzustellen[269]. Eine Substituierbarkeit der beworbenen Zubehör- und Ersatzteile liegt im vorgenannten Beispielsfall aber ohne weiteres vor, ist die Werbung doch gerade

264 Inzident BGH, 21.03.2007, I ZR 184/03, GRUR 2007, 896, Rn. 17 – *Eigenpreisvergleich*.

265 BGH, 15.07.2004, I ZR 37/01, GRUR 2005, 163, Rn. 25 – *Aluminiumräder*; BGH, 02.10.2002, I ZR 90/00, GRUR 2003, 444, Rn. 26 – *Ersetzt*; EuGH, 25.10.2001, C-112/99, GRUR 2002, 354, Rn. 40 – *Toshiba Europe*.

266 Harte/Henning/Sack, § 6 Rn. 58; MünchKomm/Menke UWG, § 6 Rn. 81.

267 Z. B. Harte/Henning/Sack, § 6 Rn. 58, 80, 119; *Köhler*/Bornkamm/Feddersen, § 6 Rn. 79.

268 ErwG. 8 Werbe-RL; EuGH, 11.07.2013, C-657/11, GRUR 2013, 1049, Rn. 35 – *Belgian Electronic Sorting Technology*; EuGH, 18.06.2009, C-487/07, GRUR 2009, 756, Rn. 52 – *L'Oréal/Bellure*.

269 EuGH, 19.04.2007, C-381/05, GRUR 2007, 511, Rn. 28 – *De Landtsheer Emmanuel*

darauf ausgerichtet, ohne dass es insoweit eines ausdrücklichen Hinweises in der Werbung bedürfte[270].

b) Waren oder Dienstleistungen

Die Bedeutung der Begriffe »Waren und Dienstleistungen« der Legaldefinition der vergleichenden Werbung in Art. 2 lit. c Werbe-RL (§ 6 Abs. 1 UWG) entspricht der Bedeutung der identischen Begriffe der Legaldefinition der »Werbung« in Art. 2 lit. a Werbe-RL[271]. **88**

c) Erkennbarkeit

aa) Grundsatz

Da nach ihrem Art. 1 die Werbe-RL dem Schutz von Gewerbetreibenden und der Festlegung der Bedingungen für zulässige vergleichende Werbung dient, setzt § 6 Abs. 1 UWG (und auch Art. 2 lit. c Werbe-RL) zwangsläufig voraus, dass die Werbung den Mitbewerber und/oder seine Produkte **erkennbar** machen muss. Nur wenn der Mitbewerber oder seine Produkte durch die Werbung identifiziert werden, kommt eine **Beeinträchtigung** seiner Interessen durch die Werbung überhaupt in Betracht. Nur dann ist es gerechtfertigt, die Werbung an den (strengen) Zulässigkeitsbedingungen des § 6 Abs. 2 UWG zu messen. **89**

Macht die Werbung weder den Mitbewerber noch seine Produkte erkennbar, liegt (allenfalls) ein **allgemein gehaltener abstrakter Vergleich** vor. Dessen Zulässigkeit richtet sich nicht nach § 6 Abs. 2 UWG, sondern nach § 4 Nr. 1, Nr. 2 und Nr. 4 UWG und/oder § 3 Abs. 1 UWG[272] und/oder § 5 UWG[273]. Zur Beurteilung der Frage, ob Werbung den Mitbewerber oder seine Produkte erkennbar macht, ist auf die **Adressaten** der Werbung, also auf die angesprochenen Verkehrskreise, abzustellen. Es ist zu fragen, ob ein normal informiertes und angemessen aufmerksames verständiges durchschnittliches Mitglied des angesprochenen Verkehrs[274] durch die Werbemaßnahme einen oder **mehrere**[275] **Mitbewerber** oder ihre Produkte individuell identifiziert. **90**

Dabei ist eine »**um zehn Ecken**« gedachte Bezugnahme nicht ausreichend. Die Werbung muss so deutlich gegen einen oder mehrere bestimmte Mitbewerber gerichtet sein, dass sich eine Bezugnahme auf sie für die angesprochenen Verkehrskreise förmlich **91**

---

270 So auch MünchKomm/Menke UWG, § 6 Rn. 81; Ohly/Sosnitza, § 6 Rn. 26 a.

271 **Vgl. Rdn. 74/75.**

272 BGH, 21.06.2001, I ZR 69/99, GRUR 2002, 75, Rn. 64, 67 – *»SOOO...BILLIG!«?*; **vgl. auch Rdn. 207 ff.**

273 **Vgl. auch Rdn. 207 ff.**

274 EuGH, 19.04.2007, C-381/05, GRUR 2007, 511, Rn. 22 – *De Landtsheer Emmanuel.*

275 EuGH, 19.04.2007, C-381/05, GRUR 2007, 511, Rn. 24 – *De Landtsheer Emmanuel.*

aufdrängt[276]. Das ist dann nicht der Fall, wenn die Aussage so allgemein gehalten ist, dass der angesprochene Verkehr lediglich **reflexartig** eine Bezugnahme zu einem Mitbewerber nur deswegen herstellt, weil mit der Hervorhebung eigener Vorzüge in der Regel unausgesprochen zum Ausdruck gebracht wird, dass diese Vorzüge beim Mitbewerber fehlen. Andernfalls käme es zu einer »**uferlosen**« Ausweitung des Begriffes der vergleichenden Werbung, was der Zielsetzung der Werbe-RL widerspricht[277]. Richtet sich die Werbung an mehrere Verkehrskreise, ist es ausreichend, dass für eine nicht unerhebliche Anzahl der Mitglieder **eines** der angesprochenen Verkehrskreise der Mitbewerber erkennbar wird[278].

bb) Unmittelbare Erkennbarkeit

92 Die Feststellung einer **unmittelbaren Erkennbarkeit** im Sinne einer **eindeutigen Identifizierung** des Mitbewerbers oder seiner Produkte wird im Regelfall keine Schwierigkeiten bereiten. Diese ist jedenfalls dann anzunehmen, wenn der Mitbewerber, sein Produkt oder seine Kennzeichen im Werbevergleich namentlich genannt oder abgebildet werden[279]. Eine anderweitige unmittelbare Identifizierung (von Produkten des Mitbewerbers) kann sich auch aus der Angabe seiner **OEM-Nummern**[280] oder der Abbildung der Fassade seines Produktions- oder Verkaufsgeschäfts mit eingeblendetem Firmenlogo[281] ergeben.

cc) Mittelbare Erkennbarkeit

93 (1) Die mittelbare Erkennbarkeit im Sinne einer mittelbaren Identifizierung kann – da eine ausdrückliche Bezugnahme auf einen Mitbewerber fehlt – nur aufgrund besonderer Umstände erfolgen. Zur Feststellung der mittelbaren Erkennbarkeit des Mitbewerbers oder seiner Produkte sind **alle Umstände** der betreffenden Werbemaßnahme zu berücksichtigen. So kann sich – jedenfalls für angesprochene Fachkreise – eine Bezugnahme bereits aus der Angabe bestimmter **Eigenschaften** des beworbenen Produkts[282], einer bestimmten **Produktionsart**[283] oder eines bestimmten **Herstellungsortes**[284]

---

276 BGH, 25.04.2002, I ZR 272/99, GRUR 2002, 982, Rn. 20, 21 – *DIE »STEINZEIT« IST VORBEI!*; BGH, 14.12.2000, I ZR 147/98, GRUR 2001, 752, Rn. 22 – *Eröffnungswerbung*; insoweit relativierend *Köhler*/Bornkamm/Feddersen, § 6 Rn. 84.

277 BGH, 25.03.1999, I ZR 77/97, GRUR 1999, 1100, Rn. 24, 25 – *Generika-Werbung*.

278 BGH, 01.10.2009, I ZR 94/07, GRUR 2010, 343, Rn. 28 – *Oracle*; BGH, 05.02.2004, GRUR 2004, 607, I ZR 171/01, Rn. 25 – *Genealogie der Düfte*; BGH, 06.12.2007, I ZR 169/04, GRUR 2008, 628 Rn. 21 – *Imitationswerbung*.

279 BGH, 02.04.2015, I ZR 167/13, GRUR 2015, 1136, Rn. 19 – *Staubsaugerbeutel im Internet*.

280 BGH, 02.10.2002, I ZR 90/00, GRUR 2003, 444, Rn. 24 – *Ersetzt*.

281 EuGH, 08.04.2003, C-44/01, GRUR 2003, 533, Rn. 84 – *Pippig Augenoptik*.

282 BGH, 17.01.2002, I ZR 161/99, GRUR 2002, 633, Rn. 25 – *Hormonersatztherapie*: Angabe der Wirkstoffzusammensetzung eines Hormonpräparates; BGH, 11.06.1992, I ZR 226/90, GRUR 1992, 625, Rn. 23 – *Therapeutische Äquivalenz*; OLG Köln, 26.02.1993, 6 U 140/92, WRP 1993, 522 – *Wirkstoffangabe*.

283 BGH, 05.02.1998, *I ZR 211/95*, GRUR 1998, 824, Rn. 52 – *Testpreis-Angebot*.

284 *Köhler*/Bornkamm/Feddersen, § 6 Rn. 88; Ohly/Sosnitza, § 6 Rn. 33; OLG Hamm, 11.12.1975, 4 U 317/75, GRUR 1977, 38 Rn. 8 – *Düsseldorfs größtes Möbelhaus*.

sowie aus der Verwendung der **Unternehmensfarbe**[285] oder eines bekannten **Werbeslogans** in abgewandelter Form ergeben. Auch die Verwendung eines der Marke eines Mitbewerbers ähnlichen **Zeichens** zur Kennzeichnung der Produkte des Werbenden kann eine mittelbare Erkennbarkeit begründen, wenn der Durchschnittsverbraucher diesen Umstand als Hinweis auf diesen Mitbewerber oder auf die von ihm angebotenen Produkte auffasst[286]. Die konkrete **Gestaltung** der Werbung, insbesondere der textliche Inhalt und die Verwendung des **Komparativs**[287] oder des **Superlativs**, **kann** im Einzelfall – evtl. erst gemeinsam mit anderen Umständen – ebenfalls zur mittelbaren Erkennbarkeit des Mitbewerbers führen.

Allen diesen Umständen muss aber gemein sein, dass die Bezugnahme durch eine **94**
in der betreffenden Werbemaßnahme selbst enthaltenen Äußerung erfolgt. Nicht ausreichend ist es, wenn der angesprochene Verkehr allein aufgrund **außerhalb** der angegriffenen Werbung liegender Umstände eine Verbindung zwischen dem beworbenen Produkt und denjenigen von Mitbewerbern herstellt[288].

(2) Es ist nicht erforderlich, dass in der betreffenden Werbemaßnahme ein Produkt **95**
oder ein Mitbewerber konkret bezeichnet wird. Vergleichende Werbung kann auch durch die Bezugnahme nur auf eine **Warengattung** vorliegen, wenn es insbesondere aufgrund der **Struktur** des in Frage stehenden **Marktes** möglich ist, das Unternehmen oder die von diesem angebotenen Waren als diejenigen zu erkennen, auf die die Werbeaussage konkret Bezug nimmt[289].

Entsprechendes gilt, wenn die **Gruppe der Mitbewerber** aufgrund konkreter **96**
Umstände und unter Berücksichtigung der Marktstruktur[290] **abgrenzbar** und **überschaubar**[291] ist. Das ist dann der Fall, wenn alle Mitbewerber von Produkten einer bestimmten **Herstellungsart**[292] oder alle Mitbewerber, die in einer abgrenzbaren Region bestimmte Produkte anbieten, in Bezug genommen werden. Je kleiner der Kreis der in Betracht kommenden Mitbewerber ist, desto eher wird der angesprochene Verkehr eine ansonsten allgemein gehaltene Werbeaussage einem oder mehreren bestimmten Mitbewerbern zuordnen können und damit diese erkennbar machen[293]. So wird

285 OLG Frankfurt, 09.10.2014, 6 U 199/13, GRUR-RR 2015, 18, Rn. 25 – *Sprayender Waschbär*: Telekommunikationsunternehmen.

286 EuGH, 12.06.2008, C-533/06, GRUR 2008, 698, Rn. 44 – *O2 Holdings ET O2 (UK)*.

287 OLG Düsseldorf, 14.12.1954, 2 U 126/54, GRUR 1955, 427.

288 BGH, 06.12.2007, I ZR 169/04, GRUR 2008, 628, Rn. 20 – *Imitationswerbung*.

289 EuGH, 19.04.2007, C-381/05, GRUR 2007, 511, Rn. 20 f. – *De Landtsheer Emmanuel*; im Ergebnis auch BGH, 06.12.2007, I ZR 169/04, GRUR 2008, 628 Rn. 21 – *Imitationswerbung*.

290 EuGH, 19.04.2007, C-381/05, GRUR 2007, 511, Rn. 20 f. – *De Landtsheer Emmanuel*.

291 BGH, 25.04.2002, I ZR 272/99, GRUR 2002, 982, Rn. 21 – *DIE »STEINZEIT« IST VORBEI!*, hier verneint: ».große Anzahl von Anbietern entsprechender Leistungen im Bausektor.«.

292 BGH, 05.02.1998, I ZR 211/95, GRUR 1998, 824, Rn. 52 – *Testpreis-Angebot*.

293 Umkehrschluss aus BGH, 14.12.2000, I ZR 147/98, GRUR 2001, 752, Rn. 22 – *Eröffnungswerbung*; BGH, 02.05.1996, I ZR 152/94, WRP 1996, 1097, Rn. 21 – *Preistest*: Vergleich mit nur sechs namentlich nicht genannten Verbrauchermärkten aus dem nordwestdeutschen Raum allerdings nicht ausreichend.

der Mitbewerber, der in einer abgrenzbaren Region eine **Monopolstellung** innehat, allein durch die Veröffentlichung unterschiedlicher Verbraucherpreise erkennbar gemacht[294]. Gleiches gilt, wenn der Mitbewerber mit seinem Produkt eine **überragende Marktstellung** innehat[295]. Nicht ausreichend ist es, wenn durch die Werbung pauschal auf **alle Anbieter** des beworbenen Produkts Bezug genommen wird, ohne dass der angesprochene Verkehr in die Lage versetzt wird, eine konkrete Abgrenzung bzw. Zuordnung vorzunehmen[296].

97 (3) Eine mittelbare Erkennbarkeit des Mitbewerbers oder seiner Produkte kann auch durch die werbliche Darstellung **nachgeahmter Produkte** erfolgen. Das gilt jedenfalls dann, wenn eine – evtl. abgewandelte – namentliche Nennung des Originals in der Werbung erfolgt[297].

98 Auch die Verwendung ähnlicher – auf das Originalprodukt anspielender- Produktbezeichnungen und Produktaufmachungen kann eine mittelbare Erkennbarkeit begründen[298]. Demgegenüber fällt eine Werbung, in der lediglich ein nachgeahmtes Produkt angeboten wird, ohne dass mitbewerberbezogene Umstände aus der Werbung selbst hervorgehen, nicht in den Anwendungsbereich des § 6 Abs. 1 UWG. Zwar wird der Adressat der Werbung durch die Präsentation des nachgeahmten Produkts eine **gedankliche Verknüpfung** zum Originalprodukt herstellen. Diese Verknüpfung wird aber nicht durch Umstände veranlasst, die sich aus der betreffenden Werbemaßnahme selbst ergeben, sondern nur dadurch, dass er das Originalprodukt kennt. Dieser Umstand liegt aber **außerhalb** der Werbemaßnahme und hat unberücksichtigt zu bleiben[299]. Überdies wird eine Werbung, die »nur« ein nachgeahmtes Produkt präsentiert, schwerlich die Voraussetzung des Vorliegens eines Vergleichs[300] im Sinne einer Gegenüberstellung von zwei Produkten mit Eröffnung von Kaufalternativen erfüllen[301]. Diesem Ergebnis steht nicht die Vorschrift des § 6 Abs. 2 Nr. 6 UWG (**Imitationswerbung**) entgegen. Für die Anwendung dieses Tatbestandes ist das Anbieten eines nachgeahmten Produktes allein nicht ausreichend. Es muss zusätzlich aus der Werbung selbst hervorgehen, dass das Produkt des Werbenden **gerade** als eine Imitation oder Nachahmung des Produkts des Mitbewerbers **beworben** wird. Zwar ist dafür nicht

---

294 BGH, 01.02.1996, I ZR 50/94, GRUR 1996, 502, Rn. 49 – *Energiekosten-Preisvergleich*.

295 BGH, 22.05.1986, I ZR 11/85, GRUR 1987, 49, Rn. 21 – *Cola-Test*: Vergleich von P.-Cola mit anderen namentlich nicht genannten Cola-Limonaden.

296 BGH, 14.12.2000, I ZR 147/98, GRUR 2001, 752, Rn. 22 – *Eröffnungswerbung*; BGH, 25.04.2002, I ZR 272/99, GRUR 2002, 982, Rn. 21 – *DIE »STEINZEIT« IST VORBEI!*; OLG Köln, 13.04.2018, 6 U 145/17, juris.

297 BGH, 04.12.2008, I ZR 3/06, GRUR 2009, 871, Rn. 31 – *Ohrclips*: »a la cartier«, »passen wunderbar zu Cartier Schmuck«.

298 BGH, 06.12.2007, I ZR 169/04, GRUR 2008, 628, Rn. 21 – *Imitationswerbung*: Bezeichnungen werden als »Übersetzungscode« oder »Eselsbrücke« benutzt; BGH, 01.10.2009, I ZR 94/07, GRUR 2010, 343, Rn. 28 – *Oracle*: »durch Gestaltung von Form und Farbe der Flakons und Verpackungen sowie der Bezeichnung der Produkte«.

299 BGH, 06.12.2007, I ZR 169/04, GRUR 2008, 628, Rn. 20 – *Imitationswerbung*.

300 Zur Erforderlichkeit dieser Voraussetzung **vgl. Rdn. 101 ff.**

301 So auch Ohly/Sosnitza, § 6 Rn. 33c.

erforderlich, dass das Produkt »offen« als Imitation oder Nachahmung beworben wird. Es muss aber zumindest eine **implizite Behauptung der Imitation** vorliegen[302]. Eine solche – implizite – Behauptung ist mit dem Anbieten eines nachgeahmten Produktes ohne weitergehende Angaben (noch) nicht verbunden.

(4) Fraglich ist, ob die Nutzung von **Metatags** in den Metadaten einer Website zur Beeinflussung der Trefferliste[303] und die Verwendung von Schlüsselwörtern bei Google zur Schaltung von **AdWords**-Werbung[304], also die Anzeige konkurrierender Ergebnisse durch **Suchmaschinen,** den Mitbewerber oder seine Produkte erkennbar macht. Das dürfte mit der Rechtsprechung des BGH zu **verneinen** sein. Aus Sicht der angesprochenen Verkehrskreise fehlt es insoweit an einer erkennbaren Bezugnahme auf einen Mitbewerber. Zur Feststellung dieses Merkmales sind (nur) alle **innerhalb** der betreffenden Werbemaßnahme liegenden Umstände zu berücksichtigen. Die Bezugnahme kann sich auch aus der Angabe bestimmter Eigenschaften des beworbenen Produkts ergeben. Dagegen sind Umstände, die **außerhalb** der angegriffenen Werbemaßnahme liegen, nicht zu berücksichtigen[305]. Eine Bezugnahme auf den Mitbewerber erfolgt vorliegend erst durch das – durch bestimmte Maßnahmen beeinflusste – Ergebnis der Suchmaschine und somit außerhalb der Werbemaßnahme selbst[306]. **99**

(5) Die **Allein- oder Spitzenstellungswerbung**[307] fällt grundsätzlich nicht in den Anwendungsbereich des § 6 Abs. 1 UWG. Von vereinzelten Ausnahmefällen abgesehen, wird es in Fällen der Allein- oder Spitzenstellungswerbung im Regelfall an einer Bezugnahme auf einen oder mehrere hinreichend individualisierbare Mitbewerber fehlen[308]. Eine mittelbare Erkennbarkeit kann allerdings gegeben sein, wenn zu der Allein- oder Spitzenstellungsbehauptung noch weitere Umstände hinzukommen (die für sich genommen auch nicht ausreichend wären). Das ist insb. der Fall, wenn der betroffene Markt nur aus einer überschaubaren kleinen Anzahl an Mitbewerbern besteht und der **100**

302 BGH, 06.12.2007, I ZR 169/04, GRUR 2008, 628, Rn. 26 – *Imitationswerbung.*

303 Zum Werbebegriff: EuGH, 11.07.2013, C-657/11, GRUR 2013, 1049, Rn. 60 – *Belgian Electronic Sorting Technology*; nicht aber die Eintragung eines Domainnamens.

304 Werbung bejahend: EuGH, 25.03.2010, C-278/08, GRUR 2010, 451, Rn. 32 – *BergSpechte*; EuGH, 22.09.2011, C-323/09, GRUR 2011, 1124, Rn. 30 – *Interflora*; offengelassen, ob vergleichende Werbung: EuGH, 23.03.2010, C-236/08 bis C-238/08, GRUR 2010, 445, Rn. 71 – *Google France und Google.*

305 BGH, 06.12.2007, 628, I ZR 169/04, GRUR 2008, 628, Rn. 20 – *Imitationswerbung.*

306 A. A. wohl Ohly/Sosnitza, § 6 Rn. 33, 37; Ohly, Die markenrechtliche Haftung des Suchmaschinenbetreibers für Trefferlisten, WRP 2018, 131, 137, Rn. 41 f; MünchKomm/Menke UWG, § 6 Rn. 108 f.

307 Diese liegt nicht vor, wenn (nur) mit dem Slogan: »Ich bin doch nicht blöd« geworben wird, OLG Karlsruhe, 23.04.1997, 6 U 124/96, WRP 1997, 865.

308 So auch Begr. Reg.-Entw. v. 20.03.2000, BT-Drucks. 14/2959, S. 10; Harte/Henning/Sack, § 6 Rn. 77; *Köhler*/Bornkamm/Feddersen, § 6 Rn. 18; HansOLG Hamburg, 23.11.2005, 5 U 68/05, GRUR-RR 2006, 170, Rn. 56 – *Europas größtes People-Magazin.*

angesprochene Verkehr daher in der Lage ist, die Werbung auf diese Mitbewerber zu beziehen[309].

5. Erforderlichkeit eines Vergleichs

101 a) Stellt man nur auf den Wortlaut des § 6 Abs. 1 UWG bzw. auf Art. 2 lit. c Werbe-RL ab, so liegt vergleichende Werbung auch dann vor, wenn die Werbung überhaupt keinen **Vergleich** enthält, der Werbende also weder sich noch eines seiner Produkte in eine vergleichende Beziehung zu einem Wettbewerber oder dessen Produkten setzt[310]. Der Anwendungsbereich des § 6 Abs. 1 UWG wäre dann auch bei rein beschreibenden oder kritisierenden Angaben in Bezug auf Mitbewerber eröffnet. Eine solches Ergebnis würde jedoch zu zum Teil untragbaren Ergebnissen führen. Bei wörtlicher Auslegung setzen jedenfalls die Tatbestände des § 6 Abs. 2 Nr. 1 und Nr. 2 UWG (und auch von Art. 4 Werbe-RL) das Vorliegen eines Vergleichs voraus (»…auf Waren bezieht« bzw. »…Eigenschaften bezogen ist«) Nimmt man die Regelung in § 6 Abs. 1 UWG ebenfalls wörtlich, lägen die Voraussetzungen der Legaldefinition der »vergleichenden Werbung« auch ohne das Vorliegen eines Vergleichs vor. Das Fehlen der vergleichenden Bezugnahme würde aber stets zur Unzulässigkeit des Werbevergleichs nach § 6 Abs. 2 UWG führen (da nichts »verglichen« wird). Daher ist es in Rechtsprechung und Literatur[311] umstritten, ob Art. 2 lit. c Werbe-RL und § 6 Abs. 1 UWG als ungeschriebenes Tatbestandsmerkmal einen Vergleich erfordern[312].

102 b) Die **Rechtsprechung des EuGH** zu Art. 2 lit. a Werbe-RL ist in Bezug auf das Vergleichserfordernis nicht eindeutig[313]. Sie lässt sich jedoch im Ergebnis in dem Sinne verstehen, dass vergleichende Werbung das Vorliegen eines **Vergleichs** erfordert. So soll nach der Rechtsprechung des EuGH (jede) vergleichende Werbung die Vorteile der vom Werbenden angebotenen Waren oder Dienstleistungen gegenüber denjenigen eines Mitbewerbers herausstellen. Um dieses Ziel zu erreichen, muss die Aussage zwingend die Unterschiede zwischen den verglichenen Waren oder Dienstleistungen hervorheben, indem sie ihre Haupteigenschaften beschreibt. Der vom Werbenden durchgeführte **Vergleich** soll sich zwangsläufig aus einer solchen Beschreibung[314] ergeben.

---

309 HansOLG Hamburg, 20.07.2000, 3 U 191/99, GRUR-RR 2001, 84, Rn. 18 – *Handzahnbürste*; FBO/Koos, § 6, Rn. 27; dazu auch Lux, Alleinstellungsberühmung als vergleichende Werbung?, GRUR 2002, 682; OLG Köln, 18.03.2005, 6 U 202/04; GRUR-RR 2005, 324 – *Führendes deutsches Fachmagazin*, unter dem Gesichtspunkt der Irreführung.

310 *Köhler*/Bornkamm/Feddersen, § 6 Rn. 45; FBO/Koos, § 6, Rn. 62; GK/Glöckner, § 6, Rn. 255.

311 Vgl. nur MünchKomm/Menke UWG, § 6 Rn. 113 f.; Harte/Henning/Sack, § 6 Rn. 81 f.; *Köhler*/Bornkamm/Feddersen, § 6 Rn. 44; Ohly/Sosnitza, § 6 Rn. 34 f.; GK/Glöckner, § 6, Rn. 255; FBO/Koos, § 6, Rn. 61; Dilly/Ulmar, Vergleichende Werbung ohne Vergleich, WRP 2005, 467.

312 Allerdings sollte die praktische Bedeutung dieser Frage nicht überschätzt werden, vgl. MünchKomm/Menke UWG, § 6 Rn. 114.

313 Insb. EuGH, 25.10.2001, C-112/99, GRUR 2002, 354, Rn. 31 – *Toshiba Europe*: »…ohne Belang, ob ein Vergleich………vorliegt«.

314 EuGH, 08.04.2003, C-44/01, GRUR 2003, 533, Rn. 36 – *Pippig Augenoptik*.

Danach liegt vergleichende Werbung (nur) dann vor, wenn die Werbung ausdrückliche oder konkludente Aussagen[315] über die (Haupt-)Eigenschaften des Produktes des Werbenden enthält. Desweiteren muss die Werbung auch entsprechende Aussagen über (Haupt-)Eigenschaften des Produktes des Mitbewerbers enthalten. Schließlich müssen diese Aussagen zur Ermittlung des Verhältnisses zueinander[316] ausdrücklich oder konkludent gegenübergestellt werden. Damit dürfte die vom EuGH[317] vorgegebene Beschreibung der »vergleichenden Werbung« alle Bestandteile des Begriffs »Vergleich«[318] enthalten. Enthält die Werbung eine (faktische) **Gleichwertigkeitsbehauptung**[319] oder die Behauptung einer **Funktionsidentität**[320] der Produkte im Sinne des Aufzeigens einer Kaufalternative, liegt in jedem Fall ein Vergleich (wesentlicher, relevanter, nachprüfbarer und typischer Eigenschaften) vor.

c) Die **Rechtsprechung des BGH** war lange Zeit uneinheitlich[321]. Seit der Entscheidung »**Coaching Newsletter**« kann jedoch (bis auf Weiteres) davon ausgegangen werden, dass »vergleichende Werbung« nach § 6 Abs. 1 UWG nur bei Vorliegen eines **Vergleichs** zu bejahen ist. Danach setzt vergleichende Werbung neben dem Erkennbarmachen konkreter Wettbewerber zwingend einen Vergleich der von diesem angebotenen, hinreichend austauschbaren Produkte voraus[322]. **103**

Demzufolge genügt die **isolierte Kritik** an einem Mitbewerber nicht. Zwar enthält diese Äußerung zugleich die implizite Aussage, dass die Kritik auf den Werbenden selbst nicht zutrifft. Die Aussage ist aber so allgemein gehalten, dass sich dem angesprochenen Verkehr keine Bezugnahme auf den Werbenden aufdrängt[323], so dass die erforderliche Gegenüberstellung fehlt[324]. Auch eine Werbung nur für eigene Produkte und der **Eigenvergleich** genügt diesen Erfordernissen nicht[325]. Wird der Verbraucher durch **104**

315 Werbung ist nach Art. 2 lit. a Werbe-RL »jede Äußerung« in beliebiger Form.

316 EuGH, 08.04.2003, C-44/01, GRUR 2003, 533, Rn. 37 – *Pippig Augenoptik*.

317 Darstellung der zur vergleichenden Werbung ergangenen Entscheidungen des EuGH bei MünchKomm/Menke UWG, § 6 Rn. 119.

318 Duden – die deutsche Rechtschreibung, 2017: »sprachlicher Ausdruck, bei dem etwas mit etwas aus einem anderen Bereich im Hinblick auf ein beiden Gemeinsames in Beziehung gesetzt wird und dadurch veranschaulicht wird.«.

319 EuGH, 23.02.2006, 345, C-59/05, GRUR 2006, 345, Rn. 17 – *Siemens/VIPA*; dazu Ohly, Vergleichende Werbung für Zubehör und Warensortimente, GRUR 2007, 3.

320 BGH, 02.12.2004, I ZR 273/01, GRUR 2005, 348, Rn. 15 – *Bestellnummernübernahme*.

321 Vgl. BGH, 25.04.2002, I ZR 272/99, GRUR 2002, 982, Rn. 20 – *DIE »STEINZEIT« IST VORBEI!*, Vergleich erforderlich; BGH, 05.02.2004, I ZR 171/01, GRUR 2004, 607, Rn. 25 – *Genealogie der Düfte*, Vergleich nicht erforderlich; Gesamtdarstellung der diversen »*Volten*« bei MünchKomm/Menke UWG, § 6 Rn. 123 f.

322 BGH, 19.05.2011, I ZR 147/09, GRUR 2012, 74, Rn. 18 – *Coaching Newsletter*, unter ausdrücklicher Aufgabe der bisherigen Rechtsprechung; dazu Scherer, Kehrtwende bei der vergleichenden Werbung, Welche Konsequenzen hat die Änderung der BGH-Rechtsprechung?, GRUR 2012, 545.

323 BGH, 19.05.2011, I ZR 147/09, GRUR 2012, 74, Rn. 19 – *Coaching Newsletter*.

324 BGH, 21.06.2001, I ZR 69/99, GRUR 2002, 75, Rn. 59 – *»SOOO...BILLIG!«?*.

325 BGH, 25.03.1999, I ZR 77/97, GRUR 1999, 1100, Rn. 24 – *Generika-Werbung*: »nur um zehn Ecken gedachte« Bezugnahme genügt nicht.

die Werbung aufgefordert, **selbst zu vergleichen**, liegt vergleichende Werbung nur dann vor, wenn bestimmte Eigenschaften der in Bezug genommenen Produkte gegenübergestellt werden[326]. Der Hinweis auf **»bekannte Gesichter«** in einer Werbung fordert den Adressaten zwar zur Erkenntnis auf, dass Mitarbeiter des Werbenden zuvor bei dem Mitbewerber beschäftigt waren. Dadurch werden aber weder die Unternehmen noch deren Produkte im Sinne eines Vergleichs gegenübergestellt[327]. Die Nutzung von **Metatags** in den Metadaten einer Website zur Beeinflussung der Trefferliste[328] und die Verwendung von Schlüsselwörtern bei Google zur Schaltung von **AdWords**-Werbung[329], also die Anzeige konkurrierender Ergebnisse durch **Suchmaschinen erfüllt** das Vergleichserfordernis nicht. Es fehlt insoweit an einer erkennbaren Bezugnahme auf einen Mitbewerber und somit an einem Vergleich. Zur Feststellung dieses Merkmales sind (nur) alle **innerhalb** der betreffenden Werbemaßnahme liegenden Umstände zu berücksichtigen. Die Bezugnahme kann sich auch aus der Angabe bestimmter Eigenschaften des beworbenen Produkts ergeben. Dagegen sind Umstände, die **außerhalb** der angegriffenen Werbemaßnahme liegen, nicht zu berücksichtigen[330].

105 d) **Stellungnahme:** Der (neueren) Rechtsprechung des BGH, wonach vergleichende Werbung das Vorliegen eines **Vergleichs** erfordert, ist im Ergebnis zu folgen. Zum einen enthält der Begriff »vergleichende Werbung« bereits nach seinem Wortsinn das Erfordernis eines Vergleichs. Die Schlussfolgerung, dass es sich bei der »vergleichenden Werbung« um einen Werbevorgang handelt, bei dem etwas **verglichen** wird, drängt sich geradezu auf[331]. Auch ist das Erfordernis eines Vergleichs der Definition der vergleichenden Werbung, deren Anforderungen im günstigsten Sinne auszulegen sind[332], immanent. § 6 Abs. 1 UWG setzt jedenfalls voraus, dass die Werbung (ausdrücklich oder konkludent) Aussagen über Produkte des Werbenden enthält. Werbung dient letztlich immer[333] der Absatzförderung (sonst wäre es keine Werbung). Des Weiteren ist es erforderlich, dass durch die Werbung der Mitbewerber selbst oder seine Produkte erkennbar gemacht werden. Da sich auch der Mitbewerber über den Absatz von Pro-

---

326 Bejahend: BGH, 15.10.1998, I ZR 69/96, GRUR 1999, 501, Rn. 21 – *Vergleichen Sie*; verneinend: BGH, 22.05.1986, I ZR 11/85, GRUR 1987, 49, Rn. 22 – *Cola-Test*.

327 BGH, 22.10.2009, I ZR 73/07, GRUR 2010, 352, Rn. 23 – *Hier spiegelt sich Erfahrung*.

328 Zum Werbebegriff: EuGH, 11.07.2013, C-657/11, GRUR 2013, 1049, Rn. 60 – *Belgian Electronic Sorting Technology*; nicht aber die Eintragung eines Domainnamens.

329 **Werbung** bejahend: EuGH, 25.03.2010, C-278/08, GRUR 2010, 451, Rn. 32 – *BergSpechte*; EuGH, 22.09.2011, C-323/09, GRUR 2011, 1124, Rn. 30 – *Interflora*; **offengelassen**, ob **vergleichende** Werbung: EuGH, 23.03.2010, C-236/08 bis C-238/08, GRUR 2010, 445, Rn. 71 – *Google France und Google*.

330 BGH, 06.12.2007, I ZR 169/04, GRUR 2008, 628, Rn. 20 – *Imitationswerbung*; BGH 15.02.2018, I ZR 138/16, WRP 2018, 1074 – *Ortlieb*.

331 Ähnlich Scherer, Kehrtwende bei der vergleichenden Werbung, GRUR 2012, 545, 546, wonach das Vorliegen eines Vergleichs für die vergleichende Werbung für den europäischen Gesetzgeber so selbstverständlich gewesen sei, dass er das in Art. 2 lit. c Werbe-RL als immanent voraussetzte.

332 St. Rechtsprechung des EuGH, zuletzt EuGH, 08.02.2017, C-562/15, GRUR 2017, 280, Rn. 21 – *ITM/Carrefour*.

333 Das gilt auch für die Imagewerbung und das Sponsoring.

dukten definiert, ist das Erkennbarmachen des Mitbewerbers letztlich nichts anderes als das Identifizieren seiner Produkte. Dem Adressaten der Werbung werden die so beschriebenen Produkte im Ergebnis durch **Gegenüberstellung** offeriert mit der (ausdrücklichen oder versteckten) Aufforderung, statt dem Konkurrenzprodukt das beworbene Produkt, das zu einem gewissen Grad geeignet ist, das Konkurrenzprodukt zu substituieren, zu erwerben. Das entspricht – aus der Sicht des Adressaten der Werbung – der Aufforderung, sich für eines von zwei der gegenüber gestellten Produkten zu entscheiden. Damit liegt aber ein Vergleich vor[334]. Überdies wird durch das Vergleichserfordernis der Gefahr vorgebeugt, für Verbraucher und Konkurrenten unbedenkliche – nicht vergleichende – Werbeformen nach dem strengen Verbotskatalog des § 6 Abs. 2 UWG verbieten zu müssen, wollte man nicht wiederum bei den Tatbeständen des § 6 Abs. 2 UWG korrigieren[335]. § 6 Abs. 1 UWG erfordert daher das Vorliegen eines Vergleichs[336].

6. Personenbezogene und unternehmensbezogene (vergleichende) Werbung

a) Umstritten ist, ob der **personenbezogene und der unternehmensbezogene** Werbe- 106
vergleich unter § 6 Abs. 1 UWG fallen. Der personenbezogene Werbevergleich enthält im Regelfall neben Aussagen zur eigenen Person des Werbenden auch Aussagen über die Person des Mitbewerbers wie beispielsweise familiäre Verhältnisse, Vorstrafen oder ethnische Zugehörigkeit. Der unternehmensbezogene Werbevergleich macht auf eigene Unternehmensdaten und auf Unternehmensdaten des Mitbewerbers wie z. B. Gewinn, Umsatz, Produktionsanlagen, Mitarbeiterzahl und Filialen aufmerksam[337]. Beiden Werbevergleichen ist – neben der Erkennbarkeit des Mitbewerbers – gemein, dass bestimmte Umstände gegenübergestellt werden (also im Rechtssinne »verglichen« werden), diese sich aber **weder zu eigenen noch zu den Produkten des Mitbewerbers** verhalten[338]. Hält man auch für diese Werbevergleiche den Anwendungsbereich des § 6 Abs. 1 UWG (bzw. Art. 2 lit. c Werbe-RL) für eröffnet, müsste diese Art von vergleichender Werbung jedenfalls gemäß dem Wortlaut des § 6 Abs. 2 Nr. 1 und/oder Nr. 2 UWG (bzw. Art. 4 lit. b und lit. c Werbe-RL) untersagt werden: Die Werbung macht einen Mitbewerber erkennbar, sie enthält einen Vergleich, dieser bezieht sich jedoch nicht auf Produkte (Waren oder Dienstleistungen) oder auf Eigenschaften dieser Produkte.

---

334 So zutreffend *Köhler*/Bornkamm/Feddersen, § 6 Rn. 50 f.

335 Harte/Henning/Sack, § 6 Rn. 108, 113; Ohly/Sosnitza, § 6 Rn. 34.

336 So auch FBO/Koos, § 6, Rn. 75; Ohly/Sosnitza/Ohly, § 6 Rn. 36; GK/Glöckner, § 6, Rn. 277; Köhler/Bornkamm/Feddersen, § 6, Rn. 51; Harte/Henning/Sack, § 6 Rn. 108; a. A. MünchKomm/Menke UWG, § 6, Rn. 148.

337 MünchKomm/Menke UWG, § 6 Rn. 145.

338 Werden Produkte unmittelbar oder mittelbar angesprochen, liegt ein »normaler« Werbevergleich vor, der ohne Weiteres unter § 6 Abs. 1 UWG fällt; enthält die Werbung nur Aussagen über den Mitbewerber und/oder werden die Aussagen nicht im Sinne eines Vergleichs gegenüber gestellt, ist § 6 Abs. 1 UWG nach der hier vertretenen Auffassung unanwendbar.

107 b) Einigkeit besteht im Grundsatz darüber, dass sowohl der personenbezogene als auch der unternehmensbezogene Vergleich unter § 6 Abs. 1 UWG fallen[339]. Andernfalls wäre die Regelung des § 6 Abs. 2 Nr. 5 UWG (die das Herabsetzen der persönlichen und geschäftlichen Verhältnisse eines Mitbewerbers in **vergleichender Werbung** untersagt) nicht verständlich. In Bezug auf die damit verbundenen Rechtsfolgen wird zum Teil vertreten, dass die strenge Rechtsfolge der Unzulässigkeit nach § 6 Abs. 2 Nr. 1 und Nr. 2 UWG (und u. U. auch nach § 6 Abs. 2 Nr. 5 UWG) gesetzgeberisch gewollt sei[340]. Demgegenüber wird eingewandt, dass diese starre Rechtsfolge unvereinbar mit dem Liberalisierungszweck der Werbe-RL sei. Danach seien Fälle denkbar, in denen der Verbraucher ein berechtigtes Interesse an (produktfreien) personenbezogenen oder unternehmensbezogenen Vergleichen haben könnte. Überdies sei in diesen Fällen die Beeinträchtigung der Mitbewerber nicht größer als beim reinen Produktvergleich. Ein generelles Verbot sei auch weder verhältnismäßig noch mit dem Grundrecht auf freie Meinungsäußerung vereinbar[341]. Obschon in Einzelheiten differenzierend, diskutiert die Gegenansicht im Wesentlichen zwei Lösungswege. Zum einen wird vorgeschlagen, auf personenbezogene und unternehmensbezogenen Werbevergleiche (nur) §§ 3, 4 UWG anzuwenden[342], da insoweit eine Regelungslücke bestünde. Andere wollen eine teleologische Reduktion dergestalt vornehmen, dass von § 6 Abs. 2 Nr. 1 und Nr. 2 UWG nur der Produktvergleich erfasst wird und der personenbezogene und unternehmensbezogene Vergleich letztlich nur den Tatbeständen des § 6 Abs. 2 Nr. 5 UWG und § 5 UWG unterfällt[343].

108 c) **Stellungnahme**: Entscheidungen des BGH und des EuGH zu dieser Frage stehen noch aus. Allerdings sollte die praktische Relevanz dieses Problems nicht überbewertet werden. Die Fälle des rein personenbezogenen bzw. unternehmensbezogenen Werbevergleichs **ohne** jeglichen (auch nicht inzidenten) **Produktbezug** werden nur in **seltenen Ausnahmefällen** auftreten. Zum einen wird mit der Aussage über den Mitbewerber auch inzident eine Aussage über seine Produkte verbunden sein. Zum anderen wird es oftmals an einer Gegenüberstellung im Sinne eines Vergleichs fehlen, da es dem Werbenden im Regelfall nur darum gehen wird, (negative) Umstände oder Eigenschaften des Konkurrenten darzustellen und die damit verbundene konkludente Aussage, dass diese Umstände auf den Werbenden nicht zutreffen, das Vergleichserfordernis noch

339 Vgl. nur *Köhler*/Bornkamm/Feddersen, § 6, Rn. 15; MünchKomm/Menke UWG, § 6, Rn. 145; so auch Begr. Reg.-Entw. v. 20.03.2000, BT-Drucks. 14/2959, S. 10.

340 *Köhler*/Bornkamm/Feddersen, § 6 Rn. 16, dem Grundsatz nach; MünchKomm/Menke UWG, § 6 Rn. 147, 164, jedenfalls für den persönlichen Werbevergleich; GK-UWG-Glöckner, § 6 Rd. 348; Scherer, Kehrtwende bei der vergleichenden Werbung, GRUR 2012, 545, 550.

341 Harte/Henning/Sack, § 6 Rn. 138; Ohly/Sosnitza, § 6 Rn. 38;

342 So auch Begr. Reg.-Entw. v. 20.03.2000, BT-Drucks. 14/2959, S. 10; FBO/Koos, § 6 Rn. 25, 26.

343 Harte/Henning/Sack, § 6 *Rn.* 138, Ohly/Sosnitza, § 6 Rn. 38; Sack, Personen- und unternehmensbezogene Werbehinweise auf Mitbewerber als vergleichende Werbung nach § 6 UWG, WRP 2004, 817.

nicht erfüllen[344]. Liegt aber ein »echter« Werbevergleich vor, wird es dem Werbenden in der Regel nur darum gehen, die persönlichen oder geschäftlichen Eigenschaften des Konkurrenten in einem negativen Licht darzustellen. Dieser Fall wird aber in der Regel bereits von § 6 Abs. 2 Nr. 5 UWG erfasst. Sind die Voraussetzungen dieser Norm jedoch nicht erfüllt, wird der Vergleich der Erfüllung der berechtigten Interessen der Verbraucher dienen und ist dann vom Zweck der Werbe-RL gedeckt[345]. In diesem Fall ist eine teleologische Reduktion des § 6 Abs. 2 Nr. 1 und Nr. 2 UWG geboten[346]. Diese Vorgehensweise steht auch im Einklang mit dem letztlich aus der Rechtsprechung des EuGH abgeleiteten Grundsatz, wonach im Zweifel (also in Grenzfällen) die Bedingungen – und damit auch § 6 Abs. 2 UWG – **zugunsten** der Zulässigkeit der vergleichenden Werbung auszulegen sind[347].

II. § 6 Abs. 2 UWG (Unlauterkeitskatalog)

1. Allgemeines

Ist der sachliche Anwendungsbereich des § 6 Abs. 1 UWG eröffnet, liegen mithin sämtliche Voraussetzungen der Definition der vergleichenden Werbung vor, ist in einem zweiten Schritt zu bestimmen, ob der Werbevergleich **unlauter** ist. Dazu enthält § 6 Abs. 2 UWG einen Katalog von Tatbeständen, die in ihrer Zielrichtung verschiedene Unlauterkeitskriterien enthalten (§ 6 Abs. 2 Nr. 1 – Nr. 6 UWG). Während sich die Tatbestände des § 6 Abs. 2 Nr. 1 und Nr. 2 UWG über den (zulässigen) Gegenstand des Vergleichs verhalten, stellen die Tatbestände der § 6 Abs. 2 Nr. 3 bis Nr. 6 UWG Zulässigkeitsbedingungen für die Art und Weise des Vergleichs auf[348]. **109**

Entgegen Art. 4 Werbe-RL, wonach vergleichende Werbung **zulässig** ist, wenn die im einzelnen aufgeführten Bedingungen erfüllt sind, wird in § 6 Abs. 2 UWG eine **negative** Formulierung der Zulässigkeitskriterien vorgenommen und damit faktisch vergleichende Werbung **verboten**, wenn die dort aufgestellten Bedingungen nicht eingehalten werden. Damit (allein) bleibt die Regelung in § 6 Abs. 2 UWG jedoch nicht hinter dem Inhalt von Art. 4 Werbe-RL zurück oder setzt sich in Widerspruch zur Werbe-RL. Zum einen wendet der Gesetzgeber auch hier lediglich die dem (gesamten) UWG immanente Gesetzgebungstechnik, die (nur) **Verbotstatbestände** kennt, an. Zum anderen enthält Art 4 Werbe-RL nach h. M. – in Ausweitung des Wortlauts und wegen des Zwecks der Richtlinie, eine (Voll-)**Harmonisierung** zu erreichen – nicht nur einen Zulässigkeitskatalog, sondern – insoweit ebenso wie § 6 Abs. 2 UWG – auch einen **110**

---

344 BGH, 19.05.2011, I ZR 147/09, GRUR 2012, 74, Rn. 19 – *Coaching Newsletter*; BGH, 21.06.2001, I ZR 69/99, GRUR 2002, 75, Rn. 59 – *»SOOO…BILLIG!«?*.

345 ErwG 8 Werbe-RL; EuGH, 11.07.2013, C-657/11, GRUR 2013, 1049, Rn. 35 – *Belgian Electronic Sorting Technology*.

346 So auch Ohly/Sosnitza, § 6 Rn. 38.

347 Harte/Henning/Sack, § 6 Rn. 14; MünchKomm/Menke UWG, § 6 Rn. 27; jurisPK-UWG/Müller-Bidinger, zu § 6 Rn. 15; HansOLG Hamburg, 28.06.2012, 3 U 17/11, Rn. 47, PharmaR 2012, 481 – *Werbung für Generika*.

348 **Was** darf verglichen werden bzw. **wie** darf verglichen werden?, MünchKomm/Menke UWG, § 6 Rn. 150.

Verbotskatalog[349]. Erfüllt der Vergleich die Voraussetzungen (auch nur) eines der Tatbestände des § 6 Abs. 2 UWG oder enthält der Vergleich irreführende Angaben (§ 5 Abs. 3 i.V.m. Abs.1 UWG) ist er gemäß § 3 Abs. 1 UWG unlauter[350] und fällt auf der Rechtsfolgenseite in den Anwendungsbereich der §§ 8 ff. UWG. Gemäß den Vorgaben von Art. 4 Werbe-RL enthält der Unlauterkeitskatalog des § 6 Abs. 2 UWG i. V. m § 5 Abs. 3 UWG eine abschließende Regelung über die (Un-)Zulässigkeit der vergleichenden Werbung. Mit der Werbe-RL sind die Bedingungen, unter denen vergleichende Werbung in den Mitgliedsstaaten zulässig ist, **abschließend harmonisiert** worden. Die Harmonisierung bedingt es, dass **allein** anhand der vom Unionsgesetzgeber aufgestellt Kriterien zu beurteilen ist, ob und wann vergleichende Werbung zulässig ist[351].

111 Daraus folgt für die Anwendung des § 6 Abs. 2 UWG, dass (vergleichende) Werbung nicht verboten werden darf, die die Zulässigkeitsbedingungen der Richtlinie einhält. Daher darf die Generalklausel des § 3 UWG – in Ausweitung des Kataloges des § 6 Abs. 2 UWG – nicht zur Begründung eines Verbotes herangezogen werden. Aus dem Grundsatz, dass die an vergleichende Werbung zu stellenden Anforderungen in dem für sie **günstigsten Sinn** auszulegen sind[352], folgt, dass im Zweifel (also in Grenzfällen) die Bedingungen – und damit auch § 6 Abs. 2 UWG – **zugunsten** der Zulässigkeit der vergleichenden Werbung auszulegen sind[353].

2. § 6 Abs. 2 Nr. 1 UWG – Vergleich von Produkten für den gleichen Bedarf oder dieselbe Zweckbestimmung

112 a) Die Vorschrift dient der Umsetzung des Art. 4 lit. b Werbe-RL. Der Werbevergleich hat sich zum einen über Produkte (**Waren** und **Dienstleistungen**) zu verhalten. Zum anderen müssen die verglichenen Produkte den gleichen **Bedarf** decken oder dieselbe **Zweckbestimmung** besitzen. Der Waren- und Dienstleistungsbegriff in § 6 Abs. 2 Nr. 1 UWG entspricht den Begriffen in § 6 Abs. 1 und Art. 2 lit. a Werbe-RL[354]. Es nicht notwendig, dass Waren mit Waren und Dienstleistungen mit Dienstleistungen

---

349 Vgl. Harte/Henning/Sack, § 6 Rn. 20 ff.; MünchKomm/Menke UWG, § 6 Rn. 20; *Köhler/Bornkamm/Feddersen*, § 6 Rn. 3, FBO/Koos, § 6, Rn. 14; GK/Glöckner, § 6, Rn. 293; jurisPK-UWG/Müller-Bidinger, zu § 6 Rn. 12, jeweils m.w.N. und zum Meinungsstand.

350 Harte/Henning/Sack, § 6 Rn. 17.

351 Zuletzt EuGH, 08.02.2017, C-562/15, GRUR 2017, 280, Rn. 20 – *ITM/Carrefour*; vorgehend u. a. EuGH, 18.11.2010, C-159/09, GRUR 2011, 159, Rn. 22 – *Lidl*.

352 EuGH, 08.02.2017, C-562/15, GRUR 2017, 280, Rn. 21 – *ITM/Carrefour*; EuGH, 19.04.2007, C-381/05, GRUR 2007, 511, Rn. 63 u. 71 – *De Landtsheer Emmanuel*; EuGH, 19.09.2006, C-356/04, GRUR 2007, 69, Rn. 22 – *Lidl/Colruyt*; EuGH, 08.04.2003, C-44/01, GRUR 2003, 533, Rn. 42 – *Pippig Augenoptik*; EuGH, 25.10.2001, C-112/99, GRUR 2002, 354, Rn. 37 – *Toshiba Europe*; sog. »Toshiba/Katun-Doktrin«, vgl. MünchKomm/Menke UWG, § 6 Rn. 27.

353 Harte/Henning/Sack, § 6 Rn. 14; MünchKomm/Menke UWG, § 6 Rn. 27; jurisPK-UWG/*Müller-Bidinger*, zu § 6 Rn. 15; HansOLG Hamburg, 28.06.2012, 3 U 17/11, PharmaR 2012, 481 – *Werbung für Generika*.

354 **Vgl. hierzu Rdn. 74/75.**

vergleichen werden. Vom Wortlaut des § 6 Abs. 1 Nr. 1 UWG ist auch der Vergleich einer Ware mit einer Dienstleistung oder der Vergleich von Kombinationen der Produkte gedeckt[355]. Zulässig ist auch der Vergleich von **Warensortimenten**[356] oder **Warengattungen**[357]. Der **Vertriebsweg**[358] oder die Vertriebsstufe sind ohne Belang. Der Vergleich von **Werbemethoden** sollte unter § 6 Abs. 2 Nr. 1 UWG fallen, wenn sich aus der Werbung heraus Informationen über Eigenschaften der beworbenen Produkte oder den Preis ergeben[359].

Da auch der **personenbezogene** und der **unternehmensbezogene Vergleich** in den Anwendungsbereich des § 6 Abs. 1 fällt, durch ihn aber keine Produkte im Sinne des § 6 Abs. 2 Nr. 1 UWG verglichen werden, wäre eine solcher Vergleich – müsste man ihn an den Voraussetzungen des § 6 Abs. 2 Nr. 1 UWG messen – unzulässig. Da es jedoch Fallgestaltungen gibt, bei denen der Verbraucher ein berechtigtes Interesse an (produktfreien) personenbezogenen oder unternehmensbezogenen Vergleichen haben kann und dieser Umstand vom Zweck der Werbe-RL gedeckt ist, ist in Bezug auf den Tatbestand des § 6 Abs. 2 Nr. 1 UWG insoweit eine teleologische Reduktion vorzunehmen. Die Zulässigkeit des personenbezogenen und unternehmensbezogenen Vergleichs bestimmt sich nicht nach § 6 Abs. 2 Nr. 1 UWG (und auch nicht nach § 6 Abs. 2 Nr. 2 UWG). Die Zulässigkeit eines solchen Vergleichs ist an den anderen Tatbeständen des § 6 Abs. 2 UWG (oder § 5 Abs. 3 UWG) zu messen[360]. **113**

b) Die verglichenen Produkte müssen gleichem **Bedarf** dienen oder dieselbe **Zweckbestimmung** aufweisen. Es ist nicht erforderlich, eine Unterscheidung in »gleiche Bedürfnisse« und »dieselbe Zweckbestimmung« vorzunehmen[361]. Nach der Rechtsprechung des EuGH bedarf es für die Bejahung der für Art. 2 lit. c Werbe-RL (§ 6 Abs. 1 UWG) erforderlichen Mitbewerbereigenschaft der Feststellung, dass die angebotenen Produkte in **gewissem Grad substituierbar** sind. Ein in allgemeiner Weise gewisser Grad an Substituierbarkeit liegt vor, wenn Produkte in »gewisser Weise gleichen Bedürfnissen« dienen können[362]. Diese Kriterien sind zwar den Kriterien, die zur Beurteilung der **114**

355 *Köhler*/Bornkamm/Feddersen, § 6 Rn. 97.

356 EuGH, 19.09.2006, C-356/04, GRUR 2007, 69, Rn. 28, 39 – *Lidl/Colruyt*: Warensortimente mit Preisindex; dazu Ohly, Vergleichende Werbung für Zubehör und Warensortimente, GRUR 2007, 3.

357 BGH, 15.10.1998, I ZR 69/96, GRUR 1999, 501, Rn. 25 – *Vergleichen Sie*: Warengattung »hochwertiger Modeschmuck«.

358 EuGH, 08.04.2003, C-44/01, GRUR 2003, 533, Rn. 61 – *Pippig Augenoptik*: Parallelimport und normaler Vertriebsweg.

359 Zutreffend *Köhler*/Bornkamm/Feddersen, § 6 Rn. 97; offengelassen BGH, 21.06.2001, I ZR 69/99, GRUR 2002, 75, Rn. 59 – *»SOOO…BILLIG!«?*.

360 Harte/Henning/Sack, § 6 Rn. 138, 139.

361 MünchKomm/Menke UWG, § 6 Rn. 166; In der Begr. Reg.-Entw. v. 20.03.2000, BT-Drucks. 14/2959, S. 11, ist nur von »identischen Funktionen« die Rede; weder EuGH noch BGH nehmen eine Differenzierung vor.

362 EuGH, 19.04.2007, C-381/05, GRUR 2007, 511, Rn. 28 -30, 42, 47 – *De Landtsheer Emmanuel*; EuGH, 18.11.2010, C-159/09, GRUR 2011, 159, Rn. 31, 32 – *Lidl*.

Frage, ob die erforderliche Mitbewerberstellung nach § 6 Abs. 1 UWG vorliegt[363], heranzuziehen sind, ähnlich; sie entsprechen ihnen aber nicht vollends. Für den Bereich des Art. 4 lit. b Werbe-RL und des § 6 Abs. 2 Nr. 1 UWG ist – anders als bei § 6 Abs. 1 UWG – ein **allgemeiner Grad** an gewisser Substitution nicht ausreichend.

115 Zur Ermittlung, ob die Produkte wirklich miteinander substituierbar, ist vielmehr eine **individuelle und konkrete Prüfung** der speziellen Waren, die in der Werbeaussage miteinander verglichen werden, durchzuführen[364]. Erst dann kann festgestellt werden, ob aus der Sicht der angesprochenen Verkehrskreise ein **hinreichender Grad an Austauschbarkeit**[365] vorliegt. Die erforderliche Substituierbarkeit setzt nicht voraus, dass in jeder Hinsicht identische Produkte verglichen werden[366].

116 Es ist ausreichend dass sie **funktionsidentisch** sind und aus der Sicht der angesprochenen Verbraucher als Substitutionsprodukte in Betracht kommen[367]; eine **teilweise Funktionsidentität**[368] reicht aus. **Markenprodukte** und **No-Name-Produkte**[369] oder Produkte, die unter **Hausmarken** vertrieben werden, weisen den erforderlichen Grad an Substituierbarkeit auf[370]. Daraus folgt aber auch, dass Werbevergleiche, in denen Produkte unterschiedlicher **Qualitätsstufen** miteinander verglichen werden, jedenfalls nicht wegen dieses Umstandes nach § 6 Abs. 2 Nr. 1 UWG unzulässig sind[371]. Das gilt auch für Abweichungen in der **Quantität**[372], in ihrer stofflichen **Zusammensetzung**[373] und in ihrem – auch durch eine Marke vermitteltem – **Image**[374], soweit nicht

363 Vgl. hierzu Rdn. 77 ff.

364 EuGH, 19.04.2007, C-381/05, GRUR 2007, 511, Rn. 47 – *De Landtsheer Emmanuel*: wohl einen gewissen Grad an Substituierbarkeit bejahend zwischen Champagner »Veuve Clicquot« und Bier »Malhuer Brut Reserve«; EuGH, 18.11.2010, C-159/09, GRUR 2011, 159, Rn. 33 – *Lidl*.

365 EuGH, 19.09.2006, C-356/04, GRUR 2007, 69, Rn. 26 – *Lidl/Colruyt*; BGH, 11.09.2008, I ZR 58/06, GRUR 2009, 418, Rn. 26 – *Fußpilz*.

366 OLG Frankfurt a.M., 10.08.2000, 6 U 89/00, GRUR-RR 2001, 89, Rn. 6.

367 BGH, 30.09.2004, I ZR 14/02, GRUR 2005, 172, Rn. 36 – *Stresstest*; BGH, 15.10.1998, I ZR 69/96, GRUR 1999, 501, Rn. 24 – *Vergleichen Sie*.

368 BGH, 11.09.2008, I ZR 58/06, GRUR 2009, 418, Rn. 26 – *Fußpilz*: ein Medikament wies eine weitergehende Indikation auf, deckte aber auch die Indikation des anderen Medikaments ab; HansOLG Hamburg, 01.03.2001, 3 U 203/00, GRUR-RR 2002, 169, 171, Rn. 31 – *Speedw@y*.

369 OLG Stuttgart, 31.07.1998, 2 U 12/98, NJWE-WettbR 1999, 98, 99.

370 BGH, 15.10.1998, I ZR 69/96, GRUR 1999, 501, Rn. 24 – *Vergleichen Sie*; Inzident BGH, 21.03.2007, I ZR 184/03, GRUR 2007, 896, Rn. 17 – *Eigenpreisvergleich*.

371 Im Regelfall wird ein Markenprodukt einen Qualitätsvorsprung aufweisen.

372 OLG Frankfurt, 06.12.2000, 6 W 193/00, GRUR 2001, 358, Rn. 2 – *unterschiedliche Gebindegrößen von Energy-Drinks*.

373 Insb. bei Medikamenten, OLG Düsseldorf, 10.12.2002, 20 U 110/02, NJOZ 2003, 2954, 2956.

374 Das gilt z. B. für den Vergleich eines Luxus-Artikels mit einem »Billigprodukt«, z. B. Rolex-Uhr mit Tchibo-Uhr: auch in diesem Fall besteht Austauschbarkeit, es kommt aber die Anwendung des § 6 Abs. 2 Nr. 4 UWG in Betracht, zutreffend MünchKomm/Menke UWG, § 6 Rn. 169; vgl. auch BGH, 08.11.1984, I ZR 128/82, GRUR 1985, 876 – *Tchibo/Rolex*, unter dem Gesichtspunt des § 4 Nr. 3 UWG.

aus diesen Umständen die grundsätzlich bestehende Substitutionsmöglichkeit wieder entfällt. Auch der Vergleich von **vollkommen unterschiedlichen Produkten** kann nach § 6 Abs. 2 Nr. 1 UWG zulässig sein, wenn und soweit diese Produkte geeignet sind, den gleichen Bedarf zu decken und sich der Vergleich auf verbindende Umstände bezieht. So verstoßen Vergleiche, die sich auf den **Preis von unterschiedlichen Verkehrsmitteln** für eine bestimmte Strecke beziehen (Flug, Bahn, Pkw) oder bei dem der Preis von verschiedenen **Energieträgern** (Heizöl, Gas, Fernwärme, Nachtstrom[375]) für das Heizen eines Wohnheimes miteinander verglichen werden, jedenfalls nicht gegen § 6 Abs. 2 Nr. 1 UWG.

In diesen Fällen kommt aber das Vorliegen eines **Irreführungstatbestandes** nach § 5 Abs. 1 und 3 UWG in Betracht, wenn nicht auf vorhandene relevante Unterschiede hingewiesen wird und der Umstand die Entscheidung des Verbrauchers spürbar beeinflussen kann[376]. Das ist der Fall, wenn eine Fluggesellschaft Flugpreise von Abflughäfen, die 120 km voneinander entfernt sind, vergleicht, ohne dass der Werbende diesen Umstand offenbart und der Name der Abflughäfen beim angesprochenen Verkehr einen Standort in derselben Stadt suggeriert[377]. Auch ein Vergleich von Leitungswasser mit Mineralwasser ist nicht nach § 6 Abs. 2 Nr. 1 UWG unzulässig, kann aber irreführend sein[378]. Das gilt auch bei einem Vergleich des Geschmacks von Produkten zweier Fast-Food-Ketten[379]. **117**

c) Auf das Vorliegen eines hinreichenden Grades an Austauschbarkeit der miteinander verglichenen Produkte kann nicht abgestellt werden, wenn Waren mit **Ursprungsbezeichnungen** verglichen werden. Nach Art. 4 lit. e Werbe-RL[380] muss sich der Vergleich auf Waren mit der **gleichen Bezeichnung** beziehen (und eben nicht auf Waren für den gleichen Bedarf oder dieselbe Zweckbestimmung). Da der deutsche Gesetzgeber diese Regelung nicht umgesetzt hat, bedarf § 6 Abs. 2 Nr. 1 UWG insoweit der richtlinienkonformen Auslegung. In diesen Fällen kommt es somit nicht auf die **Austauschbarkeit** der Waren an, sondern auf die **Identität** der verglichenen Bezeichnungen[381]. **118**

---

375 BGH, 19.09.1996, I ZR 72/94, GRUR 1997, 304, Rn. 20, 21 – *Energiekosten-Preisvergleich II.*

376 EuGH, 18.11.2010, C-159/09, GRUR 2011, 159, Rn. 51 f. – *Lidl*: Preisvergleich mit einem Warenkorb, wenn die ausgesuchten Waren wesentliche Unterschiede aufweisen; EuGH, 08.04.2003, C-44/01, GRUR 2003, 533, Rn. 53 – *Pippig Augenoptik*: Nichtangabe der Marke des Produktes des Mitbewerbers.

377 HansOLG Hamburg, 19.12.2002, 5 U 137/02, GRUR-RR 2003, 219, Rn. 21 – *Frankfurt-Hahn.*

378 OLG München, 16.09.1999, 6 U 2646/98, ZLR 2000, 949, Rn. 37 – *Münchener Trinkwasser*: allerdings nur unter dem Gesichtspunkt des jetzigen 6 Abs. 2 Nr. 5 UWG entschieden.

379 OLG München, 01.04.1999, 29 U 2044/99, WRP 1999, 692, Rn. 24 – *Satte Mehrheit*: Verstoß gegen § 6 Abs. 2 Nr. 2 UWG und irreführend, da unterschiedliche geschmacksbestimmende Zutaten verwendet, ohne darauf hinzuweisen.

380 Sog. »Champagner-Klausel«; vgl. dazu EuGH, 19.04.2007, C-381/05, GRUR 2007, 511 – De Landtsheer/CIVC.

381 Vgl. Rdn. 23; Ohly/Sosnitza, § 6 Rn. 45; a. A. Harte/Henning/Sack, § 6 Rn. 236 und MünchKomm/Menke UWG, § 6 Rn. 157, die § 3 UWG anwenden wollen.

119 d) Weitere folgende Werbevergleiche sind u. a. bislang in Bezug auf die hinreichende Austauschbarkeit der verglichenen Produkte nach § 6 Abs. 2 Nr. 1 UWG Gegenstand gerichtlicher Entscheidungen gewesen:

120 aa) **Austauschbarkeit bejaht**: HPLC-Säulen für Chromatographieverfahren[382], Markenartikel mit No-name-Produkten bzw. Hausmarken[383], Modeschmuck mit Echtschmuck[384], ISDN-Anschlussverträge mit unterschiedlichen Leistungen[385], Breitband-Internetzugang und ISDN-Internetzugang[386], Leitungswasser und Mineralwasser[387], Einzelverkaufsauflagen von TV-Programmzeitschriften[388], Müsli mit Schokoriegel[389], Arzneimittel unterschiedlicher Indikationen und Wirkstoffzusammensetzung[390], Branchenbuch mit Telefonbuch[391], Media-Daten mit Werten »Leser pro Ausgabe« in verschiedenen Verbreitungsgebieten[392], Standardstrom mit Strom ökologischer Herkunft[393].

121 Beabsichtigt man, dem Gastgeber aus Anlass einer Einladung etwas mitzubringen, weisen auch ein Blumenstrauß und eine Flasche Sekt/Wein einen hinreichenden Grad an Austauschbarkeit auf[394]. Der gleiche Bedarf bzw. dieselbe Zweckbestimmung wird hier durch den Wunsch des Verbrauchers, ein Geschenk mitzubringen, definiert, auch wenn Blumen und Wein ohne Zweifel verschiedene Hauptzwecke erfüllen.

122 bb) **Austauschbarkeit verneint**: Vergleich zwischen Wirtschaftszeitung und Lotteriegesellschaft[395] sowie Ergänzungstarif in privater Krankenversicherung und gesetzlicher Krankenversicherung[396].

---

382 BGH, 30.09.2004, I ZR 14/02, GRUR 2005, 172 – *Stresstest*.

383 OLG Stuttgart, 31.07.1998, 2 U 12/98, NJWE-WettbR 1999, 98, 99.

384 OLG Hamm, 04.05.2000, 4 U 164/99, WRP 2000, 1316, 1317 – *Die Zeit des Modeschmucks ist vorbei*.

385 OLG Frankfurt a.M., 10.08.2000, 6 U 89/00, GRUR-RR 2001, 89.

386 HansOLG Hamburg, 01.03.2001, 3 U 203/00, GRUR-RR 2002, 169, 171 – *Speedw@y*: teilweise Funktionsidentität, aber irreführend.

387 OLG München, 16.09.1999, 6 U 2646/98, ZLR 2000, 949, Rn. 37 – *Münchener Trinkwasser*.

388 HansOLG Hamburg, 24.08.2000, 3 U 26/00, GRUR-RR 2001, 33.

389 HansOLG Hamburg, 06.03.2003, 5 U 227/01, GRUR-RR 2003, 251, Rn. 30, schon Erkennbarkeit verneint.

390 OLG Düsseldorf, 10.12.2002, 20 U 110/02, GRUR-RR 2004, 24.

391 OLG München, 10.04.2003, 29 U 1883/03, GRUR-RR 2003, 373.

392 HansOLG Hamburg, 24.06.1999, 3 U 56/99, NJWE-WettbR 1999, 276.

393 OLG Karlsruhe, 26.06.2008, 4 U 187/07, GRUR-RR 2008, 407, Rn. 63.

394 Ähnlich BGH, 12.01.1972, I ZR 60/70, GRUR 1972, 553 – *Statt Blumen ONKO-Kaffee*; weitere Beispiele bei *Köhler*/Bornkamm/Feddersen, § 6 Rn. 99, 100 und MünchKomm/Menke UWG, § 6 Rn. 171.

395 *BGH, 17.01.2002, I ZR 215/99*, GRUR 2002, 828, Rn. 25 – *Lottoschein*: schon bereits Mitbewerberbezug verneint.

396 OLG Stuttgart, 10.07.1998, 2 U 278/97, NJW-RR 1999, 266, Rn. 34.

3. § 6 Abs. 2 Nr. 2 UWG – Objektivität und Vergleich von Eigenschaften oder Preis

a) Überblick

Die Vorschrift dient der Umsetzung von Art. 4 lit. c Werbe-RL. Diese Regelung beruht 123
auf der Erwägung, dass vergleichende Werbung ein zulässiges Mittel zur Verbraucherinformation darstellt, wenn sie wesentliche, relevante, nachprüfbare und typische Eigenschaften[397] in objektiver Weise[398] vergleicht. Damit wird sichergestellt, dass der Werbende dem Verbraucher die im Verhältnis zu dem Konkurrenzprodukt (vermeintlich oder tatsächlich) bestehenden Vorteile seines Produktes in **objektiver** Weise darstellt[399]. Die Regelung dient somit dem berechtigten **Informationsbedürfnis** des Verbrauchers[400] unter Einhaltung des **Objektivitätsgebots**[401]. Bei Einhaltung dieser Bedingungen ist die durch den Vergleich vorgenommene Identifizierung des Mitbewerbers **verhältnismäßig** und der Mitbewerber muss eine dadurch eintretende mögliche Beeinträchtigung seiner Interessen hinnehmen. § 6 Abs. 2 Nr. 2 UWG verlangt, dass Eigenschaften der Produkte oder der Preis der Produkte Gegenstand des Vergleichs sein müssen. Damit weicht § 6 Abs. 2 Nr. 2 UWG insoweit von Art. 4 lit. c Werbe-RL ab, als in der Vorschrift der **Preis** als ein **Unterfall** der Eigenschaft des Produktes behandelt wird[402]. Diese Abweichung erklärt sich aus dem Umstand, dass der Preis im deutschen Zivilrecht nicht zu den Eigenschaften einer Ware gezählt wird[403]. Der Eigenschaftsbegriff ist jedoch autonom europarechtlich im Lichte der Werbe-RL auszulegen. Hieran hat sich daher auch die Auslegung des Eigenschaftsbegriffs in § 6 Abs. 2 Nr. 2 UWG zu orientieren[404].

b) Eigenschaften oder Preis

aa) Ebenso wie der Begriff »vergleichende Werbung«[405] selbst ist auch der **Eigen-** 124
schaftsbegriff des § 6 Abs. 2 Nr. 2 UWG **weit** zu verstehen. Maßgeblich ist, ob der angesprochene Verkehr aus der Angabe eine **nützliche Information** für die Entscheidung erhalten kann, ob er dem Erwerb der angebotenen Ware oder Dienstleistung

397 ErwG. 8 Werbe-RL.
398 ErwG. 9 Werbe-RL.
399 ErwG. 6 Werbe-RL.
400 *Harte/Henning/Sack*, § 6 Rn. 141.
401 BGH, 23.04.1998, I ZR 2/96, GRUR 1999, 69, Rn. 24 – *Preisvergleichsliste II*, stellt noch auf das Sachlichkeitsgebot ab, vgl. hierzu Rdn. 126.
402 »...Eigenschaften..., zu denen auch der Preis gehören kann.«.
403 MünchKomm/Westermann BGB, § 434, Rn. 11; Palandt/Ellenberger, § 119, Rn. 27.
404 MünchKomm/Menke UWG, § 6 Rn. 175.
405 ErwG 8 Werbe-RL; EuGH, 11.07.2013, C-657/11, GRUR 2013, 1049, Rn. 35 – *Belgian Electronic Sorting Technology*: »vergleichende Werbung ist **breit** zu fassen, um alle unterschiedlichen Arten der vergleichenden Werbung abzudecken«.

näher treten will[406]. Demnach ist es nicht erforderlich, dass es sich um ein Merkmal handelt, das **physisch** in dem Produkt selbst verankert ist. Zu den Eigenschaften der Produkte zählen zunächst alle **wertbildenden Faktoren** wie ihre tatsächlichen, wirtschaftlichen, sozialen oder rechtlichen Beziehungen zur Umwelt, soweit diese nach der Verkehrsanschauung für deren Brauchbarkeit und deren Wert von Bedeutung sind[407]. Dazu gehören auch insbesondere Herstellungsart, Herstellungsort und Herstellungsjahr einer Ware, ihre Auswirkungen auf Umwelt und Gesundheit, ihre Verfügbarkeit, bestehende Schutzrechte[408], das **Image** sowie die **Wertschätzung**[409] eines Produktes sowie der Wert einer **Marke**[410]. Ferner zählen alle **wesentlichen Merkmale** des Produkts gemäß der Aufzählung in Art 6 Abs. 1 lit. b UGP-RL dazu[411]. Auch Merkmale **sensorischer Wahrnehmung** wie Duft und Geschmack können den Eigenschaftsbegriff erfüllen[412]. Höchstrichterlich und obergerichtlich sind u. a. folgende Merkmale als Eigenschaften im Sinne des § 6 Abs. 2 Nr. 2 UWG bewertet worden: Angabe von **Artikelnummern** des Werbenden neben Artikelnummern des Mitbewerbers als Vergleich **technischer Eigenschaften**[413], Kernbestandteil eines **Bestellnummernsystems**[414], Umsatzzahlen und **Umsatzzuwächse** der verglichenen Produkte stellen jedenfalls für **Fachkreise** nützliche Informationen dar[415], Struktur der **Leserschaft** einer Zeitung[416], **Stabilität** von HPLC-Säulen für Chromatographieverfahren[417]; funktionelle **Gleichwertigkeit** von Staubsaugerbeuteln[418], **Duftnoten** von Parfümen[419], (Aus-)**Wirkungen** bestimmter Medikamente auf die Mammographiediagnostik[420], »**Männerbild**« als Eigenschaft von Zeitschriften[421], **Gesamtzufriedenheit** von Kran-

406 BGH, 01.10.2009, I ZR 134/07, GRUR 2010, 161, Rn. 27 – *Gib mal Zeitung*; BGH, 07.12.2006, I ZR 166/03, GRUR 2007, 605, Rn. 30 – *Umsatzzuwachs*; BGH, 30.09.2004, I ZR 14/02, GRUR 2005, 172, Rn. 24 – *Stresstest*; BGH, 05.02.2004, I ZR 171/01, GRUR 2004, 607, Rn. 30 – *Genealogie der Düfte*.

407 Harte/Henning/Sack, § 6 Rn. 144.

408 Beispiele aus *Köhler*/Bornkamm/Feddersen, § 6 Rn. 105.

409 Die sich in einer Gesamtzufriedenheit niederschlägt, vgl. OLG Saarbrücken, 07.11.2007, 1 U 355/07, GRUR-RR 2008, 312, Rn. 28.

410 MünchKomm/Menke UWG, § 6 Rn. 183; Ohly/Sosnitza, § 6 Rn. 48.

411 *Köhler*/Bornkamm/Feddersen, § 6 Rn. 104.

412 BGH, 05.02.2004, I ZR 171/01, GRUR 2004, 607, Rn. 30 – *Genealogie der Düfte*; entgegen OLG München, 01.04.1999, 29 U 2044/99, WRP 1999, 692, Rn. 24 – *Satte Mehrheit*, kann auch für den Geschmack gelten; allerdings ist die Nachprüfbarkeit fraglich.

413 EuGH, 25.10.2001, C-112/99, GRUR 2002, 354, Rn. 39 – *Toshiba/Katun*;

414 EuGH, 23.02.2006, C-59/05, GRUR 2006, 345, Rn. 17 – *Siemens/VIPA*; BGH, 02.10.2002, I ZR 90/00, GRUR 2003, 444, Rn. 26 – *Ersetzt*.

415 BGH, 07.12.2006, I ZR 166/03, GRUR 2007, 605, Rn. 30 – *Umsatzzuwachs*.

416 BGH, 01.10.2009, I ZR 134/07, GRUR 2010, 161, Rn. 26 – *Gib mal Zeitung*.

417 BGH, 30.09.2004, I ZR 14/02, GRUR 2005, 172, Rn. 23 – *Stresstest*.

418 BGH, 02.04.2015, I ZR 167/13, GRUR 2015, 1136, Rn. 21 – *Staubsaugerbeutel im Internet*.

419 BGH, 05.02.2004, I ZR 171/01, GRUR 2004, 607, Rn. 30, 31 – *Genealogie der Düfte*.

420 BGH, 17.01.2002, I ZR 161/99, GRUR 2002, 633, Rn. 26 – *Hormonersatztherapie*.

421 HansOLG Hamburg, GRUR-RR 2004, 259, Rn. 18 – *Babes und Zicken*.

kenkassenkunden[422], Aussagen in einem Bericht über ein **Branchenbuch**[423], Grad der **Plaqueentfernung** bei Handzahnbürsten[424] sowie relativer Kernertrag von **Saatgutsorten**[425].

bb) Auch der **Preis** kann Gegenstand eines Werbevergleichs sein. Unter Preis ist die in Geld ausgedrückte Gegenleistung zu verstehen. Da der Preis nach deutschem Zivilrechtsverständnis nicht zu den Eigenschaften eines Produkts gehört[426], ist der Preis gesondert in den Tatbestand des § 6 Abs. 2 Nr. 2 UWG aufgenommen worden. Der Wortlaut der Norm könnte zur Annahme verleiten, die weiteren Voraussetzungen wie Objektivität, Nachprüfbarkeit, Wesentlichkeit, Relevanz und Typizität bezögen sich nicht auf den Preis, sondern nur auf die (anderen) Eigenschaften eines Produktes. Die Norm ist jedoch richtlinienkonform im Lichte der Werbe-RL auszulegen. Art. 4 lit. c Werbe-RL behandelt den Preis als einen Unterfall der »Eigenschaft«. Der **Preisvergleich** muss daher auch die vorgenannten Voraussetzungen erfüllen[427]. Es ist nicht erforderlich, dass sich der Preis nur auf konkret bezeichnete einzelne Produkte bezieht. Ein Preisvergleich ist auch dann zulässig, wenn **Warensortimente** oder Teile davon verglichen werden und die Sortimente beiderseits Waren umfassen, die die Voraussetzungen des § 6 Abs. 2 Nr. 1 UWG einhalten[428]. Entsprechendes gilt auch dann, wenn der Preis von nur **zum Teil identischen Produkten** verglichen wird. Auch der Preisvergleich von Produkten **unterschiedlicher Qualität** ist zulässig[429]. Allerdings kommt in solchen Fällen ein Verstoß gegen das Objektivitätsgebot des § 6 Abs. 2 Nr. 2 UWG und/oder gegen das Irreführungsgebot des § 5 Abs. 3 UWG in Betracht. Der Werbende muss auf für den Verbraucher relevante (Qualitäts-)**Unterschiede**, die diesem verborgen bleiben, **hinweisen**[430]. Ein **Eigenpreisvergleich**, in dem der Werbende Preise seiner Hausmarke mit Preisen von Markenartikeln vergleicht, verstößt selbst dann nicht gegen § 6 Abs. 2 Nr. 2 UWG, wenn der Werbende beide Preise selbst festgesetzt hat[431]. Zum Preis nach § 6 Abs. 2 Nr. 2 UWG gehören auch **Preisbestandteile**, wie Rabatte oder **125**

422 OLG Saarbrücken, 07.11.2007, 1 U 355/07, GRUR-RR 2008, 312, Rn. 28.

423 OLG München, 10.04.2003, 29 U 1883/03, GRUR-RR 2003, 373, ein Teil der Aussagen bezog sich auf Eigenschaften.

424 HansOLG Hamburg, 20.07.2000, 3 U 191/99, GRUR-RR 2001, 84, Rn. 24 – *Handzahnbürste*.

425 OLG Düsseldorf, 22.02.2011, 20 U 141/08, GRUR-RR 2012, 218, Rn. 32.

426 MünchKomm/Westermann BGB, § 434, Rn. 11; Palandt/Ellenberger, § 119, Rn. 27.

427 EuGH, 19.09.2006, C-356/04, GRUR 2007, 69, Rn. 56 f. – *Lidl/Colruyt*; OLG Nürnberg, 16.10.2018, 3 U 761/18, WRP 2019, 128 – *Günstigere Preise*.

428 EuGH, 19.09.2006, C-356/04, GRUR 2007, 69, Rn. 56 f. – *Lidl/Colruyt*

429 BGH, 23.11.2000, I ZR 195/98, GRUR 2001, 350, Rn. 21 – *OP-Lampen*, Vergleich von Originallampen mit Ersatzlampen.

430 KG, 25.02.2003, 5 U 272/02, GRUR-RR 2003, 319, Rn. 13, Preisvergleich von Zeitungen unterschiedlicher Erscheinungsfrequenz.

431 BGH, 21.03.2007, I ZR 184/03, GRUR 2007, 896, Rn. 17, 18 – *Eigenpreisvergleich*; aber offengelassen, wenn die Preisfestsetzung manipulativ erfolgt.

Skonti und bestimmte Konditionen wie Liefer- und Zahlungsbedingungen incl. der Finanzierung, wenn sie sich auf den Preis auswirken können[432].

c) **Objektivität**

126 aa) Der Vergleich muss sich **objektiv** auf die im einzelnen aufgeführten Eigenschaften beziehen. Nach der Rechtsprechung des EuGH – und dem folgend des BGH – dient das Tatbestandsmerkmal der Objektivität dazu, Vergleiche auszuschließen, die sich aus einer **subjektiven Wertung** ihres Urhebers und nicht aus einer **objektiven Feststellung** ergeben[433]. Angaben zum **Preis** einer Ware oder das allgemeine Preisniveau eines Warensortiments sind nicht Gegenstand einer subjektiven Wertung, sondern **stets objektiv** im Sinne des § 6 Abs. 2 Nr. 2 UWG[434]. Manipulative Preisgestaltungen sind im Regelfall am Maßstab der Irreführung zu messen[435]. Zulässig ist danach jedenfalls der Vergleich von Merkmalen, die (objektiv) zählbar oder messbar oder in anderer Weise objektiv erfassbar sind, wie Größe, Länge, Anzahl, Gewicht, Volumen, Umfang, Geschwindigkeit, Lautstärke, Helligkeit etc. Demgegenüber ist der Werbevergleich von (rein subjektiven) wertenden Empfindungen, wie »schöner«, »hübscher«, »anmutiger«, »schicker« oder auch »cooler« sowie mit reinen Werturteilen in der Regel unzulässig. Die **Unrichtigkeit**, **Unvollständigkeit** oder **Einseitigkeit** der Angaben in einem (Preis-)Vergleich lässt dessen Objektivität i. S. d. § 6 Abs. 2 Nr. 2 UWG in der Regel unberührt[436], kann aber naturgemäß unter dem Gesichtspunkt der **Irreführung** relevant sein[437]. Demnach kann das Objektivitätserfordernis des § 6 Abs. 2 Nr. 2 UWG jedenfalls nicht mehr Ausdruck des Sachlichkeitsgebots im ursprünglich vertretenen Sinn des Bemühens um Sachlichkeit und **Richtigkeit** bei der Auswahl der zu vergleichenden Eigenschaften sein[438]. Der Werbende ist danach nicht verpflichtet, **alle** Eigenschaften des Produktes zu vergleichen[439]. Er ist in der Wahl des Merkmals oder der Merkmale, die er in den Vergleich einbezieht, frei[440]. Auch die von **subjektiven Gesichtspunkten** geprägte Auswahl der Eigenschaft, die verglichen werden soll, verletzt

432 FBO/Koos, § 6, Rn. 151, *Köhler*/Bornkamm/Feddersen, § 6 Rn. 112; MünchKomm/Menke UWG, § 6 Rn. 186.

433 EuGH, 19.09.2006, C-356/04, GRUR 2007, 69, Rn. 47 – *Lidl/Colruyt*; BGH, 19.11.2009, I ZR 141/07, GRUR 2010, 658, Rn. 12 – *Paketpreisvergleich*; BGH, 21.03.2007, I ZR 184/03, GRUR 2007, 896, Rn. 17, 18 – *Eigenpreisvergleich*; BGH, 01.10.2009, I ZR 134/07, GRUR 2010, 161, Rn. 30 – *Gib mal Zeitung*.

434 EuGH, 19.09.2006, C-356/04, GRUR 2007, 69, Rn. 47 – *Lidl/Colruyt*.

435 BGH, 21.03.2007, I ZR 184/03, GRUR 2007, 896, Rn. 17, 18 – *Eigenpreisvergleich*.

436 BGH, 19.11.2009, I ZR 141/07, GRUR 2010, 658, Rn. 12 – *Paketpreisvergleich*.

437 BGH, 20.02.2013, I ZR 175/11, GRUR 2013, 1058, Rn. 16 – *Kostenvergleich bei Honorarfactoring*; u. U. können aber auch **beide** Tatbestände eingreifen, vgl. EuGH, 08.02.2017, C-562/15, GRUR 2017, 280, Rn. 36 – *ITM/Carrefour*.

438 So aber noch BGH, 23.04.1998, I ZR 2/96, GRUR 1999, 69; Rn. 24 – *Preisvergleichsliste II* und Begr. Reg.-Entw. v. 20.03.2000, BT-Drucks. 14/2959, S. 11, HansOLG Hamburg, 25.03.2004, 3 U 151/03, GRUR-RR 2005, 129, Rn. 61 – *Inlandsferngespräche*: Unsachlichkeit angenommen, wenn Angaben zutreffen, aber gleichwohl ein »schiefes Bild« entsteht.

439 BGH, 17.01.2002, I ZR 161/99, GRUR 2002, 633, Rn. 26 – *Hormonersatztherapie*.

440 BGH, 19.11.2009, I ZR 141/07, GRUR 2010, 658, Rn. 12 – *Paketpreisvergleich*.

das Objektivitätsgebot somit nicht. Entsprechendes gilt für die **subjektiv getroffene Auswahl** von Produkten für einen Sortimentsvergleich[441] und die Auswahl von Produkten nur eines Mitbewerbers für den Werbevergleich, auch wenn mehrere Mitbewerber vorhanden sind, die vergleichbare Produkte anbieten[442]. Auch die Auswahl nur eines bestimmten Angebots des Mitbewerbers verletzt das Objektivitätserfordernis nicht[443]. Es unterliegt der freien Entscheidung des Werbenden, wie viele Vergleiche er zwischen den von ihm angebotenen Produkten und den von seinen Mitbewerbern angebotenen Produkten vornimmt[444].

bb) Diese durch den EuGH vorgenommene und vom BGH übernommene Begriffsbestimmung des Merkmals »objektiv« durch Gegenüberstellung mit seinem Gegenbegriff »subjektiv« mit dem Ergebnis, dass alles, was subjektive Wertungen enthält, nicht objektiv ist (sein kann), greift zu kurz und bedarf weiterer Präzisierung. Ausgehend von der zutreffenden Annahme, dass alles Subjektive nicht nachprüfbar ist, hätte das Merkmal der Objektivität neben dem ebenfalls in § 6 Abs. 2 Nr. 2 UWG enthaltenden Merkmal der **Nachprüfbarkeit** keine eigenständige Bedeutung[445] und wäre überflüssig[446]. Auch kann in Einzelfällen die Abgrenzung zwischen objektiven Feststellungen und subjektiven Wertungen bzw. Schlussfolgerungen Schwierigkeiten bereiten. So enthält die Aussage eines Werbevergleichs, dass etwas »gleichwertig[447]« ist, sowohl wertende als auch objektive Elemente. Auch die Auswahl der verglichenen Produkte bzw. der verglichenen Eigenschaften sowie der Produkte, die in einen Sortimentsvergleich einbezogen werden, wird von **subjektiven Elementen** getragen und sollte nicht zur Unzulässigkeit des Vergleichs führen[448]. Werden die wertenden Elemente von einem nachvollziehbaren Tatsachenbezug getragen, sollte die Zulässigkeit des Werbevergleichs jedenfalls nicht am **Objektivitätserfordernis** scheitern[449]. Dieses Ergebnis steht auch mit dem Grundsatz in Einklang, nach dem im Zweifel (also in Grenzfällen) die Bedingungen – und damit auch § 6 UWG – **zugunsten** der Zulässigkeit der vergleichenden Werbung auszulegen sind[450]. 127

441 EuGH, 19.09.2006, C-356/04, GRUR 2007, 69, Rn. 47 – *Lidl/Colruyt*; Bullinger/Emmerich, Irreführungsgefahr durch selektive Produktauswahl bei Preisvergleichen, WRP 2002, 608.
442 OLG Düsseldorf, 22.10.1998, 2 U 65/98, NJW-CoR 1999, 306, Rn. 41.
443 BGH, 20.02.2013, I ZR 175/11, GRUR 2013, 1058, Rn. 15 – *Kostenvergleich bei Honorarfactoring*.
444 EuGH, 08.04.2003, C-44/01, GRUR 2003, 533, Rn. 81 – *Pippig Augenoptik*.
445 So ist wohl auch Begr. Reg.-Entw. v. 20.03.2000, BT-Drucks. 14/2959, S. 11, zu verstehen: »Die vergleichende Werbung soll nur nachprüfbare Tatsachen verwenden.«.
446 So auch Harte/Henning/Sack, § 6 Rn. 161.
447 OLG Frankfurt, 22.09.2016, 6 U 103/15, WRP 2017, 96, Rn. 19.
448 EuGH, 19.09.2006, C-356/04, GRUR 2007, 69, Rn. 47 – *Lidl/Colruyt*.
449 *Köhler*/Bornkamm/Feddersen, § 6 Rn. 118.
450 Harte/Henning/Sack, § 6 Rn. 14; MünchKomm/Menke UWG, § 6 Rn. 27; jurisPK-UWG/Müller-Bidinger, zu § 6 Rn. 15; HansOLG Hamburg, 28.06.2012, 3 U 17/11, PharmaR 2012, 481 – *Werbung für Generika*.

d) Wesentlichkeit, Relevanz, Nachprüfbarkeit, Typizität

128 aa) Der Vergleich muss – **kumulativ**[451] – auf eine oder mehrere wesentliche, relevante, nachprüfbare und typische Eigenschaften (oder den Preis) der Produkte bezogen sein. Diese Kriterien sollen – neben anderen – zur Objektivität des Vergleichs beitragen[452]. Sie sind auch Ausprägung des der Werbe-RL immanenten **Verhältnismäßigkeitsgrundsatzes**[453]. Danach sollen die Interessen des Mitbewerbers nicht stärker beeinträchtigt werden, als dies zur Information der Werbeadressaten erforderlich ist. An einer – unsachlichen – Unterrichtung über unwesentliche, irrelevante, nicht nachprüfbare und untypische Eigenschaften werden die potentiellen Kunden – ebenso wenig wie an rein subjektiv gefärbten Wertungen – im Regelfall aber kein Interesse haben[454]. Zur Beurteilung der Frage, ob sich der Vergleich auf die in der Norm aufgeführten Eigenschaften bezieht, ist auf die Sicht des **angesprochenen Verkehrs**[455] abzustellen. Es ist daher nicht erforderlich, dass es sich bei den Eigenschaften um die Hauptmerkmale des Produkts handelt[456]. Richtet sich die Werbung (auch) an **Fachkreise**, ist (auch) hierauf abzustellen[457]. Bei einer – auch als Werbung zu bewertenden – Beratung im Rahmen eines **individuellen Verkaufsgespräches** ist allein auf die Sicht des die bestimmte Beratung gezielt nachfragenden Kunden abzustellen. Insoweit kommt es darauf an, was für ihn zum Zeitpunkt der Beratung wesentlich, relevant, nachprüfbar und typisch ist[458]. Ein Vergleich, der eine unmittelbare oder mittelbare Aussage über die technische oder funktionale **Gleichwertigkeit** der Produkte enthält, bezieht sich immer auf wesentliche, relevante, nachprüfbare und typische Eigenschaften[459].

129 bb) Eine Eigenschaft ist i.S.d. § 6 Abs. 2 Nr. 2 UWG **wesentlich**, wenn ihre Bedeutung für den jeweils angesprochenen Verkehr aus dessen Sicht im Hinblick auf die vorgesehene Verwendung des Produkts **nicht völlig unerheblich** ist[460]. Das Merkmal der Wesentlichkeit dient der Verhinderung eines unzutreffenden **Gesamteindrucks** des Vergleichs. Ein solcher Eindruck könnte entstehen, wenn auch unwesentliche Eigenschaften verglichen würden. Auch führt die Nennung unwesentlicher Eigenschaften

---

451 EuGH, 19.09.2006, C-356/04, GRUR 2007, 69, Rn. 44 – *Lidl/Colruyt.*

452 ErwG 9 S. 2 Werbe-RL.

453 EuGH, 11.07.2013, C-657/11, GRUR 2013, 1049, Rn. 37 – *Belgian Electronic Sorting Technology*; EuGH, 18.11.2010, C-159/09, GRUR 2011, 159, Rn. 20 – *Lidl*; EuGH, 18.06.2009, C-487/07, GRUR 2009, 756, Rn. 68 u. 69 – *L'Oréal/Bellure.*

454 Begr. RegE vom 23.02.2000, BT-Drs. 14/2959, S. 11.

455 Zuletzt EuGH, 08.02.2017, 280, C-562/15, GRUR 2017, 280, Rn. 31 – *ITM/Carrefour*; BGH, 01.10.2009, I ZR 134/07, GRUR 2010, 161, Rn. 26 – *Gib mal Zeitung.*

456 Harte/Henning/Sack, § 6 Rn. 154.

457 BGH, 05.02.2004, I ZR 171/01, GRUR 2004, 607, Rn. 34, 35 – *Genealogie der Düfte.*

458 Ohly/Sosnitza, § 6 Rn. 53; *Köhler*/Bornkamm/Feddersen, § 6 Rn. 128.

459 BGH, 02.04.2015, I ZR 167/13, GRUR 2015, 1136, Rn. 21 – *Staubsaugerbeutel im Internet*; EuGH, 23.02.2006, C-59/05, GRUR 2006, 345, Rn. 17 – *Siemens/VIPA*; BGH, 02.10.2002, I ZR 90/00, GRUR 2003, 444, Rn. 26 – *Ersetzt.*

460 BGH, 01.10.2009, I ZR 134/07, GRUR 2010, 161, Rn. 29 – *Gib mal Zeitung*; BGH, 30.09.2004, I ZR 14/02, GRUR 2005, 172, Rn. 31 – *Stresstest*; BGH, 05.02.2004, I ZR 171/01, GRUR 2004, 607, Rn. 33 – *Genealogie der Düfte.*

nicht zu der von der Werbe-RL gewünschten sachlichen Information der Verbraucher[461]. Zur **Produktverwendung** im weiteren Sinne kann auch das **Aussehen** des Produktes oder seine **Verpackung** gehören[462]. Auch eine Eigenschaft, die erst außerhalb des »normalen« Anwendungsbereiches des Produkts Bedeutung erlangt, kann wesentlich sein, wenn und soweit es für den angesprochenen Verkehr von Bedeutung ist, zu wissen, ob und wie das Produkt außerhalb des normalen Anwendungsbereichs verwendet werden kann oder ob daraus geschlossen werden kann, wie tauglich das Produkt unter normalen Bedingungen ist[463]. Weist ein Produkt mehrere wesentliche Eigenschaften auf, steht es dem Werbenden frei, welche wesentliche Eigenschaft er in den Vergleich einbezieht. Er ist nicht gehalten, alle wesentlichen Eigenschaften in den Vergleich aufzunehmen[464].

bb) Eine Eigenschaft ist **relevant**, wenn sie den Kaufentschluss einer nicht völlig unerheblichen Zahl der angesprochenen Kaufinteressenten zu beeinflussen vermag[465]. Die Inhalte der Begriffe »relevant« und »wesentlich« sind zwar nicht identisch[466], haben aber jedenfalls einen großen **Überscheidungsbereich**. Denn ist eine Eigenschaft für die Verwendung des Produkts aus Sicht des angesprochenen Verkehrs zu einem Mindestmaß erheblich (und somit wesentlich), dann wird diese Eigenschaft auch geeignet sein, den Kaufentschluss dieses Verkehrskreises zu beeinflussen (und somit relevant)[467], falls der Verkehr den Kauf eines entsprechenden Produktes in Erwägung zieht. So ist die Eigenschaft der unterschiedlichen Leserschaft von Zeitungen sowohl wesentlich als auch relevant (und auch typisch)[468]. Gleiches gilt für den Preis von Produkten bei einem Preisvergleich[469]. **130**

dd) Die erforderliche **Typizität** weist eine Eigenschaft dann auf, wenn sie die **Eigenart** der verglichenen Produkte aus der Sicht der angesprochenen Verkehrskreise im Hinblick auf den Bedarf oder die Zweckbestimmung prägt und damit **repräsentativ** oder **aussagekräftig** für deren Wert als Ganzes ist[470]. Dieses Merkmal unterscheidet sich im Regelfall insoweit von den Merkmalen der Wesentlichkeit und Relevanz als es weniger auf den Einfluss des Produkts auf die Adressaten ankommt, sondern mehr auf die **charakteristischen und repräsentativen Merkmale** der Produktgattung abzustellen **131**

---

461 Plassmann, Vergleichende Werbung im gemeinsamen Markt, GRUR 1996, 377, 379.

462 Z. B. bei typischen Geschenkartikeln, vgl. Ohly/Sosnitza, § 6 Rn. 54.

463 BGH, 30.09.2004, I ZR 14/02, GRUR 2005, 172, Rn. 31 – *Stresstest*.

464 BGH, 17.01.2002, I ZR 161/99, GRUR 2002, 633, Rn. 26 – *Hormonersatztherapie*.

465 BGH, 01.10.2009, I ZR 134/07, GRUR 2010, 161, Rn. 29 – *Gib mal Zeitung*; BGH, 30.09.2004, I ZR 14/02, GRUR 2005, 172, Rn. 26 – *Stresstest*; BGH, 05.02.2004, I ZR 171/01, GRUR 2004, 607, Rn. 33 – *Genealogie der Düfte*.

466 Vgl. MünchKomm/Menke UWG, § 6 Rn. 199 m. w. N.

467 Begr. RegE vom 23.02.2000, BT-Drs. 14/2959, S. 11; *Köhler*/Bornkamm/Feddersen, § 6 Rn. 131.

468 BGH, 01.10.2009, I ZR 134/07, GRUR 2010, 161, Rn. 29 – *Gib mal Zeitung*.

469 EuGH, 19.09.2006, C-356/04, GRUR 2007, 69, Rn. 56 – *Lidl/Colruyt*.

470 BGH, 05.02.2004, I ZR 171/01, GRUR 2004, 607, Rn. 33 – *Genealogie der Düfte*; BGH, 30.09.2004, I ZR 14/02, GRUR 2005, 172, Rn. 26 – *Stresstest*; BGH, 01.10.2009, I ZR 134/07, GRUR 2010, 161, Rn. 29 – *Gib mal Zeitung*.

ist. So kann der einem Produkt des Mitbewerbers anhaftende **Sachmangel** zwar eine (typische) Eigenschaft dieses bestimmten Produktes darstellen, nicht aber eine typische Eigenschaft der gesamten Produktgattung bzw. Produktion. Das wird man anders zu beurteilen haben, wenn die gesamte Produktion oder der überwiegende Teil der Produktion fehlerhaft war und es sich bei dem einzelnen Produkt daher nicht lediglich um einen Ausreißer gehandelt haben kann[471]. Auch eine Eigenschaft, die die Allgemeinheit nicht als typisch und für das Produkt charakteristisch ansieht, kann im Rahmen eines individuellen Verkaufsgespräches zu einer – für den einzelnen Kunden – typischen Eigenschaft werden. Das führt zu einer Überschneidung mit den Merkmalen der Wesentlichkeit und der Relevanz[472]. Nicht erforderlich ist, dass die zu beurteilende Eigenschaft bereits in der Vergangenheit als das für ein Produkt typische Merkmal angesehen worden ist. Typisch kann eine Eigenschaft auch sein, wenn sie einem **innovativen** Produkt anhaftet, das gerade durch diese Eigenschaft charakterisiert wird. Nur ein solches Verständnis entspricht der Intention der Werbe-RL, den Begriff der »vergleichenden Werbung« **breit** zu fassen, um alle unterschiedliche Arten der vergleichenden Werbung abzudecken. Das erfordert, dass die an die vergleichende Werbung zu stellenden Anforderungen in dem für sie **günstigsten Sinn** auszulegen sind[473]. Der **Fortschrittsvergleich** ist daher jedenfalls nicht aufgrund fehlender Typizität unzulässig[474].

132 cc) Größere Schwierigkeiten als die Feststellung der Wesentlichkeit, der Relevanz und der Typizität einer Eigenschaft bereitet die Feststellung der **Nachprüfbarkeit** der verglichenen Eigenschaft. Das Erfordernis der Nachprüfbarkeit soll die Überprüfbarkeit des Werbevergleichs auf seine **sachliche Berechtigung** ermöglichen. Der Vergleich muss daher **Tatsachenbehauptungen** und darf nicht nur reine **Werturteile** zum Inhalt haben, da nur Tatsachenbehauptungen auf ihre sachliche Berechtigung überprüft werden können. Dabei ist allerdings zu beachten, dass auch Werturteile einen nachprüfbaren **Tatsachenkern** haben können[475]. Es ist nicht in jedem Fall erforderlich, dass die angesprochenen Verkehrskreise die in dem Werbevergleich angeführten Eigenschaften (sofort und auf der Stelle) selbst überprüfen können. Es reicht vielmehr in der Regel

---

471 Harte/Henning/Sack, § 6 Rn. 158; *Köhler*/Bornkamm/Feddersen, § 6 Rn. 141; a. A. GK-Glöckner, § 6, Rn. 415 f., der (nur) Irreführung annimmt.

472 GK/Glöckner, § 6, Rn. 413.

473 EuGH, 08.02.2017, C-562/15, GRUR 2017, 280, Rn. 21 – *ITM/Carrefour*; EuGH, 19.04.2007, C-381/05, GRUR 2007, 511, Rn. 63 u. 71 – *De Landtsheer Emmanuel*; EuGH, 19.09.2006, C-356/04, GRUR 2007, 69, Rn. 22 – *Lidl/Colruyt*; EuGH, 08.04.2003, C-44/01, GRUR 2003, 533, Rn. 42 – *Pippig Augenoptik*; EuGH, 25.10.2001, C-112/99, GRUR 2002, 354, Rn. 37 – *Toshiba Europe*; sog. »Toshiba/Katun-Doktrin«, vgl. MünchKomm/Menke UWG, § 6 Rn. 27.

474 *Köhler*/Bornkamm/Feddersen, § 6 Rn. 140; GK/Glöckner, § 6, Rn. 414.

475 BGH, 23.04.1998, I ZR 2/96, GRUR 1999, 69, Rn. 24 – *Preisvergleichsliste II*; BGH, 30.09.2004, I ZR 14/02, GRUR 2005, 172, Rn. 29 – *Stresstest*.

aus, dass die Aussage überhaupt – gegebenenfalls durch einen **Sachverständigen,** z. B. bei technischen **Gleichwertigkeitsbehauptungen**[476] – überprüft werden kann[477].

Der Werbende kann sich allerdings nicht darauf beschränken, die Nachprüfbarkeit erst in einem gerichtlichen Verfahren darzulegen. Aus der entsprechenden Anwendung des Art. 7 Werbe-RL folgt, dass er schon im Vorfeld gehalten ist, den Adressaten der Werbung oder den Mitbewerber – auf Aufforderung – so zu informieren, dass dieser in die Lage versetzt wird, die Aussage selbst nachzuprüfen oder jedenfalls nachprüfen zu lassen[478]. Das schließt sogar die Obliegenheit des Werbenden ein, dem Mitbewerber **Marktforschungsergebnisse** zur Verfügung zu stellen, wenn und soweit der Mitbewerber keinen Zugriff auf diese Informationen hat[479]. Liegen keine dem Werbemedium immanenten Hindernisse vor, hat der Werbende die für die Nachprüfbarkeit erforderlichen Informationen im Regelfall bereits in der Werbung zu erteilen, z. B. bei Werbung mit **Testergebnissen**, die Angabe der **Fundstelle**[480]. Die Bekanntgabe der Namen der Betriebe (der Mitbewerber), die dem Werbenden Informationen über Preise zur Anfertigung von Preisvergleichslisten zur Verfügung gestellt haben, ist erst auf entsprechende Nachfrage erforderlich[481]. **133**

Bei dem Preisvergleich von **Warensortimenten** liegt die erforderliche Nachprüfbarkeit der Preise nur dann vor, wenn die betreffenden Waren auf der Grundlage der in der Werbeaussage enthaltenen Informationen **individuell und konkret erkennbar** sind. Die Nachprüfbarkeit der Warenpreise hängt insoweit zwingend von der Erkennbarkeit dieser Waren ab[482]. **134**

Bei einem an Fachkreise adressierten **Eigenpreisvergleich**, der sich auf eine ganze Warengattung bezieht, ist die erforderliche Nachprüfbarkeit dann gegeben, wenn in der Werbung auf einen Katalog des Mitbewerbers Bezug genommen wird und der angesprochene Verkehr die dort enthaltenen Artikelpreise unschwer mit den Artikel- **135**

476 BGH, 05.02.2004, I ZR 171/01, GRUR 2004, 607, Rn. 31 – *Genealogie der Düfte.*

477 EuGH, 19.09.2006, C-356/04, GRUR 2007, 69, Rn. 74 – *Lidl/Colruyt*; BGH, 05.02.2004, I ZR 171/01, GRUR 2004, 607, Rn. 31 – *Genealogie der Düfte*; BGH, 30.09.2004, I ZR 14/02, GRUR 2005, 172, Rn. 34 – *Stresstest*; BGH, 07.12.2006, I ZR 166/03, GRUR 2007, 605, Rn. 31 – *Umsatzzuwachs*; BGH, 01.10.2009, I ZR 134/07, GRUR 2010, 161, Rn. 28 – *Gib mal Zeitung.*

478 EuGH, 19.09.2006, C-356/04, GRUR 2007, 69, Rn. 69, 74 – *Lidl/Colruyt*; EuGH, 18.11.2010, C-159/09, GRUR 2011, 159, Rn. 60 – *Lidl*; BGH, 07.12.2006, I ZR 166/03, GRUR 2007, 605, Rn. 34, 35 – *Umsatzzuwachs*; BGH, 23.04.1998, I ZR 2/96, GRUR 1999, 69, Rn. 24 – *Preisvergleichsliste II.*

479 BGH, 07.12.2006, I ZR 166/03, GRUR 2007, 605, Rn. 35 – *Umsatzzuwachs.*

480 BGH, 21.03.1991, I ZR 151/89, GRUR 1991, 679, Rn. 19 – *Fundstellenangabe*, unter Hinweis auf die Empfehlungen der Stiftung Warentest, wonach die Angaben über Testurteile insbesondere nachprüfbar sein müssen; HansOLG Hamburg, 15.01.2007, 3 U 240/06, WRP 2007, 557: auch bei der sog. Testhinweiswerbung.

481 BGH, 23.04.1998, I ZR 2/96, GRUR 1999, 69, Rn. 24 – *Preisvergleichsliste II.*

482 EuGH, 19.09.2006, C-356/04, GRUR 2007, 69, Rn. 60 – *Lidl/Colruyt*; EuGH, 18.11.2010, C-159/09, GRUR 2011, 159, Rn. 61 – *Lidl.*

preisen des Werbenden vergleichen kann[483]. Entscheidend ist, dass es sich insoweit um einen **zumutbaren** Nachprüfungsaufwand sowohl in finanzieller als auch in zeitlicher Hinsicht handelt. Bei verständlich gehaltenen (Preis-)Vergleichen, in denen die verglichenen Produkte unmittelbar erkennbar gemacht werden, ist es zumutbar, die aufgestellte Gleichwertigkeitsbehauptung mittels einer **Internetrecherche** nachzuprüfen[484]. Beruft sich der Werbende auf eigene Vergleichsuntersuchungen, ist er gehalten, alle Daten, die die Überprüfung der Richtigkeit des Eigenschaftsvergleichs ermöglichen, vorzuhalten, d. h. zu dokumentieren[485].

136 Die in einem Werbevergleich zweier Zeitungen enthaltene Aussage, die von dem Werbenden herausgegebene Zeitung sei »**nicht für jeden**«, ist eine Tatsachenbehauptung, die jedenfalls durch einen Sachverständigen dahingehend überprüft werden kann, inwieweit sich die Struktur der Leserschaft beider Zeitungen hinsichtlich Geschlecht, Alter, Ausbildung, Beruf, Einkommen usw. unterscheidet. Die Aussage impliziert die Behauptung, die Leserschaft der eigenen Zeitung unterscheide sich in Bezug auf die vorgenannten Merkmale von der Leserschaft der Zeitung des Mitbewerbers[486].

137 Die mangelnde Nachprüfbarkeit der angegebenen Eigenschaft geht im Prozess im Regelfall (insbesondere, wenn der Werbende der ihn treffenden **sekundären Darlegungslast** nachkommt) zu Lasten des Mitbewerbers, der für das Vorliegen sämtlicher Voraussetzungen eines unlauteren Werbevergleichs **darlegungspflichtig** ist[487].

4. § 6 Abs. 2 Nr. 3 UWG – Herbeiführen einer Verwechselungsgefahr

138 a) Gemäß § 6 Abs. 2 Nr. 3 UWG ist ein Werbevergleich unlauter, wenn er zu einer Gefahr von **Verwechselungen** zwischen dem Werbenden und einem Wettbewerber oder zwischen den von diesen angebotenen **Produkten** oder den von ihnen verwendeten **Kennzeichen** führt. Die Regelung setzt Art. 4 lit. h Werbe-RL in nationales Recht um. Es sind allerdings zwei Besonderheiten zu berücksichtigen. Zum einen umfasst der Regelungsbereich der Werbe-RL auch die Verwechselungsgefahr zwischen **Warenzeichen, Warennamen und sonstigen Kennzeichen** des Werbenden und denen des Mitbewerbers. Demgegenüber schützt § 6 Abs. 2 Nr. 3 UWG seinem Wortlaut nach lediglich vor Verwechselungsgefahr in Bezug auf **Kennzeichen**. Zum anderen gilt Art. 4 lit. h UWG nur im Verhältnis zu **Gewerbetreibenden**. In Bezug auf **Verbraucher** gilt die Regelung des Art. 6 (2) lit. a UGP-RL, die in § 5 Abs. 2 UWG umgesetzt worden ist. Im Hinblick auf den Harmonisierungszweck der Werbe-RL und den Umstand, dass beide Normen denselben materiell-rechtlichen Anwendungsbereich haben, sollten die Tatbestände des § 6 Abs. 2 Nr. 3 UWG und des § 5 Abs. 2 UWG gleichwohl gleich

483 BGH, 15.10.1998, I ZR 69/96, GRUR 1999, 501, Rn. 26 – *Vergleichen Sie.*
484 OLG Frankfurt, 22.09.2016, 6 U 103/15, WRP 2017, 96, Rn. 29.
485 OLG Düsseldorf, 22.02.2011, 20 U 141/08, GRUR-RR 2012, 218, Rn. 47, 48 – *Sortenvergleich.*
486 BGH, 01.10.2009, I ZR 134/07, GRUR 2010, 161, Rn. 28 – *Gib mal Zeitung.*
487 BGH, 07.12.2006, I ZR 166/03, GRUR 2007, 605, Rn. 34, 35 – *Umsatzzuwachs.*

ausgelegt[488] und parallel herangezogen werden[489]. Entsprechendes gilt auch in Bezug auf die in der Regel gleichlaufenden[490] markenrechtlichen Ansprüche nach § 14 Abs. 2 Nr. 2 und § 15 Abs. 2 MarkenG[491] soweit es um den Begriff der **Verwechselungsgefahr** geht.

b) Im Gegensatz zur früheren gesetzlichen Regelung[492], nach der tatsächlich eine **Verwechselung** eingetreten sein musste, ist es nach aktueller Rechtslage[493] nur erforderlich, dass eine Verwechselungs**gefahr** besteht. Diese liegt vor, wenn der angesprochene Verkehr[494] glauben könnte, dass die in Frage stehenden Waren oder Dienstleistungen aus **demselben Unternehmen** oder gegebenenfalls aus **wirtschaftlich verbundenen Unternehmen** stammen[495] bzw. wenn die Werbung suggeriert, dass zwischen dem Werbenden und dem Mitbewerber eine **wirtschaftliche Verbindung** besteht[496]. Abzustellen ist dabei auf die konkreten Umstände (Werbung, Erscheinungsbild etc.), unter denen die Produkte auf dem Markt vertrieben werden[497]. So wurde eine Verwechselungsgefahr zwischen der Marke »POWER BALL« und der Bezeichnung »power ball« bejaht[498]. Demgegenüber schließt die Verwendung des Begriffes **»ähnlich wie…«** den Eintritt einer Verwechselungsgefahr aus[499]. Gleiches gilt, wenn der Werbende in einem an Fachkreise adressierten Werbevergleich eigene Ersatzteilbestellnummern den Bestellnummern des Mitbewerbers mit dem Zusatz **»ersetzt«** gegenüber stellt und zusätzlich darauf hinweist, dass die Nennung der Ersatzteilnummern des Mitbewerbers nur zu **Vergleichszwecken** erfolgt[500]. **139**

c) Objekte der Verwechselungsgefahr können der **Mitbewerber**, seine **Produkte** und seine **Kennzeichen** sein. Eine Verwechselungsgefahr zwischen Werbendem und Mitbe- **140**

488 Offengelassen BGH, 28.09.2011, I ZR 48/10, GRUR 2011, 1158, Rn. 25 – *Teddybär*; Ohly/Sosnitza, § 6 Rn. 57; a. A. *Köhler*/Bornkamm/Feddersen, § 6, Rn. 142, der aber die Unterschiede in der praktischen Rechtsanwendung als gering erachtet.

489 MünchKomm/Menke UWG, § 6, Rn. 226, 46; jurisPK-UWG/Müller-Bidinger, § 6 Rn. 175.

490 Vgl. *Köhler*/Bornkamm/Feddersen, § 6, Rn. 143; zum Verhältnis zu den Irreführungstatbeständen vgl. Rdn. 36 ff.

491 BGH, 04.02.2010, I ZR 51/08, GRUR 2010, 835, Rn. 41 – *POWER BALL*; EuGH, 12.06.2008, C-533/06, GRUR 2008, 698, Rn. 36, 45 – *O2 Holdings ET O2 (UK)*.

492 Eingeführt durch das Gesetz zur vergleichenden Werbung und zur Änderung wettbewerbsrechtlicher Vorschriften, BGBl. 2000 I, S. 1374.

493 Durch das »Erstes Gesetz zur Änderung des Gesetzes gegen den unlauteren Wettbewerb« vom 22.12.2008, in Umsetzung der UGP-RL und der Richtlinie 2006/114/EG über irreführende und vergleichende Werbung vom 12.12.2006.

494 Das können auch nur Fachkreise sein, vgl. BGH, 02.10.2002, I ZR 90/00, GRUR 2003, 444, Rn. 28 – *Ersetzt*.

495 *EuGH, 12.06.2008, C-533/06*, GRUR 2008, 698, Rn. 59 – *O2 Holdings ET O2 (UK)*.

496 EuGH, 25.03.2010, C-278/08, GRUR 2010, 451, Rn. 36 – *BergSpechte*; EuGH, 23.03.2010, C-236/08 bis C-238/08, GRUR 2010, 451, Rn. 89 – *Google France und Google*, jeweils unter markenrechtlichen Gesichtspunkten.

497 EuGH, 12.06.2008, C-533/06, GRUR 2008, 698, Rn. 64 – *O2 Holdings ET O2 (UK)*.

498 BGH, 04.02.2010, I ZR 51/08, GRUR 2010, 835, Rn. 41 – *POWER BALL*.

499 BGH, 02.04.2015, I ZR 167/13, GRUR 2015, 1136, Rn. 23, 24 – *Staubsaugerbeutel im Internet*.

500 BGH, 02.10.2002, I ZR 90/00, GRUR 2003, 444, Rn. 28 – *Ersetzt*

werber bzw. ihren Produkten (ohne gleichzeitige Kennzeichenverwechselung[501]) dürfte nur vereinzelt auftreten. Vergleichende Werbung liegt nur vor, wenn durch den Werbevergleich der Mitbewerber und/oder seine Produkte unmittelbar oder mittelbar erkennbar gemacht werden. Darauf kommt es dem Werbenden auch in erster Linie an, will er sich doch vom Mitbewerber unterscheiden, damit der Adressat seine und nicht die Produkte des Mitbewerbers erwirbt. Der angesprochene Verkehr muss daher erkennen, dass es sich bei dem Werbenden und bei dem durch den Vergleich in Bezug genommenen Mitbewerber bzw. bei den verglichenen Produkten um **unterschiedliche** Personen bzw. Produkte handelt.

141 Das Bestehen einer Verwechselungsgefahr ist damit im Regelfall ausgeschlossen. Sie kann allenfalls im Fall einer **gespaltenen Verkehrsauffassung**[502] vorliegen. Dabei erkennt die überwiegende Mehrzahl den Unterschied zwischen Werbendem und Mitbewerber. Ein nicht unerheblicher Teil des angesprochenen Verkehrs geht aber davon aus, dass zwischen Ihnen »**irgendeine Geschäftsbeziehung**«[503] besteht[504].

142 d) Unter den **Kennzeichenbegriff** des § 6 Abs. 2 Nr. 3 UWG fallen zunächst alle in § 1 MarkenG genannten Angaben betrieblicher Herkunft wie **Marken** nach § 4 MarkenG, **geschäftliche Bezeichnungen** gemäß § 5 MarkenG und **geographische Herkunftsangaben**[505] nach § 126 MarkenG[506]. Allerdings wird man die **Ursprungsbezeichnungen** als Unterfall der **geografischen Herkunftsangaben**[507] aus dem Anwendungsbereich des § 6 Abs. 2 Nr. 3 UWG herauszunehmen haben. Insoweit unterscheidet die Werbe-RL zwischen Kennzeichen, die über Art. 4 lit. h Werbe-RL erfasst werden und Ursprungsbezeichnungen, die durch Art. 4 lit. e Werbe-RL geschützt werden[508]. Aber auch (marken-)rechtlich (noch) **nicht geschützte Kennzeichen** fallen unter den Kennzeichenbegriff, wenn und soweit der angesprochene Verkehr das Zeichen als von einem **bestimmten Unternehmen stammend identifiziert**[509]. Die Prüfung im Einzelfall obliegt dabei den nationalen Gerichten[510]. Das wird z. B. für noch nicht eingetragene Marken ohne Verkehrsgeltung, besondere Merkmale einer

501 Z. B. allein durch Produktaufmachung oder Produktbeschreibung.
502 BGH, 23.11.2000, I ZR 195/98, GRUR 2001, 350, Rn. 23 – *OP-Lampen*, allerdings nur unter dem Gesichtspunt der Irreführung.
503 Das soll nach EuGH, 12.06.2008, C-533/06, GRUR 2008, 698, Rn. 63 – *O2 Holdings ET O2 (UK)*, bereits ausreichen.
504 *Köhler*/Bornkamm/Feddersen, § 6, Rn. 145, 147; MünchKomm/Menke UWG, § 6, Rn. 231.
505 Vgl. Dück, Vergleichende Werbung mit geographischer Herkunft im internationalen Kontext – Warsteiner vs. Beck's/AB InBev, GRUR Int. 2016, 216.
506 Begr. RegE vom 23.02.2000, BT-Drs. 14/2959, S. 11.
507 Begr. RegE vom 23.02.2000, BT-Drs. 14/2959, S. 11.
508 FBO/Koos, § 6, Rn. 206; MünchKomm/Menke UWG, § 6, Rn. 235; a. A. wohl Harte/Henning/Sack, § 6 Rn. 173, 174.
509 EuGH, 25.10.2001, C-112/99, GRUR 2002, 354, Rn. 49 – *Toshiba Europe*; BGH, 28.09.2011, I ZR 48/10, GRUR 2011, 1158, Rn. 13 – *Teddybär*; BGH, 02.12.2004, I ZR 273/01, GRUR 2005, 348, Rn. 15 – *Bestellnummernübernahme*.
510 EuGH, 25.10.2001, C-112/99, GRUR 2002, 354, Rn. 52 – *Toshiba Europe*.

Werbekampagne, Typenbezeichnungen, Artikelnummern[511], Nummernsysteme[512], Symbole[513], Farb- und Mustergestaltungen und bestimmte Farbangaben bejaht. Mit dieser gebotenen Auslegung ist § 6 Abs. 2 Nr. 3 UWG trotz der Abweichung vom Richtlinientext in Art. 4 lit. h Werbe-RL als richtlinienkonform anzusehen[514].

5. § 6 Abs. 2 Nr. 4 UWG – Rufausnutzung und Rufbeeinträchtigung

a) Nach § 6 Abs. 2 Nr. 4 UWG darf vergleichende Werbung nicht den **Ruf** des von einem Mitbewerber verwendeten Kennzeichens in unlauterer Weise ausnutzen oder beeinträchtigen. Die Vorschrift hat Art. 4 lit. f und zum Teil auch Art. 4 lit. d Werbe-RL (übergreifend) umgesetzt. So schützt Art. 4 lit. f Werbe-RL lediglich vor unlauterer **Ausnutzung** des Rufes einer Marke, eines Handelsnamens oder anderer Unterscheidungskennzeichen oder der Ursprungsbezeichnung von Konkurrenzerzeugnissen. Demgegenüber erweitert § 6 Abs. 2 Nr. 4 Alt. 2 UWG diesen Schutz – neben der in § 6 Abs. 2 Nr. 4 Fall 1 UWG geregelten Ausnutzung – um die Tathandlung der **Beeinträchtigung** des Rufes des Kennzeichens. Die Beeinträchtigung wird in Art. 4 lit. f Werbe-RL jedoch nicht erwähnt und ist als Umsetzung der Regelung des Art. 4 lit. d Werbe-RL (Herabsetzung und Verunglimpfung), dessen Umsetzung in § 6 Abs. 2 Nr. 5 UWG fortgesetzt worden ist, anzusehen[515]. 143

Die Regelung des § 6 Abs. 2 (Nr. 4) UWG ist **abschließend** und verdrängt § 4 Nr. 4 UWG[516]. Ein Werbevergleich, durch den ein Mitbewerber (gezielt) behindert werden kann (z. B. weil die Verwendung von Marken des Wettbewerbers zu einem unlauteren Abfangen von Kunden führt), kann nicht nach § 4 Nr. 4 UWG oder § 4 Nr. 3a oder 3b UWG verboten werden, wenn er nicht gegen § 6 Abs. 2 (Nr. 4) UWG verstößt und er auch nicht irreführend ist[517]. Der Verlust von Kunden an Wettbewerber infolge zulässiger vergleichender Werbung stellt ein **wettbewerbskonformes Marktergebnis** dar[518]. Im Verhältnis zum Markenrecht gilt, dass ein Werbevergleich, der die Zulässigkeitsbedingungen des § 6 Abs. 2 UWG, insb. der Nr. 3, 4, und 6 beachtet und auch nicht irreführend ist, auch markenrechtlich nicht untersagt werden kann[519]. Der markenrechtliche Schutz hat gegenüber dem Recht der vergleichenden Werbung keinen 144

511 EuGH, 25.10.2001, C-112/99, GRUR 2002, 354, Rn. 50 – *Toshiba Europe.*

512 BGH, 02.10.2002, I ZR 90/00, GRUR 2003, 444, Rn. 28 – *Ersetzt*; BGH, 02.12.2004, I ZR 273/01, GRUR 2005, 348, Rn. 21 – *Bestellnummernübernahme*, unter dem Gesichtspunkt des § 6 Abs. 2 Nr. 4 UWG; dem nachfolgend EuGH, 23.02.2006, C-59/05, GRUR 2006, 345, Rn. 14 – Siemens/VIPA.

513 BGH, 28.09.2011, I ZR 48/10, GRUR 2011, 1158, Rn. 13 – *Teddybär.*

514 BGH, 28.09.2011, I ZR 48/10, GRUR 2011, 1158, Rn. 13 – *Teddybär*; MünchKomm/Menke UWG, § 6, Rn. 233.

515 BGH, 28.09.2011, I ZR 48/10, GRUR 2011, 1158, Rn. 21 – *Teddybär*; *Köhler*/Bornkamm/Feddersen, § 6, Rn. 148, 163.

516 MünchKomm/Menke UWG, § 6 Rn. 44, vgl. auch Rdn. 49.

517 BGH, 28.09.2011, I ZR 48/10, GRUR 2011, 1158, Rn. 26 – *Teddybär.*

518 BGH, 02.04.2015, I ZR 167/13, GRUR 2015, 1136, Rn. 43 – *Staubsaugerbeutel im Internet.*

519 EuGH, 18.06.2009, C-487/07, GRUR 2009, 756, Rn. 54 – *L'Oréal/Bellure*; BGH, 02.04.2015, I ZR 167/13, GRUR 2015, 1136, Rn. 18 – *Staubsaugerbeutel im Internet*

grundsätzlichen Vorrang[520]. Demgegenüber ist der Vorwurf einer wettbewerbswidrigen Rufausbeutung oder Rufbeeinträchtigung nach § 6 Abs. 2 Nr. 4 UWG stets begründet, wenn die Voraussetzungen einer markenrechtswidrigen Rufausbeutung oder Rufausnutzung im Sinne des § 14 Abs. 2 Nr. 3 MarkenG vorliegen[521]. Diese Ansprüche bestehen kumulativ nebeneinander.[522]

145 Zur **Geltendmachung** von Ansprüchen nach § 6 Abs. 2 Nr. 4 UWG ist nicht nur der konkret betroffene Hersteller von Markenprodukten oder der ausschließliche Lizenznehmer berechtigt. Zwar besitzt § 6 Abs. 2 Nr. 4 UWG (auch) **individualschützenden** Charakter. Die Vorschrift bezweckt aber – gemeinsam mit den anderen Unlauterkeitstatbeständen des § 6 Abs. 2 UWG – auch die Verhinderung von Wettbewerbsverzerrungen, Mitbewerberschädigungen und negativer Verbraucherbeeinflussung[523]. Zur effektiven Durchsetzung ihrer durch ein unlauteres Verhalten nach § 6 Abs. 2 Nr. 4 UWG betroffenen Interessen sind daher **alle** in § 8 Abs. 3 UWG genannten **Anspruchsteller** auf § 6 Abs. 2 Nr. 4 UWG berufen[524].

146 b) Durch den Werbevergleich muss der **Ruf** eines Kennzeichens ausgenutzt oder beeinträchtigt werden. Unter Ruf[525] wird allgemein das Ansehen verstanden, das der Verkehr dem Kennzeichen beimisst. Dazu muss das Kennzeichen zunächst im gewissen Maße **bekannt** sein, ohne dass die Anforderungen an eine bekannte Marke nach § 14 Abs. 2 Nr. 3 MarkenG erreicht sein müssten[526]. Einem Kennzeichen, das dem Verkehr gänzlich unbekannt ist, kann der Verkehr kein Ansehen entgegenbringen. Ein starkes Indiz für die erforderliche Bekanntheit stellt z. B. der Marktanteil des unter dem Kennzeichen vertriebenen Produkts dar[527]. Die gewisse Bekanntheit allein begründet jedoch noch keinen (guten) Ruf. So kann Bekanntheit auch **negativ** besetzt sein.

147 Der Verkehr muss das Zeichen mit **positiven Wertvorstellungen** in Verbindung bringen. Das Ansehen stellt die Summe dieser positiven Wertvorstellungen dar. Dazu gehören u. a. Erfolg, Qualität, Prestige, Größe, Tradition, Ursprung, Personalführung, Nachhaltigkeit, Leistungsfähigkeit des Unternehmens und/oder die Exklusivität oder der Prestigewert der Produkte[528]. Der **Kennzeichenbegriff** des § 6 Abs. 2 Nr. 4 UWG

---

520 BGH, 05.05.2011, I ZR 157/09, GRUR 2011, 1153, Rn. 22 – *Creation Lamis*; BGH, 01.10.2009, I ZR 94/07, GRUR 2010, 343, Rn. 26 – *Oracle*; BGH, 04.12.2008, I ZR 3/06, GRUR 2009, 871, Rn. 30 – *Ohrclips*.

521 BGH, 01.10.2009, I ZR 134/07, GRUR 2010, 161, Rn. 32 – Gib mal Zeitung.

522 GK/Glöckner, § 6, Rn. 145.

523 EuGH, 18.06.2009, C-487/07, GRUR 2009, 756, Rn. 68 – *L'Oréal/Bellure*.

524 BGH, 05.05.2011, I ZR 157/09, GRUR 2011, 1153, Rn. 51 – *Creation Lamis*.

525 Zuvor »die Wertschätzung«; geändert durch das »Erstes Gesetz zur Änderung des Gesetzes gegen den unlauteren Wettbewerb« vom 22.12.2008 in Umsetzung der UGP-RL und der Richtlinie 2006/114/EG über irreführende und vergleichende Werbung vom 12.12.2006, BGBl. 2008 I, 2949.

526 *Köhler*/Bornkamm/Feddersen, § 6, Rn. 151; MünchKomm/Menke UWG, § 6, Rn. 245, verlangt einen »erheblichen Bekanntheitsgrad«; KG, 07.01.2008, 5 U 161/06, JURIS, Rn. 21, jedenfalls keine »völlige« Unbekanntheit; a. A. jurisPK-UWG/Müller-Bidinger, § 6, Rn. 189.

527 OLG Köln, 31.08.2007, 6 U 42/07, GRUR-RR 2008, 315, Rn. 8.

528 MünchKomm/Menke UWG, § 6, Rn. 246; *Köhler*/Bornkamm/Feddersen, § 6, Rn. 152.

entspricht dem richtlinienkonform ausgelegten Kennzeichenbegriff des § 6 Abs. 2 Nr. 3 UWG[529].

c) Als Tathandlungen nennt das Gesetz zunächst die **Ausnutzung** (§ 6 Abs. 2 Nr. 4 Fall 1 UWG) des Rufes des Kennzeichens. **148**

Der Werbende nutzt den Ruf eines fremdem Kennzeichens aus, wenn seine Verwendung beim angesprochenen Verkehr zu einer **Assoziation** zwischen dem Werbenden und dem Mitbewerber dergestalt führen kann, dass der Verkehr den (guten) Ruf der Produkte des Mitbewerbers auf die Produkte des Werbenden überträgt[530], sog. **Imagetransfer**. Daher ist eine (unlautere) Rufausnutzung zu verneinen, wenn der Werbende den Vergleich lediglich dazu nutzt, das Produkt des Mitbewerbers und damit auch dessen Kennzeichen in einem **negativen** Licht (oder zumindest nicht positiv) erscheinen zu lassen und damit ausdrücklich nicht dazu, an dem Ansehen des fremden Kennzeichens teilzuhaben[531]. Dann kommt allerdings ein Verstoß gegen § 6 Abs. 2 Nr. 5 UWG in Betracht. **149**

Die Assoziation braucht nicht so weit zu gehen, dass eine **Verwechselungsgefahr** besteht[532]. Es ist auch keine **Rufschädigung** erforderlich. Zur Feststellung der Rufausnutzung darf nicht auf einen einzelnen Umstand abgestellt werden. Es ist zu berücksichtigen, wie die beanstandete Werbung **insgesamt** präsentiert wird[533] und an welche **Kreise** sie sich richtet[534]. So wird bei Händlern eine Assoziation zwischen dem Ruf der zu Vergleichszwecken herangezogenen Produkte anderer Anbieter und den Produkten des Werbenden wesentlich weniger wahrscheinlich als bei Endverbrauchern sein[535]. Abzustellen ist auf eine durchschnittlich informierte, aufmerksame und verständige Person[536] des angesprochenen Verkehrs. **150**

d) Ein Verstoß gegen § 6 Abs. 2 Nr. 4 Fall 1 UWG liegt nur vor, wenn die Ausnutzung des Rufes des Kennzeichens in **unlauterer** Weise erfolgt. Hierbei handelt es sich um das in der Praxis **entscheidende** Merkmal zur Bestimmung der Reichweite des Verbots der unlauteren Rufausbeutung[537]. Dabei ist stets zu beachten, dass die an vergleichende **151**

529 Vgl. Rdn. 142.
530 EuGH, 23.02.2006, 345, C-59/05, GRUR 2006, 345, Rn. 18 – *Siemens/VIPA*; vorhergehend EuGH, 25.10.2001, C-112/99, GRUR 2002, 354, Rn. 57 – *Toshiba Europe*; so auch BGH, 01.10.2009, I ZR 134/07, GRUR 2010, 161, Rn. 33 – *Gib mal Zeitung*; BGH, 02.12.2004, I ZR 273/01, GRUR 2005, 348, Rn. 17 – *Bestellnummernübernahme*.
531 BGH, 01.10.2009, I ZR 134/07, GRUR 2010, 161, Rn. 33 – *Gib mal Zeitung*.
532 BGH, 02.12.2004, I ZR 273/01, GRUR 2005, 348, Rn. 20 – *Bestellnummernübernahme*; *EuGH, 18.06.2009, C-487/07*, GRUR 2009, 756, Rn. 50 – *L'Oréal/Bellure*.
533 EuGH, 25.10.2001, C-112/99, GRUR 2002, 354, Rn. 58 – *Toshiba Europe*.
534 BGH, 05.02.2004, I ZR 171/01, GRUR 2004, 607, Rn. 25 – *Genealogie der Düfte*; BGH, 05.05.2011, I ZR 157/09, GRUR 2011, 1153, Rn. 40, 43 – *Creation Lamis*.
535 EuGH, 25.10.2001, C-112/99, GRUR 2002, 354, Rn. 52 – *Toshiba Europe*; BGH, 05.02.2004, I ZR 171/01, GRUR 2004, 607, Rn. 25 – *Genealogie der Düfte*; EuGH, 23.02.2006, 345, C-59/05, GRUR 2006, 345, Rn. 18 – *Siemens/VIPA*.
536 EuGH, 25.10.2001, C-112/99, GRUR 2002, 354, Rn. 52 – *Toshiba Europe*.
537 MünchKomm/Menke UWG, § 6, Rn. 255.

Werbung zu stellenden Anforderungen in dem für sie **günstigsten Sinn** auszulegen sind[538]. Im Zweifel (also in Grenzfällen) sind die Bedingungen – und damit auch § 6 Abs. 2 Nr. 4 UWG – **zugunsten** der Zulässigkeit der vergleichenden Werbung auszulegen[539]. Es müssen über die bloße Nennung des Kennzeichens eines Mitbewerbers hinausreichende **besondere Umstände** hinzutreten, um den Vorwurf wettbewerbswidriger Rufausnutzung begründen zu können[540]. Andernfalls wäre jede vergleichende Werbung unzulässig, da sie definitionsmäßig voraussetzt, dass ein Mitbewerber oder seine Produkte erkennbar gemacht wird (§ 6 Abs. 1 UWG). Im Übrigen kann die Bezugnahme auf ein fremdes Kennzeichen für eine wirksame vergleichende Werbung **unerlässlich** sein[541]. Auch kann die Bezugnahme auf dieses Zeichen Voraussetzung für einen **wirksamen Wettbewerb** auf dem in Rede stehenden Markt sein[542], z. B. bei der Bezugnahme auf **Bestellnummernkerne** des – den Weltmarkt anführenden – Mitbewerbers zur erforderlichen Identifizierung der eigenen Produkte[543]. Eine solche Bezugnahme verletzt das fremde Kennzeichenrecht dann nicht, wenn sie unter Beachtung der in der Werbe-RL aufgestellten Bedingungen erfolgt und mit dem fremden Kennzeichen nur eine Abgrenzung der zu vergleichenden Produkte dient und damit die zwischen Ihnen bestehenden Unterschiede **objektiv** herausstellt[544]. In bestimmten Fällen ist eine Bezugnahme unter Nennung des Kennzeichens im Werbevergleich sogar erforderlich, um eine **Irreführung** des angesprochenen Verkehrs zu **verhindern**[545].

152 e) Die Feststellung, ob die Benutzung eines Zeichens dessen Ruf in unlauterer Weise ausnutzt, erfordert eine umfassende **Beurteilung aller relevanten Umstände** des **Einzelfalls**, wobei insbesondere das Ausmaß der **Bekanntheit** und des Grades der **Unterscheidungskraft** des Zeichens, der Grad der **Ähnlichkeit** der einander gegenüberstehenden Zeichen, die Art der betroffenen Produkte und der Grad ihrer Nähe sowie die möglicherweise bestehende Gefahr der **Verwässerung** oder **Verunglimpfung** des

538 Vgl. Rdn. 15.

539 Harte/Henning/Sack, § 6 Rn. 14; MünchKomm/Menke UWG, § 6 Rn. 27; jurisPK-UWG/Müller-Bidinger, zu § 6 Rn. 15; HansOLG Hamburg, 28.06.2012, 3 U 17/11, PharmaR 2012, 481 – *Werbung für Generika.*

540 EuGH, 25.10.2001, C-112/99, GRUR 2002, 354, Rn. 53 f. – *Toshiba Europe*, BGH, 05.02.2004, I ZR 171/01, GRUR 2004, 607, Rn. 24 – *Genealogie der Düfte*; BGH, 15.10.1998, I ZR 69/96, GRUR 1999, 501, Rn. 28 – *Vergleichen Sie*; BGH, 02.10.2002, I ZR 90/00, GRUR 2003, 444, Rn. 29 – *Ersetzt*; BGH, 21.03.2007, I ZR 184/03, GRUR 2007, 896, Rn. 24 – *Eigenpreisvergleich.*

541 ErwG. 14 Werbe-RL.

542 EuGH, 23.02.2006, C-59/05, GRUR 2006, 345, Rn. 15 – *Siemens/VIPA*; EuGH, 25.10.2001, C-112/99, GRUR 2002, 354, Rn. 54 – *Toshiba Europe.*

543 EuGH, 23.02.2006, C-59/05, GRUR 2006, 345, Rn. 15, 26 – *Siemens/VIPA*; anders noch BGH, 02.12.2004, I ZR 273/01, GRUR 2005, 348 – *Bestellnummernübernahme*, im Vorlagebeschluss.

544 EuGH, 18.06.2009, C-487/07, GRUR 2009, 756, Rn. 72 – *L'Oréal/Bellure*; ErwG. 15 Werbe-RL.

545 EuGH, 08.04.2003, C-44/01, GRUR 2003, 533, Rn. 52 – *Pippig Augenoptik.*

Zeichens zu berücksichtigen sind[546]. Daneben sind auch die Gestaltung des Produkts und das **Gesamterscheinungsbild** der Werbung zu beachten.

Die Verwendung eines Zeichens, das einem bekannten Zeichen ähnlich ist, nutzt dessen Ruf in unlauterer Weise aus, wenn dadurch versucht wird, sich in den Bereich der **Sogwirkung** des bekannten Zeichens zu begeben, um von seiner **Anziehungskraft**, seinem Ruf und seinem Ansehen zu profitieren und die wirtschaftlichen Anstrengungen des Inhabers dieses Zeichens zur Schaffung und Aufrechterhaltung des Images dieses Zeichens ohne finanzielle Gegenleistung auszunutzen. Je stärker das mit dem Kennzeichen verbundene Produkt am Markt positioniert ist und je näher der Werbende sein Produkt durch die konkrete Ausgestaltung der Werbung in die **Nähe des Produkts** des Mitbewerbers stellt, desto wahrscheinlicher ist es, dass die eingetretene Rufausbeutung unlauter ist. 153

Das gilt auch, wenn beim Verkehr ein falscher Eindruck über die Beziehungen zwischen dem Werbenden und dem Mitbewerber erweckt wird[547]. Das ist dann der Fall, wenn durch die Art und Weise der Bezugnahme auf das fremde Zeichen **suggeriert** wird, dass der Werbende in das **Vertriebsnetz** des Mitbewerbers eingebunden ist[548]. 154

Die Feststellung der Unlauterkeit erfordert die **Abwägung** zwischen den **Interessen** des Werbenden, des betroffenen Mitbewerbers und der Verbraucher, bei der die legitime Funktion der vergleichenden Werbung, die Verbraucher objektiv zu informieren, und der Grundsatz der **Verhältnismäßigkeit** zu berücksichtigen sind[549]. 155

Dabei ist zunächst die objektive **Eignung** der Bezugnahme auf das fremde Kennzeichen zur Durchführung des Vergleichs festzustellen. Eine solche Eignung ist gegeben, wenn in dem Vergleich – wie häufig – konkludent oder ausdrücklich eine technische oder funktionale **Gleichwertigkeitsbehauptung** aufgestellt und dazu auf das fremde Kennzeichen Bezug genommen wird. Das ist z. B. dann der Fall, wenn der Werbende seine mit Bestellnummern versehenen Produkte unter Verwendung des Begriffes **»ersetzt«** den Produkten des Mitbewerbers unter Hinweis auf dessen Ersatzteilnummern gegenüberstellt. In diesen Fällen ist eine damit verbundene Rufausnutzung im Regelfall nicht unlauter[550]. 156

Desweiteren kommt es darauf an, ob der Werbende die mit dem Vergleich bezweckte Aussage **ohne** Bezugnahme auf das fremde Kennzeichen oder mit einer Bezugnahme auf das Kennzeichen in **geringerer rufausbeutender Intensität** ebenso wirksam[551] 157

---

546 EuGH, 18.06.2009, C-487/07, GRUR 2009, 756, Rn. 44 – *L'Oréal/Bellure*; BGH, *02.04.2015, I ZR 167/13*, GRUR 2015, 1136, Rn. 28 – *Staubsaugerbeutel im Internet*.

547 EuGH, 25.10.2001, C-112/99, GRUR 2002, 354, Rn. 55 – *Toshiba Europe*.

548 EuGH, 23.02.1999, C-63/97, GRUR Int 1999, 438, Rn. 64 – *BMW/Deenik*.

549 BGH, 02.04.2015, I ZR 167/13, GRUR 2015, 1136, Rn. 28 – *Staubsaugerbeutel im Internet*; BGH, 28.09.2011, I ZR 48/10, GRUR 2011, 1158, Rn. 23 – *Teddybär*.

550 BGH, 02.10.2002, I ZR 90/00, GRUR 2003, 444, Rn. 29 – *Ersetzt*: Bezugnahme auf Produktnummern des Mitbewerbers.

551 BGH, 28.09.2011, I ZR 48/10, GRUR 2011, 1158, Rn. 24 – *Teddybär*; EuGH, 23.02.2006, 345, C-59/05, GRUR 2006, 345, Rn. 26 – *Siemens/VIPA*.

hätte vermitteln können (**Erforderlichkeit und Angemessenheit**)[552]. So nutzt der Werbende durch einen an Fachkreise adressierten Vergleich den Ruf der Marke eines Mitbewerbers in unlauterer Weise aus, wenn er auf dessen Unternehmensbezeichnung und auf die Markennamen seiner erfolgreichsten Produkte Bezug nimmt, sich die in dem Vergleich genannte Substituierbarkeit und Gleichwertigkeit der einbezogenen Produkte für den angesprochenen Verkehr aber bereits aus **anderen** ebenfalls in der Werbung aufgeführten **Quellen** (ein namentlich genanntes und dem Verkehr bekanntes Verzeichnis) ergibt[553].

158 Eine unlautere Rufausbeutung liegt auch vor, wenn das fremde Kennzeichen lediglich als sog. **»Eye-Catcher«**[554] verwendet wird. Ist ein Werbevergleich nach § 6 Abs. 2 Nr. 6 UWG unlauter, weil der Werbende in dem Vergleich seine Produkte als Imitation oder Nachahmung der unter einem geschützten Kennzeichen vertriebenen Produkte des Mitbewerbers darstellt, so stellt dieses Verhalten zugleich eine – in den Anwendungsbereich des § 6 Abs. 2 Nr. 4 UWG fallende – unlautere Rufausbeutung des fremden Kennzeichens dar[555].

159 f) **Weitere Rechtsprechungsbeispiele:**

160 Die Verwendung fremder **Marken** in einem Internet-Verkaufsangebot für **Staubsaugerbeutel**, um Kunden, die sich einer Suchmaschine bedienen, auf das Produkt eines führenden Wettbewerbers für Staubsaugerbeutel aufmerksam zu machen, stellt für sich allein keine unlautere Rufausbeutung dar. Zur Vermeidung einer Wettbewerbsbeeinträchtigung ist die Verwendung der Marken der Staubsaugerbeutel des Mitbewerbers erforderlich[556].

161 Im Sinne des § 6 Abs. 2 Nr. 4 UWG zulässig ist ein Werbevergleich, in dem auf **Artikelnummern** von Produkten der Mitbewerber hingewiesen wird. Ohne die Nennung dieser Artikelnummern kann der Vergleich nur in **erschwerter** Weise durchgeführt werden, was der Intention der Werbe-RL zuwiderläuft[557]. Das gilt im Wesentlichen auch für einen Werbevergleich, in dem auf **Bestellnummernkerne** des – den Weltmarkt anführenden – Mitbewerbers, die der Werbende zur erforderlichen Identifizierung der eigenen Produkte benutzt, Bezug genommen wird. Denn andernfalls müssten die Verbraucher anhand von Vergleichslisten die Bestellnummern für die Produkte des Werbenden heraussuchen. Das wäre mit Nachteilen für den Werbenden und die Ver-

552 MünchKomm/Menke UWG, § 6, Rn. 256; *Ohly*/Sosnitza, § 6 Rn. 63.
553 OLG Köln, 31.08.2007, 6 U 42/07, GRUR-RR 2008, 315, Rn. 8.
554 KG, 04.03.2005, 5 W 32/05, MMR 2005, 315, Rn. 4.
555 EuGH, 18.06.2009, C-487/07, GRUR 2009, 756, Rn. 79 – *L'Oréal/Bellure.*
556 BGH, 02.04.2015, I ZR 167/13, GRUR 2015, 1136, Rn. 32, 33 – *Staubsaugerbeutel im Internet.*
557 EuGH, 25.10.2001, C-112/99, GRUR 2002, 354, Rn. 54, 59 – *Toshiba Europe*; ähnlich BGH, 02.10.2002, I ZR 90/00, GRUR 2003, 444, Rn. 29 – *Ersetzt*: Bezugnahme auf Produktnummern des Mitbewerbers.

braucher sowie mit restriktiven Folgen für den Wettbewerb auf dem Markt verbunden[558].

Aus denselben Erwägungen ist die Unlauterkeit der Rufausnutzung des fremden Kennzeichens in einem Vergleich zu verneinen, in dem **Tintenpatronen** gegenüber gestellt werden und in dem der Werbende auf die von dem Mitbewerber zur Kennzeichnung seiner Produkte gewählten Bildmotive (verschieden farbige **Teddybären**, Badeentchen und Sonnenschirme) Bezug nimmt[559]. 162

Eine unlautere Rufausnutzung liegt nicht vor, wenn der ausschließlich an Fachkreise (»Berater« und »Teampartner«) gerichtete Werbevergleich **Duftvergleichslisten** enthält, in denen der Werbende eigenen Produkten Markennamen bekannter Parfüms gegenüberstellt. Die Duftvergleichslisten besagen nur, dass einzelne Parfüms des Werbenden in dieselbe Kategorie des Dufts der Markenparfüms der Mitbewerber einzuordnen wären[560]. 163

Werden in einem Zeitungsvergleich der Leserschaft des Mitbewerbers (»**BILD**«) unter Nennung dessen Kennzeichens negative Eigenschaften beigemessen, scheidet einer unlautere Rufausnutzung ebenfalls aus. Durch das Herausstellen negativer Eigenschaften kann kein guter Ruf des Mitbewerbers auf den Werbenden (»**TAZ**«) übertragen werden[561]. Entsprechendes gilt für die mit der Aufforderung zu einem Eigenvergleich für Designer-Modeschmuck verbundene namentliche Nennung des Wettbewerbers, insbesondere bei Berücksichtigung der impliziten (negativen) Aussage, die Preise des Mitbewerbers seien nicht »**akzeptabel**«[562]. Eine tabellenartige Gegenüberstellung der unter der **Hausmarke** vertriebenen Produkte des Werbenden mit den Produkten der **Marktführer** in einem Preisvergleich stellt in der Regel keine unlautere Rufausnutzung der Kennzeichen des Mitbewerbers dar. Insoweit ist die Gegenüberstellung für die Unterscheidung der verglichenen Produkte und für einen wirksamen Wettbewerb auf dem betroffenen Markt erforderlich[563]. 164

Der unauffällige, nicht besonders herausgestellte Hinweis auf einem mit der ausländischen Ursprungsmarke (»**Tiapridal**«) gekennzeichneten Importarzneimittel, dass das Arzneimittel in Deutschland unter einer anderen Marke (»**Tiapridex**«) angeboten werde und es sich lediglich um einen Namensunterschied bei gleichem Produkt handele, stellt keine unlautere Rufausbeutung der fremden Marke dar. Es handelt sich bei 165

558 *EuGH*, 23.02.2006, C-59/05, GRUR 2006, 345, Rn. 15, 26 – *Siemens/VIPA*; anders noch BGH, 02.12.2004, I ZR 273/01, GRUR 2005, 348 – *Bestellnummernübernahme*, im Vorlagebeschluss.

559 BGH, 28.09.2011, I ZR 48/10, GRUR 2011, 1158, Rn. 24 – *Teddybär*

560 BGH, 05.02.2004, I ZR 171/01, GRUR 2004, 607, Rn. 26, 27 – *Genealogie der Düfte*.

561 BGH, 01.10.2009, I ZR 134/07, GRUR 2010, 161, Rn. 33 – *Gib mal Zeitung*.

562 BGH, 15.10.1998, I ZR 69/96, GRUR 1999, 501, Rn. 28 – *Vergleichen Sie*.

563 BGH, 21.03.2007, I ZR 184/03, GRUR 2007, 896, Rn. 24 – *Eigenpreisvergleich*; anders, wenn der Eindruck erweckt wird, die Produkte seien qualitativ gleichwertig, Rn. 22.

der Aussage lediglich um einen – zulässigen – Hinweis auf die stoffliche Identität der beiden Produkte[564].

166 Demgegenüber ist ein Vergleich unlauter, in dem mit der Aussage »a la **cartier**« bzw. »für alle die **Cartier** Schmuck mögen« auf eine bekannte Marke hingewiesen wird, ohne dass damit eine sachliche Information, etwa in Form einer Gleichwertigkeitsbehauptung aufgestellt wird, sondern es dem Werbenden erkennbar lediglich darauf ankommt, von dem guten Ruf der bekannten Marke zu profitieren[565] und der Werbende das fremde Zeichen nur als sog. **»Eye-Catcher«** verwendet. Eine unlautere Rufausnutzung fremder Kennzeichen nach § 6 Abs. 2 Nr. 4 UWG kann zumindest in Bezug auf die (auch) angesprochenen Fachkreise (gewerbliche Wiederverkäufer und Zwischenhändler) vorliegen, wenn der Werbende in **Bestelllisten** eigenen – niedrigpreisigen – Parfüms teure **Markenparfüms** gegenüberstellt[566].

167 g) Als Tathandlung nennt das Gesetz – neben der **Ausnutzung** des Rufes des Kennzeichens (§ 6 Abs. 2 Nr. 4 Fall 1 UWG) – auch die **Beeinträchtigung** des Rufes des Kennzeichens (§ 6 Abs. 2 Nr. 4 Fall 2 UWG). Die Werbe-RL enthält allerdings keinen Tatbestand der **Rufbeeinträchtigung**. Art. 4 lit. d Werbe-RL schützt die Kennzeichen von Mitbewerbern lediglich vor **Herabsetzung** und **Verunglimpfung**. Diese Tathandlungen sind in § 6 Abs. 2 Nr. 5 UWG umgesetzt worden. Demzufolge ist § 6 Abs. 2 Nr. 4 UWG dahingehend richtlinienkonform auszulegen, dass eine Beeinträchtigung des Rufes von Kennzeichen nur dann vorliegt, wenn das Kennzeichen **herabgesetzt** oder **verunglimpft** wird. Im Hinblick darauf steht § 6 Abs. 2 Nr. 4 Fall 2 UWG – anders als im Kennzeichenrecht (§ 14 Abs. 2 Nr. 3, § 15 Abs. 3, § 127 Abs. 3, Abs. 4 Nr. 2 MarkenG) – eine **Beeinträchtigung der Unterscheidungskraft** des Kennzeichens der Beeinträchtigung seines Rufs nicht gleich. § 6 Abs. 2 Nr. 4 Fall 2 UWG bietet demnach keinen Schutz vor Verwässerung des Kennzeichens[567].

168 Ebenso wie im Fall der unlauteren Rufausnutzung eines Kennzeichens nach § 6 Abs. 2 Nr. 4 Fall 1 UWG kann allein die Bezugnahme auf ein fremdes Kennzeichen eine Rufbeeinträchtigung nach § 6 Abs. 2 Nr. 4 Fall 2 UWG nicht begründen[568]. Eine unlautere Rufbeeinträchtigung eines fremden Kennzeichens liegt vor, wenn eine fremde Marke (**Werbeslogan**) in abfälliger Weise (»Ich hätte Angst, dass meine Kunden mir so einen Unsinn übel nehmen«) angeprangert wird, um die eigene Werbung davon positiv abzugrenzen[569]. Das gilt auch in Bezug auf das Kennzeichen **»Geiz ist geil«** (Wortmarke), wenn der Werbende den Aussagegehalt durch den eigenen Werbeslogan »Geiz ist geil, wenn Sie an der Kasse merken, dass wir an der Werbung sparen« in das

564 OLG Frankfurt, 03.01.2002, 6 U 3/01, GRUR-RR 2002, 397, Rn. 9, 10.
565 BGH, 04.12.2008, I ZR 3/06, GRUR 2009, 871, Rn. 31 – *Ohrclips*.
566 BGH, 05.05.2011, I ZR 157/09, GRUR 2011, 1153, Rn. 43 – *Creation Lamis*; in Bezug auf Endverbraucher verneint, da zwischen den Produkten – aus Sicht der Endverbraucher – hinreichender Abstand vorlag, Rn. 41.
567 BGH, 28.09.2011, I ZR 48/10, GRUR 2011, 1158, Rn. 21 – *Teddybär*; BGH, 02.04.2015, I ZR 167/13, GRUR 2015, 1136, Rn. 30, 38 – *Staubsaugerbeutel im Internet*.
568 BGH, 02.10.2002, I ZR 90/00, GRUR 2003, 444, Rn. 29 – *Ersetzt*.
569 OLG Köln, 28.04.2006, 6 U 222/05, Magazindienst 2006, 1198, Rn. 14, 15.

Gegenteil kehrt und damit die als Marke geschützte Werbung des Mitbewerbers entwertet[570].

§ 6 Abs. 2 Nr. 4 Fall 2 UWG geht bei Verwendung eines Kennzeichens innerhalb vergleichender Werbung zwar dem § 6 Abs. 2 Nr. 5 UWG vor[571]. Die erforderliche Unlauterkeit der Rufbeeinträchtigung des Kennzeichens ist aber in richtlinienkonformer Auslegung nur gegeben, wenn die Beeinträchtigung durch **Herabsetzung oder Verunglimpfung** i.S.d. § 6 Abs. 2 Nr. 5 UWG erfolgt[572]. Daher wird zur näheren Darstellung dieser Tathandlungen auf die nachfolgende Kommentierung zu § 6 Abs. 2 Nr. 5 UWG verwiesen[573]. **169**

6. § 6 Abs. 2 Nr. 5 UWG – Herabsetzung und Verunglimpfung

a) Nach § 6 Abs. 2 Nr. 5 UWG ist ein Werbevergleich unlauter, wenn der Vergleich Waren, Dienstleistungen, Tätigkeiten oder persönliche oder wirtschaftliche Verhältnisse eines Mitbewerbers **herabsetzt** oder **verunglimpft**. Die Regelung hat Art. 4 lit. d Werbe-RL umgesetzt, allerdings mit der Maßgabe, dass der Schutz von Kennzeichen nicht übernommen worden ist. Die Herabsetzung und Verunglimpfung von Kennzeichen der Mitbewerber ist in § 6 Abs. 2 Nr. 4 Fall 2 UWG (als »Beeinträchtigung«) umgesetzt worden. Auch sind die in Art. 4 lit. d Werbe-RL aufgeführten »Verhältnisse eines Mitbewerbers« in »persönliche oder geschäftliche Verhältnisse« konkretisiert worden. Im Hinblick auf die weite Fassung des Art 4 lit. d Werbe-RL ist dieser Normtext richtlinienkonform[574]. **170**

Enthält die vergleichende Werbung Äußerungen, die sowohl in den Anwendungsbereich des **§ 4 Nr. 1 UWG** als auch in den Anwendungsbereich des § 6 Abs. 2 Nr. 5 UWG unterfallen, hat der Schutz nach § 6 Abs. 2 Nr. 5 UWG Vorrang gegenüber dem Schutz aus § 4 Nr. 1 UWG[575]. Das folgt aus dem Umstand, dass die Regelung des Art. 4 Werbe-RL, die in §§ 6 und 5 Abs. 3 UWG umgesetzt worden ist, für den Bereich der vergleichenden Werbung eine abschließende Regelung enthält[576]. Erfüllt der Werbevergleich alle Zulässigkeitsvoraussetzungen des Art. 4 Werbe-RL (liegt also keiner der Unlauterkeitstatbestände des § 6 Abs. 2 UWG, insb. nicht Nr. 5 vor und ist der Werbevergleich auch nicht irreführend), kommt ein Rückgriff auf § 4 Nr. 1 UWG als Auffangtatbestand nicht in Betracht[577]. **171**

---

570 HansOLG Hamburg, 17.02.2005, 5 U 53/04, Magazindienst 2005, 621, Rn. 34.
571 MünchKomm/Menke UWG, § 6, Rn. 274.
572 BGH, 02.04.2015, I ZR 167/13, GRUR 2015, 1136, Rn. 38 – *Staubsaugerbeutel im Internet.*
573 Vgl. Rdn. 170 ff.
574 MünchKomm/Menke UWG, § 6, Rn. 299.
575 BGH, 19.05.2011, I ZR 147/09, GRUR 2012, 74, Rn. 17 f. – *Coaching Newsletter*; BGH, 17.12.2015, I ZR 219/13, GRUR-RR 2016, 410, Rn. 18 – *Dr. Estrich*; nach a. A. soll die Anwendung des § 4 Nr. 1 UWG (nur) nicht zu abweichenden Ergebnissen führen dürfen, OLG Köln, 04.09.2015, 6 U 7/15, WRP 2015, 268, Rn. 55.
576 EuGH, 12.06.2008, C-533/06, GRUR 2008, 698, Rn. 45 – *O2 Holdings ET O2 (UK)*; EuGH, 18.06.2009, C-487/07, GRUR 2009, 756, Rn. 54 – *L'Oréal/Bellure.*
577 MünchKomm/Menke UWG, § 6 Rn. 37; Harte/Henning/Sack, § 6 Rn. 260; Ohly/Sosnitza, § 6 Rn. 17.

172 Demgegenüber wird der Tatbestand der Anschwärzung durch das Behaupten oder Verbreiten unwahrer bzw. nicht erweislich wahrer und zur Schädigung des Mitbewerbers geeigneter Tatsachen gemäß **§ 4 Nr. 2 UWG** durch § 6 Abs. 2 Nr. 5 UWG **nicht** verdrängt. Die Tatbestände können sich überschneiden. Eine unter § 4 Nr. 2 UWG fallende Äußerung setzt – anders als es § 6 Abs. 2 Nr. 5 UWG erfordert – den Mitbewerber weder zwangsläufig herab oder verunglimpft diesen ohne weiteres. Demgegenüber kommt es bei § 6 Abs. 2 Nr. 5 UWG nicht darauf an, ob die Äußerung wahr, nicht erweislich wahr oder unwahr ist. Insoweit können auch wahre Tatsachen oder Werturteile in den Anwendungsbereich des § 6 Abs. 2 Nr. 5 UWG fallen[578]. Die Anwendung des § 4 Nr. 2 UWG darf im Ergebnis allerdings nicht zu Ergebnissen führen, die von der Regelung in Art. 4 Werbe-RL bzw. von den diese Regelung umsetzenden §§ 6, 5 Abs. 3 UWG abweichen[579].

173 Anders als § 6 Abs. 2 Nr. 4 UWG enthält der Tatbestand des § 6 Abs. 2 Nr. 5 UWG kein **ausdrückliches Unlauterkeitsmerkmal**. Das ist auch nicht erforderlich. Den negativ besetzten Begriffen der Herabsetzung und der Verunglimpfung ist das Merkmal der Unlauterkeit **immanent**. Ist ein Werbevergleich herabsetzend oder verunglimpfend ist er (zugleich) auch unlauter.

174 Bei der Beurteilung, ob eine Herabsetzung oder Verunglimpfung vorliegt, ist auf den Eindruck der angesprochenen Verkehrskreise abzustellen und nicht etwa auf die Vorstellungen und Absichten des Werbenden. Als Maßstab gilt – bei Verbraucherwerbung – die Sichtweise eines normal informierten und angemessen aufmerksamen und verständigen **Durchschnittsverbrauchers**[580]. Dabei ist aber zu berücksichtigen, dass die Werbewirtschaft im Lauf der Zeit dazu übergangen ist, ihre Botschaften immer aggressiver zu gestalten und sich der Verbraucher daran gewöhnt hat[581].

175 Da neben den Produkten des Wettbewerbers auch seine persönlichen und geschäftlichen Verhältnisse Gegenstand des Vergleichs sein können, fällt unter § 6 Abs. 2 Nr. 5 UWG neben dem produktbezogenen auch der personenbezogene und der unternehmensbezogene Werbevergleich[582].

176 b) Als Tathandlungen nennt das Gesetz die Herabsetzung und die Verunglimpfung der im einzelnen aufgeführten Objekte. **Herabsetzung** liegt vor, wenn der Ruf des

578 *Köhler*/Bornkamm/Feddersen, § 6, Rn. 166; Harte/Henning/Sack, § 6 Rn. 262; Ohly/Sosnitza, § 6 Rn. 65.

579 Köhler/Bornkamm/Feddersen, § 6, Rn. 29; FBO/Koos, § 6, Rn. 41; MünchKomm/Menke UWG, § 6, Rn. 39; Sack, Irreführende vergleichende Werbung, WRP 2004, 89; Harte/Henning/Sack, § 6 Rn. 262; a. A. wohl JurisPK-UWG/Müller-Bidinger, zu § 6 Rn. 41; vgl. auch Rdn. 47.

580 EuGH, 19.04.2007, C-381/05, GRUR 2007, 511, Rn. 23 – *De Landtsheer Emmanuel*; BGH, 01.10.2009, I ZR 134/07, GRUR 2010, 161, Rn. 23 – *Gib mal Zeitung*; BGH, 25.04.2002, I ZR 272/99, GRUR 2002, 982, Rn. 28 – *DIE »STEINZEIT« IST VORBEI!*; BGH, 20.10.1999, I ZR 167/97, GRUR 2000, 619, Rn. 20 – *Orient-Teppichmuster*.

581 BGH, 01.10.2009, I ZR 134/07, GRUR 2010, 161, Rn. 20 – *Gib mal Zeitung*; *Köhler*/Bornkamm/Feddersen, § 6, Rn. 176.

582 Vgl. Rdn. 107.

Mitbewerbers bzw. seiner Produkte ohne sachliche Rechtfertigung vermindert wird. Bei der **Verunglimpfung** handelt es sich um eine gesteigerte Form der Herabsetzung in Form der **Verächtlichmachung** durch ein abträgliches Werturteil oder einer abträglichen unwahren Tatsachenbehauptung ohne sachliche Grundlage[583]. Eine Differenzierung der Begriffe ist nicht erforderlich[584].

Bei der Prüfung, ob der Vergleich unter § 6 Abs. 2 Nr. 5 UWG fällt, kommt es entscheidend darauf an, ob sich die angegriffene Werbebotschaft noch in den Grenzen einer **sachlich gebotenen Erörterung** hält oder bereits eine **pauschale Abwertung** der fremden Produkte darstellt. Da jedem kritischen Werbevergleich eine Gegenüberstellung der Vorteile der eigenen Produkte und der Nachteile des Produktes des Mitbewerbers mit der Folge immanent ist, dass die Wertschätzung des Mitbewerbers oder seiner Produkte ohne Weiteres verringert wird, müssen weitere **besondere Umstände** hinzukommen, um den Vorwurf der Herabsetzung bzw. Verunglimpfung zu begründen. Denn andernfalls wäre jeder Werbevergleich herabsetzend und verunglimpfend. Die besonderen Umstände müssen – über die mit jedem Vergleich verbundenen negativen Wirkungen für den Mitbewerber hinaus – den Vergleich als unangemessen **abfällig**, **abwertend** oder **unsachlich** erscheinen lassen[585]. **177**

So ist die – in einem an Fachkreise gerichteten Werbevergleich – vorgenommene Bezugnahme auf Ergebnisse **wissenschaftlicher Untersuchungen**, welche dem Konkurrenzprodukt deutliche Nachteile gegenüber dem Produkt des Werbenden attestieren, nicht herabsetzend, wenn die Darstellung **sachlich** und neutral erfolgt[586]. Demgegenüber stehen Äußerungen, nach denen es sich bei dem Mitbewerber um einen unseriösen »**Scharlatanen** auf dem **Coaching-Markt**« handele, der sektenähnlich organisiert sei und sich mystischer Coaching-Methoden bediene, die jeglicher wissenschaftlicher Grundlage entbehrten, nicht mehr auf dem Boden der **Sachlichkeit** und sind daher herabsetzend[587]. **178**

c) Ob solche besonderen Umstände in Bezug auf Werbevergleiche, die **humorvolle**, **ironische**, **satirische** oder **sarkastische** Gestaltungselemente bzw. Gesamtaussagen enthalten, vorliegen, bedarf insbesondere im Licht der auch unionsrechtlich geschützten **Meinungsfreiheit**[588] sorgfältiger Prüfung. Die Abgrenzung zwischen – zulässigen – **179**

583 *Köhler*/Bornkamm/Feddersen, § 6, Rn. 166, Ohly/Sosnitza, § 6 Rn. 66.

584 BGH, 12.07.2001, I ZR 89/99, GRUR 2002, 72, Rn. 29 – *Preisgegenüberstellung im Schaufenster*; BGH, 15.10.1998, I ZR 69/96, GRUR 1999, 501, Rn. 27 – *Vergleichen Sie*; Ohly/Sosnitza, § 6 Rn. 66.

585 *BGH, 12.07.2001, I ZR 89/99*, GRUR 2002, 72, Rn. 29 – *Preisgegenüberstellung im Schaufenster*; BGH, 15.10.1998, I ZR 69/96, GRUR 1999, 501, Rn. 27 – *Vergleichen Sie*; BGH 20.09.2007, I ZR 171/04, GRUR 2008, 443, Rn. 18 – *Saugeinlagen*; BGH, 17.01.2002, I ZR 161/99, GRUR 2002, 633, Rn. 27 – *Hormonersatztherapie*.

586 BGH, 17.01.2002, I ZR 161/99, GRUR 2002, 633, Rn. 27 – *Hormonersatztherapie*.

587 BGH, 19.05.2011, I ZR 147/09, GRUR 2012, 74, Rn. 25 – *Coaching Newsletter*, allerdings gemäß § 4 Nr. 7 a. F. UWG.

588 Art. 11 GR-Charta; Art. 10 (1) Satz 1 EMRK; BGH, 01.10.2009, I ZR 134/07, GRUR 2010, 161, Rn. 23 – *Gib mal Zeitung*.

humorvollen oder ironischen Aussagen und – unlauterer – herabsetzender Darstellung ist unter Berücksichtigung aller Umstände des Einzelfalls vorzunehmen. Werbung lebt zu einem erheblichen Teil von **Humor**, **Ironie, Satire** und **Sarkasmus**. Der Durchschnittsverbraucher ist zunehmend an pointierte Werbeaussagen gewöhnt und empfindet diese als Ausdruck lebhaften Wettbewerbs. Hat der angesprochene Verkehr – wie im Regelfall – keine Veranlassung, die humorvollen oder ironischen Aussagen **wörtlich bzw. ernst** zu nehmen, sondern erzielt der Werbende mit ihnen nur **Aufmerksamkeit** und **Schmunzeln**, wertet der Werbevergleich weder den Mitbewerber noch seine Produkte ab und überschreitet damit die Grenze zur unzulässigen Herabsetzung nicht. Erst wenn die humorvolle oder ironische Anspielung den Wettbewerber dem **Spott** oder der **Lächerlichkeit** preisgibt, wird diese Grenze überschritten[589].

180 Das ist bei einem Zeitungsvergleich, in dem der Werbende (»TAZ«) die **Leserschaft** des Mitbewerbers (»BILD«) am Beispiel eines Lesers **humorvoll** als **bildungsfern** (in Unterhemd und Jogginghose zum Kiosk) darstellt, noch **nicht** der Fall[590]. Gleiches gilt für den Vergleich zwischen der Steinbauweise und der Holzrahmen-Bauweise mit dem Slogan **»Die Steinzeit ist vorbei«**. Der verständige Durchschnittsverbraucher erkennt den in dieser Aussage enthaltenen Sprachwitz und nimmt die Aussage nicht im Sinne einer Sachaussage als ernst wahr[591]. Auch die Werbung für eine Wirtschaftszeitschrift, in der neben einem abgebildeten Lottoschein der Slogan **»Um Geld zu vermehren, empfehlen wir ein anderes Papier«** zu lesen ist, ist nicht herabsetzend oder verunglimpfend[592]. Der Durchschnittsverbraucher versteht auch einen bildlich in einem TV-Spot dargestellten Vergleich zwischen einem Müsli-Riegel und einem mit Getreidekörnern gefüllten Vollmichschokoladenriegel, der mittels Überspitzung als »**zäh wie Gummi**« bzw. »**staubtrocken**« dargestellt wird, nur als witzigen Aufhänger, der seine Aufmerksamkeit wecken und ihn für die anschließende Werbebotschaft empfänglich machen soll[593]. Die in einem Werbevergleich im Telekommunikationssektor enthaltene Aussage **»Wenn 1 & 1 sich streiten, freut sich der Schnellste«** versteht der angesprochene Verkehr (Fachkreise und Verbraucher) nicht dahingehend, dass es sich bei dem Mitbewerber um einen »Streithansel« im Allgemeinen handelt, der sich im Besonderen

589 BGH, 01.10.2009, I ZR 134/07, GRUR 2010, 161, Rn. 16, 17, 20 – *Gib mal Zeitung*; BGH, 12.07.2001, I ZR 89/99, GRUR 2002, 72, Rn. 37, 39 – *Preisgegenüberstellung im Schaufenster*; BGH, 17.01.2002, I ZR 215/99, GRUR 2002, 828, Rn. 27 – *Lottoschein*; vgl. allgemein zur Rechtsprechung zu Scherzen, Parodie und Satire in der Werbung, Franz, »Ein bisschen Spaß muss sein!«, WRP 2019, 15.

590 BGH, 01.10.2009, I ZR 134/07, GRUR 2010, 161, Rn. 23 – *Gib mal Zeitung*; hierzu Römermann, Der Werbevergleich – Humorvoll! Sarkastisch! Zulässig?, BB 2010, 137; Köhler, »Gib mal Zeitung« – oder »Scherz und Ernst in der Jurisprudenz« von heute, WRP 2010, 571.

591 BGH, 25.04.2002, I ZR 272/99, GRUR 2002, 982, Rn. 27 – *DIE »STEINZEIT« IST VORBEI!*, bereits aber wegen fehlender Erkennbarkeit des Mitbewerbers das Vorliegen vergleichender Werbung verneint.

592 BGH, 17.01.2002, I ZR 215/99, GRUR 2002, 828, Rn. 27 – *Lottoschein*, aber schon bereits wegen fehlender Substituierbarkeit das Vorliegen vergleichender Werbung verneint.

593 HansOLG Hamburg, 06.03.2003, 5 U 227/01, GRUR-RR 2003, 251.

auch oft mit Kunden streitet. Eine Herabsetzung kommt danach nicht in Betracht[594]. Der Vergleich von Reichweitenzahlen von Wochenendmagazinen durch Diagramme, die durch **Hunde** unterschiedlicher Rasse und Größe (ohne Korrelation zur jeweiligen Reichweite) dargestellt werden, und in dem die vom Mitbewerber erreichte Reichweite durch den **kleinsten Hund** symbolisiert wird, ist weder irreführend noch herabsetzend. Der angesprochene Verkehrskreis erkennt die Ironie in der Bilddarstellung, die die sachlich zutreffende Information nicht maßstabsgetreu umsetzt[595].

Demgegenüber sollen die Aussagen »**Fremdgehen kann teuer werden**« in einem Preis- **181**
vergleich über Fernsehgeräte[596], »**Hängen Sie noch an der Flasche?**« in einem Vergleich zwischen Leistungswasser und Flaschenmineralwasser[597] bzw. die Abbildung eines **Waschbärs** in einem Vergleich von Dienstleistungen für Telekommunikation, der eine ursprünglich rote Wand (Unternehmensfarbe des Mitbewerbers) mit blauer Farbe (Unternehmensfarbe des Werbenden) übersprüht mit dem Slogan »**Was ist blau und günstiger als X?**«[598]« sowie die Aussage »**Düsseldorfs größtes Möbelhaus steht in Mönchengladbach**«[599] herabsetzend sein. Das erscheint im Hinblick auf die oben dargestellten weniger strengen Unlauterkeitskriterien, die den Vorgaben der Werbe-RL, wonach die an vergleichende Werbung zu stellenden Anforderungen in dem für sie **günstigsten Sinn** auszulegen sind, entsprechen, insgesamt als **bedenklich**, überwiegt doch stets die nicht als Sachaussage zu wertende **humoristische bzw. ironische** Komponente. Das gilt auch in Bezug auf einen Werbevergleich, der sich über feuchte Toilettentücher verhält und in dem unter gleichzeitiger Darstellung eines **Stachelschweins** bzw. den **Bürsten** einer **Autowaschanlage** die Frage gestellt wird »Fühlen sich manche **feuchte Toilettentücher** nicht ein bisschen **steif** (bzw. hart) an«[600]. Auch hier steht die humorvolle Anspielung im Vordergrund und kein Verbraucher wird die Aussagen erst nehmen.

Trotz des Umstandes, dass der Durchschnittsverbraucher zunehmend an übertriebene **182**
und aggressive Werbung gewöhnt ist, ist ein Werbevergleich, der **Beleidigungen**, **Formalbeleidigungen** und **Schmähkritik**[601] in Form **unsachlicher** und **pauschaler** Vorwürfe enthält, stets herabsetzend und klar von den – zulässigen – humorvollen, ironischen, satirischen oder sarkastischen Werbevergleichen abzugrenzen. So sind Äußerungen wie, »die Zeitung des Mitbewerbers ist nur als **Toilettenpapier** verwendbar« oder bei der Zeitschrift eines Mitbewerbers handele es sich um ein »**billiges Pla-**

594 OLG Köln, 30.11.2015, 6 W 130/15, GRUR-RR 2016, 278, Rn. 17, 13 – *»Wenn 1&1 sich streiten«*.
595 *OLG München, 22.08.2002, 29 U 3339/02,* GRUR-RR 2003, 189 – *Dogge*.
596 OLG Jena, 28.08.2002, 2 U 268/02, GRUR-RR 2003, 254: Die Vokabel »fremdgehen« habe eine herabsetzende Bedeutung.
597 OLG München, 16.09.1999, 6 U 2646/98, ZLR 2000, 949 – *Münchener Trinkwasser*.
598 OLG Frankfurt, 09.10.2014, 6 U 199/13, GRUR-RR 2015, 18 – *Sprayender Waschbär*.
599 OLG Hamm, 19.07.1975, 4 U 317/75, GRUR 1977, 38.
600 OLG Frankfurt, 25.11.2004, 6 U 142/04, GRUR-RR 2005, 137, Rn. 12–14.
601 Im Sinne eines negativen Werturteils ohne sachlichen Inhalt, vgl. *Köhler*/Bornkamm/Feddersen, § 6, Rn. 172.

giat«, herabsetzend[602]. Die Bezeichnung des Produktes des Mitbewerbers als »**Mist**« ist als unsachlicher und pauschaler Vorwurf zu werten, der die Voraussetzungen der unzulässigen Schmähkritik erfüllt. Das Produkt des Mitbewerbers wird pauschal und schlagwortartig abgewertet[603]. Das trifft auch für einen Vergleich zu, in dem das Konkurrenzprodukt als »**Schwindelmittel**« bezeichnet wird[604]. Entsprechendes gilt auch für eine Werbeaussage mit dem Inhalt »**Die beste Werbung für S. sind die Angebote der Konkurrenz**«[605]. Die Werbung mit einer Abbildung, in der – angesichts des angeblich unübertroffenen Angebots des Werbenden – eine Person als **neidisch, niedergeschlagen und hilflos** dargestellt wird, setzt den Mitbewerber ebenfalls herab[606]. Wird in einer (vergleichenden) Werbeanzeige ein Pressebericht über einen Mitbewerber abgedruckt und der Mitbewerber in der Schlagzeile allgemein als »**Verlierer**« dargestellt, obwohl die Aussage nicht vom Inhalt des abgedruckten Presseberichtes gedeckt ist, so liegt hierin ebenfalls eine unlautere Herabsetzung[607].

183 d) Die (Selbst-)Anpreisung der **Vorteile** des eigenen Produktes und der damit verbundenen konkludenten oder ausdrücklichen Behauptung der Überlegenheit gegenüber dem – namentlich genannten – Konkurrenzprodukt in einem Werbevergleich stellt keine Herabsetzung dar[608]. Das gilt auch, wenn sich die Überlegenheitsbehauptung aus der Hervorhebung der – tatsächlich bestehenden – **Nachteile** des Konkurrenzprodukts mit der gleichzeitigen Aussage, dass das eigene Produkt diese negativen Eigenschaften nicht aufweist, ergibt[609].

184 Etwas anderes gilt jedoch, wenn mit der Aussage zum Ausdruck gebracht werden soll, dass das Konkurrenzprodukt minderwertig oder von **minderer Qualität** ist[610], wobei es auf die konkreten Umstände des Einzelfalls ankommen dürfte[611]. Ähnlich verhält es sich bei einem Werbevergleich, der die unzutreffende Behauptung aufstellt, bei dem Produkt des Mitbewerbers handele es sich um ein – minderwertiges – **Imitat**[612].

185 Ein **Preisvergleich** von identischen oder vergleichbaren Produkten ist bezogen auf § 6 Abs. 2 Nr. 5 UWG stets zulässig. Der angesprochene Verkehr sieht in einem Preisvergleich allein noch keine Herabsetzung oder Verunglimpfung des teureren Mitbewer-

602 OLG München, 11.12.2003, GRUR-RR 2004, 309, Rn. 37.

603 OLG Köln, 23.11.1984, 6 U 217/84, WRP 1985, 233.

604 BGH, 21.02.1964, Ib ZR 108/62, GRUR 1964, 392, 393 – *Weizenkeimöl*.

605 KG, 18.09.1998, 25 U 6073/07, WRP 1999, 339.

606 OLG Köln, 13.04.1999, 6 W 24/99, NJWE-WettbR 1999, 277.

607 HansOLG Hamburg, 12.07.2001, 3 U 287/00, GRUR-RR 2002, 112 – *Verlierer*.

608 OLG Frankfurt, 12.12.2002, 6 W 120/02, GRUR 2003, 198, Rn. 29; HansOLG Hamburg, 30.10.2002, 5 U 75/02, GRUR-RR 2003, 50 – *Tiefpreisgarantie*; OLG Köln, 28.01.2011, 6 U 180/10, GRUR-RR 2011, 372 – PKV – die gesunde Versicherung: »Lieber versichert als verwaltet«.

609 OLG Köln, 25.07.2014, 6 U 47/14, GRUR-RR 2015, 245, Rn. 21 – *Staubsauger-Olympiade*.

610 BGH, 05.02.1998, I ZR 211/95, GRUR 1998, 824, Rn. 57 – *Testpreis-Angebot*: »**Billige** Composite Rackets **muten** wir Ihnen nicht zu.«; a. A. Ohly/Sosnitza, § 6 Rn. 68.

611 Z. B. wenn das Konkurrenzprodukt als »billig« oder als »Ramschware« bezeichnet wird und deshalb vom Kauf abgeraten wird.

612 *Köhler*/Bornkamm/Feddersen, § 6, Rn. 179.

bers, sondern empfindet ihn als Ausdruck eines funktionierenden Preiswettbewerbs[613]. Daher ist der Preisvergleich zwischen **Markenartikel** und **No-name-Produkten** nicht herabsetzend oder verunglimpfend, auch wenn der Werbende darin seine eigenen Preise als »**akzeptabel**« bezeichnet. Das gilt allerdings dann nicht, wenn der angesprochene Verkehr diese Äußerung dahingehend verstehen muss, dass die Preise des Mitbewerbers nicht mehr akzeptabel seien, weil sie **generell überhöht** oder überteuert seien und daher außerhalb eines vernünftigen Preis-Leistungs-Verhältnisses lägen[614]. Ein solcher Vorwurf liegt aber nicht bereits in der Aussage des Werbenden, den durch den Mitbewerber als »Sonderpreis« herausgestellten Preis für das gleiche Produkt dauerhaft zu unterbieten, jedenfalls dann nicht, wenn nur ein Produkt verglichen wird[615].

Die Verwendung des Begriffes »**kontaminieren**« in einem Werbevergleich über **Saugeinlagen** für die Verpackungen für Fleisch, Fisch und Geflügel, in dem es u. a. um die Verunreinigung frischer Lebensmittel durch Kunststoffbestandteile ging, ist nicht herabsetzend. Diese Angabe enthält eine sachliche Aussage dahingehend, dass der Begriff mit »verunreinigen« gleichzusetzen ist. Ein Verständnis in dem Sinne, dass damit die Verunreinigung von Menschen, Tieren und Material durch atomare, biologische oder chemische (Kampf-)Stoffe gemeint sei, liegt dem angesprochenen Verkehr insoweit fern[616]. **186**

d) Nach der hier vertretenen Auffassung fällt der (»rein«) personenbezogene oder unternehmensbezogene Vergleich, der selbst mittelbar keinen **Produktbezug** herstellt und auch Eigenschaften gegenüberstellt (also vergleicht), nicht in den Anwendungsbereich des § 6 Abs. 2 Nr. 1 und Nr. 2 UWG[617]. Solche Vergleiche fallen (jedenfalls) in den Anwendungsbereich des § 6 Abs. 2 Nr. 5 UWG und sind daher an den oben dargestellten Zulässigkeitskriterien zu messen. Dabei kommt es entscheidend darauf an, ob der Verbraucher ein berechtigtes Interesse an dem konkreten personenbezogenen oder unternehmensbezogenen Vergleich hat. Das ist zu verneinen, wenn der verglichene Umstand in keinerlei Zusammenhang zu den Produkten des Mitbewerbers steht. In diesem Fall wird es dem Werbenden nur darum gehen, die persönlichen oder geschäftlichen Eigenschaften des Konkurrenten in einem **negativen Licht** darzustellen und den Mitbewerber damit herabzusetzen. Enthält der herabsetzende Vergleich zugleich unwahre oder nicht erweislich wahre Tatsachen, ist neben § 6 Abs. 2 Nr. 5 UWG auch § 4 Nr. 2 UWG anwendbar[618]. **187**

613 BGH, 15.10.1998, I ZR 69/96, GRUR 1999, 501, Rn. 27 – *Vergleichen Sie*; EuGH, 08.04.2003, C-44/01, GRUR 2003, 533, Rn. 80 – *Pippig Augenoptik.*

614 BGH, 15.10.1998, I ZR 69/96, GRUR 1999, 501, Rn. 27 – *Vergleichen Sie*

615 BGH, 12.07.2001, I ZR 89/99, GRUR 2002, 72, Rn. 30 – *Preisgegenüberstellung im Schaufenster*: »Dieser PC wird bei uns normal für…verkauft«.

616 BGH, 20.09.2007, I ZR 171/04, GRUR 2008, 443, Rn.19 – *Saugeinlagen.*

617 Vgl. Rdn. 106 ff.

618 Vgl. Rdn. 47.

7. § 6 Abs. 2 Nr. 6 UWG – Imitations- oder Nachahmungswerbung

188 a) Nach § 6 Abs. 2 Nr. 6 UWG ist ein Werbevergleich unlauter, wenn ein Produkt als Imitation oder Nachahmung eines unter einem geschützten Kennzeichen vertriebenen Produkts dargestellt wird. Die Vorschrift setzt Art. 4 lit. g Werbe-RL[619] um. Allerdings wird in der nationalen Norm auf »geschützte Kennzeichen« abgestellt, während in Art. 4 lit. g Werbe-RL von »geschützter Marke« oder »geschütztem Handelsnamen« die Rede ist. Nach dem Wortlaut des § 6 Abs. 2 Nr. 6 UWG werden nur **»vertriebene«** Produkte vor Imitation geschützt. Eine solche Einschränkung findet sich jedoch nicht in Art. 4 lit. g Werbe-RL. § 6 Abs. 2 Nr. 6 UWG ist daher richtlinienkonform auszulegen[620].

189 § 6 Abs. 2 Nr. 6 UWG stellt einen **Sonderfall der unlauteren Rufausnutzung** nach § 6 Abs. 2 Nr. 4 UWG dar[621]. Enthält ein Werbevergleich eine nach § 6 Abs. 2 Nr. 6 UWG unzulässige Imitationsaussage ist diese in der Regel zugleich als unlautere Rufausnutzung nach § 6 Abs. 2 Nr. 4 UWG zu werten. Liegen die Voraussetzungen des § 6 Abs. 2 Nr. 6 UWG nicht vor, so ist der Werbevergleich in der Regel nicht nach § 6 Abs. 2 Nr. 4 UWG wegen Rufausbeutung unlauter[622].

190 § 6 Abs. 2 Nr. 6 UWG verbietet die Darstellung der **eigenen** beworbenen Produkte des Werbenden als Imitation oder Nachahmung von **fremden** Originalprodukten des Mitbewerbers (**Schutz des Originalanbieters**)[623]. Die Vorschrift bezweckt demgegenüber nicht den **Schutz des Nachahmers** davor, dass der werbende Orginalanbieter in einem Werbevergleich die – evtl. unwahre – Behauptung aufstellt, bei den (kennzeichenmäßig nicht geschützten) Produkten des Mitbewerbers handele es sich um Imitate seiner (kennzeichenmäßig geschützten) Originalprodukte. Der als Nachahmer dargestellte Mitbewerber ist in solchen Fällen hinreichend durch § 6 Abs. 2 Nr. 5 UWG und/oder § 4 Nr. 2 UWG geschützt, falls die **Imitationsbehauptung** unwahr sein sollte[624].

191 Zur **Geltendmachung** von Ansprüchen nach § 6 Abs. 2 Nr. 6 UWG ist nicht nur der konkret betroffene Hersteller von Markenprodukten oder der ausschließliche Lizenznehmer berechtigt. Zwar besitzt § 6 Abs. 2 Nr. 6 UWG (auch) **individualschützenden** Charakter. Die Vorschrift bezweckt aber – gemeinsam mit den anderen Unlauterkeitstatbeständen des § 6 Abs. 2 UWG – auch die Verhinderung von Wettbewerbsverzerrungen, Mitbewerberschädigungen und negativer Verbraucherbeeinflussung[625]. Zur

---

619 Sog. »Parfümklausel«, Ohly/Sosnitza, § 6 Rn. 69; FBO/Koos, § 6, Rn. 275.

620 Harte/Henning/Sack, § 6 Rn. 226; FBO/Koos, § 6, Rn. 276.

621 Ohly/Sosnitza, § 6 Rn. 69; FBO/Koos, § 6, Rn. 295, 281.

622 BGH, 11.03.2010, I ZR 203/08, GRUR-RR 2010, 407, Rn. 5 – *Imitation von Parfümen*; EuGH, 18.06.2009, C-487/07, GRUR 2009, 756, Rn. 79 – *L'Oréal/Bellure*.

623 BGH, 06.12.2007, I ZR 169/04, GRUR 2008, 628, Rn. 22 – Imitationswerbung.

624 H. M. vgl. MünchKomm/Menke UWG, § 6, Rn. 302 m. w. N; *Köhler*/Bornkamm/Feddersen, § 6, Rn. 183; FBO/Koos, § 6, Rn. 278; GK/Glöckner, § 6, Rn. 559; Harte/Henning/Sack, § 6 Rn. 225.

625 EuGH, 18.06.2009, C-487/07, GRUR 2009, 756, Rn. 68 – *L'Oréal/Bellure*.

effektiven Durchsetzung ihrer durch ein unlauteres Verhalten nach § 6 Abs. 2 Nr. 6 UWG betroffenen Interessen können sich daher alle in § 8 Abs. 3 UWG genannten Anspruchsteller auf § 6 Abs. 2 Nr. 6 UWG berufen[626].

b) Stellt man (nur) auf den Wortlaut des § 6 Abs. 2 Nr. 6 UWG ab, fallen unter den **192**
Kennzeichenbegriff alle in § 1 MarkenG genannten Angaben betrieblicher Herkunft wie Marken nach § 4 MarkenG, geschäftliche Bezeichnungen gemäß § 5 MarkenG und geographische Herkunftsangaben nach § 126 MarkenG[627]. In richtlinienkonformer Auslegung sind die **geografischen Herkunftsangaben** aber aus dem Anwendungsbereich des § 6 Abs. 2 Nr. 6 UWG herauszunehmen. Anders als Art. 4 lit. f Werbe-RL erfasst Art. 4 lit. g Werbe-RL, der in § 6 Abs. 2 Nr. 6 UWG umgesetzt ist, nur geschützte **Marken** oder geschützte **Handelsnamen**. Hierzu gehören nicht »andere Unterscheidungskennzeichen«, zu denen auch geografische Herkunftsangaben (mit Ausnahme der in Art. 4 lit. e Werbe-RL[628] besonders aufgeführten Ursprungsbezeichnungen als Unterfall der geografischen Herkunftsangaben[629])zählen und welche über Art. 4 lit. f Werbe-RL und § 6 Abs. 2 Nr. 3 UWG geschützt werden.

Im Hinblick auf die Rechtsprechung des EuGH, wonach auch die **notorisch bekannte** **193**
Marke in den Anwendungsbereich des Art. 4 lit. g Werbe-RL (vorher Art. 3 a Abs. 1 lit. h RL 97/55/EG) fällt[630], sind zu den nach § 6 Abs. 2 Nr. 6 UWG geschützten Marken nicht nur die **eingetragenen Marken** (§ 4 Nr. 1 MarkenG), sondern auch die **Benutzungsmarken** (§ 4 Nr. 2 MarkenG) sowie die **notorisch bekannten Marken** (§ 4 Nr. 3 MarkenG) zu zählen[631]. Ob tatsächlich Kennzeichenschutz besteht, beurteilt sich nach dem jeweils geltenden Markenrecht[632].

c) Die Werbe-RL gibt weder eine Definition der Begriffe **Imitation und Nachahmung** **194**
vor, noch grenzt sie diese Begriffe voneinander ab. Der Begriff der Imitation soll mehr auf die Annäherung der Produktgestaltung an das Original hinweisen; der Begriff der Nachahmung mehr auf die vollständige Übernahme der Gestaltungsmerkmale des Originals im Sinne einer Reproduktion oder Kopie[633]. Jedenfalls ist es nicht erforderlich, dass es sich um gefälschte Waren handelt[634].

Letztlich kommt es auf eine genaue Definition der Begriffe und auf eine Abgrenzung **195**
der Begriffe voneinander nicht an[635]. Aus dem Gesetzeswortlaut (»…als Imitation oder

626 BGH, 05.05.2011, I ZR 157/09, GRUR 2011, 1153, Rn. 51 – *Creation Lamis*; noch offengelassen in BGH, 06.12.2007, I ZR 169/04, GRUR 2008, 628, Rn. 12 – *Imitationswerbung*.
627 Begr. RegE vom 23.02.2000, BT-Drs. 14/2959, S. 11, zu § 2 Abs. 2 Nr. 3 UWG.
628 Diese Regelung hat der deutsche Gesetzgeber nicht umgesetzt, vgl. Rdn. 23.
629 Begr. RegE vom 23.02.2000, BT-Drs. 14/2959, S. 11.
630 EuGH, 18.06.2009, C-487/07, GRUR 2009, 756, Rn. 80 – *L'Oréal/Bellure*.
631 H. M. vgl. *Köhler*/Bornkamm/Feddersen, § 6, Rn. 184; MünchKomm/Menke UWG, § 6, Rn. 306, unter Aufgabe der früher vertretenen Auffassung; Harte/Henning/Sack, § 6 Rn. 226; FBO/Koos, § 6 Rn. 276; GK/Glöckner, § 6, Rn. 561.
632 *Köhler*/Bornkamm/Feddersen, § 6, Rn. 184.
633 *Köhler*/Bornkamm/Feddersen, § 6, Rn. 185.
634 EuGH, 18.06.2009, C-487/07, GRUR 2009, 756, Rn. 73 – *L'Oréal/Bellure*.
635 GK/Glöckner, § 6, Rn. 565; MünchKomm/Menke UWG, § 6, Rn. 308.

Nachahmung…darstellt.«) geht hervor, dass das entscheidende Tatbestandsmerkmal des § 6 Abs. 2 Nr. 6 UWG in der Art und Weise der von dem Werbenden bewusst gewählten **Darstellung** des eigenen Produkts in dem Werbevergleich liegt[636]. So kommt es nicht darauf an, ob **tatsächlich** eine Imitation oder eine Nachahmung vorliegt[637]. Erforderlich aber auch ausreichend ist es, dass der Werbende in dem Werbevergleich verdeutlicht, dass das (kennzeichenmäßig geschützte) Produkt des Mitbewerbers der Herstellung des eigenen Produkts als **Vorlage, Vorbild oder Grundlage** gedient hat[638]. Daher kann § 6 Abs. 2 Nr. 6 UWG nur Grundlage eines **Darstellungsverbotes** (Werbeverbotes) sein. Ein wettbewerbsrechtliches **Vetriebsverbot** kann sich nur aus § 4 Nr. 3 UWG ergeben; hierzu ist aber u. a. Voraussetzung, dass eine Nachahmung vorliegt.

196 d) Art. 4 lit. g Werbe-RL und darauf aufbauend § 6 Abs. 2 Nr. 6 UWG verbieten nicht, das **eigene Produkt** als einem Markenprodukt gleichwertig darzustellen. Andernfalls wäre jede vergleichende Werbung, die Markenprodukte einbezieht, unzulässig[639].

197 Eine »**Darstellung**« als Imitation oder Nachahmung erfordert mehr als die bloße Bezugnahme oder das Kenntlichmachen des Mitbewerbers oder seiner Produkte. Denn auch in diesem Falle wäre ein Werbevergleich mit einer Gleichwertigkeitsbehauptung in Bezug auf ein Markenprodukt stets unzulässig. Die an die Zulässigkeit vergleichender Werbung zu stellenden Anforderungen sollen jedoch in dem für sie **günstigsten Sinn** ausgelegt werden[640]. Um dieses von der Werbe-RL vorgegebenes Ziel nicht zu gefährden, ist § 6 Abs. 2 Nr. 6 UWG restriktiv auszulegen[641].

198 Die Darstellung als Imitation oder Nachahmung muss **klar und deutlich** über eine Gleichwertigkeitsbehauptung hinaus gehen[642]. Aus der **Werbung selbst** muss deutlich hervorgehen, dass das Produkt des Werbenden gerade als Imitation oder Nachahmung des Produktes des Mitbewerbers beworben wird. Dafür ist es jedoch nicht erforderlich, dass der Werbende die Werbung **»offen«** als Imitationswerbung darstellt, etwa dergestalt, dass er die Begriffe Imitation oder Nachahmung **ausdrücklich** zum Gegenstand seiner Werbebotschaft machen müsste. Auch die **implizite** Behauptung einer Imitation oder Nachahmung innerhalb der Werbung erfüllt den Tatbestand des § 6 Abs. 2 Nr. 6

636 BGH, 05.05.2011, I ZR 157/09, GRUR 2011, 1153, Rn. 31 – *Creation Lamis.*

637 *Köhler*/Bornkamm/Feddersen, § 6, Rn. 186; Harte/Henning/Sack, § 6 Rn. 229.

638 Harte/Henning/Sack, § 6 Rn. 229; GK/Glöckner, § 6, Rn. 565; einschränkend FBO/Koos, § 6, Rn. 290.

639 Begr. RegE vom 23.02.2000, BT-Drs. 14/2959, S. 12; GK/Glöckner, § 6, Rn. 557; FBO/Koos, § 6, Rn. 284.

640 Vgl. zuletzt EuGH, 08.02.2017, C-562/15, GRUR 2017, 280, Rn. 21 – *ITM/Carrefour*;

641 BGH, 06.12.2007, I ZR 169/04, GRUR 2008, 628, Rn. 25 – *Imitationswerbung.*

642 BGH, 02.04.2015, I ZR 167/13, GRUR 2015, 1136, Rn. 42 – *Staubsaugerbeutel im Internet*

UWG, wenn die entsprechende Darstellung **hinreichend deutlich** ist[643]. Diese **Deutlichkeit** wird z. B. in einem Schmuckvergleich durch Verwendung der Bezeichnung »a la **cartier**« vermittelt[644]. Nicht ausreichend ist, wenn das Produkt beim angesprochenen Verkehr nur bestimmte **Assoziationen** zu ähnlichen Bezeichnungen anderer Hersteller weckt. Die Bezugnahme auf das Originalprodukt muss sich **aufdrängen**; eine fernliegende, nur »um **zehn Ecken** gedachte« Bezugnahme genügt nicht[645]. Das gilt auch, wenn die Assoziation durch Verwendung der Begriffe **»ähnlich wie«** bzw. **»wie«** erfolgt. Darin ist nur eine – in der Regel zulässige – **Gleichwertigkeitsbehauptung** zu sehen, nicht aber eine **implizite** Imitations- oder Nachahmungsbehauptung[646].

Ob Werbevergleiche, in denen der Werbende eigenen **Parfüms Markenparfüms** der Mitbewerber gegenüberstellt und dabei bestimmte Produktbezeichnungen, Ausstattungen oder Bestelllisten, die eine gewisse Nähe zu den Parfüms der Mitbewerber aufweisen, verwendet, nach § 6 Abs. 2 Nr. 6 UWG unlauter sind oder ob sie nur zulässige Assoziationen wecken, bedarf der Entscheidung im Einzelfall. Insbesondere ist im Regelfall eine Differenzierung nach angesprochenen Verkehrskreisen (Endverbraucher oder Groß- und Zwischenhändlern) erforderlich[647]. **199**

Die Imitationsbehauptung muss sich nach der Rechtsprechung des EuGH **nicht** auf das ganze Produkt beziehen. Es genügt in der Regel, wenn sich die Imitationsbehauptung auf ein **wesentliches Merkmal** des Produktes bezieht, z. B. bei einem Parfümvergleich auf den **Duft**[648]. Diese Auffassung dürfte auf einen Preisvergleich für **Generika** nicht uneingeschränkt übertragbar sein. Ist der Vertrieb von Generika arzneimittelrechtlich, patentrechtlich und markenrechtlich zulässig und verstößt er auch nicht gegen andere Vorschriften des UWG, so darf ein – an Fachkreise adressierter – Werbevergleich des Generika-Mittels mit dem Original-Medikament, mit der Behauptung, die jeweiligen Wirkstoffe seien identisch (oder gleichwertig), jedenfalls nicht an § 6 **200**

643 EuGH, 18.06.2009, C-487/07, GRUR 2009, 756, Rn. 75 – *L'Oréal/Bellure*; BGH, 05.05.2011, I ZR 157/09, GRUR 2011, 1153, Rn. 27 – *Creation Lamis*; BGH, 22.07.2010, berichtigt durch Berichtigungsbeschluss v. 01.02.2011, I ZR 139/08, GRUR 2011, 152, Rn. 49 – *Kinderhochstühle im Internet*; BGH, 11.03.2010, I ZR 203/08, GRUR-RR 2010, 407, Rn.8 – *Imitation von Parfümen*; BGH, 06.12.2007, I ZR 169/04, GRUR 2008, 628, Rn. 25, 26 – *Imitationswerbung*; BGH, 01.10.2009, I ZR 94/07, GRUR 2010, 343, Rn. 29 – *Oracle*.

644 BGH, 04.12.2008, I ZR 3/06, GRUR 2009, 871, Rn. 31 – *Ohrclips*.

645 BGH, 06.12.2007, I ZR 169/04, GRUR 2008, 628, Rn. 26 – *Imitationswerbung*.

646 BGH, 02.04.2015, I ZR 167/13, GRUR 2015, 1136, Rn. 41 – *Staubsaugerbeutel im Internet*; *BGH, 22.07.2010, berichtigt* durch Berichtigungsbeschluss v. 01.02.2011, I ZR 139/08, GRUR 2011, 152, Rn. 50 – *Kinderhochstühle im Internet*.

647 Verneinend BGH, 06.12.2007, I ZR 169/04, GRUR 2008, 628, Rn. 28 – *Imitationswerbung*; Verneinend BGH, 11.03.2010, I ZR 203/08, GRUR-RR 2010, 407, Rn.5 – *Imitation von Parfümen*; bejahend in Bezug auf Fachverkäufer BGH, 01.10.2009, I ZR 94/07, GRUR 2010, 343, Rn. 35, 36 – *Oracle* und BGH, 05.05.2011, I ZR 157/09, GRUR 2011, 1153, Rn. 35 – *Creation Lamis*; offen gelassen BGH, 06.12.2007, I ZR 184/05, GRUR 2008, 726, Rn. 19 – *Duftvergleich mit Markenparfüm*.

648 EuGH, 18.06.2009, C-487/07, GRUR 2009, 756, Rn. 76 – *L'Oréal/Bellure*.

Abs. 2 Nr. 6 UWG scheitern[649]. Preisvergleiche für Generika sind aus Gründen der Markttransparenz und im Hinblick auf das Allgemeininteresse an einer wirksamen Verhinderung von Kostensteigerungen im Gesundheitswesen unerlässlich[650] und sollten – dem Sinn und Zweck der Werbe-RL folgend – zulässig sein.

201 Zur Beurteilung, ob die Darstellung eine (implizite) Imitations- oder Nachahmungsbehauptung enthält, ist bei einer an Endverbraucher adressierten Werbung auf die mutmaßliche Wahrnehmung des normal informierten, angemessen aufmerksamen und verständigen **Durchschnittsverbrauchers** abzustellen[651]. Richtet sich der Werbevergleich an Fachkreise ist Maßstab eine Durchschnittsperson der angesprochenen Fachkreise. Richtet sich die Werbung sowohl an Endverbraucher als auch an gewerbliche Fachkreise, reicht es für die Unlauterkeit aus, dass die Untersagungsvoraussetzungen im Hinblick auf **einen der Verkehrskreise** erfüllt sind[652]. Es genügt jedoch nicht, wenn die angesprochenen Verkehrskreise nur aufgrund von Umständen, die **außerhalb** der beanstandeten Werbung liegen oder aufgrund eines auf anderer Weise erworbenen Wissens (mit Ausnahme **präsenter Kenntnisse**) in der Lage sind, die Produkte des Werbenden den Produkten des Mitbewerbers zuzuordnen[653].

C. Verfahrensfragen und Rechtsfolgen

I. Verfahrensfragen

1. Beweislast

202 Der klagende Mitbewerber ist für sämtliche **Voraussetzungen** eines unlauteren Werbevergleichs **darlegungs- und beweispflichtig**[654]. Das gilt insbesondere für die Umstände, die die Erkennbarkeit des Mitbewerbers nach § 6 Abs. 1 UWG begründen, für die fehlende **Nachprüfbarkeit**[655] gemäß § 6 Abs. 2 Nr. 2 UWG, für ein bestimmtes Verkehrsverständnis[656] und für den irreführenden Werbevergleich[657]. Aus Art. 7 lit. a Werbe-RL folgt allerdings, dass dem Anspruchssteller **Darlegungs- und Beweiserleichterungen** zugutekommen können. Das kommt dann in Betracht, wenn es sich

649 MünchKomm/Menke UWG, § 6, Rn. 317; Harte/Henning/Sack, § 6 Rn. 233; Ohly/Sosnitza, § 6 Rn. 71; *Köhler*/Bornkamm/Feddersen, § 6, Rn. 189; So aber noch BGH, 11.06.1992, I ZR 226/90, GRUR 1992, 625, Rn. 24 – *Therapeutische Äquivalenz.*

650 MünchKomm/Menke UWG, § 6, Rn. 317.

651 BGH, 06.12.2007, I ZR 169/04, GRUR 2008, 628, Rn. 26 – *Imitationswerbung.*

652 BGH, 05.05.2011, I ZR 157/09, GRUR 2011, 1153, Rn. 38 – *Creation Lamis.*

653 BGH, 06.12.2007, I ZR 184/05, GRUR 2008, 726, Rn. 19 – *Duftvergleich mit Markenparfüm*; BGH, 05.05.2011, I ZR 157/09, GRUR 2011, 1153, Rn. 31, 32 – *Creation Lamis.*

654 BGH, 07.12.2006, I ZR 166/03, GRUR 2007, 605, Rn. 33 – *Umsatzzuwachs*; BGH, 06.12.2007, I ZR 169/04, GRUR 2008, 628, Rn. 30 – *Imitationswerbung*; BGH, 20.02.2013, I ZR 175/11, GRUR 2013, 1058, 22 – *Kostenvergleich bei Honorarfactoring.*

655 BGH, 07.12.2006, I ZR 166/03, GRUR 2007, 605, Rn. 33 – *Umsatzzuwachs.*

656 BGH, 06.12.2007, I ZR 169/04, GRUR 2008, 628, Rn. 28, 29 – *Imitationswerbung.*

657 OLG Jena, 14.12.2005, 2 U 585/05, GRUR-RR 2006, 291, Rn. 15; HansOLG Hamburg, 02.05.2002, 3 U 284/01, GRUR-RR 2002, 362, Rn. 27.

um Tatsachen handelt, die in den Verantwortungsbereich des Werbenden fallen[658], ohne dass der Anspruchsteller Kenntnis dieser Tatsachen hat und sich diese Kenntnis auch nicht anderweitig oder nur mit erheblichem Aufwand verschaffen kann. Liegt eine solche Fallgestaltung vor, trifft den Werbenden eine **sekundäre Darlegungslast**[659].

2. Sonstiges

Schadensersatzansprüche wegen eines nach § 6 Abs. 2 UWG unlauteren Werbever- 203
gleichs einerseits und wegen eines Verstoßes gegen § 5 UWG andererseits – jeweils erfüllt durch bestimmte Aussagen im einem Schreiben – stellen verschiedene **Streitgegenstände** dar[660]. Bei irreführender Werbung einerseits und unzulässiger vergleichender Werbung andererseits – jeweils in Bezug auf Gewerbetreibende – handelt es sich um zwei selbständige Zuwiderhandlungen. Zur Untersagung irreführender Werbung ist es nicht erforderlich, dass es sich dabei gleichzeitig um unzulässige vergleichende Werbung handelt[661].

Die deutschen Gerichte sind zu Entscheidung über wettbewerbsrechtliche Ansprüche 204
aufgrund unlauterer vergleichender Imitationswerbung (§ 6 Abs. 2 Nr. 6 UWG) nach Art. 5 Nr. 3 Brüssel-I-VO[662] **international zuständig**, wenn ein Schadenseintritt in Deutschland durch den Vertrieb des beanstanden Produkts verwirklicht werden kann. Der Tatbestand der unlauteren vergleichenden Imitationswerbung im Sinne des § 6 Abs. 2 Nr. 6 UWG fällt unter den Begriff der **unerlaubten Handlung** im Sinne von Art. 5 Nr. 3 Brüssel-I-VO[663].

II. Rechtsfolgen

Erfüllt der Vergleich die Voraussetzungen (auch nur) eines der Tatbestände des § 6 205
Abs. 2 UWG oder enthält der Vergleich irreführende Angaben (§ 5 Abs. 3 i.V.m. Abs.1 UWG) ist er gemäß § 3 Abs. 1 UWG[664] unlauter und fällt auf der Rechtsfolgenseite in den Anwendungsbereich der §§ 8 ff. UWG. Die Anspruchsberechtigten (§ 8 Abs. 3 UWG) können Unterlassungs- und Beseitigungsansprüche (§ 8 Abs. 1 UWG) sowie im Falle schuldhaften Verhaltens auch Schadensersatzansprüche nach § 9 UWG (nur

---

658 BGH, 20.02.2013, I ZR 175/11, GRUR 2013, 1058, 22 – *Kostenvergleich bei Honorarfactoring*.

659 BGH, 07.12.2006, I ZR 166/03, GRUR 2007, 605, Rn. 35 – *Umsatzzuwachs*, in Bezug auf die Nachprüfbarkeit.

660 BGH, 20.09.2007, I ZR 171/04, GRUR 2008, 443, Rn. 21 – *Saugeinlagen*. Das ist nach BGH, 13.09.2012, I ZR 230/11, GRUR 2013, 401 – *Biomineralwasser*, zweifelhaft.

661 EuGH, 13.03.2014, C-52/13, GRUR 2014, 493, Rn. 28 – *Posteshop*.

662 Abl. Nr. L 351/2012, S. 1 ff.: Verordnung 1215/2012/EU v. 12.12.2012 über die gerichtliche Zuständigkeit und die Anerkennung und Vollstreckung von Entscheidungen in Zivil- und Handelssachen.

663 BGH, 27.11.2014, I ZR 1/11, GRUR 2015, 689, Rn. 24, 26 – *Parfumflakon III*; dem EuGH, 05.06.2014, C-360/12, GRUR 2014, 806, Rn. 39 ff. – *Coty Germany*, nachfolgend; vgl. auch Dück, Vergleichende Werbung mit geographischer Herkunft im internationalen Kontext – Warsteiner vs. Beck's/AB InBev, GRUR Int. 2016, 216.

664 Eine Relevanzprüfung findet nicht (mehr) statt, vgl. Rdn. 31 ff.

Mitbewerber) und bei Vorsatz einen Gewinnabschöpfungsanspruch nach § 10 UWG (nur die in § 8 Abs. 3 Nr. 2 – Nr. 4 UWG genannten Institutionen) geltend machen.

206 Zur **Geltendmachung** von Ansprüchen nach § 6 Abs. 2 UWG sind alle in § 8 Abs. 3 UWG genannten Anspruchsberechtigen berufen. Das gilt insbesondere auch für die Tatbestände des § 6 Abs. 2 Nr. 4 und Nr. 6 UWG. Die **Anspruchsberechtigung** ist nicht auf die konkret betroffenen Hersteller von Markenprodukten oder auf die ausschließlichen Lizenznehmer beschränkt. Zwar besitzen § 6 Abs. 2 Nr. 4 und Nr. 6 UWG (auch) individualschützenden Charakter. Die Vorschriften bezwecken aber – gemeinsam mit den anderen Unlauterkeitstatbeständen des § 6 Abs. 2 UWG – auch die Verhinderung von Wettbewerbsverzerrung, Mitbewerberschädigung und negativer Verbraucherbeeinflussung[665]. Zur effektiven Durchsetzung ihrer durch ein unlauteres Verhalten nach § 6 Abs. 2 Nr. 4 und Nr. 6 UWG betroffenen Interessen können sich daher alle nach § 8 Abs. 3 UWG Anspruchsberechtigten hierauf berufen[666].

D. Verwandte Fallgruppen

I. Allgemein gehaltene Vergleiche

1. Überblick

207 Ist der Anwendungsbereich des § 6 Abs. 1 UWG nicht eröffnet, weil es an der erforderlichen (mittelbaren oder unmittelbaren) Erkennbarkeit des Mitbewerbers oder seiner Produkte fehlt, liegt allenfalls ein **allgemein gehaltener Vergleich**[667] vor. Seine Zulässigkeit richtet sich nicht nach § 6 Abs. 2 UWG oder § 5 Abs. 3 i.V.m. § 5 Abs. 1 UWG. Zur Beurteilung seiner wettbewerbsrechtlichen Zulässigkeit ist auf andere nationale oder auf unionsrechtliche Vorschriften abzustellen[668]. Das gilt auch dann, wenn aus der Anwendung dieser Vorschriften ein geringerer Schutz der Verbraucher oder der Mitbewerber folgt[669]. Als nationale Vorschriften kommen die Generalklausel des § 3 Abs. 1 UWG, § 4 Nr. 1[670], Nr. 2 und Nr. 4 UWG und § 5 UWG in Betracht[671].

2. Voraussetzungen

208 Ein allgemein gehaltener (Werbe-)Vergleich liegt nur vor, wenn er eine hinreichend **deutliche Gegenüberstellung** von Mitbewerbern oder ihrer Produkte enthält und

---

665 EuGH, 18.06.2009, C-487/07, GRUR 2009, 756, Rn. 68 – *L'Oréal/Bellure.*

666 BGH, 05.05.2011, I ZR 157/09, GRUR 2011, 1153, Rn. 51 – *Creation Lamis*; noch offengelassen in BGH, 06.12.2007, I ZR 169/04, GRUR 2008, 628, Rn. 12 – *Imitationswerbung*; a. A. Ohly/Sosnitza, § 6 Rn. 73.

667 Harte/Henning/Sack, § 6 Rn. 64 spricht von abstrakter vergleichender Werbung oder von kollektiver vergleichender Werbung.

668 EuGH, 19.04.2007, C-381/05, GRUR 2007, 511, Rn. 54 – *De Landtsheer Emmanuel.*

669 EuGH, 19.04.2007, C-381/05, GRUR 2007, 511, Rn. 55, 56 – *De Landtsheer Emmanuel.*

670 Allerdings ist streitig, ob § 4 Nr. 1 UWG nicht auch die Erkennbarkeit des Mitbewerbers voraussetzt, vgl. *Köhler*/Bornkamm/Feddersen, § 4, Rn. 1.11.

671 BGH, 25.04.2002, I ZR 272/99, GRUR 2002, 982, Rn. 23, 33 – *DIE »STEINZEIT« IST VORBEI!*; BGH, 21.06.2001, I ZR 69/99, GRUR 2002, 75, Rn. 65, 67 – *»SOOO…BILLIG!«?*; BGH, 14.12.2000, I ZR 147/98, GRUR 2001, 752, Rn. 24 – *Eröffnungswerbung.*

weder die Mitbewerber oder ihre Produkte erkennbar sind. Demzufolge genügt die **isolierte Kritik** an einem Mitbewerber nicht. Zwar enthält diese Äußerung zugleich die implizite Aussage, dass die Kritik auf den Werbenden selbst nicht zutrifft. Die Aussage ist aber so allgemein gehalten, dass sich dem angesprochenen Verkehr keine Bezugnahme auf den Mitbewerber aufdrängt[672], so dass die erforderliche Gegenüberstellung fehlt[673]. Auch eine Werbung nur für eigene Produkte und der **Eigenvergleich** genügt diesen Erfordernissen nicht[674]. Wird der Verbraucher durch die Werbung aufgefordert, **selbst zu vergleichen**, liegt ein Vergleich nur dann vor, wenn bestimmte Eigenschaften der in Bezug genommenen Produkte gegenübergestellt werden[675]. Gleiches gilt, soweit der Werbende nur die **eigene Leistung** oder die Eigenschaften seiner angebotenen Produkte lobend hervorhebt[676].

Allgemein gehaltene Vergleiche kommen im Wesentlichen in der Form von **Warenartvergleichen**[677] (Unterform: Fortschrittsvergleich), **Systemvergleichen**[678] und **Preisvergleichen**[679] vor. Dazu zählt auch die **Alleinstellungs- und Spitzenstellungswerbung**[680], wenn noch weitere Umstände hinzukommen. Das ist insbesondere der Fall, wenn der betroffene Markt nur aus einer überschaubaren kleinen Anzahl an Mitbewerbern besteht und der angesprochene Verkehr daher in der Lage ist, die Werbung auf diese Mitbewerber zu beziehen[681]. 209

3. Zulässigkeit

Allgemein gehaltene Vergleiche sind grds. **zulässig** und nur beim Vorliegen besonderer Umstände unlauter. Der Mitbewerber muss die jedem Werbevergleich immanenten – im Regelfall negativen – Auswirkungen auf seine Absatzmöglichkeiten grds. hinnehmen. Ist der Vergleich nicht irreführend und hält er sich in den Grenzen einer **sachlich gebotenen und wahrheitsgemäßen** (wozu auch die Nachprüfbarkeit gehört) Erörte- 210

672 BGH, 19.05.2011, I ZR 147/09, GRUR 2012, 74, Rn. 18, 19 – *Coaching Newsletter.*
673 BGH, 21.06.2001, I ZR 69/99, GRUR 2002, 75, Rn. 59 – *»SOOO...BILLIG!«?.*
674 BGH, 25.03.1999, I ZR 77/97, GRUR 1999, 1100, Rn. 24 – *Generika-Werbung*: »nur um zehn Ecken gedachte« Bezugnahme genügt nicht.
675 Bejahend: BGH, 15.10.1998, I ZR 69/96, GRUR 1999, 501, Rn. 21 – *Vergleichen Sie*; verneinend: BGH, 22.05.1986, I ZR 11/85, GRUR 1987, 49, Rn. 22 – *Cola-Test.*
676 BGH, 25.03.1999, I ZR 77/97, GRUR 1999, 1100, Rn. 24 – *Generika-Werbung.*
677 EuGH, 19.04.2007, C-381/05, GRUR 2007, 511 – *De Landtsheer Emmanuel*; BGH, 05.02.1998, I ZR 211/95, GRUR 1998, 824 – *Testpreis-Angebot*; es lag aber vergleichende Werbung vor, da »alle« Mitbewerber erkennbar gemacht wurden.
678 BGH, 25.04.2002, I ZR 272/99, GRUR 2002, 982 – *DIE »STEINZEIT« IST VORBEI!*; *OLG Frankfurt, 22.01.2001*, 6 U 203/00, GRUR-RR 2001, 221 – *Systemvergleich*; Faßbender, Zum Erfordernis einer richtlinienkonformen Auslegung des Begriffs der vergleichenden Werbung, EuZW 2005, 42, 43.
679 BGH, 02.05.1996, I ZR 152/94, WRP 1996, 1097 – *Preistest*; Einzelheiten bei *Köhler*/Bornkamm/Feddersen, § 4, Rn. 4.139 f.
680 Begr. RegE vom 23.02.2000, BT-Drs. 14/2959, S. 10.
681 HansOLG Hamburg, 20.07.2000, 3 U 191/99, GRUR-RR 2001, 84, Rn. 18 – *Handzahnbürste*; OLG Köln, 18.03.2005, 6 U 202/04; GRUR-RR 2005, 324 – *Führendes deutsches Fachmagazin*, unter dem Gesichtspunkt der Irreführung.

rung, ohne die Mitbewerber pauschal durch Verwendung **abfälliger, abwertender oder unsachlicher** Äußerungen herabzusetzen, ist er nicht nach § 3 Abs. 1 UWG unlauter[682].

211 Diese, schon vor dem Erlass der Werbe-RL zur Generalklausel des § 1 UWG a. F. ergangene Rechtsprechung des BGH[683] soll auch nach dem Erlass und der Umsetzung der Werbe-RL in das nationale Recht weiterhin – unverändert – Geltung beanspruchen[684]. Gleichwohl lässt sich der hierzu danach ergangenen Rechtsprechung eine weniger strenge Anwendung der aufgestellten Grundsätze entnehmen. So ist eine Werbung, in der aufgefordert wird, die Angebote der (nicht erkennbar gemachten) Mitbewerber auf mögliche »**Unseriosität**, Lockvogel, Ladenhüter und Finten **misstrauisch** zu prüfen« unbeanstandet geblieben[685]. Das gilt auch für eine Werbung, in der die Verbraucher aufgefordert werden, bis zu einem bestimmten Zeitpunkt keine näher bestimmte Elektronikgeräte bei der Konkurrenz zu kaufen[686].

212 Dieser weniger strengen Anwendung der vormals aufgestellten Grundsätze ist zuzustimmen. Ein Vergleich, der weder den Mitbewerber noch seine Produkte erkennbar macht, beeinträchtigt den Mitbewerber in weitaus geringeren Maße als ein Werbevergleich, der in den Anwendungsbereich des § 6 Abs. 1 UWG fällt. Die Voraussetzungen, an denen sich die Zulässigkeit solcher allgemein gehaltener Vergleiche zu bemessen hat, dürfen daher **nicht strenger** sein, als bei einem Werbevergleich, der § 6 Abs. 1 UWG unterfällt und dessen Zulässigkeit sich nach § 6 Abs. 2 und § 5 Abs. 1 i.V.m. Abs. 3 UWG richtet. Insoweit gilt es, Wertungswidersprüche zu den in § 6 Abs. 2 UWG aufgestellten Unlauterkeitskriterien zu vermeiden[687].

II. Neutrale vergleichende Produkttests

1. Überblick

213 Gegenstand **neutraler vergleichender Produkttests** ist die Untersuchung eines oder mehrerer Produkte aller oder nur ausgewählter Hersteller oder Anbieter in einem (meist

682 BGH, 21.06.2001, I ZR 69/99, GRUR 2002, 75, Rn. 65 – *»SOOO...BILLIG!«?*; BGH, 14.12.2000, I ZR 147/98, GRUR 2001, 752, Rn. 25 – *Eröffnungswerbung*; BGH, 25.03.1999, I ZR 77/97, GRUR 1999, 110, Rn. 28 – *Generika-Werbung*; BGH, 31.10.2002, I ZR 60/00, GRUR, 2003, 353, Rn. 27 – *Klinik mit Belegärzten*; BGH, 02.05.1996, I ZR 152/94, WRP 1996, 1097, 1098 – *Preistest*; OLG Frankfurt, 22.01.2001, 6 U 203/00, GRUR-RR 2001, 221 – *Systemvergleich*.

683 Vgl. z. B. BGH, 03.02.1988, I ZR 183/85, GRUR 1988, 764; Rn. 17 – *Krankenkassen-Fragebogen*.

684 BGH, 21.06.2001, I ZR 69/99, GRUR 2002, 75, Rn. 65 – *»SOOO...BILLIG!«?*; BGH, 14.12.2000, I ZR 147/98, GRUR 2001, 752, Rn. 25 – *Eröffnungswerbung*; BGH, 25.03.1999, I ZR 77/97, GRUR 1999, 110, Rn. 28 – *Generika-Werbung*.

685 BGH, 21.06.2001, I ZR 69/99, GRUR 2002, 75, Rn. 65 – *»SOOO...BILLIG!«?*.

686 BGH, 14.12.2000, I ZR 147/98, GRUR 2001, 752, Rn. 30 – *Eröffnungswerbung*.

687 OLG Saarbrücken, 07.11.2007, 1 U 355/07, GRUR-RR 2008, 312; *Köhler*/Bornkamm/Feddersen, § 4, Rn. 4.146; Harte/Henning/Sack, § 6 Rn. 66; Ohly/Sosnitza, § 6 Rn. 83; MünchKomm/Menke UWG, § 6, Rn. 31; FBO/Koos, § 6, Rn. 20; jurisPK-UWG/Müller-Bidinger, zu § 6 Rn. 47; Plaß, Die EG-Richtlinie Vergleichende Werbung, WRP 1999, 766, 771.

nationalen) Markt nach im Voraus festgelegten Kriterien auf bestimmte, qualitätsbestimmende und preisrelevante Eigenschaften mit dem Ziel, das Testergebnis aller untersuchten Produkte unter Vergabe bestimmter »**Noten**« in einer Gesamtdarstellung zu veröffentlichen und damit einer breiten Öffentlichkeit zugänglich zu machen. Im Ergebnis werden die untersuchten Produkte einander gegenübergestellt und damit miteinander verglichen. Der neutrale vergleichende Produkttest dient in erster Linie dem Schutz der Verbraucher, die solche Tests stark nachfragen[688].

Der Verbraucher erwartet, durch einen neutralen vergleichenden Produkttest allgemein verständliche Informationen einer sachkundigen und neutralen Stelle über Qualität, Eignung und Preiswürdigkeit eines Produktes zu erhalten. Der Verbraucher erhält hierdurch die Möglichkeit, seine Kaufentscheidung zu **objektivieren**. Durch den neutralen vergleichenden Produkttest wird auch die **Markttransparenz** gesteigert und der **Leistungswettbewerb** gefördert[689]. **214**

Für die Hersteller/Anbieter der im Test besser bewerteten Produkte bietet der Test die Möglichkeit zur werbenden Darstellung seiner Produkte unter Hervorhebung des im Test erzielten Ergebnisses und damit der Absatzförderung. Demgegenüber müssen die Hersteller/Anbieter der – im Verhältnis – schlechter bewerteten Produkte mit Umsatzrückgängen bis zur Auslistung der Produkte befürchten. **215**

Die unangefochtene Spitzenstellung aller Testveranstalter hält die von der Bundesrepublik Deutschland 1964 in der Form einer Stiftung bürgerlichen Rechts gegründete **Stiftung Warentest**[690] mit den Zeitschriften »test« und »FINANZtest«[691] inne. Weitere bekannte Testinstitute sind ÖKOTEST mit der gleichnamigen Zeitschrift sowie der ADAC mit Zeitschrift »ADAC Motorwelt«, in der regelmäßig Testberichte aus dem Automobilsektor veröffentlicht werden. **216**

Aber auch die Medienwirtschaft führt Produkttests durch (z. B. in Bezug auf Dienstleistungen von Freiberuflern) und veröffentlicht die Ergebnisse in den eigenen Medien in Gestalt sog. **Rankings**[692]. Nur entfernt hiermit sind sog. **Internet-Bewertungsportale** verwandt, bei denen weder der Betreiber noch die Nutzer Tests im eigentlichen Sinne **217**

---

688 Statista 2018: Im Jahre 2017 zeigten rd. 50 % der über 14 Jahre alten Bevölkerung in Deutschland zumindest durchschnittliches Interesse an Warentests.

689 Franz, Vergleichender Warentest, WRP 2015, 1425; Koppe/Zagouras, Rechtsprobleme der Testwerbung, WRP 2008, 1035.

690 *Satzungsgemäß soll die Stiftung* Untersuchungen an miteinander vergleichbaren Waren und Leistungen nach wissenschaftlichen Methoden durchführen und die Öffentlichkeit über die Ergebnisse unterrichten (§ 2 Abs. 3 der Satzung).

691 OLG Frankfurt, 25.04.2002, 16 U 136/01, GRUR 2003, 85 – *FINANZtest*: Auf den Vergleich von Finanzdienstleistungen sind die von der Rechtsprechung zu vergleichenden Warentests entwickelten Grundsätze anzuwenden.

692 Vgl. hierzu Köhler, Ranking als Rechtsproblem, FS Sonnenberger, 2004, S. 249 f.; Lettl, Lauterkeitsrechtliche Haftung von Presseunternehmen für »Rankings«, GRUR 2007, 936 f.; BGH, 09.02.2006, I ZR 124/03, GRUR 2006, 875, Rn. 23 – *Rechtsanwalts-Ranglisten*.

durchführen und die Ergebnisse veröffentlichen, sondern die Nutzer lediglich ihre subjektiven Bewertungen abgeben und anderen Nutzern zugänglich machen[693].

2. Zulässigkeit

218 a) Die Zulässigkeit neutraler vergleichender Produkttest richtet sich im Regelfall nicht nach den Vorschriften des UWG. In Bezug auf §§ 6 und § 5 Abs. 3 UWG wird dem Testveranstalter zum einen die nach § 6 Abs. 1 UWG erforderliche **Mitbewerbereigenschaft** fehlen. Zum anderen wird nur in seltenen Fällen der **Werbebegriff** erfüllt sein. Der Testveranstalter handelt in der Regel nicht mit dem Ziel, den **Absatz** eigener oder fremder Produkte **zu fördern**. In Bezug auf §§ 3, 5 Abs. 1 UWG fehlt es bereits an der erforderlichen **geschäftlichen Handlung** nach § 2 Abs.1 Nr. 1 UWG[694]. Etwas anderes gilt nur, wenn der Testveranstalter ein eigenes wirtschaftliches Interesse verfolgt, weil er die getesteten Produkte selbst vertreibt, also Mitbewerber ist oder diese Produkte über den Testveranstalter bezogen werden können[695].

219 Bei Produkttests, die als **redaktionelle Beiträge** in neutralen Zeitschriften, Zeitungen oder ähnlichen Pressemedien veröffentlicht werden (also nicht in den Zeitschriften der bekannten Testveranstalter), z. B. in der Form von **Rankings**, kommt es darauf an, ob neben der Wahrnehmung der publizistischen Aufgabe die Absicht des Presseorgans, eigenen oder fremden Wettbewerb zu fördern, eine größere als nur eine unterordnete Rolle gespielt hat[696].

220 In Bezug auf **Internet-Bewertungsportale**[697] ist zu differenzieren. Dient das Portal ausschließlich dem **uneigennützigen**[698] Austausch von Meinungen und/oder der Verbrauchinformation, liegt eine Absatzförderungsabsicht des Portalbetreibers fern. Eigennützige Motive liegen aber dann vor, wenn der Betreiber des Portals die Leistungen, die auf dem Portal behandelt werden (z. B. Reisen), selbst anbietet. In diesem Fall ist davon auszugehen, dass das Portal dazu dient, den Betreiber bekannt zu machen, um den Absatz seiner Leistungen zu fördern[699]. Die Zulässigkeit neutraler vergleichender Produkttest beurteilt sich daher im Regelfall nach **deliktischen Grundsätzen**[700] (§ 823 Abs. 1 BGB unter dem Gesichtspunkt des Eingriffs in den eingerichteten und ausgeüb-

693 Vgl. hierzu BGH, 19.03.2015, I ZR 94/13, GRUR 2015, 1129 – *Hotelbewertungsportal.*

694 OLG Frankfurt, GRUR-RR 2007, 16, Rn. 47 ff.

695 BGH, 23.04.1998, I ZR 2/96, GRUR 1999, 69, Rn. 20 – *Preisvergleichsliste II.*

696 BGH, 09.02.2006, I ZR 124/03, GRUR 2006, 875, Rn. 23 – *Rechtsanwalts-Ranglisten*; BGH, 23.04.1998, I ZR 2/96, GRUR 1999, 69, Rn. 20 – *Preisvergleichsliste II*; BGH, 30.04.1997, I ZR 196/94, GRUR 1997, 912, Rn. 15 – *Die Besten*; BGH, 30.04.1997, I ZR 154/95, GRUR 1997, 914, Rn. 25 – *Die Besten II.*

697 Hierzu BGH, 19.03.2015, I ZR 94/13, GRUR 2015, 1129 – *Hotelbewertungsportal*; OLG Köln, 05.01.2017, 15 U 121/16, MMR 2018, 178.

698 Vgl. zu diesem Merkmal BGH, 23.04.1998, I ZR 2/96, GRUR 1999, 69, Rn. 20 – *Preisvergleichsliste II.*

699 *Köhler*/Bornkamm/Feddersen, § 6 Rn. 66; KG, 16.04.2013, 5 U 63/12, WRP 2013, 1242, 1243; einschränkend Ohly/Sosnitza, § 6 Rn. 75.

700 BGH, 09.12.1975, VI ZR 157/73, GRUR 1976, 268, Rn. 20 – *Warentest II.*

ten Gewerbebetrieb, § 824 BGB und 826 BGB). Dabei ist aber stets das Grundrecht auf freie **Meinungsäußerung** nach Art. 5 (1) GG zu beachten[701].

b) Die Beurteilung der Zulässigkeit neutraler vergleichender Produkttest hängt nach der maßgeblichen Rechtsprechung des VI. Zivilsenats des BGH[702] zunächst davon ab, ob es sich bei den von dem Testveranstalter veröffentlichten Testberichten um **Tatsachen** oder um **Werturteile** handelt. Im ersten Fall beurteilt sich die Zulässigkeit nach § 824 BGB, andernfalls gelangen (nur) § 823 Abs. 1 BGB (Eingriff in den eingerichteten und ausgeübten **Gewerbebetrieb**) und **§ 826 BGB** zur Anwendung. Eine Haftung nach § 826 BGB wird allerdings nur dann in Betracht kommen, wenn der Testbericht **bewusst unrichtige** und unsachliche Beurteilungen enthält[703]. Enthält der Testbericht sowohl Tatsachen als auch Werturteile, ist gleichwohl eine **Beurteilung als Gesamtheit** erforderlich[704]. Im Regelfall überwiegt bei einen Testbericht die (be-)wertende Seite, was u. a. durch die abschließende **Notengebung** und deren optischer Herausstellung zum Ausdruck kommt[705]. **221**

Lediglich in selten gelagerten Ausnahmefällen, in denen sich der Testbericht jeglicher Wertung enthält und den tatsächlichen Feststellungen **eigenständige** Bedeutung zukommt, sie dem Werturteil also nicht als unselbständige Wertungselemente untergeordnet sind, und vom Durchschnittsleser als Aussage über **nachweisbare Fakten** und Grundlage für sein eigenes Qualitätsurteil über das getestete Produkt aufgefasst werden, ist eine andere Beurteilung geboten[706]. So handelt es sich bei der Äußerung, die »Lautsprecherstrippen in der B.-Box fielen sehr dünn aus« in einem Testbericht über Lautsprecherboxen um eine nach § 824 BGB zu beurteilende Tatsache, weil dieses Merkmal **objektiv zu verifizieren** ist[707]. Auch die Äußerung »Wir haben den chemisch hergestellten **Aromastoff Piperonal** nachgewiesen« in einem Testbericht über Schokolade stellt eine Tatsachenbehauptung dar. Ein erheblicher Teil der Testleser versteht die Äußerung so, dass der Testveranstalter (oder der von diesem beauftragte Sachverständige) durch wissenschaftliche Untersuchungen sicher und beweisbar festgestellt habe, **222**

---

701 BVerfG, 07.11.2002, 1 BvR 580/02, WRP 2003, 69 – *Anwaltsranking*; BGH, 09.12.1975, VI ZR 157/73, GRUR 1976, 268, Rn. 25 – *Warentest II*; einschränkend Köhler, Ranking als Rechtsproblem, FS Sonnenberger, 2004, S. 249, 256, der eine stärkere Berücksichtigung der Grundrechte (Art. 2, 14 GG) der betroffenen Unternehmen vermisst.

702 BGH, 09.12.1975, VI ZR 157/73, GRUR 1976, 268, Rn. 25 – *Warentest II*; BGH, 03.12.1985, VI ZR 160/84, GRUR 1986, 330 – *Warentest III*; BGH, 10.03.1987, VI ZR 144/86, GRUR 1987, 468 – *Warentest IV*; BGH, 21.02.1989, VI ZR 18/88, GRUR 1989, 539 – *Warentest V*; BGH, 17.06.1997, VI ZR 114/96, GRUR 1997, 942, Rn. 21 – *Druckertest*; zuletzt dem BGH folgend OLG Stuttgart, 05.04.2018, 2 U 99/17, WRP 2018, 878 – *Nassrasierer-Test.*

703 BGH, 09.12.1975, VI ZR 157/73, GRUR 1976, 268, Rn. 32 – *Warentest II*

704 BGH, 09.12.1975, VI ZR 157/73, GRUR 1976, 268, Rn. 21 – *Warentest II.*

705 BGH, 09.12.1975, VI ZR 157/73, GRUR 1976, 268, Rn. 22 – *Warentest II.*

706 BGH, 21.02.1989, VI ZR 18/88, GRUR 1989, 539, Rn. 12 – *Warentest V*; z. B. bei einem Preistest, der unzutreffende Grundlagen enthält: BGH, 03.12.1985, VI ZR 160/84, GRUR 1986, 330 – *Warentest III.*

707 BGH, 21.02.1989, VI ZR 18/88, GRUR 1989, 539, Rn. 12, 13 – *Warentest V*; kritisch Franz, Vergleichender Warentest, WRP 2015, 1425, 1426.

der in der getesteten Schokolade festgestellte Aromastoff Piperonal sei künstlich hergestellt worden[708].

223 c) Überwiegt bei dem Produkttest nach der Beurteilung in seiner Gesamtheit die **wertende Seite**, richtet sich seine Zulässigkeit nach § 823 Abs. 1 BGB. Im Zusammenhang mit der im Rahmen des Tatbestandes des § 823 Abs. 1 BGB vorzunehmenden Prüfung, ob ein rechtswidriger Eingriff in den eingerichteten und ausgeübten Gewerbetrieb vorliegt, kommt der durchzuführenden **Güterabwägung** entscheidende Bedeutung zu. Es sind das Recht des Testveranstalters auf freie **Meinungsäußerung** und das öffentliche Interesse an der **Information** der Verbraucher auf der einen Seite und das **Recht** des Herstellers/Anbieters an seinem **Unternehmen** auf der anderen Seite gegeneinander abzuwägen. Dabei ist zunächst davon auszugehen, dass ein neutraler vergleichender Produkttest grds. zulässig und nur **ausnahmsweise unzulässig** ist. Unternehmen müssen sich zu Gunsten der Verbraucheraufklärung einer **öffentlichen Kritik** ihrer Leistung stellen. Die Aufklärung der Verbraucher ist zur Gewinnung von Markttransparenz unerlässlich. Sie dient nicht nur dem Interesse der Verbraucher, sondern der gesamten Volkswirtschaft und auch dem wohlverstandenen Interessen der Hersteller/Anbieter der getesteten Produkte[709].

224 Dem Testveranstalter steht für seine Veröffentlichungen und Untersuchungsmethoden sowie die vorgenommenen Wertungen daher ein **angemessener, erheblicher Ermessenspielraum**[710] bzw. **Ermessensfreiraum**[711] zur Verfügung. Voraussetzung hierfür ist aber stets, dass die dem Testbericht zugrunde liegende Untersuchung **neutral, objektiv und sachkundig** durchgeführt worden ist[712]. Die Grenze zur Unzulässigkeit ist aber jedenfalls dann überschritten, wenn es sich um bewusste **Fehlurteile** und bewusste **Verzerrungen**, insbesondere auch um unrichtige Angaben und einseitige Auswahl der zum Vergleich gestellten Produkte handelt[713].

225 Ein vergleichender Produkttest ist von **Neutralität** getragen, wenn der Testveranstalter mit dem Test – mit Ausnahme seines Interesses an einer möglichst starken Verbreitung des Test oder der diesen enthaltenden Zeitschrift – kein eigenes wirtschaftliches Interesse verfolgt, insbesondere nicht den Absatz eines bestimmten getesteten Produktes, er mithin **unabhängig** ist. Daher ist ein Test, den jemand durchführt, der selbst Mitbewerber ist, nicht neutral[714]. Gleiches muss gelten, wenn der Testveranstalter von einem Anbieter **vor** Durchführung des Test Zuwendungen erhält oder sich solche versprechen

708 OLG München, 09.09.2014, 18 U 516/14, GRUR 2014, 1126, Rn. 28 – *Ritter Sport Voll-Nuss*.

709 BGH, 09.12.1975, VI ZR 157/73, GRUR 1976, 268, Rn. 26, 28, 30 – *Warentest II*; Harte/Henning/Sack, § 6 Rn. 333.

710 BGH, 10.03.1987, VI ZR 144/86, GRUR 1987, 468, Rn. 13 – *Warentest IV.*

711 BGH, 17.06.1997, VI ZR 114/96, GRUR 1997, 942, Rn. 10 – *Druckertest*

712 BGH, 09.12.1975, VI ZR 157/73, GRUR 1976, 268, Rn. 31 – *Warentest II.*

713 BGH, 09.12.1975, VI ZR 157/73, GRUR 1976, 268, Rn. 32 – *Warentest II*; BGH, 10.03.1987, VI ZR 144/86, GRUR 1987, 468, Rn. 13 – *Warentest IV.*

714 BGH, 23.04.1998, I ZR 2/96, GRUR 1999, 69, Rn. 20 – *Preisvergleichsliste II*; OLG Hamm, 13.12.1979, 4 U 236/79, WRP 1980, 281.

lässt. **Begründete Zweifel** an der Neutralität bestehen auch, wenn der Testveranstalter von einem Anbieter eines der getesteten Produkte wirtschaftlich oder rechtlich abhängig oder mit diesem wirtschaftlich oder rechtlich verbunden ist. Eine solche Verbundenheit lässt sich aber nicht allein damit begründen, dass der Testveranstalter entgeltlich für getestete Produkte wirbt, soweit er erst **nach** Durchführung des Tests damit beauftragt wird[715]. Unschädlich ist es auch, wenn der Testveranstalter dadurch Einnahmen generiert, dass er Lizenzen zur Werbung mit den Testergebnissen vergibt[716]. Das Neutralitätsgebot ist jedoch verletzt, wenn der den Test durchführende Sachverständige in einem persönlichen oder wirtschaftlichen Näheverhältnis zu einem der Anbieter der getesteten Produkte steht[717]. Das gilt auch dann, wenn zur Vorbereitung eines später veröffentlichten Warentests das Speziallabor eines Herstellers benutzt wird, dessen Produkte an dem Vergleichstest teilnehmen und dieser Umstand verschweigen wird[718].

Objektivität bedeutet nicht, dass das Testergebnis objektiv richtig sein muss. Es reicht **226** aus, wenn der Test vom **Bemühen um Richtigkeit** getragen ist[719]. Den Boden der Objektivität verlässt ein Produkttest dann, wenn die Art des Vorgehens bei der Prüfung und die aus den durchgeführten Untersuchungen gezogenen Schlüsse als nicht mehr vertretbar (»diskutabel«) erscheinen[720]. Das Objektivitätserfordernis bezieht sich auch auf die Auswahl der Testobjekte und auf die **Darstellung** der Testergebnisse. Letztere dürfen nicht verzerrt oder verfälscht wiedergegeben werden[721]. **Ironische** und überspitzte Äußerungen sind von der Meinungsäußerungsfreiheit gedeckt und somit von den Herstellern der getesteten Produkte hinzunehmen, wenn die Grenze zur unzulässigen Schmähkritik nicht überschritten wird[722].

Die Testuntersuchungen sind **sachkundig** durchzuführen. Das bedingt einerseits die **227** **Sorgfältigkeit** der Durchführung des Tests[723] und andererseits die Auswahl und die Beauftragung **qualifizierter, erfahrener und unparteilicher Prüfer**[724]. Diese Voraussetzungen sind z. B. nicht erfüllt, wenn ein Test alkoholhaltiger Zahnpasta durch **Zeitungsredakteure** durchgeführt wird[725].

Der Testveranstalter ist im Falle einer gerichtlichen Auseinandersetzung aufgrund **228** **sekundärer Darlegungslast** gehalten, die Einhaltung der Zulässigkeitskriterien der

715 BVerfG, 07.11.2002, 1 BvR 580/02, WRP 2003, 69 – *Anwaltsranking.*

716 BGH, 21.07.2016, I ZR 26/15, GRUR 2014, 1076, Rn. 45 – *LGA tested*; BGH, 04.10.1990, I ZR 39/89, GRUR 1991, 550, Rn. 19 – *Zaunlasur.*

717 OLG Frankfurt, 25.04.2002, GRUR 2003, 85, Rn. 41.

718 OLG München, 23.05.1996, 29 U 5889/95, NJW-RR 1997, 1330.

719 BGH, 09.12.1975, VI ZR 157/73, GRUR 1976, 268, Rn. 31 – *Warentest II*; BGH, *10.03.1987, VI ZR 144/86,* GRUR 1987, 468, Rn. 13 – *Warentest IV.*

720 BGH, 10.03.1987, VI ZR 144/86, GRUR 1987, 468, Rn. 13 – *Warentest IV*; BGH, 09.12.1975, VI ZR 157/73, GRUR 1976, 268, Rn. 32 – *Warentest II.*

721 OLG Karlsruhe, 25.10.2002, 14 U 36/02, NJW-RR 2003, 177, Rn. 27.

722 HansOLG Hamburg, 26.05.2004, 5 U 129/03, GRUR-RR 2004, 259, Rn. 45 – *Babes und Zicken.*

723 BGH, 17.06.1997, VI ZR 114/96, GRUR 1997, 942, Rn. 21 – *Druckertest.*

724 *Köhler*/Bornkamm/Feddersen, § 6, Rn. 200.

725 BGH, 15.11.1977, VI ZR 101/76, GRUR 1978, 187, Rn. 25 – *Alkoholtest.*

Neutralität, Objektivität und Sachkunde konkret darzulegen. Hierzu muss er vortragen, mit welchen Methoden und auf welchem Weg er das Testergebnis gewonnen hat und warum er zu den dargestellten Bewertungen gelangt ist[726]. Erst wenn der Testveranstalter seiner Darlegungslast nachgekommen ist, obliegt dem klagenden Hersteller die Darlegung und der Beweis von Untersuchungsfehlern.

229 d) Enthält der Testbericht unwahre Tatsachen mit eigenständiger Bedeutung oder hält er – bei Werturteilen – die Zulässigkeitskriterien von Neutralität, Objektivität und Sachkunde nicht ein, steht dem Hersteller der getesteten Produkte – bei Erstbegehungs- oder Wiederholungsgefahr – ein **Unterlassungsanspruch** zu (§ 823, 824, 1004 BGB). Die grds. bestehende **Wiederholungsgefahr** soll nicht nur durch Abgabe einer strafbewehrten Unterlassungserklärung entfallen, sondern auch durch die unverzüglich nach Kenntniserlangung erklärte Bereitschaft des Testveranstalters, seinen Fehler bei »nächster Gelegenheit in angemessener Form« zu berichtigen und durch die dann auch erfolgte Berichtigung[727]. Liegen unwahre Tatsachenbehauptungen vor, so kann der Hersteller auch **Widerruf** verlangen[728]. Dem Hersteller steht grds. auch ein **Schadensersatzanspruch** zu, dessen Höhe er z. B. im Fall der Auslistung aufgrund des Tests – anders als sonst im Wettbewerbsrecht – unschwer wird beziffern können[729]. Demgegenüber kommt ein Ersatz für die Kosten einer Anzeigenkampagne zur Richtigstellung des – unrichtigen – Testberichtes nur ausnahmsweise in Betracht[730].

3. Werbung mit Testergebnissen

230 Der Hersteller der im Testbericht mit »sehr gut« oder »gut« oder jedenfalls der besser bewerteten Produkte hat naturgemäß ein Interesse daran, mit dem Testbericht für sein Produkt zu werben. Das ist dem Grundsatz nach zulässig[731]. Macht die Werbung einen Mitbewerber oder seine Produkte erkennbar (z. B. weil sich der Hersteller anders als bei der **Testhinweiswerbung** nicht darauf beschränkt, nur die Bewertung des von ihm angebotenen Produkts wiederzugeben, sondern er den gesamten Test werbend darstellt), so ist im Regelfall der Anwendungsbereich des § 6 Abs. 1 UWG eröffnet, so dass die Werbung die Zulässigkeitskriterien des § 6 Abs. 2 UWG einhalten muss. Da der Hersteller mit der Werbung mit dem Testbericht den Absatz seiner Produkte fördern will, liegt – sollte die Erkennbarkeit nach § 6 Abs. 1 UWG fehlen – jedenfalls eine geschäftliche Handlung nach § 2 Abs. 1 Nr. 1 UWG vor, so dass sich die Zulässigkeit der Werbung nach § 3 Abs. 1 UWG und im **Irreführungsfall** (z. B. bei verfälschender Darstellung der Testergebnisse) nach § 5 UWG beurteilt[732].

---

726 OLG München, 09.09.2014, 18 U 516/14, GRUR 2014, 1126, Rn. 70 – *Ritter Sport Voll-Nuss.*

727 BGH, 17.06.1997, VI ZR 114/96, GRUR 1997, 942, Rn. 20 – *Druckertest*; das erscheint bei wettbewerbsrechtlicher Beurteilung zweifelhaft.

728 BGH, 09.12.1975, VI ZR 157/73, GRUR 1976, 268, Rn. 43 – *Warentest II.*

729 MünchKomm/Menke UWG, § 6, Rn. 340.

730 BGH, 03.12.1985, VI ZR 160/84, GRUR 1986, 330, Rn. 15 ff. – *Warentest III.*

731 Koppe/Zagouras, Rechtsprobleme der Testwerbung, WRP 2008, 1035.

732 Koppe/Zagouras, Rechtsprobleme der Testwerbung, WRP 2008, 1035, 1036.

231 Nicht irreführend ist es, wenn die **Vollversicherung** einer PKV bei einem Test der Stiftung Warentest die Note »mangelhaft« und die Zusatzversicherung die Note »sehr gut« erhielt, die PKV für die **Zusatzversicherung** mit dem Testurteil der Stiftung Warentest und für die Vollversicherung mit einem Testergebnis aus einem anderen Test, in dem sie ein gutes Ergebnis erzielt hatte, wirbt[733]. Das gilt auch für die Aussagen, in einem Test **»als eines von nur drei Instituten«** das Urteil »gut« erhalten zu haben und **»damit zu den Testsiegern«** zu gehören, wenn der Werbende bei Berücksichtigung der Testergebnisse auch im Nachkommabereich nur den zweiten Platz erreicht hätte[734]. Irreführend ist es dagegen, wenn für einen konkreten Festnetztarif mit dem Testurteil **»bestes Netz«** geworben wird, dieses Urteil aber maßgeblich auf den Einsatz einer bestimmter Hardware beruhte, in dem beworbenen Tarif diese Hardware aber nicht enthalten, sondern nur gegen Aufpreis optional zubuchbar war[735].

232 In jedem Fall ist der Werbende (nach § 3 Abs. 1 UWG bzw. § 6 Abs. 2 Nr. 2 UWG[736]) gehalten, die **Fundstelle** der Veröffentlichung des Tests anzugeben, damit der Verbraucher den Test ohne großen Aufwand zur Kenntnis nehmen und nachprüfen kann[737]. Dabei kann auch die Angabe eine **»Links«** ausreichend sein[738].

233 Die Stiftung Warentest (in Zusammenarbeit mit der RAL gGmbH) vergibt an interessierte Unternehmen Lizenzen zur Nutzung ihres Logos zur Werbung mit den von ihr durchgeführten Produkttests. Der Lizenzvergabe liegen die »Allgemeinen Vertragsbedingungen« vom 01.07.2013 zugrunde[739]. Dabei handelt es sich weder um Marktverhaltensregelungen nach § 3 a UWG[740] noch um einen Verhaltenskodex nach § 2 Abs. 1 Nr. 5 UWG[741].

733 OLG München, 04.11.1999, 29 U 3092/99, VersR 2000, 909.
734 OLG Köln, 28.05.2008, 6 U 19/08, GRUR-RR 2009, 73 – *Gehört zu den Testsiegern.*
735 HansOLG Hamburg, 18.05.2017, 3 U 253/16, GRUR-RR 2018, 24 – *Das beste Netz.*
736 Zur Einhaltung des Tatbestandsmerkmals der »Nachprüfbarkeit«.
737 BGH, 21.03.1991, I ZR 151/89, GRUR 1991, 679, Rn. 19 – *Fundstellenangabe*, unter Hinweis auf die Empfehlungen der Stiftung Warentest, wonach die Angaben über Testurteile insbesondere nachprüfbar sein müssen; HansOLG Hamburg, 15.01.2007, 3 U 240/06, WRP 2007, 557: auch bei der sog. Testhinweiswerbung; OLG Köln, 06.02.2009, 6 W 5/09, GRUR-RR 2009, 181 – *Test mit Prestige-Cremes.*
738 OLG München, 15.11.2005, 18 U 4393/05, GRUR-RR 2006, 208 – *Flop-Airline.*
739 Abgedruckt bei *Köhler*/Bornkamm/Feddersen, § 6, nach Rn. 213 ff.
740 Koppe/Zagouras, Rechtsprobleme der Testwerbung, WRP 2008, 1035, 1044.
741 *Köhler*/Bornkamm/Feddersen, § 6, Rn. 213.

§ 7 Unzumutbare Belästigungen

(1) Eine geschäftliche Handlung, durch die ein Marktteilnehmer in unzumutbarer Weise belästigt wird, ist unzulässig. Dies gilt insbesondere für Werbung, obwohl erkennbar ist, dass der angesprochene Marktteilnehmer diese Werbung nicht wünscht.

(2) Eine unzumutbare Belästigung ist stets anzunehmen

1. **bei Werbung unter Verwendung eines in den Nummern 2 und 3 nicht aufgeführten, für den Fernabsatz geeigneten Mittels der kommerziellen Kommunikation, durch die ein Verbraucher hartnäckig angesprochen wird, obwohl er dies erkennbar nicht wünscht;**
2. **bei Werbung mit einem Telefonanruf gegenüber einem Verbraucher ohne dessen vorherige ausdrückliche Einwilligung oder gegenüber einem sonstigen Marktteilnehmer ohne dessen zumindest mutmaßliche Einwilligung,**
3. **bei Werbung unter Verwendung einer automatischen Anrufmaschine, eines Faxgerätes oder elektronischer Post, ohne dass eine vorherige ausdrückliche Einwilligung des Adressaten vorliegt, oder**
4. **bei Werbung mit einer Nachricht,**
   a) **bei der die Identität des Absenders, in dessen Auftrag die Nachricht übermittelt wird, verschleiert oder verheimlicht wird oder**
   b) **bei der gegen § 6 Absatz 1 des Telemediengesetzes verstoßen wird oder in der der Empfänger aufgefordert wird, eine Website aufzurufen, die gegen diese Vorschrift verstößt, oder**
   c) **bei der keine gültige Adresse vorhanden ist, an die der Empfänger eine Aufforderung zur Einstellung solcher Nachrichten richten kann, ohne dass hierfür andere als die Übermittlungskosten nach den Basistarifen entstehen.**

(3) Abweichend von Absatz 2 Nummer 3 ist eine unzumutbare Belästigung bei einer Werbung unter Verwendung elektronischer Post nicht anzunehmen, wenn

1. **ein Unternehmer im Zusammenhang mit dem Verkauf einer Ware oder Dienstleistung von dem Kunden dessen elektronische Postadresse erhalten hat,**
2. **der Unternehmer die Adresse zur Direktwerbung für eigene ähnliche Waren oder Dienstleistungen verwendet,**
3. **der Kunde der Verwendung nicht widersprochen hat und**
4. **der Kunde bei Erhebung der Adresse und bei jeder Verwendung klar und deutlich darauf hingewiesen wird, dass er der Verwendung jederzeit widersprechen kann, ohne dass hierfür andere als die Übermittlungskosten nach den Basistarifen entstehen.**

Wolfgang Büscher

Übersicht

A. Allgemeines

I. Entstehungsgeschichte

1. UWG 1909 und 2004

1 Unter Geltung des UWG 1909 war die Belästigung durch unangemessen aufdringliche Werbung als Fallgruppe des § 1 UWG anerkannt. Schutzgut war die Individualsphäre des Umworbenen gegen derartige Werbemethoden. Als untragbar angesehen wurde eine Wettbewerbsmaßnahme, wenn sie das mit jeder Werbung mehr oder weniger verbundene noch hinnehmbare Maß der Belästigung überstieg.[1] Dazu zählten das individuelle Ansprechen von Passanten auf öffentlichen Plätzen,[2] die Werbung durch Telefonanrufe im privaten Bereich ohne Einverständnis des Angerufenen,[3] die Zusendung unbestellter Waren[4] und unerbetene Hausbesuche, wenn mit ihnen wegen der besonderen Umstände des jeweiligen Falls eine wettbewerbswidrige Belästigung verbunden war.[5]

2 In das UWG 2004 nahm der Gesetzgeber in § 7 den Unlauterkeitstatbestand der unzumutbaren Belästigungen auf. Hierunter fielen Handlungen, die bereits wegen der Art und Weise unabhängig von ihrem Inhalt als Belästigung empfunden wurden. Die Belästigung bestand darin, dass die Wettbewerbshandlung den Empfängern aufgedrängt wurde.[6] Die Vorschrift enthielt in § 7 Abs. 1 den allgemeinen Unlauterkeitstatbestand belästigender Werbung, in Abs. 2 Beispielsfälle unzumutbarer Belästigungen und in

1 RG, 09.11.1934, II 171/34, RGZ 145, 396, 402; BGH, 11.11.1958, I ZR 179/57, GRUR 1959, 277, 279 – *Künstlerpostkarten*; BGH, 04.12.1964, I b ZR 38/63, GRUR 1965, 315, – *Werbewagen*; BGH, 12.03.1971, I ZR 119/69, GRUR 1971, 317, 318 – *Grabsteinwerbung II*.
2 BGH, 08.04.1960, I ZR 24/59, GRUR 1960, 431, 432 – *Kraftfahrzeugnummernschilder*.
3 BGH, 19.06.1970, I ZR 115/68, BGHZ 54, 188, 190 – *Telefonwerbung I*; BGH, 24.01.1991, I ZR 133/89, GRUR 1991, 764, 765 – *Telefonwerbung IV*.
4 BGH, 12.01.1960, I ZR 52/59, GRUR 1960, 382, 383 – *Verbandsstoffe*.
5 BGH, 08.07.1955, I ZR 52/54, GRUR 1955, 541, 542 – *Bestattungswerbung*.
6 Begründung des Regierungsentwurfs eines Gesetzes gegen unlauteren Wettbewerb (UWG), BT-Drucks. 15/1487, S. 20.

Abs. 3 unter näher bezeichneten Voraussetzungen eine Ausnahme von der unzumutbaren Belästigung bei der E-Mail-Werbung.

2. Novellierungen seit dem UWG 2008

Mit dem UWG 2008 erfuhr § 7 eine Reihe von Änderungen. Die Vorschrift wurde an die Terminologie des UWG angepasst und in § 7 Abs. 1 Satz 1 die geschäftliche Handlung angeführt. Der Grundtatbestand war § 7 Abs. 1 Satz 1, wonach eine geschäftliche Handlung unzulässig war, durch die ein Marktteilnehmer in unzumutbarer Weise belästigt wurde. § 7 Abs. 1 Satz 1 knüpfte nicht mehr an die Generalklausel des § 3 an. Das hatte zur Folge, dass die Bagatellklausel des § 3 Abs. 1 auf § 7 Abs. 2 nicht anwendbar war.[7] Belästigende geschäftliche Handlungen nach dem Katalog des § 7 Abs. 2 waren stets unzulässig.[8] § 7 Abs. 2 Nr. 1 wurde in § 7 Abs. 1 Satz 2 fortgeführt, weil hier eine Würdigung der Umstände des Einzelfalls im Hinblick auf die durch die UGP-RL eingetretene Vollharmonisierung erforderlich war, die nur bei den Tatbeständen des Anhangs I UGP-RL eine solche Einzelfallwürdigung ausschloss.[9] Die Beispielsfälle unzumutbarer Belästigungen nach § 7 Abs. 2 wurden als stets unzulässig bestimmt und Nr. 26 des Anhangs I der UGP-RL setzte der Gesetzgeber teilweise in § 7 Abs. 2 Nr. 1 um.[10] Im Tatbestand des § 7 Abs. 2 Nr. 3 trat an die Stelle der Einwilligung die vorherige ausdrückliche Einwilligung des Adressaten. Aufgrund des Gesetzes zur Bekämpfung unerlaubter Telefonwerbung und zur Verbesserung des Verbraucherschutzes bei besonderen Vertriebsformen vom 29.07.2009[11] wurde § 7 Abs. 2 Nr. 2 verschärft und die Werbung mit einem Telefonanruf gegenüber einem Verbraucher von der vorherigen ausdrücklichen Einwilligung abhängig gemacht. Mit dem Gesetz gegen unseriöse Geschäftspraktiken vom 01.10.2013[12] wurde § 7 Abs. 2 Nr. 4 neu gefasst und um lit. b erweitert. Die Änderung war im Hinblick auf die Neufassung des Art. 13 (4) der Richtlinie 2002/58/EG[13] durch Art. 2 Nr. 7 der Richtlinie 2009/136/EG[14] erforderlich geworden. 3

7 BGH, 11.03.2010, I ZR 27/08, GRUR 2010, 939 Rn. 18 – *Telefonwerbung nach Unternehmenswechsel*; BGH, 05.10.2010, I ZR 46/09, GRUR 2011, 433 Rn. 23 – *Verbotsantrag bei Telefonwerbung*; BGH, 12.09.2013, I ZR 208/12, GRUR 2013, 1259 Rn. 22 – *Empfehlungs-E-Mail*.

8 Begründung des Regierungsentwurfs eines Ersten Gesetzes zur Änderung des Gesetzes gegen den unlauteren Wettbewerb, BT-Drucksache 16/10145, S. 29.

9 Begründung des Regierungsentwurfs eines Ersten Gesetzes zur Änderung des Gesetzes gegen den unlauteren Wettbewerb, BT-Drucksache 16/10145, S. 29.

10 Begründung des Regierungsentwurfs eines Ersten Gesetzes zur Änderung des Gesetzes gegen den unlauteren Wettbewerb, BT-Drucksache 16/10145, S. 29.

11 BGBl. I 2413.

12 BGBl. I 3714.

13 Richtlinie 2002/58/EG vom 12.07.2002 über die Verarbeitung personenbezogener Daten und den Schutz der Privatsphäre in der elektronischen Kommunikation (Datenschutzrichtlinie für elektronische Kommunikation), ABl. Nr. L 201 vom 31.07.2002, S. 37.

14 Richtlinie 2009/136/EG vom 25.11.2009 zur Änderung der Richtlinie 2002/22/EG über den Universaldienst und Nutzerrechte bei elektronischen Kommunikationsnetzen und -diensten, der Richtlinie 2002/58/EG über die Verarbeitung personenbezogener Daten und den Schutz der Privatsphäre in der elektronischen Kommunikation und der Verordnung (EG) Nr. 2006/2004 über die Zusammenarbeit im Verbraucherschutz, ABl. L 337 vom 18.12.2009, S. 11.

4 Das UWG 2015 ließ § 7 unverändert.

II. Unionsrecht

1. Warenverkehrs- und Dienstleistungsfreiheit

5 Beschränkungen von Marketingmaßnahmen im grenzüberschreitenden Waren- und Dienstleistungsverkehr können zu Eingriffen in die Warenverkehrsfreiheit nach Art. 34 AEUV und die Dienstleistungsfreiheit nach Art. 56 AEUV führen. Unmittelbar an den Grundfreiheiten zu messen sind solche Beschränkungen nur, wenn kein Sekundärrecht der Union besteht, das eine Vollharmonisierung vorsieht (Einleitung Rdn. 117). Im Fall einer Vollharmonisierung sind die Grundfreiheiten bei der Auslegung des Sekundärrechts zu berücksichtigen (Einleitung Rdn. 116). Ist ein Bereich betroffen, in dem durch das Sekundärrecht keine Vollharmonisierung erfolgt ist, sind die Grundfreiheiten unmittelbar anwendbar (Einleitung Rdn. 117). Da nach dem EuGH-Urteil in Sachen »Keck und Mithouard«[15] zwischen Vorschriften, die die Merkmale der Waren betreffen, und Bestimmungen, die die Modalitäten des Verkaufs regeln, zu unterscheiden ist und die in § 7 angeführten geschäftlichen Handlungen nicht die Waren, sondern die Modalitäten des Verkaufs betreffen, kommt eine Beeinträchtigung der Warenverkehrsfreiheit nur bei einer Diskriminierung von Wirtschaftsteilnehmern oder einer Behinderung des Warenabsatzes aus anderen Mitgliedstaaten in Betracht (Einleitung Rdn. 123–127). Verbote nach § 7 können den freien Dienstleistungsverkehr beeinträchtigen (näher zu den Voraussetzungen Einleitung Rdn. 144–156). Liegt eine Einschränkung des freien Waren- oder Dienstleistungsverkehrs vor, kann diese aus **zwingenden Gründen des Allgemeininteresses** geboten sein (Einleitung Rdn. 128–143, 154–156).

2. UGP-RL

6 Überschneidungen zwischen § 7 und der UGP-RL ergeben sich bei einigen Tatbeständen des Anhangs I der UGP-RL über aggressive Geschäftspraktiken, und mit **§ 4a**, durch den Art. 8 und 9 UGP-RL umgesetzt worden ist. Aus dem Anhang zu § 3 Abs. 3, durch den die sog. schwarze Liste des Anhangs I der UGP-RL umgesetzt ist, sind dies **Nr. 22** zur Übermittlung von Werbematerial unter Beifügung einer Zahlungsaufforderung, wenn damit der unzutreffende Eindruck vermittelt wird, die beworbene Ware oder Dienstleistung sei bereits bestellt. Weiter betrifft dies **Nr. 26** des Anhangs zu § 3 Abs. 3, der die unterbliebene Beachtung einer Aufforderung zum Verlassen der Wohnung oder zum Unterlassen der Rückkehr zum Gegenstand hat, und **Nr. 29** zur Aufforderung zur Bezahlung nicht bestellter, aber gelieferter Waren oder erbrachter Dienstleistungen oder zur Aufforderung zur Rücksendung oder Aufbewahrung nicht bestellter Sachen.

7 Der Gesetzgeber hat zudem **Nr. 26 des Anhangs I der UGP-RL** teilweise durch § 7 Abs. 2 Nr. 1 umgesetzt, soweit nicht bereits durch die Bestimmungen des § 7 Abs. 2 Nr. 2 und 3 für den Bereich der Telefonwerbung und der Werbung durch eine automa-

15 EuGH, 24.11.1993, C-267/91 und C-268/91, GRUR 1994, 296 – *Keck und Mithouard.*

tische Anrufmaschine, ein Faxgerät oder elektronische Post durch eine strengere deutsche Regelung eine Umsetzung der Nr. 26 inzident erfolgt ist (zu den damit in Zusammenhang stehenden Zweifelsfragen Rdn. 15, 92, 94–96).[16] Die unterbliebene Umsetzung der Nr. 26 des Anhangs I in dem Anhang zu § 3 Abs. 3 und die Aufnahme der verbliebenen Fälle in § 7 Abs. 2 Nr. 1 führt zu einer sinnwidrigen Aufspaltung des Anhangs I im deutschen Recht. Die Umsetzung von Nr. 26 des Anhangs I UGP-RL durch § 7 Abs. 2 stellt zudem einen Systembruch dar, weil Nr. 24 bis 31 des Anhangs I UGP-RL aggressive Geschäftspraktiken regeln und eine Umsetzung, wenn schon nicht im Anhang zu § 3 Abs. 3, wo die Vorschrift nach ihrer Stellung im Gesamtsystem hingehört hätte, in § 4a hätte umgesetzt werden müssen. Diese Art der Umsetzung zeigt, dass die mit Gesetzesvorhaben befassten Instanzen sich mit der Umsetzung von Rechtsvorschriften der Union selbst dann schwer tun, wenn Richtlinien ein klares System vorgeben.

Davon abgesehen bezieht sich die UGP-RL nach Erwägungsgrund 7 Satz 3 bis 5 nicht **8**
auf die gesetzlichen Anforderungen in Fragen der guten Sitten und des Anstands, die in den Mitgliedstaaten sehr unterschiedlich sind. Geschäftspraktiken wie beispielsweise das Ansprechen von Personen auf der Straße zu Verkaufszwecken können in manchen Mitgliedstaaten aus kulturellen Gründen unerwünscht sein. Die Mitgliedstaaten sollten daher im Einklang mit dem Unionsrecht in ihrem Hoheitsgebiet weiterhin Geschäftspraktiken aus Gründen der guten Sitten und des Anstands verbieten können, auch wenn diese Praktiken die Wahlfreiheit des Verbrauchers nicht beeinträchtigen. Die **UGP-RL umfasst danach nicht den Schutz der Privatsphäre**, sondern bezweckt den Schutz vor unlauteren Geschäftspraktiken, die in unmittelbarem Zusammenhang mit der Beeinflussung der geschäftlichen Entscheidung des Verbrauchers in Bezug auf Produkte stehen (Erwägungsgrund 6 Satz 1 und 7 Satz 1). Die UGP-RL dient der Sicherung der informierten Entscheidung der Verbraucher und nicht dem Schutz vor Belästigungen.[17]

3. Richtlinien 2002/58/EG und 2009/136/EG

Durch § 7 Abs. 2 Nr. 2, 3 und 4 sowie Abs. 3 wird Art. 13 der Datenschutzrichtlinie **9**
für elektronische Kommunikation[18] in der durch die Richtlinie 2009/136/EG geänder-

16 Begründung des Regierungsentwurfs eines Ersten Gesetzes zur Änderung des Gesetzes gegen den unlauteren Wettbewerb, BT-Drucksache 16/10145, S. 29.

17 BGH, 22.04.2010, I ZR 29/09, GRUR 2010, 1113 Rn. 14 – *Grabmalwerbung*; BGH, 21.04.2016, I ZR 276/14, GRUR 2016, 831 Rn. 16 – *Lebens-Kost*; *Köhler*, WRP 2015, 798, 800.

18 Richtlinie 2002/58/EG vom 12.07.2002 über die Verarbeitung personenbezogener Daten und den Schutz der Privatsphäre in der elektronischen Kommunikation (Datenschutzrichtlinie für elektronische Kommunikation), ABl. Nr. L 201 vom 31.07.2002, S. 37.

ten Fassung umgesetzt.[19] Die Richtlinie dient dem Schutz der Art. 7 und 8 EU-Grundrechtecharta und damit dem Schutz der Privatsphäre und der personenbezogenen Daten (Erwägungsgrund 2 Satz 2 und Art. 1 Richtlinie 2002/58/EG). Art. 13 in der durch die Richtlinie 2009/136/EG geänderten Fassung schützt Teilnehmer vor unerbetenen Nachrichten und damit die **Privatsphäre**. Art. 13 (1) wird durch § 7 Abs. 2 Nr. 3,[20] Art. 13 (2) durch § 7 Abs. 3 und Art. 13 (4) durch § 7 Abs. 2 Nr. 4 umgesetzt. Die Vorschriften sind richtlinienkonform auszulegen. Art. 13 (3) sieht für die Mitgliedstaaten eine Wahlmöglichkeit für nicht in Art. 13 (1) und (2) angeführte Fälle zwischen einem Verbot mit Einwilligungsvorbehalt (Opt-in) und einer Erlaubnis mit Widerspruchsmöglichkeit (Opt-out) vor. Das betrifft die Telefonwerbung. Von der Wahlmöglichkeit hat Deutschland in § 7 Abs. 2 Nr. 2 durch ein Verbot mit Erlaubnisvorbehalt in richtlinienkonformer Weise Gebrauch gemacht.[21]

10 Art. 13 (5) sieht vor, dass die Absätze 1 bis 3 nur für natürliche Personen gelten und die Mitgliedstaaten sicherstellen, dass die berechtigten Interessen anderer Teilnehmer als natürliche Personen vor unerbetenen Nachrichten ausreichend geschützt werden. Deutschland hat diesen Schutz anderer als natürlicher Personen durch § 7 Abs. 1, Abs. 2 Nr. 2 bis 4 und Abs. 3 sichergestellt. Die Richtlinien 2002/58/EG und 2009/136/EG dienen dem **Schutz natürlicher und juristischer Personen**. Sie schützen **individuelle Interessen**. Dagegen dient die **UGP-RL** dem Verbraucherschutz und damit **Kollektivinteressen** (§ 1 Rdn. 15).

11 Nach **Art. 13 (6) Satz 1** der Datenschutzrichtlinie für elektronische Kommunikation stellen die Mitgliedstaaten sicher, dass natürliche oder juristische Personen, die durch Verstöße gegen die aufgrund des Art. 13 erlassenen nationalen Vorschriften beeinträchtigt werden und ein berechtigtes Interesse an der Einstellung oder dem Verbot solcher Verstöße haben, einschließlich der Anbieter elektronischer Kommunikationsdienste, die ihre berechtigten Geschäftsinteressen schützen wollen, gegen solche Verstöße gerichtlich vorgehen können. Nach deutschem Recht können durch unerbetene Nachrichten individuell betroffene natürliche und juristische Personen hiergegen nach **§§ 823 Abs. 1, 1004 Abs. 1 BGB** und **§ 823 Abs. 2 BGB i. V. mit § 7** vorgehen. Die Übermittlung unerbetener Nachrichten stellt eine Verletzung des allgemeinen Persönlichkeitsrechts des Betroffenen[22] und bei einem Gewerbetreibenden einen Eingriff in den eingerichte-

19 Richtlinie 2009/136/EG vom 25.11.2009 zur Änderung der Richtlinie 2002/22/EG über den Universaldienst und Nutzerrechte bei elektronischen Kommunikationsnetzen und -diensten, der Richtlinie 2002/58/EG über die Verarbeitung personenbezogener Daten und den Schutz der Privatsphäre in der elektronischen Kommunikation und der Verordnung (EG) Nr. 2006/2004 über die Zusammenarbeit im Verbraucherschutz, ABl. L 337 vom 18.12.2009, S. 11; BGH, 10.07.2018, VI ZR 225/17, GRUR 2018, 1178 Rn. 23 – *Kundenzufriedenheitsbefragung*.

20 BGH, 14.01.2016, I ZR 65/14, GRUR 2016, 946 Rn. 24 – *Freunde finden*.

21 BGH, 10.02.2011, I ZR 164/09, GRUR 2011, 936 Rn. 24 ff – *Double-opt-in-Verfahren*.

22 BGH, 15.12.2015, VI ZR 134/15, GRUR 2016, 530 Rn. 10 bis 16 – *»No-Reply«-E-Mails*; BGH, 10.07.2018, VI ZR 225/17, GRUR 2018, 1178 Rn. 14 – *Kundenzufriedenheitsbefragung*.

ten und ausgeübten Gewerbebetrieb dar.[23] Zudem ist § 7 Schutzgesetz i. S. des § 823 Abs. 2 BGB.[24] Darüber hinaus besteht die Möglichkeit zur Geltendmachung von Ansprüchen wegen Verstoßes gegen § 7 durch die Anspruchsberechtigten nach **§ 8 Abs. 3**. Diese neben der individuellen Anspruchsverfolgung bestehende Aktivlegitimation der in § 8 Abs. 3 aufgeführten Gläubiger ist mit der Datenschutzrichtlinie vereinbar. Diese sieht nur für die Voraussetzungen des Datenschutzes und der Schranken eine vollständige Harmonisierung vor; sie verbietet aber keine zusätzlichen Sanktionen durch eine Ausweitung der Möglichkeiten der Rechtsverfolgung.[25] Das macht nunmehr auch Art. 15a (1) Satz 1 der Richtlinie 2009/136/EG deutlich.

Die UGP-RL lässt die Vorschriften der Datenschutzrichtlinie über elektronische Kommunikation nach Nr. 26 Satz 2 Anhang I UGP-RL unberührt.[26] **12**

4. Richtlinie 2000/31/EG

Nach Art. 7 (1) der Richtlinie 2000/31/EG über den elektronischen Geschäftsverkehr[27] haben die Mitgliedstaaten, die nicht angeforderte kommerzielle Kommunikation mittels elektronischer Post zulassen, sicherzustellen, dass solche kommerziellen Kommunikationen eines in ihrem Hoheitsgebiet niedergelassenen Diensteanbieters bei Eingang beim Nutzer klar und unzweideutig als solche erkennbar sind. Die Regelung geht von einem Opt-out-Verfahren aus, von dem Deutschland mit seinen strengeren Vorschriften keinen Gebrauch gemacht hat. **13**

III. Schutzzweck und Normstruktur

1. Schutzzweck

§ 7 schützt Marktteilnehmer vor einer unzumutbaren Belästigung. Der Werbende soll daran gehindert werden, in die **Privatsphäre** des Verbrauchers oder die **geschäftliche Sphäre** eines sonstigen Marktteilnehmers einzudringen und ihm Werbemaßnahmen entgegen seinem erkennbaren oder mutmaßlichen Willen aufzudrängen.[28] Der Ver- **14**

23 BGH, 20.05.2009, I ZR 218/07, GRUR 2009, 980 Rn. 12 – *E-Mail-Werbung II*; BGH, 12.09.2013, I ZR 208/12, GRUR 2013, 1259 Rn. 15 – *Empfehlungs-E-Mail*; BGH, 14.03.2017, VI ZR 721/15, BGHZ 214, 204 Rn. 14.

24 BGH, 21.04.2016, I ZR 276/14, GRUR 2016, 831 Rn. 14 – *Lebens-Kost.*

25 BGH, 20.03.2013, I ZR 209/11, GRUR 2013, 1170 Rn. 10 ff – *Telefonwerbung für DSL-Produkte*; jurisPK-UWG/*Koch* § 7 Rn. 205; *Ohly*/Sosnitza § 7 Rn. 9; *Schaffert*, FS Köhler, 2014, 585, 590; a. A. *Köhler*, GRUR 2012, 1073, 1080; *ders.* WRP 2017, 1025, 1031.

26 BGH, 14.01.2016, I ZR 65/14, GRUR 2016, 946 Rn. 24 – *Freunde finden.*

27 Richtlinie 2000/31/EG vom 08.06.2000 über bestimmte rechtliche Aspekte der Dienste der Informationsgesellschaft, insbesondere des elektronischen Geschäftsverkehrs, im Binnenmarkt (»Richtlinie über den elektronischen Geschäftsverkehr«), ABl. L 178 vom 17.07.2000, S. 1.

28 BGH, 01.04.2004, I ZR 227/01, GRUR 2004, 699, 701 – *Ansprechen in der Öffentlichkeit*; BGH, 09.09.2004, I ZR 93/02, GRUR 2005, 443, 444 – *Ansprechen in der Öffentlichkeit II*; BGH, 01.06.2006, I ZR 167/03, GRUR 2007, 164 Rn. 8 – *Telefax-Werbung II*; BGH, 11.03.2010, I ZR 27/08, GRUR 2010, 939 Rn. 20 – *Telefonwerbung nach Unternehmenswechsel*; BGH, 03.03.2011, I ZR 167/09, GRUR 2011, 747 Rn. 18 – *Kreditkartenübersendung*; BGH, 21.04.2016, I ZR 276/14, GRUR 2016, 831 Rn. 16 – *Lebens-Kost.*

braucher oder sonstige Marktteilnehmer muss sich mit der Werbemaßnahme befassen, sie in ihren Auswirkungen prüfen und Zeit, Mühen und Überlegungen aufwenden, um die Störung abzuwehren.[29] In manchen Fällen werden Ressourcen des Empfängers gebunden (z.B. Zeitaufwand, Kosten für Faxpapier, Vorhaltekosten von Empfangseinrichtungen, Entsorgungskosten).[30] Der Schutz der Rechtsgüter des § 7 ist verfassungsrechtlich in Art. 7[31] und Art. 16 und 17 EU-Grundrechtecharta und Art. 2 (1)[32] und Art. 12 sowie 14 GG verankert (allgemein zur Anwendung der EU-Grundrechtecharta und des GG Einleitung Rdn. 52–57).

15 Dagegen umfasst der Schutz des § 7 **nicht Beeinträchtigungen der Entscheidungsfreiheit** der Verbraucher und sonstigen Marktteilnehmer.[33] Ausgenommen hiervon ist § 7 nur insoweit, als er der Umsetzung der Nr. 26 des Anhangs I UGP-RL dient.[34] Die Tatbestände des Anhangs I der UGP-RL sollen die Entscheidungsfreiheit der Verbraucher sichern. Das ist bei der Auslegung des § 7 zu berücksichtigen, weil der deutsche Gesetzgeber Nr. 26 des Anhangs I UGP-RL nicht gesondert im Anhang zu § 3 Abs. 3 umgesetzt hat, sondern die Umsetzung dieses Tatbestands der sog. schwarzen Liste systemwidrig in § 7 vorgenommen hat (Rdn. 7).

2. Normstruktur

a) § 7 Abs. 1 Satz 1

16 § 7 Abs. 1 Satz 1 enthält die **Grundnorm**, wonach eine geschäftliche Handlung unzulässig ist, durch die ein Marktteilnehmer in unzumutbarer Weise belästigt wird. Die Bestimmung knüpft nicht an § 3 Abs. 1 an, sondern bestimmt eigenständig die **Rechtsfolge** der Unzulässigkeit. Zugleich folgt aus der Bestimmung der umfassende Anwendungsbereich der Vorschrift. Dieser schließt mit dem Schutz der Marktteilnehmer nach § 2 Abs. 1 Nr. 2 Verbraucher, Mitbewerber und sonstige Marktteilnehmer ein. Die Vorschrift enthält zudem die **Voraussetzungen des Grundtatbestands** einer unzulässigen geschäftlichen Handlung wegen unzumutbarer Belästigung. Es muss eine geschäftliche Handlung i. S. von § 2 Abs. 1 Nr. 1 vorliegen, durch die ein Marktteilnehmer i. S. von § 2 Abs. 1 Nr. 2 betroffen ist, und die geschäftliche Handlung muss eine unzumutbare Belästigung darstellen.

---

29 BGH, 03.03.2011, I ZR 167/09, GRUR 2011, 747 Rn. 18 – *Kreditkartenübersendung*.

30 BGH, 21.04.2016, I ZR 276/14, GRUR 2016, 831 Rn. 16 – *Lebens-Kost*.

31 Erwägungsgrund 2 Satz 2 Richtlinie 2002/58/EG.

32 BGH, 01.04.2004, I ZR 227/01, GRUR 2004, 699, 701 – *Ansprechen in der Öffentlichkeit*; BGH, 03.03.2011, I ZR 167/09, GRUR 2011, 747 Rn. 17 – *Kreditkartenübersendung*; KG, 19.06.2015, 5 U 7/14, WRP 2015, 1534.

33 BGH, 21.04.2016, I ZR 276/14, GRUR 2016, 831 Rn. 16 – *Lebens-Kost*; jurisPK-UWG/*Koch* § 7 Rn. 4; MünchKomm/*Leible* UWG, § 7 Rn. 1; *Köhler*/Bornkamm/Feddersen, § 7 Rn. 3; *Ohly*/Sosnitza § 7 Rn. 1; GK/*Pahlow*, § 7 Rn. 20; Harte/Henning/*Schöler*, § 7 Rn. 39; Götting/Nordemann/*Menebröcker*, § 7 Rn. 15; a. A. FBO/*Mankowski* § 7 Rn. 43; BDS/*Mehler* § 7 UWG Rn. 5.

34 Harte/Henning/*Schöler*, § 7 Rn. 39.

b) § 7 Abs. 1 Satz 2

§ 7 Abs. 1 Satz 2 enthält einen Beispielstatbestand einer wegen unzumutbarer Belästigung unzulässigen geschäftlichen Handlung. Diese liegt bei einer Werbung vor, obwohl erkennbar ist, dass der angesprochene Marktteilnehmer diese Werbung nicht wünscht. **17**

c) § 7 Abs. 2 und 3

§ 7 Abs. 2 umfasst vier Tatbestände, die stets unzumutbare Belästigungen bestimmen. **18** § 7 Abs. 2 Nr. 1 bis 4 enthält die Tatbestandsvoraussetzungen unzumutbarer Belästigungen und knüpft wegen der Rechtsfolge an § 7 Abs. 1 Satz 1 an. Da § 7 Abs. 2 keine auf den Einzelfall bezogene Wertung vorsieht, sondern das beschriebene Verhalten als stets unzumutbare Belästigung einstuft, haben diese Tatbestände die **Wirkung von per se-Verboten**. Das ist im Fall des § 7 Abs. 2 Nr. 1 erforderlich, weil die Vorschrift der Umsetzung der Nr. 26 des Anhangs I der UGP-RL dient. § 7 Abs. 2 Nr. 3 und Nr. 4 setzen Art. 13 (1) und (4) der Richtlinie 2002/58/EG in der Fassung der Richtlinie 2009/136/EG um (Rdn. 9), die Verbote ohne Wertungsmöglichkeit im Einzelfall vorsehen, so dass die per se-Verbote richtlinienkonform sind. § 7 Abs. 2 Nr. 2 dient der Umsetzung von Art. 13 (3) der neugefassten Richtlinie 2002/58/EG (Rdn. 9). Mit der Bestimmung des § 7 Abs. 2 Nr. 2 hat der Gesetzgeber von der in Art. 13 (3) vorgesehen Wahlmöglichkeit in richtlinienkonformer Weise Gebrauch gemacht.

§ 7 Abs. 3 enthält eine Einschränkung des § 7 Abs. 2 Nr. 3, durch die Art. 13 (2) der neugefassten Richtlinie 2002/58/EG umgesetzt wird. **19**

d) Richtlinienkonforme Auslegung

Die Vorschrift des § 7 Abs. 2 Nr. 1 ist richtlinienkonform anhand der UGP-RL und **20** § 7 Abs. 2 Nr. 2 bis 4 und Abs. 3 richtlinienkonform aufgrund der Datenschutzrichtlinie über elektronische Kommunikation auszulegen. Bei dieser Auslegung sind die **unterschiedlichen Schutzzwecke** zu beachten, die bei der UGP-RL im Schutz der Entscheidungsfreiheit der Verbraucher (Rdn. 8, 15) und bei der Datenschutzrichtlinie im Schutz der Individualinteressen der Betroffenen vor einem Eindringen in die Privat- und Geschäftssphäre bestehen (Rdn. 9).[35]

§ 7 Abs. 1 setzt keine Vorschrift der UGP-RL um. Der Regelungsgegenstand der **21** Bestimmung ist vom Anwendungsbereich der UGP-RL durch Erwägungsgrund 7 Satz 3 bis 5 UGP-RL ausgenommen.[36]

IV. Verhältnis des § 7 zu anderen Vorschriften

1. § 3a

§ 3a und § 7 Abs. 1 sind nebeneinander anwendbar, wenn von einer geschäftlichen **22** Handlung eine unzumutbare Belästigung ausgeht und dieses Verhalten zugleich den

35 Kritisch hierzu *Köhler*, WRP 2017, 1025, 1028.
36 BGH, 22.04.2010, I ZR 29/09, GRUR 2010, 1113 Rn. 14 – *Grabmalwerbung*.

Tatbestand einer Marktverhaltensvorschrift verwirklicht. Das kommt etwa in Betracht, wenn die Form der Werbung eine unzumutbare Belästigung darstellt und der Inhalt beispielsweise wegen des jugendgefährdenden Inhalts gegen einen Straftatbestand verstößt.

2. § 4 Nr. 4

23 § 4 Nr. 4 schützt Mitbewerber vor einer gezielten Behinderung. Zwischen diesem Tatbestand unlauteren Verhaltens und § 7 sind Überschneidungen möglich. So kann in der Kontaktaufnahme eines Mitbewerbers zu Beschäftigten seines Konkurrenten eine unzumutbare Belästigung i. S. von § 7 und eine gezielte Behinderung i. S. von § 4 Nr. 4 in Betracht kommen. Die Vorschriften sind nebeneinander anwendbar, ohne dass zwischen beiden Bestimmungen ein Vorrangverhältnis besteht.[37] Das folgt schon daraus, dass ein Verbot eine unterschiedliche Reichweite haben kann, je nach dem auf welche Vorschrift es gestützt wird.

3. § 4a

24 Die Tatbestände der unzumutbaren Belästigung nach § 7 und der aggressiven geschäftlichen Handlungen weisen vielfache Überschneidungen auf.[38] Von aggressiven geschäftlichen Handlungen gegenüber Verbrauchern i. S. von Art. 8 und 9 UGP-RL und derartigen Verhaltensweisen gegenüber sonstigen Marktteilnehmern geht ein erhebliches Belästigungspotential aus.

25 Die Vorschriften des § 7 und des § 4a stehen im Grundsatz **selbständig nebeneinander**.[39] Sie unterscheiden sich von den Schutzvoraussetzungen und Normzwecken sowie den unionsrechtlichen Grundlagen, soweit sie Richtlinien umsetzen. Die UGP-RL lässt nach Nr. 26 Satz 2 Anhang I die Datenschutzrichtlinie unberührt. Die Datenschutzrichtlinie ihrerseits hat einen anderen Schutzzweck als die UGP-RL (Rdn. 20) und schließt die Anwendung von Bestimmungen der UGP-RL nicht aus. Der Anwendungsbereich der UGP-RL nimmt den Regelungsgegenstand von § 7 Abs. 1 aus (Rdn. 21). Danach wird im Grundsatz weder durch das Unionsrecht noch durch Sinn und Zweck der Bestimmungen des § 4a und des § 7 ein Vorrangverhältnis begründet. Eine **Ausnahme** besteht nur im Verhältnis zwischen § 7 Abs. 2 Nr. 1 und § 4a. § 7 Abs. 2 Nr. 1 setzt Nr. 26 des Anhangs I UGP-RL um. Die Vorschrift bestimmt ein per se-Verbot für eine aggressive Geschäftspraktik und geht als lex specialis in ihrem Anwendungsbereich den in Art. 8 und 9 UGP-RL enthaltenen aggressiven Geschäftspraktiken und insoweit auch § 4a vor.[40]

26 Greift für sich genommen keiner der Tatbestände des § 4a und des § 7 ein, darf nicht durch eine **Addition der für eine Unlauterkeit sprechenden Gesichtspunkte** einer

37 *Köhler*/Bornkamm/Feddersen, § 7 Rn. 12; a. A. *Ohly*/Sosnitza § 4 Rn. 4/46.
38 BGH, 21.04.2016, I ZR 276/14, GRUR 2016, 831 Rn. 16 und 24 – *Lebens-Kost.*
39 *jurisPK-UWG/Koch* § 7 Rn. 5; *Scherer*, GRUR 2016, 233, 235; a. A. *Köhler*/Bornkamm/Feddersen, § 7 Rn. 10.
40 *Köhler*/Bornkamm/Feddersen, § 7 Rn. 10.

der Tatbestände bejaht werden, weil dadurch die Grenzen zwischen § 4a und § 7 nicht beachtet werden.[41] Die Vorschriften haben unterschiedliche Schutzzwecke und eine Kombination von jeweils zum anderen Tatbestand gehörenden Gesichtspunkten ist auch in Ausnahmefällen ausgeschlossen.[42]

4. Nr. 23 des Anhangs zu § 3 Abs. 3 und § 5a Abs. 6

Nach **§ 5a Abs. 6** handelt unlauter, wer den kommerziellen Zweck einer geschäftlichen Handlung nicht kenntlich macht, sofern sich dieser nicht unmittelbar aus den Umständen ergibt, und das Nichtkenntlichmachen geeignet ist, den Verbraucher zu einer geschäftlichen Entscheidung zu veranlassen, die er andernfalls nicht getroffen hätte. Die Bestimmung schützt die Entscheidungsfreiheit des Verbrauchers, der nicht über alle notwendigen Informationen verfügt, wenn ihm der kommerzielle Zweck einer Handlung verborgen bleibt. Zwischen § 5a Abs. 6 und § 7 Abs. 1 Satz 1 können sich Überschneidungen ergeben, etwa bei einem Ansprechen in der Öffentlichkeit, bei dem der Werbende dem Adressaten zunächst nicht zu erkennen gibt, dass er ihn aus kommerziellen Gründen anspricht. Wegen des unterschiedlichen Normzwecks sind **§ 5a Abs. 6 und § 7 Abs. 1 nebeneinander anwendbar**. Die UGP-RL steht dem nicht entgegen, weil § 7 Abs. 1 nicht in deren Anwendungsbereich fällt (Rdn. 21). 27

In Betracht kommt in diesen Fällen auch der Tatbestand der **Nr. 23 des Anhangs** zu § 3 Abs. 3. Danach ist stets unlauter die unwahre Angabe oder das Erwecken des unzutreffenden Eindrucks, der Unternehmer sei Verbraucher oder nicht für Zwecke seines Geschäfts, Handels, Gewerbes oder Berufs tätig. Überschneidungen können sich auch hier zwischen Nr. 23 des Anhangs und § 7 Abs. 1 ergeben. Die Vorschriften sind aus den gleichen Gründen wie § 5a Abs. 6 und § 7 Abs. 1 nebeneinander anwendbar. 28

5. §§ 823 Abs. 1 und 2, 1004 BGB

Ansprüche nach § 8 Abs. 1 wegen unzumutbarer Belästigung nach § 7 können nur die in § 8 Abs. 3 angeführten Gläubiger verfolgen. Schadensersatzsprüche stehen nach § 9 Satz 1 nur Mitbewerbern zu. Der durch § 7 Abs. 1 und 2 Nr. 2 bis 4 begründete **Individualschutz** wird durch §§ 823 Abs. 1 und 2 und § 1004 BGB gewährleistet (Rdn. 11). Betroffenen natürlichen Personen stehen Ansprüche wegen eines rechtwidrigen Eingriffs in das Persönlichkeitsrecht und Gewerbetreibenden wegen eines rechtswidrigen Eingriffs in den eingerichteten und ausgeübten Gewerbebetrieb zu. Daraus folgen bei einem objektiv rechtswidrigen Eingriff Unterlassungs- und Beseitigungsansprüche und bei einem schuldhaften Verhalten Schadensersatzansprüche. Den zivilrechtlichen Tatbeständen der §§ 823 Abs. 1, 1004 BGB liegen **dieselben Maßstäbe** zugrunde wie § 7.[43] Das schließt eine **Abwägung der kollidierenden Grundrechte** 29

41 BGH, 21.04.2016, I ZR 276/14, GRUR 2016, 831 Rn. 16 – *Lebens-Kost*.
42 A. A. *Ohly*/Sosnitza § 7 Rn. 16.
43 BGH, 20.05.2009, I ZR 218/07, GRUR 2009, 980 Rn. 14 – *E-Mail-Werbung II*; BGH, 12.09.2013, I ZR 208/12, GRUR 2013, 1259 Rn. 20 – *Empfehlungs-E-Mail*; BGH, 21.04.2016, I ZR 276/14, GRUR 2016, 831 Rn. 16 – *Lebens-Kost*; BGH, 14.03.2017, VI ZR 721/15, BGHZ 214, 204 Rn. 15.

der Beteiligten im Einzelfall nicht aus.[44] Bei einer Grundrechtskollision sind die betroffenen Grundrechte, gleichgültig ob nationale Grundrechte oder Grundrechte der EU-Grundrechtecharta und unabhängig vom Harmonisierungsgrad des Sekundärrechts, im Wege der Abwägung in ein angemessenes Gleichgewicht zu bringen.[45] Allerdings überwiegen grundsätzlich die durch den rechtswidrigen Eingriff tangierten Grundrechte des Betroffenen diejenigen des Werbenden aus Art. 5 und 12 GG und Art. 11, 16 und 17 EU-Grundrechtecharta an ungehindertem Direktmarketing.

30 Neben Ansprüchen aus §§ 823 Abs. 1 und 1004 BGB kommen Unterlassungs- und Schadensersatzansprüche nach § 823 Abs. 2 BGB i. V. mit § 7 in Betracht.[46]

31 **Schadensersatzansprüche** bestehen nur im Rahmen des **Schutzbereichs der Norm**. Ersatzfähig sind nur Schäden, die durch die Belästigung des Marktteilnehmers entstehen. Ein durch die Beeinträchtigung der Entscheidungsfreiheit des Adressaten aufgrund der Belästigung verursachter Schaden gehört nicht zum Schutzbereich der Norm des § 7.[47] Der durch § 7 geschützte Marktteilnehmer kann wegen eines gegen § 7 verstoßenden Direktmarketings nicht den Ersatz des Schadens beanspruchen, der ihm durch den Abschluss eines Vertrags entstanden ist, den er aufgrund der belästigenden geschäftlichen Handlung des Unternehmers abgeschlossen hat.

B. Grundtatbestand unzumutbarer Belästigung, § 7 Abs. 1 Satz 1

I. Allgemeines

32 § 7 Abs. 1 Satz 1 ist die Grundnorm der wegen einer unzumutbaren Belästigung unzulässigen geschäftlichen Handlung, auf die sich die speziellen Tatbestände des § 7 Abs. 1 Satz 1 und Abs. 2 und 3 beziehen. § 7 Abs. 1 Satz 1 bestimmt die Voraussetzungen und die Folge einer in unzumutbare Weise belästigenden geschäftlichen Handlung eigenständig. Danach ist eine geschäftliche Handlung unter den Voraussetzungen des § 7 Abs. 1 Satz 1 unzulässig. Die Rechtsfolgen ergeben sich ohne Rückgriff auf § 3 Abs. 1 unmittelbar aus §§ 8 ff. Eine gesonderte Prüfung der Relevanz der beanstandeten geschäftlichen Handlung für eine geschäftliche Entscheidung des Marktteilnehmers erfolgt nicht. Das Tatbestandsmerkmal der Unzumutbarkeit erfordert eine umfassende Würdigung der relevanten Umstände, neben die keine gesonderte Wertung im Hinblick auf eine geschäftliche Relevanz oder Spürbarkeit tritt.[48]

---

44 A. A. *Köhler*/Bornkamm/Feddersen, § 7 Rn. 14.

45 BGH, 26.11.2015, I ZR 174/14, GRUR 2016, 268 Rn. 31 – *Störerhaftung des Access-Providers*; BGH, 01.06.2017, I ZR 139/15, GRUR 2017, 884 Rn. 40 – *Afghanistan Papiere*; KG, 19.06.2015, 5 U 7/14, WRP 2015, 1534.

46 BGH, 21.04.2016, I ZR 276/14, GRUR 2016, 831 Rn. 14 – *Lebens-Kost*; jurisPK-UWG/*Koch* § 7 Rn. 18; ebenso zu § 7 Abs. 2 Nr. 2 und 3 *Köhler*/Bornkamm/Feddersen, § 7 Rn. 14a.

47 BGH, 21.04.2016, I ZR 276/14, GRUR 2016, 831 Rn. 16 – *Lebens-Kost*.

48 Begründung des Regierungsentwurfs eines Ersten Gesetzes zur Änderung des Gesetzes gegen den unlauteren Wettbewerb, BT-Drucksache 16/10145, S. 29.

II. Voraussetzungen des § 7 Abs. 1 Satz 1

Nach § 7 Abs. 1 Satz 1 muss (1) eine geschäftliche Handlung (2) gegenüber einem Marktteilnehmer vorliegen, (3) aus der eine Belästigung folgt, (4) die für den Adressaten unzumutbar ist. 33

1. Geschäftliche Handlung

§ 7 Abs. 1 Satz 1 knüpft an eine geschäftliche Handlung i. S. des § 2 Abs. 1 Nr. 1 an (§ 2 Abs. 1 Nr. 1 Rdn. 1 ff.). Der Anwendungsbereich des § 7 Abs. 1 Satz 1 ist damit weiter als die Tatbestände des § 7 Abs. 1 Satz 2 und Abs. 2, die nur eine Werbung erfassen. Ein unzulässiges Verhalten nach § 7 Abs. 1 Satz 1 kann deshalb bei oder nach einem Geschäftsabschluss vorliegen. Die geschäftliche Handlung kann sich an einen einzigen Marktteilnehmer, eine Vielzahl von Marktteilnehmern oder das allgemeine Publikum richten. Nicht unter § 7 Abs. 1 Satz 1 fallen **Belästigungen außerhalb der Förderung des Absatzes von Waren oder Dienstleistungen**. Ausgenommen von § 7 Abs. 1 Satz 1 sind Verhaltensweisen im privaten,[49] betriebsinternen[50] oder hoheitlichen[51] Bereich sowie Maßnahmen, deren Schwerpunkt in der Verfolgung wissenschaftlicher, ideeller, sozialer, künstlerischer, gesellschaftlicher, weltanschaulicher, allgemeinpolitischer oder verbraucherpolitischer Ziele liegt.[52] Gegen Belästigungen in diesem Bereich greifen die allgemeinen zivilrechtlichen Ansprüche aus §§ 823 Abs. 1, 1004 BGB. 34

Meinungsumfragen durch Marktforschungsinstitute können unmittelbar oder mittelbar der Absatzförderung von Waren oder Dienstleistungen dienen und sind in diesem Fall geschäftliche Handlungen; werden sie von Instituten zu wissenschaftlichen oder Forschungszwecken vorgenommen, stellen sie keine geschäftlichen Handlungen dar.[53] 35

Im Grundsatz liegt keine geschäftliche Handlung bei einer **mangelhaften oder nicht vertragsgemäßen Leistung** vor.[54] Diese Beurteilung bezieht sich aber nur auf die isolierte Leistungsstörung. Verhaltensweisen des Unternehmers, die im Zusammenhang mit der Anerkennung oder Abwicklung einer mangelhaften oder nicht vertragsgemäßen Leistung stehen, sind geschäftliche Handlungen. 36

---

49 BGH, 22.04.1993, I ZR 75/91, GRUR 1993, 761, 762 – *Makler-Privatangebot*; BGH, 14.01.2016, I ZR 65/14, GRUR 2016, 946 Rn. 33 – *Freunde finden*.

50 BGH, 25.09.1970, I ZR 47/69, GRUR 1971, 119 – *Branchenverzeichnis*; BGH, 11.05.2000, I ZR 28/98, BGHZ 144, 255, 262 – *Abgasemissionen*.

51 BGH, 27.07.2017, I ZR 162/15, GRUR 2018, 196 Rn. 23 – *Eigenbetrieb Friedhöfe*.

52 BGH, 31.03.2016, I ZR 160/14, GRUR 2016, 710 Rn. 16 – *Im Immobiliensumpf*.

53 OLG Köln, 30.03.2012, 6 U 191/11, WRP 2012, 725, 726; OLG Köln, 19.04.2013, 6 U 222/12, GRUR-RR 2014, 80, 81; jurisPK-UWG/*Koch* § 7 Rn. 26; *Ohly*/Sosnitza § 7 Rn. 23; Begründung des Regierungsentwurfs eines Ersten Gesetzes zur Änderung des Gesetzes gegen den unlauteren Wettbewerb, BT-Drucksache 16/10145, S. 21.

54 BGH, 10.01.2013, I ZR 190/11, GRUR 2013, 945 Rn. 17 – *Standardisierte Mandatsbearbeitung*.

37 Der Wettbewerb um **Spenden** wird zu Recht nach einer im Vordringen befindlichen Ansicht als geschäftliche Handlung i. S. von § 2 Abs. 1 Nr. 1 angesehen.[55]

2. Marktteilnehmer

38 § 7 Abs. 1 Satz 1 schützt Marktteilnehmer. Das sind nach der Definition des § 2 Abs. 1 Nr. 2 Mitbewerber, Verbraucher und alle Personen, die als Anbieter oder Nachfrager von Waren oder Dienstleistungen tätig sind. Mitbewerber ist gem. § 2 Abs. 1 Nr. 3 jeder Unternehmer, der mit einem oder mehreren Unternehmern als Anbieter oder Nachfrager von Waren oder Dienstleistungen in einem konkreten Wettbewerbsverhältnis steht. § 2 Abs. 2 verweist wegen des Verbraucherbegriffs auf § 13 BGB.[56] Die UGP-RL enthält allerdings in ihrem Art. 2 lit. a eine eigene Definition des Verbraucherbegriffs, die von § 13 BGB und Art. 2 Nr. 1 Verbraucherrechte-Richtlinie (Richtlinie 2011/83/EU) abweicht (zum Verbraucherbegriff § 2 Abs. 2 Rdn. 1 ff.). Da § 7 Abs. 1 Satz 1 nicht der Umsetzung der UGP-RL dient, ist der Verbraucherbegriff des § 2 Abs. 2 i. V. mit § 13 BGB anwendbar. Neben Mitbewerbern und Verbrauchern schützt § 7 Abs. 1 Satz 1 auch sonstige Marktteilnehmer. Das sind alle Anbieter und Nachfrager von Waren und Dienstleistungen, die weder Mitbewerber noch Verbraucher sind. Der Schutz des § 7 Abs. 1 Satz 1 ist danach umfassend und schließt **alle Marktakteure** ein. Dazu rechnen natürliche und juristische Personen, die keine Unternehmer i. S. von § 2 Abs. 1 Nr. 6 sind, etwa öffentlich-rechtliche Körperschaften, Kirchen und Idealvereine.

3. Belästigung

39 Belästigend ist eine geschäftliche Handlung, die dem Empfänger aufgedrängt wird und die bereits wegen der Art und Weise unabhängig von ihrem Inhalt als störend empfunden wird.[57] Die geschäftliche Handlung muss wegen ihrer **Form** belästigend auf den Adressaten wirken. Sie muss einen Eingriff in seine Privat- oder Geschäftssphäre darstellen. **Auf den Inhalt kommt es nicht an.** Eine Belästigung i. S. des § 7 Abs. 1 Satz 1 liegt deshalb nicht vor, wenn der Empfänger nicht durch die Form der geschäftlichen Handlung belästigt wird, sondern sich an dem Inhalt stört.[58] Diese Art der Beeinflussung der Marktgegenseite durch den Inhalt wird durch § 4a erfasst.[59] Die Grenzen zwischen der Einflussnahme auf die Entscheidungsfreiheit der Marktteilnehmer und

55 GK/*Pahlow*, § 7 Rn. 33; *Ohly*/Sosnitza § 7 Rn. 23; *Voigt*, GRUR 2006, 466, 467; *Köhler*, GRUR 2008, 281; anders zu § 1 UWG a.F. BGH, 16.01.1976, I ZR 32/75, GRUR 1976, 308, 310 – *UNICEF-Grußkarten*.

56 BGH, 11.05.2017, I ZR 60/16, GRUR 2017, 1140 Rn. 19 – *Testkauf im Internet*.

57 BGH, 03.03.2011, I ZR 167/09, GRUR 2011, 747 Rn. 17 – *Kreditkartenübersendung* m.w.N.; OLG Köln, 16.05.2012, 6 U 199/11, juris Rn. 20; OLG Stuttgart, 25.07.2013, 2 U 9/13, juris Rn. 35; KG, 19.06.2015, 5 U 7/14, WRP 2015, 1534; Götting/Nordemann/*Menebröcker*, § 7 Rn. 28; GK/*Pahlow*, § 7 Rn. 34 f; a. A. *Meyer*, WRP 2017, 501 ff.

58 BVerfG, 11.03.2003, 1 BvR 426/02, GRUR 2003, 442, 444 – *Benetton Werbung II*.

59 BGH, 22.09.2005, I ZR 55/02 GRUR 2006, 75 Rn. 17 – *Artenschutz* zu § 4 Nr. 1 UWG 2004;

der Belästigung durch Eindringen in die Privat- oder Geschäftssphäre darf nicht aufgehoben werden (Rdn. 14, 15).[60] Zudem kommt ein **Schutz gegen inhaltliche Äußerungen** neben § 4a durch §§ 3a, 4 Nr. 1 und 2 sowie aufgrund der zivilrechtlichen Generalklauseln in Betracht.

4. Unzumutbarkeit

Die Belästigung des Adressaten der geschäftlichen Handlung muss in unzumutbarer Weise erfolgen. Nicht jede Belästigung von Marktteilnehmern kann mit den Mitteln des Lauterkeitsrechts unterbunden werden. Ansonsten würden wettbewerbliche Anpreisungen, Werbung und Maßnahmen des Direktmarketings übermäßig eingeschränkt, weil diese vielfach als Belästigung empfunden werden. Unzumutbar ist die Belästigung, wenn sie eine solche Intensität erreicht, dass sie von einem großen Teil der angesprochenen Verkehrskreise als **unerträglich** empfunden wird.[61] 40

Maßstab ist die **Sicht eines durchschnittlichen Mitglieds** des angesprochenen Verkehrskreises und nicht die einseitige Sicht des konkret angesprochenen Adressaten.[62] Auf Überempfindlichkeiten oder eine Abstumpfung gegen äußere Einwirkungen kommt es nicht an.[63] Deshalb muss die Zielgruppe der geschäftlichen Handlung ermittelt werden. Maßgeblich ist die Sicht des Durchschnittsverbrauchers, wenn sich die geschäftliche Handlung an das allgemeine Publikum richtet oder an ein einzelnes Mitglied aus dem Publikum. Wendet sich der Unternehmer mit der geschäftlichen Handlung an eine **bestimmte Gruppe von Verbrauchern**, kommt es auf ein durchschnittliches Mitglied dieser Gruppe an, § 3 Abs. 4 Satz 1 Fall 2 (§ 3 Rdn. 141 und § 5 Rdn. 162). Bei besonders schutzbedürftigen Gruppen ist unter den Voraussetzungen des § 3 Abs. 4 Satz 2 auf die Sicht eines durchschnittlichen Mitglieds dieser Gruppe abzustellen (§ 3 Rdn. 145 und § 5 Rdn. 161). Sind Adressaten der geschäftlichen Handlung Gewerbetreibende, kommt es auf die Sicht des durchschnittlichen Gewerbetreibenden an (§ 5 Rdn. 159, 160). 41

Die Feststellung, ob die Belästigung unzumutbar ist, erfordert die Einbeziehung der relevanten Umstände des jeweiligen Falls in die Beurteilung. Dazu rechnen Art und Weise, Zeitpunkt, Ort und Intensität der Belästigung. Abzuwägen sind die Interessen des Adressaten, von der geschäftlichen Handlung verschont zu bleiben, und des Unternehmens, von dem die geschäftliche Handlung ausgeht, seine gewerblichen Leistungen zur Geltung zu bringen. Dabei sind die verfassungsrechtlich geschützten Rechtsgüter zu berücksichtigen. Das sind auf Seiten des Adressaten das durch Art. 2 (1) GG geschützte 42

60 BGH, 21.04.2016, I ZR 276/14, GRUR 2016, 831 Rn. 16 – *Lebens-Kost*, m.w.N. auch zur Gegenmeinung.

61 BGH, 22.04.2010, I ZR 29/09, GRUR 2010, 1113 Rn. 15 – *Grabmalwerbung*; BGH, 03.03.2011, I ZR 167/09, GRUR 2011, 747 Rn. 17 – *Kreditkartenübersendung*; Begründung des Regierungsentwurfs eines Gesetzes gegen unlauteren Wettbewerb (UWG), BT-Drucks. 15/1487, S. 21.

62 BGH, 22.04.2010, I ZR 29/09, GRUR 2010, 1113 Rn. 15 – *Grabmalwerbung*.

63 FBO/*Mankowski* § 7 Rn. 71.

allgemeine Persönlichkeitsrecht und das durch Art. 12 und 14 GG geschützte Recht am eingerichteten und ausgeübten Gewerbebetrieb einerseits und das Recht auf Meinungs- und Berufsfreiheit nach Art. 5 und 12 GG auf Seiten des Unternehmens andererseits,[64] soweit die Maßnahme an den Grundrechten des GG zu messen ist (Einleitung Rdn. 52–57). Kommen ausschließlich oder neben den Grundrechten des GG die Unionsgrundrechte zur Anwendung, sind auf Seiten des Adressaten das Recht auf Achtung der Privatsphäre nach Art. 7 und bei Gewerbetreibenden das Recht auf unternehmerische Freiheit und das Eigentumsrecht nach Art. 16 und 17 EU-Grundrechtecharta zu berücksichtigen. Auf Seiten des werbenden Unternehmens sind dies die Meinungsfreiheit und die unternehmerische Freiheit nach Art. 11 und 16 EU-Grundrechtecharta. Neben den Interessen und Rechtsgütern des Unternehmens, von dem die geschäftliche Handlung ausgeht, und den betroffenen Adressaten, sind nach § 1 die Interessen der Mitbewerber und der Allgemeinheit an einem unverfälschten Wettbewerb zu berücksichtigen.

43 Geringfügige Belästigungen sind im Allgemeinen hinzunehmen. Auf Seiten des werbenden Unternehmens spielt eine Rolle, wie sehr es auf die konkrete Maßnahme zur Absatzförderung angewiesen ist.[65] Von Bedeutung ist weiter, ob mit der Marketingmethode regelmäßig und notwendig eine erhebliche Belästigung verbunden ist oder ob dieser Effekt nur gelegentlich auftritt.[66] Zu berücksichtigen ist die Nachahmungsgefahr.[67] So kann eine bestimmte Werbemethode – etwa eine unverlangte E-Mail-Werbung – im Einzelfall kein besonderes Gewicht haben. Wegen der geringen Kosten, die mit dieser Art der Werbung verbunden ist, ist im Fall ihrer Zulässigkeit mit einer erheblichen Verbreitung zu rechnen. Die Gefahr einer Nachahmung ist deshalb bei den belästigenden geschäftlichen Handlungen in die Betrachtung des Gewichts der Störung einzubeziehen.[68] Eingriffe in die Privatsphäre haben häufig größeres Gewicht als Störungen im geschäftlichen Bereich oder in der Öffentlichkeit.[69]

44 Bei der Abwägung, ob die beanstandete geschäftliche Handlung eine unzumutbare Belästigung darstellt, müssen die verschiedenen Interessen zu einem **angemessenen Ausgleich** gebracht werden. Der in der Begründung des Regierungsentwurfs enthaltene und vielfach zitierte Hinweis, mit Blick auf die vielfältigen Erscheinungsformen von belästigenden Wettbewerbshandlungen sei die Schwelle indes nicht zu hoch anzusetzen, ist kein geeigneter Maßstab und mit den weiteren Ausführungen in der Regierungsbegründung, wonach die Belästigung unerträglich sein muss, nicht in Einklang zu brin-

---

64 BGH, 03.03.2011, I ZR 167/09, GRUR 2011, 747 Rn. 17 – *Kreditkartenübersendung.*
65 BGH, 04.03.2004, I ZR 221/01, GRUR 2004, 699, 701 – *Direktansprache am Arbeitsplatz.*
66 BGH, 09.09.2004, I ZR 93/02, GRUR 2005, 443, 445 – *Ansprechen in der Öffentlichkeit II*; OLG München, 17.01.2008, 29 U 4576/07, GRUR-RR 2008, 355, 356.
67 BGH, 04.03.2004, I ZR 221/01, GRUR 2004, 699, 701 – *Direktansprache am Arbeitsplatz.*
68 BGH, 11.03.2004, I ZR 81/01, GRUR 2004, 517, 518 – *E-Mail-Werbung*; BGH, 20.05.2009, I ZR 218/07, GRUR 2009, 980 Rn. 12 – *E-Mail-Werbung II*; BGH, 12.09.2013, I ZR 208/12, GRUR 2013, 1259 Rn. 22 – *Empfehlungs-E-Mail*; BDS/*Mehler* § 7 UWG Rn. 28; a. A. MünchKomm/*Leible* UWG, § 7 Rn. 53.
69 *Ohly*/Sosnitza § 7 Rn. 25.

gen. Der Teil der Äußerung der Regierungsbegründung zur nicht zu hoch anzusetzenden Schwelle hat keine Bindungswirkung für die Auslegung des § 7 Abs. 1 Satz 1, weil sie keinen Niederschlag im Gesetz gefunden hat.[70] Vielmehr muss die Belästigung schlicht unzumutbar sein. Die Rechtsprechung geht als Maßstab deshalb zu Recht davon aus, dass die Belästigung von einem großen Teil der angesprochenen Verkehrskreise als unerträglich empfunden werden muss.[71]

C. Erkennbar unerwünschte Werbung, § 7 Abs. 1 Satz 2

I. Verhältnis des § 7 Abs. 1 Satz 2 zu den anderen Tatbeständen des § 7

§ 7 Abs. 1 Satz 2 enthält einen Beispielstatbestand zu § 7 Abs. 1 Satz 1. Danach liegt **45** eine unzumutbare Belästigung bei einer Werbung vor, obwohl erkennbar ist, dass der angesprochene Marktteilnehmer diese Werbung nicht wünscht. Durch das Wort »insbesondere« in § 7 Abs. 1 Satz 2 wird deutlich, dass die Bestimmung die in unzumutbarer Weise belästigenden geschäftlichen Handlungen i. S. von § 7 Abs. 1 Satz 1 nicht erschöpfend aufzählt. Das UWG 2004 enthielt in § 7 Abs. 2 Nr. 1 eine mit § 7 Abs. 1 Satz 2 inhaltsgleiche Regelung. Im Zuge der Umsetzung der UGP-RL durch das UWG 2008 gestaltete der Gesetzgeber die Tatbestände des § 7 Abs. 2 Nr. 1 bis 4 als per se-Verbote aus, indem er die dort aufgeführten Verhaltensweisen als stets unzumutbare Belästigungen bestimmte. Erwägungsgrund 7 Satz 3 bis 5 der UGP-RL nimmt vom Anwendungsbereich der Richtlinie die gesetzlichen Anforderungen in Fragen der guten Sitten aus und überlässt die Regelung dieses Bereichs den Mitgliedstaaten. Im Hinblick darauf, dass Erwägungsgrund 7 Satz 6 betont, dass bei der Anwendung der Richtlinie, insbesondere ihrer Generalklausel, die Umstände des Einzelfalls umfassend gewürdigt werden sollten, sah sich der deutsche Gesetzgeber veranlasst, § 7 Abs. 2 Nr. 1 UWG 2004 aus den per se-Verboten zu lösen und in § 7 Abs. 1 zu überführen, um bei dieser Bestimmung eine Würdigung des Einzelfalls zu ermöglichen.[72]

§ 7 Abs. 1 Satz 2 und § 7 Abs. 2 Nr. 1 sind nebeneinander anwendbar. Sie haben unter- **46** schiedliche Normzwecke. § 7 Abs. 2 Nr. 1 dient der Umsetzung der Nr. 26 des Anhangs I UGP-RL. Die Bestimmung sichert die Entscheidungsfreiheit des Verbrauchers gegen aggressive Geschäftspraktiken. § 7 Abs. 1 Satz 1 und 2 schützt Marktteilnehmer vor Beeinträchtigungen der Privat- und Geschäftssphäre durch Belästigungen. Teilweise wird angenommen das Nebeneinander von § 7 Abs. 1 Satz 2 und § 7 Abs. 2 Nr. 1 mache eine einschränkende Auslegung des § 7 Abs. 1 Satz 2 erforderlich, um nicht zu einem höheren Schutzniveau als in Nr. 26 Anhang I UGP-RL zu gelangen.[73]

---

70 Zur mangelnden Berücksichtigung von Begründungselementen eines Gesetzesentwurfs BGH, 19.04.2012, I ZB 80/11, BGHZ 195, 257 Rn. 27 – *Alles kann besser werden.*

71 BGH, 22.04.2010, I ZR 29/09, GRUR 2010, 1113 Rn. 15 – *Grabmalwerbung*; BGH, 03.03.2011, I ZR 167/09, GRUR 2011, 747 Rn. 17 – *Kreditkartenübersendung*; Begründung des Regierungsentwurfs eines Gesetzes gegen unlauteren Wettbewerb (UWG), BT-Drucks. 15/1487, S. 21.

72 Begründung des Regierungsentwurfs eines Ersten Gesetzes zur Änderung des Gesetzes gegen den unlauteren Wettbewerb, BT-Drucksache 16/10145, S. 29.

73 *Köhler*/Bornkamm/Feddersen, § 7 Rn. 32a.

Zu einer derartig **eingeschränkten Auslegung des § 7 Abs. 1 Satz 2** besteht kein Anlass. Die Tatbestände des Anhangs I UGP-RL sind als per se-Verbote ausgestaltet. Greifen sie nicht ein, lässt dies keinen Rückschluss darauf zu, dass ein Verbot nicht aufgrund anderer Normen ausgesprochen werden kann. Dadurch wird kein gegenüber der UGP-RL höheres Schutzniveau begründet. Vielmehr ist außerhalb der Tatbestände des Anhangs I im Anwendungsbereich der Richtlinie eine Einzelfallwürdigung notwendig. Da § 7 Abs. 1 Satz 2 nicht die Entscheidungsfreiheit der Verbraucher schützt, ist der Anwendungsbereich der UGP-RL ohnehin nicht tangiert.[74] Davon abgesehen ist beim Tatbestand des § 7 Abs. 1 Satz 1 und 2 eine Einzelfallprüfung erforderlich und der Verhältnismäßigkeitsgrundsatz zu beachten.

47 § 7 Abs. 1 und 2 Nr. 2 bis 4, Abs. 3 dienen dem Schutz der Privatsphäre von Verbrauchern und, soweit ihr Anwendungsbereich nicht auf Verbraucher beschränkt ist, der Geschäftssphäre von Gewerbetreibenden. Die Bestimmungen des § 7 Abs. 2 Nr. 2 bis 4 und Abs. 3 dienen der Umsetzung des Art. 13 der Datenschutzrichtlinie über elektronische Kommunikation (Rdn. 9). Sie regeln in ihrem Anwendungsbereich die belästigende Werbung abschließend, so dass § 7 Abs. 1 Satz 2 daneben nicht zur Anwendung kommt. Daraus lässt sich nicht im Umkehrschluss folgern, dass nicht unter § 7 Abs. 2 Nr. 2 bis 4 fallende Werbung keine unzumutbare Belästigung i. S. von § 7 Abs. 1 ist.[75]

II. Voraussetzungen des § 7 Abs. 1 Satz 2

1. Werbung

48 Der Begriff der Werbung ist im UWG, in der UGP-RL und in der Datenschutzrichtlinie über elektronische Kommunikation[76] nicht definiert. Zur Bestimmung des Begriffs der Werbung kann auf die Definition in Art. 2 lit. a Werbe-RL zurückgegriffen werden.[77] »Werbung« ist danach jede Äußerung bei der Ausübung eines Handels, Gewerbes, Handwerks oder freien Berufs mit dem Ziel, den Absatz von Waren oder die Erbringung von Dienstleistungen, einschließlich unbeweglicher Sachen, Rechte und Verpflichtungen, zu fördern. Dies schließt die unmittelbar produktbezogene Werbung und die mittelbare Absatzförderung, etwa in Form der Imagewerbung oder des Sponsoring, ein. Der Begriff der Werbung ist in einem weiten Sinn zu verstehen und nicht auf Formen klassischer Werbung beschränkt.[78] Werbung umfasst die Förderung des

74 Unklar Begründung des Regierungsentwurfs eines Ersten Gesetzes zur Änderung des Gesetzes gegen den unlauteren Wettbewerb, BT-Drucksache 16/10145, S. 29.

75 FBO/*Mankowski* § 7 Rn. 83; GK/*Pahlow*, § 7 Rn. 49; *Ohly*/Sosnitza § 7 Rn. 30; Begründung des Regierungsentwurfs eines Gesetzes gegen unlauteren Wettbewerb (UWG), BT-Drucks. 15/1487, S. 21 zu § 7 Abs. 2 Nr. UWG 2004.

76 Richtlinie 2002/58/EG in der Fassung der Richtlinie 2009/136/EG.

77 BGH, 20.05.2009, I ZR 218/07, GRUR 2009, 980 Rn. 13 – *E-Mail-Werbung II*; BGH, 12.09.2013, I ZR 208/12, GRUR 2013, 1259 Rn. 17 – *Empfehlungs-E-Mail*; BGH, 14.01.2016, I ZR 65/14, GRUR 2016, 946 Rn. 27 – *Freunde finden.*

78 Zu Art. 2 lit. a Werbe-RL EuGH, 11.07.2013, C-657/11, GRUR 2013, 1049 Rn. 35 – *Belgian Electronic Sorting Technology*; zu § 7 Abs. 1 Satz 2 und Abs. 2 Nr. 3 BGH, 14.01.2016, I ZR 65/14, GRUR 2016, 946 Rn. 28 – *Freunde finden.*

Absatzes eigener Produkte und die Nachfrage nach fremden Waren und Dienstleistungen.[79]

Der Begriff der geschäftlichen Handlung nach § 2 Abs. 1 Nr. 1 ist weiter als derjenige der Werbung. Die geschäftliche Handlung erfasst anders als die Werbung auch ein Verhalten bei oder nach einem Geschäftsabschluss. Zudem muss die geschäftliche Handlung mit der Absatzförderung nur objektiv zusammenhängen, während die Werbung das Ziel hat, den Absatz oder die Nachfrage zu fördern. 49

2. Werbung gegenüber dem angesprochenen Marktteilnehmer

§ 7 Abs. 1 Satz 2 betrifft eine Werbung, die der angesprochene Marktteilnehmer nicht wünscht. Die Vorschrift betrifft daher nur eine **individuelle Werbung** gegenüber einem oder einzelnen Marktteilnehmern.[80] »Angesprochen« ist nicht im Wortsinn zu verstehen, sondern bezeichnet eine individuelle Werbung im Gegensatz zu einer allgemeinen Publikumswerbung oder einer Werbung gegenüber einem unbestimmten Kreis von Marktteilnehmern. Die in einem Mehrfamilienhaus zurückgelassene Werbung ist eine individuelle Werbung gegenüber einem abgegrenzten Personenkreis und unterfällt § 7 Abs. 1 Satz 2.[81] Die allgemeine Publikumswerbung wird, wenn sie in unzumutbarer Weise belästigend wirkt, von § 7 Abs. 1 Satz 1 erfasst. 50

3. Erkennbar nicht erwünschte Werbung

§ 7 Abs. 1 Satz 2 setzt voraus, dass die Werbung von dem angesprochenen Marktteilnehmer erkennbar nicht gewünscht wird. Da § 7 nicht den werblichen Inhalt, sondern die Form der Werbung betrifft, muss die **Art und Weise der Werbung** unerwünscht sein. Unerwünscht muss die konkrete Art der Werbung sein. Bei einer Werbung durch Einwurf in den Briefkasten kann sich der entgegenstehende Wille des Empfängers etwa nur auf allgemeine Werbung und nicht auf Anzeigenblätter beziehen. 51

Damit die Werbung erkennbar unerwünscht ist, muss der Adressat einen dieser Form der Werbung **entgegenstehenden Willen geäußert** haben. Dazu bedarf es keiner bestimmten Form. Der Wille kann schlüssig zum Ausdruck gebracht werden oder sich aus den Gesamtumständen ergeben. Dem Verstopfen des Briefkastens mit einer Vielzahl von Werbeprospekten steht der erkennbare Wunsch des Empfängers entgegen, auch wenn ein Hinweis auf ein Unterbleiben des Einwurfs von Werbung am Briefkasten nicht angebracht ist. 52

---

79 BGH, 17.07.2008, I ZR 75/06, GRUR 2008, 923 Rn. 9 ff – *Faxanfrage im Autohandel*; BGH, 17.07.2008, I ZR 197/05, GRUR 2008, 925 Rn. 12 ff – *FC Troschenreuth*.

80 GK/*Pahlow*, § 7 Rn. 51; MünchKomm/*Leible* UWG, § 7 Rn. 64; Götting/Nordemann/*Menebröcker*, § 7 Rn. 37; FBO/*Mankowski* § 7 Rn. 91; BDS/*Mehler* § 7 UWG Rn. 31; *Sosnitza* GRUR 2003, 739, 744.

81 jurisPK-UWG/*Koch* § 7 Rn. 147; Gegenäußerung der Bundesregierung BT-Drucks. 15/1487, S. 41.

53 Der der Werbung entgegenstehende Wille muss für den Werbenden, seine Mitarbeiter oder Beauftragte **erkennbar** sein. Die Erkennbarkeit bei Aufbringung der unternehmerischen Sorgfalt i. S. von § 2 Abs. 1 Nr. 7 genügt.

4. Interessenabwägung

54 § 7 Abs. 1 Satz 2 ist ein Beispielstatbestand zu einer geschäftlichen Handlung, die i. S. von § 7 Abs. 1 Satz 1 Marktteilnehmer unzumutbar belästigt. Die Vorschrift des § 7 Abs. 1 Satz 2 ist nicht als Art eines per se-Verbots ausgestaltet (Rdn. 45). Sie erfordert ebenso wie § 7 Abs. 1 Satz 1 eine Beurteilung des Einzelfalls und eine Interessenabwägung (Rdn. 44). Sie ist deshalb vom Gesetzgeber nicht in den Katalog des § 7 Abs. 2 aufgenommen, sondern von § 7 Abs. 2 Nr. 1 UWG 2004 in § 7 Abs. 1 Satz 2 übernommen worden (Rdn. 45). Regelmäßig ist davon auszugehen, dass eine vom Empfänger erkennbar unerwünschte Werbung eine unzumutbare Belästigung darstellt. Die von einer belästigenden Werbung ausgehende Beeinträchtigung kann ausnahmsweise so gering sein, dass trotz eines erkennbar entgegenstehenden Wunsches keine unzumutbare Belästigung anzunehmen ist.[82]

D. Fallgruppen zu § 7 Abs. 1

I. Ansprechen in der Öffentlichkeit

1. § 7 Abs. 1 und § 4a

55 Das gezielte individuelle Ansprechen von Marktteilnehmern in der Öffentlichkeit zu Werbezwecken kann den Tatbestand einer unzumutbaren Belästigung nach § 7 Abs. 1 erfüllen. Nicht jedes gezielte Ansprechen in der Öffentlichkeit zu diesem Zweck wird heute als eine unzumutbare Belästigung i. S. von § 7 Abs. 1 beurteilt.[83] Davon ist nur unter bestimmten Voraussetzungen auszugehen. Schutzzweck dieser Fallgruppe ist nur noch die von einem solchen Verhalten ausgehende Belästigung und nicht eine Beeinträchtigung der Entscheidungsfreiheit von Marktteilnehmern. Diese ist unter den Voraussetzungen des § 4a als aggressive geschäftliche Handlungen unlauter. Die Voraussetzungen dieser Bestimmung liegen im Normalfall beim Ansprechen in der Öffentlichkeit nicht vor. Hier müssen **zusätzliche Begleitumstände** hinzutreten, um den Tatbestand des § 4a zu begründen (§ 4a Rdn. 40).

2. Einwilligung und erkennbar fehlende Einwilligung

56 Als unzumutbare Belästigung i. S. von § 7 Abs. 1 Satz 1 und 2 ist das gezielte individuelle Ansprechen von Personen in der Öffentlichkeit zu Werbezwecken anzusehen, wenn der Angesprochene ausdrücklich oder schlüssig zu erkennen gegeben hat, dass er diese Form der Werbung nicht wünscht.[84] Zulässig ist eine derartige Ansprache, falls der Adressat sich mit ihr ausdrücklich oder konkludent einverstanden erklärt hat.

---

82 *Ohly*/Sosnitza § 7 Rn. 31.

83 Anders noch die ältere Rechtsprechung BGH, 08.04.1960, I ZR 24/59, GRUR 1960, 431, 432 – *Kraftfahrzeugnummernschilder.*

84 BGH, 09.09.2004, I ZR 93/02, GRUR 2005, 443, 445 – *Ansprechen in der Öffentlichkeit II.*

3. Zusätzliche Begleitumstände, die eine unzumutbare Belästigung begründen

Ist nicht erkennbar i. S. von § 7 Abs. 1 Satz 2, dass die Ansprache zu Werbezwecken unerwünscht ist, und hat der Adressat auch kein Einverständnis zu der Ansprache erteilt, kommt es darauf an, ob zu der gezielten individuellen Ansprache zu Werbezwecken Begleitumstände hinzutreten, die eine unzumutbare Belästigung begründen. Das ist der Fall, wenn der Werbende als solcher nicht erkennbar ist.[85] Der Werbende, der als solcher nicht erkennbar ist, macht sich den Umstand zu Nutze, dass ein Passant einer fremden Person häufig nicht von vornherein abweisend und ablehnend gegenübertritt. Unzulässig ist die gezielte Ansprache zu Werbezwecken, wenn der Werbende dem Adressaten die Möglichkeit nimmt, sich ohne große Mühe der Direktansprache zu entziehen. Das kann dadurch geschehen, dass der Ort der Ansprache so gewählt ist, dass ein Ausweichen schwer fällt oder der Werbende dem Adressaten folgt.[86] 57

4. Allgemeines Ausrufen

Die Fallgruppe des gezielten individuellen Ansprechens in der Öffentlichkeit zu Werbezwecken ist nicht auf Fallgestaltungen übertragbar, in denen es an einem gezielten Ansprechen fehlt. Das allgemeine Ausrufen von Werbung und die marktschreierische Anpreisung von Produkten ohne gezielte individuelle Ansprache reichen für diese Fallgruppe nicht aus.[87] 58

5. Öffentlicher Raum

Erforderlich ist weiter, dass das Ansprechen im öffentlichen Raum erfolgt. Dazu rechnen allgemein zugängliche Verkehrsflächen, wie Straßen, Parkplätze, öffentliche Plätze und Gebäude, Bahnhöfe und öffentliche Verkehrsmittel.[88] Nicht hierzu gehören Geschäftsräume von Fachgeschäften, Einkaufsmärkten und Warenhäusern.[89] Der Kunde, der ein Geschäft betritt, erwartet vom Personal angesprochen und nach seinen Wünschen zu den angebotenen Produkten gefragt zu werden. Diese Erwartung bezieht sich nicht auf eine werbliche Ansprache zu Produkten, die nicht zum üblichen Programm des Geschäfts gehören. 59

Auf **Messen und Märkten** sowie entsprechenden Einrichtungen ist die gezielte individuelle Ansprache von Besuchern durch Unternehmer und ihr Personal sozialüblich und nicht überraschend.[90] Der werbliche Zweck der Ansprache ist regelmäßig offensichtlich und ohne Hinzutreten besonderer Umstände keine unzumutbare Belästigung. 60

---

85 BGH, 04.03.2004, I ZR 221/01, GRUR 2004, 699, 701 – *Direktansprache am Arbeitsplatz*; BGH, 09.09.2004, I ZR 93/02, GRUR 2005, 443, 444 – *Ansprechen in der Öffentlichkeit II.*
86 BGH, 09.09.2004, I ZR 93/02, GRUR 2005, 443, 445 – *Ansprechen in der Öffentlichkeit II.*
87 GK/*Pahlow*, § 7 Rn. 94.
88 OLG Köln, 27.07.2001, 6 U 20/01, GRUR 2002, 641.
89 OLG Köln, 27.07.2001, 6 U 20/01, GRUR 2002, 641, 643.
90 BGH, 04.12.1964, I b ZR 38/63, GRUR 1965, 315, 316 – *Werbewagen.*

II. Verteilen von Werbematerial im öffentlichen Raum

61 Regelmäßig ist mit dem Verteilen von Werbematerial (Handzettel, Prospekte, Gratisproben, Reklamegegenstände, Werbegeschenke) an Passanten im öffentlichen Raum nur eine geringe Belästigung verbunden, die ohne Hinzutreten weiterer Begleitumstände nicht zu einer unzumutbaren Belästigung i. S. von § 7 Abs. 1 führt.[91] Nach den Umständen des Einzelfalls kann etwas anderes gelten, wenn die Verteilung nur dazu dient, gezielt und individuell Passanten anzusprechen und diese sich wegen der räumlichen Gegebenheiten dem Gespräch nicht entziehen können. Dagegen ist das bloße individuelle Ansprechen eines Passanten anlässlich der Verteilung des Werbematerials durch eine Person, die als Werbender erkennbar ist, keine unzumutbare Belästigung.[92] Die gezielte individuelle Ansprache von Kunden vor dem Geschäft eines Konkurrenten kann eine unlautere gezielte Behinderung i. S. von § 4 Nr. 4 sein.

III. Ansprechen am Unfallort

62 Beim Ansprechen am Unfallort kann sich der Adressat in einer Situation befinden, in der seine Entscheidungsfreiheit erheblich beschränkt ist. Gegen die Ausnutzung der Beeinträchtigung der Entscheidungsfreiheit schützt § 4a. Bei der Feststellung, ob eine geschäftliche Handlung aggressiv i. S. von § 4a Abs. 1 Satz 2 ist, ist nach § 4a Abs. 2 Satz 1 Nr. 3 auf die bewusste Ausnutzung von konkreten Unglückssituationen abzustellen (§ 4a Rdn. 85–90). § 7 Abs. 1 hat nicht den Schutz der Entscheidungsfreiheit der Marktteilnehmer zum Gegenstand, sondern das unerwünschte Eindringen in die Privat- oder Geschäftssphäre in unzumutbarer Weise (Rdn. 14). Wegen des unterschiedlichen Normzwecks stehen § 4a und § 7 Abs. 1 selbständig nebeneinander.

63 Die Werbung am Unfallort, um einen Abschlepp- oder Reparaturauftrag zu erhalten oder einen Mietvertrag über ein Ersatzfahrzeug abzuschließen, wird auch wegen der damit verbundenen unzumutbaren Belästigung des Unfallbeteiligten, der noch unter dem Eindruck des Unfallgeschehens steht, zu Recht als grundsätzlich unzulässig i. S. von § 7 Abs. 1 Satz 1 angesehen.[93]

IV. Scheibenwischerwerbung

64 Das Anbringen von Werbung an abgestellten Kraftfahrzeugen erfolgt regelmäßig ohne Einwilligung der betroffenen Fahrer und Halter der Fahrzeuge. Es erfüllt den Tatbe-

---

91 BGH, 10.03.1994, I ZR 36/92, GRUR 1994, 639, 640 – *Pinguin-Apotheke*; BGH, 10.03.1994, I ZR 166/92, GRUR 1994, 656, 658 – *Stofftragetasche*; FBO/*Mankowski* § 7 Rn. 296; *Ohly*/Sosnitza § 7 Rn. 77; jurisPK-UWG/*Koch* § 7 Rn. 53.

92 A. A. GK/*Pahlow*, § 7 Rn. 96; FBO/*Mankowski* § 7 Rn. 297.

93 Zu § 1 UWG 1909 BGH, 22.11.1974, I ZR 23/74, GRUR 1975, 264, 265 – *Werbung am Unfallort I*; BGH, 22.11.1974, I ZR 50/74, GRUR 1975, 266, 267 – *Werbung am Unfallort II*; BGH, 14.12.1979, I ZR 29/78, GRUR 1980,790, 791 – *Werbung am Unfallort III*; BGH, 08.07.1999, I ZR 118/97, GRUR 2000, 235, 36 – *Werbung am Unfallort IV*; zu § 7 Abs. 1 *FBO/Mankowski § 7 Rn. 304; Ohly*/Sosnitza § 7 Rn. 78a; jurisPK-UWG/*Koch* § 7 Rn. 58; GK/*Pahlow*, § 7 Rn. 98; Harte/Henning/*Schöler*, § 7 Rn. 83 f; BDS/*Mehler* § 7 UWG Rn. 52; a. A. MünchKomm/*Leible* UWG, § 7 Rn. 216.

stand des § 7 Abs. 1 Satz 2, weil aus den Gesamtumständen hinreichend deutlich erkennbar ist, dass die Adressaten die Werbung nicht wünschen. Fahrzeuge verfügen über keine Empfangseinrichtungen für Werbung. Aufnahmemöglichkeiten sind hierfür nicht vorgesehen. Die Fahrer sind gezwungen, sich um eine Entsorgungsmöglichkeit zu kümmern. Das Wegwerfen des Werbematerials auf die Straße scheidet wegen der damit verbundenen Verschmutzung des öffentlichen Raums und der Gefahr einer Inanspruchnahme als Handlungsstörer bei einem Verstoß aus. Zudem besteht die Gefahr der Beschädigung von Einrichtungen des Fahrzeugs bei der Befestigung des Werbematerials. Diese Form der Verteilung von Werbematerial ist eine unzumutbare Belästigung i.S. von § 7 Abs. 1 Satz 1.[94]

V. Werbung für Bestattungsleistungen

1. § 4a und § 7 Abs. 1

Werbemaßnahmen nach einem Todesfall können den Adressaten in einer Situation 65
erreichen, in der er noch so unter dem Eindruck des Geschehens steht, dass er zu einer informierten Entscheidung außer Stande ist. Gegen diese Form der Beeinträchtigung der Entscheidungsfreiheit schützt § 4a Abs. 1 und Abs. 2 Satz 1 Nr. 3 (§ 4a Rdn. 88). Daneben kann von einer Werbung nach einem Todesfall eine unzumutbare Belästigung i. S. von § 7 Abs. 1 ausgehen. Die Vorschrift schützt nicht gegen den Inhalt der Werbung, sondern gegen ihre Art und Weise (Rdn. 39). Der Marktteilnehmer wird gegen das Eindringen in die Privatsphäre geschützt. § 4a und § 7 Abs. 1 sind wegen des jeweils unterschiedlichen Normzwecks nebeneinander anwendbar. Die UGP-RL entfaltet im Hinblick auf die Anwendung des § 7 Abs. 1 keine Sperrwirkung (Rdn. 8).

2. Vertreterbesuche

Wegen des Eindringens in die grundgesetzlich durch Art. 2 (1) GG geschützte Privat- 66
sphäre der Hinterbliebenen sind Vertreterbesuche zur Erlangung von Aufträgen im Zusammenhang mit der Bestattung und der Einrichtung einer Grabstätte ohne vorherige Zustimmung der Hinterbliebenen eine unzumutbare Belästigung i. S. von § 7 Abs. 1 und deshalb unzulässig.[95] Dies gilt unabhängig von einer Wartefrist.[96] Unzulässig sind weiter unbestellte Hausbesuche bei Personen zur Erlangung von Bestattungsaufträgen für deren künftige Bestattung.[97] Das durch Art. 12 GG geschützte Interesse

---

94 FBO/*Mankowski* § 7 Rn. 349; *Ohly*/Sosnitza § 7 Rn. 78; MünchKomm/*Leible* UWG, § 7 Rn. 273; GK/*Pahlow*, § 7 Rn. 97; BDS/*Mehler* § 7 UWG Rn. 77; *Köhler*/Bornkamm/Feddersen, § 7 Rn. 117; *Wasse*, WRP 2010, 191; a. A. OLG Hamm, 27.09.1990, 4 U 87/90, GRUR 1991, 229; jurisPK-UWG/*Koch* § 7 Rn. 135.

95 Zu § 1 UWG 1909 RG, 09.11.1934, II 171/34, RGZ 145, 396, 402; BGH, 01.02.1967, Ib ZR 3/65, GRUR 1967, 430, – *Grabsteinaufträge*; BGH, 12.03.1971, I ZR 119/69, GRUR 1971, 317, 318 – *Grabsteinwerbung II*; zu § 7 Abs. 1 BGH, 22.04.2010, I ZR 29/09, GRUR 2010, 1113 Rn. 18 – *Grabmalwerbung*; GK/*Pahlow*, § 7 Rn. 80; *Ohly*/Sosnitza § 7 Rn. 82.

96 BGH, 12.03.1971, I ZR 119/69, GRUR 1971, 317, 318 – *Grabsteinwerbung II*; BGH, 22.04.2010, I ZR 29/09, GRUR 2010, 1113 Rn. 18 – *Grabmalwerbung*.

97 BGH, 08.07.1955, I ZR 52/54, GRUR 1955, 541, 542 – *Bestattungswerbung*.

der Bestattungsunternehmen an dem Erhalt von Aufträgen muss hinter den Interessen der durch Hausbesuche Betroffenen zurücktreten. An der unzumutbaren Belästigung ändert die vorherige Ankündigung des Vertreterbesuchs nichts. Das gilt auch, wenn der Ankündigung eine Rückantwortkarte beigefügt ist, um darauf hinzuweisen, dass der Vertreterbesuch unerwünscht ist.[98]

3. Weitere Werbemaßnahmen

67 Ob andere Werbemaßnahmen als unaufgeforderte Vertreterbesuche nach einem Todesfall eine unzumutbare Belästigung i. S. von § 7 Abs. 1 Satz 1 darstellen, ist unter Abwägung des Interesses am Schutz der Privatsphäre nach Art. 2 (1) GG auf Seiten der Hinterbliebenen und des durch Art. 5 und 12 GG geschützten Interesses des Unternehmens, seine Leistungen anbieten zu können, zu beurteilen.[99] Für Werbeschreiben über Grabausstattungen gilt danach eine **Wartefrist von zwei Wochen.**[100] Werbeschreiben nach Ablauf dieser Wartefrist sind grundsätzlich keine unzumutbare Belästigung.[101] Dabei kommt es nur auf die Art der Werbemaßnahme und nicht deren Inhalt an (Rdn. 39).

68 Die Art der Werbung ist berührt, wenn an einem Container in der Nähe zu einer Grabstelle oder an einem Lkw, der im Zusammenhang mit Bestattungsleistungen benutzt wird, Werbung angebracht ist oder in einem Krankenhaus Werbung für Bestattungsleistungen verteilt wird. Als unzumutbare Belästigung ist danach angesehen worden die Aufstellung eines Containers mit Werbung unmittelbar an einer ausgehobenen Grabstätte;[102] dagegen ist eine unzumutbare Belästigung verneint worden bei der Verwendung eines Lkws mit einer Werbeaufschrift im Rahmen von Bestattungsarbeiten auf dem Friedhofsgelände nicht in unmittelbarer Nähe einer frischen Grabstelle.[103] Eine unzumutbare Belästigung. S. des § 7 Abs. 1 Satz 1 ist die Werbung für Bestattungsleistungen in einer Informationsbroschüre für Patienten eines Krankenhauses.[104] Es geht dabei um die Art der Werbung gegenüber Kranken und Angehörigen, die mit der Hoffnung auf Heilung des Patienten ein Krankenhaus aufsuchen. Dies ohne gesonderte Aufforderung durch die Betroffenen mit einer Werbung für Bestattungsleistungen zu verknüpfen, ist nicht nur eine Geschmacksfrage, sondern pietätlos und eine unzumutbare Belästigung.

VI. Haustürwerbung

1. Nr. 26 und Nr. 30 des Anhangs zu § 3 Abs. 3

69 Nach Nr. 26 des Anhangs zu § 3 Abs. 3 ist stets unzulässig bei persönlichem Aufsuchen in der Wohnung die Nichtbeachtung einer Aufforderung des Besuchten, diese zu verlas-

98 OLG Karlsruhe, 14.12.1972, 9 U 49/72, WRP 1973, 231.
99 BGH, 22.04.2010, I ZR 29/09, GRUR 2010, 1113 Rn. 15 – *Grabmalwerbung*.
100 BGH, 22.04.2010, I ZR 29/09, GRUR 2010, 1113 Rn. 17 – *Grabmalwerbung*.
101 BGH, 22.04.2010, I ZR 29/09, GRUR 2010, 1113 Rn. 21 – *Grabmalwerbung*.
102 OLG München, 16.05.2002, 29 U 5753/01, GRUR-RR 2003, 117, 118.
103 OLG München, 17.01.2008, 29 U 4576/07, GRUR-RR 2008, 355, 356.
104 A. A. LG Hamburg, 27.071988, 15 O 451/88, NJW-RR 1989, 488.

sen oder nicht zu ihr zurückzukehren, es sein denn, der Besuch ist zur rechtmäßigen Durchsetzung einer vertraglichen Verpflichtung gerechtfertigt (Einzelheiten Anh. (zu § 3 Abs. 3) Rdn. 311). Die Vorschrift setzt Nr. 25 des Anhangs I UGP-RL um. Sie behandelt ein als aggressive Geschäftspraxis eingestuftes Verhalten, für das ein per se-Verbot bestimmt ist. Nr. 26 des Anhangs und § 7 Abs. 1 haben einen unterschiedlichen Schutzzweck, so dass die Vorschriften nebeneinander anwendbar sind. Die UGP-RL entfaltet keine Sperrwirkung (Rdn. 6–8).

Nr. 30 des Anhangs zu § 3 Abs. 3 bestimmt als unzulässig die ausdrückliche Angabe, 70 der Arbeitsplatz oder Lebensunterhalt des Unternehmers sei gefährdet, wenn der Verbraucher die Ware oder Dienstleistung nicht abnehme. Durch die Bestimmung wird Nr. 30 des Anhangs I UGP-RL umgesetzt. Es handelt sich auch bei Nr. 30 des Anhangs um eine aggressive Geschäftspraktik in Form eines per se-Verbots. Da sich der Schutzzweck der Nr. 30 des Anhangs und des § 7 Abs. 1 Satz 1 unterscheiden, sind die Vorschriften nebeneinander anwendbar, ohne dass die UGP-RL die Anwendung des § 7 Abs. 1 ausschließt (Rdn. 6–8).

2. Unzumutbare Belästigung durch Haustürwerbung

Haustürwerbung ist das Aufsuchen von Marktteilnehmern im häuslichen oder im 71 Geschäftsbereich zur Anbahnung von Geschäften oder zum Produktabsatz ohne vorherige Aufforderung. Sie weist in der heutigen Zeit nur noch eine geringe wirtschaftliche Bedeutung auf[105] und hat ihren verbliebenen Schwerpunkt im Bereich des Vertriebs landwirtschaftlicher Produkte durch Erzeuger, bestimmter Elektroartikel und der Sammlung von Spenden für karitative Zwecke.

Besondere gesetzliche Bestimmungen für die Haustürwerbung existieren weder auf 72 Unionsebene noch aufgrund deutscher Rechtsvorschriften mit Ausnahme des § 17 Fernunterrichtsschutzgesetz. Für außerhalb von Geschäftsräumen abgeschlossene Verträge sieht die Verbraucherrechte-Richtlinie[106] in Art. 5 und 6 sowie 9 Informationspflichten und ein Widerrufsrecht vor, die im BGB und im EGBGB umgesetzt sind. Spezielle Regelungen für die Haustürwerbung sind in diesem Zusammenhang nicht aufgestellt. Ein vollständiges Verbot der Haustürwerbung ist mit der UGP-RL nicht vereinbar.[107]

Die Rechtsprechung und ein Teil des Schrifttums sehen die Haustürwerbung als unzu- 73 mutbare Belästigung nur bei Hinzutreten beonderer Umstände an. Im Grundsatz stellt

105 Harte/Henning/*Schöler*, § 7 Rn. 85; *Wann*, Direktmarketing im Licht der Europäischen Datenschutzgrundverordnung, 2018, 34.

106 Richtlinie 2011/83/EU über die Rechte deerbraucher vom 25.10.2011, ABl. L 304/64.

107 EuGH, 10.07.2014, C-421/12, GRUR Int)14, 964 Rn. 71 ff – *Königreich Belgien/Kommission*; Harte/Henning/*Schöler*, § 7 Rn. 86.

Haustürwerbung danach keine unzumutbare Belästigung dar.[108] Nur aus **besonderen Umständen** kann sich eine unzumutbare Belästigung ergeben. Diese können daraus folgen, dass aus dem Zeitpunkt oder dem Anlass der Haustürwerbung eine unzumutbare Belästigung folgt. Dazu rechnen unbestellte Vertreterbesuche in den Abend- und Nachtstunden, an Sonn- und Feiertagen oder nach Todesfällen. Besondere Umstände liegen vor, wenn der Werbende den Umworbenen über den geschäftlichen Charakter des Hausbesuchs täuscht, etwa indem er einen privaten Anlass, das Vorliegen einer Hilfssituation oder eine Umfrage vortäuscht, um mit dem Hausbewohner in ein Gespräch zu kommen.

74 Eine unzumutbare Belästigung kann sich weiter unter den Voraussetzungen des § 7 Abs. 1 Satz 2 ergeben, wenn der Marktteilnehmer Haustürwerbung erkennbar nicht wünscht. Dieser Wunsch kann sich aus Aufschriften an der Haus- oder Wohnungstür ergeben, die Vertreterbesuche als unerwünscht bezeichnen. Dazu zählen die antiquierte Aufschrift »Betteln und Hausieren verboten« und vergleichbare Hinweise.

75 Der ganz überwiegende Teil des Schrifttums geht von einer **grundsätzlichen Unzulässigkeit von Haustürwerbung** ohne vorherige oder mutmaßliche Einwilligung des Wohnungsinhabers wegen unzumutbarer Belästigung i. S. von § 7 Abs. 1 aus.[109] Hierzu werden Parallelen zur Telefonwerbung gezogen, die nur nach vorheriger ausdrücklicher Einwilligung zulässig ist und den Angerufenen weit weniger belasten soll als eine nicht erbetene Haustürwerbung.

76 Die Kritik an der liberalen Haltung der BGH-Rechtsprechung zur Haustürwerbung ist nicht überzeugend. Dass von der Haustürwerbung eine Belästigung ausgeht, ist unzweifelhaft. Entscheidend ist, ob sie unzumutbar ist. Dazu sind der Vergleich und die Gewichtung verschiedener Direktmarketingformen nicht allein aussagekräftig. In die Abwägung, ob eine unzumutbare Belästigung vorliegt, einzubeziehen ist neben der Intensität der Belästigung beim Betroffenen die Bedeutung eines Verbots für den Unternehmer. Was die Intensität der Beästigung von Haustürwerbung gegenüber Telefon- und E-Mail-Werbung anbelangt, is die einzelne Werbemaßnahme bei der Haustürwerbung für den Betroffenen belastender. Bei der Telefon- und E-Mail-Werbung besteht wegen der wesentlich geringeren Kosten eine im Verhältnis zur Haustürwerbung ungleich höhere Nachahmungsgefahr. Zudem greift ein grundsätzliches Verbot der Haustürwerbung, das nur bei einer ausdrücklichen, schlüssigen oder mutmaßlichen Einwilligung nicht besteht, in erheblichem Umfang in die grundrechtlich durch Art. 12 GG geschützten Interessen des werbender Unternehmens ein. In diesem Zusammen-

108 BGH, 05.05.1994, I ZR 168/92, GRUR 994, 818, 819 – *Schriftliche Voranmeldung*; BGH, 04.03.2004, I ZR 221/01, GRUR 2004, 09, 701 – *Direktansprache am Arbeitsplatz*; BGH, 09.09.2004, I ZR 93/02, GRUR 2005, 44 445 – *Ansprechen in der Öffentlichkeit II*; jurisPK-UWG/*Koch* § 7 Rn. 70; *Steinbeck*, GRUR 95, 492, 493; *Möller*, WRP 2010, 321, 323.

109 *Ohly*/Sosnitza § 7 Rn. 80; MünchKomm/*ble* UWG, § 7 Rn. 232; *Köhler*/Bornkamm/Feddersen, § 7 Rn. 47; GK/*Pahlow*, § 7 Rn. ; Harte/Henning/*Schöler*, § 7 Rn. 92; Götting/Nordemann/*Menebröcker*, § 7 Rn. 139; FB*Mankowski* § 7 Rn. 311; BDS/*Mehler* § 7 UWG Rn. 61; ebenso LG Rostock, 12.11.2010, 227/10, VuR 2011, 147.

hang ist die teilweise favorisierte Einschränkung des grundsätzlichen Verbots über eine mutmaßliche Einwilligung keine praktisch wirksame Lösung, weil sie konkrete Umstände erforderlich macht, aus denen sich die mutmaßliche Einwilligung ergibt, und mit erheblicher Unsicherheit im Einzelfall belastet ist.

VII. Zusendung unbestellter Waren

1. Nr. 22 und Nr. 29 des Anhangs zu § 3 Abs. 3

Stets unzulässig ist nach Nr. 22 des Anhangs zu § 3 Abs. 3 die Übermittlung von Werbematerial unter Beifügung einer Zahlungsaufforderung, wenn damit der unzutreffende Eindruck vermittelt wird, die beworbene Ware oder Dienstleistung sei bereits bestellt. Nach Nr. 29 des Anhangs zu § 3 Abs. 3 ist stets unzulässig die Aufforderung zur Bezahlung nicht bestellter, aber gelieferter Waren oder erbrachter Dienstleistungen oder eine Aufforderung zur Rücksendung oder Aufbewahrung nicht bestellter Sachen. Nr. 22 des Anhangs zu § 3 Abs.3 setzt Nr. 21 des Anhangs I UGP-RL um und Nr. 29 des Anhangs zu § 3 Abs. 3 dient der Umsetzung von Nr. 29 des Anhangs I UGP-RL (Einzelheiten Anh. (zu § 3 Abs. 3) Rdn. 273 und 348). 77

Nr. 22 des Anhangs zu § 3 Abs. 3 ist ein per se-Verbot einer irreführenden Geschäftspraxis und Nr. 29 des Anhangs zu § 3 Abs. 3 ein per se-Verbot einer aggressiven Geschäftspraxis. Beide Bestimmungen schützen die **Entscheidungsfreiheit von Verbrauchern**. Im Fall einer irreführenden Geschäftspraxis wird der Verbraucher an einer informierten Entscheidung dadurch gehindert, dass er über die Sachlage nicht ausreichend informiert ist, während bei einer aggressiven Geschäftspraxis die Fähigkeit des Verbrauchers zu einer freien und rationalen Entscheidung herabgesetzt oder aufgehoben ist (§ 4a Rdn. 69–75). Davon unterscheidet sich der Schutzzweck des § 7 Abs. 1 Satz 1, der nicht die Entscheidungsfreiheit des Verbrauchers, sondern die **Privat- oder Geschäftssphäre** des Marktteilnehmers schützt. Die Bestimmung des § 7 Abs. 1 Satz 1 ist neben den Tatbeständen der Nr. 22 und 29 anwendbar.[110] Außerhalb des Anwendungsbereichs der Tatbestände der Nr. 22 und Nr. 29 des Anhangs zu § 3 Abs. 3 kann eine irreführende geschäftliche Handlung i. S. von § 5 oder eine aggressive geschäftliche Handlung nach § 4a bei Zusendung unbestellter Waren oder der Erbringung unbestellter Leistungen vorliegen. Die UGP-RL sperrt die Anwendung des § 7 Abs. 1 Satz 1 wegen des unterschiedlichen Schutzzwecks im Verhältnis zu den Vorschriften der UGP-RL nicht (Rdn. 6–8). 78

Der Anwendungsbereich des § 7 Abs. 1 Satz 1 geht über denjenigen der Nr. 22 und 29 des Anhangs zu § 3 Abs. 3 hinaus, weil er nicht nur Verbraucher, sondern sämtliche Marktteilnehmer schützt und Nr. 22 auf die Beifügung einer Zahlungsaufforderung beschränkt ist (Anh. (zu § 3 Abs. 3) Rdn. 278). 79

110 Zu Nr. 29 des Anhangs BGH, 17.08.2011, I ZR 134/10, GRUR 2012, 82 Rn. 16 – *Auftragsbestätigung*.

2. Bürgerlich-rechtliche Rechtslage bei unbestellten Produkten

80 Art. 27 der Verbraucherrechte-Richtlinie[111] bestimmt, dass der Verbraucher von der Pflicht zur Erbringung der Gegenleistung befreit ist, wenn unter Verstoß gegen Artikel 5 Absatz 5 und Anhang I Nummer 29 der UGP-RL unbestellte Waren, Wasser, Gas, Strom, Fernwärme oder digitaler Inhalt geliefert oder unbestellte Dienstleistungen erbracht werden. In diesen Fällen gilt das Ausbleiben einer Antwort des Verbrauchers auf eine solche unbestellte Lieferung oder Erbringung nicht als Zustimmung. Die Bestimmung des Art. 27 Verbraucherrechte-Richtlinie wird durch § 241a BGB umgesetzt und hat die Konsequenz, dass durch die Lieferung unbestellter Waren oder Erbringung unbestellter Leistungen grundsätzlich kein Anspruch gegen einen Verbraucher begründet wird. Das gilt für vertragliche und gesetzliche Ansprüche aller Art. Eine Ausnahme folgt aus § 241a Abs. 2 BGB. Danach sind gesetzliche Ansprüche nicht ausgeschlossen, wenn die Leistung nicht für den Empfänger bestimmt war oder in der irrigen Vorstellung einer Bestellung erfolgte und der Empfänger dies erkannt hat oder bei Anwendung der im Verkehr erforderlichen Sorgfalt hätte erkennen können. Die Rechtsvorschriften regeln die bürgerlich-rechtliche Seite der unbestellten Lieferung und Leistung von Waren und Dienstleistungen. Ausgeschlossen durch § 241a Abs. 1 werden vertragliche und gesetzliche Zahlungsansprüche und sonstige Ansprüche. Die Vorschrift des § 241a Abs. 1 ist auf eine aliud-Lieferung anwendbar.[112]

3. Zusendung unbestellter Waren oder Erbringung unbestellter Leistungen als unzumutbare Belästigung nach § 7 Abs. 1 Satz 1

a) Unbestellte Produkte

aa) Begriff

81 Waren oder Dienstleistungen sind unbestellt, wenn der Unternehmer von sich aus und ohne Auftrag oder Vertrag die Ware an den Marktteilnehmer liefert oder die Leistung erbringt.[113] Unbestellt erfolgt die Lieferung oder Leistung nicht, wenn ein Vertrag oder Auftrag des Marktteilnehmers vorliegt, ohne dass es darauf ankommt, ob der Vertrag oder Auftrag von Anfang an oder aufgrund eines ausgeübten Gestaltungsrechts unwirksam geworden ist.

bb) Aliud-Lieferung und Mehrlieferung und -leistung

82 Liefert der Unternehmer eine andere Sache oder erbringt er eine andere Dienstleistung als die vertragliche vereinbarte, liegt eine aliud-Lieferung vor, bei der nicht von einer unbestellten Lieferung oder Leistung i. S. der Fallgruppe zu § 7 Abs. 1 Satz 1 auszugehen ist. Das weicht zwar von der Auslegung des § 241a BGB ab. § 7 Abs. 1 Satz 1

111 Richtlinie 2011/83/EU über die Rechte der Verbraucher vom 25.10.2011, ABl. L 304/64.

112 Regierungsbegründung des Entwurfs eines Gesetzes zur Umsetzung der Verbraucherrechterichtlinie und zur Änderung des Gesetzes zur Regelung der Wohnungsvermittlung BT-Drucks. 17/12637, S. 45.

113 GK/*Pahlow*, § 7 Rn. 99.

dient nicht der Umsetzung des Art. 27 Verbraucherrechte-Richtlinie und des Art. 5 (5) und der Nr. 29 des Anhangs I der UGP-RL und ist deshalb nicht richtlinienkonform auszulegen. Nach dem Normzweck des § 7 Abs. 1 Satz 1, vor der Lieferung und Leistung unbestellter Produkte zu schützen, besteht kein Anlass die Vorschrift auf Sachverhalte anzuwenden, in denen der Marktteilnehmer immerhin eine Bestellung aufgegeben hat.

In der Lieferung einer größeren als der bestellten Warenmenge oder der Erbringung **83** eines größeren als des bestellten Leistungsumfangs kann wegen des über die Bestellung hinausgehenden Bereichs eine Lieferung oder Erbringung unbestellter Waren oder Leistungen liegen. Hier kommt allerdings in Betracht, dass der Unternehmer von einer mutmaßlichen Einwilligung ausgehen kann,[114] etwa wenn sich erst während der Ausführung der Leistung die Notwendigkeit eines größeren Leistungsumfangs herausstellt oder wenn die Lieferung oder Leistung innerhalb einer laufenden Geschäftsbeziehung erfolgt. In diesen Fällen muss zudem sorgfältig geprüft werden, ob von der Mehrlieferung oder –leistung eine unzumutbare Belästigung ausgeht.

cc) Irrtümliche Annahme einer Bestellung

Geht der Unternehmer **irrtümlich von einer Bestellung aus** und liegt die Ursache des **84** Irrtums nicht im Verantwortungsbereich des Unternehmens, ist § 7 Abs. 1 Satz 1 nicht erfüllt.[115] Nach dem Normzweck des § 7 Abs. 1 Satz 1, Marktteilnehmer vor unzumutbaren Belästigungen durch einen Unternehmer zu schützen, greift die Bestimmung nicht ein, wenn der Unternehmer annehmen durfte, es läge eine Bestellung des Marktteilnehmers vor. Es fehlt an einer eigenmächtigen Lieferung oder Leistung. Ausgeschlossen ist die Anwendung der Vorschrift, wenn die Ware von einem Dritten unter dem Namen des Belieferten bestellt worden ist oder wenn unter derselben Adresse mehrere Personen gleichen Namens wohnen, ohne dass dies auffällt, und es deshalb zu einer Fehlbelieferung kommt. Maßstab ist insoweit derjenige der unternehmerischen Sorgfalt nach § 2 Abs. 1 Nr. 7. Beruht der Irrtum des Unternehmers darauf, dass ihn diejenigen Personen, die der Unternehmer zur Akquisition eingesetzt hat, über das Vorliegen einer Bestellung getäuscht haben, haftet er für den in der Zusendung der unbestellten Ware liegenden Wettbewerbsverstoß nach § 8 Abs. 2 UWG.[116]

dd) Ankündigung laufender Belieferungen

§ 7 Abs. 1 Satz 1 erfasst auch die Ankündigung einer fortlaufenden Lieferung von **85** Waren, bei der eine unbestellte, aber als bestellt dargestellte Ware zugesandt und, falls der Verbraucher nicht binnen einer Frist widerspricht, die Zusendung weiterer Waren gegen Entgelt angekündigt wird.[117]

114 BGH, 12.01.1960, I ZR 52/59, GRUR 1960, 382, 383 – *Verbandsstoffe.*
115 BGH, 17.08.2011, I ZR 134/10, GRUR 2012, 82 Rn. 18 – *Auftragsbestätigung.*
116 BGH, 17.08.2011, I ZR 134/10, GRUR 2012, 82 Rn. 13 – *Auftragsbestätigung.*
117 BGH, 17.08.2011, I ZR 134/10, GRUR 2012, 82 Rn. 12 – *Auftragsbestätigung.*

b) Lieferung und Leistung als unzumutbare Belästigung nach § 7 Abs. 1 Satz 1

86 Erhält ein Marktteilnehmer eine unbestellte Ware oder wird für ihn eine unbestellte Leistung erbracht, ist er regelmäßig gezwungen, Überlegen zu den damit verbundenen Auswirkungen anzustellen und sich Gedanken über die Rechtslage zu machen. Er kann befürchten, Zahlungsaufforderungen und Rückgabeverlangen ausgesetzt und in eine rechtliche Auseinandersetzung verwickelt zu werden. Die damit verbundene Belästigung ist grundsätzlich nicht zumutbar.[118] Diese unzumutbare Belästigung geht bereits im Vorfeld der Lieferung oder Leistung von ihrer **Ankündigung**, etwa durch eine **Auftragsbestätigung**, aus.[119]

87 Die **Zusendung unentgeltlicher Waren oder die unentgeltliche Erbringung von Dienstleistungen** stellt keine unzumutbare Belästigung dar, wenn für den Empfänger deutlich wird, dass für ihn damit keine Verpflichtungen – Zahlungs-, Rückgabe- oder Aufbewahrungspflichten – verbunden sind.[120]

88 Willigt der Empfänger in voller Kenntnis der Rechtsfolgen in die Lieferung oder Leistung unbestellter Produkte ein – etwa im Rahmen laufender Geschäftsbeziehungen – liegt keine unbestellte Leistung vor.[121]

VIII. Laienwerbung

89 Typisch für die Laienwerbung ist es, dass sich ein Gewerbetreibender die persönlichen Beziehungen des Werbenden zu Dritten für die Kundenwerbung nutzbar macht. Der Laienwerber spricht regelmäßig Verwandte, Freunde, Bekannte oder Kollegen an, um sie für den Gewerbetreibenden als Kunden zu gewinnen, weil dieser dem Laienwerber einen Vorteil versprochen hat.[122] Die Ausnutzung dieser persönlichen Beziehungen zu Werbezwecken kann mit einem Belästigungseffekt für die vom Laienwerber Angesprochenen verbunden sein. Dem Adressaten kann zunächst der geschäftliche Charakter der Kontaktaufnahme verborgen bleiben oder es kann ihm aufgrund der persönlichen Beziehungen, die er nicht beeinträchtigen möchte, schwer fallen, die Werbemaßnahme zurückzuweisen. Die von einer Laienwerbung ausgehende Belästigung des Adressaten ist für sich genommen noch nicht i. S. des § 7 Abs. 1 Satz 1 unzulässig.[123] Sie wird es erst, wenn sie einen Grad erreicht, der sie für den Betroffenen unzumutbar macht.[124] Dabei ist auf die Belästigung des Betroffenen abzustellen. Die Gewährung unverhältnis-

---

118 BGH, 12.01.1960, I ZR 52/59, GRUR 1960, 382, 383 – *Verbandsstoffe*; BGH, 17.08.2011, I ZR 134/10, GRUR 2012, 82 Rn. 16 – *Auftragsbestätigung*.
119 BGH, 17.08.2011, I ZR 134/10, GRUR 2012, 82 Rn. 12 – *Auftragsbestätigung*.
120 BGH, 12.01.1960, I ZR 52/59, GRUR 1960, 382, 383 – *Verbandsstoffe*; BGH, 03.03.2011, I ZR 167/09, GRUR 2011, 747 Rn. 21 – *Kreditkartenübersendung*.
121 BGH, 12.01.1960, I ZR 52/59, GRUR 1960, 382, 384 – *Verbandsstoffe*; *Ohly*/Sosnitza § 7 Rn. 92.
122 BGH, 27.09.1990, I ZR 213/89, GRUR 1991, 150 – *Laienwerbung für Kreditkarten*.
123 BGH, 20.12.2001, I ZR 227/99, GRUR 2002, 637, 639 – *Werbefinanzierte Telefongespräche*.
124 BGH, 27.02.1981, I ZR 75/79, GRUR 1981, 655, 656 – *Laienwerbung für Makleraufträge*;

mäßig hoher Vorteile an den Laienwerber reicht für sich genommen nicht aus.[125] Derartige Vorteile können allerdings die Gefahr begründen, dass die Laienwerber sich als besonders hartnäckig bei der Verfolgung der wettbewerblichen Interessen zeigen und dadurch die konkrete Gefahr einer unzumutbaren Belästigung hervorgerufen wird.

Da bei der Fallgruppe der Laienwerbung **besondere Begleitumstände** hinzutreten müssen, die die geschäftliche Handlung zu einer unzumutbaren Belästigung werden lassen, stellt sich die Frage nach der eigenständigen Bedeutung dieser Fallgruppe.[126] Die Ausgangssituation in Fällen der Laienwerbung unterscheidet sich durch den persönlichen Kontakt zwischen Werbendem und Umworbenen von anderen Fallgestaltungen, in denen diese Verbindung fehlt. Die persönliche Verbundenheit kann die Abwehr der Werbemaßnahme erschweren und dazu führen, dass die Schwelle einer unzumutbaren Belästigung niedriger anzusetzen ist. **90**

E. Die per se-Verbote des § 7 Abs. 2

UGP-RL Anhang I zu Art 5 Abs. 5 Nr. 26
Kunden werden durch hartnäckiges und unerwünschtes Ansprechen über Telefon, Fax, E-Mail oder sonstige für den Fernabsatz geeignete Medien geworben, außer in Fällen und in den Grenzen, in denen ein solches Verhalten nach den nationalen Rechtsvorschriften gerechtfertigt ist, um eine vertragliche Verpflichtung durchzusetzen. Dies gilt unbeschadet des Artikels 10 der Richtlinie 97/7/EG sowie der Richtlinien 95/46/EG und 2002/58/EG.

I. Allgemeines

1. Rechtsnatur und Verhältnismäßigkeitsgrundsatz

§ 7 Abs. 2 bestimmt vier Tatbestände, bei deren Vorliegen eine unzumutbare Belästigung stets anzunehmen ist.[127] Liegen die Voraussetzungen eines Tatbestands vor, steht die unzumutbare Belästigung fest. Eine besondere **Einzelfallprüfung,** wie sie im Anwendungsbereich der UGP-RL außerhalb der Tatbestände des Anhangs I vorzunehmen ist, findet nicht statt. Auch eine gesonderte **Verhältnismäßigkeitsprüfung** ist, wie bei den Tatbeständen des Anhangs zu § 3 Abs. 3, ausgeschlossen (Anh. (zu § 3 Abs. 3) Rdn. 19). Die gegenteilige Äußerung des Regierungsentwurfs zur UWG-Novelle 2008 »Allerdings gilt auch hier stets der allgemeine Grundsatz der Verhältnismäßigkeit, weshalb es auch künftig Fallgestaltungen geben kann, bei denen ein nach § 3 Abs. 3 UWG- E oder § 7 UWG- E unlauteres Verhalten gleichwohl keine wettbewerbsrechtlichen Sanktionen auslöst.« steht im Gegensatz zur Angabe »Liegt also ein Tatbestand **91**

125 Anders BGH, 27.02.1981, I ZR 75/79, GRUR 1981, 655, 656 – *Laienwerbung für Makleraufträge.*
126 Für eine Abschaffung als gesonderte Fallgruppe: MünchKomm/*Leible* UWG, § 7 Rn. 278.
127 Begründung des Regierungsentwurfs eines Ersten Gesetzes zur Änderung des Gesetzes gegen den unlauteren Wettbewerb, BT-Drucksache 16/10145, S. 29.

des § 7 Abs. 2 UWG- E vor, ist ohne Wertungsmöglichkeit von einer unzumutbaren Belästigung und damit der Unzulässigkeit der geschäftlichen Handlung auszugehen.«[128]

2. Bedeutung der Nr. 26 des Anhangs I der UGP-RL

92 Nach Art. 5 (5) i. V. mit Nr. 26 des Anhangs I liegt eine unter allen Umständen als unlauter anzusehende Geschäftspraxis vor, wenn Kunden durch hartnäckiges und unerwünschtes Ansprechen über Telefon, Fax, E-Mail oder sonstige für den Fernabsatz geeignete Medien geworben werden, außer in Fällen und in den Grenzen, in denen ein solches Verhalten nach den nationalen Rechtsvorschriften gerechtfertigt ist, um eine vertragliche Verpflichtung durchzusetzen. Dies gilt unbeschadet des Artikels 10 der Richtlinie 97/7/EG sowie der Richtlinien 95/46/EG und 2002/58/EG. Der Gesetzgeber hat diese Bestimmung nicht im Anhang zu § 3 Abs. 3 umgesetzt, sondern auf Werbung mit anderen als den in § 7 Abs. 2 Nr. 2 und 3 aufgeführten, für den Fernabsatz geeigneten Mitteln der kommerziellen Kommunikation beschränkt. Er ist davon ausgegangen, dass eine gesonderte Umsetzung der in Nr. 26 des Anhangs I UGP-RL angeführten Werbung mittels Telefon, Fax, E-Mail nicht erforderlich ist, weil diese Tatbestände bereits durch § 7 Abs. 2 Nr. 2 und 3 umgesetzt sind.[129]

3. Datenschutzrichtlinie für elektronische Kommunikation

93 § 7 Abs. 2 Nr. 2 bis 4 sowie Abs. 3 dienen der Umsetzung von Art. 13 (1) bis (5) der Datenschutzrichtlinie für elektronische Kommunikation.[130] § 7 Abs. 2 Nr. 2 dient der Umsetzung von Art. 13 (3) und (5) der Datenschutzrichtlinie,[131] § 7 Abs. 2 Nr. 3 der Umsetzung von Art. 13 (1) und (5),[132] § 7 Abs. 2 Nr. 4 der Umsetzung von Art. 13 (4) der Datenschutzrichtlinie und § 7 Abs. 3 setzt Art. 13 (2) um (Rdn. 9). Die Datenschutzrichtlinie dient dem Schutz von Individualinteressen und die UGP-RL schützt Kollektivinteressen. Insoweit ergänzen sich die Schutzsysteme (Rdn. 10).[133]

II. Werbung mit anderen Fernkommunikationsmitteln, § 7 Abs. 2 Nr. 1

1. Unionsrecht

94 Eine unzumutbare Belästigung ist nach § 7 Abs. 2 Nr. 1 stets anzunehmen, bei Werbung unter Verwendung eines in § 7 Abs. 2 Nr. 2 und 3 nicht aufgeführten, für den Fernabsatz geeigneten Mittels der kommerziellen Kommunikation, durch die ein Ver-

---

128 Begründung des Regierungsentwurfs eines Ersten Gesetzes zur Änderung des Gesetzes gegen den unlauteren Wettbewerb, BT-Drucksache 16/10145, S. 29 einerseits und S. 30 andererseits.

129 Begründung des Regierungsentwurfs eines Ersten Gesetzes zur Änderung des Gesetzes gegen den unlauteren Wettbewerb, BT-Drucksache 16/10145, S. 29.

130 Richtlinie 2002/58/EG vom 12.07.2002 über die Verarbeitung personenbezogener Daten und den Schutz der Privatsphäre in der elektronischen Kommunikation (Datenschutzrichtlinie für elektronische Kommunikation), ABl. Nr. L 201 vom 31.07.2002, S. 37 in der Fassung der Richtlinie 2009/136/EG vom 25.11.2009, ABl. L 337 vom 18.12.2009, S. 11.

131 BGH, 10.02.2011, I ZR 164/09, GRUR 2011, 936 Rn. 24 – *Double-opt-in-Verfahren.*

132 BGH, 14.01.2016, I ZR 65/14, GRUR 2016, 946 Rn. 24 – *Freunde finden.*

133 BGH, 10.02.2011, I ZR 164/09, GRUR 2011, 936 Rn. 24 – 28 – *Double-opt-in-Verfahren.*

braucher hartnäckig angesprochen wird, obwohl er dies erkennbar nicht wünscht. In § 7 Abs. 2 Nr. 2 und 3 sind Werbung mittels Telefon, automatischen Anrufmaschinen, Faxgeräten oder elektronischer Post angeführt und dadurch vom Anwendungsbereich des § 7 Abs. 2 Nr. 1 ausgenommen.

Die Vorschrift des **§ 7 Abs. 2 Nr. 1 dient der Umsetzung von Nr. 26 Satz 1 des Anhangs I der UGP-RL**. Art. 5 (5) i. V. mit Nr. 26 Satz 1 des Anhangs I UGP-RL bestimmt ein **per se-Verbot einer aggressiven Geschäftspraxis** folgendermaßen: »Kunden werden durch hartnäckiges und unerwünschtes Ansprechen über Telefon, Fax, E-Mail oder sonstige für den Fernabsatz geeignete Medien geworben, außer in Fällen und in den Grenzen, in denen ein solches Verhalten nach den nationalen Rechtsvorschriften gerechtfertigt ist, um eine vertragliche Verpflichtung durchzusetzen.« **95**

Die Bestimmung des § 7 Abs. 2 Nr. 1 ist deshalb richtlinienkonform und autonom anhand der UGP-RL auszulegen. Bei der Auslegung des § 7 Abs. 2 Nr. 1 ist der **Schutzzweck** zu beachten. Da die Vorschrift der Umsetzung der Nr. 26 des Anhangs I der UGP-RL dient, deren Gegenstand ein per se-Verbot für eine aggressive Geschäftspraxis enthält, schützt § 7 Abs. 2 Nr. 1 die **Entscheidungsfreiheit von Verbrauchern** gegen eine Beeinträchtigung ihrer Fähigkeiten zu einer freien und rationalen Entscheidung (Rdn. 8 und § 4a Rdn. 69–75). Das weicht vom Schutzzweck der Bestimmungen des § 7 Abs. 1 und 2 Nr. 2 bis 4, Abs. 3 ab, die die **Privat- und Geschäftssphäre** schützen (Rdn. 14). Die Art der Umsetzung durch den Gesetzgeber ist nicht systemgerecht, unnötig kompliziert und wirft mehr Fragen auf, als sie beantwortet. **96**

2. Voraussetzungen des § 7 Abs. 2 Nr. 1

a) Werbung

§ 7 Abs. 2 Nr. 1 gilt für Werbung. Der Begriff der Werbung ist in der UGP-RL und im UWG nicht definiert. Zur Bestimmung des Begriffs der Werbung kann die Definition in **Art. 2 lit. a Werbe-RL** herangezogen werden.[134] »Werbung« ist danach jede Äußerung bei der Ausübung eines Handels, Gewerbes, Handwerks oder freien Berufs mit dem Ziel, den Absatz von Waren oder die Erbringung von Dienstleistungen, einschließlich unbeweglicher Sachen, Rechte und Verpflichtungen, zu fördern. **97**

Dies schließt die unmittelbar produktbezogene Werbung und die mittelbare Absatzförderung, etwa in Form der **Imagewerbung** oder des **Sponsoring**, ein. Der Begriff der Werbung ist in einem **weiten Sinn zu verstehen** und nicht auf Formen klassischer Werbung beschränkt.[135] Werbung umfasst die Förderung des Absatzes eigener Produkte **98**

---

134 BGH, 20.05.2009, I ZR 218/07, GRUR 2009, 980 Rn. 13 – *E-Mail-Werbung II*; BGH, 12.09.2013, I ZR 208/12, GRUR 2013, 1259 Rn. 17 – *Empfehlungs-E-Mail*; BGH, 14.01.2016, I ZR 65/14, GRUR 2016, 946 Rn. 27 – *Freunde finden*.

135 Zu Art. 2 lit. a Werbe-RL EuGH, 11.07.2013, C-657/11, GRUR 2013, 1049 Rn. 35 – *Belgian Electronic Sorting Technology*; zu § 7 Abs. 1 Satz 2 und Abs. 2 Nr. 3 BGH, 14.01.2016, I ZR 65/14, GRUR 2016, 946 Rn. 28 – *Freunde finden*.

und die Nachfrage nach fremden Waren und Dienstleistungen.[136] Der Begriff schließt die Förderung des **Produktabsatzes** und der **Produktnachfrage** ein. Die Ausweitung des Begriffs der Werbung ist mit der UGP-RL vereinbar, weil diese Richtlinie den Nachfragewettbewerb nicht regelt. Nach Art. 3 (1) UGP-RL ist die Richtlinie auf unlautere Geschäftspraktiken anwendbar. Geschäftspraktiken sind nach Art. 2 lit. d UGP-RL nur solche Verhaltensweisen, die unmittelbar mit der Absatzförderung, dem Verkauf oder der Lieferung eines Produkts an Verbraucher zusammenhängen.

99 Fraglich ist allerdings, ob die Beschränkung des § 7 Abs. 2 Nr. 1 auf Werbung mit der UGP-RL vereinbar ist.[137] Bedenken ergeben sich aus der deutschen Fassung des Nr. 26 Satz 1 des Anhangs I UGP-RL, der die Einschränkung enthält, dass das Verhalten nach den nationalen Rechtsvorschriften gerechtfertigt ist, um eine vertragliche Verpflichtung durchzusetzen. Wie eine Werbemaßnahme zur Durchsetzung vertraglicher Ansprüche gerechtfertigt sein soll, bleibt im Dunkeln. Andere Sprachfassungen (englische, französische, spanische Fassung) der Richtlinie lassen zu Nr. 26 die Auslegung zu, dass ein hartnäckiges und unerwünschtes Ersuchen ohne eine Beschränkung auf Werbung gemeint ist. Dann wird die Einschränkung auf die Durchsetzung vertraglicher Verpflichtungen verständlich. Nr. 26 Satz 1 des Anhangs I UGP-RL ist bei einem Vergleich der Sprachfassungen nicht auf Werbung beschränkt.[138] Die richtlinienkonforme Auslegung des § 7 Abs. 2 Nr. 1 muss dementsprechend die Beschränkung auf Werbung korrigieren. Der **Anwendungsbereich des § 7 Abs. 2 Nr. 1** ist durch richtlinienkonforme Auslegung **auf hartnäckiges und unerwünschtes Ansprechen auszudehnen**, um den Verbraucher zu einer geschäftlichen Entscheidung zu veranlassen.[139] Diese Ausweitung des Anwendungsbereichs ist mit Wortlaut und Sinn und Zweck der Vorschrift noch vereinbar und führt nicht zu einer Auslegung der deutschen Bestimmung contra legem.[140] Der Gesetzgeber hat mit § 7 Abs. 2 Nr. 1 eine Norm schaffen wollen, die der Umsetzung von Nr. 26 Satz 1 des Anhangs I der UGP-RL dient. Wenn die Fassung der Richtlinie in deutscher Sprache den Sinn und Zweck der Bestimmung nicht richtig wiedergibt, kann dies durch richtlinienkonforme Auslegung des § 7 Abs. 2 Nr. 1 korrigiert werden.

b) Verbraucher

100 § 7 Abs. 2 Nr. 1 schützt nur Verbraucher gegen hartnäckiges und unerwünschtes Ansprechen. Andere Marktteilnehmer sind in den Schutz nicht miteinbezogen. Das entspricht Nr. 26 Satz 1 Anhang I UGP-RL. § 2 Abs. 2 verweist wegen des Verbraucherbegriffs auf § 13 BGB. Die UGP-RL definiert den Verbraucher in Art. 2 lit. a. eigenständig (zum Verbraucherbegriff § 2 Abs. 2 Rdn. 1 ff.). Dieser Begriff ist für die

---

136 BGH, 17.07.2008, I ZR 75/06, GRUR 2008, 923 Rn. 9 ff – *Faxanfrage im Autohandel*; BGH, 17.07.2008, I ZR 197/05, GRUR 2008, 925 Rn. 12 ff – *FC Troschenreuth*.

137 *Köhler*/Bornkamm/Feddersen, § 7 Rn. 102 und 103.

138 *Köhler*/Bornkamm/Feddersen, § 7 Rn. 103.

139 *Köhler*/Bornkamm/Feddersen, § 7 Rn. 103.

140 Zur Rechtsfortbildung und den Grenzen richtlinienkonformer Auslegung: BGH, 05.10.2017, I ZR 232/16, GRUR 2018, 438 Rn. 19 – *Energieausweis*.

Bestimmung des Verbrauchers maßgeblich. Der Schutz anderer Marktteilnehmer als Verbraucher erfolgt nach § 7 Abs. 1 Satz 1.

c) Unter Verwendung eines in § 7 Abs. 2 Nr. 2 und 3 nicht angeführten Fernkommunikationsmittels

aa) Nicht angeführte Fernkommunikationsmittel

Der Anwendungsbereich des § 7 Abs. 2 Nr. 1 ist seinem Wortlaut nach auf Fernkom- 101
munikationsmittel beschränkt, die nicht in § 7 Abs. 2 Nr. 2 und 3 angeführt sind. § 7 Abs. 2 Nr. 2 und 3 führen Telefon, automatische Anrufmaschinen, Faxgeräte und elektronische Post an. Alle anderen Fernkommunikationsmittel fallen unter § 7 Abs. 2 Nr. 1. **Fernkommunikationsmittel** sind Kommunikationsmittel, bei denen die Kommunikation ohne gleichzeitige Anwesenheit der Beteiligten erfolgt (vgl. Art. 2 Nr. 7 Verbraucherrechte-Richtlinie zum Fernabsatzvertrag).[141] Da die elektronische Post neben E-Mails auch SMS, MMS und elektronische Nachrichten in sozialen Netzwerken umfasst, bleibt für § 7 Abs. 2 Nr. 1 dem Wortlaut nach **Printwerbung**. Dazu rechnen Briefwerbung und sonstige, dem Verbraucher zugesandte Printwerbung, etwa in Form von Werbeflyern, Prospekt- und Katalogwerbung.

bb) Richtlinienkonforme erweiternde Auslegung auf weitere Fernkommunikationsmittel

Der Gesetzgeber war davon ausgegangen, dass durch § 7 Abs. 2 Nr. 1 nicht der kom- 102
plette Tatbestand von Nr. 26 des Anhangs I der UGP-RL umgesetzt werden musste, weil eine teilweise Umsetzung bereits durch § 7 Abs. 2 Nr. 2 und 3 erfolgte.[142] Er hat deshalb die Fernkommunikationsmittel »Telefon«, »automatische Anrufmaschinen«, »Faxgeräte« und »elektronische Post« aus § 7 Abs. 2 Nr. 1 ausgeklammert. Das ist wegen des unterschiedlichen Normzwecks und der unterschiedlichen Tatbestandsvoraussetzungen von Nr. 26 Satz 1 des Anhangs I der UGP-RL und des Art. 13 der Datenschutzrichtlinie für elektronische Kommunikation problematisch.[143]

Eine Korrektur des § 7 Abs. 2 Nr. 1 durch richtlinienkonforme Auslegung dergestalt, 103
dass die vom Gesetzgeber ausgeklammerten Fernkommunikationsmittel wieder in § 7 Abs. 2 Nr. 1 einbezogen werden, erscheint ausgeschlossen. Der Gesetzgeber beabsichtigte zwar eine zutreffende Umsetzung der Nr. 26 Satz 1 des Anhangs I UGP-RL. Wie diese aussehen sollte, kommt mit der Trennung der einzelnen Fernkommunikationsmittel in § 7 Abs. 2 Nr. 1 bis 3 klar zum Ausdruck. Die Einfügung sämtlicher Fernkommunikationsmittel in § 7 Abs. 2 Nr. 1 überschreitet die Grenzen richtlinienkonformer Auslegung.[144] Soweit die Fernkommunikationsmittel von Nr. 26 des Anhangs I in

141 Richtlinie 2011/83/EU über die Rechte der Verbraucher vom 25.10.2011, ABl. L 304/64.

142 Begründung des Regierungsentwurfs eines Ersten Gesetzes zur Änderung des Gesetzes gegen den unlauteren Wettbewerb, BT-Drucksache 16/10145, S. 29.

143 *Köhler*/Bornkamm/Feddersen, § 7 Rn. 108; *ders.* WRP 2017, 1025, 1032.

144 Zur Rechtsfortbildung und den Grenzen richtlinienkonformer Auslegung: BGH, 05.10.2017, I ZR 232/16, GRUR 2018, 438 Rn. 19 – *Energieausweis.*

§ 7 Abs. 2 Nr. 1 ausgenommen sind, ist **Nr. 26 des Anhangs I in richtlinienkonformer Weise durch Auslegung des § 4a Abs. 1 Satz 1 und 2 Nr. 1** umzusetzen. Die Bestimmung des § 4a muss dann für diesen Bereich der Nr. 26 Satz 1 des Anhangs I UGP-RL als per se-Verbot ausgelegt werden.[145]

d) Hartnäckiges und unerwünschtes Ansprechen

104 Nach § 7 Abs. 2 Nr. 1 muss die Ansprache hartnäckig erfolgen. Die deutsche Fassung übernimmt das Tatbestandsmerkmal aus Nr. 26 Satz 1 des Anhangs I UGP-RL. Hartnäckig ist die Ansprache, wenn sie wiederholt erfolgt. Das ergibt sich aus einem Vergleich der Sprachfassungen. Während die englische Fassung der Richtlinie den Begriff »persistent« (beharrlich, ausdauernd, hartnäckig, ständig, nachhaltig, ausdauernd) verwendet, wird aus der französischen und italienischen Fassung mit »répétées« und »ripetute« (wiederholt) die Bedeutung klarer.[146] **Hartnäckige Ansprache bedeutet danach wiederholte Ansprache.**[147] Weitere Voraussetzungen, wie eine besonders intensive Ansprache oder die Ausnutzung einer Zwangslage, sind dem Tatbestandsmerkmal der Hartnäckigkeit nicht zu entnehmen.[148]

105 Die Werbung muss nach § 7 Abs. 2 Nr. 1 erkennbar nicht erwünscht sein. Das entspricht Nr. 26 Satz 1 des Anhangs I UGP-RL. Das Tatbestandsmerkmal findet sich ebenfalls in § 7 Abs. 1 Satz 2. Auch wenn § 7 Abs. 2 Nr. 1 der Umsetzung der UGP-RL dient, sollten § 7 Abs. 2 Nr. 1 und § 7 Abs. 1 Satz 2 insoweit einheitlich ausgelegt werden.[149] Der Adressat muss seinen Willen geäußert haben und diese Willensäußerung muss für den Unternehmer erkennbar sein (Rdn. 51–53).

e) Keine Interessenabwägung und Verhältnismäßigkeitsprüfung

106 Liegen die Voraussetzungen des § 7 Abs. 2 Nr. 1 vor, ist das Verhalten stets eine unzumutbare Belästigung. Rechtsfolge ist die Unzulässigkeit des beanstandeten Verhaltens nach § 7 Abs. 1 Satz 1. Eine Interessenabwägung und eine Verhältnismäßigkeitsprüfung sind ausgeschlossen (Rdn. 91).

3. Fallgruppen Briefwerbung und Briefkastenwerbung

a) Begriff

107 Als Briefwerbung wird die Ansprache des Adressaten mit einem persönlich adressierten Brief bezeichnet.[150] Briefkastenwerbung ist der Einwurf nicht persönlich gekennzeich-

---

145 *Köhler* WRP 2017, 1025, 1032.
146 Zu Vergleichen mit weiteren Sprachfassungen FBO/*Mankowski* § 7 Rn. 103.
147 OLG Hamm, 14.07.2011, 4 U 42/11, WRP 2012, 585, 587; OLG München, 05.12.2013, 29 U 2881/13, WRP 2014, 233, 235; jurisPK-UWG/*Koch* § 7 Rn. 195; *Ohly*/Sosnitza § 7 Rn. 37; a. A. FBO/*Mankowski* § 7 Rn. 104 nicht nur wiederholte, sondern auch eine intensive Ansprache soll ausreichen.
148 OLG München, 05.12.2013, 29 U 2881/13, WRP 2014, 233, 235.
149 Götting/Nordemann/*Menebröcker*, § 7 Rn. 45.
150 MünchKomm/*Leible* UWG, § 7 Rn. 87.

neten Werbematerials in den Briefkasten des Empfängers (Werbeflyer, Prospekte, Kataloge, Handzettel, Anzeigen- und Werbeblätter).[151] Die Briefkastenwerbung und die Briefwerbung sind Werbung unter Verwendung eines in § 7 Abs. 2 Nr. 2 und 3 nicht aufgeführten, für den Fernabsatz geeigneten Mittels der kommerziellen Kommunikation i. S. von § 7 Abs. 2 Nr. 1. Liegen die Voraussetzungen dieser Vorschrift, die als per se-Verbot ausgestaltet ist, nicht vor, kann die unzumutbare Belästigung sich aus § 7 Abs. 1 Satz 1 und 2 ergeben. § 7 Abs. 2 Nr. 1 schließt die Anwendung von § 7 Abs. 1 nicht aus.

b) Unzumutbare Belästigung durch Briefwerbung und Briefkastenwerbung

Briefwerbung und Briefkastenwerbung sind nach § 7 Abs. 2 Nr. 1 eine unzumutbare Belästigung, wenn sie hartnäckig erfolgen und erkennbar unerwünscht sind. **Hartnäckigkeit** setzt eine wiederholte Werbemaßnahme voraus (Rdn. 104). **Erkennbar unerwünscht** sind diese Werbeformen, wenn der Adressat ihnen widersprochen hat und dies für das werbende Unternehmen oder die mit der Zustellung Beauftragten erkennbar ist (Rdn. 51–53, 105). **108**

aa) Briefkastenwerbung

Grundsätzlich ist die Werbung mit nichtadressierten Werbesendungen durch Einwurf in den Briefkasten keine unzumutbare Belästigung, wenn kein erkennbar entgegenstehender Wille des Inhabers des Briefkastens geäußert worden ist.[152] Die Zustellung unerwünschten Werbematerials kann belästigend wirken, hat aber nur eine vergleichsweise geringe Beeinträchtigung des persönlichen Bereichs zur Folge. Der werbende Inhalt des Prospekts wird vom Verbraucher sofort erkannt; er kann sich dessen im Allgemeinen ohne weiteres entledigen.[153] Das Interesse des werbenden Unternehmens, sich und seine Leistungen den Marktteilnehmern vorstellen zu können, überwiegt das Interesse des Empfängers, nicht mit Werbemitteln belastet zu werden, die er entsorgen muss, wenn gegen diese Art der Werbung vom Inhaber des Briefkastens kein erkennbarer Widerspruch geäußert worden ist. **109**

Häufige Formen des Widerspruchs gegen eine entsprechende Werbung sind **Sperrvermerke** am Briefkasten. Der Sperrvermerk kann allgemein gefasst sein (»keine Werbung« oder »keine Reklame«) oder sich auf einen eingeschränkten Bereich beziehen (keine Werbeprospekte). Die **Reichweite des Sperrvermerks** ist durch Auslegung zu ermitteln. Der Vermerk »Keine Werbung« schließt Anzeigenblätter mit einem redaktionellen Inhalt nicht aus.[154] Sollen auch Anzeigenblätter mit redaktionellem Inhalt vom Einwurf ausgeschlossen werden, muss der Sperrvermerk etwa mit »Keine Werbeprospekte und keine Anzeigenblätter« oder »Keine Werbeprospekte und keine Anzeigenblätter **110**

151 MünchKomm/*Leible* UWG, § 7 Rn. 72.
152 BGH, 20.12.1988, VI ZR 182/88, BGHZ 106, 229, 232 – *Handzettel-Wurfsendung*; MünchKomm/*Leible* UWG, § 7 Rn. 73.
153 BGH, 30.04.1992, I ZR 287/90, GRUR 1992, 617 – *Briefkastenwerbung*.
154 BGH, 16.05.2012, I ZR 158/11, WRP 2012, 938 Rn. 6.

mit einliegenden Werbeprospekten« bezeichnet werden.[155] Ein Sperrvermerk, der sich auf Werbung bezieht, umfasst keine **Werbebeilagen von Abonnementzeitungen**. Das Aussortieren von Werbebeilagen aus Sendungen ist unüblich und dem Zusteller nicht zuzumuten.[156] Ist der Sperrvermerk **unklar gefasst**, geht dies zu Lasten des Empfängers.[157]

111 Der werbende Unternehmer wird regelmäßig den Sperrvermerk nicht zur Kenntnis nehmen, sondern nur derjenige, der die konkrete Zustellung vornimmt. Für seine Mitarbeiter haftet der Unternehmer nach **§ 8 Abs. 2** auf Unterlassung und Beseitigung. Bedient sich der Werbende eines selbständigen Unternehmens, das die Werbung verteilt, haftet er für dieses Unternehmen und dessen Mitarbeiter ebenfalls nach § 8 Abs. 2, wenn der Sperrvermerk missachtet wird.[158]

112 Bei einer **einmaligen Missachtung** des Sperrvermerks liegt keine Hartnäckigkeit vor. Wird die Zustellung durch einen selbständigen Unternehmer vorgenommen (etwa die Post) und missachtet dieses Unternehmen den Sperrvermerk bei Werbesendungen von unterschiedlichen Werbenden, liegt im Verhältnis zu den werbenden Unternehmen keine Hartnäckigkeit vor, weil es für deren Verantwortung auf die jeweilige Werbung des einzelnen Unternehmens ankommt. Das Tatbestandsmerkmal der Hartnäckigkeit ist allerdings bei wiederholter Außerachtlassung des Sperrvermerks vom zustellenden Unternehmen verwirklicht.

113 Ist nicht von einem hartnäckigen Verhalten auszugehen, kann bei einem entgegenstehenden Sperrvermerk eine unzumutbare Belästigung aus § 7 Abs. 1 Satz 1 und 2 folgen. Ein **einmaliger Ausreißer** oder vereinzelt gebliebene Fälle begründen im Regelfall keine unzumutbare Belästigung, wenn das werbende und das mit der Zustellung beauftragte Unternehmen dafür sorgen, dass Sperrvermerke grundsätzlich beachtet werden.[159]

114 Bei einer Briefkastenwerbung sind Eintragungen in **Robinsonlisten** (Rdn. 115) unbeachtlich.[160] Bei einer derartigen Werbung erfolgt keine Adressierung und es fehlt unter Anwendung der unternehmerischen Sorgfalt die Erkennbarkeit einer Sperre. Der Inhaber des Briefkastens kann auf wesentlich einfachere und klarere Weise durch Anbringung eines Hinweises am Briefkasten eine Zustellung von Werbung ausschließen.

bb) Briefwerbung

115 Für die Briefwerbung gelten dieselben allgemeinen Grundsätze, die für die Briefkastenwerbung maßgeblich sind. **Sperrvermerke**, die sich gegen Briefwerbung richten, sind

155 BGH, 16.05.2012, I ZR 158/11, WRP 2012, 938 Rn. 6; a. A. FBO/*Mankowski* § 7 Rn. 345a; *ders.* WRP 2012, 589.
156 OLG Hamm, 14.07.2011, 4 U 42/11, GRUR-RR 2011, 469, 471.
157 jurisPK-UWG/*Koch* § 7 Rn. 173.
158 BGH, 17.08.2011, I ZR 134/10, GRUR 2012, 82 Rn. 13 – *Auftragsbestätigung*.
159 BGH, 30.04.1992, I ZR 287/90, GRUR 1992, 617, 618 – *Briefkastenwerbung*.
160 A. A. GK/*Pahlow*, § 7 Rn. 133.

zu beachten. Dazu rechnen Benachrichtigungen an das werbende Unternehmen, keine Werbemittel mehr zu übermitteln, und die Eintragung in sog. **Robinsonlisten**, die der Deutsche Dialogmarketing Verband e. V. und der Interessenverband Deutsches Internet (I.D.I) führen und die Briefwerbung umfassen. Den Listen angeschlossene Mitgliedsunternehmen haben sich verpflichtet, einen Datenabgleich vor einer Werbemaßnahme vorzunehmen. Darüber hinaus besteht für alle Unternehmen, die ohne vorherige Einwilligung des Adressaten Briefwerbung nutzen, eine Verpflichtung zum Datenabgleich vor einer entsprechenden Werbemaßnahme, weil die entsprechenden Einrichtungen auch Nichtmitgliedern einen Datenabgleich ermöglichen und aufgrund der unternehmerischen Sorgfalt i. S. von § 2 Abs. 1 Nr. 7 eine Erkennbarkeit gegeben ist.[161]

Bei der Briefwerbung ist ein **Sperrvermerk am Briefkasten**, mit dem der Adressat den Einwurf von Werbung ausschließen will, für die Post und vergleichbare Einrichtungen unbeachtlich.[162] Der Zusteller kann nicht jeweils im Einzelfall entscheiden, ob der adressierte Brief Werbung enthält. Das gilt auch in einem Fall, in dem die adressierte Briefsendung ohne weiteres als Werbung zu erkennen ist. Die Briefzustellung ist auf eine massenweise Erledigung in rascher Folge angelegt und dem Zusteller dürfen in diesem Zusammenhang über eine sorgfältige Zustellung hinaus keine weiteren Prüfpflichten auferlegt werden. Anders ist die Sache zu beurteilen, wenn der werbende Unternehmer adressierte Briefsendungen mit Werbung verteilen lässt. Hier muss er seine Mitarbeiter oder das speziell nur mit der Austragung der Werbesendungen beauftragte Unternehmen über den Inhalt und die Beachtung der Sperrvermerke informieren.[163] 116

III. Telefonwerbung gegenüber Verbrauchern, § 7 Abs. 2 Nr. 2 Fall 1

1. Allgemeines

Die Vorschrift des § 7 Abs. 2 Nr. 2 unterscheidet bei einer Werbung mit einem Telefonanruf nach dem Empfänger zwischen einem Verbraucher und einem sonstigen Marktteilnehmer. Eine unzumutbare Belästigung ist nach § 7 Abs. 2 Nr. 2 Fall 1 stets anzunehmen, bei Werbung mit einem Telefonanruf gegenüber einem Verbraucher ohne dessen vorherige ausdrückliche Einwilligung. Die Privatsphäre ist durch **Art. 7 EU-Grundrechtecharta** und **Art. 2 (1) GG** geschützt. Der Telefonanruf ohne Einwilligung des Angerufenen stellt einen erheblichen Eingriff in die Privatsphäre dar. 117

Die Rechtsprechung hat schon unter Geltung des UWG 1909 den unerbetenen Telefonanruf zu Werbezwecken nach § 1 UWG a. F. untersagt. Das Telefon ermöglicht ein unmittelbares Eindringen in die Privatsphäre des Anschlussinhabers. Dieser kann sich regelmäßig bei einem Telefonanruf dem Eindringen in die Privatsphäre nicht entziehen. 118

161 FBO/*Mankowski* § 7 Rn. 333b; MünchKomm/*Leible* UWG, § 7 Rn. 90; *Ohly*/Sosnitza § 7 Rn. 33 und 39.
162 *Ohly*/Sosnitza § 7 Rn. 40.
163 *Köhler*/Bornkamm/Feddersen, § 7 Rn. 115.

Er muss normalerweise den Anruf entgegennehmen, da es sich um eine für ihn wichtige Nachricht handeln kann. Stellt der Angerufene den Grund des Anrufs fest, ist die Störung bereits eingetreten.[164] Die Rechtsprechung hat deshalb die grundrechtlich geschützten Interessen des Angerufen am Schutz seiner Privatsphäre vor Telefonanrufen, in die er nicht eingewilligt hat, höher bewertet als die Interessen des werbenden Unternehmens, das sich auf den Schutz der Meinungsfreiheit und die Freiheit der Berufsausübung berufen kann.[165]

119 Mit dem UWG 2004 hat der Gesetzgeber die von der Rechtsprechung entwickelten Grundsätze zur Telefonwerbung in § 7 Abs. 2 Nr. 2 übernommen.[166] Aufgrund des Gesetzes zur Bekämpfung unerlaubter Telefonwerbung und zur Verbesserung des Verbraucherschutzes bei besonderen Vertriebsformen vom 29.07.2009[167] wurde § 7 Abs. 2 Nr. 2 verschärft und die Werbung mit einem Telefonanruf gegenüber einem Verbraucher von der vorherigen ausdrücklichen Einwilligung abhängig gemacht.

2. Unionsrecht

120 § 7 Abs. 2 Nr. 2 Fall 1 dient der Umsetzung des Art. 13 (3) der Datenschutzrichtlinie für elektronische Kommunikation.[168] Nach Art. 13 (3) ergreifen die Mitgliedstaaten geeignete Maßnahmen, um sicherzustellen, dass außer in den in Art. 13 (1) und (2) genannten Fällen unerbetene Nachrichten zum Zwecke der Direktwerbung, die entweder ohne die Einwilligung der betreffenden Teilnehmer oder Nutzer erfolgen oder an Teilnehmer oder Nutzer gerichtet sind, die keine solchen Nachrichten erhalten möchten, nicht gestattet sind; welche dieser Optionen gewählt wird, wird im innerstaatlichen Recht geregelt, wobei berücksichtigt wird, dass beide Optionen für den Teilnehmer oder Nutzer gebührenfrei sein müssen. Der deutsche Gesetzgeber hat sich in § 7 Abs. 2 Nr. 2 Fall 1 UWG 2004 für die sog. Opt-in-Lösung entschieden (Rdn. 9).[169]

121 **Normzweck** des § 7 Abs. 2 Nr. 2 Fall 1 ist der **Schutz der Privatsphäre** und nicht der Schutz der Entscheidungsfreiheit des Verbrauchers (Rdn. 14, 15). Begründet wird ein **Individualschutz** und ein **Kollektivschutz** (Rdn. 11). Die Entscheidungsfreiheit der Verbraucher wird durch Art. 5 bis 9 und die Tatbestände des Anhangs I UGP-RL

164 BGH, 24.01.1991, I ZR 133/89, BGHZ 113, 282, 284 – *Telefonwerbung IV.*

165 BGH 08.12.1994, I ZR 189/92, GRUR 1995, 220, 221 – *Telefonwerbung V*; BGH, 27.01.2000, I ZR 241/97, GRUR 2000, 818, 819 – *Telefonwerbung VI.*

166 Begründung des Regierungsentwurfs eines Gesetzes gegen unlauteren Wettbewerb (UWG), BT-Drucks. 15/1487, S. 21.

167 BGBl. I 2413.

168 Richtlinie 2002/58/EG vom 12.07.2002 über die Verarbeitung personenbezogener Daten und den Schutz der Privatsphäre in der elektronischen Kommunikation (Datenschutzrichtlinie für elektronische Kommunikation), ABl. Nr. L 201 vom 31.07.2002, S. 37 in der Fassung der Richtlinie 2009/136/EG vom 25.11.2009, ABl. L 337 vom 18.12.2009, S. 11.

169 Begründung des Regierungsentwurfs eines Gesetzes gegen unlauteren Wettbewerb (UWG), BT-Drucks. 15/1487, S. 21; Begründung des Regierungsentwurfs eines Ersten Gesetzes zur Änderung des Gesetzes gegen den unlauteren Wettbewerb, BT-Drucksache 16/10145, S. 29; BGH, 10.02.2011, I ZR 164/09, GRUR 2011, 936 Rn. 24 – *Double-opt-in-Verfahren.*

geschützt. Belästigende Telefonwerbung, die die Entscheidungsfreiheit der Verbraucher beeinträchtigt, unterfällt § 4a und nicht § 7 Abs. 2 Nr. 2 (Rdn. 92, 94–96).

Zur Verfolgung von Verstößen nach § 7 Abs. 2 Nr. 2 Fall 1 durch unerbetene Telefon- 122
werbung sind die in § 8 Abs. 3 angeführten Gläubiger aktivlegitimiert. Die durch unerbetene Telefonwerbung unmittelbar betroffenen Verbraucher haben kein eigenes Klagerecht. Ihnen stehen Ansprüche aufgrund der bürgerlich-rechtlichen Generalklauseln nach §§ 823 Abs. 1, 1004 BGB und nach § 823 Abs. 2 BGB i. V. mit § 7 Abs. 2 Nr. 2 zu (Rdn. 11).

3. Voraussetzungen des § 7 Abs. 2 Nr. 2 Fall 1

a) Werbung

Zur Bestimmung des Begriffs der Werbung in § 7 Abs. 2 Satz 2 kann auf die Definition 123
in Art. 2 lit. a Werbe-RL abgestellt werden.[170] »Werbung« ist jede Äußerung bei der Ausübung eines Handels, Gewerbes, Handwerks oder freien Berufs mit dem Ziel, den Absatz von Waren oder die Erbringung von Dienstleistungen, einschließlich unbeweglicher Sachen, Rechte und Verpflichtungen, zu fördern. Dies schließt die unmittelbar produktbezogene Werbung und die mittelbare Absatzförderung, etwa in Form der Imagewerbung oder des Sponsoring, ein. Der Begriff der Werbung ist in einem weiten Sinn zu verstehen und nicht auf Formen klassischer Werbung beschränkt.[171] Werbung umfasst die Förderung des Absatzes eigener Produkte und die Nachfrage nach fremden Waren und Dienstleistungen.[172]

Telefonanrufe von **Meinungs- und Marktforschungsunternehmen** können Werbung 124
sein. Das ist der Fall, wenn sie unmittelbar oder mittelbar der Absatzförderung von Waren oder Dienstleistungen dienen. Erfolgen sie von Instituten zu wissenschaftlichen oder Forschungszwecken, stellen sie keine Werbung dar.[173] Werbung kann durch ein Unternehmen auch erfolgen, wenn der Angesprochene bereits Kunde ist. Der Telefonanruf eines Meinungsforschungsinstituts gegenüber Verbrauchern, um im Auftrag eines Unternehmens die Kundenzufriedenheit mit dessen Leistungen zu erfragen, ist Wer-

170 BGH, 20.05.2009, I ZR 218/07, GRUR 2009, 980 Rn. 13 – *E-Mail-Werbung II*; BGH, 12.09.2013, I ZR 208/12, GRUR 2013, 1259 Rn. 17 – *Empfehlungs-E-Mail*; BGH, 14.01.2016, I ZR 65/14, GRUR 2016, 946 Rn. 27 – *Freunde finden*.

171 Zu Art. 2 lit. a Werbe-RL EuGH, 11.07.2013, C-657/11, GRUR 2013, 1049 Rn. 35 – *Belgian Electronic Sorting Technology*; zu § 7 Abs. 1 Satz 2 und Abs. 2 Nr. 3 BGH, 14.01.2016, I ZR 65/14, GRUR 2016, 946 Rn. 28 – *Freunde finden*.

172 BGH, 17.07.2008, I ZR 75/06, GRUR 2008, 923 Rn. 9 ff – *Faxanfrage im Autohandel*; BGH, 17.07.2008, I ZR 197/05, GRUR 2008, 925 Rn. 12 ff – *FC Troschenreuth*.

173 OLG Köln, 30.03.2012, 6 U 191/11, WRP 2012, 725, 726; OLG Köln, 19.04.2013, 6 U 222/12, GRUR-RR 2014, 80, 81; *Ohly*/Sosnitza § 7 Rn. 45.

bung.[174] Anrufe von Unternehmen selbst mit Anfragen zur Kundenzufriedenheit sind ebenfalls Werbeanrufe.[175]

125 Ein Telefonanruf mit Werbung liegt vor, wenn der Unternehmer den **Widerruf oder Rücktritt des Verbrauchers** von einem Vertrag rückgängig machen will.[176]

b) Telefonanruf

126 Der Begriff des Telefonanrufs wird in Art. 2 lit. e Datenschutzrichtlinie für elektronische Kommunikation[177] definiert. »Anruf« ist eine über einen öffentlich zugänglichen Telefondienst aufgebaute Verbindung, die eine zweiseitige Echtzeit-Kommunikation ermöglicht. Die Definition ist für die Auslegung des § 7 Abs. 2 Nr. 2 maßgeblich, der der Umsetzung des Art. 13 (3) der Datenschutzrichtlinie dient. Der Anwendungsbereich des § 7 Abs. 2 Nr. 2 ist auf individuelle Telefonanrufe beschränkt. Andere Fernkommunikationsmittel werden von § 7 Abs. 2 Nr. 1 und 3 erfasst. Dazu zählen Anrufe durch Anrufmaschinen, die nicht unter § 7 Abs. 2 Nr. 2 fallen.

c) Gegenüber einem Verbraucher

127 § 7 Abs. 2 Nr. 2 unterscheidet danach, ob der Telefonanruf gegenüber einem Verbraucher oder einem sonstigen Marktteilnehmer erfolgt. Der Begriff des Marktteilnehmers ist in § 2 Abs. 1 Nr. 2 definiert. Sonstige Marktteilnehmer i. S. von § 7 Abs. 2 Nr. 2 sind alle Marktteilnehmer, die nicht Verbraucher sind. § 2 Abs. 2 verweist wegen des Verbraucherbegriffs auf § 13 BGB. Verbraucher ist danach jede natürliche Person, die ein Rechtsgeschäft zu Zwecken abschließt, die überwiegend weder ihrer gewerblichen noch ihrer selbständigen beruflichen Tätigkeit zugerechnet werden können. Durch § 13 BGB wird Art. 2 Nr. 1 der Verbraucherrechte-Richtlinie[178] in das deutsche Recht umgesetzt. Die Einfügung des Wortes »überwiegend« in § 13 BGB beruht auf Erwägungsgrund 17 der Richtlinie und hat klarstellende Bedeutung.[179] Aus der Formulierung im zweiten Halbsatz von § 13 BGB folgt, dass rechtsgeschäftliches Handeln einer natürlichen Person grundsätzlich als Verbraucherhandeln anzusehen ist und **verbleibende Zweifel** zugunsten der Eigenschaft als Verbraucher zu lösen sind.[180]

128 Der Telefonanruf muss **gegenüber** einem Verbraucher erfolgen. Der werbende Unternehmer muss den Verbraucher anrufen. Im umgekehrten Fall eines Anrufs eines Verbrauchers beim Unternehmer liegt dieses Tatbestandsmerkmal nicht vor. Der Schutz-

174 OLG Köln, 12.12.2008, 6 U 41/08, OLGR Köln, 2009, 595, 596; OLG Köln, 30.03.2012, 6 U 191/11, WRP 2012, 725, 727; OLG Dresden, 24.04.2016, 14 U 1773/13, GRUR-RR 2016, 462, 463….

175 KG, 07.02.2017, 5 W 15/17, GRUR-RR 2017, 245.

176 BGH, 16.12.1993, I ZR 285/91, GRUR 1994, 380, 382 – *Lexikothek*.

177 Richtlinie 2002/58/EG in der Fassung der Richtlinie 2009/136/EG.

178 Richtlinie 2011/83/EU über die Rechte der Verbraucher vom 25.10.2011, ABl. L 304/64.

179 Beschlussempfehlung und Bericht des Rechtsausschusses zum Regierungsentwurf eines Gesetzes zur Umsetzung der Verbraucherrechterichtlinie, BT-Drucks. 17/13951, S. 61.

180 BGH, 11.05.2017, I ZR 60/16, GRUR 2017, 1140 Rn. 20 – *Testkauf im Internet*.

zweck des § 7 Abs. 2 Nr. 2, ein ungewolltes Eindringen in die Privatsphäre des Verbrauchers zu verhindern, ist bei einem vom Verbraucher ausgehenden Telefonanruf nicht berührt. Dies gilt auch für Werbung, mit der der Verbraucher anlässlich eines Anrufs beim Unternehmer konfrontiert wird. Werbefinanzierte Telefonanrufe[181] und Werbung in Warteschleifen, die sich aufgrund eines Anrufs des Verbrauchers auftun, sind keine Telefonanrufe gegenüber Verbrauchern.

Für die **Abgrenzung**, ob der Telefonanruf gegenüber einem Verbraucher oder gegenüber einem sonstigen Marktteilnehmer erfolgt, kommt es auf die **äußeren Umstände**, also ob der Anruf unter einer Privatnummer oder einer einem Gewerbebetrieb zuzuordnenden Telefonnummer eingeht, und auf den **Zweck** des Anrufs an.[182] Der Anruf zu einem Telefonanschluss, bei dem keine Anhaltspunkte für einen Geschäftsanschluss bestehen, ist grundsätzlich ein Telefonanruf gegenüber einem Verbraucher.[183] Anrufe unter der Privatnummer erfolgen gegenüber einem Verbraucher, auch wenn der Angerufene gewerblich oder selbständig beruflich tätig ist.[184] Auch bei einem Gewerbetreibenden oder einem selbständig Tätigen geht der Schutz der Privatsphäre vor. Der Unternehmer braucht ein Eindringen in seinen privaten Bereich ohne vorherige ausdrückliche Einwilligung nicht hinzunehmen, selbst wenn der Gegenstand des Anrufs geschäftlich ist. **129**

Ein **Telefonanruf zu einem Unternehmen**, der einen geschäftlichen Gegenstand hat, ist ein Anruf zu einem sonstigen Marktteilnehmer. Ruft der Unternehmer den Inhaber des Unternehmens oder einen Mitarbeiter an und ist der Gegenstand des Anrufs nicht dem Geschäftsbereich zuzurechnen, liegt ein Anruf gegenüber einem Verbraucher vor.[185] Eine interne Rufumleitung oder eine **Weiterleitung des Anrufs** auf einen anderen Anschluss ändern an der Beurteilung nichts.[186] Verbleiben **Zweifel**, ist von einem Anruf gegenüber einem Verbraucher auszugehen (Rdn. 127). **130**

Einen Sonderfall betrifft der Anruf eines **Personalberaters bei einem Arbeitnehmer zur Abwerbung**. Nach der Definition des Verbrauchers anhand von § 2 Abs. 2 i. V. mit § 13 BGB ist der Arbeitnehmer Verbraucher. Hier ist im Interesse des Arbeitnehmers zur Verwirklichung der Berufsfreiheit nach Art. 12 GG eine teleologische Reduktion des § 7 Abs. 2 Nr. 2 Fall 1 erforderlich. Ansonsten wäre ein Telefonanruf des Personalberaters bei dem Arbeitnehmer privat oder am Arbeitsplatz praktisch ausgeschlossen, weil die Einholung einer vorherigen ausdrücklichen Einwilligung regelmäßig **131**

181 BGH, 20.12.2001, I ZR 227/99, GRUR 2002, 637, 638 – *Werbefinanzierte Telefongespräche.*
182 A. A. nur Zweck des Anrufs *Ohly*/Sosnitza § 7 Rn. 46; jurisPK-UWG/*Koch* § 7 Rn. 224; nur Art der Telefonnummer OLG Köln, 05.11.2004, 6 U 88/04, GRUR-RR 2005, 138, 139.
183 OLG Köln, 05.11.2004, 6 U 88/04, GRUR-RR 2005, 138, 139.
184 OLG Köln, 05.11.2004, 6 U 88/04, GRUR-RR 2005, 138, 139; GK/*Pahlow*, § 7 Rn. 152.
185 *Lettl*, WRP 2009, 1315, 1323; OLG Köln, 05.11.2004, 6 U 88/04, GRUR-RR 2005, 138, 139.
186 OLG Köln, 05.11.2004, 6 U 88/04, GRUR-RR 2005, 138, 139.

ausscheidet und eine unkomplizierte Kontaktaufnahme ausgeschlossen wird, an der der Arbeitnehmer ein erhebliches eigenes Interesse haben kann.[187]

d) Ohne vorherige ausdrückliche Einwilligung

aa) Allgemeines

132 § 7 Abs. 2 Nr. 2 unterscheidet bei der Einwilligung danach, wem gegenüber der Telefonanruf erfolgt. Erfolgt er gegenüber einem Verbraucher, ist eine stets unzumutbare Belästigung anzunehmen, wenn er ohne vorherige ausdrückliche Einwilligung erfolgt. Gegenüber einem sonstigen Marktteilnehmer ist dies nur der Fall, wenn weder eine vorherige ausdrückliche oder konkludente Einwilligung noch eine mutmaßliche Einwilligung des Angerufenen vorliegt. Das Erfordernis der vorherigen ausdrücklichen Einwilligung des Verbrauchers ist durch das Gesetz zur Bekämpfung unerlaubter Telefonwerbung und zur Verbesserung des Verbraucherschutzes bei besonderen Vertriebsformen[188] eingefügt worden und am 04.08.2009 in Kraft getreten. Zuvor stellte § 7 Abs. 2 Nr. 2 Fall 1 auf eine Einwilligung ab. Dazu reichte eine konkludente Einwilligung aus.[189] Diese genügt bei Anrufen gegenüber Verbrauchern nicht mehr.[190]

bb) Rechtsnatur der Einwilligung

133 Die Einwilligung i. S. des § 7 Abs. 2 Nr. 2 Fall 1 ist eine einseitige Erklärung, mit der der Erklärende dem Adressaten eine tatsächliche Handlung – vorliegend einen Telefonanruf mit Werbung – gestattet.[191] § 7 Abs. 2 Nr. 2 bezeichnet mit Einwilligung nicht die rechtsgeschäftliche Einwilligung nach § 183 Satz 1 BGB. Umstritten ist, ob die Einwilligung eine **rechtsgeschäftliche Willenserklärung**[192] oder eine **geschäftsähnliche Handlung**[193] ist. Wird die Einwilligung vertraglich vereinbart, ist sie Gegenstand einer Willenserklärung. Ansonsten handelt es sich um eine geschäftsähnliche Handlung, weil die Rechtsfolgen nicht vom Willen des Handelnden, sondern durch das Gesetz bestimmt werden,[194] auf die die Regeln über Willenserklärungen gem. §§ 104 ff

187 Im Ergebnis ebenso zu § 1 UWG a. F. OLG Karlsruhe, 24.01.2001, 6 U 167/00, GRUR 2002, 459; OLG Jena, 23.10.2002, 2 U 282/02, GRUR-RR 2003, 158; zu § 7 Abs. 2 Nr. 2 jurisPK-UWG/*Koch* § 7 Rn. 225; *Ohly*/Sosnitza § 7 Rn. 46; GK/*Pahlow*, § 7 Rn. 153; Münch-Komm/*Leible* UWG, § 7 Rn. 142; *Quiring*, WRP 2003, 1181, 1183; a. A. *Lettl*, WRP 2009, 1315, 1324.

188 BGBl. 2009, I 2413.

189 BGH, 17.07.2008, I ZR 75/06, GRUR 2008, 923 Rn. 16 – *Faxanfrage im Autohandel*; BGH, 25.10.2012, I ZR 169/10, GRUR 2013, 531 Rn. 23 – *Einwilligung in Werbeanrufe II.*

190 Begründung des Regierungsentwurfs eines Gesetzes zur Bekämpfung unerlaubter Telefonwerbung und zur Verbesserung des Verbraucherschutzes bei besonderen Vertriebsformen, BT-Drucksache 16/10734, S. 13.

191 GK/*Pahlow*, § 7 Rn. 155; FBO/*Mankowski* § 7 Rn. 127; *Ohly*/Sosnitza § 7 Rn. 48.

192 FBO/*Mankowski* § 7 Rn. 126; *Ohly*/Sosnitza § 7 Rn. 9; GK/*Pahlow*, § 7 Rn. 155.

193 *Köhler*/Bornkamm/Feddersen, § 7 Rn. 143.

194 Zur Zahlungsaufforderung BGH, 17.04.1967, II ZR 228/64, BGHZ 47, 352, 357.

BGB analog anwendbar sind.[195] Der Streit über die Rechtsnatur der Einwilligung hat in der Praxis keine Auswirkungen, wenn die Bestimmungen über Willenserklärungen analog angewandt werden.[196]

cc) Vorherige Einwilligung

Es muss sich um eine **vorherige** Einwilligung handeln. Dazu muss die Einwilligung zeitlich vor dem Werbeanruf erfolgen. Eine Erklärung zu Beginn des Telefonats oder ein fehlender Widerspruch genügen nicht. Sie lassen die einmal eingetretene Störung nicht entfallen. Dass nur die vorherige Einwilligung genügt, macht der Wortlaut der Vorschrift deutlich und entspricht der Intention des Gesetzgebers.[197] **134**

dd) Begriff der Einwilligung nach der Richtlinie 95/46/EG

Da § 7 Abs. 2 Nr. 2 Fall 1 der Umsetzung des Art. 13 (3) der Richtlinie 2002/58/ **135**
EG (Datenschutzrichtlinie für elektronische Kommunikation) dient, ist die Vorschrift richtlinienkonform auszulegen. Dass Art. 13 (3) den Mitgliedstaaten eine Option bei der Umsetzung einräumt, ändert an der Notwendigkeit der richtlinienkonformen Auslegung nichts, wenn der Mitgliedstaat sich entscheidet, von der Option Gebrauch zu machen.[198] Art. 2 Satz 2 lit. f Richtlinie 2002/58/EG verweist wegen der Definition der Einwilligung auf Art. 2 lit. h der Richtlinie 95/46/EG zum Schutz natürlicher Personen bei der Verarbeitung personenbezogener Daten und zum freien Datenverkehr.[199] Danach war »Einwilligung der betroffenen Person« jede Willensbekundung, die ohne Zwang, für den konkreten Fall und in Kenntnis der Sachlage erfolgt und mit der die betroffene Person akzeptiert, dass personenbezogene Daten, die sie betreffen, verarbeitet werden. Diese Definition ist unter Geltung der Richtlinie 95/46/EG maßgeblich.[200]

ee) Begriff der Einwilligung nach der Datenschutz-Grundverordnung

Die Richtlinie 95/46/EG ist durch die Verordnung (EU) 2016/679 vom 27.04.2016 **136**
zum Schutz natürlicher Personen bei der Verarbeitung personenbezogener Daten, zum freien Datenverkehr und zur Aufhebung der Richtlinie 95/46/EG (Datenschutz-Grundverordnung) ersetzt worden.[201] Die DS-GVO ist nach ihrem Art. 99 (2) seit

---

195 BGH, 17.04.1967, II ZR 228/64, BGHZ 47, 352, 357; BGH, 06.12.1988, XI ZR 81/88, BGHZ 106, 163, 166.

196 BDS/*Mehler* § 7 UWG Rn. 88.

197 Begründung des Regierungsentwurfs eines Gesetzes zur Bekämpfung unerlaubter Telefonwerbung und zur Verbesserung des Verbraucherschutzes bei besonderen Vertriebsformen, BT-Drucksache 16/10734, S. 12.

198 EuGH, 09.01.2003, C-292/00, GRUR 2003, 942 Rn. 18 ff – *Davidoff.*

199 Richtlinie 95/46/EG vom 24.10.1995 zum Schutz natürlicher Personen bei der Verarbeitung personenbezogener Daten und zum freien Datenverkehr, ABl. L 281 vom 23.11.1995, S. 31.

200 BGH, 25.10.2012, I ZR 169/10, GRUR 2013, 531 Rn. 23 – *Einwilligung in Werbeanrufe II*; a. A. FBO/*Mankowski* § 7 Rn. 128.

201 ABl. L 119 vom 04.05.2016, S.1.

dem 25.05.2018 anzuwenden. Mit Wirkung von diesem Tag ist die Richtlinie 95/46/EG aufgehoben. Auf Sachverhalte seit diesem Tag ist nicht die Richtlinie 95/46/EG, sondern die DS-GVO anzuwenden. Die DS-GVO erlegt nach Art. 95 natürlichen oder juristischen Personen in Bezug auf die Verarbeitung in Verbindung mit der Bereitstellung öffentlich zugänglicher elektronischer Kommunikationsdienste in öffentlichen Kommunikationsnetzen in der Union keine zusätzlichen Pflichten auf, soweit sie besonderen in der Richtlinie 2002/58/EG festgelegten Pflichten unterliegen, die dasselbe Ziel verfolgen. Nach Art. 94 (2) Satz 1 DS-GVO gelten Verweise auf die aufgehobene Richtlinie 95/46/EG als Verweise auf die DS-GVO.

137 Seit dem 25.05.2018 ist für die Definition der »Einwilligung eines Teilnehmers« i. S. von Art. 2 Satz 2 Bucht. f der Datenschutzrichtlinie für elektronische Kommunikation die Definition in Art. 4 Nr. 11 DS-GVO maßgeblich. Danach ist »Einwilligung« der betroffenen Person jede freiwillig für den bestimmten Fall, in informierter Weise und unmissverständlich abgegebene Willensbekundung in Form einer Erklärung oder einer sonstigen eindeutigen bestätigenden Handlung, mit der die betroffene Person zu verstehen gibt, dass sie mit der Verarbeitung der sie betreffenden personenbezogenen Daten einverstanden ist.

138 Die Einwilligung muss vor dem Telefonanruf abgegeben werden und sie muss ausdrücklich erfolgen. Eine bestimmte **Form der Einwilligung** sah Art. 2 lit. h der Richtlinie 95/46/EG nicht vor. Dasselbe gilt für Art. 4 Nr. 11 DS-GVO. Die Einwilligung i. S. des § 7 Abs. 2 Nr. 2 Fall 1 kann formlos erklärt werden.

139 **Erwägungsgrund 32 DS-GVO** erläutert die Möglichkeiten, in denen die Einwilligung erklärt werden kann, folgendermaßen: »Die Einwilligung sollte durch eine eindeutige bestätigende Handlung erfolgen, mit der freiwillig, für den konkreten Fall, in informierter Weise und unmissverständlich bekundet wird, dass die betroffene Person mit der Verarbeitung der sie betreffenden personenbezogenen Daten einverstanden ist, etwa in Form einer schriftlichen Erklärung, die auch elektronisch erfolgen kann, oder einer mündlichen Erklärung. Dies könnte etwa durch Anklicken eines Kästchens beim Besuch einer Internetseite, durch die Auswahl technischer Einstellungen für Dienste der Informationsgesellschaft oder durch eine andere Erklärung oder Verhaltensweise geschehen, mit der die betroffene Person in dem jeweiligen Kontext eindeutig ihr Einverständnis mit der beabsichtigten Verarbeitung ihrer personenbezogenen Daten signalisiert. Stillschweigen, bereits angekreuzte Kästchen oder Untätigkeit der betroffenen Person sollten daher keine Einwilligung darstellen.« Diese Beschreibung ist maßgeblich für die richtlinienkonforme Auslegung des § 7 Abs. 2 Nr. 2 Fall 1.

140 Eine ausdrückliche Einwilligung zu einem Telefonanruf mit Werbung ist nicht gegeben, wenn nur eine konkludente Einwilligung vorliegt. Keine Einwilligung – weder eine ausdrückliche noch eine konkludente Einwilligung – zu einem Werbeanruf ist gegeben, wenn der Verbraucher sich in einem **Telefonverzeichnis** eintragen lässt[202] oder wenn ein Verbraucher seine Telefonnummer zu anderen als Werbeanrufen angibt.

202 BGH, 19.06.1970, I ZR 115/68, BGHZ 54, 188, 191 – *Telefonwerbung I.*

Das ist der Fall, wenn die Telefonnummer im Rahmen eines Gewinnspiels oder eines Vertragsabschlusses angegeben wird. Sie dient in diesen Fällen der **Benachrichtigung über einen Gewinn** und **telefonischen Anfragen im Rahmen der Vertragsabwicklung** und nicht der Übermittlung von Werbung durch den Unternehmer.

ff) Ausdrückliche Einwilligung unter Geltung der Richtlinie 95/46/EG

Nach der Richtlinie 95/46/EG war die Einwilligung (1) jede Willensbekundung, (2) die ohne Zwang, (3) für den konkreten Fall und (4) in Kenntnis der Sachlage erfolgt. Maßgeblich war die Beurteilung aus der Sicht des Durchschnittsverbrauchers. Ob der einzelne Verbraucher die Erklärung in einem anderen Sinn verstanden hat, war unerheblich. Er musste die Einwilligung widerrufen, wenn er feststellte, dass er sie falsch verstanden hatte. **141**

Die Einwilligung musste **ohne Zwang** erfolgt sein. Die Willensbekundung des Handelnden durfte nicht auf physischem oder psychischem Zwang beruhen. Sie musste ohne Druck der Gegenseite abgegeben werden. Druck in diesem Sinn war gegeben, wenn die Voraussetzungen einer unzulässigen Beeinflussung i. S. von § 4a Abs. 1 Satz 3 vorgelegen haben. **142**

Die Einwilligung war **in Kenntnis der Sachlage** erteilt, wenn der Durchschnittsverbraucher wusste, dass seine Erklärung ein Einverständnis darstellte und worauf sie sich bezog.[203] **143**

Die Einwilligung erfolgte **für den konkreten Fall**, wenn klar war, welche Produkte oder Dienstleistungen welcher Unternehmen sie konkret erfasste.[204] Eine Einwilligung, die den Kreis der möglichen werbenden Anrufer nicht oder jedenfalls nicht abschließend festlegte und die zu bewerbenden Produkte oder Dienstleistungen nicht bestimmte, war nicht »für den konkreten Fall« erteilt worden.[205] **144**

Zudem musste die Einwilligung **ausdrücklich** erteilt werden. Dazu gehörte, dass der Verbraucher sie **gesondert** abgab.[206] Das folgte aus Erwägungsgrund 17 Satz 2 der Datenschutzrichtlinie für elektronische Kommunikation. Danach konnte die Einwilligung in jeder geeigneten Weise gegeben werden, wodurch der Wunsch des Nutzers in einer spezifischen Angabe zum Ausdruck kam. Eine spezifische Angabe erforderte eine gesonderte Erklärung. Sie durfte nicht mit anderen Erklärungen und Informationen verbunden worden sein und sie erforderte eine gesonderte Erklärung durch eine zusätzliche Unterschrift oder ein individuelles Markieren.[207] Mit dem Erfordernis der Einwilligung für den konkreten Fall war eine unspezifische umfassende Einwilligungserklärung nicht zu vereinbaren. **145**

203 BGH, 25.10.2012, I ZR 169/10, GRUR 2013, 531 Rn. 24 – *Einwilligung in Werbeanrufe II.*
204 BGH, 25.10.2012, I ZR 169/10, GRUR 2013, 531 Rn. 24 – *Einwilligung in Werbeanrufe II.*
205 BGH, 25.10.2012, I ZR 169/10, GRUR 2013, 531 Rn. 25 – *Einwilligung in Werbeanrufe II.*
206 BGH, 16.07.2008, VIII ZR 348/06, BGHZ 177, 254 Rn. 28 – *Payback.*
207 BGH, 16.07.2008, VIII ZR 348/06, BGHZ 177, 254 Rn. 29 – *Payback.*

gg) Ausdrückliche Einwilligung unter Geltung der Datenschutz-Grundverordnung

146 Die in Art. 4 Nr. 11 DS-GVO[208] definierte »Einwilligung« fasst die in der Richtlinie 95/46/EG enthaltene Definition klarer und umschreibt nunmehr auch das Merkmal »ausdrücklich«. Sie enthält zudem in den Erwägungsgründen 32 und 42 sowie Art. 7 und 8 die Voraussetzungen einer Einwilligung und ihrer Wirksamkeit, die deutlich eingehender festgelegt werden als in der Richtlinie 95/46/EG.

147 Nach Art. 4 Nr. 11 muss die betroffene Person die Willensbekundung (1) freiwillig (2) für den bestimmten Fall, (3) in informierter Weise und (4) unmissverständlich in Form einer Erklärung oder einer sonstigen eindeutigen bestätigenden Handlung abgeben.

(1) Freiwillig

148 Freiwillig ist die Willensbekundung, wenn sie ohne physischen oder psychischen Zwang erfolgt. »Ohne Zwang« war bereits Tatbestandsmerkmal der Einwilligung nach Art. 2 lit. h der Richtlinie 95/46/EG. Die Begriffe »freiwillig« und »ohne Zwang« entsprechen sich. Nach Erwägungsgrund 42 Satz 5 DS-GVO sollte nur davon ausgegangen werden, dass die betroffene Person ihre Einwilligung freiwillig gegeben hat, wenn sie eine echte oder freie Wahl hat und somit in der Lage ist, die Einwilligung zu verweigern oder zurückzuziehen, ohne Nachteile zu erleiden. Besteht zwischen den Beteiligten ein erhebliches Ungleichgewicht und ist es deshalb in Anbetracht aller Umstände in dem speziellen Fall unwahrscheinlich, dass die Einwilligung freiwillig gegeben wurde, kann sie nach Erwägungsgrund 43 Satz 1 keine gültige Rechtsgrundlage liefern.

(2) Für den bestimmten Fall

149 Für den »bestimmten Fall« ist nach Erwägungsgrund 32 Satz 1 DS-GVO gleichbedeutend mit »konkreten Fall« und bedeutet, dass klar ist, welche Produkte oder Dienstleistungen welcher Unternehmen sie konkret erfasst.[209] Dazu müssen in der Einwilligung der Kreis der möglichen werbenden Anrufer festlegt und die zu bewerbenden Produkte oder Dienstleistungen bestimmt werden.[210] Eine alle Arten von Werbung umfassende Einwilligung (Generaleinwilligung) ist nicht für den bestimmten Fall erteilt. Dies gilt auch für eine Einwilligung, in der der Kreis der werbenden Unternehmen nicht bestimmt ist.

(3) In informierter Weise

150 In informierter Weise ist die Willensbekundung abgegeben, wenn der Durchschnittsverbraucher über die für die Beurteilung notwendigen Informationen verfügt. Er muss

208 Verordnung (EU) 2016/679 vom 27.04.2016 zum Schutz natürlicher Personen bei der Verarbeitung personenbezogener Daten, zum freien Datenverkehr und zur Aufhebung der Richtlinie 95/46/EG (Datenschutz-Grundverordnung), ABl. L 119 vom 04.05.2016, S. 1.
209 BGH, 25.10.2012, I ZR 169/10, GRUR 2013, 531 Rn. 24 – *Einwilligung in Werbeanrufe II.*
210 BGH, 25.10.2012, I ZR 169/10, GRUR 2013, 531 Rn. 25 – *Einwilligung in Werbeanrufe II.*

die Einwilligung in Kenntnis der Sachlage abgegeben. Dazu zählt nach Erwägungsgrund 42 Satz 2 DS-GVO, dass die betroffene Person weiß, dass und in welchem Umfang sie ihre Einwilligung erteilt. In Erwägungsgrund 42 Satz 4 DS-GVO wird weiter angeführt, dass die betroffene Person Kenntnis davon haben muss, für welche Unternehmen und für welche Werbung die Einwilligung erteilt wird. Dieses Merkmal überschneidet sich insoweit mit dem Tatbestandsmerkmal »im konkreten Fall«.

(4) Unmissverständlich

Unmissverständlich ist die Willensbekundung, wenn eine klare, verständliche und **151** unzweideutige Erklärung oder Handlung vorliegt. Dazu muss eine **vorformulierte Einwilligungserklärung** nach Erwägungsgrund 42 Satz 3 in verständlicher und leicht zugänglicher Form in einer klaren und einfachen Sprache zur Verfügung gestellt werden und sie darf keine missbräuchlichen Klauseln beinhalten. Enthält eine schriftliche Erklärung noch andere Sachverhalte, muss nach Art. 7 (2) DS-GVO das Ersuchen um Einwilligung in verständlicher und leicht zugänglicher Form in einer klaren und einfachen Sprache so erfolgen, dass es von den anderen Sachverhalten klar zu unterscheiden ist. Die DS-GVO sieht ebenfalls wie zuvor die Richtlinie 95/46/EG das Erfordernis einer gesonderten Erklärung für die Einwilligung vor (Rdn. 145).[211]

(5) Ausdrücklich

Art. 4 Nr. 11 DS-GVO bestimmt für die Einwilligung, dass die Willensbekundung in **152** Form einer Erklärung oder einer sonstigen eindeutigen bestätigenden Handlung abgegeben werden muss, mit der die betroffene Person zu verstehen gibt, dass sie mit der Verarbeitung der sie betreffenden personenbezogenen Daten einverstanden ist. Das bedeutet, dass die Einwilligungserklärung ausdrücklich abgegeben werden muss. Erwägungsgrund 32 Satz 1 DS-GVO führt beispielhaft einige Formen an, in denen eine derartige Erklärung oder Handlung erfolgen kann. Dazu rechnen eine schriftlichen Erklärung, die auch elektronisch erfolgen kann, oder einer mündlichen Erklärung. Ein Anklicken eines Kästchens auf einer Internetseite oder die Auswahl technischer Einstellungen für Dienste der Informationsgesellschaft kann genügen. Die Aufzählung ist nicht abschließend. Eine andere Erklärung oder Verhaltensweise reicht aus, mit der die betroffene Person in dem jeweiligen Kontext eindeutig ihr Einverständnis mit dem Werbeanruf erklärt. Stillschweigen, bereits angekreuzte Kästchen oder Untätigkeit der betroffenen Person stellen keine Einwilligung dar.

Nicht ausreichend ist das Schweigen auf die schriftliche Ankündigung eines Anrufs,[212] **153** das Bestehen geschäftlicher Beziehungen zum Verbraucher,[213] der Eintrag in einem Telefonregister,[214] die Anforderung von Werbematerial,[215] der zuvor erfolgte Anruf des

211 BGH, 16.07.2008, VIII ZR 348/06, BGHZ 177, 254 Rn. 28 – *Payback.*
212 BGH, 08.06.1989, I ZR 178/87, GRUR 1989, 753, 754 – *Telefonwerbung II.*
213 BGH, 08.06.1989, I ZR 178/87, GRUR 1989, 753, 754 – *Telefonwerbung II.*
214 BGH, 19.06.1970, I ZR 115/68, BGHZ 54, 188, 191 – *Telefonwerbung I*; BGH, 08.06.1989, I ZR 178/87, GRUR 1989, 753, 754 – *Telefonwerbung II.*
215 BGH, 08.11.1989, I ZR 55/88, GRUR 1990, 280, 281 – *Telefonwerbung III.*

Verbrauchers beim Unternehmer auf den ein Rückruf erfolgt,[216] der zuvor erklärte Rücktritt oder Widerruf vom Vertrag von Seiten des Verbrauchers, der den Unternehmer zu einem Telefonanruf veranlasst, den Verbraucher zur erneuten Bestätigung des Geschäfts zu bewegen.[217]

(6) Einwilligung bei Kindern

154 Die Bedingungen für die Einwilligung von Kindern bestimmt Art. 8 DS-GVO. Bei einem Angebot von Diensten der Informationsgesellschaft, das einem Kind direkt gemacht wird, ist nach Art. 8 (1) Unterabs. 1 DS-GVO die Verarbeitung der personenbezogenen Daten des Kindes rechtmäßig, wenn das Kind das sechzehnte Lebensjahr vollendet hat. Hat das Kind noch nicht das sechzehnte Lebensjahr vollendet, so ist diese Verarbeitung nur rechtmäßig, sofern und soweit diese Einwilligung durch den Träger der elterlichen Verantwortung für das Kind oder mit dessen Zustimmung erteilt wird. Die Mitgliedstaaten können nach Art. 8 (1) Unterabs. 2 durch Rechtsvorschriften zu diesen Zwecken eine niedrigere Altersgrenze vorsehen, die jedoch nicht unter dem vollendeten dreizehnten Lebensjahr liegen darf. Nach Art. 8 (2) DS-GVO muss der Verantwortliche unter Berücksichtigung der verfügbaren Technik angemessene Anstrengungen unternehmen, um sich in solchen Fällen zu vergewissern, dass die Einwilligung durch den Träger der elterlichen Verantwortung für das Kind oder mit dessen Zustimmung erteilt wurde. Die Bestimmung des Art. 8 (1) und (2) DS-GVO ist entsprechend auf die Einwilligungserklärung von Kindern nach § 7 Abs. 2 Nr. 2 Fall 1 anwendbar.

(7) Einwilligung des Anschlussinhabers

155 Für einen Werbeanruf reicht grundsätzlich die Einwilligung des Anschlussinhabers aus. Liegt dessen Einwilligung vor, ist der Anruf unter dessen Telefonnummer keine unzumutbare Belästigung.[218] Da der Anruf von einem Dritten am Telefon entgegengenommen werden kann, muss der Anrufende sich vergewissern, dass er mit demjenigen spricht, der die Einwilligung erteilt hat. Ist dies nicht der Anschlussinhaber, muss der Anrufer die Erlaubnis zur Fortsetzung des Werbeanrufs von dem Dritten einholen.[219] Geschieht dies nicht, ist die Fortsetzung des Werbeanrufs eine unzumutbare Belästigung i. S. des § 7 Abs. 2 Nr. 2 Fall 1.

hh) Wirksamkeit der Einwilligung

156 Die Einwilligung i. S. des § 7 Abs. 2 Nr. 2 Fall 1 muss wirksam erteilt worden sein und sie muss zu dem Zeitpunkt, zu dem von ihr Gebrauch gemacht wird, noch wirksam sein.

---

216 A. A. BDS/*Mehler* § 7 UWG Rn. 117.
217 BGH, 16.12.1993, I ZR 285/91, GRUR 1994, 380, 381 – *Lexikothek*.
218 OLG Köln, 05.06.2009, 6 U 1/09, MMR 2009, 860.
219 FBO/*Mankowski* § 7 Rn. 149b.

(1) Unwirksamkeit der Einwilligung wegen Verstoßes gegen die DS-GVO

Die Einwilligung ist unwirksam, wenn sie gegen die DS-GVO verstößt. Art. 7 (2) Satz 2 DS-GVO bestimmt, dass Teile der Erklärung nicht verbindlich sind, wenn sie einen Verstoß gegen die Verordnung darstellen. Bei der Erteilung der Einwilligungserklärung müssen die vorstehend angeführten Erfordernisse der Einwilligung nach der DS-GVO eingehalten werden (Rdn. 146–155). **157**

(2) Unwirksamkeit der Einwilligung wegen Verstoßes gegen AGB-Vorschriften

Erwägungsgrund 42 Satz 3 DS-GVO nimmt Bezug auf die Richtlinie 93/13/EWG über missbräuchliche Klauseln in Verbraucherverträgen.[220] Danach soll eine vom Verantwortlichen vorformulierte Einwilligungserklärung in verständlicher und leicht zugänglicher Form in einer klaren und einfachen Sprache zur Verfügung gestellt werden, und sie sollte keine missbräuchlichen Klauseln beinhalten. Aus dem Hinweis auf die Richtlinie 93/13/EWG ist der Schluss zu ziehen, dass vorformulierte Einwilligungserklärungen neben den Anforderungen der DS-GVO an alle Einwilligungserklärungen den Voraussetzungen der Richtlinie 93/13/EWG und den sie umsetzendenden Bestimmungen der AGB-Vorschriften genügen müssen. Das entspricht der bisherigen Rechtsprechung zu § 7 Abs. 2 Nr. 2 Fall 1 und Nr. 3. **158**

Danach ist die Einholung einer Einwilligungserklärung durch vorformulierte Klauseln in AGB grundsätzlich zulässig und ihre Wirksamkeit ist anhand einer AGB-Kontrolle nach §§ 305 ff BGB zu beurteilen.[221] In diesem Zusammenhang kommt es auf die Rechtsnatur der Einwilligungserklärung nicht an (Rdn. 133). Unabhängig von der im Gegensatz zu ihrer Bedeutung teilweise breit erörterten dogmatischen Frage, ob die Einwilligungserklärung eine Willenserklärung oder eine geschäftsähnliche Handlung ist, finden die Vorschriften über die AGB-Kontrolle nach §§ 305 ff BGB auf die Einwilligungserklärung jedenfalls Anwendung. **159**

§ 7 Abs. 2 Nr. 2 Fall 1 dient der Umsetzung des Art. 13 (3) der Datenschutzrichtlinie für elektronische Kommunikation. Dass diese Bestimmung den Mitgliedstaaten bei der Umsetzung eine Wahlmöglichkeit zwischen einer Opt-in- und einer Opt-out-Lösung lässt, ändert an der Notwendigkeit richtlinienkonformer Auslegung nichts (Rdn. 9). Die AGB-Kontrolle muss daher in Übereinstimmung mit der Datenschutzrichtlinie für elektronische Kommunikation, der DS-GVO und der Richtlinie 93/13/EWG erfolgen. Die DS-GVO enthält bereits detaillierte Vorschriften zur Wirksamkeit der Einwilligung, die auch für vorformulierte Einwilligungserklärungen gelten. Die Bedeutung der AGB-Kontrolle nimmt deshalb in dem Umfang ab, in dem die DS-GVO eigene Regelungen enthält. **160**

---

220 Richtlinie 93/13/EWG vom 05.04.1993 über missbräuchliche Klauseln in Verbraucherverträgen, ABl. L 95 vom 21.04.1993, S. 29.

221 BGH, 16.07.2008, VIII ZR 348/06, BGHZ 177, 254 Rn. 18 und 26 – *Payback*; BGH, 25.10.2012, I ZR 169/10, GRUR 2013, 531 Rn. 21 – *Einwilligung in Werbeanrufe II*; BGH, 14.03.2017, VI ZR 721/15, BGHZ 214, 204 Rn. 21.

161 Die **Einbeziehung einer Einwilligungserklärung**, die in AGB enthalten ist, richtet sich nach § 305 Abs. 2 BGB. Eine vorformulierte Einwilligungserklärung wird unter den Voraussetzungen des § 305c Abs. 1 BGB nicht wirksam, wenn sie überraschend ist. Dazu reicht es, dass der Verbraucher nach dem äußeren Erscheinungsbild des Vertrags mit der Klausel nicht zu rechnen brauchte. Besondere praktische Bedeutung hat dieses Erfordernis nicht mehr, weil auf der Grundlage der Richtlinie 95/46/EG und der DS-GVO die Einwilligung gesondert erklärt werden muss (Rdn. 145, 151). Zweifel bei der Auslegung von AGB gehen nach § 305c Abs. 2 BGB zu Lasten des Verwenders. Für die Auslegung im Rahmen der AGB-Kontrolle über die Wirksamkeit einer Einwilligungserklärung ist die **kundenfeindlichste Auslegung** bei mehreren Auslegungsmöglichkeiten zu wählen. Diese kann zur Unwirksamkeit der Einwilligung führen und damit zu der Auslegung zu Lasten des Verwenders nach § 305c Abs. 2 BGB.[222]

162 Die **Wirksamkeit vorformulierter Einwilligungserklärungen** ist an § 307 Abs. 1 und 2 BGB zumessen. Einwilligungserklärungen weichen von der gesetzlichen Regelung des § 7 Abs. 2 Nr. 2 Fall 1 ab, wonach Telefonwerbung gegenüber Verbrauchern grundsätzlich unzulässig ist. Die in AGB enthaltene Einwilligungserklärung muss hinreichend konkretisiert sein, damit der Kunde erkennen kann, auf welche Werbeinhalte sich die Einwilligung bezieht und wer durch die Einwilligungserklärung zur Werbung ermächtigt wird.[223] Das ist nicht der Fall, wenn der Durchschnittsverbraucher der Klausel nicht entnehmen kann, ob der Unternehmer nur Werbung für seine Produkte und Dienstleistungen machen oder auch Werbeanrufe für Angebote von Drittunternehmen tätigen darf. Die **Reichweite der Einwilligung** muss für den Verbraucher unzweideutig feststehen. Dazu rechnet auch der **Kreis derjenigen Unternehmen**, für deren Produkte geworben werden darf. Dieser muss anhand der Klausel abschließend feststehen. Dazu gehört regelmäßig die genaue Bezeichnung des Unternehmens. Sämtliche Klauseln, die nicht klar erkennen lassen, welches konkrete Unternehmen für welche Produkte werben darf, sind nicht hinreichend konkret gefasst.[224] Das stimmt mit dem Tatbestandsmerkmal »für den bestimmten Fall« in Art. 4 Nr. 11 DS-GVO überein. Ist das Unternehmen eindeutig bezeichnet und bestehen insoweit gegen die Wirksamkeit der Klausel keine Bedenken, ist es zulässig, dass dieses Unternehmen mit dem Werbeanruf ein selbständiges Dienstleistungsunternehmen beauftragt, das den Werbeanruf im Namen des werbenden Unternehmens tätigt.

163 Die **Angaben zu den Waren und Dienstleistungen**, auf die sich der Werbeanruf erstrecken darf, müssen hinreichend konkret bezeichnet werden. Der Verbraucher kann nur bei ausreichend konkreten Angaben zur Produktpalette die Reichweite seiner Erklärung überblicken und die nach der DS-GVO erforderliche informierte Entscheidung treffen.[225] Unzulässig sind in jedem Fall Klauseln, die so weit gehen, dass sie einer **Generaleinwilligung** gleichkommen.[226]

222 BGH, 18.07.2012, VIII ZR 33/11, BGHZ 194, 121 Rn. 16.
223 BGH, 18.07.2012, VIII ZR 33/11, BGHZ 194, 121 Rn. 57.
224 BGH, 25.10.2012, I ZR 169/10, GRUR 2013, 531 Rn. 25 – *Einwilligung in Werbeanrufe II.*
225 BGH, 14.03.2017, VI ZR 721/15, BGHZ 214, 204 Rn. 25.
226 BGH, 14.03.2017, VI ZR 721/15, BGHZ 214, 204 Rn. 26.

Unangemessen sind Klauseln, die **keine Opt-in-Lösung** vorsehen. Es darf daher keine Einwilligungserklärung bereits voreingestellt oder voreingetragen oder eine Opt-out-Klausel vorformuliert sein.[227] **Intransparente Klauseln**, deren Reichweite der Durchschnittsverbraucher nicht ausreichend sicher beurteilen kann, sind unwirksam.[228] Dazu rechnet die Klausel zur Bezeichnung des Produktbereichs mit »weitere interessante telefonische Angebote der Z. GmbH aus dem Abonnementbereich«. Diese ist nicht klar und verständlich.[229] 164

(3) Fortbestehende Wirksamkeit der Einwilligung

Die Einwilligung muss zum Zeitpunkt des Werbeanrufs noch wirksam sein. 165

Das ist nicht der Fall, wenn der Verbraucher sie **widerrufen** hat. Nach Art.7 (3) Satz 1 DS-GVO hat die betroffene Person das Recht, ihre Einwilligung jederzeit zu widerrufen. Nach Art. 7 (3) Satz 4 DS-GVO muss der Widerruf der Einwilligung so einfach wie die Erteilung der Einwilligung sein. Der Widerruf darf nicht unnötig kompliziert gestaltet sein und dem Verbraucher dürfen durch den Widerruf keine zusätzlichen Kosten entstehen, die über das hinausgehen, was allgemein zu den Kosten der Fernkommunikation gehört. Hat ein Verbraucher in einer einzigen Einwilligung sich mit Werbeanrufen mehrerer Unternehmen einverstanden erklärt, muss eine einzige Stelle bestehen, der gegenüber der Widerruf erklärt werden kann. Da der Verbraucher die Einwilligung jederzeit widerrufen kann, scheidet die Anfechtung einer Einwilligungserklärung grundsätzlich aus. Etwas anderes gilt, wenn der Verbraucher ein besonderes Interesse an einer Anfechtung wegen der Rückwirkung hat. Das kann bei einer Anfechtung nach § 123 BGB der Fall sein. 166

Ohne eine Befristung und ohne einen Widerruf gilt eine einmal erteilte Einwilligung an sich unbegrenzt fort. Allein durch **Zeitablauf** kann gleichwohl eine Einwilligung entfallen. Von einem Fortfall der Einwilligung durch Zeitablauf ist auszugehen, wenn der Werbende nicht mehr von einem Verbraucherinteresse ausgehen kann.[230] Die Rechtsprechung ist in diesem Zusammenhang teilweise außerordentlich großzügig und geht trotz eines Zeitraums von 16 Monaten vom Fortbestand der Einwilligung aus.[231] In anderen Fällen ist ein Zeitraum von 1 ½ Jahren[232] und von 2 Jahren[233] als nicht mehr ausreichend angesehen worden. Bei einem **Zeitraum von mehr als einem Jahr**, in dem der Unternehmer von der Einwilligung keinen Gebrauch gemacht hat, kann nicht mehr von einer fortbestehenden Einwilligung ausgegangen werden. Regelmäßig hat nach einem derart langen Zeitraum, währenddessen nicht von der Einwilligung 167

227 *BGH, 16.07.2008*, VIII ZR 348/06, BGHZ 177, 254 Rn. 33 – *Payback*.
228 BGH, 14.04.2011, I ZR 50/09, GRUR 2011, 629 Rn. 22 – *Einwilligungserklärung für Werbeanrufe*.
229 HansOLG Hamburg, 04.03.2009, 5 U 260/08, WRP 2009, 1282, 1285.
230 OLG Köln, 07.12.2012, 6 U 69/12, GRUR-RR 2013, 219, 221.
231 BGH, 01.02.2018, III ZR 196/17, GRUR 2018, 545 Rn. 31; OLG Köln, 07.12.2012, 6 U 69/12, GRUR-RR 2013, 219, 221.
232 LG Berlin, 09.12.2001, 15 O 343/11, WRP 2012, 610, 611.
233 LG Berlin, 02.07.2004, 15 O 653/03, NJW-RR 2004, 1631, 1632.

Gebrauch gemacht worden ist, der Verbraucher keine Erinnerung mehr an die einmal erteilte Einwilligung und keinen Anlass und häufig auch keine Möglichkeit zu einem Widerruf, weil ihm Aufzeichnungen zu der Einwilligung fehlen. Da die Reichweite einer Einwilligung durch Auslegung zu ermitteln ist und nach mehr als einem Jahr im Allgemeinen kein Verbraucherinteresse mehr besteht, ist die Einwilligung nach einen Zeitraum von mehr als einem Jahr, in dem sie für einen Werbeanruf nicht genutzt ist, entfallen.

ii) Darlegungs- und Beweislast

168 Die Darlegungs- und Beweislast für das Vorliegen der Einwilligung zu einem Werbeanruf trägt der Unternehmer.[234] Dies ist nunmehr in Art. 7 (1) DS-GVO gesetzlich verankert. Danach muss der Verantwortliche nachweisen können, dass die betroffene Person in die Verarbeitung ihrer personenbezogenen Daten eingewilligt hat, wenn die Verarbeitung auf einer Einwilligung beruht. Die Vorschrift ist auf die Einwilligung in Werbeanrufe entsprechend anwendbar. Der Unternehmer kann sich nicht auf eine Darlegung und einen Beweis beschränken, auf welche Weise er bei der Einholung der Einwilligung verfährt. Er muss konkret das Vorliegen der Einwilligung derjenigen Person darlegen und gegebenenfalls nachweisen, die Inhaberin des Telefonanschlusses ist (Rdn. 155). Nimmt ein Dritter den Anruf entgegen, muss dessen Einverständnis zur Fortsetzung des Werbeanrufs eingeholt werden (Rdn. 155). Für die Einholung dieses Einverständnisses trägt der Unternehmer ebenfalls die Darlegungs- und Beweislast.

169 Zum Nachweis des Einverständnisses ist es notwendig, dass der Werbende die **konkrete Einverständniserklärung** jedes einzelnen Verbrauchers vollständig dokumentiert. Im Fall einer elektronisch übermittelten Einverständniserklärung setzt das deren Speicherung und die jederzeitige Möglichkeit voraus, sie auszudrucken.[235] Der Unternehmer muss sicherstellen, dass die Einwilligung vom Anschlussinhaber und nicht von einem Dritten stammt. Verfahren, die nicht sicherstellen, dass der Anschlussinhaber die Einwilligung erteilt hat, reichen zum Nachweis im Fall des Bestreitens nicht aus.[236] Dem Werbenden kommen keine Beweiserleichterungen zugute. Hat der Unternehmer die Einwilligung durch den Betroffenen dargelegt und erforderlichenfalls den Nachweis mit einem grundsätzlich sicheren Verfahren geführt, muss der Verbraucher darlegen und gegebenenfalls nachweisen, dass gleichwohl die Einwilligung nicht von ihm stammt.[237] Den Fortfall der Einwilligung muss nach allgemeinen Regeln der Darlegungs- und Beweislast der Verbraucher darlegen und nachweisen.

---

234 Zur E-Mail-Werbung BGH, 11.03.2004, I ZR 81/01, GRUR 2004, 517, 519 – *E-Mail-Werbung*; zur Telefonwerbung BGH, 10.02.2011, I ZR 164/09, GRUR 2011, 936 Rn. 30 – *Double-opt-in-Verfahren*.

235 BGH, 10.02.2011, I ZR 164/09, GRUR 2011, 936 Rn. 30 – *Double-opt-in-Verfahren*.

236 BGH, 10.02.2011, I ZR 164/09, GRUR 2011, 936 Rn. 39 und 40 – *Double-opt-in-Verfahren*.

237 BGH, 10.02.2011, I ZR 164/09, GRUR 2011, 936 Rn. 38 – *Double-opt-in-Verfahren*.

4. Rechtsfolgen

Ist der Tatbestand des § 7 Abs. 2 Nr. 2 Fall 1 verwirklicht, liegt stets eine unzumutbare Belästigung vor, die nach § 7 Fall Abs. 1 Satz 1 unzulässig ist. Eine Einzelfallwürdigung und eine Verhältnismäßigkeitsprüfung finden nicht statt (Rdn. 18, 91). Eine Grundrechtsabwägung ist zwar nicht ausgeschlossen (Rdn. 29, 42). Grundsätzlich besteht bei Telefonwerbung ohne vorherige ausdrückliche Einwilligung kein Anlass, den Grundrechtspositionen des Unternehmers Vorrang vor denjenigen des betroffenen Verbrauchers einzuräumen. Eine Grundrechtsabwägung ist deshalb auf enge Ausnahmefälle beschränkt. 170

Die Rechtsfolgen nach § 7 Abs. 2 Nr. 2 Fall 1 unzulässiger Telefonwerbung ergeben sich aus §§ 8 ff. Gläubiger des Anspruchs sind die in § 8 Abs. 3 aufgeführten Mitbewerber und Einrichtungen (Rdn. 11). Ein schuldhafter Verstoß gegen § 7 Abs. 2 Nr. 2 gegenüber einem Verbraucher ist zudem eine Ordnungswidrigkeit nach § 20 Abs. 1 Nr. 1. 171

IV. Telefonwerbung gegenüber sonstigen Marktteilnehmern, § 7 Abs. 2 Nr. 2 Fall 2

1. Unionsrecht

a) UGP-RL und Art. 13 (3) und (5) Datenschutzrichtlinie für elektronische Kommunikation

§ 7 Abs. 2 Nr. 2 Fall 2 betrifft nicht das Verhältnis von Unternehmen gegenüber Verbrauchern bei der Absatzförderung. Die UGP-RL berührt den Anwendungsbereich des § 7 Abs. 2 Nr. 2 Fall 2 nicht. 172

Die Bestimmung des § 7 Abs. 2 Nr. 2 Fall 2 dient der Umsetzung des Art. 13 (3) und (5) der Datenschutzrichtlinie für elektronische Kommunikation. Nach Art. 13 (5) Satz 2 in der Fassung der Richtlinie 2009/136/EG stellen die Mitgliedstaaten im Rahmen des Unionsrechts und der geltenden nationalen Rechtsvorschriften sicher, dass die berechtigten Interessen anderer Teilnehmer als natürlicher Personen in Bezug auf unerbetene Nachrichten ausreichend geschützt werden. Die Umsetzung kann durch ein Opt-in- oder ein Opt-out-Verfahren erfolgen. Der deutsche Gesetzgeber hat sich für sonstige Marktteilnehmer mit der Zulassung von Werbeanrufen bei mutmaßlicher Einwilligung für eine Opt-out-Lösung entschieden.[238] 173

b) Erfordernis einer ausdrücklichen Einwilligung bei sonstigen Marktteilnehmern, die natürliche Personen sind

Der deutsche Gesetzgeber ist bei der Unterscheidung zwischen vorheriger ausdrücklicher Einwilligung und mutmaßlicher Einwilligung nicht der Unterscheidung der Datenschutzrichtlinie für elektronische Kommunikation in Art. 13 (5) zwischen natür- 174

238 jurisPK-UWG/*Koch* § 7 Rn. 278; a. A. modifizierte Opt-in-Lösung FBO/*Mankowski* § 7 Rn. 155.

lichen und juristischen Personen gefolgt. Das wirft Zweifel auf, ob die Bestimmung des § 7 Abs. 2 Nr. 2 Fall 2 insoweit eine richtlinienkonforme Umsetzung enthält.[239] Für Verbraucher ist die Datenschutzrichtlinie zutreffend umgesetzt. Dasselbe gilt für juristische Personen. Das Problem der richtigen Umsetzung betrifft natürliche Personen, die sonstige Marktteilnehmer sind, etwa Einzelunternehmer. Zwar haben die Mitgliedstaaten nach Art. 13 (3) der Datenschutzrichtlinie die Möglichkeit, zwischen einer Opt-in-Lösung und einem Opt-out-Verfahren zu wählen. Der deutsche Gesetzgeber konnte daher für natürliche Personen eine Opt-in-Lösung und für juristische Personen ein Opt-out-Verfahren vorzusehen. Eine in Art. 13 (3) und (5) der Datenschutzrichtlinie nicht vorgesehene Unterscheidung zwischen Verbrauchern und sonstigen Marktteilnehmern ist jedoch keine kohärente Umsetzung der Datenschutzrichtlinie, weil die grundsätzliche Unterscheidung zwischen natürlichen und juristischen Personen der Datenschutzrichtlinie für elektronische Kommunikation aufgelöst wird. Mit der Anwendung der DS-GVO wird für die sonstigen Marktteilnehmer, die keine juristischen Personen sind, in unionsrechtskonformer Auslegung eine mutmaßliche Einwilligung nicht mehr genügen. Art. 4 Nr. 11 DS-GVO, der für die Auslegung des Begriffs der Einwilligung maßgeblich ist, sieht eine Willensbekundung vor in Form einer Erklärung oder einer sonstigen eindeutigen bestätigenden Handlung, mit der die betroffene Person zu verstehen gibt, dass sie mit der Verarbeitung der sie betreffenden personenbezogenen Daten einverstanden ist. Dem entspricht eine mutmaßliche Einwilligung nicht.[240]

2. Normzweck

175 Normzweck des § 7 Abs. 2 Nr. 2 Fall 2 ist der Schutz der Geschäftssphäre sonstiger Marktteilnehmer. Zum Schutz der geschäftlichen Sphäre rechnet die Ungestörtheit der Betriebsabläufe des sonstigen Marktteilnehmers. Es soll verhindert werden, dass dem sonstigen Marktteilnehmer Werbemaßnahmen gegen seinen mutmaßlichen Willen aufgedrängt werden.[241] Das umfasst den Schutz vor einer Bindung von Ressourcen des Empfängers (z.B. Zeitaufwand, Kosten für Faxpapier, Vorhaltekosten von Empfangseinrichtungen, Entsorgungskosten). Nicht geschützt wird durch § 7 Abs. 2 Nr. 2 Fall 2 die Entscheidungsfreiheit des sonstigen Marktteilnehmers (streitig, Einzelheiten Rdn. 15). Der Schutz der Entscheidungsfreiheit im Zusammenhang mit Werbeanrufen gegenüber sonstigen Marktteilnehmers wird bei irreführenden Anrufen durch §§ 5, 5a Abs. 1 und bei aggressiven Verhaltensweisen durch § 4a gewährleistet.

3. Sonstige Marktteilnehmer

176 Der Begriff der Marktteilnehmer ist in § 2 Abs. 1 Nr. 2 definiert. Er umfasst neben Verbrauchern und Mitbewerbern alle Personen, die als Anbieter oder Nachfrager von Waren oder Dienstleistungen tätig sind. Der Begriff des Verbrauchers ergibt sich aus

239 Dagegen *Köhler*/Bornkamm/Feddersen, § 7 Rn. 124 bis 124c; *Köhler* WRP 2017, 1025, 1033.
240 Zur Notwendigkeit einer ausdrücklichen Einwilligung *Köhler* WRP 2017, 1025, 1033.
241 BGH, 21.04.2016, I ZR 276/14, GRUR 2016, 831 Rn. 16 – *Lebens-Kost.*

§ 2 Abs. 2 i. V. mit § 13 BGB. Sonstige Marktteilnehmer i. S. von § 7 Abs. 2 Nr. 2 Fall 2 sind danach alle Marktteilnehmer, die nicht Verbraucher sind. Das sind vor allem Unternehmer, i. S. des § 2 Abs. 1 Nr. 6. Ob es sich um eine natürliche oder eine juristische Person handelt, ist nach dem Wortlaut der Rechtsvorschriften des UWG unerheblich (zur unionsrechtlich gebotenen Korrektur bei natürlichen Personen, die sonstige Marktteilnehmer sind Rdn. 174). § 7 Abs. 2 Nr. 2 Fall 2 ist auf juristische Personen des Privatrechts und des öffentlichen Rechts anwendbar (Idealvereine, Kirchen, Behörden).

Zur Unterscheidung, ob der Anruf gegenüber einem Verbraucher oder einem sonstigen Marktteilnehmer erfolgt (Rdn. 127–131). **177**

4. Werbung mit einem Telefonanruf

§ 7 Abs. 2 Nr. 2 Fall 2 gilt ausschließlich für Werbung und umfasst nicht den weiten Begriff der geschäftlichen Handlung (zur Definition der Werbung bei § 7 Abs. 2 Nr. 2 Rdn. 123–125). **178**

Der Begriff des Telefonanrufs ist bei § 7 Abs. 2 Nr. 2 Fall 1 und 2 einheitlich auszulegen (zur Definition des Telefonanrufs Rdn. 126). **179**

5. Tatsächliche oder mutmaßliche Einwilligung

Ein Werbeanruf nach § 7 Abs. 2 Nr. 2 Fall 2 ist nur dann keine unzumutbare Belästigung gegenüber einem sonstigen Marktteilnehmer, wenn dessen Einwilligung zu dem Anruf vorliegt oder von einer mutmaßlichen Einwilligung auszugehen ist. **180**

a) Einwilligung des sonstigen Marktteilnehmers

Reicht nach § 7 Abs. 2 Nr. 2 Fall 2 für einen Werbeanruf die mutmaßliche Einwilligung aus, muss erst recht (a minore ad maius) ein Werbeanruf lauterkeitsrechtlich zulässig sein, wenn eine Einwilligung des sonstigen Marktteilnehmers vorliegt. Die Einwilligung bedarf keiner besonderen Form. Es kann sich um eine ausdrückliche oder konkludente Einwilligung handeln.[242] Sie muss vor dem Werbeanruf erteilt werden, weil allein schon mit der Entgegennahme des Anrufs eine Störung eintritt, die für eine unzumutbare Belästigung ausreicht. Auch wenn keine ausdrückliche Einwilligung gegeben sein muss, muss die **Einwilligung eines sonstigen Marktteilnehmers klar, verständlich und eindeutig erklärt werden oder sich schlüssig aus den Umständen ergeben** und sich auf einen Anruf des werbenden Unternehmens und dessen Produkte beziehen. Eine intransparente Einwilligung genügt nicht. Dasselbe gilt für eine Art *Generaleinwilligung*. Ein konkludentes Einverständnis zu einem Werbeanruf folgt nicht aus der Eintragung in einem Telefon- oder Branchenregister und nicht aus einer laufenden Geschäftsbeziehung in einem anderen Produktbereich, bei dem kein sachlicher Zusammenhang mit der Geschäftsverbindung besteht.[243] **181**

---

242 BGH, 05.02.2004, I ZR 87/02, GRUR 2004, 520, 521 – *Telefonwerbung für Zusatzeintrag.*
243 BGH, 05.02.2004, I ZR 87/02, GRUR 2004, 520, 521 – *Telefonwerbung für Zusatzeintrag.*

b) Mutmaßliche Einwilligung

182 Die Rechtsprechung hatte zu § 1 UWG 1909 bereits eine mutmaßliche Einwilligung zu einem Werbeanruf im geschäftlichen Bereich ausreichen lassen.[244] Der Gesetzgeber hat dies in § 7 Abs. 2 Nr. 2 Fall 2 UWG 2004 übernommen.[245]

183 Liegt eine ausdrückliche oder konkludente Einwilligung in den Werbeanruf durch den anrufenden Unternehmer zu dem in Rede stehenden Produktbereich vor, kommt es auf eine mutmaßliche Einwilligung nicht an. Ist der Werbeanruf für den Angerufenen i. S. von § 7 Abs. 1 Satz 2 unerwünscht und ist dieser Umstand für den Anrufenden erkennbar, scheidet eine mutmaßliche Einwilligung aus. **Auf die mutmaßliche Einwilligung kommt es daher nur an, wenn keine der vorstehenden Fallkonstellationen vorliegt.**

184 Eine **mutmaßliche Einwilligung** ist anzunehmen, wenn aufgrund konkreter tatsächlicher Umstände ein sachliches Interesse des Anzurufenden an der Telefonwerbung vermutet werden kann.[246] Der Prüfungsmaßstab kann den Grundsätzen der berechtigten Geschäftsführung ohne Auftrag entlehnt werden.[247] Entscheidend ist ein objektives Interesse des Angerufenen, wenn es auf die mutmaßliche Einwilligung ankommt. Bei der Beurteilung der Frage, ob der Anrufer von einer mutmaßlichen Einwilligung des anzurufenden Gewerbetreibenden ausgehen konnte, ist auf die Umstände vor dem Anruf sowie auf die Art und den Inhalt der Werbung abzustellen. Maßgeblich ist, ob der Werbende bei verständiger Würdigung der Umstände annehmen durfte, der Anzurufende erwarte einen solchen Anruf oder werde ihm jedenfalls positiv gegenüberstehen.[248] Der Anrufer muss davon ausgehen können, der sonstige Marktteilnehmer sei an der Art der Werbemaßnahme, also einem Anruf, interessiert[249] und am Gegenstand des Anrufs. Maßgeblich ist die Sicht eines durchschnittlichen Gewerbetreibenden dieses Geschäftszweigs.

244 BGH, 25.01.2001, I ZR 53/99, GRUR 2001, 1181, 1182 – *Telefonwerbung für Blindenwaren.*

245 Begründung des Regierungsentwurfs eines Gesetzes gegen unlauteren Wettbewerb (UWG), BT-Drucks. 15/1487, S. 21.

246 Zu § 1 UWG a. F. BGH, 24.01.1991, I ZR 133/89, BGHZ 113, 282, 285 – *Telefonwerbung IV*; BGH, 27.01.2000, I ZR 241/97, GRUR 2000, 818, 819 – *Telefonwerbung VI*; BGH, 05.02.2004, I ZR 87/02, GRUR 2004, 520, 521 – *Telefonwerbung für Zusatzeintrag*; zu § 7 Abs. 2 Nr. 2 Fall 2 BGH, 20.09.2007, I ZR 88/05, GRUR 2008, 189 Rn. 14 – *Suchmaschineneintrag*; BGH, 11.03.2010, I ZR 27/08, GRUR 2010, 939 Rn. 20 – *Telefonwerbung nach Unternehmenswechsel*; FBO/*Mankowski* § 7 Rn. 157; GK/*Pahlow*, § 7 Rn. 175; *Ohly*/Sosnitza § 7 Rn. 56; jurisPK-UWG/*Koch* § 7 Rn. 279; BDS/*Mehler* § 7 UWG Rn. 118.

247 GK/*Pahlow*, § 7 Rn. 175; *Ohly*/Sosnitza § 7 Rn. 56.

248 BGH, 20.09.2007, I ZR 88/05, GRUR 2008, 189 Rn. 15 – *Suchmaschineneintrag*; BGH, 11.03.2010, I ZR 27/08, GRUR 2010, 939 Rn. 21 – *Telefonwerbung nach Unternehmenswechsel.*

249 BGH, 24.01.1991, I ZR 133/89, BGHZ 113, 282, 286 – *Telefonwerbung IV*; BGH, 05.02.2004, I ZR 87/02, GRUR 2004, 520, 521 – *Telefonwerbung für Zusatzeintrag*, zu § 7 Abs. 2 Nr. 2 Fall 2 BGH, 20.09.2007, I ZR 88/05, GRUR 2008, 189 Rn. 15 – *Suchmaschineneintrag*; BGH, 11.03.2010, I ZR 27/08, GRUR 2010, 939 Rn. 32 – *Telefonwerbung nach Unternehmenswechsel.*

Notwendig ist eine **Betrachtung und Gewichtung** der gesamten relevanten Umstände und eine **Interessenabwägung** zwischen den Interessen des Werbenden, seine Leistungen präsentieren zu können, und den Interessen des Angerufenen, vor Störungen der geschäftlichen Sphäre verschont zu bleiben. 185

Von Bedeutung sind das **Ausmaß** der mit dem Anruf verbundenen Störung gegenüber anderen Formen der konkreten Produktwerbung[250] und die mit der Telefonwerbung verbundenen **Vorteile**.[251] Die telefonische Informationserteilung kann für den Angerufenen im Vergleich zu einer schriftlichen Ansprache schneller, einfacher und zielgerichteter sein. Die Möglichkeiten anderer Werbeformen können weniger effizient sein. Fehlt ein derartiger Vorteil der Telefonwerbung, steht damit noch nicht fest, dass eine mutmaßliche Einwilligung ausscheidet.[252] So kann die Überprüfung eines Standardeintrags in einem Branchenfernsprechbuch telefonisch erfolgen, obwohl diese Form der Überprüfung nicht unbedingt die gleiche Sicherheit wie eine schriftliche Überprüfung gewährleistet.[253] 186

Von Bedeutung für das Vorliegen der Voraussetzungen einer mutmaßlichen Einwilligung ist die **Nähe des Inhalts des Werbeanrufs zum Geschäftsgegenstand** des angerufenen Unternehmens. Je enger ein sachlicher Bezug besteht, desto eher ist eine mutmaßliche Einwilligung anzunehmen. Ein allgemeiner Sachbezug reicht grundsätzlich für eine mutmaßliche Einwilligung nicht aus, weil ansonsten praktisch jeder Werbeanruf zulässig wäre.[254] 187

Für eine mutmaßliche Einwilligung kann die Nähe der Werbeanrufs zum Gegenstand einer bereits **existierenden Geschäftsverbindung** der Beteiligten sprechen.[255] Ob eine existierende Geschäftsverbindung für eine mutmaßliche Einwilligung spricht, hängt von Art, Inhalt und Intensität der Geschäftsbeziehung und davon ab, ob zu erwarten ist, der Anzurufende werde mit einem Anruf zu den Zwecken, die mit ihm verfolgt werden, einverstanden sein.[256] Je enger der Zusammenhang zwischen dem Inhalt des Werbeanrufs und dem Geschäftsgegenstand ist und je größer das Interesse des Angerufenen an dem Inhalt des Werbeanrufs anzunehmen ist, desto eher kann eine mutmaßliche Einwilligung angenommen werden.[257] 188

---

250 BGH, 20.09.2007, I ZR 88/05, GRUR 2008, 189 Rn. 15 – *Suchmaschineneintrag.*

251 BGH, 11.03.2010, I ZR 27/08, GRUR 2010, 939 Rn. 33 – *Telefonwerbung nach Unternehmenswechsel.*

252 BGH, 11.03.2010, I ZR 27/08, GRUR 2010, 939 Rn. 33 – *Telefonwerbung nach Unternehmenswechsel.*

253 BGH, 05.02.2004, I ZR 87/02, GRUR 2004, 520, 522 – *Telefonwerbung für Zusatzeintrag.*

254 BGH, 16.11.2006, I ZR 191/03, GRUR 2007, 607, Rn. 20 – *Telefonwerbung für »Individualverträge«.*

255 BGH, 20.09.2007, I ZR 88/05, GRUR 2008, 189 Rn. 18 – *Suchmaschineneintrag.*

256 BGH, 20.09.2007, I ZR 88/05, GRUR 2008, 189 Rn. 18 – *Suchmaschineneintrag.*

257 BGH, 11.03.2010, I ZR 27/08, GRUR 2010, 939 Rn. 33 – *Telefonwerbung nach Unternehmenswechsel.*

189 Gegen ein mutmaßliche Einwilligung spricht, wenn nur ein **geringes Interesse an dem Inhalt des Werbeanrufs** anzunehmen ist.[258] Ein **objektiv ungünstiges Angebot** kann ein Indiz für das Fehlen der mutmaßlichen Einwilligung sein.[259] Die Werbeanstrengungen stehen nicht selten in einem umgekehrten Verhältnis zur Vorteilhaftigkeit des Angebots. Der werbende Unternehmer mag deshalb ein besonderes Interesse haben, ein wenig vorteilhaftes Angebot dem Umworbenen in einem Telefonanruf nahe zu bringen. Das rechtfertigt die Annahme einer mutmaßlichen Einwilligung gerade nicht. Vielmehr ist in einer solchen Fallkonstellation davon auszugehen, dass der Angerufene die Störung seiner geschäftlichen Sphäre nicht wünscht.

190 Schließlich können eine **Nachahmungsgefahr** und damit die Gefahr erheblicher Störungen der geschäftlichen Sphäre von Unternehmen eine Rolle spielen.[260]

191 Bei der gebotenen Interessenabwägung kann ein **sozialer Zweck**, der hinter dem Werbeanruf steht, zu berücksichtigen sein.[261]

V. Werbung unter Verwendung automatischer Anrufmaschinen, Faxgeräten oder elektronischer Post, § 7 Abs. 2 Nr. 3 und Abs. 3

1. Allgemeines

192 Nach § 7 Abs. 2 Nr. 3 ist eine stets unzumutbare Belästigung anzunehmen bei Werbung unter Verwendung einer automatischen Anrufmaschine, eines Faxgerätes oder elektronischer Post, ohne dass eine vorherige ausdrückliche Einwilligung des Adressaten vorliegt, wenn nicht die Ausnahmeregelung des § 7 Abs. 3 eingreift. Es handelt sich bei § 7 Abs. 2 Nr. 3 um eine Vorschrift, die der Sache nach ein per se-Verbot enthält. Liegen die Voraussetzungen des Tatbestands vor, finden eine Einzelfallwürdigung und eine Verhältnismäßigkeitsprüfung nicht statt (Rdn. 91).

193 Die Vorschrift erfordert für eine Werbung unabhängig vom Adressaten eine vorherige ausdrückliche Einwilligung. Es kommt daher anders als bei einem Werbeanruf nicht darauf an, ob Adressat ein Verbraucher oder ein sonstiger Marktteilnehmer ist. Damit stellt die Regelung eine Verschärfung gegenüber der früheren Rechtslage dar. Die Rechtsprechung behandelte Werbeanrufe und Telefax- und E-Mail-Werbung nach denselben Grundsätzen und ließ bei einer Werbung gegenüber Unternehmen eine mutmaßliche Einwilligung ausreichen.[262]

---

258 BGH, 20.09.2007, I ZR 88/05, GRUR 2008, 189 Rn. 20 – *Suchmaschineneintrag.*

259 BGH, 16.11.2006, I ZR 191/03, GRUR 2007, 607, Rn. 21 – *Telefonwerbung für »Individualverträge«*;

260 BGH, 20.09.2007, I ZR 88/05, GRUR 2008, 189 Rn. 20 – *Suchmaschineneintrag.*

261 BGH, 25.01.2001, I ZR 53/99, GRUR 2001, 1181, 1183 – *Telefonwerbung für Blindenwaren.*

262 BGH, 25.10.1995, I ZR 255/93, GRUR 1996, 208, 209 – *Telefax-Werbung*; BGH, *05.02.2004, I ZR 87/02*, GRUR 2004, 520, 521 – *Telefonwerbung für Zusatzeintrag*; BGH, 11.03.2004, I ZR 81/01, GRUR 2004, 517, 518 – *E-Mail-Werbung*; BGH, 01.06.2006, I ZR 167/03, GRUR 2007, 164 Rn. 8 – *Telefax-Werbung II.*

2. Unionsrecht

a) UGP-RL

Die UGP-RL ist auf Geschäftspraktiken von Unternehmern gegenüber Verbrauchern (B2C-Verhältnis) anwendbar, Art. 2 lit. d und Art. 3 (1) UGP-RL. Soweit § 7 Abs. 2 Nr. 3 die Werbung gegenüber sonstigen Marktteilnehmern betrifft, ist die UGP-RL nicht tangiert. § 7 Abs. 2 Nr. 3 steht auch im B2C-Verhältnis mit der UGP-RL in Einklang. Zwar sieht Nr. 26 Satz 1 Anlage I UGP-RL für Werbung durch automatische Anrufmaschinen, Faxgeräte und elektronische Post ein hartnäckiges und unerwünschtes Ansprechen vor. Das greift § 7 Abs. 2 Nr. 3 nicht auf. Ein Verstoß gegen die UGP-RL im B2C-Verhältnis liegt gleichwohl nicht vor. Nach Nr. 26 Satz 2 gilt Nr. 26 Satz 1 des Anhangs unbeschadet des Art. 10 der Richtlinie 97/7/EG sowie der Richtlinien 95/46/EG und 2002/58/EG. Danach lässt Nr. 26 Satz 1 des Anhangs I UGP-RL die Anwendung der Vorschriften der Datenschutzrichtlinie für elektronische Kommunikation unberührt.[263] Dass die Richtlinie 97/7/EG durch die Verbraucherrechte-Richtlinie 2011/83/EU zwischenzeitlich aufgehoben worden ist und an die Stelle der Richtlinie 95/46/EG die DS-GVO getreten ist, ist nicht von Bedeutung. Verweise auf die Richtlinie 95/46/EG gelten nach Art. 94 (2) Satz 1 DS-GVO als Verweise auf die DS-GVO, so dass diese nahtlos an die Stelle der Richtlinie 95/46/EG getreten ist. Es besteht deshalb auch nach Aufhebung der Richtlinien 97/7/EG und 95/46/EG kein Anlass zu einer abweichenden Beurteilung der Reichweite der Nr. 26 Satz 2 des Anhangs I UGP-RL. 194

b) Richtlinien 2002/58/EG und 2009/136/EG

§ 7 Abs. 2 Nr. 3 dient der Umsetzung von Art. 13 (1) und (5) der Datenschutzrichtlinie für elektronische Kommunikation.[264, 265] Durch § 7 Abs. 3 wird Art. 13 (2) der Richtlinie umgesetzt. Nach Art. 13 (1) der Richtlinie darf die Verwendung von automatischen Anruf- und Kommunikationssystemen ohne menschlichen Eingriff (automatische Anrufmaschinen), Faxgeräten oder elektronischer Post für die Zwecke der Direktwerbung nur bei vorheriger Einwilligung der Teilnehmer oder Nutzer gestattet werden. Nach Art. 13 (5) Satz 1 gilt Art. 13 (1) der Richtlinie für Teilnehmer, die natürliche Personen sind. Die Mitgliedstaaten stellen nach Art. 13 (5) Satz 2 der Richtlinie im Rahmen des Unionsrechts und der geltenden nationalen Rechtsvorschriften außerdem sicher, dass die berechtigten Interessen anderer Teilnehmer als natürlicher Personen in Bezug auf unerbetene Nachrichten ausreichend geschützt werden. Das ist durch die Ausdehnung des Anwendungsbereichs des § 7 Abs. 2 Nr. 3 auf alle Marktteilnehmer geschehen. Zwar unterscheidet § 7 Abs. 2 Nr. 3 nicht wie Art. 13 (5) der Richtlinie zwischen natürlichen und juristischen Personen. Eine nicht richtlinienkonforme Umsetzung ist dadurch, dass in § 7 Abs. 2 Nr. 3 die Terminologie der Richtlinie nicht aufgegriffen wird, aber nicht eingetreten. Das gilt auch, soweit die deutschen Bestim- 195

---

263 BGH, 14.01.2016, I ZR 65/14, GRUR 2016, 946 Rn. 24 – *Freunde finden.*
264 Richtlinie 2002/58/EG in der Fassung der Richtlinie 2009/136/EG.
265 BGH, 14.01.2016, I ZR 65/14, GRUR 2016, 946 Rn. 24 – *Freunde finden.*

mungen über die bürgerlich-rechtlichen Generalklauseln einen Individualschutz und über §§ 7 Abs.2 Nr. 3 und 8 Abs. 3 einen Kollektivschutz begründen (Rdn. 11).[266]

3. Normzweck

196 § 7 Abs. 2 Nr. 3 schützt die Privat- und Geschäftssphäre vor Störungen durch Werbung mit automatischen Anrufmaschinen, Faxgeräten und elektronischer Post. Nicht durch § 7 Abs. 2 Nr. 3 wird die Entscheidungsfreiheit der betroffenen Marktteilnehmer geschützt.[267] Beeinträchtigungen der Entscheidungsfreiheit durch aggressive geschäftliche Handlungen unterfallen gegenüber Verbrauchern Nr. 17 und 25 bis 30 des Anhangs zu § 3 Abs. 3 und gegenüber allen Marktteilnehmern § 4a.

4. Voraussetzungen des § 7 Abs. 2 Nr. 3

a) Werbung

197 Der Begriff der Werbung ist mit demjenigen in § 7 Abs. 2 Nr. 2 identisch. Die Ausführungen gelten entsprechend (Rdn. 123). Die Nachfragewerbung ist mitumfasst.[268]

b) Unter Verwendung von automatischen Anrufmaschinen, Faxgeräten oder elektronischer Post

aa) Automatische Anrufmaschinen

198 Automatische Anrufmaschinen sind aktive Anrufvorrichtungen auf Seiten des Anrufenden. Es handelt sich um Kommunikation durch Automaten ohne menschlichen Eingriff.[269] Eine individuelle Kommunikation findet nicht statt. Dadurch unterscheidet sich die Werbung mit automatischen Anrufmaschinen vom Telefonanruf i. S. des § 7 Abs. 2 Nr. 2. Darunter fallen auch automatisch gesteuerte Lock- oder Pinganrufe, bei denen die Verbindung nach einem kurzzeitigen Klingeln unterbrochen wird, um einen kostenpflichtigen Rückruf zu veranlassen.[270]

bb) Telefax

199 Das Telefax erlaubt die elektronische Übermittlung schriftlicher Nachrichten und Abbildungen und deren Ausdruck beim Empfänger. Auf diese Weise kann kostengünstig eine Vielzahl von Nachrichten an Empfänger übermittelt werden. Auf Seiten des Empfängers sind die Kosten wesentlich höher, weil hier Aufwendungen in zeitlicher Hinsicht zur Sichtung der Telefaxe und für Papier und Druckerpatronen getragen und Bereitstellungs- und Nutzungskosten aufgewandt werden müssen, obwohl der Empfänger die Werbung nicht wünscht. Die Störung betrifft hier den Privatbereich bei Ver-

---

266 A. A. *Köhler*/Bornkamm/Feddersen, § 7 Rn. 183 bis 184a.
267 BGH, 21.04.2016, I ZR 276/14, GRUR 2016, 831 Rn. 16 – *Lebens-Kost.*
268 *Köhler*/Bornkamm/Feddersen, § 7 Rn. 181; ablehnend für die Nachfragewerbung per E-Mail im Geschäftsverkehr zwischen Unternehmen *Ohly*/Sosnitza § 7 Rn. 62.
269 FBO/*Mankowski* § 7 Rn. 172.
270 GK/*Pahlow*, § 7 Rn. 203.

brauchern und die Beeinträchtigung des Betriebsablaufs bei Unternehmen sowie die Aufwendungen für Personalkosten und für die Inanspruchnahme von Sachmitteln des Empfängers.[271] Der Belästigungseffekt wird nicht entscheidend durch die Übersendung des Telefaxes auf den Computer des Empfängers verringert. Zwar kann der Empfänger hier über den Ausdruck entscheiden. Es bleibt aber die Notwendigkeit der Sichtung des Telefaxes, die sowohl im Privatbereich als auch im Geschäftsbereich organisiert werden muss, weil Telefaxe wichtige und eilbedürftige Nachrichten enthalten können, die sofort weiterbearbeitet werden müssen.

cc) Elektronische Post

Der Begriff der elektronischen Post ist in richtlinienkonformer Auslegung des § 7 **200**
Abs. 2 Nr. 3 der Datenschutzrichtlinie für elektronische Kommunikation zu entnehmen. Nach Art. 2 lit. h ist »elektronische Post« jede über ein öffentliches Kommunikationsnetz verschickte Text-, Sprach-, Ton- oder Bildnachricht, die im Netz oder im Endgerät des Empfängers gespeichert werden kann, bis sie von diesem abgerufen wird. Dazu zählen E-Mails, SMS- und MMS- Nachrichten und elektronische Mitteilungen in sozialen Netzwerken.

c) Ohne vorherige ausdrückliche Einwilligung

§ 7 Abs. 2 Nr. 3 sieht bei Werbung mit automatischen Anrufmaschinen, Faxgeräten **201**
und mittels elektronischer Post das Erfordernis einer vorherigen ausdrücklichen Einwilligung des Adressaten vor. Da § 7 Abs. 2 Nr. 3 der Umsetzung des Art. 13 (1) und (5) der Datenschutzrichtlinie für elektronische Kommunikation dient, richtet sich der Begriff der Einwilligung nach Art. 2 lit. f der Richtlinie, der auf die Richtlinie 95/46/EG zum Schutz natürlicher Personen bei der Verarbeitung personenbezogener Daten und zum freien Datenverkehr verweist.[272] In der Richtlinie 95/46/EG wird in Art. 2 lit. h der Richtlinie 95/46/EG der Begriff der Einwilligung definiert (Einzelheiten Rdn. 141–145). Die Richtlinie gilt für Sachverhalte vor dem 25.05.2018. Ab diesem Zeitpunkt ist an die Stelle der Richtlinie die DS-GVO getreten, die den Begriff der Einwilligung eigenständig definiert und die auch für die Auslegung des Begriffs der Einwilligung nach § 7 Abs. 2 Nr. 3 und ihre Wirksamkeit maßgeblich ist (Einzelheiten 146–155). Die Ausführungen zur vorherigen ausdrücklichen Einwilligung in § 7 Abs. 2 Nr. 2 Fall 1 und ihre Wirksamkeit bei der Telefonwerbung gelten entsprechend für die vorherige ausdrückliche Einwilligung nach § 7 Abs. 2 Nr. 3 (Einzelheiten Rdn. 132–169).

Dass der deutsche Gesetzgeber das Erfordernis einer vorherigen ausdrücklichen Einwil- **202**
ligung in § 7 Abs. 2 Nr. 3 auch auf sonstige Marktteilnehmer erstreckt hat, ist für die

---

271 BGH, 21.04.2016, I ZR 276/14, GRUR 2016, 831 Rn. 16 – *Lebens-Kost*.
272 Richtlinie 95/46/EG vom 24.10.1995 zum Schutz natürlicher Personen bei der Verarbeitung personenbezogener Daten und zum freien Datenverkehr, ABl. L 281 vom 23.11.1995, S. 31.

Auslegung und Wirksamkeit dieses Tatbestandsmerkmals ohne Belang.[273] Es gelten daher dieselben Anforderungen zu den materiellen Voraussetzungen der Wirksamkeit der vorherigen ausdrücklichen Einwilligung (Einzelheiten Rdn. 132–169) und zur Darlegungs- und Beweislast (Einzelheiten Rdn. 168, 169) sowie zur Rechtsnatur der Einwilligung (Einzelheiten Rdn. 133) in § 7 Abs. 2 Nr. 2 Fall 1 und in § 7 Abs. 2 Nr. 3.[274]

5. Ausnahmevorschrift zur Verwendung elektronischer Post, § 7 Abs. 3

a) Unionsrecht

203 § 7 Abs. 3 dient der Umsetzung des Art. 13 (2) der Datenschutzrichtlinie für elektronische Kommunikation. Danach kann unbeschadet des Art. 13 (1) eine natürliche oder juristische Person, wenn sie von ihren Kunden im Zusammenhang mit dem Verkauf eines Produkts oder einer Dienstleistung gemäß der Richtlinie 95/46/EG deren elektronische Kontaktinformationen für elektronische Post erhalten hat, diese zur Direktwerbung für eigene ähnliche Produkte oder Dienstleistungen verwenden, sofern die Kunden klar und deutlich die Möglichkeit erhalten, eine solche Nutzung ihrer elektronischen Kontaktinformationen zum Zeitpunkt ihrer Erhebung und bei jeder Übertragung gebührenfrei und problemlos abzulehnen, wenn der Kunde diese Nutzung nicht von vornherein abgelehnt hat. Die Vorschrift des § 7 Abs. 3 ist danach richtlinienkonform und autonom auszulegen.

b) Anwendungsbereich

204 Die Bestimmung des § 7 Abs. 3 ist ausschließlich auf Werbung mit elektronischer Post anwendbar. Auf andere Formen der Werbung findet die Rechtsvorschrift weder unmittelbar noch entsprechend Anwendung.[275] Als Ausnahmevorschrift ist die Bestimmung zum Schutz der Kunden eng auszulegen.[276] In der Bestimmung wird nicht nach den Adressaten der Werbung unter Verwendung elektronischer Post unterschieden. Die Vorschrift gilt daher sowohl im Verhältnis zu Verbrauchern als auch zu sonstigen Marktteilnehmern.

c) Voraussetzungen der Ausnahmevorschrift

205 § 7 Abs. 3 enthält für den speziellen Regelungsbereich eine Opt-out-Lösung.[277] Durch die Vorschrift soll der elektronische Handel gefördert werden. Die Ausnahme zu § 7 Abs. 2 Nr. 3 für die Werbung mit elektronischer Post ist kumulativ an vier Voraussetzungen geknüpft. Danach liegt eine unzumutbare Belästigung einer Werbung mit elektronischer Post auch ohne vorherige ausdrückliche Einwilligung nicht vor, wenn (1) ein

273 EuGH, 19.10.2017, C-295/16, GRUR 2018, 303 Rn. 29 – *Europamur* zur einheitlichen Auslegung des Unionsrechts.
274 *Ohly*/Sosnitza § 7 Rn. 66; *Köhler*/Bornkamm/Feddersen, § 7 Rn. 185 ff und 207a; Götting/Nordemann/*Menebröcker*, § 7 Rn. 94 f; jurisPK-UWG/*Koch* § 7 Rn. 338.
275 GK/*Pahlow*, § 7 Rn. 221.
276 *Köhler*/Bornkamm/Feddersen, § 7 Rn. 202.
277 GK/*Pahlow*, § 7 Rn. 219; a. A. FBO/*Mankowski* § 7 Rn. 236: soft Opt-in-Modell.

Unternehmer im Zusammenhang mit dem Verkauf einer Ware oder Dienstleistung von dem Kunden dessen elektronische Postadresse erhalten hat, (2) der Unternehmer die Adresse zur Direktwerbung für eigene ähnliche Waren oder Dienstleistungen verwendet, (3) der Kunde der Verwendung nicht widersprochen hat und (4) der Kunde bei Erhebung der Adresse und bei jeder Verwendung klar und deutlich darauf hingewiesen wird, dass er der Verwendung jederzeit widersprechen kann, ohne dass hierfür andere als die Übermittlungskosten nach den Basistarifen entstehen.

Der Unternehmer muss die elektronische Adresse **vom Kunden erhalten** haben. Das kann durch eine Anfrage des Unternehmers oder dadurch geschehen sein, dass der Kunde dem Unternehmer eine Nachricht mit elektronischer Post übermittelt hat. Der Unternehmer kann die Adresse auch auf andere als elektronische Weise vom Kunden bekommen haben. Der Übermittlungsweg muss nicht elektronischer Art sein. Dem Unternehmer darf die elektronische Adresse nicht von einem Dritten zur Verfügung gestellt worden sein.[278] **206**

Die Adresse muss der Unternehmer **im Zusammenhang mit einem Verkauf einer Ware oder Dienstleistung** erhalten haben. Zwischen dem Unternehmer muss es zu einem Vertragsschluss gekommen sein.[279] Auf die Wirksamkeit des Vertrags kommt es nicht an.[280] Es muss sich um einen entgeltlichen Vertrag handeln.[281] Bloße Vertragsverhandlungen genügen nicht. Kommt es zu einem Vertragsschluss ist es ohne Bedeutung, ob der Unternehmer die elektronische Adresse vor oder nach dem Vertragsschluss erhalten hat.[282] **207**

Der Erhalt muss allerdings in einem **zeitlichen und sachlichen Zusammenhang** mit dem Vertragsschluss stehen. Der Erhalt erst im Zusammenhang mit der Auflösung des Vertrags reicht nicht.[283] Fehlt der zeitliche Zusammenhang zum Vertragsschluss, ist § 7 Abs. 3 Nr. 1 nicht erfüllt.[284] Zudem muss die Werbung innerhalb eines angemesseneren **Zeitraums nach dem Vertragsschluss** erfolgen.[285] Das ergibt sich aus Sinn und Zweck der Vorschrift, den elektronischen Handel zu fördern und dem Umstand, dass auch eine ausdrückliche Einwilligung erlischt, wenn von ihr kein Gebrauch gemacht wird (Rdn. 167). **208**

Der Unternehmer muss die Adresse zur Direktwerbung für **eigene ähnliche Waren oder Dienstleistungen** nutzen. Es muss sich um Produkte des Unternehmers handeln, der den Vertrag i. S. des § 7 Abs. 3 Nr. 1 geschlossen hat. Die Ware oder Dienstleistung muss ähnlich im Hinblick auf die Produkte sein, die Gegenstand des Vertrags nach **209**

278 FBO/*Mankowski* § 7 Rn. 238.
279 BDS/*Mehler* § 7 UWG Rn. 142.
280 *Ohly*/Sosnitza § 7 Rn. 73; a. A. BDS/*Mehler* § 7 UWG Rn. 142.
281 GK/*Pahlow*, § 7 Rn. 222.
282 jurisPK-UWG/*Koch* § 7 Rn. 392.
283 *Köhler*/Bornkamm/Feddersen, § 7 Rn. 204a.
284 *Köhler*/Bornkamm/Feddersen, § 7 Rn. 204b.
285 *Köhler*/Bornkamm/Feddersen, § 7 Rn. 204b; FBO/*Mankowski* § 7 Rn. 255; a. A. jurisPK-UWG/*Koch* § 7 Rn. 395; *Schirmbacher/Schätzle*, WRP 2014, 1143, 1149.

Nr. 1 sind. Sie müssen einem ähnlichen Bedarf oder Verwendungszweck dienen oder mit der erworbenen Ware oder Dienstleistung aufgrund ihrer Funktion zusammenhängen, wie dies bei Zubehör- oder Ersatzteilen der Fall ist.

210 Der Kunde darf der Übermittlung **nicht widersprochen** haben. Auf welchem Weg der Kunde dem Unternehmer den Widerspruch übermittelt, ist gleichgültig. Eine bestimmte Form ist nicht erforderlich. Die Erklärung muss dem Unternehmer zugehen. Es reicht jede Angabe aus, der der Unternehmer entnehmen kann, dass der Kunde keine Werbung wünscht.

211 Der Kunde muss bei Erhebung der Adresse und jeder Verwendung klar und deutlich auf die **jederzeitige Möglichkeit zum Widerspruch und die Übermittlungskosten hingewiesen werden**, die nicht über den Basistarifen liegen dürfen. Der Unternehmer muss die Belehrung in verständlicher Weise erteilen und sie muss gut erkennbar sein. Der Unternehmer darf die Belehrung nicht verstecken und er muss Kontaktdaten angeben, die dem Kunden eine einfache Möglichkeit zum Widerruf eröffnen.

6. Rechtsfolgen

212 Liegen die Voraussetzungen des § 7 Abs. 2 Nr. 3 vor, ist stets eine unzumutbare Belästigung gegeben, die nach § 7 Abs. 1 Satz 1 unzulässig ist. Eine Einzelfallwürdigung und eine Verhältnismäßigkeitsprüfung finden nicht statt (Rdn. 91). Eine Grundrechtsabwägung ist zwar nicht ausgeschlossen (Rdn. 170). Grundsätzlich besteht bei einer in unzumutbarer Weise belästigenden Werbung mit automatischen Anrufmaschinen, Telefaxgeräten oder elektronischer Post ohne vorherige ausdrückliche Einwilligung kein Anlass, den Grundrechtspositionen des Unternehmers Vorrang vor denjenigen des betroffenen Teilnehmers einzuräumen. Eine Grundrechtsabwägung ist deshalb auf enge Ausnahmefälle beschränkt.

213 Die Rechtsfolgen nach § 7 Abs. 2 Nr. 3 unzulässiger Werbung ergeben sich aus §§ 8 ff. Gläubiger des Anspruchs sind die in § 8 Abs. 3 aufgeführten Mitbewerber und Einrichtungen (Rdn. 11). Ein schuldhafter Verstoß gegen § 7 Abs. 2 Nr. 3 unter Verwendung einer automatischen Anrufmaschine gegenüber einem Verbraucher ist zudem eine Ordnungswidrigkeit nach § 20 Abs. 1 Nr. 2.

7. Ansprüche nach §§ 823 Abs. 1, 1004 BGB und § 823 Abs. 2 BGB i. V. mit § 7

214 Neben den Kollektivansprüchen nach §§ 7, 8 ff aufgrund des Lauterkeitsrechtrechts bestehen bei einer unzulässigen Werbung mit automatischen Anrufmaschinen, Telefaxgeräten und elektronischer Post Abwehr- und bei Verschulden Schadensersatzansprüche nach §§ 823 Abs. 1, 1004 und § 823 Abs. 2 BGB i. V. mit § 7 (Einzelheiten Rdn. 11).

VI. Anonyme Werbung mit elektronischen Nachrichten, § 7 Abs. 2 Nr. 4

1. Allgemeines

§ 7 Abs. 2 Nr. 4 ist in der heutigen Fassung durch das Gesetz gegen unseriöse Geschäftspraktiken vom 01.10.2013[286] mit Wirkung vom 09.10.2013 eingeführt worden. Vorläufer der Bestimmung war § 7 Abs. 2 Nr. 4 UWG 2004, der die Tatbestände des § 7 Abs. 2 Nr. 4 lit. a und c zusammenfasste. § 7 Abs. 2 Nr. 4 betrifft eine unzumutbare Belästigung durch Werbung, bei der der Absender verschleiert oder verheimlicht wird, die besonderen Informationspflichten bei kommerzieller Kommunikation nach § 6 Abs. 1 TMG nicht beachtet werden oder keine gültige Adresse für die Aufforderung zur Einstellung der Nachrichten i. S. von § 7 Abs. 2 Nr. 4 lit. c angegeben wird. Die Vorschrift des § 7 Abs. 2 Nr. 4 enthält unter lit. a bis c drei Tatbestände, die jeder für sich eine unzumutbare Belästigung begründen. Diese Tatbestände sind als per se-Verbote ausgestaltet. Eine Einzelfallbeurteilung und eine Verhältnismäßigkeitsprüfung erfolgt nicht (Rdn. 91 und zur Grundrechtsabwägung Rdn. 170). 215

Die Bestimmung soll dem Empfänger der Werbung die Möglichkeit verschaffen, den Absender zu identifizieren und auf einfache Art dem Erhalt weiterer Nachrichten zu widersprechen. Geschützt werden alle Marktteilnehmer. Dazu rechnen Verbraucher und sonstige Marktteilnehmer einschließlich juristischer Personen des Zivilrechts und des öffentlichen Rechts. 216

Auf das Vorliegen einer Einwilligung zur Werbung i. S. von § 7 Abs. 2 Nr. 2 oder 3 kommt es nicht an. Die Bestimmungen des § 7 Abs. 2 Nr. 1 bis 3 sind neben § 7 Abs. 2 Nr. 4 anwendbar.[287] 217

2. Unionsrecht

§ 7 Abs. 2 Nr. 4 dient der Umsetzung von Art. 13 (4) der Datenschutzrichtlinie für elektronische Kommunikation.[288] Danach ist auf jeden Fall verboten die Praxis des Versendens elektronischer Nachrichten zu Zwecken der Direktwerbung, bei der die Identität des Absenders, in dessen Auftrag die Nachricht übermittelt wird, verschleiert oder verheimlicht wird, bei der gegen Artikel 6 der Richtlinie 2000/31/EG verstoßen wird oder bei der keine gültige Adresse vorhanden ist, an die der Empfänger eine Aufforderung zur Einstellung solcher Nachrichten richten kann, oder in denen der Empfänger aufgefordert wird, Websites zu besuchen, die gegen den genannten Artikel verstoßen. 218

Der Anwendungsbereich des § 7 Abs. 2 Nr. 4 stimmt mit Art. 13 (4) der Richtlinie überein, der nach der Erläuterung in Erwägungsgrund 43 der Richtlinie 2002/58/EG Nachrichten über einen elektronischen Kommunikationsdienst einschließt.[289] 219

---

286 BGBl. I 3714.

287 GK/*Pahlow*, § 7 Rn. 234.

288 Richtlinie 2002/58/EG in der Fassung der Richtlinie 2009/136/EG.

289 *Ohly*/Sosnitza § 7 Rn. 70; a. A. *Köhler*/Bornkamm/Feddersen, § 7 Rn. 209; FBO/*Mankowski* § 7 Rn. 224b.

220 Die Vorschrift des § 7 Abs. 2 Nr. 4 fällt nicht in den Anwendungsbereich der UGP-RL. Sie regelt besondere Aspekte unlauterer Geschäftspraktiken, die nach Art. 3 (4) UGP-RL den Vorschriften der UGP-RL vorgehen.[290]

3. Voraussetzungen des § 7 Abs. 2 Nr. 4

a) Werbung mit Nachrichten

221 Der Begriff der »Nachricht« ist in § 2 Abs. 1 Nr. 4 definiert. Er entspricht der Definition der Nachricht in Art. 2 Satz 2 lit. d der Datenschutzrichtlinie für elektronische Kommunikation. Gem. § 2 Abs. 1 Nr. 4 ist »Nachricht« jede Information, die zwischen einer endlichen Zahl von Beteiligten über einen öffentlich zugänglichen elektronischen Kommunikationsdienst ausgetauscht oder weitergeleitet wird; dies schließt nicht Informationen ein, die als Teil eines Rundfunkdienstes über ein elektronisches Kommunikationsnetz an die Öffentlichkeit weitergeleitet werden, soweit die Informationen nicht mit dem identifizierbaren Teilnehmer oder Nutzer, der sie erhält, in Verbindung gebracht werden können.

222 Die Bestimmung des § 7 Abs. 2 Nr. 4 ist nicht auf jede Form von Werbung anwendbar. Es muss sich um eine Werbung mit elektronischen Nachrichten handeln. Hierzu rechnet Werbung mit elektronischer Post, Telefax, automatischen Anrufmaschinen und Telefonanrufen. Informationen, die Teil eines Rundfunkdienstes sind, sind ausgenommen.

223 Der Begriff der Werbung entspricht demjenigen in § 7 Abs. 2 Nr. 2 und 3 (Rdn. 123).

b) § 7 Abs. 2 Nr. 4 lit. a

224 § 7 Abs. 2 Nr. 4 lit. a erfasst die Verschleierung oder das Verheimlichen der Identität des Absenders, in dessen Auftrag die Nachricht übermittelt wird. Verschleiert ist die Identität, wenn ein falscher Name oder eine unzutreffende oder ungültige Adresse angegeben wird.[291]

225 Von einem Verheimlichen ist auszugehen, wenn kein Name angegeben wird und die Identität sich auch nicht aus der Adressangabe ergibt. Eine ladungsfähige Anschrift muss nicht angegeben werden.[292] Eine Postfachadresse, eine bloße Telefon- oder Telefaxnummer genügt nicht.

c) § 7 Abs. 2 Nr. 4 lit. b

226 Eine unzumutbare Belästigung liegt bei der Werbung mit einer Nachricht unter Verstoß gegen § 6 Abs. 1 TMG vor. Die Vorschrift enthält besondere Informationspflichten bei kommerziellen Kommunikationen. Danach müssen kommerzielle Kommunikationen klar als solche zu erkennen sein, die natürliche oder juristische Person, in deren

290 FBO/*Mankowski* § 7 Rn. 224.
291 GK/*Pahlow*, § 7 Rn. 237; *Köhler*/Bornkamm/Feddersen, § 7 Rn. 210.
292 FBO/*Mankowski* § 7 Rn. 227.

Auftrag kommerzielle Kommunikationen erfolgen, muss klar identifizierbar sein, Angebote zur Verkaufsförderung wie Preisnachlässe, Zugaben und Geschenke müssen klar als solche erkennbar sein, und die Bedingungen für ihre Inanspruchnahme müssen leicht zugänglich sein sowie klar und unzweideutig angegeben werden und Preisausschreiben oder Gewinnspiele mit Werbecharakter müssen klar als solche erkennbar und die Teilnahmebedingungen leicht zugänglich sein sowie klar und unzweideutig angegeben werden.

Die Vorschrift des § 6 Abs. 1 TMG dient der Umsetzung des Art. 6 der Richtlinie 2000/31/EG über den elektronischen Geschäftsverkehr. § 6 Abs. 1 TMG ist wiederum richtlinienkonform anhand des Art. 6 der Richtlinie auszulegen. **227**

§ 7 Abs. 2 Nr. 4 lit. b führt zwei selbständige Verstöße auf. Danach liegt eine unzumutbare Belästigung in einer Werbung mit einer Nachricht, durch die gegen § 6 Abs. 1 TMG verstoßen wird und der Werbung mit einer Nachricht, in der zu dem Aufruf einer Internetseite aufgefordert wird, die gegen § 6 Abs. 1 TMG verstößt. **228**

d) § 7 Abs. 2 Nr. 4 lit. c

Eine unzumutbare Belästigung liegt nach § 7 Abs. 2 Nr. 4 lit. c vor, wenn keine gültige Adresse bei der Werbung mit einer Nachricht angegeben wird, an die eine Aufforderung zur Einstellung solcher Nachrichten geschickt werden kann. Der Betroffene hat ansonsten keine Möglichkeit, die weitere Versendung von Nachrichten zu untersagen. Eine ladungsfähige Anschrift braucht nicht angegeben zu werden.[293] Eine Telefon- oder Telefaxnummer oder eine E-Mail-Adresse, an die ein Widerspruch verschickt werden kann, reicht aus.[294] **229**

Ein Verstoß gegen § 7 Abs. 2 Nr. 4 lit. c liegt ebenfalls vor, wenn zwar eine gültige Adresse angegeben wird, bei deren Benutzung aber Übermittlungskosten entstehen, die über den Basistarifen liegen. Das ist etwa der Fall bei der Angabe einer Mehrwertdienstenummer. **230**

4. Rechtsfolgen

Liegen die Voraussetzungen des § 7 Abs. 2 Nr. 4 lit. a, b oder c vor, ist stets eine unzumutbare Belästigung gegeben, die nach § 7 Abs. 1 Satz 1 unzulässig ist. Eine Einzelfallwürdigung und eine Verhältnismäßigkeitsprüfung finden nicht statt (Rdn. 91). Eine Grundrechtsabwägung ist zwar nicht ausgeschlossen (Rdn. 170). Grundsätzlich besteht bei einer in unzumutbarer Weise belästigenden Werbung kein Anlass, den *Grundrechtspositionen* des Unternehmers Vorrang vor denjenigen des betroffenen Teil- **231**

293 GK/*Pahlow*, § 7 Rn. 237; FBO/*Mankowski* § 7 Rn. 227.
294 *Köhler*/Bornkamm/Feddersen, § 7 Rn. 212.

nehmers einzuräumen. Eine Grundrechtsabwägung ist deshalb auf enge Ausnahmefälle beschränkt.

232 Die Rechtsfolgen nach § 7 Abs. 2 Nr. 4 unzulässiger Werbung ergeben sich aus §§ 8 ff. Gläubiger des Anspruchs sind die in § 8 Abs. 3 aufgeführten Mitbewerber und Einrichtungen (Rdn. 11).

§ 8 Beseitigung und Unterlassung

(1) [1]Wer eine nach § 3 oder § 7 unzulässige geschäftliche Handlung vornimmt, kann auf Beseitigung und bei Wiederholungsgefahr auf Unterlassung in Anspruch genommen werden. [2]Der Anspruch auf Unterlassung besteht bereits dann, wenn eine derartige Zuwiderhandlung gegen § 3 oder § 7 droht.

(2) Werden die Zuwiderhandlungen in einem Unternehmen von einem Mitarbeiter oder Beauftragten begangen, so sind der Unterlassungsanspruch und der Beseitigungsanspruch auch gegen den Inhaber des Unternehmens begründet.

(3) Die Ansprüche aus Absatz 1 stehen zu:

1. jedem Mitbewerber;

2. rechtsfähigen Verbänden zur Förderung gewerblicher oder selbständiger beruflicher Interessen, soweit ihnen eine erhebliche Zahl von Unternehmern angehört, die Waren oder Dienstleistungen gleicher oder verwandter Art auf demselben Markt vertreiben, wenn sie insbesondere nach ihrer personellen, sachlichen und finanziellen Ausstattung imstande sind, ihre satzungsmäßigen Aufgaben der Verfolgung gewerblicher oder selbständiger beruflicher Interessen tatsächlich wahrzunehmen und soweit die Zuwiderhandlung die Interessen ihrer Mitglieder berührt;

3. qualifizierten Einrichtungen, die nachweisen, dass sie in der Liste der qualifizierten Einrichtungen nach § 4 des Unterlassungsklagengesetzes oder in dem Verzeichnis der Europäischen Kommission nach Artikel 4 Absatz 3 der Richtlinie 2009/22/EG des Europäischen Parlaments und des Rates vom 23. April 2009 über Unterlassungsklagen zum Schutz der Verbraucherinteressen (ABl. L 110 vom 1. 5. 2009, S. 30) eingetragen sind;

4. den Industrie- und Handelskammern oder den Handwerkskammern.

(4) [1]Die Geltendmachung der in Absatz 1 bezeichneten Ansprüche ist unzulässig, wenn sie unter Berücksichtigung der gesamten Umstände missbräuchlich ist, insbesondere wenn sie vorwiegend dazu dient, gegen den Zuwiderhandelnden einen Anspruch auf Ersatz von Aufwendungen oder Kosten der Rechtsverfolgung entstehen zu lassen. [2]In diesen Fällen kann der Anspruchsgegner Ersatz der für seine Rechtsverteidigung erforderlichen Aufwendungen verlangen. [3]Weiter gehende Ersatzansprüche bleiben unberührt.

(5) [1]§ 13 des Unterlassungsklagengesetzes ist entsprechend anzuwenden; in § 13 Absatz 1 und 3 Satz 2 des Unterlassungsklagengesetzes treten an die Stelle der dort aufgeführten Ansprüche nach dem Unterlassungsklagengesetz die Ansprüche nach *dieser Vorschrift.* [2]Im Übrigen findet das Unterlassungsklagengesetz keine Anwendung, es sei denn, es liegt ein Fall des § 4a des Unterlassungsklagengesetzes vor.

Martin Hohlweck

Übersicht

A. Abwehransprüche (§ 8 Abs. 1)

I. Einleitung

1. System der Anspruchsgrundlagen

Die §§ 8 ff. regeln die Rechtsfolgen unlauteren Verhaltens. Zentrale Vorschrift ist dabei § 8, der in Abs. 1 die Abwehransprüche auf Unterlassung und Beseitigung enthält. **1**

Abs. 2 behandelt mit der Beauftragtenhaftung einen Ausschnitt aus dem Bereich der Passivlegitimation, während in Abs. 3 die Aktivlegitimation umfassend geregelt ist. Ebenfalls von übergreifender Bedeutung ist die Regelung des Rechtsmissbrauchs in § 8 Abs. 4, während § 8 Abs. 5 einen bislang praktisch wenig bedeutenden Auskunftsanspruch geschaffen hat. Daneben regelt § 8 Abs. 5 das Verhältnis zwischen der Anspruchsdurchsetzung nach UWG und UKlaG.

2 Neben den Abwehransprüchen aus § 8 Abs. 1 steht dem Verletzten nach § 9 Schadensersatz zu, wobei dieser Anspruch durch die Rechtsprechung um vorgelagerte Ansprüche auf Auskunft und Rechnungslegung ergänzt worden ist. § 10 sieht für bestimmte Gläubiger einen Anspruch auf Gewinnabschöpfung vor. § 11 regelt schließlich die Verjährung der lauterkeitsrechtlichen Ansprüche.

2. Verhältnis der Ansprüche untereinander

3 Die Ansprüche auf Unterlassung und Beseitigung sind selbständige Ansprüche, die sich sowohl hinsichtlich ihrer Voraussetzungen als auch ihrer Durchsetzung unterscheiden. Der Anspruch auf Unterlassung richtet sich auf die Abwehr künftiger Beeinträchtigungen und wird nach § 890 ZPO vollstreckt; der auf Beseitigung richtet sich dagegen auf in der Vergangenheit eingetretene, noch Auswirkungen entfaltende Beeinträchtigungen und wird nach § 887 f. ZPO vollstreckt.[1] Es handelt sich daher um unterschiedliche Streitgegenstände, und es sollte bereits im Antrag zum Ausdruck kommen, welches Ziel verfolgt wird.[2]

3. Verhältnis zu anderen Anspruchsgrundlagen

4 Die Regelungen zu den **zivilrechtlichen Rechtsfolgen** sind sowohl hinsichtlich der Klagebefugnis als auch hinsichtlich der Anspruchsgrundlagen abschließend. Dementsprechend ist das UWG kein Schutzgesetz im Sinne des § 823 Abs. 2 BGB. Etwas anderes gilt nur für die Strafbestimmungen der §§ 16 bis 19, da insoweit keine erschöpfende Regelung der zivilrechtlichen Rechtsfolgen erfolgt ist.[3] Dies hat zur Folge, dass Verbraucher gegen Wettbewerbsverstöße grundsätzlich nicht nach § 1004 BGB vorgehen können. Allerdings führt dies nicht dazu, dass bei einem Verhalten, das sowohl gegen das UWG als auch gegen andere Normen verstößt, das UWG die anderen Normen verdrängt; vielmehr besteht Anspruchskonkurrenz.[4] Wird ein Verbraucher durch unzumutbare Werbeanrufe belästigt, kann er zwar nicht aus § 7 Abs. 2 UWG vorgehen.

---

1 BGH, 04.02.1993, I ZR 42/91, BGHZ 121, 242 ff. = GRUR 1993, 556, 558 – *TRIANGLE*; BGH, 26.11.1997, I ZR 109/95, GRUR 1998, 415, 416 – *Wirtschaftsregister*; BGH, 18.09.2014, I ZR 76/13, GRUR 2015, 258 Rn. 64 – *CT-Paradies*.

2 BGH, 29.05.2009, V ZR 15/08, NJW 2009, 2528 Rn. 12.

3 Begründung zum Entwurf eines Gesetzes gegen den unlauteren Wettbewerb, BT-Drucksache 15/1487 S. 22.

4 Lecher, in: Ullmann, jurisPK-UWG, § 8 Rn. 25.

Wohl aber kann er unter dem Gesichtspunkt der Verletzung seines Allgemeinen Persönlichkeitsrechts aus §§ 823 Abs. 1, 1004 BGB vorgehen.[5]

Die Beseitigungsansprüche einerseits, **die Ansprüche auf Schadensersatz (§ 9) und Erstattung der Abmahnkosten (§ 12 Abs. 1 2)** andererseits betreffen unterschiedliche Handlungen. Der Schadensersatzanspruch stützt sich auf die geschehene Verletzungshandlung, während der Unterlassungsanspruch in der Zukunft liegende Verletzungshandlungen betrifft. Dies hat zur Folge, dass die Entscheidung über den einen Anspruch nicht präjudiziell für den anderen Anspruch ist. Auch wenn ein Schadensersatzanspruch rechtskräftig wegen fehlenden Nachweises einer Verletzungshandlung abgewiesen worden ist, kann immer noch auf Unterlassung geklagt werden.[6] 5

Die Ansprüche des Lauterkeitsrechts und des § 1 UKlaG bestehen nebeneinander. Ein Folgenbeseitigungsanspruch, der von § 1 UKlaG nicht gewährt wird, kann daher von einer qualifizierten Einrichtung im Sinn des § 8 Abs. 3 Nr. 3 aus § 8 Abs. 1 hergeleitet werden.[7] 6

II. Unterlassung

1. Einleitung

Der praktisch wichtigste Anspruch ist der Unterlassungsanspruch in Gestalt des Anspruchs auf Unterlassung der Wiederholung eines bereits geschehenen Verhaltens (Verletzungsunterlassungsanspruch) oder auf Unterlassung eines noch nicht geschehenen, aber künftig drohenden Verhaltens (vorbeugender Unterlassungsanspruch). In beiden Varianten setzt der Anspruch eine Begehungsgefahr (Wiederholungsgefahr oder Erstbegehungsgefahr) voraus. Dabei handelt es sich um eine materielle Voraussetzung des Anspruchs.[8] Fehlt sie, ist eine Klage unbegründet (und nicht unzulässig). 7

Der Verletzungsunterlassungsanspruch und der vorbeugende Unterlassungsanspruch können einen einheitlichen **Streitgegenstand** bilden.[9] Ob dies der Fall ist, bestimmt sich nach den allgemeinen Regeln, mithin nach Antragsfassung und Lebenssachverhalt. Ist dem auf Unterlassung gerichteten Antrag nicht zu entnehmen, ob es sich um einen Verletzungsunterlassungsanspruch oder um einen vorbeugenden Unterlassungsantrag handelt, kommt es auf den Klagegrund, mithin darauf an, ob es sich um einen einheitlichen Sachverhalt oder um mehrere zur Anspruchsbegründung herangezogene Lebenssachverhalte handelt. So liegen grundsätzlich unterschiedliche Streitgegenstände vor, wenn ein Unterlassungsanspruch zum einen wegen der vorprozessual begangenen Verletzungshandlung auf Wiederholungsgefahr und zum anderen auf Erstbegehungsgefahr 8

5 BGH, 21.04.2016, I ZR 276/14, GRUR 2016, 831 Rn. 14 – *Lebens-Kost*; *Köhler*/Bornkamm/Feddersen, § 7 Rn. 14.
6 BGH, 31.05.2012, I ZR 45/11, GRUR 2012, 949 Rn. 36 – *Missbräuchliche Vertragsstrafe*.
7 BGH, 14.12.2017, I ZR 184/15, juris Rn. 46 – *Klauselersetzung*.
8 BGH, 29.10.2009, I ZR 180/07, GRUR 2010, 455 Rn. 24 – *Stumme Verkäufer II*.
9 BGH, 23.09.2015, I ZR 15/14, GRUR 2016, 83 Rn. 41 – *Amplidect/ampliteq*; enger noch BGH, 24.07.2014, I ZR 221/12, GRUR 2014, 1013 Rn. 19 – *Original Bach-Blüten* (grundsätzlich zwei Streitgegenstände).

wegen Erklärungen gestützt wird, die der in Anspruch Genommene erst später im gerichtlichen Verfahren abgibt.[10] Stützt sich der Anspruch dagegen auf einen einheitlichen Vorgang wie Angaben auf einem Internetauftritt, handelt es sich auch nur um einen Streitgegenstand.[11]

9 Anders als der Anspruch auf Schadensersatz setzt der Unterlassungsanspruch **kein Verschulden** voraus, so dass er bereits durch rein objektive Verstöße ausgelöst wird. Daher ist auch ein Rechtsirrtum des Schuldners unerheblich.[12] Angesichts der hohen Sorgfaltsanforderungen im Lauterkeitsrecht ist der Unterschied allerdings in der Praxis nicht so groß, wie er auf den ersten Blick erscheint.

2. Verletzungsunterlassungsanspruch

a) Wiederholungsgefahr

10 Die Wiederholungsgefahr als Tatbestandsvoraussetzung des Verletzungsunterlassungsanspruchs liegt vor, wenn eine Wiederholung des wettbewerbswidrigen Verhaltens ernsthaft zu besorgen ist. Es genügt nicht, wenn sie nur denkbar oder möglich ist. Über die bloß objektive Möglichkeit eines zukünftigen Verstoßes hinaus müssen konkrete Anhaltspunkte dafür vorliegen, dass ein solcher Verstoß ernsthaft und greifbar zu besorgen ist.[13] Die Frage, ob vom Anspruchsgegner ein Verstoß in diesem Sinn zu besorgen ist, zielt letztlich auf seine subjektiven Vorstellungen ab, die nur anhand äußerlich wahrnehmbarer Indizien entschieden werden kann.[14]

11 Der Wettbewerbsverstoß indiziert die Wiederholungsgefahr im Sinn einer **tatsächlichen Vermutung**, die auf der allgemeinen Lebenserfahrung beruht, dass ein einmal begangener Wettbewerbsverstoß dessen Wiederholung befürchten lässt.[15] Es ist Sache des Verletzers, diese tatsächliche Vermutung zu widerlegen.[16] Die Wiederholungsgefahr wird nicht nur für mit dem begangenen Verstoß genau identische Verletzungsformen begründet, sondern erfasst auch die Begehung leicht abgewandelter, aber im Kern gleicher Handlungen.[17] Der Umfang der Wiederholungsgefahr entspricht daher der inhaltlichen Reichweite des Unterlassungsanspruchs, der nicht nur mit der verbotenen Form identische Handlungen, sondern auch im Kern gleichartige Abwandlungen erfasst, in denen das Charakteristische der konkreten Verletzungsform zum Ausdruck kommt.[18] Eine Werbung für Notebooks, die wegen Irreführung über die Erhältlichkeit der bewor-

10 BGH, 23.09.2015, I ZR 15/14, GRUR 2016, 83 Rn. 41 – *Amplidect/ampliteq.*
11 BGH, 10.03.2016, I ZR 183/14, GRUR 2016, 1187 Rn. 20 – *Stirnlampen.*
12 BGH, 23.06.2005, I ZR 194/02, BGHZ 163, 265 = GRUR 2005, 778, 779 – *Atemtest*; *Ohly*/Sosnitza, § 8 Rn. 19.
13 BGH, 16.01.1992, I ZR 84/90, GRUR 1992, 318, 319 – *Jubiläumsverkauf.*
14 GK/Paal, § 8 Rn. 12; Köhler/*Bornkamm*/Feddersen, § 8 Rn. 1.42.
15 BGH, 09.11.1995, I ZR 212/93, GRUR 1996, 290, 291 – *Wegfall der Wiederholungsgefahr*; *Ohly*/Sosnitza, § 8 Rn. 8.
16 BGH, 19.03.1998, I ZR 264/95, GRUR 1998, 1045 – *Brennwertkessel.*
17 BGH, 15.07.1999, I ZR 204/96, GRUR 1999, 1017, 1018 – *Kontrollnummernbeseitigung.*
18 BGH, 03.04.2014, I ZB 42/11, GRUR 2014, 706 Rn. 11 – *Reichweite des Unterlassungsgebots.*

benen Produkte unzulässig ist, indiziert daher die Wiederholungsgefahr für Computer aller Art (also auch Desktop-Geräte), nicht aber für sämtliche EDV-Artikel.[19]

Keine Wiederholungsgefahr besteht, wenn die beanstandete Handlung keine wettbewerbsrechtlichen Ansprüche auslöst, weil der Anspruchsteller rechtsmissbräuchlich gehandelt hat (etwa bei unredlichem Verhalten eines Testkäufers).[20] 12

Da der Unterlassungsanspruch auf die Abwehr künftiger Rechtsverstöße gerichtet ist, ist er nur begründet, wenn auf der Grundlage des zum **Zeitpunkt** der Entscheidung geltenden Rechts Unterlassung verlangt werden kann. Zudem muss die Handlung zum Zeitpunkt ihrer Begehung wettbewerbswidrig gewesen sein, weil es anderenfalls an der Wiederholungsgefahr fehlt.[21] Anders ist dies nur bei Dauerverstößen wie dem Betrieb einer Internetseite.[22] 13

b) Beseitigung der Wiederholungsgefahr

aa) Einleitung

Die durch einen bereits begangenen Wettbewerbsverstoß begründete tatsächliche Vermutung für das Vorliegen einer Wiederholungsgefahr kann regelmäßig nur durch die Abgabe einer strafbewehrten Unterlassungserklärung (Unterwerfungserklärung) oder durch einen rechtskräftigen Unterlassungstitel ausgeräumt werden.[23] Allein die Einstellung des unlauteren Verhaltens (wie die Herstellung eines Produkts, dessen Vertrieb unlauter ist), lässt nicht die Wiederholungsgefahr entfallen.[24] Unerheblich ist der Einwand, dass besondere Umstände zu dem Verstoß geführt haben, die sich nicht wiederholen würden.[25] Gerade weil sich die Unterwerfungserklärung als ein einfaches Mittel durchgesetzt hat, mit dem der Anspruchsgegner die Wiederholungsgefahr beseitigen kann, zeigt die Verweigerung der Abgabe, dass die Wiederholungsgefahr nicht entfallen ist.[26] Ebenso lässt ein Verbotsirrtum des Anspruchsgegners die Wiederholungsgefahr nicht entfallen, da der Unterlassungsanspruch kein Verschulden voraussetzt.[27] 14

Die Wiederholungsgefahr entfällt insbesondere nicht schon mit der Aufgabe der Betätigung, in deren Rahmen die Verletzungshandlung erfolgt ist, solange nicht auch jede 15

19 BGH, 09.05.1996, I ZR 107/94, GRUR 1996, 800, 802 – *EDV-Geräte*.
20 BGH, 11.05.2017, I ZR 60/16, GRUR 2017, 1140 Rn. 34 – *Testkauf im Internet*.
21 BGH, 29.09.2016, I ZR 160/15, GRUR 2017, 283 Rn. 18 – *Servicepauschale*.
22 BGH, 22.07.2010, I ZR 163/07, juris Rn. 17 f. – *INTERTOPS*; OLG Köln, 08.05.2015, 6 U 137/14, GRUR-RR 2015, 447 Rn. 13 – *Flirtcafé*.
23 *BGH, 31.07.2008, I ZR 21/06*, GRUR 2008, 1108 Rn. 23 – *Haus & Grund III*.
24 BGH, 19.03.1998, I ZR 264/95, GRUR 1998, 1045 – *Brennwertkessel*.
25 FBO/Büscher, § 8 Rn. 64; Seichter, in: Ullmann, jurisPK-UWG, § 8 Rn. 38; a. A. für einen »ungewöhnlich gelagerten Ausnahmefall« BGH, 16.01.1992, I ZR 84/90, GRUR 1992, 318, 319 f. – *Jubiläumsverkauf*.
26 BGH, 19.03.1998, I ZR 264/95, GRUR 1998, 1045, 1046 – *Brennwertkessel*; Köhler/*Bornkamm*/Feddersen, § 8 Rn. 1.44.
27 BGH, 23.06.2005, I ZR 194/02, BGHZ 163, 265 = GRUR 2005, 778, 779 – *Atemtest*; *Ohly*/Sosnitza, § 8 Rn. 19.

Wahrscheinlichkeit für eine Wiederaufnahme ähnlicher Tätigkeiten durch den Verletzer beseitigt ist.[28] An die Annahme des Wegfalls der Wiederholungsgefahr sind generell strenge Anforderungen zu stellen. Die Beurteilung, ob die Wiederholungsgefahr für ein beanstandetes Verhalten fortbesteht, ist im wesentlichen tatsächlicher Natur und im Revisionsverfahren nur beschränkt nachprüfbar.[29]

16 Für öffentlich-rechtliche Körperschaften gilt keine Ausnahme. Auch sie können eine einmal begründete Wiederholungsgefahr nur durch Abgabe einer strafbewehrten Unterlassungserklärung ausräumen.[30]

bb) Unterwerfungserklärung

(1) Inhalt: Grundsätze

17 Eine Unterlassungserklärung muss, um die durch eine Verletzungshandlung begründete Gefahr der Wiederholung entsprechender Wettbewerbsverstöße auszuräumen, eindeutig und hinreichend bestimmt sein und den ernstlichen Willen des Schuldners erkennen lassen, die betreffende Handlung nicht mehr zu begehen, und daher durch ein angemessenes Vertragsstrafeversprechen abgesichert sein. Sie muss außerdem den bestehenden gesetzlichen Unterlassungsanspruch nach Inhalt und Umfang voll abdecken und dementsprechend uneingeschränkt, unwiderruflich, unbedingt und grundsätzlich auch ohne die Angabe eines Endtermins erfolgen.[31] Die Unterwerfungserklärung muss nach Inhalt und Umfang – ebenso wie der Antrag und die Urteilsformel – dem Unterlassungsanspruch entsprechen. Eine Unterwerfungserklärung, die sich nur auf die konkrete Verletzungsform unter Ausschluss kerngleicher Verstöße bezieht, genügt daher nicht.[32] Bestehen am Inhalt der Unterwerfungserklärung auch nur geringe Zweifel, dann reicht sie grundsätzlich nicht aus, die Besorgnis eines künftigen Wettbewerbsverstoßes auszuräumen.[33] Maßgeblicher Zeitpunkt für die Beurteilung der Frage, ob die Unterlassungsverpflichtungserklärung die Wiederholungsgefahr beseitigt, ist derjenige der Abgabe der Erklärung.[34]

18 Für die Ausräumung der Wiederholungsgefahr genügt bereits die Abgabe der Unterwerfungserklärung; ihre Annahme durch den Gläubiger ist nicht erforderlich.[35] Einen Anspruch auf die vertraglich vereinbarte Vertragsstrafe hat der Gläubiger aber nur, wenn er die Unterwerfungserklärung auch annimmt.[36]

---

28 BGH, 26.10.2000, I ZR 180/98, GRUR 2001, 453, 455 – *TCM-Zentrum.*
29 BGH, 24.02.1994, I ZR 59/92, GRUR 1994, 516, 517 – *Auskunft über Notdienste.*
30 BGH, 30.04.2014, I ZR 170/10, GRUR 2014, 1120 Rn. 31 – *Betriebskrankenkasse II.*
31 BGH, 21.02.2008, I ZR 142/05, GRUR 2008, 815 Rn. 14 – *Buchführungsbüro.*
32 BGH, 17.09.2015, I ZR 92/14, GRUR 2016, 395 Rn. 42 f. – *Smartphone-Werbung.*
33 BGH, 16.11.1995, I ZR 229/93, GRUR 1997, 379, 380 – *Wegfall der Wiederholungsgefahr II.*
34 BGH, 17.09.2015, I ZR 92/14, GRUR 2016, 395 Rn. 34 – *Smartphone-Werbung.*
35 BGH, 13.11.2013, I ZR 77/12, GRUR 2014, 595 Rn. 16 – *Vertragsstrafenklausel.*
36 BGH, 18.05.2006, I ZR 32/03, GRUR 2006, 878 Rn. 14 – *Vertragsstrafevereinbarung.*

(2) Einschränkungen und Bedingungen

Die Unterwerfungserklärung muss grundsätzlich uneingeschränkt und unbedingt erfolgen.[37] Beschränkungen, die lediglich einer Begrenzung des Unterlassungsanspruchs des Gläubigers nach materiellem Recht entsprechen, sind jedoch unbedenklich. Dem Wegfall der Wiederholungsgefahr steht es nicht entgegen, dass der Anspruchsgegner es ablehnt, seine Unterlassungserklärung auf ein Verhalten zu erstrecken, das ihm nicht verboten werden kann.[38] Gleiches gilt für Bedingungen der Unterwerfungserklärung. Diese ist zwar grundsätzlich bedingungsfeindlich;[39] zulässig sind aber solche Einschränkungen, die der materiellen Rechtslage entsprechen. **19**

Zulässig ist daher die auflösende Bedingung (mit Wirkung ex nunc) einer Änderung oder Klärung der Rechtslage durch Gesetz oder höchstrichterliche Rechtsprechung.[40] Unzulässig ist dagegen die Bedingung »einer anderweitigen rechtskräftigen Hauptsacheentscheidung eines bundesdeutschen Gerichts in gleicher Sache«, da durch sie die Wirksamkeit bereits im Hinblick auf den rechtskräftigen Ausgang eines beliebigen anderen Verfahrens in gleicher Sache in Frage gestellt wird.[41] Unbedenklich ist der übliche Zusatz »ohne Anerkennung einer Rechtspflicht, aber gleichwohl rechtsverbindlich«, durch den lediglich eine Präjudizwirkung der Unterwerfungserklärung für weitere Ansprüche (z. B. auf Schadensersatz) ausgeschlossen wird.[42] Erforderlich ist dieser Zusatz allerdings nicht, da in der Unterwerfungserklärung als solcher keine Anerkennung der Berechtigung einer vorausgegangenen Abmahnung liegt.[43] **20**

Zulässig ist es ferner, wenn sich der Schuldner eine (ihm materiell zustehende) Aufbrauchsfrist vorbehält.[44] Streitig ist, ob der Schuldner die Haftung für Erfüllungsgehilfen entsprechend § 278 BGB ausschließen kann. Die Erfüllungsgehilfenhaftung nach § 278 BGB gilt im Verfahren nach § 890 ZPO nicht, die Verhängung von Ordnungsmitteln setzt vielmehr grundsätzlich Verschulden des Schuldners voraus.[45] Es sprechen daher gute Gründe dafür, dass auch eine Unterwerfungserklärung unter Ausschluss der Haftung für Erfüllungsgehilfen die Wiederholungsgefahr beseitigt.[46] **21**

---

37 BGH, 21.02.2008, I ZR 142/05, GRUR 2008, 815 Rn. 14 – *Buchführungsbüro.*

38 BGH, 21.02.2008, I ZR 142/05, GRUR 2008, 815 Rn. 14 – *Buchführungsbüro.*

39 BGH, 01.04.1993, I ZR 136/91, GRUR 1993, 677, 679 – *bedingte Unterwerfung.*

40 BGH, 01.04.1993, I ZR 136/91, GRUR 1993, 677, 679 – *bedingte Unterwerfung*; OLG Frankfurt, 04.05.2017, 6 W 21/17, WRP 2017, 876 Rn. 4.

41 BGH, 01.10.1996, VI ZR 206/95, GRUR 1997, 125, 128 – *Künstlerabbildung in CD-Einlegeblatt.*

42 BGH, 04.05.2017, I ZR 208/15, GRUR 2017, 823 Rn. 14 – *Luftentfeuchter*; Hess, in: Ullmann, *jurisPK-UWG, § 12 Rn. 80.*

43 BGH, 24.09.2013, I ZR 219/12, GRUR 2013, 1252 Rn. 10 – *Medizinische Fußpflege.*

44 FBO/Büscher, § 8 Rn. 168; Köhler/*Bornkamm*/Feddersen, § 12 Rn. 1.177; *Ohly*/Sosnitza, § 8 Rn. 12.

45 Zöller/Stöber, § 890 Rn. 5.

46 *Ohly*/Sosnitza, § 8 Rn. 12; Teplitzky/Kessen, Wettbewerbsrechtliche Ansprüche und Verfahren, Kap. 8 Rn. 29a; a. A. OLG Frankfurt, GRUR-RR 2003, 198, 199 f. – *Erlassvertrag*; FBO/Büscher, § 8 Rn. 71; Seichter, in: Ullmann, jurisPK-UWG, § 12 Rn. 85; offen gelassen in BGH, 21.04.2016, I ZR 100/15, GRUR 2016, 1316 Rn. 37 – *Notarielle Unterlassungserklärung.*

22 Weitere in der Literatur genannte Einschränkungen wie räumliche oder zeitliche Beschränkungen[47] dürften nur in Ausnahmefällen zulässig sein. So erscheint es zweifelhaft, ob eine Unterwerfungserklärung mit einem Anfangstermin, der gerade die beanstandete Verletzungshandlung nicht erfasst und daher den Gläubiger zwingt, insoweit eine einstweilige Verfügung zu erwirken, tatsächlich ausreichend ist, um den Unterlassungsanspruch entfallen zu lassen.[48] Der Umstand, dass ein ausländischer Schuldner die Vereinbarung eines Gerichtsstandes in Deutschland für die Geltendmachung der Vertragsstrafe verweigert, spricht gegen die Ernstlichkeit der Unterwerfungserklärung, da bei einem in Deutschland erwirkten Unterlassungstitel dem Gläubiger das Ordnungsmittelverfahren vor dem deutschen Gericht zur Verfügung stände.[49]

23 Ob eine **Teilunterwerfungserklärung** möglich ist, ist fraglich. Im Jahr 2000 hat sich der Bundesgerichtshof noch auf den Standpunkt gestellt, es begründe keine Zweifel an der Ernstlichkeit der Unterwerfungserklärung, wenn der Anspruchsgegner sie nur hinsichtlich eines abgrenzbaren Teils des Unterlassungsanspruchs abgibt, weil er hinsichtlich des betreffenden Teils des Streits eine gerichtliche Auseinandersetzung – aus welchen Gründen auch immer – vermeiden möchte, hinsichtlich des anderen Teils aber eine gerichtliche Klärung anstrebt.[50] In einer späteren Entscheidung hat der Bundesgerichtshof dagegen die Frage, inwieweit eine Teilunterwerfungserklärung zu einer Beschränkung des Unterlassungsanspruchs führen könne, ausdrücklich offen gelassen. Sie führe aber jedenfalls dann nicht zu einem auch nur teilweisen Wegfall des Unterlassungsanspruchs, soweit der Schuldner keine nachvollziehbaren Gründe für die Einschränkung habe.[51] Solange die Teilunterwerfung einen eindeutig abgrenzbaren Teil der geltend gemachten Ansprüche abdeckt, sprechen aber keine zwingenden Gründe dafür, den Anspruchsteller auch insoweit in eine gerichtliche Auseinandersetzung zu treiben.[52]

(3) Vertragsstrafe

24 Um als ernstlich anerkannt zu werden, muss die Unterlassungserklärung durch das Versprechen einer angemessenen Vertragsstrafe abgesichert werden.[53] Die Vertragsstrafe dient einmal als ein pauschalierter (Mindest-) Schadensersatzanspruch des Gläubigers für künftige Rechtsverletzungen. In erster Linie besteht ihre Funktion jedoch darin, den Unterlassungsschuldner dadurch zur Einhaltung der von ihm versprochenen Unterlassungspflicht zu bewegen, dass er auf Grund der versprochenen Strafe vor weite-

47 Köhler/*Bornkamm*/Feddersen, § 12 Rn. 1.180 f.; *Ohly*/Sosnitza, § 8 Rn. 12.
48 So aber BGH, 31.05.2001, I ZR 82/99, GRUR 2002, 180, 181 – *Weit-vor-Winter-Schluss-Verkauf.*
49 KG, 25.04.2014, 5 U 178/11, GRUR-RR 2014, 351, 352 – *Ausländischer Gerichtsstand.*
50 BGH, 19.10.2000, I ZR 89/98, GRUR 2001, 422, 424 – *Arzneimittel-Reimport.*
51 BGH, 15.02.2007, I ZR 114/04, GRUR 2007, 871 Rn. 41 – *Wagenfeld-Leuchte.*
52 FBO/Büscher, § 8 Rn. 74.
53 BGH, 21.02.2008, I ZR 142/05, GRUR 2008, 815 Rn. 14 – *Buchführungsbüro.*

ren Verstößen zurückschreckt.[54] Im Fall der Unterwerfungserklärung gegenüber einem Verband kann die Schadensersatzfunktion vernachlässigt werden; das führt aber nicht dazu, dass die Höhe einer einem Verband gegenüber versprochenen Vertragsstrafe allgemein niedriger zu bemessen wäre.[55]

Die Vertragsstrafe kann in **bestimmter Höhe** vereinbart werden. In diesem Fall unterliegt sie, wenn es sich (wie häufig) um eine vom Gläubiger vorformulierte allgemeine Geschäftsbedingung handelt, der Inhaltskontrolle nach § 307 BGB. Die Frage, wie hoch eine Vertragsstrafe bemessen sein muss, um ausreichend abschreckend zu wirken zu werden, lässt sich nicht allgemein, sondern immer nur unter Berücksichtigung der besonderen Umstände des jeweiligen Einzelfalls beantworten. Dabei ist auf die Schwere und das Ausmaß der begangenen Zuwiderhandlung, auf deren Gefährlichkeit für den Gläubiger, auf das Verschulden des Verletzers sowie auf Art und Größe des Unternehmens des Schuldners abzustellen. Bei der Vereinbarung einer Vertragsstrafe in bestimmter Höhe ist bereits bei Vertragsschluss auf Grundlage des Verhaltens des Schuldners, das Anlass für die Vereinbarung der Vertragsstrafe gegeben hat, und der konkreten Umstände des Einzelfalls eine entsprechende Prognose über die für die notwendige Abschreckungswirkung erforderliche Höhe der Vertragsstrafe vorzunehmen. In diesem Zusammenhang ist auch zu berücksichtigen, dass der Unterlassungsschuldner – anders als bei Austauschverträgen – mangels synallagmatischer Pflichten kein originäres Eigeninteresse an der Einhaltung der von ihm versprochenen Unterlassungspflicht hat. Darüber hinaus ist in Rechnung zu stellen, dass der Unterlassungsgläubiger weitere Schutzrechtsverstöße oftmals nur sehr schwer und mit erheblichem Aufwand aufzudecken vermag.[56] In der Praxis werden meistens Vertragsstrafen im Bereich von 1.000 EUR bis 10.000 EUR gewählt, in vielen Fällen auch eine 5.000 EUR knapp übersteigende Vertragsstrafe (5.001 EUR oder 5.100 EUR).[57] Dadurch sollte die Zuständigkeit der Landgerichte gemäß §§ 23 Nr. 1, 59 GVG für die Durchsetzung des Vertragsstrafeanspruchs sichergestellt werden. Nachdem der Bundesgerichtshof nunmehr klargestellt hat, dass die sachliche Zuständigkeit § 13 UWG auch Ansprüche auf Grund von Vertragsstrafeversprechen in Unterlassungsverträgen erfasst,[58] ist der Anlass für diese »krummen« Beträge entfallen. **25**

Verlangt der Gläubiger eine zu hohe Vertragsstrafe, ist der Schuldner nicht gehindert, mit einem geänderten Angebot einer angemessenen Vertragsstrafe zu reagieren. Da die Wiederholungsgefahr bereits durch die Abgabe der Unterwerfungserklärung ausgeräumt wird, genügt auch ein solches geändertes Angebot, um den Unterlassungsanspruch entfallen zu lassen.[59] **26**

54 BGH, 30.09.1993, I ZR 54/91, GRUR 1994, 146, 147 – *Vertragsstrafebemessung*; BGH, 13.11.2013, I ZR 77/12, GRUR 2014, 595 Rn. 16 – *Vertragsstrafenklausel.*

55 BGH, 07.10.1982, I ZR 120/80, GRUR 1983, 127, 128 – *Vertragsstrafeversprechen.*

56 BGH, 13.11.2013, I ZR 77/12, GRUR 2014, 595 Rn. 17 – *Vertragsstrafenklausel.*

57 FBO/Büscher, § 8 Rn. 82.

58 BGH, 19.10.2016, I ZR 93/15, WRP 2017, 179 Rn. 18 ff. – *Ausschließliche Zuständigkeit bei Vertragsstrafeansprüchen.*

59 BGH, 13.11.2013, I ZR 77/12, GRUR 2014, 595 Rn. 18 – *Vertragsstrafenklausel.*

27 Die Vereinbarung einer Vertragsstrafe kann auch in der Form erfolgen, dass dem Gläubiger für den Fall einer künftigen Zuwiderhandlung gegen die Unterlassungspflicht die Bestimmung der Strafhöhe nach seinem billigen Ermessen überlassen bleibt (§ 315 Abs. 1 BGB, »**Hamburger Brauch**«). Nach § 315 Abs. 3 2 BGB kann eine gerichtliche Überprüfung der vom Gläubiger vorgenommenen Bestimmung der Vertragsstrafenhöhe in der Vereinbarung ausdrücklich vorgesehen werden. In diesem Fall greift § 348 HGB nicht ein, so dass sich auch ein Kaufmann auf die richterliche Billigkeitskontrolle berufen kann.[60] Möglich – aber nicht zwingend erforderlich – ist auch die Kombination eines Bestimmungsrechts des Gläubigers mit einer festen Obergrenze.[61] Die Obergrenze muss aber auch bei schwerwiegenderen Verstößen als dem ursprünglich beanstandeten Verhalten eine angemessene Sanktion erlauben. Sie darf daher nicht lediglich dem entsprechen, was nach den Grundsätzen zur Angemessenheit einer festbestimmten Vertragsstrafe als solche angemessen wäre; vielmehr muss die Obergrenze die Höhe eines fest zu vereinbarenden Betrages in angemessener Weise übersteigen. Was als angemessen zu gelten hat, hängt von den besonderen Umständen des Einzelfalles ab. In der Regel kann jedoch vom Doppelten der als fester Betrag in Betracht kommenden Vertragsstrafe als Obergrenze eines Bestimmungsrahmens auszugehen ausgegangen werden.[62]

28 Grundsätzlich kritisch ist das **Versprechen einer Vertragsstrafe zugunsten eines Dritten**, etwa einer gemeinnützigen Organisation, zu sehen. Der Schuldner hat in diesem Fall die Möglichkeit, im Verletzungsfall an Stelle einer ohnehin beabsichtigten Spende die vereinbarte Vertragsstrafe zu bezahlen, so dass die Abschreckungswirkung in Frage gestellt wird. Ferner entzieht er dem Gläubiger den pauschalierten Mindestschaden, den die Vertragsstrafe (auch) darstellt. Schließlich wird damit dem Gläubiger, falls Streit über Verwirkung und Höhe einer (der Höhe nach nicht bestimmten) Vertragsstrafe entsteht, ein Prozess zugemutet, der ihm nur Risiken, aber keine Vorteile verspricht.[63] Der Bundesgerichtshof hat es zwar grundsätzlich als möglich angesehen, dass auch das Versprechen einer Vertragsstrafe zugunsten eines Dritten die Wiederholungsgefahr entfallen lassen kann (wenn auch im entschiedenen Einzelfall verneint).[64] Der Schuldner wird jedenfalls sehr gute Gründe vortragen müssen, um eine solche Unterwerfungserklärung zu rechtfertigen. Allein der Umstand, dem Gläubiger nicht die Vertragsstrafe zugutekommen lassen zu wollen, genügt in keinem Fall.[65] Aus praktischer Sicht kann von einem solchen Versprechen nur abgeraten werden.[66] Abzugrenzen ist hiervon die Frage, inwieweit die Unterwerfung gegenüber einem Dritten die Wiederholungsgefahr entfallen lässt.[67]

---

60 BGH, 17.09.2009, I ZR 217/07, GRUR 2010, 355 Rn. 30 – *Testfundstelle.*
61 BGH, 31.05.1990, I ZR 285/88, GRUR 1990, 1051, 1052 – *Vertragsstrafe ohne Obergrenze.*
62 BGH, 12.07.1984, I ZR 123/82, GRUR 1985, 155, 157 – *Vertragsstrafe bis zu …*
63 LG Köln, 22.08.2012, 84 O 104/12, WRP 2013, 123, 124 – *Vertragsstrafenbewehrung zugunsten der SOS Kinderdörfer.*
64 BGH, 27.05.1987, I ZR 153/85, GRUR 748, 749 f. – *Getarnte Werbung II.*
65 BGH, 27.05.1987, I ZR 153/85, GRUR 748, 750 – *Getarnte Werbung II.*
66 Kritisch auch *Köhler*/Bornkamm/Feddersen, § 12 Rn. 1.202; *Ohly*/Sosnitza, § 8 Rn. 17.
67 S. u. Rdn. 30.

(4) Form

Als abstraktes Schuldversprechen unterliegt die Unterwerfungserklärung grundsätzlich dem Schriftformerfordernis des § 780 BGB. Soweit sie aber für den kaufmännischen Schuldner – wie es regelmäßig der Fall sein wird – ein Handelsgeschäft darstellt, kann sie gemäß §§ 343, 350 HGB formlos abgegeben werden.[68] Unter dieser Voraussetzung ist daher auch eine per Fernschreiben (oder E-Mail) abgegebene Unterwerfungserklärung grundsätzlich wirksam. In diesem Fall kann der Gläubiger aber, um Zweifel an der Urheberschaft oder der Autorisierung der Erklärung durch den Schuldner zu beheben, eine schriftliche Bestätigung verlangen. Verweigert dies der Schuldner, bestehen Zweifel an der Ernstlichkeit der Erklärung, und die Wiederholungsgefahr bleibt bestehen.[69] **29**

(5) Drittunterwerfung

Aufgrund der weit gefassten Aktivlegitimation im Lauterkeitsrecht kann sich ein Verletzer – beispielsweise nach einer unlauteren Werbung – den Ansprüchen mehrerer Gläubiger ausgesetzt sehen. In diesem Fall ist es nicht zwingend erforderlich, dass er gegenüber jedem einzelnen Anspruchsteller eine Unterwerfungserklärung abgibt. Vielmehr kann auch die strafbewehrte Unterlassungserklärung gegenüber einem Dritten geeignet sein, die Wiederholungsgefahr zu beseitigen. Ob dies der Fall ist, ist eine Frage des Einzelfalls. Wie bei jedem Vertragsstrafeversprechen kommt es auch hier entscheidend darauf an, dass die versprochene Verpflichtung geeignet ist, den Versprechenden wirklich und ernsthaft von Wiederholungen der Verletzungshandlung abzuhalten. Der Unterschied zum Fall einer gegenüber dem verletzten Angreifer selbst abgegebenen Verpflichtungserklärung besteht allein darin, dass in Fällen der vorliegenden Art im Rahmen der Gesamtwürdigung zusätzlich und in besonderem Maß auch auf die Person und die Eigenschaften des mit dem Angreifer nicht identischen Vertragsstrafegläubigers und auf die Art der Beziehung des Schuldners zu diesem abzustellen ist. Denn das Fehlen eigener Sanktions- und Durchsetzungsmöglichkeiten erfordert die Prüfung, ob der in Frage stehende Vertragsstrafegläubiger bereit und geeignet erscheint, seinerseits die nur ihm zustehenden Sanktionsmöglichkeiten auszuschöpfen, und ob dies insbesondere vom Schuldner als so wahrscheinlich befürchtet werden muss, dass deswegen keine Zweifel an der Ernsthaftigkeit seiner Unterlassungsverpflichtung aufkommen können.[70] **30**

Es genügt selbstverständlich nicht, wenn es sich bei dem Dritten um einen Kollegen des Anspruchsschuldners handelt, der erklärt, eine etwaig verwirkte Vertragsstrafe mit dem Schuldner »auf dem Rummel teilen« zu wollen.[71] Eine besonders kritische Prüfung ist auch angezeigt, wenn sich der Anspruchsgegner aus eigener Initiative einem **31**

68 GK/Paal, § 8 Rn. 21; Hess, in: Ullmann, jurisPK-UWG, § 12 Rn. 69 f.

69 BGH, 08.03.1990, I ZR 116/88, GRUR 1990, 530, 532 – *Unterwerfung durch Fernschreiben.*

70 BGH, 02.12.1982, I ZR 121/80, GRUR 1983, 186, 187 – *Wiederholte Unterwerfung.*

71 HansOLG Hamburg, 23.04.2009, 3 U 151/07, GRUR-RR 2010, 87 (Ls.) – *Netto-Export.*

Dritten unterwirft, der ihn zuvor nicht abgemahnt hat.[72] Da es Sache des Anspruchsgegners ist, die tatsächliche Vermutung der Wiederholungsgefahr zu widerlegen, obliegt es ihm, darzulegen und gegebenenfalls zu beweisen, dass seine Erklärung gegenüber einem Dritten geeignet ist, die Wiederholungsgefahr allgemein zu beseitigen.[73]

32 Der Anspruchsgegner ist verpflichtet, den Abmahnenden darüber aufzuklären, dass er gegenüber einem Dritten eine Unterwerfungserklärung abgegeben hat. Diese Pflicht folgt aus der durch eine wettbewerbsrechtliche Verletzungshandlung begründeten und durch eine Abmahnung konkretisierten Rechtsbeziehung der Beteiligten nach den Grundsätzen von Treu und Glauben. Wird diese Aufklärungspflicht verletzt, so kann dies, falls der Anspruchsgegner schuldhaft gehandelt hat, zu Schadensersatzansprüchen des Anspruchstellers führen.[74]

(6) Notarielle Unterlassungserklärung

33 Eine Sonderform der Unterwerfungserklärung stellt eine notarielle Unterlassungserklärung dar. Aus ihr kann wie aus einem gerichtlichen Unterlassungstitel vollstreckt werden, so dass das Versprechen einer Vertragsstrafe als Druckmittel nicht erforderlich ist. Voraussetzung ist, dass sich der Schuldner wegen eines Anspruchs, der einen vollstreckungsfähigen Inhalt hat und konkret und inhaltlich bestimmt bezeichnet ist, der sofortigen Zwangsvollstreckung unterwirft. Die Zwangsvollstreckung findet aus der mit der Vollstreckungsklausel versehenen vollstreckbaren Ausfertigung (§§ 795, 724 ZPO) statt, die der die Urkunde verwahrende Notar erteilt (§ 797 Abs. 2 ZPO). Erforderlich ist ferner Androhung von Ordnungsmitteln durch einen Gerichtsbeschluss nach § 890 Abs. 2 ZPO; eine Androhung in der notariellen Erklärung genügt nicht.[75] Die Vollstreckung darf nur beginnen, wenn der Schuldtitel mindestens zwei Wochen vorher zugestellt ist (§ 798 ZPO).[76] Die Wiederholungsgefahr entfällt daher frühestens mit der Zustellung des die Ordnungsmittel androhenden Gerichtsbeschlusses und Ablauf der Wartefrist des § 798 ZPO; vorherige Verstöße des Schuldners bleiben sanktionslos.[77]

34 Angesichts der mit diesem Verfahren verbundenen (zeitlichen) Rechtsschutzlücken und der im Detail ungeklärten Rechtsfragen (beispielsweise hinsichtlich des zuständigen Gerichts für die Durchführung des Ordnungsmittelverfahrens) ist ein Anspruchsteller, dem gegenüber der Anspruchsgegner eine notarielle Unterlassungserklärung abgibt, nicht verpflichtet, sich auf diesen Weg einzulassen. Es bleibt ihm vielmehr unbenommen, seine Ansprüche in einem gerichtlichen Verfahren durchzusetzen; insbesondere fehlt es für ein entsprechendes Vorgehen nicht am Rechtsschutzbedürfnis.[78] Daraus

72 OLG Köln, 21.10.2011, 6 U 64/11, WRP 2012, 221 Rn. 9 – *Drittunterwerfung.*
73 BGH, 13.05.1987, I ZR 79/85, GRUR 1987, 640, 641 – *Wiederholte Unterwerfung II.*
74 BGH, 13.05.1987, I ZR 79/85, GRUR 1987, 640, 641 – *Wiederholte Unterwerfung II.*
75 Vgl. BGH, 02.02.2012, I ZB 95/10, GRUR 2012, 957 Rn. 7 f. – *Vergleichsschluss im schriftlichen Verfahren.*
76 BGH, 21.04.2016, I ZR 100/15, GRUR 2016, 1316 Rn. 17 – *Notarielle Unterlassungserklärung.*
77 BGH, 21.04.2016, I ZR 100/15, GRUR 2016, 1316 Rn. 20, 30 – *Notarielle Unterlassungserklärung.*
78 BGH, 21.04.2016, I ZR 100/15, GRUR 2016, 1316 Rn. 25 – *Notarielle Unterlassungserklärung.*

folgt im Umkehrschluss, dass das Rechtsschutzbedürfnis entfällt, wenn sich der Anspruchsteller zunächst auf dieses Angebot eingelassen hat und beispielsweise die Androhung der Ordnungsmittel durch Gerichtsbeschluss erwirkt hat.[79] Die Entscheidungsbefugnis verbleibt aber beim Anspruchsteller; insbesondere kann der Anspruchsgegner nicht selber die gerichtliche Androhung des Ordnungsmittels nach § 890 Abs. 2 ZPO erwirken.[80]

cc) Gerichtliche Titel

Ein **rechtskräftiges Unterlassungsurteil** lässt die Wiederholungsgefahr entfallen. Dies gilt auch, wenn es im Verhältnis zu einem Dritten ergangen ist. Zwar wirkt dann die Rechtskraft nicht im Verhältnis zwischen Anspruchsteller und Anspruchsgegner, aber es liegt nahe anzunehmen, dass der Anspruchsgegner das Urteil ebenso ernst nehmen und für sein künftiges Verhalten bestimmend erachten wird wie eine eigene vertragliche strafbewehrte Unterlassungsverpflichtung.[81] Voraussetzung ist die Rechtskraft des Titels. Daher lässt auch eine nicht bestandskräftige ordnungsbehördliche Untersagungsverfügung grundsätzlich nicht die Wiederholunggefahr für das untersagte Verhalten entfallen.[82] Im Umkehrschluss wird man bei einer bestandskräftigen und vollstreckbaren Untersagungsverfügung davon ausgehen können, dass der Adressat sie beachtet, so dass die Wiederholungsgefahr entfällt. 35

Eine andere Beurteilung kann ausnahmsweise im Einzelfall angebracht sein, wenn der Vollstreckungsgläubiger an der Durchsetzung des Titels nicht interessiert ist oder wenn das Verhalten des Anspruchsgegners Zweifel aufkommen lässt, dass er dem ergangenen Urteil (oder der behördlichen Verfügung) eine den Streit regelnde Wirkung beimisst. Es ist allerdings nicht erforderlich, dass der Anspruchsgegner eine eigenständige verpflichtende oder anerkennende Erklärung abgibt. Es genügt vielmehr ein Verhalten des Anspruchsgegners, dem sich entnehmen lässt, dass er das ergangene Urteil als eine den Streit betreffende Regelung versteht. Daran fehlt es, wenn er sich im Rahmen einer anstehenden wettbewerbsrechtlichen Auseinandersetzung nicht auf den gegen ihn ergangenen rechtskräftig gewordenen Titel beruft.[83] 36

Eine im Verfahren des einstweiligen Rechtsschutzes erwirkte **Unterlassungsverfügung** stellt lediglich eine vorläufige Regelung des Streits dar. Sie erwächst nicht in Rechtskraft; der Schuldner kann jederzeit Widerspruch einlegen oder die Anordnung der Klageerhebung nach § 926 ZPO beantragen. Anders als ein Unterlassungsurteil ist sie daher nicht geeignet, die Wiederholungsgefahr zu beseitigen. Anders ist dies nur, wenn der Schuldner sie durch Abgabe einer Abschlusserklärung als endgültige und verbindli- 37

79 BGH, 21.04.2016, I ZR 100/15, GRUR 2016, 1316 Rn. 25 – *Notarielle Unterlassungserklärung.*
80 BGH, 07.06.2018, I ZB 117/17, GRUR 2018, 973 Rn. 7 ff. – *Ordnungsmittelandrohung durch Schuldner.*
81 BGH, 19.12.2002, I ZR 160/00, GRUR 2003, 450, 452 – *begrenzte Preissenkung.*
82 BGH, 18.05.2017, I ZR 3/16, GRUR 2017, 743 Rn. 50 – *Uber Black.*
83 BGH, 19.12.2002, I ZR 160/00, GRUR 2003, 450, 452 – *begrenzte Preissenkung*; BGH, 13.12.2018, I ZR 3/16, juris Rn. 66 – *Uber Black II.*

che, einer einem im Hauptsacheverfahren ergangenen Urteil gleichstehenden Regelung anerkennt.[84]

38 Ein vor Gericht oder einer anerkannten Gütestelle oder durch Rechtsanwälte im Verfahren nach § 796a ZPO abgeschlossener **Vergleich** stellt ebenfalls einen vollstreckbaren Titel dar. Verpflichtet sich der Schuldner in ihm zur Unterlassung, kann durch den Vergleich ebenfalls die Wiederholungsgefahr beseitigt werden.[85] Zu beachten ist aber, dass auch in einem gerichtlichen Vergleich keine wirksame Ordnungsmittelandrohung erfolgen kann; diese setzt vielmehr einen gesonderten gerichtlichen Beschluss voraus.[86] Die Unterlassungsverpflichtung in einem Vergleich allein vermag die Wiederholungsgefahr daher ebenso wenig zu beseitigen wie eine notarielle Unterlassungserklärung. Üblicherweise verspricht der Schuldner daher in einem Vergleich eine Vertragsstrafe; in diesem Fall ist der Vergleich ebenso geeignet, die Wiederholungsgefahr zu beseitigen, wie eine Unterwerfungserklärung. Auch wenn der Gläubiger dem Schuldner etwa bei den Kosten entgegenkommt, steht dies der Wirksamkeit der Verpflichtungen aus einem solchen Vergleich nicht entgegen. Es handelt sich nicht um unzulässige Bedingungen, die Zweifel an der Ernstlichkeit der Unterlassungserklärung auslösen können.[87]

dd) Gesetzesänderung

39 Wiederholungsgefahr besteht nur, wenn die Handlung zum Zeitpunkt ihrer Begehung unlauter war. Da der Unterlassungsanspruch auf die Abwehr künftiger Rechtsverstöße gerichtet ist, ist er nur begründet, wenn auf der Grundlage des zum Zeitpunkt der Entscheidung geltenden Rechts Unterlassung verlangt werden kann.[88] Wird das beanstandete Verhalten durch eine Gesetzesänderung rechtmäßig, besteht kein Unterlassungsanspruch mehr.

40 Die Wiederholungsgefahr und mit ihr der Unterlassungsanspruch kann auch dann entfallen, wenn der Verstoß unter der Geltung einer zweifelhaften Rechtslage erfolgt ist, diese Zweifel aber durch eine Gesetzesänderung beseitigt sind und außer Frage steht, dass das beanstandete Verhalten nunmehr verboten ist. Es kann nicht angenommen werden, dass derjenige, der bei zweifelhafter Rechtslage sein Verhalten mit vertretbaren Gründen gegen den Vorwurf eines Rechtsverstoßes verteidigt, auch dann auf einer Fortsetzung oder Wiederholung seines Handelns besteht, wenn der Gesetzgeber die offene Frage eindeutig im Sinne des zuvor streitigen Verbots entschieden hat.[89] Der Anspruchsgegner darf allerdings keinen Zweifel daran lassen, dass er die neue Rechtslage akzeptiert.[90]

---

84 BGH, 04.05.2005, I ZR 127/02, GRUR 2005, 692, 694 – *»statt«-Preis.*

85 GK/Paal, § 8 Rn. 31.

86 BGH, 02.02.2012, I ZB 95/10, GRUR 2012, 957 Rn. 7 ff. – *Vergleichsschluss im schriftlichen Verfahren.*

87 Zweifelnd Köhler/*Bornkamm*/Feddersen, § 8 Rn. 1.62.

88 BGH, 04.11.2010, I ZR 118/09, GRUR 2011, 559 Rn. 21 – *Rechtsberatung durch Lebensmittelchemiker*; BGH, 29.09.2016, I ZR 160/15, GRUR 2017, 283 Rn. 18 – *Servicepauschale.*

89 BGH, 25.10.2001, I ZR 29/99, GRUR 2002, 717, 719 – *Vertretung der Anwalts-GmbH.*

90 BGH, 26.02.2014, I ZR 119/09, NJOZ 2014, 1525 Rn. 13 – *Garantie-Bonus.*

ee) Ende des Geschäftsbetriebs

Die Wiederholungsgefahr entfällt nicht schon mit der Aufgabe der Tätigkeit, in deren Rahmen die Verletzungshandlung erfolgt ist, solange nicht auch jede Wahrscheinlichkeit für eine Wiederaufnahme ähnlicher Tätigkeiten durch den Verletzer beseitigt ist.[91] Dies ist erst dann der Fall, wenn auszuschließen ist, dass der Verletzer denselben oder einen ähnlichen Geschäftsbetrieb wieder aufnimmt.[92] Weder die Aufgabe des Betriebs, in dessen Rahmen die Verletzungshandlung erfolgte, noch die Auflösung einer Gesellschaft nach Abweisung eines Insolvenzantrags mangels Masse führen daher grundsätzlich zum Wegfall der Wiederholungsgefahr.[93] Im Fall der Auflösung einer Gesellschaft gilt dies jedenfalls, solange sie im Zug der Liquidation noch am Markt tätig ist.[94] 41

ff) Rechtsnachfolge; Insolvenz

Die Unterlassungspflicht ist höchstpersönlicher Natur. Eine auf Grund des Verhaltens des Rechtsvorgängers in seiner Person begründete Wiederholungsgefahr geht als ein tatsächlicher Umstand nicht auf den Rechtsnachfolger über. Im Erbfall besteht daher kein Unterlassungsanspruch gegen den Erben wegen Rechtsverletzungen des Erblassers.[95] 42

Der gleiche Grundsatz gilt bei Rechtsverstößen, die Mitarbeiter einer juristischen Person begehen. Diese haftet für Rechtsverstöße ihrer Organe und Mitarbeiter gemäß §§ 31 BGB, 8 Abs. 2 UWG. Endet die juristische Person und wird das Unternehmen von einem neuen Rechtsträger übernommen, so besteht gegen ihn kein Unterlassungsanspruch wegen früherer Rechtsverstöße.[96] Selbst wenn der Geschäftsbetrieb des Rechtsvorgängers insgesamt »als lebender Organismus« übernommen worden ist, kann dies allein nicht genügen, um bei einem Wettbewerbsverstoß des Rechtsvorgängers eine Wiederholungs- oder Erstbegehungsgefahr bei dem Rechtsnachfolger zu begründen.[97] Ein Inhaberwechsel bringt einen Wechsel in der Leitungs- und Weisungsbefugnis mit sich. Bereits diese tatsächliche Veränderung schließt es aus, allein auf Grund eines früheren Verhaltens von Mitarbeitern des Betriebs eine in der Person des neuen Inhabers begründete Erstbegehungsgefahr anzunehmen. Mit dem Wechsel des Inhabers eines Unternehmens sind zudem selbst bei Fortführung aller Betriebsteile vielfach weitere erhebliche Veränderungen verbunden, die ebenfalls der Gefahr entgegenwirken, dass der früher vorgekommene Wettbewerbsverstoß erneut begangen werden könnte, 43

91 BGH, 11.06.2015, I ZR 226/13, GRUR 2016, 88 Rn. 51 – *Deltamethrin.*
92 BGH, 03.06.1976, X ZR 57/73, GRUR 1976, 579, 583 – *Tylosin.*
93 BGH, 26.10.2000, I ZR 180/98, GRUR 2001, 453, 455 – *TCM-Zentrum.*
94 BGH 22.11.2007, I ZR 77/05, GRUR 2008, 625 Rn. 23 – *Fruchtextrakt.*
95 BGH, 16.03.2006, I ZR 92/03, GRUR 2006, 879 Rn. 17 – *Flüssiggastank.*
96 BGH, 26.04.2007, I ZR 34/05, BGHZ 172, 165 = GRUR 2007, 995 Rn. 12 – *Schuldnachfolge*; BGH, 03.04.2008, I ZR 49/05, GRUR 2008, 1002 Rn. 39 – *Schuhpark.*
97 BGH 26.04.2007, I ZR 34/05, BGHZ 172, 165 = GRUR 2007, 995 Rn. 10 f. – *Schuldnachfolge*; BGH, 06.12.2012, III ZR 173/12, BGHZ 196, 11 = WRP 2013, 347 Rn. 15.

so insbesondere Veränderungen in der Art und Weise der Unternehmensführung, in der Aufgabenstellung der Betriebe, im Mitarbeiterstamm oder in der Werbekonzeption.[98]

44 Es ist allerdings möglich, dass nach einem Inhaberwechsel unter Fortführung des Betriebs eine **Erstbegehungsgefahr** für einen Wettbewerbsverstoß, wie er unter der Verantwortung des früheren Rechtsinhabers begangen worden ist, durch besondere Umstände, die zu der früher begangenen Zuwiderhandlung hinzutreten, neu begründet wird.[99] Diese können etwa im Fall des § 4 Nr. 3 in der Ankündigung liegen, die bisherige Produktpalette unverändert weiter anzubieten.[100] Bei der Verwendung unzulässiger AGB kann es bei der Fortführung bestehender Vertragsverhältnisse naheliegen, dass sich auch der Rechtsnachfolger auf die unwirksame Klausel berufen wird. Er kann diese Erstbegehungsgefahr aber jedenfalls dadurch beseitigen, dass er die Klausel im Prozess nicht verteidigt und erklärt, sich nicht auf sie berufen zu wollen.[101]

45 Abzugrenzen ist dies von gesellschaftsrechtlichen Vorgängen, bei denen der Bestand des Unternehmensträgers unberührt bleibt. Der Formwechsel einer Gesellschaft nach §§ 190 ff. UmwG hat als solcher keine Auswirkungen auf das Fortbestehen einer in ihrer Person begründeten Wiederholungsgefahr, da er die Identität der Gesellschaft gemäß § 202 Abs. 1 Nr. 1 UmwG unberührt lässt. Dasselbe gilt bei einer Verschmelzung durch Aufnahme nach §§ 2 Nr. 1, 4 ff. UmwG für das Fortbestehen einer in der Person des übernehmenden Rechtsträgers begründeten Wiederholungsgefahr. Dieser Rechtsträger besteht im Gegensatz zum übertragenden Rechtsträger, der nach § 20 Abs. 1 Nr. 2 UmwG mit der Eintragung der Verschmelzung in das Register des Sitzes des übernehmenden Rechtsträgers kraft Gesetzes erlischt, identisch fort. Für Wettbewerbsverstöße des aufnehmenden Rechtsträgers bleibt es daher beim Unterlassungsanspruch, während für die des übertragenden Rechtsträgers keine Haftung besteht.[102]

46 Dieselben Grundsätze gelten auch für den Insolvenzverwalter. Dieser übt als Partei kraft Amtes die Verwaltungs- und Verfügungsbefugnis über die Insolvenzmasse im eigenen Namen aus. Für Wettbewerbsverstöße des Insolvenzschuldners haftet er daher grundsätzlich nicht.[103] Die Insolvenz als solche lässt dagegen den Unterlassungsanspruch (etwa bei Ablehnung der Eröffnung des Insolvenzverfahrens mangels Masse) unberührt.[104]

---

98 BGH 26.04.2007, I ZR 34/05, BGHZ 172, 165 = GRUR 2007, 995 Rn. 14 – *Schuldnachfolge.*

99 BGH 26.04.2007, I ZR 34/05, BGHZ 172, 165 = GRUR 2007, 995 Rn. 15 – *Schuldnachfolge.*

100 Vgl. BGH, 18.03.2010, I ZR 158/07, BGHZ 185, 11 = GRUR 2010, 536 Rn. 46 – *Modulgerüst II.*

101 BGH, 06.12.2012, III ZR 173/12, BGHZ 196, 11 = WRP 2013, 347 Rn. 26; Köhler, WRP 2010, 475, 479 f.

102 BGH, 12.02.2015, I ZR 213/13, GRUR 2015, 813 Rn. 17 – *Fahrdienst zur Augenklinik.*

103 BGH, 18.03.2010, I ZR 158/07, BGHZ 185, 11 = GRUR 2010, 536 Rn. 40 – *Modulgerüst II.*

104 S. o. Rdn. 41.

Unberührt bleibt selbstverständlich die Haftung des Rechtsnachfolgers für bereits entstandene Schadensersatzansprüche gegen den ursprünglichen Rechtsträger.[105] 47

gg) Verjährung

Verjährt der Unterlassungsanspruch nach § 11 UWG, entfällt die durch ihn begründete Wiederholungsgefahr. In verjährter Zeit liegende Verletzungshandlungen können daher auch nicht als Indizien herangezogen werden, um eine Erstbegehungsgefahr zu begründen, da andernfalls die Regelung des § 11 UWG leerlaufen würde.[106] 48

c) Erneute Begründung der Wiederholungsgefahr

Ist die Wiederholungsgefahr entfallen, erlischt der Unterlassungsanspruch. Erneute Rechtsverletzungen lassen ihn auch nicht wiederaufleben.[107] Eine erneute Rechtsverletzung begründet allerdings – neben einem etwaigen Anspruch auf eine versprochene Vertragsstrafe – eine neue Wiederholungsgefahr und einen neuen Unterlassungsanspruch. Die nach Abgabe einer Unterwerfungserklärung erneut begründete Wiederholungsgefahr kann grundsätzlich nur durch eine neue Unterlassungserklärung ausgeräumt werden, die mit einer gegenüber der ersten erheblich höheren Strafbewehrung versehen sein muss. Bei einem Vertragsstrafeversprechen nach »Hamburger Brauch« kann die erforderliche Verschärfung durch Versprechen einer Vertragsstrafe »nicht unter …« nach Lage des Falles genügen.[108] Die Wiederholung der ursprünglichen Unterwerfungserklärung reicht dagegen nicht aus. Sie hat den Schuldner nicht davon abgehalten, erneut einen – identischen oder kerngleichen – Wettbewerbsverstoß zu begehen, so dass bei Abgabe einer inhaltsgleichen neuen Erklärung Zweifel an deren Ernstlichkeit bestehen.[109] 49

Einer Unterlassungsklage kann in diesem Fall nicht entgegengehalten werden, dem Gläubiger fehle es am Rechtsschutzinteresse, da er die Vertragsstrafe geltend machen könne. Der Gläubiger hat auch bei bestehender Unterwerfungserklärung ein schutzwürdiges Interesse an einem Unterlassungsanspruch, den er im Weg des einstweiligen Rechtsschutzes schnell titulieren lassen kann, und der wegen der Vollstreckungsmöglichkeit nach § 890 ZPO den umfassenderen Rechtsschutz bietet.[110] 50

---

105 BGH, 26.04.2007, I ZR 34/05, BGHZ 172, 165 = GRUR 2007, 995 Rn. 13 – *Schuldnachfolge.*

106 BGH, 14.07.1993, I ZR 189/91, GRUR 1994, 57, 58 – *Geld-zurück-Garantie.*

107 BGH, 13.05.1987, I ZR 79/85, GRUR 1987, 640, 642 – *Wiederholte Unterwerfung II*; BGH, 23.10.1997, I ZR 98/95, GRUR 1998, 1043, 1044 – *GS-Zeichen.*

108 BGH, 07.12.1989, I ZR 237/87, GRUR 1990, 534 – *Abruf-Coupon.*

109 OLG Köln, 05.12.2014, 6 U 57/14, WRP 2015, 387 Rn. 31 – *Parfümfotos bei eBay.*

110 BGH, 09.11.1979, I ZR 24/78, GRUR 1980, 241, 242 – *Rechtsschutzbedürfnis.*

3. Vorbeugender Unterlassungsanspruch

a) Erstbegehungsgefahr

aa) Grundsatz

51 Der Unterlassungsanspruch dient zur Abwehr künftiger Beeinträchtigungen. Daraus folgt, dass er nicht erst dann einsetzt, wenn die Beeinträchtigung bereits eingetreten ist, sondern bereits dann, wenn sie unmittelbar bevorsteht, wie es im Gesetz ausdrücklich klargestellt ist (§ 8 Abs. 1 2). Der vorbeugende Unterlassungsanspruch setzt in diesem Fall eine »Erstbegehungsgefahr« voraus. Der Anspruchsteller muss darlegen, dass der Anspruchsgegner sich in naher Zukunft in einer bestimmten Weise rechtswidrig verhalten wird. Diese Erstbegehungsgefahr muss sich dabei auf eine konkrete Verletzungshandlung beziehen. Die drohende Verletzungshandlung muss sich auf Grund der Umstände so konkret abzeichnen, dass sich die Verwirklichung aller Tatbestandsmerkmale zuverlässig beurteilen lässt.[111]

52 Ist ein Verhalten bis zu einer Gesetzesänderung rechtmäßig, kann daraus grundsätzlich nicht gefolgert werden, der Handelnde werde nach der Rechtsänderung sein – nunmehr rechtswidriges – Verhalten fortsetzen. Dies gilt auch dann, wenn er die ursprüngliche Rechtmäßigkeit seines Verhaltens ausdrücklich verteidigt.[112]

bb) Tatsächliche Umstände

53 Die Erstbegehungsgefahr kann aus tatsächlichen Umständen folgen. Auf Grund der Anmeldung eines Zeichens als Marke kann im Regelfall vermutet werden, dass eine Benutzung des Zeichens für die eingetragenen Waren oder Dienstleistungen in naher Zukunft bevorsteht, wenn keine konkreten Umstände vorliegen, die gegen eine solche Benutzungsabsicht sprechen.[113] Gleiches gilt für eine Titelschutzanzeige in Bezug auf einen gegen §§ 5 Abs. 3, 15 MarkenG verstoßenden Werktitel.[114] Anders ist dies möglicherweise, wenn die Titelschutzanzeige nicht nur die Priorität sichern soll, sondern im Sinn eines Aufgebots klären soll, ob der Verwendung ältere Rechte entgegenstehen.[115] Werbeanzeigen, in der ein gegen § 475 BGB verstoßender Gewährleistungsausschluss angekündigt wird, stellen zwar an sich noch keinen Wettbewerbsverstoß dar, begründen aber die Erstbegehungsgefahr für den Abschluss von entsprechenden Verträgen in naher Zukunft.[116]

54 Auch Vorbereitungshandlungen können die Erstbegehungsgefahr begründen. Die unternehmensinterne Anweisung an Vertriebsmitarbeiter, irreführende Werbeaussagen zu verwenden, stellt noch keine geschäftliche Handlung dar, begründet aber eine Erst-

111 BGH, 10.03.2016, I ZR 183/14, GRUR 2016, 1187 Rn. 21 – *Stirnlampen.*
112 BGH, 24.07.2014, I ZR 221/12, GRUR 2014, 1013 Rn. 18 – *Original Bach-Blüten.*
113 BGH, 22.01.2014, I ZR 71/12, GRUR 2014, 382 Rn. 30 – *REAL-Chips.*
114 BGH, 01.03.2001, I ZR 205/98, GRUR 2001, 1054, 1055 – *Tagesreport.*
115 Köhler/*Bornkamm*/Feddersen, § 8 Rn. 1.27.
116 BGH, 19.05.2010, I ZR 140/08, GRUR 2010, 1120 Rn. 25 – *Vollmachtsnachweis.*

begehungsgefahr für entsprechende Werbung.[117] Die Präsentation eines Produkts auf einer Fachmesse begründet nicht zwingend die Erstbegehungsgefahr für den Vertrieb dieses Produkts im Inland, vor allem, wenn es sich um eine internationale Messe handelt.[118] Anders ist dies, wenn auf der Messe zahlreiche Geschäftsabschlüsse getätigt werden und Mitarbeiter des Anspruchsgegners eine Liefermöglichkeit ins Inland ausdrücklich bestätigen.[119] An einer gezielten Werbung für den Erwerb des ausgestellten Erzeugnisses wird es regelmäßig fehlen, wenn nicht ein vertriebsfertiges Produkt, sondern lediglich ein Prototyp oder eine Designstudie ausgestellt wird, um die Reaktionen des Marktes auf ein erst im Planungszustand befindliches Produkt zu testen.[120] Die Bezeichnung eines Produkts als noch nicht lieferbarer Prototyp darf allerdings nicht lediglich vorgespiegelt sein.[121]

cc) Verletzung von Prüfungspflichten

Bei der Haftung wegen Verletzung wettbewerblicher Verkehrspflichten setzt die Annahme von Wiederholungsgefahr voraus, dass mindestens eine konkrete Verletzung nach Begründung der Prüfungspflicht festgestellt werden kann. Steht aber die Verletzung von Prüfungspflichten fest, die aus wettbewerblichen Verkehrspflichten resultieren, kann die ernstliche, unmittelbar bevorstehende Gefahr drohen, dass es in Zukunft zu Rechtsverletzungen kommt.[122] Allein die Verletzung der (vorgelagerten) Prüfungspflichten kann daher die Erstbegehungsgefahr indizieren. 55

dd) Sich-Berühmen, insbesondere im Prozess

Eine Erstbegehungsgefahr kann auch begründen, wer sich des Rechts berühmt, bestimmte Handlungen vornehmen zu dürfen. Eine solche Berühmung, aus der die unmittelbar oder in naher Zukunft ernsthaft drohende Gefahr einer Begehung abzuleiten ist, kann unter Umständen auch in Erklärungen zu sehen sein, die im Rahmen der Rechtsverteidigung in einem gerichtlichen Verfahren abgegeben werden.[123] 56

Die Tatsache allein, dass sich ein Beklagter gegen die Klage verteidigt und dabei die Auffassung äußert, zu dem beanstandeten Verhalten berechtigt zu sein, ist jedoch für sich nicht als eine Berühmung zu werten, die eine Erstbegehungsgefahr begründet. Andernfalls würde der Beklagte in der wirksamen Verteidigung seiner Rechte, zu der auch das Recht gehört, in einem gerichtlichen Verfahren die Rechtmäßigkeit bestimmter Verhaltensweisen klären zu lassen, und in seinem Recht auf rechtliches Gehör beeinträchtigt. Einem Beklagten, der sich gegen einen Anspruch, den er für unbegründet hält, verteidigt, kann auch nicht ohne weiteres unterstellt werden, er werde selbst eine 57

---

117 BGH, 25.09.1970, I ZR 47/69, GRUR 1971, 119, 120 – *Branchenverzeichnis.*
118 BGH, 23.10.2014, I ZR 133/13, GRUR 2015, 603 Rn. 21 ff. – *Keksstangen.*
119 OLG Köln, 08.11.2013, 6 U 64/13 (unveröff.).
120 BGH, 23.10.2014, I ZR 133/13, GRUR 2015, 603 Rn. 22 – *Keksstangen.*
121 BGH, 23.02.2017, I ZR 92/16, GRUR 2017, 793 Rn. 31 – *Mart-Stam-Stuhl.*
122 BGH, 12.07.2007, I ZR 18/04, BGHZ 173, 188 = GRUR 2007, 890 Rn. 53 f. – *Jugendgefährdende Medien bei eBay.*
123 BGH, 17.08.2011, I ZR 57/09, BGHZ 191, 19 = GRUR 2011, 1038 Rn. 44 – *Stiftparfüm.*

gerichtliche Entscheidung, mit der die Rechtslage geklärt worden ist, nicht beachten. Eine Rechtsverteidigung kann nur dann eine Erstbegehungsgefahr begründen, wenn nicht nur der eigene Rechtsstandpunkt vertreten wird, um sich die bloße Möglichkeit eines entsprechenden Verhaltens für die Zukunft offenzuhalten, sondern den Erklärungen bei Würdigung der Einzelumstände des Falles auch die Bereitschaft zu entnehmen ist, sich unmittelbar oder in naher Zukunft in dieser Weise zu verhalten.[124]

58 Ebenso entsteht eine Erstbegehungsgefahr durch ein in der Vergangenheit zulässiges Verhalten des Anspruchsgegners, das erst durch eine spätere Gesetzesänderung unzulässig geworden ist, nur dann, wenn weitere Umstände hinzutreten, die eine Zuwiderhandlung in der Zukunft konkret erwarten lassen. Dies gilt auch dann, wenn er die ursprüngliche Rechtmäßigkeit seines Verhaltens ausdrücklich verteidigt.[125]

59 Angaben in einer Patentanmeldung, bestimmte technische Lösungen wiesen Nachteile auf (die die angemeldete Erfindung nicht aufweise), sind den Besonderheiten des Patentverfahrens geschuldet. Es besteht daher grundsätzlich nicht die Gefahr, dass sie auch außerhalb der Patentanmeldung im geschäftlichen Verkehr verwendet werden.[126]

60 Schließlich ist zu beachten, dass grundsätzlich unterschiedliche Streitgegenstände vorliegen, wenn ein Unterlassungsanspruch zum einen wegen der vorprozessual begangenen Verletzungshandlung auf Wiederholungsgefahr und zum anderen auf Erstbegehungsgefahr wegen Erklärungen gestützt wird, die der Anspruchsgegner erst später im gerichtlichen Verfahren abgibt.[127] Wird eine Klage daher auf Wiederholungsgefahr wegen einer bereits eingetretenen Rechtsverletzung gestützt, die sich im Prozess nicht nachweisen lässt, kann ein Unterlassungsanspruch nicht ohne weiteres auf Erstbegehungsgefahr mit der Erwägung gestützt werden, der Anspruchsgegner habe das Verhalten (nicht nur bestritten, sondern auch) als rechtmäßig verteidigt.[128]

b) Beseitigung der Erstbegehungsgefahr

aa) Grundsatz: »Actus contrarius« erforderlich

61 An den Wegfall der bei einer konkret drohenden Verletzungshandlung bestehenden Erstbegehungsgefahr sind grundsätzlich weniger strenge Anforderungen zu stellen als an den Fortfall der durch eine bereits begangene Verletzungshandlung begründeten Wiederholungsgefahr. Anders als für die durch eine Verletzungshandlung begründete Wiederholungsgefahr besteht für den Fortbestand der Erstbegehungsgefahr keine Vermutung. Für die Beseitigung der Erstbegehungsgefahr genügt daher grundsätzlich ein »actus contrarius«, also ein der Begründungshandlung entgegengesetztes Verhalten, das allerdings unmissverständlich und ernst gemeint sein muss.[129]

---

124 BGH, 04.05.2016, I ZR 58/14, BGHZ 210, 144 = GRUR 2017, 79 Rn. 36 – *Segmentstruktur.*
125 BGH, 24.07.2014, I ZR 221/12, GRUR 2014, 1013 Rn. 18 – *Original Bach-Blüten.*
126 BGH, 10.12.2009, I ZR 46/07, BGHZ 183, 309 = GRUR 2010, 253 Rn. 31 – *Fischdosendeckel.*
127 BGH, 23.09.2015, I ZR 15/14, GRUR 2016, 83 Rn. 41 – *Amplidect/ampliteq.*
128 BGH, 24.07.2014, I ZR 221/12, GRUR 2014, 1013 Rn. 20 – *Original Bach-Blüten.*
129 BGH, 15.01.2009, I ZR 57/07, GRUR 2009, 841 Rn. 23 – *Cybersky.*

bb) Einzelfälle

Im Fall der durch eine **Markenanmeldung** begründeten Erstbegehungsgefahr führt die Rücknahme der Markenanmeldung oder ein Verzicht auf die Eintragung der Marke regelmäßig zum Fortfall der Erstbegehungsgefahr.[130] Die Erstbegehungsgefahr entfällt auch dann, wenn die Anmeldung auf Grund einer unterbliebenen Zahlung der Anmeldegebühren entsprechend §§ 64 a MarkenG, 6 Abs. 2 PatKostG kraft Gesetzes als zurückgenommen gilt.[131] Dem ist es allerdings nicht gleichzustellen, wenn der Anmelder lediglich darauf verzichtet, gegen die Ablehnung seines Eintragungsantrags Rechtsmittel einzulegen. Ein der Anmeldung entgegengesetztes Verhalten kann in einem schlichten Untätigbleiben – wie es in der unterbliebenen Einlegung eines Rechtsmittels liegt – nicht gesehen werden.[132] **62**

Beruht die Erstbegehungsgefahr auf **Äußerungen**, so kann sie auch schon durch deren Widerruf oder die Erklärung des Unterlassungswillens ausgeräumt werden, sofern mit dieser Äußerung von dem ursprünglichen Vorhaben unmissverständlich und ernstlich Abstand genommen wird.[133] Eine durch Berühmung geschaffene Erstbegehungsgefahr und mit ihr der Unterlassungsanspruch entfallen grundsätzlich mit der Aufgabe der Berühmung. Eine solche liegt jedenfalls in der uneingeschränkten und eindeutigen Erklärung, dass die beanstandete Handlung in der Zukunft nicht vorgenommen werde.[134] **63**

Streitig ist, ob nach einer **Abmahnung** etwas anderes gilt. In der Literatur wird die These vertreten, nach einer Abmahnung könne die Erstbegehungsgefahr – wie im Fall der Wiederholungsgefahr – nur durch eine strafbewehrte Unterlassungserklärung beseitigt werden.[135] Für eine solche Differenzierung besteht aber kein Anlass. Auch im Fall der Abmahnung genügt es, wenn der Anspruchsgegner uneingeschränkt und eindeutig zu erkennen gibt, dass er die fragliche Handlung nicht vornehmen werde.[136] Dafür spricht insbesondere, dass Handlungen wie die Markenanmeldung oder die Titelschutzanzeige auch der Klärung der Rechtslage dienen können.[137] **64**

Verjährt der Unterlassungsanspruch nach § 11 UWG, entfällt auch die durch ihn begründete Wiederholungsgefahr. In **verjährter Zeit** liegende Verletzungshandlungen können daher auch nicht als Indizien herangezogen werden, um eine Erstbegehungsgefahr zu begründen, da andernfalls die Regelung des § 11 UWG leerlaufen würde.[138] **65**

---

130 BGH, 13.03.2008, I ZR 151/05, GRUR 2008, 512 Rn. 30 – *Metrosex*.
131 BGH, 14.01.2010, I ZR 92/08, GRUR 2010, 838 Rn. 30 – *DDR-Logo*.
132 BGH, 22.01.2014, I ZR 71/12, GRUR 2014, 382 Rn. 37 – *REAL-Chips*.
133 BGH, 29.10.2009, I ZR 188/07, AfP 2010, 41 Rn. 26.
134 BGH, 31.05.2001, I ZR 106/99, GRUR 2001, 1174, 1176 – *Berühmungsaufgabe*.
135 Köhler, GRUR 2011, 879, 883 f.; *Ohly*/Sosnitza, § 8 Rn. 33.
136 FBO/Büscher, § 8 Rn. 108.
137 Köhler/*Bornkamm*/Feddersen, § 8 Rn. 1.36.
138 BGH, 14.07.1993, I ZR 189/91, GRUR 1994, 57, 58 – *Geld-zurück-Garantie*.

cc) Rechtsnachfolge

66 Für die Fälle der Rechtsnachfolge gelten die gleichen Grundsätze wie für die Wiederholungsgefahr. Auch insoweit geht die in der Person des ursprünglich Handelnden entstandene Begehungsgefahr nicht auf den Rechtsnachfolger über.[139]

c) Verjährung

67 Nach einem obiter dictum in einer älteren Entscheidung des Bundesgerichtshofs unterliegt der vorbeugende Unterlassungsanspruch nicht der Verjährung.[140] Richtigerweise ist zu differenzieren: Beruht die Erstbegehungsgefahr auf einem in der Vergangenheit liegenden, abgeschlossenen Ereignis (wie einer konkreten Äußerung), so unterliegt der vorbeugende Unterlassungsanspruch wie der Verletzungsunterlassungsanspruch der Verjährung. Beruht sie dagegen auf einem andauernden Zustand (wie auf der Eintragung einer rechtsverletzenden Marke), so entsteht der Anspruch täglich neu, solange dieser Zustand fortbesteht.[141]

4. Umfang des Unterlassungsanspruchs

a) Grundsatz

68 Der Unterlassungsanspruch entsteht **sachlich** in dem Umfang, in dem Wiederholungs- und Erstbegehungsgefahr bestehen. Dabei ist zu berücksichtigen, dass sich die Begehungsgefahr grundsätzlich auch auf kerngleiche Handlungen erstreckt, so dass auch diese vom Unterlassungsanspruch erfasst werden.

69 **Räumlich** gilt der Unterlassungsanspruch grundsätzlich bundesweit, und zwar auch dann, wenn Anspruchsteller und -gegner nur räumlich begrenzt tätig sind. Die Beschränkung der Klagebefugnis auf Mitbewerber, die dazu führen kann, dass ein Marktteilnehmer nur in seinem räumlich begrenzten Tätigkeitsbereich klagebefugt ist, betrifft die Anspruchsvoraussetzung, unter der gerade dieser Marktteilnehmer den Anspruch geltend machen kann. Der Inhalt des Anspruchs bleibt davon unberührt. Die lauterkeitsrechtlichen Ansprüche von Wettbewerbern bezwecken neben deren Schutz auch den Schutz der anderen Marktbeteiligten und der Allgemeinheit. Es liegt aber in deren Interesse, dass unlauterer Wettbewerb nicht nur regional, sondern bundesweit bekämpft wird. Dementsprechend ist ein wettbewerbsrechtlicher Unterlassungsanspruch, der aufgrund einer einzelnen wettbewerbswidrigen Handlung einer Vielzahl von Wettbewerbern zustehen kann, grundsätzlich nicht regional begrenzt, son-

139 BGH, 26.04.2007, I ZR 34/05, BGHZ 172, 165 = GRUR 2007, 995 Rn. 14 – *Schuldnachfolge*; s. o. Rdn. 42–47.

140 BGH, 29.09.1978, I ZR 107/77, GRUR 1979, 121, 122 – *Verjährungsunterbrechung* (im konkreten Fall lag nicht Erstbegehungs-, sondern Wiederholungsgefahr vor). Die in der Literatur zu dieser Frage weiter zitierte Entscheidung BGH, 10.11.1965, Ib ZR 101/63, GRUR 1966, 623 – *Kupferberg* befasst sich nicht mit der Frage der Verjährung.

141 GK/Paal, § 8 Rn. 35; *Ohly*/Sosnitza, § 8 Rn. 26; *Köhler*/Bornkamm/Feddersen, § 11 Rn. 1.3.

dern für das gesamte Bundesgebiet gegeben; ebenso ist auch ein unbegrenzt ausgesprochenes Verbot im gesamten Bundesgebiet durchsetzbar.[142]

Auch wenn die Verletzungshandlung, die die Wiederholungsgefahr begründet, auf dem Fehlverhalten des Personals eines abgrenzbaren Unternehmensteils beruht, ist der Unterlassungsanspruch für das gesamte Unternehmen begründet. Der Unternehmensträger haftet nach § 8 Abs. 2 für das Fehlverhalten seiner Mitarbeiter. Ein Wettbewerbsverstoß eines Angestellten begründet dementsprechend grundsätzlich für das Inland eine räumlich nicht beschränkte Begehungsgefahr auch für den Inhaber des Unternehmens selbst.[143] 70

Anders ist es nur, wenn der Wettbewerbsverstoß als solcher lediglich räumlich beschränkt besteht, etwa bei einem Verstoß gegen landesrechtliche Bestimmungen in Verbindung mit § 3a.[144] Liegt das Charakteristische des beanstandeten Wettbewerbsverstoßes aus anderen Gründen gerade in seinem örtlichen Bezug (etwa ein nur regional vorhandenes Verkehrsverständnis), ist ebenfalls eine räumliche Beschränkung des Unterlassungsanspruchs denkbar.[145] Dementsprechend kann der Gläubiger seinen Unterlassungsanspruch auf bestimmte Gebiete beschränken.[146] 71

b) Beseitigung des Störungszustandes

aa) Grundsatz

Die Verpflichtung zur Unterlassung einer Handlung, durch die ein fortdauernder Störungszustand geschaffen wurde, richtet sich regelmäßig darauf, dass sie nicht nur die Unterlassung derartiger Handlungen, sondern auch die Vornahme möglicher und zumutbarer Handlungen zur Beseitigung des Störungszustands umfasst.[147] Eine Unterlassungsverpflichtung erschöpft sich daher nicht im bloßen Nichtstun, sondern umfasst die Vornahme von Handlungen zur Beseitigung eines zuvor geschaffenen Störungszustands, wenn allein dadurch dem Unterlassungsgebot entsprochen werden kann.[148] Der Schuldner eines Unterlassungsanspruchs muss nicht nur alles unterlassen, was zu einer Verletzung führen kann, sondern auch alles tun, was im konkreten Fall erforderlich und zumutbar ist, um künftige oder andauernde Verletzungen zu verhindern oder rückgängig zu machen. Dabei ist er auch verpflichtet, auf Dritte, deren Handeln ihm wirtschaftlich zugutekommt, einzuwirken, wenn er mit einem Verstoß ernstlich rechnen muss und zudem Einwirkungsmöglichkeiten auf das Verhalten der Dritten hat.[149] Es reicht, wenn der Schuldner tatsächliche Einwirkungsmöglichkeiten hat; es kommt 72

142 BGH, 10.12.1998, I ZR 141/96, GRUR 1999, 509, 510 – *Vorratslücken.*
143 BGH, 29.06.2000, I ZR 29/98, GRUR 2000, 907, 909 – *Filialleiterfehler.*
144 BGH, 14.02.2008, I ZR 207/05, BGHZ 175, 238 = GRUR 2008, 438 Rn. 28 – *ODDSET.*
145 Vgl. BGH, 29.06.2000, I ZR 29/98, GRUR 2000, 907, 909 – *Filialleiterfehler.*
146 Köhler/*Bornkamm*/Feddersen, § 8 Rn. 1.71; *Ohly*/Sosnitza, § 8 Rn. 36.
147 BGH, 18.09.2014, I ZR 76/13, GRUR 2015, 258 Rn. 63 – *CT-Paradies.*
148 BGH, 29.09.2016, GRUR 2017, 208 Rn. 24 – *Rückruf von RESCUE-Produkten.*
149 BGH, 13.11.2013, I ZR 77/12, GRUR 2014, 595 Rn. 26 – *Vertragsstrafenklausel.*

nicht darauf an, ob ihm rechtlich durchsetzbare Ansprüche gegen die Dritten zustehen.[150]

73 Hat eine Verletzungshandlung einen andauernden rechtswidrigen Verletzungszustand hervorgerufen, besteht neben dem Unterlassungsanspruch ein Beseitigungsanspruch (§ 8 Abs. 1 1 Alt. 1).[151] Dabei handelt es sich um selbstständige Ansprüche mit grundsätzlich unterschiedlicher Zielrichtung. Der Gläubiger hat es in der Hand, ob er den einen oder den anderen Anspruch oder aber beide Ansprüche geltend macht. Er kann bei einer solchen Fallgestaltung allerdings auch bereits mit dem Unterlassungsanspruch die Beseitigung des Verletzungszustands verlangen.[152] Der Umstand, dass der zum Unterlassungsanspruch in Konkurrenz stehende Beseitigungsanspruch durch den Verhältnismäßigkeitsgrundsatz beschränkt ist, das heißt die erstrebte Maßnahme zur Beseitigung des andauernden Störungszustandes geboten sein muss, ist im Rahmen des Unterlassungsanspruchs zu berücksichtigen. Auch im Rahmen des Unterlassungsanspruchs sind daher nur verhältnismäßige Beseitigungsmaßnahmen geschuldet, die zur Beseitigung des Störungszustands geboten erscheinen.[153]

bb) Voraussetzungen

74 Voraussetzung für einen Anspruch auf Beseitigung als Ausfluss des Unterlassungsanspruchs ist, dass die Nichtbeseitigung des Verletzungszustands gleichbedeutend mit der Fortsetzung der Verletzungshandlung ist. Dies ist insbesondere dann der Fall, wenn es sich bei der Verletzungshandlung um eine **Dauerhandlung** des Schuldners handelt.[154] Wer ein mit einem prioritätsälteren Zeichen verwechslungsfähiges Zeichen anmeldet, ist daher unter dem Gesichtspunkt der Beseitigung und Verhütung eines rechtswidrigen Störungszustandes zur Rücknahme der Anmeldung verpflichtet.[155]

75 Auch wenn die den Unterlassungsanspruch begründende Verletzungshandlung **keine Dauerhandlung** des Schuldners ist, kann eine Verpflichtung zur Unterlassung oder Duldung einer Handlung die Verpflichtung zur Vornahme von Handlungen umfassen, wenn der Schuldner seiner Pflicht zur Unterlassung oder zur Duldung nur gerecht werden kann, wenn er neben der Unterlassung oder Duldung auch Handlungen vornimmt (wie den Rückruf von Produkten, dazu unten Rdn. 80–83).[156] In Sonderfällen kann sich der Abwehranspruch auch auf die Zahlung von Geld richten, wenn der Störungszustand gerade im Vorenthalten von Geldern besteht.[157] Daher ist es – entge-

150 BGH, 11.10.2017, I ZB 96/16, GRUR 2018, 292 Rn. 25 – *Produkte zur Wundversorgung.*
151 S. u. Rn. 98–101.
152 BGH, 18.09.2014, I ZR 76/13, GRUR 2015, 258 Rn. 64 – *CT-Paradies.*
153 BGH, 11.10.2017, I ZB 96/16, GRUR 2018, 292 Rn. 28 – *Produkte zur Wundversorgung.*
154 BGH, 29.09.2016, GRUR 2017, 208 Rn. 25 – *Rückruf von RESCUE-Produkten.*
155 BGH, 04.02.1993, I ZR 42/91, BGHZ 121, 247 ff. = GRUR 1993, 556, 558 – *TRIANGLE.*
156 BGH, 29.09.2016, GRUR 2017, 208 Rn. 26 – *Rückruf von RESCUE-Produkten.*
157 BGH, 02.07.1996, KZR 31/95, BGHZ 133, 177 ff. = NJW 1996, 3005, 3006 – *Kraft-Wärme-Kopplung.*

gen einer Entscheidung des OLG Dresden[158] – nicht möglich, eine Bank wegen der Erhebung AGB-rechtlich unzulässiger Gebühren zur Rückzahlung dieser Gebühren im Rahmen des Beseitigungsanspruchs in Anspruch zu nehmen. Die Störung besteht in diesem Fall in der unzulässigen Gebührenerhebung, nicht dem Vorenthalten einer geschuldeten Leistung. Ferner werden durch diese Ausweitung des verschuldensunabhängigen Beseitigungsanspruchs die Voraussetzungen der §§ 9, 10 ausgehöhlt.[159]

Dieser Beseitigungsanspruch setzt allerdings nicht nur voraus, dass der durch die Verlet- 76
zungshandlung hervorgerufene Störungszustand fortbesteht. Er steht unter dem Gebot der Wahrung des Grundsatzes der **Verhältnismäßigkeit** des verlangten Mittels zu dem angestrebten Erfolg und setzt daher außerdem voraus, dass die erstrebte Maßnahme zur Beseitigung des andauernden Störungszustands geboten erscheint. Die Klärung der Frage, welche Maßnahmen unter Berücksichtigung des Grundsatzes der Verhältnismäßigkeit zur Beseitigung eines fortdauernden Störungszustands geboten sind, muss zwar grundsätzlich im Erkenntnisverfahren erfolgen und darf nicht in das Vollstreckungsverfahren verlagert werden. Im Hinblick darauf, dass die Verpflichtung zur Unterlassung einer Handlung, durch die ein Störungszustand geschaffen wurde, mangels abweichender Anhaltspunkte regelmäßig die Verpflichtung zur Vornahme möglicher und zumutbarer Handlungen zur Beseitigung des Störungszustands umfasst, ist eine solche Prüfung im Erkenntnisverfahren allerdings entbehrlich, wenn der Schuldner nicht geltend macht, dass ihm die zur Beseitigung des Störungszustands nach Lage der Dinge erforderlichen Handlungen unmöglich oder unzumutbar sind. In einem solchen Fall kann die Prüfung, ob die fraglichen Handlungen den Grundsatz der Verhältnismäßigkeit wahren, dem Vollstreckungsgericht überlassen bleiben.[160]

cc) Rechtsverletzungen auf Internet-Plattformen

In den Fällen der Haftung für Rechtsverletzungen auf Internet-Handelsplattformen ist 77
der Plattformbetreiber nicht nur verpflichtet, das konkrete rechtsverletzende Angebot zu entfernen. Er muss auch Vorsorge dafür treffen, dass es möglichst nicht zu weiteren gleichartigen Rechtsverletzungen kommt.[161] Solche gleichartigen Rechtsverletzungen sind nicht nur Angebote, die mit den bekannt gewordenen Fällen identisch sind, also das Angebot des gleichen Artikels durch denselben Anbieter betreffen. Vielmehr kann den Plattformbetreiber auch die Pflicht treffen, dafür Sorge zu tragen, dass ihm konkret benannte rechtsverletzende Angebote nicht durch andere Bieter erneut über seine Platt-

158 OLG Dresden, 10.04.2018, 14 U 82/16, GRUR-RR 2018, 428 Rn. 35 – *Kontobelastung bei Pfändung*; zutreffend daher Köhler/*Bornkamm*/Feddersen, § 8 Rn. 1.90.

159 Baldus/Siedler, BKR 2018, 412, 416 ff.

160 BGH, 29.09.2016, GRUR 2017, 208 Rn. 29 – *Rückruf von RESCUE-Produkten*

161 BGH, 11.03.2004, I ZR 304/01, GRUR 2004, 860, 864 – *Internet-Versteigerung.*

form angeboten werden.[162] Der genaue Umfang dieser Verpflichtung hängt von den technischen Möglichkeiten der Erkennbarkeit solcher Rechtsverletzungen ab.[163]

dd) Rückruf

78 Ein Schuldner, dem gerichtlich untersagt worden ist, ein Produkt mit einer bestimmten Aufmachung zu vertreiben oder für ein Produkt mit bestimmten Angaben zu werben, muss grundsätzlich durch einen Rückruf des Produkts dafür sorgen, dass bereits ausgelieferte Produkte von seinen Abnehmern nicht weiter vertrieben werden.[164] Diese Verpflichtung wird im Übrigen durch den Beseitigungsanspruch nicht vollständig abgedeckt, da sich dieser nur auf bereits bestehende Beeinträchtigungen richtet. Die Abwehr künftiger Beeinträchtigungen ist dagegen Gegenstand des Unterlassungsanspruchs.

79 Die spezialgesetzlichen Regelungen zum Anspruch auf Rückruf (§ 98 Abs. 2 UrhG; § 18 Abs. 2 MarkenG; § 43 Abs. 2 DesignG; § 140a Abs. 3 PatG; § 24a Abs. 2 GebrMG; § 37a Abs. 2 SortSchG) dienen der Umsetzung der Richtlinie 2004/48/EG und entfalten insoweit keine Sperrwirkung. Sie lassen nicht erkennen, dass sie den Vorrang vor anderen Vorschriften beanspruchen. Tatsächlich gehen sie weiter als der Unterlassungsanspruch, da der Gläubiger eines Rückrufanspruchs den Rückruf schlechthin aller schutzrechtsverletzenden Erzeugnisse verlangen kann, selbst wenn dieser Rückruf nicht unmittelbar der Verhinderung konkret drohender weiterer Verletzungshandlungen dient.[165]

80 Im Rahmen des »Rückrufs« von Produkten, deren Vertrieb gegen das Wettbewerbsrecht verstößt, bedeutet dies, dass der Schuldner nur insoweit auf seine Abnehmer einwirken muss, als ihm dies rechtlich und faktisch noch möglich ist. Er ist zumindest verpflichtet, seine Abnehmer auf die Rechtslage hinzuweisen und sie »nachhaltig« aufzufordern, vom Weitervertrieb Abstand zu nehmen.[166] Ob dies soweit gehen kann, dass der Schuldner verpflichtet ist, seine Abnehmer auf Rückgabe zu verklagen, dürfte nur in Ausnahmefällen anzunehmen sein.[167] Zu berücksichtigen ist dabei auch, dass Rechte Dritter aus dem Wettbewerbsrecht, die dem Vertrieb eines gekauften Produkts entgegenstehen, einen Rechtsmangel im Sinn des § 435 BGB darstellen.[168] Setzt sich der gewerbliche Käufer eines Produkts beim Weitervertrieb dieses Produkts wettbewerbs-

---

162 BGH, 12.07.2007, I ZR 18/04, BGHZ 173, 188 = GRUR 2007, 890 Rn. 43 f. – *Jugendgefährdende Medien bei eBay*; BGH, 17.08.2011, I ZR 57/09, BGHZ 191, 19 = GRUR 2011, 108 Rn. 39 – *Stiftparfüm*.

163 BGH, 11.03.2004, I ZR 304/01, GRUR 2004, 860, 864 – *Internet-Versteigerung*; BGH, 12.07.2007, I ZR 18/04, BGHZ 173, 188 = GRUR 2007, 890 Rn. 43 – *Jugendgefährdende Medien bei eBay*.

164 BGH, 29.09.2016, I ZB 34/15, GRUR 2017, 208 Rn. 30 – *Rückruf von RESCUE-Produkten*.

165 BGH, 11.10.2017, I ZB 96/16, GRUR 2018, 292 Rn. 29 f. – *Produkte zur Wundversorgung*.

166 BGH, 04.05.2017, I ZR 208/15, GRUR 2017, 823 Rn. 32 – *Luftentfeuchter*.

167 Sakowski, GRUR 2017, 355, 357.

168 BGH, 31.01.1990, VIII ZR 314/88, BGHZ 110, 196 = NJW 1990, 1106, 1107 (T-Shirts, die das Namensrecht eines Dritten verletzten); BGH, 24.10.2000, X ZR 15/98, GRUR 2001, 407 – *Bauschuttsortieranlage* (zum Patenrecht); MünchKomm-BGB/Westermann, § 435 Rn. 8.

rechtlichen Ansprüchen aus, wird auch eine vertragliche Nebenpflicht seines (bereits erfolgreich auf Unterlassung in Anspruch genommenen) Verkäufers zu prüfen sein, ihn auf die Unzulässigkeit des Weitervertriebs hinzuweisen.[169] Liefert der Hersteller wettbewerbswidriger Produkte diese unter Eigentumsvorbehalt an die Händler, werden diese dadurch nicht seine Erfüllungsgehilfen bei der Einhaltung vertraglicher Unterlassungsansprüche.[170]

Auch in diesem Fall ist die Handlungspflicht des Schuldners auf mögliche und zumutbare Maßnahmen begrenzt. Er muss weder etwas tun, was zur Verhinderung weiterer Verletzungen nichts beiträgt und deswegen nicht erforderlich ist, noch muss er Maßnahmen der Störungsverhinderung oder -beseitigung ergreifen, die ihm – etwa gegenüber seinen Abnehmern, mit denen er in laufender Geschäftsbeziehung steht – in unverhältnismäßiger Weise zum Nachteil seiner gewerblichen Tätigkeit gereichen und deshalb unzumutbar sind.[171] 81

Im **Verfahren des einstweiligen Rechtsschutzes** kommt die Annahme einer Verpflichtung zum Rückruf nur in Ausnahmefällen in Betracht, da durch sie im Ergebnis die Hauptsache vorweggenommen wird. Ein solcher Ausnahmefall ist zum Beispiel gegeben, wenn konkrete Anhaltspunkte dafür sprechen, dass der Schuldner versucht hat, sich seiner Unterlassungspflicht durch die schnelle Weiterveräußerung der fraglichen Waren faktisch zu entziehen, oder wenn ein Fall von Produktpiraterie vorliegt.[172] 82

Eine im Eilverfahren unzulässige Vorwegnahme der Hauptsache liegt dagegen nicht vor, wenn der Schuldner die von ihm vertriebenen Waren aufgrund der gegen ihn ergangenen einstweiligen Verfügung nicht bei seinen Abnehmern zurückzurufen, sondern diese lediglich aufzufordern hat, die erhaltenen Waren im Hinblick auf die einstweilige Verfügung vorläufig nicht weiter zu vertreiben. Eine entsprechende Vorgehensweise ist für den Schuldner nicht unzumutbar, weil ihn unter diesen Umständen seinerseits aus dem mit dem Abnehmer geschlossenen Kaufvertrag die Nebenpflicht trifft, den Abnehmer darauf hinzuweisen, dass dieser beim Weitervertrieb der Ware ebenfalls mit einer gegen ihn gerichteten einstweiligen Verfügung zu rechnen hat.[173] 83

ee) Weitere Anwendungsfälle

Wer ein mit einem prioritätsälteren Zeichen verwechslungsfähiges Zeichen anmeldet, ist unter dem Gesichtspunkt der Beseitigung und Verhütung eines rechtswidrigen Störungszustandes zur Rücknahme der Anmeldung verpflichtet.[174] 84

Der Anspruch, es zu unterlassen, Lichtbilder im Internet öffentlich zugänglich zu machen, umfasst nicht nur das Unterlassen einer erneuten öffentlichen Zugänglichma- 85

169 Vgl. BGH, 04.05.2017, I ZR 208/15, GRUR 2017, 823 Rn. 32 – *Luftentfeuchter*; BGH, 11.10.2017, I ZB 96/16, GRUR 2018, 292 Rn. 39 – *Produkte zur Wundversorgung*.
170 BGH, 04.05.2017, I ZR 208/15, GRUR 2017, 823 Rn. 22 – *Luftentfeuchter*.
171 BGH, 11.10.2017, I ZB 96/16, GRUR 2018, 292 Rn. 26 – *Produkte zur Wundversorgung*.
172 BGH, 11.10.2017, I ZB 96/16, GRUR 2018, 292 Rn. 36 – *Produkte zur Wundversorgung*.
173 BGH, 11.10.2017, I ZB 96/16, GRUR 2018, 292 Rn. 39 – *Produkte zur Wundversorgung*.
174 BGH, 04.02.1993, I ZR 42/91, BGHZ 121, 247 ff. = GRUR 1993, 556, 558 – *TRIANGLE*.

chung. Vielmehr hat der Anspruchsgegner durch geeignete Maßnahmen sicherzustellen, dass die bereits in das Internet eingestellten Lichtbilder dort nicht mehr öffentlich zugänglich sind.[175] Hierzu gehört die Verpflichtung, dafür Sorge zu tragen, dass entsprechende Einträge auch aus dem Cache (Zwischenspeicher) der gängigen **Suchmaschinen** gelöscht werden.[176] Nicht erforderlich ist es dagegen, auch »Social Media«-Plattformen darauf zu überwachen, ob Dritte dort rechtsverletzende Inhalte selbständig neu eingestellt haben.[177] Wer zur Unterlassung der Verwendung einer rechtswidrigen Firma verpflichtet ist, muss eigene Recherchen über die weitere Verwendung der untersagten Firmierung durchführen und jedenfalls die Betreiber von Diensten wie gelbeseiten.de, Google Maps und 11880.com zu veranlassen, diese Firmierung aus ihren Verzeichnissen zu entfernen, und zwar auch dann, wenn er diese Eintragungen nicht selber veranlasst hat.[178]

86 Der Verwender einer unwirksamen Allgemeinen Geschäftsbedingung ist dagegen im Rahmen des Unterlassungsanspruchs nicht verpflichtet, Kunden von sich aus darüber aufzuklären, dass die beanstandeten Allgemeinen Geschäftsbedingungen nicht wirksam sind.[179]

c) Umstellungs- oder Aufbrauchsfrist

aa) Grundsatz

87 Ebenfalls ein Ausfluss des Verhältnismäßigkeitsprinzips ist die Möglichkeit, dem Schuldner eine Umstellungs- oder Aufbrauchsfrist (meist einheitlich als Aufbrauchsfrist bezeichnet) zu gewähren. Ein sofort wirksames Verbot kann den Schuldner unverhältnismäßig hart treffen, wenn er beispielsweise seine Firma ändern muss, die Bezeichnung eines umfangreichen Filialnetzes ändern muss,[180] vertragliche Beziehungen neu regeln muss[181] oder über einen Bestand nicht mehr vertriebsfähiger Produkte verfügt.[182]

bb) Rechtsgrundlage, Voraussetzungen, Inhalt

88 Nach der Rechtsprechung folgt diese Möglichkeit aus § 242 BGB;[183] teilweise wird auch die Anwendung des § 275 Abs. 2 BGB vertreten,[184] wobei diese Vorschrift allerdings den vollständigen Ausschluss der Leistungspflicht (und nicht nur ihre Einschränkung) regelt. Dies hätte zur Folge, dass es sich nicht mehr um eine – von Amts wegen

175 BGH, 18.09.2014, I ZR 76/13, GRUR 2015, 258 Rn. 63 – *CT-Paradies*.
176 OLG Düsseldorf, 03.09.2015, I-15 U 119/14, GRUR-RR 2016, 259 Rn. 63 – *TÜV-Sondereintragung*; Sakowski, NJW 2016, 3623.
177 OLG Celle, 21.08.2017, 13 W 45/17, WRP 2017, 1390 Rn. 13 f.
178 BGH, 13.11.2013, I ZR 77/12, GRUR 2014, 595 Rn. 29 – *Vertragsstrafenklausel*.
179 BGH, 14.12.2017, I ZR 184/15, juris Rn. 23 – *Klauselersetzung*.
180 BGH, 24.09.2013, I ZR 89/12, GRUR 2013, 1254 Rn. 44 – *Matratzen Factory Outlet*.
181 BGH, 25.01.1990, I ZR 19/87, GRUR 1990, 522, 528 – *HBV-Familien- und Wohnungsrechtsschutz*.
182 OLG Nürnberg, 20.04.1993, 3 U 3074/92, WRP 1996, 135, 144 – *Spielfiguren*.
183 BGH, 29.03.2007, I ZR 122/04, GRUR 2007, 1079 Rn. 40 – *Bundesdruckerei*.
184 *Ohly*/Sosnitza, § 8 Rn. 39.

zu berücksichtigende – Einwendung, sondern eine vom Schuldner zu erhebende Einrede handeln würde.

Die Gewährung einer Aufbrauchsfrist stellt eine inhaltliche Beschränkung des Unterlassungsanspruchs dar, nicht nur eine Maßregel des Vollstreckungsschutzes.[185] Ferner betrifft sie nur den Unterlassungsanspruch, nicht etwaige Schadensersatzansprüche. Der im Rahmen einer Aufbrauchsfrist zulässige Vertrieb von Produkten kann daher einen bestehenden Schadensersatzanspruch weiter erhöhen.[186] **89**

Voraussetzung einer solchen Einschränkung der Unterlassungspflicht ist, dass dem Schuldner durch ein sofort mit der Zustellung des Titels uneingeschränkt zu beachtendes Verbot unverhältnismäßige Nachteile entstehen und die Belange sowohl des Gläubigers als auch der Allgemeinheit durch eine befristete Fortsetzung des Wettbewerbsverstoßes nicht unzumutbar beeinträchtigt werden.[187] Im Rahmen der gebotenen Interessenabwägung spielt auf Seiten des Schuldners der Grad des Verschuldens eine Rolle; bei vorsätzlichen oder grob fahrlässigen Verstößen kommt eine Aufbrauchsfrist regelmäßig nicht in Frage.[188] Ein Schuldner, gegen den bereits ein vorläufig vollstreckbarer Titel ergangen ist, ist weniger schutzwürdig als ein Schuldner, der von einer einstweiligen Verfügung überrascht wird.[189] Auch ein Schuldner, der seine Tätigkeit in Kenntnis einer zweifelhaften Rechtslage aufgenommen hat, ist weniger schutzwürdig.[190] Gleiches gilt für einen Schuldner, der das beanstandete Verhalten bereits geändert hat.[191] Für den Gläubiger kommt es auf Art und Weise der Betroffenheit an. Gezielt gegen die Interessen eines Gläubigers verstoßenden Handlungen (§ 4 Nr. 1, 2 und 4) beeinträchtigen ihn in besonderem Maße. Interessen der Allgemeinheit, insbesondere der Verbraucher, können durch irreführende Geschäftspraktiken berührt sein. In diesen Fällen wird die Gewährung einer Aufbrauchsfrist im Rahmen der Interessenabwägung regelmäßig nicht in Frage kommen.[192] **90**

Die Dauer der zu gewährenden Aufbrauchsfrist hängt von den Umständen des Einzelfalles ab; Fristen zwischen drei Monaten und einem Jahr sind zuerkannt worden, wobei letzteres aber bereits einen Ausnahmefall darstellt.[193] In der Literatur werden Fristen zwischen drei und sechs Monaten als üblich angesehen.[194] **91**

---

185 FBO/Büscher, § 8 Rn. 165; GK/Paal, § 8 Rn. 51: Köhler/*Bornkamm*/Feddersen, § 8 Rn. 1.73.
186 BGH, 11.03.1982, I ZR 58/80, GRUR 1982, 420, 423 – *BBC/DDC.*
187 BGH, 29.03.2007, I ZR 122/04, GRUR 2007, 1079 Rn. 40 – *Bundesdruckerei.*
188 *Ohly*/Sosnitza, § 8 Rn. 41.
189 *Köhler*/*Bornkamm*/Feddersen, § 8 Rn. 1.76; in BGH, 29.03.2007, I ZR 122/04, GRUR 2007, 1079 – *Bundesdruckerei* war der Schuldner zwar erstinstanzlich verurteilt worden, das Berufungsgericht hatte die Klage aber abgewiesen.
190 BGH, 18.12.1981, I ZR 34/80, GRUR 1982, 425, 431 – *Brillen-Selbstabgabestellen.*
191 OLG Nürnberg, 20.04.1993, 3 U 3074/92, WRP 1996, 135, 144 – *Spielfiguren.*
192 GK/Paal, § 8 Rn. 53.
193 BGH, 25.01.1990, I ZR 19/87, GRUR 1990, 522, 528 – *HBV-Familien- und Wohnungsrechtsschutz.*
194 GK/Paal, § 8 Rn. 54; Teplitzky/Feddersen, Kap. 57 Rn. 21.

cc) Verfahrensfragen

92 Da es sich nach der herrschenden Meinung um eine Einwendung handelt, kann eine Aufbrauchsfrist auch von Amts wegen ohne entsprechenden Antrag des Schuldners gewährt werden. Allerdings ist der Schuldner gehalten, zu den tatsächlichen Voraussetzungen vorzutragen.[195] Rein praktisch ist zu fragen, ob die Interessen eines Schuldners, der sich zu dieser Frage nicht äußert, durch ein sofort wirksames Verbot tatsächlich so schwerwiegend beeinträchtigt werden, dass die Gewährung einer Aufbrauchsfrist erforderlich ist.

93 Stellt der Gläubiger einen unbeschränkten Unterlassungsantrag, gewährt das Gericht dem Schuldner aber eine Aufbrauchsfrist, stellt dies ein Teilunterliegen dar, das sich kostenmäßig allerdings nicht auswirken muss (§ 92 Abs. 2 ZPO).[196] Dementsprechend kann der Gläubiger auch die Gewährung einer Aufbrauchsfrist mit der Berufung angreifen.[197]

94 Entgegen einer vor allem in der älteren obergerichtlichen Rechtsprechung vertretenen Ansicht[198] kann eine Aufbrauchsfrist auch im Verfahren des einstweiligen Rechtsschutzes gewährt werden.[199] Gerade in diesen Fällen kann der Schuldner, der mit dem Verbot überraschend konfrontiert wird, in besonderem Maß auf eine Aufbrauchfrist angewiesen sein.[200]

5. Darlegungs- und Beweislast

95 Die für einen wettbewerbsrechtlichen Unterlassungsanspruch erforderliche Begehungsgefahr stellt eine materielle Anspruchsvoraussetzung dar. Da es sich um eine anspruchsbegründende Tatsache handelt, liegt die Darlegungs- und Beweislast für ihre Voraussetzungen beim Anspruchsteller.[201]

96 Da beim **Verletzungsunterlassungsanspruch** die Wiederholungsgefahr vermutet wird, muss der Anspruchsteller allein die Verletzungshandlung vortragen. Es ist dann Sache des Anspruchsgegners, Umstände darzulegen und im Bestreitensfalle zu beweisen, die die Vermutung widerlegen oder die einen Wegfall der Wiederholungsgefahr begründen.[202] Versucht der Anspruchsgegner, den Wegfall der Wiederholungsgefahr dadurch zu begründen, dass er auf die einem Dritten gegenüber abgegebene Unterwerfungser-

195 BGH, 11.03.1982, I ZR 58/80, GRUR 1982, 420, 423 – *BBC/DDC.*
196 Köhler/*Bornkamm*/Feddersen, § 8 Rn. 1.80.
197 OLG Düsseldorf, 10.10.1985, 2 U 114/85, GRUR 1986, 197 – *Rechtsmittel gegen Aufbrauchsfrist.*
198 OLG Düsseldorf, 10.10.1985, 2 U 114/85, GRUR 1986, 197 f. – *Rechtsmittel gegen Aufbrauchsfrist*; OLG Frankfurt, 01.10.1987, 6 U 62/87, GRUR 1988, 46, 49 – *Flughafenpassage*; OLG Koblenz, 13.04.1995, 6 U 130/95, GRUR 1995, 499, 500 – *Änderung der Wettbewerbslage.*
199 OLG Stuttgart, 16.01.1989, 2 W 149/88, WRP 1989, 832, 833 – *GS-Zeichen.*
200 GK/Paal, § 8 Rn. 57; Köhler/*Bornkamm*/Feddersen, § 8 Rn. 1.82; *Ohly*/Sosnitza, § 8 Rn. 46.
201 BGH, 29.10.2009, I ZR 188/07, AfP 2010, 41 Rn. 24.
202 BGH, 19.03.1998, I ZR 264/95, GRUR 1998, 1045 – *Brennwertkessel.*

klärung verweist, so obliegt es ihm, darzulegen und gegebenenfalls zu beweisen, dass diese Erklärung geeignet ist, die Wiederholungsgefahr schlechthin zu beseitigen.[203]

Im Fall des **vorbeugenden Unterlassungsanspruchs** ist es dagegen Sache des Anspruchstellers, Tatsachen darzulegen und zu beweisen, die eine Erstbegehungsgefahr begründen, da e sich um eine den Anspruch begründende Tatsache handelt.[204] **97**

III. Beseitigungsanspruch

1. Einleitung

Nach § 8 Abs. 1 1 Alt. 1 steht dem Verletzten bei unzulässigen geschäftlichen Handlungen ein Beseitigungsanspruch zu. Es handelt sich dabei um einen objektiven, verschuldensunabhängigen Abwehranspruch der Beseitigung von als Folge einer Verletzungshandlung fortdauernden rechtswidrigen Störungszuständen.[205] Eine Sonderform des Beseitigungsanspruchs ist der Widerrufsanspruch, durch den Beeinträchtigungen aufgrund unlauterer Tatsachenbehauptungen beseitigt werden sollen.[206] **98**

Für das **Verhältnis zum Unterlassungsanspruch** gilt, dass es sich bei den Ansprüchen auf Unterlassung (§ 8 Abs. 1 1 Alt. 2) und Beseitigung (§ 8 Abs. 1 1 Alt. 1) um selbständige Ansprüche mit grundsätzlich unterschiedlicher Zielrichtung handelt. Der Unterlassungsanspruch dient der Abwehr künftiger Beeinträchtigungen, durch den Beseitigungsanspruch sollen bereits eingetretene Beeinträchtigungen rückgängig gemacht werden. Hat eine Verletzungshandlung einen andauernden rechtswidrigen Verletzungszustand hervorgerufen, bestehen jedoch beide Ansprüche nebeneinander. Der Gläubiger hat es in der Hand, ob er den einen oder den anderen Anspruch oder aber beide Ansprüche geltend macht. Er kann bei einer solchen Fallgestaltung auch bereits mit dem Unterlassungsanspruch die Beseitigung des Verletzungszustands verlangen.[207] **99**

Das ändert aber nichts daran, dass es sich beim Unterlassungs- und Beseitigungsanspruch um verschiedene Streitgegenstände handelt. Der Übergang von dem einen zum anderen stellt daher eine Klageänderung dar.[208] Die Ansprüche unterscheiden sich auch hinsichtlich der Vollstreckung. Der Beseitigungsanspruch wird nach §§ 887, 888 ZPO vollstreckt, der Unterlassungsanspruch nach § 890 ZPO.[209] In Antrag und Entscheidung muss daher eindeutig zum Ausdruck kommen, um welchen Anspruch es sich handelt. **100**

203 BGH, 13.05.1987, I ZR 79/85, GRUR 1987, 640, 641 – *Wiederholte Unterwerfung II.*
204 BGH, 23.10.2014, I ZR 133/13, GRUR 2015, 603 Rn. 17 – *Keksstangen*; BGH, 23.02.2017, I ZR 92/16, GRUR 2017, 793 Rn. 33 – *Mart-Stam-Stuhl.*
205 GK/Paal, § 8 Rn. 64.
206 Köhler/*Bornkamm*/Feddersen, § 8 Rn. 1.111; dazu unten Rdn. 114–121.
207 BGH, 29.09.2016, I ZB 34/15, GRUR 2017, 208 Rn. 28 – *Rückruf von RESCUE-Produkten.*
208 BGH, 12.07.1994, VI ZB 43/93, NJW-RR 1994, 1404 f.
209 *Ohly*/Sosnitza, § 8 Rn. 69.

101 Auf den Ausgleich bereits eingetretener Beeinträchtigungen ist im Prinzip auch der **Schadensersatzanspruch** gerichtet, so dass theoretisch die Beseitigung einer Beeinträchtigung auch als Schadenersatz im Weg der Naturalrestitution geltend gemacht werden kann; da aber der Schadensersatzanspruch – anders als der Beseitigungsanspruch – Verschulden voraussetzt, ist er insoweit ohne praktische Bedeutung.[210] Für einen Sonderfall hat der Bundesgerichtshof entschieden, dass sich der Beseitigungsanspruch auch auf die Zahlung von Geld richten kann, wenn der Störungszustand gerade im Vorenthalten von Geldern besteht.[211] Dieser Gedanke ist jedoch nicht verallgemeinerungsfähig. Insbesondere kann auf diesem Wege nicht erreicht werden, dass aufgrund unzulässiger AGB erhobene Entgelte an die betroffenen Verbraucher zurückerstattet werden.[212] Ob der Verwender einer unwirksamen AGB-Klausel im Wege der Folgenbeseitigung verpflichtet werden kann, die betroffenen Verbraucher auf die Unwirksamkeit der Klausel hinzuweisen, hält der Bundesgerichtshof nicht für ausgeschlossen, ohne die Frage aber abschließend entschieden zu haben.[213]

2. Voraussetzungen

102 Der Beseitigungsanspruch setzt materiell voraus, dass der Störungszustand fortbesteht und dass zu dessen Beseitigung die erstrebte Maßnahme geboten erscheint, also eine weniger einschneidende Maßnahme zur Störungsabwehr nicht ausreicht. Er steht unter dem Gebot der Wahrung des Grundsatzes der Verhältnismäßigkeit des verlangten Mittels zu dem angestrebten Erfolg.[214]

103 Der Anspruch setzt einen bestehenden Störungszustand voraus, so dass er nicht vorbeugend gewährt werden kann. Gegen drohende Beeinträchtigungen steht dem Anspruchsteller grundsätzlich das Mittel der Unterlassungsklage, nicht aber das der Beseitigungsklage zur Verfügung. Es besteht daher zum Beispiel kein Anspruch auf Vernichtung von Waren, deren Vertrieb gemäß § 4 Nr. 3 unzulässig ist.[215] Kann aber auch ein Unterlassungsanspruch nur durch eine bestimmte positive Handlung – wie zum Beispiel die Rücknahme einer Markenanmeldung – erfüllt werden, so kann dem Gläubiger ausnahmsweise auch bei einem erst drohenden Störungszustand (der im Beispiel durch die Eintragung der Marke entstehen würde) der Beseitigungsanspruch gewährt werden, der für ihn wegen der Vollstreckung über §§ 887, 888 ZPO vorteilhaft sein kann.[216]

210 *Ohly*/Sosnitza, § 8 Rn. 70.
211 BGH, 02.07.1996, KZR 31/95, BGHZ 133, 177 ff. = NJW 1996, 3005, 3006 – *Kraft-Wärme-Kopplung*.
212 Köhler/*Bornkamm*/Feddersen, § 8 Rn. 1.90; a. A. OLG Dresden, 10.04.2018, 14 U 82/16, GRUR-RR 2018, 428 Rn. 35 – *Kontobelastung bei Pfändung*; s. o. Rdn. 75.
213 BGH, 14.12.2017, I ZR 184/15, juris Rn. 52 – *Klauselersetzung*.
214 BGH, 23.02.1995, I ZR 15/93, GRUR 1995, 424, 426 – *Abnehmerverwarnung*.
215 BGH, 04.02.1993, I ZR 42/91, BGHZ 121, 242 ff. = GRUR 1993, 556, 558 – *TRIANGLE*; OLG Köln, 09.11.2007, 6 U 9/07, GRUR-RR 2008, 166, 169 – *Bigfoot*; Köhler/*Bornkamm*/Feddersen, § 8 Rn. 1.92; *Ohly*/Sosnitza, § 8 Rn. 72.
216 BGH, 04.02.1993, I ZR 42/91, BGHZ 121, 242 ff. = GRUR 1993, 556, 558 – *TRIANGLE*.

Gleichermaßen muss der Störungszustand zum Zeitpunkt der letzten mündlichen Verhandlung noch bestehen.[217] Er kann beispielsweise entfallen, wenn eine unlautere öffentliche Behauptung wegen Zeitablaufs im Bewusstsein des Publikums nicht mehr vorhanden ist.[218] **104**

Der Beseitigungsanspruch kann auch grundsätzlich qualifizierten Einrichtungen nach § 8 Abs. 3 Nr. 3 zustehen. Dem kann nicht entgegengehalten werden, dass die Einrichtung durch das beanstandete Verhalten kein eigener Schaden entstanden ist und sie auch nicht selber beeinträchtigt worden sein kann. Den qualifizierten Einrichtungen gemäß § 8 Abs. 3 Nr. 3 UWG stehen die in § 8 Abs. 1 geregelten Ansprüche kraft ausdrücklicher gesetzlicher Verweisung zu. Weitere Voraussetzungen wie die Beeinträchtigung eigener Interessen der Einrichtungen bestehen nicht.[219] **105**

3. Inhalt

a) Grundsatz

Der Beseitigungsanspruch nach § 8 Abs. 1 UWG kann alle geeigneten Maßnahmen umfassen, die zur Beseitigung der fortwirkenden Störung geeignet und erforderlich sind. Daraus folgt zugleich, dass der Schuldner nur zu solchen Maßnahmen verpflichtet ist, die ihm auch möglich sind. In Bezug auf rechtsverletzende Inhalte, die der Schuldner nicht selber ins Internet gestellt hat, kann er daher nicht auf Löschung in Anspruch genommen werden (wohl aber u. U. darauf, auf die Betreiber der betreffenden Internetseiten mit dem Ziel einer Löschung einzuwirken).[220] Rechtsverletzende Inhalte, die er selber ins Internet gestellt hat, muss der Schuldner löschen.[221] Ein Vernichtungsanspruch setzt voraus, dass der Schuldner noch im Besitz der betreffenden Gegenstände ist.[222] **106**

Verhindert ein Markeninhaber durch ein gegenüber dem Betreiber einer Internetplattform ausgesprochenes Verbot bestimmter Werbeanzeigen, dass auch markenrechtlich zulässige Werbeanzeigen auf der Plattform erscheinen, umfasst der Beseitigungsanspruch die Aufhebung des rechtswidrigen Verbots.[223] Die Registrierung einer rechtsverletzenden Domain löst einen Beseitigungsanspruch auf Einwilligung in die Löschung der Domain aus.[224] Wer durch die Eintragung einer Marke einen Mitbewerber in unlauterer Weise behindert, ist zur Beseitigung dieses Zustands durch Einwilligung in die Löschung der Marke verpflichtet.[225] **107**

---

217 BGH, 04.02.1993, I ZR 319/90, WRP 1993, 396, 398 – *Maschinenbeseitigung.*
218 OLG Hamm, 24.09.2009, 4 U 89/09, juris Rn. 64.
219 *BGH, 14.12.2017, I ZR 184/15,* juris Rn. 51 – *Klauselersetzung.*
220 BGH, 28.07.2015, VI ZR 340/14, GRUR 2016, 104 Rn. 39 f. – *recht § billig* (zum Äußerungsrecht); s. u. Rdn. 111.
221 BGH, 18.09.2014, I ZR 76/13, GRUR 2015, 258 Rn. 62 f. – *CT-Paradies*; BGH, 28.07.2015, VI ZR 340/14, GRUR 2016, 104 Rn. 13 – *recht § billig* (zum Äußerungsrecht).
222 BGH, 04.02.1993, I ZR 319/90, WRP 1993, 396, 398 – *Maschinenbeseitigung.*
223 BGH, 12.03.2015, I ZR 188/13, GRUR 2015, 607 Rn. 35 – *Uhrenankauf im Internet.*
224 BGH, 19.02.2009, I ZR 135/06, GRUR 2009, 685 Rn. 39 – *ahd.de.*
225 BGH, 30.01.2014, I ZR 107/10, GRUR 2014, 385 Rn. 23 – *H 15.*

108 Lässt sich die Gefahr einer Rechtsverletzung nicht auf andere Weise beseitigen, kann sich der Beseitigungsanspruch auch auf die Vernichtung rechtsverletzender Gegenstände richten, wobei dieser Anspruch aber nur unter strengeren Voraussetzungen zu bejahen ist als der markenrechtliche Vernichtungsanspruch aus § 18 Abs. 1 MarkenG.[226] Die Vernichtung von unlauteren Produktnachahmungen kann nicht verlangt werden, da nicht das Herstellen der Produkte unlauter ist, sondern nur ihr Angebot und Vertrieb.[227]

109 Lassen sich die zu einer Beseitigung der fortwirkenden Störung erforderlichen Maßnahmen praktisch nicht verwirklichen, ohne dass dem Verletzten Informationen seitens des Verletzers zur Verfügung gestellt werden, umfasst auch der Beseitigungsanspruch einen Anspruch auf Auskunfterteilung über Inhalt und Umfang der Verletzungshandlungen.[228]

b) Mehrere Möglichkeiten der Beseitigung

110 Es sind Fälle denkbar, in denen der Schuldner verschiedene Möglichkeiten hat, den Störungszustand zu beseitigen. In diesen Fällen kann der Gläubiger nicht eine bestimmte Form der Störungsbeseitigung verlangen. Vielmehr bleibt es grundsätzlich Sache des Schuldners, unter den in Betracht kommenden Möglichkeiten der Beseitigung die für ihn nächstliegende oder günstigste auszuwählen.[229] Zwar kann ein entsprechend abstrakt formulierter Antrag zu Auslegungszweifeln in der Zwangsvollstreckung führen; dies ist aber im Interesse eines effektiven Rechtschutzes hinzunehmen.[230] Dies entspricht zum Beispiel auch der Sachlage bei Unterlassungsansprüchen, die sich auf eine Verletzung von Hinweispflichten stützen. Sie können in der Regel auf verschiedene Weise erfüllt werden. In diesen Fällen ist der Antrag so zu gestalten, dass der Schuldner durch die Tenorierung nicht auf eine bestimmte Art des Hinweises festgelegt wird, sondern ihm andere, ebenfalls zulässige Möglichkeiten der Hinweiserteilung verbleiben.[231]

c) Einwirkung auf Dritte

111 Wie beim Unterlassungsanspruch kann der Schuldner auch beim Beseitigungsanspruch verpflichtet sein, nicht nur selber tätig zu werden, sondern im Rahmen des Möglichen und Zumutbaren auch auf Dritte einzuwirken, wenn und soweit er auf diese Einfluss

---

226 BGH, 21.02.2002, I ZR 140/99, GRUR 2002, 709, 711 – *Entfernung der Herstellungsnummer III.*

227 BGH, 06.05.1999, I ZR 199/96, GRUR 1999, 923, 927 f. – *Tele-Info-CD.*

228 BGH, 18.02.1972, I ZR 82/70, GRUR 1972, 558, 560 – *Teerspritzmaschinen*; vgl. BGH, 14.12.2017, I ZR 184/15, juris Rn. 52 – *Klauselersetzung.*

229 BGH, 22.10.1976, V ZR 36/75, BGHZ 67, 252 ff. = NJW 1977, 146 (zu § 1004 BGB); BGH, 28.07.2015, VI ZR 340/14, GRUR 2016, 104 Rn. 40 – *recht § billig* (zum Äußerungsrecht).

230 BGH, 05.02.1993, V ZR 62/91, BGHZ 121, 248 ff. = NJW 1993, 1656, 1657 (zu § 1004 BGB); Köhler/*Bornkamm*/Feddersen, § 8 Rn. 1.97 ff.

231 OLG Frankfurt, 06.03.2008, 6 U 85/07, OLGR Frankfurt 2008, 849, 852.

nehmen kann. Er hat daher, wenn er für eine Rechtsverletzung auf einer Internetplattform verantwortlich ist, auf deren Betreiber einzuwirken, um ihn zur Entfernung noch vorhandener rechtsverletzender Inhalte zu veranlassen.[232] In dem Antrag, die Löschung bestimmter Behauptungen zu bewirken, ist als Minus das Begehren enthalten, bei den Betreibern der Internetplattformen, auf denen die angegriffenen Äußerungen noch abrufbar sind, auf eine Löschung hinzuwirken.[233]

d) Auskunft

In bestimmten Fällen hat die Rechtsprechung auch einen selbständigen Auskunftsanspruch als Inhalt des Beseitigungsanspruchs zuerkannt. Dies betrifft Fälle des lauterkeitsrechtlichen Leistungsschutzes und des Vertriebs vertriebsgebundener Waren. In diesen Fällen kann der Verletzte zur Beseitigung des durch die Rechtsverletzung eingetretenen Zustandes von dem Verletzer Auskunft über Bezugsquellen und Absatzwege verlangen.[234] Auch im Fall unlauterer Äußerungen kann ein Anspruch auf Auskunft über die Quelle geschäftsschädigender Äußerungen bestehen. So kann Auskunft verlangt werden über den Ersteller einer – geschäftsschädigenden – »schwarzen Liste« mit Unternehmen, deren Bonität fraglich sein soll.[235] 112

4. Verhältnismäßigkeit

Der Beseitigungsanspruch steht in besonderem Maß unter dem Gebot der Verhältnismäßigkeit. Vom Schuldner können nur solche Maßnahmen verlangt werden, die ihm zumutbar sind.[236] Es dürfen keine konkreten Maßnahmen (wie die Vernichtung von Gegenständen) verlangt werden, wenn der Störungszustand auch durch mildere Mittel beseitigt werden kann.[237] Steht kein milderes Mittel zur Verfügung, so ist die Zumutbarkeit unter Abwägung der beiderseitigen Rechtspositionen zu prüfen.[238] Zu den dabei zu berücksichtigenden Umständen gehören neben der Schwere der Beeinträchtigung auch die Person des Betroffenen, Form und Intensität des Verstoßes sowie das Interesse der Allgemeinheit.[239] 113

232 BGH, 18.09.2014, I ZR 76/13, GRUR 2015, 262 Rn. 70 – *CT-Paradies.*
233 BGH, 28.07.2015, VI ZR 340/14, GRUR 2016, 104 Rn. 40 – *recht § billig* (zum Äußerungsrecht).
234 BGH, 24.03.1994, I ZR 42/93, GRUR 1994, 630, 632 f. – *Cartier-Armreif.*
235 BGH, 23.02.1995, I ZR 75/93, GRUR 1995, 427, 429 – *Schwarze Liste.*
236 BGH, 18.09.2014, I ZR 76/13, GRUR 2015, 262 Rn. 62 – *CT-Paradies.*
237 BGH, 26.11.1997, I ZR 109/95, GRUR 1998, 415, 417 – *Wirtschaftsregister*; BGH, 21.02.2002, I ZR 140/99, GRUR 2002, 709, 711 – *Entfernung der Herstellungsnummer III.*
238 BGH, 28.07.2015, VI ZR 340/14, GRUR 2016, 104 Rn. 16 – *recht § billig* (zum Äußerungsrecht).
239 *Ohly*/Sosnitza, § 8 Rn. 75.

5. Widerrufsanspruch

a) Grundsatz, Voraussetzungen

114 Ein Unterfall des Beseitigungsanspruchs ist der Anspruch auf Widerruf unlauterer Tatsachenbehauptungen.[240] Schließlich wird auch im Lauterkeitsrecht der im Äußerungsrecht entwickelte »Folgenbeseitigungsanspruch« Anwendung finden können. Dieser ist gerichtet auf eine ergänzende Information bei günstigem Ausgang eines Strafverfahrens nach ursprünglich rechtmäßiger Mitteilung über das Verfahren.[241]

115 Gegenstand des Widerrufsanspruchs können aber allein **Tatsachenbehauptungen** sein. Bei Äußerungen, deren Wahrheitsgehalt objektiver Nachprüfung nicht zugänglich ist, weil es sich bei ihnen um die Wiedergabe von Werturteilen (subjektiven Meinungsäußerungen) handelt, kommt ein Widerruf nicht in Betracht. Art. 5 Abs. 1 GG, der das Recht auf freie Meinungsäußerung gewährleistet, verbietet es, die Zurücknahme einer wertenden Kritik, auch wenn diese nicht haltbar erscheint, mit dem Mittel des Widerrufs zu erzwingen. In solchen Fällen steht dem Betroffenen – gegen die Wiederholung der beanstandeten Äußerung – allein der Weg der Unterlassungsklage offen, deren Erfolg von einer Interessenabwägung abhängt, die sich ebenfalls am Grundrecht der Meinungsäußerungsfreiheit orientiert.[242] Gutachten eines Sachverständigen enthalten in der Regel keine Tatsachenbehauptungen, sondern (auf der besonderen Sachkunde des Sachverständigen beruhende) Werturteile, auch wenn sie sich auf Tatsachen beziehen. Sie können daher in der Regel nicht Gegenstand eines Widerrufsanspruchs sein.[243]

116 Es muss feststehen, dass die Tatsachenbehauptung **unwahr** ist. Niemand kann dazu verurteilt werden, etwas als unrichtig zu bezeichnen, was möglicherweise wahr ist.[244] In Frage kommt ein »abgeschwächter Widerrufsanspruch« des Inhalts, dass der Anspruchsgegner seinen Vorwurf nach dem Ergebnis der Beweisaufnahme nicht aufrechterhalten könne.[245] Dieser eingeschränkte Anspruch hat zur Voraussetzung, dass zwar die Unwahrheit der Behauptung nicht festgestellt werden kann, aber bei objektiver Beurteilung ernstliche Anhaltspunkte für die Wahrheit des Vorwurfs fehlen. Besteht dagegen auch nur die Möglichkeit, dass der Vorwurf wahr ist, scheidet auch der abgeschwächte Anspruch aus.[246] Ist die Aussage nicht insgesamt unwahr, sondern nur in einem Teilaspekt, kann nicht schlechthin der Widerruf, sondern nur eine Richtigstellung verlangt werden.[247]

---

240 *Ohly*/Sosnitza, § 8 Rn. 68.

241 BGH, 18.11.2014, VI ZR 76/14, GRUR 2015, 96 Rn. 13 – *Chefjustiziar*; *Köhler*/Bornkamm/Feddersen, § 8 Rn. 1.122.

242 BGH, 22.10.1987, I ZR 247/85, GRUR 1988, 402, 403 – *Mit Verlogenheit zum Geld.*

243 BGH, 18.10.1977, VI ZR 171/76, GRUR 1978, 258, 259 – *Schriftsachverständiger.*

244 BGH, 05.06.1962, VI ZR 236/61, BGHZ 37, 187 ff. = GRUR 1962, 652 – *Eheversprechen.*

245 GK/Paal, § 8 Rn. 82 f.; Köhler/*Bornkamm*/Feddersen, § 8 Rn. 1.119.

246 *BGH, 14.06.1977*, VI ZR 111/75, GRUR 1977, 745, 777 – *Heimstättengemeinschaft.*

247 BGH, 17.02.1987, VI ZR 77/86, GRUR 1987, 397, 399 – *Insiderwissen*; BGH, 18.11.2014, VI ZR 76/14, GRUR 2015, 96 Rn. 13 – *Chefjustiziar.*

Auch der Widerrufsanspruch setzt einen **fortdauernden Störungszustand** voraus. Die unrichtigen Tatsachenbehauptungen müssen eine fortwirkende Quelle der Beeinträchtigung bilden.[248] Dies kann zwar bei schwerwiegenden Vorwürfen gegen bekannte Persönlichkeiten des öffentlichen Lebens in redaktionellen Artikeln auflagenstarker Zeitungen und Zeitschriften nahe liegen, nicht aber notwendigerweise bei unlauteren Werbeanzeigen, die von einem an dem beworbenen Produkt aktuell nicht interessierten Leser nur flüchtig wahrgenommen werden.[249] Anders kann es sich verhalten, wenn Gefahr besteht, eine Geschäftsverbindung zu verlieren.[250] Allgemein gilt, dass sich die Wirkungen unrichtiger Tatsachenbehauptungen mit der Zeit abschwächen.[251] Dies kann zur Folge haben, dass ein bei Klageerhebung zunächst bestehender Widerrufsanspruch allein infolge der Verfahrensdauer entfällt. In diesem Fall hat der Kläger keine andere Möglichkeit, als den Rechtsstreit für erledigt zu erklären, und etwaige Schadensersatzansprüche weiter zu verfolgen.[252] **117**

Der Widerrufsanspruch besteht grundsätzlich nicht bei irreführender Werbung. Ein Anspruch auf Beseitigung von Fehlvorstellungen, die durch eine irreführende Werbung hervorgerufen worden sind, besteht grundsätzlich nicht, weil die Fehlvorstellungen als solche nur Folge des wettbewerbswidrigen Handelns, nicht selbst ein rechtswidriger Störungszustand sind. Eine Ausnahme besteht nur in Fällen, in denen die Täuschung im Rahmen eines Gesamtplans auf systematische Täuschung angelegten Verhaltens erfolgt, wie beim Versand von als Rechnungen getarnten Vertragsangeboten.[253] Diese Voraussetzung ist aber – entgegen einer Entscheidung des Kammergerichts – nicht schon dann gegeben, wenn ein Stromversorgungsunternehmen in einem Rundschreiben an seine Kunden in irreführender Weise ein tatsächlich nicht bestehendes einseitiges Preisanpassungsrecht für sich in Anspruch nimmt.[254] **118**

b) Inhalt

Wiederruf und Berichtigung haben grundsätzlich in der gleichen Form zu erfolgen, in der die unlautere Äußerung erfolgt ist: Bei einer Äußerung in Medien muss der Widerruf durch eine Veröffentlichung an gleicher Stelle und in gleicher Größe erfolgen, bei einem Rundschreiben durch ein weiteres Rundschreiben.[255] Die Veröffentlichung des Widerrufs muss geeignet sein, die Beseitigung der Rechtsbeeinträchtigung des Betroffenen im Rahmen des Möglichen zu erreichen. Dies verlangt, dass der Widerruf geeignet ist, möglichst den Empfängerkreis zu erreichen, den die Erstmitteilung erreicht hat. Durch die Darstellung muss der Stellenwert des Widerrufs zum Ausdruck kom- **119**

248 *BGH, 10.12.1969*, I ZR 20/68, GRUR 1970, 254, 256 – *Remington.*
249 KG, 11.05.2001, 5 U 9292/00, GRUR-RR 2002, 337, 339 – *T-offline*; *Ohly*/Sosnitza, § 8 Rn. 75.
250 Köhler/*Bornkamm*/Feddersen, § 8 Rn. 1.114.
251 Seichter, in: Ullmann, jurisPK-UWG, § 8 Rn. 111.
252 KG, 11.05.2001, 5 U 9292/00, GRUR-RR 2002, 337, 339 – *T-offline.*
253 BGH, 26.11.1997, I ZR 109/95, GRUR 1998, 415, 416 f. – *Wirtschaftsregister.*
254 KG, 27.03.2013, 5 U 112/11, juris Rn. 106 ff.; kritisch Frenzel, WRP 2013, 1566, 1569.
255 *Ohly*/Sosnitza, § 8 Rn. 78.

men; er muss geeignet sein, bei dem Leser nach Möglichkeit den Grad an Aufmerksamkeit zu erzeugen, den die mit ihm bekämpfte unwahre Mitteilung beansprucht hat. Danach muss in Fällen, in denen eine Veröffentlichung schon auf der Titelseite einer Zeitschrift ihre rechtsbeeinträchtigende Wirkung entfaltet hat, der Widerruf grundsätzlich auf der Titelseite erfolgen.[256]

c) Darlegungs- und Beweislast

120 Die Darlegungs- und Beweislast richtet sich nach der Anspruchsgrundlage des Widerrufsanspruchs. Bei der Anschwärzung (§ 4 Nr. 2) liegt daher die Beweislast für die Richtigkeit der geschäftsschädigenden Äußerung beim Anspruchsgegner.[257] In den Fällen, in denen eine Irreführung zu einem Widerrufsanspruch führt, muss dagegen grundsätzlich der Anspruchsteller die Voraussetzungen der Irreführung nachweisen.

121 Unabhängig von der Beweislast kann den Anspruchsgegner allerdings eine erweiterte (sekundäre) Darlegungslast treffen, die ihn anhält, Belegtatsachen für seine Behauptung anzugeben. Der vom Anspruchsteller zu führende Beweis lässt sich nämlich regelmäßig nur führen, wenn ihm die konkreten Fakten bekannt sind, auf die der Äußernde seine Vorwürfe stützt. Ist das nicht der Fall, so ist es dem Anspruchsteller nicht zuzumuten, sich gewissermaßen ins Blaue hinein rechtfertigen zu müssen und dabei Umstände aus seinem persönlichen oder geschäftlichen Bereich in einem Umfang zu offenbaren, der bei ordnungsmäßiger Einlassung des Äußernden vermeidbar wäre. Kommt dieser der ihm hiernach obliegenden erweiterten Darlegungslast nicht nach, ist nach § 138 Abs. 3 ZPO von der Unwahrheit seiner Behauptung auszugehen. Das begegnet keinen verfassungsrechtlichen Bedenken, solange an die Darlegungslast keine überzogenen Anforderungen gestellt werden, die sich auf den Gebrauch der Meinungsfreiheit abschreckend auswirken könnten.[258]

6. Durchsetzung

122 Beseitigungs- und Unterlassungsansprüche sind ihrem Wesen nach verschieden und begründen unterschiedliche **Streitgegenstände**. Der Unterlassungsanspruch zielt auf die Abwehr künftigen rechtswidrigen Handelns. Die in der Vergangenheit liegende, abgeschlossene Rechtsverletzung ist Anlass, nicht aber Gegenstand des Unterlassungsanspruchs. Der Beseitigungsanspruch soll zwar auch zukünftige Störwirkungen bekämpfen. Er richtet sich aber unmittelbar auf Beseitigung der in der Vergangenheit liegenden Quelle einer heute noch fortwirkenden Beeinträchtigung.

123 Der Übergang vom Unterlassungs- zum Beseitigungsanspruch stellt daher eine Klageänderung dar.[259] Durch die Erhebung der Unterlassungsklage wird die Verjährung des

256 BGH, 15.11.1994, VI ZR 56/94, BGHZ 128, 1 ff. = GRUR 1995, 224, 227 – *Erfundenes Exclusiv-Interview.*

257 Köhler/*Bornkamm*/Feddersen, § 8 Rn. 1.123; a. A. FBO/Büscher, § 8 Rn. 38.

258 BGH, 22.04.2008, VI ZR 83/07, BGHZ 176, 175 = WRP 2008, 1114 Rn. 22 – *»Leck verzweifelt gesucht«.*

259 BGH, 12.07.1994, VI ZB 43/93, NJW-RR 1994, 1004, 1005.

Beseitigungsanspruchs nicht gehemmt.[260] Ein rechtskräftiger Unterlassungstitel steht der Erhebung der Beseitigungsklage nicht entgegen. Das Beseitigungsurteil hat für den Gläubiger den Vorteil, dass es gegebenenfalls im Weg der Ersatzvornahme nach § 887 ZPO vollstreckt werden kann, während der Gläubiger beim Unterlassungstitel auf den mittelbaren Zwang durch das Ordnungsmittelverfahren angewiesen ist.[261] Zu prüfen ist aber, ob durch den Unterlassungstitel nicht bereits der Störungszustand beseitigt ist, so dass es an der materiellen Voraussetzung des Beseitigungsanspruchs fehlt.

Während der Beseitigungsanspruch wie der Unterlassungsanspruch abstrakt formuliert **124**
werden kann und muss, wenn der Schuldner mehr als eine Möglichkeit hat, die Störung zu beseitigen,[262] ist der **Antrag der Widerrufsklage** auf eine bestimmte, erwiesenermaßen unrichtige und damit widerrufsfähige Tatsachenbehauptung zu richten. An diese Formulierung ist das Gericht gebunden; es darf daher nicht zu einem von dem Antrag abweichenden Widerruf verurteilen.[263]

Eine Klage auf Feststellung der Unwahrheit einer Tatsachenbehauptung ist dagegen **125**
unzulässig. Sie betrifft nicht, wie § 256 ZPO voraussetzt, das Bestehen oder Nichtbestehen eines Rechtsverhältnisses, sondern eine bloße Vorfrage für die Rechtsbeziehungen der Parteien, auf die eine Feststellungsklage nicht gestützt werden kann.[264] Zu beachten ist ferner, dass einer Klage auf Unterlassung oder Widerruf verfahrensbezogener Äußerungen das Rechtsschutzbedürfnis fehlen kann.[265]

Der Beseitigungsanspruch kann in bestimmten Fällen im Weg des einstweiligen Rechts- **126**
schutzes durchgesetzt werden, soweit dies nicht zu einer Vorwegnahme der Hauptsache führen würde. Denkbar ist etwa ein vorläufiges Beschäftigungsverbot wettbewerbswidrig abgeworbener Arbeitnehmer, die bei ihrem neuen Arbeitgeber Geschäftsgeheimnisse ihres früheren Arbeitgebers verwerten.[266] Maßnahmen mit endgültiger Wirkung wie die Einwilligung in die Löschung einer Marke oder Domain können so nicht durchgesetzt werden.[267] Insbesondere ein Widerrufsanspruch kann grundsätzlich nicht im Verfahren des einstweiligen Rechtsschutzes durchgesetzt werden, da dies zu einer endgültigen Regelung des Streits der Parteien führen würde.[268] Nur in Ausnahmefällen, wenn eine Entscheidung zur Hauptsache zu spät käme, wird eine Verfügung dahingehend in Betracht kommen, dass eine Behauptung »derzeit« und vorläufig nicht aufrechterhalten werde.[269]

260 Köhler/*Bornkamm*/Feddersen, § 8 Rn. 1.112.
261 GK/Grosch/Ebersohl/Herrmann/Feddersen, § 12 Rn. 451.
262 *S. o. Rdn. 110.*
263 BGH, 12.03.1992, I ZR 58/90, GRUR 1992, 527, 529 – *Plagiatsvorwurf II.*
264 BGH, 28.07.2015, VI ZR 340/14, GRUR 2016, 104 Rn. 14 – *recht § billig.*
265 S. u. Rdn. 132–136.
266 OLG Frankfurt, 16.12.1993, 6 U 190/93, NJW-RR 1994, 627, 628.
267 *Ohly*/Sosnitza, § 8 Rn. 84.
268 OLG Köln, 16.05.2008, 6 W 38/08, OLGR Köln 2008, 741, 742 – *All-inclusive Testwochen.*
269 FBO/Büscher, § 8 Rn. 43; Harte/Henning/Goldmann, § 8 Rn. 241; *Ohly*/Sosnitza, § 8 Rn. 84.

IV. Rechtsschutzbedürfnis

1. Bereits vorhandener Titel

127 Leistungsklagen, mit denen fällige Ansprüche verfolgt werden, sind grundsätzlich ohne Darlegung eines besonderen Interesses an einem Urteil zulässig. Nur wenn das Rechtsschutzbedürfnis ausnahmsweise aus besonderen Gründen fehlt, ist eine solche Klage als unzulässig. Dies kann der Fall sein, wenn der Kläger bereits einen vollstreckbaren Titel über den geltend gemachten Anspruch besitzt und daraus unschwer die Zwangsvollstreckung betreiben kann. Allerdings ist dem Gläubiger trotz eines Vollstreckungstitels die Erhebung der Klage nicht verwehrt, wenn er hierfür einen verständigen Grund hat.[270]

128 Das Rechtsschutzbedürfnis für eine Unterlassungsklage fehlt nicht bereits dann, wenn sich der Schuldner bereits zuvor wegen eines gleichartigen Verstoßes dem Gläubiger **strafbewehrt unterworfen** hat. Er kann in diesem Fall dem Gläubiger nicht entgegenhalten, es fehle am Rechtsschutzinteresse, da er die Vertragsstrafe geltend machen könne. Der Gläubiger hat Interesse an einem Unterlassungsanspruch, den er im Weg des einstweiligen Rechtsschutzes schnell titulieren lassen kann, und der wegen der Vollstreckungsmöglichkeit nach § 890 ZPO den umfassenderen Rechtsschutz bietet.[271]

129 Auch wenn der Schuldner in einer **sofort vollstreckbaren notariellen Urkunde** eine Unterlassungserklärung abgibt und sie dem Gläubiger übermittelt, lässt dies nicht das Rechtsschutzbedürfnis für eine Unterlassungsklage entfallen. Sie bietet dem Gläubiger keine mit einem Unterlassungstitel gleichwertige Vollstreckungsmöglichkeit. Dies ist zumindest solange der Fall, bis der erforderliche Gerichtsbeschluss über die Androhung der Ordnungsmittel dem Schuldner zugestellt ist. Einen weiteren Nachteil für den Gläubiger sieht der Bundesgerichtshof darin, dass für das Ordnungsmittelverfahren das für den Sitz des beurkundenden Notars zuständige Amtsgericht zuständig ist (§§ 890 Abs. 2, 802 ZPO).[272] Hat sich der Gläubiger allerdings auf diesen Weg eingelassen, indem er die Ordnungsmittelandrohung gegen den Schuldner erwirkt hat, kann er sich nicht mehr auf diesen Nachteil berufen, um das Rechtsschutzbedürfnis für eine Unterlassungsklage zu begründen.[273]

130 Eine im Verfahren des einstweiligen Rechtsschutzes erwirkte **Unterlassungsverfügung** stellt lediglich eine vorläufige Regelung des Streits dar. Sie erwächst nicht in Rechtskraft; der Schuldner kann jederzeit Widerspruch einlegen oder die Anordnung der Klageerhebung nach § 926 ZPO beantragen. Sie beseitigt daher weder die Wiederholungsgefahr noch das Rechtsschutzbedürfnis für eine Unterlassungsklage. Dieses entfällt erst dann, wenn der Unterlassungsschuldner durch eine Abschlusserklärung die gegen

270 BGH, 21.04.2016, I ZR 100/15, GRUR 2016, 1316 Rn. 13 – *Notarielle Unterlassungserklärung.*

271 BGH, 09.11.1979, I ZR 24/78, GRUR 1980, 241, 242 – *Rechtsschutzbedürfnis.*

272 BGH, 21.04.2016, I ZR 100/15, GRUR 2016, 1316 Rn. 24 – *Notarielle Unterlassungserklärung*

273 BGH, 21.04.2016, I ZR 100/15, GRUR 2016, 1316 Rn. 25 – *Notarielle Unterlassungserklärung.*

ihn ergangene Unterlassungsverfügung als nach Bestandskraft und Wirkung einem entsprechenden Hauptsachetitel gleichwertig anerkennt und so einen dem Unterlassungstitel gleichwertigen Vollstreckungstitel schafft.[274]

Selbst wenn der Gläubiger bereits über einen in einem vorangegangenen Verfahren erwirkten Unterlassungstitel verfügt, aus dem er möglicherweise auch wegen des nunmehr beanstandeten Verfahrens gegen den Schuldner vorgehen kann, entfällt nicht zwingend das Rechtsschutzbedürfnis für eine erneute Klage. Ist zweifelhaft, ob das nunmehr beanstandete Verhalten von dem früheren Titel erfasst ist, kann der Gläubiger nicht auf den Weg des Ordnungsmittelantrags verwiesen werden, wenn der Ausgang im Zwangsvollstreckungsverfahren ungewiss ist und eine Verjährung der auf Grund des erneuten Verstoßes geltend zu machenden wettbewerbsrechtlichen Ansprüche droht.[275] 131

2. Äußerungen in gerichtlichen oder behördlichen Verfahren

Einer Klage auf Unterlassung oder Beseitigung von Äußerungen, die der Rechtsverfolgung in einem gerichtlichen oder behördlichen Verfahren dienen, fehlt regelmäßig das Rechtsschutzbedürfnis; sie ist daher unzulässig.[276] Dies gilt grundsätzlich auch für Äußerungen, durch die Rechte von am Verfahren nicht beteiligten Dritten betroffen werden, wenn die Äußerungen in einem engen Bezug zum Verfahren stehen. Kann sich der Dritte in dem betreffenden Verfahren nicht gegen die Äußerung wehren, ist allerdings eine Abwägung der widerstreitenden Interessen geboten und dabei besonders sorgfältig zu prüfen, ob der Dritte die Äußerung hinnehmen muss.[277] 132

Ihre Grundlage hat diese Rechtsprechung darin, dass die ungehinderte Durchführung staatlich geregelter Verfahren im Interesse der daran Beteiligten wie auch im öffentlichen Interesse nicht mehr als unbedingt behindert werden darf. Soweit keine zwingenden rechtlichen Grenzen entgegenstehen, müssen die Verfahrensbeteiligten das vortragen können, was sie zur Verfolgung oder Verteidigung ihrer Rechte für erforderlich halten. Wenn der Verfahrensgegenstand dies rechtfertigt, müssen auch Tatsachenbehauptungen und Bewertungen mit Bezug auf am Verfahren nicht beteiligte Dritte zum Inhalt des Vorbringens gemacht werden können. Es ist dann allein Aufgabe des mit der Entscheidung im betreffenden Verfahren befassten Organs, die Relevanz des jeweiligen Vorbringens für seine Entscheidung zu beurteilen. Im Interesse der Gewährleistung einer rechtsstaatlichen Verfahrensführung geht es nicht an, dass ein solches Verfahren mehr als unabdingbar notwendig dadurch von außen beeinflusst wird, dass Dritte durch die gerichtliche Inanspruchnahme eines Verfahrensbeteiligten außerhalb des Ausgangsverfahrens vorgeben, was in diesem vorgetragen und damit zum Gegenstand der dort zu treffenden Entscheidung gemacht werden darf. Die Durchsetzung individueller 133

274 BGH, 19.05.2010, I ZR 177/07, GRUR 2010, 855 Rn. 16 – *Folienrollos.*

275 BGH, 07.04.2011, I ZR 34/09, GRUR 2011, 742 Rn. 20 – *Leistungspakete im Preisvergleich.*

276 BGH, 15.11.2012, I ZR 128/11, GRUR 2013, 647 Rn. 12 – *Rechtsmissbräuchlicher Zuschlagsbeschluss.*

277 BGH, 10.12.2009, I ZR 46/07, BGHZ 183, 309 ff. = GRUR 2010, 253 Rn. 15 – *Fischdosendeckel*; kritisch Harte/Henning/Goldmann, Vorb. zu § 8 Rn. 233.

Ansprüche Dritter auf Schutz ihrer durch das Vorbringen der Verfahrensbeteiligten betroffenen Rechte ist damit allerdings nicht generell ausgeschlossen.[278] Ist etwa ein Bezug der den Dritten betreffenden Äußerungen zum Ausgangsverfahren nicht erkennbar, sind diese auf der Hand liegend falsch oder stellen sie sich als unzulässige Schmähung dar, bei der nicht die Auseinandersetzung in der Sache, sondern die Diffamierung des Dritten im Vordergrund steht, kann eine gesonderte Klage auf Unterlassung oder Widerruf ausnahmsweise zulässig sein.[279]

134 Privilegiert sind grundsätzlich auch Äußerungen, die im Vorfeld einer gerichtlichen Auseinandersetzung erfolgen. Äußerungen, mit denen Ansprüche begründet oder zurückgewiesen werden, können daher nicht Gegenstand einer Unterlassungsklage sein.[280] Zulässig bleibt allerdings nach der Entscheidung des Großen Senats in Zivilsachen eine Klage gegen unberechtigte Schutzrechtsverwarnungen von Abnehmern des – vermeintlichen – Schutzrechtsverletzers.[281] Diese Einschränkung folgt aus einer Abwägung zwischen den Interessen des abmahnenden Schutzrechtsinhabers und denen des vermeintlichen Rechtsverletzers. Es ist ein in der Praxis immer wieder zu beobachtendes Phänomen, dass insbesondere große Handelsketten, wenn sie wegen des Vertriebs eines Produkts abgemahnt werden, ihre Zulieferer ultimativ auffordern, kurzfristig eine Einigung mit dem Abmahnenden herbeizuführen, wenn sie nicht ein »Delisting« des Produkts oder ein Ende der Geschäftsbeziehung riskieren wollen. Durch unberechtigte Schutzrechtsverwarnungen gegenüber seinen Abnehmern kann daher der Geschäftsbetrieb des Herstellers der betroffenen Produkte empfindlich beeinträchtigt werden, und es ist sachgerecht, ihm insoweit einen Rechtsbehelf an die Hand zu geben.

135 Unzulässig ist es nach den vorstehenden Grundsätzen, gegen Äußerungen im Rahmen einer Patentanmeldung vorzugehen, auch wenn dort herabsetzende Äußerungen im Hinblick auf bekannte Ausführungsformen getätigt werden.[282] Gleichermaßen privilegiert sind Äußerungen von Versicherern im Rahmen der Regulierung von Ansprüchen, auch wenn sie Ausdruck einer ständigen Regulierungspraxis sind.[283] Ein Verbraucherschutzverband kann nicht mit der Unterlassungsklage gegen eine rechtsmissbräuchliche Vorgehensweise einer Bank in Zwangsversteigerungsverfahren vorgehen.[284]

136 Keine Anwendung finden diese Grundsätze, wenn die Rechtsordnung der Partei zwei Rechtsbehelfe, die letztlich auf das gleiche Ziel gerichtet sind, zur Verfügung stellt. Der Umstand, dass der Inhaber eines geschützten Zeichens gegen eine sein Zeichen verletzende Anmeldung eines anderen Zeichens mit dem markenrechtlichen Rechtsbehelfen

---

278 BGH, 15.11.2012, I ZR 128/11, GRUR 2013, 647 Rn. 14 – *Rechtsmissbräuchlicher Zuschlagsbeschluss.*
279 BGH, 19.07.2012, I ZR 105/11, GRUR 2013, 305 Rn. 16 – *Honorarkürzung.*
280 BGH, 19.07.2012, I ZR 105/11, GRUR 2013, 305 Rn. 20 – *Honorarkürzung.*
281 BGH, 15.07.2005, GSZ 1/04, GRUR 2005, 882, 885 – *unberechtigte Schutzrechtsverwarnung.*
282 BGH, 10.12.2009, I ZR 46/07, BGHZ 183, 309 ff. = GRUR 2010, 253 Rn. 25 – *Fischdosendeckel.*
283 BGH, 19.07.2012, I ZR 105/11, GRUR 2013, 305 Rn. 21 ff. – *Honorarkürzung.*
284 BGH, 15.11.2012, I ZR 128/11, GRUR 2013, 647 Rn. 17 ff. – *Rechtsmissbräuchlicher Zuschlagsbeschluss.*

des Widerspruchs vorgehen kann, lässt daher nicht das Rechtsschutzinteresse für eine Beseitigungsklage wegen eines durch die Anmeldung geschaffenen rechtswidrigen Störungszustandes entfallen.[285] Die Einschränkung der Durchsetzbarkeit von Abwehransprüchen gegen Äußerungen in behördlichen Verfahren betrifft ferner nicht Schadensersatzansprüche.[286]

B. Passivlegitimation

I. Haftung als Täter

1. Einleitung

Schuldner der Ansprüche aus § 8 Abs. 1 ist derjenige, der eine nach § 3 oder § 7 unzulässige geschäftliche Haftung vornimmt, beziehungsweise – im Fall des vorbeugenden Unterlassungsanspruchs – von dem die Gefahr einer solchen Handlung ausgeht, wie sich aus § 8 Abs. 1 ergibt. § 8 Abs. 2 regelt daneben noch ergänzend die Haftung des Unternehmers für Beauftragte. **137**

Die Frage, ob sich jemand als Täter, Mittäter, Anstifter oder Gehilfe in einer die zivilrechtliche Haftung begründenden Weise an einer deliktischen Handlung eines Dritten beteiligt hat, beurteilt sich wie im allgemeinen Deliktsrecht nach den im Strafrecht entwickelten Rechtsgrundsätzen. Täter ist danach derjenige, der die Zuwiderhandlung selbst, im Zusammenwirken mit einem anderen oder in mittelbarer Täterschaft begeht (§ 25 Abs. 1 StGB). Mittäterschaft erfordert eine gemeinschaftliche Begehung, also ein bewusstes und gewolltes Zusammenwirken (§ 830 Abs. 1 1 BGB).[287] Maßgeblich ist stets, ob der als Täter in Anspruch genommene die Herrschaft über den Geschehensablauf hat.[288] **138**

Der Täter haftet dafür, dass er durch sein Verhalten den objektiven Tatbestand einer Zuwiderhandlung selbst, durch einen anderen oder gemeinschaftlich mit einem anderen adäquat kausal verwirklicht.[289] Der Täter muss selber eine geschäftliche Handlung vornehmen, im Fall des Rechtsbruchs sämtliche Tatbestandsmerkmale der außerlauterkeitsrechtlichen Norm erfüllen.[290] Zu beachten ist dabei aber, dass geschäftlichen Handlungen auch der Förderung des Absatzes oder des Bezugs von Waren oder Dienstleistungen eines fremden Unternehmens dienen können (§ 2 Abs. 1 Nr. 1). Die Frage, ob eine Handlung vorrangig der Förderung des eigenen oder fremden Absatzes oder Bezugs von Waren oder Dienstleistungen oder aber anderen Zielen dient, ist auf Grund einer Würdigung der gesamten Umstände des Einzelfalls zu beurteilen. Hierbei kommt es nicht nur auf die eigentlich in Rede stehende Handlung an, sondern auch auf die **139**

285 BGH, 04.02.1993, I ZR 42/91, BGHZ 121, 242 ff. = GRUR 1993, 556, 558 – *TRIANGLE.*
286 BGH, 22.01.1998, I ZR 177/95, GRUR 1998, 587, 590 – *Bilanzanalyse Pro 7.*
287 BGH, 05.02.2015, I ZR 240/12, GRUR 2015, 485 Rn. 35 – *Kinderhochstühle im Internet III.*
288 Harte/Henning/Goldmann, § 8 Rn. 358; vgl. BGH, 30.07.2015, I ZR 104/14, GRUR 2015, 1223 Rn. 43 – *Posterlounge.*
289 BGH, 03.03.2016, I ZR 110/15, GRUR 2016, 961 Rn. 32 – *Herstellerpreisempfehlung bei Amazon.*
290 Dazu oben § 3a Rdn. 78–80.

Begleitumstände. Der Umstand, dass der Handelnde ein eigenes wirtschaftliches Interesse an der Beeinflussung der geschäftlichen Entscheidungen von Verbrauchern oder anderen Marktteilnehmern hat, stellt dabei nur ein – wenngleich maßgebliches – Indiz für das Vorliegen einer geschäftlichen Handlung dar.[291]

2. Zurechnung der Rechtsverletzung; Haftung für fremde Inhalte

a) Grundsatz

140 Als Täter haftet der Schuldner, der durch sein Verhalten selber den objektiven Tatbestand einer objektiven Zuwiderhandlung verwirklicht.[292] Unerheblich ist es dabei, ob er sich bei der Verwirklichung der Zuwiderhandlung der Mitwirkung Dritter bedient. Der Unternehmer, der einer Preissuchmaschine Angebotspreise ohne die anfallenden Versandkosten mitteilt, und der weiß, dass die Suchmaschine diese Preisangaben unverändert übernimmt, haftet daher selber für das resultierende unlautere Angebot auf der Ergebnisseite der Suchmaschine.[293]

141 In manchen Fällen kann es durchaus zweifelhaft sein, ob die objektive Zuwiderhandlung durch den Schuldner selber begangen worden ist. In der Entscheidung des Bundesgerichtshofs »**Herstellerpreisempfehlung bei Amazon**« ist die – unzutreffende – Herstellerpreisempfehlung nicht von dem in Anspruch genommenen Anbieter selber, sondern vom Plattformbetreiber zentral für alle Anbieter dieses Produkts vorgegeben worden. Es ist daher nicht selbstverständlich, dass der Schuldner für diese objektiv fremde Angabe haftet,[294] oder ob eine Haftung nur bei ungenügender Überwachung der eigenen Angebote wegen Verletzung einer wettbewerbsrechtlichen Verkehrspflicht in Betracht kommt.[295]

142 Der Bundesgerichtshof erörtert allerdings die Haftung des Angebotserstellers allein unter dem Gesichtspunkt der adäquaten Kausalität, scheint also die von der Vorinstanz angenommene Zurechnung der Angabe als eigene Angabe des Schuldners nicht zu beanstanden.[296] In einem Parallelfall, der eine Markenverletzung betraf, hat der Bundesgerichtshof die Haftung des Angebotserstellers unter dem Gesichtspunkt der Störerhaftung angenommen und die Frage offen gelassen, ob er für seitens Dritter vorgenommenen Änderungen seines Angebots als Täter verantwortlich ist.[297]

---

291 BGH, 11.12.2014, I ZR 113/13, GRUR 2015, 694 Rn. 26, 28 – *Bezugsquellen für Bach-Blüten.*

292 BGH, 03.03.2016, I ZR 110/15, GRUR 2016, 961 Rn. 32 – *Herstellerpreisempfehlung bei Amazon.*

293 BGH, 18.03.2010, I ZR 16/08, GRUR 2010, 1110 Rn. 16–17 – *Versandkosten bei Froogle II.*

294 Vgl. die Vorinstanz OLG Köln, 24.04.2015, 6 U 175/14, GRUR-RR 2015, 387 Rn. 43 – *Ungültige UVP auf Internet-Marketplace*; KG, 21.06.2017, 5 U 185/16, WRP 2018, 226 Rn. 17 ff. – *Lieferservice-Portal.*

295 Vgl. BGH, 18.06.2015, I ZR 74/14, GRUR 2016, 209 Rn. 14 – *Haftung für Hyperlink.*

296 BGH, 03.03.2016, I ZR 110/15, GRUR 2016, 961 Rn. 33 ff. – *Herstellerpreisempfehlung bei Amazon.*

297 BGH, 03.03.2016, I ZR 140/14, GRUR 2016, 936 Rn. 14 – *Angebotsmanipulation bei Amazon.*

143 Von einem sozialen Netzwerk generierte **Einladungs-E-Mails**, die auf Veranlassung des Nutzers an seine sämtlichen Kontakte versandt werden, um sie ebenfalls zu dem Beitritt zu dem Netzwerk zu veranlassen, können dem Betreiber des Netzwerks zugerechnet werden. Er haftet daher als Täter für die darin liegende belästigende Werbung.[298]

b) Zu-Eigen-Machen fremder Inhalte

144 Neben der Haftung für Rechtsverletzungen auf Internet-Plattformen ist die Zurechnung auch bei Verweisen im Internet (Hyperlinks) kritisch. Eine Haftung des Anbieters eines Internetangebots für verlinkte Inhalte oder Inhalte, die Dritte auf seiner Seite veröffentlichen, setzt voraus, dass er sich diese Inhalte zu eigen macht. Maßgeblich für die Frage, ob dies der Fall ist, ist die objektive Sicht eines verständigen Durchschnittsnutzers auf der Grundlage einer Gesamtbetrachtung aller Umstände.[299]

145 Ein Zu-Eigen-Machen kann anzunehmen sein, wenn der Anbieter nach außen erkennbar die **inhaltliche Verantwortung** für die auf seiner Internetseite veröffentlichten Inhalte übernommen oder den zurechenbaren Anschein erweckt hat, er identifiziere sich mit den fremden Inhalten.[300]

146 Dies ist dann anzunehmen, wenn verlinkte Inhalte derart in das eigene Angebot **eingebunden** werden, dass sie für das weitergehende Verständnis des eigenen Angebots erkennbar von Bedeutung ist.[301] Der Betreiber einer Internetseite macht sich Inhalte zu Eigen, wenn er auf die Seite eines Unternehmens verweist, das dasselbe Geschäftsmodell betreibt und unter der gleichen Firma auftritt, die sich nur durch den Rechtsformzusatz von des Betreibers unterscheidet, so dass es für den Verkehr nicht einmal eindeutig erkennbar ist, dass es sich um unterschiedliche Unternehmen handelt.[302]

147 Soll dem Nutzer jedoch nur ein weitergehender Überblick über das weiter zu dem betreffende Thema vorhandene Informationsangebot verschafft werden, macht sich der Anbieter damit noch nicht sämtliche solchermaßen aufgezeigten Inhalte zu eigen. Der Bundesgerichtshof wendet in diesem Zusammenhang ein Beispiel aus der analogen Welt an: Der Verfasser eines Sachbuchs wird nicht die Verantwortung für den Inhalt sämtlicher Werke übernehmen, die er in ein Literaturverzeichnis aufnimmt. Besondere Bedeutung misst der Bundesgerichtshof daher dem Umstand bei, dass der beanstandete Inhalt nicht direkt durch einen »Deep Link« verlinkt war. Vielmehr hatte der Anbieter lediglich auf die Startseite eines fremden Angebots verwiesen, auf dem – neben anderen, unbedenklichen Inhalten – auch wettbewerbsrechtlich unzulässige Äußerungen zu finden waren.[303] Anders wäre es aber, um das Beispiel fortzuführen, wenn der Anbieter – vergleichbar einer Fußnote – direkt auf einen unzulässigen Inhalt verwiesen hätte.

---

298 BGH, 14.01.2016, I ZR 65/14, GRUR 2016, 946 Rn. 39 ff. – *Freunde finden.*
299 BGH, 18.06.2015, I ZR 74/14, GRUR 2016, 209 Rn. 13 – *Haftung für Hyperlink.*
300 BGH, 19.03.2015, I ZR 94/13, GRUR 2015, 1129 Rn. 25 – *Hotelbewertungsportal.*
301 BGH, 19.05.2011, I ZR 147/09, GRUR 2012, 74 Rn. 24 – *Coaching Newsletter.*
302 OLG Frankfurt, 04.04.2017, 11 W 41/16, GRUR-RR 2017, 298 Rn. 34 – *Werbefilm.*
303 BGH, 18.06.2015, I ZR 74/14, GRUR 2016, 209 Rn. 20 – *Haftung für Hyperlink.*

148 Auch wenn der Anbieter sich den Inhalt der Seite, auf die er verwiesen hat, nicht zu eigen gemacht hat, kommt noch eine Haftung unter dem Gesichtspunkt der Verletzung einer wettbewerbsrechtlichen Verkehrspflicht in Betracht.[304]

149 Dafür, dass der Diensteanbieter sich die fremden Informationen zu eigen gemacht hat, kann ferner sprechen, dass der Anbieter die von Dritten hochgeladenen Inhalte **inhaltlich-redaktionell auf Vollständigkeit und Richtigkeit kontrolliert** oder auswählt oder die fremden Informationen in das eigene redaktionelle Angebot einbindet. Allerdings ist bei der Annahme einer Identifikation mit fremden Inhalten grundsätzlich Zurückhaltung geboten. Unerheblich ist allerdings eine »salvatorische Klausel« in den Nutzungsbedingungen, in der Anbieter allgemein erklärt, er mache sich fremde Inhalte nicht zu eigen.[305] Eine inhaltlich-redaktionelle Prüfung liegt aber nicht schon darin, dass der Betreiber eines Bewertungsportals die eingestellten Bewertungen statistisch durch die Ermittlung von Durchschnittswerten auswertet oder durch Wortfilter Formalbeleidigungen oder unzulässige Eigenbewertungen ausfiltert.[306]

150 Ein Zu-Eigen-Machen ist anzunehmen, wenn die fremden Inhalte einen **wesentlichen Bestandteil des Geschäftsmodells** des Anbieters ausmachen. Dies ist beispielsweise angenommen worden bei dem Anbieter eines (unzureichenden, da leicht zu umgehenden) Altersverifikationssystems, der auf von seiner Seite auf pornografische Inhalte im Internet verwies. In diesem Fall stellen die pornografischen Angebote Dritter einen zentralen Bestandteil des Geschäftsmodells des Anbieters dar, der daher für ihren Inhalt haftet.[307]

151 Ein Zu-Eigen-Machen kann ferner vorliegen, wenn ein Inhalt auf einem **sozialen Netzwerk** mit »gefällt mir« oder als »lesenswert« bewertet wird; das reine »Teilen« genügt dagegen nicht.[308]

c) Durch Algorithmen generierte Inhalte

152 Für die Haftung von Plattformbetreibern im Internet stellt die Abgrenzung zwischen eigenen und fremden Inhalten eine zentrale Frage dar. Für eigene Inhalte haften sie gemäß § 7 Abs. 1 TMG nach den allgemeinen Gesetzen, die Haftungsprivilegierung des § 10 TMG gilt nicht. Diese Privilegierung setzt voraus, dass sich der Anbieter auf eine Tätigkeit »rein technischer, automatischer und passiver Art« beschränkt, was bedeutet, dass der Anbieter »weder Kenntnis noch Kontrolle über die weitergeleitete

304 BGH, 18.06.2015, I ZR 74/14, GRUR 2016, 209 Rn. 23 ff. – *Haftung für Hyperlink*; dazu unten Rdn. 257–258.
305 BGH, 19.03.2015, I ZR 94/13, GRUR 2015, 1129 Rn. 25 – *Hotelbewertungsportal.*
306 BGH, 19.03.2015, I ZR 94/13, GRUR 2015, 1129 Rn. 28 – *Hotelbewertungsportal.*
307 BGH, 18.10.2007, I ZR 102/05, GRUR 2008, 534 Rn. 21 – *ueber18.de.*
308 OLG Dresden, 07.02.2017, 4 U 1419/16, MMR 2017, 542 Rn. 7; OLG Frankfurt, 26.11.2015, 16 U 64/15, GRUR-RR 2016, 307 Rn. 31 f. – *Hofdamen.*

oder gespeicherte Information besitzt«.[309] Dies ist nicht mehr der Fall, wenn er bestimmte Inhalte auswählt und bevorzugt.[310]

Häufig erfolgt die Auswahl in der Weise, dass der Betreiber der Plattform Nutzereingaben automatisiert auswertet und auf dieser Grundlage bestimmte Inhalte anzeigt. Der Betreiber einer Suchmaschine, die Nutzeranfragen auswertet und auf dieser Grundlage den Nutzern Suchvorschläge unterbreitet, haftet für die resultierenden Vorschläge als eigene Inhalte. Allerdings handelt es sich auch hier um eine Haftung für Unterlassen, so dass seine Verantwortlichkeit durch die Kriterien der Möglichkeit und Zumutbarkeit der Erfolgsverhinderung begrenzt wird.[311] Die gleichen Grundsätze gelten für den Betrieb einer seiteninternen Suchmaschine einer Handelsplattform, die so programmiert ist, dass bei Eingabe eines als Marke geschützten Zeichens Produkte von Konkurrenten des Markeninhabers angezeigt werden.[312] **153**

Wählt der Betreiber einer Handelsplattform zur Illustration der Angebote durch einen Algorithmus eines von mehreren seitens der Händler zur Verfügung gestellten Produktfotos aus, so haftet er als Täter, wenn durch die Vervielfältigung des Bildes Rechte Dritter verletzt werden.[313] **154**

Gleichermaßen haftet ein Anbieter als Täter, der seine Internetseite so programmiert, dass Nutzeranfragen ausgewertet und so in den Quelltext der Seite integriert werden, dass die Seite von externen Suchmaschinen bevorzugt als Ergebnis angezeigt wird, für Markenverletzungen, die auf diese Weise generiert werden.[314] **155**

3. Adäquate Kausalität

Der Schuldner muss den Tatbestand der Zuwiderhandlung adäquat kausal verwirklichen. Das Kriterium der Adäquanz dient im Rahmen der Feststellung des Zurechnungszusammenhangs dem Zweck, diejenigen Kausalverläufe auszugrenzen, die dem Schädiger billigerweise nicht mehr zugerechnet werden können. Im Deliktsrecht besteht ein adäquater Zusammenhang zwischen Tatbeitrag und Taterfolg, wenn eine Tatsache im Allgemeinen und nicht nur unter besonders eigenartigen, ganz unwahrscheinlichen und nach regelmäßigem Verlauf der Dinge außer Betracht zu lassenden Umständen zur Herbeiführung eines Erfolgs geeignet ist. Hieran kann es fehlen, wenn der Geschädigte oder ein Dritter in völlig ungewöhnlicher und unsachgemäßer Weise in den schadensträchtigen Geschehensablauf eingreift und eine weitere Ursache setzt, die den Schaden erst endgültig herbeiführt. Bei der Ermittlung der Adäquanz ist auf eine nachträgliche Prognose abzustellen, bei der neben den dem Schädiger bekannten **156**

309 EuGH, 23.03.2010, C-236/08 bis C-238/08, GRUR 2010, 445 Rn. 113 – *Google und Google France.*
310 Vgl. BGH, 19.03.2015, I ZR 94/13, GRUR 2015, 1129 Rn. 35 – *Hotelbewertungsportal.*
311 BGH, 14.05.2013, VI ZR 269/12, BGHZ 197, 213 = GRUR 2013, 751 Rn. 26 f. – *»Autocomplete«-Funktion.*
312 BGH, 15.02.2018, I ZR 201/16, GRUR 2018, 935 Rn. 41 ff. – *goFit.*
313 KG, 28.09.2015, 24 U 178/14, GRUR-RR 2016, 265 Rn. 12 – *Davidoff-Parfum.*
314 BGH, 30.07.2015, I ZR 104/14, GRUR 2015, 1223 Rn. 45 – *Posterlounge.*

Umständen alle einem optimalen Betrachter zur Zeit des Eintritts des Schadensereignisses erkennbaren Gegebenheiten zu berücksichtigen sind. Der so festgestellte Sachverhalt ist unter Heranziehung des gesamten, zur Zeit der Beurteilung zur Verfügung stehenden menschlichen Erfahrungswissens darauf zu prüfen, ob er den Eintritt des Schadens in erheblicher Weise begünstigt hat. Wer auf einer Internetplattform wie »Amazon« als Händler eigene Angebote einstellt, bei denen der Plattformbetreiber die Möglichkeit hat, auf den Inhalt dieser Angebote Einfluss zu nehmen (wie durch die Vorgabe einer unverbindlichen Herstellerpreisempfehlung), muss damit rechnen, dass dabei fehlerhafte Angaben in sein Angebot eingepflegt werden. Auch wenn er auf diese Angaben keinen Einfluss hat, können sie ihm als eigene geschäftliche Handlungen zugerechnet werden, für die er als Täter verantwortlich ist.[315]

4. Positives Tun und Unterlassen

a) Abgrenzung

157 Auch im Lauterkeitsrecht kann die Verwirklichung des Tatbestands durch positives Tun oder Unterlassen erfolgen. Davon, ob dem Schuldner positives Tun oder Unterlassen vorzuwerfen ist, hängen die Voraussetzungen der Haftung im Einzelfall, insbesondere die Frage ab, ob der Verletzer auf Grund einer Garantenstellung zur Erfolgsabwendung rechtlich verpflichtet ist (Begehung durch Unterlassen), oder ob bereits das innerhalb des Schutzzwecks der Norm liegende adäquat kausale aktive Tun zur Tatbestandsverwirklichung ausreicht (Begehung durch Tun). Die Frage nach aktivem Verhalten oder Unterlassen stellt sich unabhängig davon, ob der Verletzer den zum Erfolg hinführenden Kausalverlauf beherrscht und daher als Täter verantwortlich ist, oder ob er lediglich einem mit Tatherrschaft handelnden Dritten Hilfe leistet oder dessen Tatentschluss hervorruft und daher als Gehilfe oder Anstifter handelt. Auch im Bereich der Teilnahme kommt eine Haftung für Unterlassen in Betracht.[316]

158 Für die Abgrenzung zwischen positivem Tun und Unterlassen ist maßgeblich, wo der Schwerpunkt der Vorwerfbarkeit des beanstandeten Verhaltens liegt.[317] Besondere Bedeutung kommt diesem Kriterium bei Sachverhalten zu, bei denen Unternehmen automatisierte Systeme einsetzen, die auf Nutzeranfragen reagieren und diese auswerten. Auch wenn das (z. B. irreführende oder schutzrechtsverletzende) Resultat kausal durch die Eingaben des Nutzers ausgelöst wird, kann eine wertende Betrachtungsweise dazu führen, dass das Unternehmen, das durch die Ausgestaltung des Systems die Tatherrschaft über den Sachverhalt hat, als Täter für das automatisch generierte Resultat haftet. Ein wichtiges Kriterium dabei ist, ob das Unternehmen ein eigenes wirtschaftliches Interesse an dem erzielten Resultat hat.[318]

---

315 BGH, 03.03.2016, I ZR 110/15, GRUR 2016, 961 Rn. 34 ff. – *Herstellerpreisempfehlung bei Amazon.*

316 BGH, 30.07.2015, I ZR 104/14, GRUR 2015, 1223 Rn. 43 – *Posterlounge.*

317 BGH, 22.07.2010, I ZR 139/08, GRUR 2011 Rn. 34 – *Kinderhochstühle im Internet.*

318 BGH, 30.07.2015, I ZR 104/14, GRUR 2015, 1223 Rn. 45 – *Posterlounge*; OLG Köln, 20.11.2015, 6 U 40/15, GRUR-RR 2016, 240, 241 – *Trefferliste bei Amazon.*

b) Garantenstellung

Nicht jedes Unterlassen führt zu einer Haftung. Es kann positivem Tun nur dann gleichgestellt werden, wenn der Täter rechtlich dafür einzustehen hat, dass der tatbestandliche Erfolg nicht eintritt, und das Unterlassen der Verwirklichung des gesetzlichen Tatbestands durch ein Tun entspricht. Erforderlich ist eine Garantenstellung des Schuldners, die ihn verpflichtet, den deliktischen Erfolg abzuwenden. Die erforderliche Handlung zur Verhinderung des Erfolgs muss dem Verpflichteten möglich und zumutbar sein.[319] **159**

Eine Garantenstellung kann sich aus vorhergehendem gefährdenden Tun (Ingerenz), Gesetz, Vertrag oder der Inanspruchnahme von Vertrauen ergeben.[320] Gesetzliche Handlungspflichten resultieren beispielsweise aus § 5a. Wer der Presse Informationen zur Verfügung stellt, die zu einer gegen Marktverhaltensregeln verstoßenden Veröffentlichung führen, kann aus vorangegangenem gefährdenden Verhalten verpflichtet sein, diese Veröffentlichung zu verhindern.[321] Die Pflicht muss gerade gegenüber dem außenstehenden Dritten bestehen, der aus der Verletzung der Pflicht zur Erfolgsabwendung Ansprüche herleitet.[322] Allein der Umstand, dass ein Organ eines als juristische Person organisierten Unternehmens Kenntnis von in dem Unternehmen begangenen Wettbewerbsverstößen hat, begründet noch keine Pflicht gegenüber Dritten, diese Verstöße zu unterbinden.[323] Dies gilt auch, obwohl die Organe einer juristischen Person nach §§ 43 Abs. 1 GmbHG, 93 Abs. 1 1 AktG eine Pflicht zur ordnungsgemäßen Geschäftsführung haben, die auch die Verpflichtung umfasst, dafür zu sorgen, dass Rechtsverletzungen wie Wettbewerbsverstöße unterbleiben. Diese Pflicht besteht aber grundsätzlich nur gegenüber der Gesellschaft und nicht auch im Verhältnis zu außenstehenden Dritten.[324] **160**

c) Haftung für die Verletzung wettbewerbsrechtlicher Verkehrspflichten

Einen Unterfall der Haftung aus vorangegangenem gefährdendem Verhalten stellt die Haftung für die Verletzung wettbewerbsrechtlicher Verkehrspflichten dar. Ihr liegt der Gedanke zu Grunde, dass derjenige, der in seinem Verantwortungsbereich eine Gefahrenquelle schafft oder andauern lässt, die ihm zumutbaren Maßnahmen und Vorkeh- **161**

319 BGH, 22.07.2010, I ZR 139/08, GRUR 2011, 152 Rn. 34 – *Kinderhochstühle im Internet.*

320 BGH, 18.06.2014, I ZR 242/12, BGHZ 201, 344 = GRUR 2014, 883 Rn. 16 – *Geschäftsführerhaftung.*

321 BGH, 28.06.2007, I ZR 153/04, GRUR 2008, 186 Rn. 21 – *Telefonaktion.*

322 BGH, 18.06.2014, I ZR 242/12, BGHZ 201, 344 = GRUR 2014, 883 Rn. 16 – *Geschäftsführerhaftung.*

323 BGH, 18.06.2014, I ZR 242/12, BGHZ 201, 344 = GRUR 2014, 883 Rn. 20 – *Geschäftsführerhaftung.*

324 BGH, 18.06.2014, I ZR 242/12, BGHZ 201, 344 = GRUR 2014, 883 Rn. 23 – *Geschäftsführerhaftung.*

rungen treffen muss, die zur Abwendung der daraus Dritten drohenden Gefahren notwendig sind.[325]

5. Besondere Täterqualifikation

162 Im Rahmen des Rechtsbruchtatbestandes muss der Schuldner sämtliche Tatbestandsmerkmale der außerlauterkeitsrechtlichen Norm (Primärnorm) selber erfüllen. Richtet sich die Primärnorm nur an bestimmte Normadressaten, so kann als Täter gemäß § 3a nur in Anspruch genommen werden, wer auch zu diesem Adressatenkreis gehört. Private Unternehmen können daher nicht wegen Verstößen gegen das Vergaberecht, das allein die Beschaffungstätigkeit der öffentlichen Hand regelt, in Anspruch genommen werden.[326]

163 Ist der Schuldner nicht selbst Adressat der Primärnorm, kann er aber als Teilnehmer (Anstifter oder Gehilfe) haften.[327] Dies setzt allerdings, wie allgemein bei der Gehilfenhaftung, das Bewusstsein der Rechtswidrigkeit der vom Schuldner geförderten geschäftlichen Handlung voraus.[328] Private Unternehmen können bei der Zusammenarbeit mit öffentlichen Stellen grundsätzlich darauf vertrauen, dass diese die für sie geltenden Bestimmungen in eigener Verantwortung prüfen. Eine Haftung für die Mitwirkung an lauterkeitsrechtlich unzulässigem Verhalten der öffentlichen Stellen – wie Verstöße gegen vergaberechtliche Bestimmungen oder Missachtung der Neutralitätspflicht – kommt daher nicht ohne weiteres in Betracht.[329] Es besteht für denjenigen, der sich durch ein entsprechendes Verhalten in seinen wettbewerbsrechtlich geschützten Interessen verletzt sieht, aber die Möglichkeit, den Handelnden zunächst auf die Rechtslage hinzuweisen. Ein entsprechender Hinweis wird regelmäßig zur Folge haben, dass der Adressat der Mitteilung sein Verhalten im Weiteren korrigiert oder dass bei Fortsetzung der Verhaltensweise von einem Teilnehmervorsatz auszugehen ist.[330]

6. Mittäterschaft, Nebentäterschaft

164 Mittäterschaft erfordert eine gemeinschaftliche Begehung, also ein bewusstes und gewolltes Zusammenwirken.[331] Praktische Beispiele sind im Lauterkeitsrecht selten. Mittäterschaft ist in einem Fall angenommen worden, in dem ein ausgeschiedener Mitarbeiter mit seinem neuen Arbeitgeber eine Absprache getroffen hatte, möglichst viele seiner ehemaligen Mitarbeiter bei seinem alten Arbeitgeber ebenfalls (unter Ein-

---

325 BGH, 12.07.2012, I ZR 54/11, GRUR 2013, 301 Rn. 51 – *Solarinitiative*; dazu s. u. Rdn. 207–264.

326 BGH, 03.07.2008, I ZR 145/05, BGHZ 177, 150 = GRUR 2008, 810 Rn. 13 – *Kommunalversicherer.*

327 BGH, 12.03.2015, I ZR 84/14, GRUR 2015, 1025 Rn. 16 – *TV-Wartezimmer.*

328 BGH, 03.07.2008, I ZR 145/05, BGHZ 177, 150 = GRUR 2008, 810 Rn. 42 – *Kommunalversicherer.*

329 Vgl. BGH, 12.07.2012, I ZR 54/11, GRUR 2013, 301 Rn. 52 – *Solarinitiative.*

330 Vgl. BGH, 12.03.2015, I ZR 84/14, GRUR 2015, 1025 Rn. 17 – *TV-Wartezimmer.*

331 BGH, 22.07.2010, I ZR 139/08, GRUR 2011, 152 Rn. 30 – *Kinderhochstühle im Internet.*

satz unlauterer Mittel) zu einem Wechsel zu seinem neuen Arbeitgeber zu bewegen.[332] Der Mittäter muss bestimmenden Einfluss auf das Tatgeschehen haben. Daran fehlt es bei einem angestellten Rechtsanwalt, der seinem Arbeitgeber Informationen zur Verfügung stellt, mit denen dieser auf unlautere Weise auf dem Internetauftritt seiner Kanzlei wirbt.[333] Mittäterschaft besteht grundsätzlich nicht bei einem Anbieter von Fortbildungskursen, deren Absolventen anschließend möglicherweise irreführende Berufsbezeichnungen verwenden.[334]

Als Nebentäter haftet, wer den Tatbestand unabhängig vom täterschaftlichen Handeln eines Dritten verwirklicht.[335] Der Lieferant von patentverletzenden Produkten kann daher als Nebentäter haften, auch wenn ein bewusstes und gewolltes Zusammenwirken mit dem Vertrieb nicht feststellbar ist.[336] **165**

7. Mittelbare Täterschaft

Als mittelbarer Täter haftet nach strafrechtlichen Grundsätzen, wer vorsätzlich einen schuld- oder jedenfalls vorsatzlos handelnden Dritten den objektiven Verletzungstatbestand als Werkzeug begehen lässt.[337] Auch im Lauterkeitsrecht setzt die Haftung als mittelbarer Täter Tatherrschaft voraus. Sie scheidet daher aus, wenn der unmittelbar Handelnde den betreffenden Wettbewerbsverstoß seinerseits täterschaftlich begangen hat.[338] Da, anders als im Strafrecht, im Rahmen der Abwehransprüche die Haftung als Täter kein Verschulden voraussetzt und daher auch das »undolose Werkzeug« als Täter in Anspruch genommen werden kann, bleibt im Lauterkeitsrecht für diese Rechtsfigur kaum ein Anwendungsbereich.[339] Sie könnte in Betracht kommen, wenn der unmittelbar Handelnde keine geschäftliche Handlung vornimmt und daher nicht nach UWG haftet, zum Beispiel wenn ein Unternehmen seinen Kunden Möglichkeiten zur Versendung privater Weiterempfehlungen im Internet zur Verfügung stellt.[340] Aber selbst in diesem Fall haftet der Unternehmer als unmittelbarer Täter, wenn die »Weiterempfehlungen« nach ihrem Gesamteindruck als Mitteilungen des Unternehmens erscheinen.[341] **166**

II. Teilnehmerhaftung

1. Einleitung

Als Teilnehmer an einer rechtswidrigen Verhaltensweise eines anderen haftet nur derjenige, der diese Verhaltensweise zumindest mit bedingtem Vorsatz gefördert oder dazu **167**

332 OLG Frankfurt, 25.07.2006, 6 U 63/04, OLGR Frankfurt 2007, 30, 31.
333 OLG Frankfurt, 30.04.2015, 6 U 3/14, GRUR-RR 2015, 302 Rn. 15 – *Spezialisiert für Arbeitsrecht.*
334 BGH, 05.10.2017, I ZR 184/16, GRUR 2018, 203 Rn. 36 – *Betriebspsychologe.*
335 *Köhler*/Bornkamm/*Feddersen*, § 8 Rn. 2.4.
336 BGH, 26.02.2002, X ZR 36/01, GRUR 2002, 599 – *Funkuhr.*
337 GK/Paal, § 8 Rn. 97.
338 BGH, 25.04.2012, I ZR 105/10, GRUR 2012, 1279 Rn. 38 – *DAS GROSSE RÄTSELHEFT.*
339 Harte/Henning/Goldmann, § 8 Rn. 369.
340 *Ohly*/Sosnitza, § 8 Rn. 116.
341 BGH, 14.01.2016, I ZR 65/14, GRUR 2016, 946 Rn. 42 ff. – *Freunde finden.*

angestiftet hat. Zum Teilnehmervorsatz gehört dabei neben der Kenntnis der objektiven Tatumstände auch das Bewusstsein der Rechtswidrigkeit der Haupttat.[342] Dabei genügt bedingter Vorsatz.[343] Dieser ist bereits dann anzunehmen, wenn der Handelnde so leichtfertig handelt, dass er den für möglich gehaltenen Verstoß billigend in Kauf genommen haben muss, oder wenn er sich bewusst einer Kenntnisnahme von der Unlauterkeit des von ihm veranlassten oder geförderten Verhaltens verschließt. In Kauf genommen wird der Verstoß auch dann, wenn sich der Handelnde diesen Erfolg an sich nicht wünscht, aber es dem Zufall überlässt, ob er eintritt oder nicht.[344] Die erforderliche »Bösgläubigkeit« des Teilnehmers lässt sich durch eine substantiierte Aufklärung, insbesondere in einer plausibel begründeten Abmahnung, seitens des Verletzten herbeiführen.[345]

168 Im Strafrecht setzen Anstiftung und Beihilfe jeweils eine vorsätzlich begangene rechtswidrige Tat als Haupttat voraus (§§ 26, 27 StGB). Da im Lauterkeitsrecht die Haftung (auf Unterlassung oder Beseitigung) bereits bei einem objektiven Wettbewerbsverstoß eingreift, erscheint es konsequent, für die Teilnehmerhaftung im Lauterkeitsrecht eine objektiv rechtswidrige geschäftliche Handlung als Haupttat genügen zu lassen, so dass Anstiftung und Beihilfe auch dann möglich sind, wenn der primär Handelnde sein Verhalten für zulässig hält.[346]

169 Eine Teilnehmerhaftung kommt auch in Betracht, wenn der Teilnehmer nicht selbst über die erforderliche Täterqualifikation verfügt, also nicht zum Adressatenkreis der verletzten Norm gehört.[347] Wer Apotheker zu berufsrechtswidrigem Verhalten verleitet, kann daher als Anstifter haften, auch wenn er selber nicht den berufsrechtlichen Bestimmungen unterworfen ist.[348]

170 Auch im Bereich der Teilnahme kommt eine Haftung für Unterlassen in Betracht.[349] Sie setzt zusätzlich zu der objektiven Unterstützung der Rechtsverletzung, dem Vorsatz in Bezug auf die Haupttat und dem Bewusstsein der Rechtswidrigkeit voraus, dass den Teilnehmer eine Rechtspflicht trifft, den Erfolg abzuwenden.[350]

---

342 BGH, 11.03.2009, I ZR 114/06, BGHZ 180, 134 = GRUR 2009, 597 Rn. 14 – *Halzband.*

343 BGH, 03.07.2008, I ZR 145/05, BGHZ 177, 150 = GRUR 2008, 810 Rn. 15 – *Kommunalversicherer.*

344 OLG Köln, 20.01.2017, 6 U 61/16.

345 BGH, 12.03.2015 I ZR 84/14, GRUR 2015, 1025 Rn. 17 – *TV-Wartezimmer.*

346 OLG Brandenburg, 13.06.2006, 6 U 144/05, GRUR-RR 2007, 18, 19 – *Indiziertes Bildmaterial*; GK/Paal, § 8 Rn. 129; *Köhler*/Bornkamm/*Feddersen*, § 8 Rn. 21.15; *Ohly*/Sosnitza, § 8 Rn. 119.

347 BGH, 03.07.2008, I ZR 145/05, BGHZ 177, 150 = GRUR 2008, 810 Rn. 14 – *Kommunalversicherer.*

348 OLG Celle, 29.04.2010, 13 U 151/09, WRP 2010, 1565, 1566 – *Beratungsprämie für Apotheker.*

349 BGH, 30.07.2015, I ZR 104/14, GRUR 2015, 1223 Rn. 43 – *Posterlounge.*

350 BGH, 22.07.2010, I ZR 139/08, GRUR 2011, 152 Rn. 34 – *Kinderhochstühle im Internet.*

171 Die Haftung als Teilnehmer stellt regelmäßig keinen anderen Streitgegenstand als die Täterhaftung dar, soweit die Inanspruchnahme auf dem gleichen Lebenssachverhalt beruht.[351]

2. Anstiftung

172 Anstiftung ist die vorsätzliche Bestimmung zu einer Haupttat (§ 26 StGB). Unter »Bestimmen« im Sinn des § 26 StGB ist die Einflussnahme auf den Willen eines anderen zu verstehen, die diesen zu dem im Gesetz beschriebenen Verhalten bringt. Das »Bestimmen« setzt mithin einen kommunikativen Akt voraus, der zu einer Tatbestandsverwirklichung durch den anderen führt. Anstiftungshandlungen, die eine kommunikative Aufforderung zur Tat enthalten, können in der Beauftragung, der Überredung oder dem Versprechen einer Belohnung bestehen. Die Aufwendung einer besonderen Überredungskunst ist nicht erforderlich; der Annahme von Anstiftung steht die allgemeine Bereitschaft des Haupttäters zu derartigen Taten nicht entgegen. An einem Bestimmen fehlt es nur dann, wenn der Haupttäter entschlossen ist, die konkrete Tat unabhängig von den Bemühungen des Anderen ohnehin zu begehen, also beim sogenannten omnimodo facturus.[352]

173 Die Aufforderung, berufsrechtlich unzulässige Geschäfte abzuschließen, wird regelmäßig als Anstiftung zu qualifizieren sein.[353] Ein reines Informations- oder Werbeschreiben kann dagegen nicht zwingend als Anstiftung zu unlauterem Verhalten gewertet werden.[354] Anders ist es aber, wenn der Verfasser des Schreibens besondere Autorität oder Beratungskompetenz für sich in Anspruch nimmt und ein tatsächlich unlauteres Verhalten als zulässig darstellt. In diesem Fall liegt zumindest psychische Beihilfe vor.[355]

3. Beihilfe

174 Als Gehilfe haftet, wer vorsätzlich zu einer objektiv rechtswidrigen Handlung Hilfe leistet (§ 27 StGB). Die Gehilfenhaftung setzt neben einer objektiven Beihilfehandlung zumindest einen bedingten Vorsatz in Bezug auf die Haupttat voraus, der das Bewusstsein der Rechtswidrigkeit einschließen muss.[356] Als Beihilfe kommt zum Beispiel dabei die Vermittlung von Kunden an ein unlauter handelndes Unternehmen in Betracht,[357] oder das Zurverfügungstellung von Werbematerialien für unlautere Werbeaktionen.[358] Die Bezeichnung eines bestimmten unlauteren Verhaltens als zulässig kann bei Inan-

351 OLG Köln, 20.01.2017, 6 U 61/16.
352 OLG Düsseldorf, 26.01.2016, I-20 U 22/15, GRUR-RR 2016, 354 Rn. 23 – *Migränemittel vom Apotheker.*
353 OLG Celle, 29.04.2010, 13 U 151/09, WRP 2010, 1565, 1566 – *Beratungsprämie für Apotheker.*
354 Vgl. BGH, 28.09.2000, I ZR 141/98, GRUR 2001, 255, 256 – *Information über Null-Tarif.*
355 BGH, 03.07.2008, I ZR 145/05, BGHZ 177, 150 = GRUR 2008, 810 Rn. 37 – *Kommunalversicherer.*
356 BGH, 05.02.2015, I ZR 240/12, GRUR 2015, 485 Rn. 35 – *Kinderhochstühle im Internet III.*
357 BGH, 29.07.2009, I ZR 166/06, GRUZR 2009, 1077 Rn. 27 – *Finanz-Sanierung.*
358 BGH, 30.01.2003, I ZR 142/00, GRUR 2003, 624, 626 – *Kleidersack.*

spruchnahme von besonderer Autorität oder Beratungskompetenz, wenn nicht schon Anstiftung vorliegen sollte, psychische Beihilfe darstellen.[359]

175 Wer in völlig untergeordneter Stellung ohne eigene Entscheidungsbefugnis an einer Rechtsverletzung teilnimmt, etwa als Plakatkleber oder Prospektverteiler, kann in der Regel nur bei vorsätzlichem Verhalten in Anspruch genommen werden.[360] Nach einer weitergehenden Ansicht soll in diesen Fällen die Tatherrschaft fehlen.[361] Die Inanspruchnahme solcher Personen kann sich ferner als rechtsmissbräuchlich darstellen, vor allem dann, wenn ihr Arbeit- oder Auftraggeber als »Quelle« der Rechtsverletzungen nicht selber in Anspruch genommen wird.

III. Haftung für Dritte

1. Organhaftung

176 Eine juristische Person ist nicht selber handlungsfähig, sondern handelt durch ihre Organe (Geschäftsführer einer GmbH, Vorstandsmitglieder einer AG oder Genossenschaft). Rechtswidriges Verhalten ihrer Organe hat sich die juristische Person in entsprechender Anwendung des § 31 BGB ohne Entlastungsmöglichkeit zurechnen zu lassen.[362] Der Grundsatz ist auf sämtliche Personenvereinigungen wie die handelsrechtlichen Personengesellschaften (OHG, KG) bis hin zur Gesellschaft bürgerlichen Rechts ausgedehnt worden.[363] Auch im UWG hat die Vorschrift Bedeutung, da die Haftung für Mitarbeiter nach § 8 Abs. 2 nur für weisungsabhängige Mitarbeiter gilt, die eigenverantwortlich handelnden Organe werden daher nicht erfasst.[364]

177 Nach seinem Wortlaut gilt § 31 BGB für Handlungen, die von einem verfassungsmäßig berufenen Vertreter in Ausführung der ihm zustehenden Verrichtungen begangen worden ist. Der Begriff des »**verfassungsmäßig berufenen Vertreters**« ist in der Rechtsprechung zunehmend weit ausgelegt worden, um die Exkulpationsmöglichkeit nach § 831 BGB zu beschneiden. Verfassungsmäßig berufene Vertreter im Sinne des § 31 BGB sind daher nicht nur Personen, deren Tätigkeit in der Satzung der juristischen Person vorgesehen ist; auch brauchen sie nicht mit rechtsgeschäftlicher Vertretungsmacht ausgestattet zu sein. Es braucht sich auch nicht um einen Aufgabenbereich innerhalb der geschäftsführenden Verwaltungstätigkeit der juristischen Person zu handeln. Vielmehr genügt es, dass dem Vertreter durch die allgemeine Betriebsregelung

359 BGH, 03.07.2008, I ZR 145/05, BGHZ 177, 150 ff. = GRUR 2008, 810 Rn. 37 – *Kommunalversicherer.*

360 BGH, 10.02.2011, I ZR 183/09, GRUR 2011, 340 Rn. 27 – *Irische Butter*; FBO/Büscher, § 8 Rn. 128.

361 Harte/Henning/Goldmann, § 8 Rn. 358, unter Hinweis auf BGH, 05.11.2015, I ZR 88/13, GRUR 2016, 493 Rn. 20 – *Al Di Meola.*

362 BGH, 12.01.2012, I ZB 43/11, GRUR 2012, 541 Rn. 7 – *Titelschuldner im Zwangsvollstreckungsverfahren.*

363 GK/Paal, § 8 Rn. 135; MünchKomm/Arnold BGB, § 31 Rn. 15 f.; BGH, 03.05.2007, IX ZR 218/05, BGHZ 172, 169 = NJW 2007, 2490 Rn. 8.

364 GK/Paal, § 8 Rn. 147; *Köhler*/Bornkamm/*Feddersen*, § 8 Rn. 2.39.

und Handhabung bedeutsame, wesensmäßige Funktionen der juristischen Person zur selbständigen, eigenverantwortlichen Erfüllung zugewiesen sind, dass er also die juristische Person auf diese Weise repräsentiert.[365] Erfasst werden daher beispielsweise Filialleiter, Chefärzte oder die Leiter weitgehend selbständiger Funktionsbereiche wie des Transportwesens in einem größeren Unternehmen.[366] Sogar das unerlaubte Handeln eines bloßen Sachbearbeiters soll der Gesellschaft zuzurechnen sein, falls ihm eine wichtige Angelegenheit zur eigenverantwortlichen Erledigung übertragen worden ist.[367] Damit dürfte allerdings der Begriff des »verfassungsmäßig berufenen Vertreters« überdehnt werden. Setzt eine juristische Person oder Personenvereinigung für »kritische« Tätigkeiten bewusst keine verfassungsmäßig berufene Vertreter, sondern beispielsweise externe Dienstleister ein, kommt eine Haftung wegen Organisationsverschulden in Betracht.[368]

Der Vertreter muss ferner »**in Ausführung der ihm zustehenden Verrichtungen**« tätig 178
geworden sein. Daran fehlt es, wenn er sich aus Sicht eines Außenstehenden so weit vom organschaftlichen Aufgabenbereich entfernt hat, dass der allgemeine Rahmen der ihm übertragenen Obliegenheiten überschritten erscheint. Das kommt etwa in Betracht, wenn er die Zuwiderhandlung für einen neben der juristischen Person bestehenden eigenen Geschäftsbetrieb oder eine andere juristische Person begangen hat.[369]

2. Eigenhaftung der Organe

Neben der juristischen Person kann der Vertreter persönlich nach außen haften, wenn 179
er selbst den Tatbestand des § 3 oder des § 7 verwirklicht oder die verletzende Handlung in Auftrag gegeben hat.[370]

Nach der früheren Rechtsprechung haftete der Geschäftsführer darüber hinaus auch 180
dann für Wettbewerbsverstöße der Gesellschaft, wenn er von ihnen Kenntnis hatte und es unterlassen hatte, sie zu verhindern. Diese Rechtsprechung hat der Bundesgerichtshof im Jahr 2014 aufgegeben. Eine persönliche Haftung des Geschäftsführers für unlautere Wettbewerbshandlungen der von ihm vertretenen Gesellschaft besteht nach der neueren Rechtsprechung nur noch, wenn er daran entweder durch positives Tun beteiligt war oder wenn er die Wettbewerbsverstöße auf Grund einer nach allgemeinen Grundsätzen des Deliktsrechts begründeten Garantenstellung hätte verhindern müssen. Seine Kenntnis allein von den Verstößen genügt nicht. Erforderlich ist vielmehr grundsätzlich, dass der Wettbewerbsverstoß auf einem Verhalten beruht, das nach seinem äußeren Erscheinungsbild und mangels abweichender Feststellungen dem Geschäfts-

365 *BGH, 30.10.1967, VII* ZR 82/65, NJW 1968, 391 f.
366 MünchKomm/Arnold BGB, § 31 Rn. 20.
367 BGH, 03.05.2007, IX ZR 218/05, BGHZ 172, 169 = NJW 2007, 490 Rn. 16.
368 BGH, 19.04.2007, I ZR 92/04, GRUR 2007, 994 Rn. 15 – *Gefälligkeit*; *Ohly*/Sosnitza, § 8 Rn. 140.
369 BGH, 12.01.2012, I ZB 43/11, GRUR 2012, 541 Rn. 9 – *Titelschuldner im Zwangsvollstreckungsverfahren.*
370 BGH, 18.06.2014, I ZR 242/12, BGHZ 201, 344 = GRUR 2014, 883 Rn. 14 – *Geschäftsführerhaftung.*

führer anzulasten ist. So liegt es etwa bei der rechtsverletzenden Benutzung einer bestimmten Firmierung und dem allgemeinen Werbeauftritt eines Unternehmens, über die typischerweise auf Geschäftsführungsebene entschieden wird. Ferner zählen dazu beispielsweise das allgemeine Konzept einer Kundenwerbung eines Unternehmens oder der allgemeine Internetauftritt des Unternehmers.[371] Zu denken wäre auch an die Gestaltung von Produkten, die einen wesentlichen Bestandteil des Geschäfts des Unternehmens ausmachen.[372] Indizien, die für die Eigenhaftung stellen beispielsweise Presseerklärungen dar, in denen der Name des Organs genannt wird[373], oder Impressumangaben, die das Organ als Verantwortlichen für den Internetauftritt benennen[374].

181 Der Geschäftsführer kann darüber hinaus auch dann selber haften, wenn er ein auf Rechtsverletzungen angelegtes Geschäftsmodell selbst ins Werk gesetzt hat,[375] oder sein Unternehmen so organisiert hat, dass er sich bewusst der Möglichkeit entzieht, überhaupt Kenntnis von etwaigen Wettbewerbsverstößen in seinem Unternehmen zu nehmen und dementsprechend Einfluss zu ihrer Verhinderung ausüben zu können. Dies kann der Fall sein, wenn ein Geschäftsführer sich dauerhaft im Ausland aufhält.[376]

182 Grundsätzlich obliegt die Darlegungs- und Beweislast für die Anspruchsvoraussetzungen beim Anspruchsteller. Über die unternehmensinterne Organisation des Anspruchsgegners kann er aber keine Kenntnisse haben. Liegt daher ein Verhalten vor, über das typischerweise auf Geschäftsführerebene entschieden wird, trifft den Anspruchsgegner zumindest eine sekundäre Darlegungslast zur internen Organisation des Unternehmens.[377]

3. Haftung der Gesellschafter

183 Die Gesellschafter eines Unternehmens haften neben der Gesellschaft, soweit sie selber den Tatbestand des § 3 oder des § 7 verwirklicht oder die verletzende Handlung in Auftrag gegeben haben. Daneben kommt eine Haftung der Gesellschafter einer Personengesellschaft über § 128 HGB für Unterlassungsansprüche nicht in Betracht; für die Gesellschaft bürgerlichen Rechts gilt nichts anderes. Es handelt sich bei dem gegen den Gesellschafter gerichteten Unterlassungsanspruch nicht um eine Verbindlichkeit der Gesellschaft, sondern um einen Anspruch, der in erster Linie gegen den Gesellschafter persönlich gerichtet ist, dem das beanstandete Verhalten untersagt werden soll, unabhängig davon, ob sein Verhalten der Gesellschaft zugerechnet werden kann oder

371 BGH, 18.06.2014, I ZR 242/12, BGHZ 201, 344 = GRUR 2014, 883 Rn. 19 – *Geschäftsführerhaftung.*

372 OLG Köln, 10.07.2015, 6 U 4/15 (unveröff.) – *OP-Instrumentengriffe.*

373 BGH, 17.08.2011, I ZR 108/09, GRUR 2011, 1043 Rn. 5, 70 – *TÜV II.*

374 BGH, 12.01.2017, I ZR 253/14, GRUR 2017, 397 Rn. 112 – *World of Warcraft II.*

375 BGH, 18.06.2014, I ZR 242/12, BGHZ 201, 344 = GRUR 2014, 883 Rn. 31 – *Geschäftsführerhaftung.*

376 BGH, 18.06.2014, I ZR 242/12, BGHZ 201, 344 = GRUR 2014, 883 Rn. 26 – *Geschäftsführerhaftung.*

377 OLG Köln, 21.03.2014, 6 U 181/13, WRP 2014, 973 Rn. 35 – *Aztekenofen*; weitergehend FBO/Büscher, § 8 Rn. 122.

nicht.[378] Dies gilt aber nur für die Abwehransprüche. Für Schadensersatzansprüche oder auf Zahlung einer Vertragsstrafe haftet der persönlich haftende Gesellschafter einer Personengesellschaft unabhängig von seiner persönlichen Mitwirkung an der Verletzungshandlung.[379] Gesellschafter einer Kapitalgesellschaft trifft ohnehin keine Außenhaftung.

4. Haftung im Konzern

Eine Muttergesellschaft kann für Wettbewerbsverstöße ihrer Tochtergesellschaften nach 184
den Grundsätzen der Beauftragtenhaftung (§ 8 Abs. 2) in Anspruch genommen werden, soweit sie die tatsächliche Möglichkeit hat, beherrschenden Einfluss auf die Tätigkeit des Tochterunternehmens auszuüben. Nicht erforderlich ist es, dass von dieser Möglichkeit auch Gebrauch gemacht wird. Das Bestehen eines Beherrschungs- und Gewinnabführungsvertrages ist dafür nicht zwingend erforderlich. Eine Haftung kann selbst dann eintreten, wenn das herrschende Unternehmen wirtschaftlich von den Aktivitäten des Tochterunternehmens profitiert, sich aber nicht ausreichende Möglichkeiten der rechtlichen Einflussnahme gesichert hat.[380] Eine Muttergesellschaft haftet daher ohne weiteres für die Aktivitäten einer Vertriebsgesellschaft. Keine Haftung besteht dagegen bei einer reinen Holding-Gesellschaft.[381]

Konzerngesellschaften, die etwa den Vertrieb oder die Werbung für andere Konzernge- 185
sellschaften organisieren, können wegen geschäftlicher Handlungen zu Gunsten fremder Unternehmen (§ 2 Abs. 1 Nr. 1) in Anspruch genommen werden. Sie können sich dann auch grundsätzlich nicht damit verteidigen, sie hätten – beispielsweise bei einer wegen Irreführung über unzureichende Bevorratung (Nr. 5 des Anhangs zu § 3 Abs. 3) unzulässigen Werbung – keine ausreichenden Kenntnisse, um die Unzulässigkeit des Verhaltens erkennen zu können.[382] Lediglich, wenn sie aufgrund ihrer Stellung im Konzern in völlig untergeordneter Stellung ohne eigene Entscheidungsspielräume tätig sind, kommt eine Beschränkung der Haftung im Sinne einer Gehilfenhaftung nur bei vorsätzlichem Verhalten in Betracht.[383]

5. Haftung für Mitarbeiter und Beauftragte (§ 8 Abs. 2)

a) Einleitung

Nach § 8 Abs. 2 haftet der Unternehmensinhaber für Zuwiderhandlungen seiner Mit- 186
arbeiter und Beauftragten wie für eigene Rechtsverletzungen. Es handelt sich dabei um

---

378 BGH, 03.11.2005, I ZR 311/02, GRUR 2006 Rn. 22 – *Michel-Nummern.*

379 BGH, 20.06.2013, I ZR 201/11, GRUR 2013, 1268 Rn. 11 – *Markenheftchen II*; OLG Frankfurt, 11.09.2014, 6 U 107/13, WRP 2014, 1484 Rn. 21.

380 BGH, 07.10.2009, I ZR 109/06, GRUR 2009, 1167 Rn. 21 – *Partnerprogramm.*

381 BGH, 07.04.2005, I ZR 221/02, GRUR 2005, 864 – *Meißner Dekor II*; BGH, 25.04.2012, I ZR 105/10, GRUR 2012, 1279 Rn. 61 – *DAS GROSSE RÄTSELHEFT*; Seichter, in: Ullmann, jurisPK-UWG § 8 Rn. 157.

382 BGH, 17.09.2015, I ZR 92/14, GRUR 2016, 395 – *Smartphone-Werbung.*

383 BGH, 10.02.2011, I ZR 183/09, GRUR 2011, 340 Rn. 27 f. – *Irische Butter.*

eine Erfolgshaftung ohne eigene Entlastungsmöglichkeit.[384] Der Unternehmer, der sein Unternehmen arbeitsteilig organisiert und damit die wirtschaftlichen Vorteile des Einsatzes Dritter zieht, hat als Ausgleich für die Risiken einzustehen, dass diese von ihm eingesetzten Dritten Wettbewerbsverstöße begehen.[385] Ihm werden daher ihre Verstöße wie eigene Verstöße zugerechnet.[386] Es handelt sich um eine Zurechnungsnorm für das Verhalten Dritter (wie §§ 31, 89 BGB) und nicht um eine Haftung für eigenes Fehlverhalten wie § 831 BGB,[387] nach anderer Ansicht um eine eigenständige Anspruchsgrundlage.[388] Praktisch ist diese Meinungsverschiedenheit bedeutungslos. Es ist allgemein anerkannt, dass die Haftung des Unternehmensinhabers selbständig neben den Anspruch gegen den unmittelbaren Verletzer tritt, wie bereits der Wortlaut nahelegt (»auch«).[389]

b) Anwendungsbereich

187 Die Vorschrift gilt nach ihrem Wortlaut für Unterlassungs- und Beseitigungsansprüche und erfasst nach ihrem Sinn und Zweck auch Auskunftsansprüche, die der Durchsetzung dieser Abwehransprüche dienen. Nicht erfasst werden dagegen – anders als die mit ihr ansonsten vergleichbaren Regelungen in §§ 13 Abs. 7, 128 Abs. 3 MarkenG – Schadensersatzansprüche nach § 9 und damit in Zusammenhang stehende Auskunftsansprüche. Insoweit bleibt es bei den allgemeinen Regelungen, insbesondere bei § 831 BGB.[390]

188 Ferner gilt § 8 Abs. 2 nicht für Ansprüche auf Gewinnabschöpfung (§ 10) und aus §§ 17, 18.[391] Bei einem Verstoß gegen §§ 17, 18 kann aber eine Haftung über §§ 3a, 8 Abs. 2 bestehen. § 8 Abs. 2 findet auch auf vertragliche Ansprüche keine Anwendung; für sie gilt § 278 BGB.[392] Unanwendbar ist die Vorschrift schließlich auch im Rahmen der Zwangsvollstreckung nach § 890 ZPO. Die Verhängung von Ordnungsmitteln setzt ein Verschulden des Unternehmensinhabers, bei juristischen Personen eines Organs im Sinn des § 31 BGB, voraus.[393]

---

384 BGH, 04.04.2012, I ZR 103/11, MD (VSW) 2012, 802 Rn. 9 – *Beauftragendenhaftung*.

385 BGH, 19.12.2002, I ZR 119/00, GRUR 2003, 454, 454 – *Verwertung von Kundenlisten*; BGH, 25.04.2012, I ZR 105/10, GRUR 2012, 1279 Rn. 62 – *DAS GROSSE RÄTSELHEFT*.

386 BGH, 07.10.2009, I ZR 109/06, GRUR 2009, 1167 Rn. 21 – *Partnerprogramm*.

387 *Ohly*/Sosnitza, § 8 Rn. 143.

388 GK/Paal, § 8 Rn. 143.

389 BGH, 25.04.2012, I ZR 105/10, GRUR 2012, 1279 Rn. 43 – *DAS GROSSE RÄTSELHEFT*.

390 BGH, 25.04.2012, I ZR 105/10, GRUR 2012, 1279 Rn. 43 – *DAS GROSSE RÄTSELHEFT*.

391 Köhler/*Bornkamm*/Feddersen, § 8 Rn. 2.36.

392 BGH, 22.01.1998, I ZR 18/96, GRUR 1998, 963, 965 – *Verlagsverschulden II* (zur Vorgängervorschrift des § 13 Abs. 4 UWG a. F.).

393 BVerfG, *04.12.2006, 1 BvR 1200/04*, GRUR 2007, 618 Rn. 11 – *Organisationsverschulden*; BGH, 12.01.2012, I ZB 43/11, GRUR 2012, 541 Rn. 7 – *Titelschuldner im Zwangsvollstreckungsverfahren*.

c) Voraussetzungen

aa) Zuwiderhandlung

Grundvoraussetzung ist eine Zuwiderhandlung des Mitarbeiters oder Beauftragten gegen § 3 oder § 7. Der objektive Tatbestand der Zuwiderhandlung muss erfüllt sein; nicht erforderlich ist es, dass noch aktuell Abwehransprüche bestehen (etwa weil der betreffende Mitarbeiter eine Unterwerfungserklärung abgegeben hat).[394] Ihrem Wortlaut nach gilt die Vorschrift nur für den Unterlassungs- und Beseitigungsanspruch wegen bereits begangener unzulässiger geschäftlicher Handlungen. Dem Normzweck nach besteht aber kein Anlass, sie nicht auch für den Fall einer erst drohenden Zuwiderhandlung im Sinn des § 8 Abs. 1 2 anzuwenden.[395] **189**

Allein die Kenntnis eines Mitarbeiters von dem wettbewerbswidrigen Verhalten eines Dritten stellt keine Zuwiderhandlung dar, für die der Geschäftsherr nach § 8 Abs. 2 haften müsste. Erlangt daher ein beliebiger Mitarbeiter eines Optikers Kenntnis von einer geplanten wettbewerbswidrigen Presseinformation eines Handelsunternehmens, mit dem der Optiker zusammenarbeitet, führt dies nicht zur Haftung des Optikers.[396] **190**

bb) In einem Unternehmen

Die Zuwiderhandlung muss in einem inneren Zusammenhang mit dem Unternehmen stehen.[397] Zuwiderhandlungen eines Mitarbeiters, die dieser in seinem privaten Bereich begeht, werden nicht zugerechnet, auch wenn die Tätigkeit ihrer Art nach zur Unternehmenstätigkeit gehört. Ein Lohnsteuerhilfeverein haftet daher nicht für eine Mitarbeiterin, die privat einem Gewerbesteuerschuldner Hilfe leistet (wozu ein Lohnsteuerhilfeverein nach § 4 Nr. 11 StBerG nicht befugt ist), auch wenn sie sich dabei auf den Lohnsteuerhilfeverein beruft.[398] An dem erforderlichen Zusammenhang mit dem Unternehmen soll es auch fehlen, wenn die Zuwiderhandlung unabhängig von der arbeitsteiligen Organisation des in Anspruch genommenen Unternehmens ist. Der Bundesgerichtshof hat dies in einem Fall angenommen, in dem ein Handelsvertreter nach dem Wechsel des Geschäftsherren unzulässigerweise Kundendaten, die er aus seiner früheren Tätigkeit erlangt hatte, für seinen neuen Auftraggeber verwendet hatte.[399] **191**

Eine Haftung des Unternehmensinhabers scheidet ferner dann aus, wenn der von ihm Beauftragte im konkreten Fall zwar geschäftlich tätig geworden ist, das betreffende geschäftliche Handeln jedoch nicht der Geschäftsorganisation des Auftraggebers, sondern derjenigen eines Dritten oder des Beauftragten selbst zuzurechnen ist. Ist der Beauftragte etwa noch für andere Personen oder Unternehmen tätig oder unterhält er neben dem Geschäftsbereich, mit dem er für den Auftraggeber tätig wird, noch weitere, **192**

---

394 *Köhler*/Bornkamm/*Feddersen*, § 8 Rn. 2.38.
395 GK/Paal, § 8 Rn. 150; *Köhler*/Bornkamm/*Feddersen*, § 8 Rn. 2.38.
396 BGH, 03.11.2016, I ZR 227/14, GRUR 2017, 418 Rn. 20 – *Optiker-Qualität.*
397 BGH 28.06.2007, I ZR 153/04, GRUR 2008, 186 Rn. 23 – *Telefonaktion.*
398 BGH, 19.04.2007, I ZR 92/04, GRUR 2007, 994 – *Gefälligkeit.*
399 BGH, 19.12.2002, I ZR 119/00, GRUR 2003, 453, 454 – *Verwertung von Kundenlisten.*

davon zu unterscheidende Geschäftsbereiche, so beschränkt sich die Haftung des Auftraggebers auf diejenigen geschäftlichen Handlungen des Beauftragten, die dieser im Zusammenhang mit dem Geschäftsbereich vornimmt, der dem Auftragsverhältnis zu Grunde liegt. Dies gilt jedenfalls dann, wenn der Auftrag auf einen bestimmten Geschäftsbereich des Beauftragten beschränkt ist und der Auftraggeber nicht damit rechnen muss, dass der Beauftragte auch anderweitig für ihn tätig wird. Ein Unternehmer, der mit einem »Werbepartner« vereinbart, dass dieser auf seiner Internetseite Links auf die Seite des Unternehmers schaltet und für Geschäfte, die auf diesem Weg vermittelt werden, eine Provision zahlt, haftet daher nicht, wenn der Werbepartner noch unter anderen Domains auftritt und dort Links in einem unlauteren Zusammenhang auf die Seite des Unternehmers setzt.[400]

193 Die Haftung des Unternehmensinhabers entfällt allerdings nicht, wenn der Beauftragte intern seine Weisungen überschreitet, etwa wenn eine Presseagentur sich nicht darauf beschränkt, vereinbarungsgemäß Pressekontakte zu vermitteln, sondern darüber hinaus Presseerklärungen (mit unzulässigem Inhalt) herausgibt. Bei dieser Tätigkeit ist der erforderliche innerliche Zusammenhang mit dem Unternehmen ihres Auftraggebers noch gewahrt.[401] Der Unternehmensinhaber haftet auch für Verstöße, die ohne sein Wissen und gegen seinen Willen begangen worden sind.[402] Selbst für betrügerisches Verhalten seiner Mitarbeiter und Beauftragten im Rahmen ihrer Vertriebsaktivitäten kann der Unternehmensinhaber nach § 8 Abs. 2 in Anspruch genommen werden.[403]

cc) Mitarbeiter, Beauftragte

194 Der Unternehmensinhaber haftet für Personen, deren Tätigkeit seinem Unternehmen zugutekommt, und auf deren Tätigkeit er bestimmenden Einfluss nehmen kann. § 8 Abs. 2 nennt »Mitarbeiter« und »Beauftragte«, wobei die Abgrenzung unsicher ist. Ein »Mitarbeiter« ist stärker in die Unternehmensorganisation eingebunden als ein »Beauftragter«, bei dem es sich auch um einen selbständigen Unternehmer handeln kann.[404] Für die praktische Anwendung ist die Abgrenzung unerheblich, da die Rechtsfolgen gleich sind.[405]

195 Der innere Grund für die Zurechnung der Geschäftstätigkeit der Mitarbeiter oder Beauftragten liegt vor allem in einer dem Unternehmensinhaber zu Gute kommenden Erweiterung des Geschäftsbetriebs und einer gewissen Beherrschung des Risikobereichs durch ihn. Der Unternehmensinhaber soll sich bei Wettbewerbsverstößen nicht hinter von ihm abhängigen Dritten verstecken können; dementsprechend sind die Begriffe des Mitarbeiters und des Beauftragten weit auszulegen.[406]

---

400 BGH, 07.10.2009, I ZR 109/06, GRUR 2009, 1167 Rn. 27 – *Partnerprogramm.*
401 BGH 28.06.2007, I ZR 153/04, GRUR 2008, 186 Rn. 23 – *Telefonaktion.*
402 BGH, 07.10.2009, I ZR 109/06, GRUR 2009, 1167 Rn. 21 – *Partnerprogramm.*
403 BGH, 17.08.2011, I ZR 134/10, GRUR 2012, 82 Rn. 13 – *Auftragsbestätigung.*
404 GK/Paal, § 8 Rn. 155 ff.
405 *Köhler/Bornkamm/Feddersen, § 8 Rn. 2.39.*
406 BGH, 05.04.1995, I ZR 133/93, GRUR 1995, 605, 607 – *Franchise-Nehmer*; OLG Köln, 18.10.2013, 6 U 36/13, WRP 2014, 202 Rn. 6 – *Typosquatting durch Affiliates.*

Unter einem **Mitarbeiter** ist unabhängig von der genauen Rechtsnatur und der Wirksamkeit des Beschäftigungsverhältnisses jeder Angehörige des Unternehmens zu verstehen, der zur Leistung weisungsabhängiger Dienste verpflichtet ist. Maßgeblich ist nach dem Normzweck die faktische Einbindung in die arbeitsteilige Organisation, von welcher der Unternehmer profitiert. Auf Entgeltlichkeit oder rechtliche Wirksamkeit des zugrundeliegenden Vertrags kommt es nicht an.[407] Mitarbeiter sind daher in erster Linie Arbeitnehmer, aber auch Auszubildende, Praktikanten oder freie Mitarbeiter.[408] Lediglich bei fehlender Weisungsbefugnis wie bei Betriebsratsmitgliedern in Ausübung ihrer Funktion oder bei leitenden Organen scheidet eine Zurechnung nach § 8 Abs. 2 aus; im zweiten Fall wird aber regelmäßig § 31 BGB (u. U. analog) anwendbar sein. Dass ein Mitarbeiter, etwa ein Filialleiter, eigene Entscheidungsbefugnisse hat, entlastet den Unternehmer dagegen nicht.[409] 196

Beauftragter ist nach der Definition des Bundesgerichtshofs, wer in die betriebliche Organisation des Unternehmensinhabers in der Weise eingegliedert ist, dass der Erfolg seiner Geschäftstätigkeit dem Unternehmensinhaber zu Gute kommt und der Unternehmensinhaber einen bestimmenden durchsetzbaren Einfluss auf diejenige Tätigkeit des Beauftragen hat, in deren Bereich das beanstandete Verhalten fällt. Dabei kommt es nicht darauf an, welchen Einfluss sich der Unternehmensinhaber gesichert hat, sondern darauf, welchen Einfluss er sich sichern konnte und musste. Der Unternehmensinhaber haftet daher gegebenenfalls auch für ohne sein Wissen und gegen seinen Willen von einem Beauftragten begangene Rechtsverstöße.[410] 197

Bei dieser Definition ist die Formulierung, der Beauftragte müsse in die betriebliche Organisation »eingegliedert« sein, missverständlich. Auch nach der Rechtsprechung des Bundesgerichtshofs können auch selbständige Unternehmer Beauftragte im Sinn des § 8 Abs. 2 sein. Erforderlich ist nur, dass der in Anspruch genommene Unternehmensinhaber faktisch bestimmenden Einfluss auf das beauftragte Unternehmen hat, und dass dessen geschäftlicher Erfolg dem Unternehmensinhaber zu Gute kommt.[411] Auch mehrstufige Beauftragungsverhältnisse sind möglich; der Unternehmensinhaber haftet auch für die Mitarbeiter oder Unterbeauftragten seiner Beauftragten, und zwar selbst dann, wenn der Beauftragte ohne Wissen des Unternehmensinhabers Unterbeauftragte eingesetzt hat.[412] 198

Erforderlich für die Beauftragtenhaftung ist daher, dass sich die Einflussmöglichkeiten des Unternehmensinhabers auf alle das Vertriebssystem des Vertragspartners kennzeichnenden wesentlichen Vorgänge erstrecken und dass die zu treffenden Maßnahmen zwangsläufig vom Willen des Betriebsinhabers abhängen. Die üblichen Lieferbeziehun- 199

407 GK/Paal, § 8 Rn. 156.
408 OLG Stuttgart, 27.11.2014, 2 U 175/13, juris Rn. 84 (freie Mitarbeiter); Seichter, in: Ullmann, jurisPK-UWG, § 8 Rn. 152; *Köhler*/Bornkamm/*Feddersen*, § 8 Rn. 2.40.
409 BGH, 29.06.2000, I ZR 29/98, GRUR 2000, 907, 909 – *Filialleiterfehler*.
410 BGH, 18.11.2010, I ZR 155/09, GRUR 2011, 617 Rn. 54 – *Sedo*.
411 BGH, 25.04.2012, I ZR 105/10, GRUR 2012, 1279 Rn. 61 – *DAS GROSSE RÄTSELHEFT*.
412 BGH, 04.04.2012, I ZR 103/11, MD (VSW) 2012, 802 Rn. 7 ff. – *Beauftragendenhaftung*.

gen zwischen Groß- und Einzelhandel und die mit ihnen verbundenen Abhängigkeiten genügen dafür nicht.[413] Beauftragter eines Unternehmens ist auch nicht, wer von diesem lediglich eine Leistung bezieht, die er im eigenen Namen an Endkunden anbietet, sofern er in der Gestaltung seines Vertriebskonzepts sowie seiner Verkaufskonditionen grundsätzlich frei ist. Denn in diesem Fall fehlt es an der Möglichkeit eines bestimmenden und durchsetzbaren Einflusses des Unternehmens auf den Vertragspartner.[414]

200 Als Beauftrage im Sinn des § 8 Abs. 2 kommen damit in Betracht:
- Affiliates (Werbepartner im Internet, die Links auf die Seite des Unternehmers einrichten und dafür eine Provision erhalten)[415]
- Annahmestellen einer staatlichen Lotteriegesellschaft[416]
- Call-Center[417]
- Franchisenehmer[418]
- Inkassounternehmen[419]
- Laienwerber[420]
- Personalberater als »Headhunter«[421]
- Vertragshändler (abhängig von den Umständen des Einzelfalls)[422]
- Vertriebsgesellschaft innerhalb eines Konzerns[423]
- Werbeagenturen[424]
- Werbegemeinschaften für die in ihnen zusammengeschlossenen Händler[425]

201 Nicht als Beauftragte sind dagegen angesehen worden:
- Einzelhändler im Verhältnis zum Großhändler oder Hersteller[426]
- Kunden eines Domain-Parking-Programms[427]
- Reseller von Telekommunikationsdienstleistungen[428]
- Zeitungsverlage im normalen Anzeigengeschäft (bei dem sie keinen eigenen Gestaltungsspielraum hinsichtlich der Anzeigen haben)[429]

---

413 BGH, 28.10.2010, I ZR 174/08, GRUR 2011, 543 Rn. 13 – *Änderung der Voreinstellung III.*
414 OLG Stuttgart, 27.11.2014, 2 U 175/13, juris Rn. 84.
415 BGH, 07.10.2009, I ZR 109/06, GRUR 2009, 1167 Rn. 22 ff. – *Partnerprogramm.*
416 BGH, 19.05.2011, I ZR 215/08, juris Rn. 23 – *Gewerbliche Spielevermittlung.*
417 OLG Frankfurt, 11.08.2011, 6 U 182/10, K&R 2011, 804.
418 BGH, 05.04.1995, I ZR 133/93, GRUR 1995, 605, 607 – *Franchise-Nehmer.*
419 BGH, 19.03.2015, I ZR 157/13, GRUR 2015, 1134 Rn. 32 – *SCHUFA-Hinweis.*
420 KG, 27.04.2009, 24 U 18/09, juris Rn. 45.
421 BGH, 09.02.2006, I ZR 73/02, GRUR 2006, 426 Rn. 17 – *Direktansprache am Arbeitsplatz II.*
422 BGH, 28.10.2010, I ZR 174/08, GRUR 2011, 543 Rn. 15 – *Änderung der Voreinstellung III.*
423 BGH, 07.04.2005, I ZR 221/02, GRUR 2005, 864, 865 – *Meißner Dekor II.*
424 BGH, 25.04.1991, I ZR 134/90, GRUR 1991, 772, 774 – *Anzeigenrubrik I.*
425 OLG Celle, 09.12.2004, 13 U 218/04, OLGR Celle 2005, 796.
426 BGH, 28.10.2010, I ZR 174/08, GRUR 2011, 543 Rn. 13 – *Änderung der Voreinstellung III.*
427 BGH, 18.11.2010, I ZR 155/09, GRUR 2011, 617 Rn. 55 – *Sedo.*
428 BGH, 28.10.2010, I ZR 174/08, GRUR 2011, 543 Rn. 14 – *Änderung der Voreinstellung III.*
429 BGH, 31.05.1990, I ZR 228/88, GRUR 1990, 1039, 1040 – *Anzeigenauftrag*; *Ohly*/Sosnitza, § 8 Rn. 150.

Scheidet der Mitarbeiter oder Beauftragte aus dem Unternehmen aus, lässt dies nicht die Haftung des Unternehmensinhabers entfallen.[430] Umgekehrt haftet der Unternehmensinhaber nicht für Wettbewerbsverstöße, die ein Mitarbeiter in einem früheren Beschäftigungsverhältnis begangen hat. Hat er allerdings diese früheren Verstöße aktiv gefördert, kommt eine Haftung für eigenes Verhalten – etwa als Anstifter – in Betracht.[431] **202**

dd) Inhaber des Unternehmens

Inhaber des Unternehmens ist derjenige, in dessen Namen und Verantwortung das Unternehmen geführt wird.[432] Bei Verpachtung oder Nießbrauch ist der Unternehmensinhaber der Pächter oder Nießbraucher. Handlungsbeschränkungen des Unternehmensinhabers durch Insolvenz oder Testamentsvollstreckung lassen die Eigenschaft als Unternehmensinhaber unberührt.[433] Eine Haftung als Beauftragte im Sinn des § 8 Abs. 2 kommt für Insolvenzverwalter und Testamentsvollstrecker nicht in Betracht, da sie nicht weisungsabhängig sind. In der Literatur wird eine analoge Anwendung des § 31 BGB erwogen;[434] Rechtsprechung zu der Frage ist nicht veröffentlicht. Für den Insolvenzverwalter gilt, dass er bei Abwicklung und Fortführung des schuldnerischen Unternehmens die allgemeinen wettbewerbsrechtlichen Vorschriften zu beachten hat.[435] Bei Verstößen kann er daher in seiner Eigenschaft als Insolvenzverwalter auf Unterlassung in Anspruch genommen werden; Schadensersatzansprüche sind Masseverbindlichkeiten nach § 55 Abs. 1 Nr. 1 InsO.[436] **203**

ee) Darlegungs- und Beweislast

Die Darlegungs- und Beweislast für das Vorliegen der Voraussetzungen des § 8 Abs. 2 trägt der Anspruchsteller.[437] Allerdings greifen die Grundsätze der sekundären Darlegungs- und Beweislast ein.[438] Wenn ein Unternehmen ein anderes Unternehmen mit dem Alleinvertrieb seines Produktes betraut, spricht die Lebenserfahrung dafür, dass es sich Einfluss auf die Vertriebsstrategien und insbesondere auf die Werbung vorbehält. Es kann sich daher einer Haftung für unlauteres Verhalten des Vertriebsunternehmens nicht mit dem schlichten Hinweis entziehen, dieses sei »völlig unabhängig«.[439] **204**

430 *Köhler*/Bornkamm/*Feddersen*, § 8 Rn. 2.54.
431 BGH, 19.12.2002, I ZR 119/00, GRUR 2003, 453, 454 – *Verwertung von Kundenlisten.*
432 GK/Paal, § 8 Rn. 167; *Köhler*/Bornkamm/*Feddersen*, § 8 Rn. 2.48.
433 *Ohly*/Sosnitza, § 8 Rn. 151; a. A. Harte/Henning/Goldmann, § 8 Rn. 584.
434 *Köhler*/Bornkamm/*Feddersen*, § 8 Rn. 2.42, 2.50.
435 BGH, 18.03.2010, I ZR 158/07, BGHZ 185, 11 = GRUR 2010, 536 Rn. 28 – *Modulgerüst II*; Ott/Vuia, in: MünchKommInsO, § 80 Rn. 116; Uhlenbruck/Mock, InsO, § 80 Rn. 246.
436 Hefermehl, in: MünchKommInsO, § 55 Rn. 58.
437 BGH, 19.04.2007, I ZR 92/04, GRUR 2007, 994 Rn. 20 – *Gefälligkeit.*
438 GK/Paal, § 8 Rn. 172.
439 OLG Stuttgart, 26.03.2009, 2 U 145/98, OLGR Stuttgart 1999, 252, 253.

d) Rechtsfolgen

205 Liegen die Voraussetzungen des § 8 Abs. 2 vor, besteht ein selbständiger Abwehranspruch gegen den Unternehmensinhaber, der neben den Anspruch gegen den unmittelbaren Verletzer tritt.[440] Der Unternehmensinhaber haftet im gleichen Maß auf Unterlassung wie der unmittelbare Verletzer. Es hat daher nicht nur dafür zu sorgen, dass sich der Verstoß nicht wiederholt, indem er etwa die Zusammenarbeit mit dem Verletzer beendet.[441] Die Ansprüche können ein getrenntes rechtliches Schicksal nehmen. Gibt der der unmittelbare Verletzer eine strafbewehrte Unterlassungserklärung ab, lässt dies die Haftung des Unternehmensinhabers nach § 8 Abs. 2 unberührt.[442]

206 In der Fassung des Unterlassungsantrags muss nicht zum Ausdruck kommen, dass der Antragsgegner oder Beklagte als Unternehmensinhaber in Anspruch genommen wird. In der Zwangsvollstreckung ist zu beachten, dass Ordnungsmittel gegen den Unternehmensinhaber nur bei eigenem Verschulden oder Verschulden (bei juristischen Personen) der gesetzlichen Vertreter verhängt werden dürfen; § 8 Abs. 2 gilt nicht.[443]

IV. Haftung der Mittelspersonen (Intermediäre)

1. Einleitung: Von der Störerhaftung zur Haftung für die Verletzung wettbewerbsrechtlicher Verkehrspflichten

207 In einer arbeitsteiligen Gesellschaft werden auch Wettbewerbsverstöße häufig durch die Tätigkeit Dritter ermöglicht. Bereits im Jahr 1911 beschäftigte sich das Reichsgericht mit der Frage, ob ein Gastwirt für die urheberrechtswidrige Aufführung von Musikstücken in seinem »Etablissement« durch eine von ihm engagierte Kapelle verantwortlich sei. Die Verteidigung des beklagten Gastwirts, ein »besserer Kapellmeister« wie der von ihm engagierte lasse sich nicht in die Auswahl der gespielten Stücke hineinreden, akzeptierte das Reichsgericht nicht: Der Wirt habe dafür Sorge zu tragen, dass durch in seinem gewerblichen Interesse veranstaltete Aufführungen in seinem Etablissement nicht die Rechte Dritter verletzt würden.[444]

208 In der Gegenwart gewinnt die Frage zunehmende Bedeutung, da insbesondere im Internet Wettbewerbsverstöße häufig auf dem Zusammenwirken einer Vielzahl von Akteuren beruhen, die mehr oder minder unabhängig voneinander agieren. Unternehmen, die den Zugang zum Internet vermitteln oder Dritten eine Plattform für ihre Aktivitäten (etwa in Gestalt eines virtuellen Marktplatzes oder eines Bewertungsportals) bieten, kann dabei eine »Gatekeeper«-Funktion zukommen. Einerseits können ihre Geschäftsmodelle gesellschaftlich erwünscht sein, andererseits können sie auch eine Vielzahl individueller Rechtsverletzungen ermöglichen, die von den Trägern der

---

440 BGH, 25.04.2012, I ZR 105/10, GRUR 2012, 1279 Rn. 43 – *DAS GROSSE RÄTSELHEFT.*
441 Köhler, GRUR 1991, 344, 353.
442 BGH, 05.04.1995, I ZR 133/93, GRUR 1995, 604, 605 – *Franchise-Nehmer.*
443 BGH, 12.01.2012, I ZB 43/11, GRUR 2012, 541 Rn. 7 – *Titelschuldner im Zwangsvollstreckungsverfahren*; Teplitzky/Büch, Kap. 14 Rn. 37.
444 RG, 09.12.1911, I 487/10, RGZ 78, 84, 87.

geschützten Interessen ohne Mitwirkung der Betreiber kaum effektiv bekämpft werden können. Die Interessen dieser Intermediäre, deren Geschäftsmodelle von gesellschaftlich uneingeschränkt erwünscht (wie die Access-Provider) über »gefahrgeneigt« bis hin zur bewussten Förderung von Rechtsverletzungen reichen, und die der Inhaber der verletzten Rechtsgüter und der Allgemeinheit andererseits sind in Ausgleich zu bringen.

Diese Fälle wurden zunächst über das Institut der Störerhaftung erfasst. Die Rechtspre- **209**
chung war ursprünglich davon ausgegangen, dass die Begriffe des Täters und Teilnehmers – entsprechend dem allgemeinen Deliktsrecht – dem Schadensersatzanspruch zuzuordnen seien, während der Schuldner der verschuldensunabhängigen Abwehransprüche als »Störer« hafte.[445] Mittlerweile ist die Störerhaftung in Fällen des Verhaltensunrechts, um die es bei Wettbewerbsverstößen geht, aufgegeben worden;[446] sie findet nur noch bei der Verletzung absoluter Rechte Anwendung.[447]

Im Lauterkeitsrecht ist an die Stellung der Störerhaftung die Haftung als Täter oder **210**
Teilnehmer für die Verletzung wettbewerbsrechtlicher Verkehrspflichten getreten. Wer durch sein Handeln im geschäftlichen Verkehr die ernsthafte Gefahr begründet, dass Dritte durch das Wettbewerbsrecht geschützte Interessen von Marktteilnehmern verletzen, ist auf Grund einer wettbewerbsrechtlichen Verkehrspflicht dazu verpflichtet, diese Gefahr im Rahmen des Möglichen und Zumutbaren zu begrenzen. Wer in dieser Weise gegen eine wettbewerbsrechtliche Verkehrspflicht verstößt, ist Täter oder Teilnehmer einer unlauteren Wettbewerbshandlung.[448] Dieser Haftung liegt der Gedanke zu Grunde, dass derjenige, der in seinem Verantwortungsbereich eine Gefahrenquelle schafft oder andauern lässt, die ihm zumutbaren Maßnahmen und Vorkehrungen treffen muss, die zur Abwendung der daraus Dritten drohenden Gefahren notwendig sind.[449]

2. Rechtsgrundlage

Der Bundesgerichtshof begründet die Haftung für die Verletzung wettbewerbsrechtli- **211**
cher Verkehrspflichten mit einer unmittelbaren Anwendung der Generalklausel. Verstoße der Intermediär gegen eine wettbewerbsrechtliche Verkehrspflicht, die gegenüber Verbrauchern bestehe, so entspreche sein Handeln nicht den Erfordernissen fachlicher Sorgfalt (§ 3 Abs. 2, im UWG 2015 »unternehmerische Sorgfalt«). Im Verhältnis zu anderen Marktteilnehmern handele er unlauter gemäß § 3 Abs. 1 UWG.[450]

---

445 *Köhler*/Bornkamm/*Feddersen*, § 8 Rn. 2.2.

446 BGH, 22.07.2010, I ZR 139/08, GRUR 2011, 152 Rn. 34 – *Kinderhochstühle im Internet*; kritisch Harte/Henning/Goldmann, § 8 Rn. 423 ff.

447 BGH, 26.11.2015, I ZR 174/14, BGHZ 208, 82 = GRUR 2016, 268 Rn. 21 – *Störerhaftung des Access-Providers*.

448 BGH, 12.07.2007, I ZR 18/04, BGHZ 173, 188 = GRUR 2007, 890 Rn. 22 – *Jugendgefährdende Medien bei eBay*.

449 BGH, 12.07.2012, I ZR 54/11, GRUR 2013, 301 Rn. 51 – *Solarinitiative*.

450 BGH, 18.06.2014, I ZR 242/12, BGHZ 201, 344 = GRUR 2014, 883 Rn. 22 – *Geschäftsführerhaftung*; GK/Paal, § 8 Rn. 106 ff.; *Köhler*/Bornkamm/*Feddersen*, § 8 Rn. 2.8; zweifelnd Seichter, in: Ullmann, jurisPK-UWG § 8 Rn. 128.

212 Richtigerweise ist der Rückgriff auf die Generalklausel allerdings nicht erforderlich. Bei der Haftung wegen der Verletzung wettbewerbsrechtlicher Verkehrspflichten handelt es sich um einen Fall der täterschaftlichen Haftung für Unterlassen.[451] Der Intermediär, der gegen eine wettbewerbsrechtliche Verkehrspflicht verstößt, haftet daher als Täter oder Teilnehmer unmittelbar aus dem betreffenden Unlauterkeitstatbestand. Die UGP-Richtlinie erfordert keine abweichende Sichtweise, da die Pflichten des Art. 5 Abs. lit. a UGP-RL unmittelbar auf die Kommunikation mit dem Verbraucher bezogen sind, während der Intermediär zur Überwachung einer Gefahrenquelle verpflichtet ist. Die in Art 5 II lit. b UGP-RL geforderte Verbraucherrelevanz weist nur die unmittelbare Verletzungshandlung, nicht jedoch das Verhalten des Intermediärs auf.[452]

3. Voraussetzungen

a) Geschäftliche Handlung

213 Die täterschaftliche Haftung setzt eine geschäftliche Handlung (§ 2 Abs. 1 Nr. 1) voraus. Handelt es sich bei dem unmittelbaren Verletzer um einen Unternehmer, wird der Intermediär regelmäßig zur Förderung des Absatzes dieses Unternehmens tätig. Ansonsten liegt eine geschäftliche Handlung des Intermediärs vor, wenn er eine Einrichtung betreibt, die von Dritten (Verbrauchern oder Unternehmern) gegen Entgelt genutzt werden kann, um Waren oder Dienstleistungen abzusetzen.[453] Gleiches gilt, wenn ein Portalbetreiber mit dem Portal die Attraktivität seines eigenen Angebots steigern möchte, wie es bei einem Hotelbewertungsportal eines Reisebüros der Fall ist.[454]

214 Bei redaktionellen Beiträgen ist dagegen ein objektiver Zusammenhang mit der Förderung des Absatzes eines fremden Unternehmens zu verneinen, wenn sie allein der Information und Meinungsbildung ihrer Adressaten dienen.[455]

215 Maßgeblich ist das Verhalten des Intermediärs. Das Verhalten des unmittelbaren Verletzers muss dagegen nicht die Voraussetzungen einer geschäftlichen Handlung erfüllen; dies ist eine Konsequenz daraus, dass die Haftung für die Verletzung wettbewerbsrechtlicher Verkehrspflichten ein Fall der täterschaftlichen Haftung des Intermediärs in Gestalt der Täterschaft durch Unterlassen darstellt.[456] Dementsprechend hat der Bundesgerichtshof die Haftung des Betreibers eines Hotelbewertungsportals für Bewertungen unter dem Gesichtspunkt der Verletzung einer wettbewerblichen Verkehrspflicht geprüft, obwohl es keine Anzeichen dafür gab, dass es sich bei den beanstandeten Bewertungen um geschäftliche Handlungen der betreffenden Nutzer handelte.[457] Die Haftung eines Plattformbetreibers für den Vertrieb von unter Verstoß gegen § 4 Nr. 3

---

451 Vgl. BGH, 12.07.2012, I ZR 54/11, GRUR 2013, 301 Rn. 51 – *Solarinitiative*; *Ohly*/Sosnitza, § 8 Rn. 117.

452 *Ohly*/Sosnitza, § 8 Rn. 123d.

453 *Köhler*/Bornkamm/*Feddersen*, § 8 Rn. 2.7.

454 BGH, 19.03.2015, I ZR 94/13, GRUR 2015, 1129 Rn. 17 – *Hotelbewertungsportal*.

455 BGH, 19.05.2011, I ZR 147/09, GRUR 2012, 74 Rn. 15 – *Coaching Newsletter*.

456 A. A. *Ohly*/Sosnitza, § 8 Rn. 125a.

457 BGH, 19.03.2015, I ZR 94/13, GRUR 2015, 1129 Rn. 42 – *Hotelbewertungsportal*.

nachgeahmten Produkten durch private Anbieter scheitert daher nicht an der fehlenden geschäftlichen Handlung, sondern daran, dass grundsätzlich keine wettbewerbsrechtliche Verkehrspflicht besteht, solche – per se rechtmäßigen – Verkäufe zu unterbinden. Auf diese Weise ist auch sichergestellt, dass eine Haftung eintritt, wenn der Plattformbetreiber derartige Geschäfte bewusst fördert (etwa durch entsprechende Werbemaßnahmen).[458]

Fehlt dem Intermediär bei Verletzungen des Rechtsbruchtatbestandes die besondere Täterqualifikation der Primärnorm, so kommt eine Haftung nur als Teilnehmer, nicht aber als Täter in Betracht.[459] **216**

Besteht die wettbewerbsrechtliche Verkehrspflicht gegenüber Verbrauchern, muss ihre Verletzung nach allgemeinen Grundsätzen dazu geeignet sein, das wirtschaftliche Verhalten des Verbrauchers wesentlich zu beeinflussen (§§ 3 Abs. 2, 2 Abs. 1 Nr. 8). **217**

b) Wettbewerbsrechtliche Verkehrspflicht

aa) Grundsatz

Einer Haftung unter dem Gesichtspunkt der Verletzung einer wettbewerbsrechtlichen Verkehrspflicht liegt der Gedanke zu Grunde, dass derjenige, der im geschäftlichen Verkehr in seinem Verantwortungsbereich eine Gefahrenquelle schafft oder andauern lässt, die ihm zumutbaren Maßnahmen und Vorkehrungen treffen muss, die zur Abwendung der daraus Dritten drohenden Gefahren notwendig sind.[460] **218**

Der Inhalt der wettbewerbsrechtlichen Verkehrspflicht besteht darin, die zumutbaren Maßnahmen und Vorkehrungen zu treffen, die zur Abwendung der Dritten drohenden Gefahren notwendig sind. Im Zusammenhang mit der Haftung von Betreibern von Internethandelsplattformen für rechtsverletzende fremde Inhalte konkretisiert sich die wettbewerbsrechtliche Verkehrspflicht als Prüfpflicht. Die Haftung wegen Verletzung wettbewerbsrechtlicher Verkehrspflichten ist aber nicht auf die Verletzung von Prüfpflichten beschränkt. Wettbewerbsrechtliche Verkehrspflichten können sich ebenso als Überwachungs- und Eingreifpflichten konkretisieren.[461] **219**

bb) Keine Haftungsprivilegien

Im Bereich der Internet-Dienstleister sind die Haftungsprivilegien der §§ 7 ff. TMG zu beachten, die der Umsetzung von Art. 12 ff. der Richtlinie 2000/31/EG (E-Commerce-Richtlinie) dienen. Soweit diese Haftungsprivilegien reichen, können keine wettbe- **220**

458 Vgl. BGH, 22.07.2010, I ZR 139/08, GRUR 2011, 152 Rn. 53 – *Kinderhochstühle im Internet.*

459 BGH, 12.03.2015, I ZR 84/14, GRUR 2015, 1025 Rn. 16 – *TV-Wartezimmer.*

460 BGH, 12.07.2007, I ZR 18/04, BGHZ 173, 188 = GRUR 2007, 890 Rn. 36 – *Jugendgefährdende Medien bei eBay*; BGH, 12.07.2012, I ZR 54/11, GRUR 2013, 301 Rn. 51 – *Solarinitiative*; BGH, 05.10.2017, I ZR 184/16, GRUR 2018, 203 Rn. 37 – *Betriebspsychologe.*

461 BGH, 18.06.2014, I ZR 242/12, BGHZ 201, 344 = GRUR 2014, 883 Rn. 16 – *Geschäftsführerhaftung.*

werbsrechtlichen Verkehrspflichten bestehen.[462] Mittlerweile ist auch in der Rechtsprechung des Bundesgerichtshofs anerkannt, dass die Haftungsprivilegien auch für Unterlassungsansprüche gelten.[463]

221 Privilegiert sind die Zugangsvermittlung und die Durchleitung von Informationen (§ 8 TMG) einschließlich der automatischen, zeitlich begrenzten Zwischenspeicherung (»Caching«, § 9 TMG) sowie die Speicherung fremder Informationen für einen Nutzer (»Hosting«, § 10 TMG). Nicht erfasst von der Privilegierung sind eigene Informationen, die die Diensteanbieter zur Nutzung bereithalten (§ 7 Abs. 1 TMG).

222 Der Betreiber eines Online-Marktplatzes oder eines Bewertungsportals kann sich auf die Privilegierung berufen, sofern er sich darauf beschränkt, diesen Dienst mittels rein technischer und automatischer Verarbeitung der von seinen Kunden eingegebenen Daten neutral zu erbringen. Unter dieser Voraussetzung ist er für die von seinen Kunden gespeicherten Informationen nicht verantwortlich. Er ist nicht verpflichtet, die von ihm übermittelten oder gespeicherten Informationen zu überwachen oder nach Umständen zu forschen, die auf eine rechtswidrige Tätigkeit hinweisen (§ 7 Abs. 2 TMG). Weitere Voraussetzung ist es, dass er keine Kenntnis von der rechtswidrigen Handlung oder Information hat, oder dass er unverzüglich tätig geworden ist, um die Informationen zu entfernen oder den Zugang zu ihnen zu sperren, sobald er diese Kenntnis erlangt hat (§ 10 TMG).[464] Damit schaffen die E-Commerce-Richtlinie und § 10 TMG im Ergebnis ein »notice and take-down-Verfahren«: Wer auf einen rechtsverletzenden Inhalt hingewiesen wird und diesen nicht entfernt, haftet.[465]

223 Verlässt der Anbieter dagegen seine neutrale Vermittlerposition und spielt er eine aktive Rolle, die ihm eine Kenntnis von bestimmten Daten oder eine Kontrolle über sie verschaffen konnte, kann er sich insoweit nicht mehr auf das Haftungsprivileg berufen.[466] Nicht erfasst von den Privilegien ist ferner der Betrieb einer Suchmaschine und das Setzen von Hyperlinks (Art. 21 Abs. 2 der E-Commerce-RL).

224 Mit dem Ziel der Abschaffung der Störerhaftung für die Betreiber eines öffentlichen WLAN ist in § 8 Abs. 1 TMG ist ein S. 2 eingefügt worden: »Sofern diese Diensteanbieter nicht verantwortlich sind, können sie insbesondere nicht wegen einer rechtswidrigen Handlung eines Nutzers auf Schadensersatz oder Beseitigung oder Unterlassung einer Rechtsverletzung in Anspruch genommen werden; dasselbe gilt hinsichtlich aller Kosten für die Geltendmachung und Durchsetzung dieser Ansprüche.«[467] Die Einschränkung ist allgemein formuliert und erfasst daher ihrem Wortlaut nach nicht nur die Betreiber eines öffentlichen WLAN, sondern jeden Zugangsvermittler im Sinn des § 8 TMG. An die Stelle des Unterlassungsanspruchs tritt im Bereich der Privilegierung

---

462 BGH, 19.03.2015, I ZR 94/13, GRUR 2015, 1129 Rn. 42, 31 – *Hotelbewertungsportal.*
463 BGH, 26.11.2015, I ZR 174/14, BGHZ 208, 82 = GRUR 2016, 268 Rn. 22 – *Störerhaftung des Access-Providers.*
464 BGH, 17.08.2011, I ZR 57/09, BGHZ 191, 19 = GRUR 2011, 152 Rn. 22 – *Stiftparfüm.*
465 *Ohly*/Sosnitza, *§ 8 Rn. 126.*
466 BGH, 17.08.2011, I ZR 57/09, BGHZ 191, 19 = GRUR 2011, 152 Rn. 22 – *Stiftparfüm.*
467 BT-Drucksache 18/12202 S. 5.

der Anspruch auf Sperrung von Informationen aus § 7 Abs. 4 TMG. Dieser Anspruch ist zwar (infolge des Verweises auf § 8 Abs. 3 TMG) seinem Wortlaut nach auf drahtlose lokale Netzwerke beschränkt. Um Rechtsschutzlücken zu vermeiden, ist der Anspruch in richtlinienkonformer Auslegung auf alle Internet-Zugangsvermittler auszudehnen.[468, 469]

cc) Kriterien

Die Kriterien für Bestehen und Umfang einer Verkehrssicherungspflicht entsprechen denen, unter denen eine zumutbare Prüfpflicht im Rahmen der Störerhaftung angenommen wird.[470] Auch der Bundesgerichtshof nimmt bei der Abwägung regelmäßig sowohl auf Entscheidungen betreffend die Verletzung absoluter Rechte wie auch solcher betreffend Verhaltensunrecht Bezug.[471] 225

Die Zumutbarkeit einer Prüfung, um Verletzungshandlungen zu vermeiden oder abzustellen, richtet sich nach den jeweiligen Umständen des Einzelfalls unter Berücksichtigung der Funktion und Aufgabenstellung der Prüfung sowie mit Blick auf die Eigenverantwortung desjenigen, der die rechtswidrige Beeinträchtigung selbst unmittelbar vorgenommen hat.[472] Ist es möglich und erfolgversprechend, den unmittelbaren Verletzer in Anspruch zu nehmen, kann die Haftung des Intermediärs in den Hintergrund treten. Dies gilt vor allem, wenn er ein von der Rechtsordnung gebilligtes und in Bezug auf Rechtsverletzungen Dritter neutrales Geschäftsmodell verfolgt.[473] Ist es dagegen nicht erfolgversprechend möglich, gegen eine Vielzahl einzelner – schwerwiegender – Rechtsverletzungen vorzugehen, kann der Intermediär als »Gatekeeper« in Anspruch genommen werden.[474] 226

Für die Frage der Zumutbarkeit der Verhinderung von Rechtsverletzungen Dritter ist es erheblich, ob der als Störer in Anspruch Genommene ohne Gewinnerzielungsabsicht zugleich im öffentlichen Interesse handelt (wie es beispielsweise bei der DENIC der Fall ist)[475] oder aber eigene erwerbswirtschaftliche Zwecke verfolgt und etwa – wie der Betreiber einer Internethandelsplattform – durch die ihm geschuldete Provision an dem schutzrechtsverletzenden Verkauf von Erzeugnissen beteiligt ist.[476] 227

468 BGH, 26.07.2018, I ZR 64/17, GRUR 2018, 1044 Rn. 44 ff. – *Dead Island.*

469 BGH, 26.07.2018, I ZR 64/17, GRUR 2018, 1044 Rn. 40 – *Dead Island.*

470 Vgl. BGH, 18.06.2015, I ZR 74/14, BGHZ 206, 103 = GRUR 2016, 209 Rn. 25 – *Haftung für Hyperlink.*

471 Z. B. BGH, 05.02.2015, I ZR 240/12, GRUR 2015, 485 Rn. 50 – *Kinderhochstühle im Internet III.*

472 BGH, 05.02.2015, I ZR 240/12, GRUR 2015, 485 Rn. 50 – *Kinderhochstühle im Internet III.*

473 BGH, 26.11.2015, I ZR 174/14, BGHZ 208, 82 = GRUR 2016, 268 Rn. 83 – *Störerhaftung des Access-Providers.*

474 BGH, 12.07.2007, I ZR 18/04, BGHZ 173, 188 = GRUR 2007, 890 Rn. 40 – *Jugendgefährdende Medien bei eBay.*

475 BGH, 19.02.2004, I ZR 82/01, GRUR 2004, 619, 621 – *kurt-biedenkopf.de.*

476 BGH, 11.03.2004, I ZR 304/01, BGHZ 158, 236 ff. = GRUR 2004, 860, 864 – *Internet-Versteigerung.*

228 Dem Betreiber eines von der Rechtsordnung gebilligten und gesellschaftlich erwünschten Geschäftsmodells dürfen keine Pflichten auferlegt werden, die sein Geschäftsmodell wirtschaftlich gefährden oder seine Tätigkeit unverhältnismäßig erschweren.[477] Weitergehende Prüfungspflichten können bei »besonders gefahrengeneigten« Geschäftsmodellen bestehen, die von vornherein auf Rechtsverletzungen durch die Nutzer angelegt sind oder bei denen der Betreiber durch eigene Maßnahmen die Gefahr einer rechtsverletzenden Nutzung fördert.[478] Soweit eine legale Nutzungsmöglichkeit besteht, darf aber auch in diesem Fall die Erfüllung der Pflichten das Geschäftsmodell nicht gefährden.[479]

229 Weiter ist darauf abzustellen, ob die geförderte Rechtsverletzung eines Dritten auf Grund einer unklaren Rechtslage erst nach eingehender rechtlicher[480] oder tatsächlicher[481] Prüfung festgestellt werden kann oder aber für den als Störer in Anspruch Genommenen offenkundig und unschwer zu erkennen ist.[482] Es ist einem Plattformbetreiber regelmäßig nicht zuzumuten, einen mit der Materie vertrauten Juristen hinzuzuziehen, um festzustellen, ob ein als rechtsverletzend beanstandetes Angebot ein Schutzrecht tatsächlich verletzt oder sich als wettbewerbswidrig erweist.[483] In diesem Zusammenhang spielt auch die Existenz technischer Mittel, die die Feststellung von Rechtsverletzungen erlauben, eine Rolle.[484]

230 Schließlich sind auch die betroffenen Grundrechte der beiderseits Beteiligten im Rahmen der Abwägung zu berücksichtigen.[485] Gleiches gilt für das Gewicht der betroffenen Rechtsgüter. Bei der Verletzung von Rechtsgütern, die strafrechtlich geschützt sind, sind weitergehende Pflichten zumutbar.[486]

c) Kenntnis der Rechtsverletzung

231 Im Zusammenhang mit der Haftung von Betreibern von Internetplattformen konkretisiert sich die wettbewerbsrechtliche Verkehrspflicht insbesondere als Prüfungspflicht. Nach § 7 Abs. 2 1 TMG besteht allerdings keine allgemeine Pflicht, jeden fremden Inhalt vor der Zugänglichmachung im Internet auf mögliche Rechtsverletzungen hin zu untersuchen. Erst der Hinweis auf eine klare Rechtsverletzung verpflichtet den

---

477 BGH, 26.11.2015, I ZR 174/14, BGHZ 208, 82 = GRUR 2016, 268 Rn. 26 f. – *Störerhaftung des Access-Providers.*

478 BGH, 15.08.2013, I ZR 80/12, GRUR 2013, 1030 Rn. 31 – *File-Hosting-Dienst.*

479 BGH, 15.08.2013, I ZR 80/12, GRUR 2013, 1030 Rn. 44 – *File-Hosting-Dienst.*

480 BGH, 01.04.2004, I ZR 317/01, BGHZ 158, 343 ff. = GRUR 2004, 693, 696 – *Schöner Wetten.*

481 BGH, 22.07.2010, I ZR 139/08, GRUR 2011, 152 Rn. 39 ff. – *Kinderhochstühle im Internet.*

482 BGH, 05.02.2015, I ZR 240/12, GRUR 2015, 485 Rn. 50 – *Kinderhochstühle im Internet III.*

483 BGH, 22.07.2010, I ZR 139/08, GRUR 2011, 152 Rn. 48 – *Kinderhochstühle im Internet.*

484 HansOLG Hamburg, 01.07.2015, 5 U 87/12, MMR 2016, 296 Rn. 384 – *Störerhaftung von YouTube.*

485 BGH, 26.11.2015, I ZR 174/14, BGHZ 208, 82 = GRUR 2016, 268 Rn. 31 ff. – *Störerhaftung des Access-Providers.*

486 BGH, 12.07.2007, I ZR 18/04, BGHZ 173, 188 = GRUR 2007, 890 Rn. 40 – *Jugendgefährdende Medien bei eBay.*

Betreiber zur unverzüglichen Sperrung des konkreten Angebots oder der konkreten Bewertung und zur Vorsorge gegen zukünftige derartige Rechtsverletzungen. Daraus ergibt sich, dass eine Verhaltenspflicht des nicht zur präventiven Kontrolle verpflichteten Betreibers, deren Verletzung eine Wiederholungsgefahr begründen kann, erst nach Erlangung der Kenntnis von der Rechtsverletzung entstehen kann. In derjenigen Handlung, die Gegenstand einer Abmahnung oder sonstigen Mitteilung ist, mit der der Betreiber der Internet-Plattform erstmalig Kenntnis von einer Rechtsverletzung erlangt, liegt also keine Verletzungshandlung, die eine Wiederholungsgefahr im Sinne eines Verletzungsunterlassungsanspruchs begründet. Für die Annahme von Wiederholungsgefahr ist vielmehr eine vollendete Verletzung nach Begründung der Pflicht zur Verhinderung weiterer derartiger Rechtsverletzungen erforderlich.[487] Steht dagegen fest, dass der Intermediär die ihm obliegenden Prüfungspflichten verletzt, kann – abhängig von den Umständen des Einzelfalls – die ernstliche, unmittelbar bevorstehende Gefahr drohen, dass es in Zukunft zu identischen oder gleichartigen Angeboten kommt.[488]

Der Hinweis muss den Intermediär in die Lage versetzen, die Rechtsverletzungen zuverlässig zu identifizieren. Dies setzt voraus, dass der Hinweis so konkret gefasst ist, dass der Adressat des Hinweises den Rechtsverstoß unschwer – das heißt ohne eingehende rechtliche oder tatsächliche Überprüfung – feststellen kann. Dabei hängt das Ausmaß des insoweit zu verlangenden Prüfungsaufwands von den Umständen des Einzelfalls ab, insbesondere vom Gewicht der angezeigten Rechtsverletzungen auf der einen und den Erkenntnismöglichkeiten des Betreibers auf der anderen Seite.[489] 232

Dies entspricht der Situation bei der Störerhaftung. Auch diese setzt grundsätzlich die Verletzung von Prüfpflichten voraus, die häufig auch nicht anlasslos bestehen, sondern erst durch den Hinweis auf klare Rechtsverletzungen ausgelöst werden.[490] 233

d) Darlegungs- und Beweislast

Bei der Zumutbarkeit und Möglichkeit der im Rahmen der wettbewerblichen Verkehrspflicht zutreffenden Maßnahmen handelt es sich um eine anspruchsbegründende Voraussetzung, deren tatsächliche Grundlage der Anspruchsteller darzulegen hat. Hat dieser allerdings keinen Einblick in die technischen Möglichkeiten und kann er von sich aus nicht erkennen, ob dem in Anspruch genommenen Intermediär der Einsatz einer bestimmten Maßnahme im Hinblick auf interne Betriebsabläufe zumutbar ist, so trifft den Intermediär eine sekundäre Darlegungslast. Er ist gehalten, im Einzelnen vorzutragen, welche Schutzmaßnahmen er ergreifen kann und weshalb ihm – falls diese Maßnahmen keinen lückenlosen Schutz gewährleisten – weitergehende Maßnahmen nicht 234

487 BGH, 19.03.2015, I ZR 94/13, GRUR 2015, 1129 Rn. 42 – *Hotelbewertungsportal.*
488 BGH, 12.07.2007, I ZR 18/04, BGHZ 173, 188 = GRUR 2007, 890 Rn. 54 – *Jugendgefährdende Medien bei eBay.*
489 BGH, 17.08.2011, I ZR 57/09, BGHZ 191, 19 = GRUR 2011, 1038 Rn. 28 – *Stiftparfüm.*
490 BGH, 26.11.2015, I ZR 174/14, BGHZ 208, 82 = GRUR 2016, 268 Rn. 27 – *Störerhaftung des Access-Providers.*

zuzumuten sind. Erst ein solcher Vortrag versetzt den Anspruchsteller in die Lage, seinerseits die Zumutbarkeit darzulegen.[491]

4. Rechtsfolgen

235 Wird der Betreiber einer Internetplattform auf eine Rechtsverletzung hingewiesen, muss er nicht nur das konkrete Angebot unverzüglich sperren, sondern darüber hinaus **zukünftig gleichartige Verletzungen** verhindern.[492] Das kann dazu führen, dass er verpflichtet ist, die Angebote des betreffenden Verkäufers manuell und zeitlich engmaschig zu kontrollieren oder aber den Verkäufer von der Plattform auszuschließen.[493]

236 Die Verletzung einer wettbewerbsrechtlichen Verkehrspflicht führt nicht zwingend zu einer Haftung als Täter, wie es die Formulierungen des Bundesgerichtshofs in der Entscheidung »jugendgefährdende Medien bei eBay« nahelegen.[494] Je nach dem Gewicht des Tatbeitrags kommt auch eine **Teilnehmerhaftung** in Betracht.[495] Das bei der Teilnehmerhaftung bestehende Vorsatzerfordernis kann zwar dazu führen, dass der Betreffende zunächst nicht mit Aussicht auf Erfolg wettbewerbsrechtlich in Anspruch genommen werden kann. Es besteht für denjenigen, der sich durch ein entsprechendes Verhalten in seinen wettbewerbsrechtlich geschützten Interessen verletzt sieht, aber die Möglichkeit, den Handelnden zunächst auf die Rechtslage hinzuweisen. Ein entsprechender Hinweis wird regelmäßig zur Folge haben, dass der Adressat der Mitteilung sein Verhalten im Weiteren korrigiert oder dass bei Fortsetzung der Verhaltensweise von einem Teilnehmervorsatz auszugehen ist.[496]

237 Da die Verletzung einer wettbewerbsrechtlichen Verkehrspflicht zur täterschaftlichen Haftung führt, besteht kein Anlass, die Rechtsfolgen auf die Abwehransprüche zu beschränken. Auch im Fall der Verletzung absoluter Rechte kann daher eine Verkehrspflichtverletzung – anders als die Störerhaftung – bei Verschulden des Intermediärs **Schadensersatzansprüche** auslösen.[497] Die Privilegierungen der §§ 7 ff. TMG stehen dem nicht entgegen, da sie bereits auf der Ebene der Tatbestandsvoraussetzungen zu berücksichtigen sind. Im Gegenteil dürfte bei der Verletzung von Immaterialgüterrechten die Zuerkennung von Schadensersatzansprüchen auch gegen Intermediäre wegen Art. 11 Satz 3, 13 der Richtlinie 2004/48/EG (Durchsetzungs-RL) sogar unionsrechtlich geboten sein.

---

491 BGH, 26.11.2015, I ZR 174/14, BGHZ 208, 82 = GRUR 2016, 268 Rn. 40 – *Störerhaftung des Access-Providers.*

492 BGH, 17.08.2011, I ZR 57/09, BGHZ 191, 19 = GRUR 2011, 1038 Rn. 25 f. – *Stiftparfüm.*

493 KG, 03.11.2015, 5 U 29/14, GRUR-RR 2016, 335 Rn. 21 – *Störerhaftung des Plattformbetreibers.*

494 BGH, 12.07.2007, I ZR 18/04, BGHZ 173, 188 = GRUR 2007, 890 Rn. 22 – *Jugendgefährdende Medien bei eBay.*

495 BGH, 22.07.2010, I ZR 139/08, GRUR 2011, 152 Rn. 34 – *Kinderhochstühle im Internet*; BGH, *12.03.2015, I ZR 84/14,* GRUR 2015, 1025 Rn. 17 – *TV-Wartezimmer.*

496 BGH, 12.03.2015, I ZR 84/14, GRUR 2015, 1025 Rn. 17 – *TV-Wartezimmer.*

497 *Ohly*/Sosnitza, § 8 Rn. 123a; Krüger/Apel, MMR 2012, 144, 149.

Im **Klageantrag** muss nicht ausdrücklich zum Ausdruck kommen, dass der Anspruch auf die Verletzung von wettbewerbsrechtlichen Verkehrspflichten gestützt wird, soweit dies in der Begründung hinreichend deutlich zum Ausdruck gebracht wird.[498] Dabei müssen allerdings die Pflichten, deren Verletzung gerügt wird, hinreichend deutlich dargelegt werden.[499] 238

5. Fallgruppen

a) Presse und Medien

Im Falle der Verbreitung wettbewerbswidriger Äußerungen in Medien haftet neben dem Urheber jeder an der Weitergabe und der Verbreitung Beteiligte, soweit sein Verhalten eine Wettbewerbshandlung eine geschäftliche Handlung im Sinn des § 2 Abs. 1 Nr. 1 UWG darstellt.[500] Bei redaktionellen Beiträgen ist dieser Voraussetzung regelmäßig nicht gegeben, wenn sie allein der Information und Meinungsbildung der Adressaten dienen. In diesem Fall fehlt es am objektiven Zusammenhang mit der Förderung des Absatzes eines fremden Unternehmens.[501] 239

Im Anzeigegeschäft haftet ein Presseunternehmen für die Veröffentlichung gesetzwidriger Werbeanzeigen Dritter nur, wenn es gegen seine Pflicht zur Prüfung verstoßen hat, ob die Veröffentlichung der Anzeigen gegen gesetzliche Vorschriften verstößt. Bei dem Umfang der Prüfungspflicht ist zu berücksichtigen, dass die Beurteilung von Anzeigen bei der Veröffentlichung unter dem Gebot der raschen Entscheidung steht. Um die Arbeit von Presseunternehmen nicht über Gebühr zu erschweren und die Verantwortlichen nicht zu überfordern, besteht daher mit Blick auf die Gewährleistung der Pressefreiheit (Art. 5 Abs. 1 GG) nur eine eingeschränkte Prüfungspflicht. Sie beschränkt sich auf grobe und unschwer erkennbare Rechtsverstöße.[502] Wird das Presseunternehmen jedoch auf eine Anzeige hingewiesen, deren Wettbewerbswidrigkeit sich ihm auf Grund der in der Abmahnung mitgeteilten oder sonst bekannt gewordenen Umstände unschwer erschließt, unterliegt es einer erhöhten Kontrollpflicht und kann für weitere vergleichbare Verstöße verantwortlich sein.[503] Schadensersatzansprüche sind allerdings gemäß § 9 Satz 2 auf vorsätzliche Verstöße beschränkt. 240

Der Schutzumfang der Pressefreiheit ist allerdings umso geringer, je weniger ein Presseerzeugnis der Befriedigung eines Informationsbedürfnisses von öffentlichem Interesse oder der Einwirkung auf die öffentliche Meinung dient und je mehr es eigennützige Geschäftsinteressen wirtschaftlicher Art verfolgt. Danach kann sich ein Presseunternehmen grundsätzlich nicht mit Erfolg auf eine eingeschränkte Haftung für gesetzwidrige 241

---

498 BGH, 16.05.2013, I ZR 216/11, GRUR 2013, 1229 Rn. 24 – *Kinderhochstühle im Internet II* (zur Störerhaftung).

499 Vgl. BGH, 05.02.2015, I ZR 240/12, GRUR 2015, 485 Rn. 50 – *Kinderhochstühle im Internet III* (zur Störerhaftung).

500 BGH, 10.02.2011, I ZR 183/09, GRUR 2011, 340 Rn. 27 – *Irische Butter.*

501 BGH, 19.05.2011, I ZR 147/09, GRUR 2012, 74 Rn. 15 – *Coaching Newsletter.*

502 BGH, 05.02.2015, I ZR 136/13, GRUR 2015, 906 Rn. 31 – *TIP der Woche.*

503 OLG Köln, 03.02.2012, 6 U 76/11, WRP 2012, 1127 Ls. 2 – *Schlank-Geheimnis.*

Werbeanzeigen Dritter berufen, wenn die fragliche Zeitschrift keinen nennenswerten meinungsbildenden Bezug hat, sondern nahezu ausschließlich Werbung enthält.[504]

b) Organe juristischer Personen

242 Wettbewerbsrechtliche Verkehrspflichten können auch das Organ einer Gesellschaft treffen. Sie stellen sich als Garantenpflicht aus vorangegangenem gefahrbegründenden Verhalten dar. Verstößt das Organ einer juristischen Person, das in seiner beruflichen Tätigkeit nach der Legaldefinition des § 2 Abs. 1 Nr. 6 UWG als Unternehmer im Sinne des Lauterkeitsrechts behandelt wird, gegenüber Verbrauchern gegen eine wettbewerbliche Verkehrspflicht, so kann ein Anspruch gegen das Organ selber entstehen. Allein die Organstellung und die allgemeine Verantwortlichkeit für den Geschäftsbetrieb begründen aber keine Verpflichtung des Organs gegenüber außenstehenden Dritten, Wettbewerbsverstöße der Gesellschaft zu verhindern.[505]

243 Allerdings haftet die Organperson persönlich auf Grund einer eigenen wettbewerbsrechtlichen Verkehrspflicht, wenn sie ein auf Rechtsverletzungen angelegtes Geschäftsmodell selbst ins Werk gesetzt hat.[506] Eine Haftung kann auch bestehen, wenn der Betrieb der Gesellschaft in einer Weise organisiert ist, dass sich die Organperson bewusst der Möglichkeit entzieht, überhaupt Kenntnis von etwaigen Wettbewerbsverstößen in ihrem Unternehmen oder von ihr beauftragter Drittunternehmen zu nehmen und dementsprechend Einfluss zu ihrer Verhinderung ausüben zu können. Dies ist allerdings nicht schon dann der Fall, wenn sie übliche und verbreitete Methoden der unternehmerischen Tätigkeit nutzt, wie beim Einsatz von Drittunternehmen im Vertrieb oder der erfolgsabhängigen Bezahlung von Mitarbeitern im Vertrieb.[507]

c) Access-Provider

244 Auch die Anbieter von Internetzugängen kann die Verpflichtung treffen, den Zugang zu bestimmten Internetseiten mit rechtsverletzenden Inhalten zu sperren (genauer zu erschweren, da eine vollständige Sperre kaum möglich ist). Voraussetzung ist – neben dem allgemein erforderlichen Hinweis auf den rechtsverletzenden Inhalt –, dass einer Inanspruchnahme des Betreibers der Webseite jede Erfolgsaussicht fehlt und deshalb andernfalls eine Rechtsschutzlücke entstünde.[508] Bisher entschieden wurde dies für Seiten mit urheberrechtswidrigen Inhalten;[509] in Großbritannien sind Sperrverfügungen

---

504 BGH, 05.02.2015, I ZR 136/13, GRUR 2015, 906 Rn. 37 – *TIP der Woche.*

505 BGH, 18.06.2014, I ZR 242/12, BGHZ 201, 344 = GRUR 2014, 885 Rn. 22 f. – *Geschäftsführerhaftung.*

506 BGH, 18.06.2014, I ZR 242/12, BGHZ 201, 344 = GRUR 2014, 885 Rn. 31 – *Geschäftsführerhaftung.*

507 BGH, 18.06.2014, I ZR 242/12, BGHZ 201, 344 = GRUR 2014, 885 Rn. 28 ff. – *Geschäftsführerhaftung.*

508 BGH, 26.11.2015, I ZR 174/14, BGHZ 208, 82 = GRUR 2016, 268 Rn. 83 – *Störerhaftung des Access-Providers.*

509 BGH, 26.11.2015, I ZR 174/14, BGHZ 208, 82 = GRUR 2016, 268 – *Störerhaftung des Access-Providers.*

gegen Seiten mit markenverletzenden Inhalten ergangen.[510] Im Jahr 2017 ist dieser Sperranspruch als § 7 Abs. 4 in das TMG eingefügt worden.[511] Denkbar wären aber auch Sperrverfügungen gegen Seiten mit unlauterem Inhalt, auf denen beispielsweise nicht zugelassene Arzneimittel angeboten werden. Da § 7 Abs. 4 TMG nur für die Verletzung von Rechten am geistigen Eigentum gilt, dürfte es bei unlauteren Inhalten bei den dargestellten Grundsätzen bleiben. Inhaltliche Unterschiede bestehen insoweit nicht, da die Haftung – wie die aus § 7 Abs. 4 TMG – subsidiär zur Haftung des Verletzers ist.

d) Suchmaschinen

Der Betreiber einer Suchmaschine kann für von ihm (automatisch) generierte Inhalte wie Suchwortvorschläge als Täter haften.[512] **245**

Auch der Betreiber einer Suchmaschine kann für die von ihr angezeigten Ergebnisse haften, wenn er auf eine »offensichtliche und auf den ersten Blick klare« Rechtsverletzung hingewiesen worden ist.[513] Um das Geschäftsmodell nicht zu gefährden und unter Berücksichtigung des Umstands, dass der Suchmaschinenbetreiber (anders als ein Host-Provider) regelmäßig keine Möglichkeit hat, mit dem Ersteller der rechtsverletzenden Inhalte Kontakt aufzunehmen, um ihn zu einer Stellungnahme aufzufordern, sind aber an die Annahme von Prüf- und Sperrpflichten hohe Anforderungen zu stellen. Andernfalls bestünde die Gefahr des Overblocking, also einer Neigung des Diensteanbieters, im Zweifelsfall zur Vermeidung weiterer Auseinandersetzungen die beanstandete Internetseite aus dem Suchindex zu entfernen. Dies hätte zur Folge, dass im ersten Zugriff als problematisch angesehene, aber bei weiterer Prüfung als zulässig zu beurteilende Inhalte faktisch unauffindbar gemacht würden.[514] **246**

Den Betreiber einer Suchmaschine treffen daher erst dann spezifische Verhaltenspflichten, wenn er durch einen konkreten Hinweis Kenntnis von einer offensichtlichen und auf den ersten Blick klar erkennbaren Rechtsverletzung erlangt hat. Der Hinweis ist erforderlich, um den grundsätzlich nicht zur präventiven Kontrolle verpflichteten Diensteanbieter in die Lage zu versetzen, in der Vielzahl der indexierten Internetseiten diejenigen auffinden zu können, die möglicherweise die Rechte Dritter verletzen. Ein Rechtsverstoß kann beispielsweise im oben genannten Sinn auf der Hand liegen bei Aufruf zur Gewalt gegen Personen, offensichtlichen Personenverwechslungen, Vorliegen eines rechtskräftigen Titels gegen den Verantwortlichen, Erledigung jeglichen Informationsinteresses durch Zeitablauf, Hassreden oder eindeutiger Schmähkritik.[515] Lässt sich die Frage, ob Schmähkritik vorliegt, (wie meistens) nicht ohne Kenntnis des sachli- **247**

---

510 High Court of Justice London (Chancery Division), 17.10.2014 – [2016] EWCA Civ 658, GRUR 2015, 178 – *Cartier v. British Sky.*

511 Einzelheiten s. o. Rdn. 224.

512 Oben Rdn. 153.

513 BGH, 27.02.2018, VI ZR 489/16, GRUR 2018, 642 Rn. 32 f. – *Internetforum.*

514 BGH, 27.02.2018, VI ZR 489/16, GRUR 2018, 642 Rn. 35 – *Internetforum.*

515 BGH, 27.02.2018, VI ZR 489/16, GRUR 2018, 642 Rn. 36 – *Internetforum.*

chen Hintergrundes der beanstandeten Äußerung beurteilen, so geht dies zu Lasten des Anspruchstellers.[516] Diese zum allgemeinen Persönlichkeitsrecht entwickelten Grundsätze lassen sich ohne weiteres auf das Lauterkeitsrecht übertragen.

e) Host-Provider

248 Der Großteil der veröffentlichten Entscheidungen betrifft Angebote auf **Handelsplattformen** wie eBay oder Amazon. Bei der Inanspruchnahme des Plattformbetreibers ist vorab zu prüfen, ob er sich die von Nutzern eingestellten Inhalte zu eigen gemacht hat.[517] In diesem Fall greift das Haftungsprivileg des § 10 Satz 1 TMG nicht (§ 7 Abs. 1 TMG), und der Betreiber haftet als Täter der Rechtsverletzung. Verändert der Provider die eingestellten Inhalte eigenmächtig, haftet er für sie als eigene Inhalte.[518] Auch wenn der Plattformbetreiber aus der Sicht seiner Kunden in die Leistungserbringung und -abwicklung der einzelnen Anbieter eingebunden ist, kann eine Eigenhaftung des Betreibers eintreten.[519]

249 Im Hinblick auf fremde Inhalte ist es dem Betreiber einer solchen Plattform grundsätzlich nicht zuzumuten, jedes Angebot vor Veröffentlichung im Internet auf eine mögliche Rechtsverletzung hin zu untersuchen. Wird er aber auf eine klare Rechtsverletzung hingewiesen, so muss er nicht nur das konkrete Angebot unverzüglich sperren, sondern auch Vorsorge treffen, dass es möglichst nicht zu weiteren derartigen Schutzrechtsverletzungen kommt. Ihn trifft die – durch einen Unterlassungsanspruch durchsetzbare – Verpflichtung, zukünftig derartige Verletzungen zu verhindern.[520]

250 Diese Grundsätze gelten aber nur, solange der Betreiber sich darauf beschränkt, seinen Dienst mittels rein technischer und automatischer Verarbeitung der von seinen Kunden eingegebenen Daten neutral zu erbringen. Verlässt der Anbieter dagegen seine neutrale Vermittlerposition und spielt er eine aktive Rolle, die ihm eine Kenntnis von bestimmten Daten oder eine Kontrolle über sie verschaffen konnte, kann eine Haftung in Frage kommen. Dies kann etwa dann der Fall sein, wenn er bestimmte Angebote auswählt und bevorzugt.[521]

251 Die gleichen Grundsätze gelten für **Medienplattformen** wie YouTube. Eine täterschaftliche Haftung ist in der Rechtsprechung bislang abgelehnt worden.[522] Dies erscheint aber vor dem Hintergrund, dass YouTube durchaus einzelne Angebote – wenn auch in

516 BGH, 27.02.2018, VI ZR 489/16, GRUR 2018, 642 Rn. 37 – *Internetforum.*

517 BGH, 19.03.2015, I ZR 94/13, GRUR 2015, 1129 Rn. 25 – *Hotelbewertungsportal*; s. o. Rdn. 144–151.

518 BGH, 04.04.2017, VI ZR 123/16, GRUR 2017, 844 Rn. 20 – *klinikbewertungen.de.*

519 KG, 21.06.2017, 5 U 185/16, WRP 2018, 226 Rn. 23 – *Lieferservice-Portal.*

520 BGH, 05.02.2015, I ZR 240/12, GRUR 2015, 485 Rn. 51 f. – *Kinderhochstühle im Internet III.*

521 BGH, 19.03.2015, I ZR 94/13, GRUR 2015, 1129 Rn. 34 f. – *Hotelbewertungsportal.*

522 HansOLG Hamburg, *01.07.2015, 5 U 87/12*, MMR 2016, 269 Rn. 131 ff. – *Störerhaftung von YouTube*; OLG München, 28.01.2016, 29 U 2798/15, GRUR 2016, 612 Rn. 23 ff. – *Allegro barbaro.*

automatisierten Verfahren – auswählt und dem Nutzer bevorzugt präsentiert, problematisch.[523] Wettbewerbsrechtlich kann sich die Frage der Haftung des Plattformbetreibers zum Beispiel in Fällen des »viralen Marketings« stellen, in denen unlautere Inhalte durch Weiterempfehlungen von Nutzern verbreitet werden.[524]

Gleichermaßen ist die Haftung des Betreibers eines **Bewertungsportals** zu beurteilen. Soweit er sich auf die neutrale Rolle eines Plattformbetreibers beschränkt, kann er für von Nutzern abgegebene Kommentare nicht ohne Weiteres gemäß § 4 Nr. 2 wegen des Verbreitens unwahrer Tatsachenbehauptungen in Anspruch genommen werden. Ein Unterlassungsanspruch kann erst entstehen, wenn er auf eine »klare Rechtsverletzung« hingewiesen wird und diese nicht beseitigt.[525] **252**

Beseitigt er die beanstandete Äußerung nicht, sondern verteidigt sie, so soll den Anspruchsteller eine sekundäre Darlegungslast für die Rechtsverletzung treffen.[526] Richtigerweise sollten die im Äußerungsrecht für die Haftung der Hostprovider für persönlichkeitsrechtsverletzende Äußerungen entwickelten Grundsätze übernommen werden.[527] Danach ist zunächst die Beanstandung des Betroffenen an den für den einstellenden Nutzer zur Stellungnahme weiterzuleiten. Bleibt eine Stellungnahme innerhalb einer nach den Umständen angemessenen Frist aus, ist von der Berechtigung der Beanstandung auszugehen und der beanstandete Inhalt zu löschen. Stellt der Nutzer die Berechtigung der Beanstandung substantiiert in Abrede und ergeben sich deshalb berechtigte Zweifel, ist der Intermediär grundsätzlich gehalten, dem Betroffenen dies mitzuteilen und gegebenenfalls Nachweise zu verlangen, aus denen sich die behauptete Rechtsverletzung ergibt. Bleibt eine Stellungnahme des Betroffenen aus oder legt er gegebenenfalls erforderliche Nachweise nicht vor, ist eine weitere Prüfung nicht veranlasst, und die Löschung unterbleibt. Ergibt sich aus der Stellungnahme des Betroffenen oder den vorgelegten Belegen auch unter Berücksichtigung einer etwaigen Äußerung des Nutzers eine rechtswidrige Verletzung des Persönlichkeitsrechts, ist der beanstandete Inhalt zu löschen.[528] **253**

Nach einer Entscheidung des OLG Köln gelten diese Grundsätze aber nur, wenn es sich um ein Bewertungsportal für die Produkte oder Leistungen Dritter handelt. Bietet ein Unternehmer auf seiner eigenen Internetseite Bewertungsmöglichkeiten für die von ihm angebotenen Produkte an, so soll er für unzulässige Äußerungen von Kunden innerhalb dieser Funktion wie für eigene Äußerungen haften, auch wenn er sie nicht vollständig beherrscht.[529] **254**

523 BGH, 13.09.2018, I ZR 140/15, GRUR 2018, 1132 Rn. 56 – *YouTube*. Hohlweck, ZUM 2017, 109, 112 f.
524 Vgl. etwa OLG Köln, 09.08.2013, 6 U 3/13, GRUR-RR 2014, 62 – *Status-Angst*.
525 BGH, 19.03.2015, I ZR 94/13, GRUR 2015, 1129 Rn. 37 – *Hotelbewertungsportal*.
526 HansOLG Hamburg, 30.06.2016, 5 U 58/13, GRUR-RR 2017, 148 Rn. 28 – *Abgewohntes Hotel*.
527 Hofmann, GRUR 2017, 848, 849.
528 BGH, 25.10.2011, VI ZR 93/10, BGHZ 191, 219 = GRUR 2012, 311 Rn. 27 – *Blog-Eintrag*; BGH, 01.03.2016, VI ZR 34/15, GRUR 2016, 855 Rn. 24 – *jameda.de II*.
529 OLG Köln, 24.05.2017, 6 U 161/16, MMR 2017, 842 Rn. 68 f. – *Zauberwaschkugel*.

f) Internet-Domains

255 Die DENIC eG als die Vergabestelle für Domainnamen unter der Top-Level-Domain ».de« treffen bei der automatischen Registrierung keinerlei Prüfpflichten, Wird sie von einem Dritten auf eine – angebliche – Rechtsverletzung hingewiesen, trifft sie nur eine eingeschränkte Prüfungspflicht. Sie muss eine Registrierung nur löschen, wenn die Verletzung der Rechte Dritter offenkundig und für sie ohne Weiteres feststellbar ist; ansonsten kann sie den Dritten darauf verweisen, seine Ansprüche gegenüber dem Inhaber des eingetragenen Namens geltend zu machen.[530] Die Verletzung der Rechte Dritter ist offenkundig, wenn ihr ein rechtskräftiger Titel oder eine Unterwerfungserklärung vorgelegt werden.[531] Offenkundige Rechtsverletzungen sind auch dann angenommen worden, wenn ein mit einer berühmten Marke identischer Domainname eingetragen werden soll[532] oder ein in Panama ansässiges Unternehmen Namen registrieren lässt, die auf deutsche staatliche Stellen hinweisen.[533]

256 Der Verpächter einer Domain ist nicht verpflichtet, die Internetseite seines Pächters allgemein auf Rechtsverletzungen hin zu überprüfen, jedenfalls dann, wenn er keine konkreten Anhaltspunkte für (drohende) Rechtsverletzungen hat.[534] Gleiches gilt für den Betreiber eines Domain-Parking-Programms.[535]

g) Hyperlinks

257 Bei elektronischen Verweisen im Internet (Hyperlinks) ist zunächst zu prüfen, ob der Linksetzer sich den verlinkten Inhalt zu eigen gemacht hat. Ist dies der Fall, haftet er nach allgemeinen Grundsätzen als Täter oder Teilnehmer, wenn er auf einen rechtsverletzenden Inhalt verlinkt hat.[536]

258 Sind die Inhalte demgegenüber als fremde Inhalte einzustufen, kommt eine Haftung unter dem Gesichtspunkt der Verletzung wettbewerbsrechtlicher Verkehrspflichten in Betracht. Der Hyperlink erhöht die Gefahr der Verbreitung etwaiger rechtswidriger Inhalte, die sich auf den Internetseiten Dritter befinden. Eine »proaktive« Pflicht zur Überwachung der verlinkten Inhalte besteht allerdings grundsätzlich nicht. Sofern ein rechtsverletzender Inhalt der verlinkten Internetseite nicht deutlich erkennbar ist, haftet der Linksetzer für solche Inhalte grundsätzlich erst, wenn er von der Rechtswidrigkeit der Inhalte selbst oder durch Dritte Kenntnis erlangt. Hat er diese Kenntnis allerdings erlangt, besteht – im Fall unternehmerischer Tätigkeit – eine umfassende Prüfungs-

530 BGH, 27.10.2011, I ZR 131/10, GRUR 2012, 651 Rn. 26 – *regierung-oberfranken.de.*
531 BGH, 17.05.2001, I ZR 251/99, BGHZ 148, 13, 17 = GRUR 2001, 1038, 1041 – *ambiente.de.*
532 BGH, 17.05.2001, I ZR 251/99, BGHZ 148, 13, 17 = GRUR 2001, 1038, 1041 – *ambiente.de.*
533 BGH, 27.10.2011, I ZR 131/10, GRUR 2012, 651 Rn. 33 – *regierung-oberfranken.de.*
534 BGH, *30.06.2009, VI ZR 210/08,* GRUR 2009, 1093 Rn. 21 ff. – *Focus Online.*
535 BGH, 18.11.2010, I ZR 155/09, GRUR 2011, 617 Rn. 43 f. – *Sedo.*
536 S. o. Rdn. 144–151.

pflicht. Eine Beschränkung der Haftung auf »klare« Rechtsverletzungen wie bei den Betreibern von Online-Marktplätzen besteht nicht.[537]

h) Haftung für geschäftliche Einrichtungen

aa) Mitgliedskonten

Eine Haftung für den Missbrauch geschäftlicher Einrichtungen hat der Bundesgerichtshof bisher für den Fall eines passwortgeschützten Mitgliedskontos bei »eBay« angenommen. Der Bundesgerichtshof nimmt eine generelle Verantwortung und Verpflichtung des Inhabers eines Mitgliedskontos bei eBay an, seine Kontaktdaten so unter Verschluss zu halten, dass von ihnen niemand Kenntnis erlangt. Die ungesicherte Verwahrung von Kontaktdaten eines eBay-Mitgliedskontos erhöht zwar nicht die Gefahr von Urheber- oder Markenrechtsverletzungen als solche (da jedermann ohne weiteres ein solches Konto selber eröffnen und über dieses die genannten Rechtsverletzungen begehen kann). Der Grund für die Haftung desjenigen, der seine Kontaktdaten nicht unter Verschluss gehalten hat, besteht vielmehr in der von ihm geschaffenen Gefahr, dass für den Verkehr Unklarheiten darüber entstehen können, welche Person unter dem betreffenden Mitgliedskonto bei eBay gehandelt hat, und dadurch die Möglichkeiten, den Handelnden zu identifizieren und gegebenenfalls (rechtsgeschäftlich oder deliktisch) in Anspruch zu nehmen, erheblich beeinträchtigt werden.[538] **259**

Verletzt der Kontoinhaber diese Pflicht, kann er – auch ohne vorherigen Hinweis auf etwaige Rechtsverletzungen – bei Marken- und Urheberrechtsverletzungen auf Unterlassung in Anspruch genommen werden. Lediglich Schadensersatzansprüche setzen voraus, dass der Kontoinhaber zumindest damit rechnen musste, dass seine Kontaktdaten für rechtsverletzendes Handeln genutzt werden würden.[539] **260**

Diese Grundsätze sind nachfolgend auch auf »facebook«-Konten übertragen worden.[540] Sie werden immer dann Anwendung finden können, wenn durch die Kontaktdaten gerade auch die Identität des Handelnden im rechtsgeschäftlichen Verkehr sichergestellt werden soll. Sollte daher »facebook« verpflichtet sein, entsprechend § 13 Abs. 6 TMG auch anonyme oder pseudonyme Konten zuzulassen,[541] würde die Grundlage für die Haftung bei einem Missbrauch des Kontos entfallen. Eine Übertragung auf Internet- und Telefonanschlüsse ist nicht möglich. **261**

bb) Internet- und Telefonanschlüsse

Allgemein gilt, dass die bloße Bereitstellung eines Internet- oder Telefonanschlusses für einen Dritten noch nicht zur Haftung des Anschlussinhabers führt. Erst, wenn der Anschlussinhaber die über diesen Anschluss begangenen Rechtsverletzungen nicht **262**

537 BGH, 18.06.2015, I ZR 74/14, GRUR 2016, 209 Rn. 23 ff. – *Haftung für Hyperlink.*
538 BGH, 11.03.2009, I ZR 114/06, BGHZ 180, 134 = GRUR 2009, 597 Rn. 18 – *Halzband.*
539 BGH, 11.03.2009, I ZR 114/06, BGHZ 180, 134 = GRUR 2009, 597 Rn. 20 – *Halzband.*
540 OLG Frankfurt, 21.07.2016, 16 U 233/15, MMR 2016, 778 Rn. 26 f.
541 So LG Berlin, 16.01.2018, 16 O 341/15, juris.

unterbunden hat, obwohl er dazu die Möglichkeit gehabt hätte und ein derartiges Einschreiten von ihm mit Blick auf die aus dieser Stellung resultierenden Befugnisse und die Überlassung des Anschlusses zu erwarten war, kann er für die Rechtsverletzungen zur Verantwortung gezogen werden.[542]

263 Für Internetanschlüsse hat sich im Hinblick auf Urheberrechtsverletzungen (»Filesharing«) eine ausdifferenzierte Rechtsprechung entwickelt, wann und unter welchen Voraussetzungen von einer Tatbegehung durch den Anschlussinhaber auszugehen ist.[543] Im Fall eines Missbrauchs des Anschlusses durch minderjährige Kinder können die Eltern unter den Voraussetzungen § 832 BGB (Haftung des Aufsichtspflichtigen) haften.[544] Ansonsten kommt eine Störerhaftung in Fällen der unzureichenden Sicherung des Anschlusses oder seines Missbrauchs durch Dritte in Betracht. Mit Ausnahme der Haftung für minderjährige Familienangehörige, die bereits bei unzureichender Belehrung durch die Eltern eintreten kann, setzt eine Störerhaftung des Anschlussinhabers allerdings voraus, dass er konkrete Anhaltspunkte dafür hat, dass über seinen Anschluss Rechtsverletzungen begangen werden.[545]

264 Lauterkeitsrechtlich käme ohnehin nur eine Haftung des Inhabers gewerblich genutzter Anschlüsse in Betracht; praktische Bedeutung hat die Frage insoweit bislang nicht erlangt.

V. Mehrheit von Schuldnern

265 Bestehen die Abwehransprüche gegen mehrere Personen, ist der Gläubiger – bis zur Grenze des § 8 Abs. 4 – frei, ob er nur einzelne oder alle in Anspruch nimmt. Die Schuldner der Unterlassungsansprüche haften nicht als Gesamtschuldner, da nach § 421 BGB der Gläubiger bei der Gesamtschuld die Leistung nur einmal fordern kann, während sich der Schuldner eines Unterlassungsanspruchs nicht darauf berufen kann, ein anderer Schuldner erfülle die Unterlassungspflicht.[546] Dies hat prozessual die Konsequenz, dass mehrere Unterlassungsschuldner nicht gesamtschuldnerisch nach § 100 Abs. 1 ZPO für die Kosten haften, und gegebenenfalls unterschiedliche Streitwerte für jeden einzelnen Unterlassungsanspruch festzusetzen sind.[547] Der Streitwert für den Anspruch gegen den Unternehmer kann infolge höheren Gefährdungspotentials höher anzusetzen sein als für einen nur in untergeordneter Stellung tätigen Mitarbeiter oder Beauftragten.[548]

---

542 BGH, 18.05.1999, X ZR 156/97, GRUR 1999, 977, 979 – *Räumschild*.

543 Zusammenfassend BGH, 06.10.2016, I ZR 154/15, GRUR 2017, 386 Rn. 14 ff. – *Afterlife*.

544 BGH, 15.11.2012, I ZR 74/12, GRUR 2013, 511 Rn. 22 ff. – *Morpheus*.

545 BGH, 12.05.2016, I ZR 86/15, BGHZ 210, 224 = GRUR 2016, 1289 Rn. 21 – *Silver Linings Playbook*.

546 Teplitzky/Büch, Kap. 14 Rn. 44.

547 OLG Düsseldorf, *27.11.2007, I-20 U 22/07*, juris Rn. 42 (insoweit nicht in MMR 2008, 336 *und CR 2008*, 489 abgedruckt).

548 OLG Köln, 21.09.2012, 6 W 189/12 (unveröff.).

Für Schadensersatzansprüche gilt § 840 BGB; danach haften mehrere Personen, die gemeinsam für einen Schaden verantwortlich sind, als Gesamtschuldner. Dies gilt nicht nur im Fall der Mittäterschaft, sondern auch dann, wenn mehrere, nicht miteinander in Verbindung stehende Personen selbständig den gleichen Schaden verursachen (Nebentäter).[549] **266**

VI. Rechtsnachfolge

Die Abwehransprüche gehen grundsätzlich im Fall der Rechtsnachfolge nicht auf den Rechtsnachfolger über. Die Wiederholungsgefahr (und ebenso die Erstbegehungsgefahr) ist ein tatsächlicher Umstand, der nach den Verhältnissen in der Person des in Anspruch Genommenen zu beurteilen ist.[550] Dies gilt nicht nur, wenn der Rechtsvorgänger die Wiederholungsgefahr persönlich durch eigenes Verhalten begründet hat, sondern auch dann, wenn der Wettbewerbsverstoß durch Organe des Rechtsvorgängers oder Mitarbeiter seines Unternehmens begangen worden ist.[551] Daher kann der Erbe eines Unternehmens auch bei Fortführung des Unternehmens nicht auf Unterlassung in Anspruch genommen werden.[552] Gleiches gilt auch beim Übergang des Unternehmens auf einen neuen Rechtsträger im Wege der Verschmelzung juristischer Personen.[553] **267**

Auch auf den **Insolvenzverwalter** geht eine in der Person des Insolvenzschuldners begründete Wiederholungsgefahr nicht über. Lediglich, wenn ernsthafte und greifbare Anhaltspunkte dafür bestehen, dass der Insolvenzverwalter das unlautere Verhalten des Insolvenzschuldners fortsetzen werde, kann ein vorbeugender Unterlassungsanspruch gegen ihn unter dem Gesichtspunkt der Erstbegehungsgefahr begründet sein.[554] **268**

Der **Formwechsel** einer Gesellschaft nach §§ 190 ff. UmwG hat dagegen als solcher keine Auswirkungen auf das Fortbestehen einer in ihrer Person begründeten Wiederholungsgefahr, da er die Identität der Gesellschaft unberührt lässt. Dasselbe gilt bei einer Verschmelzung durch Aufnahme nach §§ 2 Nr. Nr. 1, 4 ff. UmwG für das Fortbestehen einer in der Person des übernehmenden Rechtsträgers begründeten Wiederholungsgefahr. Dieser Rechtsträger besteht im Gegensatz zum übertragenden Rechtsträger, der mit der Eintragung der Verschmelzung in das Register des Sitzes des übernehmenden Rechtsträgers kraft Gesetzes erlischt, identisch fort.[555] **269**

549 MünchKomm/Wagner BGB, § 840 Rn. 1 ff.; Palandt/Sprau, § 840 Rn. 2; nicht berücksichtigt in BGH, 15.05.2014, I ZB 71/13, GRUR 2014, 1239 Rn. 17 – *Deus Ex.*

550 Einzelheiten s. o. Rdn. 42–47.

551 BGH 26.04.2007, I ZR 34/05, BGHZ 172, 165 = GRUR 2007, 995 Rn. 11 – *Schuldnachfolge*; kritisch FBO/Büscher, § 8 Rn. 158.

552 BGH, 16.03.2006, I ZR 92/03, GRUR 2006, 879 Rn. 17 – *Flüssiggastank.*

553 BGH 26.04.2007, I ZR 34/05, BGHZ 172, 165 = GRUR 2007, 995 Rn. 11 – *Schuldnachfolge.*

554 BGH, 18.03.2010, I ZR 158/07, BGHZ 185, 11 = GRUR 2010, 536 Rn. 40 f. – *Modulgerüst II.*

555 BGH, 12.02.2015, I ZR 213/13, GRUR 2015, 813 Rn. 17 – *Fahrdienst zur Augenklinik.*

270 Die Rechtskraft eines gegen den Rechtsvorgänger erstrittenen Urteils kann nicht auf den Rechtsnachfolger gemäß § 325 ZPO erstreckt werden, auch eine Umschreibung eines **Titels** gemäß §§ 727, 729 ZPO auf den Rechtsnachfolger kommt nicht in Betracht.[556]

271 Die Haftung des Rechtsnachfolgers für **Schadensersatzansprüche** bleibt davon unberührt. Diese gehen nach allgemeinen Grundsätzen auf ihn über.[557]

C. Aktivlegitimation (§ 8 Abs. 3)

I. Einleitung

1. Zweck der Reglung, Rechtsnatur

272 Mit der Regelung der Klagebefugnis für Wettbewerbsverbände, Verbraucherverbände sowie Industrie- und Handels sowie Handwerkskammern trägt § 8 Abs. 3 dem Umstand Rechnung, dass das UWG seit 1909 nicht nur die Interessen der Mitbewerber, sondern auch die der sonstigen Marktteilnehmer, insbesondere der Verbraucher, schützt. Die Ausweitung der Klagebefugnis, die dazu führt, dass unter Umständen ein und derselbe Wettbewerbsverstoß durch eine Vielzahl von Anspruchsberechtigten verfolgt werden kann, soll auch die im Interesse der Allgemeinheit liegende Rechtsverfolgung erleichtern.[558]

273 Der Wortlaut des § 8 Abs. 3 legt an sich nahe, dass er die rein materiellrechtliche Frage regelt, wem die Ansprüche zustehen. Inzwischen ist aber nahezu allgemein anerkannt, dass es sich im Hinblick auf Nr. 2 bis 4 um eine Regelung sowohl der Aktivlegitimation als auch der Prozessführungsbefugnis der dort genannten Verbände handelt (»**Doppelnatur**«).[559] Zu den Konsequenzen unten Rdn. 335–337.

2. Abschließende Regelung

274 Bei der Regelung des § 8 Abs. 3 handelt es sich um eine abschließende Regelung.[560] Dies hat zur Folge, dass Verbraucher grundsätzlich nicht befugt sind, wegen Wettbewerbsverstößen Ansprüche aus dem UWG geltend zu machen; sie sind dadurch ausreichend geschützt, dass sie sich an Einrichtungen nach § 8 Abs. 3 Nr. 3 UWG wenden können und deren Eingreifen anregen können. Unternehmen, zwischen denen kein konkretes Wettbewerbsverhältnis besteht (§ 2 Abs. 1 Nr. 3) und die daher nicht nach

---

556 *Ohly*/Sosnitza, § 8 Rn. 153.

557 BGH, 26.04.2007, I ZR 34/05, BGHZ 172, 165 = GRUR 2007, 995 Rn. 13 – *Schuldnachfolge.*

558 BGH, 31.05.2012, I ZR 106/10, GRUR 2013, 176 Rn. 17 – *Ferienluxuswohnung.*

559 BGH, 07.05.2015, I ZR 158/14, GRUR 2015, 1240 Rn. 13 – *Der Zauber des Nordens*; FBO/Büscher, § 8 Rn. 245; Harte/Henning/Goldmann, § 8 Rn. 256; GK/Paal, § 8 Rn. 196; *Köhler*/Bornkamm/*Feddersen*, § 8 Rn. 3.10 ff.; *Ohly*/Sosnitza, § 8 Rn. 86; Seichter, in: Ullmann, jurisPK-UWG, § 8 Rn. 165.

560 *Amtl. Begründung*, BT-Drucksache 15/1487, *Köhler*/Bornkamm/*Feddersen*, § 8 Rn. 3.4; a. A. FBO/Koos, § 9 Rn. 3 (UWG als Schutzgesetz i. S. d. § 823 Abs. 2 BGB).

§ 8 Abs. 3 Nr. 1 aktivlegitimiert sind, können gegebenenfalls nach bürgerlichem Recht vorgehen. Eine Anwaltskanzlei kann daher wegen der unverlangten Zusendung eines Newsletters eines Informationsdienstes für Kapitalanleger nicht aus § 7 Abs. 2 Nr. 3 vorgehen, wohl aber aus §§ 823 Abs. 1, 1004 BGB wegen eines Eingriffs in den eingerichteten und ausgeübten Gewerbebetrieb.[561] Eine Schutzlücke ergibt sich lediglich zwischen Unternehmern im Vertikalverhältnis, da auch Wirtschaftsverbände nur dann klagebefugt sind, wenn die Interessen ihrer Mitglieder als »Mitbewerber« berührt sind. Erkennbare praktische Auswirkungen hat dies wegen der umfassenden Zuständigkeit der Wettbewerbszentrale (Zentrale zur Bekämpfung unlauteren Wettbewerbs Frankfurt am Main e. V.) aber nicht.[562]

3. Anwendungsbereich

§ 8 Abs. 3 gilt nur für die Abwehransprüche des § 8 Abs. 1 und die dazu akzessorischen Auskunftsansprüche. Ersatz von Abmahnkosten gemäß § 12 Abs. 1 2 UWG kann nur verlangt werden, soweit die Abmahnung berechtigt ist. Das setzt voraus, dass gemäß § 12 Abs. 1 1 UWG ein zur nach § 8 Abs. 3 Geltendmachung des Unterlassungsanspruchs Berechtigter abgemahnt hat.[563] Nicht erfasst sind Schadensersatzansprüche und Anspruchsgrundlagen außerhalb des UWG.[564] 275

§ 8 Abs. 3 ist ferner **teleologisch zu reduzieren** in Fällen, in denen ausschließlich die individuellen Interessen des verletzten Mitbewerbers betroffen sind. Dies ist beispielsweise beim Schutz gegen unlautere Produktnachahmungen gemäß § 4 Nr. 3[565] oder gegen gezielte Behinderung (§ 4 Nr. 4)[566] der Fall. In beiden Fällen soll es dem Verletzten überlassen bleiben, ob er gegen die Beeinträchtigung vorgeht. Eine Klagebefugnis besteht nur, soweit in diesen Fällen zugleich auch Interessen anderer Marktteilnehmer (wie der Verbraucher) betroffen sind.[567] Bei Verstößen gegen den Rechtsbruchtatbestand kommt es darauf an, welche Interessen durch die Primärnorm geschützt sind.[568] 276

II. Mitbewerber (Nr. 1)

1. Grundsatz

Nach § 8 Abs. 3 Nr. 1 UWG stehen die Ansprüche »jedem« Mitbewerber zu.[569] Nach der Legaldefinition des § 2 Abs. 1 Nr. 3 UWG ist »Mitbewerber« im Sinn des § 8 Abs. 3 Nr. 1 jeder Unternehmer, der mit einem oder mehreren Unternehmern als 277

561 BGH, 20.05.2009, I ZR 218/07, GRUR 2009, 980 Rn. 9 ff. – *E-Mail-Werbung II.*
562 Köhler, WRP 2007, 602, 603 f.
563 BGH, 10.04.2014, I ZR 43/13, GRUR 2014, 1114 Rn. 19 – *nickelfrei.*
564 *Köhler*/Bornkamm/*Feddersen*, § 8 Rn. 3.16; *Ohly*/Sosnitza, § 8 Rn. 87.
565 BGH, 02.12.2015, I ZR 176/14, GRUR 2016, 730 Rn. 21 – *Herrnhuter Stern.*
566 BGH, 02.10.2008, I ZR 48/06, GRUR 2009, 416 Rn. 22 – *Küchentiefstpreis-Garantie.*
567 BGH, 02.10.2008, I ZR 48/06, GRUR 2009, 416 Rn. 22 – *Küchentiefstpreis-Garantie.*
568 Harte/Henning/Goldmann, § 8 Rn. 280.
569 Zu Einschränkungen bei der ausschließlichen Verletzung von Individualinteressen s. o. Rdn. 276.

Anbieter oder Nachfrager von Waren oder Dienstleistungen in einem konkreten Wettbewerbsverhältnis steht.[570] Die Vorschrift gibt dem Mitbewerber einen Anspruch, damit dieser sich in erster Linie selbst gegen Schädigungen und Behinderungen zur Wehr setzen kann, die er durch Wettbewerbsverzerrungen infolge unlauteren Wettbewerbs erleidet oder befürchten muss. Ist eine solche Gefahr nicht gegeben, weil die betroffenen Unternehmen in keiner Weise im Wettbewerb stehen, besteht auch keine Klagebefugnis nach § 8 Abs. 3 Nr. 1.[571]

278 Für die Eigenschaft als Mitbewerber kommt es allein auf das tatsächliche Bestehen eines Wettbewerbsverhältnisses an. Es ist dafür unerheblich, ob die eigene Tätigkeit des Anspruchstellers, die das Wettbewerbsverhältnis begründet, gesetzwidrig oder wettbewerbswidrig ist.[572]

279 Die Regelung des § 8 Abs. 3 Nr. 1 gilt auch im Rahmen des § 7. Insbesondere steht die Befugnis, gegen Verstöße gegen § 7 Abs. 2 Nr. 2 bis 4, III nicht allein den von der unzulässigen Werbung betroffenen Verbrauchern oder sonstigen Marktteilnehmern zu; Ansprüche können auch von Mitbewerbern oder Verbänden geltend gemacht werden.[573]

2. Beginn und Ende des Mitbewerbereigenschaft

280 Ein Mitbewerber kann einen Verletzungsunterlassungsanspruch nur mit Erfolg geltend machen, wenn er seine entsprechende unternehmerische Tätigkeit im Zeitpunkt der Verletzungshandlung bereits aufgenommen hatte. Der Anspruchsteller muss in seinen wettbewerbsrechtlichen Interessen verletzt sein. Das ist nur der Fall, wenn er im Zeitpunkt der Verletzungshandlung Mitbewerber ist.[574] Im Prozess muss die Klagebefugnis auch noch im Zeitpunkt der letzten Tatsachenverhandlung gegeben sein.[575] Der Anspruchsteller darf daher zu diesem Zeitpunkt seine Geschäftstätigkeit noch nicht aufgegeben haben. Beim Anspruchsgegner ist zu beachten, dass die einmal begründete Wiederholungsgefahr allein durch Aufgabe der Geschäftstätigkeit regelmäßig nicht entfällt.[576]

281 Es genügt für den auf Wiederholungsgefahr gestützten Unterlassungsanspruch nicht, wenn das Wettbewerbsverhältnis erst im Zeitpunkt einer drohenden Verletzungshandlung besteht, weil der Anspruchsteller noch vor der Einleitung des Verfahrens, aber erst nach der beanstandeten Verletzung seine Geschäftstätigkeit aufgenommen hat.[577]

---

570 BGH, 21.01.2016, I ZR 252/14, GRUR 2016, 828 Rn. 16 – *Kundenbewertung im Internet.*
571 BGH, 17.10.2013, I ZR 173/12, GRUR 2014, 573 Rn. 20 – *Werbung für Fremdprodukte.*
572 BGH, 24.02.2005, I ZR 101/02, BGHZ 162, 246 = GRUR 2005, 519, 520 – *Vitamin-Zell-Komplex.*
573 BGH, 20.03.2013, I ZR 209/11, GRUR 2013, 1170 Rn. 10 f. – *Telefonwerbung für DSL-Produkte.*
574 BGH, 10.03.2016, I ZR 183/14, GRUR 2016, 1187 Rn. 16 – *Stirnlampen.*
575 BGH, 12.07.1995, I ZR 85/93, GRUR 1995, 697, 699 – *FUNNY PAPER.*
576 BGH, 11.06.2015, I ZR 226/13, GRUR 2016, 88 Rn. 51 – *Deltamethrin*; s. o. Rdn. 41.
577 BGH, 10.03.2016, I ZR 183/14, GRUR 2016, 1187 Rn. 18 – *Stirnlampen.*

Allein eine Gewerbe- oder Markenanmeldung genügt nicht, um eine Geschäftstätigkeit anzunehmen.[578] Der Bundesgerichtshof hat es ausdrücklich offen gelassen, ob auch ein Unternehmer, der sich gerade anschickt, auf einem bestimmten Markt tätig zu werden, als potenzieller Mitbewerber bereits klagebefugt ist.[579] Die Frage ist allerdings nur von geringem praktischen Interesse: Steht im Zeitpunkt der Verletzungshandlung der Marktzutritt des Anspruchstellers unmittelbar bevor, wird er zum Zeitpunkt einer gerichtlichen Auseinandersetzung regelmäßig bereits erfolgt sein, so dass dann das erforderliche konkrete Wettbewerbsverhältnis besteht. Auch wenn es in der Zwischenzeit nicht zu weiteren Verletzungshandlungen des Anspruchsgegners gekommen ist, wird regelmäßig Erstbegehungsgefahr bestehen. In der Entscheidung des Bundesgerichtshofs »**Stirnlampen**« war dies nur deshalb ausgeschlossen, weil dort in der Zwischenzeit der Anspruchsgegner seine Geschäftstätigkeit eingestellt hatte.[580] 282

III. Verbände zur Förderung gewerblicher oder selbständiger beruflicher Interessen (Nr. 2)

1. Einleitung

Der Gesetzgeber hat re…sfähigen Verbänden zur Förderung gewerblicher oder selbständiger beruflicher …teressen die Klagebefugnis eingeräumt, da die Bekämpfung unlauterer Wettbewe…shandlungen nicht nur im Interesse des unmittelbar Betroffenen, sondern auch im ö…ntlichen Interesse liegt.[581] Dem liegt auch die pragmatische Erwägung zugrunde, …ss Mitbewerber aus unterschiedlichen Gründen häufig nicht dazu geneigt sind, …er Wettbewerbsprozesse zu führen.[582] 283

Bei den V…nden im Sinn des § 8 Abs. 2 Nr. 2 hat der Gesetzgeber bewusst davon abgeseh… …as Listensystem der Verbraucherschutzeinrichtungen des § 8 Abs. 2 Nr. 3 zu übe…men, da die Klagebefugnis von einer Vielzahl von Umständen im Einzelfall abh…, die jeweils eine gerichtlichen Prüfung erfordern würden.[583] Umgekehrt folgte di…agebefugnis eines Wirtschaftsverbandes nicht bereits daraus, dass er in die Liste …nach § 13 Abs. 5 2 UKlaG in der bis zum 30.10.2009 geltenden Fassung antragsbe…gten Verbände aufgenommen worden war.[584] 284

Zu den Verbänden im Sinn des § 8 Abs. 3 Nr. 2 gehören Fachverbände, die die Interessen einer bestimmten Wirtschafts- oder Berufsgruppe vertreten (einschließlich der Spitzenverbände wie der Handelsverband Deutschland e.V., HDE[585]) sowie Wettbewerbsvereinigungen, in denen sich Unternehmer zur Bekämpfung des unlau- 285

578 BGH, 12.07.1995, I ZR 85/93, GRUR 1995, 697, 699 – *FUNNY PAPER*.
579 BGH, 10.03.2016, I ZR 183/14, GRUR 2016, 1187 Rn. 17 – *Stirnlampen*; bejahend OLG Hamm, 13.03.1986, 4 U 10/86, NJW-RR 1987, 34.
580 BGH, 10.03.2016, I ZR 183/14, GRUR 2016, 1187 Rn. 21 f. – *Stirnlampen*.
581 BGH, 05.10.1989, I ZR 56/89, GRUR 1990, 282, 284 – *Wettbewerbsverein IV*.
582 MünchKomm/Ottofülling UWG, § 8 Rn. 351.
583 Amtl. Begründung, BT-Drucksache 15/1487 S. 22 f.
584 BGH, 16.11.2006, I ZR 218/03, GRUR 2007, 610 Rn. 12 – *Sammelmitgliedschaft V*.
585 BGH, 30.11.1989, I ZR 55/87, GRUR 1990, 617, 618 – *Metro III*.

teren Wettbewerbs zusammengeschlossen haben; zu diesen gehört beispielsweise die Zentrale zur Bekämpfung unlauteren Wettbewerbs (Wettbewerbszentrale).[586]

2. Rechtsfähige Verbände

286 Es muss sich um einen rechtsfähigen Verband handeln; das heißt, dieser muss über die Fähigkeit verfügen, selber im Rechtsverkehr aufzutreten. Hierzu zählen neben den juristischen Personen des Privatrechts wie rechtsfähige Vereine, Stiftungen und Kapitalgesellschaften auch Personenhandelsgesellschaften (OHG, KG) und die (Außen-) Gesellschaft bürgerlichen Rechts.[587]

287 Rechtsfähige Verbände im Sinn des § 8 Abs. 3 Nr. 2 sind auch die **öffentlich-rechtlich organisierten Kammern freier Berufe**, da sie ungeachtet ihrer öffentlich-rechtlichen Aufgabenstellung auch die beruflichen Belange ihrer Mitglieder zu wahren und zu fördern haben.[588] Dies wird durch die ausdrückliche Erwähnung der Verbände zur Förderung »selbständiger beruflicher Interessen« im Gesetzestext klargestellt.[589] Zu den danach klagebefugten Kammern gehören die Anwaltskammern,[590], die Patentanwaltskammer,[591] die Steuerberaterkammern[592] und die Ärzte- und Zahnärztekammern[593]. Diese Klagebefugnis ist auch verfassungsrechtlich nicht zu beanstanden, soweit sich die Kammer dabei im Rahmen der ihr vom Gesetz übertragenen Aufgaben hält, und soweit die konkrete Maßnahme als Beschränkung der Berufsausübungsfreiheit zulässig ist.[594]

288 Der Klagebefugnis einer berufsständischen Kammer steht nicht [illegible]gegen, dass sie berechtigt ist, die notwendigen Maßnahmen zur Beseitigung berufsw[illegible]ger Zustände zu treffen und hierzu auch belastende Verwaltungsakte zu erlassen. Di[illegible]öglichkeit, im Zivilrechtsweg gegen berufswidriges Verhalten von Kammerangehöri[illegible] vorzugehen, steht grundsätzlich neben den Befugnissen, die einer Kammer gegen[illegible] ihren Kammerangehörigen zustehen. Sie hat, bevor sie im Zivilrechtsweg vorgeht, a[illegible]dings abzuwägen, ob dies angemessen ist und nicht unverhältnismäßig in die Ber[illegible]us-übungsfreiheit des betroffenen Kammerangehörigen eingreift; andernfalls würde [illegible] Klage das Rechtsschutzbedürfnis fehlen. Bei Verhaltensweisen, die geeignet sind, d[illegible]lauteren Wettbewerb zum Nachteil der Mitbewerber und Verbraucher zu beeinträchtigen und das Ansehen der Berufsgruppe zu schädigen, kann allerdings nur unter beson-

---

586 MünchKomm/Ottofülling UWG § 8 Rn. 357 ff.
587 Vgl. BGH, 18.05.2006, I ZR 116/03, GRUR 2006, 873 Rn. 17 – *Brillenwerbung*.
588 BGH, 25.06.2015, I ZR 145/14, GRUR 2015, 1019 Rn. 11 – *Mobiler Buchhaltungsservice*.
589 BGH, 06.04.2006, I ZR 272/03, GRUR 2006, 598 Rn. 12 – *Zahnarztbriefbogen*.
590 BGH, 25.10.2001, I ZR 29/99, GRUR 2002, 717, 718 – *Vertretung der Anwalts-GmbH*.
591 BGH, 31.03.2016, I ZR 88/15, GRUR 2016, 1189 Rn. 13 – *Rechtsberatung durch Entwicklungsingenieur*.
592 BGH, 25.06.2015, I ZR 145/14, GRUR 2015, 1019 Rn. 11 – *Mobiler Buchhaltungsservice*.
593 BGH, 06.04.2006, I ZR 272/03, GRUR 2006, 598 Rn. 12 – *Zahnarztbriefbogen*.
594 BVerfG, 26.10.2004, 1 BvR 981/00, BVerfGE 111, 366 = WRP 2005, 83 Rn. 43 – *Steuerberaterkammer*.

deren Umständen ein Vorgehen im Zivilrechtsweg als unverhältnismäßig zu beurteilen sein.[595]

Auch die **Innungen und Landesinnungsverbände des Handwerks** gehören zu den nach § 8 Abs. 3 Nr. 2 klagebefugten Verbänden. Nach § 54 Abs. 4 HandwO können sie die wirtschaftlichen Interessen ihrer Mitglieder fördern. Dementsprechend sind sie befugt, Wettbewerbsverstöße zu verfolgen.[596] **289**

Die Regelung des § 8 Abs. 3 Nr. 2 gilt auch für **ausländische Verbände**. Erfüllen sie die Voraussetzungen der Bestimmung, sind sie prozessführungsbefugt.[597] Für ihre Aktivlegitimation gilt die Bestimmung aber nur, wenn das deutsche Recht nach den Grundsätzen des internationalen Privatrechts das anwendbare materielle Recht ist.[598] Daneben kann sich die Klagebefugnis auch aus völkerrechtlichen Verträgen ergeben; praktisch relevant geworden ist dies für bilaterale Abkommen zum Schutz von Herkunftsbezeichnungen.[599] **290**

3. Verbandszweck

a) Grundsatz

Ob ein Verband der Förderung gewerblicher oder selbstständiger beruflicher Interessen dient, ist allein anhand seiner Zielsetzung, das heißt seiner Satzung und seiner tatsächlichen Betätigung, zu ermitteln. Nicht erforderlich ist es, dass seine unmittelbaren Mitglieder ihn jeweils noch ausdrücklich zur Verfolgung von Wettbewerbsverstößen ermächtigt haben.[600] **291**

b) Satzungsgemäßer Zweck

Die Zielsetzung des Verbandes ist aus seiner Satzung, gegebenenfalls durch Auslegung, zu ermitteln. Die Benennung der Bekämpfung unlauteren Wettbewerbs muss nicht ausdrücklich in der Satzung erfolgen. Es genügt, dass sich dieser Zweck hinreichend deutlich aus der Satzung ergibt. Wenn es nach der Satzung eines Verbandes zu dessen Zielen gehört, wirtschaftlich geordnete Verhältnisse in dem betreffenden Gewerbe zu schaffen und aufrechtzuerhalten, die Ausübung des Gewerbes und den Verkehrseinsatz der Gewerbeangehörigen zu fördern sowie den Gemeinschaftsgeist und die Standesehre unter allen Angehörigen des Gewerbes zu stärken, lässt dies hinreichend deutlich erkennen, dass der Verband auch das Ziel hat, den lauteren Wettbewerb zu fördern und unlauteren Wettbewerb zu bekämpfen.[601] Gewerblichen Interessen dient auch die Bekämpfung unlauteren Wettbewerbs. Ob sich bei einem Fachverband aus einer allge- **292**

595 BGH, 06.04.2006, I ZR 272/03, GRUR 2006, 598 Rn. 14 f. – *Zahnarztbriefbogen*.
596 BGH, 16.11.2006, I ZR 218/03, GRUR 2007, 610 Rn. 25 – *Sammelmitgliedschaft V*.
597 Sack, WRP 2017, 1298 f.
598 Teplitzky/Büch, Kap. 13 Rn. 24.
599 Z. B. BGH, 16.12.1993, I ZR 277/91, GRUR 1994, 307, 308 – *Mozzarella I*; allgemein zu diesen Abkommen Büscher, GRUR Int. 2008, 977, 981.
600 BGH 27.01.2005, I ZR 146/02, GRUR 2005, 689, 690 – *Sammelmitgliedschaft III*.
601 BGH, 06.04.2017, I ZR 33/16, GRUR 2017, 926 Rn. 19 – *Anwaltsabmahnung II*.

meinen Zielsetzung der Wahrnehmung wirtschaftlicher Interessen seiner Mitglieder nicht schon ohne weiteres die Berechtigung zur Verfolgung von – diese Interessen berührenden – Wettbewerbsverstößen ergibt, hat der Bundesgerichtshof bisher offen gelassen.[602]

293 Nicht klagebefugt ist dagegen eine reine Einkaufsgenossenschaft, wenn sich deren Aufgabenkreis auf den Einkauf und die Durchführung von Werbeaktionen beschränkt. Denn unter dieser Voraussetzung fehlt dem Verband eine durch seine Mitglieder übertragene Kompetenz, wettbewerbswidrige Verhaltensweisen zu bekämpfen.[603]

294 Aus dem Verbandszweck kann sich auch eine Beschränkung der Klagebefugnis ergeben. So könnte der satzungsgemäße Zweck eines Verbands mittelständischer Unternehmen des Hotel- und Gaststättengewerbes auf die Abwehr unlauteren Wettbewerbs durch Großbetriebe dieser Branche gerichtet sein, oder ein Verband forschender Pharmaunternehmen könnte sich seinem Satzungszweck entsprechend gegen unlautere Praktiken der Generikahersteller wenden. Ein Verband kann sich auch darauf beschränken, die Interessen der privaten Glücksspielwirtschaft gegenüber den etablierten staatlichen Anbietern zu schützen. In allen diesen Fällen folgt aus dem Verbandszweck, dass sich der Verband – zulässigerweise – auf die Bekämpfung von Wettbewerbsverstößen von Nichtmitgliedern beschränkt.[604]

295 Der satzungsgemäße Verbandszweck darf nicht lediglich als Vorwand dafür benutzt werden, um durch die Verfolgung von Wettbewerbsverstößen im Interesse der für den Verein tätigen Mitarbeiter und Rechtsanwälte Gebühren und Vertragsstrafen einziehen zu können. Zwar darf der Verband im Interesse der Finanzierung seiner Aufgaben aus solchen Quellen auch wirtschaftliche Überlegungen anstellen; sie dürfen aber nicht so bestimmend in den Vordergrund treten, dass der angebliche Vereinszweck als vorgeschobenes Mittel zur Verwirklichung der Einnahmeerzielung angesehen werden muss.[605]

c) Tatsächliche Tätigkeit

296 Der Verband muss die im Gesetz genannten Voraussetzungen nicht nur der Form und dem Wortlaut der Satzung nach, sondern auch durch seine Tätigkeit erfüllen, indem er tatsächlich gewerbliche Interessen verfolgt.[606] Hierfür spricht bei einem jahrelang aktiven Verband eine tatsächliche Vermutung.[607] Bei einem Fachverband kann der Verfolgung von Wettbewerbsverstößen eine nur untergeordnete Rolle zukommen; es spricht daher bei einem Fachverband, der nur auf einem engen Spezialsektor tätig ist

602 BGH 06.04.2017, I ZR 33/16, GRUR 2017, 926 Rn. 18 – *Anwaltsabmahnung II.*
603 BGH 16.01.2003, I ZR 51/02, GRUR 2003, 454, 455 – *Sammelmitgliedschaft.*
604 BGH, 17.08.2011, I ZR 148/10, GRUR 2012, 411 Rn. 24 f. – *Glücksspielverband.*
605 BGH, 05.10.1989, I ZR 56/89, GRUR 1990, 282, 284 – *Wettbewerbsverein IV.*
606 BGH, 06.04.2017, I ZR 33/16, GRUR 2017, 926 Rn. 18 – *Anwaltsabmahnung II.*
607 BGH, 26.05.1994, I ZR 85/92, GRUR 1994, 831 – *Verbandsausstattung II*; Seichter, in: Ullmann, jurisPK-UWG, § 8 Rn. 172.

(wie dem der Markt- und Sozialforschungsinstitute) nicht gegen seine Klagebefugnis, wenn er nur wenige Verfahren wegen Wettbewerbsverstößen betrieben hat.[608]

Ein Wettbewerbsverband darf sich nicht nur auf die unmittelbare Verfolgung von Wettbewerbsverstößen durch Gerichtsverfahren beschränken. Er muss daneben auch andere, ebenfalls der Bekämpfung unlauteren Wettbewerbs dienende, Tätigkeiten entfalten. Dazu gehören etwa die Beobachtung des Wettbewerbsgeschehens, Testkäufe, Abmahntätigkeiten, unter Umständen auch die Teilnahme an wettbewerbspolitischen Veranstaltungen und Informationsdienste wie Rundschreiben.[609] 297

d) Öffentlich-rechtliche Verbände

Diese Grundsätze gelten auch für öffentlich-rechtliche Verbände. Bei ihnen kann sich die Befugnis zur Verfolgung von Wettbewerbsverstößen bereits aus dem Gesetz ergeben. So haben nach § 6 Abs. 1 Nr. 6 HeilBerGNRW die Ärzte-, Zahnärzte- und Apothekerkammern für die Erhaltung eines hoch stehenden Berufsstandes zu sorgen und die Erfüllung der Berufspflichten der Kammerangehörigen zu überwachen sowie die notwendigen Maßnahmen zur Beseitigung berufsrechtswidriger Zustände zu treffen. Hieraus folgt ihre Befugnis, Wettbewerbsverstöße zu verfolgen, die von ihren Mitgliedern oder von deren Wettbewerbern begangen werden. Sie können auch gegen von Außenstehenden begangene Wettbewerbsverstöße vorgehen, soweit die Verstöße den Wettbewerb ihrer Mitglieder berühren.[610] Nach § 54 Abs. 4 HandwO kann eine Handwerksinnung Maßnahmen zur Förderung der gemeinsamen gewerblichen Interessen der Innungsmitglieder durchführen; hieraus folgt ihre Befugnis, Wettbewerbsverstöße zu verfolgen. Diese Befugnis ist nicht auf Wettbewerbshandlungen beschränkt, die die Geschäftstätigkeit der Mitglieder als Handwerker beeinträchtigen. Handwerksbetriebe vertreiben vielfach Waren, die mit ihren Werkleistungen in Zusammenhang stehen. Auch dieser Teil der Geschäftstätigkeit wird daher von der Klagebefugnis umfasst.[611] 298

4. Ausstattung des Verbandes

a) Grundsatz

Der Verband muss mit Personal sowie sachlichen und finanziellen Mitteln ausgestattet sein, die es ihm ermöglichen, die Verfolgung von Wettbewerbsverstößen auch tatsächlich durchzuführen.[612] Dabei gelten für Wettbewerbsverbände, die sich vorrangig mit der Bekämpfung unlauteren Wettbewerbs befassen, höhere Anforderungen als für Fachverbände, für die dies nur eine, unter Umständen untergeordnete, Aufgabe ist.[613] Bei 299

608 BGH, 27.04.2000, I ZR 287/97, GRUR 2000, 1093, 1095 – *Fachverband.*
609 BGH, 05.10.1989, I ZR 56/89, GRUR 1990, 282, 284 – *Wettbewerbsverein IV.*
610 BGH, 21.05.2015, I ZR 183/13, GRUR 2015, 1237 Rn. 15 – *Erfolgsprämie für die Kundengewinnung.*
611 BGH, 16.11.2006, I ZR 218/03, GRUR 2007, 610 Rn. 25 – *Sammelmitgliedschaft V.*
612 BGH, 06.04.2017, I ZR 33/16, GRUR 2017, 926 Rn. 13 – *Anwaltsabmahnung II.*
613 BGH, 27.04.2000, I ZR 287/97, GRUR 2000, 1093, 1095 – *Fachverband.*

einem gerade erst gegründeten Verband gelten in der Anlaufphase ebenfalls geringere Anforderungen.[614]

b) Sachliche und personelle Ausstattung

300 Ein Wettbewerbsverband muss in der Lage sein, das Wettbewerbsverhalten zu beobachten und zu bewerten, so dass typische und durchschnittlich schwer zu verfolgende Wettbewerbsverstöße von ihm selbst erkannt und abgemahnt werden können, falls er sich nicht, was ihm freisteht, in besonders schwierigen Einzelfällen eines Rechtsanwalts bedient. Hierzu gehört im Regelfall, dass er über eine Geschäftsstelle und entsprechend ausgebildetes Personal verfügt.[615] Ein Verband, der über einen Geschäftsführer, einen Justitiar und mehrere Verwaltungsangestellte verfügt, erfüllt diese Anforderungen.[616]

301 Bei einem Fachverband ist es nicht erforderlich, dass er das Wettbewerbsgeschehen selber beobachtet. Hier genügt es, dass er über Wettbewerbsverstöße durch seine Mitglieder informiert wird.[617] Auch ein Fachverband muss aber so ausgestattet sein, dass sich für typische und durchschnittlich schwierige Abmahnungen die Einschaltung eines Rechtsanwalts erübrigt.[618] Bei dem Personal muss es sich nicht zwingend um Volljuristen handeln. Es kann – vor allem bei einem Fachverband – genügen, wenn sich dessen Mitarbeiter sich die erforderlichen Kenntnisse im Verlaufe ihrer Berufspraxis angeeignet haben, um zumindest ihr spezielles Fachgebiet berührende, durchschnittlich schwierige Wettbewerbsverstöße zu erkennen und gegebenenfalls selbst zu verfolgen.[619]

302 An der erforderlichen personellen Ausstattung fehlt es, wenn ein Verband die Überwachung des Wettbewerbs und die Verfolgung von Wettbewerbsverstößen vollständig auf ein Anwaltsbüro auslagert. Der Verband muss zumindest in der Lage sein, selbst abzumahnen und konkrete Auftrags-, Überwachungs- und Abrechnungsmaßnahmen im Verhältnis zu den beauftragten Rechtsanwälten wahrzunehmen.[620]

c) Finanzielle Ausstattung

303 Der Verband muss finanziell so ausgestattet sein, dass er seine Aufgaben erfüllen kann. Die finanzielle Ausstattung muss neben den Kosten der Mitarbeiter und der sachlichen Ausstattung auch die Durchführung von Gerichtsverfahren erlauben. Ein klagebefugter Verband muss daher grundsätzlich in der Lage sein, die Prozesskosten von Verfahren mit Streitwerten bis zur Höhe der Revisionssumme ohne Streitwertherabsetzung zu

---

614 BGH, 05.06.1997, I ZR 69/95, GRUR 1998, 489, 490 – *Unbestimmter Unterlassungsantrag III.*

615 BGH, 26.05.1994, I ZR 85/92, BGHZ 126, 145 = GRUR 1994, 831, 832 – *Verbandsausstattung II.*

616 BGH, 27.04.2017, I ZR 55/16, GRUR 2017, 1265 Rn. 13 – *Preisportal.*

617 BGH, 27.04.2000, I ZR 287/97, GRUR 2000, 1093, 1095 – *Fachverband.*

618 BGH, 06.04.2017, I ZR 33/16, GRUR 2017, 926 Rn. 13 – *Anwaltsabmahnung II.*

619 BGH, 27.04.2000, I ZR 287/97, GRUR 2000, 1093, 1095 – *Fachverband.*

620 BGH, 26.05.1994, I ZR 85/92, BGHZ 126, 145 ff. = GRUR 1994, 831, 832 – *Verbandsausstattung II.*

tragen.[621] Es dürfen insoweit aber keine übersteigerten Anforderungen gestellt werden. Dies würde die Möglichkeit kleinerer Verbände, deren Mitglieder sich beispielsweise aus mittelständischen Unternehmen rekrutieren, zur Prozessführung in sachlich nicht gerechtfertigter Weise einschränken, obwohl solchen Verbänden gerade auf oligopolistischen Märkten eine wichtige Funktion für die Aufrechterhaltung lauteren Wettbewerbs zukommen kann. Zu strenge Anforderungen könnten zudem die Bildung neuer Verbände behindern, zu einer Verfestigung bestehender Verbandsstrukturen führen, und letztlich in Widerspruch zu der in Art. 9 Abs. 1 GG verbürgten Koalitionsfreiheit geraten.[622]

Es genügt nicht, wenn die finanzielle Ausstattung eines Verbands zwar jeweils zur Kos- **304**
tendeckung in dem gerade zu entscheidenden Verfahren ausreicht, dabei aber gänzlich unberücksichtigt bliebe, dass der Verband gleichzeitig eine Vielzahl anderer Verfahren führt, aus denen sich für ihn Kostenbelastungen ergeben können. Andererseits muss der Verband auch nicht jederzeit liquide Mittel in Höhe des maximalen theoretischen Gesamtkostenrisikos sämtlicher von ihm begonnener und kostenmäßig noch nicht beendeter Gerichtsverfahren vorhalten. Legt der Verband eine die Kosten des Streitfalls vielfach übersteigende liquide Finanzausstattung dar und ist nicht bekannt geworden, dass er in der Vergangenheit Zahlungspflichten für Prozesskosten nicht nachgekommen ist, so kann eine unzureichende finanzielle Ausstattung des Verbands grundsätzlich nur angenommen werden, wenn das bei zurückhaltender Betrachtung realistische Kostenrisiko des Verbands seine dafür verfügbaren Mittel spürbar übersteigt.[623]

Bei der finanziellen Ausstattung dürfen neben Einkunftsquellen wie Mitgliedsbeiträgen **305**
und Spenden auch die Einnahmen aus Abmahnungen und Vertragsstrafen berücksichtigt werden. Problematisch ist es allerdings, wenn ein Missverhältnis zwischen Mitgliedsbeiträgen und -spenden einerseits, Abmahnkosten und Vertragsstrafen andererseits entsteht. Dies kann darauf hindeuten, dass bei dem Verband nicht mehr der satzungsgemäße Zweck, sondern die Gewinnerzielung im Vordergrund steht, was die Klagebefugnis entfallen lässt.[624]

5. Mitglieder des Verbandes

a) Grundsatz

Die Klagebefugnis eines Verbands nach § 8 Abs. 3 Nr. 2 setzt voraus, dass dieser die **306**
Interessen einer erheblichen Zahl von Unternehmern wahrnimmt, die auf demselben Markt tätig sind wie der Wettbewerber, gegen den sich der Anspruch richtet.[625] Die Regelung des § 8 Abs. 3 Nr. 2 ist eine rein nationale Regelung, so dass ihr Verständnis

621 BGH, 27.01.1994, I ZR 276/91, GRUR 1994, 385 – *Streitwertherabsetzung.*
622 BGH, 17.08.2011, I ZR 148/10, GRUR 2012, 411 Rn. 14 – *Glücksspielverband.*
623 BGH, 17.08.2011, I ZR 148/10, GRUR 2012, 411 Rn. 15 – *Glücksspielverband.*
624 BGH, BGH, 05.10.1989, I ZR 56/89, GRUR 1990, 282, 285 – *Wettbewerbsverein IV.*
625 BGH, 16.04.2015, I ZR 27/14, GRUR 2015, 1140 Rn. 11 – *Bohnengewächsextrakt.*

des Mitbewerberbegriffs im Rahmen ihrer Auslegung unabhängig vom Verständnis des Begriffs des Wettbewerbsverhältnisses im Unionsrecht ist.[626]

b) Vertrieb von Waren und Dienstleistungen

307 Die beteiligten Unternehmen müssen Waren oder Dienstleistungen auf demselben Markt vertreiben. In diesem Zusammenhang ist im Anschluss an die Entscheidung des Bundesgerichtshofs »**Colle de Cologne**«[627] in der Literatur streitig, ob die darin liegende Beschränkung auf den Absatzmarkt hinnehmbar ist.[628] Die Entscheidung »**Colle de Cologne**« betrifft allerdings das Mitbewerberverhältnis, nicht die Klagebefugnis eines Wirtschaftsverbandes.[629] Ein praktisches Bedürfnis der Ausdehnung des § 8 Abs. 3 Nr. 2 UWG auf Verbände, denen nur oder überwiegend Unternehmen angehören, die ausschließlich auf demselben Einkaufsmarkt tätig sind, ist nicht erkennbar.[630]

c) Auf demselben Markt

aa) Sachliche Abgrenzung des Marktes

308 Der Verband muss die Interessen einer erheblichen Zahl von Unternehmern wahrnehmen, die auf demselben Markt tätig sind wie der Wettbewerber, gegen den sich der Anspruch richtet. Der Begriff der Waren oder Dienstleistungen gleicher oder verwandter Art ist dabei weit auszulegen. Die beiderseitigen Waren oder Dienstleistungen müssen sich ihrer Art nach so gleichen oder nahestehen, dass der Absatz des einen Unternehmers durch irgendein wettbewerbswidriges Handeln des anderen beeinträchtigt werden kann. Es reicht aus, dass eine nicht gänzlich unbedeutende potenzielle Beeinträchtigung mit einer gewissen, wenn auch nur geringen Wahrscheinlichkeit in Betracht gezogen werden kann. Die Unternehmen können auch auf unterschiedlichen Vertriebsstufen tätig sein.[631] Ein entsprechendes Wettbewerbsverhältnis wird wesentlich durch die gemeinsame Zugehörigkeit zur selben Branche oder zu zumindest angrenzenden Branchen begründet. Dabei ist auf Seiten des in Anspruch genommenen auf den Branchenbereich abzustellen, dem die beanstandete Wettbewerbshandlung zuzurechnen ist.[632] Nicht maßgeblich ist dagegen, dass gerade bei den Waren oder Dienstleistungen, die mit den beanstandeten Wettbewerbsmaßnahmen beworben worden sind, ein Wettbewerbsverhältnis besteht.[633]

---

626 BGH, 16.04.2015, I ZR 27/14, GRUR 2015, 1140 Rn. 16 f. – *Bohnengewächsextrakt*, unter Bezugnahme auf EuGH, 19.04.2007, C-381/05, GRUR 2007, 511 – *De Landtsheer Emmanuel* (zu Art. 2 Nr. 2a der Richtlinie 84/450/EWG, jetzt Art. 2 lit. c Richtlinie 2006/114/EG).

627 BGH, 16.04.1969, I ZR 59/67 und I ZR 60/67, GRUR 1969, 479, 480 – *Colle de Cologne*.

628 Für eine analoge Anwendung des § 8 Abs. 3 Nr. 2 *Köhler*/Bornkamm/*Feddersen*, § 8 Rn. 3.37; *Ohly*/Sosnitza, § 8 Rn. 100.

629 Vgl. dazu jetzt BGH, 21.01.2016, I ZR 252/14, GRUR 2016, 828 Rn. 22 – *Kundenbewertung im Internet*.

630 Harte/Henning/Goldmann, § 8 Rn. 320.

631 *BGH, 16.04.2015, I ZR 27/14*, GRUR 2015, 1140 Rn. 14 – *Bohnengewächsextrakt*.

632 BGH, 16.04.2015, I ZR 27/14, GRUR 2015, 1140 Rn. 11 – *Bohnengewächsextrakt*.

633 BGH, 01.03.2007, I ZR 51/04, GRUR 2007, 809 Rn. 14 – *Krankenhauswerbung*.

Verband von seinen Mitgliedern ausdrücklich ermächtigt worden ist, die Kompetenz zum Verfolgen von Wettbewerbsverstößen auf einen anderen Verband zu übertragen. Es genügt, dass er mit der Wahrnehmung der gewerblichen Interessen seiner Mitglieder beauftragt worden ist und seinerseits den vermittelnden Verband durch seinen Beitritt mit der Wahrnehmung der gewerblichen Interessen seiner Mitglieder beauftragen durfte.[653] Der vermittelnde Verband muss nicht selber klagebefugt sein.[654] Einschränkungen bestehen lediglich, wenn die Mitgliedschaft eines Verbandes nicht dazu dienen soll, gemeinsame Interessen am Schutz des lauteren Wettbewerbs zu bündeln, sondern künstlich die Voraussetzungen für die Verbandsklagebefugnis zu schaffen.[655]

Nach diesem Grundsatz sind Verbände, denen die nach § 8 Abs. 3 Nr. 4 UWG selbst klagebefugten Industrie- und Handelskammern angehören, stets klagebefugt. Die so vermittelte Klagebefugnis gilt aber nur, soweit es um Wettbewerbsverstöße von Unternehmern aus dem Bereich Industrie und Handel geht, in diesem Aufgabenbereich aber uneingeschränkt.[656] **314**

e) Mischverbände

Auch wenn § 8 Abs. 3 Nr. 2 auf die Mitgliedschaft von Unternehmern abstellt, steht es der Klagebefugnis eines Wirtschaftsverbandes nicht entgegen, dass er sich nicht ausschließlich aus Unternehmern zusammensetzt. Ein geringer Teil seiner Mitglieder kann auch aus Verbrauchern bestehen, sofern die Gefahr von Interessenkollisionen und eine Beeinträchtigung der Funktionsfähigkeit des Verbandes als Interessenvertretung der Unternehmer ausgeschlossen werden kann.[657] Dabei sind die satzungsgemäßen Ziele, die Zusammensetzung der Mitgliederschaft, das satzungsgemäß und tatsächliche Gewicht der einzelnen Mitgliedergruppen und die konkret ausgeübten Tätigkeiten des Verbandes zu berücksichtigen.[658] **315**

6. Beeinträchtigung der Interessen der Mitglieder

Die Klagebefugnis des Verbandes reicht nur soweit wie die seiner auf dem betroffenen Markt tätigen Mitglieder. Die Zuwiderhandlung muss die Interessen der Mitglieder »berühren«. Das bedeutet, dass diese Mitglieder selber nach § 8 Abs. 3 Nr. 1 klagebefugt sein müssen.[659] Für eine darüber hinausgehende Ausdehnung der Klagebefugnis besteht kein Anlass.[660] Schützt die betreffende Norm allein Individualinteressen, fehlt es ebenfalls an der Klagebefugnis des Verbandes da es dann den betroffenen Wettbe- **316**

653 BGH 27.01.2005, I ZR 146/02, GRUR 2005, 68 690 – *Sammelmitgliedschaft III.*
654 BGH, 16.01.2003, I ZR 51/02, GRUR 2003, 45455 – *Sammelmitgliedschaft.*
655 BGH, 18.05.2006, I ZR 116/03, GRUR 2006, 8 Rn. 20 – *Brillenwerbung.*
656 BGH, 29.09.1994, I ZR 138/92, GRUR 1995,2 – *Laienwerbung für Augenoptiker*; KG, 27.03.2012, 5 U 39/10, WRP 2012, 992 Rn. 15 – *Deutsches Hygienezertifikat.*
657 BGH, 14.10.1982, I ZR 81/81, GRUR 1983, 1130 – *Mischverband.*
658 BGH, 12.07.1984, I ZR 37/82, GRUR 1985, 59 – *Mischverband II.*
659 *Köhler*/Bornkamm/*Feddersen*, § 8 Rn. 3.51; *Ohl*nitza, § 8 Rn. 108.
660 A. A. Seichter, in: Ullmann, jurisPK-UWG, § 8 185.

werbern überlassen bleiben muss, ob sie gegen die Verletzung ihrer Interessen vorgehen.[661]

IV. Verbraucherschutzeinrichtungen (Nr. 3)

1. Einleitung

317 Nach § 8 Abs. 3 Nr. 3 sind klagebefugt qualifizierten Einrichtungen, die nachweisen, dass sie in die Liste qualifizierter Einrichtungen nach § 4 UKlaG oder in dem Verzeichnis der Kommission der Europäischen Gemeinschaften nach Artikel 4 (3) der Richtlinie 2009/22/EG über Unterlassungsklagen zum Schutz der Verbraucherinteressen eingetragen sind. Sachlich erfasst sind hiermit Verbraucherschutzverbände, wobei in die Liste nach Art. 4 (3) der Richtlinie auch unabhängige öffentliche Stellen, deren Aufgabe der Verbraucherschutz ist, eingetragen werden können (Art. 3 lit. a der Richtlinie).

318 Die Klagebefugnis nach § 8 Abs. 3 Nr. 3 umfasst nur die Verfolgung von Rechtsverstößen, durch die Interessen der Verbraucher berührt werden. Die Verfolgung anderer Verstöße würde in der Regel auch nicht vom Satzungszweck einer Verbraucherschutzeinrichtung gedeckt werden.[662] Ein Verstoß gegen eine Vorschrift mit rein umweltpolitischer Zielsetzung kann daher von einem Verbraucherschutzverband nicht verfolgt werden.[663]

319 Verbraucherschutzeinrichtungen sind andererseits nicht darauf beschränkt, Verstöße gegen Verbraucherschutzgesetze im Sinn des § 2 UKlaG zu verfolgen. Sie sind zur Verfolgung jedes Wettbewerbsverstoßes berechtigt, soweit dieser Verbraucherinteressen beeinträchtigt.[664]

320 Die Vorschrift des § 8 Abs. 4 findet auch auf Einrichtungen im Sinn des § 8 Abs. 3 Nr. 3 Anwendung, so dass die Rechtsverfolgung auch einer qualifizierten Einrichtung im Einzelfall als rechtsmissbräuchlich unzulässig sein kann.[665]

2. Inländische Verbraucherschutzverbände

321 Die Liste der qualifizierten Einrichtungen nach § 4 UKlaG wird vom Bundesamt für Justiz geführt und ist auf dessen Internetseite (www.bundesjustizamt.de, unter Themen/Bürgerdienste/Verbraucherschutz/Liste qualifizierter Einrichtungen) abrufbar. In die Liste werden nach § 4 Abs. 2 UKlaG auf Antrag rechtsfähige Vereine eingetragen,

661 BGH, 02.10.2008, I ZR 48/06, GRUR 2009, 416 Rn. 22 – *Küchentiefstpreis-Garantie.*
662 Amtl. Begründung, BT-Drucksache [illegible]487 S. 23; GK/Paal, § 8 Rn. 229; *Köhler*/Bornkamm/*Feddersen*, § 8 Rn. 3.52;
663 KG, 27.05.2005, 5 W 53/05, GRUR 2005, 359 – *Verbandsantragsbefugnis zum Dosenpfand.*
664 BGH, 30.07.2015, I ZR 29/12, GRUR 2016, 392 Rn. 17 – *Buchungssystem II.*
665 Amtl. Begründung, BT-Drucksache [illegible]487 S. 23; GK/Paal, § 8 Rn. 229.

zu deren satzungsmäßigen Aufgaben es gehört, Interessen der Verbraucher durch nicht gewerbsmäßige Aufklärung und Beratung wahrzunehmen, wenn

1. sie mindestens drei Verbände, die im gleichen Aufgabenbereich tätig sind, oder mindestens 75 natürliche Personen als Mitglieder haben, 322
2. sie mindestens ein Jahr bestanden haben und 323
3. auf Grund ihrer bisherigen Tätigkeit gesichert erscheint, dass sie ihre satzungsmäßigen Aufgaben auch künftig dauerhaft wirksam und sachgerecht erfüllen werden. 324

Bei Verbraucherzentralen und anderen Verbraucherverbänden, die mit öffentlichen Mitteln gefördert werden, werden diese Voraussetzungen unwiderleglich vermutet (§ 4 Abs. 2 2 UKlaG). 325

Ob die Voraussetzungen für die Eintragung in diese Liste vorliegen, wird vom Bundesamt für Justiz geprüft. Es kann die Eintragung auch aufheben, wenn der betreffende Verband nicht mehr in der Lage ist, Verbraucherinteressen effektiv wahrzunehmen. Diese Entscheidungen können vor den Verwaltungsgerichten überprüft werden.[666] Solange eine Einrichtung in diese Liste eingetragen ist, ist dies für die Zivilgerichte verbindlich. Entstehen in einem Rechtsstreit Zweifel, ob die Voraussetzungen für die Eintragung noch vorliegen, so kann das Gericht das Bundesamt für Justiz zur Überprüfung der Eintragung auffordern und die Verhandlung bis zu dessen Entscheidung aussetzen (§ 4 Abs. 4 UKlaG). An das Vorliegen begründeter Zweifel im Sinn dieser Bestimmung sind aber im Interesse einer effektiven Durchsetzung der Verbraucherschutzbestimmungen strenge Anforderungen zu stellen.[667] Praktisch bedeutsam ist in diesem Zusammenhang, dass Verbände, die sich auf eine reine Abmahntätigkeit beschränken, nicht nach § 4 Abs. 2 1 UKlaG eintragungsfähig sind. Sie erfüllen nicht die Voraussetzung, Interessen der Verbraucher durch nicht gewerbsmäßige Aufklärung und Beratung wahrzunehmen.[668] 326

Allein aus der Eintragung in die Liste nach § 4 UKlaG folgt aber noch nicht die Klagebefugnis der Einrichtung im konkreten Einzelfall. Dafür ist weiter erforderlich, dass die Prozessführung im konkreten Einzelfall vom Satzungszweck des klagenden Verbandes umfasst ist. Bei der Eintragung einer Einrichtung wird nicht geprüft, ob und inwiefern gegebenenfalls seine Tätigkeit nach ihrer Satzung in örtlicher oder sachlicher Hinsicht beschränkt ist. Ob eine solche Beschränkung der Klagebefugnis entgegensteht, kann vielmehr immer nur unter Berücksichtigung der Umstände des jeweiligen Einzelfalls festgestellt werden. Die Angabe des satzungsmäßigen Zwecks in der Liste der qualifizierten Einrichtungen soll diese Prüfung im Einzelfall erleichtern.[669] Es kann aber grundsätzlich nicht angenommen werden, dass die Verbraucherzentrale eines Bundeslandes darauf beschränkt ist, die Interessen nur der Verbraucher in diesem Bundes- 327

666 OVG Münster, 13.10.2003, 4 B 970/03, GRUR 2004, 347, 348 – *Verbandeintragung.*
667 BGH, 04.02.2010, I ZR 66/09, GRUR 2010, 852 Rn. 11 – *Gallardo Spyder.*
668 OVG Münster, 13.10.2003, 4 B 970/03, GRUR 2004, 347, 348 – *Verbandeintragung.*
669 BGH, 22.09.2011, I ZR 229/10, GRUR 2012, 415 Rn. 11 ff. – *Überregionale Klagebefugnis.*

land zu vertreten, solange sich dies nicht aus eindeutigen Regelungen in der Satzung ergibt.[670]

328 Sachliche Einschränkungen bestehen etwa bei Mieterschutzvereinen und dem ADAC, die zwar in die Liste nach § 4 UKlaG eingetragen sind, aber auf die Verfolgung von Wettbewerbsverstößen in ihrem jeweiligen Aufgabenbereich beschränkt sind.[671]

3. Einrichtungen in Mitgliedstaaten der Union

329 Das Verzeichnis nach Art. 4 (3) der Richtlinie 2009/22/EG über Unterlassungsklagen zum Schutz der Verbraucherinteressen wird regelmäßig im Amtsblatt der Europäischen Union veröffentlicht. Abrufbar ist es beispielsweise über die Seite http://eur-lex.europa.eu, dort unter Startseite/Mehr/Zusammenfassungen der EU-Gesetzgebung/Verbraucher/Schutz der wirtschaftlichen und rechtlichen Interessen der Verbraucher/Unterlassungsklagen zum Schutz der Kollektivinteressen der Verbraucher.

330 Für eine dort eingetragene Einrichtung gelten die gleichen Grundsätze wie für eine in das Verzeichnis nach § 4 UKlaG eingetragene Einrichtung. Die Eintragung in das Verzeichnis ist von den Gerichten zu »akzeptieren« (Art. 4 (1) 2 Richtlinie 2009/22/EG). Die Möglichkeit der Überprüfung nach § 4 Abs. 4 UKlaG fehlt naturgemäß; allerdings können auch nach Art. 4 (1) 2 Richtlinie 2009/22/EG die Gerichte prüfen, ob der Zweck der qualifizierten Einrichtung deren Klageerhebung in einem speziellen Fall rechtfertigt. Damit sind sowohl missbräuchliche Klagen als auch Klagen, die von der Satzung der Einrichtung im konkreten Fall nicht gedeckt sind, ausgeschlossen.[672]

331 Die praktische Bedeutung der Bestimmung ist allerdings als allenfalls gering einzuschätzen; soweit ersichtlich, ist bislang keine Entscheidung veröffentlicht worden, die eine ausländische Einrichtung erwirkt hätte.

V. Industrie- und Handelskammern, Handwerkskammern (Nr. 4)

332 Die Regelung der Anspruchsberechtigung der Industrie- und Handelskammern und der Handwerkskammern entspricht § 13 Abs. 2 Nr. 4 UWG a. F. Die besonderen Voraussetzungen der Nr. 2 und 3 gelten für sie nicht. Weder müssen ihre Mitglieder auf demselben Markt tätig sein wie der Anspruchsgegner, noch muss die Zuwiderhandlung die Interessen ihrer Mitglieder berühren. Eine Einschränkung ergibt sich lediglich aus der Definition ihrer Aufgabenbereiche (§ 1 IHKG, § 91 HandwO).[673] Eine IHK ist dementsprechend nur klagebefugt, soweit es um Wettbewerbsverstöße von Unternehmern aus dem Bereich Industrie und Handel geht, insoweit aber uneingeschränkt.[674]

670 BGH, 22.09.2011, I ZR 229/10, GRUR 2012, 415 Rn. 18 ff. – *Überregionale Klagebefugnis.*
671 MünchKomm/Micklitz ZPO, § 4 UKlaG Rn. 17.
672 *Köhler*/Bornkamm/*Feddersen*, § 8 Rn. 3.63; *Ohly*/Sosnitza, § 8 Rn. 112.
673 *Köhler*/Bornkamm/*Feddersen*, § 8 Rn. 3.64; *Ohly*/Sosnitza, § 8 Rn. 113.
674 KG, 27.03.2012, 5 U 39/10, WRP 2012, 992 Rn. 55 – *Deutsches Hygienezertifikat.*

Die besondere Erwähnung dieser Kammern bedeutet indes nicht, dass sonstige öffentlich-rechtlich verfasste Berufskammern von der Klagebefugnis ausgeschlossen sind. Für diese gilt vielmehr Nr. 2.[675] Dies gilt auch für die Innungen des Handwerks nach §§ 52 ff. HandwO. Bei ihnen handelt es sich um freiwillige Zusammenschlüsse von Inhabern von Handwerksbetrieben in Form öffentlich-rechtlicher Körperschaften, die unter der Aufsicht der Handwerkskammern stehen und daher von ihnen zu unterscheiden sind. Ihre Klagebefugnis folgt daher nicht aus § 8 Abs. 2 Nr. 4, sondern aus Nr. 2. **333**

VI. Darlegungs- und Beweislast; prozessuale Fragen

1. Grundsätze

Die Darlegungs- und Beweislast für die Klagebefugnis als Anspruchsvoraussetzung liegt grundsätzlich beim Gläubiger, wie § 8 Abs. 3 Nr. 3 ausdrücklich regelt. **334**

Da es sich bei der Klagebefugnis in den Fällen des § 8 Abs. 3 Nr. 2 bis 4 nicht nur um die materielle Regelung der Aktivlegitimation, sondern auch um eine Prozessvoraussetzung handelt (»**Doppelnatur**«)[676], muss sie nicht nur im Zeitpunkt der beanstandeten Wettbewerbshandlung bestanden haben, sondern in jeder Lage des Verfahrens, bis hin ins Revisionsverfahren noch fortbestehen. Dabei müssen die Tatsachen, aus denen sich die Klagebefugnis ergibt, grundsätzlich spätestens im Zeitpunkt der letzten mündlichen Verhandlung in der Tatsacheninstanz vorgelegen haben. Bei der Prüfung, ob dies der Fall ist, ist das Revisionsgericht nicht an die tatsächlichen Feststellungen des Berufungsgerichts gebunden, sondern hat vielmehr selbstständig festzustellen, ob die Voraussetzungen für die Klagebefugnis erfüllt sind.[677] **335**

Die Prüfung hat mithin von Amts wegen zu erfolgen, wobei die Regeln des Freibeweises gelten.[678] Neben den Beweismitteln des Strengbeweises kann der Beweis daher auch außerhalb des Verfahrens des einstweiligen Rechtsschutzes durch eidesstattliche Versicherungen oder durch die Auswertung beigezogener Verfahrensakten erfolgen.[679] **336**

Liegen die Prozessvoraussetzungen nicht vor, ist die Klage als unzulässig abzuweisen.[680] Die grundsätzlich prozessual vorrangige Prüfung der Zulässigkeit kann aber aus Gründen der Verfahrensökonomie unterbleiben, wenn feststeht, dass die Klage unbegründet ist.[681] **337**

675 *Amtl. Begründung*, BT-Drucksache 15/1487 S. 23; BGH, 21.05.2015, I ZR 183/13, GRUR 2015, 1237 Rn. 15 – *Erfolgsprämie für die Kundengewinnung*.
676 BGH, 17.08.2011, I ZR 148/10, GRUR 2012, 411 Rn. 12 – *Glücksspielverband*;, s. o. Rdn. 273.
677 BGH, 07.05.2015, I ZR 158/14, GRUR 2015, 1240 Rn. 13 – *Der Zauber des Nordens*.
678 BGH, 23.10.2008, I ZR 197/06, GRUR 2009, 692 Rn. 12 – *Sammelmitgliedschaft VI*.
679 BGH, 14.12.2000, I ZR 181/99, GRUR 2001, 846, 847 – *Metro V*.
680 BGH, 18.10.1996, I ZR 126/93, GRUR 1996, 217, 218 – *Anonymisierte Mitgliederliste*.
681 BGH, 22.05.2003, I ZR 185/00, GRUR 2003, 804 – *Foto-Aktion*.

2. Wirtschaftsverbände (§ 8 Abs. 3 Nr. 2)

338 Bei Wirtschaftsverbänden (§ 8 Abs. 3 Nr. 2) gehört zur Darlegung der Prozessführungsbefugnis insbesondere Vortrag zur Mitgliederstruktur, der regelmäßig in Gestalt einer aktuellen Mitgliederliste zu erfolgen hat. Liegt eine solche Liste vor, darf sich der Prozessgegner nicht auf schlichtes Bestreiten beschränken, sondern muss substantiierte Einwendungen erheben.[682] Die Vorlage einer anonymen Liste genügt nicht; der Prozessgegner muss die Möglichkeit haben, zumindest durch Stichproben beispielsweise der Frage nachgehen zu können, ob die bezeichneten Unternehmen noch Mitglieder sind und ob die Angaben des klagenden Verbandes zur Branchenzugehörigkeit oder zum örtlichen Betätigungsfeld der Mitgliedsunternehmen Gültigkeit haben.[683] Nicht erforderlich ist es dagegen, dass zusätzlich zur Angabe der Mitglieder auch zu deren Bedeutung auf dem relevanten Markt und ihrem Umsatz vorgetragen wird.[684] Ohne konkreten Anlass darf auch nicht verlangt werden, dass der Verband seine Finanzierungsstruktur offen legt.[685] Ein solcher Anlass könnte beispielsweise darin bestehen, dass ein mitgliederschwacher Verband zahlreiche gerichtliche Auseinandersetzungen betreibt.

339 Bei einem Verband, der seit Jahren als klagebefugt anerkannt ist, spricht eine tatsächliche Vermutung dafür, dass die Voraussetzungen auch weiterhin gegeben sind, und die vom Gegner zu widerlegen ist.[686]

3. Verbraucherschutzeinrichtungen (§ 8 Abs. 3 Nr. 3)

340 Verbraucherverbände müssen zwar nach § 8 Abs. 3 Nr. 3 nachweisen, dass sie in die Liste der qualifizierten Einrichtungen nach § 4 UKlaG oder in das Verzeichnis der Europäischen Kommission nach Art. 4 (3) der Richtlinie 2009/22/EG über Unterlassungsklagen zum Schutz der Verbraucherinteressen eingetragen sind. Steht diese Eintragung fest (die sich im Freibeweisverfahren ohne weiteres aufgrund der im Internet zugänglichen Listen überprüfen lässt), sind weitere Feststellungen zur Klagebefugnis entbehrlich, da die Eintragung konstitutiv wirkt.[687]

VII. Anspruchsmehrheit, Abtretung, Prozessstandschaft

341 Die Ansprüche **mehrerer nach § 8 Abs. 3 Anspruchsberechtigter** stehen unabhängig nebeneinander und können selbständig geltend gemacht werden, ohne dass dem der Einwand der Rechtshängigkeit oder des fehlenden Rechtsschutzbedürfnisses entgegengesetzt werden könnte, soweit nicht eine rechtsmissbräuchliche Mehrfachverfolgung

682 BGH, 16.04.2015, I ZR 27/14, GRUR 2015, 1140 Rn. 11 – *Bohnengewächsextrakt.*
683 BGH, 18.10.1996, I ZR 126/93, GRUR 1996, 217, 218 – *Anonymisierte Mitgliederliste*; Teplitzky/Büch, Kap. 13 Rn. 30h.
684 BGH, 23.10.2008, I ZR 197/06, GRUR 2009, 692 Rn. 12 – *Sammelmitgliedschaft VI.*
685 BGH, 27.01.2005, I ZR 146/02, GRUR 2005, 689, 690 – *Sammelmitgliedschaft III.*
686 KG, 27.03.2012, 5 U 39/10, WRP 2012, 992 Rn. 44 – *Deutsches Hygienezertifikat*; OLG Köln, 19.06.2015, 6 U 183/14, WRP 2016, 90 Rn. 9 – *Grundpreisangabe bei Amazon II.*
687 BGH, 04.02.2010, I ZR 66/09, GRUR 2010, 852 Rn. 11 – *Gallardo Spyder.*

vorliegt.[688] Zu beachten ist nur, dass ein rechtskräftiger Unterlassungstitel, den ein Gläubiger erwirkt, die Wiederholungsgefahr regelmäßig auch im Verhältnis zu anderen Anspruchsberechtigten entfallen lässt. Gegebenenfalls muss der Kläger des noch anhängigen Verfahrens den Rechtsstreit für erledigt erklären, wenn er ein klagabweisendes Urteil vermeiden will.[689]

In Fällen der **Gesamtrechtsnachfolge** (Erbgang, Unternehmensübertragung, Verschmelzung) gehen die Abwehransprüche auf den Rechtsnachfolger über. Voraussetzung ist allerdings, dass auch in der Person des Rechtsnachfolgers noch die Voraussetzungen für die Geltendmachung des Unterlassungsanspruchs vorliegen.[690] **342**

Die isolierte **Abtretung** von Abwehransprüchen ist grundsätzlich ausgeschlossen, weil dies zu einer der gesetzlichen Regelung des § 8 Abs. 3 zuwiderlaufenden Vermehrung der Verfolgungsberechtigten führen würde.[691] Auch außerhalb des Wettbewerbsrechts können Unterlassungsansprüche nicht isoliert ohne das Recht, dessen Schutz der Anspruch dient, abgetreten werden.[692] **343**

Eine danach unwirksame Abtretungserklärung kann jedoch grundsätzlich in eine Ermächtigung, den Anspruch im eigenen Namen geltend zu machen, umgedeutet werden (**gewillkürte Prozessstandschaft**). Voraussetzung ist in diesem Fall lediglich, dass der Ermächtigte ein eigenes schutzwürdiges Interesse an der Rechtsverfolgung hat.[693] Dieses Interesse kann auch wirtschaftlicher Art sein, so dass eine Konzernmuttergesellschaft die Ansprüche ihrer Tochtergesellschaft auf diesem Weg geltend machen kann.[694] Ein – selbst nicht klagebefugter – Verband kann allerdings nicht darauf ausweichen, wettbewerbsrechtliche Ansprüche seiner Mitglieder im Weg der gewillkürten Prozessstandschaft durchzusetzen, da dies zu einer Umgehung des § 8 Abs. 3 Nr. 2 bis 4 führen würde. Ihm fehlt daher das schutzwürdige eigene Interesse an der Rechtsverfolgung.[695] Möglich ist es demgegenüber, dass ein Verband die Verletzung absoluter Rechte seiner Mitglieder im Weg der Prozessstandschaft geltend macht. In diesem Fall kann das erforderliche Interesse aus der Verfolgung seines satzungsmäßigen Zwecks resultieren. Ein Fachverband für Berufsfotografen kann daher als Prozesstandschafter die Verletzung von Urheberrechten seiner Mitglieder geltend machen.[696] **344**

688 BGH, 16.12.1993, I ZR 277/91, GRUR 1994, 307, 308 – *Mozzarella I*; s. u. Rdn. 369.
689 Seichter, in: Ullmann, jurisPK-UWG, § 8 Rn. 167.
690 BGH, 25.03.1999, I ZR 77/97, GRUR 1999, 1100 – *Generika-Werbung*.
691 BGH 03.05.2007, I ZR 19/05, GRUR 2007, 978 Tz. 33 – *Rechtsberatung durch Haftpflichtversicherer*.
692 BGH, 05.07.2001, I ZR 311/98, BGHZ 148, 221 ff. = GRUR 2002, 248, 250 – *SPIEGEL-CD-ROM*.
693 BGH, 05.07.2001, I ZR 311/98, BGHZ 148, 221 ff. = GRUR 2002, 248, 250 – *SPIEGEL-CD-ROM*.
694 BGH, 06.04.2000, I ZR 76/98, BGHZ 144, 165 ff. = GRUR 2000, 1089, 1092 f. – *Missbräuchliche Mehrfachverfolgung*.
695 BGH, 09.10.1997, I ZR 122/95, GRUR 1998, 417, 418 – *Verbandsklage in Prozessstandschaft*.
696 BGH, 05.07.2001, I ZR 311/98, BGHZ 148, 221 = GRUR 2002, 248, 250 – *SPIEGEL-CD-ROM*.

D. Rechtsmissbrauch (§ 8 Abs. 4)

I. Einleitung

345 Die sukzessive Ausweitung der Klagebefugnis über Mitbewerber hinaus auf Wirtschaftsverbände und Verbrauchervereine, verbunden mit der Möglichkeit, die Erstattung von Abmahnkosten zu verlangen,[697] hatte dazu geführt, dass die Verfolgung von Wettbewerbsverstößen zu einem Geschäftsmodell umfunktioniert wurde, insbesondere durch sogenannte »Abmahnvereine«. Die Rechtsprechung war dem begegnet, indem sie in diesen Fällen die Klagebefugnis entfallen ließ[698] oder die Erforderlichkeit der Beauftragung eines Rechtsanwalts verneinte, so dass dessen Kosten nicht erstattungsfähig waren.[699] Diese Rechtsprechung sollte durch die Einführung des § 13 Abs. 5 mit der UWG-Novelle 1986 kodifiziert und »gefördert« werden.[700] Im UWG 2004 wurde die Regel als § 8 Abs. 4 unverändert übernommen und mit dem Gesetz gegen unseriöse Geschäftspraktiken vom 01.10.2013[701] durch einen Anspruch auf Erstattung der Kosten der Rechtsverteidigung ergänzt (§ 8 Abs. 4 2).

346 Die Regelung hat neben der Aufgabe der Bekämpfung von Missbräuchen bei der Verfolgung von Wettbewerbsverstößen auch die Funktion eines Korrektivs gegenüber der weit gefassten Anspruchsberechtigung nach § 8 Abs. 3. Nach § 8 Abs. 3 kann ein und derselbe Wettbewerbsverstoß durch eine Vielzahl von Anspruchsberechtigten verfolgt werden. Dies erleichtert zwar die im Interesse der Allgemeinheit liegende Rechtsverfolgung; die Fülle der Anspruchsberechtigten kann aber den Anspruchsgegner in erheblichem Maße belasten, so insbesondere dadurch, dass der Wettbewerbsverstoß zum Gegenstand mehrerer Abmahnungen und gerichtlicher Verfahren gemacht werden kann. Die Regelung des § 8 Abs. 4 bietet eine Handhabe, wenn wettbewerbsrechtliche Ansprüche auf Beseitigung oder Unterlassung missbräuchlich geltend gemacht werden, insbesondere wenn sachfremde Ziele das beherrschende Motiv der Verfahrenseinleitung darstellen.[702]

347 Da § 8 Abs. 4 als Reaktion auf den Missbrauch der – prozessual verstandenen – Klagebefugnis von Verbänden (§ 8 Abs. 3 Nr. 2 bis 4) entwickelt worden ist, handelt es sich primär um eine prozessuale Regelung: Liegen die Voraussetzungen der Vorschrift vor, ist eine Klage unzulässig.[703] Im Fall der rechtsmissbräuchlichen Klage eines Mitbewerbers (§ 8 Abs. 3 Nr. 1) wird man die Bestimmung als einen Sonderfall des fehlenden Rechtsschutzbedürfnisses verstehen können. In der Literatur wird darüber hinaus vertreten, § 8 Abs. 4 begründe neben dieser prozessualen Wirkung auch eine materiell-

697 Seit BGH, 15.10.1969, I ZR 3/68, BGHZ 52, 393 = GRUR 1970, 189 – *Fotowettbewerb.*
698 BGH, 07.11.1985, I ZR 105/83, GRUR 1986, 320, 312 – *Wettbewerbsverein.*
699 BGH, 12.04.1984, I ZR 45/82, GRUR 1984, 691, 692 – *Anwaltsabmahnung* m. Anm. Jacobs.
700 BT-Drucksache 10/5771, S. 22.
701 BGBl. I S. 3714.
702 *BGH, 15.12.2011, I ZR 174/10,* GRUR 2012, 730 Rn. 14 – *Bauheizgerät.*
703 BGH, 17.11.2005, I ZR 300/02, GRUR 2006, 243 Rn. 22 – *MEGA SALE*; *Ohly*/Sosnitza, § 8 Rn. 155; Teplitzky/Büch, Kap. 13 Rn. 50.

rechtliche Einwendung gegen den Anspruch als eine Ausprägung des § 242 BGB.[704] Praktische Auswirkungen hat der Streit nicht, da die Vorschrift auch nach der herrschenden Meinung nicht nur die gerichtliche, sondern auch die außergerichtliche Geltendmachung des Anspruchs erfasst.

II. Anwendungsbereich

Die Regelung des § 8 Abs. 4 gilt nicht nur für die gerichtliche, sondern auch für **348**
die **außergerichtliche Geltendmachung** eines wettbewerbsrechtlichen Anspruchs und damit insbesondere für die Abmahnung. Eine gemäß § 8 Abs. 4 missbräuchliche Abmahnung ist nicht berechtigt im Sinn des § 12 Abs. 1 2 und begründet keinen Anspruch auf Ersatz der Aufwendungen.[705] Eine nachfolgende gerichtliche Geltendmachung des Anspruchs ist unzulässig, und zwar auch dann, wenn die Klage für sich genommen nicht missbräuchlich wäre.[706]

Der Anwendungsbereich der Vorschrift ist auf die **Abwehransprüche** nach § 8 Abs. 1 **349**
beschränkt. Auf vertragliche Ansprüche, insbesondere Zahlungsansprüche, ist die Vorschrift weder direkt noch entsprechend anwendbar. Dies entspricht der Funktion des § 8 Abs. 4, als Korrektiv der weit gefassten Anspruchsberechtigung nach § 8 Abs. 3 zu wirken. Diese Gläubigermehrheit besteht aber nicht, wenn sich ein Wettbewerber gegenüber einem bestimmten Mitbewerber vertragsstrafebewehrt zur Unterlassung verpflichtet hat. Vertragsstrafeansprüche sind nach den allgemeinen Grundsätzen von Treu und Glauben (§ 242 BGB) zu beurteilen.[707]

§ 8 Abs. 4 ist auf die lauterkeitsrechtlichen Ansprüche beschränkt, im Fall der **Verlet-** **350**
zung absoluter Rechte kann die Bestimmung nicht entsprechend angewendet werden. Auch dies ist eine Konsequenz des Zusammenhangs zwischen der Ausweitung der Klagebefugnis durch § 8 Abs. 3, die dazu führt, dass ein und derselbe Wettbewerbsverstoß durch eine Vielzahl von Anspruchsberechtigten verfolgt werden kann. Im Fall der Verletzung absoluter Rechte wie des Urheberrechts besteht die Berechtigung zur Verfolgung des Anspruchs allein im Interesse des Verletzten. Hätte eine missbräuchliche Abmahnung zur Folge, dass der Verletzte seine Ansprüche auch nicht mehr gerichtlich geltend machen könnte und eine nachfolgende Klage unzulässig wäre, müsste er die Rechtsverletzung endgültig hinnehmen. Für eine so weitgehende Einschränkung seiner Rechte gibt es keinen sachlichen Grund. Insbesondere bedarf es im Urheberrecht keines Korrektivs gegenüber einer weitreichenden Anspruchsberechtigung einer Vielzahl von Anspruchsberechtigten. In diesem Fall bleibt es bei der Anwendung der allgemeinen Grundsätze des Verbots unzulässiger Rechtsausübung aus § 242 BGB.[708]

---

704 *Köhler*/Bornkamm/*Feddersen*, § 8 Rn. 4.4.
705 BGH, 15.12.2011, I ZR 174/10, GRUR 2012, 730 Rn. 13 – *Bauheizgerät.*
706 BGH, 31.05.2012, I ZR 106/10, GRUR 2013, 176 Rn. 16 – *Ferienluxuswohnung*; BGH, 03.03.2016, I ZR 110/15, GRUR 2016, 961 Rn. 15 – *Herstellerpreisempfehlung bei Amazon*; a. A. Harte/Henning/Goldmann, § 8 Rn. 734; *Ohly*/Sosnitza, § 8 Rn. 157.
707 BGH, 31.05.2012, I ZR 45/11, GRUR 2012, 949 Rn. 20 f. – *Missbräuchliche Vertragsstrafe.*
708 BGH, 31.05.2012, I ZR 106/10, GRUR 2013, 176 Rn. 15 – *Ferienluxuswohnung.*

III. Voraussetzungen – Grundsatz

351 Von einem Missbrauch im Sinn von § 8 Abs. 4 ist auszugehen, wenn das beherrschende Motiv des Gläubigers bei der Geltendmachung des Unterlassungsanspruchs sachfremde, für sich genommen nicht schutzwürdige Interessen und Ziele sind. Diese müssen allerdings nicht das alleinige Motiv des Gläubigers sein. Es reicht aus, dass die sachfremden Ziele überwiegen. Maßgebend ist dabei die Sichtweise eines wirtschaftlich denkenden Unternehmers. Die Annahme eines derartigen Rechtsmissbrauchs erfordert, wie der Bundesgerichtshof regelmäßig betont, eine sorgfältige Prüfung und Abwägung der maßgeblichen Einzelumstände.[709] Hierzu zählen die Art und Schwere des Wettbewerbsverstoßes sowie das Verhalten des Schuldners nach dem Verstoß. Vor allem ist aber auf das Verhalten des Gläubigers bei der Verfolgung des konkreten und anderer Verstöße abzustellen.[710] Auch das Verhalten sonstiger Anspruchsberechtigter kann in die Betrachtung einzubeziehen sein.[711]

352 **Zeitlich** sind sämtliche, im Verfahrensverlauf auftretende Umstände zu berücksichtigen. Erweist sich eine vorgerichtliche Abmahnung als rechtsmissbräuchlich, so fehlt es für ein gerichtliches Vorgehen an der Prozessführungsbefugnis und sind nachfolgende gerichtliche Anträge unzulässig.[712] Aber auch, wenn zum Zeitpunkt der Abmahnung die Voraussetzungen des Rechtsmissbrauchs noch nicht gegeben waren, kann sich die nachfolgende gerichtliche Durchsetzung des Anspruchs als rechtsmissbräuchlich erweisen.[713] Unzulässig ist es allerdings, aus einer nachweislich rechtsmissbräuchlichen Abmahnung den Rückschluss zu ziehen, auch in der Vergangenheit liegende Abmahnungen würden unter § 8 Abs. 4 fallen.[714] Besteht dagegen ein enger zeitlicher Zusammenhang zwischen den Verstößen und den eingeleiteten Verfahren, kann sich der Vorwurf des Rechtsmissbrauchs auf alle Verfahren erstrecken.[715]

IV. Fallgruppen

1. Einleitung

353 Die sachfremden Motive, die zur Beurteilung der Anspruchsdurchsetzung als unzulässig führen, lassen sich in zwei große Gruppen einteilen: Auf der einen Seite stehen Fälle, in denen die Verfolgung der wettbewerbsrechtlichen Ansprüche in erster Linie der Gewinnerzielung dient. Typisch für diese Fälle ist die Inanspruchnahme einer großen

---

709 BGH, 03.03.2016, I ZR 110/15, GRUR 2016, 961 Rn. 15 – *Herstellerpreisempfehlung bei Amazon.*

710 BGH, 11.12.2014, I ZR 113/13, GRUR 2015, 694 Rn. 16 – *Bezugsquellen für Bachblüten.*

711 BGH, 15.12.2011, I ZR 174/10, GRUR 2012, 730 Rn. 15 – *Bauheizgerät.*

712 BGH, 03.03.2016, I ZR 110/15, GRUR 2016, 961 Rn. 18 – *Herstellerpreisempfehlung bei Amazon*; a. A. Harte/Henning/Goldmann, § 8 Rn. 734; *Ohly*/Sosnitza, § 8 Rn. 157.

713 BGH, 03.03.2016, I ZR 110/15, GRUR 2016, 961 Rn. 18 – *Herstellerpreisempfehlung bei Amazon.*

714 BGH, 19.07.2012, I ZR 199/10, GRUR 2013, 307 Rn. 11 – *Unbedenkliche Mehrfachabmahnung.*

715 KG, 13.04.2010, 5 W 65/10, WRP 2010, 1273, 1275.

Zahl von Anspruchsgegnern. Die andere Gruppe wird durch Fälle gebildet, in denen der Gläubiger sich gegenüber bestimmten Wettbewerbern unlautere Vorteile verschaffen will, in dem er das wettbewerbsrechtliche Instrumentarium ausnutzt, um sie in ihrer Betätigung zu behindern, bis hin zur Verdrängung vom Markt. Auch wenn sich die meisten veröffentlichten Entscheidungen einer der beiden Fallgruppen zuordnen lassen, sind Mischformen denkbar, etwa, wenn der Gläubiger einen Mitbewerber gezielt angreift, um diesen zu veranlassen, sich von diesen Angriffen »freizukaufen«.[716]

2. Einnahmeerzielung

a) Grundsatz

Die mit der Durchsetzung von wettbewerbsrechtlichen Ansprüchen verbundenen Zahlungsansprüche dienen dem Ausgleich der dem Gläubiger bei der Rechtsdurchsetzung entstehenden Kosten im Sinn eines Aufwendungsersatzes oder sollen im Fall von Vertragsstrafen den Schuldner zu wettbewerbskonformen Verhalten veranlassen. Werden sie primär dazu eingesetzt, um dem Gläubiger (oder mit ihm kooperierenden Rechtsanwälten) eine selbständige Einnahmequelle zu verschaffen, liegt darin ein Missbrauch des wettbewerbsrechtlichen Instrumentariums. In der geschichtlichen Entwicklung waren es diese Fälle, die zur Einführung des Missbrauchtatbestandes geführt haben (Stichwort »Abmahnvereine«).[717] Sie werden daher im Gesetzestext ausdrücklich als Regelbeispiel genannt (»insbesondere wenn [die Geltendmachung des Anspruchs] vorwiegend dazu dient, gegen den Zuwiderhandelnden einen Anspruch auf Ersatz von Aufwendungen oder Kosten der Rechtsverfolgung entstehen zu lassen«) und stellen auch heute noch den »klassischen Fall« des Rechtsmissbrauchs im UWG dar.[718] 354

b) Verselbständigte Abmahntätigkeit

Rechtsmissbrauch liegt vor, wenn sich die Abmahntätigkeit verselbständigt, mithin keinen ausreichenden Bezug zur eigenen wirtschaftlichen Aktivität des Gläubigers mehr aufweist. Dies ist einmal der Fall, wenn die Abmahntätigkeit in keinem vernünftigen wirtschaftlichen Verhältnis mehr zum »eigentlichen« Geschäftsbetrieb des Gläubigers mehr steht.[719] Zu beachten ist allerdings, dass allein die Zahl der Abmahnungen nicht geeignet ist, den Vorwurf des Rechtsmissbrauchs zu begründen. Wird auf einem Markt eine Vielzahl von Wettbewerbsverstößen begangen, so stellt es kein missbräuchliches Verhalten dar, wenn ein Marktteilnehmer eine entsprechend große Zahl von Verfahren betreibt, selbst wenn er dabei ein hohes Prozesskostenrisiko eingeht.[720] Daher kann 355

716 Vgl. OLG München, 22.12.2011, 29 U 3463/11, GRUR-RR 2012, 169, 170 – *Branchenbuchformular.*

717 S. o. Rdn. 345.

718 BGH, 08.02.2017, 1 StR 483/16, NJW 2017, 2425 Rn. 12.

719 Vgl. BGH, 31.03.2010, I ZR 34/08, GRUR 2010, 1117 Rn. 12 – *Gewährleistungsausschluss im Internet.*

720 BGH, 30.09.2004, I ZR 261/02, GRUR 2005, 433, 434 – *Telekanzlei.*

auch eine Zahl von 37 Gerichtsverfahren in einem kurzen Zeitraum unbedenklich sein.[721]

356 Kein vernünftiges Verhältnis zwischen Geschäftsbetrieb und Abmahntätigkeit liegt allerdings vor, wenn die Umsatzerlöse aus der Geschäftstätigkeit nicht einmal ausreichen, um die Abmahnkosten auszugleichen.[722] Gleiches gilt, wenn eine umfangreiche wettbewerbsrechtliche Verfolgungstätigkeit und eine so schwache wirtschaftliche Ausstattung zusammentreffen, dass offene Rechnungen nicht beglichen werden können und der Gläubiger zur Durchsetzung seiner Ansprüche auf Prozesskostenhilfe angewiesen ist.[723] Dies gilt auch, wenn die Geschäftstätigkeit als solche so geringfügig ist, dass der Anspruchsteller seine Kunden darauf hinweist, er unterfalle der Kleinunternehmerregelung des § 19 Abs. 1 UStG, und dies mit einer nicht unerheblichen Zahl von Abmahnungen (15 in drei Monaten) zusammentrifft.[724]

357 Ein Fall von verselbständigter Abmahntätigkeit liegt auch vor, wenn der Gläubiger die Ermittlung und Verfolgung von Rechtsverstößen einem Rechtsanwalt »in eigener Regie« überlässt.[725] Ein Vorgehen des Rechtsanwalts »in eigener Regie« ist auch gegeben, wenn er seinen Mandanten vom Kostenrisiko ganz oder teilweise freistellt,[726] und wenn Auftraggeber und Rechtsanwalt darüber hinaus eine Aufteilung der eingehenden Gelder vereinbaren.[727] Missbräuchlich ist es auch, wenn ein Rechtsanwalt und ein Prozessfinanzierer dergestalt zusammenarbeiten, dass der Prozessfinanzierer Mandanten akquiriert, diese eine Vielzahl von Wettbewerbsverfahren in Auftrag geben und dabei von eigenen Prozesskostenrisiken freigestellt werden.[728] Für den Sonderfall von Ansprüchen aus § 10 hat der Bundesgerichtshof entschieden, dass die Einschaltung eines Prozessfinanzierers, dem für den Erfolgsfall eine Beteiligung am abgeschöpften Gewinn zugesagt wird, gegen den Grundgedanken der Regelung des § 10 verstößt und daher rechtsmissbräuchlich ist. § 8 Abs. 4 ist allerdings auf den Anspruch aus § 10 nicht anwendbar, so dass der Einwand aus § 242 BGB resultiert. Auch wenn bei der Prüfung des § 242 BGB Umstände, die Rechtsmissbrauch nach § 8 Abs. 4 begründen, mit herangezogen werden können, resultiert der Rechtsmissbrauch in diesem Fall jedoch aus dem Widerspruch zu der gesetzlichen Regel des § 10.[729] Die Entscheidung lässt sich daher nicht ohne weiteres auf den Anwendungsbereich des § 8 Abs. 4 übertragen.

721 OLG Hamm, 28.07.2011, 4 U 55/11, juris Rn. 33.

722 OLG Nürnberg, 03.12.2013, 3 U 410/13, GRUR-RR 2014, 166 – *Facebook-Abmahnwelle.*

723 OLG München, 03.09.2015, 29 U 721/15, GRUR-RR 2016, 210 Rn. 16 f. – *Rechtsverfolgung mit Fremdgeldkonto.*

724 OLG Düsseldorf, 24.03.2015, I-20 U 187/14, GRUR-RR 2015, 306, 307 – *Warmwasserland.*

725 Vgl. BGH, 06.10.2011, I ZR 42/10, GRUR 2012, 286 Rn. 16 – *Falsche Suchrubrik.*

726 HansOLG Hamburg, 11.08.2016, 3 U 56/15, WRP 2017, 485 Rn. 54 – *Rechtsmissbräuchliche Vielfachabmahnung.*

727 BGH, *08.02.2017, 1 StR 483/16,* NJW 2017, 2425 Rn. 12.

728 KG, 03.08.2010, 5 U 82/08, WRP 2010, 1177, 1179.

729 BGH, 13.09.2018, I ZR 26/17, GRUR 2018, 1166 Rn. 38 ff. – *Prozessfinanzierer.*

c) Überhöhte Forderungen

Systematisch überhöhte Streitwertangaben oder die Forderung überhöhter Vertragsstrafen deuten darauf hin, dass die Einnahmeerzielungsabsicht im Vordergrund steht.[730] In die gleiche Richtung deutet es, wenn vorbereitete Unterwerfungserklärungen so ausgestaltet sind, dass sie eine Vielzahl von Verhaltensweisen erfassen oder von der Konzeption her möglichst hohe Vertragsstrafeansprüche auslösen sollen (»Haftungsfalle«). Dies ist dann der Fall, wenn sie auch gänzlich andere als die abgemahnten Verstöße erfassen, den Verzicht auf die Einrede des Fortsetzungszusammenhangs oder eine verschuldensunabhängige Vertragsstrafe vorsehen und dies auch noch in einer Form, die leicht übersehen werden kann.[731] Allein der Umstand, dass in der Unterlassungserklärung die Verpflichtung zur Zahlung einer Vertragsstrafe »für jeden Fall der Zuwiderhandlung« vorgesehen wird, ohne dass ein Verschulden des Antragsgegners als Voraussetzung genannt war, führt aber nicht zur Annahme eines verschuldensunabhängigen Vertragsstrafeversprechens. Die Erklärung ist vielmehr dahingehend auszulegen, dass das Verschuldenserfordernis als gesetzliches Leitbild vorausgesetzt wird.[732] 358

d) Weitere Indizien

Typisch für ein rechtsmissbräuchliches Vorgehen zum Zweck der Einnahmeerzielung ist eine systematische Suche nach (einfach festzustellenden) Wettbewerbsverstößen etwa im Anzeigenteil von Zeitungen oder Zeitschriften[733] oder – aktueller – mit Hilfe von Suchprogrammen im Internet.[734] Für eine im Vordergrund stehende Gewinnerzielungsabsicht spricht es, wenn Verstöße (wie fehlerhafte Angaben im Impressum) gerügt werden, die weder zu erheblichen wirtschaftlichen Nachteilen des Anspruchstellers, noch zu erheblichen wirtschaftlichen Vorteilen des Verletzers führen[735]. Es fügt sich dann häufig in das Bild, dass in diesen Fällen zwar Abmahnungen ausgesprochen, aber nicht oder nur ausnahmsweise die Ansprüche weiterverfolgt werden, wenn die Abgemahnten sich nicht unterwerfen.[736] In die gleiche Richtung deutet es, wenn Abgemahnte notarielle Unterwerfungserklärungen abgeben, der Gläubiger sie aber nicht durch Erwirkung gerichtlicher Ordnungsmittelandrohungen (als Voraussetzung der 359

730 BGH, 06.10.2011, I ZR 42/10, GRUR 2012, 286 Rn. 13 – *Falsche Suchrubrik*; BGH, 15.12.2011, I ZR 174/10, GRUR 2012, 730 Rn. 24 – *Bauheizgerät*.

731 BGH, 15.12.2011, I ZR 174/10, GRUR 2012, 730 Rn. 17, 26 – *Bauheizgerät*.

732 OLG Köln, 30.03.2007, 6 U 207/06, OLGR Köln 2008, 21; *Köhler*/Bornkamm/Feddersen, § 12 Rn. 1.208.

733 BGH, 05.10.2000, I ZR 237/98, GRUR 2001, 260, 261 – *Vielfachabmahner*.

734 OLG Nürnberg, 03.12.2013, 3 U 410/13, GRUR-RR 2014, 166, 167 f. – *Facebook-Abmahnwelle*.

735 BGH, 26.04.2018, I ZR 248/16, GRUR 2019, 199 Rn. 26 f. – *Abmahnaktion II*; OLG Nürnberg, 03.12.2013, 3 U 410/13, GRUR-RR 2014, 166, 168 – *Facebook-Abmahnwelle*.

736 OLG Nürnberg, 03.12.2013, 3 U 410/13, GRUR-RR 2014, 166, 167 – *Facebook-Abmahnwelle*.

Einleitung eines Ordnungsmittelverfahrens im Fall eines Verstoßes) »scharf stellt«[737] (oder um gerichtlichen Rechtsschutz nachsucht).

360 Auch die konkrete Ausgestaltung einer vorbereiteten Unterwerfungserklärung kann indiziell auf rechtsmissbräuchliche Motive hindeuten. Dies ist etwa dann der Fall, wenn sie den unzutreffenden Eindruck erweckt, Unterwerfungserklärung und Kostenerstattung würden zusammen gehören, so dass beim Abgemahnten der unzutreffenden Eindruck entsteht, er könne eine gerichtliche Inanspruchnahme nur verhindern, wenn er nicht nur die Unterlassungserklärung abgebe, sondern auch umgehend die Abmahnkosten erstatte.[738] Bedenklich – wenn auch für sich kein hinreichendes Indiz für Rechtsmissbrauch – ist es daher, wenn für Abgabe der Unterlassungserklärung und Erstattung der Abmahnkosten eine gleichlaufende Frist gesetzt wird.[739]

361 Für eine rechtsmissbräuchliche Vorgehensweise kann es auch sprechen, wenn der »fliegende Gerichtsstand« allein dazu genutzt wird, um dem in Anspruch Genommenen die Rechtsverteidigung zu erschweren. Dabei ist aber zu berücksichtigen, dass auch die Wahl eines entlegenen Gerichts nicht per se rechtsmissbräuchlich ist, wenn der Antragsteller sachliche Gründe für sie hat, etwa weil bei dem angerufenen Spruchkörper besondere Sachkunde besteht oder auch nur, weil der Antragsteller aufgrund der ihm bekannten Rechtsansicht des Gerichts dort die besten Erfolgsaussichten erwartet.[740] Wird aber ein entlegenes, mit öffentlichen Verkehrsmitteln nur schwer erreichbares Gericht angerufen, ohne dass ein solcher sachlicher Grund ersichtlich ist, kann dies ein Indiz für rechtsmissbräuchliches Vorgehen sein.[741] Dies liegt auch nahe, wenn Verletzer bundesweit systematisch vor möglichst weit von ihrem Sitz entfernten Gerichten in Anspruch genommen werden.[742]

3. Behinderung

a) Grundsatz

362 Es liegt in der Natur der Sache, dass die Inanspruchnahme wegen eines Wettbewerbsverstoßes für den Anspruchsgegner belastend ist und ihn in seinen wirtschaftlichen Aktivitäten beeinträchtigen kann. Dies ist selbstverständlich hinzunehmen und gerade Ziel des Gesetzes, das bestimmte Verhaltensweisen unterbinden will. Nicht hinnehmbar ist es dagegen, wenn der Anspruchsteller das Wettbewerbsrecht zu wettbewerbsfremden Zwecken einsetzt. Dies ist etwa der Fall, wenn es dem Anspruchsteller nicht darum geht, den Anspruchsgegner zu rechtskonformem Verhalten anzuhalten, sondern ihn

---

737 HansOLG Hamburg, 11.08.2016, 3 U 56/15, WRP 2017, 485 Rn. 70 – *Rechtsmissbräuchliche Vielfachabmahnung.*

738 BGH, 15.12.2011, I ZR 174/10, GRUR 2012, 730 Rn. 27 – *Bauheizgerät.*

739 OLG Hamm, 03.08.2017, 4 U 50/17, WRP 2017, 1240 Rn. 5.

740 BGH, 12.09.2013, I ZB 39/13, GRUR 2014, 607 Rn. 11 – *Klageerhebung an einem dritten Ort.*

741 LG Aurich, 22.01.2013, 6 O 38/13, MMR 2013, 249; vgl. auch BGH, 15.12.2011, I ZR 174/10, GRUR 2012, 730 Rn. 28 f. – *Bauheizgerät.*

742 KG, 25.01.2008, 5 W 371/07, GRUR-RR 2008, 212, 213 – *Fliegender Gerichtsstand.*

dazu veranlassen will, eigenes unlauteres Verhalten des Anspruchstellers zu tolerieren.[743] Gleichermaßen ist es rechtsmissbräuchlich, wettbewerbsrechtliche Ansprüche allein einzusetzen, um den Anspruchsgegner durch nicht gerechtfertigte Kostenbelastung und Bindung von Ressourcen im Wettbewerb zu schädigen[744] oder ganz vom Markt zu verdrängen.[745]

b) Kostenbelastung

Ein Indiz für ein missbräuchliches Vorgehen kann darin gesehen werden, dass der Anspruchsberechtigte mit der Geltendmachung des Anspruchs überwiegend das für sich gesehen nicht schutzwürdige Ziel verfolgt, den Gegner mit möglichst hohen Prozesskosten zu belasten.[746] Dies kann auch darin zum Ausdruck kommen, dass der Anspruchsberechtigte überhöhte Gegenstandswerte annimmt, oder überhöhte Abmahngebühren oder Vertragsstrafen fordert.[747] Unerheblich soll es in diesem Zusammenhang nach der Rechtsprechung des Bundesgerichtshofs sein, ob wegen der Größe und wirtschaftlichen Leistungsfähigkeit des Anspruchsgegners eine konkrete Behinderung nicht anzunehmen ist, da ansonsten allein die Größe und Leistungsfähigkeit des Schuldners den Gläubiger von jedem Missbrauchsvorwurf entlasten würden.[748] Das ist aber für die Fallgruppe der Behinderung zweifelhaft: Wenn konkrete wirtschaftliche Auswirkungen nicht zu erwarten sind, ist es nicht gerechtfertigt, dem Gläubiger die Durchsetzung seiner materiell berechtigten Ansprüche als rechtsmissbräuchlich zu versagen. 363

Anhaltspunkte für ein missbräuchliches Verhalten können sich daraus ergeben, dass ein Gläubiger bei einem einheitlichen Wettbewerbsverstoß **getrennte Verfahren** anstrengt und dadurch die Kostenlast erheblich erhöht, obwohl eine Inanspruchnahme in nur einem Verfahren für ihn mit keinerlei Nachteilen verbunden ist. Dies gilt nicht nur bei einem einheitlichen Wettbewerbsverstoß, sondern auch, wenn es um die Mehrfachverfolgung gleichartiger oder ähnlich gelagerter Wettbewerbsverstöße geht.[749] Für Rechtsmissbrauch spricht es auch, wenn im Hinblick auf eine einheitliche Handlung unterschiedliche Beanstandungen zeitlich sukzessiv geltend gemacht werden (»Salamitaktik«).[750] 364

Kein Indiz für Rechtsmissbrauch ist es, wenn es für die Aufteilung der Ansprüche auf mehrere Verfahren **sachliche Gründe** gibt. Das ist dann der Fall, wenn die rechtliche Beurteilung oder die Beweisbarkeit des jeweiligen Wettbewerbsverstoßes unterschied- 365

743 OLG Köln, 21.08.2015, 6 U 41/15, WRP 2015, 1385 Rn. 16 – *Glücksspiele.*
744 BGH, 06.04.2000, I ZR 76/98, BGHZ 144, 165 ff. = GRUR 2000, 1089, 1091 – *Missbräuchliche Mehrfachverfolgung.*
745 OLG Hamm, 28.07.2011, 4 U 55/11, juris Rn. 38.
746 BGH, 06.10.2011, I ZR 42/10, GRUR 2012, 286 Rn. 13 – *Falsche Suchrubrik.*
747 BGH, 03.03.2016, I ZR 110/15, GRUR 2016, 961 Rn. 15 – *Herstellerpreisempfehlung bei Amazon.*
748 BGH, 17.11.2005, I ZR 300/02, GRUR 2006, 243 Rn. 19 – *MEGA SALE.*
749 BGH, 22.10.2009, I ZR 58/07, GRUR 2010, 454 Rn. 19 – *Klassenlotterie.*
750 OLG Düsseldorf, 30.10.2007, I-20 107/07, VuR 2008, 55, 57.

lich sein kann. Die Stellung mehrerer nahezu identischer Unterlassungsanträge, die sich auf kerngleiche Verletzungshandlungen beziehen, und ohne inhaltliche Erweiterung des begehrten Verbotsumfangs zu einer Vervielfachung des Streitwerts führen, kann zwar ein Indiz für einen Rechtsmissbrauch sein, weil dem Anspruchsteller im Einzelfall ein schonenderes Vorgehen durch Zusammenfassung seines Begehrens in einem Antrag möglich und zumutbar ist. Ist es aber nur zweifelhaft, ob die Verstöße kerngleich sind, darf der Anspruchsteller den prozessual sichersten Weg wählen und sie getrennt verfolgen.[751]

366 Ein Grund für die Erhebung gesonderter Klagen kann sich insbesondere daraus ergeben, dass sich die Rechtsdurchsetzung in der einen Hinsicht anders – und insbesondere zeitaufwendiger – gestalten kann als in der anderen Hinsicht und daher bei Erhebung einer einheitlichen Klage die – gerade bei in die Zukunft gerichteten Unterlassungsansprüchen relevante – Gefahr besteht, dass ein an sich ohne viel Aufwand durchsetzbarer Anspruch zunächst nicht ausgeurteilt wird. Dabei ist zu berücksichtigen, dass eine Prozesstrennung gemäß § 145 ZPO zwar möglich ist, aber im nicht überprüfbaren und auch nicht mit Rechtsmitteln anfechtbaren Ermessen des Prozessgerichts liegt.[752]

367 Missbräuchlich ist es auch, wenn ein Anspruchsberechtigter ohne sachlichen Grund neben dem Verfahren des einstweiligen Rechtsschutzes gleichzeitig ein Hauptsacheverfahren anstrengt, ohne abzuwarten, ob die beantragte Verfügung erlassen und vom Gegner als endgültige Regelung akzeptiert wird.[753] Gibt der Anspruchsgegner dagegen keine Abschlusserklärung ab, sondern legt er Widerspruch gegen die gegen ihn erlassene einstweilige Verfügung ein, muss der Anspruchsteller nicht den Abschluss des Eilverfahrens abwarten. Er hat vielmehr ein berechtigtes Interesse daran, seine Ansprüche auch in einem **parallel geführten Hauptsacheverfahren** in angemessener Zeit durchzusetzen.[754]

368 Der Vorwurf des Rechtsmissbrauchs ist auch begründet, wenn ein Anspruchsteller bei einem einheitlichen Wettbewerbsverstoß gegen **mehrere verantwortliche Unterlassungsschuldner** getrennte Verfahren anstrengt und dadurch die Kostenlast erheblich erhöht, obwohl eine streitgenössische Inanspruchnahme auf der Passivseite mit keinerlei Nachteilen verbunden wäre. Davon ist auszugehen, wenn ein einheitlicher Wettbewerbsverstoß angegriffen wird, für den dieselben wettbewerbsrechtlichen Maßstäbe anzuwenden und identische Feststellungen zu treffen sind, und der in einem einheitlichen Gerichtsstand verfolgt werden kann.[755]

369 Ebenso kann es missbräuchlich sein, wenn **mehrere Anspruchsteller in einer abgestimmten Vorgehensweise** den gleichen Anspruchsgegner wegen des gleichen Wettbe-

---

751 BGH, 19.07.2012, I ZR 199/10, GRUR 2013, 307 Rn. 20, 23 – *Unbedenkliche Mehrfachabmahnung*.

752 BGH, 26.02.2014, I ZR 120/09, PharmR 2014, 257 Rn. 10; Büscher, GRUR 2015, 5, 17.

753 BGH, 20.12.2001, I ZR 215/98, GRUR 2002, 715, 716 – *Scanner-Werbung*.

754 OLG Köln, 09.02.2009, 6 W 4/09, GRUR-RR 2009, 183 f. – *Hauptsacheklage nach Widerspruch*.

755 BGH, 17.11.2005, I ZR 300/02, GRUR 2006, 243 Rn. 17 f. – *MEGA SALE*.

werbsverstoßes verfolgen, und wenn – ohne dass dafür ein sachlicher Grund vorhanden ist – die Vervielfachung des mit der Rechtsverteidigung verbundenen Kostenrisikos sowie die Bindung personeller und finanzieller Kräfte eine unangemessene Belastung des Anspruchsgegners zur Folge hat.[756] Von einem Rechtsmissbrauch ist aber nicht schon deshalb auszugehen, weil ein Unternehmensverbund gegen ein anderes Unternehmen und dessen Abnehmer eine Vielzahl von Verfahren führt, wenn es sich um Verfahren gegen verschiedene Parteien und wegen unterschiedlicher Wettbewerbsverstöße handelt.[757]

Werden unter diesen Voraussetzungen mehrere Verfahren in engem zeitlichen Zusammenhang eingeleitet, ohne dass es dafür einen sachlichen Grund gibt, kann dies dazu führen, dass sämtliche Verfahren rechtsmissbräuchlich sind.[758] 370

c) Druckausübung

Missbräuchlich kann es sein, wenn wettbewerbsrechtliche Ansprüche eingesetzt werden, um den Anspruchsgegner zu einem bestimmten Verhalten – über das Unterlassen des beanstandeten Verhaltens hinaus – zu veranlassen. Dies ist etwa der Fall, wenn der Anspruchsteller allein das Ziel verfolgt, sich seine Ansprüche »abkaufen« zu lassen.[759] Unzulässig ist es auch, wenn wettbewerbsrechtliche Ansprüche zu dem Zweck eingesetzt werden, um den Anspruchsgegner dazu zu bringen, eigene Wettbewerbsverstöße zu tolerieren, indem eine »Kampagne« von Verfahren gegen ihn geführt wird, bis er in einer wettbewerbsrechtlichen Auseinandersetzung einlenkt.[760] Anhaltspunkte für Rechtsmissbrauch kann es auch darstellen, wenn der Anspruchsteller gegen den Anspruchsgegner vorgeht, um sich dessen Vertragsstrafeansprüchen zu entziehen oder um sich eine bessere Position in einem Kostenerstattungsverfahren zu verschaffen.[761] Allerdings ist in diesem Zusammenhang Vorsicht geboten: Werden zwischen zwei Parteien umfangreiche wechselseitige wettbewerbsrechtliche Auseinandersetzungen geführt, stellt nicht jedes Angebot einer vergleichsweisen »Gesamtlösung« zugleich ein Indiz für Rechtsmissbrauch dar.[762] 371

Indiz für ein unzulässige Druckausübung kann es darstellen, wenn der Anspruchsteller gegen eine Vielzahl von einzelnen kleineren Unternehmen auf Einzelhandelsebene vorgeht, ohne gegen den Hersteller der beanstandeten Produkte als die »Quelle« der Wettbewerbsverstöße vorzugehen, ohne dass es für diese Vorgehensweise einen sachlichen 372

756 BGH, 06.04.2000, I ZR 76/98, BGHZ 144, 165 ff. = GRUR 2000, 1089, 1091 – *Missbräuchliche Mehrfachverfolgung.*
757 BGH, 11.12.2014, I ZR 113/13, GRUR 2015, 694 Rn. 18 – *Bezugsquellen für Bachblüten.*
758 KG, 13.04.2010, 5 W 65/10, WRP 2010, 1273, 1275.
759 Vgl. OLG München, 22.12.2011, 29 U 3463/11, GRUR-RR 2012, 169, 170 – *Branchenbuchformular.*
760 OLG Köln, 21.08.2015, 6 U 41/15, WRP 2015, 1385 Rn. 16 f. – *Glücksspiele.*
761 OLG Hamm, 08.11.2012, 4 U 86/12, juris Rn. 28.
762 OLG München, 14.11.2013, 6 U 1888/13, WRP 2014, 591 Rn. 29.

Grund gibt.[763] Das gilt erst recht, wenn er bereits einen Titel gegen den Hersteller erlangt hat, aber keine (erfolgversprechenden) Maßnahmen ergreift, um diesen Titel auch durchzusetzen.[764] Ein weiteres Indiz kann die missbräuchliche Ausnutzung des fliegenden Gerichtsstandes darstellen.[765]

d) Missbräuchliche Verfahrensgestaltung

373 Insbesondere das Verfahren des einstweiligen Rechtsschutzes, das dem Gegner nur eingeschränkte Verteidigungsmöglichkeiten bietet, kann in einer Weise eingesetzt werden, die die Vorgehensweise des Antragstellers als missbräuchlich erscheinen lässt. Dies ist etwa angenommen worden, wenn der Antragsteller Informationen über bereits länger zurückliegende Wettbewerbsverstöße bei einem Serviceunternehmen »bei Bedarf« ankauft, um dann auf Grund dieser Informationen Eilverfahren einzuleiten.[766] Ein Indiz für Rechtsmissbrauch soll es auch darstellen, wenn die Antwort auf ein Abmahnschreiben dem Gericht, bei dem der Antrag auf Erlass einer einstweiligen Anordnung gestellt wird, vorenthalten wird.[767] Allerdings sollte Rechtsmissbrauch – durch den der Anspruch endgültig entfällt – in diesen Fällen nur mit Zurückhaltung angenommen werden.[768] In Fällen, in denen der Missbrauchsvorwurf als weniger gravierend einzustufen ist, kann der Verfügungsgrund entfallen und so dem Missbrauch des Eilverfahrens begegnet werden, ohne dem Antragsteller jeden Rechtsschutz abzuschneiden.[769]

374 Auch in diesem Zusammenhang kann das sachwidrige Ausnutzen des fliegenden Gerichtsstands ein Indiz darstellen. Dabei ist aber auch hier zu berücksichtigen, dass auch die Wahl eines entlegenen Gerichts nicht per se rechtsmissbräuchlich ist, wenn der Antragsteller sachliche Gründe für sie hat.[770]

e) Fremdsteuerung

375 Indiziell für Rechtsmissbrauch spricht es, wenn der Anspruchsteller faktisch als »Strohmann« für einen Dritten vorgeht, der das Verfahren im eigenen Interesse betreibt und maßgeblichen Einfluss auf es ausübt.[771] Zu missbilligen ist diese Vorgehensweise vor allem dann, wenn es sich bei dem »vorgeschobenen« Anspruchsteller um ein Unterneh-

763 Vgl. BGH, 26.04.2018, I ZR 248/16, GRUR 2019, 199 Rn. 29 – *Abmahnaktion II*; MünchKomm/Fritzsche UWG, § 8 Rn. 472; a. A. *Köhler*/Bornkamm/*Feddersen*, § 8 Rn. 4.21.

764 OLG Köln, 10.02.2017, 6 U 22/16 WRP 2018, 867 Rn. 46 ff. – *Briefkästen »umweltfreundlich produziert«*.

765 LG Aurich, 22.01.2013, 6 O 38/13, MMR 2013, 249; vgl. auch BGH, 15.12.2011, I ZR 174/10, GRUR 2012, 730 Rn. 28 f. – *Bauheizgerät*.

766 OLG Köln, 21.08.2015, 6 U 41/15, WRP 2015, 1385 Rn. 24 – *Glücksspiele*.

767 OLG München, 08.06.2017, 29 U 1210/17, WRP 2017, 1523 Rn. 5 ff. – *Vorenthalten der Abmahnungserwiderung*.

768 Hess, jurisPR-WettbR 12/2017 Anm. 3.

769 KG, 11.10.2016, 5 U 139/15, GRUR-RR 2017, 128 Rn. 3 f. – *gezielte Gehörsvereitelung*.

770 BGH, 12.09.2013, I ZB 39/13, GRUR 2014, 607 Rn. 11 – *Klageerhebung an einem dritten Ort*; s. o. Rdn. 361.

771 Vgl. BGH, 11.12.2014, I ZR 113/13, GRUR 2015, 694 Rn. 18 – *Bezugsquellen für Bachblüten*.

men mit beschränkter Haftung und minimaler Kapitalausstattung handelt, bei dem die Durchsetzung von Kostenerstattungsansprüchen des Anspruchsgegners kaum möglich ist.[772]

Gleichermaßen ist es missbräuchlich, wenn sich ein Mitbewerber oder Verband zu einem Vorgehen im Interesse eines Dritten bestimmen lässt, der nicht aus eigenem Recht gegen den Verletzer vorgehen kann.[773] Grundsätzlich ist es aber nicht zu beanstanden, wenn ein Verband oder sonst klagebefugte Institution auf Veranlassung eines Mitbewerbers tätig wird.[774] Gerade der Umstand, dass Mitbewerber aus unterschiedlichen Gründen häufig nicht dazu geneigt sind, selber Wettbewerbsprozesse zu führen, hat zur Einführung der Klagebefugnis für Verbände geführt.[775] **376**

f) Selektives Vorgehen durch Verbände

Bei Verbänden kann es rechtsmissbräuchlich sein, wenn ein Verband gegen außenstehende Dritte vorgeht, den unlauteren Wettbewerb durch gleichartige Verletzungshandlungen der eigenen Mitglieder jedoch planmäßig duldet. Es gibt allerdings grundsätzlich keine Obliegenheit eines Verbands, gegen eigene Mitglieder vorzugehen, auf die sich außenstehende Dritte berufen könnten. Einem nach § 8 Abs. 3 Nr. 2 UWG klagebefugten Verband ist es nicht verwehrt, nur gegen bestimmte Verletzer gerichtlich vorzugehen. Die Entscheidung hierüber steht ebenso in seinem freien Ermessen, wie es dem einzelnen Gewerbetreibenden freisteht, ob und gegen welche Mitbewerber er Klage erheben will. Eine unzumutbare Benachteiligung des (allein) angegriffenen Verletzers gegenüber anderen – etwa deshalb, weil nunmehr er allein die angegriffenen Handlungen unterlassen müsse – ist darin schon deshalb nicht zu sehen, weil es dem Verletzer grundsätzlich offensteht, seinerseits gegen gleichartige Verletzungshandlungen seiner von dem Verband nicht angegriffenen Mitbewerber vorzugehen.[776] Es ist auch nicht als rechtsmissbräuchlich anzusehen, wenn ein Verband, der die Frage der Wettbewerbswidrigkeit eines bestimmten Verhaltens höchstrichterlich klären lassen will, zunächst gegen einen Dritten und nicht gegen ein eigenes Mitglied gerichtlich vorgeht.[777] **377**

Die Prozessführungsbefugnis der Verbände zur Förderung gewerblicher Interessen findet ihre Rechtfertigung aber darin, dass die Bekämpfung unlauterer Wettbewerbshandlungen nicht nur im Interesse des unmittelbar Betroffenen, sondern auch im öffentlichen Interesse liegt. So ist es insbesondere rechtsmissbräuchlich, wenn der Verband mit einem selektiven Vorgehen ausschließlich gegen Nichtmitglieder bezweckt, neue **378**

772 Vgl. OLG Frankfurt, 07.02.2013, 6 U 126/12, GRUR-RR 2013, 211, 212 – *Furio.*
773 *Ohly*/Sosnitza, § 8 Rn. 162.
774 BGH, 06.04.2000, I ZR 294/97, GRUR 2001, 178 – *Arzneimittelversand durch Apotheken.*
775 MünchKomm/Ottofülling UWG, § 8 Rn. 351.
776 BGH, 17.08.2011, I ZR 148/10, GRUR 2012, 411 Rn. 19 – *Glücksspielverband*; BGH, 05.10.2017, I ZR 172/16, GRUR 2017, 1281 Rn. 15 – *Großhandelszuschläge.*
777 BGH, 12.12.1996, I ZR 7/94, GRUR 1997, 537, 538 – *Lifting-Creme.*

Mitglieder zu werben, denen er nach einem Beitritt Schutz vor Verfolgung verspricht.[778]

379 Andererseits kann sich eine dauerhafte Beschränkung der Verfolgung von Wettbewerbsverstößen auf Nichtmitglieder für einen Verband aus der Natur der Sache ergeben, wenn sie schon aus seinem – rechtlich unbedenklichen – Verbandszweck folgt. In einem solchen Fall ist ein Rechtsmissbrauch zu verneinen. So hat der Bundesgerichtshof Rechtsmissbrauch im Fall eines Verbandes privater Glücksspielanbieter abgelehnt, der ausschließlich die Wettbewerbsverstöße staatlicher Lottogesellschaften verfolgte. Unbedenklich wäre es auch, wenn der satzungsgemäße Zweck eines Verbands mittelständischer Unternehmen des Hotel- und Gaststättengewerbes auf die Abwehr unlauteren Wettbewerbs durch Großbetriebe dieser Branche gerichtet wäre oder wenn ein Verband forschender Pharmaunternehmen sich seinem Satzungszweck entsprechend gegen unlautere Praktiken der Generikahersteller wendete.[779]

g) Provozierte Wettbewerbsverstöße

380 Rechtsmissbräuchlich ist es, wenn der Anspruchsteller den Wettbewerbsverstoß in unlauterer Weise provoziert hat, um den Anspruchsgegner mit einem Wettbewerbsprozess überziehen zu können. Dies ist aber nicht bereits dann der Fall, wenn Testkäufe und Bestellungen getätigt werden, und zwar auch dann nicht, wenn dabei (wie regelmäßig) der Testcharakter verschleiert wird. Ermittlungsmethoden wie Testkäufe sind ein weithin unentbehrliches Mittel zur Überprüfung des Wettbewerbsverhaltens von Mitbewerbern und für ihren Erfolg ist es unvermeidlich, den Zweck zu verheimlichen.[780] Unzulässig ist ein Testkauf jedoch dann, wenn für einen begangenen oder drohenden Wettbewerbsverstoß keine Anhaltspunkte vorliegen und wenn der Testkäufer den Mitbewerber zum Rechtsbruch angestiftet, also im Sinn des § 26 StGB zu einer vorsätzlichen, rechtswidrigen Handlung bestimmt, oder in sonstiger Weise zum Inverkehrbringen eines nicht verkehrsfähigen Produkts verleitet hat und dieses Handeln für den Wettbewerbsverstoß ursächlich war.[781] Gleichermaßen ist es unredlich, wenn sich der Testkäufer gegenüber einem Unternehmer, der nur mit Gewerbetreibenden Verträge abschließen will, als ein solcher ausgibt, um sich dann später darauf zu berufen, er sei Verbraucher, und daraus ein unlauteres Verhalten des Unternehmers herleiten möchte.[782]

4. »Unclean Hands«

381 In der Praxis des Wettbewerbsverfahrens verteidigen sich die in Anspruch genommenen nicht selten mit dem Einwand, der Anspruchsteller verhalte sich selber unlauter

---

778 BGH, 17.08.2011, I ZR 148/10, GRUR 2012, 411 Rn. 22 f. – *Glücksspielverband.*
779 BGH, 17.08.2011, I ZR 148/10, GRUR 2012, 411 Rn. 24 f. – *Glücksspielverband.*
780 BGH, 15.07.1999, I ZR 204/96, GRUR 1999, 1017, 1019 – *Kontrollnummernbeseitigung.*
781 OLG Düsseldorf, *26.01.2016, I-20* U 22/15, GRUR-RR 2016, 354 Rn. 22 – *Migränemittel vom Apotheker.*
782 BGH, 11.05.2017, I ZR 60/16, GRUR 2017, 1140 Rn. 32 – *Testkauf im Internet.*

(»unclean hands«-Einwand[783]), oder das wettbewerbsrechtliche Vorgehen stelle eine Reaktion auf entsprechendes Vorgehen des Anspruchsgegners dar (»Retourkutsche«).[784]

Dieser Einwand ist regelmäßig unbegründet. Ein Mitbewerber, der sich im geschäftlichen Verkehr selber unlauter verhält, verliert dadurch grundsätzlich nicht den Schutz durch das UWG. Das Recht des unlauteren Wettbewerbs dient auch dem Schutz von Interessen der Allgemeinheit (§ 1). Es wäre schon deshalb zweckwidrig, Verfahren über Ansprüche wegen unlauterer Wettbewerbshandlungen mit der Prüfung zu belasten, ob der Anspruchsteller bei seiner eigenen Wettbewerbstätigkeit gesetzwidrig oder wettbewerbsrechtlich unlauter handelt. Anderes gilt nur, wenn aus der Art des Gesetzesverstoßes oder der wettbewerbsrechtlichen Unlauterkeit folgt, dass auch die Geltendmachung der auf die Stellung als Wettbewerber gestützten Ansprüche sittenwidrig oder rechtsmissbräuchlich ist. Daher kann auch der Hersteller eines Präparats, dessen Vertrieb mangels einer Zulassung als Arzneimittel im Inland verboten ist, ein schutzwürdiges Interesse daran haben, gegen unlautere Wettbewerbshandlungen beim Vertrieb von Nachahmungen mit wettbewerbsrechtlichen Ansprüchen vorgehen zu können.[785] 382

V. Darlegungs- und Beweislast

Da das missbräuchliche Ausnutzen der Antragsberechtigung das Fehlen einer Verfahrensvoraussetzung zur Folge hat, ist das Vorliegen dieses Missbrauchs von Amts wegen zu prüfen, und zwar in allen Stufen des Verfahrens einschließlich der Revisionsinstanz.[786] Anwendbar sind die Grundsätze des Freibeweises.[787] 383

Grundsätzlich spricht aber für die Prozessführungsbefugnis eine Vermutung. Die Darlegungs- und Beweislast für Tatsachen, die geeignet sind, diese Vermutung zu widerlegen, liegt grundsätzlich beim Anspruchsgegner. Erst, wenn die Vermutung durch Tatsachenvortrag erschüttert ist, muss der Kläger substantiiert die Gründe darlegen, die gegen rechtsmissbräuchliches Vorgehen sprechen.[788] Solange keine ausreichenden Anhaltspunkte vorgetragen worden sind, ist das Gericht nicht gehalten, von Amts wegen weitere Ermittlungen anzustellen.[789] 384

Ist ein Anspruchsteller bereits in der Vergangenheit missbräuchlich vorgegangen und stimmen die äußeren Umstände mit der jetzigen Rechtsverfolgung im Wesentlichen 385

783 Vgl. etwa OLG Karlsruhe, 09.04.2008, 6 U 20/08, GRUR-RR 2008, 350 – *Wildes Plakatieren*; der Ausdruck nimmt Bezug auf die anglo-amerikanische »clean-hands doctrine« (Black's Law Dictionary, 10. Aufl. 2014, Stw. »clean-hands doctrine«).

784 OLG Frankfurt, 05.12.2008, 6 W 157/08, MMR 2009, 564; OLG Köln, 21.08.2015, 6 U 41/15, WRP 2015, 1385 Rn. 16 – *Glücksspiele*.

785 BGH, 24.02.2005, I ZR 101/02, BGHZ 162, 246 ff. = GRUR 2005, 519, 520 – *Vitamin-Zell-Komplex*.

786 BGH, 11.12.2014, I ZR 113/13, GRUR 2015, 694 Rn. 15 – *Bezugsquellen für Bachblüten*.

787 HansOLG Hamburg, 11.08.2016, 3 U 56/15, WRP 2017, 485 Rn. 56 – *Rechtsmissbräuchliche Vielfachabmahnung*.

788 BGH, 17.11.2005, I ZR 300/02, GRUR 2006, 243 Rn. 21 – *MEGA SALE*.

789 BGH, 06.10.2011, I ZR 42/10, GRUR 2012, 286 Rn. 16 – *Falsche Suchrubrik*.

überein, ist er gehalten, gewichtige Veränderungen in den maßgeblichen Umständen darzulegen, die die Gewähr für eine redliche Rechtsverfolgung bieten.[790]

VI. Rechtsfolgen

386 Eine missbräuchliche **Klage** ist wegen fehlender Prozessführungsbefugnis als unzulässig abzuweisen.[791] Allerdings kann die Klage auch als unbegründet abgewiesen werden, wenn der Anspruch bereits aus Rechtsgründen nicht besteht. Es würde dem Zweck des § 8 Abs. 4, die Gerichte vor der Belastung mit missbräuchlichen Verfahren zu schützen, zuwiderlaufen, wenn erst aufwendig die Frage des Rechtsmissbrauchs geklärt werden müsste, wenn bereits eine Rechtsprüfung ergibt, dass die Klage als unbegründet abzuweisen ist.[792] Ist eine vorgerichtliche Abmahnung rechtsmissbräuchlich, so sind nachfolgende gerichtliche Anträge unzulässig, ohne dass die Voraussetzungen des Rechtsmissbrauchs für diese Anträge noch einmal gesondert zu prüfen sind.[793]

387 Ist die Geltendmachung des Unterlassungsanspruchs rechtsmissbräuchlich, so ist eine **Abmahnung** unberechtigt. Ein Anspruch auf Erstattung der Abmahnkosten besteht dann nicht.[794] Gleiches gilt für die Kosten einer Abschlusserklärung, wenn der Gläubiger eine einstweilige Verfügung erwirkt hat. Es entspricht nicht dem Interesse des Schuldners, eine zu Unrecht ergangene einstweilige Verfügung durch eine Abschlusserklärung als endgültige Regelung anzuerkennen.[795] Testkäufe zur Vorbereitung rechtsmissbräuchlicher Abmahnungen oder Unterlassungsklagen dienen keiner zweckentsprechenden Rechtsverfolgung. Ein Antrag auf Schadensersatz nach § UWG § 9 UWG für solche Testkäufe ist unbegründet.[796]

388 Während (außerhalb der unberechtigten Schutzrechtsverwarnung) eine unberechtigte Abmahnung grundsätzlich keinen Anspruch auf Erstattung der Aufwendungen des zu Unrecht Abgemahnten auslöst,[797] hat der Gesetzgeber für die Verteidigung gegen rechtsmissbräuchliche Abmahnungen mit dem Gesetz gegen unseriöse Geschäftspraktiken vom 01.10.2013[798] einen Anspruch auf Erstattung der Kosten der Rechtsverteidigung geschaffen (§ 8 Abs. 4 2). Dem Umfang nach entspricht der Anspruch dem für die Kosten einer berechtigten Abmahnung aus § 12 Abs. 1 2; Verschulden ist nicht erforderlich.[799] Weitergehende Ansprüche bleiben ausdrücklich unberührt.

790 HansOLG Hamburg, 11.08.2016, 3 U 56/15, WRP 2017, 485 Rn. 56 – *Rechtsmissbräuchliche Vielfachabmahnung.*
791 BGH, 31.05.2012, I ZR 106/10, GRUR 2013, 176 Rn. 16 – *Ferienluxuswohnung.*
792 BGH, 10.12.1998, I ZR 141/96, GRUR 1999, 509, 510 – *Vorratslücken.*
793 BGH, 31.05.2012, I ZR 106/10, GRUR 2013, 176 Rn. 16 – *Ferienluxuswohnung*; BGH, 03.03.2016, I ZR 110/15, GRUR 2016, 961 Rn. 15 – *Herstellerpreisempfehlung bei Amazon.*
794 BGH, 15.12.2011, I ZR 174/10, GRUR 2012, 730 Rn. 11 – *Bauheizgerät.*
795 BGH, 15.12.2011, I ZR 174/10, GRUR 2012, 730 Rn. 47 – *Bauheizgerät.*
796 BGH, 26.04.2018, I ZR 248/16, GRUR 2019, 199 Rn. 41 – *Abmahnaktion II.*
797 Ohly/*Sosnitza*, § 12 *Rn. 30 (auch zu möglichen Ausnahmen).*
798 BGBl. I S. 3714.
799 Teplitzky/Büch, Kap. 13 Rn. 53a.

Hat der rechtsmissbräuchlich in Anspruch Genommene eine Unterwerfungserklärung abgegeben, kann er den **Unterwerfungsvertrag** aus wichtigem Grund kündigen; dem Anspruch auf eine an sich verwirkte Vertragsstrafe steht der Einwand aus § 242 BGB entgegen.[800] Der Bundesgerichtshof hat die Frage bisher offen gelassen, erkennt aber jedenfalls an, dass Verhaltensweisen, die der gerichtlichen Durchsetzung wettbewerbsrechtlicher Unterlassungs- und Beseitigungsansprüche nach § 8 Abs. 4 ausschließen, der Forderung von Vertragsstrafen nach § 242 BGB entgegenstehen können, soweit sie für die Abgabe der Unterwerfungserklärung ursächlich waren oder mit ihr jedenfalls im Zusammenhang stehen.[801] **389**

Das rechtsmissbräuchliche Versenden von Abmahnungen mit dem ausschließlichen Ziel, Einnahmen zu generieren, kann den Straftatbestand des **Betruges** erfüllen. Die Empfänger der Abmahnungen werden in diesem Fall nach der Verkehrsanschauung nicht (lediglich) über die Rechtsfrage getäuscht, ob ein Anspruch besteht, sondern über die tatsächliche eigentliche Zielrichtung der Abmahnschreiben, ausschließlich – nach § 8 Abs. 4 rechtsmissbräuchliche – Gebührenforderungen generieren, anstatt ein Unterlassen des unlauteren Verhaltens der Abgemahnten zu bewirken. Damit wird über innere Tatsachen getäuscht.[802] Ferner können Ansprüche der zu Unrecht Abgemahnten gegen die abmahnenden Rechtsanwälte aus § 826 BGB bestehen, wenn diesen die Rechtsmissbräuchlichkeit ihres Vorgehens bewusst ist und ihnen zugleich bekannt ist, dass ihr Auftraggeber vermögenslos ist.[803] **390**

VII. Weitere Einwendungen gegen Abwehransprüche

1. Einwilligung

Eine geschäftliche Handlung ist nicht unlauter, wenn der Träger der geschützten Interessen in sie eingewilligt hat. Werbung stellt keine unzumutbare Belästigung dar, soweit der Adressat in sie – wirksam – eingewilligt hat.[804] Auch bei Bestimmungen, die allein die Interessen eines Mitbewerbers schützen, wie Produktnachahmung, Behinderung oder Geheimnisschutz, lässt die Einwilligung des betroffenen Mitbewerbers die Unlauterkeit des betreffenden Verhaltens entfallen. Nicht möglich ist dies bei Normen, die auch allgemeine Interessen schützen. **391**

2. Berechtigte wettbewerbliche Abwehr

In älteren Entscheidungen wird als Rechtfertigungsgrund eines an sich unlauteren geschäftlichen Verhaltens der Gesichtspunkt der berechtigten wettbewerblichen Abwehr angesprochen. Sie soll zulässig sein, um einem objektiv wettbewerbswidrigen Verhalten **392**

800 FBO/Büscher, § 8 Rn. 298; *Köhler*/Bornkamm/*Feddersen*, § 8 Rn. 4.6.
801 BGH, 31.05.2012, I ZR 45/11, GRUR 2012, 949 Rn. 22 – *Missbräuchliche Vertragsstrafe.*
802 BGH, 08.02.2017, 1 StR 483/16, NJW 2017, 2425 Rn. 13.
803 KG, 22. 2. 2018, 5 U 110/16, MMR 2018, 394 Rn. 18 ff. – *Schadensersatz wegen rechtsmissbräuchlicher Abmahnung.*
804 Einzelheiten unter § 7, Rdn. 180–193.

eines Dritten entgegenzuwirken.[805] Voraussetzung ist neben einem rechtswidrigen Verhalten eines anderen Marktteilnehmers, dass durch die Abwehrmaßnahmen gegenüber dem angreifenden Wettbewerber nicht in Rechte oder berechtigte Interessen Dritter eingegriffen wird und dass dieser Angriff nicht durch Inanspruchnahme gerichtlicher Hilfe ausreichend abgewehrt werden kann.[806] Da die meisten Tatbestände des Unlauterkeitsrechts auch die Interessen sonstiger Marktteilnehmer und der Allgemeinheit schützen, ist die praktische Bedeutung heute zu vernachlässigen.[807]

3. Sonstiger Rechtsmissbrauch; Verwirkung

393 Das allgemeine Verbot rechtsmissbräuchlichen Verhaltens gilt grundsätzlich auch im Wettbewerbsrecht. So kann es gegen § 242 BGB verstoßen, einen vertraglichen Unterlassungsanspruch geltend zu machen, wenn das zu unterlassende Verhalten nach höchstrichterlicher Rechtsprechung künftig zweifelsfrei als rechtmäßig zu beurteilen ist.[808] In Fällen, in denen nicht allein oder weit überwiegend die Interessen des klagenden Mitbewerbers betroffen sind, sind wettbewerbsrechtliche Ansprüche jedoch regelmäßig nicht unter dem Gesichtspunkt widersprüchlichen Verhaltens nach § 242 BGB ausgeschlossen. Ein Händler, der wegen Vertriebs eines verunreinigten Pflanzenschutzmittels in Anspruch genommen wird, kann sich daher nicht mit dem Einwand verteidigen, der klagende Hersteller sei für die Verunreinigung selber verantwortlich. Dem steht entgegen, dass die Zulassungsbestimmungen des Pflanzenschutzgesetzes dem Schutz der Gesundheit der Verbraucher dienen.[809]

394 Einen Sonderfall des rechtsmissbräuchlichen Verhaltens stellt die **Verwirkung** dar, bei der der Verstoß gegen Treu und Glauben in der Illoyalität der verspäteten Rechtsausübung liegt. Einzelheiten werden im Rahmen der Kommentierung des § 11 erörtert.[810]

E. Auskunftsanspruch (§ 8 Abs. 5)

I. Einleitung

395 § 8 Abs. 5 1 begründet durch die Verweisung auf § 13 UKlaG einen Auskunftsanspruch für bestimmte Verbände. Der Anspruch richtet sich gegen die geschäftsmäßigen Anbieter von Post-, Telekommunikations- oder Telemediendiensten und ist gerichtet auf die Mitteilung des Namens und die zustellungsfähige Anschrift eines Beteiligten an diesen Diensten. Durch Satz 2 soll klargestellt werden, dass die Regelungen des UWG zu den zivilrechtlichen Rechtsfolgen sowohl hinsichtlich der Klagebefugnis als auch

805 Einzelheiten bei Teplitzky/Löffler, Kap. 18.
806 BGH, 26.04.1990, I ZR 71/88, BGHZ 111, 188 ff. = GRUR 1990, 685, 686 – *Anzeigenpreis I.*
807 Harte/Henning/Goldmann, Vorb. zu § 8 Rn. 211; *Ohly*/Sosnitza, § 8 Rn. 164.
808 BGH, 15.12.2011, I ZR 174/10, GRUR 2012, 730 Rn. 57 – *Bauheizgerät.*
809 BGH, 06.10.2011, I ZR 117/10, GRUR 2012, 407 Rn. 34 – *Delan.*
810 S. u. § 11 Rdn. 112–126.

hinsichtlich der Anspruchsgrundlagen abschließend sind. Ein Wettbewerbsverstoß kann daher nicht über das UKlaG geltend gemacht werden.[811]

II. Anspruchsberechtigte

396 Anspruchsberechtigt sind nach § 13 Abs. 1 UKlaG Wirtschaftsverbände, Verbraucherschutzeinrichtungen und Industrie- und Handelskammern sowie Handwerkskammern. Die Regelung der Anspruchsberechtigung entspricht weitgehend der in § 3 Abs. 1 1 UKlaG, die wiederum der in § 8 Abs. 1 Nr. 2 bis 4 entspricht. Zwar enthält § 13 Abs. 1 Nr. 2 UKlaG nicht die Beschränkung auf für den Markt repräsentative Verbände mit einer bestimmten Mindestausstattung wie § 3 Abs. 1 1 Nr. 2 UKlaG und § 8 Abs. 3 Nr. 2. Damit wird aber nicht die Anspruchsberechtigung ausgeweitet; vielmehr soll der Verpflichtete davon befreit werden, diese Voraussetzung selbständig zu prüfen. Er darf sich auch insoweit auf die schriftliche Erklärung des Anspruchstellers verlassen, er benötige die Auskunft zur Durchsetzung seiner Ansprüche. Diese Erklärung umfasst auch die Anspruchsberechtigung nach § 3 Abs. 1 1 Nr. 2 UKlaG.[812]

397 Durch die Beschränkung der Zahl der Anspruchsberechtigten sollen Missbräuche verhindert und die Belastung der auskunftspflichtigen Stellen begrenzt werden. Der Anspruch kann daher nicht abgetreten werden.[813]

398 Mitbewerber und sonstige Marktteilnehmer können den Anspruch nicht geltend machen. Für sie gilt § 13a UKlaG, der einen Auskunftsanspruch in Fällen der Erbringung unbestellter Leistungen oder der Übermittlung unverlangter Werbung gewährt.

III. Verpflichtete

399 Anspruchsverpflichtet ist, wer geschäftsmäßig von Post-, Telekommunikations-, Tele- oder Mediendienste erbringt oder dabei mitwirkt. Erfasst sind Postunternehmen, die DENIC oder Internetprovider.[814] Mitwirkende sind bei arbeitsteilig betriebenen Diensten nur die beteiligten Unternehmen, nicht die Arbeitnehmer des Diensteerbringers.[815]

IV. Voraussetzungen und Anspruchsinhalt

400 Der Anspruch besteht, wenn der Anspruchsberechtigte die Auskunft zur Durchsetzung seiner Ansprüche nach § 8 benötigt und sie nicht anderweitig beschaffen kann. Erfasst sind damit die Abwehransprüche nach § 8 Abs. 1 auf Unterlassung und Beseitigung, nicht aber Schadensersatzansprüche. Diese Voraussetzungen (einschließlich der Anspruchsberechtigung) sind schriftlich zu versichern. Der Anspruchsverpflichtete darf

---

811 Amtl. Begründung, BT-Drucksache 15/1487, S. 23.

812 Amtl. Begründung zur Neufassung des § 13 UKlaG im Jahr 2009, BT-Drucksache 16/11643 S. 138.

813 *Köhler*/Bornkamm/*Feddersen*, § 8 Rn. 5.2.

814 Walker, Unterlassungsklagengesetz, § 13 Rn. 4.

815 MünchKomm/Micklitz ZPO, § 13 UKlaG Rn. 4.

sich auf die Versicherung verlassen, solange sie nicht offensichtlich unrichtig ist. Ob ein Verstoß tatsächlich gegeben ist, ist nicht Anspruchsvoraussetzung und muss daher weder vom Verpflichteten noch vom Prozessgericht überprüft werden.[816] Im Interesse des betroffenen Beteiligten muss der Anspruch aber schlüssig dargelegt und so konkret wie in einer Abmahnung bezeichnet werden.[817] Andernfalls wäre das Erfordernis einer schriftlichen Mitteilung der Ansprüche eine überflüssige Formalität. Auch der Gesetzgeber ist beispielsweise davon ausgegangen, dass der Auskunftspflichtige die Berechtigung des Anspruchstellers anhand seiner Satzung überprüft.[818]

401 Der Anspruch richtet sich auf Mitteilung des Namens und der zustellungsfähigen Anschrift des am Dienst Beteiligten (beispielsweise des Betreibers einer Internetseite oder des Versenders einer E-Mail), soweit der Verpflichtete sie anhand der bei ihm vorhandenen Bestandsdaten erteilen kann. Der Verpflichtete hat keine Verschaffungspflicht, wenn die Informationen bei ihm nicht vorhanden sind.[819]

402 Eine analoge Anwendung auf andere Informationen – etwa auf Mitteilung von AGB – ist nicht möglich, da es an einer planwidrigen Regelungslücke fehlt.[820]

V. Durchsetzung und Kosten

403 Der Verpflichtete kann, wenn er den Anspruch nicht freiwillig erfüllt, auf Erteilung der Auskunft verklagt werden. Fraglich erscheint, ob der Anspruch auch im Verfahren des **einstweiligen Rechtsschutzes** durchgesetzt werden kann, wie es in der Literatur angenommen wird.[821] Durch das gerichtliche Eilverfahren können nur vorläufige Regelungen getroffen werden, während eine Verurteilung zur Auskunft bereits die Hauptsache entscheidet. Dementsprechend enthalten §§ 101 Abs. 7 UrhG, 19 Abs. 7 MarkenG eine Sonderregelung, dass die betreffenden Auskunftsansprüche nur beim Vorliegen einer offensichtliche Rechtsverletzung durch einstweilige Verfügung durchgesetzt werden können.[822] Wenn trotz dieser Bedenken eine einstweilige Verfügung als zulässig angesehen wird, sollte sie daher auf »offensichtliche« Rechtsverletzungen beschränkt werden. Lässt sich ein Anspruch auf der Grundlage der schriftlichen Erklärung des Anspruchstellers daher nicht eindeutig oder nur nach Prüfung schwieriger Rechtsfragen bejahen, kann der Anspruch nicht im Eilverfahren durchgesetzt werden.

404 Der Auskunftspflichtige kann von dem Anspruchsteller einen angemessen Ausgleich für die Erteilung der Auskunft verlangen, der durch die Höhe der tatsächlich angefalle-

---

816 LG München, 02.09.2003, 33 O 20922/02, WRP 2005, 1430, 1431 – *Auskunftsanspruch gegen Provider.*

817 *Köhler*/Bornkamm/*Feddersen*, § 8 Rn. 5.4; Rehart/Eckhardt, WRP 2008, 1286, 1291; a. A. *Ohly*/Sosnitza, § 8 Rn. 192 (keine Schlüssigkeitsprüfung).

818 Amtl. Begründung zur Neufassung des § 13 UKlaG im Jahr 2009, BT-Drucksache 16/11643 S. 138.

819 Walker, Unterlassungsklagengesetz, § 13 Rn. 6.

820 BGH, 23.02.2010, XI ZR 186/09, NJW-RR 2010, 1712 Rn. 38.

821 *Köhler*/*Bornkamm*/*Feddersen*, § 8 Rn. 5.6; *Ohly*/Sosnitza, § 8 Rn. 191.

822 Ingerl/Rohnke, Markengesetz, § 19 Rn. 52; Wandtke/Bullinger, Praxiskommentar zum Urheberrecht, § 101 Rn. 26.

nen Kosten begrenzt ist, wobei eine Pauschalierung zulässig ist (§ 13 Abs. 3 1 UKlaG).[823] Diese Kosten kann der Anspruchsteller von dem Verletzer erstattet verlangen (§ 13 Abs. 3 2 UKlaG).

F. Entwurf eines Gesetzes zur Stärkung des fairen Wettbewerbs

Am 11. 9. 2018 hat die Bundesregierung den »Entwurf eines Gesetzes zur Stärkung des fairen Wettbewerbs« vorgelegt, durch den unter anderem der »Missbrauch des bewährten Abmahnrechts« bekämpft werden soll.[824] **405**

Die Klagebefugnis von Mitbewerbern (§ 8 Abs. 3 Nr. 1) soll davon abhängig gemacht werden, dass sie in »in nicht unerheblichem Maße ähnliche Waren oder Dienstleistungen vertreiben oder nachfragen«. **406**

§ 8 Abs. 3 Nr. 2 soll dahingehend modifiziert werden, dass die Klagebefugnis von Verbänden zur Förderung gewerblicher oder selbständiger beruflicher Interessen nur noch gegeben ist, wenn sie in eine Liste qualifizierter Wirtschaftsverbände eingetragen sind; Einzelheiten der Eintragungsvoraussetzungen soll ein neuer § 8a regeln. Die Klagebefugnis der Wirtschaftsverbände wird damit an die der Verbraucherschutzeinrichtungen (§ 8 Abs. 3 Nr. 3) angeglichen. Zur Begründung heißt es, insbesondere die Prüfung, ob die Verbände nach ihrer personellen, sachlichen und finanziellen Ausstattung imstande seien, ihre satzungsmäßigen Aufgaben der Verfolgung gewerblicher oder selbständiger beruflicher Interessen tatsächlich wahrzunehmen, könne nicht wirksam von einem Gericht kontrolliert werden.[825] Damit weicht der Entwurf diametral von der Einschätzung des Gesetzgebers des UWG 2004 ab, der wegen der Komplexität der Prüfung der Voraussetzungen der Klagebefugnis sich gerade bewusst gegen das Listenmodell entschieden hatte.[826] Begründet wird diese Kehrtwende nicht näher. **407**

Die vorgeschlagene Regelung der Eintragungsvoraussetzungen in § 8a entspricht weitgehend den Anforderungen, die die Rechtsprechung bislang im Rahmen des § 8 Abs. 3 Nr. 2 aufgestellt hat. Restriktiv im Vergleich zum geltenden Recht ist die vorgeschlagene Neuregelung in § 8a Abs. 2 Nr. 1, wonach die Aufnahme in die Liste voraussetzt, dass dem Verband mindestens 50 Unternehmen oder fünf Verbände angehören müssen. **408**

§ 8 Abs. 4 soll entfallen und durch einen neuen § 8b ersetzt werden. Die wesentliche sachliche Neuerung der vorgeschlagenen Regelung besteht darin, dass nach § 8b Abs. 2 S. 2 eine missbräuchliche Geltendmachung von Ansprüchen unter bestimmten Voraussetzungen vermutet wird. Die in § 8b Abs. 2 S. 2 Nr. 1 bis 4 aufgeführten Kriterien entsprechen im Wesentlichen Kriterien, die die Rechtsprechung zu § 8 Abs. 4 entwickelt hat. **409**

---

823 *Köhler*/Bornkamm/*Feddersen*, § 8 Rn. 5.5.

824 https://www.bmjv.de/SharedDocs/Gesetzgebungsverfahren/DE/St%C3%A4rkung_fairen_Wettbewerbs.html, abgerufen am 19. 10. 2018.

825 S. 20 des Entwurfs.

826 S. o. Rdn. 284.

§ 9 Schadensersatz

[1]Wer vorsätzlich oder fahrlässig eine nach § 3 oder § 7 unzulässige geschäftliche Handlung vornimmt, ist den Mitbewerbern zum Ersatz des daraus entstehenden Schadens verpflichtet. [2]Gegen verantwortliche Personen von periodischen Druckschriften kann der Anspruch auf Schadensersatz nur bei einer vorsätzlichen Zuwiderhandlung geltend gemacht werden.

Martin Hohlweck

Übersicht **Rdn.**

A. Einleitung

I. Historische Entwicklung, Einfluss des Unionsrechts

1 Bereits das UWG 1909 erwähnte in § 1 Schadensersatzansprüche, enthielt aber keine einheitliche Regelung. Diese wurde erst durch die Einführung des § 9 im Jahr 2004 geschaffen. Eine Änderung der Rechtslage war damit nicht verbunden.[1] Die UGP-Richtlinie sieht zwar in Art. 11 (1) vor, dass die Mitgliedstaaten geeignete und wirksame Mittel zur Bekämpfung unlauterer Geschäftspraktiken zur Verfügung stellen müssen, um die Einhaltung der Richtlinie durchzusetzen. Ob es sich dabei aber um straf-, verwaltungs- oder zivilrechtliche Sanktionen handelt, bleibt den Mitgliedstaaten überlassen. Im Bereich des Schadensumfangs übt die Durchsetzungsrichtlinie 2004/47/EG einen mittelbaren Einfluss aus, da sie in Art. 13 die dreifache Schadensberechnung vorsieht, und die Auslegung der ihrer Umsetzung dienenden Normen (wie § 97 Abs. 2 UrhG oder § 14 Abs. 6 MarkenG) Auswirkungen auch auf die Schadensberechnung nach § 9 hat.[2]

1 Amtliche Begründung, BT-Drucksache 15/1487, S. 23.
2 Harte/Henning/Goldmann, § 9 Rn. 4; GK/Paal, § 9 Rn. 3, 61.

II. Systematische Stellung

2 § 9 gilt für Verstöße gegen §§ 3 und 7. Bei Verstößen gegen die Strafbestimmungen der §§ 16 bis 18 folgt der Schadensersatzanspruch aus § 823 Abs. 2 BGB.[3] Auf die Berechnung des Schadens hat dies aber keinen Einfluss; so kann auch bei einem Verstoß gegen § 17 UWG der Schaden objektiv im Weg der dreifachen Schadensberechnung ermittelt werden.[4] Auch vertragliche Ansprüche auf Schadensersatz werden von § 9 nicht erfasst.

3 Da es sich bei Verstößen gegen das Lauterkeitsrecht um unerlaubte Handlungen im Sinn des BGB handelt, sind die Regeln des Schadensersatzrechts im BGB ergänzend (beispielsweise im Bereich von Täterschaft und Teilnahme oder der Schadensberechnung) heranzuziehen, soweit das UWG keine vorrangigen Sonderregeln (wie § 11 für die Verjährung) enthält.[5]

4 Die **Beseitigungsansprüche** einerseits, die Ansprüche auf Schadensersatz (§ 9) und Erstattung der Abmahnkosten (§ 12 Abs. 1 2) andererseits betreffen unterschiedliche Handlungen. Der Schadensersatzanspruch stützt sich auf die geschehene Verletzungshandlung, während sich der Unterlassungsanspruch auf in der Zukunft liegende Verletzungshandlungen richtet. Dies hat zur Folge, dass die Entscheidung über den einen Anspruch nicht präjudiziell für den anderen Anspruch ist. Auch wenn ein Schadensersatzanspruch rechtskräftig wegen fehlenden Nachweises einer Verletzungshandlung abgewiesen worden ist, kann immer noch auf Unterlassung geklagt werden.[6]

B. Tatbestandsvoraussetzungen

I. Unlautere geschäftliche Handlung

5 Grundvoraussetzung eines Schadensersatzanspruchs aus § 9 ist eine nach § 3 oder § 7 unlautere geschäftliche Handlung. Die Einwilligung des Geschädigten lässt die Unlauterkeit und damit Schadensersatzansprüche entfallen. Die Gewährung einer Aufbrauchfrist ändert dagegen nichts daran, dass das betreffende Verhalten grundsätzlich unlauter ist. Der im Rahmen einer Aufbrauchsfrist zulässige Vertrieb von Produkten kann daher einen bestehenden Schadensersatzanspruch weiter erhöhen.[7]

---

3 *Köhler*/Bornkamm/Feddersen, § 9 Rn. 1.1; a. A. Harte/Henning/Goldmann, § 9 Rn. 18 (§ 9 anwendbar); differenzierend GK/Paal, § 9 Rn. 14.

4 BGH, 19.03.2008, I ZR 225/06, WRP 2008, 938, 939 – *entwendete Datensätze mit Konstruktionszeichnungen.*

5 BGH, 12.01.1966, I Zb ZR 5/64, GRUR 1966, 375, 376 – *Meßmer-Tee II*; BGH, 14.01.1999, I ZR 203/96, GRUR 1999, 751, 754 – *Güllepumpen*; BGH, 18.10.2001, I ZR 22/99, GRUR 2002, 618, 619 – *Meißner Dekor.*

6 BGH, 31.05.2012, I ZR 45/11, GRUR 2012, 949 Rn. 36 – *Missbräuchliche Vertragsstrafe.*

7 BGH, 11.03.1982, I ZR 58/80, GRUR 1982, 420, 423 – *BBC/DDC.*

II. Kausalität und objektive Zurechnung

1. Grundsatz

Nach allgemeinen Grundsätzen des Deliktsrechts muss die geschäftliche Handlung kausal für die Rechtsgutsverletzung (haftungsbegründende Kausalität) und diese wiederum kausal für den eingetretenen Schaden (haftungsausfüllende Kausalität) sein. Im Bereich der Verletzung der Tatbestände des § 3 und § 7 UWG ist die haftungsbegründende Kausalität in der Regel ohne weiteres gegeben. Problematisch kann dagegen die Feststellung der haftungsausfüllenden Kausalität sein.[8] Nach der Formel der Rechtsprechung besteht eine Haftung für diejenigen äquivalent und adäquat verursachten Schadensfolgen, die aus dem Bereich der Gefahren stammen, zu deren Abwendung die verletzte Norm erlassen wurde.[9] Der eingetretene Schaden muss daher durch die geschäftliche Handlung adäquat kausal verursacht worden sein und in den Schutzbereich der verletzten Norm fallen. 6

2. Adäquate Kausalität

Die Haftung setzt als notwendige Mindestvoraussetzung voraus, dass die Handlung für den Schaden im naturwissenschaftlich-logischen Sinn verursacht worden ist. Kausal ist danach ein Verhalten, das nicht hinweggedacht werden kann, ohne dass der Erfolg entfiele (condicio sine qua non-Formel). Um eine unerträgliche Ausweitung der Schadensersatzpflicht zu verhindern, ist die Verantwortlichkeit des Schädigers aber durch weitere Zurechnungskriterien einzuschränken. Neben dem Schutzzweck der Norm wird dies durch die Forderung der Adäquanz des Kausalverlaufs geleistet.[10] Adäquat ist eine Bedingung dann, wenn das Ereignis im Allgemeinen und nicht nur unter besonders eigenartigen, unwahrscheinlichen und nach dem gewöhnlichen Verlauf der Dinge außer Betracht zu lassenden Umständen geeignet ist, einen Erfolg der fraglichen Art herbeizuführen. Adäquanz kann fehlen, wenn der Geschädigte selbst in völlig ungewöhnlicher oder unsachgemäßer Weise in den schadensträchtigen Geschehensablauf eingreift und eine weitere Ursache setzt, die den Schaden endgültig herbeiführt.[11] 7

Konnte der geltend gemachte Schaden nicht ohne eigenes Verhalten des Geschädigten entstehen, das als solches auf einem freien Entschluss beruhte und erst nach dem zum Anlass der Ersatzforderung genommenen Geschehen in den hierdurch in Gang gesetzten Kausalverlauf eingegriffen hat, ist bei wertender Betrachtung grundsätzlich kein zum Schadensersatz verpflichtender Zusammenhang mehr gegeben. Die Kosten, die durch die Inanspruchnahme einer falschen Person entstanden sind, gehören daher grundsätzlich auch dann nicht zu dem durch ein wettbewerbswidriges Verhalten adäquat verursachten Schaden, wenn der Verletzer durch sein Verhalten die Gefahr der falschen Inanspruchnahme geschaffen hat, soweit darin nicht ein eigenständiger Wett- 8

---

8 GK/Paal, § 9 Rn. 15 f.

9 BGH, 21.04.2016, I ZR 276/14, GRUR 2016, 831 Rn. 15 – *Lebens-Kost.*

10 BGH, 11.11.1999, III ZR 98/99, NJW 2000, 947, 948; BGH, 11.01.2005, X ZR 163/92, NJW 2005, 1420, 1421; kritisch MünchKomm/Wagner BGB, § 823 Rn. 70.

11 BGH, 11.01.2005, X ZR 163/92, NJW 2005, 1420, 1421.

bewerbsverstoß liegt. Wer juristisch selbständige Unternehmen unter ähnlichen Firmen betreibt, haftet daher nicht für Rechtsverfolgungskosten, die einem Verletzten dadurch entstehen, dass dieser irrtümlich nicht das für den Wettbewerbsverstoß verantwortliche Unternehmen, sondern ein Schwesterunternehmen in Anspruch nimmt.[12]

9 Auch im Wettbewerbsrecht gilt aber der Grundsatz, dass der Verletzte Ersatz auch des Schadens verlangen kann, der durch eine auf einer eigenen Willensentscheidung beruhenden Handlung des Verletzten entstanden ist, wenn diese Handlung durch ein rechtswidriges Verhalten des anderen herausgefordert worden ist und eine nicht ungewöhnliche Reaktion auf dieses Verhalten darstellt. Unter diesen Voraussetzungen ist auch derjenige zum Schadensersatz verpflichtet, der schuldhaft den unrichtigen Anschein eines von einem Dritten begangenen Wettbewerbsverstoßes erweckt. Wer daher eine Liste mit Namen und Anschriften von Personen ins Internet stellt, die angeblich geschäftsmäßige Hilfeleistung in Steuersachen anbieten, obwohl dies tatsächlich nicht der Fall ist, kann für die Kosten der Rechtsverfolgung gegen diese Personen verantwortlich sein.[13] Gleichermaßen kann für die Kosten vergeblicher Rechtsverfolgung haften, wer nach einem Wettbewerbsverstoß eine unrichtige Auskunft über den Hersteller wettbewerbswidriger Produkte erteilt und so den Verletzten veranlasst, ein tatsächlich nicht verantwortliches Unternehmen gerichtlich in Anspruch zu nehmen. Es fällt auch unter den Schutzzweck der Pflicht zur richtigen Auskunftserteilung, den Auskunftsberechtigten vor Schäden zu bewahren, die adäquat durch eine unrichtige oder irreführende Auskunft nicht nur verursacht, sondern nach Lage der Dinge bei angemessen besonnenem Vorgehen geradezu herausgefordert werden.[14]

10 Der Schadensminderung dienende Aufwendungen vor dem Schadensfall sind aber, da sie unabhängig von dem einzelnen Schadensfall entstehen und durch diesen nicht veranlasst sind, grundsätzlich nicht erstattungsfähig. Ausnahmen von diesem Grundsatz kommen bei schadensmindernden Vorsorgemaßnahmen in Betracht, die letztlich dem Schädiger zugutekommen. Vorkehrungen zur Schadensminderung, die allgemein und ohne Bezug auf einen konkreten Schadensfall getroffen worden sind, müssen jedoch in der Regel von demjenigen getragen werden, der sie in seinem Interesse freiwillig auf sich nimmt. Die Kosten, die einem Hersteller durch die Kennzeichnung von Produkten mit einem Nummernsystem entstehen, um ihre Rückverfolgbarkeit im Interesse der Qualitätssicherung zu ermöglichen, können daher nicht von einem Zwischenhändler ersetzt verlangt werden, der die Nummern in unzulässiger Weise entfernt.[15]

3. Schutzbereich der Norm

11 In der Rechtsprechung des Bundesgerichtshofs ist anerkannt, dass die Schadensersatzpflicht durch den Schutzzweck der Norm begrenzt wird. Eine Haftung besteht für

12 BGH, 05.11.1987, I ZR 212/85, GRUR 1988, 313, 314 – *Auto F. GmbH.*

13 BGH, 23.11.2006, I ZR 276/03, GRUR 2007, 631 Rn. 23 f. – *Abmahnaktion.*

14 BGH, 17.09.2015, I ZR 47/14, GRUR 2016, 526 Rn. 37 – *Irreführende Lieferantenangabe.*

15 BGH, 17.05.2001, I ZR 291/98, GRUR 2001, 841, 845 – *Entfernung der Herstellungsnummer II.*

diejenigen äquivalenten und adäquaten Schadensfolgen, die aus dem Bereich der Gefahren stammen, zu deren Abwendung die verletzte Norm erlassen oder die verletzte Vertragspflicht übernommen wurde. Der geltend gemachte Schaden muss in einem inneren Zusammenhang mit der durch den Schädiger geschaffenen Gefahrenlage stehen; ein »äußerlicher«, gleichsam »zufälliger« Zusammenhang genügt nicht. Insoweit ist eine wertende Betrachtung geboten.[16]

Streitig ist, wie der Schutzzweck bei Verstößen gegen § 3a zu bestimmen ist. Nach der Rechtsprechung des Bundesgerichtshofs ist nicht der Schutzzweck der verletzten Primärnorm maßgeblich.[17] § 3a verfolgt danach den eigenständigen Schutzzweck, dass sich Mitbewerber nicht durch rechtswidriges Verhalten einen Vorsprung im Wettbewerb verschaffen sollen. Es ist daher unerheblich, ob Wettbewerbsverstoß allein die Interessen der Mitbewerber, deren Interessen und zugleich die Interessen der Verbraucher oder aber allein die Interessen der Verbraucher beeinträchtigt. Ein Mitbewerber kann auch von demjenigen, der sich durch die Verletzung einer ausschließlich dem Schutz der Verbraucher dienenden Marktverhaltensregelung einen Vorsprung im Wettbewerb verschafft hat, gemäß § 9 den ihm dadurch entstandenen Schaden ersetzt verlangen. Auch der Verstoß gegen Bestimmungen des Arzneimittelrechts oder des Pflanzenschutzrechts, die allein dem Schutz der Verbraucher dienen, kann daher Schadensersatzansprüche von Mitbewerbern auslösen.[18] 12

Nicht vom Schutzzweck der Norm umfasst sind Schäden, die auch bei rechtmäßigem Alternativverhalten eingetreten wären. Ein Schaden, der auch entstanden wäre, wenn der Schädiger sich in den Grenzen des Erlaubten gehalten hätte, kann ihm nicht zugerechnet werden.[19] Die Beweislast dafür trägt der Schädiger.[20] Bei der Berechnung des Schadensersatzes anhand des Verletzergewinns kann sich der Verletzer allerdings nicht darauf berufen, er habe den gleichen Gewinn auch ohne Rechtsverletzung erzielen können; dies stünde im Widerspruch zum Anliegen dieser Berechnungsmethode.[21] 13

Ebenfalls nicht in den Schutzbereich der Norm fällt Gewinn, den der Geschädigte nur durch Verletzung eines gesetzlichen Verbots oder mit rechtswidrigen Mitteln hätte erzielen können. Eine unlautere Produktnachahmung im Sinn des § 4 Nr. 3 kann daher zwar Unterlassungsansprüche, nicht aber Schadensersatzansprüche auslösen, wenn der Vertrieb des nachgeahmten Produkts unzulässig ist.[22] An einem ersatzfähigen Schaden fehlt es schließlich auch, wenn beide Parteien im Wesentlichen gleichzeitig, in gleicher Art und Weise und in gleichem Umfang unlauter gehandelt haben.[23] Da der Bundesge- 14

16 BGH, 17.09.2015, I ZR 47/14, GRUR 2016, 526 Rn. 31 – *Irreführende Lieferantenangabe.*
17 So aber *Ohly*/Sosnitza, § 9 Rn. 5.
18 BGH, 10.12.2009, I ZR 189/07, GRUR 2010, 754 Rn. 25 – *Golly Telly*; BGH, 06.10.2011, I ZR 117/10, GRUR 2012, 407 Rn. 37 – *Delan.*
19 Koch, in: Ullmann, jurisPK-UWG, § 9 Rn. 39.
20 BGH, 24.10.1995, KZR 3/95, GRUR 1996, 919, 920 – *Jutefilze.*
21 BGH, 24.07.2012, X ZR 51/11, BGHZ 194, 194 = GRUR 2012, 1226 Rn. 35 – *Flaschenträger.*
22 BGH, 24.02.2005, I ZR 101/02, BGHZ 162, 246 = GRUR 2005, 519, 520 – *Vitamin-Zell-Komplex.*
23 BGH, 02.07.1971, I ZR 43/70, GRUR 1971, 582, 584 – *Kopplung im Kaffeehandel.*

richtshof diese Einschränkung damit begründet, dass bei beiderseits unlauterem Verhalten nicht davon auszugehen sei, dass sich der eine Mitbewerber durch sein Verhalten einen Vorsprung gegenüber seinem Konkurrenten verschafft habe, dürfte die – in der neueren Rechtsprechung nicht mehr erwähnte – Einschränkung nur im Bereich des § 3a einschlägig sein.

III. Verschulden

1. Grundsatz

15 Schadensersatzansprüche setzen nach § 9 Verschulden in Form von Vorsatz oder Fahrlässigkeit voraus. Zu beachten ist das »Presseprivileg« des § 9 Satz 2, nach dem die Verantwortlichen von periodischen Druckschriften nur bei Vorsatz auf Schadensersatz haften. In diesem Zusammenhang kann daher die Abgrenzung zwischen Vorsatz und Fahrlässigkeit Bedeutung erlangen, so auch im Fall des Mitverschuldens nach § 254 BGB, bei dem der Umfang der Ersatzpflicht durch den Grad des Verschuldens beeinflusst wird.[24]

2. Vorsatz

16 Vorsätzliches Handeln setzt Kenntnis und Billigung sämtlicher Tatumstände voraus. Auf die Kenntnis und das Wollen eines rechtswidrigen Erfolgs kommt es im Bereich des Handlungsunrechts des UWG dagegen nicht an, das den Nachweis eines konkreten Schädigungserfolgs (z. B. im Fall der Irreführung den tatsächlichen Irrtum von Verbrauchern) nicht erfordert. Der Vorsatz muss sich daher auch nicht auf den Eintritt eines tatsächlichen Schadens erstrecken.[25]

17 Der Vorsatz muss auch das Bewusstsein der Unlauterkeit umfassen. Allein die Kenntnis der die Unlauterkeit begründenden Tatumstände genügt daher nicht. Eine genaue Rechtskenntnis ist dabei allerdings nicht erforderlich. Vielmehr reicht es, wenn sich die Unlauterkeit aus einer »Parallelwertung in der Laiensphäre« ergibt.[26]

3. Fahrlässigkeit

18 Fahrlässig handelt, wer die im Verkehr erforderliche Sorgfalt außer Acht lässt (§ 276 Abs. 1 2 BGB). Maßgeblich ist die Sorgfalt, die von einem typischen Angehörigen der betreffenden Gruppe erwartet werden kann. Ein Apotheker muss daher mit den einschlägigen Vorschriften über die Abgabe von Arzneimitteln vertraut sein und kann sich nicht darauf berufen, als juristischer Laie habe er die Rechtswidrigkeit seines Handelns nicht erkennen können.[27] Insgesamt werden im gewerblichen Rechtsschutz –

24 GK/Paal, § 9 Rn. 23.
25 *Ohly*/Sosnitza, § 9 Rn. 6.
26 OLG Hamm, 14.02.2008, 4 U 135/07, GRUR-RR 2008, 435, 437 – *Zulassung in EU-Mitgliedstaat*; *Köhler*/Bornkamm/Feddersen, § 9 Rn. 1.17; GK/Paal, § 9 Rn. 24; *Ohly*/Sosnitza, § 9 Rn. 6.
27 BGH, 08.01.2015, I ZR 123/13, GRUR 2015, 916 Rn. 35 – *Abgabe ohne Rezept*.

wie auch im Urheberrecht – strenge Anforderungen an die Beachtung der im Verkehr erforderlichen Sorgfalt gestellt.[28]

Ein **Rechtsirrtum** kann das Verschulden ausschließen, wenn der Irrende bei Anwendung der im Verkehr erforderlichen Sorgfalt mit einer anderen Beurteilung der Gerichte nicht zu rechnen brauchte. Dabei ist ein strenger Maßstab anzulegen. Von einem Unternehmer ist zu verlangen, dass er sich Kenntnis von den für seinen Tätigkeitsbereich einschlägigen Bestimmungen verschafft. Bei einer zweifelhaften Rechtsfrage, für welche der rechtsirrig Handelnde keine einheitliche Rechtsprechung findet, braucht dies zwar nicht zu bedeuten, dass für den Handelnden die Möglichkeit einer ihm ungünstigen gerichtlichen Entscheidung ausgeschlossen erscheinen musste.[29] Ein Verschulden liegt aber bereits dann vor, wenn er sich erkennbar in einem rechtlichen Grenzbereich bewegt, in dem er eine von der eigenen Einschätzung abweichende Beurteilung der rechtlichen Zulässigkeit seines Verhaltens in Betracht ziehen muss.[30] Bei einer zweifelhaften Rechtsfrage, in der sich noch keine einheitliche Rechtsprechung gebildet hat und die insbesondere nicht durch höchstrichterliche Entscheidungen geklärt ist, muss durch strenge Sorgfaltsanforderungen verhindert werden, dass das Risiko der zweifelhaften Rechtslage dem anderen Teil zugeschoben wird.[31] 19

Fehlt es an einer gefestigten höchstrichterlichen Rechtsprechung, liegt kein Verstoß gegen Sorgfaltspflichten vor, wenn es sich um die Beurteilung eines rechtlich schwierigen Sachverhalts handelt, und der Handelnde sich für seine Auffassung auf namhafte Vertreter im Schrifttum oder auf gerichtliche Entscheidungen berufen konnte,[32] wobei vereinzelte Stellungnahmen aber nicht genügen.[33] Bei einer bestehenden höchstrichterlichen Rechtsprechung wäre es dagegen eine Überspannung der Pflicht zu lauterem Wettbewerbshandeln und ein unzulässiger Eingriff in die Wettbewerbsfreiheit, von einem Unternehmer zu verlangen, sich vorsichtshalber auch dann nach der strengsten Gesetzesauslegung und Einzelfallbeurteilung zu richten, wenn die zuständigen Behörden und Gerichte sein Verhalten bislang ausdrücklich als rechtlich zulässig bewertet haben. Anderes wird allerdings grundsätzlich gelten, wenn er die Rechtswidrigkeit seines Verhaltens kennt, sich dieser Einsicht bewusst verschließt oder auf die Haltung der Verwaltungsbehörden in unlauterer Weise eingewirkt hat.[34] 20

Die von Einzelfällen geprägte Rechtsprechung lässt sich dahingehend zusammenfassen, dass es keinen Verstoß gegen Sorgfaltspflichten darstellt, wenn sich der Unternehmer auf eine gefestigte höchstrichterliche Rechtsprechung verlässt. Fehlt es an einer solchen, kommt eine Entlastung in Frage, wenn sich in Rechtsprechung und Literatur eine 21

28 BGH, 29.10.2009, I ZR 168/06, GRUR 2010, 57 Rn. 42 – *Scannertarif.*
29 BGH, 18.12.1997, I ZR 79/95, GRUR 1998, 568, 569 – *Beatles-Doppel-CD.*
30 BGH, 29.04.1999, I ZR 65/96, GRUR 1999, 984, 988 – *Laras Tochter.*
31 BGH, 05.07.2001, I ZR 311/98, BGHZ 148, 221 ff. = GRUR 2002, 248, 252 – *Spiegel-CD-ROM.*
32 BGH, 14.12.1995, I ZR 210/93, GRUR 1996, 271, 275 – *Gefärbte Jeans.*
33 BGH, 04.02.1993, I ZR 42/91, BGHZ 121, 242 ff. = GRUR 1993, 556, 559 – *TRIANGLE.*
34 BGH, 11.10.2001, I ZR 172/99, GRUR 2002, 269, 270 – *Sportwetten-Genehmigung.*

eindeutig »herrschende Meinung« herausgebildet hat. Dieser darf der Unternehmer folgen, auch wenn sich einzelne abweichende Stimmen finden. Ist dagegen das Meinungsbild unklar, darf er sich nicht auf die ihm günstige Meinung verlassen, sondern muss damit rechnen, dass die Gerichte die Rechtslage anders beurteilen werden.

22 In Zweifelsfällen muss mit zumutbaren Anstrengungen besonders sachkundiger Rechtsrat bei einem wettbewerbsrechtlich erfahrenen Rechtskundigen eingeholt werden.[35] Selbst eine günstige Rechtsauskunft entlastet nicht, wenn sich die Auskunft zwar für die Zulässigkeit des Verhaltens ausspricht, die Rechtslage aber als zweifelhaft erkennen lässt.[36] Gleiches gilt, wenn Anlass bestand, an der Objektivität, Qualität oder Sorgfalt des Rechtsberaters zu zweifeln. Auch muss der Verletzer entsprechend seinen Kenntnissen und Fähigkeiten selbst noch eine gewissenhafte Prüfung anstellen.[37] Vor dem Hintergrund dieser Anforderungen ist es problematisch, allein aus dem Umstand, dass der Unternehmer Rechtsrat eingeholt hat, abzuleiten, ihm sei die rechtliche Bedenklichkeit seines Verhaltens bewusst gewesen.[38]

23 Bei Verstößen gegen den Rechtsbruchtatbestand kann bei der Prüfung des Verschuldens berücksichtigt werden, dass das Vertrauen auf behördliche Äußerungen oder eine ständige Verwaltungspraxis zu einem unvermeidbaren Rechtsirrtum führen kann.[39] In diesem Zusammenhang darf der Unternehmer davon ausgehen, dass die zuständigen Fachbehörden aufgrund ihrer besonderen Sachkunde sein Verhalten zutreffend beurteilen.[40] Dies gilt selbstverständlich nur bei Äußerungen der zuständigen Behörde.[41]

24 Im tatsächlichen Bereich darf sich der Unternehmer nicht unbesehen auf die Zusagen seiner Lieferanten verlassen. Schaltet er Werbung, obwohl das Risiko besteht, dass er die beworbenen Produkte nicht liefern kann, handelt er daher fahrlässig.[42] Allerdings kann daraus nicht abgeleitet werden, dass im **Bereich der Werbung** – gegenüber dem ohnehin strengen Maßstab – noch einmal gesteigerte Anforderungen an die unternehmerische Sorgfalt gelten. Werbung ist von der verfassungsrechtlich geschützten Berufsfreiheit umfasst;[43] sie kann daher nicht mit der Begründung, es gäbe keine zwingende Notwendigkeit, mit der Werbung in Grenzbereiche vorzustoßen, einem gegenüber sonstigen geschäftlichen Handlungen schärferen Maßstab unterworfen werden.[44]

---

35 BGH, 06.05.1999, I ZR 199/96, BGHZ 141, 329 ff. = GRUR 1999, 923, 928 – *Tele-Info-CD*; BGH, 29.04.2010, I ZR 68/08, GRUR 2010, 623 Rn. 55 – *Restwertbörse*.

36 BGH, 14.11.1980, I ZR 138/78, GRUR 1981, 286, 288 – *Goldene Karte I*.

37 *Köhler*/Bornkamm/Feddersen, § 9 Rn. 1.19.

38 So aber BGH, 14.11.1980, I ZR 138/78, GRUR 1981, 286, 288 – *Goldene Karte I*.

39 GK/Metzger, § 4 Nr. 11 Rn. 21; ablehnend Harte/Henning/Goldmann, § 9 Rn. 68.

40 BGH, 23.06.2005, I ZR 194/02, BGHZ 163, 265 ff. = GRUR 2005, 778, 779 – *Atemtest*; GK/Metzger, § 4 Nr. 11 Rn. 21.

41 BGH, 24.06.2010, I ZR 166/08, GRUR 2010, 1026 Rn. 19 – *Photodynamische Therapie*.

42 BGH, 04.02.1999, I ZR 71/97, GRUR 1999, 1011, 1014 – *Werbebeilage*.

43 BVerfG, 11.02.1992, 1 BvR 1531/90, BVerfGE 85, 248 ff. = GRUR 1992, 866, 868 – *Hackethal*.

44 So aber *Köhler*/Bornkamm/Feddersen, § 9 Rn. 1.19; Koch, in: Ullmann, jurisPK-UWG, § 9 Rn. 27.

Seit der Entscheidung des Patentsenats des Bundesgerichtshofs »**Maschenfester Strumpf**« gilt im Bereich der **Schutzrechtsverwarnung** ein geringerer Verschuldensmaßstab. Es würde danach zu weit gehen, den Inhaber eines Schutzrechts wegen unberechtigter Schutzrechtsverwarnung auf Schadensersatz haften zu lassen, wenn er sein Schutzrecht zwar nach gehöriger Prüfung als materiell rechtsbeständig ansieht, eine falsche Entscheidung hierüber aber nicht für ausgeschlossen hält. Den Verwarner trifft kein Verschulden, wenn er sich seine Überzeugung »durch gewissenhafte Prüfung gebildet« oder wenn er sich bei seinem Vorgehen von »vernünftigen und billigen Überlegungen« leiten ließ. Für die Annahme eines Verschuldens genügt nicht die – in Streitigkeiten des gewerblichen Rechtsschutzes stets gegebene – Möglichkeit, dass das Schutzrecht keinen Bestand haben könnte. Die möglichen Zweifel an der Rechtslage müssen vielmehr einen konkreten Bezugspunkt haben, der vom Verwarner hätte beachtet werden können.[45] Bei geprüften Schutzrechten wie dem Patent darf sich der Inhaber grundsätzlich auf die Beurteilung der zuständigen Eintragungsbehörde verlassen; bei ungeprüften Schutzrechten wie dem Design darf er sich auf das Ergebnis einer eingehenden Untersuchung durch fachkundige Berater (Patent- und Rechtsanwälte) verlassen.[46] Diese Grundsätze sind auch vom I. Zivilsenat übernommen worden; so kann sich beispielsweise der Inhaber einer Marke auf die Beurteilung des Markenamtes verlassen, wenn er aus der Marke eine Schutzrechtsverwarnung ausspricht.[47] 25

Höhere Anforderungen gelten allerdings bei nicht gegen den Hersteller, sondern dessen Abnehmer gerichteten Verwarnungen. Da diese, vor allem wenn sie auf Produkte von Wettbewerbern ausweichen können, häufig kein Interesse an einer Auseinandersetzung mit dem Verwarnenden haben, sind diese Verwarnungen besonders gefährlich und setzten eine besonders sorgfältige Prüfung der Rechtslage voraus. Grundsätzlich sollte in diesen Fällen die Verwarnung des Herstellers Vorrang haben.[48] 26

IV. Mitverschulden

§ 254 BGB gehört zu den Vorschriften des allgemeinen Schadensersatzrechts, die auch auf den lauterkeitsrechtlichen Anspruch anwendbar sind. Ein **Mitverschulden des Verletzten** (§ 254 Abs. 1 BGB) kann darin liegen, dass er den Wettbewerbsverstoß provoziert hat,[49] oder wenn der Adressat einer Schutzrechtsverwarnung voreilig Produktion und Vertrieb einstellt, obwohl er die fehlende Berechtigung der Verwarnung erkennen kann.[50] Zu berücksichtigen ist, dass fahrlässiges Verhalten des Geschädigten gegenüber vorsätzlichem Handeln grundsätzlich unberücksichtigt zu bleiben hat, auch wenn dies »nicht … zu einem Freibrief für jeden Leichtsinn des Geschädigten führen« darf.[51] 27

45 BGH, 11.12.1973, X ZR 14/70, GRUR 1974, 290, 292 – *Maschenfester Strumpf*; Teplitzky/Schaub, Kap. 30 Rn. 19.
46 BGH, 22.06.1976, X ZR 44/74, GRUR 1976, 715, 717 – *Spritzgießmaschine*.
47 BGH, 19.01.2006, I ZR 98/02, GRUR 2006, 432, 433 – *Verwarnung aus Kennzeichenrecht II*.
48 BGH, 19.01.1979, I ZR 166/76, GRUR 1979, 332, 336 – *Brombeerleuchte*.
49 BGH, 24.02.1994, I ZR 74/92, GRUR 1994, 447, 449 – *Sistierung von Aufträgen*.
50 BGH, 17.04.1997, X ZR 2/96, GRUR 1997, 741, 743 – *Chinaherde*.
51 BGH, 08.07.1986, VI ZR 47/85, BGHZ 98, 148 ff. = NJW 1986, 2941, 2943.

28 Nach § 254 Abs. 2 BGB ist der Geschädigte verpflichtet, den Schädiger auf die Gefahr eines ungewöhnlich hohen Schadens aufmerksam zu machen, die dieser weder kannte noch kennen musste. Zu denken ist in diesem Bereich etwa an ungewöhnlich hohe Kosten der Ein- oder Umstellung der Produktion nach einer unberechtigten Schutzrechtsverwarnung.[52] Ferner ist der Verletzte zumindest bei einem Dauerverstoß grundsätzlich gehalten, in Erfüllung seiner **Schadensminderungspflicht** zunächst eine Abmahnung auszusprechen.[53]

C. Aktivlegitimation

29 Der Schadensersatzanspruch steht grundsätzlich dem verletzten Mitbewerber zu. Anderen Marktteilnehmern wie den nach § 8 Abs. 3 Nr. 2 bis 4 Klagebefugten stehen keine Schadensersatzansprüche zu. Ihre Rechtsverfolgungskosten können sie allein über § 12 Abs. 1 2 geltend machen. Verbrauchern stehen keine Schadensersatzansprüche aus § 9 zu; insbesondere stellen §§ 3 und 7 keine Schutzgesetze im Sinn des § 823 Abs. 2 BGB dar.[54]

30 Welcher Mitbewerber Ansprüche geltend machen kann, richtet sich nach dem Schutzzweck der verletzten Norm.[55] So stehen Ansprüche beim lauterkeitsrechtlichem Nachahmungsschutz dem Hersteller zu, unter Umständen auch einem zum Alleinvertrieb berechtigten Unternehmen.[56] Bei Herabsetzung (§ 4 Nr. 1), Anschwärzung (§ 4 Nr. 2) oder Behinderung (§ 4 Nr. 4) ist aktivlegitimiert das jeweils betroffene Unternehmen, bei Verstößen gegen §§ 17 ff. der Inhaber der geschützten Informationen. Bei marktbezogenen Wettbewerbsverstößen (Irreführung) kommen theoretisch alle Mitbewerber in Betracht; hier wird aber in der Regel ein individueller Schaden nicht feststellbar sein.[57]

D. Passivlegitimation

I. Haftung des Verletzers

31 Schuldner des Schadensersatzanspruchs ist zunächst derjenige, der als Täter oder Teilnehmer die geschäftliche Handlung schuldhaft begangen hat. Keine geschäftliche Handlung – und damit auch keine Haftung nach § 9 – ist gegeben, wenn der Handelnde in untergeordneter Stellung auf fremde Weisung ohne eigenen Entscheidungsspielraum tätig ist (Zeitungsausträger, Plakatkleber).[58]

32 Eine persönliche Haftung von Organmitgliedern setzt entweder eine Beteiligung durch positives Tun oder eine nach allgemeinen Grundsätzen des Deliktsrechts begründeten

52 Teplitzky/Schaub, Kap. 30 Rn. 28.
53 BGH, 23.11.2006, I ZR 276/03, GRUR 2007, 631 Rn. 21 – *Abmahnaktion.*
54 GK/Paal, § 9 Rn. 39.
55 *Köhler*/Bornkamm/Feddersen, § 9 Rn. 1.9.
56 *BGH, 24.03.1994, I ZR 42/93,* BGHZ 125, 322 ff. = GRUR 1994, 630, 634 – *Cartier-Armreif.*
57 Vgl. BGH, 24.05.2000, I ZR 222/97, GRUR 2001, 78, 79 – *Falsche Herstellerpreisempfehlung.*
58 *Köhler*/Bornkamm/Feddersen, § 9 Rn. 1.3.

Garantenstellung voraus. Ihre Kenntnis allein von den Verstößen genügt nicht.[59] Gesellschafter einer GbR oder persönlich haftende Gesellschafter einer Handelsgesellschaft haften entsprechend § 128 HGB für die gegen die Gesellschaft begründeten Schadensersatzansprüche; in diesem Umfang sind sie auch zur Auskunft verpflichtet.[60]

II. Haftung für Dritte

Juristische Personen, aber auch Personenvereinigungen bis hin zur Gesellschaft bürgerlichen Rechts haften für die Handlungen **ihrer verfassungsmäßig berufenen Vertreter nach § 31 BGB**. Dabei handelt es sich nicht nur um die kraft Gesetzes zur Vertretung dieser Personenvereinigungen berufenen Organe, sondern um jeden Vertreter, dem durch die allgemeine Betriebsregelung und Handhabung bedeutsame, wesensmäßige Funktionen der juristischen Person zur selbständigen, eigenverantwortlichen Erfüllung zugewiesen sind, dass er also die juristische Person auf diese Weise repräsentiert.[61] Erfasst werden daher beispielsweise Filialleiter, Chefärzte oder die Leiter weitgehend selbständiger Funktionsbereiche wie des Transportwesens in einem größeren Unternehmen.[62] Für die Einzelheiten wird auf die Kommentierung unter § 8 verwiesen.[63] 33

Die Bestimmung des § 8 Abs. 2 (Beauftragtenhaftung) gilt lediglich für Unterlassungs- und Beseitigungsansprüche sowie Auskunftsansprüche, die der Durchsetzung dieser Abwehransprüche dienen. Für den verschuldensabhängigen Schadensersatzanspruch gilt mangels einer speziellen Regelung im UWG **die Haftung für Verrichtungsgehilfen nach § 831 BGB**.[64] Verrichtungsgehilfe im Sinne dieser Vorschrift ist, wer von den Weisungen seines Geschäftsherrn abhängig ist. Ihm muss von einem anderen, in dessen Einflussbereich er allgemein oder im konkreten Fall steht und von dem er in gewisser Weise abhängig ist, eine Tätigkeit übertragen worden sein. Das dabei vorausgesetzte Weisungsrecht braucht nicht ins Einzelne zu gehen. Es genügt, dass der Geschäftsherr die Tätigkeit des Handelnden jederzeit beschränken oder entziehen oder nach Zeit und Umfang bestimmen kann. Selbstständige Unternehmen haben in der Regel nicht die Stellung eines Verrichtungsgehilfen nach § 831 BGB, weil es bei ihnen an der erforderlichen Abhängigkeit und Weisungsgebundenheit gegenüber dem Geschäftsherrn fehlt. Beim Vorliegen besonderer Umstände ist es allerdings nicht ausgeschlossen, dass ein rechtlich selbstständiges Unternehmen, soweit es eine Tätigkeit ausübt, bei der es den Weisungen eines anderen Unternehmens unterworfen ist, auch dessen Verrichtungsgehilfe sein kann. 34

Für die Abgrenzung ist entscheidend, ob nach den tatsächlichen Verhältnissen eine Eingliederung in den Organisationsbereich des Geschäftsherrn erfolgt ist und der Han- 35

59 BGH, 18.06.2014, I ZR 242/12, BGHZ 201, 344 = GRUR 2014, 883 Rn. 19 – *Geschäftsführerhaftung*.
60 OLG Frankfurt, 11.09.2014, 6 U 107/13, WRP 2014, 1484, 1486.
61 BGH, 30.10.1967, VII ZR 82/65, NJW 1968, 391 f.
62 MünchKomm/Arnold BGB, § 31 Rn. 20.
63 Oben § 8 Rdn. 176–178.
64 BGH, 25.04.2012, I ZR 105/10, GRUR 2012, 1279 Rn. 43 – *DAS GROSSE RÄTSELHEFT*.

delnde dessen Weisungen unterliegt. Dies ist kann beispielsweise beim Bestehen eines Beherrschungs- und Gewinnabführungsvertrags der Fall sein.[65] Auch Handelsvertreter sind zwar grundsätzlich selbständige Gewerbetreibende (§ 84 HGB), können aber, wenn sie eine Tätigkeit ausüben, bei der sie den Weisungen des Unternehmers unterworfen und von ihm abhängig sind, die rechtliche Stellung eines Verrichtungsgehilfen haben.[66] Dies ist beispielsweise der Fall, wenn sie verpflichtet sind, Werbung nach näherer Weisung des Unternehmers zu betreiben.[67] Auch freie Mitarbeiter wie Testesser eines Restaurantführers können daher Verrichtungsgehilfen sein, wenn sie ihre Tätigkeit nach Vorgaben des Unternehmers ausüben.[68]

36 Nach § 831 Abs. 1 2 BGB kann sich der Unternehmer entlasten, indem er nachweist, dass er bei der Auswahl der bestellten Person sowie deren Leitung und Überwachung die im Verkehr erforderliche Sorgfalt beobachtet hat. Dabei sind aber hohe Anforderungen zu stellen.[69] Grundsätzlich kann dieser Beweis auch so geführt werden, dass der Unternehmer nachweist, diese Pflichten auf leitende Angestellte delegiert zu haben, die er entsprechend sorgfältig ausgewählt, instruiert und überwacht hat (dezentralisierter Entlastungsbeweis). Seine Grenzen findet dies allerdings bei Tätigkeiten, die einschneidende Auswirkungen haben können. So müssen Verleger und Herausgeber einen besonders gefährlichen Beitrag, mit dem ehr- oder persönlichkeitsrechtliche Beeinträchtigungen verbunden sind, grundsätzlich entweder selbst überprüfen oder dem damit beauftragten Dritten Organstellung im Sinne des § 31 BGB verschaffen, so dass sie ohne Entlastungsmöglichkeit haften. Kommen sie dieser Pflicht nicht nach, haften sie wegen Organisationsverschuldens.[70]

37 Eine Haftungszurechnung nach **§ 278 BGB** setzt ein bereits bestehendes vertragliches oder gesetzliches Schuldverhältnis voraus. Das Wettbewerbsverhältnis als solches erfüllt diese Voraussetzung nicht.[71] Die Anwendung des § 278 BGB kommt daher in Betracht, wenn aufgrund einer Unterwerfungserklärung ein vertragliches Verhältnis begründet worden ist. Durch eine auf einen Wettbewerbsverstoß folgende Abmahnung entsteht eine wettbewerbsrechtliche Sonderbeziehung eigener Art, die geeignet ist, Rechtspflichten zu begründen.[72] In ihrem Rahmen kann auch § 278 BGB anwendbar sein.[73]

III. Mehrere Verletzer

38 Mehrere Verletzer haften als Gesamtschuldner, wenn sie durch eine gemeinschaftlich begangene unerlaubte Handlung einen Schaden verursacht haben (§ 830 Abs. 1 1

65 BGH, 25.04.2012, I ZR 105/10, GRUR 2012, 1279 Rn. 44 f. – *DAS GROSSE RÄTSELHEFT.*
66 BGH, 05.10.1979, I ZR 140/77, GRUR 1980, 116, 117 – *Textildrucke.*
67 BGH, 29.06.1956, I ZR 129/54, GRUR 1956, 553, 556 – *Coswig.*
68 BGH, 12.06.1997, I ZR 36/95, GRUR 1998, 167, 169 – *Restaurantführer.*
69 BGH, 03.12.1985, VI ZR 160/84, GRUR 1986, 330, 331 – *Warentest III.*
70 BGH, 08.07.1980, VI ZR 158/78, GRUR 1980, 1099, 1104 – *Das Medizinsyndikat II.*
71 GK/Paal, § 9 Rn. 49.
72 BGH, 19.10.1989, I ZR 63/88, GRUR 1990, 381, 382 – *Antwortpflicht des Abgemahnten.*
73 GK/Paal, § 9 Rn. 49.

BGB) oder für den aus einer unerlaubten Handlung entstehenden Schaden nebeneinander verantwortlich sind (§ 840 Abs. 1 BGB). Voraussetzung ist allerdings, dass es sich um einen einheitlichen Schaden und nicht mehrere, voneinander unabhängige Rechtsverletzungen handelt.[74] Bei einer »Verletzerkette«, bei dem ein rechtsverletzendes Produkt über verschiedene Vertriebsstufen gehandelt wird, liegt danach grundsätzlich kein einheitlicher Schaden vor. Bei einer Verletzung von Nutzungsrechten führt bereits der Eingriff in die allein dem Rechtsinhaber zugewiesene Nutzungsmöglichkeit als solcher zu einem Schaden im Sinne des Schadensersatzrechts; der Verletzte kann daher grundsätzlich jedes Glied der Verletzerkette selbständig auf Schadensersatz in Anspruch nehmen, ohne dass die Leistung eines Verletzers Erfüllungswirkung im Sinn des § 422 Abs. 1 1 BGB hat.[75] Schadenersatzzahlungen, die der Hersteller seinen ihrerseits vom Verletzten in Anspruch genommenen Abnehmern zahlt, kann er allerdings bei der Berechnung des Verletzergewinns in Abzug bringen.[76]

E. Inhalt des Anspruchs

I. Einleitung

Für den Inhalt des Schadensersatzanspruchs gelten grundsätzlich die §§ 249 ff. BGB.[77] 39
Dem durch unlauteren Wettbewerb geschädigten Unternehmer wird es allerdings häufig schwerfallen, einen konkreten Schaden nachzuweisen, da sein Umsatz und Gewinn durch zahlreiche andere Faktoren des Marktgeschehens mit beeinflusst werden. Dem wird durch Möglichkeiten wie die der »dreifachen Schadensberechnung« sowie eine großzügige Anwendung der §§ 252 BGB, 287 ZPO Rechnung getragen.[78] Dennoch ist nicht zu übersehen, dass in der gerichtlichen Praxis Entscheidungen, in denen dem Verletzten konkrete Geldbeträge zugesprochen werden, eher die Ausnahme darstellen. In aller Regel bleibt es dabei, dass die Schadensersatzpflicht dem Grunde nach festgestellt wird und Auskunftsansprüche zuerkannt werden.[79]

II. Naturalrestitution

Nach der Konzeption des BGB steht an erster Stelle die Naturalrestitution, die tatsäch- 40
liche Wiederherstellung des vor dem Schaden bestehenden Zustands (§ 249 Abs. 1 BGB). Aber so, wie im allgemeinen Zivilrecht an die Stelle der Naturalrestitution der Geldersatz als Regelfall getreten ist,[80] so ist es auch im Lauterkeitsrecht. In vielen Fällen lassen sich die Folgen einer unlauteren Handlung bereits über den verschuldensunabhängigen Beseitigungs- oder Widerrufsanspruch aus § 8 Abs. 1 rückgängig machen.

---

74 BGH, *22.01.1985*, VI ZR 28/83, GRUR 1985, 398, 400 – *Nacktfoto.*
75 BGH, 14.05.2009, I ZR 98/06, BGHZ *181*, 98 = GRUR 2009, 856 Rn. 67 ff. – *Tripp-Trapp-Stuhl.*
76 BGH, 14.05.2009, I ZR 98/06, BGHZ 181, 98 = GRUR 2009, 856 Rn. 75 – *Tripp-Trapp-Stuhl.*
77 Amtl. Begründung, BT-Drucksache 15/1487 S. 23.
78 *Köhler*/Bornkamm/Feddersen, § 9 Rn. 1.23; Teplitzky/Schaub, Kap. 30 Rn. 2 f.
79 Vgl. Harte/Henning/Goldmann, § 9 Rn. 9.
80 MünchKomm/Oetker BGB, § 249 Rn. 320.

41 In bestimmten Fällen kann der Schadensersatzanspruch Unterlassungsansprüche begründen, die unter anderen Gesichtspunkten nicht gegeben sind. So kann die vertragswidrige Eintragung einer Domain im eigenen Namen einen Schadensersatzanspruch auf Unterlassung und Einwilligung in die Löschung der Domain begründen, der – mangels Unterscheidungskraft – weder unter dem Gesichtspunkt des Unternehmenskennzeichens noch des Namensrechts besteht.[81]

42 In der älteren Rechtsprechung sind in Fällen der unlauteren Kunden- oder Mitarbeiterabwerbung Beschäftigungs-, Belieferungs- oder Bezugsverbote zum Ausgleich eines durch den Wettbewerbsverstoß erlangten Vorteils ausgesprochen worden.[82] Da diese Maßnahmen regelmäßig zugleich in die Interessen Dritter eingreifen, sollten sie, wenn überhaupt, nur mit äußerster Zurückhaltung ausgesprochen werden.[83] Es dürfte kein Zufall sein, dass derartige Maßnahmen in der neueren Rechtsprechung (spätestens ab dem Jahr 2000) keine Rolle mehr spielen. Der BGH hat offen gelassen, ob er an dieser Rechtsprechung festhalten wird.[84]

43 Nach rechtswidriger Verweigerung eines Vertragsschlusses kommt der Zwang zum Abschluss eines entsprechenden Vertrages in Betracht; dies kommt in erster Linie bei Verstößen gegen den kartellrechtlichen Missbrauchstatbestand in Betracht.[85]

III. Einzelne Schadenspositionen

1. Entgangener Gewinn

44 Bereits aus § 252 Satz 1 BGB folgt, dass der zu ersetzende Schaden auch entgangenen Gewinn umfasst. Nach § 252 Satz 2 BGB gilt dabei als entgangen der Gewinn, der nach dem gewöhnlichen Verlauf der Dinge und nach den besonderen Umständen des Falls mit Wahrscheinlichkeit erwartet werden konnte. Diese Bestimmung stellt – wie § 287 ZPO – eine Beweiserleichterung für den Geschädigten dar. Statt der sonst für die Überzeugungsbildung des Gerichts erforderlichen Gewissheit vom Vorhandensein bestimmter Tatumstände zur Begründung des Ursachenzusammenhangs zwischen schädigender Handlung und Schadenseintritt genügt die bloße Wahrscheinlichkeit eines bestimmten Geschehensablaufs.[86] Nach der Lebenserfahrung kann davon ausgegangen werden, dass dem von einem Wettbewerbsverstoß unmittelbar Betroffenen regelmäßig ein Schaden entsteht.[87] Dies gilt aber nur bei mitbewerberbezogenen Wettbewerbsver-

81 BGH, 16.12.2004, I ZR 69/02, GRUR 2005, 517, 518 Rn. 28 – *Literaturhaus.*

82 Vgl. z. B. BGH, 03.12.1969, I ZR 151/67, GRUR 1970, 182, 184 – *Bierfahrer*; BGH, 19.02.1971, I ZR 97/69, GRUR 1971, 358, 359 – *Textilspitzen.*

83 *Köhler*/Bornkamm/Feddersen, § 9 Rn. 1.26; zutreffend daher OLG Jena, 13.11.1996, 2 U 902/96, WRP 1997, 363, 365; ablehnend auch OLG Frankfurt, 01.03.2018, 6 U 165/17, WRP 2018 Rn. 14 – *Beschäftigungsverbot für unlauter abgeworbene Arbeitnehmer.*

84 BGH, 16.11.2017, I ZR 161/16, GRUR 2018, 535 Rn. 41 – *Knochenzement I.*

85 *Köhler*/Bornkamm/Feddersen, § 9 Rn. 1.27; *Ohly*/Sosnitza, § 9 Rn. 10.

86 *BGH, 22.04.1993, I ZR 52/91*, BGHZ 122, 262 ff. = GRUR 1993, 757, 758 – *Kollektion »Holiday«.*

87 BGH, 17.6.1992, I ZR 107/90, BGHZ 119, 20 ff. = GRUR 1993, 55, 57 – *Tchibo/Rolex II.*

stößen; bei allein marktbezogenen Verstößen wie irreführender Werbung ist der Nachweis eines Zusammenhangs zwischen dem Verstoß und einem Gewinnrückgang bei einem Mitbewerber regelmäßig nicht möglich.[88]

Beim unlauteren Vertrieb billiger Nachahmungsprodukte kann davon ausgegangen werden, dass einige Käufer vom Erwerb des teuren Originals abgesehen haben und sich stattdessen mit einem Nachahmungsprodukt begnügt haben.[89] Das Beispiel zeigt aber zugleich auch die Schwierigkeiten der Berechnung des entgangenen Gewinns auf: Die Annahme, der vom Nachahmer erzielte Gewinn wäre ohne den Vertrieb der Nachahmungen dem Hersteller des Originals zugutegekommen, ist nicht möglich. Viele der Käufer der Nachahmung wären aller Wahrscheinlichkeit nicht dazu bereit gewesen, die deutlich höheren Preise der Originalprodukte zu bezahlen.[90] Allgemein kann nicht einfach davon ausgegangen werden, dass der Umsatz des Verletzers in vollem Umfang direkt oder mittelbar dem Berechtigten zugutegekommen wäre. In geeigneten Fällen (Nachahmung von Modeprodukten) kann allerdings der vom Verletzer erzielte Umsatz ein Indiz für die Schätzung des dem Verletzten entgangenen Schadens darstellen.[91] 45

Von größerer Bedeutung sind daher Umsatzrückgänge auf Seiten des Verletzten, wenn sich auch diese in einem komplexen Marktgeschehen nur selten monokausal auf eine bestimmte Verletzungshandlung werden zurückführen lassen. Im Fall von Umsatzeinbußen ist auch zu berücksichtigen, inwieweit die Abnehmer des betreffenden Produkts auf alternative Bezugsquellen zu dem Verletzten ausweichen konnten.[92] Lässt sich ein Umsatzrückgang des Verletzten der Verletzungshandlung zuordnen, kann der vom Verletzten üblicherweise erzielte Gewinn der Schadensschätzung zugrunde gelegt werden.[93] Dabei genügt es auch bei Anwendung des § 287 ZPO nicht, wenn der Verletzte lediglich allgemein seine Gewinnspanne nennt. Er muss produktbezogene Ausführungen machen, um dem Gericht eine Schadensschätzung zu ermöglichen. Er ist gehalten, die Kalkulation für seine Waren zu offenbaren und muss insbesondere Erlöse und produktbezogene Kosten einander gegenüberstellen.[94] 46

Auf die entgangenen Erlöse sind im Wege der Vorteilsausgleichung Ersparnisse anzurechnen, die der Verletzte durch das schädigende Ereignis hatte. Werden durch irreführende Äußerungen Werbekunden des Verletzten zur Kündigung der Werbeverträge veranlasst, kann der Verletzte zur Schadensminderung gehalten sein, sich um eine anderweitige Verwertung der – begrenzten – Werbeplätze zu bemühen.[95] 47

---

88 HansOLG Hamburg, 11.02.2009, 5 U 130/08, juris Rn. 60 – *Smartsurfer*; vgl. auch BGH, 06.07.1995, I ZR 58/93, GRUR 1995, 744, 749 – *Feuer, Eis & Dynamit I.*

89 *BGH, 17.6.1992,* I ZR 107/90, BGHZ 119, 20 ff. = GRUR 1993, 55, 57 – *Tchibo/Rolex II.*

90 OLG Köln, 24.01.2014, 6 U 111/13, GRUR-RR 2014, 329, 330 – *Converse AllStar.*

91 BGH, 22.04.1993, I ZR 52/91, BGHZ 122, 262 ff. = GRUR 1993, 757, 758 – *Kollektion »Holiday«.*

92 BGH, 21.01.2016, I ZR 90/14, GRUR 2016, 860 Rn. 29 ff. – *Deltamethrin II.*

93 BGH, 14.02.2008, I ZR 135/05, GRUR 2008, 933 Rn. 20 – *Schmiermittel.*

94 BGH, 06.03.1980, X ZR 49/78, BGHZ 77, 16 ff. = GRUR 1980, 841, 842 f. – *Tolbutamid*; OLG Köln, 24.01.2014, 6 U 111/13, GRUR-RR 2014, 329, 330 – *Converse AllStar.*

95 OLG Frankfurt, 19.09.2013, 6 U 105/12, juris Rn. 34.

48 Ein tatsächlich zu erwartender Gewinn ist dann nicht ersatzfähig, wenn er nur durch Verletzung eines gesetzlichen Verbots oder mit rechtswidrigen Mitteln hätte erzielt werden können.[96] Gleiches gilt für Gewinn, der nur in sittenwidriger Weise erreichbar gewesen wäre.[97]

2. Rechtsverfolgungskosten

49 Die Kosten der Rechtsverfolgung stellen, soweit sie aus Sicht des Schädigers zur Rechtsverfolgung erforderlich und zweckmäßig waren, grundsätzlich eine erstattungsfähige Schadensposition dar.[98] Im Rahmen des § 9 gilt nichts anderes, wobei die praktisch wichtigste Position, die Erstattung von Abmahnkosten, nunmehr bereits aus § 12 Abs. 1 2 geltend gemacht werden kann, ohne dass es – wie bei § 9 – auf Verschulden des Verletzers ankommt.

50 Die Kosten für die Einschaltung eines Rechtsanwalts sind auch dann erstattungsfähig, wenn es sich bei dem Verletzten um ein Unternehmen mit eigener Rechtsabteilung handelt. Auch ein solches Unternehmen ist nicht gehalten, seiner Rechtsabteilung neben der rechtlichen Überprüfung der eigenen geschäftlichen Aktivitäten auch die Überprüfung der Wettbewerbshandlungen der Mitbewerber auf ihre wettbewerbsrechtliche Zulässigkeit zu übertragen. In gleicher Weise steht es einem Unternehmen, das seine Rechtsabteilung mit der Überprüfung der Zulässigkeit der Wettbewerbshandlungen der Mitbewerber betraut hat, grundsätzlich frei, die bei festgestellten Wettbewerbsverstößen vor der Einleitung eines gerichtlichen Verfahrens gemäß § 12 Abs. 1 1 regelmäßig gebotenen Abmahnungen entweder selbst oder durch beauftragte Rechtsanwälte aussprechen zu lassen.[99] Lediglich für Fälle, in denen es für das Unternehmen einen geringeren Aufwand bedeutet, die Abmahnungen selber zu verfassen, als einen externen Rechtsanwalt zu beauftragen, kann eine Ausnahme erwogen werden. Dabei ist aber zu beachten, dass selbst in Fällen, in denen eine Vielzahl von gleichgelagerten Abmahnungen auszusprechen ist, gerade die Zahl der zu verfolgenden Verstöße die Einschaltung eines Rechtsanwalts erfordern kann.[100] Ein Rechtsanwalt, der in eigener Sache vorgeht, kann dagegen nicht die Kosten eines von ihm beauftragten Rechtsanwalts erstattet verlangen, wenn er selbst über hinreichende eigene Sachkunde zur zweckentsprechenden Rechtsverfolgung eines unschwer zu erkennenden Wettbewerbsverstoßes verfügt.[101] Anders als bei der Rechtsabteilung eines Unternehmens, die primär die eigenen geschäftlichen Aktivitäten des Unternehmens begleiten soll, ist die außergerichtliche Durchsetzung von Ansprüchen ureigene Tätigkeit eines Rechtsanwalts. Ebenso wenig

---

96 BGH, 24.02.2005, I ZR 101/02, GRUR 2005, 519, 520 – *Vitamin-Zell-Komplex.*

97 OLG Frankfurt, 19.09.2013, 6 U 105/12, juris Rn. 30.

98 BGH, 12.12.2006, VI ZR 188/05, GRUR 2007, 621 Rn. 10 – *Abschlussschreiben.*

99 BGH, 08.05.2008, I ZR 83/06, GRUR 2008, 928 Rn. 14 – *Abmahnkostenersatz.*

100 BGH, 17.07.2008, I ZR 219/05, GRUR 2008, 996 Rn. 40 – *Clone-CD.*

101 BGH, 06.05.2004, I ZR 2/03, GRUR 2004, 789, 790 – *Selbstauftrag*; a. A. *Köhler*/Bornkamm/Feddersen, § 9 Rn. 1.29.

kann er in diesem Fall die Kosten für ein sich selber erteiltes Mandat erstattet verlangen.[102]

Neben der Kosten der Abmahnung können auch Kosten für das Vorgehen des Rechtsanwalts gegen Dritte, die zur Schadensminderung erforderlich sind, erstattungsfähig sein. Dies gilt etwa für das Vorgehen gegen einen Host-Provider, der über rechtsverletzende Inhalte auf von ihm gehosteten Seiten in Kenntnis gesetzt wird.[103] **51**

Zu den Kosten der Rechtsverfolgung gehören auch Kosten für die Erlangung von Auskünften, Testkäufe oder Einschaltung von Detektiven, soweit sie zur zweckentsprechenden Rechtsverfolgung notwendig sind.[104] Erstattungsfähig können ferner die Kosten für Privatgutachten, insbesondere demoskopische Gutachten sein. Voraussetzung ist, dass das Gutachten objektiv geeignet ist, die Rechtsstellung der Partei zu unterstützen. Ferner muss es prozessbezogen sein, das heißt, unmittelbar für einen Rechtsstreit in Auftrag gegeben sein.[105] Die Kosten eines Rechtsgutachtens sind dagegen nur in seltenen Ausnahmefällen erstattungsfähig. Grundsätzlich ist es Aufgabe der Prozessbevollmächtigten der Parteien, sich auch in schwierige Rechtsmaterien einzuarbeiten und das Ergebnis ihrer Bemühungen selbst schriftsätzlich vorzutragen. Ausnahmen können vor allem bei Sachverhalten mit Bezug zu ausländischen Rechtsordnungen anzunehmen sein.[106] **52**

Ein Anspruch auf Verzinsung der verauslagten Gerichtskosten für die Zeit von deren Einzahlung bis zum Eingang des Kostenfestsetzungsantrags über § 104 Abs. 1 2 ZPO hinaus besteht mangels Anspruchsgrundlage nicht.[107] **53**

3. Marktverwirrungsschaden

Herkömmlich wird auch der »Marktverwirrungsschaden« als eine ersatzfähige Position angesehen.[108] Unter Marktverwirrung wird dabei eine Situation verstanden, in der durch unlautere Handlungen Rechte oder das Ansehen des Anspruchsstellers beeinträchtigt worden sind. Die so verstandene Marktverwirrung stellt einen Störungszustand dar, der Abwehransprüche auslöst. Hat der Anspruchsteller wegen der Marktverwirrung Vermögenseinbußen erlitten, kann er diese als Schadenspositionen geltend machen.[109] Praktische Bedeutung hat dies im Fall irreführender Äußerungen; hier kommt ein Anspruch des Verletzten auf Erstattung der Kosten von Aufklärungsmaß- **54**

---

102 BGH, 06.05.2004, I ZR 2/03, GRUR 2004, 789, 790 – *Selbstauftrag*; insoweit zustimmend *Köhler*/Bornkamm/Feddersen, § 9 Rn. 1.29.

103 OLG Hamm, 28.01.2010, 4 U 157/09, juris Rn. 25 (insoweit nicht in MMR 2010, 330 abgedruckt).

104 BGH, 15.05.2014, I ZB 71/13, GRUR 2014, 1239 Rn. 9 ff. – *Deus Ex*.

105 OLG München, 13.02.1987, 11 W 858/87, GRUR 1987, 322, 323 – *Infratest-Umfrage*.

106 OLG Frankfurt, 06.10.1986, 6 W 211/86, GRUR 1987, 322 – *Kosten für Privatgutachten*.

107 OLG Köln, 10.01.2014, 6 U 61/13 (unveröff.); offen gelassen in BGH, 07.04.2011, I ZR 34/09, GRUR 2011, 742 Rn. 37 – *Leistungspakete im Preisvergleich*.

108 Kritisch *Ohly*/Sosnitza, § 9 Rn. 12.

109 BGH, 17.05.2001, I ZR 291/98, BGHZ 148, 26 ff. = GRUR 2001, 841, 845 – *Entfernung der Herstellungsnummer II*.

nahmen in Betracht. Dabei ist aber Zurückhaltung geboten; der Verletzte kann nicht die Kosten seiner eigenen Werbung auf den Verletzer abwälzen. Lediglich in Ausnahmefällen (schwerwiegende Herabsetzungen) können Kosten für »Gegenanzeigen« erstattungsfähig sein.[110] Dieser Schaden muss konkret entstanden sein; fiktive »Marktentwirrungskosten« sind nicht erstattungsfähig.[111]

55 Diskutiert wird ferner ein Ausgleich von Schäden, die in der bleibenden Schädigung einer Marke, des Rufs eines Unternehmens oder eines Produkts liegen, die sich durch Gegenmaßnahmen nicht beseitigen lassen.[112] Ein solcher Schaden ist zuverlässig kaum zu berechnen[113] und begründet darüber hinaus die Gefahr, dass ein nicht konkret nachweisbarer (und daher nicht erstattungsfähiger) entgangener Gewinn abgerechnet wird. Ein gewisser Ausgleich kann geschaffen werden, indem der Gedanke der Marktverwirrung bei der Bemessung der fiktiven Lizenzgebühr im Rahmen der Lizenzanalogie berücksichtigt wird.[114] Insgesamt hat die Kategorie des Marktverwirrungsschadens daher nur noch eingeschränkte Bedeutung,[115] was sich auch in der geringen Zahl veröffentlichter Entscheidungen aus neuerer Zeit zu dieser Frage wiederspiegelt.

IV. Objektive (»dreifache«) Schadensberechnung

1. Grundsatz

a) Bedeutung und systematische Stellung

56 Wegen der Schwierigkeiten der Bemessung des Schadens bei der Verletzung von Immaterialgüterrechten hat bereits die Rechtsprechung des Reichsgerichts dem Verletzten neben der Geltendmachung entgangenen Gewinns Möglichkeiten eröffnet, seinen Schaden in der Form zu ermitteln, dass er Herausgabe des Verletzergewinns oder Zahlung einer objektiv angemessenen Lizenzgebühr beanspruchen kann.[116] Im Ergebnis kann daher für die Berechnung des aus der Verletzung eines immateriellen Schutzrechts entstandenen Schadens zwischen drei Berechnungsweisen gewählt werden: der konkreten, den entgangenen Gewinn einschließenden Schadensberechnung sowie den so genannten objektiven Berechnungsarten der Geltendmachung einer angemessenen Lizenzgebühr und der Herausgabe des Verletzergewinns.[117] Die Herausgabe des Verletzergewinns entspricht der Haftung bei angemaßter Geschäftsführung;[118] die Lizenzanalogie beruht auf dem Gedanken, dass der der Verletzer grundsätzlich nicht anders stehen soll als ein vertraglicher Lizenznehmer, der eine Lizenzgebühr entrichtet hätte.[119]

---

110 BGH, 26.04.1990, I ZR 127/88, GRUR 1990, 1012, 1015 – *Pressehaftung*.
111 BGH, 04.03.1982, I ZR 19/80, GRUR 1982, 489, 491 – *Korrekturflüssigkeit*.
112 *Köhler*/Bornkamm/Feddersen, § 9 Rn. 1.34.
113 *Ohly*/Sosnitza, § 9 Rn. 12.
114 BGH, 29.07.2009, I ZR 169/07, GRUR 2010, 239 Rn. 29 – *BTK*.
115 Teplitzky/Schaub, Kap. 34 Rn. 10.
116 Vgl. z. B. RG, 01.06.1891, I 303/01, RGZ 50, 111, 115 (zum Gebrauchsmuster).
117 BGH, 25.09.2007, X ZR 60/06, GRUR 2008, 93 Rn. 7 – *Zerkleinerungsvorrichtung*.
118 BGH, 02.11.2000, I ZR 246/98, BGHZ 145, 366 ff. = GRUR 2001, 329, 331 – *Gemeinkostenanteil*.
119 BGH, 23.06.2005, I ZR 263/02, GRUR 2006, 143, 145 – *Catwalk*.

Inzwischen ist diese Form der Schadensberechnung in einer Reihe von Spezialgesetzen ausdrücklich geregelt (§§ 97 Abs. 2 UrhG, 14 Abs. 6 MarkenG, 42 Abs. 2 DesignG, 139 Abs. 2 PatG und 24 Abs. 2 GebrMG). Diese Gesetze dienen der Umsetzung der »Durchsetzungsrichtlinie« (2004/48/EG), die in Art. 13 vorsieht, dass bei der Berechnung des Schadensersatzes die Gewinneinbußen des Verletzten, die erzielten Gewinne des Verletzers, »in geeigneten Fällen« auch der immaterielle Schaden zu berücksichtigen sind. Alternativ ist danach der Schadensersatz als »Pauschalbetrag« festzusetzen, und zwar auf der Grundlage von Faktoren wie »mindestens« dem Betrag der Vergütung oder Gebühr, die der Verletzer hätte entrichten müssen (Art. 13 (1) 2 lit. b der Richtlinie). Da nach der Rechtsprechung des BGH die Umsetzung der Durchsetzungsrichtlinie lediglich die bis dahin bestehende Rechtsprechung kodifiziert hat, stellt sich die Frage einer Rückwirkung der Gesetzesänderung auf zeitlich vorher liegende Sachverhalte nicht.[120] 57

Dem Wortlaut nach ist die Richtlinie durch die einschlägigen deutschen Gesetze nicht vollständig umgesetzt; offenkundig wird dies zum Beispiel darin, dass nach Art. 13 (1) lit. b die objektive Lizenzgebühr nur die Untergrenze des pauschalen Schadens darstellt. Unionsrechtlich ist eine Regelung, die unter bestimmten Umständen die Zahlung der doppelten Lizenzgebühr vorsieht, daher zulässig.[121] Andererseits ist auch die Richtlinie auslegungsbedürftig; so ist der immaterielle Schaden nicht nur ein Berechnungsfaktor, sondern kann auch selbständig neben einem objektiv ermittelten materiellen Schaden geltend gemacht werden.[122] 58

Die Durchsetzungsrichtlinie gilt nur für die Rechte des geistigen Eigentums. Sie sieht aber ausdrücklich vor, dass ihre Bestimmungen von den Mitgliedstaaten auch auf Handlungen angewendet werden können, »die den unlauteren Wettbewerb einschließlich der Produktpiraterie oder vergleichbare Tätigkeiten betreffen« (Erwägungsgrund 13). Auch wenn danach theoretisch eine abweichende Anwendung der Methode der objektiven Schadensberechnung außerhalb des durch die Durchsetzungsrichtlinie möglich wäre, lässt sich eine solche Differenzierung sachlich nicht begründen und wird auch in der Praxis nicht durchgeführt.[123] 59

Im Bereich des UWG ist die objektive Schadensberechnung nur anwendbar, soweit das Lauterkeitsrecht immaterialgüterähnliche Rechtspositionen schützt. Dies ist beim Schutz gegen unlautere Nachahmungen (§ 4 Nr. 3)[124] und dem Schutz der Geschäftsgeheimnisse (bisher §§ 17, 18)[125] der Fall. Die dreifache Schadensberechnung soll auch dann anwendbar sein, wenn der Vertrieb eines nachgeahmten Erzeugnisses nicht nach 60

120 BGH, 24.07.2012, X ZR 51/11, BGHZ 194, 194 ff. = GRUR 2012, 1226 Rn. 16 – *Flaschenträger.*

121 EuGH, 25.01.2017, C-367/15, GRUR 2017, 264 Rn. 25 ff. – *Stowarzyszenie »Oławska Telewizja Kablowa.*

122 EuGH, 17.03.2016, C-99/15, GRUR 2016, 485 Rn. 26 – *Liffers/Mandarina* u. a.

123 Harte/Henning/Goldmann, § 9 Rn. 4; *Köhler*/Bornkamm/Feddersen, § 9 Rn. 1.36.

124 BGH, 21.09.2006, I ZR 6/04, GRUR 2007, 431 Rn. 21 – *Steckverbindergehäuse.*

125 BGH, 19.03.2008, I ZR 225/06, WRP 2008, 938, 939 – *entwendete Datensätze mit Konstruktionszeichnungen.*

§ 4 Nr. 3, sondern nach § 4 Nr. 4 wegen Behinderung des Originalherstellers unlauter ist.[126] Offen gelassen hat der Bundesgerichtshof, ob das Hervorrufen einer Verwechslungsgefahr im Sinne von § 5 Abs. 2 UWG einen Schadensersatzanspruch in Form der Lizenzanalogie rechtfertigen kann.[127] Da es sich dabei aber nicht um einen Eingriff in eine dem Verletzten ausschließlich zugewiesene Rechtsposition handelt, ist ein solcher Anspruch abzulehnen.

61 Zur Anwendung kommt die objektive Schadensberechnung schließlich auch bei der Verletzung von Persönlichkeits-[128] sowie Namens- und Firmenrechten.[129]

b) Verhältnis der Berechnungsarten zueinander

62 Bei den verschiedenen Berechnungsarten eines wettbewerbsrechtlichen Schadens handelt es sich um verschiedene Liquidationsformen eines einheitlichen Schadensersatzanspruchs und nicht um verschiedene Ansprüche mit unterschiedlichen Rechtsgrundlagen. Es liegt daher kein Wahlschuldverhältnis vor.[130] Dabei kann der Gläubiger das ihm zustehende Wahlrecht zwischen den einzelnen Berechnungsarten auch noch während eines laufenden Zahlungsklageverfahrens ausüben; das Wahlrecht erlischt erst dann, wenn der nach einer bestimmten Berechnungsweise geltend gemachte Anspruch des Gläubigers entweder erfüllt oder rechtskräftig zuerkannt worden ist. Damit soll sichergestellt werden, dass der Gläubiger auf Änderungen der Sach- und Beweislage reagieren kann, die sich auch (und oft überhaupt erst) im Lauf eines Verfahrens, dort besonders aus dem Prozessvorbringen des Schuldners, ergeben. Daher sind auch die Präklusionsvorschriften der ZPO auf den Wechsel der Berechnungsart nicht anwendbar.[131] Zulässig ist es, beide objektive Berechnungsarten im Eventualverhältnis geltend zu machen. In diesem Fall ist die für den Kläger günstigere Berechnungsart anzuwenden, und zwar in vollem Umfang und ausschließlich.[132]

63 Die Anwendung der verschiedenen Berechnungsmethoden darf nicht dazu führen, dass die gleiche Schadensposition mehrfach in die Berechnung einbezogen wird. Es ist daher nicht möglich, den nach der Lizenzanalogie berechneten Schaden und entgangenen Gewinn nebeneinander geltend zu machen (»Vermengungsverbot«).[133] Zulässig ist es dagegen, Rechtsverfolgungskosten neben einem Lizenzschaden geltend zu machen;[134] für einen Marktverwirrungsschaden gilt dies nur, soweit die Marktverwirrung nicht

---

126 BGH, 04.05.2016, I ZR 58/14, BGHZ 210, 144 ff. = GRUR 2017, 79 Rn. 79 – *Segmentstruktur.*
127 BGH, 19.11.2015, I ZR 149/14, GRUR 2016, 725 Rn. 31 – *Pippi-Langstrumpf-Kostüm II.*
128 BGH, 01.12.1999, I ZR 226/97, GRUR 2000, 715, 717 – *Der blaue Engel.*
129 BGH, 16.02.1973, I ZR 74/71, BGHZ 60, 206 ff. = GRUR 1973, 375 – *Miss Petite.*
130 BGH, 25.09.2007, X ZR 60/06, GRUR 2008, 93 Rn. 7 – *Zerkleinerungsvorrichtung.*
131 BGH, 17.06.1992, I ZR 107/90, BGHZ 119, 20 ff. = GRUR 1993, 55, 57 – *Tchibo/Rolex II.*
132 BGH, 17.06.1992, I ZR 107/90, BGHZ 119, 20 ff. = GRUR 1993, 55, 58 – *Tchibo/Rolex II.*
133 BGH, 29.07.2009, I ZR 169/07, GRUR 2010, 239 Rn. 28 – *BTK.*
134 BGH, 29.07.2009, I ZR 169/07, GRUR 2010, 239 Rn. 51 – *BTK*; GK/Paal, § 9 Rn. 64; *Köhler*/Bornkamm/Feddersen, § 9 Rn. 1.39a; Teplitzky/Schaub, Kap. 34 Rn. 23; a. A. noch BGH, 18.02.1977, I ZR 112/75, GRUR 1977, 539, 543 – *Prozessrechner.*

bereits in bei der Bestimmung der objektiv angemessenen Lizenzgebühr berücksichtigt worden ist.[135] Zulässig ist es auch, für unterschiedliche Zeiträume unterschiedliche Berechnungsmethoden anzuwenden.[136] Nicht abschließend geklärt ist die Frage, ob das Vermengungsverbot mit der Durchsetzungsrichtlinie vereinbar ist;[137] die Formulierung des Art. 13, die ebenfalls zwischen entgangenem Gewinn und Lizenzschaden differenziert, legt die Vereinbarkeit allerdings nahe.[138]

2. Verletzergewinn

a) Grundlagen

Der Anspruch auf den so genannten Verletzergewinn ist kein Anspruch auf Ersatz des konkret entstandenen Schadens. Er zielt vielmehr in anderer Weise auf einen angemessenen Ausgleich des Vermögensnachteils, den der Verletzte erlitten hat. Wegen der besonderen Schutzbedürftigkeit soll der Verletzte auch schon bei fahrlässigem Verhalten wie der Geschäftsherr bei der angemaßten Geschäftsführung nach § 687 Abs. 2 BGB gestellt werden. Um dem Ausgleichsgedanken Rechnung zu tragen, wird dabei fingiert, dass der Verletzte ohne die Rechtsverletzung unter Ausnutzung der ihm ausschließlich zugewiesenen Rechtsposition in gleicher Weise Gewinn erzielt hätte wie der Verletzer.[139] Unerheblich ist dabei, ob der Verletzte tatsächlich in der Lage gewesen wäre, diesen Gewinn zu erzielen.[140] Der Anspruch auf Herausgabe des Verletzergewinns ist auch nicht durch die Höhe einer objektiven Lizenzgebühr begrenzt.[141] 64

b) Ermittlung

Der Verletzergewinn ist grundsätzlich in der Weise zu ermitteln, dass vom Erlös lediglich die variablen (vom Beschäftigungsgrad abhängigen) Kosten für die Herstellung und den Vertrieb der schutzrechtsverletzenden Gegenstände abzuziehen sind. Fixkosten sind nur abzuziehen, wenn sie ausnahmsweise den schutzrechtsverletzenden Gegenständen unmittelbar zugerechnet werden können.[142] Die Rechtfertigung dieser Rechtsprechung liegt darin, dass der aus der Rechtsverletzung stammende Gewinn nicht vollständig abgeschöpft würde, wenn auch die Gemeinkosten uneingeschränkt von den Erlösen abgesetzt werden könnten. Dem Verletzer verbliebe dann ein Deckungsbeitrag zu seinen Fixkosten. Dies stünde im Widerspruch zu Sinn und Zweck des Schadensausgleichs in der Form der Herausgabe des Verletzergewinns und zu dem Gedanken, dass der Verletzte bei dem Einsatz des eigenen Unternehmens für die Herstellung und den 65

---

135 BGH, 29.07.2009, I ZR 169/07, GRUR 2010, 239 Rn. 29 – *BTK.*
136 OLG Köln, 26.04.2013, 6 U 171/11, GRUR-RR 2013, 398, 402 – *Bigfoot II.*
137 BGH, 29.07.2009, I ZR 87/07, GRUR 2010, 237 Rn. 10 – *Zoladex.*
138 A. A. Harte/Henning/Goldmann, § 9 Rn. 188.
139 BGH, 21.09.2006, I ZR 6/04, GRUR 2007, 431 Rn. 21 – *Steckverbindergehäuse.*
140 BGH, 14.05.2009, I ZR 98/06, BGHZ 181, 98 ff. = GRUR 2009, 856 Rn. 77 – *Tripp-Trapp-Stuhl.*
141 HansOLG Hamburg, 27.08.2008, 5 U 38/07, GRUR-RR 2009, 136, 139 – *Gipüre-Spitze II.*
142 BGH, 21.09.2006, I ZR 6/04, GRUR 2007, 431 Rn. 24 – *Steckverbindergehäuse.*

Vertrieb einen Deckungsbeitrag zu seinen eigenen Gemeinkosten hätte erwirtschaften können.[143]

66 Ausgangspunkt für die Unterscheidung der anzurechnenden und der nicht anzurechnenden Kosten ist der Rechtsgedanke, dass für die Ermittlung des Schadensersatzes nach dem Verletzergewinn zu unterstellen ist, dass der Verletzte einen entsprechenden Betrieb unterhält, der dieselben Produktions- und Vertriebsleistungen wie der Betrieb des Verletzers hätte erbringen können.[144] Die Trennlinie zwischen den abzugsfähigen »variablen« Kosten und den nicht abzugsfähigen »fixen« (oder Gemein-) Kosten ist danach zu ziehen, ob sie dem konkreten Produkt oder nur dem Gesamtbetrieb zuzuordnen sind. Maßgeblich ist nicht, ob der Verletzer ohne die Produktion die betreffenden Kosten hätte einsparen können, sondern eine normative Zuordnung der Kostenpositionen zum Gesamtunternehmen oder zu dem betreffenden Produkt.[145]

67 Daher sind bei der Ermittlung des Verletzergewinns die Kosten des Materials sowie der Energie für die Produktion und die Kosten der Sachmittel für Verpackung und Vertrieb abzuziehen. Im Bereich des Anlagevermögens können die Kosten für Maschinen und Räumlichkeiten (anteilig bezogen auf ihre Lebensdauer) abgesetzt werden, die nur für die Produktion und den Vertrieb der Nachahmungsprodukte verwendet worden sind.[146]

68 Zu den Fertigungskosten, die vollständig abgezogen werden können, gehören aber auch die auf die fragliche Produktion entfallenden Lohnkosten. Sie können der Produktion des Nachahmungsgegenstands unmittelbar zugerechnet werden, weil davon auszugehen ist, dass diese Kosten beim Verletzten ebenso angefallen wären.[147] Infolge der wertenden Betrachtungsweise setzt die Abzugsfähigkeit der Lohnkosten nicht voraus, dass der Verletzer allein für die Herstellung des betreffenden Produkts zusätzliche Arbeitskräfte eingestellt hat oder insofern Überstunden angefallen sind.[148] Eine solche Betrachtungsweise würde die Höhe des geschuldeten Verletzergewinns letztlich von Zufälligkeiten der Betriebsorganisation des Verletzers abhängig machen. Grundsätzlich sind daher Lohnkosten abzugsfähig, die für die Herstellung des konkreten Produkts angefallen sind. Hierzu ist die erforderliche Arbeitszeit, verbunden mit dem Lohn der damit beschäftigten Mitarbeiter, vorzutragen.[149]

69 Nicht anrechenbar sind die Kosten, die unabhängig vom Umfang der Produktion und des Vertriebs durch die Unterhaltung des Betriebs entstanden sind, weil diese Kosten beim Verletzten, der einen entsprechenden Betrieb unterhält, ebenfalls angefallen wären. Hierzu zählen beispielsweise allgemeine Marketingkosten, die Geschäftsführer-

143 BGH, 21.09.2006, I ZR 6/04, GRUR 2007, 431 Rn. 26 – *Steckverbindergehäuse.*
144 BGH, 21.09.2006, I ZR 6/04, GRUR 2007, 431 Rn. 32 – *Steckverbindergehäuse.*
145 OLG Köln, 26.04.2013, 6 U 171/11, GRUR-RR 2013, 398, 400 f. – *Bigfoot II.*
146 BGH, 21.09.2006, I ZR 6/04, GRUR 2007, 431 Rn. 32 – *Steckverbindergehäuse.*
147 BGH, 21.09.2006, I ZR 6/04, GRUR 2007, 431 Rn. 32 – *Steckverbindergehäuse.*
148 So Götting/Nordemann/Ebert-Weidenfeller, § 9 Rn. 65; a. A. Harte/Henning/Goldmann, § 9 Rn. 173b.
149 OLG Köln, 26.04.2013, 6 U 171/11, GRUR-RR 2013, 398, 401 – *Bigfoot II.*

gehälter, die Verwaltungskosten sowie die Kosten für Anlagevermögen, das nicht konkret der rechtsverletzenden Fertigung zugerechnet werden kann. Nicht anrechenbar sind ferner Anlauf- und Entwicklungskosten sowie Kosten für die – etwa in Folge der Unterlassungsverpflichtung – nicht mehr veräußerbaren Produkte.[150] Auch die Kosten einer freiwilligen Vernichtung der nicht mehr veräußerbaren Produkte können nicht abgezogen werden.[151]

Abzugsfähig sind die Zahlungen, die ein auf Schadensersatz in Anspruch genommener Hersteller seinen Abnehmern leistet, weil diese ihrerseits ebenfalls vom Verletzten in Anspruch genommen worden sind. Ersatzzahlungen, die er lediglich leistet, weil sie die Produkte nicht weiterveräußern können, können dagegen nicht in Abzug gebracht werden. Dem liegt die Erwägung zu Grunde, dass bei der Bemessung des Schadensersatzes anhand des Verletzergewinns fingiert wird, der Rechtsinhaber hätte ohne die Rechtsverletzung durch Verwertung seines Schutzrechts den gleichen Gewinn wie der Verletzer erzielt. Ein Gewinn des Rechtsinhabers wäre jedoch nicht durch Schadensersatzzahlungen an seine Abnehmer geschmälert worden.[152] 70

Grundsätzlich ist der Verletzte, will er den Verletzer auf Schadenersatz in Anspruch nehmen, für sämtliche Anspruchsvoraussetzungen darlegungspflichtig. Dazu gehört auch die Höhe des entstandenen Schadens einschließlich aller für deren Ermittlung wesentliche Faktoren. Der Verletzte kann seiner Darlegungslast auch dadurch genügen, dass er sich die Rechnungslegung des Verletzers zu eigen macht; in diesem Fall trägt dann der Verletzer die Darlegungs- und Beweislast, soweit er von seiner eigenen Rechnungslegung abweichen will. Wählt der Verletzte diesen Weg nicht und legt seiner Schadensberechnung andere ihm bekannte Tatsachen zu Grunde – was ihm offen steht, denn er ist an die Rechnungslegung des Verletzers nicht gebunden –, bleibt es jedoch bei der grundsätzlich auf seiner Seite liegenden Darlegungslast. Dies gilt auch dann, wenn er von der Rechnungslegung des Verletzers zu seinen Gunsten abweichen möchte.[153] Der Verletzer trägt demgegenüber die Beweislast dafür, dass bestimmte von ihm geltend gemachte Kosten den Verletzungsgegenständen unmittelbar zugeordnet werden können und damit vom erzielten Umsatzerlös abzugsfähig sind. Dies gilt beispielsweise für Kosten, die ausnahmsweise zurechenbar sein sollen, obwohl sie typischer Weise als Gemeinkosten anfallen.[154] 71

c) Zurechnungszusammenhang zwischen Rechtsverletzung und Verletzergewinn

Der Verletzergewinn ist nur insoweit herauszugeben, als er auf der Rechtsverletzung beruht. Dies ist nicht im Sinne einer adäquaten Kausalität, sondern – vergleichbar mit 72

150 BGH, 21.09.2006, I ZR 6/04, GRUR 2007, 431 Rn. 32 – *Steckverbindergehäuse*.
151 OLG Düsseldorf, 25.03.2010, 2 U 61/08, juris Rn. 173.
152 BGH, 14.05.2009, I ZR 98/06, BGHZ 181, 98 = GRUR 2009, 856 Rn. 74 f. – *Tripp-Trapp-Stuhl*.
153 OLG Köln, 26.04.2013, 6 U 171/11, GRUR-RR 2013, 398, 399 f. – *Bigfoot II*.
154 BGH, 02.11.2000, I ZR 246/98, GRUR 2001, 329, 332 – *Gemeinkostenanteil*; OLG Düsseldorf, 25.03.2010, 2 U 61/08, juris Rn. 140.

der Bemessung der Mitverschuldensanteile im Rahmen des § 254 BGB – wertend zu verstehen. Beim Vertreib nachgeahmter Produkte ist dabei maßgeblich, inwieweit die Gestaltung als Imitat für die Kaufentschlüsse der Erwerber ursächlich gewesen ist oder ob andere Umstände eine wesentliche Rolle gespielt haben.[155] Bei der wettbewerbswidrigen Leistungsübernahme sind insbesondere die Bekanntheit des nachgeahmten Produkts und der Grad der Nachahmung, gegebenenfalls auch der günstigere Preis des Nachahmungsprodukts, zu berücksichtigen.[156] Technische Produkte werden in der Regel weniger wegen ihrer Gestaltung, sondern wegen ihrer Funktionalität erworben. Soweit diese als gemeinfreier Stand der Technik keinen Schutz genießt, kann sie bei der Zurechnung des Verletzergewinns keine Rolle spielen. Den Ansatz einer Quote von 40 % hat der Bundesgerichtshof in einer solchen Konstellation nicht beanstandet.[157] Anders ist dies bei Produkten, die gerade wegen ihrer Gestaltung erworben werden. Für nachgeahmte Damen-Unterwäsche ist ein Satz von 60 % angenommen worden,[158] für Designer-Tische bei nachschaffender Übernahme 80 %, bei fast identischer Übernahme 90 %.[159] Aber auch im Fall einer identischen Übernahme eines solchen Produkts kann etwa der niedrigere Preis des Imitats zum Kaufentschluss beigetragen haben, so dass der Gewinn des Verletzers nicht allein auf der Nachahmung beruht.[160]

73 Auch bei Kennzeichenrechtsverletzungen kommt häufig eine Herausgabe des gesamten mit den widerrechtlich gekennzeichneten Gegenständen erzielten Gewinns nicht in Betracht, weil der geschäftliche Erfolg in vielen Fällen nicht ausschließlich oder noch nicht einmal überwiegend auf der Verwendung des fremden Kennzeichens beruht.[161]

74 Im Fall der unlauteren Verwertung von Betriebsgeheimnissen beträgt die Quote dagegen 100 %. Ergebnisse, die der Verletzer mittels solcher Kenntnisse erzielt, sind von Anfang an und – jedenfalls in der Regel – dauerhaft mit dem »Makel« der Wettbewerbswidrigkeit behaftet; dies rechtfertigt es, die so erzielten Gewinne komplett dem Verletzten zuzuordnen.[162] Gleiches gilt, wenn ein mit der fremden Marke gekennzeichnetes Arzneimittel ohne diese Kennzeichnung in Deutschland nicht verkehrsfähig gewesen wäre.[163]

3. Lizenzanalogie

a) Grundlagen

75 Der Schadensberechnung nach der Lizenzanalogie liegt die Überlegung zu Grunde, dass der Verletzer grundsätzlich nicht anders stehen soll als ein vertraglicher Lizenzneh-

155 BGH, 21.09.2006, I ZR 6/04, GRUR 2007, 431 Rn. 37 – *Steckverbindergehäuse.*
156 OLG Köln, 26.04.2013, 6 U 171/11, GRUR-RR 2013, 398, 402 – *Bigfoot II.*
157 BGH, 21.09.2006, I ZR 6/04, GRUR 2007, 431 Rn. 39 ff. – *Steckverbindergehäuse.*
158 HansOLG Hamburg, 27.08.2008, 5 U 38/07, GRUR-RR 2009, 136, 139 – *Gipüre-Spitze II.*
159 OLG Köln, 26.04.2013, 6 U 171/11, GRUR-RR 2013, 398, 402 – *Bigfoot II.*
160 BGH, 17.06.1992, I ZR 107/90, BGHZ 119, 20 ff. = GRUR 1993, 55, 59 – *Tchibo/Rolex II*; ablehnend Harte/Henning/Goldmann, § 9 Rn. 180.
161 BGH, 06.10.2005, I ZR 322/02, GRUR 2006, 419 Rn. 15 – *Noblesse.*
162 BGH, 19.03.2008, I ZR 225/06, WRP 2008, 938, 939 – *entwendete Datensätze mit Konstruktionszeichnungen.*
163 BGH, 29.07.2009, I ZR 87/07, WRP 2010, 390, 392 – *Zoladex.*

mer, der eine Lizenzgebühr entrichtet hätte. Angesichts der normativen Zielsetzung dieser Schadensberechnungsmethode ist es unerheblich, ob es bei korrektem Verhalten des Verletzers im konkreten Fall tatsächlich zu einer entsprechenden Lizenzerteilung gekommen wäre. Entscheidend ist allein, dass der Verletzte die Nutzung nicht ohne Gegenleistung gestattet hätte.[164] Unerheblich ist auch, ob der Verletzer selbst bereit gewesen wäre, für seine Nutzungshandlungen eine Vergütung in dieser Höhe zu zahlen.[165] Zulässig ist die Schadensberechnung auf der Grundlage einer angemessenen Lizenzgebühr überall dort, wo die Überlassung von Ausschließlichkeitsrechten zur Benutzung durch Dritte gegen Entgelt rechtlich möglich und verkehrsüblich ist. Der Sache nach handelt es sich bei dieser Berechnung um einen dem Bereicherungsanspruch nach §§ 812 Abs. 1 1 Alt. 2, 818 Abs. 2 BGB entsprechenden Anspruch.[166]

Bei der Beurteilung der Frage, ob die Überlassung von Ausschließlichkeitsrechten ver- 76
kehrsüblich ist, kommt es im Hinblick auf die Zielsetzung und die Rechtsnatur dieser Schadensberechnungsmethode nicht auf die Verhältnisse gerade in der Branche an, in der die Beteiligten tätig sind, sondern darauf, ob bei einem Ausschließlichkeitsrecht dieser Art ganz allgemein die Erteilung von Lizenzen im Verkehr üblich ist. Das Erfordernis der Üblichkeit soll vorwiegend solche Rechte ausschließen, bei denen mangels Vermögenswerts eine Nutzung auf dem Lizenzwege allgemein nicht in Betracht zu kommen pflegt oder der Gedanke an eine Lizenzerteilung aus besonderen Gründen ausscheidet. Für die Annahme der Verkehrsüblichkeit einer Überlassung genügt es daher regelmäßig, dass ein solches Recht seiner Art nach überhaupt durch die Einräumung von Nutzungsrechten genutzt werden kann und genutzt wird.[167]

Bei der Lizenzanalogie handelt es sich um eine Form des Schadensersatzes, die nicht 77
etwa zum Abschluss eines Lizenzvertrages und daher auch nicht zur Einräumung eines Nutzungsrechtes führt.[168]

b) Höhe

Die Höhe der als Schadensersatz zu zahlenden Lizenzgebühr ist dabei gemäß § 287 78
ZPO unter Würdigung aller Umstände des Einzelfalls nach der freien Überzeugung des Gerichts zu bemessen.[169] Dabei ist maßgeblich, was vernünftige Vertragspartner bei Abschluss eines Lizenzvertrags als Vergütung vereinbart hätten, wenn sie die künftige Entwicklung und namentlich den Umfang der rechtswidrigen Nutzungshandlung vorausgesehen hätten.[170] Hierfür ist der objektive Wert der angemaßten Benutzungsberechtigung zu ermitteln. Dieser besteht in der angemessenen und üblichen Lizenzge-

164 BGH, 23.06.2005, I ZR 263/02, GRUR 2006, 143, 145 – *Catwalk.*
165 BGH, 06.10.2005, I ZR 266/02, GRUR 2006, 136 Rn. 23 – *Pressefotos.*
166 BGH, 23.06.2005, I ZR 263/02, GRUR 2006, 143, 145 – *Catwalk.*
167 BGH, 23.06.2005, I ZR 263/02, GRUR 2006, 143, 145 – *Catwalk.*
168 BGH, 05.07.2001, I ZR 311/98, BGHZ 148, 221 ff. = GRUR 2002, 248, 252 – *Spiegel-CD-ROM.*
169 BGH, 02.10.2008, I ZR 6/06, GRUR 2009, 407 Rn. 23 – *Whistling for a train.*
170 BGH, 14.03.2000, X ZR 115/98, GRUR 2000, 685, 687 – *Formunwirksamer Lizenzvertrag.*

bühr.[171] Der Verletzer darf dabei weder schlechter noch besser gestellt werden darf als ein vertraglicher Lizenznehmer.[172]

79 Bei der Bestimmung der angemessenen Lizenzgebühr sind der Umfang der Nutzung sowie der Wert des verletzten Ausschließlichkeitsrechts zu berücksichtigen.[173] Zu den Umständen, die den objektiven Wert der angemaßten Benutzungshandlungen beeinflussen, gehören ein etwa festzustellender verkehrsmäßig üblicher Wert der Benutzungsberechtigung in Anlehnung an tatsächlich vereinbarte Lizenzen, die wirtschaftliche Bedeutung des geschützten Rechts, die sich in Gewinnaussichten ausdrückt und durch die am Markt zu erzielende Vergütung bestimmt wird, eine etwaige Monopolstellung des Schutzrechtsinhabers, sowie, ob und gegebenenfalls in welchem Umfang gegenüber der Verwendung des geschützten Rechts gangbare und aus der Sicht eines Lizenznehmers wirtschaftlich vernünftige Alternativen vorhanden sind.[174] Bei Kennzeichen spielen als wertbildender Faktor der Bekanntheitsgrad und der Ruf des Zeichens eine maßgebliche Rolle. Außerdem kommt es auf das Maß der Verwechslungsgefahr an.[175]

80 Grundsätzlich ist der objektive Wert der Benutzungsberechtigung maßgeblich,[176] so dass beispielsweise wirtschaftliche Schwierigkeiten des Verletzers keine niedrigere Festsetzung der Lizenzgebühr rechtfertigen.[177] Die Lizenzgebühr wird zwar grundsätzlich nicht durch den vom Verletzer tatsächlich erzielten Gewinn begrenzt.[178] Bei der Bewertung, welche Vereinbarung vernünftige Vertragsparteien getroffen hätten, kann allerdings auch berücksichtigt werden, dass ein Lizenznehmer im Zweifel keine Lizenzgebühr vereinbaren würde, die über seinem zu erwartenden Gewinn liegen würde.[179]

81 Einer etwaigen Rufbeeinträchtigung eines nachgeahmten Erzeugnisses oder eines unzulässig verwendeten Kennzeichens kann durch eine angemessene Erhöhung der üblichen Lizenzgebühr Rechnung getragen werden;[180] gleiches gilt für einen Marktverwirrungsschaden.[181]

82 In vielen Fällen ist eine Stücklizenz üblich, die in einem Prozentsatz des Verletzerumsatzes ausgedrückt wird. Auszugehen ist dabei vom Umsatzerlös abzüglich der Umsatzsteuer auszugehen (Nettoumsatz oder Nettowarenpreis). Die Bezugsgröße bilden dabei die vom Verletzer erlösten Endverkaufspreise, nicht die Großhandelspreise, wenn die unzulässige geschäftliche Handlung gegenüber Endabnehmern begangen wird.[182] Dabei ist es unbedenklich, als Ausgangspunkt der Beurteilung, jedenfalls als groben

171 BGH, 29.07.2009, I ZR 169/07, GRUR 2010, 239 Rn. 20 – *BTK.*
172 BGH, 17.06.1992, I ZR 107/90, BGHZ 119, 20 ff. = GRUR 1993, 55, 58 – *Tchibo/Rolex II.*
173 BGH, 02.10.2008, I ZR 6/06, GRUR 2009, 407 Rn. 23 – *Whistling for a train.*
174 BGH, 14.03.2000, X ZR 115/98, GRUR 2000, 685, 688 – *Formunwirksamer Lizenzvertrag.*
175 BGH, 29.07.2009, I ZR 169/07, GRUR 2010, 239 Rn. 29 – *BTK.*
176 BGH, 06.10.2005, I ZR 266/02, GRUR 2006, 136 Rn. 23 – *Pressefotos.*
177 BGH, 29.05.1962, I ZR 132/60, GRUR 1962, 509, 513 – *Dia-Rähmchen II.*
178 BGH, 17.06.1992, I ZR 107/90, BGHZ 119, 20 ff. = GRUR 1993, 55, 58 – *Tchibo/Rolex II.*
179 BGH, 29.07.2009, I ZR 169/07, GRUR 2010, 239 Rn. 48 ff. – *BTK.*
180 *BGH, 23.06.2005, I ZR 263/02, GRUR* 2006, 143, 146 – *Catwalk.*
181 BGH, 29.07.2009, I ZR 169/07, GRUR 2010, 239 Rn. 26 – *BTK.*
182 OLG Düsseldorf, 12.12.2001, 27 U 12/01, GRUR-RR 2003, 209, 210 – *Meißner Dekor.*

Maßstab, die Bandbreite marktüblicher Lizenzsätze für die in Rede stehende Kennzeichenart heranzuziehen, der sich zwischen ein und fünf Prozent bewegt.[183] Bei hochwertigen Produkten können auch höhere Prozentsätze angemessen sein (6 % für Designertische,[184] 10 % für hochwertige Kleidungsstücke,[185] bis hin zu 20 % bei »Prestigeobjekten«, wobei aber dort bereits ein Zuschlag für eine Minderung des Prestigewerts berücksichtigt ist[186]).

Wird üblicherweise für die Verwertung eines Schutzrechts ein Pauschalbetrag als Lizenzgebühr vereinbart, so die Ersatzpflicht grundsätzlich nicht abhängig davon, ob der Schädiger über die festgestellte rechtswidrige Verwertung hinaus das Schutzrecht genutzt hat oder ob und für welchen Zeitraum ihm die Chance der Schutzrechtsverwertung verblieben ist.[187] **83**

Der Lizenzschaden kann ferner um einen verzugsunabhängigen Zinsschaden erhöht werden, wenn bei freien Lizenzverhandlungen üblicherweise eine Fälligkeitsabrede getroffen worden wäre. Der Verletzer zahlt nicht – wie regelmäßig ein vertraglicher Lizenznehmer – in kurzen zeitlichen Abständen, sondern erheblich später. Da der Verletzer nicht besser stehen darf als ein vertraglicher Lizenznehmer, muss in einem solchen Fall die Zinspflicht auch für den Verletzer gelten.[188] **84**

Nicht berücksichtigungsfähig ist der Grad des Verschuldens. Zwar wird in der Literatur gelegentlich in Erwägung gezogen, der Grad des Verschuldens könne auch bei der Bestimmung des Schadensersatzes zu berücksichtigen sein.[189] Dies wäre jedoch bei der Berechnung des Schadensersatzes im Wege der Lizenzanalogie ein Systembruch; maßgeblich ist hier allein, was vernünftige Vertragspartner als Entgelt für eine Nutzung vereinbart hätten. Verschuldensgesichtspunkte können dabei keine Rolle spielen.[190] **85**

Ein »Verletzerzuschlag« kommt nach der Rechtsprechung nur in Ausnahmefällen in Betracht (so im Urheberrecht für Verwertungsgesellschaften wie die GEMA).[191] Ein solcher dürfte auch nicht vom Unionsrecht gefordert werden.[192] Zwar sieht die Durchsetzungsrichtlinie vor, dass der nach Art. 13 (1) Satz 2 lit. b) zu berechnende pauschale Schadensersatz »mindestens« dem Betrag der objektiv geschuldeten Vergütung zu entsprechen habe; der EuGH gibt aber zu erkennen, dass pauschale Zuschläge (wie ein Verletzerzuschlag von 100 %) von der Richtlinie nicht gefordert werden, sondern ledig- **86**

183 BGH, 29.07.2009, I ZR 169/07, GRUR 2010, 239 Rn. 29 – *BTK.*
184 OLG Köln, 26.04.2013, 6 U 171/11, GRUR-RR 2013, 398, 402 – *Bigfoot II.*
185 BGH, 23.05.1991, I ZR 286/89, GRUR 1991, 914, 917 – *Kastanienmuster.*
186 BGH, 23.06.2005, I ZR 263/02, GRUR 2006, 143, 146 – *Catwalk.*
187 BGH, 24.06.1993, I ZR 148/91, GRUR 1993, 899, 901 – *Dia-Duplikate.*
188 BGH, 29.07.2009, I ZR 169/07, GRUR 2010, 239 Rn. 55 – *BTK.*
189 Dörre/Maaßen, GRUR-RR 2008, 217, 218; v. Ungern-Sternberg, GRUR 2009, 460, 465.
190 OLG Köln, 08.11.2013, 6 U 34/13, WRP 2014, 206 Rn. 27 – *Fair Play.*
191 Reber, in: Ahlberg/Götting, BeckOK Urheberrecht, § 97 Rn. 127.
192 *Köhler*/Bornkamm/Feddersen, § 9 Rn. 1.44; a. A. *Ohly*/Sosnitza, § 9 Rn. 17; Teplitzky/Schaub, Kap. 34 Rn. 30a.

lich als weitergehende nationale Regelung zulässig sein können.[193] Eine »Überkompensation«, die den tatsächlich erlittenen Schaden eindeutig überschreitet, wäre dagegen als rechtsmissbräuchlich nach Art. 3 (2) der Durchsetzungsrichtlinie unzulässig.[194]

F. Prozessuales

I. Feststellung der Schadensersatzpflicht

87 Üblicherweise wird in wettbewerbsrechtlichen Prozessen ein Antrag auf Feststellung der Schadensersatzpflicht gestellt. Das dafür erforderliche Feststellungsinteresse setzt voraus, dass der Gläubiger nicht in der Lage ist, seinen Schaden abschließend zu beziffern. Das Feststellungsinteresse fehlt dagegen, wenn dem Gläubiger eine Klage auf Leistung möglich und zumutbar ist.[195] Das kann der Fall sein, wenn der gesamte Schaden des Gläubigers durch ein Vertragsstrafeversprechen abgedeckt wird. In diesem Fall kann er gehalten sein, an Stelle eines Feststellungsantrags aus dem Vertragsstrafeversprechen vorzugehen.[196]

88 Im Normalfall wird der Gläubiger jedoch seinen Schaden nicht abschließend beziffern können. Dies ist der Fall, wenn die Schadensentwicklung noch nicht abgeschlossen ist, oder wenn die Berechnung des Schadens von noch zu erteilenden Auskünften des Schuldners abhängt. Der Gläubiger kann in diesem Fall auch dann insgesamt Feststellungsklage erheben, selbst wenn er einen Teil des Schadens bereits beziffern kann.[197] Allgemein gilt der Vorrang der Leistungsklage zwar auch dann, wenn der Kläger im Weg der Stufenklage vorgehen kann. Im gewerblichen Rechtsschutz (wie auch im Urheberrecht) erfährt dieser Grundsatz jedoch aus prozessökonomischen Erwägungen Einschränkungen. In diesem Bereich bereitet die Begründung des Schadensersatzanspruchs häufig auch nach erteilter Auskunft Schwierigkeiten und erfordert eine eingehende sachliche Prüfung zur Berechnungsmethode des Schadens. Das Feststellungsurteil schützt den Verletzten zudem vor einer Verjährung im Umfang des gesamten Schadens.[198]

89 Die Feststellung der Ersatzpflicht im gerichtlichen Verfahren setzt weiter voraus, dass eine gewisse Wahrscheinlichkeit für den Eintritt eines Schadens besteht. Dafür reicht es aus, dass auf Grund des festgestellten Sachverhalts ein Schaden zumindest denkbar und möglich erscheint, wobei ein großzügiger Maßstab geboten ist.[199] Nur wenn ein Schadenseintritt unmöglich oder gänzlich unwahrscheinlich ist, fehlt das Feststellungs-

193 EuGH, 25.01.2017, C-367/15, GRUR 2017, 264 Rn. 24 ff. – *Stowarzyszenie »Oławska Telewizja Kablowa.*

194 EuGH, 25.01.2017, C-367/15, GRUR 2017, 264 Rn. 31 – *Stowarzyszenie »Oławska Telewizja Kablowa.*

195 Zöller/Greger, § 256 Rn. 7a.

196 BGH, 06.05.1993, I ZR 144/92, GRUR 1993, 926 – *Apothekenzeitschriften.*

197 *BGH, 30.03.1983, VIII ZR 3/82,* NJW 1984, 1552, 1554.

198 BGH, 15.05.2003, I ZR 277/00, GRUR 2003, 900, 901 – *Feststellungsinteresse III.*

199 BGH, 28.09.2011, I ZR 92/09, GRUR 2012, 193 Rn. 82 – *Sportwetten im Internet II.*

interesse.[200] Erscheint ein Schadenseintritt eher fernliegend, ist weiterer Vortrag des Klägers zur Wahrscheinlichkeit eines Schadens erforderlich. Bei der Werbung mit einer falschen Herstellerpreisangabe wäre daher darzulegen, in welchem Umfang die Parteien dieselben Kunden ansprechen und in welcher Weise sich Werbeaktionen der Beklagten üblicherweise auf die beiderseitigen Umsätze auswirken.[201]

II. Schadensschätzung

Die Höhe des geschuldeten Schadensersatzes kann nach § 287 Abs. 1 ZPO geschätzt werden. Diese Vorschrift eröffnet dem Tatrichter einen besonderen Freiraum, der revisionsrechtlich nur daraufhin überprüfbar ist, ob Rechtsgrundsätze der Schadensbemessung verkannt, wesentliche Bemessungsfaktoren außer Betracht gelassen oder seiner Schätzung unrichtige Maßstäbe zu Grunde gelegt worden sind. **90**

Sowohl § 287 ZPO wie § 252 BGB verlangen für die Schadensberechnung die schlüssige Darlegung von Ausgangs- beziehungsweise Anknüpfungstatsachen. Sie sind die Grundlage, auf der das Ermessen bei einer Beweiswürdigung nach § 287 ZPO und die Wahrscheinlichkeitsprüfung nach § 252 Satz 2 BGB beruhen. Für die Schadensberechnung benötigt der Richter als Ausgangssituation greifbare Tatsachen, da sich nur anhand eines bestimmten Sachverhalts sagen lässt, wie die Dinge sich weiterentwickelt hätten. Im Rahmen des § 287 Abs. 1 ZPO soll das Gericht die Schadenshöhe schätzen, wobei in Kauf genommen wird, dass das Ergebnis unter Umständen mit der Wirklichkeit nicht übereinstimmt. Diese Prognose kann zwar nur dann angestellt werden, wenn der Geschädigte konkrete Anknüpfungstatsachen darlegt und nachweist; an die Darlegung solcher Anknüpfungstatsachen dürfen jedoch keine zu hohen Anforderungen gestellt werden.[202] Bei besonderen Schwierigkeiten des Schadensnachweises ist ein Mindestschaden zu schätzen.[203] **91**

Nur wenn mangels greifbarer Anhaltspunkte eine Grundlage für das Urteil nicht zu gewinnen ist und das richterliche Ermessen vollends in der Luft hängen würde, wenn also eine Schätzung nicht möglich ist, bleibt es bei der Regel, dass den Kläger die Beweislast für die klagebegründenden Tatsachen trifft und deren Nichterweislichkeit ihm schadet.[204] § 287 BGB soll dem Geschädigten die Durchsetzung eines Schadensersatzanspruchs erleichtern, nicht aber den Rechtsschutz des Schädigers schmälern. Dieser muss die Möglichkeit haben, sich im Prozess mit den Schätzungsgrundlagen auseinanderzusetzen und Einwände geltend zu machen. Eine Schätzung des Schadens nach reiner Billigkeit ohne konkrete Zuordnung zum Verletzungserfolg gestattet die Norm nicht.[205] Soweit die Schätzung sich auf bestimmte, im Urteil aufgeführte Tatsachen **92**

200 BGH, 06.07.1995, I ZR 58/93, BGHZ 130, 205 ff. = GRUR 1995, 744, 749 – *Feuer, Eis & Dynamit I.*
201 BGH, 24.05.2000, I ZR 222/97, GRUR 2001, 78, 79 – *Falsche Herstellerpreisempfehlung.*
202 BGH, 21.01.2016, I ZR 90/14, GRUR 2016, 860 Rn. 24 ff. – *Deltamethrin II.*
203 BGH, 10.07.2014, I ZR 249/12, GRUR 2015, 196 Rn. 34 – *Nero.*
204 BGH, 21.01.2016, I ZR 90/14, GRUR 2016, 860 Rn. 24 ff. – *Deltamethrin II.*
205 BAG, 26.09.2012, 10 AZR 370/10, BAGE 143, 165 ff. = NJW 2013, 331 Rn. 27.

stützt, müssen diese in rechtlich einwandfreier Weise festgestellt sein; Unterstellungen sind nicht zulässig.[206]

G. Presseprivileg (§ 9 S. 2)

I. Zweck und systematische Stellung

93 Nach § 9 Satz 2 können Schadensersatzansprüche gegen verantwortliche Personen von periodischen Druckschriften nur bei vorsätzlichen Verstößen geltend gemacht werden. Damit soll den beschränkten Prüfungsmöglichkeiten der häufig unter Zeitdruck handelnden Akteure sowie dem grundgesetzlich garantierten Schutz der Presse Rechnung getragen werden.[207]

94 Die Vorschrift ergänzt damit ein System von Haftungsbeschränkungen im UWG, die im Interesse der Pressefreiheit entwickelt worden sind: Bei redaktionellen Beiträgen fehlt es regelmäßig bereits an einer geschäftlichen Handlung, wenn sie allein der Information und Meinungsbildung der Adressaten dienen, da dann kein objektiver Zusammenhang mit der Förderung des Absatzes eines fremden Unternehmens besteht.[208] Im Anzeigegeschäft haftet ein Presseunternehmen für die Veröffentlichung gesetzwidriger Werbeanzeigen Dritter nur, wenn es gegen seine Pflicht zur Prüfung verstoßen hat, ob die Veröffentlichung der Anzeigen gegen gesetzliche Vorschriften verstößt. Bei dem Umfang der Prüfungspflicht ist zu berücksichtigen, dass die Beurteilung von Anzeigen bei der Veröffentlichung unter dem Gebot der raschen Entscheidung steht. Die Prüfungspflicht beschränkt sich daher auf grobe und unschwer zu erkennende Rechtsverstöße.[209] Nur soweit danach überhaupt eine Haftung in Frage kommt, greift die weitere Privilegierung des § 9 Satz 2 ein, so dass der praktische Anwendungsbereich gering ist. Soweit sie anwendbar ist, sperrt sie auch Ansprüche aus anderen Anspruchsgrundlagen wie § 824 BGB.[210]

II. Voraussetzungen

95 Nach der Vorgängervorschrift des § 13 Abs. 6 Nr. 1 S. 2 UWG galt die Beschränkung für Redakteure, Verleger, Herausgeber, Drucker und Verbreiter der Druckschrift. Daran hat sich durch die Neufassung inhaltlich nichts geändert, die – anders als die Vorgängervorschrift – nunmehr für sämtliche Verstöße gegen §§ 3, 7 gilt.[211] Eine periodische Druckschrift liegt nach den Definitionen der Landespressegesetze vor, wenn sie in ständiger, wenn auch unregelmäßige Folge und im Abstand von nicht mehr als sechs Monaten erscheint (z. B. § 7 Abs. 4 PresseG NW). Auf andere dem Schutz des Artikels 5 Abs. 1 GG unterfallende Medien ist sie analog anwendbar, soweit diese ebenfalls periodisch erscheinen oder aktualisiert werden. Nach dem Zweck der Vorschrift greift die

---

206 BGH, 04.03.1982, I ZR 19/80, GRUR 1982, 489, 490 – *Korrekturflüssigkeit.*
207 GK/Paal, § 9 Rn. 77.
208 BGH, 19.05.2011, I ZR 147/09, GRUR 2012, 74 Rn. 15 – *Coaching Newsletter.*
209 *BGH, 05.02.2015, I ZR 136/13*, GRUR 2015, 906 Rn. 31 – *TIP der Woche.*
210 *Köhler*/Bornkamm/Feddersen, § 9 Rn. 2.16.
211 *Köhler*/Bornkamm/Feddersen, § 9 Rn. 2.14.

Privilegierung nur für fremde Texte, nicht aber für die Eigenwerbung.[212] Das gilt auch, wenn unter Missachtung des presserechtlichen Trennungsgebots von Werbung und redaktionellem Text der werbende Charakter einer Anzeige verschleiert wird, da in diesem Fall der Grund der Privilegierung nicht eingreift.[213]

H. Bereicherungsanspruch

I. Eingriffskondiktion

Wer sich eine geschützte Rechtsposition zu eigen macht, deren Nutzen ihm ohne die Gestattung des Rechtsinhabers in rechtmäßiger Weise nicht zukäme, hat dem Rechteinhaber im Wege der Eingriffskondiktion einen Bereicherungsausgleich zu gewähren (§ 812 Abs. 1 1 Alt. 2 BGB). Der Zuweisungsgehalt der geschützten Rechtsposition entspricht einem Verbotsanspruch des Rechtsinhabers, in dessen Macht es steht, die Nutzung des Rechtsguts einem sonst ausgeschlossenen Dritten zur wirtschaftlichen Verwertung zu überlassen. Der Eingriffskondiktion unterliegen vermögensrechtliche Vorteile, die der Erwerber nur unter Verletzung einer geschützten Rechtsposition und der alleinigen Verwertungsbefugnis des Rechtsinhabers erlangen konnte. Die bloße Beeinträchtigung einer Verwertungschance führt dagegen nicht zu einem Bereicherungsausgleich. Die geschützte Rechtsposition muss es dem Gläubiger vielmehr gewährleisten, dass ohne seine Zustimmung ihre Nutzung durch Dritte zu unterbleiben hat. Vom Zuweisungsgehalt eines Rechtsguts im bereicherungsrechtlichen Sinne werden bloße Erwerbs- und Gewinnchancen nicht erfasst, auch wenn sie – wie beim Recht am eingerichteten und ausgeübten Gewerbebetrieb – mit einem deliktisch geschützten Rechtsgut verbunden sind.[214] Damit besteht der Anspruch beim Eingriff in Immaterialgüterrechte, Namens- und Firmenrechte und allgemeine Persönlichkeitsrechte. Streitig ist, wie weit allein durch das Wettbewerbsrecht geschützte Rechtspositionen erfasst sind; nach überwiegender Auffassung werden jedenfalls der einem Immaterialgüterrecht angenäherte Nachahmungsschutz aus § 4 Nr. 3 und der Schutz von Unternehmensgeheimnissen und Vorlagen aus – bisher – §§ 17 ff. erfasst. Nicht erfasst werden dagegen das Abwerben von Kunden oder die Behinderung (§ 4 Nr. 4).[215] Auch bei irreführender Werbung wird ein Bereicherungsanspruch regelmäßig ausscheiden.[216] Im Ergebnis besteht der Anspruch in allen Fällen, in denen auch eine objektive Schadensberechnung möglich ist.[217] 96

Dieser Anspruch setzt weder ein Verschulden des Verletzers noch einen Schaden des Verletzten voraus.[218] Infolge der hohen Sorgfaltsanforderungen im Wettbewerbsrecht 97

212 Amtl. Begründung, BT-Drucksache 15/1487 S. 23.
213 Koch, in: Ullmann, jurisPK-UWG § 9 Rn. 115.
214 BGH, 09.03.1989, I ZR 189/86, GRUR 1990, 221, 222 – *Forschungskosten.*
215 FBO/Büscher, § 8 Rn. 354; GK/Paal, § 9 Rn. 86 f.; *Köhler*/Bornkamm/Feddersen, § 9 Rn. 3.2, jeweils m. w. N.
216 HansOLG Hamburg, 11.02.2009, 5 U 130/08, juris Rn. 63 – *Smartsurfer.*
217 *Ohly*/Sosnitza, § 9 Rn. 31.
218 BGH, 26.06.1981, I ZR 73/79, GRUR 1981, 846, 848 – *Rennsportgemeinschaft.*

ist die praktische Relevanz des Anspruchs unter diesem Aspekt allerdings gering.[219] Die Verjährung richtet sich nach §§ 195, 199 BGB; § 11 gilt insoweit nicht.[220]

II. Bereicherungsrechtlicher Restschadensersatzanspruch

98 Nach § 852 BGB ist der Täter eines Delikts gegenüber dem Verletzten, wenn er aus dem Delikt etwas erlangt hat, zur Herausgabe des Erlangten nach den Vorschriften über die Herausgabe einer ungerechtfertigten Bereicherung verpflichtet, auch wenn der Schadensersatzanspruch verjährt ist. Die Vorschrift ist auch im UWG anwendbar, da Wettbewerbsverstöße unerlaubte Handlungen darstellen und das UWG insoweit keine abweichende Regelung enthält.[221] Auf die Bestimmung verweisen z. B. auch §§ 101 Satz 2 UrhG, 141 Satz 2 PatG, 20 Satz 2 MarkenG. Demnach gilt im gewerblichen Rechtsschutz und im Urheberrecht allgemein der Grundsatz, dass das durch eine Schutzrechtsverletzung oder einen Wettbewerbsverstoß Erlangte auch nach Eintritt der Verjährung des Anspruchs aus unerlaubter Handlung als ungerechtfertigte Bereicherung herauszugeben ist.[222] Es handelt sich dabei nicht um einen Bereicherungsanspruch, sondern um einen Anspruch aus unerlaubter Handlung, der jedoch in Höhe der Bereicherung nicht verjährt ist. Die Verweisung bezieht sich auf den Umfang und nicht auf die Voraussetzungen der Bereicherungshaftung.[223]

99 Der Anspruch verjährt nach § 852 Satz 2 BGB.[224] Gerade in der langen Verjährungsfrist des § 852 Satz 2 BGB liegt die praktische Bedeutung des bereicherungsrechtlichen Restschadensersatzanspruchs.

III. Inhalt des Anspruchs

100 Da das Erlangte in beiden Fällen in der tatsächlichen Nutzung eines Immaterialguts besteht, kann es wegen seiner Beschaffenheit nicht herausgegeben werden. Der Anspruch richtet sich daher nach § 818 Abs. 3 BGB auf Wertersatz. Der objektive Gegenwert für den Gebrauch eines Immaterialgüterrechts besteht in der angemessenen Lizenzgebühr, die nach den Grundsätzen der Lizenzanalogie zu berechnen ist. Wer durch die Verletzung eines Immaterialguts etwas erlangt hat, kann sich im Regelfall nicht auf den Wegfall der Bereicherung (§ 818 Abs. 3 BGB) berufen, da das Erlangte – also der Gebrauch des Schutzgegenstands – nicht mehr entfallen kann.[225] Es ist nicht erforderlich, dass der Verletzer einen Gewinn erzielt hat,[226] so dass er sich insoweit –

219 Koch, in: Ullmann, jurisPK-UWG, § 9 Rn. 122.
220 *Köhler*/Bornkamm/Feddersen, § 9 Rn. 3.7.
221 BGH, 14.01.1999, I ZR 203/96, GRUR 1999, 751, 754 – *Güllepumpen.*
222 BGH, 15.01.2015, I ZR 148/13, GRUR 2015, 780 Rn. 30 – *Motorradteile.*
223 BGH, 14.01.1999, I ZR 203/96, GRUR 1999, 751, 754 – *Güllepumpen.*
224 BGH, 12.05.2016, I ZR 48/15, GRUR 2016, 1280 Rn. 94 – *Everytime we touch*; Teplitzky/*Schaub, Kap. 40 Rn. 19.*
225 BGH, 12.05.2016, I ZR 48/15, GRUR 2016, 1280 Rn. 96 – *Everytime we touch.*
226 BGH, 15.01.2015, I ZR 148/13, GRUR 2015, 780 Rn. 34 – *Motorradteile.*

entgegen einer in der Literatur vertretenen Meinung – mit dieser Begründung auch nicht auf den Wegfall der Bereicherung berufen kann.[227]

Offen gelassen hat der Bundesgerichtshof zuletzt, ob der bereicherungsrechtliche Restschadensanspruch auch die Herausgabe des Verletzergewinns umfasst.[228] In Fällen vorsätzlichen Handelns kann dieser jedenfalls nach den Grundsätzen der angemaßten Eigengeschäftsführung gemäß §§ 687 Abs. 2, 681 Satz 2, 667 BGB herausverlangt werden.[229] 101

Im Fall des Mitverschuldens ist § 254 BGB jedenfalls entsprechend anzuwenden.[230] 102

I. Auskunftsansprüche

I. Einleitung

Zur Durchsetzung seiner Ansprüche ist der Gläubiger häufig auf Informationen angewiesen, über die er nicht verfügt, die aber beim Schuldner oder Dritten vorliegen. Üblicherweise wird unterschieden zwischen dem Anspruch auf Auskunft gegen den Schuldner des Verletzungsanspruchs, der dem Verletzten die tatsächlichen Grundlagen für weitere Ansprüche liefern soll (unselbständiger Auskunftsanspruch), sowie dem Auskunftsanspruch, der es dem Verletzten ermöglicht, weitere (»dritte«) Rechtsverletzer zu ermitteln (selbständiger Auskunftsanspruch, Anspruch auf Drittauskunft). Der selbständige Auskunftsanspruch ist in den Gesetzen zum Schutz der Immaterialgüter ausdrücklich geregelt, im UWG nur für die Sonderfälle des § 8 Abs. 5 und des § 10 Abs. 4. Ein Anspruch auf Auskunfterteilung kann zur Behebung eines bereits eingetretenen Schadens Element eines Schadensersatzanspruchs sein, oder zur Beseitigung eines künftigen Störungszustandes aus einem Abwehranspruch resultieren.[231] Im Übrigen ist in der Rechtsprechung des Bundesgerichtshofs anerkannt, dass grundsätzlich in jedem Rechtsverhältnis ein Anspruch auf Auskunftserteilung nach Treu und Glauben gemäß § 242 BGB besteht, wenn der Berechtigte in entschuldbarer Weise über Bestehen und Umfang seines Rechts im Ungewissen und der Verpflichtete unschwer zur Auskunftserteilung in der Lage ist.[232] 103

---

227 So z. B. GK/Paal, § 9 Rn. 98; *Köhler*/Bornkamm/Feddersen, § 9 Rn. 3.6; Teplitzky/Schaub, Kap. 40 Rn. 13; vgl. dagegen aber schon BGH, 02.07.1971, I ZR 58/0, BGHZ 56, 317 ff. = GRUR 1971, 522, 524 – *Gasparone II*: ein Wegfall der Bereicherung kommt »in der Regel nicht in Betracht«.

228 BGH, 15.01.2015, I ZR 148/13, GRUR 2015, 780 Rn. 34 – *Motorradteile*; anders noch BGH, 18.12.1986, I ZR 111/84, BGHZ 99, 244 ff. = GRUR 1987, 520, 523 – *Chanel No. 5*.

229 *Köhler*/Bornkamm/Feddersen, § 9 Rn. 3.7.

230 Teplitzky/Schaub, Kap. 40 Rn. 17.

231 BGH, 24.03.1994, I ZR 42/93, BGHZ 125, 322 ff. = GRUR 1994, 630, 633 – *Cartier-Armreif*.

232 BGH, 17.05.2001, I ZR 291/98, BGHZ 148, 26 ff. = GRUR 2001, 841, 842 – *Entfernung der Herstellungsnummer II*.

II. Unselbständiger Auskunftsanspruch

1. Anwendungsbereich

104 Der unselbständige Auskunftsanspruch dient als akzessorischer Hilfsanspruch der Vorbereitung der Durchsetzung der Hauptansprüche auf Schadensersatz, Herausgabe des Erlangten, Beseitigung oder Unterlassung. Er kommt daher primär beim Eingriff in wettbewerbliche geschützte Leistungspositionen (Nachahmungsschutz, § 4 Nr. 3)[233] in Betracht, aber auch bei Verunglimpfung oder Anschwärzung (§ 4 Nr. 1 und 2),[234] der Behinderung,[235] der Verletzung von Betriebsgeheimnissen[236] oder irreführender Werbung[237].

2. Voraussetzungen

a) Grundsatz

105 Der Anspruch auf Auskunftserteilung setzt voraus, dass der Verletzte innerhalb eines bestehenden Rechtsverhältnisses in entschuldbarer Weise über das Bestehen oder den Umfang seines Anspruchs im Ungewissen ist und sich die zur Durchsetzung dieser Ansprüche notwendigen Auskünfte nicht auf zumutbare Weise selbst beschaffen kann, während der Verletzer sie unschwer, das heißt ohne unbillig belastet zu sein, erteilen kann.[238]

b) Bestehendes Rechtsverhältnis

106 Ein allgemeiner Auskunftsanspruch besteht nicht. Niemand ist verpflichtet, einem möglichen Gegner selbst das nötige Material zu verschaffen, damit dieser Ansprüche gegen ihn geltend machen kann. Es besteht kein Anspruch auf Erteilung von Auskünften, die dem Anspruchsteller überhaupt erst die Feststellung ermöglichen, ob eine Rechtsverletzung stattgefunden hat.[239] Der Auskunftsanspruch setzt eine bereits bestehende Sonderbeziehung voraus, die sich aus Vertrag ergeben kann, aber auch auf dem durch einen Verstoß gegen das Wettbewerbsrecht begründeten gesetzlichen Schuldverhältnis beruhen kann.[240] Steht fest, dass der Verletzer in Rechte des Verletzten eingegriffen hat, schuldet er Auskünfte, die dem Verletzten die Prüfung des Umfangs der Rechtsverletzung ermöglichen.[241]

---

233 BGH, 02.12.2015, I ZR 176/14, GRUR 2016, 730 Rn. 75 – *Herrnhuter Stern.*

234 BGH, 23.02.1995, I ZR 75/93, GRUR 1995, 427, 429 – *Schwarze Liste*; LG Köln, 29.05.2008, 31 O 845/07, GRUR-RR 2009, 154, 155 – *Haftung für Virals.*

235 BGH, 18.02.1972, I ZR 82/70, GRUR 1972, 558, 560 – *Teerspritzmaschinen.*

236 OLG Stuttgart, 08.10.2015, 2 U 25/15, WRP 2016, 767 Rn. 25 ff.

237 BGH, 13.02.1976, I ZR 1/75, GRUR 1978, 52, 53 – *Fernschreibverzeichnisse*; OLG Köln, 21.11.2014, 6 U 90/14, GRUR-RR 2015, 215 Rn. 19 ff. – *Innovation Award Burgenland.*

238 BGH, 29.04.2010, I ZR 68/08, GRUR 2010, 623 Rn. 43 – *Restwertbörse.*

239 BGH, 04.03.1977, I ZR 117/75, GRUR 1978, 54, 55 – *Preisauskunft.*

240 BGH, 17.05.2001, I ZR 291/98, BGHZ 148, 26 ff. = GRUR 2001, 841, 843 – *Entfernung der Herstellungsnummer II.*

241 BGH, 05.06.1985, I ZR 53/83, BGHZ 95, 274 ff. = GRUR 1986, 62, 64 – *GEMA-Vermutung.*

107 Der Auskunftsanspruch umfasst die Erteilung von Auskünften über den konkreten Verletzungsfall, mithin über die konkrete Verletzungshandlung einschließlich solcher Handlungen, die ihr im Kern gleichartig sind.[242] Nicht umfasst von der Verpflichtung zur Auskunft werden dagegen Wettbewerbsverstöße, die den konkret beanstandeten Wettbewerbsverstößen nur ähnlich sind, aber an anderen Orten und unter veränderten Umständen, gegebenenfalls auch zu anderen Zeiten begangen worden sind.[243]

108 Besteht dagegen eine über die bereits begangene konkrete Rechtsverletzung hinaus eine rechtliche Beziehung zwischen den Beteiligten, so kann der Auskunftsanspruch auch über die konkrete Rechtsverletzung und kerngleiche Verletzungen hinausreichen. So kann insbesondere bei der Verletzung urheberrechtlicher Nutzungsrechte an bestimmten Werken einer Verwertungsgesellschaft auf Grund der rechtlichen Beziehung zwischen ihr und dem auf Auskunft in Anspruch Genommenen ein Anspruch auf Erteilung einer Auskunft über die Verletzung von Nutzungsrechten an weiteren Werken aus Treu und Glauben zustehen, wenn dem kein anerkennenswertes Interesse des Auskunftspflichtigen entgegensteht.[244]

109 Der Auskunftsanspruch erstreckt sich auch auf Verletzungshandlungen, die zeitlich vor der festgestellten Verletzungshandlung liegen. Der aus einer Schutzrechtsverletzung folgende Schadensersatzanspruch und der der Bezifferung dieses Anspruchs dienende Auskunftsanspruch sind nach der neueren Rechtsprechung des Bundesgerichtshofs nicht auf den Zeitraum seit der vom Gläubiger nachgewiesenen ersten Verletzungshandlung beschränkt. Dies trägt dem Interesse des Gläubigers an einer effektiven Rechtsdurchsetzung nach vorausgegangener Rechtsverletzung Rechnung; dieses Interesse überwiegt das Interesse des Schuldners, keine dem Gläubiger unbekannten Verletzungshandlungen zu offenbaren.[245]

110 Besteht der Hauptanspruch nicht, etwa weil es an einer Verletzungshandlung fehlt, oder weil er bereits erfüllt ist, entfällt auch der Auskunftsanspruch als Hilfsanspruch. Wird der Auskunftsanspruch zur Vorbereitung eines Schadensersatzanspruchs geltend gemacht, so setzt er Verschulden voraus.[246] Ferner muss überhaupt die Möglichkeit bestehen, dass ein Schaden eingetreten sein kann.[247] Nicht erforderlich ist es allerdings, dass ein Schaden mit einer hohen Wahrscheinlichkeit entstanden sein muss; es genügt, dass nach der Lebenserfahrung der Eintritt des Schadens in der Zukunft mit einiger Sicherheit zu erwarten ist.[248] Der Auskunftsanspruch kann daher nicht mit der Begründung abgelehnt werden, der Verletzte werde auch nach Auskunftserteilung einen ersatz-

242 BGH, 23.02.2006, I ZR 27/03, GRUR 2006, 504 Rn. 34 – *Parfümtestkäufe.*
243 BGH, 29.06.2000, I ZR 29/98, GRUR 2000, 907, 910 – *Filialleiterfehler.*
244 BGH, 29.04.2010, I ZR 68/08, GRUR 2010, 623 Rn. 51 – *Restwertbörse.*
245 BGH, 19.07.2007, I ZR 93/04, BGHZ 173, 269 = GRUR 2007, 877 Rn. 24 f. – *Windsor Estate.*
246 BGH, 29.04.2010, I ZR 68/08, GRUR 2010, 623 Rn. 55 – *Restwertbörse.*
247 BGH, 17.05.2001, I ZR 291/98, BGHZ 148, 26 ff. = GRUR 2001, 841, 845 – *Entfernung der Herstellungsnummer II.*
248 BGH, 06.07.1995, I ZR 58/93, BGHZ 130, 205 ff. = GRUR 1995, 744, 749 – *Feuer, Eis & Dynamit I.*

fähigen Schaden nicht darlegen können. Dies kommt nur in Betracht, wenn von vornherein feststeht, dass die Schätzung selbst eines Mindestschadens keinesfalls möglich sein wird.[249]

111 Beim Unterlassungsanspruch muss regelmäßig eine Verletzungshandlung feststehen. Ist der Unterlassungsanspruch lediglich auf Erstbegehungsgefahr gestützt, wird es dagegen regelmäßig an Schadensersatz- oder Beseitigungsansprüchen fehlen, zu deren Durchsetzung Auskünfte erforderlich wären.[250] Hat der Verletzer eine Unterwerfungserklärung abgegeben, entfällt mit dem Unterlassungsanspruch auch der darauf bezogene Auskunftsanspruch.[251]

112 Ist der Hauptanspruch verjährt, fehlt es in der Regel an einem berechtigten Informationsinteresse des Gläubigers, und der Auskunftsanspruch entfällt.[252]

c) Erforderlichkeit

113 Der Verletzte muss in entschuldbarer Weise über das Bestehen oder den Umfang seines Anspruchs im Ungewissen sein und sich die zur Durchsetzung dieser Ansprüche notwendigen Auskünfte nicht auf zumutbare Weise selbst beschaffen können.[253] Dabei ist stets der Umfang des Hauptanspruchs, der mit den Auskünften durchgesetzt werden soll, zu berücksichtigen. Im Fall der unlauteren Nachahmung (§ 4 Nr. 3) kann daher nicht Auskunft über Hersteller und Menge der hergestellten Nachahmungen verlangt werden, da nach § 4 Nr. 3 nur das Angebot, nicht aber die Herstellung nachgeahmter Produkte unlauter ist.[254]

114 Dient der Auskunftsanspruch der **Störungsbeseitigung** infolge irreführender Werbung, Herabsetzung oder Anschwärzung, so kann zwar Auskunft über die Adressaten der entsprechenden Äußerungen, nicht aber über den Umsatz, der mit den so beworbenen Produkten erzielt worden ist, verlangt werden.[255]

115 Sollen die Auskünfte einen **Schadensersatzanspruch** vorbereiten, so erfasst er sämtliche Tatsachen, die für die Schadensberechnung erforderlich sein können. Dem Verletzten soll eine Berechnung seines Schadens nach jeder der drei möglichen Berechnungsarten, nämlich konkrete Schadensberechnung, einschließlich des entgangenen Gewinns, entgangene angemessene Lizenzgebühr oder Herausgabe des Verletzergewinns, sowie die Auswahl der für ihn günstigsten Berechnungsart ermöglicht werden.[256] Der Verletzte

---

249 BGH, 06.02.2007, X ZR 117/04, GRUR 2007, 532 Rn. 15 – *Meistbegünstigungsvereinbarung.*

250 So i. E. Koch, in: Ullmann, jurisPK-UWG, § 9 Rn. 156.

251 BGH, 17.05.2001, I ZR 291/98, BGHZ 148, 26 ff. = GRUR 2001, 841, 843 – *Entfernung der Herstellungsnummer II.*

252 BGH, 17.07.2008, I ZR 109/05, BGHZ 177, 319 ff. = GRUR 2008, 989 Rn. 42 – *Sammlung Ahlers.*

253 BGH, 29.04.2010, I ZR 68/08, GRUR 2010, 623 Rn. 43 – *Restwertbörse.*

254 BGH, 02.12.2015, I ZR 176/14, GRUR 2016, 730 Rn. 75 – *Herrnhuter Stern.*

255 *BGH, 13.02.1976, I ZR 1/75,* GRUR 1978, 52, 53 – *Fernschreibverzeichnisse*; OLG Köln, 21.11.2014, 6 U 90/14, GRUR-RR 2015, 215 Rn. 19 ff. – *Innovation Award Burgenland.*

256 BGH, 13.07.1973, I ZR 101/72, GRUR 1974, 53 – *Nebelscheinwerfer.*

braucht sich daher zunächst noch nicht für eine der drei möglichen Schadensberechnungsarten zu entscheiden; er kann vielmehr alle Angaben verlangen, die notwendig sind, um seinen Schaden nach jeder der drei Berechnungsarten zu errechnen.[257] Dies gilt allerdings nicht, wenn eine Methode der Schadensberechnung aus Rechtsgründen von vorneherein ausscheidet.[258] Kann der Verletzergewinn herausverlangt werden, kann der Verletzte Rechnungslegung unter Aufschlüsselung von Einnahmen und Ausgaben beanspruchen.[259] Für die Ermittlung der fiktiven Lizenzgebühr kann dagegen nur Rechnungslegung über die erzielten Umsätze, im Hinblick auf eine etwaige Verzinsung nach Zeiträumen aufgeschlüsselt, verlangt werden.[260]

Vom Auskunftsanspruch erfasst werden auch Angaben, die dem Auskunftsberechtigten die Überprüfung der mitgeteilten Tatsachen erlauben (»**Kontrolltatsachen**«). Auf diese Weise kann er feststellen, ob Grund zur Annahme besteht, dass die Auskunft nicht mit der erforderlichen Sorgfalt erteilt worden ist, was Voraussetzung für einen Anspruch auf Abgabe einer eidesstattlichen Versicherung nach § 260 Abs. 2 BGB ist. Zur Ermittlung des Schadens nach dem Vertrieb rechtsverletzender Produkte ist die Mitteilung der konkreten Abnehmer zwar grundsätzlich nicht erforderlich, da für die Schadensberechnung die Mitteilung der Verkaufspreise und -mengen genügt. Um diese Angabe überprüfen zu können, kann aber dennoch auch die Mitteilung der Namen der Abnehmer verlangt werden, wobei sich in diesen Fällen häufig die Anordnung eines Wirtschaftsprüfervorbehalts anbietet.[261] 116

d) Zumutbarkeit

Die Auskunfterteilung muss dem Schuldner zumutbar sein. Inwieweit ein Auskunftsanspruch besteht, ist, da es sich um einen Anwendungsfall des in § 242 BGB niedergelegten Grundsatzes von Treu und Glauben handelt, unter Berücksichtigung der jeweiligen Umstände des Einzelfalls sowie des Grundsatzes der Verhältnismäßigkeit zu entscheiden. Dabei sind sowohl die Art und Schwere der Rechtsverletzung, die beiderseitigen Interessen des Berechtigten und des Verpflichteten sowie die Interessen der Allgemeinheit angemessen zu berücksichtigen.[262] Dabei hat das aus Wettbewerbsgründen berechtigte Interesse des Rechtsverletzers, Bezugsquellen und Vertriebswege geheim zu halten, zurückzutreten, wenn durch die Preisgabe die Störung der geschützten Rechtsposition des Berechtigten für die Zukunft unterbunden werden kann oder Gefahren für Interes- 117

257 BGH, 07.12.1979, I ZR 157/77, GRUR 1980, 227, 232 – *Monumenta Germaniae Historica.*
258 BGH, 02.02.1995, I ZR 16/93, GRUR 1995, 349, 352 – *Objektive Schadensberechnung.*
259 BGH, 07.12.1979, I ZR 157/77, GRUR 1980, 227, 232 – *Monumenta Germaniae Historica.*
260 BGH, 02.02.1995, I ZR 16/93, GRUR 1995, 349, 352 – *Objektive Schadensberechnung*; *Köhler*/Bornkamm/Feddersen, § 9 Rn. 4.27.
261 BGH, 13.02.1976, I ZR 1/75, GRUR 1978, 52, 53 – *Fernschreibverzeichnisse*; zum Wirtschaftsprüfervorbehalt s. u. Rdn. 120–123.
262 BGH, 17.05.2001, I ZR 291/98, BGHZ 148, 26 ff. = GRUR 2001, 841, 843 – *Entfernung der Herstellungsnummer II.*

sen der Allgemeinheit abgewehrt werden können.[263] Art und Umfang der Auskunftspflicht müssen in einem sinnvollen Verhältnis zu dem Wert stehen, die sie für die Wahrnehmung der Interessen des Verletzten wie der Schätzung des geltend gemachten Schadens hat.[264]

118 Auf Seiten des Verletzers ist der mit der Erteilung der Auskunft verbundene Aufwand zu berücksichtigen, wobei jedoch die Schwere der Rechtsverletzung oder eine besondere Vielzahl von Rechtsverletzungen die Verurteilung zur Auskunfterteilung auch dann rechtfertigen, wenn sie mit einem höheren Aufwand verbunden ist.[265] Der Auskunftsanspruch wird grundsätzlich nicht dadurch ausgeschlossen, dass die Erteilung der Auskunft dem Schuldner Mühe bereitet und ihn Zeit und Geld kostet. »Unschwer« kann die Auskunft vielmehr immer dann erteilt werden, wenn die mit der Vorbereitung und Erteilung der Auskunft verbundenen Belastungen entweder nicht ins Gewicht fallen oder aber, obwohl sie beträchtlich sind, dem Schuldner in Anbetracht der Darlegungs- und Beweisnot des Gläubigers und der Bedeutung zumutbar sind, die die verlangte Auskunft für die Darlegung derjenigen Umstände hat, die für die Beurteilung des Grundes oder der Höhe des in Frage stehenden Hauptanspruchs wesentlich sind. »Unschwer« ist daher als »ohne unbillig belastet zu sein« zu verstehen.[266]

119 Grundsätzlich steht es auch der Zumutbarkeit nicht entgegen, wenn durch die Auskunft Straftaten oder Ordnungswidrigkeiten des Verletzers oder Dritten offenbart werden sollen. Dem steht das Schweigerecht in Straf- oder Bußgeldverfahren nicht entgegen, denn das Zivilverfahren verfolgt grundsätzlich andere Ziele als die genannten Verfahren: Der Schuldner soll durch die verlangte Auskunft nicht zu seiner eigenen Verfolgung durch staatliche Organe beitragen, sondern Pflichten aus einem gesetzlichen Schuldverhältnis gegenüber dem Gläubiger erfüllen. Die bloße Behauptung, sich durch eine wahrheitsgemäße Auskunft der Gefahr behördlicher Verfolgung auszusetzen, genügt daher in keinem Fall. Die Interessen des Schuldners können schließlich auch durch Verwertungsverbote im Straf- oder Bußgeldverfahren gewahrt werden.[267] Anders kann es liegen, wenn durch eine wahrheitsgemäße Auskunft Straftaten offenbar würden, die mit der zugrundeliegenden Rechtsverletzung nichts zu tun haben.[268] Nicht zumutbar ist es dagegen, einen Rechtsanwalt nach einer unlauteren geschäftlichen Handlung zur Offenlegung von Informationen zu verpflichten, die unter die anwaltliche Verschwiegenheitspflicht fallen, z. B. welche Mandanten er über eine rechtsverlet-

263 BGH, 24.03.1994, I ZR 42/93, BGHZ 125, 322 ff. = GRUR 1994, 630, 633 – *Cartier-Armreif*; BGH, 17.05.2001, I ZR 291/98, BGHZ 148, 26 ff. = GRUR 2001, 841, 843 – *Entfernung der Herstellungsnummer II*.

264 BGH, 06.10.2005, I ZR 322/02, GRUR 2006, 419 Rn. 14 – *Noblesse*.

265 BGH, 05.06.1985, I ZR 53/83, BGHZ 95, 274 ff. = GRUR 1986, 62, 64 – *GEMA-Vermutung*.

266 BGH, 06.02.2007, X ZR 117/04, GRUR 2007, 532 Rn. 18 – *Meistbegünstigungsvereinbarung*.

267 FBO/Büscher, § 8 Rn. 317.

268 OLG Stuttgart, 08.10.2015, 2 U 25/15, WRP 2016, 767 Rn. 58 ff.; Teplitzky/Löffler, Kap. 38 Rn. 22 ff.

zende Internetseite gewonnen hat.[269] Gleiches gilt für die Preisgabe von Informationen über die Kunden einer Apotheke, die unter § 203 Abs. 1 Nr. 1 StGB fallen.[270]

Berechtigten Geheimhaltungsinteressen des Auskunftspflichtigen kann unter Umständen durch einen **Wirtschaftsprüfervorbehalt** Rechnung getragen werden, durch den der Schuldner zur Auskunft nicht gegenüber dem Gläubiger, sondern gegenüber einem zur Verschwiegenheit verpflichteten Wirtschaftsprüfer verurteilt wird. Ein solcher kommt in Betracht, wenn bei einer umfassenden Interessenabwägung die berechtigten Belange des Verletzten gegenüber denen des Verletzers zurücktreten müssen. Dabei ist zu berücksichtigen, dass der Wirtschaftsprüfervorbehalt die Stellung des Auskunftsberechtigten regelmäßig schon deshalb beeinträchtigt, weil ihm die Informationen nicht selbst zugänglich sind und er sie nicht unmittelbar selbst überprüfen kann, sondern sich auf die Prüfung durch einen Dritten verlassen muss, dem regelmäßig eine vergleichbare Kenntnis aller maßgeblichen Tatsachen fehlt. Mit dem Vorbehalt sind daher Gefahren für die Durchsetzung seiner Ansprüche verbunden, deren Hinnahme von ihm nur bei einem deutlich höhergewichtigen Interesse des Auskunftspflichtigen erwartet werden kann.[271] Von praktischer Bedeutung ist er daher meist bei der Mitteilung so genannter »Kontrolltatsachen«, die es erlauben sollen, die vom Verletzten mitgeteilten Umsatzzahlen zu überprüfen.[272] 120

Nach der Rechtsprechung handelt es sich bei der Aufnahme des Wirtschaftsprüfervorbehalts um eine aus § 242 BGB resultierende Modifizierung zur Wahrung der Interessen des Auskunftsschuldners, so dass er auch ohne entsprechenden Antrag des Beklagten angeordnet werden kann.[273] Dabei ist es aber Sache des Beklagten, die Umstände vorzutragen, die bei der beiderseitigen Abwägung es rechtfertigen könnten, einen den Auskunftsanspruch in gewissem Umfang beschränkenden Wirtschaftsprüfervorbehalt aufzunehmen. Denn es kann nicht davon ausgegangen werden, dass der Vorbehalt als das den Verletzer am wenigsten belastende Mittel im Grundsatz den Vorzug verdient.[274] Praktisch hat dies zur Folge, dass ein solcher Vorbehalt ohne entsprechende Initiative seitens des Beklagten von den Gerichten nicht ausgesprochen werden wird. Nimmt der Kläger bereits von sich aus einen Wirtschaftsprüfervorbehalt in seinen Antrag auf, kann dies zur Abweisung des Auskunftsantrags führen, wenn der Anspruch nur als selbständiger Auskunftsanspruch bestehen kann, da der Vorbehalt mit dem Zweck des selbständigen Auskunftsanspruchs unvereinbar ist.[275] 121

Beispielsweise kann ein solcher Vorbehalt lauten: 122

---

269 BGH, 11.04.2002, I ZR 317/99, GRUR 2002, 706, 708 – *vossius.de.*
270 BGH, 08.01.2015, I ZR 123/13, GRUR 2015, 916 Rn. 35 ff. – *Abgabe ohne Rezept.*
271 BGH, 02.02.1999, KZR 11/97, BGHZ 140, 342 ff. = GRUR 1999, 1025, 1031 – *Preisbindung durch Franchisegeber.*
272 *Köhler*/Bornkamm/Feddersen, § 9 Rn. 4.19.
273 BGH, 13.02.1976, I ZR 1/75, GRUR 1978, 52, 53 – *Fernschreibverzeichnisse.*
274 BGH, 13.02.1981, I ZR 111/78, GRUR 1981, 535 – *Wirtschaftsprüfervorbehalt.*
275 Vgl. BGH, 21.02.2002, I ZR 140/99, GRUR 2002, 709, 713 – *Entfernung der Herstellungsnummer III*; einschränkend FBO/Büscher, § 8 Rn. 324 (»in engen Ausnahmefällen«).

123 *»...wobei der Beklagten vorbehalten bleibt, die Namen und Anschriften der Abnehmer und Angebotsempfänger statt der Klägerin einem von der Klägerin zu bezeichnenden, ihr gegenüber zur Verschwiegenheit verpflichteten, vereidigten Wirtschaftsprüfer mitzuteilen, sofern die Beklagte dessen Kosten trägt und ihn ermächtigt und verpflichtet, der Klägerin auf konkrete Anfrage mitzuteilen, ob ein bestimmter Abnehmer oder Angebotsempfänger in der Aufstellung enthalten ist.«*

3. Inhalt

124 Der zur Auskunft Verpflichtete schuldet eine **Wissenserklärung**. Diese beschränkt sich allerdings nicht auf sein präsentes Wissen, sondern ihm sind gewisse Nachforschungspflichten auferlegt. Der auf Auskunft in Anspruch genommene Verletzer ist grundsätzlich verpflichtet, in zumutbarem Umfang alle ihm zur Verfügung stehenden Möglichkeiten der Information auszuschöpfen. Er hat daher seine Geschäftsunterlagen durchzusehen, alle ihm sonst zugänglichen Informationen aus seinem Unternehmensbereich zur Erteilung einer vollständigen Auskunft heranzuziehen und muss sich, wenn dies nicht ausreicht, gegebenenfalls durch Nachfrage bei seinen Vertragspartnern um Aufklärung bemühen.[276] Wer rechtsverletzende Werbung bei einer Werbeagentur in Auftrag gegeben hat, muss sich von dieser die erforderlichen Informationen über Ausmaß und Verbreitung der Werbung beschaffen.[277] Diese Aufklärung muss »nachdrücklich« betrieben werden, daher beispielsweise auch unter Einsatz von vertraglichen Sanktionsmöglichkeiten gegen Handelsvertreter.[278] Erforderlichenfalls muss auch der Rechtsweg beschritten werden.[279] Die Auskunft ist grundsätzlich in deutscher Sprache zu erteilen. Einem international tätigen Unternehmen kann die Auskunft auch in englischer Sprache erteilt werden, in chinesischer Sprache dagegen auch dann nicht.[280]

125 Weitergehende Nachforschungspflichten, insbesondere zu Ermittlungen bei Dritten, bestehen dagegen nicht.[281] Kann der Auskunftsverpflichtete daher den Lieferanten rechtsverletzender Ware, über den er Auskunft zu erteilen hat, aus seinen eigenen Geschäftsunterlagen nicht ermitteln, muss er bei seinen Lieferanten nachfragen. Dagegen ist er nicht verpflichtet, Nachforschungen bei Dritten vorzunehmen, um unbekannte Vorlieferanten und den Hersteller erst zu ermitteln.[282] Befinden sich Unterlagen des Auskunftsverpflichteten bei Dritten, beispielsweise bei der Staatsanwaltschaft, muss er sich bemühen, Einsicht in die Unterlagen nehmen zu können.[283] Ist der Auskunfts-

276 BGH, 23.02.2006, I ZR 27/03, GRUR 2006, 504 Rn. 40 – *Parfümtestkäufe.*
277 LG Köln, 29.05.2008, 31 O 845/07, GRUR-RR 2009, 154, 155 – *Haftung für Virals.*
278 BGH, 20.06.1991, I ZR 277/89, GRUR 1992, 61, 64 – *Preisvergleichsliste.*
279 BGH, 18.12.2008, I ZB 68/08, GRUR 2009, 794 Rn. 21 – *Auskunft über Tintenpatronen.*
280 OLG Frankfurt, 15.11.2017, 6 W 83/17, GRUR 2018, 222 Rn. 12, 14 – *Internationales Automobilunternehmen.*
281 BGH, 23.02.2006, I ZR 27/03, GRUR 2006, 504 Rn. 40 – *Parfümtestkäufe.*
282 BGH, 23.01.2003, I ZR 18/01, GRUR 2003, 433, 434 – *Cartier-Ring.*
283 BGH, 20.12.1994, X ZR 56/93, GRUR 1995, 338, 341 – *Kleiderbügel.*

verpflichtete nicht mehr in dem Unternehmen tätig, für das er zur Zeit der Rechtsverletzung tätig war, muss er sich dort um Informationen bemühen.[284]

Der Auskunftsanspruch ist **persönlich** zu erfüllen, bei juristischen Personen durch die vertretungsberechtigten Organe. Dritte dürfen als Hilfspersonen herangezogen werden, aber die Verpflichtung darf nicht vollständig auf Dritte übertragen werden.[285] Da es sich um eine persönliche Verpflichtung handelt, besteht zwischen mehreren Auskunftspflichtigen grundsätzlich kein Gesamtschuldverhältnis. Einer von mehreren Auskunftspflichtigen kann sich daher grundsätzlich nicht darauf berufen, der Anspruch sei durch die Auskunft eines Mitverpflichteten bereits erfüllt. Andernfalls würde bereits die Angabe eines Mitverpflichteten, nichts zu wissen (»Nullauskunft«), grundsätzlich den Auskunftsanspruch insgesamt entfallen lassen. Anderes gilt nur, wenn die Auskunftspflicht lediglich formal auf mehrere Schuldner verteilt ist, wie bei einer GmbH und ihrem Alleingeschäftsführer.[286] **126**

Ob der Auskunftsanspruch auch die **Vorlage von Belegen** umfasst, ist nicht abschließend geklärt.[287] Gesetzlich geregelt ist die Vorlagepflicht für den Fall der Rechnungslegung (§ 259 Abs. 1 BGB). In der Rechtsprechung anerkannt ist sie im Rahmen des selbständigen Auskunftsanspruchs, auch soweit dieser auf § 242 BGB beruht.[288] Für den Fall des unselbständigen Auskunftsanspruchs wird eine Vorlagepflicht zum Teil in Analogie zum selbständigen Auskunftsanspruch angenommen,[289] zum Teil aber auch »nur ausnahmsweise und unter besonderen Umständen« bejaht.[290] Letztlich handelt es sich bei Belegen um eine Form der Kontrolltatsachen.[291] Sinnvoll ist eine Vorlagepflicht daher nur in den Fällen, in denen über einzelne Geschäfte Auskunft zu erteilen ist. Das wird regelmäßig (nur) der Fall sein, wenn die Auskunft der Vorbereitung von objektiv berechneten Schadensersatzansprüchen dient, in denen ohnehin ein Anspruch auf Rechnungslegung besteht.[292] Als Grundsatz lässt sich daher festhalten, dass bei dem (schlichten) unselbständigen Auskunftanspruch die Vorlage von Belegen regelmäßig nicht gefordert werden kann. **127**

4. Rechnungslegung

Die Rechnungslegung geht inhaltlich über die Erteilung einer Auskunft hinaus und enthält neben der auch mit der Auskunft verbundenen Unterrichtung die weiterge- **128**

---

284 BGH, 02.10.2012, I ZR 82/11, GRUR 2013, 638 Rn. 69 – *Völkl.*

285 *Köhler*/Bornkamm/Feddersen, § 9 Rn. 4.30.

286 KG, 26.02.2002, 5 W 85/01, juris Rn. 12.

287 *Stjerna*, GRUR 2011, 789, 792.

288 BGH, 23.01.2003, I ZR 18/01, GRUR 2003, 433, 434 – *Cartier-Ring.*

289 HansOLG Hamburg, 30.09.2004, 3 U 46/03, GRUR-RR 2005, 265, 269 – *Belegvorlagepflicht.*

290 Vgl. BGH, 21.02.2002, I ZR 140/99, GRUR 2002, 709, 712 – *Entfernung der Herstellungsnummer III*; OLG Köln, 28.10.2005, 6 U 75/05, GRUR-RR 2006, 159, 161 – *Buchstabe als Reißverschlussanhänger.*

291 BGH, 23.01.2003, I ZR 18/01, GRUR 2003, 433, 434 – *Cartier-Ring.*

292 *Köhler*/Bornkamm/Feddersen, § 9 Rn. 4.7b.

hende genauere Information durch die Vorlage einer geordneten Aufstellung der Einnahmen und Ausgaben. Sie stellt damit ein »Mehr«, aber kein »aliud« gegenüber der Auskunft dar; bezogen auf den gleichen Gegenstand können Ansprüche auf Auskunft und Rechnungslegung nicht nebeneinander bestehen.[293]

129 Im Bereich des gewerblichen Rechtsschutzes kommt ein Anspruch auf Rechnungslegung im Regelfall regelmäßig nur dann in Betracht, wenn der Gläubiger im Weg der objektiven Schadensberechnung den Verletzergewinn oder eine fiktive Lizenzgebühr verlangt. Nur in diesen Fällen ist die intensive Form der Auskunfterteilung für den Gläubiger zur Durchsetzung seiner Ansprüche erforderlich.[294] Kommt allerdings nur eine grobe Schätzung in Betracht, weil beispielsweise der Verletzergewinn nur zu einem geringen Teil auf die Rechtsverletzung zurückzuführen ist, ist dem Verletzer die mit der Rechnungslegung verbundene Offenbarung von Geschäftsinterna meist nicht zuzumuten, da diese Schätzung auch auf der Grundlage der Umsätze und gegebenenfalls grob ermittelter Gewinne erfolgen kann.[295]

130 Unter einer geordneten Zusammenstellung im Sinn des § 259 Abs. 1 BGB ist dabei eine zweckmäßige und übersichtliche Aufgliederung in einzelne Posten zu verstehen. Der Auskunftsberechtigte muss die Abrechnung gedanklich und rechnerisch nachvollziehen können. Diese Funktion erfüllt die Rechnungslegung nur, wenn sowohl die Einzelangaben als auch die Abrechnung insgesamt klar, übersichtlich und aus sich heraus verständlich sind.[296]

131 Belege sind vorzulegen, soweit deren »Erteilung« üblich ist (§ 259 Abs. 1 BGB). Zwar soll im Rahmen des auf § 242 BGB gestützten Anspruchs auf Auskunft und Rechnungslegung die Vorlage von Belegen nur verlangt werden können, soweit nicht nur die Erteilung, sondern auch die Vorlage üblich ist.[297] Zu berücksichtigen ist aber, dass Belege der Kontrolle der mitgeteilten Tatsachen dienen. Etwaigen Geheimhaltungsinteressen des Auskunftsverpflichteten kann dadurch Rechnung getragen werden, dass teilweise geschwärzte Kopien vorgelegt werden.[298] Zu den vorzulegenden Belegen gehören Unterlagen wie Aufträge, Auftragsbestätigungen oder Einzelrechnungen.[299] Soweit Belege vorzulegen sind, müssen sie der Abrechnung zugeordnet und ebenso übersichtlich zusammengestellt sein.[300]

---

293 BGH, 29.01.1985, X ZR 54/83, BGHZ 93, 327 ff. = GRUR 1985, 472 – *Thermotransformator.*

294 *Köhler*/Bornkamm/Feddersen, § 9 Rn. 4.7 ff.; Teplitzky/Löffler, Kap. 39 Rn. 4 ff.

295 Vgl. BGH, 06.10.2005, I ZR 322/02, GRUR 2006, 419 Rn. 17 – *Noblesse.*

296 BGH, 23.11.1981, VIII ZR 298/80, NJW 1982, 573, 574.

297 BGH, 16.05.2017, X ZR 85/14, GRUR 2017, 890 Rn. 67 – *Sektionaltor II.*

298 *BGH, 23.01.2003, I ZR 18/01*, GRUR 2003, 433, 434 – *Cartier-Ring.*

299 Teplitzky/Löffler, Kap. 39 Rn. 7 mit Fn. 18.

300 MünchKomm/Krüger BGB, § 259 Rn. 23.

III. Selbständiger Auskunftsanspruch

Der selbständige Auskunftsanspruch richtet sich gegen den Verletzer und ist inhaltlich darauf gerichtet, die Identität weiterer Rechtsverletzer (z. B. Bezugsquellen oder gewerblicher Abnehmer von rechtsverletzenden Produkten) zu ermitteln. Er ist in den Gesetzen zum Schutz der Immaterialgüter (z. B. in § 19 Abs. 2 MarkenG, 101 Abs. 2 UrhG) ausdrücklich geregelt, im UWG nur für die Sonderfälle des § 8 Abs. 5 und des §10 Abs. 4. 132

Bedeutung hat der Anspruch vor allem in Fällen der unlauteren Produktnachahmung oder Rufausbeutung, um es dem Verletzten zu ermöglichen, künftige vergleichbare Rechtsbeeinträchtigungen zu verhindern.[301] Weitere Fallgruppen sind die Bekämpfung von Verletzungen eines zulässigen selektiven Vertriebssystems[302] und die Verletzung von Unternehmensgeheimnissen[303]. Im Fall der unlauteren Nachahmung (§ 4 Nr. 3) kann allerdings nicht Auskunft über Hersteller und Menge der hergestellten Nachahmungen verlangt werden, da nach § 4 Nr. 3 nur das Angebot, nicht aber die Herstellung nachgeahmter Produkte unlauter ist.[304] 133

Von den Voraussetzungen und vom Inhalt ist der selbständige Auskunftsanspruch, soweit er auf § 242 BGB gestützt ist, mittlerweile weitgehend dem unselbständigen Auskunftsanspruch angeglichen.[305] Einige Unterschiede folgen noch aus dem Zweck des selbständigen Auskunftsanspruchs. Da der selbständige Auskunftsanspruch nicht der Unterbindung von Wettbewerbsverstößen des Auskunftspflichtigen selbst, sondern der Verhinderung von Wettbewerbsverstößen Dritter dient, lässt ihn die Abgabe einer Unterwerfungserklärung des Verletzers nicht entfallen.[306] Ein Wirtschaftsprüfervorbehalt kommt naturgemäß nicht in Betracht. Dies hat zur Konsequenz, dass ein vom Kläger nur mit einem solchen Vorbehalt versehener Auskunftsanspruch nur als unselbständiger, nicht aber als selbständiger Auskunftsanspruch zuerkannt werden kann.[307] 134

IV. Erfüllung und Durchsetzung der Auskunftsansprüche

1. Erfüllung

Auskunft und Rechnungslegung haben grundsätzlich schriftlich zu erfolgen, ohne dass dabei aber die Form des § 126 BGB gewahrt sein muss.[308] Erklärungen, die im Prozess 135

301 BGH, 24.03.1994, I ZR 42/93, BGHZ 125, 322 ff. = GRUR 1994, 630, 632 f. – *Cartier-Armreif*; BGH, 01.10.2009, I ZR 94/07, GRUR 2010, 343 Rn. 35, 37 – *Oracle.*

302 BGH, 17.05.2001, I ZR 291/98, BGHZ 148, 26 ff. = GRUR 2001, 841, 843 – *Entfernung der Herstellungsnummer II.*

303 BGH, 23.02.2012, I ZR 136/10, GRUR 2012, 1048 Rn. 27 – *MOVICOL-Zulassungsantrag.*

304 BGH, 02.12.2015, I ZR 176/14, GRUR 2016, 730 Rn. 75 – *Herrnhuter Stern.*

305 Teplitzky/Löffler, Kap. 38 Rn. 35.

306 BGH, 17.05.2001, I ZR 291/98, BGHZ 148, 26 ff. = GRUR 2001, 841, 843 – *Entfernung der Herstellungsnummer II.*

307 Vgl. BGH, 21.02.2002, I ZR 140/99, GRUR 2002, 709, 713 – *Entfernung der Herstellungsnummer III.*

308 *Köhler*/Bornkamm/Feddersen, § 9 Rn. 4.31.

nicht zum Zweck der Auskunftserteilung, sondern unter anderen rechtlichen Gesichtspunkten abgegeben worden sind, können nicht als Erteilung der geschuldeten Auskunft gewertet werden.[309] Das Bestreiten einer Rechtsverletzung stellt daher keine »Negativauskunft« dar, und Zeugenaussagen von Mitarbeitern des Auskunftsverpflichteten im Prozess lassen den Auskunftsanspruch nicht entfallen, solange der Verpflichtete nicht erklärt, die Aussage wie eine Auskunft gegen sich gelten zu lassen.[310]

136 Sachliche Einwendungen des Gläubigers stehen der Erfüllung des Auskunftsanspruchs nicht entgegen. Pointiert ausgedrückt, gewährt der Auskunftsanspruch nur einen Anspruch auf Auskunft, nicht aber auf richtige Auskunft. Der Auskunftsberechtigte kann daher nach erteilter Auskunft grundsätzlich nicht auf Berichtigung oder Ergänzung mit der Begründung klagen, die Auskunft sei unrichtig oder unvollständig; in diesem Fall ist er vielmehr auf den Anspruch auf eidesstattliche Versicherung aus §§ 259 Abs. 2, 260 Abs. 2 BGB angewiesen.[311] Eine zum Zweck der Auskunft gegebene Erklärung genügt nur dann nicht zur Erfüllung des Auskunftsanspruchs, wenn sie nicht ernst gemeint, unvollständig oder von vornherein unglaubhaft ist. Allein der Verdacht, der Verpflichtete könnte bewusst oder unbewusst seine Erinnerungsfähigkeit unterdrückt haben, rechtfertigte es andererseits noch nicht, seine Erklärung von vornherein als unglaubhaft und damit als nicht abgegeben anzusehen. Es muss vielmehr objektive Anhaltspunkte geben, die gegen die Zuverlässigkeit der Erklärung sprechen.[312] Ein Anspruch auf Ergänzung einer bereits erteilten Auskunft kann ferner dann bestehen, wenn Tatsachen vorliegen, die sie als unvollständig erscheinen lassen oder wenn sie auf einer falschen tatsächlichen Grundlage gegeben wurde.[313]

137 Auch die Mitteilung, die verlangten Informationen würden dem Schuldner nicht vorliegen (Negativauskunft oder Nullauskunft), erfüllt den Auskunftanspruch, sofern sie ernst gemeint und nicht von vorneherein unglaubhaft ist.[314]

138 Für die Rechnungslegung gelten die gleichen Grundsätze. Solange die Rechnungslegung den formalen Anforderungen genügt, ist der Anspruch erfüllt. Der Berechtigte kann nur dann Ergänzung der Rechnungslegung verlangen, wenn sie formal unzureichend ist. Sachliche Beanstandungen der Rechenschaftslegung berühren die Erfüllung des Anspruchs hingegen nicht; insoweit ist der Gläubiger auf den Anspruch auf eidesstattliche Versicherung aus § 259 Abs. 2 BGB verwiesen.[315]

---

309 BGH, 21.01.1999, I ZB 135/96, WRP 1999, 544, 546 – *Datenbankabgleich.*

310 BGH, 19.12.1960, I ZR 14/59, GRUR 1961, 288, 291 – *Zahnbürsten.*

311 Vgl. BGH, 03.07.1984, X ZR 34/83, BGHZ 92, 62 ff. = GRUR 1984, 728, 729 f. – *Dampffrisierstab II.*

312 BGH, 17.05.2001, I ZR 291/98, BGHZ 148, 26 ff. = GRUR 2001, 841, 844 – *Entfernung der Herstellungsnummer II.*

313 BGH, 24.03.1994, I ZR 42/93, BGHZ 125, 322 ff. = GRUR 1994, 630, 632 – *Cartier-Armreif.*

314 BGH, 17.05.2001, I ZR 291/98, BGHZ 148, 26 ff. = GRUR 2001, 841, 844 – *Entfernung der Herstellungsnummer II.*

315 MünchKomm/Krüger BGB, § 259 Rn. 24.

2. Zwangsvollstreckung

Ist nach den dargestellten Maßstäben ein titulierter Auskunftsanspruch nicht erfüllt, kann der Gläubiger nach § 888 ZPO die Zwangsvollstreckung betreiben. Die Festsetzung von Zwangsmitteln nach dieser Vorschrift setzt voraus, dass der Schuldner zur Vornahme der geschuldeten Handlung tatsächlich in der Lage ist. Sie scheidet daher aus, wenn der Schuldner die geschuldete Handlung nicht vornehmen kann, und zwar auch dann, wenn er sein Unvermögen schuldhaft herbeigeführt hat. Hat der Verpflichtete daher Unterlagen, ohne die er die Auskunft nicht erteilen kann, einem Dritten übergeben, setzt die Verhängung von Zwangsmitteln voraus, dass er sich nicht in zumutbarer Weise um die Herausgabe der Unterlagen bemüht.[316] **139**

3. Versicherung an Eides Statt

Besteht dagegen Grund zu der Annahme, dass die geschuldeten Angaben nicht mit der erforderlichen Sorgfalt gemacht worden sind, kann der Auskunftsberechtigte die eidesstattliche Versicherung der Richtigkeit der Angaben verlangen (§§ 259 Abs. 2, 260 Abs. 2 BGB). Tatsachen, die diese Annahme rechtfertigen, können sich aus der Auskunft selber ergeben, aber auch aus dem Verhalten des Verpflichteten, so bei zögerlicher Rechnungslegung oder mehrfachen Berichtigungen.[317] **140**

V. Besichtigung

§ 809 BGB begründet einen Anspruch auf Vorlage oder Besichtigung einer Sache, wenn zumindest eine gewisse Wahrscheinlichkeit dafür besteht, dass »in Ansehung der Sache« Ansprüche bestehen.[318] Die Rechtsprechung hat diesen Hilfsanspruch auch auf Ansprüche auf patent- und urheberrechtlicher Grundlage erstreckt.[319] In diesen Rechtsgebieten ist er mittlerweile spezialgesetzlich geregelt (§§ 140c PatG, 101a UrhG). Grundsätzlich kann er auch im Lauterkeitsrecht Anwendung finden.[320] **141**

Große praktische Bedeutung kommt ihm allerdings nicht zu. Da im Rahmen des § 4 Nr. 3 die Frage einer Nachahmung allein aufgrund der äußerlich wahrnehmbaren Eigenschaften eines Produkts zu beurteilen ist,[321] sind Fälle, in denen der Hersteller des Originals auf Besichtigungsansprüche (etwa Offenlegung des Quellcodes eines Programms) zur Prüfung von Ansprüchen angewiesen ist, nur schwer vorstellbar. Bedeutung dürfte dem Anspruch daher heute in erster Linie im Zusammenhang mit auf §§ 17 ff. gestützten Ansprüchen wegen Verletzung von Betriebsgeheimnissen zukommen.[322] **142**

---

316 BGH, 18.12.2008, I ZB 68/08, GRUR 2009, 794 Rn. 20 f. – *Auskunft über Tintenpatronen.*
317 MünchKomm/Krüger BGB, § 259 Rn. 39, § 260 Rn. 47.
318 BGH, 08.01.1985, X ZR 18/84, BGHZ 93, 191 ff. = GRUR 1985, 512, 516 – *Druckbalken.*
319 BGH, 08.01.1985, X ZR 18/84, BGHZ 93, 191 ff. = GRUR 1985, 512, 514 – *Druckbalken*; BGH, 02.05.2002, I ZR 45/01, BGHZ 150, 377 ff. = GRUR 2002, 1046, 1047 – *Faxkarte.*
320 BGH, 02.05.2002, I ZR 45/01, BGHZ 150, 377 ff. = GRUR 2002, 1046, 1047 – *Faxkarte.*
321 BGH, 14.09.2017, I ZR 2/16, GRUR 2017, 1135 Rn. 34 – *Leuchtballon.*
322 LG Nürnberg-Fürth, 23.02.2005, 3 O 4156/04, juris Rn. 39.

143 Der Besichtigungsanspruch setzt voraus, dass dem Gläubiger mit einem gewissen Grad an Wahrscheinlichkeit ein (Haupt-) Anspruch zusteht, wobei der geforderte Grad der Wahrscheinlichkeit im Rahmen einer Abwägung der Interessen von Gläubiger und Schuldner zu bestimmen ist. Neben dem Grad der Wahrscheinlichkeit, dass tatsächlich eine Rechtsverletzung gegeben ist, ist vor allem darauf abzustellen, ob für den Gläubiger noch andere zumutbare Möglichkeiten bestehen, die Rechtsverletzung zu beweisen. Weiter ist zu berücksichtigen, ob bei Gewährung des Besichtigungsrechts notwendig berechtigte Geheimhaltungsinteressen des Schuldners beeinträchtigt werden oder ob diese Beeinträchtigungen durch die Einschaltung eines zur Verschwiegenheit verpflichteten Dritten weit gehend ausgeräumt werden können.[323]

144 Der Anspruch ist auf die Besichtigung einer Sache oder einer Gesamtheit konkreter Sachen gerichtet. § 809 BGB setzt voraus, dass der Schuldner Besitzer der zu besichtigenden Sache ist. Der Anspruch gewährt daher keine Ermittlungs- oder Kontrollmaßnahmen, mit denen der Gläubiger erst ermitteln will, ob der Schuldner im Besitz derjenigen Sache ist, in Ansehung deren er einen Anspruch hat oder sich Gewissheit hierüber verschaffen will. Ein derartiges umfassendes Ausforschungsrecht gibt die Vorschrift des § 809 BGB nicht her.[324] Es ist daher nicht möglich, einen Besichtigungsanspruch pauschal in Bezug auf sämtliche von der Staatsanwaltschaft in einem Ermittlungsverfahren wegen §§ 17 f. UWG beschlagnahmten Gegenstände geltend zu machen.[325]

---

323 *BGH, 02.05.2002, I ZR 45/01*, BGHZ 150, 377 ff. = GRUR 2002, 1046, 1049 – *Faxkarte*.
324 BGH, 13.11.2003, I ZR 187/01, GRUR 2004, 420, 421 – *Kontrollbesuch*.
325 LAG Baden-Württemberg, 08.04.2013, 9 Sa 92/12, juris Rn. 65 f.

§ 10 Gewinnabschöpfung

(1) Wer vorsätzlich eine nach § 3 oder § 7 unzulässige geschäftliche Handlung vornimmt und hierdurch zu Lasten einer Vielzahl von Abnehmern einen Gewinn erzielt, kann von den gemäß § 8 Absatz 3 Nummer 2 bis 4 zur Geltendmachung eines Unterlassungsanspruchs Berechtigten auf Herausgabe dieses Gewinns an den Bundeshaushalt in Anspruch genommen werden.

(2) [1]Auf den Gewinn sind die Leistungen anzurechnen, die der Schuldner auf Grund der Zuwiderhandlung an Dritte oder an den Staat erbracht hat. [2]Soweit der Schuldner solche Leistungen erst nach Erfüllung des Anspruchs nach Absatz 1 erbracht hat, erstattet die zuständige Stelle des Bundes dem Schuldner den abgeführten Gewinn in Höhe der nachgewiesenen Zahlungen zurück.

(3) Beanspruchen mehrere Gläubiger den Gewinn, so gelten die §§ 428 bis 430 des Bürgerlichen Gesetzbuchs entsprechend.

(4) [1]Die Gläubiger haben der zuständigen Stelle des Bundes über die Geltendmachung von Ansprüchen nach Absatz 1 Auskunft zu erteilen. [2]Sie können von der zuständigen Stelle des Bundes Erstattung der für die Geltendmachung des Anspruchs erforderlichen Aufwendungen verlangen, soweit sie vom Schuldner keinen Ausgleich erlangen können. [3]Der Erstattungsanspruch ist auf die Höhe des an den Bundeshaushalt abgeführten Gewinns beschränkt.

(5) Zuständige Stelle im Sinn der Absätze 2 und 4 ist das Bundesamt für Justiz.

Martin Hohlweck

Übersicht Rdn.

A. Einleitung

Die Vorschrift ist im Rahmen der UWG-Reform 2004 neu in das Gesetz aufgenommen worden. Ihr Hintergrund war ein vom Gesetzgeber wahrgenommenes Defizit der 1

Rechtsdurchsetzung bei so genannten Streuschäden, bei denen durch unlauteres Verhalten eine Vielzahl von Marktteilnehmern geschädigt wird. Als Beispiele werden in der Gesetzesbegründung die Einziehung geringer Beträge ohne Rechtsgrund, Vertragsschlüsse auf Grund irreführender Werbung, gefälschte Produkte sowie so genannte »Mogelpackungen« (§ 43 Abs. 2 MessEG) genannt. In diesen Fällen, soweit der Schaden im Bagatellbereich bleibe, sehe der Betroffene regelmäßig von einer Rechtsverfolgung ab, weil der Aufwand und die Kosten hierfür in keinem Verhältnis zu seinem Schaden stehen.[1] In der veröffentlichten Rechtsprechung stehen »Abo-Fallen«[2] und die Erhebung von AGB-rechtlich unzulässigen Gebühren im Vordergrund.[3] Empirisch belastbare Feststellungen, wie groß das Problem tatsächlich ist, fehlen.[4] Solange diese tatsächliche Grundlage nicht geschaffen ist, fehlt auch den immer wieder erhobenen Forderungen nach einer Verschärfung der Vorschrift oder einer Auslegung, die auf eine möglichst hohe Abschreckungswirkung zielt,[5] die Basis.

2 Die Vorschrift stellt einen Fremdkörper im deutschen Zivil- und Wettbewerbsrecht (mit Ausnahme der Parallelvorschrift des § 34a GWB) dar.[6] Es handelt sich ersichtlich nicht um eine Schadensersatznorm, da der »abgeschöpfte« Gewinn nicht an die Geschädigten, sondern in den Bundeshaushalt fließt. Hierin unterscheidet sie sich auch von der Vertragsstrafe, die neben ihrem präventiven Charakter grundsätzlich auch einen pauschalierten Schadensersatzanspruch zugunsten des Geschädigten darstellt. Aus diesem Grund tragen auch die in der Literatur gezogenen Parallelen zu den Grundsätzen der ungerechtfertigten Bereicherung oder der angemaßten Eigengeschäftsführung nicht,[7] da die abgeschöpften Werte weder den Entreicherten noch den Geschäftsherren zugutekommen. Ihre nächste Parallele hat die Bestimmung daher in den §§ 73 ff. StGB, die die Einziehung von Erträgen rechtswidriger Taten anordnen.[8] Eine vergleichbare Vorschrift enthält § 8 WiStrG 1954 (Gesetz zur weiteren Vereinfachung des Wirtschaftsstrafrechts).[9] Auch diese Bestimmungen erfassen im Ergebnis lediglich den »Gewinn«, wie § 73d StGB ergibt: Bei der Bestimmung des Wertes des Erlangten sind die Aufwendungen des Täters abzuziehen.[10] § 10 UWG ist daher zwar nicht den Regeln des materiellen Strafrechts i. e. S., wohl aber denen des strafrechtlichen Rechts-

1 Begründung Regierungsentwurf, BT-Drucksache 15/1487, S. 23.

2 Z. B. OLG Frankfurt, 04.12.2008, 6 U 186/07, GRUR-RR 2009, 265 – *Abo-Fallen*; OLG Frankfurt, 20.05.2010, 6 U 33/09, GRUR-RR 2010, 482 – *»heute gratis!«*

3 Z. B. OLG Schleswig, 26.03.2013, 2 U 7/12, MMR 2013, 579 sowie OLG Schleswig, 07.06.2018, 2 U 7. 6. 2018, juris; OLG Düsseldorf, 07.02.2017, I-20 U 139/15, GRUR-RR 2017, 331 – *Gewinne aus Rücklastschriften*.

4 Ahrens, WRP 2015, 1040, 1041, auch zu Erfahrungen in anderen europäischen Staaten.

5 So z. B. Henning/Harte/Goldmann, § 10 Rn. 19.

6 Henning-Bodewig, GRUR 2015, 731, 733: »Anspruch sui generis«.

7 So *Ohly*/Sosnitza, § 10 Rn. 1.

8 OLG Düsseldorf, 07.02.2017, I-20 U 139/15, GRUR-RR 2017, 331 Rn. 61 – *Gewinne aus Rücklastschriften*; Alexander, WRP 2004, 407, 417.

9 FBO/von Braunmühl, § 10 Rn. 30.

10 Vgl. BGH, 21.03.2002, 5 StR 138/01, BGHSt 47, 260 ff. = NJW 2002, 2257, 2259 f.

folgensystems angenähert, auch wenn es sich bei § 73 StGB nicht um eine Strafe, sondern um eine nicht-pönale Maßnahme handelt.[11]

3 Daraus resultieren wenn nicht verfassungsrechtliche[12], so doch erhebliche rechtspolitische Bedenken: Einmal wird eine typisch strafrechtliche Sanktion (auch) für Verhalten bestimmt, das der Gesetzgeber gerade nicht für strafwürdig erachtet hat. Zum anderen steht die Einleitung von Verfahren zur Durchsetzung dieser Sanktion im freien Belieben von weder demokratisch legitimierten noch rechtsstaatlich überwachten Akteuren. In einer Entscheidung des OLG Düsseldorf charakterisiert das Gericht die Gewinnabschöpfung nach § 10 ausdrücklich als Delegation einer an sich dem Staat obliegenden Aufgabe.[13] Aus diesen Gründen sind Überlegungen, nach denen die eingeklagten Beträge den sie verfolgenden Verbänden verbleiben sollen,[14] abzulehnen: Bereits jetzt lässt sich, wie die nicht abreißende Kette von Eingriffen des Gesetzgebers zur Bekämpfung von rechtsmissbräuchlichen Verhaltensweisen im Lauterkeitsrecht zeigt,[15] das Problem des Einsatzes der Klagemöglichkeiten des UWG zu gesetzesfremden, insbesondere profitorientierten, Zwecken kaum bewältigen. Es ist zu befürchten, dass die Einführung zusätzlicher materieller Anreize wie der Gewinnabschöpfung zugunsten privater Anspruchsteller dieses Problem noch erheblich verschärfen wird. Daneben steht die Problematik, ein seiner Natur nach strafrechtliches Instrument wie die Gewinnabschöpfung nicht zugunsten der Allgemeinheit, sondern zugunsten individueller privater Akteure einzusetzen.

4 Die für § 10 genannten rechtspolitischen Zielsetzungen – Generalprävention und Ausgleich eines Marktversagens[16] – sind klassische Rechtsfertigungsgründe für ein Eingreifen des Staates. Wenn die durch § 10 zu sanktionierenden Verhaltensweisen nicht so gravierend sind, dass sie eine genuin strafrechtliche Sanktionierung rechtfertigen, wäre de lege ferenda – wie bereits im GWB und anderen europäischen Rechtsordnungen – der Einsatz einer staatlichen Behörde zu erwägen, die diese Interessen wahrnimmt und dabei, wenn es für erforderlich gehalten wird, auch das Instrument der Gewinnabschöpfung einsetzen kann.

5 § 10 UWG ist für Fälle geschaffen, in denen es für den individuellen Geschädigten nicht wirtschaftlich sinnvoll ist, seine Ansprüche gegen den Schädiger durchzusetzen. Diese gesetzgeberische Motivation hat allerdings keinen Niederschlag im Gesetzestext gefunden, so dass nach dem Wortlaut des Gesetzes die Vorschrift auch dann anwendbar ist, wenn den konkret Geschädigten erhebliche Schäden entstanden sind. Beim strafrechtlichen Verfall ist ausdrücklich angeordnet, dass er nicht zu Lasten von Ansprüchen

---

11 BVerfG, 14.01.2004, 2 BvR 564/95, BVerfGE 110, 1 ff. = NJW 2004, 2073, 2074.

12 Keine verfassungsrechtlichen Bedenken sehen OLG Stuttgart, 02.11.2006, 2 U 58/06, GRUR 2007, 435 f. – *Veralteter Matratzentest*; *Köhler*/Bornkamm/Feddersen, § 10 Rn. 2; *Ohly*/Sosnitza, § 10 Rn. 1.

13 OLG Düsseldorf, 07.02.2017, I-20 U 139/15, GRUR-RR 2017, 331 Rn. 40 – *Gewinne aus Rücklastschriften*.

14 Alexander, WRP 2012, 1190 ff.

15 Vgl. zuletzt das Gesetz gegen unseriöse Geschäftspraktiken vom 01.10.2013, BGBl. I S. 3714.

16 Vgl. Amtl. Begründung, BT-Drucksache 15/1487 S. 24.

des Verletzten gehen darf (§ 73 Abs. 1 1 StGB). § 10 Abs. 2 UWG sieht dagegen lediglich vor, dass der Schuldner des Abschöpfungsanspruchs seine Leistungen an individuelle Geschädigte von seinem Gewinn absetzen kann, oder später die Rückerstattung entsprechender Beträge geltend machen kann (§ 10 Abs. 2 2). Sollte der Schuldner – was bei Massenschäden keine ganz fernliegende Möglichkeit sein dürfte – durch die Geltendmachung des Abschöpfungsanspruchs insolvent werden, versagt dieser Mechanismus. De lege lata sollte § 10 daher dahingehend ausgelegt werden, dass der Anspruch auf das begrenzt ist, was der Schuldner ohne Gefährdung seiner wirtschaftlichen Existenz oder der Ansprüche individueller Geschädigter zu leisten vermag. De lege ferenda wäre zu erwägen, ob nicht den individuellen Geschädigten ein Anspruch gegen den Abschöpfungsgläubiger auf Auskehr der erzielten Leistungen (ggf. unter Abzug einer Kostenpauschale) zuerkannt werden sollte.[17] Auf diese Weise ließe sich das Institut an die Regeln der GoA annähern und damit besser in das deutsche Zivilrecht integrieren.

6 Die praktische Bedeutung der Vorschrift ist derzeit als gering einzuschätzen. An den wenigen veröffentlichten Entscheidungen fällt auf, dass dort – mit einer Ausnahme[18] – regelmäßig nicht konkrete Schadensersatzbeträge ausgeurteilt, sondern nur vorgelagerte Auskunftsansprüche zuerkannt werden. Schwierigkeiten bei der Ermittlung des Gewinns werden daher als eine der wesentlichen Ursachen für die geringe Bedeutung der Vorschrift genannt, neben der fehlenden materiellen Motivation und der Schwierigkeit, vorsätzliches Verhalten nachweisen zu können.[19] Dies deckt sich mit der Entscheidungspraxis zu § 9 UWG; auch in diesem Rahmen stellen betragsmäßig ausgeurteilte Schadensersatzleistungen die Ausnahme dar.[20] Auch vor diesem Hintergrund dürften die zur Reform des § 10 erhobene Forderungen, den Gläubiger an dem abgeschöpften Gewinn zu beteiligen, oder das Verschuldenserfordernis zu lockern,[21] von zweifelhafter Effektivität sein.

B. Tatbestand

I. Aktivlegitimation

7 Den Anspruch aus § 10 können die nach § 8 Abs. 3 Nr. 2 bis 4 zur Geltendmachung von Unterlassungsansprüchen Berechtigten geltend machen. Eine Anspruchsdurchsetzung durch Mitbewerber hat der Gesetzgeber »mit Blick auf den Sanktionscharakter« der Norm ausdrücklich ausgeschlossen.[22]

17 Ähnlich *Köhler*/Bornkamm/Feddersen, § 10 Rn. 2.
18 OLG Schleswig, 07.06.2018, 2 U 5/17, juris Rn. 20 ff.
19 Henning-Bodewig, GRUR 2015, 731, 735.
20 S. o. § 9 Rdn. 39.
21 Vgl. zum Stand der Diskussion GK/Poelzig, § 10 Rn. 34 ff.
22 Amtl. Begr., BT-Drucksache 15/1487, S. 24.

II. Unzulässige geschäftliche Handlung

Objektiv setzt der Tatbestand zunächst eine nach § 3 oder § 7 unzulässige geschäftliche Handlung voraus. Nicht erfasst – auch nicht über § 3a – werden Verstöße gegen das Kartellrecht, das insoweit über ein eigenständiges Sanktionensystem (einschließlich der Parallelvorschrift des § 34a GWB) verfügt.[23] 8

III. Vielzahl von Abnehmern

Die unzulässige geschäftliche Handlung muss zum Nachteil einer Vielzahl von Abnehmern begangen worden sein. »**Abnehmer**« können alle Marktteilnehmer, nicht nur Verbraucher sein. Erfasst sind aber nur die Marktteilnehmer, die die Leistungen des Zuwiderhandelnden nachfragen, nicht mittelbare Abnehmer auf weiteren Marktstufen.[24] Unstreitig nicht erfasst ist der Gewinn zu Lasten von Mitbewerbern; diese sind vielmehr auf ihre individuellen Abwehr- und Schadensersatzansprüche verwiesen. Eine analoge Anwendung auf Lieferanten des Zuwiderhandelnden (wie sie § 34a GWB vorsieht) scheidet mangels einer Regelungslücke aus.[25] 9

Durch die Beschränkung auf Zuwiderhandlungen zu Lasten einer **Vielzahl** von Abnehmern soll die Sanktionswirkung des Gewinnabschöpfungsanspruches auf besonders gefährliche unlautere Handlungenbeschränkt werden, nämlich solche mit Breitenwirkung, die tendenziell eine größere Anzahl von Abnehmern betreffen können. Zugleich werden individuelle Wettbewerbsverstöße von dem Abschöpfungsanspruch ausgenommen, etwa die Irreführung anlässlich eines einzelnen Verkaufsgesprächs.[26] Die amtliche Begründung verweist insoweit auf § 16 UWG. Unter Mitteilungen für einen größeren Personenkreis im Sinn dieser Vorschrift werden Mitteilungen verstanden, die sich an eine nach Zahl und Persönlichkeit im Voraus unbestimmte und unbegrenzte Mehrheit von Personen richten.[27] Übertragen auf § 10 bedeutet dies, dass eine Zuwiderhandlung, die lediglich vier Abnehmer betrifft, nicht erfasst werden dürfte.[28] Entscheidend ist nicht die Zahl der tatsächlich betroffenen Abnehmer, sondern der aufgrund der Intensität der Handlung, des Schädigungspotenzials und der Dauer der Zuwiderhandlungen erreichbare Personenkreis.[29] Die Annahme fester Untergrenzen erscheint daher nicht sachgerecht.[30] 10

23 *Köhler*/Bornkamm/Feddersen, § 10 Rn. 6.
24 BGH, 30.05.2008, 1 StR 166/07, BGHSt 52, 227 ff. = GRUR 2008, 818 Rn. 135 – *Strafbare Werbung im Versandhandel*; a. A. GK/Poelzig, § 10 Rn. 100.
25 GK/Poelzig, § 10 Rn. 101 f.
26 Amtl. Begr., BT-Drucksache 15/1487, S. 24.
27 Köhler/*Bornkamm*/Feddersen, § 16 Rn. 15.
28 A. A. *Köhler*/Bornkamm/Feddersen, § 10 Rn. 12.
29 OLG Frankfurt, 04.12.2008, 6 U 186/07, GRUR-RR 2009, 265, 267 – *Abo-Fallen*.
30 Zu den vorgeschlagenen Zahlen vgl. FBO/von Braunmühl, § 10 Rn. 210.

IV. Gewinn

1. Grundsatz

11 Abzuführen ist der erzielte Gewinn, der sich aus den Umsatzerlösen abzüglich der Herstellungskosten der erbrachten Leistungen sowie abzüglich eventuell angefallener Betriebskosten errechnet. Gemeinkosten und sonstige betriebliche Aufwendungen, die auch ohne das wettbewerbswidrige Verhalten angefallen wären, sind nicht abzugsfähig.[31] Die Berechnung erfolgt nach den gleichen Grundsätzen wie die des Verletzergewinns im Rahmen des § 9.[32] Nicht abzugsfähig sind Kosten der auf Grund der Zuwiderhandlung geführten Rechtsstreitigkeiten.[33] Bereits nach allgemeinen Grundsätzen handelt es sich dabei nicht um Kosten, die für Herstellung und Vertrieb rechtsverletzender Produkte anfallen.

2. Abzusetzende Leistungen aufgrund der Zuwiderhandlung

12 Nach § 10 Abs. 2 sind auf den Gewinn die Leistungen anzurechnen, die der Schuldner auf Grund der Zuwiderhandlung an Dritte oder an den Staat erbracht hat. Damit kommt zum Ausdruck, dass der Anspruch aus § 10 subsidiär zu anderen, individuellen Ansprüchen ist. Unter § 10 Abs. 2 fallen sowohl Schadensersatz- als auch Bereicherungsansprüche von Mitbewerbern, aber auch Schadensersatzansprüche und Gewährleistungsansprüche von individuellen Abnehmern.[34] Anrechenbar sind ferner Geldstrafen, Bußgelder, Ordnungsgelder und Leistungen, die aufgrund einer strafrechtlichen Verfallanordnung erbracht werden.[35] Erfasst sind damit auch die Kostenerstattungsansprüche der Gegner, die mit solchen anrechenbaren Leistungen erfasst sind; lediglich die eigenen Rechtsverteidigungskosten des Schuldners bleiben unberücksichtigt.

13 Aus § 10 Abs. 2 2 folgt, dass die anzurechnenden Leistungen bereits tatsächlich erbracht sein müssen. Allein der Umstand, dass entsprechende Ansprüche bestehen und ihre Durchsetzung bereits angekündigt ist, genügt nicht. In diesem Fall ist der Zuwiderhandelnde darauf angewiesen, den Gläubiger nach § 10 Abs. 2 2 auf Rückerstattung in Anspruch zu nehmen, gegebenenfalls im Verfahren nach § 767 ZPO.[36] Der Erstattungsanspruch aus § 10 Abs. 2 2 gilt nicht nur bei Leistungen an private Gläubiger, sondern nach dem klaren Wortlaut der Bestimmung auch Zahlungen an den Staat (etwa von Geldstrafen).[37]

---

31 Amtl. Begr., BT-Drucksache 15/1487, S. 24.

32 *Ohly*/Sosnitza, § 10 Rn. 6; s. o. § 9 Rdn. 64–74.

33 Amtl. Begr., BT-Drucksache 15/1487, S. 24; kritisch Sack, WRP 2003, 546, 554.

34 *Köhler*/Bornkamm/Feddersen, § 10 Rn. 13.

35 BGH, 30.05.2008, 1 StR 166/07, BGHSt 52, 227 ff. = GRUR 2008, 818 Rn. 135 – *Strafbare Werbung im Versandhandel.*

36 Amtl. Begr., BT-Drucksache 15/1487, S. 24.

37 *Ohly*/Sosnitza, § 10 Rn. 12.

V. Zu Lasten der Abnehmer

Die Bedeutung des Merkmals »zu Lasten« der Abnehmer ist umstritten. Ursprünglich sah der Regierungsentwurf vor, dass der Gewinn »auf Kosten« der Abnehmer erzielt worden sein müsse. Dies sei der Fall, wenn der Gewinnerzielung unmittelbar ein Vermögensnachteil der Abnehmer gegenüberstehe. Dazu genüge jede wirtschaftliche Schlechterstellung. Bei der Bestimmung der wirtschaftlichen Schlechterstellung sei die vom Zuwiderhandelnden erbrachte Gegenleistung zu berücksichtigen. An einem Vermögensnachteil fehle es daher, wenn der vom Zuwiderhandelnden erzielte Preis völlig angemessen sei und der Abnehmer auch keinen sonstigen Nachteil, beispielsweise in Form von Aufwendungen, die ohne die unlautere Wettbewerbshandlung nicht angefallen wären, erlitten habe.[38] Im Rechtsausschuss wurde die Formulierung in »zu Lasten« geändert, um klarzustellen, dass der Gewinnabschöpfungsanspruch nicht die Ermittlung von einzelfallbezogenen Nachteilen voraussetze. Vielmehr sei es erforderlich, aber auch ausreichend, dass durch die Zuwiderhandlung bei einer Vielzahl von Abnehmern eine wirtschaftliche Schlechterstellung eingetreten sei.[39] 14

Streitig ist, ob die Vorschrift voraussetzt, dass den Abnehmern zivilrechtliche Ansprüche auf Schadensersatz oder Gewährleistung zustehen. Hierfür spricht, dass die Vorschrift gerade für die Fälle geschaffen worden ist, in denen die Geschädigten von der Geltendmachung ihrer eigenen Ansprüche absehen.[40] Teilweise wird vertreten, ein Schaden müsse bei den Abnehmern nicht eingetreten sein, es genüge eine wirtschaftliche Schlechterstellung, die bereits im Abschluss eines Vertrages (beispielsweise aufgrund irreführender Werbung) liegen könne.[41] Noch weitergehende Stimmen lassen jede Beeinträchtigung wettbewerbsrechtlich geschützter Interessen genügen[42] oder wollen das Merkmal »zu Lasten« teleologisch (weitgehend) auf einen (nicht notwendig kausalen) Zusammenhang zwischen erzieltem Gewinn und Beeinträchtigung der Abnehmerinteressen reduzieren[43]. 15

Es liegt nahe, das Merkmal, der Gewinn müsse »hierdurch [durch die unzulässige geschäftliche Handlung] zu Lasten« der Abnehmer erzielt worden sein, wie im Rahmen der Ermittlung des Verletzergewinns dahingehend auszulegen, dass der vom Zuwiderhandelnde erzielte Gewinn normativ-kausal auf der Zuwiderhandlung beruhen muss.[44] In den praxisrelevanten Fällen der AGB-rechtlich unzulässigen Erhebung von Gebühren oder von Abo-Fallen, in denen die Abnehmer zu von ihnen nicht gewünschten 16

38 Amtl. Begr., BT-Drucksache 15/1487, S. 24.
39 BT-Drucksache 15/2795, S. 21.
40 *Köhler*/Bornkamm/Feddersen, § 10 Rn. 10.
41 OLG Stuttgart, 02.11.2006, 2 U 58/06, GRUR 2007, 435, 437 – *Veralteter Matratzentest*; Koch, in: Ullmann, jurisPK-UWG, § 10 Rn. 33 ff.; *Ohly*/Sosnitza, § 10 Rn. 9.
42 GK/Poelzig Rn. 94.
43 MünchKomm/Micklitz UWG, § 10 Rn. 106 ff.
44 Ähnlich *Köhler*/Bornkamm/Feddersen, § 10 Rn. 9; i. E. auch FBO/von Braunmühl, § 10 Rn. 237.

Verträgen veranlasst werden, wird dies regelmäßig zu 100 % der Fall sein.[45] Bei irreführender Werbung wird dagegen zu prüfen sein, in welchem Ausmaß die geschäftliche Entscheidung der Abnehmer gerade auf der Irreführung beruht. Bei der Werbung mit einem veralteten Testergebnis kann dies zwar, abhängig von der konkreten Ausgestaltung der Werbung, ein hoher Anteil sein, der aber nicht 100 % erreichen wird.[46] Die weitergehende Ansicht, wonach stets der gesamte, durch die unlautere geschäftliche Handlung erzielte Gewinn herauszugeben sei (der quasi durch das unlautere Verhalten »infiziert« sei)[47] ist mit den Grundsätzen der Schadensberechnung im gewerblichen Rechtsschutz nicht vereinbar. Es ist daran zu erinnern, dass durch die Vorschrift Gewinne abgeschöpft werden sollen, die – als »Streuschäden« – von den individuellen Geschädigten nicht geltend gemacht werden. Damit ist es nicht vereinbar, wenn durch die Berechnungsmethode bei § 10 ein Gesamtschaden zuerkannt würde, der höher wäre als die Summe der individuellen Einzelschäden. Damit würde die Vorschrift noch näher an eine strafrechtliche Sanktion angenähert werden, die sie von der Konzeption her nicht sein soll.

VI. Vorsatz

17 Die Zuwiderhandlung muss vorsätzlich erfolgt sein. Der Vorsatzbegriff ist der gleiche wie bei § 9 UWG und im allgemeinen Zivilrecht. Vorsätzliches Verhalten umfasst dabei auch bedingten Vorsatz, also das Inkaufnehmen eines Wettbewerbsverstoßes. Erforderlich ist zumindest das Bewusstsein der Rechtswidrigkeit. Fahrlässiges Verhalten, auch grob fahrlässiges, reicht nach dem gesetzgeberischen Willen nicht aus. Die Grenzziehung kann sich dabei im Einzelfall als problematisch darstellen. Für die Annahme eines bedingten Vorsatzes genügt eine »Parallelwertung in der Laiensphäre«, wenn sich also dem Handelnden die Rechtswidrigkeit seines Tuns geradezu aufdrängt oder er sein wettbewerbsrelevantes Verhalten fortsetzt, obgleich er sich auf Grund der ihm bekannten Tatsachen nicht der Einsicht verschließen kann, dass dieses unlauter ist.[48]

18 Vorsätzliche Begehung liegt aber regelmäßig nahe, wenn der Täter sein Handeln nach einer Abmahnung fortsetzt.[49] Erforderlich ist aber, dass die Vorabmahnung nicht nur den gleichen Vorwurf, sondern auch einen tatsächlich gleich gelagerten Sachverhalt betraf.[50] Vorsatz liegt ferner nahe, wenn der Zuwiderhandelnde zu erkennen gibt, dass ihm die mögliche rechtliche Unzulässigkeit seines Verhaltens bewusst ist. Das ist etwa dann der Fall, wenn AGB-rechtlich unzulässige Gebühren allein aufgrund einer intern

---

45 OLG Frankfurt, 20.05.2010, 6 U 33/09, GRUR-RR 2010, 482, 483 – *»heute gratis!«*; OLG Schleswig, 07.06.2018, 2 U 5/17, juris Rn. 29 f.

46 So im Ergebnis vermutlich auch OLG Stuttgart, 02.11.2006, 2 U 58/06, GRUR 2007, 435, 437 – *Veralteter Matratzentest*, wie der Hinweis auf die nach § 287 ZPO zu bestimmende haftungsausfüllende Kausalität zeigt.

47 Harte/Henning/Goldmann, § 10 Rn. 128; MünchKomm/Micklitz UWG, § 10 Rn. 127.

48 OLG Hamm, Urteil vom 14.02.2008, 4 U 135/07, GRUR-RR 2008, 435, 437 – *Zulassung in EU-Mitgliedstaat*.

49 OLG Schleswig, 26.03.2013, 2 U 7/12, MMR 2013, 579, 584.

50 LG Berlin, 25.09.2007, 16 O 115/06, CR 2008, 192.

vorgehaltenen Tabelle in einem automatisierten Verfahren vereinnahmt werden, obwohl sich eine Regelung des Sachverhalts in den AGB angeboten hätte.[51] Auch bei »offensichtlichen« Rechtsverstößen, wie bewusst irreführend gestalteten »Kostenfallen« im Internet, liegt eine vorsätzliche Begehungsweise nahe.[52] Nicht ausreichen dürfte es allerdings, wenn der Zuwiderhandelnde lediglich ungeprüft Angaben seiner Lieferanten übernommen hat.[53]

Der Unternehmer muss selber vorsätzlich handeln. Eine Zurechnung des Vorsatzes von Mitarbeitern findet nicht statt; § 8 Abs. 2 ist im Rahmen des § 10 nicht anwendbar, auch nicht analog. Dies findet seine Grundlage in dem strafähnlichen Sanktionscharakter der Norm. Lediglich die Grundsätze der Organhaftung nach § 31 BGB sind anwendbar.[54] Problematisch ist die Anwendung des § 831 BGB, die jedenfalls nicht dazu führen darf, dass das Vorsatzerfordernis aufgeweicht wird.[55] 19

VII. Darlegungs- und Beweislast

Der Gläubiger ist für die Voraussetzungen des Anspruchs darlegungs- und beweisbelastet. Dazu gehört auch die Höhe des entstandenen Schadens einschließlich aller für deren Ermittlung wesentliche Faktoren. Er kann seiner Darlegungslast auch dadurch genügen, dass er sich die Rechnungslegung des Zuwiderhandelnden zu eigen macht; in diesem Fall trägt dann der Zuwiderhandelnde die Darlegungs- und Beweislast, soweit er von seiner eigenen Rechnungslegung abweichen will. Wählt der Gläubiger diesen Weg nicht und legt seiner Schadensberechnung andere ihm bekannte Tatsachen zu Grunde – was ihm offen steht, denn er ist an die Rechnungslegung des Zuwiderhandelnden nicht gebunden –, bleibt es jedoch bei der grundsätzlich auf seiner Seite liegenden Darlegungslast. Dies gilt auch dann, wenn er von der Rechnungslegung des Zuwiderhandelnden zu seinen Gunsten abweichen möchte.[56] Lediglich für nach § 10 Abs. 2 anrechenbare Leistungen des Zuwiderhandelnden an Dritte oder den Staat trägt dieser die Darlegungs- und Beweislast. 20

Der nach § 10 abzuführende Gewinn kann, sofern dafür eine ausreichende tatsächliche Grundlage vorliegt, gemäß § 287 ZPO geschätzt werden. Dies gilt insbesondere für die Höhe des Gewinnanteils, der kausal auf der Zuwiderhandlung beruht.[57] 21

VIII. Verjährung

Zu beachten ist, dass § 10 ausdrücklich aus dem Anwendungsbereich des § 11 herausgenommen worden ist. Der Regierungsentwurf des UWG 2004 sah noch eine Rege- 22

51 LG Hannover, 17.11.2015, 18 O 36/15, juris Rn. 20.
52 OLG Frankfurt, 20.05.2010, 6 U 33/09, GRUR 2010, 482 – *»heute gratis!«*
53 A. A. OLG Stuttgart, 02.11.2006, 2 U 58/06, GRUR 2007, 435, 436 – *Veralteter Matratzentest*, wo allerdings auch eine Vorabmahnung hinzukam.
54 Harte/Henning/Goldmann, § 10 Rn. 71 ff.; *Köhler*/Bornkamm/Feddersen, § 10 Rn. 6.
55 FBO/von Braunmühl, § 10 Rn. 244; Harte/Henning/Goldmann, § 10 Rn. 75.
56 OLG Köln, 26.04.2013, 6 U 171/11, GRUR-RR 2013, 398, 399 f. – *Bigfoot II.*
57 OLG Stuttgart, 02.11.2006, 2 U 58/06, GRUR 2007, 435, 437 – *Veralteter Matratzentest.*

lung in § 11 Abs. 2 vor, nach für Ansprüche auf Gewinnabschöpfung die Verjährung nicht vor der Entstehung des Gewinns zu laufen beginnen sollte.[58] Im Gesetzgebungsverfahren wurde dagegen eingewandt, bei der kurzen Verjährungsfrist des § 11 Abs. 1 bestehe für den Anspruch auf Gewinnabschöpfung die Gefahr, dass die Effektivität des Instituts leide, da es für die Gläubiger zum Teil außerordentlich schwierig wäre, die für die Geltendmachung des Anspruchs notwendigen Tatsachen innerhalb der kurzen Fristen zu ermitteln. Für die vorgesehene Sonderregel zum Beginn der Verjährungsfrist bestehe kein Anlass, da insoweit die Regel des § 199 Abs. 1 BGB ausreichend sei.[59]

23 Vor diesem Hintergrund der Gesetzgebungsgeschichte kann der in der Literatur vertretenen Ansicht,[60] der Anspruch verjähre nach § 11 Abs. 4, nicht gefolgt werden. § 11 Abs. 4 ist nach seinem Wortlaut und seiner systematischen Stellung (»andere Ansprüche«) die Ergänzung zu § 11 Abs. 3, der wiederum auf § 11 Abs. 1 Bezug nimmt. Für den Anspruch aus § 10 bleibt es daher bei der allgemeinen Regel der §§ 195, 199 BGB.[61]

C. Rechtsfolgen und Verfahren

I. Anspruchsinhalt

24 Der Klageanspruch ist gerichtet auf Herausgabe des Gewinns an das Bundesverwaltungsamt (§ 10 Abs. 5).

II. Auskunft

25 Wie bei dem individuellen Schadensersatzanspruch steht dem Anspruchsgläubiger ein auf § 242 BGB gestützter Anspruch auf Auskunft, Rechnungslegung und erforderlichenfalls eidesstattliche Versicherung zu, der im Weg der Stufenklage geltend gemacht werden kann.[62] Etwaigen Geheimhaltungsinteressen des Zuwiderhandelnden kann durch Anordnung eines Wirtschaftsprüfervorbehalts Rechnung getragen werden.[63] Der Auskunftsanspruch erfasst dabei auch solche Leistungen, die der Zuwiderhandelnde bereits an Dritte ausgekehrt hat. Dies folgt aus der Fassung des Gesetzes, nach der der Schuldner diese Leistungen dem Anspruch lediglich einredeweise entgegenhalten kann und dafür, dass er sie erbracht hat, die Darlegungs- und Beweislast trägt.[64]

58 BT-Drucksache 15/1487, S. 8.
59 Stellungnahme des Bundesrats, BT-Drucksache 15/1487, S. 35 f.
60 *Köhler*/Bornkamm/Feddersen, § 11 Rn. 1.3; *Ohly*/Sosnitza, § 10 Rn. 20.
61 Harte/Henning/Schulz, § 11 Rn. 21 f.; GK/Poelzig, § 11 Rn. 208 f.; MünchKomm/Fritzsche UWG, § 11 Rn. 39 ff.
62 OLG Stuttgart, 02.11.2006, 2 U 58/06, GRUR 2007, 435 – *Veralteter Matratzentest*; OLG Düsseldorf, 07.02.2017, I-20 U 139/15, GRUR-RR 2017, 331 Rn. 60 – *Gewinne aus Rücklastschriften*.
63 *Köhler*/Bornkamm/Feddersen, § 10 Rn. 15.
64 OLG Düsseldorf, 07.02.2017, I-20 U 139/15, GRUR-RR 2017, 331 Rn. 71 – *Gewinne aus Rücklastschriften*.

III. Erstattung der notwendigen Aufwendungen

Nach § 10 Abs. 4 1 kann der Gläubiger vom Bundesamt für Justiz Erstattung der für die Geltendmachung des Anspruchs erforderlichen Aufwendungen verlangen, soweit sie vom Schuldner keinen Ausgleich erlangen können. Damit sollen einmal Leistungen erfasst sein, die zur Rechtsdurchsetzung erforderlich sind, für die es aber keinen prozessualen oder materiellen Kostenerstattungsanspruch des Gläubigers gibt. Es sind allerdings kaum zur Rechtsdurchsetzung erforderliche Aufwendungen denkbar, für die der Gläubiger nicht bereits gemäß §§ 9, 12 Abs. 1 2 UWG oder § 91 ZPO Erstattung verlangen kann. Als zweite Gruppe kommen Aufwendungen in Betracht, für die zwar ein Erstattungsanspruch besteht, die der Zuwiderhandelnde aber nicht auf Aufforderung zahlt.[65] Auch insoweit ist der praktische Wert des Anspruchs begrenzt, da er der Höhe nach auf den abgeführten Gewinn beschränkt ist. Der Gläubiger muss daher zunächst den Hauptanspruch – gegebenenfalls im Weg der Zwangsvollstreckung – durchsetzen, eher er sich dann wegen seiner Kosten an das Bundesamt für Justiz wenden kann. 26

Nicht erfasst sind, entgegen einer in der Literatur vertretenen Meinung, Kosten, die der Gläubiger infolge eines Teilunterliegens im Prozess gemäß § 92 Abs. 1 ZPO zu tragen hat.[66] Für den Fall des vollständigen Unterliegens folgt der Ausschluss bereits aus § 10 Abs. 4 3, da es dann notwendig an einem an den Bundeshaushalt abzuführenden Gewinn mangelt. Kosten, die durch eine Zuvielforderung des Gläubigers entstehen, sind aber ohnehin nicht »erforderlich« im Sinn des § 10 Abs. 2 2 (vgl. die entsprechende Problematik im Rahmen des § 12 Abs. 1 2). Auch ein Erstattungsanspruch für »ex ante« vertretbare Zuvielforderungen ist von der derzeitigen Fassung des Gesetzes nicht gedeckt.[67] § 92 Abs. 2 Nr. 2 ZPO wird nur in wenigen Fällen anwendbar sein, da die Vorschrift nicht eingreift, wenn der Kläger seine Forderung nicht (oder nur scheinbar) ins Ermessen des Gerichts stellt, tatsächlich aber einen bestimmten Betrag verlangt.[68] 27

IV. Rechtsmissbrauch

§ 8 Abs. 4 ist im Rahmen des § 10 nicht anwendbar.[69] Die Gewinnabschöpfungsklage steht aber unter den allgemeinen Grundsätzen von Treu und Glauben, in deren Rahmen die Umstände, die bei Anwendung des § 8 Abs. 4 BGB den Vorwurf des Rechtsmissbrauchs begründen, herangezogen werden können.[70] Die Gewinnabschöpfungsklage eines Verbraucherverbands, die von einem gewerblichen Prozessfinanzierer 28

65 *Köhler*/Bornkamm/Feddersen, § 12 Rn. 23.
66 So z. B. *Köhler*/Bornkamm/Feddersen, § 12 Rn. 23; einschränkend GK/Poelzig, § 10 Rn. 137; s. zum Meinungsstand auch OLG Düsseldorf, 07.02.2017, I-20 U 139/15, GRUR-RR 2017, 331 Rn. 46 – *Gewinne aus Rücklastschriften.*
67 So der Vorschlag von GK/Poelzig, § 10 Rn. 137.
68 Zöller/Herget, § 92 Rn. 12.
69 BGH, 13.09.2018, I ZR 26/17, GRUR 2018, 1166 Rn. 33 – *Prozessfinanzierer.*
70 BGH, 13.09.2018, I ZR 26/17, GRUR 2018, 1166 Rn. 33 – *Prozessfinanzierer*; OLG Düsseldorf, 07.02.2017, I-20 U 139/15, GRUR-RR 2017, 331 Rn. 36 – *Gewinne aus Rücklastschriften.*

finanziert wird, der im Falle des Obsiegens einen Anteil am abgeschöpften Gewinn erhalten soll, widerspricht dem Verbot unzulässiger Rechtsausübung nach § 242 BGB.[71] Tatsächlich erschiene es bedenklich, wenn auf diese Weise ein Teil der nach § 10 Abs. 1 an den Bundeshaushalt herauszugebenden Erlöse auf ein privates Unternehmen umgeleitet werden.[72]

71 BGH, 13.09.2018, I ZR 26/17, GRUR 2018, 1166 Rn. 38 – *Prozessfinanzierer.*
72 Kritisch auch *Köhler*/Bornkamm/Feddersen, § 10 Rn. 19.

§ 11 Verjährung

(1) Die Ansprüche aus §§ 8, 9 und 12 Absatz 1 Satz 2 verjähren in sechs Monaten.

(2) Die Verjährungsfrist beginnt, wenn
1. der Anspruch entstanden ist und
2. der Gläubiger von den den Anspruch begründenden Umständen und der Person des Schuldners Kenntnis erlangt oder ohne grobe Fahrlässigkeit erlangen müsste.

(3) Schadensersatzansprüche verjähren ohne Rücksicht auf die Kenntnis oder grob fahrlässige Unkenntnis in zehn Jahren von ihrer Entstehung, spätestens in 30 Jahren von der den Schaden auslösenden Handlung an.

(4) Andere Ansprüche verjähren ohne Rücksicht auf die Kenntnis oder grob fahrlässige Unkenntnis in drei Jahren von der Entstehung an.

Martin Hohlweck

Übersicht **Rdn.**

A. Einleitung

I. Geschichte, Normzweck und systematische Stellung

1 Ansprüche wegen unlauteren Wettbewerbs unterliegen traditionell einer kurzen Verjährung. Bereits § 21 UWG 1909 sah eine nur sechsmonatige Verjährungsfrist vor. Die Gründe dafür sind das Bedürfnis, wegen der Schwierigkeiten der tatsächlichen Feststellbarkeit Wettbewerbsstreitigkeiten möglichst zeitnah entscheiden zu lassen, und die Absicht, den Verletzer nach Aufgabe der verletzenden Handlung von der Gefahr der Inanspruchnahme durch die unübersehbare Zahl der nach dem UWG Anspruchsbe-

rechtigten möglichst bald zu befreien.[1] In § 11 ist die Regelung des § 21 UWG in sprachlich leicht geänderter Form übernommen worden. Während nach der alten Fassung die Frist »mit der Begehung der Handlung« zu laufen begann, beginnt sie nach § 11 Abs. 2 Nr. 1, wenn »der Anspruch entstanden ist«. Eine Änderung der Rechtslage war damit nicht beabsichtigt.[2] § 11 Abs. 2 ist an die allgemeine Verjährungsregelung des § 199 Abs. 2 BGB angepasst worden. Da zur Frage, wann der Gläubiger die nach § 199 Abs. 2 Nr. 2 BGB erforderliche Kenntnis von den anspruchsbegründenden Umständen besitzt, weitgehend auf die Rechtsprechung zu § 852 Abs. 1 BGB a.F. zurückgegriffen werden kann, kann diese auch zur Auslegung des § 11 Abs. 2 Nr. 2 UWG herangezogen werden.[3]

Nicht übernommen wurde die Regel des § 199 Abs. 1 BGB, nach der die regelmäßige Verjährungsfrist mit dem Schluss des Jahres beginnt, in dem der Anspruch entstanden ist und bei dem Gläubiger die subjektiven Voraussetzungen vorliegen. Für § 11 unterfallende Ansprüche gilt daher § 200 BGB, nach dem maßgeblich der Kalendertag der Entstehung des Anspruchs ist. 2

§ 11 stellt eine **Spezialvorschrift** dar, die in ihrem Anwendungsbereich die allgemeinen Bestimmungen des BGB über die Verjährung (neben dem Fristbeginn nach § 199 Abs. 1 BGB vor allem die Verjährungsfrist des § 195 BGB) verdrängt. Keine Sonderregelungen enthält das UWG über Hemmung, Ablaufhemmung und Neubeginn der Verjährung, so dass insoweit die einschlägigen Bestimmungen des BGB anwendbar bleiben (§§ 203 ff. BGB). 3

II. Grundzüge der gesetzlichen Regelung

Nach § 11 Abs. 1 verjähren die dort genannten Ansprüche in sechs Monaten, wobei § 11 Abs. 2 den Beginn dieser Verjährungsfrist näher regelt. Grundsätzlich beginnt die Verjährung nach § 11 Abs. 1 erst zu laufen, wenn der Gläubiger Kenntnis von den den Anspruch begründenden Umständen hat oder ohne grobe Fahrlässigkeit haben müsste (§ 11 Abs. 2 Nr. 2). Neben dieser kenntnisabhängigen Verjährung enthalten § 11 Abs. 3 und Abs. 4 noch jeweils weitere, kenntnisunabhängige Verjährungsfristen, die damit eine Obergrenze für die nach § 11 Abs. 1 laufende Verjährung bilden. 4

III. Anwendungsbereich

1. Ansprüche aus dem UWG

Nach § 11 Abs. 1 erfasst die Bestimmung die Ansprüche aus §§ 8, 9 und 12 Abs. 1 2, mithin die Abwehr- und Schadensersatzansprüche sowie den Anspruch auf Erstattung der Abmahnkosten. Entgegen einer früher vertretenen Ansicht[4] unterfällt auch der 5

1 BGH, 26.01.1984, I ZR 195/81, GRUR 1984, 820, 823 – *Intermarkt II.*

2 Amtl. Begründung, BT-Drucksache 15/1487 S. 25; OLG Köln, 01.06.2007, 6 U 232/06, OLGR Köln 2008, 467 – *WLAN-Router nicht vorrätig.*

3 BGH, 14.05.2009, I ZR 82/07, GRUR 2009, 1186 Rn. 22 – *Mecklenburger Obstbrände.*

4 So noch z. B. BGH, 29.09.1978, I ZR 107/77, GRUR 1979, 1212, 122 – *Verjährungsunterbrechung.*

vorbeugende Unterlassungsanspruch der Verjährung nach § 11.[5] Resultiert die Erstbegehungsgefahr aus einem andauernden Zustand, so entsteht der Anspruch ständig neu und kann daher faktisch nicht verjähren, solange dieser Zustand andauert.[6]

6 Nicht erfasst ist dagegen der Anspruch auf Gewinnabschöpfung aus § 10 und dessen Nebenansprüche (wie der Kostenerstattungsanspruch aus § 10 Abs. 2 2). Der in der Literatur vertretenen Ansicht,[7] diese Ansprüche würden nach § 11 Abs. 4 verjähren, kann nicht gefolgt werden.[8] § 11 Abs. 4 ist nach seinem Wortlaut und seiner systematischen Stellung (»andere Ansprüche«) die Ergänzung zu § 11 Abs. 3, der wiederum auf § 11 Abs. 1 Bezug nimmt. Für den Anspruch aus § 10 bleibt es daher bei der allgemeinen Regel der §§ 195, 199 BGB.[9]

2. Auskunftsansprüche

7 Die Verjährung der **selbständigen Auskunftsansprüche** richtet sich nach ihrer Grundlage im Gesetz. Für den Sonderfall des § 8 Abs. 5 folgt dies unmittelbar aus dem Wortlaut des Gesetzes. Soweit sie ihre Grundlage in Abwehransprüchen aus § 8 oder Schadensersatzansprüchen aus § 9 haben, gilt nichts anderes.[10]

8 Streitig ist die Verjährung der **unselbständigen Auskunftsansprüche**. Nach früherer Rechtsprechung des Bundesgerichtshofs verjähren sie entsprechend ihrem akzessorischen Charakter wie der jeweilige Hauptanspruch.[11] Als herrschend ist dagegen inzwischen die Ansicht anzusehen, nach der sie der selbständigen Verjährung nach § 195 BGB unterliegen.[12] Auch der Bundesgerichtshof ist in einer Entscheidung aus dem Jahr 2016 ohne nähere Erörterung davon ausgegangen, dass Auskunftsansprüche im Zusammenhang mit wettbewerblichem Nachahmungsschutz einer dreijährigen Verjährungsfrist unterliegen.[13] Praktisch ist die Frage allerdings von geringer Bedeutung. Ist der Hauptanspruch verjährt, fehlt es für die Geltendmachung des Auskunftsanspruchs regelmäßig an einem Rechtsschutzinteresse. Ein solches kann ausnahmsweise bestehen, wenn der Gläubiger einen verjährten Schadensersatzanspruch einredeweise gemäß

---

5 Ernst, in Ullmann, jurisPK/UWG, § 11 Rn. 10; Harte/Henning/Schulz, § 11 Rn. 14; GK/Toussaint Rn. 21 ff.; *Köhler*/Bornkamm/Feddersen, § 11 Rn. 1.3; Teplitzky/Bacher, Kap. 16 Rn. 5; zweifelnd Ohly/*Sosnitza*, § 11 Rn. 21.

6 *Köhler*/Bornkamm/Feddersen, § 11 Rn. 1.3.

7 FBO/Büscher, § 11 Rn. 11; *Köhler*/Bornkamm/Feddersen, § 11 Rn. 1.3; *Ohly*/Sosnitza, § 10 Rn. 20.

8 Einzelheiten s. o. § 10 Rdn. 22–23.

9 Harte/Henning/Schulz, § 11 Rn. 21 f.; GK/Poelzig, § 10 Rn. 208 f.

10 Teplitzky/Löffler, Kap. 38 Rn. 38.

11 BGH, 18.02.1972, I ZR 82/70, GRUR 1972, 558, 560 – *Teerspritzmaschinen*; so auch Ohly/*Sosnitza*, § 11 Rn. 24.

12 OLG Köln, 21.11.2014, 6 U 90/14, juris Rn. 42 – *Innovation Award Burgenland* (insoweit nicht in GRUR-RR 2015, 215 abgedruckt); Ernst, in Ullmann, jurisPK-UWG, § 11 Rn. 11; *Köhler/Bornkamm/Feddersen*, § 11 Rn. 1.17; GK/Toussaint, § 11 Rn. 30.

13 BGH, 04.05.2016, I ZR 58/14, BGHZ 210, 144 = GRUR 2017, 79 Rn. 108 ff. – *Segmentstruktur*.

§ 215 geltend machen möchte und für die Bezifferung auf Auskünfte des Schuldners angewiesen ist.[14]

3. Ansprüche aus dem Abmahnverhältnis

Der Anspruch auf Erstattung der Abmahnkosten aus § 12 Abs. 1 2 ist in § 11 Abs. 1 ausdrücklich genannt. Unabhängig von der insoweit anzunehmenden Anspruchsgrundlage unterliegt auch der Anspruch auf Erstattung der Kosten eines Abschlussschreibens der kurzen Verjährung gemäß § 11. So hat der Bundesgerichtshof auch nach altem Recht, als der Anspruch auf Erstattung der Abmahnkosten (auch) auf Geschäftsführung ohne Auftrag gestützt wurde, diesen Anspruch analog § 21 a. F. verjähren lassen.[15] Der gleiche Gedanke kann heute auf den Anspruch auf Erstattung der Kosten eines Abschlussschreibens übertragen werden.[16] 9

§ 11 gilt, soweit – ausnahmsweise – Verteidigungskosten gegen eine unberechtigte Abmahnung geltend gemacht werden können, weil diese ihrerseits eine unlautere geschäftliche Handlung darstellt.[17] Für Ansprüche wegen einer **unberechtigten Schutzrechtsverwarnung**, die einen Eingriff in den eingerichteten und ausgeübten Gewerbebetrieb darstellt, gelten dagegen §§ 195, 199 BGB.[18] 10

4. Vertragliche Ansprüche

§ 11 ist analog auf den Unterlassungsanspruch des Gläubigers aus einer **Unterwerfungserklärung** anzuwenden. Die abstrakte Pflicht als solche kann zwar nicht verjähren, denn solange der Schuldner sich an die Unterlassungspflicht hält, entstehen keine Ansprüche, die der Verjährung unterliegen können. Dementsprechend regelt auch § 199 Abs. 5 BGB, dass bei Unterlassungsansprüchen die Verjährungsfrist erst mit der Zuwiderhandlung zu laufen beginnt. Der Schuldner kann sich daher nicht nach Ablauf der Höchstfristen des §§ 11 Abs. 4 UWG, 199 Abs. 4 BGB darauf berufen, wegen Verjährung sei er nicht mehr an seine Unterwerfungserklärung gebunden.[19] 11

Konkrete Ansprüche, die aus einem Verstoß des Schuldners gegen die Unterwerfungserklärung resultieren, unterliegen jedoch der kurzen Verjährung des § 11. Die Unterwerfungserklärung schafft zwar eine vertragliche Unterlassungspflicht des Schuldners, die grundsätzlich einer eigenständigen Verjährung unterliegen kann. Ansprüche, die aus der Verletzung dieser Pflicht resultieren, entsprechen aber ihrem Ziel und Umfang nach denjenigen, die regelmäßig als Folge derselben (erneuten) wettbewerblichen Verletzungshandlung kraft Gesetzes entstehen und vom selben Gläubiger auch neben den 12

14 GK/Toussaint, § 11 Rn. 30.
15 BGH, 26.09.1991, I ZR 149/89, BGHZ 115, 210 ff. = GRUR 1992, 176, 177 – *Abmahnkostenverjährung*.
16 FBO/Büscher, § 11 Rn. 8; GK/Toussaint, § 11 Rn. 26; Teplitzky/Bacher, Kap. 16 Rn. 22a.
17 OLG Hamm, 18.02.2010, 4 U 158/09, juris Rn. 24.
18 *Köhler*/Bornkamm/Feddersen, § 4 Rn. 4.180.
19 BGH, 16.06.1972, I ZR 154/70, BGHZ 59, 72 ff. = GRUR 1972, 721 – *Kaffeewerbung* (zur Verjährung eines Unterlassungstitels).

Vertragsansprüchen geltend gemacht werden. In beiden Fällen ist die Verpflichtung übereinstimmend darauf gerichtet, dass eine ganz konkret bestimmte Form eines wettbewerbswidrigen Handelns unterbleibt und ein im Falle eines solchen Handelns entstehender Schaden ersetzt wird. Auch die Gründe, die den Gesetzgeber zur Einführung der kurzen Verjährungsfrist im Wettbewerbsrecht bewogen haben, greifen für Ansprüche wegen Verletzung einer vertraglichen Unterlassungspflicht im gleichen Maße.[20] Fraglich ist dies nur für den Fall, dass eine vertragliche Unterlassungspflicht keine gesetzliche Parallele aufweist. Bestehen insoweit Zweifel, empfiehlt sich die ausdrückliche Vereinbarung der entsprechenden Anwendung des § 11 im Unterlassungsvertrag.[21]

13 Abwehransprüche und Schadensersatzansprüche wegen Verstoß gegen eine Unterwerfungserklärung unterliegen damit der kurzen Verjährung des § 11. Anders ist dies für den Anspruch auf Zahlung einer **Vertragsstrafe**. Zwar dient diese auch als pauschalierter Schadensersatz, hat daneben aber auch Sanktionscharakter. Ihre präventive Funktion würde durch die Anwendung der kurzen Verjährungsfrist beeinträchtigt.[22] In diesem Zusammenhang kann auch auf die zweijährige Verjährungsfrist für die Verhängung von Ordnungsmitteln nach Art. 9 Abs. 1 2 EGStGB verwiesen werden.[23] Insoweit bleibt es daher bei der Anwendung der §§ 195, 199 BGB.

5. Titulierte Ansprüche

14 Ein titulierter Unterlassungsanspruch kann ebenso wie ein vertraglicher Unterlassungsanspruch als solcher nicht verjähren. Der Schuldner kann sich daher nicht darauf berufen, entsprechend § 197 Abs. 1 Nr. 3 BGB entfalle seine Verpflichtung nach 30 Jahren.[24] Dies folgt nunmehr aus §§ 201 Satz 2, 199 Abs. 5 BGB: Danach beginnt im Fall von Unterlassungstiteln die Verjährungsfrist erst mit der Zuwiderhandlung. Titulierte Schadensersatzansprüche fallen dagegen unter § 197 Abs. 1 Nr. 3 BGB.

15 Bei der Verhängung von Ordnungsmitteln gemäß § 890 ZPO wegen Verstößen gegen titulierte Unterlassungsgebote ist aber die Verjährungsbestimmung des Art. 9 EGStGB zu beachten. Danach tritt zwei Jahre nach der Beendigung der Handlung, wegen der ein Ordnungsmittel verhängt werden soll, Verfolgungsverjährung ein (Art. 9 Abs. 1 EGStGB). Nach Ablauf dieser Frist können Ordnungsmittel nicht mehr verhängt werden, und der entsprechende Anspruch des Gläubigers erlischt. Hat dagegen ein Gericht bereits ein Ordnungsmittel verhängt, kann Verfolgungsverjährung nicht mehr eintre-

---

20 BGH 12.07.1995, I ZR 176/93, BGHZ 130, 288 ff. = GRUR 1995, 678, 680 – *Kurze Verjährungsfrist*; a. A. GK/Toussaint, § 11 Rn. 41.

21 *Köhler*/Bornkamm/Feddersen, § 11 Rn. 1.15.

22 BGH 12.07.1995, I ZR 176/93, BGHZ 130, 288 ff. = GRUR 1995, 678, 680 f. – *Kurze Verjährungsfrist*.

23 *Köhler*/Bornkamm/Feddersen, § 11 Rn. 1.15.

24 BGH, 16.06.1972, I ZR 154/70, BGHZ 59, 72 ff. = GRUR 1972, 721 – *Kaffeewerbung* (zur Verjährung eines Unterlassungstitels).

ten; in diesem Fall ist allein die Vollstreckungsverjährung nach Art. 9 Abs. 2 EGStGB (zwei Jahre nach Vollstreckbarkeit des Ordnungsmittelbeschlusses) zu beachten.[25]

Der Beginn der Verfolgungsverjährung hängt von der Pflichtensituation des Schuldners ab. Ist ein Schuldner auf Grund eines Urteils verpflichtet, tätig zu werden, kann die Verjährung nicht beginnen, solange diese Pflichtensituation fortbesteht und der Schuldner pflichtwidrig untätig bleibt. Dies gilt auch in Fällen, in denen der Schuldner zu einer Unterlassung verurteilt worden ist, aber der rechtmäßige Zustand nur erreicht werden kann, indem er neben der Unterlassung auch die positiven Handlungen vornimmt, die notwendig sind, um den rechtmäßigen Zustand zu erreichen.[26] **16**

IV. Verjährung konkurrierender Ansprüche

1. Grundsatz

Konkurrieren Ansprüche (insbesondere solche aus Spezialgesetzen des geistigen Eigentums oder deliktische Ansprüche) mit denen des UWG, unterliegt jeder Anspruch grundsätzlich seiner eigenen Verjährungsregelung. Ausnahmen gelten nur, soweit das UWG für die betreffende Situation als eine abschließende Spezialregelung anzusehen ist.[27] **17**

2. Gesetze zum Schutz des geistigen Eigentums

Die Gesetze zum Schutz des geistigen Eigentums enthalten eigene Verjährungsvorschriften, die regelmäßig auf das Verjährungsrecht des BGB verweisen. Es handelt sich dabei um § 20 MarkenG, § 141 PatentG, § 24c GebrMG, § 49 DesignG und § 102 UrhG. Ein Rückgriff auf § 11 scheidet damit aus; dies gilt auch, soweit Ansprüche aus Bestimmungen des UWG (wie § 6 Abs. 2 Nr. 3) neben den spezialgesetzlichen Schutz treten. **18**

Ebenso unterliegen Ansprüche wegen Verletzung des **Namens- und Firmenrechts** der Verjährung nach §§ 195, 199 BGB.[28] **19**

3. Gesetz gegen Wettbewerbsbeschränkungen

Das GWB enthält mittlerweile in § 33h GWB eine eigenständige Verjährungsregelung. Zur früheren Rechtslage war anerkannt, dass die Beseitigungs- und Schadensersatzansprüche des GWB nach den Regeln für deliktische Ansprüche des BGB verjährten.[29] **20**

25 BGH, 05.11.2004, IXa ZB 18/04, BGHZ 161, 60 ff. = GRUR 2005, 269 f. – *Verfolgungsverjährung.*
26 BGH, 25.01.2007, I ZB 58/06, WRP 2007, 1104, 1105 f.
27 GK/Toussaint, § 11 Rn. 31; *Köhler*/Bornkamm/Feddersen, § 11 Rn. 1.4.
28 BGH, 26.01.1984, I ZR 195/81, GRUR 1984, 820, 822 f. – *Intermarkt II.*
29 BGH, 02.07.1996, KZR 31/95, BGHZ 133, 177 ff. = WRP 1996, 1108, 1110 f. – *Kraft-Wärme-Kopplung.*

4. Deliktische Ansprüche

a) Grundsatz

21 Erfüllt ein Wettbewerbsverhalten zugleich einen Tatbestand des UWG und die Voraussetzungen der §§ 823, 824 oder 826 BGB, unterliegt grundsätzlich jeder der sich daraus ergebenden Ansprüche der für ihn geltenden besonderen Verjährung. Insbesondere schließen die lauterkeitsrechtlichen Vorschriften die Anwendung der Vorschriften des bürgerlichen Rechts nicht schlechthin als Spezialgesetze aus, wenn eine geschäftliche Handlung vorliegt. Vielmehr ist jeweils zu prüfen, ob eine der Bestimmungen als erschöpfende und deshalb die anderen ausschließende Regelung der jeweiligen Teilfrage anzusehen ist, was auch für die Verjährung gilt. Aus dem Umstand allein, dass ein Verhalten gegen Vorschriften des Lauterkeitsrechts verstößt, ist nicht zu schließen, dass Art und Maß der sich daran anknüpfenden Haftung in jedem Fall dort abschließend geregelt sind.[30]

b) Verletzung absoluter Rechte (§ 823 Abs. 1 BGB)

22 Ansprüche wegen Verletzung absoluter Rechte im Sinn des § 823 Abs. 1 BGB unterliegen der allgemeinen deliktischen Verjährung. Dies gilt insbesondere für Ansprüche wegen Verletzung des Namensrechts[31] oder des allgemeinen Persönlichkeitsrechts.[32] In diesen Fällen käme die Anwendung des § 11 einer ungerechtfertigten Privilegierung des Verletzers gleich; auch der Schutzgegenstand unterscheidet sich jeweils von dem der Vorschriften des UWG.

23 Die kurze Verjährungsfrist des § 11 gilt dagegen, wenn in dem Verstoß gegen Vorschriften des UWG zugleich ein Eingriff in das Recht am eingerichteten und ausgeübten Gewerbebetrieb nach § 823 Abs. 1 BGB liegt. Die meisten Wettbewerbshandlungen greifen per se in den gewerblichen Tätigkeitsbereich anderer Unternehmen ein, so dass ein Verstoß gegen das UWG regelmäßig einem Eingriff in den Gewerbebetrieb gleichkommt und § 11 weitgehend leerliefe.[33] Eine Gegenausnahme soll die unberechtigte Schutzrechtsverwarnung bilden, für die sich die Verjährung nach §§ 195, 199 BGB richten soll.[34] Aus der Entscheidung des Großen Senats vom 15.07.2005[35] folgt dies allerdings nicht zwingend. Begründen lässt sich diese Einschränkung mit der Überlegung, dass eine unberechtigte Abnehmerverwarnung mit ihren gravierenden Konsequenzen über einen schlichten Wettbewerbsverstoß hinausreicht. Dementsprechend wird die kurze Verjährung bei Eingriffen in den eingerichteten und ausgeübten Gewer-

30 BGH, 10.02.2011, I ZR 136/09, BGHZ 188, 326 = GRUR 2011, 444 Rn. 56 – *Flughafen Frankfurt-Hahn.*

31 BGH, 26.01.1984, I ZR 195/81, GRUR 1984, 820, 822 f. – *Intermarkt II.*

32 Ohly/*Sosnitza*, § 11 Rn. 11.

33 BGH, 28.09.1973, I ZR 136/71, GRUR 1974, 99, 100 – *Brünova*; *Köhler*/Bornkamm/Feddersen, § 11 Rn. 1.8.

34 *Köhler*/Bornkamm/Feddersen, § 4 Rn. 4.180; Ohly/*Sosnitza*, § 11 Rn. 11.

35 BGH, 15.07.2005, GSZ 1/04, BGHZ 164, 1 ff. = GRUR 2005, 882 – *unberechtigte Schutzrechtsverwarnung.*

bebetrieb nur dann einschlägig sein, wenn dieser Eingriff von seinem Unwertgehalt einem Verstoß gegen das UWG vergleichbar ist.[36]

c) Verletzung von Schutzgesetzen (§ 823 Abs. 2 BGB)

Wird ein Anspruch auf eine Norm des UWG als Schutzgesetz im Sinn des § 823 Abs. 2 BGB gestützt, so bestimmt sich die Verjährung nach § 11.[37] §§ 3, 7 stellen allerdings keine Schutzgesetze im Sinn des § 823 Abs. 2 BGB dar; dies ist nur bei den Strafbestimmungen der §§ 16–19 a. F. der Fall, da mit ihnen keine erschöpfende Regelung der zivilrechtlichen Rechtsfolgen beabsichtigt war.[38] **24**

Konkurrieren der Rechtsbruchtatbestand (§ 3a) und § 823 Abs. 2 BGB miteinander, weil die verletzte Norm sowohl ein Schutzgesetz im Sinne des § 823 Abs. 2 BGB als auch eine Marktverhaltensregelung im Sinne des § 3a darstellt, ist darauf abzustellen, ob der Schwerpunkt des Unrechtsgehalts der verletzten Norm im Lauterkeitsrecht liegt. Nur wenn dies der Fall ist, gilt die kurze Verjährungsfrist des § 11.[39] Maßgeblich ist der Zweck der betreffenden Bestimmungen. Zum Beispiel folgt das unionsrechtliche Durchführungsverbot aus dem Unterlaufen der Beihilfekontrolle durch die Kommission und der daraus folgenden Beeinträchtigung unverfälschten Wettbewerbs im europäischen Binnenmarkt. Das UWG schützt dagegen allein die Lauterkeit des Wettbewerbs in Deutschland. Es gibt daher keinen Grund, bei einer Verletzung des Durchführungsverbots Ersatz- und Beseitigungspflichtige durch Anwendung der kurzen Verjährung des § 11 zu privilegieren. Die lauterkeitsrechtliche Haftung eröffnet dem Verletzten nur eine zusätzliche Anspruchsgrundlage, ohne seine Möglichkeiten zur Durchsetzung des deliktsrechtlichen Anspruchs zu beschränken.[40] **25**

d) Weitere deliktische Ansprüche (§§ 824, 826 BGB)

Auf §§ 824, 826 BGB gestützte Ansprüche verjähren selbständig nach §§ 195, 199 BGB, da sie eigene, über das Lauterkeitsrecht hinausreichende Voraussetzungen aufweisen und es nicht gerechtfertigt wäre, den gegen sie Verstoßenden durch die kurze Verjährung des § 11 zu privilegieren.[41] Dies führt allerdings nicht dazu, dass in jedem Fall eines vorsätzlichen Wettbewerbsverstoßes § 11 bedeutungslos wäre, da dann auch Ansprüche aus § 826 BGB bestehen würden.[42] Allein die Nichterfüllung allgemeiner Rechtspflichten oder vertraglicher Pflichten genügt grundsätzlich nicht, um eine Haftung aus § 826 BGB zu begründen. Ein Verhalten ist sittenwidrig, wenn es gegen das **26**

---

36 GK/Toussaint, § 11 Rn. 33.

37 BGH, 28.09.1973, I ZR 136/71, GRUR 1974, 99, 100 – *Brünova*.

38 Amtl. Begründung, BT-Drucksache 15/1487 S. 22; *Köhler*/Bornkamm/Feddersen, § 11 Rn. 1.9.

39 BGH, 10.02.2011, I ZR 136/09, BGHZ 188, 326 ff. = GRUR 2011, 444 Rn. 57 – *Flughafen Frankfurt-Hahn*.

40 BGH, 10.02.2011, I ZR 136/09, BGHZ 188, 326 ff. = GRUR 2011, 444 Rn. 58 – *Flughafen Frankfurt-Hahn*.

41 BGH, 22.12.1961, I ZR 152/59, GRUR 1962, 310, 314 – *Gründerbildnis*; BGH, 18.02.1977, I ZR 112/75, GRUR 1977, 539, 543 – *Prozessrechner*.

42 So Harte/Henning/Schulz, § 11 Rn. 62.

Anstandsgefühl aller billig und gerecht Denkenden verstößt. Zu der Nichterfüllung einer Rechtspflicht müssen besondere Umstände hinzutreten, die das schädigende Verhalten wegen seines Zwecks oder wegen des angewandten Mittels oder mit Rücksicht auf die dabei gezeigte Gesinnung nach den Maßstäben der allgemeinen Geschäftsmoral und des als »anständig« Geltenden verwerflich machen.[43] Auch wenn dies bei vorsätzlichen Verstößen gegen das UWG nahe liegen mag, kann dies nicht allgemein angenommen werden.[44]

5. UKlaG

27 Verstöße gegen Verbraucherschutzvorschriften können sowohl Ansprüche nach dem UKlaG als auch nach dem UWG begründen. Daher können die jeweiligen Ansprüche nach den für sie geltenden prozess- und materiellrechtlichen Voraussetzungen einschließlich der Verjährungsregelungen eigenständig geltend gemacht werden. Ein Bedürfnis für die Anwendung des § 11 UWG besteht für auf das UKlaG gestützte Ansprüche auch nicht aus sachlichen Gründen. Zweck der kurzen Verjährung ist die rasche Abwicklung von Wettbewerbsstreitigkeiten wegen der Schwierigkeiten der Tatsachenfeststellung und die Befreiung des Verpflichteten von einer unübersehbaren Vielzahl von Anspruchsberechtigten. Demgegenüber stehen Ansprüche nach dem UKlaG nur einer begrenzten Zahl qualifizierter Einrichtungen und Verbände zu. Diese haben auch nicht die gleichen unmittelbaren Marktbeobachtungsmöglichkeiten wie Wettbewerber und sind regelmäßig auf Hinweise – etwa aus ihrer Mitgliedschaft – angewiesen. Darüber hinaus liegt die effektive Verfolgung von Verstößen gegen Verbraucherschutzgesetze im allgemeinen Interesse und würde durch eine kurze Verjährung behindert.[45]

6. Bereicherungsanspruch

28 Bereicherungsrechtliche Ansprüche wegen Eingriffs in eine wettbewerbsrechtlich geschützte Rechtsposition unterliegen der Regelverjährung nach §§ 195, 199 BGB.[46] Der bereicherungsrechtliche Restschadensanspruch verjährt dagegen nach § 852 Satz 2 BGB in zehn Jahren von seiner Entstehung an, ohne Rücksicht auf die Entstehung in 30 Jahren von der Begehung der Verletzungshandlung oder dem sonstigen, den Schaden auslösenden Ereignis an.[47]

---

43 BGH, 03.12.2013, XI ZR 295/12, NJW 2014, 1098 Rn. 24.

44 Vgl. die Fallbeispiele bei MünchKommBGB-*Wagner*, § 826 Rn. 198 ff. und – zu § 1 UWG a. F. – BGH, 14.01.1999, I ZR 203/96, GRUR 1999, 751, 753 f. – *Güllepumpen*.

45 KG, 04.07.2012, 24 U 30/11, juris Rn. 19 – *Original Notfall Produkte nach Dr. Bach*; a. A. OLG Hamm, 15.12.2009, 4 U 133/09, juris Rn. 37.

46 *Köhler*/*Bornkamm*/*Feddersen*, § 11 Rn. 1.13.

47 BGH, 14.01.1999, I ZR 203/96, GRUR 1999, 751, 754 – *Güllepumpen*; HansOLG Hamburg, 11.02.2009, 5 U 130/08, juris Rn. 54 f. – *Smartsurfer*.

B. Voraussetzungen

I. Beginn der Verjährung

1. Grundsatz

Die sechsmonatige Frist des § 11 Abs. 1 beginnt mit Entstehung des Anspruchs (§ 11 Abs. 2 Nr. 1) und, wenn der Gläubiger Kenntnis von den anspruchsbegründenden Umständen und der Person des Schuldners erlangt hat oder ohne grobe Fahrlässigkeit erlangen müsste (subjektive Voraussetzung, § 11 Abs. 2 Nr. 2). 29

2. Entstehung des Anspruchs (§ 11 II Nr. 1)

a) Grundsatz

Ein Anspruch ist in dem Zeitpunkt entstanden, zu dem er erstmalig geltend gemacht und im Wege der Klage durchgesetzt werden kann. Dies setzt nach ständiger Rechtsprechung grundsätzlich die Fälligkeit des Anspruchs voraus, da erst von diesem Zeitpunkt an der Gläubiger mit Erfolg die Leistung fordern und gegebenenfalls den Ablauf der Verjährungsfrist durch Klageerhebung unterbinden kann.[48] Dabei muss es sich nicht zwingend um eine Leistungsklage handeln; es genügt, wenn der Gläubiger in der Lage ist, eine Feststellungsklage zu erheben, die daher ebenfalls zur Hemmung der Verjährung führt.[49] 30

b) Einzelhandlung oder Dauerhandlung

Maßgeblich für die Berechnung der Verjährungsfristen ist es, ob die Ansprüche auf einer Einzelhandlung oder einer Dauerhandlung beruhen. 31

Die Verjährung von Ansprüchen wegen einer Einzelhandlung beginnt mit deren Abschluss an zu laufen. Der Annahme, es handele sich um eine Einzelhandlung, steht es nicht entgegen, wenn eine abgeschlossene Verletzungshandlung noch fortlaufend zu weiteren Beeinträchtigungen des geschützten Rechtsguts führen kann.[50] Auch bei einer Vielzahl gleichartiger Einzelhandlungen läuft die Verjährung für jede Einzelhandlung gesondert, und zwar auch dann, wenn die einzelnen Akte auf einem einheitlichen Tatentschluss beruhen (wie der Vertrieb einer unlauteren Produktnachahmung oder den Versand mehrerer gleichlautender Schreiben).[51] Eine Zusammenfassung dieser Akte zu einer »rechtlichen Einheit« (wie im Rahmen von Vertragsstrafansprüchen) findet in diesem Zusammenhang nicht statt.[52] 32

Bei einer Dauerhandlung geht dagegen von dem Verletzer eine fortwährende, pflichtwidrig aufrechterhaltene Störung aus. In Bezug auf Abwehransprüche nimmt die 33

---

48 BGH, 11.09.2012, XI ZR 56/11, NJW 2013, 1228 Rn. 12.

49 BGH, 20.01.1982, IVa ZR 283/80, NJW 1982, 1288.

50 BGH, 28.09.1973, I ZR 136/71, GRUR 1974, 99, 100 – *Brünova.*

51 BGH, 14.01.1999, I ZR 203/96, GRUR 1999, 751, 754 – *Güllepumpen*; BGH, 14.01.2016, I ZR 65/14, GRUR 2016, 946 Rn. 55 – *Freunde finden.*

52 FBO/Büscher, § 11 Rn. 28; *Köhler*/Bornkamm/Feddersen, § 11 Rn. 1.22.

Rechtsprechung an, dass in diesem Fall die Verjährung erst zu laufen beginnt, wenn die Dauerhandlung abgeschlossen ist.[53] Diese Sichtweise beruht auf der Fassung des § 21 UWG a. F., nach dem die Frist »mit der Begehung der Handlung« zu laufen begann. Auf der Grundlage der Neufassung, nach der die Entstehung des Anspruchs maßgeblich ist, ist es konsequenter, davon auszugehen, dass mit der andauernden Verletzung der Unterlassungsanspruch laufend neu entsteht und dementsprechend neu verjähren kann.[54] Bei Schadensersatzansprüchen wird eine vergleichbare Sicht des Verjährungsbeginns auch von der Rechtsprechung vertreten.[55]

34 Die Abgrenzung, ob ein wettbewerbswidriger Eingriff als Einzelhandlung oder als Dauerhandlung einzuordnen ist, kann im Einzelfall Schwierigkeiten bereiten. Die Zusendung eines Rundschreibens oder die unberechtigte Verwertung fremder Forschungsergebnisse im Rahmen eines Genehmigungsantrags hat der Bundesgerichtshof als Einzelhandlung angesehen.[56] Auch bei dem Vertrieb unlauterer Produktnachahmungen handelt es sich jeweils um Einzelhandlungen.[57] Als Dauerhandlungen werden beispielhaft die Führung einer irreführenden Firmenbezeichnung[58] oder die unlautere Werbung auf einem Ladenschild genannt. Eine Zeitungsanzeige ist als Einzelhandlung anzusehen, die mit dem Erscheinen der Anzeige abgeschlossen ist, ohne dass es darauf ankommt, wann der Text einen Leser findet.[59] Dies gilt auch dann, wenn die Anzeige mehrfach geschaltet wird; in diesem Fall löst jedes Erscheinen einen neuen, selbständig verjährenden Anspruch aus.[60] Verstöße auf einem Internetauftritt stellen sich dagegen als Dauerhandlung dar, die solange andauert, wie der Auftritt zugänglich ist.[61] Gleiches gilt für die Verwendung Allgemeiner Geschäftsbedingungen auf einer Internetseite.[62]

35 Eine sinnvolle Unterscheidung zwischen dem Begriff der Einzelhandlung und jenem der Dauerhandlung muss daran anknüpfen, ob es der Verletzer in der Hand hat, den Störungszustand zu beseitigen.[63] Das ist in den oben genannten Beispielsfällen einer unzulässigen Firmenbezeichnung oder einer am Geschäft angebrachten Beschilderung, aber auch etwa bei einem Internetauftritt, der Fall. Wer hingegen eine Zeitungsanzeige

53 BGH, 28.09.1973, I ZR 136/71, GRUR 1974, 99, 100 – *Brünova*; OLG Köln, 01.06.2007, 6 U 232/06, OLGR Köln 2008, 467 f. – *WLAN-Router nicht vorrätig*.
54 GK/Toussaint, § 11 Rn. 51; Harte/Henning/Schulz, § 11 Rn. 76.
55 S. u. Rdn. 41.
56 BGH, 28.09.1973, I ZR 136/71, GRUR 1974, 99, 100 – *Brünova*; BGH, 09.03.1989, I ZR 189/86, BGHZ 107, 117 ff. = GRUR 1990, 221, 223 – *Forschungskosten*.
57 BGH, 14.01.1999, I ZR 203/96, GRUR 1999, 751, 754 – *Güllepumpen*.
58 BGH, 27.02.2003, I ZR 25/01, GRUR 2003, 448, 450 – *Gemeinnützige Wohnungsgesellschaft*.
59 OLG Köln, 01.06.2007, 6 U 232/06, OLGR Köln 2008, 467 f. – *WLAN-Router nicht vorrätig*.
60 OLG Stuttgart, 02.04.2009, 2 U 3/08, juris Rn. 137.
61 HansOLG Hamburg, 24.02.2005, 5 U 72/04, juris Rn. 58 – *TFT-Display* (insoweit nicht vollständig in CR 2006, 127 abgedruckt).
62 OLG Hamm, 02.07.2009, 4 U 43/09, GRUR-RR 2010, 216, 217 – *Telefonangebote*.
63 FBO/Büscher, § 11 Rn. 26.

geschaltet hat, hat nach Erscheinen des Blattes keine Möglichkeiten, auf die Häufigkeit und Dauer der Leserkontakte irgendeinen Einfluss zu nehmen.[64]

c) Abwehransprüche

Die Abwehransprüche auf **Verletzungsunterlassung und Beseitigung** entstehen mit der unlauteren geschäftlichen Handlung, die die Wiederholungsgefahr begründet.[65] Bei Dauerhandlungen – unabhängig davon, ob die Verjährung überhaupt erst mit dem Ende der Dauerhandlung zu laufen beginnt oder während ihrer Dauer täglich jeweils eine neuer Anspruch mit eigener Verjährungsfrist entsteht – ist die praktische Konsequenz, dass die Einrede der Verjährung erst begründet ist, wenn die Verjährungsfrist nach Beendigung der Dauerhandlung abgelaufen ist. 36

Die Verjährung des **Beseitigungsanspruchs** beginnt, wenn die fortdauernde Beeinträchtigung aufgrund eines abgeschlossenen Geschehens vorauszusehen war und zum Gegenstand einer Beseitigungsklage gemacht werden konnte. Auswirkungen, die nicht vorauszusehen sind, bleiben davon unberührt. Für sie läuft eine besondere Verjährung, die erst mit der Kenntnis des Verletzten von ihrem Eintritt beginnt.[66] 37

Während früher zum **vorbeugenden Unterlassungsanspruch** vertreten wurde, dieser unterliege keiner Verjährung, wird dies heute von der herrschenden Meinung als grundsätzlich möglich angesehen.[67] Resultiert die Erstbegehungsgefahr aus einem andauernden Zustand, so entsteht der Anspruch allerdings – wie der Verletzungsunterlassungsanspruch bei einer Dauerhandlung – ständig neu und kann daher faktisch nicht verjähren, solange dieser Zustand andauert.[68] 38

d) Schadensersatzansprüche

Die Verjährung des Schadensersatzanspruchs beginnt, wenn der Verletzte auf Grund der ihm bekannten Tatsachen eine Schadensersatzklage, sei es auch nur eine Klage auf Feststellung der Ersatzpflicht für den künftig entstehenden Schaden, mit einigermaßen sicherer Aussicht auf Erfolg erheben kann und ihm damit die Erhebung einer Klage zuzumuten ist.[69] Die rechtliche Möglichkeit, auf Feststellung der Verpflichtung einer Pflicht zur Leistung eines zukünftigen Schadensersatzes zu klagen, bestimmt allerdings nicht den Zeitpunkt der Schadensentstehung; denn erst zukünftiger Schaden ist noch nicht im Sinn des § 11 Abs. 2 Nr. 1 entstanden. Gerade der Schadenseintritt ist das 39

64 OLG Köln, 01.06.2007, 6 U 232/06, OLGR Köln 2008, 467, 468 – *WLAN-Router nicht vorrätig.*
65 BGH, 14.01.2016, I ZR 65/14, GRUR 2016, 946 Rn. 55 – *Freunde finden.*
66 BGH, 28.09.1973, I ZR 136/71, GRUR 1974, 99, 100 – *Brünova.*
67 Ernst, in Ullmann, jurisPK/UWG, § 11 Rn. 10; Harte/Henning/Schulz, § 11 Rn. 14; GK/Toussaint Rn. 21 ff.; *Köhler*/Bornkamm/Feddersen, § 11 Rn. 1.3; Teplitzky/Bacher, Kap. 16 Rn. 5; zweifelnd Ohly/*Sosnitza*, § 11 Rn. 21.
68 *Köhler*/Bornkamm/Feddersen, § 11 Rn. 1.3.
69 BGH, 28.09.1973, I ZR 136/71, GRUR 1974, 99, 100 – *Brünova.*

Ereignis, von dem an der Geschädigte mit Ersatzansprüchen und hierfür laufenden Fristen rechnen muss.[70]

40 Es muss daher bereits irgendein Schaden eingetreten sein. Allerdings ist der gesamte aus einer **einzelnen Wettbewerbshandlung** entstehende Schaden als Einheit anzusehen. Die Verjährung ergreift den gesamten voraussehbaren, auch den durch Fortwirkung erst entstehenden Schaden.[71] Das gilt selbst dann, wenn der größere Teil der Schäden erst zeitlich nach der eigentlichen Begehungshandlung eintritt;[72] der Gläubiger ist in diesem Fall gehalten, die Verjährung durch Erhebung einer Feststellungsklage zu hemmen.

41 Bei einer **rechtsverletzenden Dauerhandlung** erzeugt die Fortdauer der schädigenden Handlung fortlaufend neue Schäden und damit neue Ersatzansprüche. Sie ist daher zur Bestimmung des Beginns der Verjährung gedanklich in Einzelhandlungen (also in Tage) aufzuspalten, für die jeweils eine gesonderte Verjährungsfrist läuft.[73] Anders als beim Unterlassungsanspruch, der nur einheitlich geltend gemacht und daher auch nur einheitlich verjähren kann, kann für Schadensersatzansprüche wegen Dauerhandlungen die Verjährungsfrist bereits vor Abschluss der Dauerhandlung zu laufen beginnen.

42 Dabei ist zu differenzieren, worauf die begehrte Rechtsfolge gestützt wird. Eine unzulässige Firmenführung kann zwar sowohl eine Dauerhandlung (Eintragung im Handelsregister) wie auch eine Vielzahl von Einzelhandlungen (konkrete Verwendung der Firma im geschäftlichen Verkehr) darstellen. Der Schadensersatzanspruch stützt sich jedoch nicht in erster Linie auf die Eintragung im Register, sondern auf die konkreten Benutzungsakte. Für ihn ist daher auf die Einzelhandlungen abzustellen, für die jeweils eigene Verjährungsfristen laufen.[74]

e) Ansprüche aus dem Abmahnverhältnis

43 Ansprüche aus dem Abmahnverhältnis (auf Erstattung der Kosten der Abmahnung und des Abschlussschreibens) verjähren entsprechend § 11.[75] Sie entstehen frühestens mit dem Versand des entsprechenden Schreibens, so dass die Verjährungsfrist erst zu diesem Zeitpunkt zu laufen beginnen kann.[76] Tatsächlich wird der Anspruch gemäß § 8 Abs. 1 RVG erst mit Abschluss des Auftrags fällig. Dies ist der Fall, wenn der Anwalt seine Verpflichtungen aus dem Anwaltsdienstvertrag vollständig erfüllt hat, also mit Beendigung der außergerichtlichen Rechtsverfolgung, so dass die Verjährung auch erst zu

70 BGH, 15.10.1992, IX ZR 43/92, NJW 1993, 648, 650.
71 BGH, 09.03.1989, I ZR 189/86, GRUR 1990, 221, 223 – *Forschungskosten* (insoweit in BGHZ 107, 117 ff. nicht abgedruckt).
72 BGH, 27.04.1995, I ZR 11/93, GRUR 1995, 608, 609 – *Beschädigte Verpackung II.*
73 BGH, 15.01.2015, I ZR 148/13, GRUR 2015, 780 Rn. 23 – *Motorradteile.*
74 BGH, *26.01.1984, I ZR 195/81*, GRUR 1984, 820, 822 – *Intermarkt II.*
75 S. o. Rdn. 9.
76 BGH, 11.06.2015, I ZR 7/14, GRUR 2016, 184 Rn. 71 – *Tauschbörse II.*

diesem Zeitpunkt zu laufen beginnen kann.[77] Nicht erforderlich ist es, dass der Anwalt eine Rechnung erstellt hat, da er sonst den Verjährungsbeginn steuern könnte.[78]

3. Subjektive Voraussetzungen (§ 11 II Nr. 2)

a) Positive Kenntnis

Nach § 11 Abs. 2 Nr. 2 setzt der Beginn der Verjährungsfrist weiter voraus, dass der Gläubiger von den den Anspruch begründenden Umständen und der Person des Schuldners Kenntnis erlangt hat oder ohne grobe Fahrlässigkeit erlangt haben müsste. § 11 Abs. 2 ist an die allgemeine Verjährungsregelung des § 199 Abs. 2 BGB angepasst worden. Da zur Frage, wann der Gläubiger die nach § 199 Abs. 2 Nr. 2 BGB erforderliche Kenntnis von den anspruchsbegründenden Umständen besitzt, weitgehend auf die Rechtsprechung zu § 852 Abs. 1 BGB a.F. zurückgegriffen werden kann, ist diese auch zur Auslegung des § 11 Abs. 2 Nr. 2 UWG heranzuziehen.[79] 44

Die für den Beginn der Verjährungsfrist nach § 11 Abs. 2 Nr. 2 UWG erforderliche Kenntnis oder grob fahrlässige Unkenntnis von der Person des Verletzers setzt voraus, dass dem Verletzten die für die Identifizierung des Verantwortlichen relevanten Tatsachen so vollständig und sicher bekannt oder infolge grober Fahrlässigkeit unbekannt sind, dass sie einen zwar nicht risikolosen, aber doch einigermaßen aussichtsreichen Erfolg einer Klage versprechen und dem Verletzten daher bei verständiger Würdigung der Sachlage eine Klage zuzumuten ist.[80] 45

Als **anspruchsbegründende Tatsachen** werden dabei grundsätzlich solche Umstände nicht angesehen, die unter die Behauptungs- und Beweislast des Anspruchsgegners fallen; insbesondere schließt die unbekannte Möglichkeit von Einwendungen gegen den Klageanspruch die für den Verjährungsbeginn notwendige Kenntnis nicht aus. Eine andere Beurteilung ist dagegen geboten, wenn konkrete Anhaltspunkte für den Anspruch ausschließende Einwendungen des Anspruchsgegners bestehen und es daher naheliegt, dass er sich darauf berufen wird. Hat der Gläubiger trotz Vorliegens solcher konkreter Anhaltspunkte für eine mögliche Einwendung des Schuldners keine hinreichende Kenntnis über die diese Einwendung begründenden Umstände und bleiben deswegen konkrete Zweifel am Bestehen seines Anspruchs, wird der Beginn der Verjährungsfrist hinausgeschoben. Im Fall des § 4 Nr. 2 bedeutet dies, dass der Gläubiger Kenntnis von der Unwahrheit der behaupteten Tatsache haben muss. Dazu müssen ihm die für die Beurteilung, ob die behauptete Tatsache wahr oder unwahr ist, maßgeblichen Umstände so vollständig und sicher bekannt sind, dass sie auch unter Berücksichtigung der in § 4 Nr. 2 Halbs. 1 getroffenen Beweislastverteilung einen einigermaßen sicheren Klageerfolg versprechen.[81] 46

---

77 Mayer/Kroiß/Gierl, RVG, § 8 Rn. 15; offen gelassen in BGH, 11.06.2015, I ZR 7/14, GRUR 2016, 184 Rn. 71 – *Tauschbörse II*.
78 Harte/Henning/Schulz, § 11 Rn. 86 (der allerdings auf den Zugang der Abmahnung abstellt).
79 BGH, 14.05.2009, I ZR 82/07, GRUR 2009, 1186 Rn. 22 – *Mecklenburger Obstbrände*.
80 BGH, 25.04.2012, I ZR 105/10, GRUR 2012, 1279 Rn. 53 – *DAS GROSSE RÄTSELHEFT*.
81 BGH, 14.05.2009, I ZR 82/07, GRUR 2009, 1186 Rn. 22 f. – *Mecklenburger Obstbrände*.

47 Nicht vorausgesetzt wird die **zutreffende rechtliche Würdigung** des bekannten Sachverhalts. Daher kommt es grundsätzlich nicht darauf an, ob der Gläubiger die Rechtswidrigkeit des Geschehens, das Verschulden des Schädigers und den in Betracht kommenden Kausalverlauf richtig einschätzt. Rechtlich fehlerhafte Vorstellungen des Geschädigten beeinflussen den Beginn der Verjährung in der Regel nicht, weil er die Möglichkeit hat, sich beraten zu lassen. Ist die Rechtslage dagegen unübersichtlich oder zweifelhaft, so dass sie selbst ein rechtskundiger Dritter nicht einzuschätzen vermag, kann der Verjährungsbeginn auch wegen Rechtsunkenntnis hinausgeschoben sein, weil es an der Zumutbarkeit der Klageerhebung als übergreifender Voraussetzung für den Verjährungsbeginn fehlt.[82] Das gilt erst recht, wenn der Durchsetzung des Anspruchs eine gegenteilige höchstrichterliche Rechtsprechung entgegensteht.[83]

48 Bei **Ansprüchen auf Schadensersatz** muss die Kenntnis des Gläubigers neben den das Verschulden des Schuldners begründenden Umständen auch die für den Schaden maßgebenden Umstände umfassen, wobei wegen des Grundsatzes der Schadenseinheit die Kenntnis von der Entstehung auch nur eines Teils des Schadens ausreicht.[84] Dies gilt allerdings nur für vorhersehbare Entwicklungen; für unvorhersehbare Auswirkungen beginnt die Verjährung erst, wenn sie für den Gläubiger erkennbar werden.[85]

49 Die erforderliche **Kenntnis von der Person des Schuldners** hat der Gläubiger, wenn ihm Name und Anschrift des Schuldners bekannt sind. Die Kenntnis der Wohnanschrift ist nicht zwingend erforderlich, es genügt die Kenntnis einer Anschrift, unter der dem Schuldner eine Klage problemlos zugestellt werden kann. Dies ist nicht der Fall, wenn dem Gläubiger nur eine ausländische Geschäftsanschrift bekannt ist, eine Zustellung an den Schuldner dort aber mit Unsicherheiten behaftet ist.[86] Wird ein Unternehmer gemäß § 8 Abs. 2 oder §§ 31, 831 BGB in Anspruch genommen, ist die Kenntnis der konkret handelnden Person nicht erforderlich. In diesem Fall, wie in allen Fällen, in denen Ansprüche gegen mehrere Schuldner bestehen, kann die Verjährung für die einzelnen Schuldner zu unterschiedlichen Zeitpunkten zu laufen beginnen.[87]

b) Grob fahrlässige Unkenntnis

50 Grob fahrlässige Unkenntnis liegt vor, wenn dem Gläubiger die Kenntnis fehlt, weil er die im Verkehr erforderliche Sorgfalt in ungewöhnlich grobem Maße verletzt und auch ganz naheliegende Überlegungen nicht angestellt oder naheliegende Erkenntnis- oder Informationsquellen nicht genutzt und unbeachtet gelassen hat, was jedem hätte einleuchten müssen. Ihm muss persönlich ein schwerer Obliegenheitsverstoß bei der Verfolgung seines Anspruchs vorzuwerfen sein.[88] Hierbei trifft den Gläubiger aber generell

82 BGH, 25.02.1999, IX ZR 30/98, NJW 1999, 2041, 2042.
83 BGH, 28.10.2014, XI ZR 348/13, BGHZ 203, 115 = NJW 2013, 3713 Rn. 35.
84 Ohly/*Sosnitza*, § 11 Rn. 27.
85 BGH, 28.09.1973, I ZR 136/71, GRUR 1974, 99, 100 – *Brünova.*
86 *BGH, 16.12.1997, VI ZR* 408/96, NJW 1999, 988, 989.
87 Teplitzky/Bacher, Kap. 16 Rn. 11.
88 BGH, 25.04.2012, I ZR 105/10, GRUR 2012, 1279 Rn. 55 – *DAS GROSSE RÄTSELHEFT.*

keine Obliegenheit, im Interesse des Schuldners an einem möglichst frühzeitigen Beginn der Verjährungsfrist Nachforschungen zu betreiben; vielmehr muss das Unterlassen von Ermittlungen nach Lage des Falls als geradezu unverständlich erscheinen, um ein grob fahrlässiges Verschulden des Gläubigers bejahen zu können.[89] Erforderlich ist es als Grundvoraussetzung, dass der Gläubiger zumindest Anlass für die Annahme haben muss, ihm könnte ein Anspruch entstanden sein.[90]

Daher besteht keine allgemeine Marktbeobachtungspflicht des Gläubigers.[91] Auch ist **51** er grundsätzlich nicht verpflichtet, etwa einen Detektiv oder Sachverständigen zu beauftragen.[92] Anderes gilt möglicherweise in Ausnahmefällen, in denen ein erheblicher Schaden eingetreten ist.[93] Es besteht auch keine Verpflichtung, die eigenen Kunden auf mögliche unlautere Abwerbeversuche von Wettbewerbern hin zu befragen.[94] Selbst wenn es sich bei dem Gläubiger um ein Unternehmen handelt, das über ein Auskunfts- und Controllingsystem verfügt, das grundsätzlich in der Lage ist, den in Rede stehenden Wettbewerbsverstoß zu ermitteln, besteht keine Verpflichtung, dieses System zu nutzen, wenn keine Anhaltspunkte für einen konkreten Wettbewerbsverstoß bestehen.[95]

Wohl aber ist der Gläubiger gehalten, ohne nennenswerten Aufwand mögliche, auf **52** der Hand liegende Erkundigungen einzuziehen.[96] Diese müssen sich im Rahmen des Üblichen halten (z. B. Nutzen von öffentlich zugänglichen Verzeichnissen oder Internet-Suchmaschinen) und dürfen weder nennenswerte Mühe noch besondere Kosten verursachen.[97]

c) Zurechnung der Kenntnis Dritter

Hinsichtlich der subjektiven Voraussetzungen für den Beginn der Verjährungsfrist ist **53** grundsätzlich auf die Person des Gläubigers abzustellen. Im Fall der gesetzlichen Vertretung muss sich der Vertretene das Wissen seines **gesetzlichen Vertreters** zurechnen lassen. Demgegenüber ist die Kenntnis eines rechtsgeschäftlichen Vertreters für den Verjährungsbeginn regelmäßig unerheblich. Die Vorschrift des § 166 BGB ist in diesem Bereich wegen des Zwecks der Verjährungsvorschriften nicht anwendbar.[98]

Nach Treu und Glauben ist es einem Anspruchsteller allerdings verwehrt, sich auf **54** eigene Unkenntnis zu berufen, wenn er sich eines so genannten **Wissensvertreters** bedient, den er mit der Erledigung bestimmter Angelegenheiten, insbesondere mit der

89 BGH, 22.07.2010, III ZR 203/09, NJW-RR 2010, 1623 Rn. 12.
90 BGH, 10.11.2009, VI ZR 247/08, VersR 2010, 214 Rn. 16; GK/Toussaint, § 11 Rn. 67.
91 OLG Naumburg, 05.08.2005, 10 U 5/05, OLGR Naumburg 2006, 316, 317.
92 *Köhler*/Bornkamm/Feddersen, § 11 Rn. 1.28.
93 Ernst in Ullmann, jurisPK/UWG, § 11 Rn. 25.
94 OLG Hamm, 30.06.2009, 4 U 54/09, juris Rn. 44.
95 OLG Jena, 15.05.2007, 6 W 610/06, juris Rn. 3 f.
96 Vgl. BGH, 09.07.1996, VI ZR 5/95, BGHZ 133, 192 ff. = NJW 1996, 2933, 2934.
97 GK/Toussaint, § 11 Rn. 67.
98 BGH, 14.01.2016, I ZR 65/14, GRUR 2016, 946 Rn. 60 – *Freunde finden*.

Betreuung und Verfolgung des in Frage stehenden Anspruchs in eigener Verantwortung betraut hat. In dieser Konstellation muss sich der Anspruchsteller vielmehr das Wissen des Dritten in analoger Anwendung des § 166 Abs. 1 BGB zurechnen lassen. Weil diese Wissenszurechnung auf der Erwägung beruht, dass der Geschäftsherr aus einer geschäftsorganisatorisch bedingten Wissensaufspaltung keine Vorteile ziehen soll, findet zwar eine Zurechnung geschäftlich erlangten Wissens, nicht aber privater Kenntnisse statt, sofern nicht ausnahmsweise der Geschäftsherr aus Gründen des Verkehrsschutzes zur Organisation eines Informationsaustauschs verpflichtet ist, der auch privat erlangtes Wissen umfasst.[99]

55 Andererseits setzt die Eigenschaft als Wissensvertreter keine rechtsgeschäftliche Vertretungsmacht voraus. Wissensvertreter kann daher auch ein Sachbearbeiter sein, der für die Aufnahme und weitere Bearbeitung wettbewerbsrechtlich relevanter Informationen zwecks Verfolgung von Wettbewerbsverstößen zuständig ist oder von dem dies auf Grund ihrer Stellung im Unternehmen typischerweise erwartet werden kann.[100] Hierbei kann es sich um Mitarbeiter der Rechtsabteilung, aber je nach den Umständen des Einzelfalles auch um die für Marketing und Vertrieb verantwortlichen Mitarbeiter handeln.[101] Auch den Rechtsanwalt, der mit der Abwehr wettbewerblicher Ansprüche betraut ist, treffen Hinweispflichten in Bezug auf Vorgänge außerhalb des eigentlichen Auftragsgegenstandes. Er muss deshalb auch solche ihm zur Kenntnis gelangten Informationen weiterleiten, die einen Gegenangriff auf einen abmahnenden Mitbewerber ermöglichen.[102]

56 Handelsvertreter können dagegen nicht grundsätzlich als Wissensvertreter des Gläubigers angesehen werden. Zwar ist der Handelsvertreter nach § 86 Abs. 1 HGB verpflichtet, sich um die Vermittlung und den Abschluss von Geschäften für den Prinzipal zu bemühen und er hat dabei dessen Interessen wahrzunehmen. Ferner hat er nach § 86 Abs. 2 HGB dem Unternehmer die erforderlichen Nachrichten zu geben. Dies betrifft jedoch nur die für die Durchführung und Anbahnung von Geschäften maßgeblichen Informationen. Diese allgemeine Verpflichtung des Handelsvertreters dient damit nicht dem Zweck, Wettbewerbsverstöße Dritter zu verfolgen, sondern soll allein die ordnungsgemäße Vertragsdurchführung sichern. Der Handelsvertreter unterscheidet sich insoweit nicht wesentlich von arbeitsvertraglich Beschäftigten, die aufgrund der allgemeinen arbeitsrechtlichen Treuepflicht ebenfalls gehalten sind, die Interessen ihres Arbeitgebers zu wahren und die gleichwohl nicht sämtlich Wissensvertreter ihres Arbeitgebers sind.[103] Erst recht nicht sind Händler Wissensvertreter für den Hersteller oder Großhändler.[104]

---

99 BGH, 14.01.2016, I ZR 65/14, GRUR 2016, 946 Rn. 61 – *Freunde finden.*

100 *Köhler*/Bornkamm/Feddersen, § 11 Rn. 1.27.

101 OLG Köln, 13.12.2013, 6 U 100/13, GRUR-RR 2014, 127 f. – *Haarverstärker* (zu § 12 Abs. 2).

102 OLG Frankfurt, 11.06.2013, 6 W 61/13, WRP 2013, 1068 Rn. 4 (zu § 12 Abs. 2).

103 OLG Düsseldorf, 13.04.2010, I-20 U 25/09, juris Rn. 20 f.

104 HansOLG Hamburg, 12.07.2006, 5 U 179/05, GRUR-RR 2006, 374 – *Neueröffnung* (zu § 12 Abs. 2).

Bei der Geltendmachung von Ansprüchen durch **Verbände** (§ 8 Abs. 3 Nr. 2 und 3) kommt es hinsichtlich der Kenntniserlangung allein auf den klagenden Verband an. Denn Gläubigerin des Unterlassungsanspruchs ist allein der Verband. Er macht nicht Ansprüche seiner Mitglieder, sondern einen eigenen Anspruch geltend. Die Kenntnis seiner Mitglieder kann ihm grundsätzlich nicht zugerechnet werden, auch wenn diese auf dem gezielten Einsatz Dritter zur Ermittlung von Wettbewerbsverstößen beruht. Weder die Mitgliedsunternehmen noch deren Beauftragte sind Wissensvertreter des Verbandes.[105] **57**

Regelmäßig wird der Verband auch nicht im Auftrag eines seiner Mitglieder tätig, das ihm Kenntnis von einer unlauteren geschäftlichen Handlung vermittelt, auch wenn das betreffende Mitglied selbst nach § 8 Abs. 3 klagebefugt ist. Maßgeblich ist, ob der Verband die Entscheidungsbefugnis darüber behält, ob er den Verstoß verfolgen will oder nicht.[106] **58**

II. Kenntnisunabhängige Verjährung (§ 11 Abs. 3 und Abs. 4)

Neben die kenntnisabhängige Verjährung gemäß § 11 Abs. 1, Abs. 2 treten kenntnisunabhängige Verjährungsfristen. Es handelt sich dabei um besondere Verjährungsfristen, nicht um Anwendungsfälle der Regelverjährung.[107] **59**

§ 11 Abs. 3 gilt für Schadensersatzansprüche und entspricht dem § 199 Abs. 3 BGB. Diese Ansprüche verjähren daher in zehn Jahren ab Entstehung des Anspruchs, spätestens in 30 Jahren ab der den Schaden auslösenden Handlung. Handlung ist dabei der Verstoß gegen § 3, so dass wie bei § 199 Abs. 3 1 Nr. 2 BGB (»Pflichtverletzung«) auch Unterlassungen erfasst sind. § 11 Abs. 3 Alt. 2 greift daher ein, wenn die unlautere Handlung zunächst noch keine Schäden verursacht hat, da erst zu diesem Zeitpunkt der Schadensersatzanspruch entsteht.[108] Nicht übernommen wurde die Bestimmung des § 199 Abs. 3 2 BGB, nach der maßgeblich jeweils die früher endende Frist ist. Da der Gesetzgeber aber in § 11 die Regelung des § 199 Abs. 3 übernehmen wollte[109] und sachliche Gründe für eine abweichende Handhabung nicht erkennbar sind, kann die Regelung des § 199 Abs. 3 2 BGB sinngemäß im Rahmen des § 11 Abs. 3 angewandt werden. Tritt daher 25 Jahre nach der den Schaden auslösenden Handlung erstmals ein Schaden ein, bleibt es bei der Verjährung in 30 Jahren nach der Handlung. **60**

§ 11 Abs. 4 entspricht § 199 Abs. 4 BGB und gilt für »andere Ansprüche«. Gemeint sind damit Ansprüche, die § 11 Abs. 1 und Abs. 2 unterfallen, aber nicht von § 11 Abs. 3 (Schadensersatzansprüche) erfasst werden.[110] Diese Ansprüche verjähren ohne **61**

105 OLG Hamm, 21.03.2017, I-4 U 167/16, WRP 2017, 858 Rn. 51 – *Polsterecke*.
106 OLG Saarbrücken, 23.10.2013, 1 U 225/12–68, juris Rn. 34 (insoweit nicht vollständig in MDR 2014, 609 abgedruckt).
107 MünchKomm/Grothe BGB, § 199 Rn. 49.
108 Einzelheiten oben Rdn. 40.
109 BT-Drucksache 15/1487, S. 35.
110 Ohly/*Sosnitza*, § 11 Rn. 32.

Rücksicht auf die Kenntnis oder grob fahrlässige Unkenntnis in drei Jahren von der Entstehung an.

62 In den Anwendungsbereich des § 11 Abs. 4 fallen daher zunächst die von § 11 Abs. 3 nicht erfassten Abwehransprüche des § 8 Abs. 1, aber auch die selbständigen Auskunftsansprüche, soweit sie nach § 11 Abs. 1 verjähren. Nicht eindeutig ist dies für die Ansprüche aus dem Abmahnverhältnis, die letztlich auf dem Gedanken der Geschäftsführung ohne Auftrag beruhen, also an sich keinen Schadensersatzanspruch darstellen.[111] Praktisch relevant ist die Frage nicht, da die Verjährung insoweit frühestens mit der Abmahnung bzw. dem Abschlussschreiben beginnen kann, dann aber auch Kenntnis des Gläubigers nach § 11 Abs. 2 Nr. 2 gegeben ist.

63 In der Literatur und Rechtsprechung wird weiter vertreten, § 11 Abs. 4 gelte auch für andere Ansprüche aus dem UWG, die nicht der Verjährung nach § 11 unterfallen.[112] Praktisch bedeutsam ist das für die unselbständigen Auskunftsansprüche und Ansprüche aus § 10, die grundsätzlich nach §§ 195, 199 BGB verjähren. Insoweit ist es aber systematisch nicht möglich, für Ansprüche, deren Verjährung sich grundsätzlich nach § 199 BGB richtet, statt § 199 Abs. 4 BGB die Bestimmung des § 11 Abs. 4 anzuwenden. Für sie gilt daher nicht die Höchstfrist von drei Jahren, sondern von zehn Jahren gemäß § 199 Abs. 4 BGB. Insbesondere für die Ansprüche aus § 10 dürfte dies auch den Bedenken des Gesetzgebers Rechnung tragen, der die Verjährungsfrist des UWG für Ansprüche aus § 10 für unangemessen kurz erachtete.[113]

C. Hemmung der Verjährung

I. Grundsatz

64 Hemmung der Verjährung bedeutet, dass der Hemmungszeitraum in die laufende Verjährungsfrist nicht eingerechnet wird (§ 209 BGB). Im Ergebnis führt die Hemmung daher zu einer Verlängerung der Verjährungsfrist. Der Tag des Beginns der Hemmung sowie der ihres Endes gehören zur Hemmungszeit, so dass die verbleibende Verjährungsfrist an dem Tag nach dem Ende der Hemmung wieder zu laufen beginnt.[114] Eine zeitliche Obergrenze für die Hemmung gibt es im deutschen Recht, anders als in manchen ausländischen Rechtsordnungen, nicht.[115]

65 Die maßgeblichen Bestimmungen finden sich in §§ 203 ff. BGB; lediglich in § 15 Abs. 9 1 findet sich ein UWG-spezifischer Hemmungstatbestand, der inhaltlich § 204 Abs. 1 Nr. 4 BGB entspricht.

---

111 Amtl. Begründung, BT-Drucksache 15/1487 S. 25.

112 OLG Köln, 21.11.2014, 6 U 90/14, juris Rn. 42 – *Innovation Award Burgenland* (zum unselbständigen Auskunftsanspruch; insoweit nicht in GRUR-RR 2015, 215 abgedruckt); Harte/Hennig/Goldmann, § 10 Rn. 153; *Köhler*/Bornkamm/Feddersen, § 11 Rn. 1.36; *Ohly*/Sosnitza, § 10 Rn. 20.

113 MünchKomm/Fritzsche UWG, § 11 Rn. 39 ff.; GK/Poelzig, § 11 Rn. 208 f.

114 BGH, 11.02.2009, XII ZR 114/06, BGHZ 179, 361 ff. = NJW 2009, 1488 Rn. 41.

115 MünchKomm/Grothe BGB, § 209 Rn. 1.

II. Praktisch wichtige Hemmungstatbestände

1. Verhandlungen (§ 203 BGB)

66 Nach § 203 BGB ist die Verjährung gehemmt, wenn zwischen dem Gläubiger oder dem Schuldner Verhandlungen über den Anspruch oder die den Anspruch begründenden Umstände schweben, bis der eine oder andere Teil die Fortsetzung der Verhandlungen verweigert. Die Vorschrift dient dem Zweck, Verhandlungen, die bei erfolgreichem Abschluss zur Vermeidung von Rechtsstreitigkeiten führen können, von dem zeitlichen Druck einer ablaufenden Verjährungsfrist zu befreien. Der Berechtigte soll nicht gezwungen sein, den Anspruch, über den noch verhandelt wird, vorsichtshalber durch Klageerhebung oder in anderer die Verjährung hemmender Weise geltend zu machen.[116]

67 An Verhandlungen im Sinn des § 203 Satz 1 BGB sind geringe Anforderungen zu stellen. Es genügt jeder Meinungsaustausch zwischen dem Berechtigten und dem Verpflichteten über den Anspruch und seine tatsächlichen Grundlagen, sofern nicht sofort und eindeutig jede Verpflichtung abgelehnt wird. Verhandlungen schweben schon dann, wenn der Schuldner Erklärungen abgibt, die den Gläubiger zu der Annahme berechtigen, der Schuldner lasse sich jedenfalls auf Erörterungen über die Berechtigung von Ansprüchen ein. Es ist nicht erforderlich, dass der Verpflichtete dabei eine Bereitschaft zum Vergleich oder zu einem sonstigen Entgegenkommen erkennen lässt.[117] Nicht erforderlich ist es auch, dass der Gläubiger bereits konkrete Ansprüche bestimmt geltend macht; Erörterungen der Beteiligten über eine unklare Tatsachengrundlage, auf der möglicherweise Ansprüche bestehen könnten, genügen.[118] Es genügt auch, wenn der Schuldner um eine Fristverlängerung bittet, um auf den Vorwurf des Gläubigers reagieren zu können.[119] Antwortet der Schuldner auf die dem Gläubiger in einer Weise, dass dieser annehmen darf, der Verpflichtete lasse sich auf die Erörterung des Anspruchs und seiner tatsächlichen Grundlagen ein, so ist die eintretende Verjährungshemmung auf den Zeitpunkt der Anspruchsanmeldung zurückzubeziehen.[120] Bestreitet der Schuldner dagegen einen Wettbewerbsverstoß und lehnt die Abgabe einer Unterwerfungserklärung ab, ist für die Annahme von Verhandlungen im Sinn des § 203 BGB kein Raum.[121]

68 Nach § 203 Satz 1 BGB endet die Hemmung, sobald der eine oder andere Teil die Fortsetzung der Verhandlungen verweigert. Ein solcher Abbruch der Verhandlungen muss wegen seiner Bedeutung für die Durchsetzbarkeit der geltend gemachten Ansprüche durch klares und eindeutiges Verhalten zum Ausdruck gebracht werden.[122] Schlafen die Verhandlungen ein, so endet die Hemmung zu dem Zeitpunkt, in dem nach

116 BGH, 14.05.2009, I ZR 82/07, Rn. 28 – *Mecklenburger Obstbrände.*
117 BGH, 14.05.2009, I ZR 82/07, Rn. 27 – *Mecklenburger Obstbrände.*
118 BGH, 14.05.2009, I ZR 82/07, Rn. 28 – *Mecklenburger Obstbrände.*
119 BGH, 14.05.2009, I ZR 82/07, Rn. 29 – *Mecklenburger Obstbrände.*
120 BGH, 19.12.2013, IX ZR 120/11, MDR 2014, 202 Rn. 2.
121 OLG Hamm, 15.12.2009, 4 U 133/09, juris Rn. 35.
122 BGH, 14.05.2009, I ZR 82/07, Rn. 30 – *Mecklenburger Obstbrände.*

Treu und Glauben spätestens eine Erklärung der anderen Seite zu erwarten gewesen wäre.[123] Nehmen die Parteien die Verhandlungen anschließend wieder auf, kann eine erneute Hemmung eintreten.[124] Eine »Rückwirkung« auf den Zeitpunkt der ersten Verhandlungen mit der Folge, dass insgesamt ein einheitlicher Hemmungszeitraum anzusetzen ist, findet aber nicht statt.[125]

69 Nach § 203 Satz 2 BGB endet die Verjährung frühestens drei Monate nach dem Ende der Hemmung. Dadurch soll dem Gläubiger nach dem Ende der Verhandlungen noch eine gewisse Überlegungsfrist gewahrt bleiben. Verbleiben nach dem Ende der Hemmung noch mehr als drei Monate von der Verjährungsfrist, so hat § 203 Satz 2 BGB keine Auswirkungen.[126]

70 Gegenstand der Hemmung sind im Zweifel alle Ansprüche, die aus dem Lebenssachverhalt resultieren, auf den sich der Gläubiger stützt.[127] Bei abtrennbaren Ansprüchen kann die Hemmung ausnahmsweise zwar auf einen Teil der Ansprüche beschränkt sein, wenn die Parteien nur über diesen Teil verhandelt haben. An eine solche Ausnahme sind strenge Anforderungen zu stellen. Insbesondere ist die Annahme einer Beschränkung nur gerechtfertigt, wenn sich der dahingehende Wille eindeutig ergibt, denn im Allgemeinen kann der Berechtigte davon ausgehen, dass die Verhandlungen sämtliche Einzelansprüche zum Gegenstand haben sollen.[128]

2. Rechtsverfolgung (§ 204 BGB)

a) Klageerhebung (§ 204 Abs. 1 Nr. 1 BGB)

71 Nach § 204 Abs. 1 Nr. 1 BGB wird die Verjährung durch Erhebung einer Leistungs- oder Feststellungsklage gehemmt. Erhoben wird die Klage durch Zustellung der Klageschrift an den Schuldner (§ 253 Abs. 1 ZPO). Praktisch wichtig ist in diesem Zusammenhang die Bestimmung des § 167 ZPO, nach dem die Hemmungswirkung bereits mit Eingang der Klageschrift eintritt, wenn die Zustellung »demnächst« erfolgt. Das ist dann der Fall, wenn die Zustellung innerhalb einer nach den Umständen angemessenen, selbst längeren Frist erfolgt, sofern die Partei alles ihr Zumutbare für eine alsbaldige Zustellung getan hat und schutzwürdige Belange der Gegenpartei nicht entgegenstehen. Demgegenüber sind der Partei Verzögerungen zuzurechnen, die sie bei gewissenhafter Prozessführung hätte vermeiden können. Dabei sind von der Partei zu vertretende geringfügige Verzögerungen bis zu 14 Tagen regelmäßig unschädlich; eine Zeitspanne von 18 oder 19 Tagen wird dagegen nicht mehr als geringfügig und damit als schädlich angesehen.[129]

---

123 BGH, 05.06.2014, VII ZR 285/12, NJW-RR 2014, 981 Rn. 16.
124 BGH, 28.03.1985, III ZR 20/84, VersR 1985, 642.
125 BGH, 15.12.2016, IX ZR 58/16, WM 2018, 142 Rn. 23.
126 MünchKomm/Grothe BGB, § 203 Rn. 9.
127 *Köhler/Bornkamm/Feddersen*, § 11 Rn. 1.44.
128 BGH, 19.11.1997, IV ZR 357/96, NJW 1998, 1142.
129 BGH, 27.05.1999, VII ZR 24/98, NJW 1999, 3125.

Grundsätzlich ist nur die wirksam erhobene Klage geeignet, die Verjährung zu hemmen, weil die unwirksame Klage, die insbesondere den Mindestanforderungen des § 253 Abs. 2 ZPO nicht entspricht, nicht als Klage im Sinne des Gesetzes angesehen werden kann. Im Gegensatz dazu löst aber eine wirksame, wenn auch mit Fehlern behaftete Klageschrift die Hemmung aus, gleich ob sie unzulässig oder unbegründet ist. Denn auch sie macht für den Schuldner den Rechtsverfolgungswillen des Gläubigers deutlich.[130] Es ist daher unschädlich, wenn die Feststellungsklage mangels Feststellungsinteresse unzulässig ist oder die Klage beim unzuständigen Gericht erhoben worden ist.[131] Der Klagegegenstand muss zumindest identifizierbar sein. Ist dagegen lediglich der Antrag prozessual nicht bestimmt genug gefasst, tritt die Hemmungswirkung ein, wenn er im Lauf des Verfahrens – auch nach Ablauf der Verjährungsfrist – konkretisiert wird.[132] Die Klage muss vom aktivlegitimierten Gläubiger gegen den richtigen Schuldner erhoben werden.[133] 72

Die Erhebung einer Feststellungsklage genügt, um die Hemmungswirkung auszulösen, ebenso einer Stufenklage auf Auskunft/Rechnungslegung und zunächst unbezifferte Zahlung. In diesem Fall reicht die Hemmungswirkung allerdings nur soweit, wie der Anspruch auf der Zahlungsstufe beziffert wird.[134] Eine negative Feststellungsklage des Schuldners gegen den Gläubiger genügt nicht.[135] Ein Gläubiger, der sich allein auf die negative Feststellungsklage einlässt, ohne seinerseits aktiv verjährungshemmende Maßnahmen zu ergreifen, riskiert daher den Verlust seines Anspruchs. Wird allerdings die negative Feststellungsklage abgewiesen, weil der Anspruch materiell besteht, erfasst die Rechtskraft des Urteils auch das positive Bestehen des Anspruchs, der damit nur noch der dreißigjährigen Titelverjährung nach § 197 Abs. 1 Nr. 3 BGB unterliegt.[136] 73

Im Fall der Klageänderung, -erweiterung oder Widerklage kommt es auf die Zustellung des betreffenden Schriftsatzes an den Gegner an, wobei ebenfalls § 167 ZPO anwendbar ist.[137] 74

b) Antrag auf Erlass einer einstweiligen Verfügung (§ 204 Abs. 1 Nr. 9 BGB)

Die Verjährung wird gemäß § 204 Abs. 1 Nr. 9 BGB gehemmt durch die Zustellung des Antrags auf Erlass einer einstweiligen Verfügung oder, wenn der Antrag nicht zugestellt wird, dessen Einreichung, wenn die einstweilige Verfügung innerhalb eines Monats seit Verkündung oder Zustellung an den Gläubiger dem Schuldner zugestellt wird. Dementsprechend tritt keine Hemmung ein, wenn das Gericht den Antrag 75

130 BGH, 08.01.2014, XII ZR 12/13, NJW 2014, 920 Rn. 21.
131 *Köhler*/Bornkamm/Feddersen, § 11 Rn. 1.40.
132 BGH, 23.10.1997, I ZR 123/95, GRUR 1998, 481, 483 – *Auto '94*; BGH, 11.03.2004, I ZR 81/01, GRUR 2004, 517, 519 – *E-Mail-Werbung*.
133 BGH, 29.10.2009, I ZR 191/07, NJW 2010, 2270; BGH, 10.04.2008, VII ZR 58/07, BGHZ 176, 128 ff. = NJW 2008, 2429 Rn. 21.
134 BGH, 17.06.1992, IV ZR 183/91, NJW 1992, 2563 f.
135 BGH, 07.07.1994, I ZR 30/92, GRUR 1994, 846, 848 – *Parallelverfahren II*.
136 GK/Toussaint, § 11 Rn. 81.
137 GK/Toussaint, § 11 Rn. 82.

zurückweist, ohne dass er dem Schuldner zugestellt wird.[138] Auch hier ist § 167 ZPO anwendbar.

c) Weitere prozessuale Maßnahmen

76 Hemmung tritt ebenfalls ein bei Geltendmachung der Aufrechnung des Anspruchs im Prozess (§ 204 Abs. 1 Nr. 5 BGB), der Zustellung einer Streitverkündungsschrift (§ 204 Abs. 1 Nr. 6 BGB) oder der Veranlassung der Bekanntgabe des erstmaligen Antrags auf Gewährung von Prozesskostenhilfe (§ 204 Abs. 1 Nr. 14 BGB), wobei auch in diesem Fall bei »demnächst« erfolgter Bekanntgabe die Hemmungswirkung bereits mit der Einreichung des Antrags beginnt.

d) Umfang der Hemmungswirkung

77 Die Hemmung durch Rechtsverfolgung umfasst nur die Verjährung des geltend gemachten Anspruchs, also des Streitgegenstands unter Berücksichtigung aller in Betracht kommenden Anspruchsgrundlagen.[139] Der Streitgegenstand wird nach allgemeinen Regeln durch den Klageantrag, in dem sich die vom Kläger in Anspruch genommene Rechtsfolge konkretisiert, und den Lebenssachverhalt (Klagegrund) bestimmt, aus dem der Kläger die begehrte Rechtsfolge herleitet.[140]

78 Daraus folgt zunächst, dass die Geltendmachung eines auf eine bestimmte Rechtsfolge gerichteten Anspruchs nicht geeignet ist, die Verjährung anderer, auf andere Rechtsfolgen gerichtete Ansprüche zu hemmen, auch wenn sie auf den gleichen Lebenssachverhalt gestützt werden. Durch die Geltendmachung des Unterlassungsanspruchs oder des Auskunftsanspruchs wird daher nicht die Verjährung des Schadensersatzanspruchs gehemmt.[141] Allerdings berührt nicht jede Änderung des Klageantrags die Hemmungswirkung.[142] In der Rechtsprechung ist anerkannt, dass die verjährungsunterbrechende Wirkung einer Klage über den Streitgegenstand hinausgehen kann. So hemmt die auf Ersatz des vollen Schadens gerichtete Klage die Verjährung des Schadensersatzanspruchs auch insoweit, als sich der Schaden sich nach Klageerhebung erweitert. Die Hemmungswirkung erfasst ferner mit dem Klageanspruch materiell wesensgleiche Ansprüche. Entscheidend ist insoweit, ob der später geltend gemachte Anspruch demselben Ziel wie der zunächst erhobene Anspruch dient und sich nach Grund und Rechtsnatur als Ausprägung des geltend gemachten Anspruchs darstellt.[143]

79 Daneben ergreift die Hemmungswirkung aber auch nur den Anspruch in den Grenzen des Lebenssachverhalts. Die auf Ausgleich ungerechtfertigter Bereicherung gerichtete

---

138 Harte/Henning/Schulz, § 11 Rn. 107; *Köhler*/Bornkamm/Feddersen, § 11 Rn. 1.41.

139 BGH, 09.03.1989, I ZR 189/86, BGHZ 107, 117 ff. = GRUR 1990, 221, 223 – *Forschungskosten*.

140 BGH, 17.08.2011, I ZR 108/09, GRUR 2011, 1043 Rn. 26 – *TÜV II*.

141 HansOLG Hamburg, 11.02.2009, 5 U 130/08, juris Rn. 53 – *Smartsurfer*; GK/Toussaint, *§ 11 Rn. 85*.

142 FBO/Büscher, § 11 Rn. 64.

143 BGH, 17.02.2006, V ZR 236/03, NJW-RR 2006, 736 Rn. 23.

Klage ist daher nicht geeignet, die Verjährung für einen Schadensersatzanspruch zu hemmen.[144] Bei der wettbewerbsrechtlichen Unterlassungsklage bildet die konkrete Verletzungsform den Streitgegenstand, wenn mit der Klage ein entsprechendes Unterlassungsbegehren verfolgt wird. Der Streitgegenstand umfasst in diesem Fall – unabhängig davon, ob der Kläger sich auf diese Rechtsverletzung gestützt und den zu dieser Rechtsverletzung gehörenden Tatsachenvortrag gehalten hat – alle Rechtsverletzungen, die in der konkreten Verletzungsform verwirklicht sind, auch wenn die verschiedenen Verletzungen jeweils einen unterschiedlichen Tatsachenvortrag erfordern.[145] Anders ist dies nur, wenn sich bereits aus dem Antrag selber die Einschränkung ergibt, dass der Kläger nur einen bestimmten Aspekt beanstandet.[146]

Greift der Kläger daher einen Internetauftritt, auf dem Angebote verschiedener Unter- **80**
nehmen beworben werden, als konkrete Verletzungsform wegen fehlender Impressumsangaben an, so ergreift die Hemmungswirkung sowohl den Unterlassungsanspruch wegen fehlender Angaben sowohl des Betreibers des Internetauftritts einerseits, aber auch der werbenden Unternehmen andererseits, solange keine Anhaltspunkte für eine ausdrückliche Beschränkung des Angriffs ersichtlich sind.[147] Erklärt der Kläger dagegen ausdrücklich, er wende sich gegen die Bezeichnung eines bestimmten Internetauftritts als irreführend, so wird dadurch nicht die Verjährung des Unterlassungsanspruchs wegen des Inhalts dieses Auftritts gehemmt.[148]

Die Grenzen der Hemmungswirkung werden auch überschritten, wenn der Kläger **81**
die konkrete Verletzungsform ändert. Wendet sich der Kläger gegen eine unlautere Produktnachahmung, so hemmt ein Verfügungsantrag, mit dem das verpackte Produkt angegriffen wird, nicht notwendig den Unterlassungsanspruch für das unverpackte Produkt. Dieser Antrag reicht weiter als der ursprüngliche Antrag, da er den Vertrieb des Produkts in jeglicher Verpackung erfasst.[149]

e) Ende der Hemmung

Die Hemmung wegen Rechtsverfolgung endet sechs Monate nach der rechtskräftigen **82**
Entscheidung oder anderweitigen Beendigung des eingeleiteten Verfahrens (§ 204 Abs. 2 1 BGB). Gerät das Verfahren dadurch in Stillstand, dass die Parteien es nicht betreiben, so tritt an die Stelle der Beendigung des Verfahrens die letzte Verfahrenshandlung der Parteien oder des Gerichts (§ 204 Abs. 2 2 BGB).

Wird das Verfahren durch ein zusprechendes Urteil beendet, so tritt an die Stelle der **83**
ursprünglichen Verjährungsfrist die dreißigjährige Frist des § 197 Abs. 1 Nr. 3 BGB.

---

144 BGH, 09.03.1989, I ZR 189/86, BGHZ 107, 117 ff. = GRUR 1990, 221, 223 – *Forschungskosten.*

145 BGH, 28.01.2016, I ZR 231/14, GRUR 2016, 339 Rn. 35 – *MeinPaket.de.*

146 FBO/Büscher, § 11 Rn. 67.

147 BGH, 28.01.2016, I ZR 231/14, GRUR 2016, 339 Rn. 38 – *MeinPaket.de.*

148 OLG Köln, 13.01.2006, 6 U 116/05, OLGR Köln 2006, 470, 471 – *Der Online-Branchenführer.*

149 OLG Köln, 28.06.2013, 6 U 183/12, GRUR-RR 2013, 472, 473 – *Mikado.*

Bei einem klageabweisenden Urteil stellt sich die Frage der Verjährung nicht mehr, so dass die Bestimmung in erster Linie Bedeutung für Verfahren hat, die nicht durch eine Sachentscheidung enden. Eine »anderweitige Beendigung« eines Verfahrens erfolgt durch Klage- oder Antragsrücknahme, Vergleich oder Erledigung des Rechtsstreits. Im Fall der übereinstimmenden Erledigungserklärung ist der Zeitpunkt der Wirksamkeit der Erledigungserklärungen maßgeblich, nicht der der Entscheidung des Gerichts nach § 91a ZPO.[150]

84 Wird ein Verfahren des einstweiligen Rechtsschutzes durch Urteil oder Zurückweisung des Antrags durch Beschluss beendet, gelten keine Besonderheiten. Gegen eine antragsgemäß erlassene Beschlussverfügung kann der Schuldner dagegen zeitlich unbegrenzt Widerspruch einlegen, so dass diese nicht in formelle Rechtskraft erwächst. Die »anderweitige Beendigung« des Verfahrens liegt in diesem Fall in der Zustellung der Verfügung an den Gläubiger. Dies ist zugleich die letzte Verfahrenshandlung im Sinn des § 204 Abs. 2 2 BGB.[151] Legt der Schuldner vor Eintritt der Verjährung Widerspruch ein, beginnt die Hemmung erneut. Ansonsten ist der Gläubiger gehalten, wenn der Schuldner keine Abschlusserklärung abgibt, gehalten, seine Ansprüche im Hauptsacheverfahren geltend zu machen, wenn er den Eintritt der Verjährung verhindern will.

3. § 15 UWG

85 § 15 Abs. 9 UWG enthält den einzigen UWG-spezifischen Hemmungstatbestand. Nach dieser Bestimmung wird die Verjährung durch die Anrufung einer Einigungsstelle im Sinn des § 15 »in gleicher Weise wie durch Klageerhebung« gehemmt. Erforderlich ist ein Antrag des Gläubigers, ein Antrag des Schuldners genügt – wie bei der Parallelvorschrift des § 204 Abs. 1 Nr. 4 BGB – nicht, da die Hemmungswirkung von dem erkennbaren Rechtsverfolgungswillen des Gläubigers abhängig ist.[152] Das Ende der Hemmung bestimmt sich nach § 204 Abs. 2 BGB.[153] Das Ende des Verfahrens wird durch den Vorsitzenden der Einigungsstelle ausdrücklich festgestellt (§ 15 Abs. 9 2).

86 Anders als in anderen Rechtsgebieten, so z. B. im Kapitalanlagerecht, wo die Anrufung von Streitbeilegungsstellen im Sinn des § 204 Abs. 1 Nr. 4 BGB zur Verjährungshemmung verbreitete Praxis ist, hat dieser Hemmungstatbestand im UWG keine große praktische Bedeutung.

---

150 BGH, 14.09.2017, I ZR 231/14, GRUR 2017, 1269 Rn. 38 – *MeinPaket.de II*; Staudinger/Peters/Jacoby, § 204 Rn. 146.

151 Ohly/*Sosnitza*, § 11 Rn. 39; *Köhler*/Bornkamm/Feddersen, § 11 Rn. 1.41; Schabenberger, GRUR 2002, 293, 299; a. A. Ernst in Ullmann, jurisPK-UWG, § 11 Rn. 35: Zustellung an den Schuldner.

152 *Harte/Henning/Schulz*, *§ 11 Rn.* 104; *Köhler*/Bornkamm/*Feddersen*, § 15 Rn. 34; MünchKomm/Grothe BGB, § 204 Rn. 35.

153 LG Braunschweig, 26.08.2010, 21 O 3239/09, WRP 2011, 641, 644.

D. Neubeginn der Verjährung

I. Grundsatz

87 Nach § 212 Abs. 1 BGB beginnt die Verjährung erneut, wenn der Schuldner den Anspruch durch Abschlagszahlung, Zinszahlung, Sicherheitsleistung oder in anderer Weise anerkennt (§ 212 Abs. 1 Nr. 1 BGB) oder eine Vollstreckungshandlung vorgenommen oder beantragt wird (§ 212 Abs. 1 Nr. 2 BGB). Der Neubeginn der Verjährung bewirkt, dass die Verjährungsfrist in voller Länge von neuem zu laufen beginnt (§ 212 Abs. 1 Hs. 1 BGB). Nur eine Verjährungsfrist, die bereits in Gang gesetzt ist und noch läuft, kann erneut beginnen.[154] Ein nach Ablauf der Verjährung abgegebenes Anerkenntnis kann unter Umständen aber als ein Verzicht auf die Einrede der Verjährung auszulegen sein.[155]

88 Der Begriff des Neubeginns entspricht sachlich dem vor der Reform des BGB-Verjährungsrechts verwendeten Begriff der Verjährungsunterbrechung.

II. Anerkenntnis

89 Ein Anerkenntnis im Sinn des § 212 Abs. 1 Nr. 1 BGB ist ein tatsächliches Verhalten des Schuldners dem Gläubiger gegenüber, aus dem sich klar und unzweideutig ergibt, dass dem Schuldner das Bestehen der Schuld bewusst ist und angesichts dessen der Gläubiger darauf vertrauen darf, dass sich der Schuldner nicht nach Ablauf der Verjährungsfrist alsbald auf Verjährung berufen wird.[156]

90 Durch eine ausreichend strafbewehrte Unterlassungserklärung entfällt die Wiederholungsgefahr, so dass der Unterlassungsanspruch entfällt und sich insoweit die Frage der Verjährung nicht mehr stellt. Nach herrschender Meinung stellt eine Unterlassungserklärung, der diese Wirkung wegen unzureichender Strafbewehrung nicht zukommt, ein Anerkenntnis im Sinn des § 212 Abs. 1 Nr. 1 BGB dar, solange es nicht »ohne Anerkennung einer Rechtspflicht« erfolgt.[157] Richtigerweise stellt aber auch die vorbehaltlose Unterlassungserklärung kein Anerkenntnis im Sinn des § 212 Abs. 1 Nr. 1 BGB dar. Die Unterlassungserklärung hat die Funktion, mit Wirkung für die Zukunft die Wiederholungsgefahr zu beseitigen und so den Streit zwischen den Parteien beizulegen. Dabei ist es für die Wirksamkeit der Unterlassungserklärung unerheblich, ob der Abgemahnte der Ansicht ist, die Abmahnung sei berechtigt gewesen, oder ob er sich unterwirft, weil er zukünftig am angegriffenen Wettbewerbsverhalten kein Interesse mehr hat oder lediglich Kostenrisiken und Prozessaufwand vermeiden möchte. Dies gilt unabhängig davon, ob die Unterlassungserklärung vorbehaltlos oder ohne Anerken-

---

154 BGH, 21.11.1996, IX ZR 159/95, NJW 1997, 516, 517.
155 MünchKomm/Grothe BGB, § 212 Rn. 1.
156 BGH, 05.12.1980, I ZR 179/78, GRUR 1981, 447, 448 – *Abschlußschreiben.*
157 KG, 05.05.1989, 5 U 6596/88, GRUR 1990, 546, 547 – *Verjährungsunterbrechung*; GK/Toussaint, § 11 *Köhler*/Bornkamm/Feddersen, § 11 Rn. 1.38; Ohly/*Sosnitza*, § 11 Rn. 42; zweifelnd (»nicht unbedingt«) Ernst in Ullmann, jurisPK-UWG § 11 Rn. 29.

nung einer Rechtspflicht erfolgt.[158] Daher kann sie auch die Rechtswirkung des § 212 Abs. 1 Nr. 1 BGB nicht auslösen.

91 Auch die Zahlung von Abmahnkosten oder der Kosten eines Verfügungsverfahrens kann nicht ohne weiteres als Anerkenntnis des Hauptanspruchs gesehen werden. Dies gilt hinsichtlich der Kosten des Verfügungsverfahrens jedenfalls dann, wenn der Schuldner gleichzeitig dem Verlangen des Gläubigers nach einer Abschlusserklärung nicht nachkommt.[159]

92 Allgemein gilt, dass sich das Anerkenntnis nur auf den geltend gemachten Anspruch bezieht. Das Anerkenntnis des Unterlassungsanspruchs bewirkt daher nicht den Neubeginn der Verjährung des Schadensersatzanspruchs.[160] Auch die Erfüllung eines Auskunftsverlangens stellt kein Anerkenntnis des Schadensersatzanspruchs dar, jedenfalls dann, wenn der Schuldner gleichzeitig sein Verschulden bestreitet.[161]

93 Die Erfüllung des Unterlassungsanspruchs durch schlichtes Nichtzuwiderhandeln stellt keine Anerkenntnishandlung im Sinn des § 212 Abs. 1 Nr. 1 BGB dar.[162] Dagegen kann in der Rücknahme des Widerspruchs gegen eine einstweilige Verfügung nach richterlichem Hinweis auf die Begründetheit des Antrags ein Anerkenntnis liegen.[163]

III. Vollstreckungsmaßnahmen

94 Sowohl der Antrag des Gläubigers auf Durchführung einer Vollstreckungsmaßnahme wie auch die Durchführung der Maßnahme durch das Vollstreckungsorgan führen jeweils zum Neubeginn der (dreißigjährigen, § 197 Abs. 1 Nr. 3 BGB) Verjährungsfrist. Wird der Antrag zurückgewiesen oder vom Gläubiger zurückgenommen, gilt der Neubeginn als nicht eingetreten (§ 212 Abs. 3 BGB). Gleiches gilt, wenn die Vollstreckungsmaßnahme wegen Rücknahme des Antrags oder fehlender gesetzlicher Voraussetzungen wieder aufgehoben wird (§ 212 Abs. 2 BGB).

95 Bei den Ordnungsmitteln nach § 890 Abs. 1 ZPO handelt es sich um Vollstreckungsmaßnahmen, so dass der Antrag auf und die Verhängung von Ordnungsgeld oder -haft die Wirkung des § 212 Abs. 1 Nr. 2 BGB auslösen. Gleiches gilt für die nachträgliche Androhung der Ordnungsmittel. Allein die Zustellung des Vollstreckungstitels, auch wenn in ihm die Ordnungsmittel angedroht sind, stellt dagegen keine Vollstreckungsmaßnahme dar.[164]

---

158 BGH, 24.09.2013, I ZR 219/12, GRUR 2013, 1252 Rn. 10 – *Medizinische Fußpflege.*
159 BGH, 05.12.1980, I ZR 179/78, GRUR 1981, 447, 448 – *Abschlußschreiben.*
160 BGH, 20.06.1991, I ZR 277/89, GRUR 1992, 61, 63 – *Preisvergleichsliste.*
161 OLG Hamm, 22.02.2011, I-4 U 178/10, juris Rn. 46.
162 OLG Hamm, 30.09.1976, 4 U 147/76, WRP 1977, 345.
163 OLG Bremen, 26.09.1985, 2 U 65/85, GRUR 1986, 178 – *Verjährungseinrede.*
164 BGH, 29.09.1978, I ZR 107/77, GRUR 1979, 121 f. – *Verjährungsunterbrechung.*

E. Rechtsfolgen

I. Wirkung der Verjährung

Nach § 214 Abs. 1 BGB ist der Schuldner berechtigt, die Leistung zu verweigern. Hat er in Unkenntnis des Verjährungseintritts geleistet, kann er seine Leistung nicht zurückfordern (§ 214 Abs. 2 1 BGB). Die Aufrechnung wird durch die Verjährung nicht ausgeschlossen, wenn sich der (verjährte) Hauptanspruch und der Gegenanspruch einmal zu einem Zeitpunkt gegenüber gestanden haben, in dem die Verjährung noch nicht eingetreten war (§ 215 BGB). **96**

Ist ein Unterlassungsanspruch verjährt, bedeutet dies nur, auf die betreffende Verletzungshandlung keine Ansprüche mehr gestützt werden können. In verjährter Zeit liegende Verletzungshandlungen begründen daher keine Wiederholungsgefahr und können auch nicht als Indizien herangezogen werden, um eine Erstbegehungsgefahr zu begründen.[165] Der Schuldner ist nicht etwa berechtigt, die unlautere Handlung nunmehr vorzunehmen; vielmehr lösen neue Verstöße einen neuen Anspruch aus. **97**

Allein die Erhebung der Einrede der Verjährung stellt noch keine Berühmung dar und begründet daher keine Erstbegehungsgefahr.[166] **98**

II. Vereinbarungen über die Verjährung und Verzicht

Bis zur Reform des Verjährungsrechts des BGB im Jahr 2002 konnte die Verjährung durch Vereinbarung lediglich abgekürzt werden. Nach geltendem Recht sind **Vereinbarungen** in den Grenzen des § 202 BGB zulässig, so dass die Verjährung auch – bis zu einer Obergrenze von 30 Jahren ab dem gesetzlichen Verjährungsbeginn – verlängert werden kann (§ 202 Abs. 2 BGB). Die Verjährung bei Haftung wegen Vorsatzes kann nicht im Voraus durch Rechtsgeschäft erschwert (= abgekürzt) werden. **99**

Der Schuldner kann auf die Einrede der Verjährung **verzichten**. Dies führt aber nicht nur zu einem Neubeginn der Frist analog § 212 Abs. 1 Nr. 1 BGB, da es insoweit an einer Regelungslücke fehlt.[167] Vielmehr ist der ohne zeitliche Begrenzung erklärte Verzicht auf die Einrede der Verjährung dahingehend zu verstehen, dass die Verjährung bis zur Grenze § 202 Abs. 2 BGB nicht mehr geltend gemacht werden kann.[168] Ein befristeter Verzicht führt dazu, dass der ursprüngliche Fristenlauf unberührt bleibt, das Leistungsverweigerungsrecht des Schuldners jedoch für die Dauer des Verzichts ausgeschlossen ist.[169] **100**

---

165 BGH, 14.07.1993, I ZR 189/91, GRUR 1994, 57, 58 – *Geld-zurück-Garantie*.
166 *Köhler*/Bornkamm/Feddersen, § 11 Rn. 1.48.
167 BGH, 18.09.2007, XI ZR 447/06, WM 2007, 2230 Rn. 16; a. A. *Köhler*/Bornkamm/Feddersen, § 11 Rn. 1.51; Ohly/*Sosnitza*, § 11 Rn. 47.
168 BGH, 18.09.2007, XI ZR 447/06, WM 2007, 2230 Rn. 16.
169 MünchKomm/Grothe BGB, § 202 Rn. 14.

III. Treuwidrige Geltendmachung der Verjährung

101 Die Erhebung der Verjährungseinrede kann gegen Treu und Glauben verstoßen (§ 242 BGB). Das ist einmal der Fall, wenn der Schuldner den Gläubiger absichtlich von verjährungshemmenden Maßnahmen abgehalten hat. Absichtliches Handeln des Schuldners ist aber nicht erforderlich. Es genügt, dass der Schuldner – möglicherweise unbeabsichtigt – dem Gläubiger nach verständigem Ermessen, also nach objektiven Maßstäben, ausreichenden Anlass gegeben hat, von einer Unterbrechung der Verjährung durch Klageerhebung abzusehen, weil dieser entsprechend dem Verhalten des Schuldners darauf vertrauen durfte, seine Ansprüche würden, wenn nicht befriedigt, so doch nur mit sachlichen Einwendungen bekämpft werden, und der Schuldner sei deswegen mit einem Hinausschieben der Klageerhebung einverstanden. Regelmäßig wird in diesen Fällen bereits eine Hemmung der Verjährung wegen Verhandlungen nach § 203 BGB naheliegen.[170]

102 Unzureichend ist es dagegen, wenn nur der Gläubiger aus seiner Sicht der Auffassung war, er könne noch abwarten.[171] Es genügt daher nicht, wenn der Schuldner nach Erlass einer einstweiligen Anordnung diese befolgt und auf ein Abschlussschreiben nicht reagiert.[172]

103 Treuwidrig ist es auch, wenn der tatsächliche Schuldner den Gläubiger durch Fehlinformationen zum Vorgehen gegen einen falschen Schuldner veranlasst. In diesem Fall kann er sich gemäß § 242 BGB nicht darauf berufen, dass die Hemmungswirkung ihm gegenüber nicht eingetreten sei.[173]

F. Darlegungs- und Beweislast

104 Nach allgemeinen Grundsätzen muss der Schuldner die Umstände, auf die er die Einrede der Verjährung stützt, darlegen und gegebenenfalls beweisen. Dies gilt sowohl für die Entstehung des Anspruchs als auch die subjektiven Voraussetzungen (Kenntnis bzw. grob fahrlässige Unkenntnis des Gläubigers). Die dem Gläubiger günstigen Umstände, auf denen Hemmung, Neubeginn oder Verzicht auf die Verjährung beruhen, müssen dagegen von ihm bewiesen werden.

105 Insbesondere, soweit es um die Kenntnis des Gläubigers geht, kann diesen aber eine sekundäre Darlegungslast treffen. Handelt es sich um Vorgänge, die sich allein im Wahrnehmungsbereich des Gläubigers abgespielt haben, und die der Schuldner nicht kennen kann, sind die Anforderungen an die Darlegungslast des Schuldners geringer. Verfügt der Gläubiger über eine arbeitsteilige Organisation, hat er die Obliegenheit, Details der internen Organisation und ihrer Arbeitsabläufe darzulegen. Steht daher beispielsweise fest, dass bestimmte Informationen innerhalb der Organisation vorlagen,

170 GK/Toussaint, § 11 Rn. 102.
171 *BGH, 14.02.1978*, X ZR 19/76, GRUR 1978, 492, 495 – *Fahrradgepäckträger II.*
172 BGH, 05.12.1980, I ZR 179/78, GRUR 1981, 447, 448 – *Abschlußschreiben.*
173 *Köhler*/Bornkamm/Feddersen, § 11 Rn. 1.40.

und ist lediglich unklar, wann sie einem Wissensvertreter zugänglich waren, ist weiterer Vortrag zur internen Organisation erforderlich.[174]

106 Ohne konkreten Anlass ist der Gläubiger allerdings nicht gehalten, darzulegen, was er zur Ermittlung der Voraussetzungen seines Anspruchs und der Person des Verpflichteten getan hat.[175] Eine Partei ist – über materiellrechtliche Auskunftspflichten hinaus – grundsätzlich nicht verpflichtet, dem Gegner das Material für den Prozesssieg zu verschaffen, über das er nicht schon von sich aus verfügt. Der Umstand, dass die Darlegung im Einzelfall der beweisbelasteten Partei wesentlich schwerer fällt als ihrem Gegner, genügt allein nicht, um diesem eine erweiterte Obliegenheit zum Bestreiten aufzuerlegen. Der unlauter Handelnde ist insoweit durch die kenntnisunabhängigen Höchstfristen ausreichend geschützt.[176] Eine sekundäre Darlegungslast trifft den Gläubiger daher erst dann, wenn der Schuldner Indizien für Kenntnis oder grob fahrlässige Unkenntnis des Gläubigers dargelegt hat.[177] Allein das Vorhandensein eines Auskunfts- und Controllingsystems beim Gläubiger genügt daher nicht, eine sekundäre Darlegungslast auszulösen, solange keine konkreten Anhaltspunkte dafür vorhanden waren, dieses System auch einzusetzen.[178]

G. Verfahrensfragen

I. Geltendmachung im Prozess

107 Die Verjährung ist eine Einrede, auf die sich der Schuldner berufen muss. Der Ablauf der Verjährungsfrist wird daher nicht von Amts wegen berücksichtigt. Grundsätzlich muss die Einrede bis zum Schluss der letzten mündlichen Verhandlung in der Tatsacheninstanz geltend gemacht werden. Im Berufungsverfahren ist § 531 Abs. 2 ZPO zu beachten. Dieser steht zwar der erstmaligen Erhebung der Einrede in der Berufungsinstanz als solcher nicht entgegen. Voraussetzung ist aber, dass die tatsächlichen Voraussetzungen der Verjährung zwischen den Parteien unstreitig sind.[179] Stützt sich der Schuldner dagegen auf Umstände, die nach § 531 Abs. 2 ZPO präkludiert sind, hat die Einrede keinen Erfolg.[180] In der Revisionsinstanz kann sie nicht mehr geltend gemacht werden.[181]

108 Ein Hinweis des Gerichts auf den Ablauf der Verjährungsfrist ohne jeden Anlass dazu soll die Ablehnung wegen Befangenheit rechtfertigen.[182] Praktisch ist dies irrelevant,

---

174 BGH, 17.04.2012, VI ZR 108/11, BGHZ 193, 67 = NJW 2012, 2644 Rn. 23; MünchKomm/Grothe, § 199 Rn. 46.

175 So aber *Köhler*/Bornkamm/Feddersen, § 11 Rn. 1.54.

176 OLG München, 29 U 3475/04, juris Rn. 49.

177 FBO/Büscher, § 11 Rn. 81.

178 OLG Jena, 15.05.2007, 6 W 610/06, juris Rn. 3 f. – *Controllingsystem* (in WRP 2007, 1121 nicht vollständig abgedruckt).

179 BGH, 23.06.2008, GSZ 1/08, BGHZ 177, 212 = NJW 2008, 3434 Rn. 9.

180 BGH, 21.01.2010, I ZR 206/07, GRUR 2010, 828 Rn. 52 – DiSC.

181 BGH, 01.03.1951, III ZR 205/50, BGHZ 1, 234 ff. = NJW 1951, 557, 558.

182 BGH, 02.10.2003, V ZB 22/03, NJW 2004, 164.

denn nichts hindert den Beklagten, die Einrede nach erfolgreicher Ablehnung gegenüber dem nunmehr zur Entscheidung berufenen Richter zu erheben.

II. Erledigung der Hauptsache

109 Die früher streitige Frage, ob die erstmalige Geltendmachung der Verjährung im Prozess ein erledigendes Ereignis darstellt, hat der BGH mittlerweile dahingehend entschieden, dass dies der Fall ist.[183] Bei einer übereinstimmenden Erledigung nach § 91a ZPO hat dies im Regelfall keine Konsequenzen, da im Rahmen der Kostenentscheidung nach § 91a ZPO zu berücksichtigen ist, ob mit der Geltendmachung der Einrede im Prozess zu rechnen war und daher keine Veranlassung zur Klage gegeben war.[184]

110 Anders kann dies allerdings im Verfahren des einstweiligen Rechtsschutzes zu bewerten sein, da es hier möglich ist, dass die Verjährung erst im Lauf des Verfahrens eintritt. Zwar bewirkt auch der Antrag auf Erlass einer einstweiligen Verfügung zunächst nach § 204 Abs. 1 Nr. 9 BGB die Hemmung der Verjährung. Wird die Verfügung erlassen, und legt der Schuldner zunächst keinen Widerspruch ein, so endet die Hemmung gemäß § 204 Abs. 2 BGB sechs Monate nach Zustellung der Beschlussverfügung an den Gläubiger.[185] Legt der Schuldner Widerspruch ein, ohne ihn zu begründen, und weist dann das Gericht darauf hin, es werde erst nach Eingang der Widerspruchsbegründung Termin anberaumen, so endet die Hemmung nach § 204 Abs. 2 2 BGB sechs Monate nach der betreffenden Verfügung.[186] In beiden Fällen ist es daher möglich, dass die bei Antragstellung noch laufende Verjährungsfrist zum Zeitpunkt der Entscheidung über den Widerspruch abgelaufen ist.

111 Beruft sich der Schuldner in dieser Situation auf Verjährung, und erklären die Parteien daraufhin übereinstimmend die Erledigung des Verfügungsverfahrens, so ist grundsätzlich eine Kostenbelastung des Antragstellers nicht geboten, wenn die einstweilige Verfügung zu Recht ergangen ist. Maßgeblich ist dabei, dass es für den Anspruchsteller – ohne einen ausdrücklichen Antrag des Anspruchsgegners gemäß § 926 ZPO – keine »Pflicht zur Klageerhebung in der Hauptsache« gibt und es für ihn durchaus sachgerecht erscheinen kann, von der Klageerhebung abzusehen.[187]

---

183 BGH, 27.01.2010, VIII ZR 58/09, BGHZ 184, 128 = NJW 2010, 2422 Rn. 26.

184 *Köhler*/Bornkamm/Feddersen, § 11 Rn. 1.53; Zöller/Althammer, § 91a Rn. 58 Stw. »Verjährung«; a. A. Harte/Henning/Schulz, § 11 Rn. 127; GK/Toussaint, § 11 Rn. 105: Kostenteilung.

185 So. Rdn. 84.

186 So die Fallgestaltung in OLG Köln, 02.09.2013, 6 W 114/13, GRUR-RR 2014, 319 – *Porzellanhasen.*

187 KG, 15.04.2010, 5 W 67/10, MD (VSW) 2010, 703; OLG Celle, 05.04.2001, 13 W 3/01, GRUR-RR 2001, 285, 276 – *Ordnungsschwellengeräte*; OLG Köln, 02.09.2013, 6 W 114/13, GRUR-RR 2014, 319 – *Porzellanhasen*; OLG Stuttgart, 03.04.1996, 2 W 63/95, WRP 1996, 799; a. A. HansOLG Hamburg, 24.11.1988, 3 U 106/88, GRUR 1989, 296 – *Anspruchsverzicht.*

H. Verwirkung

I. Einleitung

Verwirkung ist ein Fall der unzulässigen Rechtsausübung wegen widersprüchlichen Verhaltens (§ 242 BGB), bei dem der Verstoß gegen Treu und Glauben in der Illoyalität der verspäteten Rechtsausübung liegt.[188] 112

Bedeutung hat die Verwirkung vor allem bei Dauerhandlungen, bei denen laufend neue Ansprüche entstehen. Bei Einzelhandlungen, bei denen die Ansprüche den kurzen Verjährungsfristen des UWG unterliegen, kommt Verwirkung nur in besonderen Ausnahmefällen in Betracht. Dem Gläubiger soll die Regelverjährung grundsätzlich ungekürzt erhalten bleiben, um ihm die Möglichkeit zur Prüfung und Überlegung zu geben, ob er einen Anspruch gerichtlich geltend macht.[189] 113

II. Voraussetzungen und Rechtsfolgen

1. Grundsatz

Ein Recht ist verwirkt, wenn sich ein Schuldner wegen der Untätigkeit seines Gläubigers über einen gewissen Zeitraum hin (Zeitmoment) bei objektiver Beurteilung darauf einrichten durfte und auch eingerichtet hat, dieser werde sein Recht nicht mehr geltend machen, und deswegen die verspätete Geltendmachung gegen Treu und Glauben verstößt (Umstandsmoment).[190] Zeit- und Umstandsmoment können dabei nicht voneinander unabhängig betrachtet werden, sondern stehen in einer Wechselwirkung. Die zeitlichen wie die sonstigen Umstände des Falls müssen in ihrer Gesamtheit die Beurteilung tragen, dass Treu und Glauben dem Gläubiger die Verfolgung des Anspruchs verwehren, mit dessen Geltendmachung der Schuldner nicht mehr rechnen musste. Je länger aber der Gläubiger untätig bleibt, obwohl eine Geltendmachung seiner Rechte zu erwarten wäre, desto mehr wird der Schuldner in seinem Vertrauen schutzwürdig, der Gläubiger werde ihn nicht mehr in Anspruch nehmen. Bei einer Zeitdauer, die deutlich über das für die Annahme von Verwirkung grundsätzlich erforderliche Zeitmoment hinausgeht, sind daher an die Annahme des Umstandsmoments nur noch geringere Ansprüche zu stellen.[191] 114

Sind kennzeichenrechtliche Ansprüche verwirkt, kann dies auch im Rahmen des § 5 Abs. 1 2 Nr. 1 (Täuschung über die betriebliche Herkunft) zur Annahme der Verwirkung führen, um Wertungswidersprüche zu vermeiden.[192] § 21 MarkenG enthält zwar eine gesetzliche Sonderregelung der Verwirkung, neben der jedoch die allgemeinen Grundsätze anwendbar bleiben (§ 21 Abs. 4 MarkenG). Ob dies auch im Anwendungsbereich der Markenrechtsrichtlinie gilt, hat der Bundesgerichtshof bislang offen gelas- 115

188 BGH, 18.01.2012, I ZR 17/11, GRUR 2012, 928 Rn. 22 – *Honda-Grauimport*.
189 Vgl. BGH, 06.02.2014, I ZR 86/12, GRUR 2014, 363 Rn. 50 – *Peter Fechter*.
190 BGH, 19.12.2000, X ZR 150/98, GRUR 2001, 323, 324 – *Temperaturwächter*.
191 BGH, 19.12.2000, X ZR 150/98, GRUR 2001, 323, 327 – *Temperaturwächter*.
192 BGH, 15.08.2013, I ZR 188/11, GRUR 2013, 1161 Rn. 64 – *Hard Rock Café*.

sen.[193] Tatsächlich dürfte dies möglich sein. Der Anwendung des Grundsatzes von Treu und Glauben und des Verbots widersprüchlicher Rechtsausübung (§ 242 BGB) auch auf Ansprüche auf unionsrechtlicher Grundlage steht das Unionsrecht nicht entgegen, weil zum einen die Ausübung dieser Rechte in das nationale Zivilrecht eingebettet bleibt und weil zum anderen die nationalen Gerichte ein rechtsmissbräuchliches Verhalten auch nach der Rechtsprechung des EuGH berücksichtigen dürfen.[194]

2. Zeitmoment

116 Bei der Frage, wann die für das Zeitmoment maßgebliche Frist zu laufen beginnt, ist zwischen Einzel- und Dauerhandlungen zu differenzieren. Wiederholte gleichartige Verletzungshandlungen, die zeitlich unterbrochen auftreten können, lösen jeweils einen neuen Unterlassungsanspruch aus und lassen daher die für die Beurteilung des Zeitmoments maßgebliche Frist jeweils neu beginnen. Hingegen ist bei Dauerhandlungen – etwa der Nutzung einer Bezeichnung als Name eines Unternehmens oder einer Internet-Domain – auf den Beginn der erstmaligen Benutzung abzustellen.[195]

117 Grundsätzlich ist erforderlich, dass der Verletzte den Verstoß kannte oder kennen musste. Die Geltendmachung eines Anspruchs verstößt insbesondere dann gegen Treu und Glauben, wenn der Berechtigte über einen längeren Zeitraum untätig geblieben ist, obwohl er den Verstoß kannte oder bei der gebotenen Wahrung seiner Interessen erkennen musste, so dass der Verpflichtete mit der Duldung seines Verhaltens durch etwaige Berechtigte rechnen durfte.[196] Ab welchem Zeitablauf Verwirkung eintritt, ist eine Frage des Einzelfalles. Grundsätzlich ist eine Zeitspanne von mehreren Jahren erforderlich.[197] Abhängig ist die Länge der Frist auch von einem subjektiven Element auf Seiten des Verletzers: Während die Frist beim gutgläubigen Verletzer kürzer ist, führt Bösgläubigkeit zur Verlängerung.[198] Bei vorsätzlichen Verstößen, etwa bei der bewussten Anlehnung an eine berühmte Bezeichnung, scheidet Verwirkung in der Regel aus.[199]

118 Mit dem Zugang einer Abmahnung oder der gerichtlichen Geltendmachung endet das Vertrauen des Schuldners darauf, der Verletzte werde keine Ansprüche gegen ihn geltend machen.[200] Nur, wenn der Verletzte in der Folge untätig bleibt, beginnt die Ver-

193 BGH, 05.11.2015, I ZR 50/14, GRUR 2016, 705 Rn. 48 f. – *ConText*; gegen die Anwendung der allgemeinen Verwirkungsregeln in diesem Bereich *Köhler*/Bornkamm/Feddersen, § 11 Rn. 2.17.

194 Vgl. EuGH, 02.05.1996, C-206/94, NZS 1996, 384 Rn. 25 – *Paletta*; EuGH, 21.07.2011, C-186/10, NVwZ 2011, 1447 Rn. 25 – *Oguz*; BVerfG, 04.03.2015, 1 BvR 3280/14, juris Rn. 32.

195 BGH, 05.11.2015, I ZR 50/14, GRUR 2016, 705 Rn. 50 – *ConText*.

196 BGH, 23.09.1992, I ZR 251/90, BGHZ 119, 2378 ff. = GRUR 1993, 151, 153 – *Universitätsemblem*.

197 Köhler/Bornkamm/Feddersen, § 11 Rn. 2.19.

198 BGH, 15.08.2013, I ZR 188/11, BGHZ 198, 159 = GRUR 2013, 1161 Rn. 27 – *Hard Rock Café*.

199 BGH, 30.04.1998, I ZR 268/95, GRUR 1999, 161 – *MAC Dog*.

200 BGH, 07.06.1990, I ZR 298/88, GRUR 1990, 1042, 1046 – *Datacolor*.

wirkungsfrist wieder zu laufen, wobei das vorangegangene Verhalten des Verletzten unter Umständen berücksichtigt werden kann.[201]

3. Umstandsmoment

a) Unterlassungsanspruch

Beim Unterlassungsanspruch kommt Verwirkung in Betracht, wenn der Rechtsinhaber über einen längeren Zeitraum untätig geblieben ist, obwohl er den Verstoß gegen seine Rechte kannte oder bei der gebotenen Wahrung seiner Interessen kennen musste, so dass der Verletzer mit der Duldung seines Verhaltens durch etwaige Berechtigte rechnen durfte und sich daraufhin einen wertvollen Besitzstand geschaffen hat.[202] Für den wertvollen Besitzstand kommt es beispielsweise bei der Benutzung einer geschützten Bezeichnung darauf an, welche Bekanntheit die Bezeichnung erlangt hat, und welche Werbeaufwendungen und welche Umsätze der Verletzer getätigt hat.[203] Allgemein kommt es auf seine Verhältnisse und nicht den objektiven Wert der Rechtsposition an, so dass bei einem kleineren Unternehmen auch geringere Umsätze genügen können.[204] 119

b) Schadensersatzanspruch

Die Verwirkung des Schadensersatzanspruchs setzt keinen schutzwürdigen Besitzstand voraus, wie er für die Verwirkung des Unterlassungsanspruchs erforderlich ist, sondern nur, dass der Schuldner auf Grund eines hinreichend lange dauernden Duldungsverhaltens des Rechtsinhabers darauf vertrauen durfte, dieser werde nicht mehr mit Schadensersatzansprüchen wegen solcher Handlungen an den Schuldner herantreten, die er auf Grund des geweckten Duldungsanscheins vorgenommen hat. Statt eines Besitzstands im Sinne der sachlich-wirtschaftlichen Basis für die künftige wirtschaftliche Betätigung des Verletzers, wie er für den in die Zukunft gerichteten Unterlassungsanspruch entscheidend ist, genügt es, wenn der Schuldner sich bei seinen wirtschaftlichen Dispositionen darauf eingerichtet hat und einrichten durfte, keine Zahlung an den Gläubiger (mehr) leisten zu müssen.[205] 120

Andererseits können an die Schutzwürdigkeit des Vertrauens des Schuldners auf diese Leistungsfreiheit je nach den Gegebenheiten des Einzelfalls auch höhere Anforderungen zu stellen sein als beim Unterlassungsanspruch. Denn auch wenn die Voraussetzungen der Verwirkung vorliegen, ist stets noch unter Abwägung aller Umstände des Einzelfalls zu prüfen, ob es dem Verletzer zugemutet werden kann, den Ansprüchen des Verletzten gleichwohl nachzukommen.[206] 121

Bei Ansprüchen auf Schadensersatz und Bereicherungsausgleich, die der (kurzen) regelmäßigen Verjährung unterliegen, kann eine weitere Abkürzung dieser Verjährungsfrist 122

201 BGH, 30.01.1963, Ib ZR 118/61, GRUR 1963, 478, 481 – *Bleiarbeiter.*
202 BGH, 19.12.2000, X ZR 150/98, GRUR 2001, 323, 324 – *Temperaturwächter.*
203 BGH, 28.06.2018, I ZR 236/16, GRUR 2019, 165 Rn. 44 – *keine-vorwerk-vertretung.*
204 BGH 07.06.1990, I ZR 298/88, GRUR 1990, 1042, 1046 – *Datacolor.*
205 BGH, 19.12.2000, X ZR 150/98, GRUR 2001, 323, 324 – *Temperaturwächter.*
206 BGH, 19.12.2000, X ZR 150/98, GRUR 2001, 323, 324 – *Temperaturwächter.*

durch Verwirkung nur unter ganz besonderen Umständen angenommen werden. Dem Gläubiger soll die Regelverjährung grundsätzlich ungekürzt erhalten bleiben, um ihm die Möglichkeit zur Prüfung und Überlegung zu geben, ob er einen Anspruch gerichtlich geltend macht.[207]

123 Verhält sich ein Rechtsinhaber gegenüber Zuwiderhandlungen gegen seine Rechte längere Zeit untätig, obwohl er den Verletzungstatbestand kannte oder doch kennen musste, können dadurch allenfalls diejenigen Ansprüche auf Schadensersatz und Bereicherungsausgleich verwirkt werden, die bis zu einer Abmahnung des Verletzers durch den Rechtsinhaber entstanden waren. Nach einer Abmahnung durch den Verletzten muss der Verletzer wieder damit rechnen, wegen künftiger Verletzungshandlungen auf Schadensersatz oder Bereicherungsausgleich in Anspruch genommen zu werden.[208]

c) Vertragsstrafe

124 Die Forderung einer Vertragsstrafe kann sich ohne Bildung eines schutzwürdigen Besitzstandes des Unterlassungsschuldners als unzulässige Rechtsausübung (§ 242 BGB) darstellen. Ausgehend vom Zweck der Vertragsstrafe, eine Wiederholung des sanktionierten Verhaltens zu verhindern, kann einerseits von dem Gläubiger ihre zeitnahe Geltendmachung nach einem Verstoß erwartet werden; andererseits ist dem Schuldner ein berechtigtes Interesse zuzubilligen, möglichst bald nach dem als Zuwiderhandlung in Frage kommenden Verhalten vom Gläubiger zu erfahren, ob er zur Verantwortung gezogen werde. Es ist ferner als ein Verstoß gegen den Grundsatz von Treu und Glauben im Sinne des § 242 BGB anzusehen, wenn ein Vertragsstrafegläubiger Verstöße »sammelt«, um so einen möglichst hohen, wirtschaftlich bedrohlichen Vertragsstrafeanspruch entstehen zu lassen.[209]

III. Rechtsfolgen

125 Die Verwirkung führt zu einer inhaltlichen Begrenzung des Rechts im Verhältnis zwischen Verletztem und Verletzer.[210] Bei absoluten Rechten ergreift die Verwirkung nicht das Recht selbst, sondern nur die aus der Rechtsverletzung entstandenen Ansprüche.[211] Der Verwirkungseinwand führt nicht dazu, neue, zusätzliche Rechtspositionen des Benutzers zu schaffen und damit die Rechtslage des nach Treu und Glauben nur in bestimmten Grenzen (ausnahmsweise) schutzwürdigen Rechtsverletzers über diese Grenzen hinaus zu erweitern. Der Benutzer einer verwechslungsfähigen, prioritätsjüngeren Kennzeichnung ist daher auch nach Verwirkung des Anspruchs auf Unterlassung der Benutzung nicht berechtigt, die Kennzeichnung nunmehr in ein Register eintragen zu lassen.[212]

---

207 BGH, 06.02.2014, I ZR 86/12, GRUR 2014, 363 Rn. 50 – *Peter Fechter.*
208 BGH, 06.02.2014, I ZR 86/12, GRUR 2014, 363 Rn. 49 – *Peter Fechter.*
209 BGH, 18.09.1997, I ZR 71/95, GRUR 1998, 471, 474 – *Modenschau im Salvatorkeller.*
210 BGH, 30.06.1976, I ZR 63/75, GRUR 1977, 42, 46 – *Schmalfilmrechte.*
211 BGH, 21.10.2005, V ZR 169/04, WRP 2006, 114, 116.
212 BGH, 04.03.1993, I ZR 65/91, GRUR 1993, 576, 578 – *Datatel.*

Bei der Verwirkung handelt es sich nicht um eine Einrede, sondern um eine Einwendung, die grundsätzlich von Amts wegen zu berücksichtigen ist.[213] Praktisch erscheint es allerdings schwierig, eine schutzwürdige Rechtsposition im Sinn der Verwirkung bei einem Schuldner anzunehmen, der sich selber nicht auf sie beruft. Die Darlegungs- und Beweislast für die Voraussetzungen liegt ohnehin beim Schuldner, dem die Verwirkung günstig ist.[214] **126**

213 BGH, 10.11.1965, Ib ZR 101/63, GRUR 1966, 623, 625 – *Kupferberg.*
214 Vgl. BGH, 26.09.1991, I ZR 177/89, GRUR 1992, 45, 48 – *Cranpool.*

§ 12 Anspruchsdurchsetzung, Veröffentlichungsbefugnis, Streitwertminderung

(1) [1]Die zur Geltendmachung eines Unterlassungsanspruchs Berechtigten sollen den Schuldner vor der Einleitung eines gerichtlichen Verfahrens abmahnen und ihm Gelegenheit geben, den Streit durch Abgabe einer mit einer angemessenen Vertragsstrafe bewehrten Unterlassungsverpflichtung beizulegen. [2]Soweit die Abmahnung berechtigt ist, kann der Ersatz der erforderlichen Aufwendungen verlangt werden.

(2) Zur Sicherung der in diesem Gesetz bezeichneten Ansprüche auf Unterlassung können einstweilige Verfügungen auch ohne die Darlegung und Glaubhaftmachung der in den §§ 935 und 940 der Zivilprozessordnung bezeichneten Voraussetzungen erlassen werden.

(3) [1]Ist auf Grund dieses Gesetzes Klage auf Unterlassung erhoben worden, so kann das Gericht der obsiegenden Partei die Befugnis zusprechen, das Urteil auf Kosten der unterliegenden Partei öffentlich bekannt zu machen, wenn sie ein berechtigtes Interesse dartut. [2]Art und Umfang der Bekanntmachung werden im Urteil bestimmt. [3]Die Befugnis erlischt, wenn von ihr nicht innerhalb von drei Monaten nach Eintritt der Rechtskraft Gebrauch gemacht worden ist. [4]Der Ausspruch nach Satz 1 ist nicht vorläufig vollstreckbar.

(4) [1]Macht eine Partei in Rechtsstreitigkeiten, in denen durch Klage ein Anspruch aus einem der in diesem Gesetz geregelten Rechtsverhältnisse geltend gemacht wird, glaubhaft, dass die Belastung mit den Prozesskosten nach dem vollen Streitwert ihre wirtschaftliche Lage erheblich gefährden würde, so kann das Gericht auf ihren Antrag anordnen, dass die Verpflichtung dieser Partei zur Zahlung von Gerichtskosten sich nach einem ihrer Wirtschaftslage angepassten Teil des Streitwerts bemisst. [2]Die Anordnung hat zur Folge, dass

1. die begünstigte Partei die Gebühren ihres Rechtsanwalts ebenfalls nur nach diesem Teil des Streitwerts zu entrichten hat,
2. die begünstigte Partei, soweit ihr Kosten des Rechtsstreits auferlegt werden oder soweit sie diese übernimmt, die von dem Gegner entrichteten Gerichtsgebühren und die Gebühren seines Rechtsanwalts nur nach dem Teil des Streitwerts zu erstatten hat und
3. der Rechtsanwalt der begünstigten Partei, soweit die außergerichtlichen Kosten dem Gegner auferlegt oder von ihm übernommen werden, seine Gebühren von dem Gegner nach dem für diesen geltenden Streitwert beitreiben kann.

(5) [1]Der Antrag nach Absatz 4 kann vor der Geschäftsstelle des Gerichts zur Niederschrift erklärt werden. [2]Er ist vor der Verhandlung zur Hauptsache anzubringen. [3]Danach ist er nur zulässig, wenn der angenommene oder festgesetzte Streitwert später durch das Gericht heraufgesetzt wird. [4]Vor der Entscheidung über den Antrag ist der Gegner zu hören.

Hans-Jürgen Ahrens, Michael Schmidt

Übersicht **Rdn.**

A. Abmahnung und Unterwerfung (§ 12 Abs. 1)

Hans-Jürgen Ahrens

I. Abmahnung

1. Streiterledigungsziel

Die außergerichtliche Beilegung wettbewerbsrechtlicher Streitigkeiten wird dadurch gefördert, dass der angebliche Wettbewerbsverletzer **vor** der **Einleitung gerichtlicher Maßnahmen abgemahnt** wird. Mit einer Abmahnung wird der Unterlassungsanspruch geltend gemacht. Es handelt sich um eine **qualifizierte Unterlassungsaufforderung** des Gläubigers mit dem Ziel, den Gegner zur Abgabe einer durch Vertragsstrafe gesicherten Unterlassungsverpflichtung **(Unterwerfungserklärung)** zu veranlassen. 1

Mit dem Unterlassungsanspruch können **weitere UWG-Ansprüche** (etwa auf Beseitigung und Schadensersatz) verbunden werden. Einer raschen Streiterledigung dient dies nicht unbedingt, weil ein Gegner, der die Trennbarkeit der Ansprüche nicht erkennt, dadurch unnötig zum Widerstand getrieben wird. Üblich ist die Verbindung des Unterlassungsanspruchs mit der Aufforderung zur **Zahlung der Abmahnkosten**. 2

Die Abmahnung verschafft dem in Anspruch genommenen **Verletzer** Kenntnis von dem Verletzungsvorwurf. Er erhält dadurch **vorprozessual Gelegenheit**, aus eigenem Antrieb zur **Ausräumung der Wiederholungsgefahr** eine gesicherte Unterwerfungserklärung (dazu unten Rdn. 15 und 46 ff.) abzugeben und dadurch Zeit und Kosten zu sparen.[1] Für den Unterlassungsgläubiger hat die Abmahnung den Vorteil, aus der Antwort des Abgemahnten eventuelle Einwände zu erfahren, die dem Unterlassungsanspruch entgegenstehen. 3

Die außergerichtliche Streitbeilegung **entlastet die Justiz**, doch ist darin eine rein faktische Wirkung zusehen, nicht aber ein Zweck, der normativ gegen den Unterlassungsgläubiger gekehrt werden darf. Der größte Teil der Wettbewerbsstreitigkeiten erledigt sich bereits im Abmahnungsstadium. 4

Durchgesetzt hat sich die seit Ende der 60er-Jahre des 20. Jahrhunderts nachhaltig entwickelte Abmahnpraxis auch bei der Verfolgung von Verletzungen der **Rechte des Geistigen Eigentums**, dort als **Verwarnung** bezeichnet, und ist in die Streiterledigungspraxis des Medienprivatrechts übernommen worden. Zu Verwarnungen aus einem Schutzrecht des Geistigen Eigentums kommt **alternativ** eine bloße **Berechtigungsanfrage** an den vermeintlichen Nutzer des Rechts in Betracht. Sie begründet keine Begehungsgefahr, sondern zielt auf einen Meinungsaustausch über die Schutz- 5

1 BGH, 07.10.2009, I ZR 216/07, GRUR 2010, 257 Tz. 17 – *Schubladenverfügung.*

rechtslage[2] und schließt das Risiko einer deliktischen Haftung wegen eines unberechtigten Unterlassungsverlangens (dazu unten Rdn. 145 ff.) aus.[3]

2. Rechtsgrundlage

6 Die außergerichtliche Verfolgung wettbewerbsrechtlicher Ansprüche **beruhte zunächst ausschließlich** auf der richterrechtlichen **Entwicklung von Kostendruck**, der auch weiterhin besteht. Wer einen Unterlassungsanspruch ohne vorherige Abmahnung gerichtlich verfolgt, muss mit der Auferlegung der Verfahrenskosten gem. **§ 93 ZPO** rechnen, wenn der Abgemahnte den Anspruch sofort anerkennt. Nach ständiger Rechtsprechung hat er dann keinen Anlass zur gerichtlichen Rechtsverfolgung durch Beantragung einer einstweiligen Verfügung oder durch Erhebung einer Klage im ordentlichen Verfahren gegeben.[4] Das **Rechtsschutzinteresse** des Klägers bzw. Antragstellers wird durch eine unterbliebene Abmahnung **nicht berührt**.[5]

7 Mit der UWG-Reform von 2004 ist die Abmahnung als **Sollerfordernis** in **§ 12 Abs. 1 Satz 1 UWG** geregelt worden. Es besteht freilich **keine** prozessuale oder materiellrechtliche **Pflicht zur Abmahnung**.[6] Die Regelung des § 12 Abs. 1 Satz 1 UWG dient als **Anknüpfungspunkt** für den **Kostenerstattungsanspruch** des § 12 Abs. 1 Satz 2 UWG (dazu unten Rdn. 114).

8 Die **Abmahnung konkretisiert** das zwischen Gläubiger und Schuldner bestehende wettbewerbsrechtliche **Deliktsrechtsverhältnis zu** einer **Sonderverbindung** eigener Art, die als gesetzliches Schuldverhältnis zu qualifizieren ist[7] und seit der Schuldrechtsreform einen Fall des **§ 311 Abs. 2 Nr. 3 BGB** darstellt. Daraus erwachsen allein Sekundärpflichten gegenseitiger Rücksichtnahme, insbesondere zur Aufklärung über eine gegenüber einem Dritten abgegebene Unterwerfung, die bereits zuvor die Wiederholungsgefahr hat entfallen lassen.[8]

3. Notwendiger Inhalt des Abmahnschreibens

a) Überblick

9 Enthalten muss eine Abmahnung

10 (1) die Angabe der Grundlagen für die **Gläubigerposition** des Abmahners,

---

2 BGH, 12.07.2011, X ZR 56/09, GRUR 2011, 995 Rn. 29 und 31 – *Besonderer Mechanismus.*

3 Zur Deliktshaftung: BGH, 15.07.2005, GSZ 1/04, BGHZ 164, 1 Rn. 14 ff. = GRUR 2005, 882, 884 f.; BGH, 21.12.2005, X ZR 72/04, BGHZ 165, 311 Rn. 18 = GRUR 2006, 219 – *Detektionseinrichtung II*; BGH, 19.01.2006, I ZR 98/02, GRUR 2006, 432 Rn. 24 – *Verwarnung aus Kennzeichenrecht II*; BGH, 30.01.2007, X ZR 53/04, BGHZ 171, 13, 16 = GRUR 2007, 313 Rn. 11 – *Funkuhr II.* S. auch BGH, 19.12.2014, V ZR 324/13, GRUR 2015, 578 Rn. 16 – *Preußische Kunstwerke* (zweifelhafte Übertragung auf Anspruch aus § 1004 BGB).

4 BGH, 07.10.2009, I ZR 216/07, GRUR 2010, 257 Rn. 17 m. w. Nachw. – *Schubladenverfügung.*

5 Unrichtig anders für den Fall eines Verfügungsantrags vor Ablauf einer angemessenen Abmahnfrist OLG Bamberg, 09.04.2018, 3 W 11/18, GRUR-RR 2018, 259 Rn. 13 – *Brückentag.*

6 *Achilles* in Ahrens, Wettbewerbsprozess[8] Kap. 2 Rn. 2.

7 BGH, 19.10.1989, I ZR 63/88, GRUR 1990, 381 – *Antwortpflicht des Abgemahnten.*

8 BGH, 19.10.1989, I ZR 63/88, GRUR 1990, 381 f. m. w. Nachw. – *Antwortpflicht des Abgemahnten.*

(2) das konkret beanstandete **Wettbewerbsverhalten**, also den Sachverhalt und eine summarische rechtliche Einordnung, aus der die angegriffene Verletzungsform zu ersehen ist, 11

(3) das Verlangen einer durch **Vertragsstrafe gesicherten Unterlassungsverpflichtungserklärung**, 12

(4) die Setzung einer **angemessenen Frist** für die Abgabe der Erklärung, 13

(5) die **Androhung** gerichtlicher Maßnahmen. 14

b) Vorformulierte Unterwerfungserklärung

Zwar nicht notwendig, aber **üblich** und zweckmäßig ist die **Beifügung einer Unterwerfungserklärung**, in der die gewünschte Unterlassungsverpflichtung und die Art der Vertragsstrafenverpflichtung **vorformuliert** sind, auch wenn der zu Recht Abgemahnte verpflichtet ist, die Unterwerfung **eigenverantwortlich** zu formulieren.[9] Das empfiehlt sich im Interesse der Klarheit des Verlangens, der Vermeidung zeitlicher Verzögerungen durch nachfolgenden Formulierungsstreit und der **Vorbereitung eines** eventuell erforderlich werdenden späteren **Klageantrags**. 15

c) Gläubigerstellung

Angaben zur Gläubigerstellung des Abmahners müssen ergeben, dass er **als Unternehmer** zu dem Abgemahnten in einer **konkreten Wettbewerbsbeziehung** im Sinne des § 2 Abs. 1 Nr. 3 UWG steht.[10] Die Angabe zum abmahnenden Gläubiger muss mit derjenigen Person identisch sein, die nach erfolglos bleibender außergerichtlicher Streitbeilegung gerichtlich gegen den Abgemahnten vorgeht.[11] 16

Ein Verband von Gewerbetreibenden (§ 8 Abs. 3 Nr. 2 UWG) hat die Grundlagen seiner **Verbandsklagebefugnis nachprüfbar** darzustellen. Dazu gehören konkrete **Angaben zur Mitgliederstruktur**.[12] Die Rechtsprechung begnügt sich bisher oftmals mit Angaben, die der Abgemahnte faktisch kaum nachprüfen kann. Dies betrifft insbesondere die Zugehörigkeit einer ausreichenden Zahl von **Mitgliedern aus** derjenigen **Branche**, zu der der Abgemahnte gehört. Sie sollen – jedenfalls im Abmahnstadium – 17

9 *BGH*, 16.11.2006, I ZR 191/03, GRUR 2007, 607 Rn. 24 – *Telefonwerbung für »Individualverträge«*.

10 OLG Düsseldorf, 14.11.2011, I-20 W 132/11, WRP 2012, 595, 596. Zur notwendigen Darlegung der Inhaberschaft eines Rechts OLG Frankfurt, 28.08.2017, 11 W 16/17, WRP 2017, 1521, 1522 Rn. 8 (urheberrechtlicher Lichtbildschutz).

11 Missachtet von OLG Nürnberg im Ausgangsverfahren zu BayVfGH, 26.10.2012, Vf. 101-VI-11, WRP 2013, 228 m. Anm. *Ahrens*.

12 OLG Saarbrücken, 27.11.2017, 1 W 38/17, GRUR-RR 2018, 262 Rn. 26 und 29 – *Vorgerichtliche Legitimation*.

nicht genannt werden müssen.[13] Das leistet dem Auftreten unseriöser Verbände Vorschub. **Nicht ausreichen** sollte der Hinweis auf die Akzeptanz des Verbandes in früheren, lediglich nach Aktenzeichen mitgeteilten gerichtlichen Entscheidungen. Sie sind innerhalb der Abmahnfrist häufig nicht zugänglich. Zudem suggerieren sie eine gerichtliche Prüfung dieses Erfordernisses der Prozessführungsbefugnis in den Vorentscheidungen, die zwar von Amts wegen zulässig gewesen wäre, von der jedoch typischerweise gar kein Gebrauch gemacht wird.

d) Tathandlung und rechtliche Einordnung

18 Der **Sachverhalt** und der daraus abgeleitete **rechtliche Vorwurf** sind **so genau** anzugeben, dass der **Abgemahnte in die Lage** versetzt wird, die behauptete **Verletzungshandlung** unter den in Betracht kommenden rechtlichen Gesichtspunkten **zu würdigen**.[14] Die tatsächlichen und rechtlichen Angaben zu einem behaupteten Wettbewerbsverstoß müssen so konkret sein, dass der **Streitgegenstand** des bevorstehenden gerichtlichen Verfahrens **erkennbar** ist. Nuancierungen können bereits den Streitgegenstand verschieben. Das ist auch im Falle eines etwaigen späteren Wegfalls einer Rechtsgrundlage des abgemahnten Unterlassungsanspruchs für die Möglichkeit einer Kündigung der Unterwerfungsvereinbarung bedeutsam. Die Tatbeschreibung muss so präzise sein, dass die **Tathandlung identifizierbar** ist. Es gilt aber nicht das Bestimmtheitsgebot des § 253 Abs. 2 Nr. 2 ZPO.[15]

19 Bei Schutzrechtsverletzungen ist das **Schutzrecht** anzugeben. Geht der Abmahnende aus mehreren Schutzrechten vor, ist aber nur eine Schutzrechtsrechtsverletzung gegeben, liegt eine insgesamt erfolgreiche Abmahnung vor.[16] Die **prozessualen Streitgegenstandsdifferenzierungen** – kumulatives oder gestaffeltes Vorgehen – sind außergerichtlich **unerheblich**. Zu den Folgen für die Abmahnkostenerstattung unten Rdn. 112.

20 Eine **rechtliche Einordnung** ist **nur** dann erforderlich, wenn ein Lebenssachverhalt Grundlage für verschiedene rechtliche Angriffe sein kann, und ohne die Angabe das Ziel der Abmahnung nicht zu erschließen ist.[17] Eine umfassende Rechtsbelehrung ist jedoch nicht zu verlangen. Allerdings fördert es die Bereitschaft zur Unterwerfung,

---

13 OLG Frankfurt, 06.11.2000, 6 W 161/00, GRUR-RR 2001, 287. Anspruch auf vorgerichtliche Überlassung einer nicht anonymisierten Mitgliederliste verneint von OLG Saarbrücken, 27.11.2017, 1 W 38/17, GRUR-RR 2018, 262 Rn. 28 – *Vorgerichtliche Legitimation.* Anders im Prozess: BGH, 18.10.1995, I ZR 126/93, GRUR 1996, 217, 2018 – *Anonymisierte Mitgliederliste.*

14 BGH, 22.01.2009, I ZR 139/07, GRUR 2009, 502 Rn. 13 – *pcb*; BGH, 05.12.2012, I ZR 36/11, GRUR 2015, 403 Rn. 44 – *Monsterbacke*; OLG Saarbrücken, 16.03.2015, 1 W 7/15, MDR 2015, 1154; OLG Frankfurt, 30.11.2017, 1 W 40/17, WRP 2018, 235, 236 Rn. 10.

15 BGH, 28.04.2016, I ZR 254/14, GRUR 2016, 1300 Rn. 67 – *Kinderstube.*

16 BGH, 28.04.2016, I ZR 254/14, GRUR 2016, 1300 Rn. 67 – *Kinderstube.*

17 *Vgl. BGH, 12.02.2015*, I ZR 36/11, GRUR 2015, 403 Rn. 44 – *Monsterbacke II*; Hans-OLG Hamburg, 03.03.1996, 3 W 17/96, WRP 1996, 773; OLG Frankfurt, 30.11.2017, 1 W 40/17, WRP 2018, 235, 236 Rn. 10.

wenn **aktuelle Entscheidungen** zugunsten der Position des Abmahners angegeben werden. Die **selektive Auswahl** von Entscheidungen unter Verschweigen entgegenstehender Rechtsprechung kann als **Betrug** zu werten sein. Im Übrigen schaden aber Fehler und Ungenauigkeiten der mitgeteilten rechtlichen Bewertung, etwa eine zu starke Verallgemeinerung der Unterlassungsverpflichtung, nicht.[18]

Inhaltlich von der Abmahnung **nicht erfasste Verletzungsformen**, also Verhaltensweisen außerhalb des kerngleichen gerügten Verletzungsbereichs bedürfen im Falle eines nachfolgend beabsichtigten gerichtlichen Vorgehens einer **selbständigen Abmahnung**. 21

Verlangt der **Gläubiger** mit einer von ihm vorgeschlagenen Unterwerfungserklärung **mehr** als ihm zusteht, **verfehlt** die Abmahnung deshalb **nicht** ihre **Hinweisfunktion**.[19] 22

e) Frist

Der Abmahnende hat dem Verletzer eine **Bedenk- und Reaktionsfrist** einzuräumen. Deren Bemessung richtet sich nach der Dringlichkeit im konkreten Fall. **Regelmäßig** wird sie **eine Woche bis 10 Tage** ab Zugang der Abmahnung betragen, damit der Abgemahnte Rechtsrat zur Begründetheit des Anspruchs einholen und die Angaben zur Berechtigung des Abmahners überprüfen kann.[20] Bei besonderer Eilbedürftigkeit, etwa einer **Messe**, kann die Frist auf wenige Stunden reduziert sein. 23

Eine **unangemessen kurze Frist** nimmt der Abmahnung nicht jegliche Wirkung. Vielmehr muss der Abgemahnte die verlangte Unterwerfungserklärung dann innerhalb der angemessenen Frist abgeben, wenn die Berufung auf § 93 ZPO nicht ausgeschlossen sein soll.[21] Ist innerhalb der zu kurz bemessenen Frist bereits eine **Beschlussverfügung ergangen**, ist der **Widerspruch** entweder **auf** die **Kosten** zu **beschränken** oder zusammen mit einem Vollwiderspruch ist eine ausreichende Unterwerfungserklärung abzugeben. Im Rahmen einer dann erforderlichen Kostenentscheidung nach § 91a ZPO ist der **Rechtsgedanke des § 93 ZPO** zu berücksichtigen.[22] 24

Fristverlängerungswünsche des Schuldners müssen den beiderseitigen Interessen angemessen Rechnung tragen. Ihnen zu entsprechen, kann wegen der Rücksichtnahmepflicht des § 241 Abs. 2 BGB geboten sein. 25

Die **Fristsetzung** wird **nicht** ohne weiteres **obsolet**, wenn der Abgemahnte eine **außergerichtliche Korrespondenz** über die Berechtigung der Abmahnung beginnt. Auf eine stillschweigende Verlängerung der gesetzten Frist darf er auch dann nicht ohne weiteres 26

---

18 *OLG Celle*, 22.01.2015, 13 U 25/14, WRP 2015, 472, 474.
19 Vgl. BGH, 16.11.2006, I ZR 191/03, GRUR 2007, 607 Rn. 24 – *Telefonwerbung für »Individualverträge«*.
20 Vgl. OLG Bamberg, 09.04.2018, 3 W 11/18, GRUR-RR 2018, 259 Rn. 17 f. – *Brückentag* = WRP 2018, 714.
21 Vgl. BGH, 19.10.1989, I ZR 63/88, GRUR 1990, 381, 382 – *Antwortpflicht des Abgemahnten*.
22 BGH, 07.10.2009, I ZR 216/07, GRUR 2010, 257 Rn. 17 – *Schubladenverfügung*; OLG Bamberg, 09.04.2018, 3 W 11/18, GRUR-RR 2018, 259 Rn. 20 – *Brückentag*; OLG Saarbrücken, 27.11.2017, 1 W 38/17, GRUR-RR 2018, 262 Rn. 20 – *Vorgerichtliche Legitimation*.

vertrauen, wenn der Abmahnende, der ein sofortiges gerichtliches Vorgehen angekündigt hatte, auf einen Einigungsvorschlag des Abgemahnten antwortet.[23]

f) Ernstlicher Rechtsdurchsetzungswille

27 Die **Androhung gerichtlichen Vorgehens** bei Fehlschlag des Unterwerfungsverlangens ist **erforderlich**, weil sonst Zweifel an der Ernstlichkeit des Rechtsdurchsetzungswillens bestehen.[24] Abmahnungen dürfen nicht den Zweck verfolgen, allein Ersatzansprüche für Abmahnkosten zu generieren.

4. Form, rechtsgeschäftliche Voraussetzungen

28 Die Abmahnung ist nach herkömmlicher Auffassung an **keine Form** gebunden. Schriftform (§ 126 BGB) ist keine Geltungsvoraussetzung. Zumindest Textform (§ 126b BGB) ist jedoch aus Beweisgründen zweckmäßig und üblich. Elektronische Form (§ 126a BGB) erfüllt diesen Zweck ebenfalls.

29 Nach abzulehnender, aber um sich greifender Ansicht[25] sind auf die Abmahnung die **Vorschriften** des BGB **über Willenserklärungen** direkt oder analog anzuwenden.[26] Dann gilt § 130 Abs. 1 BGB über den **Zugang** empfangsbedürftiger Willenserklärungen. Im Grundsatz könnte auch § 174 BGB in Betracht kommen, der bei einseitigen Rechtsgeschäften die Beifügung einer anwaltlichen **Originalvollmacht** erfordert. Irrelevant für die Anwendung des § 174 BGB ist die Entstehung eines gesetzlichen Schuldverhältnisses aus § 311 Abs. 2 Nr. 3 BGB,[27] das nur sekundäre Aufklärungspflichten des Schuldners und Rücksichtnahmepflichten des Gläubigers (§ 241 Abs. 2 BGB) erzeugt.

30 Von der Qualifizierung als Willenserklärung ist die Anwendung des **Kostenerstattungsanspruchs** aus § 12 Abs. 1 Satz 2 UWG (dazu nachfolgend Rdn. 32 und unten Rdn. 123) nicht abhängig. Für ihn kommt es nur auf die Funktion der Abmahnung als vorprozessuale Aufforderung zur Unterwerfung an.[28]

31 Das Vollmachtserfordernis des **§ 174 BGB** ist **nicht anzuwenden**, weil die Abmahnung bei vorformuliert beigefügter Unterwerfungserklärung auf den Abschluss eines Vertrages gerichtet ist.[29] Eine alternative Begründung stellt darauf ab, dass ein Handeln als vollmachtloser Vertreter zu einem Genehmigungserfordernis auf Seiten des abmahnenden Gläubigers führt (§ 177 Abs. 1 BGB); der Schuldner verzichtet mit seiner ihm günstigen Vertragserklärung auf das Widerrufsrecht nach § 178 BGB[30] oder handelt

23 Vgl. dazu OLG Koblenz, 23.10.2017, 9 U 895/17, WRP 2017, 1522, 1523 Rn. 9.
24 BGH, 11.06.2015, I ZR 75/14, GRUR 2016, 191 Rn. 61 f. – *Tauschbörse III.*
25 Dafür z.B. *Achilles* in Ahrens, Wettbewerbsprozess[8] Kap. 2 Rn. 18.
26 Dazu m. w. Nachw. OLG Celle, 02.09.2010, 13 U 34/10, GRUR-RR 2011, 77, 78 – *Fehlende Originalvollmacht.*
27 A.A. *Achilles* in Ahrens, Wettbewerbsprozess[8] Kap. 2 Rn. 18.
28 *OLG Celle, 02.09.2010, 13 U 34/10,* GRUR-RR 2011, 77, 78 – *Fehlende Originalvollmacht.*
29 HansOLG Hamburg, 19.07.2007, 3 U 241/06, GRUR-RR 2008, 370, 371 – *Pizza Flitzer.*
30 BGH, 19.05.2010, I ZR 140/08, GRUR 2010, 1120 Rn. 15 – *Vollmachtsnachweis.*

bei der Berufung auf fehlende Vertretungsmacht trotz Abgabe einer Vertragserklärung treuwidrig.[31]

5. Beweis des Absendens und des Zugangs

Wegen der Kostenrelevanz der Abmahnung wird der **Zugang** eines Abmahnschreibens nicht selten wahrheitswidrig bestritten. Mit einer Anwendung von § 130 BGB ist **nicht** verbunden, dass der **Unterlassungsgläubiger** den Zugang **beweisen muss**. Das gilt sowohl für die Anwendung der Kostensanktion des **§ 93 ZPO** in einem mangels Unterwerfung eingeleiteten gerichtlichen Verfahren als auch für den Prozess um die **Erstattung von Abmahnkosten**. Der Abmahnende ist demnach **nicht** gezwungen, **besondere Versendungsformen** zu wählen.[32] 32

Die Voraussetzungen der Veranlassung zur Klageerhebung sind eigenständig zu bestimmen. Ob **Anlass** zur Einleitung eines **gerichtlichen Verfahrens** bestand, ist **aus der Sicht des Klägers** zu beurteilen. Nur wenn ihm ein Nichtzugang bekannt ist, muss er für eine erneute Abmahnung sorgen. Das muss er bei Versand als Übergabeeinschreiben argwöhnen, solange die Bestätigung des Zugangs nicht erfolgt ist. Auf eine Beweiserhebung kommt es daher nicht an, wenn man das Risiko des Verlustes oder eines aus sonstigen Gründen unterbliebenen Zugangs rechtspolitisch sinnvoll generell dem Abgemahnten auferlegt. **Beweispflichtig für** den **Nichtzugang** ist im Hinblick auf § 93 ZPO ohnehin der **Beklagte**, da § 93 ZPO eine ihm günstige Kostennorm in Ausnahme von § 91 ZPO darstellt.[33] 33

Bestreitet der Abgemahnte im **Prozess über** die **Erstattung der Kosten** für die Abmahnung (dazu nachfolgend Rdn. 112 ff.) den Zugang, muss der klagende **Abmahner** dem anfänglich zulässigen schlichten Bestreiten des Beklagten mit eigenem qualifizierten Vortrag zu Absendung des Schreibens entgegentreten. Er muss **darlegen und beweisen**, dass das Abmahnschreiben gefertigt und abgesandt worden ist. Verbände führen dafür **Postausgangslisten**, die als Urkundenbeweis ausreichen, aber notfalls **mit** einem **Zeugenbeweis** zu **verbinden** sind. 34

Detaillierter Vortrag zur Absendung zwingt den beklagten **Abgemahnten** seinerseits zu detailliertem **Vortrag zum Nichtzugang** mit Beweisantritten.[34] Fehlender Zugang kann mit Benennung von Zeugen, etwa des Büropersonals, unter Beweis gestellt werden.[35] 35

6. Notwendigkeit, Entbehrlichkeit einer Abmahnung

Will der Gläubiger das **Risiko** einer Anwendung **des § 93 ZPO** vermeiden, muss er *in aller Regel* **vorprozessual** eine **Abmahnung** aussprechen. Theoretisch gibt es dafür 36

31 OLG Celle, 02.09.2010, 13 U 34/10, GRUR-RR 2011, 77, 78 – *Fehlende Originalvollmacht.*
32 BGH, 21.12.2006, I ZB 17/06, GRUR 2007, 629 Rn. 12 – *Zugang des Abmahnschreibens.*
33 BGH, 21.12.2006, I ZB 17/06, GRUR 2007, 629 Rn. 11 – *Zugang des Abmahnschreibens.*
34 BGH, 21.12.2006, I ZB 17/06, GRUR 2007, 629 Rn. 12 – *Zugang des Abmahnschreibens.*
35 BGH, 21.12.2006, I ZB 17/06, GRUR 2007, 629 Rn. 13 – *Zugang des Abmahnschreibens.*

Ausnahmen bei voraussichtlicher Erfolglosigkeit oder bei Unzumutbarkeit einer Abmahnung. Die Sachverhalte werden u.a. mit den Stichworten Vorsatz und Überraschungsentscheidung umrissen.

37 Ob eine **Abmahnung bei** einer **Vorausschau erfolglos** bleiben wird, ist in aller Regel Gegenstand **spekulativer Prognosen**, deren Risiko der Gläubiger zu tragen hat. Die insoweit diskutierte, aber teilweise auch der Fallgruppe der **Unzumutbarkeit** zugeordnete Ausnahme des **vorsätzlich handelnden** Wettbewerbsverletzers, dessen Kenntnis der Materie aus vorangegangenen Auseinandersetzungen abzuleiten ist, ist nicht anzuerkennen.[36] Gerade Vorsatztäter sind gewillt, einer gerichtlichen Auseinandersetzung aus dem Wege zu gehen und sind deshalb bereit, sich zu unterwerfen. Ihrer hartnäckigen Verletzungsbereitschaft ist mit erhöhten Vertragsstrafesummen zu begegnen.

38 Die **Notwendigkeit einer Überraschungsentscheidung** kann gegeben sein, wenn gleichzeitig mit der Zustellung einer Beschlussverfügung **Beschlagnahmemaßnahmen** ergriffen werden sollen, die anderenfalls vereitelt oder erschwert werden könnten.[37] Das gilt unabhängig davon, ob die Beschlagnahme durch den Gläubiger oder unmittelbar durch den Zoll aufgrund Art. 23 (3) ProduktpiraterieVO erfolgt.[38]

7. Sonstige Inhalte, Reaktionen des Abgemahnten

39 Regelmäßig wird zusätzlich eine **rechtsgeschäftliche Kostenübernahme** gefordert. Darauf muss sich der Abgemahnte in der Unterwerfungserklärung **nicht** einlassen, **um** die **Wiederholungsgefahr auszuräumen**. Der gesetzliche Kostenerstattungsanspruch (unten Rdn. 112) bleibt jedoch unberührt. Dasselbe gilt für ein Auskunftsverlangen und ein Schadensersatzfeststellungsbegehren.

40 Die **Zurückweisung sonstiger** mit der Abmahnung geltend gemachter **Ansprüche** stellt die Beseitigung der **Wiederholungsgefahr nicht** in Frage. Soweit der Unterlassungsanspruch zu positivem Handeln verpflichtet, **dürfen** die dafür erforderlichen **Beseitigungsmaßnahmen nicht in Abrede genommen** werden; der Schuldner kann nicht von sich aus den Gläubiger auf ein Vorgehen über einen nach §§ 887, 888 ZPO zu vollstreckenden Beseitigungsanspruch verweisen und damit die Maßnahmen aus dem Unterlassungsanspruch ausklammern.

41 Nicht selten ist **Motiv der Unterwerfung** die Ersparnis von Kosten und Zeitaufwand, wenn die Erhaltung der wettbewerblichen Handlungsfreiheit entbehrlich erscheint. Mit der Unterwerfung ist deshalb in der Regel **keine Anerkennung** eines begangenen

36 Sehr zurückhaltend auch OLG Frankfurt, 14.02.2018, 6 W 6/18, GRUR-RR 2018, 392 (LS) – *Generalvorsatz*.

37 OLG Dresden, 02.03.2016, 14 U 106/16, GRUR-RR 2016, 527 Rn. 6 und 15 – *angehaltene Mobiltelefone*. Zu zurückhaltend OLG Braunschweig, 06.12.2004, 2 W 237/04, GRUR-RR 2005, 103 – *Flüchtige Ware*; HansOLG Hamburg, 14.06.2006, 5 U 21/06, GRUR-RR 2007, 29, 30 – *Cerebro Card*; KG, 25.04.2008, 5 W 39/06, GRUR-RR 2008, 372 – *Flüchtige Ware*.

38 OLG Dresden, 02.03.2016, 14 U 106/16, GRUR-RR 2016, 527 Rn. 6 und 15 – *angehaltene Mobiltelefone*.

Rechtsverstoßes verbunden.[39] Der Abgemahnte, der sich nur zur Vorsicht unterwirft, kann die **Rechtswidrigkeit** des behaupteten Verletzungsverhaltens **bestreiten**. Ein ausdrückliches Verneinen im begleitenden Übersendungsschreiben ist nicht einmal erforderlich, weil bereits die Auslegung der Unterwerfung regelmäßig zu diesem Ergebnis führt (s. auch unten Rdn. 84 f. und 89).

Der Schuldner, der sich unterworfen hat, erhält die Möglichkeit, das Bestehen eines gesetzlichen **Unterlassungsanspruchs** im **Verfahren über** die **Abmahnkostenerstattung inzident** klären zu lassen. Dieses Verfahren findet dann aber gegenüber einer direkten streitigen Klärung des Unterlassungsanspruchs nach einem deutlich **reduzierten Streitwert** statt. Wird die Begründetheit des Unterlassungsanspruchs dort verneint, bleibt der Schuldner gleichwohl an seine mit der Unterwerfung eingegangene Verpflichtung gebunden und besitzt auch kein **Kündigungsrecht** (dazu unten Rdn. 79); dem steht regelmäßig der Vergleichscharakter (§ 779 BGB) entgegen. 42

8. Abgrenzung zum Abschlussschreiben

Soll **nach** abgeschlossener **Durchführung** eines **Verfügungsverfahrens** ein Hauptsacheverfahren eingeleitet werden, ist dafür ebenfalls der Versuch einer außergerichtlichen Streiterledigung mittels Unterwerfung zu unternehmen. In dieser Situation ist allerdings keine normale Abmahnung auszusprechen. Vielmehr wird der Existenz eines (institutionell vom ordentlichen Verfahren abhängigen) Verfügungstitels Rechnung getragen. Die endgültige Streiterledigung erfolgt dadurch, dass der Antragsgegner den Verfügungstitel mittels einer **Abschlusserklärung** »bestandskräftig« macht (dazu § 12 Abs. 2 Rdn. 506 ff.). Zur Abgabe einer Abschlusserklärung hat der erfolgreiche Antragsteller und nunmehrige potentielle Hauptsachekläger den Antragsgegner durch ein **Abschlussschreiben** aufzufordern. Die **Kosten des Abschlussschreibens** sind zu erstatten, sofern der Antragsgegner nicht innerhalb der dafür von der Rechtsprechung aufgestellten Fristen von sich aus eine Abschlusserklärung abgeben hat. 43

II. Quasivertragliche Sonderrechtsbeziehung

Durch eine berechtigte wettbewerbsrechtliche Abmahnung wird nach gefestigter Rechtsprechung des BGH eine **Sonderrechtsbeziehung** aufgrund des konkretisierten Deliktsrechtsverhältnisses begründet,[40] die zunächst als Fall der cic gedeutet wurde und die sich seit der Schuldrechtsreform auf **§ 311 Abs. 2 Nr. 3 BGB** stützen lässt. Dieses gesetzliche Schuldverhältnis ohne primäre Leistungspflichten darf nicht mit dem nachfolgend behandelten Unterwerfungsvertrag verwechselt werden. 44

---

39 BGH, 24.09.2013, I ZR 219/12, GRUR 2013, 1252 Rn. 10 – *Medizinische Fußpflege.*

40 BGH, 19.06.1986, I ZR 65/84, GRUR 1987, 54, 55 – *Aufklärungspflicht des Abgemahnten*; BGH, 05.05.1988, I ZR 151/86, GRUR 1988, 716, 717 – *Aufklärungspflicht gegenüber Verbänden*; BGH, 19.10.1989, I ZR 63/88, GRUR 1990, 381 f. – *Antwortpflicht des Abgemahnten*; BGH, 07.12.1989, I ZR 62/88, GRUR 1990, 542, 543 – *Aufklärungspflicht des Unterlassungsschuldners*; BGH, 18.09.1997, I ZR 71/95, GRUR 1998, 471, 474 – *Modenschau im Salvatorkeller.*

45 Aus dem gesetzlichen Schuldverhältnis erwachsen **Rücksichtnahmepflichten**. Sie wurden anfänglich mit § 242 BGB begründet; für sie ist jetzt § 241 Abs. 2 BGB heranzuziehen. So darf der Gläubiger mit der Ahndung von Verstößen auf der Grundlage eines Unterwerfungsvertrages (dazu Rdn. 48) nicht warten, um einen möglichst hohen, wirtschaftlich bedrohlichen Vertragsstrafeanspruch entstehen zu lassen.[41] Besondere Bedeutung hat die Sonderrechtsbeziehung als Grundlage für **Aufklärungspflichten** des Abgemahnten (dazu Rdn. 109).

III. Orientierung der Unterwerfung am Unterlassungstitel

1. Rechtsgeschäftliche Imitation gerichtlicher Unterlassungstitel

a) Vollstreckung nach § 890 ZPO als Vorbild

46 Die gerichtliche Geltendmachung eines Unterlassungsanspruchs führt zu einem Titel, dessen Beachtung der Titelgläubiger bei einem schuldhaften Verstoß gem. **§ 890 ZPO** erzwingen kann. **Empfänger** eines vom Prozessgericht verhängten Ordnungsgeldes ist die **Staatskasse**, nicht der Gläubiger. Die Vollstreckung des festgesetzten Ordnungsgeldes erfolgt von Amts wegen durch den Vorsitzenden des Prozessgerichts als Vollstreckungsbehörde.

47 Geschuldet ist nicht nur das Unterlassen erneuter Verletzungshandlungen. Bloße Passivität des Titelschuldners begründet einen Titelverstoß, wenn **Beseitigungsmaßnahmen** erforderlich sind, deren Unterbleiben eine Fortsetzung des Wettbewerbsverstoßes darstellen. Erzwungen werden können solche Beseitigungshandlungen über **§ 890 ZPO** und nicht bloß über die Handlungsvollstreckung nach §§ 887, 888 ZPO (dazu näher § 12 Anh. II Rdn. 12 und 15). Die Bedeutung des **§ 887 ZPO** liegt in der zusätzlichen Möglichkeit des Gläubigers, sich vollstreckungsgerichtlich die **Ersatzvornahme** auf Kosten des Schuldners gestatten zu lassen, soweit eine vertretbare Handlung geschuldet ist. Nicht vertretbare konkrete bestimmte Handlungen werden nach § 888 ZPO durch Zwangsgeld oder Zwangshaft erzwungen.

b) Unterwerfungsvertrag

48 Eine Unterwerfungserklärung des Unterlassungsschuldners soll zum Abschluss eines Vertrages führen, der einen gerichtlichen **Unterlassungstitel rechtsgeschäftlich imitiert**. Der in Anspruch genommene Wettbewerbsverletzer muss sich verpflichten, eine konkret bezeichnete Verletzungshandlung zu unterlassen und für den Fall der Zuwiderhandlung gegen diese Verpflichtung, eine Vertragsstrafe zu zahlen. Verpflichtungen entstehen aus der Unterwerfung erst, wenn ein Vertrag zustande gekommen ist (unten Rdn. 65).

c) Unterschiede der Rechtsverfolgungsmöglichkeiten

49 Eine völlige **Gleichwertigkeit** beider Wege der Rechtsverfolgung **besteht nicht**. Allerdings erhält der Gläubiger bei Verwirkung der versprochenen Vertragsstrafe mehr als

41 BGH, 18.09.1997, I ZR 71/95, GRUR 1998, 471, 474 – *Modenschau im Salvatorkeller.*

Die Funktion der Vertragsstrafe besteht darin, den Unterlassungsschuldner von Verstößen gegen die Unterlassungspflicht **abzuschrecken.**[49] Bei der **Bemessung der Vertragsstrafe** kommt es auf Art, Bedeutung, Zustandekommen und mögliche Auswirkung des begangenen Wettbewerbsverstoßes, auf Art und Größe sowie Kapitalausstattung des verletzenden Unternehmens und auf seinen Umsatz an.[50] Hat die Filiale eines Großunternehmens eine wettbewerbswidrige Werbung betrieben, ist zu berücksichtigen, ob organisationsbedingt die Gefahr einer Wiederholung auch in anderen Filialen besteht.[51] Eine inhaltliche Verklammerung mit einem zu erwartenden Schaden besteht nicht.[52] **58**

Verlangt der **Abgemahnte** eine **Reduzierung** der Vertragsstrafensumme gegenüber dem Standardbetrag von 5001 €, weckt dies regelmäßig **Zweifel an** der **Ernstlichkeit** seines Unterwerfungswillens. Zweifelhaft ist allerdings, ob sich ein Wettbewerbsverletzer auf das Verlangen nach einer Vertragsstrafenvereinbarung gem. § 315 BGB und damit auf ein Bestimmmungsrecht des Gläubigers einlassen muss. Das ist insbesondere bei fehlender Obergrenze zu verneinen.[53] **59**

Bei Vereinbarung einer festen Vertragsstrafensumme kann anders als bei der Vollstreckung eines Unterlassungstitels nach § 890 ZPO **nicht flexibel** auf die **Schwere** eines erneuten Verstoßes reagiert werden. **Alternativ** kommt in Betracht, den **Unterlassungsgläubiger** die Höhe der verwirkten Vertragsstrafe gem. **§ 315 BGB** nach billigem Ermessen festsetzen zu lassen. Die Ausübung des Ermessens kann gerichtlich überprüft werden. Diese nach seinem ursprünglichen Aufkommen als (inzwischen modifizierter) **Hamburger Brauch** bezeichnete Vorgehensweise kann bundesweit praktiziert werden.[54] Keine gesetzliche Grundlage besteht für eine vertragliche Vereinbarung, dem Gericht die Festsetzung von vornherein zu überlassen (so der ursprüngliche Hamburger Brauch[55]). **60**

In Betracht kommt, eine **Obergrenze** vorzusehen, also die Festsetzung bis zu einem Maximalbetrag zu vereinbaren. Er muss dann aber **oberhalb einer Festbetragsstrafe** liegen, nämlich etwa beim Doppelten.[56] Im kaufmännischen Verkehr, der keine Herabsetzung einer Vertragsstrafe erlaubt (nachfolgend Rdn. 104), kann der Schuldner von sich aus eine variable Vertragsstrafe mit Deckelung durch einen Höchstbetrag abgeben, **61**

---

49 BGH, 13.11.2013, I ZR 77/12, GRUR 2014, 595 Rn. 16 – *Vertragsstrafenklausel.*

50 BGH, 07.10.1982, I ZR 120/80, GRUR 1983, 127, 129 – *Vertragsstrafeversprechen*; BGH, 13.11.2013, I ZR 77/12, GRUR 2014, 595 Rn. 17 – *Vertragsstrafenklausel.*

51 BGH, 07.10.1982, I ZR 120/80, GRUR 1983, 127, 129 – *Vertragsstrafeversprechen* (Unternehmen mit mehr als 150 Filialen).

52 BGH, 13.11.2013, I ZR 77/12, GRUR 2014, 595 Rn. 20 – *Vertragsstrafenklausel.*

53 *Achilles* in Ahrens, Der Wettbewerbsprozess[8] Kap. 8 Rn. 41.

54 BGH, 12.07.1984, I ZR 123/82, GRUR 1985, 155, 157 – *Vertragsstrafe bis zu …*; BGH, 14.02.1985, I ZR 20/83, GRUR 1985, 937, 938 – *Vertragsstrafe bis zu … II* m. Anm. *Ahrens.*

55 Bedenken dagegen in BGH, 14.10.1977, I ZR 119/76, GRUR 1978, 192, 193 – *Hamburger Brauch.*

56 Vgl. BGH, 12.07.1984, I ZR 123/82, GRUR 1985, 155, 157 – *Vertragsstrafe bis zu …*; BGH, 14.02.1985, I ZR 20/83, GRUR 1985, 937, 938 – *Vertragsstrafe bis zu … II.*

wenn ihm eine geforderte feste Vertragsstrafe als zu hoch erscheint.[57] Deckelungen, die das Ziel der Verhängung einer angemessenen Sanktion vereiteln, ziehen jedoch die Ernsthaftigkeit des Unterlassungsversprechens in Zweifel.[58] Die Kombination einer variablen Vertragsstrafenbemessung mit der Vereinbarung einer **Mindestvertragsstrafensumme** läuft dem Sanktionssystem ebenfalls zuwider und benachteiligt den Schuldner unangemessen, ohne dass berechtigte Belange des Gläubigers für diese Variante sprechen.

c) Drittbegünstigung des Vertragsstrafeversprechens

62 Der Unterlassungsgläubiger muss sich **nicht** darauf einlassen, dass die Vertragsstrafe einem Dritten, etwa einer **gemeinnützigen Organisation versprochen** wird. Der Versprechensempfänger wird dann in unsicher zu beurteilenden künftigen Fällen das Risiko der Einklagung der Vertragsstrafe scheuen. Auch wird er der Überwachung des künftigen Verletzerverhaltens nicht dieselbe Aufmerksamkeit widmen wie ein marktnaher Akteur. Es fehlt deshalb in der Regel an der Ernstlichkeit der Unterwerfung.[59]

4. Rechtsgeschäftliche Kostenübernahme

63 Der Unterlassungsgläubiger kann **nicht** verlangen, dass der Wettbewerbsverletzer den gesetzlichen Anspruch auf Tragung der **Abmahnkosten** durch eine **rechtsgeschäftliche Verpflichtung** ergänzt. Lässt sich der Verletzer jedoch darauf ein, ist der Streit um das Ob und die Höhe der Abmahnkosten (Geschäftswert, anwaltlicher Gebührensatz, Verbandspauschale) ausgeräumt. Dieser Vorteil veranlasst Abmahner in der Regel, eine entsprechende Verpflichtung in vorformulierte Unterwerfungserklärungen aufzunehmen.

5. Form der Unterwerfung

64 Sieht man in der Unterwerfungserklärung des Schuldners ein **abstraktes Schuldversprechen** (§ 780 BGB),[60] ist dafür einseitig die Schriftform einzuhalten.

IV. Notwendige Vertragsvereinbarung

1. Unterwerfung als zweiseitiges Rechtsgeschäft

65 **Geltung** erlangen die Verpflichtungen **nicht** durch **einseitigen Unterwerfungsakt**, wie die Bezeichnung »Unterwerfungserklärung« glauben machen könnte, sondern erst durch Abschluss eines **Vertrages**. Erst für eine danach erfolgte wiederholende Verlet-

---

57 BGH, 13.11.2013, I ZR 77/12, GRUR 2014, 595 Rn. 18 – *Vertragsstrafenklausel.*
58 Vgl. die Konstellation in OLG Düsseldorf, 27.06.2017, I-20 W 40/17, WRP 2017, 1498.
59 Vgl. BGH, 27.05.1987, I ZR 153/85, GRUR 1987, 748, 749 f. – *Getarnte Werbung II.*
60 So BGH, 12.07.1995, I ZR 176/93, BGHZ 130, 288, 292 = GRUR 1995, 678, 680 – *kurze Verjährungsfrist* (dort ausdrücklich gegen rein deklaratorisches Schuldanerkenntnis); BGH, 09.03.2010, VI ZR 52/09, GRUR 2010, 946 Rn. 20 – *Bericht über Haftlockerungen*; BGH, 17.09.2009, I ZR 217/07, GRUR 2010, 355 Rn. 27 – *Testfundstelle.*

zung kann eine Vertragsstrafe verwirkt werden.[61] Die **Wiederholungsgefahr** wird aber bereits durch Abgabe einer einseitig bleibenden, inhaltlich ausreichenden Erklärung des Wettbewerbsverletzers beseitigt.[62] Fortdauernde Wirkungen einer ersten Rechtsverletzung müssen gleichwohl, da Dauerhandlung, aufgrund des Unterlassungsversprechens durch Beseitigungsmaßnahmen neutralisiert werden.[63]

Wird ein Unterwerfungsvertrag **vollmachtlos** abgeschlossen und mit Rückwirkung genehmigt (§ 184 BGB), ist durch einen Verstoß während der Schwebezeit keine Vertragsstrafe verwirkt.[64] 66

2. Vertragsschlussmodalitäten

In einem späteren Vertragsstrafeprozess kann streitig werden, ob eine vertragliche Verpflichtung geschlossen worden ist. Sieht man die **Abmahnung** unter Beifügung einer vorformulierten Unterwerfungserklärung zutreffend als **Vertragsangebot** an,[65] kommt der Vertrag durch Abgabe der unveränderten Unterwerfungserklärung zustande. Ändert der Abgemahnte die vorformulierte Unterwerfungserklärung – sei es auch nur durch Streichung der gewünschten rechtsgeschäftlichen Kostenübernahme – liegt darin eine **Ablehnung mit neuem Angebot** (§ 150 Abs. 2 BGB), das der Abmahnende annehmen muss.[66] Sieht man in der Abmahnung nur eine Aufforderung zur Abgabe eines Angebots (invitatio ad offerendum), bedarf es in jedem Falle einer Annahme der Unterwerfungserklärung, die dann das erstmalige Vertragsangebot darstellt. 67

Die Annahme ist in den erörterten Fallkonstellationen erforderlich. Sie kann auch durch ein **konkludentes Annahmeverhalten** des Abmahnenden ausgedrückt werden, etwa durch das Abheften der eingegangenen Unterwerfungserklärung. Verzichtbar ist allerdings der Zugang einer konkludenten Annahme beim abgemahnten Absender, wenn **§ 151 Satz 1 BGB** einschlägig ist. Das trifft zu, wenn nach der Verkehrssitte ein Zugang der Annahmeerklärung nicht zu erwarten ist oder wenn der Abgemahnte darauf verzichtet hat. Die **Verkehrssitte** erfordert den Zugang nicht, wenn die Unterwerfung dem Abmahnschreiben entspricht. Zweifelhaft ist dies bei Abweichungen. **Unschädlich** dürfte die **Korrektur** vermutlicher **Schreibfehler** sein, etwa das Streichen einer Null in der Vertragsstrafensumme, z.B. der Herabsetzung von unüblichen 50.000 € auf 5.000 €. Ebenso wird man entscheiden können, wenn die für die Beseitigung der Wiederholungsgefahr irrelevante zusätzliche rechtsgeschäftliche Verpflichtung zur Tragung der Abmahnkosten gestrichen wird. 68

61 BGH, 11.11.2014, VI ZR 18/14, GRUR 2015, 190 Rn. 13 – *Ex-RAF-Terroristin.*
62 BGH, 17.09.2009, I ZR 217/07, GRUR 2010, 355 Rn. 21 – *Testfundstelle*; BGH, 12.01.2017, I ZR 117/15, GRUR 2017, 412 Rn. 42 – *YouTube-Werbekanal.*
63 Vgl. OLG Celle, 29.01.2015, 13 U 58/14, WRP 2015, 475, 476 Rn. 18 – *Website bei Google.*
64 BGH, 17.11.2014, I ZR 97/13, GRUR 2015, 187 Rn. 22 – *Zuwiderhandlung während Schwebezeit.*
65 BGH, 17.09.2009, I ZR 217/07, GRUR 2010, 355 Rn. 18 – *Testfundstelle.*
66 BGH, 17.09.2009, I ZR 217/07, GRUR 2010, 355 Rn. 19 – *Testfundstelle.*

69 Geht das **Vertragsangebot** primär oder unter Anwendung des § 150 Abs. 2 BGB **vom Abgemahnten aus**, ist er an sein **Angebot** abweichend von § 146 BGB **unbefristet gebunden**. Nur dann ist die Unterwerfungserklärung geeignet, die Wiederholungsgefahr zu beseitigen.[67] Die rechtsgeschäftliche Aufhebung der gesetzlichen Befristung des dispositiven § 147 BGB bedarf keiner ausdrücklichen Erklärung, sondern ergibt sich im Wege der Auslegung aus dem Zweck der Unterwerfung.[68] Der Normzweck des § 146 BGB, die bloße Bindung an einen Vertragsantrag aufzuheben, wenn ein Vertrag nicht zeitnah geschlossen wird, und dadurch die Handlungsfreiheit wiederzuerlangen, ist beim Angebot eines Unterwerfungsvertrages obsolet, weil die **Handlungsfreiheit** auf Vornahme einer **wettbewerbswidrigen**, also rechtswidrigen **Handlung** gerichtet wäre. Der Abmahner kann das unbefristet geltende Angebot auch noch annehmen, wenn ein gleichartiger Verstoß den Bedarf nach einer Sanktionsverhängung erneut offenbart. Die Vertragsstrafe kann dann allerdings erst nach diesem Zeitpunkt, also bei einem dritten Verstoß verwirkt sein.[69]

3. Triftige Ablehnungsgründe des Gläubigers

70 **Ablehnen** darf der Unterlassungsgläubiger das Vertragsangebot des Abgemahnten **ohne Nachteil** im Hinblick auf § 93 ZPO, wenn dafür triftige Gründe bestehen. Das ist der Fall, wenn die Unterlassungsverpflichtung zu eng oder nicht an der konkreten Verletzungsform orientiert formuliert wird. Dasselbe gilt bei unzureichender Vertragsstrafe, bei Verpflichtung zur Zahlung der Vertragsstrafe gegenüber einem Dritten oder bei eigenmächtiger Inanspruchnahme einer (gegebenenfalls zu langen) Aufbrauch- oder Umstellungsfrist.

71 **Unzumutbar** ist grundsätzlich der Abschluss eines lediglich **befristeten Unterlassungsvertrages**. Dies gilt jedenfalls bei einer Terminierung der Befristung, die die Erwirkung eines gerichtlichen Titels vorübergehend vereitelt, so dass der Wettbewerbsverletzer einen erneuten Verstoß sanktionslos unmittelbar nach Fristablauf begehen kann. Zeitliche Befristungen sind aber zulässig, wenn der gesetzliche Unterlassungsanspruch selbst befristet ist, oder wenn die Befristung für den Zeitraum eines bereits anhängigen Unterlassungsprozesses zwischen den Parteien gelten soll.

72 **Zumutbar** ist die Annahme eines Unterwerfungsangebots, das durch den Ausgang eines laufenden anderen Prozesses **auflösend bedingt** ist, wenn in dem anderen Verfahren der gleichartige Wettbewerbsverstoß geklärt wird.

4. Teilunterwerfung

73 Unterwirft sich der wegen mehrerer **selbständiger Streitgegenstände** Abgemahnte nur teilweise, kann der Abmahner die **Teilunterwerfung** annehmen und gleichwohl den

---

67 Vgl. BGH, 14.02.1985, I ZR 20/83, GRUR 1985, 937, 938 – *Vertragsstrafe bis zu … II.*
68 BGH, 17.09.2009, I ZR 217/07, GRUR 2010, 355 Rn. 21 – *Testfundstelle.*
69 BGH, 17.09.2009, I ZR 217/07, GRUR 2010, 355 Rn. 21 – *Testfundstelle.*

Unterlassungsanspruch wegen der **unerledigten** übrigen **Streitgegenstände** gerichtlich verfolgen.

Engt der Abgemahnte **innerhalb desselben Streitgegenstandes** die Unterlassungspflicht unzutreffend ein, etwa weil über die Reichweite der Wiederholungsgefahr Meinungsstreit besteht, darf der Unterlassungsgläubiger die **unzureichende Verpflichtungserklärung zurückweisen** und den gesetzlichen Anspruch insgesamt gerichtlich geltend machen. Nimmt er die Unterwerfung an, ist er ebenfalls nicht gehindert, die weitergehende Unterlassungspflicht einzuklagen, sollte sich dies allerdings bei Abgabe seiner Annahmeerklärung ausdrücklich vorbehalten.[70] Die Antragstellung muss dann nicht mit sprachlich gewundenen Subtraktionsformulierungen erfolgen, sondern darf im Interesse klarer Tenorierung den gesamten gesetzlichen Unterlassungsanspruch in den Antrag einbeziehen. Dass eine außergerichtliche Streiterledigung bereits teilweise stattgefunden hat, schlägt sich in einer adäquaten **Reduzierung des Streitwerts** nieder. 74

5. Aufbrauchs- und Umstellungsfrist

Unter sehr **engen Voraussetzungen** kann in Betracht kommen, dass der Verletzer sein Verhalten noch **kurze Zeit fortsetzen** darf, **obwohl** es **rechtswidrig** ist. Ein Unterlassungsgebot, das sofort zu befolgen ist, kann den Verletzer hart treffen, wenn er plötzlich Geschäftspapiere, Produktverpackungen oder Kennzeichen nicht mehr verwenden darf. Eine Aufbrauchfrist ermöglicht den Verbrauch vorhandener Bestände; eine Umstellungsfrist leitet den rechtswidrigen in einen rechtmäßigen Zustand über. 75

Ob im Rahmen außergerichtlicher Streitbeilegung dem Verletzer eine solche Frist eingeräumt wird, ist in erster Linie eine Entscheidung des Unterlassungsgläubigers, der damit die Bereitschaft zur Beseitigung der Störungslage fördern kann. Es kann aber eine aus **§ 242 BGB** herzuleitende materiell-rechtliche **Anspruchsbeschränkung** bestehen, wenn die Fristgewährung dem Unterlassungsgläubiger zumutbar ist. Das richtet sich u.a. nach den verletzten Rechten und Interessen. Rechtsprechungsergebnisse zu den Ausschließlichkeitsrechten[71] lassen sich nicht auf das UWG übertragen. Abzuwägen sind die dem Gläubiger und der Allgemeinheit **drohenden Nachteile** gegen die akuten Beeinträchtigungen des Verletzers. Von Bedeutung sind auch der **Grad des Verletzerverschuldens** und eine fehlende Beanstandung des nunmehr angegriffenen Verhaltens über einen längeren Zeitraum hinweg. Die Gewährung einer Aufbrauchsfrist setzt keinen Antrag des Schuldners voraus.[72] 76

6. Unterwerfung während des gerichtlichen Verfahrens

Auch in einem bereits anhängigen gerichtlichen Verfahren kann die gesicherte Unterwerfungserklärung noch abgegeben werden und **erledigt** dann die **Hauptsache**. 77

70 S. dazu *Rehart* WRP 2016, 1322, 1326 Rn. 24.

71 Zum Patentrecht: BGH, 10.05.2016, X ZR 114/13, GRUR 2016, 1031 – *Wärmetauscher* m. Anm. *Gärtner*.

72 BGH, 11.03.1982, I ZR 58/80, GRUR 1982, 420, 423 – BBC/DDC; BGH, 14.03.1985, I ZR 66/83, GRUR 1985, 930, 932 – *JUS-Steuerberatungsgesellschaft*.

Dadurch wird dem klagenden Gläubiger die Möglichkeit aus der Hand geschlagen, einen gerichtlichen Titel zu erlangen. Die Hinnahme dieses prozessualen Nachteils beruht auf Eigeninteresse der Justiz, den Rechtsstreit ohne Urteil beenden zu können.

78 Der Beklagte erhält zudem die Möglichkeit, die Erledigung der Hauptsache mit der Behauptung in Abrede zu nehmen, der Unterlassungsanspruch sei bereits **bei Klagerhebung nicht begründet** gewesen. Wird die Unterwerfungserklärung zwischen Anhängigkeit und Rechtshängigkeit des Verfahrens abgegeben, sollte die Klage zweckmäßigerweise zurückgenommen werden; die Kostenentscheidung folgt dann aus § 269 Abs. 3 Satz 3 ZPO. Nach formell rechtskräftigem Abschluss des Hauptsacherechtsstreits hat die Abgabe einer Unterwerfungserklärung keine Wirkung mehr; § 767 ZPO ist nicht anwendbar.

V. Wirksamkeit des Unterwerfungsvertrages

1. Fortbestand des Vertrages bei veränderten Umständen, Kündigung

79 Ebenso wie eine gerichtlich ausgeurteilte Unterlassungspflicht von Änderungen der tatsächlichen oder rechtlichen Umstände betroffen sein kann, die im Wege der Vollstreckungsgegenklage (§ 767 ZPO) geltend gemacht werden können, kann die Bindung an einen Unterlassungsvertrag für die Zukunft durch **Kündigung aus wichtigem Grund** (§ 314 BGB) beseitigt werden.[73] Für die Vergangenheit können verwirkte Vertragsstrafen eingefordert werden, soweit nicht ausnahmsweise auch ohne Kündigung der Einwand des Rechtsmissbrauchs greift.[74]

80 Bei Abwägung der Zumutbarkeit des Fortbestandes der Vertragsbindung darf **keine Risikoverlagerung vom** kündigenden **Schuldner auf** den **Gläubiger** erfolgen. Eine Unterwerfung in Kenntnis von Umständen, die bereits bei Vertragsschluss zweifelhaft waren, über die jedoch inter partes nicht gestritten werden sollte, berechtigen regelmäßig nicht zur Kündigung. Näher zu den Voraussetzungen s. bei der Rechtskraftdurchbrechung, § 12 Anh. I Rdn. 117 ff.

81 Die **Kündigungsfrist** ist **großzügig zu bemessen**.[75] Der Gläubiger hat in der Regel kein berechtigtes Interesse an einer baldigen Klärung der künftigen Vertragswirksamkeit, weil er keine Dispositionen im Vertrauen auf den Fortbestand des Vertrages zu treffen hat.

---

73 BGH, 26.09.1996, I ZR 265/95, GRUR 1997, 382, 383 – *Altunterwerfung*; BGH, 26.09.1996, I ZR 194/95, BGHZ 133, 331, 335 = GRUR 1997, 386, 390 – *Altunterwerfung II.*

74 BGH, 08.05.2014, I ZR 210/12, GRUR 2014, 797 Rn. 52 f. – *fishtailparka*; KG, 09.12.2016, 5 U 163/15 und 5 W 27/16, GRUR-RR 2017, 114 Rn. 128 f. – *vorgeschobene Marktbereinigung.*

75 KG, 09.12.2016, 5 U 163/15 und 5 W 27/16, GRUR-RR 2017, 114 Rn. 112 – *vorgeschobene Marktbereinigung.*

In Betracht kommen kann auch eine Vertragsauflösung wegen **Wegfalls der Geschäftsgrundlage**, an die aber strengere Voraussetzungen als an die außerordentliche Kündigung nach § 314 BGB zu stellen sind.[76] 82

2. Kartellrechtswidrigkeit der Unterwerfungsvereinbarung

Ein **Unterwerfungsvertrag** kann wegen Verstoßes **gegen § 1 GWB** in Verb. mit § 134 BGB nichtig sein, wenn er eine Wettbewerbsbeschränkung zum Gegenstand hat. Das ist der Fall, wenn die Unlauterkeit des angegriffenen Wettbewerbsverhaltens zu verneinen oder nicht wenigstens ernsthaft als Möglichkeit in Betracht zu ziehen ist. **Marktabgrenzungsvereinbarungen**, wie sie etwa zur Beilegung von Markenrechtsstreitigkeiten getroffen werden, dürfen in Bezug auf die übernommenen Unterlassungspflichten nicht über das erforderliche Maß hinausgehen.[77] 83

VI. Wirkung des Unterwerfungsvertrages

1. Ausschließliche Zukunftsbezogenheit

Wenn der Abgemahnte an der Sicherung seiner Handlungsfreiheit für die Zukunft kein spezielles Interesse hat, kann er sich zu einer raschen und einfachen Streiterledigung im Wege des **Nachgebens für** die **Zukunft** bereitfinden und die **rechtliche Beurteilung** dadurch **ungeklärt** lassen. Vermeiden will er dann jedoch Rechtsnachteile für die Vergangenheit wegen des erhobenen rechtlichen Vorwurfs eines bereits begangenen Wettbewerbsverstoßes. Dies hat auch Auswirkungen auf die Frage, ob er die Abmahnkosten zu tragen hat. 84

Die Unterwerfungserklärung kann **unter ausdrücklicher Leugnung eines Verstoßes** abgegeben werden, ohne dass die Erklärung deshalb ihre Wirkung verliert, die Wiederholungsgefahr auszuräumen. Allerdings darf die Formulierung nicht insofern missverständlich sein, als darin eine Berühmung gesehen werden könnte, das Verhalten entgegen dem Unterlassungsversprechen in Zukunft fortsetzen zu dürfen. Verwahrt sich der Abgemahnte nicht ausdrücklich gegen rechtliche Schlussfolgerungen für die Vergangenheit, ist dies für ihn nicht nachteilig. Die Auslegung einer Unterwerfungserklärung nach §§ 133, 157 BGB ergibt, dass darin **kein rechtliches Anerkenntnis** oder tatsächliches Zugeständnis der Tathandlung, der Rechtswidrigkeit oder des Verschuldens zu sehen ist (s. auch oben Rdn. 41). 85

2. Verhältnis zum gesetzlichen Unterlassungsanspruch

Schon die Abgabe einer einseitig bleibenden ausreichenden Unterwerfungserklärung ***beseitigt*** die Vermutung der **Wiederholungsgefahr** (zuvor Rdn. 65). Damit entfällt der gesetzliche Unterlassungsanspruch, weil eine materiell-rechtliche Voraussetzung fehlt.[78] Beurteilt der Vertragsschuldner bei Eingehung seiner Verpflichtung die Geset- 86

76 BGH, 08.05.2014, I ZR 210/12, GRUR 2014, 797 Rn. 23 – *fishtailparka*.
77 Zur Rechtsprechung über Abgrenzungsvereinbarungen *Kirchhoff* GRUR 2017, 248 ff.
78 BGH, 30.04.2009, I ZR 42/07, BGHZ 181, 77 Rn. 64 – *DAX* = GRUR 2009, 1162.

zeslage falsch, bleibt er gleichwohl an die Unterlassungspflicht gebunden.[79] Der Unterwerfungsvertrag wird z.T. als vertraglicher Erlass des gesetzlichen Unterlassungsanspruchs gedeutet.[80] Dem ist zu widersprechen. Es handelt sich um einen kausalen (deklaratorischen) Feststellungsvertrag oder – so die h.M.[81] – ein abstraktes Schuldanerkenntnis bzw. Schuldversprechen.

87 Begeht der Unterlassungsschuldner die Verletzungshandlung erneut, begründet dies einen neuen gesetzlichen Unterlassungsanspruch, weil dadurch eine **neue Begehungsgefahr** begründet wird.[82] Neben der Erwirkung eines Unterlassungstitels kann der Gläubiger dann **zugleich** die **Vertragsstrafe** einklagen.[83]

3. Insolvenzfestigkeit des Vertragsstrafeanspruchs

88 Der Gläubiger des Unterwerfungsvertrages erlangt für den Fall der Zuwiderhandlung gegen die gesicherte vertragliche Unterlassungspflicht einen **Vertragsstrafeanspruch**, der nicht schon von Gesetzes wegen bestand. Weil er zugleich das Recht verliert, seinen gesetzlichen Unterlassungsanspruch gerichtlich durchzusetzen, übernimmt der Schuldner mit der Verpflichtung zur Vertragsstrafezahlung **keine unentgeltliche Leistung**. Erbringt er wegen einer Zuwiderhandlung die Zahlung, unterliegt sie **nicht** der **Insolvenzanfechtung** nach § 134 Abs.1 InsO.[84]

4. Kostenfolgen

89 Die Abgabe der Unterwerfungserklärung nimmt dem Abgemahnten nicht die Möglichkeit, sich **gegen** die Tragung der **Abmahnkosten zu wehren**, wenn er geltend gemacht, sein Marktverhalten sei nicht wettbewerbswidrig gewesen. Der Rechtsstreit wird dann jedoch wesentlich kostengünstiger nach dem **Streitwert der Abmahnkosten** ausgetragen (s. oben Rdn. 42). Zuständig ist dafür auch dann das **Landgericht** (dazu nachfolgend Rdn. 94).

90 Ist bereits Klage erhoben worden und entschließt sich der Wettbewerbsverletzer erst jetzt, jedoch vor Aufnahme des Rechtsstreits zum Nachgeben, stehen ihm **zwei Möglichkeiten** zur Verfügung: die sofortige Abgabe eines prozessualen **Anerkenntnisses**

79 BGH, 08.05.2014, I ZR 210/12, GRUR 2014, 797 Rn. 52 – *fishtailparka*.

80 So HansOLG Hamburg, 26.04.2018, 3 W 39/18, WRP 2018, 861, 865 Rn. 44 m.w.N. – *Alpha-1-Proteinase-Inhibitor*; HansOLG Hamburg, 26.04.2018, 3 U 96/17, GRUR-RR 2018, 479 Rn. 65 – *kausale Therapie*.

81 BGH, 12.07.1995, I ZR 176/93, BGHZ 130, 288, 292 = GRUR 1995, 678, 679 – *Kurze Verjährungsfrist*; BGH, 17.09.2009, I ZR 217/07, GRUR 2010, 355 Rn. 27 – *Testfundstelle*; *Kessen* in Teplitzky[11] Kap. 8 Rn. 5.

82 BGH, 12.07.1995, I ZR 176/93, BGHZ 130, 288, 294 = GRUR 1995, 678, 680 – *kurze Verjährungsfrist*; BGH, 08.05.2014, I ZR 210/12, GRUR 2006, 878 Rn. 22 – *fishtailparka*; BGH, 15.12.2011, I ZR 174/10, GRUR 2012, 730 Rn. 38 – *Bauheizgerät*.

83 *BGH, 12.07.1995, I ZR* 176/93, BGHZ 130, 288, 294 = GRUR 1995, 678, 680 – *kurze Verjährungsfrist*.

84 BGH, 16.04.2015, IX ZR 180/13, GRUR 2015, 1040 Rn. 4 und 6 = WRP 2015, 1227.

oder die Abgabe einer **Unterwerfungserklärung**. Das **Anerkenntnis** ist in dieser Situation deutlich **kostengünstiger**.

Nach Erlass einer Beschlussverfügung kann der nicht abgemahnte Antragsgegner die Anwendung des § 93 ZPO herbeiführen, indem er einen **auf** die **Kosten beschränkten Widerspruch** einlegt.[85] Alternativ darf er einen Vollwiderspruch einlegen, der mit einer Unterwerfungserklärung verbunden wird. Im Kostenbeschluss nach § 91a ZPO ist dann der Rechtsgedanke des § 93 ZPO anzuwenden.[86] 91

5. Rechtsnachfolge

Im Falle einer **Einzel- oder Gesamtrechtsnachfolge** auf Schuldnerseite geht ein Unterwerfungsvertrag auf den neuen Schuldner über.[87] Die für gesetzliche Unterlassungsansprüche von der Judikatur angenommene höchstpersönliche Rechtsnatur der Unterlassungspflicht ist also auf den Unterwerfungsvertrag nicht zu übertragen. Der vertragliche Rechtsnachfolger kann den Unterwerfungsvertrag aber eventuell kündigen, ohne damit eine Begehungsgefahr auszulösen, die den gesetzlichen Anspruch begründet. 92

VII. Verwirkung der Vertragsstrafe

1. Verstoß gegen die Unterlassungsverpflichtung

Die versprochene **Vertragsstrafe** ist nur **verwirkt** (§ 339 BGB), wenn der Schuldner schuldhaft gegen die vertraglich (s. zuvor Rdn. 48) eingegangene Unterlassungsverpflichtung verstoßen hat. Der zeitliche und sachliche Schutzbereich des Vertragsstrafeversprechens ist durch Auslegung zu ermitteln. 93

Durchgesetzt wird die Vertragsstrafe in einem **Erkenntnisverfahren**. Dafür besteht eine streitwertunabhängige ausschließlich sachliche **Zuständigkeit des Landgerichts**. § 13 UWG ist auf diesen »kleinen« UWG-Prozess anzuwenden; der BGH hat einen lange darüber bestehenden Streit im Schrifttum mit diesem Ergebnis im Jahr 2017 beendet.[88] Daher bedarf es zur Erzielung der Landgerichtszuständigkeit nicht mehr einer Vertragsstrafenvereinbarung von mehr als 5.000 Euro. 94

Mehrere Personen, die gemeinsam zur Unterlassung verpflichtet sind, haften für die Erfüllung des akzessorischen Vertragsstrafeanspruchs regelmäßig jeweils selbständig, sind also **keine Gesamtschuldner**.[89] **Organe juristischer Personen**, die sich auch persönlich verpflichten, haften hingegen im Zweifel **gesamtschuldnerisch**, so dass die Vertragsstrafe insgesamt nur einmal anfällt.[90] Unterwirft sich eine Personengesellschaft, 95

---

85 BGH, 07.10.2009, I ZR 216/07, GRUR 2010, 257 Rn. 17 – *Schubladenverfügung*.
86 BGH, 07.10.2009, I ZR 216/07, GRUR 2010, 257 Rn. 17 – *Schubladenverfügung*.
87 So für § 25 Abs. 1 HGB BGH, 25.04.1996, I ZR 58/94, GRUR 1996, 995, 996 – *Übergang des Vertragsstrafeversprechens*. Für § 131 Abs. 1 Nr. 1 UmwG OLG Karlsruhe, 22.01.2014, 6 U 135/10, GRUR-RR 2014, 362, 364 – *Unternehmensübergang*.
88 BGH, 19.10.2016, I ZR 93/15, WRP 2017, 179 Rn. 22 ff. m. Anm. *Goldbeck*.
89 BGH, 17.07.2008, I ZR 168/05, GRUR 2009, 181 Rn. 36 – *Kinderwärmekissen*.
90 BGH, 08.05.2014, I ZR 210/12, GRUR 2014, 797 Rn. 57 – *fishtailparka*.

haften die persönlich haftenden Gesellschafter zwar gem. oder analog § 128 HGB für die Erfüllung der Gesellschaftsschuld und damit auch für die Einhaltung der von der Gesellschaft vertraglich übernommenen Unterlassungspflicht, jedoch begründet dies keine eigene vertragliche Unterlassungspflicht der Gesellschafter.[91]

96 Ist der Unterwerfungsvertrag durch **Missbrauch der Abmahnbefugnis** (§ 8 Abs. 4 UWG) zustande gekommen, kann der Schuldner den Vertrag **kündigen** und der Geltendmachung einer Vertragsstrafe § 242 BGB entgegenhalten.[92]

2. Auslegung der Unterlassungsverpflichtung

97 Ob die Vertragsstrafe verwirkt ist, richtet sich u.a. nach dem Inhalt der Unterlassungsverpflichtung. Ihre Reichweite ist durch Auslegung zu ermitteln. Dabei handelt es sich um die **Auslegung eines Rechtsgeschäfts**. Bestimmtheitsgrundsätze, die für gerichtliche Unterlassungstitel gelten, sind nicht gleich streng anzuwenden.[93]

98 Im Zuge der Vertragsauslegung ist nach dem objektiv erklärten **Willen der Vertragsparteien** zu forschen (§§ 133, 157 BGB), wobei ein im Zeitpunkt des Vertragsschlusses übereinstimmender tatsächlicher Wille der Parteien von dem durch normative Auslegung ermittelten Willen abweichen kann und dann nach § 133 BGB Vorrang hat. Es gelten also die allgemeinen Grundsätze der Vertragsauslegung.[94] Heranzuziehen sind die beiderseits bekannten Umstände, insbesondere die Art und Weise des Vertragsschlusses, der Zweck des Vertrages und die Interessen der Vertragsparteien.[95] Für den Gläubiger kommt es auf sein zu sicherndes Einzelinteresse an, für den Schuldner auch auf die gleichzeitige Ausräumung der Begehungsgefahr gegenüber Dritten.[96]

99 Was die Parteien gewollt haben, kann in **Anwendung der Kerntheorie** wie bei einer Titelauslegung ermittelt werden, weil die Parteien einen gerichtlichen Titel imitieren wollen, von dessen Erlangung sie durch das Abmahnerfordernis abgedrängt worden sind.[97] Zwingend ist die **Auslegung analog** einer **Titelauslegung** nicht; es können Einzelfallumstände entgegenstehen. Der Gläubiger wird aber regelmäßig nicht schlechter gestellt werden wollen, als er bei Erlass eines entsprechenden Unterlassungstitels stehen würde.[98] Der Auslegung nach der Kerntheorie kann nicht entgegengehalten

---

91 BGH, 20.06.2013, I ZR 201/11, GRUR 2013, 1268 Rn. 11 und 15 – *Markenheftchen II.*

92 KG, 09.12.2016, 5 U 163/15 und 5 W 27/16, GRUR-RR 2017, 114 Rn. 36, 45 und 128 f.

93 BGH, 20.06.1991, I ZR 277/89, GRUR 1992, 61, 62 – *Preisvergleichsliste.*

94 BGH, 13.02.2003, I ZR 281/01, GRUR 2003, 545 – *Hotelfoto*; BGH, 10.06.2009, I ZR 37/07, GRUR 2010, 167 Rn. 19 – *unrichtige Aufsichtsbehörde*, BGH, 11.11.2014, VI ZR 18/14, GRUR 2015, 190 Rn. 9 – *Ex-RAF-Terroristin.*

95 BGH, 03.07.2003, I ZR 297/00, GRUR 2003, 899 – *Olympiasiegerin*; BGH, 18.05.2006, I ZR 32/03, GRUR 2006, 878 Rn. 18 – *Vertragsstrafevereinbarung*; BGH, 18.09.2014, I ZR 76/13, GRUR 2015, 258 Rn. 57 – *CT-Paradies*; BGH, 09.07.2015, I ZR 224/13, GRUR 2015, 1021 Rn. 29 – *Kopfhörer-Kennzeichnung.*

96 *Achilles* in Ahrens, Wettbewerbsprozess[8] Kap. 10 Rn. 3.

97 Vgl. BGH, *08.05.2014, I ZR 210/12*, GRUR 2006, 878 Rn. 21 f. – *fishtailparka.*

98 BGH, 11.11.2014, VI ZR 18/14, GRUR 2015, 190 Rn. 16 – *Ex-RAF-Terroristin*; OLG Frankfurt, 23.11.2017, 6 U 197/16, GRUR-RR 2018, 122 Rn. 16 – *nickelfreie Edelstahlschließen.*

werden, der Schuldner habe keinen entsprechenden Verpflichtungswillen gehabt.[99] Der Gläubiger darf die Verpflichtung nach dem Maßstab der §§ 133, 157 BGB als die gewollte Ersetzung eines Titels verstehen.

Die Handhabung der Auslegungskriterien durch den BGH offenbart **Unsicherheit der Einzelbeurteilung**, insbesondere zur Festlegung eins Regel-Ausnahme-Verhältnisses für die im Zweifel gewollte Reichweite.[100] 100

Welche Pflichten dem Schuldner auferlegt werden, kann trotz des vorstehend benannten Auslegungsgrundsatzes von den Pflichten abweichen, die im Unterlassungsvollstreckungsverfahren zur Titelbeachtung gefordert werden.[101] Regelmäßig wird der Vertragsschuldner sich aber wie ein Titelschuldner **nicht mit Passivität begnügen** dürfen, sondern muss **beseitigende Gegenmaßnahmen** ergreifen, weil dies dem materiellrechtlichen gesetzlichen Unterlassungsanspruch entspricht (näher dazu § 12 Anh. II Rdn. 2).[102] Unzureichend geklärt ist, welche Maßnahmen im Hinblick auf **Suchmaschineneinträge** zu ergreifen sind.[103] Die allgemeinen Anforderungen an **deliktsrechtliche Zurechnungszusammenhänge** werden missachtet, wenn »eine Kausalität« mit Google-Sucheinträgen »nicht ausgeschlossen ist«, der Unterlassungssachuldner »also mit derartigen Übernahmen« eigener Angaben »durch Dritte rechnen musste« (s. dazu auch § 12 Anh. II Rdn. 35).[104] Zu einzelnen UWG-Tatbeständen hat sich eine Handhabung etabliert, welche Maßnahmen zu ergreifen sind.[105] 101

Inwieweit der Schuldner **auf Dritte zum Rückruf** von Material **einzuwirken** hat (näher dazu § 12 Anh. II Rdn. 19 ff.), richtet sich nach dem Willen der Vertragsparteien. Ein Verpflichtungswille mit dieser Reichweite ist im Zweifel entgegen der Ansicht des BGH nicht gewollt. Der Gläubiger hat deshalb Anlass, derartige Maßnahmen explizit zu fordern. 102

---

99 So aber *Schmitt-Gaedke/Arz* WRP 2016, 1196, 1197 f. Rn. 13.

100 S. dazu *Ahrens* in Ahrens, Der Wettbewerbsprozess[8] Kap. 65 Rn. 39 ff.

101 BGH, 25.01.2001, I ZR 323/98, GRUR 2001, 758, 759 – *Trainingsvertrag*; BGH, 11.11.2014, VI ZR 18/14, GRUR 2015, 190 Rn. 15 – *Ex-RAF-Terroristin*.

102 Vgl. BGH, 13.11.2013, I ZR 77/12, GRUR 2014, 595 Tz. 26 – *Vertragsstrafenklausel*; *Husemann* WRP 2017, 270 ff.

103 S. dazu OLG Celle, 29.01.2015, 13 U 58/14, WRP 2015, 475, 476 Rn. 18 f. m. krit. Bespr. *Stegmann/Stinsdorff* AfP 2015, 521 ff.; OLG Düsseldorf, 03.09.2015, I-15 W 119/14, GRUR-RR 2016, 259 Rn. 60 und 63 – *TÜV-Sondereintragung*; OLG Stuttgart WRP 2016, 773, 776 Rn. 38 f.; OLG Celle, 21.08.2017, 13 W 45/17, WRP 2017, 1390, 1391 Rn. 10 ff. (Kontrolle von Internetsuchmaschinen, nicht aber anlassunabhängig auch von Videoplattformen); LG Stuttgart, 07.12.2017, 11 O 92/17, WRP 2018, 378, 382 Rn. 45 f. – *Google My Business-Anzeigen*; LG Münster, 19.01.2018, 22 O 85/17, WRP 2018, 636, 637 Rn. 20 (konfus). *Sakowski* NJW 2016, 3623 ff.

104 So hingegen die monströse Haftungsbegründung in LG Berlin, 17.10.2017, 15 O 129/17, WRP 2018, 123, 124 Rn. 18.

105 Zu unerbetener E-Mail-Werbung: OLG Düsseldorf, 17.03.2016, I-15 U 64/15, GRUR-RR 2017, 75 – *Werbeanfragen im Reisebuchungssystem*.

3. Verschulden

103 Der Vertragstrafenschuldner hat **Vorsatz und Fahrlässigkeit** zu vertreten (§ 276 BGB). Das bedarf keiner ausdrücklichen Vereinbarung.[106] Anders als bei einem gerichtlichen Unterlassungstitel (s. § 12 Anh. II Rdn. 64) hat der Schuldner aber gem. **§ 278 BGB** für Verschulden von Erfüllungsgehilfen einzustehen.[107] Das **Verschulden** wird **vermutet**; der Schuldner ist darlegungs- und beweispflichtig für mangelndes Verschulden.[108] Die Einschränkung der Unterwerfung auf eine Verwirkung der Vertragsstrafe (nur) bei schuldhafter Zuwiderhandlung »im Sinne von § 890 ZPO« schließt die Haftung für Verschulden von Erfüllungsgehilfen aus und ist deshalb nicht ausreichend zur Beseitigung der Wiederholungsgefahr.[109]

4. Vertragsstrafenhöhe

a) Herabsetzung

104 Die **Herabsetzung** einer festen Vertragsstrafe im Interesse des Schuldners ist gem. **§ 343 BGB** möglich. Bei **Vollkaufleuten** scheitert eine Herabsetzung an §§ 348, 351 HGB,[110] kommt aber ausnahmsweise nach den Grundsätzen über eine Änderung der Geschäftsgrundlage[111] oder nach § 242 BGB[112] in Betracht. Dabei ist aber die Wertung des § 348 HGB zu beachten, weshalb die Herabsetzung oberhalb der mittels § 343 BGB erreichbaren Höhe bleiben muss; Anhaltspunkt ist das Doppelte des bei Anwendung von § 343 BGB angemessenen Betrages.[113] Zudem hat der BGH die Vereinbarung als AGB der **Inhaltskontrolle nach § 307 BGB** unterworfen; die Unangemessenheit der Höhe könne eine unangemessene Benachteiligung sein, wobei allerdings ein überindividueller Prüfungsmaßstab gelten soll.[114] Das ist u.a. wegen der Außerachtlassung des § 306 BGB (Unwirksamkeit des Vertrages) fragwürdig.[115] Der **Referentenentwurf** einer **UWG-Novelle** vom 11.09.2018 begrenzt die Höhe von Vertragsstrafen für Bagatellverstöße auf 1000 Euro.

---

106 BGH, 13.05.1982, I ZR 205/80, GRUR 1982, 688, 691 – *Senioren-Paß.*
107 BGH, 22.01.1998, I ZR 18/96, GRUR 1998, 963, 964 f. – *Verlagsverschulden II.*
108 BGH, 10.06.2009, I ZR 37/07, GRUR 2010, 167 Rn. 26 – *unrichtige Aufsichtsbehörde*; BGH, 13.11.2013, I ZR 77/12, GRUR 2014, 595 Rn. 26 – *Vertragsstrafenklausel*; OLG Celle, 29.01.2015, 13 U 58/14, WRP 2015, 475, 476 Rn. 16 – *Website bei Google.*
109 OLG Frankfurt, 12.12.2002, 6 W 120/02, GRUR-RR 2003, 198, 199 – *Erlassvertrag.*
110 BGH, 13.11.2013, I ZR 77/12, GRUR 2014, 595 Rn. 12 – *Vertragsstrafenklausel.*
111 BGH, 01.06.1983, I ZR 78/81, GRUR 1984, 72, 74 – *Vertragsstrafe für versuchte Vertreterabwerbung.*
112 BGH, 13.11.2013, I ZR 77/12, GRUR 2014, 595 Tz. 19 – *Vertragsstrafenklausel*; BGH, 25.10.2012, I ZR 169/10, GRUR 2013, 531 Rn. 37 – *Einwilligung in Werbeanrufe II.*
113 BGH, 17.07.2008, I ZR 168/05, GRUR 2009, 181 Rn. 41 – *Kinderwärmekissen.*
114 BGH, 13.11.2013, I ZR 77/12, GRUR 2014, 595 Rn. 12 f. – *Vertragsstrafenklausel.*
115 Näher dazu *Achilles* in Ahrens, Wettbewerbsprozess[8] Kap. 8 Rn. 28 f.

Die Geltendmachung einer Vertragsstrafe kann ausnahmsweise gegen § 242 BGB verstoßen, wenn der Unterlassungsgläubiger das vertragswidrige **Verhalten** des Schuldners **gezielt provoziert** hat.[116] **105**

b) Verklammerung von Verletzungshandlungen

Auf Vertragsstrafeversprechen ist die Figur des **Fortsetzungszusammenhangs**, mit der Einzelhandlungen zu einer rechtlichen Einheit verklammert werden sollen, ebenso wie bei der Unterlassungsvollstreckung (s. unten § 12 Anh. II Rdn. 63) **nicht anzuwenden**, es sei denn, etwas anderes wird ausdrücklich vereinbart.[117] Daher muss der Fortsetzungszusammenhang nicht ausdrücklich ausgeschlossen werden. Wird eine sehr hohe Vertragsstrafe für jeden Fall der Zuwiderhandlung vereinbart, kann es allerdings dem Willen der Parteien entsprechen, die Einzelhandlungen rechtlich zusammenzufassen.[118] **106**

Für eine **natürliche Handlungseinheit** (dazu unten § 12 Anh. II Rdn. 62) ist die Vertragsstrafe nur einmal verwirkt. Sie wird vom BGH von der Zusammenfassung mehrerer fahrlässig begangener und zeitlich nicht zu weit auseinanderliegender gleichartiger Zuwiderhandlungen unter Verstoß gegen dieselbe Pflichtenlage differenziert, die aber bei Geltendmachung einer Vertragsstrafe aufgrund einer Vertragsauslegung rechtlich ebenfalls zu einem einzigen Verstoß zusammengezogen werden darf.[119] Von einem Handeln in Fortsetzungszusammenhang, das einen Gesamtvorsatz erforderte, unterscheidet sich diese Verklammerung durch das Verschuldenselement der Fahrlässigkeit. **107**

5. Verjährung

Die Vertragsstrafenforderung verjährt gem. §§ 195, 199 Abs. 1 und 4 BGB **nach drei Jahren**; **§ 11 UWG** ist **nicht** anwendbar.[120] Das soll nicht für den vertraglichen Unterlassungsanspruch selbst gelten, soweit aus dessen Verletzung Sekundäransprüche hergeleitet werden sollen, die den gesetzlichen Ansprüchen wegen einer Wettbewerbsverletzung entsprechen. **108**

VIII. Aufklärungspflicht des Abgemahnten (Drittunterwerfung)

Da einer **Unterwerfungserklärung**, die mit ausreichendem Inhalt **gegenüber** einem **Drittgläubiger** abgegeben worden ist, die Wirkung beigemessen wird, generell die **109**

---

116 BGH, 01.06.1983, I ZR 78/81, GRUR 1984, 72, 74 – *Vertragsstrafe für versuchte Vertreterabwerbung.*

117 BGH, 25.01.2001, I ZR 323/98, GRUR 2001, 758, 759 – *Trainingsvertrag*; BGH, 17.07.2008, I ZR 168/05, GRUR 2009, 181 Rn. 32 und 38 – *Kinderwärmekissen* (Gebrauchsmusterverletzung). Zur Auslegung von Versprechen in der Zeit vor der Abkehr vom Fortsetzungszusammenhang in der Vollstreckung BGH, 10.12.1992, I ZR 186/90, WRP 1993, 240, 241 – *Fortsetzungszusammenhang.*

118 BGH, 25.01.2001, I ZR 323/98, GRUR 2001, 758, 760 – *Trainingsvertrag.*

119 BGH, 09.07.2015, I ZR 224/13, GRUR 2015, 1021 Rn. 29 – *Kopfhörer-Kennzeichnung.*

120 Zu § 21 UWG a.F. BGH, 12.07.1995, I ZR 176/93, BGHZ 130, 288, 295 f. = GRUR 1995, 678, 680 – *kurze Verjährungsfrist.*

Wiederholungsgefahr zu beseitigen,[121] laufen andere Unterlassungsgläubiger Gefahr, in Unkenntnis dieses Umstandes ein von vornherein unbegründetes gerichtliches Verfahren einzuleiten. Die Hauptsache kann dann nicht erfolgreich für erledigt erklärt werden; dem Antragsteller bzw. Kläger sind nach § 91 ZPO die Verfahrenskosten aufzuerlegen. Zur Vermeidung dieses in der Regel arglistig herbeigeführten Ergebnisses ist der berechtigt abgemahnte Unterlassungsschuldner materiell-rechtlich verpflichtet, den **Abmahnenden** über die Abgabe einer Drittunterwerfung **umgehend zu informieren**. Die Pflicht ergibt sich aus §§ 311 Abs. 2 Nr. 3, 241 Abs. 2 BGB (dazu oben Rdn. 44). Die Verletzung der Informationspflicht begründet einen materiell-rechtlichen Schadensersatzanspruch, der gegen den prozessualen Kostenerstattungsanspruch aufgerechnet werden kann.[122]

110 Zu **informieren** ist bereits über den **Eingang anderweitiger Abmahnungen** und die Absicht der Drittunterwerfung, damit taktische Spielchen zwecks Schädigung ungeliebter Gläubiger vermieden werden. **Nicht ausreichend** ist es also, **erst** über die ***Abgabe*** der Drittunterwerfung zu informieren, weil der zu informierende andere Gläubiger bis dahin nach ergebnislos verstrichener Reaktionsfrist bereits das gerichtliche Verfahren eingeleitet haben kann. Es kann im Einzelfall auch zweifelhaft sein, ob unter derartigen Umständen die Drittunterwerfung ernstlich gewollt ist, weil sich der Schuldner davon besondere Vorteile, etwa unzureichende nachträgliche Rechtsverfolgung verspricht.

111 Bei Verletzungen des allgemeinen Persönlichkeitsrechts sind **Drittunterwerfungen ausgeschlossen**.[123] Das gilt auch für individuelle Verletzungen durch wettbewerbliche Äußerungen nach § 4 Nr. 1 und 2 UWG.

IX. Kosten der Abmahnung

1. Entstehung eines materiell-rechtlichen Erstattungsanspruchs

112 Abmahnungen verursachen Kosten, insbesondere wenn sie mit anwaltlicher Hilfe durchgeführt werden. Erledigt sich der Wettbewerbsrechtsstreit außergerichtlich durch Unterwerfung, war die Abmahnung also erfolgreich, fehlt es an einem prozessualen Kostenerstattungsanspruch. Der **Unterlassungsgläubiger** soll gleichwohl die **Kosten der** außergerichtlichen Rechtsverfolgung **aus Billigkeitsgründen nicht selbst tragen** müssen, nur weil er aus Gründen einer Entlastung der Justiz von der sofortigen erfolgreichen gerichtlichen Anspruchsdurchsetzung mit prozessualer Kostenerstattung abgedrängt wird, indem § 93 ZPO bei fehlender Abmahnung zu seinen Lasten angewandt

---

121 BGH, 17.01.2002, I ZR 241/99, BGHZ 149, 371, 375 = GRUR 2002, 357, 358 – *Missbräuchliche Mehrfachabmahnung*. Dieselbe Wirkung soll einem Unterlassungsurteil zugunsten eines Drittgläubigers zukommen, wenn sich der dort beklagte Schuldner gegenüber dem Abmahner auf das Urteil beruft; BGH, 19.12.2002, I ZR 160/00, GRUR 2003, 450, 452 a.E. – *begrenzte Preissenkung*.

122 Vgl. BGH, *19.06.1986, I ZR 65/84*, GRUR 1987, 54, 55 – *Aufklärungspflicht des Abgemahnten*.

123 HansOLG Hamburg, 20.03.2018, 7 U 175/16, WRP 2018, 729, 731 Rn. 18.

wird (oben Rdn. 6). Seit den 70er-Jahren des 20. Jahrhunderts ist nach einer Anspruchsgrundlage gesucht worden.

2. Grundlage von Erstattungsansprüchen

a) GoA

Verneint wurde die zeitweilig erörterte Anwendung des **§ 91 ZPO**; die Norm ist auf außergerichtliche Rechtsverfolgung **nicht analog anwendbar**.[124] Als **»Ersatz«** hat der **BGH** in ständiger Rechtsprechung eine Kostenerstattung aus Geschäftsführung ohne Auftrag gem. **§§ 683, 677, 670 BGB** bejaht.[125] Diese Rechtsgrundlage ist nach wie vor anwendbar, soweit es an einer spezialgesetzlichen Grundlage fehlt. **113**

b) § 12 Abs. 1 Satz 2 UWG

Gegen die **Rechtsprechung des BGH** wurde zum Teil im BGB-Schrifttum **opponiert**, weil der Zusammenhang mit der richterrechtlichen »Verdrängung« des Unterlassungsgläubigers von der sofortigen Einleitung eines gerichtlichen Verfahrens ignoriert wurde. Darauf stützte sich eigenwillige Rechtsprechung einzelner Amtsgerichte, die die Rechtsvereinheitlichungsfunktion des BGH missachtete. Deshalb ist als eindeutige **gesetzliche Grundlage § 12 Abs. 1 Satz 2 UWG** geschaffen worden. Sie bestätigt die Rechtsprechung zur GoA; die inhaltlichen Anforderungen an die GoA-Erfordernisse sollten mit der UWG-Regelung nicht verändert werden.[126] Der **Referentenentwurf** einer **UWG-Novelle** vom 11.09.2018 sieht vor, dass Abmahnungen von Mitbewerbern und gewerblichen Verbänden wegen Bagatellverstößen nicht mehr zum Aufwendungsersatz berechtigen. **114**

c) Schadensersatzanspruch

Grundlage eines materiell-rechtlichen Erstattungsanspruchs von **Mitbewerbern** kann § 9 UWG sein, wenn der Verletzer schuldhaft gehandelt hat. Der Ersatz von Rechtsverfolgungskosten ist durch den Schutzzweck nicht ausgeschlossen.[127] **Verbänden** steht ein solcher Schadensersatzanspruch **nicht** zu. **115**

An den gesetzlichen Unterlassungsanspruch selbst schließen sich **keine Sekundärleistungsansprüche** an, die **unabhängig von** der Existenz des **§ 9 UWG** über § 280 Abs. 1 BGB einen Schadensersatzanspruch begründen könnten. Der Unterlassungsanspruch ist selbst nur ein auf Abwehr gerichteter Rechtsbehelf und kein vollkommener **116**

---

124 BGH, 15.10.1969, I ZR 3/68, GRUR 1970, 189 – *Fotowettbewerb*. S. auch BGH, 12.12.2006, VI ZR 224/05, NJW 2007, 1458 Rn. 21.

125 BGH, 15.10.1969, I ZR 3/68, GRUR 1970, 189, 190 – *Fotowettbewerb*; BGH, 02.03.1973, I ZR 5/72, GRUR 1973, 384, 385 – *Goldene Armbänder*.

126 Vgl. BGH, 07.10.2009, I ZR 216/07, GRUR 2010, 257 Rn. 12 – *Schubladenverfügung*.

127 A.A. *Achilles* in Ahrens, Wettbewerbsprozess[8] Kap. 11 Rn. 13. Wie hier für Persönlichkeitsrechtsverletzungen BGH, 04.12.2007, VI ZR 277/06, GRUR 2008, 367, 368 – *Rosenkrieg bei Otto*. Für Urheberrechtsverletzungen offengelassen von BGH, 22.3. 2018, I ZR 265/16, GRUR 2018, 914 Rn. 26 f. – *Riptide*.

Primärleistungsanspruch; er wurde in der ersten Hälfte des 20. Jhdts. sogar rein prozessual verstanden, bevor er als materiell-rechtlicher Anspruch gedeutet wurde.

3. Allgemeine Voraussetzungen der Erstattung

a) Begründeter Unterlassungsanspruch

117 Unter welchen **Voraussetzungen** ein Erstattungsanspruch gegeben ist, wird durch § 12 Abs. 1 Satz 2 UWG **nicht geregelt**.

118 **Zu erstatten** sind die **Kosten einer** begründeten und berechtigten[128] **Abmahnung**. Begründet ist eine Abmahnung, wenn ihr ein Unterlassungsanspruch zugrunde liegt. Berechtigt ist sie, wenn sie erforderlich ist, um dem Schuldner den Weg zu weisen, den Gläubiger ohne Inanspruchnahme von Gerichten klaglos zu stellen.[129] **Gleiches** gilt für die **Kosten eines** notwendig gewordenen **Abschlussschreibens**.[130]

119 Wird aus **mehreren Schutzrechten** abgemahnt, reicht die Begründetheit der Abmahnung im Hinblick auf ein Schutzrecht für einen vollen Kostenerstattungsanspruch aus (s. auch oben Rdn. 19).[131]

120 Bei nur **teilweise begründeter Abmahnung** eines Verbandes ist die Zahlung einer Verbandspauschale in **vollem Umfang** geschuldet.[132] Der Abgemahnte, der die Unterwerfung eigenständig zu formulieren hat, ist auch nach nur teilweise berechtigter Abmahnung zur Ausräumung der Wiederholungsgefahr imstande.[133] Wird die Höhe der **Abmahnkosten** allerdings **nach** dem **Gegenstandswert** der Abmahnung berechnet, ist nur derjenige Wertanteil zugrunde zu legen, der dem berechtigten Teil der Abmahnung entspricht.[134]

121 Erstattungsfähig sind – wie bei GoA – **nur** die **objektiv erforderlichen Aufwendungen**.[135] Sie müssen tatsächlich getätigt worden sein. Nicht erforderlich ist eine Abmahnung, wenn die Begehungsgefahr bereits durch eine ausreichende Drittunterwerfung oder eine gerichtliche Entscheidung beseitigt worden ist (s. zuvor Rdn. 109), auch wenn der Abmahner davon noch keine Kenntnis hatte. Eine iSd § 8 Abs. 4 UWG **rechtsmissbräuchliche Abmahnung** begründet **keinen** Erstattungsanspruch.[136] Miss-

---

128 BGH, 22.01.2009, I ZR 139/07, GRUR 2009, 502 Rn. 11 – *pcb*.
129 BGH, 22.01.2009, I ZR 139/07, GRUR 2009, 502 Rn. 11 – *pcb*.
130 BGH, 04.02.2010, I ZR 30/08, GRUR 2010, 1038 Rn. 26 – *Kosten für Abschlussschreiben*; BGH, 15.12.2011, I ZR 174/10, GRUR 2012, 730 Rn. 42 – *Bauheizgerät*; OLG Karlsruhe, 27.09.2017, 6 U 10/16, GRUR-RR 2017, 506, 507 Rn. 12 und 18 – *unterkapitalisierter Abmahner*.
131 BGH, 28.04.2016, I ZR 254/14, GRUR 2016, 1300 Rn. 67 – *Kinderstube*.
132 BGH, 10.12.2009, I ZR 149/07, GRUR 2010, 744 Rn. 51 – *Sondernewsletter*.
133 So der Gesichtspunkt in OLG Frankfurt, 30.11.2017, 1 W 40/17, WRP 2018, 235, 236 Rn. 10.
134 BGH, 10.12.2009, I ZR 149/07, GRUR 2010, 744 Rn. 52 – *Sondernewsletter*.
135 BGH, 11.12.2007, X ZB 21/07, WRP 2008, 363, 364 – *auswärtiger Rechtsanwalt VI* = NJW-RR 2008, 1378.
136 BGH, 15.12.2011, I ZR 174/10, GRUR 2012, 730 Rn. 13 – *Bauheizgerät*; OLG Karlsruhe, 27.09.2017, 6 U 10/16, GRUR-RR 2017, 506, 507 Rn. 18 – *unterkapitalisierter Abmahner*.

bräuchliche Abmahnungen können hinsichtlich der Geltendmachung von Abmahnkosten einen **strafbaren Betrug** darstellen.[137]

b) Maßgeblicher Zeitpunkt

Der Anspruch auf Erstattung der Abmahnkosten steht in gleicher Weise in einem **Akzessorietätsverhältnis zum Unterlassungsanspruch** wie der prozessuale Kostenerstattungsanspruch zum Ausgang des gerichtlichen Unterlassungsverfahrens. Maßgeblich für die Begründetheit des Unterlassungsanspruchs als Voraussetzung einer Kostenerstattung ist der **Zeitpunkt der Abmahnung** (s. dazu auch § 12 Anh. I Rdn. 119).[138] In diesem Zeitpunkt wird der materiell-rechtliche Erstattungsanspruch fällig. **Anders** als der **prozessuale Erstattungsanspruch** ist er vom weiteren Verfahrensgang unabhängig. Demgegenüber kommt es für die Ausurteilung des gerichtlich geltend gemachten Unterlassungsanspruch auf den Zeitpunkt der letzten mündlichen Verhandlung an; der zukunftsgerichtete Unterlassungsanspruch kann aufgrund von **Gesetzesänderungen im Laufe des Verfahrens** entfallen, auch wenn er anfänglich begründet war. Den prozessualen Erstattungsanspruch behält der Gläubiger bei dieser Entwicklung der Rechtsgrundlagen nur, wenn er den Rechtsstreit für erledigt erklärt (dazu § 12 Anh. I Rdn. 325 f.). **122**

c) »Verlust« des Abmahnschreibens

Voraussetzung ist nur die ***Absendung* des Abmahnschreibens, nicht** auch dessen **Zugang**, selbst wenn § 130 BGB mit zunehmender Zahl an Befürwortern auf wettbewerbsrechtliche Abmahnungen für anwendbar gehalten wird. Geschuldet ist die Kostenerstattung für das Bemühen des Unterlassungsgläubigers, den Rechtsstreit außergerichtlich beizulegen. Das Risiko eines (angeblich) gestörten Postlaufs trägt der Wettbewerbsverletzer also auch in Bezug auf den Kostenerstattungsanspruch (näher dazu oben Rdn. 32 ff.). **123**

d) Selbständiger Kostenerstattungsanspruch statt Kosten der Prozessvorbereitung

Der Wettbewerbsverletzer hat die Kosten einer erfolglos gebliebenen berechtigten Abmahnung **zusätzlich zu** den **Prozesskosten** eines nachfolgenden gerichtlichen Verfahrens zu tragen.[139] Die **Abmahnkosten** können als Gegenstand eines selbständig zu verfolgenden materiell-rechtlichen Anspruchs im ordentlichen Verfahren **zusammen mit** dem **Unterlassungsanspruch** geltend gemacht werden kann, soweit nicht gebührenrechtlich eine Anrechnung auf die gerichtlichen Kosten zu erfolgen hat. Wird berechtigt ein Anwalt mit der Abmahnung beauftragt, was für Wettbewerber generell **124**

137 BGH, 08.02.2017, 1 StR 483/16, GRUR 2017, 1046 Rn. 13 = NJW 2017, 2425.
138 BGH, 11.06.2015, I ZR 75/14, GRUR 2016, 191 Rn. 58 – *Tauschbörse III*; BGH, 12.05.2016, I ZB 1/15, GRUR 2016, 1275 Rn. 19 – *Tannöd*; BGH, 26.07.2018, I ZR 64/17, GRUR 2018, 1044 Rn. 9 – *Dead Island*; OLG München, 15.03.2018, 6 U 1741/17, MMR 2018, 385 Rn. 38.
139 BGH, 22.09.1983, I ZR 166/81, GRUR 1984, 129, 131 – *shop-in-the-shop*.

zutrifft (s. unten Rdn. 127), ist **auf** die **Prozesskosten** des nachfolgenden gerichtlichen Verfahrens nach RVG VV Nr. 2300, Vorbem. 3 Abs. 4 Satz 1 eine **halbe Geschäftsgebühr anzurechnen**. Darauf kann sich nach § 15a Abs. 2 RVG auch der Gegner berufen, wenn die Geschäftsgebühr gegen ihn geltend gemacht wird. Die andere Hälfte kann der Gläubiger jedoch als materiell-rechtlichen Anspruch gerichtlich durchsetzen.

125 Der materiell-rechtliche Anspruch könnte **im Kostenfestsetzungsverfahren** geltend gemacht werden, wenn man den Aufwand als Kosten der Prozessvorbereitung qualifizieren würde. Dann wäre eine vereinfachte Geltendmachung nach §§ 103 ff. ZPO auch im Verfügungsverfahren möglich. Der BGH hat die **Qualifizierung als Prozessvorbereitungskosten** jedoch **verneint**.[140] Da die Höhe des Anspruchs aber bestritten werden kann, empfiehlt sich im ordentlichen Verfahren die gesonderte Geltendmachung im Erkenntnisverfahren. Die Ausurteilung neben dem Unterlassungsanspruch entspricht ständiger Praxis des BGH.[141]

e) Rechtsverfolgungszuständigkeit

126 Die sachliche und die örtliche Zuständigkeit für die Erstattungsklage ergibt sich aus **§§ 13 und 14 UWG** (s. dazu oben Rdn. 94). Dies gilt für sämtliche Anspruchsgrundlagen, also auch für den Anspruch aus GoA.

4. Insbesondere: Abmahnungen von Wettbewerbern

127 Ein Wettbewerber wird sich in der Regel schon bei der ersten Abmahnung **anwaltlicher Hilfe** bedienen dürfen, auch wenn er über eine eigene Rechtsabteilung verfügt.[142] Besteht eine Rechtsabteilung, darf bei auswärtiger Prozessführung zusätzlich ein Rechtsanwalt am Geschäftsort eingeschaltet werden, wenn die Rechtsabteilung zur Bearbeitung der Sache nicht imstande ist und daher nicht selbst schriftliche Instruktionen erteilen kann.[143]

128 Mahnt der Unternehmer allerdings zunächst selbst ab und schaltet erst bei ausbleibender Reaktion einen Rechtsanwalt ein, sind die Kosten der **anwaltlichen Zweitabmahnung** nicht erstattungsfähig; dies gilt jedenfalls dann, wenn deren Inhalt die Eigenab-

---

140 BGH, 20.10.2005, I ZB 21/05, GRUR 2006, 439 Rn. 12 – *nicht anrechenbare Geschäftsgebühr*; BGH, 15.05.2014, I ZB 71/13, GRUR 2014, 1239 Rn. 12 – *Deus Ex*.

141 Vgl. BGH, 20.10.2005, I ZB 21/05, GRUR 2006, 439 Rn. 12 – *nicht anrechenbare Geschäftsgebühr*.

142 Vgl. BGH, 08.05.2008, I ZR 83/06, GRUR 2008, 928 Rn. 13 f. – *Abmahnkostenersatz*; BGH, 02.10.2008, I ZB 96/07, GRUR 2009, 191 Rn. 8 – *auswärtiger Rechtsanwalt VII*; BGH, 06.04.2017, I ZR 33/16, GRUR 2017, 926 Rn. 15 und 21 f. – *Anwaltsabmahnung II*. So auch beim Vorgehen aus einer Kollektivmarke, OLG Frankfurt, 22.06.2017, 6 U 51/17, WRP 2017, 1276.

143 BGH, 02.10.2008, I ZB 96/07, GRUR 2009, 191 Rn. 8 – *auswärtiger Rechtsanwalt VII*.

mahnung im Wesentlichen wiederholt.[144] Im Falle einer Markenverletzung sind diese Grundsätze auf den Schadensersatzanspruch zu übertragen.[145]

Umsatzsteuerrechtlich behandelt der BFH die Abmahnung gegenüber Mitbewerbern als steuerpflichtige Leistung.[146] 129

5. Insbesondere: Verbandsabmahnungen

a) Anwaltskosten

Wenn Verbände zur Förderung gewerblicher Interessen, seien es Wettbewerbsverbände, seien es Fachverbände, nach ihrer Satzung ausdrücklich oder durch den Satzungszweck indirekt zum Ausdruck bringend[147] zur Verfolgung von Wettbewerbsverstößen befugt sind, müssen sie **zur Erfüllung dieses Verbandszwecks** so **ausgestattet** sein, dass sie typische und durchschnittlich schwer zu verfolgende Wettbewerbsverstöße erkennen und abmahnen können.[148] Unerheblich ist, ob ein Fachverband nur ausnahmsweise wettbewerbliche Ansprüche verfolgt.[149] Ein gleichwohl beauftragter Anwalt wird ausschließlich im Interesse des Verbandes tätig.[150] Verbandseigen Aufwendungen werden nicht dadurch zu Kosten der Rechtsverfolgung, dass die Aufgaben ausgelagert werden. 130

Diese Rechtsprechung ist auf **Verbraucherverbände** als qualifizierte Einrichtungen iSd § 8 Abs. 3 Nr. 3 UWG, § 4 UKlaG übertragen worden.[151] Nach § 4 Abs. 2 UKlaG muss der Verband die Fähigkeit besitzen, Abmahnungen selbständig aussprechen zu können. 131

b) Verbandspauschalen

Verbänden wird ein **Pauschalbetrag als Aufwendungsersatz** zugebilligt.[152] Welche Kostenpositionen als Aufwand des Verbandes anzuerkennen ist, ist nicht ausreichend geklärt. Aufwand im Sinne des § 670 BGB sind nur freiwillige Vermögensopfer zur 132

144 OLG Frankfurt, 17.08.2017, 6 U 80/17, GRUR-RR 2018, 72 Rn. 3 und 7 = WRP 2018, 116.

145 OLG Frankfurt, 17.08.2017, 6 U 80/17, GRUR-RR 2018, 72 Rn. 5.

146 BFH, 21.12.2016, XI R 27/14, GRUR 2017, 826 Rn. 24. Daran anschließend LG Braunschweig, 23.05.2018, 9 O 2167/17, GRUR-RR 2018, 371 Rn. 25.

147 BGH, 06.04.2017, I ZR 33/16, GRUR 2017, 926 Rn. 19 – *Anwaltsabmahnung II* = NJW 2017, 3790.

148 Zur Verbandsausstattung BGH, 12.04.1984, I ZR 45/82, GRUR 1984, 691, 692 – *Anwaltsabmahnung*; BGH, 07.11.1985, I ZR 105/83, GRUR 1986, 320, 321 – *Wettbewerbsverein*; BGH, 08.05.2008, I ZR 83/06, GRUR 2008, 928 Rn. 15 – *Abmahnkostenersatz*; BGH, 06.04.2017, I ZR 33/16, GRUR 2017, 926 Rn. 13 f. und 21 – *Anwaltsabmahnung II*.

149 BGH, 06.04.2017, I ZR 33/16, GRUR 2017, 926 Rn. 20 – *Anwaltsabmahnung II*.

150 BGH GRUR 1984, 691, 692 – *Anwaltsabmahnung*; BGH, 02.10.2008, I ZB 96/07, GRUR 2009, 191 Rn. 9 – *auswärtiger Rechtsanwalt VII*; s. ferner BGH, 06.04.2017, I ZR 33/16, GRUR 2017, 926 Rn. 21 – *Anwaltsabmahnung II*.

151 BGH, 02.10.2008, I ZB 96/07, GRUR 2009, 191 Rn. 9 – *auswärtiger Rechtsanwalt VII*.

152 BGH, 22.09.1983, I ZR 166/81, GRUR 1984, 129, 131 a.E. – *shop-in-the-shop*.

Erreichung eines bestimmten Zwecks. Das hat auch für § 12 Abs. 1 Satz 2 UWG der Ausgangspunkt zu sein.

133 **Abgegolten werden** sollen mit einer Pauschale nach einer frühen Entscheidung des LG Frankfurt der allgemeine Verwaltungs-, Schreib-, Nachforschungs- bzw. Marktbeobachtungsaufwand und die festen Kosten für die Beschäftigung von Fachpersonal.[153] Das ist in **Zweifel** zu ziehen, soweit darin **anteilig Gemeinkosten** einberechnet sind, die durch die Erfüllung eines satzungsgemäßen Verbandszwecks bedingt sind.[154] Der Anteil an zu ersetzenden Gemeinkosten pro Abmahnung wäre dann variabel in Abhängigkeit von der Zahl der pro Zeitperiode ausgesprochenen Abmahnungen.

134 Welcher Aufwand durchschnittlich auf eine Abmahnung entfällt, ist im Wege der **Schätzung nach § 287 Abs. 2 ZPO** zu ermitteln.[155] Die Schätzung muss aber auf eine **betriebswirtschaftliche Prüfung** unter Abgrenzung vom übrigen Verbandsaufwand zurückführbar sein.[156] Aufwand der für einen Verband wie etwa die Zentrale zur Bekämpfung unlauteren Wettbewerbs korrekt ermittelt worden ist, ist wegen Maßgeblichkeit der tatsächlichen Gegebenheiten des spezifischen Verbandes nicht auf andere Verbände zu übertragen.

135 Verfügt ein **Fachverband nicht** über **eigenes Personal**, das die Abmahnung aussprechen kann und beauftragt deshalb einen Rechtsanwalt, sind **fiktive Abmahnkosten nicht** zu ersetzen.[157] Fiktiver pauschalierter Verwaltungsaufwand kann mangels nachprüfbarer Berechnungsgrundlage nicht gem. § 287 ZPO geschätzt werden.

136 Ein **Verband** erbringt mit der Abmahnung eine Leistung an das abgemahnte Unternehmen, die **umsatzsteuerpflichtig** ist.[158]

6. Fiktive Abmahnkosten

137 Unterbleibt eine notwendige Abmahnung und ergeht eine Entscheidung gegen den Kläger bzw. Antragsteller gem. § 93 ZPO, können keine fiktiven Abmahnkosten als Subtraktionsposten des prozessualen Kostenerstattungsanspruchs geltend gemacht werden. eine unterbliebene Abmahnung hat keinen Aufwand erzeugt.[159]

7. Berechnung von Anwaltskosten

138 Soweit Anwaltsgebühren für Abmahnungen zu erstatten sind, ergibt sich deren Höhe bei zunächst alleiniger Beauftragung mit der Abmahnung aus **RVG VV Nr. 2300**. Des-

153 LG Frankfurt/M., 27.10.1976, 2/6 O 235/76, WRP 1977, 129, 131.

154 Gemeinkostenersatz verneinend LG Köln, 28.06.1988, 31 O 117/88, GRUR 1989, 130, 132 – *16 Tage Türkei*.

155 OLG Oldenburg, 24.11.2005, 1 U 41/05, WRP 2006, 492, 496 a.E.

156 Eingehender Überblick über die Judikatur zur Abmahnpauschale bei *Achilles* in Ahrens, Wettbewerbsprozess[8] Kap. 11 Rn. 29 ff.

157 BGH, 06.04.2017, I ZR 33/16, GRUR 2017, 926 Rn. 23 – *Anwaltsabmahnung II*.

158 BFH, 16.01.2003, V R 92/01, GRUR 2003, 718.

159 OLG Celle, 20.03.1996, 13 U 185/95, WRP 1996, 757, 759.

sen Rahmen reicht zwar von 0,5 bis 2.5 Gebühren, jedoch liegt die **Obergrenze** außer in Fällen umfangreicher oder schwieriger Tätigkeit bei **1,3**; dieser Satz ist zugleich **Regelgebühr**.[160] Eine Abmahnung ist ebenso wie ein Abschlussschreiben kein Schreiben einfacher Art i.S. der Nr. 2301 RVG VV.

Eine **Wertangabe im Abmahnschreiben** ist ein starkes Indiz für das wirtschaftliche **139**
Interesse des Gläubigers. Es ist für die Bemessung des Geschäftswertes und des eventuellen Streitwertes heranzuziehen (zur Streitwertbemessung § 12 Abs. 4 Rdn. 579).

Die **Geschäftsgebühr** für eine erfolglos gebliebene Abmahnung ist nach Vorbem. 3 **140**
Abs. 4 RVG VV **zur Hälfte**, maximal bis 0,75 des Gebührensatzes, auf die Verfahrensgebühr desselben Bevollmächtigten (Nr. 3100 RVG VV) **anzurechnen**. Wegen § 15a Abs. 2 RVG kann sich der im Prozess unterlegene Schuldner, gegen den der materiellrechtliche Kostenerstattungsanspruch geltend gemacht wird, auf die Anrechnungsvorschrift berufen. Das hat zur Folge, dass der Gläubiger seinen Antrag von vornherein zu beschränken hat.

8. Relevanz der Abmahnkosten für Streitwert und Rechtsmittelbeschwer

Der materiell-rechtliche Kostenerstattungsanspruch ist regelmäßig **Nebenforderung** **141**
zum Unterlassungsantrag und daher nach § 4 Abs. 1 Hs. 2 ZPO **streitwertneutral** geltend zu machen.[161] Er wird allerdings zur **Hauptforderung**, wenn der Unterlassungsanspruch nicht mehr geltend gemacht wird oder wenn ein anderer als der abgemahnte Unterlassungsanspruch verfolgt wird.[162] Diese Grundsätze gelten auch für die Ermittlung der **Rechtsmittelbeschwer**.[163] Die kostentreibende **Geltendmachung** des Abmahnkostenerstattungsanspruchs **getrennt vom Unterlassungsanspruch** kann rechtsmissbräuchlich sein.[164]

X. Verjährung des Kostenerstattungsanspruchs

Der Kostenerstattungsanspruch aus § 12 Abs. 1 Satz 2 UWG unterliegt der Verjährung **142**
nach **§ 11 Abs. 1 UWG**. Er verjährt daher in **sechs Monaten**. Die Verjährungsfrist beginnt mit dem Eingang der Abmahnung beim Adressaten. Sie läuft daher **nicht synchron** mit der Verjährungsfrist für den Unterlassungsanspruch. Dieselbe Verjährungsfrist gilt für den Anspruch, der auf die schadensersatzrechtliche Norm des § 9 UWG gestützt wird. Auf den Anspruch aus §§ 683, 677, 670 BGB ist die Verjährungsvorschrift des § 11 Abs. 1 UWG analog anzuwenden.

---

160 BGH, 19.05.2010, I ZR 140/08, GRUR 2010, 1120 Rn. 30 f. – *Vollmachtsnachweis*; BGH, 13.11.2013, X ZR 171/12, GRUR 2014, 206 Rn. 24 – *Einkaufskühltasche*; BGH, 22.01.2015, I ZR 59/14, GRUR 2015, 822 Rn. 35 – *Kosten für Abschlussschreiben II*.

161 BGH, 21.12.2011, I ZR 83/11, GRUR-RR 2012, 136 (LS) – *Streitwert ohne Abmahnkosten*.

162 BGH, 12.05.2016, I ZR 1/15, GRUR 2016, 1275 rn. 17 – *Tannöd*; BGH, 06.12.2017, I ZR 186/16, WRP 2018, 480 Rn. 9 – *Konferenz der Tiere*.

163 BGH, 17.01.2013, I ZR 107/12, GRUR-RR 2013, 448 (LS) – *Rezeptbild*; BGH, 06.12.2017, I ZR 186/16, WRP 2018, 480 Rn. 9 – *Konferenz der Tiere*.

164 Vgl. OLG Frankfurt, 27.03.2018, 6 U 170/17, WRP 2018, 736 Rn. 3 f.

XI. Unbegründete/unberechtigte Abmahnung

1. Gegenschlag des Abgemahnten

143 Die **unberechtigte Abmahnung**, die von einer reinen Berechtigungsanfrage zu unterscheiden ist, berechtigt ohne weiteres zur Erhebung einer **negativen Feststellungsklage.**[165] Daraus erwächst dem zu Unrecht Abgemahnten bei Erfolg ein prozessualer Kostenerstattungsanspruch. Vor Erhebung der Feststellungsklage muss **keine »Gegenabmahnung«** ausgesprochen werden,[166] weshalb dafür auch keine Kosten zu erstatten sind.[167]

144 Schutzschrift

Ein **außergerichtliches Abwehrschreiben** – nicht zu verwechseln mit einer Schutzschrift – dient nicht der Prozessvorbereitung für einen drohenden Rechtsstreit, weshalb seine Kosten (RVG VV Nr. 2300, Vorbem. 3 Abs. 4) nicht im Kostenerstattungsverfahren angemeldet werden können.[168]

2. Haftung

a) Haftung des abmahnenden Gläubigers

145 Eine unberechtigte oder nicht auf einen gesetzlichen Unterlassungsanspruch stützbare und somit **unbegründete wettbewerbsrechtliche Abmahnung** erzeugt **keine** quasivertragliche **Sonderbeziehung** im Sinne des § 311 Abs. 2 Nr. 3 BGB (zu ihr Rdn. 8). Anders als eine unbegründete Schutzrechtsverwarnung (dazu auch oben Rdn. 5), die beim Abgemahnten wegen einer Produktionseinstellung und in Fällen der Lieferanten- oder Abnehmerverwarnung wegen des Abbruchs von Vertragsbeziehungen schwere Beeinträchtigungen auslösen kann, begründet die wettbewerbsrechtliche Abmahnung, wenn subjektiv redlich ausgesprochen, in der Regel auch **keine deliktische Haftung**.

146 Es verhält sich beim Ausspruch einer wettbewerbsrechtlichen Abmahnung nicht anders als bei der Geltendmachung anderer Forderungen mit **unrichtigen Rechtsbehauptungen**, die man als **allgemeines Lebensrisiko** zu ertragen hat.[169] Für die Folgen einer **fahrlässigen Fehleinschätzung** der Rechtslage haftet der ein gerichtliches Verfahren Betreibende außerhalb der im Verfahrensrecht selbst vorgesehenen Sanktionen grundsätzlich nicht, damit der freie Zugang zur staatlichen Rechtspflege nicht behindert

---

165 BGH, 29.01.2013, KZR 08/10, GRUR-RR 2013, 228 Rn. 18 – *Trägermaterial für Kartenformulare.*

166 BGH, 29.04.2004, I ZR 233/01, GRUR 2004, 790, 792 – *Gegenabmahnung*; BGH, 06.10.2005, I ZB 37/05, GRUR 2006, 168 Rn. 11 – *unberechtigte Abmahnung*; BGH, 13.06.2012, I ZR 228/10, GRUR 2012, 1273 Rn. 12 – *Stadtwerke Wolfsburg.*

167 BGH, 29.04.2004, I ZR 233/01, GRUR 2004, 790, 792 – *Gegenabmahnung.*

168 BGH, 06.12.2007, I ZB 16/07, GRUR 2008, 639 Rn. 8 – *Kosten eines Abwehrschreibens.*

169 BGH NJW 2007, 1458 Rn. 14.

wird.[170] Das gilt auch bereits im Vorfeld oder außerhalb eines Rechtsstreits.[171] Die Äußerung einer unzutreffenden Rechtsansicht hält sich im Rahmen zumutbarer Beeinträchtigungen, wie sie auch sonst mit rechtlichen Meinungsverschiedenheiten im Wirtschaftsleben verbunden sind und **beeinträchtigt** die **Dispositionsmöglichkeiten** des Abgemahnten – anders als eine gefährliche Schutzrechtverwarnung – **nicht ungebührlich**. Ein Anspruch aus GoA (§§ 678, 677 BGB) ist ebenfalls nicht gegeben.[172]

Bei **vorsätzlich falscher Abmahnung** oder bei bewusstem Verschließen gegenüber dieser Kenntnis kommt eine Haftung nach **§ 826 BGB** oder nach **§ 4 Nr. 4 UWG** in Betracht.[173] Unterlassung der gerichtlichen Geltendmachung eines Unterlassungsanspruchs kann jedoch auf diesen Grundlagen nicht verlangt werden. Die Begründetheit eines Anspruchs hat sich im Prozess zu erweisen. Denkbar sind nur Schadensersatzansprüche wegen Verteidigungsaufwendungen oder wegen zeitweiliger Einstellung einer Wettbewerbshandlung. Der **Referentenentwurf** einer **UWG-Novelle** vom 11.09.2018 sieht vor, dass der Abgemahnte bei erkennbar unberechtigter Abmahnung Anspruch auf Ersatz seiner Verteidigungsaufwendungen hat. 147

Der **Empfänger** einer unberechtigten Abmahnung ist grundsätzlich **nicht zu** einer **Reaktion verpflichtet**.[174] Auf welcher Rechtsgrundlage er in Sonderfällen, wenn er beim Gläubiger zurechenbar eine Fehlvorstellung ausgelöst hat, außerhalb des § 826 BGB zu einer Aufklärung des Gläubigers verpflichtet sein soll,[175] ist nicht erkennbar. 148

b) Haftung des abmahnenden Anwalts

In einer Sache wegen **unberechtigter Schutzrechtsverwarnung** hat der **X. Zivilsenat des BGH** eine Deliktshaftung für **fahrlässiges Verhalten des Anwalts** gegenüber dem Abgemahnten auf Grundlage des § 823 Abs. 1 BGB **bejaht**.[176] Der BGH hat in der Außerachtlassung wesentlicher Gesichtspunkte bei der Beratung des Mandanten ein Unterlassungsverhalten gesehen, das wegen einer deliktischen Garantenstellung eine Haftung gegenüber dem aus dem Schutzrecht des Mandanten verwarnten Dritten begründe.[177] Wenn der Anwalt den Mandanten bei unklarer Rechtslage zutreffend 149

---

170 BGH, 16.01.2009, V ZR 133/08, BGHZ 179, 238 Rn. 12 = NJW 2009, 1262 – *Ersatz von Rechtsverteidigungskosten*; BGH 11.06.2014, VIII ZR 349/13, NJW 2014, 2717 Rn. 33.

171 BGH, 16.01.2009, V ZR 133/08, BGHZ 179, 238 Rn. 20 = NJW 2009, 1262 – *Ersatz von Rechtsverteidigungskosten.*

172 Vgl. nur BGH, 12.12.2006, VI ZR 224/05, NJW 2007, 1458 Rn. 16.

173 BGH, 09.09.2010, I ZR 98/08, GRUR 2010, 1133 Rn. 24 – *Bonuspunkte*; *Achilles* in Ahrens, Wettbewerbsprozess[8] Kap. 4 Rn. 9 und 13.

174 BGH, 30.07.2015, I ZR 250/12, GRUR 2016, 406 Rn. 43 – *Piadina-Rückruf.*

175 BGH, 29.04.2004, I ZR 233/01, GRUR 2004, 790, 792 – *Gegenabmahnung.*

176 BGH, 01.12.2015, X ZR 170/12, GRUR 2016, 630 – *unberechtigte Schutzrechtsverwarnung II* m. abl. Anm. *Keller* (Vorinstanz: OLG Frankfurt NJW-RR 2013, 507); Bespr. *Chab* AnwBl 2016, 514 f.; *Müller* ZIP 2016, 1368 ff. An der Nichthaftung des Anwalts nach Zurückverweisung im Ergebnis festhaltend OLG Frankfurt, 09.03.2017, 6 U 161/11, GRUR-RR 2017, 461 Rn. 25.

177 BGH, 01.12.2015, X ZR 170/12, GRUR 2016, 630 Rn. 16 f. und 10 f. – *unberechtigte Schutzrechtsverwarnung II.*

aufgeklärt habe, entfalle eine Haftung, weil die Verwarnung dann auf einer Entscheidung des Schutzrechtsinhabers beruhe, für den sich der Anwalt erkennbar nicht in eigener Sache äußere; damit verletze er gegenüber dem Verwarnten keine Garantenpflicht, wenn die Verwarnung objektiv unberechtigt sei.[178] Diese Rechtsprechung ist abzulehnen.

150 Die vom BGH bejahte **deliktische Haftung des Anwalts** gegenüber Dritten ist **abzulehnen**. Sie steht in Widerspruch zu den Begrenzungen, die für die Sachwalterhaftung sowie die Haftung aus einem Vertrag mit Schutzwirkung zugunsten Dritter gelten. Die Entscheidungsbegründung ist auch nicht konsistent. Schon der Ausgangpunkt, die Haftung für ein Unterlassen, stimmt mit deliktsrechtlichen Wertungen nicht überein. Bejaht man unzutreffend eine deliktische Pflicht, kann diese nicht, wie der BGH angenommen hat, durch vollständige Beratung des Mandanten entfallen, wenn der Anwalt anschließend der gleichwohl erteilten Weisung des Mandanten zum Ausspruch der Verwarnung folgt; der Entschluss des Mandanten ist kein intervenierendes Ereignis, das die eigene Deliktshaftung entfallen lassen könnte. Schließlich ist Art. 12 (1) GG nicht bedacht worden, der einer nicht kalkulierbaren Dritthaftung wegen sorgfaltswidriger Beratung entgegensteht.

151 Wirkt ein **Rechtsanwalt kollusiv mit** einem **Gewerbetreibenden** zusammen, der eine Abmahnbefugnis vorschiebt, kann der Anwalt aus § 826 BGB in Anspruch genommen werden.[179]

3. Kosten

152 **Verteidigungsaufwendungen des Abgemahnten** bei unbegründeter oder sonst unberechtigter Abmahnung, insbesondere die Kosten der Beratung durch einen Anwalt, sind nach richtiger, jedoch umstrittener Auffassung **nicht zu ersetzen**, soweit nicht ein Fall des Behinderungswettbewerbs (§§ 4 Nr. 4, 9 UWG) oder einer sittenwidrigen Schädigung (§ 826 BGB) vorliegt, weil eine Abmahnung ohne greifbaren rechtlichen Anhaltspunkt ausgesprochen worden ist. Dies gilt auch für **rechtsmissbräuchliche Abmahnungen**.[180]

153 Rechtsprechung zur unbegründeten oder unberechtigten **Schutzrechtsverwarnung** ist auf die wettbewerbsrechtliche Abmahnung **nicht zu übertragen** (s. oben Rdn. 145 f.).

154 Ein Erstattungsanspruch ergibt sich entgegen gelegentlicher Rechtsprechung[181] auch **nicht aus § 678 BGB**.[182] Die Gründe für die Verneinung eines deliktischen Schadensersatzanspruchs gelten in gleicher Weise für den Anspruch aus § 678 BGB. Die Gleichstellung der Verteidigungsaufwendungen des unberechtigt Abgemahnten mit den Aufwen-

178 BGH, 01.12.2015, X ZR 170/12, GRUR 2016, 630 Rn. 22 f. – *unberechtigte Schutzrechtsverwarnung II*.
179 KG, 02.02.2018, 5 U 110/16, MMR 2018, 394 Rn. 16 m. Anm. *Sauter*.
180 BGH, 15.12.2011, I ZR 174/10, GRUR 2012, 730 Rn. 13 – *Bauheizgerät*; OLG Karlsruhe, 27.09.2017, 6 U 10/16, WRP 2018, 495, 497 Rn. 12.
181 HansOLG Hamburg, 19.09.2002, 3 U 54/99, NJW-RR 2003, 857, 858.
182 Vgl. OLG Hamm, 18.02.2010, 4 U 158/09 juris Rn. 23.

dungen des berechtigt Abmahnenden beruht auf einer voreiligen Billigkeitsüberlegung. Tatsächlich **fehlt** eine **Gleichartigkeit der Sachverhalte**. Der Abmahnende begehrt nicht schlechthin Ersatz seiner Rechtsverfolgungskosten, sondern er wird durch die Rechtspraxis zu § 93 ZPO gezielt von der Durchführung eines gerichtlichen Verfahrens abgedrängt, das ihm einen Kostenerstattungsanspruch nach § 91 ZPO verschaffen würde. Diese Praxis zwingt ihn, sich mit einer rechtsgeschäftlichen Unterwerfungserklärung zu begnügen, die ihm zunächst weniger an effektivem Rechtsschutz bietet. **§ 678 BGB** ist **kein** rechtspolitischer Ersatz für die berechtigte **Bekämpfung** von **Erscheinungen des Abmahnunwesens**; sie muss bei Anforderungen an das Verhalten unseriöser Verbände und Pseudo-Wettbewerbern ansetzen. § 12 Abs. 1 Satz 2 UWG ist nicht analog anzuwenden.[183]

Bei gegenteiliger Ansicht zu § 678 BGB steht diesem Anspruch **§ 254 BGB** entgegen, soweit der Abmahner von einer unrichtigen tatsächlichen Grundlage ausgegangen ist, die durch ein einfaches eigenes Schreiben klargestellt werden kann. 155

Ein Ersatzanspruch ergibt sich auch **nicht aus § 311 Abs. 2 BGB** in Verbindung mit § 280 Abs. 1 BGB. Das durch die Abmahnung konkretisierte gesetzliche Schuldverhältnis begründet nur Informationspflichten bei Drittunterwerfung. 156

B. Eilverfahren (§ 12 Abs.2)

Michael Schmidt

I. Einleitung

Das Eilverfahren ist im Bereich des gewerblichen Rechtsschutzes von außerordentlich großer Bedeutung. Waren- und Dienstleistungsangebote, Markt- und Wettbewerbsverhältnisse und vor allem auf all dies bezogene werbliche Maßnahmen sind einem unablässigen Wandel ausgesetzt. Der heute noch erbittert geführte Streit von Wettbewerbern kann morgen schon wirtschaftlich unbedeutend sein. Seine Fortsetzung in langwierigen gerichtlichen Verfahren – ggfls. über mehrere Instanzen – erscheint dann häufig bei – auch wirtschaftlich – vernünftiger Betrachtung nicht sinnvoll. Deshalb ist es von besonderer Wichtigkeit, rechtswidriges Verhalten im Wettbewerb möglichst schnell zu unterbinden, bevor es zu größeren wirtschaftlichen Schäden kommt. Das gilt zwar nicht nur im Lauterkeitsrecht, sondern etwa auch im Bereich der Verletzung gewerblicher Schutzrechte, wie dem Urheber-, Marken- und Patentrecht. Schnelles Handeln kann aber gerade im Wettbewerbsrecht angesichts der sich immer schneller verändernden Marktverhältnisse noch notwendiger sein.[184] So mancher Schaden lässt sich hier später nicht mehr so leicht wieder beseitigen oder kompensieren. Auf der anderen Seite besteht auch die Gefahr übereilter Entscheidungen, die sich später als unzutreffend erweisen, bis dahin aber dazu führen können, dass dem Antragsgegner durch die notwendige Befolgung der Eilentscheidung ein Schaden entsteht. Der Antragsteller muss dann den Schaden auch bei anfänglichem Erfolg seines Begehrens später ersetzen (§ 945 ZPO). 157

183 Vgl. dazu BGH, 09.09.2010, I ZR 98/08, GRUR 2010, 1133 Rn. 24 – *Bonuspunkte* (keine wettbewerbsrechtlichen Ansprüche); OLG Hamm, 18.02.2010, 4 U 158/09 juris Rn. 20.

184 Siehe dazu auch Teplitzky/Feddersen, Kap. 54, Rn. 20 f.

158 Der Gesetzgeber hat mit Blick auf die Bedeutung des Eilverfahrens für einen funktionsfähigen Wettbewerb mit § 12 Abs. 2 (früher schon: § 25 a.F.) nur im UWG eine Vorschrift geschaffen, die es dem Wettbewerber erleichtert, Unterlassungsansprüche – und nur diese – im Eilverfahren zu verfolgen, ohne die besonderen Voraussetzungen der §§ 935 und 940 ZPO darlegen und glaubhaft machen zu müssen. Das gilt für alle auf eine Verletzung von UWG-Vorschriften gestützten Unterlassungsansprüche. Das Unterlassungsklagegesetz erklärt allerdings in § 5 UKlaG u.a. § 12 Abs. 2 für anwendbar.

159 Eine analoge Anwendung der Vorschrift im Marken-, Patent-, Urheber- oder Designrecht wird zwar teilweise bis in die jüngste Zeit insbesondere für den Bereich des Markenrechts, befürwortet[185], wird aber inzwischen mangels einer entsprechenden Regelungslücke[186] weit überwiegend abgelehnt.[187] In der Praxis ist deswegen in diesen

185 Für das **Markenrecht**: OLG Dresden, 20.10.1998, 14 U 3613/97, NJWE WettbR 1999, 133, juris Rn. 7f. – *cyberspace.de*; HansOLG Hamburg, 12.07.2001, 3 U 294/00, GRUR 2002, 446, juris Rn. 44 – *Eprex* (aufgegeben); KG, 17.02.2004, 5 U 366/03, GRUR-RR 2004, 303, juris Rn. 34; KG, 04.04.2008, 5 W 51/08, MarkenR 2008, 219, juris Rn. 9; KG, 01.08.2014, 5 W 240/14, juris Rn. 7 (anders im Urheberrecht); OLG Zweibrücken, 29.05.2008, 4 U 22/08, GRUR-RR 2008, 346, juris Rn. 16; OLG Bremen, 02.09.2011, 2 U 58/11, juris Rn. 20 – *Energiekontor*; 18.09.2015, 2 U 33/15, GRURPrax 2016, 11; OLG Stuttgart, 04.07.2013, 2 U 157/12, GRUR-RR 2014, 251, juris Rn. 23; 12.10.2017, 2 U 162/16, WRP 2018, 369, 371, Ls. und juris Rn. 48; **im Urheberrecht**: OLG Karlsruhe, 13.06.1994, 6 U 52/94, GRUR 1994, 726, juris Rn. 15.

186 Teplitzky/Feddersen, Kap. 54, Rn. 20 f.; FBO/Büscher, § 12, Rn. 76.

187 **Im Markenrecht**: HansOLG Hamburg, 23.11.2006, 5 W 168/06, WRP 2007, 816, juris Rn. 2; HansOLG Hamburg, 16.11.2009, 3 W 120/09, WRP 2010, 953, juris Rn. 11 – *Springender Pudel*; HansOLG Hamburg, 13.02.2014, 3 U 113/13, juris Rn. 63 – *Transdermale Pflaster*; OLG München, 24.08.2006, 6 U 4455/05, GRUR 2007, 174, juris Rn. 4; OLG München, 05.02.2015, 6 U 3249/14, GRUR 2015, 590, 594, Rn. 56, juris Rn. 70 – *Adler im Kreis*; OLG Hamm, 25.01.2011, 4 U 144/10, juris Rn. 45; OLG Düsseldorf, 07.06.2011, 20 U 1/11, GRUR-RR 2012, 146, juris Rn. 20 – *E-Sky*; OLG Düsseldorf, 27.01.2015, 20 U 114/14, juris Rn. 26; OLG Düsseldorf, 06.03.2018, 20 U 113/17, WuW 2018, 424, juris Rn. 77; OLG Köln, 29.06.2012, 6 U 19/12, MMR 2013, 43, juris Rn. 2; OLG Frankfurt, 21.10.2013, 6 W 82/12, WRP 2014, 106, juris Rn. 5; OLG Frankfurt, 08.06.2017, 6 U 249/16, WRP 2017, 1146, Rn. 11 – *ELVAPO/EVAPO*; OLG Nürnberg, 12.10.2018, 3 W 1932/18, WRP 2019, 131, juris Rn. 10f. – *CurryWoschdHaus*; **im Patentrecht**: OLG Düsseldorf, 21.10.1982, 2 U 67/82, GRUR 1983, 79; 28.09.2006, 2 U 38/06, juris Rn. 60; OLG Düsseldorf, 29.06.2017, 15 U 4/17, GRUR-RR 2017, 477, juris Rn. 32 – *Vakuumgestütztes Behandlungssystem* (siehe dort auch zu den Grundsätzen der Dringlichkeitsprüfung in Patentsachen); **im Urheberrecht**: KG, 03.12.2002, 5 U 245/02, GRUR-RR 2003, 262, juris Rn. 9; OLG Stuttgart, 25.02.2009, ZUM-RD 2009, 455, Ls. 1; OLG Naumburg, 24.05.2012, 9 U 9/12, GRUR-RR 2013, 135, juris Rn. 8; OLG München, 14.06.2012, 29 U 1204/12, WRP 2012, 1298, juris Rn. 89 – *Das unlesbare Buch*; OLG München, 14.06.2018, 29 U 732/18, GRUR 2018, 1050, juris Rn. 68 – *Fack Ju Göhte 3, Kinox.to*; OLG Hamm, 31.01.2013, 4 U 200/12, juris Rn. 53 – *vorbereitender Besichtigungsanspruch*;OLG Düsseldorf, 25.08.2015, 20 U 196/14, WRP 2015, 1541, juris Rn. 11; OLG Frankfurt, 04.04.2017, 11 W 41/16, WRP 2017, 1519, 1521; **im Kartellrecht**: OLG Stuttgart, 09.03.1990, 2 U (Kart) 301/89, WRP 1990, 780, 781, juris. Rn. 17; siehe auch Ahrens/Singer, Kap. 45, Rn. 7 ff.; Berneke/Schüttpelz, Rn. 130; FBO/Büscher, § 12, Rn. 76; Harte/Henning/Retzer, § 12, Rn. 334 ff.; *Köhler*/Bornkamm/Feddersen, § 12, Rn. 3.14; Teplitzky/Feddersen, Kap. 54, Rn. 19–20h; jeweils m.w.N.

Bereichen die Rechtsverfolgung im Eilverfahren im Falle andauernder Rechtsverletzung aber nicht entscheidend beeinträchtigt.[188] Das OLG Schleswig hält die Frage allerdings für so schwierig, dass es im Rahmen eine Kostenentscheidung nach § 91a ZPO die Kosten gegeneinander aufgehoben hat.[189]

In kaum einem anderen Bereich des Verfahrensrechts haben sich andererseits so viele prozessuale Besonderheiten herausgebildet wie im Recht der einstweiligen Verfügung. Wegen § 14 Abs. 2 1, durch den für wettbewerbsrechtliche Streitigkeiten auch der sog. fliegenden Gerichtsstand geschaffen worden ist, kann der Wettbewerber seine Ansprüche – von wenigen Fällen rein lokal begrenzten Wettbewerbs abgesehen – zumeist bundesweit gerichtlich verfolgen. Das führt, weil die Revision zum Bundesgerichtshof im Arrestverfahren und im einstweiligen Verfügungsverfahren nicht stattfindet (§§ 542 Abs. 2 1, 574 Abs. 1 2 ZPO), dazu, dass sich bei den im Beschwerde- oder Berufungsverfahren mit der jeweiligen Streitsache befassten Oberlandesgerichten teilweise eine uneinheitliche Rechtsprechung ausgebildet hat. Wettbewerbern und ihren Rechtsanwälten ist es daher dringend anzuraten, sich mit etwaigen Besonderheiten der Gerichte, in deren Bezirk das Eilverfahren geführt wird, vertraut zu machen. Das gilt vor allem für die Rechtsprechung zur sog. Dringlichkeit. **160**

II. Verfügungsgrund und Rechtsschutzbedürfnis

1. Dringlichkeitsvermutung

§ 12 Abs. 2 entbindet den Antragsteller des Verfügungsverfahren von der im Eilverfahren ansonsten bestehenden Notwendigkeit (§§ 917, 936 ZPO), einen Verfügungsgrund darzulegen. Die Vorschrift begründet die widerlegbare tatsächliche Vermutung des Vorliegens eines Verfügungsgrundes auf Seiten des Anspruchstellers nur für auf UWG-Vorschriften gestützte Unterlassungsansprüche, einschließlich der Ansprüche wegen ergänzenden wettbewerblichen Leistungsschutzes (§ 4 Nr 3).[190] Andere als Unterlassungsansprüche aus dem UWG (Auskunft, Schadensersatz) sind in der Vorschrift nicht **161**

188 Vgl. z.B. OLG Hamm, 25.01.2011, 4 U 144/10, juris Rn. 46; OLG Frankfurt, 21.10.2013, 6 W 82/12, WRP 2014, 106, juris Rn. 5; 04.12.2014, 6 U 141/14, GRUR 2015, 279, juris Rn. 25; OLG Frankfurt, 02.02.2017, 6 U 151/16, WRP 2017, 478, juris Rn. 18 – *ICANN*; 04.04.2017, 11 W 41/16, WRP 2017, 1519, 1521; 08.06.2017, 6 U 249/16, WRP 2017, *1146, Ls. 1* und Rn. 11; OLG München, 05.02.2015, 6 U 3249/14, GRUR 2015, 590, 594, juris Rn. 70 – *Adler im Kreis*.

189 OLG Schleswig, 20.11.2013, 6 W 13/13, WRP 2014, 879, juris Rn. 17.

190 BGH, 01.07.1999, I ZB 7/99, GRUR 2000, 151, 152, juris Rn. 10 – *Späte Urteilsbegründung*; HansOLG Hamburg, 12.02.2007, 5 U 189/06, WRP 2007, 675, juris Rn. 12; KG, 17.10.2014, 5 U 63/14, GRUR-RR 2015, 181, 182, juris Rn. 37 – *Faxversand ohne Beglaubigungsvermerk*; Berneke/Schüttpelz, Rn. 133; FBO/Büscher, § 12 UWG, Rn. 74; Harte/Henning/Retzer, § 12 UWG, Rn. 301; *Köhler*/Bornkamm/Feddersen, § 12 Rn. 3.13; Teplitzky/Feddersen, Kap. 54, Rn. 18.

genannt. Sie ist daher auf solche nicht anwendbar.[191] Das ist insbesondere zu beachten, wenn es sich bei dem Unterlassungsbegehren bei richtiger Würdigung um die Geltendmachung eines Leistungsanspruches handelt.[192]

162 Unter dem Begriff des Verfügungsgrundes wird im vorliegenden Zusammenhang regelmäßig die – objektive[193] – Dringlichkeit bzw. Eilbedürftigkeit für die Durchführung des Eilverfahrens verstanden, auch wenn insoweit nicht nur das Zeitmoment eine Rolle spielt.[194] Die Dringlichkeit ist eine besondere Form des Rechtschutzbedürfnisses und als Prozessvoraussetzung von Amts wegen zu prüfen.[195] Der Verfügungsgrund muss bis zum Schluss der mündlichen Verhandlung vorliegen.[196] Durch Parteivereinbarung kann die Prüfung nicht ausgeschlossen werden.[197] Daneben kann auch aus anderen Gründen das Rechtsschutzbedürfnis für das Eilverfahren fehlen.[198]

163 Dringlich muss die Sache für den Antragsteller sein. Die in der Vergangenheit teils vertretene Auffassung, auch der Schutz des Verbrauchers sei zu berücksichtigen[199], hat sich nicht durchgesetzt.[200]

164 Besteht schon erkennbar kein Verfügungsanspruch, kann das Gericht offen lassen, ob ein Verfügungsgrund besteht.[201] Wird der Verfügungsgrund verneint, ist der Antrag als unzulässig abzuweisen.[202]

2. Widerlegung der Dringlichkeit

165 Ob die Dringlichkeitsvermutung widerlegt ist, ist anhand einer Gesamtbetrachtung des vorprozessualen und prozessualen Verhaltens des Antragstellers zu ermitteln.[203]

---

191 OLG Hamm, 31.01.2013, 4 U 200/12, GRUR-RR 2013, 306, juris Rn. 53 (betr. Besichtigungs- und Schadensersatzansprüche); Berneke/Schüttpelz, Rn. 134; FBO/Büscher, § 12 UWG, Rn. 74 und 77 (nicht für vertragliche Unterlassungsansprüche und solche aus BGB); Teplitzky/Feddersen, 54. Kap., Rn. 21.

192 OLG Köln, 28.04.2017, 6 U 152/16, GRUR 2017, 1048 – *Dampfreinigungsgeräte.*

193 *Köhler*/Bornkamm/Feddersen, § 12 Rn. 3.12.

194 Teplitzky/Feddersen, Kap. 54, Rn. 14f.

195 OLG Frankfurt, 22.03.2001, 6 W 67/01, WRP 2001, 716, juris Rn. 7; HansOLG Hamburg, 06.12.2006, 5 U 67/06, GRUR 2007, 614, juris Rn.15; FBO/Büscher, § 12, Rn. 98; *Köhler*/Bornkamm/Feddersen, § 12, Rn. 3.12; Teplitzky/Feddersen, Kap. 54, Rn. 27.

196 FBO/Büscher, § 12, Rn. 99.

197 Harte/Henning/Retzer, § 12, Rn. 299; a.A. Berneke/Schüttpelz, Rn. 117.

198 Siehe unten Rdn. 248 ff.

199 Z.B. HansOLG Hamburg, 05.02.1976, 3 U 191/75, GRUR 1977, 161, 163, juris Rn. 38.

200 Siehe Teplitzky/Feddersen, Kap. 54, Rn. 16 m.w.N.

201 OLG Köln, 30.07.1997, 6 U 70/97, NJWE WettbR 1996, 145, juris Rn. 7; 08.10.2004, 6 U 113/04, GRUR-RR 2005, 228, juris Rn. 17; OLG Stuttgart, 05.11.1997, 2 W 78/97; WRP 1998, 433, 434; OLG Frankfurt, 16.12.1999, 6 U 144/99 GRUR 2000, 517, juris Rn. 17; FBO/Büscher, § 12, Rn. 98; Teplitzky/Feddersen, Kap. 54, Rn. 15.

202 H.M. im Lauterkeitsrecht; Ahrens/Singer, Kap. 45, Rn. 1; Berneke/Schüttpelz, Rn. 99; FBO/Büscher, § 12, Rn. 98; Harte/Henning/Retzer, § 12, Rn. 299; Teplitzky/Feddersen, Kap. 54, *Rn. 15; a.A. Zöller*/G. Vollkommer, § 917, Rn. 3 m.w.N.

203 HansOLG Hamburg, 02.11.2005, 5 U 143/04, MD (VSW) 2006, 457, juris Rn. 30 – *Tarif-Stress*; Teplitzky/Feddersen, Kap. 54, Rn. 17.

Schon das im Rechtsstreit offenbarte Verhalten des Antragstellers selbst ist geeignet, die Dringlichkeitsvermutung zu widerlegen. Im Übrigen ist es an dem Antragsgegner, dies zu tun.[204] Er ist grundsätzlich darlegungs- und glaubhaftmachungspflichtig für die der Dringlichkeitsvermutung entgegenstehenden Umstände.[205] Maßgeblich ist die Frage danach, ob Anhaltspunkte dafür vorliegen, dass dem Antragsteller die Durchsetzung seiner Rechte selbst nicht eilig gewesen ist.[206] Es besteht weitgehend Einigkeit darüber, dass die zugunsten des Antragstellers bestehende Vermutung der Dringlichkeit durch dessen eigenes Verhalten widerlegt werden kann und insbesondere dann entfällt, wenn er mit der Rechtsverfolgung zu lange wartet oder das Verfahren nicht zügig, sondern schleppend betreibt.[207] Das kann ihm nicht vorgeworfen werden, solange er noch nicht Wettbewerber ist.[208] Auch dann, wenn er sich erst anschickt, den Markt zu betreten, ist er nicht schon gehalten, Wettbewerbsverletzungen künftiger Wettbewerber zu verfolgen. Geht er nach Markteintritt gegen Wettbewerber vor, können diese sich nicht mit Erfolg darauf berufen, einen schutzwürdigen Besitzstand – etwa bezogen auf eine bestimmte Werbeangabe – erlangt zu haben.[209] An einem wettbewerbswidrigen Verhalten kann es schon im Allgemeininteresse keinen schutzwürdigen Besitzstand geben. 166

Der Antragsgegner muss die Dringlichkeitsvermutung widerlegen und deshalb insbesondere die Kenntnis des Antragstellers von der Verletzungshandlung in dringlichkeits- 167

204 Z.B. HansOLG Hamburg, 10.01.2002, 3 U 166/01, MDR 2002, 1026, juris Rn. 26; OLG Stuttgart, 27.11.2008, 2 U 60/08, GRUR-RR 2009, 343, juris Rn. 79; OLG Saarbrücken, 25.09.2013, 1 U 42/13, GRUR-RR 2014, 91, juris Rn. 56 – *Rezeptsammelstelle*; FBO/Büscher, § 12 UWG, Rn. 78; *Köhler*/Bornkamm/Feddersen, § 12 Rn. 3.13.

205 OLG München, 22.04.2008, 29 W 1211/08, WRP 2008, 972, 976, juris Rn. 51 – *Jackpot-Werbung*; OLG München, 29 U 3281/16, MD (VSW) 2017, 183, juris Rn. 15 – *Epigenetik*; OLG Jena, 11.03.2015, 2 W 465/14, MD (VSW) 2015, 516, juris Rn. 61; FBO/Büscher, § 12, Rn. 79; Harte/Henning/Retzer, § 12, Rn. 304; *Köhler*/Bornkamm/Feddersen, § 12 Rn. 3.21.

206 BGH, 01.07.1999, I ZB 7/99, GRUR 2000, 151, 152, juris Rn. 13 – *Späte Urteilsbegründung*; KG, 29.05.2001, 5 U 10150/00, GRUR-RR 2001, 244, 246; KG, 17.10.2014, 5 U 63/14, GRUR-RR 2015, 181, 182, juris Rn. 37 – *Faxversand ohne Beglaubigungsvermerk*; KG, 02.06.2017, 5 U 196/16, MD (VSW) 2017, 724, juris Rn. 4 – *CoolSculpting*; OLG Düsseldorf, 15.07.2002, 20 U 74/02, GRUR-RR 2003, 31, juris Rn. 5; HansOLG Hamburg, 29.01.2009, 3 U 107/08, GRUR-RR 2010, 57, juris Rn. 41; HansOLG Hamburg, 26.05.2011, 3 U 165/10, PharmR 2011, 413, juris Rn. 43 – *Therapeutisches Gas*; OLG Koblenz, 23.02.2011, 9 W 698/10, GRUR 2011, 451, juris Rn. 4; OLG Celle, 20.01.2014, 13 W 100/13, WRP 2014, 477, Ls. und juris Rn. 7; OLG Stuttgart, 27.01.2016, 4 U 167/15, juris Rn. 80 (insoweit nicht abgedruckt in GRUR-RR 2016, 453) – *Redaktionelles Stadtblatt*; OLG München, 17.11.2016, 29 U 3281/16, MD (VSW) 2017, 183, juris Rn. 15 – *Epigenetik*;.

207 BGH, 01.07.1999, I ZB 7/99, GRUR 2000, 151, 152, juris Rn. 11 – *Späte Urteilsbegründung*; KG, 17.10.2014, 5 U 63/14, GRUR-RR 2015, 181, 182, juris Rn. 37 – *Faxversand ohne Beglaubigungsvermerk*; KG, 02.06.2017, 5 U 196/16, MD (VSW) 2017, 724, juris Rn. 4 – *CoolSculpting*; Berneke/Schüttpelz, Rn. 141 ff.; FBO/Büscher, § 12, Rn. 79f.

208 *Köhler*/Bornkamm/Feddersen, § 12, Rn. 3.15a.

209 HansOLG Hamburg, 16.02.2017, 3 U 194/15, WRP 2017, 1129, 1132, Os. 3 und juris Rn. 67 – *»HSA frei«*; a.A. für sog. Newcomer Schulte-Franzheim, WRP 1999, 70 ff.

schädlicher Zeit darlegen und glaubhaft machen.[210] Der Antragsteller muss seine bisherige Unkenntnis nur darlegen und glaubhaft machen, wenn objektive Umstände auf seine frühere Kenntniserlangung hindeuten.[211] In der Praxis wird daher vielfach lediglich ausgeführt, der Antragsteller habe »kürzlich« von dem Rechtsverstoß Kenntnis erlangt. Der Antragsgegner muss dann konkrete hinreichende Tatsachen vortragen, die zunächst den Schluss zulassen, dass der Antragsteller das Verfügungsverfahren nicht mit der gebotenen Eile betrieben hat[212] und dass der Antragsteller hiergegen auch mit Aussicht auf Erfolg früher hätte gerichtlich vorgehen können.[213] Dem kann der Antragsteller besondere Umstände des Einzelfalls entgegenhalten, bei deren Berücksichtigung sein Vorgehen dennoch als hinreichend zügig erscheint.[214] Kann der Antragsteller etwa darlegen, dass er die Verletzungshandlung nur mit Hilfe eines Privatgutachtens oder sonstiger zeitaufwändiger Ermittlungen von Sachverhaltselementen gerichtsfest belegen bzw. glaubhaft machen konnte, kann u.U. ein großzügigerer Maßstab geboten sein. Die für die Überprüfung des Wettbewerbsverstoßes notwendige Zeit muss dem Gläubiger zur Verfügung stehen.[215]

168 Ohne Anspruch auf Vollständigkeit kann die Dringlichkeitsvermutung vor allem unter folgenden Gesichtspunkten widerlegt sein:
- Zögerliche Verfahrenseinleitung
- Zögerliches Betreiben des Verfahrens
- Umstände außerhalb des Verfahrens

---

210 HansOLG Hamburg, 10.01.2002, 3 U 166/01, MDR 2002, 1026, juris Rn. 26; OLG Stuttgart, 27.11.2008, 2 U 60/08, GRUR-RR 2009, 343, 345, juris Rn. 79; OLG Saarbrücken, 25.09.2013, 1 U 42/13, GRUR-RR 2014, 91, juris Rn. 56 – *Rezeptsammelstelle*; OLG München, 14.07.2016, 29 U 953/16, WRP 2016, 1557, juris Rn. 111 – *Kein Vollgas*; OLG Frankfurt, 08.12.2016, 6 U 124/16, GRUR-RR 2017, 152, 153, juris Rn. 15 – *Variobeitrag*; KG, 02.06.2017, 5 U 196/16, MD (VSW) 2017, 724, juris Rn. 5 – *CoolSculpting*; OLG Celle, 08.06.2017, 13 U 53/17, GRUR 2017, 1158, 1159, juris Rn. 23 – *Hashtag #ad*; FBO/Büscher, § 12, Rn. 78; Harte/Henning/Retzer, § 12, Rn. 304.

211 Z.B. OLG Düsseldorf, 04.10.1984, 2 U 120/84, WRP 1985, 266; OLG München, 29.10.1991, 6 U 4296, MDR 1993, 688; OLG Hamm, 21.04.2016, 4 U 44/16, juris Rn. 3; Berneke/Schüttpelz, Rn. 83; a.A. OLG Stuttgart, 27.11.2008, 2 U 60/08, GRUR-RR 2009, 343, juris Rn.80 (Glaubhaftmachungslast des Antragstellers dafür, wann er von einem bereits (länger) andauernden beanstandeten Verhalten Kenntnis genommen hat, wenn der Antragsgegner vortragen hat, seit wann das beanstandete Verhalten bereits existierte).

212 HansOLG Hamburg, 16.12.2010, 3 U 161/09, GRUR-RR 2011, 376, juris Rn. 49 – *Thromboseprophylaxe der Extraklasse*; OLG Düsseldorf, 13.02.2014, 6 U 84/13, GRUR-RR 2014, 273, 276 – *Rücklastschriftkosten*.

213 HansOLG Hamburg, 26.05.2011, 3 U 165/10, PharmR 2011, 413, juris Rn. 44 – *Therapeutisches Gas*; OLG Saarbrücken, 25.09.2013, 1 U 42/13, GRUR-RR 2014, 91, juris Rn. 56 – *Rezeptsammelstelle*.

214 OLG Düsseldorf, 04.10.1984, 2 U 120/84, WRP 1985, 266, 267; OLG München, 29.10.1992, 6 U 4296/92, GRUR 1992, 670, Ls.; *Köhler*/Bornkamm/Feddersen, § 12 Rn. 3.13; *Teplitzky/Feddersen*, Kap. 54, Rn. 36.

215 KG, 29.05.2001, 5 U 10150/00, GRUR-RR 2001, 244, 246, juris Rn. 27; FBO/Büscher, § 12, Rn. 79.

a) Zögerliche Verfahrenseinleitung

Zumeist streiten die Parteien in diesem Zusammenhang darüber, wann der Antragsteller Kenntnis von der Verletzungshandlung erlangt hat. Mit der Kenntnis beginnt regelmäßig der für die Dringlichkeitsbeurteilung maßgebliche Zeitraum. Von diesem Zeitpunkt an muss der Antragsteller das Verfahren zügig betreiben. Abzustellen ist auf den Zeitraum, den der Antragsteller bis zur gerichtlichen Geltendmachung ab Kenntnis des beanstandeten Verhaltens, der Person des potentiellen Verletzers und ab dem Zeitpunkt, zu dem er aus objektiver Sicht mit Aussicht auf Erfolg hätte vorgehen können, hat verstreichen lassen.[216] Ein zu langes Zuwarten in Kenntnis der Tatsachen, die den Wettbewerbsverstoß begründen, genügt für den Verlust der Dringlichkeit.[217] Lässt er sich hier zu viel Zeit, so gibt er durch sein Verhalten zu erkennen, dass ihm die Anspruchsverfolgung selbst nicht so eilig ist. Dann ist die Dringlichkeit schon deshalb widerlegt. Die Kenntnis von bloßen Vorbereitungshandlungen steht der Kenntnis vom späteren Wettbewerbsverstoß nicht gleich.[218] 169

Die Anrufung eines unzuständigen Gerichts ist nicht dringlichkeitsschädlich.[219] Ist der Verfügungsantrag zunächst nicht hinreichend bestimmt gefasst, beeinträchtigt dies die Dringlichkeit ebenfalls nicht.[220] 170

aa) Kenntnis oder Kennenmüssen der Verletzungshandlung

Entscheidend im Rahmen des Verfügungsgrundes ist der Zeitpunkt, zu dem dem Antragsteller die maßgeblichen Tatsachen bekannt geworden sind. Unerheblich ist, ob 171

216 HansOLG Hamburg, 26.05.2011, 3 U 165/10, PharmR 2011, 413, juris Rn. 43 – *Therapeutisches Gas*; OLG Saarbrücken, 25.09.2013, 1 U 42/13, GRUR-RR 2014, 91, 94, juris Rn. 56 – *Rezeptsammelstelle*; KG, 02.06.2017, 5 U 196/16, MD (VSW) 2017, 724, juris Rn. 4 – *Cool-Sculpting.*

217 HansOLG Hamburg, OLG München, 22.04.2008, 29 W 1211/08, WRP 2008, 972, 976 – *Jackpot-Werbung*, juris Rn. 51; 29.01.2009, 3 U 107/08, GRUR-RR 2010, 57, juris Rn. 41; HansOLG Hamburg, 20.09.2012, 3 U 53/11, WRP 2013, 196, juris Rn. 28 – *Überlegen wirksam*; OLG Koblenz, 23.02.2011, 9 W 698/10, GRUR 2011, 451, juris Rn. 4 – *Kurze Regelfrist*; OLG Celle, 20.01.2014, 13 W 100/13, WRP 2014, 477, juris Rn. 7; OLG Düsseldorf, 13.02.2014, 6 U 84/13, GRUR-RR 2014, 273, juris Rn. 62 – *Rücklastschriftkosten*; OLG Köln, 21.08.2015, 6 U 41/15, WRP 2015, 1385, juris Rn. 34 – *Glücksspiele*; OLG Stuttgart, 27.01.2016, 4 U 167/15, juris Rn. 80 – *Redaktionelles Stadtblatt* (insoweit nicht abgedruckt in GRUR-RR 2016, 453); OLG Hamm, 21.04.2016, 4 U 44/16, juris Rn. 3; OLG Jena, 13.04.2016, 2 U 33/16, MD (VSW) 2016, 664, juris Rn. 9; OLG Frankfurt, 28.04.2016, 6 U 214/15, MMR 2016, 526, juris Rn. 6.

218 OLG Stuttgart, 27.01.2016, 4 U 167/15, juris Rn. 80 – *Redaktionelles Stadtblatt* (insoweit nicht abgedruckt in GRUR-RR 2016, 453).

219 OLG Saarbrücken, 31.08.2016, 1 U 150/15, GRUR-RR 2017, 80, juris Rn. 28 – *Clever + Partnerprogramm.*

220 OLG München, 20.10.2016, 6 U 2046/16, GRUR-RR 2017, 11, 14, juris Rn. 62 – *»Acryl« und »Cotton« als Textilkennzeichnung.*

er zu diesem Zeitpunkt hieraus auch bereits die zutreffenden rechtlichen Schlüsse gezogen hat.[221]

(1) Grob fahrlässige Unkenntnis

172 Grob fahrlässige Unkenntnis wird der positiven Kenntnis inzwischen unter Hinweis auf das Schrifttum[222] häufig gleichgestellt.[223] Einfache (leichte) Fahrlässigkeit reicht nicht.[224] Wegen der groben Fahrlässigkeit wird darauf verwiesen, dass nach § 11 Abs. 2 Nr 2 die Verjährungsfrist für wettbewerbsrechtlich begründete Ansprüche auch bereits beginnt, wenn der Gläubiger von den den Anspruch begründenden Umständen und der Person des Schuldners grob fahrlässig keine Kenntnis erlangt hat.[225] Die Sache könne nicht noch dringlich sein, wenn der Anspruch bereits verjährt ist.[226] Teils wird aber auch angenommen, dass eine grob fahrlässige Unkenntnis die Dringlichkeitsvermutung nicht widerlegt.[227]

173 Wann grobe Fahrlässigkeit anzunehmen ist, ist sicher vom Einzelfall abhängig. Eine zwischen einer Vielfalt anderer Informationen »versteckte« Werbeangabe oder sonstige Wettbewerbshandlung nicht aufgefunden zu haben, obwohl im werblichen Umfeld andere Handlungen zur Kenntnis gelangt sind, wird man nicht schon als grob fahrlässig ansehen können.[228] Wer punktuell – etwa über eine Suchmaschine – zur Unterseite eines Internetauftritts gelangt ist, der handelt nicht grob fahrlässig, wenn er nicht den gesamten Internetauftritt auf etwaige Wettbewerbsverletzungen untersucht.[229] Im Rah-

221 HansOLG Hamburg, 12.02.2007, 5 U 189/06, WRP 2007, 675, 677, juris Rn. 18; OLG Frankfurt, 28.04.2016, 6 U 214/15, WRP 2016, 902, 903, juris Rn. 6; *Köhler*/Bornkamm/Feddersen, § 12, Rn. 3.15a.

222 Harte/Henning/Retzer, § 12, Rn. 312; *Köhler*/Bornkamm/Feddersen, § 12, Rn. 3.15a; Teplitzky/Feddersen, § 12, Rn. 28f.

223 HansOLG Hamburg, 12.04.2006, 5 U 169/05, GRUR-RR 2006, 285, juris Rn. 15; OLG Karlsruhe, 14.04.2010, 6 U 5/10, WRP 2010, 793, 794, juris Rn. 21; OLG Köln, 10.12.2010, 6 U 112/10, WRP 2011, 362, juris Rn. 13 – *Konsumenten-Test*; OLG Frankfurt, 04.09.2012, 11 U 25/12, GRUR-RR 2013, 127, juris Rn. 24 – *Trade-In-Geschäft*; 28.04.2016, 6 U 214/15, WRP 2016, 902, 903, juris Rn. 6; OLG Stuttgart, 04.07.2013, 2 U 157/12, GRUR-RR 2014, 251, 252, juris Rn. 25 – *Mark Brandenburg*; OLG Stuttgart, 27.01.2016, 4 U 167/15, juris Rn. 80, – *Redaktionelles Stadtblatt* (insoweit nicht abgedruckt in GRUR-RR 2016, 453); OLG Hamm, 10.09.2013, 4 U 48/13, juris Rn. 79 ff.; 21.04.2016, 4 U 44/16, juris Rn. 5; OLG Bamberg, 12.02.2014, 3 U 192/13, WRP 2014, 609, 611, Rn. 35; OLG Düsseldorf, 13.02.2014, 6 U 84/13, GRUR-RR 2014, 273, juris Rn. 62; OLG Oldenburg, 19.06.2015, 6 U 66/15, juris Rn. 25; OLG Bremen, 18.09.2015, 2 U 33/15, GRUR-Prax 2016, 11; juris Rn. 16; OLG Jena, 13.04.2016, 2 U 33/16, MD (VSW) 2016, 664, juris Rn. 9; OLG München, 29 U 3281/16, MD (VSW) 2017, 183, juris Rn. 15 – *Epigenetik*;.

224 KG, 02.06.2017, 5 U 196/16, MD (VSW) 2017, 724, juris Rn. 5 – *CoolSculpting*.

225 *Köhler*/Bornkamm/Feddersen, § 12, Rn. 3.15a; Teplitzky/Feddersen, § 12, Rn. 3.

226 Harte/Henning/Retzer, § 12, Rn. 312; Teplitzky/Feddersen, Kap. 54, Rn. 28.

227 FBO/Büscher, § 12, Rn. 80; GK/Schwippert, § 12 C Rn. 62.

228 OLG Hamm, 02.02.2012, 4 U 168/11, WRP 2012, 985, juris Rn. 25; OLG Düsseldorf, 13.02.2014, 6 U 84/13, GRUR-RR 2014, 273, 275 – *Rücklastschriftkosten*; OLG Jena, 13.04.2016, 2 U 33/16, MD (VSW) 2016, 664, juris Rn. 11.

229 OLG Frankfurt, 28.04.2016, 6 U 214/15, WRP 2016, 902, 903, Rn. 6.

men einer Due Diligence-Prüfung muss nicht untersucht werden, ob es zurückliegende Streitigkeiten des veräußernden Unternehmens mit Wettbewerbern gab, die mit späteren Werbemaßnahmen dieser Wettbewerber kerngleich sein könnten.[230]

Eine allgemeine Verpflichtung, die werbliche Präsentation der Wettbewerber vollständig zu prüfen, besteht auch dann nicht, wenn es aus anderen Gründen zu rechtlichen Auseinandersetzungen gekommen ist.[231] Eine allgemeine Marktbeobachtungspflicht wird weit überwiegend abgelehnt[232] und würde dazu führen, dass bereits einfache Fahrlässigkeit dringlichkeitsschädlich wirkt. Dadurch würde der einstweilige Rechtsschutz in Wettbewerbssachen und damit das Ziel der Vermutung des § 12 Abs. 2 UWG, Wettbewerbsverletzungen schnell und effektiv zu verhindern, erheblich eingeschränkt.[233] 174

230 HansOLG Hamburg, 16.02.2017, 3 U 194/15, WRP 2017, 1129, Os. 1 – *»HSA frei«*.

231 OLG Karlsruhe, 14.04.2010, 6 U 5/10, WRP 2010, 793, 794, juris-Rn. 22; a.A. OLG Hamm, 21.04.2016, 4 U 44/16, juris Rn. 5 (grobe Fahrlässigkeit wegen fehlender Darlegung zum Kenntniszeitpunkt, weil vorherige Abmahnung zu einem »Schwesterprodukt«).

232 OLG München, 23.03.2006, 29 U 5108/05, MD (VSW) 2006, 916, juris Rn. 86; OLG München, 14.07.2016, 29 U 953/16, WRP 2016, 1557, juris Rn. 112 – *Kein Vollgas*; OLG Hamm, 02.02.2012, 4 U 168/11, WRP 2012, 985, juris Rn. 24; OLG Koblenz, 16.01.2013, 9 U 982/12, WRP 2013, 361, juris Rn. 2 – *Nibelungen-Kurier*; OLG Brandenburg, 19.03.2012, 6 U 79/11, MD (VSW) 2012, 591, juris Rn. 7; OLG Stuttgart, 04.07.2013, 2 U 157/12, GRUR-RR 2014, 251, juris Rn. 25 – *Mark Brandenburg*; HansOLG Hamburg, 31.10.2013, 3 U 171/12, GRUR-RR 2014, 121, juris Rn. 38 – *Canesten*; HansOLG Hamburg, 20.09.2012, 3 U 53/11, juris Rn. 31 – *Überlegen wirksam*; OLG Köln, 13.12.2013, 6 U 100/13, GRUR-RR 2014, 127, juris Rn. 12 – *Haarverstärker*; OLG Jena, 19.02.2014, 2 U 668/13, GRUR-RR 2014, 294, juris Rn. 24 – *Serviceentgelt*; 13.04.2016, 2 U 33/16, MD (VSW) 2016, 664; OLG Düsseldorf, 25.11.2014, 20 U 154/14, juris Rn. 20; OLG Frankfurt, 28.04.2016, 6 U 214/15, WRP 2016, 902, 903, juris Rn.c7; OLG Frankfurt, 01.06.2017, 6 U 17/17, WRP 2017, 1241, 1243, juris Rn. 42 – *Casellapark*; 10.08.2017, 6 U 63/17, WRP 2017, 1392; OLG Frankfurt, 13.09.2018, 6 U 74/18, WRP 2019, 97, juris Rn.Rn. 20; OLG Saarbrücken, 31.08.2016, 1 U 150/15, GRUR-RR 2017, 80 – *Clever + Partnerprogramm*; KG, 02.06.2017, 5 U 196/16, MD (VSW) 2017, 724, juris Rn. 4 – *CoolSculpting*; OLG Celle, 27.03.2017, 13 U 199/16, MD (VSW) 2017, 606 (619), juris Rn. 108 – *CoolSculpting*; OLG Nürnberg, 14.09.2018, 3 U 1138/18, WRP 2018, 1535, juris Rn. 5 – *Markbeobachtungspflichten*; Berneke/Schüttpelz, Rn. 177 (dort m.w.N. zu abweichenden Ansichten) und 178 m.w.N.; FBO/Büscher, § 12, Rn. 80; Harte/Henning/Retzer, § 12, Rn. 310; *Köhler*/Bornkamm/Feddersen, § 12, Rn. 3.15a; Teplitzky/Feddersen, Kap. 54, Rn. 29f. (mit Einschränkungen im Einzelfall).

233 OLG Köln, 25.07.2014, 6 U 47/14, GRUR-RR 2015, 245, juris Rn. 15 – *Staubsauger-Olympiade*; Teplitzky/Feddersen, Kap. 54, Rn. 29.

175 Häufig wird in diesem Zusammenhang geprüft, ob sich der Antragsteller der sich ihm aufdrängenden Kenntnis von einer Wettbewerbsverletzung bewusst verschlossen hat.[234] Dabei handelt es sich aber der Sache nach um nichts anderes als um die Prüfung der groben Fahrlässigkeit.[235] Irgendeinen Zustand zwischen der einfachen und der groben Fahrlässigkeit kann es im Rechtssinne nicht geben. Mangels Kenntnis oder grob fahrlässiger Unkenntnis kann die Dringlichkeitsvermutung auch noch Bestand haben, wenn die Verletzungshandlung bereits längere Zeit andauert, ohne dass sie dem Wettbewerber zur Kenntnis gelangt sein muss.[236]

(2) Wissenszurechnung

176 Auf welche Person für die Frage nach der Kenntnis von den maßgeblichen Umständen der Verletzungshandlung oder deren grob fahrlässige Unkenntnis abzustellen ist, ist mitunter von entscheidender Bedeutung. Selbstverständlich genügt die Kenntnis in der Person des Antragstellers oder seiner Organe, deren Kenntnis sich die juristische Person nach § 166 BGB zurechnen lassen muss.[237] Es gelten die im Verjährungsrecht entwickelten Grundsätze.[238] Gibt es in einem Unternehmen mehrere gesetzliche Vertreter, kann deren interne Aufgabenverteilung einer Wissenszurechnung entgegenstehen, wenn die Verfolgung wettbewerblicher Ansprüche nicht zum Aufgabenbereich des einzelnen Organs gehört.[239] Inwieweit aber auch auf die Kenntnis sonstiger Dritter, insbesondere von Beschäftigten des Antragstellers, abgestellt werden kann, wird unterschiedlich beurteilt.

---

234 Siehe OLG München, 06.06.2002, 29 U 2131/02, 29 U 2131/02, GRUR-RR 2002, 357, 358, juris Rn. 8; HansOLG Hamburg, 29.01.2009, 3 U 107/08, GRUR-RR 2010, 57, juris Rn. 45; OLG Hamm, 02.02.2012, 4 U 168/11, WRP 2012, 985, juris Rn. 26; OLG Stuttgart, 04.07.2013, 2 U 157/12, GRUR-RR 2014, 251, juris Rn. 25 – *Mark Brandenburg*; OLG Frankfurt, 04.12.2014, 6 U 141/14, GRUR 2015, 279, juris Rn. 25; OLG Frankfurt, 01.06.2017, 6 U 17/17, WRP 2017, 1241, 1243, juris Rn. 42 – *Casellapark*; OLG Frankfurt, 08.06.2017, 6 U 249/16, WRP 2017, 1146, 1147, Ls. – *ELVAPO/EVAPO*; OLG Frankfurt, 13.09.2018, 6 U 74/18, WRP 2019, 97, Ls. und juris Rn. 20; OLG Frankfurt, 26.09.2018, 6 U 49/18, WRP 2019, 99, juris Rn. 21 – *Steckdübel III*; OLG Köln, 21.08.2015, 6 U 41/15, WRP 2015, 1385, juris Rn. 34 – *Glücksspiele*; OLG Jena, 13.04.2016, 2 U 33/16, MD (VSW) 2016, 664, juris Rn. 9; ausführlich dazu KG, 02.06.2017, 5 U 196/16, MD (VSW) 2017, 724, juris Rn. 7 m.w.N. – *CoolSculpting*; siehe auch: Harte/Henning/Retzer, § 12, Rn. 312; FBO/Büscher, § 12, Rn. 80.

235 HansOLG Hamburg, 12.04.2006, 5 U 169/05, GRUR-RR 2006, 285, juris Rn. 15 (»…einer Kenntnisnahme in grob fahrlässiger Weise verschlossen…«); OLG Jena, 13.04.2016, 2 U 33/16, MD (VSW) 2016, 664, juris Rn. 9; vgl. auch Kehl, FS für M. Loschelder, S. 139, 14; Teplitzky/Feddersen, Kap. 54, Rn. 28f.

236 HansOLG Hamburg, 25.02.1999, 3 U 272/98, WRP 1999, 683, 684: 3 Jahre; vgl. auch Berneke/Schüttpelz, Rn. 177 m.w.N. zu – meist älteren – gegenteiligen Entscheidungen und abweichendem Schrifttum.

237 HansOLG Hamburg, 12.07.2006, 5 U 179/05, GRUR-RR 2006, 374, 376, juris Rn. 30; vgl. *Köhler*/Bornkamm/Feddersen, § 11, Rn. 1.27.

238 Ahrens/Singer, *Kap. 45, Rn. 28*; FBO/Büscher, § 12, Rn. 81; Harte/Henning/Retzer, § 12, *Rn. 313*; Teplitzky/Feddersen, Kap. 54, Rn. 29b.

239 *Köhler*/Bornkamm/Feddersen, § 11, Rn. 1.27.

Ein Teil der Rechtsprechung rechnet dem Antragsteller nur das Wissen solcher Mitarbeiter zu, die nach der betrieblichen Organisation für die Aufnahme wettbewerbsrechtlich relevanter Informationen zwecks Verfolgung von Wettbewerbsverstößen zuständig sind.[240] Sind das mehrere Personen, reicht die Kenntnis nur einer Person.[241] Das korrespondiert damit, dass nach der Rechtsprechung innerhalb eines Unternehmens bzw. Verbandes die Kenntnis eines Mitarbeiters, zu dessen Aufgaben es nicht gehört, Wettbewerbsverstöße zu ermitteln und/oder zu verfolgen, grundsätzlich nicht geeignet ist, den Lauf der Verjährungsfrist in Gang zu setzen. Auch insoweit kommt es allein auf die Kenntnis solcher Beschäftigten an, die der Anspruchsinhaber mit der Erledigung der betreffenden Angelegenheit in eigener Verantwortung betraut hat.[242] Zwar ist § 166 BGB wegen des Zwecks der Verjährungsvorschriften auch hier, also im Bereich rechtsgeschäftlicher Vertretung, nicht unmittelbar anwendbar.[243] Der Anspruchsteller muss sich aber das Wissen des Dritten in analoger Anwendung des § 166 Abs. 1 BGB zurechnen lassen, den er mit der Erledigung bestimmter Angelegenheiten, insbesondere mit der Betreuung und Verfolgung des in Frage stehenden Anspruchs in eigener Verantwortung betraut hat.[244] Der jeweilige Mitarbeiter muss nach der Arbeitsorganisation des Geschäftsherrn dazu berufen sein, im Rechtsverkehr als dessen Repräsentant bestimmte Aufgaben in eigener Verantwortung zu erledigen und die dabei angefallenen Informationen zur Kenntnis zu nehmen sowie gegebenenfalls weiterzuleiten.[245] Er braucht weder zum rechtsgeschäftlichen Vertreter noch zum »Wissensvertreter« ausdrücklich bestellt zu sein. Der Geschäftsherr muss sich seiner aber im rechtsgeschäftlichen Verkehr wie eines Vertreters bedienen.[246] Das geschieht auch dann, wenn ein Unternehmen mit der Verfolgung von Wettbewerbsverstößen betraut wird.[247] Davon erfasst sind nicht ohne weiteres solche Mitarbeiter, die für Produktentwicklung oder das Marketing zuständig sind, jedenfalls aber – soweit vorhanden – Mitarbeiter der Rechtsabteilung. 177

240 OLG Köln, 22.01.2010, 6 W 149/09, GRUR-RR 2010, 493, Ls. – *Ausgelagerte Rechtsabteilung*; HansOLG Hamburg, 20.09.2012, 3 U 53/11, WRP 2013, 196, juris-Rn. 32 – *Überlegen wirksam*; OLG Saarbrücken, 31.08.2016, 1 U 150/15, GRUR-RR 2017, 80, juris Rn. 29 – *Clever + Partnerprogramm*; ebenso Teplitzky/Feddersen, Kap. 54, Rn. 29b.

241 BGH, 28.02.2012, VI ZR 9/11, NJW 2012, 1789, Rn. 13; *Köhler*/Bornkamm/Feddersen, § 11, Rn. 1.27.

242 BGH, 18.01.1994, VI ZR 190/93, NJW 1994, 1150, 1151, juris Rn. 11; BGH, 09.03.2000, III ZR 198/99, NJW 2000, 1411, 1412, juris Rn.10; BGH, 23.01.2007, XI ZR 44/06, BGHZ 171, 1, Rn. 35; BGH, 20.10.2011, III ZR 252/10, NJW 2012, 447, Rn. 12; BGH, 28.02.2012, VI ZR 9/11, NJW 2012, 1789, Rn. 13; BGH, 23.01.2014, III ZR 436/12, NJW 2014, 1294, Rn.16; BGH, 04.07.2014, V ZR 183/13, NJW 2014, 2861, Rn. 16; BGH, 14.01.2016, I ZR 65/14, GRUR 2016, 946, Rn. 61 – *Freunde finden*.

243 BGH, 23.01.2014, III ZR 436/12, NJW 2014, 1294, Rn. 15; BGH, 14.01.2016, I ZR 65/14, GRUR 2016, 946, Rn. 61 – *Freunde finden*.

244 BGH, 23.01.2014, III ZR 436/12, NJW 2014, 1294, Rn. 16; BGH, 14.01.2016, I ZR 65/14, GRUR 2016, 946, Rn. 61 – *Freunde finden*.

245 OLG Celle, 06.02.2018, 13 U 134/17, GRUR-RR 2018, 372, juris Rn. 28.

246 BGH, 24.01.1992, 5 ZR 262/90, BGHZ 117, 104, 106, juris Rn. 11.

247 OLG Köln, 21.08.2015, 6 U 41/15, WRP 2015, 1385, 1387, Ls. 2 – *Glücksspiele*.

178 Teils wird – unter Hinweis auf die vorstehend angeführte Rechtsprechung – für die Wissensvertretung auch auf die Kenntnis von Mitarbeitern abgestellt, von denen aufgrund ihrer Stellung im Unternehmen »typischerweise erwartet« werden kann, dass sie die Wettbewerbsrelevanz der Handlung eines Mitbewerbers erkennen und an entscheidungsbefugte Personen weiterleiten.[248] Dem hat sich ein Teil der Rechtsprechung angeschlossen. Danach soll schon das Wissen solcher Personen maßgeblich sein, von denen nach ihrer Funktion erwartet werden darf, dass sie die Wettbewerbsrelevanz des Verhaltens erkennen und ihre Kenntnis an die weitergeben, die im Unternehmen zu Entscheidungen über das Einleiten entsprechender Maßnahmen befugt sind.[249] Entsprechend wird dem Unternehmer teilweise bereits die Kenntnis des Sachbearbeiters[250] einer Vertriebsabteilung[251] oder eines Rechtsanwaltes, den der Anspruchsinhaber zur Abwehr einer gegen ihn gerichteten Abmahnung eingeschaltet hat und der im Zuge der Bearbeitung dieses Mandats auf einen Wettbewerbsverstoß des Abmahnenden stößt[252], zugerechnet.

179 Das erscheint mitunter zu weitgehend.[253] Die regelmäßig für die Feststellung einer Wissensvertretung erforderlichen Voraussetzungen könnten verwischt werden. Dies jedenfalls dann, wenn die tatsächlichen Umstände nicht hinreichend deutlich erkennen lassen, dass der betreffende Mitarbeiter oder sonstige Dritte vom Geschäftsherren gerade mit der Verfolgung von Wettbewerbsverstößen Dritter betraut ist oder es zu seinem Aufgabenbereich gehören soll, derartige Informationen an die mit der Rechtsverfolgung betrauten Personen weiterzuleiten. Ohne die Kenntnis von unternehmensinternen Aufgabenzuweisungen wird der Anspruchsgegner letzteres zwar zumeist nicht feststellen und dem Gericht darlegen können. Die Wendung »…typischerweise erwartet werden darf/kann« darf aber nicht die Möglichkeit für eine Wissenszurechnung eröffnen, die jenseits der für den Wissensvertreter nach § 166 Abs. 1 BGB analog entwickelten Kriterien liegt. Die Frage, was für Beschäftigte einzelner Unternehmen oder

248 Berneke/Schüttpelz, Rn. 144 m.w.N.; *Köhler*/Bornkamm/Feddersen, § 11, Rn. 1.27, und § 12, Rn. 3.15a.

249 OLG Frankfurt, 06.01.2000, 6 W 149/99, NJW 2000, 1961 (betr. Kennzeichenrecht); 11.06.2013, 3 W 72/12, WRP 2013, 1068, Ls. 2.; 27.03.2014, 6 U 243/13, WRP 2014, 981, 983, Ls. 3; 10.08.2017, 6 U 63/17, WRP 2017, 1392, Ls. (analoge Anwendung von § 166 Abs. 1 BGB); OLG Frankfurt, 26.09.2018, 6 U 49/18, WRP 2019, 99, juris Rn. 20 – *Steckdübel III*; OLG Köln, 22.01.2010, 6 W 149/09, GRUR-RR 2010, 493, juris Rn. 2 – *Ausgelagerte Rechtsabteilung*; OLG Köln, 13.12.2013, 6 U 100/13, GRUR-RR 2014, 127 f., juris Rn. 14 – *Haarverstärker*; OLG Köln, 25.07.2014, 6 U 197/13, WRP 2014, 1085, Ls. 1; OLG Köln, 21.08.2015, 6 U 41/15, WRP 2015, 1385, 1387, juris Rn. 35 – *Glücksspiele*; OLG Düsseldorf, 13.04.2010, 20 U 25/09; OLG Brandenburg, 14.04.2011, 6 U 79/10, WRP 2012, 747, juris Rn. 28.

250 OLG Köln, 13.12.2013, 6 U 100/13, GRUR-RR 2014, 127 f., juris Rn. 14 – *Haarverstärker*; OLG Frankfurt, 26.09.2018, 6 U 49/18, WRP 2019, 99, juris Rn. 20 – *Steckdübel III*.

251 OLG Frankfurt, 06.01.2000, 6 W 149/99, NJW 2000, 1961, juris Rn. 15–17 (betr. Kennzeichenrecht).

252 *OLG Hamm, 03.05.2011*, 4 U 9/11, GRUR-RR 2011, 329, juris Rn. 33 – *Salve einer Abmahngemeinschaft*; OLG Frankfurt, 11.06.2013, 3 W 72/12, WRP 2013, 1068, Ls. 2.

253 Ebenso wohl Ahrens/Singer, Kap. 45, Rn. 29.

Unternehmensbereiche »typisch« ist und was von den jeweiligen Beschäftigten »erwartet werden darf«, ist einer Vielzahl von wertenden Betrachtungen zugänglich. Wann von einem Beschäftigten die Weiterleitung von Informationen etwa an die Rechtsabteilung erwartet werden kann oder darf, wird dann aber letztlich vom jeweils entscheidenden Gericht festgestellt. Eine eindeutige Grundlage in der Aufgabenzuweisung durch den Geschäftsherren muss eine solche Entscheidung dann nicht mehr zwingend haben.

Wissen ihres Prozessbevollmächtigten, welches dieser aufgrund einer früheren Tätigkeit **180**
für einen anderen Mandanten erlangt hat, kann dem Antragsteller keinesfalls zugerechnet werden.[254] Hier fehlt es ebenfalls an der Betrauung des Rechtsanwaltes mit der Rechtsverfolgung im Interesse des neuen Mandanten, zumal die Schweigepflicht des Rechtsanwalts einer Informationsweitergabe an den neuen Mandanten entgegensteht.

Für nach § 8 Abs. 3 Nr. 2 UWG anspruchsberechtigte Verbände kommt es grundsätz- **181**
lich auf die Kenntnis der zuständigen Verbandsmitarbeiter an.[255] Lässt sich der Verband allerdings bloß als Werkzeug vorschieben, um einem einzelnen Mitbewerber über den Verlust der Dringlichkeit hinwegzuhelfen, dann ist auf die Kenntnis des Mitbewerbers abzustellen auf dessen Anregung der Verband gegen den Konkurrenten vorgegangen ist.[256] Die Darlegungs- und Glaubhaftmachungslast für derartige Umstände liegt beim Antragsgegner.[257] Kann ein solches missbräuchliches Vorschieben eines Verbandes durch einen Wettbewerber nicht festgestellt werden, kommt es nicht darauf an, dass der Verband von einem Wettbewerber auf die Verletzungshandlung aufmerksam gemacht worden ist. Es gelten die allgemeinen Dringlichkeitsmaßstäbe; ein etwaiges Allgemeininteresse ist nicht zu berücksichtigen.[258] Ebenso wenig etwaige technische oder organisatorische Schwierigkeiten wegen mangelnder Ausstattung des Verbandes.[259] Auch hier ist eine Einzelfallbetrachtung geboten. Wie jeder Wettbewerber kann der Verband Umstände darlegen, die nachvollziehbar erkennen lassen, dass sein zögerliches Handeln nicht auf eine für ihn mangelnde Eilbedürftigkeit hinweist.[260] Bei starren

---

254 HansOLG Hamburg, 16.02.2017, 3 U 194/15, WRP 2017, 1129, Os. 2 – *»HSA frei«*.

255 OLG München, 12.07.1990, 29 U 3161/90, WRP 1990, 719, 720; OLG Hamm, 07.07.1998, 4 U 113/98, WRP 1998, 1102, juris Rn. 10; Berneke/Schüttpelz, Rn. 144; FBO/Büscher, § 12, Rn. 81; *Köhler*/Bornkamm/Feddersen, § 12, Rn. 3.17.

256 HansOLG Hamburg, 14.05.1987, 3 U 8/87, GRUR 1987, 721, 722; OLG Frankfurt, 05.02.1991, 6 W 183/90, GRUR 1991, 471, Ls.; KG, 24.04.1992, 5 U 381/92, NJW-RR 1993, 555, Ls. 1 und juris Rn. 26; OLG Karlsruhe, 05.05.1993, 6 W 23/93, GRUR 1993, 697, Ls. 2 und juris Rn. 5; Berneke/Schüttpelz, Rn. 181; Harte/Henning/Retzer, § 12, Rn. 317; *Köhler*/Bornkamm/Feddersen, § 12, Rn. 3.17; Teplitzky/Feddersen, Kap. 54, Rn. 35.

257 HansOLG Hamburg, 10.10.1991, 3 U 58/91, WRP 1992, 186, 187.

258 OLG Frankfurt, 29.06.1988, 6 W 73/88, GRUR 1988, 849, Ls.; 11.01.1996, 6 W 137/95, juris, teilweise wiedergegeben in WRP 1991, 721; OLG München, 12.07.1990, 29 U 3161/90, WRP 1991, 51, 53; Berneke/Schüttpelz, Rn. 181; Teplitzky/Feddersen, § 12, Rn. 32.

259 Harte/Henning/Retzer, § 12, Rn. 318; a.A. OLG Frankfurt, 29.06.1988, 6 W 73/88, GRUR 1988, 849; *Köhler*/Bornkamm/Feddersen, § 12, Rn. 3.17; Teplitzky/Feddersen, Kap. 54, Rn. 33 (aber enge Grenzen insoweit).

260 FBO/Büscher, § 12, Rn. 82.

Dringlichkeitsfristen nützt ihm das allerdings nichts.[261] In älteren Entscheidungen sind Wettbewerbsverbänden unter Dringlichkeitsgesichtspunkten teils längere Fristen zur Anspruchsverfolgung gewährt worden. Möglicherweise hat die daran geübte Kritik[262] dazu geführt, dass diese Rechtsprechung seit Ende der 1980er Jahre nicht mehr aufgenommen worden ist.

bb) Beginn der Anspruchsverfolgung

182 Soweit ersichtlich, orientieren sich alle Gerichte für die Dringlichkeitsprüfung an bestimmten zeitlichen Grenzen, die – wenn sie überschritten sind – zur Widerlegung der Dringlichkeitsvermutung führen (können). Vergeht von der Kenntnis des Wettbewerbsverstoßes bis zur Einleitung des Eilverfahrens zu viel Zeit, dann kann schon daraus geschlossen werden, dass es dem Anspruchsteller mit der Durchsetzung seiner Ansprüche selbst nicht eilig ist.

183 Einige Gerichte wenden insoweit starre Fristen an. Andere orientieren sich an bestimmten zeitlichen Grenzen, nehmen aber korrigierend eine Einzelfallbetrachtung vor, die, wenn besondere Umstände vorliegen, auch eine Überschreitung der Fristen rechtfertigen kann. Teils lassen sich nämlich längere Laufzeiten nicht vermeiden, weil etwa ein Verfügungsanspruch erst mit Aussicht auf Erfolg glaubhaft gemacht werden kann, wenn weitere Ermittlungen abgeschlossen sind[263] oder ein erforderliches Sachverständigengutachten erstellt worden ist. Dabei kann es sich u.U. auch um ein demoskopisches Privatgutachten handeln.[264] Der Antragsteller läuft dabei stets Gefahr, dass das Gericht die Einholung des Gutachtens als nicht erforderlich ansieht und deshalb den wegen des Gutachtenauftrag verzögerten Antrag als nicht mehr dringlich erachtet. Es kann weiter vorkommen, dass die Parteien in länger währende Vergleichsverhandlungen eingetreten sind[265], so dass starre Fristen eine vorzugswürdige gütliche Einigung erschweren können.

184 Auch muss berücksichtigt werden, dass der Einleitung des Verfügungsverfahrens nach der Sollvorschrift des § 12 Abs. 1 1 eine Abmahnung des Antragsgegners vorangehen soll. Diese sollte möglichst zügig unter Setzung angemessener Fristen erfolgen. Eine zu großzügige Gewährung von Fristverlängerungen oder zeitlich ausufernde Vergleichsverhandlungen[266] kann dringlichkeitsschädlich sein. Der fruchtlose Ablauf einer dem Antragsgegner gesetzten und nach Stunden bemessenen Erklärungsfrist bis zu einer

---

261 Vgl. aber trotz starrer Fristen OLG München, 24.09.1992, 29 U 3969/92, WRP 1993, 49, 50 (anders, wenn sich der Verletzte Unterlagen noch nicht beschaffen konnte, obwohl er sich hierum mit der gebotenen Eile und dem gehörigen Nachdruck bemüht hat).

262 Vgl. die Nachweise bei Teplitzky/Feddersen, § 12, Rn. 32 (»Meinungsrest«).

263 OLG Saarbrücken, 31.08.2016, 1 U 150/15, GRUR-RR 2017, 80, juris Rn. 26 – *Clever + Partnerprogramm*.

264 KG, 06.02.1992, 25 U 6565/91, WRP 1992, 568, unter Hinweis auf eine ältere Entscheidung des Senats v. 04.01.1990.

265 OLG Oldenburg, *19.06.2015*, 6 U 66/15, MDR 2016, 109, juris Rn. 26f. – *Dekor Sonoma Eiche* (dann 6 Wochen noch ausreichend zügig).

266 KG, 20.10.1992, 5 U 3558/92, GRUR 1993, 929, Ls. 1 und juris Rn. 5.

bestimmten Uhrzeit nötigt den Antragsteller unter Dringlichkeitsgesichtspunkten aber nicht schon dazu, den Verfügungsantrag noch am Tag des Fristablaufs einzureichen.[267]

Erfolgt vor Antragstellung keine Abmahnung und wird eine einstweilige Verfügung dennoch erlassen (sog. Schubladenverfügung[268]) geht das nicht schon mit einem Dringlichkeitsverlust einher; das sich daran anschließende Verhalten ist maßgeblich.[269] **185**

Stets ist es am Antragsteller, die Umstände die aus seiner Sicht zwingend zur Verzögerung der Einleitung des Verfügungsverfahrens geführt haben, darzulegen und glaubhaft zu machen. **186**

Insbesondere den Oberlandesgerichten ist regelmäßig daran gelegen, schon aus Gründen der Rechtssicherheit an einmal getroffenen Entscheidungen – gerade auch zur Dringlichkeit – festzuhalten. Dennoch kann es im Laufe der Jahre schon wegen wechselnder richterlicher Besetzung der Spruchkörper zu Veränderungen in der Rechtsprechungspraxis kommen. Dem Rechtssuchenden ist es daher anzuraten, sich vor dem Gang zu Gericht über die jeweils aktuelle Rechtsprechungspraxis zu informieren. **187**

(1) Rechtsprechungsübersicht – Fristen

Eine – starre – Frist von 1 Monat wenden an: die Oberlandesgerichte Hamm[270], München[271] und Nürnberg[272]. **188**

Eine Regelfrist von 1 Monat, teils mit der Möglichkeit, dass im Einzelfall besondere Umstände ein längeres Zuwarten rechtfertigen können oder eine geringfügige Über- **189**

---

267 HansOLG Hamburg, 16.02.2017, 3 U 194/15, WRP 2017, 1129, Os. 4 – *»HSA frei«*.

268 Siehe dazu ausführlich Teplitzky/Feddersen, Kap. 54, Rn. 24a und Kap. 55, Rn. 3 ff.

269 FBO/Büscher, § 12, Rn. 86; siehe auch Teplitzky/Feddersen, Kap. 54, Rn. 24bff.

270 OLG Hamm, 10.01.2013, 4 U 129/12, MD (VSW) 2013, 434, juris Rn. 25 – *Eröffnungspreise*;10.09.2013, 4 U 48/13, juris Rn. 82; 22.10.2013, 4 U 66/13, juris Rn. 5; 13.02.2014, 4 U 172/13, juris Rn. 4; 21.04.2016, 4 U 44/16, juris Rn. 3.

271 OLG München, 22.04.2008, 29 W 1211/08, WRP 2008, 972 (976), juris Rn. 52 – *Jackpot-Werbung*; 14.11.2013, 6 U 1888/13, WRP 2014, 591, 595, juris Rn. 43; OLG München, OLG München, 14.07.2016, 29 U 953/16, WRP 2016, 1557, juris Rn. 111 – *Kein Vollgas*; OLG München, 20.10.2016, 6 U 2046/16, GRUR-RR 2017, 11, juris Rn. 62 – *»Acryl« und »Cotton« als Textilkennzeichnung*; OLG München, 28.11.2016, 6 W 1563/16, MD (VSW) 2017, 180, juris Rn. 1 – *Nachfasspflicht*; OLG München, 17.11.2016, 29 U 3281/16, MD (VSW) 2017, 183, juris Rn. 14 – *Epigenetik*; OLG München, 14.06.2018, 29 U 732/18, GRUR 2018, 1050, juris Rn. 69 – *Fack Ju Göhte 3, Kinox.to.*

272 OLG Nürnberg, 13.11.2001, 3 U 3189/01, MDR 2002, 533, juris Rn. 5; 13.11.2018, 3 W 2064/18, juris Rn. 23.

schreitung möglich ist, befürworten die Oberlandesgerichte in Celle[273], Dresden[274], OLG Jena[275], Karlsruhe[276], Koblenz[277], Oldenburg[278] und Saarbrücken[279].

190 An einer Monatsfrist orientieren sich grundsätzlich wohl auch die Oberlandesgerichte in Bamberg[280] und Brandenburg[281], die aber auch auf die Umstände des Einzelfalls, insbesondere auf den Grund des Zuwartens schauen, und inzwischen[282] auch in Köln.[283]

191 Längere Fristen als einen Monat haben ausdrücklich das Kammergericht sowie die Oberlandesgerichte in Düsseldorf, Frankfurt, Hamburg, Rostock, Stuttgart und Zweibrücken:

192 Das Kammergericht sieht ein Zuwarten, das nicht länger als 2 Monate dauert, regelmäßig nicht als dringlichkeitsschädlich an.[284] Von dieser Regelfrist können Ausnahmen allenfalls bei besonders extremen Umständen des Einzelfalls in Betracht kommen.[285]

---

273 OLG Celle, 20.01.2014, 13 W 100/13, WRP 2014, 477, juris Rn. 7; OLG Celle, 08.06.2017, 13 U 53/17 GRUR 2017, 1158, 1159, juris Rn. 23 – *Hashtag #ad*; OLG Celle, 06.02.2018, 13 U 134/17, GRUR-RR 2018, 372, juris Rn. 27 (regelmäßige Widerlegung der Dringlichkeit nach Ablauf der Monatsfrist).

274 OLG Dresden, 29.09.1998, 14 U 433/98, NJW-WettbR 1999, 130, juris Rn. 6; OLG Dresden, 27.11.2018, 4 U 1282/18, Ls. 1 und Rn. 11, juris (bei vorheriger Abmahnung auch länger).

275 OLG Jena, 26.11.2010, 2 U 190/10, MD (VSW) 2011, 755, Ls.; 13.02.2014, 4 U 172/13, juris Rn. 4; 19.02.2014, 2 U 668/13, GRUR-RR 2014, 294, 296, juris Rn. 24 (bei einfach recherchierbaren, leicht darzustellenden Wettbewerbsverstößen = Monatsfrist); 02.04.2015, 6 U 17/15, MD (VSW) 2015, 516, juris Rn. 61 (weniger als 6 Wochen nicht dringlichkeitsschädlich); 21.04.2016, 4 U 44/16, juris Rn. 3.

276 OLG Karlsruhe, 25.04.2007, 6 U 43/07, WRP 2007, 822, Ls. und juris Rn. 12.

277 OLG Koblenz, 23.02.2011, 9 W 698/10, GRUR 2011, 451, Ls. und juris Rn. 9, in Abkehr von der vorangegangenen Rechtsprechung.

278 OLG Oldenburg, 19.06.2015, 6 U 66/15, MDR 2016, 109, juris Rn. 26f. – *Dekor Sonoma Eiche*.

279 OLG Saarbrücken, 31.08.2016, 1 U 150/15, GRUR-RR 2017, 80, juris Rn. 26 – *Clever + Partnerprogramm*.

280 OLG Bamberg, 12.02.2014, 3 U 192/13, WRP 2014, 609, juris Rn. 66.

281 OLG Brandenburg, 14.04.2011, 6 U 79/10, WRP 2012, 747, juris Rn. 28; 18.09.1997, 6 W 58/97, WRP 1998, 97.

282 In der Vergangenheit großzügiger, siehe dazu die Nachweise bei Berneke/Schüttpelz, Rn. 169.

283 OLG Köln, 22.01.2010, 6 W 149/09, GRUR-RR 2010, 493 – *Ausgelagerte Rechtsabteilung*; OLG Köln, 22.03.2013, 6 U 12/13, WRP 2013, 935, 936 – *belegte Wirksamkeit*; OLG Köln, 25.07.2014, 6 U 197/13, WRP 2014, 1085, 1088, juris Rn. 23 – *L-Thyrox*; 13.05.2015, 6 W 16/15, juris Rn. 15; 14.07.2017, 6 U 197/16, juris Rn. 71; OLG Köln, 29.06.2018, 6 U 60/18, GRUR-RR 2019, 18, juris Rn. 119 – *Sonnenlogo*.

284 KG, 07.11.1997, 5 U 4717/97, NJWE WettbR 1998, 269 (270); KG, 14.12.2010, 5 W 295/10, WRP 2011, 640, Ls.; KG, 25.10.2011, 5 U 93/10, MD (VSW) 2012, 39, juris Rn. 98; KG, 01.08.2014, 5 W 240/14, juris; KG, 17.10.2014, 5 U 63/14, GRUR-RR 2015, 181, 182, juris Rn. 37 – *Faxversand ohne Beglaubigungsvermerk*.

285 KG, 14.12.2010, 5 W 295/10, WRP 2011, 640, Ls. 1; KG, 02.06.2017, 5 U 196/16, MD (VSW) 2017, 724, juris Rn. 4 – *CoolSculpting*.

Nach ständiger Rechtsprechung des OLG Düsseldorf beträgt die Frist zur Überlegung und Vorbereitung eines gerichtlichen Eilverfahrens im Regelfall ebenfalls 2 Monate, gerechnet vom Zeitpunkt der Kenntnisnahme des angegriffenen Verstoßes an. Diese Frist ist indes nicht schematisch und ohne Rücksicht auf die besonderen Umstände des Einzelfalls anzuwenden. In außergewöhnlichen Ausnahmefällen kann die Dringlichkeitsvermutung sogar schon vor Ablauf der Frist widerlegt sein, wenn der Verfügungskläger ohne triftigen Grund über längere Zeit nichts zur Verfolgung seiner Rechte unternommen hat.[286] **193**

Das OLG Frankfurt legt eine 6-Wochen-Frist zugrunde, bei der es sich ebenfalls nicht um eine starre Frist, sondern nur um einen groben Zeitrahmen handelt, an welchem sich die unter Beachtung aller Umstände des Einzelfalls vorzunehmende Beurteilung orientieren kann.[287] **194**

Das HansOLG Hamburg wird im Schrifttum teils mit Dringlichkeitsfristen zwischen 6 Wochen und 6 Monaten zitiert.[288] 6 Monate sind dabei als äußerste Grenze der Dringlichkeit bezeichnet worden.[289] Tatsächlich findet sich in der jüngeren Rechtsprechung dafür, dass eine jegliche Rechtsverfolgung innerhalb von sechs Monaten noch als dringlichkeitsunschädlich angesehen würde, keine Anhaltspunkte. Die Entscheidungen bewegen sich in einem Bereich von ca. 6 bis 8 Wochen zwischen Kenntnis und Stellung des Verfügungsantrages, wobei dem Anspruchsteller ein umso zügigeres Handeln nach der Zurückweisung der Abmahnung anzuraten ist, wenn er bereits nach Kenntnis vom Wettbewerbsverstoß bis zur Abmahnung viel Zeit hat verstreichen lassen. **195**

Ein Zeitraum von ca. 1 Monat von der Kenntnis bis zur Abmahnung zuzüglich weiterer 2 Wochen bis zum Verfügungsantrag ist als »noch« nicht dringlichkeitsschädlich angesehen worden.[290] Eine Zeit von 5 ¼ Wochen absoluter Untätigkeit zwischen Kenntnis und Abmahnung[291] und – bei fehlender Abmahnung – einen Zeitraum von 6 Wochen bis zur Einreichung des Verfügungsantrages[292] hat das HansOLG Hamburg aber **196**

286 OLG Düsseldorf, 21.04.1998, 20 U 155/97, NJW-WettbR 1999, 15, Ls. und juris Rn. 5; 11.03.2014, 20 U 151/13, juris Rn. 15; 01.07.2014, 20 U 231/13, GRUR-RR 2015, 65, Ls.; 25.11.2014, 20 U 154/14, juris Rn. 21; 28.05.2015, 2 U 8/15, OS und juris Rn. 5.

287 OLG Frankfurt, 11.06.2013, 6 W 61/13, WRP 2013, 1068, juris Rn. 2; 02.04.2015, 6 U 17/15, WRP 2015, 759; 17.11.2016, 6 U 167/16, juris Rn. 29 (insoweit nicht abgedruckt in CR 2017, 82); OLG Frankfurt, 13.09.2018, 6 U 74/18, WRP 2019, 97, juris Rn. 20.

288 *Köhler*/Bornkamm/Feddersen, § 12, Rn. 3.15b unter Hinweis auf HansOLG Hamburg, 12.02.2007, 5 U 189/06, WRP 2007, 675, 677, Rn. 19 ff. (über sechswöchiges Zuwarten dringlichkeitschädlich); 10.04.2008, 3 U 78/07, GRUR-RR 2008, 366, juris Rn. 31f. (fast einmonatiges Zuwarten nach Zurückweisung der Abmahnung bei geklärtem Sachverhalt dringlichkeitsschädlich); siehe auch zur älteren Rechtsprechung des HansOLG Hamburg die Nachweise bei Berneke/Schüttpelz, Rn. 164.

289 HansOLG Hamburg, 14.03.1996, 3 U 28/96, WRP 1996, 774, juris Rn. 9.

290 HansOLG Hamburg, 28.05.2009, 3 U 191/08, MMR 2010, 178, juris Rn. 77.

291 HansOLG Hamburg, 05.03.2009, 3 U 159/08, MD (VSW) 2009, 766, juris Rn. 72.

292 HansOLG Hamburg, 12.02.2007, 5 U 189/06, WRP 2007, 675, 677, juris Rn. 19.

bereits als dringlichkeitsschädlich eingestuft.[293] Auch muss der Antragsteller nach der Zurückweisung der Abmahnung zügig vorgehen. Lässt er trotz zügiger Abmahnung nach deren Zurückweisung fast 1 Monat bis zur Einreichung des Verfügungsantrages vergehen, kann das schon dringlichkeitsschädlich sein.[294] Ein Zuwarten von Mitte Dezember (Kenntnis) bis Ende Januar des Folgejahres (Einreichung Verfügungsantrag) ist nur mit Blick auf die Feiertage als gerade noch zeitnah angesehen worden.[295] Im Bereich der Heilmittelwerbung ist ein Zeitraum ca. 6 Wochen zwischen Erhalt von angegriffenen Werbeunterlagen und der Abmahnung nur mit Blick auf erhebliche Schwierigkeiten der im konkreten Fall zu beurteilenden inhaltlichen Fragen und angesichts eines in diesem Bereich im Interesse der ordentlichen Vorbereitung des Verfügungsverfahrens sachgerechten tendenziell großzügigen Maßstabes als durchaus im »Grenzbereich zur verzögerlichen Behandlung« liegend angesehen und ein weiterer Zeitraum von ca. 2 Wochen von der Abmahnung bis zur Einreichung des Verfügungsantrages noch als dringlichkeitsunschädlich erachtet worden.[296] Hat der Anspruchsteller allerdings nach Kenntnis von einem Wettbewerbsverstoß bereits einen Verfügungsantrag wegen einer anderen Verletzungshandlung gestellt, ohne die neuerliche Verletzungshandlung einzubeziehen, kann schon das die Dringlichkeitsvermutung widerlegen.[297]

197 Das OLG Rostock wendet keine starren Fristen an, sondern stellt auf eine Einzelfallprüfung ab. Nach seiner Rechtsprechung kann bei Vorliegen nachvollziehbarer Gründe für eine verzögerte Antragstellung ein Zeitraum von 2 bis ausnahmsweise 3 Monaten noch dringlichkeitsunschädlich sein.[298]

198 Das OLG Stuttgart hält das Überschreiten einer Frist von 8 Wochen bzw. 2 Monaten regelmäßig für dringlichkeitsschädlich. Ein Zeitraum von mehr als 3 Monaten wird nicht mehr toleriert.[299]

---

293 Siehe auch HansOLG Hamburg, 18.08.2017, 7 U 72/17, WRP 2017, 1413 (Pressesache; 5-wöchiges Zuwarten dringlichkeitsschädlich).

294 HansOLG Hamburg, 10.04.2008, 3 U 78/07, GRUR-RR 2008, 366, juris Rn. 31 f., allerdings unter Hinweis auf eine vom Antragsteller bereits hergestellte Musterabmahnung.

295 HansOLG Hamburg, 10.01.2002, 3 U 166/01, MDR 2002, 1026, juris Rn. 19.

296 HansOLG Hamburg, 20.09.2012, 3 U 53/11, WRP 2013, 196 (199), juris Rn. 32.

297 HansOLG Hamburg, 24.01.2012, 5 W 161/11, MD (VSW) 2012, 506, juris Rn. 22.

298 OLG Rostock, 21.12.2016, 2 U 15/16, WRP 2017, 235, 236.

299 Für das **UrhR**: OLG Stuttgart, 05.02.2009, 4 U 204/08, OLGR Stuttgart 2009, 633, 634; 11.08.2010, 4 U 106/10, juris Rn. 21; zum **Markenrecht** (aber § 12 Abs. 2 analog): 12.10.2017, 2 U 162/16, WRP 2018, 369, 371, Ls. und juris Rn. 49; OLG Stuttgart, 07.06.2018, 2 U 156/17, WRP 2018, 1248, juris Rn. 33 – *Null-Gebühren-Girokonto*; 05.07.2018, 2 U 167/17, WRP 2018, 1252, juris Rn. 16 – *Werbung auf Grabsteinen* (unter einem Monat zwischen Kenntnis und Antragstellung regelmäßig unschädlich, über acht Wochen *regelmäßig dringlich*keitsschädlich); in älteren Entscheidungen zum **UWG** sind rund *2 Monate* nicht beanstandet worden: OLG Stuttgart, 12.03.1993, 2 U 250/92, WRP 1993, 628, juris Rn. 16; 08.10.1993, 2 U 176/93, WRP 1994, 57, juris Rn. 47.

vorbeugende Unterlassungsansprüche auf unsicherer Grundlage und nur unscharfer Vorstellungen über die drohende konkrete Verletzungshandlung geltend zu machen. Vielmehr darf er dann abwarten, wie genau die schon erwartete Verletzungshandlung aussieht, um auf die konkrete Verletzungsform bezogene Unterlassungsansprüche im Eilverfahren zu verfolgen.

Anders kann es nur dann sein, wenn eine erst drohende Verletzungshandlung nach 204
den Umständen schon so hinreichend klar erkennbar oder aber in jedem denkbaren Zusammenhang unzulässig ist, dass ein Verbot einer konkreten Verletzungshandlung oder auch ein verallgemeinertes Verbot mit weitem Kernbereich, von dem verschiedene künftige Verletzungshandlungen erfasst sein können, denkbar ist. Dann ist die Dringlichkeitsvermutung widerlegt, wenn der Gläubiger nicht die Möglichkeit ergreift, auf eine schon erkennbare Erstbegehungsgefahr gestützte Unterlassungsansprüche durchzusetzen, sondern die kerngleiche Verletzungshandlung abwartet.[313] »Testfrage« ist in diesem Zusammenhang, ob der Anspruchsteller gerade seinen später auf Wiederholungsgefahr gestützten Anspruch nach dem Inhalt der Anspruchsbegründung auch schon vorbeugend unter dem Gesichtspunkt der Erstbegehungsgefahr hätte durchsetzen können.

(3) Nachträgliche Anspruchserweiterung oder -begründung

Es ist dem Anspruchsteller nicht erlaubt, verschiedene Verletzungshandlungen zu »sam- 205
meln«, um dann mehrere darauf fußende Ansprüche in einem einheitlichen Verfügungsverfahren geltend zu machen, wenn er sich dabei wegen einzelner Streitgegenstände zögerlich verhält. Die Dringlichkeit ist für jeden Anspruch gesondert zu prüfen.[314] Daher darf der Anspruchsinhaber etwa verschiedene wettbewerbswidrige Werbeunterlagen in getrennten Verfahren verfolgen, ohne sich dem Vorwurf der verbotenen Salami-Taktik ausgesetzt zu sehen. Wartet er nämlich mit der Durchsetzung des einzelnen Anspruches zu lange ab, kann das dringlichkeitsschädlich sein.[315]

Das gilt deshalb auch, wenn im laufenden Verfügungsverfahren bis dahin noch nicht 206
anhängige Ansprüche, die neue Streitgegenstände betreffen, geltend gemacht[316] oder entsprechende Hilfsanträge gestellt[317] oder zunächst auf täterschaftliches Handeln

---

313 Vgl. OLG Frankfurt, 17.01.2013, 6 U 88/12, GRUR-RR 2014, 82, Ls. – *Qualitätssprung*; Teplitzky/Feddersen, Kap. 54, Rn. 37.

314 HansOLG Hamburg, 10.04.2008, 3 U 182/07, MD (VSW) 2008, 766, juris Rn. 52 und Ls. 1 – Nichts hilft schneller (noch zur Streitgegenstandsbetrachtung vor der »**Biomineralwasser**«*-Entscheidung des BGH); KG, 02.06.2017,* 5 U 196/16, MD (VSW) 2017, 724, juris Rn. 4 – *CoolSculpting*; Teplitzky/Feddersen, Kap. 54 Rn. 40.

315 HansOLG Hamburg, 05.03.2009, 3 U 159/08, MD (VSW) 2009, 766, Ls.1.

316 HansOLG Hamburg, 24.09.1991, 3 U 82/81, WRP 1982, 161; 21.06.2007, 3 U 252/06, GRUR-RR 2008, 293, juris Rn. 40 (Verletzung einer erst nach Kenntnis von der Verletzungshandlung eingetragenen abstrakten Farbmarke).

317 OLG Düsseldorf, 10.07.1997, 2 U 9/97, WRP 1997, 968, 970 und Os. 1 (mit der Folge, dass wegen der infolge des Hilfsantrages notwendigen Vertagung auch der Hauptantrag mangels Dringlichkeit zurückgewiesen wurde).

gestützte Ansprüche nachfolgend unter dem Gesichtspunkt der Störerhaftung geltend gemacht[318] werden. Geschieht dies – wie häufig – nach schon längerer Kenntnis des maßgeblichen Sachverhalts erst in dringlichkeitsschädlicher Zeit, etwa erst im Widerspruchsverfahren[319] oder gar im Berufungsverfahren[320], fehlt es am Verfügungsgrund.

207 U.U. kann es dringlichkeitsschädlich sein, wenn bei gleichem Streitgegenstand neue Tatsachen in den bereits begonnenen Rechtsstreit eingeführt werden. Das gilt jedenfalls im Bereich der Irreführungstatbestände. Greift der Anspruchsteller etwa eine konkrete Verletzungsform unter neuen Irreführungsaspekten an, dann kann das nämlich, wenn eine Verletzungshandlung unter diesem – neuen – Gesichtspunkt bejaht wird, Auswirkungen auf die Reichweite des erstrebten Verbots, insbesondere auf dessen Kernbereich haben.[321]

208 Trägt der Antragsteller zur Begründung einer geltend gemachten Irreführung in tatsächlicher Hinsicht mehrere Fehlvorstellungen vor, so handelt es sich, wenn das Verbot einer konkreten Verletzungsform begehrt wird, zwar nur um einen Streitgegenstand.[322] An der Notwendigkeit, bei einer auf Irreführung gestützten Klage Tatsachenvortrag zu dem jeweils durch die beanstandete Werbung erzeugten Verkehrsverständnis zu halten, hat sich aber durch die veränderte Rechtsprechung des BGH zum Streitgegenstand[323] nichts geändert. Bei einer auf eine Irreführung gestützten Klage setzt sich der maßgebliche Lebenssachverhalt aus der beanstandeten Werbemaßnahme und der nach der Behauptung des Klägers dadurch erzeugten Fehlvorstellung der angesprochenen Verkehrskreise zusammen.[324] Eine irreführende Werbung ist danach nur dann Gegenstand des Streits, wenn der Kläger hinsichtlich einer bestimmten Werbeaussage vorträgt, dass die angesprochenen Verkehrskreise dieser Werbung eine Tatsachenbehauptung entnehmen, die mit der Wirklichkeit nicht übereinstimmt.[325] Die jeweils vorgetragenen Irreführungsaspekte begrenzen die Prüfung des Gerichts. Das Gericht darf einem Verbot, weil es sonst gegen § 308 Abs. 1 ZPO oder – bei einem einheitlichen Streitgegentand – jedenfalls gegen die im Zivilverfahren geltende Dispositionsmaxime verstieße, kein vom

318 OLG Köln, 14.09.2012, 6 U 73/12, GRUR-RR 2013, 49, 50, juris Rn. 14 – *Kirschkerne* (auch unter Berücksichtigung der zunächst nicht an einer Störerhaftung ausgerichteten Antragsfassung); siehe auch Bölling, GRUR 2013, 1092, 1097.

319 OLG Frankfurt, 15.02.2001, 6 U 181/00, MarkenR 2001, 162, juris Rn. 3f.

320 OLG Hamm, 02.08.1994, 4 U 90/94, zitiert nach juris, Rn. 25; OLG Düsseldorf, 12.07.1999, 20 U 40/99, NJWE WettbR 2000, 61, juris Rn. 14; OLG Düsseldorf, 04.08.2011, 2 U 23/11, GRUR-RR 2011, 350, juris Rn. 36 – *Pramipexol*; OLG München, 05.02.2015, 6 U 3249/14, GRUR 2015, 590, 595, Rn. 67, juris Rn. 82 – *Adler im Kreis*.

321 A.A. Harte/Henning/Retzer, § 12, Rn. 322.

322 BGH, 30.06.2011, I ZR 157/10, GRUR 2012, 184, Rn. 15 – *Branchenbuch Berg*; BGH, 13.09.2012, I ZR 230/11, BGHZ 194, 314, Rn. 24 – *Biomineralwasser*.

323 BGH, 13.09.2012, I ZR 230/11, BGHZ 194, 314, Rn. 23 f. – *Biomineralwasser* (Aufgabe der Rechtsprechung, nach der jedes auch nur geringfügig unterschiedliche Verständnis einer Werbeaussage einen eigenen Streitgegenstand bildet; so noch BGH, 13.07.2006, GRUR 2007, 161, Rn. 9 – *Dentalästhetika II*).

324 BGH, 08.06.2000, I ZR 269/97, GRUR 2001, 181, 181 juris Rn. 13 – *Dentalästhetika*.

325 BGH, 13.07.2006, GRUR 2007, 161, Rn. 9 – *Dentalästhetika II*.

Kläger nicht vorgetragenes Verkehrsverständnis zugrunde legen.[326] Denn der Kläger darf sein Rechtsschutzbegehren auch innerhalb eines einheitlichen Streitgegenstands, wie etwa der konkreten Verletzungsform, dahin fassen, dass aus einem bei natürlicher Betrachtungsweise einheitlichen Lebenssachverhalt nur bestimmte Teile zur Beurteilung herangezogen werden sollen. In diesem Sinne selbständig zu beurteilende Teile sind die vom Kläger jeweils angeführten Irreführungsaspekte.[327] Dementsprechend darf auch das Gericht eine Verurteilung nur auf diejenigen Irreführungsgesichtspunkte stützen, die der Kläger schlüssig vorgetragen hat.[328] Die schlüssige Darlegung eines Irreführungsgesichtspunkts setzt Vortrag dazu voraus, durch welche Angabe welcher konkrete Verkehrskreis angesprochen wird, welche Vorstellungen die Angabe bei diesem angesprochenen Verkehrskreis ausgelöst hat, warum diese Vorstellung unwahr ist und dass die so konkretisierte Fehlvorstellung geeignet ist, den Verbraucher oder sonstigen Marktteilnehmer zu einer geschäftlichen Entscheidung zu veranlassen, die er anderenfalls nicht getroffen hätte.[329] Das gilt auch für eine Irreführung, die nach Ansicht des Klägers gerade durch die Kombination von nicht nur isoliert, sondern auch kumulativ angegriffenen Werbeangaben bewirkt wird.

Auch das Verbot der konkreten Verletzungsform, die als solche Streitgegenstand ist, **209**
kann daher nur auf solche Beanstandungen gestützt werden, auf die der Kläger oder

326 BGH, 08.06.2000, I ZR 269/97, GRUR 2001, 181, 181 juris Rn. 13 – *Dentalästhetika*; BGH, 13.07.2006, GRUR 2007, 161, Rn. 9 – *Dentalästhetika II*; BGH, 05.10.2017, I ZR 184/16, GRUR 2018, 203, Ls. und Rn. 14f. (18) – *Betriebspsychologe* (betr. einen nicht auf das Verbot der konkreten Verletzungsform bezogenen Antrag); BGH, 11.10.2017, I ZR 78/16, GRUR 2018, 431, Ls. und Rn. 16 – *Tiegelgröße* (betrifft auf konkrete Verletzungsform bezogenen Antrag); HansOLG Hamburg, 13.09.2012, 3 U 107/11, MD (VSW) 2013, 39, Ls. 1 und juris Rn. 59 – *Kindermilch*; 21.01.2016, 3 U 243/13, GRURPrax 2016, 420, juris Rn. 174; HansOLG Hamburg, 18.05.2017, 3 U 253/16, WRP 2017, 1404, 1407, Ls. und juris Rn. 30 – *Das beste Netz*; OLG Frankfurt, 04.04.2013, 6 W 85/12, WRP 2013, 1072, Ls. und juris Rn. 5 – *Zählrate*; 16.10.2014, 6 U 92/14, WRP 2014, 1482, 1483, Ls. 1 und juris Rn. 3; OLG Frankfurt, 24.05.2016, 6 U 171/14, GRUR-RR 2017, 79, Ls. und juris Rn. 52 – *Ohne Funktionseinschränkung kostenlos*; 29.06.2016, 6 U 110/16, WRP 2017, 94, Ls. 1 und juris Rn. 12; 03.03.2017, 6 W 17/17, WRP 2017, 616, 617; 05.10.2017, 6 U 141/16, WRP 2018, 126, Ls.; *Köhler*/Bornkamm/Feddersen, § 12 Rn. 2.23i.; siehe auch zum Thema der »und/oder«-Anträge Schmidt, GRUR-Prax 2014, 71.

327 BGH, 15.12.2016, I ZR 241/15, GRUR 2017, 295, Rn. 12 – *Entertain*; BGH, 11.10.2017, I ZR 78/16, GRUR 2018, 431, Ls. und Rn. 16 – *Tiegelgröße*.

328 BGH, 05.10.2017, I ZR 184/16, GRUR 2018, 203, Ls. und Rn. 16 ff. – *Betriebspsychologe*; BGH, 11.10.2017, I ZR 78/16, GRUR 2018, 431, Ls. und Rn. 16 – *Tiegelgröße*; OLG Frankfurt, 04.04.2013, 6 W 85/12, WRP 2013, 1072, Ls. und juris Rn. 5 – *Zählrate*; OLG Frankfurt, 24.05.2018, 6 U 46/17, WRP 2018, 984, juris Rn. 20 – *Eukalyptusöl Kapseln, unbeschwerte Atmung*.

329 BGH, 05.10.2017, I ZR 184/16, GRUR 2018, 203, Ls. und Rn. 18 – *Betriebspsychologe*; BGH, 11.10.2017, I ZR 78/16, GRUR 2018, 431, Ls. und Rn. 16 – *Tiegelgröße*; HansOLG Hamburg, 13.09.2012, 3 U 107/11, MD (VSW) 2013, 39, Ls. 1 und juris Rn. 59 – *Kindermilch*; OLG Frankfurt, 04.04.2013, 6 W 85/12, WRP 2013, 1072, Ls. und juris Rn. 5 – *Zählrate*; *Köhler*/Bornkamm/Feddersen, § 12 Rn. 2.23i.

Antragsteller sich im Verfahren berufen hat.[330] Das wirkt sich, soweit eine Entscheidung über einzelne Irreführungsgesichtspunkte ergeht, auf die Reichweite des ausgesprochenen Verbots aus. Wird im Verlauf eines Verfügungsverfahrens erstmals eine vom Antragsteller zunächst nicht erwogene Fehlvorstellung vorgetragen, kann es daher für den Erlass des auf diese Fehlvorstellung gestützten Verbots am Verfügungsgrund fehlen.[331] Denn die Frage, ob aufgrund der Vorkenntnis kerngleicher Verletzungsformen die Dringlichkeitsvermutung des § 12 Abs. 2 widerlegt ist, ist hinsichtlich jedes geltend gemachten tatsächlichen Irreführungsaspekts isoliert zu beurteilen.[332]

210 Das auch dann, wenn das erstinstanzliche Gericht, seiner Entscheidung fälschlich einen nicht vorgetragenen Irreführungsaspekt zugrunde gelegt hat und sich der Anspruchsteller dies erst im Verlauf des Verfahrens zu eigen macht.[333]

211 Nicht dringlichkeitsschädlich ist es dagegen, wenn im Laufe eines Eilverfahrens zur Begründung eines gegen die konkrete Verletzungsform gerichteten Verbots eine weitere Beanstandung nachgeschoben wird und der Antragsteller von den zu der neuen Beanstandung führenden Umständen erst während des Verfahrens Kenntnis erlangt hat.[334] Auch neues Vorbringen, das nicht eine weitere Beanstandung bzw. einen weiteren Irreführungsaspekt ins Verfahren einführt, sondern den Vortrag in Bezug auf eine bereits erhobene Beanstandung lediglich ergänzt, berührt die Dringlichkeit nicht.[335] Denn bloße Ergänzungen des Tatsachenvortrags sind nach Maßgabe allgemeiner zivilprozessualer Verspätungsregelungen zu beurteilen und stehen der Dringlichkeitsvermutung i.d.R. nicht entgegen.[336]

---

330 BGH, 11.10.2017, I ZR 78/16, GRUR 2018, 431, Ls. und Rn. 16 – *Tiegelgröße*; HansOLG Hamburg, 13.09.2012, 3 U 107/11, MD (VSW) 2013, 39, Ls. 1 und juris Rn. 59 – *Kindermilch*; HansOLG Hamburg, 18.05.2017, 3 U 253/16, WRP 2017, 1404, 1407, Ls. und juris Rn. 30 – *Das beste Netz*; OLG Frankfurt, 04.04.2013, 6 W 85/12, WRP 2013, 1072, Ls. und juris Rn. 5 – *Zählrate*; 16.10.2014, 6 U 92/14, WRP 2014, 1482, 1483, Ls. 1 und juris Rn. 3; OLG Frankfurt, 24.05.2016, 6 U 171/14, GRUR-RR 2017, 79, Ls. und juris Rn. 52 – *Ohne Funktionseinschränkung kostenlos*; 29.06.2016, 6 U 110/16, WRP 2017, 94, Ls. 1 und juris Rn. 12; 03.03.2017, 6 W 17/17, WRP 2017, 616, 617; 05.10.2017, 6 U 141/16, WRP 2018, 126, Ls.

331 HansOLG Hamburg, 13.09.2012, 3 U 107/11, MD (VSW) 2013, 39, Ls. 1 und juris Rn. 59 – *Kindermilch*; dazu krit. Anm. von Merx, GRURPrax 2012, 566; HansOLG Hamburg, 26.10.2012, 3 W 72/12, MD (VSW) 2013, 29, juris Rn. 6 und Ls. 1; siehe dazu die Anm. von Kefferpütz, GRURPrax 2012, 593; OLG Frankfurt, 16.10.2014, 6 U 92/14, WRP 2014, 148, 1483, juris Rn. 3 (Verfügungsgrund dort bejaht, nachdem der Antragsgegner erst im Widerspruchsverfahren die dem beanstandeten Irreführungsaspekt zugrunde liegenden Tatsachen vorgetragen hatte); 29.06.2016, 6 U 110/16, WRP 2017, 94, Ls. 1 und juris Rn. 13.

332 HansOLG Hamburg, 26.10.2012, 3 W 72/12, MD (VSW) 2013, 29, Ls. 1; siehe dazu die Anm. von Kefferpütz, GRURPrax 2012, 593.

333 OLG Frankfurt, 29.06.2016, 6 U 110/16, WRP 2017, 94, Ls. 1 und juris Rn. 13.

334 OLG Frankfurt, 16.10.2014, 6 U 92/14, WRP 2014, 1482, 1483, Ls. 2 und juris Rn. 10.

335 OLG Frankfurt, 06.10.2016, 6 U 61/16, WRP 2017, 100, juris Rn. 13 – *Belästigung in Fahrzeugschlange*.

336 Vgl. etwa OLG Schleswig, 02.07.1996, 6 U 20/96, WRP 1996, 937, 938, juris Rn. 14 (Vorlage der Mitgliederliste eines Wettbewerbsvereins erst im 2. Rechtszug).

Stützt der Antragsteller seinen Anspruch bei unverändertem Sachverhalt im Laufe des Eilverfahrens auf eine andere Norm, ist das ebenfalls nicht dringlichkeitsschädlich[337], es sei denn, dass der Streitgegenstand, etwa bei einem Wechsel von lauterkeitsrechtlich zu markenrechtlich begründeten Ansprüchen, ausgewechselt wird. 212

b) Zögerliches Betreiben des Verfahrens

Hat der Antragsteller das Verfügungsverfahren hinreichend zügig eingeleitet, kann ihm dennoch zögerliches Handeln im Verfahrensverlauf als dringlichkeitsschädlich entgegen gehalten werden. 213

aa) In erster Instanz

Verbreitet neigen die Gerichte dazu – und werden vom Verfügungskläger häufig auch in der Antragsschrift darum gebeten – schon im Erlassverfahren Hinweise etwa zur nach Ansicht des Gerichts mangelnden Begründetheit des Anspruchs, unzureichenden Tatsachenvortrags oder fehlender Glaubhaftmachung zu geben.[338] Hat der Antragsteller danach Gelegenheit, seinen Antrag zu »reparieren« und/oder seinen Vortrag und/oder seine Glaubhaftmachungsmittel zu ergänzen, muss das hinreichend zügig geschehen, um die Dringlichkeit zu wahren.[339] 214

Setzt das Gericht Fristen, dann kann die Fristüberschreitung ebenso dringlichkeitsschädlich sein wie ein nicht zwingend begründeter Fristverlängerungsantrag. Ein Antrag auf Terminsverlegung kann ebenso als dringlichkeitsschädlich bewertet werden[340] wie eine zum Erlass eines Versäumnisurteils führende Säumnis des Antragstellervertreters im Verhandlungstermin.[341] Ein wegen laufender Vergleichsverhandlungen gestellter Terminsaufhebungsantrag kann aber unschädlich sein, wenn der Antragsteller nach Scheitern der Vergleichsverhandlung sogleich um einen neuen Termin bittet.[342] Auch die Kombination mehrerer Umstände (Antrag auf Schriftsatznachlass, Terminverlegungsantrag und Ausschöpfung der Berufungsbegründungsfrist) kann die Dringlichkeitsvermutung widerlegen.[343] 215

Die Ausschöpfung der Vollziehungsfrist des § 929 Abs. 2 ZPO ist, weil diese Frist wesentliches Merkmal des Eilcharakters des einstweiligen Rechtsschutzes ist und als 216

337 OLG Düsseldorf, 11.03.2014, 20 U 151/13, juris Rn. 17.

338 Vgl. wegen er dagegen erhobenen Bedenken Teplitzky/Feddersen, Kap. 55, Rn. 5cff.; siehe auch BVerfG, 06.06.2017, 1 BvQ 16/17, Rn. 8 ff. (Rüge wegen Verletzung des Rechts auf prozessuale Waffengleichheit aus Art. 3 (1) GG und auf ein faires Verfahren aus Art. 20 (3) GG durch die einstweiligen Verfügungen grundsätzlich mit der Verfassungsbeschwerde angreifbar, aber im konkreten Fall verfristet).

339 Siehe OLG Frankfurt, 05.12.2008, 6 W 157/08, MMR 2009, 564, 565, juris Rn. 11 (Reaktion auf telefonischen Hinweis des Gerichts nach 3 Tagen noch zeitnah genug).

340 OLG Düsseldorf, 10.07.1997, 2 U 9/97, WRP 1997, 968, 970.

341 OLG Hamm, 31.08.2006, 4 U 124/06, GRUR 2007, 173, 174.

342 OLG Frankfurt, 04.04.2017, 11 W 41/16, WRP 2017, 1519, 1521.

343 OLG Hamm, 02.06.1992, 4 U 74/92, NJW-RR 1993, 366, 367, Ls. 2; vgl. auch GK/Schwippert, § 12 C Rn. 82.

immanente zeitliche Begrenzung des dem Antragsteller gewährten Rechtsschutzes wirkt, i.d.R. nicht dringlichkeitsschädlich.[344] Das kann anders sein, wenn der Gläubiger mit der Zustellung wartet, bis die angegriffene, aber nach der Ankündigung des Schuldners zunächst zeitlich befristete Verletzungshandlung vorbei ist.[345]

217 Ob zögerliches Verhalten im Rahmen des Widerspruchsverfahrens die Dringlichkeitsvermutung widerlegen kann, wird von den Gerichten unterschiedlich beurteilt.[346]

218 Verzichtet der Antragsteller aber nach Erlass einer Beschlussverfügung – auch wegen möglicher Vergleichsverhandlungen oder zur Vermeidung von Schadensersatzansprüchen aus § 945 ZPO – vorläufig auf deren (weitere) Vollstreckung, so ist dies zu Recht schon als dringlichkeitsschädlich bewertet worden.[347] Denn der ausdrückliche Vollstreckungsverzicht »neutralisiert« den durch die Zustellung der einstweiligen Verfügung ausgeübten Vollstreckungsdruck.

219 Die Dringlichkeit ist dagegen nicht schon berührt, wenn der Gläubiger trotz Kenntnis von der Fortsetzung des untersagten Verhaltens lediglich kein Ordnungsmittelverfahren betreibt.[348] Angesichts des schon mit der Zustellung des Verfügungstitels ausgeübten Vollstreckungsdrucks, der auch Schadensersatzansprüche nach § 945 ZPO nach sich ziehen kann, ist jedenfalls bei Unterlassungsverfügungen die bloße Hinnahme von Titelverstößen durch den Gläubiger ohne das Betreiben eines Ordnungsmittelverfahrens noch kein hinreichendes Anzeichen dafür, dass dem Gläubiger die Sache selbst nicht eilig ist.[349] Das OLG Düsseldorf hat deshalb die Anregung des Antragstellers/Gläubigers, über den noch in erster Instanz schwebenden Ordnungsmittelantrag nicht zu entscheiden, sondern zunächst die Berufungsentscheidung im Verfügungsverfahren

---

344 KG, 30.03.2009, 24 U 145/08, WRP 2010, 129, 136, juris Rn. 72; OLG Köln, 07.04.2017, 6 U 135/16, WRP 2017, 1005, 1006, Ls.

345 OLG Düsseldorf, 11.03.1999, 2 U 165/98, WRP 1999, 865, Ls. 1 und juris Rn. 31.

346 Dafür: OLG Düsseldorf, 20.12.1991, 20 U 114/91, GRUR 1992, 189, Os. 1. und 2.; dagegen: OLG Karlsruhe, 23.10.1985, 6 U 155/85, WRP 1986, 232, 234, und Ls. 1. und 2. (Gestaltung des weiteren Verfahrens nach Erlass einer Beschlussverfügung hat grundsätzlich keinen Einfluss mehr auf die Frage der Dringlichkeit); ebenso FBO/Büscher, § 12, Rn. 84.

347 OLG Frankfurt, 25.03.2010, 6 U 219/09, ZLR 2010, 458, Ls. 1. und juris Rn. 4 – *Vorübergehender Vollstreckungsverzicht*; OLG Köln, 29.01.2010, 6 U 177/09, GRUR-RR 2010, 448, 449, Ls. – *Vollstreckungsverzicht im Eilverfahren*; KG, 11.05.2010, 5 U 64/09, GRURPrax 2010, 327, Ls. – *Vorübergehender Vollstreckungsverzicht*; KG, 17.10.2014, 5 U 63/14, GRUR-RR 2015, 181, Os. und juris Rn. 40 – *Faxversand ohne Beglaubigungsvermerk*; FBO/Büscher, § 12, Rn. 84; Berneke/Schüttpelz, Rn. 211; a.A. OLG Karlsruhe, 23.10.1985, 6 U 155/85, WRP 1986, 232, 234; kritisch auch Rehart, MMR 2010, Nr. 9, XVIII-XXI; Isele, WRP 2017, 1050, 1052, siehe dort auch ausführlich zu den Auswirkungen des Betreibens von Ordnungsmittelverfahren auf die Dringlichkeitsvermutung.

348 Isele, WRP 2017, 1050, 1052; a.A. OLG Frankfurt, 25.03.2010, 6 U 219/09, ZLR 2010, 458, Ls. und juris Rn. 6f. – *Whiskey-Cola*; OLG Köln, 07.04.2017, 6 U 135/16, WRP 2017, 1005, 1006 – kein Ordnungsmittelantrag innerhalb von 3 Monaten nach dem erkannten Verstoß.

349 Ebenso *Isele, WRP 2017, 1050, 1052 ff.* – dort Dringlichkeitsschädlichkeit auch verneint für den Fall der Bündelung mehrerer Titelverstöße in einem einzigen Ordnungsmittelantrag und der Einleitung des Ordnungsmittelverfahrens nach Intensivierung der Verletzungshandlung.

abzuwarten, zu Recht nicht schon als dringlichkeitsschädlich erachtet[350], denn hier war ein Ordnungsmittelantrag sogar schon gestellt, auch wenn darüber noch nicht rechtskräftig entschieden worden war.[351] Anders liegt es, wenn aus einem im Eilverfahren wegen eines Auskunftsanspruches erwirkten Titel ohne sachlichen Grund nicht vollstreckt wird[352], denn der Titel wird in diesem Fall nicht schon durch dessen Zustellung, sondern erst durch einen zusätzlichen Zwangsmittelantrag vollständig vollzogen.[353] Deshalb kann hier der bewusste Verzicht des Gläubigers auf eine Zwangsvollstreckungsmaßnahme durchaus Rückschlüsse auf die Dringlichkeitsfrage zulassen.

bb) In zweiter Instanz

Das Verfahren verzögerndes Verhalten des Antragstellers ist insbesondere im Rechtsmittelzug immer wieder Anlass für die Gerichte, die Dringlichkeitsvermutung als widerlegt zu erachten. Das betrifft zum einen die Ausschöpfung und zum anderen die beantragte Verlängerung von Rechtsmittel(begründungs-)Fristen. **220**

Teils wird angenommen, der Antragsteller als Berufungsführer dürfe, weil die Rechtsmittel/-begründungs-Fristen die Dringlichkeitsfrage nicht berührten[354], die Fristen nicht ausschöpfen, um die Dringlichkeit zu wahren.[355] Nach Ansicht des BGH ist die Auffassung, dass die Vermutung der Dringlichkeit auch dann widerlegt sein kann, wenn, wenn die Rechtsmittelfristen ausschöpft werden, »nicht völlig gesetzesfremd oder gar willkürlich«.[356] Das kann indes allenfalls bei tatsächlich und rechtlich einfachen Verfahren gelten.[357] Im Übrigen beanstanden die Gerichte die Ausschöpfung der **221**

350 OLG Düsseldorf, 13.02.2014, 6 U 84/13, GRUR-RR 2014, 273, 276; str.; a.A. OLG Köln, 07.04.2017, 6 U 135/16, WRP 2017, 1005, 1006, Ls. (»Antragsteller muss im Rahmen des gesamten Verfahrens zu erkennen geben, dass für ihn die zeitnahe Beendigung der beanstandeten Handlung von Bedeutung ist.«).

351 Ebenso Isele, WRP 2017, 1050, 1052.

352 KG, 08.04.2011, 5 U 140/10, GRURPrax 2011, 206, Ls.

353 HansOLG Hamburg, 06.06.1996, 3 U 9/96, GRUR 1997, 147, Ls.; *Köhler*/Bornkamm/Feddersen, § 12, Rn. 3.62; Teplitzky/Feddersen, Kap. 55, Rn. 40c, 40d; a.A. OLG Frankfurt, 20.11.1997, 6 U 139/97, WRP 1998, 223, Ls.

354 Teplitzky, WRP 2013, 1414, Rn.10 ff.; OLG Köln, 15.12.1978, 6 U 144/78, GRUR 1979, 172, 173.

355 OLG Saarbrücken, 11.02.1981, 1 U 172/80, WRP 1981, 418, Ls.

356 BGH, 01.07.1999, I ZB 7/99, GRUR 2000, 151, 152 – *Späte Urteilsbegründung*, m.w.N. zum seinerzeitigen Meinungsstand.

357 Vgl. OLG Düsseldorf, 13.06.1996, 2 U 2/96, NJWE WettbR 1997, 27, Ls. 1 – *Handy zu 4,98 DM*; Harte/Henning/Retzer, § 12, Rn. 328 (nur in Ausnahmefällen zweimonatige Berufungsbegründungsfrist gerechtfertigt); *Köhler*/Bornkamm/Feddersen, § 12, Rn. 3.16; siehe auch Traub, GRUR 1996, 709, 710 f., m.w.N. zur seinerzeitigen Rechtsprechung.

Rechtsmittel(begründungs-)Fristen regelmäßig nicht.[358] Der Gesetzgeber hat dem Fristenlauf keine Dringlichkeitsschädlichkeit beigemessen; ansonsten hätte er diese Fristen für das Verfügungsverfahren verkürzt.[359]

222 Anders verhält es sich mit der Stellung von Fristverlängerungsanträgen in der Berufungs- oder Beschwerdeinstanz. Zwar besteht ein Anspruch auf Verlängerung der Berufungsbegründungsfrist, wenn die allgemeinen Voraussetzungen des Prozessrechts hierfür vorliegen. Die Einreichung der Berufungsbegründung erst nach Ablauf der – wenn auch verlängerten – regulären Berufungsbegründungsfrist[360] oder die Ausschöpfung der verlängerten Frist kann aber zum Wegfall des dem Eilverfahren eigenen Verfügungsgrundes führen.[361] Das ist für den Antragsteller deshalb besonders gefährlich, weil er nicht damit rechnen kann, vom Gericht auf die Dringlichkeitsschädlichkeit der verlängerten Frist hingewiesen zu werden.[362] Gibt es dennoch einen solchen Hinweis und wird die Berufungsbegründung darauf alsbald und noch vor Ablauf der verlängerten Frist eingereicht, kann das u.U. die Dringlichkeit retten.[363] Auch ansonsten wird teils

358 OLG München, 09.08.1990, 6 U 3296/90, GRUR 1992, 328, Ls. 2; 20.12.2001, U (K) 4429/01, MD (VSW) 2002, 624, juris Rn. 72 und Ls. 2; OLG München, 30.06.2016, 6 U 531/16, WRP 2016, 1404, 1414 f, juris Rn. 93 – *Verkaufsaktion für Brillenfassungen*; OLG Hamm, 02.06.1992, 4 U 74/92, NJW-RR 1993, 366, 367, Ls. 2.; OLG Düsseldorf, 12.09.1996, 2 U 24/96, WRP 1996, 1172, 173 – *Pizza Verzehrgutschein* (Einzelfallbetrachtung); 25.08.2015, 20 U 196/14, WRP 2015, 1541, Rn. 1; OLG Köln, 20.12.1996, 6 U 204/96, NJWE WettbR 1997, 176 (177), OS; 13.12.2002, 6 U 156/02, WRP 2003, 541, 543, juris Rn. 12; HansOLG Hamburg, 06.05.1999, 3 U 246/98, NJWE WettbR 2000, 81 (82), juris Rn. 44; 10.01.2002, 3 U 166/01, MDR 2002, 1026, juris Rn. 31; HansOLG Hamburg, 10.02.2017, 3 U 194/15, WRP 2017, 1129, Os. 5 – *»HSA frei«*; KG, 30.03.2009, 24 U 145/08, WRP 2010, 129, 134, juris Rn. 55; OLG Stuttgart, 20.05.2010, 2 U 95/09, MD (VSW) 2010, 876, juris Rn. 74; OLG Karlsruhe, 12.05.2011, 4 U 213/10, MD (VSW) 2011, 627, juris Rn. 10; OLG Bremen, 10.04.2015, 2 U 132/14, WRP 2015, 918, 919, Ls. 1 – *rent a rentner*; OLG Frankfurt, 24.09.2015, 6 U 60/15, MMR 2016, 112, juris Rn. 4; OLG Celle, 17.09.2015, 13 U 72/15, Ls. und juris Rn. 6; offen gelassen in BGH, 01.07.1999, I ZB 7/99, GRUR 2000, 151, 152 – *Späte Urteilsbegründung*, m.w.N. zum seinerzeitigen Meinungsstand.

359 OLG Stuttgart, 20.05.2010, 2 U 95/09, MD (VSW) 2010, 876, juris Rn. 74.

360 OLG München, 09.08.1990, 6 U 3296/90, GRUR 1992, 328, Ls. 2; 20.12.2001, U (K) 4429/01, MD (VSW) 2002, 624, juris Rn. 72 und Ls. 2; OLG München, 30.06.2016, 6 U 531/16, WRP 2016, 1404, 1414 f., juris Rn. 95 – *Verkaufsaktion für Brillenfassungen*.

361 OLG Hamm, 14.11.1991, 4 U 185/91, NJW-RR 1992, 622, Ls. 2; KG, 07.05.1999, 5 U 720/99, GRUR 1999, 1133, Ls. und juris Rn. 13; KG, 16.04.2009, 8 U 249/08, MDR 2009, 888 OLG Frankfurt, 13.09.2001, 6 U 79/01, MDR 2002, 229, Ls.; OLG Düsseldorf, 15.07.2002, 20 U 74/02, GRUR-RR 2003, 31 f., Ls. und juris Rn. 4 f.; 30.09.2014, 23 U 7/14, NJW-Spezial 2014, 718; OLG Dresden, 22.11.2010, ZUM-RD 2011, 551, juris Rn. 2 (Pressesache); HansOLG Hamburg, 18.08.2017, 7 U 72/17, WRP 2017, 1413 (Pressesenat); Berneke/Schüttpelz, Rn. 209; FBO/Büscher, § 12, Rn. 84; *Köhler*/Bornkamm/Feddersen, § 12 Rn. 3.16.

362 OLG Düsseldorf, 15.07.2002, 20 U 74/02, GRUR-RR 2003, 31 f., Ls. und juris Rn. 8 ff.; OLG *Dresden, 22.11.2010, ZUM-RD 2011*, 551, juris Rn. 2 (Pressesache);.

363 OLG Frankfurt, 24.09.2015, 6 U 60/15, GRUR-RR 2016, 274, 275, juris Rn. 4 – *Drohkulisse.*

auf den Einzelfall abgestellt[364] oder der Wegfall der Dringlichkeit nur bei Hinzutreten weiterer Umstände angenommen.[365] Nach Ansicht des HansOLG Hamburg ist eine Verlängerung der Berufungsbegründungsfrist nicht dringlichkeitsschädlich.[366]

Auch im Rahmen des Beschlussverfahrens sind Fristverlängerungsanträge im Rahmen der Verfügungsbeschwerde unter Dringlichkeitsgesichtspunkten gefährlich. Als dringlichkeitsschädlich ist in diesem Zusammenhang angesehen worden: **223**

Die Einlegung einer Verfügungsbeschwerde ohne Begründung mit dem Hinweis, die Beschwerde werde begründet, wenn ihr nicht abgeholfen werde.[367] Ebenso die Einlegung der Beschwerde am letzten Tag der Beschwerdefrist mit Antrag auf Einräumung einer – dann voll ausgeschöpften – weiteren Begründungsfrist von 15 Tagen.[368] **224**

Lässt der Antragsteller in erster Instanz einzelne Ansprüche fallen, kann er sie im Berufungsverfahren nicht mehr ohne Dringlichkeitsverlust in das Verfahren einführen. **225**

Verfolgt der Antragsteller in erster Instanz abgewiesene Ansprüche nicht mit der Berufung, sondern lediglich mit der Anschlussberufung, widerlegt das ebenfalls die Dringlichkeitsvermutung.[369] Ebenso – wie schon im Rahmen des erstinstanzlichen Verfahrens – ein vorläufiger Vollstreckungsverzicht.[370] **226**

cc) Weitere Einzelfälle

Dringlichkeit (+): **227**

Aufgrund eines Verweisungsantrages an die Kammer für Handelssachen nicht vorhersehbare Verzögerung wegen innergerichtlichen Zuständigkeitsstreits.[371] **228**

---

364 OLG Köln, 15.12.1978, 6 U 144/78, GRUR 1979, 172, 173; OLG Nürnberg, 14.07.1987, 3 U 1135/87, GRUR 1987, 727; OLG Hamm, 02.06.1992, 4 U 74/92, NJW-RR 1993, 366, 367, Ls. 1; OLG Karlsruhe, 09.06.2005, 4 U 164/04, WRP 2005, 1188, 1189, juris Rn. 22; OLG Frankfurt, 09.08.2012, 6 U 91/12, WRP 2013, 385, 386, Rn. 12 (nur kurze Inanspruchnahme der verlängerten Berufungsbegründungsfrist).

365 OLG Karlsruhe, 17.02.2012, 4 U 197/11, WRP 2012, 1579, 1580, juris Rn. 16 – *Faltenunterspritzung.*

366 HansOLG Hamburg, 08.07.1976, 3 U 45/76, WRP 1977, 109, OS; 17.08.1995, 3 U 87/95, WRP 1996, 27, 28; 20.09.2012, 3 U 53/11, WRP 2013, 196, 199, juris Rn. 33; HansOLG Hamburg, 16.02.2017, 3 U 194/15, WRP 2017, 1129, 1132 – *»HSA frei«*; anders der Pressesenat 18.08.2017, 7 U 72/17, WRP 2017, 1413.

367 KG, 04.04.2008, 5 W 51/08, GRUR-RR 2008, 368 (Ls.)

368 KG, 20.09.2016, 5 W 147/16, GRUR-RR 2017, 128, Ls., und juris Rn. 9 ff. – *Selbstwiderlegung im Beschwerdeverfahren*; a.A. GK/Schwippert, § 12 C Rn. 92; vgl. auch Harte/Henning/Retzer, § 12, Rn. 330.

369 OLG Frankfurt, 17.01.2012, 6 U 159/11, GRURPrax 2012, 197, Ls., juris Rn. 36.

370 OLG Köln, 29.01.2010, 6 U 177/09, GRUR-RR 2010, 448, 449, Ls. – *Vollstreckungsverzicht im Eilverfahren*; KG, 11.05.2010, 5 U 64/09, GRURPrax 2010, 327, Ls. – *Vorübergehender Vollstreckungsverzicht*; KG, 17.10.2014, 5 U 63/14, GRUR-RR 2015, 181, Os. und juris Rn. 40 – *Faxversand ohne Beglaubigungsvermerk*; a.A. OLG Karlsruhe, 23.10.1985, 6 U 155/85, WRP 1986, 232, 234; kritisch Rehart, MMR 2010, Nr. 9, XVIII-XXI; vgl. auch Isele, WRP 2017, 1050, 1052, dort auch ausführlich zu den Auswirkungen des Betreibens von Ordnungsmittelverfahren auf die Dringlichkeitsvermutung.

371 OLG Frankfurt, 02.04.2015, 6 U 17/15, WRP 2015, 759, 760, juris Rn. 3.

229 Die Bitte um einen weiträumigen Verkündungstermin, um Vergleichsgespräche zu ermöglichen.[372]

230 Anrufung eines unzuständigen Gerichts.[373]

231 Dringlichkeit (-):

232 Ausschöpfung der Einspruchsfrist nach Versäumnisurteil in der Berufungsverhandlung.[374] Flucht in die Säumnis nach Hinweisen des Berufungsgerichts.[375]

233 Dem Antragsteller zurechenbare dreimonatige Verzögerungen des Berufungsverfahrens durch Stellung eines Tatbestandsberichtigungsantrages in erster Instanz.[376]

dd) Wiederaufleben der Dringlichkeit

234 Nach verbreiteter Ansicht soll die Dringlichkeitsvermutung des § 12 Abs. 2 UWG unter bestimmten Umständen wiederaufleben können, etwa dann, wenn sich die Umstände wesentlich ändern, insbesondere die Art und die Intensität der Werbung[377], der Verletzer sein Verhalten also z.B. intensiviert bzw. eine völlig neue Verletzungssituation vorliegt.[378] Die Dringlichkeit ist in der Rechtsprechung teils auch bei der bloßen Wiederholung der identischen Handlung noch bejaht worden, wenn sich die Intensität der angegriffenen Verletzungshandlung, etwa durch ihre Verbreitung in weiteren Medien oder eine gesteigerte Auflage, erhöht hat.[379] Dass aber allein der wesentlich veränderte Umfang der ansonsten identischen oder kerngleichen Verletzungshandlung die Dringlichkeitsvermutung wiederaufleben lassen könnte, kann nicht angenommen werden. Die bloße Wiederholung gleichartiger Verletzungshandlungen, deren Verhinderung ja gerade ein frühzeitiges gerichtliches Verbot dienen soll, ist nicht ausreichend,

---

372 OLG Celle, 31.07.2008, 13 U 69/08, GRUR-RR 2008, 441, 442, juris Rn. 5.

373 OLG Brandenburg, 07.12.2006, Ls. 2 und juris Rn. 17; OLG Köln, 24.08.2012, 6 U 72/12, GRUR-RR 2013, 148, juris Rn. 23; OLG Hamm, 13.02.2014, 4 U 172/13; OLG Düsseldorf, 11.03.2014, 20 U 151/13, juris Rn. 16.

374 OLG Düsseldorf, 25.08.2015, 20 U 196/14, WRP 2015, 1541, 1542, juris Rn. 13.

375 OLG Celle, 29.01.2009, 13 U 205/08, GRUR-RR 2009, 186, Ls., juris Rn. 4.

376 OLG Hamm, 14.11.1995, 4 U 130/95, NJWE WettbR, 1996, 164, Ls.

377 HansOLG Hamburg, 11.08.2005, 5 U 19/05, WRP 2005, 1301, Ls. 2 und juris Rn. 25 – *Startguthaben*; OLG München, 29 U 3281/16, MD (VSW) 2017, 183, juris Rn. 15 – *Epigenetik*.

378 OLG Düsseldorf, 13.02.2014, 6 U 84/13, GRUR-RR 2014, 273, 275, juris Rn. 73 – *Rücklastschriftkosten*; vgl. auch Harte/Henning/Retzer, § 12, Rn. 332 m.w.N. aus der -oftmals älteren – Rechtsprechung; *Köhler*/Bornkamm/Feddersen, § 12, Rn. 3.19 m.w.N.; Teplitzky/Feddersen, Kap. 54, Rn. 37.

379 OLG Köln, 11.05.1977, 6 U 17/77, WRP 1978, 556; OLG Koblenz, 13.04.1995, 6 U 130/95, *WRP 1995, 651, 652; OLG* München, 08.06.2000, U (K) 6126/99, GRUR-RR 2001, 92, 93, juris Rn. 42; OLG Stuttgart, 27.01.2016, 4 U 167/15, GRUR-RR 2016, 453, 456, juris Rn. 84 – *Redaktionelles Stadtblatt*.

um die Dringlichkeit wiederherzustellen.[380] Soweit ein Wiederaufleben der Dringlichkeitsvermutung im Falle der »Intensivierung« der Verletzungssituation oder des Entstehens einer »neuen Verletzungssituation« befürwortet wird, dürfte es sich bei genauerer Betrachtung in Wahrheit regelmäßig um neue, mit der vorangegangenen Verletzungshandlung nicht kerngleiche Handlungen, also um neue Streitgegenstände handeln.[381] Für diese besteht die Dringlichkeitsvermutung aber jeweils ohnehin gesondert.[382]

c) Sonstige Umstände innerhalb und außerhalb des Verfahrens

Unter Umständen wird es dem Antragsteller auch als dringlichkeitsschädlich entgegen- **235** gehalten, dass er seinen Unterlassungsanspruch in seiner Reichweite beschränkt, gegen vorangegangene Verletzungshandlungen des nämlichen Verletzers oder gegen Dritte nicht zeitnah vorgegangen ist oder alsbald ein Hauptsachverfahren betrieben hat.

aa) Beschränkung des Unterlassungsanspruchs auf künftige Handlungen

Nach der Rechtsprechung des BGH sind mit einem Unterlassungsanspruch u.U. auch **236** Beseitigungs- und/oder Rückrufpflichten verbunden.[383] Da der BGH diese Rechtspre-

380 OLG Frankfurt, 10.05.1984, 6 U 15/84, WRP 1984, 692; HansOLG Hamburg, 02.11.1995, 3 U 162/95, WRP 1996, 218, 219; HansOLG Hamburg, 11.08.2005, 5 U 19/05, WRP 2005, 1301, juris Rn. 26 – *Startguthaben*; 12.07.2007, 3 U 39/07, GRUR-RR 2008, 100, 101, Ls. 2 und juris Rn. 26; OLG Karlsruhe, 25.04.2007, 6 U 43/07, WRP 2007, 822, 823; OLG Stuttgart, 25.02.2009, 4 U 204/08, GRUR-RR 2009, 447, Ls. 3; FBO/Büscher, § 12, Rn. 91; GK/Schwippert, § 12 C, Rn. 72; Harte/Henning/Retzer, § 12, Rn. 332; Teplitzky/Feddersen, Kap. 54, Rn. 37 und Rn. 37a a.E.; differenzierend Berneke/Schüttpelz, Rn. 182.

381 Vgl. etwa HansOLG Hamburg, 08.07.1982, 3 U 47/82, GRUR 1983, 134, 135 – *»Frische-Werbung«* (Werbeaussage »Tchibo: Weil alles Frische besser schmeckt.« anders als Werbung »Alles frisch. Weil alles Frische besser schmeckt.«); OLG Stuttgart, 30.08.1996, 2 U 133/96, NJW-RR 1997, 1331, 1332 (wieder Neubegründung der Dringlichkeitsvermutung durch die Veröffentlichung einer von den früheren Werbeanzeigen abweichenden Anzeige); OLG Düsseldorf, 13.02.2014, 6 U 84/13, GRUR-RR 2014, 273, 275, juris Rn. 74 – *Rücklastschriftkosten* (Inrechnungstellung einer Pauschale für Rücklastschrift statt der Verwendung von AGB-Klauseln); OLG Stuttgart, 27.01.2016, 4 U 167/15, juris Rn. 84 – *Redaktionelles Stadtblatt* (Verteilung eines kostenlosen statt eines kostenpflichtigen Stadtblattes – insoweit nicht abgedruckt in GRUR-RR 2016, 453).

382 Siehe auch oben Rdn. 202, 205.

383 BGH, 22.10.1992, IX ZR 36/92, BGHZ 120, 73, 76 f., juris Rn. 16 – *Straßenverengung*; BGH, 19.11.2015, I ZR 109/14, GRUR 2016, 720, Rn. 34 – *Hot Sox*; BGH, 29.09.2016, I ZB 34/15, GRUR 2017, 145, Ls. – *Rückruf von RESCUE-Produkten* (siehe dazu auch die Entscheidung zur Anhörungsrüge v. 27.04.2017, I ZB 34/15); BGH, 08.12.2016, I ZB 118/15, GRUR 2017, 318, 319, Rn. 12 – *Dügida*; BGH, 04.05.2017, I ZR 208/15, GRUR 2017, 823, Ls. und Rn. 26 – *Luftentfeuchter*; BGH, 11.10.2017, I ZB 96/16, GRUR 2018, 292 – *Produkte zur Wundversorgung*; BGH, 14.12.2017, I ZR 184/15, GRUR 2018, 423, Rn. 22, juris – *Klauselersetzung*; BGH, 12.07.2018, I ZB 86/17, GRUR 2018, 1183, Rn. 8 ff. – *Reichweite einer Unterlassungserklärung, Wirbel um Bauschutt*; OLG München, 28.05.2014, 29 W 546/14, Magazindienst 2014, 698, Ls. und juris Rn. 4; HansOLG Hamburg, 23.05.2008, 3 W 6/08, Magazindienst 2009, 1072, juris Rn. 16 f.; HansOLG Hamburg, 30.01.2017, 3 W 3/17, GRUR-RR 2017, 464, Ls. – *Sonnenschutzmittel*; OLG Celle, 21.08.2017, 13 W 45/17, WRP 2017, 1390; OLG Frankfurt, 23.11.2017, 6 U 197/16, juris (betr. Pflicht zur aktiven Kundgabe der Fehlerhaftigkeit einer Werbeangabe aufgrund eines Unterlassungsvertrages; im konkreten Fall mangels Fortwirkung aber verneint); OLG Frankfurt, 30.07.2018, 6 W 74/16,

chung unter bestimmten Bedingungen auch für im Verfügungsverfahren ergangene Unterlassungstitel anwendet[384], läuft der Gläubiger Gefahr, dass der Schuldner zunächst Maßnahmen ergreift, um etwaigen Beseitigungs- und Rückrufpflichten nachzukommen, und dann im Falle einer späteren Aufhebung der einstweiligen Verfügung gerade wegen solcher von ihm ergriffener Beseitigungsmaßnahmen Schadensersatzansprüche nach § 945 ZPO geltend macht.[385] Will der Gläubiger dieses Risiko minimieren, sollte er seinen Anspruch von vornherein auf die künftige Unterlassung der beanstandeten Handlung beschränken und ausdrücklich darauf hinweisen, dass Beseitigungs- bzw. Rückrufmaßnahmen nicht verlangt werden. Das kann nicht als dringlichkeitsschädlich gewertet werden.[386] Die Frage der Dringlichkeit ist immer am jeweiligen Streitgegenstand zu orientieren (§ 935 ZPO).[387] Die Beschränkung des geltend gemachten Anspruchs auf einen bestimmten Aspekt einer Verletzungshandlung geht daher regelmäßig nicht schon deshalb mit der Widerlegung der Dringlichkeitsvermutung einher, weil wegen anderer Aspekte dieser Handlung möglicherweise ebenfalls mit Erfolg Unterlassungsansprüche geltend gemacht werden könnten. In welchem Umfang der Unterlassungsgläubiger seine Ansprüche geltend macht, unterliegt seiner auf der Grundlage des vorgetragenen Lebenssachverhalts mit dem Antrag festgelegten Disposition (Dispositionsmaxime).[388] Will der Gläubiger eben allein künftige Verletzungshandlungen unterbinden, dann stellt sich nur insoweit die Dringlichkeitsfrage. Findet sich eine entsprechende Anspruchsbeschränkung schon im Antrag und dann folglich auch in einem antragsgemäß ausgesprochenen Verbot (z.B. durch Formulierungen wie: »Ausgenommen von dem Verbot sind bereits an den Handel ausgelieferte Waren/Werbematerialen/etc.«), ist der Schuldner auch aufgrund einer im einseitig gebliebenen Beschlussverfahren erlassenen – und unbegründet gebliebenen – einstweiligen Verfügung über den Umfang des beschränkten Unterlassungsbegehrens informiert. Ist die Beschränkung allein der Antragsbegründung zu entnehmen, sollte der Gläubiger

---

GRUR 2018, 976, Ls. – *Quarantäne-Buchung II*; OLG Frankfurt, 01.08.2018, 6 W 53/18, GRUR 2018, 1085, juris Rn. 17 – *kennzeichnungsfrei*; bejahend ebenfalls FBO/Büscher, § 12, Rn. 378; *Köhler*/Bornkamm/*Feddersen*, § 12, Rn. 6.7; Teplitzky/Feddersen, Kap. 57, Rn. 26c; a.A. noch HansOLG Hamburg, 31.03.2003, 3 W 15/03, PharmR 2003, 171, Os.; OLG Frankfurt, 19.09.2016, 6 W 74/16, GRUR 2016, 1319 – *Quarantäne-Buchung* (keine Rückrufverpflichtung); siehe auch Sakowski, GRUR 2017, 355; a.A. auch für das Verfügungsverfahren LG Hamburg, 15.04.2016, 327 O 120/16, juris (im Markenrecht); v. Czettritz/Thewes, PharmR 2017, 92 ff. (Rückrufansprüche mit Sanktions- und Schadensbeseitigungscharakter als endgültige Regelung im Eilverfahren unzulässig); Voit, PharmR 2018, 1 ff.; kritisch auch Köhler/*Bornkamm*/Feddersen, § 8, Rn. 1.82 ff.; Goldmann, GRUR 2016, 724; Hermanns, GRUR 2017, 977 ff; Dissmann, GRUR 2017, 986 ff. (europäische Perspektive); Zwischenruf der GRUR, GRUR 2017, 885 ff.; Voit, PharmR 2018, 1 ff.

384 BGH, 11.10.2017, I ZB 96/16, GRUR 2018, 292, Rn. 34 ff. – *Produkte zur Wundversorgung*.

385 Siehe BGH, 19.11.2015, I ZR 109/14, GRUR 2016, 720 – Hot Sox; siehe zu Ansprüchen nach § 945 ZPO i.Ü. unten Rdn. 527 ff.

386 Sakowski, GRUR 2017, 355, 361; Büscher, GRUR 2018, 113, 126; Feddersen, FS für Büscher, 471 (480).

387 HansOLG Hamburg, 25.07.2007, 3 U 66/07, OLGR 2009, 784, Ls. und juris Rn. 10.

388 Feddersen, FS für Büscher, 471 (480).

sicherstellen, dass die Antragsschrift dem Schuldner ebenfalls übermittelt wird. Nur das vermeidet unnötige Beseitigungsmaßnahmen.[389] Denn nach der BGH-Rechtsprechung ist bei einer Handlung, die einen fortdauernden Störungszustand geschaffen hat, der die Handlung verbietende Unterlassungstitel mangels abweichender Anhaltspunkte regelmäßig dahin auszulegen, dass er außer zur Unterlassung derartiger Handlungen auch zur Vornahme möglicher und zumutbarer Handlungen zur Beseitigung des Störungszustands verpflichtet.[390] Daher hat der über die Anspruchsbeschränkung nicht informierte Schuldner keinen Anlass, die ihm nach der Rechtsprechung regelmäßig obliegenden Beseitigungsmaßnehmen zu unterlassen.

Nicht ratsam ist es, eine zunächst unbeschränkt erwirkte Unterlassungsverfügung zuzustellen und dem Schuldner bei dieser Gelegenheit oder nachfolgend erstmals mitzuteilen, dass mit dem Titel Unterlassung nur beschränkt auf zukünftige Handlungen ohne etwa auch geschuldete Störungsbeseitigungsmaßnahmen verlangt wird. Darin läge, weil der Titel unbeschränkt erlassen worden ist, möglicherweise ein partieller Vollstreckungsverzicht, von dem nicht ausgeschlossen werden kann, dass er dem Gläubiger als dringlichkeitsschädlich entgegengehalten wird.[391] 237

bb) Nicht verfolgte frühere kerngleiche Verletzungshandlungen

Soweit frühere Verletzungshandlungen eines Wettbewerbers in Rede stehen, kann die Dringlichkeitsvermutung dann widerlegt sein, wenn dessen nicht angegriffene ältere und seine nunmehr angegriffene jüngere Wettbewerbshandlung in ihren charakteristischen Merkmalen so übereinstimmen, dass sie als kerngleich angesehen werden können.[392] Dabei bestimmt sich die Frage der Kerngleichheit im vorliegenden Zusammen- 238

389 Feddersen, FS für Büscher, 471 (480).

390 BGH, 04.05.2017, I ZR 208/15, GRUR 2017, 823, Rn. 26 – *Luftentfeuchter*; BGH, 14.12.2017, I ZR 184/15, GRUR 2018, 423 Rn. 22, juris – *Klauselersetzung*; BGH, 11.10.2017, I ZB 96/16, GRUR 2018, 292, Rn. 19 – *Produkte zur Wundversorgung*; BGH, 12.07.2018, I ZB 86/17, GRUR 2018, 1183, Rn. 8ff. – *Reichweite einer Unterlassungserklärung, Wirbel um Bauschutt*; jeweils m.w.N.

391 Vgl. für einen nicht nur partiellen Vollstreckungsverzicht OLG Frankfurt, 25.03.2010, 6 U 219/09, ZLR 2010, 458, Ls. 1. und juris Rn. 4 – *Vorübergehender Vollstreckungsverzicht*; OLG Köln, 29.01.2010, 6 U 177/09, GRUR-RR 2010, 448, 449, Ls. – *Vollstreckungsverzicht im Eilverfahren*; KG, 11.05.2010, 5 U 64/09, GRURPrax 2010, 327, Ls. – *Vorübergehender Vollstreckungsverzicht*; KG, 17.10.2014, 5 U 63/14, GRUR-RR 2015, 181, Os. und juris Rn. 40 – *Faxversand ohne Beglaubigungsvermerk*; FBO/Büscher, § 12, Rn. 84; Berneke/Schüttpelz, Rn. 211.

392 HansOLG Hamburg, 11.08.2005, 5 U 19/05, WRP 2005, 1301, Ls. und juris Rn. 22 – *Startguthaben*; HansOLG Hamburg, 16.12.2010, 3 U 161/09, GRUR-RR 2011, 376, 377, juris Rn. 52 – *Thromboseprophylaxe der Extraklasse*; 04.07.2013, 3 U 161/11, WRP 2013, 1209, 1210, juris Rn. 30; OLG Köln, 10.12.2010, 6 U 112/10, GRURPrax 2011, 87, Ls. 2 und juris Rn. 7f. – *Konsumenten-Test*; OLG Köln, 21.08.2015, 6 U 41/15, WRP 2015, 1385, 1387, juris Rn. 34 – *Glücksspiele*; OLG Düsseldorf, 13.02.2014, 6 U 84/13, GRUR-RR 2014, 273, 275, juris Rn. 63 – *Rücklastschriftkosten*; OLG Celle, 07.07.2015, 13 W 35/15, WRP 2015, 1113, 1114; OLG München, 29 U 3281/16, MD (VSW) 2017, 183, juris Rn. 15 – *Epigenetik*; *Köhler*/Bornkamm/Feddersen, § 12, Rn. 3.19.

hang maßgeblich nach dem Streitgegenstand des geltend gemachten Unterlassungsbegehrens.

239 Begehrt der Antragsteller etwa die Unterlassung der Werbung für einen Mobilfunkvertrag mit der Auslobung eines »Startguthabens« von 120 €, weil jenes »Startguthaben« dem Kunden entgegen seiner Erwartung beim »Start« der Vertragsbeziehung nicht gänzlich zur Verfügung steht, sondern ihm in monatlichen Raten über die Vertragslaufzeit gutgeschrieben wird, dann liegt das Charakteristische der Verletzungshandlung (hier einer Irreführung) darin, dass der Verkehr in seiner Erwartung getäuscht wird, das »Startguthaben« stehe ihm schon bei Vertragsbeginn voll zur Verfügung. In einem solchen Fall ist es dringlichkeitsschädlich, wenn der Antragsteller nicht schon gegen eine ältere Werbung für einen Mobilfunkvertrag vorgegangen ist, durch die in gleicher Weise ein »Startguthaben« – wenn auch nur in Höhe von 50 € – auslobt worden ist, ohne dass dem Kunden verdeutlich wurde, dass der Betrag ebenfalls nur in monatlichen Raten gutgeschrieben wird.[393] Hätte er dies nämlich getan, dann wäre die neuerliche Verletzungshandlung vom Kernbereich eines früheren Verbots erfasst und deshalb möglicherweise verhindert worden oder könnte jedenfalls Gegenstand eines Ordnungsmittelverfahrens sein. »Testfrage« zur Kerngleichheit ist dabei, ob aufgrund des – unterstellten – früheren Verbots wegen der neuerlichen Handlung Ordnungsmittel verhängt werden könnten. Kann dies bejaht werden, dann ist die Dringlichkeitsvermutung widerlegt, weil es der Antragsteller nicht unternommen hat, die neuerliche Verletzungshandlung schon frühzeitig durch die Verfolgung des kerngleichen älteren Wettbewerbsverstoßes zu verhindern.

240 Ergibt sich dagegen die Unlauterkeit der jüngeren Wettbewerbshandlung wesentlich aus den konkreten Begleitumständen, etwa aus dem Gesamtzusammenhang, in dem eine konkrete Werbeangabe steht, dann ist sie nicht kerngleich mit einer gleichlautenden älteren Werbeangabe, wenn diese in einem anderen Kontext daherkam. War etwa die frühere Werbeangabe mit einem anderen Begleittext versehen oder gänzlich unerläutert und war sie deshalb irreführend, dann kommt in der nämlichen, aber mit einem anderen Begleittext versehenen oder z.B. mittels einer Fußnote zusätzlich erläuterten Angabe nicht das Charakteristische der früheren Werbung zum Ausdruck. Denn die neuere Angabe muss separat darauf geprüft werden, ob sie unter Berücksichtigung des neuen Begleittextes oder einer sonstigen Erläuterung ihrerseits irreführend ist oder nicht.[394] Das darf nicht ins Vollstreckungsverfahren verlagert werden, weshalb in solchen Fällen ein wegen der neueren Werbung auf das Verbot der älteren Angabe gestützter Ordnungsmittelantrag keinen Erfolg haben könnte.[395] In diesem Fall kann es dem Antragsteller daher für seinen auf die neue Werbung gerichtetes Unterlassungsbegehren nicht als dringlichkeitsschädlich entgegen gehalten werden, dass er die ältere Werbung unangegriffen gelassen hat.

---

393 HansOLG Hamburg, 11.08.2005, 5 U 19/05, WRP 2005, 1301, Ls. und juris Rn. 22 – *Startguthaben.*

394 HansOLG Hamburg, *28.04.2015, 3 W 32/15,* WRP 2015, 905, 906, juris Rn. 14 – *DDP-4-Hemmer.*

395 Vgl. etwa OLG Frankfurt, 22.11.2017, 6 W 95/17, WRP 2018, 243, Ls. und Rn. 9.

Nicht dagegen ist es dringlichkeitsschädlich, wenn der Antragsteller lediglich die konkrete Verletzungsform angreift, obwohl er ein abstrahiertes Verbot hätte erlangen können, von dem auch die neuerliche Verletzungshandlung erfasst worden wäre.[396] **241**

cc) Unterlassener Angriff gleichartiger Verletzungshandlungen Dritter

Ob die Dringlichkeitsvermutung widerlegt sein kann, wenn der Antragsteller in der Vergangenheit nicht gegen ihm bekannt gewordene gleichartige Verletzungshandlungen Dritter vorgegangen ist, wird uneinheitlich gesehen.[397] Ein Teil der Rechtsprechung geht davon aus, dass sich die Dringlichkeitsfrage gegenüber jedem Verletzer gesondert stellt, so dass das unterlassene Vorgehen gegen Dritte im Prozess des weiteren Verletzers nicht dringlichkeitsschädlich ist.[398] Andere Gerichte vertreten die Ansicht, dass die unterlassene Rechtsverfolgung von gleichartigen Verletzungshandlungen Dritter die Dringlichkeitsfrage berührt.[399] Teplitzky befürwortet eine Einzelfallbetrachtung. Bei gleicher Qualität der hingenommenen Verletzungshandlung Dritter soll Dringlichkeitsverlust eintreten.[400] Teils wird vertreten, es müsse geprüft werden, ob es hinreichende Gründe für die Duldung der Verletzungshandlung Dritter gebe. Dringlichkeitsschädlich sei das unterlassene Vorgehen gegen diese nur dann, wenn die Prozessaussichten vergleichbar seien.[401] Das geht aber an der gerichtlichen Praxis vorbei. Die Prüfung der Prozessaussichten im Verhältnis zum Dritten würde es erfordern, einen nicht **242**

---

396 OLG Frankfurt, 14.03.2013, 6 U 227/12, WRP 2014, 101, 102, Ls. und juris Rn. 16 – *Werbekampagne.*

397 Vgl. die Übersicht bei Hoppe-Jänsch, GRUR 2015, 1075, 1077 ff.

398 OLG Hamm, 07.06.1990, 4 U 75/90, GRUR 1991, 480 Ls. und juris Rn. 26; OLG Celle, 27.03.2017, 13 U 199/16, MD (VSW) 2017, 606 (619), juris Rn. 110 – *CoolSculpting*; OLG Frankfurt, 22.11.2001, 6 U 153/01, GRUR 2002, 236, 237 – *Eilbedürfnis in Patentsachen*; OLG Stuttgart, 21.10.2004, 2 U 65/04, GRUR-RR 2005, 307, 309, Ls. 2; Hans-OLG Hamburg, 28.06.2006, 5 U 213/05, GRUR-RR 2007, 73, 74, juris Rn. 2; 04.07.2013, 3 U 161/11, WRP 2013, 1209, 1210, juris Rn. 16; ebenso FBO/Büscher, § 12, Rn. 85; *Köhler*/Bornkamm/Feddersen, § 12, Rn. 3.19; kritisch Teplitzky, FS Loschelder, 2010, 391 (395) und WRP 2013, 1414 (auch Verhalten ggü. Dritten ist Gegenstand der vorzunehmenden umfassenden Würdigung).

399 OLG Koblenz, 26.05.1988, 6 U 436/88, WRP 1988, 479, 480, Ls. (zum Verhältnis zwischen Vorlieferanten und dessen Abnehmern); OLG München, 24.09.1992, 29 U 3969/92, WRP 1993, 49, 51; 19.05.1994, 29 U 2520/94, GRUR 1994, 852, Os. (zum Verhältnis von Alleinimporteur und dessen Abnehmern); 08.03.2010, 29 W 901/10, InstG 12, 184, juris Rn. Ls. 2 und juris Rn. 3f. – *Verfügungsgrund bei Abnehmerverwarnung II* (zum Verhältnis zwischen Herstellern und Händlern); OLG Frankfurt, 16.09.1996, 6 W 104/96, WRP 1996, 1193, 1194, Ls. (jahrelange Kenntnis von gleichartigen Handlungen gleichartiger Unternehmen); KG, 20.02.2015, 5 U 150/14, GRUR-RR 2015, 512, Ls. 1 und juris Rn. 29 – *Mobilfunkgerät* (Unterlassene Rechtsverfolgung gegenüber konzernverbundenen Unternehmen); vgl. auch OLG Düsseldorf, 05.07.2012, 2 U 12/12, juris Rn. 24f. (Verhältnis von Verletzungshandlung durch ausländischer Konzernmutter im Ausland zu späteren Verletzungshandlungen der inländischen Konzerntochter).

400 Teplitzky/Feddersen, Kap. 54, Rn. 24 m.w.N. zum Meinungsstand.

401 Hoppe-Jänsch, GRUR 2015, 1075, 1080 ff.; Teplitzky/Feddersen, Kap. 54, Rn. 24 a.E.

anhängigen Rechtsstreit auf seinen theoretischen Verlauf zu untersuchen. Das Ergebnis einer solchen Prüfung ist wenig verlässlich, was zur Rechtsunsicherheit beiträgt.

dd) Schnelleres Betreiben des Hauptsacheverfahrens

243 Nahezu einhellig wird die Auffassung vertreten, die Erhebung der Hauptsacheklage vor Stellung eines Verfügungsantrages stehe der Dringlichkeitsvermutung entgegen, es sei denn, es lägen neue Umstände vor, die eine alsbaldige Regelung bis zum Abschluss des Hauptsacheverfahrens dringend erforderlich machten.[402] Das kann aber nicht verallgemeinert werden. Nicht in jedem Fall lässt sich feststellen, dass der Antragsteller mit der Erhebung der Hauptsacheklage in Kauf nimmt, dass die Erlangung eines Titels im ordentlichen Verfahren eine entsprechend lange Zeit dauert, und damit zum Ausdruck bringt, dass die Sache für ihn nicht so eilbedürftig ist.[403] Während etwa im Klagverfahren Tatsachenbehauptungen zunächst nur mit entsprechenden Beweisangeboten hinterlegt werden müssen, erfordert ein erfolgreiches Vorgehen im Verfügungsverfahren die Vorlage präsenter Glaubhaftmachungsmittel. Diese zu beschaffen, kann mehr Zeit in Anspruch nehmen als die Einreichung einer Klagschrift, die sich z.B. auf die Benennung von Zeugen beschränken kann. Daher widerlegt die bloß zeitlich vorangehende Erhebung der Hauptsacheklage nicht zwingend die Dringlichkeitsvermutung, solange der Antragsteller das Verfügungsverfahren nur innerhalb der zeitlichen Grenzen betreibt, die jeweils als dringlichkeitsunschädlich angesehen werden.

244 Die während eines laufenden Verfügungsverfahrens erhobene Hauptsacheklage hat bis zur Hauptsacheentscheidung jedenfalls zunächst keinen Einfluss auf die Dringlichkeit.[404] Ob der Verfügungsgrund nachträglich entfällt, wenn über den nämlichen Streitgegenstand in der Hauptsache entschieden worden ist, oder ob dies erst der Fall ist, wenn die Entscheidung in der Hauptsache rechtskräftig ist, ist streitig. Teils wird angenommen, wegen der Möglichkeit, im Hauptsacheverfahren die einstweilige Einstellung der Zwangsvollstreckung beantragen zu können[405], oder weil für die Vollstreckung aus dem in der Hauptsache ergangenen Urteil Sicherheit geleistet werden müsse[406], müsse die Entscheidung rechtskräftig sein, um den Verfügungsgrund entfallen

402 OLG Hamm, 20.12.1984, 4 U 325/84, GRUR 1985, 454; OLG Karlsruhe, 6 U 78/00, WRP 2001, 425, 426 – *Modulgeneratoren* (Hauptsacheklage rund 2 Monate vor Stellung des Verfügungsantrages erhoben); FBO/Büscher, § 12, Rn. 88; Harte/Henning/Retzer, § 12, Rn. 326; *Köhler*/Bornkamm/Feddersen, § 12 Rn. 3.20.

403 Vgl. Harte/Henning/Retzer, § 12, Rn. 326.

404 OLG Karlsruhe, 14.04.2010, 6 U 5/10, WRP 2010, 793, 794, juris Rn. 20; Ahrens/Singer, Kap. 45, Rn. 18.

405 HansOLG Hamburg, 12.09.1996, 3 U 242/95, MD (VSW) 1997, 14, Ls. 4.

406 OLG Hamm, *27.11.1989, 31 U 59/89*, NJW-RR 1990, 1536, Ls. 1.; 12.12.1991, 4 U 257/91, *WRP 1992, 397*, 398; 02.08.1994, 4 U 93/94, WRP 1994, 838, 839, juris Rn. 24; ebenso Ahrens/Ahrens, Kap. 48, Rn. 11.

zu lassen.[407] Nach anderer Ansicht bedarf es einer besonderen Begründung, weshalb trotz eines – wenngleich noch nicht rechtskräftigen – Hauptsachetitels noch eine vorläufige, sichernde Entscheidung im Eilverfahren erforderlich sein soll.[408] Ein derartiger besonderer Grund soll vorliegen, wenn Zweifel daran bestehen, ob der im Eilverfahren begehrte Anspruch noch unter das in der Hauptsache ausgesprochene Verbot fällt.[409] Tatsächlich geht es dabei aber nicht um die generelle Frage nach dem Wegfall des Verfügungsgrundes nach einer Hauptsacheentscheidung zum nämlichen Streitgegenstand, sondern um Fälle, in denen Zweifel an der Kerngleichheit der in der Hauptsache verbotenen und im Verfügungsverfahren angegriffenen Verletzungshandlung bestehen.[410] Überwiegend wird angenommen, dass jedenfalls dann ein Verfügungsgrund besteht, wenn der Gläubiger im Hauptsacheverfahren außer Stande ist, Vollstreckungssicherheit zu leisten oder die Zwangsvollstreckung aus dem Urteil vorläufig eingestellt wird.[411]

Davon zu unterscheiden sind Sachverhalte, die aufgrund des im Hauptsacheverfahren gezeigten Verhaltens des Klägers/Antragstellers erkennen lassen, dass dieser es mit der Durchsetzung eines bestimmten Anspruchs nicht – mehr – eilig hat. So liegt es, wenn der Verfügungskläger, der die vorläufige Sicherung eines wettbewerbsrechtlichen Unterlassungsanspruchs verfolgt, bereits Hauptsacheklage erhoben und dort einen zu weit gefassten Klageantrag zurückgenommen hat. Dann besteht für einen über den verbleibenden Hauptsacheantrag hinausgehenden Verfügungsantrag kein Bedürfnis einer vorläufig sichernden Entscheidung mehr.[412] **245**

Ist eine (erneute) Verletzungshandlung für einen Zeitraum ausgeschlossen, in dem auch das Hauptsacheverfahren geführt werden könnte, kommt die Annahme fehlender Dringlichkeit ebenfalls in Betracht.[413] In der Regel dürfte indes die Verfahrensdauer es Hauptsacheverfahrens nicht so klar vorhersehbar sein, dass der Gläubiger hierauf verwiesen werden könnte.[414] **246**

---

407 Vgl. auch OLG Schleswig, 21.10.1997, 6 U 37/97, NJWE WettbR 1998, 116 (kein Wegfall des Rechtsschutzinteresses, wenn in einem noch nicht rechtskräftig abgeschlossenen Ordnungsgeldverfahren Verstöße des Schuldners verfolgt werden, die zeitlich vor dem Erlass des Urteils in der Hauptsache liegen).

408 OLG Karlsruhe, 24.01.1996, 6 U 88/95, WRP 1996, 590, 591, Ls.; KG, 04.05.1999, 5 W 3450/99, NJWE WettbR 1999, 293, Ls. und juris Rn. 3; OLG Düsseldorf, 26.04.2006, 15 U 16/06, OLGR Düsseldorf 2006, 480, juris Rn. 10; Ahrens/Singer, Kap. 45, Rn. 18; Berneke/Schüttpelz, Rn. 119 und 535.

409 OLG Düsseldorf, 10.12.1992, 2 U 149/92, GRUR 1994, 81, 82, Ls.; OLG Frankfurt, 12.11.1996, 6 W 145/96, WRP 1997, 51, Ls.

410 Insoweit zutreffend differenzierend OLG Hamm, 18.03.1993, 4 U 257/92, WRP 1994, 46 f., juris Rn. 28; zur Frage der sog. Klarstellungsverfügung siehe unten Rdn. 251.

411 OLG Karlsruhe, 24.01.1996, 6 U 88/95, WRP 1996, 590, 591, juris Rn. 16; OLG Düsseldorf, 26.04.2006, 15 U 16/06, OLGR Düsseldorf 2006, 480, juris Rn. 9; Ahrens/Singer, Kap. 45, Rn. 18; Berneke/Schüttpelz, Rn. 120; Teplitzky/Feddersen, Kap. 54, Rn. 37b.

412 OLG Brandenburg, 14.04.2011, 6 U 79/10, WRP 2012, 747, 748, juris Rn. 19.

413 Berneke/Schüttpelz, Rn. 188.

414 Vgl. auch FBO/Büscher, § 12, Rn. 89.

247 Hatte der Gläubiger eine ältere gleichartige Verletzungshandlung mit anderer konkreter Verletzungsform und anderem Streitgegenstand im Hauptsacheverfahren angegriffen, dann legt ihn das wegen der neueren Verletzungshandlung nicht ebenso auf das Hauptsacheverfahren fest.[415]

3. Rechtsschutzbedürfnis im Übrigen (forum shopping, Klarstellungsverfügung)

a) forum shopping

248 Immer wieder befassen sich Gerichte mit der Frage, wie zu verfahren ist, wenn der Antragsteller im Verfügungsverfahren ein erstes Gericht anruft, dann aber den Verfügungsantrag zurücknimmt und bei einem weiteren Gericht erneut anhängig macht (sog. forum-shopping).[416] In der Regel geschieht das nach einer negativen Reaktion des Gerichts, etwa nach telefonischer oder schriftlicher Mitteilung bzw. Entscheidung dazu, dass und warum die einstweilige Verfügung nicht erlassen werde, oder nach einer Terminierung der Sache statt einer Eilentscheidung im Beschlussverfahren. Das Gesetz beschränkt den Antragsteller nicht darin, den Verfügungsantrag nach einem Hinweis des Gerichts zurückzunehmen. Die Kritik an einer zu großzügigen Praxis der Gerichte, dem Antragsteller Hinweise nach § 139 ZPO zu erteilen und damit die Grundsätze des rechtlichen Gehörs sowie des fairen Verfahrens zu verletzen[417], ändert daran nichts. Zutreffend ist, dass der Antragsgegner in gleicher Weise belastet ist, wenn das Gericht den Verfügungsantrag im Beschlusswege schon im einseitigen Erlassverfahren ohne vorherige Hinweise nach § 139 ZPO zurückweist, der Antragsteller den Verfügungsantrag zurücknimmt und ihn erneut vor einem anderen Gericht anhängig macht.[418] Denn § 269 Abs. 1 ZPO ist im Verfügungsverfahren nicht anwendbar, weshalb die Rücknahme des Verfügungsantrages auch ohne Zustimmung des Antragsgegners möglich ist.[419]

249 Einige Gerichte halten das forum-shopping – auch soweit erste Verfügungsanträge nach gerichtlichen Hinweisen zurückgenommen worden sind – nicht für dringlichkeitsschädlich[420], wenn nicht die Sache doppelt rechtshängig gemacht wurde.[421] Andere

415 OLG Düsseldorf, 07.05.2015, 15 U 15/15, MD (VSW) 2015, 722, juris Rn. 20.

416 Vgl. zum Thema Teplitzky, GRUR 2008, 34, 38 f.

417 Siehe Ahrens/Scharen, Kap. 51, Rn. 8f. und Rn. 34; Teplitzky/Feddersen, Kap. 54, Rn. 24d; siehe auch BVerfG, 06.06.2017, 1 BvQ 16/17.

418 Ahrens/Singer, Kap. 45, Rn. 50, Fn. 179.

419 H.M.; Ahrens/Singer, Kap. 45, Rn. 50; Teplitzky/Feddersen, Kap. 55, Rn. 1a.; Zöller/Greger, § 269, Rn. 14.

420 OLG Karlsruhe, 30.03.1995, 6 W 6/95, WRP 1995, 649, 650, juris Rn. 8 – *Missbräuchliche Mehrfachverfolgung*; HansOLG Hamburg (3. Zivilsenat), 07.03.2002, 3 U 325/01, GRUR-RR 2002, 226, 227 – *berlin location*; OLG Düsseldorf, 13.04.2006, U (Kart) 23/05, GRUR 2006, 782, 785, juris Rn. 58; ebenso Ahrens/Singer, Kap. 45, Rn. 50; FBO/Büscher, § 12, Rn. 87; a.A. Teplitzky/Feddersen, Kap. 54, Rn. 24d.

421 HansOLG Hamburg (3. Zivilsenat), 26.11.2009, 3 U 60/09, WRP 2010, 790, Os. und juris Rn. 34f.

verfolgen den Ansatz, die Dringlichkeit zu verneinen.[422] Letzteres insbesondere dann, wenn der Verfügungsantrag erst in der Beschwerdeinstanz zurückgenommen und dann an einem anderen Gericht erneut anhängig gemacht wird.[423] In jüngerer Zeit wird teils angenommen, dass jedem zweiten bzw. weiteren Verfügungsantrag das Rechtsschutzbedürfnis fehlt.[424] Dies jedenfalls dann, wenn der Antragsteller den Umstand des erfolglos gestellten Eilantrags gleichen Inhalts gegenüber dem Zweitgericht und dem Antragsgegner verheimlicht.[425] In jedem Fall dürfte ein forum-shopping in den meisten Fällen so viel Zeit in Anspruch nehmen, dass schon wegen der von der Kenntnis bis zur erneuten Antragstellung vergangene Zeitraum zur Selbstwiderlegung der Dringlichkeitsvermutung führt.[426]

Ein Generalverdacht gegen den Antragsteller, durch das forum-shopping sollten die prozessualen Rechte des Antragsgegners, insbesondere das rechtliche Gehör, unzulässig verkürzt werden, ist nicht begründet. Der Antragsgegner muss vom Gericht deshalb nicht – auch nicht mit zeitlicher Verzögerung[427] – über die Zurücknahme des ersten Verfügungsantrages unterrichtet werden.[428] Das Gesetz ermöglicht eine Entscheidung über den Verfügungsantrag auch im einseitigen Beschlussverfahren. Die Zurücknahme des Verfügungsantrages bei einem Gericht und ein erneuter Antrag bei einem anderen Gericht kann ihren Grund gerade auch in dem Umstand haben, dass bei dem zuerst angerufenen Gericht eine alsbaldige Entscheidung nicht erwartet werden konnte.[429] Auch eine zu restriktive Handhabung starrer Dringlichkeitsfristen kann die Rücknahme eines Verfügungsantrages und dessen erneute Anbringung bei einem anderen Gericht rechtfertigen. So etwa dann, wenn das zunächst angerufene Gericht dem Verfügungsbegehren die Dringlichkeit abspricht, weil der das Fax eines 13-seitigen Verfügungsantrags mit seiner letzten, die Unterschrift des Anwalts tragenden Seite um 0:02 Uhr und damit 2 Minuten nach Ablauf einer – gesetzlich ja nicht geregelten! – Monatsfrist beim **250**

422 OLG Karlsruhe, 12.11.1992, 4 U 144/92, GRUR 1993, 135 – *Neuer Verfügungsantrag*; OLG Frankfurt, 22.03.2001, 6 W 67/01, WRP 2001, 716, Ls.; 14.07.2005, 16 U 23/05, GRUR 2005, 972 – *Forum-Shopping*; HansOLG Hamburg (5. Zivilsenat), 06.12.2006, 5 U 67/06, GRUR 2007, 614 – *forum-shopping*.

423 OLG Frankfurt, 22.03.2001, 6 W 67/01, WRP 2001, 716, Ls.

424 OLG München, 27.12.2010, 6 U 4816/10, WRP 2011, 364, 365 und Ls. – *Programmpaket LIGA total!*; OLG Frankfurt, 08.08.2013, 11 W 29/13, GRURPrax 2014, 214, Ls.; *Köhler*/Bornkamm/Feddersen, § 12, Rn. 3.16a.

425 KG, 11.10.2016, 5 U 139/15, GRUR-RR 2017, 128 – *gezielte Gehörsvereitelung* (»rechtsmissbräuchliches Forum-Shopping im Wege planmäßig-gezielter Gehörsvereitelung und unlauterer Chancenvermehrung«); siehe zum Streitstand auch Ahrens/Singer, Kap. 45, Rn. 50; Teplitzky/Feddersen, Kap. 54, Rn. 24d.

426 Ebenso Ahrens/Singer, Kap. 45, Rn. 50.

427 So aber Guhn, WRP 2014, 27, 34; Ahrens/Scharen, Kap. 51, Rn. 9.

428 Ahrens/Singer, Kap. 45, Rn. 50, Fn. 181; a.A. Ahrens/Scharen, Kap 51, Rn. 51, Rn. 9; Teplitzky/Feddersen, Kap. 55, Rn. 1b.

429 Vgl. z.B. OLG Karlsruhe, 30.03.1995, 6 W 6/95, WRP 1995, 649, 650, juris Rn. 8 – *Missbräuchliche Mehrfachverfolgung*.

Gericht eingegangen war.[430] Die Stellung eines Antrages auf Verweisung der Sache an das erst nach Antragstellung als zuständig erkannte Gericht ist – wenn nicht besondere Umstände vorliegen – nicht dringlichkeitsschädlich.[431]

b) Klarstellungsverfügung

251 Ob ein Rechtsschutzbedürfnis für eine einstweilige Verfügung auch dann bestehen kann, wenn bereits ein Unterlassungstitel besteht, aber zweifelhaft ist, ob eine weitere Handlung des Schuldners dem schon ausgesprochenen Verbot unterfällt, ist umstritten. Überwiegend wird allerdings in der obergerichtlichen Rechtsprechung angenommen, dass für einen erneuten Antrag auf Erlass einer einstweiligen Verfügung trotz eines vorhandenen Unterlassungstitels ein Rechtsschutzbedürfnis besteht, wenn der ursprüngliche Titel auslegungsfähig ist und ernsthafte Zweifel bestehen, ob die nunmehr beanstandete Verletzungshandlung gegen das bereits titulierte Verbot verstößt.[432] Die jüngeren Entscheidungen folgen dabei der Rechtsprechung des BGH. Unterscheidet sich eine bereits verbotene von einer späteren Verletzungshandlung, und ist zweifelhaft, ob die neuerliche Verletzungshandlung dem Kernbereich des zuvor ausgesprochenen Verbots unterfällt,[433] dann kann die Anspruchsteller nach Ansicht des BGH jedenfalls dann nicht auf den Weg des Ordnungsmittelantrags verwiesen werden, wenn der Ausgang im Zwangsvollstreckungsverfahren ungewiss ist und eine Verjährung der auf Grund des erneuten Verstoßes geltend zu machenden wettbewerbsrechtlichen Ansprüche droht.[434] Ist die abgewandelte Verletzungshandlung bzw. -form ganz naheliegender Weise und deshalb leicht erkennbar ebenso zu würdigen wie die schon titulierte, dann wird teils zumindest ein erfolgloser Vollstreckungsversuch vom Gläubiger verlangt.[435] Das OLG Frankfurt nimmt an, dass schon dann eine weitere einstweilige Verfügung erlassen werden kann, wenn zu befürchten ist oder gar feststeht, dass der

430 LG Hamburg, 13.12.2012, 327 O 374/12, juris; bestätigt durch HansOLG Hamburg, 15.05.2014, 5 U 13/13 (nicht veröffentlicht); betrifft die Handhabung des LG Ingolstadt, das sich offenkundig an der Dringlichkeitsrechtsprechung des OLG München (starre Monatsfrist) orientiert hatte, woraufhin der Antragsteller den Verfügungsantrag zurückgenommen und beim Landgericht Hamburg erneut angebracht hat.

431 KG, 27.07,2018, 5 W 149/18, MD (VSW) 2018, 720, juris Rn. 12 ff.

432 OLG Karlsruhe, 20.05.1976, 4 U 25/76, WRP 1977, 41, 43; OLG Düsseldorf, 10.12.1992, 2 U 149/92, GRUR 1994, 81, Ls.; 09.10.2014, 2 U 36/14, juris Rn. 64; 24.11.2016, 20 U 153/15, MD (VSW) 2017, 163, Ls.; OLG Köln, 24.08.2012, 6 U 72/12, GRUR-RR 2013, 148; 28.03.2014, 6 U 158/13, juris (dort auch unter Hinweis auf einen möglichen Dringlichkeitsverlust); OLG Frankfurt, 14.03.2013, 6 U 227/12; OLG Frankfurt/Main, 26.04.2012, 6 U 2/11, GRUR-RR 2012, 404, juris Rn. 17 – *Rechtsschutzbedürfnis für weiteren Unterlassungstitel*; 23.11.2017, 6 U 121/17, WRP 2018, 361; Ahrens/Ahrens, Kap. 36, Rn. 139 und Ahrens/Singer, Kap. 44, Rn. 17.

433 Siehe zur Reichweite eines Unterlassungstitels BGH, 19.05.2010, I ZR 177/07, GRUR 2010, 855, Rn. 23 – *Folienrollos*.

434 BGH, 07.04.2011, I ZR 34/09, GRUR 2011, 742, Rn. 20 – *Leistungspakete im Preisvergleich*.

435 OLG Frankfurt, 26.04.2012, 6 U 2/11, GRUR-RR 2012, 404, juris Rn. 17 – *Rechtsschutzbedürfnis für weiteren Unterlassungstitel*; Teplitzky/Feddersen, Kap. 57, Rn. 16c; a.A. Ahrens/Ahrens, Kap. 36, Rn. 140.

Verletzer die abgewandelte Verletzungshandlung nicht als unter die titulierte Unterlassungsverpflichtung fallend ansieht.[436] Das Rechtsschutzbedürfnis soll danach dann wegfallen, wenn der Verletzer den Titelverstoß vor Stellung des neuen Eilantrages einräumt[437] oder wenn in einem wegen des neuen Verstoßes eingeleiteten Vollstreckungsverfahren die Verletzung des bereits bestehenden Titels rechtskräftig festgestellt wird[438], wodurch sich das zweite Verfahren erledigt und entsprechende Erledigungserklärungen erforderlich werden.[439]

Das Verhalten des Schuldners kann indes nicht schon hinreichend sein, um die Wirkungen der Existenz eines schon bestehenden Verbots kerngleichen Inhalts oder gar dessen entgegenstehende Rechtskraft zu überwinden.[440] Im Umfang des von einem Verbot erfassten Kernbereichs einer Verletzungshandlung und eines darauf bereits bezogenen – auch nur auf eine konkrete Verletzungsform beschränkten – Verbotes[441] ist ein zweites Verfahren grundsätzlich präkludiert.[442] Das gilt für das Verfügungsverfahren ebenso wie für das Hauptsacheverfahren. Der Gläubiger läuft schon im Eilverfahren, spätestens aber im Hauptsacheverfahren, Gefahr, dass das Gericht in gebotener (richtiger) Auslegung des Ersttitels zu dem Ergebnis gelangt, dass dieser die neue Verletzungshandlung bzw. -form schon erfasst. In diesem Fall muss das Zweitgericht nach der in der Literatur vorherrschenden und vom BGH vertretenen ne-bis-in-idem-Lehre zur Abweisung der zweiten Klage als unzulässig gelangen, weil Identität der Streitgegenstände besteht.[443] Objektive Zweifel daran, ob eine veränderte Verletzungsform ebenso zu beurteilen ist wie die dem bestehenden Titel zugrunde gelegte[444], ob also Kerngleichheit besteht, kann es seitens des Gerichts nur dann geben, wenn das wegen der veränderten Verletzungshandlung angerufene Gericht und das Vollstreckungsgericht auseinanderfallen. Denn an die Entscheidung des Vollstreckungsgerichts ist das Prozess- 252

436 OLG Frankfurt, 12.11.1996, 6 W 145/96, WRP 1997, 51, Ls.; OLG Frankfurt, 14.03.2013, 6 U 227/12, WRP 2014, 101, Ls. – *Werbekampagne*; 23.11.2017, 6 U 121/17, WRP 2018, 361; a.A. OLG Köln, 19.11.2001, 6 W 81/01, MD (VSW) 2002, 293, juris Rn. 15 und 19.

437 OLG Frankfurt, 14.03.2013, 6 U 227/12, WRP 2014, 101, Ls. – *Werbekampagne.*

438 OLG Frankfurt, 23.11.2017, 6 U 121/17, WRP 2018, 361.

439 OLG Frankfurt, 24.01.2011, 6 U 209/10, juris; 23.11.2017, 6 U 121/17, WRP 2018, 361.

440 Ebenso Kehl, WRP 1999, 46, 50 – Zweifel des Titelgläubigers oder ein Bestreiten des Titelschuldners genügen nicht.; a.A. Ahrens/Ahrens, Kap. 36, Rn. 143 – Verteidigung des Schuldners begründet Begehungsgefahr.

441 BGH, 29.04.2010, I ZR 202/07, GRUR 2010, 749, Rn. 42 – *Erinnerungswerbung im Internet*; BGH, 19.05.2010, I ZR 177/07, GRUR 2010, 855, Rn. 17 – *Folienrollos.*

442 BGH, 07.04.2011, I ZR 34/09, GRUR 2011, 742, Rn. 13 – *Leistungspakete im Preisvergleich*; OLG Köln, 19.11.2001, 6 W 81/01, MD (VSW) 2002, 293, juris Rn. 14 f.; OLG Stuttgart, 13.11.2008, 2 U 39/08, MD (VSW) 2002, 88 (91), juris Rn. 43; Harte/Henning/Brüning, vor § 12, Rn. 229 (Ordnungsmittelverfahren vorrangig, zweite einstweilige Verfügung erst nach Erfolglosigkeit des Ordnungsmittelverfahrens); Teplitzky/Feddersen, Kap. 57, Rn. 16a; siehe auch Ahrens/Ahrens, Kap. 36, Rn. 139 ff.

443 Teplitzky/Feddersen, Kap. 57, Rn. 16c m.w.N. zur BGH-Rechtsprechung; OLG Köln, 25.07.2003, 6 U 32/03, MD (VSW) 2003, Ls.; Zöller/G. Vollkommer, Vor § 322, Rn. 17f. m.w.N.

444 Vgl. Teplitzky/Feddersen, Kap. 57, Rn. 16c unter Hinweis auf RG, RGZ 147, 27, 31.

gericht nicht gebunden.[445] Ansonsten können Zweifel – oft nur vermeintliche[446] – auch im Eilverfahren spätestens in der zweiten Instanz meist nicht mehr bestehen. Verfügungs- und Ordnungsmittelverfahren kommen beim Rechtsmittelgericht meist zusammen und dessen Entscheidung ist regelmäßig nicht mehr anfechtbar. Es muss entscheiden, ob sich in der neuerliche Verletzungshandlung das Charakteristische der bereits verbotenen Handlung widerspiegelt und somit dem Kernbereich des schon ausgesprochenen Verbots unterfällt. Kommt das Gericht unabhängig davon, ob der Gläubiger wegen der neuerlichen Verletzungshandlung auf der Grundlage des bestehenden Titels bereits ein Ordnungsmittelverfahren betreibt, zu der Erkenntnis, dass Kerngleichheit zwischen der schon verbotenen und der neuerlichen Verletzungshandlung nicht besteht, dann steht dem Erlass einer weiteren einstweiligen Verfügung angesichts unterschiedlicher Streitgegenstände nichts entgegen.[447] Wird die neue Verletzungshandlung dagegen vom bestehenden Verbot erfasst, kann das Gericht nicht sehenden Auges die dem Erlass eines weiteren Titels entgegenstehenden Wirkungen des ersten Titels unbeachtet lassen und den zweiten Titel erlassen oder bestehen lassen sowie u.U. gleichzeitig die Bestrafung des Schuldners wegen des Verstoßes gegen den ersten Titel billigen.[448] Der bloße Umstand, dass ein zweites, erneut einseitig geführtes Erkenntnisverfahren dem Gläubiger regelmäßig schneller als ein Bestrafungsantrag eine rechtliche Handhabe gegen den Schuldner verschaffen mag, stellt keine Rechtfertigung für ein zweites Verbot einer – kerngleichen – Handlung dar, die dem Schuldner bereits gerichtlich verboten worden ist.[449]

253 Allerdings ist in der Rechtsprechung des BGH auch anerkannt, dass für die Wiederholung eines Rechtsstreits ein unabweisbares Bedürfnis bestehen kann, wenn aufgrund der Unbestimmtheit oder Unklarheit des Titels anderweitig nicht behebbare Zweifel bestehen, wie weit die Rechtskraft des Titels reicht, und dem Titelgläubiger infolgedessen eine zuverlässige Grundlage zur Durchsetzung des gesamten oder eines Teils des ausgeurteilten Anspruchs nicht zur Verfügung steht, so dass der Gläubiger entgegen Sinn und Zweck des Instituts der Rechtskraft und des Wiederholungsverbots rechtlos gestellt wird.[450] Zwar ist dann grundsätzlich eine Feststellungsklage das richtige Mittel,

---

445 BGH, BGH, 08.11.2007, I ZR 172/05, GRUR 2008, 360, Rn. 23f. – *EURO und Schwarzgeld*; Ahrens/Ahrens, Kap. 36, Rn. 144 und Kap. 68, Rn. 24; Teplitzky/Feddersen, Kap. 57, Rn. 16c.

446 Vgl. Teplitzky/Feddersen, Kap. 57, Rn. 16.

447 HansOLG Hamburg, 29.01.2004, 3 U 109/03, MD (VSW) 2004, 1232 – *24 Stunden Antiemese* (Möglichkeit und Voraussetzungen einer evtl. Klarstellungsverfügung offen gelassen).

448 Siehe auch Kehl, WRP 1999, 46, 50 – auch in der ersten Instanz kein Nebeneinander von Ordnungsmittelverfahren und neuem Verfügungsverfahren für den Fall, dass das angerufene Gericht zugleich als Vollstreckungsgericht für den schon vorliegenden Titel zuständig ist.

449 OLG Köln, 19.11.2001, 6 W 81/01, MD (VSW) 2002, 293, juris Rn. 15 und 19, dort mit der Folge, dass eine Bestrafung aus dem ersten Verfügungstitel abgelehnt wurde, weil der Gläubiger zwar den zweiten Titel wegen vorhandener Kerngleichheit zu Unrecht erwirkt hatte, darin aber ein Verzicht auf ein mögliches Bestrafungsverfahren wegen des Verstoßes gegen den ersten Titel liege.

450 BGH, 04.05.2004, X ZR 234/02, GRUR 2004, 755, 757, juris Rn. 27 ff. – *Taxameter*.

ohne das eine zweite Leistungsklage schlechthin ausgeschlossen wäre.[451] Auch der Schuldner kann den zwischen ihm und dem Gläubiger bestehenden Streit darüber, ob ein beabsichtigtes abgewandeltes Verhalten von dem titulierten Unterlassungsgebot erfasst wird, u.U. selbst dann durch eine negative Feststellungsklage klären lassen, wenn der Gläubiger wegen eines entsprechenden Verhaltens des Schuldners einen Ordnungsmittelantrag stellt.[452] Derartige Verfahren sind indessen zeitraubend.[453] Schon die Dauer eines zunächst eingeleiteten Ordnungsmittelverfahrens kann dazu führen, dass einem erst nach Zurückweisung des Ordnungsmittelantrages gestellten Verfügungsantrag die Dringlichkeit fehlt. Soweit deshalb in Zweifelsfällen und mit Blick auf die bloß summarische Prüfung der Rechtskrafterstreckung des Ersttitels eine gewisse Großzügigkeit beim Erlass einer weiteren einstweiligen Verfügung für vertretbar erachtet wird[454], kann das aber nur in besonderen Ausnahmesituationen der Fall sein. Nämlich dann, wenn es gilt, eine Rechtlosstellung des Gläubigers oder diesem sonst drohende erhebliche Schäden zu vermeiden. Auch müssen den Gläubiger jedenfalls die Kosten des zweiten Verfügungsverfahrens treffen, wenn sich im späteren Hauptsacheverfahren oder aufgrund einer Feststellungsklage erweist, dass die neuerliche Verletzungshandlung bereits dem ersten Titel als kerngleich unterfällt.[455]

Gerade der Blick auf das Hauptsacheverfahren macht die Problematik einer Klarstellungsverfügung besonders deutlich. Da der Schuldner über § 926 ZPO die Möglichkeit hat, den Gläubiger ins Hauptsacheverfahren zu zwingen und die zweite Hauptsacheklage im genannten Fall zweier kerngleicher Verbote spätestens hier abgewiesen werden müsste, müsste auch die jedenfalls dann erkennbar zu Unrecht bestehende zweite einstweilige Verfügung im Verfahren nach § 927 ZPO aufgehoben und müssten dem Antragsteller die Kosten des gesamten Verfügungsverfahrens auferlegt werden. Mit Blick auf die prozessuale Rechtslage verbietet sich schon deshalb ein großzügiger Maßstab.[456] Die Fälle sind vielmehr auch bereits im Eilverfahren dort zu entscheiden, wo es um genaue die Bestimmung des Kernbereichs einer Verletzungshandlung bzw. eines dazu ausgesprochenen Verbots geht. **254**

c) Einzelfragen

Hat der Antragsteller, der die vorläufige Sicherung eines wettbewerbsrechtlichen Unterlassungsanspruchs verfolgt, bereits Hauptsacheklage erhoben und einen zu weit gefassten Klageantrag dort zurückgenommen, besteht jedenfalls für einen über den einge- **255**

---

451 BGH, 04.05.2004, X ZR 234/02, GRUR 2004, 755, 757, juris Rn. 31 – *Taxameter.*
452 BGH, 08.11.2007, I ZR 172/05, GRUR 2008, 360, Ls. und Rn. 21f. – *EURO und Schwarzgeld.*
453 Vgl. auch Teplitzky/Feddersen, Kap. 57, Rn. 16d.
454 Teplitzky/Feddersen, Kap. 57, Rn. 16c unter Hinweis auf die angeführte Rechtsprechung des OLG Frankfurt.
455 Vgl. Teplitzky/Feddersen, Kap. 57, Rn. 16c (Kostenrisiko des Gläubigers).
456 A.A. Ahrens/Singer, Kap. 57, Rn. 17 (»keine zu strengen Maßstäbe«).

schränkten Hauptsacheantrag hinaus gehenden Verfügungsantrag kein Bedürfnis einer vorläufig sichernden Entscheidung.[457]

256 Auf der anderen Seite steht der Erlass einer einstweiligen Verfügung der Verfolgung des Anspruchs im Hauptsacheverfahren, der im Eilverfahren nur vorläufig tituliert ist, nicht entgegen, solange nicht der Schuldner eine Abschlusserklärung abgegeben hat[458] und kein Rechtsmissbrauch vorliegt.[459]

257 An dem Verfügungsgrund als besonderer Form des Rechtsschutzbedürfnisses fehlt es nicht allein deshalb, weil der Verfahrensgegenstand für das Eilverfahren »ungeeignet« ist. Ungeeignetheit kann insbesondere nicht aus dem Umstand abgeleitet werden, dass ein positiver oder negativer Vollbeweis der Wirksamkeit eines Behandlungsverfahrens im Eilverfahren nicht geführt werden kann.[460]

258 Für eine Eilentscheidung, die darauf gerichtet ist, einem Abmahnenden die (erneute) Abmahnung zu untersagen, fehlt es, wenn nicht eine Abnehmerverwarnung in Rede steht, schon deshalb an einem Rechtsschutzbedürfnis, weil die Unsicherheit über etwaige Ansprüche des Gegners nur im Hauptsacheverfahren (neg. Feststellungsklage) beseitigt werden kann.[461] Im Bereich des Wettbewerbsrechts sind Abmahnungen im Übrigen auch unter Behinderungsgesichtspunkten regelmäßig nicht wettbewerbswidrig[462] und können daher auch nicht Gegenstand eines im Verfügungsverfahren ausgesprochenen Verbots sein. Eine entsprechende Anwendung der Grundsätze über die unberechtigten Schutzrechtsverwarnung auf unberechtigte wettbewerbsrechtliche Abmahnungen kommt nicht in Betracht.[463]

259 Ist ein Verfügungsantrag rechtskräftig zurückgewiesen worden, kann ein erneuter Eilantrag nicht auf Gesichtspunkte gestützt werden, die in der vorangegangenen Entscheidung zur Begründung des Verfügungsbegehrens nicht als ausreichend angesehen worden sind[464], es sei denn, dass sich die tatsächlichen Umstände zugunsten des Antragstellers geändert haben oder er in den Besitz neuer – ihm bisher nicht zugänglicher – Glaubhaftmachungsmittel gelangt ist und wenn sodann zeitnah hierzu der neue Verfügungsantrag eingereicht worden ist.[465]

---

457 OLG Brandenburg, 14.04.2011, 6 U 79/10, WRP 2012, 747.

458 BGH, 21.04.2016, I ZR 100/15, GRUR 2016, 1316, Rn. 14 – *Notarielle Unterlassungserklärung.*

459 BGH, 20.12.2001, I ZR 215/98, GRUR 2002, 715, 716, juris Rn. 28 – *Scanner-Werbung*; BGH, 21.04.2016, I ZR 100/15, GRUR 2016, 1316, Rn. 14 – *Notarielle Unterlassungserklärung.*

460 OLG Frankfurt, 21.03.2016, 6 W 21/16, WRP 2016, 905, juris Rn. 6.

461 KG, 18.10.2016, 5 W 210/16, WRP 2017, 585 – *Berserker.*

462 BGH, 05.10.2000, I ZR 224/98, GRUR 2001, 354, 355, juris Rn. 21 – *Verbandsklage gegen Vielfachabmahner*; BGH, 22.07.2010, I ZR 139/08, GRUR 2001, 152, Rn. 63f. – *Kinderhochstühle im Internet.*

463 BGH, *20.01.2011, I ZR 31/10*, GRUR-RR 2011, 343 (nur Ls.) – *unberechtigte Abmahnung.*

464 OLG Frankfurt, 02.01.2014, 6 U 228/13, WRP 2014, 479, Ls. 1 – *Schneller kann keiner.*

465 Vgl. OLG Frankfurt, 15.08.2013, 6 U 122/13, Ls., juris.

III. Verfügungsanspruch

Während der Antragsteller den Verfügungsgrund – wie vorstehend aufgezeigt – wegen § 12 Abs. 2 jedenfalls für Unterlassungsansprüche in der Regel unproblematisch darlegen kann, muss ihm selbstverständlich materiell-rechtlich auch ein Verfügungsanspruch zustehen, den er gegenüber dem Gericht darzulegen und glaubhaft zu machen hat (§§ 936, 920 Abs. 2 ZPO). Ist erkennbar, dass ein Verfügungsanspruch nicht besteht, kann die Dringlichkeitsfrage dahingestellt bleiben.[466] Im Lauterkeitsrecht kommen hier vor allem Unterlassungsansprüche in Betracht. Nur in sehr seltenen Fällen wird es für möglich gehalten, auch Auskunftsansprüche geltend zu machen. Soweit nämlich der Anspruch zu einer endgültigen Befriedigung des Gläubigers führen würde, ist er damit im Verfügungsverfahren, das lediglich auf eine vorläufige Regelung zielt, grundsätzlich ausgeschlossen.[467] Es gilt – soweit nicht ausdrücklich gesetzlich anders geregelt – das Verbot der Vorwegnahme der Hauptsache, das nur unter ganz besonders engen Voraussetzungen eine Einschränkung erfahren kann.[468] 260

1. Unterlassung

Nach § 8 Abs. 1 1 kann derjenige, der eine nach § 3 oder § 7 unzulässige geschäftliche Handlung vornimmt, auf Beseitigung und bei Wiederholungsgefahr auf Unterlassung in Anspruch genommen werden. Über die Generalklausel des § 3 Abs. 1, die unlautere geschäftliche Handlungen für unzulässig erklärt, sind selbstverständlich auch alle Unlauterkeitstatbestände der §§ 3a – 6 und über § 3 Abs. 3 auch die im Anhang zu jener Vorschrift angeführten per se unzulässigen geschäftlichen Handlungen (sog. schwarze Liste) erfasst. Der Unterlassungsanspruch besteht nach § 8 Abs. 1 2 auch, wenn unzulässige geschäftliche Handlungen nur drohen, also bei der Gefahr einer künftigen Erstbegehung (Erstbegehungsgefahr).[469] 261

Auf dieser Grundlage ist es für die Darlegung eines Unterlassungsanspruchs notwendig, aber auch ausreichend, die Verletzungshandlung des Wettbewerbers darzulegen, auf die der Unterlassungsanspruch bezogen ist. Die Verletzung der angeführten wettbewerbsrechtlichen Normen begründet bereits die Wiederholungsgefahr. Ist es zu einem Wettbewerbsverstoß gekommen, streitet für die Wiederholungsgefahr eine tatsächliche Vermutung.[470] Die Annahme einer Erstbegehungsgefahr setzt ernsthafte und greifbare tatsächliche Anhaltspunkte dafür voraus, dass der Anspruchsgegner sich unmittelbar oder in naher Zukunft rechtswidrig verhalten wird.[471] Dabei muss sich die Erstbegehungsgefahr auf eine konkrete Verletzungshandlung beziehen. Die die Erstbegehungsgefahr 262

466 Vgl. OLG Frankfurt, 15.05.2018, 6 W 39/18, WRP 2018, 983, juris Rn. 5.
467 Vgl. Ahrens/Jestaedt, Kap. 56, Rn. 11; Teplitzky/Feddersen, Kap. 54, Rn. 1 ff.
468 BGH, 11.10.2017, I ZB 96/16, GRUR 2018, 292, Rn. 34f. – *Produkte zur Wundversorgung*, 39; Zöller/G. Vollkommer, § 938, Rn. 3, und § 940, Rn. 8 »Auskunft« m.w.N.
469 Teplitzky/Feddersen, Kap. 54, Rn. 11.
470 St. Rspr.; BGH, 15.12.2016, I ZR 213/15, GRUR 2017, 288, 291, juris Rn. 27 m.w.N. – *Energieverbrauchskennzeichnung*.
471 BGH, 17.08.2011, I ZR 57/09, BGHZ 191, 19, Rn. 44 – *Stiftparfüm*; BGH, 04.05.2016, I ZR 58/14, GRUR 2017, 79, 82, juris Rn. 36 m.w.N. – *Segmentstruktur*.

begründenden Umstände müssen die drohende Verletzungshandlung so konkret abzeichnen, dass sich für alle Tatbestandsmerkmale zuverlässig beurteilen lässt, ob sie verwirklicht sind. Da es sich bei der Begehungsgefahr (Erstbegehungs- und Wiederholungsgefahr) um eine anspruchsbegründende Tatsache handelt, liegt die Darlegungs- und Beweislast –Verfügungsverfahren die Glaubhaftmachungslast – bei dem Anspruchsteller.[472]

263 Die Wiederholungsgefahr entfällt nur, infolge der Existenz eines rechtskräftigen Titels in der Hauptsache[473] oder der Abgabe einer strafbewehrten Unterlassungsverpflichtungserklärung.[474] Die bloße Aufgabe des beanstandeten Verhaltens genügt nicht.[475] Ebenso wenig etwa die Aufgabe des Geschäftsbetriebs, denn die Verletzungshandlung kann wie der Geschäftsbetrieb jederzeit wieder aufgenommen werden.[476] In der Zustellung einer einstweiligen Verfügung liegt jedenfalls dann keine konkludente Zurückweisung eines Angebotes des Schuldners auf Abschluss eines Unterlassungsvertrages, wenn der Gläubiger bei Veranlassung der Zustellung nicht (mehr) damit rechnen konnte, dass der Schuldner eines strafbewehrte Unterlassungsverpflichtungserklärung abgeben würde.[477]

264 Soweit lediglich Erstbegehungsgefahr besteht, kann diese allerdings dadurch entfallen, dass der Schuldner von der beabsichtigten Handlung Abstand nimmt bzw. eine Berühmung aufgibt. Welche Anforderungen an eine solche Abstandnahme zu stellen sind, muss im Einzelfall beurteilt werden. Es sind grundsätzlich weniger strenge Anforderungen zu stellen als an den Fortfall der Wiederholungsgefahr. Die Abstandnahme muss ernsthaft sein und endgültig erscheinen. Das ist jedenfalls bei einer uneingeschränkten und eindeutigen Erklärung, dass die beanstandete Handlung in der Zukunft nicht vorgenommen werde, der Fall.[478]

2. Auskunft

265 Wird ein Auskunftsanspruch durchgesetzt, ist damit in der Regel eine endgültige Befriedigung eingetreten, weil die einmal erteilte Auskunft nicht wieder rückgängig gemacht werden kann. Das steht der Durchsetzung von Auskunftsansprüchen im Eil-

---

472 St. Rspr.; BGH, 04.05.2016, I ZR 58/14, GRUR 2017, 79, 82, juris Rn. 32 m.w.N. – *Segmentstruktur.*

473 BGH, 19.12.2002, I ZR 160/00, GRUR 2003, 450, 452 – *begrenzte Preissenkung*; Teplitzky/Kessen, Kap. 7, Rn. 14.

474 Siehe z.B. BGH, 16.11.1995, I ZR 229/93, GRUR 1997, 379, 380 – *Wegfall der Wiederholungsgefahr II*; BGH, 26.10.2000, I ZR 180/98, GRUR 2001, 453, 455, juris Rn. 28 – *TCM-Zentrum*; BGH, 14.01.2016, I ZR 65/14, GRUR 2016, 946, 951, Rn. 52f. – *Freunde finden*; Teplitzky/Kessen, Kap. 7, Rn. 6.

475 Siehe z.B. BGH, 26.10.2000, I ZR 180/98, GRUR 2001, 453, 455, juris Rn. 28 – *TCM-Zentrum*; Teplitzky/Kessen, Kap. 7, Rn. 4.

476 Daher auch kein Wegfall der Dringlichkeit nach Geschäftsaufgabe; a.A. FBO/Büscher, § 12, Rn. 89.

477 BGH, *17.09.2009, I ZR 217/07*, GRUR 2010, 355, Ls. und Rn. 22f. – *Testfundstelle.*

478 BGH, 31.05.2001, I ZR 106/99, GRUR 2001, 1174, 1176, juris Rn. 42 – *Berühmungsaufgabe.*

verfahren grundsätzlich entgegen.[479] Vor allem auch im Bereich des Lauterkeitsrechts. Anders als im Bereich der Verletzung von Schutzrechten, wie etwa im Design-, Urheber-, Marken-, Gebrauchsmuster- und Patentrecht, wo aufgrund ausdrücklicher gesetzlicher Regelungen[480] die Möglichkeit besteht, die Verpflichtung zur Erteilung von Auskünften in Fällen offensichtlicher Rechtsverletzung im Wege der einstweiligen Verfügung durchzusetzen, sieht das UWG eine solche Möglichkeit nicht vor. Das UWG gewährt allerdings in § 4 Nr 3 (ehemals § 4 Nr 9 a.F.) einen die gewerblichen Schutzrechte ergänzenden wettbewerbsrechtlichen Leistungsschutz, dessen Verletzung auch Auskunftsansprüche über Herkunft und Vertriebsweg der nachgeahmten Ware begründen kann.[481] Wegen der Nähe der Regelungsbereiche wird teilweise eine analoge Anwendung der für die Verletzung von Schutzrechten geltenden Möglichkeit, Auskunftsansprüche im Eilverfahren durchzusetzen, befürwortet.[482] In der obergerichtlichen Rechtsprechung wird eine entsprechende Analogie mit Recht abgelehnt.[483] Der Gesetzgeber hat die im Gesetzgebungsverfahren erörterte Anregung, in geeigneten Fällen auch im Lauterkeitsrecht die Durchsetzung von Auskunftsansprüchen im Wege der einstweiligen Verfügung vorzusehen, nicht aufgegriffen.[484] Der Anspruchsdurchsetzung wegen der Verletzung absolut wirkender Schutzrechte kommt zudem ein gegenüber der unlauteren Nachahmung, die nur schuldrechtliche Ansprüche begründen, erhöhtes Gewicht zu.[485] Soweit für Fälle, in denen der Auskunftsanspruch von existenzieller Bedeutung ist, die Durchsetzung von Auskunftsansprüchen im Eilverfahren für möglich gehalten wird[486], ist die dazu angeführte Rechtsprechung regelmäßig nicht zum Lauterkeitsrecht ergangen.

3. Vernichtung, Sequestration, Beseitigung, Besichtigung, Besitzaufgabe

Ein Vernichtungsanspruch kommt – als Unterfall des Beseitigungsanspruches – im **266**
Lauterkeitsrecht – anders als im Markenrecht – nur unter strengen Voraussetzungen in

479 KG, 28.08.1987, 5 U 3581/87, GRUR 1988, 403, 404; OLG Hamm, 29.11.1991, 26 W 15/91, NJW-RR 1992, 640; OLG Schleswig, 27.10.2000, 6 W Kart 35/2000, WRP 2001, 304; OLG Brandenburg, 29.12.2009, Kart W 13/09, juris Rn. 15; Ahrens/Jestaedt, Kap. 56, Rn. 13; FBO/Büscher, § 12, Rn. 95; *Köhler*/Bornkamm/Feddersen, § 12, Rn. 3.10; Teplitzky/Feddersen, Kap. 54, Rn. 11b; Zöller/G. Vollkommer, § 940, Rn. 8 »Auskunft« m.w.N.

480 Siehe z.B. §§ 46 Abs. 7 DesignG, 101 Abs. 7 UrhG, 19 Abs. 7 MarkenG, 24b Abs. 7 GebrMG, 140b Abs. 7 PatG.

481 BGH, 24.03.1994, I ZR 42/93, BGHZ 125, 322, 328 ff. – *Cartier-Armreif*; BGH, 24.03.1994, I ZR 152/92, GRUR 1994, 635 – *Pulloverbeschriftung*.

482 Ahrens/Jestaedt, Kap. 56, Rn. 13; mit Einschränkungen Teplitzky/Feddersen, Kap. 54, Rn. 11c.

483 OLG Schleswig, 27.10.2000, 6 W Kart 35/2000, WRP 2001, 304, Ls.; OLG Frankfurt, 03.07.2001, 6 W 120/01, OLGR Frankfurt 2001, 253; HansOLG Hamburg, 19.03.2007, 5 W 33/07, WRP 2007, 1253, 1254, juris Rn. 7; ebenso Berneke/Schüttpelz, Rn. 83; FBO/Büscher, § 12, Rn. 95 (Ausnahmen möglich, z.B. § 8 Abs. 5 Satz 1 UWG i.V.m. § 13 UKlaG) m.w.N.; Harte/Henning/Retzer, § 12, Rn. 277.

484 Siehe Harte/Henning/Retzer, § 12, Rn. 277.

485 HansOLG Hamburg, 19.03.2007, 5 W 33/07, WRP 2007, 1253, 1254, juris Rn. 7.

486 Vgl. Berneke/Schüttpelz, Rn. 79; FBO/Büscher, § 12, Rn. 95; Zöller/G. Vollkommer, § 940, Rn. 8 »Auskunft«.

Betracht, nämlich dann, wenn die von den Gegenständen ausgehende Gefahr weiterer Rechtsverletzungen nicht auf andere – mildere – Weise beseitigt werden kann.[487] Das kann etwa bei unter Bruch des Geheimnisschutzes (§ 17) erlangten Unterlagen oder Vorlagen der Fall sein. Nach Art. 12 der noch ins nationale Recht umzusetzende Geschäftsgeheimnis-RL (EU) 2016/943 kommt ein auch im Eilverfahren durchsetzbarer Löschungsanspruch in Betracht.[488] Das gilt aber nicht für die Vernichtung von Werbemitteln oder von unlauter nachgeahmter Ware. Bei einer Vernichtung dieser Unterlagen und Waren käme es zu einer endgültigen Regelung und zur Vorwegnahme der Hauptsache, was im Verfügungsverfahren – wenn nicht ganz besondere Umstände eine Ausnahme rechtfertigen – grundsätzlich unzulässig ist.[489] Ohnehin besteht im Rahmen des ergänzenden wettbewerbsrechtlichen Leistungsschutzes (§§ 3, 4 Nr 3) regelmäßig kein Anspruch auf Vernichtung bzw. Unkenntlichmachung der Nachbildungen, weil die Herstellung von Nachahmungsprodukten als solche nicht unlauter ist.[490] Der Inhalt des Leistungsschutzanspruches richtet sich nicht gegen die Herstellung oder den Besitz einer Nachahmung, sondern gegen das Inverkehrbringen des nachgeahmten Erzeugnisses. Daher ist im Verfügungsverfahren auch kein Raum für einen auf die Herausgabe an einen Gerichtsvollzieher gerichteten Sicherungsanspruch.[491] Für Werbemittel, die nur dann unlauter sein können, wenn sie eingesetzt werden, gilt nichts anderes.

267 In der Folge kann auch ein Beseitigungsanspruch in den Fällen des § 4 Nr 3 nur darauf gerichtet sein, dass die Nachahmungsstücke, soweit sie noch in der Verfügungsgewalt des Anbieters stehen, vom Markt genommen werden.[492] Aber auch soweit Nachahmungsstücke oder sonstige rechtsverletzende Werbeunterlagen etc. nicht mehr in der Verfügungsgewalt des Verletzers stehen, kommt u.U. ein Beseitigungsanspruch in Gestalt eines modifizierten Rückrufanspruches in Betracht.

268 Zwar ist anerkannt, dass Beseitigungsansprüche als Leistungsansprüche im Eilverfahren regelmäßig nicht oder allenfalls unter besonders strengen Voraussetzungen eines zur

---

487 BGH, 03.05.1963, Ib ZR 93/61, GRUR 1963, 539, 541 f. – *echt skai*; BGH, 21.02.2002, I ZR 140/99, GRUR 2002, 709 m.w.N. – *Entfernung der Herstellungsnummer III*; Teplitzky/Löffler, Kap. 25 Rn. 9.

488 Siehe zur Geschäftsgeheimnis-RL (EU) 2016/943 Hofmann, WRP 2018, 1; Hoeren/Münker, WRP 2018, 150.

489 H.M.; BGH, 11.10.2017, I ZB 96/16, GRUR 2018, 292, Rn. 34 f., 39 – *Produkte zur Wundversorgung*; Ahrens/Jaestaedt, Kap. 56, Rn. 11; GK/Schwippert, § 12 C Rn. 18; *Köhler*/Bornkamm/Feddersen, § 12, Rn. 3.7.

490 BGH, 22.03.2012, I ZR 21/11, GRUR 2012, 1155, 1158, Rn. 36 – *Sandmalkasten*; OLG Frankfurt, 03.07.2001, 6 W 120/01, OLGR Frankfurt 2001, 253; Harte/Henning/Retzer, § 4, Rn. 227; *Köhler*/Bornkamm/Feddersen, § 4, Rn. 3.81.

491 OLG Frankfurt, 04.12.2002, 6 W 156/02, GRUR-RR 2003, 157, Ls.; HansOLG Hamburg, 19.03.2007, 5 W 33/07, WRP 2007, 1253, 1254, Ls. 3; OLG Düsseldorf, 08.07.2008, 20 U 43/08, GRUR-RR 2009, 142, 144, juris Rn. 46; nicht beachtet von OLG Düsseldorf, *28.10.1996, 2 W 55/96*, WRP 1997, 471, 472, Ls. – *Ohrstecker*.

492 BGH, 22.03.2012, I ZR 21/11, GRUR 2012, 1155, 1158, Rn. 36 – *Sandmalkasten*; siehe auch Berneke/Schüttpelz, Rn. 71; FBO/Büscher, § 8, Rn. 43.

Abwendung erheblicher Nachteile unabwendbaren Bedürfnisses des Gläubigers durchgesetzt werden können.[493] In gewissem Umfang können aber Beseitigungs- und Rückrufansprüche u.U. schon aufgrund eines bestehenden Unterlassungsanspruches durchgesetzt werden. Und das trotz des Umstandes, dass es sich bei dem Unterlassungs- und dem Beseitigungs-Anspruch um jeweils selbständige Ansprüche mit grundsätzlich unterschiedlicher Zielrichtung handelt, weil der Unterlassungsanspruch auf die Unterbindung zukünftiger Verletzungshandlungen zielt, während der Beseitigungsanspruch die Abwehr einer bereits eingetretenen, aber fortwirkenden Beeinträchtigung zum Gegenstand hat.[494] Die Befolgung des Unterlassungsgebots ist nämlich nicht auf die bloße Untätigkeit beschränkt, sondern kann auch mit Handlungspflichten – wie etwa Rückrufbemühungen – verbunden sein, weil die Nichtbeseitigung des Verletzungszustands gleichbedeutend mit der Fortsetzung der Verletzungshandlung ist.[495] Die

493 BGH, 11.10.2017, I ZB 96/16, GRUR 2018, 292, Rn. 34f. – *Produkte zur Wundversorgung*; Ahrens/Jestaedt, Kap. 56, Rn. 6, 11; Berneke/Schüttpelz, Rn. 70 f.; FBO/Büscher, § 12, Rn. 94; Harte/Henning/Goldmann, § 8, Rn. 240 f.; *Köhler*/Bornkamm/Feddersen, § 12, Rn. 3.9; Zöller/G. Vollkommer, § 940, Rn. 6; jeweils m.w.N.

494 BGH, 18.09.2014, I ZR 76/13, GRUR 2015, 258, Rn. 64 – *CT-Paradies*; BGH, 11.10.2017, I ZB 96/16, GRUR 2018, 292, Rn. 28 – *Produkte zur Wundversorgung*; BGH, 14.12.2017, I ZR 184/15, GRUR 2018, 423 Rn. 22, juris – *Klauselersetzung*.

495 BGH, 22.10.1992, IX ZR 36/92, BGHZ 120, 73, 76 f., juris Rn. 16 – *Straßenverengung*; BGH, 19.11.2015, I ZR 109/14, GRUR 2016, 720, Rn. 34 – *Hot Sox*; BGH, 29.09.2016, I ZB 34/15, GRUR 2017, 145, Ls. – *Rückruf von RESCUE-Produkten* (siehe dazu auch die Entscheidung zur Anhörungsrüge v. 27.04.2017, I ZB 34/15); BGH, 08.12.2016, I ZB 118/15, GRUR 2017, 318, 319, Rn. 12 – *Dügida*; BGH, 04.05.2017, I ZR 208/15, GRUR 2017, 823, Ls. und Rn. 26 – *Luftentfeuchter*; BGH, 11.10.2017, I ZB 96/16, GRUR 2018, 292 – *Produkte zur Wundversorgung*; BGH, 14.12.2017, I ZR 184/15, GRUR 2018, 423 Rn. 22, juris – *Klauselersetzung*; BGH, 12.07.2018, I ZB 86/17, GRUR 2018, 1183, Rn. 8ff. – *Reichweite einer Unterlassungserklärung, Wirbel um Bauschutt*; OLG München, 28.05.2014, 29 W 546/14, Magazindienst 2014, 698, Ls. und juris Rn. 4; HansOLG Hamburg, 23.05.2008, 3 W 6/08, Magazindienst 2009, 1072, juris Rn. 16 f.; HansOLG Hamburg, 30.01.2017, 3 W 3/17, GRUR-RR 2017, 464, Ls. – *Sonnenschutzmittel*; OLG Celle, 21.08.2017, 13 W 45/17, WRP 2017, 1390; OLG Frankfurt, 23.11.2017, 6 U 197/16, juris (betr. Pflicht zur aktiven Kundgabe der Fehlerhaftigkeit einer Werbeangabe aufgrund eines Unterlassungsvertrages; im konkreten Fall mangels Fortwirkung aber verneint); OLG Frankfurt, 30.07.2018, 6 W 74/16, GRUR 2018, 976, Ls. – *Quarantäne-Buchung II*; OLG Frankfurt, 01.08.2018, 6 W 53/18, GRUR 2018, 1085, juris Rn. 17 – *kennzeichnungsfrei*; bejahend ebenfalls FBO/Büscher, § 12, Rn. 378; *Köhler*/Bornkamm/*Feddersen*, § 12, Rn. 6.7; Teplitzky/Feddersen, Kap. 57, Rn. 26c; a.A. noch HansOLG Hamburg, 31.03.2003, 3 W 15/03, PharmR 2003, 171, Os.; OLG Frankfurt, 19.09.2016, 6 W 74/16, GRUR 2016, 1319 – *Quarantäne-Buchung* (keine Rückrufverpflichtung); siehe auch Sakowski, GRUR 2017, 355; a.A. auch für das Verfügungsverfahren LG Hamburg, 15.04.2016, 327 O 120/16, juris (im Markenrecht); v. Czettritz/Thewes, PharmR 2017, 92 ff. (Rückrufansprüche mit Sanktions- und Schadensbeseitigungscharakter als endgültige Regelung im Eilverfahren unzulässig); Voit, PharmR 2018, 1 ff.; kritisch auch Köhler/*Bornkamm*/Feddersen, § 8, Rn. 1.82 ff.; Goldmann, GRUR 2016, 724; Hermanns, GRUR 2017, 977 ff; Dissmann, GRUR 2017, 986 ff. (europäische Perspektive); Zwischenruf der GRUR, GRUR 2017, 885 ff.; Voit, PharmR 2018, 1 ff.

Durchsetzung etwaiger Beseitigungspflichten erfolgt dann im Wege der Zwangsvollstreckung des Unterlassungsanspruches, also durch einen Antrag nach § 890 ZPO.[496]

269 Ob das auch für das Verfügungsverfahren Geltung hat, ist streitig. Teils wird ein über den Unterlassungstitel durchzusetzender Rückrufanspruch klar abgelehnt.[497] Teils werden mit dem Unterlassungsgebot verbundene Beseitigungspflichten, insbesondere Rückrufpflichten, auch auf der Grundlage von im Verfügungsverfahren ergangenen Titeln bejaht.[498] Der BGH hat sich inzwischen eindeutig im Sinne einer vermittelnden Lösung positioniert. Danach kommt es mit Blick auf das grundsätzlich bestehende Verbot der Vorwegnahme der Hauptsache im Verfügungsverfahren nur beim Vorliegen besonderer Umstände in Betracht, aus dem ergangenen Unterlassungstitel zugleich eine Verpflichtung zum Rückruf abzuleiten.[499] Ist der Unterlassungstitel aber dahin auszulegen, dass der Schuldner zwar Maßnahmen zu ergreifen hat, um auf Dritte zur Verhinderung weiterer Verletzungshandlungen einzuwirken, dass die insoweit geschuldeten Maßnahmen aber allein der Sicherung der Abwehransprüche des Gläubigers dienen, ohne ihn in diesen Ansprüchen abschließend zu befriedigen, dann kann das zu begrenzten positiven Handlungspflichten in der Weise führen, dass eine Vorwegnahme der Hauptsache nicht droht.[500] Letzteres ist dann nicht der Fall, wenn der Schuldner die von ihm vertriebenen Waren aufgrund der gegen ihn ergangenen einstweiligen Verfügung nicht bei seinen Abnehmern zurückzurufen, sondern diese lediglich aufzufordern hat, die erhaltenen Waren im Hinblick auf die einstweilige Verfügung vorläufig nicht weiterzuvertreiben.[501] Die Auslegung kann ausnahmsweise auch im Vollstreckungsverfahren erfolgen.[502]

270 Ein etwaiger Widerruf als Unterfall des Beseitigungsanspruches führt ebenfalls zu einer im Verfügungsverfahren grundsätzlich nicht durchsetzbaren endgültigen Regelung.[503] Teilweise werden einstweilige Verfügungen mit der Verpflichtung zu einem eingeschränkten Widerruf im Sinne eines – derzeitigen – Nichtaufrechterhaltens einer Behauptung für möglich gehalten.[504] Dem ist nicht zu folgen.[505] Dieser sogenannte

496 BGH, 11.10.2017, I ZB 96/16, GRUR 2018, 292 – *Produkte zur Wundversorgung.*

497 OLG Frankfurt, 19.09.2016, 6 W 74/16, GRUR 2016, 1319 – *Quarantäne-Buchung*, LG Hamburg, 15.04.2016, 327 O 120/16, juris (im Markenrecht); v. Czettritz/Thewes, PharmR 2017, 92 ff. (Rückrufansprüche mit Sanktions- und Schadensbeseitigungscharakter als endgültige Regelung im Eilverfahren unzulässig); Hermanns, GRUR 2017, 977, 984 f.; differenzierend Voit, PharmR 2018, 1 (7) (nur unter engen Voraussetzungen).

498 Büscher, GRUR 2018, 113, 126; Feddersen, FS für Büscher, 481f.

499 BGH, 11.10.2017, I ZB 96/16, GRUR 2018, 292, Rn. 34 – *Produkte zur Wundversorgung.*

500 BGH, 11.10.2017, I ZB 96/16, GRUR 2018, 292, Rn. 37 – *Produkte zur Wundversorgung.*

501 BGH, 11.10.2017, I ZB 96/16, GRUR 2018, 292, Rn. 39 – *Produkte zur Wundversorgung.*

502 BGH, 11.10.2017, I ZB 96/16, GRUR 2018, 292, Rn. 38 – *Produkte zur Wundversorgung.*

503 Berneke/Schüttpelz, Rn. 72; FBO/Büscher, § 8, Rn. 43;.

504 OLG Stuttgart, 10.06.1988, 2 U 62/88, WRP 1989, 202, 204; siehe auch Ahrens/Jestaedt, Kap. 56, Rn. 19; Berneke/Schüttpelz, Rn. 72; FBO/Büscher, § 8 Rn. 43 und § 12, Rn. 94; *Teplitzky/Feddersen, Kap. 54, Rn. 11c.*

505 Ebenso GK/Messer, § 14, Rn. 158; Zöller/G. Vollkommer, § 940, Rn. 8 »Presserecht«; siehe auch weitere Nachweise zum Meinungsstand bei Berneke/Schüttpelz, Rn. 72.

eingeschränkte Widerruf ist in Wahrheit einer, der dann verlangt werden kann, wenn die Unrichtigkeit einer angegriffenen Behauptung nicht positiv feststeht, jedoch bei objektiver Beurteilung ernstliche Anhaltspunkte für die Wahrheit des Vorwurfs fehlen. Ist es möglich, dass die Behauptungen zutreffen, ist auch für einen eingeschränkten Widerruf kein Raum.[506] Bei der Verpflichtung zu der Kundegabe, eine Behauptung nicht aufrechterhalten zu wollen, handelt es sich deshalb im Ergebnis nicht um eine nur vorläufige Regelung. Vielmehr ist ein solches Gebot regelmäßig das endgültige Ergebnis der Prüfung einer Tatsachenbehauptung auf das Maß ihres Wahrheitsgehalts, das auch einer späteren Korrektur meist nicht zugänglich ist. Die Veröffentlichung eines solchen eingeschränkten Widerrufs kann jedenfalls nicht mehr rückgängig gemacht werden und entfaltet ihre Wirkungen endgültig.[507]

Das gilt auch für die Abgabe von Willenserklärungen, die nicht im Eilverfahren durch- **271**
gesetzt werden können.[508] Anderes soll für Besichtigungsansprüche nach § 809 BGB gelten.[509] Die dazu ergangenen Entscheidungen betreffen allerdings Schutzrechtverletzungen[510], für die auch wegen der Durchsetzung von Besichtigungsansprüchen inzwischen spezialgesetzliche Regelungen bestehen[511], die im Bereich des Lauterkeitsrechts fehlen.

Gelegentlich wird auch ein Anspruch auf Besitzaufgabe (»… zu diesen Zwecken zu **272**
besitzen…«) geltend gemacht. Da die Besitzaufgabe ebenfalls eine endgültige Regelung herbeiführt, ist ein solcher Anspruch im Eilverfahren nicht durchsetzbar.[512]

IV. Abmahnung

Zur Vermeidung der Kostennachteile des § 93 ZPO und auch, weil § 12 Abs. 1 1 den **273**
Gläubiger dazu auffordert (»Die … Berechtigten sollen … abmahnen…«), ist dieser gehalten, nicht verpflichtet[513], den Schuldner vor der Einleitung des Verfügungsverfahrens abzumahnen. Dann hat er, wenn sich die Abmahnung als berechtigt erweist, auch

506 BGH, 14.06.1977, VI ZR 111/75, BGHZ 69, 181, 184, juris Rn. 19 – *Heimstättengemeinschaft*; HH-Ko/Medien/v. Petersdorf-Campen, Abschn. 19, Rn. 28.

507 A.A. OLG Stuttgart, 10.06.1988, 2 U 62/88, WRP 1989, 202.

508 HansOLG Hamburg, 20.06.1990, 12 U 37/90, NJW-RR 1991, 382; differenzierend OLG Frankfurt, 15.11.1996, 24 W 37/96, OLGR 1997, 23 (in ganz engen Grenzen, wenn eine abweichende Beurteilung im Hauptsacheverfahren infolge zeitlicher Überholung ausgeschlossen ist); ebenso OLG Celle, 09.10.1989, 9 U 186/89, NJW 1990, 582; siehe auch Berneke/Schüttpelz, Rn. 88 m.w.N. auch zu möglichen Ausnahmen; FBO/Büscher, § 12, Rn. 96; Teplitzky/Feddersen, Kap. 54, Rn. 12.

509 FBO/Büscher, § 12, Rn. 96.

510 OLG Düsseldorf, 17.08.1981, 2 U 102/81, GRUR 1983, 741, 742; KG, 11.08.2000, 5 U 3069/00, GRUR-RR 2001, 118, 119.

511 Vgl. dazu auch Berneke/Schüttpelz, Rn. 91 m.w.N.

512 HansOLG Hamburg, 19.10.1996, 3 U 82/96, WRP 1997, 106, 112 – *Gucci*.

513 Z.B. OLG Oldenburg, 16.10.2013, 6 W 71/13, MD (VSW) 2013, 1052 (1054).

einen unmittelbaren Kostenerstattungsanspruch aus § 12 Abs. 1 2.[514] Nicht aber dann, wenn der Gläubiger eine Abmahnung schon ohne anwaltlichen Beistand ausgesprochen hat.[515] Bei nur teilweise Berechtigung der Abmahnung sind die Kosten nicht anhand des Wertes nur jenes Anspruchs zu erstatten, sondern nach dem Verhältnis des Wertes des begründeten Anspruchs und des Wertes der gesamten Abmahnung aufzuteilen.[516] Auf die dem Unternehmer ersetzten Kosten der Abmahnung ist Umsatzsteuer zu zahlen.[517] Bei der Abmahnung von Wettbewerbsverbänden oder Verbraucherzentralen sind Kostenpauschalen anerkannt.[518] Die Einschaltung eines Rechtsanwalts wird bei Wettbewerbsverbänden nicht für erforderlich erachtet, so dass dessen Kosten nicht erstattungsfähig sind.[519] Ist die Abmahnung dem Schuldner nicht zugegangen, scheidet ein Kostenerstattungsanspruch aus.[520] Ansprüche auf Erstattung von Abmahnkosten verjähren gem. § 11 Abs. 1 in sechs Monaten unabhängig davon, ob sie auf § 12 Abs. 1 2 oder auf § 823 Abs. 1 BGB bzw. §§ 677 ff. BGB gestützt werden.[521] Wegen der im Zusammenhang mit der Abmahnung zu beachtenden Umstände kann auf die Darstellung zu § 12 Abs. 1 UWG verwiesen werden.[522]

274 Für das Verfügungsverfahren ist hervorzuheben, dass die Gerichte zumeist auch im einseitigen Beschlussverfahren (s.u. unter lit. E. IV. 1.) einstweilige Verfügungen ohne vorherige Abmahnung erlassen. Das begegnet jedenfalls dann Bedenken, wenn nicht die Abmahnung die Gefahr begründet, dass der durch die Abmahnung vorgewarnte Schuldner das Ziel des Anspruchs vereiteln könnte. Da Vernichtungs- und Sequestrationsansprüche, anders als im Falle der Verletzung gewerblicher Schutzrechte, im Lauter-

514 Vgl. aber OLG Düsseldorf, WRP 2016, 501, Ls. und juris Rn. 17 – *»Wie du mir so ich dir«* (kein Kostenerstattungsanspruch, wenn der abmahnende von seinen Mitbewerbern verlangt, dass diese sich nach der Entdeckung von Wettbewerbsverstößen zunächst selber an ihn wenden sollen, um eine kostenträchtige anwaltliche Abmahnung zu vermeiden).

515 BGH, 19.07.2012, I ZR 199/10, GRUR 2013, 307, Rn. 31 – *Unbedenkliche Mehrfachabmahnung*; OLG Frankfurt, 17.08.2017, 6 U 80/17, GRUR-RR 2018, 72 – *Zweitabmahnung.*

516 BGH, 10.12.2009, I ZR 149/07, GRUR 2010, 744, Ls. 3 und Rn. 52 – *Sondernewsletter*; BGH, 18.09.2013, I ZR 65/12, GRUR 2014, 494, Rn. 18 – *Diplomierte Trainerin*; BGH, 14.01.2016, I ZR 61/14, GRUR 2016, 516, Rn. 45 – *Wir helfen im Trauerfall.*

517 BFH, 21.12.2016, XI R 27/14, GRUR 2017, 826, Ls.

518 Z.B. BGH, 19.02.2014, I ZR 17/13, GRUR 2014, 584 – *Typenbezeichnung*; BGH, 30.04.2014, I ZR 170/10, GRUR 2014, 1120 – *Betriebskrankenkasse II*; BGH, 19.03.2015, I ZR 157/13, WRP 2015 1341 – *Schufa-Hinweis*; BGH, 16.04.2015, I ZR 27/14, WRP 2015, 1332 – *Bohnengewächsextrakt*; BGH, 31.03.2016, I ZR 31/15, GRUR 2016, 1070 – *Apothekenabgabepreis*; BGH, 07.04.2016, I ZR 81/15, GRUR 2016, 1200 – *Repair-Kapseln*; KG, 24.01.2014, 5 U 42/12, CR 2014, 319; OLG München, 05.12.2013, 29 U 2881/13, WRP 2014, 233, 235; OLG Hamm, 16.11.2016, 12 U 52/16, WRP 2017, 222, 225 – *Kochrezepte für Gewerbetreibende.*

519 BGH, 08.05.2008, I ZR 83/06, GRUR 2008, 928, Rn. 15 – *Abmahnkostenersatz*; BGH, 06.04.2017, I ZR 33/16, WRP 2017, 1089, Ls. – *Anwaltsabmahnung II.*

520 KG, 14.05.2013, 5 U 49/12, WRP 2013, 1061 – *nicht zugegangenes Abmahnschreiben*; Ahrens/Scharen, Kap. 11, Rn. 6; Teplitzky/Bacher, Kap. 41, Rn. 88a.

521 OLG Hamm, *16.02.2016, 24 U 132/15*, Ls. 4, juris.

522 Siehe auch zu den Anforderungen an eine Abmahnung KG, 04.04.2017, 5 W 31/17, MD (VSW) 2017, 591 – *Ordnungsgemäße Abmahnung.*

keitsrecht in der Regel nicht bestehen[523], ist ein solche Situation unwahrscheinlich.[524] Zu Recht sind gegen Eilentscheidungen, die ohne jegliche Beteiligung des Antragsgegners ergehen, unter dem Gesichtspunkt des Verstoßes gegen den Grundsatz des rechtlichen Gehörs Bedenken erhoben worden.[525] Der Antragsgegner wird dadurch möglicherweise nicht nur nicht am Erlassverfahren beteiligt, sondern ihm wird auch die Möglichkeit genommen, seinen rechtlichen und tatsächlichen Standpunkt im Rahmen einer Schutzschrift vorsorglich gegenüber dem Gericht darzulegen.[526] Dass der Antragsgegner die Möglichkeit hat, seinen Standpunkt im Laufe des Verfahrens vor jeder endgültigen und eine Instanz abschließenden Entscheidung des Gerichts darzulegen, nämlich etwa im Widerspruchsverfahren[527], zwingt das Gericht im Rahmen des Beschlussverfahrens zwar nicht, den Antragsgegner vor Erlass einer einstweiligen Verfügung am Verfahren zu beteiligen[528], rechtfertigt es aber auch im Eilverfahren nicht zwingend, dem Antragsgegner die Möglichkeit der Rechtsverteidigung gänzlich zu verweigern.

Nach § 937 Abs. 2 ZPO kann die Entscheidung über einen Verfügungsantrag in dringenden Fällen (oder wenn der Antrag zurückzuweisen ist) ohne mündliche Verhandlung ergehen. Daran wird deutlich, dass das Gesetz davon ausgeht, das im Regelfall – unter Beteiligung des Antragsgegners – mündlich zu verhandeln ist.[529] Soweit die Vorschrift von »dringenden Fällen« spricht, ist damit nicht die den Verfügungsgrund erforderliche (einfache) Dringlichkeit gemeint.[530] Daher kann zwar der Verfügungsantrag nicht mit der Begründung zurückgewiesen werden, der Antragsgegner sei nicht abgemahnt worden.[531] Hat der Antragsteller aber nicht abgemahnt, dann muss er damit rechnen, dass das Gericht mündliche Verhandlung anberaumt. Einige Gerichte verfahren so.[532] Sie erlassen einstweilige Verfügungen im Beschlussverfahren ohne mündliche Verhandlung von besonderen Ausnahmen abgesehen nur nach vorangegangener Abmahnung des Antragsgegners und fordern vom Antragsteller regelmäßig, dass er die **275**

523 Siehe oben Rdn. 266.

524 Unscharf deshalb Köhler/*Bornkamm*/Feddersen, § 12, Rn. 1.48, wo zur Frage der Vereitelung des Rechtsschutzes durch eine Abmahnung fast ausschließlich Entscheidungen aus dem Bereich der gewerblichen Schutzrechte angeführt werden.

525 Vgl. Teplitzky/Bacher, Kap. 41, Rn. 21 und Teplitzky/Feddersen, Kap. 55, Rn. 3a m.w.N.; siehe auch Köhler/*Bornkamm*/Feddersen, § 12, Rn. 1.59f. und BVerfG, 06.06.2017, 1 BvQ 16/17.

526 Zur Schutzschrift siehe unten Rdn. 276.

527 Siehe BVerfG, 06.06.2017, 1 BvQ 16/17, Rn. 7 (Heilung des Verstoßes gegen den Grundsatz rechtlichen Gehörs im Widerspruchsverfahren).

528 Zutreffend Ahrens/Scharen, Kap. 51, Rn. 21.

529 Ahrens/Scharen, Kap. 51, Rn. 19 – 23; Zöller/G. Vollkommer, § 937, Rn. 2; vgl. auch Teplitzky/Feddersen, Kap. 55, Rn. 3a (»an sich erforderliche(n) Anberaumung einer mündlichen Verhandlung«).

530 Vgl. OLG Karlsruhe, 22.08.1988, 6 W 103/88, WRP 1989, 265; Ahrens/Scharen, Kap. 51, Rn. 1; Berneke/Schüttpelz, Rn. 298; Harte/Henning/Retzer, § 12, Rn. 374; *Köhler*/Bornkamm/Feddersen, § 12, Rn. 3.25; Teplitzky/Feddersen, Kap. 55, Rn. 2.

531 A.A. OLG Frankfurt, 30.03.2000, 16 W 12/00, OLGR 2001, 116, Ls. (Pressesache).

532 So von Ausnahmen abgesehen die Wettbewerbskammern des Landgerichts Hamburg.

Antwort des Antragsgegners auf die Abmahnung zur Gerichtsakte reicht. Soweit ersichtlich erlassen aber in der Praxis viele Gerichte auch ohne Abmahnung und ohne mündliche Verhandlung einstweilige Verfügungen im Beschlusswege.

V. Gerichtliches Verfahren (I. Instanz)

1. Schutzschrift

276 Muss der etwaige Schuldner – zumeist wegen einer an ihn zuvor gerichteten Abmahnung des vermeintlichen Gläubigers – befürchten, dass gegen ihn eine einstweilige Verfügung ergehen könnte, und zwar auch ohne seine vorherige Anhörung im Verfahren[533], dann hat er die Möglichkeit, dem Gericht seinen tatsächlichen und rechtlichen Standpunkt schon vorsorglich mittels einer sogenannten Schutzschrift darzulegen. Da der Anspruchsgegner wegen des sogenannten fliegenden Gerichtstandes des § 14 Abs. 2 zumeist nicht weiß, welches Gerichts der Anspruchsteller anrufen wird, war es früher erforderlich, die Schutzschrift bei allen in Betracht kommenden Gerichten – zumeist jedenfalls bei den in Wettbewerbssachen gewöhnlich häufig angerufenen Gerichten – zu hinterlegen. Ersatz wegen der dadurch entstehenden Kosten kann der Anspruchsgegner dann aber im Erfolgsfall nur hinsichtlich derjenigen Kosten verlangen, die durch die Einreichung der Schutzschrift bei dem Gericht angefallen sind, bei dem später der Verfügungsantrag eingegangen ist.[534] Um das zu vermeiden ist ein zentrales Schutzschriftenregister eingeführt worden, an das früher zunächst nur einige Gerichte angeschlossen waren.[535]

277 Seit dem 01.01.2016 gibt es nunmehr die gesetzliche Regelung des § 945a ZPO, nach der die Länder ein zentrales, länderübergreifendes elektronisches Register für Schutzschriften zu führen haben. § 945a Abs. 1 2 ZPO definiert den Gegenstand einer Schutzschrift als einen vorbeugenden Verteidigungsschriftsatz gegen erwartete Anträge auf Arrest oder einstweilige Verfügung. Die Schutzschrift muss als elektronisches Dokument (§ 130a ZPO) eingereicht werden und muss selbstverständlich Angaben zum erwarteten Antragsteller und dem Antragsgegner enthalten[536], um einem künftig anhängig werdenden Verfahren zugeordnet werden zu können. Die zum Register übermittelte Schutzschrift gilt als zu dem künftig anhängig werdenden Verfahren eingereicht (§ 945a Abs. 2 1 ZPO).

278 Die Möglichkeit zur Einreichung einer Schutzschrift zum elektronischen Register hindert die Einreichung einer Schutzschrift in Papierform selbstverständlich nicht, ist aber mit dem beschriebenen Risiko verbunden, dass der Verfügungsantrag bei einem Gericht eingereicht wird, dem die Schutzschrift nicht vorliegt. Auch besteht für den Rechtsan-

533 Zur Frage des Erlasses von einstweiligen Verfügungen ohne vorherige Abmahnung siehe oben Rdn. 273.

534 HansOLG Hamburg, 23.10.2013, 4 W 100/13, WRP 2014, 100 – *Kostenerstattung für multiple Schutzschriften*, dort Schutzschrift eingereicht bei 118 Gerichten.

535 Z.Zt der *Verfahrenseinleitung in* der Sache HansOLG Hamburg, 23.10.2013, 4 W 100/13, *WRP* 2014, 100 – *Kostenerstattung für multiple Schutzschriften* (2013) immerhin 44 Gerichte.

536 Zöller/G. Vollkommer, § 945a, Rn. 2.

walt eine Einreichungspflicht jedenfalls auch über das elektronische Register (§ 49c BRAO).

Die Schutzschrift kann, ob in Papierform oder in elektronischer Form vom Rechtsanwalt oder jeder natürlichen oder juristischen Person eingereicht werden. Auch hier gelten die §§ 939, 920 Abs. 3, 78 Abs. 3 ZPO (siehe auch unten II.1.).[537] 279

Auf das elektronische Schutzschriftenregister erhalten alle Gerichte der ordentlichen Gerichtsbarkeit Zugriff (§ 945a Abs. 2 1, Abs. 3 1 ZPO). Zur Wahrung des Grundsatzes des rechtlichen Gehörs (Art. 103 (1) GG) und mit Blick auf die Regelung in § 945a Abs. 2 1 ZPO besteht für die Gerichte im Falle des Eingangs eines Arrest- oder Verfügungsantrages eine Pflicht zur Einsicht in das Register und zum Abruf einer dort zum Verfahren passenden Schutzschrift.[538] Andere als das in der konkreten Streitsache angerufene Gericht dürfen die Schutzschrift nicht abrufen.[539] Ebenso wenig der Antragsteller selbst. 280

Die Schutzschrift enthält neben dem sonstigen Sachvortrag und vorsorglich vorgebrachter Glaubhaftmachungsmittel[540] gewöhnlich Anträge, wie etwa Sachanträge – regelmäßig auf Zurückweisung des Verfügungsantrages –, kann aber auch Verfahrensanträge, wie etwa den Antrag auf Verweisung der Sache an die Kammer für Handelssachen oder auf Anberaumung einer mündlichen Verhandlung, enthalten. Der die Schutzschrift einreichende Rechtsanwalt kann sich – muss aber nicht – für das Verfahren mit der Folge bestellen, dass er in das Rubrum einer Beschlussverfügung aufzunehmen und diese an ihn zuzustellen (§ 172 ZPO) ist.[541] 281

Allerdings handelt es sich bei in einer vorsorglich eingereichten Schutzschrift enthaltenen Anträgen nach der Rechtsprechung des BGH nicht um Sachanträge, weil der Antrag in der Schutzschrift kein Verfahren einleitet und auch noch kein Verfahren anhängig ist. Ein solcher Antrag »erstarkt« auch nicht zu einem Sachantrag, wenn später ein Antrag auf Erlass einer einstweiligen Verfügung gestellt wird.[542] An diesen Grundsätzen dürfte sich auch nach Einführung des elektronischen Schutzschriftenregisters und durch die Regelung des § 945a Abs. 2 1 ZPO nichts geändert haben. Mit Blick darauf wird die Auffassung vertreten, dass auch der in der Schutzschrift enthaltene Verweisungsantrag an die Kammer für Handelssachen, also ein Verfahrensantrag, im Erlassverfahren noch nicht zu berücksichtigen ist, so dass die zunächst angerufene Zivilkammer für die Entscheidung über Verfügungsantrag zuständig ist, wenn sie darüber nicht mündlich verhandeln will.[543] 282

537 Zöller/G. Vollkommer, § 945a, Rn. 2.
538 Zöller/G. Vollkommer, § 945a, Rn. 3.
539 Zöller/G. Vollkommer, § 945a, Rn. 3.
540 Zur Glaubhaftmachung siehe unten Rdn. 300.
541 Berneke/Schüttpelz, Rn. 293.
542 BGH, 13.02.2003, I ZB 23/02, GRUR 2003, 456 – *Kosten der Schutzschrift*.
543 OLG Stuttgart, 07.06.2018, 2 U 156/17, WRP 2018, 1248, juris Rn. 36 – *Null-Gebühren-Girokonto*; LG Hamburg, 28.06.2013, 327 O 309/13; kritisch dazu Heil, WRP 2014, 24 ff.

283 Wird die Schutzschrift nach Einreichung des Verfügungsantrages zur Akte genommen, ist der Schriftsatz Teil des Verfahrens (§ 945a Abs. 2 1 ZPO) und hat das Gericht bei seiner Entscheidungsfindung jedenfalls den Sachvortrag der Schutzschrift zu berücksichtigen.[544] Denn mit der Einreichung des Verfügungsantrages ist das Prozessrechtsverhältnis zwischen den Parteien hergestellt.[545] Das kann u.U. auch dazu führen, dass – vielleicht nicht einmal hinreichend glaubhaft gemachter – Sachvortrag des Antragstellers unstreitig wird und die einstweilige Verfügung nur deshalb erlassen werden kann.[546]

284 Der Antragsteller hat nach – mangels Rechtshängigkeit nicht vor[547] – Antragstellung einen Anspruch darauf, dass ihm die Schutzschrift auf seine Anforderung zur Kenntnis gebracht wird. Ist die einstweilige Verfügung auch unter Berücksichtigung der Schutzschrift zu erlassen, dann sollte der Antragsteller zur Vermeidung der frühzeitigen Übermittlung des Verfügungsantrages davon absehen, die Schutzschrift vor Zustellung des Verfügungstitels anzufordern. Denn erhält der Antragsteller die Schutzschrift, dann gebietet es der Grundsatz der Waffengleichheit, dem Schuldner auch den Verfügungsantrag zu übermitteln. Teils wird die Ansicht vertreten, dem Antragsteller müsse die Schutzschrift nach Antragstellung von Amts wegen formlos übermittelt werden.[548] Möglicherweise gibt ihm das Gericht aber zunächst mit Blick auf die Einwendungen in der Schutzschrift ohnehin Gelegenheit, seinen Vortrag oder seine Glaubhaftmachungsmittel zu ergänzen.[549] Spätestens dann kann das Erlassverfahren nicht mehr einseitig bleiben, sondern muss der Antragsgegner auch eine Abschrift des Verfügungsantrages erhalten. Auf den wegen des Inhalts der Schutzschrift notwendigen ergänzenden Vortrag des Antragstellers muss der Antragsgegner ebenfalls erwidern können.[550] Dies jedenfalls dann, wenn mit der Übermittlung des Verfügungsantrages nicht die Gefahr der Vereitelung der Durchsetzung des Verfügungsanspruches – etwa bei einem Sequestrationsanspruch – verbunden ist.[551] In solchen Fällen dürfte es indes vor der Antragstellung auch noch keine Abmahnung gegeben haben, weshalb regelmäßig auch

544 H.M.; BGH, 13.02.2003, I ZB 23/02, GRUR 2003, 456, juris Rn. 9 – *Kosten der Schutzschrift*; BGH, 13.03.2008, I ZB 20/07, GRUR 2008, 640, Rn. 14 – *Kosten der Schutzschrift III*; KG, 04.09.1984, 5 W 2633/84, GRUR 1985, 325; Berneke/Schüttpelz, Rn. 294; GK Schwippert, § 12, C, Rn. 123; Harte/Henning/Retzer, § 12, Rn. 617; *Köhler*/Bornkamm/Feddersen, § 12, Rn. 3.40; Teplitzky/Feddersen, Kap. 55, Rn. 52a und Rn. 53; Zöller/G. Vollkommer, § 945a, Rn. 3.

545 HansOLG Hamburg, 13.12.1976, 3 W 116/76, WRP 1977, 495; OLG Düsseldorf, 22.09.1981, 6 W 43/81, WRP 1981, 652, 653; KG, 04.09.1984, 5 W 2633/84, GRUR 1985, 325; Ahrens/Büttner/Spätgens, Kap. 7, Rn. 30 und 34.

546 Ebenso Ahrens/Büttner/Spätgens, Kap. 7, Rn. 5; GK/Schwippert, § 12, C, Rn. 125; Harte/Henning/Retzer, § 12, Rn. 620, Teplitzky/Feddersen, Kap. 55, Rn. 52b.

547 Zöller/G. Vollkommer, § 945a, Rn. 3.

548 Zöller/G. Vollkommer, § 945a, Rn. 3.

549 Vgl. Ahrens/Büttner/Spätgens, Kap. 7, Rn. 5; Ahrens/Scharen, Kap. 51, Rn. 14; Zöller/G. Vollkommer, § 945a, Rn. 3.

550 Ebenso Berneke/*Schüttpelz, Rn. 294; Köhler*/Bornkamm/Feddersen, § 12, Rn. 3.40; Teplitzky/*Feddersen, Kap. 55, Rn. 52a.*

551 Ebenso Zöller/G. Vollkommer, § 945a, Rn. 3.

keine Schutzschrift eingereicht worden sein dürfte. Der Antragsgegner erhält gemäß § 5 Abs. 3 Schutzschriftenregisterverordnung (SRV) in jedem Fall 3 Monate nach Abruf der Schutzschrift eine automatisiert erstellte Mitteilung darüber, welches Gericht die Schutzschrift unter welchem Aktenzeichen abgerufen hat.

Auch nach Beteiligung des Antragsgegners kann das Gericht nach pflichtgemäßem Ermessen im Beschlussverfahren verbleiben und durch Beschluss entscheiden, ohne mündliche Verhandlung anberaumen zu müssen.[552] **285**

Auch dann, wenn eine Schutzschrift eingereicht worden ist, kann es vorkommen, dass das zuständige Gericht den Inhalt der Schutzschrift nicht zur Kenntnis nimmt. So etwa, wenn die Recherche im Schutzschriftenregister anhand abweichender Parteibezeichnungen oder fehlerhafter Eingaben erfolglos bleibt oder das Gericht das Register fehlerhaft nicht einsieht. Das ist für den Antragsgegner mindestens unbefriedigend, bleibt aber zunächst folgenlos. Eine dennoch erlassene Eilentscheidung ist gleichwohl wirksam. Der Antragsgegner muss seinen Standpunkt nunmehr im Rahmen es von ihm einzuleitenden Widerspruchsverfahrens einbringen.[553] **286**

Die Kosten einer – auch beim zentralen Schutzschriftenregister eingereichten[554] – Schutzschrift zur – letztlich erfolgreichen – Verteidigung gegen einen bevorstehen oder noch offenen Antrag auf Erlass einer einstweiligen Verfügung sind grundsätzlich erstattungsfähig, wenn ein entsprechender Antrag später gestellt wird oder schon gestellt worden ist; dies gilt auch dann, wenn der Antrag nach Einreichung der Schutzschrift abgelehnt oder zurückgenommen wird.[555] Darauf, ob das Gericht, bei dem der Verfügungsantrag gestellt wird, die Schutzschrift vor seiner Entscheidung zur Kenntnis genommen hat oder nicht, kommt es nicht an.[556] Für die Schutzschrift mit Sachvortrag – nicht nur mit Verfahrensanträgen (dann nur 0,8 Gebühr nach Nr. 3101 RVG-VV)[557] – erhält der nicht nur mit der Einreichung der Schutzschrift (dann ebenfalls Ermäßigung der Gebühr nach Nr. 3403 RVG-VV), sondern bereits mit der Vertretung im erwarteten Eilverfahren betraute Rechtsanwalt die 1,3-fache Gebühr nach Nr. 3100 RVG-VV.[558] Wird die Schutzschrift indes erst nach Rücknahme oder Zurückweisung eines zuvor anhängig gemachten Verfügungsantrages eingereicht, sind die Kosten nicht **287**

552 Ahrens/Büttner/Spätgens, Kap. 7, Rn. 5; Ahrens/Scharen, Kap. 51, Rn. 14.

553 Siehe unten Rdn. 439.

554 HansOLG Hamburg, 04.07.2016, 8 W 68/16, GRUR-RR 2016, 43, Ls. – *Übersehene Schutzschrift*.

555 BGH, 13.02.2003, I ZB 23/02, GRUR 2003, 456 – *Kosten der Schutzschrift*; BGH, 23.11.2006, I ZB 39/06, GRUR 2007, 727, Rn. 15 – *Kosten der Schutzschrift II*; BGH, 13.03.2008, I ZB 20/07, GRUR 2008, 640, Rn. 12 – *Kosten der Schutzschrift III*; Ahrens/Büttner/Spätgens, Kap. 7, Rn. 26 ff.; Berneke/Schüttpelz, Rn. 690; FBO/Büscher, § 12, Rn. 118; Harte/Henning/Retzer, § 12, Rn. 629; Teplitzky/Feddersen, Kap. 55, Rn. 56.

556 HansOLG Hamburg, 04.07.2016, 8 W 68/16, GRUR-RR 2016, 43, Ls. – *Übersehene Schutzschrift*.

557 BGH, 13.03.2008, I ZB 20/07, GRUR 2008, 640, Rn. 12 und 14 – *Kosten der Schutzschrift III*; OLG Düsseldorf, 02.01.1995, 10 W 137/94, JZ 1995, 316, Ls. 2.

558 BGH, 13.03.2008, I ZB 20/07, GRUR 2008, 640, Rn. 12 und 15 – *Kosten der Schutzschrift III*; FBO/Büscher, § 12, Rn. 119; Teplitzky/Feddersen, Kap. 55, Rn. 57.

erstattungsfähig.[559] Anders nur, wenn der Verfahrensbevollmächtigte des Antragsgegners das Geschäft für das Verfahren bereits vor der Rücknahme des Verfügungsantrags betrieben hat, etwa durch Entgegennahme des Auftrags sowie erster Informationen, und zwar unabhängig davon, ob die Geschäftstätigkeit gegenüber dem Gericht erfolgt ist. Dann fällt eine 0,8 Verfahrensgebühr nach Nr. 3100, 3101 RVG-VV an.[560] Es könnte zwar u.U. ein materiell-rechtlicher Kostenerstattungsanspruch bestehen.[561] Im Regelfall sind aber die außergerichtlich entstandenen bloßen Rechtsverteidigungskosten, wenn nicht die Voraussetzungen einer regelmäßig nicht dem Lauterkeitsrecht unterfallenden unberechtigten Schutzrechtsverwarnung vorliegen[562], nicht erstattungsfähig.[563] Falls also kein Verfügungsantrag gestellt wird, können auch die Kosten einer Schutzschrift nicht erstattet werden.[564] Ein Rechtsanwalt, der für die erste Instanz eine Schutzschrift eingereicht hat, hat keine Gebührenansprüche für die Vertretung des Antragsgegners in der Beschwerdeinstanz, wenn er vom Beschwerdeverfahren keine Kenntnis hatte.[565]

288 Ist er Verfügungsantrag zurückgewiesen oder zurückgenommen worden, hat der Einreicher der Schutzschrift zumeist keine Kenntnis vom Verfahren erlangt und kann deshalb auch seine Kostenerstattungsansprüche wegen der Schutzschrift nicht geltend machen. Dazu wird die Auffassung vertreten, dass dem Antragsgegner jedenfalls nach Einreichung einer Schutzschrift Mitteilung über die Antragsrücknahme oder die Zurückweisung des Antrages zu machen ist.[566] Der Mitteilung von der Zurückweisung des Verfügungsantrages durch die Gerichte steht aber regelmäßig der eindeutige Wortlaut des § 922 Abs. 3 ZPO entgegen. Bejaht man dennoch eine Mitteilungspflicht, kann das

559 BGH, 23.11.2006, I ZB 39/06, GRUR 2007, 727, Ls. 1 – *Kosten der Schutzschrift II*; OLG Karlsruhe, 02.07.1980, 3 W 29/80, WRP 1981, 39; OLG Köln, 26.01.1981, 17 W 209/80, JurBüro 1981, 1827; HansOLG Hamburg, 11.10.1989, 8 W 248/89, JurBüro 1990, 732; Ahrens/Büttner/Spätgens, Kap. 7, Rn. 27; FBO/Büscher, § 12, Rn. 120; Harte/Henning/Retzer, § 12, Rn. 929; *Köhler*/Bornkamm/Feddersen, § 12, Rn. 3.41; Teplitzky/Feddersen, Kap. 55, Rn. 58; Zöller/Herget, § 91, Rn. 13 »Schutzschrift«; a.A. noch vor BGH »Kosten der Schutzschrift II« (Erstattungsanspruch bei fehlender Kenntnis von Rücknahme oder Zurückweisung) OLG Köln, 21.01.1991, 17 W 36/91, JurBüro 1991, 930; KG, 19.01.1993, 1 W 5005/92, JurBüro 1993, 486.

560 BGH, 23.11.2006, I ZB 39/06, GRUR 2007, 727, Ls. 1 und Rn. 18 – *Kosten der Schutzschrift II*; vgl. auch BGH, 25.02.2016, III ZB 66/15, NJW 2016, 2751, Rn. 10 (subjektive Unkenntnis ist nicht geeignet, die Erstattungsfähigkeit der Kosten für eine objektiv nicht erforderliche Handlung zu begründen).

561 Vgl. BGH, 23.11.2006, I ZB 39/06, GRUR 2007, 727, Rn. 17 – *Kosten der Schutzschrift II*; OLG Stuttgart, 16.12.1983, 2 U 188/83, WRP 1984, 296; Deutsch, GRUR 1990, 327, 331.

562 Siehe BGH Großer Senat für Zivilsachen, 15.07.2005, GSZ 1/04, GRUR 2005, 882 – *unberechtigte Schutzrechtsverwarnung*; siehe zur Haftung d Rechtsanwalts selbst in diesen Fällen BGH, 01.12.2015, X ZR 170/12, GRUR 2016, 630 – *unberechtigte Schutzrechtsverwarnung II*.

563 Vgl. dazu etwa *Köhler*/Bornkamm/Feddersen, § 4, Rn. 4.166.

564 Ahrens/Büttner/Spätgens, Kap. 7, Rn. 27; FBO/Büscher, § 12, Rn. 120; *Köhler*/Bornkamm/Feddersen, § 12, Rn. 3.41; Teplitzky/Feddersen, Kap. 55, Rn. 55.

565 OLG Frankfurt, *04.01.2019, 6 W 99/18*, juris Rn. 14.

566 Zöller/G. Vollkommer, § 922, Rn. 12; Schmitt-Gaedke, WRP 2012, 60, 63; a.A. Guhn, WRP 2014, 27, 30 ff.

nur eingeschränkt gelten. Der Eilrechtsschutz darf durch Mitteilungen vor Ablauf der für den Antragsteller laufenden Beschwerdefrist bzw. vor einer Entscheidung des Beschwerdegerichts nicht gefährdet werden.[567]

Macht das Gericht dem Antragsgegner nicht von sich aus Mitteilung über eine etwaige Zurückweisung des Verfügungsantrages oder eine Antragsrücknahme, dann ist er allerdings darauf angewiesen, bei den Gerichten nachzufragen, ob es in seinem Fall zur Einreichung eines Verfügungsantrages gekommen ist. Ist das der Fall, muss das Gericht ihm, weil ein Prozessrechtsverhältnis mit der Einreichung des Verfügungsantrages bereits entstanden war[568], spätestens jetzt entsprechende Auskünfte erteilen.[569] War ein Verfügungsantrag nicht eingegangen, kann das Gericht im Grunde nur mitteilen, dass ein Prozessrechtsverhältnis, dass die erbetene Auskunft erlauben würde, bei dem Gericht nicht entstanden ist. Daraus kann der Antragsgegner seine Schlüsse ziehen. **289**

Um zu vermeiden, dass der Antragsgegner, obwohl er eine Schutzschrift zum zentralen Schutzschriftenregister eingereicht hat, nunmehr doch bei vielen Gerichten nach dem Eingang eines – inzwischen möglicherweise zurückgenommenen – Verfügungsantrages forschen muss, muss ihm auf seine Anfrage vom Schutzschriftenregister ebenfalls mitgeteilt werden, ob ein Gericht, und wenn ja welches, die Schutzschrift abgerufen hat. Dies zur Sicherung des Eilrechtschutzes indes frühestens nach Ablauf der 6-Monatsfrist des § 945a Abs. 2 Satz 2 ZPO. Gesetzlich geregelt ist das in § 945a ZPO zwar nicht. Die Segnungen der Schutzschrifteinreichung bei einem zentralen Register können indes nicht dadurch, dass entsprechende Auskünfte verweigert werden, wieder konterkariert werden. **290**

2. Verfügungsantrag

Schon mit der Einreichung des Verfügungsantrages wird das Verfügungsverfahren mit den Wirkungen des § 261 Abs. 3 1 ZPO (Sperre für anderweitige Rechtshängigkeit, Fortdauer der Zuständigkeit) rechtshängig.[570] Der Zustellung des Antrages, zu der es häufig zunächst nicht kommt, bedarf es dafür im Unterschied zur Klagerhebung nicht. Das Verfahren kann sich daher – etwa infolge der Abgabe einer Unterlassungserklärung – schon vor der Beteiligung des Antragsgegners und vor Zustellung der Beschlussverfügung erledigen.[571] **291**

567 Siehe dazu ergänzend unten Rdn. 312 f.; siehe auch Guhn, WRP 2014, 27, 30 ff.

568 Siehe HansOLG Hamburg, 13.12.1976, 3 W 116/76, WRP 1977, 495; OLG Düsseldorf, 22.09.1981, 6 W 43/81, WRP 1981, 652, 653; KG, 04.09.1984, 5 W 2633/84, GRUR 1985, 325; Ahrens/Büttner/Spätgens, Kap. 7, Rn. 30 und 34.

569 A.A. Ahrens/Büttner/Spätgens, Kap. 7, Rn. 21.

570 OLG Köln, 12.01.2001, 6 U 98/00, GRUR 2001, 424, 425; HansOLG Hamburg, 26.11.2009, 3 U 60/09, WRP 2010, 790, 791; OLG Karlsruhe, 14.04.2010, 6 U 5/10, WRP 2010, 793, 794; Berneke/Schüttpelz, Rn. 215; Teplitzky/Feddersen, Kap. 55, Rn. 1 m.w.N. und Rn. 24a; Zöller/G. Vollkommer, § 920, Rn. 12.

571 OLG Köln, 12.01.2001, 6 U 98/00, GRUR 2001, 424, 425, Ls.; KG, 07.04.2009, 9 W 96/08, MDR 2009, 765; Ahrens/Singer, Kap. 54, Rn. 6; Berneke/Schüttpelz, Rn. 474; Harte/Henning/Retzer, § 12, Rn. 451; Teplitzky/Feddersen, Kap. 55, Rn. 24a; Zöller/G. Vollkommer, § 922, Rn. 4.

a) **Anwendbarkeit der Arrestvorschriften**

292 Über § 936 ZPO finden die das Arrestverfahren betreffenden Vorschriften auch auf das einstweilige Verfügungsverfahren Anwendung, soweit dafür nichts Abweichendes geregelt ist. Der danach auch für das Verfügungsverfahren anzuwendende § 920 ZPO fordert, dass in der Antragsschrift der Anspruch und den Verfügungsgrund dargelegt (Abs. 1) und glaubhaft gemacht (Abs. 2) werden sollen. Die Sollvorschrift ermöglicht die schriftsätzliche Ergänzung des Antrages oder der Glaubhaftmachung oder entsprechenden Vortrag noch im Verhandlungstermin.[572] Wegen des Verfügungsgrundes kann sich der Antragsteller im Wettbewerbsprozess auf die Vermutung des § 12 Abs. 2 stützen.[573]

293 Das Gesuch/der Antrag kann nach §§ 920 Abs. 3, 936 ZPO auch zu Protokoll der Geschäftsstelle gestellt werden. Das macht in Verbindung mit § 78 Abs. 3 ZPO, der Prozesshandlungen, die vor dem Urkundsbeamten der Geschäftsstelle vorgenommen werden können, vom Anwaltszwang ausnimmt, deutlich, dass für die Stellung des Verfügungsantrages auch vor den Landgerichten kein Anwaltszwang besteht.[574]

294 Teils wird angenommen, das dieses Privileg aus Gründen besonders eilbedürftiger (Arrest- bzw.) Verfügungsanträge, die das Aufsuchen eines Rechtsanwaltes möglicherweise nicht erlaube, nur für die Stellung des Verfügungsantrages selbst Geltung hat. Das weitere Verfahren über den Erlass eines Arrestes oder einer einstweiligen Verfügung, wenn es vor dem Landgericht anhängig sei, sei wegen § 78 Abs. 1 1 ZPO grundsätzlich auch ohne mündliche Verhandlung ein Anwaltsprozess.[575] Das überzeugt nicht. § 78 Abs. 1 1 ZPO erfährt durch § 78 Abs. 3 ZPO gerade eine Ausnahme. Zwar nach dem Wortlaut der Vorschrift nur für Prozesshandlungen, die vor dem Urkundsbeamten der Geschäftsstelle vorgenommen werden können. Auch § 920 Abs. 3 ZPO spricht davon, dass das Gesuch vor der Geschäftsstelle zu Protokoll erklärt werden kann. Mit dem Sinn und Zweck der Vorschrift, der Partei selbst die Möglichkeit zu geben, einen Arrest oder eine einstweilige Verfügung herbeizuführen, ist es nicht vereinbar, nur die einleitende Prozesshandlung vom Anwaltszwang zu befreien. So ist das Gericht selbstverständlich gemäß § 139 ZPO verpflichtet, bei behebbaren Mängeln auf eine Ergänzung des Verfügungsantrages hinzuwirken.[576] Dass es zu solchen Mängeln schon bei der Antragstellung kommen kann, zeigt bereits der Umstand, dass das Gesuch Verfügungsanspruch und -grund nur enthalten »soll«, was die Möglichkeit zur Ergänzung des Antrags auch außerhalb der mündlichen Verhandlung durch schriftsätzliches Vorbringen eröffnet.[577] Nichts anderes kann gelten, wenn etwa dem sofortigen Erlass einer

572 Zöller/G. Vollkommer, § 920, Rn. 6.
573 Siehe oben Rdn. 161.
574 Teplitzky/Feddersen, Kap. 54, Rn. 13; FBO/Büscher, § 12, Rn. 128; Zöller/G. Vollkommer, § 920, Rn. 7; zum Beschwerdeverfahren siehe unten Rdn. 432.
575 OLG Düsseldorf, 27.09.1982, 9 W 80/82, OLGZ 83, 358; OLG Hamm, 29.11.2007, 8 W 40/07, MDR 2008, 708, juris Rn. 6 ff.; OLG Frankfurt, 28.06.2010, 6 W 91/10, GRUR-RR 2011, 31 f., *juris Rn. 3.*
576 Zöller/G. Vollkommer, § 920, Rn. 6.
577 Zöller/G. Vollkommer, § 920, Rn. 6.

einstweiligen Verfügung Einwendungen aus der Schutzschrift entgegenstehen. Wenn sich das Gericht gegen die Anberaumung eines Verhandlungstermins entscheidet und weiter im Beschlussverfahren vorgeht, muss es dem Antragsteller möglicherweise auch dann Gelegenheit zur Antragsergänzung gewähren (siehe auch unten lit. E.IV.1.). Der Sache nach handelt es sich bei allen Äußerungen des Antragstellers im Beschlussverfahren ohnehin nur um Ergänzungen seines Verfügungsantrages. Dass derartige Antragsergänzungen nunmehr dem Anwaltszwang unterfallen sollten, widerspricht der Intention des Gesetzes, der Partei selbst die Herbeiführung der gerichtlichen Entscheidung zu ermöglichen. Das Beschlussverfahren kann deshalb der Sache nach bis zu einer – stattgebenden oder ablehnenden – Entscheidung des Gerichts anwaltsfrei geführt werden.

Das gilt – jedenfalls so lange, wie nicht über den Verfügungsantrag mündlich verhandelt wird – schon als Folge des Grundsatzes des rechtlichen Gehörs, aber auch als Ausprägung des Grundsatzes des fairen Verfahrens (Art. 20 (3) i.V. mit Art. 1 Abs. 1 bzw. 2 Abs. 1 GG) ebenfalls für den Antragsgegner, wenn er vom Gericht am Erlassverfahren beteiligt wird.[578] Im Übrigen ist sogar für das Beschwerdeverfahren in § 571 Abs. 3 und 4 ZPO klargestellt, dass auch der Antragsgegner des Verfügungsverfahrens, wenn er denn am Beschwerdeverfahren beteiligt wird, dem Anwaltszwang solange nicht unterliegt wie nicht mündlich verhandelt wird.[579] Das kann für das Erlassverfahren in erster Instanz nicht anders sein. **295**

Problematisch wird es nur, wenn eine Vollmachtsrüge erhoben werden soll. Das ist nach herrschender Meinung eine dem Anwaltszwang unterliegende Prozesshandlung.[580] **296**

b) Antragsfassung

Der Antrag muss ebenso hinreichend bestimmt sein wie der Klagantrag im Hauptsacheverfahren.[581] Dass § 938 Abs. 1 ZPO dem Gericht die Möglichkeit einräumt, nach freiem Ermessen zu bestimmen, welche Anordnungen zur Erreichung des Zwecks der einstweiligen Verfügung erforderlich sind, ändert daran nichts. Dem Gericht ist ein Entscheidungsspielraum nur im Rahmen der gestellten Anträge erlaubt (§ 308 Abs. 1 ZPO).[582] Teils wird angenommen, dass ein Eilantrag trotz seiner unbestimmten Fassung gleichwohl hinreichend bestimmt sein kann, wenn aus seiner Begründung Inhalt und Umfang des der Sache nach verfolgten Unterlassungsanspruchs zweifelsfrei zu entnehmen sind, so dass das Gericht gemäß § 938 ZPO ein hinreichend bestimmtes Verbot erlassen kann.[583] Soweit für Regelungsverfügungen ein weniger strenger Maßstab **297**

578 Vgl. dazu Teplitzky/Feddersen, Kap. 55, Rn. 3a.
579 Siehe unten Rdn. 432; Teplitzky/Feddersen, Kap. 54, Rn. 13 m.w.N.
580 BGH, 25.01.2016, I ZB 15/15, Rn. 19 m.w.N. (Rechtsbeschwerdeverfahren).
581 FBO/Büscher, § 12, Rn. 113; Teplitzky/Feddersen, Kap. 54, Rn. 39.
582 Teplitzky/Feddersen, Kap. 54, Rn. 38; Zöller/G. Vollkommer, § 938, Rn.1f.
583 OLG Frankfurt, 11.01.2018, 6 U 150/17, GRUR-RR 2018, 352, Ls. und juris Rn. 6 – *3 Jahre Garantie.*

befürwortet wird[584], kommt dies für Unterlassungsverfügungen allenfalls in ganz engen Grenzen in Betracht.[585] Vielfach werden einzelne Werbeangaben unter Irreführungs- oder sonstigen Gesichtspunkten angegriffen und als solche in den Verfügungsantrag aufgenommenen. Da insoweit jeweils gesonderte Streitgegenstände vorliegen[586], die den Entscheidungsspielraum des Gerichts begrenzen, kann in der Praxis ein gerichtliches Verbot vom Antrag allenfalls wegen etwaiger Schreibfehler oder einer sonst unbeabsichtigt fehlerhaften Erfassung der jeweiligen konkreten Verletzungsformen abweichen.

298 Antragsänderungen sind im Verlauf des Verfahrens grundsätzlich möglich. Das gilt – unter den Voraussetzungen der §§ 533, 529 ZPO auch im Berufungsverfahren[587] – nicht nur für Einschränkungen des Antrags, sondern auch für Antragserweiterungen.[588] Zumeist dürfte aber eine Antragsänderung, wenn sie einen neuen Streitgegenstand in das Verfahren einführt, schon wegen der dann nicht mehr gegebenen Dringlichkeit keinen Erfolg haben.[589]

299 Soweit Unterlassungsansprüche geltend gemacht werden, ist es fehlerhaft, den Antrag nicht mit einem solchen auf Androhung von Ordnungsmitteln zu verbinden. Einem Unterlassungstitel, der keine Ordnungsmittelandrohung enthält, fehlt der für die seine Vollziehung notwendige Vollstreckungsdruck.[590] Deshalb kann die Vollziehungsfrist des § 929 Abs. 2 ZPO durch die bloße Zustellung eines solchen reinen Unterlassungstitels nicht gewahrt werden.[591] Das gilt nach der Rechtsprechung des BGH auch für die

---

584 Berneke/Schüttpelz, Rn. 285; FBO/Büscher, § 12, Rn. 113; Zöller/G. Vollkommer, § 938, Rn. 2 a.E.

585 Vgl. Ahrens/Ahrens, Kap. 65, Rn. 1; Teplitzky/Feddersen, Kap. 54, Rn. 38 m.w.N.

586 Vgl. BGH, 13.09.2012, I ZR 230/11, BGHZ 194, 314, Rn. 25 – *Biomineralwasser.*

587 OLG Düsseldorf, 04.08.2011, 2 U 23/11, GRUR-RR 2011, 350, 353, juris Rn. 33 – *Pramipexol.*

588 Teplitzky/Feddersen, Kap. 54, Rn. 40.

589 Vgl. OLG Düsseldorf, 10.07.1997, 2 U 9/97, WRP 1997, 968, 970 und Os. 1; HansOLG Hamburg, 24.08.2006, 3 U 20/06, MD (VSW) 2007, 327 (332), Ls. 2.

590 BGH, 02.11.1995, IX ZR 141/94, BGHZ 131, 141, 143 f., juris Rn. 15 – *Unterlassungsverfügung ohne Strafandrohung*; BGH, 20.07.2006, IX ZR 94/03, BGHZ 168, 352, Rn. 15; BGH, 10.07.2014, I ZR 249/12, GRUR 2015, 196, Rn. 17 – *Nero.*

591 BGH, 02.11.1995, IX ZR 141/94, BGHZ 131, 141, 144 f., Ls. und juris Rn. 16f. – *Unterlassungsverfügung ohne Strafandrohung*; BGH, 20.07.2006, IX ZR 94/03, BGHZ 168, 352, Rn. 15; BGH, 10.07.2014, I ZR 249/12, GRUR 2015, 196, Rn. 17 – *Nero*; OLG Hamm, 20.12.1990, 4 U 194/90, GRUR 1991, 336, 337; HansOLG Hamburg, 06.06.1996, 3 U 9/96, GRUR 1997, 147, 148 und Os. 2; OLG Köln, 09.06.2000, 6 W 54/00, GRUR-RR 2001, 71, Os. 2 und juris Rn. 3; FBO/Büscher, § 12, Rn. 114; *Köhler*/Bornkamm/Feddersen, § 12, *Rn. 3.62; Teplitzky/Feddersen*, Kap. 54, Rn. 41; a.A. OLG Celle, 24.07.1986, 5 U 139/86, GRUR 1987, 66; OLG München, 26.05.1994, 6 U 4622/93, MD (VSW) 1994, 1002, Ls. (Auslandszustellung).

Auslandzustellung[592], wird aber teils anders gesehen.[593] Darauf, dass das Gericht die Ordnungsmittelandrohung von Amts wegen ausspricht[594], sollte sich der Antragsteller keinesfalls verlassen. Die Ordnungsmittelandrohung setzt nämlich nach dem Wortlaut des § 890 Abs. 2 ZPO einen Antrag voraus. Das Gesetz überlässt es dem Belieben des Gläubigers, ob er den Unterlassungstitel mit oder ohne Strafandrohung erwirkt.[595]

c) Glaubhaftmachung

Die nach §§ 920 Abs. 2, 936 ZPO auch für den Verfügungsantrag geforderte Glaubhaftmachung[596] von Verfügungsgrund und -anspruch sollte bereits mit der Antragsschrift erfolgen. Zwar kann der Verfügungsanspruch auch ohne entsprechende Glaubhaftmachung schlüssig dargelegt sein und spricht für den Verfügungsgrund regelmäßig die Vermutung des § 12 Abs. 2. Ohne eine hinreichende Glaubhaftmachung ist es dem Gericht jedoch verwehrt, auf der Grundlage bloß schlüssigen Vortrags ohne Anhörung des Gegners eine einstweilige Verfügung zu erlassen.[597] Der Antragsteller muss daher nicht nur sämtliche seinen Anspruch begründenden Tatsachen glaubhaft machen, sondern auch das Fehlen naheliegender Prozesshindernisse und Einredetatsachen[598], insbesondere dann, wenn sich solche Einwendungen bereits aus der vom Antragsteller vorgelegten Antwort auf eine Abmahnung oder aus einer Schutzschrift[599] ergeben. Zwar gelten für die Verteilung der Glaubhaftmachungslast im Eilverfahren keine anderen Regeln als im Hauptsacheverfahren für die Beweislast.[600] Das Hauptsacheverfahren ist aber zwingend zweiseitig. Der Anspruchsgegner hat dort jedenfalls die Möglichkeit **300**

592 BGH, 02.11.1995, IX ZR 141/94, BGHZ 131, 141, 147 f., juris Rn. 20f. – *Unterlassungsverfügung ohne Strafandrohung*;

593 OLG München, 26.05.1994, 6 U 4622/93, MD (VSW) 1994, 1002, Ls.; zustimmend wegen der fehlenden Zustellmöglichkeit eines Titels mit Strafandrohung im Ausland Teplitzky/Feddersen, Kap. 54, Rn. 41 a.E. m.w.N.; vgl. aber BGH, 02.11.1995, IX ZR 141/94, BGHZ 131, 141, 147 f., juris Rn. 20f. – *Unterlassungsverfügung ohne Strafandrohung* (Strafandrohung jedenfalls nach britischem Recht möglich).

594 Vgl. HansOLG Hamburg, 19.04.2007, 1 Kart U 5/06, GRUR-RR 2008, 31, 32, juris Rn. 60 (Androhung auch ohne Antrag möglich); ebenso *Köhler*/Bornkamm/Feddersen, § 12, Rn. 3.32; a.A. Zöller/Seibel, § 890, Rn. 12; Spätgens in Gloy/Loschelder/Erdmann, § 112, Rn. 39.

595 BGH, 02.11.1995, IX ZR 141/94, BGHZ 131, 141, 145, juris Rn. 17 – *Unterlassungsverfügung ohne Strafandrohung*.

596 Ausführlich zum Thema Ahrens/Scharen, Kap. 50.

597 OLG Köln, 11.10.1984, 15 W 81/84, AfP 1984, 243, Os.; OLG Stuttgart, 05.11.1997, 2 W 78/97, WRP 1998, 433, juris Rn. 9; KG, 02.03.2011, 5 W 21/11, WRP 2011, 611, 612 und Ls. – *Hotel ohne Pool*; Teplitzky/Feddersen, Kap. 54, Rn. 43; Zöller/G. Vollkommer, Vor § 916, Rn. 6a.

598 Teplitzky, DRiZ 1982, 41 (44); Ahrens/Scharen, Kap. 50, Rn. 18; Berneke/Schüttpelz, Rn. 241; Harte/Henning/Retzer, § 12, Rn. 418; *Köhler*/Bornkamm/Feddersen, § 12, Rn. 3.21; FBO/Büscher, § 12, Rn. 103; Teplitzky/Feddersen, Kap. 54, Rn. 45; Zöller/G. Vollkommer, § 922, Rn. 5.

599 Teplitzky/Feddersen, Kap. 54, Rn. 46.

600 FBO/Büscher, § 12, Rn. 103 m.w.N.; Teplitzky/Feddersen, Kap. 54, Rn. 45; Zöller/G. Vollkommer, § 922, Rn. 5.

seine Einwendungen und Einreden zu erheben oder Tatsachenvortrag unstreitig zu stellen. Unstreitig kann der Vortrag des Antragstellers im Eilverfahren aber nur werden, wenn der Gegner angehört worden ist. Ist dies nicht der Fall, muss das Gericht unterstellen, dass der Tatsachenvortrag des Antragstellers bestritten ist.[601] Die dem Hauptsacheverfahren entsprechende Verteilung der Glaubhaftmachungslast kann es daher nur nach einer Anhörung des Gegners geben.[602] Deshalb darf das Gericht den Verfügungsantrag nicht schon wegen mangelnder Glaubhaftmachung zurückweisen, sondern muss bei schlüssigem Vorbringen des Antragstellers den Antragsgegner hören, um festzustellen, ob der Vortrag des Antragstellers unstreitig wird.[603] Das muss nicht zwingend durch die Anberaumung einer mündlichen Verhandlung geschehen[604], sondern kann auch im Beschlussverfahren durch die Zusendung der Antragsschrift zur Stellungnahme erfolgen.

301 Glaubhaftmachungsmittel sind nach § 294 Abs. 1 ZPO alle präsenten Beweismittel i.S. der §§ 355 – 455 ZPO einschließlich der eidesstattlichen Versicherung.[605] Das sind präsente Zeugen, schon eingeholte und vorliegende Privatgutachten, auch demoskopische Gutachten[606], die jeweils als Urkunden verwertbar sind[607], sonstige Urkunden, einschließlich schon in anderen Verfahren protokollierter Zeugenaussagen[608], amtliche Auskünfte, eidesstattliche und anwaltliche Versicherungen[609], auch schriftliche Erklärungen von Zeugen nach § 377 Abs. 3 ZPO[610] und der Augenschein. Hinreichend ist es, wenn die eidesstattlichen Versicherungen nur in Fernkopie (Telefax) und nicht

---

601 Vgl. Ahrens/Scharen, Kap. 50, Rn. 18 m.w.N.

602 OLG Karlsruhe, 27.05.1987, 6 U 9/87, GRUR 1987, 845, Ls. 3; Ahrens/Scharen, Kap. 50, Rn 20 m.w.N.; *Köhler*/Bornkamm/Feddersen, § 12, Rn. 3.21; Teplitzky/Feddersen, Kap. 54. Rn. 45.

603 OLG Köln, 11.10.1984, 15 W 81/84, AfP 1984, 243, 244; Stuttgart, 05.11.1997, 2 W 78/97; WRP 1998, 433; KG, 02.03.2011, 5 W 21/11, WRP 2011, 611, 612 – *Hotel ohne Pool*; KG 30.01.2015, 5 W 11/15, MD (VSW) 2015, 330 (334), juris Rn. 110; Berneke/Schüttpelz Rn. 241; FBO/Büscher, § 12, Rn. 103; Teplitzky/Feddersen, Kap. 54, Rn. 43; Zöller/G. Vollkommer, vor § 916, Rn. 6a.

604 A.A. (Urteilsverfahren) OLG Köln, 11.10.1984, 15 W 81/84, AfP 1984, 243, Os.; OLG Karlsruhe, 27.05.1987, 6 U 9/87, GRUR 1987, 845, Ls. 3; OLG Stuttgart, 05.11.1997, 2 W 78/97, WRP 1998, 433, juris Rn. 9; Teplitzky/Feddersen, Kap. 54, Rn. 45; *Köhler*/Bornkamm/Feddersen, § 12, Rn. 3.21; offen gelassen KG, 02.03.2011, 5 W 21/11, WRP 2011, 611, 612 und Ls.

605 Zöller/Geimer/Greger, § 294, Rn. 3 ff.; FBO/Büscher, § 12, Rn. 100; Berneke/Schüttpelz, Rn. 233 ff.

606 Vgl. Ahrens/Scharen, Kap. 50, Rn. 38–44, und Ahrens/Schmidt, Kap. 28, Rn. 3.

607 Ahrens/Scharen, Kap. 50, Rn. 38 ff.

608 OLG Brandenburg, 14.04.2011, 6 U 79/10, WRP 2012, 747, 748, Ls. 2 und juris Rn. 23.

609 OLG Zweibrücken, 24.03.2011, 4 U 130/10, GRUR-RR 2012, 45 (nur hinreichend, wenn sie die eigene Wahrnehmung des Rechtsanwalts betrifft); ebenso Teplitzky/Feddersen, Kap. 54, *Rn. 52*.

610 BGH, 16.04.2002, KZR 5/01, GRUR 2002, 915, 916, juris Rn. 21 – *Wettbewerbsverbot in Realteilungsvertrag.*

schon im Original vorliegen.[611] Anträge auf Vernehmung nicht präsenter Zeugen, Einholung von erst noch zu erstellenden Sachverständigengutachten, von amtlichen Auskünften etc. sind, weil die Beurteilung der Glaubhaftmachungsmittel nicht sofort erfolgen kann, nach §§ 936, 920 Abs. 2, 294 Abs. 2 ZPO unstatthaft.[612] Durch das Gericht werden weder Zeugen geladen noch Sachverständigengutachten oder amtliche Auskünfte eingeholt.[613] Zwischen dem Beschluss- und dem Urteilsverfahren sowie zwischen erster und zweiter Instanz bestehen wegen der Glaubhaftmachungsregeln keine Unterschiede.[614] Die Regeln gelten zudem selbstredend für alle Parteien des Rechtsstreits.

Wegen dieser Besonderheiten des Verfügungsverfahrens kann das Berufungsgericht **302** dann, wenn ein in erster Instanz vernommener Zeuge in der Berufungsverhandlung nicht präsent ist, anhand des erstinstanzlichen Vernehmungsprotokolls ausnahmsweise[615] eine von der Beweiswürdigung des Ausgangsgerichts abweichende Feststellung treffen.[616]

Zu den glaubhaft zu machenden Tatsachen gehören nicht nur die den eigentlichen **303** Verfügungsanspruch, sondern auch die die Prozessführungsbefugnis bzw. Aktivlegitimation des Antragstellers begründenden Umstände. Der Antragsteller muss seine Mitbewerbereigenschaft (§ 2 Abs. 1 Nr 3) ebenso darlegen und glaubhaft machen wie die nach § 8 Abs. 3 Ziff 2 – 4 zur Anspruchsverfolgung berechtigten Verbände und sonstigen Einrichtungen.[617]

Die Notwendigkeit zur Glaubhaftmachung hat jedenfalls dort ihre Grenzen, wo sich **304** die jeweilige Partei auf eigene Erkenntnisse des Gerichts stützen kann. Daher bedürfen selbstverständlich offenkundige (§ 291 ZPO) oder gerichtskundige[618] Tatsachen, aber auch solche Umstände, die das Gericht aufgrund eigener Sachkunde oder Erfahrung beurteilen kann, keiner Glaubhaftmachung.

---

611 BGH, 16.04.2002, KZR 5/01, GRUR 2002, 915, 916, juris Rn. 21 – *Wettbewerbsverbot in Realteilungsvertrag.*

612 OLG München, 26.01.2017, 29 U 3841/16, GRUR 2017, 630, 631 – *gewinne-ein-iphone.de*; *Köhler*/Bornkamm/Feddersen, § 12, Rn. 3.21 a.E.; Teplitzky/Feddersen, Kap. 54, Rn. 52.

613 FBO/*Büscher*, § 12, Rn. 100; siehe aber zur Zulässigkeit von Zeugenladungen nach Ermessen Harte/Henning/Retzer, § 12, Rn. 424; Teplitzky/Feddersen, Kap. 54, Rn. 51.

614 OLG Nürnberg, 06.05.2015, 3 U 379/15, MD (VSW) 2015, 760 (763), juris Rn. 35; *Köhler*/Bornkamm/Feddersen, § 12, Rn. 3.21.

615 Im Hauptsachverfahren wäre für eine abweichende Beweiswürdigung eine erneute Vernehmung des Zeugen notwendig: BVerfG, 22.11.2004, 1 BvR 1935/03, NJW 2005, 1487; BGH, 12.03.2004, V ZR 257/03, NJW 2004, 1876; BGH, 14.07.2009, VIII ZR 3/09, NJW-RR 2009, 1291; BGH, 29.09.2011, VII ZR 87/11, NJW 2011, 3780.

616 OLG München, 26.01.2017, 29 U 3841/16, GRUR 2017, 630, 631 f., Ls. – *gewinne-ein-iphone.de*, unter Hinweis auf BGH, 16.08.2016, X ZR 96/14, GRUR 2016, 1260, 1263, Rn. 29 – *Yttrium-Aluminium-Granat* (verstorbener Zeuge).

617 Vgl. im Einzelnen Ahrens/Scharen, Kap. 50, Rn. 2 ff.

618 Vgl. zur Unterscheidung von offen- und gerichtskundigen Tatsachen Zöller/Greger, § 291, Rn. 1 f.; siehe auch Teplitzky/Feddersen, Kap. 54. Rn. 47.

305 Das ist von besonderer Bedeutung für die Feststellung der Verkehrsauffassung. Sie muss zwar vorgetragen[619], aber nicht glaubhaft gemacht werden.[620] Die Rechtsprechung des BGH geht seit der grundlegenden Entscheidung »Marktführerschaft«[621] davon aus, dass es sich bei der Ermittlung der Verkehrsauffassung nicht um die Feststellung von Tatsachen handelt, und zwar nicht nur dann, wenn es um Irreführungssachverhalte[622], sondern auch etwa um Fragen der einem Produkt von Fachkreisen entgegengebrachten Wertschätzung[623] oder danach, ob und welche spezielle Verbrauchergruppe durch eine Werbung angesprochen wird[624], geht.[625] Vielmehr stützt sich die die Feststellung der Verkehrsauffassung nach dieser Rechtsprechung auf ein spezielles Erfahrungswissen, das nicht durch Zeugenbeweis, sondern gegebenenfalls mit Hilfe eines Sachverständigen zu ermitteln ist, wobei sich der Sachverständige das erforderliche Fachwissen durch die von ihm durchzuführende Meinungsumfrage verschafft.[626] Für den Fall, dass das Gericht voraussichtlich nicht über das notwendige Erfahrungswissen verfügt, kann der Antragsteller im Verfügungsverfahren den Versuch unternehmen, dem Gericht schon mit dem Verfügungsantrag ein demoskopisches Privatgutachten zur Verkehrsvorstellung vorzulegen, mit dem sich das Gericht jedenfalls auseinandersetzen muss, wenn es zu abweichenden Ergebnissen kommen will.[627]

306 Gleiches gilt für etwaige Ermittlungen zum ausländischen Recht, die der Richter gemäß § 293 ZPO zwar grundsätzlich selbst vornehmen muss. Die Vorschrift eröffnet aber die Möglichkeit, andere Erkenntnisquellen, wie etwa einzuholende Sachverständigengutachten, zu benutzen. Da die Einholung eines solchen meist langwierigen Gutachtens im Eilverfahren nicht in Betracht kommt, kann es sinnvoll sein, dass der Antragsteller schon mit dem Verfügungsantrag ein zuvor eingeholtes Privatgutachten zum maßgeblichen ausländischen Recht einreicht.[628]

307 Teilweise wird gefordert, dass der Antragsteller im einseitigen Beschlussverfahren auch vorzutragen und glaubhaft zu machen habe, dass er den Verfügungsanspruch nicht an einem anderen Gerichts anhängig gemacht hat.[629] Das erscheint indes zu weitgehend

619 Siehe oben Rdn. 208 ff.; BGH, 13.07.2006, GRUR 2007, 161, Rn. 9 – *Dentalästhetika II*; BGH, 05.10.2017, I ZR 184/16, GRUR 2018, 203, Rn. 18 – *Betriebspsychologe*; BGH, 11.10.2017, I ZR 78/16, GRUR 2018, 431, Ls. und Rn. 16 – *Tiegelgröße*.

620 Teplitzky/Feddersen, Kap. 54, Rn. 48, *Köhler*/Bornkamm/Feddersen, § 12, Rn. 2.65.

621 BGH GRUR 2004, 244 – *Marktführerschaft*.

622 BGH, 02.10.2003, I ZR 150/01, GRUR 2004, 244, 245, juris Rn. 18 – *Marktführerschaft*; BGH, 09.06.2011, I ZR 113/10, GRUR 2012, 215, 216, Rn. 14 – *Zertifizierter Testamentsvollstrecker*; BGH, 13.09.2012, I ZR 230/11, GRUR 2013, 401, 404, Rn. 32 – *Biomineralwasser*.

623 BGH, 15.04.2010, I ZR 145/08, GRUR 2010, 1125, 1129, Rn. 50 – *Femur-Teil*.

624 BGH, 18.09.2014, I ZR 34/12, GRUR 2014, 1211, 1212, Rn. 19 – *Runes of Magic II*.

625 Vgl. auch Köhler/*Bornkamm*/*Feddersen*, § 5, Rn. 1.231 ff.; MünchKomm/Prütting ZPO, § 291, Rn. 3; Teplitzky/Schwippert, Kap. 47, Rn. 7 m.w.N.

626 BGH, 02.10.2003, I ZR 150/01, GRUR 2004, 244, 245, juris Rn. 18 – *Marktführerschaft*.

627 Siehe Ahrens/Scharen, Kap. 50, Rn. 42, und Ahrens/Schmidt, Kap. 28, Rn. 3.

628 Siehe dazu ausführlich Ahrens/Scharen, Kap. 50, Rn. 45 m.w.N.

629 Ahrens/Scharen, Kap. 51, Rn. 3; *Köhler*/Bornkamm/Feddersen, § 12, Rn. 3.21; Teplitzky/Feddersen, Kap. 54, Rn. 45 und Kap. 55, Rn. 1; Danckwerts, GRUR 2008, 763, 767.

und geht jedenfalls an der gerichtlichen Praxis vorbei. Der Umstand, dass es Fälle gegeben hat, in denen unzulässigerweise der nämliche Anspruch gleichzeitig bei verschiedenen Gerichten anhängig gemacht worden ist[630], rechtfertigt keinen Generalverdacht gegen jeden Antragsteller. Er muss daher ohne entgegenstehende Anhaltspunkte nicht schon von sich aus glaubhaft machen, dass keine anderweitige Rechtshängigkeit des Anspruchs besteht.[631]

Wann die jeweilige Tatsache hinreichend glaubhaft gemacht ist, hat das Gericht festzustellen. Ein festes Maß gibt es insoweit nicht. Einigkeit besteht nur darin, dass es keiner hinreichenden Sicherheit wie beim Vollbeweis[632] bedarf, sondern dass ein geringerer Grad der richterlichen Überzeugungsbildung genügt. Die Behauptung ist glaubhaft gemacht, sofern eine »überwiegende Wahrscheinlichkeit« dafür besteht, dass sie zutrifft.[633] Das bedeutet aber nicht, dass es schon hinreichend wäre, wenn nur etwas mehr für als gegen die Richtigkeit der Tatsachenbehauptung spricht. Abhängig auch von den Folgen einer darauf gestützten Entscheidung dürfen die Anforderungen an die richterliche Überzeugungsbildung nicht zu gering sein.[634] 308

d) Rücknahme und Vergleich

Der Verfügungsantrag kann jederzeit – auch ohne Zustimmung des Gegners[635] – bis zum rechtskräftigen Abschluss des Verfahrens in der Hauptsache[636] – also auch noch im Rechtsmittelverfahren – mit der Kostenfolge des § 269 Abs. 3 ZPO zurückgenommen werden.[637] Rechtskräftig abgeschlossen ist das Verfügungsverfahren wegen § 542 Abs. 1 2 ZPO spätestens mit der Verkündung der Berufungsentscheidung, was die nachfolgende Rücknahme des Verfügungsantrages hindert.[638] Da für den Widerspruch des Antragsgegners beim Landgericht Anwaltszwang besteht[639], gilt dies nach Erhebung des Widerspruchs auch für die Antragsrücknahme.[640] 309

---

630 Siehe HansOLG Hamburg, 26.11.2009, 3 U 60/09, WRP 2010, 790.

631 Ebenso FBO/Büscher, § 12, Rn. 121.

632 Siehe dazu Zöller/Greger, § 286, Rn. 17 ff.

633 BGH, 05.05.1976, IV ZB 49/75, VersR 1976, 928, 929, juris Rn. 9; BGH, 20.03.1996, VIII ZB 7/96, NJW 1996, 1682, juris Rn. 15; BGH, 11.09.2003, IX ZB 37/03, BGHZ 156, 139, 142, juris Rn. 8; FBO/Büscher, § 12, Rn. 102.

634 Zutreffend Zöller/Greger, § 294, Rn. 6.

635 § 269 Abs. 1 ZPO ist nicht anwendbar; str.; wie hier OLG Köln, 15.08.2008, 6 U 63/08, GRUR-RR 2008, 445, juris Rn. 3; OLG Saarbrücken, 25.09.2013, 1 U 42/13, GRUR-RR 2014, 91, juris Rn. 23 – *Rezeptsammelstelle*; Berneke/Schüttpelz. Rn. 456; FBO/Büscher, § 12, Rn. 115; Teplitzky/Feddersen, Kap. 55, Rn. 1a; Zöller/Greger, § 269, Rn. 14, und Zöller/G. Vollkommer, § 920, Rn. 13; jeweils m.w.N.; a.A. Ahrens/Jestaedt, Kap. 49, Rn. 14f.

636 Nicht mehr nach *bloßem* Kostenwiderspruch des Antragsgegners, durch den der Verfügungsanspruch mittelbar anerkannt wird; Ahrens/Jestaedt, Kap. 49, Rn. 16.

637 OLG Düsseldorf, 13.07.1982, 2 U 54/82, WRP 1982, 654; OLG Saarbrücken, 08.05.1985, 6 UF 42/85, JurBüro 1985, 1888; Zöller/G. Vollkommer, § 920, Rn. 13.

638 OLG München, 21.10.2010, 29 U 2787/10, GRUR-RR 2011, 462, juris Rn. 58f. – *Bogner B*; Teplitzky/Feddersen, Kap. 55, Rn. 1a.

639 Zöller/G. Vollkommer, § 924, Rn. 7.

640 Zöller/G. Vollkommer, § 920, Rn. 13 m.w.N.

310 Nach der Antragsrücknahme sind die Kosten des Rechtsstreits – auf Antrag – dem Antragsteller aufzuerlegen (§ 269 Abs. 3 2 ZPO entsprechend). Das gilt, nachdem auch ein bereits ergangenes, aber noch nicht rechtskräftiges Urteil ex tunc wirkungslos wird (§ 269 Abs. 3 1 ZPO)[641], auch für die Kosten eines bereits eingeleiteten Berufungsverfahrens, und zwar unabhängig davon, ob der Antragsteller in erster Instanz obsiegt hat. Anderes soll dann gelten, wenn der Verfügungsantrag erst infolge neuen Vorbringens des Antragsgegners im Berufungsverfahren unbegründet wird, so dass die Anwendung von § 97 Abs. 2 ZPO in Betracht kommt.[642] § 269 Abs. 3 2 letzter Hs ZPO (»…oder sie dem Beklagten aus einem anderen Grund aufzuerlegen sind.«) lässt dies jedenfalls zu. Die wegen der Antragsrücknahme einmal für das Verfügungsverfahren getroffene Kostenentscheidung bleibt auch dann bestehen, wenn der Antragsteller später im Hauptsacheverfahren obsiegt.[643] Eine Abänderung der Entscheidung muss über ein Aufhebungsverfahren nach § 927 ZPO herbeigeführt werden.[644] Befindet sich die Sache bei Antragsrücknahme noch im einseitigen Erlassverfahren, hat der Antragsteller die dem Antragsgegner für die Einreichung einer Schutzschrift entstandenen Kosten auch dann zu tragen, wenn das Gericht den Antragsgegner noch nicht in das Verfahren eingebunden hatte.[645]

311 Die Anwendbarkeit von § 296 Abs. 3 3 ZPO im Verfügungsverfahren ist streitig. Abgelehnt wird die Anwendung der Vorschrift mit der Begründung, sie stelle darauf ab, dass der Anlass zur Einreichung der Klage vor Rechtshängigkeit weggefallen sei, die Rechtshängigkeit der Sache im Verfügungsverfahren aber mit ihrer Anhängigkeit zusammenfalle.[646] Die Rechtsprechung ist dem – auch mit Blick auf den letzten Halbsatz der Vorschrift (»…; dies gilt auch, wenn die Klage nicht zugestellt wurde.«) nur teilweise gefolgt. § 269 Abs. 3 3 ZPO findet danach im Verfahren der einstweiligen Verfügung jedenfalls dann Anwendung, wenn der Anlass zur Einreichung des Verfügungsantrags im Zeitraum zwischen der Aufgabe des Antrags zur Post und seinem Eingang beim Gericht entfällt, der Verfügungskläger hiervon aber erst nach Einrei-

641 *Köhler*/Bornkamm/Feddersen, § 12, Rn. 3.6; Teplitzky/Feddersen, Kap. 55, Rn. 1a; Zöller/Greger, § 269, Rn. 17.

642 OLG Köln, 21.08.1992, 6 U 107/92, GRUR 1993, 685, Ls. 3; OLG Nürnberg, 21.06.2012, 4 U 1713/11, NJW 2013, 243, Ls. und juris Rn. 3; Zöller/Greger, § 269, Rn. 18b. siehe auch OLG Köln, GRUR 1993, 685.

643 BGH, 19.10.1994, I ZR 187/92, GRUR 1995, 169, 170 f. – *Kosten des Verfügungsverfahrens bei Antragsrücknahme*; Zöller/G. Vollkommer, § 920, Rn. 13.

644 Siehe Rdn. 487.

645 BGH, 13.02.2003, I ZB 23/02, GRUR 2003, 456, Ls. und juris Rn. 6 – *Kosten der Schutzschrift*; BGH, 23.11.2006, I ZB 39/06, GRUR 2007, Rn. 15 – *Kosten der Schutzschrift II*; Zöller/G. Vollkommer, § 920, Rn. 13 m.w.N. aus der obergerichtlichen Rspr.

646 Harte/Henning/*Retzer, § 12, Rn. 451*, unter Hinweis auf OLG Köln, 12.01.2001, 6 U 98/00, *GRUR 2001*, 424, 425 und KG, 07.04.2009, 9 W 96/08, MDR 2009, 765; Teplitzky/Feddersen, Kap. 55, Rn. 1a.

chung des Antrags Kenntnis erlangt.[647] Nach einer Entscheidung des OLG Stuttgart soll das auch gelten, wenn der Antrag nach Eingang bei Gericht, aber noch vor Erlass bzw. Zustellung einer einstweiligen Verfügung wieder zurückgenommen wird.[648] Geht das auf ein nach Anhängigkeit (und damit Rechtshängigkeit) des Verfügungsantrages eintretendes, den Anspruch erledigendes Ereignis zurück, besteht aber keine Notwendigkeit zur Anwendung des § 269 Abs. 3 3 ZPO. Der Antragsteller muss eine Kostenerstattung über eine Erledigungserklärung und die Anwendung des § 91a ZPO anstreben. Daher hat die Rücknahme des Verfügungsantrages in diesem Fall zwingend die Kostenfolge des § 269 Abs. 3 2 ZPO.[649]

Streitig ist weiter, wie das Gericht zu verfahren hat, wenn der Verfügungsantrag im noch einseitigen Erlass-/Verfahren zurückgenommen wird. Dazu wird wegen der grundsätzlich bestehenden Möglichkeit, dass der nämliche Verfügungsantrag an einem anderen Gericht erneut anhängig gemacht wird, und unter Hinweis auf die Grundsätze des fairen Verfahrens die Ansicht vertreten, der Antragsgegner müsse spätestens jetzt über den zurückgenommenen Verfügungsantrag informiert werden.[650] Die gerichtliche Praxis folgt dem – soweit ersichtlich – nicht, sondern orientiert sich mit Recht an der Vorschrift des § 922 Abs. 3 ZPO, nach der sogar der den Verfügungsantrag zurückweisende Beschluss dem Gegner nicht mitzuteilen ist. Dennoch wird mit beachtlichen Argumenten die Ansicht vertreten, dass der Antragsgegner über die Antragsrücknahme schon aus verfassungsrechtlichen Gründen (Grundsatz des rechtlichen Gehörs und der Waffengleichheit), aber jedenfalls im Falle des Vorliegens einer Schutzschrift zu informieren ist, weil dem Schutzschrifteinreicher ansonsten die Möglichkeit genommen werde, seinen Anspruch auf Erstattung der Kosten der Schutzschrift durchzusetzen.[651] 312

Teils wird unter Hinweis darauf, dass § 922 Abs. 3 ZPO (nur) der Sicherung des Eilrechtsschutzes diene, sogar die Auffassung vertreten, dem Antragsgegner sei jedenfalls nach Einreichung einer Schutzschrift Mitteilung nicht nur über die Antragsrücknahme, sondern auch über einen Zurückweisungsbeschlusses zu machen.[652] Nach einer zurückweisenden Entscheidung muss damit aber jedenfalls solange zugewartet werden, bis die zweiwöchige Beschwerdefrist abgelaufen oder ein etwaiges Beschwerdeverfahren been- 313

647 OLG Karlsruhe, 23.01.2012, 6 W 92/11, WRP 2012, 591, 592, Rn. 12; ebenso OLG Frankfurt, 02.05.2005, 6 W 55/05, MD (VSW) 2005, 930, Ls. 1, für den Fall der Erledigungserklärung im Verfügungsverfahren vor Einreichung des Aufhebungsantrages nach § 927 Abs. 1 ZPO; ebenso nunmehr auch Zöller/G. Vollkommer, § 920, Rn. 13.

648 OLG Stuttgart, 08.11.2006, 10 W 74/06, NJW-RR 2007, 527, Ls. und juris Rn. 18.

649 BGH, 27.10.2003, II ZB 38/02, NJW 2004, 223, 224, Ls. und juris Rn. 8; BGH, 19.08.2014, VI ZB 17/13, NJW 2014, 3520, 3521, Rn. 6; KG, 07.04.2009, 9 W 96/08, MDR 2009, 765, Ls. und Rn. 3; OLG Brandenburg, 13.09.2011, 6 W 73/11, BauR 2012, 556, Ls. 1 und juris Rn. 13f.

650 Ahrens/Scharen, Kap. 51, Rn. 9; Teplitzky/Feddersen, Kap. 55, Rn. 1b und 5cff.; a.A. Ahrens/Singer, Kap. 45, Rn. 50, Fn. 181.

651 Teplitzky/Feddersen, Kap. 55, Rn. 1b, unter Berufung darauf, dass Verfassungsrecht einfachem Recht vorgehe.

652 Schmitt-Gaedke, WRP 2012, 60, 63; str., siehe Guhn, WRP 2014, 27, 30 ff.

det worden ist.[653] Denn auch insoweit ist die in § 922 Abs. 3 ZPO zum Ausdruck kommende Sicherung des Eilrechtsschutzes zu beachten. Zutreffend ist allerdings, dass dem Antragsgegner jedenfalls dann, wenn er von dem Verfahren anderweitig Kenntnis erlangt, auf Antrag auch schon währen des laufenden Erlassverfahrens Akteneinsicht zu gewähren ist[654], weil das Prozessrechtsverhältnis der Parteien schon durch die Antragseinreichung entstanden ist[655] und der mit § 922 Abs. 3 ZPO verfolgte Zweck bei Kenntnis des Antragsgegners vom Verfügungsantrag ohnehin nicht mehr erreicht werden kann.

314 Ist zur Beendigung des Verfügungsverfahrens ohne Widerrufsvorbehalt ein Vergleich geschlossen worden, der über den Verfahrensgegenstand hinausgehende Regelungen enthält, ist die behauptete Unwirksamkeit des Vergleichs nicht in Fortsetzung dieses Verfahrens zu überprüfen.[656]

e) Prozesskostenhilfe und Streitwertbegünstigung

315 Prozesskostenhilfe kann der Antragstellerin im Beschlussverfahren, soweit es zunächst einseitig bleibt, nicht bekommen. Entweder ist sein Antrag begründet, dann hat jedenfalls zunächst der Antragsgegner die außergerichtlichen Auslagen des Antragsteller zu tragen. Gerichtskosten werden ebenfalls bei diesem erhoben. Dass der Antragsgegner die Kosten nicht wird bezahlen können, steht zu diesem Zeitpunkt noch nicht fest. Ist der Antrag unbegründet, fehlt es ihm an der erforderlichen Erfolgsaussicht.

316 Ein Antrag auf Streitwertbegünstigung (§ 12 Abs. 4), der vor der Verhandlung zur Hauptsache zu stellen ist (§ 12 Abs. 5 2), kann dann unzulässig sein, wenn die einstweilige Verfügung ohne mündliche Verhandlung ergangen, der Streitwert dort festgesetzt worden ist und der Antragsgegner schon eine die Instanz beendende Abschlusserklärung abgeben hat.[657]

3. Zuständiges Gericht

317 Da die meisten wettbewerblichen Verletzungshandlungen, wie etwa bei einer bundesweiten Werbung, bundesweit begangen werden oder jedenfalls drohen (Erstbegehungsgefahr) hat der Wettbewerber fast immer die Wahl zwischen allen deutschen Gerichtsbezirken (sog. fliegender Gerichtsstand).

318 Zwar ist nach §§ 937 Abs. 1, 802 ZPO für den Erlass einstweiliger Verfügungen das Gericht der Hauptsache ausschließlich zuständig, also das Gericht, das auch für die auf

---

653 Ebenso Ahrens/Spätgens/Büttner, Kap. 7, Rn. 21.

654 Wehlau, WRP 2012, 400, Fn. 45; Guhn, WRP 2014, 28; a.A. Ahrens/Spätgens/Büttner, Kap. 7, Rn. 21, kein Informationsrecht.

655 OLG Düsseldorf, 02.01.1995, 10 W 137/94, JZ 1995, 316, juris Rn. 4; HansOLG Hamburg, 23.10.2013, 4 W 100/13, WRP 2014, 100 – *Kostenerstattung für multiple Schutzschriften*; sie auch Ahrens/Spätgens/Büttner, Kap. 7, Rn. 30 m.w.N.

656 KG, 04.12.2013, 24 W 92/13, WRP 2014, 247.

657 KG, 13.12.2016, 5 W 244/16, WRP 2017, 358 – *Streitwertbegünstigung* (dort für das Markenrecht).

den jeweiligen Anspruch bezogene Hauptsacheklage zuständig wäre. § 14 normiert aber für Klagen »aufgrund dieses Gesetzes«[658] neben dem allgemeinen Gerichtsstand (§ 14 Abs. 1) auch einen weiteren Gerichtsstand des Begehungsortes (§ 14 Abs. 2 UWG). Der allgemeine Gerichtsstand nach Abs. 1 stellt auf den Ort der gewerblichen oder selbständigen beruflichen Niederlassung oder in Ermangelung eines solchen auf den Wohnsitz des Beklagten oder, falls der Beklagte auch keinen Wohnsitz hat, auf dessen inländischen Aufenthaltsort ab. Alternativ dazu kann der Wettbewerber nach Abs. 2 auch – und nur noch – vor dem Gericht in Anspruch genommen werden, in dessen Bezirk die Handlung begangen ist. Dieser Gerichtsstand kann auch in Anspruch genommen werden, wenn Erstbegehungsgefahr an dem jeweiligen Ort besteht[659] und sich der Anspruchsteller darauf auch stützt. Die Vorschrift entspricht § 32 ZPO. Da – von wenigen Ausnahmen abgesehen – entweder eine bundesweite Verletzungshandlung vorliegt oder aber jedenfalls bundesweit Erstbegehungsgefahr besteht, können Klagverfahren meist ebenso bundesweit geführt werden wie Verfügungsverfahren.[660] Allerdings nur, soweit Mitbewerber Ansprüche erheben (§ 8 Abs. 3 Nr 1). Die nach § 8 Abs. 3 Nr 2 – 4 anspruchsberechtigten Verbände und sonstige Einrichtungen können den Gerichtsstand des Begehungsortes nur wählen, wenn der Beklagte im Inland weder eine gewerbliche oder selbständige berufliche Niederlassung noch einen Wohnsitz hat (§ 14 Abs. 2 2).

Ist bereits eine Hauptsache zum nämlichen Streitgegenstand anhängig, ist das in der **319** Hauptsache angerufene Gericht für das Verfügungsverfahren ausschließlich zuständig (§ 937 Abs. 1 ZPO). Gericht der Hauptsache ist nach § 943 Abs. 1 ZPO wiederum das das Gericht des ersten Rechtszuges oder, wenn die Hauptsache in der Berufungsinstanz anhängig ist, bis zur Rechtskraft des Berufungsurteils oder der Einlegung der Revision[661] das Berufungsgericht (§ 943 Abs. 1 ZPO).[662] Das gilt nicht, wenn der Gerichtsstand durch die Erhebung der Hauptsacheklage erschlichen ist.[663] Anders liegt es auch, wenn nicht die Hauptsache, sondern das Eilverfahren in der Berufungsinstanz schwebt und der Verfügungsantrag dort um einen zusätzlichen Streitgegenstand erweitert wer-

658 Das sind auch Klagen auf Zahlung von Vertragsstrafen, die ihren Ursprung in einem auf einer wettbewerbsrechtlichen Abmahnung beruhenden Unterlassungsvertrag haben: BGH, 19.10.2016, I ZR 93/15, WRP 2017, 179, Ls. 3 und Rn. 21.

659 BGH, 17.03.1994, I ZR 304/91, GRUR 1994, 530, 532, juris Rn. 29 – *Beta*; Hans-OLG Hamburg, 18.12.1986, 3 U 158/86, GRUR 1987, 403; OLG Düsseldorf, 24.01.1991, 2 U 106/90, WRP 1991, 728, Ls.; 24.08.1994, 2 W 88/94, GRUR 1994, 837, 839; OLG Köln, 30.09.2011, 6 U 54/11, MD (VSW) 2012, 301, juris Rn. 19 und 34; FBO/*Büscher*, § 14, Rn. 27; *Köhler*/Bornkamm/*Feddersen*, § 14, Rn. 14; Teplitzky/Schaub, Kap. 45, Rn. 13.

660 Vgl. Teplitzky/Schaub, Kap. 45, Rn. 13.

661 OLG Köln, 25.06.1976, 6 U 122/75, GRUR 1977, 220, 221; Harte/Henning/Retzer, § 12, Rn. 352; Teplitzky/Feddersen, Kap. 54, Rn. 6.

662 OLG Köln, 25.06.1976, 6 U 122/75, GRUR 1977, 220, 221; 11.05.1977, 6 U 17/77, WRP 1978, 556, 557; OLG Köln, 22.08.1979, 6 U 131/79, GRUR 1980, 314; FBO/Büscher, § 12, Rn. 111;Teplitzky/Feddersen, Kap. 54, Rn. 6.

663 FBO/Büscher, § 12, Rn. 109; Teplitzky/Feddersen, Kap. 54, Rn. 4.

den soll. Hier fehlt es an der Zuständigkeit des Berufungsgerichts; der Anspruch muss zunächst in erster Instanz geltend gemacht werden.[664]

320 Ist die Hauptsache noch nicht anhängig, bleibt dem Antragsteller das Wahlrecht des § 14 Abs. 2 1 ZPO. Er kann gleichwohl später die Hauptsache an einem anderen Gericht anhängig machen, ohne dass sich deswegen an der Zuständigkeit des im Verfügungsverfahren bereits angerufenen Gerichts ändert (§ 261 Abs. 3 Nr 2 ZPO).[665]

321 Der Antragsgegner kann dem Antragsteller nicht dadurch einen bestimmten Gerichtsstand aufdrängen, dass er – etwa als Reaktion auf eine vorherige Abmahnung – negative Feststellungsklage erhebt.[666] Der Antragsteller kann gleichwohl Hauptsacheklage an einem anderen Gerichtsstand – unter den Voraussetzungen des § 14 Abs. 2 1 seiner Wahl – erheben.[667] Steht dem Gläubiger nämlich unter dem Gesichtspunkt des Gerichtsstands des Begehungsortes ein Wahlrecht zu, dann ist es nicht zumutbar, wenn er die Leistungsklage nur noch als Widerklage an dem vom Schuldner gewählten Gerichtsstand erheben könnte. Der durch die Abmahnung gewarnte Schuldner hätte es andernfalls in der Hand, durch sofortige Erhebung der negativen Feststellungsklage den ihm genehmen Gerichtsstand festzulegen. Das hat der BGH bei Hauptsacheklagen sowohl für den Gerichtsstand des deliktischen Begehungsortes[668] als auch für den wettbewerbsrechtlichen Unterlassungsanspruch[669] entschieden.[670] Nichts anderes gilt nach herrschender Ansicht für das Verfügungsverfahren.[671] Anders kann es jedenfalls für Hauptsacheverfahren sein, wenn die Zuständigkeit nach der VO (EU) Nr. 1215/2012 über die gerichtliche Zuständigkeit und die Anerkennung und Vollstreckung von Entscheidungen in Zivil- und Handelssachen (Brüssel 1a-VO) zu beurteilen ist.[672] Für

664 OLG Hamm, 10.08.1989, 4 U 138/89, GRUR 1989, 924, 925, Ls. 2.

665 HansOLG Hamburg, 24.07.2000, 3 W 88/00, MD (VSW) 2000, 1190 (1191), juris Rn. 18; 16.11.2000, 3 U 107/00, GRUR 2001, 361, juris Rn. 27; OLG Karlsruhe, 14.04.2010, 6 U 5/10, WRP 2010, 793, Ls. und juris Rn. 16; FBO/Büscher, § 12, Rn. 109; *Köhler*/Bornkamm/Feddersen, § 12, Rn. 3.4; Teplitzky/Feddersen, Kap. 54, Rn. 7.

666 A.A. **früher** OLG Frankfurt, 12.09.1995, 6 W 78/95, WRP 1996, 27, Ls. 1; 06.03.1997, 6 W 1/97, GRUR 1997, 485; jetzt aber in Abkehr von der bisherigen Rechtsprechung **neu** (keine Bindungswirkung) OLG Frankfurt, 21.10.2013, 6 W 82/12, 106 (107), juris Rn. 4 – *VW-Bus*.

667 Berneke/Schüttpelz, Rn. 255; Harte/Henning/Retzer, § 12, Rn. 355; FBO/Büscher, § 12, Rn. 107; GK/Schwippert, § 12, C, Rn. 4; *Köhler*/Bornkamm/Feddersen, § 12, Rn. 3.3; Teplitzky/Feddersen, Kap. 54, Rn. 3.

668 BGH, 13.01.2011, I ZR 125/07, GRUR 2011, 828, 829, Rn. 15 – *Bananabay II*.

669 BGH, 07.07.1994, I ZR 30/92, GRUR 1994, 846, 848 – *Parallelverfahren II*.

670 Siehe auch *Köhler*/Bornkamm/Feddersen, § 12, Rn. 3.3; Teplitzky/Feddersen, Kap. 54, Rn. 3.

671 HansOLG Hamburg, 16.11.2000, 3 U 107/00, GRUR 2001, 361, 362, juris. Rn. 27; OLG Karlsruhe, 14.04.2010, 6 U 5/10, WRP 2010, 793; OLG Köln, 20.04.2012, 6 W 23/12, WRP 2012, 984, Ls.1 und juris Rn. 3 – *Fachanwälte im Briefkopf*; Teplitzky/Feddersen, *Kap. 54, Rn. 3*.

672 Vgl. FBO/Büscher, § 12, Rn. 46 m.w.N. und 107; zur internationalen Zuständigkeit nach der Brüssel 1a-VO siehe auch Hess, WRP 2015, 317, 326 f.

das Verhältnis von negativer Feststellungsklage und Verfügungsantrag ist dazu noch nichts entschieden.[673]

Ist ein unzuständiges Gericht angerufen worden, kann der Wettbewerber – auch ohne Anwalt (§§ 281 Abs. 2, 78 Abs. 3 ZPO) und auch noch im Beschwerdeverfahren[674] – nach § 281 Abs. 1 1 ZPO Verweisung an das zuständige Gericht beantragen. Auch im Widerspruchsverfahren ist gemäß § 281 ZPO an das zuständige Gericht zu verweisen[675], und zwar unter Aufhebung der schon erlassenen Eilmaßnahme.[676] 322

Für das Berufungsverfahren gilt: Hat das erstinstanzliche Gericht eine Klage – oder einen Verfügungsantrag – als unzulässig abgewiesen, ist eine Verweisung des Rechtsstreits auf einen erstmals in zweiter Instanz hilfsweise gestellten Verweisungsantrages an das örtlich zuständige erstinstanzliche Gericht noch möglich.[677] Dann aber unter gleichzeitiger Aufhebung der erstinstanzlichen Entscheidung.[678] § 513 Abs. 2 ZPO steht nicht entgegen. Die Vorschrift, die auch im Eilverfahren gilt[679], betrifft nur den Fall, dass ein Gericht seine Zuständigkeit zu Unrecht angenommen hat.[680] § 531 Abs. 2 1 Nr 1 – 3 ZPO hindert die Verweisung ebenfalls nicht.[681] Eine Verweisung an ein anderes Berufungsgericht ist unzulässig.[682] Entsprechend §§ 97 Abs. 1, 281 Abs. 3 323

673 Siehe aber EuGH, 13.07.2017, C-433/16, GRUR 2017, 1129 – *BMW/Acacia* (auch bei zusätzlichen, u.a. auf Wettbewerbsrecht gestützten Ansprüchen kein internationaler Tatortgerichtsstand für negative Feststellungsklage wegen Angriffs aus einem Gemeinschaftsgeschmacksmuster); siehe dazu auch Endrich, GRUR Int. 2017, 854.

674 OLG Köln, 08.09.2010, 12 W 26/10, BeckRS 2010, 23935.

675 OLG Hamm, 20.12.1988, 4 U 244/88, OLGZ 1989, 338; Ahrens/Bähr, Kap. 52, Rn. 43 f.; Berneke/Schüttpelz, Rn. 266; Teplitzky/Feddersen, Kap. 55, Rn. 20 (in der 10. Auflage abweichend); Zöller/G. Vollkommer, § 924, Rn. 6.

676 Str.; wie hier LG Arnsberg, 22.10.1992, 8 O 48/92, NJW-RR 1993, 319; Berneke/Schüttpelz, Rn. 266 m.w.N. auch zur Gegenansicht; Teplitzky/Feddersen, Kap. 55, Rn. 20; a.A. OLG Hamm, 20.12.1988, 4 U 244/88, OLGZ 1989, 338; Ahrens/Bähr, Kap. 55, Rn. 44; Harte/Henning/Retzer, § 12, Rn. 364 m.w.N.; Zöller/G. Vollkommer, § 924, Rn. 6.

677 OLG Köln, 16.06.2008, 5 U 238/07, NJW-RR 2009, 569, 570 – *Antirefluxplastik*; 08.09.2010, 12 W 26/10, BeckRS 2010, 23935; KG, 01.03.2011, 14 U 122/08, juris Rn. 14; OLG Stuttgart, 13.11.2012, 17 UF 262/12, FamRZ 2013, 559, 560; Zöller/Greger, § 281, Rn. 9.

678 BGH, 15.06.1988, I ARZ 331/88, NJW-RR 1988, 1405; BGH, 09.07.2014, VIII ZR 376/13, BGHZ 202, 39, Rn. 52; OLG Köln, 16.06.2008, 5 U 238/07, NJW-RR 2009, 569, 570 – *Antirefluxplastik*; Zöller/Greger, § 281, Rn. 9.

679 OLG Frankfurt, 27.10.2016, 6 U 105/16, WRP 2017, 343, juris Rn. 3; OLG Frankfurt, 02.02.2017, 6 U 151/16, WRP 2017, 478, juris Rn. 18 – *ICANN*.

680 OLG Stuttgart, 13.11.2012, 17 UF 262/12, FamRZ 2013, 559, 560; OLG München, 09.07.2013, 9 U 5159/12 Bau; NJW-RR 2013, 1359, 1360; Zöller-Heßler, § 513, Rn. 11.

681 OLG Köln, 16.06.2008, 5 U 238/07, NJW-RR 2009, 569, 570 – *Antirefluxplastik*.

682 Zöller/Greger, § 281, Rn. 5 m.w.N.; a.A. für das Verfügungsverfahren, wenn die Verweisung an das Hauptsachgericht erfolgt und dort die Hauptsache bereits beim Berufungsgericht anhängig ist, OLG Hamm, 20.12.1988, 4 U 244/88, OLGZ 1989, 338, Ls.

2 ZPO sind die Kosten der ersten Instanz dem Kläger aufzuerlegen.[683] Hat das unzuständige Gericht seine Unzuständigkeit verkannt und in der Sache entschieden, hindert § 513 Abs. 2 ZPO die Verweisung der Sache an das zuständige Gericht erster Instanz[684], und zwar auch im Eilverfahren.[685]

324 Sachlich sind ausschließlich die Landgerichte zuständig (§ 13 Abs. 1). Entgegen der bis dahin vertretenen Auffassung einiger Oberlandesgerichte wird durch § 13 Abs. 1 1 unabhängig von der Höhe des geltend gemachten Anspruchs die erstinstanzliche landgerichtliche Zuständigkeit auch bei Vertragsstrafeansprüchen begründet, die ihren Ursprung in einem auf einer wettbewerbsrechtlichen Abmahnung beruhenden Unterlassungsvertrag haben.[686] § 13 Abs. 2 enthält für die Landesregierungen eine Konzentrationsermächtigung, von der bisher nur Sachsen (Landgericht Leipzig für die Landgerichtsbezirke Leipzig, Chemnitz, Zwickau, sowie Dresden für die Landgerichtsbezirke Dresden und Görlitz) und Mecklenburg-Vorpommern (Landgericht Rostock) Gebrauch gemacht haben.[687]

325 Funktionell zuständig sind bei Wettbewerbsstreitigkeiten sowohl die allgemeinen Zivilkammern als auch die Kammern für Handelssachen (§§ 13 Abs. 1 2 UWG, 95 Abs. 1 Nr 5 GVG). Viele Landgerichte haben allgemeine Zivilkammern mit einer Spezialzuständigkeit für Wettbewerbsstreitigkeiten eingerichtet. An eine Kammer für Handelssachen gelangt die Sache deshalb nur, wenn eine solche eingerichtet ist (§ 93 GVG) und entweder schon vom Antragsteller angerufen wird (§ 96 Abs. 1 GVG) oder, wenn zunächst die Zivilkammer angerufen war, auf einen entsprechenden Antrag des Antragsgegners (§ 98 GVG) dorthin verwiesen wird. Für Zivilkammern mit einer geschäftsplanmäßigen Spezialzuständigkeit im Wettbewerbsrecht ist § 348 Abs. 1 2 Nr 2 lit. f ZPO zu beachten. Danach gilt die Zuweisung der Sache an den originären Einzelrichter (§ 348 Abs. 1 1 ZPO) nicht, wenn die Zuständigkeit der Kammer nach dem Geschäftsverteilungsplan des Gerichts für Streitigkeiten aus Handelssachen im Sinne des § 95 GVG begründet ist. Dazu gehören nach § 95 Abs. 1 Nr 5 GVG auch Streitigkeiten aufgrund des UWG. In der Folge entscheiden die Zivilkammern im

683 OLG Köln, 16.06.2008, 5 U 238/07, NJW-RR 2009, 569, juris Rn. 28 – *Antirefluxplastik*; KG, 01.03.2011, 14 U 122/08, juris Rn. 15; OLG Stuttgart, 13.11.2012, 17 UF 262/12, FamRZ 2013, 559, 560.

684 BGH, 22.10.2004, V ZR 47/04, NJW-RR 2005, 501, Ls; Zöller/Greger, § 281, Rn. 9; a.A. noch vor Einführung es § 513 Abs. 2 ZPO für das Verfügungsverfahren, wenn die Verweisung an das Hauptsachgericht erfolgt und dort die Hauptsache bereits beim Berufungsgericht anhängig ist (Verweisung an das zuständige Berufungsgericht) OLG Hamm, 20.12.1988, 4 U 244/88, OLGZ 1989, 338, Ls.

685 OLG Frankfurt, 27.10.2016, 6 U 105/16, WRP 2017, 343, Ls.; a.A. OLG Hamm, 20.12.1988, 4 U 244/88, OLGZ 1989, 338, Ls. (wesentlicher Verfahrensfehler, deshalb im Verfügungsverfahren Verweisung an das zuständige Hauptsachegericht, und zwar an das Berufungsgericht, wenn die Hauptsache dort bereits anhängig ist).

686 BGH 19.10.2016, I ZR 93/15, WRP 2017, 179, Ls. 3 und Rn. 21; vgl. dazu Bernreuther, *WRP 2017, 1315 ff.*; siehe auch OLG Hamm, 28.03.2017, 4 U 148/16, MD (VSW) 2017, 750 (751) – entsprechende Anwendung der BGH-Rechtsprechung auf § 6 UKlaG.

687 *Köhler*/Bornkamm/*Feddersen*, § 13, Rn. 5 m.w.N.

Bereich des Wettbewerbsrechts in aller Regel in der Besetzung mit drei Richtern (§ 75 GVG), wenn nicht eine – unanfechtbare – Übertragung der Sache an den Einzelrichter erfolgt (§ 348 Abs. 1, Abs. 3 ZPO).

In besonders dringenden Fällen, also solchen, in denen das Gericht der Hauptsache nicht mehr angerufen werden kann, ohne dass dem Gläubiger ein nicht wieder gut zu machender Nachteil entsteht[688], ist auch das Amtsgericht der belegenen Sache zuständig (§ 942 Abs. 1 ZPO). Diese Vorschrift hat im Bereich des Wettbewerbsrechts so gut wie keine Relevanz. Örtlich zuständig ist in diesen Fällen das Amtsgericht, in dessen Bezirk sich der Streitgegenstand befindet, bei Unterlassungsansprüchen das Amtsgericht, in dessen Bezirk der Unterlassungsanspruch zu erfüllen ist.[689] Eine Entscheidung des Amtsgerichts ist von insbesondere zeitlich äußerst begrenzter Wirkung. Das zeigt sich schon daran, dass nach der Vorschrift bereits mit dem Erlass einer einstweiligen Verfügung eine Frist zu bestimmen ist, innerhalb derer der Gläubiger bei Gericht der Hauptsache einen Antrag auf Ladung des Schuldners zur mündlichen Verhandlung über die Rechtmäßigkeit der einstweiligen Verfügung stellen muss. 326

4. Erlassverfahren

Das Gericht »kann« über den Verfügungsantrag sowohl im sogenannten Beschlussverfahren ohne mündliche Verhandlung als auch im Urteilsverfahren nach mündlicher Verhandlung entscheiden (§ 937 Abs. 2 ZPO). Die Wahl der Verfahrensart steht in seinem pflichtgemäßen Ermessen[690] und ist unanfechtbar.[691] Die Vorschrift sieht allerdings eine Entscheidung ohne mündliche Verhandlung nur in – besonders[692] – dringenden Fällen oder im Falle der Zurückweisung des Gesuchs vor. Das kann die Annahme rechtfertigen, dass eine Entscheidung im Beschlussverfahren nur in Betracht kommt, wenn der Zeitraum bis zu einer kurzfristig anzuberaumenden mündlichen Verhandlung wegen einer besonderen Dringlichkeit nicht abgewartet oder durch die Anhörung des Gegners der Erfolg der Eilentscheidung vereitelt werden würde.[693] Diese Umstände müssten auch glaubhaft gemacht werden. Das geht indes häufig an der Realität vorbei, weil insbesondere die häufig angerufenen Wettbewerbsgerichte angesichts der Vielzahl von Verfahren nicht in der Lage wären, regelmäßig kurzfristige Verhandlungstermine anzuberaumen. Dadurch würde es dem Antragsgegner zudem auch bei klarer Tatsachen- und Glaubhaftmachungslage ermöglicht, sein – soweit erkennbar – offenkundig wettbewerbswidriges Verhalten noch länger fortzusetzen.[694] In 327

688 Harte/Henning/Retzer, § 12, Rn. 362; Teplitzky/Feddersen, Kap. 54, Rn. 9; Zöller/G. Vollkommer, § 942, Rn. 1.

689 Teplitzky/Feddersen, Kap. 54, Rn. 9.

690 *Köhler*/Bornkamm/Feddersen, § 12, Rn. 3.23.

691 Zöller/G. Vollkommer, § 921, Rn. 1.

692 Siehe oben Rdn. 275.

693 Vgl. Ahrens/Scharen, Kap. 51, Rn. 4; Berneke/Schüttpelz, Rn. 299 f.; FBO/Büscher, § 12, Rn. 121; Teplitzky/Feddersen, Kap. 55, Rn. 2; Zöller/G. Vollkommer, § 937, Rn. 2; einschränkend Teplitzky, FS für Bornkamm, 1073 (1087).

694 Ahrens/Scharen, Kap. 51, Rn. 4.

der Praxis entscheiden die Gerichte daher zumeist auch dann, wenn nur eine »einfache« Dringlichkeit besteht, ohne mündliche Verhandlung durch Beschluss.[695] Das entspricht regelmäßig dem Interesse des Antragstellers, der auf der Grundlage des von ihm vorgetragenen und glaubhaft gemachten Sachverhalts eine Entscheidung ohne mündliche Verhandlung und damit auch ohne eine Beteiligung des Gegners anstrebt. Das insbesondere deshalb, weil die gegenüber dem Urteilsverfahren in den meisten Fällen schnellere Entscheidung durch Beschluss zu einer notwendig schnelleren Unterbindung rechtsverletzenden Verhaltens führen soll.

328 Der Antragsteller kann aber auch beantragen[696], die Sache zu terminieren, so das durch ein mit Gründen versehenes Urteil entschieden werden muss. Das empfiehlt sich insbesondere dann, wenn der Titel im Ausland vollstreckt werden soll. Für diesen Fall sieht § 922 Abs. 1 2 ZPO zwar ohnehin vor, dass die Entscheidung des Gerichts zu begründen ist. Das kann auch im Beschlusswege geschehen. Ein Urteilsverfahren ist in solchen Fällen aber dennoch erforderlich, weil es in jedem Fall zu einer kontradiktorischen Entscheidung unter Einbeziehung des Gegners führt. Nach der Rechtsprechung des EuGH und des BGH sind nämlich nur die in einem solchen zweiseitigen Verfahren ergangen Entscheidungen im europäischen Ausland vollstreckungsfähig.[697] Grundsätzlich denkbar ist allerdings auch eine Entscheidung im Beschlusswege nach schriftlicher Anhörung des Gegners.[698] Auch dadurch wird die Zweiseitigkeit hinreichend hergestellt und der Grundsatz des rechtlichen Gehörs hinreichend gewahrt.[699]

329 Das Beschlussverfahren hat gegenüber dem Urteilsverfahren u.U. auch den Vorteil, dass die Anberaumung eines Verhandlungstermin meist länger dauert und eine abweisende Entscheidung mit der sofortigen Beschwerde statt mit der – oft ebenfalls zeitaufwändigen – Berufung angegriffenen werden kann.

a) Beschlussverfügung

330 Das Gericht kann über den Verfügungsantrag ohne mündliche Verhandlung durch Beschluss entscheiden. Nach § 937 Abs. 2 ZPO ist das der Fall, wenn ein dringender Fall vorliegt oder der Verfügungsantrag zurückzuweisen ist. Dem wird teilweise entnommen, dass – wenn es nicht um die Zurückweisung des Antrags geht – ein besonders dringender Fall vorliegen muss, weil das Verfügungsverfahren als solches ja ohne-

695 Vgl. dazu Ahrens/Scharen, Kap. 51, Rn. 5; Harte/Henning/Retzer, § 12, Rn. 375.

696 Vgl. Berneke/Schüttpelz, Rn. 310; Harte/Henning/Retzer, § 12, Rn. 377.

697 EuGH, 21.05.1980, C-125/79, GRUR Int 1980, 512, Ls. 2 – *Denilauler*/Couchet; BGH, 21.12.2006, IX ZB 150/05, GRUR 2007, 813, Ls. und Rn. 7, 13 und 15.

698 H.M.; OLG Frankfurt, 28.06.2010, 6 W 91/10, GRUR-RR 2011, 31, 32; Fezer/Büscher/Obergfell, § 12, Rn. 121; GK/Schwippert, § 12, Rn. 113; Harte/Henning/Retzer, § 12, Rn. 378; *Köhler*/Bornkamm/Feddersen, § 12, Rn. 3.23 und Rn. 3.40; Teplitzky/Feddersen, Kap. 55, Rn. 3; Zöller/G. Vollkommer, § 922, Rn. 1; a.A. Ahrens/Scharen, Kap. 51, Rn. 19–23 m.w.N. (*Rückschluss* aus §§ 922 Abs. 3, 936 ZPO).

699 Zöller/G. Vollkommer, § 922, Rn. 1, unter Hinweis auf BVerfG, 08.01.1959, 1 BvR 396/55, BVerfGE 9, 89 (98).

hin ein Eilverfahren ist.[700] Dafür spricht, dass die Formulierung der Vorschrift nahelegt, dass die mündliche Verhandlung der Regelfall ist, von dem § 937 Abs. 2 ZPO eine Ausnahme beschreibt.[701] Die gerichtliche Praxis sieht anders aus. Hier ist die Beschlussverfügung die Regel, die Urteilsverfügung nach mündlicher Verhandlung die Ausnahme. Das hat jedenfalls bei offenkundigen Rechtsverletzungen den Vorteil, dass die Verletzungshandlung schneller unterbunden wird.[702]

Entscheidet das Gericht durch Beschluss, unterbleibt häufig die Anhörung des Antrags- **331** gegners. Dies und die weit verbreitete Praxis, dem Antragsteller seitens des Gerichts schon vor Beschlusserlass – meist telefonische – Hinweise zu erteilen, die der Ergänzung von Tatsachenvortrag oder von Glaubhaftmachungsmitteln dienen, ist insbesondere bei Teplitzky[703], auf teils erhebliche Kritik gestoßen.[704] Der Antragsgegner hat mit Ausnahme der Möglichkeit zur Einreichung einer Schutzschrift[705] im Stadium des Erlassverfahrens oftmals keine Möglichkeit sich rechtliches Gehör zu verschaffen.[706]

Über eine deswegen erhobene Verfassungsbeschwerde hatte das BVerfG wegen der Ver- **332** fristung des Rechtsmittels zunächst noch keine Entscheidung getroffen. Soweit eine Verletzung des Anspruchs auf rechtliches Gehör gerügt worden war, war der gerügte Mangel nach Durchführung der mündlichen Verhandlungen über den Widerspruch jedenfalls geheilt.[707] Das dort gerügte bewusste Übergehen prozessualer Rechte des Antragsgegners bei Erlass der einstweiligen Verfügung – zwei einstweiligen Verfügungen waren dreieinhalb bzw. fünf Wochen nach Antragstellung und nicht mehr rekonstruierbaren telefonischen Hinweisen des Gerichts für den Antragsteller ohne Anhörung des Antragsgegners erlassen worden – kann nach dieser Entscheidung aber grundsätzlich mit der unmittelbar gegen die einstweilige Verfügung gerichteten Verfassungsbeschwerde angegriffen werden.[708] Schon seinerzeit ist der Entscheidung ein Hinweis darauf entnommen worden, dass jedenfalls die gerügte Praxis nicht aktenkundig gemachter telefonischer Hinweise des Gerichts an den Antragsteller vor Verfügungserlass ohne Beteiligung des Antragsgegners verfassungswidrig sein dürfte.[709] Die nächste – nicht verfristete – Verfassungsbeschwerde hat nicht lange auf sich warten lassen.

---

700 Vgl. GK/Schwippert, § 12, C, Rn. 105; Teplitzky/Feddersen, Kap. 55, Rn. 2.

701 Ebenso mit Kritik an der abweichenden gerichtlichen Praxis Teplitzky/Feddersen, Kap. 55, Rn. 2.

702 Für »zweifelsfreie« Fälle und ein Minimum an rechtlichem Gehör durch vorherige Abmahnung des Gegners zustimmend auch Teplitzky/Feddersen, Kap. 55, Rn. 2.

703 *Teplitzky*/Feddersen, Kap. 55, Rn. 5cff.

704 Siehe auch FBO/Büscher, § 12, Rn. 121.

705 Siehe oben Rdn. 276.

706 Siehe dazu auch Ahrens/Scharen, Kap. 51, Rn. 3 ff; Berneke/Schüttpelz, Rn. 299 ff.; Harte/Henning/Retzer, § 12, Rn. 374 ff.; Teplitzky/Feddersen, Kap. 55, Rn. 2 ff.

707 BVerfG, 06.06.2017, 1 BvQ 16/17, WRP 2017, 1073.

708 BVerfG, 06.06.2017, 1 BvQ 16/17, WRP 2017, 1073.

709 Vgl. Teplitzky, WRP 2017, 1163 ff.; siehe auch zu Verfahrensgrundrechten im Verfügungsverfahren Teplitzky, WRP 2016, 1181 ff.

In zwei neueren Entscheidungen hat das BVerfG Grundsätze für die Durchführung des Beschlussverfahrens und insbesondere für das zunächst einseitige Beschlussverfahren, in dem es zu Hinweisen des Gerichts an den Antragsteller kommt, aufgestellt, die künftig beachtet werden müssen.[710] Danach verpflichtet der aus Art. 3 Abs. 1 GG i.V. mit Art. 20 Abs. 3 GG folgende Grundsatz der prozessualen Waffengleichheit, dass der Antragsgegner vor einer Entscheidung grundsätzlich rechtliches Gehör zu gewähren ist, wenn nicht eine vorherige Anhörung des Gegners deshalb unterbleiben darf, weil ansonsten der Zweck des Eilverfahrens gefährdet wäre.[711] Dabei ist es von Verfassungs wegen nicht zu beanstanden, wenn das rechtliche Gehör dadurch gewährt wird, dass der Antragsgegner abgemahnt und dem Gericht seine Antwort auf die Abmahnung zusammen mit dem Verfügungsantrag zur Kenntnis gegeben wird. Die Abmahnung gibt dem Antragsgegner zudem die Möglichkeit zur Einreichung einer Schutzschrift.[712] In solchen Fällen ist eine Entscheidung ohne mündliche Verhandlung im Beschlussverfahren möglich. Die Fachgerichte haben einen weiten Spielraum für ihre Beurteilung, wann ein dringender Fall i.S. des § 937 Abs. 2 ZPO vorliegt.[713] Die Begründung der Abmahnung muss sich allerdings mit der des Eilantrages decken[714], denn nur so kann gewährleistet werden, dass sich der der Antragsgegner mit den auch im gerichtlichen Verfahren vorgebrachten tatsächlichen und rechtlichen Umständen schon im Vorwege des Eilverfahrens auseinandersetzen und sich dazu äußern kann. Die Argumente des Antragsgegners hat das Gericht bei seiner Entscheidung zu berücksichtigen.[715]

Ist dem Antragsgegner rechtliches Gehör in der beschriebenen Weise nicht schon vorgerichtlich gewährt worden, dann ist ihm dieses durch das Gericht zu gewähren. Das gilt auch dann, wenn der Antragsgegner zwar vorgerichtlich abgemahnt worden ist, das Gericht aber dem Antragsteller Hinweise nach § 139 ZPO erteilt, von denen die Gegenseite sonst nicht oder erst nach Erlass einer für sie nachteiligen Entscheidung erfährt.[716] nach den Vorgaben des Bundesverfassungsgerichts müssen Hinweise, insbesondere sofern sie mündlich oder fernmündlich erteilt werden, vollständig dokumentiert werden, so dass sich nachvollziehbar aus den Akten ergibt, wer wann wem gegenüber welchen Hinweis gegeben hat. Entsprechend ist es verfassungsrechtlich geboten, den jeweiligen Gegner vor Erlass einer Entscheidung in den gleichen Kenntnisstand zu

710 BVerfG, 30.09.2018, 1 BvR 2421/17, WRP 2018, 1443; 30.09.2018, 1 BvR 1783/17, WRP 2018 1448; dazu auch: Löffel, WRP 2019, 8–14.

711 BVerfG, 30.09.2018, 1 BvR 2421/17, WRP 2018, 1443, Rn. 28; 30.09.2018, 1 BvR 1783/17, WRP 2018, 1448, Rn. 15.

712 BVerfG, 30.09.2018, 1 BvR 2421/17, WRP 2018, 1443, Rn. 34; 30.09.2018, 1 BvR 1783/17, WRP 2018, 1448, Rn. 22; siehe auch OLG Frankfurt, 31.05.2010, 6 W 50/10, GRUR-RR 2011, 66, Ls. und Rn. 10 (GeschmM-Sache); Ahrens/Scharen, Kap. 51, Rn. 4; Köhler/Bornkamm/Feddersen, § 12, Rn. 1.59; Teplitzky/Feddersen, Kap. 54, Rn. 37a und Kap. 55, Rn. 2.

713 BVerfG, 30.09.2018, 1 BvR 2421/17, WRP 2018, 1443, Rn. 32.

714 BVerfG, 30.09.2018, 1 BvR 2421/17, WRP 2018, 1443, Rn. 35.

715 *BVerfG, 30.09.2018, 1 BvR 2421/17*, WRP 2018, 1443, Rn. 35.

716 BVerfG, 30.09.2018, 1 BvR 2421/17, WRP 2018, 1443, Rn. 36; 30.09.2018, 1 BvR 1783/17, WRP 2018, 1448, Rn. 24; Teplitzky, GRUR 2008, 34, 35 ff.).

versetzen wie den Antragsteller, indem auch ihm die richterlichen Hinweise zeitnah mitgeteilt werden. Dies gilt insbesondere, wenn es bei Rechtsauskünften in Hinweisform darum geht, einen Antrag gleichsam nachzubessern oder eine Einschätzung zu den Erfolgsaussichten oder dem Vorliegen der Dringlichkeit nach § 937 Abs. 2 ZPO abzugeben. Soweit Hinweise erteilt werden, ist der Gegenseite dies in Blick auf die Nutzung dieser Hinweise in diesem oder auch in anderen gegen den Antragsgegner gerichteten Verfahren auch im Falle der Ablehnung eines Antrags unverzüglich mitzuteilen. Ein einseitiges Geheimverfahren über einen mehrwöchigen Zeitraum, in dem sich Gericht und Antragsteller über Rechtsfragen austauschen, ohne den Antragsgegner in irgendeiner Form einzubeziehen, ist mit den Verfahrensgrundsätzen des Grundgesetzes jedenfalls unvereinbar.[717]

Das dürfte erhebliche Auswirkungen auf die Arbeitsbelastung der Gerichte haben. Die genannten Entscheidungen sind zwar im Bereich des Presserechts ergangen, haben aber ohne weiteres auch Geltung für die Handhabung von Eilverfahren im Gewerblichen Rechtsschutz und im Urheberrecht.[718] Telefonische oder schriftliche Hinweise an den Antragsteller zur Notwendigkeit einer »Nachbesserung« des Verfügungsantrages sind künftig nicht mehr ohne eine gleichzeitige Information des Antragsgegners möglich. Ob das schon dann gilt, wenn lediglich kleinere Versäumnise des Antragstellers zu einer Nachfrage des Gerichts nötigen, wie etwa dann, wenn eine in der Antragsschrift benannte Anlage tatsächlich versehentlich nicht eingereicht worden ist und nachgeliefert werden soll, muss im Einzelfall entschieden werden. In jedem Fall ist ein Abgleich des Verfügungsantrages mit den dem Antragsgegner in der Abmahnung erteilten Informationen vorzunehmen, um sicherzustellen, dass beide Streitparteien über die nämlichen Informationen verfügen. Ist danach der Antragsgegner anzuhören, so muss das Gericht vor einer abschließenden Entscheidung sicher stellen, dass der Antragsgener die gerichtlichen Schriftstücke auch tatsächlich erhalten hat.Deshalb muss der Antragsgegner förmlich, also etwa mittels einer fömlichen Postzustellung oder bei anwaltlicher Vertretung gegen Empfangsbekenntnis, informiert werden. Das kann insbesondere bei ausländischen Parteien, aber auch ansonsten zu erheblichen Verzögerungen des Eilverfahrens führen. Deshalb muss das Gericht die jeweiligen Interessen der Parteien abwägen und entscheiden, ob trotz eines nach § 139 ZPO gegebenen Hinweises auch ohne eine – weitere – vorherige Anhörung des Antragsgegners entschieden werden muss, weil sonst der Zweck des Eilverfahrens vereitelt würde, so dass erst nachträglich rechtliches Gehör gewährt werden braucht.[719] Solche besonders dringenden Fälle sind indes gar nicht so häufig. Nicht selten ist eine besondere Gefährdung der Interessen des Antragsstellers nicht erkennbar. So etwa dann, wenn der angreifende Wettbewerber nicht unmittelbar, sondern nicht mehr als jeder andere Wettbewerber auch durch eine Wettbewerbsverletzung betroffen ist. In einem solchen Fall werden die Gerichte deshalb

717 BVerfG, 30.09.2018, 1 BvR 2421/17, WRP 2018, 1443, Rn. 36; 30.09.2018, 1 BvR 1783/17, WRP 2018, 1448, Rn. 24; Teplitzky, GRUR 2008, 34, 35 ff.).

718 Ebenso Lerach, jurisPR-WettbR 11/2018 Anm. 1.

719 BVerfG, 30.09.2018, 1 BvR 2421/17, WRP 2018, 1443, Rn. 28; 30.09.2018, 1 BvR 1783/17, WRP 2018, 1448, Rn. 15.

möglicherweise häufig schriftlich den gestellten, aber noch nicht hinreichend begründeten Verfügungsantrag auch dann zurückweisen, wenn ein etwaiger Mangel im Tatsachenvortrag oder der Glaubhaftmachung kurzfristig behoben werden könnte. Eine »Nachbesserung« des Verfügungsantrages im Beschwerdeverfahren, also auch in dem der Beschwerdeentscheidung vorangehenden Abhilfeverfahren, könnte dann nicht selten deshalb erfolglos bleiben, weil der ergänzende Vortrag erstmals in dringlichkeitsschädlicher Zeit gehalten wird. Will der Antragsteller eine Anhörung des Antragsgegners durch das Gericht vermeiden, dann zwingen die geschilderten Umstände deshalb auch ihn, seinen Vortrag und seine Glaubhaftmachungsmittel so vollständig wie möglich aufzubereiten und vorzulegen, um dem Gericht keinen Anlass für etwaigeBeanstandungen zu geben.

Problematisch erscheint die angeführte Rechtsprechung des Bundesverfassungsgerichts wegen der dort hervorgehobenen Pflicht, den Antragsgegner auch im Falle der Ablehnung eines Antrags – noch dazu unverzüglich – zu informieren.[720] Möglicherweise hat sich das Bundesverfassungsgericht hier an der Kritik des sogenannten forum-shoppings orientiert, dass im Extremfall die Anrufung verschiedener Gerichte möglich erscheinen ließ, wenn der beim zunächst angerufenen Gericht gestellte Verfügungsantrag nach telefonischen Hinweisen des Gerichts zurückgenommen und bei einem anderen – ebenfalls zuständigen – Gericht neu eingereicht worden ist.[721] Wird der Antragsgegner nicht über die Rücknahme des Verfügungsantrages informiert, fehlt ihm die für seine – auch spätere – Rechtsverteidigung möglicherweise hilfreiche Information, dass ein anderes Gericht den schon einmal gestellten Verfügungsantrag nicht für begründet erachtet hat. Mangels einer Kenntnis von jenem Verfahren kann er dort auch keine Akteneinsicht nehmen. Das könnte der Hintergrund für die Ansicht des Bundesverfassungsgerichts gewesen sein, dass dem Antragsgegner auch die »Ablehnung« des Antrags unverzüglich mitzuteilen ist, und zwar mit Blick auf die Nutzung dieser Hinweise in diesem oder auch in anderen gegen den Antragsgegner gerichteten Verfahren.[722]

Darüber, was im Falle von Hinweisen des Gerichts und der daraufhin erfolgten »Rücknahme« des Verfügungsantrages zu geschehen hat, hat sich das Bundesverfassungsgericht indes nicht ausdrücklich geäußert. Legt man den Entscheidungen die vorstehenden Erwägungen zugrunde, bestehen indes zwischen einer einem gerichtlichen Hinweis nachfolgenden »Ablehnung« des Verfügungsantrages, die eher selten sein dürfte, und einer »Rücknahme« des Antrages, die sich ebenfalls auf einen gerichtlichen Hinweis gründet, keine Unterschiede. Im Gegenteil. Im Falle einer schriftlichen Zurückweisung/Ablehnung des Antrages hat der Antragsgegner jedenfalls nachträglich die Möglichkeit, die Gründe der ablehnenden Entscheidung zu erfahren und zu verwerten. Das wird bei einem bloß telefonischen Hinweis des Gerichts, insbesondere wenn er – unzulässi-

---

720 BVerfG, 30.09.2018, 1 BvR 2421/17, WRP 2018, 1443, Rn. 36; 30.09.2018, 1 BvR 1783/17, WRP 2018, 1448, Rn. 24.

721 Siehe *oben Rdn. 248–250.*

722 BVerfG, 30.09.2018, 1 BvR 2421/17, WRP 2018, 1443, Rn. 36; 30.09.2018, 1 BvR 1783/17, WRP 2018, 1448, Rn. 24.

gerweise – auch inhaltlich nicht aktenkundig gemacht worden ist, deutlich schwieriger und ist meist nur durch eine Akteneinsicht erreichbar. Das spricht dafür, dass die Rechtsprechung des Bundesverfassungsgerichts in gleicher Weise für die nach einem gerichtlichen Hinweis erfolgte »Rücknahme« eines Antrages als auch für eine »Ablehnung« desselben Geltung beansprucht.

Die geschilderte Abweichung vom Regelungsgehalt der §§ 922 Abs. 3, 936 ZPO, wonach dem Antragsgegner der Beschluss, durch den der Antrag zurückgewiesen worden ist, nicht mitzuteilen ist, steht indes unter dem Postulat vorheriger gerichtlicher Hinweise nach § 139 ZPO an den Antragsteller (»Soweit Hinweise erteilt werden,… «). Auch ist hier wieder zu prüfen, ob nicht die Besonderheiten des Falles und die Gefahr, dass der Zweck des Eilverfahrens vereitelt werden könnte, der Notwendigkeit einer sofortigen Information des Antragsgegners über die Ablehnung des Antrages entgegenstehen könnte.[723] Das gilt insbesondere dann, wenn der Verfügungsantrag nur teilweise zurückgewiesen, im Übrigen aber erlassen worden ist und der Zweck des Eilverfahrens vereitelt würde, wenn der Antragsgegner vor der notwendigen Parteizustellung des im Übrigen antragsgemaß erlassenen Beschlusses Mitteilung über eine Teilzurückweisung des Verfügungsantrages erhält.

333 Wird eine Erwiderung des Antragsgegners auf die Abmahnung verschwiegen, kann das als Verstoß gegen die prozessuale Wahrheitspflicht (138 Abs. 1 ZPO) und damit als rechtsmissbräuchlich bewertet werden.[724] Unterbleibt die Abmahnung, steht dies allerdings dem Erlass einer einstweiligen Verfügung nicht entgegen. Keinesfalls entfällt deswegen schon die Wiederholungsgefahr.[725] Vielmehr ist von besonderen Ausnahmen abgesehen, in denen die Anhörung des Antragsgegners nicht mehr zeitnah möglich oder untunlich (Sequestrationsantrag) ist[726], spätestens dann mündliche Verhandlung anzuberaumen.

334 Es ist dem Gericht allerdings nicht verwehrt, auch im Beschlussverfahren den Antragsgegner vor der Entscheidung über den Verfügungsantrag auch dann anzuhören, wenn zuvor keine Hinweise nach § 139 ZPO an den Antragsteller ergangen sind.[727] Dem steht nicht entgegen, dass die Anwendung des § 128 Abs. 2 ZPO (schriftliches Verfahren) in den Vorschriften zum Eilverfahren nicht ausdrücklich erwähnt und die mündliche Verhandlung der vom Gesetz vorgesehene (§ 937 Abs. 2 ZPO) Normalfall ist.[728] Die Anhörung des Gegners auch im Beschlussverfahren kann gerade auch dann notwendig sein, wenn die Anberaumung einer mündlichen Verhandlung wegen der beson-

723 BVerfG, 30.09.2018, 1 BvR 2421/17, WRP 2018, 1443, Rn. 28; 30.09.2018, 1 BvR 1783/17, WRP 2018, 1448, Rn. 15.

724 OLG München, 08.06.2017, 29 U 1210/17, WRP 2017, 1523, 1524.

725 So aber OLG Frankfurt, 30.03.2000, 16 W 12/00, OLGR Frankfurt 2001, 116 (Pressesache).

726 BVerfG, 30.09.2018, 1 BvR 2421/17, WRP 2018, 1443, Rn. 28; 30.09.2018, 1 BvR 1783/17, WRP 2018, 1448, Rn. 15.

727 Danckwerts, GRUR 2008, 763, 765; Fezer/Bücher/Obergfell, § 12, Rn. 121; Harte/Henning/Retzer, § 12, Rn. 376; Teplitzky/Feddersen, Kap. 55, Rn. 3 f.; ablehnend Ahrens/Scharen, Kap. 51, Rn. 19 – 23; Berneke/Schüttpelz, Rn. 366.

728 Teplitzky, WRP 2016, 1181, 1184, Rn. 18 – 28; a.A. Berneke/Schüttpelz, Rn. 366.

deren Eilbedürftigkeit der Sache nicht in Betracht kommt[729], wegen weitreichender – häufig wirtschaftlicher – Folgen des Verbots für den Antragsgegner aber eine Entscheidung ohne dessen Anhörung nicht tunlich erscheint. Dann kann dem Antragsgegner die Antragsschrift zur – auch kurzfristigen – Stellungnahme übersandt werden. Hatte der Antragsgegner bereits eine Schutzschrift eingereicht, ist diese spätestens jetzt dem Antragsteller bekannt zu geben. Antragsschrift und Schutzschrift werden gleichsam ausgetauscht, ohne das insoweit förmlich in ein schriftliches Verfahren eingetreten wird.[730]

335 Gleiches gilt, wenn in der Schutzschrift gehaltener Sachvortrag dem Verfügungserlass entgegensteht und das Gericht dem Antragsteller Gelegenheit geben will, dem durch weiteren Vortrag zu begegnen. Spätestens dann ist das kontradiktorische Verfahren ebenfalls eröffnet und muss der Antragsgegner Gelegenheit haben, seinerseits auf den neuen Vortrag zu erwidern. Hier kann es allerdings erforderlich werden, das Beschlussverfahren zu verlassen und ins Urteilsverfahren überzugehen.

336 Nach § 944 ZPO kann in dringenden Fällen der Vorsitzende – der zuständigen Kammer des Landgerichts – statt des Gerichts, also statt der voll besetzten Kammer, über den Verfügungsantrag entscheiden, sofern eine mündliche Verhandlung nicht erforderlich ist. In der Praxis enthält er Verfügungsantrag zumeist bereits eine entsprechende Anregung. Obwohl die Vorschrift auch hier eine besondere – möglicherweise die des § 937 Abs. 2 ZPO noch übersteigende[731] – Eilbedürftigkeit anspricht[732], die nur gegeben sein soll, wenn das Zusammentreten des Kollegiums nicht mehr rechtzeitig ohne Rechtsverlust für den Gläubiger abgewartet werden kann[733], entspricht es der Praxis vieler Gerichte, dass die Entscheidung allein durch den Vorsitzenden auch ohne eine solche ganz besondere Eilbedürftigkeit eher die Regel als die Ausnahme ist. Diese besondere Eilbedürftigkeit liegt meistens vor allem dann nicht vor, wenn der Verfügungsantrag zurückgewiesen werden soll (arg. § 937 Abs. 2 ZPO). In diesem Fall ist der Verfügungsantrag im Normalfall durch die voll besetzte Kammer zurückzuweisen.[734] Wird der Verfügungsantrag nur teilweise zurückgewiesen, ist von Ausnahmefällen abgesehen ebenso zu verfahren. Auch in besonders eiligen Fällen dürfte nur selten der Fall eintreten, dass die voll besetzte Kammer nicht rechtzeitig zusammen kommen kann, um an einer begründeten Entscheidung mitwirken zu können. Ist dies dennoch einmal der Fall und würde es deshalb zu einer nicht hinnehmbaren Verzögerung kommen, die auch den Lauf des möglichen Beschwerdeverfahrens verzögert, kann aber

729 FBO/Büscher, § 12, Rn. 121.

730 A.A. Ahrens/Scharen, Kap. 51, Rn. 19 – 23; Berneke/Schüttpelz, Rn. 366 (vom Gesetz nicht vorgesehenes schriftliches Verfahren).

731 OLG Karlsruhe, 15.04.1987, 6 W 30/87, NJW-RR 1987, 1206, Ls.; Teplitzky/Feddersen, Kap. 55, Rn. 1b; Zöller/G. Vollkommer, § 944, Rn. 1.

732 Ahrens/Scharen, Kap. 51, Rn. 25; Berneke/Schüttpelz, Rn. 307; FBO/Büscher, § 12, Rn. 122; Harte/Henning/Retzer, § 12, Rn. 398; Teplitzky/Feddersen, Kap. 55, Rn. 2b; Zöller/G. Vollkommer, § 944, Rn. 1.

733 Ahrens/Scharen, Kap. 51, Rn. 25.

734 Ahrens/Scharen, Kap. 51, Rn. 24; Berneke/Schüttpelz, Rn. 307; Spätgens in Gloy/Loschelder/Erdmann, § 101, Rn. 93 (nur im Ausnahmefall durch den Vorsitzenden allein); a.A. Teplitzky/Feddersen, Kap. 55, Rn. 2b.

eine Beschlusszurückweisung allein durch den Vorsitzenden notwendig werden.[735] Der zurückweisende Beschluss ist in jedem Fall zu begründen und mit einer Kostenentscheidung zu versehen.[736]

Wird die einstweilige Verfügung antragsgemäß uneingeschränkt erlassen, so bedarf die Entscheidung – wenn sie nicht im Ausland geltend gemacht werden soll (§ 922 Abs. 1 Satz 2 ZPO) – nicht in jedem Fall einer Begründung.[737] Stützt sich der Antragsteller für seinen Anspruch innerhalb des nämlichen Streitgegenstandes alternativ auf verschiedene Umstände, dann darf das Gericht seine Entscheidung aber nicht erlassen, ohne die Gründe dafür darzulegen.[738] **337**

Das kann etwa dann der Fall sein, wenn der Antragsteller eine konkrete – auch umfangreiche – Werbung in ihrer Gesamtheit zum Gegenstand seines Unterlassungsantrages macht (auch als »Kopierantrag« bezeichnet) und sich zur Begründung des Anspruchs, weil er mehrere Werbeangaben für unrichtig erachtet, auf verschiedene Irreführungsgesichtspunkte stützt. Das kann er, wenn er die einzelnen Werbeangaben nicht gesondert in den Antrag aufnimmt[739], auch alternativ machen, ohne dass darin eine – unzulässige – alternative Klaghäufung läge.[740] Überlässt es der Antragsteller aber bei einem Erfolg seines Antrages dem Gericht zu bestimmen, auf welchen Aspekt das Unterlassungsgebot gestützt wird[741], dann bestimmt jener Aspekt das aus der Sicht des Gerichts Charakteristische der Verletzungshandlung und damit den Kern des ausgesprochenen Verbotes.[742] Den muss das Gericht in der Begründung des Verbots darstellen, weil der Schuldner nur so hinreichend klar erkennen kann, wie weit das Verbot reicht und was er unternehmen muss, um es zu befolgen.[743] **338**

735 OLG Karlsruhe, 15.04.1987, 6 W 30/87, NJW-RR 1987, 1206; HansOLG Hamburg, 16.11.1995, 11 W 60/95, OLGR Hamburg 1996, 92, Ls. (Entscheidung durch den Vorsitzenden der Kammer für Handelssachen, wenn die sonst erforderliche Einschaltung der Handelsrichter erhebliche Zeit in Anspruch nehmen würde); KG, 28.08.2012, 5 W 175/12, MD (VSW) 2013, 507 (ebenfalls betr. eine Entscheidung durch den Vorsitzenden der Kammer für Handelssachen); Teplitzky/Feddersen, Kap. 55, Rn. 2b.

736 H.M.; FBO/Büscher, § 12, Rn. 123; Harte/Henning/Retzer, § 12, Rn. 393; *Köhler*/Bornkamm/Feddersen, § 12, Rn. 3.23; Teplitzky/Feddersen, Kap. 55, Rn. 5b.

737 HansOLG Hamburg, 03.05.2012, 3 U 155/10, WRP 2012, 1594, 1595, Ls. 2. und juris Rn. 33; FBO/Büscher, § 12, Rn. 123; GK/Schwippert, § 12 C, Rn. 139; *Köhler*/Bornkamm/Feddersen, § 12, Rn. 3.23; Teplitzky/Feddersen, Kap. 55, Rn. 5; Zöller/G. Vollkommer, § 922, Rn. 10 (anders nur bei gleichzeitiger Beifügung der Antragsschrift); siehe auch Klein, GRUR 2016, 899 zur gerichtlichen Praxis.

738 Ebenso FBO/Büscher, § 12, Rn. 123; GK/Schwippert, § 12 C, Rn. 141; Teplitzky/Feddersen, Kap. 55, Rn. 5.

739 BGH, 13.09.2012, I ZR 230/11, BGHZ 194, 314, Rn. 25 – *Biomineralwasser*.

740 BGH, 13.09.2012, I ZR 230/11, BGHZ 194, 314, Rn. 24 – *Biomineralwasser*; HansOLG Hamburg, 03.05.2012, 3 U 155/10, WRP 2012, 1594, 1595, Ls. 3; siehe auch Schmidt, GRURPrax 2012, 179.

741 BGH, 13.09.2012, I ZR 230/11, BGHZ 194, 314, Rn. 24 – *Biomineralwasser*.

742 Vgl. HansOLG Hamburg, 13.09.2012, 3 U 107/11, MD (VSW) 2013, 39, Ls. und juris Rn. 59 – *Kindermilch*; Teplitzky/Feddersen, Kap. 55, Rn. 5.

743 Bornkamm, FS für H. *Köhler*, S. 47; GK/Schwippert, § 12 C, Rn. 141; Teplitzky/Feddersen, Kap. 55, Rn. 5.

339 Gleiches gilt, wenn der Antragsteller seinen Anspruch kumulativ oder eventualiter auf mehrere Streitgegenstände stützt (etwa vorrangig auf UWG und nachrangig auf marken- oder urheberrechtliche Anspruchsgrundlagen). Wird dem Anspruch nur auf einen Hilfsantrag zugesprochen, so muss der Beschluss schon wegen der die Abweisung der vorrangig geltend gemachten Ansprüche begründet werden, um eine rechtsmittelfähige Entscheidung herbeizuführen.[744]

340 Teilweise wird es für erforderlich gehalten, der einstweiligen Verfügung jedenfalls den Verfügungsantrag als Anlage beizufügen.[745] Ist die Verfügung selbst aber nicht begründet, weiß er Schuldner auch bei einer solchen Handhabung nicht, ob sich das – meist – ausgesprochene Verbot auf eine, mehrere oder gar alle mit der Antragsschrift erhobenen Beanstandungen stützt. Diese beizufügen, macht eine Begründung der Entscheidung deshalb nicht obsolet.[746] Das gilt gerade auch dann, wenn der Tenor des Verbotes unbestimmte Rechtsbegriffe – etwa auch durch die Bezugnahme auf gesetzliche Vorschriften – enthält.[747]

341 Fehlt es dennoch an einer Begründung, ist der Beschluss gleichwohl wirksam.[748] Das Verbot ist auch jedenfalls dann hinreichend bestimmt, wenn es auf eine konkrete Verletzungsform Bezug nimmt. Denn der Schuldner, dem die Verbreitung einer konkreten Verletzungsform verboten worden ist, weiß jedenfalls, dass er gerade diese nicht mehr nutzen darf.[749] Ein Unterlassungsantrag ist – wie auch das daran orientierte Verbot – regelmäßig bestimmt, wenn er – soweit möglich – auf eine konkrete Verletzungsform bezogen ist.[750] Verändert der Schuldner die konkrete Verletzungsform, läuft er allerdings Gefahr, dadurch den Kernbereich des Verbots noch nicht verlassen zu haben. Er ist deshalb bei einer zwar auf eine konkrete Verletzungsform gerichteten, aber nicht begründeten Unterlassungsverfügung u.U. genötigt, einen Rechtsbehelf einzulegen, um so zu einer begründeten Entscheidung zu gelangen, die es ihm erlaubt zu erkennen, welche Änderungen der Verletzungsform aus dem Kernbereich des Verbots führen.

---

744 Berneke/Schüttpelz, Rn. 372; FBO/Büscher, § 12, Rn. 123; Teplitzky/Feddersen, Kap. 55, Rn. 5.

745 Berneke/Schüttpelz, Rn. 371; Zöller/G. Vollkommer, § 922, Rn. 10; siehe auch OLG Frankfurt, 01.08.2018, 6 W 53/18, GRUR 2018, 1085, juris Rn. 11 – *kennzeichnungsfrei*; a.A. HansOLG Hamburg, 03.05.2012, 3 U 155/10, WRP 2012, 1594, 1595, Ls.2; 04.10.17, 5 W 75/16, juris Rn. 12.

746 Ebenso Teplitzky/Feddersen, Kap. 55. Rn. 5.

747 Vgl. z.B. HansOLG Hamburg, 04.10.17, 5 W 75/16, juris Rn. 12.

748 HansOLG Hamburg, 19.08.2004, 5 U 32/04, MD (VSW) 2005, 177 (178), juris Rn. 15 (fehlende Begründung bleibt selbst bei Auslandszustellung sanktionslos); 04.10.17, 5 W 75/16, juris Rn. 12; 03.05.2012, 3 U 155/10, WRP 2012, 1594; Harte/Henning/Retzer, § 12, Rn. 390; Teplitzky/Feddersen, Kap. 55, Rn. 5.

749 A.A. Bornkamm in FS für H. *Köhler*, 47 (50): dem Beschluss fehlt der vollstreckungsfähige Inhalt.

750 Vgl. etwa BGH, *24.07.2014, I ZR 68/13*, GRUR 2015, 283, Rn. 19 – *Hörgeräteversorgung III*; *BGH*, 15.12.2016, I ZR 213/15, GRUR 2017, 288, Rn. 12f. – *Energieverbrauchskennzeichnung*.

Weil er nicht weiß, ob das Gericht dies auch so sieht, ist ihm nicht zu raten, sich einen der Verbotsgründe aussuchen, um das Verbot einzuhalten.[751]

Die verbreitete Praxis, in der Urschrift des Beschlusses mittels eines Klammerverweises auf den Verfügungsantrag Bezug zu nehmen (»einfügen wie Bl. …«), ist einerseits fehleranfällig, weil die Gefahr besteht, dass die Ausfertigung des Beschlusses nicht mit dem beabsichtigten Beschlussinhalt übereinstimmt. Eine solche Vorgehensweise ist aber auch ansonsten fehlerhaft, weil der in Bezug genommene Akteninhalt von der Unterschrift des Richters nicht gedeckt ist. Bei einem Beschluss, aus dem wie bei einer einstweiligen Verfügung die Zwangsvollstreckung stattfindet, muss die Bezeichnung des Rubrums und der Entscheidungsformel unmittelbar aus dem Text der vom Richter unterzeichneten Urschrift selbst ersichtlich sein. Wird in der Urschrift auf einen bestimmten, eindeutig bezeichneten Teil der Akten verwiesen, ist der Beschluss allerdings dennoch wirksam.[752] Die Unterschrift kann zudem – wenn auch nur mit Wirkung für die Zukunft – nachgeholt werden.[753] **342**

Die Unterlassungsverfügung ist – jedenfalls auf Antrag[754] – mit einer Ordnungsmittelandrohung zu versehen. **343**

Nach §§ 936, 921 Satz 2 ZPO kann das Gericht eine Sicherheitsleistung auch dann anordnen, wenn Verfügungsgrund und -anspruch glaubhaft gemacht sind. Das kommt in der Praxis selten vor.[755] Nach § 945 ZPO kann der Schuldner für den Fall, dass sich er Erlass der einstweiligen Verfügung als von Anfang an ungerechtfertigt erweist, vom Gläubiger Schadensersatz verlangen. Bietet der Sachverhalt Grund für die Annahme, dass ein solcher Schadenersatzanspruch den Schuldner nicht hinreichend schützt, bietet sich die Anordnung einer Sicherheitsleistung jedenfalls dann an, wenn die Rechtswidrigkeit des angegriffenen Handelns nicht klar auf der Hand liegt. Wird dennoch eine Sicherheitsleistung angeordnet, kommt eine Abwendungsbefugnis nach § 923 ZPO nicht in Betracht. Stattdessen gilt die im gewerblichen Rechtschutz fast bedeutungslose und speziellere Norm des § 939 ZPO, nach der eine Aufhebung der einstweiligen Verfügung gegen Sicherheitsleistung nur unter besonderen Umständen gestattet ist.[756] **344**

751 So aber FBO/Büscher, § 12, Rn. 123 mangelnde Klarheit geht zu Lasten des Gläubigers.

752 Grundlegend BGH, 27.06.2003, IXa ZB 72/03, GRUR 2004, 975, Ls. und juris Rn. 16 ff.; ebenso OLG Karlsruhe, 20.08.2007, 4 W 32/07, MD (VSW) 2008, 98; KG, 30.03.2010, 5 W 17/10, MD (VSW) 2010, 843 (844), juris Rn. 14.

753 BGH, 23.10.1997, IX ZR 249/96, BGHZ 137, 49, 53, juris Rn. 13.

754 Vgl. HansOLG Hamburg, 19.04.2007, 1 Kart U 5/06, GRUR-RR 2008, 31, 32, juris Rn. 60 (Androhung auch ohne Antrag möglich); ebenso Harte/Henning/Brüning, Vorb zu § 12, Rn. 237; *Köhler*/Bornkamm/Feddersen, § 12, Rn. 3.32; vgl. auch BGH, 21.05.1992, I ZR 9/91, GRUR 1993, 62, 63, juris Rn. 23 – *Kilopreise III* (jedenfalls Aufnahme der Anordnung einer Ersatzordnungshaft von Amts wegen); a.A. Spätgens in Gloy/Loschelder/Erdmann, § 112, Rn. 39; Berneke/Schüttpelz, Rn. 357 (»auf Antrag«).

755 Siehe Harte/Henning/Retzer, § 12, Rn. 385 m.w.N.

756 Siehe Teplitzky/Feddersen, Kap. 55, Rn. 4; Zöller/G. Vollkommer, § 939, Rn. 1, dort auch zu den »besonderen Umständen«.

345 Mit der einstweiligen Verfügung entscheidet das Gericht über die Kosten des (Erlass-)Verfahrens und den Streitwert. Auf dieser Grundlage können Anwalts- und Gerichtsgebühren erhoben werden. Für den Erlass eines Kostenfestsetzungsbeschlusses wegen der Gebühren des Antragstellervertreters fordern die Gerichte regelmäßig den Nachweis der Zustellung der einstweiligen Verfügung. Denn dem Antragsgegner ist wegen der Kosten rechtliches Gehör zu gewähren und dessen vorzeitige Information über den Verfügungserlass kann u.U. den Zweck des Verfügungsverfahrens vereiteln.

346 Der Beschluss muss seit dem 01.01.2014 auch mit einer Rechtsbehelfsbelehrung versehen sein (§ 232 Satz 2, 2. Hs ZPO), die ebenfalls von der Unterschrift des Richters gedeckt sein muss (§ 232 Satz 1 ZPO: »Jede anfechtbare gerichtliche Entscheidung hat eine Belehrung … zu enthalten«).[757]

347 Die einstweilige Verfügung ist ohne weiteres vorläufig vollstreckbar, ohne dass es eines entsprechenden Ausspruches weder für die Beschluss- noch für die Urteilsverfügung bedarf (§§ 936, 929 Abs. 1 ZPO).[758]

348 Der Beschluss muss dem Antragsteller vom Gericht zugestellt werden[759], weil dadurch sowohl die über § 936 ZPO im Verfügungsverfahren anwendbare Vollziehungsfrist des § 929 Abs. 2 ZPO als auch – bei zurückweisenden Beschlüssen – die Beschwerdefrist der §§ 567 Abs. 1 Nr 2, 569 Abs. 1 ZPO in Lauf gesetzt wird (§ 329 Abs. 2 2 ZPO). Der zurückweisende Beschluss wird dem Antragsgegner nicht zugestellt (§§ 936, 922 Abs. 3 ZPO), es sei denn er ist vom Gericht bereits in das Verfahren eingebunden worden, so dass die Gegenseitigkeit auch des Beschlussverfahrens hergestellt ist.[760]

349 Der Antragsteller muss dem Antragsgegner den Beschluss im Parteibetrieb zustellen, um die einstweilige Verfügung zu vollziehen (§§ 936, 922 Abs. 2 ZPO).[761]

b) Urteilsverfügung

350 Entscheidet das Gericht (unanfechtbar[762]), über den Verfügungsantrag mündlich zu verhandeln, ist unverzüglich (§ 216 Abs. 2 ZPO) Termin anzuberaumen und sind die Parteien – soweit sie nicht schon anwaltlich vertreten sind unter Hinweis darauf, dass beim Landgericht Anwaltszwang besteht, – zum Termin zu laden. Dabei kann, wenn erforderlich, die einwöchige Ladungsfrist des § 217 ZPO auf Antrag (!) abgekürzt werden (§§ 224 Abs. 2, 226 ZPO). Vorsorglich sollte der Antrag schon im Verfügungsantrag gestellt werden. Eine Einlassungsfrist sieht die ZPO nur für das Klagverfahren vor (§ 274 Abs. 3 ZPO). Einlassungs- und sonstige Schriftsatzfristen bestehen daher für

757 Vgl. Zöller/Greger, § 232, Rn. 5; Hartmann, MDR 2013, 60, 63; Schneider, AGS 2014, 106.
758 Ahrens/Jestaedt, Kap. 56, Rn. 25; FBO/Büscher, § 12, Rn. 127; Zöller/G. Vollkommer, § 929, Rn. 1; siehe zu den Ausnahmen für die Zwangsvollstreckung im Ausland Harte/Henning/Retzer, § 12, Rn. 38 m.w.N.
759 Berneke/Schüttpelz, Rn. 373; Zöller/G. Vollkommer, § 922, Rn. 11.
760 FBO/Büscher, § 12, Rn. 123; Teplitzky/Feddersen, Kap. 55, Rn. 5; Zöller/G. Vollkommer, § 922, Rn. 1.
761 Siehe dazu näher unten Rdn. 364 ff.
762 FBO/Büscher, § 12, Rn. 125; Zöller/G. Vollkommer, § 921, Rn. 1 und § 937, Rn. 3.

angefallenen Kosten ausdrücklich für vorläufig vollstreckbar zu erklären (§ 708 Nr 6 ZPO).

Das Urteil ist den Parteien von Amts wegen zuzustellen (§ 317 Abs. 1 1 ZPO). Eine durch Urteil erlassene Verbotsverfügung wird aber nicht erst mit ihrer Zustellung[780], sondern schon mit ihrer Verkündung wirksam und ist vom Schuldner ab diesem Zeitpunkt zu beachten, wenn sie eine Ordnungsmittelandrohung enthält.[781] Daran ändert auch die Notwendigkeit, dass die auf Unterlassung gerichtete Urteilsverfügung durch Parteizustellung zu vollziehen ist[782], nichts.[783] Entsprechend kann der Schuldner ab diesem Zeitpunkt etwaige als Folge des Verbots entstandene Schäden unter den Voraussetzungen des § 945 ZPO ersetzt verlangen.[784] 356

5. Anspruchsumfang/Entscheidungsgegenstand/Aufbrauchsfrist etc.

Das Verfügungsverfahren dient im Grundsatz stets nur einer vorläufigen Regelung. Der Anspruch kann im Hauptsacheverfahren, das der Schuldner über § 926 ZPO erzwingen kann, auf seinen endgültigen Gehalt überprüft werden. Dem vorläufigen Charakter des Eilverfahrens entspricht es, dass ein auf eine endgültige Regelung gerichteter Anspruch regelmäßig nicht besteht. Zwar müssen Unterlassungsverfügungen sofort befolgt werden. Die dadurch bewirkte Unterbindung eines bestimmten Verhaltens ist aber zumeist nicht endgültig, weil die verbotene Handlung nach Aufhebung des Verbots wieder aufgenommen werden kann. Soweit ein Verbot mit sofortiger Wirkung nicht verhältnismäßig erscheint – etwa wegen gravierender wirtschaftlichen Einbußen beim Schuldner bei vergleichsweise geringer Beeinträchtigung der Gläubigerrechte – kann das Gericht eine sogenannte Aufbrauchsfrist gewähren.[785] Mit ihr kann dem Schuldner etwa die Möglichkeit eingeräumt werden, bei ihm zum Zeitpunkt der Zustellung der einstweiligen Verfügung noch vorhandene Restbestände einer Ware bis zu einem bestimmten Zeitpunkt abzuverkaufen. Wird ein Verbot erstmals in II. Instanz ausgesprochen, kommt die Gewährung von Aufbrauchsmöglichkeiten häufig schon deshalb nicht mehr in Betracht, weil sich der Schuldner im Verlauf des Rechtsstreits 357

780 Offen gelassen noch von BGH, 13.04.1989, IX ZR 148/88, WRP 1989, 514, 516, juris Rn. 24.

781 BGH, 22.01.2009, I ZB 115/07, BGHZ 180, 72, Ls. 1 und Rn. 11 m.w.N.; Berneke/Schüttpelz, Rn. 581; FBO/Büscher, § 12, Rn. 127; *Köhler*/Bornkamm/Feddersen, § 12, Rn. 3.83; Teplitzky/Feddersen, Kap. 55, Rn. 35a; a.A. Ahrens/Ahrens, Kap. 66, Rn. 12; siehe auch Ahrens/Spätgens, Kap. 51, Rn. 67; Teplitzky/Schwippert, Kap. 36, Rn. 32 zu § 945 ZPO.

782 Siehe unten Rdn. 373.

783 *BGH, 22.01.2009,* I ZB 115/07, BGHZ 180, 72, Rn. 15f.

784 BGH, 02.11.1995, IX ZR 141/94, BGHZ 131, 141, 143 f., juris Ls. 1 und Rn. 14f. – *Einstweilige Verfügung ohne Strafandrohung*; BGH, 22.01.2009, I ZB 115/07, BGHZ 180, 72, Rn. 16.

785 OLG Stuttgart, 16.01.1989, 2 W 149/88, WRP 1989, 832, Ls.; *Köhler*/Bornkamm/Feddersen, §§ 12, Rn. 3.30; a.A. OLG Frankfurt, 01.10.1987, 6 U 62/87, GRUR 1988, 46, 49; 03.03.1989, 6 U 20/89, GRUR 1989, 456, 457, Ls. (im Eilverfahren grundsätzlich kein Raum für eine Aufbrauchsfrist); vgl. auch OLG Düsseldorf, 10.10.1985, 2 U 114/85; GRUR 1986, 197f. (Gewährung einer Aufbrauchsfrist für die erste Instanz unzulässig).

auf die Möglichkeit eines erst im Berufungsverfahren ausgesprochenen Verbots hat einrichten können.[786] Hat er dennoch etwa neue – rechtsverletzende – Ware eingekauft, so geschieht dies auf eigenes Risiko.

358 Endgültige Regelungen sind auch im Eilverfahren faktisch möglich, etwa dann, wenn eine einmal unterbundene Handlung notwendig nicht wiederholt werden kann, etwa, weil sie nur zu einer bestimmten Zeit bzw. einem bestimmten Zeitpunkt erfolgen kann, oder weil eine einmal erteilte Auskunft nicht wieder rückgängig gemacht werden kann.

359 Deshalb hat der Gesetzgeber die Durchsetzung von Auskunftsansprüchen im Eilverfahren beschränkt. Im Bereich der gewerblichen Schutzrechte können bestimmte Auskünfte im Eilverfahren nur dann durchgesetzt werden, wenn die Rechtsverletzung offensichtlich ist (vgl. §§ 19 Abs. 3 und Abs. 7 MarkenG, 101 Abs. 3 und Abs. 7 UrhG, § 140b Abs. 3 und 7 PatG). Im Lauterkeitsrecht findet sich kein Ansatz für die Durchsetzung von Auskunftsansprüchen auch im Eilverfahren (s.o. lit. C. II.).

360 Soweit die Notwendigkeit besteht, auf bestimmten Waren zuzugreifen, um diese der Vernichtung zuzuführen, kann dies im Rahmen des Verfügungsverfahrens nicht mit der Folge der endgültigen Vernichtung der Ware einhergehen. Daher kann im Eilverfahren allenfalls die Herausgabe von Sachen an einen Gerichtsvollzieher als Sequester zum Zwecke der Verwahrung der Sachen durchgesetzt werden. Das ist in § 938 Abs. 2 1. Hs ZPO ausdrücklich geregelt.[787] Die endgültige Vernichtung erfordert eine darauf gerichtete Entscheidung im Hauptsacheverfahren. Vernichtungsansprüche kommen indes im Lauterkeitsrecht grundsätzlich nicht in Betracht.[788]

361 Nach § 938 Abs. 1 ZPO bestimmt das Gericht nach freiem Ermessen, welche Anordnungen zur Erreichung des Zwecks erforderlich sind. Diese Regelung erlaubt dem Gericht grundsätzlich eine gegenüber einer Hauptsachentscheidung freiere Ausgestaltung der im Eilverfahren zu treffenden Anordnungen. Sie dient indes nur zur fallbezogenen Konkretisierung des zur Erreichung des Sicherungszweckes Erforderlichen[789] und hat ihre praktische Bedeutung nicht unbedingt im Bereich des Lauterkeitsrechts. In jedem Fall müssen sich die Anordnungen des Gerichts nämlich im Rahmen der gestellten Anträge und des dazu vorgetragenen Lebenssachverhalts bewegen (§ 308 Abs. 1 Satz 1 ZPO).[790] Gerade im Bereich des Lauterkeitsrechts fordert die Rechtsprechung eine möglichst präzise Darstellung der angegriffenen Handlung im jeweils gestellten Unterlassungsantrag. Nicht nur, um dem Bestimmtheitserfordernis zu genügen, sondern auch, um zu verhindern, dass – etwa durch zu weite Anspruchsfassun-

---

786 Siehe aber OLG Düsseldorf, 10.10.1985, 2 U 114/85; GRUR 1986, 197f. (Gewährung einer Aufbrauchsfrist allenfalls durch die II. Instanz).

787 Siehe dazu auch Zöller/G. Vollkommer, § 938 Rn. 7.

788 Siehe oben Rdn. 266.

789 Zöller/G. Vollkommer, § 938, Rn. 1.

790 *Köhler*/Bornkamm/Feddersen, § 12 Rn. 3.30; Teplitzky/Feddersen, Kap. 54, Rn. 38; Zöller/G. Vollkommer, § 938, Rn. 2; siehe speziell zu Irreführungstatbeständen BGH, 05.10.2017, I ZR 184/16, GRUR 2018, 203, Ls. und Rn. 14f. (18) – *Betriebspsychologe*; BGH, 11.10.2017, I ZR 78/16, GRUR 2018, 431, Ls. und Rn. 16 – *Tiegelgröße*.

gen – auch zulässige Verhaltensweisen von einem ausgesprochenen Verbot erfasst werden. Das erfordert es zumeist, den Unterlassungsanspruch nur bezogen auf eine konkrete Verletzungshandlung bzw. eine ganz bestimmte konkrete Verletzungsform geltend zu machen.[791] Darüber darf das Gericht auch im Rahmen von § 938 Abs. 1 ZPO nicht hinausgehen.

Für die Kostenentscheidung gelten die allgemeinen Regeln der §§ 91 ff. ZPO. In dem Zurückgehen von einem verallgemeinerten Antrag auf einen Verbotsanspruch, der nur auf eine bestimmte konkrete Verletzungsform bezogen ist, unterliegt der Antragsteller teilweise. Den Wert des Unterliegens wird man insoweit mit 1/5 ansetzen können.[792] Wird dem Verfügungsantrag voll entsprochen, dann unterliegt der Gläubiger nicht schon deshalb, weil das Gericht von sich aus eine Sicherheitsleistung anordnet.[793] Anders kann es liegen, wenn der Gläubiger ausdrücklich eine Entscheidung ohne Sicherheitsleistung begehrt. 362

6. Gegenverfügungsanträge

Gegenverfügungsanträge sind mit Blick auf den Eilcharakter des Verfahrens im Verfügungsverfahren unzulässig[794], jedenfalls dann, wenn sie nicht den gleichen Streitgegenstand betreffen.[795] 363

VI. Vollziehung der einstweiligen Verfügung

Die einstweilige Verfügung muss nach §§ 936, 928 ZPO vollzogen werden, wobei die Vorschriften über die Zwangsvollstreckung entsprechend anzuwenden sind.[796] § 929 Abs. 2 ZPO ordnet zusätzlich an, dass die Vollziehung, soll sie noch statthaft sein, schnell zu erfolgen hat, nämlich binnen einer Frist von einem Monat (Vollziehungsfrist). Die Vollziehungsfrist beginnt für die Beschlussverfügung grundsätzlich mit der Zustellung des Beschlusses an den Gläubiger (§ 329 Abs. 2 2 ZPO) und für die Urteilsverfügung mit der Urteilsverkündung.[797] Für die Beschlussverfügung ist allerdings anerkannt, dass die Vollziehungsfrist auch ohne förmliche Zustellung zu laufen beginnt, wenn es bloß an der förmlichen Zustellung der einstweilige Verfügung mangelt, diese 364

791 Siehe dazu § 12 Anhang I, Rdn. 128 ff.

792 BGH, 14.01.2016, I ZR 61/14, GRUR 2016, 516, Rn. 45 – *Wir helfen im Trauerfall*; vgl. auch OLG Frankfurt, 26.04.2016, 6 W 29/16, Ls. und juris Rn. 8 (25%).

793 A.A. *Köhler*/Bornkamm/Feddersen, § 12, Rn. 3.35.

794 OLG Frankfurt, 20.10.2011, 6 U 101/11, GRUR-RR 2012, 88.

795 *OLG Celle*, 27.06.2017, 2 U 63/17, juris.

796 Vgl. BGH, 22.10.1992, IX ZR 36/92, BGHZ 120, 73, 77, juris Rn. 18 – *Straßenverengung*.

797 H.M.; BGH, 22.01.2009, I ZB 115/07, BGHZ 180, 72, 74 f., Ls.; OLG Düsseldorf, 21.04.2015, 20 U 181/14, WRP 2015, 764, 766, juris Rn. 55 – *Diamant-Trennscheiben*; OLG Celle, 16.06.2016, 13 U 26/16, WRP 2016, 1281, 1282, juris Rn. 8 – *Altölentsorgung*; OLG Frankfurt, 17.11.2016, 6 U 167/16, juris Rn. 20 (insoweit nicht abgedruckt in CR 2017, 82); siehe auch Ahrens/Büttner, Kap. 57, Rn. 12; Berneke/Schüttpelz, Rn. 572; FBO/Büscher, § 12, Rn. 161; Teplitzky/Feddersen, Kap. 55, Rn. 37; Zöller/G. Vollkommer, § 929, Rn. 6; jeweils m.w.N. auch zu den Gegenstimmen.

dem Gläubiger aber formlos zugeht.[798] Die gegenteilige Ansicht[799] wird man nicht mehr aufrecht erhalten können, nachdem der BGH das Fehlen eines Beglaubigungsvermerks als nach § 189 ZPO heilbar angesehen hat.[800] Bei einer bloß formlosen Übermittlung kann es aber an dem Zustellwillen fehlen.

365 Die vom Gesetz angeordnete Notwendigkeit, die einstweilige Verfügung – ebenso wie den Arrest – binnen der Monatsfrist zu vollziehen, entspricht dem Eilcharakter des Verfügungsverfahrens. Dadurch soll zum Schutz des Schuldners verhindert werden, dass Eilentscheidungen im Arrest- oder Verfügungsverfahren auf Vorrat erwirkt und erst nach längerer Zeit sowie unter dann möglicherweise veränderten Umständen vollzogen werden.[801] Die Vollziehungsfrist soll zudem sicherstellen, dass der Arrest- bzw. Verfügungsgrund im Zeitpunkt der Vollziehung noch fortwirkt.[802] Hat der Schuldner vom Erlass der einstweiligen Verfügung schon Kenntnis erlangt, bewirkt die Monatsfrist darüber hinaus, dass der Schuldner nicht über längere Zeit im Ungewissen gehalten wird, ob er aus dem Titel noch in Anspruch genommen wird.[803]

366 Die Vollziehungsfrist ist der Disposition der Parteien wie auch des Gerichts entzogen. Sie kann weder abgekürzt noch verlängert werden. Gegen ihre Versäumung gibt es keine Wiedereinsetzung in den vorigen Stand.[804]

1. Wahrung der Vollziehungsfrist

367 Bei der Unterlassungsverfügung ist die Vollziehungsfrist bereits durch die Partei-/Zustellung des Titels selbst gewahrt, ohne dass noch weitere Vollstreckungsmaßnahmen hinzutreten müssen.[805] Zustellungs- und Vollziehungszeitpunkt fallen deshalb in der Regel zusammen.

368 Die Vollziehung muss, um die Frist zu wahren, durch Zustellung des Titels im Parteibetrieb (§§ 191 ff. ZPO) erfolgen (§§ 936, 922 Abs. 2 ZPO), wobei die Vorschriften über die Amtszustellung (§§ 166 ff. ZPO) entsprechende Anwendung finden (§ 191

---

798 Ahrens/Büttner, Kap. 57, Rn. 49; Berneke/Schüttpelz, Rn. 571; FBO/Büscher, § 12, Rn. 135; Teplitzky/Feddersen, Kap. 55, Rn. 37; Zöller/G. Vollkommer, § 929, Rn. 5.

799 OLG Köln, GRUR 1980, 943; Harte/Henning/Retzer, § 12, Rn. 516.

800 BGH, 22.12.2015, VI ZR 79/15, BGHZ 208, 255, Ls. 2 und Rn. 20 ff. (26); BGH, 19.04.2016, VI ZR 118/15, Rn. 20 ff. (26), juris; BGH, 19.04.2016, VI ZR 131/15, juris; vgl. auch BGH, 13.10.2016, V ZB 174/15, NJW 2017, 411, Rn. 21 f.; BGH, 13.09.2017, IV ZR 26/16, NJW 2017, 3721, Rn. 17 f.; siehe dazu näher unten Rdn. 400.

801 BVerfG, 27.04.1988, 1 BvR 549/87, NJW 1988, 3141; BGH, 25.10.1990, IX ZR 211/89, BGHZ 112, 356, 361, juris Rn. 9; BGH, 22.01.2009, I ZB 115/07, BGHZ 180, 72, Rn. 15; OLG Frankfurt, 06.10.1998, 26 W 121/98, NJW-RR 1999, 1446, 1447, juris Rn. 27; Zöller/G. Vollkommer, § 929, Rn. 3.

802 BVerfG, 27.04.1988, 1 BvR 549/87, NJW 1988, 3141; Zöller/G. Vollkommer, § 929, Rn. 3.

803 BVerfG, 27.04.1988, 1 BvR 549/87, NJW 1988, 3141.

804 BGH, 22.10.1992, IX ZR 36/92, BGHZ 120, 73, 87, juris Rn. 41 – *Straßenverengung*; KG, 17.10.2014, 5 U 63/14, juris Rn. 34; Ahrens/Büttner, Kap. 57, Rn. 51.

805 BGH, 13.04.1989, IX ZR 148/88, WRP 1989, 514, 517; HansOLG Hamburg, 08.07.1993, 3 U 68/93, WRP 1993, 822, 823, OLG Düsseldorf, 21.04.2015, 20 U 181/14, WRP 2015, 764, 766, juris Rn. 56 – *Diamant-Trennscheiben*.

Beschlussverfügung im Widerspruchsverfahren inhaltlich geändert oder gar erweitert wird. Dann bedarf es einer erneuten Vollziehung der jetzt vorliegenden Urteilsverfügung.[818] Das ist nur dann nicht nötig, wenn das im Widerspruchsverfahren oder im Berufungsverfahren lediglich eingeschränkte Verbot als ein Minus – z.B. eine auf die konkrete Verletzungsform zurückgeführte Unterlassungsverfügung – schon in dem ursprünglich weiter gefassten Verbot enthalten war.[819] Vorsicht ist bei sogenannten klarstellenden Zusätzen geboten. Ob darin der Sache nach eine inhaltliche Änderung der Beschlussverfügung liegt (dann erneutes Zustellungserfordernis[820]) oder nicht, kann am Ende zweifelhaft sein, weswegen die Urteilsverfügung aus Gründen der Vorsicht erneut zugestellt werden sollte. Eine nach der Aufhebung einer einstweiligen Verfügung in erster Instanz durch das Berufungsgericht neu erlassene Urteilsverfügung muss stets erneut im Parteibetrieb zugestellt werden.[821]

Bei Urteilsverfügungen, die bereits von Amts wegen zugestellt worden sind, werden **373**
allerdings neben der Parteizustellung[822] alternativ auch andere Maßnahmen, durch der Gläubiger seinen Willen zur Vollziehung des Titels zum Ausdruck bringt, für hinreichend erachtet.[823]

---

818 OLG Frankfurt, 18.12.1990, 6 U 204/90, WRP 1991, 405; 19.10.2000, 15 U 134/00, WRP 2001, 66, 67, juris Rn. 16; OLG Düsseldorf, 17.03.1995, 20 U 1/95, WRP 1995, 639, 641; OLG Düsseldorf, 21.04.2015, 20 U 181/14, WRP 2015, 764, 766, juris Rn. 56 – *Diamant-Trennscheiben*; OLG Köln, 31.07.1998, 6 U 205/97, GRUR 1999, 89, 90, juris Rn. 5; OLG Stuttgart, 21.08.2008, 2 U 13/08, WRP 2009, 337, Ls.; Ahrens/Büttner, Kap. 57, Rn. 23; FBO/Büscher, § 12, Rn. 159; *Köhler*/Bornkamm/Feddersen, § 12, Rn. 3.66; Teplitzky/Feddersen, Kap. 55, Rn. 49.

819 Vgl. OLG Frankfurt, 18.12.1990, 6 U 204/90, WRP 1991, 405; 19.10.2000, 15 U 134/00, WRP 2001, 66, 67; 10.10.2013, 6 U 181/13, WRP 2014, 344, Ls.; OLG Karlsruhe, 07.05.1998, 4 U 170/97, NJWE WettbR 1999, 39 (40); OLG Köln, 17.01.2002, 6 W 114/01, WRP 2002, 738 m.w.N.; HansOLG Hamburg, 02.11.2006, 3 U 271/05, GRUR-RR 2007, 152, 154 und Ls.; OLG Stuttgart, 21.08.2008, 2 U 13/08, WRP 2009, 337, Ls.; OLG Saarbrücken, 25.09.2013, 1 U 42/13, GRUR-RR 2014, 91, juris Rn. 27f. – *Rezeptsammelstelle*; Ahrens/Büttner, Kap. 57, Rn. 24; FBO/Büscher, § 12, Rn. 159; *Köhler*/Bornkamm/Feddersen, § 12, Rn. 3.66; Teplitzky/Feddersen, Kap. 55, Rn. 48f.

820 OLG Hamm, 05.09.1989, 4 U 150/89, GRUR 1989, 931, Os. 1.

821 OLG Düsseldorf, 11.07.1995, 20 U 100/95, WRP 1995, 732, 735, Os. 3; 12.03.1999, 22 U 66/98, NJW-RR 2000, 68; OLG München, 21.12.1999, 29 W 2861/99, NJWE WettbR *2000, 147*, juris Rn. 18; OLG Frankfurt, 20.12.2001, 6 U 79/01, WRP 2002, 334, 335; OLG Köln, 17.01.2002, 6 W 114/01, WRP 2002, 738; OLG Hamm, 02.08.2018, 4 U 18/18, juris Rn. 89 f.; ebenso Ahrens/Büttner, Kap. 57, Rn. 26; Berneke/Schüttpelz, Rn. 448 und 569; Harte/Henning/Retzer, § 12, Rn. 514; *Köhler*/Bornkamm/Feddersen, § 12, Rn. 3.66; Teplitzky/Feddersen, Kap. 55, Rn. 49a; a.A. OLG Celle, 24.07.1986, 5 U 139/86, GRUR 1987, 66.

822 Vgl. Ahrens/Büttner, Kap. 57, Rn. 12 m.w.N.; weitere Nachweise bei Berneke/Schüttpelz, Rn. 582.

823 Vgl. Ahrens/Büttner, Kap. 57, Rn. 15; Teplitzky/Feddersen, Kap. 55, Rn. 42.

374 Dabei kann es sich etwa um einen Antrag auf Verhängung von Ordnungsmitteln nach § 890 ZPO handeln.[824] Das ist als Vollziehungshandlung auch ohne eine Parteizustellung des Urteils wirksam. Für die durch verkündetes Urteil erlassene einstweilige Verfügung enthält das Gesetz keine von den §§ 317 Abs. 1 1, 750 Abs. 1 ZPO abweichenden Vorschriften. Ist die nach § 750 Abs. 1 ZPO notwendige Urteilszustellung vom Amts wegen (arg. § 750 Abs. 1 2 ZPO)[825] erfolgt, sind regelmäßig die Voraussetzungen für die Ordnungsmittelfestsetzung gegeben, ohne dass sich aus § 929 Abs. 2 ZPO etwas anderes ergäbe.[826] Der Ordnungsmittelantrag ist damit für Unterlassungsverfügungen durch Urteil eine als solche hinreichende Vollziehungsmaßnahme und keine Vollziehung vor Zustellung im Sinne des § 929 Abs. 3 1 ZPO, die zu ihrer Wirksamkeit einer Parteizustellung des Urteils innerhalb der Wochenfrist des § 929 Abs. 3 2 ZPO und der Vollziehungsfrist des § 929 Abs. 2 ZPO bedürfte.[827] Wird der Ordnungsmittelantrag allerdings zurückgenommen, ist die Vollziehung nur begonnen[828], nicht aber beendet worden und ist der Ordnungsmittelantrag als nicht anhängig geworden anzusehen (§ 269 Abs. 3 1 ZPO).[829]

375 Ob auch weniger formalisierte Kundgaben eines Vollziehungswillens als ein Ordnungsmittelantrag ausreichen, wird uneinheitlich beantwortet. Teils wird schon die der Amtszustellung nachfolgende Übermittlung einer einfachen Abschrift[830] oder gar die Stellung eines erneuten Verfügungsantrages in einem nur etwas anders gelagerten Fall[831] für hinreichend erachtet. Überwiegend wird aber zutreffend die Auffassung vertreten, dass es formalisierter Akte bedarf, um den Vollziehungswillen zum Ausdruck zu bringen[832], was nach herrschender Meinung im Regelfall durch die Zustellung auch der Urteilsverfügung im Parteibetrieb geschieht.[833] Denn nicht jede klare, unmissverständliche Leistungsaufforderung des Antragstellers unter Bezugnahme auf den vorläufigen

824 BGH, 13.04.1989, IX ZR 148/88, WRP 1989, 514, 517; OLG Düsseldorf, 21.04.2015, 20 U 181/14, WRP 2015, 764, 766, juris Rn. 59 – *Diamant-Trennscheiben*; OLG Karlsruhe, 23.03.2016, 6 U 38/16, WRP 2016, 1299, 1300 – *Verweigertes Empfangsbekenntnis*; OLG Dresden, 07.02.2017, 4 U 1422/16, MDR 2017, 421 – *verantwortlich für Dresden und Region* (Pressesache).

825 BGH, 13.04.1989, IX ZR 148/88, WRP 1989, 514, 517, juris Rn. 26; siehe auch Zöller/Seibel, § 750, Rn. 16.

826 BGH, 13.04.1089, IX ZR 148/88, WRP 1989, 514, 517, juris Rn. 26.

827 A.A. OLG Dresden, 07.02.2017, 4 U 1422/16, MDR 2017, 421 – *verantwortlich für Dresden und Region* (Pressesache) – anschließende Parteizustellung der Urteilsverfügung innerhalb der Fristen des § 929 Abs. 3 Satz 2 ZPO zur Wirksamkeit erforderlich.

828 Daher mglw. Schadensersatzansprüche nach § 945 ZPO: BGH, 13.04.1989, IX ZR 148/88, WRP 1989, 514, 517, juris Rn. 29.

829 BGH, 13.04.1089, IX ZR 148/88, WRP 1989, 514, 517, juris Rn. 28.

830 OLG München, 06.02.2013, 15 U 2848/12, WRP 2013, 674, 676; zustimmend Zöller/G. Vollkommer, § 929, Rn. 12.

831 OLG Saarbrücken, 25.09.2013, 1 U 42/13, GRUR-RR 2014, 91, juris Rn. 30 – *Rezeptsammelstelle.*

832 *BGH, 22.10.1992, IX ZR 36/92,* BGHZ 120, 73, 87, juris Rn. 40 f. – *Straßenverengung.*

833 OLG Düsseldorf, 21.04.2015, 20 U 181/14, WRP 2015, 764, 767, juris Rn. 58; Zöller/G. Vollkommer, § 929, Rn. 12 m.w.N. zur h.M.

Titel genügt, um eine Vollziehung annehmen zu können, sondern es muss sich um eine der Zustellung im Parteibetrieb ähnliche formalisierte oder urkundlich belegte und leicht feststellbare Maßnahme handeln.[834]

Danach sind folgende Maßnahmen[835] keine zusätzlich zur Amtszustellung der Urteils- **376**
verfügung hinreichenden Vollziehungsmaßnahmen:

- Die kommentarlose Übersendung einer einfachen Urteilsabschrift ohne Beglaubigungsvermerk per Telefax.[836]
- Die Übersendung eines Abschlussschreibens verbunden mit der Androhung eines Ordnungsmittelantrags.[837]
- Die Übersendung einer Urteilsverfügung als Anlage zu einem privatschriftlichen Schreiben des Antragstellers.[838]

Enthält die einstweilige Verfügung eine Leistungsverpflichtung, etwa ein Beseitigungs- **377**
oder Auskunftsgebot[839], bedarf es neben der Zustellung des Titels weiterer Vollstreckungsmaßnahmen, also eines Antrages nach §§ 887, 888 ZPO, wenn der Schuldner nach der Zustellung des Titels auf eine entsprechende Aufforderung des Gläubigers keine Leistungen erbringt.[840] Auch insoweit wahrt der Vollstreckungsantrag oder -auftrag die Frist.[841]

2. Formalien der Vollziehung

Die Parteizustellung durch den Gerichtsvollzieher oder durch die Zustellung von **378**
Anwalt zu Anwalt ist fehlerträchtig. Dazu gehören auch Fehler des Gerichts, die vom Gläubiger vor der Parteizustellung nicht rechtzeitig erkannt werden. Ist die Parteizustellung deshalb fehlerhaft, so wahrt sie die Vollziehungsfrist nicht, falls nicht Zustellungsmängel innerhalb der Frist ausnahmsweise noch geheilt werden können.

---

834 OLG München, 25.04.2013, 29 U 194/13, GRUR-RR 2013, 403, 404, juris Rn. 34; Ahrens/Büttner, Kap. 57, Rn. 15; a.A. Zöller/G. Vollkommer, § 929, Rn. 12 (jede ausdrückliche Erklärung, die den Vollziehungswillen und die Bereitschaft zur Haftungsübernahme nach § 945 ZPO erkennen lässt, hinreichend).

835 Weitere Beispiele bei Ahrens/Büttner, Kap. 57, Rn. 15.

836 KG, 17.10.2014, 5 U 63/14, GRUR-RR 2015, 181, 183 – *Faxversand ohne Beglaubigungsvermerk.*

837 HansOLG Hamburg, 11.05.2000, 3 U 193/99, NJWE WettbR 2000, 51, Ls.

838 KG, 07.09.1994, Kart U 3888/94, WRP 1995, 325, 327.

839 Kommt im Lauterkeitsrecht in der Regel nicht in Betracht, da ohne spezialgesetzliche Ausnahme auf eine endgültige Regelung gerichtet (siehe oben Rdn. 266, 357 f.).

840 HansOLG Hamburg, 06.06.1996, 3 U 9/96, GRUR 1997, 147, Ls.; Ahrens/Büttner, Kap. 57, Rn. 8; *Köhler*/Bornkamm/Feddersen, § 12, Rn. 3.62; FBO/Büscher, § 12, Rn. 156; Teplitzky/Feddersen, Kap. 55, Rn. 40aff.; a.A. OLG Frankfurt, 20.11.1997, 6 U 139/97, WRP 1998, 223, Ls.; Ahrens, WRP 1999, 1 (6).

841 FBO/Büscher, § 12, Rn. 154; Teplitzky/Feddersen, Kap. 55, Rn. 40; Zöller/G. Vollkommer, § 929, Rn. 10; jeweils m.w.N.

a) Beglaubigte Abschrift des Titels für den Gläubiger (Amtszustellung)

379 Eine wichtige Grundvoraussetzung für eine wirksame Zustellung ist zunächst, dass dem Gläubiger selbst eine nach § 169 ZPO ordnungsgemäß beglaubigte Abschrift des Titels zugestellt wird (§§ 317, 329 ZPO). Das gilt für Beschlussverfügungen, die als Vollstreckungstitel gemäß § 329 Abs. 3 ZPO zugestellt werden müssen, auch ohne besondere Verweisung in § 329 Abs. 1 ZPO auf § 317 Abs. 1 ZPO.[842] Unter der Geltung des § 317 ZPO a.F., der bis zum 30.06.2014 die Amtszustellung einer Ausfertigung des Titels vorsah (§ 317 Abs. 4 a.F.), war insoweit die Zustellung einer Ausfertigung des Titels erforderlich.[843] Seit dem 01.07.2014 ist die Zustellung einer beglaubigten Abschrift hinreichend; eine Ausfertigung wird nur noch auf besonderen Antrag erteilt (§ 317 Abs. 2, Abs. 4 ZPO).[844] Die Zustellung einer beglaubigten Abschrift ist stets dann ausreichend, wenn das Gesetz – wie im Falle der einstweiligen Verfügung – keine andere Regelung enthält.[845] Der Gläubiger muss für die Parteizustellung keine vollstreckbare Ausfertigung beantragen. Einer Vollstreckungsklausel bedarf die einstweilige Verfügung grundsätzlich nicht (§ 929 Abs. 1 ZPO).[846]

380 Die beglaubigte Abschrift ist eine Zweitschrift (auch Ablichtung), die einen von diesem unterschriebenen Beglaubigungsvermerk des Urkundsbeamten der Geschäftsstelle aufweist, durch den die Übereinstimmung der Abschrift mit dem Original bestätigt werden soll (§ 169 Abs. 2 ZPO).[847] Eine bestimmte Form der Beglaubigung ist nicht vorgeschrieben.[848] Es muss aber deutlich werden, dass die Abschrift und die Urschrift gleichlautend sind.[849] Die vollständige Zustellung des Schriftstücks – d.h. aller Seiten – ist erforderlich[850], also auch einschließlich aller nach dem Inhalt des Titels zugehöriger

842 Zöller/Feskorn, § 329, Rn. 31 und Rn. 44.

843 BGH, 09.06.2010, XII ZB 132/09, BGHZ 186, 22, Rn. 12 ff.; die Entscheidung des BGH, 23.10.2003, I ZB 45/02, BGHZ 156, 335, 337, juris Rn. 26 – *Euro-Einführungsrabatt*, besagte nichts anderes; a.A. insoweit Berneke/Schüttpelz, Rn. 589.

844 OLG Frankfurt, 17.11.2016, 6 U 167/16, juris Rn. 21 (für die Vollziehung im Parteibetrieb keine Zustellung einer Urteilsausfertigung mehr erforderlich – insoweit nicht abgedruckt in CR 2017, 82); OLG München, 14.09.2017, 6 U 1864/17, WRP 2017, 1538, Os. 1 und juris Rn. 43; Berneke/Schüttpelz, Rn. 588 und 591; Zöller/Feskorn, § 317, Rn. 2 und 4, § 329, Rn. 18 und 44, und Zöller/G. Vollkommer, § 922, Rn. 11, § 929, Rn. 12a; anders noch OLG Celle, 16.06.2016, 13 U 26/16, WRP 2016, 1281, 1282, juris Rn. 7 – *Altölentsorgung*; siehe i.Ü. zur älteren Rechtsprechung Berneke/Schüttpelz, Rn. 589.

845 BGH, 22.12.2015, VI ZR 79/15, BGHZ 208, 255, Rn. 9; BGH, 13.09.2017, IV ZR 26/16, NJW 2017, 3721, Rn. 11; HansOLG Hamburg, 25.07.2018, 3 U 51/18, MD (VSW) 2018, 734; Zöller/G. Vollkommer, § 922, Rn. 11.

846 BGH, 13.04.1089, IX ZR 148/88, WRP 1989, 514, 517, juris Rn. 26.

847 BGH, 13.09.2017, IV ZR 26/16, NJW 2017, 3721, Rn. 11; Zöller/Schultzky, § 169, Rn. 8 ff.

848 BGH, 23.10.2003, I ZB 45/02, BGHZ 156, 335, 337, juris Rn. 26 – *Euro-Einführungsrabatt*; BGH, 13.09.2017, IV ZR 26/16, NJW 2017, 3721, Rn. 14.

849 BGH, 13.09.2017, IV ZR 26/16, NJW 2017, 3721, Rn. 11; zu Varianten siehe Zöller/*Schultzky, § 169, Rn. 10.*

850 BGH, 10.03.1998, X ZB 31/97, BGHZ 138, 166, 169 – *Unzulängliche Zustellung*; BGH, 13.09.2017, IV ZR 26/16, NJW 2017, 3721, Rn. 11.

Anlagen, wie Fotografien, Tonträger und sonstiger Datenträger.[851] Besteht die Urschrift aus mehreren Seiten, muss sich die Beglaubigung unzweideutig auch auf das gesamte Schriftstück erstrecken und dessen Blätter als Einheit derart verbinden, dass die körperliche Verbindung als dauernd gewollt erkennbar und nur durch Gewaltanwendung zu lösen ist.[852] Ist das der Fall, dann bezieht sich ein Beglaubigungsvermerk auf dem letzten Blatt auf das gesamte Schriftstück.[853] Der Beglaubigungsvermerk muss zwar nicht zwingend auf der letzten Seite der Abschrift sein, wenn der Beglaubigungsvermerk eindeutig erkennen lässt, dass er sich auf den gesamten Inhalt des Dokuments erstreckt.[854] Ein auf der ersten Seite der Abschrift eines Schriftstücks angebrachter Vermerk, der nach seinem Inhalt weder auf ein darin bezeichnetes Dokument in seinem vollen Umfang noch auf eine bestimmte Anzahl von Dokumentenseiten verweist, ist aber nicht hinreichend.[855]

Aus § 169 Abs. 3 2, 3 ZPO wird im Umkehrschluss deutlich, dass die nicht durch **381** maschinelle Bearbeitung vorgenommene Beglaubigung neben dem Beglaubigungsvermerk nicht zwingend eines Gerichtssiegels bedarf, das bei der maschinell bearbeiteten Beglaubigung sowie bei der Zustellung der Abschrift per Telekopie indes zwingend erforderlich ist. Das Siegel ersetzt dabei die Unterschrift des Urkundsbeamten der Geschäftsstelle.[856] Wird dennoch eine Ausfertigung des Titels hergestellt, was der Wirksamkeit der Zustellung nicht entgegensteht[857], hat sie den Anforderungen des § 317 Abs. 4 ZPO zu genügen, muss also durch die Unterschrift des Urkundsbeamten, das Gerichtssiegel oder den Dienststempel und Worte wie »Ausfertigung« oder »ausgefertigt« erkennen lassen, dass es sich um eine Ausfertigung im Sinne des § 317 Abs. 4 ZPO handeln soll.[858]

b) Beglaubigte Abschrift der beglaubigten Abschrift des Titels (Parteizustellung)

Genügt der dem Gläubiger vom Gericht zugestellte Titel schon nicht den formalen **382** Anforderungen, dann kann die nachfolgende Parteizustellung auch dann an einem Mangel leiden, wenn sie selbst formgültig ist. Die Zustellung einer vom Rechtsanwalt oder Gerichtsvollzieher beglaubigten Abschrift einer der Partei vom Gericht nur erteilten einfachen Urteilsabschrift ist für die Vollziehung der einstweiligen Verfügung –

851 KG, 22.02.2017, 5 U 139/16, MD (VSW) 2017, 488 (489), juris Rn. 3; siehe auch Ahrens/Büttner, Kap. 57, Rn. 34 ff. m.w.N.

852 BGH, 23.10.2003, I ZB 45/02, BGHZ 156, 335, 337, juris Rn. 26 – *Euro-Einführungsrabatt*; BGH, 13.09.2017, IV ZR 26/16, NJW 2017, 3721, Rn. 15.

853 BGH, 13.09.2017, IV ZR 26/16, NJW 2017, 3721, Rn. 15.

854 BGH, 13.09.2017, IV ZR 26/16, NJW 2017, 3721, Rn. 15.

855 BGH, 13.09.2017, IV ZR 26/16, NJW 2017, 3721, Rn. 16; kritisch Toussaint, NJW 2017, 3722f.

856 Zöller/Feskorn, § 317, Rn. 2.

857 Zöller/Feskorn, § 317, Rn. 2 a.E.

858 BGH, 09.06.2010, XII ZB 132/09, BGHZ 186, 22, Rn. 7; siehe auch Zöller/Feskorn, § 317 Rn. 6.

vorbehaltlich einer etwaigen Heilung[859] – grundsätzlich nicht hinreichend.[860] Teils wurde allerdings unter der Geltung des § 317 ZPO a.F., der bis zum 30.06.2014 die Amtszustellung einer Ausfertigung des Titels vorsah, jedenfalls bei Urteilsverfügungen die Parteizustellung der beglaubigten Abschrift einer vom Gericht ebenfalls lediglich erteilten beglaubigten Abschrift für hinreichend erachtet.[861] Seit dem 01.07.2014 sieht § 317 Abs. 1 ZPO als Regelfall ohnehin nur noch die Amtszustellung einer beglaubigten Abschrift vor, weshalb die Parteizustellung einer vom Rechtsanwalt oder dem Gerichtsvollzieher beglaubigten Abschrift der vom Gericht erteilten beglaubigten Abschrift zum Normalfall geworden und nicht mehr fehlerhaft ist.[862] Das gilt für Urteilsverfügungen ebenso wie für Beschlussverfügungen.[863]

383 Auch dann, wenn die vom Gericht hergestellte und zugestellte beglaubigte Abschrift oder Ausfertigung des Titels fehlerfrei ist, birgt die notwendige weitergehende Parteizustellung einer einstweiligen Verfügung Fehlerquellen. Sie muss ebenfalls den Anforderungen der §§ 166 ff. ZPO entsprechen (§§ 191, 166 ZPO).[864] Daher ist die Parteizustellung einer bloß einfachen Abschrift des gerichtlichen Titels – vorbehaltlich einer etwaigen Heilung[865] – grundsätzlich nicht hinreichend.[866] Zudem können bei der notwendigen Beglaubigung der dann zuzustellenden Abschrift von der »Urschrift«, bei der es sich wiederum um die der Partei vom Gericht erteilte – regelmäßig beglaubigte –

859 Siehe dazu unten Rdn. 392 ff.

860 OLG Düsseldorf, 21.04.2015, 20 U 181/14, WRP 2015, 764, 767, Ls. und juris Rn. 57 – *Diamant-Trennscheiben* (noch zu § 317 ZPO a.F. und betr. die Zustellung einer – wenn auch vom Rechtsanwalt beglaubigten – einfachen Abschrift einer Urteilsverfügung ohne Ausfertigungs- und Beglaubigungsvermerk); OLG Koblenz, 04.05.2017, 9 W 650/16, WRP 2017, 863, 864, Ls.

861 OLG Koblenz, 16.05.1991, 6 U 1697/90, WRP 1991, 671, 673 (Urteilsverfügung nach schon erfolgter Amtszustellung); a.A. OLG Zweibrücken, 21.05.2015, 4 U 145/14, WRP 2016, 280, 281, juris Rn. 39f. – *Vollziehung einer Beschlussverfügung* m.w.N. zur älteren Rechtsprechung (noch zu § 317 ZPO a.F. und mit der Folge der Zulässigkeit eines Neuerlasses der einstweiligen Verfügung wegen der – seinerzeit noch – fehlerhaften Zustellung nur einer beglaubigten Abschrift statt einer Ausfertigung des Titels durch das Gericht); Berneke/Schüttpelz, Rn. 589.

862 OLG Frankfurt, 17.11.2016, 6 U 167/16, juris Rn. 21 (für die Urteilsverfügung – insoweit nicht abgedruckt in CR 2017, 82); OLG Frankfurt, 25.06.2018, 6 W 9/18, GRUR-RR 2018, 387, juris Rn. 18 – *Bettwaren »Made in Germany«*; OLG München, 14.09.2017, 6 U 1864/17, WRP 2017, 1538, Os. 1 und juris Rn. 43; HansOLG Hamburg, 25.07.2018, 3 U 51/18, MD (VSW) 2018, 734; ebenso Berneke/Schüttpelz, Rn. 588; Zöller/Feskorn, § 317, Rn. 2, § 329, Rn. 18 und 44.

863 HansOLG Hamburg, 25.07.2018, 3 U 51/18, MD (VSW) 2018, 734.

864 Vgl. Berneke/Schüttpelz, Rn. 585 ff.

865 Siehe dazu unten Rdn. 392 ff.

866 OLG Düsseldorf, 16.08.2005, 20 U 123/05, ZUM 2005, 825, juris Rn. 23; insoweit nicht abgedruckt in GRUR 2006, 673; OLG Düsseldorf, 21.04.2015, 20 U 181/14, WRP 2015, 764, 767, Ls. und juris Rn. 57 – *Diamant-Trennscheiben*; Ahrens/Büttner, Kap. 57. Rn. 36; Berneke/Schüttpelz, Rn. 590; a.A. OLG München, 06.02.2013, 15 U 2848/12, WRP 2013, 674, 676, Ls. (Parteizustellung einer einfachen Abschrift nach vorangegangener Amtszustellung einer Urteilsverfügung hinreichend).

Abschrift[867] handelt[868], sowohl der zur Beglaubigung befugte Gerichtsvollzieher (§ 192 Abs. 2 2 ZPO) als auch der Anwalt, der ebenfalls beglaubigen darf (§ 169 Abs. 2 2, 191, 195 ZPO)[869], Fehler machen. Auch hier muss die bei der Zustellung zu übergebende – beglaubigte – Abschrift grundsätzlich mit der Urschrift, also der dem Antragsteller erteilten Ausfertigung oder beglaubigten Abschrift, übereinstimmen, und zwar einschließlich des auf der Urschrift angebrachten Beglaubigungs- oder Ausfertigungsvermerks und der – durch »gez. Unterschrift«[870] oder »gez. (Name)«[871] ersetzbaren – Unterschrift des Urkundsbeamten der Geschäftsstelle.[872] Das Gerichtssiegel kann durch die Angabe »L.S.« (loco sigilli) ersetzt werden.[873] Die Zustellung der beglaubigten Abschrift von einer lediglich einfachen Abschrift der einstweiligen Verfügung ist nicht hinreichend.[874]

3. Person des Zustellempfängers

Die einstweilige Verfügung muss grundsätzlich an den Schuldner persönlich zugestellt **384**
werden (§ 166 Abs. 1 ZPO). Hat sich für den Schuldner indes – etwa als Reaktion auf die Abmahnung – ein Rechtsanwalt bestellt, und zwar bereits für das gerichtliche Verfügungsverfahren, so muss die Parteizustellung nach §§ 172 Abs. 1 1, 191 ZPO zwingend (»...hat ... zu erfolgen.«) an diesen erfolgen.[875] Haben sich mehrere Rechtsanwälte im Verfahren bestellt, so kann an jeden der Verfahrensbevollmächtigten zugestellt werden, solange nicht deutlich wird, dass sich der eine Prozessbevollmächtigte anstelle des anderen bestellt hat.[876] Hat sich ein Prozessbevollmächtigter für mehrere Antragsgegner bestellt, reicht die einmalige Zustellung an diesen.[877]

Die Zustellung kann nach § 195 Abs. 1 5 ZPO i.V. mit § 174 Abs. 2 1 bzw. 174 **385**
Abs. 3 1, 2 ZPO auch per Telefax bzw. in der Form eines elektronischen Dokuments

867 Die Zustellung einer Ausfertigung des Titels ist nicht mehr erforderlich (§ 317 Abs. 1 ZPO); OLG Frankfurt, 17.11.2016, 6 U 167/16, juris Rn. 21 (für die Urteilsverfügung – insoweit nicht abgedruckt in CR 2017, 82).

868 Zöller/Schultzky, § 192, Rn. 9.

869 Zöller/Schultzky, § 192, Rn. 9.

870 BGH, 06.11.1964, Ib ZB 16/64, NJW 1965, 104, 105.

871 HansOLG Hamburg, 25.06.2002, 7 W 29/2002, DGVZ 2002, 137.

872 Zöller/Schultzky, § 192, Rn. 9.

873 HansOLG Hamburg, 25.06.2002, 7 W 29/2002, DGVZ 2002, 137.

874 OLG Koblenz, 04.05.2017, 9 W 650/16, WRP 2017, 863, 864, Ls.

875 HansOLG Hamburg, 08.07.1993, 3 U 68/93, WRP 1993, 822, Ls.; OLG Celle, 07.05.1997, 13 U 37/97, GRUR 1998, 77, Ls. 2; KG, 05.09.1997, 5 U 1216/97, WRP 1998, 410, 411, *juris Rn. 20;* OLG Köln, 20.12.2000, 6 U 131/00, GRUR 2011, 456, Ls. 1 und juris Rn. 3; OLG Jena, 19.01.2011, 2 W 17/11, MD (VSW) 2011, 753, Ls. und juris Rn. 3; OLG Zweibrücken, 22.09.2014, 4 U 19/14, MD (VSW) 2014, 1146, juris Rn. 7 – *Horizontal®-Therapie*; OLG Celle, 16.06.2016, 13 U 26/16, WRP 2016, 1281, 1282, juris Rn. 9 – *Altölentsorgung*; Ahrens/Büttner, Kap. 57, Rn. 37; Teplitzky/Feddersen, Kap. 55, Rn. 43; Zöller/G. Vollkommer, § 929, Rn. 12 a.E.

876 OLG Celle, 16.06.2016, 13 U 26/16, WRP 2016, 1281, 1282, juris Rn. 9 – *Altölentsorgung.*

877 HansOLG Hamburg, 12.01.2006, 3 U 93/05, MD (VSW) 2007, 370, Ls. und juris Rn. 72; Ahrens/Büttner, Kap. 57, Rn. 37.

oder geschehen, wenn die technischen Voraussetzungen dafür geschaffen sind. Die Faxübermittlung ist schon wegen des noch nachstehend beschriebenen Problems der – durch Fax nicht darstellbaren – Farbigkeit des Titels fehlerträchtig. Dies aber auch deshalb, weil der Titel, wenn er aus mehreren Seiten besteht, nicht als einheitliches Dokument – etwa geheftet oder geklammert – übermittelt und daher auch nicht so beglaubigt werden kann.[878] Jedenfalls empfiehlt sich vorsichtshalber die Beglaubigung einer jeden Seite des Titels durch den Rechtsanwalt.

386 Die Zustellung an den gegnerischen Rechtsanwalt setzt indes voraus, dass sich ein solcher eindeutig auch für diesen Rechtszug bestellt hat.[879] Ist dem Rechtsanwalt des Schuldners eine Prozessvollmacht für den Prozess in der Hauptsache erteilt, gilt diese nach § 82 ZPO auch für das einstweilige Verfügungsverfahren. In einem solchen Fall hat der Gläubiger – wenn keine ausdrückliche Bestellung des gegnerischen Rechtsanwalts auch für das Verfügungsverfahren vorliegt – die Wahl, ob er den Titel dem in der Hauptsache bestellten Prozessbevollmächtigten des Schuldners oder dem Schuldner persönlich zustellt.[880] Soweit § 171 S 1 ZPO die Zustellung auch an jeden rechtsgeschäftlichen Vertreter mit gleicher Wirkung wie an den Vertretenen ermöglicht[881], setzt dies selbstverständlich nicht nur eine entsprechende – schriftliche (§ 171 S 2 ZPO) – Vollmacht, zur Entgegennahme von Zustellungen, sondern auch die Kenntnis des Gläubigers von einer solchen Vollmacht voraus, an der es zumeist mangeln dürfte. Die bloße Beantwortung der Abmahnung durch einen Rechtsanwalt, etwa unter Hinweis darauf, dass dieser »mit der Wahrnehmung der rechtlichen Interessen« des Abgemahnten beauftragt worden sei, enthält nicht schon eine derartige Empfangsvollmacht und ist daher nicht hinreichend.[882] Ebenso wenig der pauschale Hinweis des Rechtsanwalts auf eine bestehenden Vollmacht für »weitere Zustellungen«.[883] Deshalb ist dem Antragsteller dringend anzuraten, die Antwort auf die Abmahnung genau darauf zu prüfen, ob sie eine Bestellung für das gerichtliche Verfahren enthält oder lediglich einen Auftrag zur Beantwortung der Abmahnung erkennen lässt. Die eindeutige Mitteilung der Prozessvollmacht an den Gläubiger, so etwa wenn der Anwalt auf die Abmahnung vorprozessual seine Prozessbevollmächtigung für das anstehende Verfügungsverfahren mitteilt

878 Siehe OLG München, 14.09.2017, 6 U 1864/17, WRP 2017, 1538, Ls. 4 und Rn. 51.

879 HansOLG Hamburg, 15.05.1997, 3 U 225/96, OLGR Hamburg 1997, 263, Ls. und juris Rn. 3; OLG Köln, 20.12.2000, 6 U 131/00, GRUR 2011, 456, Ls. 1 und juris Rn. 3; OLG Zweibrücken, 22.09.2014, 4 U 19/14, MD (VSW) 2014, 1146, juris Rn. 7 – *Horizontal®-Therapie.*

880 OLG Frankfurt, 01.09.1983, 16 U 202/83, MDR 1984, 58; OLG Nürnberg, 02.10.2001, 3 U 2727/01, MD (VSW) 2002, 201; OLG Oldenburg, 25.10.2001, 1 U 102/01, MDR 2002, 290, Ls. 1 und juris Rn. 18; Zöller/Althammer, § 82, Rn. 1, und Zöller/G. Vollkommer, § 929, Rn. 13;

881 Vgl. *Köhler*/Bornkamm/Feddersen, § 12, Rn. 3.71.

882 OLG Köln, 10.01.2005, 6 W 117/04, GRUR-RR 2005, 143, juris Rn. 5 f.; HansOLG Hamburg, 28.04.2006, 5 U 199/05, GRUR-RR 2006, 355, Ls. und juris Rn. 27; jetzt auch *Köhler/Bornkamm/Feddersen, § 12, Rn. 3.63*; a.A. Anders, WRP 2003, 204, 205.

883 OLG Zweibrücken, 22.09.2014, 4 U 19/14, MD (VSW) 2014, 1146, juris Rn. 7 – *Horizontal®-Therapie.*

oder erklärt, für dieses Verfahren zustellungsbevollmächtigt zu sein, ist indes hinreichend, um die Pflicht zur Zustellung des Titels an den Prozessbevollmächtigten auszulösen.[884]

Hat der Schuldner durch seinen Prozessbevollmächtigten eine Schutzschrift eingereicht **387** und bestellt sich der Rechtsanwalt darin für den Schuldner und das gerichtliche Verfahren[885], so ist an dessen Prozessbevollmächtigten nur dann zuzustellen, wenn dieser im Rubrum der einstweiligen Verfügung angeführt ist und der Gläubiger dadurch Kenntnis von der Bestellung erlangt hat.[886] Hat das Gericht den Prozessbevollmächtigten des Schuldners versehentlich nicht in das Rubrum des Titels aufgenommen und weiß der Gläubiger deshalb nichts von der Bestellung des gegnerischen Prozessbevollmächtigten, kann an den Schuldner persönlich zugestellt werden.[887] Ist dem Antragsteller allerdings die Schutzschrift zusammen mit der einstweiligen Verfügung zugestellt worden, dann muss er auch die dortige Bestellung des Prozessbevollmächtigten des Gegners beachten.[888]

Zwar wird in der Rechtsprechung die Auffassung vertreten, dass dann, wenn das Verhal- **388** ten des Schuldners insgesamt darauf angelegt war, die Zustellung der einstweiligen Verfügung zum Zwecke der Vollziehung gezielt zu vereiteln, u.U. die Berufung auf die Versäumung der Vollziehungsfrist rechtsmissbräuchlich und daher unbeachtlich sein kann.[889] Da aber die Vollziehungsfrist der Disposition der Parteien wie auch des Gerichts entzogen ist[890], kann der Rechtsmissbrauchseinwand die unmittelbaren Folgen der Versäumung der Vollziehungsfrist nicht hindern.

Im Zweifel ist der Antragsteller gut beraten, die Zustellung sowohl an den Schuldner **389** als auch an dessen (möglichen) Prozessbevollmächtigten zu bewirken. Die aufzuwendenden Zusatzkosten sind vergleichsweise gering.

Nachdem der BGH entschieden hat, dass der Rechtsanwalt durch die Verweigerung **390** der Ausstellung des Empfangsbekenntnisses im Rahmen einer Zustellung von Anwalt zu Anwalt gemäß § 195 ZPO keine ahndbare Berufspflichtverletzung begeht, weil es

884 HansOLG Hamburg, 31.01.2002, 3 U 83/01, MD (VSW) 2002, 407 (410), juris Rn. 59 ff.; 28.04.2006, 5 U 199/05, GRUR-RR 2006, 355, Ls. und juris Rn. 2; OLG Köln, 20.12.2000, 6 U 131/00, GRUR 2001, 456.

885 Zur Einreichung einer Schutzschrift mit ausdrücklichem Hinweis auf die fehlende Bestellung für das gerichtliche Verfahren siehe OLG Frankfurt, 11.02.2016, 6 U 188/15, WRP 2016, 637, juris Rn. 4.

886 BGH, 06.04.2011, VIII ZR 22/10, NJW-RR 2011, 997, Ls. und Rn. 13; HansOLG Hamburg, 03.09.1986, 3 W 144/84, WRP 1987, 121, 122; KG, 05.09.1997, 5 U 1216/97, WRP 1998, 410, 411, juris Rn. 20; OLG Jena, 19.01.2011, 2 W 17/11, MD (VSW) 2011, 753, Ls. und juris Rn. 3; *Köhler*/Bornkamm/Feddersen, § 12, Rn. 3.63; Teplitzky/Feddersen, Kap. 55, Rn. 43.

887 HansOLG Hamburg, 14.04.2005, 3 U 222/04, WRP 2006, 771, Ls. 3 und juris Rn. 91 ff.

888 OLG Köln, 09.06.2000, 6 W 54/00, GRUR-RR 2001, 71, Os. 1 und juris Rn. 2.

889 OLG Frankfurt, 11.02.2016, 6 U 188/15, WRP 2016, 637, juris Rn. 8 f., mit Anm. Ruhl, WRP 2016, 638 ff.; *Köhler*/Bornkamm/Feddersen, § 12, Rn. 3.63.

890 BGH, 22.10.1992, IX ZR 36/92, BGHZ 120, 73, 87, juris Rn. 41 – *Straßenverengung.*

insoweit an der notwendigen ausdrücklichen und klaren gesetzlichen Grundlage fehlt[891], hatten Rechtsanwälte nicht selten die Erteilung eines Empfangsbekenntnisses bei der Zustellung von Anwalt zu Anwalt verweigert.[892] Die angeführte BGH-Rechtsprechung ist allerdings nach der Einführung des § 14 BORA, für den die BRAO-Reform in § 59b Abs. 2 Nr. 8 BRAO die Rechtsgrundlage geschaffen hat, überholt.[893] Das schließt es aber nicht aus, dass das Empfangsbekenntnis dennoch standeswidrig verweigert wird. In diesem Fall muss der Weg über die Zustellung durch den Gerichtsvollzieher gewählt werden (§§ 192 ff. ZPO)[894], denn die Zustellung ist bei verweigertem Empfangsbekenntnis nicht wirksam.[895]

391 Auch kann es vorkommen, dass zwar wegen der Zustellung des gefaxten Dokuments vom Prozessbevollmächtigten des Schuldners ein Empfangsbekenntnis ausgestellt, letzteres aber für die Übermittlung einer weiteren beglaubigten Abschrift per Post – etwa unter Hinweis darauf, dass der Zustellwille nur für die erste Fax/Zustellung erkennbar ist – verweigert wird. Das kann dann einer wirksamen Vollziehung entgegen stehen, wenn die dem Gläubiger zugestellte Abschrift des Titels farbige Darstellungen aufweist, die sich zwar auch auf der per Post übermittelten Abschrift, nicht aber auf dem Faxdokument finden.[896] In solchen Fällen darf sich der Gläubiger nicht mit dem Empfangsbekenntnis für die Faxzustellung begnügen. Gleiches gilt, wenn die Beglaubigung des gefaxten Titels unzureichend ist, weil sie die Zusammengehörigkeit einzelner gefaxter Seiten des Titels nicht erkennen lässt.

4. Heilung von Zustellmängeln

a) Mängel des Zustellungsvorgangs

392 Mängel des Zustellvorgangs können nach § 189 ZPO geheilt werden. Das muss aber, um die Vollziehungsfrist zu wahren, innerhalb der Frist erfolgen.

393 Dazu ist es aber zunächst erforderlich, dass die Zustellung auch tatsächlich mit Zustellwillen erfolgt. Die mit der Zustellung verbundene Rechtsfolge – im vorliegenden Zusammenhang die Vollziehung – muss gewollt sein.[897] Zufälliger Zugang reicht

---

891 BGH, 07.11.2014, 2 AGH 9/142, NJW 2015, 890; BGH, 06.10.2015, AnwSt (R) 4/15, NJW 2015, 3673.

892 Siehe hierzu auch Kalaitzis, Haftungsfalle Empfangsbekenntnis, NJW 2016, 1542.

893 Zöller/Schultzky, § 195, Rn. 6.

894 Vgl. HansOLG Hamburg, 24.04.2017, 8 W 14/17, MD (VSW) 2017, 740 (keine Kostenerstattung für die Auslandszustellung nach verweigerter Annahme beim Versuch der Zustellung von Anwalt zu Anwalt, weil Zustellung an den Anwalt durch Gerichtsvollzieher möglich).

895 BGH, 13.04.1989, IX ZR 148/88, WRP 1989, 514, 517 f., juris Rn. 28; OLG Karlsruhe, 23.03.2016, 6 U 38/16, WRP 2016, 1299, 1300 – *Verweigertes Empfangsbekenntnis*; zweifelnd Zöller/G. Vollkommer, § 929, Rn. 12b.

896 Siehe zur Frage der Zustellung von Titeln mit farbigen Abbildungen oder farbiger Anlage unten Rdn. 412 ff.

897 Zöller/Schultzky, § 189, Rn. 2 m.w.N.

nicht.[898] Nicht heilbar ist daher eine Zustellung, die einem bestimmten Adressaten ohne einen entsprechenden Zustellwillen des Gerichts zugeht.[899]

Anders liegt es dann, wenn zwar nicht an den nach den §§ 166 ff. ZPO eigentlich zu wählenden Adressaten, sondern an einen Dritten zugestellt worden ist, es sich aber – wie insbesondere bei §§ 170 bis 172 ZPO – bereits aus dem Gesetz selbst ergibt, wem das Dokument zugestellt werden kann.[900] In solchen Fällen wird die zunächst an den falschen Empfänger vorgenommene Zustellung gemäß § 189 ZPO geheilt, wenn das zugestellte Schriftstück dem richtigen Zustellempfänger tatsächlich – zum Verbleib[901] – zugeht.[902] So etwa dann, wenn das zuzustellende Schriftstück entgegen § 172 Abs. 1 ZPO nicht an den Prozessbevollmächtigten, sondern an die Partei selbst zugestellt wurde, es aber dem Prozessbevollmächtigten sodann tatsächlich zugegangen ist.[903] Auch der umgekehrte Fall ist denkbar. Ebenso, wenn der zunächst nicht bevollmächtige Rechtsanwalt, nachdem ihm das Schriftstück zugestellt worden ist, noch Prozessvollmacht erhält.[904] Die bloße Möglichkeit zur Kenntnisnahme reicht nicht.[905] **394**

Ob es für eine Heilung erforderlich ist, dass dem richtigen Zustellungsempfänger gerade das zunächst dem falschen Empfänger zugestellte Schriftstück – also das nämliche Schriftstück – zugeht, ist streitig. Teils wird bereits der Zugang per Fax-Kopie oder per E-Mail für hinreichend erachtet.[906] Richtigerweise ist es aber erforderlich, dass dem richtigen Zustellungsempfänger das dem falschen zugestellte Exemplar des Schriftstücks **395**

898 Zöller/Schultzky, § 189, Rn. 2 m.w.N.

899 BGH, 29.03.2017, VIII ZR 11/16, NJW 2017, 2472, Ls. 1.

900 BGH, 29.03.2017, VIII ZR 11/16, NJW 2017, 2472, Ls. 2 und Rn. 47.

901 BGH, 15.03.2007, 5 StR 536/06, NJW 2007, 1605, 1606; BFH, 06.05.2014, GrS 2/13, NJW 2014, 2524, Rn. 65 ff.; Zöller/Schultzky, § 189, Rn. 4f.

902 Siehe Ahrens/Büttner, Kap. 57, Rn. 40; FBO/Büscher, § 12, Rn. 158; *Köhler*/Bornkamm/Feddersen, § 12, Rn. 3.64 f.; Teplitzky/Feddersen, Kap. 55, Rn. 44.

903 BGH, 29.03.2017, VIII ZR 11/16, NJW 2017, 2472, Rn. 43, dort auch weitere Beispiele für heilbare Zustellmängel im Bereich der gesetzlichen oder gewillkürten Vertretung.

904 BGH, 07.12.2010, VI ZR 48/10, NJW-RR 2011, 417, Rn. 11.

905 BGH, 23.02.1978, II ZR 37/77, NJW 1978, 1325; BGH, 13.04.1992; II ZR 105/91, NJW 1992, 2099, 2100; 04.05.2011, XII ZB 632/10, NJW-RR 2011, 1011, Rn. 11; KG, 21.12.2004, 5 U 160/04, MD (VSW) 2005, 278; Ahrens/Büttner, Kap. 57, Rn. 47; *Köhler*/Bornkamm/Feddersen, § 12, Rn. 3.64.

906 KG, 21.12.2004, 5 U 160/04, MD (VSW) 2005, 278; KG, 31.01.2011, 5 W 274/10, WRP 2011, 612; OLG Frankfurt, 06.02.2017, 19 U 190/16, Ls. juris; *Köhler*/Bornkamm/Feddersen, § 12, Rn. 3.64; Zöller/G. Vollkommer, § 929, Rn. 14 (Kopie reicht); differenzierend Ahrens/Büttner, Kap. 57, Rn. 47 (Kopie ja, Telefax nein).

zugeht.[907] Wesentliches und unverzichtbares Erfordernis einer Heilung ist, dass der Adressat der einstweiligen Verfügung das Dokument auch »tatsächlich« (§ 189 ZPO) erhält, mithin »es in die Hand bekommt«.[908] Die Authentizität einer im Parteibetrieb zugestellten Beschlussverfügung ist jedenfalls in Fällen des Verstoßes gegen § 172 Abs. 1 ZPO anhand der vom falschen Zustellempfänger (der Partei) selbst hergestellten und dem richtigen Empfänger (dem Prozessbevollmächtigten) übermittelten Kopie des zugestellten Verfügungstitels nicht hinreichend überprüfbar. Die Partei bietet nicht die gleiche Gewähr für die inhaltliche Übereinstimmung des bloß in Kopie weitergeleiteten Titels mit der ihr zugestellten Ausfertigung oder beglaubigten Abschrift des Titels wie dies bei einer Zustellung des Titels durch einen Rechtsanwalt grundsätzlich ebenso der Fall ist wie bei einer Amtszustellung. Daher wird durch einen solchen Vorgang keine Heilung des Zustellmangels gemäß § 189 ZPO bewirkt.[909]

396 Heilung nach § 189 ZPO ist aber dann möglich, wenn die tatsächlich erfolgte Zustellung nicht hinreichend, etwa durch eine Zustellungsurkunde, belegt ist oder Formvorschriften beim Zustellungsakt verletzt sind.[910] Ob die Zustellung eines nicht den Formvorschriften des § 317 ZPO genügenden Schriftstücks nach § 189 ZPO heilbar ist, ist streitig. Bislang sind derartige Mängel zumeist nicht als solche des Zustellvorgangs i.S. des § 189 ZPO, sondern als Mängel des Schriftstücks angesehen worden, die nicht nach § 189 ZPO heilbar sind.[911] Nach neueren Entscheidungen des BGH handelt es sich indes jedenfalls bei der Zustellung eines nicht beglaubigten Schriftstücks um einen nach § 189 ZPO heilbaren Mangel des Zustellvorgangs.[912] Siehe dazu die nachfolgenden Ausführungen zum Thema »Mängel des Schriftstücks«.

---

907 BGH, II ZR 105/91, NJW 1992, 2099, 2100; 15.03.2007, 5 StR 536/06, NJW 2007, 1605, 1606, juris Rn. 14; 04.05.2011, XII ZB 632/10, NJW-RR 2011, 1011, Rn. 11; BFH, 06.05.2014, GrS 2/13, NJW 2014, 2524, Rn. 68; OLG Hamm, 14.03.1991, 4 U 17/91, MDR 1992, 78; OLG Karlsruhe, 24.05.2004, 19 U 36/04, OLG Report 2004, 361; 22.01.2014, 6 U 118/13 DGVZ 2014, 127 (129); OLG Zweibrücken, 29.07.2005, 6 UF 58/04, FamRZ 2006, 128; HansOLG Hamburg, 30.06.2005, 3 U 221/04, OLG Report 2006, 572 (573), Ls. und juris Rn. 26; 12.01.2006, 3 U 93/05, MD (VSW) 2007, 370; 22.12.2017, 3 W 38/17, juris; OLG Jena, 26.11.2010, 2 U 190/10, MD (VSW) 2011, 755; OLG München, 14.09.2017, 6 U 1864/17, WRP 2017, 1538, Os., juris Rn. 46; Ahrens/Büttner, Kap. 57, Rn. 47 (Telefax reicht jedenfalls nicht); Zöller/Schultzky, § 189, Rn. 4.

908 BGH, 15.03.2007, 5 StR 536/06, NJW 2007, 1605, Rn. 14; BFH, 06.05.2014, GrS 2/13, NJW 2014, 2524, Ls. und Rn. 65 ff.; Zöller/Schultzky, § 189, Rn. 4.

909 HansOLG Hamburg, 22.12.2017, 3 W 38/17, juris (auch nicht unter Berücksichtigung der neueren Rechtsprechung des BGH, 22.12.2015, VI ZR 79/15, BGHZ 208, 255 – siehe dazu unten »Mängel des Schriftstücks«).

910 Zöller/Schultzky, § 189, Rn. 7 m.w.N.

911 OLG Karlsruhe, 22.01.2014, 6 U 118/13, DGVZ 2014, 127, juris Rn. 22; Zöller/Schultzky, § 189, Rn. 8 m.w.N.

912 BGH, 22.12.2015, VI ZR 79/15, BGHZ 208, 255, Rn. 17; BGH, 13.09.2017, IV ZR 26/16, NJW 2017, 3721, Rn. 17; a.A. Zöller/Schultzky, § 189, Rn. 9 (Zustellungsvorschriften der §§ 166–195 ZPO enthalten keine Aussage darüber, in welcher Form das Schriftstück zuzustellen ist).

b) Mängel des Schriftstücks

aa) Formale Mängel

Kommt es schon bei der Herstellung einer beglaubigten Abschrift oder Ausfertigung durch das Gericht zu Fehlern, weil etwa nur eine einfache oder eine sonst fehlerhafte, weil nicht den Vorschriften des § 317 ZPO genügende, Abschrift zugestellt worden ist, dann galt die Zustellung bislang als unheilbar unwirksam. Nach der Rechtsprechung galten Mängel des zugestellten Schriftstücks selbst als unheilbar, weil angesichts des Umstandes, dass die Zustellungsvorschriften der ZPO (§§ 166 – 195 ZPO) keine Aussage darüber enthielten, in welcher Form (Urschrift, Ausfertigung oder beglaubigte Abschrift) das Schriftstück zuzustellen sei, kein Zustellmangel vorliege, der nach § 189 ZPO heilbar sei.[913] So etwa, wenn die Abschrift oder Ausfertigung keinen ordnungsgemäßen Beglaubigungsvermerk aufwies, also z.B. der Abschrift die Unterschrift des Urkundsbeamten oder der Ausfertigung Unterschrift und/oder Siegel fehlte. Dann fehlte es nach der früheren Rechtsprechung für den Zustellungsempfänger an der notwendigen Gewähr, dass das ihm zugestellte Schriftstück der Urschrift entsprach.[914] Ebenso dann, wenn das Schriftstück aus mehreren Blättern – einschließlich etwaiger Anlagen – besteht und der Beglaubigungsvermerk nicht eindeutig erkennbar macht, dass er den Gleichlaut aller Seiten des Schriftstücks bestätigt.[915] **397**

In der Folge galt auch die Zustellung einer vom Gerichtsvollzieher oder Rechtsanwalt nicht oder nicht ordnungsgemäß beglaubigten Abschrift der vom Gericht erteilten Ausfertigung oder beglaubigten Abschrift – oder auch einer nur einfachen Abschrift des gerichtlichen Titels – als fehlerhaft und unheilbar unwirksam und wurde damit im Verfügungsverfahren oft die Vollziehungsfrist versäumt.[916] Ebenso, wenn dem Titel eine Anlage beigefügt und gerade auch deren Übereinstimmung mit der Urschrift nicht **398**

913 Ahrens/Büttner, Kap. 57, Rn. 41 und 45; Harte/Henning/Retzer, § 12, Rn. 539; Teplitzky/Feddersen, Kap. 55, Rn. 44; Zöller/Schultzky, § 169, Rn. 12 und § 189, Rn. 8 f.; jeweils m.w.N.

914 Vgl. BGH, 24.03.1987, KVR 10/85, BGHZ 100, 234, 237, juris Rn. 12 – *Frischemärkte*; BGH, 09.06.2010, XII ZB 132/09, BGHZ 186, 22, Rn. 8; OLG Karlsruhe, 22.01.2014, 6 U 118/13, DGVZ 2014, 127 (129), juris Rn. 27; OLG Zweibrücken, 21.05.2015, 4 U 145/14 WRP 2016, 280, 281, juris Rn. 39f. – *Vollziehung einer Beschlussverfügung* (noch zu § 317 ZPO a.F. und mit der Folge der Zulässigkeit eines Neuerlasses der einstweiligen Verfügung wegen der – seinerzeit noch – fehlerhaften Zustellung nur einer beglaubigten Abschrift statt einer Ausfertigung des Titels durch das Gericht).

915 Vgl. BGH, 23.10.2003, I ZB 45/02, BGHZ 156, 335, 337, juris Rn. 26 – *Euro-Einführungsrabatt*; siehe auch OLG München, 14.09.2017, 6 U 1864/17, WRP 2017, 1538, Ls. 4 und Rn. 51.

916 OLG München, 25.04.2013, 29 U 194/13, GRUR-RR 2013, 403, 404, juris Rn. 32; OLG Düsseldorf, 21.04.2015, 20 U 181/14, WRP 2015, 764, 767, juris Rn. 58 – *Diamant-Trennscheiben* (noch zu § 317 ZPO a.F. und Zustellung nur einer einfachen Abschrift ohne Ausfertigungs- und Beglaubigungsvermerk); OLG Koblenz, 04.05.2017, 9 W 650/16, WRP 2017, 863, 864, Ls. (Zustellung der beglaubigten Abschrift einer einfachen Abschrift des gerichtlichen Titels); Ahrens/Ahrens, Kap. 57, Rn. 41; Zöller/Stöber, 31. Aufl., § 189, Rn. 8 m.w.N., und § 192 Rn. 7.

hinreichend beglaubigt ist, etwa weil der Beglaubigungsvermerk die Anlage nicht erfasst, oder wenn sonst Teile des Schriftstücks nicht beglaubigt sind.[917]

399 Davon kann aber nach der neueren Rechtsprechung des BGH nicht mehr als selbstverständlich ausgegangen werden.

400 Der BGH hatte drei Fälle zu entscheiden, in denen der klägerische Rechtsanwalt der eingereichten Klage zwar Abschriften beigefügt hatte, die den Stempel »Beglaubigte Abschrift« aufwiesen, tatsächlich aber nicht durch die Unterschrift des Rechtsanwalts beglaubigt waren. Die Klagen waren den Beklagten unter Verwendung jener Abschriften zugestellt worden. Das Berufungsgericht hatte angenommen, die Klagen sei durch die Zustellung der nicht beglaubigten Abschriften nicht rechtshängig geworden und die Ansprüche deshalb im Ergebnis verjährt. Eine Heilung des Zustellmangels nach § 189 ZPO komme nicht in Betracht, weil nach der Vorschrift – entsprechend der herrschenden Auffassung und nach der Gesetzesbegründung – nur Mängel des Zustellvorgangs, nicht aber solche Mängel heilbar seien, die dem zuzustellenden Schriftstück selbst anhafteten.[918]

401 Der BGH hat alle drei Entscheidungen aufgehoben und die Sachen an das Berufungsgericht zurückverwiesen. Er hat zwar betont, dass für die Klagerhebung nach wie vor die Zustellung einer beglaubigten Abschrift – dort der Klagschrift – erforderlich sei. Bei diesem Erfordernis handele es sich aber um eine Zustellungsvorschrift im Sinne von § 189 ZPO (§ 187 ZPO aF).[919] Nach Ansicht des BGH ist die Vorschrift des § 189 ZPO nach ihrem Wortlaut, dem Bedeutungszusammenhang, ihrem Sinn und Zweck und der Entstehungsgeschichte dahin auszulegen, dass sie auch die Form der Zustellung als Teil des Zustellungsvorgangs erfasse. Bei der im dortigen Fall durch die Geschäftsstelle veranlassten Zustellung einer einfachen statt einer beglaubigten Abschrift der Klageschrift handele um eine Verletzung zwingender Zustellungsvorschriften, die nach § 189 ZPO geheilt werden könne.[920] Danach bedarf es besonderer Gründe, die Zustellungswirkung entgegen dem Wortlaut der Regelung in § 189 ZPO nicht eintreten zu lassen.[921] Eine fehlende Übereinstimmung zwischen der zugestellten

917 Zöller/Schultzky, § 189, Rn. 10 m.w.N.

918 OLG Karlsruhe, 11.12.2014, 9 U 87/13, WM 2015, 1816; juris Rn. 51 m.w.N.; ebenso wohl OLG Karlsruhe, 11.12.2014, 9 U 77/13 (dem BGH-Urteil v. 22.12.2015, VI ZR 79/15, BGHZ 208, 255, zugrunde liegende Berufungsentscheidung); 11.12.2014, 9 U 155/13 (dem BGH-Urteil v. 19.04.2016, VI ZR 131/15, juris, zugrunde liegende Berufungsentscheidung).

919 BGH, 22.12.2015, VI ZR 79/15, BGHZ 208, 255, Ls. 2 und Rn. 20 ff. (26); BGH, 19.04.2016, VI ZR 131/15, juris; BGH, 19.04.2016, VI ZR 118/15, Rn. 20 ff. (26), juris.

920 BGH, 22.12.2015, VI ZR 79/15, BGHZ 208, 255, Rn. 17; BGH, 19.04.2016, VI ZR 118/15, Rn. 17, juris; ebenso OLG Frankfurt, 30.12.2013, 21 U 23/11, juris; 06.02.2017, 19 U 190/16, juris Rn. 15 (Übersendung der Kopie einer beglaubigten Urteilsabschrift danach ausreichend); *Zöller/G. Vollkommer*, § 929, Rn. 12b.

921 BGH, 22.12.2015, VI ZR 79/15, BGHZ 208, 255, Rn. 22; BGH, 19.04.2016, VI ZR 118/15, Rn. 22, juris.

Abschrift und der Urschrift kann der Zustellempfänger danach rügen[922], Abweichungen können nicht zu seinen Lasten gehen.[923]

Damit hat der BGH in Abweichung von einer Entscheidung aus dem Jahre 1987[924] seine noch frühere und teils als überholt bezeichnete[925] Rechtsprechung zu § 187 ZPO a.F.[926] bestätigt.[927] Diese Rechtsprechung des BGH setzt sich fort.[928] Es ist zu erwarten, dass die Entscheidung schon bald Eingang auch in die Rechtsprechung durch den I. Zivilsenats des BGH zum gewerblichen Rechtsschutz finden wird. **402**

In die Instanzrechtsprechung hat sie schon Eingang gefunden. Das OLG München hat allerdings auf die vom BGH für möglich gehaltenen Ausnahmen von einer Heilungsmöglichkeit in solchen Fällen, in denen von vornherein jegliche Zweifel an der Authentizität und Amtlichkeit des zugestellten Schriftstücks ausgeschlossen sein sollen[929], verwiesen und mit Blick auf die bei einer Beschlussverfügung notwendige Wirksamkeitszustellung eine Heilungsmöglichkeit für den Fall verneint, dass die zugestellte Beschlussverfügung keinen hinreichenden Beglaubigungsvermerks aufweist.[930] Das HansOLG Hamburg hat die Anwendung der angeführten BGH-Rechtsprechung in solchen Fällen, in denen die einstweilige Verfügung entgegen § 172 ZPO fälschlich der Partei selbst zugestellt und von dieser anschließend dem Prozessbevollmächtigten lediglich in einfacher Abschrift (Kopie) übermittelt wird, ebenfalls abgelehnt, weil die Partei nicht die gleiche Gewähr für die Authentizität der übermittelten Beschlussverfügung biete wie dies bei einer Zustellung des Titels durch einen Rechtsanwalt der Fall sei.[931] **403**

---

922 Anders noch BGH, 15.04.1957, II ZR 23/56, BGHZ 24, 116 – keine Heilung von Beglaubigungsmängeln dadurch, dass sich der Zustellungsempfänger bei der Ausführung der Zustellung durch Einsicht und Vergleich mit der ihm nicht verbleibenden Urschrift des zuzustellenden Schriftstückes von der inhaltlichen Richtigkeit der Abschrift überzeugen kann.

923 BGH, 22.12.2015, VI ZR 79/15, BGHZ 208, 255, Rn. 23 f; BGH, 19.04.2016, VI ZR 131/15, juris; BGH, 19.04.2016, VI ZR 118/15, Rn. 23, juris.

924 BGH, 24.03.1987, KVR 10/85, BGHZ 100, 234, 237, juris Rn. 12f. – *Frischemärkte*; dort (Rn. 14 ff.) zweifelnd an der Rechtsprechung anderer Senate des BGH.

925 OLG Karlsruhe, 11.12.2014, 9 U 87/13, WM 2015, 1816; juris Rn. 51; Ahrens/Büttner, Kap. 57, Rn. 41; Zöller/Stöber, 31. Aufl., § 189, Rn. 9.

926 BGH, 08.10.1964, III ZR 152/63, NJW 1965, 104; NJW 1965, 104; 25.01.1980, V ZR 161/76, NJW 1980, 1754, 1755.

927 BGH, 22.12.2015, VI ZR 79/15, BGHZ 208, 255, Rn. 19f.

928 BGH, 13.10.2016, V ZB 174/15, NJW 2017, 411, Rn. 21 f.; BGH, 13.09.2017, IV ZR 26/16, NJW 2017, 3721, Rn. 17f.

929 BGH, 22.12.2015, VI ZR 79/15, BGHZ 208, 255, Rn. 22.

930 OLG München, 14.09.2017, 6 U 1864/17, WRP 2017, 1538, Ls., juris Rn. 52.

931 HansOLG Hamburg, 22.12.2017, 3 W 38/17, juris Rn. 65 ff. (offen gelassen danach, ob die BGH-Rechtsprechung auch für die Parteizustellung vom Gerichtsvollzieher an die – nicht anwaltlich vertretenen – Partei oder die Parteizustellung von Anwalt zu Anwalt Gültigkeit beanspruchen kann), unter Abänderung der Entscheidung LG Hamburg, 05.04.2017, 327 O 18/17, juris; siehe zur Entscheidung des LG Hamburg auch Danckwerts, GRURPrax 2017, 516.

404 Handelt es sich nach der BGH-Rechtsprechung bei der Zustellung einer einfachen statt einer beglaubigten Abschrift der Klageschrift um eine Verletzung zwingender Zustellungsvorschriften, die nach § 189 ZPO geheilt werden kann, dann wird man künftig auch sonstige – nach bisheriger Lesart – »Mängel des zugestellten Schriftstücks«, die die Übereinstimmung von Urschrift und Abschrift nicht berühren, als geheilt ansehen können, wenn eine gerichtliche Zustellung mit entsprechendem Zustellwillen an den richtigen Empfänger gelangt.[932] Sowohl die Zustellung einfacher Abschriften von Beschlussverfügungen an den Antragsteller oder von Urteilsverfügungen an die Parteien heilt dann nach § 189 ZPO den Mangel einer fehlende Beglaubigung des Schriftstücks, wenn Abweichungen einer zugestellten Abschrift oder Ausfertigung von der Urschrift nicht bestehen.

405 Da nach der Neufassung der Zustellvorschriften eine Heilungsmöglichkeit nach § 189 ZPO auch für die Beschlussverfügung und die Parteizustellung möglich ist[933], ist auch bei solchen Mängeln der Zustellung im Parteibetrieb an eine Heilung nach § 189 ZPO zu denken. Die Parteizustellung einer einfachen Abschrift (Kopie) des vom Gericht ordnungsgemäß beglaubigten und dem Antragsteller zugestellten Titels an den Antragsgegner wäre dann hinreichend. Ebenso möglicherweise die Parteizustellung einer vom Gericht fälschlich lediglich in einfacher Abschrift zugestellten Titels. Wird der Verfügungstitel der Partei nämlich schon vom Gericht nicht – wie nach § 317 Abs. 1 ZPO nur noch erforderlich – in beglaubigter Abschrift, sondern nur als einfache Abschrift zugestellt, und ist jedenfalls dieser Mangel bei der Übereinstimmung der Abschrift mit der Urschrift zunächst nach § 189 ZPO geheilt, dann muss das auch für die Vollziehung des Titels durch die Parteizustellung einer – vom Anwalt oder Gerichtsvollzieher – beglaubigten inhaltsgleichen Abschrift der dem Antragsteller selbst zugestellten einfachen Abschrift gelten. Es muss genügen, dass der Antragsteller die einstweilige Verfügung dem Antragsgegner so zustellt, wie er sie selbst zugestellt bekommen hat.[934] Im Zweifel wird ihn das Gericht bei dem Ersuchen um die erneute Zustellung einer beglaubigten Abschrift darauf verweisen, dass der »Zustellungsmangel« geheilt sei und es daher einer beglaubigten Abschrift nicht mehr bedürfe. Abgesehen davon begönne dann der Lauf der Vollziehungsfrist auch bereits mit der Zustellung der einfachen Abschrift und ist dem Antragsteller schon wegen der Eilbedürftigkeit der Durchsetzung

---

932 A.A. OLG Karlsruhe, 11.12.2014, 9 U 87/13, WM 2015, 1816; juris Rn. 52 (die Folge wäre ein genereller Verzicht auf die Herstellung einer beglaubigten Abschrift); anders der BGH, 22.12.2015, VI ZR 79/15, BGHZ 208, 255, Rn. 27 (keine Aufgabe des grundsätzlichen Erfordernisses der Zustellung einer beglaubigten Abschrift auf Umwegen).

933 Vgl. OLG Dresden, 13.05.2003, 11 W 586/03, NJW-RR 2003, 1721; KG, 10.02.2005, 9 U 166/04, KGR 2005, 788, juris Rn. 6; KG, 31.01.2011, 5 W 274/10, WRP 2011, 612 (auch Zugang per E-Mail hinreichend); OLG Frankfurt, 06.02.2017, 19 U 190/16, juris Rn. 9 ff. (Übersendung der Kopie einer beglaubigten Urteilsabschrift ausreichend); Berneke/Schüttpelz, Rn. 585; Ahrens/Büttner, Kap. 57, Rn. 40; FBO/Büscher, § 12, Rn. 158; *Köhler*/Bornkamm/Feddersen, § 12, Rn. 3.64; Teplitzky/Feddersen, Kap. 55, Rn. 44; Zöller/Schultzky, § 191, Rn. 2, sowie *Zöller*/*G. Vollkommer*, § 929, Rn. 14.

934 Vgl. OLG Jena, 04.03.2013, 2 W 502/12, MD (VSW) 2013, 528, Ls. und Rn. 14 – *Zustellung ohne Anlagen*.

seines Anspruches nicht zuzumuten, einen zeitaufwändigen Weg zur Erlangung einer beglaubigten Abschrift zu beschreiten. Selbst die Zustellung der einfachen Abschrift einer einfachen Abschrift wäre danach möglicherweise geheilt, wenn inhaltliche Mängel ansonsten nicht vorliegen und der Zustellwille erkennbar ist. Damit wären die von der ZPO vorgesehenen Formerfordernisse »durch die Hintertür« gänzlich aufgehoben.

Vor einer eindeutigen gerichtlichen Klärung der voranstehend erörterten Fragen ist dem Antragsteller indes zu raten, sich dennoch um die Zustellung einer formgültigen beglaubigten Abschrift zu bemühen, damit er diese dem Antraggegner in beglaubigter Abschrift zustellen lassen kann. **406**

Nicht hinreichend bleibt die formlose Übersendung einer einfachen Kopie. Das schon deshalb nicht, weil es an einem Zustellvorgang mit Zustellwillen fehlt. In Fällen der Zustellung an den falschen Zustellempfänger genügt die bloß als Kopie übermittelte Abschrift der entgegen § 172 ZPO fälschlich der Partei zugestellten einstweiligen Verfügung an ihren Prozessbevollmächtigten als den richtigen Zustellempfänger ebenfalls nicht.[935] **407**

bb) Inhaltliche Mängel

Anders sind die Fälle zu beurteilen, in denen es inhaltliche Abweichungen zwischen der beglaubigten Abschrift und der Urschrift gibt. Nach der Rechtsprechung – insbesondere zur Amtszustellung – führen Abweichungen zwischen Urschrift und Ausfertigung in wesentlichen Punkten unheilbar zur Ungültigkeit der Zustellung, unwesentliche dagegen nicht.[936] **408**

Zu den wesentlichen Abweichungen zählt die Rechtsprechung etwa das Fehlen einer ganzen Seite eines Titels[937] oder Fälle, in denen der Titel auf eine ihm angeblich beigefügte Anlage verweist, die tatsächlich nicht beigefügt ist.[938] Auch in diesen Fällen liegt ein unheilbarer Zustellungsmangel vor, und zwar unabhängig davon, ob das Verbot auch ohne die Anlage aus sich heraus hinreichend verständlich ist.[939] **409**

Im Zusammenhang mit Entscheidungen zum Beginn des Laufs der Berufungsfrist (§ 517 ZPO) hat der BGH allerdings entschieden, dass die Wirksamkeit einer Urteilszustellung durch Fehler der Ausfertigung nicht in Frage gestellt wird, wenn der Zustel- **410**

935 HansOLG Hamburg, 22.12.2017, 3 W 38/17, juris Rn. 65 ff.; a.A. LG Hamburg, 05.04.2017, 327 O 18/17, juris Rn. 6.

936 BGH, 30.09.1981, IVb ZB 805/81, VersR 1982, 70, Os. und juris Rn. 8; BGH, 24.01.2001, XII ZB 75/00, NJW *2001, 1653, 1654, juris* Rn. *16*; Zöller/Schultzky, § 169, Rn. 12 m.w.N. und § 189, Rn. 10.

937 BGH, 10.03.1998, X ZB 31/97, BGHZ 138, 166, Ls.

938 BGH, 18.05.1995, VII ZR 191/94, NJW 1995, 2230, 2231, juris Rn. 12; OLG München, 02.09.2003, 29 W 2010/03, NJW-RR 2003, 1722; OLG Düsseldorf, 10.02.2010, 15 U 276/09, MDR 2010, 652, juris Rn. 13.

939 OLG München, 02.09.2003, 29 W 2010/03, NJW-RR 2003, 1722, Ls. und juris Rn. 14; OLD Düsseldorf, 10.02.2010, 15 U 276/09, MDR 2010, 652; Zöller/G. Vollkommer, § 929, Rn. 13.

lungsempfänger aus der Ausfertigung den wesentlichen Inhalt der Urschrift und insbesondere den Umfang seiner Beschwer erkennen kann; kleine unbedeutende Fehler schaden nicht.[940] Deshalb wird teilweise angenommen, dass die Parteizustellung ohne Anlagen wirksam ist, wenn der Verfügungstitel zwar auf die Antragsschrift oder sonstige Anlagen als seinen Bestandteil verweist, diese aber schon nicht Gegenstand des dem Antragsteller vom Gericht zugestellten Titels sind und der Titel dennoch aus sich heraus verständlich ist.[941] Gleiches soll gelten, wenn die vom Titel in Bezug genommene Anlage erst im Rahmen der Parteizustellung nur unvollständig übermittelt wird, ohne dass jedoch die Verständlichkeit des Inhalts und der Reichweite des Verbotes beeinträchtigt ist.[942]

411 Dagegen wird eingewendet, dass diese Frage der Verständlichkeit des Verbotes wegen der Abgrenzungsschwierigkeiten im Einzelfall nicht als Abgrenzungskriterium taugt, weshalb schon die Amtszustellung einer Beschlussverfügung, die auf die dem Beschluss tatsächlich nicht beigefügte Antragsschrift verweist, als unwirksam erachtet wird mit der Folge, dass die Vollziehungsfrist nicht zu laufen beginnt.[943] Für die Urteilsverfügung kann das nicht gelten, weil die Vollziehungsfrist hier schon ab der Verkündung läuft (§ 929 Abs. 2 ZPO)[944], es also für den Lauf der Vollziehungsfrist nicht darauf ankommt, ob die spätere Amtszustellung des Titels ordnungsgemäß ist oder überhaupt rechtzeitig innerhalb der Vollziehungsfrist erfolgt.[945]

412 Dazu, welche Auswirkung die Farbigkeit einer Verbotsverfügung oder einer dem Verbot beigefügten Anlage auf die notwendige Form der Zustellung hat, hat sich ebenfalls eine unterschiedliche Rechtsprechung entwickelt.

413 Im Lauterkeitsrecht und auch sonst im Bereich des gewerblichen Rechtsschutzes werden den (meist Unterlassungs-)Titeln vielfach antragsgemäß Anlagen beigefügt, auf die das Verbot als konkrete Verletzungsform verweist. Sind die Anlagen Gegenstand des Verbots müssen sie selbstverständlich auch in der Abschrift oder Ausfertigung des Titels hinreichend deutlich wiedergegeben sein, um von einer wirksamen Zustellung ausgehen zu können.[946]

414 Nicht selten handelt es sich aber auch um Anlagen, die farbig ausgedruckt sind. Gelegentlich werden auch Farbabbildungen unmittelbar in den Antrag und sodann in das

940 BGH, 23.04.1980, VIII ZB 6/80, VersR 1980, 771, Ls. 1 und juris Rn. 6; BGH, 13.04.2000, V ZB 48/99, NJW-RR 2000, 1665, 1666 m.w.N.; BGH, 10.11.2011, IX ZB 165/10, NJW-RR 2012, 179, Rn. 10 m.w.N.

941 OLG Frankfurt, 01.06.2011, 6 W 12/11, GRUR-RR 2011, 340, Ls. – *Ankle Tube* (unter Aufgabe der bis dahin gegenteiligen Rechtsprechung); OLG Jena, 04.03.2013, 2 W 502/12, MD (VSW) 2013, 528, Ls. und Rn. 13 – *Zustellung ohne Anlagen*.

942 OLG Bamberg, 19.03.2014, 3 U 206/13, GRUR-RR 2014, 331, 332; zustimmend Hess, WRP 2015, 317, 322.

943 OLG Koblenz, 21.03.2013, 9 U 1156/12, MD (VSW) 2013, 516, Ls. und juris Rn. 5 – *Virtueller Verkaufsraum*.

944 H.M., siehe z.B. Berneke/Schüttpelz, Rn. 572; Zöller/G. Vollkommer, § 929, Rn. 6 m.w.N.

945 Siehe etwa OLG Düsseldorf, 12.02.1987, 2 U 253/86, WRP 1987, 633, 634, Ls.

946 OLG Düsseldorf, 14.01.1993, 20 W 31/92, MDR 1994, 302.

gerichtliche Verbot aufgenommen. Dabei kommt es für die Bestimmtheit und die Reichweite des Verbots teils auf die Farbigkeit an, etwa wenn die Verletzungshandlung gerade durch eine bestimmte Farbgebung gekennzeichnet ist. In diesen Fällen begrenzt die Farbabbildung der konkreten Verletzungsform das Verbot gerade auf die konkrete Farbgebung. Gibt das gerichtliche Verbot die Farben entgegen dem Antrag nicht wieder, sondern bildet etwa den Verbotsgegenstand mittels einer normalen Schwarz/Weiß-Kopie ab, wird das Verbot entgegen § 308 Abs. 1 ZPO gegenüber dem Parteiantrag erweitert. Teils ist die Farbigkeit der Anlage für das Verbot aber ohne Bedeutung, so etwa dann, wenn es nur um den Wortlaut einer dennoch farbig wiedergegebenen Werbeangabe geht.

Ein Teil der Rechtsprechung geht dennoch auch im letztgenannten Fall davon aus, dass die Parteizustellung nicht ordnungsgemäß war und die Vollziehungsfrist deshalb durch die Zustellung einer Unterlassungsverfügung mit einer nur als Schwarzweiß-Kopie hergestellten, in der Urschrift farbigen Verbindungsanlage, nicht gewahrt ist, und zwar auch dann, wenn der Fehler beim Gerichtsvollzieher lag.[947] **415**

Mit beachtlichen Argumenten stellt ein anderer Teil der Rechtsprechung unter Berufung auf die schon zitierte BGH-Rechtsprechung zur Wirksamkeit der Zustellung von Urteilsabschriften/-ausfertigungen mit nur unbedeutenden Fehlern ab. Auch für die Parteizustellung soll es danach wegen der Farbigkeit von Verbindungsanlagen im Rahmen einer Einzelfallprüfung darauf ankommen, ob es sich dabei um einen unbedenklichen, unwesentlichen Fehler handelt oder aber ein der Wirksamkeit der Zustellung entgegenstehender Mangel in einem wesentlichen Punkt vorliegt.[948] Maßgeblich sei im Rahmen der Prüfung der Wesentlichkeit der Abweichung, ob aus der tatsächlich zugestellten Form der Abschrift der Inhalt und der Umfang der Unterlassungsverpflichtung unmissverständlich erkennbar sind.[949] Gleiches gilt selbstverständlich auch für die Parteizustellung eines Titels, der in den Tenor eingeblendete farbige Darstellungen der konkreten Verletzungsform enthält. **416**

Ist allerdings die einstweilige Verfügung mit farbigen Darstellungen beantragt und in einer Schwarz-weiß-Version erlassen worden, so kann zwar ein Verstoß gegen § 308 ZPO vorliegen, die beglaubigte Abschrift entspricht dann aber der Urschrift und ist nicht mangelhaft. Die ansonsten ordnungsgemäße Zustellung eines solchen Titels wahrt die Vollziehungsfrist. Gleiches gilt, wenn dem Gläubiger eine in Schwarzweiß ausgestellte und beglaubigte Abschrift des tatsächlich mit farbigen Darstellungen erlassenen Titels zugestellt wird. **417**

---

947 HansOLG Hamburg, 30.01.2007, 3 W 239/06, WRP 2007, 559.

948 OLG Frankfurt, 07.04.2009, 11 U 74/08, GRUR 2009, 995, 996 – *farbige Skupturen*; OLG Frankfurt, 02.04.2014, 11 W 10/14, WRP 2014, 726, 727, juris Rn. 12 – *Schmuckstücke*; dort fälschlich unter Hinweis auf die tatsächlich abweichende Rechtsprechung des HansOLG Hamburg, 30.01.2007, 3 W 239/06, WRP 2007, 559; OLG Köln, 01.09.2009, 6 W 85/09, GRUR-RR 2010, 175, 176.

949 OLG Frankfurt, 02.04.2014, 11 W 10/14, WRP 2014, 726, 727, juris Rn. 12 – *Schmuckstücke*.

5. Folgen der Versäumung der Vollziehungsfrist

418 Versäumt der Gläubiger die Vollziehungsfrist, kann der Schuldner die Aufhebung der einstweiligen Verfügung mit den dafür vorgesehenen Rechtsmitteln (§§ 924, 927 ZPO) – auch in der Berufungsinstanz – betreiben. Die Versäumung der Vollziehungsfrist führt dazu, dass aus dem Titel nicht mehr vollstreckt werden kann; sie ist unstatthaft.[950] Die einstweilige Verfügung ist unheilbar unwirksam; dennoch betriebene Vollstreckungsmaßnahmen sind unwirksam.[951] Die Fristversäumung ist in jeder Lage des Verfahrens von Amts wegen zu berücksichtigen, also auch noch in der Berufungsinstanz, und führt zur Aufhebung des Titels.[952] Die Kosten des Verfügungsverfahrens sind dem Antragsteller aufzuerlegen (§ 91 ZPO). Er kann sie auch bei materieller Begründetheit des Anspruchs nicht als Schadensersatz wieder zurückfordern.[953]

419 Zwar hat der Gläubiger grundsätzlich die Möglichkeit, einen neuen Verfügungsantrag zu stellen, wenn er zuvor die anderweitige Rechtshängigkeit des alten Titels durch Antragsrücknahme oder Verzichtserklärungen aus der Welt geschafft hat.[954] Im laufenden Verfügungsverfahren kann kein wiederholter Antrag gestellt werden[955], insbesondere nicht im laufenden Berufungsverfahren.[956] Dem neuen Antrag fehlt es dann allerdings regelmäßig an der Dringlichkeit, denn der Gläubiger hat durch sein Zuwarten die Dringlichkeitsvermutung widerlegt.[957] Gelingt es dem Gericht – was selbstverständlich nicht vorkommen darf – im Falle einer Urteilsverfügung nicht, dem Gläubiger nach der Verkündung des Urteils binnen der Monatsfrist eine beglaubigte Abschrift der

950 OLG Koblenz, 29.07.1980, 6 U 591/80, GRUR 1980, 1022, 1023.

951 BGH, 25.10.1990, IX ZR 211/89, BGHZ 112, 356, 361; Teplitzky/Feddersen, Kap. 55, Rn. 50.

952 OLG Koblenz, 29.07.1980, 6 U 591/80, GRUR 1980, 1022, 1023; 28.06.1999, 5 W 404/99, NJW-RR 2000, 732; FBO/Büscher, § 12, Rn. 162; Harte/Henning/Retzer, § 12, Rn. 509; *Köhler*/Bornkamm/Feddersen, § 12, Rn. 3.68; Teplitzky/Feddersen, Kap. 55, Rn. 50; Zöller/G. Vollkommer, § 929, Rn. 4 und 20.

953 BGH, 19.10.1994, I ZR 187/92, GRUR 1995, 169, 170 f. – *Kosten des Verfügungsverfahrens bei Antragsrücknahme.*

954 OLG Koblenz, 29.07.1980, 6 U 591/80, GRUR 1980, 1022; OLG Hamm, 16.11.1995, 4 W 69/95, WRP 1996, 581, Ls. 1 und 2; Ahrens/Büttner, Kap. 57, Rn. 58; Berneke/Schüttpelz, Rn. 445; FBO/Büscher, § 12, Rn. 162; *Köhler*/Bornkamm/Feddersen, § 12, Rn. 3.61; Teplitzky/Feddersen, Kap. 55, Rn. 51; **a.A.** OLG Düsseldorf, 07.09.1982, 16 U 119/82, MDR 1983, 239; Zöller/G. Vollkommer, § 929, Rn. 23.

955 A.A. OLG Celle, 01.03.1995, 13 U 181/94, OLGR Celle 1995, 116; Stein/Jonas/Grunsky, § 929, Rn. 18; Zöller/G. Vollkommer, § 929, Rn. 23.

956 H.M.; OLG Frankfurt, 04.11.1982, 6 U 99/82, WRP 1983, 212, Os.; 28.05.1986,17 U 17/86, MDR 1986, 768, Os. 2; OLG Brandenburg, 30.06.1999, 7 U 10/99, MDR 1999, 1219, juris Rn. 43; OLG Düsseldorf, 24.05.2004, 9 U 4/04, OLGR 2004, 477; siehe auch weitere Nachweise zur h.M. bei Zöller/G. Vollkommer, § 929, Rn. 23; a.A. OLG Celle, 27.11.1985, 3 U 264/85, NJW 1986, 2441, 2442; OLG Zweibrücken, 21.05.2015, 4 U 145/14, WRP 2016, 280, 281, juris Rn. 48 f.; Zöller/G. Vollkommer, § 929, Rn. 23 m.w.N. zur Gegenansicht.

957 Ebenso Teplitzky/Feddersen, Kap. 55, Rn. 51; ebenso wohl auch Ahrens/Büttner, Kap. 57, Rn. 58; vgl. auch OLG Celle, 30.08.2012, 5 W 42/12, MDR 2013, 116, Ls. und Rn. 3 (betr. Bauhandwerkersicherungshypothek).

Entscheidung zuzustellen, kann dieser die Urteilsverfügung ebenfalls nicht mehr rechtzeitig vollziehen.[958] In einem solchen Fall gibt es keinen Grund, einen erneuten Verfügungsantrag die Dringlichkeit abzusprechen.

VII. Wirkung der einstweiligen Verfügung

1. Verjährung

Ansprüche aus § 8, 9 und 12 Abs. 1 2 verjähren gemäß § 11 Abs. 1 in sechs Monaten, 420
wobei die Verjährungsfrist nach Entstehung des Anspruchs und der Kenntnis oder grob fahrlässiger Unkenntnis des Anspruchstellers von der beanstandeten Handlung und der Person des Schuldners beginnt (§ 11 Abs. 2 Nr 1, 2 UWG).[959] Ein auf Wiederholungsgefahr nach § 8 Abs. 1 1 gestützter Unterlassungsanspruch entsteht mit der Begehung der die Wiederholungsgefahr begründenden Verletzungshandlung.[960] Begeht der Verletzer – etwa durch den Versand gleichlautender Schreiben – mehrere gleichgelagerte Rechtsverstöße, so setzt jede dieser Handlungen eine eigenständige Verjährungsfrist in Lauf.[961] Für Schadensersatzansprüche (§ 9) sieht § 11 Abs. 3 eine kenntnisunabhängige Verjährungsfrist von 10 Jahren nach Entstehung des Anspruchs und 30 Jahren von der den Schaden auslösenden Handlung vor. Andere Ansprüche verjähren kenntnisunabhängig in drei Jahren von der Entstehung an (§ 11 Abs. 4).[962] Schadensersatzansprüche können nicht Gegenstand einer einstweiligen Verfügung sein. Solche Ansprüche werden deshalb grundsätzlich nicht von einer mit der Einreichung oder Zustellung eines Verfügungsantrages einhergehenden Verjährungshemmung erfasst. Gleiches gilt für Ansprüche auf Erstattung von Abmahnkosten (§ 12 Abs. 1 2).[963]

Schon durch die Zustellung des Verfügungsantrages wird die Verjährung gehemmt 421
(§§ 204 Abs. 1 Nr 9 Hs 1, 209 BGB).[964] Wenn die Zustellung »demnächst« erfolgt

958 OLG Düsseldorf, 12.02.1987, 2 U 253/86, WRP 1987, 633, 634; a.A. OLG Saarbrücken, 25.09.2013, 1 U 42/13, GRUR-RR 2014, 91, juris Rn. 29 – *Rezeptsammelstelle* (kein Rechtsnachteil wegen vom Gericht verantworteter Urteilszustellung nach Ablauf der Vollziehungsfrist).

959 BGH, 28.01.2016, I ZR 231/14, GRUR 2016, 399, Rn. 33 – *MeinPaket.de.*

960 BGH, 14.05.2009, I ZR 82/07, GRUR 2009, 1186, Rn. 13 – *Mecklenburger Obstbrände*; BGH, 14.01.2016, I ZR 65/14, GRUR 2016, 946, Rn. 55 – *Freunde finden*; OLG München, 08.12.2016, 29 U 1893/16, GRUR-RR 2017, 158, 164 – *Bioresonanztherapie.*

961 BGH, 14.01.1999, I ZR 203/96, GRUR 1999, 751, 754 – *Güllepumpen*; BGH, 14.01.2016, I ZR 65/14, GRUR 2016, 946, Rn. 55 – *Freunde finden*; OLG Frankfurt, 05.10.2017, 6 U 141/16, juris Rn. 48; OLG München, 08.12.2016, 29 U 1893/16, GRUR-RR 2017, 158, 164 – *Bioresonanztherapie.*

962 Siehe OLG München, 08.12.2016, 29 U 1893/16, GRUR-RR 2017, 158, 164 – *Bioresonanztherapie.*

963 BGH, 28.01.2016, I ZR 231/14, GRUR 2016, 399, Rn. 37f. – *MeinPaket.de.*

964 BGH, 28.01.2016, I ZR 231/14, GRUR 2016, 399, Rn. 33 – *MeinPaket.de*; OLG München, 20.10.2016, 6 U 2046/16, GRUR-RR 2017, 11, 14, juris Rn. 61 – *»Acryl« und »Cotton« als Textilkennzeichnung.*

wird die Verjährung bereits durch die Antragseinreichung gehemmt (§ 167 ZPO).[965] Die Reichweite der Hemmungswirkung bestimmt sich nach dem jeweiligen – hinreichend individualisierten[966] – Streitgegenstand, wobei die Hemmung bei Teilklagen nur für die damit verfolgten Ansprüche eintritt.[967] Das setzt voraus, dass der Streitgegenstand hinreichend erkennbar ist, wofür es eines hinreichend bestimmten Antrages bedarf. Ist das nicht der Fall, wird die Verjährung nicht gehemmt.[968] Kann dem an sich unbestimmten Antrag entnommen werden, das jedenfalls das Verbot der konkreten Verletzungsform begehrt wird, hemmt der Antrag die Verjährung jedenfalls bezogen auf diese.[969] Ist der Antrag gegen die konkrete Verletzungsform gerichtet, bildet diese den Streitgegenstand. Unabhängig davon, ob der Kläger sich auf diese Rechtsverletzung gestützt und den zu dieser Rechtsverletzung gehörenden Tatsachenvortrag gehalten hat, sind deshalb alle Rechtsverletzungen, die in der konkreten Verletzungsform verwirklicht sind, erfasst, auch wenn die verschiedenen Verletzungen jeweils einen unterschiedlichen Tatsachenvortrag erfordern.[970] Die Verjährungshemmung tritt daher – wenn der Kläger keine weiteren Beschränkungen vornimmt oder nur eine Teilklage erhebt, auch für diejenigen Beanstandungen ein, die in der Antragsschrift zur Begründung des Unterlassungsbegehrens nicht schon genannt sind.[971]

422 Wird, wie häufig, der Verfügungsantrag nicht zugestellt, dann wird die Verjährung schon durch die Einreichung des Antrages gehemmt[972], wenn die darauf erlassene einstweilige Verfügung binnen einen Monats nach Zustellung des Titels an den Gläubiger dem Schuldner zugestellt wird (§§ 204 Abs. 1 Nr 9 Hs 2, 209 BGB).[973] Wird kein Rechtsbehelf (§§ 924, 926, 927 ZPO) eingelegt, endet das Verfahren mit dem Erlass

965 OLG Frankfurt, 07.01.2016, 6 U 50/15, GRUR-RR 2017, 26, 29, juris Rn. 54 – *schwebender Leuchtenkörper*; Ahrens/Bornkamm, Kap. 34, Rn. 38; FBO/Büscher, § 11, Rn. 48; Teplitzky/Bacher, Kap. 16, Rn. 40; Maurer, GRUR 2003, 208, 209.

966 Teplitzky/Bacher, Kap. 16, Rn. 41a.

967 BGH, 28.01.2016, I ZR 231/14, GRUR 2016, 399, Rn. 34 – *MeinPaket.de.*

968 OLG Frankfurt, 24.05.2016, 6 U 171/14, GRUR-RR 2017, 79, Ls. und juris Rn. 50 – *Ohne Funktionseinschränkung kostenlos*; OLG München, 20.10.2016, 6 U 2046/16, GRUR-RR 2017, 11, 14, juris Rn. 61 – *»Acryl« und »Cotton« als Textilkennzeichnung.*

969 OLG München, 20.10.2016, 6 U 2046/16, GRUR-RR 2017, 11, 14, juris Rn. 61 – *»Acryl« und »Cotton« als Textilkennzeichnung.*

970 BGH, 13.09.2012, I ZR 230/11, BGHZ 194, 314, Rn. 19, 24 – *Biomineralwasser*; BGH, 28.01.2016, I ZR 231/14, GRUR 2016, 399, Rn. 35 – *MeinPaket.de.*

971 BGH, 28.01.2016, I ZR 231/14, GRUR 2016, 399, Rn. 38 – *MeinPaket.de*; BGH, 14.09.2017, I ZR 231/14, GRUR 2017, 1269, Rn. 35 – *MeinPaket.de II*; Büscher, GRUR 2018, 113, 127; a.A. OLG Frankfurt, 24.05.2016, 6 U 171/14, GRUR-RR 2017, 79, Ls. und juris Rn. 52f. – *Ohne Funktionseinschränkung kostenlos* (»…dass das angerufene Gericht seine Entscheidung bei einem auf die konkrete Verletzungsform gerichteten Unterlassungsantrag im Hinblick auf die Dispositionsmaxime des Klägers nur auf solche Beanstandungen stützen darf, auf die sich der Kläger im Verfahren auch berufen hat …, spiegelt sich auch bei der Frage der Verjährung wider«).

972 BGH, 28.01.2016, I ZR 231/14, GRUR 2016, 399, Rn. 33 – *MeinPaket.de*; Teplitzky/Bacher, Kap. 16, Rn. 40.

973 OLG München, 08.12.2016, 29 U 1893/16, GRUR-RR 2017, 158, 164 – *Bioresonanztherapie*; Maurer, GRUR 2003, 208, 209.

der einstweiligen Verfügung und endet die Verjährungshemmung nach Ablauf von sechs Monaten (§ 204 Abs. 2 1 BGB).[974] Wird innerhalb dieser sechs Monate ein Rechtsbehelf eingelegt, endet die Hemmung sechs Monate nach rechtskräftigem Abschluss dieses Verfahrens.[975] Gleiches gilt für den Fall, dass über den Verfügungsantrag mündlich verhandelt und durch Urteil entschieden wird. Bei übereinstimmender Erledigungserklärung endet die sechsmonatige Verjährungshemmung des § 204 Abs. 2 1 BGB sechs Monate nach der Erledigungserklärung.[976] Wird der Verfügungsantrag zugestellt und sodann im Beschlusswege zurückgewiesen, endet die Verjährungsfrist nach § 204 Abs. 2 1 BGB entweder sechs Monate nach Ablauf der Beschwerdefrist (§ 569 Abs. 1 ZPO) oder sechs Monate nach Zurückweisung oder Verwerfung der Beschwerde.[977] Bleibt der Verfügungsantrag – etwa mangels Dringlichkeit und auch in der Beschwerdeinstanz – ohne Beteiligung des Schuldners am Verfahren erfolglos, tritt keine Verjährungshemmung ein.[978] Wird der Schuldner beteiligt, kommt es für die Verjährungshemmung nicht darauf an, ob der Verfügungsantrag zulässig oder begründet war. Auch unzulässige oder unbegründete Anträge lösen die Wirkung des § 204 Abs. 1 Nr 9 BGB aus, denn maßgeblich ist allein, dass der Schuldner vom Durchsetzungswillen seines Gläubigers erfährt und kein Vertrauen auf den ungehinderten Fristablauf bilden kann.[979]

Wird während des Laufs der Verjährungshemmung Hauptsacheklage erhoben, wird die Verjährung des Anspruches dadurch weiter gehemmt (§ 204 Abs. 1 Nr 1 BGB).[980] **423**

2. Sofortige Vollstreckbarkeit

Ist die Beschlussverfügung zugestellt oder die Urteilsverfügung verkündet, hat der Titelschuldner dem ausgesprochenen Verbot oder Gebot selbstverständlich Folge zu leisten.[981] Die einstweilige Verfügung ist, ohne dass es insoweit einer besonderen Anordnung bedarf, ohne weiteres und ohne Sicherheitsleistung vorläufig und sofort vollstreckbar[982], ohne Sicherheitsleistung nur, wenn nicht der Erlass der einstweiligen Verfügung schon von der Leistung einer Sicherheit abhängig gemacht worden ist (§ 921 ZPO). **424**

Zwar ist der Schuldner über den Rechtsbehelf des Widerspruchs – nicht auch wegen möglicher Anträge nach § 926, 927 ZPO[983] – trotz notwendiger Vertretung durch **425**

974 Palandt/Ellenberger, § 204, Rn. 41.
975 Palandt/Ellenberger, § 204, Rn. 41; Maurer, GRUR 2003, 208, 210.
976 BGH, 14.09.2017, I ZR 231/14, GRUR 2017, 1269, Rn. 36 – *MeinPaket.de II.*
977 Maurer, GRUR 2003, 208, 211.
978 Maurer, GRUR 2003, 208, 210; Teplitzky/Bacher, Kap. 16, Rn. 41.
979 OLG Köln, 06.02.2013, 6 U 127/12, WRP 2013, 938, 939, juris Rn. 30.
980 BGH, 28.01.2016, I ZR 231/14, GRUR 2016, 399, Rn. 33 – *MeinPaket.de*; OLG München, 08.12.2016, 29 U 1893/16, GRUR-RR 2017, 158, 164 – *Bioresonanztherapie.*
981 BGH, 22.01.2009, I ZB 115/07, BGHZ 180, 72, Ls. und Rn. 11 ff.; Berneke/Schüttpelz, Rn. 580 f.; FBO/Büscher, § 12, Rn. 127; Teplitzky/Feddersen, Kap. 55, Rn. 35a.
982 Zöller/G. Vollkommer, § 929, Rn. 1.
983 Zöller G. Vollkommer, § 922, Rn. 9.

einen Rechtsanwalt zu belehren.[984] Häufig wird aber übersehen, dass die Beachtung des Titels unabhängig davon erfolgen muss, ob gegen seinen Bestand Rechtsbehelfe bzw. Rechtsmittel möglich oder schon eingelegt worden sind. Im Zwangsvollstreckungsverfahren sind materielle Einwendungen gegen den Bestand des Titels nicht zu berücksichtigen. Das ist dem jeweiligen Rechtsbehelfs- bzw. Rechtsmittelverfahren vorbehalten. Solange der Titel dort nicht aufgehoben oder eingeschränkt worden ist, muss der Schuldner ihn beachten. Dazu gehört es im Falle von Unterlassungsverfügungen auch, dass der Schuldner nicht nur künftig die ihm verbotenen Handlungen unterlässt, sondern dass er auch die ihm möglichen und zumutbaren Handlungen vornehmen muss, die zur Beseitigung des infolge der schon begangenen Verletzungshandlung einmal geschaffenen rechtswidrigen Störungszustandes erforderlich sind. Denn eine Unterlassungsverpflichtung erschöpft sich nicht im bloßen Nichtstun, sondern umfasst auch die Vornahme von Handlungen zur Beseitigung eines zuvor geschaffenen Störungszustandes, wenn allein dadurch dem Unterlassungsgebot Folge geleistet werden kann.[985]

426 Beachtet der Schuldner den Titel nicht, muss er deshalb sofort Zwangsvollstreckungsmaßnahmen fürchten. Das sind im Falle nicht vertretbarer Handlungen (im Lauterkeitsrecht insbesondere Auskunftspflichten) Zwangsgeld, ersatzweise Zwangshaft, oder Zwangshaft nach § 888 ZPO. Insoweit findet eine Androhung im Titel nicht statt

---

984 Zöller/G. Vollkommer, § 924, Rn. 4.

985 BGH, 22.10.1992, IX ZR 36/92, BGHZ 120, 73, 76 f., juris Rn. 16 – *Straßenverengung*; BGH, 19.11.2015, I ZR 109/14, GRUR 2016, 720, Rn. 34 – *Hot Sox*; BGH, 29.09.2016, I ZB 34/15, GRUR 2017, 145, Ls. – *Rückruf von RESCUE-Produkten* (siehe dazu auch die Entscheidung zur Anhörungsrüge v. 27.04.2017, I ZB 34/15); BGH, 08.12.2016, I ZB 118/15, GRUR 2017, 318, 319, Rn. 12 – *Dügida*; BGH, 04.05.2017, I ZR 208/15, GRUR 2017, 823, Ls. und Rn. 26 – *Luftentfeuchter*; BGH, 11.10.2017, I ZB 96/16, GRUR 2018, 292 – *Produkte zur Wundversorgung*; BGH, 14.12.2017, I ZR 184/15, GRUR 2018, 423, Rn. 22, juris – *Klauselersetzung*; BGH, 12.07.2018, I ZB 86/17, GRUR 2018, 1183, Rn. 8 ff. – *Reichweite einer Unterlassungserklärung, Wirbel um Bauschutt*; OLG München, 28.05.2014, 29 W 546/14, Magazindienst 2014, 698, Ls. und juris Rn. 4; HansOLG Hamburg, 23.05.2008, 3 W 6/08, Magazindienst 2009, 1072, juris Rn. 16 f.; HansOLG Hamburg, 30.01.2017, 3 W 3/17, GRUR-RR 2017, 464, Ls. – *Sonnenschutzmittel*; OLG Celle, 21.08.2017, 13 W 45/17, WRP 2017, 1390; OLG Frankfurt, 23.11.2017, 6 U 197/16, juris (betr. Pflicht zur aktiven Kundgabe der Fehlerhaftigkeit einer Werbeangabe aufgrund eines Unterlassungsvertrages; im konkreten Fall mangels Fortwirkung aber verneint); OLG Frankfurt, 30.07.2018, 6 W 74/16, GRUR 2018, 976, Ls. – *Quarantäne-Buchung II*; OLG Frankfurt, 01.08.2018, 6 W 53/18, GRUR 2018, 1085, juris Rn. 17 – *kennzeichnungsfrei*; bejahend ebenfalls FBO/Büscher, § 12, Rn. 378; *Köhler*/Bornkamm/*Feddersen*, § 12, Rn. 6.7; Teplitzky/Feddersen, Kap. 57, Rn. 26c; a.A. noch HansOLG Hamburg, 31.03.2003, 3 W 15/03, PharmR 2003, 171, Os.; OLG Frankfurt, 19.09.2016, 6 W 74/16, GRUR 2016, 1319 – *Quarantäne-Buchung* (keine Rückrufverpflichtung); siehe auch Sakowski, GRUR 2017, 355; a.A. auch für das Verfügungsverfahren LG Hamburg, 15.04.2016, 327 O 120/16, juris (im Markenrecht); v. Czettritz/Thewes, PharmR 2017, 92 ff. (Rückrufansprüche mit Sanktions- und Schadensbeseitigungscharakter als endgültige Regelung im Eilverfahren unzulässig); Voit, PharmR 2018, 1 ff.; kritisch auch Köhler/*Bornkamm*/Feddersen, § 8, Rn. 1.82 ff.; Goldmann, GRUR 2016, 724; Hermanns, GRUR 2017, 977 ff; Dissmann, GRUR 2017, 986 ff. (europäische Perspektive); Zwischenruf der GRUR, GRUR 2017, 885 ff.; Voit, PharmR 2018, 1 ff.

(§ 888 Abs. 2 ZPO), denn dem Schuldner ist vor der Entscheidung über die Zwangsmaßnahme rechtliches Gehör zu gewähren (§ 891 S 2 ZPO) und er kann die ihm auferlegte Handlung in der ihm für seine Stellungnahme auf den Zwangsgeld- oder Zwangshaftantrag des Gläubigers gesetzten Frist erfüllen. In Fällen der Erzwingung von Unterlassungen und Duldungen kommt – wie im Titel regelmäßig schon angedroht – die »Verurteilung« (»…ist…zu verurteilen«) zu einem Ordnungsgeld, ersatzweise Ordnungshaft, oder zur Ordnungshaft in Betracht (§ 890 ZPO).

Beachtet der Schuldner den Titel und wird dieser später aufgrund eines Rechtsbehelfs **427** des Schuldners oder deshalb aufgehoben, weil sich der Verfügungsanspruch im Hauptsacheverfahren als unbegründet erweist, dann kann der Schuldner im Gegenzug wegen etwaiger Schäden, die ihm aufgrund der Befolgung des Titels entstanden sind, Schadensersatzansprüche nach § 945 ZPO geltend machen (siehe dazu unten Rdn. 527 ff.).

VIII. Rechtsbehelfe

1. im Beschlussverfahren

a) der Antragstellerseite

Der Antragsteller hat die Möglichkeit, gegen eine Zurückweisung oder Teilzurückwei- **428** sung des Verfügungsantrages binnen zwei Wochen nach Zustellung der Entscheidung sofortige Beschwerde einzulegen (§§ 567 Abs. 1 Nr 2, 569 ZPO). Nicht immer macht die Entscheidung eine Teilabweisung des Verfügungsantrages ausreichend deutlich. So liegt eine Teilabweisung u.a. in der Beschränkung eines ursprünglich weitergehenden Antrags (»…, insbesondere wie geschehen…«) auf die konkrete Verletzungsform (»…, wie aus der Anlage ersichtlich.«). Das kann vor allem dann übersehen werden, wenn diese Teilabweisung (fälschlich) nicht näher begründet worden ist und auch keinen Niederschlag in der Kostenentscheidung findet. Letzteres ist bei Erreichen des Beschwerdewertes (§ 567 Abs. 2 ZPO) auch isoliert beschwerdefähig. Denn § 99 Abs. 1 ZPO, der eine isolierte Kostenentscheidung ausschließt, gilt nur gegenüber allen mit einem Rechtsmittel anfechtbaren Entscheidungen, nicht aber dann, wenn – wie bei einer Beschlussverfügung – ein Rechtsbehelf gegeben ist.[986] Macht das Landgericht von der Möglichkeit des § 938 Abs. 1 ZPO Gebrauch und formuliert es den (meist Unterlassungs-)Tenor abweichend vom Verfügungsantrag, muss der Antragsteller ebenfalls prüfen, ob darin eine teilweise Abweisung seines Antrages liegt und ggfls. in die Beschwerde gehen.

Es kann aber auch vorkommen, dass das Gericht dem Antragsteller unter Verstoß gegen **429** § 308 Abs. 1 ZPO etwas zuspricht, das er nicht begehrt hat. So insbesondere dann, wenn das Gericht in Irreführungsfällen ein Verbot auf einen Irreführungsaspekt stützt,

986 Zöller/Herget, § 99, Rn. 3.

den der Antragsteller gar nicht beanstandet hat.[987] Auch dann ist der Antragsteller beschwert und kann sofortige Beschwerde einlegen. Nimmt er allerdings das Verbot hin, stellt die einstweilige Verfügung zu und verteidigt den erstmals vom Gericht erwogenen Irreführungsaspekt im Widerspruchsverfahren, macht er sich die Auffassung des Gericht zu eigen.[988] Das ist dann indes unter Dringlichkeitsgesichtspunkten meist zu spät.[989]

430 Weil nach § 13 Abs. 1 erstinstanzlich ausschließlich die Landgerichte zuständig sind, entscheidet das zuständige Oberlandesgericht über die Beschwerde. Die Beschwerde kann sowohl beim Gericht, dessen Entscheidung angefochten wird, als auch beim Beschwerdegericht eingelegt werden (§ 569 Abs. 1 1 ZPO). Es empfiehlt sich aber, die Beschwerde beim erstinstanzlichen Gericht einzulegen, denn grundsätzlich findet zunächst das Abhilfeverfahren statt (§ 572 Abs. 1 ZPO). Zwar darf das Beschwerdegericht über die Beschwerde auch ohne eine Abhilfeentscheidung des erstinstanzlichen Gerichts entscheiden.[990] Ist die Sache aber nicht so sehr eilig, dass eine unverzügliche Beschwerdeentscheidung erforderlich ist, wird das Beschwerdegericht die unmittelbar bei ihm eingelegte Beschwerde in der Regel zunächst dem Vordergericht zur Durchführung des Abhilfeverfahrens übermitteln. Dadurch kann sich die Entscheidung über die Beschwerde letztlich nicht unmaßgeblich verzögern.[991]

431 Zwar besteht für die Stellung des Verfügungsantrages kein Anwaltszwang.[992] Ob das auch für die Beschwerde gegen eine ablehnende Entscheidung des Gerichts gilt, ist aber sehr streitig.[993] Daher empfiehlt es sich auch hier besonders, bei der Rechtsmitteeinlegung die jeweils regional unterschiedliche Rechtsprechung zu beachten. Ein Teil der Rechtsprechung vertritt die Auffassung, dass die Regelung der §§ 920 Abs. 3, 936 ZPO, weil das Aufsuchen eines Rechtsanwalts zu zeitraubend sein könnte, nur eine bestimmte Prozesshandlung, nämlich die Stellung des Verfügungsantrages, vom Anwaltszwang ausnimmt. Das Beschlussverfahren vor dem Landgericht sei ansonsten grundsätzlich ein Anwaltsprozess nach § 78 Abs. 1 1 ZPO. Daher könne auch aus § 569 Abs. 3 Nr 1 ZPO nicht hergeleitet werden, dass die sofortige Beschwerde gegen

---

987 Vgl. BGH, 05.10.2017, I ZR 184/16, GRUR 2018, 203, Ls. und Rn. 14f. (18) – *Betriebspsychologe* (betr. einen nicht auf das Verbot der konkreten Verletzungsform bezogenen Antrag); BGH, 11.10.2017, I ZR 78/16, GRUR 2018, 431, Ls. und Rn. 16 – *Tiegelgröße* (betrifft auf konkrete Verletzungsform bezogenen Antrag).

988 Vgl. Zöller/Feskorn, § 308, Rn. 7 m.w.N. zur Klagerweiterung durch ein Sichzueigenmachen und Genehmigung der gegen § 308 verstoßenden Entscheidung durch deren Verteidigung in der Berufung.

989 Vgl. HansOLG Hamburg, 13.09.2012, 3 U 107/11, MD (VSW) 2013, 39, Rn. 67 – *Kindermilch* (betr. eine vom Antragsgegner erstmals im Widerspruchsverfahren angeführte und sodann vom Antragsteller aufgegriffene Verkehrsvorstellung).

990 A.A. Harte/Henning/Retzer, § 12, Rn. 396 (Beschwerde ist zunächst zwingend der Eingangsinstanz zur Abhilfeentscheidung zuzuleiten).

991 Siehe auch FBO/Büscher, § 12, Rn. 129; Teplitzky/Feddersen, Kap. 55, Rn. 7.

992 Siehe oben. Rdn. 293.

993 Zöller/G. Vollkommer, § 922, Rn. 13 m.w.N.

eine abweisende Entscheidung der ersten Instanz dem Anwaltszwang nicht unterliege.[994] Dem ist mit der überwiegend vertretenen Ansicht[995] nicht zu folgen.

Gemäß § 569 Abs. 3 Nr 1 ZPO kann auch die Beschwerde durch Erklärung zu Protokoll der Geschäftsstelle eingelegt werden, wenn der Rechtstreit schon erstinstanzlich nicht als Anwaltsprozess zu führen ist oder war. Die Frage, ob im Beschwerdeverfahren Anwaltszwang besteht, entscheidet sich daher an der Vorfrage, ob erstinstanzlich nur der Verfügungsantrag selbst oder auch weitere Antragsergänzungen – etwa nach gerichtlichen Hinweisen auf die Notwendigkeit weiteren Tatsachenvortrags oder weiterer Glaubhaftmachung – ohne Einschaltung eines Anwalts zulässig sind. Letzteres ist zu bejahen. Die Befreiung vom Anwaltszwang gemäß § 920 Abs. 3 ZPO beschränkt sich nicht auf die Verfahrenseinleitung, sondern erstreckt sich auch auf das anschließende Verfahren außerhalb einer mündlichen Verhandlung.[996] Daher ist das Erlassverfahren, wenn eine mündliche Verhandlung nicht anberaumt wird, kein Anwaltsprozess[997] und findet § 569 Abs. 3 Nr 1 ZPO auf die Verfügungsbeschwerde unmittelbar Anwendung. Das Gesetz sieht zudem ausdrücklich die Möglichkeit vor, dass das Gericht den Parteien im Beschwerdeverfahren Fristen für das Vorbringen von Angriffs- und Verteidigungsmittel setzen kann (§ 571 Abs. 3 ZPO). In Fällen des § 569 Abs. 3 ZPO können schriftliche Erklärungen beider Parteien ebenfalls zu Protokoll der Geschäftsstelle abgegeben werden (§ 571 Abs. 4 ZPO). Damit ist für das Beschwerdeverfahren klargestellt, dass auch der Antragsgegner des Verfügungsverfahrens, wenn er denn am Verfahren beteiligt wird, dem Anwaltszwang nicht unterliegt. 432

Ein besonderer Beschwerdewert ist für die Einlegung der Verfügungsbeschwerde nicht erforderlich. § 511 Abs. 2 Nr 1 ZPO ist, weil eine mündliche Verhandlung zuvor nicht stattgefunden hat, nicht entsprechend anwendbar.[998] 433

994 Vgl. OLG Düsseldorf, 27.09.1982, 9 W 80/82, OLGZ 83, 358; OLG Frankfurt, 01.11.1982, 17 W 51/82, MDR 1983, 233, Ls.; 06.07.1998, 5 W 20/98, OLGR 1998, 331, Ls.; OLG Saarbrücken, 17.03.1998, 4 W 79/98, NJW-RR 1998, 1611, Ls.; OLG Hamm, 29.11.2007, 8 W 40/07, MDR 2008, 708, juris Rn. 6 ff.; OLG Frankfurt, 28.06.2010, 6 W 91/10, GRUR-RR 2011, 31 f., juris Rn. 3.; siehe ergänzend Zöller/G. Vollkommer, § 922, Rn. 13 m.w.N.

995 Z.B. HansOLG Hamburg, 29.04.1981, 3 W 34/81, WRP 1981, 588, Ls.; OLG Köln, 04.05.1987, 2 W 27/87, NJW-RR 1988, 254; 08.09.2010, 12 W 26/10, BeckRS 2010, 23935; KG, 15.08.1991, 25 W 4373/91, GRUR 1991, 944, Ls. 1. und juris Rn. 11 ff.; OLG Karlsruhe, 05.05.1993, 6 W 23/93, GRUR 1993, 697, Ls. 1 und juris Rn. 2 f.; OLG München, 12.07.1995, 28 W 1948/95, OLGR 1995, 1197, Ls.; OLG Dresden, 10.02.1997, 14 W 1118/96, GRUR 1997, 856, Ls.; OLG Celle, 22.01.2009, 13 W 135/08, NJW-RR 2009, 977, Ls. 1 und juris Rn. 7; Ahrens/Scharen, Kap. 51, Rn. 75 m.w.N.; FBO/Büscher, § 12, Rn. 128; Harte/Henning/Retzer, § 12, Rn. 394; *Köhler*/Bornkamm/Feddersen, § 12, Rn. 3.38; vgl. auch Berneke/Schüttpelz, Rn. 381; Teplitzky/Feddersen, Kap. 55, Rn. 7; Zöller/G. Vollkommer, § 922, Rn. 13.

996 So ausdrücklich auch Zöller/G. Vollkommer, § 922, Rn. 13.

997 Siehe oben Rdn. 293.

998 Baumbach/Lauterbach/Albers/Hartmann, § 922 Rn. 28; MünchKomm/Drescher ZPO, § 922, Rn. 14; Zöller/G. Vollkommer, § 922, Rn. 13; a.A. Prütting/Gehrlein/Fischer, § 922 Rn. 10.

434 Das erstinstanzliche Gericht kann der Beschwerde ganz oder teilweise abhelfen (§ 572 Abs. 1 ZPO). Soweit es nicht abhilft, muss das jedenfalls dann, wenn das Beschwerdevorbringen neue Umstände enthält, begründet werden.[999] Häufig wird insoweit indes nur auf die fortgeltenden Gründe des abweisenden Beschlusses verwiesen. Das erstinstanzliche Gericht ist allerdings nicht gehindert, auf die Verfügungsbeschwerde hin eine mündliche Verhandlung über den Verfügungsantrag anberaumen und sodann durch Urteil entscheiden.[1000]

435 Im Falle der Nichtabhilfe ist die Beschwerde dem Beschwerdegericht vorzulegen (§ 572 Abs. 1 ZPO). Das Beschwerdegericht kann ohne mündliche Verhandlung – auch ohne Anhörung des Antragsgegners[1001] – ebenfalls im Beschlusswege entscheiden. Weist es die Beschwerde zurück, ist dagegen ein Rechtsmittel nicht mehr gegeben (§§ 542 Abs. 2 1, 574 Abs. 1 2 ZPO). Daran ändert sich auch nichts, wenn das Beschwerdegericht die Rechtsbeschwerde ausdrücklich zulässt.[1002] Hat der Rechtsanwalt des Antragsgegners vom Beschwerdeverfahren keine Kenntnis, dann können auch dann keine Gebührenansprüche des Rechtsanwalts für die Vertretung des Antragsgegners in der Beschwerdeinstanz entstehen, wenn zuvor für die erste Instanz eine Schutzschrift eingereicht worden war.[1003] Es ist nach § 572 Abs. 3 ZPO auch befugt, das erstinstanzliche Gericht anzuweisen, die einstweilige Verfügung zu erlassen, um einen dem herkömmlichen Verfahrensablauf gleichkommenden Vorgang zu schaffen.[1004] Das kommt aber praktisch kaum vor. Ändert das Beschwerdegericht die erstinstanzliche Entscheidung ab und erlässt es – wie meist – selbst die einstweilige Verfügung ganz oder teilweise, dann hat der Antragsgegner in diesem Umfang die ihm auch gegen die erstinstanzliche Entscheidung möglichen Rechtsbehelfe. So kann er gegen die vom Beschwerdegericht erlassene einstweilige Verfügung neben den Anträgen nach §§ 926, 927 ZPO nur gemäß § 924 ZPO Widerspruch einlegen.[1005] Der Widerspruch ist nach der überwiegend vertretenen Auffassung beim erstinstanzlichen Gericht einzulegen[1006], das dann

999 Zöller/Heßler, § 572, Rn. 11 m.w.N.

1000 KG, 19.08.2003, 2 W 154/03, KGR 2003, 375; HansOLG Hamburg, 27.02.2013, 8 U 10/13, MDR 2013, 1122, Ls. und juris Rn. 5; MünchKomm/Drescher ZPO, § 922, Rn. 15; Prütting/Gehrlein/Fischer, § 922 Rn. 10; a.A. Baumbach/Lauterbach/Albers/Hartmann, § 922 Rn. 29; Stein/Jonas/Grunsky, § 922 Rn. 8.

1001 Teplitzky/Feddersen, Kap. 51, Rn. 7; Harte/Henning/Retzer, § 12, Rn. 396; FBO/Büscher, § 12, Rn. 130; Ahrens/Scharen, Kap. 55, Rn. 78; a.A. noch OLG Frankfurt, 29.04.1981, 3 W 34/81, GRUR 1987, 574, 575.

1002 BGH, 27.02.2003, I ZB 22/02, BGHZ 154, 102, 103, Ls. und juris Rn. 9.

1003 OLG Frankfurt, 04.01.2019, 6 W 99/18, juris Rn. 14.

1004 OLG Stuttgart, 21.12.2015, 2 W 46/15, MD (VSW) 2016, 379 (382), juris Rn. 24; Zöller/Heßler, § 572, Rn. 30.

1005 BGH, 27.02.2003, I ZB 22/02, BGHZ 154, 102, 103, Ls. und juris Rn. 7f.

1006 OLG Düsseldorf, 15.12.1983, 10 U 159/83, MDR 1984, 324; OLG Hamm, 26.02.1987, 4 U 7/87, MDR 1987, 593; KG, 27.11.2007, 5 W 278/07, WRP 2008, 252, 253 – 5. ZS; a.A. dagegen KG, 08.07.2004, 12 W 21/04, MDR 2005, 165 – 12. ZS; siehe auch Zöller/G. Vollkommer, § 924, Rn. 6 m.w.N.

sogar die Entscheidung des übergeordneten Beschwerdegerichts wieder aufheben kann.[1007]

Das wird vermieden, wenn das Beschwerdegericht, was auch ihm nicht verwehrt ist[1008], mündliche Verhandlung zur Entscheidung über die Beschwerde anberaumt. Spätestens jetzt gilt Anwaltszwang. Das Beschwerdegericht entscheidet nun auch nicht mehr durch Beschluss, sondern durch Urteil, das als zweitinstanzliches Urteil gilt und auch mit der Revision nicht mehr angefochten werden kann (§ 542 Abs. 2 1, 574 Abs. 1 2 ZPO).[1009] 436

Ob eine gegen die Ablehnung des Erlasses einer einstweiligen Verfügung gerichtete Beschwerde nach Erledigungserklärung des Verfahrens durch den Antragsteller, etwa nach Abgabe einer strafbewehrten Unterlassungserklärung durch den Antragsgegner, noch zulässig ist, ist streitig. Teils wird angenommen, dass die Beschwerde, deren Ziel nur noch darin besteht, dem am Verfahren nicht beteiligten Antragsgegner die Verfahrenskosten aufzuerlegen, unzulässig ist, weil ein solcher Verfahrensgang ohne jegliches Eilbedürfnis und im Gesetz nicht vorgesehen ist.[1010] Teils wird dann der Antragsteller auf die im Falle des Bestehens eines Unterlassungsanspruchs gegebene Möglichkeit verwiesen, den Antragsgegner nach materiellem Recht wegen der ihm im einstweiligen Verfügungsverfahren entstandenen Kosten auf Schadensersatz in Anspruch zu nehmen.[1011] Teils wird § 269 Abs. 3 3 ZPO für anwendbar erachtet.[1012] Nach zutreffender Ansicht kann der Antragsteller aber zum Zwecke der Erledigungserklärung Beschwerde einlegen.[1013] Dass der Antragsgegner bis dahin am Verfahren nicht beteiligt war, hindert die Entscheidung des Beschwerdegerichts nicht, weil er im Beschwerdeverfahren rechtliches Gehör erhalten kann und muss.[1014] 437

b) der Antragsgegnerseite

Wird die einstweilige Verfügung antragsgemäß oder auch nur eingeschränkt erlassen, hat der Antragsgegner zunächst die Möglichkeit, die Entscheidung inhaltlich überprüfen zu lassen, indem er Widerspruch einlegt (§§ 924 Abs. 1, 936 ZPO). Er kann sich aber auch nur gegen die Kostentragungslast zur Wehr setzen. Das geschieht durch die 438

1007 Siehe im Übrigen zum Widerspruchsverfahren unten lit. H.I.2.a).

1008 Zöller/G. Vollkommer, § 922, Rn. 14.

1009 Zöller/G. Vollkommer, § 922, Rn. 14 m.w.N.

1010 OLG Hamm, 25.10.1984, 4 W 143/84, WRP 1985, 227; OLG Karlsruhe, 10.12.1997, 4 W 131/97, WRP 1998, 429; OLG Bamberg, 18.04.2002, 3 W 36/02, OLGR 2002, 462; OLG Koblenz, 18.12.2002, 4 W 747/02, OLGR 2003, 144, Ls. m.w.N.; *Köhler*/Bornkamm/Feddersen, § 12, *Rn. 3.38; Teplitzky*/Feddersen, Kap. 55, Rn. 6.

1011 OLG Koblenz, 18.12.2002, 4 W 747/02, OLGR 2003, 144.

1012 OLG Stuttgart, 08.11.2006, 10 W 74/06, NJW-RR 2007, 527; Teplitzky/Feddersen, Kap. 55, Rn. 6; a.A. KG, 07.04.2009, 9 W 96/08, MDR 2009, 765.

1013 OLG Frankfurt, 21.03.1991, 6 W 17/91, NJW-RR 1992, 493, 494, Ls.; Ahrens/Scharen, Kap. 51, Rn. 74; Berneke/Schüttpelz, Rn. 380 und 445; Harte/Henning/Retzer, § 12, Rn. 397; Zöller/G. Vollkommer, § 922, Rn. 4; ebenso wohl KG, 07.04.2009, 9 W 96/08, MDR 2009, 765.

1014 OLG Frankfurt, 21.03.1991, 6 W 17/91, NJW-RR 1992, 493, 494.

Einlegung eines sogenannten Kostenwiderspruchs oder durch einen Widerspruch, der zugleich eine Unterlassungsverpflichtungserklärung im Umfang des tenorierten Verbots enthält (sog. Unterwerfungswiderspruch).

aa) Widerspruch

439 Nach §§ 924 Abs. 1, 936 ZPO findet gegen den Beschluss, durch den eine einstweilige Verfügung erlassen worden ist, der Widerspruch statt. Zuständig ist das Gericht des ersten Rechtszuges, auch wenn das Beschwerdegericht die einstweilige Verfügung erlassen hat.[1015] Die Zulässigkeit es Widerspruchs ist nicht von der Zustellung oder der Vollziehung des Verfügungstitels abhängig.[1016] Ob ein unzuständiges Gericht, wenn es die Beschlussverfügung erlassen hat, auch für die Entscheidung über den Widerspruch zuständig ist, ist streitig.[1017] Eine Verweisung nach § 281 ZPO an das zuständige Gericht – etwa an das Gericht der Hauptsache (§ 937 Abs. 1 ZPO) – ist jedenfalls möglich.[1018] Die Entscheidung des unzuständigen Gerichts bleibt aber bis zur Entscheidung über den Widerspruch dennoch wirksam. Eine Aufhebung der Eilmaßnahme vor der Verweisung, die teils gefordert wird[1019], kann den berechtigten Interessen des Antragstellers auf eine Unterbindung des angegriffenen Verhaltens zuwiderlaufen und sollte daher nur im Ausnahmefall erfolgen.

440 Eine Frist zur Einlegung des Widerspruchs gibt es nicht. Nach herrschender Auffassung kann ein Widerspruch aber grundsätzlich dem Verwirkungs- oder Rechtsmissbrauchseinwand ausgesetzt sein.[1020] Das indes nicht schon deswegen, weil mit dem Widerspruch lange zugewartet worden ist. Es müssen vielmehr besondere Umstände hinzutreten, durch die ein schutzwürdiges Vertrauen in den unangegriffenen Bestand der einstweiligen Verfügung begründet worden ist[1021] oder die die Einlegung des Rechtsbehelfs rechtsmissbräuchlich erscheinen lassen.[1022] In diesen Fällen ist der eingelegte

---

1015 H.M.; OLG Düsseldorf, 15.12.1983, 10 U 159/83, MDR 1984, 324 (ebenso für das Aufhebungsverfahren nach § 927 ZPO); OLG Hamm, 26.02.1987, 4 U 7/87, MDR 1987, 593; OLG Dresden, 18.08.1999, 15 W 1353/99, JurBüro 2000, 138 (139) – Kostensenat; KG, 27.11.2007, 5 W 278/07, WRP 2008, 252, 252; Zöller/G. Vollkommer, § 924, Rn. 6; Ahrens/Scharen, Kap. 51, Rn. 80; GK/Schwippert, § 12 C, Rn. 153; FBO/Büscher, § 12, Rn. 135; str., a.A. noch KG, NJW 2004, 1665; siehe auch Schuschke/Walker, § 924, Rn. 10.

1016 OLG Koblenz, 21.03.2013, 9 U 1156/12, MD (VSW) 2013, 516, Ls. und juris Rn. 7 – *Virtueller Verkaufsraum*.

1017 Zöller/G. Vollkommer, § 924, Rn. 6 m.w.N.; Teplitzky/Feddersen, Kap. 55, Rn. 20 m.w.N.

1018 OLG Hamm, 20.12.1988, 4 U 244/88, OLGZ 1989, 338; Zöller/G. Vollkommer, § 924, Rn. 6.

1019 Teplitzky/Feddersen, Kap. 55, Rn. 20 m.w.N. auch zu den Gegenstimmen.

1020 OLG Celle, 18.07.1980, 9 U 93/80, GRUR 1980, 945; KG, 17.05.2011, 5 W 75/11, MD (VSW) 2011, 607 (610), juris Rn. 19; Ahrens/Ahrens, Kap. 55, Rn. 4; FBO/Büscher, § 12, Rn. 134; GK/Schwippert, § 12 C, Rn. 155; Harte/Henning/Retzer, § 12, Rn. 469; *Köhler*/Bornkamm/Feddersen, § 12, Rn. 3.42; Teplitzky/Feddersen, Kap. 55, Rn. 8; Zöller/G. Vollkommer, § 924, Rn. 10.

1021 KG, 02.10.1984, 5 W 4650/84, GRUR 1985, 237; OLG Saarbrücken, 30.06.1989, 4 U 21/89, NJW-RR 1989, 1512, 1513.

1022 OLG Celle, 18.07.1980, 9 U 93/80, GRUR 1980, 945f.

Widerspruch als unzulässig zu verwerfen.[1023] Während des Laufs des Hauptsacheverfahrens kommt eine Verwirkung dagegen nicht in Betracht.[1024]

Da das Erlassverfahren spätestens im Zeitpunkt der Zustellung der einstweiligen Verfügung an den Antragsgegner beendet ist, besteht für die Einlegung des Widerspruchs Anwaltszwang und das Schriftformerfordernis.[1025] **441**

Der Widerspruch ist zu begründen (§ 924 Abs. 2 1 ZPO), ohne Begründung aber nicht unwirksam.[1026] Selbstverständlich kann sich der Widerspruch auch nur gegen einen Teil der einstweiligen Verfügung richten[1027], wodurch sich auch der Streitwert des Widerspruchsverfahrens entsprechend ermäßigt. Das setzt – wenn das auch der Regelfall ist – nicht zwingend voraus, dass sich der Widerspruch auf als gesonderte Streitgegenstände abtrennbare Teile einer einstweiligen Verfügung richtet. Auch innerhalb des nämlichen Streitgegenstandes kann Widerspruch etwa deswegen gegen ein bestimmtes Verbot eingelegt werden, weil das Verbot zu weitgehend erscheint. Das kann z.B. dann der Fall sein, wenn sich ein Verbot nicht lediglich auf eine konkrete Verletzungsform bezieht, sondern verallgemeinert daherkommt, ohne dass insoweit ein Anspruch bestünde. **442**

Der Antragsgegner kann im Widerspruchsverfahren im Übrigen alle Einwendungen gegen den Verfügungsgrund, insbesondere die mangelnde Dringlichkeit, und/oder gegen den Verfügungsanspruch erheben. Er kann sowohl Verwirkung[1028] als auch Rechtsmissbrauch (§ 8 Abs. 4) einwenden. Ebenso alle Umstände, die eine Aufhebung der einstweiligen Verfügung aufgrund von Umständen, die erst nach Erlass des Titels eingetreten sind und auch im Rahmen des Aufhebungsverfahrens nach § 927 ZPO geltend gemacht werden könnten.[1029] So etwa die Rechtskraft eines Hauptsacheurteils, durch das der auch dem Verfügungstitel zugrundeliegenden Anspruch abgewiesen wurde, der ungenutzte Ablauf der Vollziehungsfrist (§ 929 Abs. 2 ZPO) oder nach Erlass der einstweiligen Verfügung eingetretene Umstände, die den Verfügungsanspruch in Fortfall gebracht haben. **443**

Durch die Erhebung des Widerspruchs wird die Vollziehung der einstweiligen Verfügung nicht gehemmt (§§ 924 Abs. 3, 936 ZPO). Der Schuldner muss den Titel bis zu **444**

1023 OLG Celle, 18.07.1980, 9 U 93/80, GRUR 1980, 945f.

1024 OLG Frankfurt, 20.03.1995, 6 U 203/93, MD (VSW) 1995, 681.

1025 OLG Koblenz, 22.07.1980, 6 W 139/80, GRUR 1980, 931, Os., juris; OLG Hamm, 21.07.1992, 4 U 128/92, GRUR 1992, 887, juris Rn. 15; FBO/Büscher, § 12, Rn. 134; Zöller/G. Vollkommer, § 924, Rn. 7.

1026 FBO/Büscher, § 12, Rn. 134; GK/Schwippert, § 12 C, Rn. 157; Teplitzky/Feddersen, Kap. 55, Rn. 8; Zöller/G. Vollkommer, § 922, Rn. 7 m.w.N.

1027 Ahrens/Scharen, Kap. 51, Rn. 51; FBO/Büscher, § 12, Rn. 136; Teplitzky/Feddersen, Kap. 55, Rn. 8.

1028 OLG Celle, 18.07.1980, 9 U 93/80, GRUR 1980, 945, Os. 2; KG, 02.10.1984, 5 W 4650/84, GRUR 1985, 237; OLG Saarbrücken, 30.06.1989, 4 U 2/89, NJW-RR 1989, 1512, Os. 1, juris.

1029 H.M.; OLG Köln, 10.09.1993, 6 U 157/93, WRP 1994, 50, 51; Harte/Henning/Retzer, § 12, Rn. 474; Zöller/G. Vollkommer, § 924, Rn. 11 und § 925, Rn. 3.

dessen Aufhebung beachten. Das Gericht kann aber die Zwangsvollstreckung auf Antrag des Schuldners gegen oder ohne Sicherheitsleistung einstweilen einstellen (§§ 924 Abs. 3 2, 707 ZPO). Die strengen Voraussetzungen des § 707 Abs. 1 2 ZPO müssen für eine Einstellung ohne Sicherheitsleistung nicht erfüllt sein (§ 924 Abs. 3 letzter Hs ZPO). Dennoch kommt die Einstellung jedenfalls bei Unterlassungsverfügungen wegen der sich aus der Natur des Verfahrens der einstweiligen Verfügung ergebenden Besonderheiten regelmäßig nicht in Betracht.[1030] Es müssen besondere Umstände vorliegen, die ausnahmsweise eine Einstellung rechtfertigen können.[1031] Das kann etwa dann der Fall sein, wenn bereits ohne aufwändige Prüfung feststeht, dass die angefochtene Entscheidung keinen Bestand haben kann, weil z.B. ein klarer Mangel der Vollziehung vorliegt, die gemäß § 926 ZPO gesetzte Klagefrist endgültig versäumt ist oder die Verjährung des Anspruches oder die mangelnde Dringlichkeit der Sache klar auf der Hand liegt.[1032] Teils wird aber auch angenommen, dass die Einstellung der Zwangsvollstreckung aus einer Unterlassungsverfügung grundsätzlich nicht in Betracht kommt, weil damit der Zweck der einstweiligen Verfügung vereitelt werde.[1033]

445 Der Widerspruch kann selbstverständlich auch zurückgenommen werden, und zwar auch ohne Zustimmung des Gläubigers.[1034] Gibt der Antragsgegner im Widerspruchsverfahren eine Abschlusserklärung ab, beinhaltet dies zugleich ebenfalls die Rücknahme des eingelegten Widerspruchs mit der Folge, dass dem Antragsgegner die Kosten des Widerspruchsverfahrens aufzuerlegen sind; eine nach der Abschlusserklärung abgegebene übereinstimmende Erledigungserklärung der Parteien geht ins Leere, so dass keine Kostenentscheidung nach § 91a ZPO ergehen kann.[1035] Das HansOLG Hamburg meint, dass eine Erledigungserklärung auch nur beschränkt auf das Widerspruchsverfahren abgegeben werden kann, weil das Widerspruchsverfahren einen eigenen Verfahrensabschnitt bildet, auf den von den übrigen Verfahrensabschnitten trennbare Kosten entfallen.[1036]

446 Im Gesetz fehlt eine Vorschrift über die Rechtsfolgen der Rücknahme des Widerspruchs. Über die Kosten ist entsprechend § 516 Abs. 3 ZPO zu entscheiden.[1037]

1030 BGH, 21.05.1997, I ZB 7/97, NJW-RR 1997, 1155, juris Rn. 12; OLG Nürnberg, 07.11.2001, 3 U 3017/01, WRP 2002, 345, 346.

1031 OLG Koblenz, 30.06.1981, 6 U 766/81, WRP 1981, 545; 22.05.1985, 6 W 275/85, WRP 1985, 657, OLG Nürnberg, 07.11.2001, 3 U 3017/01, WRP 2002, 345, 346.

1032 OLG Koblenz, 31.08.1989, 6 W 610/89, WRP 1990, 366 f.; OLG Zweibrücken, 23.05.1996, 2 U 24/96, GRUR 1997, 486, Ls.; OLG Rostock, 08.11.2007, 6 U 154/07, OLGR Rostock 2008, 211; OLG Frankfurt, 07.11.1996, 5 U 225/96, MDR 1997, 393, Ls.; 01.10.2013, 5 U 145/13, ZIP 2013, 2018, Os. 1 und juris Rn. 4;

1033 Vgl. OLG Saarbrücken, 19.04.2006, 1 U 86/06, MD (VSW) 2006, 944 (945).

1034 OLG Frankfurt, 01.11.2012, 6 U 127/12, NJW-RR 2013, 703; Zöller/G. Vollkommer, § 924, Rn. 8; Stein/Jonas/Grunsky, § 924, Rn. 13.

1035 OLG Frankfurt, 12.09.2017, 6 W 58/17, Ls., juris – für die Kosten des Widerspruchsverfahrens dort keine Anwendung von § 517 Abs. 3 ZPO, sondern von § 269 Abs. 3 2 ZPO analog.

1036 HansOLG Hamburg, 12.11.2018, 7 W 27/18, MD (VSW) 2019, 56, juris.

1037 Zöller/G. Vollkommer, § 924, Rn. 8.

Infolge der Rücknahme des Widerspruchs ermäßigt sich gemäß KV GKG Nr. 1312 die 3-fache Gebühr auf eine Gebühr.[1038] Ein Verlust des Rechtsbehelfs, wie die in § 516 Abs. 3 ZPO für die Berufungsrücknahme angeordnet ist, soll mit seiner Rücknahme indes nicht einhergehen. Vielmehr wird u.a. angenommen, der Widerspruch könne, ohne dass damit ein Rechtsmissbrauchsvorwurf erfolgreich verbunden sein könnte, bis zur rechtskräftigen Entscheidung über den Widerspruch nicht nur zurückgenommen, sondern auch erneut eingelegt werden. Etwa, um weitere Glaubhaftmachungsmittel in das Verfahren einzuführen.[1039] Dem kann nicht zugestimmt werden.

In der Rücknahme des Widerspruchs liegt zugleich ein Verzicht auf diesen Rechtsbehelf 447
des Verfügungsverfahrens.[1040] Für die erneute Einlegung eines zuvor zurückgenommenen Widerspruches fehlt es dem Schuldner jedenfalls an dem notwendigen Rechtsschutzbedürfnis. Zumindest dann, wenn der Widerspruch erst zurückgenommen wird, nachdem über ihn mündlich verhandelt worden ist. Die Möglichkeit, mehrfach Widerspruch gegen eine einstweilige Verfügung einlegen und wieder zurücknehmen zu können, ist mit dem Eilcharakter des Verfügungsverfahrens und den dort herrschenden Verfahrensgrundsätzen nicht zu vereinbaren. Für das auf den Erlass einer einstweiligen Verfügung gerichtete Urteilsverfahren wird angenommen, dass weder eine Vertagung der anberaumten mündlichen Verhandlung noch die Gewährung eines Schriftsatznachlasses stattfindet und auch eine Beweisaufnahme, die nicht sofort erfolgen kann, unstatthaft ist (§ 294 Abs. 2 ZPO), weil das dem Wesen des Verfügungsverfahrens, das auf eine schnelle Entscheidung ausgerichtet ist, widerspräche.[1041] Diese Grundsätze gelten gleichermaßen für die mündliche Verhandlung über den Widerspruch gegen eine Beschlussverfügung, und zwar für beide Parteien. Auch der Gläubiger muss sich darauf einzurichten, spätestens in der mündlichen Verhandlung alle erforderlichen Angriffs-, Verteidigungs- und Glaubhaftmachungsmittel vorzulegen.[1042] Gelingt ihm dies nicht, kann das u.U. zur Aufhebung der einstweiligen Verfügung führen. Einem erfolgreichen erneuten Verfügungsantrag steht in der Regel die mangelnde Dringlichkeit entgegen. Vor diesem Hintergrund widerspricht es schon dem Gebot der prozessualen Waffengleichheit, es nur dem Schuldner zu ermöglichen, seine Prozessaussichten dadurch zu verbessern, dass er durch die Rücknahme des Widerspruchs, gegen die sich der Gläubiger nicht wehren kann, sowie die erneute Einlegung des Widerspruchs bis dahin nicht gehaltenen Tatsachenvortrag oder neue Glaubhaftmachungsmittel in das Verfahren einführen kann. Insbesondere dann, wenn dem Schuldner – etwa aufgrund der vom Gericht geäußerten Beurteilung der Sache – erst in der mündlichen Verhandlung deutlich wird, dass sein Widerspruch nicht erfolgreich sein wird, kann sich der

1038 OLG Koblenz, 29.05.1995, 14 W 292/95, MDR 1996, 425; OLG München, 06.08.1997, 11 W 1617/97, NJW-RR 1998, 936.

1039 OLG Koblenz, 29.05.1995, 14 W 292/95, MDR 1996, 425, 426; OLG München, 06.08.1997, 11 W 1617/97, NJW-RR 1998, 936; OLG Frankfurt, 01.11.2012, 6 U 127/12, NJW-RR 2013, 703 f.; dem folgend Zöller/G. Vollkommer, § 924, Rn. 8 unter Hinweis auf durch Verzicht, Verwirkung und Rechtsmissbrauch gezogene Grenzen.

1040 KG, 25.02.2000, 25 W 5778/97; MD (VSW) 2000, 566, LS.

1041 Siehe oben Rdn. 157 ff.

1042 Siehe Zöller/G. Vollkommer, § 922, Rn. 15, und § 925, Rn. 3.

Schuldner durch die Rücknahme des Widerspruchs und dessen späterer Wiedereinlegung gegenüber dem Gläubiger einen prozessualen Vorteil verschaffen. Das ist nicht gerechtfertigt, denn der Schuldner hatte bereits deshalb, weil der Widerspruch nicht befristet ist, die Möglichkeit, sich mit der nötigen Intensität auf das Widerspruchsverfahren vorzubereiten und alle seine gegen die Beschlussverfügung sprechenden Verteidigungsmittel vorzubringen. Für eine Wiederholung des einmal eingeleiteten Widerspruchsverfahrens ist daher ein Rechtsschutzbedürfnis nicht erkennbar. Das gilt erst recht, wenn der Widerspruch erstmals nach Vorliegen eines erstinstanzlichen Urteils in zweiter Instanz und möglicherweise erst in der mündlichen Verhandlung über die Berufung zurückgenommen wird. Der Schuldner ist dadurch nicht schutzlos gestellt, denn er kann den Gläubiger, falls dieser den Rechtsstreit nicht von sich aus betreibt, ins Hauptsachverfahren zwingen (§ 926 Abs. 1 ZPO).

448 Über den Widerspruch ist mündlich zu verhandeln (§§ 936, 924 Abs. 2 2 ZPO).[1043] Wird über den Bestand der einstweiligen Verfügung entschieden, ist diese (auch teilweise) entweder – unter Zurückweisung des ihr zugrundeliegenden Antrages – durch Endurteil (§ 925 Abs. 1 ZPO) aufzuheben oder zu bestätigen. In beiden Fällen ist das zulässige Rechtsmittel die Berufung, wenn – wie meist im Lauterkeitsrecht – der Berufungswert erreicht wird.

449 Soweit die einstweilige Verfügung nur teilweise aufrechterhalten wird, bedarf es keiner erneuten Parteizustellung des Urteils, wenn das eingeschränkte Verbot als ein Minus – etwa bei einer auf die konkrete Verletzungsform zurückgeführten Unterlassungsverfügung – schon in dem ursprünglich weiter gefassten Verbot der erstinstanzlichen Entscheidung enthalten war.[1044] Wird das Verbot aber – auch nur »zur Klarstellung« – neu gefasst, so ist das Urteil im Parteibetrieb erneut zuzustellen, wenn der Sache nach eine nicht unwesentliche Abänderung des Beschlusses oder dessen Erweiterung vorliegt.[1045]

450 Die Kostenentscheidung folgt den §§ 91 ff. ZPO.

451 Entfällt der Verfügungsanspruch oder -grund (insbesondere die Dringlichkeit)[1046] erst im Laufe des Verfahrens, kann der Gläubiger den Rechtsstreit – auch mit Wirkung erst

1043 Beim Kostenwiderspruch kommt auch ein schriftliches Verfahren nach § 128 Abs. 3 ZPO in Betracht; siehe dazu nachfolgend H.I.2.b) aa).

1044 OLG Frankfurt, 18.12.1990, 6 U 204/90, WRP 1991, 405; OLG Karlsruhe, 09.10.1996, 6 U 42/96, WRP 1997, 57, Ls. 2; 07.05.1998, 4 U 170/97, NJWE WettbR 1999, 39 (40), juris Rn. 13; HansOLG Hamburg, 02.11.2006, 3 U 271/05, GRUR-RR 2007, 152, 155, juris Rn. 55; OLG Stuttgart, 21.08.2008, 2 U 13/08, WRP 2009, 337, 338, juris Rn. 18; Ahrens/Büttner, Kap. 57, Rn. 27; FBO/Büscher, § 12, Rn. 159; *Köhler*/Bornkamm/Feddersen, § 12, Rn. 3.66; Teplitzky/Feddersen, Kap. 55, Rn. 49.

1045 OLG Hamm, 05.09.1989, 4 U 150/89, GRUR 1989, 931, Os. 1; 08.11.1994, 21 U 61/94, OLGR Hamm 1995, 21, Os. 1; OLG Karlsruhe, 09.10.1996, 6 U 42/96, WRP 1997, 57, Ls. 1; OLG Stuttgart, 21.08.2008, 2 U 13/08, WRP 2009, 337, 338, juris Rn. 19.

1046 Teplitzky/Feddersen, Kap. 55, Rn. 25 m.w.N.

ab Eintritt des erledigenden Ereignisses[1047] – für erledigt erklären, um der Kostentragungslast zu entgehen. Die Versäumung der Klagfrist des § 926 ZPO ist ebenso wie die Versäumung der Vollziehungsfrist des § 929 Abs. 2 ZPO kein erledigendes Ereignis, denn sie führt jeweils zur anfänglichen Unwirksamkeit der einstweiligen Verfügung.[1048]

Soweit die einstweilige Verfügung durch das erstinstanzliche Urteil aufgehoben worden ist, verliert sie sofort, ex tunc und endgültig ihre Wirkung.[1049] Ändert das Berufungsgericht diese Entscheidung zugunsten des Antragstellers wieder ab, so kommt deshalb keine Bestätigung der – nicht mehr existenten – einstweiligen Verfügung, sondern nur noch deren Neuerlass in Betracht.[1050] In der Zwischenzeit fehlt es an einem vollstreckungsfähigen Titel.[1051] Nach Aufhebung des erstinstanzlichen Titels noch darauf basierende Zwangsvollstreckungs- bzw. Ordnungsmittelverfahren verlieren ihre Grundlage.[1052] Eine vom Berufungsgericht neu erlassene einstweilige Verfügung wirkt insoweit nicht zurück.[1053] Dass die neu erlassene einstweilige Verfügung enthaltende Berufungsurteil muss deshalb auch nach § 922 Abs. 2 ZPO neu vollzogen, also im Parteibetrieb zugestellt werden.[1054] **452**

bb) Kostenwiderspruch/Unterwerfungswiderspruch

Der Antragsgegner hat im Beschlussverfahren zwei Möglichkeiten, sich allein gegen die ihm auferlegte Kostenlast zur Wehr zu setzen, den Bestand der einstweiligen Verfügung im Übrigen aber unangetastet zu lassen. **453**

1047 BGH, 23.10.2003, I ZB 45/02, BGHZ 156, 335, Ls. 3b – *Euro-Einführungsrabatt*; BGH, 20.01.2016, I ZB 102/14, GRUR 2016, 421, Rn. 12 – *Erledigungserklärung nach Gesetzesänderung*; BGH, 07.04.2016, I ZR 237/14, GRUR 2016, 1066, Rn. 18 – *mt-perfect.*

1048 Teplitzky/Feddersen, Kap. 55, Rn. 25 und Rn. 28 m.w.N., zu Verjährungsfragen siehe dort Rn. 27 ff.; Zöller/Althammer, § 91a, Rn. 3.

1049 H.M.; OLG Celle, 28.02.1995, 16 U 182/94, OLGR Celle 1995, 122, Ls.; 17.09.2015, 13 U 72/15, juris Rn. 10; Ahrens/Bähr, Kap 52, Rn. 45; Berneke/Schüttpelz, Rn. 409; Harte/Henning/Retzer, § 12, Rn. 476, 501; Teplitzky/Feddersen, Kap. 55, Rn. 15; Zöller/G. Vollkommer, § 925, Rn. 10, 12; jeweils m.w.N.

1050 OLG Düsseldorf, 04.12.1986, 6 W 142/86, NJW-RR 1987, 511 512); OLG Celle, 11.05.1989, 13 U 12/89, GRUR 1989, 541; HansOLG Hamburg, 17.07.1996, 3 W 83/96, MDR 1997, 394; 24.10.1996, 3 U 106/96, WRP 1997, 53, 54, Ls. 1; KG, 30.03.2009, 24 U 145/08, WRP 2010, 129, 137, juris Rn. 76; KG, 22.02.2017, 5 U 139/16, MD (VSW) 2017, 488 (493), juris Rn. 16; OLG Karlsruhe, 22.01.2014, 6 U 135/10, GRUR-RR 2014, 362, 370, juris Rn. 103 – *Unternehmensübergang*; OLG Frankfurt, 25.09.2014, 6 U 111/14, WRP 2015, 111, 112, juris Rn. 15 – *Immer Netz hat der Netzer*; Zöller/G. Vollkommer, § 925, Rn. 10 m.w.N.

1051 Siehe auch BGH, 23.10.2003, I ZB 45/02, BGHZ 156, 335, 337, juris Rn. 31 – *Euro-Einführungsrabatt.*

1052 Teplitzky/Feddersen, Kap. 57, Rn. 38; Ahrens/Bähr, Kap. 53, Rn. 21.

1053 HansOLG Hamburg, 17.07.1996, 3 W 83/96, MDR 1997, 394; a.A. für vor der erstinstanzlichen Aufhebung des Titels begangene Titelverstöße OLG München, 21.12.1999, 29 W 2861/99, NJWE WettbR 2000, 147, juris Rn. 19.

1054 OLG Celle, 11.05.1989, 13 U 12/89, GRUR 1989, 541, Os. 1; HansOLG Hamburg, 24.10.1996, 3 U 106/96, WRP 1997, 53, 54, Ls. 2; *Köhler*/Bornkamm/Feddersen, § 12, Rn. 3.42.; siehe dazu auch oben Rdn. 372.

(1) Kostenwiderspruch

454 Hat der Gläubiger den Schuldner nicht abgemahnt[1055] und ihm deshalb nicht vor Augen geführt, dass er gerichtliche Hilfe in Anspruch nehmen werde, wenn der Schuldner seinem Begehren nicht nachkommt, dann kann der Schuldner u.U. der Kostenlast des Verfügungsverfahrens entgehen, wenn er den Verfügungsanspruch anerkennt. Das bringt er zum Ausdruck, indem er gegen die einstweilige Verfügung keinen Vollwiderspruch, sondern zulässigerweise[1056] nur einen sogenannten Kostenwiderspruch einlegt, der als solcher ausdrücklich bezeichnet werden sollte.[1057] Es muss jedenfalls deutlich werden, dass sich der Rechtsbehelf ausschließlich gegen die Kostenentscheidung der Beschlussverfügung wendet.[1058] Darin liegt zugleich ein konkludenter Verzicht auf den weitergehenden Widerspruch[1059], was einem Anerkenntnis (nur) des Verfügungsanspruches gleichkommt.[1060] Dem Schuldner kann dann die Regelung des § 93 ZPO zugutekommen.[1061]

455 Anders als im Klagverfahren, in dem der Schuldner die erste prozessuale Möglichkeit ergreifen muss, um wirksam ein »sofortiges« Anerkenntnis abgeben zu können[1062], kann der Kostenwiderspruch, wie auch der Vollwiderspruch, in den Grenzen der Verwirkung oder des Rechtsmissbrauchs jederzeit eingelegt werden. Der Zeitpunkt des Kostenwiderspruchs hindert die Annahme eines sofortigen Anerkenntnisses nicht. Der Widerspruch ist ein zeitlich unbefristeter Rechtsbehelf.[1063] Die Zustellung einer einstweiligen Verfügung löst eine Antwortpflicht nicht schon aus.[1064] Erst durch den Widerspruch wird ein zweiseitiges gerichtliches Verfahren in Gang gesetzt.[1065] Die Einlegung eines Teil-Kostenwiderspruchs ist möglich, soweit abtrennbare Teile der einstweiligen

1055 Siehe zum Inhalt einer ordnungsgemäßen Abmahnung etwa KG, 04.04.2017, 5 W 31/17, MD (VSW) 2017, 591 – *Ordnungsgemäße Abmahnung.*

1056 H.M.; BGH, 22.05.2003, I ZB 38/02, WRP 2003, 1001 – *Prozessgebühr beim Kostenwiderspruch*; Ahrens/Scharen, Kap. 51, Rn. 55 ff.; Berneke/Schüttpelz, Rn. 415 ff.; GK/Schwippert, § 12, C, Rn. 160 ff.; Harte/Henning/Retzer, § 12, Rn. 488; *Köhler*/Bornkamm/Feddersen, § 12, Rn. 3.42; Zöller/G. Vollkommer, § 924, Rn. 5 und § 93, Rn. 6 »Kostenwiderspruch«; jeweils m.w.N.

1057 OLG Düsseldorf, 08.08.1985, 2 W 67/85, WRP 1986, 273, Ls.; KG, 17.05.2011, 5 W 75/11, GRURPrax 2011, 310, Ls.

1058 OLG Hamm, 06.07.1989, 4 W 89/89, GRUR 1990, 309; HansOLG Hamburg, 17.07.1989, 8 W 171/89, MDR 1989, 1002, Ls. – *Kostenwiderspruch im Eilverfahren.*

1059 BGH, 22.05.2003, I ZB 38/02, WRP 2003, 1000, 1001 – *Prozessgebühr beim Kostenwiderspruch*; Ahrens/Singer, Kap. 54, Rn. 23; FBO/Büscher, § 12, Rn. 136; Teplitzky/Feddersen, Kap. 55, Rn. 11.

1060 OLG Stuttgart, 11.06.1999, 2 W 24/99, NJWE WettbR 2000, 125; OLG Oldenburg, 16.10.2013, 6 W 71/13, MD (VSW) 2013, 1052 (1053), juris Rn. 15.

1061 H.M., siehe etwa Berneke/Schüttpelz, Rn. 422 ff.; Teplitzky/Feddersen, Kap. 55, Rn. 9 ff.

1062 Vgl. Zöller/Herget, § 93, Rn. 4 m.w.N.

1063 OLG Düsseldorf, 24.03.1972, 5 W 48/71, NJW 1972, 1955; HansOLG Hamburg, 18.11.1976, 3 W 126/76, WRP 1977, 112, Ls., OLG Köln, 04.03.1981, 6 W 3/81, WRP 1981, 339; 06.01.1985, 6 W 69/85, WRP 1986, 426, 428; Berneke/Schüttpelz, Rn. 424.

1064 OLG Düsseldorf, 24.03.1972, 5 W 48/71, NJW 1972, 1955.

1065 HansOLG Hamburg, 18.11.1976, 3 W 126/76, WRP 1977, 112.

Regelung vorhanden sind.[1066] Dem Gläubiger sind die Kosten des Verfügungsverfahrens aufzuerlegen, wenn und soweit der Schuldner für die Stellung des Verfügungsantrages keinen Anlass gegeben hat. Das Anerkenntnis ist unwiderruflich.[1067]

456 Der Schuldner kann nicht zum Vollwiderspruch übergehen. Im Kostenwiderspruch liegt im allgemeinen ein – unwiderruflicher – Verzicht auf einen Vollwiderspruch.[1068] Die Ankündigung der Abgabe eines Anerkenntnisses in der auf den Widerspruch anzuberaumenden mündlichen Verhandlung genügt nicht.[1069] Ebenso, wenn die Abgabe einer Unterlassungsverpflichtungserklärung lediglich angekündigt wird, aber nicht schon mit Einlegung des Widerspruchs erfolgt.[1070] Wird zunächst in der Sache ein Vollwiderspruch eingelegt, ist der Übergang zum Kostenwiderspruch nicht mehr möglich, weil das konkludente Anerkenntnis nicht mehr »sofort« i.S. des § 93 ZPO erfolgt ist.[1071]

457 Vielfach wird übersehen, dass infolge des im Kostenwiderspruch liegenden Anerkenntnisses kein Streit mehr über den jeweiligen Anspruch geführt werden kann. Der Rechtsstreit konzentriert sich nach Einlegung des Kostenwiderspruchs allein auf den Streit über die Kostentragungslast. Der Schuldner kann nicht mehr mit Erfolg einwenden, dem Gläubiger stehe der geltend gemachte Anspruch tatsächlich nicht zu.[1072] Das Gericht hat nur zu entscheiden, ob der Schuldner Anlass zur Stellung des Verfügungsantrages gegeben hat oder nicht.[1073] Das wird in der Regel nicht der Fall sein, wenn er nicht abgemahnt worden ist.

458 Da der Verfügungsanspruch nur auf eine vorläufige Regelung gerichtet ist, liegt in einem Kostenwiderspruch auch nur ein Anerkenntnis bezogen auf diesen Verfügungsanspruch, ohne dass damit bereits ein Anerkenntnis der einstweiligen Verfügung als

---

1066 KG, 17.05.2011, 5 W 75/11, GRURPrax 2011, 310, Ls.

1067 BGH, 22.05.2003, I ZB 38/02, WRP 2003, 1001 – *Prozessgebühr beim Kostenwiderspruch*; BGH, 15.08.2013, I ZB 68/12, GRUR 2013, 1286, Rn. 8 – *keine Verfahrensgebühr bei Kostenwiderspruch*; OLG Hamm, 05.01.1982, 5 W 5686/81, GRUR 1991, 633, Ls.; 28.10.1999, 3 U 157/99, NJW-RR 2000, 1238, Ls; KG, 17.05.2011, 5 W 75/11, GRURPrax 2011, 310, Ls.; Teplitzky/Feddersen, Kap. 55, Rn. 11.

1068 BGH, 22.05.2003, I ZB 38/02, WRP 2003, 1000, 1001, juris Rn. 9 – *Prozessgebühr beim Kostenwiderspruch*; HansOLG Hamburg, 28.10.1999, 3 U 157/99, NJW-RR 2000, 1238, Ls. 1; Teplitzky/Feddersen, Kap. 55, Rn. 11; FBO/Büscher, § 12, Rn. 136.

1069 OLG Schleswig, 24.06.1986, 6 U 2/86, GRUR 1986, 840; OLG Hamm, 06.07.1989, 4 W 89/89, GRUR 1990, 309; Zöller/G. Vollkommer, § 924, Rn. 5.

1070 OLG Stuttgart, 16.01.2001, 2 W 83/00, MD (VSW) 2011, 497 (499 f.).

1071 OLG Hamm, 05.01.1982, 5 W 5686/81, GRUR 1991, 633, Ls.; OLG Düsseldorf, 15.08.1990, 2 W 41/90, MDR 1991, 257, juris Rn. 13; OLG München, 02.10.1995, 29 W 2321/95, NJWE WettbR 1996, 139; HansOLG Hamburg, NJW-RR 2000, 1238; KG, 17.05.2011, 5 W 75/11, GRURPrax 2011, 310, juris Rn. 10; Berneke/Schüttpelz, Rn. 424; Teplitzky/Feddersen, Kap. 55, Rn. 11; a.A. OLG Düsseldorf, 14.06.1996, 20 W 13/96, NJWE WettbR 1996, 256, juris Rn. 5.

1072 OLG Hamm, 05.01.1982, 5 W 5686/81, GRUR 1991, 633, juris Rn. 16; Berneke/Schüttpelz, Rn. 419 m.w.N.; Teplitzky/Feddersen, Kap. 55, Rn. 11a m.w.N.

1073 HansOLG Hamburg, 28.10.1999, 3 U 157/99, NJW-RR 2000, 1238, Ls. 2; OLG München, 28.11.2016, 6 W 1563/16, MD (VSW) 2017, 180 (181) – *Nachfasspflicht*.

endgültige Regelung verbunden ist.[1074] Ein Verzicht auf die Rechte aus §§ 926, 927 ZPO ist daher mit dem Kostenwiderspruch nicht schon generell verbunden.[1075] Das der Kostenwiderspruch auf das Anerkenntnis nur des Verfügungsanspruches – und nicht schon des materiellen Hauptsacheanspruches – gerichtet ist, sollte indes ausdrücklich klargestellt werden. Wird der Kostenwiderspruch ohne eine solche eindeutige Beschränkung auf den vorläufigen Regelungsgehalt des Titels erhoben, liegt darin zwar nicht schon zwingend ein endgültiges Anerkenntnis des Verfügungsanspruches auch in der Hauptsache.[1076] Dennoch wird die Auffassung vertreten, dass die Erklärung des Schuldners, dass er sich im Falle einer Abmahnung eine Unterlassungsverpflichtungserklärung abgegeben hätte, als Anerkenntnis des materiellen Hauptsacheanspruches zu deuten ist.[1077] Das macht die Rechtswirkungen des Kostenwiderspruchs bezogen auf die Hauptsache vom Inhalt der Begründung des Kostenwiderspruchs abhängig. In der Folge ist der Schuldner bei einer mehrdeutigen Begründung seines Kostenwiderspruches auch dann, wenn er damit eigentlich eine endgültige Regelung der Streitigkeit erstrebt, der Gefahr ausgesetzt, dass der Gläubiger dennoch Hauptsacheklage erhebt. Der Rechtssicherheit ist es daher eher dienlich, vom Schuldner eine eindeutige Erklärung dahin zu verlangen, dass sein Kostenwiderspruch nur dem Anerkenntnis des Verfügungsanspruches dient. Anderenfalls ist von einem Verzicht auf die Rechte aus § 926, 927 ZPO[1078] und damit von einem Anerkenntnis des materiellen Hauptsacheanspruches auszugehen. Ein Hauptsacheverfahren kann der Gläubiger dann nicht mehr betreiben und muss der Schuldner nicht fürchten. Ein bereits eingeleitetes Hauptsachverfahren erledigt sich.

459 Die Abmahnung ist nur entbehrlich, wenn der Schuldner dadurch vor gerichtlichen Maßnahmen gewarnt werden könnte und zu besorgen ist, dass der Zweck der einstweiligen Verfügung verfehlt und/oder etwaige Sicherungsmaßnahmen vereitelt werden könnten. Daher bedarf es in der Regel immer dann, wenn die einstweilige Verfügung auf die Sequestration von Sachen gerichtet ist keiner Abmahnung. In diesen Fällen kann der Schuldner seiner Kostentragungslast durch die Einlegung eines Kostenwiderspruchs nicht entgehen. Ansprüche auf Sequestration kommen indes im Lauterkeits-

---

1074 BGH, 22.05.2003, I ZB 38/02, WRP 2003, 1000, 1001, juris Rn. 9 – *Prozessgebühr beim Kostenwiderspruch*; OLG Hamm, 05.01.1982, 5 W 5686/81, GRUR 1991, 633; KG, 25.02.2000, 25 W 5778/97; MD (VSW) 2000, 566, LS; Ahrens/Scharen, Kap. 51, Rn. 58, und Ahrens/Singer, Kap. 54, Rn. 23; Berneke/Schüttpelz, Rn. 420 m.w.N.; FBO/Büscher, § 12, Rn. 136; Teplitzky/Feddersen, Kap. 55, Rn. 11f.

1075 Ahrens/Scharen, Kap. 51, Rn. 58; Ahrens/Singer, Kap. 54, Rn. 23; FBO/Büscher, § 12, Rn. 136; differenzierend Teplitzky/Feddersen, Kap. 55, Rn. 12 (kein Verzicht auf die Rechte aus § 927 ZPO).

1076 Ahrens/Scharen, Kap. 51, Rn. 58; Ahrens/Singer, Kap. 54, Rn. 23; Teplitzky/Feddersen, Kap. 55, Rn. 11a m.w.N.; a.A. KG, 05.01.1982, 5 W 5686/81, WRP 1982, 465, Ls.

1077 Ahrens/Scharen, Kap. 51, Rn. 59, und Ahrens/Singer, Kap. 54, Rn. 23; FBO/Büscher, § 12, Rn. 136; Harte/Henning/Retzer, § 12, Rn. 484; *Köhler*/Bornkamm/Feddersen, § 12, Rn. 3.42; Teplitzky/Feddersen, Kap. 55, Rn. 12.

1078 Teplitzky/Feddersen, Kap. 55, Rn. 11; a.A. *Köhler*/Bornkamm/Feddersen, § 12, Rn. 3.42 (kein Verzicht auf die Rechte aus § 927 ZPO).

recht in der Regel nicht – auch nicht bezogen auf i.S. des § 4 Nr 3 unlauter nachgeahmte Ware – in Betracht.[1079]

460 In der Vergangenheit war es eine häufig geübte Praxis, ohne eine vorherige Abmahnung des Schuldners eine einstweilige Verfügung zu beantragen und den Schuldner erst nach deren Erlass abzumahnen (sog. Schubladenverfügung). Wies der Schuldner die Abmahnung zurück, dann konnte der Gläubiger in einem späteren Kostenwiderspruchsverfahren darauf verweisen, dass sich der Schuldner dem Anspruch ohnehin nicht unterworfen hätte, die vorherige Abmahnung also entbehrlich war. Abgesehen davon, dass immer mehr Gerichte keine einstweilige Verfügung mehr ohne mündliche Verhandlung erlassen, wenn der Schuldner nicht zuvor abgemahnt worden ist[1080], kommt es in der Praxis schon deshalb kaum noch zu Schubladenverfügungen, weil die Kosten der erst später nachfolgenden Abmahnung nach der Rechtsprechung des BGH nicht mehr erstattungsfähig sind, und zwar auch nicht unter dem Gesichtspunkt der Geschäftsführung ohne Auftrag.[1081] Wird dennoch Kostenerstattung verlangt und dabei nicht mitgeteilt, das schon ein Verfügungsantrag gestellt war, kann das strafrechtlich relevant sein.[1082] Jedenfalls kommt u.U. die Annahme einer arglistigen Täuschung des Schuldners über die Möglichkeit zur außergerichtlichen Beilegung des Streits in Betracht.[1083] Der nach Erwirkung einer Schubladenverfügung erfolglos abgemahnte Schuldner kann dennoch Kostenwiderspruch gegen die ihm dann zugestellte Einstweilige Verfügung einlegen[1084], denn die Zurückweisung der Abmahnung war schon nicht Anlass zur Stellung des Verfügungsantrages.

461 Ist eine Abmahnung unterblieben, konzentriert sich der Streit der Parteien des Kostenwiderspruchsverfahrens regelmäßig darauf, ob die Abmahnung des Schuldners deswegen entbehrlich war, weil er durch sein vorgerichtliches Verhalten bereits zu erkennen gegeben hat, dass er einer Abmahnung ohnehin nicht Folge leisten und sich dem Anspruch des Gläubigers nicht unterwerfen würde.[1085] Das kann etwa dann der Fall sein, wenn die Parteien schon eine Vielzahl von Rechtsstreitigkeiten mit vergleichbaren Streitgegenständen geführt hatten, in denen sich der Schuldner uneinsichtig gezeigt hatte. Insoweit ist aber ein strenge Sicht angezeigt, denn schon kleinere tatsächliche Besonderheiten des jeweiligen Streitgegenstandes können der Annahme entgegen stehen, der Schuldner werde eine Abmahnung in auch in Bezug auf den neuen Streitgegenstand in jedem Fall zurückweisen. Ganz deutlich wird die Entbehrlichkeit der Abmahnung, wenn der Schuldner schon kundgetan hat, den Streit gerichtlich ausfech-

1079 Siehe oben Rdn. 266.
1080 Siehe oben Rdn. 273 ff., 460.
1081 BGH, 07.10.2009, I ZR 216/07, GRUR 2010, 257, LS – *Schubladenverfügung.*
1082 Vgl. KG, 25.11.2011, Az. 5 W 175/11, WRP 2012, 368.
1083 OLG Frankfurt, 19.02.2015, 16 U 141/14, WRP 2017, 141 (red. Ls.); siehe auch zum »Ende der Schubladenverfügung« Zindel/Vorländer, WRP 2017, 276 ff.
1084 OLG Frankfurt, 22.03.2012, 6 U 41/12, NJW-RR 2012, 1018.
1085 Vgl. OLG Frankfurt, 14.02.2018, 6 W 6/18, GRUR-RR 2018, 392, Ls. – *Generalvorsatz.*

ten zu wollen.[1086] Geht es um eine Leistungsverpflichtung reicht die eindeutige Zurückweisung des Begehrens des Gläubigers.[1087]

462 Daneben streiten die Parteien nicht selten darüber, ob dem Schuldner eine vorherige Abmahnung des Gläubigers überhaupt zugegangen ist. Die lange streitige Frage, wer die Darlegungs- und Beweislast für den Zugang der Abmahnung hat, ist inzwischen beantwortet. Nach der Rechtsprechung des BGH hat die Darlegungs- und Beweislast für die Voraussetzungen einer dem Kläger die Prozesskosten auferlegenden Entscheidung nach § 93 ZPO grundsätzlich der Beklagte. Der Kläger hat im Rahmen der sekundären Darlegungslast lediglich substantiiert darzulegen, dass das Abmahnschreiben abgesandt worden ist. Kann nicht festgestellt werden, ob das Abmahnschreiben dem Beklagten zugegangen ist oder nicht, ist für eine Kostenentscheidung nach § 93 ZPO kein Raum.[1088] Wird eine Abmahnung per Einschreiben und Rückschein versandt und holt der Schuldner das niedergelegte Schriftstück nicht ab, kommt die Anwendung von § 93 ZPO gleichfalls nicht in Betracht.[1089]

463 Im Verfahren über den Kostenwiderspruch fallen die Gebühren lediglich nach dem Wert der bis zur Einlegung des Widerspruchs angefallenen Kosten an.[1090] Die Verfahrensgebühr fällt nicht nach dem Gegenstand des Verfügungsverfahrens an.[1091] Ebenso wie beim Vollwiderspruch kann die Entscheidung über den Kostenwiderspruch nach mündlicher Verhandlung ergehen (§ 925 Abs. 1 ZPO).[1092] Da nur über die Kosten zu entscheiden ist, kann – auch ohne Zustimmung der Parteien – ebenso im schriftlichen Verfahren entschieden werden (§ 128 Abs. 3 ZPO).[1093] In beiden Fällen ergeht die Entscheidung durch Endurteil (§§ 936, 925 Abs. 1 ZPO).[1094] Der Streitwert ist gleich dem bis zur Einlegung des Kostenwiderspruchs entstandenen Kosten.[1095] Gegen die im Urteil getroffene Kostentscheidung kann die unterlegene Partei entsprechend § 99

1086 Z.B. OLG Frankfurt, 10.07.2014, 6 W 51/14, juris.

1087 Siehe etwa OLG Düsseldorf, 04.02.2013, 20 W 104/11, juris Rn. 10 (Zurückweisung der Aufforderung zur Domainfreigabe).

1088 BGH, 21.12.2006, I ZB 17/06, GRUR 2007, 629, Ls. – *Zugang des Abmahnschreibens*;

1089 OLG Frankfurt, 29.01.2014, 6 W 62/13, NJW-RR 2014, 766.

1090 HansOLG Hamburg, 17.07.1989, 8 W 171/89, MDR 1989, 1002, Ls. – *Kostenwiderspruch im Eilverfahren*; 27.10.2010, 4 W 277/10, AGS 2011, 621; OLG Nürnberg, 28.01.2013, 3 W 12/13, NJW-RR 2013, 635.

1091 BGH, 15.08.2013, I ZB 68/12, GRUR 2013, 1286, Rn. 8 – *keine Verfahrensgebühr bei Kostenwiderspruch*.

1092 FBO/Büscher, § 12, Rn. 137; Teplitzky/Feddersen, Kap. 55, Rn. 13 (mündliche Verhandlung zwingend).

1093 OLG Frankfurt, 30.10.2006, 6 W 181/06, GRUR-RR 2007, 62; KG, 23.08.2007, 1 W 50/07, GRUR-RR 2008, 143 (dann keine Terminsgebühr); KG, 23.08.2007, 1 W 50/07, GRUR-RR 2008, 143, juris Rn. 5; Ahrens/Singer/Kap. 55, Rn. 28; Berneke/Schüttpelz, Rn. 422; Harte/Henning/Retzer, § 12, Rn. 485.

1094 Ahrens/Singer, Kap. 54, Rn. 28; FBO/Büscher, § 12, Rn. 137; Zöller/G. Vollkommer, § 924, Rn. 5.

1095 BGH, *15.08.2013, I ZB 68/12*, GRUR 2013, 1286, Ls. und Rn. 4 (1,3-Verfahrensgebühr nach dem Kostenwert); OLG Nürnberg, 28.01.2013, 3 W 12/13, MD (VSW) 2013, 344; Zöller/Herget, § 3, Rn. 16 »einstweilige Verfügung«.

Abs. 2, 567, 569 ZPO sofortige Beschwerde – nicht Berufung – einlegen.[1096] Wird nach Ablauf der zweiwöchigen Beschwerdefrist (§ 569 Abs. 1 ZPO) fälschlich Berufung eingelegt, ist das Rechtsmittel verspätet und daher unzulässig.[1097] Das innerhalb der Beschwerdefrist als »Berufung« eingelegte Rechtmittel ist als sofortige Beschwerde umzudeuten.[1098] Ein Abhilfeverfahren findet nicht statt (§§ 572 Abs. 1 2, 318 ZPO). Ebenso wenig die Rechtsbeschwerde (§§ 574 Abs. 1 2, 542 Abs. 2 ZPO).[1099]

Da als Folge des Kostenwiderspruchs der Verfügungstitel jedenfalls in der Hauptsache bestehen bleibt, sind die Ansprüche aus dem Titel im Zwangsvollstreckungsverfahren durchzusetzen (§§ 883 ff. ZPO). Im Falle von Unterlassungsverfügungen wird bei Titelverstößen ein Ordnungsgeld (§ 890 ZPO) festgesetzt, das zugunsten der Staatskasse eingetrieben wird. 464

(2) »Unterwerfungswiderspruch«

Manchem Schuldner ist daran gelegen, zu vermeiden, dass der Titel Bestand hat. Er kann sich deshalb gegenüber dem Gläubiger strafbewehrt mit der Folge unterwerfen, dass im Falle weiterer Verletzungshandlungen eine Vertragsstrafe an den Gläubiger zu zahlen ist. Er hat in diesem Fall die Möglichkeit, statt des Kostenwiderspruches einen sogenannten Unterwerfungswiderspruch einzulegen. Unter einem Unterwerfungswiderspruch wird dabei ein Vollwiderspruch verstanden, den der Schuldner sogleich[1100] mit der Abgabe einer den jeweiligen Verfügungsanspruch abdeckenden strafbewehrten Unterlassungsverpflichtungserklärung verbindet. Teils wird angenommen, die Unter- 465

1096 H.M.; HansOLG Hamburg, 23.12.1976, 3 U 205/76, WRP 1977, 113; 20.07.2006, 5 W 86/06, GRUR-RR 2007, 175; OLG Karlsruhe, 10.02.1986, 15 W 12/85, NJW-RR 1987, 105; OLG Stuttgart, 09.11.1983, 2 W 65/83, GRUR 1984, 163; OLG Koblenz, 28.08.1996, 3 W 496/96, NJW-RR 1997, 893; 23.10.2017, 9 U 895/17, WRP 2017, 1522 f.; KG, 17.05.2011, 5 W 75/11, GRURPrax 2011, 310, Ls.; KG, 16.06.2017, 5 W 60/17, MD (VSW) 2017, 835 (836), juris Rn. 7; OLG Frankfurt, 22.03.2012, 6 U 41/12, NJW-RR 2012, 1018, juris Rn. 3; OLG Frankfurt, 02.12.2014, 11 U 73/14, WRP 2015, 235, Ls. – *Barhocker*; OLG Oldenburg, 16.10.2013, 6 W 71/13, MD (VSW) 2013, 1052 (1053); OLG München, 28.11.2016, 6 W 1563/16, MD (VSW) 2017, 180 (181) – *Nachfasspflicht*; Ahrens/Singer, Kap. 54, Rn. 29 m.w.N.; Berneke/Schüttpelz, Rn. 427; Harte/Henning/Retzer, § 12, Rn. 486; *Köhler*/Bornkamm/Feddersen, § 12, Rn. 3.43; Teplitzky/Feddersen, Kap. 55, Rn. 13 m.w.N.; Zöller/G. Vollkommer, § 925, Rn. 11; a.A. Baumbach/Lauterbach/Hartmann, ZPO, § 925, Rn. 15.

1097 OLG Köln, 21.06.1982, 6 U 66/82, WRP 1983, 43; FBO/Büscher, § 12, Rn. 132; Harte/Henning/Retzer, § 12, Rn. 486; *Köhler*/Bornkamm/Feddersen, § 12, Rn. 3.43; Teplitzky/Feddersen, Kap. 55, Rn. 13; Zöller/Herget, § 99, Rn. 17.

1098 Siehe etwa OLG Köln, 21.06.1982, 6 U 66/82; WRP 1983, 43; OLG Frankfurt, 22.03.2012, 6 U 41/12, NJW-RR 2012, 1018, juris Rn. 3; OLG Koblenz, 23.10.2017, 9 U 895/17, WRP 2017, 1522; Berneke/Schüttpelz, Rn. 430; Harte/Henning/Retzer, § 12, Rn. 486; Teplitzky/Feddersen, Kap. 55, Rn. 13; jeweils m.w.N.

1099 OLG München, 28.11.2016, 6 W 1563/16, MD (VSW) 2017, 180 (183) – *Nachfasspflicht*.

1100 HansOLG Hamburg, 30.09.1988, 3 W 109/88, WRP 1989, 325; OLG Düsseldorf, 15.08.1990, 2 W 41/90, MDR 1991, 257; Ahrens/Scharen, Kap. 51, Rn. 65, Teplitzky/Feddersen, Kap. 55, Rn. 10.

werfung könne noch in der mündlichen Verhandlung abgegeben werden, weil dies den allgemeinen Grundsätzen zur Anwendung des § 93 ZPO entspreche.[1101] Auch im Klagverfahren ist der Schuldner indes gehalten, sein Anerkenntnis bei der ersten sich bietenden Möglichkeit zu erklären, damit es noch als »sofortiges Anerkenntnis« gewertet werden kann. In der mündlichen Verhandlung kommt die Erklärung in der Regel zu spät.[1102] Nach Erlass einer Beschlussverfügung besteht mit dem Widerspruch innerhalb des Verfahrens erstmals die Gelegenheit des Schuldner, sich dem Unterlassungsbegehren durch Abgabe einer Unterlassungsverpflichtungserklärung zu unterwerfen. Diese Gelegenheit muss er ergreifen. Jedenfalls aber liegt kein »sofortiges Anerkenntnis« mehr vor, wenn es nach Stellung der streitigen Anträge[1103] oder erst erfolgt, nachdem das Gericht die Rechtslage erörtert und seine für den Antragsgegner ungünstige Rechtsauffassung hat erkennen lassen.[1104]

466 Durch die Abgabe der Unterlassungsverpflichtungserklärung entfällt – wenn sie uneingeschränkt, bedingungslos und unwiderruflich ist, unter Übernahme einer angemessenen Vertragsstrafe für jeden Fall der Zuwiderhandlung erfolgt und auch kerngleiche Verletzungsformen erfasst – die Wiederholungsgefahr[1105] und erledigt sich der Verfügungsanspruch.[1106] Und zwar auch dann, wenn die Unterwerfungserklärung unter der auflösenden Bedingung einer allgemein verbindlichen, d.h. auf Gesetz oder höchstrichterlicher Rechtsprechung beruhenden, (eindeutigen) Klärung des zu unterlassenden Verhaltens als rechtmäßig abgegeben wird.[1107] Der Gläubiger muss das Verfahren dann in aller Regel für in der Hauptsache erledigt erklären. Im Rahmen der zu treffenden Entscheidung nach § 91a ZPO ist sodann nach herrschender Auffassung wiederum der Grundgedanke des § 93 ZPO anwendbar.[1108] Das setzt ebenfalls voraus, dass der Schuldner zuvor keinen Anlass zur Stellung des Verfügungsantrages gegeben hat, also –

1101 Berneke/Schüttpelz, Rn. 484, unter Hinweis u.a. auf HansOLG Hamburg, WRP 1972, 537, und OLG Celle, WRP 1975, 242; siehe auch Harte/Henning/Retzer, § 12, Rn. 489.

1102 HansOLG Hamburg, 11.12.1986, 3 W 132/86, GRUR 1988, 242; 30.09.1988, 3 W 109/88, WRP 1989, 325; OLG Köln, 11.07.1989, 6 W 62/89, GRUR 1990, 310; OLG Düsseldorf, 05.08.1990, 2 W 41/90, MDR 1991, 257; Ahrens/Scharen, Kap. 51, Rn. 64, und Ahrens/Singer, Kap. 54, Rn. 31; Teplitzky/Feddersen, Kap. 55, Rn. 10.

1103 HansOLG Hamburg, 07.09.1984, 3 W 131/84, WRP 1985, 88, Ls.

1104 HansOLG Hamburg, 01.08.1990, 3 W 84/90, WRP 1991, 116, Ls.

1105 St. Rspr.; siehe etwa BGH, 09.11.1995, I ZR 212/93, GRUR 1996, 290, 291, juris Rn. 28 – *Wegfall der Wiederholungsgefahr*; BGH, 14.01.2016, I ZR 65/14, GRUR 2016, 946, Rn. 53 – *Freunde finden*.

1106 BGH, 24.10.2005, II ZR 56/04, NJW-RR 2006, 566, Ls.; HansOLG Hamburg, WRP 2015, 377; Berneke/Schüttpelz, Rn. 481.

1107 BGH, 01.04.1993, I ZR 136/91, GRUR 1993, 677, Ls. 2 – *bedingte Unterwerfung*; OLG Frankfurt, 04.05.2017, 6 W 21/17, WRP 217, 876.

1108 HansOLG Hamburg, 07.09.1984, 3 W 131/84, WRP 1985, 88; 30.09.1988, 3 W 109/88, GRUR 1989, 151; 03.05.2001, 3 W 45/01, NJW-RR 2002, 215, juris Rn. 11; OLG Köln, 06.01.1985, 6 W 69/85, WRP 1986, 426, Ls. 4; 12.01.2001, 6 U 98/00, GRUR 2001, 424, juris Rn. 5; OLG Stuttgart, 11.06.1999, 2 W 24/99, NJWE WettbR 2000, 125; Teplitzky/Feddersen, Kap. 55, Rn. 10 m.w.N.; Ahrens/Scharen, Kap. 51, Rn. 65 f.; Berneke/Schüttpelz, Rn. 483 m.w.N.; Harte/Henning/Retzer, § 12, Rn. 488; FBO/Büscher, § 12, Rn. 136.

obwohl dies geboten gewesen wäre – nicht abgemahnt worden ist. Zwar ist es richtig, das im Rahmen einer Kostenentscheidung nach § 91a ZPO zu prüfen ist, ob der Verfügungsantrag ursprünglich überhaupt begründet war.[1109] Das insbesondere dann, wenn die Erledigungserklärung einseitig bleibt.[1110] Kann sich der Schuldner aber schon mit Erfolg auf § 93 ZPO stützen, kann diese Prüfung unterbleiben, weil die Kosten dem Gläubiger ohnehin zu tragen hat.

Auch wenn die Anwendung des § 93 ZPO nicht mehr in Betracht kommt, kann der Schuldner eine Unterlassungsverpflichtungserklärung selbstverständlich auch erst im weiteren Verlauf des Widerspruchsverfahrens abgeben. Etwa, wenn das Gericht nach Prüfung der Sache darauf hinweist, dass der Anspruch auch unter Berücksichtigung der Widerspruchsbegründung begründet erscheint. Durch die später – auch außerhalb des Verfahrens – abgegebene Unterlassungsverpflichtungserklärung erledigt den Verfügungsanspruch, so dass der Streit nur noch über die Kosten zu führen ist. Im Falle einer nur einseitigen Erledigungserklärung des Antragstellers ist – wie auch im Hauptsacheverfahren – durch Urteil festzustellen, ob der Rechtsstreit erledigt ist. Ansonsten ist die einstweilige Verfügung unter Zurückweisung des Verfügungsantrages aufzuheben.[1111] Im Falle einer übereinstimmenden Erledigungserklärung ergeht eine Kostenentscheidung nach § 91a ZPO durch Beschluss. Erklären die Parteien das Eilverfahren – was möglich ist[1112] – nur mit Wirkung für die Zukunft für erledigt, ist grundsätzlich über den nicht für erledigt erklärten Teil des Verfahrens, nämlich die Frage, ob der Unterlassungstitel für die Vergangenheit Bestand hat, ebenfalls durch Urteil zu entscheiden.[1113] In diesem Urteil ist im Rahmen einer einheitlichen Kostenentscheidung zugleich gemäß § 91a ZPO über die Kosten des für erledigten Teils zu befinden, wenn die Parteien hierzu ausdrücklich weitergehende Anträge gestellt haben. Fehlt es daran, bleibt der Vollstreckungstitel für die Vergangenheit bestehen, und es ergeht nur eine Kostenentscheidung nach § 91a ZPO.[1114] 467

(3) Notarielle Unterlassungserklärung

Die Wiederholungsgefahr entfällt nicht schon durch die Abgabe einer notariellen Unterlassungsverpflichtungserklärung. Der Gläubiger muss sich auf eine notarielle Unterwerfung nicht einlassen, u.a. weil dafür noch die Androhung von Ordnungsmit- 468

1109 Siehe auch Berneke/Schüttpelz, Rn. 483.

1110 Vgl. Zöller/Althammer, § 91a, Rn. 43.

1111 OLG Köln, 15.05.1985, 6 U 42/85, WRP 1985, 660; 20.04.1998, 5 W 22/98, OLGR 1998, 304; 12.01.2001, 6 U 98/00, GRUR 2001, 424, Ls.; HansOLG Hamburg, 27.02.1992, 3 U 179/91, WRP 1992, 493; Zöller/G. Vollkommer, § 922, Rn. 4.

1112 BGH, 23.10.2003, I ZB 45/02, BGHZ 156, 335, Ls. 3b. – *Euro-Einführungsrabatt*; BGH, 20.01.2016, I ZB 102/14, GRUR 2016, 421, Rn. 13 – *Erledigungserklärung nach Gesetzesänderung*.

1113 OLG Köln, 11.03.2014, 6 W 217/13, GRUR 2014, 1032, Ls. und juris Rn. 11 – *NACT-Studie I*; OLG Frankfurt, 13.07.2017, 6 W 51/17, WRP 2017, 1247, Ls. – *Lagerkorn*.

1114 BGH, 20.01.2016, I ZB 102/14, GRUR 2016, 421, Ls. und Rn. 25 – *Erledigungserklärung nach Gesetzesänderung*; OLG Frankfurt, 13.07.2017, 6 W 51/17, WRP 2017, 1247, 1248, Ls. und juris Rn. 4 – *Lagerkorn*.

teln nach § 890 Abs. 2 ZPO erforderlich ist und die Vollstreckung erst beginnen kann, wenn der Titel mindestens zwei Wochen vorher zugestellt worden ist (§ 798 ZPO).[1115] Der Gläubiger muss zudem mit der Möglichkeit rechnen, dass das Ordnungsmittelverfahren vor dem Amtsgericht am Sitz des Notars durchgeführt wird.[1116] Der Zugang einer vom Schuldner abgegebenen notariellen Unterlassungserklärung beseitigt deshalb nicht das Rechtsschutzbedürfnis des Gläubigers für eine gerichtliche Verfolgung des Unterlassungsanspruchs im Hauptsacheverfahren.[1117] Lässt sich der Gläubiger auf die Streitbeilegung mittels notarieller Unterlassungserklärung ein, so entfällt die Wiederholungsgefahr erst mit der Zustellung des Beschlusses über die Androhung von Ordnungsmitteln gem. § 890 Abs. 2 ZPO beim Schuldner, erledigt sich ein bereits laufendes Hauptsacheverfahren und beginnt die Zwangsvollstreckung.[1118]

2. Berufungsverfahren

469 Ist die einstweilige Verfügung im Beschlussverfahren erlassen und auf Widerspruch durch Endurteil entschieden worden, so hat die jeweils unterlegene Partei dagegen das Rechtsmittel der Berufung (§§ 511 ff. ZPO). Gleiches gilt, wenn über den Verfügungsantrag nach mündlicher Verhandlung im Urteilsverfahren entschieden worden ist. Ist jedoch im Urteil lediglich eine Kostenentscheidung ergangen, muss innerhalb der Zweiwochenfrist des § 569 Abs. 1 ZPO sofortige Beschwerde eingelegt werden. Das ist etwa bei einem Urteil nach Einlegung eines Kostenwiderspruches (§ 99 Abs. 2 ZPO) oder dann der Fall, wenn innerhalb einer gemischten Kostenentscheidung nur die Entscheidung nach § 91a Abs. 1 ZPO angegriffen werden soll (§ 91a Abs. 2 ZPO).[1119]

470 Auf das Berufungsverfahren sind die im ersten Rechtszug für das Verfahren vor den Landgerichten geltenden Vorschriften – wenn für das Berufungsverfahren nicht ausdrücklich Abweichendes vorgeschrieben ist – entsprechend anzuwenden (§ 525 Abs. 1 1 ZPO). Das hat zur Folge, dass auch in II. Instanz kein Vollbeweis erbracht werden muss, sondern Glaubhaftmachung und überwiegende Wahrscheinlichkeit der vorgetragenen Tatsachen hinreichend und nur präsente Beweismittel zulässig sind (§§ 920 Abs. 2, 294 ZPO).[1120] Da die Präklusionsvorschriften des § 296 ZPO im Verfügungs-

---

1115 BGH, 21.04.2016, I ZR 100/15, GRUR 2016, 1316, Ls. und Rn. 16 ff. – *Notarielle Unterlassungserklärung*; siehe auch Kessen, GRUR 2017, 141 ff.; Teplitzky/Kessen, Kap. 7, Rn. 17 ff.

1116 BGH, 21.04.2016, I ZR 100/15, GRUR 2016, 1316, Rn. 24 – *Notarielle Unterlassungserklärung*; OLG Düsseldorf, 05.09.2014, 20 W 93/14, WRP 2015, 71, Ls.; OLG München, 05.03.2015, 34 AR 35/15, WRP 2015, 646; KG, 25.01.2017, 5 U 115/15, WRP 2017, 457 – *Vollstreckung der notariellen Unterlassungserklärung*; a.A. OLG Schleswig, 10.03.2014, 6 W 22/13, BeckRS 2016, 16512; Ahrens, WRP 2017, 1304 ff.

1117 BGH, 21.04.2016, I ZR 100/15, GRUR 2016, 1316, Ls. – *Notarielle Unterlassungserklärung*; KG, 25.01.2017, 5 U 115/15, WRP 2017, 457 – *Vollstreckung der notariellen Unterlassungserklärung*.

1118 BGH, 21.04.2016, I ZR 100/15, GRUR 2016, 1316, Ls. und Rn. 33 ff. – *Notarielle Unterlassungserklärung*.

1119 Vgl. Zöller/Althammer, § 91a, Rn. 56.

1120 Ahrens/Bähr, Kap. 53, Rn. 4.

verfahren nicht anwendbar sind, weil hier neue Angriffs- und Verteidigungsmittel bis zum Schluss der mündlichen Verhandlung vorgebracht werden können[1121], ist auch für eine Präklusion nach § 529, 530 ZPO und für eine Zurückweisung von im ersten Rechtszug zurückgewiesener Angriffs- und Verteidigungsmittel (§ 531 Abs. 1 ZPO) kein Raum.[1122]

Ob die Präklusionsvorschrift des § 531 Abs. 2 ZPO Anwendung findet, ist streitig. 471
Teils wird dies abgelehnt.[1123] Richtigerweise wird die Vorschrift vielfach aber für anwendbar gehalten.[1124] Dabei sind die Besonderheiten des Verfügungsverfahrens zu berücksichtigen.[1125] Schon weil der Antragsteller das Eilverfahren zügig betreiben muss, um sich nicht dem Vorwurf mangelnder Dringlichkeit auszusetzen, sollte eine Nachlässigkeit i.S.v. § 531 Abs. 2 Nr 1 ZPO nicht vorschnell bejaht werden. Nur dann, wenn die jeweiligen Streitpunkte bereits in erster Instanz so eindeutig vorgebracht worden sind, dass die Notwendigkeit zu darauf bezogenem Tatsachenvortrag klar erkennbar war, kommt eine Zurückweisung neuen Tatsachenvortrags in zweiter Instanz in Betracht. Selbstverständlich stets zu berücksichtigen ist unstreitiger Vortrag[1126] sowie der Vortrag erst nach Schluss der erstinstanzlichen mündlichen Verhandlung eingetretener[1127] oder bekannt gewordener Umstände.

1121 H.M.; OLG Koblenz, 05.02.1987, 6 U 1319/86, GRUR 1987, 319, 320; HansOLG Hamburg, 29.05.1986, 3 U 17/86, NJW-RR 1987, 36; OLG Frankfurt, 22.03.2005, 11 U 64/2004, 11 U 64/04, GRUR-RR 2005, 299, 301, juris Rn. 48; Ahrens/Bähr, Kap. 52, Rn. 30; FBO/Büscher, § 12, Rn. 125; *Köhler*/Bornkamm/Feddersen, § 12, Rn. 3.26; Harte/Henning/Retzer, § 12, Rn. 440; Teplitzky/Feddersen, Kap. 55, Rn. 19; a.A. Baumbach/Lauterbach/Hartmann, § 296, Rn. 3, und § 922, Rn. 16.

1122 Ahrens/Bähr, Kap. 53, Rn. 5 m.w.N.

1123 OLG Frankfurt, 22.03.2005, 11 U 64/2004, GRUR-RR 2005, 299, 301, juris Rn. 48 (»in der Regel« nicht anwendbar); OLG Düsseldorf, 09.10.2014, 15 U 99/14, Os. 3 und juris Rn. 5; Berneke/Schüttpelz, Rn. 447; FBO/Büscher, § 12, Rn. 125; *Köhler*/Bornkamm/Feddersen, § 12, Rn. 3.43; Zöller/G. Vollkommer, § 925, Rn. 12 (»idR«).

1124 HansOLG Hamburg, 25.04.2005, 5 U 117/04, GRUR-RR 2005, 315, juris Rn. 29 – *günstiger.de*; 10.02.2005, 5 U 48/04, OLGR Hamburg 2006, 291 (292); 12.07.2006, 5 U 179/05, OLGR Hamburg 2006, 799 (800); OLG Köln, 08.04.2005, 6 U 194/04, CR 2005, 624, 626; OLG Düsseldorf (Kartellsenat), 13.04.2006, VI-U (Kart) 19/05, juris Rn. 52; OLG Düsseldorf, 25.02.2010, 2 U 124/09, Os. 2 und juris Rn. 27; OLG Karlsruhe, 22.01.2014, 6 U 118/13, DGVZ 2014, 127, juris Rn. 28; OLG Koblenz, 29.08.2014, 6 U 850/14, Os. 4 und juris Rn. 56 f.; OLG Celle, 27.03.2017, 13 U 199/16, MD (VSW) 2017, 606, juris Rn. 109 – *CoolSculpting*; Ahrens/Bähr, Kap. 53, Rn. 5; Harte/Henning/Retzer, § 12, Rn. 495; Zöller/Heßler, § 531, Rn. 1; offen gelassen OLG Hamm, 30.08.2012, 4 U 59/12, CR 2013, 251, 254.

1125 HansOLG Hamburg, 28.11.2002, 3 U 77/02, GRUR-RR 2003, 135, Os. 1 und juris Rn. 13 – *Bryan Adams*; OLG Jena, 27.10.2004, 2 U 350/2004, Os. 1; 08.03.2006, 2 U 990/05, GRUR-RR 2006, 283, juris Rn. 26; OLG Hamm, 11.05.2007, 9 U 37/07, VersR 2008, 1118, juris Rn. 59 f.; OLG Düsseldorf, 22.07.2010, 2 U 36/10, juris Rn. 44; OLG Karlsruhe, 22.01.2014, 6 U 118/13, juris Rn. 28; OLG Oldenburg, 18.09.2015, 6 U 135/15, juris Rn. 24 (keine überspannten Anforderungen); Teplitzky/Feddersen, Kap. 55, Rn. 36a.

1126 HansOLG Hamburg, 11.02.2009, 5 U 130/08, MD (VSW) 2010, 55, Os. 3 und juris Rn. 52 – *Smartsurfer*; Ahrens/Bähr, Kap. 53, Rn. 5; Zöller/G. Vollkommer, § 925, Rn. 12.

1127 Ahrens/Bähr, Kap. 53, Rn. 5.

472 Der Antragsgegner hat auf dieser Grundlage im Berufungsverfahren alle Verteidigungsmittel. Er kann sich gegen Verfügungsgrund und -anspruch wenden, die Versäumung der Vollziehungsfrist rügen (§ 929 Abs. 2 ZPO), die nicht fristgerechte Erhebung der Hauptsacheklage (§ 926 ZPO)[1128] oder auch geltend machen, dass die einstweilige Verfügung wegen veränderter Umstände aufzuheben sei (§ 927 ZPO). Er ist nicht gehalten, insoweit ein gesondertes Aufhebungsverfahren nach §§ 926 Abs. 2 ZPO oder § 927 Abs. 2 ZPO zu betreiben.[1129]

473 Kommt die Einstellung der Zwangsvollstreckung schon im Widerspruchsverfahren nur unter besonderen Voraussetzungen in Betracht[1130], gilt dies erst Recht für das Berufungsverfahren. Eine Einstellung der Zwangsvollstreckung aus dem erstinstanzlichen Urteil nach §§ 707, 719 ZPO ist nur ausnahmsweise möglich, wenn anzunehmen ist, dass das erstinstanzliche Urteil keinesfalls Bestand haben kann.[1131]

474 Ist eine einmal erlassene einstweilige Verfügung in erster Instanz aufgehoben worden, so ist der Titel nicht mehr existent. Sie tritt rückwirkend außer Kraft und kann deshalb auch nicht mehr Grundlage für die Ahndung von vor der Aufhebung des Titels begangene Titelverstöße sein.[1132] Hält der Antragsteller in der Berufungsinstanz an seinem Anspruch fest, muss er deshalb beantragen, die einstweilige Verfügung neu zu erlassen[1133], denn die nicht mehr existente einstweilige Verfügung des Landgerichts kann nicht bestätigt werden.[1134] Ob der Antrag auf Bestätigung der einstweiligen Verfügung geht oder auf deren Neuerlass, ist vor allem ein akademischer Streit, denn in der Sache wird durch das Berufungsgericht auch dann, wenn es die »Bestätigung« der einstweili-

---

1128 OLG Koblenz, 08.12.1994, 6 U 1368/94 Kart, WRP 1995, 416.

1129 Berneke/Schüttpelz, Rn. 439; siehe dazu auch nachfolgend Rdn. 479 ff.

1130 BGH, 21.05.1997, I ZB 7/97, NJW-RR 1997, 1155, juris Rn. 12; siehe oben Rdn. 444.

1131 OLG Koblenz, 31.08.1989, 6 W 610/89, WRP 1990, 366 f.; OLG Frankfurt, 12.09.1991, 6 U 140/91, WRP 1992, 120, 121, Ls.; Berneke/Schüttpelz, Rn. 454f. m.w.N.

1132 HansOLG Hamburg, 17.07.1996, 3 W 83/96, MDR 1997, 394; Ahrens/Bähr, Kap. 53, Rn. 21; Teplitzky/Feddersen, Kap. 57, Rn. 38; a.A. für vor der erstinstanzlichen Aufhebung des Titels begangene Titelverstöße OLG München, 21.12.1999, 29 W 2861/99, NJWE WettbR 2000, 147, juris Rn. 19.

1133 OLG Düsseldorf, 04.12.1986, 6 W 142/86, NJW-R 1987, 511, Os.; 11.07.1995, 20 U 100/95, WRP 1995, 732, Ls; OLG Celle, 11.05.1989, 13 U 12/89, GRUR 1989, 541; HansOLG Hamburg, 24.10.1996, 3 U 106/96, WRP 1997, 53, 54; OLG Frankfurt, 20.12.2001, 6 U 79/01, WRP 2002, 334, 335, juris Rn. 6; KG, 30.03.2009, 24 U 145/08, WRP 2010, 129, 137, juris Rn. 76; OLG Jena, 22.04.2015, 2 U 723/14, GRUR-RR 2016, 168, 169 – *Augenakupunktur*; Ahrens/Bähr, Kap. 53, Rn. 18 f.; *Köhler*/Bornkamm/Feddersen; § 12, Rn. 3.39; Teplitzky/Feddersen, Kap. 55, Rn. 15a; Zöller/G. Vollkommer, § 925, Rn. 12; a.A. Berneke/Schüttpelz, Rn. 448.

1134 OLG Düsseldorf, 06.03.2018, 20 U 113/17, WuW 2018, 424, juris Rn. 55; Siehe zum Streitstand Berneke/Schüttpelz, Rn. 448; Teplitzky/Feddersen, Kap. 55, Rn. 15a, jeweils m.w.N. zu abweichenden Entscheidungen.

gen Verfügung tenoriert, in jedem Fall eine neue einstweilige Verfügung erlassen, die im Parteibetrieb erneut zu vollziehen ist.[1135]

Soweit die einstweilige Verfügung auf die Berufung nur teilweise aufrechterhalten wird, bedarf es allerdings keiner erneuten Parteizustellung des Berufungsurteils, wenn das eingeschränkte Verbot als ein Minus – etwa eine auf die konkrete Verletzungsform zurückgeführte Unterlassungsverfügung – schon in dem ursprünglich zu weit gefassten Verbot der erstinstanzlichen Entscheidung enthalten war.[1136] Anders aber dann, wenn das Verbot – auch nur »zur Klarstellung« – neu gefasst wird, der Sache nach aber eine nicht unwesentliche Abänderung des Beschlusses oder dessen Erweiterung vorliegt.[1137] Vorsichtshalber sollte schon deshalb, weil nicht immer eindeutig ist, ob sich der Verbotsinhalt wesentlich geändert hat, in jedem Fall eine erneute Parteizustellung erfolgen. 475

Soweit der Antragsteller auf die Berufung des Antragsgegners unterliegt, hat er grundsätzlich die Kosten des Rechtsstreits, also auch die erstinstanzlichen Kosten, zu tragen (§ 91 Abs. 1 ZPO). Ansonsten ist die Berufung des Antragsgegners regelmäßig mit der Kostenfolge des § 97 Abs. 1 ZPO zurückzuweisen. Die Beschwer des Unterlassungsschuldners richtet sich danach, in welcher Weise sich das ausgesprochene Verbot zu seinem Nachteil auswirkt, wobei maßgebend die Nachteile sind, die dem Schuldner aus der Erfüllung des Unterlassungsanspruchs entstehen. Es ist nicht danach zu unterscheiden, ob die Parteien auch über das Bestehen einer Unterlassungspflicht streiten oder lediglich über bereits erfolgte Verstöße gegen eine unstreitig bestehende Unterlassungspflicht.[1138] Das kann dazu führen, dass die Beschwer höher ist als der nach dem klägerischen Interesse an der Unterlassung zu bemessende Streitwert.[1139] 476

Erledigt sich der Rechtsstreit im laufenden Berufungsverfahren infolge veränderter Umstände, etwa durch den Wegfall der Wiederholungsgefahr nach Abgabe einer strafbewehrten Unterlassungsverpflichtungserklärung durch den Schuldner, kann der Gläubiger der Kostentragungslast nur durch eine Erledigungserklärung entgehen. Dann ist über die Kosten nach § 91a ZPO zu entscheiden.[1140] Ist das erledigende Ereignis zwi- 477

1135 OLG Düsseldorf, 11.07.1995, 20 U 100/95, WRP 1995, 732, 735, Os. 3; 12.03.1999, 22 U 66/98, NJW-RR 2000, 68; OLG München, 21.12.1999, 29 W 2861/99, NJW-WettbR 2000, 147, juris Rn. 18; OLG Frankfurt, 20.12.2001, 6 U 79/01, WRP 2002, 334, 335; OLG Köln, 17.01.2002, 6 W 114/01, WRP 2002, 738; OLG Hamm, 02.08.2018, 4 U 18/18, juris Rn. 8; Ahrens/Büttner, Kap. 57, Rn. 26; Berneke/Schüttpelz, Rn. 448 und 569; Harte/Henning/Retzer, § 12, Rn. 514; *Köhler*/Bornkamm/Feddersen, § 12, Rn. 3.66; Teplitzky/Feddersen, Kap. 55, Rn. 49a; a.A. OLG Celle, 24.07.1986, 5 U 139/86, GRUR 1987, 66.

1136 Vgl. OLG Frankfurt, 18.12.1990, 6 U 204/90, WRP 1991, 405; 19.10.2000, 15 U 134/00, WRP 2001, 66, 67; jeweils für das erstinstanzliche Urteil nach Widerspruch; OLG Köln, 17.01.2002, 6 W 114/01, WRP 2002, 738 m.w.N.

1137 OLG Hamm, 05.09.1989, 4 U 150/89, GRUR 1989, 931, Os. 1 (für das erstinstanzliche Urteil nach Widerspruch).

1138 BGH, 24.01.2013, I ZR 174/11, WRP 2013, 1364, Ls. – *Beschwer des Unterlassungsschuldners.*

1139 BGH, 18.04.2013, I ZR 199/12, GRUR-RR 2013, 496 (nur Ls.) – *ContraWurm.*

1140 Vgl. auch Berneke/Schüttpelz, Rn. 449, 482 ff.

schen den Instanzen eingetreten, ist zu unterscheiden. Die übereinstimmende Erledigungserklärung kann gegenüber dem erstinstanzlichen Gericht abgegeben werden, das aufgrund freigestellter mündlicher Verhandlung durch Beschluss über die Kosten entscheidet.[1141] Bei einseitiger Erledigungserklärung kann und muss der Antragsteller Berufung zum Zwecke der Abgabe der Erklärung einlegen.[1142]

478 Die Entscheidung des Berufungsgerichts ist unanfechtbar. Die Revision findet gegen Berufungsurteile im Arrest- oder Verfügungsverfahren nicht statt (§ 542 Abs. 2 1 ZPO). Gleiches gilt für Verwerfungsbeschlüsse nach § 522 Abs. 1, Abs. 2 2 ZPO (§§ 574 Abs. 1 2, 42 Abs. 2 1 ZPO).[1143] Die Zulassung der Revision ändert daran nichts.[1144] Gleiches gilt für Kostenentscheidungen des Beschwerdegerichts nach Rücknahme des Antrags auf Erlass einer einstweiligen Verfügung.[1145] Eine Verfassungsbeschwerde ist nur unter besonderen Voraussetzungen zulässig, insbesondere wenn die gerügte Grundrechtsverletzung die Eilentscheidung selbst betrifft und im Hauptsacheverfahren nicht mehr zureichend ausgeräumt werden könnte.[1146] In jedem Fall muss die Partei jedoch zuvor versuchen, die sie belastende Entscheidung im Wege der Gehörsrüge (§ 321a ZPO) zu beseitigen.[1147]

3. Aufhebungsverfahren

479 Den Bestand der einstweiligen Verfügung kann der Schuldner auch auf andere Weise als durch den Voll-/Widerspruch gegen eine Beschlussverfügung oder die Berufung gegen eine Urteilsverfügung angreifen. Wenn er die Auseinandersetzung mit dem Gläubiger im Eilverfahren scheut, etwa, weil ihm für seine Einwendungen die erforderlichen Glaubhaftmachungsmittel fehlen, kann er den Gläubiger ins Hauptsachverfahren zwingen (§ 926 ZPO). Haben sich die Umstände erst nach Erlass der einstweiligen Verfügung geändert, kann das Anlass für ein darauf gestütztes Aufhebungsverfahren bieten (§ 927 ZPO).

a) Aufhebung wegen Nichterhebung der Hauptsacheklage

480 Auf Antrag des Schuldners muss das Gerichts es ersten Rechtzuges dem Gläubiger eine Frist zur Erhebung der Hauptsacheklage zu setzen (§§ 936, 926 Abs. 1 ZPO). Und

1141 Siehe Zöller/Althammer, § 91a, Rn. 21 ff. m.w.N.

1142 HansOLG Hamburg, 03.02.1983, 3 U 195/82, WRP 1983, 425; OLG Hamm, 27.09.1983, 4 U 223/83, GRUR 1984, 68, Os. 1.; KG, 11.08.1989, 5 U 2900/89, GRUR 1990, 642, Os. 2.; OLG Braunschweig, 13.01.2000, 2 U 151/99, OLGR Braunschweig 2000, 157 f.; Berneke/Schüttpelz, Rn. 440 m.w.N.; Zöller/Althammer, § 91a, Rn. 38 m.w.N.

1143 BGH 10.10.2002, VII ZB 11/02, BGHZ 152, 195, Ls.; Ahrens/Bähr, Kap. 53, Rn. 29; Berneke/Schüttpelz, Rn. 452.

1144 BGH, 27.02.2003, I ZB 22/02, GRUR 2003, 548, Ls.

1145 BGH, 16.09.2003, VIII ZB 40/03, GRUR 2004, 81.

1146 BVerfG, 27.10.2004, 1 BvR 2292/04, NJW 2004, 3768; vgl. auch BVerfG, 06.06.2017, 1 BvQ 16/17, WRP 2017, 1073.

1147 Berneke/Schüttpelz, Rn. 453, siehe auch dort weitere Beispiele und Nw. zur Rspr. des BVerfG.

zwar auch, wenn die einstweilige Verfügung vom Beschwerde- oder Berufungsgericht oder nach § 942 ZPO vom Amtsgericht erlassen worden ist.[1148] Für den Fall, dass das Verfügungsverfahren in der Berufungsinstanz anhängig ist, soll auch dort eine Antragstellung möglich sein.[1149] Für den Fristsetzungsantrag besteht kein Anwaltszwang (§§ 78 Abs. 3 ZPO, 13 RPflG).[1150] Die Entscheidung ergeht durch den Rechtspfleger (§ 20 Nr 14 RPflG), und zwar regelmäßig ohne die Prüfung der Erfolgsaussichten der Hauptsacheklage.[1151]

Ist die einstweilige Verfügung bereits aufgehoben[1152] oder ihre zeitlich begrenzte Geltungsdauer abgelaufen[1153], Hauptsacheklage schon erhoben oder gar schon rechtskräftig über sie entschieden, ist der Antrag auf Fristsetzung zur Erhebung der Hauptsacheklage unzulässig.[1154] Er kann aber zulässigerweise (erst) nach Anhängigkeit des Verfügungsantrages[1155] schon vor Erlass einer einstweiligen Verfügung[1156], nicht aber schon in einer Schutzschrift[1157], gestellt werden. **481**

Dem Antrag kann zudem das Rechtsschutzbedürfnis fehlen, wenn schon im Antragsverfahren erkennbar ist, dass der materielle Anspruch zweifelsfrei nicht mehr besteht.[1158] So etwa, wenn der Antragsteller auf die Rechte aus der einstweiligen Verfügung verzichtet und den Verfügungstitel herausgibt.[1159] Auch wenn ein Hauptsacheverfahren schon bei Antragstellung aussichtslos erscheint, weil sich die Parteien schon außergerichtlich verglichen haben[1160] oder der Schuldner bereits eine strafbewehrte Unterlassungsverpflichtungserklärung abgegeben hat, durch die die Wiederholungsge- **482**

1148 H.M.; OLG Schleswig, 12.02.1997, 2 W 11/97, NJW-RR 1997, 829 (betr. § 942 ZPO); Ahrens/Ahrens, Kap. 61, Rn. 29; FBO/Büscher, § 12, Rn. 139; Teplitzky/Feddersen, Kap. 56, Rn. 4; Zöller/G. Vollkommer, § 926, Rn. 6 und § 942, Rn. 5.

1149 OLG Koblenz, 08.12.1994, 6 U 1368/94 Kart, WRP 1995, 416; a.A. FBO/Büscher, § 12, Rn. 139.

1150 FBO/Büscher, § 12, Rn. 140.

1151 Zöller/G. Vollkommer, § 926, Rn. 14 m.w.N.

1152 Vgl. Teplitzky/Feddersen, Kap. 56, Rn. 5 (auch soweit der Neuerlass noch im Berufungsverfahren begehrt wird).

1153 OLG Hamm, 06.12.1985, 20 U 158/82, MDR 1986, 418.

1154 BGH, 28.05.1973, II ZR 135/71, NJW 1973, 1329; FBO/Büscher, § 12, Rn. 140; Teplitzky/Feddersen, Kap. 56, Rn. 5; Zöller/G. Vollkommer, § 926, Rn. 23.

1155 FBO/Büscher, § 12, Rn. 140; *Köhler*/Bornkamm/Feddersen, § 12, Rn. 3.45.

1156 Ahrens/Ahrens, Kap. 61, Rn. 5; Teplitzky/Feddersen, Kap. 56, Rn. 4; Zöller/G. Vollkommer, § 926, Rn. 9.

1157 FBO/Büscher, § 12, Rn. 140; Teplitzky/Feddersen, Kap. 56, Rn. 4.

1158 Berneke/Schüttpelz, Rn. 503; FBO/Büscher, § 12, Rn. 140; *Köhler*/Bornkamm/*Feddersen*, § 13, Rn. 3.45; Teplitzky/Feddersen, Kap. 56, Rn. 8 und 14.

1159 BGH, 27.11.1973, VI ZR 171/72, NJW 1974, 503; OLG Düsseldorf, 08.10.1987, 2 U 175/87, WRP 1988, 247, 248 f., Ls.; OLG Karlsruhe, 21.05.1980, 6 U 174/79, WRP 1980, 713, 714, Os. 1; 22.07.1987, 6 U 76/87, NJW-RR 1988, 251, Ls. 1; Teplitzky/Feddersen, Kap. 56, Rn. 8; siehe auch OLG Karlsruhe, 11.03.1998, 6 U 226/97, MD (VSW) 1998, 932, Ls. 1 (bestehendes Rechtsschutzbedürfnis bei nur Teilverzicht auf die Rechte aus dem Verfügungstitel).

1160 HansOLG Hamburg, 28.02.1986, 3 W 32/86, GRUR 1986, 564, Os. 1.

fahr entfallen ist.[1161] Wann insoweit – durch den Rechtspfleger! – »zweifelsfrei« festgestellt werden kann, dass der im Hauptsacheverfahren zu verfolgende Anspruch nicht mehr besteht, ist streitig. Teils wird eine klare Kundgabe beider Parteien für erforderlich gehalten.[1162] Ausreichend ist es indes, wenn der Rechtspfleger auch ohne klare Erklärungen beider Parteien eindeutig feststellen kann, dass der materielle Anspruch untergegangen ist.[1163] Lehnt er die Fristsetzung ab, ist der Schuldner nicht rechtlos. Ihm steht der Weg der sofortigen Beschwerde offen (§ 11 Abs. 1 RPflG, 567 ZPO), über die, wenn der Rechtspfleger nicht abhilft, letztlich der Richter entscheidet.[1164]

483 In aller Regel wird aber der Rechtspfleger um diese Umstände nicht wissen und antragsgemäß eine Frist zur Erhebung der Hauptsacheklage setzen. Die Anordnung ergeht nämlich ohne mündliche Verhandlung und – obwohl rechtliches Gehör geboten ist[1165] – zumeist ohne Anhörung des Gläubigers.[1166] Meist wird eine Frist von 3 bis 4 Wochen gesetzt[1167], die auf Antrag verlängert werden kann.[1168] Die Entscheidung ist vom Gläubiger mit der befristeten Erinnerung anfechtbar (§ 11 Abs. 2 1 RPflG).[1169] Hilft der Rechtspfleger nicht ab (§ 11 Abs. 2 5 RPflG), entscheidet das Gericht, dem der Rechtspfleger angehört, und zwar abschließend, wenn die Anordnung des Rechtspflegers bestätigt wird.[1170] Wird die Fristanordnung aufgehoben, kann die Entscheidung vom Schuldner wiederum mit der sofortigen Beschwerde angefochten werden (§§ 567, 572 ZPO), weil es sich der Sache nach um einen erstmals im ersten Rechtszug ergangenen Beschluss i.S. von § 567 Abs. 1 Nr 2 ZPO handelt.[1171]

484 Leistet der Gläubiger der Aufforderung binnen der gesetzten bzw. verlängerten Frist nicht Folge, kann der Schuldner den Antrag stellen, die einstweilige Verfügung aufzuheben (§ 926 Abs. 2 ZPO). Für den Antrag besteht vor den Landgerichten Anwaltszwang (§ 78 ZPO).[1172]

1161 Siehe Ahrens/Ahrens, Kap. 61, Rn. 32 m.w.N.; Berneke/Schüttpelz, Rn. 503 m.w.N., Teplitzky/Feddersen, Kap. 56, Rn. 9.

1162 OLG Düsseldorf, 08.10.1987, 2 U 175/87, WRP 1988, 247; *Köhler*/Bornkamm/Feddersen, § 12, Rn. 3.45 m.w.N.

1163 FBO/Büscher, § 12, Rn. 140; Harte/Henning/Retzer, § 12, Rn. 553; Teplitzky/Feddersen, Kap. 56, Rn. 11 ff. m.w.N.

1164 Teplitzky/Feddersen, Kap. 56, Rn. 15 ff.; Zöller/G. Vollkommer, § 926, Rn. 21.

1165 Vgl. Berneke/Schüttpelz, Rn. 505; FBO/Büscher, § 12, Rn. 141; Harte/Henning/Retzer, § 12, Rn. 549; Teplitzky/Feddersen, Kap. 56, Rn. 17a.

1166 Zustimmend insoweit Zöller/G. Vollkommer, § 926, Rn. 15 m.w.N. (unterlassene Anhörung unbedenklich wegen des Formalcharakters des Eilverfahrens)

1167 Vgl. auch FBO/Büscher, § 12, Rn. 141 (1 Monat angemessen); *Köhler*/Bornkamm/Feddersen, § 12, Rn. 3.46; Teplitzky/Feddersen, Kap. 56, Rn. 17b (2 Wochen in Wettbewerbssachen nicht ausreichend).

1168 Teplitzky/Feddersen, Kap. 56, Rn. 17b; Zöller/G. Vollkommer, § 926, Rn. 18.

1169 BGH, 11.12.1986, IX ZR 165/85, NJW-RR 1987, 683, 685, juris Rn. 38; OLG Stuttgart, 30.06.2008, 8 W 217/08, Rpfleger 2008, 475, Ls. 1.

1170 OLG Stuttgart, 30.06.2008, 8 W 217/08, Rpfleger 2008, 475, Ls. 2; Zöller/G. Vollkommer, § 926, Rn. 19.

1171 OLG Stuttgart, 30.06.2008, 8 W 217/08, Rpfleger 2008, 475, Ls. 3 und juris Rn. 9 ff.

1172 Zöller/G. Vollkommer, § 926, Rn. 22.

Für die Entscheidung über den Aufhebungsantrag nach § 926 Abs. 2 ZPO ist das Gericht des ersten Rechtszuges zuständig, auch wenn das Verfahren bereits in der Berufungsinstanz anhängig ist.[1173] Die Stellung des Aufhebungsantrags im Rahmen eines noch in erster Instanz laufenden Widerspruchsverfahrens, im Rechtsmittelverfahren oder im Verfahren nach § 927 ZPO ist möglich.[1174] Die Parteirollen sind vertauscht; es gelten wie im Verfügungsverfahren die Grundsätze des summarischen Verfahrens.[1175] Die Entscheidung ergeht nach notwendiger mündlicher Verhandlung[1176] durch Endurteil, das wiederum mit der Berufung angefochten werden kann.[1177] 485

Ist die Hauptsacheklage nicht bis zum Zeitpunkt der mündlichen Verhandlung über den Aufhebungsantrag erhoben, ist die einstweilige Verfügung unter Zurückweisung des Verfügungsantrages aufzuheben. Der Gläubiger (Antragsgegner des Aufhebungsverfahrens) hat die Kosten des Aufhebungsverfahrens einschließlich der Kosten des Erlassverfahrens zu tragen, auch wenn sein Verfügungsantrag ursprünglich begründet war.[1178] Anderenfalls gilt die Fristversäumung bei bis zur mündlichen Verhandlung nachgeholter Hauptsacheklage als geheilt.[1179] § 167 ZPO ist anwendbar, so dass eine Zustellung »demnächst« auf den Zeitpunkt der Klageeinreichung zurückwirkt.[1180] Ist die Hauptsacheklage vor Schluss der mündlichen Verhandlung zugestellt, erledigt sich das Aufhebungsverfahren. Der Gläubiger hat nach Erledigungserklärung des Schuldners (Antragsteller des Aufhebungsverfahrens) die Verfahrenskosten zu tragen, weil der Aufhebungsantrag bei Antragstellung zunächst begründet war (§ 91a ZPO).[1181] Anders nur, wenn die Klage zur Hauptsache, die bei Stellung des Aufhebungsantrags schon erhoben, aber noch nicht zugestellt war, bis zur mündlichen Verhandlung über den 486

1173 Str.; wie hier OLG Dresden, 23.10.2003, 21 U 1294/02, OLGR Dresden 2004, 39, Ls. 1; FBO/Büscher, § 12, Rn. 144; Zöller/G. Vollkommer, § 926, Rn. 22 m.w.N.; a.A. OLG Koblenz, 28.10.1982, 6 U 1033/82, WRP 1983, 108, 109; 08.12.1994, U 1368/94 Kart, WRP 1995, 416; 24.10.1997, 5 U 876/97, OLGR Koblenz 1998, 353 (Antragstellung auch in der schon anhängigen Berufungsinstanz möglich); Berneke/Schüttpelz, Rn. 518; Teplitzky/Feddersen, Kap. 56, Rn. 22.

1174 HansOLG Hamburg, 20.04.1978, 3 U 36/78, WRP 1978, 907, 908 – Widerspruchsverfahren; OLG Koblenz, 28.10.1982, 6 U 1033/82, WRP 1983, 108, 109 – Rechtmittelverfahren; Teplitzky/Feddersen, Kap. 56, Rn. 22.

1175 Berneke/Schüttpelz, Rn. 519; FBO/Büscher, § 12, Rn. 145 (Glaubhaftmachung ausreichend); Zöller/G. Vollkommer, § 926, Rn. 22.

1176 FBO/Büscher, § 12, Rn. 144; Teplitzky/Feddersen, Kap. 56, Rn. 22; Zöller/G. Vollkommer, § 926, Rn. 22.

1177 Zöller/G. Vollkommer, § 926, Rn. 25.

1178 OLG *Karlsruhe, 03.05.1989, 1 W 38/89*, MDR 1989, 826; OLG München, 28.01.1997, 11 W 3147/96, NJW-RR 1997, 832; Zöller/G. Vollkommer, § 926 ZPO, Rn. 26 m.w.N.

1179 OLG Frankfurt, 29.01.1987, 6 U 33/86, GRUR 1987, 650, 651, Ls.1.; OLG Düsseldorf, 12.02.2008, 20 U 166/07, OLGR Düsseldorf 2009, 92; Zöller/G. Vollkommer, § 926, Rn. 32 m.w.N.

1180 Zöller/G. Vollkommer, § 926, Rn. 32 m.w.N.

1181 OLG Frankfurt, 17.12.2004, 21 W 42/04, OLGR Frankfurt 2005, 605; 05.12.2016, 6 W 110/16 (anders mglw. bei unangemessen früher Antragseinreichung); Zöller/G. Vollkommer, § 926, Rn. 26 m.w.N.

Antrag noch zugestellt wird. Dann wirkt die Zustellung nach § 167 ZPO auf die Klagerhebung zurück, so dass kein Fall der Erledigung vorliegt.[1182]

b) Aufhebung wegen veränderter Umstände

487 § 927 ZPO eröffnet dem Schuldner die Möglichkeit, den Bestand der einstweiligen Verfügung wegen solcher Umstände anzugreifen, die sich erst nach deren Erlass zugetragen haben. Und zwar nach dem Wortlaut des § 927 Abs. 1 ZPO »auch nach der Bestätigung des Arrestes«, mithin auch nach Erhebung des Widerspruchs (§ 924 ZPO) und nach der Bestätigung der einstweiligen Verfügung (§ 936 ZPO).

488 Darauf, ob dem Schuldner die Umstände, die zu einer Aufhebung der einstweiligen Verfügung führen können, erst nach deren Erlass bekannt geworden sind und glaubhaft gemacht werden können, kommt es entgegen der herrschenden Meinung[1183] nicht an. Die h.M. verweist in diesem Zusammenhang regelmäßig auf Entscheidungen des OLG Koblenz[1184] und des OLG Frankfurt[1185], die eine zwingende Begründung für die Ausdehnung des Anwendungsbereichs der Vorschrift des § 927 ZPO auch auf dem Schuldner erst später bekannt gewordene Umstände nicht erkennen lassen. Die bei Erlass schon vorhandenen, dem Schuldner aber erst später bekannt gewordenen Umstände kann dieser mit dem Widerspruch nach § 924 ZPO geltend machen. Es besteht keine Notwendigkeit, derartige Umstände auch dem Anwendungsbereich des § 927 ZPO zu unterstellen. § 927 Abs. 1 ZPO stellt nicht auf die Kenntnis von Umständen ab, sondern spricht von »veränderten« Umständen. Das sind schon nach dem Wortlaut der Vorschrift solche, die sich gegenüber dem Zeitpunkt des Erlasses der einstweiligen Verfügung oder deren Bestätigung im Widerspruchsverfahren tatsächlich verändert haben.[1186]

1182 OLG Köln, 23.06.1999, 6 W 12/99, MD (VSW) 1999, 1276, Ls. 3; KG, 30.05.2003, 10 W 151/03, KGR 2003, 357, Ls.; OLG Düsseldorf, 12.02.2008, 20 U 166/07, OLGR Düsseldorf 2009, 92, Ls.

1183 OLG Stuttgart, 03.07.2008, 2 U 27/08, OLGR Stuttgart 2008, 924, 925 und Ls. 1; Ahrens/Ahrens, Kap. 60, Rn. 9; Berneke/Schüttpelz, Rn. 529; FBO/Büscher, § 12, Rn. 149; Harte/Henning/Retzer, § 12, Rn. 581; Teplitzky/Feddersen, Kap. 56, Rn. 26; Zöller/G. Vollkommer, § 927, Rn. 1.

1184 OLG Koblenz, 18.04.1985, 6 U 156/84, GRUR 1986, 94, 95.

1185 OLG Frankfurt, 02.05.2005, 6 W 55/05, OLGR Frankfurt 2006, 266 (267), Ls. 4, wonach es der Antragsgegnerin ermöglicht werden müsse, den Gesichtspunkt der Beseitigung der Wiederholungsgefahr auch im Rahmen eines Aufhebungsantrages nach § 927 ZPO – jedenfalls aus ihrer Sicht »nachträglich« – geltend zu machen.

1186 Ebenso wohl KG, 07.09.1984, 5 W 4348/84, GRUR 1985, 236 (Änderung in der rechtlichen Beurteilung eines im Übrigen gleichbleibenden Sachverhalts reicht – von Sonderfällen abgesehen – nicht aus); OLG Nürnberg, WRP 1985, 177, 178 (Verfahren nach § 927 ZPO ist in die Zukunft gerichtet, prozessualen Besonderheiten unterworfen und hat allein die Rechtmäßigkeit der Fortdauer der einstweiligen Verfügung nicht ihrer Anordnung zum Gegenstand).

489 Das Aufhebungsverfahren nach § 927 ZPO ist ebenfalls ein gesondertes Verfahren mit umgekehrten Parteirollen[1187], in dem also nur der Schuldner Antragsteller sein kann.[1188] Es besteht wie im Widerspruchsverfahren Anwaltszwang gemäß § 78 ZPO.[1189] Zuständig ist nach § 927 Abs. 2 ZPO das Gericht des ersten Rechtszuges, und zwar auch, wenn das die einstweilige Verfügung erst in der zweiten Instanz erlassen worden ist.[1190]

490 Allerdings können Aufhebungsgründe auch im Rahmen des Widerspruchsverfahrens und eines sich daran anschließenden Berufungsverfahrens geltend gemacht werden.[1191] Im letztgenannten Fall kann auch das Berufungsgericht für die Entscheidung über die Aufhebung des Verfügungstitels wegen veränderter Umstände zuständig werden. Ist ein Widerspruchsverfahren – auch in zweiter Instanz – schon anhängig, muss deshalb der Schuldner dort die Aufhebungsgründe geltend machen. Für ein gesondertes Aufhebungsverfahren fehlt neben dem laufenden[1192] Widerspruchsverfahren bzw. Berufungsverfahren das Rechtsschutzbedürfnis.[1193] Ist ein Aufhebungsverfahren bereits anhängig, hindert dies allerdings nicht die Berufung gegen eine Urteilsverfügung. Die Berufung ist der weitergehende Rechtsbehelf. Hier besteht das Rechtschutzbedürfnis weiter.[1194] Das Aufhebungsverfahren nach § 927 ZPO wird jedoch infolge der Einlegung der Berufung unzulässig.[1195]

491 Das Rechtsschutzbedürfnis für den Aufhebungsantrag fehlt auch dann, wenn der Gläubiger bereits (vollständig) auf die Rechte aus der einstweiligen Verfügung verzichtet

1187 OLG Koblenz, 05.01.1988, 6 W 827/87, WRP 1988, 389, juris Rn. 13; Berneke/Schüttpelz, Rn. 548 m.w.N.

1188 FBO/Büscher, § 12, Rn. 146.

1189 Berneke/Schüttpelz, Rn. 540; FBO/Büscher, § 12, Rn. 146; Zöller/G. Vollkommer, § 927, Rn. 9.

1190 OLG Düsseldorf, 15.12.1983, 10 U 159/83, MDR 1984, 324; OLG Hamm, 26.02.1987, 4 U 7/87, MDR 1987, 593; Berneke/Schüttpelz, R. 540; FBO/Büscher, § 12, Rn. 146; Harte/Henning/Retzer, § 12, Rn. 574; *Köhler*/Bornkamm/Feddersen, § 12, Rn. 3.54; Teplitzky/Feddersen, Kap. 56, Rn. 25.

1191 OLG Koblenz, 30.01.1989, 6 W 20/89, GRUR 1989, 373; OLG Düsseldorf, 01.12.1992, 20 U 140/92, WRP 1993, 327, 328; HansOLG Hamburg, 06.06.1996, 3 U 9/96, GRUR 1997, 147, 148; OLG Frankfurt, 02.05.2005, 6 W 55/05, OLGR 2006, 266, Ls. 2 und juris Rn. 5; Berneke/Schüttpelz, Rn. 540; *Köhler*/Bornkamm/Feddersen, § 12, Rn. 3.60; Teplitzky/Feddersen, Kap. 56, Rn. 24.

1192 Die bloße Möglichkeit eines Widerspruchsverfahrens reicht nicht: OLG Köln, 06.05.1987, 6 U 53/87, WRP 1987, 567; OLG Frankfurt, 02.05.2005, 6 W 55/05, OLGR 2006, 266, Ls. 2 und juris Rn. 5 (Wahlrecht zwischen Widerspruchs- und Aufhebungsverfahren); ebenso: FBO/Büscher, § 12, Rn. 147; Zöller/G. Vollkommer, § 927, Rn. 2.

1193 H.M.; OLG Düsseldorf, 15.07.1987, 2 U 77/87, WRP 1987, 676, 677; 05.09.2014, 20 W 93/14, WRP 2015, 71, 72, juris Rn. 18; OLG Koblenz, 30.01.1989, 6 W 20/89, GRUR 1989, 373; Berneke/Schüttpelz, Rn. 539; FBO/Büscher, § 12, Rn. 147; Teplitzky/Feddersen, Kap. 56, Rn. 24; Zöller/G. Vollkommer, § 927, Rn. 2.

1194 OLG Hamm, 12.02.1980, 4 U 303/79, WRP 1980, 706, juris Rn. 25; OLG Düsseldorf, 15.07.1987, 2 U 77/87, WRP 1987, 676, 677.

1195 OLG Düsseldorf, 15.07.1987, 2 U 77/87, WRP 1987, 676, 677, Os. 2.

und den Titel herausgegeben hat.[1196] Mit dem wegen des Eintritts veränderter Umstände erfolgten Verzichts auf die Rechte aus der einstweiligen Verfügung und der entsprechenden Titelherausgabe geht allerdings nicht schon notwendig ein Verzicht auf die Rechte aus der das Erlassverfahren betreffenden Kostenentscheidung der einstweiligen Verfügung einher, denn die einstweilige Verfügung kann ja zunächst zu Recht erlassen worden sein.[1197] Deshalb bleibt das Rechtsschutzbedürfnis für einen Aufhebungsantrag nach § 927 ZPO auch dann bestehen, wenn nur die das Verfügungsverfahren betreffende Kostenentscheidung angegriffen werden soll.[1198] Anders nur, wenn zwischenzeitlich im Hauptsacheverfahren der Verfügungsanspruch rechtskräftig zuerkannt worden ist.[1199]

492 Ist ein Hauptsachverfahren anhängig, kann der Aufhebungsantrag auch im Wege der Widerklage gestellt werden.[1200] Mit der Revision kann indes wegen § 542 Abs. 2 1 ZPO die den widerklagend erhobenen Aufhebungsantrag betreffende Entscheidung nicht angefochten werden.[1201] Auf die Rechte aus § 927 ZPO kann verzichtet werden.[1202] Der Aufhebungsantrag kann anerkannt[1203], aber auch jederzeit ohne Zustimmung des Gegners mit der Kostenfolge des § 269 Abs. 3 ZPO zurückgenommen werden.[1204]

1196 FBO/Büscher, § 12, Rn. 148, unter Hinweis auf OLG Köln, 02.08.1991, 6 W 79/86, 6 W 9/88, GRUR 1992, 476 (Rechtsschutzbedürfnis danach aber gegeben, wenn Aufhebungsantrag mit dem Ziel der Rückzahlung eines Ordnungsgeldes gestellt wird).

1197 OLG Köln, 08.02.1985, 6 U 213/84, GRUR 1985, 458, 459; OLG Hamm, 22.04.1986, 4 U 320/85, WRP 1986, 620; OLG Düsseldorf, 08.11.1999, 20 W 48/99, GRUR-RR 2001, 96.

1198 BGH, 01.04.1993, I ZR 70/91, BGHZ 122, 172, 178, juris Rn. 27 – *Verfügungskosten*; OLG Köln, 08.02.1985, 6 U 213/84, GRUR 1985, 458, 459; OLG Hamm, 25.06.1992, 4 U 109/92, GRUR 1992, 888; OLG Düsseldorf, 08.11.1999, 20 W 48/99, GRUR-RR 2001, 96; Ahrens/Ahrens, Kap. 60, Rn. 44 f.; Berneke/Schüttpelz, Rn. 545; siehe auch FBO/Büscher, § 12, Rn. 148, unter Hinweis auf OLG Köln, 02.08.1991, 6 W 79/86, 6 W 9/88, GRUR 1992, 476 (für den Fall, dass der Aufhebungsantrag mit dem Ziel der Rückzahlung eines Ordnungsgeldes gestellt wird).

1199 BGH, 21.04.1988, I ZR 129/86, GRUR 1988, 787, 788, juris Rn. 11f. – *Nichtigkeitsfolgen der Preisangabenverordnung.*

1200 BGH, 01.06.2017, I ZR 152/13, GRUR 2017, 938, Ls. 3. und Rn. 36f. – *Teststreifen zur Blutzuckerkontrolle II*; HansOLG Hamburg, 07.09.2006, 3 U 204/05, GRUR-RR 2007, 20, 22, Ls. 2 und juris Rn. 65; siehe auch: OLG Hamm, 02.08.2018, 4 U 18/18, juris; FBO/Büscher, § 12, Rn. 146; *Köhler*/Bornkamm/Feddersen, § 12, Rn. 3.54; Zöller/G. Vollkommer, § 927, Rn. 9; a.A. mit beachtlicher, vom BGH aber nicht geteilter Begründung OLG Karlsruhe, 22.01.2014, 6 U 135/10, GRUR-RR 2014, 362, 368 f., Ls. 3 und juris Rn. 98 – *Unternehmensübergang*; Rehart, WRP 2017, 1307 (unterschiedliche Prozesssituationen).

1201 BGH, 01.06.2017, I ZR 152/13, GRUR 2017, 938, Ls. 5 und Rn. 38 – *Teststreifen zur Blutzuckerkontrolle II.*

1202 BGH, 09.10.1986, I ZR 158/84, GRUR 1987, 125, 126, juris Rn. 26 – *Berühmung.*

1203 Berneke/Schüttpelz, *Rn. 556.*

1204 OLG Frankfurt, 02.05.2005, 6 W 55/05, OLGR Frankfurt 2006, 266, juris Rn. 1 f.; Zöller/G. Vollkommer, § 927, Rn. 9b.

Führen veränderte Umstände zum Wegfall des Verfügungsanspruches oder Verfügungsgrundes, dann hat das in der Regel die Wirkung, dass die einstweilige Verfügung – wenn sie ursprünglich zu Recht ergangen war – nur mit Wirkung für die Zukunft (ex nunc) aufzuheben ist.[1205] Für vorangegangene Verstöße bleibt der Titel dann als Vollstreckungstitel erhalten.[1206] Dem Gläubiger, der den Bestand der einstweiligen Verfügung im Aufhebungsverfahren verteidigt, sind die Kosten des Aufhebungsverfahrens aufzulegen.[1207] Der Schuldner muss den Gläubiger indes vor Stellung des Aufhebungsantrages nach § 927 ZPO »abmahnen«, ihn also auf die veränderten Umstände und den Wegfall von Verfügungsanspruch oder Verfügungsgrund hinweisen sowie den Verzicht auf die Rechte aus der einstweiligen Verfügung und die Herausgabe des Titels begehren, wenn oder soweit – u.U. auch wegen der Kosten des Erlassverfahrens – Ansprüche aus dem Titel nicht mehr bestehen.[1208] Anderenfalls kann der Gläubiger den Aufhebungsantrag mit der Kostenfolge des § 93 ZPO sofort anerkennen.[1209] Er kann dem Aufhebungsantrag auch durch Titelverzicht und Titelherausgabe zuvorkommen.[1210] Werden die Aufhebungsgründe in einem schon laufenden Widerspruchs- oder Rechtsmittelverfahren geltend gemacht, bedarf es keiner vorherigen Androhung.[1211] Der Grundgedanke des § 93 ZPO ist hier nicht anwendbar.[1212] **493**

Eine nur teilweise Aufhebung des Titels bezogen auf davon erfasste gesonderte Streitgegenstände ist selbstverständlich ebenfalls möglich. War aber ein gegen die konkrete Verletzungsform gerichteter Verfügungsantrag auf verschiedene Beanstandungen gestützt und ist die Unterlassungsverfügung durch das Gericht nur mit einer dieser Beanstandungen begründet worden, kann sich die Prüfung innerhalb eines Aufhe- **494**

1205 HansOLG Hamburg, 23.11.1978, 3 U 145/78, GRUR 1979, 190; OLG Frankfurt, 28.03.2011, 11 W 27/10, NJW-RR 2011, 1290, 1291, juris Rn. 17; OLG Düsseldorf, 08.10.1987, 2 U 175/87, WRP 1988, 247, 249, juris Rn. 41 f.; OLG Düsseldorf, 21.04.2015, 20 U 181/14, WRP 2015, 764 – *Diamant-Trennscheiben*; OLG Koblenz, 22.01.2014, 6 U 135/10, GRUR-RR 2014, 362, 370, juris Rn. 103 – *Unternehmensübergang* (Aufhebung wegen ersetzenden vertraglichen Unterlassungsanspruches); Ahrens/Ahrens, Kap. 60, Rn. 3; Berneke/Schüttpelz, Rn. 550; *Köhler*/Bornkamm/Feddersen, § 12, Rn. 3.57.

1206 OLG Hamm, 12.11.1987, 4 U 131/87, OLGZ 1988, 321, Ls. 2; OLG Düsseldorf, 03.05.1990, 2 U 10/90, GRUR 1990, 547, 548, juris Rn. 21; 05.09.2014, 20 W 93/14, WRP 2015, 71, 72, juris Rn. 13; OLG Düsseldorf, 21.04.2015, 20 U 181/14, WRP 2015, 764 – *Diamant-Trennscheiben*; *Köhler*/Bornkamm/Feddersen, § 12, Rn. 3.57.

1207 KG, 24.01.1989, 5 U 3165/87, WRP 1990, 330; OLG Frankfurt, 05.12.1991, 6 W 132/91, WRP 1992, 248.

1208 OLG München 05.04.1984, 6 W 2931/83, GRUR 1985, 161; OLG Düsseldorf, 21.04.2015, 20 U 181/14, WRP 2015, 764, 766, juris Rn. 50 – *Diamant-Trennscheiben*; FBO/*Büscher, § 12, Rn. 151; Köhler*/Bornkamm/Feddersen, § 12, Rn. 3.58; Teplitzky/Feddersen, Kap. 56, Rn. 37a.

1209 Siehe z.B. OLG München, 05.04.1984, 6 W 2931/83, GRUR 1985, 161, Os.; OLG Koblenz, 30.01.1989, 6 W 20/89, GRUR 1989, 373, 374; KG, 11.06.1999, 5 W 5376/98, GRUR 1999, 1133, Ls.; OLG Düsseldorf, 13.02.2012, 24 W 6/12, NJOZ 2012, 1500; Berneke/Schüttpelz, Rn. 556 m.w.N.

1210 OLG Frankfurt, 05.12.1991, 6 W 132/91, WRP 1992, 248.

1211 OLG Koblenz, 30.01.1989, 6 W 20/89, GRUR 1989, 373, 373.

1212 OLG Frankfurt, 20.12.1984, 6 U 73/84, OLGZ 1985, 442.

bungsverfahrens nach § 927 ZPO auch darauf erstrecken, ob eine andere dieser Beanstandungen die Aufrechterhaltung der einstweiligen Verfügung rechtfertigt.[1213]

495 Wird die einstweilige Verfügung mit Wirkung ex nunc aufgehoben, ergeht eine Kostenentscheidung nur wegen der Kosten des Aufhebungsverfahrens. Die Kosten des Verfügungsverfahrens (Anordnungsverfahrens) bleiben davon grundsätzlich unberührt. Es gilt der Grundsatz der kostenmäßigen Selbständigkeit von Anordnungs- u Aufhebungsverfahren.[1214]

496 Veränderte Umstände im vorgenannten Sinne, die zu einer Aufhebung der einstweiligen Verfügung mit Wirkung ex nunc führen können, sind:
- der Wegfall der Wiederholungsgefahr infolge der Abgabe einer strafbewehrten Unterlassungserklärung durch den Schuldner[1215],
- eine Änderung der Rechtslage[1216] oder
- das Vorliegen einer rechtskräftigen – nicht nur vorläufig vollstreckbaren[1217] – Hauptsacheentscheidung gleichen Inhalts, durch die der Verfügungsgrund wegfällt.[1218] Die rechtskräftige Entscheidung in der Hauptsache mit gleichem Streitgegenstand führt nämlich nicht schon zum Fortfall des Verfügungstitels. Es bedarf,

1213 OLG Frankfurt, 22.05.2014, 6 U 24/14, WRP 2014, 1101, 1103, Ls. 1. und juris Rn. 30 – *Ciclopoli.*

1214 OLG Schleswig, 11.02.2016, 11 U 63/15, NJW-RR 2016, 1470; Teplitzky/Feddersen, Kap. 56, Rn. 37 f.; Zöller/G. Vollkommer, § 927, Rn. 12; zu den Ausnahmen siehe Rdn. 498 f.

1215 HansOLG Hamburg, 31.01.2002, 3 U 83/01, MD (VSW) 2002, 490 (492); OLG Frankfurt, 02.05.2005, 6 W 55/05, OLGR 2006, 266; Berneke/Schüttpelz, Rn. 533; FBO/Büscher, § 12, Rn. 149; Harte/Henning/Retzer, § 12, Rn. 582; *Köhler*/Bornkamm/Feddersen, § 12, Rn. 3.56; Teplitzky/Feddersen, Kap. 56, Rn. 31; Zöller/G. Vollkommer, § 927, Rn. 5.

1216 BGH, 02.07.2009, I ZR 146/07, BGHZ 181, 373, Rn. 25f. – *Mescher weis* (regelmäßig kein Verzicht auf die Geltendmachung dieser veränderten Umstände bei vorherigem Verzicht auf die Rechte aus § 927 ZPO); Ahrens/Ahrens, Kap. 60, Rn. 10 ff.; Berneke/Schüttpelz, Rn. 532 und 538; FBO/Büscher, § 12, Rn. 149; *Köhler*/Bornkamm/Feddersen, § 12, Rn. 3.56, Teplitzky/Feddersen, Kap. 56, Rn. 40.

1217 KG, 16.03.1979, 5 U 4481/78, WRP 1979, 547, Os. 1; OLG Frankfurt, 23.09.1980, 5 U 110/80, MDR 1981, 61, juris Rn. 17; Zöller/G. Vollkommer, § 927, Rn. 7; a.A. BGH, 12.12.1975, IV ARZ 9/75, WM 1976, 134, Ls. 3 (Selbst wenn die Abweisung der Hauptklage noch nicht rechtskräftig ist, muss der Arrest aufgehoben werden, wenn eine Prüfung des vorläufig vollstreckbaren Urteils in der Hauptsache ergibt, dass es rechtlich zutreffend begründet und mit dem Erfolg eines gegen das Urteil eingelegten Rechtsmittels nicht zu rechnen ist); ebenso *Köhler*/Bornkamm/Feddersen, § 12, Rn. 3.56, unter Hinweis u.a. auf OLG Frankfurt, 22.05.2014, 6 U 24/14, WRP 2014, 1101 – *Ciclopoli* (»ausnahmsweise, wenn die Abänderung des Urteils unwahrscheinlich ist.«).

1218 HansOLG Hamburg, 28.09.1978, 3 U 107/78, WRP 1979, 135 (Wegfall des Rechtsschutzinteresses); OLG Hamm, 12.11.1987, 4 U 131/87, OLGZ 1988, 321, Ls. 1; OLG Düsseldorf, 03.05.1990, 2 U 10/90, GRUR 1990, 547, 548, juris Rn. 20; OLG Karlsruhe, 07.05.1998, 4 U 170/97, NJWE WettbR 1999, 39, juris Rn. 14; OLG Karlsruhe, 22.01.2014, 6 U 135/10, GRUR-RR 2014, 362, 369, juris Rn. 102 – *Unternehmensübergang*; Ahrens/Ahrens, Kap. 60, Rn. 26; Berneke/Schüttpelz, Rn. 535; FBO/Büscher, § 12, Rn. 149; *Köhler*/Bornkamm/Feddersen, § 12, Rn. 3.56; Teplitzky/Feddersen, Kap. 56, Rn. 32; Zöller/G. Vollkommer, § 927, Rn. 6.

wenn nicht der Gläubiger auf die Rechte aus dem Titel unter seiner Herausgabe verzichtet, grundsätzlich einer Aufhebung des Titels.[1219]
- die Erhebung der Einrede der Verjährung.[1220]
- Teils wird angenommen, dass auch die Dringlichkeit nachträglich entfallen kann, wenn es der Gläubiger unterlässt, seinen Anspruch endgültig zu sichern, sei es durch die Forderung nach einer Abschlusserklärung, sei es durch ein Hauptsacheverfahren.[1221] Folgte man dem, dann müsste auch dies zur Aufhebung der einstweiligen Verfügung mit Wirkung ex nunc führen. Praxisrelevant ist die Frage nicht[1222], denn die unterlassene Anspruchsverfolgung im Hauptsacheverfahren führt – wenn kein Rechtsbehelf eingelegt wird – jedenfalls nach Ablauf der Verjährungshemmung, d.h. nach Ablauf von sechs Monaten (§ 204 Abs. 2 1 BGB), zur Verjährung es Anspruchs und damit zu einem anerkannten Aufhebungsgrund (s.o.).

In einem laufenden Widerspruchsverfahren nach § 924 ZPO stellen sich die genannten veränderten Umstände als erledigende Ereignisse dar.[1223] Eine darauf bezogene Erledigungserklärung, die auf den Zeitpunkt des Eintritts des erledigenden Ereignisses beschränkt werden kann[1224], führt – ohne besonderen Ausspruch – ebenfalls zum Fortfall des Titels[1225], bei eingeschränkter Erledigungserklärung mit Wirkung nur für die Zukunft. 497

Machen die veränderten Umstände dagegen deutlich, dass ein Verfügungsanspruch oder Verfügungsgrund schon anfänglich nicht bestand, dann führt dies ausnahmsweise zur Aufhebung der einstweiligen Verfügung von Anfang an (ex tunc). Das hat zudem zur Folge, das dem Gläubiger alle Kosten des Verfügungsverfahrens, also auch die des 498

1219 BGH, 09.10.1986, I ZR 158/84, GRUR 1987, 125, 126, juris Rn. 26 – *Berühmung*; BGH, 01.04.1993, I ZR 70/91, BGHZ 122, 172, 178 – *Verfügungskosten*; Ahrens/Ahrens, Kap. 60, Rn. 26; Harte/Henning/Retzer, § 12, Rn. 583; *Köhler*/Bornkamm/Feddersen, § 12, Rn. 3.56; Teplitzky/Feddersen, Kap. 56, Rn. 32; Zöller/G. Vollkommer, § 927, Rn. 4.

1220 Siehe BGH, 27.01.2010, VIII ZR 58/09, BGHZ 184, 128; OLG Karlsruhe, 21.05.1980, 6 U 174/79, WRP 1980, 713, 714; OLG Hamm, 07.09.1982, 4 U 188/82, GRUR 1982, 741, 742 f.; OLG Koblenz, 30.01.1989, 6 W 20/89, GRUR 1989, 373; HansOLG Hamburg, 04.01.1996, 3 U 138/95, OLGR 1996, 349; OLG Frankfurt, 08.02.2002, 6 W 9/02, WRP 2002, 466; OLG Köln, 02.09.2013, 6 W 114/13, WRP 2014, 875 – *Porzellanhasen* (auch dann, wenn innerhalb der Verjährungsfrist Hauptsacheklage nicht erhoben wurde); Ahrens/Ahrens, Kap. 60, Rn. 25; Teplitzky/Feddersen, Kap. 56, Rn. 31.

1221 Harte/Henning/Retzer, § 12, Rn. 589; Teplitzky/Feddersen, Kap. 56, Rn. 29 (dort zu Recht als in der Praxis weithin unbeachtet beschrieben).

1222 Teplitzky/Feddersen, Kap. 56, Rn. 29.

1223 BGH, 27.01.2010, VIII ZR 58/09, BGHZ 184, 128, Ls.; OLG Frankfurt, 08.02.2002, 6 W 9/02, WRP 2002, 466; OLG Köln, 02.09.2013, 6 W 114/13, WRP 2014, 875 – *Porzellanhasen* (betr. Verjährungseinrede); OLG Frankfurt, 03.04.2017, 6 W 9/17, MD (VSW) 2017, 620 (Unterlassungsverpflichtungserklärung).

1224 BGH, 23.10.2003, I ZB 45/02, BGHZ 156, 335, Ls. 3b. – *Euro-Einführungsrabatt*; BGH, 20.01.2016, I ZB 102/14, GRUR 2016, 421, Rn. 12 – *Erledigungserklärung nach Gesetzesänderung*; BGH, 07.04.2016, I ZR 237/14, GRUR 2016, 1066, Rn. 18 – *mt-perfect*.

1225 Zöller/Althammer, § 91a, Rn. 12 und 23 m.w.N.; zur Wirkung der einseitigen Erledigungserklärung, ebenda, Rn. 41 ff.

Verfügungsverfahrens (Anordnungsverfahrens), auferlegt werden. Letzteres geschieht indes nur auf Antrag.[1226]

499 Das ist dann der Fall, wenn:

- eine rechtskräftige Hauptsacheentscheidung zum nämlichen Streitgegenstand ergangen ist, durch welche der materielle Anspruch für unbegründet erachtet worden ist.[1227] Daran wird deutlich, dass der Verfügungsanspruch von Anfang an nicht bestanden hat. Auch ohne Rechtskraft des den nämlichen Anspruch verneinenden Hauptsacheurteils kann u.U. eine Aufhebung des Verfügungstitels erfolgen, wenn ein Rechtsmittel keinen Erfolg verspricht.[1228]
- sich die höchstrichterliche Rechtsprechung ändert. Das wird allgemein als ein veränderter Umstand im Sinne des § 927 ZPO angesehen.[1229] Zutreffend wird inzwischen auch in diesem Fall angenommen, dass eine solche Rechtsprechungsänderung die Aufhebung des Verfügungstitels mit Wirkung ex tunc und die Überwälzung sämtlicher Verfahrenskosten auf den Antragsteller rechtfertigt.[1230] Teils wird das in Rechtsprechung und Literatur anders gesehen und als Folge einer Rechtsprechungsänderung eine Aufhebung der einstweiligen Verfügung mit Wirkung ex nunc befürwortet.[1231] Der BGH hat indes deutlich gemacht, dass die Änderung einer lange

---

1226 BGH, 01.04.1993, I ZR 70/91, GRUR 1993, 998, 1000, juris Rn. 27 – *Verfügungskosten*.

1227 BGH, 09.10.1986, I ZR 158/84, GRUR 1987, 125, 126, juris Rn. 26 – *Berühmung*; BGH, 01.04.1993, I ZR 70/91, BGHZ 122, 172, 178, Ls. und juris Rn. 26 – *Verfügungskosten*; HansOLG Hamburg, 23.11.1978, 3 U 145/78, GRUR 1979, 190, Os. 2; OLG Hamm, 12.11.1987, 4 U 131/87, OLGZ 1988, 321; KG, 24.01.1989, 5 U 3165/87, WRP 1990, 330, 333; Celle, 10.01.1991, 13 U 185/90, WRP 191, 586, 587, Os. 2 m.w.N.; OLG Düsseldorf, 05.09.2014, 20 W 93/14, WRP 2015, 71, 72, juris Rn. 13; OLG Schleswig, 11.02.2016, 11 U 63/15, NJW-RR 2016, 1470, Ls.; Berneke/Schüttpelz, Rn. 537; FBO/Büscher, § 12, Rn. 149; Harte/Henning/Retzer, § 12, Rn. 583; *Köhler*/Bornkamm/Feddersen, § 12, Rn. 3.56; Teplitzky/Feddersen, Kap. 56, Rn. 32 und 38; Zöller/G. Vollkommer, § 927, Rn. 4.

1228 BGH, 12.12.1975, IV ARZ 9/75, WM 1976, 134, juris Rn. 6; OLG Düsseldorf, 18.12.1986, 2 U 153/86, WRP 1987, 252, 253; OLG München, 17.04.1986, 6 U 6192/85, WRP 1986, 507; HansOLG Hamburg, 09.11.2000, 3 U 194/00, GRUR-RR 2001, 143, 144; OLG Köln, 18.03.2005, 6 U 203/04, GRUR 2005, 1070 (anders aber im Bereich des markenrechtlichen Löschungsverfahrens); Ahrens/Ahrens, Kap. 60, Rn. 30; Berneke/Schüttpelz, Rn. 537; FBO/Büscher, § 12, Rn. 149; *Köhler*/Bornkamm/Feddersen, § 12, Rn. 3.56; Teplitzky/Feddersen, Kap. 56, Rn. 32a.

1229 BGH, 02.07.2009, I ZR 146/07, BGHZ 181, 373, Rn. 25 – *Mescher weis*; HansOLG Hamburg, 18.09.2003, 3 U 17/03, OLGR 2004, 316, Ls. und juris Rn. 28; OLG Köln, 18.03.2005, 6 U 203/04, GRUR 2005, 1070, 1071, juris Rn. 8; OLG Frankfurt, 22.05.2014, 6 U 24/14, WRP 2014, 1101, 1102, juris Rn. 19 – *Ciclopoli*; Ahrens/Ahrens, Kap. 60, Rn. 10 ff.; Berneke/Schüttpelz, Rn. 532 und 538; FBO/Büscher, § 12, Rn. 149; *Köhler*/Bornkamm/Feddersen, § 12, Rn. 3.56, Teplitzky/Feddersen, Kap. 56, Rn. 40.

1230 OLG Celle, 10.01.1991, 13 U 185/90, WRP 1991, 586, 587, Ls.; OLG Schleswig, 28.01.2016, 6 U 4/15, GRURPrax 2016, 182 (Ls.), juris Rn. 8 ff.; Berneke/Schüttpelz, *Rn. 522; Harte/Henning/Retzer*, § 12, Rn. 597; Teplitzky/Feddersen, Kap. 56, Rn. 40.

1231 KG, 24.01.1989, 5 U 3165/87, WRP 1990, 330, 332 f.; *Köhler*/Bornkamm/Feddersen, § 12 Rn. 3.58; Zöller/G. Vollkommer, § 927, Rn. 12.

geltenden höchstrichterlichen Rechtsprechung grundsätzlich zurückwirkt.[1232] Die neuere Entscheidung wird so behandelt, als sei die dortige Rechtsanwendung schon immer die richtige gewesen.[1233]

– das Bundesverfassungsgericht nachträglich eine dem Erlass des Verfügungstitels zugrunde liegenden Norm für verfassungswidrig und damit nichtig erklärt. Auch dies ist ein veränderter Umstand im Sinne des § 927 ZPO, der – weil die Norm bei richtiger Betrachtung schon immer verfassungswidrig war – die Aufhebung des Verfügungstitels mit Wirkung ex tunc und die Überwälzung der Kosten auch des Anordnungsverfahrens rechtfertigt.[1234] Anders nur, wenn in einem Hauptsacheverfahren der auf die in Rede stehende Norm gestützte Verfügungsanspruch schon rechtskräftig zuerkannt worden ist und die Kosten des Eilverfahrens bereits beglichen sind. Dann hindert die materielle Rechtskraft der Hauptsacheentscheidung die Rückabwicklung schon gezahlter Kosten des Eilverfahrens (§ 79 Abs. 2 2, 3 BVerfGG).[1235]

– die Vollziehungsfrist versäumt worden ist, was nicht nur im Widerspruchsverfahren, sondern auch im Aufhebungsverfahren eingewendet werden kann.[1236] Der Gläubiger hat in diesem Fall durch sein zögerliches Verhalten – nachträglich – unwiderlegbar gezeigt, dass er an der eiligen Verfolgung seines Verfügungsanspruches tatsächlich kein Interesse hatte.[1237]

1232 BGH, 29.02.1996, IX ZR 153/95, BGHZ 132, 119, 129 ff.

1233 BGH, 18.12.2003, I ZR 84/01, GRUR 2004, 349, juris Rn. 26 – *Einkaufsgutschein II*; OLG Schleswig, 28.01.2016, 6 U 4/15, GRURPrax 2016, 182 (Ls.), juris Rn. 8 ff.; Ahrens/Bornkamm, Kap. 33, Rn. 17; Teplitzky/Feddersen, Kap. 56, Rn. 40.

1234 OLG Köln, 08.02.1985, 6 U 213/84, GRUR 1985, 458, 459 f.; Ahrens/Ahrens, Kap. 60, Rn. 9.; FBO/Büscher, § 12, Rn. 149; *Köhler*/Bornkamm/Feddersen, § 12, Rn. 3.56, Teplitzky/Feddersen, Kap. 56, Rn. 38, Zöller/G. Vollkommer, § 927, Rn. 12.

1235 BGH, 21.04.1988, I ZR 129/86, GRUR 1988, 787, 788 – *Nichtigkeitsfolgen der Preisangabenverordnung*; OLG Hamm, 22.04.1986, 4 U 320/85, WRP 1986, 620, 622 f., Ls.

1236 OLG Frankfurt, 28.02.1980, 6 U 122/79, WRP 1980, 423 (für den Fall, dass die angeordnete Sicherheit nicht innerhalb der Vollziehungsfrist geleistet wird); 10.09.1999, 24 U 58/99, NJW-RR 2000, 1236; OLG Düsseldorf, 08.10.1987, 2 U 175/87, WRP 1988, 247, 249, juris Rn. 44; 01.12.1992, 20 U 140/92, WRP 1993, 327, 329, Ls.; OLG Düsseldorf, 21.04.2015, 20 U 181/14, WRP 2015, 764, 768, juris Rn. 63 – *Diamant-Trennscheiben*; OLG Hamm, 18.05.1984, 4 W 66/84, GRUR 1985, 84; 05.09.1989, 4 U 150/89, GRUR 1989, 931; 15.03.1990, 4 U 230/89, GRUR 1990, 714, KG, 24.01.1989, 5 U 3165/87, WRP 1990, 330, 33; OLG Karlsruhe, 21.08.1995, 6 W 27/95, WRP 1996, 120, 121, Ls. 2; 07.05.1998, 4 U 170/97, NJWE WettbR 1999, 39 (40); OLG München, 04.04.1986, 21 U 5833/85, NJW-RR 1986, 998; OLG Schleswig, 31.01.1995, 6 U 63/94, WRP 1995, 346; OLG Schleswig, 18.08.2000, 1 U 164/99, MDR 2001, 231; OLG Stuttgart, 10.03.2015, 12 U 144/14, JurBüro 2015, 308; OLG Hamm, 02.08.2018, 4 U 18/18, juris Rn. 87ff.; Berneke/Schüttpelz, Rn. 479 m.w.N.; FBO/Büscher, § 12, Rn. 146; Harte/Henning/Retzer, § 12, Rn. 598; *Köhler*/Bornkamm/Feddersen, § 12, Rn. 3.57; Teplitzky/Feddersen, Kap. 56, Rn. 38; Zöller/G. Vollkommer, § 927, Rn. 6; a.A. OLG München, NJW-RR 1986, 998, 1000; Ahrens/Ahrens, Kap. 60, Rn. 15.

1237 Zweifelnd Ahrens/Ahrens, Kap. 60, Rn. 14.

500 Verzichtet der Gläubiger im Aufhebungsverfahren auf die Rechte aus der einstweiligen Verfügung und gibt er den Titel heraus, so erledigt sich zwar das Aufhebungsverfahren in der Hauptsache. In den Fällen des schon anfänglichen Fehlens von Verfügungsgrund oder Verfügungsanspruch ist es der ursprünglich im Erlassverfahren unterlegenen Partei dennoch nicht verwehrt, eine Entscheidung über die Kosten des Verfügungsverfahrens zu beantragen.[1238] Mit diesem Ziel kann er das Aufhebungsverfahren nach § 927 ZPO auch betreiben, wenn der Gläubiger schon außergerichtlich auf den Titel verzichtet und ihn herausgegeben hat.[1239] Die Kosten des Erlassverfahrens sind im Aufhebungsverfahren nach §§ 936, 927 ZPO als Hauptsache anzusehen, so daß § 99 ZPO der Zulässigkeit der Berufung gegen ein über die Kosten des Erlassverfahrens ergangenes Urteil nicht entgegensteht.[1240] Ob das Aufhebungsverfahren insoweit erfolgreich sein kann, wenn im Eilverfahren schon rechtskräftig über die Kosten entschieden wurde, ist streitig.[1241] Ist allerdings der Verfügungsanspruch im Hauptsacheverfahren rechtskräftig zuerkannt worden, ist mit Blick auf die materielle Rechtskraft des Hauptsacheurteils eine den Kostenausspruch des Eilverfahrens verändernde Entscheidung im Aufhebungsverfahren ausgeschlossen.[1242]

501 Die Entscheidung im Aufhebungsverfahren ergeht gemäß § 927 Abs. 2 ZPO nach mündlicher Verhandlung durch Endurteil, das mit der Berufung angefochten werden kann.

502 Soweit im Aufhebungsverfahren auch die Kosten des Verfügungsverfahrens (Anordnungsverfahrens) Gegenstand der Entscheidung sind, ist die Berufung gegen diesen Teil der Kostenentscheidung auch dann statthaft, wenn nur diese Kosten noch Gegenstand der Entscheidung sind. So kann es liegen, wenn etwa der Antragsgegner (vormalige Antragsteller des Verfügungsverfahrens) mit Ausnahme der Rechte aus dem Kostenausspruch auf die Rechte aus der einstweiligen Verfügung verzichtet oder nur den Aufhebungsanspruch anerkennt. Weder § 99 Abs. 1 ZPO noch § 99 Abs. 2 ZPO sind dann anwendbar, weil der notwendige[1243] Antrag und die Entscheidung nur über die Kosten des Anordnungsverfahrens nicht den Kostenpunkt im Sinne der Vorschrift des § 99 ZPO betreffen, sondern die verbliebende Hauptsache darstellen.[1244]

1238 BGH, 01.04.1993, I ZR 70/91, BGHZ 122, 172, 178, juris Rn. 27 – *Verfügungskosten*; OLG Köln, 08.02.1985, 6 U 213/84, GRUR 1985, 458, 459, Os. 1. und 2; OLG Karlsruhe, 07.05.1998, 4 U 170/97, NJWE WettbR 1999, 39, juris Rn. 15 m.w.N.

1239 BGH, 01.04.1993, I ZR 70/91, BGHZ 122, 172, 178, juris Rn. 27 – *Verfügungskosten*; OLG München, 04.04.1986, 21 U 5833/85, NJW-RR 1986, 998; OLG Karlsruhe, 21.08.1995, 6 W 27/95, WRP 1996, 120, juris Rn. 11f.

1240 OLG Köln, 6 U 213/84, GRUR 1985, 458, Ls.

1241 Ablehnend OLG München, 04.04.1986, 21 U 5833/85, NJW-RR 1986, 998; bejahend OLG Hamm, 15.03.1990, 4 U 230/89, GRUR 1990, 714.

1242 BGH, 21.04.1988, I ZR 129/86, GRUR 1988, 787, 788, juris Rn. 12. – *Nichtigkeitsfolgen der Preisangabenverordnung*.

1243 BGH, 01.04.1993, I ZR 70/91, GRUR 1993, 998, 1000, juris Rn. 27 – *Verfügungskosten*.

1244 OLG Köln, 08.02.1985, 6 U 213/84, GRUR 1985, 458, 459, Ls.; OLG Schleswig, 31.01.1995, 6 U 63/94, WRP 1995, 346; OLG Stuttgart, 10.03.2015, 12 U 144/14, JurBüro 2015, 308, juris Rn. 7.

Wird die einstweilige Verfügung aufgehoben, ist das Urteil ohne Sicherheitsleistung für vorläufig vollstreckbar zu erklären (§ 708 Ziff. 6 ZPO). Im Übrigen gelten wegen der Kostenvollstreckung die §§ 708 Ziff. 11, 709 ff. ZPO. **503**

IX. Abschlussverfahren

Das sogenannte Abschlussverfahren wird gewöhnlich im Zusammenhang mit dem Verfügungsverfahren erörtert, obwohl es eng mit dem Hauptsacheverfahren verknüpft ist, dessen Vermeidung oder Vorbereitung es dient.[1245] Es ist darauf gerichtet zu klären, ob der Schuldner den Streit – weil die gegen ihn ergangene einstweilige Verfügung nur eine vorläufige Regelung darstellt – auch im Hauptsachverfahren noch fortführen will oder ob er sich dem Anspruch des Gläubigers nach der ersten gerichtlichen Entscheidung so unterwirft, dass ein Hauptsachverfahren überflüssig wird. Ist letzteres der Fall, dann muss der Schuldner bemüht sein, dies so schnell wie möglich klarzustellen, indem er gegenüber dem Gläubiger eine sogenannte Abschlusserklärung abgibt (nachfolgend Ziff. I.). Denn der Gläubiger hat regelmäßig ein Interesse an einer endgültigen Klärung und wird den Schuldner schon zur Vermeidung der Kostennachteile des § 93 ZPO vor der Erhebung der Hauptsacheklage mit einem sogenannten Abschlussschreiben[1246] auffordern mitzuteilen, ob er die einstweilige Verfügung so als endgültige Regelung akzeptiert, dass die Einleitung eines Hauptsachverfahrens entbehrlich ist (nachfolgend Ziff. II.). Die durch jenes Schreiben verursachten Kosten, die dem Schuldner zur Last fallen, wenn sich der Anspruch des Gläubigers letztlich als gerechtfertigt erweist, kann der Schuldner sicher vermeiden, wenn er innerhalb von zwei Wochen nach Zustellung der Beschluss- oder Urteilsverfügung oder eines die Beschlussverfügung nach Widerspruch bestätigenden Urteils (unten Ziff. II.) eine hinreichende Abschlusserklärung abgibt.[1247] **504**

Allerdings ist der Gläubiger nicht gezwungen, das Verfügungsverfahren stets vor dem Hauptsachverfahren durchzuführen. Er kann sogleich mit Stellung des Verfügungsantrages auch Hauptsachklage erheben.[1248] Vor den Kostennachteilen des § 93 ZPO ist er schon durch eine Abmahnung und die dortige Androhung gerichtlicher Schritte geschützt, ohne dass angegeben werden müsste, ob bei Verweigerung einer Unterwerfungserklärung ein Eilverfahren oder ein Hauptsacheverfahren beabsichtigt ist.[1249] Teils wird aber auch angenommen, der Gläubiger müsse nach Beantragung einer einstweili- **505**

1245 BGH, 02.03.1973, I ZR 5/72, GRUR 1973, 384 – *Goldene Armbänder*; BGH, 12.03.2009, IX ZR 10/08, NJW 2009, 2068, Rn. 8 f.; BGH, 22.01.2015, I ZR 59/14, GRUR 2015, 822, Rn. 17 – *Kosten für Abschlussschreiben II*; OLG Frankfurt, 24.01.1989, 6 W 8/89, GRUR 1989, 374 – *»Kosten des Abschlußschreibens«*; Ahrens/Ahrens, Kap. 58, Rn. 48; FBO/Büscher, § 12, Rn. 181; Teplitzky/Bacher, Kap. 43, Rn. 30.

1246 Zur Kritik an diesem Begriff BGH, 02.03.1973, I ZR 5/72, GRUR 1973, 384, 385 – *Goldene Armbänder*.

1247 BGH, 22.01.2015, I ZR 59/14, GRUR 2015, 822, Rn. 17 – *Kosten für Abschlussschreiben II*.

1248 BGH, 02.03.1973, I ZR 5/72, GRUR 1973, 384, 385 – *Goldene Armbänder*; OLG Hamm, 04.02.1991, 4 W 138/90, GRUR 1991, 336.

1249 *Köhler*/Bornkamm/Feddersen/Bornkamm, § 12, Rn. 1.24; Ohly/Sosnitza/Sosnitza, § 12, Rn. 18a; a.A. GK/Kreft, Vor § 13 C, Rn. 39, A. Klein, GRUR 2012, 882, 884.

gen Verfügung mit der Erhebung einer auf dasselbe Ziel gerichteten Unterlassungsklage wenige Tage abzuwarten, ob nicht aufgrund seines Verfügungsantrags eine Beschlussverfügung ergeht, um dann zur Kostenvermeidung vor Klageerhebung den Unterlassungsschuldner zu einer Abschlusserklärung aufzufordern, mit der dieser die einstweilige Verfügung als endgültige Regelung anerkennt.[1250] Fordert der Gläubiger den Schuldner nach Zustellung einer Beschlussverfügung unter Fristsetzung von vier Wochen zur Abgabe einer Abschlusserklärung auf (sog. Abschlussschreiben), dann handelt er keinesfalls rechtsmissbräuchlich, wenn er nach Fristablauf Hauptsacheklage erhebt.[1251]

1. Abschlusserklärung

506 Will sich der Schuldner über Bestand und Kosten der einstweiligen Verfügung nicht streiten, kann er die einstweilige Verfügung zur Vermeidung eines Hauptsacheverfahrens als endgültige Regelung anerkennen (Abschlusserklärung). Das muss – um den Gläubiger hinreichend zu sichern – in einer Weise geschehen, die den vom Gläubiger erwirkten vorläufigen Titel ebenso effektiv und dauerhaft werden lässt wie einen in einem Hauptsacheverfahren erwirkten Titel.[1252] Erforderlich ist es deshalb, dass der Schuldner bedingungs-/vorbehaltlos[1253] auf die Rechte aus §§ 924, 926 und 927 ZPO verzichtet.[1254] Ist die einstweilige Verfügung auf den Widerspruch hin schon bestätigt worden oder als Urteilsverfügung ergangen und ist das jeweilige Urteil noch nicht rechtskräftig, muss der Verzicht auch das Rechtsmittel der Berufung erfassen.[1255] Mit Blick auf § 524 Abs. 2 ZPO soll dennoch die Anschlussberufung zulässig sein[1256], diese dürfte aber jedenfalls wegen des mit der Abschlusserklärung einhergehenden Anerkenntnisses des Verfügungstitels als materiell-rechtlich verbindliche Regelung jedenfalls unbegründet sein.

507 Möglich ist es, die Abschlusserklärung nur auf einen in der Entscheidung selbstständig tenorierten Streitgegenstand zu beschränken.[1257] Eine räumliche Beschränkung ist nur

1250 OLG Karlsruhe, 27.03.1996, 6 W 15/96, WRP 1996, 922, 923, Ls.

1251 OLG Koblenz, 22.03.2017, 3 W 324/16, MD (VSW) 2017, 622 – *Rechtsmissbräuchliche Mehrfachverfolgung.*

1252 BGH, 05.07.1990, I ZR 148/88, GRUR 1991, 76, 77, juris Rn. 25 – *Abschlusserklärung.*

1253 BGH, 05.07.1990, I ZR 148/88, GRUR 1991, 76, 77, juris Rn. 25 – *Abschlusserklärung*; BGH, 04.05.2005, I ZR 127/02, GRUR 2005, 692, 694, juris Rn. 24 – *»statt«-Preis*; Ahrens/Ahrens, Kap. 58, Rn. 28; FBO/Büscher, § 12, Rn. 166; *Köhler*/Bornkamm/Feddersen, § 12, Rn. 3.74; Teplitzky/Bacher, Kap. 43, Rn. 13.

1254 BGH, 09.11.1988, I ZR 230/86, GRUR 1989, 115, juris Rn. 12 – *Mietwagen-Mitfahrt*; BGH, 02.07.2009, I ZR 146/07, BGHZ 181, 373, Rn. 15 – *Mescher weis*; HansOLG Hamburg, 20.04.1995, 3 W 34/95, WRP 1995, 648; OLG Stuttgart, 22.02.2007, 2 U 173/06, WRP 2007, 688, juris Rn. 8; Ahrens/Ahrens, Kap. 58, Rn. 17 f.; FBO/Büscher, § 12, Rn. 164 f.; *Köhler*/Bornkamm/Feddersen, § 12, Rn. 3.74.

1255 Ahrens/Ahrens, Kap. 58, Rn. 17; FBO/Büscher, § 12, Rn. 164; *Köhler*/Bornkamm/Feddersen, § 12, Rn. 3.74.

1256 OLG *Saarbrücken, 18.12.2013, 1 U 36/13,* GRUR-RR 2014, 150, 152, juris Rn. 36 – *bessere Energie.*

1257 BGH, 04.05.2005, I ZR 127/02, GRUR 2005, 692, 694, juris Rn. 24 – *»statt«-Preis.*

möglich, wenn auch die einstweilige Verfügung eine entsprechende Beschränkung aufweist.[1258] Denn die Abschlusserklärung muss inhaltlich der einstweiligen Verfügung – bzw. einem selbständig tenorierten Teil davon – entsprechen.[1259] Als Folge der Abschlusserklärung entfällt dann das Rechtschutzbedürfnis des Gläubigers für eine auf ein identisches oder kerngleiches[1260] Verbot gerichtete Hauptsacheklage.[1261] Dies auch dann, wenn sich der Schuldner die Rechte aus § 927 ZPO wegen solcher Umstände (veränderte Gesetzeslage oder neue höchstrichterliche Rechtsprechung) vorbehält, die er im Verfahren nach § 767 ZPO auch gegen einen im Hauptsacheverfahren ergangenen rechtskräftigen Titel geltend machen könnte.[1262] Einer solchen ausdrücklichen Einschränkung des Verzichts auf die Rechte aus § 927 ZPO bedarf es allerdings nicht, weil dem Schuldner auch ohne einen solchen Vorbehalt die Rechte verbleiben, die er nach § 767 ZPO einem Hauptsachetitel entgegen halten könnte.[1263] Der Gläubiger hat keinen Anspruch darauf, dass der Schuldner auch auf diese Rechte verzichtet. Hinreichend eindeutig ist insoweit die Erklärung, dass der Schuldner den die einstweilige Verfügung – zur Klarstellung unter Verzicht auf die genannten Rechte[1264] – als nach Bestandskraft und Wirkung einem rechtskräftigen Hauptsachetitel gleichwertig anerkennt.[1265] Dazu gehört auch, dass auf die Einrede der Verjährung verzichtet wird.[1266] Für die Auslegung der Abschlusserklärung gelten die allgemeinen Grundsätze.[1267] Ist die Erklärung nicht hinreichend eindeutig, geht das zu Lasten des Verfassers der Erklä-

---

1258 BGH, 26.10.2000, I ZR 144/98, BGH Report 2001, 46, juris Rn. 13; FBO/Büscher, § 12, Rn. 167.

1259 BGH, 04.05.2005, I ZR 127/02, GRUR 2005, 692, 694, juris Rn. 24 – *»statt«-Preis*; BGH, 02.07.2009, I ZR 146/07, BGHZ 181, 373, juris Rn. 26 – *Mescher weis*.

1260 BGH, 19.05.2010, I ZR 177/07, GRUR 2010, 855, Rn. 17 – *Folienrollos*.

1261 BGH, 05.07.1990, I ZR 148/88, GRUR 1991, 76, 77, juris Rn. 26 – *Abschlusserklärung*; BGH, 04.05.2005, I ZR 127/02, GRUR 2005, 692, 694, juris Rn. 24 – *»statt«-Preis*; GK/Schwippert, § 12 C, Rn. 288; FBO/Büscher, § 12, Rn. 170; *Köhler*/Bornkamm/Feddersen, § 12, Rn. 3.77; Teplitzky/Bacher, Kap. 43, Rn. 11.

1262 BGH, 02.07.2009, I ZR 146/07, BGHZ 181, 373, juris Rn. 27 – *Mescher weis*.

1263 BGH, 02.07.2009, I ZR 146/07, BGHZ 181, 373, juris Rn. 26 – *Mescher weis*, insoweit im Widerspruch stehend zum dortigen Leitsatz 2. (Vorbehalt erforderlich); Ahrens/Ahrens, Kap. 58, Rn. 2018 ff.; FBO/Büscher, § 12, Rn. 165; Teplitzky/Bacher, Kap. 43, Rn. 8.

1264 Teplitzky/Bacher, Kap. 43, Rn. 8; Ahrens/Ahrens, Kap. 58, Rn. 20.

1265 OLG Stuttgart, 22.02.2007, 2 U 173/06, WRP 2007, 688, 689; ebenso – dem Vorschlag von Teplitzky, Teplitzky/Bacher, Kap. 43, Rn. 8, folgend – FBO/Büscher, § 12, Rn. 165; *Köhler*/Bornkamm/Feddersen, § 12, Rn. 3.74.; siehe auch den etwas abweichenden Vorschlag von Ahrens/Ahrens, Kap. 58, Rn. 20.

1266 BGH, 26.10.2000, I ZR 144/98, BGH Report, 2001, 46, juris Rn. 13; FBO/Büscher, § 12, Rn. 166.

1267 BGH, 30.03.1989, I ZR 85/87, WRP 1989, 572, 574 – *Bioäquivalenz-Werbung* (insoweit nicht abgedruckt in BGHZ 107, 136); BGH, 05.07.1990, I ZR 148/88, GRUR 1991, 76, juris Rn. 25 – *Abschlusserklärung*; BGH, 02.07.2009, I ZR 146/07, BGHZ 181, 373, juris Rn. 26 – *Mescher weis*; FBO/Büscher, § 12, Rn. 166; *Köhler*/Bornkamm/Feddersen, § 12, Rn. 3.74.

rung.[1268] Auf die Entscheidung über die Kosten muss sich der Verzicht nicht erstrecken.[1269] Sind die Kosten ausgenommen, bleibt die Erhebung eines Kostenwiderspruchs möglich, der nicht auf das Fehlen des Verfügungsanspruches, sondern des Verfügungsgrundes (etwa mangelnde Dringlichkeit) gestützt ist.

508 Die Abschlusserklärung ist grundsätzlich formfrei möglich[1270], muss aber jedenfalls auf Anforderung schriftlich bestätigt werden.[1271] Der Schuldner muss den Zugang der Abschlusserklärung beweisen.[1272] Die Annahme der Abschlusserklärung durch den Gläubiger ist für deren Wirksamkeit ebenso wenig konstitutiv[1273] wie die Übernahme der Kosten eines etwa vorangegangenen Abschlussschreibens.[1274]

509 Als Folge der Abschlusserklärung entfällt auch die Möglichkeit des Schuldners, Schadensersatzansprüche nach § 945 ZPO geltend machen zu können.[1275] Auch ein Antrag auf Streitwertbegünstigung nach § 12 Abs. 4 wird, wenn er im Verfahren auf Erlass einer einstweiligen Verfügung erst nach Abgabe der Abschlusserklärung gestellt wird, unzulässig, weil diese Erklärung die Instanz beendet hat.[1276]

510 Im Verhältnis zu Dritten wird die Wiederholungsgefahr infolge der Abschlusserklärung ebenso beseitigt wie durch eine ernsthafte strafbewehrte Unterlassungsverpflichtungserklärung; der Schuldner muss sich aber gegenüber dem Dritten auf den Verfügungsti-

---

1268 BGH, 30.03.1989, I ZR 85/87, WRP 1989, 572, 574 – *Bioäquivalenz-Werbung* (insoweit nicht abgedruckt in BGHZ 107, 136); KG, 21.05.1985, 7 W 783/85, WRP 1986, 87, 89; OLG Hamm, 25.05.1993, 4 U 15/93, GRUR 1993, 1001, 1002; OLG Stuttgart, 22.02.2007, 2 U 173/06, WRP 2007, 688, 689; Berneke/Schüttpelz, Rn. 630; FBO/Büscher, § 12, Rn. 166; *Köhler*/Bornkamm/Feddersen, § 12, Rn. 3.74.

1269 Berneke/Schüttpelz, Rn. 625; FBO/Büscher, § 12, Rn. 165.

1270 *Köhler*/Bornkamm/Feddersen, § 12, Rn. 3.75; FBO/Büscher, § 12, Rn. 168 hält aber zur hinreichenden Absicherung des Gläubigers eine schriftliche Erklärung für erforderlich.

1271 KG, 11.10.1990, 25 U 2746/90, GRUR 1991, 258, juris Rn. 31; Berneke/Schüttpelz, Rn. 631; FBO/Büscher, § 12, Rn. 168, m.w.N. zur h.M.; Teplitzky/Bacher, Kap. 43, Rn. 11a.

1272 FBO/Büscher, § 12, Rn. 168; *Köhler*/Bornkamm/Feddersen, § 12, Rn. 3.76; Teplitzky/Bacher, Kap. 43, Rn. 9.

1273 FBO/Büscher, § 12, Rn. 168 (einseitig wirksamer Verzicht); Teplitzky/Bacher, Kap. 43, Rn. 10 (ebenfalls: wirksamer Verzicht); a.A. Ahrens/Ahrens, Kap. 58, Rn. 33, der bei unaufgeforderter Abschlusserklärung i.S. eines kausalen Schuldanerkenntnisses einen Vertragsschluss für nötig erachtet, für die Annahme des Gläubigers indes § 151 BGB (Annahme ohne Erklärung gegenüber dem Antragenden) ausreichen lassen will; ebenso im Ergebnis *Köhler*/Bornkamm/Feddersen, § 12, Rn. 3.76 (aber: abstraktes Schuldanerkenntnis).

1274 Berneke/Schüttpelz, Rn. 631; FBO/Büscher, § 12, Rn. 168.

1275 OLG Köln, 6 W 83/68, 07.02.1969, GRUR 1970, 204, 205; Berneke/Schüttpelz, Rn. 622, 724; *Köhler*/Bornkamm/Feddersen, § 12, Rn. 3.77; FBO/Büscher, § 12, Rn. 170; Teplitzky/Bacher, *Kap. 43, Rn. 11a.*

1276 OLG München, 03.03.1982, 6 W 772/82, WRP 1982, 430 (für das Warenzeichenrecht); KG, 13.12.2016, 5 W 244/16 (für das Markenrecht).

tel und die darauf bezogene Abschlusserklärung berufen.[1277] Wenn gegen den Schuldner wegen des nämlichen Streitgegenstandes mehrere einstweilige Verfügungen verschiedener Gläubiger ergangen sind, räumt daher die gegenüber nur einem Gläubiger abgegebene Abschlusserklärung die Wiederholungsgefahr auch gegenüber einem weiteren Unterlassungsgläubiger aus.[1278]

2. Abschlussschreiben

Ergreift der Schuldner nicht die Initiative und gibt er aus eigenem Antrieb keine Abschlusserklärung ab, kann der Gläubiger ihn dazu auffordern. Er sollte dies zur Vermeidung der ihm sonst im Hauptsachverfahren ansonsten drohenden Kostenbelastung (§ 93 ZPO) auch tun, wenn nicht zweifelsfrei zu erkennen und im späteren Rechtsstreit auch zu belegen ist, dass der Schuldner die einstweilige Verfügung keinesfalls akzeptieren wird.[1279] Das bringt der Schuldner durch die Erhebung eines Widerspruches, die Einlegung der Berufung oder sehr klar durch einen Antrag nach § 926 ZPO auf Fristsetzung zur Erhebung der Hauptsacheklage zum Ausdruck.[1280] Davon muss der Gläubiger indes zum Zeitpunkt der Versendung des Abschlussschreibens auch Kenntnis haben.[1281] Die Einreichung einer Schutzschrift begründet nicht schon die Annahme eines in jedem Fall fehlenden Unterwerfungswillens, denn nach einer dennoch erlassenen – richtigerweise auch begründeten – einstweiligen Verfügung kann nicht ausgeschlossen werden, dass der Schuldner seine Auffassung ändert[1282] und sich der gerichtlichen Entscheidung endgültig beugt. **511**

Eine besondere Form ist für die Aufforderung zur Abgabe einer Abschlusserklärung nicht erforderlich. Schriftlichkeit sichert indes die Beweisbarkeit des Vorgangs.[1283] Die Frage nach der Darlegungs- und Beweislast für den Zugang des Abschlussschreibens beim Schuldner, wird inzwischen zu Recht in Anlehnung an die Entscheidung des **512**

1277 OLG Frankfurt, 15.08.1996, 6 U 74/96, WRP 1997, 44, 46, Ls. 1; KG, 25.10.1996, 5 U 4912/96, WRP 1998, 71, 72; HansOLG Hamburg, 12.12.2007, 5 U 50/07, MD (VSW) 2009, 30 (33), juris Rn. 33; Ahrens/Ahrens, Kap. 58, Rn. 36 m.w.N.; FBO/Büscher, § 12, Rn. 171; *Köhler*/Bornkamm/Feddersen, § 12, Rn. 3.77; Teplitzky/Bacher, Kap. 43, Rn. 11a.

1278 OLG Zweibrücken, 20.11.1998, 2 U 10/98, NJWE WettbR 1999, 66 (67), Ls.

1279 OLG Hamm, 04.02.1991, 4 W 138/90, GRUR 1991, 336 (Erhebung der Hauptsacheklage alsbald nach Erlass einer Urteilsverfügung gegen die sich der Schuldner zur Wehr gesetzt hatte).

1280 HansOLG Hamburg, 13.02.1989, 3 W 19/89, GRUR 1989, 458 Ls.; HansOLG Hamburg, 06.02.2014, 3 U 119/13, WRP 2014, 483, 484, Rn. 33 – *Standardabschlussschreiben*; OLG Hamm, 04.02.1991, 4 W 138/90, GRUR 1991, 336; OLG Köln, 09.02.2009, 6 W 4/09, WRP 2009, 863, 864; KG, 25.09.2009, 9 U 64/09, NJOZ 2010, 2131, 2134; Ahrens/Ahrens, Kap. 58, Rn. 40; FBO/Büscher/*Büscher*, § 12, Rn. 174; *Köhler*/Bornkamm/Feddersen, § 12, Rn. 3.70.

1281 BGH, 30.03.2017, I ZR 263/15, WRP 2017, 1337, Rn. 58 – *BretarisGenuair*.

1282 So auch für den Fall einer mündlichen Verhandlung und anschließender Urteilsverfügung: BGH, 22.01.2015, I ZR 59/14, GRUR 2015, 822, Rn. 16 – *Kosten für Abschlussschreiben II*.

1283 FBO/Büscher/*Büscher*, § 12, Rn. 176; *Köhler*/Bornkamm/Feddersen, § 12, Rn. 3.71; Teplitzky/Bacher, Kap. 43, Rn. 26.

BGH zum »Zugang des Abmahnschreibens«[1284] beantwortet.[1285] Danach trifft den Schuldner, der im Wettbewerbsprozess geltend macht, ihm sei die Abmahnung des Gläubigers – hier das Abschlussschreiben – nicht zugegangen, grundsätzlich die Darlegungs- und Beweislast für die Voraussetzungen einer dem Gläubiger die Prozesskosten auferlegenden Entscheidung nach § 93 ZPO. Im Rahmen der sekundären Darlegungslast ist der Gläubiger lediglich gehalten, substantiiert darzulegen, dass das Abmahnschreiben (Abschlussschreiben) abgesandt worden ist. Kann nicht festgestellt werden, ob das Abmahnschreiben (Abschlussschreiben) dem Schuldner zugegangen ist oder nicht, ist für eine Kostenentscheidung nach § 93 ZPO kein Raum.[1286] Kann der Schuldner dagegen beweisen, dass er das Abschlussschreiben nicht erhalten hat, geht das zu Lasten des Gläubigers.[1287]

513 Inhaltlich muss das Abschlussschreiben das Begehren des Gläubigers hinreichend deutlich machen, dass der Schuldner den Verfügungstitel vorbehaltlos und unter Verzicht auf die auf die Rechte aus §§ 924, 926 und 927 ZPO gleich einem im Hauptsacheverfahren erwirkten Titel als endgültige Regelung anerkennt. Weil das Abschlussschreiben der Vorbereitung des Hauptsacheverfahrens dient[1288], und zwar auch dann, wenn dem Anwalt noch kein Auftrag zur Hauptsacheklage erteilt wurde[1289], sollte aus dem Schreiben jedenfalls deutlich werden, dass der Klageweg beschritten wird, wenn keine Abschlusserklärung abgegeben wird.[1290] Insoweit besteht kein Unterschied zwischen dem Abschluss- und dem Abmahnschreiben, das ebenfalls erkennen lassen muss, dass gerichtliche Schritte drohen, wenn dem abgemahnten Begehren nicht Folge geleistet wird.[1291] Darauf, ob dies ausdrücklich geschieht[1292] oder aus den Umständen deutlich erkennbar ist[1293], kommt es nicht an. Dass die ohne die Abgabe einer Abschlusserklä-

---

1284 BGH, 21.12.2006, I ZB 17/06, GRUR 2007, 629 – *Zugang des Abmahnschreibens.*

1285 Ahrens/Ahrens, Kap. 58, Rn. 47; FBO/Büscher/*Büscher*, § 12, Rn. 177; *Köhler*/Bornkamm/Feddersen, § 12, Rn. 3.72; Teplitzky/Feddersen, Kap. 43, Rn. 29.

1286 BGH, 21.12.2006, I ZB 17/06, GRUR 2007, 629, Ls. und Rn. 11 ff. – *Zugang des Abmahnschreibens.*

1287 FBO/Büscher/*Büscher*, § 12, Rn. 177.

1288 BGH, 02.03.1973, I ZR 5/72, GRUR 1973, 384, 385 – *Goldene Armbänder*; BGH, 04.02.2010, I ZR 30/08, GRUR 2010, 1038, Rn. 27 – *Kosten für Abschlussschreiben.*

1289 BGH, 12.03.2009, IX ZR 10/08, WRP 2009, 744, Rn. 11.

1290 GK/Schwippert, § 12 C, Rn. 260; Teplitzky/Bacher, Kap. 43, Rn. 24; a.A. OLG Zweibrücken, 04.04.2002, 4 W 23/02, GRUR-RR 2002, 344; Berneke/Schüttpelz, Rn. 645.

1291 OLG München, 19.01.1981, 6 W 2676/80, WRP 1981, 601; HansOLG Hamburg, 19.12.1985, 3 W 135/85, WRP 1986, 292; *Köhler*/Bornkamm/Feddersen/Bornkamm, § 12, Rn. 1.23.

1292 OLG Frankfurt, 20.03.2007, 6 W 168/06, WRP 2007, 556, 557, juris. Rn. 13; Teplitzky/Bacher, Kap. 43, Rn. 24; GK/Schwippert, § 12 C Rn. 260; a.A. OLG Zweibrücken, 04.04.2002, 4 W 23/02, GRUR-RR 2002, 344 (Aufforderung, die eV »als Hauptsacheentscheidung« anzuerkennen ausreichend).

1293 FBO/Büscher/*Büscher*, § 12, Rn. 178; siehe auch BGH, 02.03.1973, I ZR 5/72, GRUR 1973, 384, 385 – *Goldene Armbänder* (Ausdrückliche Androhung der Hauptsacheklage gebührenrechtlich ohne Bedeutung; Umstände ergeben, dass die Klaglosstellung des Anspruchsberechtigten erstrebt wird); ebenso OLG Zweibrücken, 04.04.2002, 4 W 23/02, GRUR-RR 2002, 344.

rung drohende Hauptsacheklage in jedem Fall auf der Hand läge[1294], ist jedenfalls nicht zwingend. Auch nicht deshalb, weil das Abschlussschreiben durch einen Rechtsanwalt verfasst worden ist.[1295] Die Aufforderung zur Abgabe der Abschlusserklärung kann eine vom Gläubiger vorformulierte Erklärung enthalten, muss es aber nicht.[1296] Ist die vorformulierte Abschlusserklärung zu weitgehend, berechtigt das den Schuldner nicht, eine dahinter zurückbleibende Erklärung zu verweigern. Das mit dem Abschlussschreiben auch verfolgte Ziel, dem Schuldner Gelegenheit zu geben, das Hauptsacheverfahren zu vermeiden, wird ebenfalls erfüllt, wenn der Gläubiger eine zu weitgehende Abschlusserklärung verlangt, denn es ist Sache des Schuldners, die Abschlusserklärung zutreffend zu formulieren.[1297]

Überwiegend wird auch angenommen, dass zur Abgabe der Abschlusserklärung eine Frist gesetzt werden müsse, schon um Klarheit über die Notwendigkeit der Hauptsacheklage zu schaffen[1298] oder die Ernsthaftigkeit des Begehrens deutlich zu machen.[1299] Konstitutiv für die Wirksamkeit des Abschlussschreibens ist die Fristsetzung allerdings nicht. Auch ist der Gläubiger grundsätzlich nicht gehindert, das Abschlussschreiben alsbald im Anschluss an die Zustellung von Beschluss- oder Urteilsverfügung abzusenden.[1300] **514**

Von Bedeutung ist die Frage, wann das Abschlussschreiben abgesendet wird und welche Erklärungsfristen darin gesetzt werden, aber für die Beurteilung der Erstattungsfähigkeit der Kosten des Abschlussschreibens und die Voraussetzungen für die Abwendung der Kostenfolge des § 93 ZPO. Diese Voraussetzungen sind seit der Entscheidung »Kosten für Abschlussschreiben II« des BGH[1301] inzwischen weitgehend geklärt. **515**

Zwar steht dem Antragsteller grundsätzlich ein materiell-rechtlicher Kostenerstattungsanspruch zu, wenn es nicht zum Hauptsacheprozess kommt, weil der Antragsgegner die geforderten Abschlusserklärung abgegeben hat.[1302] Der Kostenerstattungsanspruch ergibt sich dabei entweder (verschuldensabhängig) als Schadensersatzanspruch (§ 9 UWG) oder beurteilt sich (verschuldensunabhängig) nach den Grundsätzen der Geschäftsführung ohne Auftrag (§§ 677, 683, 670 BGB) und mangels einer Rege- **516**

1294 So Berneke/Schüttpelz, Rn. 645.

1295 So aber für das Abmahnschreiben *Köhler*/Bornkamm/Feddersen/Bornkamm, § 12, Rn. 1.23; siehe auch KG, 24.05.2005, 5 W 70/05, GRUR-RR 2005, 323, Ls. 1 (für den Sonderfall einer wettbewerbsrechtlichen Abmahnung eines Notars durch einen Notar).

1296 FBO/Büscher, § 12, Rn. 180.

1297 BGH, 30.03.2017, I ZR 263/15, WRP 2017, 1337, Rn. 60 – *BretarisGenuair.*

1298 FBO/Büscher/*Büscher*, § 12, Rn. 178.

1299 Teplitzky/Bacher, Kap. 43, Rn. 22; ebenso Ahrens/Ahrens, Kap. 58, Rn. 42; Berneke/Schüttpelz, Rn. 645; *Köhler*/Bornkamm/Feddersen, § 12, Rn. 3.71; a.A. OLG Zweibrücken, 04.04.2002, 4 W 23/02, GRUR-RR 2002, 344.

1300 BGH, 02.03.1973, I ZR 5/72, GRUR 1973, 384, 385 – *Goldene Armbänder*

1301 BGH, 22.01.2015, I ZR 59/14, GRUR 2015, 822 – *Kosten für Abschlussschreiben II*; Fortführung in BGH, 30.03.2017, I ZR 263/15, WRP 2017, 1337, Rn. 57f. – *BretarisGenuair.*

1302 BGH, 04.03.2008, VI ZR 176/07, WRP 2008, 805, Ls.

lungslücke nicht nach § 12 Abs. 1 2 analog.[1303] Das setzt voraus, dass das Abschlussschreiben erforderlich war und dem mutmaßlichen Willen des Schuldners entspricht.[1304] Letzteres ist nur der Fall, wenn der Gläubiger dem Schuldner zuvor angemessene Zeit gewährt hat, um die Abschlusserklärung unaufgefordert von sich aus abgeben zu können.[1305] Außer dieser »Wartefrist« ist dem Schuldner im Abschlussschreiben eine Erklärungsfrist für die Prüfung zuzubilligen, ob er die Abschlusserklärung abgibt.[1306] Für den Fristbeginn ist auf die Zustellung der Beschlussverfügung oder des Urteils, durch das die einstweilige Verfügung erlassen oder – auf Widerspruch – bestätigt worden ist, abzustellen.[1307]

517 Dabei ist zu beachten, dass u.U. mehrere Abschlussschreiben notwendig sind, um die Kostenfolge des § 93 ZPO für das Hauptsacheverfahren sicher zu vermeiden. Hatte der Gläubiger nach Zustellung einer Beschlussverfügung bereits ein Abschlussschreiben versendet und nach Fristablauf dennoch keine Hauptsacheklage erhoben, sondern das Ergebnis eines vom Schuldner eingeleiteten Widerspruchsverfahrens abgewartet, dann besteht die Möglichkeit, dass die zwischenzeitliche mündliche Verhandlung und die schriftliche Urteilsbegründung einen Auffassungswandel des Unterlassungsschuldners herbeigeführt haben könnten. Der Unterlassungsgläubiger muss in diesem Fall, um die Kostennachteile des § 93 ZPO zu vermeiden, nach Erlass eines Urteils, das die Unterlassungsverfügung bestätigt, dem Unterlassungsschuldner ein erneutes Abschlussschreiben zusenden, bevor er Hauptsacheklage erhebt.[1308] Wartet er gar das Ergebnis eines Berufungsverfahrens ab, gilt das Nämliche.[1309]

518 Grundsätzlich gilt weiter: Wird das Abschlussschreiben vor Ablauf der Wartefrist abgesendet und gibt der Schuldner sofort eine Abschlusserklärung ab, sind die Kosten des

---

1303 BGH, 02.03.1973, I ZR 5/72, GRUR 1973, 384, 385 – *Goldene Armbänder*; BGH, 22.01.2015, I ZR 59/14, GRUR 2015, 822, Rn. 14 – *Kosten für Abschlussschreiben II*; BGH, 04.02.2010, I ZR 30/08, GRUR 2010, 1038, Rn. 26 – *Kosten für Abschlussschreiben*; GK/Schwippert, § 12 C Rn. 272; FBO/Büscher, § 12, Rn. 181; *Köhler*/Bornkamm/Feddersen, § 12, Rn. 3.73; Teplitzky/Bacher, Kap. 43, Rn. 30; anders noch Ahrens/Ahrens, Kap. 58, Rn. 49 (§ 12 Abs. 1 2 UWG als weitere Anspruchsgrundlage).

1304 BGH, 22.01.2015, I ZR 59/14, GRUR 2015, 822, Rn. 15 – *Kosten für Abschlussschreiben II*; BGH, 30.03.2017, I ZR 263/15, WRP 2017, 1337, Rn. 53 – *BretarisGenuair*; OLG Stuttgart, 22.02.2007, 2 U 173/06, WRP 2007, 688; HansOLG Hamburg, 06.02.2014, 3 U 119/13, WRP 2014, 483, 484, Rn. 33 – *Standardabschlussschreiben*.

1305 BGH, 22.01.2015, I ZR 59/14, GRUR 2015, 822, Rn. 17 – *Kosten für Abschlussschreiben II*; BGH, 30.03.2017, I ZR 263/15, WRP 2017, 1337, Rn. 53 und 57 – *BretarisGenuair*.

1306 BGH, 22.01.2015, I ZR 59/14, GRUR 2015, 822, Rn. 17 – *Kosten für Abschlussschreiben II*.

1307 BGH, 22.01.2015, I ZR 59/14, GRUR 2015, 822, Rn. 20 – *Kosten für Abschlussschreiben II*; BGH, 30.03.2017, I ZR 263/15, WRP 2017, 1337, Rn. 56 – *BretarisGenuair*.

1308 BGH, 22.01.2015, I ZR 59/14, GRUR 2015, 822, Rn. 16 – *Kosten für Abschlussschreiben II*; OLG Köln, 20.10.1986, 6 W 62/86, WRP 1987, 188, 191; OLG Düsseldorf, 01.08.1990, 2 W 36/90, GRURT 1991, 479, Ls.; OLG Frankfurt, 12.09.2005, 6 W 122/05, GRUR-RR *2006, 111, Ls.* und *juris* Rn. 9; Ahrens/Ahrens, Kap. 58, Rn. 40; FBO/Büscher, § 12, Rn. 175; *Köhler*/Bornkamm/Feddersen, § 12, Rn. 3.70.

1309 FBO/Büscher, § 12, Rn. 175; Teplitzky/Bacher, Kap. 43, Rn. 28.

Abschlussschreibens nicht erstattungsfähig.[1310] Erhebt der Gläubiger vor Ablauf dieser Fristen Hauptsacheklage, hat der Schuldner keinen Anlass zur Klagerhebung gegeben und hat der Gläubiger im Falle eines sofortigen Anerkenntnisses gemäß § 93 ZPO die Kosten zu tragen. Enthält das Abschlussschreiben eine zu kurze Erklärungsfrist, so setzt es stattdessen eine angemessene Erklärungsfrist in Gang, während deren Lauf der Schuldner durch § 93 ZPO zwar vor einer Kostenbelastung infolge der Erhebung der Hauptsacheklage geschützt ist.[1311] Einem Anspruch der Klägerin auf Erstattung der Kosten des Abschlussschreibens steht die zu kurze Erklärungsfrist aber nicht entgegen.[1312] Gibt der Schuldner nach Übersendung des Abschlussschreibens innerhalb der angemessenen Frist keine Abschlusserklärung ab, so hat er durch sein Verhalten Anlass zur Klage im Sinne von § 93 ZPO gegeben, ohne dass es auf die Angemessenheit der im Abschlussschreiben gesetzten Erklärungsfrist ankommt.[1313]

Wartefrist und Erklärungsfrist können an unterschiedliche prozessuale Situationen **519**
anknüpfen. Ob das Abschlussschreiben dem mutmaßlichen Willen des Schuldners entspricht, kann deshalb auch davon abhängen, welches Schicksal die einstweilige Verfügung zum Zeitpunkt der Absendung des Abschlussschreibens genommen hat.

Folgende Situationen sind zu unterscheiden: **520**

Nach der Zustellung einer Beschlussverfügung oder einer nach Widerspruch bestätigten **521**
einstweiligen Verfügung an den Schuldner beträgt die Wartefrist in der Regel zwei Wochen.[1314] Ob sie unter besonderen Umständen auch kürzer bemessen werden kann[1315], ist nach der BGH-Entscheidung »Kosten für Abschlussschreiben II« zweifelhaft, obwohl nach jener Entscheidung nicht ausgeschlossen.[1316] Ein Bedürfnis für eine kürzere Frist ist mit Blick auf die Absicherung des Gläubigers durch die einstweilige Verfügung, die auch die Verjährungsfrist hemmt, allerdings nicht erkennbar.[1317] Ob

1310 BGH, 22.01.2015, I ZR 59/14, GRUR 2015, 822, Rn. 17 – *Kosten für Abschlussschreiben II.*

1311 BGH, 22.01.2015, I ZR 59/14, GRUR 2015, 822, Rn. 25 – *Kosten für Abschlussschreiben II.*

1312 BGH, 22.01.2015, I ZR 59/14, GRUR 2015, 822, Ls. 3. und Rn. 25 – *Kosten für Abschlussschreiben II.*

1313 BGH, 22.01.2015, I ZR 59/14, GRUR 2015, 822, Ls. 3. und Rn. 27 – *Kosten für Abschlussschreiben II.*

1314 BGH, 22.01.2015, I ZR 59/14, GRUR 2015, 822, Ls. 1 – *Kosten für Abschlussschreiben II*; BGH, 30.03.2017, I ZR 263/15, WRP 2017, 1337, Rn. 57 – *BretarisGenuair*; HansOLG Hamburg, 24.06.1999, 3 U 125/98, OLGR 2000, 23; HansOLG Hamburg, 06.02.2014, 3 U 119/13, WRP 2014, 483, 484, Rn. 33 – *Standardabschlussschreiben*; HansOLG Hamburg, 19.01.2015, 5 U 203/11, GRUR-RR 2015, 250, 252, Rn. 86 – *Bist du bereit für die Elite?*; OLG Düsseldorf, 12.04.2016, 20 U 48/15, MPR 2016, 90; *OLG Hamm*, 19.11.2009, 4 U 136/09, GRUR-RR 2010, 267, 268; KG, 03.08.2012, 5 U 169/11, WRP 2012, 1565, 1566, Rn. 5; Ahrens/Ahrens, Kap. 58, Rn. 44; FBO/Büscher, § 12, Rn. 182, *Köhler*/Bornkamm/Feddersen, § 12, Rn. 3.73a.

1315 Vgl. OLG Frankfurt, 22.05.2003, 6 U 6/03, WRP 2003, 1002 – *Wartefrist vor Abschlussschreiben.*

1316 BGH, 22.01.2015, I ZR 59/14, GRUR 2015, 822, Rn. 24 – *Kosten für Abschlussschreiben II*; siehe auch BGH, 30.03.2017, I ZR 263/15, WRP 2017, 1337, Rn. 57 – *BretarisGenuair*(Wartefrist von zwei Wochen »… im Regelfall geboten und ausreichend…«).

1317 Teplitzky/Bacher, Kap. 43, Rn. 23.

mit Blick darauf, dass dem Schuldner im Fall einer Beschlussverfügung regelmäßig keine begründete gerichtliche Entscheidung als Beurteilungsgrundlage zur Verfügung steht, und weil der Widerspruch nach §§ 935, 924 Abs. 1 ZPO unbefristet zulässig ist, eine längere Wartefrist geboten ist, hatte der BGH in der genannten Entscheidung bisher offen gelassen.[1318] Nunmehr hat sich der BGH für den Regelfall auch im Falle einer Beschlussverfügung auf eine zweiwöchige Wartefrist festgelegt.[1319]

522 Für die Prüfung, ob er wegen der ihm zugestellten Beschlussverfügung eine Abschlusserklärung abgeben will, sind dem Schuldner mit dem Abschlussschreiben im Regelfall erneut mindestens zwei Wochen einzuräumen.[1320] Länger als zwei Wochen muss der Gläubiger aber bis zur Klagerhebung jedenfalls abwarten, wenn der Schuldner deutlich macht, dass er die Abschlusserklärung abgeben will und nur alsbald behebbare Hinderungsgründe entgegenstehen.[1321] Etwaige Fristverlängerungsgesuche können nicht in jedem Fall unbeachtet gelassen werden.[1322] Auch kann bei Abgabe einer unzureichenden Abschlusserklärung, wenn mit der Behebung des Mangels gerechnet werden kann, vor der Klagerhebung ein Nachfassen erforderlich sein.[1323]

523 Die Ausgangssituation ist eine andere, wenn der Schuldner vor Absendung des Abschlussschreibens Widerspruch gegen die Beschlussverfügung einlegt. Dann entspricht die Absendung des Abschlussschreibens erkennbar nicht mehr dem mutmaßlichen Willen des Schuldners, der sich ja gegen den Bestand der einstweiligen Verfügung zur Wehr setzt. Der Gläubiger kann daher vor einer Entscheidung über den Widerspruch Hauptsacheklage erheben, ohne die Kostenfolge des § 93 ZPO fürchten zu müssen. Ein vorheriges Abschlussschreiben ist nicht erforderlich.[1324] Wird es dennoch ausgesandt, sind die Kosten nicht erstattungsfähig.[1325] Dies jedenfalls dann nicht, wenn der Gläubiger zum Zeitpunkt der Absendung des Abschlussschreibens schon Kenntnis

1318 BGH, 22.01.2015, I ZR 59/14, GRUR 2015, 822, Rn. 22 – *Kosten für Abschlussschreiben II*; siehe auch BGH, 04.03.2008, VI ZR 176/07, WRP 2008, 805, 806, drei Wochen jedenfalls ausreichend.

1319 BGH, 30.03.2017, I ZR 263/15, WRP 2017, 1337, Rn. 53 und 57 – *BretarisGenuair*; so schon FBO/Büscher, § 12, Rn. 182.

1320 BGH, 22.01.2015, I ZR 59/14, GRUR 2015, 822, Rn. 23 – *Kosten für Abschlussschreiben II*; HansOLG Hamburg, 06.02.2014, 3 U 119/13, WRP 2014, 483, 486, juris Rn. 64 – *Standardabschlussschreiben*.

1321 *Köhler*/Bornkamm/Feddersen, § 12, Rn. 3.73a; Teplitzky/Bacher, Kap. 43, Rn. 23a.

1322 OLG Jena, 14.12.2009, 2 W 509/09, MD (VSW) 2010, 319.

1323 HansOLG Hamburg, 20.04.1995, 3 W 34/95, WRP 1995, 648, 649; OLG Stuttgart, 20.10.1995, 2 U 130/95, WRP 1996, 152, 153; 22.02.2007, 2 U 173/06, WRP 2007, 688, 689; OLG München, 28.11.2016, 6 W 1563/16, MD (VSW) 2017, 180, juris Rn. 1 – *Nachfasspflicht* (enge Grenzen); Ahrens/Ahrens, Kap. 58, Rn. 41; *Köhler*/Bornkamm/Feddersen, § 12, Rn. 3.70.

1324 OLG Köln, 09.02.2009, 6 W 4/09, WRP 2009, 863, 864; KG, 25.09.2009, 9 U 64/09, NJOZ 2010, 2131, 2134; Ahrens/Ahrens, Kap. 58, Rn. 40; FBO/Büscher/*Büscher*, § 12, Rn. 174.

1325 KG, 25.09.2009, 9 U 64/09, NJOZ 2010, 2131, 2134; HansOLG Hamburg, 06.02.2014, 3 U 119/13, WRP 2014, 483, 484, juris Rn. 51 – *Standardabschlussschreiben*.

vom Widerspruch oder anderen Angriffen des Schuldners gegen den Bestand der einstweiligen Verfügung, wie etwa einem Antrag nach § 926 ZPO[1326], hat.[1327]

Wartet der Gläubiger die Entscheidung im Widerspruchsverfahren ab, dann riskiert er erneut, auf den Kosten einer nachfolgend zu früh erhobenen Hauptsacheklage sitzen zu bleiben, wenn der Schuldner sofort anerkennt. Ebenso verhält es sich, wenn die einstweilige Verfügung schon als Urteilsverfügung ergangen ist. Nach der Zustellung des Urteils, durch das die einstweilige Verfügung erlassen oder bestätigt worden ist, muss vor Absendung des Abschlussschreibens die zweiwöchige Wartefrist eingehalten werden, damit der Schuldner anhand der Urteilsgründe, die beim Schuldner einen Auffassungswandel herbeiführen können, prüfen kann, ob er den Unterlassungsanspruch nunmehr endgültig anerkennen will.[1328] Der zweiwöchigen Wartefrist schließt sich auch im genannten Fall eine Erklärungsfrist an. Mit Blick auf die nach Zustellung des Urteils erster Instanz laufende Berufungsfrist muss dem Schuldner dabei aber insgesamt ein der Berufungsfrist entsprechender Zeitraum zur Verfügung stehen, um zu entscheiden, ob er den Unterlassungsanspruch endgültig anerkennen will.[1329] Damit verlängert sich der Gesamtzeitraum der Warte- und Erklärungsfrist von ansonsten vier Wochen fast immer um wenige Tage. 524

Die Einschaltung eines Rechtsanwalts ist, wenn es um die Verfolgung von Wettbewerbsverstößen der Mittbewerber geht, bei Unternehmen auch dann erforderlich, wenn sie über eine eigene Rechtsabteilung verfügen, bei Wettbewerbsverbänden dagegen in der Regel nicht.[1330] 525

Das anwaltliche Abschlussschreiben kann regelmäßig mit einer 1,3-fachen Geschäftsgebühr (Nr. 2300 VV RVG) abgerechnet werden[1331] und muss – soweit die Kosten nach den vorstehenden Grundsätzen ersetzt werden müssen – vom Schuldner entsprechend erstattet werden. 526

X. Schadensersatz nach § 945 ZPO

Für den Fall, dass sich eine einstweilige Verfügung als von Anfang an ungerechtfertigt erweist, aber auch dann, wenn die einstweilige Verfügung nach § 926 Abs. 2 ZPO 527

1326 OLG Karlsruhe, 22.01.2014, 6 U 135/10, GRUR-RR 2014, 362, 368 – *Unternehmensübergang*.
1327 Ahrens/Ahrens, Kap. 58, Rn. 40.
1328 BGH, 22.01.2015, I ZR 59/14, GRUR 2015, 822, Rn. 16f. – *Kosten für Abschlussschreiben II*; BGH, 30.03.2017, I ZR 263/15, WRP 2017, 1337, Rn. 53 und 57 – *BretarisGenuair*; HansOLG Hamburg, 23.10.1985, 3 W 108/85, WRP 1986, 289, 290; HansOLG Hamburg, 06.02.2014, 3 U 119/13, WRP 2014, 483, 484, juris Rn. 51 – *Standardabschlussschreiben*; OLG Düsseldorf, 01.08.1990, 2 W 36/90, GRUR 1991, 479, 480, juris Rn. 13; Ahrens/Ahrens, Kap. 58, Rn. 40 m.w.N.
1329 BGH, 22.01.2015, I ZR 59/14, GRUR 2015, 822, Rn. 18 – *Kosten für Abschlussschreiben II*; anders noch die Vorinstanz HansOLG Hamburg, 3 U 119/13, WRP 2014, 483, 486, juris Rn. 62 ff. – *Standardabschlussschreiben*.
1330 BGH, 08.05.2008, I ZR 83/06, GRUR 2008, 928, Rn. 14 ff. – *Abmahnkostenersatz*.
1331 BGH, 22.01.2015, I ZR 59/14, GRUR 2015, 822, Rn. 34 – *Kosten für Abschlussschreiben II*.

wegen Nichterhebung der Hauptsacheklage aufgehoben wird, womit im Ergebnis die anfängliche Erfolglosigkeit des Verfügungsantrages fingiert wird, begründet § 945 ZPO einen Schadensersatzanspruch des (angeblichen) Schuldners. Gleiches gilt für den Fall der Versäumung der Frist des § 942 Abs. 3 ZPO nach dringenden Entscheidungen des Amtsgerichts der belegenen Sache gemäß § 942 Abs. 1 ZPO, die im wettbewerbsrechtlichen Verfügungsverfahren indes ohne Bedeutung sind. Der Gläubiger muss dem Schuldner den Schaden ersetzen, der ihm aus der Vollziehung der einstweiligen Verfügung oder dadurch entstanden ist, dass er Sicherheit geleistet hat, um die Vollziehung abzuwenden oder die Aufhebung der angeordneten Maßregel zu erwirken.

528 Gibt der Schuldner eine Abschlusserklärung ab und wirkt die einstweilige Verfügung deshalb gleich einem Hauptsachetitel, sind Ansprüche nach § 945 ZPO allerdings ausgeschlossen.[1332]

529 Von sehr großer praktischer Bedeutung ist die Vorschrift im Lauterkeitsrecht nicht. Auf § 945 ZPO gestützte Schadensersatzklagen sind gemessen an der Vielzahl von Verfügungsverfahren in diesem Bereich relativ selten. Das hängt sicher auch damit zusammen, dass der Streit um die lauterkeitsrechtliche Zulässigkeit des im Verfügungsverfahren beanstandeten Verhaltens im Rahmen der Schadensersatzklage erneut zu führen ist, wenn nicht in einem Hauptsacheverfahren rechtskräftig festgestellt ist, dass der schon im Eilverfahren geltend gemachte Anspruch nicht besteht (s.u.).

1. Umfang des Schadensersatzanspruches

530 Dabei ist der Schadensersatzanspruch verschuldensunabhängig. Die Vorschrift beruht auf dem Rechtsgedanken, dass die Vollstreckung aus einem noch nicht endgültigen Vollstreckungstitel auf Gefahr des Gläubigers erfolgt.[1333] Ob § 945 ZPO ein Fall der Gefährdungshaftung ist, wie der BGH meint[1334], ist streitig[1335]; die Frage ist aber ohne praktische Relevanz.[1336]

531 Die allgemeinen Grundsätze des Schadensersatzrechts (§§ 249 ff. BGB), also insbesondere zur Kausalität zwischen der Vollziehung der einstweiligen Verfügung und Schaden, sind anwendbar.[1337] Der Schadensersatzanspruch erfasst grundsätzlich den durch die Vollziehung der einstweiligen Verfügung adäquat-kausal verursachten, unmittelbaren

---

1332 OLG Köln, 6 W 83/68, 07.02.1969, GRUR 1970, 204, 205; Berneke/Schüttpelz, Rn. 622, 724; *Köhler*/Bornkamm/Feddersen, § 12, Rn. 3.77; FBO/Büscher, § 12, Rn. 170; Teplitzky/Bacher, Kap. 43, Rn. 11a.

1333 BGH, 10.07.2014, I ZR 249/12, GRUR 2015, 196, Rn. 14 m.w.N. – *Nero*.

1334 BGH, 28.11.1991, I ZR 297/89, GRUR 1992, 203, 207 – *Roter mit Genever* (»gesetzliche Gefährdungshaftung«).

1335 Bejahend *Köhler*/Bornkamm/Feddersen, § 12, Rn. 3.78; ablehnend (unerlaubte Handlung im weiteren Sinne bzw. Risikohaftung) Zöller/G. Vollkommer, § 945, Rn. 3 und 13 m.w.N. – auch zu abweichenden Meinungen.

1336 Ebenso Zöller/G. Vollkommer, § 945, Rn. 3 a.E.

1337 BGH, 23.03.2006, IX ZR 134/04, NJW 2006, 2557, 2559; BGH, 10.07.2014, I ZR 249/12, GRUR 2015, 196, Rn. 34 – *Nero*; BGH, 30.07.2015, I ZR 250/12, GRUR 2016, 406; Rn. 29 – *Piadina-Rückruf*; *Köhler*/Bornkamm/Feddersen, § 12, Rn. 3.83.

oder mittelbaren Schaden einschließlich des infolge des Vollzugs von Verbotsverfügungen entgangenen Gewinns des Schuldners.[1338] Die Schätzung eines Mindestschadens (§ 287 ZPO) ist bei genügenden Anhaltspunkten möglich.[1339] Die auf Grund der einstweiligen Verfügung beim Antragsgegner beigetriebenen Verfahrenskosten des Antragstellers gehören zum ersatzfähigen Schaden.[1340] Nicht jedoch die eigenen Verfahrenskosten des Antragsgegners, die dieser in einem auf Abänderung der Kostenentscheidung des Verfügungsverfahrens gerichteten Aufhebungsverfahren nach § 927 ZPO geltend machen muss.[1341] Das ist ihm – wenn den Aufhebungsgründen rückwirkende Kraft zukommt[1342] – auch noch nach einem Verzicht des Gläubigers auf die Rechte aus dem Verfügungstitel und dessen Herausgabe möglich.[1343] Bereits bezahlte Ordnungsgelder sollen nicht ersatzfähig sein, weil sie nicht Folge der Vollziehung der einstweiligen Verfügung, sondern Folge einer unter der alleinigen Verantwortung des Schuldners stehenden, durch eine selbständige Handlung begangenen Zuwiderhandlung gegen das gerichtliche Verbot sind.[1344] Allerdings ist der Ordnungsmittelantrag des Gläubigers eine den bestehenden Vollstreckungsdruck erhöhenden Vollstreckungsmaßnahme, die auch der weiteren Vollziehung des Titels dient.

Von erheblicher Bedeutung ist die Prüfung der Reichweite der ursprünglichen Verbots- **532**
verfügung. Ist dem Schuldner das den Schaden verursachende Verhalten nämlich bei objektiver Auslegung des Verbotstitels tatsächlich gar nicht untersagt gewesen, liegt ein ersatzfähiger Vollziehungsschaden auch nicht vor.[1345] Gleiches gilt, wenn der Schuldner ohnehin materiell-rechtlich verpflichtet war, das ihm durch die einstweilige Verfügung untersagte Verhalten zu unterlassen.[1346] Nach der Rechtsprechung des BGH ist mit der Unterlassungspflicht auch die Pflicht zur Vornahme möglicher und zumutbarer Handlungen zur Beseitigung des Störungszustands, also etwa eines Rückrufs von Pro-

---

1338 BGH, 20.07.2006, IX ZR 94/03, BGHZ 168, 352, Rn. 19 m.w.N.; BGH, 10.07.2014, I ZR 249/12, GRUR 2015, 196, Rn. 34 – *Nero*.

1339 BGH, 01.04.1993, I ZR 70/91, BGHZ 122, 172, 179, juris Rn. 32 – *Verfügungskosten*; BGH, 10.07.2014, I ZR 249/12, GRUR 2015, 196, Rn. 34 – *Nero*.

1340 BGH, 18.05.1966, Ib ZR 73/64, BGHZ 45, 251, 252, juris Rn. 9.

1341 BGH, 01.04.1993, I ZR 70/91, BGHZ 122, 172, 179, juris Rn. 22 ff. – *Verfügungskosten*m.w.N. zum seinerzeitigen Streitstand; *Köhler*/Bornkamm/Feddersen, § 12, Rn. 3.83a; a.A. Ahrens/Ahrens, Kap. 62, Rn. 37.

1342 OLG Celle, 10.01.1991, 13 U 185/90, WRP 1991, 586, 587.

1343 BGH, 01.04.1993, I ZR 70/91, BGHZ 122, 172, 179, juris Rn. 27 – *Verfügungskosten*; HansOLG Hamburg, 23.11.1978, 3 U 145/78, GRUR 1979, 190; OLG Köln, 08.02.1985, 6 U 213/84, GRUR 1985, 458, 459.

1344 KG, GRUR 1987, 571; Ahrens/Ahrens, Kap. 62, Rn. 44; Berneke/Schüttpelz, Rn. 740; *Köhler*/Bornkamm/Feddersen, § 12, Rn. 3.83a; Teplitzky/Schwippert, Kap. 36, Rn. 37.

1345 BGH, 30.07.2015, I ZR 250/12, GRUR 2016, 406, Rn. 29 m.w.N. – *Piadina-Rückruf*.

1346 BGH, 19.11.2015, I ZR 109/14, GRUR 2016, 720, Rn. 39 – *Hot Sox*; BGH, 10.11.2016, I ZR 191/15, GRUR 2017, 730, Rn. 33 – *Sierpinski-Dreieck*; KG, 08.01.2016, 5 U 97/14, juris Rn. 28 – *Streichpreis ist Abholpreis*; siehe dazu auch unten Rdn. 532.

dukten, verbunden.[1347] Deshalb sind grundsätzlich auch die mit solchen Störungsbeseitigungsmaßnahmen notwendig[1348] verbundenen Kosten ersatzfähig.[1349] Die Pflicht zum Rückruf besteht zwar nur, wenn die Maßnahme verhältnismäßig ist. Das ist aber der Regelfall[1350], weshalb der die Feststellung der Unverhältnismäßigkeit einer besonderen Begründung bedarf.[1351]

2. Mitverschulden

533 Ein etwaiges Mitverschulden des Schuldners einschließlich der Beachtung einer Schadensminderungspflicht ist zu berücksichtigen (§ 254 BGB).[1352] Zwar liegt die Vollstreckung aus einem noch nicht endgültigen Titel grundsätzlich im Risikobereich des

1347 BGH, 22.10.1992, IX ZR 36/92, BGHZ 120, 73, 76 f., juris Rn. 16 – *Straßenverengung*; BGH, 19.11.2015, I ZR 109/14, GRUR 2016, 720, Rn. 34 – *Hot Sox*; BGH, 29.09.2016, I ZB 34/15, GRUR 2017, 145, Ls. – *Rückruf von RESCUE-Produkten* (siehe dazu auch die Entscheidung zur Anhörungsrüge v. 27.04.2017, I ZB 34/15); BGH, 08.12.2016, I ZB 118/15, GRUR 2017, 318, 319, Rn. 12 – *Dügida*; BGH, 04.05.2017, I ZR 208/15, GRUR 2017, 823, Ls. und Rn. 26 – *Luftentfeuchter*; BGH, 11.10.2017, I ZB 96/16, GRUR 2018, 292 – *Produkte zur Wundversorgung*; BGH, 14.12.2017, I ZR 184/15, GRUR 2018, 423, Rn. 22, juris – *Klauselersetzung*; BGH, 12.07.2018, I ZB 86/17, GRUR 2018, 1183, Rn. 8ff. – *Reichweite einer Unterlassungserklärung, Wirbel um Bauschutt*; OLG München, 28.05.2014, 29 W 546/14, Magazindienst 2014, 698, Ls. und juris Rn. 4; HansOLG Hamburg, 23.05.2008, 3 W 6/08, Magazindienst 2009, 1072, juris Rn. 16 f.; HansOLG Hamburg, 30.01.2017, 3 W 3/17, GRUR-RR 2017, 464, Ls. – *Sonnenschutzmittel*; OLG Celle, 21.08.2017, 13 W 45/17, WRP 2017, 1390; OLG Frankfurt, 23.11.2017, 6 U 197/16, juris (betr. Pflicht zur aktiven Kundgabe der Fehlerhaftigkeit einer Werbeangabe aufgrund eines Unterlassungsvertrages; im konkreten Fall mangels Fortwirkung aber verneint); OLG Frankfurt, 30.07.2018, 6 W 74/16, GRUR 2018, 976, Ls. – *Quarantäne-Buchung II*; OLG Frankfurt, 01.08.2018, 6 W 53/18, GRUR 2018, 1085, juris Rn. 17 – *kennzeichnungsfrei*; bejahend ebenfalls FBO/Büscher, § 12, Rn. 378; *Köhler*/Bornkamm/*Feddersen*, § 12, Rn. 6.7; Teplitzky/Feddersen, Kap. 57, Rn. 26c; a.A. noch HansOLG Hamburg, 31.03.2003, 3 W 15/03, PharmR 2003, 171, Os.; OLG Frankfurt, 19.09.2016, 6 W 74/16, GRUR 2016, 1319 – *Quarantäne-Buchung* (keine Rückrufverpflichtung); siehe auch Sakowski, GRUR 2017, 355; a.A. auch für das Verfügungsverfahren LG Hamburg, 15.04.2016, 327 O 120/16, juris (im Markenrecht); v. Czettritz/Thewes, PharmR 2017, 92 ff. (Rückrufansprüche mit Sanktions- und Schadensbeseitigungscharakter als endgültige Regelung im Eilverfahren unzulässig); Voit, PharmR 2018, 1 ff.; kritisch auch Köhler/*Bornkamm*/Feddersen, § 8, Rn. 1.82 ff.; Goldmann, GRUR 2016, 724; Hermanns, GRUR 2017, 977 ff; Dissmann, GRUR 2017, 986 ff. (europäische Perspektive); Zwischenruf der GRUR, GRUR 2017, 885 ff.; Voit, PharmR 2018, 1 ff.

1348 BGH, 30.07.2015, I ZR 250/12, GRUR 2016, 406, Rn. 29 m.w.N. – *Piadina-Rückruf*; siehe auch Sakowski, GRUR 2017, 355, 361 (nicht bei Überschreitung dessen, was der Schuldner verständigerweise für erforderlich halten durfte).

1349 BGH, 30.07.2015, I ZR 250/12, GRUR 2016, 406, Rn. 28f. m.w.N. – *Piadina-Rückruf*; BGH, 19.11.2015, I ZR 109/14, GRUR 2016, 720, Rn. 35 – *Hot Sox*.

1350 BGH, 19.11.2015, I ZR 109/14, GRUR 2016, 720, Rn. 34 – *Hot Sox*.

1351 Büscher, GRUR 2017, 105, 119.

1352 BGH, *23.03.2006, IX ZR 134/04*, NJW 2006, 2557, Rn. 23; BGH, 20.07.2006, IX ZR *94/03, BGHZ 168*, 352, 359 ff., Rn. 30 ff.; BGH, 30.07.2015, I ZR 250/12, GRUR 2016, 406; Rn. 38 – *Piadina-Rückruf*; Zöller/G. Vollkommer, § 945, Rn. 13 m.w.N.

Gläubigers, ein Unterlassen derjenigen Maßnahmen, die ein vernünftiger und wirtschaftlich denkender Mensch nach Lage der Sache ergreifen würde, um Schaden von sich abzuwenden, kann aber ein Mitverschulden begründen.[1353] In der Folge können die zur Abwehr oder Verminderung des Schadens aufgewendeten Kosten als Schaden erstattungsfähig sein.[1354] Der Gläubiger kann im Schadensersatzprozess auch einwenden, dass der Schuldner durch sein Verhalten den Antrag auf Erlass einer einstweiligen Verfügung in einer den Vorwurf des Mitverschuldens begründenden Weise herausgefordert hat.[1355] An ein überwiegendes Mitverschulden des Schuldners sind hohe Anforderungen zu stellen, und der Schadensersatzanspruch des Schuldners kann nur dann ausgeschlossen sein, wenn dieser das Eilverfahren geradezu provoziert hat.[1356] Grundsätzlich kein Mitverschulden liegt vor, wenn der Antragsgegner nach Zugang einer Abmahnung dem Erlass einer einstweiligen Verfügung nicht durch zeitnahes Vorbringen seiner Einwände entgegenwirkt; insbesondere muss der Antragsgegner keine ihm bis dahin unbekannten Umstände ermitteln oder sich dazu Glaubhaftmachungsmittel verschaffen, wenn dem Antragsteller entsprechende eigene Nachforschungen ohne weiteres möglich sind.[1357] Der Antragsgegner darf allerdings eine sich aufdrängende Verteidigungsmöglichkeit nicht unterlassen oder liquide Beweismittel zurückhalten, aus denen sich das Fehlen des Verfügungsanspruchs ergibt.[1358] Daher wird die Ansicht vertreten, dass ein Mitverschulden vorliegt, wenn der Schuldner ein aussichtsreiches Rechtsmittel unterlässt.[1359] Das kann indes allenfalls bei einem auch aus der Sicht des Schuldners auf der Hand liegenden und zweifelsfreien Erfolg eines von ihm eingelegten Rechtsbehelfs der Fall sein. Eine andere Handhabung wird der zu Lasten des Gläubigers gehenden Risikoverteilung nicht gerecht.[1360] Eine generalisierende Betrachtungsweise verbietet sich. Immer ist der Einzelfall zu beurteilen.[1361]

3. Beginn und Ende der Haftung

Maßgeblicher Zeitpunkt für den Beginn der Haftung nach § 945 ZPO ist der Zeitpunkt, zu dem der Gläubiger aus dem Titel einen tatsächlichen Vollstreckungsdruck aufgebaut hat. Von dem reinen (meist) Unterlassungstitel geht ein Vollstreckungsdruck im Falle einer Beschlussverfügung nicht schon aus. Vielmehr ist es dafür einerseits **534**

1353 BGH, 30.07.2015, I ZR 250/12, GRUR 2016, 406; Rn. 44 – *Piadina-Rückruf.*

1354 BGH, 20.11.1992, V ZR 279/91, BGHZ 120, 261, 271; BGH, 01.04.1993, I ZR 70/91, BGHZ 122, 172, 179, juris Rn. 29 – *Verfügungskosten.*

1355 BGH, 20.11.1992, V ZR 279/91, BGHZ 120, 261, 271; BGH, 23.03.2006, IX ZR 134/04, NJW 2006, 2557, 2559 f., Rn. 25; BGH, 30.07.2015, I ZR 250/12, GRUR 2016, 406, Rn. 38 m.w.N. – *Piadina-Rückruf*; *Köhler*/Bornkamm/Feddersen, § 12, Rn. 3.83b; a.A. (»fragwürdig«) Ahrens/Ahrens, Kap. 62, Rn. 41.

1356 BGH, 22.03.1990, IX ZR 23/89, NJW 1990, 2689, 2690.

1357 Vgl. BGH, 30.07.2015, I ZR 250/12, GRUR 2016, 406; Rn. 53f. – *Piadina-Rückruf.*

1358 BGH, 30.07.2015, I ZR 250/12, GRUR 2016, 406; Rn. 46f. – *Piadina-Rückruf.*

1359 BGH, 23.03.2006, IX ZR 134/04, NJW 2006, 2557, Rn. 27, unter Hinweis auch auf OLG München, 07.03.1996, 29 U 2314/95, GRUR 1996, 998, 999; *Köhler*/Bornkamm/Feddersen, § 12, Rn. 3.83b.

1360 Siehe ebenso Teplitzky/Schwippert, Kap. 36, Rn. 39.

1361 *Köhler*/Bornkamm/Feddersen, § 12, Rn. 3.83b; Teplitzky/Schwippert, Kap. 36, Rn. 39.

erforderlich, dass der Unterlassungstitel eine Ordnungsmittelandrohung enthält[1362] und andererseits eine förmliche Zustellung der Beschlussverfügung im Parteibetrieb erfolgt, ohne die der Titel nicht wirksam ist.[1363] Der Schuldner muss eine Beschlussverfügung erst befolgen, wenn sie ihm zugestellt worden ist. Deshalb besteht kein Anspruch auf Ersatz derjenigen Schäden, die dem Schuldner dadurch entstanden sind, dass er die einstweilige Verfügung bereits vor deren Zustellung oder auch noch nach Wegfall des Verbots infolge der Rücknahme des Verfügungsantrages befolgt hat.[1364] Insoweit fehlt es an der Kausalität der Vollziehung des Unterlassungstitels für die etwa beim Schuldner eingetretenen Schäden.[1365] Gleiches gilt, wenn die einstweilige Verfügung wegen einer Auslandszustellung keine Ordnungsmittelandrohung enthält.[1366]

535 Im Falle einer Urteilsverfügung ist diese vom Schuldner unabhängig davon, dass auch insoweit die Notwendigkeit einer Parteizustellung besteht, um den Vollziehungswillen des Gläubigers zu dokumentieren, bereits mit der Amtszustellung durch das Gericht zu beachten. Die im Urteil – wenn vorhanden – enthaltene Strafandrohung stellt einen ersten Schritt der Vollziehung i.S. des § 945 ZPO dar, der die Schadensersatzverpflichtung nach dieser Vorschrift auslösen kann.[1367] Muss der Schuldner aber das Verbot beachten und im Fall einer Zuwiderhandlung mit der Verhängung von Ordnungsmitteln rechnen, ist er durch den Schadensersatzanspruch nach § 945 ZPO dagegen geschützt, dass sich die Verbotsverfügung nachträglich als unberechtigt erweist.[1368]

536 In diesem Zusammenhang hat der BGH gemeint, der Gläubiger könne dem Risiko, Schadensersatzansprüchen nach § 945 ZPO bereits ab dem Zeitpunkt der Urteilsverkündung ausgesetzt zu sein, etwa dadurch begegnen, dass er davon absehen könne, bereits im Erkenntnisverfahren eine Ordnungsmittelandrohung zu beantragen, oder vor der Verkündung der mit der Ordnungsmittelandrohung versehenen Urteilsverfügung dem Schuldner gegenüber die Erklärung abgeben, dass er für einen bestimmten Zeitraum – etwa bis zur Zustellung der Urteilsverfügung – keine Rechte aus dem Vollstreckungstitel herleite.[1369] Ein guter Rat ist das nicht, denn das vorgeschlagene Verhalten könnte Zweifel daran begründen, dass es dem Gläubiger mit seiner Anspruchsverfolgung dringlich ist, und zur Widerlegung der Dringlichkeitsvermutung des § 12 Abs. 2

1362 BGH, 02.11.1995, IX ZR 141/94, BGHZ 131, 141, Ls. 1. – *Unterlassungsverfügung ohne Strafandrohung*; BGH, 10.07.2014, I ZR 249/12, GRUR 2015, 196, Rn. 17 m.w.N. – *Nero*.

1363 BGH, 20.07.2006, IX ZR 94/03, BGHZ 168, 352, Rn. 15 m.w.N.; BGH, 10.07.2014, I ZR 249/12, GRUR 2015, 196, Rn. 17 m.w.N. – *Nero*.

1364 BGH, 10.07.2014, I ZR 249/12, GRUR 2015, 196, Rn. 16, 24 und 26 ff. – *Nero*.

1365 BGH, 10.07.2014, I ZR 249/12, GRUR 2015, 196, Rn. 24 ff. – *Nero*.

1366 BGH, 02.11.1995, IX ZR 141/94, BGHZ 131, 141, Ls. 2. – *Unterlassungsverfügung ohne Strafandrohung*.

1367 BGH, 22.01.2009, I ZB 115/07, BGHZ 180, 72, Rn. 16.

1368 BGH, 22.01.2009, I ZB 115/07, BGHZ 180, 72, Ls'e. und Rn. 10 ff. m.w.N. – auch zu bis dahin abweichenden Auffassungen (Zustellung im Parteibetrieb notwendig); BGH, *10.07.2014, I ZR 249/12*, GRUR 2015, 196, Rn. 22 – *Nero*.

1369 BGH, 22.01.2009, I ZB 115/07, BGHZ 180, 72, Rn. 16; zustimmend *Köhler*/Bornkamm/Feddersen, § 12, Rn. 3.83 a.E.; FBO/Büscher, § 12, Rn. 127.

UWG führen.[1370] Durch die Zustellung einer mit einer Ordnungsmittelandrohung versehenen einstweiligen Verfügung wird der für die Anwendung des § 945 ZPO notwendige Vollstreckungsdruck ausgeübt. Durch einen Verzicht des Gläubigers auf eine Ordnungsmittelandrohung oder durch einen ausdrücklichen Vollstreckungsverzicht des Gläubigers wird dieser Druck aber gar nicht erst aufgebaut oder wieder weitgehend neutralisiert, weil eine Missachtung des Titels für den Schuldner keine Risiken birgt. Dass es Sache des Schuldners ist, den Titel dennoch zu beachten[1371], ändert nichts daran, dass das Gläubigerverhalten Rückschlüsse auf die auch aus der Gläubigersicht zu beurteilende Frage der Dringlichkeit zulässt.[1372] Dass gilt auch dann, wenn der Gläubiger mit der Zustellung des Titels – wenn auch innerhalb der Vollziehungsfrist – zuwartet und dem Schuldner deutlich macht, dass er – vorerst – keinen Vollstreckungsdruck aufbauen wolle, etwa indem er den Titel nur nachrichtlich übermittelt, aber zunächst nicht zustellt. Dem Gläubiger kann deshalb auch im Rahmen des Schadensersatzprozesses nach § 945 ZPO nicht der Vorwurf gemacht werden kann, mit der umgehenden Zustellung der einstweiligen Verfügung einen erheblichen Vollstreckungsdruck ausgeübt zu haben, anstatt zunächst eine Ablichtung der Verfügung mit dem Hinweis zu übermitteln, er werde binnen bestimmter Frist zustellen.[1373] Ihm bleibt, wenn er nicht riskieren will, dass der Titel wegen fehlender Dringlichkeit aufgehoben wird, nichts anderes übrig, als die zur Durchsetzung des Verfügungsanspruches notwendigen Vollstreckungsmaßnahmen zu ergreifen. Der Gläubiger kann nicht alles haben. Er kann nicht einerseits einen Vollstreckungstitel im Eilverfahren erwirken und andererseits vor den daran anknüpfenden Folgen des § 945 ZPO geschützt sein.

Der verschuldensunabhängige Schadensersatzanspruch kann nicht mehr auf § 945 ZPO gestützt werden, wenn dem Gläubiger der einstweilen gesicherte Anspruch im Hauptsacheverfahren bis in die Berufungsinstanz zugesprochen wird, auch wenn die Entscheidung im Revisionsverfahren keinen Bestand hat. Insoweit sind die Wertungen des § 717 Abs. 3 ZPO zu beachten. Es kann deshalb nach § 945 ZPO nur der Schaden ersetzt werden, der zwischen der Vollziehung des Verfügungstitels und dem Erlass des Berufungsurteils im Unterlassungshauptsacheverfahren eingetreten ist.[1374]

4. Nachweis des Anspruchs

Ob sich eine einstweilige Verfügung als von Anfang an ungerechtfertigt erweist, ist 537
grundsätzlich im Prozess über den Schadensersatzanspruch zu klären. Das mit der Scha-

---

1370 KG, 17.10.2014, 5 U 63/14, GRUR-RR 2015, 181, 183 – *Faxversand ohne Beglaubigungsvermerk*; siehe zum Vollstreckungsverzicht OLG Frankfurt, 25.03.2010, 6 U 219/09, ZLR 2010, 458, Ls. 1. und juris Rn. 4 – *Vorübergehender Vollstreckungsverzicht*; OLG Köln, 29.01.2010, 6 U 177/09, GRUR-RR 2010, 448, 449, Ls. – *Vollstreckungsverzicht im Eilverfahren*; a.A. OLG Karlsruhe, 23.10.1985, 6 U 155/85, WRP 1986, 232, 234; Rehart, MMR 2010, Nr. 9, XVIII-XXI; Isele, WRP 2017, 1050, 1052.

1371 Isele, WRP 2017, 1050, 1052.

1372 Ebenso Isele, WRP 2017, 1050, 1052.

1373 So aber BGH, 30.07.2015, I ZR 250/12, GRUR 2016, 406; Rn. 54 – *Piadina-Rückruf*.

1374 HansOLG Hamburg, 23.11.2017, 5 U 254/15, juris Rn. 59f.

densersatzforderung befasste Gericht wird zwar durch die rechtskräftige Sachentscheidung im Hauptsacheverfahren, wenn sie den nämlichen Streitgegenstand betrifft, gebunden.[1375] Ohne eine der Rechtskraft fähige Entscheidung (§ 322 Abs. 1 ZPO) zum Streitgegenstand ist der Schadensersatzrichter in seiner Beurteilung, ob die Anordnung der einstweiligen Verfügung als von Anfang an ungerechtfertigt im Sinne des § 945 Alt 1 ZPO war, aber frei. Das gilt dann, wenn das Hauptsacheverfahren ohne eine der Rechtskraft fähige Entscheidung zum Streitgegenstand abgeschlossen worden, wie bei einem Kostenbeschluss gemäß § 91 a ZPO.[1376]

538 Will der ehemalige Anspruchsteller eine Schadensersatzhaftung aus § 945 ZPO wegen der Vollziehung einer von Anfang an ungerechtfertigten einstweiligen Verfügung abwenden, trägt er die Darlegungs- und Beweislast für die ursprüngliche Berechtigung seines seinerzeitigen Rechtsschutzbegehrens.[1377] Er trägt die Beweislast dafür, dass der Schaden beim vormaligen Anspruchsgegner – in vollem Umfang – auch bei rechtmäßigem Verhalten eingetreten wäre.[1378] Er ist dabei mit neuem Tatsachenvortrag und Beweismitteln nicht ausgeschlossen.[1379]

539 Die bloße Beschlussverfügung entfaltet keine Bindungswirkung, und zwar auch dann nicht, wenn die einstweilige Verfügung nach Widerspruch rechtskräftig bestätigt wird.[1380]

540 Ob eine Entscheidung im Verfügungsverfahren, wenn danach die einstweilige Verfügung als von Anfang an unbegründet rechtskräftig aufgehoben worden ist, im Rahmen der Entscheidung nach § 945 1. Alt ZPO ebenso bindend ist, ist umstritten. In der Rechtsprechung des BGH ist dies früher teils bejaht worden.[1381] In der Entscheidung »Roter mit Genever« des I. Zivilsenats des BGH[1382] hat dieser zwar schon ausgesprochen, dass eine Haftung nach § 945 1. Alt ZPO nur gerechtfertigt ist, wenn es sich aufgrund der im Hauptsacheverfahren oder im Schadensersatzprozess gewonnenen Erkenntnisse erweist, dass die einstweilige Verfügung im Zeitpunkt ihres Erlasses – unabhängig vom Stand des Parteivorbringens zu diesem Zeitpunkt – der materiellen Rechtslage nicht entsprach. In späteren Entscheidungen hat der I. Zivilsenat diese Frage

---

1375 BGH, 21.04.1988, I ZR 129/86, GRUR 1988, 787, 788 – *Nichtigkeitsfolgen der Preisangabenverordnung*; BGH, 28.11.1991, I ZR 297/89, GRUR 1992, 203, 205 – *Roter mit Genever*; BGH, 01.04.1993, I ZR 70/91, BGHZ 122, 172, 175 – *Verfügungskosten*;

1376 BGH, 28.11.1991, I ZR 297/89, GRUR 1992, 203, 205 – *Roter mit Genever*.

1377 BGH, 28.11.1991, I ZR 297/89, GRUR 1992, 203, 206 – *Roter mit Genever*.

1378 BGH, 19.11.2015, I ZR 109/14, GRUR 2016, 720, Rn. 39 – *Hot Sox*; HansOLG Hamburg, 23.11.2017, 5 U 254/15, juris Rn. 76.

1379 BGH, 28.11.1991, I ZR 297/89, GRUR 1992, 203, 206 – *Roter mit Genever*; *Köhler*/Bornkamm/Feddersen, § 12, Rn. 3.80.

1380 RGZ 106, 289, 292; BGH, 28.11.1991, I ZR 297/89, GRUR 1992, 203, 205 – *Roter mit Genever*; Teplitzky/Schwippert, Kap. 36, Rn. 16 m.w.N.; *Köhler*/Bornkamm/Feddersen, § 12, Rn. 3.80.

1381 BGH, 20.03.1979, VI ZR 30/77, BGHZ 75, 1 (5), juris Rn. 19; NJW 1992, 2297, 2298, *juris Rn. 14; siehe auch* weitere Nachweise zur älteren Rechtsprechung in BGH, 19.11.2015, I ZR 109/14, GRUR 2016, 720, Rn. 13 – *Hot Sox*.

1382 BGH, 28.11.1991, I ZR 297/89, GRUR 1992, 203, 206 – *Roter mit Genever*.

aber zunächst weiter offen gelassen.[1383] Dennoch besteht kein Zweifel, dass die rechtskräftige Aufhebung der einstweiligen Verfügung im Verfügungsverfahren nicht schon die Grundlage für eine Schadensersatzpflicht des Gläubigers bildet.

Zu Recht wird darauf hingewiesen, dass schon Wortlaut des § 945 ZPO die Ersatzpflicht nicht an einen dem Verfügungsverfahren zuzuordnenden Formalakt der Aufhebung der Maßregel knüpft, sondern daran, dass sich einstweilige Verfügung als von Anfang an ungerechtfertigt »erweisen« muss und dem Verfügungsprozess ein anderer Streitgegenstand zu Grunde liegt als dem Hauptsacheverfahren.[1384] Wegen des summarischen Charakters des Verfügungsverfahrens ist jede Bindung an eine Entscheidung im Verfügungsverfahren sowohl für das Hauptverfahren als auch für einen Schadenersatzprozess zu verneinen.[1385] Der Schuldner kann nach allgemeinen Grundsätzen des Schadensersatzrechts den Ersatz solcher Schäden, die infolge der Abwehr materiell-rechtlich bestehender Ansprüche auf Unterlassung seines rechtswidrigen Handelns entstehen, nicht durchsetzen, weshalb ihm auch die rechtskräftige Aufhebung des Verfügungstitels im Eilverfahren nicht hilft.[1386] Er soll im Wege des Schadensersatzes keine Kosten ersetzt bekommen, die ihm auch bei rechtskonformem Verhalten auf jeden Fall entstanden wären.[1387] Ihm kann durch die Vollziehung einer einstweiligen Verfügung kein nach § 945 ZPO zu ersetzender Schaden erwachsen sein, wenn er ohnehin materiell-rechtlich verpflichtet gewesen wäre, die ihm durch die einstweilige Verfügung untersagte Handlung zu unterlassen.[1388] Ein Ersatz der durch Vollziehung einer ungerechtfertigten einstweiligen Verfügung erlittenen Vermögenseinbuße scheidet dann aus 541

1383 BGH, 15.01.1998, I ZR 282/95, GRUR 1998, 1010, 2011 – *WINCAD*; BGH, 19.11.2015, I ZR 109/14, GRUR 2016, 720, Rn. 13 m.w.N. – *Hot Sox*; siehe auch BGH, 26.03.1992, IX ZR 108/91, NJW 1992, 2297, 2298: aus § 945 ZPO kein Rangverhältnis zwischen Klärung des Streitverhältnisses im Wege des einstweiligen Rechtsschutzes oder im Hauptsacheverfahren ableitbar.

1384 Vgl. HansOLG Hamburg, 04.09.2003, 3 U 27/03, MD (VSW) 2003, 1263, juris Rn. 46.

1385 OLG Stuttgart, 21.02.1992, 2 U 185/91, WRP 1992, 518, 520; OLG Frankfurt, 04.03.2004, 6 U 171/02, WRP 2004, 1196, Ls.; KG, 08.01.2016, 5 U 97/14, juris Rn. 29 – *Streichpreis ist Abholpreis*; OLG Braunschweig, 09.11.2018, 5 U 5/17, Ls und juris-Rn. 27ff. m.w.N. aus der obergerichtlichen Rechtsprechung Zöller/G. Vollkommer, § 945, Rn. 9 m.w.N.

1386 Vgl. Teplitzky/Schwippert, Kap. 36, Rn. 18 m.w.N. zum Meinungsstand.

1387 BGH, 03.12.1954, I ZR 262/52, BGHZ 15, 356, 358 f. – *Progressive Kundenwerbung*; BGH, 30.07.2015, I ZR 250/12, GRUR 2016, 406; Rn. 15 – *Piadina-Rückruf*; BGH, 19.11.2015, I ZR 109/14, GRUR 2016, 720, Rn. 38 – *Hot Sox*; BGH, 10.11.2016, I ZR 191/15, GRUR *2017, 730, Rn. 33 – Sierpinski-Dreieck*; KG, 08.01.2016, 5 U 97/14, juris Rn. 28 – *Streichpreis ist Abholpreis.*

1388 BGH, 03.12.1954, I ZR 262/52, BGHZ 15, 356, 358 f. – *Progressive Kundenwerbung*; BGH, 28.11.1980, I ZR 182/78, GRUR 1981, 295, 296 – *Fotoartikel*; BGH, 28.11.1991, I ZR 297/89, GRUR 1992, 203, 206 – *Roter mit Genever*; BGH, 07.07.1994, I ZR 63/92, BGHZ 126, 368, 374 f. – *Fortsetzungsverbot*; BGH, 20.07.2006, IX ZR 94/03, BGHZ 168, 352, Rn. 27; BGH, 01.06.2011, I ZR 140/09, GRUR 2011, 803, 808, Rn. 59 – *Lernspiele*; BGH, 30.07.2015, I ZR 250/12, GRUR 2016, 406; Rn. 15 – *Piadina-Rückruf*; BGH, 19.11.2015, I ZR 109/14, GRUR 2016, 720, Rn. 38 – *Hot Sox.*

normativen Gründen aus.[1389] Das gilt auch dann, wenn der Schuldner aufgrund eines weiteren gerichtlichen Verbots die nämlichen Unterlassungspflichten hatte.[1390] Geht das Verbot allerdings zu weit, kann dennoch grundsätzlich Schadensersatz wegen des dadurch unvermeidbar entstandenen Schadens verlangt werden.[1391]

542 Auch eine Entscheidung im Eilverfahren, durch welche die einstweilige Verfügung wegen des Fehlens eines Verfügungsgrundes (mangelnde Dringlichkeit) rechtskräftig aufgehoben worden ist, vermag keine Bindungswirkung für den Schadensersatzprozess nach § 945 ZPO zu entfalten. Die bloß fehlende Dringlichkeit im Verfügungsverfahren oder auch ein Vollziehungsmangel führen nicht schon einen Schadensersatzanspruch des Antragsgegners herbei.[1392] Gleiches gilt für andere Prozessvoraussetzungen betreffende Entscheidungen im Verfügungsverfahren.[1393]

5. Schadensersatz nach § 945 Alt. 2 und 3 ZPO

543 Wird die einstweilige Verfügung gemäß § 926 Abs. 2 ZPO wegen Nichterhebung der Hauptsacheklage aufgehoben (§ 945 Alt 2 ZPO) ist diese Entscheidung für den Anspruch aus § 945 ZPO bindend, wenn der Gläubiger die gesetzte Frist versäumt hat und als Folge dieses Versäumnisses die von ihm erwirkte einstweilige Maßregel durch Urteil aufgehoben worden ist. Die Entscheidung im Aufhebungsverfahren ist dann ein die verschuldensunabhängige Schadensersatzpflicht begründendes Tatbestandsmerkmal.[1394] Sonstige das Aufhebungsverfahren beendende Maßnahmen werden von § 945 Alt 2 ZPO nicht angesprochen. Die strenge Haftungsregelung verbietet eine über den Gesetzeswortlaut hinausreichende ausdehnende Auslegung.[1395] Eine Prüfung der Berechtigung des materiell-rechtlichen Anspruchs findet indes ebenso wie bei § 945 Alt 1 ZPO mit der Folge statt, dass ein Schaden dann nicht entstehen kann, wenn der Antragsgegner/Schuldner ohnehin materiell-rechtlich verpflichtet gewesen wäre, die ihm durch die einstweilige Verfügung untersagte Handlung zu unterlassen.[1396]

1389 BGH, 03.12.1954, I ZR 262/52, BGHZ 15, 356, 358 f. – *Progressive Kundenwerbung*; BGH, 30.07.2015, I ZR 250/12, GRUR 2016, 406; Rn. 15 – *Piadina-Rückruf*; BGH, 19.11.2015, I ZR 109/14, GRUR 2016, 720, Rn. 37f. – *Hot Sox*; Ahrens/Ahrens, Kap. 62, Rn. 29.

1390 BGH, 19.11.2015, I ZR 109/14, GRUR 2016, 720, Rn. 38 – *Hot Sox*.

1391 BGH, 19.12.1984, I ZR 148/82, GRUR 1985, 397 – *Fotoartikel II*.

1392 BGH, 28.11.1991, I ZR 297/89, GRUR 1992, 203, 205 – *Roter mit Genever*; BGH, 07.07.1994, I ZR 63/92, GRUR 1994, 849, 851 – *Fortsetzungsverbot*; BGH, 15.05.2003, IX ZR 283/02, NJW 2003, 2610, 2612; BGH, 01.06.2011, I ZR 140/09, GRUR 2011, 803, 808, Rn. 59 – *Lernspiele*; *Köhler*/Bornkamm/Feddersen, § 12, Rn. 3.80; Teplitzky/Schwippert, Kap. 36, Rn. 15 und 18.

1393 *Köhler*/Bornkamm/Feddersen, § 12, Rn. 3.80.

1394 BGH, 28.11.1991, I ZR 297/89, GRUR 1992, 203, 205 – *Roter mit Genever*.

1395 BGH, 28.11.1991, I ZR 297/89, GRUR 1992, 203, 205 – *Roter mit Genever*.

1396 BGH, 28.11.1980, I ZR 182/78, GRUR 1981, 295, 296 – *Fotoartikel*; BGH, 19.12.1984, I ZR 148/82, GRUR 1985, 397 – *Fotoartikel II*; *Köhler*/Bornkamm/Feddersen, § 12, Rn. 3.81 unter Hinweis auf BGH, 28.11.1991, I ZR 297/89, GRUR 1992, 203, 205 – *Roter mit Genever*, dort aber nicht deutlich.

Wird die in besonderen Eilfällen nach § 942 Abs. 1 ZPO vom Amtsgericht der belegenen Sache erlassene einstweilige Verfügung nach § 942 Abs. 3 ZPO auf Antrag wieder aufgehoben, weil die Frist zur Beantragung der Ladung des Gegners zur mündlichen Verhandlung über die Rechtmäßigkeit der einstweiligen Verfügung vor dem Gericht der Hauptsache versäumt worden ist, begründet das ebenfalls bereits Schadensersatzansprüche nach § 945 ZPO. **544**

6. Verjährung

Die Verjährungsfrist für Ansprüche aus § 945 ZPO bestimmt sich nach den §§ 195, 199 BGB und beträgt demgemäß drei Jahre[1397], beginnend mit dem Schluss des Jahres, in dem der Anspruch entstanden ist und der Gläubiger von den den Anspruch begründenden Umständen Kenntnis erlangt hat oder ohne grobe Fahrlässigkeit hätte erlangen müssen. Das ist schon dann anzunehmen, wenn der Schuldner den Verfügungstitel angreift und dieser als ungerechtfertigt aufgehoben worden ist.[1398] Die Rechtsverfolgung muss nicht risikolos sein.[1399] Auch dann, wenn die Eilentscheidung nicht angegriffen worden ist, beginnt die Verjährungsfrist jedenfalls mit dem rechtskräftigen Abschluss des zum nämlichen Anspruch geführten Hauptsacheverfahrens.[1400] Hinreichend für den Verjährungsbeginn ist aber auch schon ein noch nicht rechtskräftiges Urteil im Hauptsacheverfahren, das in hohem Maße dafür spricht, dass die einstweilige Verfügung von Anfang an nicht gerechtfertigt war.[1401] **545**

XI. Streitwert

Nach § 51 Abs. 4 GKG ist der sich aus den Absätzen 2 und 3 der Vorschrift ergebende Wert (der Hauptsache) im Verfahren des einstweiligen Rechtsschutzes in der Regel unter Berücksichtigung der geringeren Bedeutung gegenüber dem Wert der Hauptsache zu ermäßigen. Nach der Gesetzesbegründung soll in begründeten Einzelfällen auch eine Annäherung an den Hauptsachstreitwert möglich sein.[1402] Die dazu ergangenen **546**

1397 BGH, 15.05.2003, IX ZR 283/02, NJW 2003, 2610, 2611 – noch zu § 852 Abs. 1 BGB a.F.; OLG Düsseldorf, 28.12.2016, 6 U 126/16, Ls. und Rn. 37; Berneke/Schüttpelz, Rn. 743; *Köhler*/Bornkamm/Feddersen, § 12, Rn. 3.83c; Zöller/G. Vollkommer, § 945, Rn. 13.

1398 BGH, 20.03.1979, VI ZR 30/77, BGHZ 75, 1, Ls.; BGH, 26.10.2006, IX ZR 147/04, BGHZ 169, 308, Rn. 16 m.w.N.; Zöller/G. Vollkommer, § 945, Rn. 13.

1399 BGH, 26.10.2006, IX ZR 147/04, BGHZ 169, 308, Rn. 15.

1400 BGH, 12.11.1992, IX ZR 8/92, NJW 1993, 863, 864 m.w.N.

1401 BGH, 15.05.2003, IX ZR 283/02, NJW 2003, 2610, Ls.; siehe zur Kritik an dieser von früheren Entscheidungen des BGH abweichenden Rechtsprechung Ahrens/Ahrens, Kap. 62, Rn. 46; Teplitzky/Schwippert, Kap. 36, Rn. 42; jeweils m.w.N. zur früheren BGH-Rechtsprechung.

1402 Vgl. BT-Drs. 17/13057, 36; *Köhler*/Bornkamm/Feddersen, § 12, Rn. 5.12.

Entscheidungen der Oberlandesgerichte schwanken zwischen einer Ermäßigung um 50%[1403], 40%[1404], ein Drittel[1405]; 30%[1406], ein Viertel[1407] und 20%.[1408]

547 Auf den Streitwert eines Unterlassungsanspruchs kann es sich insgesamt ermäßigend auswirken, dass der Verletzer die Wiederholungsgefahr durch eine abgegebene Unterlassungsverpflichtungserklärung zwar unzureichend, aber immerhin teilweise deutlich vermindert hat.[1409]

C. Veröffentlichung (§ 12 Abs.3)

Hans-Jürgen Ahrens

I. Regelungsinhalt

548 § 12 Abs. 3 UWG schafft die **prozessrechtliche Möglichkeit** für die obsiegende Partei, aufgrund einer **richterlichen Erlaubnis** den Inhalt eines Unterlassungsurteils **öffentlich bekannt** zu machen. Die **Kosten der Veröffentlichung** hat dann die unterlegene Partei zu tragen. In welcher Art und in welchem Umfang die Bekanntgabe erfolgen darf, ist gem. § 12 Abs. 3 Satz 2 UWG im Urteil zu bestimmen. Gleichartige Regelungen enthalten die Gesetze zum Schutz Geistigen Eigentums: § 103 UrhG, § 140e PatG, § 24e GebrMG, § 47 DesignG, § 19c MarkenG. Ferner sieht § 7 UKlaG die Bekanntgabe von Urteilen über rechtswidrige AGB vor.

549 **Berichtigungswerbung** hat in der wissenschaftlichen Diskussion der 70-er Jahre breiteren Raum eingenommen, ist jedoch ohne Resonanz geblieben. Gebrauch gemacht wird von der Möglichkeit des § 12 Abs. 3 UWG und derjenigen der parallelen Vorschriften fast nie.

550 Unterlegt werden die nationalen Regelungen durch Bestimmungen des **Unionsrechts**: Art. 5 (4) der Richtlinie 2006/114/EG über irreführende und vergleichende Werbung; Art. 11 (2) Unterabsatz 3 lit. a der Richtlinie 2005/29/EG über unlautere Geschäftspraktiken; Art. 15 der Richtlinie 2004/48/EG zur Durchsetzung der Rechte des Geistigen Eigentums.

1403 OLG Dresden, 02.12.2016, 14 W 445/16, MD (VSW) 2017, 163, juris Rn. 4.

1404 OLG Zweibrücken, 04.08.2014, 4 W 46/14, GRURPrax 2014, 562.

1405 KG, 26.11.2004, 5 W 146/04, WRP 2005, 368, Ls.; OLG Rostock, 05.09.2008, 2 W 22/08, GRUR-RR 2009, 39; OLG Frankfurt, 01.12.2015, 6 W 96/15, WRP 2016, 368, 370, juris Rn. 20 – *Inselzuschlag*; 14.03.2017, 6 W 24/17, WRP 2017, 719; OLG Celle, 08.02.2016, 13 W 6/16, WRP 2016, 738, juris Rn. 12; OLG Hamm, 23.03.2017, 4 W 15/17, AGS 2017, 278; ebenso *Köhler*/Bornkamm/Feddersen, § 12, Rn. 5.12.

1406 OLG Dresden, 28.11.2014, 14 W 1015/14, MD (VSW) 2015, 111, juris Rn. 5; OLG Düsseldorf, 24.03.2015, 20 U 187/14, GRUR-RR 2015, 306, 307, juris Rn. 40 – *Warmwasserland*.

1407 OLG Stuttgart, 10.09.2015, 2 W 41/15, WRP 2016, 766.

1408 HansOLG Hamburg, 15.11.2017, 3 W 92/17.

1409 OLG Frankfurt, 18.05.2017, 6 W 41/17, WRP 2017, 1150, Ls.; OLG Frankfurt, 13.07.2017, 6 W 51/17, WRP 2017, 1247, 1248, juris Rn. 18 – *Lagerkorn*.

II. Veröffentlichung als Beseitigungsmaßnahme

1. Prozessrechtliches Instrument

Die Urteilsveröffentlichung ist eine **spezielle Form der Beseitigung**. Sie soll **Fehlvorstellungen neutralisieren**, die in der Öffentlichkeit durch ein Verletzungsverhalten erzeugt wurden und die fortwirken. 551

Ein **Aufklärungsbedürfnis** wird bei **Verstößen mit Erstbegehungsgefahr** kaum in Betracht kommen.[1410] Voraussetzung ist nach § 12 Abs. 3 UWG eine gerichtliche Ermächtigung zur Veröffentlichung des Urteils im Unterlassungsprozess. **Prototyp** des Verletzungsverhaltens ist die **Irreführung**. In Betracht kommen daneben u.a. Sachverhalte des Lebensmittelrechts und **gesundheitsbezogener Werbung** in Verb. mit § 3a UWG oder sonstige Umstände, etwa das Verbot der Verwendung einer bestimmten AGB-Klausel. 552

2. Materiell-rechtlich geschuldete Beseitigung

Die Bekanntgabe einer Entscheidung kann auch als **Störungsbeseitigung auf materiell-rechtlicher Grundlage** erfolgen. Sie ist grundsätzlich vom Schuldner vorzunehmen. Wird sie tenoriert und erfüllt der Schuldner den Titel nicht, darf sie vollstreckungsrechtlich im Wege der **Ersatzvornahme** vom Gläubiger durchgeführt werden (§ 887 ZPO). 553

Nimmt der Gläubiger des Beseitigungsanspruchs die vermeintlich geschuldete beseitigende Marktaufklärung **ohne vorherige gerichtliche Entscheidung** selbst vor, bleibt die Erstattung der dafür angefallenen Kosten klärungsbedürftig. In einem sich anschließenden Verfahren über die **Kostentragung** aufgrund eines Anspruchs aus GoA oder ungerechtfertigter Bereicherung ist dann vorgreiflich über das Bestehen eines Beseitigungsanspruchs, insbesondere über die Erforderlichkeit der Maßnahme zu entscheiden. 554

3. Veröffentlichung als Kampfmaßnahme

§ 12 Abs. 3 UWG kommt **keine Genugtuungsfunktion oder** gar **Straffunktion** zu. Wenn Urteile im Zuge erbitterter wettbewerblicher Auseinandersetzungen aus eigener Machtvollkommenheit veröffentlicht werden, kann dieses Wettbewerbsverhalten wegen seiner verunglimpfenden Wirkung als Verstoß gegen § 4 Nr. 1 UWG zu bewerten sein. 555

4. Konkurrierende Beseitigung durch Widerruf

Mit der öffentlichkeitswirksamen Beseitigung von Informationslücken bzw. Fehlvorstellungen **konkurriert** ein spezieller materiell-rechtlicher Beseitigungsanspruch, der auf **Widerruf einer** unrichtigen **Tatsachenbehauptung** gerichtet ist.[1411] Insoweit ist das 556

1410 Zur theoretischen Möglichkeit in Österreich OGH, 13.06.2017 – 4 Ob 98/17s, ecolex 2017, 1181 m. Anm. *Hirsch*.

1411 BGH, 10.12.1969, I ZR 20/68, GRUR 1970, 254, 256 – *Remington*; BGH, 12.03.1992, I ZR 58/90, GRUR 1992, 527, 529 – *Plagiatsvorwurf II*.

Gericht an den Antrag des Widerrufsklägers gem. § 308 ZPO gebunden.[1412] Zu prüfen ist im Rahmen der nach § 12 Abs. 3 UWG vorzunehmenden Interessenabwägung (nachfolgend Rdn. 560 f und 570) auch, ob nicht eine **presserechtliche Gegendarstellung** bereits den Informationszweck erfüllt hat.

557 Sämtliche alternativen **Beseitigungsmaßnahmen** stehen untereinander in **keiner Rangordnung**. Sie beeinflussen sich im Falle ihrer Ausführung aber wechselseitig.

III. Voraussetzungen der Befugniserteilung

1. Beschränkung auf Urteil über Unterlassungsanträge

558 § 12 Abs. 3 UWG gilt **nur** für Klagen auf Unterlassung **auf** der **Grundlage des UWG**. Wird gleichzeitig über weitere Ansprüche entschieden, sind darauf bezogene Urteilsteile von der Veröffentlichung auszunehmen.

559 Voraussetzung ist der **Erlass eines Urteils**. Die Verfahrensbeendigung mittels Unterwerfungserklärung und Kostenbeschlusses kann nur aufgrund eines materiell-rechtlichen Beseitigungsanspruchs öffentlich bekanntgegeben werden, darf bei Abgabe der Unterwerfungserklärung im Prozess allerdings auch noch im laufenden Verfahren ausgeurteilt werden.[1413]

2. Berechtigtes Interesse

560 Wichtigstes Tatbestandsmerkmal ist die Bejahung eines berechtigten Interesses an der Veröffentlichung[1414]. **Demütigung** des Verletzers darf **nicht** angestrebt werden, wenngleich sie als Kollateralschaden nicht zu vermeiden ist. Daran wird eine Befugniserteilung oftmals scheitern und wird in Erwartung dieses Umstandes erst gar nicht beantragt. Zudem hat ein beeinträchtigter Mitbewerber wohl auch kein Interesse daran, den verletzenden Vorgang erneut in den Blickpunkt der Öffentlichkeit zu führen. Außerdem ist der Streit um den Nebenpunkt **geeignet**, den **Verfahrensabschluss** zu **verzögern**. **Presseberichterstattung** über die ergangene Entscheidung wird vielfach bereits ausreichen, um das Informationsinteresse zu befriedigen.

561 Wird ein UWG-Tatbestand verletzt, der **Interessen der Allgemeinheit** schützt, sind in die Ermessensentscheidung des Tatrichters nicht nur die Interessen eines klagenden Wettbewerbers einzubeziehen.[1415]

3. Verfahrensart

562 Der Begriff der Klage ist nicht auf Unterlassungsklagen im ordentlichen Verfahren beschränkt, doch wird eine notwendige Interessenabwägung im **Verfügungsverfahren**

1412 BGH, 12.03.1992, I ZR 58/90, GRUR 1992, 527, 529 – *Plagiatsvorwurf II.*
1413 BGH, 14.12.1966, Ib ZR 125/64, GRUR 1967, 362, 366 – *Spezialsalz.*
1414 Dazu für § 19c MarkenG OLG Frankfurt, 15.03.2018, 6 U 143/16, GRUR-RR 2018, 339 Rn. 55 – *Hudson.*
1415 BGH, 14.12.1966, Ib ZR 125/64, GRUR 1967, 362, 366 – *Spezialsalz.*

an dessen summarischer Natur scheitern. Beschlussverfügungen kommen wegen der Entscheidung aufgrund einseitigen Vorbringens von vornherein nicht in Betracht; sie kennen keine Abwägung widerstreitender Interessen.

4. Parteien, Berechtigte, Antragsbindung

Unterlassungskläger können nicht nur **Mitbewerber** sein, sondern auch **alle Verbände** 563 und Kammern, die § 8 Abs. 3 UWG nennt. Die Befugnis zur Urteilsveröffentlichung kann sowohl dem obsiegenden **Unterlassungskläger** zugesprochen werden, als auch dem obsiegenden **Unterlassungsbeklagten**.

Ohne Antrag wird die Zuerkennung einer Veröffentlichung **ermessensfehlerhaft** sein, 564 weil eine Interessenermittlung dann ausscheidet. Es handelt sich aber nicht um einen Sachantrag, für den § 308 ZPO gilt.

5. Rechtskraft

Ein **vorläufig vollstreckbares Urteil** berechtigt nicht zur Veröffentlichung (§ 12 Abs. 3 565 Satz 4 UWG). Damit wird die Urteilsveröffentlichung u.U. auf einen Zeitpunkt hinausgeschoben, der vom Zeitpunkt der Veröffentlichung angegriffener Angaben so weit entfernt ist, dass eine Urteilsveröffentlichung zumeist ihren **Aufklärungszweck verfehlt** bzw. entbehrlich wird.

IV. Inhalt der Veröffentlichungsentscheidung

1. Richterliche Festlegung

Das Gericht hat eine **Ermessensentscheidung** zu treffen, die sich sowohl auf das Ob 566 einer Veröffentlichung bezieht, als auch auf deren genauen Text und die Publikationsorgane.

Zur Veröffentlichung geeignet sind der Tenor und die Entscheidungsgründe. Der **relevante Text**, der nur Auszüge aus den Entscheidungsgründen betreffen wird, ist im 567 Urteil festzulegen. Der Tenor selbst ist zumeist wenig aussagekräftig und im Falle der Klageabweisung sogar ungeeignet, eine aufklärende Wirkung auszulösen. Erforderlich ist eine Textredaktion, die auf der Grundlage des abgesetzten Urteils erfolgt. Sie ist am **Verständnishorizont der** anzusprechenden **Leser** auszurichten.

Die Befugniserteilung ist **Teil des** zu verkündenden **Tenors**. Aufzunehmen ist, dass die 568 Veröffentlichung aufgrund einer gerichtlichen Ermächtigung erfolgt, damit die Neutralität der Veröffentlichung für die Leser erkennbar wird. Die **Veröffentlichung** erfolgt **nicht von Amts wegen**; vielmehr erteilt der Richter dazu nur eine Befugnis zugunsten der obsiegenden Partei.

Die **Publikationsorgane** sind nach Zahl, Art, Zielgruppen und Reichweite ihres Adres- 569 satenkreises **näher zu bestimmen**. Eine konkrete Festlegung soll nicht erfolgen müssen, wie im Schrifttum betont wird,[1416] doch kann der befugten Prozesspartei auch keine

1416 *Bähr* in Ahrens, Wettbewerbsprozess[8] Kap. 37 Rn. 25.

freie Hand gelassen werden, weil die Kosten des Abdrucks in den einzelnen Medien sehr unterschiedlich anfallen. Das Publikationsorgan ist – vorbehaltlich kartellrechtlicher Gründe – nicht zu einem Abdruck verpflichtet. Dies gilt jedenfalls für den redaktionellen Teil. Eine Veröffentlichung im **Internet** kommt **nicht in Betracht**, weil der Text dann entgegen der verpflichtenden Fristbindung (nachfolgend Rdn. 570) dauerhaft zugänglich bleiben würde.

2. Fristbindung

570 Wird eine Veröffentlichungsbefugnis zuerkannt, muss von ihr **binnen drei Monaten** ab Rechtskraft Gebrauch gemacht werden (§ 23 Abs. 3 Satz 3 UWG). Darin kommt die Wertung zum Ausdruck, dass das **Aufklärungsinteresse** mit wachsendem Zeitabstand **verblassen** kann und dann zu einem illegitimen Instrument im Wettbewerbskampf mutiert. Die Bedeutung des Zeitmoments hat zugleich Bedeutung für die Abwägung der Interessen.

3. Kostengrundentscheidung zur Veröffentlichungsbefugnis

571 Die Veröffentlichungsbefugnis wirkt sich als **bloße Nebenentscheidung** nicht auf die Höhe des Streitwerts aus. Sie hat auch keine Auswirkung auf die Kostengrundentscheidung. Sähe man dies anders, wäre jedenfalls § 92 Abs. 2 Nr. 2 ZPO anzuwenden.

V. Veröffentlichungskosten

572 Zusammen mit der Veröffentlichungsbefugnis ist zu **tenorieren**, dass die hinsichtlich des Unterlassungsantrags (ganz oder teilweise) unterlegene Partei die **Kosten** der Veröffentlichung zu tragen hat. Festzusetzen ist die Höhe der Kosten – parallel zur Vollstreckung nach § 887 Abs. 2 ZPO (Ersatzvornahme des Gläubigers) – **analog § 788 Abs. 2 ZPO** durch das Prozessgericht des ersten Rechtszuges. Daraus entsteht ein **selbständiger Kostentitel**.

D. Streitwertfestsetzung, Streitwertminderung (§ 12 Abs. 4, Abs. 5)

Hans-Jürgen Ahrens

I. Regelungsgehalt

573 Die Bestimmung der § 12 Abs. 4 und 5 UWG ermöglicht die **Herabsetzung des Gebührenstreitwertes**. Sie betrifft nur einen Ausschnitt aus den verstreuten Regelungen zur Streitwertbemessung und zur Streitwertfestsetzung. Ähnliche Bestimmungen zur Streitwertbegünstigung enthalten § 142 MarkenG, § 144 PatG, § 26 GbrMG und § 54 DesignG. § 51 Abs. 5 GKG bestimmt, dass diese Begünstigungsregelungen anzuwenden sind, es dem Gericht also nicht freisteht, ob es von ihnen Gebrauch machen will.

II. Gesetzlicher Rahmen für den Streitwert (Arten, Festsetzung, Beschwerde)

574 Der **Zuständigkeitsstreitwert** gem. §§ 3 ff. ZPO, der über § 48 Abs. 1 GKG – vorbehaltlich der §§ 39 bis 60 GKG – den **Gebührenstreitwert** und über §§ 2 Abs. 1, 23

Abs. 1, § 32 Abs. 1 GKG die **Anwaltsgebühren bestimmt**, ist für die Festlegung der Eingangszuständigkeit in UWG-Sachen ohne Bedeutung, weil die erstinstanzliche sachliche Zuständigkeit gem. § 13 Abs. 1 Satz 1 UWG streitunabhängig dem Landgericht zugewiesen ist. Sondervorschriften für Verfahren über Ansprüche nach dem UWG enthält § 51 GKG in den Absätzen II bis V.

Der Gebührenstreitwert ist **durch Beschluss festzusetzen**, wenn über den Streitgegenstand entschieden wird, oder wenn eine anderweitige Verfahrenserledigung eintritt (§ 63 Abs. 2 Satz 1 GKG). Eine Gebührenwertfestsetzung zur Erleichterung der Berechnung anfänglich fälliger Gebühren nach Einreichung einer Klage, die nicht auf einen Geldbetrag gerichtet ist, hat gem. § 63 Abs. 1 Satz 1 GKG nur vorläufigen Charakter. 575

Nur eine **endgültige Wertfestsetzung** (§ 63 Abs. 2 GKG) kann mit der **Beschwerde** fristgebunden (§§ 63 Abs. 3 Satz 2, 68 Abs. 1 Satz 3 GKG) angegriffen werden, sofern der Antragsteller beschwert ist und der Beschwerdewert mehr als 200 Euro (§ 68 Abs. 1 Satz 1 GKG) beträgt. Die Beschwer kann bei einer Parteibeschwerde nicht nur bei einer zu hohen Wertfestsetzung gegeben sein, sondern im Falle einer **Honorarvereinbarung** mit dem eigenen Prozessbevollmächtigten auch bei einer zu niedrigen Wertfestsetzung, durch die der Kostenerstattungsanspruch gegen den unterlegenen Gegner den Honoraranspruch des eigenen Prozessbevollmächtigten unterschreitet.[1417] Der Rechtsanwalt kann nach § 32 Abs. 2 Satz 1 RVG die Wertfestsetzung aus eigenem Recht beantragen und gegen eine zu niedrige Festsetzung aus eigenem Recht Beschwerde erheben. 576

Der Kläger oder Antragsteller hat nach § 61 Satz 1 GKG bei Verfahrensbeginn eine **Streitwertangabe** zu machen. Maßgebend ist nach § 51 Abs. 2 GKG in UWG-Sachen primär die **Bedeutung der Sache** für den Hauptsachekläger oder Verfügungskläger im Zeitpunkt der das Verfahren einleitenden Antragstellung (bei im Laufe des Verfahrens unverändert bleibendem Streitgegenstand).[1418] Sie hat das Gericht seiner Ermessenentscheidung zugrunde zu legen (sog. **Angriffsinteresse**). Gemeint ist damit das wirtschaftliche Interesse an der begehrten Unterlassung oder Beseitigung. Der Streitwert ist jedoch nach § 51 Abs. 3 Satz 1 GKG niedriger anzusetzen, wenn die Bedeutung der Sache für den Beklagten erheblich geringer ist. Mangels genügender Anhaltspunkte ist hinsichtlich des Unterlassungs- und des Beseitigungsanspruchs **hilfsweise** ein **Wert von 1.000 Euro** anzunehmen (§ 51 Abs. 3 Satz 2 GKG). In **Verfügungsverfahren** ist der (gegebenenfalls fiktive) Hauptsachewert in der Regel zu mindern.[1419] 577

1417 OLG Düsseldorf, 16.06.2005, I-5 W 13/05, MDR 2006, 297; OLG Schleswig, 27.05.2008, 6 U 9/08, OLGR 2008, 628; a. A. OLG Düsseldorf, 20.11.2000, 2 W 69/99, InstGE 2, 299, 300; OLG Köln, 18.10.2011, 6 W 226/11, MDR 2012, 185.

1418 OLG Frankfurt, 01.09.2004, 2577/03, GRUR-RR 2004, 344 – *Boykottaufruf.*

1419 HansOLG Hamburg, 15.11.2017, 3 W 92/17, WRP 2018, 495 (Abschlag 1/5).

III. Wert von Abwehransprüchen in UWG-Sachen

1. Stützender Sachvortrag

578 Ausdrücklicher Vortrag des Klägers oder Antragstellers zum wirtschaftlichen Wert der begehrten Abwehransprüche erfolgt in der Regel gar nicht oder nur unvollständig. **Rückschlüsse** lassen sich jedoch in Verbindung mit der **richterlichen Lebenserfahrung aus** dem **Sachvortrag** zur Begründung der Abwehransprüche ziehen, weshalb es dann nicht auf die Auffangregelung des § 51 Abs. 3 Satz 1 GKG (1.000 Euro) ankommt.

2. Wertangaben des Klägers oder Antragstellers

579 Wesentliche **indizielle Bedeutung** kommt der anfänglichen Wertangabe des Klägers oder Antragstellers zu, die zu einer Zeit gemacht werden, in der die Erfolgsaussichten für ihn noch nicht erkennbar sind.[1420] Dies gilt jedenfalls dann, wenn der Beklagte zu diesem Zeitpunkt der Angabe nicht widersprochen hat und die Angabe des Klägers nicht deutlich von Wertfestsetzungen abweicht, die das Gericht in vergleichbaren Fällen zugrunde legt. Heranzuziehen ist auch eine etwaige **Wertangabe im Abmahnschreiben**.

3. Allgemeine Bewertungsgrundsätze

580 Für die Verletzung von **Rechten des Geistigen Eigentums** haben der I. und der X. Zivilsenat des BGH mit den Entscheidungen »Einkaufskühltasche«[1421], »Tannöd«[1422] und »Alan Wake«[1423] für den Gegenstandswert von **Abmahnungen** fast wortgleiche Vorgaben gemacht. Sie sind als **abgestimmte generelle Leitlinien** auch für die Streitwertfestsetzung anzusehen. Darin werden allgemeine Kriterien genannt, die abstrakt gesehen für die Rechtsverfolgung im UWG ebenfalls in Betracht kommen.

581 **Allgemeine Anhaltspunkte im UWG** können im Einzelfall sein: potentiell betroffene Umsätze des Klägers mit von der angegriffenen Wettbewerbshandlung betroffenen Waren oder Dienstleistungen, für die die Bedeutung und Größe des klägerischen Unternehmens ein Indikator ist; die Größe und Bedeutung des beklagten Unternehmens im Hinblick auf den möglichen Umsatz mit dessen Wettbewerbshandlung; das Gewicht der angegriffenen Wettbewerbshandlung nach Umfang und Auffälligkeit der Werbeaktivität sowie – unter Einbeziehung des Verschuldensgrades – nach Aggressivität (Angriffsfaktor)[1424], Dauer, räumlicher Reichweite und Eindeutigkeit einer unrichtigen oder sonst unlauteren Werbeaussage, die räumliche und sachliche Nähe der Parteien,

1420 KG, 19.12.2003, 5 W 367/03, GRUR 2005, 88 – *Stadtplanausschnitte*; HansOLG Hamburg, 15.11.2017, 3 W 92/17, WRP 2018, 495.
1421 BGH, 13.11.2013, X ZR 171/12, GRUR 2014, 206 Rn. 16 ff. – *Einkaufskühltasche*.
1422 BGH, 12.05.2016, I ZR 1/15, GRUR 2016, 1275 Rn. 30 ff. – *Tannöd* m. Bespr. *Bohlen* NJW 2017, 777 ff.
1423 BGH, 12.05.2016, I ZR 43/15, BeckRS 2016, 20394 – *Alan Wake*; nachfolgend BGH, 06.10.2016, I ZR 97/15, ZUM-RD 2017, 390.
1424 Vgl. auch BGH, 12.05.2016, I ZR 1/15, GRUR 2016, 1275 Rn. 34 – *Tannöd*.

die Marktsituation nach Struktur (Zahl der Marktteilnehmer auf Anbieter- und Abnehmerseite) und Intensität des Kampfes um Marktanteile; der Eintritt einer Rufschädigung zu Lasten des Klägers; die Dauer des erstrebten Verbots. Für diese Kriterien ist die begangene Verletzungshandlung Prognosegrundlage der wirtschaftlichen Bedeutung einer Abwehr künftiger Verletzungshandlungen.

Die Bestimmung des wirtschaftlichen Interesses an der Unterlassung durch den Beklagten aus der Sicht eines klagenden Wettbewerbers schließt es entgegen der Ansicht des BGH[1425] nicht aus, die **Gefahr einer Nachahmung** des Verhaltens und damit **generalpräventive** Gesichtspunkte zu berücksichtigen, weil in der Erzielung einer Breitenwirkung der bekannt werdenden Entscheidung zugleich ein Eigeninteresse des Klägers zu sehen ist.[1426] **582**

Die im Einzelfall heranzuziehenden Kriterien sind im Rahmen pflichtgemäßer **Ermessensausübung** gegeneinander abzuwägen.[1427] Das Ergebnis kann in der Rechtsmittelinstanz nur darauf überprüft werden, ob das Ermessen überhaupt und in den ihm gesetzten Grenzen ausgeübt worden ist und ob alle für seine Ausübung wesentlichen Umstände beachtet worden sind.[1428] **583**

4. »Regelstreitwerte«

Auch wenn es im Rahmen einer Ermessenentscheidung (§ 3 ZPO) rechtlich auf die Umstände des Einzelfalles ankommt, ist gegen den **Ansatz von Erfahrungswerten** nichts einzuwenden, die wie bei Heranziehung von Schmerzensgeldtabellen für die Konkretisierung der Schmerzensgeldbemessung vor willkürlichen Variationen schützen und zu rational nachvollziehbarer Festsetzung führen. Von ihnen geht auch der Kläger bei seiner Streitwertangabe typischerweise aus. Der Widerspruch im Schrifttum gegen »Regelstreitwerte«[1429] ist unter diesem Aspekt nicht zu billigen. Zutreffend spricht der BGH davon, dass in Fällen des **Filesharing** unter Herunterladen von durchschnittlich erfolgreichen Spielfilmen ein Gegenstandswert des Unterlassungsanspruchs von nicht unter 10.000 Euro ***regelmäßig*** angemessen ist;[1430] für das Herunterladen eines Computerspiels werden 15.000 bis 30.000 Euro *regelmäßig* als angemessen angesehen.[1431] **584**

1425 BGH, 12.05.2016, I ZR 1/15, GRUR 2016, 1275 Rn. 42 m. w. Nachw. – *Tannöd*; ebenso *Ebersohl* GroßkommUWG² § 12 Rn. F 23.

1426 Vgl. HansOLG Hamburg, 10.03.2004, 5 W 3/04, GRUR-RR 2004, 342 – *Kartenausschnitte*; KG, 19.12.2003, 5 W 367/03, GRUR 2005, 88 – *Stadtplanausschnitte*; a. A. *Büttner* in Ahrens, Der Wettbewerbsprozess⁸ Kap. 40 Rn. 42.

1427 BGH, 12.05.2016, I ZR 1/15, GRUR 2016, 1275 Rn. 38 – *Tannöd*.

1428 BGH, 13.11.2013, X ZR 171/12, GRUR 2014, 206 Rn. 17 – *Einkaufskühltasche*; BGH, 12.05.2016, I ZR 1/15, GRUR 2016, 1275 Rn. 30 – *Tannöd*.

1429 *Feddersen* in Teplitzky, Wettbewerbsrechtliche Ansprüche¹¹ Kap. 49 Rn. 17 m. w. Nachw.

1430 BGH, 12.05.2016, I ZR 1/15, GRUR 2016, 1275 Rn. 38 und 59 – *Tannöd*.

1431 BGH, 12.05.2016, I ZR 43/15, BeckRS 2016, 20394 Rn. 48 = ZUM-RD 2017, 25 – *Alan Wake*; BGH, 06.10.2016, I ZR 97/15, ZUM-RD 2017 390 Rn. 48. Jedoch gegen eine schematische Festsetzung des Abmahnwertes wegen Filesharings auf das Doppelte einer fiktiven Lizenzgebühr BGH, 30.03.2017, I ZR 50/16, GRUR-RR 2017, 496 (LS).

585 Die Anwendung von **Erfahrungswerten** aus gleichartigen Verfahren bedeutet **keinen** unzulässigen **Schematismus**. Sie stehen unter dem Vorbehalt erkenn- und messbarer besonderer Umstände des Einzelfalles, die eine Erhöhung oder Ermäßigung gebieten. Gesichtspunkte, die bei der Verletzung eines Rechts des Geistigen Eigentums spezifisch wertbestimmend sind,[1432] etwa die Störung alleiniger Auswertungsmöglichkeiten des Schutzrechtsinhabers, sind allerdings im UWG regelmäßig bedeutungslos.

586 Für einen **»mittleren« Wettbewerbsverstoß** irreführender bzw. unvollständiger Angaben in der Zeitungswerbung sind Werte im Verfügungsverfahren in der Größenordnung zwischen 10.000 und 20.000 Euro, u.U. bei wiederholter Werbung auch in Höhe von 30.000 Euro oftmals angemessen. Die Festsetzung der Oberlandesgerichte ist uneinheitlich, bewegt sich aber in diesen Größenordnungen.

5. Verbandsklagen

587 Bei der Klage eines Fachverbandes oder eines Wettbewerbsvereins kommt es darauf an, welches **Interesse seine Mitglieder** und die **Allgemeinheit**, deren Interessen der Verband wahrnimmt, an der Unterbindung der Wettbewerbshandlung haben.[1433] Im allgemeinen entspricht dies dem Interesse eines (fiktiven) gewichtigen Mitbewerbers an der begehrten Unterlassung.[1434]

588 **Verbraucherverbände** hat der BGH im Rahmen einer Entscheidung über eine Streitwertminderung günstiger behandeln wollen als Verbände zur Förderung gewerblicher Interessen.[1435] Dieser Ausgangspunkt der Entscheidung über die damalige Rechtslage dürfte wegen des Hinweises auf die Verfolgung öffentlicher Interessen auch die unverminderte Streitwertfestsetzung als Ausgangspunkt der Bildung eines begünstigenden Teilstreitwertes betreffen. Allerdings gibt es für eine **Sonderbehandlung keine** rechtliche **Grundlage**. Eine Sondervergünstigung beliebiger Verbraucherverbände ist auch rechtspolitisch fragwürdig. Sie fördert die Aktivitäten kleiner Verbraucherverbände, die sonstige Aufgaben der Wahrnehmung von Verbraucherbelangen nicht ausreichend erfüllen und hinter denen sich eine Förderung anwaltlicher Gebühreninteressen verbergen kann, ohne dass die Unseriosität des Verbandes sogleich sichtbar werden muss.

6. Sonstige Ansprüche

589 **Abmahnkosten**, über deren Erstattung neben einem Unterlassungsanspruch zu entscheiden ist, erhöhen als **Nebenforderung** i.S.d. § 4 Abs. 1 Hs. 2 ZPO nicht den Streitwert (s. auch § 12 Abs. 1 Rdn. 141).[1436] Neben anderen Ansprüchen sind sie

---

1432 Eingehend zu den wertbestimmenden Kriterien bei Urheberrechtsverletzungen durch Filesharing BGH, 12.05.2016, I ZR 1/15, GRUR 2016, 1275 Rn. 33 ff. und 40 ff. – *Tannöd.*

1433 BGH, 26.04.1990, I ZR 58/89, GRUR 1990, 1052, 1053 – *Streitwertbemessung.*

1434 BGH, 05.03.1998, I ZR 185/95, GRUR 1998, 958 – *Verbandsinteresse*; BGH, 02.10.2002, I ZR 60/02, BeckRS 2002, 30286097.

1435 BGH, 17.03.2011, I ZR 183/09, GRUR 2011, 560 Rn. 6 – *Streitwertherabsetzung II.*

1436 BGH, 21.12.2011, I ZR 83/11, GRUR-RR 2012, 136 (LS) – *Streitwert ohne Abmahnkosten*; BGH, 09.02.2012, I ZR 142/11, GRUR-RR 271 (LS) – *Matratzen-Test-Werbung.*

allerdings wegen fehlender Abhängigkeit Hauptforderung.[1437] Der Wert von **Auskunftsansprüchen** ist in der Regel mit einem Bruchteil von ein Zehntel bis ein Viertel des Leistungsanspruchs anzusetzen; je geringer die Kenntnisse des Anspruchstellers von den Tatsachen zur Begründung des Hauptanspruchs sind, desto höher steigt der Wert der begehrten Auskunft.[1438] Der Gegenstandswert einer **Markenlöschung** bemisst sich im Rechtsbeschwerdeverfahren nach dem wirtschaftlichen Interesse des Markeninhabers an der Aufrechterhaltung seiner Marke. Die Festsetzung auf 50.000 Euro entspricht im Regelfall billigem Ermessen. Sie kann aber im Einzelfall deutlich darüber liegen und das Doppelte des im Verletzungsverfahren für den Unterlassungsanspruch angenommenen Wertes ausmachen.[1439]

IV. Streitwertbegünstigung

1. Gesetzesentwicklung, Geltungsbereich, verfassungsrechtlicher Hintergrund

Die geltende Regelung zur Streitwertbegünstigung vom 01.10.2013 greift auf eine **590** **ältere Regelung** (§ 23b UWG a.F.) aus dem Jahr 1965 zurück, die später zeitweilig zugunsten einer bloßen Streitwertminderung aufgegeben worden war. Die vorherige Streitwertminderung war ein kostenrechtliches Instrument, das sich auf beide Parteien auswirkte, wenn für eine von ihnen der volle Streitwert nicht tragbar erschien. Zu Missverständnissen kann der Umstand Anlass geben, dass die alte Terminologie trotz veränderten Regelungsgehalts beibehalten wurde.

Zu beachten ist die Streitwertherabsetzungsregelung in **§ 51 Abs. 3 Satz 1 GKG** (dazu **591** oben Rdn. 577).

Die Regelung des § 12 Abs. 4 UWG gilt **nur** für **gerichtlich anhängige Verfahren**. **592** Eine Begünstigung für Abmahnungen ist im UWG – anders als in § 97a Abs. 3 Satz 2 UrhG – nicht vorgesehen. Soweit jedoch ein auf die Prozesskosten nicht anrechenbarer **Geschäftsgebührenanteil** für die **Abmahnung** als materiell-rechtlicher Erstattungsanspruch eingeklagt wird (dazu § 12 Abs. 1 Rdn. 140), ist die Festsetzung eines begünstigenden Teilstreitwertes auf die Anspruchsberechnung anzuwenden.

Die Regelung über die Bildung eines begünstigenden Teilstreitwertes ist vor dem Hin- **593** tergrund zu sehen, dass der **Justizgewährungsanspruch**, abgeleitet aus dem Rechtsstaatsprinzip des Art. 20 (3) GG, durch eine Kostenbarriere **nicht** unzumutbar **erschwert** werden darf. Das BVerfG hat unter dem Aspekt des Zugangs zur Justiz 1992 in einer WEG-Sache zur Bemessung des Geschäftswertes Stellung genommen[1440] und eine unzumutbare Erschwerung nicht nur dann als gegeben angesehen, wenn das Kos-

1437 Vgl. BGH, 17.01.2013, I ZR 107/12, GRUR-RR 2013, 448 (LS) – *Rezeptbild*; BGH, 12.05.2016, I ZR 1/15, GRUR 2016, 1275 Rn. 17 – *Tannöd*.

1438 BGH, 16.05.2018, XII ZB 80/18, MDR 2018, 951, 952.

1439 BGH, 29.03.2018, I ZB 17/17, WRP 2018, 950.

1440 BVerfG, 12.02.1992, 1 BvL 1/99, BVerfGE 85, 337 = NJW 1992, 1673; bekräftigt in BVerfG, 13.02.2007, 1 BvR 910/05 und 1389/05, BVerfGE 118, 1, 22 f. = NJW 2007, 2098 Rn. 86.

tenrisiko die wirtschaftliche Leistungsfähigkeit des Einzelnen übersteigt, was durch die Gewährung von Prozesskostenhilfe bewältigt werden.[1441] Die Fortführung dieser Rechtsprechung in der Entscheidung zum WEG-Ausgangsverfahren bezog sich auf die Relation zwischen Individualinteresse des Antragstellers bzw. Klägers einerseits und Kostenrisiko andererseits. Nach der Aussage des BVerfG darf die Beschreitung des Rechtsweges nicht praktisch unmöglich gemacht werden; das **Kostenrisiko** dürfe zu dem mit dem Verfahren angestrebten wirtschaftlichen Erfolg **nicht** derart **außer Verhältnis** stehen, dass die Anrufung des Gerichts nicht mehr sinnvoll erscheint. Dieser Gesichtspunkt reicht über die konkrete Kostenkonstellation hinaus und ist für nicht prozesskostenhilfeberechtigte Parteien bedeutsam.

2. Rechtsfolgen der Begünstigung

594 Die aktuelle Begünstigungsregelung wirkt sich gem. § 12 Abs. 4 Satz 2 UWG erleichternd **nur für** die **begünstigte Partei** aus. Sie belastet zugleich die andere Partei, wenn diese obsiegt, weil deren Kostenerstattungsanspruch nur nach dem geminderten Wert durchsetzbar ist. Insoweit wird die Kostentragungsnorm des § 91 ZPO durchbrochen.

595 Die **begünstigte Partei** hat **bei Verlust** des Verfahrens die **Gebühren** des Gerichts sowie die Gebühren ihres eigenen und des gegnerischen Anwalts nur **nach** dem für sie geltenden **herabgesetzten Streitwert** zu entrichten. Die **gegnerische Partei** muss hingegen ihren Anwalt nach dem **vollen Wert** vergüten und erhält vorausbezahlte Gerichtsgebühren nicht voll erstattet. Unhaltbar ist die Behauptung, die Streitwertbegünstigung verstoße gegen das Grundrecht der Berufsausübungsfreiheit des Anwalts aus Art. 12 (1) GG.[1442] Es gibt **keinen Rechtsanspruch** des Anwalts **auf** eine **bestimmte Streitwerthöhe**. Der notwendige Ausgleich der unterschiedlichen Interessen bei Ausgestaltung der Gebührenregelungen eröffnet einen Einschätzungsspielraum des Gesetzgebers (s. zuvor Rdn. 593).[1443]

596 **Obsiegt** die **begünstigte Partei**, ist ihr Erstattungsanspruch nach dem **unverminderten Wert** zu berechnen. Nach diesem Wert richtet sich dann auch der Gebührenanspruch des Rechtsanwalts der begünstigten Partei.

3. Tatbestandsvoraussetzungen

597 Während die vorherige Streitwertminderungsregelung darauf abstellte, ob die Belastung mit den Prozesskosten für eine Partei angesichts deren Vermögens- und Einkommensverhältnissen als nicht tragbar erschien, muss der Antragsteller nunmehr geltend machen können, dass die Belastung seine **wirtschaftliche Lage erheblich gefährden** würde. Die geltende Fassung der Antragsvoraussetzung ist demnach strenger, weil eine bloße Unverhältnismäßigkeit angesichts der wirtschaftlichen Lage nicht ausreicht, son-

1441 BVerfG, 13.03.1990, 2 BvR 94/88, BVerfGE 81, 347, 356 f.
1442 So Gruber GRUR 2018, 585, 588, 589.
1443 BVerfG, 13.02.2007, 1 BvR 910/05, NJW 2007, 2098 Rn. 95 m. abweichendem Votum des Richters *Gaier*.

dern eine wirtschaftlich existentielle Gefahr drohen muss. Sie droht nicht, wenn ein anonym bleibender Wettbewerber eine Kostendeckungszusage gegeben hat.

Die relevante Gefahr tritt **nicht erst** bei **drohender Insolvenz** ein.[1444] Zur Voraussetzung sollte aber gemacht werden, dass ein höherer Streitwert Ausgangspunkt der Bildung eines begünstigenden Teilstreitwerts ist. Das trifft auf einen Wert von beispielsweise 10.000 Euro regelmäßig nicht zu.[1445] Der Teilstreitwert ist so zu bilden, dass nur die wirtschaftlich existentielle Gefahr abgewendet wird; im Übrigen hat die begünstigte Partei auch weiterhin ein Prozesskostenrisiko zu tragen. **598**

Verbände sind von der Begünstigung **nicht** ausdrücklich **ausgenommen**. **Gewerbliche Verbände** müssen aber zur Erhebung von Unterlassungsklagen finanziell hinreichend ausgestattet sein (§ 8 Abs. 3 Nr. 2 UWG), so dass die Regelung nur bei sehr hohen Streitwerten ausnahmsweise anwendbar ist.[1446] Bei Anwendung einer älteren Regelung über mangelnde Tragbarkeit der Kosten nach dem vollen Streitwert hat der BGH angenommen, dass die Kosten nach einem Wert bis zur Höhe der Revisionssumme durch den Prozesskostenfonds gedeckt sein müssen.[1447] Für darüber hinausgehende Werte sei zu berücksichtigen, dass die Verbände auch im öffentlichen Interesse tätig würden und die Rechtsverfolgung in wirtschaftlich wichtigen Fällen nicht behindert werden dürfe.[1448] Diese Aussage lässt sich auf die Festsetzung eines Teilstreitwertes allerdings nicht ohne weiteres übertragen. Jedenfalls aber hat auch ein **Wettbewerbsverein** bis zur Höhe der Revisionssumme die Kosten nach dem vollen Streitwert zu tragen.[1449] **599**

Qualifizierte Einrichtungen (**Verbraucherverbände**) will der BGH großzügiger behandeln als Wettbewerbsvereine.[1450] Diese Ansicht wird von falschen rechtspolitischen Grundannahmen getragen (s. oben Rdn. 588). Leitbild sollte die Leistungsfähigkeit der von der öffentlichen Hand geförderten Verbraucherverbände sein. Ein Verbraucherverband, der zur Prozessführung finanziell nicht imstande ist, handelt **rechtsmissbräuchlich**, wenn er nach einem Prozessverlust schon bei **Streitwerten im Normalbereich** üblicher Festsetzung nicht zur Kostentragung imstande ist. Insofern kommt auch er allenfalls eingeschränkt in den Genuss einer Begünstigung nach § 12 Abs. 4 UWG. **600**

Bei allen Verbänden ist die **wirtschaftliche Belastung** in Relation zu seinem Prozesskostenfonds nur am **konkreten Fall** zu messen. Es kommt nicht darauf an, wie sich die Bindung von Finanzmitteln durch ein einzelnes Verfahren auf die Möglichkeit zur Erhebung weiterer Klageverfahren auswirkt.[1451] **601**

1444 A.A. OLG Stuttgart, 10.09.2005, 2 W 41/15, WRP 2016, 766 Rn. 10.
1445 So zutreffend OLG Stuttgart, 10.09.2005, 2 W 41/15, WRP 2016, 766, 767 Rn. 12.
1446 Vgl. dazu BGH, 17.03.2001, I ZR 183/09, GRUR 2011, 560 – *Streitwertherabsetzung II.*
1447 BGH, 27.01.1994, I ZR 276/91, GRUR 1994, 385 – *Streitwertherabsetzung.*
1448 BGH, 27.01.1994, I ZR 276/91, GRUR 1994, 385 – *Streitwertherabsetzung* (Ergebnis: Herabsetzung von 150.000 DM auf 100.000 DM).
1449 BGH, 05.03.1998, I ZR 185/95, GRUR 1998, 958, 959 – *Verbandsinteresse* (zu § 23b UWG a.F.).
1450 BGH, 17.03.2011, I ZR 183/09, GRUR 2011, 560 Rn. 6 ff. – *Streitwertherabsetzung II.*
1451 *Ebersohl* in GroßkommUWG² § 12 Rn. F 73.

4. Verfahren der Streitwertbegünstigung

602 Die Begünstigung setzt gem. § 12 Abs. 5 UWG einen **Antrag** voraus, der grundsätzlich nur bis zur Verhandlung zur Hauptsache gestellt werden kann. Für ihn gilt **kein Anwaltszwang**, wenn er vor der Geschäftsstelle des zuständigen Prozessgerichts gestellt wird. Im Verfügungsverfahren ist der Antrag nach Erlass einer Beschlussverfügung bis zur Verhandlung über einen nachfolgenden Widerspruch (§ 924 ZPO) zu stellen. Legt der Antragsgegner keinen Widerspruch ein, sondern gibt eine Abschlusserklärung ab, kann er als die einzige von der Kostenbelastung betroffene Partei den Antrag innerhalb angemessener Frist stellen.

603 Die wirtschaftliche Gefährdung durch eine Gebührenberechnung nach einem unverminderten Streitwert ist **glaubhaft** zu machen (§ 12 Abs. 4 Satz 1 UWG). In die Glaubhaftmachung ist eine Aussage zu einer eventuellen Kostendeckungszusage durch einen Unternehmer einzubeziehen.[1452]

604 Das Gericht entscheidet durch **Beschluss** nach **Anhörung des Gegners**. Da das Gericht nach § 51 Abs. 5 GKG die Begünstigungsregelung anzuwenden hat, ist die Kann-Bestimmung des § 12 Abs. 4 Satz 1 UWG so zu lesen, dass eine beschwerdefähige Begründung für die Entscheidung über den Antrag zu geben ist. Dem Gegner muss zur Wahrung seines Anspruchs auf rechtliches Gehör Einblick in die glaubhaft gemachten wirtschaftlichen Angaben des Antragstellers gewährt werden. Für eine Analogie zu § 117 Abs. 2 Satz 2 ZPO ist kein Raum; es fehlt an einer Regelungslücke.

605 Eine **Streitwertbeschwerde** nach § 68 GKG kann **auch** der **Gegner** der begünstigten Partei erheben, weil er von der Anordnung im Falle seines späteren Obsiegens negativ betroffen ist.

1452 So *Lindacher* WRP 2017, 1168, 1170 Rn. 16.

§ 12 Anh. I Ordentliches Erkenntnisverfahren

Hans-Jürgen Ahrens, Michael Schmidt

Übersicht Rdn.

A. Rechtsweg

Hans-Jürgen Ahrens

I. Regelfall: Ordentliche Gerichtsbarkeit

1 Für Streitigkeiten über **Ansprüche aus** dem **UWG** ist mangels besonderer Zuweisung der Rechtsweg in der ordentlichen Gerichtsbarkeit eröffnet, da es sich um **bürgerlich-rechtliche Rechtsstreitigkeiten** handelt (§ 13 GVG). Einer Sonderzuweisung steht § 13 UWG (»ausschließlich«) nicht entgegen, weil die Norm nur die sachliche Zuständigkeit betrifft und nicht den Rechtsweg (vgl. § 48 ArbGG).[1] Zu beachten ist § 2 ArbGG und § 51 Abs. 2 SGG.

2 Die **wirtschaftliche Betätigung der öffentlichen Hand**, also ihr fiskalisches Handeln, erfolgt auf der Grundlage des Privatrechts. Das trifft etwa auf die behindernde Mietvergabe von Gewerberäumen durch eine Kommune zu.[2] Die Abgrenzung zu öffentlich-rechtlichen Streitigkeiten (§ 40 VwGO) kann im Einzelfall jedoch zweifelhaft sein; die Vorgehensweisen können dicht beieinander liegen. Während etwa **§ 3a UWG** in Verb. mit landesrechtlichen **kommunalrechtlichen Beschränkungen** der erwerbswirtschaft-

1 Unrichtig a.A. BAG, 10.06.2010, 5 AZB 3/10, BAGE 134, 367, 371 = GRUR-RR 2010, 447 *Rn. 14.*

2 Beispielhaft: BGH, 14.07.1998, KZR 1/97, GRUR 1999, 278 – *Schilderpräger im Landratsamt*; BGH, 24.09.2002, KZR 4/01, GRUR 2003, 167 – *Kommunaler Schilderprägebetrieb.*

lichen Betätigung von Kommunen, verstanden als Marktverhaltensnorm[3], eine bürgerlich-rechtliche Streitigkeit ist,[4] wird der (oft vergebliche) Versuch eines Unternehmers, die erwerbswirtschaftliche Begrenzung unter Berufung auf einen individuellen Schutzzweck der kommunalrechtlichen Norm (§ 42 Abs. 2 VwGO) zu erzwingen, als öffentlich-rechtliche Streitigkeit zu qualifizieren sein.[5]

Die Klage einer **berufsständischen Kammer** (vgl. § 8 Abs. 3 Nr. 2 UWG) **gegen** ein 3
Kammermitglied wegen unlauterer Werbung ist eine privatrechtliche Streitigkeit, weil die Kammer nicht von ihren hoheitlichen Befugnissen Gebrauch macht. Das gilt umgekehrt auch für die Klage eines Kammer- oder Innungsmitglieds gegen abwertende Presseverlautbarungen der Kammer oder Innung zu neu entwickelten Leistungsangeboten, die der Mehrheit der Angehörigen der öffentlich-rechtlichen Körperschaft wettbewerblich unliebsam ist.[6]

II. Arbeitsgerichtsbarkeit

Die Zuweisung an die Arbeitsgerichtsbarkeit folgt aus **§ 2 ArbGG**. Rechtsstreitigkeiten 4
wegen einer unerlaubten Handlung zwischen Arbeitnehmer und Arbeitgeber, die im Zusammenhang mit dem Arbeitsverhältnis stehen, gehören gem. § 2 Abs. 1 Nr. 3 lit. d ArbGG ausschließlich vor die Arbeitsgerichte. Davon werden **Wettbewerbsverstöße** erfasst.[7]

Typische Sachverhalte betreffen die unerlaubte Verwertung eins aufgrund des Arbeits- 5
verhältnisses bekannt gewordenen **Betriebsgeheimnisses** (§ 17 Abs. 2 Nr. 2 UWG),[8] die Anschwärzung oder eine sonstige **geschäftsschädigende Äußerung** des ausscheidenden Arbeitnehmers über den Arbeitgeber[9] oder **Abwerbeversuche** des Arbeitnehmers gegenüber Kollegen bei einem Wechsel zu einem neuen Arbeitgeber.[10] Ein

3 Im Einzelfall umstritten; vgl. die Leitentscheidung BGH, 25.04.2002, I ZR 250/00, GRUR 2002, 825 – *Elektroarbeiten*.

4 BGH, 24.09.2002, KZR 4/01, GRUR 2003, 167, 168 – *Kommunaler Schilderprägebetrieb* (dort nicht entscheidungserheblich).

5 OVG Münster, 13.08.2003, 15 B 1137/03, NVwZ 2003, 1520 f., S. auch VGH Kassel, 15.10.2002, 8 TG 2579/02, WRP 2003, 112, 113 (im Ergebnis unrichtig: Vergabe einer Mietgelegenheit an Schilderpräger unter Verkennung der kartellrechtlichen Anspruchsgrundlage).

6 OLG Hamm, 27.10.2016, 4 U 22/16, WRP 2017, 609 – *für schlechte Qualität gutes Geld ausgeben* (Pressegespräch der Bundesinnung der Hörgeräteakustiker zum verkürzten Versorgungsweg).

7 BGH, 25.10.1974, I ZR 60/73, zitiert von *Asendorf* GRUR 1990, 229, 231.

8 Vgl. BAG, 08.05.2014, 2 AZR 249/13, NJW 2015, 109 Rn. 26. Abgrenzend zum Rechtsweg OLG Frankfurt, 15.08.1991, 6 U 233/90, GRUR 1992, 209, aufgegeben von OLG Frankfurt, 20.05.2005, 6 W 44/05, GRUR 2005, 792 Rn. 4.

9 OLG Düsseldorf, 19.07.2002, 20 W 55/02, GRUR-RR 2003, 63; OLG München, 06.10.2003, 29 W 2155/03, NZA-RR 2004, 266.

10 BAG, 26.09.2012, 10 AZR 370/10, BAGE 143, 165 = NJW 2013, 331 Rn. 16; OLG Düsseldorf, 19.07.2002, 20 W 55/02, GRUR-RR 2003, 63.

wesentlicher Punkt ist, welchen Anteil das Arbeitsverhältnis an der Ermöglichung des Wettbewerbsverstoßes hatte.[11]

6 **Organwalter juristischer Personen** wie insbesondere GmbH-Geschäftsführer sind nach der Fiktion des § 5 Abs. 1 Satz 3 ArbGG **keine Arbeitnehmer**. Das gilt unabhängig davon, ob das der Organstellung zugrunde liegende Rechtsverhältnis als freies Dienstverhältnis oder als Arbeitsverhältnis ausgestaltet ist.[12] Der Rechtsstreit zwischen Organ und juristischer Person soll als Streit im »Arbeitgeberlager« nicht vor den Arbeitsgerichten geführt werden. Die Fiktion gilt auch für das Anstellungsverhältnis selbst.[13] Sie **endet mit** der **Abberufung des Organs**, wobei es nicht auf die Eintragung ins Handelsregister ankommt.[14] Nach diesem Zeitpunkt richtet sich die Zuständigkeit der Arbeitsgerichte danach, wie das Anstellungsverhältnis eines GmbH-Geschäftsführers inhaltlich geregelt ist.[15] Maßgebend sind die **Kriterien des § 611a BGB**. Bei streitiger Tatsachengrundlage ist der Vortrag des Klägers maßgebend.[16]

7 Nach § 2 Abs. 1 Nr. 2 ArbGG sind auch unerlaubte Handlungen und damit **Wettbewerbsverstöße zwischen tariffähigen Parteien** oder zwischen diesen und Dritten arbeitsrechtliche Streitigkeiten, wenn es sich um Fragen der Vereinigungsfreiheit einschließlich des Betätigungsrechts der Vereinigungen handelt. Das trifft auf unlautere **Mitgliederwerbung** zwischen Gewerkschaften zu,[17] aber auch auf den Streit zwischen Unternehmer und Gewerkschaft um die Zulässigkeit von Werbemaßnahmen am Arbeitsplatz.[18]

III. Sozialgerichtsbarkeit

8 Für öffentlich-rechtliche Streitigkeiten (§ 40 VwGO) sind die Verwaltungsgerichte zuständig, sofern nicht eine spezielle Rechtswegzuweisung erfolgt. Zu beachten ist dafür **§ 51 Abs. 1 SGG**.

9 Für Wettbewerbsstreitigkeiten nach UWG und GWB ist die Sozialgerichtsbarkeit gem. § 51 Abs. 2 SGG **grundsätzlich** auch **in privatrechtlichen Streitigkeiten** zuständig. Damit hat der Gesetzgeber – **rechtspolitisch** und partiell auch unionsrechtlich **verfehlt** – die Rechtsprechung des Gemeinsamen Senats der Obersten Gerichtshöfe des Bundes korrigieren wollen, mit der die Zuständigkeit der ordentlichen Gerichtsbarkeit für das Beschaffungswesen der Kassen als Voraussetzung ihrer Erbringung von Sachleis-

---

11 OLG Frankfurt, 20.05.2005, 6 W 44/05, GRUR 2005, 792 Rn. 5.

12 BAG, 22.10.2014, 10 AZB 46/14, NJW 2015, 570 Rn. 18 f.

13 BAG, 26.10.2012, 10 AZB 3/12, NZA 2013, 54 Rn. 16.

14 BAG, 22.10.2014, 10 AZB 46/14, NJW 2015, 570 Rn. 30.

15 BAG, 26.10.2012, 10 AZB 60/12, NZA 2013, 54 Rn. 16.

16 BVerfG, 31.08.1999, 1 BvR 1389/97, NZA 1999, 1234. Unrichtig die abweichende Behauptung, es käme dann auf die bloße *Rechtsansicht* des Klägers an, BAG, 26.10.2012, 10 AZB 60/12, NZA 2013, 54 Rn. 20.

17 Vgl. den Fall BAG, 31.05.2005, 1 AZR 141/04, BAGE 115, 58 = GRUR 2006, 244 – *Ein-Euro-Monatsbeitrag*.

18 OLG Frankfurt, 28.03.2007, 3 W 20/07, NZA 2007, 710, 711 – *Mailing* (Fortgang nach Verweisung in die Arbeitsgerichtsbarkeit: BAG, 20.01.2009, 1 AZR 515/08, NJW 2009, 1990).

tungen für Heilhilfsmittel festgelegt worden war;[19] sie trug der Doppelnatur des Verwaltungshandelns der Kassen (hoheitliche Leistungserbringung nach SGB V einerseits, privatrechtliche Beschaffung auf den Märkten und Handeln im Wettbewerb mit privaten Anbietern von Versicherungsleistungen andererseits) Rechnung. Hinter dem Streit um die Rechtswegzuweisung stecken **Befürchtungen über mangelnde** materiell-rechtliche **Kompetenz** der jeweils entscheidenden Gerichte.

Der I. Zivilsenat des BGH geht im Hinblick auf die Gesetzeslage von der grundsätzlichen Zuständigkeit der Sozialgerichte für Ansprüche aus dem UWG aus.[20] Die Norm des **§ 51 Abs. 2 SGG** wird **eng ausgelegt**. Sie betrifft nur Maßnahmen, die unmittelbar der Erfüllung der im SGB V normierten öffentlichen Aufgaben von Kassen und kassenärztlichen Vereinigungen dienen.[21] Das trifft nicht zu, wenn ausschließlich gegen wettbewerbsrechtliche Normen verstoßen wird, die auch von jedem Mitbewerber zu beachten sind.[22] So fällt die Belästigung durch nicht erbetene Telefonwerbung (§ 7 Abs. 2 Nr. 2 UWG) in die Zuständigkeit der ordentlichen Gerichte.[23] Dasselbe gilt für den Wettbewerb der Kassen mit Unternehmen der privaten Krankenversicherung[24] oder die Erbringung von Bonuszahlungen an Apotheker bei der Rezepteinlösung[25]. 10

Der EuGH hat auf Vorlage des BGH die Anwendung der UGP-Richtlinie auf **irreführende Angaben** einer öffentlich-rechtlichen Kasse **gegenüber Verbrauchern** mit dem Argument begründet, die Aktivität der Kasse sei unionsrechtlich als geschäftliche Handlung eines Gewerbetreibenden zu qualifizieren.[26] Folgerichtig muss dies auf die Bestimmung des Rechtsweges durchschlagen. Die abschließende Entscheidung des BGH in 11

---

19 GemS-OGB, 10.04.1986, 1/85, BGHZ 97, 312, 313 f. = GRUR 1986, 685, 686 – *Orthopädische Hilfsmittel*; GemS-OGB, 29.10.1987, GmS-OGB 1/86, BGHZ 102, 280, 283 f. = NJW 1988, 2295, 2296 – *Rollstühle* (dort: negative Feststellungsklage); BGH, 26.05.1987, KZR 13/85, BGHZ 101, 72, 75, GRUR 1987, 829, 830 – *Krankentransporte*; BGH, 25.06.1991, KZR 19/90, NJW 1992, 1561, 1563 – *Krankenpflege*.

20 BGH, 05.06.1997, I ZB 26/96, WRP 1997, 1199, 1200 – *Heilmittellieferungsvertrag*; BGH, 15.01.1998, I ZB 20/97, GRUR 1998, 744, 745 – *Mitgliederwerbung*; BGH, 19.12.2002, I ZB 24/02, GRUR 2003, 549 f. – *Arzneimittelversandhandel*; BGH, 04.12.2008, I ZB 31/08, GRUR 2009, 700 Rn. 13 – *Integrierte Versorgung*; BGH, 17.08.2011, I ZB 7/11, GRUR 2012, 94 Rn. 9 f. – *Radiologisch-diagnostische Untersuchungen*. S. auch BGH, 12.03.1991, KZR 26/89, BGHZ 114, 218, 221 f. = GRUR 1991, 868, 869 – *Einzelkostenerstattung*.

21 BGH, 19.12.2002, I ZB 24/02, GRUR 2003, 549 – *Arzneimittelversandhandel*; BGH, 04.12.2008, I ZB 31/08, GRUR 2009, 700 Rn. 13 – *Integrierte Versorgung*; BGH, 17.08.2011, I ZB 7/11, GRUR 2012, 94 Rn. 9 – *Radiologisch-diagnostische Untersuchungen*. Wohl großzügigere Normanwendung durch BGH, 12.09.2018, IV ZB 1/18, VersR 2019, 59 Rn. 5 (betr. private Pflegeversicherung).

22 BGH, 04.12.2008, I ZB 31/08, GRUR 2009, 700 Rn. 13 – *Integrierte Versorgung*; BGH, 17.08.2011, I ZB 7/11, GRUR 2012, 94 Rn. 9 – *Radiologisch-diagnostische Untersuchungen*.

23 BGH, 14.05.1998, I ZB 17/98, GRUR 1999, 88, 89 – *Ersatzkassen-Telefonwerbung*.

24 BGH, 09.11.2006, I ZB 28/06, GRUR 2007, 535 Rn. 13 f. – *Gesamtzufriedenheit*.

25 BGH, 30.01.2008, I ZB 8/07, GRUR 2008, 447 Rn. 16 – *Treuebonus*.

26 EuGH, 03.10.2013, C-59/12, GRUR 2013, 1159 Rn. 31 ff. – *Zentrale zur Bekämpfung unlauteren Wettbewerbs*.

dieser Sache enthält in den Gründen allerdings kein obiter dictum zur Rechtswegfrage.[27]

IV. Kartellrechtsstreitigkeiten

12 In bürgerlich-rechtlichen Streitigkeiten über einen **kartellrechtlichen Anspruch** oder mit einer entscheidungserheblichen kartellrechtlichen **Vorfrage** regelt § 87 GWB nicht nur die sachliche Zuständigkeit der Kartellgerichte, sondern legt auch eine **ausschließliche Rechtswegzuständigkeit** der ordentlichen Gerichtsbarkeit fest (dazu auch § 13 UWG Rdn. 14 ff.).[28] Die Vorfragenkompetenz verdrängt § 17 Abs. 2 Satz 1 GVG (dazu unten Rdn. 18).[29] Ergibt sich die Vorfragenerheblichkeit aus dem Vorbringen der klagenden oder der beklagten Partei erst nachträglich, greift der Grundsatz der perpetuatio fori (§ 17 Abs. 1 Satz 1 GVG) nicht; vielmehr **entfällt nachträglich** die **Zuständigkeit** des Nicht-Kartellgerichts.[30] Eine Nichtbeachtung des § 87 Satz 2 GWB durch das Arbeitsgericht ist ein Rechtsfehler, dessen amtswegige Berücksichtigung durch das Rechtsmittelgericht nicht durch § 17a Abs. 5 GVG ausgeschlossen wird.[31]

13 Die Regelung des **§ 87 GWB** setzt sich **nicht gegenüber § 51 Abs. 2 SGG** (dazu vorstehend Rdn. 9) durch,[32] wohl aber gegenüber der **Arbeitsgerichtsbarkeit**.[33]

V. Unzulässigkeit des Rechtswegs

14 Gem. § 17a Abs. 2 Satz 1 GVG sind Streitigkeiten, für die nach Auffassung des angerufenen Gerichts eine andere Gerichtsbarkeit zuständig ist, **von Amts wegen** mit bindender Wirkung (§ 17a Abs. 2 Satz 3 GVG)[34] **zu verweisen**.[35] Wird die Zulässigkeit des Rechtsweges gerügt, ist darüber gem. § 17a Abs. 3 Satz 2 GVG **vorab durch Beschluss** zu entscheiden. Die Beschlüsse über die Verweisung oder – nach Rüge der Unzulässigkeit – die Bejahung der Zulässigkeit können mit der **sofortigen Beschwerde** angegriffen werden (§ 17a Abs. 4 Satz 3 GVG); sie unterliegen daher der formellen Rechtskraft.

---

27 BGH, 30.04.2014, I ZR 170/10, GRUR 2014, 1120 – *Betriebskrankenkasse II*.

28 BGH, 11.12.2001, KZB 12/01, GRUR 2002, 464 – *LDL-Behandlung*.

29 BAG, 29.06.2017, 8 AZR 189/15, NJW 2018, 184 = NZA 2018, 121 Rn. 28 = NZA 2018, 121. Wohl wegen § 17a Abs. 5 GVG nicht thematisiert in der zum Rechtsweg abweichenden Entscheidung BGH, 24.01.2017, KZR 63/14, WuW 2017, 289 – *Vergütungsvereinbarung mit Krankenkasse*.

30 BAG, 29.06.2017, 8 AZR 189/15, NJW 2018, 184 Rn. 29.

31 BAG, 29.06.2017, 8 AZR 189/15, NJW 2018, 184 Rn. 31.

32 BGH, 11.12.2001, KZB 12/01, GRUR 2002, 464 – *LDL-Behandlung*.

33 BAG, 29.06.2017, 8 AZR 189/15, NJW 2018, 184 Rn. 21 (dort: Regresshaftung des Arbeitnehmers wegen Belastung des Arbeitgeber-Unternehmens mit Kartellbußgeld); nach Zurückverweisung LAG Düsseldorf, 29.01.2018, 14 Sa 591/17, WuW 2018, 333 Rn. 172.

34 Dazu BGH, 18.05.2011, X ZR 95/11, NJW-RR 2011, 1497 Rn. 9; BGH, 19.05.2015, ZR *61/15, NJW-RR 2015, 957 Rn. 9*; BAG, 16.08.2016, 9 AS 4/16, NJW 2016, 3469 Rn. 5.

35 Missachtet von den Vorinstanzen in BGH, 21.09.2017, I ZR 58/16, GRUR 2017, 1236 Rn. 16 f. – *Sicherung der Drittauskunft*.

Bei **Missachtung zwingender Vorgaben** des § 17a GVG (Abweisung als unzulässig; Entscheidung über die Hauptsache statt Beschlussentscheidung über den Rechtsweg) hat das Berufungsgericht im Fall einer entsprechenden Berufungsrüge ungeachtet des § 17a Abs. 5 GVG über den Rechtsweg zu entscheiden.[36] Die Nichtanhörung der Parteien lässt die Bindungswirkung nicht entfallen, wenn dadurch das Willkürverbot nicht verletzt worden ist.[37] **15**

Die Regelung des § 17a GVG gilt auch für das **Verfügungsverfahren**. Bei Erlass einer Beschlussverfügung und nachfolgender Rechtswegrüge des Antragsgegners im Widerspruchsverfahren erfolgt eine etwaige Verweisung als Urteilsverfahren unter Fortbestand der Beschlussentscheidung.[38] **16**

§ 17a GVG ist nicht nur im kontradiktorischen Erkenntnisverfahren anzuwenden, sondern auch im **Vollstreckungsverfahren**.[39] Die Vorschriften des § 17a GVG sind gem. dessen Absatz 6 ferner maßgebend, wenn bürgerlich-rechtliche Streitigkeiten von Angelegenheiten u.a. der freiwilligen Gerichtsbarkeit abzugrenzen sind, wie dies für den Anspruch von Schutzrechtsinhabern gegen Internetprovider auf Nichtlöschung dynamischer IP-Adressen erforderlich war.[40] **17**

VI. Rechtswegübergreifende Streitgegenstände

Gem. § 17 Abs. 2 Satz 1 GVG entscheidet das Gericht über den Streitgegenstand unter **allen rechtlichen Gesichtspunkten**, also auch über Anspruchsgrundlagen, für die eine andere Gerichtsbarkeit zuständig wäre.[41] Werden jedoch **mehrere Streitgegenstände** miteinander verbunden, ist die Rechtswegzulässigkeit für jeden dieser prozessualen Ansprüche gesondert zu prüfen.[42] Gegebenenfalls hat eine **Prozesstrennung** nach § 145 ZPO zu erfolgen.[43] Dies gilt auch im Verhältnis von Haupt- und Hilfsantrag.[44] **18**

Die jeweils über den Rechtsweg entscheidende Norm kann die Kumulation mehrerer rechtswegübergreifender Streitgegenstände zulassen. So können nach § 2 Abs. 3 ArbGG **19**

---

36 Vgl. dazu BGH, 09.11.1995, V ZB 27/94, BGHZ 131, 169, 171 = NJW 1996, 591; BGH, 29.03.1996, V ZR 326/94, BGHZ 132, 245, 247 = NJW 1996, 1890; BGH, 04.11.1995, V ZB 27/94, NJW 1999, 651; BGH, 21.09.2017, I ZR 58/16, GRUR 2017, 1236 Rn. 19 ff. – *Sicherung der Drittauskunft*.

37 BGH, 11.07.2017, X ZR 76/17, FamRZ 2017, 1850 Rn. 13.

38 A.A. *Bornkamm* in Ahrens, Der Wettbewerbsprozess[8] Kap. 15 Rn. 8: Aufhebung der Beschlussverfügung zusammen mit dem Verweisungsbeschluss.

39 BGH, 11.07.2017, X ZR 76/17, NJW-RR 2017, 1215 Rn. 12.

40 Dazu BGH, 21.09.2017, I ZR 58/16, GRUR 2017, 1236 Rn. 23 ff. – *Sicherung der Drittauskunft*.

41 BGH, 05.06.1997, I ZB 42/96, GRUR 1998, 506, 507 – *Rechtsweg*; BGH, 14.05.1998, I ZB 17/98, GRUR 1999, 88, 89 a.E. – *Ersatzkassen-Telefonwerbung*; BGH, 15.09.1999, I ZB 59/98, GRUR 2000, 251, 153 a.E. – *Arzneimittelversorgung*; BGH, 24.06.2003, KZR 18/01, GRUR 2003, 979, 981 – *Wiederverwendbare Hilfsmittel*.

42 BGH, 05.06.1997, I ZB 42/96, GRUR 1998, 506, 508 – *Rechtsweg*.

43 BGH, 05.06.1997, I ZB 42/96, GRUR 1998, 506, 508 – *Rechtsweg*.

44 BGH, 15.01.1998, I ZB 20/97, GRUR 1998, 744, 745 – *Mitgliederwerbung*.

von den **Arbeitsgerichten auch rechtswegfremde bürgerlich-rechtliche Streitigkeiten** entschieden werden, wenn diese in rechtlichem oder in unmittelbarem wirtschaftlichen Zusammenhang mit einem zulässig vor einem Arbeitsgericht anhängigen Anspruch stehen.[45]

B. Klagearten

I. Leistungsklagen

1. Unterlassungsklage

20 Die **Abwehr** befürchteter **künftiger Rechtsverletzungen** durch negatorische Unterlassungs- und Beseitigungsverlangen (als Instrumenten des vorbeugenden Rechtsschutzes) wird heute nicht mehr als prozessuales Rechtsinstitut verstanden, sondern als die Erhebung **materiell-rechtlicher Ansprüche** (so auch der Terminus in § 8 Abs. 1 UWG). Die Ansprüche ergeben sich zumeist **aus gesetzlichen Vorschriften**, die im UWG geregelt sind, können aber auch **vertraglich begründet** sein, etwa zur Unterbindung einer den Vertragszweck gefährdenden illoyalen Konkurrenz oder zur Lenkung des Handels bei (kartellrechtlich zulässigen) Vertriebs- oder Preisbindungen (z.B. nach dem Buchpreisbindungsgesetz). Den gesetzlichen Unterlassungs- und Beseitigungsansprüchen fehlen allerdings wesentliche Funktionen eines schuldrechtlichen Anspruchs im Sinne des § 241 BGB, denn es handelt sich **nur** um **Schutzinstrumente** in der Hand von Berechtigten, in deren Interesse die Pflichten bestehen und von ihnen regelmäßig durchgesetzt werden können. Mit den Ansprüchen sind keine Sekundärleistungsansprüche verbunden. Die Unterlassungsklage ist eine **Leistungsklage**.

21 Früherer prozessualer Einordnung folgend wird zur Charakterisierung der Rechtsstellung der Unterlassungsgläubiger des § 8 Abs. 3 UWG oftmals noch – ohne dogmatische Kontinuität – von »Unterlassungsklagebefugnis« gesprochen. Damit wird dann allenfalls eine Besonderheit aufgegriffen, die in der **Vervielfältigung der Gläubigerstellung** besteht, insbesondere in der unbegrenzten Zulassung von Verbandsgläubigern. Deren **Berechtigung** zur Prozessführung kann auch noch in der Revisionsinstanz als Prozessvoraussetzung **von Amts wegen geprüft** werden, obwohl derjenige, der als Gläubiger einen eigenen Anspruch geltend macht, sonst stets automatisch prozessführungsbefugt ist.

22 Unterlassungs- und Beseitigungsverlangen werden mit Klagen im ordentlichen Verfahren (Hauptsacheverfahren) durchgesetzt. Ihnen entsprechen **spezifische Vollstreckungsarten** (dazu näher § 12 Anh. II Rdn. 4 ff. und 12 ff.). Die Unterlassungsvollstreckung erfolgt gem. **§ 890 ZPO**. Sie erfasst auch die Beseitigung einer Störungsquelle, wenn aus ihr ohne aktive Gegenmaßnahmen des Schuldners eine in der Vergangenheit erfolgte Rechtsverletzung in die Zukunft fortwirkt. Titel, die aus-

45 *BAG, 10.06.2010, 5 AZB 3/10*, GRUR-RR 2010, 447, 448 – *Zusammenhangsklage* (dort: mitbeklagter Unternehmer als Empfänger von Informationen aus Bruch eines Geschäftsgeheimnisses durch Arbeitnehmer).

drücklich die Vornahme von (beseitigenden) Handlungen tenorieren, sind nach **§§ 887, 888 ZPO** zu vollstrecken.

Wettbewerbsrechtliche Unterlassungsansprüche sind auch im Wege der **einstweiligen Verfügung** durchzusetzen, wenn die Dringlichkeit der Abwehr – wie im Regelfall (§ 12 Abs. 2 UWG) – zu bejahen ist. Die **Vorwegnahme** des Ergebnisses eines **Hauptsacheverfahrens** wird dafür hingenommen. Auch die Unterlassungsverfügung schließt zu aktivem Handeln zwingende Beseitigungspflichten ein, wenn deren Nichtbeachtung einen Verstoß gegen den Unterlassungstitel bedeuten würde. Im Übrigen kommt der Erlass von Beseitigungsverfügungen wegen der summarischen Natur des Verfügungsverfahrens nur ausnahmsweise im Interesse effektiver Rechtsschutzgewährung in Betracht, damit die Vorwegnahme der Hauptsache nicht zur Regel wird. Die überwältigende Mehrheit der gerichtlichen Verfolgung von UWG-Unterlassungsansprüchen wird mit Anträgen auf Erlass einer einstweiligen Verfügung nicht nur begonnen, sondern unter **faktischer Verdrängung** des **ordentlichen Verfahrens** auch endgültig erledigt, wenn der stattgebende Verfügungstitel durch Abschlusserklärung in seinem Bestand dauerhaft gesichert und fast so unangreifbar gemacht worden ist wie ein Hauptsacheurteil aufgrund seiner Rechtskraftbindung. 23

Der Unterlassungsanspruch setzt voraus, dass die **nahe Gefahr künftiger Begehung** einer Rechtsverletzung besteht, entweder **erstmals** bevorstehend (Erstbegehungsgefahr) oder nach vorangegangener Verletzung **erneut** drohend (Wiederholungsgefahr). Bei diesem Gefährdungskriterium handelt es sich – heute weitgehend unwidersprochen – um ein materiell-rechtliches Merkmal.[46] Es ist ein Element des materiell-rechtlichen Unterlassungsanspruchs und als Äquivalent zum Erfordernis der Verletzung bei nachtatlichen Ansprüchen anzusehen. Durch das Merkmal der Begehungsgefahr wird der (vermeintliche) Unterlassungsschuldner davor geschützt, sich unzumutbar auf eine Abgrenzung der qua Unterlassungsanspruch zu fixierenden Verhaltenspflichten einlassen und um seine wettbewerbliche Handlungsfreiheit kämpfen zu müssen. Dazu soll es erst kommen, wenn eine Gefährdung in Form der berechtigten Besorgnis künftiger Beeinträchtigung konkret besteht. 24

Die **Erstbegehungsgefahr** muss sich auf im Einzelfall ermittelte und gegebenenfalls zu beweisende Indizien stützen, während die **Wiederholungsgefahr** aufgrund einer richterrechtlich aufgestellten tatsächlichen Vermutung erleichtert festgestellt wird. Prognostische Grundlage der Wiederholungsgefahr ist die vorangegangene Altverletzung. Beide Formen der Begründung der Begehungsgefahr führen uneingeschränkt zu einem zukunftsbezogenen Unterlassungsanspruch, was durch eine missglückte, jedoch eingeschliffene Terminologie vernebelt wird, die von »Verletzungsunterlassung« und »vorbeugendem Unterlassungsanspruch« spricht. Die rechtliche Behandlung weicht nur unwesentlich voneinander ab, nämlich soweit es um die Notwendigkeit geht, die Bege- 25

46 BGH, 22.02.1972, I ZR 19/72, GRUR 1973, 208, 209 – *Neues aus der Medizin*; BGH, 07.10.1982, I ZR 120/80, GRUR 1983, 127, 128 – *Vertragsstrafeversprechen*; a.A. *Herrmann* in GroßkommUWG² § 12 Rn. A 57 und 60 f.

hungsgefahr durch eine Unterwerfungserklärung (Unterlassungsverpflichtung mit Vertragsstrafesicherung) auszuräumen (dazu § 12 Abs. 1 Rdn. 46 ff.).

26 Der Unterlassungskläger hat in der Klageschrift die Anforderungen des § 253 Abs. 2 ZPO zu erfüllen. Er muss also nach § 253 Abs. 2 Nr. 2 ZPO einen **bestimmten Antrag** stellen **und** den Gegenstand und den **Grund des erhobenen Anspruchs** bestimmt angeben. Damit wird der Streitgegenstand (der Anspruch im prozessualen Sinn) festgelegt. Nach dem von der Rechtsprechung heute einhellig befolgten **zweigliedrigen Streitgegenstandsbegriff** sind zusammenwirkend der Unterlassungsantrag und der einheitliche Lebenssachverhalt für die Festlegung maßgebend (dazu unten Rdn. 64). Die im Einzelfall unter Beachtung des Gesichtspunktes effektiver Rechtsschutzgewährung zu treffende **Abgrenzung des relevanten Lebenssachverhalts** schafft ein Element rechtlicher Unsicherheit, weil aus einem Sachverhalt der Altverletzung rechtlich unterschiedliche Verletzungstatbestände herausgeschält werden können, die ihrerseits nicht auf völlig identische Sachverhaltsumstände abstellen. Näher dazu bei Kommentierung der Rechtskraft (unten Rdn. 96 ff.).

27 Angesichts minimaler Unterschiede der Tatsachengrundlagen zur Feststellung der **Begehungsgefahr** in Form der **Erstbegehungsgefahr** und der **Wiederholungsgefahr** ist zwischen diese Elemente der Begründung einer Prognose **keine** künstliche **Streitgegenstandszäsur** zu setzen; es handelt sich bei identischer Verletzungsform um einen einheitlichen Streitgegenstand (näher dazu unten Rdn. 80). In beiden Fällen schützt das Erfordernis der Begehungsgefahr den vermeintlichen Unterlassungsschuldner nur vor einem unnötigen Kampf um die Erhaltung seiner Handlungsfreiheit.

28 Von der Begehungsgefahr ist das **Rechtsschutzinteresse** zu unterscheiden. Für die Unterlassungsklage ergibt sich das Rechtsschutzinteresse nach verbreiteter Formulierung regelmäßig aus der Nichterfüllung des Unterlassungsanspruchs.[47] In Anpassung an den Charakter des vorbeugenden Rechtsschutzes ist verbal treffender auf die behauptete Bedrohung der vom Unterlassungsgläubiger zu verfolgenden Rechtsposition abzustellen.

29 Gibt der Wettbewerbsschuldner im Hinblick auf die Altverletzung eine ausreichende und damit **annahmefähige Unterwerfungserklärung** ab (dazu § 12 Abs. 1 Rdn. 50 ff.), ist der Unterlassungsgläubiger wegen ihrer damit dokumentierten Willensbeugung mutmaßlich vor einer gleichartigen Verletzung geschützt. Damit **entfällt** das Tatbestandsmerkmal der **Begehungsgefahr**, so dass ein gerichtliches Vorgehen mangels Begründetheit des Unterlassungsanspruchs aussichtslos wird. Ehe sich diese Ansicht in der Rechtspraxis durchgesetzt hatte, wurde die Abdrängung des Unterlassungsgläubi-

47 BGH, 09.11.1979, I ZR 24/78, GRUR 1980, 241, 242 – *Rechtsschutzbedürfnis*; BGH, 07.10.1982, I ZR 120/80, GRUR 1983, 127, 128 – *Vertragsstrafeversprechen*; BGH, 24.04.1986, I ZR 56/84, GRUR 1987, 45, 46 – *Sommerpreiswerbung*; BGH, 07.07.1994, I ZR 162/92, GRUR 1994, 823, 824 – *Preisrätselgewinnauslobung II*.

gers von der Inanspruchnahme der Gerichte dadurch bewirkt, dass das Rechtsschutzinteresse verneint wurde.[48]

Bewältigt werden müssen mit der **Versagung des Rechtsschutzinteresses** aber nach wie vor diejenigen Fälle, in denen im Anschluss an den Erlass eines Verfügungstitels eine ausreichende **Bestandssicherung durch Abschlusserklärung** gewährleistet ist und sich deshalb die Einleitung eines Hauptsacheverfahrens erübrigt.[49] Alternativ kommt in Betracht, dass der Unterlassungsschuldner in dieser prozessualen Situation ein sofortiges Anerkenntnis abgibt und für die Kostenentscheidung des Anerkenntnisurteils die Klageveranlassung im Sinne des § 93 ZPO verneint wird. **30**

Die Unterlassungsklage über gesetzliche Unterlassungsansprüche ist **keine Klage auf künftige Leistung** im Sinne des **§ 259 ZPO**. Dessen speziell formuliertes Rechtsschutzinteresse ist daher keine zusätzliche Zulässigkeitsvoraussetzung. Ob für vertraglich begründete Unterlassungsansprüche etwas anderes gilt, ist nicht geklärt,[50] ist jedoch zu verneinen. Auch bei diesen Ansprüchen kommt es nur darauf an, ob die Gefahr einer Zuwiderhandlung gegen die vertragliche Verpflichtung besteht,[51] was dann jedoch als materiell-rechtliches Erfordernis einzuordnen ist. Das kann z.B. darauf beruhen, dass der Schuldner den Bestand der vertraglichen Unterlassungspflicht ganz oder teilweise leugnet oder sonst in Abrede stellt.[52] **31**

Das **Zulässigkeitskriterium des Rechtsschutzinteresses** darf **nicht** zur **Lösung materiell-rechtlicher Probleme** eingesetzt werden. **Unzutreffend** hat der **BGH** das Rechtsschutzinteresse für eine **Verbandsunterlassungsklage** verneint, mit der einem Kraftfahrzeughaftpflichtversicherer eine bestimmte außergerichtliche **Regulierungspraxis zu Lasten** geschädigter **Unfallopfer** untersagt werden sollte, nämlich die Begrenzung der im Rahmen einer Unfallabwicklung geltend gemachten Sachverständigenkosten auf pauschal festgesetzte Vergütungssätze;[53] davon wiederum hätten indirekt die Sachverständigen profitiert. Entgegen der Ansicht des Senats ging es nicht um eine Beschränkung der Rechtsverteidigung des Haftpflichtversicherers in künftigen Schadensersatzprozessen der geschädigten Unfallopfer sowie in der vorgelagerten außergerichtlichen Regulierungspraxis, sondern um die Handhabung des Merkmals der Erforderlichkeit **32**

---

48 BGH, 14.12.1966, Ib ZR 125/64, GRUR 1967, 362, 366 – *Spezialsalz*; BGH, 18.02.1972, I ZR 82/70, GRUR 1972, 558, 559 f. – *Teerspritzmaschinen*.

49 BGH, 02.07.2009, I ZR 146/07, GRUR 2009, 1096 Rn. 14 – *Mescher weis*; BGH, 19.05.2010, I ZR 177/07, GRUR 2010, 855 Rn. 16 – *Folienrollos*; *Bacher* in Teplitzky, Wettbewerbsrechtliche Ansprüche[11] Kap. 43 Rn. 10.

50 Offen gelassen von BGH, 14.12.1988, VIII ZR 31/88, NJW-RR 1989, 263; wohl ebenso OLG Düsseldorf, 23.10.2015, I 22 U 37/15, NJOZ 2016, 163 Rn. 34.

51 Für diesen Fall die Voraussetzungen des § 259 ZPO bejahend BGH, 20.10.1959, VIII ZR 136/58, GRUR 1960, 307, 309 – *Bierbezugsvertrag*. Das Erfordernis einer Begehungsgefahr bei vertraglichen Unterlassungsansprüchen verneinend und auf die Prüfung des (allgemeinen?) Rechtsschutzinteresses verweisend BGH, 21.01.1999, I ZB 135/96, GRUR 1999, 522, 524 – *Datenbankabgleich*.

52 OLG Düsseldorf, 23.10.2015, I 22 U 37/15, NJOZ 2016, 163 Rn. 34.

53 BGH, 19.07.2012, I ZR 105/11, GRUR 2013, 305 Rn. 23 f. – *Honorarkürzung*. Ablehnend dazu *Deichfuß*, Festschrift Büscher (2018), S. 447, 453 ff.

von vermeintlich überhöhten Schadensbeseitigungsaufwendungen, die von den Geschädigten gegen die Beklagte geltend gemacht wurden oder deren Anfallen vorbeugend abgewehrt werden sollte. Dass aus einer etwaigen Entscheidung zu Lasten des Haftpflichtversicherers die künftige Erfolglosigkeit der Rechtsverteidigung in Individualprozessen mit den Unfallgeschädigten folgte, hätte sich zwar nicht mit Rechtskraftwirkung aus dem vom Verbandskläger zu seinen Gunsten erstrittenen Urteil ergeben, wäre aber aus der inhaltlichen Prüfung der Regulierungspraxis abzuleiten gewesen. Untersagt worden wäre im UWG-Prozess nicht die (dann allerdings sinnlose) Rechtsverteidigung in Individualprozessen, sondern die Regulierungspraxis.

33 Eine **Klage auf Unterlassung** der **Erhebung einer Unterlassungsklage** gibt es **nicht**. Dafür bedarf es nicht der – zudem überschießenden – Begründung, dass der gerichtliche Rechtsschutz nicht blockiert werden darf. Vielmehr ist das Rechtsschutzziel dieses Begehrens durch Auslegung zu ermitteln. Es besteht in der Leugnung eines vom Beklagten behaupteten Unterlassungsanspruchs, die mit der **negativen Feststellungsklage** zu verfolgen ist und dahin umgedeutet werden kann. Für die Klage auf Unterlassung einer gegen den Kläger gerichteten (vermeintlich unberechtigten) **Abmahnung** gilt dasselbe. Von ihr sind allerdings die gefährlichen Abnehmerabmahnungen (Schutzrechtsverwarnungen) zu unterscheiden, die sich an Dritte wenden und den Abnehmerkreis des (vermeintlichen) Hauptverletzers zu einer schädigenden Unterbrechung der Geschäftsbeziehung veranlassen können (dazu § 12 Abs. 1 Rdn. 146). Dort steht freilich ohnehin der nachtatliche Schadensersatzanspruch im Vordergrund.

2. Beseitigungsklage

34 Die **Zielsetzung** des Beseitigungsanspruchs, eine aus einem Verletzungsgeschehen der Vergangenheit fortdauernde **Störungswirkung zu beseitigen**, **überschneidet** sich mit dem **Schadensersatzanspruch** des § 9 UWG, soweit dieser auf Naturalrestitution gerichtet ist. Der Beseitigungsanspruch setzt aber kein Verschulden voraus. Zudem kann er gegen einen bloßen Störer geltend gemacht werden. Einen **»vorbeugenden« Beseitigungsanspruch** in Parallele zum auf Erstbegehungsgefahr gestützten Unterlassungsanspruch kann es **nicht** geben; ohne frühere Verletzung kann nichts fortwirken.[54] Jedoch kann ein ursprünglich rechtmäßig herbeigeführter Zustand nachträglich rechtswidrig werden, wenn ein Rechtfertigungsgrund entfällt, etwa für eine Tatsachenbehauptung bei Wegfall der Wahrnehmung berechtigter Interessen. Denkbar ist auch, dass eine erstmals bevorstehende Verletzung über den dadurch begründeten Unterlassungsanspruch zu Gegenmaßnahmen zwingt. Zu möglichen Inhalten des Beseitigungsanspruchs s. § 12 Anh II Rdn. 15 ff.; zur Überschneidung mit dem Unterlassungsanspruch s. vorstehend § 12 Anh. II Rdn. 3 ff.

35 Begrenzt wird der Beseitigungsanspruch durch das **Verhältnismäßigkeitsprinzip** auf erforderliche und zumutbare Neutralisierungshandlungen. Die verlangten Handlungen

---

54 *Goldmann* in Harte/Henning, UWG[4] § 8 Rn. 166; a.A. *Löffler* in Teplitzky, Wettbewerbsrechtliche Ansprüche[11], Kap. 22 Rn. 14.

müssen zudem zur Beseitigung der Störung geeignet sein, was aber bereits der Fall ist, wenn die Wirkungen abgeschwächt werden.

Für den **Beseitigungsantrag** reicht die **Angabe des Ziels der Beseitigungsmaßnahmen** aus (dazu § 12 Anh. II Rdn. 17 und 24). Dem Schuldner bleibt die Auswahl geeigneter Maßnahmen überlassen. Aus dem Bestimmtheitsgebot des § 253 Abs. 2 Nr. 2 ZPO folgt kein Erfordernis weiterer Konkretisierung, weil das Gebot der Schuldnerschonung des Zwangsvollstreckungsrechts entgegensteht. **36**

Die Beseitigungsklage ist wie die Unterlassungsklage eine **Leistungsklage**. Erhoben werden kann sie von **allen Gläubigern** des **§ 8 Abs. 3 UWG**. Vollstreckt werden Beseitigungstitel nach §§ 887, 888 ZPO. Besteht die Beseitigung in der Abgabe einer Willenserklärung, etwa einer prozessualen Erklärung zur **Löschung einer Registereintragung**, erfolgt die Vollstreckung nach § 894 ZPO, weshalb der Beseitigungsantrag aus einer vorformulierten Erklärung bestehen muss. **37**

3. Sonstige Klagen

a) Schadensersatz wegen Wettbewerbsverstoßes

Materiell-rechtliche Grundlage der Schadensersatzklage ist **§ 9 Satz 1 UWG**. Sie steht **nur Mitbewerbern** zu, nicht aber den Verbandsgläubigern des § 8 Abs. 3 Nr. 2 bis 4 UWG. Ihr kommt nur geringe Bedeutung zu, soweit es um bezifferbaren Ersatz von Marktverlusten geht; dessen Ermittlung stößt in der Regel ungeachtet des § 287 ZPO und des § 252 BGB auf praktische Schwierigkeiten, insbesondere die Feststellung der Kausalität von Vermögenseinbußen infolge einer Wettbewerbsaktion. **38**

Die Schadensermittlung in Bezug auf die **Rechtsverfolgungskosten** ist zwar einfacher, doch besteht angesichts des Anspruchs auf Ersatz der Abmahnkosten (§ 12 Abs. 1 Satz 2 UWG) und des prozessualen Kostenerstattungsanspruchs kaum Bedarf für die Geltendmachung des Anspruchs aus § 9 Satz 1 UWG. Anders als die Abwehransprüche auf Unterlassung und Beseitigung erfordert der Schadensersatzanspruch **Verschulden**, so dass dazu zumindest knappe Darlegungen erfolgen müssen. **39**

Soweit Schadensersatz verlangt wird, geht es zumeist nur um die **Feststellung des Grundes der Schadensersatzverpflichtung**. Üblich ist dann die Verbindung der Unterlassungsklage mit einer Klage auf Auskunft und Feststellung der Schadensersatzverpflichtung dem Grunde nach. Für den Antrag auf Feststellung besteht ein Feststellungsinteresse; der Kläger muss **nicht** auf eine **Stufenklage** (§ 254 ZPO) ausweichen.[55] Festgestellte Ansprüche verjähren erst nach 30 Jahren (§§ 197 Abs. 1 Nr. 3, 201 BGB). **40**

Die Verbindung der Unterlassungsklage mit der **Erhebung einer Stufenklage** empfiehlt sich **nicht**, weil bei ihr sukzessiv über jede Stufe (Auskunft, Abgabe einer eidesstattlichen Versicherung, Zahlung) zu verhandeln ist und nach Erledigung der ersten beiden Stufen durch Teilurteil **keine Kostenentscheidung** ergeht. Bei Fehlschlag einer **41**

55 BGH, 15.05.2003, I ZR 277/00, GRUR 2003, 900, 901 – *Feststellungsinteresse III*; BGH, 08.07.2004, I ZR 25/02, GRUR 2004, 855, 856 – *Hundefigur.*

Bezifferungsmöglichkeit des Hauptanspruchs kommt es zu einer Kostenentscheidung nur, wenn die dritte Stufe aufgerufen wird, die dann aber entweder zur Abweisung des Leistungsanspruchs führt oder zu dessen Rücknahme zwingt, was jeweils negative Kostenfolgen hat. Zudem **endet** die **Verjährungshemmung** bei Nichtaufruf der dritten Stufe gem. § 204 Abs. 2 Satz 2 BGB.

42 **Ausnahmsweise** kommt im UWG die bei der Verletzung von Schutzrechten anerkannte **Schadensberechnung** nach der **Lizenzanalogie oder** in Form der **Herausgabe** des rechtswidrig gezogenen **Verletzergewinns** in Betracht. Das trifft auf den wettbewerbsrechtlichen Leistungsschutz zu;[56] der Verletzer muss also eine Leistungsposition zur eigenen Gewinnerzielung genutzt haben, die einem Schutzrecht vergleichbar ist. Die konkrete Schadensberechnung und die Ermittlung eines Mindestschadens nach den beiden alternativen Methoden stellen nur **Berechnungsmethoden** eines **einheitlichen Schadensersatzanspruchs** dar,[57] bilden also keine unterschiedlichen Streitgegenstände.[58] Das **Wahlrecht** kann im Prozess bis zur letzten mündlichen Verhandlung ausgeübt werden, ohne dass eine Klagänderung vorliegt; es erlischt erst mit der Erfüllung oder dem rechtskräftigen Verfahrensabschluss,[59] besteht also über die Instanzen hinweg, soweit nicht die allgemeinen Präklusionsvorschriften eine Schranke bilden.

43 Soweit die Schadensermittlung nach **§ 287 ZPO** vom billigen Ermessen des Gerichts abhängig ist, muss der verlangte Betrag nicht entsprechend dem grundsätzlichen Erfordernis des § 253 Abs. 2 Nr. 2 ZPO beziffert werden. Beantragt werden kann ein vom Gericht zu schätzender Schadensbetrag. Anders als beim Schmerzensgeldantrag ist **keine Angabe** eines **Mindestbetrages** erforderlich, kann aber zweckmäßig sein, um das Ermessen des Gerichts nach unten zu begrenzen. Darzulegen und gegebenenfalls nach § 286 ZPO zu beweisen, sind ausreichende tatsächliche Grundlagen der Schätzung.[60]

b) § 945 ZPO

44 Wird eine einstweilige **Verfügung zu Unrecht erlassen**, kann der Verfügungsbeklagte Ersatz des **Schadens** verlangen, der ihm **aus der Vollziehung** erwachsen ist. Abgegrenzt wird dieser Schaden im Wege einer – methodisch rückständigen – Wortlautinterpretation vom bloßen **Anordnungsschaden**. Der Schadensersatzanspruch greift auch ein, wenn die Frist zur Erhebung einer angeordneten Hauptsacheklage (§ 926 ZPO) ergebnislos verstrichen ist. Dann kommt aber in Betracht, dass der Schaden aufgrund nor-

56 BGH, 21.09.2006, I ZR 6/04, GRUR 2007, 431 Rn. 21 – *Steckverbindergehäuse.*
57 BGH, 24.07.2012, X ZR 51/11, GRUR 2012, 1226 Rn. 16 – *Flaschenträger*; BGH, 25.09.2007, X ZR 60/06, BGHZ 173, 374 Rn. 7 = GRUR 2008, 93 – *Zerkleinerungsvorrichtung.*
58 BGH, 17.06.1992, I ZR 107/90, BGHZ 119, 20, 23 = GRUR 1993, 55, 57 – *Tchibo/Rolex II.*
59 BGH, 17.06.1992, I ZR 107/90, GRUR 1993, 55, 57 – *Tchibo/Rolex II.*
60 Näher dazu *Ahrens*, Der Beweis im Zivilprozess, Kap. 17 Rn. 9 ff.

mativer Betrachtung als nicht ersatzfähig qualifiziert wird, weil er auf einem rechtswidrigen Verhalten beruhte.[61]

Voraussetzung des Schadensersatzanspruchs ist **nicht**, dass die **eV zuvor** auf Widerspruch hin im Anordnungsverfahren bzw. dort in der Berufungsinstanz oder über § 927 ZPO **aufgehoben** worden ist. Die Rechtswidrigkeit des Verfügungserlasses kann statt dessen auf verschiedene Weise geltend gemacht werden. Sie kann sich aus einem die Klage abweisenden Unterlassungsurteils oder aus einer erfolgreichen negativen Feststellungsklage ergeben. Diese im ordentlichen Verfahren ergangenen Entscheidungen sind präjudiziell für das Verfahren über den Anspruch aus § 945 ZPO. Die Rechtswidrigkeit der Verfügungsentscheidung kann schließlich auch unmittelbar mit der Erhebung der Schadensersatzklage nach § 945 ZPO geltend gemacht werden. 45

c) Auskunft, Rechnungslegung

Ansprüche auf Auskunft und Rechnungslegung dienen im Immaterialgüterrecht als **Hilfsansprüche** der **Vorbereitung** von unverjährten **Beseitigungs- und Schadensersatzansprüchen** gegen den Verletzer. Mit ihnen kann ferner die **Ermittlung dritter Verletzer** aus der Lieferkette oder der Absatzkette betrieben werden. Ebenfalls sind in den Sonderschutzgesetzen selbständige Ansprüche gegen Dritte geregelt, die selbst keine Verletzer sind, um dadurch Informationen zum Vorgehen gegen weitere Verletzer zu gewinnen (z.B. § 19 Abs. 2 MarkenG). Die Palette der Ansprüche im UWG ist demgegenüber kleiner. De lege ferenda wäre die Schaffung eines selbständigen **Auskunftsanspruchs des Abgemahnten** bzw. des späteren Beklagten sinnvoll, um Missbrauch der Gläubigerstellung (vgl. § 8 Abs. 4 UWG) ermitteln zu können. 46

Gegen Unbeteiligte sieht das UWG nur einen Anspruch von Verbänden gegen gewerbliche Betreiber von Kommunikationsdiensten vor, um aus deren Bestandsdaten Namen und zustellungsfähige Anschriften Beteiligter zu erlangen, soweit dies zur Rechtsverfolgung erforderlich ist (§ 8 Abs. 5 UWG, § 13 UKlaG). Die weitergehenden Ansprüche gegen Unbeteiligte nach den Sonderschutzgesetzen sind nicht analog anwendbar. 47

Verbänden steht kein Schadensersatzanspruch zu, der mittels Auskunft vorbereitet werden könnte. Jedoch besteht ein solcher **Hilfsanspruch** zur **Vorbereitung des Gewinnherausgabeanspruchs** nach § 10 UWG.[62] 48

Ein **Rechnungslegungsanspruch**, der die Vorlage von üblicherweise erteilten Belegen umfasst, geht im UWG in der Regel über den Informationsbedarf hinaus. Der von einer Verletzung Betroffene bleibt dann auf die Erteilung von Auskünften beschränkt. 49

---

61 BGH, 28.11.1980, I ZR 182/78, GRUR 1981, 295, 296 – *Fotoartikel*; BGH, 19.11.2015, I ZR 109/14, GRUR 2016, 720 Rn. 38 – *Hot Sox*.

62 OLG Düsseldorf, 07.02.2017, I-20 U 139/15, GRUR-RR 2017, 331 Rn. 60 – *Gewinne aus Rücklastschriften*. Zur Zwangsvollstreckung aus entsprechenden Auskunfts- und Rechnungslegungsurteilen BGH, 13.07.2017, I ZR 64/16, GRUR 2018, 219 – *Rechtskraft des Zwangsmittelbeschlusses* (dort ebenfalls wegen Rücklastschriften aus Mobilfunkdienstleistungen).

Anders verhält es sich aber, wenn die dreifache Schadensberechnung wegen einer Wettbewerbsverletzung statthaft ist.

50 **Begrenzt** wird der Auskunftsanspruch aufgrund einer Interessenabwägung durch die **Unzumutbarkeit des Suchaufwands** und durch berechtigte **Geheimhaltungsinteressen** des Verpflichteten.[63] Diese Kriterien sind ausschließlich im Erkenntnisverfahren zu prüfen, hingegen nicht mehr in der Zwangsvollstreckung. Berechtigte Geheimhaltungsinteressen schließen die Auskunftserteilung nicht schlechthin aus. Ausnahmsweise kann die Erfüllung der Verpflichtung dann von Amts wegen unter einen **Wirtschaftsprüfervorbehalt** gestellt werden kann. Sie ist unter dieser Voraussetzung einem zur Verschwiegenheit verpflichteten Wirtschaftsprüfer zu erteilen, der auf Anfrage mitteilen muss, ob eine verdächtige Person in der ihm vom Auskunftsschuldner übermittelten Liste enthalten ist. Die Kosten des Wirtschaftsprüfers hat der Auskunftsverpflichtete zu tragen.

51 Soweit ein Auskunftsanspruch erhoben werden soll, wird er in der Regel kumulativ mit der Unterlassungsklage und gegebenenfalls einem Schadensersatzfeststellungsantrag geltend gemacht. Bei **Zweifeln an der Richtigkeit der Auskunft** kann die Abgabe einer eidesstaatlichen Versicherung (§ 259 Abs. 2 BGB) dann nur nach einer gesonderten Klage verlangt werden.[64] Die Abgabe der Versicherung kann nicht im Wege der Zwangsvollstreckung des Auskunftstitels verlangt werden. **Fehlt** es jedoch an einer ernstgemeinten und **vollständigen Auskunft**, ist der Auskunftstitel nach **§ 888 ZPO** zu vollstrecken.

52 Der Klageantrag muss den **Inhalt der** begehrten **Auskunft** und deren **Umfang** konkret benennen (Namen und Anschriften, Umsätze, Lieferdaten, Liefermengen, Lieferpreise etc.). Häufig wird die erstrebte Auskunft schon während des Erkenntnisverfahrens in Schriftsätzen erteilt und damit der Anspruch erfüllt. Insoweit ist dann die Hauptsache für erledigt zu erklären. Dies gilt auch bei Zweifeln an der Richtigkeit der Auskunft.

53 Zu erteilen ist die Rechnungslegung auch in **elektronischer Form**, sofern die Daten in dieser Form existent sind.[65]

d) Gewinnabschöpfung

54 Zur Geltendmachung eines Anspruchs aus § 10 UWG sind die **Gläubiger des § 8 Abs. 3 Nr. 2 bis 4 UWG** aktivlegitimiert, nicht hingegen Mitbewerber. Die Gläubiger sind Gesamtgläubiger. Der **Zahlungsantrag** muss auf Leistung an den Bundeshaushalt gerichtet sein. Die abziehbaren Verbandsaufwendungen werden aus dem Bundeshaushalt durch das Bundesamt für Justiz erstattet.

---

63 Zur Schranke der beruflichen Verschwiegenheitspflicht: BGH, 11.04.2002, I ZR 317/99, GRUR 2002, 706, 708 – *vossius.de*; BGH, 08.01.2015, I ZR 123/13, GRUR 2015, 916 Rn. 37 – *Abgabe ohne Rezept*.

64 Zur inhaltlichen Akzessorietät der Versicherung gegenüber der zuvor gesondert titulierten Auskunftspflicht BGH, 13.03.2014, I ZB 60/13, GRUR 2014, 908 Rn. 15 – *Erweiterte Angaben zur Umsatzentwicklung*.

65 LG Düsseldorf, 21.09.2017, 4a O 18/16, Mitt. 2018, 73, 74 – *Heizkessel mit Brenner I*.

In Betracht kommt die **Kombination** einer **Zahlungsklage mit** einem vorbereitenden **Auskunftsanspruch** zur Ermittlung der Höhe des rechtswidrig gezogenen Umsatzes in Form einer Stufenklage. Alternativ kann die Auskunftsklage mit einer Klage auf Feststellung der Gewinnherausgabepflicht dem Grunde nach verbunden werden. 55

II. Feststellungsklagen

1. Schadensersatzfeststellung

Die Feststellung einer Schadensersatzverpflichtung dem Grunde wird häufig in Kumulation mit dem Unterlassungsanspruch begehrt. Dafür besteht ein Feststellungsinteresse nach § 256 Abs. 1 ZPO (näher dazu zuvor Rdn. 40). Schadensfolgen aufgrund einer Wettbewerbsverletzung sind nach der Lebenserfahrung wahrscheinlich, jedoch ist eine vollständige Bezifferung des Schadens in der Regel nach dem Verletzungsgeschehen noch nicht oder nicht vollständig möglich oder die Schadensentwicklung ist noch nicht abgeschlossen. Die **Wahrscheinlichkeit** bedarf im Regelfall **keiner ausführlichen Darlegung**, weil in Wettbewerbsbeziehungen ein Schadenseintritt in der Zukunft mit einiger Sicherheit zu erwarten ist. **Notwendig** ist aber immer der **Vortrag**, dass die Parteien **dieselben Kunden** ansprechen und – bei Werbeaktionen – in welcher Weise sich die Aktivitäten üblicherweise auf die Umsätze auswirken.[66] Spricht die Lebenserfahrung im Einzelfall jedoch gegen den Eintritt eines Schadens, muss der Kläger konkrete Umstände darlegen, aus denen sich die Wahrscheinlichkeit ergibt.[67] 56

Zur **Darlegung eines Verletzungsgeschehens** kann auf den gleichzeitig gestellten Unterlassungsantrag Bezug genommen werden. Der Feststellungsantrag lautet auf Feststellung der Verpflichtung zum Ersatz aller Schäden, die dem Kläger aus dem unter Nr. X der Anträge (= Unterlassungsantrag) bezeichneten Verletzungsgeschehen entstanden sind oder künftig entstehen werden. 57

2. Negative Feststellungsklage

Negative Feststellungsklage kann der abgemahnte vermeintliche Wettbewerbsverletzer gegen den Abmahnenden erheben, wenn er insbesondere den **Unterlassungsanspruch ausräumen** will, um mit Rechtskraftwirkung seine **wettbewerbliche Handlungsfreiheit** sicher zu stellen. In der Abmahnung liegt die Berühmung der dort erhobenen Ansprüche, die ein Feststellungsinteresse begründet. Abzugrenzen sind von der **Anspruchsberühmung**, die auch auf andere Weise als durch eine Abmahnung erfolgen kann, eine bloße Berechtigungsanfrage und die unspezifizierte Ankündigung rechtlicher Schritte.[68] 58

Die negative Feststellungsklage ist auch **geeignet**, nach Erlass einer einstweiligen Verfügung mit Rechtskraftwirkung einen **Hauptsacheprozess über** den im Eilverfahren 59

66 BGH, 06.07.1995, I ZR 58/93, BGHZ 130, 205, 220 – *Feuer, Eis & Dynamit I.*

67 BGH, 06.07.1995, I ZR 58/93, BGHZ 130, 205, 221 – *Feuer, Eis & Dynamit I*; BGH, 24.05.2000, I ZR 222/97, GRUR 2001, 78, 79 – *Falsche Herstellerpreisempfehlung.*

68 BGH, 07.06.2001, I ZR 21/99, GRUR 2001, 1036, 1037 – *Kauf auf Probe.*

tenorierten **Unterlassungsanspruch** zu führen, statt dem Verfügungskläger nach § 926 ZPO aufzugeben, seinerseits das ordentliche Verfahren einzuleiten. Die Feststellungsentscheidung zu Lasten des Verfügungsklägers und nunmehrigen Beklagten erzeugt dann Wirkung für den Schadensersatzanspruch nach **§ 945 ZPO**.

60 Im **nationalen Prozessrecht entfällt** das **Feststellungsinteresse** nach ganz h.M., wenn der Feststellungsbeklagte seinerseits widerklagend im selben Verfahren oder vor einem anderen Gericht eine entsprechende Leistungsklage erhebt, die er nicht mehr einseitig zurücknehmen kann. Das ist u.a. der Fall, wenn im Verfahren über die Leistungsklage mündlich verhandelt wird (§ 269 Abs. 1 ZPO).[69] Bestehen bleibt das Feststellunginteresse, wenn die Feststellungsklage anders als die Leistungsklage nahezu entscheidungsreif ist.[70] Zur Vermeidung einer Abweisung der Feststellungsklage wegen Wegfalls des Feststellungsinteresses und damit zur Vorbeugung gegen eine negative Kostenentscheidung muss der Feststellungskläger seine Klage in der Hauptsache für erledigt erklären.

3. Zwischenfeststellungsantrag

61 Die dem Ergebnis des Subsumtionsschlusses entsprechende Tenorierung begrenzt die **Rechtskraftwirkung** des Urteils (§ 322 ZPO). Sie gilt also nach Auffassung der deutschen Zivilprozessrechtslehre **nicht für vorgreifliche Elemente** des Subsumtionsschlusses (dazu unten Rdn. 97). Um diese Elemente für weitere Ansprüche mit Rechtskraftwirkung zu sichern, erlaubt **§ 256 Abs. 2 ZPO**, deren Feststellung oder – aus Sicht des Beklagten – deren Verneinung im Wege des Zwischenfeststellungswiderklage zu beantragen, wenn ein davon abhängiges Rechtsverhältnis streitig ist. Damit sind für das Gericht keine Belastungen verbunden, weil es sich darüber für den Subsumtionsschluss ohnehin Klarheit verschaffen muss. Ein besonderes **Feststellungsinteresse** ist **nicht** erforderlich; es wird **durch** die **Vorgreiflichkeit ersetzt**. Gleichwohl besteht eine Neigung mancher Gerichte, die Wirkung für ein weiteres streitiges Rechtsverhältnis zu verneinen. Deshalb bedarf es vorsorglich entsprechender Darlegungen.

4. Sonstige Feststellungsanträge

62 Nicht selten erübrigt sich eine Hauptsacheentscheidung, weil **nach Verfahrenseinleitung** doch noch eine **Unterwerfungserklärung** abgegeben wird. Bleibt die Erledigungserklärung des Klägers einseitig, liegt das **Feststellungsinteresse** des Klägers in der ihm günstigen **Kostenfolge**, die er nur mit einem entsprechend geänderten Antrag erreichen kann.[71] In Betracht kommen aber auch andere erledigende Ereignisse.

63 Ausnahmsweise kann im Wege der Feststellungsklage die **Präzisierung** eines **unklaren** vorangegangenen **Leistungsurteils** verlangt werden (näher dazu unten Rdn. 105).

69 BGH, 21.12.2005, X ZR 17/03, GRUR 2006, 217 Rn. 12 – *Detektionseinrichtung*.
70 BGH, 21.12.2005, X ZR 17/03, GRUR 2006, 217 Rn. 12 – *Detektionseinrichtung*.
71 BGH, 21.09.2017, I ZR 58/16, GRUR 2017, 1236 Rn. 48 – *Sicherung der Drittauskunft*.

C. Streitgegenstandsbestimmung

I. Zweigliedriger Streitgegenstand

Alle Senate des BGH wenden zur Bestimmung des Streitgegenstandes den **zweigliedrigen Streitgegenstandsbegriff** an. Danach kommt es auf den zur Entscheidung gestellten Antrag und auf den zugehörigen Lebenssachverhalt an, aus dem das Rechtsschutzbegehren hergeleitet wird (vgl. § 253 Abs. 2 Nr. 2 ZPO). Das gilt auch für wettbewerbliche Unterlassungsklagen,[72] bereitet dort aber erhebliche praktische Schwierigkeiten. 64

II. Antragsbestimmtheit

Der **Unterlassungsantrag** muss so **hinreichend bestimmt** sein, dass der Beklagte oder Antragsgegner im Erkenntnisverfahren erkennen kann, um welche Handlungsspielräume er kämpfen muss, und dass er weiß, welche Unterlassungspflichten er einzuhalten hat, wenn ein Verbotstitel erlassen worden ist, damit er nicht in ein Vollstreckungsverfahren (§ 890 ZPO) verstrickt wird. Gegen das Bestimmtheitserfordernis wird bei wettbewerblichen Unterlassungsanträgen leicht verstoßen. Es ist **sprachlich schwierig**, den gewünschten **Verbotsbereich** so **zu umschreiben**, dass das Verbot auf der Basis eines vorangegangenen Verletzungsverhaltens im Rahmen der vermuteten Wiederholungsgefahr hinreichend verallgemeinert formuliert wird und zudem nicht ungewollt auch rechtmäßiges Wettbewerbsverhalten erfasst. Etwas **erleichternd** wirkt die **Auslegung der Unterlassungsanträge** unter Heranziehung der Klagebegründung.[73] Näher dazu die Kommentierung von *M.Schmidt* unten Rdn. 137 ff. 65

III. Klagegrund

1. Abgrenzungsschwierigkeiten, Abgrenzungsformeln, Wertungskriterien

Noch größere praktische Probleme als die Antragsformulierung wirft die **Abgrenzung des Klagegrundes** auf. Gebräuchlich ist die erstmals vom IX. Zivilsenat des BGH benutzte Formel, der Klagegrund umfasse alle Tatsachen, die bei einer **natürlichen**, vom Standpunkt der Parteien ausgehenden **Betrachtungsweise** zu dem durch den Vortrag des Klägers zur Entscheidung gestellten Tatsachenkomplex gehören.[74] Damit ist bei wettbewerblichen Unterlassungsklagen jedoch wenig anzufangen. 66

---

72 BGH, 24.03.2011, I ZR 108/09, GRUR 2011, 521 Rn. 3 – TÜV I; BGH, 09.06.2011, I ZR 41/10, GRUR 2012, 180 Rn. 19 – *Werbegeschenke*; BGH, 24.01.2013, I ZR 60/11, GRUR 2013, 397 Rn. 13 – *Peek & Cloppenburg III*; BGH 28.04.2016, I ZR 254/14, GRUR 2016, 1301 Rn. 26 – *Kinderstube*; BGH, 05.10.2017, I ZR 184/16, GRUR 2018, 203 Rn. 15 – *Betriebspsychologe*; BGH, 11.10.2017, I ZR 78/16, WRP 2018, 413 Rn. 11 – *Tiegelgröße*; BGH, 16.11.2017, I ZR 160/16, WRP 2018, 424 Rn. 44 – *Knochenzement II*.

73 Vgl. BGH, 21.07.2016, I ZR 26/15, GRUR 2016, 1076 Rn. 14 – *LGA tested*; KG, 17.10.2017, 5 W 224/17, WRP 2018, 99, 100 Rn. 9 – *Product Key*.

74 BGH, 19.12.1991, IX ZR 96/11, BGHZ 117, 1, 6 (damit *Leipold* in Stein/Jonas, ZPO, 21. Aufl., § 322 Rn. 230 folgend); BGH, 13.09.2012, I ZR 230/11, GRUR 2013, 401 Rn. 19 und 23 – *Biomineralwasser*; BGH, 05.10.2017, I ZR 184/16, GRUR 2018, 203 Rn. 17 – *Betriebspsychologe*.

67 Ein konkretes **Wettbewerbsverhalten**, das den Anlass zur gerichtlichen Rechtsverfolgung gibt, kann nicht selten **unter verschiedenen rechtlichen Gesichtspunkten angegriffen** werden, ohne dass die für die verschiedenen materiell-rechtlichen Tatbestände relevanten Sachverhaltsumstände vollständig identisch sind. Beispielsweise wurde die Verwendung der Bezeichnung »Biomineralwasser« für ein natürliches Mineralwasser unter drei verschiedenen Gesichtspunkten angegriffen, nämlich (1) als irreführende Werbung mit einer Selbstverständlichkeit, (2) als Erweckung des irreführenden Eindrucks einer amtlichen Zertifizierung und (3) als Verwendung einer Verkehrsbezeichnung, die nicht den Vorgaben der Lebensmittel-KennzeichnungsVO entspreche.[75] Die **Unrechtscharakteristika oszillieren** um einen **gemeinsamen Sachverhaltskern**, weichen in den aufzugreifenden Umständen des Anlasssachverhalts aber doch voneinander ab.

68 Eine **Mehrheit von Streitgegenständen** soll vorliegen, wenn die materiell-rechtliche Regelung die zusammentreffenden Ansprüche durch eine Verselbständigung der einzelnen Lebensvorgänge erkennbar unterschiedlich gestaltet.[76] In dieser Formel kommt eine eher hilflose Umschreibung des wertungsmäßigen Vorgangs zum Ausdruck. **Leitlinie der Abgrenzung** muss sein, das Gebot **effektiver Rechtsschutzgewährung** aus der Sicht ***beider* Parteien** im Hinblick auf sämtliche prozessualen Rechtsfolgen der Streitgegenstandsbestimmung (insbesondere Rechtshängigkeit, Rechtskraft, Klagänderung, Rechtsmittelbeschwer) optimal zu verwirklichen. Sinn und Zweck der einzelnen vom Streitgegenstand betroffenen Rechtsinstitute sollen verwirklicht werden, **gegenläufige Ziele** müssen **ausbalanciert** werden.[77] Abgewehrt werden müssen nachträgliche Rechtskraftmanipulationen, indem in die Rechtskraftwirkung auch Tatsachenstoff einbezogen wird, der zur Vollständigkeit des Sachvortrags gehört hätte, jedoch nicht vorgetragen wurde,[78] ohne dass andererseits eine Rechtskraftpräklusion von Tatsachenstoff eintritt, mit der der Kläger vom Standpunkt seines Rechtsschutzbegehrens aus nicht zu rechnen brauchte und den er deshalb auch nicht vortragen musste.

2. Enger und weiter Streitgegenstand, Dispositionsrecht des Klägers

69 **Hinter** einem **einheitlichen Antragswortlaut** zur Beschreibung des Verbotsbereichs und dem Vortrag eines historischen Tatsachenkomplexes können sich **mehrere Streitgegenstände** verbergen. Von den den Subsumtionsschluss tragenden Tatsachen hängt ab, aufgrund welcher nachträglichen Sachverhaltsnuancierung der Verbotsbereich verlassen werden kann. Die **Zerlegung eines Sachverhaltskomplexes** in mehrere »Lebenssachverhalte« und damit in mehrere **enge Streitgegenstände** zwingt den Kläger zur Angabe, in welchem Verhältnis die Klagegründe zueinander stehen sollen (**Kumulation oder Hilfsverhältnis**), erhöht u.a. den Bedarf nach subsumtionsfähigem und feststel-

75 BGH, 13.09.2012, I ZR 230/11, GRUR 2013, 401 Rn. 17 – *Biomineralwasser* m. Anm. *Teplitzky*.
76 BGH, 13.09.2012, I ZR 230/11, GRUR 2013, 401 Rn. 19 – *Biomineralwasser*.
77 BGH, 13.09.2012, I ZR 230/11, GRUR 2013, 401 Rn. 24 – *Biomineralwasser*.
78 BGH, 13.09.2012, I ZR 230/11, GRUR 2013, 401 Rn. 19 – *Biomineralwasser*.

lungsbedürftigem Tatsachenvortrag, zwingt gegebenenfalls zur Bescheidung aller Streitgegenstände zwecks Vermeidung von Unklarheiten über dessen Anfall in der Berufungsinstanz und kann zu Schwierigkeiten bei der Beurteilung der Zulässigkeit eines Rechtsmittels im Hinblick auf die erforderliche Beschwer führen.[79] Im Verhältnis von **Verfügungsverfahren** zum erzwungenen nachträglichen Hauptsacheverfahren kann die Anordnung des **§ 926 ZPO Schwierigkeiten** bereiten. Weitere Probleme liegen bei der Beurteilung der Dringlichkeit eines nachträglich ins Eilverfahren einbezogenen engen Streitgegenstandes. Bei der Kostenentscheidung kann häufiger § 92 ZPO anzuwenden sein.

Bei der Abgrenzung der Klagegründe ist zu berücksichtigen, dass der **Kläger** über den rechtshängig zu machenden **Streitgegenstand frei disponieren** darf und damit auch über das von ihm einzugehende **Prozessrisiko** entscheidet. Der für Unterlassungsklagen **relevante Lebenssachverhalt** ist in Wettbewerbssachen **disponibel**; durch seine rechtliche Abgrenzung darf das Bestimmungsrecht nicht auf den Richter übergehen. Es muss dem Kläger die Möglichkeit eröffnet werden, sich für einen engen oder einen weiten Unterlassungsstreitgegenstand zu entscheiden, ohne dass mit der Zulassung einer engen Fassung das prozessuale Credo völlig aufgegeben wird, mehrere materiellrechtliche Anspruchsgrundlagen zu einem einheitlichen prozessualen Anspruch zusammenzufassen. **70**

3. Entwicklung der Rechtsprechung seit 2010

Bei **Kennzeichenverletzungen** hat sich der BGH, beginnend mit dem **TÜV-Beschluss**, für die **Bildung enger Streitgegenstände** entschieden, u.a. um dem risikolosen Aneinanderreihen einer größeren Zahl von Kennzeichen als einheitlicher Klagegrundlage mit Wahlrecht des Richters ein Ende zu bereiten. Der Kläger muss sich seither – mit Kostenfolgen – festlegen, ob er alle Kennzeichen kumulierend prüfen lassen will, oder ob er für seinen Angriff eine Antragsstaffelung begehrt.[80] Das gilt allerdings nur für die einzelnen Kennzeichenrechte selbst. Hingegen sind die drei unterschiedlichen **Erscheinungsformen der Verletzung** – Schutz bei Doppelidentität und Verwechslungsgefahr sowie Bekanntheitsschutz – Ausprägungen eines **einheitlichen Streitgegenstandes**.[81] **71**

79 Dazu *Berneke* WRP 2007, 579, 584 ff.

80 BGH, 26.01.2011, I ZR 108/09, GRUR 2011, 521 Rn. 8 – *TÜV I*, dazu das Urteil BGH, 17.08.2011, I ZR 108/09, GRUR 2011, 1043 Rn. 26 – *TÜV II*; BGH, 30.06.2011, I ZR 157/10, GRUR 2012, 184 Rn. 13 – *Branchenbuch Berg*; BGH, 09.11.2011, I ZR 150/09, GRUR 2012, 304 Rn. 18 – *Basler Haar-Kosmetik*; BGH, 08.03.2012, I ZR 75/10, GRUR 2012, 621 Rn. 31 – *OSCAR*; BGH, 19.04.2012, I ZR 86/10, GRUR 2012, 1145 Rn. 17 f. – *Pelikan*; BGH, 13.09.2012, I ZR 230/11, GRUR 2013, 401 – *Biomineralwasser*; BGH, 03.04.2014, I ZB 42/11, GRUR 2014, 706 Rn. 13 – *Reichweite des Unterlassungsgebots* (urheberrechtlicher Schutz für verschiedene Lichtbilder). Gegen eine Umkehrung dieser Rechtsprüfung bei Abwehr einer Schutzrechtsverwarnung aus mehreren Marken OLG Düsseldorf, 12.4.2018, 20 U 153/17, GRUR-RR 2018, 446, 447 – *Hang-Tag Think Gegen*.

81 BGH, 08.03.2012, I ZR 75/10, GRUR 2012, 621 Rn. 32 – *OSCAR*; BGH, 13.09.2012, I ZR 230/11, GRUR 2013, 401 Rn. 23 – *Biomineralwasser*.

72 An diese Judikatur hat sich eine Diskussion angeschlossen, ob generell von einer engen Streitgegenstandsabgrenzung auszugehen ist und wie das Zusammentreffen einer Kennzeichenverletzung mit einem UWG-Verstoß zu beurteilen ist. Mit der Entscheidung »Peek & Cloppenburg III« ist das gleichzeitige **Vorgehen aus** einem **Schutzrecht und** aus einer **UWG-Anspruchsgrundlage** als Verfolgung **mehrerer** Streitgegenstände qualifiziert worden.[82] Dasselbe Problem stellt sich aber auch, wenn Ansprüche allein auf das UWG gestützt werden.

73 Mit der einen **Irreführungssachverhalt** betreffenden Entscheidung »Biomineralwasser« hat der BGH deutlich gemacht, dass die enge Streitgegenstandsabgrenzung bei Kennzeichenverletzungen nicht ohne weiteres Konsequenzen für den UWG-Prozess haben soll. Ausdrücklich ist dies unter Abkehr von früherer Rechtsprechung zur Erzeugung mehrfacher Fehlvorstellungen im Rahmen des Irreführungsverbots nach § 5 UWG entschieden worden.[83] In einem obiter dictum wird jedoch darüber hinausgehend auch die »Verwirklichung verschiedener Verbotsnormen« genannt, die nicht als Zuweisung zu jeweils selbständigen Klagegründen angesehen werden soll.[84] Dies gilt jedenfalls, wenn sich das **Klagebegehren gegen** ein **konkret umschriebenes Verletzungsverhalten** richtet.[85] Andererseits wird aber – grundsätzlich zutreffend – betont, dass die materiell-rechtliche Regelung einzelne Lebensvorgänge verselbständigt ausgestalten kann.[86]

74 Auch nach der Entscheidung »Biomineralwasser« soll es dem **Kläger nicht verwehrt** sein, einen konkreten Werbesachverhalt **unter verschiedenen Aspekten anzugreifen** und im Wege einer kumulativen Klagehäufung zum Gegenstand getrennter Klageziele zu machen, die dann unter jedem Gesichtspunkt vom Gericht zu prüfen sind.[87] Der Kläger soll dafür die einzelnen Beanstandungen in **verschiedenen Klageanträgen** umschreiben müssen, wobei er zur Verdeutlichung jeweils auf den Anlasssachverhalt mit dem Zusatz »wie geschehen in …« Bezug nehmen kann.[88] Ein zwingendes Erfordernis getrennter Antragsformulierungen ist allerdings nicht völlig überzeugend; der getrennte kumulative Angriff kann auch anders zum Ausdruck gebracht werden.

4. Fortdauernde Diskussion

75 Die Diskussion der Streitgegenstandsproblematik im Anschluss an die BGH-Entscheidung »Biomineralwasser« ist mit Bezug auf Antragstellungen unter Einbeziehung

---

82 BGH, 24.01.2013, I ZR 60/11, GRUR 2013, 397 Rn. 14 – *Peek & Cloppenburg III*; ebenso BGH, 24.09.2013, I ZR 64/11, GRUR-RR 2014, 201 Rn. 13 – *Peek & Cloppenburg IV*; BGH, BGH, 05.10.2017, I ZR 184/16, GRUR 2018, 203 Rn. 17 – *Betriebspsychologe*; BGH, 11.10.2017, I ZR 78/16, WRP 2018, 413 Rn. 12 – *Tiegelgröße*.

83 BGH, 13.09.2012, I ZR 230/11, GRUR 2013, 401 Rn. 20 und 23 – *Biomineralwasser*; ebenso BGH, 11.10.2017, I ZR 78/16, WRP 2018, 413 Rn. 13 m.w.N. – *Tiegelgröße*.

84 BGH, 13.09.2012, I ZR 230/11, GRUR 2013, 401 Rn. 20 – *Biomineralwasser*.

85 BGH, 13.09.2012, I ZR 230/11, GRUR 2013, 401 Rn. 23 – *Biomineralwasser*.

86 BGH, 13.09.2012, I ZR 230/11, GRUR 2013, 401 Rn. 19 – *Biomineralwasser*; BGH, *24.01.2013, I ZR 60/11*, GRUR 2013, 397 Rn. 13 – *Peek & Cloppenburg III*.

87 BGH, 13.09.2012, I ZR 230/11, GRUR 2013, 401 Rn. 25 – *Biomineralwasser*.

88 BGH, 13.09.2012, I ZR 230/11, GRUR 2013, 401 Rn. 25 – *Biomineralwasser*.

des Anlasssachverhalts kontrovers verlaufen.[89] Unterschieden worden sind dabei drei Varianten, nämlich (1) der sog. **Fotokopierantrag**, (2) die gegenüber dem Anlasssachverhalt verselbständigte Verbalisierung des begehrten Verbots unter ergänzender Heranziehung des Anlasssachverhalts (»wie geschehen …«), die zuspitzend als **»Schleppnetzantrag«** bezeichnet worden ist, und (3) das **rein abstrakt formulierte Verbot**; mit allen drei Varianten können mehrere rechtliche Beanstandungen verbunden sein.

Ein **Fotokopierantrag** rückt den Anlasssachverhalt konkret und **ohne** Versuch einer **verallgemeinernden Beschreibung** der Verletzungsform in den Unterlassungsantrag ein. Dieser mutloseste und engstmögliche Antrag hat kurioserweise eine **weite Rechtskraftreichweite**. Ist ein Fotokopierantrag wegen einer vom Kläger genannten Begründung abgewiesen worden, kann er wegen eingetretener Rechtskraft nicht mit einer anderen rechtlichen Begründung erneut gestellt werden.[90] **76**

Der Umgang mit den beiden **anderen Antragsarten** bleibt **umstritten**,[91] wenn man dem Kläger – wie auch hier vertreten – gestattet, dass aus einem Tatsachenkomplex mehrere Streitgegenstände gebildet werden dürfen. Die **Zerlegung** ist **unvermeidlich**, wenn mit den unterschiedlichen rechtlichen Begründungen **unterschiedliche Verbotszonen** verbunden sind, die der Schuldner mit unterschiedlichen Abwandlungen seiner wettbewerblichen Aktivität verlassen kann.[92] Fraglich kann nur sein, ob dem Kläger eine Beurteilungsprognose mit daraus folgender Dispositionsbefugnis zusteht, oder ob das Gericht ex officio die später möglichen Ausweichstrategien des Titelschuldners und damit das Zerlegungspotential prognostizieren darf. Da der Kläger dem Wettbewerbsgeschehen näher steht, sollte man ihm die Beurteilung überlassen. **77**

Bewusste **Missbräuche der Zerlegung eines Tatsachenkomplexes** in mehrere vor verschiedenen Gerichten anhängig gemachte Klagen sind mit § 8 Abs. 4 Satz 1 UWG oder mit § 242 BGB abzuwehren. Dem Streitgegenstandsbegriff in seiner Funktion für die Rechtshängigkeitseinrede und das aus der materiellen Rechtskraft folgende Wiederholungsverbot muss diese Aufgabe nicht zwingend ausschließlich überlassen bleiben.[93] Ebenso lässt sich eine **Pflicht zur Klagenkonzentration** bei enger Streitgegenstandsbildung aus **§ 242 BGB** herleiten.[94] **78**

5. Einzelne Fallgestaltungen

Aus einem historischen Anlasssachverhalt ist die **anzugreifende Verletzungsform** rechtlich **herauszuschälen**, was bereits eine rechtliche Einordnung verlangt. Liegen dem prozessualen Angriff **mehrere gleichartige Anlasssachverhalte** zugrunde, die zu **79**

89 Dazu der Bericht über ein Gesprächsforum von *Braun* WRP 2013, 1100, 1101.
90 So zutreffend *Schwippert* WRP 2014, 8, 9 Rn. 9.
91 S. dazu die Hinweise bei *Braun* WRP 2013, 1100, 1101; *Schwippert* WRP 2014, 8, 9 Rn. 13, 10 Rn. 21.
92 So treffend *Schwippert* WRP 2014, 8, 11 Rn. 21 und 24.
93 So aber *Schwippert* WRP 2014, 8, 10 Rn. 17.
94 *Gottwald* Festschrift für Kaissis (2012), S. 303, 312.

einer einzigen rechtlichen Verletzungsform zusammengefasst werden, handelt es sich nur um einen **einzigen Streitgegenstand**, was sich auf die Streitwertbemessung auswirkt; es darf nicht für jeden Anlasssachverhalt ein eigener Streitwert gebildet werden.[95] Die historischen Anlasssachverhalte haben nur die Funktion, eine konkrete Bedrohung (Begehungsgefahr) zu begründen und lassen erkennen, welches Verletzungsverhalten für die Zukunft abzuwehren ist. Die bildhafte Redeweise, der Unterlassungsanspruch »wurzele« in einer vergangenen Verletzung, darf nicht zu Missverständnissen der Streitgegenstandsbestimmung führen.

80 **Abzulehnen** ist die **Differenzierung** der Streitgegenstände **nach** der **Art der Begehungsgefahr** (Wiederholungsgefahr, Erstbegehungsgefahr) bei identischer Verletzungsform, wie sie in der Entscheidung »Schlank-Kapseln« vom 26.01.2006[96] zum Ausdruck gekommen ist. Das Erfordernis der Begehungsgefahr schützt den vermeintlichen Unterlassungsschuldner nur vor einem unnötigen Kampf um die Erhaltung seiner Handlungsfreiheit. Für Streitgegenstandszwecke sollte irrelevant sein, auf welchen historischen Anlass die Prognose der Verletzungsdrohung gestützt wird, auch wenn die Bedrohung je nach Art ihrer Entstehung auf unterschiedlich aufwendige Weise ausgeräumt wird.

81 **Wettbewerbsrechtlichen Leistungsschutz** nach § 4 Nr. 3 lit. a) und b) UWG (Herkunftstäuschung und Ausnutzung oder Beeinträchtigung der Wertschätzung; ex § 4 Nr. 9a und b) hat der BGH als **einheitlichen Streitgegenstand** angesehen.[97] Ebenfalls soll ein einheitlicher Streitgegenstand gegeben sein, wenn der Unterlassungsantrag sowohl auf § 4 Nr. 3 lit. a) und b) als auch auf § 5 Abs. 2 UWG gestützt wird,[98] was jedoch zweifelhaft ist.

82 Wird eine **Marke bösgläubig erworben**, sind die konkurrierenden, aber in der Wirkung **gleichlautenden Löschungsgründe** der §§ 50 Abs. 1, 8 Abs. 2 Nr. 10, 52 Abs. 2 MarkenG und des § 4 Nr. 4 UWG (ex § 4 Nr. 10) als **ein Streitgegenstand** anzusehen.[99] Hingegen betreffen die Löschung wegen bösgläubiger Markenanmeldung und die Löschung wegen **fehlender Benutzung** auch weiterhin **zwei Streitgegenstände**.[100] Dem unterschiedlichen Tatsachenvortrag für die Anwendung des § 5 Abs. 2 UWG

---

95 So der Sache nach bei der Streitgegenstandsbestimmung auch KG, 15.09.2017, 5 W 163/17.

96 BGH, 26.01.2006, I ZR 121/03, GRUR 2006, 429 Rn. 22 – *Schlank-Kapseln*; ablehnend *Ahrens* JZ 2006, 1184 ff.; *H.Büttner*, Festschrift für Doepner (2008), S. 107, 113 ff.; *Althammer*, Streitgegenstand und Interesse (2012), S. 612 f.; *Gottwald*, Festschrift für Köhler (2014), S. 173, 176. Die fehlerhafte Bewertung trotz unglücklicher Formulierung in der Sache nicht wiederholend BGH, 05.10.2017, I ZR 184/16, GRUR 2018, 203 Rn. 17 und 20 f. – *Betriebspsychologe*.

97 BGH, 24.01.2013, I ZR 136/11, GRUR 2013, 951 Rn. 10 – *Regalsystem*.

98 BGH, 17.07.2013, I ZR 21/12, GRUR 2013, 1052 Rn. 11 – *Einkaufswagen III*.

99 Das dürfte die Konsequenz aus BGH, 30.11.2014, I ZR 107/10, GRUR 2014, 385 Rn. 11 – H15 sein.

100 So BGH, 09.06.2011, I ZR 41/10, GRUR 2012, 180 Rn. 20 – *Werbegeschenke*; zustimmend *Gottwald* Festschrift Köhler (2014), S. 173, 178. Allgemein zu unterschiedlichen Löschungsgründen als selbständigen Streitgegenständen des Markenlöschungsverfahrens BGH, 18.10.2017, I ZB 3/17, WRP 2018, 445 Rn. 57 – *Traubenzuckertäfelchen*.

wegen Herbeiführung der Verwechslungsgefahr mit dem Unternehmenskennzeichen eines Mitbewerbers und für die Anwendung des § 5a Abs. 6 UWG (ex § 4 Nr. 3) wegen Verschleierung des Werbecharakters hat der BGH keine differenzierende Bedeutung zugemessen, wenn der Unterlassungsantrag auf die konkrete Verletzungsform Bezug nimmt.[101]

Im Fall »Peek & Cloppenburg III« hat der BGH die Regel gebildet, dass grundsätzlich nur ein **einziger Klagegrund** gegeben ist, wenn das Verbot sowohl auf einen **gesetzlichen Unterlassungsanspruch als auch** auf eine **Unterlassungsvereinbarung** gestützt wird, die die Parteien nach einer vorangegangene Verletzungshandlung getroffen haben.[102] Demgegenüber sind im Fall »Peek & Cloppenburg IV« unterschiedliche Streitgegenstände angenommen worden, als aus **markenrechtlichen** gesetzlichen **Unterlassungsansprüchen** einerseits und aus einer **vertraglichen Abgrenzungsvereinbarung** für zwei Wirtschaftsräume andererseits vorgegangen wurde.[103] 83

Wird eine Klage auf Ansprüche aus **eigenem** und aus **abgetretenem Recht** gestützt, liegen zwei Streitgegenstände vor.[104] 84

Nicht zu folgen ist einer **generellen Verklammerung sämtlicher** der **Irreführungsabwehr** dienenden materiell-rechtlichen Anspruchsgrundlagen zu einem einzigen prozessualen Anspruch. Das mag für die Konkurrenz von § 11 Abs. 1 LFGB mit § 5 UWG zutreffen, nicht aber für die weitere Konkurrenz mit §§ 126 f. MarkenG,[105] auch wenn der Schutz geographischer Herkunftsangaben ursprünglich im UWG entwickelt worden ist. 85

Das rechtswidrige **Unterlassen von Informationen** begründet einen einheitlichen Streitgegenstand, wenn die Klage auf § 5a UWG und auf eine spezialgesetzliche Informationspflicht in Verb. mit § 3a UWG (ex § 4 Nr. 11) gestützt wird.[106] Das gilt erst recht für mehrfache Verstöße gegen dieselbe Informationspflicht auf derselben Rechtsgrundlage.[107] 86

Keinesfalls sollte die **Verletzung** eines Schutzrechts **als Täter oder** als bloßer **Störer** getrennten Streitgegenständen zugewiesen werden;[108] die Störerhaftung ist eine **Beteiligungshaftung** im weiteren Sinne für den Bereich der Abwehransprüche, die im Einzel- 87

---

101 BGH, 13.09.2012, I ZR 230/11, GRUR-RR 2014, 201 Rn. 13 – *Peek & Cloppenburg IV.*
102 BGH, 24.01.2013, I ZR 60/11, GRUR 2013, 397 Rn. 13 – *Peek & Cloppenburg III.*
103 BGH, 13.09.2012, I ZR 230/11, GRUR-RR 2014, 201 Rn. 13 – *Peek & Cloppenburg IV.*
104 BGH, 08.05.2014, III ZR 371/12, GRUR-RR 2014, 320 (LS 1) – *dreidimensionale rahmenartige Konstruktion.*
105 So aber OLG Stuttgart, 04.07.2013, 2 U 157/12, GRUR-RR 2014, 251, 253 – *Mark Brandenburg* (Milchherkunft).
106 So OLG Köln, 07.02.2014, 6 U 81/13, NJW-RR 2014, 673 – *Saft-Bockwurst* (Angabe von Lebensmittelzusatzstoffen gem. § 9 Abs. 6 2 Nr. 4 ZZulV).
107 So für Maklerwerbung für verschiedene Grundstücke ohne Beachtung des § 16a Abs.1 S. 1 EnEV im Rahmen der Streitwertfestsetzung, KG, 15.09.2017, 5 W 163/17.
108 So aber *Gottwald* Festschrift Köhler (2014), S. 173, 178 im Anschluss an *Bölling* GRUR 2013, 1092, 1095.

fall innerhalb desselben Lebenssachverhalts sorgfältiger Abgrenzung von der Mittäterschaft in Abhängigkeit von subjektiven Voraussetzungen bedarf.[109]

88 Das obiter dictum des BGH in der Entscheidung »Biomineralwasser« zur möglichen Zerlegung des Geschehens in mehrere Streitgegenstände bei abstrakten Verbotsbeschreibungen mit und ohne Bezugnahme auf den Anlasssachverhalt ist nicht zu beanstanden. Instanzgerichte sind dem BGH gefolgt. So ist die **Zerlegung** vom OLG Frankfurt für die Verbote einer **Irreführung** bejaht worden, die nacheinander wegen Behauptung einer nicht bestehenden Spitzenstellung und wegen der zugleich in der Werbeaussage zu sehenden fehlerhaften Darstellung der Leistungsangabe eines Messgeräts für die Röntgenfluoreszenz-Spektralanalyse begehrt wurden.[110] Ebenso hat das OLG Frankfurt eine vergleichende Werbung im Telekommunikationsbereich beurteilt, die wegen eines unzutreffenden Pauschalvergleichs, wegen pauschaler Günstigkeitsangaben mit willkürlich ermittelten Einsparmöglichkeiten und wegen Herabsetzung eines Unternehmenskennzeichens mittels eines Bildmotivs angegriffen wurde.[111]Das HansOLG Hamburg hat zugelassen, dass **Einzelangaben** in einem **Fernsehwerbefilm** für eine Nagelpilztherapie mit getrennten Anträgen angegriffen wurden.[112] Durch das Weglassen oder Hinzufügen konkretisierender Merkmale des Anlasssachverhalts kann der Streitgegenstand variiert werden; es macht einen Unterschied aus, ob der **Vertrieb** eines Lebensmittels **in** seiner im Antrag **abgebildeten Verpackung** oder unabhängig davon **in jeglicher Verpackung** untersagt werden soll.[113]

89 Ein Sonderproblem sind **»und/oder«-Anträge**.[114] Mit einem isolierten »und« wird auf eine Kumulation von Einzelelementen einer Werbeaussage innerhalb eines Anlasssachverhalts abgestellt, um die Rechtswidrigkeit zu begründen, während ein isoliertes »oder« **jedes Einzelelement gesondert als rechtswidrig angreift** und daher getrennte Streitgegenstände zur Entscheidung stellt. Die Kombination »und/oder« wird demgegenüber typischerweise nicht zur Streitgegenstandsbestimmung eingesetzt. Sie soll nur **Einzelhandlungen** eines Vermarktungsgeschehens (z.B. anbieten, bewerben, vertreiben, in Verkehr bringen) **aufzählen**, die vom Verletzungstatbestand insgesamt erfasst werden und je für sich die Rechtsfolgen der Verletzung auslösen, **ohne** ein **mehrteiliges Rechtswidrigkeitsurteil** vorauszusetzen; es liegt dann nur ein Streitgegenstand vor.

---

109 S. nur beispielhaft BGH, 15.08.2013, I ZR 80/12, GRUR 2013, 1030 Rn. 28 – *File-Hosting-Dienst*; BGH, 26.11.2015, I ZR 174/14, GRUR 2016, 268 Rn. 19 – *Störerhaftung des Access-Providers.*

110 OLG Frankfurt, 04.04.2013, 6 W 85/12, GRUR-RR 2013, 302 – *Zählrate.*

111 OLG Frankfurt, 09.10.2014, 6 U 199/13, WRP 2015, 122, 123 Rn. 11 – *Sprayender Waschbär.* S. auch OLG Frankfurt, 14.03.2013, 6 U 227/12, WRP 2014, 101 Rn. 3; dazu Großkomm/*Grosch*² § 12 Rn. A 315.

112 HansOLG Hamburg, 31.10.2013, 3 U 171/12, GRUR-RR 2014, 121 – *Canesten.*

113 OLG Köln, 28.06.2013, 6 U 183/12, GRUR-RR 2013, 472, 473 – *Mikado* (nicht behandelt in der Revisionsentscheidung BGH, 23.10.2014, I ZR 133/13, GRUR 2015, 603 – *Keksstangen*).

114 Dazu *M.Schmidt* GRUR-Prax 2014, 71, 73; *Kodde* GRUR 2015, 38, 41. Zur Behandlung in der Unterlassungsvollstreckung OLG Frankfurt, 25.06.2018, GRUR-RR 2018, 387 Rn. 18 ff. – Bettwaren Made in Germany.

Der Zweck der verkürzenden Wortwahl ist durch Auslegung und gegebenenfalls durch Befragung des Klägers festzustellen. Ungeachtet der Verklammerung der Tathandlungen zu einem Streitgegenstand kann die Haftung des Beklagten für die Einzelhandlungen differenziert zu beurteilen sein, wie beispielhaft die Entscheidung »Kinderhochstühle im Internet III« zeigt.[115]

D. Rechtshängigkeit, Rechtskraft

I. Doppelte Rechtshängigkeit

1. Inländische und ausländische Verfahren

Rechtshängigkeit tritt mit der **Zustellung einer Klage** ein (§§ 261 Abs. 1, 253 Abs. 1 ZPO). Sie begründet die Einrede der Rechtshängigkeit mit der Sperrwirkung nach § 269 Abs. 3 Nr. 1 ZPO für das prioritätsjüngere Verfahren. Dasselbe gilt für einen Antrag auf Erlass einer **einstweiligen Verfügung**, jedoch kommt es dort nur auf die **Anhängigkeit** bei Gericht durch Einreichung einer Antragsschrift an, nicht auf die Zustellung.[116] **90**

Voraussetzung doppelter Rechtshängigkeit ist, dass die Verfahren **denselben Streitgegenstand** (s. zuvor Rdn. 64 ff.) zwischen **denselben Parteien** betreffen. § 269 Abs.3 Nr. 1 ZPO betrifft in erster Linie inländische Verfahren. Im Verhältnis zu einem Verfahren in einem anderen Mitgliedstaat der EU richtet sich die Beurteilung nach **Art. 29 Brüssel Ia-VO**: Dafür ist die Identität des Streitgegenstandes nach der weit verstandenen **Kernpunktdoktrin des EuGH** zu bestimmen, die eine Identität einer Leistungsklage mit einer gegenläufigen negativen Feststellungsklage bejaht.[117] Auch dort gilt der Grundsatz der Priorität. Entsprechend ist das Verhältnis zu den Mitgliedstaaten des Lugano Übereinkommens geregelt. Im **Verhältnis zu** anderen **Drittstaaten** ist § 269 Abs. 3 Nr. 1 ZPO analog anzuwenden mit der Maßgabe, dass ein in dem prioritären ausländischen Verfahren ergehendes Urteil im Inland anerkennungsfähig ist, sei es aufgrund eines Staatsvertrages, sei es gem. § 328 ZPO. **91**

In **Markensachen** ist zusätzlich zu Art. 29 Brüssel Ia-VO **Art. 109 GMV** zu beachten, der gleichzeitige und aufeinander folgende Klagen aus Unionsmarken und aus nationalen Marken betrifft. Für das **Geschmacksmuster** enthält **Art. 95 GGV** eine parallele Regelung über das Verhältnis von Klagen und Urteilen aus Gemeinschaftsgeschmackmustern und aus nationalen Designrechten. **92**

---

115 BGH, 05.02.2015, I ZR 240/12, GRUR 2015, 485 Rn. 32 ff. – *Kinderhochstühle im Internet IIIi*; s. auch BGH, 16.05.2013, I ZR 216/11, WRP 2013, 1613 Rn. 26 und 63 – *Kinderhochstühle im Internet II*.

116 Näher dazu *Jestaedt* in Ahrens, Wettbewerbsprozess[8] Kap. 24 Rn. 10 und *Ahrens* ebenda Kap. 55 Rn. 13.

117 EuGH, 08.12.1987, Rs. 144/86, NJW 1989, 665 Rn. 16 – *Gubisch/Palumbo*; EuGH, 06.12.1994, C-406/92, EuZW 1995, 309 Rn. 45 – *Tatry*.

2. Betroffene Verfahrensarten

93 Rechtshängigkeit kann nur zwischen **Verfahren derselben Art** eintreten. Das **Verfügungsverfahren** ist **rechtsinstitutionell** vom anhängigen oder potentiellen **Hauptsacheverfahren abhängig**. Zwischen beiden Verfahrensarten besteht **keine Rechtshängigkeitssperre** nach § 261 Abs. 3 Nr. 1 ZPO. Das wird zum Teil alternativ mit der Verschiedenheit der Streitgegenstände begründet.

94 **Verfügungsverfahren** untereinander können bei **unterschiedlichen Sicherungszielen** nebeneinander anhängig gemacht werden, doch spielt dies bei wettbewerblichen Verfügungsverfahren keine Rolle, weil dort der mögliche Tenor des Hauptsachverfahrens vorweggenommen wird. Werden aus einem Lebenssachverhalt kumulierend **mehrere enge Streitgegenstände** für ein Hauptsacheverfahren gebildet, sind mehrere zugehörige Verfügungsverfahren über die einzelnen Streitgegenstände denkbar, die untereinander nicht durch der Einrede doppelter Rechtshängigkeit gesperrt werden, doch wird dann der Einwand des **Rechtsmissbrauchs** (§ 8 Abs. 4 UWG) in Betracht kommen.

3. Parallelverfahren mehrerer Gläubiger

95 Wegen der Vervielfältigung der Gläubigerstellung für Unterlassungsansprüche (§ 8 Abs. 3 UWG) kann **derselbe Verletzungssachverhalt von verschiedenen Gläubigern** gleichzeitig aufgegriffen werden. Zwischen derartigen Verfahren besteht keine Rechtshängigkeitssperre. Der Einwand fehlenden Rechtsschutzinteresses ist nicht begründet.[118] Die **Mehrfachverfolgung** in Parallelverfahren wird **durch** die **Drittwirkung** eines Wegfalls der Begehungsgefahr infolge Unterwerfung, Beendigung eines Verfügungsverfahrens mittels Abschlusserklärung oder rechtskräftiges Hauptsacheurteil **beschränkt**. Mehrfachverfolgungen durch verbundene Unternehmen kann der Einwand des Missbrauchs (§ 8 Abs. 4 UWG) entgegenstehen.

II. Rechtskraft

1. Theoretische Grundlagen

96 Die Wirkung der **materiellen Rechtskraft** (§ 322 ZPO) ist **von Amts wegen** als negative Prozessvoraussetzung bei der Zulassungsprüfung zu beachten. Nach herrschender Meinung erzeugt sie ein **Wiederholungsverbot** (ne bis in idem), nämlich ein Verbot erneuter Verhandlung, Beweisaufnahme und Entscheidung.[119] Ob einem Zweitverfahren die Rechtskrafteinrede entgegensteht, ist durch einen Vergleich der Streitgegenstände beider Verfahren festzustellen. Wenn die erste gerichtliche Entscheidung versehentlich unter **Verstoß gegen § 308 ZPO** über den Unterlassungsantrag

---

118 BGH, 16.12.1993, I ZR 277/91, GRUR 1994, 307, 308 – *Mozzarella I.*

119 Vgl. BGH, 19.11.2003, VIII ZR 60/03, BGHZ 157, 47, 50 = NJW 2004, 1252, 1253; BGH, 22.10.2013, XI ZR 42/12, NJW 2014, 314 Rn. 13.

hinausgegangen ist, was vereinzelt vorgekommen ist,[120] ist deren Urteilsgegenstand maßgebend.

Die **Bindung** an Ergebnisse des Erstprozesses besteht **nur für** den **Entscheidungssatz,** den das Gericht durch Subsumtion unter das objektive Recht erschlossen hat.[121] Damit soll der Streit aus prozessökonomischen Zweckmäßigkeitserwägungen begrenzt werden. **Nicht rechtskraftfähig** sind **»Urteilselemente«**, also die den Entscheidungssatz tragenden tatsächlichen und rechtlichen Zwischenergebnisse.[122] Die Rechtskraftwirkung des Entscheidungssatzes gilt auch für dessen Umkehrung, wenn das **kontradiktorische Gegenteil** der im ersten Prozess ausgesprochenen Rechtsfolge begehrt wird.[123] **Zwischenergebnisse** können jedoch gem. **§ 256 Abs. 2 ZPO** mit Rechtskraftwirkung festgestellt werden (s. oben Rdn. 61). Nicht rechtskräftig festgestellt werden danach unstreitige oder als bewiesen angesehene Tatsachen. Ebenso wenig erfolgt eine Bindung an die rechtliche Qualifikation, also an die Entscheidung über die Art des Anspruchs bzw. des Entstehungsgrundes des festgestellten Rechts (z.B. Vertrag, unerlaubte Handlung).[124] 97

Die Rechtskraftwirkung betrifft nicht nur identische Streitgegenstände, sondern auch Fälle der **Präjudizialität**. Ist der Streitgegenstand des Erstprozesses als Vorfrage für den Zweiprozess entscheidungserheblich, hat der Zweitrichter seinem Urteil den Inhalt der rechtskräftigen Vorentscheidung von Amts wegen zugrunde zu legen.[125] 98

Bestandteil der Rechtskraftwirkung ist die **Präklusion von Tatsachen**, insbesondere nicht vorgetragener Tatsachen, die zur Zeit des Erstprozesses bereits existent waren und zu einem anderen Urteil über den Streitgegenstand geführt hätten. Damit wird eine nachträgliche Ergänzung unschlüssigen oder sonst unzureichenden Sachvortrags im Zweitverfahren ausgeschlossen.[126] **Subjektive Unkenntnis** oder gar Vorwerfbarkeit der 99

---

120 Beispiele: BGH, 28.05.1998, I ZR 275/95, WRP 1998, 1171, 1175 – *Ha-Ra/HARIVA*; BGH, 16.01.2008, XII ZR 216/05, NJW 2008, 1227, 1228 – *Mietausfallschaden*; BGH, 18.06.2015, I ZR 26/14, GRUR 2016, 213 Rn. 15 – *Zuweisung von Verschreibungen*; BGH, 05.10.2017, I ZR 184/16, GRUR 2018, 203 Rn. 15 – *Betriebspsychologe*; s. auch BGH, 11.10.2017, I ZR 78/16, WRP 2018, 413 Rn. 11 – *Tiegelgröße*; BGH, 16.11.2017, I ZR 161/16, WRP 2018, 424 Rn. 43 f. – *Knochenzement I*. Zur Geltung im Markenlöschungsverfahren bei unterschiedlichen Löschungsgründen BGH, 18.10.2017, I ZB 3/17, WRP 2018, 445 Rn. 56 – *Traubenzuckertäfelchen*.

121 BGH, 24.06.1993, III ZR 43/92, NJW 1993, 3204, 3205.

122 Vgl. nur BGH, 24.06.1993, III ZR 43/92, NJW 1993, 3204, 3205; BGH, 07.07.1993, VIII ZR 103/92, BGHZ 123, 137, 140 = NJW 1993, 2684, 2685; BGH, 13.07.2017, I ZR 64/16, GRUR 2018, 219 Rn. 15 – *Rechtskraft des Zwangsmittelbeschlusses* und die weiteren Nachweise im allgemeinen Schrifttum sowie bei *Ahrens* in Ahrens, Wettbewerbsprozess[8] Kap. 36 Rn. 27 f.

123 BGH, 07.07.1993, VIII ZR 103/92, BGHZ 123, 137, 139 = NJW 1993, 2684, 2685; BGH, 13.07.2017, I ZR 64/16, GRUR 2018, 219 Rn. 16 – *Rechtskraft des Zwangsmittelbeschlusses*.

124 BGH, 05.11.2009, IX ZR 239/07, VersR 2010, 409 Rn. 15; BGH, 08.12.2010, IV ZR 211/07, NJW 2011, 610 Rn. 13 f.

125 BGH, 16.01.2008, XII ZR 216/05, NJW 2008, 1227 Rn. 9.

126 BGH, 07.07.1993, VIII ZR 103/92, BGHZ 123, 137, 141 = NJW 1993, 2684, 2685.

Zurückhaltung präkludierter Tatsachen ist **unerheblich**.[127] Zulässig ist innerhalb desselben Streitgegenstandes die Berufung auf Tatsachen, die nach dem Schluss der letzten mündlichen Verhandlung entstanden sind, in der sie bei früherer Entstehung im Erstprozess hätten vorgetragen werden müssen. Allerdings wirken sich die neuen Tatsachen nur insoweit aus, als sie die in der Erstentscheidung bejahten oder verneinten Tatbestandsmerkmale beeinflussen.[128] Die **Zeitgrenze** ist mit der des § 767 Abs. 2 ZPO identisch.

100 Die objektiven und subjektiven **Grenzen der Rechtskraft** werden in den **Mitgliedstaaten** der Europäischen Union **unterschiedlich** bestimmt. Die Rechtskraftgrenzen sind der **lex fori** des Urteilsstaates zu entnehmen, wenn das Urteil eines ausländischen Gerichts gem. Art. 36 Brüssel Ia-VO anzuerkennen ist.

101 Die **territoriale Grenze der materiellen Rechtskraft** ist von der Verbotsreichweite eines Unterlassungsurteils zu unterscheiden. Typischerweise wird ein Unterlassungstitel die Verhaltenspflichten für das Gebiet des Urteilsstaates fixieren. Die Entscheidung kann sich aber auch auf einen ausländischen Markt und das dortige Wettbewerbsverhalten beziehen oder kann, z.B. bei Äußerungsdelikten zu Lasten eines Mitbewerbers, weltweite Geltung beanspruchen.

2. Rechtskraftrelevante Besonderheiten

a) Entstehungsgründe von Unterlassungsansprüchen

102 Die Entstehung wettbewerbsrechtlicher Unterlassungsansprüche kann **auf Gesetz oder** auf **vertraglicher Vereinbarung** beruhen. Gesicherte Unterwerfungsvereinbarungen konkretisieren regelmäßig nur eine gesetzliche Anspruchsgrundlage. Andere rechtsgeschäftliche Entstehungsgründe sind vertragliche Nebenabreden über **Wettbewerbsverbote** z.B. in Unternehmenskaufverträgen, Gesellschaftsverträgen, Miet- und Pachtverträgen oder Arbeitsverträgen, die ebenfalls gesetzeskonkretisierender Natur sein können.

b) Zeitliche Verschiedenheit von Unterlassungs- und Schadensersatzansprüchen

103 Der **zeitliche Bezug von Unterlassungsansprüchen** und **Schadensersatzansprüchen** wegen einer Rechtsverletzung ist bei kraft Gesetzes entstehenden Ansprüchen unterschiedlich. Der Unterlassungsanspruch richtet sich in die **Zukunft** und beschränkt künftig die Handlungsfreiheit mit der Möglichkeit einer Sanktion wegen eines künftigen Verstoßes. Die in der Vergangenheit stattgefundene Rechtsverletzung (Anlasssachverhalt) dient dafür nur als prognostische Grundlage der Begehungsgefahr (Wiederholungsgefahr). Demgegenüber gleicht der Schadensersatzanspruch die vermögensmäßigen **Folgen** des **vergangenen Verletzungsgeschehens** aus. Bei Verstößen

---

127 BGH, 19.11.2003, VIII ZR 60/13, BGHZ 157, 47, 51 = NJW 2004, 1252, 1253; BGH, *13.09.2012, I ZR 230/11*, BGHZ 194, 314 = GRUR 2013, 401 Rn. 19 – *Biomineralwasser*; BGH, 22.10.2013, XI ZR 42/12, NJW 2014, 314 Rn. 15.

128 BGH, 28.05.1986, IVa ZR 197/84, NJW 1986, 2645, 2646.

gegen vertragliche Unterlassungsverpflichtungen können Unterlassungsansprüche und Schadensersatzansprüche parallele Zeiträume erfassen.

c) Titelauslegung

Titel über Unterlassungsansprüche sind wegen der Schwierigkeiten einer verbalen Beschreibung des konkret verbotenen Verhaltens oftmals auslegungsbedürftig. Identische Verbote können mit unterschiedlichen Formulierungen beschreiben werden und im Wortlaut identische Titel bzw. Anträge können unterschiedliches Verbotsverhalten zum Gegenstand haben. **Auslegungsmaßstab** ist die **Erfassung des rechtlich Charakteristischen** des Anlasssachverhalts bzw. dessen rechtlicher Kern, woraus der Begriff **»Kerntheorie«** erwachsen ist. Auslegungsgrenze ist stets der Streitgegenstand. **104**

Das **Auslegungsergebnis** bestimmt die **Grenzen der materiellen Rechtskraft** (§ 322 ZPO) und der **Vollstreckungsmöglichkeit** nach § 890 ZPO. Treten Zweifel darüber auf, ob ein neuerliches Wettbewerbsverhalten einen Titelverstoß darstellt, wird der Schutzumfang des Titels nur für das aktuelle Vollstreckungsverfahren geklärt.[129] Soll die Frage mit **Rechtskraftwirkung über** den **Beschluss des Vollstreckungsverfahrens hinausgehend** geklärt werden, kann ein zweites Erkenntnisverfahren durchgeführt werden, das den Inhalt des Titels verbindlich feststellt (s. dazu auch § 12 Anh. II Rdn. 57).[130] Die Klage kann als positive oder negative **Feststellungsklage** erhoben werden, und zwar auch in bezug auf eine einstweilige Verfügung.[131] Die Erhebung der Feststellungsklage zur Klärung der Titelreichweite kann auch in einem Verfahren des Titelschuldners zur Vollstreckungsabwehr erhoben werden.[132] Eine neue, **wiederholende Unterlassungsklage** mit präziser gefasstem und das abgewandelte Verhalten einbeziehenden Antrag ist **nicht zulässig.**[133] Die Klärung des Titelumfangs hat sich von der Beseitigung der Unklarheit abgesehen an die Bindungen zu halten, die aufgrund der Rechtskraftwirkung gelten. **105**

Ergibt sich der Auslegungsbedarf in einem Folgeprozess über ein abgewandeltes Wettbewerbsverhalten, ist die **Streitgegenstandsidentität in** dem **Folgeverfahren** zu **prüfen.** Je nach Ergebnis der Prüfung steht die Rechtskrafteinrede entweder der Zulässigkeit entgegen, oder der erneute Antrag ist zulässig. **106**

---

129 BGH, 13.07.2017, I ZR 64/16, GRUR 2018, 219 Rn. 31 – *Rechtskraft des Zwangsmittelbeschlusses.*

130 BGH, 08.11.2007, I ZR 172/05, GRUR 2008, 360 Rn. 22 und 25 f. – *Euro und Schwarzgeld.*

131 BGH, 08.11.2007, I ZR 172/05, GRUR 2008, 360 Rn. 21 – *Euro und Schwarzgeld.*

132 BGH, 13.07.2017, I ZR 64/16, GRUR 2018, 219 Rn. 31 – *Rechtskraft des Zwangsmittelbeschlusses.*

133 A.A. BGH, 03.12.1957, I ZR 157/56, GRUR 1958, 359, 361 – *Sarex* (betr. vollstreckbaren Vergleich); OLG Frankfurt, 12.11.1996, 6 W 145/96, WRP 1997, 51; OLG Frankfurt, 23.11.2017, 6 U 121/17 (dort jeweils: zweite e.V.). Wie hier *Büscher* in Wieczorek/Schütze[4] § 322 Rn. 59.

3. Spezifische Rechtskraftwirkungen

a) Andere Unterlassungsverfahren

107 Gläubiger des § 8 Abs. 3 UWG, die wegen desselben Anlasssachverhalts gegen einen Marktteilnehmer vorgehen, werden bei zeitlich aufeinanderfolgenden Prozessen nicht durch die materielle Rechtskraft der Entscheidung eines anderer Verfahrens an der Rechtsverfolgung gehindert. **Drittwirkung** erlangt eine solche Entscheidung bei Rechtskraft **nur über** die **Beseitigung der Begehungsgefahr**, die dann die Begründetheit des Unterlassungsanspruchs ausschließt. Rechtspolitisch sinnvoll wäre allerdings die Einführung einer besonderen Drittwirkung von Verbandsklageunterlassungsurteilen in Wettbewerbssachen, wie sie durch § 11 Satz 1 UKlaG angeordnet wird.

108 **Test- oder Musterprozesse** äußern keine Rechtskraftwirkung für Verfahren mit gleichartigen Problemen, solange nicht der Gesetzgeber eine entsprechende Regelung eingeführt hat, wie dies bei der 2018 eingeführten Musterfeststellungsklage der Fall ist. **Rechtskraftwirkung** kann **nicht durch Parteivereinbarung** geschaffen werden. Zulässig ist es jedoch, in einem Zwischenvergleich zu vereinbaren, die Ergebnisse des Musterprozesses auf andere Streitigkeiten zu übertragen.

109 Die Abweisung eines Unterlassungsurteils stellt das **kontradiktorische Gegenteil** gegenüber dem Kläger fest und **schafft** damit für den Beklagten ihm gegenüber wettbewerbliche **Handlungsfreiheit**; das Verhalten, das untersagt werden sollte, gilt dem Kläger als rechtmäßig. Deshalb hat der Beklagte auch Interesse an einer widerklagend geltend gemachten negativen Feststellung, die streitigen Wettbewerbshandlungen begehen zu dürfen, auf deren Unterlassung die Leistungsklage gerichtet ist. Sorgfältig ist allerdings zu prüfen, **was** das kontradiktorische, also genau **unvereinbare Gegenteil** des abgewiesenen Unterlassungsbegehrens **ist**. Der Beklagte kann nicht seinerseits unter Berufung auf die Urteilsrechtskraft des abweisenden Unterlassungsurteils verlangen, dass der Kläger seinerseits etwas zu unterlassen hat. Wettbewerbliche Handlungsfreiheiten verhalten sich zueinander nicht wie kommunizierende Röhren.

110 Wird eine Unterlassungsklage **wegen fehlender Begehungsgefahr abgewiesen**, folgt daraus nicht mit Rechtskraftwirkung, dass die angegriffene Wettbewerbshandlung rechtmäßig ist. Das Merkmal der Begehungsgefahr schützt nur vor unnötiger Erörterung des Handlungsspielraums des Beklagten, befasst sich aber gerade nicht mit der Pflichtenlage im Wettbewerb. Die Abweisung kommt einer Abweisung als **zur Zeit unbegründet** gleich, wie sie für fehlende Fälligkeit einer Forderung angenommen wird.

111 Wird ein Unterlassungsurteil aufgrund enger **Vermutung der Wiederholungsgefahr** erlassen und durch einen nachfolgenden kerngleichen Verletzungssachverhalt eine Begehungsgefahr für eine umfassendere Formulierung des Verbots begründet, darf ungeachtet des tenorierten ersten Verbots eine einheitliche **umfassende Verbotsformulierung** beantragt und **ausgeurteilt** werden. Das Wiederholungsverbot der Rechtskraftwirkung steht nicht entgegen, denn es kann bei sachlich unabweisbarem Bedarf durchbrochen werden. Der Unterlassungsschuldner kann allerdings analog § 371 BGB die **Aushändigung des enger tenorierten Titels** verlangen, weil er nicht zwei Titel gegen

sich bestehen lassen muss, die er im Falle einer Vollstreckungsgegenklage mit doppeltem Kostenrisiko angreifen müsste.

b) Wirkung auf Schadensersatzansprüche und vorbereitende Informationsansprüche

Ein Unterlassungsurteil setzt die **Bewertung** des beurteilten **Wettbewerbsverhaltens als rechtswidrig** voraus. Dieselbe Bewertung ist erforderlich, wenn dieses Verhalten später Grundlage eines Schadensersatzanspruchs sein soll. Das **gemeinsame Urteilselement** wird durch die Rechtskraft des Unterlassungsurteils **nicht festgestellt**. Es ist kein Fall von Präjudizialität gegeben.[134] Dies gilt sowohl für die Entscheidung über den gesetzlichen Unterlassungsanspruch[135] als auch für die Entscheidung über einen vertraglich begründeten Unterlassungsanspruch.[136] Neben der fehlenden Bindung an Urteilselemente spricht der vielfach unterschiedliche zeitliche Bezug der Ansprüche gegen die Bejahung von Präjudizialität. Unrichtig ist zudem die Herstellung eines Zusammenhangs der Ansprüche nach dem Verhältnis von Primärleistungsanspruch zum Sekundärleistungsanspruch. 112

Für Hilfsansprüche auf **Auskunft und Rechnungslegung**, die einen Schadensersatz- oder einen Beseitigungsanspruch vorbereiten sollen, hat die Beurteilung der Rechtsverletzung durch ein Unterlassungsurteil **keine Bedeutung**. 113

c) Wirkung auf Vertragsstrafeansprüche, Wirkung von Informationshilfsansprüchen

Für den **akzessorischen Vertragsstrafeanspruch** aus einer Unterwerfungsvereinbarung hat das Urteil über den Unterlassungsanspruch **präjudizielle Wirkung**. Der Unterlassungsanspruch ist die Hauptverpflichtung, die durch das Vertragsstrafeversprechen gesichert werden soll. 114

Das Urteil über einen **Hilfsanspruch** auf Auskunft und Rechnungslegung entfaltet **keine Wirkung** für den vorbereiteten **Hauptanspruch**.[137] 115

d) Wirkung auf Abmahnkostenersatzanspruch

Der Anspruch auf Ersatz der **Kosten** für eine **Abmahnung** setzt einen Unterlassungsanspruch voraus (zur Akzessorietät § 12 Abs. 1 Rdn. 122). Dessen Bestehen betrifft aber einen **anderen Zeitpunkt** als der später, nach Fehlschlag der außergerichtlichen Streit- 116

---

134 Eingehende Analyse der Judikatur und der unterschiedlichen Lehrmeinungen bei *Ahrens* in Ahrens, Der Wettbewerbsprozess[8] Kap. 36 Rn. 156 ff.

135 Zutreffend ebenso BGH, 02.05.2002, I ZR 45/01, BGHZ 150, 377, 383 = GRUR 2002, 1046, 1047 f. – *Faxkarte*; BGH, 31.05.2012, I ZR 45/11, GRUR 2012, 949 Rn. 36 – *Missbräuchliche Vertragsstrafe*.

136 A.A. BGH, 17.03.1964, Ia ZR 193/63, BGHZ 42, 340, 357 f. = GRUR 1965, 327, 330 – *Gliedermaßstäbe*.

137 BGH, 20.02.1969, VII ZR 101/67, NJW 1969, 880.

beilegung tenorierte Unterlassungsanspruch, so dass die Rechtskraft des Unterlassungsurteils nicht auf die vorprozessuale Abmahnung zurückwirkt.[138]

4. Nachträgliche Veränderungen der Sach- oder Rechtslage

117 Wegen der langfristigen Zukunftswirkung eines stattgebenden Unterlassungsurteils auf die wettbewerbliche Handlungsfreiheit des Titelschuldners bedarf die **Bindung** einer rechtlichen **Korrektur**, wenn sich die **wettbewerbsrechtlichen Rahmenbedingungen** nachhaltig **ändern**. Dies kann der Fall sein, wenn sich die tatsächlichen Umstände ändern, etwa weil sich eine festgestellte Verkehrsauffassung geändert hat.[139] Ebenso kann sich die dem Unterlassungsurteil zugrunde liegende Rechtslage ändern: das Wettbewerbs- und Markenrecht wird von einer Beschränkung befreit, eine Marktverhaltensnorm (§ 3a UWG) wird liberalisiert oder vom BVerfG für nichtig erklärt oder ein zeitgebundenes Sonderschutzrecht erlischt vorzeitig[140]. Der X. Zivilsenat des BGH nimmt beim vorzeitigen Erlöschen eines Sortenschutzrechts oder eines Patents infolge Nichtigerklärung oder dem zuvorkommenden Verzichts zudem an, dass dann wegen einer titulierten Schadensersatzverpflichtung analog § 580 Nr. 6 ZPO ein Wiederaufnahmeverfahren durchgeführt werden kann.[141]

118 **Verfahrensmäßige Wirkung** erlangen derartige Veränderungen über eine Vollstreckungsabwehrklage gem. **§ 767 ZPO**. Zu beachten ist die Zeitschranke des § 767 Abs. 2 ZPO. Beruht die Bindung auf einer **Unterwerfungsvereinbarung**, kann der Schuldner ein außerordentliches **Kündigungsrecht** aus wichtigem Grund ausüben.[142] Einer Gesetzesänderung gleichgestellt ist die Nichtigerklärung eine Norm durch das BVerfG. Sie kann nach §§ 79 Abs. 2 Satz 3, 95 Abs. 3 Satz 3 BVerfGG mit der Klage gem. § 767 ZPO geltend gemacht werden.

119 **Änderungen der Rechtsprechung** begründen grundsätzlich **keine** Einwendung im Sinne des § 767 ZPO.[143] Ob dieser Standpunkt ohne Ausnahmen gelten sollte, ist umstritten.[144] Für nachträgliche höchstrichterliche Entscheidungen zur Zulässigkeit einer AGB-Klausel ist in **§ 10 UKlaG** eine gesetzliche Regelung getroffen worden. Sie

---

138 BGH, 31.05.2012, I ZR 45/11, GRUR 2012, 949 Rn. 36 – *Missbräuchliche Vertragsstrafe*.

139 Vgl. dazu BGH, 06.12.2007, I ZR 184/05, WRP 2008, 936, Rn. 14 – *Duftvergleich mit Markenparfüm*.

140 BGH, 29.07.2010, Xa ZR 118/09, BGHZ 187, 1 = GRUR 2010, 996 Rn. 16 – *Bordako* (Sortenschutzrecht).

141 BGH, 29.07.2010, Xa ZR 118/09, BGHZ 187, 1 = GRUR 2010, 996 Rn. 12 – *Bordako* m. Anm. *Würtenberger* (Sortenschutzrecht); BGH, 17.04.2012, X ZR 55/09, GRUR 2012, 753 Rn. 13 – *Tintenpatrone III*; BGH, 10.01.2017, X ZR 17/13, GRUR 2017, 428 Rn. 10 – *Vakuumtransportsystem*.

142 BGH, 26.09.1996, I ZR 265/95, BGHZ 133, 316, 320 = GRUR 1997, 382, 383 f. – *Altunterwerfung*; BGH, 26.09.1996, I ZR 194/95, GRUR 1997, 386, 389 – *Altunterwerfung II*; BGH, 06.07.2000, I ZR 243/97, GRUR 2001, 85, 86 – *Altunterwerfung IV*; BGH, 08.05.2014, I ZR 210/12, GRUR 2014, 997 Rn. 24 – *fishtailparka*.

143 BGH, 02.07.2009, I ZR 146/07, BGHZ 181, 373 = GRUR 2009, 1096 Rn. 19 – *Mescher weis*.

144 Vgl. dazu *Ahrens* in Ahrens, Der Wettbewerbsrozess[8] Kap. 36a Rn. 23.

eignet sich für eine analoge Anwendung. Wird das dem Schuldner untersagte Verhalten aufgrund einer höchstrichterlichen Leitentscheidung nachträglich als eindeutig rechtmäßig beurteilt, soll dieser Sachverhalt einer Gesetzesänderung gleichstehen.[145]

Auf durch **Abschlusserklärung** bestandskräftig gemachte **Verfügungstitel** ist **§ 767 ZPO** unter den für ordentliche Unterlassungsurteile geltenden Voraussetzungen analog anzuwenden.[146] 120

5. Titelkontinuität beim Wechsel des Unterlassungsschuldners

Der **Übergang eines Unternehmens**, dessen Rechtsträger zur Unterlassung einer Wettbewerbshandlung verurteilt worden ist, auf einen **neuen Rechtsträger** soll nach h.M. wegen der Personengebundenheit des Unterlassungsanspruchs grundsätzlich **nicht** mit einer Bindung des Rechtsnachfolgers verbunden sein.[147] Diese Auffassung ist zweifelhaft, weil sie nicht genügend berücksichtigt, dass nach den Wertungen des § 8 Abs. 2 UWG (ebenso §§ 14 Abs. 7, 15 Abs. 6, 17 Abs. 2 Satz 3, 128 abs. 3, 135 Abs. 2 MarkenG) eine Betriebsinhaberhaftung gilt, die auf die Betriebsorganisation abstellt; durch die Übernahme eines Unternehmens als lebender Organismus verändert sich das Verletzungs- bzw. Bedrohungspotential in Bezug auf UWG- und Kennzeichenverstöße nicht. 121

Abweichend von der Beurteilung des gesetzlichen Unterlassungsanspruchs lässt sich die **Anwendung der §§ 25, 28 HGB** im Falle des Unternehmensübergangs auf vertragliche Unterlassungsansprüche beurteilen, wie sie in Unterwerfungsvereinbarungen enthalten sind.[148] Dasselbe gilt für Formwechsel, Verschmelzungen und Unternehmensspaltungen.[149] 122

E. Klageanträge

Michael Schmidt

I. Unterlassungsklage

Unterlassungsansprüche stehen im Mittelpunkt nahezu jeder wettbewerbsrechtlichen Auseinandersetzung. Die richtige Formulierung des Unterlassungsantrages gehört daher zu den wichtigsten, aber auch schwierigsten Grundvoraussetzungen für eine erfolgrei- 123

---

145 BGH, 02.07.2009, I ZR 146/07, BGHZ 181, 373 = GRUR 2009, 1096 Rn. 21 – *Mescher weis*; BGH, 08.05.2014, I ZR 210/12, GRUR 2014, 997 Rn. 24 – *fishtailparka*.

146 BGH, 02.07.2009, I ZR 146/07, BGHZ 181, 373 = GRUR 2009, 1096 Rn. 27 – *Mescher weis*; OLG Frankfurt, 22.05.2014, 6 U 24/14, GRUR-RR 2014, 410, 411 – *Ciclopoli*.

147 BGH, 16.03.2006, I ZR 92/03, GRUR 2006, 879 Rn. 17 – *Flüssiggastank*; BGH, 26.04.2007, I ZR 34/05, BGHZ 172, 165 = GRUR 2007, 995 Rn. 11 und 14 – *Schuldnachfolge*; BGH, 03.04.2008, I ZR 49/05, GRUR 2008, 1002 Rn. 39 – *Schuhpark*; BGH, 18.03.2010, I ZR 158/07, GRUR 2010, 536 Rn. 40 – *Modulgerüst II*.

148 Vgl. BGH, 25.04.1996, I ZR 58/94, GRUR 1996, 995, 996 – *Übergang des Vertragsstrafeversprechens*.

149 So OLG Karlsruhe, 22.01.2014, 6 U 135/10, GRUR-RR 2014, 362, 364.

che Unterlassungsklage oder eine Verbotsverfügung. Dabei stellen sich zunächst Zulässigkeitsfragen. Zwar unterliegt jeder Klagantrag dem Bestimmtheitserfordernis des § 253 Abs. 2 Nr 2 ZPO. Aber nirgendwo sonst läuft der Kläger so sehr Gefahr, einen Antrag zu stellen, der dem Bestimmtheitserfordernis nicht genügt, wie beim Unterlassungsantrag. Übersehen die Instanzgerichte das, dann kann der Mangel der Bestimmtheit des Antrags, weil die Frage der Bestimmtheit von Amts wegen zu prüfen ist, dem Erfolg der Klage auch noch im Revisionsverfahren entgegenstehen.[150] Aber auch in der Sache hängt der Erfolg der Unterlassungsklage u.a. davon ab, ob der Antrag die beanstandete Verletzungshandlung so zutreffend erfasst, dass er weder hinter dem Anspruch zurückbleibt, der dem Gläubiger zusteht, noch mit der Folge über diesen hinausgeht, dass der Gläubiger im Rechtsstreit teilweise unterliegt und mit Kosten belastet wird.

1. Unterlassungsklaganträge

a) Grundsätze

aa) Bestimmtheit (§ 253 II Nr 2 ZPO)

124 Nach § 253 Abs. 2 Nr 2 ZPO darf ein Verbotsantrag – und nach § 313 Abs. 1 Nr 4 ZPO eine darauf beruhende Verurteilung – nicht derart undeutlich gefasst sein, dass Streitgegenstand und Umfang der Prüfungs- und Entscheidungsbefugnis des Gerichts (§ 308 Abs. 1 ZPO) nicht erkennbar abgegrenzt sind, sich der Beklagte deshalb nicht erschöpfend verteidigen kann und letztlich dem Vollstreckungsgericht die Entscheidung darüber überlassen bleibt, was dem Beklagten verboten ist.[151] Die der gerichtlichen

150 BGH, 11.05.2000, I ZR 28/98, BGHZ 144, 255, 263, juris Rn. 34 ff. – *Abgasemissionen*; BGH, 17.07.2003, I ZR 259/00, GRUR 2003, 958, 960, juris Rn. 40 – *Paperboy*; BGH, 17.08.2011, I ZR 108/09, GRUR 20011, 1043, Rn. 36 – *TÜV II*; BGH, 20.06.2013, I ZR 55/12, GRUR 2013, 1235, Rn. 12 – *Restwertbörse II*; BGH, 28.11.2013, I ZR 7/13, GRUR 2014, 398, Rn. 14 – *Online-Versicherungsvermittlung*; BGH, 05.11.2015, I ZR 50/14, GRUR 2016, 705, Rn. 11 – *ConText*; BGH, 28.04.2016, I ZR 254/14, GRUR 2016, 1301, Rn. 27 – *Kinderstube*; BGH, 21.09.2017, I ZR 53/16, WRP 2018, 328, Rn. 12 – *Festzins Plus*.

151 St. Rspr.; BGH, 24.11.1999, I ZR 189/97, GRUR 2000, 438, 440 – *Gesetzeswiederholende Unterlassungsanträge*; BGH, 11.05.2000, I ZR 28/98, BGHZ 144, 255, 263 – *Abgasemissionen*; BGH, 26.10.2000, I ZR 180/98, GRUR 2001, 453, 454 – *TCM-Zentrum*; BGH, 09.11.2000, I ZR 167/98, GRUR 2001, 529, 531 – *Herz-Kreislauf-Studie*; BGH, 06.12.2001, I ZR 316/98, GRUR 2002, 996, 999, juris Rn. 123 – *Bürgeranwalt*; BGH, 04.07.2002, I ZR 38/00, GRUR 2002, 1088, juris Rn. 30 – *Zugabenbündel*; BGH, 21.12.2011, I ZR 190/10, GRUR 2012, 842, Rn. 12 – *Neue Personenkraftwagen*; BGH, 02.02.2015, I ZR 239/14, GRUR 2016, 702, Rn. 14 – *Eligard*; BGH, 23.09.2015, I ZR 78/14, GRUR 2015, 1201, Rn. 41 – *Sparkassen-Rot/Santander-Rot*; BGH, 05.11.2015, I ZR 50/14, GRUR 2016, 705, Rn. 11 – *ConText*; BGH, 21.07.2016, I ZR 26/15, GRUR 2016, 1076, Rn. 11 – *LGA tested*; BGH, 14.01.2016, I ZR 65/14, GRUR 2016, 946, Rn. 17 – *Freunde finden*; BGH, 04.05.2016, I ZR 58/14, GRUR 2017, 79, Rn. 20 – *Segmentstruktur*; BGH, 06.10.2016, I ZR 25/15, GRUR 2017, 266, Rn. 29 – *World of Warcraft*; BGH, 26.01.2017, I ZR 207/14, GRUR 2017, 422, Rn. 18 – *ARD-Buffet*; BGH, 02.03.2017, I ZR 194/15, GRUR 2017, 537, Rn. 12 – *Konsumgetreide*; BGH, 21.09.2017, I ZR 53/16, WRP 2018, 328, Rn. 12 – *Festzins Plus*; BGH, 05.10.2017, I ZR 184/16, GRUR 2018, 203, Rn. 10 – *Betriebspsychologe*; BGH, 09.11.2017, I ZR 134/16, GRUR 2018, 417, Rn. 21 – *Resistograph*; BGH, 17.10.2018, I ZR 136/17, GRUR 2019, 79, Rn. 13 – *Tork*.

Anspruchsverfolgung vorangehende Abmahnung unterliegt allerdings als außergerichtliches Streitbeilegungsmittel nicht dem Bestimmtheitsgebot.[152] Ein Klagantrag ist grundsätzlich hinreichend bestimmt, wenn er den erhobenen Anspruch konkret bezeichnet, dadurch den Rahmen der gerichtlichen Entscheidungsbefugnis (§ 308 Abs. 1 ZPO) absteckt, Inhalt und Umfang der materiellen Rechtskraft der begehrten Entscheidung (§ 322 ZPO) erkennen lässt, das Risiko eines Unterliegens des Klägers nicht durch vermeidbare Ungenauigkeit auf den Beklagten abwälzt und schließlich eine Zwangsvollstreckung aus dem Urteil ohne eine Fortsetzung des Streits im Vollstreckungsverfahren erwarten lässt.[153] Entspricht der Antrag nicht diesen Anforderungen, ist die Klage als unzulässig abzuweisen.[154] Gerade auch auf die Revision des Beklagten hin.[155] Es ist grundsätzlich Sache der Klagepartei, den Antrag bestimmt zu fassen und das erstrebte Klageziel zu formulieren.[156] Sie muss Inhalt, Umfang und Grenzen des begehrten Verbots aufzeigen und die insoweit maßgebenden Umstände dartun.[157] Für Fälle der Erstbegehungs- und Wiederholungsgefahr gelten insoweit die gleichen Maßstäbe.[158]

Seit der »TÜV I«-Entscheidung des BGH[159] wird auch eine im Bereich des gewerblichen Rechtsschutzes davor jahrzehntelang für zulässig gehaltene alternative Klaghäufung, bei der ein einheitliches Rechtsschutzbegehren auf verschiedene Klagegründe gestützt wird, aus Gründen mangelnder Bestimmtheit des Klagbegehrens nicht mehr für zulässig erachtet. Das betrifft nicht nur Fälle, in denen ein einheitliches Klagebegehren aus mehreren Schutzrechten hergeleitet wird[160], sondern auch die Geltendmachung mehrerer wettbewerbsrechtlicher Ansprüche, soweit diese verschiedene prozessuale Ansprüche (Streitgegenstände) bilden. Ebenso liegt es, wenn der Anspruch nicht nur aus einem Schutzrecht (Marke/Unternehmenskennzeichen) und aus wettbewerbsrechtlich Normen, sondern auch aus Vertrag[161] oder aus verschiedenen Schutzrechten, **125**

152 BGH, 16.11.2006, I ZR 191/03, GRUR 2007, 607, Rn. 24 – *Telefonwerbung für »Individualverträge«*; BGH, 28.04.2016, I ZR 254/14, GRUR 2016, 1300, Rn. 67 – *Kinderstube.*

153 BGH, 14.12.1998, II ZR 330/97, NJW 1999, 954; BGH, 28.11.2002, I ZR 168/00, BGHZ 153, 69, 75, Rn. 46 – *P-Vermerk.*

154 BGH, 12.07.2001, I ZR 40/99, GRUR 2002, 86, 88 – *Laubhefter*; BGH, 17.07.2003, I ZR 259/00, GRUR 2003, 958, 960, juris Rn. 40 – *Paperboy*; BGH, 20.06.2013, I ZR 55/12, GRUR 2013, 1235, Rn. 12 – *Restwertbörse II.*

155 *Köhler*/Bornkamm/Feddersen, § 12, Rn. 2.35.

156 BGH, 11.10.1990, I ZR 35/89, GRUR 1991, 254, 257 – *Unbestimmter Unterlassungsantrag I*; BGH, 05.06.1997, I ZR 69/95, GRUR 1998, 489, 492 – *Unbestimmter Unterlassungsantrag III*; BGH, 12.07.2001, I ZR 40/99, GRUR 2002, 86, 88, Rn. 59 – *Laubhefter.*

157 BGH, 05.06.1997, I ZR 69/95, GRUR 1998, 489, 492 – *Unbestimmter Unterlassungsantrag III.*

158 BGH, 23.09.2015, I ZR 78/14, GRUR 2015, 1201, Rn. 42 – *Sparkassen-Rot/Santander-Rot*; OLG Frankfurt, 02.02.2017, 6 U 151/16, WRP 2017, 478, 479 f., juris Rn. 24 – *ICANN.*

159 BGH, 24.03.2011, I ZR 108/09, BGHZ 189, 56, Rn. 8–12 – *TÜV I.*

160 Siehe auch BGH, 28.04.2016, I ZR 82/14, GRUR 2016, 810, Rn. 15 – *profitbricks.es*; BGH, 10.11.2016, I ZR 191/15, GRUR 2017, 730, Rn. 18 – *Sierpinski-Dreieck.*

161 BGH, 24.09.2013, I ZR 64/11, GRUR-RR 2014, 201, Rn. 13 – *Peek & Cloppenburg IV.*

Namensrecht und deliktsrechtlichen Vorschriften[162] hergeleitet wird. Gleiches gilt, wenn der Kläger seinen Klageantrag zum einen auf einen eigenen Anspruch und zum anderen auf einen in gewillkürter Prozessstandschaft erhobenen Anspruch eines Dritten stützt, weil auch insoweit verschiedene Streitgegenstände vorliegen.[163] Einen einheitlichen Streitgegenstand hat der BGH dagegen angenommen, wenn der Anspruch einerseits auf wettbewerbsrechtliche Normen gestützt und andererseits deliktsrechtlich begründet worden ist.[164] Ob es sich bei einem auf Wiederholungsgefahr gestützten Verletzungsunterlassungsanspruch und einem auf Erstbegehungsgefahr gestützten vorbeugenden Unterlassungsanspruch um verschiedene Streitgegenstände handelt oder nicht, ist bei einem einheitlichen Klagantrag davon abhängig, ob es sich um einen einheitlichen Sachverhalt oder um mehrere Sachverhalte handelt, die den Anspruch rechtfertigen können.[165] Unterschiedliche Streitgegenstände liegen vor, wenn ein Unterlassungsanspruch zum einen wegen der vorprozessual begangenen Verletzungshandlung auf Wiederholungsgefahr und zum anderen auf Erstbegehungsgefahr wegen Erklärungen gestützt wird, die der in Anspruch Genommene erst später im gerichtlichen Verfahren abgibt[166], oder umgekehrt, wenn der Unterlassungsantrag zunächst auf Erstbegehungsgefahr, später wegen einer bestimmten Verletzungshandlung auch auf Wiederholungsgefahr gestützt wird.[167]

126 Liegen unterschiedliche Streitgegenstände vor, muss der Kläger, um dem Bestimmtheitsgebot des § 253 Abs. 2 Nr 2 ZPO zu genügen, die Reihenfolge bezeichnen, in der er die Ansprüche wegen der verschiedenen Streitgegenstände geltend machen will.[168] Letzteres muss nicht innerhalb der Antragsfassung geschehen, sondern kann in allen Instanzen auch durch Angaben in der Antragsbegründung oder Erklärungen in der mündlichen Verhandlung geschehen.[169] Der Kläger kann noch in der Revisionsinstanz von der alternativen zur eventuellen Klagehäufung wechseln.[170] Er kann die verschiedenen Klaggründe zulässigerweise zwar auch kumulativ geltend zu machen. Liegt dennoch eine alternative Klaghäufung vor, dann ist der Übergang von der alternativen zur

162 BGH, 28.04.2016, I ZR 82/14, GRUR 2016, 810, Rn. 15 – *profitbricks.es.*
163 BGH, 12.01.2017, I ZR 253/14, GRUR 2017, 397, Rn. 27 – *World of Warcraft II.*
164 BGH, 08.03.2012, I ZR 85/10, GRUR 2012, 1153, Rn. 8 – *Unfallersatzgeschäft*; a.A. Teplitzky/Schwippert, Kap. 46, Rn. 5a.
165 BGH, 10.03.2016, I ZR 183/14, GRUR 2016, 1187, Rn. 20 – *Stirnlampen.*
166 BGH, 23.09.2015, I ZR 15/14, GRUR 2016, 83, Rn. 41 – *Amplidect/ampliteq.*
167 BGH, 23.02.2006, I ZR 272/02, BGHZ 166, 253, 259, Rn. 25 m.w.N. – *Markenparfümverkäufe.*
168 BGH, 24.03.2011, I ZR 108/09, BGHZ 189, 56, Rn. 10 – *TÜV I.*
169 BGH, 24.03.2011, I ZR 108/09, BGHZ 189, 56, Rn. 13 – *TÜV I*; BGH, 12.01.2017, I ZR 253/14, GRUR 2017, 397, Rn. 28 – *World of Warcraft II*; OLG Köln, 27.03.2015, 6 U 185/14, WRP 2015, 771, Rn. 4 – *Barcode-Label*; Teplitzky/Schwippert, Kap. 51, Rn. 33.
170 BGH, 24.03.2011, I ZR 108/09, BGHZ 189, 56, Rn. 13 – *TÜV I*; BGH, 17.08.2011, I ZR *108/09, GRUR 2011, 1043, Rn. 37* – TÜV II; BGH, 27.11.2014, I ZR 1/11, GRUR 2015, 689, Rn. 14 – *Parfumflakon III*; BGH, 12.01.2017, I ZR 253/14, GRUR 2017, 397, Rn. 28 – *World of Warcraft II.*

kumulativen Klagehäufung jedenfalls in der Revisionsinstanz nicht mehr möglich, weil darin eine Klageänderung liegt, die in der Revisionsinstanz ausgeschlossen ist.[171]

bb) Behandlung unbestimmter Klaganträge durch das Gericht

Der Mangel der Bestimmtheit des Klageantrags ist auch im Revisionsverfahren von Amts wegen zu beachten.[172] Erkennt das Gericht die mangelnde Bestimmtheit des Antrags muss es dem Kläger gemäß § 139 ZPO Gelegenheit geben, die Klageanträge zu überprüfen, eventuell neu zu stellen und hierzu sachdienlichen Vortrag zu halten.[173] Der Grundsatz des Vertrauensschutzes und der Anspruch der Parteien auf ein faires Gerichtsverfahren gebieten es in einem solchen Fall, von der Möglichkeit der Abweisung der Klage als unzulässig abzusehen.[174] Die gerichtliche Pflicht, auf sachdienliche Klageanträge hinzuwirken (§ 139 Abs. 1 2 ZPO), wird nicht durch einen Hinweis des Prozessgegners auf die Unbestimmtheit des Klageantrags ersetzt.[175] Daher hat das Gericht auf einen als unbestimmt erkannten Antrag nicht nur schon erstinstanzlich, sondern auch in der Berufungsinstanz hinzuweisen, um dem Kläger Gelegenheit zu geben, einen hinreichend bestimmten Antrag zu stellen. Ein bereits in erster Instanz erfolgreicher Kläger hat auch im Berufungsverfahren ohne richterlichen Hinweis keinen Anlass, den Verbotsantrag neu zu formulieren.[176] Die Hinweispflicht des Gerichts geht zwar nicht so weit, dass es weitergehend dem Gericht überlassen werden könnte, einem zu unbestimmt gefassten und damit unzulässigen Klageantrag einen zulässigen Wortlaut und Inhalt zu geben.[177] Weist das Gericht aber auf die Unbestimmtheit des Klagantrages und die insoweit maßgeblichen Umstände hin und ändert der Kläger darauf 127

171 BGH, 17.08.2011, I ZR 108/09, GRUR 2011, 1043, Rn. 32 – *TÜV II*; BGH, 28.04.2016, I ZR 82/14, GRUR 2016, 810, Rn. 15 m.w.N. – *profitbricks.es*; BGH, 12.01.2017, I ZR 253/14, GRUR 2017, 397, Rn. 28 – *World of Warcraft II*; Teplitzky/Schwippert, Kap. 51, Rn. 35a m.w.N.

172 St. Rspr.; BGH, 05.11.2015, I ZR 50/14, GRUR 2016, 705 Rn. 11 – *ConText*; BGH, 17.10.2018, I ZR 136/17, GRUR 2019, 79, Rn. 13 – *Tork*.

173 BGH, 11.10.1990, I ZR 35/89, GRUR 1991, 254, 257 – *Unbestimmter Unterlassungsantrag I*; BGH, 29.02.1996, I ZR 6/94, GRUR 1996, 796, 797 – *Setpreis*; BGH, 05.06.1997, I ZR 69/95, GRUR 1998, 489, 492 – *Unbestimmter Unterlassungsantrag III*; BGH, 24.11.1999, I ZR 189/97, GRUR 2000, 438, 441 – *Gesetzeswiederholende Unterlassungsanträge*; BGH, 12.07.2001, I ZR 40/99, GRUR 2002, 86, 88, juris Rn. 62 – *Laubhefter*; BGH, 22.01.2014, I ZR 164/12, GRUR 2014, 393, Rn. 49 – *wetteronline.de*; BGH, 27.07.2017, I ZR 162/15, GRUR 2018, 196, Rn. 18 – *Eigenbetrieb Friedhöfe*.

174 BGH, 24.11.1999, I ZR 189/97, GRUR 2000, 438, 441 – *Gesetzeswiederholende Unterlassungsanträge*; BGH, 16.11.2006, I ZR 191/03, GRUR 2007, 607, Rn. 18 – *Telefonwerbung für »Individualverträge«*; BGH, 04.11.2010, I ZR 118/09, GRUR 2011, 539, Rn. 18 – *Rechtsberatung durch Lebensmittelchemiker*.

175 BGH, 04.11.2010, I ZR 118/09, GRUR 2011, 539, Rn. 18 – *Rechtsberatung durch Lebensmittelchemiker*.

176 BGH, 23.04.2009, IX ZR 95/06, WRP 2009, 845, Rn. 6; BGH, 04.11.2010, I ZR 118/09, GRUR 2011, 539, Rn. 18 – *Rechtsberatung durch Lebensmittelchemiker*.

177 BGH, 11.10.1990, I ZR 35/89, GRUR 1991, 254, 257, juris Rn. 21 – *Unbestimmter Unterlassungsantrag I*; BGH, 05.06.1997, I ZR 69/95, GRUR 1998, 489, 492 – *Unbestimmter Unterlassungsantrag III*; FBO/Büscher, § 12, Rn. 288; *Köhler*/Bornkamm/Feddersen, § 12, Rn. 2.35.

seinen Antrag, dann ist das Gericht gehalten, erneute Hinweise zu geben, wenn es auch den veränderten Antrag für unzureichend hält. Der umgestellte oder als Hilfsantrag gestellte bestimmtere Antrag kann auch dann nicht unberücksichtigt bleiben, wenn die Berufung gegen das den Hauptantrag abweisende Urteil gemäß § 522 Abs. 2 ZPO zurückgewiesen werden könnte.[178] Hinweise des Gerichts, die dazu führen würden, das der Kläger sein Angriffsziel umstellt oder erweitert und so einen anderen oder weiteren Streitgegenstand in den Rechtsstreit einführt, sind allerdings nicht veranlasst.[179] Unterbleibt ein Hinweis auch durch das Berufungsgericht, weil es des Antrag als zulässig erachtet oder den unbestimmten Antrag gar selbst empfohlen[180] hat, erfolgt im Revisionsverfahren die Aufhebung des Berufungsurteils und die Zurückweisung der Sache an das Berufungsgericht, um dem Kläger im neueröffneten Berufungsverfahren die Möglichkeit zu geben, einen Antrag zu fassen, der dem Bestimmtheitsgebot genügt.[181] Das unterbleibt nur dann, wenn dem Kläger ein materiell-rechtlicher Anspruch auf der Grundlage des unstreitigen Sachverhalts erkennbar nicht zusteht.[182]

cc) Konkretisierungsgebot

128 § 8 Abs. 1 ist Anspruchsgrundlage für alle wettbewerbsrechtlich begründeten Unterlassungsklagen oder Verfügungsanträge. Die Vorschrift begründet im Falle einer nach § 3 oder 7 unzulässigen geschäftlichen Handlung Beseitigungs- und bei Wiederholungsgefahr auch Unterlassungsansprüche. Beseitigung kann nach dem Wortlaut der Vorschrift[183] lediglich im Umfang der bereits begangenen Verletzungshandlung verlangt werden; Unterlassung auch bei nur drohenden Verletzungshandlungen (§ 8 Abs. 1 2). Der Unterlassungsanspruch beinhaltet dabei allerdings in bestimmtem Umfang auch Ansprüche auf Störungsbeseitigung, wie etwa Rückrufpflichten.[184] Es gilt deshalb das

---

178 BGH, 02.05.2017, VI ZR 85/16, MDR 2017, 1077.

179 BGH, 26.04.2001, I ZR 314/98, GRUR 2001, 1178, 1181, juris Rn. 45 – *Gewinn-Zertifikat*; BGH, 15.05.2003, I ZR 217/00, GRUR 2003, 798, 800, juris Rn. 43 – *Sanfte Schönheitschirurgie*; FBO/Büscher, § 12, Rn. 288; *Köhler*/Bornkamm/Feddersen, § 12, Rn. 2.53; Zöller/Greger, § 139, Rn. 6.

180 BGH, 11.10.1990, I ZR 35/89, GRUR 1991, 254, 257, juris Rn. 21 – *Unbestimmter Unterlassungsantrag I*; BGH, 22.11.2007, I ZR 12/05, GRUR 2008, 357, Rn. 28 – *Planfreigabesystem.*

181 BGH, 05.06.1997, I ZR 69/95, GRUR 1998, 489, 492 – *Unbestimmter Unterlassungsantrag III*; BGH, 24.11.1999, I ZR 189/97, GRUR 2000, 438, 441 – *Gesetzeswiederholende Unterlassungsanträge*; BGH, 12.07.2001, I ZR 261/98, GRUR 2002, 77, 78 – *Rechenzentrum*; BGH, 23.01.2003, I ZR 18/00, GRUR 2003, 786, 787 – *Innungsprogramm*; BGH, 04.10.2007, I ZR 143/04, GRUR 2008, 84, Rn. 23 – *Versandkosten*; BGH, 08.03.2012, I ZR 85/10, GRUR 2012, 1153, Rn. 16 – *Unfallersatzgeschäft*; BGH, 20.06.2013, I ZR 55/12, GRUR 2013, 1235, Rn. 14 – *Restwertbörse II*; BGH, 22.01.2014, I ZR 164/12, GRUR 2014, 393, Rn. 49 – *wetteronline.de*; BGH, 08.05.2014, I ZR 217/12, BGHZ 201, 129, Rn. 26; BGH, 23.09.2015, I ZR 78/14, GRUR 2015, 1201, Rn. 45 – *Sparkassen-Rot/Santander-Rot*; BGH, 05.11.2015, I ZR 50/14, GRUR 2016, 705, Rn. 15 – *ConText*; BGH, 26.01.2017, I ZR 207/14, GRUR 2017, 422, Rn. 23 – *ARD-Buffet*; BGH, 21.09.2017, I ZR 53/16, WRP 2018, 328, Rn. 14 – *Festzins Plus.*

182 BGH, 17.07.2003, I ZR 259/00, GRUR 2003, 958, 960, juris Rn. 44 – *Paperboy.*

183 Zur Frage des vorbeugenden Beseitigungsanspruches siehe unten Rdn. 230.

184 Siehe dazu unten Rdn. 228 ff.

Gebot der Konkretisierung des Unterlassungsantrages auf eben jene Verletzungshandlung (konkrete Verletzungshandlung). Das betrifft jenseits der Frage nach der hinreichenden Bestimmtheit des Antrags den Aspekt der Begründetheit des erhobenen Anspruchs, also sie Frage nach dem Inhalt und der Reichweite des Anspruchs.[185] Findet die konkrete Verletzungshandlung ihren Niederschlag in einer konkreten Ausgestaltung (Werbung u.a.in der Form von Anzeigen, Werbebeilagen oder Werbespots, konkrete Produktausstattung usw.), dann wird diese als »konkrete Verletzungsform« bezeichnet.[186]

Der Antrag muss das Charakteristische der Verletzungshandlung wiedergeben.[187] Ist dies nicht der Fall, dann führt das trotz möglicherweise hinreichender Bestimmtheit des Antrags zur Abweisung der Klage als unbegründet, weil das im Antrag zum Ausdruck kommende Begehren mit der konkreten Verletzungshandlung nicht im Einklang steht.[188] Maßgeblich ist, welchen Gesichtspunkt der Kläger als Grundlage für seinen Anspruchs heranzieht. Vom Kläger nicht beanstandete unlautere Aspekte des unter anderen Gesichtspunkten angegriffenen Verhaltens gehören nicht zum Antragsgegenstand.[189] Sieht der Kläger das Charakteristische der angegriffenen Handlung nicht in solchen Umständen, die die Unlauterkeit des angegriffenen Verhaltens begründen könnten, sondern fälschlich in einer tatsächlich erlaubten Verhaltensweise, wird das unlautere Verhalten weder vom Antrag noch von einem entsprechenden Verbot erfasst.[190] **129**

Die durch eine Verletzungshandlung begründete Vermutung der Wiederholungsgefahr beschränkt sich nicht allein auf die genau identische Verletzungsform, sondern umfasst **130**

185 Vgl. Harte/Henning/Brüning, Vorb zu § 12, Rn. 97; Teplitzky/Schwippert, Kap. 51, Rn. 11.

186 Vgl. etwa FBO/Büscher, § 12, Rn. 304; *Köhler*/Bornkamm/Feddersen, § 12, Rn. 2.43.

187 St Rspr.; z.B. BGH, 05.10.2010, I ZR 46/09, GRUR 2011, 433, Rn. 26 – *Verbotsantrag bei Telefonwerbung*; BGH, 08.12.2016, I ZR 88/16, MMR 2017, 240, Rn. 11; siehe auch FBO/Büscher, § 12, Rn. 304; *Köhler*/Bornkamm/Feddersen, § 12, Rn. 2.44.

188 BGH, 11.06.1992, I ZR 226/90, GRUR 1992, 625, 627, juris Rn. 27 ff. – *Therapeutische Äquivalenz*; BGH, 17.07.2003, I ZR 259/00, GRUR 2003, 958, 961, juris Rn. 42 – *Paperboy*; BGH, 04.05.2005, I ZR 127/02, GRUR 2005, 692, 693 f., juris Rn. 16 ff. – *»statt«-Preis*; BGH, 10.12.2009, I ZR 46/07, BGHZ 183, 309, Rn. 30 – *Fischdosendeckel*; FBO/Büscher, § 12, Rn. 304; *Köhler*/Bornkamm/Feddersen, § 12, Rn. 2.44.

189 Vgl. BGH, 08.10.1998, I ZR 187/97, WRP 1999, 517, 519 – *Handy für 0,00 DM*; BGH, 05.10.2017, I ZR 184/16, GRUR 2018, 203, Ls. und Rn. 14f. (18) – *Betriebspsychologe* (betr. einen nicht auf das Verbot der konkreten Verletzungsform bezogenen Antrag); BGH, 11.10.2017, I ZR 78/16, GRUR 2018, 431, Ls. und Rn. 16 – *Tiegelgröße* (betrifft auf konkrete Verletzungsform bezogenen Antrag).

190 Vgl. BGH, 10.04.2003, I ZR 291/00, GRUR 2003, 890, 891 – *Buchclub-Kopplungsangebot*; BGH, 03.11.2016, I ZR 227/14, GRUR 2017, 418, Rn. 33 – *Optiker-Qualität*.

alle im Kern gleichartigen Verletzungshandlungen.[191] In entsprechendem Umfang gilt ein gerichtliches Verbot, auch wenn es auf die konkrete Verletzungsform beschränkt ist.[192] So begründet z.B. die Werbung mit unzutreffenden unverbindlichen Preisempfehlungen für einen Radiorecorder, eine Waschmaschine und einen Kühlautomaten die Annahme der Wiederholungsgefahr für Artikel der Unterhaltungselektronik und Haushaltsgeräte. Darauf ist der Unterlassungsantrag dann aber auch zu beschränken, denn die konkreten Verletzungshandlungen vermögen in einem solchen Fall nicht eine Wiederholungsgefahr für sämtliche vom Schuldner vertriebenen Artikel zu begründen.[193] Wie weit die Wiederholungsgefahr reicht und deshalb der Antrag gehen kann, ist im Einzelfall zu prüfen. Will der Kläger zu viel, geht das zu seinen Lasten.

131 Typischerweise verstößt ein Antrag, der über die konkrete Verletzungshandlung hinausgeht, weil ein antragsgemäß ausgesprochenes Verbot auch erlaubte Verhaltensweisen erfassen würde, gegen das Konkretisierungsgebot und ist als unbegründet abzuweisen.[194] Der vollständigen Abweisung eines zu weitgehenden Klagantrages entgeht der Kläger nur, wenn seinem Begehren klar entnommen werden kann, dass er seinen

---

191 Vgl. BGH, 16.11.1995, I ZR 229/93, GRUR 1997, 379, Ls. – *Wegfall der Wiederholungsgefahr II*; BGH, 09.05.1996, I ZR 107/94, GRUR 1996, 800, 802 – *EDV-Geräte*; BGH, 15.09.1999, I ZR 131/97, GRUR 2000, 436 (437) – *Ehemalige Herstellerpreisempfehlung*; BGH, 15.12.1999, I ZR 159/97, GRUR 2000, 337, 338, juris Rn. 22 – *Preisknaller*; BGH, 29.06.2000, I ZR 29/98, GRUR 2000, 907, 908, juris Rn. 31 – *Filialleiterfehler*; BGH, 14.11.2002, I ZR 137/00, GRUR 2003, 446, 447 – *Preisempfehlung für Sondermodelle*; BGH, 23.02.2006, I ZR 27/03, BGHZ 166, 233, Rn. 36 – *Parfümtestkäufe*; BGH, 08.11.2007, I ZR 60/05, GRUR 2008, 530, Rn. 23 – *Nachlass bei der Selbstbeteiligung*; BGH, 14.02.2008, I ZR 55/05, GRUR 2008, 796, Rn. 15 – *Hollister*; BGH, 10.12.2009, I ZR 46/07, GRUR 2010, 253, Rn. 30 – *Fischdosendeckel*; BGH, 29.04.2010, I ZR 202/07, GRUR 2010, 749, Rn. 42 – *Erinnerungswerbung im Internet*; BGH, 19.05.2010, I ZR 177/07, GRUR 2010, 855, Rn. 17 – *Folienrollos*; BGH, 15.03.2012, I ZR 137/10, GRUR 2012, 630, Rn. 19 – *CONVERSE II*; BGH, 19.07.2012, I ZR 199/10, GRUR 2013, 307, Rn. 19 – *Unbedenkliche Mehrfachabmahnung*; BGH, 29.09.2016, I ZB 34/15, GRUR 2017, 208, Ls. 1 und Rn. 35 – *Rückruf von RESCUE-Produkten.*

192 BGH, 29.04.2010, I ZR 202/07, GRUR 2010, 749, Rn. 42 – *Erinnerungswerbung im Internet*; OLG Frankfurt, 22.11.2017, 6 W 95/17, WRP 2018, 243, juris Rn. 12 – *Angaben zur Motorleistung.*

193 BGH, 09.05.1996, I ZR 107/94, GRUR 1996, 800, 802 – *EDV-Geräte*; BGH, 14.11.2002, I ZR 137/00, GRUR 2003, 446, 447, juris Rn. 25 – *Preisempfehlung für Sondermodelle.*

194 Vgl. BGH, 10.12.1998, I ZR 141/96, GRUR 1999, 509, 511 – *Vorratslücken*; BGH, 16.03.2000, I ZR 229/97, GRUR 2002, 187, 188 – *Lieferstörung*; BGH, 14.11.2002, I ZR 137/00, GRUR 2003, 446, 447, juris Rn. 25 – *Preisempfehlung für Sondermodelle*; BGH, 29.03.2007, I ZR 164/04, GRUR 2007, 987, Rn. 22 – *Änderung der Voreinstellung*; BGH, 29.04.2010, I ZR 202/07, GRUR 2010, 749, Rn. 26 – *Erinnerungswerbung im Internet*; BGH, 27.03.2012, KZR 108/10, GRUR 2012, 1062, Rn. 38 – *Elektronischer Programmführer*; BGH, 18.10.2012, I ZR 137/11, GRUR 2013, 409, Rn. 22 – *Steuerbüro*; BGH, 15.08.2013, I ZR 188/11, GRUR 2013, 1161, Rn. 53 ff. – *Hard Rock Café*; BGH, 22.01.2014, I ZR 164/12, GRUR 2014, 393, Rn. 47 – *wetteronline.de*; BGH, 27.07.2017, I ZR 162/15, GRUR 2018, 196, Rn. 16 – *Eigenbetrieb Friedhöfe*; OLG München, 17.08.2017, 29 U 1917/16, WRP 2017, 1377, 1381, juris Rn. 83 – *Whitelisting III*; Ahrens/Jaestedt, Kap. 22, Rn. 7; FBO/Büscher, § 12, Rn. 304; Teplitzky/Schwippert, Kap. 51, Rn. 5–7.

Anspruch – jedenfalls als Minus zu einem weitergehenden Anspruch – auf die Handlung, so wie sie begangen worden ist[195], also etwa auf die konkrete Verletzungshandlung bzw. -form, beschränkt. Denn bei einem weit gefassten Unterlassungsantrag ist im Allgemeinen anzunehmen, dass jedenfalls die mit der Klage konkret beanstandeten Verletzungshandlungen untersagt werden sollen.[196] Begehrt der Gläubiger einen Titel, der auch kerngleiche Verletzungshandlungen erfassen soll, ist er nicht gehalten, einen von der konkreten Verletzungshandlung losgelösten abstrakten Antrag zu stellen. Vielmehr kann er die konkrete Verletzungshandlung in seinen Antrag aufnehmen; mit einem solchen Antrag ist im Allgemeinen kein Verzicht auf die Unterlassung kerngleicher Verletzungshandlungen verbunden, in denen das Charakteristische der ursprünglichen Verletzungshandlung zum Ausdruck kommt. Ein Antrag auf Unterlassung bezogen auf eine konkrete Verletzungsform, ohne präzise Verdeutlichung des Willens, kerngleiche Formen auszuschließen, erfasst diese regelmäßig mit.[197] Etwas anderes kann gelten, wenn die Auslegung des Klageantrags ergibt, dass in der Wahl der konkreten Verletzungshandlung als Unterlassungsbegehren eine bewusste Beschränkung liegt.[198]

Das Gericht hat auf eine zu weite Antragsfassung hinzuweisen und dem Kläger Gelegenheit zu einer zutreffend auf die konkrete Verletzungshandlung zugeschnittenen **132**
Antragsfassung zu geben.[199] Beschränkt das Gericht das nach dem Antrag zu weit gehende Verbot auf die konkrete Verletzungsform, liegt darin eine Teilabweisung des Antrages und hat der Kläger folglich einen Teil der Kosten zu tragen. Gleiches gilt, wenn der Kläger seinen Anspruch nach einem gerichtlichen Hinweis auf die konkrete Verletzungsform beschränkt.[200] Das Maß des Unterliegens kann dabei abhängig vom Maß der Zuvielforderung unterschiedlich bewertet werden. Da das Verbot der konkreten Verletzungshandlung regelmäßig im Vordergrund des Unterlassungsinteresses des

195 Vgl. BGH, 14.10.1999, I ZR 117/97, BGHZ 142, 388, 390 – *Musical-Gala*; BGH, 26.10.2000, I ZR 180/98, GRUR 2001, 453, 454, juris Rn. 15 – *TCM-Zentrum*; BGH, 17.03.2011, I ZR 81/09, GRUR 2011, 1151, Rn. 14 m.w.N. – *Original Kanchipur*; BGH, 21.04.2016, I ZR 220/14, GRUR 2016, 716, Rn. 14 – *Flugpreise*; BGH, 27.07.2017, I ZR 162/15, GRUR 2018, 196, Rn. 17f. – *Eigenbetrieb Friedhöfe*; *Köhler*/Bornkamm/Feddersen, § 12, Rn. 2.43; siehe auch Rdn. 140 ff.

196 BGH, 17.10.1996, I ZR 153/94, GRUR 1997, 308, 311 – *Wärme fürs Leben*; BGH, 16.11.2000, I ZR 186/98, GRUR 2001, 446, 447 m.w.N. – *1-Pfennig-Farbbild*; BGH, 29.03.2007, I ZR 164/04, GRUR 2007, 987, Rn. 23 – *Änderung der Voreinstellung.*

197 OLG Köln, 28.09.2017, 6 W 96/17, MD (VSW) 2017, 1205, juris Rn. 2 – *Zuwiderhandlung gegen Unterlassungstitel*; Teplitzky/Feddersen, Kap. 57, Rn. 16a m.w.N.

198 BGH, 29.09.2016, I ZB 34/15, GRUR 2017, 208, Ls. 1 und Rn. 35 – *Rückruf von RESCUE-Produkten.*

199 Vgl. BGH, 04.03.2004, I ZR 221/01, BGHZ 158, 174, 186, juris Rn. 38 ff. – *Direktansprache am Arbeitsplatz*; FBO/Büscher, § 12, Rn. 305.

200 OLG Frankfurt, 26.04.2016, 6 W 29/16, Ls. und juris Rn. 6; a.A. OLG Hamm, 04.08.2016, 4 U 18/16, juris Rn. 53 – *nährwertbezogene Angabe* (Nach der Antragsbegründung war das beantragte Verbot »trotz des darin enthaltenen Wortes »insbesondere« lediglich auf das Verbot der konkreten Verletzungsform und etwaiger kerngleicher Verstöße beschränkt.« – insoweit nicht abgedruckt in WRP 2016, 1549).

Klägers steht, sollte die Kostenlast für den Kläger in den genannten Fällen einen Anteil von 1/5 – 1/3 nicht übersteigen.[201]

133 Die konkrete Verletzungshandlung kann nicht allein dadurch erfasst werden, dass nur die ganz konkrete Verletzungsform, also Werbeunterlage, Gestaltungsform etc., angegriffen wird. Die konkrete Verletzungshandlung ist auch erfasst, wenn der Antrag neben der Bezugnahme auf die konkrete Verletzungsform auch die charakteristischen Merkmale der Verletzungshandlung (zutreffend und nicht zu weitgehend) abstrakt umschreibt. Schließlich ebenso dann, wenn es dem Anspruchsteller gelingt, das Charakteristische der Verletzungshandlung auch ohne eine Bezugnahme auf die konkrete Verletzungsform so genau abstrakt bzw. verallgemeinernd zu beschreiben, dass sie auch mit dieser Beschreibung richtig erfasst ist. Das ist zumeist äußerst schwierig, weil immer wieder Handlungsformen denkbar sind, die – obwohl unter die abstrakte Beschreibung fallend – zulässig sein können. Werden mit einer Klage Verbote verschiedener Handlungen begehrt, deren Ausspruch jeweils von unterschiedlichen tatsächlichen und rechtlichen Voraussetzungen abhängt, erfordert es das Gebot, einen bestimmten Klageantrag zu stellen, dass die einzelnen Handlungen in gesonderten Anträgen als konkrete Verletzungsformen umschrieben werden.[202]

134 Es ist zwischen der konkreten Beschreibung der Verletzungshandlung im Antrag und der Begründung des Anspruchs zu unterscheiden. Letztere hat – obwohl Begründungselemente dort immer wieder auch vorkommen – im Antrag selbst nichts zu suchen. Wird etwa eine bestimmte Werbung oder Werbeangabe als irreführend angegriffen, dann ist die Werbung oder Werbeangabe selbst in den Unterlassungsantrag aufzunehmen. Der der Angabe zukommende Irreführungsgehalt, der sich aus dem Widerspruch zwischen der durch die Angabe begründeten Verkehrsvorstellung und der davon abweichenden Wirklichkeit ergibt und der auch ein vielfacher sein kann, ist in der Antragsbegründung darzulegen. Er muss im Antrag nicht etwa dadurch zum Ausdruck kommen, dass die nach Ansicht des Klägers durch die Angabe hervorgerufene Verkehrsvorstellung in den Antrag aufgenommen wird.[203] Wird dennoch eine Wendung in den Antrag aufgenommen, die erkennbar – an sich überflüssiges und/oder unstreitiges – Begründungselement ist, führt das nicht zur Unbestimmtheit des Antrages.[204]

---

201 Vgl. BGH, 14.01.2016, I ZR 61/14, GRUR 2016, 516, Rn. 45 – *Wir helfen im Trauerfall* (20%); OLG Frankfurt, 26.04.2016, 6 W 29/16, Ls. und juris Rn. 8 (25%); vgl. auch Hans-OLG Hamburg, 24.05.2017, 5 U 174/16, GRUR-RR 2017, 389, 396 – *Abnehmen mit ALMASED* (20% Abschlag bei nur nationalem statt europaweitem Verbot – Kennzeichensache).

202 BGH, 17.07.2003, I ZR 259/00, GRUR 2003, 958, 961, Ls. 1 und juris Rn. 43 – *Paperboy.*

203 BGH, 06.12.2007, I ZR 184/05, GRUR 2008, 726, Rn. 14 – *Duftvergleich mit Markenparfüm*; FBO/Büscher, § 12, Rn. 304.

204 BGH, 06.10.1999, I ZR 92/97, GRUR 2000, 616, 617 – *Auslaufmodelle III* (»mit wesentlichen Verbesserungen im technischen Bereich und/oder im Bereich des Umweltschutzes«); BGH, 07.06.2001, I ZR 115/99, GRUR 2002, 177, 179 – *Jubiläumsschnäppchen* (»besondere Verkäufe«).

Im Fall des wettbewerbsrechtlichen Leistungsschutzes muss der Klageantrag unzweideutig erkennen lassen, in welchen Merkmalen des angegriffenen Erzeugnisses die Grundlage und der Anknüpfungspunkt des Wettbewerbsverstoßes und damit des Unterlassungsgebots liegen soll.[205] Ein Verbotsantrag, der auf die Abbildung einer konkreten Verletzungsform Bezug nimmt und im Antrag zudem die nach Ansicht des Klägers für die wettbewerbliche Eigenart des Erzeugnisses charakteristischen Gestaltungsmerkmale anführt, genügt diesen Anforderungen.[206] Aber auch die bloße Abbildung der angegriffenen konkreten Verletzungsform kann genügen.[207] **135**

Die Darstellung eines verletzten Betriebsgeheimnisses muss in den Antrag gleichfalls nicht aufgenommen werden.[208] **136**

dd) Auslegungsfragen

An erster Stelle steht gerade bei der Prüfung der hinreichenden Bestimmtheit, aber auch für die Reichweite des Klagantrages dessen Auslegung. An eine unzutreffende Antragsauslegung durch die Instanzgerichte ist das Revisionsgericht nicht gebunden. Die Auslegung der Anträge als Prozesserklärungen kann das Revisionsgericht in vollem Umfang überprüfen.[209] **137**

Zunächst ist zu klären, ob überhaupt ein Unterlassungsbegehren vorliegt oder in Wahrheit eine Gebotsverfügung begehrt wird.[210] Ob der Klageantrag Inhalt und Umfang des begehrten Verbots hinreichend bestimmt erkennen lässt, ist nicht allein nach dem – **138**

205 BGH, 12.07.2001, I ZR 40/99, GRUR 2002, 86, 88 – *Laubhefter*; BGH, 11.01.2007, I ZR 198/04, GRUR 2007, 795, Rn. 18 – *Handtaschen*; BGH, 17.07.2013, I ZR 21/12, GRUR 2013, 1052, Rn. 12 – *Einkaufswagen III*; BGH, 02.12.2015, I ZR 176/14, GRUR 2016, 730, Rn. 14 – *Herrnhuter Stern.*

206 BGH, 02.12.2015, I ZR 176/14, GRUR 2016, 730, Rn. 14 – *Herrnhuter Stern.*

207 BGH, 02.12.2015, I ZR 176/14, GRUR 2016, 730, Rn. 14 – *Herrnhuter Stern*; FBO/Büscher, § 12, Rn. 304; Büscher, GRUR 2017, 105, 120.

208 BGH, 13.12.2007, I ZR 71/05, GRUR 2008, 727, Rn. 17 – *Schweißmodulgenerator*; BGH, 06.10.2011, I ZR 117/10, GRUR 2012, 407, Rn. 27 – *Delan*; BGH, 22.03.2018, I ZR 118/16, GRUR 2018, 1161, Rn. 19 – *Hohlfasermembranspinnanlage II*; FBO/Büscher, § 12, Rn. 304; *Köhler*/Bornkamm/Feddersen, § 12, Rn. 2.42 und § 17, Rn. 64.

209 BGH, 09.04.1992, I ZR 171/90, GRUR 1992, 561, 562 – *Unbestimmter Unterlassungsantrag II*; BGH, 07.05.1998, I ZR 85/96, GRUR 1998, 1041, 1042 – *Verkaufsveranstaltung in Aussiedlerwohnheim*; BGH, 29.06.2000, I ZR 128/98, GRUR 2001, 80 – *ad-hoc-Meldung*; BGH, 07.06.2001, I ZR 115/99, GRUR 2002, 177, 178 – *Jubiläumsschnäppchen*; BGH, 04.10.2007, I ZR 143/04, GRUR 2008, 84, Rn. 23 – *Versandkosten*; BGH, 17.09.2015, I ZR 92/14, GRUR 2016, 395, Rn. 40 – *Smartphone-Werbung*; BGH, 28.04.2016, I ZR 254/14, GRUR 2016, 1301, Rn. 27 – *Kinderstube*; BGH, 19.01.2017, I ZR 242/15, GRUR 2017, 390, Rn. 13 – *East Side Gallery*; BGH, 02.03.2017, I ZR 30/16, GRUR 2017, 914, Rn. 40 – *Medicon-Apotheke/MediCo Apotheke*; BGH, 05.10.2017, I ZR 172/16, GRUR 2017, 1281, Rn. 18 – *Großhandelszuschläge.*

210 Vgl. OLG Köln, 28.04.2017, 6 U 152/16, GRUR 2017, 1048, juris Rn. 24 ff. – *Dampfreinigungsgeräte* (doppelte Verneinung).

zunächst zu beurteilenden[211] – Wortlaut des Antrags, also der Prozesserklärung, sondern auch unter Heranziehung des Vorbringens zu entscheiden, auf das sich die Klage stützt.[212] Die Verwendung auslegungsbedürftiger Begriffe im Klageantrag zur Bezeichnung der zu untersagenden Handlung ist hinnehmbar und im Interesse einer sachgerechten Verurteilung zweckmäßig oder sogar geboten, wenn über den Sinngehalt der verwendeten Begriffe kein Zweifel besteht, so dass die Reichweite von Antrag und Urteil feststeht. Davon ist im Regelfall auszugehen, wenn über die Bedeutung des an sich auslegungsbedürftigen Begriffs zwischen den Parteien kein Streit besteht und objektive Maßstäbe zur Abgrenzung vorliegen oder wenn zum Verständnis des Begriffs auf die konkrete Verletzungshandlung und die gegebene Klagebegründung zurückgegriffen werden kann.[213] Werden in der Klagbegründung zur Bestimmung des Antragsinhaltes indes wiederum unbestimmte Begriffe verwendet, kann das den unbestimmten Klagantrag nicht retten.[214] Am buchstäblichen Wortsinn des Antrags darf eine Partei nicht unter allen Umständen festgehalten werden, sondern es ist der wirkliche Wille der Partei zu erforschen. Im Zweifel ist – auch abweichend vom Wortlaut der Erklärung – davon auszugehen, dass sie mit ihrer Prozesshandlung das bezweckt, was nach den Maßstäben der Rechtsordnung vernünftig ist und ihrer wohlverstandenen Interessenlage entspricht.[215] Ist der Antrag selbst aber widersprüchlich, etwa weil ein abstrak-

---

211 BGH, 19.01.2001, V ZR 437/99, BGHZ 146, 298, 310, juris Rn. 33; BGH, 14.11.2002, I ZR 199/00, GRUR 2003, 231, 232 – *Staatsbibliothek*.

212 BGH, 09.10.1986, I ZR 138/84, GRUR 1987, 172, 174 – *Unternehmensberatungsgesellschaft I* (insoweit nicht abgedruckt in BGHZ 98, 330); BGH, 22.02.1990, I ZR 78/88, GRUR 1990, 611, 616 – *Werbung im Programm*; BGH, 14.11.2002, I ZR 199/00, GRUR 2003, 231, 232 – *Staatsbibliothek*; BGH, 02.10.2003, I ZR 117/01, GRUR 2004, 247, 248, juris Rn. 19 m.w.N. – *Krankenkassenzulassung*; BGH, 19.05.2010, I ZR 177/07, GRUR 2010, 1035, Rn. 17 ff. – *Folienrollos*; BGH, 24.07.2014, I ZR 27/13, GRUR 2015, 269, Rn. 19 – *K-Theory*; BGH, 05.02.2015, I ZR 240/12, GRUR 2015, 485, Rn. 23 – *Kinderhochstühle im Internet III*; BGH, 17.09.2015, I ZR 92/14, GRUR 2016, 395, Rn. 18 – *Smartphone-Werbung*; BGH, 23.09.2015, I ZR 78/14, GRUR 2015, 1201, Rn. 40 – *Sparkassen-Rot/Santander-Rot*; BGH, 30.07.2015, I ZR 250/12, GRUR 2016, 406, Rn. 34 – *Piadina-Rückruf*; BGH, 06.10.2016, I ZR 25/15, GRUR 2017, 266, Rn. 32 – *World of Warcraft*; BGH, 02.03.2017, I ZR 30/16, GRUR 2017, 914, Rn. 40 – *Medicon-Apotheke/MediCo Apotheke*; BGH, 02.03.2017, I ZR 41/16, Rn. 11 – *Komplettküchen*; BGH, 05.10.2017, I ZR 172/16, GRUR 2017, 1281, Rn. 19 – *Großhandelszuschläge*; BGH, 27.07.2017, I ZR 162/15, GRUR 2018, 196, Rn. 16 – *Eigenbetrieb Friedhöfe*; OLG München, 01.02.2018, 29 U 885/17, WRP 2018, 1014, juris Rn. 32 – *NEUSCHWANSTEINER*; BGH, 17.10.2018, I ZR 136/17, GRUR 2019, 79, Rn. 14 – *Tork*.

213 BGH, 04.11.2010, I ZR 118/09, GRUR 2011, 539, Rn. 13 – *Rechtsberatung durch Lebensmittelchemiker*; BGH, 06.10.2011, I ZR 54/10, GRUR 2012, 405, Rn. 11 – *Kreditkontrolle*, jeweils m.w.N.; BGH, 09.11.2017, I ZR 134/16, GRUR 2018, 417, Rn. 21 – *Resistograph*.

214 BGH, 26.01.2017, I ZR 207/14, GRUR 2017, 422, Rn. 22 – *ARD-Buffet*; BGH, 09.11.2017, I ZR 134/16, GRUR 2018, 417, Rn. 30 f. – *Resistograph*.

215 BGH, 19.01.2001, V ZR 437/99, BGHZ 146, 298, 310, juris Rn. 33; BGH, 14.11.2002, I ZR 199/00, GRUR 2003, 231, 232, juris Rn. 30 – *Staatsbibliothek*; BGH, 12.12.2014, *V ZR 53/14, NJW-RR 2015*, 583, Rn. 9; BGH, 17.09.2015, I ZR 92/14, GRUR 2016, 395, Rn. 40 – *Smartphone-Werbung*; BGH, 28.04.2016, I ZR 254/14, GRUR 2016, 1301, Rn. 27 – *Kinderstube*.

ter Antragsteil und ein »insbesondere«-Zusatz[216] nicht miteinander in Einklang stehen, so führt das zu Unbestimmtheit des gesamten Antrags.[217]

Ist bereits eine Entscheidung ergangen, ist der Umfang eines Verbots in erster Linie der Urteilsformel zu entnehmen. Reicht die Urteilsformel allein nicht aus, sind zur Auslegung der Urteilsformel der Tatbestand und die Entscheidungsgründe, erforderlichenfalls zusätzlich auch das Parteivorbringen, heranzuziehen.[218] Bei einem Anerkenntnisurteil kommt es für die Auslegung der Urteilsformel in erster Linie darauf an, was die Parteien gewollt und erklärt haben.[219] Führt der Kläger in zweiter Instanz von ihm als kerngleiche Verletzungshandlungen angesehene weitere konkrete Verletzungsformen in das Verfahren ein, bezeichnet dies aber als »Klagerweiterung«, läuft er Gefahr, dass das Gericht ihn unabhängig davon, ob Kerngleichheit besteht, an seiner prozessualen Erklärung festhält. Erfolgt eine solche Klagerweiterung im Wege einer verfristeten Anschlussberufung, ist diese auf Kosten des Klägers als unzulässig zu verwerfen.[220] Erfolgt die Anschlussberufung zulässigerweise innerhalb der dem Kläger gesetzten Frist zur Berufungserwiderung (§ 524 Abs. 2 2 ZPO), dann sind im zweiten Rechtszug hilfsweise gestellte weitere Anträge auf Auskunftserteilung und Feststellung der Schadensersatzpflicht der Beklagten allerdings statthaft.[221] **139**

b) Antragskategorien

aa) Konkrete Verletzungsform

Probleme bei der Bestimmtheit des Unterlassungsantrages ergeben sich in der Regel dadurch, dass der Kläger/Antragsteller darum bemüht ist, die angegriffene Verletzungs- **140**

---

216 Siehe unten Rdn. 161 ff.

217 BGH, 05.11.2015, I ZR 50/14, GRUR 2016, 705, Rn. 12 ff. – *ConText*; FBO/Büscher, § 12 Rn. 302; *Köhler*/Bornkamm/Feddersen, § 12 Rn. 2.46; Teplitzky/Schwippert, Kap. 51, Rn. 40.

218 BGH, 13.05.1997, VI ZR 181/96, NJW 1997, 3447, 3448; BGH, 09.10.1986, I ZR 138/84, GRUR 1987, 172, 174 – *Unternehmensberatungsgesellschaft I*, in BGHZ 98, 330 insoweit nicht abgedr.; BGH, 22.02.1990, I ZR 78/88, GRUR 1990, 611, 616 – *Werbung im Programm*, in BGHZ 110, 278 insoweit nicht abgedruckt; BGH, 16.05.1991, I ZR 218/89, GRUR 1991, 929, (930) – *Fachliche Empfehlung II*; BGH, 09.04.1992, I ZR 171/90, GRUR 1992, 561, 562 – *Unbestimmter Unterlassungsantrag II*; BGH, 14.02.2008, I ZR 135/05, GRUR 2008, 933, Rn. 13 – *Schmiermittel*; BGH, 30.04.2008, I ZR 73/05, GRUR 2008, 702, Rn. 37 – *Internet-Versteigerung III*; BGH, 06.10.2011, I ZR 54/10, GRUR 2012, 405, Rn. 11 – *Kreditkontrolle*; BGH, 24.07.2014, I ZR 27/13, GRUR 2015, 269, Rn. 19 – *K-Theory*; BGH, 18.09.2014, I ZR 34/12, GRUR 2014, 1211, Rn. 16 – *Runes of Magic II*; BGH, 31.03.2016, I ZR 31/15, GRUR 2016, 1070, Rn. 13 – *Apothekenabgabepreis*; BGH, 15.12.2016, I ZR 213/15, GRUR 2017, 288, Rn. 15 – *Energieverbrauchskennzeichnung*; BGH, 26.07.2018, I ZR 226/14, GRUR 2018, 1246, Rn. 28 aE – *Kraftfahrzeugfelgen II*; siehe auch Teplitzky/Schwippert, Kap. 51 Rn. 10 m.w.N.

219 BGH, 22.02.1952, I ZR 117/51, BGHZ 5, 189, 192 – *Zwilling*; BGH, 24.07.2014, I ZR 27/13, GRUR 2015, 269, Rn. 19 – *K-Theory*.

220 OLG Düsseldorf, 22.12.2016, 15 U 31/14, GRUR-RR 2017, 250, Ls. – *Lichtemittierende Vorrichtung*.

221 BGH, 01.06.2017, I ZR 152/13, GRUR 2017, 938, Rn. 32 – *Teststreifen zur Blutzuckerkontrolle II*.

handlung im Antrag abstrakt zu beschreiben bzw. zu verallgemeinern, um so im Idealfall das Charakteristische der Verletzungshandlung herauszuarbeiten und damit auch den Kernbereich des erstrebten Verbotes festzulegen, der über die konkret verbotene Verletzungsform hinausgeht.[222]

141 Ein Unterlassungsantrag, der darauf verzichtet und sich allein auf die konkrete Verletzungsform beschränkt, in der die Verletzungshandlung ihren Ausdruck findet, ist der sicherste Weg, um die hinreichende Bestimmtheit des Klagantrags zu gewährleisten.[223] Das geschieht, indem nur die konkrete Verletzungsform im Antrag wiedergegeben wird[224] oder indem der Verbotsantrag nur auf die in einer Anlage zum Antrag wiedergegebene Verletzungsform Bezug nimmt.[225] Etwa durch Formulierungen wie »…für A/B zu werben und/oder werben zu lassen wie nachfolgend dargestellt…/wie aus der Anlage x, y zum Antrag ersichtlich.«. Geht es dabei um eine filmische Darstellung, etwa einen Werbespot, ist die konkrete Verletzungsform durch die das Video kennzeichnenden, in den Klageantrag aufgenommenen Standbilder (auch sog. Storyboard) und u.U. ein Drehbuch des Videos hinreichend beschrieben.[226] Das Video kann dem Klagantrag auch in Kopie (DVD) beigefügt werden.[227] In einigen Gerichtsbezirken wird dies als »Kopierantrag« bezeichnet. Dass die im Tenor der Entscheidung in Bezug genommene Anlage mit dem Urteil nicht fest verbunden ist, macht das ausgesprochene Verbot nicht unbestimmt, wenn die betreffende Anlage den Parteien bekannt und fester Bestandteil der Akte ist.[228]

142 Warum und inwieweit die – kopierte – Verletzungsform angegriffen wird (Klagegrund), ist in diesem Fall in der Antragsbegründung darzulegen. Die konkrete Verletzungsform

---

222 Vgl. zur Kerntheorie etwa OLG Köln, 28.09.2017, 6 W 96/17, MD (VSW) 2017, 1205, juris Rn. 3 ff. – *Zuwiderhandlung gegen Unterlassungstitel*; Teplitzky/Feddersen, Kap. 57, Rn. 12 ff.

223 BGH, 28.11.2013, I ZR 7/13, GRUR 2014, 398, Rn. 17 – *Online-Versicherungsvermittlung*; BGH, 31.03.2016, I ZR 88/15, GRUR 2016, 1189, Rn. 12 – *Rechtsberatung durch Entwicklungsingenieur*; BGH, 15.12.2016, I ZR 241/15, GRUR 2017, 295, Rn. 20 – *Entertain* (aber unnötig überschießende Aufforderung zu einer nicht nur – wie dort geschehen – auf die konkrete Verletzungsform gerichteten Antragsfassung, die die beanstandete Handlung charakteristisch wiedergibt); BGH, 06.04.2017, I ZR 159/16, GRUR 2017, 928, Rn. 13 – *Energieeffizienzklasse II*; BGH, 26.04.2018, I ZR 121/17, Rn. 10, juris – *Applikationsarzneimittel*.

224 Siehe etwa OLG Hamm, 04.08.2016, 4 U 18/16, WRP 2016, 1549 f., juris Rn. 34 – *nährwertbezogene Angabe*; KG, 15.09.2017, 5 U 65/17, WRP 2017, 1495, 1497.

225 Vgl. etwa BGH, 26.10.2000, I ZR 180/98, GRUR 2001, 453, 454, juris Rn. 15 – *TCM-Zentrum*; OLG Frankfurt, 14.03.2017, 6 U 44/16, WRP 2017, 718 – *Fehlangaben im Impressum*; OLG Hamm, 21.03.2017, 4 U 166/16, WRP 2017, 1126, 1127, juris Rn. 35 – *Lederrundecke*; OLG Hamm, 21.03.2017, 4 U 183/16, WRP 2017, 861, 862 – *Jetzt große Neueröffnung*

226 BGH, 12.01.2017, I ZR 117/15, GRUR 2017, 412, Rn. 13 – *YouTube-Werbekanal*.

227 Vgl. OLG Frankfurt, 30.03.2017, 6 U 64/16, WRP 2017, 716, juris Rn. 13 – *Bioresorbierbares Gefäßgerüst*.

228 BGH, 14.10.1999, I ZR 117/97, BGHZ 142, 388, Ls. und juris Rn. 17 – *Musical-Gala*; *HansOLG Hamburg, 31.10.2013*, 3 U 171/12, GRUR-RR 2014, 121, Ls. und juris Rn. 35 – *Canesten*; OLG Köln, 22.02.2017, 6 U 101/16, GRUR-RR 2017, 341, 342, juris Rn. 55 – *Tattoo-Apotheke*; KG, 18.07.2017, 5 U 132/15, MD (VSW) 2017, 828, juris Rn. 30f.

kann dort unter mehreren Aspekten – und zwar auch mit alternativer Begründung[229] – angegriffen werden. Richtet sich der Antrag gegen die konkrete Verletzungsform, dann ist in dieser Verletzungsform der Lebenssachverhalt zu sehen, durch den der Streitgegenstand bestimmt wird. Der Streitgegenstand umfasst in diesem Fall – unabhängig davon, ob der Kläger sich auf diese Rechtsverletzung gestützt und den zu dieser Rechtsverletzung gehörenden Tatsachenvortrag gehalten hat – alle Rechtsverletzungen, die in der konkreten Verletzungsform verwirklicht sind, auch wenn die verschiedenen Verletzungen jeweils einen unterschiedlichen Tatsachenvortrag erfordern.[230] Wird etwa eine Werbeanzeige unter mehreren Gesichtspunkten beanstandet, dann bleibt es im Erfolgsfall dem Gericht überlassen zu bestimmen, auf welchen Aspekt das Unterlassungsgebot gestützt wird.[231] Stützt sich das Gericht bei seiner Entscheidung nur auf einen von mehreren Gründen, dann hat der Antrag insgesamt Erfolg und sind dem Schuldner die Kosten auch dann aufzuerlegen, wenn das Verbot der konkreten Verletzungsform auch jeweils allein auf die im Übrigen erhobenen Beanstandungen hätte gestützt werden können. Deshalb sind auch Abmahnkosten voll zu erstatten, wenn sich auch die Abmahnung allein gegen die konkrete Verletzungsform richtet, die unter mehreren verschiedenen Gesichtspunkten beanstandet wird.[232] Das unterscheidet einen bloß auf das Verbot der konkreten Verletzungsform gerichteten Antrag von einem solchen, mit dem der Kläger verschiedenen Aspekte einer konkreten Verletzungsform im Wege der kumulativen Klagehäufung jeweils gesondert angreifen möchte, diese Beanstandungen in verschiedenen Klageanträgen umschreibt und dabei jeweils auf die konkrete Verletzungsform Bezug nimmt[233] (sog. Schleppnetzanträge[234]). In einem solchen Fall sind auch die Abmahnkosten nur in dem Umfang zu erstatten in dem sich die zum Gegenstand gesonderter Angriffe gemachten Beanstandungen gegen eine konkrete Verletzungsform als berechtigt erweisen.[235]

Wenn der Klageantrag die konkrete Verletzungsform beschreibt, brauchen Ausnahmetatbestände in den Klagantrag nicht aufgenommen zu werden[236] und kann eine weitere Eingrenzung des Antrags im Übrigen nicht verlangt werden.[237] 143

229 Vgl. Schmidt, GRUR-Prax 2012, 179.

230 BGH, 13.09.2012, I ZR 230/11, BGHZ 194, 314, Rn. 19, 24 – *Biomineralwasser*; BGH, 23.07.2015, I ZR 143/14, GRUR 2016, 295, Rn. 15 – *Preisangabe für Telekommunikationsdienstleistung*; BGH, 28.01.2016, I ZR 231/14, GRUR 2016, 399, Rn. 35 – *MeinPaket.de*; OLG Frankfurt, 03.03.2016, 6 U 94/14, WRP 2016, 903, 904, juris Rn. 14.

231 BGH, 13.09.2012, I ZR 230/11, BGHZ 194, 314, Rn. 24 – *Biomineralwasser.*

232 BGH, 31.10.2018, I ZR 73/17, GRUR 2019, 82, Ls. 3 und Rn. 37 – *Jogginghosen.*

233 BGH, 13.09.2012, I ZR 230/11, BGHZ 194, 314, Rn. 25 – *Biomineralwasser*; BGH, 23.07.2015, I ZR 143/14, GRUR 2016, 295, Rn. 15 – *Preisangabe für Telekommunikationsdienstleistung*; a.A. Teplitzky/Schwippert, Kap. 46, Rn. 5a.

234 Siehe dazu unten Rdn. 147 ff., 195.

235 BGH, 31.10.2018, I ZR 73/17, GRUR 2019, 82, Rn. 38 – *Jogginghosen*

236 BGH, GRUR 2010, 749 Rn. 25 f. – *Erinnerungswerbung im Internet*; BGH, 04.11.2010, I ZR 118/09, GRUR 2011, 539, Rn. 15 – *Rechtsberatung durch Lebensmittelchemiker*; BGH, 18.10.2012, I ZR 137/11, GRUR 2013, 409, Rn. 21 – *Steuerbüro*; BGH, 03.11.2016, I ZR 227/14, GRUR 2017, 418, Rn. 34 – *Optiker-Qualität*; BGH, 26.07.2018, I ZR 226/14, GRUR 2018, 1246, Rn. 28 – *Kraftfahrzeugfelgen II.*

237 OLG Jena, 28.02.2018, 2 U 460/17, GRUR-RR 2018, 424, juris Rn. 12 – *Kaffekapsel*

144 Ist der Unterlassungsanspruch alternativ begründet, muss das Gericht in den Gründen darlegen, worauf es seine Entscheidung stützt, denn dadurch wird das Charakteristische der verbotenen Verletzungshandlung, der Kern des Verbots, bestimmt. Nur so kann der Schuldner erkennen, was im Falle der Abwandlung der konkreten Verletzungsform zu tun ist, um dem Verbot Folge zu leisten. Erweist sich die dem Verbot erstinstanzlich zugrunde liegende Beanstandung in der Berufungsinstanz als nicht durchgreifend, fallen die bis dahin nicht entschiedenen Beanstandungsaspekte in der Berufungsinstanz erneut an.[238]

bb) Konkrete Verletzungsform mit abstrakter Beschreibung

145 Obwohl das Verbot eines Unterlassungstitels über die mit der verbotenen Verletzungsform identischen Handlungen hinaus auch im Kern gleichartige Abwandlungen umfasst, in denen das Charakteristische der konkreten Verletzungsform zum Ausdruck kommt[239], ist dem Anspruchsteller häufig daran gelegen ein Verbot zu erwirken, das nicht nur die konkrete Verletzungsform abbildet, sondern auch eine abstrakte bzw. verallgemeinernde Umschreibung der Verletzungshandlung enthält. Denn bei einem Unterlassungstenor, der auf die konkrete Verletzungsform beschränkt ist, haben die neben einer in Bezug genommenen konkreten Verletzungshandlung abstrakt formulierten Merkmale die Funktion, den Kreis der Varianten näher zu bestimmen, die von dem Verbot als kerngleiche Verletzungsformen erfasst sein sollen.[240] Aus dem jeweiligen, der konkreten Verletzungsform vorangestellten Vorspann im Antrag wird deutlich, unter welchem Gesichtspunkt die Klägerin das im Anschluss genannte Verhalten des Beklagten beanstandet.[241] Grundsätzlich machen im abstrakten Antragsteil verwendete unbestimmte Begriffe den so gestellten Unterlassungsantrag nicht unbestimmt. Solange dem abstrakt formulierten Antragsteil eine klare Bezugnahme auf die hinreichend konkretisierte Verletzungsform nachfolgt, ist der Antrag trotz der vorangestellten Verallgemeine-

---

238 BGH, 15.12.2016, I ZR 241/15, GRUR 2017, 295, Rn. 12 – *Entertain*.

239 BGH, 10.12.2009, I ZR 46/07, GRUR 2010, 253, Rn. 30 – *Fischdosendeckel*; BGH, 19.05.2010, I ZR 177/07, GRUR 2010, 855, Rn. 17 – *Folienrollos*; BGH, 14.02.2008, I ZR 55/05, GRUR 2008, 796, Rn. 15 – *Hollister*; BGH, 23.02.2006, I ZR 27/03, BGHZ 166, 233, Rn. 36 – *Parfümtestkäufe*; BGH, 15.03.2012, I ZR 137/10, GRUR 2012, 630, Rn. 19 – *CONVERSE II*; BGH, 29.09.2016, I ZB 34/15, GRUR 2017, 208, Ls. 1 und Rn. 35 – *Rückruf von RESCUE-Produkten*; OLG Frankfurt, 05.06.2018, 6 W 43/18, WRP 2018, 1108, juris Rn. 6 – *ringtaxi*.

240 BGH, 02.06.2005, I ZR 252/02, GRUR 2006, 164, Rn. 14 – *Aktivierungskosten II*; BGH, 29.04.2010, I ZR 202/07, GRUR 2010, 749, Rn. 36 – *Erinnerungswerbung im Internet*; BGH, 19.05.2010, I ZR 177/07, GRUR 2010, 855, Rn. 17 – *Folienrollos*; BGH, 03.04.2014, I ZB 42/11, GRUR 2014, 706, Rn. 11 – *Reichweite des Unterlassungsgebots*; OLG München, 14.07.2016, 29 U 953/16, WRP 2016, 1557, 1559 – *Kein Vollgas*; OLG Frankfurt, 09.11.2017, 6 W 96/17, WRP 2018, 245; OLG Stuttgart, 05.07.2018, 2 U 167/17, WRP 2018, 1252, juris Rn. 11 – *Werbung auf Grabsteinen*; OLG Frankfurt, 05.06.2018, 6 W 43/18, WRP 2018, 1108, juris Rn. 6 – *ringtaxi*; OLG Frankfurt, 01.08.2018, 6 W 53/18, GRUR 2018, 1085, juris Rn. 13 – *kennzeichnungsfrei*.

241 BGH, 31.03.2016, I ZR 88/15, GRUR 2016, 1189, Rn. 12 – *Rechtsberatung durch Entwicklungsingenieur*.

rung regelmäßig hinreichend bestimmt. Denn ein Unterlassungsantrag genügt grundsätzlich den Bestimmtheitsanforderungen des § 253 Abs. 2 Nr 2 ZPO, wenn er – soweit möglich – auf die konkrete Verletzungsform Bezug nimmt.[242] Auch im Fall des wettbewerbsrechtlichen Leistungsschutzes ist ein Verbotsantrag, der zunächst die nach Ansicht des Klägers für die wettbewerbliche Eigenart des Erzeugnisses charakteristischen Gestaltungsmerkmale allgemein anführt und sodann auf die Abbildung einer konkreten Verletzungsform Bezug nimmt, hinreichend bestimmt.[243] Mit solchen Anträgen wird nicht nur gegenüber dem Schuldner, sondern auch gegenüber dem Vollstreckungsgericht deutlich gemacht, wie weit der Unterlassungsanspruch reicht. Wohl auch deshalb gibt es im Lauterkeitsrecht inzwischen kaum noch Unterlassungsanträge, die nicht auf die konkrete Verletzungsform Bezug nehmen.

Die Bezugnahme auf die konkrete Verletzungsform wird im Antrag in der Regel durch **146** die einem abstrakt formulierten Antragsteil nachfolgenden Formulierungen wie »…, wenn dies geschieht wie nachfolgend dargestellt« oder »…gemäß nachfolgender Darstellung« oder »…, wie aus der Anlage x,y ersichtlich« oder »…, wie geschehen…« hinreichend deutlich.[244] Nach der Entscheidung »Leistungspakete im Preisvergleich« des BGH soll es für einen auf eine konkrete Verletzungsform beschränkten Verbotsausspruch hinreichend sein, wenn ein anderer als der in die abstrakte Umschreibung aufgenommene Gesichtspunkt die Wettbewerbswidrigkeit der beanstandeten Handlung begründet, sofern sich nur der vorgetragene und festgestellte Lebenssachverhalt als wettbewerbswidrig erweist.[245] Das ist in dieser Allgemeinheit, wie sie im Leitsatz der Entscheidung zum Ausdruck kommt, zu weitgehend, weil dann der die abstrakte Umschreibung der Verletzungshandlung enthaltende Tenor des Verbots mit der festgestellten Verletzungshandlung nicht im Einklang stehen kann. Tatsächlich war dies in

---

242 BGH, 09.07.2009, I ZR 13/07, GRUR 2009, 977, Rn. 20 ff. – *Brillenversorgung*; BGH, 13.01.2011, I ZR 111/08, GRUR 2011, 345, Rn. 18 – *Hörgeräteversorgung II*; BGH, 24.07.2014, I ZR 68/13, GRUR 2015, 283, Rn. 19 – *Hörgeräteversorgung III*; BGH, 31.03.2016, I ZR 88/15, GRUR 2016, 1189, Rn. 12 – *Rechtsberatung durch Entwicklungsingenieur*; BGH, 16.06.2016, I ZR 46/15, GRUR 2017, 194, Rn. 37 – *Orthopädietechniker*; vgl. auch BGH, 21.09.2017, I ZR 53/16, WRP 2018, 328, Rn. 13 – *Festzins Plus* (wegen fehlender Bezugnahme auf die konkrete Verletzungsform keine hinreichende Bestimmtheit des unbestimmte Begriffe enthaltenden Antrags).

243 BGH, 02.12.2015, I ZR 176/14, GRUR 2016, 730, Rn. 14 – *Herrnhuter Stern.*

244 Vgl. BGH, 02.06.2005, I ZR 252/02, GRUR 2006, 164, Rn. 14 – *Aktivierungskosten II*; BGH, 16.07.2009, I ZR 50/07, GRUR 2010, 248, Rn. 13 – *Kamerakauf im Internet*; BGH, 07.04.2011, I ZR 34/09, GRUR 2011, 742, Ls. und Rn. 17 m.w.N. – *Leistungspakete im Preisvergleich*; OLG Stuttgart, 03.11.2016, 2 U 37/16, WRP 2017, 107, 109 – *Bekömmliches Bier*; *OLG Celle, 10.11.2016,* 13 U 165/16, MD (VSW) 2017, 65, juris Rn. 20; KG, 22.02.2017, 5 U 139/16, MD (VSW) 2017, 488, juris Rn. 6; OLG München, 17.08.2017, U 2225/15 Kart, WRP 2017, 1347, 1352, juris Rn. 94 – Whitelisting I; KG, 05.09.2017, 5 U 150/16, GRUR-RR 2018, 78, 79 – *Spam-Krokodil*; OLG Frankfurt, 01.08.2018, 6 W 53/18, GRUR 2018, 1085, juris Rn. 11 und 14 – *kennzeichnungsfrei.*

245 BGH, 07.04.2011, I ZR 34/09, GRUR 2011, 742, Ls. und Rn. 18f. – *Leistungspakete im Preisvergleich*; Im Ergebnis ebenso OLG Frankfurt, 03.03.2016, 6 U 94/14, WRP 2016, 903, 904, juris Rn. 17f. (auf Grund besonderer Umstände keine zergliedernde Betrachtungsweise); siehe auch *Köhler*/Bornkamm/Feddersen, § 12, Rn. 2.43.

der genannten Entscheidung auch nicht der Fall. Der BGH hat lediglich den Streitgegenstand in jener Sache von dem eines vorangegangenen Rechtsstreits abgegrenzt und in der Folge ein Rechtsschutzbedürfnis trotz eines wegen einer ähnlichen Verletzungshandlung schon bestehenden Titels bejaht.

cc) Gesondert angegriffene Teile einer konkreten Verletzungsform (Schleppnetzantrag)

147 Sehr häufig werden Antragsfassungen gewählt, die einzelne Angaben aus einer konkreten Verletzungsform herausgreifen und diese voranstehend im Antrag konkret anführen, wodurch jede zum Antragsgegenstand erhobene Angabe/Beanstandung einen eigenen Streitgegenstand begründet.[246] Der Anspruchsteller kann z.B. eine konkrete Werbeanzeige oder auch eine mehrseitige Werbung unter verschiedenen Aspekten jeweils gesondert angreifen und diese verschiedenen Aspekte im Wege der kumulativen Klagehäufung zu jeweils getrennten Klagezielen machen. In diesem Fall muss er die einzelnen Beanstandungen in verschiedenen Klageanträgen darstellen, wobei er zur Verdeutlichung jeweils auf die konkrete Verletzungsform Bezug nehmen kann (»wie geschehen in …«). Dadurch nötigt der Kläger das Gericht, die beanstandete konkrete Verletzungsform unter jedem der geltend gemachten Gesichtspunkte zu prüfen, muss aber einen Teil der Kosten tragen, wenn er nicht mit allen Anträgen Erfolg hat.[247] Das gilt auch für die Kosten einer Abmahnung, wenn mit ihr Unterlassungsansprüche nach der Art eines Schleppnetzantrages – etwa im Rahmen einer vorformulierten Unterlassungsverpflichtungserklärung – geltend gemacht werden.[248] Das unterscheidet einen solchen (Schleppnetz-)Antrag von dem bloß auf das Verbot der konkreten Verletzungsform gerichteten und – dort zulässigerweise – alternativ begründbaren Unterlassungsantrag.[249]

148 Werden auf diese Weise mehrere Teile/Angaben etwa einer bestimmten Werbung angegriffen, dann werden diese meist durch die – nachfolgende – Bezugnahme auf die konkrete Verletzungsform wieder »eingefangen« (sog. Schleppnetzantrag). Bei der Fassung solcher Anträge ist zu prüfen, ob diese Teile jeweils gesondert oder nur in Kombination mit anderen ebenfalls angegriffenen Teilen der jeweiligen konkreten Verletzungsform zum Gegenstand des Unterlassungsbegehrens gemacht werden sollen. In der Regel werden die einzeln angegriffenen Angaben – und damit die gesonderten Streitgegenstände[250] – mit der Wendung »und/oder« verknüpft. Dabei ist jedenfalls eindeutig, dass das »oder« in der »und/oder«-Verknüpfung zum Ausdruck bringt, die einzelnen Angaben sollten losgelöst voneinander, also isoliert[251], so angegriffen werden wie sie in der konkreten Verletzungsform in Erscheinung treten, aber jeweils ohne Berücksichtigung der im Übri-

246 Kritisch Teplitzky/Schwippert, Kap. 46, Rn. 5a.

247 BGH, 13.09.2012, I ZR 230/11, BGHZ 194, 314, Rn. 25 – *Biomineralwasser*; BGH, 23.07.2015, I ZR 143/14, GRUR 2016, 295, Rn. 15 – *Preisangabe für Telekommunikationsdienstleistung*.

248 BGH, 31.10.2018, I ZR 73/17, GRUR 2019, 82, Rn. 38 – *Jogginghosen*.

249 A.A. Teplitzky/Schwippert, Kap. 46, Rn. 5a.

250 BGH, 13.09.2012, I ZR 230/11, BGHZ 194, 314, Rn. 25 – *Biomineralwasser*.

251 Vgl. BGH, 19.05.2010, I ZR 177/07, GRUR 2010, 855, Rn. 18 und 21 – *Folienrollos*.

gen angegriffenen Angaben.[252] Eine alternative Klaghäufung, die mangels hinreichender Bestimmtheit des Antrags unzulässig wäre (Verurteilung zu … oder zu …[253]), liegt darin nicht, obwohl das »oder« nach dem bloßen Wortlaut zum Ausdruck brächte, dass der Kläger alternativ nur die Verurteilung wegen einer der angegriffenen Angaben anstrebt. Deshalb wird durch eine bloße »oder«-Verknüpfung nicht hinreichend eindeutig zum Ausdruck gebracht, dass der Kläger das Verbot aller Angaben im Wege einer kumulativen Klaghäufung begehrt.[254] Das geschieht durch das »und« in der »und/oder«-Verknüpfung. Ohne eine entgegenstehende Erläuterung bringt der Kläger damit jedenfalls in Fällen, in denen eine durch die einzelnen Angaben hervorgerufene Irreführung in Rede steht, nur zum Ausdruck, dass über alle gestellten Anträge gleichzeitig zu entscheiden ist, also eine – zulässige – kumulative Klaghäufung[255] vorliegt. Soweit in anderen Zusammenhängen verschiedene Handlungsformen Gegenstand des Angriffs sind (z.B.: »… zu werben und/oder werben zu lassen« oder die Versendung einer E-Mail an staatliche Vergabestellen »und/oder andere Abnehmer«[256]), die sowohl für sich genommen als auch in ihrer Kombination angegriffen werden, kann auch ein solches Verständnis des Antrages naheliegen.[257]Ebenso, wenn ein Verbot verschiedener konkreter Verletzungsformen, die mit »und/oder« verknüpft sind, in Rede steht.[258]

Der BGH hat allerdings »und/oder«-Verknüpfungen auch als Hinweis darauf behandelt, dass der Kläger damit auch die Kombination von zusätzlich gesondert als irreführend beanstandeter Werbeangaben[259] angreifen will. Auch in der Rechtsprechung und Literatur wird die Auffassung vertreten, mit der »und/oder«-Formulierung erstrebe der Kläger ein Verbot der Werbeangaben sowohl jeweils gesondert als auch kombiniert, und zwar in jeder möglichen Kombination der im Antrag wiedergegebenen Werbeangaben.[260] Das erscheint ohne eine eindeutige Klarstellung dieses Antragsziels durch den **149**

252 HansOLG Hamburg, 14.04.2005, 3 U 162/04, MD (VSW) 2006, 1031, Ls. und juris Rn. 72 f.; Harte/Henning/Brüning, Vorb zu § 12, Rn. 100; vgl. auch BGH, 05.02.2015, I ZR 240/12, GRUR 2015, 485, Rn. 63 – *Kinderhochstühle im Internet III.*

253 Vgl. Zöller/Greger, § 260, Rn. 5 m.w.N.

254 A.A. Ahrens/Jestaedt, Kap. 22, Rn. 25; Harte/Henning/Brüning, Vorb zu § 12, Rn. 99; *Köhler*/Bornkamm/Feddersen, § 12, Rn. 2.43.

255 Vgl. BGH, 13.09.2012, I ZR 230/11, BGHZ 194, 314, Rn. 25 – *Biomineralwasser*; Zöller/Greger, § 260, Rn. 6.

256 Vgl. BGH, 19.05.2010, I ZR 177/07, GRUR 2010, 855, Rn. 18 – *Folienrollos.*

257 Siehe auch BGH, 05.02.2015, I ZR 240/12, GRUR 2015, 485, Rn. 63 – *Kinderhochstühle im Internet III* (Veranstaltung von Auktionen im Internet durch Nutzer einer Auktionsplattform und/oder die Bewerbung der Auktion mit bestimmten Klagmarken durch den Plattformbetreiber selbst [Ersteres war nach der Entscheidung für sich genommen zulässig, weshalb der Anspruch wegen des »oder« unbegründet war]).

258 Vgl. BGH, 22.03.2018, I ZR 25/17, GRUR 2018, 1063, Rn. 28f. – *Zahlungsaufforderung.*

259 Vgl. BGH, 06.02.2013, I ZR 62/11, GRUR 2013, 649, Rn. 26 – *Basisinsulin mit Gewichtsvorteil* (dort aber keine Befassung mit der Frage, ob sich der Irreführungsgehalt einer gesondert angegriffenen Angabe auf den einer weiteren Angabe auswirkt, weil es dazu – von der Revision unbeanstandet – an tatsächlichen Feststellungen des Berufungsgerichts fehlte).

260 OLG Frankfurt, 25.06.2018, 6 W 9/18, GRUR-RR 2018, 387, juris Rn. 27 – *Bettwaren »Made in Germany«*; Harte/Henning/Brüning, Vorb zu § 12, Rn. 99.

Kläger in der Antragsbegründung für den Regelfall als zu weitgehend. Interpretierte man den »und/oder«-Klagantrag so, dann wäre das Gericht stets gehalten, alle jeweiligen Kombinationen darauf zu untersuchen, ob gerade bezogen auf die Kombination ein Anspruch besteht. Es käme dadurch auch zu einer entsprechenden Vermehrung von Streitgegenständen, weil der auf die einzelne Angabe bezogene gesonderte Streitgegenstand[261] um einen weiteren, nämlich die Kombination von Angaben, erweitert würde. Besteht wegen der Kombination kein Unterlassungsanspruch, müsste der Antrag teilweise mit für den Kläger negativer Kostenfolge abgewiesen werden.[262] In den meisten Fällen jedenfalls des Angriffs irreführender Werbeangaben wäre dem aber so. Ist nämlich die – eben auch gesondert angegriffene (»oder«) – einzelne Werbeangabe nicht unzulässig, weil sie für sich genommen nicht irreführend ist, dann könnte sie nur in Kombination mit einer anderen – auch schon gesondert angegriffenen und ihrerseits irreführenden – Werbeangabe Gegenstand eines Verbotes sein. Für ein solches Verbot fehlt es aber jedenfalls dann am Rechtsschutzbedürfnis, wenn die für sich genommen zulässige Angabe zum Irreführungsgehalt der kombinierten Angaben nichts beiträgt.[263]

150 Es kommt hinzu, dass der Kläger im Falle der Beanstandung mehrere Einzelangaben in ihrer Kombination gehalten ist vorzutragen, welches Verkehrsverständnis gerade durch die Kombination der einzelnen Werbeangaben bewirkt wird.[264] Für die Begründetheit eines Unterlassungsantrages, mit dem eine Werbeangabe unter dem Gesichtspunkt der Irreführung angegriffen wird, bedarf es nämlich der Darlegung des nach Auffassung des Klägers durch die angegriffene Werbeangabe bewirkten Verkehrsverständnisses. Das Gericht darf einem Verbot, weil es sonst gegen § 308 Abs. 1 ZPO oder – bei einem einheitlichen Streitgegentand – jedenfalls gegen die im Zivilverfahren geltende Dispositionsmaxime verstieße, kein vom Kläger nicht vorgetragenes Verkehrsverständnis zugrunde legen.[265] Der Kläger darf sein Rechtsschutzbegehren auch inner-

261 Vgl. BGH, 13.09.2012, I ZR 230/11, BGHZ 194, 314, Rn. 25 – *Biomineralwasser.*

262 Ebenso Harte/Henning/Brüning, Vorb zu § 12, Rn. 99; vgl. auch Ahrens/Jestaedt, Kap. 22, Rn. 26.

263 Vgl. Ahrens/Jestaedt, Kap. 22, Rn. 25 (da Verstoß gegen jede Alternative für Titelverstoß hinreichend, bedarf es des kumulativen Verbots nicht).

264 Vgl. Ahrens/Jestaedt, Kap. 22, Rn. 26.

265 BGH, 08.06.2000, I ZR 269/97, GRUR 2001, 181, 181 juris-Rn. 13 – *Dentalästhetika*; BGH, 13.07.2006, GRUR 2007, 161, Rn. 9 – *Dentalästhetika II*; BGH, 05.10.2017, I ZR 184/16, GRUR 2018, 203, Ls. und Rn. 14f. (18) – *Betriebspsychologe* (betr. einen nicht auf das Verbot der konkreten Verletzungsform bezogenen Antrag); BGH, 11.10.2017, I ZR 78/16, GRUR 2018, 431, Ls. und Rn. 16 – *Tiegelgröße* (betrifft auf konkrete Verletzungsform bezogenen Antrag); HansOLG Hamburg, 13.09.2012, 3 U 107/11, MD (VSW) 2013, 39, Ls. 1 und juris Rn. 59 – *Kindermilch*; 21.01.2016, 3 U 243/13, GRURPrax 2016, 420, juris Rn. 174; HansOLG Hamburg, 18.05.2017, 3 U 253/16, WRP 2017, 1404, 1407, Ls. und juris Rn. 30 – *Das beste Netz*; OLG Frankfurt, 04.04.2013, 6 W 85/12, WRP 2013, 1072, Ls. und juris Rn. 5 – *Zählrate*; 16.10.2014, 6 U 92/14, WRP 2014, 1482, 1483, Ls. 1 und juris Rn. 3; OLG Frankfurt, 24.05.2016, 6 U 171/14, GRUR-RR 2017, 79, Ls. und juris Rn. 52 – *Ohne Funktionseinschränkung kostenlos*; 29.06.2016, 6 U 110/16, WRP 2017, 94, Ls. 1 und juris Rn. 12; 03.03.2017, 6 W 17/17, WRP 2017, 616, 617; 05.10.2017, 6 U 141/16, WRP 2018, 126, Ls.; OLG Frankfurt, 24.05.2018, 6 U 46/17, WRP 2018, 984, juris Rn. 20 – *Eukalyptusöl Kapseln, unbeschwertere Atmung*; *Köhler*/Bornkamm/Feddersen, § 12 Rn. 2.23i.; siehe zum Thema der »und/oder«-Anträge auch Schmidt, GRUR-Prax 2014, 71.

halb eines einheitlichen Streitgegenstands, wie etwa der konkreten Verletzungsform, dahin fassen, dass aus einem bei natürlicher Betrachtungsweise einheitlichen Lebenssachverhalt nur bestimmte Teile zur Beurteilung herangezogen werden sollen. In diesem Sinne selbständig zu beurteilende Teile sind die vom Kläger jeweils angeführten Irreführungsaspekte.[266] Dementsprechend darf auch das Gericht eine Verurteilung nur auf diejenigen Irreführungsgesichtspunkte stützen, die der Kläger schlüssig vorgetragen hat.[267] Die schlüssige Darlegung eines Irreführungsgesichtspunkts setzt Vortrag dazu voraus, durch welche Angabe welcher konkrete Verkehrskreis angesprochen wird, welche Vorstellungen die Angabe bei diesem angesprochenen Verkehrskreis ausgelöst hat, warum diese Vorstellung unwahr ist und dass die so konkretisierte Fehlvorstellung geeignet ist, den Verbraucher oder sonstigen Marktteilnehmer zu einer geschäftlichen Entscheidung zu veranlassen, die er anderenfalls nicht getroffen hätte.[268] Das gilt auch für eine Irreführung, die nach Ansicht des Klägers gerade durch die Kombination von nicht nur isoliert, sondern auch kumulativ angegriffenen Werbeangaben bewirkt wird. Dazu trägt der Kläger aber in aller Regel nichts vor.

Ist das dennoch einmal der Fall und will der Kläger deutlich machen, dass er eine von **151**
mehreren antragsgegenständlichen Angaben nicht nur isoliert angreifen will, sondern unter Umständen auch in Verbindung mit einer der im Übrigen gesondert angegriffenen Angaben, so sollte er dies deutlich zum Ausdruck bringen.[269] Es empfiehlt sich, dies in der Form eines Hilfsantrages zu tun, mit dem zum Ausdruck gebracht wird, dass das Verbot der kombinierten Werbeangaben für den Fall begehrt wird, dass das Gericht die einzelne Angabe für sich genommen für zulässig erachtet. Dann sollte in der Begründung zum Hilfsantrag auch klar zum Ausdruck kommen, welche (irreführende) Verkehrsvorstellung gerade durch die Kombination der jeweiligen Angaben hervorgerufen wird.

dd) Abstrakter Antrag/Verallgemeinerung

Der Anspruchsteller ist nicht verpflichtet, nur das Verbot einer konkreten Verletzungs- **152**
form anzustreben, sondern kann seinen Unterlassungsantrag auch bloß so formulieren, dass dieser das erstrebte Verbot allgemein umschreibt.[270] Gewisse Verallgemeinerungen

266 BGH, 15.12.2016, I ZR 241/15, GRUR 2017, 295, Rn. 12 – *Entertain*; BGH, 11.10.2017, I ZR 78/16, GRUR 2018, 431, Ls. und Rn. 16 – *Tiegelgröße*.

267 BGH, 05.10.2017, I ZR 184/16, GRUR 2018, 203, Ls. und Rn. 16 ff. – *Betriebspsychologe*; BGH, 11.10.2017, I ZR 78/16, GRUR 2018, 431, Ls. und Rn. 16 – *Tiegelgröße*; OLG Frankfurt, 04.04.2013, 6 W 85/12, WRP 2013, 1072, Ls. und juris Rn. 5 – *Zählrate*.

268 BGH, 05.10.2017, I ZR 184/16, GRUR 2018, 203, Ls. und Rn. 18 – *Betriebspsychologe*; BGH, 11.10.2017, I ZR 78/16, GRUR 2018, 431, Ls. und Rn. 16 – *Tiegelgröße*; Hans-OLG Hamburg, 13.09.2012, 3 U 107/11, MD (VSW) 2013, 39, Ls. 1 und juris Rn. 59 – *Kindermilch*; OLG Frankfurt, 04.04.2013, 6 W 85/12, WRP 2013, 1072, Ls. und juris Rn. 5 – *Zählrate*; *Köhler*/Bornkamm/Feddersen, § 12 Rn. 2.23i.

269 Ebenso Ahrens/Jestaedt, Kap. 22, Rn. 26.

270 BGH, 15.12.1999, I ZR 159/97, GRUR 2000, 337, 338, juris Rn. 22 – *Preisknaller*; BGH, 29.06.2000, I ZR 29/98, GRUR 2000, 907, 908, juris Rn. 25 – *Filialleiterfehler*; FBO/Büscher, § 12, Rn. 291.

sind im Interesse eines hinreichenden Rechtsschutzes zulässig, wenn nur das Charakteristische der konkreten Verletzungshandlung auch in dieser Form zum Ausdruck kommt. Dies hat seinen Grund darin, dass eine Verletzungshandlung die Vermutung der Begehungsgefahr nicht nur für die identische Verletzungsform begründet, sondern auch für alle im Kern gleichartigen Verletzungshandlungen.[271] Dabei ist es Sache des Klägers, den Umfang seines Unterlassungsbegehrens mit seinem Klageantrag zu konkretisieren und abzugrenzen. Es ist ihm überlassen, ob er seinen Antrag enger fasst, als er dies nach dem Umfang des materiell-rechtlichen Anspruchs, der bei Unterstellung des Klagevorbringens gegeben wäre, tun müsste.[272]

153 Deshalb muss das Gericht beachten, auf welche Verletzungsform sich der Verbotsausspruch nach dem Willen des Klägers beziehen soll. Es darf diese nicht abwandeln, wenn dadurch unter Verstoß gegen § 308 Abs. 1 ZPO ein anderer Streitgegenstand zum Gegenstand der gerichtlichen Entscheidung wird. So kann es liegen, wenn eine im Antrag (abstrakt) umschriebene Verletzungsform durch Einfügung zusätzlicher Merkmale in ihrem Umfang auf Verhaltensweisen eingeschränkt wird, deren Beurteilung die Prüfung weiterer Sachverhaltselemente erfordert, auf die es nach dem bisherigen Antrag des Klägers nicht angekommen wäre. Ein in dieser Weise eingeschränkter Antrag ist zwar gedanklich, nicht aber prozessual ein Minus, weil seine Begründung von tatsächlichen Voraussetzungen abhängt, die zuvor nicht zum Inhalt des Antrags erhoben worden waren. Dem Kläger wird dann nicht weniger zugesprochen als beantragt, sondern ein aliud.[273]

154 Häufig ist es bei der abstrakten Beschreibung des geltend gemachten Unterlassungsanspruches unabwendbar, dass unbestimmte oder – was aus das Gleiche hinausläuft – mehrdeutige Begriffe Verwendung finden. Je weiter der Unterlassungsanspruch reichen soll, desto notwendiger wird es nicht selten, sich solcher Begriffe zu bedienen. Es ist nicht grundsätzlich und generell unzulässig, in einem Klageantrag auslegungsbedürftige Begriffe zu verwenden. Maßgeblich ist, ob der benutzte Begriff den Kern der mit dem

---

271 Vgl. BGH, 16.11.1995, I ZR 229/93, GRUR 1997, 379, Ls. – *Wegfall der Wiederholungsgefahr II*; BGH, 09.05.1996, I ZR 107/94, GRUR 1996, 800, 802 – *EDV-Geräte*; BGH, 15.09.1999, I ZR 131/97, GRUR 2000, 436 (437) – *Ehemalige Herstellerpreisempfehlung*; BGH, 15.12.1999, I ZR 159/97, GRUR 2000, 337, 338, juris Rn. 22 – *Preisknaller*; BGH, 29.06.2000, I ZR 29/98, GRUR 2000, 907, 908, juris Rn. 31 – *Filialleiterfehler*; BGH, 14.11.2002, I ZR 137/00, GRUR 2003, 446, 447 – *Preisempfehlung für Sondermodelle*; BGH, 23.02.2006, I ZR 27/03, BGHZ 166, 233, Rn. 36 – *Parfümtestkäufe*; BGH, 08.11.2007, I ZR 60/05, GRUR 2008, 530, Rn. 23 – *Nachlass bei der Selbstbeteiligung*; BGH, 14.02.2008, I ZR 55/05, GRUR 2008, 796, Rn. 15 – *Hollister*; BGH, 10.12.2009, I ZR 46/07, GRUR 2010, 253, Rn. 30 – *Fischdosendeckel*; BGH, 29.04.2010, I ZR 202/07, GRUR 2010, 749, Rn. 42 – *Erinnerungswerbung im Internet*; BGH, 19.05.2010, I ZR 177/07, GRUR 2010, 855, Rn. 17 – *Folienrollos*; BGH, 15.03.2012, I ZR 137/10, GRUR 2012, 630, Rn. 19 – *CONVERSE II*; BGH, 19.07.2012, I ZR 199/10, GRUR 2013, 307, Rn. 19 – *Unbedenkliche Mehrfachabmahnung*; BGH, 29.09.2016, I ZB 34/15, GRUR 2017, 208, Ls. 1 und Rn. 35 – *Rückruf von RESCUE-Produkten*.

272 BGH, 29.06.2000, I ZR 29/98, GRUR 2000, 907, 908, juris Rn. 25 – *Filialleiterfehler*.

273 BGH, 29.06.2006, I ZR 235/03, GRUR 2006, 960, Ls. und Rn.16 – *Anschriftenliste*.

begehrten Verbot zu treffenden Regelung erfasst oder sich nur auf mehr oder weniger theoretische Randfragen bezieht.[274] Wird das Charakteristische der konkreten Verletzungshandlung vom Antrag nicht erfasst, ist der Antrag unbestimmt.[275] Erfasst der Antrag zwar auch die konkrete Verletzungshandlung, geht aber darüber hinaus, folgt daraus nicht notwendig die Unbestimmtheit des Antrags, sondern erweist sich der danach zu weit reichende Anspruch häufig schlicht als unbegründet.[276] Das kann insbesondere der Fall sein, wenn von der erstrebten Verallgemeinerung des Verbots auch erlaubtes Verhaltes erfasst wäre.[277] So z.B. dann, wenn ein bestimmtes Verhalten schlechthin verboten werden soll, obwohl es sich nur unter den konkreten Umständen der Verletzungshandlung als unzulässig erweist.[278] Eine abstrahierende Verallgemeinerung darf die Grenze des durch die konkrete Verletzungshandlung begründeten Unterlassungsanspruchs nicht überschreiten.[279] Dass der Kläger seinen Antrag weiter fasst, indem er die angegriffene Verletzungsform im Antrag stärker abstrahierend umschreibt, ändert nichts daran, dass der Streitgegenstand am Klagegrund, also dem Lebenssachverhalt, auf den der Antrag gestützt ist, orientiert ist.[280] Das kann dazu führen, dass im Vollstreckungsverfahren auch ein nicht hinreichend bestimmter Unterlassungstitel ausnahmsweise vollstreckungsfähig sein kann, wenn er im Wege der Auslegung unter

---

274 BGH, 06.10.1999, I ZR 92/97, GRUR 2000, 616, 617 – *Auslaufmodelle III*; BGH, 15.12.1999, I ZR 159/97, GRUR 2000, 337 – *Preisknaller*; BGH, 12.07.2001, I ZR 89/99, GRUR 2002, 72, 73 – *Preisgegenüberstellung im Schaufenster*; BGH, 04.07.2002, I ZR 38/00, GRUR 2002, 1088, 1089, juris Rn. 30 – *Zugabenbündel*; BGH, 04.09.2003, I ZR 23/01, BGHZ 156, 126, 131 – *Farbmarkenverletzung I*.

275 Vgl. BGH, 10.12.1998, I ZR 141/96, GRUR 1999, 509, 511, juris Rn. 26 ff. – *Vorratslücken* (nur beispielhaft angeführte Fälle, die keine konkrete Verletzungshandlung erkennen lassen); BGH, 16.03.2000, I ZR 229/97, GRUR 2002, 187, 188, juris Rn. 18 – *Lieferstörung* (von der konkreten Verletzungsform zu sehr abstrahiert); BGH, 29.03.2007, I ZR 164/04, GRUR 2007, 987, Rn. 22 – *Änderung der Voreinstellung* (bloß versehentliche Vertragsverletzung im Einzelfall keine unlauter Behinderung); BGH, 12.07.2001, I ZR 40/99, GRUR 2002, 86, 88, juris Rn. 62 – *Laubhefter*.

276 Vgl. BGH, 29.06.2000, I ZR 29/98, GRUR 2000, 907, 908, juris Rn. 25 – *Filialleiterfehler*; BGH, 28.09.2000, I ZR 141/98, GRUR 2001, 255, juris Rn. 23 – *Augenarztanschreiben*; OLG Celle, 18.06.2018, 13 U 35/18, MD (VSW) 2018, 644, juris Rn. 12 – *Botanicals, Contura Verde Duo-Aktiv Kapseln*; KG, 19.10.2018, 5 U 175/17, WRP 2019, 92, 93, Rn. 17 – *Hotelsterne auf Google*; *Köhler*/Bornkamm/Feddersen, § 12, Rn. 2.36.

277 Vgl. BGH, 10.12.1998, I ZR 141/96, GRUR 1999, 509, 511, juris Rn. 26 ff. – *Vorratslücken*; BGH, 16.03.2000, I ZR 229/97, GRUR 2002, 187, 188, juris Rn. 18 – *Lieferstörung*; BGH, 29.03.2007, I ZR 164/04, GRUR 2007, 987, Rn. 22 – *Änderung der Voreinstellung*; BGH, 30.04.2008, I ZR 73/05, GRUR 2008, 702, Rn. 31 – *Internet-Versteigerung III*; BGH, 03.11.2016, I ZR 227/14, GRUR 2017, 418, Rn. 33 – *Optiker-Qualität*.

278 Vgl. BGH, 25.06.1992, I ZR 120/90, GRUR 1993, 834, 835, juris Rn. 29 – *Haftungsbeschränkung bei Anwälten*.

279 BGH, 14.11.2002, I ZR 137/00, GRUR 2003, 446, 447 – *Preisempfehlung für Sondermodelle*; BGH, 04.09.2003, I ZR 44/01, GRUR 2004, 154, 156 – *Farbmarkenverletzung II*; BGH, 04.05.2005, I ZR 127/02, GRUR 2005, 692, 693 f., juris Rn. 26 – *»statt«-Preis*.

280 BGH, 23.02.2006, I ZR 272/02, BGHZ 166, 253, Rn. 28 – *Markenparfümverkäufe*.

Orientierung an der konkreten Verletzungshandlung, die zum Erlass des Titels geführt hat, auf einen vollstreckungsfähigen Inhalt begrenzt werden kann.[281]

155 Ist das beschriebene beanstandete Verhalten aber in jedem denkbaren Zusammenhang unzulässig, dann ist eben das charakteristisch für die Verletzungshandlung und kommt auch ein Schlechthinverbot in Betracht.[282] So z.B. bei einer Werbung für verschreibungspflichtige Arzneimittel, die nur gegenüber Fachkreisen erlaubt und gegenüber dem allgemeinen Publikum schlechthin verboten ist (§ 10 Abs. 1 HWG). Wird für solche Arzneimittel dennoch gegenüber dem Publikum geworben, so ist eben dies charakteristisch für die Verletzungshandlung und begründet die Wiederholungsgefahr für gleichartige Handlungen. Dann kann auf der Grundlage der Werbung auch nur für ein einzelnes Arzneimittel schlechthin, also losgelöst von der konkreten Verletzungsform, das Verbot ergehen, gegenüber dem allgemeinen Publikum für verschreibungspflichtige Arzneimittel zu werben. Ebenso ist das Charakteristische der Verletzungshandlung erfasst, wenn im Falle einer Internetwerbung mit Testhinweis zwar auf eine angebliche Fundstelle verlinkt worden ist, dort aber der Test nicht ohne weiteres auffindbar ist und diese Umstände im Verbotsantrag zutreffend verallgemeinert beschrieben worden sind.[283] Ebenso, wenn verallgemeinernd das Verbot ergeht, den Verkauf »rezeptpflichtiger, preisgebundener Arzneimittel« mit der »kostenfreien Abgabe eines Brötchen-Gutscheins« zu verknüpfen.[284]

156 Der Gebrauch unbestimmter und auslegungsbedürftiger Begriffe – auch in der Urteilsformel – kann dann hinnehmbar oder im Interesse einer sachgerechten Titulierung zweckmäßig oder sogar geboten sein, wenn im Einzelfall über den Sinngehalt der verwendeten Begriffe oder Bezeichnung kein Zweifel besteht, so dass die Reichweite von Antrag und Urteil feststeht.[285] Davon ist im Regelfall auszugehen, wenn über die Bedeutung des an sich auslegungsbedürftigen Begriffs zwischen den Parteien kein Streit

---

281 OLG Frankfurt, 29.01.2015, 6 W 3/15, MMR 2015, 472, juris Rn. 7; KG, 26.06.2018, 5 W 115/18, MD (VSW) 2018, 637, Rn. 2.

282 BGH, 11.06.1992, I ZR 226/90, GRUR 1992, 625, 627, juris Rn. 28 – *Therapeutische Äquivalenz*;

283 OLG Frankfurt, 16.11.2017, 6 U 182/14, WRP 2018, 109, 110.

284 OLG Frankfurt, 02.11.2017, 6 U 164/16, WRP 2018, 105.

285 BGH, 09.04.1992, I ZR 171/90, GRUR 1992, 561, 562 – *Unbestimmter Unterlassungsantrag II*; BGH, 05.06.1997, I ZR 69/95, GRUR 1998, 489, 491 – *Unbestimmter Unterlassungsantrag III*; BGH, 15.07.1999, I ZR 204/96, GRUR 1999, 1017 f. – *Kontrollnummernbeseitigung*; BGH, 06.10.1999, I ZR 92/97, GRUR 2000, 616, 617 – *Auslaufmodelle III*; BGH, 12.07.2001, I ZR 89/99, GRUR 2002, 72, 73 – *Preisgegenüberstellung im Schaufenster*; BGH, 04.07.2002, I ZR 38/00, GRUR 2002, 1088, 1089, juris Rn. 30 – *Zugabenbündel*; BGH, 22.11.2007, I ZR 12/05, GRUR 2008, 357, Rn. 22 – *Planfreigabesystem*; BGH, 05.10.2010, *I ZR 46/09, GRUR 2011*, 433, Rn. 11 – *Verbotsantrag bei Telefonwerbung*; BGH, 06.10.2011, I ZR 54/10, GRUR 2012, 405, Rn. 11 – *Kreditkontrolle*; BGH, 04.11.2010, I ZR 118/09, GRUR 2011, 539, Rn. 13 – *Rechtsberatung durch Lebensmittelchemiker*.

besteht und objektive Maßstäbe zur Abgrenzung vorliegen[286] oder wenn zum Verständnis des Begriffs auf die konkrete Verletzungshandlung und die gegebene Klagebegründung zurückgegriffen werden kann.[287]

Mangelnde Bestimmtheit kann aber vorliegen, wenn die Bedeutung von Begriffen oder Bezeichnungen zwischen den Parteien streitig ist. In solchen Fällen würden, wenn Sinngehalt und Bedeutung der verwendeten Begriffe dahingestellt bleiben, Inhalt und Umfang des begehrten bzw. des erkannten Verbots nicht eindeutig feststehen.[288] Besteht zwischen den Parteien Streit über die Bedeutung von allgemeinen Begriffen, muss der Kläger die Begriffe hinreichend konkret umschreiben und gegebenenfalls mit Beispielen unterlegen oder sein Begehren an der konkreten Verletzungshandlung orientieren.[289] 157

Der Beklagte kann jedoch die Wertung des verwendeten Begriffes als unbestimmt nicht schon dadurch herbeiführen, dass er Sinngehalt und Bedeutung des Begriffs streitig stellt. Ob ein Unterlassungsantrag den Anforderungen an die Bestimmtheit von Klageanträgen genügt, ist nach objektiven Kriterien zu entscheiden und hängt nicht von dem Verteidigungsvorbringen des Beklagten ab, auf das der Kläger keinen Einfluss hat.[290] 158

Welche Anforderungen im Übrigen an die Konkretisierung des Streitgegenstands in einem Unterlassungsantrag zu stellen sind, ist auch abhängig von den Besonderheiten des anzuwendenden materiellen Rechts und den Umständen des Einzelfalls.[291] Dabei sind das zu schützende Interesse des Beklagten an Rechtsklarheit und Rechtssicherheit 159

---

286 Vgl. BGH, 11.05.2000, I ZR 28/98, BGHZ 144, 255, 263 – *Abgasemissionen*; BGH, 04.11.2010, I ZR 118/09, GRUR 2011, 539, Rn. 13 – *Rechtsberatung durch Lebensmittelchemiker*; BGH, 06.10.2011, I ZR 54/10, GRUR 2012, 405, Rn. 11 – *Kreditkontrolle*; BGH, 28.11.2013, I ZR 7/13, GRUR 2014, 398, Rn. 14f. – *Online-Versicherungsvermittlung*; BGH, 04.05.2016, I ZR 58/14, GRUR 2017, 79, Rn. 20 – *Segmentstruktur*.

287 BGH, 04.09.2003, I ZR 23/01, BGHZ 156, 126, 131 – *Farbmarkenverletzung I*; BGH, 29.04.2010, I ZR 202/07, GRUR 2010, 749, Rn. 21 – *Erinnerungswerbung im Internet*; BGH, 04.11.2010, I ZR 118/09, GRUR 2011, 539, Rn. 13 – *Rechtsberatung durch Lebensmittelchemiker*; BGH, 06.10.2011, I ZR 54/10, GRUR 2012, 405, Rn. 11 – *Kreditkontrolle*; BGH, 09.11.2017, I ZR 134/16, GRUR 2018, 417, Rn. 21 – *Resistograph*.

288 BGH, 09.04.1992, I ZR 171/90, GRUR 1992, 561, 562 – *Unbestimmter Unterlassungsantrag II*; BGH, 04.07.2002, I ZR 38/00, GRUR 2002, 1088, 1089, juris Rn. 30 – *Zugabenbündel*; BGH, 04.09.2003, I ZR 23/01, BGHZ 156, 126, 131 – *Farbmarkenverletzung I*; BGH, 05.10.2010, I ZR 46/09, GRUR 2011, 433, Rn. 11 – *Verbotsantrag bei Telefonwerbung*; BGH, 23.09.2015, I ZR 78/14, GRUR 2015, 1201, Rn. 42 – *Sparkassen-Rot/Santander-Rot* (markenrechtl. Streit über eine »kennzeichenmäßige« Benutzung; anders dagegen, weil kennzeichenmäßige Benutzung dort unstreitig, z.B. BGH, 22.01.2014, I ZR 71/12, GRUR 2014, 382 – REAL-Chips); KG, 11.01.2018, 5 W 6/18, WRP 2018, 350, Ls. (betr. streitigen Begriff des »Werbeschreibens«).

289 BGH, 04.11.2010, I ZR 118/09, GRUR 2011, 539, Rn. 13 – *Rechtsberatung durch Lebensmittelchemiker*; BGH, 05.02.2015, I ZR 240/12, GRUR 2015, 485, Rn. 30 – *Kinderhochstühle im Internet III*; BGH, 23.09.2015, I ZR 78/14, GRUR 2015, 1201, Rn. 41 – *Sparkassen-Rot/Santander-Rot*; BGH, 06.10.2016, I ZR 25/15, GRUR 2017, 266, Rn. 29 – *World of Warcraft*.

290 BGH, 15.12.1999, I ZR 159/97, GRUR 2000, 337, 338, juris Rn. 18 – *Preisknaller*.

291 BGH, 04.07.2002, I ZR 38/00, GRUR 2002, 1088, 1089, juris Rn. 28 – *Zugabenbündel*.

hinsichtlich der Entscheidungswirkungen und das ebenfalls schutzwürdige Interesse des Klägers an einem wirksamen Rechtsschutz abzuwägen.[292] Eine auslegungsbedürftige Antragsformulierung kann dann hinzunehmen sein, wenn dies zur Gewährleistung des Rechtsschutzes gegen eine unzulässige geschäftliche Handlung erforderlich erscheint.[293] Es lässt sich nicht stets vermeiden, dass das Vollstreckungsgericht bei der Beurteilung der Frage, ob ein Verstoß gegen ein ausgesprochenes Verbot vorliegt, in gewissem Umfang auch Wertungen vornehmen muss.[294]

160 Ist der Unterlassungsantrag über die konkrete Verletzungsform hinaus verallgemeinernd abstrakt gefasst, müssen Einschränkungen in Antrag und Tenor aufgenommen werden, wenn von dem weit gefassten Verbot erlaubte Verhaltensweisen ausgenommen werden müssen. Die Umstände des Ausnahmetatbestands sind so genau zu umschreiben, dass im Vollstreckungsverfahren erkennbar ist, welche konkreten Handlungen von dem Verbot ausgenommen sind.[295]

c) Antragszusätze

aa) »insbesondere«-Antragszusatz

161 Der Unterlassungsantrag kann auch dergestalt gefasst werden, dass er das beanstandete Verhalten verallgemeinernd umschreibt und im Nebensatz »insbesondere« auf die konkrete Verletzungshandlung abstellt. Dem entspricht es, wenn der Nebensatz mit den Worten »beispielsweise wie geschehen …« eingeleitet wird.

162 Ein solcher Antrag ist zunächst nichts anderes als ein auf ein abstrakt verallgemeinertes Verbot gerichteter Antrag. Durch die »insbesondere«-Bezugnahme auf die konkrete Verletzungsform wird der allgemeine Teil des Antrags grundsätzlich weder eingeschränkt noch erweitert.[296] Der Zusatz stellt keinen eigenen Streitgegenstand dar und

292 BGH, 04.07.2002, I ZR 38/00, GRUR 2002, 1088, 1089, juris Rn. 29 – *Zugabenbündel*; BGH, 28.11.2002, I ZR 168/00, BGHZ 153, 69, 75 f. – *P-Vermerk*; BGH, 04.05.2016, I ZR 58/14, GRUR 2017, 79, Rn. 24 – *Segmentstruktur*.

293 BGH, 14.10.1999, I ZR 117/97, BGHZ 142, 388, 391, juris Rn. 16 – *Musical-Gala*; BGH, 04.03.2004, I ZR 221/01, BGHZ 158, 174, 187, juris Rn. 40 – *Direktansprache am Arbeitsplatz*; BGH, 09.09.2004, I ZR 93/02, GRUR 2005, 443, 445 – *Ansprechen in der Öffentlichkeit II*; BGH, 05.10.2010, I ZR 46/09, GRUR 2011, 433, Rn. 10 – *Verbotsantrag bei Telefonwerbung*; BGH, 02.02.2012, I ZR 81/10, GRUR 2012, 945, Rn. 16 – *Tribenuronmethyl*; BGH, 04.05.2016, I ZR 58/14, GRUR 2017, 79, Rn. 24 – *Segmentstruktur*.

294 BGH, 12.07.2001, I ZR 40/99, GRUR 2002, 86, 88 – *Laubhefter*; BGH, 04.07.2002, I ZR 38/00, GRUR 2002, 1088, 1089, juris Rn. 28 – *Zugabenbündel*; BGH, 04.03.2004, I ZR 221/01, BGHZ 158, 174, 187, juris Rn. 41 – *Direktansprache am Arbeitsplatz*.

295 BGH, GRUR 2010, 749 Rn. 25f. – *Erinnerungswerbung im Internet*; BGH, 04.11.2010, I ZR 118/09, GRUR 2011, 539, Rn. 15 – *Rechtsberatung durch Lebensmittelchemiker*; BGH, 02.02.2012, I ZR 81/10, GRUR 2012, 945, Rn. 25 – *Tribenuronmethyl*; BGH, 18.10.2012, *I ZR 137/11, GRUR 2013*, 409, Rn. 21 – *Steuerbüro*.

296 BGH, 02.02.2012, I ZR 81/10, GRUR 2012, 945, Rn. 22 – *Tribenuronmethyl*; BGH, 09.11.2017, I ZR 134/16, GRUR 2018, 417, Rn. 28 – *Resistograph*.

ist daher kein echter – sondern ein unechter[297] – Hilfsantrag.[298] Deshalb ist auch eine Anschlussberufung, die dazu dient, »insbesondere« auch das Verbot der konkreten Verletzungsform in das ursprünglich abstrakt formulierte Unterlassungsbegehren einzubeziehen, unzulässig.[299] Änderung oder Rücknahme des Zusatzes sind keine Klagänderung oder Klagrücknahme[300] und können daher auch keine Kostennachteile nach sich ziehen.[301]

Die Konkretisierung im »insbesondere«-Zusatz dient allerdings als Auslegungshilfe für die Verallgemeinerung und darf nicht unbeachtet bleiben.[302] Durch den mit »insbesondere« eingeleiteten Teil eines Unterlassungsantrags soll das beantragte Verbot nicht auf ähnliche Verletzungsformen erstreckt werden, was den Antrag unbestimmt machen würde.[303] Er dient vielmehr zum einen der Erläuterung des in erster Linie beantragten abstrakten Verbots, indem er beispielhaft verdeutlicht, was unter der im abstrakten Antragsteil genannten Form zu verstehen ist.[304] Zum anderen macht der Kläger auf diese Weise deutlich, dass er – falls er mit dem abstrakt formulierten Verbot nicht durchdringt – jedenfalls die Unterlassung des konkret beanstandeten Verhaltens **163**

---

297 *Köhler*/Bornkamm/Feddersen, § 12, Rn. 2.46 f.; Teplitzky/Schwippert, Kap. 51, Rn. 30.

298 BGH, 25.04.1991, I ZR 134/90, GRUR 1991, 772, 773, juris Rn. 16 – *Anzeigenrubrik I*; BGH, 20.03.1997, I ZR 241/94, GRUR 1997, 672, 673, juris Rn. 24 – *Sonderpostenhändler*; BGH, 05.11.2015, I ZR 50/14, GRUR 2016, 705, Rn. 13 – *ConText*; OLG Celle, 18.06.2018, 13 U 35/18, MD (VSW) 2018, 644, juris Rn. 10 – *Botanicals, Contura Verde Duo-Aktiv Kapseln.*

299 BGH, 25.04.1991, I ZR 134/90, GRUR 1991, 772, 773, juris Rn. 16 – *Anzeigenrubrik I.*

300 BGH, 25.04.1991, I ZR 134/90, GRUR 1991, 772, 773, juris Rn. 16 – *Anzeigenrubrik I*; FBO/Büscher, § 12, Rn. 303; Harte/Henning/Brüning, Vor § 12, Rn. 110; *Köhler*/Bornkamm/Feddersen, § 12, Rn. 2.46; Teplitzky/Schwippert, Kap. 51, Rn. 41.

301 Teplitzky/Schwippert, Kap. 51, Rn. 41.

302 Vgl. BGH, 28.11.1996, I ZR 197/94, GRUR 1997, 767, 768 – *Brillenpreise II*; BGH, 12.07.2001, I ZR 40/99, GRUR 2002, 86, 88, juris Rn. 57 – *Laubhefter*; BGH, 09.11.2017, I ZR 134/16, GRUR 2018, 417, Rn. 28 – *Resistograph*; BGH, 31.10.2018, I ZR 73/17, GRUR 2019, 82, Rn. 20f. – *Jogginghosen.*

303 BGH, 11.10.1990, I ZR 35/89, GRUR 1991, 254, 257, Ls. und juris Rn. 19 – *Unbestimmter Unterlassungsantrag I*; BGH, 16.07.1998, I ZR 6/96, GRUR 1999, 235, 238 – *Wheels Magazin.*

304 Vgl. BGH, 25.04.1991, I ZR 134/90, GRUR 1991, 772, 773 – *Anzeigenrubrik I*; BGH, 08.10.1998, I ZR 94/97, WRP 1999, 509, 511 – *Kaufpreis je nur 1 DM*; BGH, 08.10.1998, I ZR 107/97, WRP 1999, 512, 515 – *Aktivierungskosten*; BGH, 02.06.2005, I ZR 252/02, GRUR 2006, 164, Rn. 14 – *Aktivierungskosten II*; BGH, 30.04.2008, I ZR 73/05, GRUR 2008, 702, Rn. 26 – *Internet-Versteigerung III*; BGH, 02.02.2012, I ZR 81/10, GRUR 2012, 945, Rn. 22 – *Tribenuronmethyl*; BGH, 05.11.2015, I ZR 50/14, GRUR 2016, 705, Rn. 13 – *ConText*; BGH, 18.10.2017, I ZR 84/16, WRP 2018, 320, Rn. 32 – *Kraftfahrzeugwerbung*; BGH, 31.10.2018, I ZR 73/17, GRUR 2019, 82, Rn. 21 – *Jogginghosen*; OLG Celle, 18.06.2018, 13 U 35/18, MD (VSW) 2018, 644, juris Rn. 10 – *Botanicals, Contura Verde Duo-Aktiv Kapseln.*

begehrt.[305] Der »insbesondere«- Zusatz kann den allgemeiner gehaltenen Antragsteil konkretisieren und damit hinreichend bestimmt machen. Insoweit ist der BGH in der Vergangenheit recht großzügig – vielleicht zu großzügig – gewesen.[306] Stellt sich die konkrete Verletzungsform – wie regelmäßig – als Minus zu einem unbestimmt formulierten abstrakten Antragsteil dar, kann sie – unter Zurückweisung des weitergehenden Antrags und mit entsprechender Kostenfolge[307] – jedenfalls als solche Verbotsgegenstand sein.[308] Das aber nicht, wenn der Kläger trotz eines Hinweises des Gerichts auf die Unbestimmtheit des abstrakt formulierten Antragsteils ein uneingeschränktes Verbot begehrt.[309] Es ist nicht Sache des Gerichts, einen zu weit gefassten Antrag so umzuformulieren, dass er Erfolg hat oder haben könnte.[310] Im Zweifelsfall sollte die konkrete Verletzungsform mit einem echten Hilfsantrag angegriffen werden.[311]

---

305 Vgl. BGH, 29.03.1974, I ZR 15/73, GRUR 1975, 75, 76 – *Wirtschaftsanzeigen – publicrelations*; BGH, 13.03.2003, I ZR 143/00, GRUR 2003, 886, 887, juris Rn. 20 – *Erbenermittler*; BGH, 02.02.2012, I ZR 81/10, GRUR 2012, 945, Rn. 22 – *Tribenuronmethyl*; BGH, 05.11.2015, I ZR 50/14, GRUR 2016, 705, Rn. 13 – *ConText*; BGH, 18.10.2017, I ZR 84/16, WRP 2018, 320, Rn. 32 – *Kraftfahrzeugwerbung*; BGH, 31.10.2018, I ZR 73/17, GRUR 2019, 82, Rn. 21 – *Jogginghosen*.

306 Vgl. BGH, 06.12.2001, I ZR 214/99, GRUR 2002, 985, juris Rn. 28 – *WISO*; BGH, 06.12.2001, I ZR 316/98, GRUR 2002, 996, 999, juris Rn.124 – *Bürgeranwalt*; BGH, 30.04.2008, I ZR 73/05, GRUR 2008, 702, Rn. 26 – *Internet-Versteigerung III*; anders noch BGH, 18.02.1993, I ZR 219/91, GRUR 1993, 565, 567, juris-Rn. 7 und 22 – *Faltenglätter* (»insbesondere-Zusatz« führt nur Beispielsfall an, ohne dass damit die wettbewerbswidrigen Merkmale hinreichend bestimmt benannt werden); vgl. auch FBO/Büscher, § 12, Rn. 301; *Köhler*/Bornkamm/Feddersen, § 12, Rn. 2.46 (Zusatz vermag einen zu unbestimmten Klageantrag nicht zu retten).

307 Vgl. BGH, 14.01.2016, I ZR 61/14, GRUR 2016, 516, Rn. 45 – *Wir helfen im Trauerfall* (20%); BGH, 31.10.2018, I ZR 73/17, GRUR 2019, 82, Rn. 22 – *Jogginghosen*; OLG Frankfurt, 26.04.2016, 6 W 29/16, Ls. und juris Rn. 8 (25%).

308 Vgl. BGH, 23.06.1994, I ZR 15/92, BGHZ 126, 287, 296 – *Rotes Kreuz*; BGH, 17.10.1996, I ZR 153/94, GRUR 1997, 308, 311, juris Rn. 34 – *Wärme fürs Leben*; BGH, 08.10.1998, I ZR 107/97, WRP 1999, 512, 515, juris Rn. 26 – *Aktivierungskosten*; BGH, 03.12.1998, I ZR 74/96, GRUR 1999, 760 – *Auslaufmodelle II*; BGH, 16.11.2000, I ZR 186/98, GRUR 2001, 446, 447, juris Rn. 16 – *1-Pfennig-Farbbild*; BGH, 11.12.2003, I ZR 50/01, GRUR 2004, 605, 607, juris Rn. 26f. – *Dauertiefpreise*; BGH, 30.04.2008, I ZR 73/05, GRUR 2008, 702, Rn. 32 – *Internet-Versteigerung III*; BGH, 04.11.2010, I ZR 118/09, GRUR 2011, 539, Rn. 13 – *Rechtsberatung durch Lebensmittelchemiker*; BGH, 10.02.2011, I ZR 136/09, GRUR 2011, 444, Rn. 13 – *Flughafen Frankfurt-Hahn*; BGH, 29.04.2010, I ZR 99/08, GRUR 2011, 82, Rn. 37 – *Preiswerbung ohne Umsatzsteuer*;

309 *Köhler*/Bornkamm/Feddersen, § 12, Rn. 2.44.

310 BGH, 05.06.1997, I ZR 69/95, GRUR 1998, 489, 492 – *Unbestimmter Unterlassungsantrag III; BGH, 10.12.1998*, I ZR 141/96, GRUR 1999, 509, 511 f. – *Vorratslücken*; BGH, 16.03.2000, I ZR 229/97, GRUR 2002, 187, 188 – *Lieferstörung*.

311 Siehe dazu *Köhler*/Bornkamm/Feddersen, § 12, Rn. 2.46 ff.

Allerdings unterliegt auch der »insbesondere«-Zusatz den allgemeinen Regeln und muss daher seinerseits dem Bestimmtheitsgrundsatz entsprechen.[312] Werden auch im »insbesondere«-Zusatz die Merkmale nicht hinreichend bestimmt benannt, die das begehrte allgemeine Verbot tragen könnten, kann der Zusatz die hinreichende Bestimmtheit des unbestimmten verallgemeinernden Antragsteils nicht bewirken.[313] Ebenso kann der »insbesondere«-Zusatz zwar hinreichend bestimmt sein, aber sachlich zu weit gehen.[314] Wählt der Kläger eine Verallgemeinerungsform, deren abstrakter Inhalt die »insbesondere«-Variante nicht mehr umfasst, kann der Klage nicht in dieser Variante stattgegeben werden, weil die mit »insbesondere« beginnenden Teile des Klageantrags keinen eigenen Streitgegenstand enthalten und daher nicht als echte Hilfsanträge anzusehen sind. In einem solchen Fall ist der gesamte Antrag wegen Widersprüchlichkeit unbestimmt.[315] **164**

bb) »solange«/»sofern«-Antragszusatz

Vielfach werden in einen Antrag erläuternde Zusätze aufgenommen, die nicht der Konkretisierung des Antrags dienen, sondern vor allem ein Begründungselement darstellen, indem sie – auch im Umkehrschluss – zum Ausdruck bringen, warum der im Antrag zuvor angeführte Unterlassungsanspruch geltend gemacht wird. **165**

Derartige Zusätze werden mit Formulierungen wie: »…, solange (sofern/soweit) nicht …«, »…, wenn nicht…« oder »…, es sei denn (ohne), dass (zu)…« verwendet, die einen Nebensatz einleiten. Beanstandet der Anspruchsteller etwa, dass der Wettbewerber ein tatsächlich nicht in Italien gebackenes Brot in einer Aufmachung vertreibt, die den Eindruck einer Herstellung in Italien vermittelt, dann bringt ein gegen die konkrete Verletzungsform gerichtetes Verbot, dem der Zusatz », solange dieses Produkt nicht tatsächlich in Italien hergestellt worden ist.« folgt, die Selbstverständlichkeit zum Ausdruck, dass das Verbot von nicht in Italien hergestellten Broten nicht mehr gelten soll, wenn die Brote (künftig) tatsächlich in Italien hergestellt würden. Der Zusatz wird nicht verwandt, um den Inhalt des Verbots selbständig festzulegen. Er macht aber auch hier deutlich, in welchem Umfang der Kläger über die Umstände des konkret beanstandeten Verhaltens hinaus andere Verletzungshandlungen als im Kern gleichartig ansieht.[316] In einem solchen Fall stellt sich ein »solange nicht«-/»wenn nicht«/Zusatz lediglich als ein für den Verbotsumfang bedeutungsloses Begründungselement und eine **166**

---

312 Vgl. BGH, 28.11.1996, I ZR 197/94, GRUR 1997, 767, 768 – *Brillenpreise II*; BGH, 12.07.2001, I ZR 40/99, GRUR 2002, 86, 88, juris Rn. 57 – *Laubhefter*; BGH, 04.10.2007, I ZR 143/04, GRUR 2008, 84, Rn. 19 – *Versandkosten*; BGH, 02.02.2012, I ZR 81/10, GRUR 2012, 945, Rn. 22 – *Tribenuronmethyl*; BGH, 05.11.2015, I ZR 50/14, GRUR 2016, 705, Rn. 13 – *ConText*.

313 BGH, 18.02.1993, I ZR 219/91, GRUR 1993, 565, 566, juris Rn. 22 – *Faltenglätter*.

314 BGH, 13.03.2003, I ZR 143/00, GRUR 2003, 886, 887, juris Rn. 20 – *Erbenermittler*.

315 Vgl. BGH, 20.03.1997, I ZR 241/94, GRUR 1997, 672, 673 – Sonderpostenhändler; BGH, 02.02.2012, I ZR 81/10, GRUR 2012, GRUR 2012, 945, Rn. 22 – Tribenuronmethyl; BGH, 05.11.2015, I ZR 50/14, GRUR 2016, 705, Rn. 13 – *ConText*; siehe auch: OLG Frankfurt, 20.09.2018, 6 U 127/17, WRP 2018, 1499, juris Rn. 15; FBO/Büscher, § 12, Rn. 302; *Köhler*/Bornkamm/Feddersen, § 12, Rn. 2.46; Teplitzky/Schwippert, Kap. 51, Rn. 40.

316 BGH, 10.02.2011, I ZR 183/09, GRUR 2011, 340, Rn. 24 – *Irische Butter*.

unschädliche Überbestimmung dar.[317] Das hat seinen Platz regelmäßig in der Antragsbegründung und muss als solches nicht Gegenstand des Antrags sein. In einem auf Untersagung einer irreführenden Werbung gerichteten Unterlassungsantrag muss deshalb auch nicht verbal zum Ausdruck gebracht werden, aufgrund welchen Verkehrsverständnisses die in dem Antrag hinreichend bestimmt umschriebene Handlung irreführend ist.[318] Erschöpft sich der Zusatz in einem Begründungselement oder einer Klarstellung, dann wird die Bestimmtheit des Antrags insgesamt nicht durch die Verwendung unbestimmter Begriffe im Zusatz berührt.[319] Ist der »solange«-Zusatz im Sinne einer konditionalen Verknüpfung (»nur wenn«) oder zeitlich (»bis«) zu verstehen, kann er allerdings eine bloße Ungewissheit zum Ausdruck bringen und wäre dann unzulässig.[320] Auch dann, wenn der Gegenstand des begehrten Verbots im Hauptteil des Antrags schon nicht hinreichend bestimmt bezeichnet ist und der Zusatz den eigentlichen Kern des begehrten Verbots enthält, kann er nicht als bloßes Begründungselement angesehen werden und muss deshalb seinerseits hinreichend bestimmt sein.[321]

cc) Sonstige einschränkende Zusätze

167 Grundsätzlich brauchen Ausnahmetatbestände in den Klageantrag nicht aufgenommen zu werden; denn es ist nicht Sache des Klägers, den Beklagten darauf hinzuweisen, was ihm erlaubt ist.[322] Das gilt allerdings nur dann, wenn der Klageantrag die konkrete Verletzungsform beschreibt. Ist der Unterlassungsantrag über die konkrete Verletzungsform hinaus verallgemeinernd abstrakt gefasst, ist es erforderlich, erlaubte Verhaltensweisen von dem weit gefassten Verbot auszunehmen.[323] Die Ausnahme muss ebenfalls hinreichend bestimmt beschrieben werden. Wird die Darstellung der erlaubten Verhaltensweise im Nebensatz mit Formulierungen wie »…, soweit nicht…«, »…, es sei

---

317 BGH, 06.10.1999, I ZR 92/97, GRUR 2000, 616, 617, juris Rn. 19 – *Auslaufmodelle III*; BGH, 10.02.2011, I ZR 183/09, GRUR 2011, 340, Rn. 24 – *Irische Butter*; BGH, 30.07.2015, I ZR 250/12, GRUR 2016, 406, Rn. 34 – *Piadina-Rückruf*; KG, 05.09.2017, 5 U 150/16, GRUR-RR 2018, 78, 79 – *Spam-Krokodil*.

318 BGH, 06.12.2007, I ZR 184/05, GRUR 2008, 726, Rn. 14 – *Duftvergleich mit Markenparfüm*.

319 Vgl. BGH, 15.07.1999, I ZR 204/96, GRUR 1999, 1017, 1018, juris Rn. 17 – *Kontrollnummernbeseitigung*; BGH, 20.10.1999, I ZR 167/97, GRUR 2000, 619, 620, juris Rn. 17 – *Orient-Teppichmuster*; BGH, 21.07.2016, I ZR 26/15, GRUR 2016, 1076, Rn. 13 – *LGA tested*.

320 BGH, 30.07.2015, I ZR 250/12, GRUR 2016, 406, Rn. 33 – *Piadina-Rückruf*.

321 BGH, 12.07.2001, I ZR 40/99, GRUR 2002, 86, 88, juris Rn. 56 – *Laubhefter*.

322 BGH, 29.04.2010, I ZR 202/07, GRUR 2010, 749, Rn. 25 f. – *Erinnerungswerbung im Internet*; BGH, 04.11.2010, I ZR 118/09, GRUR 2011, 742, Rn. 15 – *Rechtsberatung durch Lebensmittelchemiker*; BGH, 25.06.2015, I ZR 145/14, GRUR 2015, 1019, Rn. 12 – *Mobiler Buchhaltungsservice*; BGH, 02.02.2012, I ZR 81/10, GRUR 2012, 945, Rn. 24 – *Tribenuronmethyl*; BGH, 03.11.2016, I ZR 227/14, GRUR 2017, 418, Rn. 34f. – *Optiker-Qualität*; BGH, 26.07.2018, I ZR 226/14, GRUR 2018, 1246, Rn. 28 – *Kraftfahrzeugfelgen II*; KG, 18.09.18, *5 U 15/17, MD (VSW) 2019, 50, 52.*

323 BGH, 02.02.2012, I ZR 81/10, GRUR 2012, 945, Rn. 25 – *Tribenuronmethyl*; BGH, 03.11.2016, I ZR 227/14, GRUR 2017, 418, Rn. 34f. – *Optiker-Qualität*.

denn…« o.ä. eingeleitet, müssen die Umstände, die sodann den Ausnahmetatbestand beschreiben, so genau umschrieben werden, dass im Vollstreckungsverfahren erkennbar ist, welche konkreten Handlungen von dem Verbot ausgenommen sind.[324] Gleiches gilt, wenn der Unterlassungsanspruch ausdrücklich beschränkt werden soll (»mit Ausnahme von…«; »Ausgenommen von dem Verbot sind…«). So etwa im Umfang einer vom Schuldner bereits abgegebenen Unterlassungsverpflichtungserklärung, die den Unterlassungsanspruch noch nicht voll abdeckt. Auch kann der Anspruchsteller seinen Anspruch, obwohl er weitergehen könnte, eingrenzen.[325]

dd) Zusätze mit Verhaltensaufforderungen

Ein Zusatz kann grundsätzlich nicht mit Erfolg darauf gerichtet sein, dem Schuldner aufzugeben, was er zu unternehmen hat, um künftig eine Verletzungshandlung, etwa eine Irreführung, zu vermeiden. Darin liegt eine positive Verhaltensauflage für den Verletzer[326], die der Anspruchsteller, wenn es – wie meist – mehrere Möglichkeiten gibt, dem Verbot Folge zu leisten, in der Regel nicht beanspruchen kann.[327] Weder der Anspruchsteller noch das Gericht haben zu entscheiden, welche Maßnahmen der Verletzer zu treffen hat, um z.B. eine Irreführung auszuschließen, weshalb für positive Auflagen an den Verletzer im Rahmen des Unterlassungsgebots kein Raum ist.[328] Es ist Sache des Verletzers, Maßnahmen zu ergreifen, durch die einem Verbot Folge geleistet und etwa eine Irreführung beseitigt wird.[329] Dennoch mag es Fälle geben, in denen positiv festgelegt werden kann, welche Maßnahme zur Vermeidung von Irreführungen 168

---

324 BGH, GRUR 2010, 749 Rn. 25f. – *Erinnerungswerbung im Internet*; BGH, 04.11.2010, I ZR 118/09, GRUR 2011, 539, Rn. 15 – *Rechtsberatung durch Lebensmittelchemiker*; BGH, 02.02.2012, I ZR 81/10, GRUR 2012, 945, Rn. 25 – *Tribenuronmethyl*; BGH, 18.10.2012, I ZR 137/11, GRUR 2013, 409, Rn. 21 – *Steuerbüro*.

325 Vgl. BGH, 27.05.1987, I ZR 121/85, GRUR 1987, 839 – *Professorentitel in der Arzneimittelwerbung* (auf aufklärenden Hinweis über die Herkunft beschränktes Verbot der Führung eines Professorentitels); BGH, 16.02.1989, I ZR 76/87, GRUR 1989, 445, 446, juris Rn. 26 – *Professorenbezeichnung in der Arztwerbung* (unbeschränktes Verbot der Führung eines Professorentitels).

326 Teplitzky/Schwippert, Art. 51, Rn. 21.

327 BGH, 03.05.1963, Ib ZR 93/61, GRUR 1963, 539, 541 – *echt skai*; BGH, 15.06.1966, Ib ZR 72/64, GRUR 1967, 30, 34 – *Rum-Verschnitt*;

328 BGH, 20.10.1999, I ZR 167/97, GRUR 2000, 619, 620, juris Rn. 17 – *Orient-Teppichmuster*.

329 BGH, 15.07.1999, I ZR 204/96, GRUR 1999, 1017, 1018, juris Rn. 17 – *Kontrollnummernbeseitigung*; BGH, 20.10.1999, I ZR 167/97, GRUR 2000, 619, 620, juris Rn. 17 – *Orient-Teppichmuster*; BGH, 29.04.2010, I ZR 202/07, GRUR 2010, 749, Rn. 25 – *Erinnerungswerbung im Internet*; BGH, 10.02.2011, I ZR 183/09, GRUR 2011, 340, Rn. 27 – *Irische Butter*; BGH, 02.02.2012, I ZR 81/10, GRUR 2012, 945, Rn. 24 – *Tribenuronmethyl*; BGH, 21.09.2017, I ZR 74/16, Rn. 46 – *Kulturchampignons*; Ahrens/Jestaedt, Kap. 22, Rn. 44; FBO/Büscher, § 12, Rn. 305; Harte/Henning/Brüning, vor § 12, Rn. 108; Teplitzky/Schwippert, Kap. 51, Rn. 25.

erforderlich ist[330], weil die im Zusatz gewählte Einschränkung die einzig denkbare oder die am wenigsten einschneidende ist.[331]

169 Die Abgrenzung zwischen einem Zusatz mit bloßem Begründungselement und einem solchen, der positiv ein bestimmtes Handeln verlangt, kann im Einzelfall schwierig sein. So hat der BGH im Falle des Angebots von mechanisch hergestellten Webteppichen, deren Bewerbung den Eindruck vermittelte, dass es sich um handgeknüpfte Orient-Teppiche handelt, den Zusatz »…, ohne unmissverständlich darauf hinzuweisen, dass es sich um einen Webteppich aus Polypropylen handelt.« dahin ausgelegt, dass er sich in einer Klarstellung erschöpfe, die das Verbot nicht einschränke[332], obwohl der Wortlaut des Zusatzes auch als konkrete Handlungsanweisung zum Inhalt eines aufklärenden Zusatzes hätte verstanden werden können. Dabei kann gerade die Verwendung eines unbestimmten Begriffes im Zusatz (»…, ohne unmissverständlich zum Ausdruck zu bringen/darauf hinzuweisen, dass…«[333]; »…, wenn nicht ein eindeutiger und unübersehbarer Hinweis darauf gegeben wird, dass… «[334]; »…, falls nicht deutlich gemacht wird, dass…«[335]) die Annahme rechtfertigen, dass von dem Verletzer kein festgelegtes Handeln gefordert wird, sondern ihm ein hinreichender eigener Gestaltungsspielraum bleibt.[336] Soll eine Werbung ohne »klarstellenden, deutlich hervorgehobenen Hinweis« auf bestimmte Umstände verboten werden, dann ist der Antrag, wenn er nicht auf die konkrete Verletzungsform Bezug nimmt, dennoch unbestimmt, weil wegen der unbestimmten Begriffe (»klarstellenden«, »deutlich hervorgehobenen«) unklar bleibt, wie ein solcher Hinweis auszusehen hätte.[337]

---

330 Vgl. BGH, 11.04.2002, I ZR 317/99, GRUR 2002, 706, 708, juris Rn. 34 – *vossius.de* (Verpflichtung, dem Benutzer der Internetseite der Beklagten deutlich zu machen, dass es sich nicht um die Homepage der Kläger handelt; dort aber unzutreffend als einschränkende Beschreibung einer erlaubten Verhaltensweise behandelt, obwohl eine konkrete Handlung »auf der ersten sich öffnenden Internet-Seite« vorgeschrieben wurde).

331 Teplitzky/Schwippert, Kap. 51, Rn. 28.

332 BGH, 20.10.1999, I ZR 167/97, GRUR 2000, 619, 620, juris Rn. 17 – *Orient-Teppichmuster.*

333 Vgl. BGH, 21.06.1967, Ib ZR 159/64, GRUR 1968, 200, 204 – *Acrylglas*; BGH, 20.10.1999, I ZR 167/97, GRUR 2000, 619, 620, juris Rn. 17 – *Orient-Teppichmuster.*

334 Vgl. BGH, 03.04.1970, I ZR 117/68, GRUR 1970, 609 – *regulärer Preis.*

335 *Vgl. BGH, 11.04.2002, I ZR 317/99,* GRUR 2002, 706, 708, juris Rn. 34 – *vossius.de.*

336 Vgl. Teplitzky/Schwippert, Kap. 51, Rn. 28.

337 BGH, 21.09.2017, I ZR 53/16, WRP 2018, 328, juris Rn. 12f. – *Festzins Plus.*

d) Einzelfälle

aa) Gesetzeswortlautwiederholende Anträge

(1) Grundsätze

Unterlassungsanträge, die lediglich den Wortlaut eines Gesetzes wiederholen, sind grundsätzlich als zu unbestimmt und damit unzulässig anzusehen.[338] Etwas anderes kann nach der ständigen Rechtsprechung des BGH[339] dann gelten, wenn **170**
- entweder bereits der gesetzliche Verbotstatbestand selbst entsprechend eindeutig und konkret gefasst[340] oder
- der Anwendungsbereich einer Rechtsnorm durch eine gefestigte Auslegung geklärt ist[341] oder

338 St. Rspr.; BGH, 02.04.1992, I ZR 131/90, WRP 1992, 482, 483 – *Ortspreis*, insoweit in BGHZ 118, 1 nicht abgedruckt; BGH, 24.11.1999, I ZR 189/97, GRUR 2000, 438, 441 – *Gesetzeswiederholende Unterlassungsanträge*; BGH, 12.07.2001, I ZR 261/98, GRUR 2002, 77, 78 – *Rechenzentrum*; BGH, 16.11.2006, I ZR 191/03, GRUR 2007, 607, Rn. 16 – *Telefonwerbung für »Individualverträge«*; BGH, 05.10.2010, I ZR 46/09, GRUR 2011, 433, Rn. 13 – *Verbotsantrag bei Telefonwerbung* (dort aber: Abweichung gegenüber dem Gesetzestext nur in einem Wort ist keine bloße Wiedergabe des Gesetzestextes!); BGH, 06.10.2011, I ZR 117/10, GRUR 2012, 407, Rn. 15 – *Delan*; BGH 21.12.2011, I ZR 190/10, GRUR 2012, 842, Rn. 12 – *Neue Personenkraftwagen*; BGH 02.02.2012, I ZR 81/10, GRUR 2012, 945, Rn. 16 – *Tribenuronmethyl*; BGH 28.11.2013, I ZR 7/13, GRUR 2014, 398, Rn. 31 – *Online-Versicherungsvermittlung*; BGH 12.02.2015, I ZR 36/11, GRUR 2015, 403, Rn. 42 – *Monsterbacke II*; BGH 30.04.2015, I ZR 196/13, GRUR 2015, 1235, Rn. 10 – *Rückkehrpflicht V*; BGH 21.05.2015, I ZR 183/13, GRUR 2015, 1237, Rn. 13 – *Erfolgsprämie für die Kundengewinnung*; BGH 11.06.2015, I ZR 226/13, GRUR 2016, 88, Rn. 13 – *Deltamethrin*; BGH, 09.07.2015, I ZR 224/13, GRUR 2015, 1021, Rn. 12 – *Kopfhörer-Kennzeichnung*; BGH 14.01.2016, I ZR 65/14, GRUR 2016, 946, Rn. 19 – *Freunde finden*; BGH 26.01.2017, I ZR 207/14, GRUR 2017, 422, Rn. 18 – *ARD-Buffet*; BGH 02.03.2017, I ZR 194/15, GRUR 2017, 537, Rn. 12 – *Konsumgetreide*; BGH, 31.10.2018, I ZR 73/17, GRUR 2019, 82, Rn. 19 – *Jogginghosen*.

339 BGH, 16.11.2006, I ZR 191/03, GRUR 2007, 607, Rn. 16 – *Telefonwerbung für »Individualverträge«*; BGH, 05.10.2010, I ZR 46/09, GRUR 2011, 433, Rn. 10 – *Verbotsantrag bei Telefonwerbung*; BGH, 06.10.2011, I ZR 117/10, GRUR 2012, 407, Rn. 15 – *Delan*; BGH, 21.12.2011, I ZR 190/10, GRUR 2012, 842, Rn. 12 – *Neue Personenkraftwagen*; BGH, 02.02.2012, I ZR 81/10, GRUR 2012, 945, Rn. 16 – *Tribenuronmethyl*; BGH, 30.04.2015, I ZR 196/13, GRUR 2015, 1235, Rn. 10 – *Rückkehrpflicht V*; BGH, 21.05.2015, I ZR 183/13, GRUR 2015, 1237, Rn. 13 – *Erfolgsprämie für die Kundengewinnung*; BGH, 11.06.2015, I ZR 226/13, GRUR 2016, 88, Rn. 13 – *Deltamethrin*; BGH, 16.06.2016, I ZR 46/15, GRUR 2017, 194, Rn. 36 – *Orthopädietechniker*; BGH, 26.01.2017, I ZR 207/14, GRUR 2017, 422, Rn. 18 – *ARD-Buffet*.

340 Siehe auch BGH, 22.06.1989, I ZR 171/87, GRUR 1989, 835 – *Rückkehrpflicht III*; BGH, 02.04.1992, I ZR 131/90, WRP 1992, 482, 483 – *Ortspreis*, insoweit in BGHZ 118, 1 nicht abgedruckt; BGH, 13.03.2003, I ZR 143/00, GRUR 2003, 886, 887, Rn. 19 – *Erbenermittler*; BGH, 29.04.2010, I ZR 202/07, GRUR 2010, 749, 751, Rn. 21 und 23 – *Erinnerungswerbung im Internet*.

341 Siehe auch BGH, 13.03.2003, I ZR 143/00, GRUR 2003, 886, 887, Rn. 19 – *Erbenermittler*; BGH, 09.07.2009, I ZR 13/07, GRUR 2009, 977, Rn. 22 und 27 – *Brillenversorgung*; BGH, 29.04.2010, I ZR 202/07, GRUR 2010, 749, 751, Rn. 21 – *Erinnerungswerbung im Internet*; BGH, 13.01.2011, I ZR 111/08, GRUR 2011, 345, Rn. 18 ff. – *Hörgeräteversorgung II*.

- der Kläger hinreichend deutlich macht, dass er nicht ein Verbot im Umfang des Gesetzeswortlauts beansprucht, sondern sich mit seinem Unterlassungsbegehren an der konkreten Verletzungshandlung orientiert.[342]
- Die Bejahung der Bestimmtheit setzt in solchen Fällen allerdings grundsätzlich voraus, dass zwischen den Parteien kein Streit darüber besteht, dass das beanstandete Verhalten das fragliche Tatbestandsmerkmal erfüllt.[343]
- Eine auslegungsbedürftige Antragsformulierung kann dann hinzunehmen sein, wenn dies zur Gewährleistung eines effektiven Rechtsschutzes im Hinblick auf eine bestimmte Werbe- bzw. Geschäftsmethode erforderlich erscheint.[344] Bietet die Orientierung an der konkreten Verletzungsform hinreichend effektiven Rechtsschutz, muss sich der Antrag daran orientieren.[345]

171 Die Wiedergabe des gesetzlichen Verbotstatbestands in der Antragsformulierung ist auch dann unschädlich, wenn sich das mit dem selbst nicht hinreichend klaren Antrag

342 Siehe auch BGH, 09.11.2000, I ZR 167/98, GRUR 2001, 529, 531, juris Rn. 27 – *Herz-Kreislauf-Studie* (Bezugnahme auf die konkrete Verletzungsform führt zur hinreichenden Bestimmtheit des sonst unbestimmt formulierten Antrags); BGH, 06.12.2001, I ZR 316/98, GRUR 2002, 996, 999, juris Rn. 124 – *Bürgeranwalt* (hinreichend konkretisiert durch 2. Antrag, der die konkrete Verletzungsform aufgreift); BGH, 04.07.2002, I ZR 38/00, GRUR 2002, 1088, juris Rn. 31 – *Zugabenbündel*; BGH, 13.03.2003, I ZR 143/00, GRUR 2003, 886, 887 – *Erbenermittler*; BGH, 29.04.2010, I ZR 202/07, GRUR 2010, 749, 751, Rn. 21 – *Erinnerungswerbung im Internet*; BGH, 10.02.2011, I ZR 164/09, GRUR 2011, 936, Rn. 19 – *Double-opt-in-Verfahren*; BGH, 07.04.2011, I ZR 34/09, GRUR 2011, 742, Rn. 17 – *Leistungspakete im Preisvergleich*; BGH, 09.07.2015, I ZR 224/13, GRUR 2015, 1021, Rn. 12 – *Kopfhörer-Kennzeichnung*; BGH, 14.01.2016, I ZR 65/14, GRUR 2016, 946, Rn. 19 – *Freunde finden*; BGH, 02.03.2017, I ZR 194/15, GRUR 2017, 537, Rn. 12 – *Konsumgetreide*.

343 Siehe auch BGH, 24.11.1999, I ZR 189/97, GRUR 2000, 438, 441 – *Gesetzeswiederholende Unterlassungsanträge* (»werben«); BGH, 09.11.2000, I ZR 167/98, GRUR 2001, 529, 531 – *Herz-Kreislauf-Studie* (dort Streit über die Auslegung des Begriffs der »redaktionell aufgemachten oder gestalteten Anzeige«); BGH, 16.04.2002, X ZR 127/99, GRUR 2002, 801, 802, juris Rn. 19 – *Abgestuftes Getriebe*; BGH, 13.03.2003, I ZR 143/00, GRUR 2003, 886, 887, juris Rn. 19 – *Erbenermittler*; BGH, 11.03.2010, I ZR 27/08, GRUR 2010, 939, Rn. 8 – *Telefonwerbung nach Unternehmenswechsel* (»gegenüber Gewerbetreibenden Werbung … zu betreiben,«); BGH, 29.04.2010, I ZR 202/07, GRUR 2010, 749, 751, Rn. 21f. – *Erinnerungswerbung im Internet* (Wendung »zu werben«; insgesamt fehlende Pflichtangaben«); BGH, 09.07.2015, I ZR 224/13, GRUR 2015, 1021, Rn. 12 – *Kopfhörer-Kennzeichnung*; a.A. OLG Köln, 14.02.2014, 6 U 120/13, GRUR 2015, 75, 78, juris Rn. 58 – *DE-Mails inklusive* (für einen auf das Verbot einer konkreten Verletzungsform gerichteten Antrag).

344 Siehe auch BGH, 04.07.2002, I ZR 38/00, GRUR 2002, 1088, juris Rn. 34 – *Zugabenbündel*; BGH, 04.03.2004, I ZR 221/01, BGHZ 158, 174, 186, juris Rn. 40 – *Direktansprache am Arbeitsplatz*; BGH, 09.09.2004, I ZR 93/02, GRUR 2005, 443, 445, juris Rn. 33 – *Ansprechen in der Öffentlichkeit II*; BGH, 24.02.2005, I ZR 128/02, GRUR 2005, 604, 605, Rn. 19 – *Fördermittelberatung*; BGH, 09.07.2009, I ZR 13/07, GRUR 2009, 977, Rn. 22 und 27 – *Brillenversorgung*; BGH, 13.09.2012, I ZR 230/11, BGHZ 194, 314, Rn. 55 – *Biomineralwasser*; BGH, 15.05.2014, I ZR 137/12, GRUR 2014, 791, Rn. 28 – *Teil-Berufsausübungsgemeinschaft*; BGH, 18.06.2015, I ZR 26/14, GRUR 2016, 213, Rn. 26 – *Zuweisung von Verschreibungen*.

345 BGH, 04.11.2010, I ZR 118/09, GRUR 2011, 539, Rn. 17 – *Rechtsberatung durch Lebensmittelchemiker*; BGH, 06.10.2011, I ZR 54/10, GRUR 2012, 405, Rn. 15 – *Kreditkontrolle*.

Begehrte im Tatsächlichen durch Auslegung unter Heranziehung des Sachvortrags des Klägers eindeutig ergibt und die betreffende tatsächliche Gestaltung zwischen den Parteien nicht in Frage gestellt ist, sondern sich der Streit der Parteien ausschließlich auf die rechtliche Qualifizierung der angegriffenen Verhaltensweise beschränkt.[346] Das gilt nicht nur für gesetzeswortlautwiederholende Anträge, sondern auch für die sonstige unbestimmte Antragsfassungen.[347]

Wird in einem Antrag, der auf die konkrete Verletzungsform Bezug nimmt, auch auf gesetzliche Bestimmungen verwiesen, handelt es sich um eine im Verhältnis zur beanstandeten konkreten Verletzungsform unschädliche Überbestimmung, die nicht dem Bestimmtheitsgebot nach § 253 Abs. 2 Nr 2 ZPO unterfällt.[348] Verweist der Antrag dabei auf Anhänge zu gesetzlichen Bestimmungen, die künftig der Veränderung unterliegen können, ist der Antrag nach seinem Inhalt nicht dynamisch auf zukünftige Fassungen der Anhänge gerichtet.[349] **172**

Gibt der Antrag verallgemeinernd den Gesetzeswortlaut wieder, ohne die konkrete Verletzungsform in Bezug zu nehmen, müssen mögliche Einschränkungen aufgrund von gesetzlichen Ausnahmetatbeständen in den Antrag aufgenommen werden, um zu vermeiden, dass das erstrebte Verbot auch erlaubte Verhaltensweisen erfasst. Dann müssen die Umstände, die nach Auffassung des Klägers für die Erfüllung des Ausnahmetatbestandes sprechen, so genau umschrieben werden, dass im Vollstreckungsverfahren erkennbar ist, welche konkreten Handlungen von dem Verbot ausgenommen sind.[350] **173**

---

346 Siehe BGH, 29.06.1995, I ZR 137/93, GRUR 1995, 832, 834 – *Verbraucherservice*; BGH, 19.04.2007, I ZR 35/04, GRUR 2007, 708, Rn. 50 – *Internet-Versteigerung II*; BGH, 29.04.2010, I ZR 202/07, GRUR 2010, 749, Rn. 21 – *Erinnerungswerbung im Internet*; BGH, 06.10.2011, I ZR 54/10, GRUR 2012, 405, Rn. 11 – *Kreditkontrolle*; BGH, 30.04.2015, I ZR 196/13, GRUR 2015, 1235, Rn. 10 – *Rückkehrpflicht V*; BGH, 21.05.2015, I ZR 183/13, GRUR 2015, 1237, Rn. 13 – *Erfolgsprämie für die Kundengewinnung*; BGH, 09.07.2015, I ZR 224/13, GRUR 2015, 1021, Rn. 12 – *Kopfhörer-Kennzeichnung*; BGH, 16.06.2016, I ZR 46/15, GRUR 2017, 194, Rn. 36 – *Orthopädietechniker*; BGH, 06.10.2016, I ZR 25/15, GRUR 2017, 266, Rn. 32 – *World of Warcraft*; BGH, 26.01.2017, I ZR 207/14, GRUR 2017, 422, Rn. 18 – *ARD-Buffet*; BGH, 02.03.2017, I ZR 194/15, GRUR 2017, 537, Rn. 12 – *Konsumgetreide*; BGH, 09.11.2017, I ZR 134/16, GRUR 2018, 417, Rn. 30 – *Resistograph*.

347 Siehe z.B. BGH, 09.11.2017, I ZR 134/16, GRUR 2018, 417, Rn. 27, 30 f. – *Resistograph* (Bestimmung eines wirtschaftlich relevanten Inlandsbezug bei einer Markennutzung).

348 Vgl. BGH, 02.02.2012, I ZR 81/10, GRUR 2012, 945, Rn. 24f. – *Tribenuronmethyl*; BGH, 25.06.2015, I ZR 145/14, GRUR 2015, 1019, Rn. 12 – *Mobiler Buchhaltungsservice*; BGH, 15.12.2016, I ZR 213/15, GRUR 2017, 288, Rn. 13 – *Energieverbrauchskennzeichnung*; siehe auch OLG Köln, 14.02.2014, 6 U 120/13, GRUR 2015, 75, 78, juris Rn. 58 – *DE-Mails inklusive*; KG, 07.11.2017, 5 U 9/17, Magazindienst 2018, 115, 117.

349 BGH, 15.12.2016, I ZR 213/15, GRUR 2017, 288, Rn. 13 – *Energieverbrauchskennzeichnung*; Büscher, GRUR 2018, 113, 127.

350 BGH, 29.04.2010, I ZR 202/07, GRUR 2010, 749, Rn. 25f. – *Erinnerungswerbung im Internet*; BGH, 02.02.2012, I ZR 81/10, GRUR 2012, 945, Rn. 16 – *Tribenuronmethyl*; BGH, 03.11.2016, I ZR 227/14, GRUR 2017, 418, Rn. 34f. – *Optiker-Qualität*.

(2) Einzelfälle

174 Hinreichend bestimmt sind danach angesehen worden (in chronologischer Reihenfolge):

175 die Verwendung von Begriffen aus §§ 15 und 18 AktG (»verbundenes Konzernunternehmen«)[351], die Wiedergabe der Ausnahmetatbestände des § 5 Abs. 2 PostG[352], die Umschreibung der Tatbestandsmerkmale des § 1 Abs. 2 1 Nr 1 und VI PAngV (»ohne … darauf in unmittelbarem Zusammenhang mit diesem hinzuweisen, dass es sich um den Preis inklusive Mehrwertsteuer handelt«)[353], die Bezugnahme auf die gemäß § 4 Abs. 1 Nr 1, 3 bis 8 HWG vorgeschriebenen Pflichtangaben[354], die Formulierung »ohne hinreichenden (sachlichen) Grund«[355], die Wiedergabe der Bestimmung des § 7 Abs. 2 Nr 2 Fall 1 UWG(»ohne ihr vorheriges Einverständnis zu Werbezwecken anzurufen oder anrufen zu lassen«)[356], die Wiedergabe von § 49 Abs. 4 3 PBefG (»Rückfahrt zum Betriebssitz … unverzüglich anzutreten oder diese zu unterbrechen, es sei denn, dass …«)[357]; die Bedingung des fehlenden Besitzes »einer Erlaubnis zur Arbeitnehmerüberlassung nach § 1 AÜG«[358], die pauschal in Bezug genommenen Voraussetzungen des § 3 Abs. 1 SaatG[359], die Bezugnahme auf die gemäß § 5 Abs. 1 Pkw-EnVKV erforderlichen Informationen[360]; Angaben, die weitgehende Wiederholung des Wortlauts des § 2 Abs. 1 1 AMPreisV sind, bei Bezugnahme auf die konkrete Verlet-

351 BGH, 16.04.2002, X ZR 127/99, GRUR 2002, 801, Rn. 18f. – *Abgestuftes Getriebe* (gesetzlich definiert und für das gesamte Konzernrecht maßgeblich).

352 BGH, 12.11.2002, KZR 16/00, GRUR 2003, 250, juris Rn. 12f. – *Massenbriefsendungen aus dem Ausland* (lediglich beschränkte Untersagung begehrt und kein Streit über einzelnen Merkmale der Ausnahmetatbestände).

353 BGH, 04.10.2007, I ZR 22/05, GRUR 2008, 532, Rn. 17 – *Umsatzsteuerhinweis*; siehe aber anders BGH, 04.10.2007, I ZR 143/04, GRUR 2008, 84, Rn. 14 ff. – *Versandkosten*.

354 BGH, 29.04.2010, I ZR 202/07, GRUR 2010, 749, Rn. 23 – *Erinnerungswerbung im Internet* (Gesetz hinreichend gefasst und kein Streit, das die Angaben fehlen).

355 BGH, 13.01.2011, I ZR 111/08, GRUR 2011, 345, Rn. 18 – *Hörgeräteversorgung II*; BGH, 24.07.2014, I ZR 68/13, GRUR 2015, 283, Rn. 19 – *Hörgeräteversorgung III*; betrifft § 34 Abs. 5 BW BOÄ aF bzw. § 31 Abs. 2 BW BOÄ.

356 BGH, 05.10.2010, I ZR 46/09, GRUR 2011, 433, Rn. 13f. – *Verbotsantrag bei Telefonwerbung* (weil der Antrag statt des Wortes »Einwilligung« das Wort »Einverständnis« enthält!); vgl. auch BGH, 12.09.2013, I ZR 208/12, GRUR 2013, 1259, Rn. 13 f. – *Empfehlungs-E-Mail*; BGH, 14.03.2017, VI ZR 721/15, WRP 2017, 700, Rn. 9; OLG München, 26.01.2017, 29 U 3841/16, GRUR 2017, 630, 631 – *gewinne-ein-iphone.de* (wg. der Bezugnahme auf ein Telefonat an einem bestimmten Tag als konkrete Verletzungsform).

357 BGH, 30.04.2015, I ZR 196/13, GRUR 2015, 1235, Rn. 11 – *Rückkehrpflicht V* (weil schon das Gesetz konkret gefasst und der Antrag zudem an der konkreten Verletzungshandlung orientiert ist).

358 *BGH, 23.06.2016, I ZR 71/15,* GRUR 2017, 95, Rn. 10 – *Arbeitnehmerüberlassung*.

359 BGH, 02.03.2017, I ZR 194/15, GRUR 2017, 537, Rn. 13 ff. – *Konsumgetreide*.

360 BGH, 12.01.2017, I ZR 117/15, GRUR 2017, 412, Rn. 13 – *YouTube-Werbekanal*.

zungsform[361], das Verbot einer Werbung ohne Angabe der »Energieeffizienzklasse«[362]; »... Termin, bis zu dem die Beklagte die Ware liefern muss«.[363]

Als nicht hinreichend bestimmt sind angesehen worden: **176**

die Umschreibung der Tatbestandsmerkmale des § 11 Nr 2 HWG a.F. (»ärztlich geprüft, angewendet oder empfohlen«) ohne Bezugnahme auf die konkrete Verletzungshandlung[364], die Wiedergabe der Bestimmung des § 7 Abs. 2 Nr 2 Fall 2 UWG (»zumindest Umstände vorliegen, aufgrund deren das Einverständnis mit einer solchen Kontaktaufnahme vermutet werden kann«)[365], die Wiedergabe der Tatbestandsmerkmale des § 1 Abs. 6 PAngV (»ohne den eindeutig zuzuordnenden und leicht erkennbaren Hinweis«)[366], die Bezugnahme auf die Voraussetzungen der Verkehrsfähigkeit nach § 16c Abs. 2 PflSchG aF[367], »anbieten« i.S. des § 11a Abs. 1 2 RStV.[368] **177**

bb) Sonstige unbestimmte Begriffe

(1) hinreichend bestimmte Begriffe

Im konkreten Fall sind nach Maßgabe des jeweiligen Streitgegenstandes und unter Berücksichtigung des jeweiligen Parteivortrages oder der Entscheidungsgründe zum Anspruchsinhalt sowie unter Rückgriff auf die konkrete Verletzungsform[369] so manche Formulierungen als noch hinreichend bestimmt angesehen worden, die für sich genommen unbestimmt sind (siehe etwa die nachfolgend angeführte Rechtsprechung zu den Begriffen »sinngemäß« oder »unmissverständlich«). Eine verallgemeinernde Betrachtungsweise verbietet sich. Bleibt die Bedeutung der verwendeten Begriffe letztlich fraglich, dann stehen Inhalt und der Umfang des begehrten oder ausgesprochenen Verbotes mit der Folge seiner Unbestimmtheit nicht eindeutig fest.[370] **178**

---

361 OLG München, 23.02.2017, 29 U 2934/16, GRUR-RR 2017, 451, 452 – *Smiles®Plus Partnerprogramm.*

362 BGH, 06.04.2017, I ZR 159/16, GRUR 2017, 928, Rn. 13 – *Energieeffizienzklasse II* (wegen der Bezugnahme auf die konkrete Verletzungsform).

363 OLG München, 17.05.2018, 6 U 3815/17, GRUR-RR 2019, 31, juris Rn. 40f. – *Verfügbarkeitsankündigung.*

364 BGH, 24.11.1999, I ZR 189/97, GRUR 2000, 438, 441, juris Rn. 45 – *Gesetzeswiederholende Unterlassungsanträge.*

365 BGH, 16.11.2006, I ZR 191/03, GRUR 2007, 607, Rn. 17 – *Telefonwerbung für »Individualverträge«.*

366 BGH, 04.10.2007, I ZR 143/04, GRUR 2008, 84, Rn. 14 ff. – *Versandkosten*; anders noch BGH, 04.10.2007, I ZR 22/05, GRUR 2008, 532, Rn. 17 – *Umsatzsteuerhinweis.*

367 BGH, 02.02.2012, I ZR 81/10, GRUR 2012, 945, Rn. 17 ff. – *Tribenuronmethyl*; BGH, 11.06.2015, I ZR 226/13, GRUR 2016, 88, Rn. 14. – *Deltamethrin.*

368 BGH, 26.01.2017, I ZR 207/14, GRUR 2017, 422, Rn. 21 – *ARD-Buffet.*

369 Siehe dazu auch oben Rdn. 137 (Auslegungsfragen).

370 BGH, 26.10.2000, I ZR 180/98, GRUR 2001, 453, 454 – *TCM-Zentrum.*

179 Mit dieser Einschränkung sind in der Rechtsprechung des BGH und der Oberlandesgerichte als hinreichend bestimmt angesehen worden Formulierungen (in chronologischer Reihenfolge) wie[371]:

180 »wörtlich oder sinngemäß«[372], »zu gestatten«[373], »unmissverständlich«, »unübersehbar« und »unüberhörbar«[374], »Geräte (bzw. »Artikel«) der Unterhaltungselektronik«[375], »im zeitlichen Zusammenhang mit der Veröffentlichung der Werbung«[376], »günstig ... berichtet wird«[377], »Auslaufmodell«[378], »Arzneimittel ... zu bewerben«, »für Arzneimittel ... zu werben«[379], »Behauptungen ähnlichen Inhalts«[380], »Aussagen wie«[381], »Ertei-

---

371 Siehe weitere Einzelfälle auch zu Begrifflichkeiten aus dem Markenrecht und zu Formulierungen in anderen Rechtsgebieten außerhalb des UWG etwa bei Harte/Henning/Brüning, Vorb zu § 12, Rn. 91; *Köhler*/Bornkamm/Feddersen, § 12, Rn. 2.39.

372 BGH, 03.02.1976, VI ZR 23/72, GRUR 1977, 114, 115 – VUS (lediglich Hinweis darauf, dass Verbot auch nicht wortlautidentische, aber kerngleicher Äußerungen erfasst); sehr zweifelhaft; ebenso OLG Rostock, 21.12.2016, 2 U 15/16, WRP 2017, 235, 236, juris Rn. 3; zutreffend a.A. OLG Koblenz, 17.09.1987, 6 U 1038/87, GRUR 1988, 142, 143 (»sinngemäß« aufgestellte Behauptung« jedenfalls dann unbestimmt, wenn die fragliche Behauptung wörtlich gar nicht aufgestellt, sondern nur ein solcher Eindruck hervorgerufen worden ist).

373 BGH, 12.07.1990, I ZR 236/88, GRUR 1991, 138, juris Rn. 27 – *Flacon*; BGH, 04.02.1993, I ZR 42/91, BGHZ 121, 242, juris Rn. 21 – *TRIANGLE*.

374 BGH, 20.02.1992, I ZR 32/90, GRUR 1992, 406 – *Beschädigte Verpackung*; BGH, 08.02.1996, I ZR 147/94, GRUR 1996, 421, juris Rn. 12f. – *Effektivzins*; BGH, 15.07.1999, I ZR 204/96, GRUR 1999, 1017 f., juris Rn. 15 ff. – *Kontrollnummernbeseitigung* (für sich genommen aber unbestimmt); BGH, 20.10.1999, I ZR 167/97, GRUR 2000, 619, 620 – *Orient-Teppichmuster*; vgl. auch BGH, 04.05.2005, I ZR 127/02, GRUR 2005, 692, 693 f., juris Rn. 18 – *»statt«-Preis* (bei »Kontrollnummernbeseitigung I« und »Orient-Teppichmuster« erfasst Verurteilung nicht spätere Verletzungsformen, sondern bloß Klarstellung, dass die beanstandete Irreführung durch hinreichend deutlich aufklärende Hinweise ausgeräumt werden kann).

375 BGH, 29.02.1996, I ZR 6/94, GRUR 1996, 796, 797 – *Setpreis* (im allgemeinen Sprachgebrauch hinreichend umrissen); BGH, 29.06.2000, I ZR 29/98, GRUR 2000, 907, 909, juris Rn. 32 – *Filialleiterfehler*; BGH, 27.06.2002, I ZR 19/00, GRUR 2002, 1095, juris Rn. 17 – *Telefonische Vorratsanfrage*.

376 BGH, 09.05.1996, I ZR 107/94, GRUR 1996, 800, 801, juris Rn. 23 – *EDV-Geräte*; BGH, 26.04.2007, I ZR 120/04, GRUR 2007, 991, Rn. 16 – *Weltreiterspiele*.

377 BGH, 18.09.1997, I ZR 71/95, GRUR 1998, 471, 474, juris Rn. 38 – *Modenschau im Salvatorkeller* (anders, wenn auf die konkrete Verletzungsform bezogen).

378 BGH, 06.10.1999, I ZR 92/97, GRUR 2000, 616, 617 – *Auslaufmodelle III*.

379 BGH, 24.11.1999, I ZR 189/97, GRUR 2000, 438, 441 – Gesetzeswiederholende Unterlassungsanträge; BGH, 05.02.2009, I ZR 124/07, GRUR 2009, 990, Rn. 12 – *Metoprolol*; BGH, 29.04.2010, I ZR 202/07, GRUR 2010, 749, Rn. 42 – *Erinnerungswerbung im Internet* (»Bei Angaben in Bezug auf Heilmittel ist es in aller Regel nicht zweifelhaft, ob eine Maßnahme als Werbung anzusehen ist oder nicht«).

380 BGH, 26.10.2000, I ZR 180/98, GRUR 2001, 453, 454 – *TCM-Zentrum*.

381 BGH, 07.06.2001, I ZR 115/99, GRUR 2002, 177, 178 f. – *Jubiläumsschnäppchen* (weil nur zur Verdeutlichung des Anspruchs auf das Verbot kerngleicher Handlungen gerichtet); zweifelhaft.

lung von Rechtsrat«[382], »Artikel der Unterhaltungselektronik«[383], »wie geschehen in«[384], »für diese Leistung ... zu werben«[385], »Passanten ... gezielt und individuell anzusprechen«[386], »Abnehmer der Klägerin«[387], »Jugendzeitschrift«[388], »Eigenmarke«, »Markenprodukt«, »deutlich höherer Preis«[389], »bewusst nicht ... auszuführen«[390]; »in zeitlichem Zusammenhang mit«, »nicht vorrätig«[391], »in unmittelbarem Zusammenhang«[392], »durch Handlungen im geschäftlichen Verkehr«[393], »in anderweitig hervorgehobener Weise«[394], »im geschäftlichen Verkehr«, »zu werben«, »Werbung zu betreiben« oder »gegenüber Gewerbetreibenden«[395], »mittelbar oder unmittelbar zu fördern«, »zu ermöglichen und/oder ... ermöglichen zu lassen«[396], »oder diese in sonstiger Weise zu

382 BGH, 06.12.2001, I ZR 214/99, GRUR 2002, 985, juris Rn. 28 – WISO (trotz Lösung von der konkreten Verletzungsform durch »insbesondere«-Zusatz ausreichend konkretisiert); BGH, 06.12.2001, I ZR 14/99, GRUR 2002, 987, 991 – *Wir Schuldenmacher* (Bezugnahme auf die beanstandete Verletzungsform im Antrag); anders BGH, 04.11.2010, I ZR 118/09, GRUR 2011, 539, Rn. 13 – *Rechtsberatung durch Lebensmittelchemiker.*

383 BGH, 27.06.2002, I ZR 19/00, GRUR 2002, 1095 – *Telefonische Vorratsanfrage* (unabhängig davon, ob der Antrag evtl. zu weit geht).

384 BGH, 04.09.2003, I ZR 32/01, GRUR 2004, 72 – *Coenzym Q10*; BGH, 02.06.2005, I ZR 252/02, GRUR 2006, 164, Rn. 14 – *Aktivierungskosten II.*

385 BGH, 03.07.2003, I ZR 211/01, BGHZ 155, 301, juris Rn. 16 – *Telefonischer Auskunftsdienst* (»sollte erkennbar lediglich verdeutlichen, dass das Angebot der Dienstleistung in Werbeträgern erfolgt ist.«).

386 BGH, 09.09.2004, I ZR 93/02, GRUR 2005, 443, 445 – *Ansprechen in der Öffentlichkeit II* (Unbestimmtheit aus Gründen der Gewährung wirksamen Rechtsschutzes hinzunehmen).

387 BGH, 19.01.2006, I ZR 217/03, GRUR 2006, 1432, Rn. 15 – *Unbegründete Abnehmerverwarnung.*

388 BGH, 06.04.2006, I ZR 125/03, GRUR 2006, 776, Rn. 16 – *Werbung für Klingeltöne* (mit Blick auf die Antragsgründe).

389 BGH, 21.03.2007, I ZR 184/03, GRUR 2007, 896, Rn. 13 – *Eigenpreisvergleich* (Begriffsinhalt anhand der im Klagantrag in Bezug genommenen konkreten Werbung eindeutig zu ermitteln).

390 BGH, 29.03.2007, I ZR 164/04, GRUR 2007, 987, 990, juris Rn. 31 – *Änderung der Voreinstellung* (Auslegung unter Heranziehung der Entscheidungsgründe).

391 BGH, 26.04.2007, I ZR 120/04, GRUR 2007, 991, Rn. 16 – *Weltreiterspiele* (nach Maßgabe der klarstellenden Ausführungen der Klägerin und der Auslegung durch das Berufungsgericht).

392 BGH, 04.10.2007, I ZR 22/05, GRUR 2008, 532, Rn. 17 – *Umsatzsteuerhinweis.*

393 BGH, 04.12.2008, I ZR 3/06, GRUR 2009, 871, Rn. 16 – *Ohrclips* (trotz Streits darüber, ob ein Handeln im geschäftlichen Verkehr vorliegt, weil auf die konkrete Verletzungsform bezogen).

394 BGH, 16.07.2009, I ZR 50/07, GRUR 2010, 248, Rn. 13 – *Kamerakauf im Internet* (weil auf die konkrete Verletzungsform bezogen).

395 BGH, 05.10.2010, I ZR 46/09, GRUR 2011, 433, Rn. 11 m.w.N. – *Verbotsantrag bei Telefonwerbung* (wenn in der Bedeutung zwischen den Parteien unstreitig).

396 BGH, 17.08.2011, I ZR 148/10, GRUR 2012, 411, Rn. 27 – *Glücksspielverband* (Inhalt vom Vollstreckungsgericht durch Auslegung ermittelbar).

veranlassen«[397], »nickelfrei«[398], Klammerzusatz: »(im Wesentlichen: räumlicher Bereich von Baden-Württemberg)«[399], »rezeptpflichtige, preisgebundene Arzneimittel«[400], »von der Klägerin betriebenen Websites«[401]; »wenn nicht darüber informiert wird, wie die Rechte des Verbrauchers zur bestimmungsgemäßen Nutzung der Software ausgestaltet sind«[402]; »Werbescheiben«.[403]

(2) nicht hinreichend bestimmte Begriffe

181 In der Regel unbestimmt[404] sind (in chronologischer Reihenfolge) Formulierungen wie:

182 »Eindruck erwecken«[405], »oder andere verwechslungsfähige Bezeichnungen«[406], »sonst im geschäftlichen Verkehr zu benutzen«[407]»mit einem äußeren Erscheinungsbild, das sich von demjenigen des Originals nicht deutlich unterscheidet«[408], »ähnlich wie«[409],

397 BGH, 30.01.2014, I ZR 19/13, GRUR 2014, 794, Rn. 12f. – *Gebundener Versicherungsvermittler* (Inhalt vom Vollstreckungsgericht durch Auslegung ermittelbar und durch »insbesondere«-Zusatz verdeutlicht).

398 BGH, 10.04.2014, I ZR 43/13, GRUR 2014, 1114, Rn. 15 – *nickelfrei* (aus dem Klagevorbringen erkennbar, dass »nickelfrei« = »nicht völlig frei von Nickel«).

399 BGH, 28.04.2016, I ZR 23/15, GRUR 2016, 1073 – *Geo-Targeting* (nur Hinweis darauf, dass die Abnahmemöglichkeit für Telekommunikationsprodukte nicht immer stets genau an der Landesgrenze enden).

400 OLG Frankfurt, 02.11.2017, 6 U 164/16, WRP 2018, 105.

401 OLG München, 17.08.2017, U 2225/15 Kart, WRP 2017, 1347, 1352, juris Rn. 93f. – *Whitelisting I.*

402 HansOLG Hamburg, 16.06.2016, 5 W 36/16, CR 2016, 642, juris Rn. 36 (weil auf die konkrete Verletzungsform bezogen); OLG Frankfurt, 17.11.2016, 6 U 167/16, juris Rn. 18 (insoweit nicht abgedruckt in CR 2017, 82); KG, 17.10.2017, 5 W 224/17, WRP 2018, 99, 100 – *Product Key*; die beiden letztgenannten Entscheidungen jeweils wegen der Bezugnahme auf die konkrete Verletzungsform unter Berücksichtigung der Anspruchsbegründung.

403 KG, 11.01.2018, 5 W 6/18, WRP 2018, 350, LS. und juris Rn. 6.

404 Anders, wenn die unbestimmten Begriffe nur der Klarstellung des ansonsten hinreichend konkret beschriebenen Verbotsgegenstand dienen; vgl. etwa BGH, 15.07.1999, I ZR 204/96, GRUR 1999, 1017f. – *Kontrollnummernbeseitigung*; BGH, 20.10.1999, I ZR 167/97, GRUR 2000, 619, 620 m.w.N. – *Orient-Teppichmuster.*

405 BGH, 22.12.1961, I ZR 152/59, GRUR 1962, 310, 313 – *Gründerbildnis*; BGH, 11.10.1990, I ZR 35/89, GRUR 1991, 254, 256, juris Rn. 18 m.w.N. – *Unbestimmter Unterlassungsantrag I*; BGH, 09.04.1992, I ZR 171/90, GRUR 1992, 561 – *Unbestimmter Unterlassungsantrag II*; BGH, 15.12.2016, I ZR 96/16, WM 2018, 332, Rn. 9 – *Quarantäne-Buchung* (dort war allerdings durch Auslegung ein vollstreckungsfähiger Inhalt der Verurteilung des Beklagten aufgrund des erstinstanzlichen Klageantrages und der Entscheidungsgründe gerade noch ermittelbar).

406 BGH, 03.04.1963, Ib ZR 162/61, GRUR 1963, 430, 431 – *Erdener Treppchen.*

407 BGH, 26.09.1980, I ZR 69/78, GRUR 1981, 60, 64, juris Rn. 56 – *Sitex* (weil möglicherweise auch erlaubte Handlungen erfassend; nach heutigem Verständnis keine Frage der Bestimmtheit, sondern der Begründet des Anspruchs).

408 BGH, 14.04.1988, I ZR 35/86, GRUR 1988, 620, 623 – *Vespa-Roller.*

409 BGH, 11.10.1990, I ZR 35/89, GRUR 1991, 254, 257, Ls. und juris Rn. 19 – *Unbestimmter Unterlassungsantrag I*; BGH, 16.07.1998, I ZR 6/96, GRUR 1999, 235, 238 – *Wheels Magazin.*

»ähnliche Behauptungen«, »eindeutig«, »angemessen«, »unübersehbar«[410], »einen angemessenen preislichen Abstand nach oben«[411], »Bestellungen, auf die wie in den mit der Klage beanstandeten Fällen deutsches Recht anwendbar ist«[412], »Vorteil durch Preisunterbietung«[413], »Beiträge die inhaltlich Werbung sind«[414], »regelmäßig gefordert und … auch regelmäßig gezahlt«[415], »überwiegend pauschale Anpreisung«[416], »angemessen« »unmissverständlich«, »deutlich hervorgehoben«[417], »mit von vornherein festgelegten transparenten, objektiven und strengen, d.h. von jedem Bewerber abstrakt gleichermaßen zu erfüllenden Kriterien«[418], »marktübliche Verkaufspreise«[419], »Anzeigen der nachfolgenden Art«[420], »zu Verwechslungen geeignet«[421], »herabsetzend und ironisch«[422], »inhaltlich eindeutig«[423], »regulärer Preis«[424], »ohne deutlich und unübersehbar darauf hinzuweisen«, »blickfangmäßig«, »eindeutig zugeordnet sowie leicht erkennbar und deutlich lesbar ist«[425], »zumindest Umstände vorliegen, aufgrund deren das Einverständnis mit einer solchen Kontaktaufnahme vermutet werden kann«[426],

---

410 BGH, 11.10.1990, I ZR 35/89, GRUR 1991, 254, 256 m.w.N. – *Unbestimmter Unterlassungsantrag I*; BGH, 30.10.1997, I ZR 142/95, NJWE-WettbR 1998, 169, 170, juris Rn. 29 ff.; BGH, 15.07.1999, I ZR 204/96, GRUR 1999, 1017 f., juris Rn. 16 – *Kontrollnummernbeseitigung*; BGH, 20.10.1999, I ZR 167/97, GRUR 2000, 619, 620 – *Orient-Teppichmuster*.

411 BGH, 12.12.1991, I ZR 165/89, GRUR 1992, 310, 311, juris Rn. 16 – *Taschenbuchlizenz*.

412 BGH, 09.04.1992, I ZR 171/90, GRUR 1992, 561, 562 – *Unbestimmter Unterlassungsantrag II*.

413 BGH, 03.12.1992, I ZR 276/90, BGHZ 120, 320, juris Rn. 12f. – *Tariflohnunterschreitung*.

414 BGH, 18.02.1993, I ZR 219/91, GRUR 1993, 565, 566, juris Rn. 18 – *Faltenglätter*.

415 BGH, 29.02.1996, I ZR 6/94, GRUR 1996, 796, 797 – *Setpreis*.

416 BGH, 05.06.1997, I ZR 69/95, GRUR 1998, 489, 491 – *Unbestimmter Unterlassungsantrag III*.

417 BGH, 30.10.1997, I ZR 142/95, NJWE-WettbR 1998, 169, 170, juris Rn. 29 ff.; BGH, 20.10.1999, I ZR 167/97, GRUR 2000, 619, 620 – *Orient-Teppichmuster* (dort im konkreten Fall aber dennoch hinreichend bestimmt, weil im Rahmen eines Zusatzes – »ohne darauf hinzuweisen, dass…« – nur der Klarstellung dienend).

418 BGH, 14.07.1998, KZR 1/97, GRUR 1999, 278, juris Rn. 33 – *Schilderpräger im Landratsamt*.

419 BGH, 11.05.2000, I ZR 28/98, BGHZ 144, 255, 263 – *Abgasemissionen*.

420 BGH, 26.10.2000, I ZR 180/98, GRUR 2001, 453, 454, juris Rn. 19 – *TCM-Zentrum*.

421 BGH, 12.07.2001, I ZR 40/99, GRUR 2002, 86, 88 – *Laubhefter*.

422 BGH, 12.07.2001, I ZR 89/99, GRUR 2002, 72, 73 – *Preisgegenüberstellung im Schaufenster*.

423 BGH, 31.10.2002, I ZR 132/00, GRUR 2003, 252, 253, juris Rn. 17 – *Widerrufsbelehrung IV* (für sich genommen aber unbestimmt).

424 BGH, 11.12.2003, I ZR 74/01, GRUR 2004, 344 – *Treue-Punkte*.

425 BGH, 04.05.2005, I ZR 127/02, GRUR 2005, 692, 693 f., juris Rn. 16 ff. und 21 – *»statt«-Preis* (dortiger aufklärender Hinweis zwar nicht ausreichend, aber nicht hinreichend bestimmt, wann ein nach dem Antrag geforderter »deutlicher und unübersehbarer« Hinweis vorliegt); BGH, 04.10.2007, I ZR 143/04, GRUR 2008, 84, Rn. 13 – *Versandkosten*; BGH, 21.09.2017, I ZR 53/16, WRP 2018, 328, Rn. 12f. – *Festzins Plus* (auch wegen der fehlenden Bezugnahme auf die konkrete Verletzungsform); vgl. aber BGH, 20.10.1999, I ZR 167/97, GRUR 2000, 619, 620 – *Orient-Teppichmuster* (hinreichend bestimmt, wenn nur auf die konkrete Verletzungsform bezogen).

426 BGH, 16.11.2006, I ZR 191/03, GRUR 2007, 607, Rn. 17 – *Telefonwerbung für »Individualverträge«*.

»wiederholtes Auftreten«, »wiederholtes Anbieten«, »häufige Feedbacks«, »Fehlen eindeutig auf ein privates Geschäft hinweisender Angaben«[427], »systematisches« Ausspähen und Beobachten[428], »Rechtsrat zu erteilen«, »soweit sich dieser nicht im Rahmen der im Rahmen des Rechtsdienstleistungsgesetzes zugelassenen Ausnahmen bewegt«[429], »staatliche Beihilfen … zu gewähren«[430], Auskunft über »sonstige Zahlungen oder Leistungen ohne angemessene Gegenleistung«[431], »rechtliche Beratung … zu erbringen«[432], »chemisch nicht identisch«[433], »Markenhersteller«[434], »in Deutschland ohne die erforderliche Apothekenbetriebserlaubnis einen Apothekenbetrieb auch nur teilweise zu unterhalten«[435], »vermitteln«, »anzubieten« und »anbieten zu lassen«[436], »im Zusammenhang mit Dienstleistungen«[437]; »Auftrag« und »Abtretung«[438], Angebote »unterhalb des marktgerechten Preises« von Hörfunkwerbezeiten[439], »Werbeschreiben per E-Mail zu senden …« (ohne Beschränkung auf die konkrete Verletzungsform)[440]; ohne »klarstellenden, deutlich hervorgehobenen Hinweis«.[441]

e) Hilfsanträge bei der Unterlassungsklage

183 Bei Hilfsanträgen sind unechte und echte Hilfsanträge zu unterscheiden.[442] Wird nach dem Hilfsantrag erkannt, so ist der weitergehende Haupt-/Antrag abzuweisen und ist

427 BGH, 30.04.2008, I ZR 73/05, GRUR 2008, 702, Rn. 35 – *Internet-Versteigerung III.*
428 BGH, 16.07.2009, I ZR 56/07, GRUR 2009, 1075, Rn. 11 – *Betriebsbeobachtung.*
429 BGH, 04.11.2010, I ZR 118/09, GRUR 2011, 539, Rn. 13 – *Rechtsberatung durch Lebensmittelchemiker* (weil Begriff »Rechtsrat« weder wegen der Bedeutung unstreitig noch das Verbot auf die konkrete Verletzungsform bezogen und Ausnahmetatbestände ihrerseits nicht eindeutig erkennbar).
430 BGH, 10.02.2011, I ZR 136/09, BGHZ 188, 326, Rn. 12 – *Flughafen Frankfurt-Hahn.*
431 BGH, 21.07.2011, I ZR 209/09, GRUR-RR 20112, 157, Rn. 12 – *Flughafen Berlin-Schönefeld.*
432 BGH, 06.10.2011, I ZR 54/10, GRUR 2012, 405, Rn. 11 – *Kreditkontrolle.*
433 BGH, 02.02.2012, I ZR 81/10, GRUR 2012, 945, Rn. 20 – *Tribenuronmethyl* (betr. § 16c Abs. 2 PflSchG)
434 BGH, 15.03.2012, I ZR 128/10, GRUR-RR 2012, 475, Ls. und Rn. 18 – *Matratzen.*
435 BGH, 19.07.2012, I ZR 40/11, GRUR 2013, 421, Rn. 44 – *Pharmazeutische Beratung über Call-Center* (weil schon nicht gesondert gesetzlich geregelt, wann die Erlaubnis im konkreten Fall erforderlich ist, weil streitig und auch nicht in der Anspruchsbegründung hinreichend konkretisiert).
436 BGH, 28.11.2013, I ZR 7/13, GRUR 2014, 398, Rn. 15 – *Online-Versicherungsvermittlung* (weil inhaltlich im konkreten Fall streitig).
437 BGH, 23.09.2015, I ZR 78/14, GRUR 2015, 1201, Rn. 42 – *Sparkassen-Rot/Santander-Rot.*
438 OLG Köln, 16.12.2016, 6 U 166/15, WRP 2017, 1007, 1008 – *Pannenhilfe* (u.a. bei Streit über Auftragserhalt).
439 HansOLG Hamburg, 01.06.2017, 3 U 124/13, WRP 2017, 1254, 1262 – *Radiowerbezeiten.*
440 KG, 11.01.2018, 5 W 6/18, WRP 2018, 350, Ls.
441 BGH, 21.09.2017, I ZR 53/16, WRP 2018, 328, Rn. 13 – *Festzins Plus* (auch wegen der fehlenden Bezugnahme auf die konkrete Verletzungsform)
442 Zur Fassung des Unterlassungsbegehrens in Haupt- und Hilfsanträgen siehe eingehend von Ungern-Sternberg, GRUR 2011, 486 ff.

der Kläger wegen des zurückgewiesenen Teils der Klage entsprechend anteilig mit Kosten zu belasten.[443] Der Hilfsantrag muss seinerseits hinreichend bestimmt sein.[444]

aa) Unechte Hilfsanträge

Unechte Hilfsanträge sind solche, durch die im Gegensatz zu echten Hilfsanträgen kein neuer Streitgegenstand in das Verfahren eingeführt, sondern lediglich verdeutlich wird, welchen Anspruch der Anspruchsteller, wenn er mit seinem Begehren in der Hauptsache nicht voll durchdringt, hilfsweise jedenfalls als Minus zum Hauptantrag[445] durchsetzen will.[446] Das kann ausdrücklich durch eine entsprechende Antragstellung geschehen, in deren Rahmen der reduzierte Anspruch eigenständig für den Fall beschrieben wird, dass das Gericht den weitergehenden Hauptanspruch nicht für begründet erachtet. Teils kann aber schon einer bestimmten Formulierung des Hauptantrages entnommen werden, dass als Minus dazu ein eingeschränktes Verbot begehrt wird. Typisch dafür ist ein Antrag, mit dem zwar ein abstrakt formulierter Unterlassungsanspruch verfolgt wird, der dann aber mittels einer Ergänzung durch einen »insbesondere«-Halbsatz (»..., insbesondere wie aus der Anlage ersichtlich/wie nachfolgend wiedergegeben...«) beispielhaft auf die konkrete Verletzungsform verweist.[447] Dadurch macht der Kläger deutlich, dass er – falls er mit dem abstrakt formulierten Verbot nicht durchdringt – jedenfalls die Unterlassung des konkret beanstandeten Verhaltens begehrt.[448] Das gilt sowohl für den Fall, dass der Hauptantrag unbestimmt und daher unzulässig ist[449], als auch dann, wenn der Hauptantrag zu weit geht oder gar die konkrete Verlet- 184

443 Siehe auch Teplitzky/Schwippert, Kap. 51, Rn. 30.

444 Siehe zum »insbesondere«-Antragszusatz BGH, 28.11.1996, I ZR 197/94, GRUR 1997, 767, 768 – *Brillenpreise II*; BGH, 12.07.2001, I ZR 40/99, GRUR 2002, 86, 88, juris Rn. 57 – *Laubhefter*; BGH, 04.10.2007, I ZR 143/04, GRUR 2008, 84, Rn. 19 – *Versandkosten*; BGH, 02.02.2012, I ZR 81/10, GRUR 2012, 945, Rn. 22 – *Tribenuronmethyl*; BGH, 05.11.2015, I ZR 50/14, GRUR 2016, 705, Rn. 13 – *ConText*; siehe auch Harte/Henning/Brüning, Vorb zu § 12, Rn. 114.

445 BGH, 03.12.1998, I ZR 74/96, GRUR 1999, 760 – *Auslaufmodelle II*; BGH, 10.12.1998, I ZR 141/96, GRUR 1999, 509 – *Vorratslücken*; BGH, 08.06.2000, I ZR 269/97, GRUR 2001, 181, 182, juris Rn. 14 – *Dentalästhetika*; siehe auch Harte/Henning/Brüning, Vorb zu § 12, Rn. 104, 114; *Köhler*/Bornkamm/Feddersen, § 12, Rn. 2.48; von Ungern-Sternberg, GRUR 2011, 486 ff. (489 f.).

446 Vgl. auch FBO/Büscher, § 12, Rn. 306; Teplitzky/Schwippert, Kap. 51, Rn. 30; *Köhler*/Bornkamm/Feddersen, § 12, Rn. 2.47.

447 Vgl. FBO/Büscher, § 12, Rn. 308; von Ungern-Sternberg, GRUR 2011, 486, 488 ff.; siehe im Übrigen oben Rdn. 161 ff.

448 Vgl. BGH, 29.03.1974, I ZR 15/73, GRUR 1975, 75, 76 – *Wirtschaftsanzeigen – publicrelations*; BGH, 13.03.2003, I ZR 143/00, GRUR 2003, 886, 887, juris Rn. 20 – *Erbenermittler*; BGH, 02.02.2012, I ZR 81/10, GRUR 2012, 945, Rn. 22 – *Tribenuronmethyl*; BGH, 05.11.2015, I ZR 50/14, GRUR 2016, 705, Rn. 13 – *ConText*.

449 BGH, 23.09.2015, I ZR 78/14, GRUR 2015, 1201, Rn. 37 ff. und 61 – *Sparkassen-Rot/Santander-Rot*.

zungshandlung verfehlt.[450]. Schon weil die Gerichte das nicht immer beachten, empfiehlt es sich, den (unechten) Hilfsantrag entweder gesondert zu formulieren oder aber jedenfalls in der Antragsbegründung darauf hinzuweisen, dass hilfsweise ein (z.B. auf die konkrete Verletzungsform) eingeschränktes Verbot begehrt wird. Denn gerade bei einem abstrakt formulierten Unterlassungsbegehren besteht die Gefahr, dass der Kläger einen Anspruch geltend macht, der ihm – etwa, weil davon auch erlaubte Handlungen erfasst wären, – in diesem Umfang nicht zusteht, und das Gericht den Anspruch deshalb insgesamt als unbegründet abweist.[451] Die Stellung mehrfach gestufter Hilfsanträge, mittels derer der Anspruch für den Fall der Unbegründetheit des jeweils vorrangig begehrten weitergehenden Anspruchs mehrfach eingeschränkt wird, ist möglich.

185 Der unechte Hilfsantrag kann, weil es sich bei ihm lediglich um eine modifizierte Einschränkung des Hauptantrags handelt, in jeder Instanz bis hinein in die Revisionsinstanz gestellt werden.[452] Hat es der Tatrichter versäumt, den Kläger auf die Notwendigkeit zur modifizierten Einschränkung des Hauptantrags sowie eine entsprechende Antragsumstellung hinzuweisen, und auch den ihm insoweit schon unterbreiteten Sachverhalt nicht bereits gewürdigt, dann ist die Berufungsinstanz wiederzueröffnen, wenn der Mangel des Hauptantrages erstmals in der Revisionsinstanz festgestellt wird.[453]

bb) echter Hilfsantrag

186 Um einen echten Hilfsantrag handelt es sich, wenn der Kläger mehrere Anträge zu verschiedenen Streitgegenständen stellt, mit denen er seine Ansprüche nicht kumulativ, sondern im Hilfsverhältnis zueinander – also im Sinne einer eventuellen Klaghäufung[454] – geltend macht. So zumeist dergestalt, dass über den Hilfsantrag für den Fall entschieden werden soll, dass das Gericht den Hauptantrag als unzulässig oder

450 BGH, 19.03.2015, I ZR 4/14, GRUR 2015, 1108, Rn. 21 – *Green-IT*; OLG München, 12.10.2017, 29 U 4903/16, WRP 2018, 119, 120; FBO/Büscher, § 12, Rn. 308; Teplitzky/Schwippert, Kap. 51, Rn. 32.

451 Vgl. BGH, 10.12.1998, I ZR 141/96, GRUR 1999, 509, 511 – *Vorratslücken*; BGH, 16.03.2000, I ZR 229/97, GRUR 2002, 187, 188 – *Lieferstörung*; BGH, 14.11.2002, I ZR 137/00, GRUR 2003, 446, 447, juris Rn. 25 – *Preisempfehlung für Sondermodelle*; BGH, 29.03.2007, I ZR 164/04, GRUR 2007, 987, Rn. 22 – *Änderung der Voreinstellung*; BGH, 29.04.2010, I ZR 202/07, GRUR 2010, 749, Rn. 26 – *Erinnerungswerbung im Internet*; BGH, 27.03.2012, KZR 108/10, GRUR 2012, 1062, Rn. 38 – *Elektronischer Programmführer*; BGH, 18.10.2012, I ZR 137/11, GRUR 2013, 409, Rn. 22 – *Steuerbüro*; BGH, 15.08.2013, I ZR 188/11, GRUR 2013, 1161, Rn. 53 ff. – *Hard Rock Café*; BGH, 03.11.2016, I ZR 227/14, GRUR 2017, 418, Rn. 33 – *Optiker-Qualität*; BGH, 27.07.2017, I ZR 162/15, GRUR 2018, 196, Rn. 16 – *Eigenbetrieb Friedhöfe*; Ahrens/Jaestedt, Kap. 22, Rn. 7; FBO/Büscher, § 12, Rn. 304; Teplitzky/Schwippert, Kap. 51, Rn. 5–7.

452 BGH, 30.04.2008, I ZR 73/05, GRUR 2008, 702, 704, Rn. 33 – *Internet-Versteigerung III*; BGH, 12.02.2015, I ZR 36/11, GRUR 2015, 403, 408, Rn. 41 – *Monsterbacke II*.

453 BGH, 12.02.2015, I ZR 36/11, GRUR 2015, 403, 408, Rn. 41 – *Monsterbacke II*.

454 Vgl. BGH, 11.07.1996, IX ZR 226/94, NJW 1996, 3147, 3150; BGH, 03.07.2003, I ZR 270/01, GRUR 2003, 903, 904, juris Rn. 17 – *ABC der Naturheilkunde*; FBO/Büscher, § 12, Rn. 306.

unbegründet erachtet. Stellt der Kläger einen echten Hilfsantrag unter einer solchen Bedingung, darf über den Hilfsantrag erst entschieden werden, wenn der Hauptantrag abgewiesen ist oder sich anderweitig erledigt hat.[455] Ein (echter) Hilfsantrag kann auch auf eine andere konkrete Verletzungsform innerhalb derselben Verletzungshandlung bezogen sein.[456] So z.B. auf unterschiedliche Werbeangaben innerhalb ein- und derselben Werbebeilage. Möglich ist es auch, einen Hilfsantrag gerade für den Fall zu stellen, dass dem Hauptantrag stattgegeben wird.[457] So etwa, wenn der Kläger das Kostenrisiko gering halten will, indem er weitere Ansprüche nur geltend macht, wenn das Gericht über einen Hauptantrag positiv entschieden hat, für den tatsächliche und/oder rechtliche Fragen zu prüfen sind, die auch für die Hilfsanträge entscheidend sind.

Um einen echten Hilfsantrag handelt es sich auch, wenn der Kläger hilfsweise für den Fall, dass er mit seinem Unterlassungsanspruch wegen einzelner von ihm als irreführend angegriffener Werbeangaben nicht durchdringt, das Verbot zweier oder mehrerer Werbeangaben gerade in ihrer jeweiligen Kombination begehrt. Zwar ist ein Verbot mehrerer Werbeangaben in ihrer Kombination gegenüber dem Verbot nur eines Teils dieser Angaben enger. Dennoch liegt nicht lediglich ein gegenüber dem Verbot der einzelnen Angabe eingeschränkter Antrag vor. Der wegen der mehreren Angaben zu beurteilende Sachverhalt ist ein anderer, denn zum für den Irreführungstatbestand schlüssigen Parteivortrag des Klägers gehört es vorzutragen, welche mit der Wirklichkeit nicht im Einklang stehende Verkehrsvorstellung (Fehlvorstellung) beim angesprochenen Verkehr gerade durch die Kombination der einzelnen Werbeangaben hervorgerufen wird.[458] **187**

Hat das Landgericht einer Klage mit dem Hilfsantrag stattgegeben, ohne über den Hauptantrag zu entscheiden, und legt allein der Beklagte Berufung ein, kann das Berufungsgericht den Beklagten mangels insoweit notwendiger Anschluss-/Berufung des Klägers nicht nach dem Hauptantrag verurteilen.[459] **188**

Hilfsweise Erledigungserklärungen – ob einseitig oder übereinstimmend – sind grundsätzlich unzulässig.[460] **189**

f) Ordnungsmittelantrag

Die Ordnungsmittelandrohung nach § 890 Abs. 2 ZPO ist Voraussetzung für die Zwangsvollstreckung nach § 890 ZPO und sollte deshalb regelmäßig schon zugleich **190**

---

455 BGH, 03.07.2003, I ZR 270/01, GRUR 2003, 903, 904, juris Rn. 17 – *ABC der Naturheilkunde*; FBO/Büscher, § 12, Rn. 306.

456 Vgl. auch Harte/Henning/Brüning, Vorb zu § 12, Rn. 115.

457 FBO/Büscher, § 12, Rn. 306.

458 BGH, 08.06.2000, I ZR 269/97, GRUR 2001, 181, 181 juris-Rn. 13 – *Dentalästhetika*; BGH, 13.07.2006, GRUR 2007, 161, Rn. 9 – *Dentalästhetika II*; BGH, 05.10.2017, I ZR 184/16, GRUR 2018, 203, Rn.18 – *Betriebspsychologe*; BGH, 11.10.2017, I ZR 78/16, GRUR 2018, 431, Rn. 13 – *Tiegelgröße*; siehe auch oben Rdn. 150.

459 BGH, 07.12.2000, I ZR 146/98, GRUR 2001, 755, juris Rn. 24 – *Telefonkarte*.

460 BGH, 16.03.2006, I ZR 92/03, GRUR 2006, 879, Rn. 20 – *Flüssiggastank* (unter teilweiser Aufgabe von BGH, 19.03.1998, I ZR 264/95, GRUR 1998, 1045 (1046) – *Brennwertkessel*); vgl. auch *Köhler*/Bornkamm/Feddersen, § 12, Rn. 2.48; Zöller/Althammer, § 91a, Rn. 13.

mit dem Unterlassungsantrag beantragt werden. Für die Unterlassungsverfügung ist sie gar Voraussetzung für deren Vollziehung. Wird die ohne Ordnungsmittelandrohung ergangene einstweilige Verfügung im Parteiwege zugestellt (§ 922 Abs. 2 ZPO), wird damit die Vollziehungsfrist (§ 929 Abs. 2 ZPO) nicht gewahrt.[461] Das gilt nach der Rechtsprechung des BGH auch für die Auslandzustellung[462], wird aber teils anders gesehen.[463] Die Ordnungsmittelandrohung ist zur Wahrung der Vollziehungsfrist aber jedenfalls erforderlich, wenn in Staaten, für die die Brüssel-Ia-Verordnung anwendbar ist, zugestellt werden soll.[464] Darauf, dass das Gericht die Ordnungsmittelandrohung von Amts wegen ausspricht[465], sollte sich der Antragsteller keinesfalls verlassen. Die Ordnungsmittelandrohung setzt nämlich nach dem Wortlaut des § 890 Abs. 2 ZPO einen Antrag voraus. Das Gesetz überlässt es dem Belieben des Gläubigers, ob er den Unterlassungstitel mit oder ohne Strafandrohung erwirkt.[466]

g) Antragsfassungen

aa) Kopierantrag

(1) Verfügungsverfahren (z.B. Irreführungsfall/§ 5)

191 »Dem Antragsgegner wird im Wege der einstweiligen Verfügung – der Dringlichkeit wegen ohne mündliche Verhandlung – unter Androhung eines vom Gericht für jeden Fall der schuldhaften Zuwiderhandlung festzusetzenden Ordnungsgeldes und für den Fall, dass dieses nicht beigetrieben werden kann, einer Ordnungshaft oder einer Ordnungshaft bis zu sechs Monaten (Ordnungsgeld im Einzelfall höchstens € 250.000,00; Ordnungshaft insgesamt höchstens 2 Jahre; Ordnungshaft zu vollstrecken an dem

461 BGH, 02.11.1995, IX ZR 141/94, BGHZ 131, 141, juris Rn. 16 – *Einstweilige Verfügung ohne Strafandrohung*; BGH, 20.07.2006, IX ZR 94/03, BGHZ 168, 352, juris Rn. 15; BGH, 10.07.2014, I ZR 249/12, GRUR 2015, 196, Rn. 17 – *Nero*; OLG Hamm, 20.12.1990, 4 U 194/90, GRUR 1991, 336, 337; HansOLG Hamburg, 06.06.1996, 3 U 9/96, GRUR 1997, 147, 148 und Os. 2; OLG Köln, 09.06.2000, 6 W 54/00, GRUR-RR 2001, 71, Os. 2 und juris Rn. 3; FBO/Büscher, § 12, Rn. 114; *Köhler*/Bornkamm/Feddersen, § 12, Rn. 3.62; Teplitzky/Feddersen, Kap. 54, Rn. 41; a.A. OLG Celle, 24.07.1986, 5 U 139/86, GRUR 1987, 66.

462 BGH, 02.11.1995, IX ZR 141/94, BGHZ 131, 141, 147 f., juris Rn. 20f. – *Unterlassungsverfügung ohne Strafandrohung*;

463 OLG München, 26.05.1994, 6 U 4622/93, MD (VSW) 1994, 1002, Ls.; zustimmend wegen der fehlenden Zustellmöglichkeit eines Titels mit Strafandrohung im Ausland Teplitzky/Feddersen, Kap. 54, Rn. 41 a.E. m.w.N.; vgl. aber BGH, 02.11.1995, IX ZR 141/94, BGHZ 131, 141, 147 f., juris Rn. 20f. – *Unterlassungsverfügung ohne Strafandrohung* (Strafandrohung jedenfalls nach britischem Recht möglich).

464 *Köhler*/Bornkamm/Feddersen, § 12, Rn. 2.49.

465 Vgl. HansOLG Hamburg, 19.04.2007, 1 Kart U 5/06, GRUR-RR 2008, 31, 32, juris Rn. 60 (Androhung auch ohne Antrag möglich); ebenso *Köhler*/Bornkamm/Feddersen, § 12, Rn. 3.32; a.A. Zöller/Seibel, § 890, Rn. 12; Spätgens in Gloy/Loschelder/Erdmann, § 112, *Rn. 39*.

466 BGH, 02.11.1995, IX ZR 141/94, BGHZ 131, 141, 145, juris Rn. 17 – *Unterlassungsverfügung ohne Strafandrohung*.

[einem der] Geschäftsführer [der Komplementärgesellschaft] der Antragsgegnerin) – alternativ: unter Androhung der gesetzlich vorgesehenen Ordnungsmittel – verboten,
– geschäftlich handelnd (immer noch häufig verwendete veraltete Formulierung: im geschäftlichen Verkehr zu Wettbewerbszwecken) für die Ware x,y wie aus der Anlage zum Antrag (zum Beschluss) ersichtlich (Anlage beifügen) bzw. wie nachfolgend dargestellt (Werbung in den Antrag einblenden) zu werben und/oder werben zu lassen.«;
– bei Streit darüber, ob Werbung vorliegt: »…im Zusammenhang mit dem Angebot der Ware x,y die aus der Anlage ersichtlichen bzw. nachfolgend dargestellten Angaben zu verbreiten oder verbreiten zu lassen: …«.

(2) Hauptsacheklage (z.B. Irreführungsfall/§ 5)

»Der Beklagte wird verurteilt, es unter Androhung (Ordnungsmittelantrag) zu unterlassen, 192
– geschäftlich handelnd für die Ware x,y (…wie oben aa]).«.

(3) ergänzender wettbewerblicher Leistungsschutz

wie oben aa) oder bb): 193

»…verboten/es zu unterlassen, 194
– geschäftlich handelnd Produkte x,y (z.B. Dübel, Hüftprothesen, Lebensmittelverpackungen etc.) in der nachfolgend dargestellten Gestaltung/in der aus der Anlage zum Antrag ersichtlichen Gestaltung zu bewerben und/oder bewerben zu lassen und/oder anzubieten und/oder anbieten zu lassen und/oder in den Verkehr zu bringen und/oder in den Verkehr bringen zu lassen.«.

bb) Schleppnetzantrag (Mehrzahl von Streitgegenständen innerhalb einer konkreten Verletzungsform)

»Dem Antragsgegner wird im Wege der einstweiligen Verfügung – der Dringlichkeit wegen ohne mündliche Verhandlung – (Ordnungsmittelantrag) verboten (Der Beklagte wird verurteilt, es [Ordnungsmittelantrag] zu unterlassen), 195
– geschäftlich handelnd für die Ware x,y mit nachfolgenden Angaben zu werben und/oder werben zu lassen (sie zu verbreiten und/oder verbreiten zu lassen):

1. …,

   und/oder

2. …,

   und/oder

3. …,

jeweils wie aus der(den) Anlage(n) ersichtlich (oder: wie geschehen gemäß nachfolgender Anlage(n), oder: wie nachfolgend eingeblendet).«

cc) Verallgemeinerung mit (nur) beispielhafter Bezugnahme auf die konkrete Verletzungsform

196 *»Dem Antragsgegner wird im Wege der einstweiligen Verfügung – der Dringlichkeit wegen ohne mündliche Verhandlung – (Ordnungsmittelantrag) verboten (Der Beklagte wird verurteilt, es [Ordnungsmittelantrag] zu unterlassen),*

– geschäftlich handelnd für die Ware x,y mit der Behauptung zu werben und/oder werben zu lassen (die Behauptung zu verbreiten und/oder verbreiten zu lassen), es handele sich um das einzige Produkt mit den Eigenschaften A, B oder C, insbesondere, wenn dies wie aus der(den) Anlage(n) ersichtlich (wie nachfolgend dargestellt) geschieht.«.

dd) Verallgemeinerung (unabhängig von der konkreten Verletzungsform unter jedem denkbaren Gesichtspunkt rechtswidriges Verhalten wie im Antrag beschrieben)

197 *»Dem Antragsgegner wird im Wege der einstweiligen Verfügung – der Dringlichkeit wegen ohne mündliche Verhandlung – (Ordnungsmittelantrag) verboten (Der Beklagte wird verurteilt, es (Ordnungsmittelantrag) zu unterlassen), geschäftlich handelnd*

– für das (verschreibungspflichtige) Arzneimittel x,y außerhalb der Fachkreise zu werben und/oder werben zu lassen.«;

– »... zu behaupten und/oder behaupten zu lassen, das Produkt x,y sei patentrechtlich geschützt, insbesondere unter Verwendung des Zeichens ℗, solange ein Patent für dieses Produkt tatsächlich nicht erteilt worden ist.«.

II. Schadensersatz-/Feststellungs-/Stufen-Klage

1. Grundsätze

198 Die Schadensersatzklage ist im Lauterkeitsrecht weniger häufig anzutreffen als im übrigen Bereich des gewerblichen Rechtsschutzes. Das hängt maßgeblich damit zusammen, dass § 9 der von einem Wettbewerbsverstoß betroffenen Partei unter den dortigen Voraussetzungen, also insbesondere eines Verschuldens oder gar vorsätzlicher Verletzungshandlungen (§ 9 S 2) des Verletzers, Schadensersatzansprüche gibt, ein infolge des Wettbewerbsverstoßes entstandener konkreter Schaden aber häufig nicht errechenbar und belegbar ist.

a) Schadensersatz und objektive Schadensberechnung

199 Lediglich bei Verstößen gegen den lauterkeitsrechtlichen Nachahmungsschutz (§ 4 Nr 3) oder den Geheimnisschutz (§§ 17 f.) gewährt die Rechtsprechung die ansonsten nur bei der Verletzung gewerblicher Schutzrechte in Betracht kommende Möglichkeit, einen Schaden nicht nur konkret (entgangener Gewinn), sondern objektiv zu berechnen. Letzteres kann in Form der Abschöpfung des Verletzergewinns oder durch das *Verlangen auf Zahlung* einer angemessenen Lizenz geschehen, wodurch sich insgesamt

eine dreifache Schadensberechnungsmöglichkeit ergibt.[467] Um die für die Berechnung eines solchen Schadensersatzanspruches notwendigen Informationen zu bekommen, bedarf es in aller Regel der Auskünfte des Verletzers über das Ausmaß der Verletzungshandlung. Hier empfiehlt sich eine Kombination von Auskunfts- und Schadensersatzfeststellungsklage.[468] Hat der Verletzte bereits alle Informationen, muss er sofort Leistungsklage auf Ersatz des ihm entstandenen Schadens erheben.[469]

b) Schadensersatz bei unmittelbarer Betroffenheit vom Wettbewerbsverstoß

Im Übrigen Bereich des Lauterkeitsrechts steht dem Verletzten die dreifache Schadens- **200**
berechnungsmöglichkeit nicht zur Verfügung, sondern kommt lediglich eine konkrete Schadensberechnung in Betracht.[470] In diesem Rahmen ist es schon für den von einem Wettbewerbsverstoß »unmittelbar« Betroffenen, also etwa bei Verstößen gegen §§ 3, 4 Nr 1, 2 und 4, schwer, einen konkreten Schaden in Gestalt eines entgangenen Gewinns darzutun. Nach einem allgemeinen Erfahrungssatz des Wettbewerbsrechts entsteht ihm zwar regelmäßig ein Schaden.[471] Ihm kommen bei der Darlegung und dem Nachweis eines entgangenen Gewinns auch die Erleichterungen der §§ 252 S 2 BGB, 287 ZPO zugute.[472] Danach ist ein Gewinnentgang bereits dann zu bejahen, wenn es nach den gewöhnlichen Umständen des Falles wahrscheinlicher ist, dass der Gewinn ohne das haftungsbegründende Ereignis erzielt worden als dass er ausgeblieben wäre. Für eine solche Prognose muss der Geschädigte aber konkrete Anknüpfungstatsachen darlegen und nachweisen, wenn auch an die Darlegung solcher Anknüpfungstatsachen keine zu hohen Anforderungen gestellt werden dürfen.[473] Es kann dennoch nicht davon ausgegangen werden, dass der auf den Wettbewerbsverstoß zurückführbare Gewinn

467 BGH, 17.06.1992, I ZR 107/90, BGHZ 119, 20, 23, juris Rn. 21 ff. – Tchibo/Rolex II; siehe auch Harte/Henning/Goldmann, § 9 Rn. 141 ff. (149); sowie zur Geschäftsgeheimnis-RL (EU) 2016/943 Hofmann, WRP 2018, 1; Hoeren/Münker, WRP 2018, 150.

468 Siehe unten Rdn. 206.

469 BGH, 02.10.2003, I ZR 76/01, GRUR 2004, 70, 71, juris Rn. 21 – *Preisbrecher.*

470 BGH, 29.06.2010, KZR 31/08, GRUR Int. 2011, 786, Rn. 47 – *GSM-Wandler* (so auch bei Behinderungstatbeständen, § 4 Nr. 4); OLG Köln, 21.11.2014, 6 U 90/14, GRUR-RR 2015, 215, 216, juris Rn. 36 – *Innovation Award Burgenland* (betr. Irreführungstatbestände); Harte/Henning/Goldmann, § 9, Rn. 149; *Köhler*/Bornkamm/Feddersen, § 9, Rn. 1.36b; Teplitzky/Schaub, Kap. 34, Rn. 19; a.A. Ohly, GRUR 2007, 926, 927 f.; siehe wegen der Folgen für den Inhalt des Auskunftsanspruches auch unten Rdn. 201).

471 BGH, 17.06.1992, I ZR 107/90, BGHZ 119, 20, 30 – *Tchibo/Rolex II*; BGH, 02.02.1995, I ZR 16/93, GRUR 1995, 349, 351, juris Rn. 25 – *Objektive Schadensberechnung*; BGH, 21.01.2016, I ZR 90/14, GRUR 2016, 860, Rn. 21 – *Deltamethrin II* (in diesem Fall vertrieben in Deutschland ausschließlich die Parteien ein Pflanzenschutzmittel mit dem dort streitigen Wirkstoff und hatte nur die Klägerin eine entsprechende Zulassung); vgl. auch Harte/Henning/Goldmann, § 9, Rn. 140 (bei »mitbewerberbezogenen« Verstößen).

472 BGH, 22.04.1993, I ZR 52/91, GRUR 1993, 757, 758 f. – *Kollektion »Holiday«*, insoweit in BGHZ 122, 262 nicht abgedruckt; BGH, 14.02.2008, I ZR 135/05, GRUR 2008, 933, Rn. 19 – *Schmiermittel*; BGH, 21.01.2016, I ZR 90/14, GRUR 2016, 860, Rn. 21 – *Deltamethrin II.*

473 BGH, 14.02.2008, I ZR 135/05, GRUR 2008, 933, Rn. 19 – *Schmiermittel*; BGH, 21.01.2016, I ZR 90/14, GRUR 2016, 860, Rn. 21 – *Deltamethrin II.*

oder Umsatz des Verletzers in vollem Umfang dem Verletzten zugutegekommen wäre.[474] Der Verletzte muss dem Gericht deshalb die Tatsachen vortragen, die es diesem ermöglichen zu beurteilen, dass er den als Schadenersatz verlangten Betrag tatsächlich als Gewinn erzielt hätte, wenn der Konkurrent das beanstandete Verhalten nicht vorgenommen hätte. Er muss zwar den entgangenen Gewinn nicht genau zu belegen, dem Gericht aber dennoch eine tatsächliche Grundlage unterbreiten, die diesem eine wenigstens im Groben zutreffende Schätzung des entgangenen Gewinns ermöglicht.[475]

201 Auch insoweit kommt es in Betracht, dass der Verletzte sogleich auf Zahlung des entgangenen Gewinns klagt oder zunächst Auskunftsklage (ggfls. im Wege der Klaghäufung verbunden mit einer Unterlassungs- und Schadensersatzfeststellungsklage) erhebt, um vom Verletzer die nötigen Informationen zum Ausmaß der Verletzungshandlung zu erlangen. Dabei wird häufig übersehen, dass auf die Auskunft über diejenigen Umstände, die lediglich zur objektiven Schadensberechnung benötigt werden (Verletzergewinn, Lizenz), kein Anspruch besteht. Einzelne Umstände, die nur der Verletzer weiß, und die indiziell auch zur Ermittlung des dem Verletzten entgangenen Gewinns herangezogen werden können, können aber vor der Schadensberechnung über eine Auskunftsklage eruiert werden. So z.B. die vom Verletzten während der Dauer der Verletzungshandlung erzielten Umsätze. Es kann zwar nicht einfach davon ausgegangen werden, dass der Umsatz des Verletzers in vollem Umfang dem Berechtigten zugutegekommen wäre. Der Umsatz des Verletzers kann jedoch in den genannten Fällen der unmittelbaren Betroffenheit des Wettbewerbers von der Verletzungshandlung als Anhaltspunkt für die Gewinneinbußen des Berechtigten von Bedeutung sein.[476]

c) unbezifferte Zahlungsklage

202 Grundsätzlich kann hier – wie auch im Falle einer objektiven Schadensberechnung[477] – ebenso eine Leistungsklage mit einem unbezifferten Zahlungsantrag erhoben werden, wenn zwar davon ausgegangen werden kann, dass ein Schaden entstanden ist, weil einzelne Anhaltspunkte dafür sprechen, die genauer Höhe des Schadens aber nicht festgestellt werden kann. Da für den Fall konkreter Anhaltspunkte für eine Schadensentstehung in der Regel auch die Möglichkeit besteht, den Schaden konkret zu berechnen, sind unbezifferte Zahlungsanträge in der Praxis eine große Seltenheit. Wenn sie dennoch gestellt werden, ist das Gericht bei Vorliegen entsprechender Anhaltspunkte gehalten, einen Schaden – notfalls einen Mindestschaden – zu schätzen (§ 287

474 BGH, 21.01.2016, I ZR 90/14, GRUR 2016, 860, Rn. 27 – *Deltamethrin II.*
475 BGH, 22.04.1993, I ZR 52/91, GRUR 1993, 757, 758 f. – *Kollektion »Holiday«*, insoweit in BGHZ 122, 262 nicht abgedruckt; BGH, 21.01.2016, I ZR 90/14, GRUR 2016, 860, Rn. 21 und 26 – *Deltamethrin II.*
476 *Vgl. BGH, 21.01.2016,* I ZR 90/14, GRUR 2016, 860, Rn. 21 und 26 – *Deltamethrin II;* HansOLG Hamburg, 18.08.2005, 5 U 135/04, MD (VSW) 2006, 188.
477 BGH, 18.02.1977, I ZR 112/75, GRUR 1977, 539 ff. – *Prozessrechner.*

ZPO).[478] Hier muss der Kläger aber jedenfalls die Größenordnung des von ihm für angemessen erachteten Betrags[479] oder einen Mindestbetrag[480] angeben. Weicht letztlich zuerkannte Betrag davon wesentlich ab, sind dem Kläger entsprechend anteilige Kosten aufzuerlegen, wenn nicht die Voraussetzungen des § ZPO § 92 Abs. 2 ZPO vorliegen.[481] Mit der Zuerkennung des Mindestbetrags oder eines übersteigenden Betrags steht dann aber zugleich fest, dass der Kläger keinen weitergehenden Anspruch hat.[482] Hat der Kläger dabei nicht neben dem Auskunftsanspruch lediglich die allgemeine Feststellung der Schadensersatzpflicht des Beklagten begehrt, sondern sind die Schadensersatzanträge darauf gerichtet, dass der Beklagte konkret zur Zahlung einer einmaligen Pauschalsumme (als Teil der Lizenzvergütung) verurteilt wird und seine Verpflichtung zur Zahlung laufender Lizenzen für die rechtswidrige Nutzung eines Leistungsergebnisses festgestellt wird, ist der Kläger an die von ihm getroffene Wahl gebunden[483], obwohl er während des Prozesses grundsätzlich von der einen zur anderen Berechnungsart übergehen kann.[484] Ob tatsächlich ein unbezifferter Zahlungsantrag vorliegt oder in Wahrheit ein Schadensersatzfeststellungsantrag, ist durch Nachfrage des Gerichts beim Kläger (§ 139 ZPO), jedenfalls aber durch Auslegung zu ermitteln.[485] Die Geltendmachung eines unbezifferten Zahlungsantrages kann etwa durch die Forderung nach einem vorläufig geschätzten Betrag[486] oder dadurch zum Ausdruck gebracht werden, dass ausdrücklich Schadensersatz in angemessener, vom Gericht nach pflichtgemäßem Ermessen zu schätzenden Höhe, etwa auch in Form einer Pauschalsumme als von bestimmten Verletzungshandlungen unabhängigen Mindestbetrag[487], begehrt wird.

d) Schadensersatz und marktbezogener Wettbewerbsverstoß

Kaum möglich ist der Nachweis eines entgangenen Gewinns im Falle der Verletzung **203**
lediglich allgemein marktbezogener Wettbewerbsvorschriften, wie z.B. bei einer nach §§ 5, 5a irreführenden Werbung, durch die der Wettbewerber nicht unmittelbar betroffen ist, sondern nur so, wie jeder andere Wettbewerber auch. Hier liegt ein Gewinn, der ohne die wettbewerbswidrige Handlung des Verletzers mit Wahrschein-

478 BGH, 17.06.1992, I ZR 107/90, BGHZ 119, 20, 30 f. – *Tchibo/Rolex II*; BGH, 17.06.1998, XII ZR 206/96, WM 1998, 1787 f., juris Rn. 8 m.w.N.; BGH, 10.07.2014, I ZR 249/12, GRUR 2015, 196, Rn. 34 – *Nero*; BGH, 12.07.2016, KZR 25/14, BGHZ 211, 146, Rn. 66 – *Lottoblock II*.

479 BGH, 13.10.1981, VI ZR 162/80, NJW 1982, 340, Ls.

480 BGH, 18.02.1977, I ZR 112/75, GRUR 1977, 539, 542 – *Prozessrechner*; Harte/Henning/Brüning, Vorb § 12, Rn. 143; *Köhler*/Bornkamm/Feddersen, § 12, Rn. 2.57.

481 BGH, 18.02.1977, I ZR 112/75, GRUR 1977, 539, 542, juris Rn. 47 – *Prozessrechner*.

482 BGH, 21.12.2005, X ZR 72/04, BGHZ 165, 305, 311 – *Detektionseinrichtung II*.

483 BGH, 18.02.1977, I ZR 112/75, GRUR 1977, 539, 542 f. – *Prozessrechner*.

484 BGH, 18.02.1977, I ZR 112/75, GRUR 1977, 539, 542 f. – *Prozessrechner*; BGH, 25.09.2007, X ZR 60/06, GRUR 2008, 93, 94, Rn. 8 – *Zerkleinerungsvorrichtung*; siehe auch Harte/Henning/Goldmann, § 9, Rn. 183 ff.

485 Vgl. BGH, 26.04.1990, I ZR 127/88, GRUR 1990, 1012, 1014 – *Pressehaftung*.

486 BGH, 13.10.1981, VI ZR 162/80, NJW 1982, 340.

487 BGH, 18.02.1977, I ZR 112/75, GRUR 1977, 539, 542, juris Rn. 47 – *Prozessrechner*.

lichkeit erwartet werden konnte, häufig nicht schon nahe. Es sei denn, von einer irreführenden Werbung ginge eine besonders hohe Anlockwirkung aus.[488] Gerade solche irreführenden Werbungen oder Verstöße gegen marktverhaltensbezogene Normen i.S. des § 3a dominieren aber das Feld wettbewerbsrechtlicher Auseinandersetzungen. Zwar können sich auch derartige Wettbewerbsverstöße nachteilig auf die Geschäftschancen der Mitbewerber auswirken. Je nach der Größe des jeweils relevanten Marktes und der Zahl der dortigen Wettbewerber lässt sich indes angesichts der Komplexität des Wirtschaftsgeschehens das Ausmaß des durch den einzelnen Wettbewerbsverstoß verursachten Schadens kaum feststellen[489], wenn dies auch nach den Umständen nicht unmöglich erscheint.[490] In Fällen eines Wettbewerbsverstoßes durch irreführende Werbung beschränkt sich der Auskunftsanspruch deshalb in der Regel auf die Art, den Zeitpunkt und den Umfang der Verletzungshandlung, zu dem auch die Zahl der Verstöße gehört, dagegen nicht auf den vom Verletzer erzielten Umsatz.[491] Entsprechend gering ist auch die Zahl der in diesem Bereich geführten Schadensersatzklagen.

204 Das gilt jedenfalls für reine Leistungsklagen, sei es solche auf Zahlung eines schon ermittelten Gewinnentgangs oder solche, die im Rahmen einer Stufenklage (§ 254 ZPO) nach mit der ersten Stufe der Klage geltend gemachter Auskunft über Art, Zeit und Umfang der Verletzungshandlungen[492] beziffert werden sollen. Richtig ist, dass auch etwa entstandene Abmahnkosten unter Schadensersatzgesichtspunkten im Wege der Leistungsklage ersetzt verlangt werden können.[493] § 12 Abs. 1 2 bietet insoweit indes eine einfachere Handhabung – schon, weil ein Verschuldensnachweis nicht erforderlich ist.

e) Schadensersatz und Stufenklage

205 Stufenklagen (§ 254 ZPO) werden höchst selten erhoben. Trotz der Verwendung des Begriffs der Stufenklage kann die Auslegung anhand der Klagbegründung ergeben, dass tatsächlich eine Schadensersatzfeststellungsklage erhoben worden ist.[494] Der Vorteil der Stufenklage besteht zwar darin, dass der Leistungsanspruch schon ihrer Erhebung in der Höhe rechtshängig wird, in der der Anspruch später festgestellt wird.[495] Der Kläger ist auch nicht darauf beschränkt, lediglich den Betrag zu fordern, der sich aus der verlangten Auskunft ergibt, sondern behält volle Dispositionsfreiheit, wie er den Leistungsanspruch errechnen und beziffern will; Verjährungshemmung tritt aber wegen des

---

488 Vgl. BGH 20.12.2001, I ZR 215/98, GRUR 2002, 715, 717, juris Rn. 34 – *Scanner-Werbung.*
489 Vgl. *Köhler*/Bornkamm/Feddersen, § 12, Rn. 1.23.
490 Vgl. Harte/Henning/Goldmann, § 9, Rn. 140 (auch bei marktbezogener Unlauterkeit Schätzung anhand der relevanten Kriterien gut möglich, wenn Schadenseintritt wahrscheinlich).
491 HansOLG Hamburg, 02.03.1995, 3 U 211/94, GRUR 1994, 432.
492 OLG Köln, 21.11.2014, 6 U 90/14, GRUR-RR 2015, 215, 216, juris Rn. 36 – *Innovation Award Burgenland*
493 Vgl. Harte/Henning/Brüning, Vorb zu § 12, Rn. 142.
494 OLG Hamm, 13.06.2017, 4 U 72/16, GRUR-RR 2017, 421, 425, juris Rn. 161 – *GPL-Lizenz.*
495 BGH, 18.01.1995, XII ARZ 36/94, NJW-RR 1995, 513; BGH, 13.11.2014, IX ZR 267/13, NJW 2015, 1093, Rn. 9; Zöller/Greger, § 254, Rn. 1.

zunächst noch unbestimmten Leistungsanspruchs nur in der Höhe ein, in der dieser Anspruch nach Erfüllung der seiner Vorbereitung dienenden Hilfsansprüche beziffert wird.[496] Die Erhebung der Stufenklage hat nur eine Hemmung der Verjährung zur Folge, die gemäß § 204 Abs. 2 1 und 2 BGB sechs Monate nach einem Stillstand des Verfahrens endet. Soll die Verjährungsfrist nicht weiterlaufen, muss der Verletzte nach Erteilung der Auskunft innerhalb dieser sechs Monate den Prozess fortsetzen.[497] Die Stufenklage hat den wesentlichen Nachteil, dass die Entscheidung über die Auskunft keine rechtskräftige Feststellung über den Grund des Leistungsanspruches bewirkt; dieses Ziel kann aber mit einer Zwischenfeststellungsklage erreicht werden.[498]

f) Schadensersatzfeststellungsklage

Derartige Einschränkungen gehen mit einer Schadensersatzfeststellungsklage nicht einher. Zwar fehlt Feststellungsklagen, wenn die Schadensentwicklung schon abgeschlossen ist, grundsätzlich das Rechtsschutzbedürfnis, wo eine Stufenklage (= Leistungsklage) möglich ist.[499] Das gilt indes nicht für den Bereich des gewerblichen Rechtsschutzes.[500] Weit überwiegend werden daher in diesem Bereich Schadensersatzfeststellungsklagen erhoben, meist verbunden mit einer Unterlassungs- und Auskunftsklage. Letzteres empfiehlt sich schon deshalb, weil der Schadensersatzanspruch und der Unterlassungsanspruch unterschiedliche Sachverhalte betreffen und sich daher – wie auch der Auskunftsanspruch einerseits und der Unterlassungsanspruch bzw. Schadensersatzanspruch andererseits – nicht gegenseitig präjudizieren.[501] Von großem Vorteil für den Erfolg einer solchen Klage ist es zudem, dass – anders als an die konkrete Schadensberechnung – an die Feststellung der Schadensersatzpflicht des Verletzers keine hohen Anforderungen gestellt werden. Nach der Rechtsprechung des BGH ist es insoweit hinreichend, dass nach der Lebenserfahrung der Eintritt des Schadens in der Zukunft mit einiger Sicherheit zu erwarten steht, ohne dass es hierfür einer hohen Wahrscheinlichkeit bedarf.[502] Es muss nicht festgestellt werden, dass ein Schaden bereits eingetreten **206**

496 BGH, 17.06.1992, IV ZR 183/91, NJW 1992, 2563, Ls. und Rn. 7, 9; Zöller/Greger, § 254, Rn. 1, und § 262, Rn. 3.

497 BGH, 28.06.2007, I ZR 132/04, GRUR 2008, 258, 259, Rn. 16 – *INTERCONNECT/T-InterConnect.*

498 BGH, 27.11.1998, V ZR 180/97, WM 1999, 746, juris Rn. 8; Zöller/Greger, § 254, Rn. 10 m.w.N.; OLG Frankfurt, 27.06.2013, 6 U 253/11, GRUR-RR 2013, 524, 526 – *Blutzuckerteststreifen.*

499 BGH, 03.04.1996, VIII ZR 3/95, NJW 1996, 2097, 2098, Ls. und juris Rn. 40.

500 BGH, 15.05.2003, I ZR 277/00, GRUR 2003, 900, 901, Ls. – *Feststellungsinteresse III*; BGH, 28.06.2007, I ZR 132/04, GRUR 2008, 258, 259, Rn. 16 – *INTERCONNECT/T-InterConnect*; siehe auch Zöller/Greger, § 254, Rn. 2.

501 BGH, 10.05.2012, I ZR 145/11, GRUR 2012, 1248, Rn. 22 – *Fluch der Karibik*; BGH, 01.06.2017, I ZR 153/13, Pharma Recht 2017, 448, Rn. 28 m.w.N.

502 BGH, 06.07.1995, I ZR 58/93, BGHZ 130, 205, 220 ff., juris Rn. 71 – *Feuer, Eis & Dynamit I*; BGH, 24.05.2000, I ZR 222/97, GRUR 2001, 78, 79, Ls. und juris Rn. 24 – *Falsche Herstellerpreisempfehlung*; BGH, 29.06.2000, I ZR 29/98, GRUR 2000, 907, 911, juris Rn. 49 – *Filialleiterfehler*; BGH, 20.12.2001, I ZR 215/98, GRUR 2002, 715, 717, juris Rn. 34 – *Scanner-Werbung.*

ist oder worin dieser besteht; es ist aber jedenfalls eine nicht lediglich entfernt liegende Möglichkeit eines Schadens erforderlich, das heißt aufgrund des festgestellten Sachverhalts muss der Eintritt eines Schadens zumindest denkbar und möglich erscheinen.[503] Eine entfernte Möglichkeit reicht insoweit aus; Art, Umfang und Eintritt können sogar ungewiss sein.[504] Zwar sind dabei im Einzelfall teils keine hinreichenden konkreten Anhaltspunkte für einen entsprechenden Schadenseintritt festgestellt oder ist ein Schadenseintritt für fernliegend erachtet worden.[505] Grundsätzlich ist aber ein großzügiger Maßstab anzulegen.[506] Das verhilft so mancher Schadensersatzfeststellungsklage auch im Bereich des Lauterkeitsrechts nicht selten zum Erfolg, wenn nicht ausgeschlossen werden kann, dass dem Verletzten ein – wenn auch nur geringer – Schaden entstanden ist. Häufig wird darauf hingewiesen, dass ein Schaden von einem Euro ausreichend sein kann. Dass sich die Parteien nach der Feststellung der Schadensersatzpflicht dem Grunde nach eher außergerichtlich auf einen bestimmten Betrag einigen können[507], mag so sein. Hat der Kläger vor Klageinreichung schon alle für die Schadensberechnung nötigen Auskünfte erlangt, fehlt es am Feststellungsinteresse.[508] Das bei Klagerhebung vorhandene Feststellungsinteresse entfällt dagegen nicht, wenn während des Prozesses eine Bezifferung möglich wird. Grundsätzlich besteht keine Verpflichtung des Verletzten, von der Feststellungsklage auf die Leistungsklage überzugehen, wenn letztere während des Prozesses möglich wird.[509] Auch nicht in der Berufungsinstanz.[510]

2. Antragsfassung

a) Reine Leistungsklage

207 Bezifferter Zahlungsantrag.

b) Schadensersatzfeststellungsklage

208 *»Es wird festgestellt, dass der Beklagte verpflichtet ist, dem Kläger den Schaden zu ersetzen, der ihm wegen der Handlung gemäß dem Klagantrag zu … (= Unterlassungsantrag, wenn*

---

503 BGH, 06.03.2001, KZR 32/98, GRUR 2001, 849, 850, juris Rn. 9 m.w.N. – *Remailing-Angebot.*

504 BGH, 23.04.1991, X ZR 77/89, GRUR 1992, 559, Ls. und juris Rn. 7 – *Mikrofilmanlage.*

505 BGH, 06.07.1995, I ZR 58/93, BGHZ 130, 205, 220 ff., juris Rn. 71 – *Feuer, Eis & Dynamit I*; BGH, 24.05.2000, I ZR 222/97, GRUR 2001, 78, 79, Ls. und juris Rn. 24 – *Falsche Herstellerpreisempfehlung*; BGH, 06.03.2001, KZR 32/98, GRUR 2001, 849, 850, juris Rn. 9 ff. – *Remailing-Angebot*; BGH, 09.09.2010, I ZR 98/08, GRUR 2010, 1133, Rn. 24 – *Bonuspunkte.*

506 BGH, 16.01.2001, VI ZR 381/99, NJW 2001, 1431, 1432, juris Rn. 7; BGH, 06.03.2001, KZR 32/98, GRUR 2001, 849, 850, juris Rn. 9 – *Remailing-Angebot*;

507 Vgl. Harte/Henning/Brüning, Vorb zu § 12, Rn. 142, 146.

508 BGH, 02.10.2003, I ZR 76/01, GRUR 2004, 70, 71, juris Rn. 21 – *Preisbrecher.*

509 BGH, 28.06.2007, I ZR 132/04, GRUR 2008, 258, 259, Rn. 18 – *INTERCONNECT/T-InterConnect; zur Ausnahme siehe* BGH, 31.01.1952, III ZR 131/51, BB 1952, 302.

510 HansOLG Hamburg, 02.12.1999, 3 U 198/98, MD (VSW) 2000, 296; 22.04.2004, 3 U 240/01, GRUR-RR 2005, 114f.

gleichzeitig ein Unterlassungsanspruch geltend gemacht wird) entstanden ist und/oder künftig entstehen wird.«

oder **209**

»Es wird festgestellt, dass der Beklagte verpflichtet ist, dem Kläger den Schaden zu ersetzen, der ihm dadurch entstanden ist und/oder künftig entstehen wird, **210**

- dass der Beklagte gegenüber Kunden des Klägers über den Kläger nachfolgende Behauptung aufgestellt hat:...«;
- »... dass der Beklagte bezogen auf das Produkt x,y des Klägers behauptet hat,...«;
- »... dass der Beklagte eine Ware x,y in einer Gestaltung wie nachfolgend dargestellt in der Verkehr gebracht hat und/oder hat in den Verkehr bringen lassen:...).«.

c) Stufenklage

»1. ggfls. Unterlassungsantrag; **211**

2. Der Beklagte wird verurteilt, dem Kläger darüber Auskunft zu erteilen,
   a) in welcher Zeit, in welcher Weise und in welchem Umfang er die nachfolgend dargestellte (aus dem Unterlassungsantrag/der Anlage ersichtliche) Werbung verbreitet hat und/oder hat verbreiten lassen;
   b) (im Falle der objektiven Schadensberechnung:) welche Umsätze/welchen Gewinn er mit dem Vertrieb der aus dem Klagantrag zu ...(= Unterlassungsantrag, wenn gleichzeitig ein Unterlassungsanspruch geltend gemacht wird) ersichtlichen Produkt erzielt hat;
   c) (im Falle eines Rechnungslegungsanspruches[511]:) und dem Kläger im Rahmen einer geordneten Zusammenstellung und Gegenüberstellung der insoweit getätigten Ausgaben und erzielten Einnahmen unter Beifügung von Belegen über die mit dem Verkauf des Produkts x,y erzielten Erlöse Rechnung zu legen;
   d) ...
3. (üblicherweise, obwohl die Voraussetzungen noch nicht feststehen:)

   Der Beklagte wird verurteilt, die Richtigkeit der von ihm erteilten Auskünfte und Rechnungen an Eides statt zu versichern.
4. Der Beklagte wird verurteilt, an den Kläger einen
   a) Mindestschaden in Höhe von € ... (+ Zinsanspruch) zu zahlen;
   b) nach erfolgter Auskunft weiteren noch zu beziffernden Schadensersatz zu leisten (+ Zinsforderung).«.

III. Auskunftsklage

1. Grundsätze

Will der Kläger zur Berechnung eines ihm möglicherweise zustehenden Schadensersatzanspruches (§ 9) oder zur Durchsetzung von Störungsbeseitigungsmaßnahmen Aus- **212**

511 Vgl. zur hinreichenden Bestimmtheit etwa OLG Düsseldorf, 07.02.2017, I-20 U 139/15, GRUR-RR 2017, 331, juris Rn. 7 und 30 ff. – *Gewinne aus Rücklastschriften.*

kunft und ggfls. Rechnungslegung über Art und Ausmaß der Verletzungshandlung erhalten, kann er auf Auskunft und Rechnungslegung klagen. Das geschieht zumeist in Kombination mit einem auf die angegriffene Verletzungshandlung bezogenen Unterlassungs- und einem Schadensersatzfeststellungs-Antrag.[512] Der Anspruch kann aber auch gesondert geltend gemacht werden. Das kommt etwa dann in Betracht, wenn der Schuldner zwar nicht über den Unterlassungsanspruch streiten will und deshalb einen gerichtlichen Titel hinnimmt oder eine Unterlassungsverpflichtungserklärung abgibt, aber nicht bereit ist, Schadensersatz zu zahlen. Die Auskunftsklage unterbricht die Verjährung wegen des Unterlassungs- oder Schadensersatz-Anspruchs, wenn er nicht im Rahmen einer Stufenklage geltend gemacht wird, nicht[513], denn es handelt sich beim Auskunftsanspruch um einen eigenständigen, im Verhältnis zum Hauptanspruch selbständig verjährenden, Anspruch.[514]

213 Wird auch ein Unterlassungsantrag gestellt, so genügt zur – notwendigen – bestimmten Bezeichnung dessen, was Gegenstand des Auskunftsbegehrens ist, zumeist die Bezugnahme auf die Verletzungshandlung, wie sie im Unterlassungsantrag angeführt ist und wegen derer Wiederholungsgefahr besteht.[515] Wird der Auskunftsanspruch gesondert geltend gemacht, muss der Gegenstand des Auskunftsbegehrens innerhalb des Antrages genau beschrieben werden. Auch insoweit gilt das Gebot der Konkretisierung und der Bestimmtheit des Anspruchs. Liegt nur Erstbegehungsgefahr vor, kann selbstverständlich Auskunft nicht erteilt werden.[516] Enthält der Unterlassungsantrag Verallgemeinerungen, kann die Bezugnahme im Auskunftsantrag auf den Unterlassungsantrag zu weit gehen und ist der Auskunftsanspruch u.U. auf Auskunft über die konkret festgestellte Verletzungshandlung zu beschränken.[517] Die Reichweite des Unterlassungsanspruchs und diejenige der Ansprüche auf Auskunftserteilung und auf Schadensersatz müssen sich nicht decken. Vielfach werden aber Anträge auf Verurteilung zur Auskunftserteilung und auf Feststellung der Schadensersatzpflicht, wenn der Unterlassungsantrag über den Bereich hinaus, in dem Wiederholungsgefahr anzunehmen ist, verallgemeinert ist, ohnehin dahin zu verstehen sein, dass sie sich nur auf die konkrete Verletzungsform beziehen sollen.[518] Ebenso wie Unterlassungs- und Schadensersatzansprüche können Auskunftsansprüche aber – soweit Wiederholungsgefahr gegeben ist – über die kon-

512 Siehe Rdn. 206.

513 KG, 18.06.1993, 15 U 2932/92, juris; OLG Stuttgart, 24.01.1997, 2 U 7/96, WRP 1997, 605, juris Rn. 71; Teplitzky/Schwippert, Kap. 52, Rn. 4.

514 BGH, 10.05.2012, I ZR 145/11, GRUR 2012, 1248, Rn. 22 – *Fluch der Karibik*; 01.06.2017, I ZR 153/13, Pharma Recht 2017, 488, Rn. 28; FBO/Büscher, § 11, Rn. 17; *Köhler*/Bornkamm/Feddersen, § 9, Rn. 4.42; Teplitzky/Löffler, Kap. 38, Rn. 37.

515 Ahrens/Bacher, Kap. 72, Rn. 17; FBO/Büscher, § 12, Rn. 312.

516 BGH, 29.06.2000, I ZR 29/98, GRUR 2000, 907, 910, juris Rn. 42 – *Filialleiterfehler*.

517 BGH, 06.04.2000, I ZR 114/98, GRUR 2001, 84, 85, juris Rn. 34 – *Neu in Bielefeld II*; BGH, 14.11.2002, I ZR 137/00, GRUR 2003, 446, 449, juris Rn. 28 – *Preisempfehlung für Sondermodelle*; BGH, 29.01.2004, I ZR 132/01, GRUR 2004, 437, 438 – *Fortfall einer Herstellerpreisempfehlung*.

518 BGH, 29.06.2000, I ZR 29/98, GRUR 2000, 907, 910, juris Rn. 43 – *Filialleiterfehler* (im konkreten Fall aber verneint).

krete Verletzungshandlung hinaus im Umfange solcher Handlungen gegeben sein, in denen das Charakteristische der Verletzungshandlung zum Ausdruck kommt.[519] Ein allgemeiner, bloß der Ausforschung dienender Auskunftsanspruch darüber, ob der Verletzer bloß ähnliche Handlungen begangen hat, die neue Schadensersatzansprüche rechtfertigen könnten, besteht dagegen nicht. Denn der Auskunftsanspruch ist nur Hilfsanspruch zur Durchsetzung des wegen dieser Wettbewerbsverstöße gegebenen Schadensersatzanspruchs oder eines möglichen Beseitigungsanspruches und ist deshalb in seinem Umfang begrenzt auf die zur Anspruchsdurchsetzung erforderlichen Informationen, die der Gläubiger selbst nicht anders erlangen kann und deren Erteilung dem Schuldner unschwer möglich und zumutbar ist.[520] Darauf ist bei der Antragsformulierung zu achten, auch wenn die Abgrenzung zwischen kerngleichen und nur ähnlichen Verletzungshandlungen im Einzelfall schwierig sein kann.

Der Umfang des Auskunftsanspruches ist unter Berücksichtigung der jeweiligen Umstände des Einzelfalls und unter Beachtung des Verhältnismäßigkeitsgrundsatzes im Rahmen einer Interessenabwägung zu bestimmen.[521] Er hängt im Lauterkeitsrecht auch maßgeblich davon ab, welche Art der Verletzungshandlung ihm zugrunde liegt. **214**

Eine dreifache Schadensberechnung (konkreter Schaden/entgangener Gewinn, angemessene Lizenz, Herausgabe des Verletzergewinns)[522] kommt nach herkömmlicher Sicht nur im Bereich des wettbewerbsrechtlichen Nachahmungsschutzes (§ 4 Nr 3)[523] und im Bereich der Geheimnisschutztatbestände (§§ 17 ff.) in Betracht.[524] Auch vor dem Hintergrund der sog. Durchsetzungsrichtlinie 2004/48/EG[525] hat sich daran in der Rechtsprechung bislang zu Recht nichts geändert. **215**

Außerhalb der genannten Unlauterkeitstatbestände besteht im Bereich verhaltensbezogener Wettbewerbsnormen, wie etwa im Bereich der Behinderung (§ 4 Nr. 4) oder der **216**

---

519 BGH, 01.02.1996, I ZR 50/94, GRUR 1996, 502 (), juris Rn. 61 – *Energiekosten-Preisvergleich*; BGH, 23.02.2006, I ZR 27/03, BGHZ 166, 233, Rn. 34 – *Parfümtestkäufe*; BGH, 29.04.2010, I ZR 68/08, GRUR 2010, 623, Rn. 55 – *Restwertbörse*; BGH, 02.10.2012, I ZR 82/11, GRUR 2013, 638, Rn. 53 – *Völkl.*

520 BGH, 29.06.2000, I ZR 29/98, GRUR 2000, 907, 910, juris Rn. 46 m.w.N. – *Filialleiterfehler*; BGH, 17.05.2001, I ZR 291/98, BGHZ 148, 26, 35, juris Rn. 41 – *Entfernung der Herstellungsnummer II*; BGH, 14.11.2002, I ZR 137/00, GRUR 2003, 446, 449, juris Rn. 28 – *Preisempfehlung für Sondermodelle*; BGH, 19.01.2006, I ZR 5/03, GRUR 2006, 319, Rn. 38 – *Alpensinfonie*; BGH, 29.04.2010, I ZR 68/08, GRUR 2010, 623, Rn. 51 – *Restwertbörse.*

521 BGH, 24.03.1994, I ZR 42/93, BGHZ 125, 322, 331, juris Rn. 29 – *Cartier-Armreif*; BGH, 23.02.2006, I ZR 27/03, BGHZ 166, 233, Rn. 39 – *Parfümtestkäufe*;

522 Vgl. dazu Harte/Henning/Goldmann, § 9, Rn. 141 ff.; *Köhler*/Bornkamm/Feddersen, § 9, Rn. 1.36 ff.; Teplitzky/Schaub, Kap. 34, Rn. 21 ff.

523 Siehe BGH, 24.03.1994, I ZR 42/93, BGHZ 125, 322, 330, juris Rn. 26 – *Cartier-Armreif.*

524 BGH, 29.06.2010, KZR 31/08, GRUR Int. 2011, 165, Rn. 47 m.w.N. – *GSM-Wandler*; *Köhler*/Bornkamm/Feddersen, § 9, Rn. 1.36b m.w.N.; Teplitzky/Schaub, Kap. 34, Rn. 20 ff.; siehe auch Rdn. 199.

525 Vgl. dazu Harte/Henning/Goldmann, § 9, Rn. 145 ff.; *Köhler*/Bornkamm/Feddersen, § 9, Rn. 1.36; Teplitzky/Schaub, Kap. 34, Rn. 20 ff. m.w.N.

Irreführungstatbestände (§§ 5 f.), kein den gewerblichen Schutzrechten vergleichbarer Schutzbereich.[526] Jenseits des wettbewerblichen Nachahmungs- und des Geheimnis-Schutzes kommt deshalb Anträgen, die darauf gerichtet sind, Auskunft und Rechnungslegung über diejenigen Umstände zu erlangen, die lediglich der objektiven Schadensberechnung (Lizenzanalogie und Gewinnabschöpfung[527]) dienen, keine Erfolgsaussicht zu.[528] Von Ausnahmen abgesehen[529], besteht hier grundsätzlich keine Verpflichtung zur Angabe der für die Bezifferung des Schadensersatzanspruchs nicht erforderlichen Verkaufspreise[530] oder des Verletzergewinns.[531] Zur Berechnung des konkreten Schadens bzw. des entgangenen Gewinns ist es in der Regel ausreichend, wenn Auskunft über Zeitraum und Ausmaß der jeweiligen Verletzungshandlung erteilt wird. In Fällen eines Wettbewerbsverstoßes durch irreführende Werbung beschränkt sich der Auskunftsanspruch in der Regel auf die Art, den Zeitpunkt und den Umfang der Verletzungshandlung, zu dem auch die Zahl der Verstöße gehört, dagegen nicht auf den vom Verletzer erzielten Umsatz.[532] Der Zeitraum, über den Auskunft zu erteilen ist, muss dabei nicht auf die Zeit ab der ersten festgestellten Verletzungshandlung begrenzt sein.[533] Seine insoweit im Bereich der Verletzung gewerblicher Schutzrechte abweichende Ansicht[534] hat der BGH inzwischen aufgegeben.[535]

217 Kann nach der Lebenserfahrung bei – unmittelbar! – mitbewerberbezogenen Wettbewerbsverstößen angenommen werden, dass ein Schaden mit Wahrscheinlichkeit entstanden ist[536], hat das Gericht eine Schadensschätzung nach § 287 ZPO – auch in der Form der Schätzung eines Mindestschadens – vorzunehmen. An die Darlegung der Mindestvoraussetzungen für eine solche Schätzung sind im Hinblick auf die natürlichen Beweisschwierigkeiten im Wettbewerbsrecht keine hohen Anforderungen zu stellen.[537] Der Kläger kann dazu neben der Darlegung eines möglichen eigenen Umsatzrückgangs[538] u.U. auch auf die Umsatzentwicklung beim Schädiger abstellen und

---

526 BGH, 29.06.2010, KZR 31/08, GRUR Int. 2011, 165, Rn. 47 – *GSM-Wandler*; Harte/Henning/Goldmann, § 9, Rn. 149; *Köhler*/Bornkamm/Feddersen, § 9, Rn. 1.36b; Teplitzky/Schaub, Kap. 34, Rn. 19; a.A. Ohly, GRUR 2007, 926, 927 f.

527 Siehe zum Begriff Harte/Henning/Goldmann, § 9, Rn. 143.

528 Siehe auch oben Rdn. 200 ff.

529 BGH, 13.02.1976, I ZR 1/75, GRUR 1978, 52, 53 – *Fernschreibverzeichnisse*.

530 BGH, 06.04.2000, I ZR 114/98, GRUR 2001, 84, 85, juris Rn. 34 – *Neu in Bielefeld II*.

531 BGH, 22.04.1993, I ZR 52/91, GRUR 1993, 757, 759, juris Rn. 16 – *Kollektion »Holiday«*, insoweit in BGHZ 122, 262 nicht abgedruckt; siehe auch Teplitzky/Löffler, Kap. 38, Rn. 19 m.w.N.

532 HansOLG Hamburg, 02.03.1995, 3 U 211/94, GRUR 1995, 432.

533 Harte/Henning/Brüning, Vorb zu § 12, Rn. 154.

534 BGH, 26.11.1987, I ZR 123/85, GRUR 1988, 307 – *Gaby*.

535 BGH, 19.07.2007, I ZR 93/04, BGHZ 173, 269, Rn. 24f. – *Windsor Estate*; BGH, 29.04.2010, I ZR 68/08, GRUR 2010, 623, Rn. 54 – *Restwertbörse*.

536 Siehe oben Rdn. 200.

537 BGH, 17.06.1992, I ZR 107/90, GRUR 1993, 55, 59, insoweit in BGHZ 119, 20 nicht abgedruckt) – *Tchibo/Rolex II*; BGH, 21.01.2016, I ZR 90/14, GRUR 2016, 860, Rn. 21 – *Deltamethrin II*; siehe auch oben Rdn. 202, 206.

538 Siehe Harte/Henning/Goldmann, § 9, Rn. 138e.

entsprechende Auskünfte verlangen, denn der Umsatz des Verletzers kann als Anhaltspunkt für die Gewinneinbußen des Berechtigten von Bedeutung sein.[539]

Umfangreichere Auskunftsansprüche können allerdings dann bestehen, wenn eine objektive Schadensberechnung in Betracht kommt und der Verletzer aufgrund des durch den Wettbewerbsverstoß begründeten gesetzlichen Schuldverhältnisses nach Treu und Glauben gemäß §§ 242, 259f. BGB Auskunft erteilen und Rechnung legen muss.[540] Damit geht – im jeweiligen Umfang allerdings abhängig von der gewählten Schadensberechnungsart, auf die sich der Kläger indes nicht schon festlegen muss, – die Pflicht zur übersichtlichen und verständlichen Rechnungslegung und auch zur Vorlage von Belegen (§ 259 Abs. 1 BGB: »… und, soweit Belege erteilt zu werden pflegen, Belege vorzulegen.«) einher.[541] Die Rechnungslegung hat ihrem Zweck entsprechend sämtliche Angaben zu enthalten, die der Verletzte benötigt, um sich für eine der ihm offenstehenden Schadensausgleichsmethoden zu entscheiden, die Höhe der Ausgleichszahlung nach dieser Methode zu ermitteln und darüber hinaus die Richtigkeit der Rechnungslegung nachzuprüfen.[542] Entsprechend muss der Antrag konkret bezeichnen, bezogen auf welchen Gegenstand, für welchen Zeitraum und über welche Umstände (Stückzahlen, Einkaufs- und Verkaufs-Preise, Lieferdaten und ggfls. Fixkosten) Rechnung zu legen ist.[543] Ist Auskunft über die Gewinne zu erteilen, darf nicht nur ein Gesamtergebnis mitgeteilt werden, sondern muss der Schuldner die Einnahmen und Ausgaben angeben, um dem Gläubiger eine Überprüfung zu ermöglichen.[544] Besteht, soweit dem keine schutzwürdigen Geheimhaltungsinteressen des Schuldners entgegenstehen, ein Anspruch auf die Vorlage von Belegen[545], ist auch hier ein hinreichend bestimmter Antrag zu stellen, mit dem die vorzulegenden Belege genau bezeichnet werden.[546] Jedenfalls bei einem international tätigen Unternehmen kann Auskunft und Rechnungslegung u.U. auch in fremder Sprache erteilt werden, etwa in englischer, nicht aber chinesischer Sprache.[547] **218**

539 BGH, 21.01.2016, I ZR 90/14, GRUR 2016, 860, Rn. 27 – *Deltamethrin II*; vgl. auch Teplitzky/Löffler, Kap. 38, Rn. 18; siehe auch oben Rdn. 201.

540 Siehe nur *Köhler*/Bornkamm/Feddersen, § 9, Rn. 4.5; Teplitzky/Löffler, Kap. 38, Rn. 3 ff.

541 FBO/Büscher, § 12, Rn. 313; Teplitzky/Bacher, Kap. 72, Rn. 15 f. m.w.N.

542 BGH, 20.05.2008, X ZR 180/05, BGHZ 176, 311, Rn. 31 m.w.n. – *Tintenpatrone*; vgl. auch BGH, 13.07.2017, I ZR 64/16, WRP 2018, 217, 220, Rn. 24 (zu § 10).

543 FBO/Büscher, § 12, Rn. 314; Harte/Henning/Brüning, Vorb zu § 12, Rn. 154; *Köhler*/Bornkamm/Feddersen, § 12, Rn. 2.61; siehe zum erforderlichen Inhalt und Umfang des Auskunftsanspruches weiter eingehend Teplitzky/Löffler, Kap. 38, Rn. 9 ff.

544 BGH, 13.07.2017, I ZR 64/16, WRP 2018, 217, 220, Rn. 24 – *Rechtskraft des Zwangsmittelbeschlusses*.

545 Für Auskünfte zur Vorbereitung der Berechnung von Schadensersatzansprüchen nach § 19 MarkenG: BGH, 21.02.2002, I ZR 140/99, GRUR 2002, 709, 713, juris Rn. 43 – *Entfernung der Herstellungsnummer III*; BGH, 23.01.2003, I ZR 18/01, GRUR 2003, 433, 434, juris Rn. 21 – *Cartier-Ring*.

546 FBO/Büscher, § 12, Rn. 311.

547 OLG Frankfurt, 15.11.2017, 6 W 83/17, WRP 2018, 246, 247, Ls.

219 Dort, wo in wettbewerbsrechtlich geschützte Leistungspositionen eingegriffen wird, sei es im Bereich des ergänzendem wettbewerbsrechtlichen Leistungsschutzes sei es im Bereich eines geschützten Vertriebssystems, kann zusätzlich ein sonst nur im Bereich der Verletzung von Schutzrechten spezialgesetzlich geregelter Anspruch auf Nennung der Namen Dritter zur Ermittlung der Bezugsquelle oder des Absatzweges bestehen, um einen eingetretenen Schaden beheben zu können oder um einen etwa durch die Erschütterung der Lückenlosigkeit des Vertriebssystems eingetretenen Störungszustand zu beseitigen. Ein solcher Anspruch setzt voraus, dass der durch die Verletzungshandlung eingetretene Störungszustand fortdauert.[548] Ist der Wettbewerber nicht in einer eigenen, einem Immaterialgüterrecht vergleichbaren wettbewerblichen Leistungsposition beeinträchtigt, dann kann ihm ein solcher Auskunftsanspruch grundsätzlich nicht zugebilligt werden.[549]

220 Wird ein der Vorbereitung der Berechnung eines Schadensersatzanspruches oder auch eines Gewinnabschöpfungsanspruches[550] (§ 10) dienender unselbständiger Auskunfts- und Rechnungslegungsanspruch[551] geltend gemacht und überwiegt ausnahmsweise das Geheimhaltungsinteresse des Verletzers gegenüber dem Aufklärungsinteresse des Verletzten, dann kommt es in Betracht, bestimmte Auskünfte nicht unmittelbar zu erteilen und darüber Rechnung zu legen. In diesem Fall kann dem Schuldner gestattet werden, die Auskünfte – auch nach Wahl des Schuldners[552] – gegenüber einem zur Verschwiegenheit verpflichteten vereidigten Wirtschaftsprüfer zu erteilen (sog. Wirtschaftsprüfervorbehalt).[553] Soweit nur wegen der bei der Rechnungslegung vorzulegenden Unterlagen ein Geheimhaltungsinteresse besteht, kann auch nur der Rechnungslegungsanspruch einem Wirtschaftsprüfervorbehalt unterliegen.[554] Die erstmalige Berücksichtigung solcher Interessen im Verfahren der Vollstreckungsabwehrklage kommt indes nicht in Betracht.[555] Obwohl es Sache des Schuldners ist, ein etwaiges Geheimhaltungsinteresse vorzubringen, kann ein Wirtschaftsprüfervorbehalt vorsorglich auch schon zum Gegenstand des Auskunfts- und Rechnungslegungs-Antrages sein. Dann darf das Gericht den Vorbehalt bei

548 BGH, 24.03.1994, I ZR 42/93, BGHZ 125, 322, 330, juris Rn. 26 – *Cartier-Armreif* m.w.N.

549 BGH, 24.03.1994, I ZR 42/93, GRUR 1994, 630, 634, juris Rn. 40 – *Cartier-Armreif* (insoweit nicht abgedruckt in BGHZ 125, 322).

550 BGH, 13.07.2017, I ZR 64/16, WRP 2018, 217, 220, Rn. 22 ff. – *Rechtskraft des Zwangsmittelbeschlusses*; OLG Düsseldorf, 07.02.2017, I-20 U 139/15, GRUR-RR 2017, 331 – *Gewinne aus Rücklastschriften.*

551 Zur Unterscheidung zwischen selbständigen und unselbständigen Auskunftsansprüchen siehe Teplitzky/Löffler, Kap. 38, Rn. 3f.

552 BGH, 13.07.2017, I ZR 64/16, WRP 2018, 217, 220, Rn. 23 – *Rechtskraft des Zwangsmittelbeschlusses.*

553 Vgl. *Köhler*/Bornkamm/Feddersen, § 9, Rn. 4.18f. m.w.N.; eingehend Teplitzky/Löffler, Kap. 38, Rn. 27 ff. m.w.N.

554 Vgl. BGH, 13.07.2017, I ZR 64/16, WRP 2018, 217, 220, Rn. 22 ff. – *Rechtskraft des Zwangsmittelbeschlusses.*

555 BGH, *13.07.2017, I ZR 64/16,* WRP 2018, 217, 220, Rn. 22 ff. – *Rechtskraft des Zwangsmittelbeschlusses* (betrifft dort den Auskunftsanspruch, für den – anders als für den Rechnungslegungsanspruch – ein Wirtschaftsprüfervorbehalt nicht tenoriert war).

einer Verurteilung wegen § 308 Abs. 1 ZPO aber auch nicht weglassen.[556] Für die Geldendmachung von selbständigen Auskunftsansprüchen, die der Vorbereitung von Maßnahmen gegenüber Dritten dienen, kommt ein Wirtschaftsprüfervorbehalt nicht in Betracht und ist deshalb die auf Auskunft gerichtete Klage, wenn der Vorbehalt nicht nur hilfsweise in den Antrag aufgenommen wird, abzuweisen.[557] Um etwaigen Geheimhaltungsinteressen des Verletzers Genüge zu tun, kann eine teilweise Schwärzung von Belegen ausreichend sein[558] und kann dies dem Schuldner schon nach dem Inhalt des Antrags gestattet werden. Dagegen hat der Verletzte keinen Anspruch darauf, die ihm erteilte Auskunft seinerseits durch einen Wirtschaftsprüfer auf ihre Richtigkeit überprüfen zu lassen. Das Gesetz sieht als Sanktionen zur Sicherstellung der Richtigkeit und Vollständigkeit der Angaben u.U. – wenn Grund zu der Annahme besteht, das die in einer geschuldeten Rechnung (§ 259 BGB) enthaltenen Angaben über die Einnahmen nicht mit der erforderlichen Sorgfalt gemacht worden sind, – nur einen Anspruch auf Abgabe der eidesstattlichen Versicherung vor.[559]

Ist die Rechnungslegung erkennbar unvollständig, kann, wenn ein zur Vermeidung der Kostenfolge des § 93 ZPO erforderliches Nachfassen erfolglos bleibt[560], auf Ergänzung geklagt werden.[561] Mit den Zwangsmitteln des § 888 ZPO kann ein Anspruch auf Vervollständigung der Auskunft verfolgt werden, wenn Tatsachen zutage treten, welche die bisher erteilte Auskunft als unvollständig erscheinen lassen, oder wenn die bisherige Auskunft auf einer falschen tatsächlichen Grundlage gegeben wurde und deshalb nicht als ordnungsgemäße und vollständige Erfüllung der Auskunftspflicht angesehen werden kann.[562] Erklärt der Auskunftsverpflichtete aber im Bewusstsein des Umfangs seiner Auskunftsverpflichtung, nur in einem bestimmten Umfang etwas zu wissen, so kann nicht von einer unvollständigen Erklärung gesprochen werden, die es rechtfertigte, den Schuldner durch Zwangsgeld oder Zwangshaft gemäß § 888 ZPO zur Gewissenserforschung anzuhalten.[563] **221**

556 BGH, 21.02.2002, I ZR 140/99, GRUR 2002, 709, 713, juris Rn. 45 – *Entfernung der Herstellungsnummer III.*

557 BGH, 21.02.2002, I ZR 140/99, GRUR 2002, 709, 713, juris Rn. 45 – *Entfernung der Herstellungsnummer III*; FBO/Büscher, § 12, Rn. 313; Teplitzky/Löffler, Kap. 38, Rn. 35b.

558 BGH, 21.02.2002, I ZR 140/99, GRUR 2002, 709, 713, juris Rn. 43 – *Entfernung der Herstellungsnummer III.*

559 BGH, 03.07.1984, X ZR 34/83, BGHZ 92, 62, 64 ff., juris Rn. 11f. und 19 – *Dampffrisierstab II.*

560 OLG Köln, 13.08.1997, 6 W 45/97, NJWE-WettbR 1998, 115 f.; Harte/Henning/Brüning, Vorb zu § 12, Rn. 156; Teplitzky/Schwippert, Kap. 52, Rn. 4.

561 BGH, 03.07.1984, X ZR 34/83, BGHZ 92, 62, 69, juris Rn. 18f. – *Dampffrisierstab II.*

562 BGH, 24.03.1994, I ZR 42/93, BGHZ 125, 322, 327, juris Rn. 17 – *Cartier-Armreif.*

563 BGH, 24.03.1994, I ZR 42/93, BGHZ 125, 322, 327, juris Rn. 17 – *Cartier-Armreif.*

2. Auskunftsantrag

222 Wegen der Antragsfassung, auch im Rahmen der Stufenklage, siehe oben Ziff. II.2.c).

IV. Klage auf Abgabe der eidesstattlichen Versicherung und Antragsfassung

223 Mit der Stufenklage auf Auskunft und Zahlung nach Auskunft kann aus Gründen der Prozesswirtschaftlichkeit zulässigerweise auch bereits ein Antrag auf Abgabe der eidesstattlichen Versicherung verbunden werden.[564] Über diesen Antrag kann aber erst nach Erteilung der Auskunft entschieden werden[565], weil nach der Auskunft erst noch überprüft werden muss, ob Anhaltspunkte dafür bestehen, dass die Auskunft nicht mit der erforderlichen Sorgfalt erteilt worden ist (§§ 259 Abs. 2, 260 Abs. 2 BGB, 478 ff. ZPO). Eine separate Klage auf Abgabe der eidesstattlichen Versicherung ist ebenfalls möglich.

224 Wegen der Antragsfassung, auch im Rahmen der Stufenklage, siehe oben Ziff. II.2.c).

V. Beseitigung/Vernichtung/Urteilsveröffentlichung

1. Grundsätze

225 Unter bestimmten Umständen, kommt eine Klage auf Beseitigung eines vorliegenden und noch fortwirkenden Störungszustandes in Betracht, entweder nach § 8 Abs. 1 1[566] oder auf der Grundlage der Spezialnorm des § 12 Abs. 3 (Urteilsveröffentlichung). Daran ist insbesondere dann zu denken, wenn der Verletzte von dem Wettbewerbsverstoß unmittelbar betroffen ist, wie dies etwa bei der Herabsetzung oder Verunglimpfung des Verletzten oder auch sonstiger auf die Waren oder Dienstleistungen oder das Unternehmen des Verletzten bezogener rufschädigender oder kreditschädigender Äußerungen (§ 4 Nr 1 und 2) oder bei einer gezielten Behinderung (§ 4 Nr 4) der Fall ist.[567] In diesen Fällen geht es vor allem darum, den Störungszustand zu beseitigen, der infolge der Verletzungshandlung schon eingetreten ist, indem gegenüber den Empfängern der beanstandeten Information/Äußerung/Werbung der wahre Sachverhalt dargelegt wird, um so die eingetretene Fehlvorstellung zu beseitigen. Das setzt einen zum Zeitpunkt der Beseitigungsklage und der letzten mündlichen Verhandlung noch fortdauernden Störungszustand voraus. Ob ein entsprechender Anspruch besteht, ist unter Abwägung der beiderseitigen Interessen des Verletzten und des Verletzers zu ermitteln.[568]

---

564 BGH, 29.04.2010, I ZR 68/08, GRUR 2010, 623, Rn. 59 – *Restwertbörse.*

565 BGH, 22.09.1999, I ZR 48/07, GRUR 2000, 226, 227, juris Rn. 27 – *Planungsmappe*; BGH, 29.04.2010, I ZR 68/08, GRUR 2010, 623, Rn. 59 – *Restwertbörse.*

566 Vgl. zu einzelnen Fallgestaltungen etwa Harte/Henning/Goldmann, § 8, Rn. 178 ff. »ABC der Beseitigungsansprüche«.

567 Siehe eingehend dazu Harte/Henning/Goldmann, § 8, Rn. 148 ff.

568 Ahrens/Bacher, Kap. 73, Rn. 13; Köhler/*Bornkamm*/Feddersen, § 8, Rn. 1.104 m.w.N.

a) Vernichtungsanspruch

Als Unterfall des Beseitigungsanspruches kommt ein Vernichtungsanspruch im Lauterkeitsrecht – anders als im Markenrecht – nur unter strengen Voraussetzungen in Betracht, nämlich dann, wenn die von den Gegenständen ausgehende Gefahr weiterer Rechtsverletzungen nicht auf andere – mildere – Weise beseitigt werden kann.[569] Das könnte etwa in Fällen der Verletzung des Geheimnisschutztatbestände der §§ 17f. der Fall sein.[570] Dabei müssen die Gegenstände, auf die sich der Vernichtungsanspruch bezieht, im Antrag in einer Weise konkretisiert sein, dass sie bei der Zwangsvollstreckung hinreichend genau individualisierbar sind.[571] Für die Zwangsvollstreckung des Beseitigungsanspruches gelten die §§ 887f. ZPO. **226**

Ein Beseitigungsanspruch wegen Verstoßes gegen die dem Nachahmungsschutz dienenden Vorschriften des § 4 Nr 3 kann nur darauf gerichtet werden, dass die Nachahmungsstücke, soweit sie noch in der Verfügungsgewalt des Anbieters stehen, vom Markt genommen werden. Dagegen kann keine Vernichtung verlangt werden, weil die Herstellung der Nachahmungsstücke als solche noch nicht unlauter ist.[572] Der Inhalt des Leistungsschutzanspruches richtet sich regelmäßig nicht gegen die Herstellung oder den Besitz einer Nachahmung, sondern gegen das Inverkehrbringen des nachgeahmten Erzeugnisses. Daher ist in solchen Fällen im Verfügungsverfahren auch kein Raum für einen auf die Herausgabe an einen Gerichtsvollzieher gerichteten Sicherungsanspruch.[573] **227**

b) Beseitigungspflichten als Folge von Unterlassungspflichten

Allerdings knüpft der BGH auch an die Unterlassungsverpflichtung wegen sonstiger Wettbewerbsverstöße erhebliche Pflichten zur Beseitigung des infolge des Wettbewerbs- **228**

569 BGH, 03.05.1963, Ib ZR 93/61, GRUR 1963, 539, 541 f. – *echt skai*; BGH, 21.02.2002, I ZR 140/99, GRUR 2002, 709 m.w.N. – *Entfernung der Herstellungsnummer III*; Teplitzky/Löffler, Kap. 25 Rn. 9.

570 Teplitzky/Löffler, Kap. 25 Rn. 12 m.w.N.; siehe auch zur Geschäftsgeheimnis-RL (EU) 2016/943 Hofmann, WRP 2018, 1; Hoeren/Münker, WRP 2018, 150.

571 FBO/Büscher, § 12, Rn. 317 m.w.N.

572 BGH, 06.05.1999, I ZR 199/96, BGHZ 141, 329, 346 – *Tele-Info-CD*; BGH, 22.03.2012, I ZR 21/11, GRUR 2012, 1155, Rn. 36 m.w.N. – *Sandmalkasten*; OLG Frankfurt, 03.07.2001, 6 W 120/01, OLGR Frankfurt 2001, 253; Harte/Henning/Retzer, § 4, Rn. 227; *Köhler*/Bornkamm/Feddersen, § 4, Rn. 3.81.

573 OLG Frankfurt, 04.12.2002, 6 W 156/02, GRUR-RR 2003, 157, Ls.; HansOLG Hamburg, 19.03.2007, 5 W 33/07, WRP 2007, 1253, 1254, Ls. 3; OLG Düsseldorf, 08.07.2008, 20 U 43/08, GRUR-RR 2009, 142, 144, juris Rn. 46; nicht beachtet von OLG Düsseldorf, 28.10.1996, 2 W 55/96, WRP 1997, 471, 472, Ls. – *Ohrstecker*.

verstoßes eingetretenen Störungszustandes.[574] Und das trotz des Umstandes, dass es sich bei dem Unterlassungs- und dem Beseitigungs-Anspruch um jeweils selbständige Ansprüche mit grundsätzlich unterschiedlicher Zielrichtung handelt, weil der Unterlassungsanspruch auf die Unterbindung zukünftiger Verletzungshandlungen zielt, während der Beseitigungsanspruch die Abwehr einer bereits eingetretenen, aber fortwirkenden Beeinträchtigung zum Gegenstand hat.[575] Deshalb steht auch dem nicht unmittelbar von dem Wettbewerbsverstoß betroffenen Mitbewerber außerhalb der dem unmittelbaren Wettbewerberschutz dienenden speziellen Verletzungstatbestände der §§ 4, 17f. über die Zwangsvollstreckung des Unterlassungsanspruches (§ 890 ZPO) ein wirksames Instrument zur Störungsbeseitigung zur Verfügung. Besteht schon ein Unterlassungstitel, auf dessen Grundlage ein bestimmter Beseitigungsanspruch durchgesetzt werden kann, dann fehlt es für eine gesonderte Beseitigungsklage das Rechtsschutzbedürfnis.[576] Bei einem Unterlassungsantrag muss allerdings nicht angegeben

574 BGH, 22.10.1992, IX ZR 36/92, BGHZ 120, 73, 76 f., juris Rn. 16 – *Straßenverengung*; BGH, 19.11.2015, I ZR 109/14, GRUR 2016, 720, Rn. 34 – *Hot Sox*; BGH, 29.09.2016, I ZB 34/15, GRUR 2017, 145, Ls. – *Rückruf von RESCUE-Produkten* (siehe dazu auch die Entscheidung zur Anhörungsrüge v. 27.04.2017, I ZB 34/15); BGH, 08.12.2016, I ZB 118/15, GRUR 2017, 318, 319, Rn. 12 – *Dügida*; BGH, 04.05.2017, I ZR 208/15, GRUR 2017, 823, Ls. und Rn. 26 – *Luftentfeuchter*; BGH, 11.10.2017, I ZB 96/16, GRUR 2018, 292, Rn. 19 ff. – *Produkte zur Wundversorgung*; BGH, 14.12.2017, I ZR 184/15, GRUR 2018, 423, Rn. 22, juris – *Klauselersetzung*; BGH, 12.07.2018, I ZB 86/17, GRUR 2018, 1183, Rn. 8ff. – *Reichweite einer Unterlassungserklärung, Wirbel um Bauschutt*; OLG München, 28.05.2014, 29 W 546/14, Magazindienst 2014, 698, Ls. und juris Rn. 4; HansOLG Hamburg, 23.05.2008, 3 W 6/08, Magazindienst 2009, 1072, juris Rn. 16 f.; HansOLG Hamburg, 30.01.2017, 3 W 3/17, GRUR-RR 2017, 464, Ls. – *Sonnenschutzmittel*; OLG Celle, 21.08.2017, 13 W 45/17, WRP 2017, 1390; OLG Frankfurt, 23.11.2017, 6 U 197/16, WRP 2018, 351 (betr. Pflicht zur aktiven Kundgabe der Fehlerhaftigkeit einer Werbeangabe aufgrund eines Unterlassungsvertrages; im konkreten Fall mangels Fortwirkung aber verneint); OLG Frankfurt, 30.07.2018, 6 W 74/16, GRUR 2018, 976, Ls. – *Quarantäne-Buchung II*; OLG Frankfurt, 01.08.2018, 6 W 53/18, GRUR 2018, 1085, juris Rn. 17 – *kennzeichnungsfrei*; bejahend ebenfalls FBO/Büscher, § 12, Rn. 378; *Köhler*/Bornkamm/*Feddersen*, § 12, Rn. 6.7; Teplitzky/Feddersen, Kap. 57, Rn. 26c; a.A. noch HansOLG Hamburg, 31.03.2003, 3 W 15/03, PharmR 2003, 171, Os.; OLG Frankfurt, 19.09.2016, 6 W 74/16, GRUR 2016, 1319 – *Quarantäne-Buchung* (keine Rückrufverpflichtung); siehe auch Sakowski, GRUR 2017, 355; a.A. auch für das Verfügungsverfahren LG Hamburg, 15.04.2016, 327 O 120/16, juris (im Markenrecht); v. Czettritz/Thewes, PharmR 2017, 92 ff. (Rückrufansprüche mit Sanktions- und Schadensbeseitigungscharakter als endgültige Regelung im Eilverfahren unzulässig); Voit, PharmR 2018, 1 ff.; kritisch auch Köhler/*Bornkamm*/Feddersen, § 8, Rn. 1.82 ff.; Goldmann, GRUR 2016, 724; Hermanns, GRUR 2017, 977 ff; Dissmann, GRUR 2017, 986 ff. (europäische Perspektive); Zwischenruf der GRUR, GRUR 2017, 885 ff.; Voit, PharmR 2018, 1 ff.

575 BGH, 18.09.2014, I ZR 76/13, GRUR 2015, 258, Rn. 64 – *CT-Paradies*; BGH, 11.10.2017, I ZB 96/16, GRUR 2018, 292, Rn. 28 – *Produkte zur Wundversorgung*; BGH, 14.12.2017, I ZR 184/15, GRUR 2018, 423, Rn. 22, juris – *Klauselersetzung*; a.A. Hermanns, GRUR 2017, 977 (Durchbrechung der Grenze zwischen Fortsetzung und Fortwirkung der Verletzungshandlung).

576 Harte/Henning/Brüning, Vor § 12, Rn. 137; Teplitzky/Löffler, Kap. 22, Rn. 7; HansOLG Hamburg, MD (VSW) 1998, 192 (193 f.).

werden, durch welches positive Tun der Anspruch zu erfüllen ist.[577] Weil es deshalb in manchen Fällen nicht ganz eindeutig zu beantworten ist, inwieweit sich aus der Unterlassungspflicht auch bestimmte Handlungspflichten des Schuldners ergeben, ist die Frage des Bestehens eines Rechtsschutzbedürfnisses für den Beseitigungsanspruch großzügig zu beurteilen.[578] Auf einen verfahrensmäßig unsicheren Weg darf die betroffene Partei nicht verwiesen werden.[579]

Eine Pflicht zur Berichtigung oder zum Widerruf kann sich auf der Grundlage eines Unterlassungsanspruches bzw. -Titels nicht ergeben. Die Nichtvornahme einer Berichtigungshandlung ist nicht gleichbedeutend mit der Fortsetzung einer bereits abgeschlossenen Verletzungshandlung.[580] 229

c) Vorbeugend Beseitigungsansprüche

Vorbeugend kann der Beseitigungsanspruch anstelle der regelmäßig gegebenen vorbeugenden Unterlassungsklage nur ausnahmsweise geltend gemacht werden, wenn eine konkrete Handlung begehrt wird, zu deren Vornahme der Schuldner zwar auch zur ordnungsgemäßen Erfüllung seiner Unterlassungspflicht gehalten wäre, die der Gläubiger aber im Wege der nur aufgrund eines Beseitigungstitels möglichen Handlungsvollstreckung (oder Vollstreckung gemäß ZPO § 894) direkter und u.U. zweckmäßiger durchzusetzen vermag.[581] Ob das auch für nicht mit einem Unterlassungsantrag verfolgbare Wettbewerbsverstöße gilt, ist streitig.[582] 230

d) Bestimmtheit/Konkretisierungspflicht/alternative Handlungsvorgaben

Selbstverständlich muss ein Antrag, der auf eine Verpflichtung des Schuldners zur Beseitigung eines bestimmten Störungszustandes gerichtet ist, die dazu erforderlichen und vom Gläubiger begehrten Maßnahmen so konkret wie möglich beschreiben, damit der Schuldner weiß, welche Maßnahmen er genau ergreifen muss. Das Bestimmtheitsgebot des § 253 Abs. 2 Nr 2 ZPO gilt im Grundsatz auch für den Beseitigungsantrag.[583] Deshalb ist es grundsätzlich erforderlich, die geforderte und notwendige Besei- 231

577 BGH, 04.02.1993, I ZR 42/91, BGHZ 121, 242, juris Rn. 21 – *TRIANGLE*; Köhler/Bornkamm/Feddersen, § 12, Rn. 2.52.

578 HansOLG Hamburg, MD (VSW) 1998, 192 (193 f.).

579 BGH, 30.09.2009, VIII ZR 29/09, NJW 2010, 1148, Rn. 20 m.w.N.

580 BGH, 14.12.2017, I ZR 184/15, GRUR 2018, 423, Rn. 25, juris – *Klauselersetzung*; a.A. OLG Frankfurt, 23.11.2017, 6 U 197/16, WRP 2018, 351 (betr. Pflicht zur aktiven Kundgabe der Fehlerhaftigkeit einer Werbeangabe aufgrund eines Unterlassungsvertrages; im konkreten Fall mangels Fortwirkung aber verneint).

581 BGH, 04.02.1993, I ZR 42/91, BGHZ 121, 242, Ls. – *TRIANGLE*; Teplitzky/Löffler, Kap. 22, Rn. 14.

582 Dafür: Teplitzky/Löffler, Kap. 25, Rn. 8; dagegen: Harte/Henning/Brüning, Vor § 12, Rn. 136; Harte/Henning/Goldmann, § 8, Rn. 166.

583 FBO/Büscher, § 8, Rn. 41, und § 12, Rn. 309; Harte/Henning/Brüning, Vorb § 12, Rn. 139; *Köhler*/Bornkamm/Feddersen, § 12, Rn. 2.52; dagegen im Wesentlichen verneinend Ahrens/Bacher, Kap. 73, Rn. 20; Köhler/*Bornkamm*/Feddersen, § 8, Rn. 1.115 ff. m.w.N.; differenzierend Teplitzky/Löffler, Kap. 24, Rn. 2f.

tigungsmaßnahme konkret zu bezeichnen, wenn nur eine Beseitigungsmaßnahme in Betracht kommt.[584] Gibt es indes – wie so oft – mehrere Möglichkeiten, einen Störungszustand zu beseitigen, dann muss es dem Schuldner überlassen bleiben, wie er vorgeht.[585] Ein Zwang zur Konkretisierung des Anspruchs auf nur eine Maßnahme kann dann nicht bestehen. Für den Bereich des Wettbewerbsrechts ist zwar teils streitig, wie weit das Konkretisierungsgebot beim Beseitigungsanspruch geht.[586] Für Fälle, in denen mehrere Störungsbeseitigungsmaßnahmen gleichwertig alternativ in Betracht kommen, ist es aber nicht nur in der Rechtsprechung anerkannt, dass Störungsbeseitigungsmaßnahmen ausnahmsweise auch im Antrag alternativ benannt werden können.[587] Teils wird auch empfohlen, mit Hilfsanträgen zu arbeiten.[588] Eine daran ausgerichtete Gerichtsentscheidung nimmt aber dem Schuldner die ihm in Fällen verschiedener möglicher gleichwertiger Störungsbeseitigungsmaßnahmen zustehende Wahlmöglichkeit. Hilfsanträge sind dann sinnvoll, wenn der Gläubiger gerade überprüfen lassen will, ob die mehreren möglichen Maßnahmen tatsächlich gleichermaßen geeignet sind, die Störung zu beseitigen. Zudem kann er durch die auf alternative Vorgehensweisen gerichteten Hilfsanträge einer vollständigen Klagabweisung entgehen, wenn er mit seiner in erster Linie vertretenen Auffassung über die richtige Störungsbeseitigungsmaßnahme nicht durchdringt. In jedem Fall muss der Gläubiger dann, wenn nicht genau eingrenzbar ist, welche Störungsbeseitigungsmaßnahmen in Betracht kommen, hinreichend genau den Störungszustand beschreiben und das Ziel der Beseitigungsmaßnahme vorgeben.[589]

e) Widerruf

232 Wird der Widerruf einer Äußerung begehrt, ist die Bestimmtheit der Antragsfassung gleichfalls von erheblicher Bedeutung. Eine Pflicht zum Widerruf kommt in Betracht, wenn der Wettbewerber von einer Äußerung unmittelbar betroffen ist, entweder, weil über ihn und/oder seine Waren oder Dienstleistungen unwahre, herabsetzende oder

---

584 BGH, 12.07.1963, Ib ZR 174/61, GRUR 1964, 82, 87 – *Lesering*; BGH, 04.02.1993, I ZR 42/91, BGHZ 121, 242, 247 f., juris Rn. 38 – *TRIANGLE*; FBO/Büscher, § 8, Rn. 41, und § 12, Rn. 309.

585 BGH, 05.02.1993, V ZR 62/91, BGHZ 121, 248, 251; BGH, 14.12.2017, I ZR 184/15, GRUR 2018, 423, Rn. 70, juris – *Klauselersetzung*; OLG Frankfurt, 23.02.2017, 6 U 37/16, WRP 2017, 1501 f.; Köhler/Bornkamm/Feddersen, § 8, Rn. 1.115 ff.

586 Vgl. die Darstellung zum Streitstand bei Ahrens/Bacher, Kap. 73, Rn. 20; FBO/Büscher, § 8, Rn. 41; Harte/Henning/Goldmann, § 8, Rn. 226 ff.; Köhler/*Bornkamm*/Feddersen, § 8, Rn. 1.115 ff.

587 BGH, 12.03.1954, I ZR 201/52, GRUR 1954, 337, 342 – *Radschutz* (dort: den Prospekt mit einer beanstandete Behauptung unleserlich zu machen oder ihn – nach Wahl des Beklagten – zu vernichten); Ahrens/Bacher, Kap. 73, Rn. 19; FBO/Büscher, § 8, Rn. 41; Harte/Henning/Goldmann, § 8, Rn. 281, Harte/Henning/Brüning, Vorb § 12, Rn. 139; *Köhler*/Bornkamm/Feddersen, § 12, Rn. 2.52; Teplitzky/Löffler, Kap. 24, Rn. 8; vgl. auch OLG Frankfurt, 23.02.2017, 6 U 37/16, GRUR-RR 2017, 231, *232*, juris Rn. 20 – *Schnittstelle zum Ersatzteildatenaustausch*.

588 Ahrens/Bacher, Kap. 73, Rn. 20.

589 Ahrens/Bacher, Kap. 73, Rn. 20; Köhler/Bornkamm/Feddersen, § 12, Rn. 2.52.

kreditschädigende Behauptungen aufgestellt werden, oder weil er sonst durch eine Äußerung gezielt behindert wird (§ 4 Nr 1, 2 und 4). Im Falle einer irreführender Werbung wird man ohne konkrete tatsächliche Anhaltspunkte regelmäßig nicht feststellen können, dass die jeweilige Botschaft beim Kunden/Empfänger auch längere Zeit noch »geistig fortlebt«.[590] Welchen Inhalt der für die Störungsbeseitigung notwendige Widerruf hat, ist u.a. abhängig von dem genauen Inhalt der angegriffenen Verletzungshandlung, ihrer Auswirkungen beim angesprochenen Verkehr, der Frage nach der Fortwirkung der Störung, der Notwendigkeit und Geeignetheit der begehrten Maßnahme sowie der umfassenden Abwägung der Interessen und schutzwürdigen Belange der Parteien im Rahmen einer Verhältnismäßigkeitsprüfung.[591]

Häufig geht es dabei nicht schlicht darum, eine bestimmte Tatsachenbehauptung, als unwahr bzw. unrichtig zu widerrufen, weil deren Unwahrheit – was für die Verurteilung zum Widerruf erforderlich ist[592] – feststeht. Denn in vielen Fällen sind Äußerungen in dem jeweiligen Kontext, in dem sie stehen, auslegungsbedürftig, so dass es auch für das Verständnis der Empfänger des Widerrufs nicht hinreichend wäre, bestimmte Angaben schlicht als unwahr zu widerrufen. Transportiert die rechtsverletzend Äußerung lediglich einen bestimmten tatsächlichen Eindruck, so muss dieser im Widerrufstext zunächst herausgearbeitet werden, um dann Gegenstand eines Widerrufs oder eines eingeschränkten Widerrufs zu sein. Letzterer kommt in Betracht, wenn der Nachweis der Wahrheit der Behauptung nicht gelingt, die Unwahrheit aber ebenfalls nicht klar bewiesen ist. Dann kann dem Schuldner u.U. nur aufgegeben werden mitzuteilen, dass er eine bestimmte Behauptung nicht aufrechterhalte oder davon Abstand nehme.[593] Es ist daher an dem Kläger, den Widerrufsantrag so zu stellen, dass der Inhalt des Widerrufs, seine Form und auch der Empfängerkreis[594] bereits hinreichend klar festgelegt sind[595], damit der Beklagte im Falle seiner Verurteilung genau weiß, wie er den Widerruf durchzuführen hat, und auch bei der Zwangsvollstreckung feststeht, welcher genaue Anspruch durchzusetzen ist.[596] **233**

Für einen Berichtigungsanspruch hat der BGH allerdings auf der Grundlage der zum Beseitigungsanspruch ergangenen Rechtsprechung, nach der es dem Schuldner überlassen bleiben müsse, wie er den Störungszustand beseitige[597], jüngst entschieden, dass kein Anspruch auf Versendung eines im Wortlaut vorgegebenen Berichtigungsschrei- **234**

590 OLG Frankfurt, 23.11.2017, 6 U 197/16, WRP 2018, 351 (betr. Pflicht zur aktiven Kundgabe der Fehlerhaftigkeit einer Werbeangabe aufgrund eines Unterlassungsvertrages; im konkreten Fall mangels Fortwirkung aber verneint); OLG Frankfurt, 01.08.2018, 6 W 53/18, GRUR 2018, 1085, juris Rn. 18f. – *kennzeichnungsfrei*; *Köhler*/Bornkamm/Feddersen, § 8, Rn. 1.132.

591 Vgl. dazu eingehend etwa FBO/Büscher, § 8, Rn. 25 ff.

592 BGH, 05.06.1962, VI ZR 236/61, BGHZ 37, 187, Ls. – *Auslandsschule*.

593 Siehe auch zu weiteren Varianten Ahrens/Bacher, Kap. 73, Rn. 24 m.w.N.

594 BGH, 01.12.1965, Ib ZR 155/63, GRUR 1966, 272, 273 f. – *Arztschreiber*.

595 Vgl. BGH, 12.07.1963, Ib ZR 174/61, GRUR 1964, 82, 87 – *Lesering*; siehe Ahrens/Bacher, Kap. 73, Rn. 32; FBO/Büscher, § 8, Rn. 42.

596 Harte/Henning/Brüning, Vorb zu § 12, Rn. 140 f.; Harte/Henning/Goldmann, § 8, Rn. 161 ff. und Rn. 174.

597 Siehe Rdn. 231.

bens bestehe.[598] Da es bei einem Berichtigungsschreiben wie bei einem Widerruf um die eigene Erklärung des Schuldners geht und ein Streit der Parteien darüber, ob die jeweilige Erklärung zur Beseitigung des Störungszustandes tatsächlich geeignet ist, vorhersehbar ist, erweist sich eine solche Handhabung wenig praktikabel. Zwar mag es – wie in dem vom BGH entschiedenen Fall – noch unproblematisch sein, den jeweils maßgeblichen Verkehr in geeigneter Weise darüber zu informieren, dass bestimmte Klauseln in Allgemeinen Geschäftsbedingungen unwirksam sind. Geht es aber um komplexere Sachverhalte, dann wird ein Streit um den richtigen Erklärungsinhalt unnötig in das Vollstreckungsverfahren verlagert, obwohl er hinreichend deutlich im Hauptverfahren entschieden werden kann. Hier ist das Gericht auch in der Lage, auf den für notwendig erachteten Inhalt der Erklärung Einfluss zu nehmen. Der Widerrufstitel wird nach § 888 ZPO vollstreckt.[599] Das ist aber umstritten.[600]

f) Eilverfahren

235 Da die Beseitigung, einschließlich der Vernichtung und des Widerrufs[601], einen endgültigen Zustand herbeiführen soll, ist sie regelmäßig nicht im Wege der einstweiligen Verfügung gesondert durchsetzbar. In ganz besonderen Konstellationen kann es aber Ausnahmen geben.[602] Ob auch ein eingeschränkter Widerruf, eine bestimmte Behauptung »derzeit« nicht aufrechtzuerhalten, im Eilverfahren durchsetzbar ist, ist streitig.[603]

g) Urteilsveröffentlichung

236 Ebenfalls nicht im Eilverfahren durchsetzbar ist ein Anspruch auf Urteilsveröffentlichung (§ 12 Abs. 3 4). Hier muss in Abhängigkeit davon, was zur Beseitigung eines noch fortwirkenden Störungszustandes erforderlich ist, schon der Antrag die Art und der Umfang der Bekanntmachung des Urteils festgelegt werden. Dazu gehören Angaben zum jeweiligen Veröffentlichungsmedium, zur Größe und evtl. Position der Veröffentlichung (z.B. Titelseite oder bestimmte Rubrik einer Publikation), deren Dauer (z.B. im Internet) oder auch die Festlegung, in welchem Umfang die Entscheidung (nur Tenor oder auch Gründe bzw. Teile davon) zu veröffentlichen ist.[604]

---

598 BGH, 14.12.2017, I ZR 184/15, GRUR 2018, 423, Rn. 70, juris – *Klauselersetzung*.

599 H.M.; BGH, 05.06.1962, VI ZR 236/61, BGHZ 37, 187, 190 – *Eheversprechen*; FBO/Büscher, § 8, Rn. 44 m.w.N.; Harte/Henning/Goldmann, § 8, Rn. 175 und 238; *Köhler*/Bornkamm/Feddersen, § 8, Rn. 1.143.

600 Siehe FBO/Büscher, § 8, Rn. 44.

601 FBO/Büscher, § 8, Rn. 43.

602 Vgl. Harte/Henning/Goldmann, § 8, Rn. 239f. m.w.N.; siehe auch den Löschungsanspruch in Art. 12 der Geschäftsgeheimnis-RL (EU) 2016/943; vgl. zur RL Hofmann, WRP 2018, 1; Hoeren/Münker, WRP 2018, 150.

603 Dafür Ahrens/Jestaedt, Kap. 56, Rn. 19; FBO/Büscher, § 8, Rn. 43; Harte/Henning/Goldmann, § 8, *Rn. 241 jeweils* auch m.w.N., auch zu den Gegenstimmen; siehe im Übrigen zum Verfügungsverfahren § 12 Abs. 2 UWG, Rn. 270.

604 *Köhler*/Bornkamm/Feddersen, § 12, Rn. 4.13.

2. Antragsfassung

a) Vernichtung

»Der Beklagte wird verurteilt, die in seinem Besitz befindlichen Unterlagen x,y (präzise Benennung) – unter anschließender Vorlage entsprechender Nachweise gegenüber dem Kläger – zu vernichten/an einen zur Empfangnahme bereiten Gerichtsvollzieher als Sequester zum Zwecke der Verwahrung herauszugeben (Eilverfahren).«. 237

b) Sonstige Beseitigung (z.B. Behinderungsfälle)

»Der Beklagte wird verurteilt, die nachfolgend eingeblendete vor dem Ladengeschäft des Klägers in der (Anschrift) aufgestellte Werbetafel zu entfernen:...«. 238

c) Widerruf

»Der Beklagte wird verurteilt, nach Rechtskraft des Urteils in dem Medium x,y (nach Wahl des Beklagten in den Medien x,y), und zwar unter der Rubrik.../auf der Titelseite (sonstige Modalitäten), 239

(evtl. nach entsprechender Auskunft) gegenüber den in der Anlage genannten Adressaten

nachfolgenden Widerruf zu veröffentlichen:

›In (Medium/Werbeschreiben o.ä.) haben wir behauptet/verbreitet, die Firma x,y (Kläger) habe ...

Diese Behauptung war unwahr/unzutreffend/unrichtig.‹«;

wie zuvor, aber mit Ergänzung zum wahren Sachverhalt: 240

»... Tatsächlich hat die Fa. x,y ... 241

Unterzeichnung (Angabe der widerrufenden Person/Firma).«

Eine Ergänzung darf den Widerruf nicht abschwächen.[605] 242

d) Urteilsveröffentlichung

»Der Beklagte wird verurteilt, dem Kläger die Befugnis einzuräumen, das Urteil vom ... (Az:)/den Tenor des Urteils vom ...(Az:) innerhalb von (Zeitraum) nach Rechtskraft des Urteils in dem Medium x,y (oder: nach Wahl des Beklagten in den Medien x,y), und zwar unter der Rubrik.../auf der Titelseite (sonstige Modalitäten), einmalig (für die Dauer von...) auf Kosten des Beklagten zu veröffentlichen.«. 243

605 Vgl. z.B. BGH, 03.05.1977, VI ZR 36/74, BGHZ 68, 331 ff. – *Abgeordnetenbestechung*; *Köhler*/Bornkamm/Feddersen, § 8, Rn. 1.143.

F. Beweis

Hans-Jürgen Ahrens

I. Beweismittel

1. Bindung an Beweisformen des Strengbeweises

244 Für die Beweiserhebung zur **Begründetheit** einer UWG-Klage gelten sowohl im Erkenntnis- als auch im Vollstreckungsverfahren die Beweisregeln des **Strengbeweises**. Beweisthemen der **Zulässigkeitsvoraussetzungen** können im Wege des **Freibeweises** festgestellt werden. Das trifft insbesondere auf die Anforderungen an die Verbandsklagebefugnis zu (§ 8 Abs. 3 UWG).

2. Glaubhaftmachung

245 Für den Beweis im Erkenntnisverfahren der **einstweiligen Verfügung** genügt die Glaubhaftmachung (§§ 920 Abs. 2, 936 ZPO). Dafür steht die **Versicherung an Eides statt** (§ 294 ZPO) zur Verfügung. Sie kann von Zeugen und den Parteien selbst abgegeben werden. In Betracht kommt vornehmlich zu prozessualen Themen auch eine **anwaltliche Versicherung**. Die Anwendung eidesstattlicher Versicherungen durch Antragsteller und Antragsgegner ist allerdings sorgsam zu überlegen.

246 Gelingt der Beweis des glaubhaft gemachten Beweisthemas in einem **nachfolgenden Hauptsacheverfahren** nicht, weil der Beweis durch Parteivernehmung wegen dessen sehr eingeschränkter Zulässigkeit ausfällt, droht dem Verfügungskläger nicht nur der Misserfolg des Hauptsacheverfahrens, sondern wegen Aufhebung der einstweiligen Verfügung auch der Schadensersatzanspruch gem. § 945 ZPO.

247 Eine **Glaubhaftmachung** ist scheinbar **bequem**, weil eine schriftliche Aussage das Erfordernis des § 294 Abs. 2 ZPO erfüllt, dass die Beweismittel präsent sein müssen. Sofern eine mündliche Verhandlung erfolgt, ist allerdings die **Sistierung von Zeugen vorzugswürdig**, selbst wenn bereits eine eidesstattliche Versicherung des Zeugen vorgelegt worden ist. Der dadurch überzeugender geführte Beweis kann die Durchführung eines zusätzlichen ordentlichen Verfahrens vermeiden helfen.

248 Zeugenvernehmungen im ordentlichen Verfahren können enthüllen, dass die vorhergehenden eidesstattlichen **Versicherungen leichtfertig** abgegeben worden sind. Dann droht dem Erklärenden ein strafrechtliches Ermittlungsverfahren wegen Verstoßes gegen §§ 156, 161 StGB. **Schriftliche Zeugenaussagen** gem. § 377 Abs. 3 ZPO haben u.a. zur Voraussetzung, dass der Zeuge nach seinen **persönlichen Fähigkeiten** zur sachgerechten Beantwortung des Beweisthemas imstande sein muss. Sie werden daher nur zurückhaltend akzeptiert. Noch größere Skepsis ist gegenüber eidesstattlichen Versicherungen angebracht, die erkennbar von einem Anwalt diktiert und dann von dem Erklärenden lediglich unterzeichnet worden sind, weil unklar bleibt, ob der Erklärende die Tragweite der von einem Anwalt gewählten Formulierung verstanden hat.

249 Anwälte sollten die Erklärenden trotz des zumeist bestehenden Zeitdrucks zu einer **eigenständigen Formulierung des Textes** veranlassen, damit sichergestellt ist, dass der Erklärende die Versicherung inhaltlich voll verstanden hat. Das vermeidet nicht nur

strafrechtliche Gefahren für den Erklärenden, sondern erhöht auch die Glaubhaftigkeit der Aussage. Eidesstattliche Versicherungen zeichnen sich auch durch die **Kunst des Weglassens** aus. Was nicht ausdrücklich gesagt worden ist, darf nicht in den Text als selbstverständlich hineininterpretiert werden; es ist als nichtexistent zu werten.

Notwendig ist, dass dem Erklärenden die Strafbarkeit einer Falschaussage vor Augen 250
geführt worden ist. In einer **Eingangsformel** muss deshalb zum Ausdruck gebracht werden, dass dem Erklärenden die Vorlage des versicherten Sachverhalts bei einem Gericht bekannt ist und dass ihm die **Strafbarkeit** einer vorsätzlich oder fahrlässig falsch abgegebenen Versicherung bewusst ist.

Anzugeben sind persönliche oder berufliche **Beziehungen zu** einer der **Prozessparteien** 251
oder ein sonstiges Interesse am Ausgang des Verfahrens.

3. Zeugenbeweis von Testpersonen, rechtswidrige Erlangung von Beweismitteln

Der heimliche Verstoß gegen Verpflichtungen aus Unterlassungstiteln oder Unterwer- 252
fungsvereinbarungen kann durch Zeugenbeweis über durchgeführte **Testkäufe** geführt werden. Gegen Testkäufe im Auftrag des Unterlassungsgläubigers bestehen keine grundsätzlichen Bedenken.[606]

Die bevorstehende mündliche oder schriftliche Aussage einer Testperson kann nicht 253
durch eine Unterlassungsklage unterbunden werden. **Äußerungen in** oder für gerichtliche **Verfahren** sind grundsätzlich **privilegiert**; es besteht der Rechtfertigungsgrund unbehinderter Durchführung eines staatlichen Verfahrens. Eine gegen sie gerichtete Abwehrklage ist als unzulässig abzuweisen.[607]

Allerdings können den Kaufversuchen oder Bemühungen zum Abschluss von Verträgen 254
über die Erbringung von Dienstleistungen Einwirkungen auf den Wettbewerbsschuldner vorausgegangen sein, die nicht einem normalen, redlichen Nachfrageverhalten entsprechen, weil der überprüfte **Unternehmer »hereingelegt«** worden ist.[608] Die Tatprovokation durch massives Bedrängen, durch Täuschung über den Status als Verbraucher oder Unternehmer[609] oder durch Veranlassen eines einmaligen Entgegenkommens,

606 BGH, 14.07.1988, I ZR 184/86, GRUR 1988, 916, 917 – *PKW-Schleichbezug*; BGH, 03.11.1988, I ZR 231/86, GRUR 1989, 113, 114 – *Mietwagen-Testfahrt*; BGH, 15.07.1999, I ZR 204/96, GRUR 1999, 1017, 1019 – *Kontrollnummernbeseitigung*; BGH, 11.05.2017, I ZR 60/16, GRUR 2017, 1140 Rn. 31 – *Testkauf im Internet*; s. auch OLG Hamm, 09.07.2013, 4 U 187/12, WRP 2013, 1394 – *Rubbellosverkauf*; s. auch BGH 25.01.2007, I ZR 133/04, GRUR 2007, 802 Rn. 28 – *Testfotos III* (zur unlauteren Störung des Geschäftsbetriebs durch das Fotografieren).

607 BGH, 10.12.2009, I ZR 46/07, GRUR 2010, 253 Rn. 14 f. – *Fischdosendeckel*; BGH, 19.07.2012, I ZR 105/11, GRUR 2013, 305 Rn. 14 und 20 – *Honorarkürzung*; s. ferner BGH, 11.12.2007, VI ZR 14/07, WRP 2008, 359 Rn. 12 f. – *Unterlassung schriftsätzlicher Äußerungen*. Zum Verfahrenshindernis bei rechtswidriger Tatprovokation durch Strafverfolger BGH, 10.06.2015, 2 StR 97/14, NJW 2016, 91 Rn. 24, 35, 38 und 51 ff.

608 BGH, 11.05.2017, I ZR 60/16, GRUR 2017, 1140 Rn. 31 f. – *Testkauf im Internet*.

609 BGH, 11.05.2017, I ZR 60/16, GRUR 2017, 1140 Rn. 25 und 29 – *Testkauf im Internet*.

etwa unter Ausnutzung eines zuvor begründeten Vertrauensverhältnisses, unter Vorspiegelung einer Notsituation der Testperson oder unter Erzeugung einer Mitleidsituation, verstößt gegen **§ 242 BGB** und führt materiell-rechtlich zur Unbeachtlichkeit des Verstoßes.[610]

255 Ein Testkauf, der gelegentlich auch durch beauftragte Anwälte des Unterlassungsgläubigers erfolgt, führt in dadurch ausgelösten gerichtlichen Verfahren zu Begehren auf **Erstattung** der **Kosten des Kaufs** als Prozessvorbereitungskosten.[611] Für eine Erstattung auf materiell-rechtlicher Grundlage fehlt es an einer geeigneten Anspruchsgrundlage. **§ 9 UWG** kommt dafür **nicht** in Betracht, weil die Aufwendungen außerhalb des Schutzbereichs der Norm liegen.

256 Erforderlich im Sinne des § 91 ZPO sind Testkaufaufwendungen nur, wenn Anlass zu einer Überprüfung gegeben war[612] und wenn die **Aufwendungen** nach Art und Umfang **verhältnismäßig** und **fallbezogen** erfolgten[613]. **Nicht** erstattungsfähig sind **Honorare** für die Tätigkeit des Testkäufers.[614] Wird ein Rechtsanwalt oder Patentanwalt als Testkäufer tätig, fallen dafür folglich keine vom Schuldner zu tragenden Gebühren an. Nicht zu erstatten sind Kosten allgemeiner Marktbeobachtung;[615] sie dienen nicht der Vorbereitung eines konkreten Rechtstreits.

257 Im **Kostenfestsetzungsverfahren** kann der Kostenschuldner die **Übertragung** des **Testvermögenswertes** nur Zug-um-Zug gegen die Erbringung der Erstattungsleistung verlangen.[616] Die Leistung Zug-um-Zug beruht nicht auf der Verklammerung mit einem angeblichen materiell-rechtlichen Herausgabeanspruch des Kostenschuldners, sondern auf einer **Saldierung** von Auslagen und Vorteil des Kostengläubigers zur Ermittlung der erwachsenen Testkaufkosten.[617] Ein materiell-rechtlicher Kostenerstat-

---

610 Vgl. KG, 07.12.1976, 5 U 452/76, WRP 1977, 712, 714 (obiter dictum zur Sittenwidrigkeit eines Testkaufs).

611 Unzutreffend ablehnend OLG Hamm, 20.09.1984, 23 W 482/84, MDR 1985, 414.

612 OLG Frankfurt, 13.06.1988, 6 W 66/88, GRUR 1988, 791; OLG Stuttgart, 19.08.1994, 8 W 284/93, JurBüro 1995, 37.

613 OLG Frankfurt, 18.01.1985, 6 W 170/84, GRUR 1985, 401; OLG Frankfurt, 02.01.2001, 6 W 203/00, JurBüro 2001, 259, 261; OLG Koblenz, 15.01.1985, 14 W 23/85, JurBüro 1985, 1865.

614 Vgl. OLG Frankfurt, 02.01.2001, 6 W 203/00, JurBüro 2001, 259.

615 OLG Frankfurt, 02.01.2001, 6 W 203/00, JurBüro 2001, 259, 260.

616 Umstritten: Ja: KG, 23.01.1976, 1 W 955/75, GRUR 1976, 665 – *Testkaufauslagen*; KG, 10.07.1990, 1 W 6302/89, Rpfleger 1991, 80; OLG Stuttgart, 29.04.1986, 8 W 61/86, NJW-RR 1986, 978; KG, 09.04.2002, 1 W 41/02, KGR 2003, 163. Nur bei leichter Feststellung des Gegenanspruchs oder Unstreitigkeit: OLG Düsseldorf, 26.06.2008, I-10 W 64/08, JurBüro 2009, 199 = OLGR 2008, 815. Nein: OLG München, 19.02.2004, 29 W 886/04, GRUR-RR 2004, 190, 191. Offenlassend HansOLG Hamburg, 12.03.2014, 4 W 23/14, MarkenR 2014, 451.

617 KG, 23.01.1976, 1 W 955/75, GRUR 1976, 665 f. – *Testkaufauslagen*; OLG Stuttgart, 29.04.1986, 8 W 61/86, NJW-RR 1986, 978.

tungsanspruch existiert nicht;[618] § 812 BGB ist nicht anwendbar.[619] Der Kostengläubiger kann deshalb auch nicht im Kostenfestsetzungsverfahren auf einen solchen Anspruch verwiesen werden. Wegen dieser Grundlage der **Zug-um-Zug-Leistung** hat deren Anordnung **von Amts wegen** zu erfolgen.[620]

Nicht jede **rechtswidrige Beschaffung von Beweismitteln** führt im Zivilprozess zu einem Beweiserhebungsverbot oder zu einer Unverwertbarkeit des damit geführten Beweises. Einschlägige Erwägungen, die im Strafprozessrecht angestellt werden, sind nicht zu übernehmen.[621] **258**

4. Sachverständigenbeweis durch demoskopische Gutachten

Besondere Bedeutung kommt demoskopischen Gutachten als Beweismittel für das Bestehen einer behaupteten Verkehrsauffassung zu. Bei ihnen handelt es sich um **Sachverständigenbeweis** und nicht etwa wegen der Befragungsgrundlage um einen Zeugenbeweis. Die befragten Personen geben nicht wie Zeugen eigene Wahrnehmungen eines historischen Sachverhalts wieder. Vielmehr stehen sie als nach statistischen Methoden der Wahrscheinlichkeitsrechnung ausgewählte Personen repräsentativ für eine durch demographische oder andere Merkmale gekennzeichneten Grundgesamtheit, um aktuelle Eindrücke in der Befragungssituation anzugeben, aus denen mit Hilfe des befragenden Marktforschungsinstituts Schlüsse auf die entsprechenden Vorstellungen des Kollektivs der Grundgesamtheit gezogen werden können (näher dazu unten Rdn. 303 ff.). **259**

5. Augenscheinsbeweis der Internetnutzung

Ermittlung und Sicherung der Nutzung einer Internetseite zu einem bestimmten Zeitpunkt, für eine bestimmte Dauer und mit einem bestimmten Inhalt von einem bestimmten Anschluss aus sind **mittels Screenshots und Videos** auf der **Grundlage nachvollziehbarer Techniken** zu beweisen. Die Dokumente sind Gegenstand eines **Augenscheinsbeweises**. Dieser Art privater Beweissicherung von Webseiten haften mögliche Fehlerquellen an, deren Aufklärung im konkreten Fall Gegenstand eines **Sachverständigenbeweises** ist. Das methodische Vorgehen beim Anfertigen der Augenscheinsobjekte ist durch **Zeugenaussagen** zu beweisen.[622] **260**

II. Eigene richterliche Sachkunde; Feststellung des Verkehrsverständnisses

Streitige Tatsachen bedürfen dann keines Beweises durch Sachverständigengutachten, wenn der Richter die **Tatsachenfeststellung kraft eigener Sachkunde** treffen kann. **261**

---

618 OLG Stuttgart, 29.04.1986, 8 W 61/86, NJW-RR 1986, 978. A.A. offenbar HansOLG Hamburg, 12.03.2014, 4 W 23/14, MarkenR 2014, 451.

619 OLG Stuttgart, 29.04.1986, 8 W 61/86, NJW-RR 1986, 978.

620 KG, 23.01.1976, 1 W 955/75, GRUR 1976, 665 f. – *Testkaufauslagen*; OLG Stuttgart, 29.04.1986, 8 W 61/86, NJW-RR 1986, 978. A.A. OLG Koblenz, 02.02.1979, 14 W 41/79, WRP 1979, 813, 814; HansOLG Hamburg, 12.03.2014, 4 W 23/14, MarkenR 2014, 451.

621 Sehr eingehend dazu *Ahrens*, Der Beweis im Zivilprozess, 2015, Kap. 5 Rn. 21 ff.

622 Eingehend dazu *Jansen* CR 2018, 334, 341 ff.

Das kommt bei der **Feststellung einer Verkehrsauffassung** in Betracht, etwa über die irreführende Wirkung einer Werbeangabe (§ 5 UWG)[623] oder einer geographischen Herkunftsangabe (§ 127 Abs. 1 MarkenG), über die Gefahr von Verwechslungen bei Werbevergleichen (§ 6 Abs. 2 Nr. 3 UWG), über die Herkunftstäuschung bei einer Produktnachahmung (§ 4 Nr. 3 UWG)[624] oder über die Unterscheidungskraft oder Verwechslungsfähigkeit zweier wegen Ähnlichkeit vermeintlich kollidierender Kennzeichen (§§ 14 Abs. 2 Nr. 2, 15 Abs. 2 MarkenG).

262 Klarzustellen ist zunächst, dass es bei der Feststellung einer **Verkehrsauffassung** durch den Richter selbst **nicht** um die Feststellung einer **offenkundigen Tatsache**, also die Anwendung des § 291 ZPO geht, für die mangels Offenkundigkeit Zeugenbeweis zu erheben wäre. Vielmehr wird **Erfahrungswissen angewandt**, bei dessen Fehlen der Richter einen Sachverständigenbeweis einzuholen hätte.[625] Bedeutsam ist ferner, dass die Feststellung einer Verkehrsauffassung eine **Gemengelage** von **tatsächlicher Wirkung** auf die angesprochenen Verkehrskreise und genuiner, dem Beweis nicht zugänglicher **rechtlicher Wertung** betrifft. Beide Themenbereiche sind voneinander zu trennen.

263 Dass sich der erkennende Richter die erforderliche Sachkunde zur Beurteilung des Verkehrsverständnisses aufgrund seines Erfahrungswissens attestiert, ist **früher nur** für den Fall akzeptiert worden, dass der **Richter** selbst den angesprochenen **Verkehrskreisen angehört.**[626] Im Jahre 2003 hat der BGH diese **Einschränkung aufgegeben** und angenommen, dass das Bestehen der erforderlichen Sachkunde auch denkbar ist, wenn der Richter nicht Adressat der fraglichen Werbung ist.[627] Die Inanspruchnahme von Sachkunde ist auch nicht davon abhängig, ob das Gericht ein bestimmtes Verkehrsverständnis bejahen oder verneinen möchte.[628]

264 Der **Wandel der Rechtsprechung** beruht auf der rechtlichen Erwägung, dass **Minderheitsanschauungen**, deren Erkennen dem Richter verschlossen sein könnten, wegen des rechtlich anzulegenden Standards eines situationsadäquat durchschnittlich aufmerksam informierten und verständigen Verbrauchers **vernachlässigbar** sein können.[629] Damit wird aber **zugleich** eine **Grenze** für **beliebige Inanspruchnahme** richterlicher **Sachkunde** ohne Zugehörigkeit zum Verkehrskreis gezogen. Über das Verständnis von

623 BGH, 02.10.2003, I ZR 150/01, BGHZ 156, 250, 255 = GRUR 2004, 244, 245 – *Marktführerschaft*.

624 Vgl. BGH, 15.09.2005, I ZR 151/02, GRUR 2006, 79 Rn. 27 – *Jeans*.

625 BGH, 02.10.2003, I ZR 150/01, GRUR 2004, 244, 245 – *Marktführerschaft*.

626 Die Zugehörigkeit als Kriterium eigener Sachkunde jedoch auch weiterhin betonend BGH, 23.09.2015, I ZR 15/14, GRUR 2016, 83 Rn. 52 – *Amplidect/ampliteq*.

627 BGH, 02.10.2003, I ZR 150/01, BGH GRUR 2004, 244, 245 – *Marktführerschaft* (Irreführung); BGH, 15.04.2010, I ZR 145/08, GRUR 2010, 1125 Rn. 50 – *Femur-Teil* (Herkunftstäuschung); BGH, 18.09.2014, I ZR 34/12, GRUR 2014, 1211 Rn. 19 – *Runes of Magic II* (Kaufappell an Kinder).

628 BGH, 18.10.2001, I ZR 193/99, GRUR 2002, 550, 552 – *Elternbriefe*; BGH, 02.10.2003, I ZR 150/01, GRUR 2004, 244, 245 – *Marktführerschaft*; anders früher BGH, 17.10.1984, I ZR 187/82, GRUR 1985, 140, 141 – *Größtes Teppichhaus der Welt* m.w.Nachw.

629 BGH, 18.10.2001, I ZR 193/99, GRUR 2002, 550, 552 – *Elternbriefe*.

Teilen des Verkehrs, die nicht unbeachtlich sind und über deren Aufnahme einer Angabe der Richter kein Erfahrungswissen besitzt, muss Beweis erhoben werden.

Der Richter hat die **Herkunft eigener Sachkunde** im Urteil **darzulegen**, wenn sie nicht selbstverständlich ist; anderenfalls verstößt er gegen § 286 ZPO.[630] **265**

Das **Ergebnis** der Anwendung eigener Sachkunde **kann erschüttert werden**. Insofern gilt Ähnliches wie bei der Führung eines Gegenbeweises gegen die Feststellung einer (vermeintlich) offenkundigen Tatsache.[631] In Betracht kommt etwa, mit einem **kleinen demoskopischen Gutachten** die Überzeugungsbildung durch Gegenindizien zu erschüttern. Das kann auch durch eine nicht randomisierte und deshalb nicht repräsentative Erhebung unter Anwendung eines Quota-Verfahrens (dazu unten Rdn. 306) geschehen; sie lässt sich schnell durchführen. Deren abweichendes Ergebnis **zwingt** dann **zur Einholung** eines **vollständigen Sachverständigengutachtens** oder eine anderweitige Beweiserhebung.[632] **266**

Kein Fall der Inanspruchnahme **eigener Sachkunde** ist die Feststellung einer Verkehrsauffassung (Verkehrsdurchsetzung) im Kennzeichenrecht durch **Schlussfolgerungen auf** der **Grundlage von Indizien** statt mittels einer demoskopischen Verkehrsbefragung. Diese vom EuGH in Einklang mit Gepflogenheiten der Gerichte einiger anderer Mitgliedstaaten favorisierte Methode greift auf Indizien zurück wie z.B. das Werbevolumen in den Medien, die pro Zeiteinheit getätigten Umsätze etc. Derartige Indizien bedürfen ihrerseits im Bestreitensfall des Beweises durch Augenscheins-, Urkunden- oder Zeugenbeweis. Diese Beweismethode **ähnelt** der Einholung von **Auskünften bei Branchenverbänden** oder **Industrie- und Handelskammern**, wie sie vor Entwicklung ausgereifter demoskopischer Erhebungsverfahren zum Standard gehörten. Der Vorteil dieser Methode gegenüber der Einholung eines demoskopischen Sachverständigengutachtens liegt in der Möglichkeit, Feststellungen **auch für** die **Vergangenheit** zu treffen, sowie in der **Einsparung hoher Kosten**, die bei Markforschungsinstituten für eine Gutachtenerhebung anfallen. **267**

III. Indizienbeweis, Anscheinsbeweis

Der **Anscheinsbeweis** ist eine besondere **Art des Indizienbeweises**, der sich wiederkehrend auf **dieselben Indizien** stützt und im Interesse **gleichmäßiger Rechtsanwendung** gesondert behandelt wird. Ob der Tatrichter von einem Anscheinsbeweis ausgehen darf, ist in der Revisionsinstanz darauf überprüfbar, ob ein **verlässlicher Erfahrungssatz** der bejahten Art besteht, nämlich die Basis für einen typischen Geschehensablauf vorhanden ist.[633] Scheitert die Anwendung eines Anscheinsbeweises, kommt auf der Grundlage der angenommenen Anscheinsbasis in Verbindung mit weiteren Indizien ein normaler, **einzelfallbezogener Indizienbeweis** in Betracht. Er ist vom Revisionsgericht **268**

630 BGH, 02.10.2003, I ZR 150/01, GRUR 2004, 244, 245 – *Marktführerschaft*.
631 BGH, 02.10.2003, I ZR 150/01, GRUR 2004, 244, 245 – *Marktführerschaft*.
632 Einschränkend *Schmidt/Spätgens* in Ahrens, Der Wettbewerbsprozess[8] Kap. 28 Rn. 7, s. jedoch auch dort Rn. 10.
633 Näher dazu *Ahrens*, Der Beweis im Zivilprozess, Kap. 16 Rn. 22 ff.

nur darauf zu überprüfen, ob die Beweisanzeichen **vollständig** berücksichtigt worden sind und **kein Verstoß** gegen **Denkgesetze und Erfahrungssätze** vorliegt. Ein solcher Verstoß liegt u.a. dann vor, wenn der Tatrichter die Ambivalenz der Indiztatsachen nicht erkannt hat oder ihnen Indizwirkungen zuerkennt, die sie nicht haben können.[634] Faktisch bedeutet dies die Inanspruchnahme einer sehr weit reichenden Kontrolle tatrichterlicher Beweiswürdigung durch den BGH. Bedeutung hat der genannte Prüfungsmaßstab auch in der Berufungsinstanz bei der Anwendung des § 529 Abs. 1 Nr. 1 ZPO.

IV. Darlegungs- und Beweislast

1. Beweislastverteilung

a) Grundregel: Angreiferprinzip

269 Die Verteilung der Darlegungs- und Beweislast erfolgt grundsätzlich nach dem gewohnheitsrechtlich geltenden **Angreiferprinzip**, nach dem der Anspruchsteller die Beweislast für die rechtsbegründenden und der Anspruchsgegner für die rechtshindernden, rechtsvernichtenden und rechtshemmenden Tatbestandsmerkmale trägt. Das gilt auch im UWG-Prozess.[635]

b) Ermittlung abweichender Verteilung

270 Der **Gesetzgeber** kann jedoch eine **abweichende Verteilung** vornehmen. Das kann durch ausdrückliche Regelung geschehen. So legt § 5 Abs. 4 Satz 2 UWG dem Werbenden im Falle einer angeblichen Preisherabsetzung die Beweislast für die streitige Frage auf, ob der Basispreis der Herabsetzung tatsächlich für einen nennenswerten Zeitraum vom Werbenden gefordert wurde.

271 Mangels ausdrücklicher Beweislastregelung ist die Verteilung durch **Auslegung der anzuwendenden Norm** zu ermitteln. Sie ist für sich genommen oder in ihrem Zusammenspiel mit anderen Normen auf beweislastrelevante Gesichtspunkte zu untersuchen.[636] Standardfall ist die Verlagerung der Darlegungs- und Beweislast bei Inanspruchnahme eines Rechtfertigungsgrundes.[637] Dasselbe gilt für andere Ausnahmetatbestände zu einer grundsätzlich bestehenden Rechtspflicht.[638]

272 Erster Anhaltspunkt für die **wertende Ermittlung** eines **Regel-Ausnahme-Schemas** ist die **Satzkonstruktion**. Sie kann vom Gesetzgeber bewusst gewählt werden, indem eine Untergliederung durch eine Nebensatzbildung oder durch separate Sätze, Absätze oder

---

634 BGH, 23.01.1997, I ZR 29/94, GRUR 1997, 681, 684 – *Produktwerbung* (redaktionelle Werbung des Herstellers?).

635 Vgl. BGH, 17.02.2000, I ZR 239/97, GRUR 2000, 820, 822 – *Space Fidelity Peep-Show*.

636 Eingehend dazu *Ahrens*, Der Beweis im Zivilprozess, Kap. 9 Rn. 54 ff., 77 ff.

637 So für einen Notstand analog § 34 StGB BGH, 08.01.2015, I ZR 123/13, GRUR 2015, 916 Rn. 25 – *Abgabe ohne Rezept*.

638 Zu § 4 Abs. 1 AMVV BGH, 08.01.2015, I ZR 123/13, GRUR 2015, 916 Rn. 20 – *Abgabe ohne Rezept* (Nachreichung eines Rezepts für ein verschreibungspflichtiges Medikament).

einzelne Paragraphen gewählt wird. Indes können Negativformulierungen, die auf eine Ausnahme hinzudeuten scheinen, auch auf einer bloßen sprachlichen Laune oder dem Wunsch nach sprachlicher Eleganz beruhen. Zur Interpretation des Wortlauts und der Satzkonstruktion müssen andere Methoden des Auslegungskanons hinzutreten, insbesondere die **teleologische Methode**, durch die **allgemeine Sachgründe der Beweislastverteilung** zum Tragen gebracht werden können.

c) Unionsrecht

Soweit das nationale Lauterkeitsrecht auf Unionsrecht beruht, sind die maßgeblichen Wertungen dem Unionsrecht zu entnehmen. Das Unionsrecht ist zwar für das Prozessrecht nicht zuständig, doch ergeben sich **Auswirkungen aus** dem **Effektivitätsgrundsatz.** Nationales Prozessrecht darf nicht so gehandhabt werden, dass materiell-rechtliche Regelungen des Unionsrechts vereitelt oder beeinträchtigt werden.[639] **273**

Das **sekundäre Unionsrecht** kann auch selbst **Regelungen vorsehen**, die die Effektivität der Rechtsdurchsetzung sichern. So bestimmt Art. 7 lit. a der Richtlinie 2006/114 über **irreführende und vergleichende Werbung**, dass die Zivilgerichte die Befugnis haben, vom Werbenden Beweise für die Richtigkeit von in der Werbung enthaltenen Tatsachenbehauptungen zu verlangen, wenn ein solches Verlangen mit Berücksichtigung der berechtigten Interessen des Werbenden und anderer Verfahrensbeteiligter im Hinblick auf die Umstände des Einzelfalles angemessen erscheint. Das kann bedeuten, dem Unterlassungsgläubiger Darlegungs- und Beweiserleichterungen zu gewähren.[640] Bei **vergleichender Werbung** kann das Gericht sogar weitergehend verlangen, dass der Werbende kurzfristig die Beweise für die Richtigkeit der Tatsachenbehauptungen vorlegt. Nach Art. 7 lit. b RL 2006/114 sind die gem. lit. a zu beweisenden Tatsachenbehauptungen als unrichtig anzusehen, wenn der Beweis nicht angetreten oder für unzureichend erachtet wird. Insoweit ist die unionsrechtliche Regelung im UWG nicht vollständig umgesetzt worden; sie fehlt zu § 6 UWG. **274**

d) Verfügungsverfahren

Im Verfahren der einstweiligen Verfügung gelten **grundsätzlich dieselben Regeln** für die Beweislastverteilung wie im ordentlichen Verfahren. Beantragt der Verfügungskläger allerdings eine **Entscheidung durch Beschluss**, also ohne vorherige Anhörung des Verfügungsbeklagten (§§ 922, 936 ZPO), hat er den **gesamten Sachverhalt** glaubhaft zu machen, unabhängig von der Verteilung der Darlegungs- und Beweislast. **275**

---

639 Vgl. nur für das Markenrecht EuGH, 08.04.2003, C-244/00 van Doren/Lifestyle (stüssy), GRUR 2003, 512 Rn. 42; EuGH, 18.10.2005, C-405/03 – *Class International/Colgate-Palmolive*, GRUR 2006, 146 Rn. 73; BGH, 15.03.2012, I ZR 52/10, GRUR 2012, 626 Rn. 30 f. – *CONVERSE*; BGH, 15.03.2012, I ZR 137/10, GRUR 2012, 630 Rn. 29 f. – *CONVERSE II.*

640 BGH, 20.02.2013, I ZR 175/11, GRUR 2013, 1058 Rn. 22 f. – *Kostenvergleich bei Honorarfactoring.*

2. Gesetzliche und tatsächliche Vermutungen

276 Wie ausdrückliche Beweislastregeln wirken widerlegbare **gesetzliche Vermutungen** (§ 292 ZPO), die nur durch einen **Gegenteilsbeweis** zerstört werden können. Abzugrenzen sind sie von sog. »tatsächlichen« Vermutungen, die keiner verallgemeinernden Bewertung zugänglich sind.

277 Bei den **tatsächlichen Vermutungen** kann es sich um eine **standardisierte Würdigung** des Beweiswertes **eines Beweisanzeichens** handeln, die erschüttert werden kann. Das trifft auf die sog. Dringlichkeitsvermutung des § 12 Abs. 2 UWG zu. Derartige Standardisierungen sind als **Ergebnis richterlicher Lebenserfahrung** trotz der Unzulässigkeit richterrechtlicher Beweisregeln (vgl. § 286 Abs. 2 ZPO) im Interesse **gleichmäßiger Rechtsanwendung** zu tolerieren.

3. Sekundäre Darlegungslast; Negativbeweis; Substantiierungsanforderungen

278 Die **Darlegungslast** läuft in der Regel **parallel zur Beweislast**, hat aber eine **selbständige prozessuale Funktion** und kann deshalb **abweichend** verteilt werden. Die Zuweisung der der Darlegungslast an die nicht beweisbelastete Prozesspartei (**sekundäre Darlegungslast**) lässt die Verteilung der zur Bewältigung von non liquet-Situationen erforderlichen Beweislast bestehen und wirkt damit weniger weit als eine Beweislastumkehr.

279 Die sekundäre Darlegungslast ist auf das **Gebot substantiierten Bestreitens** (§ 138 Abs. 2 ZPO) stützbar. Begegnet wird damit innerprozessual – statt mittels eines materiell-rechtlichen Auskunftsanspruchs – einem **Informationsmangel** der primär darlegungsbelasteten Partei. Erforderlich ist, dass der **Gegner** der mit dem Sachvortrag belasteten Partei zu notwendigem Tatsachenstoff **ohne Mühe aus eigener Kenntnis** vortragen kann, während der eigentlich darlegungsbelasteten Partei dieses Material ohne eigenes Verschulden verborgen geblieben ist, so dass ihr nicht der Vorwurf unsubstantiierter Behauptungen gemacht werden kann.[641] Die primär für den Vortrag verantwortliche Partei muss **zumutbare eigene Anstrengungen** zur Beschaffung des relevanten Tatsachenstoffes unternehmen, etwa den Markt beobachten oder Testkäufe vornehmen.[642]

280 Bleibt das **Informationsungleichgewicht** so **gravierend**, dass es eine **Beweislastumkehr** rechtfertigt, treffen Darlegungslast und Beweislast wieder zusammen. Allerdings ist bei Übernahme der Ergebnisse älterer **Judikate** zur »Beweislastumkehr« **kritisch** zu

641 Vgl. nur BGH, 24.02.1993, IV ZR 239/91, BGHZ 121, 357, 365; BGH, 20.04.2004, I ZR 250/02, BGHZ 159, 1, 13; BGH, 05.10.2004, XI ZR 210/03, BGHZ 160, 308, 320; BGH, 22.11.2007, I ZR 74/05, BGHZ 174, 244 Rn. 27. Zur Nutzung von Internetanschlüssen durch Dritte u.a. BGH, 27.07.2017, I ZR 68/16, WRP 2017, 1222 Rn. 13 (urheberrechtsverletzende Tauschbörsendownloads).

642 Vgl. BGH, 27.11.2003, I ZR 94/01, GRUR 2004, 246, 247 – *Mondpreise?*; BGH, 03.07.2014, I ZR 84/13, GRUR 2015, 186 Rn. 11 f. – *Wir zahlen Höchstpreise*. S. auch BGH, 22.10.2009, I ZR 73/07, GRUR 2010, 352 Rn. 22 – *Hier spiegelt sich Erfahrung*.

prüfen, ob damit nicht lediglich eine sekundäre Darlegungslast gemeint war oder sie jedenfalls zur Bewältigung des Informationsdefizits ausreichend gewesen wäre.[643]

Von der sekundären Darlegungslast **zu unterscheiden** ist der **Negativbeweis**, also der Beweis, dass eine Tatsache nicht vorliegt.[644] Das kann z.B. bei der Lückenlosigkeit einer (kartellrechtlich zulässigen) Vertriebsbindung oder einer Buchpreisbindung relevant sein. Der Negativbeweis gelingt nur mittelbar durch den **Beweis gegenläufiger Tatsachen**. Die darlegungsbelastete Partei hat zunächst nur die negative Tatsache zu behaupten, während die Gegenpartei im Rahmen des Zumutbaren substantielle Gegenbehauptungen mit widerlegenden Umständen aufzustellen hat. Die Beweislast verbleibt bei der primär darlegungsbelasteten Partei.[645] Die **Schnittmengen mit** der **sekundären Darlegungslast** sind **erheblich**, doch decken sich beide Umkehrungen der Darlegungslast nicht, u.a. weil die **Kriterien** des Tatsachenwissens und der Zumutbarkeit **nicht identisch** gehandhabt werden müssen. **281**

Ebenfalls von der sekundären Darlegungslast **zu unterscheiden** ist die **konkrete Beweisführungslast**. Sie ist eine Konsequenz der konkreten prozessualen Situation, die es erforderlich macht, dem Stand der Beweiswürdigung zum jeweiligen Beobachtungszeitpunkt Rechnung zu tragen.[646] Ist das Gericht von der Wahrheit der Tatsachenbehauptungen der beweisbelasteten Partei vorläufig überzeugt, wird diese Partei – die Schlüssigkeit ihres Vorbringens vorausgesetzt – obsiegen, wenn die Verhandlung zu diesem Zeitpunkt zu beenden ist. Die gegnerische Partei muss dann – vorbehaltlich von Verspätungseinwänden – (weiteren) **Beweis anbieten**, um die richterliche **Überzeugung zu erschüttern**. **282**

Für die Erfüllung der Darlegungslast entweder des Klägers oder des Beklagten ist auch im UWG-Prozess zu beachten, dass die jeweiligen **Substantiierungsanforderungen nicht überzogen** werden, indem der Sachvortrag als Behauptung aufs Geratewohl, also ins Blaue hinein und damit als willkürlich qualifiziert wird. Der **Sachvortrag genügt** den Substantiierungsanforderungen, wenn die **vorgetragenen Tatsachen** in Verbindung mit einem Rechtssatz **geeignet** sind, die geltend gemachte Rechtsfolge je nach Prozesspartei **als bestehend** bzw. als nicht bestehend erscheinen zu lassen. Das ist besonders bei der Anwendung des § 3a UWG in Verbindung mit Marktverhaltensvorschriften zu beachten, deren Einhaltung nur mittels Sachverständigengutachten festgestellt werden kann.[647] **283**

---

643 *S. dazu schon richtig* BGH, 20.12.1977, I ZR 1/76, GRUR 1978, 249, 250 – *Kreditvermittlung.*

644 Unzutreffende Gleichsetzung in BGH, 20.06.2017, VI ZR 505/16, WRP 2017, 1208 Rn. 4 – *unberechtigte Schutzrechtsverwarnung.*

645 BGH, 08.10.1992, I ZR 220/90, GRUR 1993, 572, 574 – *Fehlende Lieferfähigkeit*; näher zum Negativbeweis *Ahrens*, Der Beweis im Zivilprozess, Kap. 9 Rn. 94 ff.

646 Vgl. zum Hin- und Herwechseln der konkreten Beweisführungslast im Laufe des Prozesses *Ahrens*, Der Beweis im Zivilprozess, Kap. 9 Rn. 28 f.

647 Vgl. BGH, 02.02.2012, I ZR 81/10, GRUR 2012, 945 Rn. 33 – *Tribenuronmethyl.*

284 Sind **Schlussfolgerungen aus Indizien** zu ziehen, müssen diese in ausreichendem Umfang vorgetragen werden, damit sie den Schluss auf die tatbestandlich relevanten Tatsachen zulassen.[648]

4. Einzelfälle

a) Irreführungen

285 Die Mehrzahl der Sachverhalte zur sekundären Darlegungslast betrifft **Sachverhalte irreführender Werbung**. Grundsätzlich hat der Unterlassungsgläubiger die tatsächlichen Voraussetzungen der Erzeugung einer Fehlvorstellung darzulegen und zu beweisen.[649] Das gilt nicht nur für § 5 UWG, sondern ebenso für spezielle Irreführungsverbote.[650] Der Unterlassungsgläubiger hat allerdings in die geschäftlichen Verhältnisse des Werbenden keinen Einblick und kann auch vorprozessual keinen materiell-rechtlichen Auskunftsanspruch geltend machen. Das spricht für eine sekundäre Darlegungslast des Werbenden.[651]

286 Werden **Waren beworben**, die zum persönlichen Bedarf oder Verbrauch bestimmt sind, erwartet der Verbraucher, dass sie **zum angekündigten Zeitpunkt vorrätig** sind, sofern der Unternehmer nicht schuldlos an der Einhaltung der Werbeaussage gehindert ist. Für eine unvorhersehbare Lieferstörung und für die Einhaltung kaufmännischer Sorgfaltspflichten ist der Werbende darlegungspflichtig. Der Kläger muss allerdings das Fehlen der Ware beweisen, was nicht gelingt, wenn der Testkäufer die Ware möglicherweise nicht gefunden hat.[652]

287 Geht es um Irreführung durch **unterlassene Information** und sprechen die vom Gläubiger vorgetragenen Tatsachen für ein Bedürfnis des Verkehrs, über negative Produkteigenschaften aufgeklärt zu werden, muss der Werbende Tatsachen vortragen, die eine Hinweispflicht entfallen lassen könnten.[653] Das ist jedoch kein Fall sekundärer Darlegungslast, sondern der konkreten Beweisführungslast (s. oben Rdn. 282).

288 Unzureichend ist eine sekundäre Darlegungslast, wenn der **Werbende Behauptungen** über Geschehensabläufe aufstellt, zu denen er **keine größere Nähe als** der **Unterlas-**

648 Verneint z.B. in BGH, 09.04.1992, I ZR 240/90, GRUR 1992, 525, 527 – *Professorenbezeichnung in der Arztwerbung II*.

649 BGH, 19.09.1996, I ZR 124/94, GRUR 1997, 229, 230 – *Beratungskompetenz*; BGH, 17.02.2000, I ZR 239/97, GRUR 2000, 820, 822 – *Space Fidelity Peep-Show*; BGH, 19.02.2014, I ZR 230/12, GRUR 2014, 578 Rn. 16 – *Umweltengel für Tragetasche*; BGH, 30.07.2015, I ZR 250/12, GRUR 2016, 406 Rn. 20 – *Piadina-Rückruf*.

650 Zu Art. 20 (1) Kosmetik-VO BGH, 28.01.2016, I ZR 36/14, GRUR 2016, 418 Rn. 16 – *Gel-Reservoir*.

651 BGH, 26.10.2006, I ZR 97/04, GRUR 2007, 251 Rn. 31 – *Regenwaldprojekt II*; BGH, 19.02.2014, I ZR 230/12, GRUR 2014, 578 Rn. 14 – *Umweltengel für Tragetasche*.

652 BGH, 16.03.2000, I ZR 229/97, GRUR 2002, 187, 189 f. – *Fehlende Verfügbarkeit beworbener Artikel*.

653 BGH, 03.12.1998, I ZR 63/96, GRUR 1999, 757, 760 – *Auslaufmodelle I* (dort: Produktionseinstellung).

sungsgläubiger besitzt, so dass § 138 Abs. 2 ZPO nicht tragfähig ist. So verhält es sich bei Alleinstellungs- oder Spitzenstellungsbehauptungen, mit denen ein Vergleich zu Mitbewerbern gezogen wird.[654] Das kann eine **Beweislastumkehr aus materiell-rechtlichen Gründen** rechtfertigen. Der Werbende soll eine derartige Werbebehauptung nur aufstellen dürfen, wenn er sich über seine Größe oder Bedeutung in Relation zu den Mitbewerbern am Markt ausreichend und beweisbar informiert hat.[655] Diese Anforderung hat der BGH 1977 aus dem Schutzzweck des Irreführungsverbots hergeleitet.[656] Heute kann dafür auf § 6 Abs. 2 Nr. 2 UWG Bezug genommen werden.

b) Wissenschaftliche Aussagen, Gesundheitswerbung

Ebenfalls aus materiell-rechtlichen Gründen sind **angeblich wissenschaftlich fundierte Werbeaussagen** vom Werbenden darzulegen und zu beweisen.[657] Das kann sich aus speziellen Rechtsgrundlagen auch dann ergeben, wenn nicht die wissenschaftliche Basis der Werbeaussage in den Vordergrund der Werbeaussage gerückt wird, sie aber deren Voraussetzung ist.[658] Insbesondere bei **gesundheitsbezogener Werbung** ist dies zu prüfen.[659] Wissenschaftliche bzw. **fachliche Umstrittenheit** einer Angabe darf nicht verschwiegen werden; anderenfalls ist sie schon aus diesem Grund irreführend.[660] **289**

Der **Inhaber einer Arzneimittelzulassung** kann sich zum wissenschaftlichen Nachweis der Richtigkeit seiner werblichen Behauptungen in Bezug auf Eigenschaften eines Arzneimittels grundsätzlich auf die Angaben berufen, die mit den **Zulassungsunterlagen** eingereicht wurden und von der Behörde bei der arzneimittelrechtlichen Zulassung zu prüfen waren.[661] Diese Erleichterung gilt aber nur für behördliche Zulassungsverfahren, in denen der Zulassung eine **Stoffprüfung** – sei es auch auf der Basis vom Antragsteller eingereichter externer Unterlagen – **vorausgegangen** ist. Das trifft auf eine **CE-Zertifizierung** zur Qualitätssicherung **nicht** zu.[662] Im Arzneimittelzulassungsverfahren werden demgegenüber randomisierte, placebokontrollierte Doppelblindstudien verlangt. **290**

---

654 BGH, 22.10.2009, I ZR 73/07, GRUR 2010, 352 Rn. 22 – *Hier spiegelt sich Erfahrung.*

655 Zutreffend BGH, 20.12.1977, I ZR 1/76, GRUR 1978, 249, 250 – *Kreditvermittlung.*

656 BGH, 20.12.1977, I ZR 1/76, GRUR 1978, 249, 250 – *Kreditvermittlung*, ebenso BGH, 17.10.1984, I ZR 187/82, GRUR 1985, 140, 142 – *Größtes Teppichhaus der Welt.*

657 BGH, 07.03.1991, I ZR 127/89, GRUR 1991, 848, 849 – *Rheumalind II*; HansOLG Hamburg, 27.09.2017, 3 W 58/17, juris – *Genetische Stoffwechselanalyse.*

658 Vgl. zu § 14b Abs. 1 Satz 2 DiätV BGH, 15.03.2012, I ZR 44/11, GRUR 2012, 1164 Rn. 20 f. – *Artrostar*; zu Art. 20 (1) Kosmetik-VO BGH, 28.01.2016, I ZR 36/14, GRUR *2016, 418 Rn. 17 – Gel-Reservoir.*

659 LG Nürnberg-Fürth, 22.05.2018, 3 HK – 2081/18, WRP 2018, 1139, 1143 Rn. 56. Zur Erstreckung auf Werbung außerhalb des Gesundheitsbereichs OLG Frankfurt, 26.09.2013, 6 U 195/10, WRP 2014, 103, 106 Rn. 36.

660 OLG Stuttgart, 08.06.2017, 2 U 154/16, GRUR-RR 2017, 448 Rn. 52 – *Zeolith.*

661 BGH, 06.02.2013, I ZR 62/11, GRUR 2013, 649 Rn. 35 f. – *Basisinsulin mit Gewichtsvorteil*; BGH, 07.05.2015, I ZR 29/14, GRUR 2015, 1244 Rn. 35 – *Äquipotenzangabe in Fachinformation.*

662 OLG Stuttgart, 08.06.2017, 2 U 154/16, GRUR-RR 2017, 448 Rn. 52 – *Zeolith.*

291 Einen Lebensmittelunternehmer, der **gesundheitsbezogene Angaben** über ein **Lebensmittel** macht und deshalb über Informationen im Sinne von Art. 10 (2) VO (EG) Nr. 1924/2006 verfügen muss, trifft die Darlegungs- und Beweislast für Ausnahmen von der Informationspflichtigkeit.[663]

c) **Äußerungsdelikte**

292 Der Schutz gegen wettbewerbsrechtlich zu erfassende **negative Äußerungen über ein Unternehmen** ist in § 4 Nr. 2 UWG (ex § 14 UWG 1909) beweisrechtlich günstiger geregelt als in § 824 BGB. Der Äußernde und nicht der von der Äußerung betroffene Unternehmer hat die Wahrheit seiner Tatsachenbehauptung darzulegen und zu beweisen.[664] Diese Verteilung der Darlegungs- und Beweislast kehrt sich allerdings um, wenn es sich um eine vertrauliche Mitteilung handelt oder wenn der Empfänger an ihr ein besonderes Interesse hat.[665]

d) **Nachahmungsschutz**

293 Beim **wettbewerbsrechtlichen Leistungsschutz** (§ 4 Nr. 3 UWG) können der Inanspruchnahme **wettbewerblicher Eigenart** vorbekannte Gestaltungen entgegenstehen. Der Kläger kann sich auf eine dem Erzeugnis innewohnende Eigenart berufen und hat den Abstand zu vorbekannten Erzeugnissen und zu den Erzeugnissen der Wettbewerber darzulegen. Der Beklagte hat dann darzutun, dass die relevanten Merkmale bereits vorbekannt oder mittlerweile üblich geworden sind.[666]

e) **Marktverhaltensregelungen**

294 Bei einem Verstoß gegen eine Marktverhaltensregelung (§ 3a UWG) hat der Unterlassungsgläubiger die Voraussetzungen des Verstoßes darzulegen und zu beweisen.[667] Wird allerdings der Verstoß gegen ein **Verbot mit Erlaubnisvorbehalt** geltend gemacht, trägt der Beklagte die Darlegungs- und Beweislast dafür, dass das fragliche Verhalten ausnahmsweise zulässig ist.[668] Auch für andere **Ausnahmen von** einer **materiell-rechtlichen Pflicht** ist der beklagte Unternehmer darlegungs- und beweispflichtig.[669]

295 Trifft den Unternehmer die **Pflicht, dem Kunden** zur bestimmungsgemäßen Nutzung eines Produkts **Informationen zu erteilen**, die eine Rechtsverletzung des Kunden ver-

663 BGH, 12.02.2015, I ZR 36/11, GRUR 2015, 403 Rn. 45 – *Monsterbacke II.*
664 BGH, 08.10.1992, I ZR 220/90, GRUR 1993, 572, 573 – *Fehlende Lieferfähigkeit*; Hans-OLG Hamburg, 30.06.2016, 5 U 58/13, GRUR-RR 2017, 148 Rn. 28 – *Abgewohntes Hotel.*
665 BGH, 08.10.1992, I ZR 220/90, GRUR 1993, 572, 573 – *Fehlende Lieferfähigkeit.*
666 BGH, 06.11.1997, I ZR 102/95, GRUR 1998, 477, 479 – *Trachtenjanker.*
667 BGH, 19.11.2009, I ZR 186/07, GRUR 2010, 160 Rn. 15 – *Quizalofop.*
668 BGH, 19.11.2009, I ZR 186/07, GRUR 2010, 160 Rn. 15 – *Quizalofop*; BGH, 11.06.2015, I ZR 226/13, GRUR 2016, 88 Rn. 23 – *Deltamethrin.*
669 BGH, 05.05.1988, I ZR 124/86, GRUR 1988, 831, 832 – *Rückkehrpflicht*; BGH, 09.11.1988, I ZR 230/86, GRUR 1989, 115, 116 – *Mietwagen-Mitfahrt.*

meiden sollen, hat der Unternehmer die Pflichterfüllung darzulegen und zu beweisen.[670]

f) Vergleichende Werbung

Vergleichende Werbung mit **Eigenschaften von Waren** oder Dienstleistungen setzt deren **Nachprüfbarkeit** voraus (§ 6 Abs. 2 Nr. 2 UWG). Nachprüfbare Angaben hat der Werbende darzulegen und zu beweisen. Das könnte auch für andere tatsächliche Voraussetzungen eines zulässigen Vergleichs gelten (s. auch oben Rdn. 274). **296**

g) Belästigungen

Das ausdrückliche **Einverständnis des Empfängers einer E-Mail** zum Ausschluss der Wettbewerbswidrigkeit nach § 7 Abs. 2 Nr. 3 UWG hat der Werbende darzulegen und zu beweisen.[671] Dasselbe gilt für Telefonwerbung gegenüber Verbrauchern (§ 7 Abs. 2 Nr. 2 UWG). **297**

h) Verfahrensrechtliche Regelungen

Die Geltendmachung einer **Vertragsstrafe** aus einer Unterwerfungsvereinbarung setzt **Verschulden** voraus. Es wird **vermutet**, weshalb der Schuldner die Darlegungs- und Beweislast für fehlendes Verschulden trifft.[672] **298**

Der **Zugang eines Abmahnschreibens** wird häufig fälschlich bestritten. Gleichwohl ist der Abmahnende **nicht zwingend** vorbeugend auf **besondere Versendungsformen** angewiesen, um den Anspruch auf Ersatz der Abmahnkosten (§ 12 Abs. 1 Satz 2 UWG) erfolgreich zu begründen oder die Anwendbarkeit des § 93 ZPO auszuräumen. Geht es um § 93 ZPO muss der Beklagte die **fehlende Klageveranlassung** als **negative Tatsache** (dazu oben Rdn. 281 und § 12 Abs. 1 Rdn. 33) beweisen.[673] Der abmahnende Kläger hat dann die genauen **Umstände der Absendung des Abmahnschreibens** vorzutragen und zu beweisen.[674] Das geschieht zweckmäßig durch eine kontinuierlich **dokumentierte Postausgangskontrolle**, verbunden mit einem Zeugenbeweisantritt. Der Beklagte kann dann seinerseits den Nichtzugang durch Zeugen, etwa seiner Büromitarbeiter, unter Beweis stellen.[675] Der Abmahnende kann auch vorsorglich parallel zum Briefversand ein Fax oder eine E-Mail schicken. Ein doppeltes Bestreiten von Kommunikationseingängen ist von vornherein nicht glaubhaft.[676] Die- **299**

---

670 Zu § 69d UrhG, jedoch verallgemeinerungsfähig BGH, 17.07.2013, I ZR 129/08, GRUR *2014, 264 Rn. 68 – Used Soft II.*

671 BGH, 11.03.2004, I ZR 81/01, GRUR 2004, 517, 519 – *E-Mail-Werbung* (noch zu § 1 UWG 1909).

672 BGH, 03.07.2003, I ZR 297/00, GRUR 2003, 899, 900 – *Olympiasiegerin*; BGH, 17.07.2008, I ZR 168/05, GRUR 2009, 181 Rn. 35 – *Kinderwärmekissen.*

673 BGH, 21.12.2006, I ZB 17/06, GRUR 2007, 629 Rn. 11 f. – *Zugang des Abmahnschreibens.*

674 BGH, 21.12.2006, I ZB 17/06, GRUR 2007, 629 Rn. 12 – *Zugang des Abmahnschreibens.*

675 BGH, 21.12.2006, I ZB 17/06, GRUR 2007, 629 Rn. 13 – *Zugang des Abmahnschreibens.*

676 BGH, 21.12.2006, I ZB 17/06, GRUR 2007, 629 Rn. 13 – *Zugang des Abmahnschreibens.*

selben Beweisindizien sind heranzuziehen, wenn es um den Nachweis des Zugangs für Zwecke des Abmahnkostenersatzes geht.

300 Hat der abgemahnte Wettbewerbsverletzer eine **Unterwerfungserklärung gegenüber** einem **Dritten** abgegeben, die die Begehungsgefahr entfallen lässt (s. dazu § 12 Abs. 1 Rdn. 3), muss er den Abmahnenden **darüber aufklären**. Das wird als Pflicht aus § 311 Abs. 2 Nr. 3 BGB hergeleitet. Wird die Aufklärungspflicht verletzt und behauptet der Abgemahnte, der Schaden wäre auch bei ordnungsgemäßer Erfüllung der Pflicht eingetreten, trägt er dafür die Darlegungs- und Beweislast.[677]

301 Ist bei der Bestimmung der **internationalen Zuständigkeit** streitig, **wo** eine **Verletzungshandlung** stattgefunden hat, ist darüber Beweis zu erheben. Die Beweislast trifft den Kläger.[678]

V. Beweisvereitelung

302 Eine **schuldhafte Beweisvereitelung** durch den Prozessgegner liegt vor, wenn das Beweisobjekt zerstört oder anderweitig entzogen worden ist und sich das Verschulden auch auf die **Beseitigung der Beweisfunktion** bezieht. Die Beweislage in einem gegenwärtigen oder künftigen Prozess muss nachteilig beeinflusst worden sein.[679] Der Beweis wird durch den Gegner aber nicht erschwert, wenn es der beweisbelasteten Partei möglich gewesen wäre, den Beweis selbst zu sichern, etwa im Wege eines selbständigen Beweisverfahrens.[680] **Rechtsfolge** der Beweisvereitelung sind **Beweiserleichterungen**. Es ist nicht einfach die Richtigkeit des Vortrags der beweisbelasteten Partei zu unterstellen; vielmehr ist das Verhalten der vereitelnden Partei **im Rahmen** der **Beweiswürdigung** zu deren Lasten zu würdigen.[681]

VI. Demoskopische Gutachten

1. Grundlagen der Begutachtung

303 **Sachverständigenbeweis** in Form der Einholung eines demoskopischen Gutachtens[682] durch ein **Marktforschungsinstitut** dient der Feststellung einer Verkehrsauffassung. Dieser Beweis ist zuverlässiger als andere, auf Indizien oder Behörden- bzw. Gerichtserfahrung (zur Inanspruchnahme eigener richterlicher Sachkunde oben Rdn. 261 ff.) abstellende Ermittlungsmethoden, etwa der Benutzungsdauer und des Benutzungsaufwand einer Angabe oder eines Kennzeichens, des Werbeaufwands, der Umsatzzahlen

677 BGH, 05.05.1988, I ZR 151/86, GRUR 1978, 716, 717 – *Aufklärungspflicht gegenüber Verbänden.*
678 BGH, 27.11.2014, I ZR 1/11, GRUR 2015, 689 Rn. 21 – *Parfumflakon III.*
679 BGH, 11.06.2015, I ZR 226/13, GRUR 2016, 88 Rn. 29 und 44 – *Deltamethrin.*
680 BGH, 11.06.2015, I ZR 226/13, GRUR 2016, 88 Rn. 44 – *Deltamethrin.*
681 BGH, 11.06.2015, I ZR 226/13, GRUR 2016, 88 Rn. 48 – *Deltamethrin.*
682 S. dazu eingehend HdbWettbR/*Pflüger*, 4. Aufl. 2010, § 42; *Schmidt/Spätgens* in Ahrens, Der Wettbewerbsprozess, 8. Aufl. 2017, Kap. 28.

oder der Marktanteile von Konkurrenten und Abnehmern.[683] Daher ist privat eingeholten demoskopischen Gutachten, die nach anerkannten methodischen Regeln erstellt wurden, gegenüber diesen unsicheren Indizien der Vorrang zu geben.[684]

Zum **Einsatz** kommen demoskopische Gutachten in erster Linie **im Markenrecht**, hingegen **nur selten im Lauterkeitsrecht**, dort u.a. wegen der Inanspruchnahme eigener richterlicher Sachkunde. Im Markenrecht ist zur Beurteilung einer Verkehrsdurchsetzung eine Beweiserhebung durch Einholung eines demoskopischen Gutachtens regelmäßig geboten, wenn Schutz für ein Zeichen begehrt wird, das in einer Kombination aus mehreren Elementen benutzt wird, weil dann eine besondere Beurteilungsschwierigkeit besteht.[685] **304**

Der demoskopische Beweis ist **außerordentlich kostspielig** und sollte deshalb **nicht** gem. § 144 Abs. 1 Satz 1 ZPO **von Amts wegen** erhoben werden.[686] Das Gericht muss aber auf die für erheblich gehaltene Beweiserhebung und die Stellung eines Beweisantrages verbunden mit der Zahlung eines Auslagenvorschusses hinweisen.[687] Bleiben der Antrag oder die Zahlung aus, ist das Gericht nicht zur Beweisanordnung nach § 144 ZPO verpflichtet.[688] Zurückhaltung ist gegenüber der Anerkennung von **Privatgutachten als Prozessvorbereitungskosten** im späteren Kostenerstattungsverfahren geboten.[689] Zur Vorbereitung eines erfolgreichen Berufungsangriffs auf Feststellungen im erstinstanzlichen Urteil kann dies jedoch geboten sein.[690] **305**

Demoskopische Gutachten beruhen auf der **standardisierten Befragung**, zumeist durch persönlich-mündliche Interviews, einer **kleinen Personengruppe**, die **als Stichprobe** eine Grundgesamtheit, nämlich den relevanten Verkehrskreis, abbildet. Zur Stichprobenbildung stehen die **Zufallsauswahl und** das **Quotenverfahren** zur Verfügung.[691] Zufall bedeutet nicht Willkür, sondern die **methodengeleitete**, systematische **Auswahl** einer repräsentativen Stichprobe nach statistischen Methoden. Als Anwen- **306**

---

683 S. auch EuGH, 04.05.1999, C-108/97 und C-109/97, GRUR 1999, 723 Rn. 51 und 54 – *Chiemsee*; BGH, 21.07.2016, I ZB 52/15, GRUR 2016, 1167 Rn. 31 f. – *Sparkassen-Rot*; s. auch EuGH, 16.07.1998, C-210/96, GRUR Int. 1998, 794 Rn. 35 – *Gut Springenheide*;.

684 Zur Anwendung eines Privtgutachtens BGH, 17.10.2013, I ZB 65/12, GRUR 2014, 483 Rn. 24 f. mit 35 f. – *test*; OLG Köln, 15.08.2014, 6 U 9/14, WRP 2014, 1492 Rn. 18 – *Schogetten-Stück*.

685 BGH, 21.07.2016, I ZB 52/15, GRUR 2016, 1167 Rn. 32 und 38 – *Sparkassen-Rot*.

686 S. dazu BGH, 05.07.1990, I ZR 164/88, GRUR 1990, 1063, 1055 – *Versäumte Meinungsumfrage*.

687 BGH, 05.07.1990, I ZR 164/88, GRUR 1990, 1053, 1055 – *Versäumte Meinungsumfrage*.

688 Wohl a.A. BGH, 02.02.2012, I ZR 162/09, GRUR 2012, 910 Rn. 31 f. – *Delcantos Hits*.

689 Vgl. OLG München, 24.11.1975, 11 W 1901/75, GRUR 1976, 444, 445; KG, 13.02.1987, 1 W 4941/85, GRUR 1987, 473, 474; HansOLG Hamburg, 23.04.2002, 8 W 75/02, OLGR Hamburg, 2003, 28. Großzügiger im Wortlaut OLG Köln, 29.08.1994, 17 W 298/93, JurBüro 1995, 475, 476; OLG Karlsruhe, 12.02.2007, 6 W 109/06 (für Verfügungsverfahren); OLG Köln, 31.05.2013, 17 W 32/13 GRUR-RR 2014, 48 (LS; wegen eines Gutachtens der Gegenseite im Streitfall angemessen).

690 Vgl. etwa den Fall OLG Brandenburg, 11.05.2011, 6 W 87/10, MD 2011, 604.

691 Näher dazu HdbWettbR/*Pflüger* § 42 Rn. 19 ff.

dung der **mathematischen Wahrscheinlichkeitsrechnung** haftet den ermittelten Werten eine nicht zu vermeidende Unschärfe an. Die Fehlertoleranz lässt sich bei der Ziehung von Zufallsstichproben berechnen.[692] Feststellen lässt sich **nur** eine **aktuell vorhandene Verkehrsauffassung**; Feststellung für einen rückwirkenden Zeitpunkt lassen sich – von seltenen Ausnahmen abgesehen[693] – nicht treffen. Bei Quotenverfahren wird die Stichprobe unter Berücksichtigung der personellen Struktur der Grundgesamtheit anhand bekannter Merkmale (z.B. Männer, Frauen, Altersgruppen etc.) und ihrer prozentualen Verteilung gezielt ausgewählt.

307 **Abgefragt wird nicht Wissen** wie bei einer Zeugenvernehmung, sondern ermittelt wird, was im Befragungszeitpunkt in den Köpfen der interviewten Personen zu dem Beweisthema verankert ist.[694]

2. Richterliche Vorbereitung der Begutachtung, Gutachterbestellung

308 Demoskopische Gutachten sind in verschiedener Hinsicht **methodisch fehleranfällig** und deshalb nachträglichen Angriffen ausgesetzt, unter Umständen mit einem Zeitabstand, der korrigierende Feststellungen für einen relevanten, zurückliegenden Zeitpunkt nicht mehr zulässt. Zur Vermeidung späterer Einwendungen insbesondere gegen die Bestimmung des Verkehrskreises und die zu stellenden Fragen einschließlich des Fragebogenaufbaus muss das Gericht **vor Ausführung des Gutachtens** im Hinblick auf ein klar definiertes Beweisthema mit dem sachverständigen Leiter der Erhebung in Anwesenheit der Parteien und ihrer eventuellen Privatgutachter einen **Erörterungstermin** abhalten, der der Einweisung des Sachverständigen dient. In diesem Termin oder gegebenenfalls nach schriftlicher Äußerung des Sachverständigen ergeht der Beweisbeschluss. Nur dieses Vorgehen entspricht § 404a Abs. 2 und Abs. 5 Satz 2 ZPO. Dabei ist auch der realistische Zeitplan festzulegen.

309 Rechtlich **unzulässig** ist die **Beauftragung eines Instituts an bloc**. Der Sachverständige ist vom Gericht individuell auszuwählen.[695] Das sorgt auch für eine Vergewisserung darüber, dass der Sachverständige die notwendige Kompetenz in der Demoskopie für juristische Zwecke verfügt.[696] Die Zahl möglicher Sachverständiger bzw. Institute ist in Deutschland begrenzt.

692 HdbWettbR/*Pflüger* § 42 Rn. 25 und 36 (dort zum Quota-Verfahren). Zur Außerachtlassung der Toleranzen im Eintragungs- und Löschungsverfahren beim DPMA BGH, 17.10.2013, I ZB 65/12, GRUR 2014, 483 Rn. 38 – *test*; BGH, 09.07.2015, I ZB 65/13, GRUR 2015, 1012 Rn. 29 – *Nivea Blau*.

693 OLG Dresden, 27.03.2001, 14 U 3542/97, GRUR-RR 2002, 257, 258 – *Halberstädter Würstchen*; dazu HdbWettbR/*Pflüger* § 42 Rn. 15.

694 *Pflüger* GRUR 2017, 992, 994; *Schmidt/Spätgens* in Ahrens, Der Wettbewerbsprozess[8] Kap. 28 Rn. 4 f.

695 *Schmidt/Spätgens* in Ahrens, Der Wettbewerbsprozess[8] Kap. 28 Rn. 12. Generell dazu *Ahrens*, *Der Beweis im Zivilprozess*, Kap. 45 Rn. 34 ff.

696 Zur unterschiedlichen Kompetenz HdbWettbR/*Pflüger* § 42 Rn. 45 f. und 89 f.; *Pflüger* GRUR 2017, 992, 997.

Wenn **Parteigutachten** zur Überzeugungsbildung nicht ausreichen, ist ein beantragtes gerichtliches Gutachten einzuholen.[697] 310

3. Kritische Punkte der Begutachtungsmethoden

Zuverlässig Ergebnisse können Gutachten nur liefern, wenn dem Sachverständigen die **Aufgabenstellung** eindeutig klar ist. In die Formulierung des Beweisthemas muss deshalb eine präzise Definition der Anforderungen des festzustellenden Tatbestandsmerkmals einfließen. 311

Von vornherein festzulegen ist die **anzuwendende Befragungsmethode**, also persönlich-mündlich, telefonisch, schriftlich oder online. Die verschiedenen Methoden haben jeweils spezifische Probleme.[698] 312

Die **Definition des relevanten Verkehrskreises** ist als Rechtsfrage dem Gericht vorbehalten.[699] Wegen möglicher unterschiedlicher Auffassungen zwischen Ämtern und Gerichten sowie zwischen den Instanzen sollten der Begutachtung denkbare verschieden weite Abgrenzungen vorgegeben werden, die in der tabellarischen Ergebnisdarstellung zu berücksichtigen sind. Dasselbe gilt für die Festlegung der Produkte oder Dienstleistungen. Die Festlegung des zu befragenden Personenkreises ist aus Sicht der Rechtsdemoskopie nach den unterschiedlichen Untersuchungsgegenständen (Verkehrsgeltung, Verkehrsdurchsetzung, Irreführungs- und Verwechslungsgefahr) zu differenzieren.[700] 313

Festzulegen sind die Details der **Stichprobenbildung** nach Auswahlmethode und Befragungsumfang. Der BGH hat in der Entscheidung »test« 1000 Interviews zur Abbildung der Gesamtbevölkerung als ausreichend angesehen.[701] Für Fachkreise kann eine deutlich niedrigere Zahl genügen.[702] Bei Mehrthemenumfragen ist der Stichprobenumfang zu steigern.[703] 314

Besonders umstritten sind **Frageformulierungen und Abbildungsvorlagen**.[704] Sie müssen einerseits dem Bildungsniveau unterschiedlicher Adressaten entsprechend eindeutig und klar verständlich sein und dürfen die Interviewten nicht durch die Länge vorgeschalteter Texte überfordern. Andererseits dürfen sie aber auch nicht ergebnislen- 315

697 BGH, 21.07.2016, I ZB 52/15, GRUR 2016, 1167 Rn. 111 – *Sparkassen-Rot.*
698 *Pflüger* GRUR 2017, 992, 994; *Schmidt/Spätgens* in Ahrens, Der Wettbewerbsprozess[8] Kap. 28 Rn. 25.
699 *Schmidt/Spätgens* in Ahrens, Der Wettbewerbsprozess[8] Kap. 28 Rn. 24.
700 HdbWettbR/*Pflüger* § 42 Rn. 51 ff., 95 ff., 111 ff.
701 BGH, 17.10.2013, I ZB 65/12, GRUR 2014, 483 Rn. 38 – test; s. auch BGH, 23.10.2014, I ZB 61/13, GRUR 2015, 581 Rn. 44 und 49 – *Langenscheidt-Gelb.*
702 *Pflüger* GRUR 2017, 992, 995.
703 HdbWettbR/*Pflüger* § 42 Rn. 101 f.
704 Dazu HdbWettbR/*Pflüger* § 42 Rn. 48 f., 58 ff.; *Pflüger* GRUR 2017, 992, 996 f.; *Schmidt/Spätgens* in Ahrens, Der Wettbewerbsprozess[8] Kap. 28 Rn. 26 ff.

kend sein.[705] Dasselbe gilt für die Aussprache eines Zeichens. Festzulegen ist die **Abfolge der Fragen** und die Führung der Interviewten durch **vorgeschaltete Filter.**[706]

316 Spezifische Probleme ergeben sich bei **Untersuchungsgegenständen zu UWG-Tatbeständen**, wenn es um die Relevanz einer Angabe,[707] um die Herkunftsfunktion und die Bekanntheit im Rahmen des Nachahmungsschutzes[708] oder um die Irreführungsgefahr oder Verwechslungsgefahr[709] geht.

317 Zu einer **einwandfreien Befragungstechnik** gehört, dass die Interviewer sich strikt an die Vorgaben ihres Instituts halten. Das muss durch stichprobenartige Nachfrage bei Befragten und durch Abgleich der Ergebnisse mehrerer Interviewer kontrolliert werden.[710]

318 Zur **Auswertung** der Daten, zur **Dokumentation der Methodik** und zum **Inhalt des Gutachtens** sind **Standards** entwickelt worden, die von einem einwandfrei arbeitenden Gutachter zu beachten sind.[711]

4. Gutachtenwürdigung

319 **Kritik** an Sachverständigengutachten wird im Verfahren mittels privat eingeholter Gegengutachten geübt. Sie sind als **qualifizierter Parteivortrag** zu beachten; das Gericht hat sich damit auseinanderzusetzen.[712] Sie sind kritisch darauf zu überprüfen, ob das hinsichtlich der Methodik auf sachkundige Beratung angewiesene Gericht nicht lediglich geschickt verunsichert werden soll, **ohne** dass die Einwendungen tatsächlich **fachliche Substanz** enthalten.[713] Ein Privatgutachten muss sich konkret mit der Methodik des Gerichtsgutachters befassen und vermeintliche Mängel detailliert aufzeigen, wenn ihm Bedeutung beigemessen werden soll.[714]

320 **Zweifel** an methodischen Einzelheiten eines Gutachtens zwingen **nicht** zur **Einholung** eines **weiteren Gutachtens**; das empfiehlt sich schon wegen der hohen Kosten nicht.

---

705 BGH, 05.11.2008, I ZR 39/06, GRUR 2009, 766 Rn. 41 – *Stofffähnchen I*; BGH, 21.07.2016, I ZB 52/15, GRUR 2016, 1167 Rn. 42 f. und 111 (dort zu Privatgutachten) – *Sparkassen-Rot*.

706 Vgl. dazu und zur Messung von Kennzeichnungskraft nach dem DPMA-Befragungsgerüst *Pflüger* GRUR 2017, 992, 998 ff. Zur Fragenreihenfolge BGH, 21.07.2016, I ZB 52/15, GRUR 2016, 1167 Rn. 43 – *Sparkassen-Rot*.

707 S. dazu HdbWettbR/*Pflüger* § 42 Rn. 131 f., 138 ff.; *Schmidt/Spätgens* in Ahrens, Der Wettbewerbsprozess[8] Kap. 28 Rn. 29 ff.

708 S. dazu HdbWettbR/*Pflüger* § 42 Rn. 114; *Schmidt/Spätgens* in Ahrens, Der Wettbewerbsprozess[8] Kap. 28 Rn. 35 ff.

709 HdbWettbR/*Pflüger* § 42 Rn. 83, 112 ff., 144 ff.

710 HdbWettbR/*Pflüger* § 42 Rn. 71 ff.

711 Vgl. dazu HdbWettbR/*Pflüger* § 42 Rn. 77 ff.

712 Allgemein dazu *Ahrens*, Der Beweis im Zivilprozess, Kap. 44 Rn. 43 m.w.Nachw.

713 Diese prozessuale Taktik ansprechend *Pflüger* GRUR 2017, 992, 993.

714 OLG Köln, 15.08.2014, 6 U 9/14, WRP 2014, 1492 Rn. 18 – *Schogetten-Stück*.

Das richtige Vorgehen des Gerichts besteht vielmehr darin, einen weiteren Sachverständigen mit der Begutachtung der Beweisqualität zu beauftragen.[715]

Zu beachten ist der **zeitliche Abstand** zwischen durchgeführter oder geplanter Befra- 321
gung und **relevantem Beurteilungszeitpunkt**, weil die Marktentwicklung über eine ursprüngliche Feststellung hinweggegangen sein kann.[716] Notwendig ist eine Gesamtschau der Umstände, die bei der Beurteilung einer Verkehrsdurchsetzung heranzuziehen sind,[717] was sich für andere Feststellungen der Verkehrsauffassung verallgemeinern lässt.

G. Erledigung der Hauptsache

Hans-Jürgen Ahrens

I. Wegfall der Wiederholungsgefahr

Erledigung der Hauptsache tritt im Unterlassungsprozess ein, wenn die Wiederholungs- 322
gefahr nachträglich wegfällt. Klassischer Fall ist die **Abgabe einer** ausreichenden **Unterwerfungserklärung**, die die herrschende Praxis auch noch im schwebenden Prozess akzeptiert. Damit kann dem Kläger bzw. Verfügungskläger sogar ein bereits bestehender vorläufiger Unterlassungstitel aus der Hand geschlagen werden.

Die Unterwerfungserklärung muss nicht einmal gegenüber dem Kläger oder Verfü- 323
gungskläger abgegeben werden. **Ausreichend** ist auch die Berufung auf eine ernsthaft gemeinte Unterwerfung **gegenüber** einem **dritten Unterlassungsgläubiger**, weil der BGH in einer naturalistischen Betrachtungsweise das Dogma aufgestellt hat, die Wiederholungsgefahr könne nur einheitlich beurteilt werden.[718]

Auch die Erwirkung eines **rechtskräftigen Unterlassungstitels** durch einen **anderen** 324
Gläubiger soll die Wiederholungsgefahr entfallen lassen.[719] Folgerichtig wird dem die einstweilige Verfügung mit Abschlusserklärung gleichgestellt.[720]

II. Andere Erledigungsereignisse

Erledigung des Unterlassungsanspruchs kann auch infolge einer **Änderung der tatsäch-** 325
lichen Verhältnisse eintreten. So kann der Schuldner die zuvor unrichtig behauptete Spitzenstellung nachträglich erreicht haben oder er ist als Wettbewerber durch dauerhafte Geschäftsaufgabe weggefallen. Bei einem zeitgebundenen Verstoß, etwa einem

715 Zutreffender Rat von *Aschmann* MarkenR 2017, 206, 209.
716 BGH, 21.07.2016, I ZB 52/15, GRUR 2016, 1167 Rn. 50, 100 und 116 – *Sparkassen-Rot.*
717 BGH, 21.07.2016, I ZB 52/15, GRUR 2016, 1167 Rn. 56, s. auch Rn. 92 – *Sparkassen-Rot.*
718 BGH, 02.12.1982, I ZR 121/80, GRUR 1983, 186, 187 – *Wiederholte Unterwerfung*; BGH, 13.05.1987, I ZR 79/85, GRUR 1987, 640, 641 – *Wiederholte Unterwerfung II*; BGH, 23.06.1989, I ZR 120/87, GRUR 1989, 758, 759 – *Gruppenprofil.*
719 BGH, 19.12.2002, I ZR 160/00, GRUR 2003, 450, 452 – *begrenzte Preissenkung.*
720 OLG Karlsruhe, 22.02.1995, 6 U 250/94, GRUR 1995, 510, 513 – *Ginkgo-Geloba-Präparat*; OLG Frankfurt, 15.08.1996, 6 U 74/96, WRP 1997, 44, 46.

rechtswidrigen Messeauftritt, kann Erledigung durch Zeitablauf eintreten. Erledigung tritt im Markenverletzungsprozess ein, wenn die Klagemarke für nichtig erklärt wird.[721]

326 **Änderungen einer Rechtsnorm**, gleichgestellte Nichtigerklärungen einer Norm durch das BVerfG oder klärende **verbindliche Auslegungen** von Unionsrecht **durch** den **EuGH** lassen eine Erledigung eintreten, wenn dadurch die Verbotsgrundlage entzogen wird.[722] Das wird insbesondere Marktverhaltensregeln im Sinne des § 3a UWG betreffen.

III. Prozessuale Reaktionen

327 Auf eine Unterwerfung im Zeitraum **zwischen Anhängigkeit und Rechtshängigkeit** muss der Gläubiger durch Rücknahme der Klage reagieren. § 269 Abs. 3 Satz 3 ZPO ermöglicht wie § 91a ZPO eine Kostenentscheidung nach billigem Ermessen unter Berücksichtigung des Sach- und Streitstandes.

328 **Nach Rechtshängigkeit** muss der Kläger die Hauptsache für erledigt erklären. Zwischen den Instanzen können die Parteien die Erledigung bis zum Eintritt der formellen Rechtskraft übereinstimmend erklären.[723] **Vor Einlegung eines Rechtsmittels** ist das bisher zuständige Gericht auch für die Kostenentscheidung nach § 91a ZPO zuständig. Eine einseitig bleibende Erledigungserklärung hat, da Klagänderung, zwischen den Instanzen keine Bedeutung.

329 In der **Revisionsinstanz**, die durch **Nichtzulassungsbeschwerde** eingeleitet worden ist, muss bis zur Entscheidung darüber zunächst geprüft werden, ob die Beschwerde zulässig und begründet gewesen wäre. Erst dann darf geprüft werden, ob die Klageforderung bis zum erledigenden Ereignis bestanden hat und die einseitige Erledigungserklärung begründet war.[724] Übereinstimmende Erledigungserklärungen können auch im Verfahren über die Nichtzulassungsbeschwerde abgegeben werden. Auch dann ist für die Kostenentscheidung zunächst maßgebend, ob die Beschwerde erfolgreich gewesen wäre.[725]

330 **Nach Eintritt der Rechtskraft** kann ein Unterwerfungsvertrag abgeschlossen werden, der dann zugleich die Unterlassungsvollstreckung aus dem Titel beseitigt. Der Gläubiger wird sich darauf eventuell wegen der Aussicht auf eine hohe Vertragsstrafe einlassen.

IV. Zeitlich beschränkte Erledigung

331 Bei Abgabe der Erledigungserklärung hat der Kläger darauf zu achten, dass die Erledigung **nur für die Zukunft** erklärt wird, wenn ein schon ergangener Titel wegen eines

721 BGH, 15.12.2017, I ZR 258/14, GRUR 2018, 335 Rn. 14 – *Aquaflam.*
722 Zur Gesetzesänderung BGH, 20.01.2016, I ZB 102/14, GRUR 2016, 421 Rn. 17 – *Erledigungserklärung nach Gesetzesänderung* (dort: § 78 AMG).
723 Zur Beendigung der Anhängigkeit in der unteren Instanz BGH, 01.02.1995, VIII ZB 53/94, NJW *1995, 1095, 1096.*
724 BGH, 15.12.2017, I ZR 258/14, GRUR 2017, 335 Rn. 16 – *Aquaflam.*
725 BGH, 15.12.2017, I ZR 258/14, GRUR 2017, 335 Rn. 20 – *Aquaflam.*

Titelverstoßes aus der Vergangenheit als **Vollstreckungsgrundlage** existent bleiben soll. Die Festsetzung von Ordnungsmitteln setzt wegen §§ 775 Nr. 1, 776 ZPO einen noch vollstreckbaren Titel voraus, der mit Abgabe übereinstimmender Erledigungserklärungen grundsätzlich entfallt.

Der BGH hat anerkannt, dass der Gläubiger seine **Erledigungserklärung** auf die Zeit nach dem erledigenden Ereignis **beschränken** kann.[726] Für Titel aus einstweiligen Verfügungsverfahren gilt keine abweichende Regelung; der Antragsgegner kann den Titel also durch Abgabe einer strafbewehrten Unterlassungserklärung und dadurch erzwungener Erledigungserklärung nicht für vorherige Verstöße entwerten.[727] **332**

Die Erledigterklärung muss die zeitliche **Beschränkung auf die Zukunft nicht ausdrücklich** in ihren Wortlaut aufnehmen; dieses Ergebnis kann sich auch aus einer Auslegung des erklärten Willens nach Begleitumständen und Interessenlage ergeben.[728] Ist bereits vor der Erledigungserklärung ein Ordnungsmittelantrag gestellt worden, spricht dies für den Willen, die Erledigung nur für die Zukunft gelten zu lassen; erst recht gilt dies bei schon rechtskräftig entschiedenen oder gar vollstreckten Ordnungsmittelfestsetzungen.[729] **333**

Über den **nicht für erledigt erklärten Teil** ist durch **Urteil** zu entscheiden. Voraussetzung ist allerdings, dass dies von den Parteien beantragt wird.[730] Die **Kostenentscheidung** erfolgt dann **einheitlich** im Urteil; dort ist auch über die Kosten des für erledigt erklärten Teils gem. **§ 91a ZPO** zu befinden.[731] Unterbleibt ein Feststellungsantrag des Klägers, ergeht nur ein Beschluss gem. § 91a ZPO. **334**

V. Erledigungswirkung, Kostenentscheidung

Bleibt die **Erledigungserklärung einseitig**, muss das Gericht über die Zulässigkeit der Klage und das (anfängliche) Bestehen des prozessualen Unterlassungsanspruchs durch **streitiges Urteil** entscheiden. Eine **Unterwerfung** bedeutet nicht, dass der Schuldner einen Rechtsverstoß anerkennt, so dass daraus **keine** ihm **nachteiligen Schlüsse** zu ziehen sind. Bei **beiderseitigen Erledigungserklärungen** ist im Rahmen des Beschlusses nach § 91a ZPO die anfängliche Zulässigkeit und Begründetheit ein wesentlicher Billigkeitsgesichtspunkt für die Kostenentscheidung; es bedarf daher einer dies berücksichtigenden Beschlussbegründung. **335**

---

726 BGH, 23.10.2003, I ZB 45/02, BGHZ 156, 335, 346 = GRUR 2004, 264, 266 – *Euro-Einführungsrabatt*; BGH, 20.01.2016, I ZB 102/14, GRUR 2016, 421 Rn. 15 – *Erledigungserklärung nach Gesetzesänderung.*

727 BGH, 23.10.2003, I ZB 45/02, GRUR 2004, 264, 266 – *Euro-Einführungsrabatt.*

728 BGH, 23.10.2003, I ZB 45/02, GRUR 2004, 264, 266 – *Euro-Einführungsrabatt.*

729 BGH, 20.01.2016, I ZB 102/14, GRUR 2016, 421 Rn. 20 – *Erledigungserklärung nach Gesetzesänderung.*

730 BGH, 20.01.2016, I ZB 102/14, GRUR 2016, 421 Rn. 25 – *Erledigungserklärung nach Gesetzesänderung.*

731 OLG Frankfurt, 13.07.2017, 6 W 51/17, GRUR-RR 2018, 47 Rn. 3 – *Lagerkorn.*

336 Hat der Wettbewerbsverletzer die Unterwerfung auf die Abmahnung hin nicht fristgerecht abgegeben und kommt es deshalb zur Einleitung eines gerichtlichen Verfahrens, erwächst dem klagenden Gläubiger **aus** der Verletzung der durch die berechtigte Abmahnung begründeten **Sonderrechtsbeziehung** (§ 311 Abs. 2 Nr. 3 BGB) ein **materiell-rechtlicher Anspruch** auf Ersatz des **Kostenschadens** (§ 280 Abs. 1 BGB), der als liquider Anspruch bereits bei der Kostengrundentscheidung nach § 269 Abs. 3 Satz 3 ZPO oder § 91a ZPO zu berücksichtigen ist. Dasselbe gilt, wenn der in Anspruch genommene Verletzer nicht rechtzeitig über eine Drittunterwerfung aufgeklärt hat.

337 Ist der Unterlassungsgläubiger im **Zweifel**, **ob** die **Erledigung eingetreten** ist, weil die Unterwerfung vom Gericht möglicherweise als nicht ausreichend angesehen wird, kann er **nicht gleichzeitig** den **Unterlassungsantrag** verfolgen **und** ihn **hilfsweise** für **erledigt erklären.**[732] Für einen hilfsweise gestellten Antrag auf Feststellung der Begründetheit der Unterlassungsklage bis zum Eintritt des erledigenden Ereignisses[733] fehlt jedenfalls ein Feststellungsinteresse, denn dem Kläger müssten die Kosten des fortgesetzten Verfahrens ohnehin im Rahmen einer Quotelung nach § 92 ZPO auferlegt werden.[734]

338 Der Kläger kann **nicht anstelle** einer **Erledigungserklärung** im Wege der Klagänderung den Antrag stellen, die Kosten auf der Grundlage eines **materiell-rechtlichen Anspruchs** zu erstatten.[735]

H. Vergleich

Hans-Jürgen Ahrens

I. Vergleichscharakter der Unterwerfungsvereinbarung

339 Die Streitbeilegung kann durch Abgabe einer Unterwerfungserklärung erfolgen, die allerdings typischerweise nur die vertragliche **Ablösung des gesetzlichen Unterlassungsanspruchs** und eventuell die Erstattung von Rechtsverfolgungskosten der Abmahnung zum Gegenstand hat. Die gewünschten **Verpflichtungswirkungen** (Unterlassungspflicht, sicherndes Vertragsstrafeversprechen) werden nur erzeugt, wenn der **Gläubiger** die Unterwerfung **annimmt** und dadurch ein Vertrag erzeugt wird (§ 311 Abs. 1 BGB).

340 Durch die Unterwerfungsvereinbarung wird die **potentielle Ungewissheit** über Bestehen und Reichweite der gesetzlichen Unterlassungspflicht **außer Streit** gestellt. Kommt der Vertrag zustande, ist darin nur dann ein Vergleich im Sinne des § 779 BGB zu sehen, wenn der Gläubiger auf eine eigene behauptete Rechtsposition verzichtet. Die **Nichteinleitung eines gerichtlichen Verfahrens**, das bei Erfolg zu einem nach § 890 ZPO vollstreckbaren und damit höherwertigeren Unterlassungstitel führen würde, stellt

---

732 BGH, 08.02.1989, IVa ZR 98/87, BGHZ 106, 359, 368 f.

733 Erwogen von BGH, 19.03.1998, I ZR 264/95, GRUR 1998, 1045, 1046 – *Brennwertkessel*.

734 *Vgl. BGH, 16.03.2006, I ZR 92/03*, GRUR 2006, 879 Rn. 20 – *Flüssiggastank*; *Bornkamm* in Ahrens, Der Wettbewerbsprozess[8] Kap. 33 Rn. 35.

735 KG, 26.02.2018, 8 W 2/18, MDR 2018, 559 (str.).

einen solchen **Verzicht** dar, auch wenn der Gläubiger unter dem faktischen Druck drohender Anwendung des § 93 ZPO handelt.[736] Verzicht bedeutet auch die Gestattung temporärer Fortsetzung des rechtswidrigen Verhaltens durch Einräumung einer Aufbrauchfrist.

II. Prozessvergleich

Wird die Unterwerfungsvereinbarung zur Beendigung eines Rechtsstreits vor Gericht getroffen, handelt es sich um einen Prozessvergleich (§ 794 Abs. 1 Nr. 1 ZPO), der den **Protokollierungsformalien** der §§ 160 Abs. 3 Nr. 1, 162 Abs. 1 ZPO unterliegt. Wird er unter Widerrufsvorbehalt geschlossen, gilt für den Widerrufsschriftsatz gegenüber dem Gericht Anwaltszwang. **341**

Der Prozessvergleich ist **Vollstreckungstitel**, wenn und soweit er einen vollstreckungsfähigen Inhalt hat. Seine Auslegung richtet sich nach prozessualen Grundsätzen. Die für die Unterlassungsvollstreckung erforderliche (und nicht verzichtbare!) **Ordnungsmittelandrohung** gem. § 890 Abs. 2 ZPO kann, da bereits Teil der Vollstreckung, **nicht in** den **Vergleich** aufgenommen werden.[737] Der Gläubiger kann die Androhung aber **sogleich gesondert beantragen**; eine drohende Zuwiderhandlung muss dafür nicht dargelegt werden.[738] Der gesonderte **Androhungsbeschluss** kann bei sofortiger Antragstellung bereits in das **Protokoll über** den **Vergleichsschluss** aufgenommen werden. **342**

Die **Vertragsstrafevereinbarung** schließt einen Vollstreckungsantrag nach § 890 Abs. 1 ZPO nicht aus.[739] Eine Vollstreckung der Vertragsstrafe aus dem Vergleich ist nicht möglich, weil sich deren Verwirkung nicht aus dem Protokoll ergibt. Das Bestimmtheitsgebot und der darauf fußende § 726 ZPO stehen entgegen.[740] Die **Vertragsstrafe muss** also **eingeklagt** werden. **343**

Wird im Prozessvergleich **keine Kostenvereinbarung** getroffen, gilt **§ 98 ZPO**. Wird vereinbart, dass eine Kostenentscheidung durch das Gericht ergehen soll, ist § 91a ZPO anzuwenden, jedoch ohne Rücksicht auf § 98 ZPO. **344**

Prozessvergleich ist auch der **Vergleich nach § 278 Abs. 6 ZPO**. Erklären beide Parteien die Annahme eines Vergleichs durch Schriftsatz (nicht: zu Protokoll) gegenüber dem Prozessgericht, stellt das Gericht das Zustandekommen und den Inhalt des Ver- **345**

---

736 *Achilles* in Ahrens, Der Wettbewerbsprozess[8] Kap. 8 Rn. 17; *Brüning* in Harte/Henning, UWG[4], § 12 Rn. 121; a.A. GroßkommUWG/*Feddersen* § 12 Rn. B 110.

737 BGH, 02.02.2012, I ZB 95/10, GRUR 2012, 957 Rn. 7 – *Vergleichsschluss im schriftlichen Verfahren*; BGH, 03.04.2014, I ZB 3/12, GRUR 2014, 909 Rn. 8 – *Ordnungsmittelandrohung nach Prozessvergleich*.

738 BGH, 03.04.2014, I ZB 3/12, GRUR 2014, 909 Rn. 19 – *Ordnungsmittelandrohung nach Prozessvergleich*.

739 BGH, 02.02.2012, I ZB 95/10, GRUR 2012, 957 Rn. 13 – *Vergleichsschluss im schriftlichen Verfahren*; BGH, 03.04.2014, I ZB 3/12, GRUR 2014, 909 Rn. 11 und 14 – *Ordnungsmittelandrohung nach Prozessvergleich*.

740 *Ahrens* WRP 2017, 1304, 1306 Rn. 19.

gleichs durch Beschluss fest. Auch dieser Beschluss ersetzt die Ordnungsmittelandrohung nicht.[741]

III. Anwaltsvergleich

346 Der vollstreckbare Anwaltsvergleich (§ 794 Abs. 1 Nr. 4b ZPO) richtet sich nach den **Voraussetzungen der §§ 796a bis 796c ZPO**. Er kann über eine wettbewerbsrechtliche Unterlassungsverpflichtung geschlossen werden. Für die **Erteilung der Vollstreckungsklausel** ist ausschließlich das **Prozessgericht** (§ 796b Abs. 1 ZPO) – nicht der Rechtspfleger – zuständig, vor dem ein Erkenntnisverfahren hätte durchgeführt werden müssen. Das ist das nach § 13 UWG **sachlich zuständige Landgericht**.[742] Die alternative Inverwahrungnahme und Vollstreckbarerklärung durch einen Notar sieht § 796c Abs. 1 Satz 1 ZPO vor.

347 Vollstreckungsvoraussetzung beider Varianten des Anwaltsvergleichs ist die **Ordnungsmittelandrohung** gem. § 890 Abs. 2 ZPO. **Zuständig** ist für diese Vollstreckungshandlung nicht das Amtsgericht, sondern analog § 797 Abs. 5 ZPO das fiktiv für ein Erkenntnisverfahren zuständige **Prozessgericht**, also das Landgericht.[743]

IV. Vergleich vor der Einigungsstelle

348 Vergleiche, die gem. § 15 Abs. 7 UWG vor der **Einigungsstelle** bei **der IHK** abgeschlossen werden, erhalten die **Vollstreckungsklausel** gem. § 797a Abs. 1 ZPO durch den Urkundsbeamten des Amtsgerichts, in dessen Bezirk die Einigungsstelle ihren Sitz hat. Wird die Vollstreckungsklauselerteilung angegriffen, ist dafür dieses Amtsgericht zuständig (§ 797a Abs. 2 ZPO). Materiell-rechtlich Einwendungen des Schuldners sind im Wege der Vollstreckungsgegenklage (§ 767 ZPO) vorzubringen. Dafür ist die Zuständigkeit aus §§ 797a Abs. 3, 797 Abs. 5 ZPO zu entnehmen.

349 Für die nicht ausdrücklich geregelte **Ordnungsmittelandrohung** ist das **Prozessgericht** zuständig, das bei Einleitung eines gerichtlichen Verfahrens zuständig gewesen wäre.

---

741 BGH, 02.02.2012, I ZB 95/10, GRUR 2012, 957 Rn. 12 – *Vergleichsschluss im schriftlichen Verfahren.*

742 *Ahrens* WRP 2017, 1304, 1306 Rn. 11.

743 OLG *Schleswig, 10.03.014, 6 W 22/13, BeckRS 2016,* 16512; *Ahrens* WRP 2017, 1304, 1306 Rn. 16 f.; a.A. OLG Düsseldorf, 05.04.2014, 20 W 93/14, WRP 2015, 71, 72 Rn. 14 – *Pinulia*; OLG München, 05.03.2015, 34 AR 35/15, WRP 2015, 646, 648 Rn. 5.

§ 12 Anh. II Zwangsvollstreckung

Hans-Jürgen Ahrens

Übersicht Rdn.

A. Vollstreckungsgegenstände, Vollstreckungsarten

I. Unterlassung, Beseitigung

1. Materiell-rechtliche und vollstreckungsrechtliche Verschleifung

1 Für die Vollstreckung titulierter Abwehransprüche auf Unterlassung und auf Beseitigung (zu ihnen § 12 Anh. I Rdn. 20 ff., 34 ff. und § 8 UWG) stehen die **Vollstreckungsverfahren** nach **§ 890 ZPO** (Unterlassung, Duldung) und nach **§§ 887, 888 ZPO** (Vornahme von vertretbaren und unvertretbaren Handlungen) zur Verfügung. Der Unterlassungsschuldner wird durch die Entscheidung verpflichtet, die im Titel bezeichnete Handlung künftig nicht mehr auszuüben, etwa nicht so zu werben oder Waren oder Dienstleistungen der bestimmten Art nicht mehr anzubieten. Für die **Beachtung eines Unterlassungstitels** reicht grundsätzlich bloße **Passivität**. § 890 ZPO reagiert auf einen Titelverstoß durch richterliche Anordnung eines Ordnungsmittels.

2 Die Pflichten des Schuldners können aber darüber hinausgehen, wenn Passivität eine **Fortdauer des rechtswidrigen Verhaltens** bedeutet. Die Unterlassungspflicht umfasst dann die Pflicht, ein in der Vergangenheit in Gang gesetztes Geschehen oder einen andauernden rechtswidrigen Zustand durch **aktive Gegenmaßnahmen** zu beenden bzw. zu beseitigen.[1] Die Beseitigung eines störenden Zustandes ist um der Vermeidung künftiger Wettbewerbsverletzungen willen geschuldet. Zur Erfüllung der Unterlassungspflicht hat der Schuldner des Unterlassungstitels durch eine positive Handlung die Störquelle zu beseitigen, von der künftige Wettbewerbsverletzungen ausgehen können. Er muss z.B. ein Werbeplakat mit einem rechtswidrigen Verkaufsangebot abnehmen oder dessen Inhalt schwärzen, einen irreführenden Aufkleber von der Fensterscheibe seines Geschäftslokals entfernen oder eine Angabe auf seiner Website löschen.

3 Die beiden verschuldensunabhängigen Abwehransprüche sind in ihren Voraussetzungen materiell-rechtlich und prozessual zu unterscheiden. Die Beseitigungsmaßnahme

1 *Büttner/Spätgens* in Ahrens, Der Wettbewerbsprozess[8], Kap. 63 Rn. 12.

muss zur Erreichung des angestrebten Erfolgs erforderlich und geeignet sein; ihre Tenorierung hat den Grundsatz der Verhältnismäßigkeit zu wahren.[2] Die **Ansprüche** sind aber wegen ihrer Ausrichtung auf die Vermeidung zukünftiger Beeinträchtigungen des Mitbewerbers oder der von Verbandsgläubigern repräsentierten Interessenten doch **eng verwandt**.[3] Der Unterlassungsanspruch wurde deshalb mangels ausdrücklicher Erwähnung des Beseitigungsanspruchs im UWG von 1909 oft als pars pro toto verstanden, der übergreifend den Beseitigungsanspruch einschloss.

Die Verwandtschaft beider zukunftsgerichteter Ansprüche wirkt sich in der Vollstreckung aus. Die Vollstreckung ist zwar das Spiegelbild des Titelinhalts, weshalb mit dem Titel die Vollstreckungsmittel feststehen und der Gläubiger unmittelbar dasjenige erhält, was Inhalt seines Anspruchs ist.[4] **Handlungsvollstreckung** und **Unterlassungsvollstreckung** schließen sich gleichwohl nicht gegenseitig aus, sondern **überlappen sich**.[5] Der Gläubiger hat es in der Hand, ob er den einen oder den anderen Anspruch oder gleichzeitig beide Ansprüche geltend macht. Er kann die Beseitigung aber auch allein mittels des Unterlassungsanspruchs durchsetzen, wenn und soweit die Beachtung der Unterlassungspflicht entsprechendes aktives Tun erfordert. 4

Die Pflicht zur Unterlassung eines dauerhaft fortwirkenden rechtswidrigen Verhaltens aus der Vergangenheit erfordert bereits ***materiell-rechtlich*** die Vornahme von **Beseitigungsmaßnahmen**, wenn bloße Passivität des Schuldners die Fortdauer des Verletzungsverhaltens bedeuten würde.[6] Sie ist deshalb in der Vollstreckung nach § 890 ZPO zu erzwingen.[7] Die gesetzliche Einteilung der Vollstreckungsarten wird dadurch im Hinblick auf die Zuständigkeit der Vollstreckungsorgane und die jeweilige Zulässigkeit der Zwangsmittel nicht unterlaufen. Dies gilt auch dann, wenn die Verletzungshand- 5

---

2 Vgl. nur BGH, 29.09.2016, I ZB 34/15, GRUR 2017, 208 Rn. 29 – *RESCUE-Tropfen*.

3 BGH, 28.07.2015, VI ZR 340/14, GRUR 2016, 104 Rn. 15 – *recht § billig*.

4 *Gaul*/Schilken/Becker-Eberhard, Zwangsvollstreckungsrecht[12], § 9 Rn. 8.

5 *Feddersen* Festschrift Büscher (2018), S. 471, 472.

6 BGH, 18.09.2014, I ZR 76/13, GRUR 2015, 258 Rn. 64 – *CT-Paradies*; BGH, 04.05.2017, I ZR 208/15, GRUR 2017, 823 Rn. 28 – *Luftentfeuchter*; BGH, 14.12.2017, I ZR 184/15, GRUR 2018, 423 Rn. 22 – Klauselerteilung. Ebenso der VI. Zivilsenat: BGH, 11.11.2014, VI ZR 18/14, GRUR 2015, 190 Rn. 16 – *Ex-RAF-Terroristin* (Löschung einer das Persönlichkeitsrecht verletzenden Internetveröffentlichung).

7 BGH, 22.10.1992, IX ZR 36/92, BGHZ 120, 73, 76 f. – *Straßenverengung*; BGH, 30.07.2015, I ZR 250/12, GRUR 2016, 406 Rn. 28 und 52 – *Piadina-Rückruf* (Rückrufkosten als Vollstreckungsschaden); BGH, 19.11.2015, I ZR 109/14, GRUR 2016, 720 Rn. 34 – Hot Sox m. krit. Anm. *Goldmann*; BGH, 29.09.2016, I ZB 34/15, GRUR 2017, 208 Rn. 24 f. – *RESCUE-Tropfen*; BGH, 08.12.2016, I ZB 118/15, GRUR 2017, 318 Rn. 12 – *Dügida*; BGH, 11.10.2017, I ZB 96/16, GRUR 2018, 292 Rn. 20 ff. – Produkte zur Wundversorgung; nach Rückverweisung OLG Frankfurt, 30.07.2018, 6 W 74/16 – *Quarantäne-Buchung II*; BGH, 12.07.2018, I ZB 86/17, GRUR 2018, 1183 Rn. 10 – *Wirbel um belasteten Bauschutt*; OLG Stuttgart, 09.03.2016, 2 W 49/15, GRUR-RR 2017, 86 Rn. 15 – *Modedesign Studium*. Zur Übertragung auf Unterwerfungserklärungen BGH, 04.05.2017, I ZR 208/15, GRUR 2017, 823 Rn. 26 – *Luftentfeuchter*. Dazu *Feddersen* Festschrift Büscher (2018), S. 471 ff.

lung keine Dauerhandlung des Schuldners ist, sondern eine Duldungspflicht ergänzende Handlungen erfordert.[8]

6 Mit der Erzwingung von Beseitigungsmaßnahmen auf der Grundlage eines Unterlassungstitels wird die Prüfung der **Erforderlichkeit** und der **Verhältnismäßigkeit** der Beseitigungshandlung in der Regel vom Erkenntnisverfahren in das **Vollstreckungsverfahren** verschoben. Der BGH hält die Prüfung im Erkenntnisverfahren aber für entbehrlich, wenn der Schuldner dort nicht von sich aus geltend macht, dass ihm die Handlungen zur Beseitigung des Störungszustands unmöglich oder unzumutbar sind.[9] Die speziellen Beseitigungserfordernisse werden dadurch als **rechtshindernde Tatbestandsmerkmale** qualifiziert, für deren tatsächliche Voraussetzungen der Schuldner die Darlegungs- und Beweislast trägt.[10] Ein Sachantrag des Schuldners ist nicht erforderlich. Den Einwendungen kann in den Entscheidungsgründen entsprochen werden, die zur Auslegung des Unterlassungstenors heranzuziehen sind.

2. Sanktionsmechanismen

7 Die Unterlassungsvollstreckung nach § 890 ZPO kennt keinen unmittelbar wirkenden Erfüllungszwang, sondern kann nur nachtatlich auf eine Zuwiderhandlung reagieren, indem das Vollstreckungsgericht die Sanktionen des Ordnungsgeldes oder der Ordnungshaft anordnet. Sie wirken durch ihre Sanktionsdrohung präventiv, dienen also vortatlich der **Willensbeugung**. Ob man sie mit der h.M. auch als repressives, strafähnliches Instrument begreifen muss,[11] ist sehr zweifelhaft.[12] Die auch vom BVerfG betonte Aufrechterhaltung der Funktionsfähigkeit des Ordnungsmittelverfahrens[13] zwingt dazu nicht.

8 Die **Vollstreckung vertretbarer Handlungen** nach § 887 ZPO kennt indirekt einen unmittelbar wirkenden Erfüllungszwang, weil der Gläubiger die Handlung qua ermächtigter Ersatzvornahme durchführen kann. Bei unvertretbaren Handlungen kommt nach § 888 ZPO nur ein Zwangsgeld als Beugemittel in Betracht, das summenmäßig begrenzter ausfällt, als ein Ordnungsgeld nach § 890 ZPO festgesetzt werden kann. Im Übrigen ähneln sich aber § 888 und § 890 ZPO sehr stark, nur muss die Verhängung von Zwangsmitteln nach § 888 ZPO vorher nicht angedroht werden. Wer-

---

8 BGH, 29.09.2016, I ZB 34/15, GRUR 2017, 208 Rn. 26 – *RESCUE-Tropfen*.

9 BGH, 29.09.2016, I ZB 34/15, GRUR 2017, 208 Rn. 29 – *RESCUE-Tropfen*.

10 Allgemein zur Verteilung der Darlegungs- und Beweislast *Ahrens*, Der Beweis im Zivilprozess, 2015, Kap. 9 Rn. 32 ff. und 45 ff.

11 So u.a. BVerfG, 25.10.1966, 2 BvR 506/63, BVerfGE 20, 323, 333 f. = GRUR 1967, 213 (unter Bezugnahme auf die Interpretation des RG); BVerfG, 14.07.1981, 1 BvR 575/80, BVerfGE 58, 159, 162 = NJW 1981, 2457; BVerfG, 04.12.2006, I BvR 1200/04, GRUR 2007, 618 Rn. 11 (»strafrechtliche Elemente«); BVerfG, 09.05.2017, 2 BvR 335/17, NJW-RR 2017, 957 Rn. 25 f. und 35; BGH, 30.09.1993, I ZR 54/91, GRUR 1994, 146, 147 – *Vertragsstrafebemessung*; BGH, 08.12.2016, I ZB 118/15, GRUR 2017, 318 Rn. 17 – *Dügida*; BGH, 10.05.2017, XII ZB 62/17, NJW-RR 2017, 836 Rn. 13.

12 Kritisch dazu *Ahrens* in Ahrens, Der Wettbewerbsprozess[8] Kap. 68 Rn. 1.

13 BVerfG, 09.05.2017, 2 BvR 335/17, NJW-RR 2017, 957 Rn. 35.

den die beiden kategorial zu unterscheidenden Vollstreckungsarten wegen fehlerhafter Interpretation des Titels vertauscht,[14] ist dagegen der Rechtsbehelf der Erinnerung (§ 766 ZPO) gegeben.

3. Androhung des Ordnungsmittelrahmens

Die Vollstreckung nach § 890 ZPO setzt eine Androhung des Ordnungsmittelrahmens 9
(nicht: eines zahlenmäßig beschränkten Ordnungsmittels innerhalb des Rahmens) voraus. Die Androhung ist zweckmäßigerweise bereits **mit** dem **Unterlassungsantrag** zu **verbinden**. Der Unterlassungsantrag kann mit der Formulierung eingeleitet werden: »... es bei Meidung von Ordnungsgeld von bis zu 250.000 €, ersatzweise Ordnungshaft von bis zu sechs Monaten, oder von Ordnungshaft von bis zu sechs Monaten zu unterlassen«, gegebenenfalls mit dem für juristische Personen und Personengesellschaften bedeutsamen Zusatz: »wobei die Ordnungshaft zu vollziehen ist an X.«[15]

Unterbleibt der Androhungsantrag versehentlich, kann er **nachträglich gestellt** wer- 10
den, ohne dass es dafür eines besonderen Anlasses bedarf. Ein gesonderter nachträglicher Androhungsbeschluss ist eine Vollziehungsmaßnahme im Sinne des § 929 Abs. 2 ZPO, weil er bereits Teil der Zwangsvollstreckung ist.[16]

In einen **Prozessvergleich**, einen Anwaltsvergleich, einen Schiedsspruch oder eine nota- 11
rielle Urkunde kann die **Androhung nicht** aufgenommen werden, weil er nicht durch gerichtliche Anordnung zustande kommt.[17] Die nachträgliche gerichtliche Androhung hat bei Stellung eines entsprechenden Antrags durch **gesonderten** richterlichen **Beschluss** zu erfolgen, ohne dass der Schuldner zuvor gegen die im Vergleich titulierte Unterlassungspflicht verstoßen haben muss.[18] Damit der Schuldner nicht bis dahin eine weitere Verletzungshandlung sanktionsfrei begehen kann, empfiehlt sich die Vereinbarung einer Vertragsstrafe. Sie schließt nicht aus, dass nunmehr ein separater Androhungsantrag gestellt werden kann, weil beide Sanktionen nebeneinander geltend gemacht werden können.[19] Die Androhung kann nur der Gläubiger beantragen, nicht aber der Schuldner einer notariellen Unterlassungserklärung.[20]

---

14 Zur korrigierenden Auslegung eines Antrags im Verfügungsverfahren OLG Köln, 28.04.2017, 6 U 152/16, GRUR 2017, 1048 Rn. 19 ff. – *Dampfreinigungsgeräte* = WRP 2017, 864, 865.

15 Zur kumulativen Androhung aller Ordnungsmittel BGH, 23.10.2003, I ZB 45/02, GRUR 2004, 264, 265 – *Euro-Einführungsrabatt*.

16 Qualifizierung als Vollstreckungshandlung: BGH, 16.05.1991, I ZR 218/89, GRUR 1991, 929, 931 – Fachliche Empfehlung II.

17 Zum Prozessvergleich BGH, 02.02.2012, I ZB 95/10, GRUR 2012, 957 Rn. 8 – *Vergleichsschluss im schriftlichen Verfahren*; BGH, 03.04.2014, I ZB 3/12, GRUR 2014, 909 Rn. 8 – *Ordnungsmittelandrohung nach Prozessvergleich*.

18 BGH, 03.04.2014, I ZB 3/12, GRUR 2014, 909 Rn. 19 – *Ordnungsmittelandrohung nach Prozessvergleich*.

19 BGH, 03.04.2014, I ZB 3/12, GRUR 2014, 909 Rn. 11 – *Ordnungsmittelandrohung nach Prozessvergleich*.

20 BGH, 07.06.2018, I ZB 117/17, GRUR 2018, 973 Rn.7.

4. Vorteil gesonderter Titulierung der Handlungsvollstreckung

12 Lässt der Gläubiger eines Abwehranspruchs die Beseitigung nicht gesondert tenorieren, kann er Beseitigungsmaßnahmen zwar grundsätzlich auf der Grundlage eines Unterlassungstitels erzwingen, soweit **aktives Tun** zur **Realisierung der Unterlassung** geboten ist, jedoch berechtigt der Unterlassungstitel nur zur Vollstreckung nach § 890 ZPO, nicht zum Vorgehen nach §§ 887, 888 ZPO (h.M.).

13 Einen nach § 887 ZPO zu vollstreckenden Beseitigungsantrag kann und muss der Gläubiger zusätzlich stellen, wenn er Interesse an der **Ersatzvornahme** der geschuldeten Handlung hat. Ein titulierter Beseitigungsanspruch befreit den Gläubiger von der Unsicherheit, ob eine autonom ergriffene Beseitigungshandlung, über die später Streit entsteht, von einem Gericht als erforderlich angesehen wird und insbesondere ein Kostenersatz gem. §§ 683, 670 BGB oder gem. § 812 BGB zuzusprechen ist. Ermächtigt das Gericht den Gläubiger auf der Grundlage eines titulierten Beseitigungsanspruchs zur Ersatzvornahme, steht deren Erforderlichkeit fest und die **Kostentragung des Schuldners** wird im Vollstreckungsverfahren tituliert.

14 Umgekehrt lässt sich mit der Vollstreckung nach §§ 887, 888 ZPO die Durchsetzung eines Unterlassungsanspruchs nicht erreichen. Der Unterlassungsanspruch erschöpft sich nicht in der Beseitigung eines durch die Verletzungshandlung herbeigeführten und in die Zukunft fortwirkenden Störungszustandes. Werden sowohl der Unterlassungsanspruch als auch der Beseitigungsanspruch tenoriert, kann der Gläubiger die **Vollstreckungsart wählen**.

5. Besondere Beseitigungsmaßnahmen

15 Spezielle Beseitigungsmaßnahmen, die Gegenstand gesonderter, u.U. einschränkender materiell-rechtlicher Voraussetzungen sind, können nur mit Einschränkungen auf der Grundlage eines Unterlassungstitels nach § 890 ZPO vollstreckt werden (s. nachfolgend Rdn. 18 und 19 ff.). Das betrifft insbesondere den **Widerruf** einer Äußerung, den **Rückruf** rechtsverletzender Gegenstände, die **Vernichtung** und die Entfernung aus den Vertriebskanälen[21]. Der Widerruf von Äußerungen erfolgt nur über § 888 ZPO, eventuell auch analog § 894 ZPO (str.; s. dazu auch unten Rdn. 34).

16 Verlangt man für die Handlungsvollstreckung nach § 887, 888 ZPO, dass aus dem allgemeinen Beseitigungsanspruch herausgehobene spezielle Beseitigungsmaßnahmen wie Rückruf, Entfernung, Vernichtung, Herausgabe, Berichtigung etc. ihrer Art nach im Antrag zu bezeichnen sind, um das **Bestimmtheitsgebot** des § 253 Abs. 2 Nr. 1 ZPO zu erfüllen,[22] schlägt dies zwingend auf die Unterlassungsvollstreckung durch;

---

21 Zur Unterscheidung der Alternativen von Rückruf zwecks Vernichtung einerseits und Entfernung zwecks Herausgabe und Überlassung an den Gläubiger zur weiteren Verwendung andererseits s. *Possin*, Die Abhilfemaßnahmen Vernichtung, Rückruf und Entfernung, KWI-Schriftenreihe Band 13, 2013, Rn. 337 ff., 357 ff.

22 *So etwa Büttner/Spätgens, in* Ahrens, Wettbewerbsprozess[8], Kap. 63 Rn. 16; a.A. *Bacher*, in Ahrens, Wettbewerbsprozess[8], Kap. 73 Rn. 20; Bornkamm in Köhler/Feddersen, UWG[36], § 8 Rn. 1.115 f.; vermittelnd Teplitzky/*Löffler*, Wettbewerbsrechtliche Ansprüche[11], Kap. 24 Rn. 8.

spezielle Handlungen könnten dann, weil außerhalb des Antrags und des entsprechend bestimmten Verbots liegend, nicht über § 890 ZPO erzwungen werden.

Zur Erfüllung des zuvor als Antragserfordernis formulierten Bestimmtheitsgebots **reicht** jedoch eine bloße **Zielbestimmung** grundsätzlich aus. Der Schuldner soll Raum für die eigene Entscheidung behalten, welchen Beseitigungsweg er zur Zielerreichung einschlagen will. Damit wird dem generellen Prinzip schonender Vollstreckung Rechnung getragen.[23] Zudem wird dem Gläubiger der Abwehransprüche erspart, im Erkenntnisverfahren zu konkreten Handlungsmaßnahmen vortragen zu müssen,[24] wozu er mangels Einblick in die Sphäre des Schuldners oftmals nicht imstande sein wird. **17**

II. Spezialfall: materiell-rechtliche oder prozessuale Willenserklärungen

Ausgeschlossen von der Vollstreckung sowohl nach § 890 ZPO als auch nach § 887 ZPO ist die **Abgabe einer Willenserklärung**, etwa gerichtet auf Löschung einer Eintragung in ein Register (dazu unten § 12 Anh. II Rdn. 79). **§ 894 ZPO** ist als **Spezialvorschrift** zu verstehen, die den Schuldner von der Vornahme eigener Handlungen entlastet. Die ZPO befolgt damit das Prinzip möglichster Schonung des Schuldners. Deshalb gilt die Erklärung mit Rechtskraft eines darauf gerichteten Titels als abgegeben und der Gläubiger kann die Erklärung bei der zuständigen Stelle vorlegen. Eine vorzeitige Abgabe kann wegen fehlender Unumkehrbarkeit des Vorgangs nicht in Betracht kommen. **18**

III. Spezialfall: Rückruf, sonstige Einwirkung auf Dritte

1. Verantwortlichkeit für Drittverletzungen

Ein spezielles Problem ist die Tenorierung besonders eingreifender Beseitigungsmaßnahmen, etwa des **Rückrufs von Produkten** oder von **Werbematerial** in der Verfügungsgewalt rechtlich selbständiger Unternehmen (Eigenhändler, Handelsvertreter) einer Absatzkette mit dem Ziel einer nachfolgenden Vernichtung entweder durch den Schuldner selbst oder durch den Gläubiger gem. § 887 ZPO. **19**

Charakteristisch ist für spezielle Beseitigungsinhalte wie den Rückruf und oder die Entfernung aus den Vertriebskanälen (dazu zuvor Rdn. 15), dass sie der **Abwehr** einer ***Gefahr* künftiger Verletzung** dienen, nicht aber der Beseitigung einer zwangsläufig gegebenen Fortwirkung eines rechtswidrigen Verletzungszustands. Sie vereiteln die Realisierung einer **abstrakten Gefahr** künftiger Verletzung von Gläubigerinteressen, nunmehr begangen **durch Dritte**, die im Besitz des verletzenden Materials sind. Diese Dritten werden den Vertrieb gutgläubig fortsetzen oder könnten trotz Kenntnis des gegen den Schuldner erlassenen Verbots versucht sein, eventuell in kollusiver Zusammenarbeit mit ihm, die vom Schuldner bezogene Ware zur Vermeidung von Belastun- **20**

23 BGH, 28.07.2015, VI ZR 340/14, GRUR 2016, 104 Rn. 40 – *recht § billig*; *Gaul*/Schilken/Becker-Eberhard, Zwangsvollstreckungsrecht[12], § 9 Rn. 13.

24 *Schacht* WRP 2017, 1055, 1058 Rn. 25.

gen schnell abzusetzen oder die Werbeunterlagen weiterzuverwenden. Selbstverständlich kommt ein Rückruf vom Endabnehmer nicht in Betracht.[25]

2. Rückrufunterlassung aufgrund Titels aus ordentlichem Verfahren

a) Standpunkt des BGH

21 Im ordentlichen Verfahren kann der **Rückruf aus** der **Abnehmerkette** nach zutreffender Ansicht des BGH grundsätzlich auch **auf** der **Grundlage** eines **Unterlassungstitels** verlangt werden (s. oben Rdn. 2 ff.). Welche rechtlichen Einwirkungsmöglichkeiten der Schuldner auf Dritte hat, soll belanglos sein. Einen Rückruf aus dem Groß- und Einzelhandel soll er zumindest versuchen müssen,[26] etwa mit dem Hinweis, dass der Abnehmer bei einem Vertrieb selbst rechtswidrig handeln würde.[27] Rechtsprechung des X. Zivilsenats des BGH zum Rückruf kraft Unterlassungspflicht nach einer Patentverletzung gibt es bisher nicht, doch wäre die Ausdehnung der Grundsätze auf dieses Rechtsgebiet folgerichtig und sachgerecht. Für das Patentrecht hat allerdings der 15. ZS des OLG Düsseldorf den offenen Aufstand praktiziert.[28]

22 **Gegen** die **Rechtsprechung des BGH** hat der GRUR-Fachausschuss für Wettbewerbs- und Markenrecht öffentlich opponiert.[29] Angesichts der Diskussion im Fachschrifttum[30] hat der BGH unter Aufhebung einer Entscheidung des OLG Frankfurt[31] seine Auffassung in dem Beschluss mit dem Stichwort »Produkte zur Wundversorgung« noch einmal eingehend gerechtfertigt.[32]

b) Unionsrechtliche Einwände

23 Die Vornahme von Rückrufhandlungen (vor allem zur Vorbereitung einer Rechtsvernichtung) ist bei Verletzung von Rechten des Geistigen Eigentums **Gegenstand gesonderter materiell-rechtlicher Ansprüche**.[33] Die spezialgesetzliche Regelung der Beseiti-

---

25 LG Hamburg, 19.03.2018, 327 O 321/17, GRUR-RR 2018, 319 Rn. 10 – *Dialysekonzentrat*.

26 BGH, 19.11.2015, I ZR 109/14, GRUR 2016, 720 Rn. 35 – *Hot Sox* m. krit. Anm. *Goldmann*; BGH, 04.05.2017, I ZR 208/15, GRUR 2017, 823 Rn. 29 – *Luftentfeuchter*.

27 BGH, 04.05.2017, I ZR 208/15, GRUR 2017, 823 Rn. 32 – *Luftentfeuchter*.

28 OLG Düsseldorf, 30.04.2018, 15 W 9/18, GRUR 2018, 855, 858 Rn. 44 ff. – *Rasierklingeneinheit*.

29 »Zwischenruf«, GRUR 2017, 885.

30 Dazu: *Husemann* WRP 2017, 270 ff.; *Sakowski* GRUR 2017, 355 ff.; *Dissmann* MarkenR 2017, 293 ff.; *Schacht* WRP 2017, 1055 ff.; *Hermanns* GRUR 2017, 977 ff.; *Döring* Mitt. 2018, 101 ff.; *Bornkamm* in Köhler/Bornkamm/Feddersen, UWG[36] § 8 Rn. 1.75 ff. gegen seinen Mitautor *Feddersen*.

31 OLG Frankfurt, 19.09.2016, 6 W 74/16, GRUR 2016, 1319 – *Quarantäne-Buchung* = WRP 2017, 98.

32 BGH, 11.10.2017, I ZB 96/16, GRUR 2018, 292 – *Produkte zur Wundversorgung*; überwiegend zustimmend *Ahrens* GRUR 2018, 374 ff., ablehnend *Lubberger* GRUR 2018, 378 ff. Zu Folgefragen *Meinhardt* WRP 2018, 527 ff.

33 U.a. § 18 Abs. 2 MarkenG, § 98 Abs. 2 UrhG, § 43 Abs. 2 DesignG, § 140a Abs. 3 PatG, im Jahre 2008 zwecks Erfüllung unionsrechtlicher Vorgaben als aus dem allgemeinen Beseitigungsanspruch ausgegliederte gesonderte Tatbestände geschaffen.

gung in den nationalen Gesetzen zum Geistigen Eigentum ist allein dem Umstand geschuldet, dass die Richtlinie 2004/48/EG transparent umgesetzt werden musste. Daraus können keine Schlüsse gezogen werden, wie das nationale Prozessrecht mit der Prüfung von Anforderungen im Hinblick auf die Verteilung zwischen Erkenntnis- und Vollstreckungsverfahren und die wenig geglückte Abgrenzung der Zwangsvollstreckung nach §§ 887 f. und § 890 ZPO umzugehen hat.[34]

c) Erforderns der Antragsbestimmtheit

24 Die **Beseitigung** künftiger **Gefährdungen durch Dritte** ist als mitbeantragte und implizit tenorierte **Zielbeschreibung im Unterlassungsgebot** enthalten. Welches Beseitigungsziel grundsätzlich erreicht werden muss, kann nicht zweifelhaft sein. Die Störung in Form des an Dritte gelieferten Besitzes rechtswidriger Ware ist dem Schuldner bekannt, so dass sich die von ihm geschuldete Beseitigung qua Auslegung des Unterlassungstitels ermitteln lässt. Einer tenorierenden Benennung des Beseitigungsziels bedarf es nicht.

25 Würde man den Gläubiger auf den Weg einer Handlungsvollstreckung verweisen, damit bereits im Erkenntnisverfahren gegen den Verletzer die zu erfüllende Handlung konkret beschrieben wird, könnte eine **effektive Durchsetzung** der Ermächtigung zur Ersatzvornahme (§ 887 Abs. 1 ZPO) des Gläubigers gegen Dritte an deren mangelndem Einverständnis **scheitern**. Gegen die besitzenden Dritten kann der Gläubiger häufig nicht unmittelbar vorgehen, weil er sie entweder gar nicht kennt oder weil nur ein qualifizierter Besitz zum Zwecke des Inverkehrsbringens im Schutzgebiet eine rechtswidrige Tatbestandshandlung darstellt.[35] Auch das Gebot der Gewährung effektiven Rechtsschutzes spricht also für ein Vorgehen gegen den Schuldner (als erstem verantwortlichen Verletzer) über § 890 ZPO.

d) Nachträgliche Prüfung des Maßnahmenumfangs

26 Das Erfordernis einer Rückrufmaßnahme kann wegen ihrer unverhältnismäßigen Wirkung nachträglich streitig werden. Sie kann zumindest Gegenstand der Gewährung einer schonenden Umstellungsfrist sein. Will der **Gläubiger** diesen Streit nicht der unsicheren Auslegung des Unterlassungstitels im Vollstreckungsverfahren überlassen, kann er einen gesonderten Beseitigungsantrag stellen.

27 Der **Schuldner** kann sich seinerseits gegen ein entsprechendes nachträgliches Verständnis des Unterlassungstitels in einem auf Titelauslegung gerichteten Feststellungsverfahren wenden, sofern er seine Einwendungen nicht schon im Erkenntnisverfahren über den Unterlassungstitel erhoben hat. Außerdem kann er die Einwendungen nachträglich im Verfahren über einen Ordnungsmittelantrag geltend machen.

---

34 A.A. OLG Düsseldorf, 30.04.2018, 15 W 9/18, GRUR 2018, 855, 858 Rn. 45 ff. – *Rasierklingeneinheit.*

35 Vergleichende Darstellung der tatbestandsmäßigen Vermarktungshandlungen bei *Rabbe*, Die Vermarktung schutzrechtsverletzender Waren als Verletzung des urheberrechtlichen Verbreitungsrechts und der gewerblichen Schutzrechte, KWI-Schriftenreihe Band 29, 2015, Rn. 544 ff.

3. Anordnungen im Verfügungsverfahren

28 Der BGH hat den Rückruf von Ware aus der Abnehmerkette auf Grundlage eines Unterlassungstitels, der **im Eilverfahren** ergangen ist, mit seiner Entscheidung »Produkte zur Wundversorgung« **weitgehend ausgeschlossen**. Statthaft sollen Rückrufmaßnahmen auf dieser prozessualen Grundlage nur sein, wenn ein Fall von Produktpiraterie vorliegt oder wenn konkrete Anhaltspunkte dafür sprechen, dass sich der Schuldner noch rasch seiner Ware durch beschleunigten Absatz entledigen will.[36]

29 Der Unterlassungstitel eines Verfügungsverfahrens reicht somit in der Regel nicht für die Erzwingung einer Rückrufmaßnahme aus.[37] Weitreichende Handlungsmaßnahmen kommen im **summarischen Verfügungsverfahren** wegen der stark belastenden Wirkungen generell nur nach einer **einzelfallbezogenen Interessenabwägung** in Betracht. Rückrufverfügungen würden das Unternehmensansehen des Schuldners auf ungesicherter Rechtsgrundlage beeinträchtigen. Sie betreffen die Rechtsbeziehungen zu Dritten und sind bei sich später als unberechtigt erweisender Tenorierung nicht effektiv rückgängig zu machen. Die **irreversible** temporäre **Befriedigungswirkung** einer Unterlassungsverfügung ist nur für die weniger einschneidende Beschränkung der wettbewerblichen Handlungsfreiheit hinzunehmen. Ausnahmen betreffen schwerwiegende Rechtsverletzungen, insbesondere den begründetem Verdacht einer Gefahr vertuschenden Weitervertriebs.[38] Dieses Zugeständnis ist allerdings nicht praktikabel zu handhaben.

30 Unsicherheiten über die konkrete Reichweite einer Rückrufverpflichtung würden sich auch auf den **Schutz des Schuldners** und Antragsgegners **nach § 945 ZPO** auswirken. Die Kosten von Rückrufmaßnahmen stellen bei rückwirkender Aufhebung einer einstweiligen Verfügung einen Vollziehungsschaden dar, wenn die vom Schuldner konkret ergriffenen Maßnahmen von der Titelverpflichtung umfasst wurden. Sie würden den Gläubiger als ursprünglichen Antragsteller erheblich belasten, wie der Fall »Piadina-Rückruf«[39] exemplarisch zeigt.

31 Der Schuldner steht wegen der inzidenten Tenorierungsbeschränkung nicht vor dem Problem, **Einwendungen** im Erkenntnisverfahren vorbringen zu müssen, etwa mittels einer Schutzschrift.

32 Ungeachtet der Einschränkung von Rückrufanordnungen im Verfügungsverfahren sieht der BGH den **Schuldner** als **verpflichtet** an, gegenüber Dritten in der Absatzkette einen rechtlichen **Hinweis auf** den **Erlass des Unterlassungstitels** zu erteilen.[40] Als bloße Sicherungmaßnahme entspricht dies dem institutionellen Charakter einer einstweiligen Verfügung. Die Abnehmer müssen dann selbst entscheiden, welche weiteren Risiken sie auf sich nehmen wollen. Die deliktsrechtliche Hinweispflicht läuft parallel

---

36 BGH, 11.10.2017, I ZB 96/16, GRR 2018, 292 Rn. 36 – *Produkte zur Wundversorgung.*
37 A.A. *Feddersen*, Festschrift Büscher (2018), S. 471, 481 f.
38 Vgl. *Possin, Die Abhilfemaßnahmen* Vernichtung, Rückruf und Entfernung, Rn. 528 ff.
39 BGH, 30.07.2015, I ZR 250/12, GRUR 2016, 406 – *Piadina-Rückruf.*
40 BGH, 11.10.2017, I ZB 96/16, GRUR 2018, 292 Rn. 39 – *Produkte zur Wundversorgung.*

zur vertragsrechtlichen Pflicht des Schuldners (§ 242 BGB), die Dritten über eine Entscheidung zu informieren, die den Vertrieb als rechtsverletzend angesehen hat.

4. Folgerechtsprechung, Auswirkungen im UWG, fehlerhafte Zurechnungen

Die Rechtsprechung zum Rückruf ist nicht auf die Verletzung von Rechten des Geistigen Eigentums beschränkt. Unlauter gekennzeichnete Produkte sind von ihr ebenfalls betroffen.[41] **33**

Ein **Rückruf** kommt aber nur für Gegenstände in Betracht, die den **Wettbewerbsverstoß verkörpern**.[42] Irreführende oder sonst unlautere Produktwerbung zieht weder einen Produktrückruf nach sich, noch ist der Schuldner kraft eines Unterlassungstitels schlechthin zur Einwirkung auf Dritte verpflichtet. **Aufklärung der Öffentlichkeit** zur Tilgung unrichtiger Fehlvorstellungen ist nur in Form einer Urteilsveröffentlichung geschuldet, die ausdrücklich beantragt und angeordnet werden muss. Ein etwaiger Widerruf einer Äußerung muss entweder in einer Form beantragt werden, die eine Vollstreckung nach § 894 ZPO ermöglicht, oder unter Bezeichnung des Widerrufstextes zur Vollstreckung nach § 888 ZPO. **34**

Augenmerk ist auf die Begründung der **Zurechnung des Verhaltens Dritter** zu legen. Die Rechtsprechung droht sich von den Ausgangssachverhalten u.a. der BGH-Rechtsprechung zum Rückruf aus der Abnehmerkette abzulösen, indem deren Begründungselemente unzutreffend auf Internetsachverhalte ausgedehnt werden. Eine Zurechnung des Verhaltens Dritter kann nicht allein damit begründet werden, dass dem Schuldner »deren Handeln wirtschaftlich zugute kommt«, selbst »wenn er [sc.: der Schuldner] mit einem Verstoß rechnen muss« und er »rechtliche und tatsächliche Einflussmöglichkeiten auf das Verhalten der Dritten hat«.[43] Diese zunächst aus der BGH-Entscheidung »Vertragsstrafenklausel«[44] entnommene und in der Entscheidung »Rescue-Tropfen«[45] wiederholte Sentenz bedeutet für Internetsachverhalte eine Überdehnung der Haftung unter Missachtung allgemeiner deliktsrechtlicher Zurechnungskriterien. Die Kriterien sind mit dem Erfordernis zu verbinden, dass der Schuldner den Verstoß Dritter »**adäquat** mit **verursacht**« haben muss.[46] Eine Zurechnung lässt sich auch nicht mit der formelhaften Wendung begründen, der Schuldner müsse mit einem Verstoß eines Drit- **35**

41 S. zusätzlich zur BGH-Rechtsprechung HansOLG Hamburg, 30.01.2017, 3 W 3/17, GRUR-RR 2017, 464 (LS); OLG Frankfurt, 23.11.2017, 6 U 197/16, GRUR-RR 122 Rn. 11 = WRP 2018, 351 – *nickelfreie Edelstahlschließen*

42 OLG Frankfurt, 23.11.2017, 6 U 197/16, GRUR-RR 122 Rn. 16 – *nickelfreie Edelstahlschließen.*

43 So aber OLG Celle, 21.08.2017, 13 W 45/17, GRUR-RR 2018, 46 Rn. 11 – *Wirbel um Bauschutt*; OLG Frankfurt, 22.11.2017, 6 W 93/17, GRUR-RR 2017, 223 Rn. 12 – *Anruf-Linientaxi*; LG Stuttgart, 07.12.2017, 11 O 92/17, WRP 2018, 378, 381 Rn. 44 – *Google My Business-Anzeigen.*

44 BGH, 13.11.2013, I ZR 77/12, GRUR 2014, 595 Rn. 26 – *Vertragsstrafenklausel.*

45 BGH, 29.09.2016, I ZB 34/15, GRUR 2017, 208 Rn. 30 – *Rescue-Tropfen.*

46 Vgl. nur BGH, 11.11.2014, VI ZR 18/14, GRUR 2015, 190 Rn. 21 und 37 – *Ex-RAF-Terroristin.* So an sich auch LG Stuttgart a.a.O., ohne dass dort daraus Konsequenzen gezogen wurden.

ten, auf den er rechtliche und tatsächliche Einwirkungsmöglichkeiten hat, ernstlich rechnen.[47]

36 Das **Adäquanzurteil** bedeutet eine **Einschränkung** der Zurechnung kausalen Geschehens, in die Billigkeitsgesichtspunkte einfließen. Der Schuldner muss zudem die Gefahr des rechtswidrigen Handelns Dritter signifikant erhöht haben.[48] Es kommt somit nicht erst auf eine nachträgliche Einschränkung der Verantwortlichkeit für das intervenierende Handeln Dritter unter dem Gesichtspunkt der Zumutbarkeit von Beseitigungsmaßnahmen an (s. dazu auch § 12 Abs. 1 Rdn. 101).

5. Rückruf aufgrund Unterwerfungsvertrages

37 Der BGH hat in der Entscheidung »Luftentfeuchter« vertragliche Unterlassungsverpflichtungen dahin ausgelegt, dass sie die Beseitigung durch Rückruf umfassen.[49] Dem ist zu widersprechen. Die Auslegung darf nicht gegen Erfahrungssätze verstoßen. Der heftige Widerstand gegen die Beseitigungsrechtsprechung zeigt, dass die Anwaltschaft von der Rechtsprechung überrascht wurde. Unterwerfungsvereinbarungen aus der Vergangenheit **beruhen** daher **nicht auf** einem **Parteiwillen** im Sinne der Entscheidung »Luftentfeuchter«.

38 Folgt man dieser Einschränkung, **verlagert sich** der **Handlungszwang** auf den Gläubiger; er muss ausdrücklich einen solchen Umfang in der Unterlassungsverpflichtung verlangen, damit eine entsprechende vertragliche Festlegung erfolgt. Wird die Unterlassungsverpflichtung im Rahmen eines Prozessvergleichs erklärt, kann der Verpflichtungswille der Parteien allerdings weiter reichen.

39 Problematisch ist die **Reaktion auf** das **Angebot einer Unterwerfungserklärung**, in der der Schuldner trotz weiterreichender materiell-rechtlicher Verpflichtung Maßnahmen gegen Dritte aus dem Unterlassungstext ausklammert. Der Gläubiger darf die Unterwerfung insgesamt als unzureichend zurückweisen, weil der Schuldner zur Information über die (berechtigte) Abmahnung verpflichtet ist und dies im Verfügungsverfahren tenorierbar ist.

40 Wenn der Schuldner im Übrigen unterwerfungsbereit ist und Streit lediglich über die Erstreckung der Unterlassungsverpflichtung auf Maßnahmen gegen Dritte besteht, ist der **Streitwert** eines nachfolgenden Verfahrens mit umfassendem Unterlassungstenor erheblich zu **reduzieren**; der Angriffsfaktor ist deutlich geringer als bei Negierung der Unterlassungsverpflichtung schlechthin.

---

47 So OLG Stuttgart, 09.03.2016, 2 W 49/15, GRUR-RR 2017, 86 Rn. 16 – *Modedesign Studium* m. Bespr. *Hofmann* NJW 2018, 2157, 2158 f.

48 Zur Zurechnung der patentverletzenden Benutzung Dritter BGH, 16.05.2017, X ZR 120/15, GRUR 2017, 785 Rn. 52 – *Abdichtsystem*.

49 *BGH, 04.05.2017, I ZR 208/15, GRUR 2017*, 823 Rn. 25 ff., insbes. 27 – *Luftentfeuchter*; dem folgend OLG Celle, 21.08.2017, 13 W 45/17, GRUR 2018, 46 Rn. 9 = WRP 2017, 1390, 1391 – *Wirbel um Bauschutt*.

Zum Rückruf nach einer Unterlassungsverpflichtung aufgrund einer Unterwerfungserklärung s. auch § 12 Abs. 1 Rdn. 102. **41**

B. Voraussetzungen und Durchführung der Unterlassungsvollstreckung

I. Allgemeine Vollstreckungsvoraussetzungen

Neben den allgemeinen Vollstreckungsvoraussetzungen (Titel, Vollstreckungsklausel – außer bei Verfügungstiteln, Zustellung, Vollstreckungsantrag) muss eine Ordnungsmittelandrohung vorliegen (s. oben § 12 Anh. II Rdn. 9). Auch die **Androhung** muss gem. § 750 Abs. 1 ZPO **zugestellt** worden sein. **42**

Bei Anordnung von **Sicherheitsleistung** (§§ 709, 712 ZPO) muss der Gläubiger deren erfolgte Erbringung dem Schuldner nachweisen (§ 751 Abs. 2 ZPO),[50] was im Falle der Beibringung einer Bankbürgschaft (§ 108 Abs. 1 Satz 2 ZPO) durch Vorlage einer Bürgschaftsurkunde gegenüber dem Prozessgericht erster Instanz als Vollstreckungsorgan erfolgt. Sämtliche Voraussetzungen der Unterlassungsvollstreckung sind dem Vollstreckungsgericht urkundlich nachzuweisen. Darf der Schuldner die Vollstreckung durch Sicherheitsleistung abwenden, muss der Gläubiger seinerseits Sicherheit leisten, wenn eine erneute Zuwiderhandlung vollstreckungsrelevant sein soll.[51] Zu den Auswirkungen auf die Zuwiderhandlungsbeurteilung unten Rdn. 64. Der für den **Schadensersatzschutz nach § 717 Abs. 2 ZPO** erforderliche Vollstreckungsdruck besteht ab Unterrichtung des Schuldners von der Erbringung der Sicherheit, auch wenn die Unterrichtung nicht in der Form des § 751 Abs. 2 ZPO geschieht.[52] **43**

II. Besonderheiten einstweiliger Verfügungen

1. Vollziehung

Beschlussverfügungen werden im Parteibetrieb zugestellt (§§ 936, 922 Abs. 2 ZPO); erst dann werden sie wirksam. Die Zustellung (unter Einbeziehung der Ordnungsmittelandrohung) muss ebenso wie die fristgerechte, in der Regel mit der Parteizustellung zusammenfallenden Vollziehung der behaupteten Zuwiderhandlung vorangegangen sein. Eingehalten werden muss die für die Vollziehung geltende Monatsfrist des § 929 Abs. 2 ZPO auch bei **Urteilsverfügungen**, bei denen sie durch eine **zusätzliche Parteizustellung** erfolgt.[53] Die Frist beginnt bei Urteilsverfügungen mit der Verkündung.[54] **44**

2. Wirksamkeitszeitpunkt

Beschlussverfügungen werden **mit** der **Parteizustellung** wirksam. Von diesem Zeitpunkt an greift der Schutz des § 945 ZPO. **45**

---

50 BGH, 30.11.1995, IX ZR 115/94, GRUR 1996, 812, 813 – *Unterlassungsurteil gegen Sicherheitsleistung.*

51 OLG Frankfurt, 20.02.1989, 6 W 145/88, GRUR 1989, 458 (LS).

52 BGH, 30.11.1995, IX ZR 115/94, GRUR 1996, 812, 813 – *Unterlassungsurteil gegen Sicherheitsleistung.*

53 OLG Köln, 13.10.2017, 6 U 83/17, GRUR-RR 2018, 268 Rn. 19 – *Poststreik.*

54 OLG Köln, 13.10.2017, 6 U 83/17, GRUR-RR 2018, 268 Rn. 18 – *Poststreik.*

46 Der Zeitpunkt der Wirksamkeit von **Urteilsverfügungen** war im Hinblick auf die zeitliche Koordinierung mit dem Schutz des § 945 ZPO umstritten. Durchgesetzt hat sich die Ansicht, dass das mit einer Ordnungsmittelandrohung versehene Urteil ab dem Zeitpunkt seiner **Verkündung** zu beachten ist,[55] auch wenn weder die Amtszustellung noch die Vollziehung erfolgt ist.[56] Dem Gläubiger wird damit eine Überlegungsfrist verweigert, innerhalb derer er ohne Drohung des § 945 ZPO entscheiden könnte, ob er von dem Verfügungsurteil durch Vollziehung (§ 929 Abs. 2 ZPO) Gebrauch machen will.

47 Eine zusätzliche **Parteizustellung der Urteilsverfügung** hat wegen des Vollziehungserfordernisses zu erfolgen (zuvor Rdn. 44). Ab dem Wirksamkeitszeitpunkt sind Zuwiderhandlungen vollstreckungsrechtlich relevant, auch wenn für einen Ordnungsmittelantrag noch die Vollstreckungsvoraussetzungen erfüllt werden müssen.[57] Unverzichtbar ist die Strafandrohung des § 890 Abs. 2 ZPO, weil sie Mittel des Vollstreckungsdrucks und damit des Schutzes nach § 945 ZPO ist.[58]

3. Vollstreckbarkeit

48 Für einen Verfügungstitel kommt es nicht auf den Ausspruch einer Vollstreckbarerklärung an. Sie ist auch dann nicht zu tenorieren, wenn im Verfügungsverfahren ein Versäumnisurteil aufrechterhalten wird (§ 709 Satz 2 ZPO). Verfügungstitel sind ihrer Natur nach stets **sofort vollstreckbar**.

49 Einstweilige Verfügungen werden regelmäßig **ohne Sicherheitsleistung** (§ 921 Satz 2 ZPO) angeordnet, damit die Vollziehung der Anordnung nicht unnötig erschwert und zudem nicht verzögert wird. Wird eine Sicherheitsleistung ausnahmsweise angeordnet, ist sie innerhalb der Vollziehungsfrist des § 929 Abs. 2 ZPO zu erbringen und urkundlich nachzuweisen (§ 751 Abs. 2 ZPO).

III. Geeignete Titel

50 Neben Beschlussverfügungen, Urteilsverfügungen und vorläufig vollstreckbaren oder rechtskräftigen Urteilen aus Hauptsacheverfahren können sonstige **Titel des § 794 Abs. 1 ZPO** Vollstreckungsgrundlage für Unterlassungs- und Beseitigungspflichten sein. Bei Vergleichen müssen die Ordnungsmittel durch gesonderten gerichtlichen Beschluss angedroht worden sein (s. oben Rdn. 11).

---

55 BGH, 22.01.2009, I ZB 115/07, BGHZ 180, 72, 75 = GRUR 2009, 890 Rn. 12 – *Ordnungsmittelandrohung*; OLG Köln, 13.10.2017, 6 U 83/17, GRUR-RR 2018, 268 Rn. 24 – *Poststreik*.

56 BGH, 22.01.2009, I ZB 115/07, GRUR 2009, 890 Rn. 14 f. – *Ordnungsmittelandrohung*.

57 OLG München, 02.05.1975, 6 W 1046/75, WRP 1975, 458 (Entbehrlichkeit der Erteilung der Vollstreckungsklausel vor Zuwiderhandlung).

58 Vgl. dazu BGH, 22.10.1992, IX ZR 36/92, BGHZ 120, 73, 82 – *Straßenverengung* = NJW 1993, 1076; BGH, 02.11.1995, IX ZR 141/94, WRP 1996, 104, 105; BGH, 22.01.2009, I ZB 115/07, GRUR 2009, 890 Rn. 11 f. – *Ordnungsmittelandrohung*; BGH, 10.07.2014, I ZR 249/12, GRUR 2015, 196 Rn. 17 – *Nero*.

Anwaltsvergleiche mit Vollstreckungsunterwerfung bedürfen der Vollstreckbarerklärung durch gerichtliche Beschluss des für ein Erkenntnisverfahren potentiell zuständigen Prozessgerichts (§ 796b ZPO). Die Unterwerfung des abgemahnten Wettbewerbsverletzers in notarieller Urkunde, die aber wohl eine vorübergehende Modeerscheinung ist, verlangt die Vollstreckbarerklärung des Notars (§ 796c ZPO). Eine Ordnungsmittelandrohung kann erst erfolgen, wenn mit der notwendigen Vollstreckbarerklärung ein Vollstreckungstitel entstanden ist. 51

Ein vor einer **Einigungsstelle** geschlossener Vergleich (§ 15 Abs. 7 UWG) bedarf der Vollstreckungsklausel des Urkundsbeamten der Geschäftsstelle des für den Sitz der Einigungsstelle zuständigen Amtsgerichts (§ 797a Abs. 4 Satz 3 ZPO). 52

Vertragsstrafen, die als Sicherungsmittel in einen Vergleich aufgenommen worden sind, sind nicht sofort im Wege der Geldvollstreckung vollstreckbar; ihre Verwirkung muss in einem **Erkenntnisverfahren**, gerichtet **auf Zahlung**, festgestellt werden. Etwas anderes gilt wegen § 726 ZPO auch nicht bei Aufnahme des Vertragsstrafeversprechens in einen Prozessvergleich oder in eine notarielle Urkunde.[59] Die Aufnahme einer Vertragsstrafe ist im Regelfall nicht als Ausschluss einer zusätzlichen Unterlassungsvollstreckung zu verstehen.[60] 53

Ist ein Vergleich für **vollstreckbar erklärt** worden und ist eine Ordnungsmittelandrohung ergangen, kann das Verfahren zur Ordnungsmittelverhängung durchgeführt werden. Dort ist zu prüfen, ob ein Titelverstoß stattgefunden hat. 54

IV. Zuwiderhandlung

1. Feststellung der Verbotsreichweite

Der Schuldner muss dem Titel schuldhaft zuwidergehandelt haben. Unterlassungstitel weisen trotz Erfüllung des Bestimmtheitsgebots unvermeidbar eine gewisse Unschärfe auf. Die **Reichweite des Verbots** wird im Vollstreckungsverfahren durch Auslegung unter Anwendung der – verfassungsrechtlich unbedenklichen[61] – **Kerntheorie** geprüft.[62] Damit wird der Entscheidungsgegenstand festgestellt, der bei gebotener 55

---

59 Dazu *Ahrens* WRP 2017, 1304, 1306.

60 BGH, 03.04.2014, I ZB 3/12, GRUR 2014, 909 Rn. 13 f. – *Ordnungsmittelandrohung nach Prozessvergleich.*

61 BVerfG, 04.12.2006, 1 BvR 1200/04, GRUR 2007, 618 Rn. 20 – *Organisationsverschulden.*

62 OLG Frankfurt, 09.11.2017, 6 W 96/17, WRP 2018, 245 Rn. 6; OLG Frankfurt, 22.11.2017, 6 W 93/17, GRUR-RR 2018, 223, 224 Rn. 11 – *Anruf-Linientaxi*; OLG Frankfurt, 22.11.2017, 6 W 95/17, WRP 2018, 243, 244 Rn. 7 – *Emissionswertangaben*; OLG Köln, 28.09.2017, 6 W 96/17, GRUR-RR 2018, 176 (LS); OLG Köln, 21.12.2017, 6 W 28/17, GRUR 2018, 863 – Adblock-Plus Ordnungsgeld; OLG Frankfurt/M., 05.06.2018, 6 W 43/18, WRP 2018, 1108, 1109 Rn. 6 – Ringtaxi. Zur Kerntheorie bei der Wiederholungsgefahrvermutung BGH, 09.11.1995, I ZR 212/93, GRUR 1996, 290, 291 – *Wegfall der Wiederholungsgefahr*; BGH, 17.07.1997, I ZR 40/95, GRUR 1997, 931, 932 – *sekundenschnell.* Zur Anwendung bei Bestimmung der Streitgegenstandsidentität BGH, 19.05.2010, I ZR 177/07, GRUR 2010, 855 Rn. 17 – *Folienrollos.*

Beachtung des § 308 ZPO mit dem Streitgegenstand übereinstimmt. Im Grundsatz handelt es sich um eine nachvollziehende Streitgegenstandsbestimmung. Allerdings kommen gelegentlich unbeabsichtigte Abweichungen vor, insbesondere wenn gegenüber dem Unterlassungsantrag Umformulierungen vorgenommen worden sind.[63] Gelingt die Titelauslegung nicht, fehlt ein vollstreckbarer Titel.[64] Die Anwendung der Kerntheorie zur Bestimmung des Titelumfangs ist verfassungsrechtlich unbedenklich.[65]

56 **Auslegungsmaterial** sind Tatbestand und Entscheidungsgründe. Herangezogen werden kann aber auch der sonstige Akteninhalt des Erkenntnisverfahrens.[66] Zwar wird gelegentlich formuliert, dass »grundsätzlich außerhalb des Titels liegende Umstände außer Betracht bleiben müssen«,[67] doch hat dafür zitierte Rechtsprechung eine so pauschale Aussage nicht getroffen.[68] Sie kann auch allenfalls gelten, wenn Bedarf für eine Entlastung des Vollstreckungsorgans besteht, das über weiteres Auslegungsmaterial verfügt. Eine derartige Entlastung ist aber bei der Unterlassungsvollstreckung nicht erforderlich, weil Vollstreckungsorgan das erstinstanzliche Gericht des Erkenntnisverfahrens ist. Für die **Auslegung von Beschlussverfügungen**, die ohne Begründung ergehen, ist das Parteivorbringen aus der Antragsschrift und beigefügten Anlagen wie z.B. Produktabbildungen zu berücksichtigen.[69] Deshalb wäre es sachgerecht, die **Zustellung der Antragsschrift** bei Beschlussverfügungen stets zur Voraussetzung zu machen.

57 Die (auslegende) Entscheidung im Vollstreckungsverfahren hat nur Bedeutung für das Verfahren über den konkret gestellten Ordnungsmittelantrag. Will eine der Parteien eine allgemein verbindliche Auslegung erzielen, kann über Unterlassungstitel, die im ordentlichen Verfahren ergangen sind, trotz dessen Rechtskraft – abhängig von der Überschreitung einer im Einzelfall festzulegenden Zweifelsschwelle – eine ihrerseits in Rechtskraft erwachsende **Feststellung des Titelinhalts** begehrt werden (s. dazu auch

63 Die Rechtskraftreichweite ist dann nach dem (eventuell gegen § 308 ZPO verstoßenden) Urteilsgegenstand statt nach dem geltend gemachten Streitgegenstand zu beurteilen, BGH, 28.05.1998, I ZR 275/95, GRUR 1999, 183, 185 – *Ha-Ra/HARIVA*; BGH, 16.01.2008, XII ZR 216/05, NJW 2008, 1227 Rn. 17 – *Mietausfallschaden*. Im Rechtsmittelverfahren bei Verstoß gegen § 308 ZPO Aufhebung von Amts wegen: BGH, 18.06.2015, I ZR 26/14, GRUR 2016, 213, 216 Rn. 15 – Zuweisung von Verschreibungen; s. ferner § 12 Anh. I Rdn. 96.

64 Zu den Folgen: BGH, 04.05.2004, X ZR 234/02, GRUR 2004, 755, 757 – *Taxameter*; BGH, 07.04.2011, I ZR 34/09, GRUR 2011, 742, 744, *Leistungspakete im Preisvergleich*.

65 BVerfG, 04.12.2006, 1 BvR 1200/04, GRUR 2007, 618 Rn. 20 – *Organisationsverschulden*.

66 BGH, 09.10.1986, I ZR 138/84, GRUR 1987, 172, 174 – *Unternehmensberatungsgesellschaft I*; BGH, 23.10.2003, I ZB 45/02, GRUR 2004, 264, 265 – *Euro-Einführungsrabatt*.

67 *Gaul*/Schilken/Becker-Eberhard, Zwangsvollstreckungsrecht[12] § 10 Rn. 43.

68 Vgl. zur Heranziehung der Klagebegründung oder des sonstigen Parteivortrags BGH, 19.05.2010, I ZR 177/07, GRUR 2010, 855 Rn. 17 – *Folienrollos*. BGH, 06.02.2013, I ZB 79/11, GRUR 2013, 1071 Rn. 14 – *Umsatzangaben*; BGH, 29.09.2016, I ZB 34/15, GRUR 2017, 208 Rn. 22 – *RESCUE-Tropfen*.

69 BGH, 30.07.2015, I ZR 250/12, GRUR 2016, 406 Rn. 34 – *Piadina-Rückruf*; OLG Frankfurt, 25.06.2018, 6 W 9/18, GRUR-RR 2018, 387 Rn. 13 f. – *Bettwaren Made in Germany*; *Büttner/Spätgens* in Ahrens, Wettbewerbsprozess[8], Kap. 63 Rn. 7.

§ 12 Anh. I Rdn. 104 ff. und Rdn. 109).[70] Die Klärung der Titelstreitigkeit setzt keinen gescheiterten Vollstreckungsversuch voraus, ist aber empfehlenswert. Ein paralleles, zweigleisiges Vorgehen ist nicht zulässig.

Für Titel, die im Verfügungsverfahren erlassen worden sind, soll nach einem gescheiterten Vollstreckungsversuch die Möglichkeit, bestehen, eine **erweiterte Verfügung** zu beantragen. Die Dringlichkeit für eine zweite Verfügung ergibt sich dann aus der Verteidigung der abgewandelten Wettbewerbsform.[71] Die erweiterte Verfügung muss bei Berechtigung des Antrags das Gesamtverbot zur Vermeidung von Verständnisschwierigkeiten neu fassen. Der erste Titel ist allerdings nur aufzuheben, wenn ein neuer Unterlassungsausspruch erfolgt, nicht hingegen, wenn – vorzugswürdig und folgerichtig[72] – im klärenden Zweitverfahren wie im ordentlichen Verfahren nur eine **präzisierende Feststellung der Erstverurteilung** erfolgt. Ist bereits eine Abschlusserklärung abgegeben worden, ist auf jeden Fall eine Feststellungsverfügung zu erlassen. 58

Durch Auslegung ist auch die **territoriale Titelreichweite** zu bestimmen, indem 59
geklärt wird, für welchen räumlichen Geltungsbereich die nach dem Titel geschuldeten Verhaltenspflichten als Kehrseite der Bestimmung einer Zuwiderhandlung bestehen. Typischerweise erfasst der Unterlassungstitel die Verhaltenspflichten – anders als bei unionsweit geltenden Rechten – nur für das Gebiet des Urteilsstaates. Er kann sich aber auch auf einen ausländischen Markt und das dortige Wettbewerbsverhalten beziehen. Indizien sind kollisionsrechtliche Überlegungen im Erkenntnisverfahren zu einem grenzüberschreitenden Sachverhalt oder Aussagen zur internationalen Zuständigkeit.[73] Zur Auslandsvollstreckung unten Rdn. 119.

2. Objektiver Tatbestand, tatsächliche Feststellungen

In tatsächlicher Hinsicht ist durch Beweisaufnahme festzustellen, welche Verletzungs- 60
handlung der Schuldner begangen hat. Es gilt der **Beibringungsgrundsatz**, so dass Tatsachen unstreitig gestellt werden können. Bloße **Glaubhaftmachung** reicht **nicht** aus. Vielmehr ist Beweis mit den Beweismitteln des Strengbeweises (§§ 373 ff. ZPO) zu erheben.

Für das festgestellte Verhalten (Handlung, Unterlassung gebotener Gegenmaßnahmen) 61
ist dann zu prüfen, ob darin ein Verstoß gegen die Titelverpflichtung zu sehen ist. Auf die Kenntnis des Schuldners vom Titelinhalt kommt es dafür nicht an. Die allgemeinen Vollstreckungsvoraussetzungen müssen gegeben sein (oben Rdn. 42 f.).

---

70 BGH, 08.11.2007, I ZR 172/05, GRUR 2008, 360 Rn. 24 f. – *EURO und Schwarzgeld*; BGH, 13.07.2017, I ZR 64/16, GRUR 2018, 219 Rn. 31 – *Rechtskraft des Zwangsmittelbeschlusses*.
71 OLG Karlsruhe, 20.05.1976, 4 U 25/76, WRP 1977, 41, 43; OLG Frankfurt, 12.11.1996, 6 W 145/96, WRP 1997, 51.
72 Im Ergebnis so auch OLG Karlsruhe, 20.05.1976, 4 U 25/76, WRP 1977, 41, 43.
73 Näher: *Ahrens* in Ahrens, Der Wettbewerbsprozess[8], Kap. 16 Rn. 10 f. und Kap. 68 Rn. 27.

3. Zusammenfassung von Handlungen

62 Als Zuwiderhandlung kommen Einzelhandlungen, Dauerhandlungen und fortgesetzte Handlungen in Betracht. Mehrere **Einzelhandlungen** wie z.B. das Verteilen einer Vielzahl von Prospekten, die bei natürlicher Betrachtung aufgrund ihres engen räumlich-zeitlichen Zusammenhangs eine Handlungseinheit bilden, sind **als Einzelakt** zu bewerten.[74] Die Zusammenfassung zu einem Einzelakt endet mit der Zustellung des Ordnungsmittelbeschlusses. Teilakte, die erst nach Antragstellung und darauf beruhender Festsetzung eines Ordnungsmittels bekannt werden, werden durch den noch nicht zugestellten Ordnungsmittelbeschluss verbraucht.[75] Dafür bedarf es keines Rückgriffs auf ein angebliches Verbot der Doppelahndung.[76]

63 Die im Strafrecht abgeschaffte rechtliche Verklammerung von Einzelakten mittels der Figur des **Fortsetzungszusammenhangs** hätte im Zwangsvollstreckungsrecht entsprechend ihrem Einsatzzweck fortbestehen können.[77] Gleichwohl hat sich der BGH gegen die Anwendung der Rechtsfigur ausgesprochen und gemeint, die mildernde Zusammenfassung mehrerer Teilakte zur Erzielung einer angemessenen Sanktion sei auch ohne sie möglich.[78] Zur Höhe des Ordnungsgeldes unten Rdn. 102 ff.

4. Verschulden

a) Verschuldensformen, Zurechnungen

64 Das erforderliche Verschulden (Vorsatz oder Fahrlässigkeit) ist unter Anlegung eines **strengen Maßstabes** zu prüfen; Schuldlosigkeit kommt nur unter engen Voraussetzungen in Betracht, damit der Titel nicht entwertet wird. Relevant ist nur ein eigenes Verschulden des im Titel bezeichneten Schuldners; § 278 BGB, § 831 BGB oder § 8 Abs. 2 UWG sind nicht anzuwenden.[79] Daher ist auch die Möglichkeit persönlicher Kenntnisnahme vom Titel erforderlich. Eine Ersatzzustellung an Ladenangestellte i.S. des § 56 HGB reicht nicht aus. Ist der Titel dem Verfahrensbevollmächtigten zugestellt worden, ohne dass der Schuldner davon selbst (schuldlos) Kenntnis erlangt hat, findet keine Zurechnung nach § 85 Abs. 2 ZPO statt. **Fahrlässige Unkenntnis von** der **Exis-**

74 BGH, 25.01.2001, I ZR 323/98, BGHZ 146, 318, 326 = GRUR 2001, 758, 760 – *Trainingsvertrag*; BGH, 18.12.2008, I ZB 32/06, GRUR 2009, 427 Rn. 13 – *Mehrfachverstoß gegen Unterlassungstitel.*

75 OLG Frankfurt, 18.04.2016, 6 W 13/16, GRUR-RR 2017, 166 Rn. 6 – *Doppelahndung.*

76 A.A. OLG Frankfurt, 18.04.2016, 6 W 13/16, GRUR-RR 2017, 166 Rn. 6 – *Doppelahndung.*

77 Zum eigenständigen Bedeutungsgehalt im Zivilrecht zuvor noch BGH, 10.12.1992, I ZR 186/90, BGHZ 121, 13, 16 – *Fortsetzungszusammenhang* = WRP 1993, 240.

78 BGH, 18.12.2008, I ZB 32/06, GRUR 2009, 427 Rn. 14 – *Mehrfachverstoß gegen Unterlassungstitel.*

79 Vgl. BVerfG, 25.10.1966, 2 BvR 506/63, BVerfGE 20, 323, 335 (zu § 13 Abs. 3 UWG a.F. = *§ 8 Abs. 2 UWG) = GRUR 1967, 213;* BVerfG, 04.12.2006, 1 BvR 1200/04, GRUR 2007, 618 Rn. 11 – *Organisationsverschulden*; BVerfG, 09.05.2017, 2 BvR 335/17, NJW-RR 2017, 957.

tenz des Titels begründet aber ein Verschulden des Schuldners.[80] Bezugspunkt der Kenntnis sind die materiellen Verbotsmerkmale, nicht das Vorliegen der Vollstreckungsvoraussetzungen, die allerdings objektiv vorliegen müssen.[81]

Juristischen Personen oder Personengesellschaften (GbR, Handelsgesellschaften, Partnerschaftsgesellschaft) wird das **Verschulden** der handelnden **Organwalter** bzw. Gesellschafter analog § 31 BGB zugerechnet.[82] Organwalter selbst haften nur, wenn sie auch Titelschuldner sind. An ihnen ist allerdings die Ersatzordnungshaft zu vollziehen (s. unten Rdn. 109). **65**

b) Verbotsirrtum

Ein unvermeidbarer Verbotsirrtum schließt das Verschulden aus.[83] Er kann aber in der Regel nicht auf die bloße Erwartung gestützt werden, dass ein bestimmtes Verhalten außerhalb des sachlichen Verbotsbereichs liege. Dies gilt auch dann, wenn der Schuldner **anwaltlichen Rat** eingeholt hat, der sich als falsch erweist, und der Schuldner die Unrichtigkeit des Rechtsrats hätte erkennen können.[84] Schriftliche Auskünfte ohne detaillierte Begründung und erst recht bloße telefonische Auskünfte eines Rechtsanwalts sind unzureichend. Bewegt sich der Schuldner für ihn erkennbar im Grenzbereich des Zulässigen, muss er mit einer abweichenden Beurteilung rechnen.[85] **66**

c) Organisationspflichten

Zur Vermeidung ungerechtfertigter Entlastungen treffen den Titelschuldner gegebenenfalls **umfangreiche Organisationspflichten** (s. dazu auch § 12 Abs. 1 Rdn. 101). Deren **Beachtung durch Mitarbeiter** oder **Dritte** im Einwirkungsbereich des Schuldners ist zu überwachen. **67**

Der Betriebsinhaber ist zu **Weisungen an** seine **Mitarbeiter** verpflichtet, die im Interesse der Eindeutigkeit und der Ernstlichkeit des Verlangens, gegebenenfalls unter Androhung arbeitsrechtlicher Sanktionen, schriftlich abzufassen sind und die in Einzel- **68**

---

80 Vgl. OLG Frankfurt, 12.05.1987, 6 W 101/87, GRUR 1987, 652, 653 – *Verspätete Mitteilung*; OLG Frankfurt, 15.11.1999, 6 W 159/99, NJWE-WettbR 2000, 148, 149 – *Erwartete eV.*

81 Vgl. OLG Hamm, 07.04.1983, 4 W 38/83, WRP 1984, 96; OLG Stuttgart, 25.01.1989, 2 W 28/88, WRP 1990, 134, 135; Stein/Jonas/*Bartels*, ZPO[23] § 890 Rn. 24.

82 BGH, 16.05.1991, I ZR 218/89, GRUR 1991, 929, 931 – *Fachliche Empfehlung II*; BGH, 12.01.2012, I ZB 43/11, GRUR 2012, 541 Rn. 7 – *Titelschuldner im Zwangsvollstreckungsverfahren.*

83 OLG Stuttgart, 01.10.1998, 2 W 59/98, WRP 1999, 1072, 1073; OLG Naumburg, 28.12.2006, 10 W 78/06, WRP 2007, 566, 569 – *Autoglas-Reparatur.*

84 S. BGH, 16.05.2017, VI ZR 266/16, NJW 2017, 2463 Rn. 29 f. (detailliertes schriftliches Gutachten notwendig).

85 BGH, 14.11.1980, I ZR 138/78, GRUR 1981, 286, 288 – *Goldene Karte I*; BGH, 23.05.1990, I ZR 176/88, GRUR 1990, 1035, 1038 – *Urselters II*; BGH, 22.09.1990, I ZR 87/89, GRUR 1991, 153, 155 – *Pizza & Pasta*; BGH, 29.09.1994, I ZR 114/84, GRUR 1995, 50, 53 – *Indorektal/Indohexal*; BGH, 06.05.1999, I ZR 199/96, GRUR 1999, 923, 928 – *Tele-Info-CD.*

fällen eine schriftliche Verpflichtungserklärung von Mitarbeitern umfassen können.[86] Rechtliche und tatsächliche Einwirkungsmöglichkeiten auf **beauftragte Dritte**, deren Handeln dem Schuldner zuzurechnen ist, etwa der Anzeigenredaktion einer Zeitung oder des Betreibers einer Internet-Plattform, sind zu nutzen.[87]

69 Organisationspflichten sind **unverzüglich** zu erfüllen. Das Ergreifen von Handlungsanweisungen und von Gegenmaßnahmen zur Unterbrechung laufender Aktionen benötigt eine gewisse Zeit. Ein Verschulden trifft den Schuldner nur, wenn ihm Verzögerungen oder ungeeignete Maßnahmen vorzuwerfen sind. Eine **Überlegungsfrist**, ob er sich dem Titel beugen will, steht ihm **nicht** zu. Ist der Titel auslegungsbedürftig (dazu oben Rdn. 55 ff.) und bedarf es dafür einer eingehenden Analyse des heranzuziehenden Auslegungsmaterials, um die Verbotsreichweite zu klären, steht dafür ein angemessener Zeitraum zur Verfügung.[88]

70 Die Bejahung eines Organisationsverschuldens ist auch dann **verfassungsrechtlich unbedenklich**, wenn nicht nur auf solche Dritte eingewirkt werden soll, die vom Schuldner als Mitarbeiter oder als Tochtergesellschaften abhängig sind, sondern in zumutbarer Weise auch auf sonstige Außenstehende.[89]

d) Darlegungs- und Beweislast

71 Den **Beweis der Verschuldensvoraussetzungen** hat grundsätzlich der **Gläubiger** zu führen. Der **Schuldner** muss sich aber **entlasten**, indem er zunächst darlegt, welche Maßnahmen er wann und in welcher Art konkret ergriffen hat, um den Titel zu befolgen. Das entspricht ganz unspektakulär einer **sekundären Darlegungslast**.[90] Ob der Schuldner darüber hinaus auch die ergriffenen Gegenmaßnahmen zu beweisen und die Folgen eines non liquet zu tragen hat, hängt von der weiteren dogmatischen Begründung ab, die der Entlastungsthese unterlegt wird. Dafür wird in Rechtsprechung und Schrifttum auf unterschiedliche Begründungswege hingewiesen (Beweislastumkehr, Beweisvermutung, Anscheinsbeweis).[91]

V. Zeitliche Titelreichweite

72 Ein Ordnungsmittel kann auch dann noch wegen einer Zuwiderhandlung gegen den Titel in der Vergangenheit festgesetzt werden, wenn der **Unterlassungstitel** nur **zeitlich beschränkt gilt** und die Frist nach dem Titelverstoß abgelaufen ist.[92] Auch der Voll-

---

86 Vgl. OLG Frankfurt, 09.11.2017, 6 W 96/17, WRP, 2018, 245, 246 Rn. 11; OLG Frankfurt, 22.11.2017, 6 W 95/17, WRP 2018, 243, 244 Rn. 8 – *Emissionswertangaben*; OLG Frankfurt, 05.06.2018, 6 W 43/18, GRUR-RR 2018, 390 Rn. 10 – *Ringtaxi*.

87 OLG Stuttgart, 09.03.2016, 2 W 49/15, GRUR-RR 2017, 86 Rn. 25 – *Modedesign Studium*.

88 Vgl. OLG Frankfurt, 23.06.2016, 6 W 60/16, GRUR-RR 2016, 528 – *Tagesfrist* (LS).

89 BVerfG, 04.12.2006, 1 BvR 1200/04, GRUR 2007, 618 Rn. 14.

90 Vgl. zu ihr allgemein *Ahrens*, Der Beweis im Zivilprozess, Kap. 11 Rn. 37 ff.

91 Vgl. dazu mit Nachw. *Büttner/Spätgens* in Ahrens, Der Wettbewerbsprozess, Kap. 64 Rn. 78.

92 Wie hier – für die Vollstreckung eines befristeten Unterlassungsgebots nach §§ 1 GewSchG, 95 Abs. 1 Nr. 4 FamFG, 890 Abs. 1 ZPO – BGH, 10.05.2017, XII ZB 62/17, NJW-RR 2017, 836 Rn. 11 f.; Gaul/*Schilken*/Becker-Eberhard, Zwangsvollstreckungsrecht[12] § 73 Rn. 19.

streckungsantrag kann noch **nach Fristablauf** gestellt werden. Das folgt aus einer richtig verstandenen Beugefunktion des Ordnungsmittels, die auf die aufrecht zu erhaltende Wirkung der Androhung abstellt, auch wenn für die Zukunft keine Willensbeugung mehr erforderlich ist.[93]

Eine **Vollstreckung** ist **nicht** möglich, wenn im Zeitpunkt der Zuwiderhandlung der **Titel** oder dessen Vollstreckbarkeit bereits **aufgehoben** oder durch **Einstellung** (§ 924 Abs. 3 Satz 2 oder § 719 ZPO, jeweils in Verb. mit §§ 707, 775 Nr. 1, 2 ZPO) gehemmt war. Eine vor der Zustellung begangene Zuwiderhandlung kann nach einer Einstellungsaufhebung geahndet werden. Dieser Sachverhalt ist nicht dem **Neuerlass einer eV** (sog. »Bestätigung«) durch das Berufungsgericht nach erstinstanzlicher Aufhebung im Widerspruchsverfahren gleichzustellen; dort fehlt es wegen der Rückwirkung der zeitweiligen Aufhebung an einer Grundlage für eine Ordnungsmittelfestsetzung wegen eines Verstoßes vor der Titelaufhebung.[94] Unzulässig ist die Festsetzung generell, wenn der Unterlassungstitel mit Rückwirkung entfallen ist (**ex tunc-Aufhebung**). Maßnahmen, die noch nicht rechtskräftig festgesetzt waren, sind im Beschwerdeverfahren aufzuheben.[95] Streitig ist, ob dies auch für formell bestandskräftige Ordnungsmittelbeschlüsse gilt.[96] 73

Der **Fortfall des Titels für** die **Zukunft**, etwa kraft Aufhebung wegen veränderter Umstände gem. § 927 ZPO, ist den seltenen Fällen befristeter Unterlassungstitel gleichzustellen. Die Begründung mit einer richtig verstandenen Beugefunktion statt mit einem auch repressiven Charakter der Ordnungsmittel reicht dafür aus. Bei übereinstimmender Erledigungserklärung, etwa wegen Abgabe einer Unterwerfungserklärung im Verfahren, entfällt der Titel als Vollstreckungsgrundlage. Der BGH ermöglicht es dem Gläubiger jedoch, seine **Erledigungserklärung** auf die Zeit nach dem erledigenden Ereignis zu **beschränken**, so dass eine Vollstreckungsgrundlage für davor erfolgte Zuwiderhandlungen erhalten bleibt.[97] Die zeitliche Beschränkung kann sich aus einer Auslegung der Erledigungserklärung nach Begleitumständen und Interessenlage ergeben.[98] Im Zweifel ist von einer gewollten ex nunc-Wirkung auszugehen. Wird die Erledigung nach einseitiger Erklärung des Gläubigers festgestellt, bleiben Ordnungs- 74

93 Demgegenüber den strafähnlichen Sanktionscharakter bemühend BGH, 10.05.2017, XII ZB 62/17, NJW-RR 2017, 836 Rn. 13.

94 OLG Frankfurt, 28.03.2011, 11 W 27/10, NJW-RR 2011, 1290 (Urheberrechtssache). A.A. OLG München, 21.12.1999, 29 W 2861/99, NJWE-WettbR 2000, 147, 148 – *Lamilux*.

95 KG, 04.08.2003, 2 W 18/92 Kart, NJW-RR 2004, 68, 69.

96 Pro (und vorzugswürdig): OLG Hamm, 18.04.1989, 4 W 117/89, WRP 1990, 423, 424 m. Anm. *Münzberg* = GRUR 1990, 306. Contra: OLG Frankfurt, 17.01.1980, 6 U 137/76, WRP 1980, 270, 271 (unter Berufung auf den strafähnlichen Charakter); OLG Koblenz, 06.04.1983, 6 W 147/83, WRP 1983, 575 (weil Zwangsvollstreckung abgeschlossen).

97 BGH, 23.10.2003, I ZB 45/02, BGHZ 156, 335, 346 – *Euro-Einführungsrabatt* = GRUR 2004, 264, 267.

98 BGH, 20.01.2016, I ZB 102/14, GRUR 2016, 421 Rn. 15 – *Erledigungserklärung nach Gesetzesänderung*.

mittel bestehen, die für vor der Erledigung begangene Verstöße festgesetzt wurden.[99] Der Fortbestand des Titels für die Vergangenheit berechtigt zur nachträglichen Ordnungsmittelfestsetzung für Verstöße vor dem erledigenden Ereignis.

C. Sequestration, Vernichtung, Grenzbeschlagnahme

75 Sachen und Forderungen können zur Verwahrung und Verwaltung durch einen Gerichtsvollzieher sichergestellt werden (**Sequestration**), damit ein materiell-rechtlicher Anspruch später effektiv durchgesetzt werden kann.[100] Dies kann auch im Verfügungsverfahren angeordnet werden (§ 938 Abs. 2 ZPO). Die Bestellung des Sequesters und die Beschreibung seines Aufgabenkreises sind nicht Teil der Vollstreckung, sondern gehören zum Erkenntnisverfahren.

76 Davon zu unterscheiden ist die **Sicherstellung** gefälschter Produkte **zur späteren Vernichtung** durch den Schuldner oder den Gläubiger (etwa gem. § 18 MarkenG), die gem. § 938 Abs.1 ZPO durch Herausgabe an den Gerichtsvollzieher zur späteren Vernichtung erfolgt.[101] Aufgrund eines Beseitigungstitels im Hauptsacheverfahren erfolgt die Vernichtung durch den Schuldner unter Aufsicht,[102] oder durch den Gerichtsvollzieher.[103] Der BGH lässt auch eine Verurteilung zur Herausgabe an den Gläubiger zwecks Vernichtung durch ihn zu.[104] Streitig ist, ob der angeordnete Beseitigungstitel zur Verwirklichung des Ziels der Vernichtung in einen entsprechenden Titel auf Herausgabe an den Gläubiger umgedeutet werden darf.[105] Die Wegnahme und anschließende Vernichtung durch den Gläubiger erfolgt gem. § 887 ZPO.

77 Wettbewerbswidrig vertriebene oder beworbene Ware ist **im UWG** in aller Regel **nicht** Gegenstand einer beseitigenden Vernichtung.[106] Die Gefahr einer künftigen Rechtsverletzung kann zumeist auf mildere Weise beseitigt werden.[107]

78 Zur Bekämpfung der **Produktpiraterie** findet bei gewerblich oder privat (im Reisegepäck) eingeführten Waren eine **Grenzkontrolle durch** die **Zollbehörden** mit der Möglichkeit der Beschlagnahme statt. Sie ist in der ProduktpiraterieVO (EU) Nr. 608/2013 geregelt, die das nationale Verfahren nach §§ 146 ff. MarkenG weitgehend verdrängt

---

99 BGH, 23.02.2012, I ZB 28/11, WRP 2012, 829 Rn. 10 – *Ordnungsmittelfestsetzung nach einseitiger Erledigungserklärung*, m. Anm. *Teplitzky*.

100 Zur zeitlichen Abgrenzung von hoheitlicher Zwangsvollstreckung und anschließender privatrechtlicher Sequestration durch den Gerichtsvollzieher oder eine sonstige Person s. BGH, 09.11.2000, III ZR 314/99, NJW 2001, 434.

101 Vgl. OLG Frankfurt, 04.12.2002, 6 W 156/02, GRUR-RR 2003, 157 – *Uhrenvernichtung*.

102 *Ingerl/Rohnke*, MarkenG[3] § 18 Rn. 34.

103 Ströbele/*Hacker*, MarkenG[11] § 18 Rn. 33, 35.

104 BGH, 10.04.1997, I ZR 242/94, GRUR 1997, 899, 902 – *Vernichtungsanspruch*; BGH, 28.11.2002, I ZR 168/00, GRUR 2003, 228, 230 – *P-Vermerk*.

105 S. dazu Ströbele/Hacker, MarkenG[11] § 18 Rn. 35.

106 Vgl. zum wettbewerbsrechtlichen Leistungsschutz OLG Frankfurt, 04.12.2002, 6 W 156/02, GRUR-RR 2003, 157 – *Uhrenvernichtung*.

107 BGH, 21.02.2002, I ZR 140/99, GRUR 2002, 709, 711 – *Entfernung der Herstellungsnummer III*.

hat.[108] Auf der Basis der PPVO können die Zollbehörden (Ansprechpartner: Zentralstelle Gewerblicher Rechtsschutz, Sophienstr. 6, 80333 München) Verdachtsmomenten von Amts wegen nachgehen. Im Regelfall werden sie aber auf Antrag tätig, der ihnen sachdienliche Informationen vermittelt. Nach Anordnung einer **Beschlagnahme** erhält der Rechtsinhaber die Möglichkeit zur Untersuchung der Ware, damit er fristgebunden ein streitiges Verfahren auf Zustimmung zur Vernichtung gegen den Zollanmelder oder den Besitzer der Ware einleiten kann. Erklären der Anmelder oder der Besitzer ihre Zustimmung zur Vernichtung, kann die Vernichtung im vereinfachten Verfahren erfolgen.

D. Löschung, Entfernung von Informationen im Internet

Beseitigungen können in der Löschung einer **Registereintragung** (insbesondere im Handelsregister, Partnerschaftsregister oder Markenregister) oder in der Löschung von **Dateien im Internet** (z.B. auf der Homepage, auf Plattformen, oder in Suchmaschinen) bestehen. Für Registereintragungen ist eine prozessuale Willenserklärung mit späterer Vollstreckung nach § 894 ZPO Voraussetzung (dazu oben § 12 Anh. II Rdn. 18). **79**

Auf die Löschung von **Veröffentlichungen im Internet** kann ein Schuldner in der Regel nur hinwirken, nicht aber sie selbst vornehmen.[109] Die Vollstreckung erfolgt entweder nach § 888 ZPO, was dann durch Antragstellung im Erkenntnisverfahren vorzubereiten ist, oder – abhängig vom Titelinhalt – nach § 890 ZPO (dazu oben § 12 Anh. II Rdn. 12 und Rdn. 34). **80**

Die **Entfernung von Informationen im Internet** durch einen **Diensteanbieter** als Schuldner[110] oder die **Sperrung** derartiger Informationen durch ihn (§ 7 Abs. 3 TMG) werden ebenfalls im Wege der Handlungsvollstreckung nach § 888 ZPO erzwungen. Es handelt sich um Maßnahmen zur Beseitigung eines Störungszustandes, die auch dann geschuldet sein können, wenn aufgrund der Regelungen der §§ 8–10 TMG ein Unterlassungsanspruch nicht besteht. Eine Unterlassungsvollstreckung nach § 890 ZPO kommt in den Fällen fehlender Unterlassungsverantwortlichkeit nicht in Betracht. **81**

E. Auskunft, Rechnungslegung, sonstige Handlungen

Die Erteilung einer Auskunft oder die Rechnungslegung sind als **unvertretbare Handlungen** nach § 888 ZPO zu erzwingen. Sie erstrecken sich je nach Titelinhalt auch auf Umstände, die nicht im Geschäftsbereich des Schuldners liegen, zu denen er aber **82**

108 Näher dazu *Büttner/Spätgens* in Ahrens, Der Wettbewerbsprozess[8], Kap. 63 Rn. 35 ff.
109 BGH, 28.07.2015, VI ZR 340/14, GRUR 2016, 104 Rn. 39 f. – *recht § billig.*
110 Abgrenzung der Haftung des Suchmaschinenbetreibers für Persönlichkeitsverletzungen und für Verletzung von Rechten des Geistigen Eigentums in BGH, 27.02.2018, VI ZR 489/16, GRUR 2018, 642 Rn. 35 – *Internetforum.*

Informationszugang hat.[111] Ausgeschlossen ist eine Vollstreckung, wenn der Schuldner selbst bei Aufbietung aller ihm zumutbaren Anstrengungen die Verpflichtung nicht erfüllen kann,[112] etwa wegen langen Zeitablaufs.[113] Wird die Verurteilung zur Rechnungslegung mit der Verpflichtung zur Vorlage von Kontrolldokumenten verbunden, erfolgt deren Erzwingung ebenfalls nach § 888 ZPO.[114]

83 **Publizitätspflichten**, etwa zur Vornahme einer Registereintragung, können über § 3a UWG tenoriert werden, wenn sie in einer Norm angeordnet werden, die als Marktverhaltensregel qualifiziert wird. Ihre Erzwingung ist auf eine **unvertretbare Handlung** i.S.d. § 888 ZPO gerichtet. Obwohl sie im Falle einer Registereintragung die Abgabe einer Willenserklärung gegenüber der registerführenden Stelle erfordern, kann sie der Gläubiger doch nicht zwecks Vollstreckung nach § 894 ZPO vorformulieren, weil ihm die Anmeldedaten fehlen werden. Dasselbe gilt für registerungebundene Publizitätsmaßnahmen.

84 Sind **Daten** herauszugeben, kommt dafür die **Herausgabevollstreckung** nach § 883 ZPO nur in Betracht, wenn sie auf einem Datenträger verkörpert sind.[115] Anderenfalls ist ein Auskunftsanspruch geltend zu machen.

F. Vollstreckungsverfahren, Vollstreckungsentscheidung

I. Zuständigkeit

85 Vollstreckungsorgan für die Festsetzung von Ordnungsmitteln nach § 890 ZPO oder die Erzwingungsmaßnahmen der Handlungsvollstreckung nach §§ 887, 888 ZPO ist ausschließlich (§ 802 ZPO) das **Prozessgericht erster Instanz**, was die Titelauslegung erleichtert. Die Besetzung der LG-Kammer (Kollegialgericht oder Einzelrichter) setzt sich in der Vollstreckung fort. Soll aus einem **Vergleich** vollstreckt werden, ohne dass ein Streitverfahren stattgefunden hat, ist das **fiktiv zuständige Hauptsachestreitgericht** zuständig. § 764 Abs. 2 ZPO ist nicht anwendbar.

II. Antragsgebundenheit

1. Antragstellung

86 Die Vollstreckungen nach § 890 ZPO oder §§ 887, 888 ZPO setzen einen Antrag des Gläubigers voraus. Das Ordnungsmittel des § 890 ZPO braucht **im Antrag nicht** der **Höhe** nach bestimmt zu werden; § 253 Abs. 2 Nr. 2 ZPO gilt für den Antragsinhalt nicht. Deshalb kann der Gläubiger gegen eine zu niedrige Ordnungsmittelfestsetzung

---

111 BGH, 25.02.2014, X ZB 2/13, GRUR 2014, 605 Rn. 20 – *Flexitanks II*; BGH, 12.07.2018, I ZB 86/17, GRUR 2018, 1183 Rn. 13 ff. – *Wirbel um belasteten Bauschutt*; OLG Frankfurt, 15.11.2017, 6 W 83/17, GRUR-RR 2018, 222 Rn. 12 – *Internationales Automobilunternehmen*; OLG Dresden, 24.04.2018, 14 U 50/18, WRP 2018, 978 Rn. 9.

112 BGH, 25.02.2014, X ZB 2/13, GRUR 2014, 605 Rn. 20 – *Flexitanks II*.

113 OLG Frankfurt, 07.03.2016, 6 W 19/16, MarkenR 2016, 331 = NJW-RR 2016, 960.

114 OLG München, 19.01.2018, 7 W 1654/17, NJW-RR 2018, 422 Rn. 21.

115 BGH, 21.09.2017, I ZB 8/17, WRP 2018, 221 Rn. 15 – *Projektunterlagen*.

auch dann **Beschwerde** einlegen, wenn er keinen Mindestbetrag angegeben hat; es fehlt nicht an einer Beschwer.[116] Die Rechtsprechung zur Schmerzensgeldbemessung ist also nicht übertragbar.

Legt sich der Antragsteller bewusst auf eine (Mindest-)Höhe des Ordnungsgeldes fest, **87** kommt bei Festsetzung eines niedrigeren Betrages eine **Kostenentscheidung** nach **§ 92 ZPO** in Betracht.[117] Auf die Rücknahme eines Antrags ist § 269 Abs. 3 ZPO anzuwenden. Ein noch nicht rechtskräftig festgesetztes Ordnungsmittel wird durch Antragsrücknahme wirkungslos, was auf Antrag des Schuldners auszusprechen ist.[118]

2. Wirkungszusammenhang mit der Dringlichkeit einer eV

Betreibt der Antragsteller des Verfügungsverfahrens bei Zuwiderhandlung seines Geg- **88** ners gegen den Verfügungstitel kein Ordnungsmittelverfahren, soll dies Auswirkungen auf die Beurteilung der Dringlichkeit haben.[119] Das kann sich allerdings nur auf **noch laufende Verfügungsverfahren** auswirken. Das Dringlichkeitserfordernis ist eine spezielle Zulässigkeitsschranke, die nach formell rechtskräftigem Abschluss des Verfügungsverfahrens irrelevant ist.

III. Verfahrensablauf

Der **Anwaltszwang** des § 78 Abs. 1 Satz 1 ZPO gilt auch in den Vollstreckungsverfah- **89** ren nach §§ 887, 888, 890 ZPO. Die Privilegierung des § 920 Abs. 3 ZPO ist wegen der Zweiseitigkeit des Verfahrens nicht einschlägig. Die im Erkenntnisverfahren erteilte **Prozessvollmacht** umfasst gem. § 81 ZPO das Vollstreckungsverfahren. Zustellungen gegenüber dem Vollstreckungsschuldner erfolgen also an dessen Anwalt (§ 172 Abs. 1 Satz 3 ZPO).

Für das Verfahren gilt die **Verhandlungsmaxime**. § 138 Abs. 3 ZPO ist anzuwenden. **90** Darzulegen hat der Gläubiger in konkreter und bestimmter Weise, worin er die Zuwiderhandlung sieht und welche Umstände für die Bemessung des Ordnungsmittels bedeutsam sind. Beweismittel sind zu benennen.

Dem Vollstreckungsschuldner ist vor der Entscheidung **rechtliches Gehör** zu gewähren **91** (§ 891 Satz 2 ZPO). Das kann auch schriftlich geschehen. Eine mündliche Verhand-

---

116 OLG Düsseldorf, 24.10.2104, I-6 W 47/14, VuR 2015, 71; OLG Schleswig, 14.08.2015, 16 W 76/15; a.A. OLG Frankfurt, 17.06.2015, 6 W 48/15, GRUR-RR 2016, 48 Rn. 12 (abgeleitet aus der insoweit jedoch unergiebigen Entscheidung BGH, 25.02.2014, X ZB 2/13, GRUR 2015, 511).

117 BGH, 19.02.2015, I ZB 55/13, GRUR 2015, 511 Rn. 14 – *Kostenquote bei beziffertem Ordnungsmittelantrag*.

118 OLG Düsseldorf, 02.03.1988, 2 W 7/88, WRP 1988, 374, 375.

119 OLG Köln, 29.01.2010, 6 U 177/09, GRUR-RR 2010, 448, 450; KG, 11.05.2010, 5 U 64/09, GRUR-RR 2010, 358 (LS) = NJOZ 2010, 1562 – *Vorübergehender Vollstreckungsverzicht*; OLG Frankfurt, 25.03.2010, 6 U 219/09, ZLR 2010, 458 – *Whiskey-Cola*; KG, 11.05.2011, 24 U 28/11, WRP 2011, 932; KG, 17.10.2014, 5 U 63/14, GRUR-RR 2015, 181 Rn. 31 – *Faxversand ohne Beglaubigungsvermerk*; OLG Köln, 07.04.2017, 6 U 135/16, WRP 2017, 1005, 1006 Rn. 22; dazu *Isele* WRP 2017, 1050 ff.

lung ist freigestellt. Sie ist jedoch hilfreich, wenn die Reichweite des Titels streitig ist. Bleibt der Schuldner der mündlichen Verhandlung fern, ergeht keine Versäumnisentscheidung.

92 Das Ermessen zur Durchführung einer mündlichen Verhandlung reduziert sich auf Null, wenn eine **Beweiserhebung** über streitige Tatsachen erforderlich wird. Auf die Durchführung der Beweisaufnahme sind die §§ 355 ff. ZPO anzuwenden, auf die Würdigung der Beweisergebnisse § 286 ZPO. Glaubhaftmachung reicht nicht.[120] Eidesstattliche Versicherungen sollen aber als Mittel des Urkundenbeweises verwertbar sein.[121] In Betracht kommen Beweiserleichterungen für die Feststellung der Zuwiderhandlung und des Verschuldens.[122]

93 Erledigt sich das Vollstreckungsverfahren nachträglich, muss der Gläubiger darauf mit einer Erledigungserklärung reagieren. **Erledigendes Ereignis** kann bei einer Vollstreckung nach §§ 887, 888 ZPO z.B. sein, dass aktive Gegenmaßnahmen zwischenzeitlich ergriffen wurden; für die Vollstreckung eines Unterlassungstitels ist dies nur relevant, wenn allein sie noch kraft des Unterlassungstitels geschuldet sind.

IV. Vollstreckungsentscheidung

1. Form, Inhalt, Rechtskraftwirkung

94 Das Vollstreckungsgericht entscheidet auch dann durch **Beschluss**, wenn eine mündliche Verhandlung durchgeführt wird (§§ 891 Satz 1, 128 Abs. 4 ZPO).

95 Der Inhalt des Ordnungsmittelbeschlusses ist **urteilsähnlich** im Aktentext mit vollem Rubrum abzufassen.[123] Der Beschluss beschränkt sich auf die Verurteilung zu einem Ordnungsmittel. Die Vollstreckbarkeit ist der Entscheidung inhärent. Der Beschluss hat gem. § 891 Satz 3 ZPO eine **Kostenentscheidung gem. §§ 91 ff. ZPO** zu enthalten; § 788 ZPO ist auf Ordnungsgeldbeschlüsse – anderes gilt für Haftkosten der (Ersatz-)Ordnungshaft – nicht anzuwenden.[124]

96 Der Beschluss ist zu **verkünden**, wenn er aufgrund mündlicher Verhandlung ergeht (§ 329 Abs. 1 Satz 1 ZPO). Ergeht er ohne mündliche Verhandlung, ist er Gläubiger und Schuldner zuzustellen (§ 329 Abs. 3 ZPO).

97 Beschlüsse nach §§ 887, 888, 890 ZPO sind der **materiellen Rechtskraft** fähig. Die begrenzte materielle Rechtskraft eines Ordnungsgeldbeschlusses erstreckt sich nicht auf einen aus der Zuwiderhandlung abgeleiteten Schadensersatzanspruch, weil die Feststellungen zum Titelverstoß und zum Verschulden nur Begründungselemente der Ord-

---

120 OLG Frankfurt, 05.08.2013, 6 W 67/13, GRUR-RR 2014, 48 (LS) – *Champagnerflaschen*; OLG München, 11.03.2015, 29 W 290/15, GRUR-RR 2016, 136 (LS).

121 OLG Hamm, 28.10.1999, 4 W 2/99, WRP 2000, 413, 414 f.

122 OLG Frankfurt, 25.06.2018, 6 W 9/18, GRUR-RR 2018, 387 Rn. 23 f. – *Bettwaren Made in Germany.*

123 BGH, 27.06.2003, IXa ZB 72/03, GRUR 2004, 975, 976 – *Urschrift der Beschlussverfügung.*

124 BGH, 19.02.2015, I ZB 55/13, GRUR 2015, 511 Rn. 12 – *Kostenquote bei beziffertem Ordnungsmittelantrag.*

nungsmittelentscheidung sind.[125] Die **Titelauslegung** wird **nicht** mit **Rechtskraftwirkung** festgestellt (s. oben Rdn. 57). Die Rechtskraft eines Beschlusses zur Erzwingung von Handlungen betrifft nicht das Entscheidungselement festgestellter Nichterfüllung des Beseitigungstitels.[126] Der Schuldner kann deshalb im Wege der Vollstreckungsgegenklage (§ 767 ZPO) geltend machen, einen Auskunftsanspruch nach vorangegangener Zwangsgeldfestsetzung durch die von ihm erteilte Auskunft erfüllt zu haben.[127]

2. Mehrfachsanktion

Der Grundsatz **ne bis in idem** gilt **nicht**.[128] Die Vollstreckung aus Titeln anderer Vollstreckungsgläubiger ist Gegenstand jeweils selbstständiger Verfahren. Sie beeinflussen sich nur unter dem Gesichtspunkt der Verhältnismäßigkeit bei der Bemessung der Höhe des Ordnungsgeldes.[129] **98**

Wird **zusätzlich** zur Stellung eines Ordnungsmittelantrags wegen desselben Verletzungsverhaltens erfolgreich eine **Vertragsstrafe** geltend gemacht, steht dies einer Ordnungsgeldfestsetzung nicht entgegen. Zwar kann die Aufnahme einer Vertragsstrafeverpflichtung in einen Prozessvergleich als Vollstreckungsbeschränkung zu verstehen sein, doch bedarf es dafür eindeutiger Anhaltspunkte.[130] Ordnungsgeld und Vertragsstrafe müssen allerdings der Höhe nach wechselseitig berücksichtigt werden.[131] **99**

3. Mehrere Schuldner

Mehrere Verpflichtete aus Unterlassungsansprüchen wegen desselben Verletzungsverhaltens sind **keine Gesamtschuldner**.[132] Gegen juristische Personen, deren Organwalter als natürliche Personen der nach § 31 BGB zuzurechnende Schuldvorwurf trifft, ist das Ordnungsgeld selbst dann allein festzusetzen, wenn der Titel auch ihr Organ selbst verpflichtet.[133] Auch bei Vertragsstrafeversprechen fällt in dieser Konstellation nur eine **100**

---

125 BGH, 08.11.2007, I ZR 172/05, GRUR 2008, 360 Rn. 21 f. – *Euro und Schwarzgeld*; BGH, 18.06.2009, I ZR 47/07, GRUR 2010, 156 Rn. 26 – *Eifel-Zeitung*.

126 BGH, 13.07.2017, I ZR 64/16, GRUR 2018, 219 Rn. 15 – *Rechtskraft des Zwangsmittelbeschlusses*.

127 BGH, 13.07.2017, I ZR 64/16, GRUR 2018, 219 Rn. 15 – *Rechtskraft des Zwangsmittelbeschlusses*.

128 A.A. OLG Hamm, 28.10.1999, 4 W 2/99, WRP 2000, 413, 415 (mit der Einschränkung: Berücksichtigung erst bei der Vollstreckung des Ordnungsgeldbeschlusses); OLG Frankfurt, 18.04.2016, 6 W 13/16, GRUR-RR 2017, 166 Rn. 6 – *Doppelahndung* (mit anderer Begründung jedoch im Ergebnis richtig).

129 Abweichende Berücksichtigung der Verhältnismäßigkeit in OLG Hamm, 28.10.1999, 4 W 2/99, WRP 2000, 413, 415.

130 BGH, 03.04.2014, I ZB 3/12, GRUR 2014, 909 Rn. 14 – *Ordnungsmittelandrohung nach Prozessvergleich*.

131 BGH, 05.02.1998, III ZR 103/97, BGHZ 138, 67, 70 = GRUR 1998, 1053, 1054 – *Behinderung der Jagdausübung*.

132 So für die Vertragsstrafe: BGH, 17.07.2008, I ZR 168/05, GRUR 2009, 181 Rn. 36 – *Kinderwärmekissen*; BGH, 08.05.2014, I ZR 210/12, GRUR 2014, 797 Tz. 55 – *fishtailparka*.

133 BGH, 12.01.2012, I ZB 43/11, GRUR 2012, 541 Rn. 6 f. – *Titelschuldner im Zwangsvollstreckungsverfahren*; BGH, 08.05.2014, I ZR 210/12, GRUR 2014, 797 Rn. 56 – *fischtailparka*.

einzige Vertragsstrafe an, für die der mitverpflichtete Organwalter allerdings gesamtschuldnerisch mithaftet.[134]

101 Zu beachten ist, dass der BGH die persönliche **Verantwortlichkeit der Organwalter** juristischer Personen **zurückgedrängt** hat.[135] Die Gesellschafter von BGB-Gesellschaften haften analog § 128 HGB persönlich, haben allerdings nur dafür einzustehen, dass die Gesellschaft ihre Unterlassungspflicht einhält.[136] Ist ersatzweise für nicht beitreibbares Ordnungsgeld Ordnungshaft zu verhängen, ist diese gegen den Organwalter festzusetzen, der schuldhaft gegen das gegenüber der juristischen Person ausgesprochene Verbot verstoßen hat.[137] Das kann im Fall einer Insolvenz der juristischen Person bedeutsam werden (dazu unten Rdn. 109).

4. Ordnungsgeldfestsetzung

102 Die Höhe des Ordnungsgeldes ist in Ausübung tatrichterlichen **Ermessens**[138] unter Beachtung des Grundsatzes der Verhältnismäßigkeit so zu bestimmen, dass sich eine Titelverletzung für den Schuldner nicht lohnt. Zu beachtende **Kriterien** sind Art, Umfang und Dauer des Verstoßes, der Verschuldensgrad, der Vorteil des Verletzers aus der Verletzungshandlung und die Gefährlichkeit der begangenen und möglicher künftiger Verletzungshandlungen für den Verletzten.[139] Die Beachtung des aus der Titelverletzung erzielbaren wirtschaftlichen Erfolgs trägt dem Präventionsgedanken Rechnung. Dabei richtet sich der Erfolg nach der möglichen Umsatzsteigerung, nicht nach dem manipulierbaren Gewinn.[140] Das Ermessen wird fehlerhaft ausgeübt, wenn das Ordnungsgeld als Bruchteil des Streitwerts der Hauptsache angesetzt wird.[141]

103 Die Höchstgrenze des Ordnungsgeldrahmens von 250.000 € gilt nur für jede einzelne Festsetzung und kann durch mehrere aufeinander folgende Festsetzungen überschritten werden. Bedenklich ist die Aussage des BGH in der Entscheidung »Dügida« zur Beachtung der wirtschaftlichen Verhältnisse des Schuldners.[142] Dort hatte das Beschwerdege-

---

134 BGH, 08.05.2014, I ZR 210/12, GRUR 2014, 797 Rn. 58 – fischtailparka.

135 Vgl. BGH, 18.06.2014, I ZR 242/12, BGHZ 201, 344 = GRUR 2014, 883 Rn. 14 ff. – *Geschäftsführerhaftung*; BGH, 27.11.2014, I ZR 124/11, GRUR 2015, 672 Rn. 81 – *Videospiel-Konsolen II*; BGH, 22.01.2015, I ZR 107/13, GRUR 2015, 909 Tz. 45 – *Exzenterzähne*; BGH, 05.11.2015, I ZR 76/11, GRUR 2016, 487 Rn. 34 – *Wagenfeld-Leuchte II*.

136 BGH, 20.06.2013, I ZR 201/11, GRUR 2013, 1268 Rn. 12 und 14 – *Markenheftchen II*.

137 BVerfG, 09.05.2017, 2 BvR 335/17, NJW-RR 2017, 957 Rn. 24; BGH, 12.01.2012, I ZB 43/11, GRUR 2012, 541 Rn. 7 – *Titelschuldner im Zwangsvollstreckungsverfahren*.

138 BGH, 19.02.2015, I ZB 55/13, GRUR 2015, 511 Rn. 14 – *Kostenquote bei beziffertem Ordnungsmittelantrag*; BGH, 08.12.2016, I ZB 118/15, GRUR 2017, 318 Rn. 16 – *Dügida*.

139 BGH, 30.09.1993, I ZR 54/91, GRUR 1994, 146, 147 – *Vertragsstrafebemessung*; BGH, 23.10.2003, I ZB 45/02, GRUR 2004, 264, 268 – *Euro-Einführungsrabatt*; BGH, 08.12.2016, I ZB 118/15, GRUR 2017, 318 Rn. 17 – *Dügida*; OLG Frankfurt, 22.11.2017, 6 W 95/17, WRP 2018, 243, 244 Rn. 10 – *Emissionswertangaben*.

140 A.A. – Gewinn – Teplitzky/*Feddersen*[11] Kap. 57 Rn. 34.

141 *OLG Stuttgart, 08.10.2015, 2 U 25/15*, WRP 2016, 773 Rn. 41; OLG Stuttgart, 09.03.2016, 2 W 49/15, GRUR-RR 2017, 86 Rn. 36 – *Modedesign Studium*.

142 BGH, 08.12.2016, I ZB 118/15, GRUR 2017, 318 Rn. 24 ff. – *Dügida*.

richt in Anwendung des **strafrechtlichen Tagessatzsystems** (§ 40 StGB) die Höhe eines Tagessatzes nach den wirtschaftlichen Verhältnissen des Schuldners bestimmt und nur die Zahl der Tagessätze von den oben genannten Faktoren abhängig gemacht. Dem ist der BGH nicht entgegengetreten, sondern hat das Tagessatzsystem sogar gebilligt.[143]

Die Figur des **Fortsetzungszusammenhangs** ist nicht anzuwenden (oben § 12 Anh II **104** Rdn. 63), jedoch haben die Kriterien, die dazu früher aufgestellt wurden, auch weiterhin Bedeutung für die Sanktionsbemessung. Mehrere gleichartige Werbeanzeigen, die in einem Wirkungszusammenhang stehen, etwa das unlautere Bewerben eines Immobilienobjekts mit demselben Text, haben einen geringeren Unrechtsgehalt als **ungleichartige Verstöße**, etwa das rechtswidrige Bewerben verschiedener Objekte in derselben untersagten Verletzungsform. Werden mehrere Teilakte durch einen Mitarbeiter begangen, ist mildernd zu berücksichtigen, dass den Titelschuldner lediglich ein einziges Organisations- oder Überwachungsverschulden trifft.[144] Verschärfend wirkt sich aus, dass in Kenntnis eines Ordnungsmittelantrags oder einer erneuten Abmahnung keine Maßnahmen zur Vermeidung weiterer Verstöße ergriffen wurden.[145]

Der **Bagatellcharakter eines Verstoßes** ist bei der Höhe des Ordnungsgeldes zu **105** berücksichtigen; er berechtigt **nicht** zu einer Einstellung wegen Geringfügigkeit analog **§ 153 StPO**. Der Gläubiger darf die Rechtstreue des Schuldners mit Testpersonen erproben. Die Ausnutzung besonderer Vertrauenslagen durch einen **agent provocateur** kann allerdings als schikanöses Verhalten zu werten sein, das nach Treu und Glauben zur Abweisung des Ordnungsmittelantrags berechtigt.[146]

In der **Insolvenz des Titelschuldners** steht das Verbot der Einzelzwangsvollstreckung **106** (§ 89 InsO) der Vollstreckung nach § 890 ZPO wegen eines Verstoßes nach Insolvenzeröffnung nicht entgegen, weil Unterlassungsansprüche – anders als festgesetzte Ordnungsgelder – keine Insolvenzforderungen sind.[147] Der Titel ist zuvor gegen den Insolvenzverwalter umzuschreiben (§§ 727 ff. ZPO), wenn er für die Zuwiderhandlung im Unternehmen des Titelschuldners einstehen soll (zur Ersatzordnungshaft des Organwalters des Titelschuldners oben Rdn. 101 und nachfolgend Rdn. 108).[148] Für vor der Insolvenzeröffnung im Unternehmen des Insolvenzschuldners begangene Verstöße ist gegen den Insolvenzverwalter mangels Wiederholungsgefahr kein Unterlassungsanspruch gegeben.[149]

143 Ebenso OLG Frankfurt, 22.11.2017, 6 W 95/17, WRP 2018, 243, 244 Rn. 10 – *Emissionswertangaben.*

144 BGH, 18.12.2008, I ZB 32/06, GRUR 2009, 427 Rn. 14 – *Mehrfachverstoß gegen Unterlassungstitel.*

145 BGH, 18.12.2008, I ZB 32/06, GRUR 2009, 427 Rn. 15 – *Mehrfachverstoß gegen Unterlassungstitel.*

146 Zur treuwidrigen Ausnutzung des erkennbaren Irrtums über den Umfang einer Vertragsstrafeverpflichtung OLG Köln, 19.11.1999, 6 U 103/99, GRUR-RR 2001, 46 – *Messerabatt X%.*

147 KG, 17.12.1999, 5 W 5591/99, GRUR 2000, 1112.

148 OLG Frankfurt, 11.02.2009, 14 W 16/09, OLGR Frankfurt 2009, 575.

149 BGH, 18.03.2010, I ZR 158/07, GRUR 2010, 536 Tz. 40 – *Modulgerüst II.*

5. Ersatzordnungshaft

107 Ersatzordnungshaft ist von Amts wegen festzusetzen. Dafür gilt entgegen der Ansicht des BGH[150] nicht das **Tagessatzsystem des StGB**. Der Auffassung des BGH liegt eine übersteigerte Betonung des strafrechtlichen Charakters der Ordnungsmittelfestsetzung zugrunde.

108 Gegen juristische Personen ist die Ersatzordnungshaft an deren **Organwaltern** zu vollziehen.[151] Sie müssen im Festsetzungsbeschluss namentlich bezeichnet werden, hingegen noch nicht in der Androhung.[152] Das Sanktionssystem ist gestuft; der Schuldner hat kein Wahlrecht zwischen Ordnungsgeld und Ersatzordnungshaft.[153]

109 **§ 765a ZPO** ist anwendbar.[154] Die Insolvenz der juristischen Person und die Vermögenslosigkeit ihres Organwalters sprechen jedoch nicht gegen die Vollziehung der Ersatzordnungshaft.[155] Allenfalls kann die Verhältnismäßigkeit eine Herabsetzung des Ordnungsmittels gebieten.[156]

110 Die Vollziehung der Ordnungshaft setzt die **Nichtbeitreibbarkeit des Ordnungsgeldes** voraus. Für deren Feststellung genügt der fruchtlose Versuch einer Zwangsvollstreckung in das bewegliche Vermögen. Es bedarf nicht der Abgabe einer eidesstattlichen Versicherung des Schuldners über seine Vermögensverhältnisse (§ 802c ZPO) oder gar – noch weitergehend – der Anordnung von Erzwingungshaft (§ 802g ZPO.[157] Die Erzwingungshaft beträgt ihrerseits maximal sechs Monate (§ 802j ZPO), kann aber nach zwei Jahren erneut angeordnet werden. Das würde die maximale Zeitdauer der Ersatzordnungshaft ebenso übersteigen wie eine Kumulation von Erzwingungshaft und Ersatzordnungshaft und damit gegen § 890 Abs. 1 Satz 1 ZPO verstoßen.[158]

6. Sicherheitsleistung

111 Nach einmaliger Zuwiderhandlung und einer früheren Ordnungsmittelandrohung kann das Gericht gem. § 890 Abs. 3 ZPO nach seinem Ermessen auf bestimmte Zeit eine Sicherheitsleistung anordnen, die **Schäden** aufgrund **künftiger Zuwiderhandlungen** abdeckt.[159]

---

150 BGH, 08.12.2016, I ZB 118/15, GRUR 2017, 318 Tz. 19 ff. und 28 – *Dügida*; dem folgend OLG Frankfurt, 22.11.2017, 6 W 95/17, WRP 2018, 243, 244 f. Rn. 11 – *Emissionswertangaben.*

151 BGH, 12.01.2012, I ZB 43/11, GRUR 2012, 541 Rn. 7 – *Titelschuldner im Zwangsvollstreckungsverfahren.*

152 BGH, 16.05.1991, I ZR 218/89, GRUR 1991, 929, 931 a.E. – *Fachliche Empfehlung II.*

153 BVerfG, 09.05.2017, 2 BvR 335/17, NJW-RR 2017, 957 Rn. 38.

154 Vgl. BVerfG, 09.05.2017, 2 BvR 335/17, NJW-RR 2017, 957 Rn. 21 und 32.

155 BVerfG, 09.05.2017, 2 BvR 335/17, NJW-RR 2017, 957, 959 Rn. 34 f.

156 BVerfG, 09.05.2017, 2 BvR 335/17, NJW-RR 2017, 957 Rn. 36.

157 So aber das Vorgehen im Ausgangsverfahren zu BVerfG, 03.11.2017, 2 BvR 2135/09, NJW *2018, 931.*

158 Seltsam der Schlusssatz in BVerfG, 03.11.2017, 2 BvR 2135/09, NJW 2018, 931 Rn. 25.

159 OLG Düsseldorf, 10.08.2000, 9 W 65/00, NJW-RR 2001, 1223, 1224.

7. Kosten

Der **Wert** des Ordnungsmittelverfahrens ist **nicht von Amts wegen** festzusetzen, weil keine wertabhängigen Gerichtsgebühren erhoben werden (Nr. 2111 KV GKG). Eine Festsatzung ist unzulässig; der Rechtsschein einer Streitwertfestsetzung ist auf Beschwerde hin zu beseitigten.[160] **112**

Benötigt wird der Gegenstandswert für die **Anwaltsgebühren**. Erforderlich ist ein Antrag (§ 33 Abs. 1 RVG). Der Wert des Ordnungsmittelverfahrens ist von dem Wert des Erkenntnisverfahrens unabhängig.[161] Er richtet sich nach dem Wert des zu erwirkenden Verhaltens, also des Unterlassens, für den Gläubiger (§ 25 Abs. 1 Nr. 3 RVG) und damit nach dem Ausmaß drohender weiterer Zuwiderhandlungen gegen den Titel,[162] ist also mit dem **Streitwert des Erkenntnisverfahrens nicht gleichzusetzen.**[163] Dessen Wert ist aber als Ausgangspunkt der Wertbemessung geeignet.[164] Ebenso wenig kommt es auf den Betrag des festgesetzten Ordnungsgeldes an. Sein Betrag ist nur für den Wert einer Beschwerde des Schuldners bestimmend. **113**

V. Rechtsmittel

Gegen die Festsetzung eines Ordnungsmittels findet die fristgebundene und formbedürftige **sofortige Beschwerde** statt (§§ 793, 569 ZPO), die – mit Konsequenzen für die Verfolgungsverjährung (dazu nachfolgend Rdn. 120) – aufschiebende Wirkung hat (§ 570 Abs. 1 ZPO).[165] Sie ändert aber nichts an der **sofortigen Vollstreckbarkeit**,[166] sofern nicht die Aussetzung der Vollziehung angeordnet wird (§ 570 Abs. 3 ZPO). Zuständig sind alternativ das Ausgangsgericht, das eine Abhilfeentscheidung treffen kann, und das Beschwerdegericht. Im Beschwerderechtsweg können neue Angriffs- und Verteidigungsmittel vorgebracht werden (§ 571 Abs. 2 Satz 1 ZPO) und damit auch weitere Zuwiderhandlungen eingeführt werden, soweit dies eine richterliche Fristsetzung (§ 571 Abs. 3 ZPO) zeitlich erlaubt. **114**

Die **Rechtsbeschwerde** ist gem. § 574 ZPO nur begrenzt zulässig. Sie bedarf der Zulassung durch das Beschwerdegericht. Eine Nichtzulassungsbeschwerde scheidet aus. In Verfahren der einstweiligen Verfügung ist der Instanzenzug zum BGH wegen § 542 **115**

---

160 OLG Nürnberg, 01.08.2018, 3 W 1010/18, NJW-RR 2018, 1277.

161 Vgl. BGH, 08.11.2011, IX ZB 44/01, NJW 2002, 754.

162 OLG München, 02.05.1975, 5 W 1046/75, WRP 1975, 458, 459; KG, 18.10.1974, 5 W 1267/74, WRP 1975, 444 f.; OLG Karlsruhe, 04.11.1991, 4 W 72/91, WRP 1992, 198; OLG Celle, 23.04.2009, 13 W 32/09, NJOZ 2010, 9, 1/3 des Hauptsachewertes; OLG Frankfurt, 07.11.2018, 6 W 88/18, WRP 2019, 108 (Bruchteil des Streitwerts des Eilverfahrens für Vollstreckung aus Verfügungstitel). Näher dazu *Ahrens* in Ahrens, Wettbewerbsprozess[8] Kap. 68 Rn. 57 ff.

163 KG, 18.10.1974, 5 W 1267/74, WRP 1975, 444, 445; OLG Frankfurt, 07.11.2018, 6 W 88/18, WRP 2019, 108. A.A. ständig OLG Hamm, 14.03.2017, 4 W 34/16, GRUR-RR 2017, 359, 360 Rn. 21 – *Warenkorbansicht*; *Schneider* NJW 2019, 24, 25 f. m.w.Nachw.

164 OLG Karlsruhe, 04.11.1991, 4 W 72/91, WRP 1992, 198.

165 BGH, 17.08.2011, I ZB 20/11, GRUR 2012, 427, 428 – *Aufschiebende Wirkung*.

166 BGH, 05.11.2004, IXa ZB 18/04, GRUR 2005, 269, 270 – *Verfolgungsverjährung*.

Abs. 2 Satz 1 ZPO – ungeachtet einer (nicht statthaften) Zulassung – nicht gegeben.[167] Die an eine Monatsfrist gebundene Rechtsbeschwerde muss **beim Rechtsbeschwerdegericht** (BGH, § 133 GVG) eingelegt werden (§ 575 Abs. 1 Satz 1 ZPO) und daher von einem beim BGH zugelassenen Rechtsanwalt eingereicht werden. Eine **Beschwer** ergibt sich für den Gläubiger aus einer Ermäßigung des Ordnungsgeldes durch das Beschwerdegericht gegenüber der Festsetzung des Landgerichts, auch wenn der Gläubiger in seinem Festsetzungsantrag weder einen bestimmten Betrag, noch eine ungefähre Größenordnung des Ordnungsgeldes genannt hat.[168]

VI. Vollziehung des Ordnungsmittels

1. Inlandsvollstreckung

116 Für die Vollziehung des Ordnungsmittels ist der **Rechtspfleger** des Prozessgerichts zuständig (§ 31 Abs. 3 RPflG). Sie kann nicht abgewendet werden. Vollstreckungsschutz nach § 765a ZPO kommt zwar in Betracht,[169] wird aber in der Regel selbst bei Vollziehung von Ersatzordnungshaft erfolglos bleiben, damit die **Effektivität der Zwangsvollstreckung** nicht beeinträchtigt wird. Allerdings können dem Schuldner Zahlungserleichterungen in Form der Bewilligung einer Zahlungsfrist oder der Gewährung von Ratenzahlungen eingeräumt werden (Art. 7 (1) Satz 1 EGStGB). Anzuwenden ist die **Justizbeitreibungsordnung**, auf deren Grundlage das Ordnungsgeld zugunsten der Staatskasse beigetrieben wird.

117 Der **Widerstand des Schuldners** gegen die Beachtung eines **Duldungstitels**, etwa zur Besichtigung eines rechtsverletzenden Objekts, kann nach § 892 ZPO durch Hinzuziehung eines Gerichtsvollziehers gebrochen werden, der seinerseits gem. § 758 Abs. 3 ZPO polizeiliche Hilfe anfordern kann.

2. Rückwirkende Titelaufhebung

118 Die **Aufhebung des Vollstreckungstitels** mit ex-tunc-Wirkung erstreckt sich **nicht** auf den **Ordnungsmittelbeschluss** als Grundlage der Zahlungspflicht.[170] Ob es eine Grundlage für die Aufhebung des Ordnungsmittelbeschlusses als Voraussetzung einer Rückzahlung beigetriebenen Ordnungsgeldes gibt, ist umstritten.[171] Eine Begnadigungsmöglichkeit gibt es nicht.[172]

---

167 BGH, 27.02.2003, I ZB 22/02, GRUR 2003, 548 – *Nicht statthafte Rechtsbeschwerde*; BGH, 08.05.2003, I ZB 40/02, GRUR 2003, 724 – *Nicht statthafte Rechtsbeschwerde II* (betr. Kostenentscheidung nach § 91a ZPO).

168 BGH, 08.12.2016, I ZB 118/15, GRUR 2017, 318 Rn. 8 – *Dügida.*

169 Vgl. BVerfG, 09.05.2017, 2 BvR 335/17, NJW-RR 2017, 957 Rn. 21 und 32.

170 BGH, 22.09.1988, IX ZR 168/87, NJW-RR 1988, 1530.

171 Näher dazu Ahrens/*Ahrens*, Der Wettbewerbsprozess[8] Kap. 68 Rn. 34.

172 OLG Koblenz, 06.04.1983, 6 W 147/83, WRP 1983, 575, 576.

3. Auslandsvollstreckung

Eine Auslandsvollstreckung von Ordnungsgeld erfolgt innerhalb der EU nach **Art. 55 Brüssel Ia-VO**. Diese VO ist anzuwenden, weil es sich trotz der Beitreibung durch und zugunsten des Staates um die Durchsetzung eines zivilrechtlichen Anspruchs handelt.[173] Auf der Grundlage des inländischen Unterlassungstitels kann allerdings auch im Vollstreckungsstaat ein dort bekanntes Zwangsvollstreckungsmittel beantragt werden. Voraussetzung ist jeweils, dass der Titelverstoß im räumlichen Geltungsbereich des Unterlassungstitels stattgefunden hat. Dafür ist durch Auslegung zu ermitteln, ob ein Verbot nur den Markt des Forumstaates betreffen sollte oder auch einen ausländischen Markt, auf dem die wettbewerblichen Interessen kollidieren (s. oben Rdn. 55). 119

VII. Verjährung

Die Erzwingung eines Unterlassungstitels wegen eines konkreten Titelverstoßes kann gem. Art. 9 EGStGB verjähren. Zu unterscheiden ist die **Verfolgungsverjährung** des Art. 9 (1) EGStGB von der **Vollstreckungsverjährung** des Art. 9 (2).[174] Eine Verfolgungsverjährung kann nicht mehr eintreten, wenn ein Ordnungsmittel festgesetzt worden ist.[175] Die Vollstreckungsverjährung lässt die rechtskräftige Festsetzung des Ordnungsmittels unberührt, so dass trotz mangelnder Durchsetzbarkeit im Inland eine Vollstreckung im Ausland bei Geltung anderer dortiger Vollstreckungshemmnisse nicht ausgeschlossen sein soll.[176] 120

173 EuGH, 18.10.2011, C-406/09, GRUR 2012, 848 Rn. 41 f. – *Realchemie Nederland.*
174 Vgl. BGH, 17.08.2011, I ZB 20/11, GRUR 2012, 427, 428 – *Aufschiebende Wirkung.*
175 BGH, 05.11.2004, IXa ZB 18/04, BGHZ 161, 60, 63 = GRUR 2005, 269 – *Verfolgungsverjährung*; BGH, 17.08.2011, I ZB 20/11, GRUR 2012, 427, 428 – *Aufschiebende Wirkung.*
176 BGH, 07.03.2013, IX ZR 123/12, ZIP 2013, 798 Rn. 34 f. (zweifelhaft).

§ 13 Sachliche Zuständigkeit

(1) [1]Für alle bürgerlichen Rechtsstreitigkeiten, mit denen ein Anspruch auf Grund dieses Gesetzes geltend gemacht wird, sind die Landgerichte ausschließlich zuständig. [2]Es gilt § 95 Absatz 1 Nummer 5 des Gerichtsverfassungsgesetzes.

(2) [1]Die Landesregierungen werden ermächtigt, durch Rechtsverordnung für die Bezirke mehrerer Landgerichte eines von ihnen als Gericht für Wettbewerbsstreitsachen zu bestimmen, wenn dies der Rechtspflege in Wettbewerbsstreitsachen, insbesondere der Sicherung einer einheitlichen Rechtsprechung, dienlich ist. [2]Die Landesregierungen können die Ermächtigung auf die Landesjustizverwaltungen übertragen.

Hans-Jürgen Ahrens

Übersicht **Rdn.**

A. Eingangsgericht

1 § 13 ordnet eine **ausschließliche Zuständigkeit** der Landgerichte an. Damit wird eine Zuständigkeit der Amtsgerichte bei Streitwerten bis 5.000 Euro ausgeschlossen. Parallele Zuständigkeitsregelungen gelten nach § 6 Abs. 1 Satz 1 UKlaG, § 87 Satz 1 GWB, § 140 Abs. 1 MarkenG, § 143 Abs. 1 PatG, § 27 Abs. 1 GbrMG und § 38 Abs. 1 SortSchG. Rechtspolitisch verfehlt ist das Fehlen einer entsprechenden Norm im UrhG.

2 Die Zuweisung an das LG als Prozessgericht wirkt für Unterlassungs- und Beseitigungsansprüche bis in die **Zwangsvollstreckung**, weil nach §§ 887 f. und § 890 ZPO das Prozessgericht Vollstreckungsgericht ist. Hingegen sind eidesstattliche Versicherungen zur Bekräftigung der Richtigkeit und Vollständigkeit tenorierter Auskunfts- oder Rechnungslegungspflichten vor dem Amtsgericht abzugeben (§ 889 Abs. 1 ZPO).

B. Geschäftsverteilung

3 § 13 Abs. 1 Satz 2 UWG verweist (rein deklaratorisch) auf die Regelung des § 95 Abs. 1 Nr. 5 GVG, nach der Klagen aufgrund des UWG prozessuale Handelssachen sind, für die funktional die **Kammer für Handelssachen** (KfH) zuständig ist. Verhandelt wird die UWG-Sache dort aber nur, wenn der Kläger dies gem. § 96 Abs. 1 GVG in der Klageschrift beantragt.

4 Die Zuständigkeit der KfH ist unabhängig von einer Kaufmannseigenschaft der Parteien gegeben, so dass auch **Verbände und Körperschaften** (§ 8 Abs. 3 Nr. 2 bis 4

UWG) dort klagen können. Da § 95 Abs. 1 Nr. 4b und c GVG Kennzeichenstreitigkeiten und Designstreitigkeiten ebenfalls als prozessuale Handelssachen qualifiziert, ergeben sich insoweit aus Anspruchskonkurrenzen keine Abgrenzungsschwierigkeiten.

Der Begriff der Klage umfasst nicht nur das ordentliche Verfahren, sondern auch **5** Anträge auf Erlass einer **einstweiligen Verfügung**.

Ungeachtet der Zuweisung an die KfH sind an einigen Gerichtsstandorten mit hohem **6** Fallaufkommen **spezialisierte Zivilkammern** für UWG-Sachen eingerichtet. Sie entscheiden mangels Adressierung der Klage oder des Verfügungsantrags an die KfH über die UWG-Sache, sofern der Beklagte nicht gem. § 98 Abs. 1 Satz 1 GVG rechtzeitig (§ 101 Abs. 1 GVG) Verweisung an die KfH beantragt. Einen solchen **Verweisungsantrag** zu stellen, ist allerdings in der Regel Zeichen dilettantischen Anwaltsverhaltens und ist ungeachtet des kleinen damit verbundenen Zeitgewinns für den Beklagten nicht empfehlenswert.

Ist eine UWG-Sache nur wegen Verkennung der Zuständigkeitsregeln oder wegen eines **7** Büroversehens des Klägers bei einer allgemeinen Zivilkammer eingegangen, wird ein Verweisungsantrag des Beklagten bzw. Antragsgegners geboten sein. **Von Amts wegen** ist eine Zivilkammer **nicht** zu einer Verweisung befugt (§ 98 Abs. 3 GVG).

C. Relevante Ansprüche

§ 13 UWG gilt für **alle Ansprüche** auf der Grundlage des **UWG**. Da die Streitwerte **8** für Abwehransprüche regelmäßig mehr als 5.000 Euro betragen, ist die Regelung nur für wenige Ansprüche bedeutsam. Im Vordergrund stehen Ansprüche auf **Abmahnkostenersatz** (§ 12 Abs. 1 Satz 2 UWG), die isoliert erhoben werden und dann typischerweise weniger als 5.000 Euro ausmachen. Denkbar ist dies aus Streitwertgründen auch bei der Geltendmachung eines Auskunftsanspruchs zur Vorbereitung eines Anspruchs auf Gewinnherausgabe (§ 10 UWG).

§ 13 UWG ist auf Ansprüche auf **Zahlung der Vertragsstrafe** aus einer Unterwer- **9** fungsvereinbarung **analog anzuwenden**.[1] Dieser Streit betrifft in erster Linie die Frage, ob ein Wettbewerbsverhalten gegen die vertragliche Unterlassungsvereinbarung verstößt und deshalb eine Vertragsstrafe verwirkt ist. Es sind damit dieselben Fragen wie bei der Unterlassungsvollstreckung wegen eines tenorierten gesetzlichen Unterlassungsanspruchs zu klären.

D. Konzentration der sachlichen Zuständigkeit

§ 13 Abs. 2 Satz 1 UWG enthält eine Ermächtigungsgrundlage für den Erlass von **10** **Rechtsverordnungen der Länder**, die sachliche Zuständigkeit der Landgerichte für mehrere Bezirke bei einem LG zu konzentrieren. Dafür wird die Sicherung der Rechtsprechungseinheit als Beispielsfall genannt. Dieser Gesichtspunkt wäre allenfalls von

1 BGH, 19.10.2016, I ZR 93/15, WRP 2017, 179 Rn. 22 ff. m. Anm. *Goldbeck*. Dem folgend für § 6 UKlaG OLG Hamm, 28.03.2017, I-4 U 148/16, GRUR-RR 2017, 464.

praktischer Bedeutung, wenn die Zuständigkeit bei einem von eventuell mehreren Oberlandesgerichten in einem Bundesland (ebenfalls) konzentriert würde.

11 Im Vordergrund der Entscheidung über eine Ausübung der Konzentrationsermächtigung sollte statt dessen stehen, ob das **Fallaufkommen** in einzelnen LG-Bezirken **groß genug** für eine Spezialisierung der Richter ist. Dass das Vertrauen der Anwaltschaft in die Existenz breit gestreuter notwendiger Spezialkenntnisse nicht sehr ausgeprägt ist, zeigt die Inanspruchnahme ausgewählter Großstadtgerichte aufgrund des Deliktsgerichtsstands (§ 14 Abs. 2 Satz 1 UWG), soweit dies möglich ist. Gegen eine Konzentration spricht allerdings der Gesichtspunkt, dass die häufige Inanspruchnahme des Verfügungsverfahrens in UWG-Sachen wegen des **Fahrtaufwands** zu einem für mehrere LG-Bezirke zuständigen Gericht etwas erschwert wird.

12 Von der **Konzentrationsermächtigung** haben die Länder in UWG-Sachen **kaum Gebrauch** gemacht. In Sachsen ist das LG Leipzig für die Bezirke Leipzig, Chemnitz und Zwickau zuständig, das LG Dresden für die Bezirke Dresden und Görlitz, dies unter dem Vorbehalt, dass nicht zugleich eine kartellrechtliche Streitigkeit betroffen ist; für die dann Leipzig insgesamt zuständig ist.[2] In Mecklenburg-Vorpommern ist die Zuständigkeit das ganze Land beim LG Rostock konzentriert.[3]

13 Demgegenüber ist von der **Konzentrationsermächtigung des § 6 Abs. 2 UKlaG** in mehreren Bundesländern Gebrauch gemacht worden, nämlich in Bayern (LG München I, Nürnberg-Fürth, Bamberg)[4], Brandenburg (LG Potsdam)[5], Hessen (LG Frankfurt/M.)[6], Mecklenburg-Vorpommern (LG Rostock)[7], NRW (LG Dortmund, Düsseldorf, Köln)[8] und Sachsen (LG Leipzig)[9]. Durch dieses rechtspolitische Chaos werden Rechtsanwendungsschwierigkeiten ausgelöst, weil sich materiell-rechtliche Ansprüche nach dem UKlaG und nach § 3a UWG überschneiden können und § 6 Abs. 1 UKlaG ebenfalls eine ausschließliche Zuständigkeit (funktional allerdings nicht der KfH) begründet. Die Zuständigkeitskonzentration des UKlaG gilt auch für Vertragsstrafenansprüche nach Verstößen gegen Unterwerfungsverträge, denen ein gesetzlicher Anspruch nach dem UKlaG zugrunde lag.[10]

E. Konkurrierender kartellrechtlicher Anspruch, kartellrechtliche Vorfrage

14 Lauterkeitsrechtliche und kartellrechtliche Anspruchsgrundlagen überschneiden sich zum Teil. Die **ausschließliche Zuständigkeit** der **Kartellgerichte** nach § 87 Satz 1 GWB überlagert bei diesen Sachverhalten das Zuständigkeitsregime des UWG für den

2 § 13 SächsJOrgVO, GVBl. 2016, 103.
3 § 4 Abs. 1 Nr. 7 KonzVO M-V, GVOBl. 1994, 514.
4 § 6 GZVJu, BayGVBl. 2012, 295.
5 2. GerZV, GVBl. BrB 2007, 113.
6 § 43 JuZuV, Hess. GVBl. 2013, 386.
7 § 4 Abs. 1 Nr. 6 KonzVO M-V, GVOBl. 1994, 514.
8 KonzentrationsVO-UKlaG, GVBl. NRW 2002, 446.
9 § 7 SächsJOrgVO, GVBl. 2016, 103.
10 OLG Hamm GRUR-RR 2017, 464.

gesamten einheitlichen Streitgegenstand. Das Kartellgericht hat gegebenenfalls die UWG-Anspruchsgrundlagen mit zu prüfen.

Hängt die UWG-Entscheidung von der Beantwortung einer **kartellrechtlichen Vorfrage** ab (s. dazu auch § 12 Anh. I, Rdn. 12), ist die ausschließliche Zuständigkeit der Kartellgerichte gegeben (§ 87 Satz 2 GWB), was sich angesichts der für das Kartellrecht angeordneten örtlichen Zuständigkeitskonzentration auf die Anwendbarkeit des § 14 UWG auswirkt. Das kann etwa beim Streit über Lizenzrechte bedeutsam werden, deren Erteilung als missbräuchlich i.S. von § 19 GWB angegriffen wird.[11] Die ausschließliche Zuständigkeit der Kartellgerichte ist auch in der Berufungsinstanz zu beachten.[12] **15**

Eine **Verweisung** an das Kartellgericht ist **nur** i.S.d. § 281 ZPO **verbindlich**, wenn der Verweisung eine **vollwertige**, nicht lediglich summarische **Prüfung** der **Vorfragenrelevanz** auf bloße Wahrscheinlichkeit vorausgegangen ist.[13] Auch einer aus sonstigen Gründen nicht mehr verständlichen und offensichtlich unhaltbaren Verweisung fehlt die Verbindlichkeit.[14] **16**

11 AG Kassel, 04.07.2017, 410 C 3394/15, WuW 2018, 109, 110 (dort: urheberrechtliche Streitigkeit).
12 OLG Düsseldorf, 21.02.2018, VI U (Kart) 20/17, WuW 2018, 281 Rn. 34 f.
13 OLG Düsseldorf, 21.02.2018, VI U (Kart) 20/17, WuW 2018, 281 Rn. 35 und 38 f. S. auch LAG Düsseldorf, 29.01.2018, 14 Sa 591/17, WuW 2018, 333 Rn. 172 ff.
14 OLG Düsseldorf, 21.02.2018, VI U (Kart) 20/17, WuW 2018, 281 Rn. 42.

§ 14 Örtliche Zuständigkeit

(1) [1]Für Klagen auf Grund dieses Gesetzes ist das Gericht zuständig, in dessen Bezirk der Beklagte seine gewerbliche oder selbständige berufliche Niederlassung oder in Ermangelung einer solchen seinen Wohnsitz hat. [2]Hat der Beklagte auch keinen Wohnsitz, so ist sein inländischer Aufenthaltsort maßgeblich.

(2) [1]Für Klagen auf Grund dieses Gesetzes ist außerdem nur das Gericht zuständig, in dessen Bezirk die Handlung begangen ist. [2]Satz 1 gilt für Klagen, die von den nach § 8 Absatz 3 Nummer 2 bis 4 zur Geltendmachung eines Unterlassungsanspruchs Berechtigten erhoben werden, nur dann, wenn der Beklagte im Inland weder eine gewerbliche oder selbständige berufliche Niederlassung noch einen Wohnsitz hat.

Hans-Jürgen Ahrens

Übersicht — Rdn.

A. »Allgemeiner« Gerichtsstand

I. Abgrenzung zur internationalen Zuständigkeit

Der Klärung der örtlichen Zuständigkeit hat die Bestimmung der internationalen Zuständigkeit voranzugehen, die sich innerhalb Europas nach der Brüssel Ia-VO (EuGVO) oder dem Lugano-Übereinkommen richtet (s. oben Kommentierung *McGuire*…). Der **unionsrechtliche Vorrang der Brüssel Ia-VO** wirkt sich beim Gerichtsstand des § 14 Abs. 2 UWG aus, weil Art. 7 Nr. 2 Brüssel Ia-VO **zugleich den örtlichen Gerichtsstand** erfasst. Was jeweils ein Ort ist, »an dem das schädigende Ereignis eingetreten ist oder einzutreten droht«, richtet sich dann auch für den örtlichen Gerichtsstand nach der Auslegung dieses Merkmals durch den **EuGH**. Insoweit sind die nationale Interpretation zu § 32 ZPO und deren Verständnis von Handlungs- und Erfolgsort sowie des Verhältnisses dieser Orte zueinander irrelevant. 1

II. Anlehnung an allgemeinen Gerichtsstand der ZPO

Die örtliche Zuständigkeit wird durch § 14 Abs. 1 UWG in grundsätzlicher Übereinstimmung mit dem **allgemeinen Gerichtsstand des § 12 ZPO** festgelegt, ohne diesen Begriff zu verwenden und ohne dass eine lupenreine Entsprechung gegeben ist. Abweichend von der variantenreichen Anknüpfung des allgemeinen Gerichtsstands aus § 12 ZPO in den §§ 13, 16, 17 und 20 ZPO sind nach § 14 Abs. 1 UWG in **gestufter Reihenfolge** die gewerbliche oder selbständige berufliche Niederlassung, der Wohnsitz und der inländische Aufenthaltsort zuständigkeitsbestimmend. Die Anknüpfungspunkte sind in Übereinstimmung mit entsprechenden Tatbestandsmerkmalen der ZPO zu bestimmen, damit ein **prozessualer Systemzusammenhang** hergestellt wird. Wegen der Ausschließlichkeit der Regelung des § 14 UWG (dazu unten Rdn. 50 ff.) kann aber über die methodengerechte Herstellung eines Auslegungszusammenhangs hinaus nicht auf die Gerichtsstände der ZPO zurückgegriffen werden. 2

III. Niederlassung

Niederlassung und Sitz sind als Anknüpfungspunkte zu **unterscheiden**. Der satzungsmäßige Sitz setzt keine Verwaltungs- oder Geschäftstätigkeit am Satzungsort voraus.[1] Für Personengesellschaften und juristische Personen bestimmt § 17 Abs. 1 ZPO den allgemeinen Gerichtsstand durch den Sitz, der sich seinerseits im Zweifel nach dem Ort der (Haupt-)Verwaltung richtet. Daneben kennt § 21 Abs. 1 ZPO den besonderen Gerichtsstand der Niederlassung, der eine Erweiterung gegenüber der Anknüpfung an den Sitz bedeutet. Der Begriff der Niederlassung in § 14 Abs. 1 UWG ist in Übereinstimmung mit dem entsprechenden Merkmal der ZPO zu verstehen.[2] Daher ist die *geläufige abkürzende Bezeichnung* als »allgemeiner« Gerichtsstand irreführend. 3

---

1 So zu Art. 63 Abs. 1 lit. a Brüssel Ia-VO BGH, 14.11.2017, VI ZR 73/17, ZIP 2018, 654 Rn. 19.

2 A.A. *Bähr* in Ahrens, Der Wettbewerbsprozess[8] Kap. 17 Rn. 10.

4 **Niederlassung** meint den inländischen Ort, von dem aus das Gewerbe oder die selbständige berufliche Tätigkeit tatsächlich längerdauernd ausgeübt werden. Dafür ist als Sachsubstrat mindestens ein Geschäftsraum erforderlich. Maßgebend ist der Mittelpunkt der **organisatorisch-geschäftlichen Leitung** der Unternehmenstätigkeit.[3] Irrelevant sind Warenlager, Annahmestellen oder Agenturen ohne selbständige Entscheidungskompetenz. Abzustellen ist auf den im Rechtsverkehr erzeugten **äußeren Anschein** einer Niederlassung.[4] Auf eine etwaige Eintragung ins Handelsregister kommt es nicht an. Jedoch wird eine Registereintragung über den Unternehmenssitz den Anschein einer dort zu lokalisierenden Niederlassung erwecken. **Nicht übertragbar** ist die **unionsrechtliche Regelung** des Begriffs der Niederlassung in Art. 54 (1) AEUV (satzungsmäßiger Sitz, Sitz der Hauptverwaltung, Hauptniederlassung)[5], die die Niederlassungsfreiheit betrifft und anderen Zielsetzungen folgt.

5 **Selbständige Zentren** organisatorisch-geschäftlicher **Leitung** stellen jeweils eine Niederlassung dar. Damit ist es bereits auf Grundlage des § 14 Abs. 1 UWG denkbar, dass es mehrere alternative Gerichtsstände gibt.[6]

IV. Wohnsitz, Aufenthaltsort

6 Der Wohnsitz und der Aufenthaltsort haben **nur** für **natürliche Personen** Bedeutung. Insofern gilt eine andere Terminologie als nach Art. 63 Brüssel Ia-VO. Der Wohnsitz ist den §§ 7 bis 11 BGB zu entnehmen. Gemeint ist stets der inländische Wohnsitz.

7 Als Aufenthaltsort kommen der **gewöhnliche** und der **schlichte Aufenthaltsort** in Betracht. Wie im IPR hat der gewöhnliche Aufenthaltsort Vorrang vor dem schlichten Aufenthaltsort. Eine Heranziehung des Aufenthaltsortes wird allerdings typischerweise ins rechtliche Abseits führen. Sachverhalte, in denen es zur Zuständigkeitsbegründung auf den Aufenthaltsort ankommen soll, werden in den **Anwendungsbereich** der **Brüssel Ia-VO** oder des Lugano-Übereinkommens fallen, weil sie Unternehmen mit ausländischem Sitz betreffen. Typisch sind dafür Rechtsstreitigkeiten, die sich aus Aktivitäten während der Teilnahme an einer inländischen Messe ergeben. Eine deutsche **internationale Zuständigkeit** lässt sich dann – vorbehaltlich des für den Erlass einer eV auf nationales Recht abstellenden Art. 35 Brüssel Ia-VO, der jedoch eine Auslandsvollstreckung ausschließt – nur aus der **Tatortzuständigkeit** ableiten (Art. 7 Nr. 2 Brüssel Ia-VO, Art. 5 Nr. 3 LugÜbk). Die solchermaßen begründete internationale Zuständigkeit

---

3 Gleichartig die unionsrechtliche Niederlassungsdefinition zu Art. 125 (1) UMG 2017 (ex Art. 97 I): »reale und konstante Präsenz, von der aus eine geschäftliche Tätigkeit ausgeübt wird und die sich in einer persönlichen und materiellen Ausstattung vor Ort niederschlägt«, mit dem zusätzlichen Erfordernis einer dauerhaften Außendarstellung; vgl. dazu EuGH, 18.05.2017, C-617/15 – *Hummel Holding/Nike*, GRUR 2017, 728 Rn. 37 (Enkelgesellschaft als Niederlassung); OLG Frankfurt, 20.12.2017, 6 W 107/17, GRUR-RR 2018, 148 Rn. 6 – *Tuppercabinet*.

4 *BGH, 18.01.2011*, *X ZR 71/10*, NJW 2011, 2056 Rn. 20.

5 Vgl. dazu EuGH, 25.10.2017, C-106/16 – *Polbud*, Rn. 32 und 34.

6 A.A. *Bähr* in Ahrens, Der Wettbewerbsprozess[8] Kap. 17 Rn. 13.

legt **zugleich** die **örtliche Zuständigkeit** fest.[7] Dies gilt gleichermaßen für Einzelgewerbetreibende wie für juristische Personen und Personengesellschaften. Auf letztere braucht § 14 Abs. 1 Satz 2 UWG deshalb nicht analog angewandt zu werden.

B. Deliktsgerichtsstand

I. Anknüpfung an den Tatort

Art. 14 (2) UWG knüpft den Gerichtsstand wie **§ 32 ZPO** an den **Ort der unerlaubten Handlung**. Die Wiederaufnahme dieses Merkmals im UWG ist geboten, um zwei Besonderheiten zu regeln, nämlich den **Ausschließlichkeitscharakter** beider Gerichtsstände des § 14 UWG und die Ausschließung von Klagen von Verbänden und Kammern (§ 8 Abs. 3 Nr. 2 bis 4 UWG) im Deliktsgerichtsstand, soweit diese nicht einen Beklagten mit Niederlassung oder Wohnsitz im Ausland angreifen. Die Einschränkung für Beklagte im Ausland ist wegen des **unionsrechtlichen Vorrangs** von Art. 7 Nr. 2 Brüssel Ia-VO weitgehend deklaratorischer Natur. 8

Eine **parallele Gerichtsstandanknüpfung** an den Deliktsort enthält in anderer Formulierung **§ 6 Abs. 1 Satz 2 UKlaG**. Die Gesetze zum Schutz der Rechte des Geistigen Eigentums treffen überwiegend keine Sonderbestimmungen, so dass dort auf Verletzungsklagen § 32 ZPO anwendbar ist. 9

§ 104a UrhG sieht einen **Ausschluss des Tatortgerichtsstands** für Klagen gegen natürliche Personen vor, indem diese regelmäßig ausschließlich an ihrem Wohnsitz, hilfsweise am Ort ihres gewöhnlichen Aufenthaltes beklagt werden können. Nur wenn Wohnsitz und gewöhnlicher Aufenthaltsort im Ausland belegen sind, soll das Gericht am Ort der unerlaubten Handlung zuständig sein. Diese Regelung **begünstigt natürliche Personen** insofern, als im UrhG bei Streitigkeiten mit einem Wert bis 5.000 Euro sachlich das **Amtsgericht** (ohne Anwaltszwang) zuständig ist und örtlich dann nur das Amtsgericht am Heimatort des beklagten Verletzers zur Entscheidung berufen ist. 10

§ 141 MarkenG behandelt das Verhältnis des MarkenG zum UWG in Bezug auf die örtlichen Gerichtsstände. Ergeben sich Ansprüche wegen einer Kennzeichenverletzung sowohl aus dem MarkenG als auch aus dem UWG, stellt § 14 UWG keine Beschränkung der Gerichtsstandbegründung dar (s. auch unten Rdn. 61). 11

II. Ort der unerlaubten Handlung

1. Ausgangspunkt: § 32 ZPO

Die Begründung eines besonderen Gerichtsstands am Ort der unerlaubten Handlung (= *Tatort* = *Deliktsort*) *i.S.d.* § 32 ZPO wird von dem Gesichtspunkt getragen, dass 12

7 *Leible* in Rauscher, EuZPR, 4. Aufl., Band I 2016, Art. 7 Brüssel Ia-VO Rn. 105; *Wagner* in Stein/Jonas, ZPO, 32. Aufl. Bd. 10, Art. 5 EuGVVO Rn. 109; *Smid/Hartmann* in Wieczorek/Schütze, § 32 ZPO Rn. 73.; *Gottwald* in MünchKommZPO 5. Aufl., Art. 7 Brüssel 1a-VO Rn. 45 – Bettwaren Made in Germany.

eine besondere Beziehung der Streitigkeit zu diesem Forum besteht.[8] Deliktsort ist sowohl der **Handlungsort** als auch der **Erfolgsort**;[9] fallen sie beim Distanzdelikt auseinander, kann der Kläger zwischen ihnen **nach § 35 ZPO wählen** (zu § 35 ZPO auch unter Rdn. 55).[10]

13 **Handlungsort** ist der Ort, an dem eine **adäquate Ursache** für das tatbestandsmäßige Geschehen gesetzt wurde. Erfolgsort ist der Ort, an dem die erste Verletzung eines geschützten Rechts oder rechtlichen Interesses eingetreten ist; weitere Schadensfolgen werden jedoch ausgeklammert.[11] Schon innerhalb des unmittelbaren Anwendungsbereichs des § 32 ZPO bedarf es **Verfeinerungen**, angepasst an die unterschiedlichen **Deliktssachverhalte** und gegebenenfalls an für die Verletzung **benutzte Medien** (Print, Internet etc.). Darüber hinaus ist für internationale Sachverhalte die Rechtsprechung des EuGH zu Art. 7 Nr. 2 Brüssel Ia-VO vorrangig zu beachten, die ebenfalls differenziert anknüpft.[12]

14 Das Kriterium des **Erfolgsortes** bedeutet bei Verbreitung rechtswidriger Informationen über Medien eine Vervielfältigung der Gerichtszuständigkeit, weshalb auch vom »fliegenden Gerichtsstand« gesprochen wird. Für die Begründung der Zuständigkeit ist **nur** auf den **Sachvortrag des Klägers** abzustellen, der die Verwirklichung eines Deliktstatbestandes **substantiiert** darlegen muss.[13] Eine Beweisaufnahme findet im Stadium der Zulässigkeitsprüfung nicht statt. Kryptisch ist die Aussage des EuGH, die Prüfung könne »im Lichte aller [sc.: dem Gericht] vorliegenden Informationen« erfolgen, »wozu gegebenenfalls auch die Einwände des Beklagten gehören«.[14]

8 BGH, 03.05.1977, VI ZR 24/75, NJW 1977, 1590; BGH, 02.03.2010, VI ZR 23/09, GRUR 2010, 461 Rn. 17 – *The New York Times.*

9 BGH, 28.02.1996, XII ZR 181/93, BGHZ 132, 105, 110 f. – *Rückforderung von Verlobungsgeschenken* = NJW 1996, 1411; BGH, 02.03.2010, VI ZR 23/09, GRUR 2010, 461 Rn. 8 – *The New York Times*; BGH, 29.03.2011, VI ZR 111/10, GRUR 2011, 558 Rn. 7 – *womenineurope.com.*

10 BGH, 21.06.2016, I ZR 43/14, GRUR 2016, 1048 Rn. 17 – *An Evening with Marlene Dietrich*; BGH, 27.02.2018, VI ZR 489/16, GRUR 2018, 642 Rn. 16 – *Internetforum.*

11 BGH, 03.05.1977, VI ZR 24/75, NJW 1977, 1590.

12 Vgl. etwa EuGH, 19.04.2012, C-523/10, GRUR 2012, 654 Rn. 22 – *Wintersteiger/Products 4U*; EuGH, 03.10.2013, C-170/12, GRUR 2014, 100 Rn. 32 und 35 f. – *Pinckney* (Unterscheidung von Persönlichkeitsrecht/Rechten des Geistigen Eigentums); EuGH, 22.01.2015, C-441/13, GRUR 2015, 296 Rn. 29 – *Hejduk*. Eingehend dazu *Ahrens* in Ahrens, Der Wettbewerbsprozess[8] Kap. 16 Rn. 15 ff.

13 BGH, 09.03.2010, XI ZR 93/09, BGHZ 184, 365 = ZIP 2010, 786 Rn. 19 – *ausländischer Broker*; BGH, 05.11.2015, I ZR 76/11, GRUR 2016, 487 Rn. 14 – *Wagenfeld-Leuchte II*; BGH, 21.06.2016, I ZR 43/14, GRUR 2016, 1048 Rn. 17 – *An Evening with Marlene Dietrich.*

14 EuGH, 28.01.2015, C-375/13, NJW 2015, 1581 Rn. 64 – *Kolossa*; EuGH, 16.06.2016, C-12/15, NJW 2016, 2167 Rn. 45 – *Universal Music/Schilling* m. krit. Anm. *Müller* = GRUR Int. 2016, 858.

2. Rechtsprechung des EuGH und des BGH zu Art. 7 Nr. 2 Brüssel Ia-VO

a) Allgemeines, Auffächerung nach Schutzrechten und Anspruchsgrundlagen

Besonderheiten prägen die Judikatur des EuGH für die Verletzung von **Rechten des Geistigen Eigentums**. Die differenzierende Rechtsprechung des EuGH ist nur voll verständlich, wenn man parallel zum Lauterkeitsrecht die Verletzung von Rechten des Geistigen Eigentums in den Blick nimmt. Zunächst ist bei diesen Sachverhalten zu klären, ob bzw. inwieweit die Brüssel Ia-VO anwendbar ist oder durch **leges speciales** in den **Verordnungen für Unionsschutzrechte** verdrängt wird. 15

Soweit die internationale Zuständigkeit und ihr folgend die örtliche Zuständigkeit über den besonderen Gerichtsstand des Deliktsortes (Art. 7 Nr. 2 Brüssel Ia-VO) begründet werden soll, ist zu prüfen, wie der **EuGH** für einzelne Rechte die **Anknüpfungspunkte bestimmt**. Dabei ist dessen Auslegung zu den inhaltsgleichen Normen vorangegangener Rechtsakte (VO Nr. 44/2001; EuGVÜ) zu übernehmen.[15] 16

Neben die Verletzungstatbestände der Sonderschutzrechte des Geistigen Eigentums kann **konkurrierend** ein Anspruch wegen **unlauteren Wettbewerbs** treten. Für ihn ist **Art. 7 Nr. 2 Brüssel Ia-VO** mit seiner Dualität von Handlungs- und Erfolgsort anwendbar.[16] Soweit ein Anspruch aus dem UWG hergeleitet werden kann, kann die Deliktsortdefinition für die UWG-Anspruchsgrundlage von derjenigen für den Verletzungstatbestand des Sonderschutzrechts abweichen. 17

Generell wird die **Deliktsortzuständigkeit eng ausgelegt.**[17] Zwischen Handlungs- und Erfolgsort lässt der EuGH – wie die deutsche Rechtsprechung zu § 32 ZPO (s. oben Rdn. 12) – die **freie Wahl.**[18] Die Zuständigkeit am Erfolgsort **beschränkt** die **richterliche Kognition** auf den im Mitgliedstaat des angerufenen Gerichts eingetretenen Schaden (als »Mosaiktheorie« bekannt), doch gibt es davon Ausnahmen (s. unten Rdn. 25).[19] Statt von Handlungsort spricht der EuGH vom »Ort des ursächlichen Geschehens«. 18

---

15 EuGH, 17.10.2017, C-194/16 NJW 2017, 3433 Rn. 24 – *Bolagsupplysningen OÜ.*

16 EuGH, 05.06.2014, C-360/12, GRUR 2014, 805 Rn. 42 und 55 ff. – *Coty Germany* (auf Vorlage durch EuGH GRUR 2012, 1065 Rn. 27 – *Coty Germany*; Schlussentscheidung BGH, 27.11.2014, I ZR 1/11, GRUR 2015, 689 Rn. 24 – *Parfumflakon III*).

17 EuGH, 05.06.2014, C-360/12, GRUR 2014, 805 Rn. 45 – *Coty Germany*; EuGH, 03.10.2013, C-170/12, GRUR 2015, 100 Rn. 25 – *Pickney*; EuGH, 03.04.2014, C-387/12, GRUR 2014, 599 Rn. 26 – *Hi Hotel HCF*; EuGH, 22.01.2015, C-441/13, GRUR 2015, 296 Rn. 16 f. – *Hejduk*; EuGH, 21.12.2016, C-618/15 – *Concurrence SARL/Samsung Electronics*, IPRax 2017, 605 Rn. 25 m. Bespr. *Lutzi* IPRax 2017, 552 ff.

18 EuGH, 16.05.2013, C-228/11, NJW 2013, 2099 Rn. 25 – *Melzer*; EuGH, 03.10.2013, C-170/12, GRUR 2014, 100 Rn. 26 – *Pinckney*; EuGH, 05.06.2014, C-360/12, GRUR 2014, 805 Rn. 44 – *Coty Germany*; EuGH, 17.10.2017, C-194/16, NJW 2017, 3433 Rn. 29 – *Bolagsupplysningen OÜ.*

19 EuGH, 21.12.2016, C-618/15 – *Concurrence SARL/Samsung Electronics*, IPRax 2017, 605 Rn. 31; EuGH, 17.10.2017, C-194/16, GRUR 2018, 108 = WRP 2017, 1465 = NJW 2017, 3433 Rn. 31 f. – *Bolagsupplysningen OÜ.*

19 Generelle Voraussetzung der Erfolgsortzuständigkeit ist, dass das **verletzte Recht in** diesem **Forum geschützt** ist. Diese Voraussetzung ist zunächst für nichtregistrierte Rechte wie das Urheberrecht aufgestellt worden,[20] danach aber auch für den Schutz eines französischen selektiven Vertriebsbindungssystems gefordert worden.[21] Demnach geht es **nicht nur** um **Schutzpositionen im Sinne** eines **subjektiven Rechts**, sondern gemeint ist offenbar jedes zugunsten einer Individualperson gewährleistete rechtliche Interesse. Bei bloßem Interesseschutz besteht die Rechtsverletzung im Eintritt eines primären Vermögensschadens.[22]

b) Urheberrecht

20 Auf die Verletzung urheberrechtlich geschützter Werke oder Leistungsschutzrechte ist die **Brüssel Ia-VO** anzuwenden.[23] Bei Rückgriff auf die **Handlungsortzuständigkeit** muss der Verletzungstatbestand vom Beklagten (als Einzeltäter oder als Mittäter[24]) am Handlungsort voll verwirklicht worden sein; **Handlungen tatbeteiligter Personen**, die in einem anderen Mitgliedstaat stattgefunden haben, sind dem Beklagten – rechtlich verfehlt – zur Zuständigkeitsbegründung nicht zuzurechnen.[25] Diese Rechtsprechungslinie ist in der eine Kapitalmarkthaftung betreffenden Entscheidung »Melzer« begründet worden[26] und wird **auch bei Markenverletzungen** praktiziert.[27] Ersatzweise kommt bei einem Zusammenwirken mehrerer Verletzer der Gerichtsstand des Art. 8 Nr. 1 Brüssel Ia-VO in Betracht.[28]

21 Ein **Erfolgsort** ist nur relevant, wenn das Urheberrecht im Mitgliedstaat der Erfolgsortbelegenheit Schutz genießt.[29] Der Erfolg einer Urheberrechtsverletzung tritt dort ein, wo zu Lasten eines Urhebervermögensrechts eine tatbestandsmäßige Handlung verwirklicht wird, also z.B. ein geschütztes Werk oder der Gegenstand eines Leistungs-

---

20 EuGH, 03.10.2013, C-170/12, GRUR 2014, 100 Rn. 33 – *Pinckney*; EuGH, 03.04.2014, C-387/12, GRUR 2014, 599 Rn. 35 – *Hi Hotel HCF*; EuGH, 22.01.2015, C-441/13, GRUR 2015, 296 Rn. 29 – *Hejduk*.

21 EuGH, 21.12.2016, C-618/15 – *Concurrence SARL/Samsung Electronics*, IPRax 2017, 605 Rn. 30 f.

22 Vgl. EuGH, 21.12.2016, C-618/15 – *Concurrence SARL/Samsung Electronics*, IPRax 2017, 605 Rn. 33.

23 Vgl. EuGH, 03.04.2014, C-387/12, GRUR 2014, 599 Rn. 19 – *Hi Hotel HCF*; BGH, 05.11.2015, I ZR 76/11, GRUR 2016, 487 Rn. 13 – *Wagenfeld-Leuchte II*.

24 Vgl. BGH, 05.11.2015, I ZR 76/11, GRUR 2016, 487 Rn. 38 – *Wagenfeld-Leuchte II*.

25 EuGH, 03.04.2014, C-387/12, GRUR 2014, 599 Rn. 30 f. – *Hi Hotel HCF* (auf Vorlage durch BGH, 28.06.2012, I ZR 35/11, GRUR 2012, 1069 Rn. 26 – *Hi Hotel*; Schlussentscheidung BGH, 24.09.2014, I ZR 35/11, GRUR 2015, 264 Rn. 19). Anders für den Gehilfen einer Urheberrechtsverletzung ohne nähere Diskussion BGH, 05.11.2015, I ZR 76/11, GRUR 2016, 487 Rn. 38 – *Wagenfeld-Leuchte II*.

26 EuGH, 16.05.2013, C-228/11, NJW 2013, 2099 Rn. 32 – *Melzer*.

27 Inzident in EuGH, 05.06.2014, C-360/12, GRUR 2014, 805 Rn. 50 – *Coty Germany*.

28 Darauf ausdrücklich verweisend EuGH NJW 2013, 2099 Rn. 39 – *Melzer*.

29 EuGH, 03.10.2013, C-170/12, GRUR 2014, 100 Rn. 33 – *Pinckney*; EuGH, 03.04.2014, C-387/12, GRUR 2014, 599 Rn. 35 – *Hi Hotel HCF*; EuGH, 22.01.2015, C-441/13, GRUR 2015, 296 Rn. 29 – *Hejduk*.

schutzrechts **vervielfältigt**, **verbreitet** oder sonst (z.B. durch Absatzwerbung[30]) **vermarktet** wird[31] oder wo eine Vervielfältigung z.B. durch Abruf von einer Website beschaffbar ist[32]. Im Staat des Erfolgsortes soll nur der Ersatz desjenigen Schadens ausgeurteilt werden dürfen, der dort eingetreten ist.[33] Dadurch tritt neben die räumliche Beschränkung wegen der lex loci protectionis auch eine **inhaltliche Kognitions- und Tenorierungsbeschränkung**.[34]

c) Kennzeichenrechte

Auf Kennzeichenverletzungen ist **Art. 7 Nr. 2 Brüssel Ia-VO** anzuwenden.[35] Dies gilt 22
auch für die Verletzung geographischer Herkunftsangaben.[36] Auf Kennzeichenverletzer mit Sitz außerhalb der EU und der Vertragsstaaten des LugÜ ist § 32 ZPO hinsichtlich der internationalen Zuständigkeit analog und hinsichtlich der örtlichen Zuständigkeit direkt anzuwenden.[37] Bei registrierten Rechten lokalisiert der EuGH den Erfolgsort im **Staat des Eintragungsaktes** (lex loci protectionis).[38] Allerdings ist die Begründung, die Gerichte dieses Staates seien am besten zur Beurteilung einer Rechtsverletzung imstande, kaum tragfähig.

d) UWG-Tatbestände

aa) Mangel an EuGH-Judikaten

Für Tatbestände des UWG gibt es von einer ausdrücklichen Aussage zur Anspruchskon- 23
kurrenz abgesehen (oben Rdn. 17) bisher nur interpretationsbedürftige Rechtsprechung des **EuGH**. Sie betrifft **wettbewerbliche Äußerungen**, die in Deutschland unter § 4 Nr. 1 und 2 UWG fallen, und **selektive Vertriebsbindungssysteme**.

---

30 BGH, 05.11.2015, I ZR 76/11, GRUR 2016, 487 Rn. 15, 29 und 38 – *Wagenfeld-Leuchte II*; BGH, 05.11.2015, I ZR 91/11, GRUR 2016, 490 Rn. 18, 22 und 33 f. – *Marcel Breuer Möbel II*.

31 EuGH, 03.10.2013, C-170/12, Rn. 30 – *Pinckney*; EuGH, 03.04.2014, C-387/12, GRUR 2014, 599 Rn. 37 – *Hi Hotel HCF*.

32 EuGH, 03.10.2013, C-170/12, GRUR 2014, 100 Rn. 30 und 44 – *Pinckney*.

33 EuGH, 03.10.2013, C-170/12, GRUR 2014, 100 Rn. 45 – *Pinckney*; EuGH, 22.01.2015, C-441/13, GRUR 2015, 296 Rn. 36 f. – *Hejduk*.

34 Vgl. dazu auch die ein Gemeinschaftsgeschmacksmuster betreffende Entscheidung EuGH, 27.09.2017, C-24/16 und C-25/16, GRUR 2017, 1120 Rn. 53 – *Nintendo/BigBen*.

35 BGH, 13.10.2004, I ZR 163/02, GRUR 2005, 431, 432 – *Hotel Maritime*; BGH, 08.03.2012, I ZR 75/10, GRUR 2012, 621 Rn. 18 – *Oscar*.

36 So zum gleichlautenden Art. 5 Nr. 3 LugÜ BGH, 28.06.2007, I ZR 49/04, BGHZ 173, 57, 64 = GRUR 2007, 884 Rn. 24 – *Cambridge Institute*.

37 BGH, 28.06.2007, I ZR 49/04, BGHZ 173, 57, 64 = GRUR 2007, 884 Rn. 23 – *Cambridge Institute* (dort: Liechtenstein).

38 EuGH, 19.04.2012, C-523/10, GRUR 2012, 654 Rn. 25 und 28 – *Wintersteiger/Products 4U*; EuGH, 03.10.2013, C-170/12, GRUR 2014, 100 Rn. 37 – *Pinckney*; EuGH, 05.06.2014, C-360/12, GRUR 2014, 805 Rn. 55 – *Coty Germany*.

bb) Äußerungsdelikte

24 Naheliegend ist es, die **Rechtsprechung zum Persönlichkeitsrechtsschutz** juristischer Personen auf wettbewerbliche Äußerungen zu übertragen.

25 In der Leitentscheidung »Bolagsupplysningen OÜ« des EuGH vom 17.10.2017 ging es um den Vorwurf der Wirtschaftskriminalität gegen ein auch in Schweden tätiges estländisches Unternehmen, der auf der Internetseite einer schwedischen Gesellschaft (wohl eines Arbeitgeberverbandes) erhoben worden war, verbunden mit anonymen Hetzkommentaren in einem angeschlossenen Blog. Der EuGH hat den **Erfolgsort des Ansehensschadens** durch Persönlichkeitsrechtsverletzungen zum Nachteil juristischer Personen wie bei natürlichen Personen[39] am **Mittelpunkt der Interessen der Person** lokalisiert. An diesem Ort kann ausnahmsweise der **gesamte Schaden** liquidiert werden,[40] es sei denn, die juristische Person geht nicht überwiegend einer wirtschaftlichen Tätigkeit nach und ein Mittelpunkt von Interessen lässt sich nicht ermitteln.[41] Während bei natürlichen Personen regelmäßig deren gewöhnlicher Aufenthaltsort den Mittelpunkt der Interessen bildet, ist dies bei Wirtschaftsunternehmen der Ort, an dem das geschäftliche Ansehen am gefestigsten und der Verlust am stärksten spürbar ist,[42] was oftmals – jedoch nicht zwingend – mit deren **satzungsmäßigem Sitz** zusammenfallen wird.[43]

26 Von Bedeutung kann im UWG die **Beseitigung von Fehlvorstellungen** durch aufklärende Berichtigungen werden. Für Persönlichkeitsrechtsverletzungen hat der EuGH in der Sache »Bolagsupplysningen OÜ« entschieden, dass die Richtigstellung von Angaben und die **Entfernung von Inhalten im Internet** nur in einem internationalen Gerichtsstand verlangt werden kann, dessen Gerichte zur Entscheidung »über einen Antrag auf Ersatz des gesamten Schadens« zuständig sind.[44] Daher sind diese Beseitigungsmaßnahmen, wenn der deliktische Erfolgsort in Anspruch genommen werden soll, ebenfalls an dem Ort zu verfolgen, an dem ein Mittelpunkt des geschäftlichen Ansehens zu lokalisieren ist.[45] Hingegen besteht für diesen Anspruchsinhalt **keine Zuständigkeit an** jedem **Ort**, an dem der im Internet veröffentlichte **Inhalt abrufbar** ist, was eine Zuständigkeit im Hoheitsgebiet eines jeden Mitgliedstaates bedeuten würde.[46] Maßgebend für die Einschränkung ist der Gesichtspunkt, dass die Richtigstellung und die Entfernung von Internetinhalten nicht für einen Mitgliedstaat isoliert

---

39 Dazu EuGH, 25.10.2011, C-509/09 und C-161/10, GRUR 2012, 300 Rn. 52 – *eDate Advertising und Martinez*; EuGH, 17.10.2017, C-194/16, GRUR 2018, 108 Rn. 32 = WRP 2017, 1465 – *Bolagsupplysningen OÜ* m. Bespr. *Ahrens* WRP 2018, 17 ff.; dazu auch *Klinkert* WRP 2018, 1038, 1041 f.; *Sack* WRP 2018, 897, 899, 900 f.

40 EuGH, 17.10.2017, C-194/16, GRUR 2018, 108 Rn. 32 und 40 ff. – *Bolagsupplysningen OÜ*.

41 EuGH, 17.10.2017, C-194/16, GRUR 2018, 108 Rn. 43 – *Bolagsupplysningen OÜ* (irritierend die Begründung »daher« in Rn. 43).

42 EuGH, 17.10.2017, C-194/16, GRUR 2018, 108 Rn. 41 f. – *Bolagsupplysningen OÜ*.

43 EuGH, 17.10.2017, C-194/16, GRUR 2018, 108 Rn. 42 und 44 – *Bolagsupplysningen OÜ*.

44 EuGH, 17.10.2017, C-194/16, GRUR 2018, 108 Rn. 48 – *Bolagsupplysningen OÜ*.

45 EuGH, 17.10.2017, C-194/16, GRUR 2018, 108 Rn. 44 – *Bolagsupplysningen OÜ*.

46 EuGH, 17.10.2017, C-194/16, GRUR 2018, 108 Rn. 45 f. und 48 – *Bolagsupplysningen OÜ*.

erfolgen kann, sondern »einheitlich und unteilbar« die gesamte EU betrifft.[47] Das hat dann folgerichtig auch für die Erhebung von Unterlassungsansprüchen zu gelten.

Die Ausführungen des EuGH zur Verletzung von Unternehmenspersönlichkeitsrechten dürften den Umgang mit **Äußerungsdelikten im Wettbewerb** prägen.[48] Angesichts der einschränkenden und spezifischen Anknüpfung der Zuständigkeit durch den EuGH sind die Ergebnisse der BGH-Entscheidungen »englischsprachige Presseerklärung«[49] und »Hotelbewertungsportal«[50] nicht aufrecht zu erhalten. **27**

Für **wettbewerbliche Rufschädigungen** hat der **BGH** die internationale Zuständigkeit des Erfolgsortes, IPR-Kriterien folgend, an den Markt angeknüpft, auf dem die Interessen des beeinträchtigten Mitbewerbers lokalisiert sind.[51] Dort müssen sich die Internetveröffentlichungen nach dem Prüfungsschema des BGH ausgewirkt haben.[52] Der BGH hat zwischen Persönlichkeitsverletzungen und Beeinträchtigungen wettbewerblicher Interessen eines Mitbewerbers auf einem bestimmten Markt differenziert und die Notwendigkeit einer Vorlage an den EuGH verneint; das lässt sich angesichts der EuGH-Rechtsprechung **nicht aufrechterhalten**. Die Festlegung der internationalen Zuständigkeit folgt eigenständigen Gerechtigkeitskriterien, die mit denen zur Bestimmung des anwendbaren Rechts nicht zwangsläufig übereinstimmen (dazu näher unten Rdn. 43). **28**

Ergebnisse der Lösung des BGH können im Einzelfall mit der Lokalisierung des Erfolgsortes durch den EuGH übereinstimmen, doch ist das nicht zwangsläufig der Fall, etwa wenn das betroffene Unternehmen auf **mehreren nationalen Märkten tätig** ist und es deshalb an einem Ansehensschwerpunkt fehlt. Ein weiteres Problem besteht darin, dass der BGH am **deutschen Abrufort** der Internetveröffentlichung einen Unterlassungsanspruch gewähren wollte,[53] wobei allerdings der Gesichtspunkt des Abrufs mit dem Kriterium des betroffenen Marktes zusammenfiel und möglicherweise nicht isoliert, sondern nachgeschaltet geprüft wurde. Unterlassung kann am Abrufort nicht verlangt werden. **29**

cc) Selektive Vertriebsbindungen

Die Sache »Concurrence SARL/Samsung Electronics« betraf den französischen Vertriebshändler von Samsung. Nach kartellrechtlichem Streit mit dem Hersteller über die Zulässigkeit des Internetvertriebs und nach Einstellung der Belieferung des Klägers **30**

47 EuGH, 17.10.2017, C-194/16, GRUR 2018, 108 Rn. 48 – *Bolagsupplysningen OÜ*.
48 A.A. *Sack* WRP 2018, 897, 903.
49 BGH, 12.12.2013, I ZR 131/12, GRUR 2014, 601 Rn. 20 und 24 – *englischsprachige Pressemitteilung*.
50 BGH, 19.03.2015, I ZR 94/13, WRP 2015, 1326 – *Hotelbewertungsportal*. Dasselbe gilt für die Rechtsprechung des VI. ZS, BGH, 25.10.2016, VI ZR 678/15, GRUR 2017, 213 Rn. 18 f. – *www.srf.ch* (Fall Michael Schumacher).
51 BGH, 12.12.2013, I ZR 131/12, GRUR 2014, 601 Rn. 24 – *englischsprachige Pressemitteilung*.
52 BGH, 12.12.2013, I ZR 131/12, GRUR 2014, 601 Rn. 24 und 26 – *englischsprachige Pressemitteilung*; BGH, 19.03.2015, I ZR 94/13, WRP 2015, 1326 Rn. 12 – *Hotelbewertungsportal* (zu Art. 5 Nr. LugÜ II).
53 BGH, 12.12.2013, I ZR 131/12, GRUR 2014, 601 Rn. 209 – *englischsprachige Pressemitteilung*.

verlangte dieser von dem neuen Anbieter Amazon **Unterlassung des Internetangebots und des Vertriebs** der Samsung-Produkte in Frankreich. Das **französische Recht** schützt kartellrechtlich zulässige **Vertriebssysteme** mit einer Spezialvorschrift in Art. L 442–6 Abs. 1 Nr. 6 Code de Commerce. Bejaht wurde die Erfolgsortzuständigkeit in Frankreich als dem Staat der Abrufbarkeit der Internetseite von Amazon und des Vertriebsschutzes, allerdings beschränkt auf den im Forumstaat eingetretenen Vermögensschaden (Rückgang des Absatzvolumens).[54]

31 In der Sache »Tünkers« ist über den **Fortbestand einer Vertriebsbindung** in Frankreich entschieden worden. Das Unternehmen des insolvent gewordenen Lieferanten war durch dessen Insolvenzverwalter an einen Übernehmer **veräußert** worden. Die Zuständigkeit richtet sich unter diesen Umständen nicht nach den Zuständigkeitsregeln der EuInsVO, sondern nach der Brüssel Ia-VO.[55]

3. Insbesondere: Internetveröffentlichungen

a) Notwendiger Bezug zum Forumstaat

32 An beliebigen Orten der Abrufmöglichkeit einer Internetseite ohne weitere Einschränkungen einen Gerichtsstand einzuräumen,[56] bedeutet ein Ausufern des internationalen Gerichtsstands zu weltweiter Jurisdiktion und führt damit zur Unvorhersehbarkeit der internationalen Zuständigkeit.[57] Dies zu vermeiden, ist das Ziel der Rechtsprechung sowohl des EuGH als auch des BGH. Dafür kommt es auf Merkmale an, die einen **Inlandsbezug zum Forumstaat** herstellen.[58]

b) Registerrechte

33 Für über das Internet begangene Verletzungen **registrierter nationaler Marken** lokalisiert der EuGH seit der Entscheidung »Wintersteiger«, die eine werbende markenverlet-

54 EuGH, 21.12.2016, C-618/15 – *Concurrence SARL/Samsung Electronics*, IPRax 2017, 605 Rn. 31 ff.

55 EuGH, 09.11.2017, C-641/16 – *Tünkers*, ZIP 2017, 2275 Rn. 27 und 29.

56 Aus den Anfängen der Rechtsprechung, jedoch schon mit Einschränkungsbemühungen: Hans-OLG Hamburg, 02.02.2002, 3 U 312/01, MMR 2002, 822, 823 – *hotel-maritime.dk*; OLG Karlsruhe, 10.07.2002, 6 U 9/12, MMR 2002, 814, 815 – *Intel*; KG, 13.07.2007, 5 W 173/07, MMR 2007, 652, 653; zustimmend *Schlosser/Hess* IZPR[4] Art. 7 EuGVVO Rn. 16b, gleichzeitig ein »Ausgerichtetsein« als Erfordernis ablehnend.

57 Zutreffend ablehnend für Persönlichkeitsrechtsverletzungen BGH, 02.03.2010, VI ZR 23/09, GRUR 2010, 461 Rn. 17 – *The New York Times* (zu § 32 ZPO in analoger Anwendung), im Ergebnis, wenn auch nicht ganz im Anknüpfungskriterium übereinstimmend mit EuGH, GRUR 2012, 300 – *eDate Advertising und Martinez*. Einschränkend möglicherweise österr. OGH, 29.05.2001, 4 Ob 110/01, GRUR Int. 2002, 344, 345 – *BOSS-Zigaretten* (darauf abstellend, dass im Streitfall österr. Marktteilnehmer Adressaten waren).

58 BGH, 27.02.2018, VI ZR 489/16, GRUR 2018, 642 Rn. 17 – *Internetforum* (Persönlichkeitsrechtsverletzung).

zende Schlüsselworteingabe in eine Suchmaschine betraf, den Erfolgsort in demjenigen Staat, in dem die nationale Marke registriert ist (s. zuvor Rdn. 22).[59]

In der Entscheidung »Wintersteiger« hat der EuGH außerdem die Anknüpfung des **Handlungsortes** für Markenverletzungen durch Werbung im Internet bestimmt. Es ist der Ort, an dem der **Werbende niedergelassen** ist, der den technischen Anzeigevorgang ausgelöst hat. Hingegen kommt der Standort des Servers, an dem sich die vom Werbenden eingesetzte Suchmaschine befindet, nicht in Betracht.[60] Mit der Lokalisierung am Ort der Niederlassung des Verletzers wird dem Markeninhaber faktisch nur ein Gerichtsstand gegeben, den er gegen Beklagte mit Sitz in der EU ohnehin schon hat. 34

c) Nicht registrierte Rechte

Bei nicht registrierten Schutzrechten ist eine Beschränkung des Erfolgsortes auf den Registerstaat nicht möglich. Für sie kann es **viele Erfolgsorte** geben. Erforderlich ist nur, dass das Recht in dem Mitgliedstaat geschützt ist, dessen Gericht angerufen wird.[61] 35

Zum **Erfolgsort** bei Verletzung von **Urheberrechten** hat sich der EuGH mehrfach geäußert. Auf ein »Ausgerichtetsein« von Webseiten auf einen bestimmten Staat soll es im Zuständigkeitsrecht nicht ankommen.[62] Maßgebend ist, **wo** die **Webseite zugänglich** ist.[63] Das ist auf den Schutz selektiver Vertriebsbindungssysteme ausgedehnt worden.[64] 36

Die Gerichtspflichtigkeit kraft des **Handlungsortes** besteht dort, wo der Verletzer den technischen Vorgang zum Erscheinen auf der Webseite ausgelöst hat.[65] Das wird oftmals mit dem **Sitz des Verletzers** zusammenfallen und bringt dem Opfer keinen Gerichtsstandvorteil. 37

d) Nationale Rechtsprechung

Die nationale Rechtsprechung hat bei Verletzung von Rechten des Geistigen Eigentums den **Inlandsbezug** in der bestimmungsgemäßen Auswirkung des Internetauftritts gesehen und dafür nach Indizien gesucht.[66] Dasselbe gilt für behauptete **UWG-Verstöße** 38

---

59 EuGH, 19.04.2012, C-523/10, GRUR 2012, 654 Rn. 27 – *Wintersteiger/Products 4U* (mit Befugnis zur Entscheidung über den Unterlassungsanspruch und den gesamten Schaden).

60 EuGH, 19.04.2012, C-523/10, GRUR 2012, 654 Rn. 36 f. – *Wintersteiger/Products 4U.*

61 EuGH, 05.06.2014, C-360/12, GRUR 2014, 805 Rn. 55 – *Coty Germany.*

62 EuGH, 03.10.2013, C-170/12, GRUR 2014, 100 Rn. 42 – *Pinckney*; EuGH, 22.01.2015, C-441/13, GRUR 2015, 296 Rn. 32 – *Hejduk.*

63 EuGH, 22.01.2015, C-441/13, GRUR 2015, 296 Rn. 34 – *Hejduk.*

64 EuGH, 21.12.2016, C-618/15 – *Concurrence SARL/Samsung Electronics*, IPRax 2017, 605 Rn. 33.

65 EuGH, 22.01.2015, C-441/13, GRUR 2015, 296 Rn. 24 – *Hejduk.*

66 BGH, 13.10.2004, I ZR 163/02, GRUR 2005, 431, 433 – *Hotel Maritime*; BGH, 15.02.2007, I ZR 114/04, BGHZ 171, 151, 158 = GRUR 2007, 871 Rn. 18 – *Wagenfeld-Leuchte*; BGH, 12.12.2013, I ZR 131/12, GRUR 2014, 601 Rn. 26 f. – *englischsprachige Pressemitteilung.* S. auch BGH, 08.03.2012, I ZR 75/10, GRUR 2012, 621 Rn. 21 – *Oscar.*

über das Medium des **Internet.**[67] Der BGH beachtet zudem einen einschränkenden Disclaimer, wenn dieser seiner Aufmachung nach ernst gemeint ist.[68] Der EuGH verwendet demgegenüber andere Kriterien als die Ausrichtung der Internetseite, insbesondere eine Einschränkung der richterlichen Kognitionsbefugnis.[69] Das führt zu unterschiedlichen Ergebnissen. Deshalb ist zu Recht verneint worden, dass die nationale Rechtsprechung noch mit der aktuellen Rechtsprechung des EuGH vereinbar ist.[70]

4. Insbesondere: Unionsmarken, Gemeinschaftsgeschmacksmuster

39 Die Unionsmarkengerichte (Art. 123 UMV 2017, ex Art. 95) haben nach Art. 124 UMV 2017 (ex Art. 96 lit. a) für Verletzungsklagen eine **ausschließliche Zuständigkeit.**[71] Ergibt sich deren Festlegung aus Art. 125 (1)–4 UMV 2017 (ex Art. 95 (1)–4; in gestufter Abfolge: Wohnsitz, Niederlassung, Sitz des EuIPO; alternativ: Gerichtsstandsvereinbarung, rügeloses Verhandeln), ist es unerheblich, in welchem Mitgliedsstaat die Verletzungshandlung begangen worden ist oder droht. Für Unionsmarken steht der **Erfolgsort nicht** zur Verfügung, sondern – in der nicht überzeugenden Auslegung des EuGH – **nur** der **Handlungsort** (Art. 125 (5) UMV 2017); die Regelung ist **lex specialis gegenüber** der dualen Anknüpfung des **Art. 7 Nr. 2 Brüssel Ia-VO.**[72] Gem. Art. 126 (2) UMV 2017 ist die richterliche Kognition am Gerichtsstand des Art. 125 (5) UMV 2017 beschränkt; ein Unionsmarkengericht ist an diesem Deliktsgerichtsstand nur für Handlungen zuständig, die in dem Mitgliedsstaat des Deliktsortes drohen oder begangen wurden.[73]

40 Dieselbe Regelung gilt für **Gemeinschaftssorten** (Art. 101 (3) Satz 2 GSortV) und **Gemeinschaftsgeschmacksmusterrechte** (Artt. 82 Abs. 5, 83 Abs. 2 GGV)[74].

41 Klagen auf **Feststellung der Nichtverletzung** eines Unionsschutzrechts können **nicht** auf **Art. 7 Nr. 2 Brüssel Ia-VO** gestützt werden, weil und soweit dadurch die ausschließliche Zuständigkeit der Unionsmarkengerichte (Art. 124 lit. b UMV 2017) oder der Gemeinschaftsgeschmacksmustergerichte (Artt. 81 lit, b, 79 Abs. 3 lit. a GGV)[75]

---

67 BGH, 30.03.2006, I ZR 24/03, GRUR 2006, 513 Rn. 21 – *Arzneimittelwerbung im Internet*; BGH, 19.03.2015, I ZR 94/13, GRUR 2015, 1129 Rn. 12 – *Hotelbewertungsportal*; ebenso OLG München, 06.12.2007, 29 U 2713/07, IPRax 2009, 256, 257 – *Salzburger Nachrichten*, m. Bespr. *Heinze* IPRax 2009, 231 ff.

68 BGH, 30.03.2006, I ZR 24/03, GRUR 2006, 513 Rn. 22 – *Arzneimittelwerbung im Internet.*

69 Rauscher/*Leible* EuZPR[4] Art. 7 Brüssel Ia-VO Rn. 130.

70 Rauscher/*Leible* EuZPR[4] Art. 7 Brüssel Ia-VO Rn. 131 unter Hinweis auf die Entscheidungen »Pinckney« und »Hejduk«.

71 Die Zuständigkeitsregelung betrifft nur die EU; für die Schweiz gilt das LugÜ, HandelsG Zürich, 16.10.2006, GRUR Int. 2007, 258, 259.

72 EuGH, 05.06.2014, C-360/12, GRUR 2014, 805 Rn. 27 und 32 – *Coty Germany.* Ebenso für Gemeinschaftsgeschmacksmuster EuGH, 13.07.2017, C-433/16 – *BMW/Acacia* ZIP 2017, 1129 Rn. 39.

73 EuGH, 05.06.2014, C-360/12, GRUR 2014, 805 Rn. 37 – *Coty Germany.*

74 Zum Gemeinschaftsgeschmacksmuster EuGH, 27.09.2017, C-24/16 und C-25/16, GRUR 2017, 1120 Rn. 62 und 65 i.V.m. 53 f. – *Nintendo/BigBen.*

75 EuGH, 13.07.2017, C-433/16 – *BMW/Acacia*, ZIP 2017, 1129 Rn. 43.

beeinträchtigt würde. Wird die negative Feststellungsklage verschleiert als positive Feststellung des Missbrauchs einer marktbeherrschenden Stellung oder der Begehung unlauteren Wettbewerbs durch Ausübung der Verbotsrechte eines Gemeinschaftsgeschmacksmusters erhoben, ändert dies nichts an der Anwendbarkeit der Regeln über die Nichtverletzungsklage.[76]

Art. 17 (2) UMV 2017 (ex Art. 14 (2)) lässt zu, dass nach nationalem Recht wegen der Verletzung einer Unionsmarke das **UWG** herangezogen wird. Dafür darf der Gerichtsstand dann jedoch – ohne Beschränkung auf Unionsmarkengerichte – in voller Breite auf **Art. 7 Nr. 2 Brüssel Ia-VO** gestützt werden.[77] 42

Der **BGH** hat in der Entscheidung »Parfummarken« dem Art. 125 (5) UMV 2017 (Ort der Verletzungshandlung) eine Auslegung gegeben, die den deliktischen Sondergerichtsstand als Alternative zum allgemeinen Gerichtsstand am Wohn- bzw. Geschäftssitz entwertet; es soll auf eine »Gesamtbetrachtung« der Handlungselemente ankommen.[78] Dieses Erfordernis ist unzutreffend aus der Entscheidung »Nintendo/Big Ben« des EuGH[79] abgeleitet worden, die ihrerseits aber in diesem Punkt das anwendbare Sachrecht und nicht die internationale Zuständigkeit betraf.[80] **IPR und IZVR folgen unterschiedlichen Wertungen**. Der EuGH hat Gelegenheit, dazu auf englische Vorlage hin Stellung zu nehmen.[81] 43

5. § 14 Abs. 2 UWG

Soweit für § 14 Abs. 2 Satz 1 UWG ein originärer Anwendungsbereich verbleibt, ist der Ort, an dem »die Handlung begangen ist«, **identisch mit** dem Ort der unerlaubten Handlung im Sinne des **§ 32 ZPO**. Darunter ist umfassend der deliktische Begehungsort zu verstehen und nicht eine Beschränkung auf den Handlungsort im Sinne der Dichotomie von Handlungs- und Erfolgsort gemeint. Zur Bestimmung von Handlungs- und Erfolgsort sind diejenigen Kriterien anzuwenden, die für § 32 ZPO maßgebend sind. 44

Uneingeschränkt steht der Gerichtsstand des Deliktsortes den **Mitbewerbern** (§ 8 Abs. 3 Nr. 1 UWG) als Gläubigern aller Ansprüche zu, die auf das UWG gestützt werden. Allen übrigen Anspruchsinhabern des § 8 Abs. 3 UWG, also gewerblichen **Verbänden**, Verbraucherverbänden, Industrie- und Handelskammern und Handwerkskammern, ist dieser Gerichtsstand **grundsätzlich verschlossen**. Dafür waren ursprünglich nachvollziehbare Schutzerwägungen zugunsten beklagter kleiner Unternehmer bestimmend; sie sind jedoch nach Aufhebung der lokalisierten anwaltlichen Postulationsbeschränkung rechtspolitisch kaum noch plausibel (dazu nachfolgend Rdn. 47 ff.). 45

---

76 EuGH, 13.07.2017, C-433/16 – *BMW/Acacia*, ZIP 2017, 1129 Rn. 50.
77 EuGH, 05.06.2014, C-360/12, GRUR 2014, 805 Rn. 41 ff. – *Coty Germany.*
78 BGH, 09.11.2017, I ZR 164/16, GRUR 2018, 84 Rn. 34 und 36 – *Parfummarken*.
79 EuGH, 27.09.2017, C-24/16 und C-25/16, GRUR 2017, 1120 Rn. 103 – *Nintendo/BigBen*.
80 Berechtigte Kritik von *Kur* GRUR 2018, 358, 360.
81 EuGH, Rs. C-172/18 – *AMS Neve/Heritage Audio*; dazu Stellungnahme der GRUR e.V. in GRUR 2018, 595 ff.

46 Die anspruchsberechtigten Gläubiger des § 8 Abs. 3 Nr. 2 bis 4 UWG müssen den Wettbewerbsverletzer an dessen **allgemeinem Gerichtsstand** des § 14 Abs. 1 UWG verklagen. Nur wenn ein inländischer allgemeiner Gerichtsstand nicht gegeben ist, steht nach dem Wortlaut des § 14 Abs. 2 Satz 2 UWG der **Deliktsort als Gegenausnahme** zur Verfügung. Dieser Wortlaut ist jedoch wegen der Nichtbeachtung des Vorrangs der internationalen Zuständigkeit **irreführend**. Im Anwendungsbereich der Brüssel Ia-VO und des LugÜ ergibt sich aus der internationalen Zuständigkeit am Deliktsort zugleich die örtliche Zuständigkeit, dies jedoch nach Maßgabe der vom Verständnis des § 32 ZPO abweichenden Auslegung durch den EuGH.

III. Rechtspolitischer Streit

47 Der Gerichtsstand der unerlaubten Handlung ist rechtspolitisch seit langem umstritten. Schutzwürdige **Belange des Beklagten** sind durch die Bereitstellung eines Gerichtsstands am Ort der unerlaubten Handlung **nicht berührt**. Seit das berufsrechtliche Lokalisationsprinzip und die damit verbundene anwaltliche Postulationsbeschränkung auf das LG am Ort der Zulassung aufgehoben worden sind, kann der vom Beklagten beauftragte Hausanwalt vor jedem LG auftreten, so dass eine kostentreibende zusätzliche Bestellung eines Prozessanwalts entfällt. Es geht lediglich noch um die Verteilung des anwaltlichen Reisekostenaufwands zwischen Kläger und Beklagtem.

48 **Negative Bewertungen des Deliktsgerichtsstands** wirken aus der Zeit vor der Wiedervereinigung nach, als das KG den Abonnementsbezug von wenigen Exemplaren lokaler Zeitungen durch in Westberlin ansässige Bundesbehörden zur Begründung eines dortigen Gerichtsstands ausreichen ließ, was auch als »Notopfer Berlin« verspottet wurde. Dabei handelte es sich um einen inzwischen obsolet gewordenen Interpretationsmissbrauch der dortigen Rechtsprechung. Die Gerichtsstanddebatte darf auch nicht mit der Abwehr berechtigter Beanstandungen von Missbräuchen der Verbandsklagebefugnis vermengt werden.

49 Der **Deliktsgerichtsstand erlaubt** die positiv zu bewertende **Auswahl von Gerichten** mit spezialisierter Richterschaft, von der beide Prozessparteien profitieren. Im internationalen Vergleich wird dieser Gesichtspunkt als Standortvorteil der deutschen Justiz hervorgehoben. Auf nationaler Ebene kann die Bewertung nicht anders ausfallen.

C. Ausschließlichkeit der Gerichtsstände des § 14 UWG

50 § 14 Abs. 2 Satz 1 UWG spricht davon, dass neben dem Gerichtsstand des Absatzes 1 »außerdem nur« der Deliktsgerichtsstand eröffnet ist. Damit wird zum Ausdruck gebracht, dass die Regelungen beider Absätze **ausschließliche Gerichtsstände** betreffen.[82] Gerichtsstandvereinbarungen sind daher gem. § 40 Abs. 2 Satz 1 Nr. 2 ZPO unzulässig und unwirksam. Durch rügeloses Verhandeln zur Hauptsache kann eine abweichende Zuständigkeit ebenfalls nicht begründet werden (§ 40 Abs. 2 Satz 2

82 KG, 19.09.1994, 25 W 5796/94, WRP 1994, 868, 870.

ZPO).[83] Der Mangel der Zuständigkeit ist **von Amts wegen** bis zum Zeitpunkt der Entscheidung zu **beachten**. Wird der Mangel in erster Instanz übersehen oder wird die Zuständigkeit unzutreffend bejaht, ist dies nach der Wertung des § 513 Abs. 2 ZPO hinzunehmen. Eine erstinstanzliche Sachentscheidung soll nicht wegen fehlender örtlicher Zuständigkeit des Gerichts hinfällig werden; ausgeschlossen sein soll nicht nur ein darauf gestützter Berufungsangriff der Parteien, sondern schlechthin die darauf gestützte richterliche Prüfung.

Die Ausschließlichkeit der Gerichtsstände des § 14 UWG wirkt sich auch auf **Widerklagen** aus. § 33 Abs. 2 ZPO enthält verklausuliert eine Sperrwirkung: Wenn nach § 40 Abs. 2 Satz 1 Nr. 2 ZPO eine vom ausschließlichen Gerichtsstand abweichende Vereinbarung unzulässig wäre und deshalb der Gerichtsstand der Klage nicht prorogiert werden könnte, darf dort keine Widerklage erhoben werden. Der Zusammenhang von Klage und Widerklage reicht dann zur Begründung der Zuständigkeit vor dem Gericht der Klage nicht aus. **51**

Die **Sperrwirkung des § 33 Abs. 2 ZPO** hat aber **nur** für **nationale** Verfahren in Bezug auf die örtliche Zuständigkeit Bedeutung. Die **internationale Zuständigkeit für Widerklagen** hängt nach Art. 8 Nr. 3 Brüssel Ia-VO in deren Geltungsbereich allein von der Konnexität ab. Wegen des Vorrangs des Unionsrechts ist damit auch die Sperrwirkung des § 33 Abs. 2 ZPO überwunden; UWG-gestützte Widerklagen können ungeachtet des § 14 UWG am davon abweichenden Gerichtsstand der Klage erhoben werden, weil sonst die internationale Zuständigkeit leerlaufen würde. **52**

Die nationalen und die unionsrechtlichen Bestimmungen zur Widerklage gelten nicht für **Drittwiderklagen**. Für sie muss unabhängig von § 33 Abs.1 ZPO und Art. 8 Nr. 3 Brüssel Ia-VO ein Gerichtsstand am Ort der Klage gegeben sein. **53**

Widerklagend gestellte **Zwischenfeststellungsanträge** nach § 256 Abs. 2 ZPO sind von der Sperrwirkung des § 33 Abs. 2 ZPO nicht betroffen. Zwischenfeststellungsanträge haben allein die Funktion, die Rechtskraft eines Urteils (§ 322 ZPO) auf Elemente des Subsumtionsschlusses zu erweitern. Für sie gilt kein selbständiges Gerichtsstanderfordernis. **54**

Zwischen den Gerichtsständen des § 14 Abs. 1 und Abs. 2 UWG sowie unter mehreren durch die beiden Absätze jeweils eröffneten Gerichtsstände kann der **Kläger auswählen** (§ 35 ZPO). **55**

Bei Konkurrenz von UWG-Ansprüchen mit den ebenfalls deliktisch begründeten Ansprüchen aus dem Kartellrecht hat die **Kartellzuständigkeit** gem. § 87 GWB **Vorrang vor § 14 UWG**. Dies gilt sogar dann, wenn nur eine Vorfrage kartellrechtlicher Natur ist. **56**

83 A.A. OLG Brandenburg, 29.04.2014, 6 U 201/12, WRP 2014, 1219, 1222 Rn. 31.

D. Konkurrenzen

I. Konkurrierende materiell-rechtliche Ansprüche

57 Mit Ansprüchen aus dem UWG können Ansprüche aus den besonderen Deliktstatbeständen wegen Verletzung von Rechten des **Geistigen Eigentums** und Ansprüche aus dem **Kartellrecht** sowie dem **allgemeinen Deliktsrecht** konkurrieren. Zu Überschneidungen kommt es zwischen gesetzlichen Ansprüchen nach dem **UKlaG** und Ansprüchen, die auf § 3a UWG iVm verbraucherschützenden Marktverhaltensnormen gestützt werden (zur unabgestimmten Ausübung der Konzentrationsermächtigungen s. § 13 UWG Rdn. 13). In Betracht kommt auch eine Konkurrenz zu **vertraglich begründeten** oder quasivertraglichen **Ansprüchen**, etwa wegen der Erstattung von Abmahnkosten (Unterwerfungsvereinbarung, GoA), wegen Verwirkung einer Vertragsstrafe (Unterwerfungsvereinbarung), wegen Verstoßes gegen **Konkurrenzschutzklauseln**, soweit diese zugleich einen UWG-Verstoß beinhalten, oder aus vertraglichen **Abgrenzungsvereinbarungen**[84].

58 Für **jede Anspruchsgrundlage** ist **gesondert** zu **prüfen**, ob sie in den Gerichtsständen des § 14 UWG geltend gemacht werden kann, weil sie nur eine alternative materiell-rechtliche Begründung darstellen, oder ob es sich um einen anderen Streitgegenstand handelt (dazu nachfolgend Rdn. 61 ff.). Konkurrierende Anspruchsgrundlagen sind u.a. interessant, wenn eine auf das UWG gestützte Klage oder Widerklage von dem angerufenen Gericht wegen der Ausschließlichkeit des § 14 UWG als unzulässig abzuweisen wäre und z.B. Kostenbelastungen wegen der unvorsichtig fehlerhaft erhobenen Klage vermieden werden sollen. Zur Konkurrenz mit dem Kartellrecht s. § 13 UWG Rdn. 14 ff.

59 Klagen aus Vertrag können neben den allgemeinen Gerichtsständen der §§ 13 ff. ZPO im besonderen Gerichtsstand des **Erfüllungsortes** erhoben werden.[85]

60 Wird die Erstattung von Abmahnkosten konkurrierend auf **GoA** (statt auf § 12 Abs. 1 Satz 2 UWG) gestützt, sind die allgemeinen Gerichtsstände der §§ 13 ff. ZPO anzuwenden, ohne dass § 12 ZPO wegen der Ausschließlichkeit des § 14 UWG entgegensteht. Das kann im Hinblick auf die engere Fassung des § 14 Abs. 1 UWG Bedeutung erlangen (Sitz statt Niederlassung, § 17 ZPO; Sitz des Insolvenzgerichts, § 19a ZPO). Dasselbe gilt für die Anwendung schadensersatzrechtlicher Anspruchsgrundlagen des **allgemeinen Deliktsrechts** nach §§ 823 Abs. 1 und 2 ff. BGB.

II. Kumulative Streitgegenstände

61 Konkurrenzen mit UWG-Ansprüchen treten gehäuft auf, wenn Ansprüche wegen **Kennzeichenverletzungen** geltend gemacht werden. Das werden nicht selten getrennte

84 Vgl. etwa BGH, 24.09.2013, I ZR 64/11, GRUR-RR 2014, 201 Rn. 13 – *Peek & Cloppenburg IV.*

85 OLG Rostock, 15.01.2014, 2 AR 1/13, GRUR 2014, 304 (hinsichtlich der Ausführungen zur sachlichen Zuständigkeit überholt); OLG Köln, 05.06.2014, 8 AR 68/14, WRP 2014, 1369 (»nach allgemeinen Grundsätzen«).

prozessuale Ansprüche sein.[86] Für Kennzeichenstreitigkeiten, für die neben dem MarkenG Ansprüche aus dem UWG gegeben sind, **dispensiert § 141 MarkenG** von § 14 UWG. Es gilt insoweit also auch für die UWG-Anspruchsgrundlagen § 32 ZPO.

Soweit ein Bundesland von der **Konzentrationsermächtigung** des § 140 Abs. 2 Mar- 62
kenG Gebrauch gemacht hat, ist zu beachten, dass nicht jedes Landgericht örtlich zuständig ist. In zahlreichen Bundesländern mit mehr als einem LG ist dies der Fall. Der durch Konzentration begründete Gerichtsstand ist **kein ausschließlicher Gerichtsstand** i.S.d. §§ 12, 40 Abs. 2 Satz 1 Nr. 2 ZPO. Die Ausschließlichkeitsanordnung des § 140 Abs. 2 MarkenG betrifft nur die sachliche Zuständigkeit.

Wird im Übrigen ein auf das UWG gestützter prozessualer Anspruch (Streitgegenstand) 63
in einer Klage mit einem anderen prozessualen Anspruch verbunden, ist die Zulässigkeit der Kumulation unter Gerichtsstandgesichtspunkten zu prüfen. Bei einer **Mehrheit von Streitgegenständen** ist eine **Verbindung** nur zulässig, wenn das angerufene Gericht für jeden dieser prozessualen Ansprüche zuständig ist. Damit wirkt sich die enge oder weite Streitgegenstandsbestimmung unter dem Gesichtspunkt des einheitlichen Lebenssachverhalts (§ 253 Abs. 2 Nr. 2 ZPO: »Grund des Anspruchs«) auf die Beurteilung der örtlichen Zuständigkeit aus.

E. Reformvorhaben

Der Referentenentwurf für eine Novellierung des UWG vom 11.09.2018 sieht vor, 64
dass alle Klagen auf der Grundlage des UWG nur noch im allgemeinen Gerichtsstand des Beklagten erhoben werden können, es sei denn, der Gerichtsstand liegt nicht im Inland. Dagegen regt sich heftiger rechtspolitischer Widerstand, der berechtigt ist.

86 Vgl. etwa BGH, 08.03.2012, I ZR 75/10, GRUR 2012, 621 Rn. 31 – *OSCAR*; BGH, 24.09.2013, I ZR 64/11, GRUR-RR 2014, 201 Rn. 13 – *Peek & Cloppenburg IV.*

§ 15 Einigungsstellen

(1) Die Landesregierungen errichten bei Industrie- und Handelskammern Einigungsstellen zur Beilegung von bürgerlichen Rechtsstreitigkeiten, in denen ein Anspruch auf Grund dieses Gesetzes geltend gemacht wird (Einigungsstellen).

(2) [1]Die Einigungsstellen sind mit einer vorsitzenden Person, die die Befähigung zum Richteramt nach dem Deutschen Richtergesetz hat, und beisitzenden Personen zu besetzen. [2]Als beisitzende Personen werden im Falle einer Anrufung durch eine nach § 8 Absatz 3 Nummer 3 zur Geltendmachung eines Unterlassungsanspruchs berechtigte qualifizierte Einrichtung Unternehmer und Verbraucher in gleicher Anzahl tätig, sonst mindestens zwei sachverständige Unternehmer. [3]Die vorsitzende Person soll auf dem Gebiet des Wettbewerbsrechts erfahren sein. [4]Die beisitzenden Personen werden von der vorsitzenden Person für den jeweiligen Streitfall aus einer alljährlich für das Kalenderjahr aufzustellenden Liste berufen. [5]Die Berufung soll im Einvernehmen mit den Parteien erfolgen. [6]Für die Ausschließung und Ablehnung von Mitgliedern der Einigungsstelle sind die §§ 41 bis 43 und § 44 Absatz 2 bis 4 der Zivilprozessordnung entsprechend anzuwenden. [7]Über das Ablehnungsgesuch entscheidet das für den Sitz der Einigungsstelle zuständige Landgericht (Kammer für Handelssachen oder, falls es an einer solchen fehlt, Zivilkammer).

(3) [1]Die Einigungsstellen können bei bürgerlichen Rechtsstreitigkeiten, in denen ein Anspruch auf Grund dieses Gesetzes geltend gemacht wird, angerufen werden, wenn der Gegner zustimmt. [2]Soweit die Wettbewerbshandlungen Verbraucher betreffen, können die Einigungsstellen von jeder Partei zu einer Aussprache mit dem Gegner über den Streitfall angerufen werden; einer Zustimmung des Gegners bedarf es nicht.

(4) Für die Zuständigkeit der Einigungsstellen ist § 14 entsprechend anzuwenden.

(5) [1]Die der Einigungsstelle vorsitzende Person kann das persönliche Erscheinen der Parteien anordnen. Gegen eine unentschuldigt ausbleibende Partei kann die Einigungsstelle ein Ordnungsgeld festsetzen. [2]Gegen die Anordnung des persönlichen Erscheinens und gegen die Festsetzung des Ordnungsgeldes findet die sofortige Beschwerde nach den Vorschriften der Zivilprozessordnung an das für den Sitz der Einigungsstelle zuständige Landgericht (Kammer für Handelssachen oder, falls es an einer solchen fehlt, Zivilkammer) statt.

(6) [1]Die Einigungsstelle hat einen gütlichen Ausgleich anzustreben. [2]Sie kann den Parteien einen schriftlichen, mit Gründen versehenen Einigungsvorschlag machen. [3]Der Einigungsvorschlag und seine Begründung dürfen nur mit Zustimmung der Parteien veröffentlicht werden.

(7) [1]Kommt ein Vergleich zustande, so muss er in einem besonderen Schriftstück niedergelegt und unter Angabe des Tages seines Zustandekommens von den Mitgliedern der Einigungsstelle, welche in der Verhandlung mitgewirkt haben, sowie von den Parteien unterschrieben werden. [2]Aus einem vor der Einigungsstelle

geschlossenen Vergleich findet die Zwangsvollstreckung statt; § 797a der Zivilprozessordnung ist entsprechend anzuwenden.

(8) Die Einigungsstelle kann, wenn sie den geltend gemachten Anspruch von vornherein für unbegründet oder sich selbst für unzuständig erachtet, die Einleitung von Einigungsverhandlungen ablehnen.

(9) [1]Durch die Anrufung der Einigungsstelle wird die Verjährung in gleicher Weise wie durch Klageerhebung gehemmt. [2]Kommt ein Vergleich nicht zustande, so ist der Zeitpunkt, zu dem das Verfahren beendet ist, von der Einigungsstelle festzustellen. [3]Die vorsitzende Person hat dies den Parteien mitzuteilen.

(10) [1]Ist ein Rechtsstreit der in Absatz 3 Satz 2 bezeichneten Art ohne vorherige Anrufung der Einigungsstelle anhängig gemacht worden, so kann das Gericht auf Antrag den Parteien unter Anberaumung eines neuen Termins aufgeben, vor diesem Termin die Einigungsstelle zur Herbeiführung eines gütlichen Ausgleichs anzurufen. [2]In dem Verfahren über den Antrag auf Erlass einer einstweiligen Verfügung ist diese Anordnung nur zulässig, wenn der Gegner zustimmt. [3]Absatz 8 ist nicht anzuwenden. [4]Ist ein Verfahren vor der Einigungsstelle anhängig, so ist eine erst nach Anrufung der Einigungsstelle erhobene Klage des Antragsgegners auf Feststellung, dass der geltend gemachte Anspruch nicht bestehe, nicht zulässig.

(11) [1]Die Landesregierungen werden ermächtigt, durch Rechtsverordnung die zur Durchführung der vorstehenden Bestimmungen und zur Regelung des Verfahrens vor den Einigungsstellen erforderlichen Vorschriften zu erlassen, insbesondere über die Aufsicht über die Einigungsstellen, über ihre Besetzung unter angemessener Beteiligung der nicht den Industrie- und Handelskammern angehörenden Unternehmern (§ 2 Absatz 2 bis 6 des Gesetzes zur vorläufigen Regelung des Rechts der Industrie- und Handelskammern in der im Bundesgesetzblatt Teil III, Gliederungsnummer 701-1, veröffentlichten bereinigten Fassung) und über die Vollstreckung von Ordnungsgeldern sowie Bestimmungen über die Erhebung von Auslagen durch die Einigungsstelle zu treffen. [2]Bei der Besetzung der Einigungsstellen sind die Vorschläge der für ein Bundesland errichteten, mit öffentlichen Mitteln geförderten Verbraucherzentralen zur Bestimmung der in Absatz 2 Satz 2 genannten Verbraucher zu berücksichtigen.

(12) Abweichend von Absatz 2 Satz 1 kann in den Ländern Brandenburg, Mecklenburg-Vorpommern, Sachsen, Sachsen-Anhalt und Thüringen die Einigungsstelle auch mit einem Rechtskundigen als Vorsitzendem besetzt werden, der die Befähigung zum Berufsrichter nach dem Recht der Deutschen Demokratischen Republik erworben hat.

Hans-Jürgen Ahrens

Übersicht **Rdn.**

A. Funktion und Struktur der Einigungsstelle

1 Die Aufgabe der Einigungsstelle besteht in formeller Hinsicht darin, einen **gütlichen Ausgleich** zwischen den Parteien anzustreben (§ 15 Abs. 6 Satz 1 UWG); in materieller Hinsicht ist es ihre Aufgabe, wettbewerbsrelevantes Verhalten zu beurteilen. Normiert ist dieser Ausgleich in § 15 Abs. 6 Satz 2 UWG; danach kann die Einigungsstelle den Parteien einen schriftlichen, mit Gründen versehenen **Einigungsvorschlag** unterbreiten.

2 Tätig werden kann die Einigungsstellen auch in reinen **Verbraucherschutzsachen**. Der Unterlassungsanspruch gegen verbraucherschutzgesetzwidrige Praktiken nach § 2 UKlaG kann nach § 12 UKlaG vor den wettbewerbsrechtlichen Einigungsstellen des § 15 UWG verfolgt werden. Disparate Verbraucherschutzgesetze werden beispielhaft in § 2 Abs. 2 UKlaG aufgezählt. In Verbraucherschutzsachen fungiert die Einigungsstelle allerdings **nicht** als **Verbraucherschlichtungsstelle** nach dem Verbraucherstreitbeilegungsgesetz (VSBG) vom 25.02.2016[1]. Das Gesetz gilt nach § 28 VSBG zwar für behördliche Verbraucherschlichtungsstellen, ist jedoch gem. § 4 Abs. 1 VSBG auf Verfahren beschränkt, die auf Antrag eines Verbrauchers eingeleitet werden. Einzelne Verbraucher sind vor der Einigungsstelle nicht antragsberechtigt.

1 BGBl. I 2016 S. 254.

3 Die Einigungsstelle ist ihrem Wesen nach **unabhängige Gütestelle** (Schiedsstelle); sie ist jedoch keine Gütestelle i.S.d. § 204 Abs. 1 Nr. 4 und 12 BGB und §§ 91 Abs. 3, 794 Abs. 1 Nr. 1, 797a ZPO. Sie ist **weder Schiedsgericht** im Sinne der §§ 1025 ff. ZPO **noch Schiedsgutachter**; diese sind anders als die Einigungsstelle in vollem Umfang dem Parteiwillen unterworfen.

4 Die Einigungsstelle ist bei der **Industrie- und Handelskammer** angesiedelt,[2] untersteht aber nicht deren Aufsicht, sondern wie die Kammer selbst nur der Rechtsaufsicht durch die Landesregierung. Als **unabhängige Institution** ist sie organisatorisch unselbständiger Bestandteil der IHK. Die Einigungsstellen sind Träger hoheitlicher Gewalt. Für Amtspflichtverletzungen ihrer Mitglieder hat die IHK gem. § 839 BGB, Art. 34 GG einzustehen, ohne dass das Richterprivileg des § 839 Abs. 2 Satz 1 BGB gilt.[3]

B. Errichtung der Einigungsstelle, Rechtsgrundlagen

5 Gem. § 15 Abs. 1 Satz 1 UWG sind die **Landesregierungen verpflichtet**, bei den Industrie- und Handelskammern Einigungsstellen zu errichten; ein Ermessensspielraum steht den Landesregierungen nicht zu. Die Besetzung der Einigungsstellen erfolgt nur für den Fall ihrer Anrufung (§ 15 Abs. 2 Satz 1 UWG); sie sind daher **keine dauernd präsenten Spruchkörper**.

6 Die Länder haben folgende **Durchführungsverordnungen** (EStVO) erlassen:

– Baden-Württemberg VO v. 09.02.1987 (GBl. S. 64, ber. S. 158); geänd. durch Art. 71 VO v. 17.06.1997 (GBl. S. 278) und VO v. 19.10.2004 (GBl. 774);
– Bayern VO v. 17.05.1988 (GVBl S. 115 – BayRS 7032–2-W), geändert durch VO v. 15.03.2005 (GVBl. 80) und VO v. 22.07.2014 (GVBl. S. 286);
– Berlin VO v. 29.07.1958 (GVBl Sb II 43–2), geändert durch VO v. 04.12.1974 (GVBl S. 2785), v. 28.10.1987 (GVBl S. 2577), v. 22.12.1998 (GVBl. 1999, 2), v. 19.06.2006 (GVBl. 573), VO v. 12.08.2008 (GVBl. 2008, 230) und VO v. 06.03.2012 (GVBl. S. 85);
– Brandenburg VO v. 16.10.2006 (GVBl. 2006, 450),
– Bremen VO v. 16.02.1988 (GBl S. 17) in der Fassung der ÄndBek. v. 24.01.2012 (GBl. S. 24);
– Hamburg VO v. 27.01.1959 (HambSLR 44-b), geändert durch VO v. 23.12.1986 (GVBl S. 368);
– Hessen VO v. 13.02.1959 (GVBl S. 3) geändert durch VO v. 16.12.1974 (GVBl S. 672), v. 07.04.1987 (GVBl S. 59), v. 16.11.2005 (GVBl. 738) und VO v. 29.11.2010 (GVBl. I S. 450);
– Mecklenburg-Vorpommern VO v. 19.09.1991 (GVOBl. S. 384);
– Niedersachsen VO v. 21.02.1991 (GVBl S. 139);
– Nordrhein-Westfalen VO v. 15.08.1989 (GVBl S. 460), geändert durch G v. 05.04.2005 (GVBl. 408) und VO v. 23.10.2012 (GVBl. S. 476);

2 Die Einigungsstelle ist nicht eine Institution der IHK, sie ist lediglich bei ihr errichtet; so OLG Stuttgart, 19.04.1996, 2 U 105/95, NJWE-WettbR 1996, 197, 200.

3 Teplitzky/*Bacher*[11] Kap. 42 Rn. 53; *Ottofülling* WRP 2006, 410, 417.

- Rheinland-Pfalz LandesVO v. 02.05.1988 (GVBl S. 102), geändert durch VO v. 28.08.2001 (GVBl. 219) und v. 19.10.2005 (GVBl. 489);
- Saarland VO v. 21.01.1988 (AmtsBl S. 89); geänd. durch 4. RBG v. 26.01.1994 (Amtsbl. S. 509, 587);
- Sachsen VO v. 10.04.2006 (GVBl. 97);
- Sachsen-Anhalt VO v. 21.01.1992 (GVBl S. 39), geändert durch Gesetz v. 18.11.2005 (GBl. 707) und Gesetz v. 14.02.2008 (GVBl. 2008, 58);
- Schleswig-Holstein LandesVO v. 19.07.1991 (GVOBl S. 390); geänd. durch Art. 69 LandesVO v. 24.10.1996 (GVOBl. S. 652), v. 15.03.2006 (GVOBl. 54) und Art. 68 VO v. 04.04.2013 (GVOBl. S. 143);
- Thüringen VO v. 10.12.1991 (GVBl S. 666).

7 Der **Vorsitzende und** sein(e) **Stellvertreter** werden von der **Industrie- und Handelskammer** überwiegend nach Anhörung der Handwerkskammer und zum Teil der mit öffentlichen Mitteln geförderten Verbraucherzentralen **ernannt**. Im Regelfall erfolgt die Ernennung nur, wenn die Handwerkskammer ihre Zustimmung erteilt. Die Industrie- und Handelskammer hat in den meisten Bundesländern die Ernennung zu widerrufen, wenn ein wichtiger Grund vorliegt. Als wichtiger Grund dürfte jede personenbezogene Tatsache anzusehen sein, welche die persönliche oder fachliche Eignung zur Herbeiführung einer gütlichen Einigung nicht nur unwesentlich beeinträchtigt. Die **Berufung der Beisitzer** erfolgt durch die Industrie- und Handelskammer unter Einholung und Berücksichtigung der Vorschläge der Handwerkskammer und der Verbraucherzentrale. Die **Verbraucherverbände** sind allerdings nur hinsichtlich der in die Beisitzerliste aufzunehmenden Verbraucher zu beteiligen (§ 15 Abs. 2 Satz 2, Abs. 11 Satz 2 UWG); im Übrigen sind auch hier die **Handwerkskammern** als Vertretungsorgan der nicht den Industrie- und Handelskammern angehörenden Gewerbetreibenden (§ 2 Abs. 2 bis 6 des Gesetzes zur vorläufigen Regelung des Rechts der Industrie- und Handelskammer) zu hören.

8 Die **Bestellung der Beisitzer** für den **jeweiligen Streitfall** erfolgt aus einer alljährlich für das Kalenderjahr aufzustellenden **Liste** (§ 15 Abs. 2 Satz 4 UWG). Idealerweise sollten sämtliche in der Liste aufgeführten Gewerbetreibenden sowohl die Sachkunde über die Wettbewerbsproblematik als auch eine besondere Erfahrung in ihrem Berufszweig haben, damit zumindest ein Gewerbetreibender aus dem betroffenen Gewerbezweig als Beisitzer berufen werden kann.

C. Das Verfahren vor der Einigungsstelle

I. Sachliche und örtliche Zuständigkeit

9 Die Einigungsstelle ist gem. § 15 Abs. 1 und Abs. 3 UWG nur für bürgerliche Rechtsstreitigkeiten, in denen ein **Anspruch aufgrund** des **UWG** geltend gemacht wird, und nach § 12 UKlaG für **Streitigkeiten gemäß § 2 UKlaG** zuständig. Durch die Reform des Jahres 2004 ist die Zuständigkeit auf alle Ansprüche nach dem UWG erweitert worden. Einbezogen sind der Anspruch auf **Ersatz** der **Rechtsverteidigungskosten** bei Verfahrensmissbrauch (§ 8 Abs. 4 Satz 2 UWG), und Ansprüche auf **Aufwendungser-**

satz nach § 12 Abs. 1 Satz 2 UWG.[4] **Keine Zuständigkeit** besteht für Ansprüche auf Zahlung einer **Vertragsstrafe** aus einer Unterwerfungsvereinbarung, weil es sich nicht um einen gesetzlich begründeten Anspruch handelt.[5]

Die Kumulation von vertraglicher und gesetzlicher Anspruchsgrundlage begründet für den **vertraglichen Unterlassungsanspruch** nur dann eine Zuständigkeit, wenn man darin einen einheitlichen Streitgegenstand sieht. Das wird in der Regel trotz gleichlaufenden Anspruchsziels und gleicher zeitlicher Dimension wegen unterschiedlicher zu prüfender Lebenssachverhalte zu verneinen sein.[6] Beispiele sind etwa nachvertraglich wirkende Wettbewerbsverbote oder Vergleichsvereinbarungen. Durch Parteivereinbarung kann eine Zuständigkeit nicht begründet werden.[7] **10**

Die **originäre Zuständigkeit** der Einigungsstelle ist nur für **Wettbewerbsverstöße** gegeben, die den Verkehr mit dem **Verbraucher betreffen** (§ 15 Abs. 3 Satz 2 UWG). Betrifft die Wettbewerbshandlung lediglich **vorgelagerte Wirtschaftsstufen**, so ist die Einigungsstelle nur zuständig, wenn der Gegner ihrer Anrufung zustimmt (§ 15 Abs. 3 Satz 1 UWG). **11**

Die Einigungsstelle ist **ferner zuständig**, wenn das **Gericht** in einem Rechtsstreit, in dem die Wettbewerbshandlung Verbraucher betrifft, auf Antrag den Parteien die **Anrufung** der Einigungsstelle gemäß § 15 Abs. 10 Satz 1 UWG **aufgegeben** hat.[8] Da Abs. 8 in diesem Fall nicht anwendbar ist (§ 15 Abs. 10 Satz 3 UWG), ist die Einigungsstelle gehindert, die Einleitung von Einigungsverhandlungen abzulehnen, auch wenn sie den geltend gemachten Anspruch für unbegründet oder sich selbst für unzuständig hält.[9] Die sachliche Zuständigkeit der Einigungsstelle hat das Gericht zu prüfen. **12**

Wird die Einigungsstelle **außerhalb ihrer Zuständigkeit** tätig, so hat sie keine hoheitlichen Befugnisse; sie kann daher weder das persönliche Erscheinen der Parteien anordnen (§ 15 Abs. 5 Satz 1 UWG) noch ein Ordnungsgeld gegen eine unentschuldigt ausbleibende Partei festsetzen (§ 15 Abs. 5 Satz 2 UWG). Ein vor einer unzuständigen Einigungsstelle geschlossener **Vergleich** ist **wirksam**, sofern die Parteien sich über den Gegenstand des Rechtsstreits vergleichen können. Dies folgt zwar nicht aus der Anwendbarkeit von § 797a ZPO (§ 15 Abs. 7 UWG), wohl aber daraus, dass sich die Parteien auch ohne Mitwirkung der Einigungsstelle wirksam vergleichen können. **13**

4 *Ottofülling* WRP 2006, 410, 415.
5 Großkomm/*Nippe*[2] § 15 Rn. 120; a.A. Ohly/*Sosnitza*[7] § 15 Rn. 6.
6 Vgl. Teplitzky/*Bacher*[11] Kap. 42 Rn. 9; a.A. Großkomm/*Nippe*[2] § 15 Rn. 119 und 130.
7 *Großkomm/Nippe*[2] § 15 Rn. 130.
8 Streitig ist, was in diesem Fall mit dem gerichtlichen Verfahren passiert. Eine Auffassung meint, dass das Verfahren durch eine unanfechtbare Entscheidung (§ 227 Abs. 2 ZPO) zu vertagen ist (OLG Stuttgart, 04.09.1996, 2 W 91/96, WRP 1997, 350), da der Gesetzgeber keine förmliche Verfahrensentscheidung, sondern nur einen Verfahrensaufschub für den Einigungsversuch bezweckte (Teplitzky/*Bacher*[11] Kap. 42 Rn. 35: Verfahrensunterbrechung = Vertagung). Nach a.A. ist in diesem Fall das Verfahren nach § 148 ZPO auszusetzen, wogegen die Beschwerde statthaft ist; *Melullis* Handbuch des Wettbewerbsprozesses, 2. Aufl. 1995, Rn. 90.
9 *Köhler/Feddersen*/Bornkamm[36] § 15 Rn. 18.

Allenfalls könnte die irrige Annahme der Parteien, einen Vergleich vor einer zuständigen Einigungsstelle zu schließen, ein Anfechtungsgrund sein.

14 Für die **örtliche Zuständigkeit** der Einigungsstelle verweist § 15 Abs. 4 UWG auf § 14 UWG.

II. Anrufung der Einigungsstelle

1. Antragsbindung

15 Das Verfahren vor der Einigungsstelle wird durch Einreichung **schriftlich begründeter Anträge** eingeleitet. Die Einigungsstelle kann nicht von Amts wegen tätig werden. **Antragsberechtigt** sind die in § 8 Abs. 3 UWG aufgeführten Gläubiger – also nicht einzelne Verbraucher – und die Anspruchsgegner. Es besteht **kein Anwaltszwang**, wohl aber das Recht, sich durch Dritte – in den Grenzen des RDG – vertreten zu lassen. Zweckmäßig ist die Festlegung eines Streitgegenstandes analog einem Klageantrag, ohne dass dafür die Bestimmtheitserfordernisse oder die Dispositionseinschränkungen der ZPO gelten. Nur dann können die materiell-rechtlichen und prozessualen Wirkungen der Antragstellung beurteilt werden. Insbesondere ist der Eintritt der **Verjährungshemmung** davon abhängig. Der Antrag kann jederzeit formlos zurückgenommen werden.

2. Verjährungshemmung

16 Gem. § 15 Abs. 9 Satz 1 UWG **hemmt** die Anrufung der zuständigen Einigungsstelle die Verjährung wie eine Klageerhebung. Diese Wirkung tritt ein, wenn der **Anspruchsteller (Unterlassungsgläubiger)** die Einigungsstelle anruft.[10] Ruft der **Unterlassungsschuldner** die Einigungsstelle an, ist dies **nicht** der Fall.[11] Lässt sich der Gläubiger allerdings auf das Einigungsverfahren ein, ergibt sich die Hemmung aus § 203 BGB.[12] Auch die Anrufung einer örtlich unzuständigen Einigungsstelle hemmt die Verjährung.[13] Analog § 167 ZPO hemmt bereits die Einreichung der Anträge die Verjährung und nicht erst die Zustellung an den Gegner. Die Geschäftsstelle der Einigungsstelle hat daher den Eingang der Antragsschrift besonders zu vermerken und den Parteien mitzuteilen. Die **Hemmung** der Verjährung **endet** regelmäßig sechs Monate nach Vergleichsabschluss oder der sonstigen von der Einigungsstelle gemäß § 15 Abs. 9 Satz 2 UWG festzustellenden Beendigung des Verfahrens (§ 204 Abs. 2 Satz 1 BGB). Bei

---

10 Teplitzky/*Bacher*[11] Kap. 42 Rn. 48; *Köhler* WRP 1991, 617, 620 u. Großkomm/*Nippe*[2] § 15 Rn. 301 ff.

11 A.A. OLG Koblenz, 08.03.1988, 6 W 102/88, GRUR 1988, 566; im Ergebnis offengelassen von OLG Köln, 06.06.1997, 6 U 202/96, NJWE-WettbR 1997, 282, 284.

12 Teplitzky/*Bacher*[11] Kap. 42 Rn. 50; ablehnend Großkomm/*Nippe*[2] § 15 Rn. 308 ff.

13 Teplitzky/*Bacher*[11] Kap. 42 Rn. 49; a.A. OLG Koblenz, 08.03.1988, 6 W 102/88, NJW-RR 1989, 38. Offengelassen von OLG Köln, 06.06.1997, 6 U 202/96, NJWE-WettbR 1997, 282, 284.

Rücknahme des Antrags entfällt die Verjährungshemmung nicht.[14] Voraussetzung der Hemmung ist eine ausreichende **Individualisierung des Anspruchs**.[15]

3. Auswirkung auf gerichtliche Verfahren

Von dem Zeitpunkt der **Anhängigkeit** des Einigungsstellenverfahrens an ist der Anspruchsgegner **gehindert**, die **negative Feststellungsklage** zu erheben (§ 15 Abs. 10 Satz 4 UWG); er kann sich durch sie dem Verfahren nicht mehr entziehen und den Antragsteller dem Risiko eines Gerichtsverfahrens aussetzen. Da das Einigungsstellenverfahren bereits mit Eingang des Antrags und nicht erst mit seiner Zustellung an den Gegner anhängig ist (§ 15 Abs. 10 Satz 1 UWG), wird eine bereits erhobene, aber noch nicht rechtshängige negative Feststellungsklage unzulässig, wenn die Einigungsstelle vor ihrer Zustellung angerufen wird.[16] Der Anspruchsteller ist seinerseits durch die Anrufung der Einigungsstelle seitens des Schuldners im Interesse effektiver Rechtsschutzgewährung nicht gehindert, Klage zu erheben oder den Antrag auf Erlass einer einstweiligen Verfügung einzureichen.[17] Über die Wirkungen der Anhängigkeit hinaus hat die Zustellung der Antragsschrift an den Gegner keine unmittelbaren weiteren Folgen. Der **Erhebung einer Hauptsacheklage** durch den Antragsteller wird § 242 BGB entgegenstehen.[18] 17

4. Sonstige Wirkungen

Die Bereitschaft des Gegners, an einem Einigungsverfahren mitzuwirken, räumt weder die **Wiederholungsgefahr** aus, noch steht sie der Einleitung eines **einstweiligen Verfügungsverfahrens** entgegen.[19] Nehmen beide Parteien die Einigungsverhandlungen auf, entsteht ein gesetzliches Schuldverhältnis i.S.d. § 311 Abs. 2 BGB.[20] 18

III. Besetzung der Einigungsstelle, Ablehnung ihrer Mitglieder

Der Besetzung der Einigungsstelle kommt für die Erfüllung der ihr gestellten Aufgaben besondere Bedeutung zu. Der Vorsitzende und sein Stellvertreter müssen gem. § 15 Abs. 2 Satz 1 UWG die **Befähigung zum Richteramt** haben. Darüber hinaus wird von dem Vorsitzenden Erfahrung auf dem Gebiet des Wettbewerbsrechts gefordert (§ 15 Abs. 2 Satz 3 UWG). 19

---

14 Vgl. BGH, 28.09.2004, IX ZR 155/03, NJW 2004, 3772, 3773; übersehen von *Ottofülling* WRP 2006, 410, 417.

15 So zur Anrufung von Gütestellen in Kapitalmarktsachen BGH, 18.06.2015, III ZR 198/14, BGHZ 206, 41 = NJW 2015, 2407 Rn. 23; BGH, 28.10.2015, IV ZR 405/14, NJW 2016, 236 Rn. 18.

16 HansOLG Hamburg, 04.11.1993, 3 U 137/92, WRP 1994, 315, 321.

17 Teplitzky/*Bacher*[11] Kap. 42 Rn. 38 mit weiteren Nachweisen; Großkomm/*Nippe*[2] § 15 Rn. 323 und 326; OLG Koblenz, 08.03.1988, 6 W 102/88, NJW-RR 1989, 38, 39 hält diese Auffassung nicht für unzweifelhaft.

18 Großkomm/*Nippe*[2] § 15 Rn. 311 (auf § 8 Abs. 4 UWG abstellend in Rn. 316); Teplitzky/*Bacher*[11] Kap. 42 Rn. 40.

19 OLG Stuttgart, 04.06.1980, 2 W 26/80, WRP 1980, 508 f.

20 Großkomm/*Nippe*[2] § 15 Rn. 311; Teplitzky/*Bacher*[11] Kap. 42 Rn. 47.

20 **Besondere Besetzungsregelungen** gelten für den Fall, dass die Einigungsstelle durch eine Einrichtung i.S.v. § 8 Abs. 3 Nr. 3 UWG **(Verbraucherverband)** angerufen wird. Dann ist die Einigungsstelle paritätisch aus Verbrauchern und Gewerbetreibenden, andernfalls mit mindestens zwei sachverständigen Gewerbetreibenden als Beisitzern zu besetzen (§ 15 Abs. 2 Satz 2 UWG). Nicht ausgeschlossen ist, dass darüber hinaus weitere Beisitzer, die nicht Gewerbetreibende sind, die Einigungsstelle bilden,[21] sofern nicht die jeweilige EStVO nur zwei Beisitzer zulässt. Für den – nur im Rahmen eines negativen Feststellungsantrags denkbaren – Fall, dass die Einigungsstelle von einem Gewerbetreibenden oder einem Gewerbeverband angerufen wird und der Gegner ein Verbraucherverband ist, ist die Besetzung nicht geregelt. Nach dem Wortlaut der Bestimmung ist allein auf die formale Antragstellung zur Bestimmung der Besetzung abzustellen.[22] Nach einer anderen Auffassung[23] soll es für die Besetzung allein darauf ankommen, ob Verbraucherverbände an dem Verfahren beteiligt sind. Letzterer Ansicht ist zuzustimmen, da der Gesetzgeber bei der Beteiligung von Verbraucherverbänden eine paritätische Besetzung der Einigungsstelle beabsichtigt hat; zudem würden die Aussichten für eine gütliche Einigung im Falle der einseitigen unternehmerischen Besetzung der Einigungsstelle schwinden.

21 Der **Vorsitzende** bzw. sein Stellvertreter **bestimmen**, nachdem sie vom Eingang der Anträge durch die Geschäftsstelle Kenntnis erlangt haben, die **Beisitzer für** den **jeweiligen Streitfall** (§ 15 Abs. 2 Satz 4 UWG). Da nach § 15 Abs. 2 Satz 5 UWG die Berufung der Beisitzer im Einvernehmen mit den Parteien erfolgen soll, sollten die Parteien gehört werden, ob sie Einwendungen gegen die Wahl der Beisitzer haben. Diese Vorgehensweise verringert die Gefahr einer Ausschließung oder Ablehnung nach § 15 Abs. 2 Satz 6 und 7 UWG.

22 Sobald ein Mitglied der Einigungsstelle für den konkreten Streitfall berufen ist,[24] kann es wegen **Besorgnis der Befangenheit** abgelehnt werden. Die Ausschließungs- und Ablehnungsgründe sind mit denen des gerichtlichen Verfahrens (§§ 41 bis 43, § 44 Abs. 2–4 ZPO) identisch. Allerdings begründet allein das Wettbewerbsverhältnis zwischen einem Beisitzer und einer der Parteien nicht die Besorgnis der Befangenheit. Ein Beisitzer aus **demselben Wettbewerbszweig** ist zu einer qualifizierten Beurteilung der Unlauterkeit der angegriffenen Wettbewerbshandlung fähig, und zwar auch, weil er dadurch über das branchenspezifische Wettbewerbsverhalten mitbestimmt. Ermittelt eine regionale Handwerkskammer wegen des zu verhandelnden Verstoßes, soll die Mitgliedschaft des Beisitzers im Vorstand derselben Kreishandwerkerschaft unschädlich

21 So auch *Melullis* Handbuch des Wettbewerbsprozesses, 2. Aufl. 1995, Rn. 58.

22 So auch *Melullis* Handbuch des Wettbewerbsprozesses² Rn. 57; *Ottofülling* WRP 2006, 410, 413.

23 So Großkomm/*Köhler*¹ § 27a Rn. 42, da an allen Verfahren, an denen Verbraucher oder Verbraucherverbände beteiligt sind, die Mitwirkung von Verbrauchern zu sichern sei; a.A. Großkomm/*Nippe*² § 15 Rn. 99.

24 Nicht jedoch vorher, OLG Frankfurt, 17.07.1969, 6 W 289/69, WRP 1969, 387, 388.

sein.[25] Die Einigungsstelle als Ganzes kann nicht abgelehnt werden,[26] und zwar auch dann nicht, wenn die IHK mittelbar oder unmittelbar an dem Verfahren beteiligt ist, z.B. bei Anrufung der Einigungsstelle durch die Wettbewerbszentrale[27], deren bedeutendstes Mitglied die IHK ist. Die Besorgnis der Befangenheit besteht auch nicht deshalb, weil ein Mitglied der Einigungsstelle einen Vergleichsvorschlag unterbreitet, der dem Unterlassungsantrag der die Einigungsstelle anrufenden Partei entspricht.[28]

Über das Ablehnungsgesuch entscheidet anstelle der Einigungsstelle das **zuständige** 23
Landgericht, und zwar dessen Kammer für Handelssachen oder, falls eine solche fehlt, die an ihrer Stelle zuständige Zivilkammer (§ 15 Abs. 2 Satz 7 UWG). Die das Ablehnungsgesuch abweisende Entscheidung des Landgerichts kann nicht mit der sofortigen Beschwerde angefochten werden.[29] Indem der Gesetzgeber in § 15 Abs. 2 Satz 6 UWG nicht auf die Vorschrift des § 46 Abs. 2 ZPO verweist,[30] wollte er das Beschwerderecht ausschließen und nicht etwa auf den Fall erweitern, dass dem Ablehnungsgesuch stattgegeben wird.

IV. Die Vorprüfung des Begehrens

Hält der **Vorsitzende** den Antrag unter allen Umständen für unzulässig oder den gel- 24
tend gemachten Anspruch für unbegründet, kann er **anregen**, dass die Einigungsstelle die **Einleitung** von Einigungsverhandlungen **ablehnt** (§ 15 Abs. 8 UWG). Die Entscheidung kann der Vorsitzende, auch wenn es sich um eine reine Rechtsfrage handelt, nicht allein treffen, da die Vorschrift das Ablehnungsrecht ausdrücklich der Einigungsstelle zuweist und im Übrigen klar zwischen den Befugnissen der Einigungsstelle (z.B. in § 15 Abs. 6 UWG) und denen des Vorsitzenden (§ 15 Abs. 5 UWG) unterscheidet. Kommt die Einigungsstelle zu dem Ergebnis, dass sie **nicht zuständig** ist, muss sie die Durchführung des Verfahrens jedenfalls dann ablehnen, wenn **eine der Parteien** seiner Durchführung **widerspricht**.[31] Hält die Einigungsstelle den Anspruch für unbegründet, kann sie die Einleitung von Verhandlungen ablehnen, ohne hierzu jedoch verpflichtet zu sein. Die anzustrebende gütliche Einigung kann in diesem Fall auch darin bestehen, den Antragsteller zu einer Antragsrücknahme zu bewegen. Die Entscheidung, mit der die Durchführung des Verfahrens abgelehnt wird, ist unanfechtbar.[32] Ist das

---

25 LG Meiningen, 19.08.2011, HK T 1/11 und 2/11, WRP 2011, 1502 (dort: Innungsobermeister eines nicht betroffenen Gewerbes).

26 OLG Stuttgart, 24.10.1989, 2 W 64/89, NJW-RR 1990, 245; LG Lübeck, 24.03.1992, 11 T 1/92, WRP 1993, 642; LG Hannover, 05.07.2007, 21 T 2/07 (Kart), WRP 2007, 1520; LG Leipzig, 27.09.2006, 1 HK AR 12/06, WRP 2007, 359, 360.

27 OLG Stuttgart, 24.10.1989, 2 W 64/89, NJW-RR 1990, 245 (LG Stuttgart AnwBl. 1989, 675 aufhebend); LG Leipzig, 27.09.2006, 1 HK AR 12/06, WRP 2007, 359, 360.

28 LG Braunschweig, 22.06.1995, 21 T 1/95, WRP 1995, 670.

29 OLG Stuttgart, 24.10.1989, 2 W 64/89, NJW-RR 1990, 245 (dort ausnahmsweise anders »wegen greifbarer Gesetzwidrigkeit«); a.A. OLG Frankfurt, 17.07.1969, 6 W 289/69, WRP 1969, 387, 388.

30 Unrichtig a.A. *Ottofülling* WRP 2006, 410, 414.

31 So wohl auch *Köhler/Feddersen*/Bornkamm[36] § 15 Rn. 18.

32 *Köhler/Feddersen*/Bornkamm[36] § 15 Rn. 18.

Verfahren nach § 15 Abs. 10 Satz 1 UWG durch ein Gericht angeordnet worden, so steht der Einigungsstelle ein Ablehnungsrecht nicht zu.

V. Ladung der Parteien

25 Zur **obligatorischen mündlichen Verhandlung** sind die Parteien zu laden. Dies folgt nicht nur aus dem Zweck des Verfahrens, eine Aussprache herbeizuführen, sondern ist in den jeweiligen EStVO ausdrücklich bestimmt. Hingegen dürfen Zeugen und Sachverständige nur gehört werden, wenn sie freiwillig erschienen sind; eine förmliche Ladung ist unzulässig.

1. Die Anordnung des persönlichen Erscheinens

26 Während mit der Ladung die Partei die Möglichkeit erhält, zu erscheinen, ist sie **zum Erscheinen verpflichtet**, wenn dies **angeordnet** worden ist. Der Vorsitzende hat die Befugnis, das persönliche Erscheinen anzuordnen (§ 15 Abs. 5 Satz 1 UWG). Entsprechend § 141 Abs. 2 Satz 2 ZPO ist der Partei die Ladung auch dann persönlich mitzuteilen, wenn sie einen Vertreter bestellt hat.[33] In der Ladung ist die Partei auf die durch § 15 Abs. 5 Satz 3 UWG eröffnete Möglichkeit, die Anordnung des persönlichen Erscheinens mit der sofortigen Beschwerde anzufechten,[34] und auf die Folgen ihres unentschuldigten Ausbleibens[35] hinzuweisen.[36]

27 Die **Anordnung** des persönlichen Erscheinens liegt **im pflichtgemäßen Ermessen** der Einigungsstelle. Voraussetzung ist nicht, wie bei § 141 Abs. 1 Satz 1 ZPO, dass das persönliche Erscheinen zur Sachaufklärung geboten sein muss. Der Sachverhalt ist meist nicht aufklärungsbedürftig, sondern unstreitig. Die Einigungsstelle wird daher von ihrer Aufgabe ausgehend prüfen müssen, inwieweit das persönliche Erscheinen der Parteien den gütlichen Ausgleich (§ 15 Abs. 6 Satz 1 UWG) fördert.

28 Die **Anordnung** darf **keinen Strafcharakter** haben; eine Anordnung aus diesem Grund wäre ermessensfehlerhaft.[37] Das persönliche Erscheinen darf nicht angeordnet werden, wenn das Erscheinen für die Partei unzumutbar ist. Teilweise nehmen die Durchführungsverordnungen auf § 141 ZPO Bezug und erklären sie für sinngemäß anwendbar, teilweise wird nichts darüber ausgesagt. Im Hinblick auf die weit gespannte örtliche Zuständigkeit der Einigungsstellen muss die Zumutbarkeit im Lichte der Aufgaben und Befugnisse der Einigungsstelle beurteilt werden. **Unangemessen** ist es in jedem Fall, eine Partei zum Erscheinen zu zwingen, wenn die für sie hieraus entstehenden Nachteile größer sind als die für sie mit der Erfüllung des geltend gemachten Anspruchs verbundenen Nachteile. Die Einigungsstelle kann und darf das persönliche Erscheinen daher nur anordnen, soweit es auch geeignet erscheint, einen gütlichen Ausgleich zu

33 LG Magdeburg, 07.05.1996, 32 T 5/96, WRP 1996, 1134.
34 LG Hannover, 10.09.1986, 24 T 4/86, NJW-RR 1987, 817.
35 So ausdrücklich § 8 Abs. 1 Satz 2 BaWüEStVO, aber auch § 142 Abs. 3 Satz 3 ZPO.
36 Großkomm/*Nippe*[2] § 15 Rn. 170; Teplitzky/*Bacher*[11] Kap. 42 Rn. 17.
37 So für § 141 ZPO BGH, 12.06.2007, VI ZB 4/07, NJW-RR 2007, 1364 Rn. 16; BGH, 22.06.2011, I ZB 77/10, NJW-RR 2011, 1363 Rn. 16.

fördern. **Unerheblich** ist allerdings, ob die geladene Partei erklärt hat, sie lehne einen Einigungsversuch schlechthin ab, da auch in diesem Fall nicht ausgeschlossen ist, dass sie sich nach einer eindringlichen Belehrung durch die Einigungsstelle zu einem Vergleich bereitfinden wird.[38]

2. Festsetzung von Ordnungsgeld

Gegen eine **unentschuldigt ausbleibende Partei** kann die Einigungsstelle – gegebenenfalls mehrfach – ein Ordnungsgeld festsetzen (§ 15 Abs. 5 Satz 2 UWG). Das **Ordnungsgeld** ist in **angemessener Höhe** zu bestimmen und kann von 5,– EUR bis 1.000,– EUR betragen (Art. 6 (1) EGStGB), sofern die maßgebliche EStVO nicht eine niedrigere Höchstgrenze vorsieht.[39] Auf die Parteien soll Einigungszwang ausgeübt werden, um eine gütliche Einigung herbeizuführen. Aus diesen Gründen kann ein Ordnungsgeld auch gegen eine Partei, deren persönliches Erscheinen angeordnet worden ist, wegen unentschuldigten Ausbleibens festgesetzt werden, wenn sie erklärt hat, sie lehne einen Einigungsvergleich schlechthin ab.[40] **29**

Die Einigungsstelle muss die Möglichkeit haben, der Partei die Rechtslage zu erläutern und sie zu einer Einigung zu bewegen. Würde die fehlende Einigungsbereitschaft genügen, um ein Ausbleiben zu rechtfertigen, könnte die ordnungsgeldbedrohte Anordnung des persönlichen Erscheinens entfallen. Als Korrektiv gewährt § 15 Abs. 5 Satz 3 UWG anders als § 141 ZPO der geladenen Partei die Möglichkeit, die **Rechtmäßigkeit der Anordnung** durch die **sofortige Beschwerde** prüfen zu lassen. Ermessensfehlerhaft ist die Verhängung von Ordnungsgeld, wenn die betroffene Partei subjektiv verständige Gründe vorbringt; die Einigungsstelle, die die Gründe nicht für beachtlich hält, muss dann einen Hinweis geben, ehe sie das Ordnungsgeld festsetzt.[41] Eine durch Ordnungsgeld provozierte Verhärtung des Parteistandpunktes steht dem Einigungszweck entgegen. **30**

Im Einzelfall sind große Entfernungen zur Einigungsstelle[42], geschäftliche Überlastung[43], eine Berufung auf einen nicht näher spezifizierten geschäftlichen Termin[44] oder **31**

38 OLG Hamm, 30.12.1983, 4 W 180/83, WRP 1984, 336; OLG Koblenz, 29.02.1988, 6 W 42/88, GRUR 1988, 560; LG Hannover, 11.06.1998, 21 T 2/98 (Kart), WRP 1998, 1122; *Ottofülling* WRP 2006, 410, 419.

39 Zur Festsetzung auf 500,– DM LG Münster, 15.07.1993, 21 T 3/93, WRP 1993, 730.

40 OLG Hamm, 30.12.1983, 4 W 180/83, GRUR 1984, 600 = WRP 1984, 336; OLG Koblenz, 29.02.1988, 6 W 42/88, GRUR 1988, 560; LG Schwerin, 09.04.1997, 21 T 3/97, WRP 1997, 881; LG Hannover, 11.06.1998, 21 T 2/98, WRP 1998, 1122; LG Passau, 10.02.2005, 1 HK T 9/05, WRP 2006, 138; Großkomm/*Nippe*[2] § 15 Rn. 186 f. A.A. *Köhler/Feddersen*/Bornkamm[36] § 15 Rn. 19 (»sollte nicht«); Teplitzky/*Bacher*[11] Kap. 42 Rn. 18.

41 S. auch *Ottofülling* WRP 2006, 410, 420 f.; für Zurückhaltung bei der Verhängung von Ordnungsgeld zu Recht Teplitzky/*Bacher*[11] Kap. 42 Rn. 18; ebenso allgemein zu § 141 ZPO *Ahrens* Der Beweis im Zivilprozess Kap. 8 Rn. 74.

42 LG Schwerin, 09.04.1997, 21 T 3/97, WRP 1997, 881.

43 LG Hannover, 15.11.1990, 21 T 7/90, WRP 1991, 64.

44 LG München I, 19.03.2009, 17 HK T 2072/08, WRP 2009, 1160, 1161.

Urlaubsabwesenheit[45], letzteres jedenfalls dann, wenn die Partei mit einer Ladung rechnen musste[46], **nicht** als **ausreichende Entschuldigungsgründe** angesehen worden. Auch ein vermeidbarer Rechtsirrtum[47] oder die Annahme, die Beauftragung eines Anwalts gestatte das Fernbleiben[48], werden nicht als ausreichende Entschuldigung angesehen. Unbeachtlich ist, ob sich die Partei, deren persönliches Erscheinen angeordnet worden ist, tatsächlich wettbewerbswidrig verhalten hat.[49] Fraglich ist, ob die Verhängung eines Ordnungsgeldes in entsprechender Anwendung von § 141 Abs. 3 Satz 2 ZPO ausgeschlossen ist, wenn die Partei einen zum Vergleichsabschluss ermächtigten Vertreter entsandt hat. Verweist die jeweilige Einigungsstellenverordnung nicht auf § 141 ZPO, so ist die Verhängung des Ordnungsgeldes nicht zulässig.[50]

3. Sofortige Beschwerde gegen Anordnung des persönlichen Erscheinens und Festsetzung von Ordnungsgeld

32 **Gegen** die **Anordnung des** persönlichen **Erscheinens** und die Festsetzung eines Ordnungsgeldes ist gemäß § 15 Abs. 5 Satz 3 UWG die sofortige Beschwerde an die für den Sitz der Einigungsstelle zuständige **Kammer für Handelssachen** gegeben.[51] Damit wird Art. 19 Abs. 4 GG Rechnung getragen. Das **Beschwerdeverfahren** richtet sich nach den für die sofortige Beschwerde geltenden Vorschriften (§ 567 ZPO). Die Beschwerde ist analog § 569 ZPO wahlweise bei der Einigungsstelle oder beim Beschwerdegericht einzulegen, die analog § 572 ZPO über die Abhilfe zu entscheiden hat.[52] Zweckmäßig ist die Einlegung bei der Einigungsstelle.

33 Die **Beschwerde** hat als Rechtsbehelf grundsätzlich **keine aufschiebende Wirkung**. Die Parteien bleiben daher zum persönlichen Erscheinen verpflichtet. Richtet sich die Beschwerde gegen die Festsetzung eines Ordnungsgeldes, hat sie analog § 570 Abs. 1 ZPO aufschiebende Wirkung. Es bleibt der Einigungsstelle unbenommen, in entsprechender Anwendung von § 570 Abs. 2 ZPO die Vollziehung des Beschlusses auszusetzen. Das Beschwerdegericht kann seinerseits im Wege der einstweiligen Anordnung gemäß § 570 Abs. 3 ZPO in Verbindung mit § 15 Abs. 5 Satz 3 UWG die Vollziehung der angefochtenen Entscheidung aussetzen. Eine (weitere) sofortige Beschwerde zum

45 LG München, 1 HKT 9746/76, WRP 1976, 654.

46 LG Kassel, 06.06.1989, 13 T 4/89, WRP 1990, 574; LG Aurich, Beschluss vom 02.09.1989, 3 T 196/89, zitiert von *Köhler* WRP 1991, 617, 622.

47 LG Bochum, 25.04.1986, 12 T 3/86: Landwirt glaubt, nicht Gewerbetreibender zu sein, zitiert von *Köhler* WRP 1991, 617, 622.

48 LG Münster, 20.01.1982, 21a T 8/81, WRP 1984, 302.

49 LG Schwerin, 09.04.1997, 21 T 3/97, WRP 1997, 881.

50 Großkomm/*Nippe*[2] § 15 Rn. 189; Teplitzky/*Bacher*[11] Kap. 42 Rn. 18.

51 OLG Frankfurt, 16.07.2003, 6 W 119/03, GRUR-RR 2003, 358 = WRP 2003, 1256.

52 Zur inhaltsgleichen Vorschrift des § 27a Abs. 5 UWG a.F. OLG Frankfurt, 16.07.2003, 6 W 119/03, GRUR-RR 2003, 358 = WRP 2003, 1256.

Oberlandesgericht ist nicht statthaft,[53] eine Rechtsbeschwerde nur unter den Voraussetzungen des § 574 ZPO, also aufgrund einer Zulassung durch das Beschwerdegericht.[54]

Gegen die – jederzeit mögliche – **Aufhebung eines Ordnungsgeldbeschlusses** hat die Gegenpartei kein Beschwerderecht.[55] Festgesetzte Ordnungsgelder werden wie IHK-Beiträge eingezogen. 34

VI. Durchführung der Verhandlung

Obwohl die mündliche Verhandlung das Kernstück des Einigungsstellenverfahrens ist, sind lediglich in den Durchführungsverordnungen hierzu Regelungen zu finden, wie z.B. durch Verweisung auf § 128 Abs. 1 und § 136 ZPO. Die wichtigste Regelung ist das in allen EStVO enthaltene Gebot der **Nichtöffentlichkeit**. Diese Abweichung von § 169 GVG ist zulässig, da das GVG gem. § 12 nur auf die ordentlichen Gerichte anwendbar ist, zu denen die Einigungsstelle nicht zählt. Der Vorsitzende kann anderen als den unmittelbar am Verfahren Beteiligten die Anwesenheit gestatten, wenn ein berechtigtes Interesse an ihrer Teilnahme besteht; das sind neben Referendaren und Sachverständigen insbesondere Vertreter der Kammern, der Verbände zur Förderung gewerblicher Interessen usw. Bevollmächtigte Vertreter der Parteien müssen grundsätzlich zur Verhandlung zugelassen werden. 35

1. Geheimhaltung

Die Mitglieder der Einigungsstelle sind gemäß den Bestimmungen der jeweiligen EStVO analog § 43 DRiG zur **Geheimhaltung über** die **Beratung und Abstimmung** verpflichtet. Darüber hinaus kann der Vorsitzende auch die übrigen bei der Verhandlung Anwesenden, insbesondere also die Parteien und ihre Vertreter, zur Geheimhaltung verpflichten. Die Verpflichtung läuft jedoch mangels gesetzlicher Grundlage und einer Strafandrohung ins Leere. Eine Strafandrohung gem. **§ 353d StGB** kommt **nicht** in Betracht, da die Einigungsstelle kein Gericht im Sinne dieser Vorschrift ist; auch der Geheimnisschutz nach §§ 203 ff. StGB gilt insoweit nicht. 36

2. Verhandlungsführung

Mittels der Verweisung auf § 136 ZPO übertragen die Durchführungsbestimmungen dem **Vorsitzenden** die Verhandlungsführung. Ihm obliegt die formelle und sachliche **Verfahrensleitung**. Die Verhandlungsführung muss geeignet sein, die Einigung der Parteien zu fördern. Soweit es erforderlich ist, hat der Vorsitzende Sachaufklärung zu 37

---

53 OLG Frankfurt, 16.07.2003, 6 W 119/03, GRUR-RR 2003, 358 = WRP 2003, 1256; Teplitzky/*Bacher*[11] Kap. 42 Rn. 31. Zum früheren Beschwerderecht ebenso OLG Stuttgart, 13.10.1993, 2 W 45/93, WRP 1994, 280; s. ferner OLG Frankfurt, 12.05.1987, 6 W 52/87, WRP 1988, 175 (kein Beschwerderecht der IHK).

54 OLG Köln, 13.10.2009, 6 W 114/09, Mitt. 2010, 317.

55 So zum alten Beschwerderecht OLG Frankfurt, 11.10.1990, 6 W 70/90, GRUR 1991, 249; OLG Hamm, 24.11.1988, 4 W 89/88, WRP 1989, 190; a.A. OLG Frankfurt, 12.05.1987 – 6 W 52/87, WRP 1988, 175.

betreiben. Eine **förmliche Beweisaufnahme** ist **nicht zulässig**; sie widerspräche dem Sinn eines Güteverfahrens.[56]

38 Die Meinungsbildung innerhalb der Einigungsstelle erfolgt nach allen EStVO mit **einfacher Stimmenmehrheit**. Bei Stimmengleichheit entscheidet – mit Ausnahme der Einigungsstellen in Mecklenburg-Vorpommern und Rheinland-Pfalz – die Stimme des Vorsitzenden. In einigen Ländern (Bayern, Niedersachsen, Schleswig-Holstein, Thüringen) ist Stimmenthaltung nicht statthaft.

3. Der schriftliche Einigungsvorschlag

39 Im Rahmen der Einigungsverhandlungen ist die Einigungsstelle nach § 15 Abs. 6 UWG ermächtigt, den Parteien einen schriftlichen, mit Gründen versehenen Einigungsvorschlag zu machen. Der Einigungsvorschlag ist **keine gutachterliche Äußerung**. Der Einigungsvorschlag und seine Begründung dürfen nur mit Zustimmung der Parteien veröffentlicht werden (§ 15 Abs. 6 Satz 3), um eine missbräuchliche Auswertung zu verhindern.

4. Niederschrift

40 Über die Verhandlung ist nach allen EStVO eine **Niederschrift** zu fertigen. Hierzu kann sich der Vorsitzende der Hilfe eines Schriftführers bedienen. Das Protokoll hat die in **§ 160 Abs. 1 Nr. 1–4, Abs. 2, Abs. 3 Nr. 1 und 6 ZPO** vorgeschriebenen Angaben zu enthalten; weitere Protokollinhalte sind wegen der Art des Einigungsstellenverfahrens nicht aufzunehmen. Zwar ist nicht vorgeschrieben, die mündlichen Sachverhaltsergänzungen, Antragsänderungen, Aussagen von Zeugen und Sachverständigen in der Niederschrift aufzunehmen. Die Aufnahme ist aber empfehlenswert, um den Gang der Verhandlung im Zweifelsfall dokumentieren zu können. Nach einigen EStVO sind die Anträge nach § 160 Abs. 3 Nr. 2 ZPO in die Niederschrift aufzunehmen. Zweckmäßig ist die Dokumentation der rechtlichen Ansicht der Einigungsstelle.[57]

41 Das **Verhandlungsprotokoll** hat anders als das gerichtliche Protokoll (§ 165 ZPO) **nicht** die Aufgabe, **ausschließlichen Beweis** für die Beachtung von **Förmlichkeiten** zu erbringen. Abgesehen von der Dokumentation des Einigungsstellenverfahrens ist das Protokoll vor allem bei einem späteren gerichtlichen Verfahren, in dem über die Pflicht zur Kostentragung gestritten wird, bedeutsam. Der Inhalt eines zwischen den Parteien geschlossenen **Vergleichs** ist nicht in das Protokoll aufzunehmen, da er gemäß § 15 Abs. 7 Satz 1 UWG in einem **besonderen Schriftstück** niedergelegt werden muss.

VII. Beendigung des Verfahrens

1. Formlose Beendigung

42 Das Einigungsstellenverfahren kann durch formlose **Rücknahme des Antrages** beendet werden. Erfolgt die Rücknahme des Antrags auf Einleitung des Verfahrens in der Ver-

56 Teplitzky/*Bacher*[11] Kap. 42 Rn. 21.
57 *Ottofülling* WRP 2006, 410, 422.

handlung, ist sie in die Niederschrift aufzunehmen. Sodann ist das Verfahren einzustellen, da eine für seinen Fortgang wesentliche Voraussetzung entfallen ist. Auch in diesem Fall hat die Einigungsstelle die Beendigung des Verfahrens gemäß § 15 Abs. 9 Satz 2 UWG festzustellen, da die Hemmungswirkung nicht durch die Antragsrücknahme entfällt.

Ferner wird das Verfahren durch die **Ablehnung der Einleitung** von Einigungsverhandlungen gem. § 15 Abs. 8 UWG beendet oder aber durch die **Feststellung des Scheiterns** der Verhandlungen. Auch in diesen Fällen ist die Beendigung des Verfahrens festzustellen (§ 15 Abs. 9 Satz 2). 43

2. Der Vergleich

Die wichtigste Art der Verfahrensbeendigung ist der Vergleich (§ 15 Abs. 7 UWG). 44
Ein Vergleich im eigentlichen Sinne erfordert ein **gegenseitiges Nachgeben** (§ 779 BGB), so dass die Rücknahme des Antrages, das Anerkenntnis oder eine dem Antrag entsprechende Unterwerfungsvereinbarung nicht hierunter fallen würden. Jedoch dürfen die Grenzen nicht zu eng gezogen werden, da andernfalls ein Anerkenntnis, auch wenn es in der Form des § 15 Abs. 1 Satz 1 UWG gefasst wäre, keinen Vollstreckungstitel darstellen könnte. Es ist jedoch nicht Sinn der Vorschrift, die Vollstreckung da zu untersagen, wo der Unterlassungsschuldner sich umfänglich einsichtig zeigt. Das Ergebnis einer gütlichen Einigung ist deshalb ungeachtet seines Inhalts immer ein Vergleich i.S.d. § 15 Abs. 7 UWG.

Die Einigungsstelle darf einen Vergleich auch dann protokollieren, wenn er von ihren Vorstellungen abweicht. Nur soweit der **Vergleich sittenwidrig** ist, muss die Einigungsstelle ihre Mitwirkung versagen.[58] 45

Der Vergleich muss gemäß § 15 Abs. 7 Satz 1 UWG in einem **besonderen Schriftstück** niedergelegt werden. Die Vergleichsurkunde muss das Datum der Verhandlung, die Parteien und die Mitglieder der Einigungsstelle bezeichnen. Die Mitglieder der Einigungsstelle und Parteien müssen den Vergleich **unterschreiben**. 46

Da aus dem Vergleich gemäß § 15 Abs. 7 Satz 2 UWG die **Zwangsvollstreckung** stattfindet, muss er einen vollstreckungsfähigen Inhalt haben. Die **Androhung eines Ordnungsgeldes** gemäß § 890 Abs. 1 und 2 ZPO kann nicht in einen Vergleich,[59] und damit auch nicht in einen Einigungsstellenvergleich aufgenommen werden. Zulässig ist allerdings die Aufnahme eines **Vertragsstrafeversprechens**. 47

Gemäß § 15 Abs. 7 Satz 2 UWG findet aus dem Vergleich die Zwangsvollstreckung statt. Zuständig für die **Erteilung der Vollstreckungsklausel** ist der Urkundsbeamte der Geschäftsstelle des für den Sitz der Einigungsstelle örtlich zuständigen **Amtsge-** 48

58 A.A. *Becker* BB 1950, 173, vgl. auch *v. Thenen* GRUR 1937, 110 und *Krieger* GRUR 1957, 203.

59 BGH, 02.02.2012, I ZB 95/10, GRUR 2012, 957 Rn. 7; BGH, 03.04.2014, I ZB 3/12, GRUR 2014, 909 Rn. 8 – *Ordnungsmittelandrohung nach Prozessvergleich.*

richts (§ 15 Abs. 7 Satz 2 Hs. 2 UWG i.V.m. § 797a Abs. 1 ZPO).[60] Über Einwendungen gegen die Vollstreckungsklausel entscheidet das für den Sitz der Einigungsstelle zuständige Amtsgericht (§ 797a Abs. 4 Satz 3 ZPO). Über die **Vollstreckung** nach §§ 887, 888, 890 ZPO entscheidet dasjenige **Landgericht**, das **als Prozessgericht** für ein gerichtliches Erkenntnisverfahren zuständig gewesen wäre;[61] es ist auch für die **Ordnungsmittelandrohung** zuständig (§ 12 Anh. I Rdn. 349). Kein Vollstreckungstitel ist der außerhalb der Einigungsstelle geschlossene Vergleich (Ausnahme: §§ 796a ff. ZPO). Ein in den Vergleich aufgenommenes Vertragsstrafeversprechen darf, wie sich aus entsprechender Anwendung von § 726 ZPO ergibt, nicht mit der Vollstreckungsklausel versehen werden.

49 Der Vergleich darf, wie sich aus entsprechender Anwendung von § 15 Abs. 6 Satz 3 UWG ergibt, durch die Einigungsstellen **nur** mit Zustimmung der Parteien **veröffentlicht** werden.

50 Mit dem Abschluss des Vergleichs **entfällt** regelmäßig das **Rechtsschutzinteresse** für eine auf denselben Sachverhalt gestützte **Unterlassungsklage**. Dies gilt aber dann nicht, wenn die weitere Werbung des Unterlassungsschuldners so große gestalterische Abweichungen enthält, dass es einer differenzierten Prüfung bedarf, ob sie von dem Vergleich erfasst ist und deshalb mit Schwierigkeiten bei der Zwangsvollstreckung zu rechnen ist.[62]

VIII. Kosten des Verfahrens

1. Auslagen der Einigungsstelle

51 Nach § 15 Abs. 11 Satz 1 sind die Landesregierungen ermächtigt, Bestimmungen über die **Erhebung von Auslagen** durch Rechtsverordnung zu treffen. Gebühren werden nicht erhoben.

52 Dem **Vorsitzenden** kann die Kammer für seine Tätigkeit eine **Vergütung** gewähren, die im Regelfall so gering ist, dass sie einem Auslagenersatz gleichkommt. Die **Auslagen**, zu denen im Einzelfall auch die den Beisitzern zu erstattenden Auslagen oder aber die Auslagen der Zeugen und Sachverständigen gehören können, sind der Industrie- und Handelskammer von den Parteien zu ersetzen.[63]

53 Der **Umfang des Auslagenersatzes** ist in den Bundesländern unterschiedlich geregelt. Gegen die Entscheidung ist nach den Regelungen der EStVOen in Übereinstimmung

---

60 Eine § 797a Abs. 4 ZPO entsprechende Regelung, wonach die Landesjustizverwaltung den Vorsitzenden der Einigungsstelle ermächtigen könnte, die Vollstreckungsklausel zu erteilen, fehlt.
61 Teplitzky/*Bacher*[10] Kap. 42 Rn. 25.
62 *OLG Schleswig, 18.05.1999, 6 U 87/98, SchlHA 1999, 240.*
63 Vgl. OLG Stuttgart, 19.04.1996, 2 U 105/95, NJWE-WettbR 1996, 197, 200 (zu § 12 Abs. 4 EStVO B.-W.).

mit Art. 19 Abs. 4 GG die sofortige Beschwerde an die Kammer für Handelssachen des Landgerichts gegeben.[64] Die Regelung des § 567 Abs. 2 ZPO gilt nicht.[65]

Über die **Verteilung der Auslagen** entscheidet die Einigungsstelle nach billigem Ermessen, wenn eine Einigung nicht zu erzielen ist. Dadurch entsteht ein **Kostentitel** nach § 794 Abs. 1 Nr. 3 ZPO;[66] einer nachfolgenden Klage fehlt deshalb das Rechtsschutzbedürfnis. In den meisten Bundesländern haben die Parteien, wenn eine vertragliche Vereinbarung nicht getroffen wurde, die Kosten je zur Hälfte zu tragen. **54**

2. Kosten der Parteien

Die Einigungsstelle kann **keine Entscheidung** darüber treffen, wer die den Parteien entstandenen Kosten zu tragen hat.[67] Aus den Regelungen in den EStVO ergibt sich, dass ihr diese Befugnis ausschließlich für die ihr zu ersetzenden Auslagen zusteht. Im Hinblick auf die Höhe der bei anwaltlicher Vertretung entstehenden Parteikosten sollte die Einigungsstelle versuchen, auch über diese Kosten eine Vereinbarung zwischen den Parteien herbeizuführen. **55**

Eine **Einigung über** die **Kostentragung** ist **nicht erforderlich**, um die **Wiederholungsgefahr** zu beseitigen. Verweigert der Unterlassungsschuldner die Übernahme der Kosten und gibt er im Übrigen eine strafbewehrte Unterlassungserklärung ab, so darf der Gläubiger den angebotenen Vergleich nicht wegen der fehlenden Kostenübernahme ablehnen. Tut er dies dennoch, scheitert ein folgendes gerichtliches Verfahren am Wegfall der Wiederholungsgefahr. **56**

Die **einer Partei** im Einigungsstellenverfahren **erwachsenen Kosten**, insbesondere Kosten der Einschaltung eines Rechtsanwalts, sind ihr aufgrund einer im nachfolgenden Rechtsstreit ergangenen Kostenentscheidung nach § 91 ZPO zu erstatten;[68] das entspricht der Regelung des § 91 Abs. 3 ZPO für Güteverfahren (Frist beachten!). **57**

Unberührt bleibt die Möglichkeit einer Kostenerstattung auf **materiell-rechtlicher Grundlage**. Die sofortige Anrufung der Einigungsstelle sollte **funktionell** einer **Abmahnung** gleichgestellt werden; allerdings kommt nur eine Anwendung der **§§ 683, 670 BGB** in Betracht, nicht eine analoge Anwendung des § 12 Abs. 1 Satz 2 UWG,[69] oder der §§ 280 Abs. 1, 311 Abs. 2 Nr. 3 BGB. Der unberechtigt, aber redlich ange- **58**

64 OLG München, 20.10.1977, 6 U 1664/77, WRP 1977, 819. Unrichtig a.A. LG Hannover, 10.08.1993, 24 T 2/93, WRP 1993, 852 (bei Auferlegung der Kosten ohne Begründung).
65 Großkomm/*Nippe*[2] § 15 Rn. 253.
66 OLG München, 20.10.1977, 6 U 1664/77, WRP 1977, 819.
67 OLG Stuttgart, 19.04.1996, 2 U 105/95, NJWE-WettbR 1996, 197, 200 (zu § 12 Abs. 4 EStVO B.-W.).
68 A.A. OLG München, 15.12.1998, 11 W 3203/98, MDR 1999, 380 = NJWE-WettbR 1999, 185.
69 Für eine analoge Anwendung des § 12 Abs. 1 2 UWG Großkomm/*Nippe*[2] § 15 Rn. 263.

griffene Antragsgegner hat keinen Anspruch auf Kostenersatz, es sei denn, man bejaht – unzutreffend[70] – § 678 BGB.[71]

3. Auslageneinziehung

59 Die festgesetzten Auslagen werden von der IHK **wie Beiträge eingezogen** (§ 15 Abs. 11 Satz 1 UWG i.V.m. den EStVOen). Ist der Kostenschuldner nicht im Gebiet der IHK ansässig, deren Einigungsstelle das Verfahren durchgeführt hat, so sind die Kosten von der für seinen Geschäftssitz zuständigen Kammer beizutreiben. Auch in diesem Falle stehen sie der Kammer zu, deren Einigungsstelle das Verfahren durchgeführt hat.

70 *Ahrens NJW 1982, 2477,* 2478 f. (fehlender Zurechnungszusammenhang), Großkomm/*Feddersen*[2] § 12 Rn. B 107.

71 Allgemein zu § 678 BGB Teplitzky/*Bacher*[11] Kap. 41 Rn. 80a.

§ 16 Strafbare Werbung

(1) Wer in der Absicht, den Anschein eines besonders günstigen Angebots hervorzurufen, in öffentlichen Bekanntmachungen oder in Mitteilungen, die für einen größeren Kreis von Personen bestimmt sind, durch unwahre Angaben irreführend wirbt, wird mit Freiheitsstrafe bis zu zwei Jahren oder mit Geldstrafe bestraft.

(2) Wer es im geschäftlichen Verkehr unternimmt, Verbraucher zur Abnahme von Waren, Dienstleistungen oder Rechten durch das Versprechen zu veranlassen, sie würden entweder vom Veranstalter selbst oder von einem Dritten besondere Vorteile erlangen, wenn sie andere zum Abschluss gleichartiger Geschäfte veranlassen, die ihrerseits nach der Art dieser Werbung derartige Vorteile für eine entsprechende Werbung weiterer Abnehmer erlangen sollen, wird mit Freiheitsstrafe bis zu zwei Jahren oder mit Geldstrafe bestraft.

Thomas Franzke

Übersicht **Rdn.**

A. Struktur der Vorschrift

1 § 16 regelt Formen der Werbung, die nach der Auffassung des Gesetzgebers wegen der Vielzahl betroffener Abnehmer besonders gefährlich sind[1], und enthält in seinen beiden Absätzen zwei voneinander unabhängige Straftatbestände[2]. Die rechtliche Bezeichnung (§ 260 Abs. 4 Satz 1 StPO) der Tat nach Absatz 1 lautet »strafbare Werbung«[3]. Die rechtliche Bezeichnung der in Absatz 2 beschriebenen Straftat lautet »progressive Kundenwerbung«[4].

---

1 Begründung der Bundesregierung zum Entwurf des »Gesetzes gegen den unlauteren Wettbewerb (UWG)« (BT-Drucksache 15/1487, S. 26).

2 Köhler/*Bornkamm*/Feddersen, § 16 Rn. 1.

3 Vgl. die (in »JURION« veröffentlichte) Urteilsformel der Entscheidung BGH, 30.05.2008, 1 StR 166/07, GRUR 2008, 818.

4 Vgl. BGH, 24.02.2011, 5 StR 514/09, GRUR 2011, 941: dem (in »JURION« veröffentlichten) Volltext der Entscheidung – namentlich der Beschlussformel und dem ersten Absatz der Beschlussgründe – ist zu entnehmen, dass der Bundesgerichtshof dort den landgerichtlichen Schuldspruch wegen »progressiver Kundenwerbung« unbeanstandet gelassen hat.

B. »Strafbare Werbung« (Absatz 1)

I. Entstehungsgeschichte

Bereits das Gesetz zur Bekämpfung des unlauteren Wettbewerbes vom 27.05.1896[5] enthielt in seinem § 4 Abs. 1 eine Strafvorschrift gegen irreführende Werbung in öffentlichen Bekanntmachungen oder in Mitteilungen, die für einen größeren Kreis von Personen bestimmt sind. Das Gesetz gegen den unlauteren Wettbewerb vom 07.06.1909[6] (UWG 1909) knüpfte in seinem § 4 Abs. 1 an diese Regelung an. Die letztgenannte Vorschrift wiederum blieb bis zum Jahre 2004 im Wesentlichen unverändert. Das am 08.07.2004 in Kraft getretene Gesetz gegen den unlauteren Wettbewerb vom 03.07.2004[7] (UWG 2004) griff diese Regelung auf und machte sie – mit Änderungen – zu seinem § 16 Abs. 1[8]. Seither ist die Strafvorschrift unverändert geblieben. 2

II. Deliktsnatur und Schutzzweck

§ 16 Abs. 1 ist ein Vergehen (§ 12 Abs. 2 StGB). Der Versuch ist nicht strafbar (§ 23 Abs. 1 StGB). Es handelt sich um ein abstraktes Gefährdungsdelikt[9], das dem Schutz der in § 1 UWG aufgeführten Interessen dient[10]. 3

III. Die einzelnen Tatbestandsmerkmale der »strafbaren Werbung«

1. Objektiver Tatbestand

a) Erfordernis einer »geschäftlichen Handlung« als Tathandlung

§ 16 Abs. 1 erfasst eine Teilmenge der in § 5 Abs. 1 Satz 2 beschriebenen »irreführenden geschäftlichen Handlungen«[11]; an dem grundsätzlichen systematischen Zusammenhang zwischen § 5 und § 16 Abs. 1 hat sich durch die seit dem Inkrafttreten des UWG 2004 erfolgten Änderungen des UWG auch nichts geändert[12]. § 5 Abs. 1 Satz 2 wiederum erfasst nur »geschäftliche Handlungen« i.S. des § 2 Abs. 1 Nr. 1. Dementsprechend ist es auch für die Erfüllung des Straftatbestandes des § 16 Abs. 1 notwendige Voraussetzung, dass sich die Tathandlung für den Täter als »geschäftliche Handlung« i.S. des § 2 Abs. 1 Nr. 1 darstellt[13]. Es kann sich hierbei auch um eine »geschäftliche Handlung« zugunsten eines fremden Unternehmens handeln[14]. 4

5 RGBl 1896, 145.
6 RGBl 1909, 499.
7 BGBl 2004 I, 1414.
8 Begründung der Bundesregierung zum Entwurf des »Gesetzes gegen den unlauteren Wettbewerb *(UWG)*« *(BT-Drucksache* 15/1487, S. 26).
9 GK/Wolters, § 16 Rn. 4.
10 GK/Wolters, § 16 Rn. 6.
11 Vgl. die Begründung der Bundesregierung zum Entwurf des »Gesetzes gegen den unlauteren Wettbewerb (UWG)« (BT-Drucksache 15/1487, S. 26); vgl. auch GK/Wolters, § 16 Rn. 7.
12 Vgl. Köhler/*Bornkamm*/Feddersen, § 16 Rn. 7; zweifelnd MünchKomm/Brammsen UWG, § 16 Rn. 24 ff.
13 Köhler/*Bornkamm*/Feddersen, § 16 Rn. 5.
14 Vgl. FBO/Rengier, § 16 Rn. 76.

b) Werbung

5 Unter »Werbung« i.S. des UWG ist in Anlehnung an Art. 2 Nr. 1 der – mittlerweile aufgehobenen – »Richtlinie 84/450/EWG des Rates vom 10.09.1984 zur Angleichung der Rechts- und Verwaltungsvorschriften der Mitgliedstaaten über irreführende Werbung«[15] und an Art. 2 lit. a) der – an die Stelle der vorgenannten Richtlinie getretenen – »Richtlinie 2006/114/EG des Europäischen Parlaments und des Rates vom 12.12.2006 über irreführende und vergleichende Werbung«[16] jede Äußerung mit dem Ziel der Förderung des Absatzes von Waren oder der Erbringung von Dienstleistungen, einschließlich unbeweglicher Sachen, Rechte und Verpflichtungen, zu verstehen[17].

c) Irreführung durch unwahre Angaben

aa) Angaben

6 Unter den Begriff der »Angaben« fallen alle Aussagen, die zumindest in ihrem Kern eine konkret fassbare und nachprüfbare Tatsachenbehauptung enthalten[18]. Der Begriff entspricht damit dem Begriff der Tatsachenbehauptung im Straftatbestand des Betruges (§ 263 Abs. 1 StGB)[19]. Der Begriff der »Angaben« i.S. des § 16 Abs. 1 ist damit inhaltlich enger als der Begriff der »Angaben« i.S. des § 5 Abs. 1 Satz 2, der auch reine Werturteile (bis hin zu komplexen rechtlichen Bewertungen[20]) erfassen kann. Bei der Beantwortung der Frage, ob eine Aussage zumindest in ihrem Kern eine konkret fassbare und nachprüfbare Tatsachenbehauptung enthält und worin ein etwaiger Tatsachenkern besteht, kommt der Auffassung des angesprochenen Verkehrs eine entscheidende Bedeutung zu[21].

7 § 4 Abs. 1 UWG in der bis zum 07.07.2004 geltenden Fassung erforderte Angaben über »geschäftliche Verhältnisse«. Das UWG 2004 hat dieses Tatbestandsmerkmal in seinem § 16 Abs. 1 nicht übernommen. Der Bundesgerichtshof hat in einer Entscheidung aus dem Jahre 2008, die sowohl unter der Geltung des UWG 1909 als auch unter der Geltung des UWG 2004 begangene Taten zum Gegenstand hatte, auf diese Änderung der Gesetzesfassung ausdrücklich hingewiesen[22], konnte jedoch angesichts der Umstände des konkreten Falles offenlassen, ob und gegebenenfalls welche Änderungen sich hieraus für den Tatbestand der strafbaren Werbung ergeben. Im Ergebnis dürfte die Änderung der Gesetzesfassung keine Auswirkungen haben. Der Begriff der

---

15 Abl. Nr. L 250/1984, S. 17.
16 Abl. Nr. L 376/2006, S. 21.
17 Vgl. BGH, 09.06.2005, I ZR 279/02, GRUR 2005, 1061, 1063 – *Telefonische Gewinnauskunft*; vgl. auch FBO/Rengier, § 16 Rn. 76.
18 FBO/Rengier, § 16 Rn. 50; GK/Wolters, § 16 Rn. 14; Köhler/*Bornkamm*/Feddersen, § 16 Rn. 8.
19 FBO/Rengier, § 16 Rn. 50.
20 Vgl. zu einem derartigen Fall BGH, 04.05.2017, I ZR 113/16, GRUR 2017, 1144 – *Reisewerte*.
21 FBO/Rengier, § 16 Rn. 52 f.; GK/Wolters, § 16 Rn. 18; Köhler/*Bornkamm/Feddersen*, § 5 Rn. 1.25 m.w.N.
22 BGH, 30.05.2008, 1 StR 166/07, GRUR 2008, 818, Rn. 49.

»geschäftlichen Verhältnisse« wurde nämlich in einem denkbar weiten Sinne verstanden und umfasste alle mit dem Geschäftsbetrieb unmittelbar oder mittelbar in Beziehung stehenden Umstände, lediglich persönliche Verhältnisse des Werbenden ohne Verbindung mit den Belangen des Betriebs waren von dem Begriff nicht umfasst[23]. Macht der Werbende lediglich Angaben über die zuletzt genannten – von dem früheren Begriff der »geschäftlichen Verhältnisse« nicht umfassten – Verhältnisse, fehlt es (jedenfalls in aller Regel) an dem (subjektiven) Tatbestandsmerkmal der »Absicht, den Anschein eines besonders günstigen Angebots hervorzurufen«[24].

bb) Unwahrheit

Die Angaben müssen nach einem objektiven Maßstab unwahr sein[25]. Unwahr sind danach Angaben, deren tatsächlicher Inhalt mit der objektiven (abstrakten) Wahrheit nicht übereinstimmt[26]. Auf die (subjektiven) Vorstellungen der von der Werbeaussage angesprochenen Verkehrskreise – sei es nun auf das Verständnis eines nicht unerheblichen Teiles dieser Verkehrskreise oder sei es auf die »Durchschnittsauffassung« dieser Verkehrskreise – kommt es für das Tatbestandsmerkmal der »Unwahrheit« nicht an[27]. Die Unwahrheit einer Angabe wird nicht deshalb unbeachtlich, weil an anderer Stelle in einer Gesamtheit von Werbematerialien etwas Gegenteiliges angegeben wird[28]. **8**

cc) Irreführung

Die Werbung durch unwahre Angaben muss zudem irreführend sein. Es gelten hier die gleichen Grundsätze wie bei § 5. Auf die Kommentierung zu § 5 wird daher verwiesen. Es ist insbesondere nicht erforderlich, dass die Adressaten der Werbeaussage tatsächlich einem Irrtum unterliegen; die Eignung zur Irreführung reicht aus[29]. Maßgeblich ist insoweit der Gesamteindruck der Werbeaussage[30]. Aus der Unwahrheit der Angaben wird sich in aller Regel die Irreführungseignung der Werbung ergeben[31]. Gleichwohl ist das Tatbestandsmerkmal »irreführend« nicht funktionslos, denn es stellt nicht nur eine Verweisung auf die Definition der »Irreführung« in § 5 Abs. 1 Satz 2 dar, sondern inkorporiert zugleich die in § 5 Abs. 1 Satz 1 normierte Relevanzschwelle in den objektiven Tatbestand des § 16 Abs. 1[32]. Eine irreführende geschäftliche Hand- **9**

---

23 BGH, 15.08.2002, 3 StR 11/02, WRP 2002, 1432, 1434.
24 Vgl. hierzu unten Rdn. 26.
25 BGH, 30.05.2008, 1 StR 166/07, GRUR 2008, 818, Rn. 45; FBO/Rengier, § 16 Rn. 61 ff.; GK/Wolters, § 16 Rn. 17; MünchKomm/Brammsen UWG, § 16 Rn. 51; Köhler/*Bornkamm*/Feddersen, § 16 Rn. 10 f.
26 *FBO/Rengier*, § 16 Rn. 62; GK/Wolters, § 16 Rn. 17.
27 FBO/Rengier, § 16 Rn. 62; GK/Wolters, § 16 Rn. 17.
28 BGH, 30.05.2008, 1 StR 166/07, GRUR 2008, 818, Rn. 46; vgl. auch BGH, 15.08.2002, 3 StR 11/02, WRP 2002, 1432, 1434.
29 BGH, 30.05.2008, 1 StR 166/07, GRUR 2008, 818, Rn. 48.
30 BGH, 30.05.2008, 1 StR 166/07, GRUR 2008, 818, Rn. 48; vgl. auch BGH, 26.02.1987, 1 StR 615/86, juris, Rn. 24.
31 Vgl. BGH, 30.05.2008, 1 StR 166/07, GRUR 2008, 818, Rn. 48.
32 Vgl. hierzu auch FBO/Rengier, § 16 Rn. 79; GK/Wolters, § 16 Rn. 24.

lung, die die Relevanzschwelle des § 5 Abs. 1 Satz 1 nicht überschreitet, ist nach der letztgenannten Regelung nicht unlauter und löst demnach im Lauterkeitsrecht keine zivilrechtlichen Konsequenzen aus, erst recht kann sie dann keinem im UWG geregelten Straftatbestand unterfallen. Der objektive Tatbestand des § 16 Abs. 1 ist demnach nur erfüllt, wenn die Irreführung geeignet ist, die angesprochenen Marktteilnehmer zu einer geschäftlichen Entscheidung zu veranlassen, die sie andernfalls nicht getroffen hätten.

dd) Tatbegehung durch Verschweigen von Angaben

10 Die Tat nach § 16 Abs. 1 kann unter den Voraussetzungen des § 13 Abs. 1 StGB auch durch Unterlassen begangen werden. Dementsprechend kann auch das Verschweigen von Angaben innerhalb einer Werbeaussage (theoretisch) eine strafrechtliche Haftung nach § 16 Abs. 1 begründen.

11 Vor der Prüfung der Voraussetzungen des § 13 Abs. 1 StGB ist indes, wenn es in der zu untersuchenden Werbeaussage an einer ausdrücklichen unwahren Angabe fehlt, stets die Vorfrage zu klären, ob möglicherweise gleichwohl noch eine Tatbegehung durch aktives Tun in Form einer konkludenten irreführenden Werbung durch unwahre Angaben vorliegt. Eine entscheidende Bedeutung kommt auch bei dieser Abgrenzungsfrage der Auffassung des angesprochenen Verkehrs zu. Entscheidend ist, ob aus der Perspektive der angesprochenen Marktteilnehmer mit der zu untersuchenden Werbeaussage zugleich mit den ausdrücklich gemachten Angaben bestimmte weitere – nicht ausdrücklich in der Werbeaussage enthaltene – Angaben gleichsam »miterklärt« werden; bei diesen »miterklärten« Angaben handelt es sich um konkludente – und damit im strafrechtlichen Sinne durch aktives Tun gemachte – Angaben[33].

12 Liegt beim Fehlen ausdrücklicher unwahrer Angaben nach dem oben Gesagten lediglich ein Unterlassen im strafrechtlichen Sinne vor, setzt § 13 Abs. 1 StGB für eine strafrechtliche Haftung das Bestehen einer Garantenstellung voraus. Eine solche Garantenstellung dürfte indes im Anwendungsbereich des § 16 Abs. 1 UWG allenfalls in seltenen Ausnahmefällen bestehen. Aus zivilrechtlichen Aufklärungspflichten – und erst recht aus der wettbewerbsrechtlichen Regelung des § 5a UWG – lässt sich keine strafrechtliche Garantenstellung herleiten[34]. Eine Garantenstellung setzt vielmehr eine besondere Vertrauensstellung des Werbenden voraus[35], an der es im Verhältnis zwischen dem Werbenden und den von ihm angesprochenen Marktteilnehmern indes in aller Regel fehlen wird[36]. Treffend bringt es *Brammsen* auf den Punkt: *»Werbende sind keine Beschützergaranten rechts(geschäfts-)fähiger Marktteilnehmer, ihre in sich abgeschlos-*

---

33 FBO/Rengier, § 16 Rn. 70, dort auch mit diversen Beispielen für die Abgrenzung zwischen konkludentem Tun und Unterlassen.

34 FBO/Rengier, § 16 Rn. 72 ff.; GK/Wolters, § 16 Rn. 21; MünchKomm/Brammsen UWG, § 16 Rn. 40.

35 *Vgl. BGH, 16.11.1993, 4 StR 648/93*, NJW 1994, 950, 951; FBO/Rengier, § 16 Rn. 72 f.; GK/Wolters, § 16 Rn. 21.

36 FBO/Rengier, § 16 Rn. 73; GK/Wolters, § 16 Rn. 21.

senen (=vollständigen) Aussagen keine eigendynamischen bzw. überwachungsbedürftigen Gefahrenquellen, und ihnen ist auch nicht die Überwachung bzw. Verhinderung fremder kontexterweiternder Überinterpretationen überantwortet.«[37]

d) Öffentliche Bekanntmachungen oder Mitteilungen, die für einen größeren Kreis von Personen bestimmt sind

aa) Öffentliche Bekanntmachungen

Eine Bekanntmachung ist öffentlich, wenn sie sich – ohne Rücksicht auf die Öffent- **13**
lichkeit des Ortes – an die Allgemeinheit, das »breite Publikum« als solches und insofern im eigentlichen Sinne an die Öffentlichkeit wendet, wenn sie also unbestimmt von welchen und wie vielen Personen wahrgenommen werden kann[38]. Die Form der Bekanntmachung und das Medium sind ohne Belang: erfasst werden z.B. schriftliche, mündliche oder bildliche Bekanntmachungen in Zeitungen, Zeitschriften, Prospekten, im Hörfunk, im Fernsehen, im Kino, im Internet oder auf Reklameplakaten[39].

bb) Mitteilungen, die für einen größeren Kreis von Personen bestimmt sind

Hierunter fallen Äußerungen, die sich – in Abgrenzung zur öffentlichen Bekanntma- **14**
chung – nicht an die Allgemeinheit, sondern lediglich an eine größere Personenzahl richten[40]. Abzugrenzen sind sie von Äußerungen gegenüber einem (nicht allzu großen) geschlossenen Personenkreis[41], wobei auch die Mitteilung an einen eher kleinen, noch überschaubaren geschlossenen Personenkreis genügt, sofern mit der Weiterverbreitung der Äußerung über diesen geschlossenen Personenkreis hinaus an eine unbestimmte Zahl von Personen gerechnet werden kann[42].

Tatbestandsmäßig sind auch Mitteilungen, die einem unbestimmten größeren Perso- **15**
nenkreis nach und nach (sukzessive) zugehen sollen[43]. Bei sukzessive zugehenden mündlichen Mitteilungen (z.B. im Rahmen einer Haustürwerbeaktion) ist es nicht erforderlich, dass diese Mitteilungen sprachlich gleichförmig erfolgen, es reicht vielmehr aus, dass eine bestimmte, in ihrem sachlichen Gehalt gleichbleibende Behauptung wiederholt wird; nur die Gleichheit dem Sinne nach, nicht die Wortfassung gibt den Ausschlag[44].

37 MünchKomm/Brammsen UWG, § 16 Rn. 40.
38 RG, 09.04.1929, I 101/29, RGSt 63, 107, 110.
39 GK/Wolters, § 16 Rn. 27.
40 GK/Wolters, § 16 Rn. 28.
41 Köhler/*Bornkamm*/Feddersen, § 16 Rn. 15.
42 GK/Wolters, § 16 Rn. 28; Köhler/*Bornkamm*/Feddersen, § 16 Rn. 15.
43 BGH, 15.12.1971, 2 StR 566/71, GRUR 1972, 479.
44 BGH, 15.12.1971, 2 StR 566/71, GRUR 1972, 479, 480.

e) Tatvollendung

16 Die Tat ist vollendet, sobald die öffentliche Bekanntmachung der Öffentlichkeit oder die für einen größeren Kreis von Personen bestimmte Mitteilung diesem größeren Personenkreis zugänglich gemacht worden ist[45].

2. Subjektiver Tatbestand

a) Vorsatz

17 § 16 Abs. 1 erfordert vorsätzliches Handeln (§ 15 StGB), wobei bedingter Vorsatz (dolus eventualis) genügt.

b) Absicht, den Anschein eines besonders günstigen Angebots hervorzurufen

18 Als besonderes – zusätzliches – subjektives Tatbestandsmerkmal verlangt § 16 Abs. 1 vom Täter die »Absicht, den Anschein eines besonders günstigen Angebots hervorzurufen«.

aa) Absicht

19 Unter Absicht ist hier »dolus directus ersten Grades« zu verstehen[46]. Da es sich um ein subjektives Tatbestandsmerkmal handelt, ist es unerheblich, ob die Tat bei den Adressaten der Werbung tatsächlich den Eindruck erweckt, es liege ein besonders günstiges Angebot vor[47]. Soweit in den folgenden Ausführungen der Sache nach davon die Rede ist, wann ein Angebot objektiv den Anschein eines besonders günstigen Angebots erweckt, erfolgt dies ausschließlich zur sprachlichen Vereinfachung der Kommentierung. Es darf dabei niemals aus dem Blick geraten, dass es für die Verwirklichung des Tatbestandes des § 16 Abs. 1 ausreicht, dass der Täter die Erweckung eines solchen Anscheins – ob nun objektiv mit Erfolg oder nicht – anstrebt.

bb) Vergleichsmaßstab für die Vorteilhaftigkeit des Angebotes

20 Ein Angebot ist »besonders günstig«, wenn es gegenüber dem allgemein Üblichen einen Vorteil bietet[48]. Genauer: Vergleichsmaßstab ist das allgemein Übliche bei Angeboten, die Leistungen derjenigen Art zum Inhalt haben, die der Anbieter in Wirklichkeit erbringen kann und will[49]. Dieser Vergleichsmaßstab führt dazu, dass manche fraglos verwerfliche Werbepraktik nicht nach § 16 Abs. 1 bestraft werden kann:
- Kann oder will der Anbieter in Wirklichkeit weder die angebotene noch irgendeine (wenigstens annähernd) vergleichbare Leistung erbringen, erfüllt er mit seiner Wer-

45 GK/Wolters, § 16 Rn. 43.
46 Köhler/*Bornkamm*/Feddersen, § 16 Rn. 18.
47 *FBO*/Rengier, *§ 16 Rn. 94*.
48 Köhler/*Bornkamm*/Feddersen, § 16 Rn. 19.
49 BayObLG, 29.11.1988, RReg 4 St 156/88, WRP 1989, 521, 522.

bung den Tatbestand des § 16 Abs. 1 nicht[50], denn er will in einer solchen Fallkonstellation bei genauer Betrachtung allein über seine Leistungsfähigkeit oder Leistungswilligkeit täuschen[51].
- Wird eine üblicherweise kostenlose Leistung angeboten und soll die Werbung darüber hinwegtäuschen, dass die Leistung – abweichend vom allgemein Üblichen – kostenpflichtig sein soll, ist der Tatbestand des § 16 Abs. 1 ebenfalls nicht erfüllt[52].

cc) Anschein

§ 16 Abs. 1 erfasst nicht nur solche Fälle, in denen der Täter einen vermeintlichen – tatsächlichen nicht bestehenden, also nur scheinbaren – Vorteil anpreisen und vorspiegeln will. Erfasst sind vielmehr auch diejenigen Fälle, in denen der Täter einen tatsächlich bestehenden Vorteil besonders herausstellen will, sich hierzu jedoch unwahrer Angaben bedient[53]. Denn § 16 Abs. 1 dient nach zutreffender Auffassung auch dazu, Mitbewerber davor zu schützen, dass ihnen potentielle Kunden durch unwahre Angaben abspenstig gemacht werden[54]. Wer also z.B. mit der Aussage »Preise wegen Ausverkaufs um 20% gesenkt« wirbt und seine Preise tatsächlich um 20% gesenkt hat, kann sich gleichwohl nach § 16 Abs. 1 strafbar machen, falls der Hinweis auf den angeblichen »Ausverkauf« unwahr ist[55]. 21

dd) Art der Vorteile des Angebotes

(1) Vorteile des angebotenen Produktes

Als Vorteile kommen in erster Linie Umstände in Betracht, die dem angebotenen Produkt selbst anhaften wie z.B. sein Preis[56], seine Qualität[57], das Alter des Produkts[58] oder besondere Kompetenzen oder Qualifikationen des Leistenden[59]. Zu den möglichen Vorteilen gehören dabei auch rein ideelle Gesichtspunkte wie z.B. eine besondere Herkunft des Produkts[60] oder ein besonderes Herstellungskonzept (z.B. die Herstellung als Blindenware[61]). In Betracht kommen letztlich alle Vorstellungen, die die Auffassung 22

50 Vgl. BGH, 26.10.1977, 2 StR 432/77, NJW 1978, 173, 174; BayObLG, 29.11.1988, RReg 4 St 156/88, WRP 1989, 521, 523.
51 Unberührt bleibt in einer solchen Fallkonstellation selbstverständlich eine Strafbarkeit wegen Betruges.
52 Köhler/*Bornkamm*/Feddersen, § 16 Rn. 20.
53 BGH, 07.02.1953, 2 StR 341/52, BGHSt 4, 44; FBO/Rengier, § 16 Rn. 95; GK/Wolters, § 16 Rn. 38; Köhler/*Bornkamm*/Feddersen, § 16 Rn. 18.
54 FBO/Rengier, § 16 Rn. 95.
55 Vgl. auch die weiteren Beispiele bei FBO/Rengier, § 16 Rn. 95.
56 GK/Wolters, § 16 Rn. 37.
57 GK/Wolters, § 16 Rn. 37.
58 GK/Wolters, § 16 Rn. 37.
59 GK/Wolters, § 16 Rn. 37.
60 GK/Wolters, § 16 Rn. 37; Köhler/*Bornkamm*/Feddersen, § 16 Rn. 18.
61 BGH, 07.02.1953, 2 StR 341/52, BGHSt 4, 44.

der angesprochenen Verkehrskreise über die Vorzüge eines Produktes zu bestimmen und sie dadurch anzulocken geeignet sind[62].

(2) Von dem »eigentlichen« Produkt zu unterscheidende Vorteile

23 § 16 Abs. 1 spricht indes bewusst nicht nur von einem »besonders günstigen« Produkt, sondern von einem »besonders günstigen Angebot«. Das zu vertreibende Produkt stellt zwar in aller Regel den Hauptbestandteil eines Angebots dar; das Angebot kann indes – als eine Art »Gesamtpaket« – noch Weiteres umfassen. Dementsprechend können auch von dem »eigentlichen« Produkt zu unterscheidende, ihm nicht anhaftende Umstände als Vorteile in dem hier in Rede stehenden Sinne angesehen werden, und die unwahren Werbeangaben können sich auch auf solche Vorteile beziehen. Stets ist in einer solchen Fallkonstellation aber sorgfältig zu prüfen, ob die außerhalb des eigentlichen Produktes liegenden, unwahr beworbenen Vorteile noch Bestandteil des Angebotes sind. Der Bundesgerichtshof spricht insoweit von dem Erfordernis eines »Zusammenhanges« zwischen den unwahren Werbeangaben und dem Produktangebot[63].

24 Ein ausreichender Zusammenhang besteht zunächst einmal dann, wenn der in der Werbung versprochene oder angekündigte Vorteil vom beabsichtigten Erwerbsgeschäft abhängig gemacht wird, so dass eine Kopplung der Vorteilserlangung an den Erwerb des beworbenen Produkts vorliegt (»rechtlicher Zusammenhang«)[64].

25 Ein ausreichender Zusammenhang besteht darüber hinaus auch dann, wenn geldwerte Vorteile angepriesen werden und nach dem vom Täter intendierten Gesamteindruck der Werbeaussage die Entscheidung der Adressaten für das Erwerbsgeschäft unter wirtschaftlichen Gesichtspunkten von dem angepriesenen geldwerten Vorteil beeinflusst werden soll (»wirtschaftlicher Zusammenhang«)[65].

26 Ein ausreichender Zusammenhang besteht hingegen nicht, wenn ein Zeitschriftenwerber lediglich unwahre Angaben über seine persönlichen Lebensverhältnisse macht[66].

IV. Rechtswidrigkeit und Schuld

27 Ist der Tatbestand des § 16 Abs. 1 erfüllt, ist die Tat auch rechtswidrig. Rechtfertigungsgründe dürften – wenn überhaupt – nur in praktisch kaum vorstellbaren Ausnahmefällen eingreifen.

---

62 BGH, 07.02.1953, 2 StR 341/52, BGHSt 4, 44.
63 BGH, 30.05.2008, 1 StR 166/07, GRUR 2008, 818, Rn. 50.
64 BGH, 30.05.2008, 1 StR 166/07, GRUR 2008, 818, Rn. 51; vgl. auch BGH, 15.08.2002, 3 StR 11/02, WRP 2002, 1432, 1434 f. In diese Fallgruppe gehören nach zutreffender Auffassung (FBO/Rengier, § 16 Rn. 103) auch die in der Entscheidung BGH, 29.03.1990, 1 StR 22/90, NJW 1990, 2395, 2396, angesprochenen Fälle unwahrer Angaben über die Verwendung des Gewinnes aus dem Vertrieb des konkret in Rede stehenden Produktes für einen bestimmten (wohltätigen) Zweck.
65 BGH, 30.05.2008, 1 StR 166/07, GRUR 2008, 818, Rn. 53.
66 Vgl. BGH, 29.03.1990, 1 StR 22/90, NJW 1990, 2395, 2396.

Hält der Täter sein Verhalten für rechtmäßig, liegt ein Verbotsirrtum (§ 17 StGB) vor. 28
Im – regelmäßigen – Falle eines vermeidbaren Verbotsirrtums führt diese Fehlvorstellung lediglich zu einer fakultativen Strafmilderung (§ 17 Satz 2 StGB). An die Annahme eines unvermeidbaren Verbotsirrtums (§ 17 Satz 1 StGB) sind – wie auch sonst im Strafrecht – hohe Anforderungen zu stellen[67].

V. Täterschaft

Jedermann kann Täter der Straftat nach § 16 Abs. 1 sein[68]. Wer eine Garantenstellung 29
innehat, die ihn verpflichtet, andere von irreführender Werbung abzuhalten (z.B. als Unternehmensverantwortlicher mit Anordnungs- und Organisationsgewalt), kann gegebenenfalls als Unterlassungstäter (§ 13 Abs. 1 StGB) strafrechtlich zur Rechenschaft gezogen werden[69].

VI. Verjährung

Die Verjährungsfrist beträgt nach § 78 Abs. 3 Nr. 4 StGB fünf Jahre und beginnt nach 30
§ 78a StGB mit der Beendigung der Tat.

Wird die Tat als »Presseinhaltsdelikt«[70] begangen, gilt die kurze presserechtliche Verjäh- 31
rung nach den presserechtlichen Vorschriften der Länder. Entsprechendes gilt, wenn die Tat als »Rundfunkinhaltsdelikt« begangen wird.

VII. Konkurrenzen

Tateinheit besteht mit § 263 StGB[71], mit § 264a StGB[72], mit § 143 MarkenG[73] und 32
mit den lebensmittel- und heilmittelwerberechtlichen Regelungen zu irreführender Werbung[74]. Sofern § 16 Abs. 1 mit einer Ordnungswidrigkeit zusammentrifft, tritt letztere nach § 21 OWiG zurück.

VIII. Strafrechtliche Rechtsfolgen

Neben der Verhängung einer Strafe kommen als weitere Rechtsfolgen insbesondere der 33
Verfall (§ 73 ff. StGB) und gegebenenfalls auch die Anordnung eines Berufsverbots (§ 70 StGB) in Betracht.

---

67 Zu Einzelheiten siehe GK/Wolters, § 16 Rn. 42.
68 GK/Wolters, § 16 Rn. 44.
69 GK/Wolters, § 16 Rn. 45.
70 Zum Begriff siehe BGH, 29.10.1998, 5 StR 288/98, NJW 1999, 508, 509.
71 GK/Wolters, § 16 Rn. 49; Köhler/*Bornkamm*/Feddersen, § 16 Rn. 33.
72 GK/Wolters, § 16 Rn. 49.
73 Köhler/*Bornkamm*/Feddersen, § 16 Rn. 33.
74 GK/Wolters, § 16 Rn. 49; Köhler/*Bornkamm*/Feddersen, § 16 Rn. 33.

IX. Strafverfolgung

34 § 16 Abs. 1 ist nach § 374 Abs. 1 Nr. 7 StPO ein Privatklagedelikt.

X. Zivilrechtliches

35 Da § 16 Abs. 1 einen Spezialfall unlauterer irreführender geschäftlicher Handlungen i.S. des § 5 darstellt, begründet die Tat zugleich die im UWG geregelten zivilrechtlichen Ansprüche.

36 § 16 Abs. 1 ist darüber hinaus Schutzgesetz i.S. des § 823 Abs. 2 BGB[75]. Damit stehen auch den Verletzten – namentlich Verbrauchern – deliktische Ansprüche gegen Beteiligte an der Straftat zu.

C. »Progressive Kundenwerbung« (Absatz 2)

I. Entstehungsgeschichte

37 § 16 Abs. 2 beruht auf der Strafvorschrift in § 6c des UWG 1909. Art. 4 Nr. 1 des »Zweiten Gesetzes zur Bekämpfung der Wirtschaftskriminalität (2. WiKG)« vom 15.05.1986[76] hatte mit Wirkung zum 01.08.1986 eine gegen die progressive Kundenwerbung gerichtete Strafvorschrift als § 6c in das UWG 1909 eingefügt. In der Folgezeit wurde § 6c UWG 1909 zweimal geändert: mit Wirkung zum 01.07.1998 durch Art. 14 des »Gesetzes zur Neuregelung des Kaufmanns- und Firmenrechts und zur Änderung anderer handels- und gesellschaftsrechtlicher Vorschriften (Handelsrechtsreformgesetz – HRefG)« vom 22.06.1998[77] und noch einmal mit Wirkung zum 14.09.2000 durch Art. 1 Nr. 4 des »Gesetzes zur vergleichenden Werbung und zur Änderung wettbewerbsrechtlicher Vorschriften« vom 01.09.2000[78]. Das UWG 2004 griff diese Regelung auf und machte sie – mit Änderungen – zu seinem § 16 Abs. 2. Seither ist die Strafvorschrift unverändert geblieben.

II. Deliktsnatur und Schutzzweck

38 § 16 Abs. 2 ist ein Vergehen (§ 12 Abs. 2 StGB). Die Vorschrift stellt nach ihrem Wortlaut (»unternimmt«) als Unternehmensdelikt (§ 11 Abs. 1 Nr. 6 StGB) nicht nur die Vollendung der Tat, sondern auch deren Versuch unter Strafe. Es handelt sich um ein abstraktes Gefährdungsdelikt[79], das dem Schutz – in der seit dem Jahre 2004 geltenden Gesetzesfassung: des Verbrauchers – vor Täuschung, glücksspielartiger Willensbeeinflussung und Vermögensgefährdung[80] und hierbei insbesondere dem Schutz des

75 Köhler/*Bornkamm*/Feddersen, § 16 Rn. 32.

76 BGBl 1986 I, 721.

77 BGBl 1998 I, 1474.

78 BGBl 2000 I, 1374.

79 BGH, 24.02.2011, 5 StR 514/09, GRUR 2011, 941, Rn. 27; Harte/Henning/Dreyer, § 16 Rn. 47.

80 Beschlussempfehlung und Bericht des Rechtsausschusses des Deutschen Bundestages zum Entwurf des »Zweiten Gesetzes zur Bekämpfung der Wirtschaftskriminalität (2. WiKG)« (BT-Drucksache 10/5058, S. 39).

Verbrauchers vor einer Irreführung über die Funktionsfähigkeit der von der Vorschrift erfassten Vertriebssysteme[81] dient. Bezweckt ist der generelle Schutz geschäftlich unerfahrener Personen vor der Verstrickung in Vertriebsmethoden, die schon ihrer Anlage nach für sie ein gefährliches, schadensträchtiges Risiko zum Inhalt haben[82]. Erscheinungsformen sind unternehmerisch veranstaltete Schneeball- und Pyramidensysteme[83].

III. Die einzelnen Tatbestandsmerkmale der »progressiven Kundenwerbung«

1. Objektiver Tatbestand

Der objektive Tatbestand des § 16 Abs. 2 beschreibt zum einen einen Taterfolg (»Veranlassen von Verbrauchern zur Abnahme von Waren, Dienstleistungen oder Rechten im geschäftlichen Verkehr«) – hierzu nachfolgend unter a) – und zum anderen das konkrete Tatmittel, mit dem dieser Erfolg erzielt werden muss, nämlich das im Tatbestand näher umschriebene »Versprechen« – hierzu nachfolgend unter b) –. Da es sich bei § 16 Abs. 2 um ein Unternehmensdelikt handelt, ist es zur Tatbestandsverwirklichung nicht erforderlich, dass der Taterfolg tatsächlich eintritt, ein unmittelbares Ansetzen zur Tat i.S. des § 22 StGB reicht aus. Auch des Eintrittes einer konkreten Vermögensgefährdung bei einem angesprochenen Verbraucher bedarf es nicht. Lediglich zur sprachlichen Vereinfachung der Kommentierung wird in den nachfolgenden Ausführungen dargestellt, wann das Delikt »vollendet« ist. 39

a) Veranlassen von Verbrauchern zur Abnahme von Waren, Dienstleistungen oder Rechten im geschäftlichen Verkehr

aa) Geschäftlicher Verkehr

Nach vorzugswürdiger Auffassung handelt es sich bei der Formulierung »im geschäftlichen Verkehr«[84] in § 16 Abs. 2 um einen Verweis auf den jeweiligen »Zentralbegriff«[85] des »zivilrechtlichen« Teils des UWG, seit 2008 also auf den in § 2 Abs. 1 Nr. 1 legaldefinierten Begriff der »geschäftlichen Handlung«[86]. Erforderlich ist demnach, dass sich 40

81 GK/Wolters, § 16 Rn. 64.

82 BGH, 24.02.2011, 5 StR 514/09, GRUR 2011, 941, Rn. 27.

83 Beschreibungen und Beispiele bei GK/Wolters, § 16 Rn. 55, 56, 57, 59 und 60. Zu den Unterformen dieser strafbaren Systeme gehören sogenannte »Schenkkreise« und sogenannte »verwaltete Kettenbriefsysteme«.

84 Der Begriff des »geschäftlichen Verkehrs« entstammt noch dem UWG 1909 und wird im »zivilrechtlichen« Teil des UWG seit dem Jahre 2004 nicht mehr verwendet (vgl. hierzu auch § 2 *Rdn. 3*).

85 Vgl. hierzu § 2 Rdn. 1.

86 So insbesondere Köhler/*Bornkamm*/Feddersen, § 16 Rn. 6. Viele Kommentare zum UWG definieren den Begriff des »geschäftlichen Verkehrs« in § 16 Abs. 2 hingegen eigenständig in Anlehnung an das Begriffsverständnis im früheren UWG 1909 (so z.B. FBO/Rengier, § 16 Rn. 137; GK/Wolters, § 16 Rn. 66; MünchKomm/Brammsen UWG, § 16 Rn. 116; Harte/Henning/Dreyer, § 16 Rn. 50). Dass diese unterschiedlichen Herangehensweisen bei der Auslegung Auswirkungen auf die Anwendung des § 16 Abs. 2 in der Praxis haben, ist nicht ersichtlich.

die Tathandlung für den Täter als »geschäftliche Handlung« i.S. des § 2 Abs. 1 Nr. 1 darstellt. Es kann sich hierbei auch um eine »geschäftliche Handlung« zugunsten eines fremden Unternehmens handeln[87].

bb) Verbraucher

41 Der Begriff des »Verbrauchers« ist in § 2 Abs. 2 durch Verweis auf die Regelung in § 13 BGB legaldefiniert. Maßgebender Zeitpunkt der Beurteilung der Verbrauchereigenschaft ist dabei nicht der Zeitpunkt des Abschlusses eines etwaigen Erwerbsgeschäfts; abzustellen ist vielmehr auf den Zeitpunkt, in dem der Geworbene erstmals durch das Absatzkonzept des Veranstalters in der Weise angesprochen wird, dass die Werbung unmittelbar in die Abnahme des Produkts einmünden soll[88]. Dass der Verbraucher bei einem späteren Tätigwerden innerhalb des Vertriebssystems möglicherweise insoweit zum »Unternehmer« i.S. des § 2 Abs. 1 Nr. 6 wird, steht einer Anwendung des § 16 Abs. 2 somit nicht entgegen.

cc) Waren, Dienstleistungen oder Rechte

(1) Waren

42 Unter dem Begriff der »Waren« sind alle beweglichen und unbeweglichen Gegenstände des Wirtschaftsverkehrs zu verstehen[89].

(2) Dienstleistungen

43 Dienstleistungen sind alle geldwerten unkörperlichen Leistungen ohne Rücksicht auf die rechtliche Qualifikation des zugrunde liegenden Vertrages[90].

(3) Rechte

44 Rechte sind geldwerte Rechtspositionen jedweder Art einschließlich der Immaterialgüterrechte; erfasst sind z.B. Patente, Lizenzen, Gesellschafter- und Mitgliedschaftsrechte oder Urheberrechte[91].

dd) Abnahme

45 »Abnahme« ist der – entgeltliche – Erwerb der angebotenen Waren, Dienstleistungen oder Rechte[92].

---

87 Vgl. GK/Wolters, § 16 Rn. 66.
88 BGH, 24.02.2011, 5 StR 514/09, GRUR 2011, 941, Rn. 25.
89 GK/Wolters, § 16 Rn. 68.
90 Vgl. BGH, 19.04.2007, I ZR 57/05, GRUR 2007, 981, Rn. 27 – *150% Zinsbonus*.
91 GK/Wolters, § 16 Rn. 70.
92 GK/Wolters, § 16 Rn. 67.

b) Vorteilsversprechen

Der Täter muss die angesprochenen Verbraucher gerade durch das in § 16 Abs. 2 näher umschriebene Vorteilsversprechen zur Abnahme der angebotenen Waren, Dienstleistungen oder Rechte veranlassen. 46

aa) »Kettenelement«

Der Täter muss den angesprochenen Verbrauchern die in Aussicht gestellten »besonderen Vorteile« unter der aufschiebenden Bedingung[93] versprechen, dass diese andere zum Abschluss gleichartiger Geschäfte veranlassen, die ihrerseits nach der Art dieser Werbung derartige Vorteile für eine entsprechende Werbung weiterer Abnehmer erlangen sollen. Um Variationen bei den jeweils geworbenen Abnehmern im Hinblick auf die Gegenstände der Abnahme und den Inhalt der zu gewährenden Vorteile zu erfassen, spricht der Gesetzeswortlaut von »gleichartigen Geschäften« und »derartigen Vorteilen«[94]. Durch die »offene« Formulierung soll zudem klargestellt werden, dass die Strafvorschrift sowohl die Fälle erfasst, in denen eine unmittelbare Leistungsbeziehung zwischen dem Veranstalter und den von seinen Erstkunden angeworbenen Zweitkunden besteht, als auch diejenigen Fälle, in denen diese Zweitkunden nicht in einer Leistungsbeziehung zum Veranstalter, sondern zu den Erstkunden stehen[95]. Mit der Formulierung »nach der Art dieser Werbung« will der Gesetzgeber zum Ausdruck bringen, dass der Täter den von ihm angesprochenen Verbrauchern kein Vorteilsgewährungssystem versprechen muss, bei dem die weiteren Abnehmer (Zweitkunden, Drittkunden usw.) notwendigerweise gerade durch das Inaussichtstellen der Vorteile zum Abschluss des Erwerbsgeschäfts veranlasst werden müssen: es reicht vielmehr aus, dass das gesamte System typischerweise darauf ausgerichtet ist, dass auch im Rahmen der weiteren Werbung die besonderen Vorteile in Aussicht gestellt werden, um weitere Abnehmer zu gewinnen[96]. Da die Vorschrift die Förderung des Absatzes durch die Verwendung eines progressiven Vertriebssystems unter Strafe stellen will[97], muss der Täter gegenüber den von ihm angesprochenen Verbrauchern den Abschluss des Erwerbsgeschäfts als (zumin- 47

93 Köhler/*Bornkamm*/Feddersen, § 16 Rn. 49.

94 Beschlussempfehlung und Bericht des Rechtsausschusses des Deutschen Bundestages zum Entwurf des »Zweiten Gesetzes zur Bekämpfung der Wirtschaftskriminalität (2. WiKG)« (BT-Drucksache 10/5058, S. 39).

95 Beschlussempfehlung und Bericht des Rechtsausschusses des Deutschen Bundestages zum Entwurf des »Zweiten Gesetzes zur Bekämpfung der Wirtschaftskriminalität (2. WiKG)« (BT-Drucksache 10/5058, S. 39).

96 Beschlussempfehlung und Bericht des Rechtsausschusses des Deutschen Bundestages zum Entwurf des »Zweiten Gesetzes zur Bekämpfung der Wirtschaftskriminalität (2. WiKG)« (BT-Drucksache 10/5058, S. 39).

97 Beschlussempfehlung und Bericht des Rechtsausschusses des Deutschen Bundestages zum Entwurf des »Zweiten Gesetzes zur Bekämpfung der Wirtschaftskriminalität (2. WiKG)« (BT-Drucksache 10/5058, S. 38).

dest faktische) Voraussetzung für den Eintritt in das Vertriebssystem und die damit verbundene Möglichkeit zur Erlangung der versprochenen Vorteile darstellen[98].

bb) »besondere Vorteile«

48 Die versprochenen Vorteile müssen nach ihrer Beeinflussungswirkung geeignet sein, die typische Dynamik eines Systems der progressiven Kundenwerbung in Gang zu setzen[99], also eines Systems, in dem sich die angesprochenen potentiellen Abnehmer typischerweise gerade wegen des in § 16 Abs. 2 näher umschriebenen Vorteilsversprechens zur Abnahme der angebotenen Waren, Dienstleistungen oder Rechte entschließen. In Betracht kommen nur vermögenswerte Zuwendungen[100]. Durch die Formulierung »besondere Vorteile« sollen zum einen ganz belanglose, geringwertige Zuwendungen ausgeschieden werden[101], zum anderen soll der dem System der progressiven Kundenwerbung wesenseigene glücksspielartige Charakter gekennzeichnet werden[102].

49 Der versprochene Vorteil darf mit den angebotenen Waren, Dienstleistungen oder Rechten nicht identisch sein[103]. Der Bundesgerichtshof stellt insoweit allerdings keine sonderlich hohen Hürden auf: so kann bereits die mit der generellen Aussicht auf Gewinn sowie dem Anspruch auf organisatorische Leistungen (z.B. das Kassen- und Rechnungswesen) verknüpfte Mitgliedschaft des Abnehmers in dem Kundenwerbungssystem als solche ein »Recht« darstellen, während ein späterer tätigkeits- und erfolgsbedingter Provisionsanspruch für die Werbung neuer Mitglieder ein – von dem Mitgliedschaftsrecht und der damit begründeten bloßen Anwartschaft auf Provisionen zu unterscheidender – »Vorteil« sein soll[104].

---

98 BGH, 24.02.2011, 5 StR 514/09, GRUR 2011, 941, Rn. 32. Soweit *Brammsen* (MünchKomm/Brammsen UWG, § 16 Rn. 130) davon spricht, dieser Bedingungszusammenhang werde »oftmals durchaus verschleiert«, geht es wohl kaum um eine Verschleierung gegenüber den als Abnehmer zu werbenden Personen: diese sollen ja gerade durch das hier in Rede stehende Vorteilsversprechen zur Abnahme von Waren, Dienstleistungen oder Rechten veranlasst werden. Es wäre aus der Sicht des Täters kontraproduktiv, ihnen gegenüber den Eindruck zu erwecken, es sei gar nicht erforderlich, irgendetwas abzunehmen, um in den Genuss der in Aussicht gestellten Vorteile zu gelangen. Die eingangs dieser Fußnote zitierte und auch von *Brammsen* angeführte Entscheidung des Bundesgerichtshofes dürfte wohl eher einen Fall zum Gegenstand gehabt haben, in dem die dortigen Angeklagten – letztlich erfolglos – versucht haben, den hier in Rede stehenden Bedingungszusammenhang vor den Strafverfolgungsbehörden zu verschleiern.

99 BGH, 24.02.2011, 5 StR 514/09, GRUR 2011, 941, Rn. 33; BGH, 22.10.1997, 5 StR 223/97, NJW 1998, 390, 391.

100 GK/Wolters, § 16 Rn. 74.

101 Beschlussempfehlung und Bericht des Rechtsausschusses des Deutschen Bundestages zum Entwurf des »Zweiten Gesetzes zur Bekämpfung der Wirtschaftskriminalität (2. WiKG)« (BT-Drucksache 10/5058, S. 39).

102 Beschlussempfehlung und Bericht des Rechtsausschusses des Deutschen Bundestages zum Entwurf des »Zweiten Gesetzes zur Bekämpfung der Wirtschaftskriminalität (2. WiKG)« (BT-Drucksache 10/5058, S. 39).

103 Vgl. BGH, 22.10.1997, 5 StR 223/97, NJW 1998, 390, 391.

104 BGH, 22.10.1997, 5 StR 223/97, NJW 1998, 390, 391.

2. Subjektiver Tatbestand

§ 16 Abs. 2 erfordert vorsätzliches Handeln (§ 15 StGB), wobei bedingter Vorsatz (dolus eventualis) genügt. 50

IV. Rechtswidrigkeit und Schuld

Ist der Tatbestand des § 16 Abs. 1 erfüllt, ist die Tat auch rechtswidrig. Rechtfertigungsgründe dürften – wenn überhaupt – nur in praktisch kaum vorstellbaren Ausnahmefällen eingreifen. Ein unvermeidbarer Verbotsirrtum (§ 17 Satz 1 StGB) dürfte gleichfalls nur in seltenen Ausnahmefällen anzunehmen sein. 51

V. Täterschaft

Wie im Falle des § 16 Abs. 1 kann auch bei § 16 Abs. 2 jedermann Täter sein. Die Täterschaft ist insbesondere nicht auf den Veranstalter des Systems beschränkt. 52

VI. Verjährung

Die Verjährungsfrist beträgt nach § 78 Abs. 3 Nr. 4 StGB fünf Jahre und beginnt nach § 78a StGB mit der Beendigung der Tat. Soweit die Tat – was bei § 16 Abs. 2 allerdings praktisch eher selten vorkommen wird – als »Presseinhaltsdelikt« oder als »Rundfunkinhaltsdelikt« begangen wird, gilt auch hier die kurze presserechtliche Verjährung nach den presserechtlichen Vorschriften der Länder. 53

VII. Konkurrenzen

Da § 16 UWG in seinen beiden Absätzen zwei voneinander unabhängige Straftatbestände enthält, stehen – sofern eine Tat die Voraussetzungen beider Absätze erfüllt – die Taten nach Absatz 1 und nach Absatz 2 konsequenterweise in Tateinheit zueinander[105]. Tateinheit ist ebenfalls möglich mit § 263 StGB und mit § 287 StGB[106]. 54

VIII. Strafrechtliche Rechtsfolgen

Da es sich bei § 16 Abs. 2 um ein Unternehmensdelikt handelt, ist § 23 Abs. 2 StGB (fakultative Strafmilderung bei Versuch) nicht anwendbar. Als weitere Rechtsfolgen kommen auch hier insbesondere der Verfall (§ 73 ff. StGB) und gegebenenfalls auch die Anordnung eines Berufsverbots (§ 70 StGB) in Betracht. 55

105 Ebenso Köhler/*Bornkamm*/Feddersen, § 16 Rn. 60; a.A. (§ 16 Abs. 2 verdrängt § 16 Abs. 1) z.B. GK/Wolters, § 16 Rn. 78.

106 Köhler/*Bornkamm*/Feddersen, § 16 Rn. 60.

IX. Strafverfolgung

56 Auch § 16 Abs. 2 ist nach § 374 Abs. 1 Nr. 7 StPO ein Privatklagedelikt.

X. Zivilrechtliches

57 Wie § 16 Abs. 2 soll auch Anhang (zu § 3 Absatz 3) Nr. 14 Schneeball- und Pyramidensysteme bekämpfen. Eine Notwendigkeit, beide Vorschriften gleichförmig auszulegen, besteht indes nicht[107].

58 § 16 Abs. 2 ist Marktverhaltensregelung i.S. des § 3a[108]. Zudem wird bei tatbestandsmäßigem Handeln vielfach zugleich eine unlautere Irreführung i.S. des § 5 vorliegen[109]. § 16 Abs. 2 ist zudem »gesetzliches Verbot« i.S. des § 134 BGB und Schutzgesetz i.S. des § 823 Abs. 2 BGB[110].

107 Vgl. MünchKomm/Brammsen UWG, § 16 Rn. 77 ff.
108 Köhler/*Bornkamm*/Feddersen, § 16 Rn. 58.
109 Köhler/*Bornkamm*/Feddersen, § 16 Rn. 58.
110 Köhler/*Bornkamm*/Feddersen, § 16 Rn. 59.

Vor §§ 17–19 UWG

Mary-Rose McGuire

Übersicht Rdn.

A. Geheimnisschutz im Umbruch

Das deutsche Geheimnisschutzrecht ist im Umbruch. Nach mehr als 100-jähriger Geltung soll das Kernstück des deutschen Geheimnisschutzrechts, die §§ 17–19 UWG, **aufgehoben** und durch ein neues Stammgesetz ersetzt werden. Das geplante Geschäftsgeheimnisgesetz dient der Umsetzung der 2016 erlassenen **EU-Richtlinie 943/2016** und stellt den Geheimnisschutz nicht nur formal, sondern auch konzeptionell auf eine neue Grundlage. Da das neue Gesetz in Regelungsgegenstand und -dichte weit über die bestehenden Normen hinausgeht, wird es im Anhang gesondert kommentiert. 1

2 Selbst wenn das derzeit als Entwurf vorliegende **Geschäftsgeheimnisgesetz** wie vorgesehen verabschiedet wird und im Laufe des Jahres 2019 in Kraft tritt, wird es aber sicherlich eine Weile dauern, bis die Tragweite der Änderung vom Schrifttum durchdrungen ist und erste Streitfälle in der Praxis auftreten. Machen die Länder von der Zuständigkeitskonzentration Gebrauch, werden die spezialisierten Gerichte dann zügig die notwendige Routine im Umgang mit den neuen Normen entwickeln können. Mit ersten Leitentscheidungen des Bundesgerichtshofs und des Europäischen Gerichtshofs ist aber sicherlich erst in einigen Jahren zu rechnen.

3 Vor diesem Hintergrund scheint es zweckmäßig, Funktion, Regelungsziel und dogmatische Konzeption des geltenden deutschen Rechts Revue passieren zu lassen und dem neuen unionsrechtlich geprägten Geschäftsgeheimnisgesetz gegenüberzustellen. Die Gemeinsamkeiten und Unterschiede sollen dabei einerseits das Augenmerk der Praxis auf mögliche (neue) Probleme lenken, andererseits als Maßstab dafür herangezogen werden, welche Grundsätze und Entscheidungen auch nach neuem Recht Geltung beanspruchen können und welche durch die neue Rechtsgrundlage als überholt anzusehen sind. Die kritische Befassung mit den Defiziten der geltenden Rechtslage kann zugleich das Bewusstsein dafür stärken, dass es sinnvoll wäre, sich auf den **konzeptionellen Wechsel** durch das Unionsrecht einzustellen und nur sehr zurückhaltend altes Recht in das Neue hineinzulesen.

B. Der Schutz von Betriebs- und Geschäftsgeheimnissen nach dem UWG

I. Funktion & Praktische Relevanz

4 Die §§ 17–19 UWG stellen seit mehr als 100 Jahren den Nukleus des deutschen Rechts zum Schutz von Geschäftsgeheimnissen dar. Schon ursprünglich wurden sie in das UWG eingefügt, aber nicht wegen des Sachzusammenhangs mit den dort vorgesehenen Unlauterkeitstatbeständen, sondern um eine **Lücke im Strafgesetzbuch** zu füllen, die mittelbar auch unlauteres Verhalten begünstigte.[1] Die Entscheidung für eine primär strafrechtliche Regelung, die zugleich die Basis für den zivilrechtlichen Schadensersatzanspruch darstellte, war der Überlegung geschuldet, dass die als potentielle Täter in den Blick genommenen Beschäftigten nur selten über die finanziellen Ressourcen verfügen würden, den entstandenen Schaden zu kompensieren.[2] Die Strafrechtsnorm wurde daher auch wegen der stärkeren **Präventionswirkung** vorgezogen.

5 Die sehr **kleinteilige Regelung** der Tatbestände, die jeweils Täter, Tathandlung und einen bestimmten mit der Tat verfolgten Zweck voraussetzt und als Sanktion eine Freiheits- und Geldstrafe für den Täter – nicht aber denjenigen, der den wirtschaftlichen Vorteil aus der Tat zieht – vorsieht, steht im diametralen Gegensatz zur Funktion des Geheimnisschutzes in der Praxis.

6 Dem gesetzgeberischen Fokus auf die Vermeidung strafbarer Handlungen zum Trotz, werden die §§ 17 ff. UWG als Grundlage für den Schutz von Geschäftsgeheimnissen

1 MünchKomm/BrammenUWG, Vor §§ 17–19 Rn. 6.
2 *Harte-Bavendamm*, FS Köhler (2004), S. 235, 236.

als **wirtschaftlicher Wert** angesehen.[3] Anerkannt ist, dass ein Geschäftsgeheimnis aus wirtschaftlicher Perspektive ein Immaterialgut darstellt,[4] das bilanziert und verwertet werden kann. Auch in der Zwangsvollstreckung und Insolvenz wird es als Vermögen des Schuldners bzw. der Insolvenzmasse zugeordnet.[5] Dass der gesetzlich vorgesehene Schutz gegen bestimmte unlautere Handlungen im Ergebnis i.S. einer rechtlichen Zuordnung von Betriebs- und Geschäftsgeheimnissen als **Vermögensgegenstand** verstanden wird, zeigt sich auch an der Anerkennung des Schutzes durch Art. 12, 14 GG.[6] Entsprechend stellt nicht lediglich die Abwehr, sondern der Schutz von Geschäftsgeheimnissen eine Kernaufgabe des Informationsmanagement dar.[7]

In Deutschland wird nach dem jeweiligen **wirtschaftlichen Kontext** traditionell zwischen technischen Betriebsgeheimnissen und kaufmännischen Geschäftsgeheimnissen unterschieden. Dieser von der Praxis geprägte Terminus hat zwischenzeitlich auch Eingang in eine Reihe anderer Gesetze, bspw. § 90 HGB, § 85 GmbhG, § 203 StGB, § 384 ZPO, § 172 GVG gefunden.[8] Dessen ungeachtet ist anerkannt, dass die Zuordnung als Betriebs- oder Geschäftsgeheimnis rechtlich keine Bedeutung hat.[9] Immerhin macht der tradierte Doppelbegriff aber deutlich, dass der Geheimnisschutz sehr weit gefasst ist und beugt so dem Missverständnis vor, dass nur technisches Know-how schutzfähig ist, kaufmännische Informationen dagegen ungeschützt sind. 7

Unter **Betriebsgeheimnissen** werden im Kern technische oder funktionale Informationen über Waren oder Fertigungsprozess verstanden, für die ein Unternehmen häufig auch ein formales Schutzrecht, bspw. ein Patent, Gebrauchsmuster oder Designrecht erlangen könnte. 8

Trotzdem erfreut sich der Geheimnisschutz auch in diesem **technischen Bereich** bei Unternehmen großer Beliebtheit. Dahinter steckt häufig die durchaus rationale Überlegung, dass der faktische Schutz durch Geheimhaltung insoweit **effizienter** als ein Schutzrecht ist, weil man etwas, von dem man nicht weiß, schlicht nicht nachahmen kann.[10] Die faktische Geheimhaltung kompensiert damit den gravierenden Nachteil der territorialen Beschränkung von Schutzrechten. Hinzu kommt, dass Geheimnisse keinen strikten Schutzvoraussetzungen bzgl. Gegenstand, Schöpfungshöhe und Neu- 9

---

3 Vgl. exemplarisch BGH 24.01.2006, XI ZR 384/03, NJW 2006, 830, 838 – *Kirch/Deutsche Bank AG*; *Köhler*/Bornkamm/Feddersen, UWG, Vor § 17 Rn. 1; *Ohly*/Sosnitza, UWG, Vor §§ 17–19 Rn. 2; *Ann*, GRUR 2014, 12, 13 f.

4 *Ohly*/Sosnitza, UWG, Vor §§ 17–19 Rn. 3.

5 *Ohly*/Sosnitza, UWG, Vor §§ 17–19 Rn. 5b; *Köhler*/Bornkamm/Feddersen, UWG, Vor §§ 17 Rn. 5.

6 GK/*Wolters*, § 17 Rn. 1; vgl. *Jarass*/Pieroth, GG, Art. 12 Rn. 10, Art. 14 Rn. 21.

7 *Ann*, GRUR 2014, 12 f.

8 Demgegenüber verwenden die in Umsetzung der Enforcement-RL in den Sonderschutzgesetzen vorgesehenen Regelungen durchgehend den Begriff der »vertraulichen Information«, vgl. § 140c PatG.

9 So auch *Ohly*/Sosnitza, UWG, Vor §§ 17–19 Rn. 1.

10 Als klassisches Beispiel wird hier das Rezept von Coca Cola genannt, vgl. *Doepner*, FS Tilmann (2003), 105 m. Fn. 1.

heit unterworfen sind.[11] Selbst dann ist die Option, ein Schutzrecht zu erlangen, oft nicht besonders attraktiv.[12] Schließlich birgt die Schutzrechtsanmeldung das Risiko, dass die Leistung im Anmeldeverfahren offenbart, anschließend aber kein Schutzrecht erteilt wird. Weitere Vorteile des Geheimnisschutzes werden außerdem darin gesehen, dass der Aufwand für die Erlangung eines Registerschutzrechts entfällt[13] und der Schutz **zeitlich nicht begrenzt** ist.[14]

10 Schließlich ist zu beobachten, dass der Geheimnisschutz hier faktisch auch der **Lückenfüllung** des Rechts des Geistigen Eigentums dient, da das Verfahren zur Erlangung eines Schutzrechts weder der Beschleunigung des **Innovationszyklus** noch der Verlagerung von der Produktions- zur Wissensgesellschaft ausreichend Rechnung trägt. Schon aus faktischen Gründen ist es für ein innovatives Unternehmen nicht (mehr) möglich, alle neuen Erfindungen und Gestaltungen als Gebrauchsmuster, Patent oder Design anzumelden. Das gilt selbst für klassische Sektoren wie den Maschinen- und Anlagenbau.[15] Der Schutz nach §§ 17 ff. UWG dient insoweit im technischen Bereich auch als Schutz der **kleinen Münze**.

11 Demgegenüber besteht in Bezug auf **Geschäftsgeheimnisse**, d.h. kaufmännische Informationen, in der Regel keine Wahlmöglichkeit zwischen formalem Schutz als Recht des Geistigen Eigentums und dem Schutz als Geschäftsgeheimnis, weil für die betreffenden Leistungen – bspw. Kundenlisten oder Marketingkonzepte – trotz ihrer erheblichen Bedeutung kein passendes Schutzrecht zur Verfügung steht. Ein Sonderschutz kommt nur ausnahmsweise in Betracht, wenn durch die Art der Aufzeichnung die Anforderungen als urheberrechtliches Werk oder Datenbank erfüllt werden. Allerdings ist selbst dann der gewährte Schutz begrenzt, weil nur die Übernahme, nicht aber die Verwertung der Information untersagt ist.

12 Auch wenn sich der erhebliche wirtschaftliche Wert[16] der Betriebs- und Geschäftsgeheimnisse nicht in einer Summe quantifizieren lässt, geben die zahlreichen **Anwendungsbeispiele** Aufschluss über die praktische Bedeutung im Unternehmensalltag. Während Geschäftsgeheimnisse – bspw. Marktstudien, Kundenlisten, Geschäftsabläufe – branchenunabhängig von Bedeutung sind, ist hier auch als Ertrag aus diversen Studien zu erwähnen, dass sich insbesondere der Maschinen- und Anlagenbau, die

---

11 *Ann*, GRUR 2007, 39, 41; MünchKomm/*Ann*/*Hauck*, UWG, Grundl. Rn. 272.

12 Zu den Vor- und Nachteilen vgl. *Ann*, GRUR 2007, 39, 41.

13 *Osterrieth*, Patentrecht (2015) Rn. 481; MünchKomm/*Ann*/*Hauck*, UWG, Grundl. Rn. 272; *Ann*, GRUR 2007, 39, 40.

14 *Köhler*/Bornkamm/Feddersen, UWG, Vor § 17 Rn. 1; *Ohly*/Sosnitza, UWG, Vor §§ 17–19 Rn. 4; *Redeker*/*Pres*/*Gittinger*, WRP 2015, 681, 682.

15 *INS – Studie 2013*, Status quo des Know-how-Schutzes im Maschinen- und Anlagenbau, abrufbar unter: http://pks.vdma.org/article/-/articleview/2716634.

16 Ausführlich hierzu der Bericht von *Ann*, GRUR 2014, 12, 13 f.

Automobil-, Bau-, Chemie- und Pharmazeutische Industrie auf den Schutz ihrer Produktionsabläufe und Fertigungsmethoden als Geschäftsgeheimnisse verlässt.[17]

Ein weiterer **Indikator** für die praktische Bedeutung sind die Schätzungen über die Höhe der Schäden auf ca. 30–60 Mrd. € pro Jahr,[18] die durch den Abfluss von Geschäftsgeheimnissen entstehen. Nach einer von der EU-Kommission in Auftrag gegebenen Studie haben rund 20 % der befragten Unternehmen Schäden durch den Verlust von technischem Know-how erlitten.[19] In den Medien wurde wiederholt über systematische Industriespionage,[20] d.h. die gezielte Informationsgewinnung mit illegalen Methoden,[21] und erhebliche Schadenssummen berichtet. Als Beispiele werden Computerhacking oder das Ausspähen und Abfangen von Daten mit Hilfe gefälschter digitaler Identitäten genannt.[22] Deutsche Unternehmen scheinen hier besonders geeignete Opfer zu sein, weil sie sich gleichermaßen durch herausragendes Know-how als auch durch ein Defizit an IT-Sicherheit auszeichnen.[23] Hinzuweisen ist allerdings darauf, dass der **Geheimnisverrat durch Mitarbeiter** statistisch das größere Risiko für den Geheimnisträger darstellt.[24] **13**

Solche Schäden zu verhindern und den durch Betriebs- und Geschäftsgeheimnisse verkörperten wirtschaftlichen Wert effektiv zu schützen, ist die geltende Rechtslage allerdings kaum geeignet. Es ist anerkannt, dass der Schutz **unsicher, lückenhaft und nicht durchsetzbar** ist.[25] Tatsächlich werden nur wenige Strafverfahren[26] und kaum Zivilverfahren eingeleitet.[27] Immerhin wird durch die Klassifizierung der Tat als unbe- **14**

---

17 Vgl. zum Patentierungsverhalten deutscher Unternehmen die Studie von *Haarhof/Hoisl*, Patente in mittelständigen Unternehmen (2010), abrufbar unter: https://epub.ub.uni-muenchen.de/13119/1/Harhoff_1547.pdf.

18 INS – Studie 2013 (aaO Fn. 15), S. 3.

19 Study on Trade Secrets and Confidential Business Information in the Internal Market, MARKT/2011/128/D (April 2013), S. 13, abrufbar unter: http://ec.europa.eu/internal_market/iprenforcement/docs/trade-secrets/130711_final-study_en.pdf.

20 Vgl. exemplarisch *Brambusch/Haindl*, Der Feind in meinem Büro, Capital 1/2016, 81 ff.

21 Vgl. exemplarisch das Interview mit Innenminister *H.-P. Friedrich* im Handelsblatt vom 28.08.2013, abrufbar unter http://www.handelsblatt.com/politik/deutschland/wirtschaftsspionage-50-milliarden-schaden/8705934.html.

22 *Ann/Loschelder/Grosch*, Praxishandbuch Know-how-Schutz (2010), Kap. A Rn. 33; vgl. auch MünchKomm/*Brammsen*, UWG, Vor § 17–19 Rn. 8.

23 Ausführlich hierzu *Greveler/Reinermann*, CCZ 2015, 274 m.w.N.

24 *Kalbfus*, WRP 2013, 584; *Baker McKenzie*, Study on Trade Secrets and Confidential Business Information in the Internal Market S. 139, 151.

25 *Enders*, GRUR 2012, 25, 28; *Ohly*/Sosnitza, UWG, Vor §§ 17–19 Rn. 10; vgl. auch *Köhler/Bornkamm*, UWG, Vor § 17 Rn. 1 mit dem *Hinweis, dass* die Offenkundigkeit einen Verlust des rechtlichen Schutzes zur Folge hat sowie die Betonung der Verletzlichkeit bei *Harte-Bavendamm/*Henning-Bodewig, UWG, Vor §§ 17–19 Rn. 3.

26 Die Statistik des Bundeskriminalamts weist etwa 400 Fälle pro Jahr auf, vgl. https://www.bka.de/publikationen jeweils unter der Sach-Schlüsselnummer 715300 und 715400. Dazu *Brammsen*, WRP 2018, 2446 m.Fn. 10.

27 Die Studie der EU-Kommission (aaO Fn. 19) spricht von ›virtual absence of cross-border litigation‹; in der Begründung zum RegE, S. 19, wird das aktuelle Prozessaufkommen mit 20 Verfahren/Jahr angegeben.

fugt sowie ihre Bewertung als strafwürdige Handlung der Unwertgehalt deutlich zum Ausdruck gebracht. Den Regelungen kann also jedenfalls eine sittenbildende Funktion zugebilligt werden. Denn allgemein anerkannt ist, dass Geheimnisbruch und Geheimnisverrat nicht als Teil des Leistungswettbewerbs akzeptiert werden können.

II. Historische Entwicklung

15 Erstmals verankert wurde der Schutz von Betriebs- und Geschäftsgeheimnissen im **UWG 1896**,[28] das mit dem Verbot des Verrats durch Angestellte, Arbeiter oder Lehrlinge in § 9 Abs. 1 eine Regelung vorsah, die dem Grundtatbestand des heutigen § 17 Abs. 1 UWG entspricht.[29] Wie heute § 17 Abs. 2 UWG wurde darauf aufbauend auch die Verwertung und Mitteilung von durch eine solche Handlung erlangten Betriebs- und Geschäftsgeheimnissen[30] sowie die Bestimmung zum Geheimnisverrat[31] unter Strafe gestellt. § 9 Abs. 3 UWG 1896 sah als weitere Rechtsfolge einen zivilrechtlichen Schadensersatzanspruch vor. Die Regelung erwies sich allerdings bald als lückenhaft, insbesondere weil als Täter nur Arbeitnehmer und nicht die damals üblichen Lohnhersteller in Betracht kamen. Auf Betreiben der dadurch besonders betroffenen Stickerei- und Spitzenhersteller[32] wurde daher eine weitere Vorschrift eingefügt, die die sogenannte Vorlagenfreibeuterei unter Strafe stellte und sich heute in § 18 UWG findet.

16 Ohne inhaltliche Änderung gingen die Tatbestände in den §§ 17 und 18 **UWG 1909**[33] auf, der Schadensersatzanspruch wurde in § 19 UWG 1909 verankert. Durch eine **Notverordnung aus 1932**[34] wurden die Tatbestände, insbesondere um den Eigennutz als unlauteres Motiv ergänzt und eine Strafschärfung für Auslandstaten eingeführt. In dieser Form blieb die Regelung bis zum **2. Gesetz zur Bekämpfung der Wirtschaftskriminalität 1986**[35] unverändert. Dieses hatte erneut die Motive, diesmal um das Handeln zugunsten Dritter, erweitert und mit der Ausspähung fremder Geheimnisse (Betriebsspionage) einen neuen Tatbestand sowie die Strafbarkeit des Versuchs eingeführt.

17 Die **UWG-Reform 2004**[36] hat den Wortlaut zwar geändert, insbesondere die Wortfolge »Angestellte, Arbeiter oder Lehrlinge« durch die geschlechtsneutrale Bezeichnung »Beschäftigte« ersetzt,[37] aber inhaltlich keinen Fortschritt gebracht. Eine systematische

---

28 Gesetz vom 27.05.1896, RGBl S. 145.

29 »Mit … wird bestraft, wer als Angestellter, Arbeiter oder Lehrling eines Geschäftsbetriebs Geschäfts- oder Betriebsgeheimnisse, die ihm vermöge des Dienstverhältnisses anvertraut oder sonst zugänglich geworden sind, während der Geltungsdauer des Dienstverhältnisses unbefugt an andere zu Zwecken des Wettbewerbes oder in der Absicht dem Inhaber des Geschäftsbetriebs Schaden zuzufügen, mitteilt.«

30 Vgl. § 9 Abs. 2 UWG 1896.

31 Vgl. § 10 UWG 1896.

32 *Harte-Bavendamm*, FS Köhler (2004), S. 235.

33 Gesetz vom 07.06.1909, RGBl S. 499 ff.

34 Verordnung vom 09.03.1932, RGBl S. 121 ff.

35 BT-Drucksache 15/1487, S. 26.

36 Gesetz vom 16.06.2004, BT-Drucksache 15/1487 S. 26; dazu *Többens*, WRP 2005, 552, 555 ff.

37 *Harte-Bavendamm*, FS Köhler (2004), S. 235, 236.

Änderung ergab sich nur daraus, dass der Schadensersatzanspruch in § 19 UWG a.F. als entbehrlich getilgt wurde, weil sich dieselbe Rechtsfolge bereits aus § 823 BGB ergebe.[38] Im Übrigen wurden die Normen lediglich konsolidiert und einige redaktionelle Änderungen vorgenommen. In diesem Zuge wurde auch für eine bessere Abstimmung mit dem StGB gesorgt. Die Vorschriften über die Versuchsstrafbarkeit und über Auslandstaten wurden in den frei gewordenen § 19 UWG eingestellt. Die **UWG-Novelle 2008**[39] hat keine weiteren Änderungen mit sich gebracht. Im Ergebnis standen Grundkonzeption und Anwendungsbereich damit im Wesentlichen unverändert seit mehr als 100 Jahren in Geltung.

III. Regelungsziel

Die Aussagen über den **Schutzzweck** der §§ 17 ff. UWG sind ambivalent. Die ganz 18
herrschende Meinung im Schrifttum zum UWG geht davon aus, dass auch die Normen über den Geheimnisschutz nicht nur individuellen, sondern auch **kollektiven Interessen** dienen, weil die Respektierung fremder Leistungen ein wesentlicher Bestandteil des fairen Wettbewerbs ist.[40] Demgegenüber stellt die Spezialliteratur zum Schutz von Geschäftsgeheimnissen den Schutz des Vermögens und die Innovationsförderung in den Mittelpunkt.[41]

Ohne Zweifel besteht ein Sachzusammenhang mit dem Lauterkeitsrecht insoweit als 19
die Erlangung und Verwertung fremder Geschäftsgeheimnisse dem Täter oder einem Dritten einen **Wettbewerbsvorsprung** verschafft und damit dem Ideal des Leistungswettbewerbs widerspricht, sodass das Verhalten als unfair oder unlauter angesehen wird. Für die Verankerung im Lauterkeitsrecht sprach sicherlich auch die Entwicklung auf internationaler Ebene, insbesondere Art. 10bis Pariser Verbandsübereinkunft, die den Schutz gegen Geheimnisverrat in den Kontext des Wettbewerbsrechts stellte. Dasselbe gilt für das TRIPS, das zwar dem Schutz geistigen Eigentums dient, gerade in Art. 39 aber die Einordnung in einen lauterkeitsrechtlichen Kontext durch Bezugnahme auf die PVÜ bestätigt.

Von diesem Regelungskontext abgesehen ist der innere **Zusammenhang mit dem Lau-** 20
terkeitsrecht in seiner modernen Ausprägung jedoch gering. Gegen die Annahme, dass auch die §§ 17 ff. UWG den in § 1 UWG genannten kollektiven Interessen oder der Lauterkeit des Wettbewerbs insgesamt Rechnung tragen, spricht zunächst, dass der Normenbestand erheblich älter als die moderne Schutzzwecktrias und trotz der Weiterentwicklung und Modernisierung des Lauterkeitsrechts weitgehend unverändert geblieben ist. Das gilt insbesondere seit der grundlegenden Reform 2004. Denn die UWG-Reform 2004 trägt durch Verankerung der Schutzzwecktrias in § 1 UWG den kollekti-

38 Amtliche Begründung zum Entwurf eines Gesetzes gegen den unlauteren Wettbewerb, BT-Drucksache 15/1487, S. 12.

39 Gesetz vom 22.12.2009, BGBl I S. 2949.

40 GK/*Wolters*, § 17 Rn. 1; *Ohly*/Sosnitza, UWG, § 18 Rn. 1; *Köhler*/Bornkamm/Feddersen, UWG, Vor § 17 Rn. 6; Fezer/Büscher/Obergfell/*Rengier*, UWG, § 17 Rn. 4.

41 *Ann*/*Loschelder*/*Grosch*, Praxishandbuch Know-how-Schutz (2010), Kap. 1 Rn. 2 ff.

ven Interessen besonders Rechnung und hat durch die Definition der geschäftlichen Handlung in § 2 UWG, die zugleich Tatbestandselement aller folgenden Unlauterkeitstatbestände ist, den Kreis der **Normadressaten** auf Unternehmen und selbständig gewerblich oder freiberuflich Tätige festlegt. Das steht in offenkundigem Gegensatz zu §§ 17 ff. UWG, die als Grundtatbestand auf der Verletzung von Geschäftsgeheimnissen durch Beschäftigte aufbauen.

21 Hinzuweisen ist auch darauf, dass ein solcher kollektiver Schutzzweck im Wortlaut der Normen keinen Niederschlag gefunden hat. Insbesondere trägt die Fokussierung auf die strafbare Handlung durch Beschäftigte der Zielsetzung des Lauterkeitsrechts, das Marktverhalten zu regeln, kaum Rechnung, obwohl dem **Geheimnisverlust** seitens des geschädigten Unternehmens häufig ein unlauterer **Wettbewerbsvorsprung** des Täters gegenüberstehen wird, der die gewonnene Information im Wettbewerb nutzt. Wollte man den lauteren Wettbewerb sichern, müsste daher nicht die Erlangung, sondern die Verwertung und Weitergabe durch den Wettbewerber sanktioniert werden. Umgekehrt kann ein Verstoß gegen §§ 17 ff. UWG nach geltendem Recht auch dann geahndet werden, wenn der unlauteren Erlangung des Geheimnisses keine Verwertung zu Wettbewerbszwecken folgt, sodass auch **keine (spürbare) Beeinträchtigung** des Wettbewerbs zu verzeichnen ist.

22 Den Gesetzesmaterialien und der letzten substantiellen Änderung durch das 2. Gesetz zur Bekämpfung der Wirtschaftskriminalität 1986[42] ist vielmehr zu entnehmen, dass ein wesentliches Motiv für den deutschen Gesetzgeber stets der **Schutz der inländischen Unternehmen gegen Industriespionage** zu Gunsten des Auslands war.[43] Dieser Schutzzweck erklärt sowohl die einzelnen Tatbestände, denen gemeinsam ist, dass sie stets einen Geheimnisbruch seitens eines Beschäftigten oder Vertragspartners voraussetzen; als auch die Ausdehnung des territorialen Anwendungsbereichs über § 5 Nr. 7 StGB auf Handlungen im Ausland zu Lasten eines deutschen Unternehmens. Der Individualschutz des Geheimnisträgers steht damit deutlich im Vordergrund.

23 Nicht abschließend geklärt ist allerdings, welches **Rechtsgut** des Geheimnisträgers geschützt wird, insbesondere ob es um die Respektierung der fremden Leistung gegen bestimmte Angriffsformen oder um den Schutz des Vermögens geht. Die Stellungnahmen im Schrifttum changieren und beschreiben das geschützte Rechtsgut als das Unternehmen als solches,[44] Vermögen,[45] unternehmerische Geheimnissphäre[46] oder als Teilaspekt des Rechts aus den eingerichteten und ausgeübten Gewerbebetrieb.[47] Jedenfalls in der älteren Rechtsprechung ist demgegenüber die Abwehr von Verhaltensweisen dominant, die als ungehörig oder unfair angesehen werden.

---

42 Dazu *Möhrenschlager*, wistra 1986, 137.

43 Vgl. *Köhler*/Bornkamm/Feddersen, UWG, § 17 Rn. 2.

44 GK/*Wolters* UWG, Band 3, § 17 Rn. 1.

45 MünchKomm/*Brammsen*, UWG, Vor § 17 Rn. 6; *Köhler*/Bornkamm/Feddersen, UWG, § 17 *Rn. 53.*

46 *Ohly*/Sosnitza, UWG, § 17 Rn. 49.

47 *Harte-Bavendamm*/Henning-Bodewig, UWG, § 17 Rn. 50.

Dogmatisch spiegelt sich dieser Unterschied in der **Kontroverse**, ob neben einer zivilrechtlichen Haftung über § 17 f. UWG i.V.m. § 823 Abs. 2 BGB auch ein Anspruch nach § 823 Abs. 1 BGB in Betracht kommt. Letzterer würde an sich voraussetzen, dass das Geheimnis als absolutes Recht geschützt ist oder einen integralen Teil des Rechts am eingerichteten und ausgeübten Gewerbebetrieb darstellt. Obwohl im Schrifttum die Anerkennung als absolutes Recht ganz überwiegend abgelehnt wird, mehren sich doch die Stimmen, die § 823 Abs. 1 BGB ›ausnahmsweise‹ anwenden möchten, um **Schutzlücken** zu schließen.[48] Dass solche Schutzlücken bestehen, steht aber außer Frage und ist letztlich Folge der veralteten Regelungstechnik.[49] **24**

Lücken treten insbesondere in zwei Fällen auf. Erstens wenn trotz eindeutigem objektiven Verstoß der **subjektive Tatbestand** nicht erfüllt ist oder nicht bewiesen werden kann. Dies gilt umso mehr, als nach § 823 Abs. 2 BGB auch für den an sich verschuldensunabhängigen Unterlassungsanspruch der subjektive Tatbestand des Schutzgesetzes erfüllt sein muss.[50] Lückenhaft ist der Schutz zweitens, weil ein Anspruch nur gegen den konkreten Verletzer in Betracht kommt.[51] Unzureichend ist das insbesondere, wenn der Mitbewerber die Information von einem Arbeitnehmer oder Geschäftspartner des Geheimnisträgers erlangt hat, dem Mitbewerber selbst aber keine Verletzung zur Last fällt.[52] Für beide Fälle scheint die Anwendung des § 823 Abs. 1 BGB als willkommener Ausweg, ist aber nicht unproblematisch, weil dann entgegen der restriktiven Fassung der §§ 17 ff. UWG Unterlassungs- und Schadensersatzansprüche nicht nur bei absichtlicher, sondern auch bei **fahrlässiger Verletzung** eines fremden Geschäftsgeheimnis gewährt werden müssten. Diese ›Lösung‹ ist damit überschießend und auch aus diesem Grund abzulehnen.[53] **25**

Übersehen wird zudem, dass die Bestimmung des verletzten Rechtsguts nicht nur für die Rechtsfolgen nach deutschem Zivilrecht, sondern auch für die Bestimmung des anwendbaren Rechts nach den Regeln des **Internationalen Privatrechts** von Bedeutung ist. Denn während das Vermögen üblicherweise am Sitz des geschädigten Unternehmens lokalisiert wird, kann bei der Erlangung, Verwertung oder Mitteilung ein davon gesonderter Handlungs- und Erfolgsort bestimmt werden. So kommt es bspw. für die internationale Zuständigkeit nach Art. 7 Nr. 2 **EuGVO** auf den Ort der Vor- **26**

---

48 Vgl. zu dieser Kontroverse schon *Kraßer*, GRUR 1970, 587, 594 f. sowie exemplarisch *Köhler*/Bornkamm/Feddersen, UWG, Vor § 17 Rn. 2. Für die Anwendung von § 823 Abs. 1 BGB nun auch *Ohly*, GRUR 2014, 1, 8.

49 So auch *Ohly*, GRUR 2014, 1, 5 f.; *Harte-Bavendamm*, FS Köhler (2004), S. 235, 236.

50 Ausführlich hierzu *McGuire*, GRUR 2016, 1000, 1002 m.w.N. A.A. soweit ersichtlich nur *Köhler*/Bornkamm/Feddersen, UWG, § 3a Rn. 1.84.

51 Vgl. *Kraßer*, GRUR 1970, 177, 182 f.

52 Vgl. *Bartenbach*, Patentlizenz- und Know-how-Vertrag (2013), Rn. 2572; *McGuire*, GRUR 2016, 1000, 1002 m.w.N.

53 Zu dieser Kontroverse vgl. *Harte-Bavendamm*/Henning-Bodewig, UWG, § 17 UWG Rn. 50, MünchKomm/*Brammsen*, UWG, § 17 Rn. 7; Ablehnend auch *Witz*, FS Bornkamm (2014), 513 f. und MünchKomm/*Wagner*, BGB, § 823 Rn. 156. Zweifelnd *Ann*, GRUR 2007, 39, 43; Vgl. auch die abweichende Einordnung bei *Ahrens*/*McGuire*, Modellgesetz für Geistiges Eigentum: Normtext und Begründung (2012), §§ 6 Abs. 4, 10 Buch 1.

nahme und den Ort der Rechtsgutsverletzung an, demgegenüber ist für die Anknüpfung nach Art. 6 (2) i.V.m. Art. 4 (1) **Rom-II-VO** der Ort der Rechtsgutverletzung maßgeblich. (*McGuire*, Einl. C. Rdn. 293) Hier wird bisher ersichtlich ohne Problembewusstsein an den Vermögensschaden angeknüpft,[54] obwohl das Vermögen als solches gerade nicht Schutzgut des § 823 BGB ist.

IV. Regelungstechnik

27 Die §§ 17 ff. UWG sind **strafrechtliche Verhaltensnormen**, die mit einer bestimmten Absicht vorgenommene, näher bestimmte Tathandlungen durch bestimmte Täter verbieten und dabei sogar nach der Art der verwendeten technischen Mittel differenzieren. Eine Zusammenschau der Tatbestände gibt dabei sowohl Auskunft über die auftretenden Gefährdungen im Unternehmensalltag, als auch über mögliche Schutzlücken.

28 Die in der Praxis wichtigste Norm ist der Verrat von Geschäftsgeheimnissen durch Beschäftigte nach **§ 17 Abs. 1 UWG**. Der Tatbestand hat im Wesentlichen drei Voraussetzungen, die zugleich den Anwendungsbereich und die praktische Bedeutung erheblich einschränken. Als Täter kommt nur eine bei dem Geheimnisträger beschäftigte Person in Betracht, die Handlung muss während der Dauer des Dienstverhältnisses erfolgen und sie muss zu Zwecken des Wettbewerbs vorgenommen werden

29 Der Tatbestand des **§ 17 Abs. 2 Nr. 1 UWG** ist insoweit deutlich weiter gezogen, als der Täter nicht auf Beschäftige beschränkt ist, sondern grundsätzlich jedermann (»wer«) in Betracht kommt. Allerdings sind die möglichen Tathandlungen abschließend geregelt, sodass der potentiell weite Anwendungsbereich wieder erheblich begrenzt wird. Denn Vorrausetzung für die Verletzung ist nicht nur, dass der Täter sich das Geschäftsgeheimnis unlauter verschafft oder sichert, sondern er muss sich hierfür technischer Mittel bedienen (lit. a), eine verkörperte Wiedergabe erstellen (lit. b) oder eine Sache wegnehmen, die das Geheimnis verkörpert (lit. c). Daraus folgt zugleich, dass als Tatobjekt nur ein Geheimnis in Betracht kommt, das in irgendeiner Form dokumentiert oder verkörpert ist. Nicht erfasst werden demgegenüber bspw. mündlich weitergegebene Informationen, etwa über eine Fertigungsmethode im Betrieb. Eine weitere Einschränkung ergibt sich aus der gesetzlichen Voraussetzung, dass die Handlung mit einem bestimmten Motiv erfolgen muss, d.h. in Wettbewerbsabsicht, aus Eigennutz, zugunsten eines Dritten oder mit der Intention, dem Unternehmen Schaden zuzufügen.

30 Gerade an diesen subjektiven Voraussetzungen wird es häufig fehlen, zumal die Rechtsprechung hier strikte Anforderungen stellt. So hatte etwa das AG Reutlingen[55] die Offenbarung eines Geschäftsgeheimnisses im Rahmen der Bewerbung bei einem neuen Arbeitgeber nicht als Verstoß gegen § 17 UWG gewertet, weil es an dem für eine strafrechtliche Sanktion erforderlichen Eigennutz fehle. Dies erscheint insoweit gerecht-

---

54 *Ohly*/Sosnitza, UWG, Einl. Rn. 21; *Köhler*/Bornkamm/Feddersen, UWG, Einl. Rn. 5.45; GK/*Klaas*, Einl. Rn. 236.

55 AG Reutlingen, 17.07.2014, 9 Ds 22 Js 23818/12, BeckRS 2014, 23457.

fertigt, als dem Arbeitnehmer eine strafrechtliche Sanktion droht, hat allerdings zur Folge, dass mangels Tatbestand dann häufig auch die zivilrechtliche Haftung entfällt,[56] sodass auch die Nutzung durch den neuen Arbeitgeber bzw. Mitbewerber zulässig bleibt.

Der Tatbestand des **§ 17 Abs. 2 Nr. 2 UWG** knüpft zunächst an eine Handlung nach **31**
§ 17 Abs. 1 oder Abs. 2 Nr. 1 UWG an, enthält aber außerdem eine generalklauselartige Ergänzung, »oder sich sonst unbefugt verschafft oder gesichert hat«, und stellt die Verwertung oder Mitteilung des solcherart rechtswidrig erlangten Geheimnisses unter Strafe. Die Bezugnahme auf die Tatbestände der unbefugten Erlangung setzen aber voraus, dass auch deren objektiver und subjektiver Tatbestand vollständig erfüllt ist. Hinzu kommen muss, dass die Verwertung oder Mitteilung unbefugt ist.

Von § 17 UWG strikt zu trennen ist der Tatbestand des **§ 18 UWG**. Die Regelung ist **32**
insoweit bemerkenswert, als der Wortlaut der Norm ein Betriebs- oder Geschäftsgeheimnis nicht voraussetzt, sondern nur insoweit anspricht, als die relevante Information dem Täter ›anvertraut‹ worden sein muss. Das setzt zwar voraus, dass die Vorlage nicht allgemein bekannt ist, nicht aber den Bestand eines Geheimnisses im Sinne des § 17 UWG. Allerdings ist er auf Vorlagen oder Vorschriften technischer Art beschränkt. Der limitierte Anwendungsbereich ist wohl der Tatsache geschuldet, dass der Gesetzgeber damit ursprünglich einen ganz konkreten Missstand, nämlich die Verwendung von Schablonen durch Lohnhersteller im Stickereigewerbe, vor Augen hatte. Dieses Regelungsziel spiegelt sich auch in der Beschränkung der potentiellen Täter auf Personen wieder, die die Information **im geschäftlichen Verkehr** erlangt haben. Damit ist jedenfalls der Arbeitnehmer im Verhältnis zum eigenen Unternehmen ausgeschlossen, während selbständig Tätige unabhängig davon erfasst werden, ob sie gewerblich oder freiberuflich tätig sind. Daher werden durch diese Regelung bspw. auch Rechts- und Patentanwälte, Wirtschaftsprüfer oder Ärzte erfasst.[57] Erfasst wird also insbesondere die Weitergabe durch Geschäftspartner.

Umstritten ist, ob auch **Privatpersonen** vom Kreis der Normadressaten umfasst sind. **33**
Das wird in der Lehre überwiegend bejaht,[58] in der Rechtsprechung verneint.[59] Schon die Diskussion ist aber jedenfalls ein weiterer Beleg dafür, dass der Geheimnisschutz im UWG systematisch Fehl am Platz ist.

Nach allen Tatbeständen der §§ 17 und 18 UWG setzt die Tathandlung nicht nur **34**
voraus, dass eine Information erlangt, verwertet oder mitgeteilt wird, sondern auch, dass dies **unbefugt** erfolgt.[60] Die Handlung muss also in einer Art und Weise erfolgen, die gegen die anständigen Gepflogenheiten verstößt.[61] Die Voraussetzung, dass die

56 *Köhler*/Bornkamm/Feddersen, UWG, § 17 Rn. 58.
57 *Köhler*/Bornkamm/Feddersen, UWG, § 17 Rn. 14.
58 *Harte-Bavendamm*/Henning-Bodewig, UWG, § 18 Rn. 2; *Köhler*/Bornkamm/Feddersen, UWG, § 18 Rn. 14.
59 So auch die Ausführungen von MünchKomm/*Brammsen*, UWG, § 18 Rn. 10.
60 Dazu ausführlich *Ohly*, GRUR 2014, 1, 6 f.
61 *Köhler*/Bornkamm/Feddersen, UWG, § 17 Rn. 21, 36.

Handlung unbefugt, d.h. rechtswidrig erfolgen muss, wird auf Basis einer **Interessenabwägung** beurteilt[62] und dabei in der Praxis ersichtlich als Stellschraube genutzt. So finden sich einerseits Entscheidungen, die annehmen, die Unbefugtheit sei durch den Tatbestand indiziert,[63] andere Entscheidungen, die diese letzte Voraussetzung als Korrektiv verwenden, um eine Verletzung letztlich abzulehnen.[64] Eine weitere Gemeinsamkeit der genannten Tatbestände besteht darin, dass der Versuch strafbar ist.

35 **§ 19 UWG** baut auf den Tatbeständen der §§ 17 und 18 UWG auf und stellt die Bestimmung und Anstiftung (Abs. 1) bzw. das Erbieten (Abs. 2) unter Strafe, setzt aber nicht voraus, dass die Handlung nach §§ 17 oder 18 UWG auch verwirklicht wurde; dann läge eine Tat- oder Teilnahmehandlung vor, die bereits nach den Grundtatbeständen strafbar wäre. Erfasst werden daher im Ergebnis (erfolglose) **Vorbereitungshandlungen**, bspw. das Angebot eines Arbeitnehmers im Rahmen einer Bewerbung bei der Konkurrenz oder die Bestechung eines Mitarbeiters.

36 In den §§ 17 ff. UWG unmittelbar angeordnet sind lediglich **strafrechtliche Konsequenzen**. Danach ist der Geheimnisbruch mit einer Freiheitsstrafe bis zu drei Jahren oder einer Geldstrafe bedroht. Bei besonders schweren Fällen ist eine Strafschärfung vorgesehen, wobei ein besonders schwerer Fall gewerbsmäßiges Handeln oder die geplante Verwertung im Ausland voraussetzt. Als Basis für **Strafverfahren** spielen die §§ 17 ff. UWG allerdings nur eine untergeordnete Rolle.[65] Als Gründe hierfür wird einerseits angeführt, dass das Strafverfahren das Geheimnis zusätzlich gefährdet, andererseits dass die strafrechtliche Verfolgung eines unredlichen Beschäftigten für das geschädigte Unternehmen keine substantiellen Vorteile bringt. Denn der Strafprozess sanktioniert den untreuen Arbeitnehmer, nicht das Unternehmen, das die gewonnene Information verwertet. Eine solche Sanktion ist daher nur dann von Interesse, wenn sich der ehemalige Arbeitnehmer selbständig macht und auf dem Markt als Konkurrent auftritt. Hier kann die strafrechtliche Verfolgung ausnahmsweise dazu dienen, den verlorenen Wettbewerbsvorsprung wieder herzustellen. Davon abgesehen, kann ein Strafprozess als **vorbereitende oder flankierende Maßnahme** für einen späteren Zivilprozess von Interesse sein.[66]

37 Der knappe Überblick über Tatbestände und Rechtsfolgen zeigt als Gemeinsamkeit auf, dass sie auf die Tathandlung fokussiert sind und an diese bzgl. Täter, Handlung und Motiv konkrete Anforderungen stellen. Dass bei der Kombination von drei sehr

---

62 Vgl. BGH, 16.11.1954, I ZR 180/53, GRUR 1955, 404 – *Anreißgerät*; BGH, 27.04.2006, I ZR 126/03, GRUR 2006, 1044 – *Kundendatenprogramm*; *Köhler*/Bornkamm/Feddersen, UWG, § 17 Rn. 59, 60; *Ohly*/Sosnitza, UWG, Vor §§ 17–19 Rn. 4 und § 17 Rn. 38 ff.

63 *Ohly*/Sosnitza, UWG, § 17 Rn. 26; vgl. zu diesem Problem der deliktischen Konzeption die treffende Kritik bei *Lemley*, in: *Dreyfuss/Strandburg*, The Law and Theory of Trade Secrets (2011), 109, 116 der Begriff sei ›*ultimately empty*‹ (128).

64 Vgl. *Köhler*/Bornkamm/Feddersen, UWG, § 17 Rn. 31 einerseits, Rn. 47 andererseits.

65 Götting/Nordemann/*Stier/Hasselblatt*, UWG, Vor §§ 17–19 UWG Rn. 10; *Ann/Loschelder/Grosch*, Praxishandbuch Know-how-Schutz (2010), Kap 6 Rn. 221.

66 Götting/Nordemann/*Stier/Hasselblatt*, UWG, Vor §§ 17–19 UWG Rn. 10; *Kiethe/Groschke*, WRP 2005, 1358, 1366.

konkret gefassten Tatbestandsvoraussetzungen potentiell Lücken verbleiben und damit Handlungen nicht erfasst werden, die denselben Unwertgehalt aufweisen, liegt auf der Hand. Dies gilt umso mehr, als das Motiv ›zu Zwecken des Wettbewerbs‹, ›aus Eigennutz‹ oder dem Inhaber des Unternehmens Schaden zuzufügen, nicht nur Vorsatz, sondern **Absicht** erfordert. Hinzu tritt, dass die vorgesehene Rechtsfolge dem legitimen Interesse des verletzten Unternehmens, das Geheimnis zu schützen und resultierende Wettbewerbsnachteile zu kompensieren, nicht Rechnung trägt.

V. Defizite & offene Fragen

1. Veraltete Regelungstechnik

38 Vor diesem Hintergrund ist anerkannt, dass der Schutz von Betriebs- und Geschäftsgeheimnissen im geltenden Recht ›stiefmütterlich‹[67] behandelt wird und erhebliche dogmatische und pragmatische Defizite aufweist.[68]

39 Aus dogmatischer Sicht ist einerseits problematisch, dass die Verankerung des Geheimnisschutzes als Teil des UWG historisch nachvollziehbar, aber spätestens seit der Reform 2004 wenig passend erscheint. Denn die ursprünglich bestehende gemeinsame Klammer, dass auch Vertrauens- und Geheimnisbruch als sittenwidrige Handlung angesehen wurden, ist durch die Weiterentwicklung des alten § 1 UWG zu § 3 UWG n.F. verloren gegangen. Auch hinsichtlich **Schutzzweck und Normadressaten** besteht zwischen den Tatbeständen der §§ 3 ff. UWG und §§ 17 ff. UWG zwar eine Schnittmenge, aber keine Übereinstimmung. Trotzdem wird wegen der Verankerung im UWG stets betont, dass der Geheimnisschutz als Teil des Lauterkeitsrechts dem Geheimnisträger kein Rechtsgut zuordnet.[69] Dass der dadurch gewährte Schutz damit gleichsam zwischen den Stühlen sitzt, wird nicht zuletzt durch die Diskussion belegt, bestehende Schutzlücken durch eine Haftung nach § 823 Abs. 1 BGB zu schließen. (Rdn. 24) Die Regelungstechnik ist angesichts der praktischen Funktion des Geheimnisschutzes aber auch insoweit defizitär, als die unlautere Handlung im Fokus steht. Obwohl über § 823 BGB als **deliktischer Schutz** ausgestaltet, lässt das Gesetz damit die zentralen Fragen nach geschütztem Rechtsgut, Geschädigtem und verbotener Eingriffshandlung offen.

40 Obwohl zumindest der Tatbestand des § 17 UWG das Geschäfts- oder Betriebsgeheimnis erwähnt, ist dieser Begriff weder definiert, noch geklärt, was das **geschützte Rechtsgut** ist. Auch hier spiegelt sich die Frage des Schutzzwecks.[70] Geht es um die Sanktion von **Verhaltensunrecht** kommt nur eine Anerkennung als Schutzgesetz i.S.v. § 823 Abs. 2 BGB in Betracht. Dient die Regelung dagegen dem Schutz des Geheimnisses als **selbständigem Rechtsgut**, käme die Anerkennung als sonstiges Recht i.S.v. § 823

67 *Ann*, GRUR 2007, 39; Ohly, GRUR 2014, 1.
68 *McGuire*, GRUR 2015, 424.
69 *Köhler*/Bornkamm/Feddersen, UWG, Vor § 17 Rn. 2; *Ohly*/Sosnitza, UWG, Vor §§ 17–19 Rn. 3.
70 *Köhler*/Bornkamm/Feddersen, UWG, § 17 Rn. 53; *Ohly*/Sosnitza, UWG, § 17 Rn. 2.

Abs. 1 BGB in läge nahe. Auch wenn die Rechtsprechung dem bislang zu Recht nicht gefolgt ist, tritt doch die Unvollständigkeit der gesetzlichen Regelung deutlich zutage.

41 Derselbe **Widerspruch** offenbart sich auch in § 17 Abs. 6 UWG, der auf **§ 5 Nr. 7 StGB** verweist und damit eine **Auslandstat** zu Lasten eines deutschen Unternehmens sanktioniert. Denn diese Ausdehnung zeigt deutlich, dass es hier nicht um Kontrolle von Marktverhalten, sondern um den Schutz des wirtschaftlichen Wertes geht. So spricht das Ziel, im deutschen Markt ein *level playing field* zu schaffen, generell dafür, dass das Lauterkeitsrecht auf sachrechtlicher Ebene auf Inlandssachverhalte beschränkt ist. Demgegenüber sollen die §§ 17 ff. UWG auch dann Anwendung finden, wenn das beanstandete Verhalten am Tatort nicht rechtswidrig ist, wenn und weil ein deutsches Unternehmen einen Schaden erleidet.[71] Dass diese Annahme mit dem neuen unionsrechtlichen Konzept in Konflikt geraten wird, liegt auf der Hand.[72]

42 Hinzu kommt, dass nicht der Eingriff in das Geheimnis *per se* sanktioniert wird, sondern nur die »unbefugte« Erlangung, Nutzung oder Offenbarung.[73] Diese für das Lauterkeitsrecht typische Abwägung im Einzelfall ist wenig geeignet, einen rechtssicheren Rahmen zu schaffen. Ob die Handlung unbefugt ist, lässt sich weder für den potentiellen Verletzer, noch für den Geheimnisträger verlässlich prognostizieren.[74] Als Beispiel hierfür lässt sich die kontroverse Diskussion um die Zulässigkeit des ***Reverse Engineering***[75] anführen.[76] Während dies nach tradierter Auffassung unzulässig sein soll, weil sich ein Wettbewerber durch die Analyse ein fremdes Leistungsergebnis zu Eigen macht, wird *Reverse Engineering* von anderen als zulässiges Mittel im Imitationswettbewerb angesehen. Hier wird der Begriff der unbefugten Erlangung letztlich durch eine rechtspolitische Frage aufgeladen, für deren Entscheidung weder die Materialien noch der Gesetzestext einen Anhaltspunkt liefern. Diese Rechtsunsicherheit erhöht naturgemäß auch das **Prozessrisiko**.

2. Strafrechtliches Bestimmtheitsgebot

43 Neben der Unvollständigkeit der Regelung ist aber auch die strafrechtliche Einkleidung an sich problematisch.[77] Als Straftatbestände unterliegen die §§ 17 ff. UWG dem **Bestimmtheitsgebot**[78] und sind folglich einer Lückenfüllung durch Analogie nicht zugänglich.[79] Daher kann eine in ihrem Unrechtsgehalt gleichwertige Handlung, die

---

71 Zur herrschenden Lehre vgl. Einleitung C Rdn. 295 ff.
72 Tochtermann, § 23 GeschGehG Rdn. 27.
73 Dazu ausführlich *Ohly*, GRUR 2014, 1, 6 f.
74 *Lemley*, in: *Dreyfuss/Strandburg*, The Law and Theory of Trade Secrets, 2011, 109, 128.
75 McGuire, § 3 GeschGehG Rdn. 16
76 Ausführlich hierzu Ohly, FS Strauss (2009), S. 535 ff.
77 Vgl. den Hinweis bei *Ohly*, GRUR 201, 1, 7, dass die strafrechtsakzessorische Regelungstechnik *aus dem europäischen Konzert* ausschert.
78 Art. 103 Abs. 2 GG.
79 BGH, 19.11.1982, I ZR 99/80, GRUR 1983, 179 – *Stapelautomat*.

aber nicht alle genannten Tatbestandsmerkmale erfüllt, nicht sanktioniert werden.[80] Aus demselben Grund ist es der Rechtsprechung auch versperrt, die Tatbestände weiterzuentwickeln, um sie an die neuen Medien und Technologien anzupassen. Dadurch wird zudem die gerade im UWG sonst zu beobachtende produktive Weiterentwicklung durch die Rechtsprechung sprichwörtlich ausgebremst. Während sich die Tatbestände der §§ 3 ff. UWG durch einen konstruktiven Dialog aus Rechtsprechung, Fallgruppenbildung im Schrifttum und Kodifikation seitens des Gesetzgebers herausgebildet haben, ist der Geheimnisschutz in seiner Substanz seit Erlass des UWG 1909 unverändert geblieben.

Unabhängig von der fehlenden Modernisierung ist aber auch die ausschließlich strafrechtliche Konzeption und **akzessorische Haftung** kritisch zu hinterfragen, weil die für die persönliche Strafbarkeit angemessenen, hohen Hürden, ebenso hohe – hier aber nicht angebrachte – Hürden für den zivilrechtlichen Schutz nach sich ziehen. **44**

3. Fehlende Rechtssicherheit für rechtsgeschäftliche Verwertung

Dass das geltende Recht das geschützte Rechtsgut nicht definiert, sondern Geheimnisse **45** nur gegen die unlautere Erlangung schützt, steht zugleich im offenkundigen Widerspruch mit der Praxis der rechtsgeschäftlichen Verwertung. Anerkannt ist in Rspr. und Lehre, dass der Geheimnisträger über Geschäftsgeheimnisse *»wie über ein gewerbliches Schutzrecht«*[81] verfügen kann, d.h. dieses veräußern oder lizenzieren kann.[82] Bezeichnender Weise offen bleibt dabei allerdings, was denn eigentlich **Gegenstand eines *»Know-how-Vertrages«*** ist.[83] Denn nach h.L. ist ein Betriebs- oder Geschäftsgeheimnis *»weder eine Sache noch ein Recht«*.[84] Soweit die dogmatischen Grundlagen hierfür überhaupt angesprochen werden, wird dabei verbreitet für die Übertragung § 929 BGB analog[85], für die Lizenzierung §§ 581 ff. BGB[86] herangezogen. Beides kann nicht überzeugen.

Relevant ist die Lücke, weil derjenige, der ein Geheimnis redlich erlangt hat, durch die **46** spätere (Weiter)Nutzung den Tatbestand der §§ 17 ff. UWG auch dann nicht erfüllt, wenn die vertragliche Grundlage für die Nutzung unwirksam ist oder später entfällt. Berühmt ist die BGH-Entscheidung *Dücko,*[87] in der ein Bäcker sein geheimes Rezept weiternutzte, nachdem es der Insolvenzverwalter veräußert hatte. Für das vom BGH

80 BGH, 26.02.2009, I ZR 28/06, GRUR 2009, 603 – *Versicherungsuntervertreter*; *Bartenbach*, Patentlizenz- und Know-how-Vertrag (2013), Rn. 2572.
81 Götting/Nordemann/*Stier/Hasselblatt*, UWG, Vor §§ 17–19 UWG Rn. 9.
82 *BGH, 25.01.1955,* I ZR 15/53, GRUR 1955, 388 – *Dücko;* BGH, 27.04.2006, I ZR 126/03, GRUR 2006, 1044 – *Kundendatenprogramm*; vgl. *Köhler*/Bornkamm/Feddersen, UWG, Vor § 17 Rn. 3 f; *Bartenbach*, Patentlizenz und Know-how-Vertrag (2013) Rn. 2531; *Ohly*/Sosnitza, UWG, Vor §§ 17–19 Rn. 4.
83 Vgl. schon *Kraßer*, GRUR 1970, 587, 595.
84 *Köhler*/Bornkamm/Feddersen, UWG, Vor § 17 Rn. 3.
85 Götting/Nordemann/*Stier/Hasselblatt*, UWG, Vor §§ 17–19 UWG Rn. 9.
86 Vgl. Jauernig/*Teichmann*, BGB, § 581 Rn. 2 m.w.N.
87 BGH, 25.01.1955, I ZR 15/53, GRUR 1955, 388 – *Dücko*.

ausgesprochene Nutzungsverbot bietet die lauterkeitsrechtliche Verhaltenspflicht keine Grundlage, denn er hatte das selbst entwickelte Rezept weder i.S.v. § 17 UWG unlauter erlangt, noch wurde es ihm i.S.v. § 18 UWG anvertraut. Die Frage, ob jemand ein Geheimnis weiterhin berechtigt nutzt, lässt sich bei Geltung der §§ 17 ff. UWG nicht sinnvoll stellen.

47 Um eine dogmatisch konsistente Erklärung für die geltende Praxis zu entwickeln und das Regelungsgefüge des Zivilrechts fruchtbar zu machen, muss das **Geheimnis als geschütztes Gut** anerkannt werden.[88] Nur dann kann die Übertragung als **Zuordnungswechsel** begriffen werden. Die faktisch stets mögliche Nutzung durch den früheren Geheimnisträger stellt einen Eingriff in den Zuweisungsgehalt des Erwerbers dar und ist gerade deswegen rechtswidrig. Dann ergibt auch die dem UWG an sich fremde, für den Geheimnisschutz aber anerkannte,[89] dreifache Schadensberechnung Sinn.

4. Rechtsfolgensystem

48 Selbst im Fall einer eindeutigen Verletzung bleibt unsicher, ob sich die Durchsetzung lohnt. Denn der wirtschaftliche Schaden resultiert aus dem Verlust des **Wettbewerbsvorsprungs**, wenn das betroffene Unternehmen der Nachahmung oder Substitution seiner Produkte auf dem Markt ausgesetzt ist.[90] Dem Geheimnisträger ist daher mit der Verurteilung des Mitbewerbers zu einer Geld- oder Freiheitsstrafe nach §§ 17 ff. UWG nicht geholfen. Es gilt vielmehr, seine **Marktposition** zu sichern oder zurückzuerobern. Das würde voraussetzen, dass nicht nur der unmittelbare Verstoß, d.h. die Erlangung, Nutzung oder Weitergabe, sondern der Produktvertrieb unterbunden wird. Ein solcher auf das Produkt bezogener **Beseitigungs- oder Unterlassungsanspruch** wird aber nach geltendem Recht nur ausnahmsweise gewährt,[91] wenn ein unmittelbarer Zusammenhang zwischen dem unlauteren Vorgehen und der als Fruchtziehung beanstandeten Handlung besteht.[92] Umgekehrt wird ein gewährter Unterlassungsanspruch nur ausnahmsweise zeitlich befristet.[93]

49 Hier fehlt ein spezifisch auf Geschäftsgeheimnisse zugeschnittenes **zivilrechtliches Rechtsfolgensystem**. Das in den **§§ 8 ff. UWG** vorgesehene, kollektiv geprägte Rechtsfolgensystem passt für den Geheimnisschutz nicht, die inhaltlich passenden Normen der Sonderschutzgesetze sind nicht anwendbar. Der Rückgriff auf die **§§ 823 ff. BGB** trägt der Besonderheit der Verletzung ohne Entzug einer Sache aber nicht ausreichend Rechnung. Besonders offen tritt dieses Problem beim Schutz von kaufmännischen Geschäftsgeheimnissen zu Tage. Verschafft sich der Verletzer bspw. durch

---

88 Vgl. den Regelungsvorschlag bei *Ahrens/McGuire*, Modellgesetz für Geistiges Eigentum: Normtext und Begründung (2012), § 6 Abs. 4 Buch 1, II.5. f.

89 BGH, 18.02.1977, I ZR 112/75, GRUR 1977, 539 – *Prozessrechner*; vgl. *Köhler*/Bornkamm/Feddersen, UWG, § 17 Rn. 58.

90 INS-Studie 2013, (aaO Fn. 15), S. 44.

91 Vgl. *Köhler*/Bornkamm/Feddersen, UWG, § 17 Rn. 64.

92 So jüngst BGH, 16.11.2017, I ZR 160/16, GRUR 2018, 535 – *Knochenzement II.*

93 BGH, I ZR 99/80, GRUR 1983, 179, 181 – *Stapelautomat*; vgl. *Ohly*/Sosnitza, UWG, § 17 Rn. 52.

Erkenntnisse über eine Marketingmethode oder eine Marktnische einen Wettbewerbsvorsprung, so schlägt sich dieses Geheimnis nicht unmittelbar in den angebotenen Produkten nieder, sodass diese nach geltendem Recht nicht makelbehaftet sind.[94] Auch der Unterlassungsanspruch analog § 1004 BGB geht daher ins Leere, weil erlangtes Wissen nicht gelöscht werden kann. Für Rückruf bzw. die Vernichtung der Ware[95], die für die Wiederherstellung der Marktposition erforderlich wären, fehlt aber eine Rechtsgrundlage.

Umstritten, angesichts der anstehenden Reform aber nicht mehr von Interesse ist, ob **50** die deutsche Regelung damit **TRIPS-konform** ist.[96] Hier erscheint einerseits problematisch, dass die Straftatbestände sehr konzise gefasst sind und daher deutlich enger als der von TRIPS geforderte Schutz gegen Vertragsbruch, Vertrauensbruch und Verleitung zum Erwerb durch Dritte gezogen ist. Andererseits verpflichtet das TRIPS die Vertragsstaaten auch dazu, für einen effektiven Rechtsschutz zu sorgen. Gerade daran fehlt es aber, wie gezeigt, sowohl wegen der strikten Strafrechtsakzessorietät der Tatbestände als auch der fehlenden Ausformung des Rechtsfolgensystems.

5. Prozessualer Geheimnisschutz

Anerkannt ist schließlich, dass der effektiven Durchsetzung bisher erhebliche Hinder- **51** nisse entgegenstehen,[97] weil spezifische Normen für den prozessualen Geheimnisschutz fehlen.[98] Legt der Kläger in der Klageschrift Bestand und angebliche Verletzung seines Geheimnisses substantiiert dar, könnte bereits die Zustellung der Klage dazu führen, dass der Beklagte das Geheimnis lauter erlangt.[99] Spätestens die **öffentliche, mündliche Verhandlung** birgt das Risiko, dass das Geheimnis offenbar wird. Die bestehende Möglichkeit zum Ausschluss der Öffentlichkeit nach § 172 GVG ist unzureichend, weil sie nicht automatisch eingreift, wenn ein Geschäftsgeheimnis Streitgegenstand ist, und auch erst in der mündlichen Verhandlung angeordnet werden kann. Das kann[100] zu der absurden Konsequenz führen, dass ausgerechnet durch den angestrebten Rechts-

94 Vgl. *Köhler*/Bornkamm/Feddersen, UWG, § 17 Rn. 64.

95 Vgl. die Möglichkeit nach US-amerikanischem Recht, durch Beschwerde bei der International Trade Secret Commission den Import von Waren zu verhindern, die auf Basis des unbefugt erlangten Geheimnisses hergestellt wurden.

96 Während Vertreter der Lehre darauf aufmerksam gemacht haben, dass das deutsche Recht den – auch für Know-how geltenden – Anforderungen des Art. 43 TRIPS nicht gerecht wird (vgl. exemplarisch *Ahrens*, GRUR 2005, 837; *König*, Mitt 2002, 153, 155 ff.; *Ibbeken*, Das TRIPS-Übereinkommen und die vorgerichtliche Beweishilfe im gewerblichen Rechtsschutz *(2004), 330 ff., 364)* hatte der Gesetzgeber Umsetzungsmaßnahmen nicht für erforderlich gehalten (Denkschrift BT-Drs. 12/7655 347).

97 Ausführlich dazu *McGuire*, GRUR 2015, 424, 427 f.

98 *Doepner*, FS Tilmann (2003), 105; *Rojahn*, FS Loewenheim (2009), 251; *Bornkamm*, FS Ullmann (2006), 893; so auch *Ohly*, GRUR 2014, 1, 2.

99 Ausführlich dazu *McGuire*, GRUR 2015, 424, 427 ff.

100 Vgl. die Empfehlung eine ›leere‹ Klage einzureichen und erst nach Ausschluss der Öffentlichkeit zu substantiieren, *Kiethe/Groeschke*, WRP 2005, 1358 ff.; *Ann/Loschelder/Grosch*, Praxishandbuch Know-how-Schutz (2010), Kap. 7 Rn. 46.

schutz das zu schützende Rechtsgut entfällt. Liegt aber kein Geheimnis mehr vor, kommt auch aus diesem Grund ein Unterlassungsanspruch nicht mehr in Betracht. Der Geheimnisträger kann zwar Schadensersatz verlangen, die Mitbewerber aber nicht an der Nutzung der nunmehr offenkundigen Information hindern.

52 Dasselbe Problem tritt bereits im Vorfeld auf. Denn schon die **Abmahnung** erscheint riskant, weil die Beschreibung der zu unterlassenden Handlung die möglicherweise (teilweise) doch noch geheime Information offenbaren würde und zudem dem Verletzer mitgeteilt würde, bevor dieser sich zur Verschwiegenheit verpflichtet hat. Steht damit eine Abmahnung nicht zur Verfügung, steigen damit zugleich die als zu hoch kritisierten[101] Kosten der Rechtsverfolgung.

53 Trotz der hohen Schadenssummen über die in diversen Studien berichtet wird, werden pro Jahr bundesweit ca. 250 Strafverfahren eingeleitet und nur etwa **20 Zivilverfahren** anhängig gemacht.[102] Die geringe Anzahl von veröffentlichten Entscheidungen, in denen es dem Geheimnisträger gelungen ist, einen Unterlassungs- oder Schadensersatzanspruch auf Basis der § 17 ff. UWG i.V.m. §§ 823, 1004 BGB geltend zu machen, bestätigt die fehlende Effizienz des Rechtsschutzsystems.

C. Die EU-Geschäftsgeheimnis-RL

I. Anlass für die Reform

54 Anlass für die Harmonisierung auf der Ebene der EU ist primär die Überlegung, dass die **heterogene Ausgestaltung** des Geheimnisschutzes die **grenzüberschreitende Kooperation** zwischen Unternehmen im Binnenmarkt behindert. Denn bereits die Frage, welche Voraussetzungen eine Information erfüllen muss, um als geschütztes Geheimnis anerkannt zu werden, wird in den Mitgliedstaaten unterschiedlich beantwortet. Darf die Information aber auch nur in einem Mitgliedstaat frei verwertet werden, weil sie dort die Schutzvoraussetzungen nicht erfüllt, besteht naturgemäß das Risiko, dass sie dort offenbart wird und dadurch faktisch auch der Schutz in allen anderen Mitgliedstaaten entfällt. Grenzüberschreitende Transaktionen sind daher mit einem erheblichen Risiko belastet, das Unternehmen mit gutem Grund scheuen. Das betrifft nicht nur den Technologietransfer im engeren Sinn, sondern generell den Austausch von Personal, die Zusammenarbeit in arbeitsteiligen Prozessen, das *Outsourcing* von Leistungen und die effiziente Beschaffung von Bauteilen durch mehrgliedrige Lieferketten.

55 Diverse **Studien und Umfragen** belegen, dass vielen Unternehmen wirtschaftlicher Schaden durch den Abfluss relevanten Wissens – sei es durch Geschäftspartner oder

101 Diese werden als ein Grund für den Verzicht auf Durchsetzung genannt, vgl. INS-Studie 2013, (aaO Fn. 15), S. 43.

102 Fezer/Büscher/Obergfell/*Rengier*, UWG, § 17 Rn. 5; Einleitung RegE Begründung S. 19.

frühere Arbeitnehmer – entsteht.[103] Im Einzelfall kann der Geheimnisverrat und die darauf basierende unlautere Nachahmung einem Unternehmen sprichwörtlich die Geschäftsgrundlage entziehen.[104]

Hinzu kommt, dass Einordnung und Rechtsgrundlage für den Geheimnisschutz in vielen Mitgliedstaaten mit einer Unsicherheit behaftet sind. Während einige Staaten lauterkeitsrechtliche Verbote kennen, sind die betreffenden Normen in anderen Mitgliedstaaten – zum Teil beschränkt auf technisches Know-how – im Recht des Geistigen Eigentums zu finden. Daneben treten ggflls. Vertrags- oder Deliktsrecht. Neben die Diskrepanz zwischen den verschiedenen Schutzkonzepten tritt das Problem, dass es in einigen Mitgliedstaaten an einer expliziten Rechtsgrundlage fehlt, sodass die Informations- und **Transaktionskosten** zu hoch sind, die **Rechtssicherheit** zu gering ist.[105] Erhebliche Unterschiede bestehen zudem hinsichtlich der **Rechtsfolgen**. Während in vielen Mitgliedstaaten im Wesentlichen die auch bei einer Schutzrechtsverletzung gewährten Ansprüche und Behelfe vorgesehen sind, steht in manchen Mitgliedstaaten ein Unterlassungsanspruch per se nicht zur Verfügung oder dieser steht unter einem Verhältnismäßigkeitsvorbehalt. Die Unsicherheit, ob Schutz gewährt wird, zieht also entsprechende Unklarheit über verfügbare Rechtsbehelfe, Zuständigkeit und anwendbares Recht nach sich. **56**

Auch die EU-Kommission sieht die **geringe Anzahl von Prozessen als Indikator** für die Ineffizienz des Schutzes an. Neben den Kosten wird auch hier als Grund angesehen, dass selbst ein gewonnener Prozess den verlorenen Marktvorsprung in der Regel nicht kompensieren kann.[106] **57**

II. Entstehung der RL

Gestützt auf Art. 114 AEUV hat die Europäische Kommission im **November 2013** einen ersten **Vorschlag für eine Richtlinie zur Harmonisierung des Geheimnisschutzes** vorgelegt.[107] Obwohl die Regelungsinitiative überwiegend begrüßt wurde,[108] regte sich gegen den konkreten Vorschlag allerdings zunächst erheblicher Widerstand.[109] Er **58**

103 Study on Trade Secrets and Confidential Business Information in the Internal Market, MARKT/2011/128/D (April 2013), S. 13, abrufbar unter: http://ec.europa.eu/internal_market/iprenforcement/docs/trade-secrets/130711_final-study_en.pdf.; INS – Studie 2013, Status quo des Know-how-Schutzes im Maschinen- und Anlagenbau, abrufbar unter: http://pks.vdma.org/article/-/articleview/2716634, S. 3.

104 Vgl. exemplarisch *Brambusch/Haindl*, Der Feind in meinem Büro, Capital 1/2016, 81 ff.

105 Vgl. dazu die Studie der EU-Kommission (oben Fn. 19), S. 3 ff.

106 Vgl. auch EG 24; *Rojahn*, FS Loewenheim (2009), 251 ff.

107 Vorschlag für eine Richtlinie über den Schutz vertraulichen Know-hows und vertraulicher Geschäftsinformationen (Geschäftsgeheimnisse) vor rechtswidrigem Erwerb sowie rechtswidriger Nutzung und Offenlegung vom 28.11.2013, KOM (2013) 813 endg.

108 *Ohly*, GRUR 2014, 1, 11; *Rauer*, GRUR Prax 2014, 1; Stellungnahme MPI, GRUR Int 2014, 554; Stellungnahme DGRI, CR 2014, 211.

109 Exemplarisch Stellungnahme MPI, GRUR Int 2014, 554, 555 ff.

war einerseits den handwerklichen Mängeln[110] des Entwurfs geschuldet,[111] andererseits der Sorge, dass ein zu starker Geheimnisschutz den freien Meinungsaustausch gefährden könnte.[112] Gerade in Deutschland wurde zudem – nicht zuletzt wegen der Kontroverse um die Zulässigkeit des *Reverse Engineering* – wiederholt die Sorge geäußert, das Schutzniveau könnte abgesenkt werden.[113] Außerdem wurden Bedenken geäußert, ob das vorgesehene *in camera*-Verfahren dem Recht auf rechtliches Gehör der Gegenpartei ausreichend Rechnung trägt.

59 Diesen Bedenken hat im **Mai 2014** eine **überarbeitete Ratsfassung**[114] jedenfalls teilweise Rechnung getragen. So wurden die offensichtlichen handwerklichen Fehler bei der Formulierung der Verletzungstatbestände bereinigt[115], die Verjährungsfrist auf ein vernünftiges Maß verlängert und der prozessuale Schutz um einen Vorbehalt zu Gunsten des Prozessgegners ergänzt.[116]

60 In dieser Fassung wurde die Richtlinie über den Schutz vertraulichen Know-hows und vertraulicher Geschäftsinformationen (Geschäftsgeheimnisse) vor rechtswidrigem Erwerb sowie rechtswidriger Nutzung und Offenlegung **(Geschäftsgeheimnis-RL)**[117] am **08.06.2016** verabschiedet.

III. Regelungsziel: Innovations- statt Vermögensschutz

61 Vielleicht der bedeutendste Unterschied zwischen der Richtlinie und dem tradierten deutschen Recht ergibt sich aus dem unterschiedlichen Regelungsziel. Denn ausweislich der Erwägungsgründe dient die RL dazu, nicht das Vermögen an sich, sondern die **Geheimnissphäre** der (kleineren und mittleren)[118] Unternehmen zu schützen.[119] Dabei macht sich die RL den Ansatz der **ökonomischen Analyse** zu eigen, dass der Geheimnisschutz gar nicht dazu dient, Geheimnisse zu schützen – das ist nur ein aus der Sicht der Unternehmen wünschenswerter Nebeneffekt –, sondern im Gegenteil

---

110 Vgl. die treffende Analyse bei *Harte-Bavendamm*, FS Köhler (2014), S. 235, 238 f.

111 Vgl. zur Kritik an der ursprünglichen Fassung, bspw. die Vermengung von Rechtswidrigkeit und Verschulden, insb. Stellungnahme des MPI, IIC 2014, 953, 960.

112 Vgl. aber die Kritik an der unberechtigten Kritik bei *Lejeune*, CR 2016, 330, 334.

113 DAV Stellungnahme, 34/14, 10; GRUR, Stellungnahme vom 19.03.2014, S. 4; Vgl. aber *Ohly*, GRUR 2014, 1, 7, sowie *Witz*, FS Bornkamm (2014), 513, 517, die diese Öffnung begrüßen.

114 Ratsdokument 9870/14 vom 19.05.2014; Vgl auch den Bericht des EP A8–9999/2015, vom 19.06.2015.

115 S. dazu *Harte-Bavendamm*, FS Köhler (2014), S. 235, 242 ff. sowie die jetzt geänderten Art. 4 GeschGeh-RL bzw. § 4 GeschGehG.

116 S. dazu Art. 9 (2) GeschGehRL bzw. § 15 GeschGehG.

117 Richtlinie über den Schutz vertraulichen Know-hows und vertraulicher Geschäftsinformationen (Geschäftsgeheimnisse) vor rechtswidrigem Erwerb sowie rechtswidriger Nutzung und *Offenlegung, vom 08.06.2016*, ABl. EU L 157, 1.

118 Vgl. zum besonderen Fokus auf KMU Erwägungsgrund 2.

119 Vgl. EG 16.

dazu, die **Verbreitung von Wissen und den Technologietransfer** zu fördern.[120] Durch einen starken rechtlichen Schutz sollen übertriebene faktische Schutzmaßnahmen entbehrlich werden, die eine produktive Zusammenarbeit im bzw. zwischen Unternehmen bislang verhindern.[121] Dadurch werden Effizienzverluste vermieden.[122]

Hinzu tritt die Überlegung, dass Geschäftsgeheimnisse häufig eine **Vorstufe von absoluten Schutzrechten** darstellen, sodass eine Gefährdung des Geheimnisses – sei es wegen entgegenstehender Priorität oder mangelnder Neuheit – auch die spätere Schutzerlangung verhindern würde.[123] Der Geheimnisschutz soll also zu einem produktiven Umfeld für kreative Leistungen beitragen und Anreize für die Investition in Innovation schaffen.[124] Die Anklänge an den US-amerikanischen ***Trade Secrets Act***[125] sind unverkennbar.[126] 62

Dieser **abweichende Schutzzweck** – nämlich die Förderung von Innovation – durchzieht die gesamte Richtlinie. Er ist maßgeblich dafür verantwortlich, dass der Fokus von der unlauteren oder deliktischen Handlung hin zu Geheimnisinhaber und Schutzgegenstand verschoben wird. Besonders deutlich zeigt sich das in **Aufbau und Regelungsgehalt** der RL, die der aus dem Recht des Geistigen Eigentums bekannten Systematik entsprechen.[127] Die am Schutzgegenstand orientierte Regelung und die Benennung der vom Geheimnisschutz betroffenen Personen – das sind neben dem Geheimnisinhaber und dem angeblichen Verletzer auch Arbeitnehmer, Geschäftspartner und die Öffentlichkeit –, erlauben einen differenzierten Interessenausgleich. Dieser spiegelt sich im Rechtsfolgensystem, das sich an der Enforcement-RL[128] anlehnt, aber auf das legitime Interesse des gutgläubigen Nutzers eines fremden Geheimnisses Rücksicht nimmt und das Haftungsrisiko entsprechend beschränkt.[129] Die Festlegung des geschützten Gegenstands sowie der erlaubten, verbotenen und gerechtfertigten Handlungen schafft Verlässlichkeit und **Rechtssicherheit**. 63

---

120 Zu diesem Ansatz: *Friedman/Landes/Posner*, Some Economics of Trade Secret Law, Journal of Economic Perspectives 5/1991, 61 ff.; *Lemley*, in: *Dreyfuss/Strandburg*, The Law and Theory of Trade Secrets (2011), 109 m.w.N.; so auch *Ohly*/Sosnitza, UWG, Vor §§ 17–19 Rn. 4.

121 Erwägungsgrund 3, 8, 9.

122 *Siems*, WRP 2007, 1146, 1149; dieser ökonomischen Begründung folgt im Ergebnis auch *Ohly*, GRUR 2014, 1, 2 f.

123 Vgl. RL-Vorschlag Allgemeine Begründung, S. 2 Am Anfang aller Rechte des geistigen Eigentums steht ein Geheimnis.

124 Vgl. EG 4.

125 Dabei handelt es sich um ein Modellgesetz aus 1979/1985, das in 48 Bundesstaaten umgesetzt worden ist. Das US-Recht zum Schutz von Geschäftsgeheimnissen wird außerdem durch den Economic Espionage Act (EEA) 1996 sowie den Defend Trade Secrets Act (DTSA) 2016 ergänzt.

126 Vgl. jüngst *Lejeune*, CR 2016, 330 ff.; zum US-amerikanischen Recht auch *Ann/Grosch/Loschelder*, Praxishandbuch Know-how-Schutz (2010), Kap. 12 sowie die Beispiele bei *Siems*, WRP 2007, 1146.

127 Ausführlich zur Systematik der RL *McGuire*, GRUR 2016, 1000, 1005 ff.; A.A. *Lejeune*, CR 2016, 330, 331, der von einem lauterkeitsrechtlichen Ansatz ausgeht.

128 Richtlinie 2004/48/EG des Europäischen Parlaments und des Rates vom 29.04.2004.

129 Dazu *Hofmann*, WRP 2018, 1 ff.; *Tochtermann* § 11 GeschGehG Rdn. 1.

64 Praktisch relevant ist der Schutzzweck aber auch für Verständnis und Auslegung der einzelnen Normen. Ein gutes Beispiel hierfür ist die Kontroverse um das ***Reverse Engineering***: Geht es um den Schutz der (deutschen) Wirtschaft, ist es konsequent, dass jeder Wettbewerbsvorteil aus der Nutzung einer fremden Leistung suspekt erscheinen muss. Geht es dagegen nur darum, den Schutz der Privatsphäre des Unternehmens im Vorfeld der Patentierung oder Markteinführung[130] zu schützen, bestehen auch gegen *Reverse Engineering* keine Bedenken, weil Idee und Produkt mit der Markteinführung die geschützte Geheimsphäre des Unternehmens verlassen. Der Mitbewerber eignet sich durch die Analyse eines auf dem Markt erhältlichen Produkts lediglich das Wissen an, ohne die Geheimnissphäre des fremden Unternehmens zu verletzen. Die RL bewertet das Verhalten daher als eine zulässige Form des Imitationswettbewerbs als positiv.[131] Da die RL aber die Geheimsphäre des Unternehmens sowie Innovation im Vorfeld einer Schutzrechtsanmeldung schützen will, ist es nach der RL möglich, *Reverse Engineering* durch Geschäftspartner, denen das Geheimnis im Vorfeld der Markteinführung anvertraut wurde, vertraglich auszuschließen.[132]

IV. Regelungsinhalt

65 Dem **schutzrechtsähnlichen Ansatz** entsprechend definiert die RL in den Erwägungsgründen sowohl den Schutzzweck, als auch die zu berücksichtigenden Interessen und bestimmt im operativen Teil Anwendungsbereich, Schutzvoraussetzungen, Schutzumfang und Schranken sowie das Rechtsfolgensystem. Mit den Rechtsakten zum Geistigen Eigentum gemeinsam hat die RL aber auch, dass die Grundlagen für die rechtsgeschäftliche Verwertung vernachlässigt werden.

66 Die RL ist formal in **vier Kapitel** gegliedert: Kapitel 1 enthält zentrale Begriffsdefinitionen und legt dadurch zugleich den Anwendungsbereich fest. Kapitel 2 dient der Umsetzung und Konkretisierung des Art. 39 TRIPS, enthält also im Wesentlichen materiell-rechtliche Schutzvorschriften. Kapitel 3 etabliert Mindeststandards für die effektive Rechtsdurchsetzung. Kapitel 4 enthält die gewohnten administrativen Vorschriften für die Begleitung der Umsetzungsmaßnahmen durch die Mitgliedstaaten.

67 **Art. 1** (1) Satz 1 RL legt den **Anwendungsbereich** fest. Geschützt werden Geschäftsgeheimnisse vor rechtswidrigem Erwerb, Nutzung und Offenbarung. Die Terminologie weicht dabei von der unter Geltung des UWG tradierten Unterscheidung zwischen Betriebs- und Geschäftsgeheimnissen insoweit ab, als der Begriff des Geschäftsgeheimnisses als Oberbegriff für technisches Know-how und kaufmännische Geschäftsinformationen verwendet wird. Wie Erwägungsgrund 14 klarstellt, ist damit aber keine inhaltliche Änderung, insbesondere keine Einschränkung verbunden. Art. 1 (1) Satz 2 RL stellt klar, dass es sich grundsätzlich um eine Mindestharmonisierung handelt, sodass die Mitgliedstaaten nach HS. 1 einen weitergehenden Schutz gewähren dürfen. Der 2. Halbsatz enthält aber die Einschränkung, dass die im Anschluss genannten

---

130 *Ohly*, in: *Ohly/Sosnitza*, *UWG*, Vor §§ 17–19 Rn. 4.
131 EG 16.
132 Vgl. § 4 GeschGehG Rdn. 33.

Artikel eingehalten werden. Tatsächlich erscheint das Regel-Ausnahme-Verhältnis zwischen **Mindest- und Vollharmonisierung** damit umgekehrt. Im Ergebnis werden den Mitgliedstaaten primär die prozessuale Gestaltung und die Details des Rechtsfolgensystems überlassen.

Art. 2 RL enthält eine Reihe von **Begriffsbestimmungen**, darunter den zentralen Begriff des Geschäftsgeheimnisses, des Rechtsverletzers sowie des rechtsverletzenden Produkts. Schon daraus ergibt sich eine wichtige Weichenstellung, als der Begriff des Geschäftsgeheimnisses eine angemessene Geheimhaltungsmaßnahme voraussetzt, also enger ist als nach geltendem Recht. Demgegenüber sind Eingriff und Unterlassungsanspruch tendenziell weiter, weil nur ein objektiver Eingriff (kein subjektives Verschulden) gefordert ist, und Unterlassung, Rückruf und Vernichtung bereits dann zur Verfügung stehen, wenn die angebotene Ware oder Dienstleistung auf dem Geheimnis beruht. **68**

Art. 3 RL begrenzt den Schutz von Geschäftsgeheimnissen durch die Definition rechtmäßiger Handlungen. Diese **Schranken** sind zwingend und erlauben neben der Doppelerfindung (lit. a), insbesondere das *Reverse Engineering* (lit. b) sowie Nutzung im Rahmen der Interessenvertretung von Arbeitnehmern (lit. c). Hinzu kommt eine Öffnungsklausel zu Gunsten des nationalen Rechts (lit. d). Ob sie praktische Bedeutung erlangt, hängt naturgemäß von der jeweiligen Umsetzung ab. **69**

Art. 4 RL normiert mit den rechtswidrigen Handlungen die Abwehrrechte des Geheimnisinhaber und legt damit in der Sache den **Schutzumfang** fest. Denn alles was dem Dritten nach Abs. 2–5 verboten wird, wird umgekehrt dem Inhaber vorbehalten. Der Eingriff nach Abs. 2 und 3 ist objektiv zu beurteilen, das Verschulden erst im Rahmen des Schadensersatzanspruchs relevant. Auch die mittelbare Verletzung nach Abs. 4 und Abs. 5 baut auf einer objektiv rechtswidrigen Handlung auf, setzt aber die Kenntnis von der Rechtswidrigkeit der unmittelbaren Handlung voraus.[133] Der Schutz erstreckt sich auf alle Produkte, die durch den Geheimnisbruch makelbehaftet sind.[134] Um den ›gutgläubigen‹ mittelbaren Verletzer zu schützen, sieht die RL aber einen Verhältnismäßigkeitsvorbehalt[135] vor, der den mittelbaren Verletzer im Ergebnis ›nur‹ zur Entrichtung einer ›Lizenzgebühr‹ verpflichtet, die übrigen Rechtsbehelfe dagegen abschneidet. **70**

Art. 5 RL enthält eine Liste von **Rechtfertigungsgründen**, in denen trotz einer tatbestandsmäßigen Verletzungshandlung keine Rechtsfolgen eingreifen.[136] Meinungsäußerung, Whistleblowing sowie die Interessenvertretung werden explizit genannt und durch eine Öffnungsklausel zu Gunsten des nationalen Rechts ergänzt.[137] **71**

133 Vgl. EG 29, Art. 4 (4) und 5, Art. 13 (3) RL.
134 Vgl. Art. 2 Nr. 4 RL.
135 EG 21, Art. 7, 11 (2), 13 (3).
136 Vgl. den Einleitungssatz »Die Mitgliedstaaten stellen sicher, dass ein Antrag abgelehnt wird, wenn …«.
137 Vgl. EG 19 f. und den Hinweis auf Art. 11 EU-GrCharta.

72 **Art. 6** RL verpflichtet die Mitgliedstaaten – wie Art. 4 Enforcement-RL – dazu, **effektive Maßnahmen**, Verfahren und Rechtsbehelfe vorzusehen. **Art. 7** RL ergänzt, dass die angeordneten Maßnahmen keine Handelshemmnisse errichten dürfen, verhältnismäßig sein müssen und geeignete Mechanismen vorzusehen sind, die eine **missbräuchliche Ausnutzung** der Rechtsbehelfe durch den Antragsteller bzw. Kläger verhindern. **Art. 8** RL gibt dem Gesetzgeber auf, die **Verjährungsfrist** einschließlich der Modalitäten ihrer Berechnung festzulegen, wobei die Frist 6 Jahre nicht überschreiten darf.

73 Die Kernbestimmung für den prozessualen Geheimnisschutz, **Art. 9** RL, steckt den Rahmen für die Abwägung zwischen dem Recht des Geheimnistinhabers auf effektiven Rechtsschutz und dem des Prozessgegners auf ein faires Verfahren ab.[138] Neben einem zeitlich über das Verfahren hinausreichenden Verbot der Nutzung oder Weitergabe von durch den Prozess erlangten Geheimnissen, ist ein Bündel von **prozessualen Mindeststandards** vorgesehen, das bspw. den Ausschluss der Öffentlichkeit, die Beschränkung der Teilnahme von Parteivertretern sowie die vertrauliche Abfassung der Entscheidung umfasst.

74 Das Rechtsfolgensystem enthält in den **Art. 10 und 11** RL spezifische Vorgaben für den **einstweiligen Rechtsschutz**, wobei Art. 10 RL die dem Geheimnisinhabers zur Verfügung stehenden Rechtsbehelfe, insbesondere ein vorläufiges Nutzungs- und Vertriebsverbot, vorgibt, während Art. 11 RL im Interesse des angeblichen Verletzers Anforderungen an Glaubhaftmachung, Interessenabwägung und eine Entschädigungspflicht für unberechtigte Maßnahmen vorsieht.

75 Die **materiellen Ansprüche** finden sich in den Art. 12 ff. RL, die allerdings nach englischer Tradition in Befugnisse des Gerichts eingekleidet sind. Art. 12 RL listet die Rechtsbehelfe auf, die das nationale Recht vorsehen muss. Nach Art. 13 RL kommt ein Unterlassungsanspruch schon dann in Betracht, wenn ein objektiv[139] rechtswidriger Eingriff nach Art. 4 RL vorliegt, während **Schadensersatz** nach **Art. 14** RL zusätzlich subjektives Verschulden erfordert. Für diesen gelten die aus der Durchsetzungs-RL bekannten Berechnungsmodalitäten.

76 Die **Art. 16 – 19** RL dienen dazu, die Mitgliedstaaten zu einer effektiven Umsetzung anzuhalten. So muss das nationale Recht nach Art. 16 RL die Möglichkeit vorsehen, dass die Missachtung vom Gericht angeordneter Maßnahmen angemessen bspw. durch **Zwangsgeld** sanktioniert wird. Art. 17 RL sieht einen **Informationsaustausch** zwischen den Mitgliedstaaten, Art. 18 RL eine **Berichtspflicht** sowohl des EUIPO als auch der Europäischen Kommission vor. Art. 19 RL normiert eine zweijährige **Umsetzungsfrist**, Art. 20 RL das Datum des Inkrafttretens.

---

138 Vgl. Erwägungsgrund 25.

139 Die Kenntnis bzw. das Kennenmüssen ist lediglich dann Tatbestandsmerkmal, wenn der Geheimnisbruch von einem Dritten verübt wurde, der das Geheimnis an den (indirekten) Verletzer weitergegeben hat, vgl. Art. 4 (4) und 5.

V. Vorgaben für Umsetzung

Nach Art. 19 RL war die Geheimnisschutzrichtlinie bis zum **09.06.2018** in nationales Recht umzusetzen. Bislang sind soweit ersichtlich Umsetzungsgesetze erst in Belgien,[140] Dänemark,[141] Frankreich[142] und Großbritannien[143] in Kraft getreten, praktisch in allen EU-Mitgliedstaaten ist aber zumindest das Gesetzgebungsverfahren aufgenommen worden.[144] 77

Dass die Umsetzung der Richtlinie längere Zeit in Anspruch nimmt, als vom EU-Gesetzgeber vorgesehen, ist nicht nur dem politischen Ablauf in den Mitgliedstaaten,[145] sondern auch der RL selbst geschuldet. Denn diese ist nicht nur in Regelungsdichte und -umfang erheblich, sondern auch einem spezifischen Schutzkonzept verpflichtet, das im Vergleich zu den bestehenden Regeln erhebliche Abweichungen aufweist und einen entsprechend **umfangreichen Umsetzungsbedarf** auslöst. Das gilt gerade auch für Deutschland.[146] 78

Die RL lässt sich nicht einheitlich als **Mindest- oder Vollharmonisierung** charakterisieren. Zwar handelt es sich nach Art. 1 (1) Satz 2 RL grundsätzlich um eine Maßnahme der Mindestharmonisierung.[147] Davon ausgenommen sind aber nach S. 2 eine ganze Reihe zentraler Vorschriften (*McGuire*, § 1 GeschGehG Rdn. 8),[148] sodass der **Spielraum** hinsichtlich des materiellen Rechts für den nationalen Gesetzgeber **nicht mehr allzu groß** bleibt. Gerade darin liegt – trotz des ähnlichen Wortlauts – der entscheidende Vorteil gegenüber Art. 39 TRIPS, der zwar in allen Mitgliedstaaten gilt, aber nicht zu einer substantiellen Harmonisierung geführt hat. 79

Umgekehrt sind die Vorgaben zur prozessualen Durchsetzung explizit nur als Mindestmaßnahmen ausgestaltet, weil hier eine enge **Abstimmung** mit dem **nationalen Prozessrecht** notwendig ist. Der nationale Gesetzgeber muss also insbesondere die Rahmenbedingungen, bspw. die sachliche und örtliche Zuständigkeit, Form und Frist für den Antrag auf Schutzmaßnahmen und die Rechtsbehelfe festlegen. Die RL beschränkt sich diesbezüglich auf die Anordnung, dass die Maßnahmen fair und gerecht, nicht 80

140 EUR-Lex – 72016L0943BEL_261878, Loi relative à la protection des secrets d'affaires, veröffentlicht am 14.08.2018.

141 EUR-Lex – 72016L0943DNK_259394, Lo vom forretningshemmeligheder, veröffentlicht am 26.04.2018.

142 EUR-Lex – 72016L0943FRA_263115, LOI n° 2018–670 du 30 juillet 2018 relative à la protection du secret des affaires, veröffentlicht am 31.07.2018.

143 EUR-Lex – 72016L0943GBR_260645, INTELLECTUAL PROPERTY The Trade Secrets (Enforcement etc.) Regulations, veröffentlicht am 09.06.2018.

144 Vgl. den Statusbericht unter https://eur-lex.europa.eu/legal-content/EN/NIM/?uri=CELEX:32016L0943.

145 Vgl. etwa den Hinweis auf die Bundestagswahl bei *Ann*, GRUR Prax 2016, 465; *Hauck*, WRP 2018 Editorial Heft 6.

146 Vgl. zum Reformbedarf *Kalbfus*, GRUR 2016, 1009 und *McGuire*, GRUR 2016, 1000.

147 Vgl. die Kritik bei *Aplin*, IIC 2015, 940 ff. sowie *Koos*, MMR 2016, 224, 228.

148 Art. 3, 5, 6, 7 (1), 8, 9 Abs. 1 Satz 2, (3) und 4, 10 (2), 11, 13 und 15 (3).

unnötig kompliziert, kostspielig oder zögerlich sowie wirksam und abschreckend sein müssen.

81 Fraglich ist, ob die RL auch die **dogmatische Konzeption** verbindlich vorgibt. Denn rechtsvergleichend lassen sich drei ganz unterschiedliche Modelle beobachten:[149] In einigen Mitgliedstaaten ist der Schutz lauterkeitsrechtlich ausgestaltet, der Schwerpunkt liegt hier – wie in §§ 17 ff. UWG – auf dem Verbot, sich das Geheimnis unbefugt zu verschaffen. Andere Mitgliedstaaten stellen die geschützte Information in den Vordergrund und erkennen das Geheimnis als Geistiges Eigentum an und normieren es auch in diesem Kontext. Einige Mitgliedstaaten verfolgen dasselbe Ziel, in dem der Verrat als *breach of confidence* oder sogar strafrechtlich sanktioniert wird.

82 Diese **heterogene Regelungstechnik** ist nicht nur historischen Zufällen, sondern auch einer Besonderheit des Schutzes von Geschäftsgeheimnissen geschuldet, die die klare Zuordnung zwischen Lauterkeitsrecht oder Geistigem Eigentum erschwert: der Tatsache, dass der wirtschaftlich relevante und der juristisch geschützte Gegenstand nicht identisch sind. Während nämlich ein Unternehmen die Information, bspw. eine Kundenliste oder einen Herstellungsprozess, geheim halten will, um durch die alleinige Verwendung einen Wettbewerbsvorsprung zu erzielen, zielen die Regeln zum Geheimnisschutz im Kern ›nur‹ darauf ab, den Geheimnisbruch zu verhindern.

83 Dessen ungeachtet nimmt die RL eine klare **Zuordnung zum Recht des Geistigen Eigentums** vor. Sie ergibt sich insbesondere aus dem Aufbau der Richtlinie, der korrespondierenden Definition des Geschäftsgeheimnisses und des Eingriffs sowie aus dem Rechtsfolgensystem. Hinzu tritt, dass die Geheimnisschutz-RL Vorrang vor der Enforcement-RL beansprucht (EG 39), damit aber zugleich anerkennt, dass auf Letztere zur Lückenfüllen zurückgegriffen werden kann. Mit dieser stimmt sie auch bzgl. Zielsetzung (Innovationsförderung), Normadressaten (Unternehmen) und Regelungsaufgabe (Ausgleich des erhöhten Schutzbedarfs für ubiquitärer Güter) überein.[150] Bezeichnenderweise liegt auch die Berichtspflicht beim EUIPO. Für die Einordnung als Geistiges Eigentum spricht zudem die explizite Regelung einer möglichen Konkurrenz zu anderen Schutzrechten,[151] während ein paralleler Schutz durch das Lauterkeitsrecht dem nationalen Recht vorbehalten wird.[152]

84 Der von einem Teil des Schrifttum postulierte **lauterkeitsrechtliche Ansatz**[153] ist abzulehnen. Zentrales Argument ist, dass die RL weder Anforderungen an Schutzgegenstand und Schöpfungshöhe, noch eine Registrierung fordere.

Übersehen wird, dass Art. 2 Nr. 1 RL durchaus Schutzvoraussetzungen vorsieht und einer Qualifikation als Schutzrecht auch nicht entgegen steht, wenn dieses ipso iure

149 Vgl. dazu die Studie von Hogan Lovells, MARKT/2011/128/D/2013.
150 EUR-Lex – 72016L0943GBR_260645, INTELLECTUAL PROPERTY The Trade Secrets (Enforcement etc) Regulations.
151 EG 39.
152 EG 10.
153 *Lejeune*, CR 2016, 330, 331.

entsteht. Auch das Argument, dass die RL explizit kein Exklusivrecht an der Information gewährt,[154] steht der Zuordnung zum Geistigen Eigentum nicht entgegen. Denn einerseits muss ein Recht des Geistigen Eigentums – wie das nicht eingetragene Gemeinschaftsgeschmacksmuster belegt – nicht notwendig als Ausschließlichkeitsrecht konzipiert sein.[155] Auch ein bloßer Nachahmungsschutz kann als (unvollkommenes) Schutzrecht ausgestaltet sein.[156] Andererseits wird durch EG 16 nur ein Exklusivrecht »an der Information« ausgeschlossen, nicht aber, dass das ›Geheimnis‹ ein subjektives Recht darstellt.[157] Letzteres wäre angesichts der Tatsache, dass der Berechtigte als »Geheimnisinhaber« angesprochen wird, auch widersprüchlich. Zu Recht wird dem »neuen Schutzrecht« daher eine Nähe zum Immaterialgüterrecht attestiert.[158] In der Tat sprechen das Ziel der Innovationsförderung und das auf einer Zuordnung aufbauende Schutzkonzept dafür, Geschäftsgeheimnisse als Rechte des Geistigen Eigentums anzuerkennen. Vorzugswürdig erscheint allerdings der Begriff der ›sonstigen Schutzposition‹.[159]

Der Schutz von Geschäftsgeheimnissen wird damit als **subjektives Recht**, aber explizit **nicht als Ausschließlichkeitsrecht** konzipiert. Das ergibt sich nicht nur aus EG 16, sondern auch aus der Schranke der Doppelerfindung nach Art. 3 (1) lit. a) RL. Denn derjenige, der aus eigener Kraft dasselbe Wissen erlangt, handelt rechtmäßig und darf daher keinen Beschränkungen unterworfen werden. Daraus folgt, dass Schutz nicht gegen die Nutzung der Information an sich, sondern nur des fremden Geheimnisses gewährt werden darf. Dieser im Vergleich zu den tradierten Schutzrechten abgeschwächte Schutz ist beabsichtigt und erforderlich. Er rechtfertigt sich gerade daraus, dass an die Entstehung des Schutzes weder gegenständliche (Schutzobjekt), inhaltliche (Schöpfungshöhe) noch formelle (Registerverfahren) Anforderungen gestellt werden. **85**

Da das **Ziel der Harmonisierung** gerade nicht nur auf der Anhebung des Schutzniveaus, sondern in der für die grenzüberschreitende Kooperation erforderlichen **Homo- 86**

154 Stellungnahme des MPI, GRUR Int. 2014, 554, 555; *Hauck*, NJW 2016, 2218.

155 Vgl. Art. 19 (2) GGVO: Das nicht eingetragene Gemeinschaftsgeschmacksmuster gewährt seinem Inhaber das Recht, die in Absatz 1 genannten Handlungen zu verbieten, jedoch nur, wenn die angefochtene Benutzung das Ergebnis einer Nachahmung des geschützten Musters ist.

156 Zu dieser Diskussion *McGuire*, GRUR 2016, 1000 m.w.N.

157 *McGuire*, GRUR 2016, 1000, 1005 ff.

158 Stellungnahme des DAV Nr. 36/2014, S. 6: *»Rechtsgut, das zumindest eine Vorstufe zu einem Recht des Geistigen Eigentums darstellt«*; *Hauck*, WRP 2018, Editorial Heft 6; Vgl. auch *Köhler*/*Bornkamm*/*Feddersen*, UWG, Vor § 17 Rn. 2, der aber die Einordung als Geistiges Eigentum ausdrücklich ablehnt, Rn. 12. Das gilt umso mehr, als Geschäftsgeheimnisse schon bisher in einigen Mitgliedstaaten als Geistiges Eigentum anerkannt sind, so bspw. in Italien, Lettland, Rumänien, Schweden, der Slowakei und Spanien; Studie (o. Fn. 19), S. 26, ausführlich dazu *McGuire*, GRUR 2016, 1000, 1005 ff.

159 Zu dieser Differenzierung *Ahrens*/*McGuire*, Modellgesetz für Geistiges Eigentum: Normtext und Begründung (2012), §§ 6 Abs. 4, 10, 144 Buch 1; zustimmend *Ohly*/Sosnitza, UWG, Vor §§ 17–19 Rn. 4, der von einem *›unvollkommenen Immaterialgüterrecht‹* spricht; ähnlich *Harte-Bavendamm*/Henning-Bodewig, UWG, Vor §§ 17–19 Rn. 2.

genität liegt,[160] ist diese Konzeption als **subjektive Schutzposition** für alle Mitgliedstaaten verbindlich. Ein rein lauterkeitsrechtlicher Schutz wäre daher ebenso wenig RL-konform, wie eine Ausgestaltung als absolutes Schutzrecht an der Information. Praktische Bedeutung hat diese Einordnung für die von der RL vorausgesetzte Möglichkeit zur vertraglichen Disposition sowie für die Bestimmung des anwendbaren Rechts nach Art. 6 bzw. Art. 8 Rom-II-VO (*McGuire*, Einl. C. Rdn. 293).

D. Die (geplante) Umsetzung in Deutschland

I. Geschäftsgeheimnisgesetz

87 Die RL betritt aus deutscher Sicht sowohl inhaltlich, als auch durch die gewählte Regelungstechnik, Neuland und generiert einen entsprechend großen Umsetzungsbedarf. Dies betrifft zunächst den Begriff des Geschäftsgeheimnisses, der bisher von der Rechtsprechung geprägt, zugleich aber mit einiger Unsicherheit belastet ist. Zudem wird der Schutzumfang durch die Erstreckung auf rechtswidrige Produkte erheblich ausgedehnt. Die verfahrensrechtlichen Regelungen bieten die Gelegenheit, eine empfindliche und seit langem kritisierte Schutzlücke zu schließen.

88 Zu Recht[161] hat der deutsche Gesetzgeber die anfängliche Zurückhaltung gegenüber den Harmonisierungsbemühungen[162] überwunden und sich entschieden, den Geheimnisschutz aus den §§ 17–19 UWG herauszulösen. Anfang **April 2018** hat das BMJ zunächst einen **Referentenentwurf für ein Gesetz zum Schutz von Geschäftsgeheimnissen**[163] (RefE) veröffentlicht. Während sich der Referentenentwurf im Aufbau eng an die RL angelehnt hat, waren bei der Formulierung der einzelnen Regelungen erhebliche Kürzungen und terminologische Abweichungen zu beobachten. Obwohl diese durchweg lediglich dem Ziel geschuldet waren, die zum Teil unglückliche deutsche Sprachfassung der RL zu glätten, stießen die vielen kleinen Abweichungen auf Kritik. Zu Recht wurde moniert, dass der Bedeutungsgehalt nicht vollständig übereinstimmte und die abweichende Formulierung der richtlinienkonformen Auslegung abträglich sei.[164] Vorgeschlagen wurden außerdem eine Reihe von Verbesserungen bei den prozessualen Regelungen sowie die Beibehaltung des fliegenden Gerichtsstands.

---

160 Zum Ziel, die Konvergenz der Vorschriften der Mitgliedstaaten zu stärken Begründung S. 8.

161 *Kalbfus*, GRUR 2016, 1009, 1016; *McGuire*, GRUR 2016, 1000, 1008; Vgl. schon *Ahrens/McGuire*, Modellgesetz für Geistiges Eigentum: Normtext und Begründung (2012), § 10 Buch 1; einen Reformbedarf konstatiert auch *Ohly*, GRUR 2014, 1, 2.

162 Vgl. exempl. *Gaugenrieder*, BB 2014, 1987; Kritik äußern auch die Stellungnahme des MPI, GRUR Int 2014, 554, 555 f.; DAV Stellungnahme, Nr. 34/14, 10; GRUR Stellungnahme vom 19.03.2014, 4.

163 Referentenentwurf des Bundesministeriums der Justiz und für Verbraucherschutz zur Umsetzung der Richtlinie (EU) 2016/943 zum Schutz von Geschäftsgeheimnissen vor rechtswidrigem Erwerb sowie rechtswidriger Nutzung und Offenlegung, abrufbar unter: https://www.bmjv.de/SharedDocs/Gesetzgebungsverfahren/Dokumente/RefE_GeschGehG.pdf.

164 *Würtenberger/Freischem*, GRUR Stellungnahme, GRUR 2018, 708.

Der Kritik der beteiligten Fachkreise an der Abweichung von der RL, nicht aber an der Abschaffung des fliegenden Gerichtsstands, wurde durch den im Juli 2018 veröffentlichten **Regierungsentwurf**[165] (GeschGehG-E) weitgehend Rechnung getragen. **89**

Zwischenzeitlich liegen eine **Stellungnahme des Bundesrates**[166] sowie eine Gegenäußerung der Bundesregierung[167] vor. Die Unstimmigkeiten betreffen insbesondere die besonders kontroverse Schranke des Whistleblowing in § 5 RegE und in diesem Zusammenhang den Umfang des Auskunftsanspruchs nach § 8 RegE.[168] Auch die verschuldensunabhängige Haftung des Unternehmens nach § 12 RegE wird als zu weit gehendes Haftungsrisiko kritisiert.[169] Demgegenüber wurde die Grundentscheidung, die RL durch ein neues Geschäftsgeheimnisgesetz umzusetzen, soweit ersichtlich, nicht beanstandet. **90**

Die Schaffung eines **neuen Stammgesetzes** trägt zugleich der Tatsache Rechnung, dass sich der Kreis der Normadressaten des UWG (geschäftlich Handelnde/Mitbewerber) und des Geheimnisschutzgesetz (jedermann, insb. Geschäftspartner, Arbeitnehmer) unterscheiden. Ein erheblicher Vorteil besteht schließlich darin, dass das Geschäftsgeheimnisgesetz in Regelungsumfang und -dichte deutlich über die §§ 17–19 UWG hinausgeht und damit zur Transparenz beiträgt. **91**

Die Benennung als **Geschäftsgeheimnisgesetz** und insbesondere die amtliche Abkürzung GeschGehG ist nicht nur auf Zustimmung gestoßen.[170] Sie ist gewöhnungsbedürftig, hat aber den Vorteil, dass sie für die neue Schutzform auch einen neuen Rechtsbegriff etabliert und dadurch die Begriffsverwirrung beendet. So wurde im Schrifttum tradiert das Begriffspaar Betriebs- und Geschäftsgeheimnis verwendet, obwohl anerkannt ist, dass eine konzise Unterscheidung weder möglich noch erforderlich ist.[171] Der vom TRIPS vorgezeichnete Begriff der ›nicht offenbarten Information‹ hat sich als zu schwerfällig nicht durchgesetzt. Auch die Bezeichnung als ›Know-how‹ ist problematisch, weil er in der Alltagssprache auch für Kenntnisse ohne Geheimnischarakter verwendet wird und daher zu weit gerät. Demgegenüber wird Know-how in der Technologietransfer-VO als ›Gesamtheit nicht patentierter praktischer Kenntnisse‹ definiert.[172] **92**

---

165 Gesetzentwurf der Bundesregierung zur Umsetzung der Richtlinie (EU) 2016/943 zum Schutz von Geschäftsgeheimnissen vor rechtswidrigem Erwerb sowie rechtswidriger Nutzung und Offenlegung, abrufbar unter: https://www.bmjv.de/SharedDocs/Gesetzgebungsverfahren/Dokumente/RegE_GeschGehG.pdf.

166 BT-Drs. 19/4724, Anlage 3, S. 46.

167 BT-Drs. 19/4724, Anlage 4, S. 49.

168 Vgl. BT_Plenarprotokoll 19/55, S. 6070B ff. und den Vorschlag für ein Gesetz zur Förderung von Transparenz und zum Diskriminierungsschutz von Hinweisgeberinnen und Hinweisgebern (Whistleblower-Schutzgesetz), BT Drs. 19/4558.

169 BT-Drs. 19/4724, Anlage 3, S. 48.

170 Vgl. *Hauck*, WRP 2018 Editorial Heft 6.

171 So schon das Reichsgericht, 03.10.1890, RGSt 21, 90, 91; so auch *Ohly*/Sosnitza, UWG, Vor §§ 17–19 Rn. 1.

172 Art. 1 (1) lit. i) VO (EU) Nr. 316/2014 der Kommission über die Anwendung von Art. 101 (3) des Vertrages über die Arbeitsweise der Europäischen Union auf Gruppen von Technologietransfer-Vereinbarungen, ABl. vom 28.03.2014, L 93/17.

Das ist nicht nur problematisch, weil der Begriff auf technische Informationen verengt wird, sondern auch weil dadurch ein Doppelschutz während der Anmeldephase scheinbar ausgeschlossen wird.

93 Der **neue Begriff des Geschäftsgeheimnisses** ist eine Übersetzung des international anerkannten Begriff *Trade Secrets.*[173] Es handelt sich um einen Rechtsbegriff, der dem bislang auch im Schrifttum zu Recht bevorzugten ›Unternehmensgeheimnis‹ entspricht. Sieht man von der ungelenken Abkürzung ab, ist die **neue Begriffsbildung** daher auch in der Sache vorzuziehen.[174]

94 Dies gilt umso mehr, als sich der Regierungsentwurf eng am **Text der Richtlinie orientiert**. Eine Abweichung ergibt sich nur insoweit, als die materiellen Ansprüche – der deutschen Systematik folgend – nicht in die prozessualen Vorschriften eingebettet werden und das deutsche Umsetzungsgesetz zum Teil über den Regelungsbereich der RL hinausgeht, insbesondere auch einen Straftatbestand normiert. Die fast wortgleiche Übernahme vieler Bestimmungen aus der Richtlinie sichert nicht nur die RL-Konformität,[175] sondern auch die Offenheit für die Auslegung und Weiterentwicklung durch die Gerichte anderer Mitgliedstaaten und des EuGH. Allerdings hat der deutsche Gesetzgeber von dem durch die RL geöffneten **Umsetzungsspielraum** auch dort keinen Gebrauch gemacht, wo die Beschränkung auf einen Mindeststandard ersichtlich das Ziel hatte, den Mitgliedstaaten zu ermöglichen, Maßnahmen vorzusehen, die sich reibungslos in das nationale Prozessrecht einfügen.[176]

95 In **Abschnitt 1** werden zunächst Schutzzweck und Anwendungsbereich bestimmt (§ 1 RegE). Dem folgen die fast wörtlich übernommenen Begriffsbestimmungen (§ 2 RegE), die Festlegung der erlaubten Handlungen (§ 3 RegE), die Handlungsverbote (§ 4 RegE) und die Rechtfertigungsgründe (§ 5 RegE). **Abschnitt 2** enthält mit Beseitigung und Unterlassung (§ 6 RegE), Rückruf und Vernichtung (§ 7 RegE), Auskunft (§ 8 RegE) und Schadensersatz (§ 10 RegE) die bekannten Rechtsbehelfe. Neu ist, dass die Durchsetzung in mehrfacher Hinsicht unter einem Verhältnismäßigkeitsvorbehalt sowie einem allgemeinen Missbrauchsvorbehalt steht (§ 14). **Abschnitt 3** enthält prozessuale Sonderregelungen für Geschäftsgeheimnisstreitsachen. Sie sind zukünftig den Landgerichten zugewiesen und einer Zuständigkeitskonzentration zugänglich (§ 15). Neu ist, dass ein Geheimnis auf Antrag als geheimhaltungsbedürftig klassifiziert und allen Verfahrensbeteiligten die Weitergabe und Nutzung untersagt werden kann (§ 16), wobei im Fall eines Verstoßes auch ein Ordnungsmittel droht (§ 17). Sofern der Bestand eines Geschäftsgeheimnisses nicht rechtskräftig verneint wird, überdauert die Geheimhaltungsanordnung das Prozessende (§ 18). Nicht dem Schutz vor der Öffentlichkeit, sondern vor dem Prozessgegner dient die Beschränkung der Personen, die Zugang zu Akten und Verhandlung haben (§ 19). Dieselben Maßnahmen stehen auch im eV-Verfahren zur Verfügung (§ 20). Wie im UWG sind die Veröffentlichung des

---

173 So auch die amtliche englische Fassung der RL.

174 A.A. *Hauck, WRP 2018* Editorial Heft 6.

175 Zustimmend Stellungnahme der GRUR vom 22.05.2018, GRUR 2018, 708, A.4., B. 1.

176 Zu Recht kritisch *Schlingloff,* WRP 2018, 666 ff.

Urteils (§ 21) und eine Streitwertbegünstigung (§ 22) vorgesehen. Die bisher in §§ 17–19 UWG vorgesehenen Strafnormen werden in **Abschnitt 4** in einer neuen Vorschrift zusammengefasst (§ 23).

II. Dogmatische Konzeption & Regelungstechnik

Durch die Normierung als **eigenständiges Stammgesetz** hat der Gesetzgeber zwar eine Festlegung auf die umstrittene Zuordnung als Lauterkeitsrecht oder als Recht des Geistigen Eigentums elegant vermieden. Schutzvoraussetzungen, Eingriff und Rechtsfolgen weisen aber große Ähnlichkeiten mit den Sonderschutzgesetzen auf,[177] sodass davon auszugehen ist, dass Rechtsprechung und Praxis sich auch an den parallelen Bestimmungen in anderen Rechtsakten zum Geistigen Eigentum und insbesondere der Enforcement-RL orientieren werden.[178] Umso bedauerlicher ist, dass die prozessualen Rahmenbedingungen des RegE – bspw. Zuständigkeit oder Streitwert – ohne nähere Prüfung den §§ 8 ff. UWG nachgebildet sind (§ 15 GeschGehG, Rdn. 11). **96**

Dessen ungeachtet ergibt sich der Wechsel der **dogmatischen Konzeption** aber unmittelbar aus dem Wortlaut des Gesetzes. Denn wie in der RL, definiert das Geschäftsgeheimnisgesetz den Schutz aus der Perspektive des – in § 2 RegE eigens definierten – Geheimnisinhabers und ordnet ihm durch § 4 RegE bestimmte Nutzungshandlungen positiv zu. Die dem Geheimnisinhaber zugeordnete Rechtsposition wird zu Gunsten berechtigter Interessen der Allgemeinheit durch Schranken (§ 3 RegE) bzw. Rechtfertigungstatbestände (§ 5 RegE) beschränkt. Erfüllt eine Handlung aber den Tatbestand der in § 4 RegE enthaltenen ›*Blacklist*‹[179], ist sie objektiv rechtswidrig;[180] auf das Verschulden kommt es erst im Rahmen des Schadensersatzes an.[181] Praktische Konsequenz ist insbesondere, dass dem Geheimnisinhaber auch dann ein Unterlassungsanspruch gegen den Mitbewerber zustehen kann, wenn der unmittelbare Täter mangels subjektiver Elemente nicht ersatzpflichtig ist. **97**

Im Ergebnis wird der Schutz von Know-how zu einer **Schutzposition** aufgewertet. Dem Geheimnisinhaber wird ein **positives Nutzungsrecht** und ein **negatives Abwehrrecht** zugebilligt, über das er auch durch Rechtsgeschäft disponieren kann. Allerdings bezieht sich der Schutz nur auf die Wahrung des Geheimnisses, nicht auf die vom Geheimnis umfasste Information, sodass der Eingriff nicht in der Nutzung der Information an sich, sondern viel enger nur im **Vertrauens- oder Geheimnisbruch** liegt. **98**

---

177 Für eine Zuordnung zum Recht des Geistigen Eigentums und parallele Regelung der Rechtsfolgen schon *Ahrens/McGuire*, Modellgesetz für Geistiges Eigentum: Normtext und Begründung (2012), § 10 Buch 1, S. 50 ff.

178 Zu Ähnlichkeiten und notwendigen Abweichungen vgl. *Ahrens/McGuire*, Modellgesetz für Geistiges Eigentum: Normtext und Begründung (2012), § 10 Buch 1; Für analoge Anwendung *Stadler*, ZZP 2019, 261, 282; Für Berücksichtigung *Ohly*/Sosnitza, UWG, Vor §§ 17–19 Rn. 7.

179 So treffend *Koos*, MMR 2016, 224, 225.

180 Vgl. Art. 2 Nr. 3 (›rechtswidrig‹) einerseits, Art. 14 (1) (›wusste oder wissen musste‹) andererseits.

181 Vgl. Art. 10 RL.

Im Übrigen wird ein zu weitreichenden Schutz wie bei den absoluten Schutzrechten durch Schutzschranken und eine Beschränkung der Abwehrrechte vermieden.

99 Die **Strafrechtsakzessorietät** entfällt, zivilrechtliche Haftung und strafrechtliche Sanktion werden entkoppelt. Die zivilrechtlichen Regelungen finden sich in Abschnitt 1 bis 3 und normieren objektive Voraussetzungen des Eingriffs (§ 4 RegE) sowie die subjektiven Voraussetzungen der Haftung (§§ 6 f. RegE) gesondert. Zugleich ist die neue Regelung flexibler, weil der Tatbestand zu Gunsten berechtigter Interessen der Allgemeinheit durch Schranken (§ 3 RegE) bzw. Rechtfertigungstatbestände (§ 5 RegE) begrenzt wird. Der Schutz des Geheimnisinhabers und Zugang durch Dritte schließen sich nicht mehr notwendig aus.

100 Davon getrennt findet sich in § 23 RegE ein Straftatbestand, er ist nicht Voraussetzung für die Haftung, sondern unterstreicht den zivilrechtlichen Schutz durch eine strafrechtliche Sanktion. Praktische Konsequenz der getrennten Regelung ist zugleich, dass die problematische Ausweitung des **territorialen Anwendungsbereichs** jedenfalls nur für die in der Praxis wenig bedeutsamen Strafverfahren, nicht aber für die zivilrechtlichen Rechtsfolgen gilt.[182]

101 Zwar lässt die Richtlinie formal das Recht der Mitgliedstaaten zur Regelung **strafrechtlicher Tatbestände** unberührt.[183] Trotzdem ist die vom Wortlaut des § 23 RegE erfasste Verletzung durch eine Handlung im Ausland kritisch auf ihre RL-Konformität zu prüfen. Angesichts der Tatsache, dass Art. 3 (2) RL eine Öffnungsklausel enthält, ist es durchaus denkbar, dass Handlungen, die nach dem GeschGehG rechtswidrig sind, in anderen EU-Staaten erlaubt sind. Würde die in diesem Staat vorgenommene und nach dem dort geltenden RL-konformen Geheimnisschutzrecht zulässige Handlung in Deutschland durch strafrechtliche Normen sanktioniert, würde der durch die RL den Mitgliedstaaten gewährte Regelungsfreiraum unterlaufen.

102 Angesprochen ist damit auch die Frage des **anwendbaren Rechts**. Wie die absoluten Schutzrechte unterscheiden sich auch Geschäftsgeheimnisse von Rechten an körperlichen Sachen durch Immaterialität, Ubiquität und – wie die Öffnungsklauseln in der RL zu Gunsten des nationalen Rechts belegen – Territorialität. Dies zieht eine weitgehende Parallelität des Rechtsfolgenregimes – Unterlassung, Beseitigung und Schadensersatz – nach sich und sollte auch auf der Ebene des IPR durch die Anwendung der Kollisionsnorm für Rechte des Geistigen Eigentums (Art. 8 Rom-II-VO) nachvollzogen werden (*McGuire*, Einl. C. Rdn. 293).

103 Auch wenn der deutsche Gesetzgeber den durch die RL gewährten Spielraum nicht zu einer weiteren Verbesserung genutzt hat, stärken die fast wortlautgetreue Umsetzung und der erfolgte konzeptionelle Wechsel die Rechtssicherheit und tragen – besser als das Schutzsystem nach §§ 17 ff. UWG – zu einer ausgewogenen **Balance zwischen**

---

182 Vgl. dazu § 23 RegE.

183 Unter Hinweis darauf, dass es sich um einen bloßen ›*Mindeststandard*‹ handelt *Köhler*/Bornkamm/Feddersen, UWG, Vor § 17 Rn. 11; *Koos*, MMR 2016, 224 und *Hauck*, NJW 2016, 2218.

Innovations- und Imitationswettbewerb bei. Dieses Ziel ist auch bei der **Auslegung** zu beachten.

III. Praktische Auswirkungen & Reaktionsbedarf

1. Praxisrelevante Änderungen

Wie immer bei einer Änderung der Gesetzeslage stellt sich die Frage, ob sich »nur« die dogmatischen Grundlagen oder Hausnummern ändern, oder ob auch in der Substanz eine Änderung zu erwarten ist. Unabhängig davon, ob sich die Hoffnung des europäischen Gesetzgebers realisiert, grenzüberschreitende Kooperation und Rechtsdurchsetzung zu verbessern, sind doch einige **praktische Auswirkungen** schon jetzt deutlich erkennbar. Das gilt jedenfalls für die Anforderung an ein Geschäftsgeheimnis und die Frage, für welche Art von Informationen sich der Schutz durch das GeschGehG eignet. **Handlungsbedarf** ist zudem für die Vertragsgestaltung zu konstatieren. Schließlich ist als Kehrseite des stärkeren Schutzes das erhöhte Haftungsrisiko zu beachten.[184] 104

2. Neue Anforderungen an Geschäftsgeheimnisse

Nach § 2 RegE setzt ein Geschäftsgeheimnis zusätzlich zu den drei bekannten Voraussetzungen Unternehmensbezug, Nichtoffenkundigkeit und wirtschaftlichem Wert auch voraus, dass der Geheimnisinhaber das Geheimnis unter seiner rechtmäßigen Kontrolle hat und hierfür **angemessene Geheimhaltungsmaßnahmen** getroffen hat. Da es sich um eine **Schutzvoraussetzung** handelt, ist der Geheimnisinhaber hierfür darlegungs- und beweispflichtig. Entsprechend ergibt sich daraus das Bedürfnis, eine solche Maßnahme nicht nur zu treffen, sondern auch zu dokumentieren. 105

Die angemessenen Geheimhaltungsmaßnahmen müssen nicht nur festgelegt und implementiert, sondern auch ihre **dauerhafte Einhaltung** abgesichert werden. Entsprechend gilt es alle Personen, die rechtmäßigen Zugang zum Geschäftsgeheimnis erlangen, ihrerseits zum Schutz des Geschäftsgeheimnisses anzuhalten. Insbesondere sollte der Umfang der rechtmäßigen Nutzung festgelegt und die Wahrung des Geheimnisses durch eine Verpflichtung zur Rückgabe bzw. Löschung der Unterlagen und ein nachvertragliches Nutzungsverbot abgesichert werden (*McGuire*, § 4 GeschGehG Rdn. 24 ff.). 106

Schließlich wird ein Geheimnis nach § 2 RegE nur geschützt, wenn und solange es geheim ist. Die **dauerhafte Geheimhaltung** ist dabei nicht nur durch Datenlecks, Industriespionage oder eine unbefugte Weitergabe bedroht, sondern auch durch die Platzierung eines Produkts auf dem Markt, das die relevante Information enthält (sog. ***self-disclosing products***[185]). Denn mit dem Markteintritt wird auch die für die Gestaltung oder Produktion genutzte geheime Information preisgegeben, wenn sie sich entweder aus Produktzulassungs- oder Kennzeichnungspflichten (bspw. Inhaltsstoffe, prozentuale Zusammensetzung) oder schlicht aus der Gestaltung des Produkts selbst 107

184 Ausführlich hierzu *McGuire*, Mitt. 2017, 593 ff.
185 *Lemley*, in: *Dreyfuss/Strandburg*, The Law and Theory of Trade Secrets (2011), 109, 110.

ablesen lässt (bspw. verwendeter Werkstoff, Anordnung von Komponenten, Größe und Abmessung von Bauteilen etc.).

108 Nicht den Geheimnischarakter an sich, aber doch den Wettbewerbsvorsprung kann der Geheimnisinhaber außerdem durch die neue Schranke des ***Reverse Engineering*** einbüßen, zumal neue Analyseinstrumente und -verfahren deren Anwendungsbereich und Effizienz stetig erhöhen.[186] Diese Änderung ist daher bei der Auswahl zwischen Schutz durch Geheimhaltung und durch ein registriertes Schutzrecht zu beachten. Entsprechend ist zu erwarten, dass der Geheimnisschutz auf technischem Gebiet primär eine das Patentrecht **ergänzende Funktion** hat, d.h. der Absicherung der Neuheit vor der Anmeldung sowie für solche kleineren oder Verbesserungserfindungen von Interesse ist, für die ein Patentschutz aufgrund der Masse oder des Zeit- und Kostenaufwands gar nicht in Betracht kommt.[187]

3. Grundlage und konkrete Vorgaben für Vertragsgestaltung

109 Auch wenn die rechtsgeschäftliche Verwertung leider nicht Gegenstand einer gesonderten Regelung ist, ergibt sich aus verschiedenen Detailvorschriften, dass der Geheimnisinhaber einem Vertragspartner auf **vertraglicher Basis** Zugang gewähren kann und dabei auch den **Umfang der Befugnis** festlegen kann. Verstößt der Vertragspartner gegen eine solche Vereinbarung, so liegt wie beim **vertragsüberschreitenden Gebrauch** eines lizenzierten Schutzrechts ein rechtswidriger Eingriff vor (§ 4 Abs. 2 Nr. 2 und 3 RegE). Von dieser klaren Regelung kann aber nur Gebrauch machen, wer bei Überlassung den Umfang der Nutzung, d.h. Erlangung, Nutzung und/oder Weitergabe auch festgelegt hat. Insoweit sind die bisweilen allein auf die Zuordnung gerichteten Klauseln (bspw. ›Das im Zuge der Vertragsabwicklung erlangte Know-how bleibt Eigentum des Auftraggebers‹) dringend anzupassen.

110 Erkennt man Geschäftsgeheimnisse als Rechte des Geistigen Eigentums an, die sich von absoluten Schutzrechten primär dadurch unterscheiden, dass sie die zugrundeliegende Information nicht monopolisieren, hat dies zugleich den Vorteil, dass man den für absolute Schutzrechte etablierten **Regelungsrahmen für die rechtsgeschäftliche Verwertung** auch für Geschäftsgeheimnisse nutzen und dadurch die defizitäre Regelung[188] systemkonform ergänzen kann.[189] Das gilt insbesondere für die von RL und GeschGehG-E vorausgesetzten, aber nicht normierte Erteilung von Nutzungsrechten bzw. »Lizenzen« (*McGuire*, § 4 GeschGehG Rdn. 24 ff.).

111 Da ***Reverse Engineering*** – abweichend von der nach UWG herrschenden Meinung – nach der Neuregelung immer dann erlaubt ist, wenn es nicht vertraglich ausgeschlossen ist, empfiehlt sich eine Vertragsanpassung auch für alle Kooperationen mit Zulieferern

186 Ausführlich *Harte-Bavendamm*, FS Köhler (2014), 235, 247.

187 So in Bezug auf KMU auch die Studie (o. Fn. 15), S. 2.

188 Vgl. zu den Lücken *de lege lata* den Bericht der AIPPI, *McGuire/Joachim/Künzel/Weber*, GRUR Int 2010, 829, 838 ff.

189 Vgl. den Regelungsvorschlag bei *Ahrens/McGuire*, Modellgesetz für Geistiges Eigentum: Normtext und Begründung, §§ 6 Abs. 3, 10, 144 Buch 1.

und Auftraggebern, denen im Vorfeld des Marktzutritts die Spezifikationen eines Produkts mitgeteilt werden.[190]

4. Erhöhtes Haftungsrisiko

Eine dritte gravierende Änderung betrifft das **Rechtsfolgensystem**, das sich an der Enforcement-RL orientiert. Während aufgrund der Strafrechtsakzessorietät bisher auch für den – an sich verschuldensunabhängigen – Unterlassungsanspruch der subjektive Tatbestand des Schutzgesetzes (§§ 17, 18 UWG) erfüllt sein musste,[191] sind **Unterlassung und Beseitigung** nach dem neuen System **verschuldensunabhängig**. Daraus folgt aber umgekehrt auch, dass eine Haftung auch dann in Betracht kommt, wenn jemand die Information durch einen Dritten, bspw. einen Arbeitnehmer oder Geschäftspartner, erlangt hat, ihm unmittelbar selbst also kein Geheimnis- oder Vertragsbruch zur Last fällt. Das ist aus der Sicht des Geheimnisinhabers ein erheblicher Fortschritt, weil er durch den verschuldensunabhängigen Anspruch auf Rückruf und Vernichtung jetzt die Möglichkeit hat, tatsächlich seine Marktposition zurückzuerobern.[192] Aus der Perspektive Dritter folgt daraus eine substantielle **Erhöhung des Haftungsrisikos**. Dieser kann im Verhältnis zu Arbeitnehmern nur durch Schulung und Belehrung, im Verhältnis zu Geschäftspartnern durch vertragliche Zusicherungen Rechnung getragen werden. **112**

5. Prozessuale Durchsetzung

Dass Geheimnis- und Vertrauensbruch bislang nur selten gerichtlich verfolgt wurden, ist sicherlich einerseits dem Umstand geschuldet, dass die **Darlegungs- und Beweislast** insbesondere für die subjektiven Elemente für den Kläger nur schwer zu schultern war, andererseits dem Risiko, ausgerechnet durch die Einführung in den Prozess das Geheimnis durch Offenbarung zu verlieren. Schließlich hat die erfolgreiche Geltendmachung gegen den untreuen Vertragspartner häufig nur einen Ersatzanspruch gegen diesen, aber nicht den wirtschaftlich relevanten Unterlassungsanspruch gegen den Mitbewerber eingetragen. **113**

Dem **Risiko der Offenbarung im Prozess** tragen die §§ 16, 18 und 19 RegE Rechnung, dem Interesse an der Durchsetzung des Unterlassungsanspruchs der neue Tatbestand der mittelbare Verletzung nach § 4 Abs. 3 RegE i.V.m mit dem Unterlassungsanspruch nach § 6 RegE. Schließlich könnte die Streitwertbegünstigung nach § 22 RegE auch Kleinstunternehmen die Abwehr von Geheimnis- und Vertrauensbruch öffnen. Die praktische Bedeutung der neuen Regelung besteht daher wahrscheinlich vor allem darin, dass der prozessuale Rahmen die Durchsetzung der theoretisch bisher bereits bestehenden Ansprüche auch tatsächlich erlaubt. **114**

---

190 Ausführlich hierzu *Steinmann/Schubmehl*, CCZ 2017, 194 ff.

191 Ausführlich hierzu *McGuire*, GRUR 2016, 1000, 1002 m.w.N.; A.A. soweit ersichtlich nur *Köhler*/Bornkamm/Feddersen, UWG, § 3a Rn. 1.84.

192 Vgl. EG 26, 27 sowie die vorläufigen Maßnahmen nach Art. 10.

6. Schutzstrategie

115 Während die RL für kaufmännische Geheimnisse zu einer erheblichen Stärkung des Schutzes führt, weil *Reverse Engineering* hier praktisch nicht in Betracht kommt, ist für technische Innovationen eine **Anpassung der Schutzstrategie** erforderlich. Innovationen, die aus einem Sprung der Technik resultieren, oder Verbesserungen, die den daran Beteiligten Arbeitnehmern vertraut sind, sowie alle Herstellungsverfahren, die sich aus dem marktfähigen Produkt rekonstruieren lassen, sind durch die neue Schrankenregelung akut gefährdet, zumal sich die Weiterentwicklung auch der Technik des *Reverse Engineering* nicht verlässlich vorhersagen lässt. Hier besteht insbesondere für deutsche KMU die Notwendigkeit, die Kriterien für die Auswahl zwischen Geheimnisschutz und Registerschutzrechten neu zu bestimmen: Will sich ein Unternehmen auch in Zukunft auf den Wettbewerbsvorteil aus seiner Innovationskraft verlassen, muss für Erstere ein stringentes Informations- und Vertragsmanagement etabliert werden, für Letztere kommt nur der Schutz als Patent, Gebrauchsmuster oder Design in Betracht.

IV. Regelungsdefizite und RL-Konformität

116 Die Umsetzung der RL durch ein **neues Stammgesetz** ist zu begrüßen,[193] die abweichende Ordnung entsprechend der deutschen Systematik nachvollziehbar und für den Rechtsanwender trotz der Abweichung zur Zählung der RL sicherlich leichter verständlich.

117 Bei näherer Betrachtung zeigt sich aber, dass manchen Regelungen in der RL **keine entsprechende Norm im RegE** gegenübersteht. So wurden bspw. bei den zentralen Regelungen über erlaubte und unerlaubte Handlungen die jeweiligen Auffangklauseln in Art. 3 und 4 gestrichen und durch ein »insbesondere« im Einleitungssatz ersetzt, der darauf hinweist, dass die genannten Tatbestände nicht abschließend sind.[194] Das ist normtheoretisch korrekt, die Umsetzung erweckt aber im Vergleich zur RL einen engeren und abschließenden Eindruck.

118 Besonders augenfällig sind die Lücken im Bereich der Rechtsdurchsetzung. Dass hier einige Regeln »fehlen«, ist wohl dem Umstand geschuldet, dass der Gesetzgeber davon ausgeht, der Regelungsbedarf sei bereits durch die allgemeinen Regeln, insbesondere BGB, ZPO und GVG gedeckt. Wenngleich die vorgesehene Regelungstechnik üblich und normökonomisch ist, ist die Kürzung womöglich etwas zu radikal ausgefallen. So findet sich für die Anwendbarkeit der prozessualen Schutzmaßnahmen auch im Verfahren des **einstweiligen Rechtsschutzes** weder im Gesetzestext noch in der Begründung ein Hinweis. Schließlich ist selbst bei großzügigem Rückgriff auf BGB, ZPO und GVG zweifelhaft, ob die Aussparung der Auslegungsregel in Art. 1 (3) RL und der Erstellung einer redigierten Urteilsfassung nach Art. 9 (2) RL richtlinienkonform ist.

---

193 So auch Stellungnahme der GRUR vom 22.05.2018; Vgl. schon den Vorschlag für eine Ablösung der §§ 17 ff. UWG durch eine genuin zivilrechtliche Regelung bei *Ahrens/McGuire*, Modellgesetz für Geistiges Eigentum: Normtext und Begründung (2012), § 10 Buch 1.

194 Für eine Aufnahme auch Stellungnahme GRUR 28.05.2018, B. II. 1.

Umgekehrt enthält der RegE Regelungen, die anlässlich der RL-Umsetzung zweckmäßig sind, aber kein unmittelbares Vorbild in der RL finden, sodass diese auch als **Auslegungsmaßstab** nicht herangezogen werden kann. Hierzu zählen insbesondere der Auskunftsanspruch gegen den Verletzer sowie die Regelung über die sachliche und örtliche Zuständigkeit und die Streitwertherabsetzung. **119**

Ohne Zweifel RL-konform, dessen ungeachtet aber bedauerlich ist, dass der deutsche Gesetzgeber die Umsetzung nicht zum Anlass genommen hat, einige weitere Lücken im Geheimnisschutz zu schließen. Angesprochen ist damit die – von der RL leider ausgesparte[195]– Frage, ob bzw. in welchem Umfang Geheimnisse gegen die Weiterverwendung durch eigene (frühere) Mitarbeiter geschützt werden können. Angesichts der Tatsache, dass die Verletzung durch eigene Mitarbeiter statistisch das größte Risiko für den Geheimnisinhaber darstellt,[196] wäre eine Regelung wünschenswert, die die **Interessen des Arbeitgebers** an der Wahrung seiner Innovationsleistung und dem **Fortkommen des Mitarbeiters** zu einem ausgewogenen Ausgleich bringt[197] und zugleich die (vermeintliche)[198] Rechtsprechungskontroverse zwischen BGH und BAG überwindet.[199] **120**

Auch hierfür stellt das neue Recht eine bessere Basis dar, weil der Fokus nicht auf der Abwehr vorwerfbaren Verhaltens, sondern auf der **Zuordnung des Arbeitsergebnisses** liegt. Hinzu kommt, dass durch die im Rahmen der nunmehr erforderlichen Geheimhaltungsmaßnahmen die zu schützende Information in der Regel dokumentiert wird. Das spricht dafür, immer dann, wenn der Mitarbeiter auf eine solche Aufzeichnung zurückgreifen muss, von einem Geschäftsgeheimnis des Arbeitgebers, immer dann wenn er sich auf sein Gedächtnis stützen kann, von Erfahrungswissen auszugehen. Dass »im Kopf des Arbeitnehmers gespeicherte Informationen« keine Geheimnisqualität i.S.v. Art. 2 RL aufweisen, ist nicht nur Ausdruck eines ausgewogenen Interessensausgleichs. Diese Abgrenzung ist zugleich notwendige Voraussetzung für das Ziel der RL, die Mobilität der Arbeitnehmer nicht zu beschränken. **121**

Eine Klärung der Grundregel für die Abgrenzung von dem Arbeitgeber zustehenden **Arbeitsergebnissen** und vom Arbeitnehmer berechtigt genutztem Erfahrungswissen könnte durch die Übernahme der Auslegungsregel in Art. 1 (3) RL sinnvoll ergänzt werden. Sie würde zudem den Rahmen für die Bestimmungen in Art. 3 (1)c, Art. 5c und Art. 14c RL schaffen, die jeweils arbeitsrechtliche Fragen berühren. **122**

---

195 *Harte-Bavendamm*, FS Köhler (2014), S. 235, 243; *Stellungnahme MPI* GRUR Int. 2014, 554, 555.

196 *Kalbfus*, WRP 2013, 584; *Baker McKenzie*, Study on Trade Secrets and Confidential Business Information in the Internal Market S. 139, 151.

197 Vgl. *Harte-Bavendamm*, FS Köhler (2014), S. 235, 236, der zu Recht darauf hinweist, dass der Fokus auf die Arbeitnehmermobilität die zentrale Bedeutung der Wahrung von Geschäftsgeheimnissen des Unternehmens vernachlässigt.

198 Vgl. *Ohly*, GRUR 2014, 1, 9 f.

199 Dazu *Harte-Bavendamm*/Henning-Bodewig, UWG, § 17 Rn. 52 m.w.N.

123 Einen **Überblick über die Abweichungen** gibt die nachfolgende tabellarische Übersicht. In Tabelle 1 ist der Regelung im RegE die Vorgabe aus der RL, in Tabelle 2 ausgehend von der RL die betreffende Umsetzung im RegE gegenübergestellt.

124

RegE	RL	RL	RegE
§ 1 Abs. 1	Art. 1 (1)	Art. 1 (1)	§ 1 Abs. 1
§ 1 Abs. 2	Art 1 Abs. 2 c	Art. 1 (2) lit. a	§ 1 Abs. 3 Nr. 2
§ 1 Abs. 3 Nr. 1	---	Art. 1 (2) lit. b	§ 1 Abs. 2
§ 1 Abs. 3 Nr. 2	Art, 1 Abs. 2 a	Art. 1 (2) lit. c	§ 1 Abs. 2
§ 1 Abs. 3 Nr. 3	Art. 1 (2) lit. d	Art. 1 (2) lit. d	§ 1 Abs. 3 Nr. 3
§ 2 Nr. 1a	Art. 2 Nr. 1 a und b	Art. 1 (3)	--- **fehlt?**
§ 2 Nr. 1b	Art. 2 Nr. 1 c	Art. 2 Nr. 1 lit. a	§ 2 Nr. 1 lit. a
§ 2 Nr. 2	Art. 2 Nr. 2	Art. 2 Nr. 1 lit. b	§ 2 Nr. 1 lit. a
§ 2 Nr. 3	Art. 2 Nr. 3	Art. 2 Nr. 1 lit. c	§ 2 Nr. 1 lit. b
§ 2 Nr. 4	Art. 2 Nr. 4	Art. 2 Nr. 2	§ 2 Nr. 2
§ 3 Abs. 1 Nr. 1	Art. 3 (1) lit. a	Art. 2 Nr. 3	§ 2 Nr. 3
§ 3 Abs. 1 Nr. 2	Art. 3 (1) lit. b	Art. 2 Nr. 4	§ 2 Nr. 4
§ 3 Abs. 1 Nr. 3	Art. 3 (1) lit. c	Art. 3 (1) lit. a	§ 3 Abs. 1 Nr. 1
§ 3 Abs. 2	Art. 3 (2)	Art. 3 (1) lit. b	§ 3 Abs. 1 Nr. 2
§ 4 Abs. 1 Nr. 1	Art. 4 (2) lit. a	Art. 3 (1) lit. c	§ 3 Abs. 1 Nr. 3
§ 4 Abs. 1 Nr. 2	Art. 4 (2) lit. b	Art. 3 (1) lit. d	--- ›insbesondere‹
§ 4 Abs. 2 Nr. 1	Art. 4 (3) lit. a	Art. 3 (2)	§ 3 Abs. 2
§ 4 Abs. 2 Nr. 2	Art. 4 (3) lit. c	Art. 4 (1)	--- kein Bedarf
§ 4 Abs. 2 Nr. 3	Art. 4 (3) lit. b	Art. 4 (2) lit. a	§ 4 Abs. 1 Nr. 1
§ 4 Abs. 3	Art. 4 (4) und 5	Art. 4 (2) lit. b	§ 4 Abs. 1 Nr. 2
§ 5 Nr. 1	Art. 5 lit. a	Art. 4 (3) lit. a	§ 4 Abs. 2 Nr. 1
§ 5 Nr. 2	Art. 5 lit. b	Art. 4 (3) lit. b	§ 4 Abs. 2 Nr. 3
§ 5 Nr. 3	Art. 5 lit. c	Art. 4 (3) lit. c	§ 4 Abs. 2 Nr. 2
§ 6	Art. 12 (1) lit. a, lit. b	Art. 4 (4)	§ 4 Abs. 3
§ 7 Nr. 1	Art. 12 (1) lit. d,	Art. 4 (5)	§ 4 Abs. 3
§ 7 Nr. 2	Art. 12 (2) lit. a	Art. 5 la	§ 5 Nr. 1
§ 7 Nr. 3	Art. 12 (1) lit. c	Art. 5 b	§ 5 Nr. 2
§ 7 Nr. 4	Art. 12 (2) lit. c	Art. 5 c	§ 5 Nr. 3
§ 7 Nr. 5	Art. 2 (2) lit. a	Art. 5 d	--- ›insbesondere‹
§ 8	---	Art. 6 (1)	--- kein Bedarf
§ 9	Art. 11 (2) lit. a-g, Art. 13 (1) lit. a-g	Art. 6 (2)	--- kein Bedarf

RegE	RL	RL	RegE
§ 10 Abs. 1	Art. 14 (1)	Art. 7 (1)	--- kein Bedarf
§ 10 Abs. 2	Art. 14 (2)	Art. 7 (2)	§ 14
§ 10 Abs. 3	---	Art. 8 (1)	--- (194 ff. BGB)
§ 11 Abs. 1	Art. 13 (3) lit. a-c	Art. 8 (2)	§ 13
§ 11 Abs. 2	Art. 13 (3) S. 2	Art. 9 (1) S. 1	§ 16 Abs. 1, 2
§ 12	---	Art. 9 (1) S. 2	§ 18
§ 13	Art. 8 (2)	Art. 9 (2) a	§ 19 Abs. 1 Nr. 1
§ 14	Art. 7	Art. 9 (2) b	§ 19 Abs. 1 Nr. 2
§ 15	---	Art. 9 (2) c	--- fehlt?
§ 16 Abs. 1	Art. 9 (1)	Art. 9 (4)	--- kein Bedarf
§ 16 Abs. 2	Art. 9 (1)	Art. 10 (1)	§ 6
§ 16 Abs. 3	---	Art. 10 (2)	--- (ZPO)
§ 17	Art. 16	Art. 11 (1)	--- (ZPO)
§ 18	Art. 9 (1) UA. 2	Art. 11 (2)	§ 9
§ 19 Abs. 1	Art. 9 (2) und 3	Art. 11 (3)	--- (ZPO)
§ 19 Abs. 2	---	Art. 11 (4)	--- (ZPO)
§ 19 Abs. 3	---	Art. 11 (5)	--- (ZPO)
§ 20	---	Art. 12 (1) a-c	§ 6
§ 21 Abs. 1	Art. 15 (1), 3 S. 2	Art. 12 (1) d	§ 7 Nr. 1
§ 21 Abs. 2	Art. 15 (3) S. 1	Art. 12 (2) a	§ 7 Nr. 2
§ 22	---	Art. 12 (2) b	--- fehlt?
§ 23	---	Art. 12 (2) c	§ 7 Nr. 4 und 5
		Art. 13 (1) S. 1	§ 9
		Art. 13 (1) S. 2	--- fehlt?
		Art. 13 (2)	--- (§ 767 ZPO?)
		Art. 13 (3) S. 1	§ 11 Abs. 1
		Art. 13 (3) S. 2	§ 11 Abs. 2
		Art. 14 (1)	§ 10 Abs. 1
		Art. 14 (2)	§ 10 Abs. 2
		Art. 15 (1)	§ 21 Abs. 1
		Art. 15 (2)	---- fehlt?
		Art. 15 (3)	§ 21 Abs. 1 Satz 2, Abs. 2
		Art. 16	§ 17
		Art. 17–20	--- kein Bedarf

E. Verhältnis zu anderen Rechtsnormen

I. UWG

125 Die Geschäftsgeheimnis-RL lässt den parallelen Schutz nach nationalem Lauterkeitsrecht unberührt.[200] Dies gilt umso mehr, als die beanstandete Handlung i.S.d. RegE die Erlangung, Nutzung oder Offenbarung eines Geheimnisses ist, während nach UWG die Verwertung durch eine geschäftliche Handlung im Fokus steht. Wie schon für das Verhältnis von §§ 17 ff. UWG zu den Tatbeständen des § 3 ff. UWG gilt daher auch nach neuem Recht, dass **genuiner Geheimnisschutz** und **Verbot unlauteren Wettbewerbs nebeneinander** bestehen.

126 Eine nach § 4 RegE rechtswidrige Handlung kann zugleich den Tatbestand des **§ 4 Nr. 3 lit. c UWG** erfüllen.[201] Wurde das Geheimnis durch das gezielte Abwerben von Mitarbeitern oder deren Bestechung erlangt, kommt außerdem der Tatbestand des Behinderungswettbewerbs nach **§ 4 Nr. 4 UWG** in Betracht. Abzulehnen ist demgegenüber einen Geheimnisverrat nach § 23 RegE zusätzlich über § 3a UWG zu sanktionieren. Durch die umfassende Neuregelung ist vielmehr davon auszugehen, dass die zivilrechtliche Regelung abschließend ist.

127 Zwischen den Voraussetzungen des § 4 RegE und § 4 Nr. 3 UWG bestehen allerdings erhebliche **Abweichungen**. So ist § 4 Nr. 3 lit. c UWG einerseits enger, weil hier die unlautere geschäftliche Handlung im Anbieten der Ware oder Dienstleistung besteht, die auf der Erlangung der Vorlagen aufbaut. Daraus folgt zugleich, dass nur ein Unternehmen als Normadressat in Betracht kommt. Andererseits ist der Tatbestand weiter, weil der Leistungsschutz tatbestandlich kein Geschäftsgeheimnis i.S.v. § 2 RegE vorausgesetzt.[202] Zudem muss es sich anders als nach § 4 Abs. 3 RegE bei der vertriebenen Ware nicht um ein rechtsverletzendes Produkt i.S.d. § 2 Nr. 4 RegE handeln. Auch der **Bezugspunkt** für das nach § 9 UWG erforderliche **Verschulden** ist nicht der Geheimnisbruch, sondern die Nachahmung.[203] Da aber nach neuem Recht – anders als nach §§ 17 ff. UWG – auch der Vertrieb der nachgeahmten Ware verhindert werden kann, ist zu erwarten, dass ein Rückgriff auf § 4 Nr. 3 UWG nur ausnahmsweise erforderlich ist.

128 Von Interesse könnte § 4 Nr. 5 UWG insbesondere dann sein, wenn die **Geheimnisverletzung im Ausland** erfolgt ist und daher nicht deutschem Recht unterliegt, die nachgeahmte Ware aber in Deutschland als Marktort vertrieben wird (*McGuire*, Einl. C. Rdn. 293).

---

200 EG 11. Vgl. aber den Vorschlag der GRUR Stellungnahme, 28.05.2018, § 4 Nr. 3 lit. c UWG anlässlich der Umsetzung der RL aufzuheben, um Redundanzen und Wertungswidersprüche zu vermeiden.

201 *Harte-Bavendamm*/Henning-Bodewig, UWG, § 17 Rn. 43.

202 Bspw. § 4 Nr. 9 lit. c UWG; vgl. auch *Harte-Bavendamm*/Henning-Bodewig, UWG, § 17 Rn. 43.

203 *Köhler*/Bornkamm/Feddersen, UWG, § 4 Rn. 3.68.

II. Verhältnis zum Immaterialgüterrecht

Der Geheimnisschutz besteht neben den tradierten Schutzrechten.[204] Eine nach dem RegE geschützte Information kann daher zugleich den Schutzgegenstand nach den **Sonderschutzgesetzen** bilden, soweit bzw. solange diese keine Veröffentlichung vorsehen, die zur Offenkundigkeit führt und damit zugleich den Schutz nach § 2 Nr. 1 RegE entfallen lässt. **129**

Die im älteren Schrifttum geäußerten Bedenken, eine **Kumulation** von Geheimnisschutz und **absoluten Schutzrechten**, insbesondere dem Patentrecht, könne zu Wertungswidersprüchen führen,[205] ist abzulehnen.[206] Denn der Schutz als Geschäftsgeheimnis ist gerade dann unverzichtbar, wenn sich die Innovation noch in der Entwicklungsphase befindet und bei der späteren Anmeldung (bspw. als Patent, Gebrauchsmuster oder Design) noch **neu** sein muss. Andererseits ist Geheimnisschutz überall dort relevant, wo für die konkrete Art der Leistung kein (ausreichender) Sonderschutz besteht, wie dies bspw. für Geschäftsmethoden oder Studien zutrifft. Im Übrigen kann schon aus Zeit- und Kostengründen nicht jede schutzfähige Leistung durch ein Registerschutzrecht geschützt werden. Der Geheimnisschutz ist keine lästige Konkurrenz, sondern stellt eine **sinnvolle Ergänzung** der absoluten Schutzrechte dar. **130**

Ein paralleler Schutz kommt etwa während der **nicht-öffentlichen Phase der Anmeldung** in Betracht, die insbesondere beim Patent einen relevanten Zeitraum betrifft. Wird also bspw. eine Erfindung ausgespäht, die bereits Gegenstand einer **Patentanmeldung**, aber noch nicht veröffentlich ist, kommen Ansprüche aus §§ 6 ff. RegE in Betracht, während nach Veröffentlichung § 33 PatG eingreift. In Bezug auf Topographien kommt praktisch nur ein Schutz im Vorfeld einer Anmeldung in Betracht, da der theoretisch denkbare parallele Schutz als Geschäftsgeheimnis während des Anmeldeverfahrens nach dem **HalbLSchG** wegen der Beschränkung auf eine Formalprüfung in der Regel zeitlich nicht ins Gewicht fallen wird. **131**

In Betracht kommt außerdem ein paralleler Schutz als **urheberrechtliches Werk oder Datenbank** solange das Werk nicht veröffentlicht ist.[207] Da dieser Schutz nicht als Belohnung für die Offenbarung gewährt wird, führt die parallele Anwendung der Regelungen des GeschGehG-E und des UrhG nicht zu einem Wertungswiderspruch.[208] Verschafft sich der Täter unbefugt Zugang zu einem urheberrechtlich geschützten Werk, bspw. einer Software, so treten die Ansprüche aus §§ 6 ff. RegE neben solche nach §§ 97 ff. UrhG. **132**

204 So auch die Studie, S. 15 ›*In this respect trades secrest effectively fill the gap beween copyright and patent protection, the two traditional pillars of intellectual property*‹.

205 Vgl. Ohly, GRUR 2014, 1, 4 m.w.N.

206 So auch *Harte-Bavendamm*, FS Köhler (2004), S. 235, 238.

207 *Ohly*/Sosnitza, UWG, Vor §§ 17–19 Rn. 2.

208 So auch die Studie, S. 15 ›*In this respect trades secrest effectively fill the gap between copyright and patent protection, the two traditional pillars of intellectual property*‹.Zur Zulässigkeit parallelen Urheberrechtsschutzes *Ohly*/Sosnitza, UWG, Vor § 17 Rn. 1; ausführlich zur Kumulation *McGuire*, GRUR 2011, 767 ff.

III. Strafrecht

133 Wie nach bisherigem Recht treten die strafrechtlichen Normen des StGB **neben den Schutz** durch das GeschGehG-E. Dies gilt nicht nur für den in § 1 Abs. 2 GeschGehG-E explizit hervorgehobenen § 203 StGB, sondern auch für andere Straftatbestände, die im weiteren Sinne dem Geheimnisschutz dienen. Die Tatbestände können sowohl in Tateinheit, als auch in Tatmehrheit verwirklicht sein.[209]

134 Der strafrechtliche Schutz ist allerdings seinerseits unübersichtlich und zersplittert. Relevante Normen finden sich insbesondere in §§ 202a, 203, 204, 242, 246, 263, 263a, 266, 274, 303a **StGB**.[210] Darüber hinaus enthält das **Nebenstrafrecht** zahlreiche Sonderkonstellationen, in denen der Geheimnisverrat aufgrund besonderer Verpflichtungen zur Vertraulichkeit unter Strafe gestellt ist, z.B. § 85 GmbHG, § 333 HGB, § 120 BetrVG.[211]

---

209 *Köhler*/Bornkamm/Feddersen, UWG, § 17 UWG Rn. 3 b; *Lehmler*, in: Büscher/Dittmer/Schiwy, Gewerblicher Rechtsschutz, § 17 UWG Rn. 8.
210 *Köhler*/Bornkamm/Feddersen, UWG, § 17 UWG Rn. 3 b; *Rengier*, in: Fezer/Büscher/Obergfell, UWG, § 17 UWG Rn. 82.
211 S. *Ohly*/Sosnitza, UWG, Vor §§ 17–19 UWG Rn. 9.

§ 17 Verrat von Geschäfts- und Betriebsgeheimnissen

(1) Wer als eine bei einem Unternehmen beschäftigte Person ein Geschäfts- oder Betriebsgeheimnis, das ihr im Rahmen des Dienstverhältnisses anvertraut worden oder zugänglich geworden ist, während der Geltungsdauer des Dienstverhältnisses unbefugt an jemand zu Zwecken des Wettbewerbs, aus Eigennutz, zugunsten eines Dritten oder in der Absicht, dem Inhaber des Unternehmens Schaden zuzufügen, mitteilt, wird mit Freiheitsstrafe bis zu drei Jahren oder mit Geldstrafe bestraft.

(2) Ebenso wird bestraft, wer zu Zwecken des Wettbewerbs, aus Eigennutz, zugunsten eines Dritten oder in der Absicht, dem Inhaber des Unternehmens Schaden zuzufügen,

1. sich ein Geschäfts- oder Betriebsgeheimnis durch
   a) Anwendung technischer Mittel,
   b) Herstellung einer verkörperten Wiedergabe des Geheimnisses oder
   c) Wegnahme einer Sache, in der das Geheimnis verkörpert ist,

   unbefugt verschafft oder sichert oder
2. ein Geschäfts- oder Betriebsgeheimnis, das er durch eine der in Absatz 1 bezeichneten Mitteilungen oder durch eine eigene oder fremde Handlung nach Nummer 1 erlangt oder sich sonst unbefugt verschafft oder gesichert hat, unbefugt verwertet oder jemandem mitteilt.

(3) Der Versuch ist strafbar.

(4) [1]In besonders schweren Fällen ist die Strafe Freiheitsstrafe bis zu fünf Jahren oder Geldstrafe. [2]Ein besonders schwerer Fall liegt in der Regel vor, wenn der Täter

1. gewerbsmäßig handelt,
2. bei der Mitteilung weiß, dass das Geheimnis im Ausland verwertet werden soll, oder
3. eine Verwertung nach Absatz 2 Nummer 2 im Ausland selbst vornimmt.

(5) Die Tat wird nur auf Antrag verfolgt, es sei denn, dass die Strafverfolgungsbehörde wegen des besonderen öffentlichen Interesses an der Strafverfolgung ein Einschreiten von Amts wegen für geboten hält.

(6) § 5 Nummer 7 des Strafgesetzbuches gilt entsprechend.

§ 18 Verwertung von Vorlagen

(1) Wer die ihm im geschäftlichen Verkehr anvertrauten Vorlagen oder Vorschriften technischer Art, insbesondere Zeichnungen, Modelle, Schablonen, Schnitte, Rezepte, zu Zwecken des Wettbewerbs oder aus Eigennutz unbefugt verwertet oder jemandem mitteilt, wird mit Freiheitsstrafe bis zu zwei Jahren oder mit Geldstrafe bestraft.

(2) Der Versuch ist strafbar.

(3) Die Tat wird nur auf Antrag verfolgt, es sei denn, dass die Strafverfolgungsbehörde wegen des besonderen öffentlichen Interesses an der Strafverfolgung ein Einschreiten von Amts wegen für geboten hält.

(4) § 5 Nummer 7 des Strafgesetzbuches gilt entsprechend.

§ 19 Verleiten und Erbieten zum Verrat

(1) Wer zu Zwecken des Wettbewerbs oder aus Eigennutz jemanden zu bestimmen versucht, eine Straftat nach § 17 oder § 18 zu begehen oder zu einer solchen Straftat anzustiften, wird mit Freiheitsstrafe bis zu zwei Jahren oder mit Geldstrafe bestraft.

(2) Ebenso wird bestraft, wer zu Zwecken des Wettbewerbs oder aus Eigennutz sich bereit erklärt oder das Erbieten eines anderen annimmt oder mit einem anderen verabredet, eine Straftat nach § 17 oder § 18 zu begehen oder zu ihr anzustiften.

(3) § 31 des Strafgesetzbuches gilt entsprechend.

(4) Die Tat wird nur auf Antrag verfolgt, es sei denn, dass die Strafverfolgungsbehörde wegen des besonderen öffentlichen Interesses an der Strafverfolgung ein Einschreiten von Amts wegen für geboten hält.

(5) § 5 Nummer 7 des Strafgesetzbuches gilt entsprechend.

§ 20 Bußgeldvorschriften

(1) Ordnungswidrig handelt, wer vorsätzlich oder fahrlässig entgegen § 7 Absatz 1

1. in Verbindung mit § 7 Absatz 2 Nummer 2 mit einem Telefonanruf oder

2. in Verbindung mit § 7 Absatz 2 Nummer 3 unter Verwendung einer automatischen Anrufmaschine

gegenüber einem Verbraucher ohne dessen vorherige ausdrückliche Einwilligung wirbt.

(2) Die Ordnungswidrigkeit kann mit einer Geldbuße bis zu dreihunderttausend Euro geahndet werden.

(3) Verwaltungsbehörde im Sinne des § 36 Absatz 1 Nummer 1 des Gesetzes über Ordnungswidrigkeiten ist die Bundesnetzagentur für Elektrizität, Gas, Telekommunikation, Post und Eisenbahnen.

Thomas Franzke

Übersicht Rdn.

A. Entstehungsgeschichte und Ausblick

Die der Bekämpfung der unerlaubten Telefonwerbung dienende Bußgeldvorschrift des § 20 wurde durch Art. 2 Nr. 4 des am 04.08.2009 in Kraft getretenen »Gesetzes zur Bekämpfung unerlaubter Telefonwerbung und zur Verbesserung des Verbraucherschutzes bei besonderen Vertriebsformen« vom 29.07.2009[1] in das UWG eingefügt und durch Art. 6 Nr. 4 des »Gesetzes gegen unseriöse Geschäftspraktiken« vom 01.10.2013[2] mit Wirkung vom 09.10.2013 durch Einfügung einer weiteren Tatbestandsvariante und durch Erhöhung des Höchstbetrages der Geldbuße weiter verschärft. 1

Die Europäische Kommission hat unter dem 10.01.2017 einen Vorschlag für eine »Verordnung über Privatsphäre und elektronische Kommunikation« vorgelegt[3]. Die geplante Verordnung wird in der rechtspolitischen Diskussion in der Regel schlagwortartig als »ePrivacy-Verordnung« bezeichnet[4] und soll nach dem Kommissionsentwurf 2

1 BGBl 2009 I, 2413.
2 BGBl 2013 I, 3714.
3 COM(2017) 10 final.
4 Vgl. *Köhler*/Bornkamm/Feddersen, § 20 Rn. 12.

in ihrem Art. 16 Regelungen über »unerbetene Kommunikation« und in ihrem Art. 23 eine eigenständige Regelung über die Verhängung von Geldbußen bei etwaigen Verstößen enthalten. Es spricht vieles dafür, dass diese unionsrechtlichen Regelungen – sofern sie in der geplanten Form geltendes Recht werden sollten – die nationalen Bußgeldvorschriften in § 20 UWG verdrängen[5]. Derzeit ist allerdings nicht absehbar, wann und mit welchem genauen Inhalt die »ePrivacy-Verordnung« in Kraft treten wird.

B. Tatbestand

I. Verstöße gegen § 7 Abs. 1 UWG i.V. mit § 7 Abs. 2 Nr. 2 UWG oder § 7 Abs. 2 Nr. 3 UWG

3 Bei genauer Betrachtung benennt der Wortlaut des § 20 Abs. 1 alle objektiven Tatbestandsmerkmale der beiden von ihm geregelten Ordnungswidrigkeitentatbestände selbst und abschließend[6]. Dem Verweis auf § 7 Abs. 1 i.V. mit § 7 Abs. 2 Nr. 2 oder § 7 Abs. 2 Nr. 3 kommt die Funktion zu klarzustellen, dass die in § 20 Abs. 1 aufgeführten Tatbestandsmerkmale ebenso auszulegen sind wie die entsprechenden Tatbestandsmerkmale in § 7[7]. Aus diesem Grunde kann an dieser Stelle auf die Kommentierung zu § 7 verwiesen werden. § 20 Abs. 1 erfasst allerdings – insofern enger als die in Bezug genommenen Regelungen in § 7 Abs. 2 Nr. 2 und § 7 Abs. 2 Nr. 3 – nur Taten gegenüber Verbrauchern (§ 2 Abs. 2 UWG).

4 Der Versuch einer Ordnungswidrigkeit nach § 20 Abs. 1 kann nicht geahndet werden (§ 13 Abs. 2 OWiG).

II. Vorsatz oder Fahrlässigkeit

5 § 20 Abs. 1 erfasst sowohl vorsätzliches als auch fahrlässiges Handeln (siehe auch § 10 OWiG). Der Vorsatz muss dabei auch und insbesondere das zum objektiven Tatbestand gehörende Merkmal des Fehlens der erforderlichen Einwilligung erfassen. Wer irrigerweise an das Bestehen einer Einwilligung glaubt, handelt nicht vorsätzlich (§ 11 Abs. 1 Satz 1 OWiG), kann indes gegebenenfalls wegen fahrlässigen Handelns zur Rechenschaft gezogen werden (§ 11 Abs. 1 Satz 2 OWiG).

6 Die Frage, wann ein solcher Irrtum eine Haftung wegen fahrlässigen Handelns begründet, entzieht sich pauschalisierenden Antworten[8]. Wer als Unternehmer telefonische Werbemaßnahmen in Auftrag gibt und hierfür Telefonnummernlisten erstellt, wird sich mit der gebotenen Sorgfalt vergewissern müssen, ob die erforderlichen Einwilligungen vorliegen[9]. Ein Call-Center-Betreiber und ein unmittelbar mit der Durchführung der Werbemaßnahmen betrauter Mitarbeiter wird hingegen in der Regel – sofern keine

5 So *Köhler*/Bornkamm/Feddersen, § 20 Rn. 12; Köhler, WRP 2017, 1291, 1297.
6 FBO/Rengier, § 20 Rn. 4.
7 FBO/Rengier, § 20 Rn. 4.
8 Vgl. FBO/Rengier, § 20 Rn. 9.
9 FBO/Rengier, § 20 Rn. 9, 11.

Verdachtsmomente oder sonstigen Anhaltspunkte für das Gegenteil vorliegen – auf die Richtigkeit ihm vorgelegter Listen vertrauen dürfen[10].

C. Täterschaft

Im Ordnungswidrigkeitenrecht – und damit auch für § 20 – gilt der Einheitstäterbegriff des § 14 OWiG. Der – im Strafrecht erforderlichen – trennscharfen Abgrenzung, ob derjenige, der sich an der vorsätzlich begangenen Tat eines anderen beteiligt, (Mit-)Täter oder nur Teilnehmer ist, bedarf es daher hier nicht. Auch Fallkonstellationen, in denen strafrechtlich von mittelbarer Täterschaft auszugehen wäre, werden vom ordnungswidrigkeitenrechtlichen Einheitstäterbegriff umfasst. **7**

D. Rechtsfolgen

§ 20 Abs. 2 sieht die Verhängung einer Geldbuße von bis zu 300.000,00 € vor. Bei fahrlässigem Handeln reduziert sich der Geldbußenhöchstbetrag nach § 17 Abs. 2 OWiG auf 150.000,00 €. **8**

E. Praktische Bedeutung

Die nach § 20 Abs. 3 für die Verfolgung und Ahndung von Ordnungswidrigkeiten nach § 20 zuständige Bundesnetzagentur geht von einer anwachsenden Bereitschaft der Bevölkerung aus, sich über unerlaubte Telefonanrufe bei der Behörde zu beschweren[11]. Die Behörde verhängte im Gesamtjahr 2016 Geldbußen in einer Gesamthöhe von 895.000,00 € und im ersten Halbjahr 2017 bereits Geldbußen in einer Gesamthöhe von 515.000,00 €[12]. **9**

---

10 FBO/Rengier, § 20 Rn. 11.

11 »Tätigkeitsbericht Telekommunikation 2016/2017« der Bundesnetzagentur (im Internet abrufbar unter »www.bundesnetzagentur.de«), S. 201.

12 »Tätigkeitsbericht Telekommunikation 2016/2017« der Bundesnetzagentur (im Internet abrufbar unter »www.bundesnetzagentur.de«), S. 201.

Anhang (zu § 3 Absatz 3)

Unzulässige geschäftliche Handlungen im Sinne des § 3 Absatz 3 sind

1. die unwahre Angabe eines Unternehmers, zu den Unterzeichnern eines Verhaltenskodexes zu gehören;
2. die Verwendung von Gütezeichen, Qualitätskennzeichen oder Ähnlichem ohne die erforderliche Genehmigung;
3. die unwahre Angabe, ein Verhaltenskodex sei von einer öffentlichen oder anderen Stelle gebilligt;
4. die unwahre Angabe, ein Unternehmer, eine von ihm vorgenommene geschäftliche Handlung oder eine Ware oder Dienstleistung sei von einer öffentlichen oder privaten Stelle bestätigt, gebilligt oder genehmigt worden, oder die unwahre Angabe, den Bedingungen für die Bestätigung, Billigung oder Genehmigung werde entsprochen;
5. Waren- oder Dienstleistungsangebote im Sinne des § 5a Absatz 3 zu einem bestimmten Preis, wenn der Unternehmer nicht darüber aufklärt, dass er hinreichende Gründe für die Annahme hat, er werde nicht in der Lage sein, diese oder gleichartige Waren oder Dienstleistungen für einen angemessenen Zeitraum in angemessener Menge zum genannten Preis bereitzustellen oder bereitstellen zu lassen (Lockangebote). Ist die Bevorratung kürzer als zwei Tage, obliegt es dem Unternehmer, die Angemessenheit nachzuweisen;
6. Waren- oder Dienstleistungsangebote im Sinne des § 5a Absatz 3 zu einem bestimmten Preis, wenn der Unternehmer sodann in der Absicht, stattdessen eine andere Ware oder Dienstleistung abzusetzen, eine fehlerhafte Ausführung der Ware oder Dienstleistung vorführt oder sich weigert zu zeigen, was er beworben hat, oder sich weigert, Bestellungen dafür anzunehmen oder die beworbene Leistung innerhalb einer vertretbaren Zeit zu erbringen;
7. die unwahre Angabe, bestimmte Waren oder Dienstleistungen seien allgemein oder zu bestimmten Bedingungen nur für einen sehr begrenzten Zeitraum verfügbar, um den Verbraucher zu einer sofortigen geschäftlichen Entscheidung zu veranlassen, ohne dass dieser Zeit und Gelegenheit hat, sich auf Grund von Informationen zu entscheiden;
8. Kundendienstleistungen in einer anderen Sprache als derjenigen, in der die Verhandlungen vor dem Abschluss des Geschäfts geführt worden sind, wenn die ursprünglich verwendete Sprache nicht Amtssprache des Mitgliedstaats ist, in dem der Unternehmer niedergelassen ist; dies gilt nicht, soweit Verbraucher vor dem Abschluss des Geschäfts darüber aufgeklärt werden, dass diese Leistungen in einer anderen als der ursprünglich verwendeten Sprache erbracht werden;
9. die unwahre Angabe oder das Erwecken des unzutreffenden Eindrucks, eine Ware oder Dienstleistung sei verkehrsfähig;
10. die unwahre Angabe oder das Erwecken des unzutreffenden Eindrucks, gesetzlich bestehende Rechte stellten eine Besonderheit des Angebots dar;
11. *der vom Unternehmer* finanzierte Einsatz redaktioneller Inhalte zu Zwecken der Verkaufsförderung, ohne dass sich dieser Zusammenhang aus dem Inhalt

oder aus der Art der optischen oder akustischen Darstellung eindeutig ergibt (als Information getarnte Werbung);

12. **unwahre Angaben über Art und Ausmaß einer Gefahr für die persönliche Sicherheit des Verbrauchers oder seiner Familie für den Fall, dass er die angebotene Ware nicht erwirbt oder die angebotene Dienstleistung nicht in Anspruch nimmt;**
13. **Werbung für eine Ware oder Dienstleistung, die der Ware oder Dienstleistung eines bestimmten Herstellers ähnlich ist, wenn dies in der Absicht geschieht, über die betriebliche Herkunft der beworbenen Ware oder Dienstleistung zu täuschen;**
14. **die Einführung, der Betrieb oder die Förderung eines Systems zur Verkaufsförderung, bei dem vom Verbraucher ein finanzieller Beitrag für die Möglichkeit verlangt wird, allein oder hauptsächlich durch die Einführung weiterer Teilnehmer in das System eine Vergütung zu erlangen (Schneeball- oder Pyramidensystem);**
15. **die unwahre Angabe, der Unternehmer werde demnächst sein Geschäft aufgeben oder seine Geschäftsräume verlegen;**
16. **die Angabe, durch eine bestimmte Ware oder Dienstleistung ließen sich die Gewinnchancen bei einem Glücksspiel erhöhen;**
17. **die unwahre Angabe oder das Erwecken des unzutreffenden Eindrucks, der Verbraucher habe bereits einen Preis gewonnen oder werde ihn gewinnen oder werde durch eine bestimmte Handlung einen Preis gewinnen oder einen sonstigen Vorteil erlangen, wenn es einen solchen Preis oder Vorteil tatsächlich nicht gibt, oder wenn jedenfalls die Möglichkeit, einen Preis oder sonstigen Vorteil zu erlangen, von der Zahlung eines Geldbetrags oder der Übernahme von Kosten abhängig gemacht wird;**
18. **die unwahre Angabe, eine Ware oder Dienstleistung könne Krankheiten, Funktionsstörungen oder Missbildungen heilen;**
19. **eine unwahre Angabe über die Marktbedingungen oder Bezugsquellen, um den Verbraucher dazu zu bewegen, eine Ware oder Dienstleistung zu weniger günstigen Bedingungen als den allgemeinen Marktbedingungen abzunehmen oder in Anspruch zu nehmen;**
20. **das Angebot eines Wettbewerbs oder Preisausschreibens, wenn weder die in Aussicht gestellten Preise noch ein angemessenes Äquivalent vergeben werden;**
21. **das Angebot einer Ware oder Dienstleistung als »gratis«, »umsonst«, »kostenfrei« oder dergleichen, wenn hierfür gleichwohl Kosten zu tragen sind; dies gilt nicht für Kosten, die im Zusammenhang mit dem Eingehen auf das Waren- oder Dienstleistungsangebot oder für die Abholung oder Lieferung der Ware oder die Inanspruchnahme der Dienstleistung unvermeidbar sind;**
22. **die Übermittlung von Werbematerial unter Beifügung einer Zahlungsaufforderung, wenn damit der unzutreffende Eindruck vermittelt wird, die beworbene Ware oder Dienstleistung sei bereits bestellt;**
23. **die unwahre Angabe oder das Erwecken des unzutreffenden Eindrucks, der Unternehmer sei Verbraucher oder nicht für Zwecke seines Geschäfts, Handels, Gewerbes oder Berufs tätig;**

24. die unwahre Angabe oder das Erwecken des unzutreffenden Eindrucks, es sei im Zusammenhang mit Waren oder Dienstleistungen in einem anderen Mitgliedstaat der Europäischen Union als dem des Warenverkaufs oder der Dienstleistung ein Kundendienst verfügbar;

25. das Erwecken des Eindrucks, der Verbraucher könne bestimmte Räumlichkeiten nicht ohne vorherigen Vertragsabschluss verlassen;

26. bei persönlichem Aufsuchen in der Wohnung die Nichtbeachtung einer Aufforderung des Besuchten, diese zu verlassen oder nicht zu ihr zurückzukehren, es sein denn, der Besuch ist zur rechtmäßigen Durchsetzung einer vertraglichen Verpflichtung gerechtfertigt;

27. Maßnahmen, durch die der Verbraucher von der Durchsetzung seiner vertraglichen Rechte aus einem Versicherungsverhältnis dadurch abgehalten werden soll, dass von ihm bei der Geltendmachung seines Anspruchs die Vorlage von Unterlagen verlangt wird, die zum Nachweis dieses Anspruchs nicht erforderlich sind, oder dass Schreiben zur Geltendmachung eines solchen Anspruchs systematisch nicht beantwortet werden;

28. die in eine Werbung einbezogene unmittelbare Aufforderung an Kinder, selbst die beworbene Ware zu erwerben oder die beworbene Dienstleistung in Anspruch zu nehmen oder ihre Eltern oder andere Erwachsene dazu zu veranlassen;

29. die Aufforderung zur Bezahlung nicht bestellter, aber gelieferter Waren oder erbrachter Dienstleistungen oder eine Aufforderung zur Rücksendung oder Aufbewahrung nicht bestellter Sachen und

30. die ausdrückliche Angabe, dass der Arbeitsplatz oder Lebensunterhalt des Unternehmers gefährdet sei, wenn der Verbraucher die Ware oder Dienstleistung nicht abnehme.

Wolfgang Büscher, Annette Wille

Übersicht

A. Vorbemerkungen

Wolfgang Büscher

I. Entstehungsgeschichte

1 Mit dem **UWG 2008** führte der deutsche Gesetzgeber zur Umsetzung des Anhangs I zu Art. 5 (5) UGP-RL einen Anhang zu § 3 Abs. 3 UWG ein, in dem 30 Tatbestände geschäftlicher Handlungen aufgeführt sind, die gegenüber Verbrauchern stets unzulässig sind (sogenannte schwarze Liste). Der Anhang zu § 3 Abs. 3 UWG ist in seiner Struktur und seinem Inhalt weitgehend am **Anhang I der UGP-RL** ausgerichtet.

2 Die Anhänge sind allerdings nicht vollständig deckungsgleich. Im Anhang I der UGP-RL wird zwischen **irreführenden Geschäftspraktiken** (Nr. 1 bis 23) und **aggressiven Geschäftspraktiken** (Nr. 24 bis 31) unterschieden. Eine entsprechende ausdrückliche Einteilung enthält der Anhang zu § 3 Abs. 3 UWG nicht. Der Gesetzgeber wollte die Einteilung in der Sache im UWG beibehalten und in Nr. 1 bis 24 des Anhangs irreführende geschäftliche Handlungen und in Nr. 25 bis 30 des Anhangs zu § 3 Abs. 3 UWG aggressive geschäftliche Handlungen anführen. Da er die Regelung **Nr. 31 des Anhangs I** der UGP-RL entgegen der klaren Einordnung der Richtlinie nicht als aggressive sondern als irreführende Geschäftspraktik ansah, setzte er Nr. 31 der UGP-RL innerhalb der Tatbestände der irreführenden geschäftliche Handlungen in Nr. 17 des Anhangs zu § 3 Abs. 3 UWG um.[1] Das führte neben einer Änderung der Reihenfolge der einzelnen Tatbestände des Anhangs zu § 3 Abs. 3 UWG von Nr. 17 bis Nr. 26 gegenüber dem Anhang I zu Art. 5 (5) UGP-RL auch zu einer irreführenden Umsetzung des Anhangs Nr. 31 der UGP-RL in deutsches Recht. Tatsächlich ist Nr. 31 des Anhangs der UGP-RL nach der verbindlichen Auslegung des Unionsrechts durch den EuGH keine irreführende sondern eine aggressive Geschäftspraktik.[2] Gesichtspunkte der Irreführung sind für die Auslegung der Nr. 31 des Anhangs I der UGP-RL irrelevant.[3] Entsprechendes gilt für die diesen Tatbestand in deutsches Recht umsetzende Nr. 17 des Anhangs zu § 3 Abs. 3 UWG. Die danach notwendige Anpassung des Anhangs des UWG an den Anhang I der UGP-RL, die zudem zu einer Übereinstimmung der Bezifferung geführt hätte, hat der deutsche Gesetzgeber auch mit dem **Zweiten Gesetz zur Änderung des Gesetzes gegen den unlauteren Wettbewerb** nicht vorgenommen, obwohl durch diese Novellierung die notwendige weitergehende Anpassung des UWG an die UGP-RL erfolgen sollte.[4]

---

1 Begründung des Regierungsentwurfs eines Ersten Gesetzes zur Änderung des Gesetzes gegen den unlauteren Wettbewerb, BT. Drucks. 16/10145 S. 30.

2 EuGH, 18.10.2012, C-428/11, GRUR 2012, 1269 Rn. 37 – *Purely Creative.*

3 *EuGH, 18.10.2012, C-428/11,* GRUR 2012, 1269 Rn. 37 – *Purely Creative.*

4 Begründung des Regierungsentwurfs eines Zweiten Gesetzes zur Änderung des Gesetzes gegen den unlauteren Wettbewerb, BT. Drucks. 18/4535 S. 1.

3 Eine weiterer Unterschied in den Anhängen folgt daraus, dass der deutsche Gesetzgeber der Meinung war, **Nr. 26 des Anhangs der UGP-RL** sei schon durch § 7 Abs. 2 UWG umgesetzt.[5] Das ist jedoch ebenfalls unzutreffend.

4 Die nachfolgende **Gegenüberstellung** des Anhangs zu § 3 Abs. 3 UWG und des Anhangs I zu Art. 5 (5) UGP-RL zeigt die Übereinstimmungen und Unterschiede bei der Umsetzung:

5

UWG Anhang Nr.	1–16	17	18	19	20	21	22	23	24	25	26	27	28	29	30	§ 7 Abs. 2 UWG
UGP-RL Anhang I Nr.	1–16	31	17	18	19	20	21	22	23	24	25	27	28	29	30	26

6 Soweit der deutsche Gesetzgeber den Text des Anhangs I nicht wörtlich übernommen hat, sollte dadurch keine inhaltliche Abweichung vom Anhang I der UGP-RL erfolgen; der Gesetzgeber hat die Änderungen vorgenommen, um die Fassung des Anhangs zu § 3 Abs. 3 UWG an die Definitionen des § 2 UWG, die Terminologie des Lauterkeitsrechts und die Anforderungen der deutschen Sprache anzupassen.[6] Derartige Änderungen der Sprachfassung und der Normstruktur bei der Umsetzung von Bestimmungen des Unionsrechts sind selten ein Gewinn für Rechtsklarheit und Rechtssicherheit, sondern erschweren häufig die Rechtsanwendung, weil in der Praxis bei der Auslegung der Vorschrift die deutsche Norm, der abweichende deutsche Richtlinientext und die anderen Sprachfassungen der Richtlinie in Zweifelsfällen berücksichtigt werden müssen. Gewonnen ist durch die unterschiedliche Fassung der deutschen Bestimmung und des deutschen Richtlinientextes in der Mehrzahl der Fälle nichts, weil es auf die Interpretationsbemühungen der am nationalen Gesetzesvorhaben beteiligten Kreise und Interessenvertreter bei der Auslegung der unionsrechtlich determinierten Normen ohnehin nicht ankommt. Verbindlich ist ausschließlich der Richtlinientext in den unterschiedlichen Sprachfassungen.

7 Mit der am **10.12.2015 in Kraft getretenen Novellierung des UWG** hat der Gesetzgeber Änderungen in Nr. 13 und Nr. 14 des Anhangs vorgenommen. Den in **Nr. 13 UWG** 2008 enthaltenen Begriff »eines Mitbewerbers« hat er durch »eines bestimmten Herstellers« ersetzt. Die Änderung war notwendig, weil der Gesetzgeber bei Nr. 13 des Anhangs zu § 3 Abs. 3 UWG 2008 den entsprechenden Anhang I der UGP-RL nicht wörtlich umgesetzt hatte; er hatte die Formulierung »eines bestimmten Herstellers« durch »eines Mitbewerbers« ersetzt. Dabei hatte der deutsche Gesetzgeber übersehen, dass die Begriffe nicht deckungsgleich sind.[7] Eine weitere Änderung ist im UWG 2015 in **Nr. 14 des Anhangs** erfolgt. Hier ist die ursprüngliche Fassung »…das den Eindruck

5 Begründung des Regierungsentwurfs eines Ersten Gesetzes zur Änderung des Gesetzes gegen den unlauteren Wettbewerb, BT. Drucks. 16/10145 S. 29.

6 Begründung des Regierungsentwurfs eines Ersten Gesetzes zur Änderung des Gesetzes gegen den unlauteren Wettbewerb, BT. Drucks. 16/10145 S. 30; zu Recht kritisch *Alexander*, GRUR Int. 2010, 1025, 1030.

7 *Alexander*, GRUR Int. 2010, 1025, 1031.

vermittelt, allein oder hauptsächlich durch die Einführung weiterer Teilnehmer in das System könne eine Vergütung erlangt werden…« durch die Regelung »…bei dem vom Verbraucher ein finanzieller Beitrag für die Möglichkeit verlangt wird, allein oder hauptsächlich durch die Einführung weiterer Teilnehmer in das System eine Vergütung zu erlangen…« ersetzt worden. Der Gesetzgeber hat diese Änderung zur Angleichung an die Auslegung des Tatbestands der Nr. 14 durch die EuGH-Entscheidung »4finance«[8] vorgenommen.[9]

II. Normzweck

8 Anhang I zu Art. 5 (5) UGP-RL enthält eine **umfassende und abschließende Liste von Geschäftspraktiken**, die ohne eine Abwägung und Beurteilung des Einzelfalls anhand der Bestimmungen des Art. 5 bis 9 UGP-RL unlauter sind (Erwägungsgrund 17 Satz 2 und 3 UGP-RL).[10] Durch diese enumerative Aufzählung soll die Rechtssicherheit in den Mitgliedstaaten erhöht werden, indem die Tatbestände, die unter allen Umständen eine Unlauterkeit begründen, eindeutig feststehen (Erwägungsgrund 17 Satz 1 UGP-RL). Daraus folgt, dass nur in den Fällen des Anhangs I eine Geschäftspraktik ohne Beurteilung des Einzelfalls aufgrund Art. 5 bis 9 UGP-RL als unlauter anzusehen ist.[11] Die Betonung liegt auf »ohne Beurteilung anhand der Art. 5 bis 9 UGP-RL« und nicht auf der Prüfung des Einzelfalls, der immer zu bewerten ist.[12] Es findet keine Beurteilung der Unlauterkeit anhand von Kriterien des Einzelfalls statt.[13] In diesem Zusammenhang wird bei den Tatbeständen der sog. schwarzen Liste von per se-Verboten gesprochen.

9 Die Liste des Anhangs I gilt einheitlich in den Mitgliedstaaten und sie kann nur durch eine Änderung der Richtlinie modifiziert werden, Art. 5 (5) Satz 2 UGP-RL. Im Anwendungsbereich der UGP-RL dürfen die Mitgliedstaaten deshalb keine von diesem Schutzniveau abweichenden Normen erlassen. Sie dürfen kein höheres oder geringeres Schutzniveau für Verbraucher vorsehen.[14] Daran ändert die Zielsetzung der UGP-RL, zur Erreichung eines hohen Verbraucherschutzniveaus beizutragen (Art. 1), nichts.

10 Die Liste des Anhangs I der UGP-RL gilt nur für **Geschäftspraktiken im B2C-Verhältnis**.[15] Geschäftspraktiken im Sinne der UGP-RL sind nach ihrem Art. 2 lit. d nur

---

8 EuGH, 03.04.2014, C-515/12, GRUR 2014, 680 – *4finance*.

9 Begründung des Regierungsentwurfs eines Zweiten Gesetzes zur Änderung des Gesetzes gegen den unlauteren Wettbewerb, BT. Drucks. 18/4535 S. 17.

10 EuGH, 13.09.2018, C-54/17 und C-55/17, GRUR 2018, 1156 Rn. 40 – *AGCM/Wind und Vodafone*.

11 Zum abschließenden Charakter der Tatbestände des Anhangs I: EuGH, 17.01.2013, C-206/11, GRUR 2013, 297 Rn. 35 – *Köck*; EuGH, 19.09.2013, C-435/11, GRUR 2013, 1157 Rn. 38 – *CHS Tour Services*.

12 *Köhler*, FS Bornkamm, 2014, 393, 394, 396.

13 FBO/*Fezer* § 3 Rn. 217.

14 EuGH, 14.01.2010, C-304/08, GRUR 2010, 244 Rn. 41 und 50 – *Plus Warenhandelsgesellschaft*.

15 EuGH, 13.09.2018, C-54/17 und C-55/17, GRUR 2018, 1156 Rn. 39 – *AGCM/Wind und Vodafone*; *Schöttle*, WRP 2009, 673, 674.

solche von Unternehmen gegenüber Verbrauchern. Darauf ist nach § 3 Abs. 3 UWG der Anwendungsbereich des Anhangs beschränkt. Der deutsche Gesetzgeber sah anders als der österreichische Gesetzgeber[16] keinen Anlass, die Vorschriften der sog. »Schwarzen Liste« auf das B2B-Verhältnis anzuwenden.[17] Im B2B-Bereich kann den Tatbeständen des Anhangs zu § 3 Abs. 3 UWG eine gewisse Indizwirkung für die Unlauterkeit der geschäftlichen Handlung zukommen.[18]

III. Auslegung

Die Vorschriften des Anhangs zu § 3 Abs. 3 UWG setzen den Anhang I der UGP-RL um. Einen Umsetzungsspielraum hatte der deutsche Gesetzgeber nicht (Erwägungsgrund 17 Satz 4, Art. 5 (5) Satz 2 UGP-RL). Die Tatbestände des Anhanges zu § 3 Abs. 3 UWG sind **richtlinienkonform auszulegen**. 11

Die Auslegung des Anhangs I der UGP-RL hat nach den allgemeinen Auslegungsgrundsätzen **autonom** und losgelöst vom nationalen Recht und seinen Begrifflichkeiten zu erfolgen.[19] Entscheidend sind der Wortlaut der Richtlinie und der Wille ihres Urhebers sowie Sinn und Zweck der Vorschriften.[20] Von Bedeutung ist weiter die systematische Stellung der auszulegenden Norm[21] und die Entstehungsgeschichte der Bestimmung.[22] Die Auslegung des Sekundärrechts der Union muss soweit wie möglich primärrechtskonform erfolgen.[23]. 12

Maßgeblich ist der **Wortlaut der Richtlinie** und nicht derjenige des nationalen Rechts; zu berücksichtigen sind alle Sprachfassungen des Anhangs I UGP-RL.[24] Diese unterscheiden sich zum Teil deutlich. Der von der Richtlinie teilweise abweichende Wortlaut des Anhangs zu § 3 Abs. 3 UWG ist durch richtlinienkonforme Auslegung bei der Rechtsanwendung zu korrigieren.[25] Für die Auslegung der Tatbestände des Anhangs zu § 3 Abs. 3 UWG kommt dem von der deutschen Sprachfassung der Richtlinie abweichenden Wortlaut des Anhangs keine Bedeutung zu, weil eine richtlinienkonforme Auslegung erforderlich und nach allgemeinen Auslegungsgrundsätzen[26] möglich 13

---

16 §§ 1 Abs. 4 Nr. 2, 1a Abs. 3; 2 Abs. 2 in Verbindung mit dem Anhang des österreichischen UWG.

17 Begründung des Regierungsentwurfs eines Ersten Gesetzes zur Änderung des Gesetzes gegen den unlauteren Wettbewerb, BT. Drucks. 16/10145 S. 30.

18 FBO/*Fezer* § 3 Rn. 223.

19 EuGH, 18.10.2012, C-428/11, GRUR 2012, 1269 Rn. 41 – *Purely Creative.*

20 EuGH, 28.01.2010, C-473/08, DB 2010, 317 Rn. 22 – *Eulitz*; EuGH, 03.06.2010, C-569/08, GRUR 2010, 733 Rn. 35 – *Interportal und Marketing*;

21 EuGH, 22.03.2018, C-568/16 Rn. 35 – *Rasool.*

22 EuGH, 18.10.2012, C-428/11, GRUR 2012, 1269 Rn. 28 – *Purely Creative.*

23 EuGH, 20.12.2017, C-291/16, GRUR 2018, 191 Rn. 30 – *Schweppes/Red Paralela*; EuGH, 28.02.2018, C-518/16 Rn. 29 – *ZPT.*

24 EuGH, 03.04.2014, C-515/12, GRUR 2014, 680 Rn. 19 – *4finance.*

25 EuGH, 18.10.2012, C-428/11, GRUR 2012, 1269 Rn. 41 – *Purely Creative.*

26 EuGH, 05.10.2004, C-397/01 bis C-403/01, NJW 2004, 3547 Rn. 110–119 – *Pfeiffer u.a.*; BGH, 26.11.2008, VIII ZR 200/05, BGHZ 179, 27 Rn. 19 ff; BGH, 16.04.2015, I ZR 130/13, GRUR 2015, 705 Rn. 26 – *Weihrauch-Extrakt-Kapseln.*

ist. Bei Zweifelsfragen zur Auslegung der Tatbestände des Anhangs I der UGP-RL ist nach Art. 267 AEUV ein Vorabentscheidungsersuchen eines letztinstanzlich entscheidenden Gerichts eines Mitgliedstaats an den EuGH erforderlich.

14 **Zweck** der Bestimmungen des Anhangs I ist die **Schaffung größerer Rechtssicherheit** bei der Feststellung von Geschäftspraktiken, die in allen Mitgliedstaaten in jedem Fall unlauter sind (Erwägungsgrund 17 Satz 1, Art. 5 (5) Satz 1 UGP-RL). Da die Liste umfassend ist und nur durch Änderung der Richtlinie geändert werden kann (Erwägungsgrund 17 Satz 2 und 4) sowie keine Regelungslücke besteht, weil durch Art. 5 bis 9 UGP-RL unlautere geschäftliche Handlungen erfasst werden, wenn keiner der Tatbestände des Anhangs eingreift,[27] scheidet nach ganz überwiegender Ansicht zu Recht eine **analoge Anwendung** der Tatbestände aus.[28]

15 Wegen der engen Fassung der Liste ist weiter **eine extensive oder erweiternde Auslegung** der Tatbestände ausgeschlossen.[29] Das folgt zwar nicht schon aus dem Charakter der Liste als Ausnahmetatbestände. Es ergibt sich aber aus der eng begrenzten Fassung der schwarzen Liste, die zeigt, dass der Unionsgesetzgeber nur sehr präzise gefasste Tatbestände der Bewertung der Unlauterkeit im Einzelfall entziehen wollte. Für dieses Ergebnis sprechen weiter der in Erwägungsgrund 17 Satz 1 angeführte Gesichtspunkt der Rechtssicherheit und die wiederholte Betonung einer Änderung der Liste nur durch eine Änderung der Richtlinie (Erwägungsgrund 17 Satz 4 und Art. 5 (5) Satz 2 UGP-RL). Schließlich sollen durch die schwarze Liste nur die verbraucherschädlichsten Geschäftspraktiken ohne Beurteilung der Unlauterkeit im Einzelfall erfasst werden, während andere Geschäftspraktiken an Art. 5 bis 9 UGP-RL anhand einer Beurteilung des Einzelfalls zu messen sind.[30] Der mit der Richtlinie verfolgte Zweck, den Verbraucherschutz im B2C-Verhältnis zu verbessern, kann keine weite Auslegung der Tatbestände der schwarzen Liste rechtfertigen, weil sich dieses Ziel auch im Rahmen der allgemeinen Vorschriften der Art. 5 bis 9 UGP-RL erreichen lässt.

16 Die Tatbestände des Anhangs I – und dementsprechend auch des Anhangs zu § 3 Abs. 3 UWG – sind vielmehr **nach ihrem Zweck auszulegen**, der aus den Erwägungsgründen und Art. 1 UGP-RL folgt und sich zudem aus dem Sinn ergibt, der der konkreten Vorschrift der schwarzen Liste zugrunde liegt. Durch die schwarze Liste soll eine größere Rechtssicherheit geschaffen, die wirtschaftlichen Interessen der Verbraucher sollen vor unlauteren Geschäftspraktiken von Unternehmern geschützt und ein

---

27 Zu diesem Gesichtspunkt bei der Auslegung: EuGH, 03.04.2014, C-515/12, GRUR 2014, 680 Rn. 31 – *4finance*.

28 EuGH, 23.04.2009, C-261/07 und C-299/07, GRUR 2009, 599 Rn. 56 – *VTB/Total Belgium u. Galatea/Sanoma*; OLG Köln, 23.02.2011, 6 U 159/10, GRUR-RR 2011, 275, 276; GK/*Peifer* § 3 Rn. 703; Harte/*Henning* Anhang zu § 3 Abs. 3 Vorbem. Rn. 16; *Scherer* WRP 2011, 393, 399;.

29 OGH GRUR Int. 2014, 181, 182; Harte/*Henning* Anhang zu § 3 Abs. 3 Vorbem. Rn. 16; Gloy/Loschelder/Erdmann/*Loschelder/Dörre* § 47 Rn. 5, 13; GK/*Peifer* § 3 Rn. 704; hierzu auch *Schlussanträge der Generalanwältin* Trstenjak vom 21.10.2008, C-261/07 Rn.85 – VTB/Total; *Köhler*, WRP 2008, 700, 702; *Schöttle*, WRP 2009, 673, 674.

30 EuGH, 03.04.2014, C-515/12, GRUR 2014, 680 Rn. 31 und 32 – *4finance*.

hohes Schutzniveaus für Verbraucher erreicht sowie ein Beitrag zu einem reibungslosen Funktionieren des Binnenmarkts geleistet werden (Erwägungsgründe 8 und 17 Satz 1, Art. 1 UGP-RL).[31] Diese verschiedenen Ziele sind bei der Auslegung der Tatbestände der schwarzen Liste so weit wie möglich zu berücksichtigen und in Einklang zu bringen.[32]

In die Auslegung einzubeziehen ist der **Kontext** der Vorschrift. Dazu rechnet, ob die Bestimmung in dem Abschnitt über irreführende oder aggressive Geschäftspraktiken angeführt ist.[33] Der irreführende Charakter als ungeschriebenes Tatbestandsmerkmal darf nicht in eine Vorschrift hineingelesen werden, die im Abschnitt über aggressive Geschäftspraktiken angeführt ist.[34] In die Auslegung nach dem Kontext der Bestimmung ist ein Vergleich mit der Fassung anderer Tatbestände der schwarzen Liste einzubeziehen.[35] 17

Sämtliche Tatbestände der schwarzen Liste müssen nach § 3 Abs. 3 UWG und dem Anhang die Voraussetzungen einer **geschäftlichen Handlung** im Sinne von § 2 Abs. 1 Nr. 1 UWG erfüllen. Der Begriff der geschäftlichen Handlung nach dem UWG ist weiter als derjenige der Geschäftspraktik der UGP-RL.[36] Da durch den Anhang zu § 3 Abs. 3 UWG der Anhang I zu Art. 5 (5) UGP-RL umgesetzt wird und die Richtlinie und ihr Anhang I auf Geschäftspraktiken von Unternehmen gegenüber Verbrauchern abstellen, müssen in allen Fällen des Anhangs zu § 3 Abs. 3 UWG die **Voraussetzungen einer Geschäftspraktik im Sinne von Art. 2 lit. d UGP-RL erfüllt sein.** 18

Bei der Auslegung der Vorschriften der schwarzen Liste und der Bejahung der Unlauterkeit der Geschäftspraktik im Sinne von Art. 5 (5) UGP-RL in Verbindung mit einem Tatbestand des Anhangs I ist unerheblich, ob die **Geschäftspraktik nach Art. 5 (4), Art. 6 bis 9 UGP-RL irreführend oder aggressiv ist.**[37] Allein die Verwirklichung einer der Tatbestände der schwarzen Liste reicht aus, um die Unlauterkeit zu begründen. Eine zusätzliche Prüfung anhand der übrigen Vorschriften der UGP-RL findet nicht statt. Das Ergebnis einer solchen Prüfung anhand der Art. 5 (4), Art. 6 bis 9 UGP-RL könnte eine einmal bestehende Unlauterkeit nach Art. 5 (5) UGP-RL in Verbindung mit dem Anhang I nicht neutralisieren. Ein Unternehmen, dessen Geschäftspraktik in Rede steht, kann nicht geltend machen, trotz Verwirklichung der Voraussetzungen eines Tatbestands der schwarzen Liste sei sein Verhalten aufgrund **der besonderen Umstände des Einzelfalls** nicht unlauter. Eine Beurteilung der Unlauterkeit anhand der Umstände des Einzelfalls findet nicht statt und eine gegen die schwarze 19

31 EuGH, 18.10.2012, C-428/11, GRUR 2012, 1269 Rn. 44 und 45 – *Purely Creative*; EuGH, 03.04.2014, C-515/12, GRUR 2014, 680 Rn. 24 – *4finance*.

32 *Köhler*, FS Bornkamm, 2014, 393, 401.

33 EuGH, 18.10.2012, C-428/11, GRUR 2012, 1269 Rn. 37 – *Purely Creative*.

34 EuGH, 18.10.2012, C-428/11, GRUR 2012, 1269 Rn. 37 – *Purely Creative*.

35 EuGH, 18.10.2012, C-428/11, GRUR 2012, 1269 Rn. 42 – *Purely Creative*.

36 BGH, 06.02.2014, I ZR 2/11, GRUR 2014, 879 Rn. 13 – *GOOD NEWS II*; BGH, 11.12.2014, I ZR 113/13, GRUR 2015, 694 Rn. 26 – *Bezugsquellen für Bachblüten*.

37 EuGH, 13.09.2018, C-54/17 und C-55/17, GRUR 2018, 1156 Rn. 55 – *AGCM/Wind und Vodafone*; *Köhler*, FS Bornkamm, 2014, 393, 394.

Liste verstoßende Geschäftspraktik ist unter allen Umständen unlauter (Erwägungsgrund 17 Satz 1 und 3, Art. 5 (5) Satz 1). Damit ist zugleich ausgeschlossen, eine nach Art. 5 (5) UGP-RL und Anhang I unlautere Geschäftspraktik, die notwendigerweise die Voraussetzungen einer unzulässigen geschäftlichen Handlung nach § 3 Abs. 3 UWG in Verbindung mit dem Anhang erfüllt, einer **Verhältnismäßigkeitsprüfung** zu unterziehen.[38] Soweit in der Begründung des Regierungsentwurfs davon die Rede ist, bei einem Verstoß gegen einen der Verbotstatbestände des Anhangs zu § 3 Abs. 3 UWG-E gelte stets der allgemeine Grundsatz der Verhältnismäßigkeit, weshalb es auch künftig Fallgestaltungen geben kann, bei denen ein nach § 3 Abs. 3 UWG-E unlauteres Verhalten keine wettbewerbsrechtlichen Sanktionen auslöst,[39] handelt es sich um eine Meinungsäußerung des Verfassers der Regierungsbegründung, die im Gesetz keinen Niederschlag gefunden hat und schon deshalb für die Auslegung des § 3 Abs. 3 UWG in Verbindung mit dem Anhang unbeachtlich ist.[40] Sie ist mit der richtlinienkonformen Auslegung der UGP-RL zudem nicht in Einklang zu bringen und kein gutes Beispiel für die Fassung einer Begründung zu einem Gesetzesentwurf, weil es nicht Aufgabe einer Regierungsbegründung im Rahmen der Umsetzung des Unionsrechts sein kann, zu einer solchen Frage – zudem in ganz oberflächlicher Weise – Stellung zu nehmen.

20 Das Vorliegen eines Tatbestands der schwarzen Liste erfordert keine gesonderte Prüfung, dass die **Fähigkeit der Verbraucher zu einer informierten Entscheidung beeinträchtigt** wird und er zu einer geschäftlichen Handlung veranlasst wird, die er ansonsten nicht getroffen hätte, Art. 6 – 9 UGP-RL. Dasselbe gilt für die gesonderte Feststellung, dass die beanstandete **geschäftliche Handlung geeignet ist, das wirtschaftliche Verhalten der Verbraucher wesentlich zu beeinflussen**, Art. 5 (2) UGP-RL. Das **Relevanzmerkmal** ist bei den Tatbeständen der schwarzen Liste nicht zusätzlich zu prüfen.[41] Das in der schwarzen Liste beschriebene Verhalten ist unter allen Umständen als unlauter anzusehen, Art. 5 (5) Satz 1 UGP-RL (§ 3 Abs. 3 UWG »… stets unzulässig…«). Zur Begründung dieses Ergebnisses wird angenommen, dass bei den Tatbeständen der schwarzen Liste die Eignung zu einer wesentlichen Beeinflussung des Verhaltens der Verbraucher unwiderleglich vermutet wird[42] oder das Relevanzkrite-

---

38 GK/*Peifer* § 3 Rn. 699 f.; Ohly/*Sosnitza* Anhang zu § 3 Abs. 3 UWG Rn. 3; Harte/*Henning* Anhang zu § 3 Abs. 3 Vorbem. Rn. 24; Gloy/Loschelder/Erdmann/*Bruhn* § 46 Rn. 16–18; MünchKomm/*Micklitz* UWG UGP-Richtlinie Rn. 11; *Scherer* WRP 2011, 393, 399; a. A. HansOLG Hamburg WRP 2010, 1183, 1185; *Köhler*/Bornkamm/Feddersen Anh. zu § 3 UWG Rn. 0.10, andererseits *Köhler*, FS Bornkamm, 2014, 393, 396; *Schöttle*, WRP 2009, 673, 674.

39 Begründung des Regierungsentwurfs eines Ersten Gesetzes zur Änderung des Gesetzes gegen den unlauteren Wettbewerb, BT. Drucks. 16/10145 S. 30.

40 BGH, 19.04.2012, I ZB 80/11, BGHZ 195, 257 Rn. 27 – *Alles kann besser werden.*

41 BGH, 18.12.2014, I ZR 129/13, GRUR 2015, 698 Rn. 21 – *Schlafzimmer komplett*; MünchKomm/*Alexander* UWG Vor Anhang § 3 Abs. 3 Rn. 76; Ohly/*Sosnitza* Anhang zu § 3 Abs. 3 UWG Rn. 3; FBO/*Obergfell* Anhang UWG Nr. 1 Rn. 6.

42 *Köhler*/Bornkamm/Feddersen Anh. zu § 3 UWG Rn. 0.4; *ders.* WRP 2014, 259, 266; MünchKomm/*Alexander* UWG Vor Anhang § 3 Abs. 3 Rn. 76; MünchKomm/*Micklitz* UWG UGP-Richtlinie Rn. 11.

rium dem jeweiligen Tatbestand innewohnt.[43] Der Unionsgesetzgeber hat durch die Bezeichnung der in der schwarzen Liste aufgeführten Geschäftspraktiken als unter allen Umständen unlauter insoweit selbst die Wertung getroffen, dass das Relevanzkriterium vorliegt.[44] In der Entscheidung »Purely Creative« hat der EuGH im Zusammenhang mit der Auslegung von Nr. 31 des Anhangs I ausgeführt, die Geschäftspraktik sei im Lichte von Art. 5 (2) lit. b UGP-RL auszulegen.[45] Daraus wird im Schrifttum gefolgert, solche Verhaltensweisen von Unternehmen seien vom Anwendungsbereich der schwarzen Liste auszunehmen, die generell ungeeignet seien, das wirtschaftliche Verhalten der Verbraucher nachteilig zu beeinflussen.[46] Es erscheint aber zweifelhaft, ob den Passagen der EuGH-Entscheidung »Purely Creative« eine derartige Einschränkung der per se-Verbote der schwarzen Liste entnommen werden kann und sich die Ausführungen des EuGH nicht nur auf die Auslegung konkreter Tatbestandsmerkmale von Nr. 31 des Anhangs I zu Art. 5 (5) Satz 1 UGP-RL beziehen, die nicht in dem Sinn verallgemeinerungsfähig sind, eine generelle Ausnahme von der mangelnden Prüfung des Relevanzkriteriums vorzunehmen. So finden sich die Ausführungen des EuGH zur Relevanz der aggressiven Geschäftspraktik bei der Prüfung des Vorliegens der Voraussetzungen des zweiten Spiegelstrichs des zweiten Teils der Nr. 31 des Anhangs I.[47] Zudem betont der EuGH die absolute Geltung des Verbots.[48] Eine Einschränkung der per se-Verbote dahin, dass Geschäftspraktiken nicht erfasst werden, die generell nicht geeignet sind, das wirtschaftliche Verhalten der Verbraucher zu beeinflussen, lässt sich der EuGH-Entscheidung »Purely Creative« nicht entnehmen und ist mit der Wertung des Unionsgesetzgebers nicht vereinbar. Nur bei der Auslegung der Tatbestandsmerkmale der jeweiligen Regelung des Anhangs sind die Ziele der UGP-RL zu berücksichtigen.

IV. Umsetzung

Der deutsche Gesetzgeber hat im Anhang zu § 3 Abs. 3 UWG 2008 den deutschen **21**
Text der Richtlinie nicht wörtlich übernommen und auch die Reihenfolge der einzelnen Tatbestände des Anhangs I zu Art. 5 (5) UGP-RL nicht exakt eingehalten.[49, 50] Inhaltlich wollte er die Richtlinie nicht ändern.[51] Er hätte dies auch nicht gekonnt, weil die Richtlinie den Mitgliedstaaten bei der Umsetzung keinen Spielraum lässt (Art. 5 (5) Satz 2 UGP-RL).[52] Während der Anhang I zur UGP-RL 31 Tatbestände der

43 *Scherer*, WRP 2014, 771, 773.
44 *Scherer*, WRP 2014, 771, 773.
45 EuGH, 18.10.2012, C-428/11, GRUR 2012, 1269 Rn. 49, 54–56 – *Purely Creative*.
46 *Köhler*/Bornkamm/Feddersen Anh. zu § 3 UWG Rn. 0.4; *ders.* WRP 2014, 259, 266.
47 EuGH, 18.10.2012, C-428/11, GRUR 2012, 1269 Rn. 24 ff, 38, 49, 53 ff – *Purely Creative*.
48 EuGH, 18.10.2012, C-428/11, GRUR 2012, 1269 Rn. 36, 45, 46 – *Purely Creative*.
49 Rdn. 5, 6 zu den Gründen für die Änderungen und zur Gegenüberstellung der entsprechenden Tatbestände des Anhangs I zu Art. 5 (5) UGP-RL und des Anhangs zu § 3 Abs. 3 UWG; Rdn. 7 zur Änderung von Nr. 13 und 14 des Anhangs zu § 3 Abs. 3 UWG durch das UWG 2015.
50 Die Abweichungen zwischen der UGP-RL und dem UWG werden bei den einzelnen Tatbeständen erläutert.
51 Begründung des Regierungsentwurfs eines Ersten Gesetzes zur Änderung des Gesetzes gegen den unlauteren Wettbewerb, BT. Drucks. 16/10145 S. 30.
52 EuGH, 18.10.2012, C-428/11, GRUR 2012, 1269 Rn. 41 – *Purely Creative*.

schwarzen Liste anführt, enthält der Anhang zu § 3 Abs. 3 UWG lediglich 30 Tatbestände. Nr. 26 des Anhangs I zur UGP-RL sah der deutsche Gesetzgeber als durch § 7 Abs. 2 UWG als umgesetzt an.[53] Nr. 31 des Anhangs I der UGP-RL ist durch Nr. 17 des Anhangs zu § 3 Abs. 3 UWG umgesetzt worden. Dadurch ändert sich die Reihenfolge der einzelnen Tatbestände des Anhangs zu § 3 Abs. 3 UWG von Nr. 17 bis Nr. 26 gegenüber der Richtlinie.[54] Weiter hat der deutsche Gesetzgeber die ausdrückliche Unterteilung des Anhangs I in den Nummern 1 bis 23 in irreführende Geschäftspraktiken und in den Nummern 24 bis 31 in aggressive Geschäftspraktiken durch entsprechende Überschriften nicht übernommen.

22 In den deutschen Tatbeständen des Anhangs sind regelmäßig die Begriffe »Ware oder Dienstleistung« verwandt, während im Anhang I der UGP-RL der Begriff »Produkt« angeführt ist. Wegen der Notwendigkeit einer richtlinienkonformen Auslegung ist der Begriff des Produkts der UGP-RL für die Auslegung des deutschen Textes maßgeblich, der in Art. 2 lit. c der Richtlinie definiert ist. »Produkt« ist danach jede Ware oder Dienstleistung, einschließlich Immobilien, Rechte und Verpflichtungen.

B. Die Tatbestände des Anhangs

I Nr. 1 Zugehörigkeit zu den Unterzeichnern eines Verhaltenskodexes

23 **Unzulässige geschäftliche Handlungen im Sinne des § 3 Abs. 3 sind**

1. die unwahre Angabe eines Unternehmers, zu den Unterzeichnern eines Verhaltenskodexes zu gehören.

UGP-RL Anhang I zu Art. 5 (5) Nr. 1

1. Die Behauptung eines Gewerbetreibenden, zu den Unterzeichnern eines Verhaltenskodex zu gehören, obgleich dies nicht der Fall ist.

24 Durch die Bestimmung wird Nr. 1 des Anhangs I der UGP-RL umgesetzt. Nach dieser Bestimmung liegt eine irreführende Geschäftspraktik bei der Behauptung eines Gewerbetreibenden vor, zu den Unterzeichnern eines Verhaltenskodex zu gehören, obgleich dies nicht der Fall ist. Die Vorschrift ist – wie alle Tatbestände der schwarzen Liste – nur auf eine Geschäftspraktik im Sinne des Art. 2 lit. d UGP-RL anwendbar. Sie betrifft daher ausschließlich das B2C-Verhältnis. Im deutschen Recht folgt dies aus § 3 Abs. 3 UWG, der den Anwendungsbereich des Anhangs auf geschäftliche Handlungen gegenüber Verbrauchern beschränkt.

25 **Normzweck** des Tatbestands der Nr. 1 ist der Schutz des Vertrauens des Verbrauchers in die Angabe des Unternehmers, sich zur Einhaltung eines Verhaltenskodex verpflichtet zu haben.[55] Durch die Ausgestaltung als per se-Verbot im Falle einer unwahren

53 Begründung des Regierungsentwurfs eines Ersten Gesetzes zur Änderung des Gesetzes gegen *den unlauteren Wettbewerb, BT.* Drucks. 16/10145 S. 29.

54 Übersicht Rdn. 5.

55 FBO/*Obergfell* Anhang UWG Nr. 1 Rn. 4.

Behauptung gewinnt die Angabe des Unternehmers, eine entsprechende Verpflichtung eingegangen zu sein, eine besondere Bedeutung und Aufwertung. Die Relevanz von Verhaltenskodizes für den Verbraucherschutz wird sehr unterschiedlich gesehen. In den Beratungen zur UGP-RL beurteilten die am Verfahren beteiligten Organe sie zunehmend zurückhaltender.[56] Im Schrifttum werden teilweise Verhaltenskodizes für den Verbraucherschutz außerordentlich positiv bewertet,[57] während andere Stimmen in ihrer Beurteilung deutlich vorsichtiger sind[58] oder die positive Bedeutung von Verhaltenskodizes, soweit an ihrer Aufstellung nur Unternehmen beteiligt sind, für den Verbraucherschutz überhaupt in Frage stellen.[59] Für die Auslegung der Nr. 1 des Anhangs ist das Gewicht, das Verhaltenskodizes allgemein oder im konkreten Fall zugemessen wird, ohne Bedeutung. Der Unionsgesetzgeber hat den vorliegenden Tatbestand als per se-Verbot ohne Wertungsmöglichkeit ausgestaltet.

Der Begriff des **Verhaltenskodex** wird in § 2 Abs. 1 Nr. 5 UWG definiert. Die Vorschrift setzt Art. 2 lit. f UGP-RL um. Die Definition ist für den Begriff des Verhaltenskodex in Nr. 1 des Anhangs maßgeblich 26

Es muss eine **Angabe** vorliegen. Im Richtlinientext wird der Begriff der Behauptung benutzt. Eine Angabe ist bei einer **ausdrücklichen Erklärung** gegeben. Auf die Form kommt es nicht an. Die Erklärung kann schriftlich oder mündlich erfolgen.[60] Das bloße **Erwecken des unzutreffenden Eindrucks** reicht hierzu nicht aus.[61] Eine konkludente Erklärung genügt nicht. Das folgt aus einem Vergleich des Begriffs der Behauptung in den verschiedenen Tatbeständen des Anhangs (Nr. 1, 3, 4, 7, 9, 12, 15, 16, 17 und 22 Anhang I UGP-RL) mit den Merkmalen »Erweckung«, »Erwecken« oder »Herbeiführung des Eindrucks« in anderen Tatbeständen der schwarzen Liste (Nr. 9, 22, 23, 24 und 31 Anhang I UGP-RL). Im Anhang I zur UGP-RL wird danach klar zwischen einer Behauptung und dem Hervorrufen des Eindrucks unterschieden. Eine Gleichstellung der Tatbestandsmerkmale ist in Anbetracht des mit der schwarzen Liste verbundenen Ziels, größere Rechtssicherheit zu schaffen (Erwägungsgrund 17 Satz 1 UGP-RL), nicht zu vereinbaren.[62] Dass dadurch die Bedeutung der Nr. 1 des Anhangs wesentlich reduziert wird, rechtfertigt nicht eine ausdehnende Auslegung der Bestimmung. Durch Nr. 1 des Anhangs verbleibende Schutzlücken können durch den 27

---

56 Einzelheiten GK/*Peukert* § 2 Rn. 525–530.

57 FBO/*Fezer* § 2 Abs. 1 Nr. 5 Rn. 18; hierzu auch FBO/*Obergfell* Anhang UWG Nr. 1 Rn. 10.

58 BGH, 07.02.2006, KZR 33/04, BGHZ 166, 154 Rn. 19 – *Probeabonnement*; Gloy/Loschelder/*Erdmann* § 37 Rn. 8; *Birk*, GRUR 2011, 196, 198.

59 *GK/Peukert* § 2 Rn. 530.

60 FBO/*Obergfell* Anhang UWG Nr. 1 Rn. 36.

61 *Köhler*/Bornkamm/Feddersen Anh. zu § 3 UWG Rn. 1.5; Harte/Henning/*Dreyer* Anhang zu § 3 Abs. 3 Nr.1 Rn. 9; Götting/Nordemann/*Wirtz* § 3 Rn. 142; Gloy/Loschelder/Erdmann/*Loschelder/Dörre* § 47 Rn. 4; *Birk*, GRUR 2011, 196, 198; a. A. GK/*Lindacher* § 3 (E) Anh. Nr. 1 Rn. 12; *ders.* WRP 2012, 40 f.; Ohly/*Sosnitza* Anhang zu § 3 Abs. 3 Rn. 7; FBO/*Obergfell* Anhang UWG Nr. 1 Rn. 36; BDS/Koch Anhang zu § 3 Abs. 3 UWG Rn. 12; *Schöttle*, WRP 2009, 673, 674; *Lamberti/Wendel*, WRP 2009, 1479, 1486.

62 EuGH, 18.10.2012, C-428/11, GRUR 2012, 1269 Rn. 46 – *Purely Creative.*

allgemeinen Irreführungstatbestand geschlossen werden.[63] Der Verbraucherschutz wird durch die Beschränkung der Angabe auf ausdrückliche Erklärungen nicht entscheidend geschwächt. Die Behauptung braucht andererseits aber auch nicht besonders vorgehoben zu werden.

28 Es muss sich um die Behauptung **eines Unternehmers** im Sinne von § 2 Abs. 1 Nr. 6 UWG handeln. Durch die Bestimmung des § 2 Abs. 1 Nr. 6 UWG wird Art. 2 lit. b UGP-RL umgesetzt, der den Gewerbetreibenden definiert. Gegenstand der Angabe des Unternehmers ist die Zugehörigkeit zu den **Unterzeichnern** eines Verhaltenskodex. Es muss eine schriftliche Verpflichtungserklärung des Unternehmers vorliegen.[64] Für dieses Ergebnis sprechen der Wortlaut der Bestimmung – auch in anderen Sprachfassungen – und die Klarheit und Einfachheit bei der Nachprüfbarkeit und Darlegungs- und Beweislage.[65] Will der Unternehmer im Rahmen seiner Tätigkeit in der fraglichen Weise werben, muss er durch eine schriftliche Erklärung für eindeutige Verhältnisse sorgen. Die Unterzeichnung erfolgt durch eine schriftliche Verpflichtungserklärung; dies kann durch Unterzeichnung des Verhaltenskodex oder durch die schriftliche Unterwerfung unter eine Satzung erfolgen, aus der die Verbindlichkeit des Verhaltenskodex für den Unternehmer folgt. Ob die Erklärung des Unternehmers unwirksam oder der Verhaltenskodex nichtig ist, ist ohne Bedeutung.[66] Erst Recht kommt es nicht darauf an, ob die Standards des Verhaltenskodex eingehalten sind.

29 Die Angabe muss **unwahr** sein. Die Richtlinie umschreibt dieses Tatbestandsmerkmal mit der Formulierung »…, obgleich dies nicht der Fall ist.« Die Unwahrheit muss sich auf die Behauptung beziehen, zu den Unterzeichnern eines Verhaltenskodex zu gehören. Unwahr ist die Angabe, wenn der Unternehmer überhaupt keine Verpflichtung zur Befolgung des Verhaltenskodex eingegangen ist oder keine schriftliche Erklärung abgegeben hat.[67] Ob der Kodex existiert, ist nicht von Bedeutung. Die Angabe ist deshalb unwahr, wenn kein Verhaltenskodex existiert und der Unternehmer deshalb auch nicht zu den Unterzeichnern gehören kann.[68] Sie ist ebenfalls unwahr, wenn der Unternehmer nicht zu den Unterzeichnern gehört, den Verhaltenskodex aber befolgt.[69]

---

63 Zu diesem Gesichtspunkt: EuGH, 03.04.2014, C-515/12, GRUR 2014, 680 Rn. 31 und 32 – *4finance.*

64 FBO/*Obergfell* Anhang UWG Nr. 1 Rn. 30; *Köhler*/Bornkamm/Feddersen Anh. zu § 3 UWG Rn. 1.9; a. A. GK/*Lindacher* § 3 (E) Anh. Nr. 1 Rn. 10; BDS/*Koch* Anhang zu § 3 Abs. 3 UWG Rn. 11; MünchKomm/*Alexander* UWG Anhang § 3 Abs. 3 Nr. 1 Rn. 34; Harte/Henning/*Dreyer* Anhang zu § 3 Abs. 3 Nr.1 Rn. 12; *dies.*, WRP 2007, 1294, 1298; *Lamberti/Wendel*, WRP 2009, 1479, 1486.

65 FBO/*Obergfell* Anhang UWG Nr. 1 Rn. 30; *Köhler*/Bornkamm/Feddersen Anh. zu § 3 UWG Rn. 1.9.

66 *Köhler*/Bornkamm/Feddersen Anh. zu § 3 UWG Rn. 1.9; Ohly/*Sosnitza* Anhang zu § 3 Abs. 3 Rn. 7; Gloy/Loschelder/Erdmann/*Loschelder/Dörre* § 47 Rn. 5; a. A. FBO/*Obergfell* Anhang UWG Nr. 1 Rn. 41; *Dreyer*, WRP 2007, 1294, 1299; *Scherer*, NJW 2009, 324, 326.

67 Streitig zur Notwendigkeit der Schriftform, hierzu Rdn. 28.

68 GK/*Lindacher* § 3 (E) Anh. Nr. 1 Rn. 12; FBO/*Obergfell* Anhang UWG Nr. 1 Rn. 35; a. A. MünchKomm/*Alexander* UWG Anhang § 3 Abs. 3 Nr. 1 Rn. 24.

69 *Köhler*/Bornkamm/Feddersen Anh. zu § 3 UWG Rn. 1.7.

Dagegen ist die Angabe **nicht unwahr** im Sinne der Nr. 1 des Anhangs, wenn der Unternehmer sich zur Befolgung des Verhaltenskodex verpflichtet, die Standards allerdings nicht einhält oder unrichtige Angaben über den Inhalt des Verhaltenskodex macht. Durch Nr. 1 des Anhangs wird nur die unrichtige Angabe der Unterzeichnung und nicht die mangelnde Einhaltung des Kodex erfasst.[70] Die fehlende Befolgung der Standards des Verhaltenskodex kann die Voraussetzungen des § 5 Abs. 1 Satz 2 Nr. 6 UWG erfüllen. **30**

Gehört der Unternehmer entgegen anders lautenden Angaben nicht zu den Unterzeichnern eines Verhaltenskodex und hält er dessen Standards auch nicht ein, liegt ein Verstoß sowohl gegen § 3 Abs. 3 Anhang Nr. 1 und als auch gegen § 5 Abs. 1 Satz 2 Nr. 6 UWG vor mit der Folge der Unlauterkeit des Verhaltens nach beiden Vorschriften.[71] **31**

Die Tatbestandsmerkmale der Nr. 1 des Anhangs sind ausschließlich **objektiv** auszulegen. **Subjektive Kriterien** spielen weder auf Seiten des Unternehmers noch der Verbraucher eine Rolle. Es kommt nicht darauf an, ob der Verbraucher getäuscht wird. Ein tatbestandsauschließender Irrtum des Unternehmers kommt nicht in Betracht. Der Verwirklichung des Tatbestands steht nicht entgegen, dass der Verbraucher die Unwahrheit erkennt oder die Angabe des Unternehmers für ihn ohne Bedeutung für seine geschäftliche Entscheidung ist. **32**

Die **Darlegungs- und Beweislast** liegt nach allgemeinen Grundsätzen beim Gläubiger. Das gilt auch für die Beweislast zur Unwahrheit der Angabe.[72] Insoweit gelten für die Beweislast keine anderen Maßstäbe als beim allgemeinen Irreführungstatbestand.[73] Gegenteiliges folgt nicht aus Art. 12 UGP-RL. Von dieser Möglichkeit hat Deutschland keinen Gebrauch gemacht. Der deutsche Gesetzgeber hat die Nr. 1 des Anhangs zu § 3 Abs. 3 UWG nicht so ausgestaltet, dass die Beweislast, die Angabe sei wahr, beim Unternehmer liegt. Es besteht kein Anlass, bei der in Nr. 1 des Anhangs geregelten Sachverhaltskonstellation von der allgemeinen Beweislastverteilung abzuweichen und ohne ausdrückliche gesetzliche Regelung zugunsten des Gläubigers von einer Umkehr der Beweislast auszugehen. Den Unternehmer, der eine in Nr. 1 des Anhangs aufgeführte Behauptung aufstellt, trifft lediglich nach allgemeinen Grundsätzen eine **sekundäre Darlegungslast**.[74] **33**

70 Missverständlich Begründung des Regierungsentwurfs eines Ersten Gesetzes zur Änderung des Gesetzes gegen den unlauteren Wettbewerb, BT. Drucks. 16/10145 S. 31.

71 A. A. FBO/*Obergfell* Anhang UWG Nr. 1 Rn. 33: Nr. 1 des Anhangs geht aufgrund Spezialität vor.

72 A. A. GK/*Lindacher* § 3 (E) Anh. Nr. 1 Rn. 16; FBO/*Obergfell* Anhang UWG Nr. 1 Rn. 42; MünchKomm/*Alexander* UWG Anhang § 3 Abs. 3 Nr. 1 Rn. 37.

73 Allgemein zur Darlegungs- und Beweislast beim Irreführungstatbestand: BGH, 26.10.2006, I ZR 33/04, GRUR 2007, 247 Rn. 33 – *Regenwaldprojekt I*; BGH, 06.02.2013, I ZR 62/11, GRUR 2013, 649 Rn. 32 – *Basisinsulin mit Gewichtsvorteil*.

74 BGH, 19.02.2014, I ZR 230/12, GRUR 2014, 578 Rn. 14 – *Umweltengel für Tragetasche*.

II Nr. 2 Verwendung von Güte- und Qualitätszeichen

34 **Unzulässige geschäftliche Handlungen im Sinne des § 3 Abs. 3 sind**
2. die Verwendung von Gütezeichen, Qualitätskennzeichen oder Ähnlichem ohne die erforderliche Genehmigung.

UGP-RL Anhang I zu Art. 5 (5) Nr. 2
2. Die Verwendung von Gütezeichen, Qualitätskennzeichen oder Ähnlichem ohne die erforderliche Genehmigung.

35 Durch die Vorschrift wird Nr. 2 des Anhangs I der UGP-RL umgesetzt. Der deutsche Gesetzgeber hat die Bestimmung – von dem einleitenden Satzteil abgesehen – wörtlich umgesetzt. Sie betrifft ausschließlich das B2C-Verhältnis (Rdn. 10).

36 **Normzweck** des Tatbestands der Nr. 2 ist der Schutz des Vertrauens des Verbrauchers, dass ein Unternehmer die angeführten Zeichen nicht ohne die erforderliche Genehmigung benutzt. Der Verbraucher erwartet, dass die in Nr. 2 des Anhangs angeführten Zeichen nur verwendet werden dürfen, wenn eine besondere Güte und Qualität garantiert ist. Wegen der besonderen Bedeutung der in Rede stehenden Zeichen für geschäftliche Entscheidungen von Verbrauchern,[75] des Ausmaßes der Irreführung und der Missbrauchsmöglichkeiten ist der Tatbestand als per se-Verbot in der schwarzen Liste aufgeführt.

37 **Gütezeichen, Qualitätskennzeichen oder Ähnliches** sind alle Zeichen, die auf bestimmte Eigenschaften eines Produkts oder eines Unternehmens hinweisen, von einer neutralen und fachkundigen Stelle nach Prüfung anhand standardisierter, objektiver, im Vorhinein festgelegter[76] und aussagekräftiger Kriterien vergeben werden und die das angesprochene Publikum als Hinweis auf eine besondere Güte und Qualität ansieht.[77] Erfasst werden von Nr. 2 des Anhangs nur Zeichen, deren Berechtigung zur Verwendung von einer privaten oder öffentlichen Stelle vergeben wird.[78] In der Sache besteht zwischen Gütezeichen und Qualitätskennzeichen kein Unterschied.[79] Mit »Ähnlichem« sind den Gütezeichen und Qualitätskennzeichen gleichwertige Zeichen beschrieben.[80] Diese Zeichen können sich auf andere Eigenschaften als Güte und Qualität beziehen.[81] Unterscheiden lassen sich die von Nr. 2 erfassten Zeichen nach ihrem

75 BGH, 21.07.2016, I ZR 26/15, GRUR 2016, 1076 Rn. 38 – *LGA tested*; *Koppe/Zagouras*, WRP 2008, 1035.
76 OLG Köln, 23.02.2011, 6 U 159/10, GRUR-RR 2011, 275, 276; *Koppe/Zagouras*, WRP 2008, 1035, 1045.
77 BGH, 21.07.2016, I ZR 26/15, GRUR 2016, 1076 Rn. 39 – *LGA tested*; OLG Koblenz, 27.03.2013, 9 U 1097/12, WRP 2013, 922, 923.
78 OLG Celle, 15.07.2014, 13 U 76/14, WRP 2014, 1216; *Schöttle*, WRP 2009, 673, 674.
79 FBO/*Obergfell* Anhang UWG Nr. 2 Rn. 17; GK/*Lindacher* § 3 (E) Anh. Nr. 2 Rn. 9.
80 OLG Köln, 23.02.2011, 6 U 159/10, GRUR-RR 2011, 275, 276.
81 FBO/*Obergfell* Anhang UWG Nr. 2 Rn. 19.

Bezugspunkt in warenbezogene, dienstleistungsbezogene und unternehmensbezogene Gütezeichen.[82]

Zu den **Gütezeichen und Qualitätskennzeichen** rechnen die Zeichen TÜV, DEKRA, VDE, CMA, GS, QS, blauer Umweltengel,[83] LGA tested,[84] Biomineralwasser,[85] Grüner Punkt, deutsches Weinsiegel[86] und deutsche Hochdruck-Liga,[87] Demeter, Bioland, zertifizierter Testamentsvollstrecker, Fair-Trade-Siegel[88] und Trusted Shop.[89] **38**

Keine Zeichen im Sinne von Nr. 2 des Anhangs sind das Testsiegel der Stiftung Warentest,[90] weil im Vorhinein festgelegte Standards fehlen, das Bio-Siegel nach der Verordnung zur Gestaltung und Verwendung des Öko-Kennzeichens, zu dessen Verwendung eine Anzeige ausreicht, und das CE-Zeichen, mit dem der Hersteller die Konformität des Produkts mit den unionsrechtlichen Vorgaben bestätigt.[91] Die Anforderungen an ein Gütezeichen erfüllen keine Zeichen, die aufgrund eines einzelnen Prüfungsauftrags auf der Grundlage eines speziell für das Produkt entwickelten Verfahrens verliehen werden.[92] **39**

Eine **Verwendung** im Sinne von Nr. 2 des Anhangs liegt vor, wenn der Unternehmer das Zeichen im Zusammenhang mit einem Produkt oder seinem Unternehmen gegenüber dem Verbraucher benutzt. Das kann durch Anbringung des Zeichens auf dem Produkt, der Verpackung, in der Werbung, im Internet, in Printmedien oder Geschäftspapieren geschehen oder auf eine andere Weise, durch die das Zeichen mit dem Unternehmen oder dem Produkt in Verbindung gebracht wird.[93] Benutzt werden muss das Zeichen. Eine Umschreibung des Zeichens oder der mit dem Zeichen verbundenen Standards genügt nicht. **40**

Das Tatbestandsmerkmal »**ohne die erforderliche Genehmigung**« ist erfüllt, wenn eine Zustimmung zur Nutzung des Zeichens notwendig ist und die Stelle, die die Vergabe des Zeichens autorisiert, die Verwendung nicht erlaubt hat. Kann das Zeichen ohne Genehmigung verwandt werden – etwa auf eine Anzeige hin oder ist nicht einmal eine Anzeige für die Benutzung notwendig – kann Nr. 2 nicht verwirklicht werden.[94] Die Erlaubnis muss vor der Benutzung durch den Unternehmer erteilt werden. Der **41**

82 GK/*Lindacher* § 3 (E) Anh. Nr. 2 Rn. 15–17.
83 OLG Köln, 23.02.2011, 6 U 159/10, GRUR-RR 2011, 275, 276.
84 BGH, 21.07.2016, I ZR 26/15, GRUR 2016, 1076 Rn. 2 – *LGA tested.*
85 BGH, 13.09.2012, I ZR 230/11, BGHZ 194, 314 Rn. 2 und 46 – *Biomineralwasser.*
86 GK/*Lindacher* § 3 (E) Anh. Nr. 2 Rn. 15.
87 OLG Koblenz, 27.03.2013, 9 U 1097/12, WRP 2013, 922, 923.
88 FBO/*Obergfell* Anhang UWG Nr. 2 Rn. 28–30.
89 GK/*Lindacher* § 3 (E) Anh. Nr. 2 Rn. 16.
90 OLG Köln, 23.02.2011, 6 U 159/10, GRUR-RR 2011, 275, 276; *Koppe/Zagouras*, WRP 2008, 1035, 1045; a. A. BDS/*Koch* Anhang zu § 3 Abs. 3 UWG Rn. 15.
91 *Köhler*/Bornkamm/Feddersen Anh. zu § 3 UWG Rn. 2.6.
92 GK/*Lindacher* § 3 (E) Anh. Nr. 2 Rn. 14.
93 MünchKomm/*Alexander* UWG Anhang § 3 Abs. 3 Nr. 2 Rn. 25.
94 Gloy/Loschelder/Erdmann/*Loschelder/Dörre* § 47 Rn. 7 und 8; BDS/*Koch* Anhang zu § 3 Abs. 3 UWG Rn. 16.

Begriff der Genehmigung ist anhand des Unionsrechts autonom auszulegen und entspricht nicht demjenigen des § 184 Abs. 1 BGB. Die Erlaubnis muss zum Zeitpunkt der Verwendung fortbestehen. Das ist nicht der Fall, wenn die Erlaubnis wirksam widerrufen oder die Verwendung untersagt worden ist. Lag die Genehmigung zu dem Zeitpunkt vor, als der Unternehmer das mit dem Zeichen versehene Produkt in Verkehr gebracht hat, liegt kein Verstoß gegen Nr. 2 vor.

42 Eine **nachträgliche Zustimmung** zur Benutzung des Zeichens legalisiert eine Benutzung nicht, durch die der Unternehmer zuvor gegen Nr. 2 des Anhangs verstoßen hat. Die weitere Verwendung des Zeichens nach der Genehmigung erfüllt nicht die Voraussetzungen des Nr. 2 des Anhangs. Die vor der nachträglichen Genehmigung erfolgte Zuwiderhandlung entfällt durch die Genehmigung allerdings nicht und die Wiederholungsgefahr bleibt bestehen. Diese muss nach den allgemein geltenden Maßstäben beseitigt werden.

43 Entscheidend ist das **Fehlen der Genehmigung zum maßgeblichen Zeitpunkt**. Ist die Genehmigung erteilt, ist es im Hinblick auf Nr. 2 des Anhangs unerheblich, ob die Voraussetzungen für die Erteilung erfüllt waren. Auf die **Wirksamkeit der Genehmigung** kommt es nicht an. Der formale Akt der Erteilung genügt. Die Genehmigung muss sich auf das konkrete Produkt oder Unternehmen beziehen, für das es verwendet wird. Ist die Genehmigung nur für ein bestimmtes Produkt erteilt, darf der Unternehmer es nicht für ein anderes Erzeugnis seines Produktprogramms verwenden. Bei einem Widerruf der Genehmigung sind die Berechtigung und die Wirksamkeit hierzu ohne Belang.[95] Fehlt die Genehmigung oder ist sie widerrufen, kommt es nicht darauf an, ob das Produkt oder Unternehmen die Anforderungen des Gütezeichens erfüllt und ob die zuständige Stelle eine Genehmigung erteilen würde oder der Widerruf unberechtigt war.

44 **Von Nr. 2 werden nicht erfasst** die Benutzung eines erfundenen Zeichens, eines Zeichens, das von demjenigen der genehmigenden Stelle abweicht, die fehlende Einhaltung der Güte- und Qualitätsanforderungen für die Verwendung des Zeichens, die ausschließliche Benutzung im B2B-Verkehr, die Verwendung des Zeichens aufgrund einer fehlerhaften Prüfung der Genehmigungsvoraussetzungen, die Verwendung des Zeichens in einem irreführenden Zusammenhang, etwa durch unzutreffende Darstellung der Prüfungsbedingungen und sich daraus ergebender Schlussfolgerungen. In diesen Fällen kann eine unzulässige geschäftliche Handlung nach § 5 UWG vorliegen.

45 Die Tatbestandsmerkmale der Nr. 2 des Anhangs sind ausschließlich **objektiv** auszulegen. **Subjektive Kriterien** sind weder für die Beurteilung des Verhaltens des Unternehmers noch der Verbraucher von Bedeutung. Es kommt nicht darauf an, ob Verbraucher getäuscht werden oder eine Eignung zur Täuschung besteht. Ein tatbestandsauschließender Irrtum des Unternehmers kommt nicht in Betracht. Der Verwirklichung des Tatbestands steht nicht entgegen, dass der Verbraucher die Unwahrheit erkennt oder

95 GK/*Lindacher* § 3 (E) Anh. Nr. 2 Rn. 20.

die Angabe des Unternehmers für ihn ohne Bedeutung für seine geschäftliche Entscheidung ist.

Ist der Tatbestand der Nr. 2 nicht gegeben, kann das Verhalten nach **Nr. 4 des Anhangs oder nach § 5 UWG** unzulässig sein. Ein Verhalten kann die Voraussetzungen von **Nr. 1 und Nr. 2** des Anhangs erfüllen. Die Geschäftspraktik ist in einem solchen Fall nach beiden Bestimmungen unlauter. Es besteht zwischen Nr. 1 und Nr. 2 kein Verhältnis der Spezialität. Nr. 2 ist im Verhältnis zu Nr. 4 Fall 1 des Anhangs die speziellere Bestimmung und deshalb – wenn die Voraussetzungen beider Bestimmungen durch eine geschäftliche Handlung im B2C-Verhältnis verwirklicht werden – allein anzuwenden.[96] Die Voraussetzungen von Nr. 2 und Nr. 4 Fall 2 des Anhangs überschneiden sich nicht. **46**

Die **Darlegungs- und Beweislast** für das Vorliegen der Voraussetzungen der Nr. 2 des Anhangs trägt der Gläubiger. Davon umfasst ist das Fehlen der erforderlichen Genehmigung.[97] Den Unternehmer kann nach allgemeinen Grundsätzen eine **sekundäre Darlegungslast** treffen. Insoweit gelten die Erwägungen zur Darlegungs- und Beweislast bei Nr. 1 des Anhangs entsprechend (Rdn. 33). Die sekundäre Darlegungslast kann es notwendig machen, dass der Unternehmer für das Vorliegen der Genehmigung taugliche Beweismittel benennt, was die Angabe des Namens und der ladungsfähigen Anschrift eines Zeugen oder die Bezeichnung einer Urkunde erforderlich machen kann. **47**

III. Nr. 3 Billigung eines Verhaltenskodexes von dritter Seite

Unzulässige geschäftliche Handlungen im Sinne des § 3 Abs. 3 sind **48**
3. die unwahre Angabe, ein Verhaltenskodex sei von einer öffentlichen oder anderen Stelle gebilligt.

UGP-RL Anhang I zu Art. 5 (5) Nr. 3
3. Die Behauptung, ein Verhaltenskodex sei von einer öffentlichen oder anderen Stelle gebilligt, obgleich dies nicht der Fall ist.

Durch die Norm wird Nr. 3 des Anhangs I der UGP-RL umgesetzt. Der deutsche Gesetzgeber hat den Richtlinientext nicht wörtlich übernommen, sondern – wie bei Nr. 1 des Anhangs – den Begriff der »Behauptung« durch »Angabe« und den Passus »., obgleich dies nicht der Fall ist.« durch »unwahre« ersetzt. Inhaltlich ist damit keine Änderung gegenüber der deutschen Fassung der Richtlinie verbunden.[98] **49**

---

96 GK/*Lindacher* § 3 (E) Anh. Nr. 2 Rn. 6; FBO/*Obergfell* Anhang UWG Nr. 2 Rn. 14; MünchKomm/*Alexander* UWG Anhang § 3 Abs. 3 Nr. 2 Rn. 8.

97 A. A. GK/*Lindacher* § 3 (E) Anh. Nr. 2 Rn. 22; FBO/*Obergfell* Anhang UWG Nr. 2 Rn. 48; MünchKomm/*Alexander* UWG Anhang § 3 Abs. 3 Nr. 2 Rn. 29.

98 Begründung des Regierungsentwurfs eines Ersten Gesetzes zur Änderung des Gesetzes gegen den unlauteren Wettbewerb, BT. Drucks. 16/10145 S. 30.

50 Der **Normzweck** besteht im Schutz der Verbraucher vor der unzutreffenden Darstellung, ein Verhaltenskodex sei von einer dritten Stelle gebilligt (allgemein zur Auslegung der Tatbestände der schwarzen Liste Rdn. 11–20). Durch die Autorisierung eines Verhaltenskodex von dritter Seite wird ein zusätzliches Vertrauen in die Neutralität und Objektivität des Verhaltenskodex in Anspruch genommen.[99] Die unzutreffende Angabe kann Verbraucher über eine wesentliche Eigenschaft des Kodex täuschen.[100] Durch die Vorschrift soll im Zusammenwirken mit Nr. 1 des Anhangs I die Bedeutung von Verhaltenskodizes in der Union gestärkt werden. Große Bedeutung haben von einer öffentlichen oder anderen Stelle gebilligte Verhaltenskodizes in Deutschland nicht.

51 Nr. 3 erfordert – wie alle Tatbestände der schwarzen Liste – eine an einen Verbraucher gerichtete geschäftliche Handlung im Sinne des § 2 Abs. 1 Nr. 1 UWG (Rdn. 10). Eine gesonderte Prüfung der Verhältnismäßigkeit erfolgt nicht (Rdn. 19) und das Relevanzkriterium spielt keine Rolle (Rdn. 20).

52 Der Begriff des **Verhaltenskodex** wird in § 2 Abs. 1 Nr. 5 UWG definiert. Die Vorschrift setzt Art. 2 lit. f UGP-RL um. Die Definition ist für den Begriff des Verhaltenskodex in Nr. 3 des Anhangs verbindlich.

53 Umstritten sind die Anforderungen, die an das Merkmal »**Angabe**« im deutschen Text und »**Behauptung**« im Richtlinientext zu stellen sind. Erforderlich ist eine ausdrückliche Erklärung; das Herbeiführen des Eindrucks genügt nicht (Rdn. 27).[101] Eine besondere Form ist nicht erforderlich. Die mündliche Angabe gegenüber einem einzelnen Verbraucher genügt.

54 Der Unternehmer muss den Verhaltenskodex und die Tatsache der Billigung durch eine öffentliche oder eine andere Stelle angeben. Die Stelle selbst muss nicht namentlich benannt, sondern kann umschrieben werden.[102] Es muss sich um eine andere Stelle als diejenige handeln, die den Verhaltenskodex aufgestellt hat.[103] Verweist der Unternehmer auf die Stelle, die den Verhaltenskodex erarbeitet hat und überwacht, liegt der Tatbestand der Nr. 3 nicht vor. Es wird in einem solchen Fall kein besonderes Vertrauen durch die Billigung von dritter Seite in Anspruch genommen. Die Behauptung muss die Erklärung umfassen, dass der Unternehmer sich zur Einhaltung des Verhaltensko-

---

99 GK/*Lindacher* § 3 (E) Anh. Nr. 3 Rn. 3; *Birk*, GRUR 2011, 196, 198.

100 Begründung des Regierungsentwurfs eines Ersten Gesetzes zur Änderung des Gesetzes gegen den unlauteren Wettbewerb, BT. Drucks. 16/10145 S. 31.

101 *Köhler*/Bornkamm/Feddersen Anh. zu § 3 UWG Rn. 1.5 und 3.2; Harte/Henning/*Dreyer* Anhang zu § 3 Abs. 3 Nr.1 Rn. 9 und Nr. 3 Rn. 9; Götting/Nordemann/*Wirtz* § 3 Rn. 142 und 144; MünchKomm/*Alexander* UWG Anhang § 3 Abs. 3 Nr. 3 Rn. 13; Gloy/Loschelder/Erdmann/*Loschelder/Dörre* § 47 Rn. 4 und 10; *Birk*, GRUR 2011, 196, 198; a. A. GK/*Lindacher* § 3 (E) Anh. Nr. 1 Rn. 12 und Nr. 3 Rn. 13; *ders.* WRP 2012, 40 f.; Ohly/*Sosnitza* Anhang zu § 3 Abs. 3 Rn. 7 und Rn. 10; FBO/*Obergfell* Anhang UWG Nr. 1 Rn. 36 und Nr. 3 Rn. 24; BDS/*Koch* Anhang zu § 3 Abs. 3 UWG Rn. 12; *Schöttle*, WRP 2009, 673, 674; *Lamberti/Wendel*, WRP 2009, 1479, 1486.

102 MünchKomm/*Alexander* UWG Anhang § 3 Abs. 3 Nr. 3 Rn. 13; a. A. *Köhler*/Bornkamm/Feddersen Anh. zu § 3 UWG Rn. 3.5.

103 FBO/*Obergfell* Anhang UWG Nr. 3 Rn. 16.

dex verpflichtet hat.[104] Diese Voraussetzung ist in Nr. 3 nicht ausdrücklich angeführt. Sie ergibt sich aus Sinn und Zweck der Vorschrift, den Verbraucher davor zu schützen, sich bei seiner geschäftlichen Entscheidung auf den Verhaltenskodex zu verlassen, für den der Unternehmer wegen der Billigung von dritter Seite besonderes Vertrauen in Anspruch nimmt. Ob der Unternehmer sich tatsächlich zur Einhaltung des Kodex verpflichtet hat, ist unerheblich. Die bloße Angabe genügt.[105]

Die Behauptung des Unternehmers muss sich auf eine Billigung des Verhaltenskodex **55** durch eine öffentliche oder eine andere Stelle beziehen. Öffentliche Stellen sind öffentlich-rechtliche Körperschaften, Anstalten, Einrichtungen und Behörden, berufsständische Kammern und beliehene Unternehmen. Die Zugehörigkeit der öffentlichen Stellen kann zur Union, zu einem Mitgliedstaat oder einem Staat außerhalb der EU bestehen. In § 24 Abs. 3 GWB ist die Möglichkeit der Anerkennung von Wettbewerbsregeln von Wirtschafts- und Berufsvereinigungen durch das Bundeskartellamt vorgesehen. »Andere Stelle« im Sinne der Vorschrift sind Stellen, die unabhängig von dem für den Verhaltenskodex Verantwortlichen und den zugehörigen Unternehmen sind sowie über eine gewisse Reputation und Organisationsstruktur verfügen.[106] Dazu können Berufs- und Branchenverbände und Zertifizierungsstellen zählen.[107] Ein Privater kann nicht als »andere Stelle« im Sinne von Nr. 3 fungieren.

Billigung ist die Anerkennung der in Nr. 3 angeführten Stelle, dass der Verhaltenskodex ihren Anforderungen entspricht.[108] Der Begriff der Billigung ist weit auszulegen.[109] Er beinhaltet, dass eine sachliche Prüfung des Verhaltenskodex anhand der Anforderungen der in Rede stehenden Stelle stattgefunden hat und der Kodex den Anforderungen genügt. Die bloße Registrierung, die Notifizierung und die Weitergabe genügen nicht. **56**

Unwahr im Sinne von Nr. 3 ist die Angabe, wenn (1) es die Stelle, die die Billigung **57** ausgesprochen haben soll, nicht gibt oder (2) die Stelle den Verhaltenskodex nicht gebilligt hat.[110] Der Tatbestand ist auch erfüllt, wenn die Stelle den Verhaltenskodex nicht in dem vom Unternehmer angegebenen Umfang gebilligt hat.[111] Maßgeblicher Zeitpunkt für die Beurteilung der Unwahrheit ist derjenige, in dem der Unternehmer die Behauptung gegenüber einem Verbraucher aufstellt. Ist die vorgenommene Billigung vor der Angabe durch den Unternehmer widerrufen oder eine Befristung abgelaufen, ist die Behauptung unwahr.

104 MünchKomm/*Alexander* UWG Anhang § 3 Abs. 3 Nr. 3 Rn. 16; FBO/*Obergfell* Anhang UWG Nr. 3 Rn. 13; *Schöttle*, WRP 2009, 673, 675.
105 *Schöttle*, WRP 2009, 673, 675.
106 GK/*Lindacher* § 3 (E) Anh. Nr. 3 Rn. 9; Ohly/*Sosnitza* Anhang zu § 3 Abs. 3 Rn. 11; FBO/*Obergfell* Anhang UWG Nr. 3 Rn. 20; a. A. MünchKomm/*Alexander* UWG Anhang § 3 Abs. 3 Nr. 3 Rn. 19.
107 *Birk*, GRUR 2011, 196, 198.
108 GK/*Lindacher* § 3 (E) Anh. Nr. 3 Rn. 11.
109 FBO/*Obergfell* Anhang UWG Nr. 3 Rn. 21.
110 FBO/*Obergfell* Anhang UWG Nr. 3 Rn. 22.
111 MünchKomm/*Alexander* UWG Anhang § 3 Abs. 3 Nr. 3 Rn. 14.

58 Die Unwahrheit ist anhand **objektiver Kriterien** festzustellen. Auf die subjektive Seite beim Unternehmer und beim Verbraucher kommt es nicht an. Der Unternehmer muss nicht im Hinblick auf die Unwahrheit vorsätzlich handeln und der Verbraucher braucht nicht getäuscht zu werden. Liegt eine Billigung durch eine Stelle im Sinne von Nr. 3 nicht vor, entlastet den Unternehmer nicht, dass er sich in einem Irrtum befand, den er trotz sorgfältiger Prüfung nicht vermeiden konnte.

59 **Keine unwahre Angabe** im Sinne des Tatbestands der Nr. 3 ist gegeben, wenn nur das Prüfverfahren für die Billigung nicht eingehalten worden ist, die prüfende Stelle nicht zuständig war, die Unterwerfung des Unternehmers unter den Verhaltenskodex zwar erfolgt aber nicht wirksam war oder die öffentliche oder andere Stelle die an sie zu richtenden Anforderungen nicht erfüllt.

60 Die **Darlegungs- und Beweislast** für sämtliche Voraussetzungen liegt beim Gläubiger.[112, 113] Den Unternehmer kann eine sekundäre Darlegungslast treffen.

IV. Nr. 4 Unwahre Angabe über Bestätigung, Billigung, Genehmigung

Annette Wille

61 **Unzulässige geschäftliche Handlungen im Sinne des § 3 Absatz 3 sind**

4. die unwahre Angabe, ein Unternehmer, eine von ihm vorgenommene geschäftliche Handlung oder eine Ware oder Dienstleistung sei von einer öffentlichen oder privaten Stelle bestätigt, gebilligt oder genehmigt worden, oder die unwahre Angabe, den Bedingungen für die Bestätigung, Billigung oder Genehmigung werde entsprochen.

UGP-RL Anhang I zu Art. 5 (5) Nr. 4

4. Die Behauptung, dass ein Gewerbetreibender (einschließlich seiner Geschäftspraktiken) oder ein Produkt von einer öffentlichen oder privaten Stelle bestätigt, gebilligt oder genehmigt worden sei, obwohl dies nicht der Fall ist, oder die Aufstellung einer solchen Behauptung, ohne dass den Bedingungen für die Bestätigung, Billigung oder Genehmigung entsprochen wird.

1. Bedeutung und Anwendungsbereich

62 Die Regelung in Anh. (zu § 3 Abs. 3) Nr. 4 dient der Umsetzung von Art. 5 (5) i.V. mit Anh. I Nr. 4 UGP-RL und ist daher richtlinienkonform auszulegen. Da die UGP-RL unlautere Geschäftspraktiken von Unternehmen nur gegenüber Verbrauchern erfasst (Art. 3 (1) UGP-RL), ist der Verbotstatbestand des Anh. (zu § 3 Abs. 3) Nr. 4 ausschließlich auf **geschäftliche Handlungen gegenüber Verbrauchern** anwendbar (§ 3 Abs. 3).

---

112 Streitig, a. A. GK/*Lindacher* § 3 (E) Anh. Nr. 3 Rn. 18; FBO/*Obergfell* Anhang UWG Nr. 3 Rn. 29; MünchKomm/*Alexander* UWG Anhang § 3 Abs. 3 Nr. 3 Rn. 27.

113 Näher zur Begründung der Darlegungs- und Beweislast Rdn. 33.

Der Verbotstatbestand des Anh. (zu § 3 Abs. 3) Nr. 4 betrifft die Irreführung des Verbrauchers über die »Anerkennung« des Unternehmers, dessen geschäftlicher Handlung oder dessen Ware oder Dienstleistung durch eine unabhängige Einrichtung. Eine solche Anerkennung hat einen besonderen Stellenwert für die geschäftliche Entscheidung des Verbrauchers, weil sie sein Vertrauen in die Seriosität des Unternehmers und die Qualität von dessen Angebot stärkt.[114] Wegen des erheblichen Irreführungspotentials ist die Bestimmung als **per-se-Verbot** ausgestaltet. Es kommt deshalb nicht darauf an, ob im Einzelfall tatsächlich eine geschäftlich relevante Fehlvorstellung des Verbrauchers hervorgerufen wird (vgl. Erwägungsgrund 17 Satz 3 UGP-RL).[115] **63**

2. Verhältnis zu anderen Vorschriften

a) Verhältnis zu Anh. (zu § 3 Abs. 3) Nr. 2 und 9 UWG

Der Tatbestand des Anh. (zu § 3 Abs. 3) Nr. 4 kann mit den Tatbeständen anderer per-se-Verbote zusammentreffen. In der unwahren Angabe, die angebotene Ware oder Dienstleistung sei von der zuständigen Prüfstelle durch die Vergabe eines **Gütezeichen**s oder eines Qualitätskennzeichens anerkannt worden, liegt i.d.R. zugleich eine Verwendung dieses Zeichens ohne die erforderliche Genehmigung (Anh. (zu § 3 Abs. 3) Nr. 2). Die unwahre Angabe, eine Ware oder Dienstleistung verfüge über die erforderliche Zulassung, beinhaltet i.d.R. eine Irreführung über die Verkehrsfähigkeit der Ware oder Dienstleistung (Anh. (zu § 3 Abs. 3) Nr. 9). In diesen Fällen sind die per-se-Verbote nebeneinander anwendbar. **64**

b) Verhältnis zu § 5 Abs. 1 UWG

Der **spezielle Irreführungstatbestand** des Anh. (zu § 3 Abs. 3) Nr. 4 kann mit den allgemeinen Irreführungstatbeständen nach § 5 Abs. 1 Satz 2 zusammentreffen. Eine unwahre Angabe über die Anerkennung einer Ware oder Dienstleistung durch eine unabhängige Stelle betrifft i.d.R. ein wesentliches Merkmal des Produkts (§ 5 Abs. 1 Satz 1, Satz 2 Nr. 1). Eine unwahre Angabe über die Anerkennung der beruflichen Qualifikation, der Berufsbezeichnung oder des Titels eines Unternehmers durch eine unabhängige Stelle bezieht sich i.d.R. auf seine Befähigung, seinen Status oder seine Zulassung (§ 5 Abs. 1 Satz 1, Satz 2 Nr. 3). Die Irreführungstatbestände nach § 5 Abs. 1 gewinnen wegen des Vorrangs des speziellen per-se-Verbots des Anh. (zu § 3 Abs. 3) Nr. 4 i.d.R. keine eigenständige Bedeutung.[116] Ein Verbot nach § 5 Abs. 1 kommt jedoch in Betracht, wenn ein Tatbestandsmerkmal des speziellen Irreführungstatbestands nach Anh. (zu § 3 Abs. 3) Nr. 4 nicht erfüllt ist. **65**

---

114 Begr. RegE zu Nr. 4 Anh. § 3 Abs. 3 UWG 2008, BT-Drucksache 16/10145, S. 31; FBO/Obergfell Anh. UWG Nr. 4 Rn. 2; *Köhler*/Bornkamm/Feddersen Anh. zu § 3 Abs. 3 Rn. 4.1.

115 EuGH, 17.01.2013, C-206/11, GRUR 2013, 297 Rn. 35 – *Köck*.

116 FBO/Obergfell Anh. UWG Nr. 4 Rn. 10; *Köhler*/Bornkamm/Feddersen Anh. zu § 3 Abs. 3 Rn. 4.2; MünchKomm/Alexander UWG § 3 Abs. 3 Nr. 4 Rn. 10.

3. Tatbestandsvoraussetzungen

66 Gegenstand eines per-se-Verbots nach Anh. (zu § 3 Abs. 3) Nr. 4 sind unwahre Angaben zu einer Bestätigung, Billigung oder Genehmigung, die eine öffentliche oder private Stelle bzgl. des Unternehmers, einer von ihm vorgenommenen geschäftlichen Handlung oder einer angebotenen Ware oder Dienstleistung ausgesprochen hat. Die unwahre Angabe muss sich entweder darauf beziehen, dass eine Bestätigung, Billigung oder Genehmigung vorliege (Alt. 1), oder darauf, dass den Bedingungen für die Bestätigung, Billigung oder Genehmigung entsprochen werde (Alt. 2).

a) Angabe

67 Eine **Angabe** liegt in jeder Äußerung, der der Verbraucher eindeutig und unmissverständlich entnehmen kann, dass eine Anerkennung i.S. des Anh. (zu § 3 Abs. 3) Nr. 4 vorliegt (Alt. 1) oder dass die Bedingungen für eine solche Anerkennung vorliegen (Alt. 2). Die Angabe muss erkennen lassen, dass eine Anerkennung erfolgt ist und worauf diese sich bezieht, ohne dass die anerkennende Stelle benannt werden muss.[117] Die Angabe muss nicht ausdrücklich, sondern kann auch schlüssig erfolgen (str.).[118] Es genügt jedoch nicht, dass der Unternehmer aufgrund anderer Umstände den Eindruck erweckt, eine Anerkennung oder die Bedingungen dafür lägen vor.[119] In diesem Fall kann ein Irreführungstatbestand nach § 5 Abs. 1 Satz 1, Satz 2 Nr. 1 oder 3 vorliegen.

b) Gegenstand der Angabe

68 Die Angabe muss sich darauf beziehen, dass eine öffentliche oder private Stelle den Unternehmer, eine von ihm vorgenommene geschäftliche Handlung oder eine Ware oder Dienstleistung bestätigt, gebilligt oder genehmigt habe.

aa) Öffentliche oder private Stelle

69 Unter einer **öffentlichen oder privaten Stelle** i.S. des Anh. (zu § 3 Abs. 3) Nr. 4 ist eine vom Unternehmer unabhängige Einrichtung mit institutionellem Charakter zu verstehen, die in ihren Prüfungen und Entscheidungen objektiv und neutral verfährt.[120] Unerheblich ist, in welcher Rechtsform die Stelle organisiert ist. Es kann sich um eine öffentlichrechtlich organisierte Einrichtung (wie eine Behörde oder eine Anstalt oder Körperschaft des öffentlichen Rechts, z.B. die IHK) oder um eine privatrechtlich organisierte Einrichtung (wie Berufs- und Branchenverbände, z.B. die Rechts-

---

117 FBO/Obergfell Anh. UWG Nr. 4 Rn. 24; GK/Lindacher § 3 (E) Anh. Nr. 4 Rn. 10; MünchKomm/Alexander UWG § 3 Abs. 3 Nr. 4 Rn. 18.

118 GK/Lindacher § 3 (E) Anh. Nr. 4 Rn. 8; MünchKomm/Alexander UWG § 3 Abs. 3 Nr. 4 Rn. 15; Ohly/*Sosnitza* Anh. zu § 3 Abs. 3 Rn. 14; a. A. Harte/Henning/Weidert Anh. zu § 3 Abs. 3 Nr. 4 Rn. 9 f.; differenzierend FBO/Obergfell Anh. UWG Nr. 4 Rn. 44 f.

119 GK/Lindacher § 3 (E) Anh. Nr. 4 Rn. 8; *Köhler*/Bornkamm/Feddersen Anh. zu § 3 Abs. 3 Rn. 4.3; MünchKomm/Alexander UWG § 3 Abs. 3 Nr. 4 Rn. 16.

120 JurisPK-UWG/Diekmann Anh. zu § 3 Abs. 3 (Nr. 4) Rn. 5; *Köhler*/Bornkamm/Feddersen Anh. zu § 3 Abs. 3 Rn. 4.5.

anwaltskammer, der TÜV, die DEKRA oder der ADAC) handeln.[121] Die Zulassung eines Unternehmers als Vertriebspartner, Lizenznehmer oder **Sponsor** durch ein anderes Unternehmen oder eine Organisation erfolgt nicht durch eine unabhängige Einrichtung und damit nicht durch eine private Stelle i.S. des Anh. (zu § 3 Abs. 3) Nr. 4.[122]

bb) Bestätigung, Billigung oder Genehmigung

Die öffentliche oder private Stelle muss den Unternehmer, eine von ihm vorgenommene geschäftliche Handlung oder eine Ware oder Dienstleistung bestätigt, gebilligt oder genehmigt haben. Dazu muss die unabhängige Einrichtung nach einer Prüfung eine bewusste **Anerkennung** vorgenommen haben.[123] Die Anerkennung kann in Form der Bestätigung, der Billigung oder der Genehmigung erfolgt sein. Eine Bestätigung liegt vor, wenn das positive Ergebnis einer Prüfung festgestellt wird.[124] Bei einer Billigung handelt es sich um die Zustimmung zu der geprüften Geschäftstätigkeit oder der geprüften Ware oder Dienstleistung eines Unternehmers in Form einer Empfehlung.[125] Eine Genehmigung besteht in der Erlaubnis zur Ausübung einer bestimmten geprüften Geschäftstätigkeit oder zum Inverkehrbringen der geprüften Ware oder Dienstleistung, die i.d.R. in Form eines Verwaltungsakts einer öffentlichen Stelle erteilt wird.[126] Die Anerkennung kann auch durch eine Zertifizierung oder die Vergabe eines **Gütezeichens** erfolgen.[127] Testergebnisse der Stiftung Warentest stellen keine Anerkennung dar, weil sie dem Verbraucher durch die vergleichende Untersuchung und Bewertung ausgewählter Produkte nützliche Informationen liefern, ohne zugleich eine Empfehlung zugunsten der am besten bewerteten Produkte auszusprechen (str.).[128] **70**

cc) Gegenstand der Bestätigung, Billigung oder Genehmigung

Die Anerkennung muss sich **auf** den **Unternehmer**, eine von ihm vorgenommene **71**
geschäftliche Handlung oder eine **Ware** oder **Dienstleistung beziehen**. Einen Bezug

121 FBO/Obergfell Anh. UWG Nr. 4 Rn. 23; Harte/Henning/Weidert Anh. zu § 3 Abs. 3 Nr. 4 Rn. 15.

122 *Köhler*/Bornkamm/Feddersen Anh. zu § 3 Abs. 3 Rn. 4.7; MünchKomm/Alexander UWG § 3 Abs. 3 Nr. 4 Rn. 22.

123 Harte/Henning/Weidert Anh. zu § 3 Abs. 3 Nr. 4 Rn. 12; MünchKomm/Alexander UWG § 3 Abs. 3 Nr. 4 Rn. 20.

124 *Köhler*/Bornkamm/Feddersen Anh. zu § 3 Abs. 3 Rn. 4.6; MünchKomm/Alexander UWG § 3 Abs. 3 Nr. 4 Rn. 23.

125 *Köhler*/Bornkamm/Feddersen Anh. zu § 3 Abs. 3 Rn. 4.6; MünchKomm/Alexander UWG § 3 Abs. 3 Nr. 4 Rn. 24.

126 *Köhler*/Bornkamm/Feddersen Anh. zu § 3 Abs. 3 Rn. 4.6; MünchKomm/Alexander UWG § 3 Abs. 3 Nr. 4 Rn. 25.

127 BDS/Koch Anh. zu § 3 Abs. 3 UWG Rn. 24; MünchKomm/Alexander UWG § 3 Abs. 3 Nr. 4 Rn. 20.

128 OLG Köln, 23.02.2011, 6 U 159/10, GRUR-RR 2011, 275, 277 – *»Testsieger«-Werbung*; jurisPK-UWG/Diekmann Anh. zu § 3 Abs. 3 (Nr. 4) Rn. 8; *Köhler*/Bornkamm/Feddersen Anh. zu § 3 Abs. 3 Rn. 4.7; MünchKomm/Alexander UWG § 3 Abs. 3 Nr. 4 Rn. 21; Ohly/*Sosnitza* Anh. zu § 3 Abs. 3 Rn. 13; a. A. FBO/Obergfell Anh. UWG Nr. 4 Rn. 30; GK/Lindacher § 3 (E) Anh. Nr. 4 Rn. 14.

zum Unternehmer haben z.B. Autorisierungserklärungen betr. berufliche Qualifikationen, Berufsbezeichnungen oder Titel wie »Fachanwalt«, »Meister«, »Diplom-Ingenieur«, »Professor«, »staatlich geprüft« oder »öffentlich bestellt«.[129] Ein Bezug zu einer geschäftlichen Handlung des Unternehmers liegt z.B. in der Autorisierung einer Verkaufsfördermaßnahme aufgrund ihrer Durchführung unter notarieller Aufsicht oder ihrer behördlichen Genehmigung.[130] Ein Bezug zu Waren oder Dienstleistungen liegt vor, wenn den Produkten durch die Anerkennung, z.B. durch ein **Gütezeichen** oder eine behördliche Zulassung, eine bestimmte Qualität oder bestimmte positive Eigenschaften zugeschrieben werden.[131]

c) Unwahrheit der Angabe

72 Die Angabe zu der ausgesprochenen Anerkennung muss **unwahr**, d.h. objektiv unzutreffend sein. Ob sie bei den angesprochenen Verkehrskreisen tatsächlich unrichtige Vorstellungen hervorruft, ist unerheblich (Rdn. 63).[132] Der Unternehmer muss keine Kenntnis von der Unwahrheit seiner Angabe haben.[133]

aa) Vorliegen der Bestätigung, Billigung oder Genehmigung

73 Die Unwahrheit kann sich daraus ergeben, dass die angegebene Bestätigung, Billigung oder Genehmigung der öffentlichen oder privaten Stelle nicht vorliegt (Anh. (zu § 3 Abs. 3) Nr. 4 Alt. 1). Das ist der Fall, wenn im Zeitpunkt der Angabe die angebliche **Anerkennung nicht** (mehr), nicht in der behaupteten Art oder nicht in dem behaupteten Umfang **vorliegt**.[134] Bei einer rechtsfehlerhaft erteilten, aber wirksamen Anerkennung ist der Tatbestand des Anh. (zu § 3 Abs. 3) Nr. 4 Alt. 1 nicht verwirklicht.[135] In diesem Fall kann eine Irreführung nach § 5 Abs. 1 vorliegen.

bb) Erfüllung der Bedingungen für die Bestätigung, Billigung oder Genehmigung

74 Die Unwahrheit kann sich daraus ergeben, dass entgegen der Angabe die Bedingungen für die Bestätigung, Billigung oder Genehmigung der öffentlichen oder privaten Stelle nicht erfüllt sind (Anh. (zu § 3 Abs. 3) Nr. 4 Alt. 2). Das ist der Fall, wenn im Zeit-

---

129 GK/Lindacher § 3 (E) Anh. Nr. 4 Rn. 14; FBO/Obergfell Anh. UWG Nr. 4 Rn. 36; MünchKomm/Alexander UWG § 3 Abs. 3 Nr. 4 Rn. 27.

130 FBO/Obergfell Anh. UWG Nr. 4 Rn. 38; MünchKomm/Alexander UWG § 3 Abs. 3 Nr. 4 Rn. 28.

131 FBO/Obergfell Anh. UWG Nr. 4 Rn. 39; *Köhler*/Bornkamm/Feddersen Anh. zu § 3 Abs. 3 Rn. 4.4.

132 GK/Lindacher § 3 (E) Anh. Nr. 4 Rn. 8; Harte/Henning/Weidert Anh. zu § 3 Abs. 3 Nr. 4 Rn. 7; jurisPK-UWG/Diekmann Anh. zu § 3 Abs. 3 (Nr. 4) Rn. 3.

133 FBO/Obergfell Anh. UWG Nr. 4 Rn. 50; GK/Lindacher § 3 (E) Anh. Nr. 4 Rn. 12; MünchKomm/Alexander UWG § 3 Abs. 3 Nr. 4 Rn. 17.

134 FBO/Obergfell Anh. UWG Nr. 4 Rn. 48; Harte/Henning/Weidert Anh. zu § 3 Abs. 3 Nr. 4 Rn. 19; MünchKomm/Alexander UWG § 3 Abs. 3 Nr. 4 Rn. 18.

135 FBO/Obergfell Anh. UWG Nr. 4 Rn. 48; *Köhler*/Bornkamm/Feddersen Anh. zu § 3 Abs. 3 Rn. 4.9; MünchKomm/Alexander UWG § 3 Abs. 3 Nr. 4 Rn. 18.

punkt der Angabe die **Auflagen**, unter denen die Anerkennung ausgesprochen worden ist, **oder** die von der öffentlichen oder privaten Stelle gestellten **Anforderungen** an den Unternehmer, die von ihm vorgenommene geschäftliche Handlung oder die Ware oder Dienstleistung **nicht** mehr **erfüllt** sind.[136]

Umstritten und bislang nicht durch den EuGH geklärt ist, ob der Tatbestand des Anh. (zu § 3 Abs. 3) Nr. 4 Alt. 2 auch Fälle erfasst, in denen die Bestätigung, Billigung oder Genehmigung zu Unrecht erfolgt ist. Das sollte verneint werden, und zwar sowohl, wenn die anerkennende Stelle von unzutreffenden, tatsächlich eingehaltenen rechtlichen Anforderungen ausgegangen ist (str.),[137] als auch, wenn die anerkennende Stelle irrtümlich davon ausgeht, die (zutreffenden) rechtlichen Anforderungen seien tatsächlich eingehalten (str.)[138]. Durch Anh. (zu § 3 Abs. 3) Nr. 4 geschützt ist das Verbrauchervertrauen in die Einhaltung der Bedingungen, die die anerkennende Stelle an die Bestätigung, Billigung oder Genehmigung gestellt hat, und nicht das durch den Schluss von der Anerkennung auf die Anerkennungsvoraussetzungen geweckte Interesse an der Einhaltung entsprechender Unternehmens- oder Produktstandards.[139] In einem solchen Fall kann allerdings eine Irreführung nach § 5 Abs. 1 vorliegen.[140] 75

V. Nr. 5 Lockangebote und Vorratsmenge

Wolfgang Büscher

Unzulässige geschäftliche Handlungen im Sinne des § 3 Abs. 3 sind 76

5. Waren- oder Dienstleistungsangebote im Sinne des § 5a Absatz 3 zu einem bestimmten Preis, wenn der Unternehmer nicht darüber aufklärt, dass er hinreichende Gründe für die Annahme hat, er werde nicht in der Lage sein, diese oder gleichartige Waren oder Dienstleistungen für einen angemessenen Zeitraum in angemessener Menge zum genannten Preis bereitzustellen oder bereitstellen zu lassen (Lockangebote). Ist die Bevorratung kürzer als zwei Tage, obliegt es dem Unternehmer, die Angemessenheit nachzuweisen.

UGP-RL Anhang I zu Art. 5 (5) Nr. 5

5. Aufforderung zum Kauf von Produkten zu einem bestimmten Preis, ohne dass darüber aufgeklärt wird, dass der Gewerbetreibende hinreichende Gründe für die Annahme hat, dass er nicht in der Lage sein wird, dieses oder ein gleichwertiges Produkt zu dem

---

136 FBO/Obergfell Anh. UWG Nr. 4 Rn. 42; GK/Lindacher § 3 (E) Anh. Nr. 4 Rn. 16; Harte/Henning/Weidert Anh. zu § 3 Abs. 3 Nr. 4 Rn. 20; MünchKomm/Alexander UWG § 3 Abs. 3 Nr. 4 Rn. 19.

137 *GK/Lindacher* § 3 (E) Anh. Nr. 4 Rn. 18; Harte/Henning/Weidert Anh. zu § 3 Abs. 3 Nr. 4 Rn. 21; *Köhler*/Bornkamm/Feddersen Anh. zu § 3 Abs. 3 Rn. 4.9; Ohly/*Sosnitza* Anh. zu § 3 Abs. 3 Rn. 14; a. A. FBO/Obergfell Anh. UWG Nr. 4 Rn. 42.

138 GK/Lindacher § 3 (E) Anh. Nr. 4 Rn. 18; jurisPK-UWG/Diekmann Anh. zu § 3 Abs. 3 (Nr. 4) Rn. 11; vgl. auch BGH, 19.02.2014, I ZR 230/12, GRUR 2014, 578 Rn. 11 – *Umweltengel für Tragetasche*; a. A. FBO/Obergfell Anh. UWG Nr. 4 Rn. 42; Ohly/*Sosnitza* Anh. zu § 3 Abs. 3 Rn. 14; MünchKomm/Alexander UWG § 3 Abs. 3 Nr. 4 Rn. 19.

139 GK/Lindacher § 3 (E) Anh. Nr. 4 Rn. 18.

140 KG, 28.11.2011, 24 U 145/10, WRP 2012, 480 Rn. 13.

genannten Preis für einen Zeitraum und in einer Menge zur Lieferung bereitzustellen oder durch einen anderen Gewerbetreibenden bereitstellen zu lassen, wie es in Bezug auf das Produkt, den Umfang der für das Produkt eingesetzten Werbung und den Angebotspreis angemessen wäre (Lockangebote).

77 Durch die Bestimmung wird Nr. 5 des Anhangs I der UGP-RL umgesetzt. Der deutsche Gesetzgeber hat die Bestimmung der Richtlinie nicht wörtlich übernommen. Nach der allgemeinen Begründung des Regierungsentwurfs sollen mit den Abweichungen des Normtextes des Anhangs zu § 3 Abs. 3 UWG vom Anhang I der Richtlinie keine inhaltlichen Änderungen verbunden sein.[141] Das kann sich in dieser Allgemeinheit nur auf Nr. 5 Satz 1 beziehen, weil Satz 2 der Vorschrift keine Entsprechung in Nr. 5 des Anhangs I der UGP-RL hat. Mit Nr. 5 Satz 2 hat der deutsche Gesetzgeber die Beweislast regeln wollen; die Berechtigung des nationalen Gesetzgebers hierzu wird nach der Regierungsbegründung aus Erwägungsgrund 21 und Art. 12 UGP-RL gefolgert.[142] Die Konformität mit der UGP-RL wird zum Teil bezweifelt (Rdn. 102, 103).

78 **Normzweck** der Nr. 5 des Anhangs I der UGP-RL und der Nr. 5 des Anhangs zu § 3 Abs. 3 UWG ist der Schutz der Verbraucher vor Lockangeboten, bei denen keine oder eine unzureichende Aufklärung darüber erfolgt, dass die bevorratete Menge der Produkte nicht ausreicht, um die zu erwartende Nachfrage zu befriedigen.[143] Der Verbraucher geht regelmäßig davon aus, dass ein ohne Einschränkungen angebotenes Produkt in allen Geschäften, die in die Werbung einbezogen sind, in ausreichender Menge für einen nach den Umständen angemessenen Zeitraum erworben werden kann.[144] Diese Erwartung des Verbrauchers wird enttäuscht, wenn der Unternehmer einen entsprechenden Vorrat nicht für einen angemessenen Zeitraum bereithält. Vor solchen Lockangeboten, durch die der Verbraucher zum Aufsuchen eines Geschäfts oder einer Internetplattform veranlasst wird, soll er geschützt werden. Die unlautere Geschäftspraktik bei Lockangeboten, die die Voraussetzungen der Nr. 5 erfüllen, wiegt so schwer, dass der Unionsgesetzgeber den Tatbestand als per se-Verbot ausgestaltet hat. Ob die Gefahr einer Irreführung von Verbrauchern bestand, ist unerheblich. Der Anwendungsbereich der Vorschrift ist nicht auf den stationären Handel beschränkt, sondern umfasst auch den Internethandel.[145]

79 Die Unlauterkeit des Verhaltens folgt **nicht aus der unzureichenden Bevorratung, sondern aus der nicht genügenden Aufklärung**. Der Unternehmer wird durch Nr. 5 des Anhangs nicht verpflichtet, eine dem Produkt, der eingesetzten Werbung und dem Angebotspreis entsprechende Menge der Erzeugnisse oder Dienstleistungskapazität vor-

141 Begründung des Regierungsentwurfs eines Ersten Gesetzes zur Änderung des Gesetzes gegen den unlauteren Wettbewerb, BT. Drucks. 16/10145 S. 30.

142 Begründung des Regierungsentwurfs eines Ersten Gesetzes zur Änderung des Gesetzes gegen den unlauteren Wettbewerb, BT. Drucks. 16/10145 S. 31.

143 BGH, 17.09.2015, I ZR 92/14, GRUR 2016, 395 Rn. 20 – *Smartphone-Werbung*.

144 BGH, 17.09.2015, I ZR 92/14, GRUR 2016, 395 Rn. 20 – *Smartphone-Werbung*.

145 OLG Hamm, 11.08.2015, 4 U 69/15, GRUR-RR 2015, 533 Rn. 28; OLG Koblenz, 02.12.2015, 9 U 296/15, GRUR-RR 2016, 201 Rn. 6 und 8.

zuhalten. Die Bestimmung setzt an einer **Verletzung von Informationspflichten** zur nicht genügenden Vorratsmenge an.[146]

§ 5 Abs. 5 Satz 1 UWG 2004 war eine Vorläuferbestimmung zu Nr. 5 Satz 1 des Anhangs. Eine Unlauterkeit nach § 5 Abs. 5 Satz 1 UWG 2004 konnte durch eine ausreichende Aufklärung über die bereitgehaltene Menge des beworbenen Produkts ausgeschlossen werden.[147] Die Vorschrift des § 5 Abs. 5 Satz 1 UWG 2004 ist in das UWG 2008 nicht übernommen worden. Wegen der Notwendigkeit der richtlinienkonformen Auslegung der Nr. 5 des Anhangs zu § 3 Abs. 3 UWG können Entscheidungen zu § 5 Abs. 5 Satz 1 UWG 2004 nur mit Zurückhaltung zur Auslegung der Nr. 5 des Anhangs herangezogen werden.[148] **80**

Nr. 5 erfordert – wie alle Tatbestände der schwarzen Liste – eine an einen Verbraucher gerichtete **geschäftliche Handlung** im Sinne des § 2 Abs. 1 Nr. 1 UWG (Rdn. 10). Eine gesonderte Prüfung der **Verhältnismäßigkeit** erfolgt nicht (Rdn. 19) und das **Relevanzkriterium** spielt keine Rolle (Rdn. 20). **81**

Nr. 5 des Anhangs I der UGP-RL sieht als Tatbestandsmerkmal eine **Aufforderung zum Kauf** vor. Diese ist in Art. 2 lit. i UGP-RL definiert. Danach ist eine Aufforderung zum Kauf jede kommerzielle Kommunikation, die die Merkmale des Produkts und den Preis in einer Weise angibt, die den Mitteln der verwendeten kommerziellen Kommunikation angemessen ist und den Verbraucher dadurch in die Lage versetzt, einen Kauf zu tätigen. Der deutsche Gesetzgeber hat das Merkmal »Aufforderung zum Kauf von Produkten« in Nr. 5 des Anhangs zur Richtlinie durch »Waren- oder Dienstleistungsangebote im Sinne des § 5a Abs. 3 UWG« ersetzt. Inhaltlich entsprechen sich die Tatbestandsmerkmale, weil § 5a Abs. 3 UWG anhand des Art. 7 (4) UGP-RL auszulegen ist, der an eine Aufforderung zum Kauf anknüpft.[149] Eine Aufforderung zum Kauf liegt im Fall einer Werbung vor, durch die der Verbraucher so viel über das beworbene Produkt und dessen Preis erfährt, dass er sich für den Kauf entscheiden kann, ohne dass er durch die Art der kommerziellen Kommunikation schon die tatsächliche Möglichkeit zum Kauf erlangt oder die Auswahl anderer Ausführungen des Produkts aufgegeben haben muss.[150] Dazu ist nicht notwendig, dass ein Angebot im Sinne von § 145 BGB oder eine Aufforderung zur Abgabe eines Angebots vorliegt. Die Aufforderung zum Kauf muss sich auf ein **Produkt** beziehen. Der Begriff Produkt beinhaltet jede Ware oder Dienstleistung, einschließlich Immobilien, Rechte und Verpflichtungen, Art. 2 lit. c UGP-RL. Deshalb umfasst Nr. 5 das Angebot von Waren und Dienstleistungen. **82**

---

146 BGH, 17.09.2015, I ZR 92/14, GRUR 2016, 395 Rn. 20 – *Smartphone-Werbung*.

147 BGH, 10.02.2011, I ZR 183/09, GRUR 2011, 340 Rn. 21 – *Irische Butter*; BGH, 15.03.2012, I ZR 128/10, GRUR-RR 2012, 475 Rn. 20.

148 *Köhler*/Bornkamm/Feddersen Anh. zu § 3 UWG Rn. 5.6.

149 BGH, 14.09.2017, I ZR 231/14, GRUR 2017, 1269 Rn. 16 – *MeinPaket.de II*; BGH, 18.10.2017, I ZR 84/16, GRUR 2018, 324 Rn. 15 – *Kraftfahrzeugwerbung*.

150 EuGH, 12.05.2011, C-122/10, GRUR 2011, 930 Rn. 33 – *Ving Sverige*; EuGH, 26.10.2016, C-611/14, GRUR 2016, 1307 Rn. 52 – *Canal Digital Danmark*.

83 In dem Waren- oder Dienstleistungsangebot im Sinne des § 5a Abs. 3 UWG muss ein **bestimmter Preis** angegeben werden. Erforderlich ist die Angabe eines konkreten Preises oder eines anhand der vorhandenen Angaben zu errechnenden Preises. Die Angabe eines »ab-Preises« genügt nicht.[151] Zwar kann die Angabe eines »ab-Preises« für eine Aufforderung zum Kauf im Sinne von Art. 2 lit. i UGP-RL ausreichend sein.[152] Aus dem eindeutigen Wortlaut des Richtlinientextes und der deutschen Vorschrift (…zu einem bestimmten Preis…) folgt für Nr. 5 des Anhangs, dass die Angabe eines »ab-Preises« nicht ausreicht. Eine extensive Auslegung des Nr. 5 des Anhangs auf Angebote mit einem »ab-Preis« ist ausgeschlossen, auch wenn damit eine einfache Möglichkeit zur Umgehung eröffnet ist.[153] Wird ein »ab-Preis« angegeben, ist die Unlauterkeit des Angebots nach den allgemeinen Vorschriften der §§ 5 Abs. 1, 5a Abs. 2 und 3 zu beurteilen.

84 Der Unternehmer muss eine **Aufklärung darüber unterlassen**, dass er hinreichende Gründe für die Annahme hat, er werde nicht in der Lage sein, das angebotene oder ein gleichwertiges Produkt für einen angemessenen Zeitraum in angemessener Menge zum angegebenen Preis bereitzustellen oder durch einen Dritten bereitstellen zu lassen.

85 Erforderlich ist eine **Prognoseentscheidung** des Unternehmers. Er muss sie zum **Zeitpunkt** seiner geschäftlichen Handlung treffen.[154] Das ist der Zeitpunkt, zu dem er abschließend das an die Verbraucher gerichtete Angebot in Gang setzt. Deshalb wird die Aufklärung grundsätzlich zusammen mit dem Angebot erfolgen müssen. Hat der Unternehmer zu diesem Zeitpunkt eine richtige Prognoseentscheidung getroffen, erweist sie sich in der Folgezeit aber als falsch, besteht **keine nachträgliche Pflicht** zu einer Aufklärung.[155] Etwas anderes gilt nur bei einem Angebot in Form einer Dauerhandlung, etwa im Internet oder bei einer Werbung im Ladenlokal.[156] Stellt sich in einem solchen Fall heraus, dass die ursprünglich getroffene Entscheidung überholt ist, muss der Unternehmer die Verbraucher aufklären oder, wenn eine Aufklärung allein nicht reicht, weil sich das Ende des Vorrats abzeichnet, die Werbung beenden.

86 Maßgeblich ist die objektive Sicht eines durchschnittlich verständigen Unternehmers.[157] Da der Unternehmer eine Prognoseentscheidung treffen muss, hat er einen

---

151 FBO/*Obergfell* Anhang UWG Nr. 5 Rn. 25; GK/*Lindacher* § 3 (E) Anh. Nr. 5 Rn. 14; *Alexander* WRP 2012, 125, 130.

152 EuGH, 12.05.2011, C-122/10, GRUR 2011, 930 Rn. 35–41 – *Ving Sverige.*

153 Zu Art. 2 lit. i UGP-RL: EuGH, 12.05.2011, C-122/10, GRUR 2011, 930 Rn. 39–41 – *Ving Sverige.*

154 BGH, 17.09.2015, I ZR 92/14, GRUR 2016, 395 Rn. 46 – *Smartphone-Werbung*; MünchKomm/*Alexander* UWG Anhang § 3 Abs. 3 Nr. 5 Rn. 18.

155 Streitig, wie hier: MünchKomm/*Alexander* UWG Anhang § 3 Abs. 3 Nr. 5 Rn. 18; GK/*Lindacher* § 3 (E) Anh. Nr. 5 Rn. 36; a. A. *Köhler*/Bornkamm/Feddersen Anh. zu § 3 UWG Rn. 5.22.

156 OLG Hamm, 11.08.2015, 4 U 69/15, GRUR-RR 2015, 533 Rn. 30; GK/*Lindacher* § 3 (E) *Anh. Nr. 5 Rn. 36.*

157 BGH, 17.09.2015, I ZR 92/14, GRUR 2016, 395 Rn. 46 – *Smartphone-Werbung*; FBO/*Obergfell* Anhang UWG Nr. 5 Rn. 46.

gewissen Beurteilungsspielraum. Eine vertretbare Annahme des Unternehmers genügt, um den Tatbestand der Nr. 5 des Anhangs auszuschließen.[158] Es kommt grundsätzlich auf die Einschätzung der Marktgegebenheiten aufgrund der Kenntnisse und Erfahrungen eines Durchschnittsunternehmers aus objektiver Sicht zum maßgeblichen Zeitpunkt an. Es gilt der Maßstab der unternehmerischen Sorgfalt im Sinne von § 2 Abs. 1 Nr. 7. Ein Verschulden bei einer Fehleinschätzung ist nicht erforderlich. Hat der Unternehmer mit dem Warenangebot keine Erfahrungen, muss er sich informieren, um den Kenntnisstand eines durchschnittlich informierten Unternehmers zu erreichen.[159] Dies gilt ebenfalls, wenn ein Unternehmer für die Werbung eines anderen Unternehmens verantwortlich ist,[160] etwa für ein anderes konzernangehöriges Unternehmen. Verfügt der Unternehmer aufgrund besonderer Erfahrungen – etwa wegen häufiger vergleichbarer Angebote – über besondere Kenntnisse, ist dieser Kenntnisstand für die Prognoseentscheidung von Bedeutung.[161]

Die Pflicht zur Aufklärung besteht, (1) wenn hinreichende Gründe für die Annahme vorliegen, dass der Unternehmer (2) die angebotenen oder gleichwertige Produkte (3) nicht für einen angemessenen Zeitraum (4) in angemessener Menge (5) zum genannten Preis bereitstellen oder bereitstellen lassen kann. 87

Hinreichende Gründe für die Annahme im Sinne von Nr. 5 liegen vor, wenn der Unternehmer konkrete Anhaltspunkte für eine fehlende Verfügbarkeit hat. Bloße Vermutungen oder Spekulationen genügen nicht.[162] Verfügt der Unternehmer über besondere Erfahrungen mit einer in Rede stehenden Aktion, sind diese in die Beurteilung einzubeziehen, ob hinreichende Gründe für die Annahme mangelnder Verfügbarkeit vorlagen. Das ändert nichts an einer objektiven Sichtweise; Maßstab ist dann die Sicht eines Durchschnittsunternehmers mit Erfahrungen und Kenntnissen mit derartigen Angeboten. Auf ein Verschulden des Unternehmers kommt es nicht an. Umgekehrt ist Nr. 5 des Anhangs nicht erfüllt, wenn der Unternehmer im maßgeblichen Zeitpunkt nur irrig von einer unzulänglichen Verfügbarkeit ausgeht.[163] Der Unternehmer muss dafür sorgen, dass die im Unternehmen vorhandenen Kenntnisse und Erfahrungen zusammengeführt werden. Es kommt deshalb nicht allein auf den persönlichen Kenntnisstand des Unternehmers oder bei einer juristischen Person ihres Organs, sondern auch auf den Wissensstand der Mitarbeiter an.[164] 88

Um die Prognoseentscheidung zu treffen, muss der Unternehmer das Verbraucherverhalten bewerten und er muss über Anhaltspunkte verfügen, für einen angemessenen Zeitraum eine angemessene Menge identischer oder gleichartiger Waren oder Dienstleistungen zur Befriedigung der erwarteten Nachfrage nicht bereitstellen zu können. 89

158 BGH, 17.09.2015, I ZR 92/14, GRUR 2016, 395 Rn. 46 – *Smartphone-Werbung*.
159 BGH, 17.09.2015, I ZR 92/14, GRUR 2016, 395 Rn. 27 – *Smartphone-Werbung*.
160 BGH, 17.09.2015, I ZR 92/14, GRUR 2016, 395 Rn. 27 – *Smartphone-Werbung*.
161 MünchKomm/*Alexander* UWG Anhang § 3 Abs. 3 Nr. 5 Rn. 19.
162 MünchKomm/*Alexander* UWG Anhang § 3 Abs. 3 Nr. 5 Rn. 23.
163 Harte/Henning/*Weidert* Anhang zu § 3 Abs. 3 Nr.5 Rn. 16.
164 Harte/Henning/*Weidert* Anhang zu § 3 Abs. 3 Nr.5 Rn. 16.

»Hinreichend« sind die Gründe, wenn eine **gewisse, nicht nur entfernte Wahrscheinlichkeit** für eine unzulängliche Verfügbarkeit zum maßgeblichen Zeitpunkt besteht.[165]

90 Beruht die Unzulänglichkeit des Angebots auf Umständen, die der Unternehmer nicht voraussehen konnte, ist der Tatbestand der Nr. 5 ausgeschlossen. Das ist bei nicht vorhersehbaren Lieferschwierigkeiten des Vorlieferanten, der in der Vergangenheit zuverlässig geliefert hat, der Fall. Handelt es sich bei der fraglichen Lieferung um einen ersten Kontakt zu dem Lieferanten, kann der Unternehmer je nach den Umständen des Einzelfalls zu weitergehenden Vorsorgemaßnahmen verpflichtet sein. Probleme aus dem eigenen Bereich, muss der Unternehmer in seine Prognoseentscheidung einbeziehen.[166]

91 Die Prognoseentscheidung bezieht sich auf die **angebotenen oder gleichartige Waren oder Dienstleistungen**. Das sind entweder die in dem Waren- oder Dienstleistungsangebot bezeichneten konkreten Waren oder Dienstleistungen oder Produkte, die aus der Sicht des angesprochenen Verkehrs nach Funktion und Qualität denjenigen der angebotenen Waren oder Dienstleistungen vollständig entsprechen und im Preis nicht über dem beworbenen Preis liegen. Das Tatbestandsmerkmal der Gleichartigkeit ist eng auszulegen; die Richtlinie deutet dies mit dem Begriff »gleichwertig« an. Dass das andere Produkt derselben Gattung angehört oder dieselben Funktionen erfüllt, reicht für sich genommen nicht. Subjektive Gesichtspunkte der Verbraucher sind zu berücksichtigen, wenn sie die Verbrauchererwartung bestimmen. Ist ein Markenprodukt beworben worden, reicht das Erzeugnis einer Eigenmarke nicht aus.[167] Das Angebot einer anderen als der beworbenen Herstellermarke kann je nach den Umständen des Einzelfalls nicht ausreichen.[168] Ist ein Produkt mit einer bestimmten geographischen Angabe oder Ursprungsbezeichnung angeboten, ist eine Ware oder Dienstleistung einer anderen geographischen Herkunft regelmäßig nicht gleichartig. Farblich abweichende Ausführungen des Produkts können die Gleichartigkeit aufheben, wenn für den Verbraucher das Design eine Rolle spielt und hierzu die Farbe gehört.[169] Das ist bei einer Vielzahl von Produkten der Fall und gilt insbesondere dann, wenn die unterschiedlich farblich gestalteten Erzeugnisse zu unterschiedlichen Preisen angeboten werden oder der Absatz sich unterschiedlich gestaltet.[170]

92 Die Tatbestandsmerkmale des **angemessenen Zeitraums** und der **angemessenen Menge** sind derart miteinander verknüpft, dass der angemessene Zeitraum sich auf die

---

165 *Köhler*/Bornkamm/Feddersen Anh. zu § 3 UWG Rn. 5.18: überwiegende Wahrscheinlichkeit.

166 GK/*Lindacher* § 3 (E) Anh. Nr. 5 Rn. 38.

167 BGH, 10.02.2011, I ZR 183/09, GRUR 2011, 340 Rn. 28 – *Irische Butter*; OLG Hamm, 17.03.2009, 4 U 167/08, juris Rn. 59; Begründung des Regierungsentwurfs, BT-Drucks. 16/10145, S. 31; BDS/*Koch* Anhang zu § 3 Abs. 3 UWG Rn. 30.

168 OLG Hamm, 17.03.2009, 4 U 167/08, juris Rn. 59: grundsätzlich andere Markenware nicht gleichartig.

169 MünchKomm/*Alexander* UWG Anhang § 3 Abs. 3 Nr. 5 Rn. 23.

170 Zu weit daher die Beispiele bei MünchKomm/*Alexander* UWG Anhang § 3 Abs. 3 Nr. 5 Rn. 23 und MünchKomm/*Alexander* UWG Anhang § 3 Abs. 3 Nr. 5 Rn. 44, wonach die Farbe eines Fahrrads oder eines Notebooks keine Rolle spielen soll.

angemessene Menge auswirken kann und regelmäßig auch auswirkt. Die UGP-RL stellt für die Angemessenheit des Zeitraums und der Menge auf das **Produkt**, den **Umfang der für das Produkt eingesetzten Werbung** und den **Angebotspreis** ab. Damit sind die maßgeblichen Parameter für die Beurteilung angeführt. Was danach im Hinblick auf Zeitraum und Menge angemessen ist, ist im Einzelfall zu bestimmen. Der Zeitrahmen des Nr. 5 Satz 2 ist nur eine in der deutschen Fassung enthaltene Bestimmung der Beweislast, die keinen Einfluss auf die Annahme, welcher Zeitraum angemessen ist, haben darf, weil eine entsprechende Regelung in der UGP-RL fehlt. Auf den Zeitraum und die Menge wirkt sich regelmäßig die Attraktivität aller Parameter aus. Diese beeinflussen sich wechselseitig in die eine oder andere Richtung. So kann bei einem besonders attraktiven Angebot die angemessene Menge hoch und der angemessene Zeitraum kurz anzusetzen sein, währenddessen die Verbraucher mit einer Verfügbarkeit ohne weiteres rechnen können. Die **Art der Ware** (Restposten, verderbliche Ware, preisreduzierte Produkte) und das übrige Sortiment des Unternehmers (Zugehörigkeit zum Standardsortiment oder Einzelposten) können die Angemessenheit beeinflussen.[171]

Bei der **Werbung** kommt es entscheidend auf das Werbemedium, die Intensität, die Dauer und Verbreitung der Werbung und die Herausstellung gerade des konkreten Angebots in der jeweiligen Werbung an. Neben dem Umfang der Werbung kann die Art der Werbeaussage Einfluss auf die Angemessenheit des Zeitraums und der Menge haben. Ist von einem Angebot der Woche die Rede, geht der Verbraucher regelmäßig nicht davon aus, dass das Angebot schon am ersten oder zweiten Tag ausverkauft ist. Je nach Gestaltung der Anzeige und den Marktgewohnheiten kann der Verbraucher von einem angemessenen Aktionszeitraum von einem Tag oder einer Woche ausgehen, wenn das Angebot als Tages- oder Wochenangebot bezeichnet ist.[172] Allein aus dem Umstand wöchentlich wechselnder Aktionsangebote eines Discounters folgt nicht, dass diese Produkte eine Woche verfügbar sind. Ist der Warenvorrat bezeichnet, kann dies Einfluss auf die Verbrauchererwartung haben oder darin kann der notwendige aufklärende Hinweis liegen.[173] Der **Angebotspreis** wirkt sich ebenfalls auf die Attraktivität des Produkts aus und bestimmt damit über die erwartete Nachfrage die angemessene Menge und den Zeitraum mit. Auch bei einem Aktionsangebot wird der Verbraucher nicht erwarten, dass die Ware schon im Laufe des Vormittags des ersten Verkaufstags nicht mehr erhältlich ist.[174] Bei einem Internetangebot kann der angemessene Zeitraum wegen der aktuellen Abrufbarkeit im gesamten Inland kürzer als bei einem Angebot im stationären Handel sein. Ein Zeitraum von nur wenigen Minuten ist regelmäßig nicht angemessen.[175] **93**

Ist in der **Werbung kein Verkaufsbeginn** angegeben, erwartet das angesprochene Publikum, dass das Waren- oder Dienstleistungsangebot mit dem Erscheinen der Werbung **94**

171 *Köhler*/Bornkamm/Feddersen Anh. zu § 3 UWG Rn. 5.13.
172 GK/*Lindacher* § 3 (E) Anh. Nr. 5 Rn. 19; differenzierend FBO/*Obergfell* Anhang UWG Nr. 5 Rn. 35.
173 BGH, 15.03.2012, I ZR 128/10, GRUR-RR 2012, 475 Rn. 20.
174 BGH, 17.09.2015, I ZR 92/14, GRUR 2016, 395 Rn. 21 – *Smartphone-Werbung*.
175 OLG Koblenz, 02.12.2015, 9 U 296/15, GRUR-RR 2016, 201 Rn. 6.

erhältlich ist. Ab diesem Zeitpunkt beginnt der angemessene Zeitraum. Ist der Aktionsbeginn in der Werbung herausgeschoben, beginnt der Fristlauf erst zu diesem Zeitpunkt.

95 Der Unternehmer muss während des angemessenen Zeitraums den **im Angebot angekündigten Preis** oder einen geringeren Preis verlangen. Er darf – auch bei unerwartet hoher Nachfrage – den Preis nicht über den Angebotspreis festlegen.[176]

96 Hat der Unternehmer hinreichende Gründe für die Annahme einer unzureichenden Vorratsmenge oder Verfügbarkeit, ist er zur Aufklärung verpflichtet. Durch den gebotenen aufklärenden Hinweis muss die Erwartung der Verbraucher, dass die angebotenen Produkte zum genannten Preis für einen angemessenen Zeitraum in angemessener Menge zur Verfügung stehen, aufgehoben werden.[177] Dazu muss der Hinweis an den Verbraucher klar formuliert, leicht lesbar und gut erkennbar sein.[178] Er muss so eindeutig ausgeführt sein, dass er beim Empfänger keine Zweifel aufkommen lässt. Maßgeblich ist die Sicht eines durchschnittlich informierten, verständigen und situationsbedingt angemessen aufmerksamen Angehörigen der angesprochenen Verkehrskreise.[179] Vage Formulierungen und bloße Formalhinweise, die die Botschaft nicht klar offenlegen, reichen nicht. Die Rechtsprechung hat den Hinweis »Dieser Artikel kann aufgrund begrenzter Vorratsmenge bereits im Laufe des ersten Angebotstages ausverkauft sein« als reinen Formalhinweis nicht genügen lassen.[180] Nicht ausreichend ist weiter die Angabe »Nur in limitierter Stückzahl«.[181] Kein Verbraucher geht ohne gegenteilige Ankündigung davon aus, der Unternehmer könne eine unbegrenzte Menge des Produkts anbieten. Ebenfalls unzureichend ist die Erläuterung »Solange der Vorrat reicht«.[182] Gleiches gilt für die Angabe »Keine Mitnahmegarantie« in einer Werbung für ein Unternehmen, bei dem die Waren sofort mitgenommen und nicht auf Bestellung gekauft werden, wie dies im klassischen Einzelhandel der Fall ist.

97 Der Hinweis muss dem Waren- oder Dienstleistungsangebot **eindeutig zugeordnet** sein. Die **Lesbarkeit und Erkennbarkeit** muss den Maßstäben entsprechen, die allgemein für aufklärende Hinweise in der Werbung gelten. Bei einer **blickfangmäßig** herausgestellten Werbung müssen die Einschränkungen der Werbeaussage am Blickfang teilhaben.[183] Dazu rechnet die nach Nr. 5 des Anhangs erforderliche Aufklärung. Ein Vorbehalt oder aufklärender Hinweis in den **AGB** des Unternehmers reicht nicht. Bei einer **Internetwerbung** kann die Aufklärung über einen elektronischen Verweis **(Link)**

---

176 *Köhler*/Bornkamm/Feddersen Anh. zu § 3 UWG Rn. 5.17.

177 BGH, 17.09.2015, I ZR 92/14, GRUR 2016, 395 Rn. 20 – *Smartphone-Werbung*.

178 BGH, 10.02.2011, I ZR 183/09, GRUR 2011, 340 Rn. 26 – *Irische Butter*; BGH, 17.09.2015, I ZR 92/14, GRUR 2016, 395 Rn. 20 – *Smartphone-Werbung*.

179 BGH, 17.09.2015, I ZR 92/14, GRUR 2016, 395 Rn. 20 – *Smartphone-Werbung*.

180 BGH, 17.09.2015, I ZR 92/14, GRUR 2016, 395 Rn. 21 – *Smartphone-Werbung*.

181 OLG Koblenz, 02.12.2015, 9 U 296/15, GRUR-RR 2016, 201 Rn. 10.

182 BGH, 17.09.2015, I ZR 92/14, GRUR 2016, 395 Rn. 21 – *Smartphone-Werbung*; GK/*Lindacher* § 3 (E) Anh. Nr. 5 Rn. 42; a. A. BDS/*Koch* Anhang zu § 3 Abs. 3 UWG Rn. 36.

183 BGH, 19.04.2007, I ZR 57/05, GRUR 2007, 981 Rn. 23 – *150% Zinsbonus*; BGH, 27.07.2017, I ZR 153/16, GRUR 2018, 199 Rn. 23 – *19% MwSt. GESCHENKT*.

erfolgen. Dazu muss der Link so gestaltet sein, dass der Nutzer erkennen kann, welche aufklärenden Informationen auf der weiteren Internetseite abgerufen werden können.[184] Ein allgemeiner Hinweis »Mehr zum Artikel« reicht nicht.[185]

Aufklären muss der Unternehmer, dessen Waren- oder Dienstleistungsangebot im Sinne von Nr. 5 des Anhangs betroffen ist. Bedient er sich für die Werbemaßnahme eines Drittunternehmens, haftet er für die eigene Werbung entweder als Täter, wenn er bei der Gestaltung oder der Kontrolle der Werbung eingebunden war,[186] oder nach § 8 Abs. 2 UWG.[187] Das Drittunternehmen, das für den Inhalt der Werbung verantwortlich ist, haftet als Mittäter oder in alleiniger Täterschaft.[188] Die erforderlichen Kenntnisse zur Beurteilung, ob ein aufklärender Hinweis notwendig ist, muss sich das Drittunternehmen verschaffen und kann sich nicht der Verantwortung mit der Behauptung entziehen, nicht über die Vorratsmenge unterrichtet gewesen zu sein.[189] Nur wenn das Drittunternehmen auf den Inhalt der Werbung keinen Einfluss hatte, entfällt eine Haftung wegen Verstoßes gegen Nr. 5 des Anhangs.[190] **98**

Die Aufklärung muss **gegenüber den Verkehrskreisen** erfolgen, an die sich das Waren- oder Dienstleistungsangebot richtet. Grundsätzlich muss der Unternehmer sich zum Zeitpunkt seiner Prognoseentscheidung über die Notwendigkeit eines Hinweises klar werden (Rdn. 85). Er ist deshalb auch gehalten, die aufklärende Angabe im **selben Medium und zur selben Zeit** wie die Werbung mit dem Waren- oder Dienstleistungsangebot im Sinne von Nr. 5 des Anhangs zu veranlassen. Auf ein anderes Kommunikationsmittel darf er nur zurückgreifen, wenn sichergestellt ist, dass die Verbraucher in der erforderlichen Weise unterrichtet werden. Risiken bei der Wahl eines anderen Kommunikationsmittels gehen zu Lasten des Unternehmers. Eine Pflicht zur nachträglichen Information trifft den Unternehmer nicht bei einer einzelnen punktuellen Werbemaßnahme, sondern nur bei einer fortdauernden Werbung, etwa in Form einer Internetwerbung.[191] Auf nachträglich bekannt gewordene Umstände muss der Unternehmer nur nach den allgemeinen Vorschriften – etwa wegen Vorenthaltens wesentlicher Informationen nach § 5a II[192] – reagieren. **99**

Ein Verstoß gegen Nr. 5 des Anhangs ist auch ohne aufklärenden Hinweis ausgeschlossen, wenn der Unternehmer, nachdem er erkennt, dass er eine unrichtige Prognoseentscheidung getroffen hat, gleichwohl noch für ein ausreichendes Angebot glei- **100**

184 BGH, 06.04.2017, I ZR 159/16, GRUR 2017, 928 Rn. 23 – *Energieeffizienzklasse II.*
185 BGH, 06.04.2017, I ZR 159/16, GRUR 2017, 928 Rn. 24 – *Energieeffizienzklasse II.*
186 BGH, 18.03.2010, I ZR 16/08, GRUR 2010, 1110 Rn. 33 – *Versandkosten bei Froogle II*; BGH, 03.11.2016, I ZR 227/14, GRUR 2017, 418 Rn. 20 – *Optiker-Qualität.*
187 BGH, 25.04.2012, I ZR 105/10, GRUR 2012, 1279 Rn. 43 – *DAS GROSSE RÄTSELHEFT*; BGH, 19.03.2015, I ZR 157/13, GRUR 2015, 1134 Rn. 32 – *Schufa-Hinweis.*
188 BGH, 17.09.2015, I ZR 92/14, GRUR 2016, 395 Rn. 26 – *Smartphone-Werbung.*
189 BGH, 17.09.2015, I ZR 92/14, GRUR 2016, 395 Rn. 27 – *Smartphone-Werbung.*
190 BGH, 10.02.2011, I ZR 183/09, GRUR 2011, 340 Rn. 31 – *Irische Butter*; BGH, 17.09.2015, I ZR 92/14, GRUR 2016, 395 Rn. 30 – *Smartphone-Werbung.*
191 A. A. *Köhler*/Bornkamm/Feddersen Anh. zu § 3 UWG Rn. 5.22.
192 *Köhler*/Bornkamm/Feddersen Anh. zu § 3 UWG Rn. 5.22.

cher oder gleichartiger Waren- oder Dienstleistungen zum Angebotspreis für einen angemessenen Zeitraum sorgt oder die Waren oder Dienstleistungen durch ein Drittunternehmen bereitstellen lässt.[193] Der Erwerb bei dem **Drittunternehmer** muss den angesprochenen Verkehrskreisen zumutbar sein. Das ist nicht der Fall, wenn mit dem Bezug bei dem Drittunternehmen ein zusätzlicher Aufwand oder weitere Mühen verbunden sind. Der Unternehmer kann daher nicht in seiner Filiale mit Erfolg auf eine andere Filiale eines anderen Unternehmens verweisen, die sich nicht in unmittelbarer Nähe – sozusagen gegenüber – befindet. Gleiches gilt für den Verweis auf eine zur eigenen Kette gehörende andere Filiale.

101 Die **Darlegungs- und Beweislast** für das Vorliegen der Voraussetzungen nach Nr. 5 Satz 1 des Anhangs trifft nach allgemeinen Grundsätzen den Gläubiger. Dieser muss die Voraussetzungen der Aktiv- und Passivlegitimation darlegen und beweisen. Weiter muss er die Umstände und den Inhalt des beanstandeten Waren- und Dienstleistungsangebots und – mit der Einschränkung des Satzes 2 der Nr. 5 – die der Beurteilung des angemessenen Zeitraums und der angemessenen Menge zugrundeliegenden Tatsachen einschließlich der Verkehrsanschauung darlegen und gegebenenfalls nachweisen. Den Unternehmer kann nach allgemeinen Grundsätzen eine sekundäre Darlegungslast treffen.[194]

102 Nach **Nr. 5 Satz 2** obliegt dem Unternehmer, die Angemessenheit nachzuweisen, wenn die Bevorratung kürzer als zwei Tage war. Vorläufer der Bestimmung, deren Regelungsgehalt übernommen werden sollte, war § 5 Abs. 5 Satz 2 UWG 2004.[195] Die Vorschrift ist mit der UWG-Novelle 2008 entfallen. Der deutsche Gesetzgeber hat mit Nr. 5 Satz 2 die Darlegungs- und Beweislast zur Angemessenheit des nach Nr. 5 Satz 1 des Anhangs maßgeblichen Zeitraums regeln wollen.[196] Ist der vom Unternehmer angenommene Zeitraum kürzer als 2 Tage, obliegt es dem Unternehmer nach Nr. 5 Satz 2, die Angemessenheit des Zeitraums der Bevorratung darzulegen und zu beweisen. Trotz der Vollharmonisierung durch die UGP-RL sah der deutsche Gesetzgeber sich nicht gehindert, eine entsprechende Regelung der Darlegungs- und Beweislast zu treffen, weil die Beweislast nach Erwägungsgrund 21 durch innerstaatliches Recht bestimmt wird und die Beweislastumkehr dem in Art. 12 UGP-RL vorgesehenen Beweiserleichterungsgebot für Verbraucher entsprechen soll.[197]

---

193 BGH, 17.09.2015, I ZR 92/14, GRUR 2016, 395 Rn. 46 – *Smartphone-Werbung*.

194 BGH, 07.12.2006, I ZR 166/03, GRUR 2007, 605 Rn. 34 – *Umsatzzuwachs*.

195 § 5 Abs. 5 UWG 2004: Es ist irreführend, für eine Ware zu werben, die unter Berücksichtigung der Art der Ware sowie der Gestaltung und Verbreitung der Werbung nicht in angemessener Menge zur Befriedigung der zu erwartenden Nachfrage vorgehalten ist. Angemessen ist im Regelfall ein Vorrat für zwei Tage, es sei denn, der Unternehmer weist Gründe nach, die eine geringere Bevorratung rechtfertigen. Satz 1 gilt entsprechend für die Werbung für eine Dienstleistung.

196 Begründung des Regierungsentwurfs eines Ersten Gesetzes zur Änderung des Gesetzes gegen den unlauteren Wettbewerb, BT. Drucks. 16/10145 S. 31.

197 Begründung des Regierungsentwurfs eines Ersten Gesetzes zur Änderung des Gesetzes gegen den unlauteren Wettbewerb, BT. Drucks. 16/10145 S. 31.

Gleichwohl wird die Bestimmung der Nr. 5 Satz 2 im Schrifttum teilweise als nicht richtlinienkonform angesehen.[198] Das wäre der Fall, wenn die Bestimmung über eine reine Beweislastregel hinausgeht und im Sinne einer materiellen Einschränkung zu verstehen wäre, indem der Zeitraum der Angemessenheit der Bevorratung auf zwei Tage konkretisiert wird.[199] Dieses Auslegungsergebnis der Norm ist aber nicht zwingend. Die Bestimmung kann und muss im Hinblick auf eine **Übereinstimmung mit der UGP-RL als bloße Beweislastregel ausgelegt werden** und ist dann mit dem Unionsrecht vereinbar.[200] Nr. 5 Satz 2 lässt bei einer derartigen Auslegung keinen Schluss auf den Zeitraum zu, der angemessen ist. Vielmehr muss der Richter aufgrund der festgestellten Umstände entscheiden, welcher Zeitraum angemessen ist. Nur die Vortrags- und Beweislast obliegt in Abweichung von der Grundregel dem Unternehmer, wenn seine Bevorratung keine 48 Stunden ausreichte. **103**

Der Unternehmer trägt – unabhängig von dem Bevorratungszeitraum von zwei Tagen nach Nr. 5 Satz 2 – die **Darlegungs- und Beweislast, dass der Einkauf des beworbenen Artikels auf vertretbaren Annahmen beruhte und aus objektiver Sicht bei einem normalerweise zu erwartenden Geschehensablauf davon auszugehen war, der Warenvorrat werde ausreichen**.[201] Damit ist der Unternehmer darlegungs- und beweisbelastet für die hinreichenden Gründe seiner Annahme im Sinne von Nr. 5 Satz 1 des Anhangs. Er muss dementsprechend darlegen und gegebenenfalls beweisen, warum aufgrund die festgestellten Tatsachen seine Prognoseentscheidung vertretbar war. **104**

VI. Nr. 6 »bait-and-switch«-Technik

Unzulässige geschäftliche Handlungen im Sinne des § 3 Absatz 3 sind 105

6. Waren- oder Dienstleistungsangebote im Sinne des § 5a Absatz 3 zu einem bestimmten Preis, wenn der Unternehmer sodann in der Absicht, stattdessen eine andere Ware oder Dienstleistung abzusetzen, eine fehlerhafte Ausführung der Ware oder Dienstleistung vorführt oder sich weigert zu zeigen, was er beworben hat, oder sich weigert, Bestellungen dafür anzunehmen oder die beworbene Leistung innerhalb einer vertretbaren Zeit zu erbringen.

UGP-RL Anhang I zu Art. 5 (5) Nr. 6

6. Aufforderung zum Kauf von Produkten zu einem bestimmten Preis und dann
a) Weigerung, dem Verbraucher den beworbenen Artikel zu zeigen,

oder

198 *Köhler*/Bornkamm/Feddersen Anh. zu § 3 UWG Rn. 5.28; zweifelnd auch MünchKomm/*Alexander* UWG Anhang § 3 Abs. 3 Nr. 5 Rn. 34.
199 *Köhler*/Bornkamm/Feddersen Anh. zu § 3 UWG Rn. 5.28.
200 BDS/*Koch* Anhang zu § 3 Abs. 3 UWG Rn. 35; GK/*Lindacher* § 3 (E) Anh. Nr. 5 Rn. 45; FBO/*Obergfell* Anhang UWG Nr. 5 Rn. 40 f.; Harte/Henning/*Weidert* Anhang zu § 3 Abs. 3 Nr.5 Rn. 49; wohl auch jurisPK-UWG/*Diekmann* Anhang zu § 3 Abs. 3 (Nr. 5) Rn. 12.
201 BGH, 17.09.2015, I ZR 92/14, GRUR 2016, 395 Rn. 46 – *Smartphone-Werbung*.

b) Weigerung, Bestellungen dafür anzunehmen oder innerhalb einer vertretbaren Zeit zu liefern,

oder

c) Vorführung eines fehlerhaften Exemplars

in der Absicht, stattdessen ein anderes Produkt abzusetzen (»bait-and-switch«-Technik).

106 Mit Nr. 6 des Anhangs zu § 3 Abs. 3 hat der deutsche Gesetzgeber **Nr. 6 des Anhangs I der UGP-RL** in das nationale Recht umgesetzt. Die Umsetzung ist nicht wörtlich erfolgt. Der Gesetzgeber hat den vom deutschen Richtlinientext abweichenden Wortlaut gewählt, um den Gesetzestext der Terminologie des UWG anzupassen; daraus folgt keine inhaltliche Änderung gegenüber der UGP-RL.[202] Die praktische Arbeit mit dem deutschen Normtext wird dadurch unnötig erschwert, weil zusätzlich der Text der Richtlinie bei der Auslegung herangezogen werden muss.

107 **Normzweck** der Nr. 6 des Anhangs I der UGP-RL und der Nr. 6 des Anhangs zu § 3 Abs. 3 UWG ist der Schutz der Verbraucher vor Lockangeboten, mit denen der Unternehmer darauf abzielt, andere als die beworbenen Waren oder Dienstleistungen abzusetzen. Der Unternehmer wirbt mit dem Produktangebot, um Verbraucher auf andere Artikel umzulenken. Das wettbewerbsrechtlich unlautere Verhalten bei dem in Nr. 6 beschriebenen Verhalten liegt nicht wie bei Nr. 5 in einer mangelnden Aufklärung, sondern in dem absichtlichen Umlenken auf ein anderes Produkt.

108 Die unlautere Geschäftspraktik bei Angeboten, bei denen die Voraussetzungen der Nr. 6 vorliegen, wiegt so schwer, dass der Unionsgesetzgeber ein per se-Verbot vorgesehen hat. Ob die Gefahr einer Irreführung von Verbrauchern bestand, ist unerheblich. Nr. 6 setzt – wie alle Tatbestände der schwarzen Liste – eine an einen Verbraucher gerichtete **geschäftliche Handlung** im Sinne des § 2 Abs. 1 Nr. 1 UWG voraus (Rdn. 10). Eine gesonderte Prüfung der **Verhältnismäßigkeit** erfolgt nicht (Rdn. 19) und das **Relevanzkriterium** spielt keine Rolle (Rdn. 20).

109 Im deutschen Text hat der Gesetzgeber die Formulierung »Aufforderung zum Kauf von Produkten« in Nr. 6 UGP-RL durch **»Waren- oder Dienstleistungsangebote im Sinne des § 5a Abs. 3«** ersetzt. Inhaltlich ergibt sich dadurch kein Unterschied. Dieselbe Normtechnik findet sich in Nr. 5 Satz 1 des Anhangs zu § 3 Abs. 3 und Nr. 5 des Anhangs I der UGP-RL. Die Ausführungen zu Nr. 5 gelten insoweit für Nr. 6 des Anhangs zu § 3 Abs. 3 entsprechend (Rdn. 82, 83). Der Begriff des Produkts im Richtlinientext entspricht Art. 2 lit. c UGP-RL und umfasst Waren und Dienstleistungen.[203] Der Schwerpunkt der Nr. 6 liegt – soweit sich überhaupt ein Anwendungsschwerpunkt ausmachen lässt – bei Warenangeboten.

110 Nr. 6 des Anhangs zu § 3 Abs. 3 und Nr. 6 des Anhangs I der UGP-RL sehen die Angabe eines **bestimmten Preises** des Angebots beziehungsweise der Aufforderung zum

---

202 *Begründung des Regierungsentwurfs eines Ersten Gesetzes zur Änderung des Gesetzes gegen den unlauteren Wettbewerb, BT. Drucks. 16/10145 S. 30.*

203 GK/*Lindacher* § 3 (E) Anh. Nr. 6 Rn. 9; BDS/*Koch* Anhang zu § 3 Abs. 3 UWG Rn. 39.

Kauf vor. Das entspricht dem Tatbestandsmerkmal »zu einem bestimmten Preis« in Nr. 5 Satz 1 (Rdn. 83).

Das Produktangebot im Sinne des § 5a Abs. 3 zu einem bestimmten Preis nach Nr. 6 **111**
muss **nicht die Voraussetzungen eines besonders attraktiven Angebots** erfüllen; der Verbraucher braucht das Angebot nicht wegen seines Preises oder der Darstellung in der Werbung für ein besonders günstiges Angebot (Lockangebot) zu halten.[204]

Der Tatbestand der Nr. 6 setzt voraus, dass der Unternehmer **eine von drei abschließend aufgezählten Verhaltensweisen** verwirklicht – (1) Vorführung eines fehlerhaften **112**
Produkts oder (2) Weigerung, das beworbene Produkt zu zeigen, oder (3) Weigerung Bestellungen für das beworbene Produkt anzunehmen oder das beworbene Produkt innerhalb einer vertretbaren Zeit zu liefern oder zu erbringen – und dies **in der Absicht geschieht, ein anderes Produkt** (eine andere Ware oder Dienstleistung) abzusetzen. Der Tatbestand der Nr. 6 ist nicht verallgemeinerungsfähig und nicht auf unter lauterkeitsrechtlichen Gesichtspunkten vergleichbares Vorgehen eines Unternehmers gegenüber Verbrauchern übertragbar.[205]

Die **Vorführung eines fehlerhaften Produkts** ist gegeben, wenn der Unternehmer **113**
dem Verbraucher einen mit Mängeln behafteten Gegenstand zeigt. Darunter fällt, wenn der Gegenstand schon nach seinem äußeren Eindruck mangelhaft ist oder sich die Fehlerhaftigkeit bei der Inbetriebnahme im Rahmen der Vorführung ergibt. Ob der Unternehmer das Produkt vorführt oder es dem Verbraucher im Rahmen der Vorführung überlässt, ist unerheblich.[206] Fehlerhaft ist das Produkt, wenn es von der in der Werbung angeführten Ausführung negativ abweicht oder – soweit eine Konkretisierung in der Werbung fehlt – es nicht die zu erwartenden üblichen Merkmale und Eigenschaften aufweist.[207]

Von einer **Weigerung, das beworbene Produkt zu zeigen**, ist auszugehen, wenn der **114**
Unternehmer trotz Bitte des Verbrauchers, ihm das angebotene Produkt vorzulegen, davon absieht, obwohl er zu einer Präsentation in der Lage ist.[208] Dass der Unternehmer zu einer Präsentation in der Lage sein muss, folgt aus dem Begriff der Weigerung.

Der Unternehmer weigert sich, eine Bestellung entgegenzunehmen, wenn er die **115**
Bestellung eines Kunden nicht annimmt, obwohl Hinderungsgründe in der Sache nicht bestehen. Liegen objektiv Gründe vor, die eine Bestellung nicht erfolgversprechend sein lassen (über das Vermögen des Herstellers ist die Insolvenz eröffnet worden oder das Produkt wird nicht mehr hergestellt) oder ist dem Unternehmer nicht zumutbar, eine

204 Begründung des Regierungsentwurfs eines Ersten Gesetzes zur Änderung des Gesetzes gegen den unlauteren Wettbewerb, BT. Drucks. 16/10145 S. 31; FBO/*Obergfell* Anhang UWG Nr. 6 Rn. 20.

205 Harte/Henning/*Weidert* Anhang zu § 3 Abs. 3 Nr.6 Rn. 8.

206 *Köhler*/Bornkamm/Feddersen Anh. zu § 3 UWG Rn. 6.5.

207 FBO/*Obergfell* Anhang UWG Nr. 6 Rn. 23.

208 *Köhler*/Bornkamm/Feddersen Anh. zu § 3 UWG Rn. 6.6; weitergehend GK/*Lindacher* § 3 (E) Anh. Nr. 6 Rn. 20: erwartbare Greifbarkeit genügt; ähnlich FBO/*Obergfell* Anhang UWG Nr. 6 Rn. 26: mangelnde Verfügbarkeit ohne Bedeutung.

Bestellung dieses Kunden entgegenzunehmen (mangelnde Bonität des Kunden, schlechte Erfahrungen mit dem Kunden), liegt keine Weigerung im Sinne von Nr. 6 vor.[209] Auf die Form der Weigerung kommt es nicht an. Erklärungen, die einer Weigerung im Ergebnis gleichkommen, reichen aus.[210]

116 Eine **Weigerung, die beworbene Leistung innerhalb einer vertretbaren Zeit zu erbringen**, liegt vor, wenn der Unternehmer zwar bereit ist, eine Bestellung entgegenzunehmen, aber ankündigt, die Leistung nicht innerhalb eines angemessenen Zeitraums auszuführen. Die Bestimmung umfasst Waren und Dienstleistungen. Das folgt zweifelsfrei aus Nr. 6 UGP-RL, der auf Produkte[211] abstellt und anders als die deutsche Fassung von »liefern« spricht. Was zeitlich vertretbar ist, lässt sich nur im Einzelfall anhand der Gesamtumstände und üblicher Bestellfristen für derartige Produkte bestimmen.[212] Auch hier kommt es auf die äußere Form der Weigerung nicht an. Die Erklärung zur Lieferung kann so vage gehalten werden, dass dies im Ergebnis die Voraussetzungen einer Weigerung, innerhalb angemessener Frist zu leisten, erfüllt.[213]

117 **Die Tathandlung muss in der Absicht geschehen, statt der angebotenen Ware oder Dienstleistung eine andere Ware oder Dienstleistung abzusetzen**. Die Absicht muss bereits zum Zeitpunkt des Produktangebots vorliegen.[214] Dem Wortlaut der deutschen Vorschrift und der Richtlinienbestimmung ist dies zwar nicht zweifelsfrei zu entnehmen. Es folgt aber aus Sinn und Zweck der Vorschrift, ein per se-Verbot für bestimmte Waren- und Dienstleistungsangebote aufzustellen. Absicht bedeutet wissentliches und willentliches Verhalten. Direkter Vorsatz im strafrechtlichen Sinn genügt;[215] Eventualvorsatz reicht nicht. Die Absicht muss sich auf die gesamte Handlung beziehen.[216] Der Handelnde muss sämtliche Tatbestandsmerkmale vorsätzlich verwirklichen. Mehrere Personen können gemeinschaftlich als Mittäter oder Täter und Gehilfe handeln. Die Motivation des Unternehmers, die hinter der Verhaltensweise steht, ist gleichgültig. Hat der Unternehmer für sein Verhalten allerdings objektiv vernünftige Gründe und wird deshalb nicht schon das Tatbestandsmerkmal der Weigerung verneint (Rdn. 114–116), fehlt jedenfalls das subjektive Element.[217] Ein Irrtum des Unternehmers kann den Vorsatz ausschließen. Das Produkt, auf das der Unternehmer den Verbraucher umlenken will, braucht nicht teurer, minderwertig oder überhaupt nachteilig gegenüber dem angebotenen Erzeugnis oder der angebotenen Dienstleistung zu sein. Ein gegenüber dem ursprünglichen Angebot gleichwertiges oder ein gleichartiges Produkt kann

---

209 Ohly/*Sosnitza* Anhang zu § 3 Abs. 3 UWG Rn. 21; im Ergebnis ebenso *Schöttle* WRP 2009, 673, 676, wonach die Absicht entfällt.
210 *Köhler*/Bornkamm/Feddersen Anh. zu § 3 UWG Rn. 6.7.
211 Begriff Art. 2 lit. c UGP-RL.
212 GK/*Lindacher* § 3 (E) Anh. Nr. 6 Rn. 23.
213 *Köhler*/Bornkamm/Feddersen Anh. zu § 3 UWG Rn. 6.8.
214 FBO/*Obergfell* Anhang UWG Nr. 6 Rn. 23; *Köhler*, FS Bornkamm, 2014, 393, 398; Begründung des Regierungsentwurfs eines Ersten Gesetzes zur Änderung des Gesetzes gegen den unlauteren Wettbewerb, BT. Drucks. 16/10145 S. 31.
215 Enger FBO/*Obergfell* Anhang UWG Nr. 6 Rn. 30: Stärkste Form des Vorsatzes erforderlich.
216 MünchKomm/*Alexander* UWG Anhang § 3 Abs. 3 Nr. 6 Rn. 27.
217 GK/*Lindacher* § 3 (E) Anh. Nr. 6 Rn. 25.

ebenfalls eine andere Ware oder Dienstleistung sein.[218] Anders als in Nr. 5 des Anhangs werden in Nr. 6 gleichartige Produkte nicht angeführt.

Die Darlegungs- und Beweislast für sämtliche Tatbestandsmerkmale trägt der Gläubiger. Eine Umkehr der Beweislast oder Vermutungsregeln sieht Nr. 6 des Anhangs nicht vor. Die Erfüllung des objektiven Tatbestands lässt für sich keinen Rückschluss auf das Vorliegen des subjektiven Tatbestands zu.[219] Allerdings kann den Unternehmer nach allgemeinen Grundsätzen eine sekundäre Darlegungslast treffen (Rdn. 33). Der Gläubiger muss auch den Vorsatz des Unternehmers nachweisen. Dieser Nachweis kann durch Indizien geführt werden.[220] Die Anforderungen an den Nachweis des subjektiven Tatbestands dürfen nicht überspannt werden.[221] **118**

VII. Nr. 7 Zeitlich begrenzte Verfügbarkeit

Unzulässige geschäftliche Handlungen im Sinne des § 3 Absatz 3 sind **119**

7. die unwahre Angabe, bestimmte Waren oder Dienstleistungen seien allgemein oder zu bestimmten Bedingungen nur für einen sehr begrenzten Zeitraum verfügbar, um den Verbraucher zu einer sofortigen geschäftlichen Entscheidung zu veranlassen, ohne dass dieser Zeit und Gelegenheit hat, sich auf Grund von Informationen zu entscheiden.

UGP-RL Anhang I zu Art. 5 (5) Nr. 7

7. Falsche Behauptung, dass das Produkt nur eine sehr begrenzte Zeit oder nur eine sehr begrenzte Zeit zu bestimmten Bedingungen verfügbar sein werde, um so den Verbraucher zu einer sofortigen Entscheidung zu verleiten, so dass er weder Zeit noch Gelegenheit hat, eine informierte Entscheidung zu treffen.

Mit Nr. 7 des Anhangs zu § 3 Abs. 3 hat der deutsche Gesetzgeber **Nr. 7 des Anhangs I der UGP-RL** in das nationale Recht umgesetzt. Die Umsetzung ist nicht wörtlich erfolgt. Inhaltlich ist damit keine Änderung gegenüber dem Richtlinientext verbunden; der abweichende Wortlaut dient der Anpassung des Gesetzestexts an die Terminologie des UWG.[222] **120**

Der **Normzweck** besteht im Schutz des Verbrauchers vor einer Irreführung, die dadurch eintritt, dass er durch eine falsche Behauptung über eine zeitlich sehr begrenzte **121**

---

218 A. A. FBO/*Obergfell* Anhang UWG Nr. 6 Rn. 33; MünchKomm/*Alexander* UWG Anhang § 3 Abs. 3 Nr. 6 Rn. 26.

219 *GK/Lindacher* § 3 (E) Anh. Nr. 6 Rn. 25; a. A. BDS/*Koch* Anhang zu § 3 Abs. 3 UWG Rn. 45.

220 FBO/*Obergfell* Anhang UWG Nr. 6 Rn. 35; GK/*Lindacher* § 3 (E) Anh. Nr. 6 Rn. 27; MünchKomm/*Alexander* UWG Anhang § 3 Abs. 3 Nr. 6 Rn. 30; Harte/Henning/*Weidert* Anhang zu § 3 Abs. 3 Nr.6 Rn. 19; ablehnend Ohly/*Sosnitza* Anhang zu § 3 Abs. 3 UWG Rn. 20.

221 *Köhler*/Bornkamm/Feddersen Anh. zu § 3 UWG Rn. 6.9.

222 Begründung des Regierungsentwurfs eines Ersten Gesetzes zur Änderung des Gesetzes gegen den unlauteren Wettbewerb, BT. Drucks. 16/10145 S. 30.

Verfügbarkeit des Waren- oder Dienstleistungsangebots von einer informierten Entscheidung abgehalten wird. Der Verbraucher soll vor einer uninformierten Entscheidung bewahrt werden, zu der er durch eine falsche Behauptung veranlasst wird. Der Tatbestand regelt eine irreführende und keine aggressive Geschäftspraktik.[223] Der Unternehmer täuscht dem Verbraucher der Wahrheit zuwider eine Zeitknappheit bei seiner Entscheidung vor. In der Begründung des Regierungsentwurfs wird die Unlauterkeit in der Ausübung psychologischen Kaufzwangs durch übertriebenes Anlocken gesehen.[224] Damit wird der Bestimmung in Richtung einer aggressiven Geschäftspraktik ausgelegt und unzutreffend eingeordnet.[225]

122 Die unlautere Geschäftspraktik bei Angeboten, bei denen die Voraussetzungen der Nr. 7 vorliegen, wiegt so schwer, dass der Unionsgesetzgeber ein per se-Verbot vorgesehen hat. Ob die Gefahr einer Irreführung von Verbrauchern im Einzelfall bestand, ist unerheblich. Nr. 7 setzt – wie alle Tatbestände der schwarzen Liste – eine an einen Verbraucher gerichtete **geschäftliche Handlung** im Sinne des § 2 Abs. 1 Nr. 1 UWG voraus (Rdn. 10). Eine gesonderte Prüfung der **Verhältnismäßigkeit** erfolgt nicht (Rdn. 19) und das **Relevanzkriterium** spielt keine Rolle (Rdn. 20).

123 Eine **Angabe** setzt eine **ausdrückliche Erklärung** voraus. Das bloße **Hervorrufen des unzutreffenden Eindrucks** reicht hierzu nicht aus (streitig Rdn. 27). Eine konkludente Erklärung genügt nicht. Der Begriff der »Angabe« beziehungsweise »Behauptung« im Richtlinientext ist gleichbedeutend wie in Nr. 1 des Anhangs. Die Angabe muss **unwahr** sein. Wegen des per se-Verbots ohne Wertungsmöglichkeit im Einzelfall muss es sich um eine objektiv unrichtige Angabe handeln. Ist die Behauptung richtig und fasst sie das angesprochene Publikum nur falsch auf, liegt keine unwahre Angabe im Sinne von Nr. 7 vor. Die Angabe ist objektiv richtig, wenn das Angebot überhaupt oder zu den angegebenen Bedingungen tatsächlich nur für ganz kurze Zeit verfügbar ist. Maßgeblich für die Beurteilung der Unwahrheit ist der Zeitpunkt der Angabe; später eintretende Änderungen der Verhältnisse berühren den Wahrheitsgehalt der Angabe nicht mehr.[226]

124 Der Begriff der **Waren und Dienstleistungen** umfasst alle Produkte im Sinne von Art. 2 lit. c UGP-RL. Es muss sich um **bestimmte** Waren und Dienstleistungen handeln. Dazu müssen die Produkte so bezeichnet werden, dass der Verbraucher weiß, welche Teile des Angebots nur für einen bestimmten Zeitraum verfügbar sind. Die einzelnen Merkmale der Produkte brauchen nicht angegeben zu werden. Die Angabe kann sich auf Gruppen von Erzeugnissen oder das gesamte Angebot eines Unternehmens beziehen.[227]

---

223 *Köhler*/Bornkamm/Feddersen Anh. zu § 3 UWG Rn. 7.2.

224 Begründung des Regierungsentwurfs eines Ersten Gesetzes zur Änderung des Gesetzes gegen den unlauteren Wettbewerb, BT. Drucks. 16/10145 S. 31.

225 Ohly/*Sosnitza* Anhang zu § 3 Abs. 3 UWG Rn. 22; FBO/*Obergfell* Anhang UWG Nr. 7 Rn. 4; *Scherer*, NJW 2009, 324, 326.

226 BDS/*Koch* Anhang zu § 3 Abs. 3 UWG Rn. 48.

227 FBO/*Obergfell* Anhang UWG Nr. 7 Rn. 18.

Der Unternehmer muss die Behauptung aufstellen, die Waren oder Dienstleistungen seien nur für einen sehr begrenzten Zeitraum überhaupt verfügbar oder sie seien nur für einen entsprechenden Zeitraum zu bestimmten Bedingungen erhältlich. Den Zeitraum muss der Unternehmer so konkret bezeichnen, dass der Verbraucher erkennen kann, wann der Zeitraum beginnt und endet. Ganz allgemein gehaltene Kaufaufforderungen, sich schnell zu entscheiden, genügen nicht. Nicht ausreichend ist die Angabe einer knappen Vorratsmenge, selbst wenn der Verbraucher dadurch zur der Schlussfolgerung veranlasst wird, sich sofort entscheiden zu müssen.[228] Die Tatbestände des Anhangs zu § 3 Abs. 3 sind nicht extensiv auszulegen (Rdn. 15). Wann von einem »sehr begrenzten Zeitraum« auszugehen ist, ist anhand der jeweiligen Umstände des konkreten Falls zu ermitteln. Die Art des Produkts und sein Preis sowie die Marktgegebenheiten und der übliche Zeitraum, den der Verbraucher normalerweise für eine informierte Entscheidung benötigt, sind zu berücksichtigen. Um von einem sehr begrenzten Zeitraum auszugehen, muss dieser wegen des per se-Verbots ohne Wertungsmöglichkeit im Einzelfall[229] deutlich kürzer als derjenige Zeitraum sein, der üblicherweise dem Verbraucher bei einer vergleichbaren Entscheidung bleibt.[230] Handelt es sich um ein alltägliches Produkt, das der Verbraucher häufig bezieht, ist er regelmäßig sofort in der Lage, eine informierte Entscheidung zu treffen. Anders kann die Sache aussehen, wenn der Verbraucher vor einer Entscheidung über den Erwerb der Ware oder dem Bezug der Dienstleistung sich normalerweise umfassend über die Marktgegebenheiten unterrichtet. **125**

Die unwahre Angabe muss sich auf die **allgemeine Verfügbarkeit** der Waren- oder Dienstleistungen oder auf **bestimmte Bedingungen** für den Erhalt beziehen. »Allgemein verfügbar« bedeutet, dass der Verbraucher das Produkt überhaupt beziehen kann. »Zu bestimmten Bedingungen verfügbar« umfasst Eigenschaften des Produkts, der Vertragsgestaltung oder des Erwerbsvorgangs (Leistungsfähigkeit des Erzeugnisses, Preisgestaltung, Lieferbedingungen, Wartung, Garantie, Zahlungsmodalitäten).[231] Die Bedingungen müssen konkret bezeichnet werden und sich auf bestimmte Produkte beziehen. Nur allgemein gehaltene Angaben oder Angaben, die keinen Produkten zugeordnet werden können, reichen nicht.[232] Aus den Bedingungen muss sich zur Verwirklichung der Nr. 7 nichts für ein besonders günstiges Angebot ergeben. In der Praxis wird der Unternehmer die Besonderheiten seines Angebots zwar regelmäßig herausstellen. Der Tatbestand des Nr. 7 setzt aber kein Lockangebot oder den Anschein eines solchen Angebots voraus.[233] **126**

Die unwahre Angabe muss erfolgen, **»um den Verbraucher zu einer sofortigen geschäftlichen Entscheidung zu veranlassen«**. Der Begriff der geschäftlichen Ent- **127**

228 Harte/Henning/*Weidert* Anhang zu § 3 Abs. 3 Nr.7 Rn. 10; a. A. FBO/*Obergfell* Anhang UWG Nr. 7 Rn. 14; GK/*Lindacher* § 3 (E) Anh. Nr. 7 Rn. 7.
229 EuGH, 17.01.2013, C-206/11, GRUR 2013, 297 Rn. 35 – *Köck*.
230 GK/*Lindacher* § 3 (E) Anh. Nr. 7 Rn. 11.
231 FBO/*Obergfell* Anhang UWG Nr. 7 Rn. 20.
232 Harte/Henning/*Weidert* Anhang zu § 3 Abs. 3 Nr.7 Rn. 12.
233 FBO/*Obergfell* Anhang UWG Nr. 7 Rn. 21.

scheidung ist in § 2 Abs. 1 Nr. 1 definiert und gilt für Nr. 7. Das ist kein Widerspruch zur Richtlinie, die nur eine »Entscheidung« anführt, weil alle Tatbestände des Anhangs eine geschäftliche Entscheidung eines Unternehmers gegenüber einem Verbraucher voraussetzen (Rdn. 10). »Sofortig« bedeutet, dass der Verbraucher sich so kurzfristig entscheidet, dass er sich über andere Angebote nicht mehr ausreichend informieren und diese in die Entscheidung einzubeziehen kann.[234]

128 Nicht einheitlich beantwortet wird die Frage, ob das Tatbestandsmerkmal ein **subjektives Element** enthält. Ganz überwiegend wird angenommen, aus der Formulierung »um zu« folge die Notwendigkeit einer Absicht des Unternehmers.[235] Die sich daraus ergebenden Beweisschwierigkeiten werden wiederum durch die Annahme abgemildert, bei Verwirklichung des objektiven Tatbestands werde die Absicht vermutet.[236] Die Gegenansicht lässt unter Hinweis auf die englische[237] und französische[238] Sprachfassung und im Interesse eines hohen Schutzniveaus eine **objektive Zweckrichtung** genügen.[239] Für dieses Ergebnis sprechen die Zielsetzung, durch die Tatbestände der Liste eine größere Rechtssicherheit zu schaffen (Rdn. 8), und der Vergleich mit anderen Tatbeständen des Anhangs, in denen die Notwendigkeit eines subjektiven Elements unzweideutig mit »Absicht« oder »absichtlich« gekennzeichnet wird (Nr. 6 und 13).[240] Die objektive Zweckrichtung genügt deshalb.

129 Durch die unwahre Angabe über die zeitlich begrenzte Verfügbarkeit und die dadurch hervorgerufene sofortige Entscheidung muss dem Verbraucher die Möglichkeit zu einer informierten Entscheidung genommen werden.[241] Das kommt durch das Tatbestandsmerkmal **»ohne dass dieser Zeit und Gelegenheit hat, sich aufgrund von Informationen zu entscheiden«** zum Ausdruck. Die Formulierung der Richtlinie ist insoweit klarer. Durch den aufgrund der falschen Behauptung hervorgerufenen Zeitdruck muss der Verbraucher in eine Lage versetzt worden sein, in der er sich unmittelbar ohne die für die geschäftliche Entscheidung notwendigen Informationen entschließen muss. Der wahrheitswidrig hervorgerufene Zeitdruck muss dazu führen, dass der Verbraucher in seinen Möglichkeiten, sich die erforderlichen Informationen zu beschaffen, beschränkt wird. Ihm muss die Möglichkeit genommen werden, so viele Informationen zu beschaffen, wie er sie für eine informierte Entscheidung benötigt. Sind Waren oder Dienstleistungen des täglichen Bedarfs betroffen, über die der Verbraucher im Regelfall

---

234 *Köhler*/Bornkamm/Feddersen Anh. zu § 3 UWG Rn. 7.9; Harte/Henning/*Weidert* Anhang zu § 3 Abs. 3 Nr.7 Rn. 17.

235 JurisPK-UWG/*Diekmann* Anhang zu § 3 Abs. 3 (Nr. 7) Rn. 7; FBO/*Obergfell* Anhang UWG Nr. 7 Rn. 26; GK/*Lindacher* § 3 (E) Anh. Nr. 7 Rn. 12; BDS/*Koch* Anhang zu § 3 Abs. 3 UWG Rn. 49; Harte/Henning/*Weidert* Anhang zu § 3 Abs. 3 Nr.7 Rn. 16; Götting/Nordemann/*Wirtz* § 3 Rn. 149;

236 BDS/*Koch* Anhang zu § 3 Abs. 3 UWG Rn. 49; FBO/*Obergfell* Anhang UWG Nr. 7 Rn. 28.

237 »in order to«.

238 »afin de«.

239 *Köhler*/Bornkamm/Feddersen Anh. zu § 3 UWG Rn. 7.8; MünchKomm/*Alexander* UWG Anhang § 3 Abs. 3 Nr. 7 Rn. 27.

240 MünchKomm/*Alexander* UWG Anhang § 3 Abs. 3 Nr. 7 Rn. 27.

241 *Köhler*/Bornkamm/Feddersen Anh. zu § 3 UWG Rn. 7.10.

ausreichend informiert ist, scheidet das in Rede stehende Tatbestandsmerkmal aus. Nicht erforderlich ist, dass der Verbraucher tatsächlich einem Irrtum unterliegt oder er eine uninformierte Entscheidung trifft. Die Eignung der unwahren Angabe genügt.[242]

VIII. Nr. 8 Wechsel der Sprache bei Kundendienstleistungen

Unzulässige geschäftliche Handlungen im Sinne des § 3 Absatz 3 sind 130

8. Kundendienstleistungen in einer anderen Sprache als derjenigen, in der die Verhandlungen vor dem Abschluss des Geschäfts geführt worden sind, wenn die ursprünglich verwendete Sprache nicht Amtssprache des Mitgliedstaats ist, in dem der Unternehmer niedergelassen ist; dies gilt nicht, soweit Verbraucher vor dem Abschluss des Geschäfts darüber aufgeklärt werden, dass diese Leistungen in einer anderen als der ursprünglich verwendeten Sprache erbracht werden.

UGP-RL Anhang I zu Art. 5 (5) Nr. 8

8. Verbrauchern, mit denen der Gewerbetreibende vor Abschluss des Geschäfts in einer Sprache kommuniziert hat, bei der es sich nicht um eine Amtssprache des Mitgliedstaats handelt, in dem der Gewerbetreibende niedergelasen ist, wird eine nach Abschluss des Geschäfts zu erbringende Leistung zugesichert, diese Leistung wird anschließend aber nur in einer anderen Sprache erbracht, ohne dass der Verbraucher eindeutig hierüber aufgeklärt wird, bevor er das Geschäft tätigt.

Durch Nr. 8 des Anhangs zu § 3 Abs. 3 wird **Nr. 8 des Anhangs I der UGP-RL** in 131
das deutsche Recht umgesetzt. Dies ist nicht wörtlich geschehen. Inhaltlich weicht die deutsche Bestimmung nicht von der Richtlinie ab. Beide Bestimmungen sind bei dem nicht sonderlich komplexen Sachverhalt schwer verständlich gefasst. Erfasst wird etwa der Fall, dass ein Unternehmer mit Niederlassung in den Niederlanden vor dem Vertragsschluss mit einem Verbraucher auf Deutsch telefonisch kommuniziert und der Mitarbeiter später bei Durchführung der vereinbarten Wartungsarbeiten nur niederländisch spricht.

Der **Normzweck** besteht in dem Schutz des Verbrauchers vor einer Irreführung durch 132
mangelnde Aufklärung über die Sprache, in der bei einer vereinbarten Serviceleistung kommuniziert wird. Der Verbraucher, der die Vertragsverhandlungen in einer Sprache geführt hat, die von der Amtssprache der Niederlassung des Unternehmers abweicht, soll davor geschützt werden, dass die nach Vertragsschluss ausgeführte Kundendienstleistung nicht in der Sprache der Vertragsverhandlungen erfolgt, wenn der Unternehmer den Verbraucher über diesen Umstand nicht vor Vertragsschluss aufgeklärt hat. Der Tatbestand der Nr. 8 knüpft an eine fehlende Aufklärung über die von den Vertragsverhandlungen abweichende Sprache an. Ausgangspunkt der Bestimmung ist die Überlegung, dass die Führung der Vertragsverhandlungen in einer Sprache, die von der Niederlassung des Unternehmers abweicht, beim Verbraucher einen Vertrauenstatbe-

242 FBO/*Obergfell* Anhang UWG Nr. 7 Rn. 5.

stand begründet, dass bei den dem Vertragsschluss nachfolgenden Serviceleistungen in derselben Sprache kommuniziert wird.[243]

133 Die unlautere Geschäftspraktik bei Angeboten, bei denen die Voraussetzungen der Nr. 8 gegeben sind, wiegt so schwer, dass der Unionsgesetzgeber ein per se-Verbot vorgesehen hat. Ob die Gefahr einer Irreführung von Verbrauchern im Einzelfall besteht, ist unerheblich. Nr. 8 setzt – wie alle Tatbestände der schwarzen Liste – eine an einen Verbraucher gerichtete **geschäftliche Handlung** im Sinne des § 2 Abs. 1 Nr. 1 UWG voraus (Rdn. 10). Eine gesonderte Prüfung der **Verhältnismäßigkeit** erfolgt nicht(Rdn. 19) und das **Relevanzkriterium** spielt keine Rolle (Rdn. 20).

134 Der Unternehmer muss vor Abschluss des Geschäfts in einer Sprache mit dem Verbraucher kommuniziert haben, die von der Amtssprache am Ort der Niederlassung abweicht. Diese abweichende Sprache müssen die Parteien vor dem Geschäftsabschluss verwandt haben. Es ist nicht erforderlich, dass ein Vertrag im Einzelnen ausgehandelt worden ist. Der Begriff der »Verhandlungen vor Abschluss des Geschäfts« in der deutschen Fassung ist nicht im Sinne umfänglicher Vertragsverhandlungen zu verstehen. Die Kommunikation in der abweichenden Sprache vor Abschluss des Geschäfts reicht. Das bringt die Bestimmung der Richtlinie klar zum Ausdruck.

135 »**Andere Sprache**« im Sinne der Nr. 8 ist eine von der Amtssprache der Niederlassung des Unternehmers abweichende Sprache. Welche abweichende Sprache das ist, ist gleichgültig. Häufig wird es sich um die Sprache des Verbrauchers oder eine geläufige Fremdsprache handeln. Zwingend ist das nicht. »Andere Sprache« nach Nr. 8 erfasst jede von der Amtssprache am Sitz der Niederlassung differierende Sprache. Sind die Vertragsverhandlungen in der Amtssprache der Niederlassung des Unternehmers geführt worden und verwendet der Unternehmer oder sein Mitarbeiter bei der Serviceleistung eine andere Sprache, ist Nr. 8 nicht einschlägig.[244] In Betracht kommt ein Verstoß gegen § 5 Abs. 1 Satz 2 Nr. 1 und § 5a.[245]

136 **Niederlassung** ist eine feste Einrichtung in einem Mitgliedstaat zur Ausübung einer wirtschaftlichen Tätigkeit auf unbestimmte Zeit.[246] Entscheidend ist die Niederlassung des Unternehmers, von der aus die Vertragsverhandlungen geführt werden.

137 **Die zu erbringende Leistung muss eine Kundendienstleistung** sein. Der deutsche Richtlinientext lässt dies nicht eindeutig erkennen. Hier heißt es »eine nach Abschluss des Geschäfts zu erbringende Leistung«. Das könnte auch die vertraglich vereinbarte Hauptleistung sein. Ganz überwiegend wird aber unter Hinweis auf die französische[247]

---

243 Begründung des Regierungsentwurfs eines Ersten Gesetzes zur Änderung des Gesetzes gegen den unlauteren Wettbewerb, BT. Drucks. 16/10145 S. 31.

244 Begründung des Regierungsentwurfs eines Ersten Gesetzes zur Änderung des Gesetzes gegen den unlauteren Wettbewerb, BT. Drucks. 16/10145 S. 32; *Scherer*, NJW 2009, 324, 327.

245 *Scherer*, NJW 2009, 324, 327.

246 FBO/*Obergfell* Anhang UWG Nr. 8 Rn. 17; zu Art. 49 AEUV EuGH, 15.09.2011, C-347/*09, EuZW 2011, 841* Rn. 35 – *Dickinger und Ömer*, BGH, 18.05.2017, I ZR 3/16, GRUR 2017, 743 Rn. 28 – *Uber Black*.

247 …un service après-vente….

und englische[248] Sprachfassung der Richtlinie der Anwendungsbereich der Norm auf Serviceleistungen oder Kundendienstleistungen beschränkt und Hauptleistungen und Bedienungsanleitungen sowie Garantiebedingungen werden ausgeklammert.[249] Nach dem Richtlinientext muss die zu erbringende Leistung zugesichert sein. Das erfordert keine ausdrückliche vertragliche Vereinbarung. Der Unternehmer muss die Bereitschaft zu der Serviceleistung bis zum Vertragsschluss erkennen lassen. Das kann durch die Ankündigung einer Servicehotline in der Werbung zur Bearbeitung von Kundenanfragen nach Vertragsschluss geschehen.[250]

Der Unternehmer kann den Tatbestand der Nr. 8 dadurch ausschließen, dass er den **138** Verbraucher vor Vertragsschluss über die Kommunikation in einer anderen Sprache bei der Ausführung der Kundendienstleistung aufklärt. Der Unternehmer braucht nicht die Kommunikation in der von der Amtssprache seiner Niederlassung abweichenden Sprache nach Vertragsschluss fortzusetzen. Der Unlauterkeitsvorwurf richtet sich nicht gegen die Verwendung verschiedener Sprachen; er knüpft vielmehr an die unterbliebene Aufklärung an. Diese muss nur **rechtzeitig und eindeutig** erfolgen. In der deutschen Fassung der Vorschrift ist die Notwendigkeit einer »eindeutigen« Aufklärung nicht übernommen. In richtlinienkonformer Auslegung der Nr. 8 des Anhangs zu § 3 Abs. 3 muss die Aufklärung des Verbrauchers eindeutig sein. Dazu muss der Hinweis klar, unmissverständlich und leicht wahrnehmbar sein.

Die **Darlegungs- und Beweislast** für die Tatbestandsmerkmale trifft den Gläubiger. **139** Ausgenommen hiervon ist nur eine Aufklärung nach Nr. 8 Halbs. 2.[251] Die Richtlinienbestimmung ist zu diesem letzten Punkt anders als die deutsche Fassung nicht eindeutig. Der deutsche Gesetzgeber kann die Darlegungs- und Beweislast eigenständig regeln, wenn die Richtlinie keine gesonderte Bestimmung trifft.[252]

IX. Nr. 9 Täuschung über die Verkehrsfähigkeit

Unzulässige geschäftliche Handlungen im Sinne des § 3 Absatz 3 sind **140**

9. die unwahre Angabe oder das Erwecken des unzutreffenden Eindrucks, eine Ware oder Dienstleistung sei verkehrsfähig.

UGP-RL Anhang I zu Art. 5 (5) Nr. 9

9. Behauptung oder anderweitige Herbeiführung des Eindrucks, ein Produkt könne rechtmäßig verkauft werden, obgleich dies nicht der Fall ist.

---

248 …after-sales service….

249 Harte/Henning/*Weidert* Anhang zu § 3 Abs. 3 Nr.8 Rn. 6; *Köhler*/Bornkamm/Feddersen Anh. zu § 3 UWG Rn. 8.3; Ohly/*Sosnitza* Anhang zu § 3 Abs. 3 UWG Rn. 27; GK/*Lindacher* § 3 (E) Anh. Nr. 8 Rn. 6; noch weiter einschränkend auf Kundendienstleistungen, bei denen die Kommunikation eine wesentliche Rolle spielt: BDS/*Koch* Anhang zu § 3 Abs. 3 UWG Rn. 54; a. A. FBO/*Obergfell* Anhang UWG Nr. 8 Rn. 20.

250 FBO/*Obergfell* Anhang UWG Nr. 8 Rn. 22.

251 GK/*Lindacher* § 3 (E) Anh. Nr. 8 Rn. 17.

252 Hierzu Erläuterungen zu Nr. 5 Satz 2 Rdn. 102, 103.

141 Durch Nr. 9 des Anhangs zu § 3 Abs. 3 hat der deutsche Gesetzgeber **Nr. 9 des Anhangs I der UGP-RL** umgesetzt. Dies ist nicht wörtlich geschehen. Inhaltlich weicht die deutsche Bestimmung nicht von der Richtlinie ab. Der deutsche Gesetzgeber hat – wie regelmäßig im Anhang – den Begriff »Produkt« aus der Richtlinie (Art. 2 lit. c UGP-RL) durch Waren oder Dienstleistungen ersetzt. Die Formulierung »ein Produkt könne rechtmäßig verkauft werden« ist im deutschen Text durch den Begriff »eine Ware oder Dienstleistung sei verkehrsfähig« umschrieben.

142 Der **Normzweck** besteht in dem Schutz des Verbrauchers vor einer Irreführung über die Verkehrsfähigkeit von Waren oder Dienstleistungen. Der Unionsgesetzgeber hat in dieser Irreführung einen derart schweren Verstoß des Unternehmers gesehen, dass er den Tatbestand als per se-Verbot geregelt hat. Ob die Gefahr einer Irreführung von Verbrauchern im Einzelfall besteht, ist unerheblich. Nr. 9 setzt – wie alle Tatbestände der schwarzen Liste – eine an einen Verbraucher gerichtete **geschäftliche Handlung** im Sinne des § 2 Abs. 1 Nr. 1 UWG voraus (Rdn. 10) Eine gesonderte Prüfung der **Verhältnismäßigkeit** erfolgt nicht (Rdn. 19) und das **Relevanzkriterium** spielt keine Rolle (Rdn. 20). Die Bestimmung ist lex specialis zu § 5 Abs. 1 Satz 2 Nr. 1 und 3. Ist die Verkehrsfähigkeit des konkreten Produkts in einer bestimmten Vorschrift gesondert geregelt, handelt es sich um eine Marktverhaltensvorschrift und die Unlauterkeit kann sich auch aus § 3a ergeben. § 3 Abs. 3 i. V. mit Nr. 9 des Anhangs und § 3a sind nebeneinander anwendbar.

143 Es muss eine **unwahre Angabe** (Rdn. 27 f.) vorliegen oder der Unternehmer muss **einen unzutreffenden Eindruck erwecken**. Ein unzutreffender Eindruck kann durch schlüssiges Verhalten hervorgerufen werden. Bietet ein Unternehmer ein Produkt an, das nur bei Verkehrsfähigkeit auf den Markt gebracht werden darf, liegt in dem Vertrieb des Produkts grundsätzlich die »anderweitige Herbeiführung des Eindrucks« der Verkehrsfähigkeit.[253] Der Vertrieb ist ein aktives Verhalten, dem der Verbraucher die konkludente Behauptung der Verkehrsfähigkeit entnimmt, was für die Herbeiführung des Eindrucks i. S. der Bestimmung der Richtlinie ausreicht. Das Vorliegen der Verkehrsfähigkeit eines Produkts hat für den Verbraucher eine große Bedeutung. Es besteht deshalb im Interesse des Verbraucherschutzes kein Anlass, die Bestimmung einschränkend auszulegen. Der Unternehmer muss jederzeit die Verkehrsfähigkeit seiner Produkte sicherstellen. Nur wenn die Begleitumstände des Angebots, des Vertriebs oder der Aufmachung den Schluss auf die Verkehrsfähigkeit nicht erlauben, liegt keine schlüssige Erklärung zur Verkehrsfähigkeit vor. Die Art und Aufmachung des Produkts oder die Begleitumstände des Vertriebs sowie erläuternde Hinweise des Unternehmers können gegen die Verkehrsfähigkeit sprechen.

---

253 *Köhler*/Bornkamm/Feddersen Anh. zu § 3 UWG Rn. 9.3; Ohly/*Sosnitza* Anhang zu § 3 Abs. 3 UWG Rn. 29; GK/*Lindacher* § 3 (E) Anh. Nr. 9 Rn. 5; BDS/*Koch* Anhang zu § 3 Abs. 3 *UWG Rn. 59; Scherer*, NJW 2009, 324, 327; a. A. Harte/Henning/*Weidert* Anhang zu § 3 Abs. 3 Nr.9 Rn. 9; *von Jagow*, GRUR 2010, 190, 191; einschränkend FBO/*Obergfell* Anhang UWG Nr. 9 Rn. 29.

Ob die Angabe unwahr oder der Eindruck unzutreffend ist, ist **objektiv** zu bestimmen. Die unwahre Angabe oder der unzutreffende Eindruck muss sich auf die Verkehrsfähigkeit beziehen. Auf einen Irrtum des Verbrauchers oder eine Eignung, den Verbraucher irrezuführen, kommt es nicht an. Den Unternehmer entlastet nicht die irrige Annahme, das Produkt sei verkehrsfähig. Subjektive Elemente spielen bei Nr. 9 keine Rolle. Fehlt die Verkehrsfähigkeit, ist es unerheblich, ob sie herbeigeführt werden könnte.[254] Der Verbraucher wird das Vorliegen der Verkehrsfähigkeit regelmäßig auf das **Inland** beziehen. Auf ein Fehlen der Verkehrsfähigkeit im Ausland braucht der Unternehmer ohne besondere Anhaltspunkte nicht hinzuweisen.[255] **144**

Die unwahre Angabe oder der unzutreffende Eindruck muss sich auf die **Verkehrsfähigkeit** der Ware oder Dienstleistung beziehen. Es muss eine gesetzliche Bestimmung dem rechtmäßigen Verkauf des Produkts entgegenstehen. Der Schutzzweck der Norm ist ohne Belang. Die Verkehrsfähigkeit braucht nicht zum Schutz der Gesundheit oder Sicherheit von Verbrauchern ausgeschlossen zu sein. Die Norm kann zivilrechtlicher, öffentlich-rechtlicher oder strafrechtlicher Art sein (§ 935 BGB, § 21 AMG, § 184b StGB). Dazu zählen auch Vorschriften, die ein gesetzliches Verbot vorsehen, das den Besitz des Produkts verbietet.[256] Weiter wird die Verkehrsfähigkeit beeinträchtigt, wenn der Erwerb und Besitz zulässig und nur die (bestimmungsgemäße) Benutzung verboten ist.[257] Zwar ist nach dem Wortlaut der Richtlinie, in der auf den rechtmäßigen Verkauf abgestellt wird, nicht zweifelsfrei, ob ein Verbot der Benutzung allein die Verkehrsfähigkeit aufhebt. Es ist aber nicht von einem rechtmäßigen Verkauf auszugehen, wenn der Unternehmer ohne Einschränkung oder Hinweis auf ein Verbot der Benutzung das Produkt vertreibt. Die gesetzliche Vorschrift muss die Verkehrsfähigkeit ausschließen. Nicht jeder Verstoß gegen gesetzliche Bestimmungen, die die Bezeichnung und Aufmachung eines Produkts regeln, lässt die Verkehrsfähigkeit entfallen. **145**

Es muss sich um ein **produktbezogenes Verbot** handeln, das die Verkehrsfähigkeit ausschließt.[258] Dazu rechnen keine Verbote, die nur den Verkauf oder Vertrieb durch bestimmte Personen verbieten[259] oder den Erwerb durch hierzu nicht befugte Personen untersagen.[260] Der Verstoß gegen Immaterialgüterrechte oder Vorschriften über bloße **146**

254 *Scherer*, NJW 2009, 324, 327.

255 *Köhler*/Bornkamm/Feddersen Anh. zu § 3 UWG Rn. 9.7.

256 LG Hamburg, 09.03.2011, 315 O 489/10, juris Rn. 70; Begründung des Regierungsentwurfs eines Ersten Gesetzes zur Änderung des Gesetzes gegen den unlauteren Wettbewerb, BT. Drucks. 16/10145 S. 32; GK/*Lindacher* § 3 (E) Anh. Nr. 9 Rn. 7.

257 Begründung des Regierungsentwurfs eines Ersten Gesetzes zur Änderung des Gesetzes gegen den unlauteren Wettbewerb, BT. Drucks. 16/10145 S. 32; Ohly/*Sosnitza* Anhang zu § 3 Abs. 3 UWG Rn. 29; a. A. BDS/*Koch* Anhang zu § 3 Abs. 3 UWG Rn. 57.

258 Ohly/*Sosnitza* Anhang zu § 3 Abs. 3 UWG Rn. 29; GK/*Lindacher* § 3 (E) Anh. Nr. 9 Rn. 7;

259 *Köhler*/Bornkamm/Feddersen Anh. zu § 3 UWG Rn. 9.6; a. A. jurisPK-UWG/*Diekmann* Anhang zu § 3 Abs. 3 (Nr. 9) Rn. 6.

260 *Köhler*/Bornkamm/Feddersen Anh. zu § 3 UWG Rn. 9.6; a. A. jurisPK-UWG/*Diekmann* Anhang zu § 3 Abs. 3 (Nr. 9) Rn. 6.

Modalitäten des Vertriebs steht der Verkehrsfähigkeit i. S. von Nr. 9 nicht entgegen.[261] Durch vertraglich vereinbarte oder technisch vorgenommene Beschränkungen des Vertriebs geht die Verkehrsfähigkeit nicht verloren.[262] Umgehungen derartiger Beschränkungen können im Einzelfall eine gezielte Behinderung i. S. von § 4 Nr. 4 darstellen[263] oder es kann ein Verstoß gegen das Irreführungsverbot nach §§ 5, 5a I vorliegen.[264] Auf die Frage von Prüfpflichten kommt es bei der Verkehrsfähigkeit nicht an.[265] Die Verkehrsfähigkeit ist bezogen auf das Produkt zu beurteilen und es ist nicht danach zu differenzieren, ob der Hersteller oder Händler zur Überprüfung der Vereinbarkeit der Ware mit gesetzlichen Vorschriften verpflichtet ist.

X. Nr. 10 Unwahre Angabe über gesetzliche Rechte als Besonderheit

Annette Wille

147 **Unzulässige geschäftliche Handlungen im Sinne des § 3 Absatz 3 sind**
10. die unwahre Angabe oder das Erwecken des unzutreffenden Eindrucks, gesetzlich bestehende Rechte stellten eine Besonderheit des Angebots dar.

UGP-RL Anhang I zu Art. 5 (5) Nr. 10
10. Den Verbrauchern gesetzlich zugestandene Rechte werden als Besonderheit des Angebots des Gewerbetreibenden präsentiert.

1. Bedeutung und Anwendungsbereich

148 Die Regelung in Anh. (zu § 3 Abs. 3) Nr. 10 dient der Umsetzung von Art. 5 (5) i.V. mit Anh. I Nr. 10 UGP-RL und ist daher richtlinienkonform auszulegen. Da die UGP-RL unlautere Geschäftspraktiken von Unternehmen nur gegenüber Verbrauchern erfasst (Art. 3 (1) UGP-RL), ist der Verbotstatbestand des Anh. (zu § 3 Abs. 3) Nr. 10 ausschließlich auf **geschäftliche Handlungen gegenüber Verbrauchern** anwendbar (§ 3 Abs. 3).

149 Der Verbotstatbestand des Anh. (zu § 3 Abs. 3) Nr. 10 stellt eine spezielle Ausprägung der irreführenden **Werbung mit Selbstverständlichkeiten** dar. Dem Unternehmer ist es untersagt, dem Verbraucher zu suggerieren, sein Angebot zeichne sich gegenüber den Angeboten der Mitbewerber durch besondere rechtliche Vorteile aus, die dem Verbraucher kraft Gesetzes ohnehin zustehen.[266] Es handelt sich um eine als **per-se-**

---

261 LG Hamburg, 09.03.2011, 315 O 489/10, juris Rn. 70; *Köhler*/Bornkamm/Feddersen Anh. zu § 3 UWG Rn. 9.6; GK/*Lindacher* § 3 (E) Anh. Nr. 9 Rn. 7; a. A. jurisPK-UWG/*Diekmann* Anhang zu § 3 Abs. 3 (Nr. 9) Rn. 7.

262 *Köhler*/Bornkamm/Feddersen Anh. zu § 3 UWG Rn. 9.6; a. A. LG Hamburg, 09.03.2011, 315 O 489/10, juris Rn. 70; 04.03.2013, 408 HKO 185/12, juris Rn. 22 ff; FBO/*Obergfell* Anhang UWG Nr. 9 Rn. 17.

263 HansOLG Hamburg, 13.06.2013, 3 U 31/10, Rn. 158 ff.

264 LG Hamburg, 02.10.2014, 327 O 251/14, GRUR-RR 2015, 72.

265 A. A. OLG Köln, 28.07.2017, 6 U 193/16, juris Rn. 14 ff.

266 FBO/Obergfell Anh. UWG Nr. 10 Rn. 10; MünchKomm/Alexander UWG § 3 Abs. 3 Nr. 10 Rn. 5.

Verbot ausgestaltete Irreführung über Verbraucherrechte. Es kommt deshalb nicht darauf an, ob im Einzelfall tatsächlich eine geschäftlich relevante Fehlvorstellung des Verbrauchers hervorgerufen wird (vgl. Erwägungsgrund 17 Satz 3 UGP-RL).[267]

2. Verhältnis zu § 5 Abs. 1 UWG

Der Verbotstatbestand des Anh. (zu § 3 Abs. 3) Nr. 10 stellt eine **besondere** Ausprägung einer **Irreführung** über Rechte des Verbrauchers nach § 5 Abs. 1 Satz 1, Satz 2 Nr. 7 dar. Sofern gesetzliche Rechte des Verbrauchers als Besonderheit eines Angebots dargestellt werden, gewinnt § 5 Abs. 1 UWG neben der Spezialregelung des per-se-Verbots des Anh. (zu § 3 Abs. 3) Nr. 10 grds. keine Bedeutung. Der Verbotstatbestand des § 5 Abs. 1 Satz 1, Satz 2 Nr. 7 kann jedoch relevant werden, wenn es um eine Irreführung von Verbrauchern über vertraglich eingeräumte Rechte, etwa aufgrund eines Garantieversprechens, geht. **150**

3. Tatbestandsvoraussetzungen

a) Unwahre Angabe oder Erwecken eines unzutreffenden Eindrucks

Die geschäftliche Handlung muss in einer **unwahre**n, d.h. objektiv unzutreffenden **Angabe** oder dem **Erwecken eines unzutreffenden Eindrucks** über die Besonderheit der dem Verbraucher im Zusammenhang mit einem Angebot gewährten gesetzlichen Rechte bestehen. Eine unwahre Angabe kann nicht nur ausdrücklich, sondern auch konkludent erfolgen.[268] Es kommt nicht darauf an, dass sie bei den angesprochenen Verkehrskreisen tatsächlich eine Fehlvorstellung hervorruft.[269] Ebenso genügt es, dass der Unternehmer aufgrund einer anderen geschäftlichen Handlung beim Verbraucher einen unzutreffenden Eindruck über die Besonderheit der ihm gewährten Rechte erweckt. Die unwahre Angabe oder das Erwecken eines unzutreffenden Eindrucks muss im Zusammenhang mit dem Angebot von Waren oder Dienstleistungen stehen. Dafür genügen Angaben in der Werbung, in Verkaufsgesprächen im Vorfeld eines Vertragsschlusses oder auf der Produktverpackung, sofern sie in Verbindung mit konkreten Absatzbemühungen stehen.[270] **151**

b) Gesetzlich bestehende Rechte

Die Angabe oder der erweckte unzutreffende Eindruck muss sich auf **gesetzlich bestehende Rechte** beziehen. Zu gesetzlichen Rechten i.S. des Anh. (zu § 3 Abs. 3) Nr. 10 **152**

267 FBO/Obergfell Anh. UWG Nr. 10 Rn. 4; Harte/Henning/Dreyer Anh. zu § 3 Abs. 3 Nr. 10 Rn. 3; jurisPK-UWG/Diekmann Anh. zu § 3 Abs. 3 (Nr. 10) Rn. 3; MünchKomm/Alexander UWG § 3 Abs. 3 Nr. 10 Rn. 9.

268 FBO/Obergfell Anh. UWG Nr. 10 Rn. 21; GK/Lindacher § 3 (E) Anh. Nr. 10 Rn. 6; MünchKomm/Alexander UWG § 3 Abs. 3 Nr. 10 Rn. 17.

269 FBO/Obergfell Anh. UWG Nr. 10 Rn. 22; jurisPK-UWG/Diekmann Anh. zu § 3 Abs. 3 (Nr. 10) Rn. 3.

270 FBO/Obergfell Anh. UWG Nr. 10 Rn. 16; Harte/Henning/Dreyer Anh. zu § 3 Abs. 3 Nr. 10 Rn. 11; MünchKomm/Alexander UWG § 3 Abs. 3 Nr. 10 Rn. 25.

gehören gesetzliche Ansprüche (z.B. Gewährleistungsrechte), Gestaltungsrechte (z.B. Widerrufs-, Anfechtungs- oder Kündigungsrechte) und sonstige rechtliche Vorteile (z.B. Verjährung).[271] Die Rechte müssen Verbrauchern zustehen (vgl. Anh. I Nr. 10 UGP-RL), ohne dass Verbraucher die ausschließlichen Rechtsinhaber sein müssen.[272] Die Rechte können sich aus Gesetzen im formellen oder materiellen Sinn, aber auch aus Gewohnheitsrecht ergeben.[273] Dabei muss es sich nicht um zwingendes Recht, sondern kann es sich auch um abdingbare gesetzliche Bestimmungen handeln.[274] Nicht erfasst sind **vertraglich gewährte Rechte**, soweit sie sich nicht bereits aus dem Gesetz ergeben. Vertragliche Rechte liegen auch vor, soweit die eingeräumten Rechte (z.B. Rückgaberechte oder Garantieansprüche) weiter als die zugrunde liegenden gesetzlichen Regelungen reichen.[275] In einem solchen Fall kann allerdings der Anwendungsbereich des § 5 Abs. 1 Satz 1, Satz 2 Nr. 7 eröffnet sein.[276]

c) Besonderheit des Angebots

153 Der Unternehmer muss ein dem Verbraucher kraft Gesetzes zustehendes Recht als **Besonderheit seines Angebots** präsentieren. Er muss angeben oder den Eindruck erwecken, sein Angebot hebe sich von den Angeboten der Mitbewerber dadurch ab, dass dem Verbraucher ein – tatsächlich kraft Gesetzes bestehendes – Recht als solches oder in dem gewährten Umfang freiwillig eingeräumt werde.[277] Das kann sich aus einer blickfangmäßigen Herausstellung oder einer sonstigen hervorgehobenen Darstellung, aber auch aus anderen Umständen, z.B. aus der Formulierung, der Platzierung oder dem Kontext der Angabe, ergeben.[278] Durch den bloßen Hinweis auf die gesetzlichen Rechte des Verbrauchers werden die Rechte noch nicht als Besonderheit dargestellt.[279] Das gilt erst recht, wenn ausdrücklich klargestellt wird, dass dem Verbraucher die Rechte kraft Gesetzes zustehen.[280]

---

271 FBO/Obergfell Anh. UWG Nr. 10 Rn. 11; GK/Lindacher § 3 (E) Anh. Nr. 10 Rn. 5; MünchKomm/Alexander UWG § 3 Abs. 3 Nr. 10 Rn. 21.

272 Harte/Henning/Dreyer Anh. zu § 3 Abs. 3 Nr. 10 UWG Rn. 6; MünchKomm/Alexander UWG § 3 Abs. 3 Nr. 10 Rn. 23.

273 FBO/Obergfell Anh. UWG Nr. 10 Rn. 11; MünchKomm/Alexander UWG § 3 Abs. 3 Nr. 10 Rn. 20.

274 FBO/Obergfell Anh. UWG Nr. 10 Rn. 11; MünchKomm/Alexander UWG § 3 Abs. 3 Nr. 10 Rn. 22.

275 FBO/Obergfell Anh. UWG Nr. 10 Rn. 13; MünchKomm/Alexander UWG § 3 Abs. 3 Nr. 10 Rn. 22.

276 Harte/Henning/Dreyer Anh. zu § 3 Abs. 3 Nr. 10 Rn. 7; *Köhler*/Bornkamm/Feddersen Anh. zu § 3 Abs. 3 Rn. 10.3.

277 BGH, 19.03.2014, I ZR 185/12, GRUR 2014, 1007 Rn. 11 – *Geld-zurück-Garantie III.*

278 BGH, 19.03.2014, I ZR 185/12, GRUR 2014, 1007 Rn. 11 f., 14 – *Geld-zurück-Garantie III.*

279 OLG Köln, 01.02.2013, 6 W 21/13, WRP 2013, 662 Rn. 3; Harte/Henning/Dreyer Anh. zu *§ 3 Abs. 3 Nr. 10 Rn. 10*; *Köhler*/Bornkamm/Feddersen Anh. zu § 3 Abs. 3 Rn. 10.5; Ohly/*Sosnitza* Anh. zu § 3 Abs. 3 UWG Rn. 30.

280 BGH, 19.03.2014, I ZR 185/12, GRUR 2014, 1007 Rn. 15 – *Geld-zurück-Garantie III.*

XI. Nr. 11 Als Information getarnte Werbung

Wolfgang Büscher

Unzulässige geschäftliche Handlungen im Sinne des § 3 Absatz 3 sind 154

11. der vom Unternehmer finanzierte Einsatz redaktioneller Inhalte zu Zwecken der Verkaufsförderung, ohne dass sich dieser Zusammenhang aus dem Inhalt oder aus der Art der optischen oder akustischen Darstellung eindeutig ergibt (als Information getarnte Werbung).

UGP-RL Anhang I zu Art. 5 (5) Nr. 11

11. Es werden redaktionelle Inhalte in Medien zu Zwecken der Verkaufsförderung eingesetzt und der Gewerbetreibende hat diese Verkaufsförderung bezahlt, ohne dass dies aus dem Inhalt oder aus für den Verbraucher klar erkennbaren Bildern und Tönen eindeutig hervorgehen würde (als Information getarnte Werbung). Die Richtlinie 89/552/EWG[281] bleibt davon unberührt.

Durch Nr. 11 des Anhangs zu § 3 Abs. 3 hat der deutsche Gesetzgeber **Nr. 11 des Anhangs I der UGP-RL** umgesetzt. Dies ist nicht wörtlich geschehen. Inhaltlich weicht die deutsche Bestimmung nicht von der Richtlinie ab. 155

Der **Normzweck** besteht im Schutz des Verbrauchers vor einer Irreführung, die durch Tarnung der Werbung als redaktionellen Inhalt eintritt. Der Verbraucher soll in seinem Vertrauen geschützt werden, dass redaktionelle Inhalte und Werbung als solche zu erkennen sind. Erfahrungsgemäß steht das Publikum häufig Werbemaßnahmen, die als redaktionelle Inhalte getarnt sind, unkritischer gegenüber als einer als solche zu erkennenden Wirtschaftswerbung.[282] Dem Verbraucher wird durch getarnte Werbung die Möglichkeit genommen, sich auf den kommerziellen Charakter der Mitteilung einzustellen.[283] Dadurch besteht die Gefahr, dass der Verbraucher die Bedeutung und den sachlichen Gehalt der Angaben falsch einschätzt und keine informierte Entscheidung trifft.[284] Nr. 11 regelt einen Sonderfall der Irreführung über den kommerziellen Charakter einer geschäftlichen Handlung nach § 5a Abs. 6, und zwar die als unabhängige Information getarnte Werbung.[285] Schutzzweck von Nr. 11 ist – anders als die einschlägigen Bestimmungen in den Landespressegesetzen über die Trennung von Wer- 156

---

281 Richtlinie 89/552/EWG des Rates vom 3. Oktober 1989 zur Koordinierung bestimmter Rechts- und Verwaltungsvorschriften der Mitgliedstaaten über die Ausübung der Fernsehtätigkeit (ABl. L 298 vom 17.10.1989, S. 23). Geändert durch die Richtlinie 97/36/EG des Europäischen Parlaments und des Rates (ABl. L 202 vom 30.07.1997, S. 60).

282 BGH, 01.07.2010, I ZR 161/09, GRUR 2011, 163 Rn. 13 – *Flappe*; BGH, 19.07.2012, I ZR 2/11, GRUR 2012, 1056 Rn. 10 – *GOOD NEWS*; BGH, 31.10.2012, I ZR 205/11, GRUR 2013, 644 Rn. 16 – *Preisrätselgewinnauslobung V*; BGH, 06.02.2014, I ZR 2/11, GRUR 2014, 879 Rn. 16 – *GOOD NEWS II*.

283 Begründung des Regierungsentwurfs eines Ersten Gesetzes zur Änderung des Gesetzes gegen den unlauteren Wettbewerb, BT. Drucks. 16/10145 S. 32.

284 Begründung des Regierungsentwurfs eines Ersten Gesetzes zur Änderung des Gesetzes gegen den unlauteren Wettbewerb, BT. Drucks. 16/10145 S. 32.

285 MünchKomm/*Alexander* UWG Anhang § 3 Abs. 3 Nr. 11 Rn. 5.

bung und redaktionellem Teil einer Zeitung[286] – nicht die Erhaltung der Objektivität und Neutralität der Presse.[287]

157 Der Unionsgesetzgeber hat in dieser Irreführung einen derart schweren Verstoß des Unternehmers gesehen, dass er den Tatbestand als per se-Verbot geregelt hat. Ob die Gefahr einer Irreführung von Verbrauchern im Einzelfall besteht, ist unerheblich. Nr. 11 setzt – wie alle Tatbestände der schwarzen Liste – eine an einen Verbraucher gerichtete **geschäftliche Handlung** im Sinne des § 2 Abs. 1 Nr. 1 UWG voraus (Rdn. 10). Eine gesonderte Prüfung der **Verhältnismäßigkeit** erfolgt nicht (Rdn. 19) und das **Relevanzkriterium** spielt keine Rolle (Rdn. 20). Die Bestimmung ist lex specialis zu § 5 Abs. 6.

158 Es müssen **redaktionelle Inhalte eingesetzt** werden. Ein redaktioneller Inhalt ist anzunehmen, wenn der Beitrag seiner Gestaltung nach als objektive neutrale Berichterstattung durch ein Medienunternehmen selbst erscheint.[288] Für einen redaktionellen Inhalt muss ein Printmedium oder ein elektronisches Medium bestehen (Presse, Funk, Fernsehen, Film, Internet; audiovisuelle Mediendienste), für das Informationen von allgemeinem Interesse durch eine neutrale Redaktion zur Berichterstattung aufbereitet und dort verbreitet werden, um zur Meinungsbildung beizutragen.

159 Von einem Einsatz redaktioneller Inhalte i. S. von Nr. 11 ist auszugehen, wenn der Beitrag den Eindruck hervorruft, er sei nach diesen Kriterien gefertigt worden. Ob dies tatsächlich der Fall ist, ist für das Tatbestandsmerkmal »Einsatz redaktioneller Inhalte« bedeutungslos.[289] Ein Einsatz redaktioneller Inhalte liegt deshalb vor, wenn das werbende Unternehmen den Beitrag fertigt und durch die Gestaltung der Veröffentlichung beim durchschnittlich informierten, situationsadäquat aufmerksamen und verständigen Verbraucher der Eindruck einer unabhängigen Berichterstattung hervorgerufen wird.[290] Das kann auch bei der Berichterstattung in einem Anzeigenblatt der Fall sein.[291] Bewertungsportale, die einen Überblick über die Preise und Eigenschaften von Produkten bieten, und Meinungsforen im Internet, in denen sich Beiträge von Nutzern finden, verfügen im Regelfall über keine redaktionellen Inhalte. Bezahlt ein Unternehmen für positive Kundenbewertungen und wirbt es mit den Ergebnissen, ohne auf die finanziellen Leistungen hinzuweisen, kann das allgemeine Irreführungsverbot nach §§ 5 Abs. 1

---

286 BGH, 06.02.2014, I ZR 2/11, GRUR 2014, 879 Rn. 16 – *GOOD NEWS II*.

287 BGH, 19.07.2012, I ZR 2/11, GRUR 2012, 1056 Rn. 13f – *GOOD NEWS*.

288 BGH, 06.02.2014, I ZR 2/11, GRUR 2014, 879 Rn. 24 – *GOOD NEWS II*; OLG Düsseldorf, 28.05.2009, 20 W 46/09, WRP 2009, 1155; HansOLG Hamburg, 28.06.2010, 5 W 80/10, WRP 2010, 1183; HansOLG Hamburg, 19.06.2012, 5 W 58/12, WRP 2012, 1287 Rn. 5.

289 Harte/Henning/*Frank* Anhang zu § 3 Abs. 3 Nr. 11 Rn. 21; *Köhler*/Bornkamm/Feddersen Anh. zu § 3 UWG Rn. 11.2; *Ahrens/Richter*, WRP 2011, 814, 816.

290 BGH, 06.02.2014, I ZR 2/11, GRUR 2014, 879 Rn. 24 – *GOOD NEWS II*; HansOLG Hamburg WRP 2012, 1287 Rn. 5.

291 OLG Hamm, 27.09.2011, 4 U 102/11, juris Rn. 39 mit einem allerdings großzügigeren Maßstab beim Hinweis auf den Anzeigencharakter; HansOLG Hamburg, 13.06.2013, 3 U 15/12, AfP 2014, 336, 337.

Satz 2 Nr. 1, 5a Abs. 1 verletzt sein.[292] Es fehlt normalerweise eine Berichterstattung, die die Anforderungen an Objektivität und Neutralität journalistischer Leistung erfüllt.[293] Gleiches gilt für die Ausführungen sog. »Influencer« zu Produkten in sozialen Medien. Werbung und »product placement« in Spielfilmen und Unterhaltungsshows sowie in Rätselheften unterfällt nicht Nr. 11. In diesen Formaten finden sich keine redaktionellen Inhalte.[294]

Versucht ein Unternehmen, Kunden mit einem Versprechen zu gewinnen, dessen **160** Umsetzung gegen Nr. 11 verstößt, kann dies bereits den Tatbestand der Nr. 11 unter dem Gesichtspunkt der Erstbegehungsgefahr oder der Generalklausel gem. § 3 Abs. 1 erfüllen.[295]

Der Einsatz der redaktionellen Inhalte muss durch den Unternehmer **finanziert** sein. **161** Der Unternehmer muss eine Gegenleistung für den Beitrag mit redaktionellem Inhalt erbringen. Das kann eine Geldleistung oder ein entgeltlicher Auftrag oder ein anderer geldwerter Vorteil sein (der für den Beitrag Verantwortliche erhält etwa das Produkt, über das er berichtet, geschenkt oder zur längeren oder dauerhaften kostenlosen Nutzung). Die Ankündigung eines finanziellen Vorteils genügt.[296] Es muss sich um einen finanziellen Beitrag für den redaktionellen Inhalt handeln. Die Erteilung von Anzeigenaufträgen in der Erwartung einer für den Unternehmer günstigen redaktionellen Berichterstattung genügt nicht. Die Gegenleistung muss an den Inhaber des Medienunternehmens oder den für den konkreten Beitrag und seine Veröffentlichung Verantwortlichen erbracht werden. Eine mittelbare Leistung, etwa eine Zahlung an einen Dritten, genügt, wenn sie zur Verkürzung des Zahlungswegs erfolgt oder aus anderen Gründen dem für die Veröffentlichung des redaktionellen Inhalts Verantwortlichen zugutekommt. Lässt sich ein Informant eines Medienunternehmens von einem Dritten bezahlen, liegt keine Finanzierung des redaktionellen Inhalts vor.[297] Der erforderliche Nachweis der Finanzierung ist in der Praxis häufig schwierig zu führen. Möglich ist es, dass sich der Nachweis anhand von Indizien aufgrund der Gesamtumstände ergibt.[298] Die Anforderungen an den Nachweis dürfen im Hinblick auf die grundgesetzlich geschützte Meinungs- und Pressefreiheit allerdings nicht übermäßig herabgesetzt werden.

Die in den redaktionellen Inhalt eingebetteten Angaben oder Maßnahmen müssen **162** **der Verkaufsförderung dienen.** Sie müssen dazu eingesetzt werden, den Absatz der

---

292 OLG Hamm, 23.11.2010, 4 U 136/10, WRP 2011, 501, 505.

293 GK/*Peifer* § 3 (E) Anh. Nr. 11 Rn. 14; *Ahrens/Richter*, WRP 2011, 814, 816; *Heermann*, WRP 2014, 509 Rn. 2.

294 GK/*Peifer* § 3 (E) Anh. Nr. 11 Rn. 13.

295 OLG Frankfurt, 03.12.2012, 6 U 230/12, juris; LG Darmstadt, 18.09.2012, 14 O 250/12, juris.

296 HansOLG Hamburg, 28.06.2010, 5 W 80/10, WRP 2010, 1183, 1184; MünchKomm/*Alexander* UWG Anhang § 3 Abs. 3 Nr. 11 Rn. 30.

297 *Ahrens/Richter*, WRP 2011, 814, 816.

298 HansOLG Hamburg, 28.06.2010, 5 W 80/10, WRP 2010, 1183, 1184; OLG Düsseldorf, 10.05.2011, 20 U 121/10, WRP 2011, 1085, 1087.

Waren oder Dienstleistungen zu fördern. Alle Maßnahmen, die unmittelbar oder mittelbar der Absatzförderung dienen einschließlich Aufmerksamkeitswerbung und Produktplatzierung, reichen aus.[299] Die Berichterstattung muss das beworbene Produkt nicht bezeichnen.[300] Auch der Unternehmer muss nicht benannt werden.[301] Es reicht aus, dass die Angabe oder Maßnahme sich absatzfördernd auswirkt. Die objektive Eignung genügt. Eine Absicht des Unternehmers braucht nicht gesondert festgestellt zu werden.[302]

163 Die Werbung im redaktionellen Teil und deren Finanzierung durch den Unternehmer werden erst nach Nr. 11 unzulässig, wenn sich **dieser Zusammenhang nicht aus dem Inhalt oder aus der Art der optischen oder akustischen Darstellung eindeutig ergibt.** Der Verbotstatbestand setzt deshalb voraus, dass es an einer eindeutigen Erkennbarkeit des Zusammenhangs fehlt. Eindeutige Erkennbarkeit setzt eine klare, zweifelsfreie Aussage in gut wahrnehmbarer Form voraus, die keine analysierende Betrachtung erfordert. Ob Hinweise in diesem Zusammenhang ausreichen, ist aus der Sicht eines durchschnittlich informierten, situationsadäquat aufmerksamen und verständigen Verbrauchers zu beurteilen. Vage oder versteckte Angaben genügen nicht. Bei einer Schlussfolgerung des werbefinanzierten Charakters des redaktionellen Inhalts aus den Gesamtumständen ist Zurückhaltung geboten;[303] häufig fehlt in einem solchen Fall die Eindeutigkeit.

164 Der Werbecharakter muss **unzweifelhaft dargestellt** werden. Die Angabe »Anzeige« oder »Werbung« genügt, wenn sie dem Beitrag klar zugeordnet und deutlich erkennbar ist.[304] Wird der Zusammenhang durch graphische Maßnahmen verschleiert, liegt kein eindeutiger Hinweis vor.[305] Begriffe wie »Werbebeitrag-Interview«,[306] »powered«, »Promotion«[307] oder »sponsored by«,[308] »Sponsoring« sind inhaltlich nicht eindeutig. Dasselbe gilt für die Einzeldarstellungen von Ärzten, die unter der Überschrift »Ärzte/

---

299 BGH, 01.07.2010, I ZR 161/09, GRUR 2011, 163 Rn. 18 – *Flappe*.

300 *Köhler*/Bornkamm/Feddersen Anh. zu § 3 UWG Rn. 11.3; GK/*Peifer* § 3 (E) Anh. Nr. 11 Rn. 16; MünchKomm/*Alexander* UWG Anhang § 3 Abs. 3 Nr. 11 Rn. 27; a. A. Harte/Henning/*Frank* Anhang zu § 3 Abs. 3 Nr.11 Rn. 22; offengelassen BGH, 01.07.2010, I ZR 161/09, GRUR 2011, 163 Rn. 20 – *Flappe*.

301 A. A. GK/*Peifer* § 3 (E) Anh. Nr. 11 Rn. 16.

302 MünchKomm/*Alexander* UWG Anhang § 3 Abs. 3 Nr. 11 Rn. 28; GK/*Peifer* § 3 (E) Anh. Nr. 11 Rn. 17; Harte/Henning/*Frank* Anhang zu § 3 Abs. 3 Nr.11 Rn. 27.

303 HansOLG Hamburg, 13.06.2013, 3 U 15/12, AfP 2014, 336, 337; zu einem Fall, in dem die Gesamtumstände ausreichten: OLG München, 27.03.2014, 6 U 3183/13, WRP 2014, 1074.

304 HansOLG Hamburg, 28.06.2010, 5 W 80/10, WRP 2010, 1183, 1184; OLG Köln, 18.03.2011, 6 U 168/10, juris Rn. 13; OLG Schleswig, 29.12.2011, 6 U 30/11, juris Rn. 18; HansOLG Hamburg, 19.06.2012, 5 W 58/12, WRP 2012, 1286, 1288; OLG Köln, 09.08.2013, 6 U 3/13, GRUR-RR 2014, 62, 65.

305 OLG München, 17.09.2009, 29 U 3337/09, WRP 2010, 161, 162; HansOLG Hamburg, 16.11.2011, 5 U 58/11, WRP 2012, 476, 478.

306 LG Berlin, 10.03.2015, 15 O 23/15, juris Rn. 18.

307 OLG Düsseldorf, 07.09.2010, 20 U 129/09, WRP 2011, 127, 129.

308 Zum landespresserechtlichen Trennungsgebot BGH, 06.02.2014, I ZR 2/11, GRUR 2014, 879 Rn. 30 – *GOOD NEWS II*.

Kliniken stellen sich vor« als »Spitzenmediziner« bezeichnet sind.[309] Aus der Nennung eines Unternehmens oder Produkts ergibt sich grundsätzlich kein eindeutiger Hinweis.[310] Die Abtrennung des Beitrags von einem redaktionellen Artikel durch einen Strich und eine kaum lesbare Überschrift (klein, schwach ausgeprägt und kontrastarm in weißer Schrift vor einem hellen Hintergrund) mit der Angabe »Anzeige« genügen nicht.[311] Für eine Internetberichterstattung mit redaktionellen Inhalten gelten keine grundsätzlich anderen Maßstäbe.[312] Medienspezifische Besonderheiten sind zu berücksichtigen.[313] Wird in einer redaktionellen Berichterstattung auf einer Internetseite ein Link zu einer Werbeseite gesetzt, muss deutlich werden, dass es sich nicht mehr um redaktionelle Inhalte, sondern Werbung handelt.[314]

Die Ansprüche wegen eines Verstoßes gegen § 3 Abs. 3 i. V. mit Nr. 11 des Anhangs **165** richten sich gegen den Unternehmer, der die als Information getarnte Werbung in Auftrag gibt und finanziert. Eine entsprechende **Verantwortlichkeit des inserierenden Unternehmers** folgt aus Nr. 11 Anhang I UGP-RL,[315] dessen Umsetzung die deutsche Vorschrift dient. Eine **Verantwortlichkeit des Medienunternehmers** nach Nr. 11 Anhang I UGP-RL der UGP-RL besteht dagegen nicht.[316] Dieser kann nach § 3 Abs. 3 i. V. mit Nr. 11 des Anhangs haften, weil der Begriff der geschäftlichen Handlung nach § 2 Abs. 1 Nr. 1 weiter reicht als derjenige der Geschäftspraktik i. S. von Art. 2 lit. d UGP-RL und geschäftliche Handlungen des Medienunternehmers zugunsten des inserierenden Unternehmens erfasst.[317] Zudem kommt eine Haftung nach § 3a UWG i. V. mit den einschlägigen Bestimmungen der **Landespressegesetze** über das Gebot der Trennung von redaktionellem Inhalt und Werbung in Betracht.[318]

Nr. 11 Satz 2 Anhang I UGP-RL wird die Richtlinie 89/552/EWG zur Koordinierung **166** bestimmter Rechts- und Verwaltungsvorschriften der Mitgliedstaaten über die Ausübung der Fernsehtätigkeit [**Fernsehrichtlinie**] von der Bestimmung nach Nr. 11 Satz 1 Anhang I UGP-RL ausgenommen. Die Richtlinie ist ersetzt worden durch die Richtlinie 2010/13/EU über die Bereitstellung audiovisueller Mediendienste (**Richtlinie über audiovisuelle Mediendienste**). Danach müssen die Mitgliedstaaten dafür sorgen, dass audiovisuelle kommerzielle Kommunikation leicht als solche zu erkennen und Schleichwerbung in der audiovisuellen kommerziellen Kommunikation verboten ist (Art. 9 (1) lit. a der Richtlinie). Audiovisuelle kommerzielle Kommunikation ist in Art. 1 (1) lit. h der Richtlinie definiert. Nach Art. 10 (1) lit. c müssen die Zuschauer

309 OLG Karlsruhe, 07.05.2012, 6 U 18/11, WRP 2012, 1131 Rn. 37.
310 OLG Düsseldorf, 13.04.2010, 20 U 251/08, juris Rn. 18.
311 OLG Düsseldorf, 28.05.2009, 20 W 46/09, WRP 2009, 1155.
312 OLG Köln, 09.08.2013, 6 U 3/13, GRUR-RR 2014, 62, 63.
313 OLG Köln, 09.08.2013, 6 U 3/13, GRUR-RR 2014, 62, 63.
314 LG München, 31.07.2015, 4 HKO 21172/14, WRP 2016, 132, 134.
315 EuGH, 17.10.2013, C-391/12, GRUR 2013, 1245 Rn. 44 – *RLvS [Good News]*
316 EuGH, 17.10.2013, C-391/12, GRUR 2013, 1245 Rn. 44, 48 – *RLvS [Good News]*
317 BGH, 06.02.2014, I ZR 2/11, GRUR 2014, 879 Rn. 13 und 14 – *GOOD NEWS II.*
318 BGH, 06.02.2014, I ZR 2/11, GRUR 2014, 879 Rn. 12 ff. – *GOOD NEWS II.*

eindeutig auf das Bestehen einer Sponsoring-Vereinbarung hingewiesen werden[319] und nach Art. 19 (1) Richtlinie 2010/13/EU müssen Fernsehwerbung und Teleshopping als solche leicht erkennbar und vom redaktionellen Inhalt unterscheidbar sein. Im deutschen Recht sind die Vorschriften durch § 7 Rundfunkstaatsvertrag umgesetzt. Der deutsche Gesetzgeber hat eine Nr. 11 Satz 2 Anhang I UGP-RL entsprechende Klarstellung für entbehrlich angesehen, weil es sich bei den Bestimmungen der Richtlinie über audiovisuelle Mediendienste und den deutschen Vorschriften hierzu, um speziellere Normen handeln soll, die den allgemeineren Vorschriften vorgehen.[320]

XII. Nr. 12 Täuschung über die Gefahr für die persönliche Sicherheit

167 **Unzulässige geschäftliche Handlungen im Sinne des § 3 Absatz 3 sind**

12. unwahre Angaben über Art und Ausmaß einer Gefahr für die persönliche Sicherheit des Verbrauchers oder seiner Familie für den Fall, dass er die angebotene Ware nicht erwirbt oder die angebotene Dienstleistung nicht in Anspruch nimmt.

UGP-RL Anhang I zu Art. 5 (5) Nr. 12

12. Aufstellen einer sachlich falschen Behauptung über die Art und das Ausmaß der Gefahr für die persönliche Sicherheit des Verbrauchers oder seiner Familie für den Fall, dass er das Produkt nicht kauft.

168 Durch Nr. 12 des Anhangs zu § 3 Abs. 3 wird **Nr. 12 des Anhangs I der UGP-RL** umgesetzt. Die Umsetzung ist nicht wörtlich erfolgt. Inhaltlich weicht die deutsche Bestimmung nicht von der Richtlinie ab.

169 Der **Normzweck** besteht im Schutz des Verbrauchers vor einer Irreführung über die Gefahren, die mit einem unterbliebenen Bezug des angebotenen Produkts für den Verbraucher oder seine Familie verbunden sind. Es handelt sich nicht um einen Tatbestand der aggressiven Geschäftspraktik, der § 4a Abs. 1 unterfallen kann. Der Verbraucher soll davor geschützt werden, auf der Grundlage unzutreffender Angaben eine nicht rationale Entscheidung zu treffen.

170 Der Unionsgesetzgeber hat in dieser Irreführung einen derart schweren Verstoß des Unternehmers gesehen, dass er den Tatbestand als per se-Verbot ausgestaltet hat. Ob die Gefahr einer Irreführung von Verbrauchern im Einzelfall besteht, ist unerheblich. Nr. 12 setzt – wie alle Tatbestände der schwarzen Liste – eine an einen Verbraucher gerichtete **geschäftliche Handlung** im Sinne des § 2 Abs. 1 Nr. 1 UWG voraus (Rdn. 10). Eine gesonderte Prüfung der **Verhältnismäßigkeit** erfolgt nicht (Rdn. 19) und das **Relevanzkriterium** spielt keine Rolle (Rdn. 20). Die Bestimmung ist lex specialis zu § 5 Abs. 1 Satz 2 Nr. 1.

---

319 *Hierzu EuGH, 17.10.2013, C-391/12,* GRUR 2013, 1245 Rn. 45 – *RLvS [Good News].*

320 Begründung des Regierungsentwurfs eines Ersten Gesetzes zur Änderung des Gesetzes gegen den unlauteren Wettbewerb, BT. Drucks. 16/10145 S. 32.

Eine **Angabe** setzt eine **ausdrückliche Erklärung** voraus. Das bloße **Hervorrufen des unzutreffenden Eindrucks** reicht hierzu nicht aus (streitig Rdn. 27). Eine konkludente Erklärung genügt nicht. Der Begriff der »Angabe« beziehungsweise »Behauptung« im Richtlinientext ist gleichbedeutend wie in Nr. 1 des Anhangs. Die Angabe muss **unwahr** sein. Wegen des per se-Verbots ohne Wertungsmöglichkeit im Einzelfall muss es sich um eine objektiv unrichtige Angabe handeln. Ist die Behauptung richtig und fasst sie das angesprochene Publikum nur falsch auf, liegt keine unwahre Angabe im Sinne von Nr. 12 vor. Da eine objektive Sichtweise geboten ist, entlastet den Unternehmer ein Irrtum nicht, ohne dass es auf eine Vermeidbarkeit ankommt. **171**

Unwahr ist die Angabe, wenn der Unternehmer Art **oder** Ausmaß der Gefahr für die persönliche Sicherheit des Verbrauchers oder seiner Familie unzutreffend wiedergibt oder wenn er die Gefahr zwar richtig darstellt, das angebotene Produkt zur Abwendung oder Verringerung der Gefahr aber ungeeignet ist. Die Vorschrift der UGP-RL und der sie umsetzenden deutschen Norm führen Art **und** Ausmaß der Gefahr kumulativ an. Nach Sinn und Zweck der Bestimmung, dem Verbraucher eine rationale Entscheidung zu ermöglichen, sind Art und Ausmaß in einem alternativen Sinn zu verstehen. Es reicht danach aus, dass die unwahre Angabe sich auf die Art der Gefahr oder ihr Ausmaß bezieht.[321] Es reicht allerdings nicht jede Übertreibung einer bestehenden Gefahr aus; vielmehr muss die Gefahr in einer deutlich übersteigerten Form dargestellt werden, für die keine Tatsachengrundlage besteht.[322] Die Gefahr braucht nicht nach naturwissenschaftlichen Maßstäben vorhanden zu sein. Es kann sich um eine vom Unternehmer frei erfundene Gefahr handeln. Dass der Durchschnittsverbraucher die Gefahr für real hält oder halten könnte, ist nicht erforderlich. **172**

Die Angabe muss sich auf eine bestimmte Gefahr (**Art der Gefahr**) oder die Wahrscheinlichkeit ihres Eintritts oder ihrer Auswirkungen (**Ausmaß der Gefahr**) beziehen. Sie muss auf die **persönliche Sicherheit** des Verbrauchers oder seiner Familie gerichtet sein. Persönliche Sicherheit bezeichnet die Rechtsgüter Leben, Körper, Freiheit und sexuelle Selbstbestimmung. Gefahren für die Gesundheit oder das Eigentum können ausreichen.[323] Vermögensgefahren genügen nicht. Die **Gefahr** kann von Straftaten, Naturkatastrophen oder -gewalten, Unfällen oder Krankheiten ausgehen.[324] Sie muss nicht als konkret bevorstehend beschrieben werden; eine abstrakte Gefahr kann ausreichen.[325] Der angesprochene Personenkreis umfasst den Verbraucher und seine Familie. Zur Familie rechnen Ehepartner und Partner, Kinder, Stiefkinder und deren Kinder, Eltern und Großeltern sowie im Haushalt lebende enge Verwandte und Schwiegereltern **173**

321 FBO/*Obergfell* Anhang UWG Nr. 12 Rn. 20; GK/*Lindacher* § 3 (E) Anh. Nr. 12 Rn. 6; MünchKomm/*Alexander* UWG Anhang § 3 Abs. 3 Nr. 12 Rn. 19.

322 FBO/*Obergfell* Anhang UWG Nr. 12 Rn. 23; MünchKomm/*Alexander* UWG Anhang § 3 Abs. 3 Nr. 12 Rn. 17.

323 BDS/*Koch* Anhang zu § 3 Abs. 3 UWG Rn. 75; MünchKomm/*Alexander* UWG Anhang § 3 Abs. 3 Nr. 12 Rn. 21; a. A. zu Gesundheit *Köhler*/Bornkamm/Feddersen Anh. zu § 3 UWG Rn. 12.4; jurisPK-UWG/*Seichter* Anhang zu § 3 Abs. 3 (Nr. 12) Rn. 3.

324 GK/*Lindacher* § 3 (E) Anh. Nr. 12 Rn. 7.

325 FBO/*Obergfell* Anhang UWG Nr. 12 Rn. 15.

und Schwiegerkinder. Für diese Personen bestehen regelmäßig ein Verantwortungsgefühl und ein Näheverhältnis, das die Einbeziehung in den durch Nr. 12 geschützten Kreis rechtfertigt.

174 Durch die unwahre Angabe muss eine **Verbindung zwischen der Gefahr und dem unterbliebenen Erwerb des Produkts** (Ware oder Dienstleistung) hergestellt werden. Der Zusammenhang zwischen Gefahr und Absehen vom Erwerb muss vom Unternehmer hergestellt werden. Dass erst der Verbraucher diesen Zusammenhang aufgrund von Warn- oder Sicherheitshinweisen des Unternehmers annimmt, reicht in Anbetracht des per se-Verbots nicht aus. Der Erwerb des Produkts muss als geeignet dargestellt werden, die Gefahr abzuwenden oder zu verringern. Die Abwendung der Folgen, die sich aus dem Eintritt der Gefahren ergeben, etwa durch eine Versicherung, zu deren Abschluss geraten wird, reicht nicht.[326]

175 Der Gläubiger ist darlegungs- und beweisbelastet für die Voraussetzungen des Tatbestands. Dazu rechnet auch die Unwahrheit der Angabe. Den Unternehmer trifft jedenfalls eine sekundäre Darlegungslast, weil die näheren Umstände zu den Gefahren und deren Abwendung Gegenstand seiner Angaben sind, die er nicht ungeprüft verwenden darf.[327] Im Hinblick auf die besondere Beeinträchtigung der Freiheit der Entscheidung des Verbrauchers durch das in Nr. 12 angeführte Verhalten des Unternehmers wird weitergehend von einer Umkehr der Beweislast zu Lasten des Unternehmers auszugehen sein. Dieser muss die Existenz der Gefahr und die Eignung zu deren Beseitigung oder Verringerung durch Erwerb des Produkts darlegen und beweisen, während der Gläubiger nur die Angaben des Unternehmers darlegen und beweisen muss. Eine solche Verteilung der Darlegungs- und Beweislast ist nach Art. 12 lit. a UGP-RL mit der Richtlinie vereinbar.[328]

XIII. Nr. 13 Herkunftstäuschung bei Produkten

176 **Unzulässige geschäftliche Handlungen im Sinne des § 3 Absatz 3 sind**

13. Werbung für eine Ware oder Dienstleistung, die der Ware oder Dienstleistung eines bestimmten Herstellers ähnlich ist, wenn dies in der Absicht geschieht, über die betriebliche Herkunft der beworbenen Ware oder Dienstleistung zu täuschen.

UGP-RL Anhang I zu Art. 5 (5) Nr. 13

13. Werbung für ein Produkt, das einem Produkt eines bestimmten Herstellers ähnlich ist, in einer Weise, die den Verbraucher absichtlich dazu verleitet, zu glauben, das Produkt sei von jenem Hersteller hergestellt worden, obwohl dies nicht der Fall ist.

177 Durch Nr. 13 des Anhangs zu § 3 Abs. 3 wird **Nr. 13 des Anhangs I der UGP-RL** umgesetzt. Die Umsetzung ist nicht wörtlich erfolgt. Inhaltlich sollte mit der deutschen

---

326 *Köhler*/Bornkamm/Feddersen Anh. zu § 3 UWG Rn. 12.5; GK/*Lindacher* § 3 (E) Anh. Nr. 12 *Rn. 9.*

327 GK/*Lindacher* § 3 (E) Anh. Nr. 12 Rn. 9.

328 MünchKomm/*Alexander* UWG Anhang § 3 Abs. 3 Nr. 12 Rn. 25.

Bestimmung keine Abweichung von der Richtlinie verbunden sein. Die Umsetzung des per se-Verbots durch die UWG-Novelle 2008 war allerdings wenig gelungen. Der deutsche Gesetzgeber hatte das Tatbestandsmerkmal der UGP-RL »..., das einem Produkt eines bestimmten Herstellers ähnlich ist, ...« durch die Formulierung »..., die der Ware oder Dienstleistung eines Mitbewerbers ähnlich ist, ...« umgesetzt. Der Begriff des Herstellers aus der Richtlinie entsprach allerdings nicht demjenigen des Mitbewerbers des UWG, der in § 2 Abs. 1 Nr. 3 definiert und enger ist, weil er ein konkretes Wettbewerbsverhältnis erfordert. Durch die UWG-Novelle 2015 ist dieses Defizit der Umsetzung beseitigt worden.

Der **Normzweck** besteht im Schutz des Verbrauchers vor einer irreführenden Werbung über die Herkunft eines Produkts (zum Begriff Rdn. 141) aus einem bestimmten Unternehmen. Subjekt des Schutzes ist ausschließlich der Verbraucher. Der Hersteller des Originalerzeugnisses ist nicht in den Schutz einbezogen; er wird nur reflexartig über den Verbraucherschutz begünstigt. Ob er aktivlegitimiert ist, hängt davon ab, ob er Mitbewerber i. S. von § 2 Abs. 1 Nr. 3, § 8 Abs. 3 Nr. 1 ist. Ist dies nicht der Fall, ist er nicht aktivlegitimiert und darauf angewiesen, dass sich einer der in § 8 Abs. 3 Nr. 1 bis 4 angeführten Gläubiger der Sache annimmt. Verbraucher, die durch die Bestimmung der Nr. 13 geschützt werden sollen, sind – wie bei allen Tatbeständen des Anhangs – nie anspruchsberechtigt. Nr. 13 ist auf den Schutz sonstiger Marktteilnehmer weder direkt noch analog anwendbar. Außerhalb des Anwendungsbereichs der Nr. 13 bleibt der Rückgriff auf § 4 Nr. 3 und 4, § 5 Abs. 1 Satz 1 und 2 Nr. 1 und Abs. 2 und § 6 Abs. 2 Nr. 3. **178**

Nr. 13 regelt einen besonders schweren Fall der Irreführung durch absichtliche Herkunftstäuschung, die die Ausgestaltung als per se-Verbot rechtfertigt. Ob die Gefahr einer Irreführung von Verbrauchern im Einzelfall besteht, ist unerheblich. Nr. 13 setzt – wie alle Tatbestände der schwarzen Liste – eine an einen Verbraucher gerichtete **geschäftliche Handlung** im Sinne des § 2 Abs. 1 Nr. 1 UWG voraus (Rdn. 10). Eine gesonderte Prüfung der **Verhältnismäßigkeit** erfolgt nicht (Rdn. 19) und das **Relevanzkriterium** spielt keine Rolle (Rdn. 20). Die Bestimmung ist lex specialis zu §§ 4 Nr. 3, 5 Abs. 1 Satz 2 Nr. 1 und Abs. 2. **179**

Mit »**Ware oder Dienstleistung eines bestimmten Herstellers**« ist ein Produkt (zum Begriff Rdn. 141) eines konkreten Herstellers bezeichnet. Es muss ein ausreichender Bezug zu einem bestimmten Hersteller und seinem Produkt gegeben sein.[329] Dieser braucht nicht Mitbewerber des werbenden Unternehmens zu sein. Es muss ein Originalprodukt vorliegen. Dazu reicht es aus, dass es im Ausland der Öffentlichkeit vorgestellt worden ist. Ob es schon vertrieben wird, ist nicht entscheidend. Erst recht braucht es nicht im Inland vertrieben zu werden.[330] Der Hersteller kann den Vertrieb des Originalprodukts wieder eingestellt haben. Das Produkt muss über keinen besonderen Ruf, keine Bekanntheit und keine bestimmte Qualität verfügen. Das Originalerzeugnis **180**

329 BGH, 27.03.2013, I ZR 100/11, GRUR 2013, 631 Rn. 78 – *AMARULA/Marulablu.*
330 BGH, 15.08.2013, I ZR 188/11, BGHZ 198, 159 Rn. 70 – *Hard Rock Café.*

muss keine Vorstellungen über die Herkunft aus einem Unternehmen hervorrufen und nicht wettbewerblich eigenartig sein.[331] Der Hersteller braucht nicht namentlich benannt zu werden. Er muss nur erkennbar sein.

181 Es muss für eine Ware oder Dienstleistung geworben werden, die dem Originalprodukt ähnlich ist und von einem anderen Unternehmen herrührt als das Originalprodukt. Von einem anderen Unternehmen stammt das Produkt nicht, wenn der Hersteller des Originalprodukts als Lizenzgeber einem Lizenznehmer die Herstellung eines ähnlichen Produkts gestattet hat[332] oder wenn die verschiedenen Hersteller zu einer Unternehmensgruppe gehören. In solchen Fallkonstellationen ist für die Anwendung des per se-Verbots, das keine Irreführung des Verbrauchers oder auch nur eine entsprechende Eignung voraussetzt, kein Raum. Hier ist vielmehr eine Wertung anhand der allgemeinen Irreführungsvorschriften erforderlich. Das Originalprodukt muss nicht älter als das Zweitprodukt sein. Ein Produkt kann dem Tatbestand nach Nr. 13 unterfallen, das schon länger auf dem Markt ist als das Originalprodukt.[333]

182 Nr. 13 setzt voraus, dass für das Zweitprodukt geworben wird. Zur Erläuterung des Begriffs der **Werbung** kann auf die Definition in Art. 2 lit. a Werbe-RL[334] abgestellt werden.[335] Er ist enger als der Begriff der geschäftlichen Handlung i. S. von § 2 Abs. 1 Nr. 1 und der Geschäftspraktik nach Art. 2 lit. d UGP-RL. Herstellung des Produkts, Vertragsschluss und geschäftliches Verhalten nach Vertragsschluss fallen nicht unter Werbung. Der Werbende braucht nicht Hersteller des Produkts zu sein.

183 **Ähnlich** sind Originalprodukt und Zweitprodukt, wenn sie in einem gewissen Umfang in der Aufmachung (Gestalt, Form) oder in den Verwendungsmöglichkeiten Gemeinsamkeiten aufweisen. Es muss keine Nachahmung i. S. von § 4 Nr. 3 gegeben sein.[336] Der Hersteller des Zweitprodukts muss zum Zeitpunkt des Markteintritts nicht bösgläubig gewesen sein.[337] Das Zweitprodukt muss sich nicht zu einer Substituierbarkeit eignen. Billigimitate können daher im Verhältnis zum Originalprodukt ähnlich sein.[338] Die Ähnlichkeit muss einen Grad erreichen, der den Verbraucher glauben lassen kann, Original- und Zweitprodukt stammten von einem Hersteller. Eine Ähnlichkeit i. S. von Nr. 13 ist bei Produktidentität gegeben; diese ist aber nicht zur Erfüllung des Tatbestandsmerkmals »ähnlich« erforderlich.[339] Die Produkte selbst braucht der ange-

---

331 *Köhler*/Bornkamm/Feddersen Anh. zu § 3 UWG Rn. 13.2.

332 A. A. jurisPK-UWG/*Ullmann* Anhang zu § 3 Abs. 3 (Nr. 13) Rn. 5; *Köhler*/Bornkamm/Feddersen Anh. zu § 3 UWG Rn. 13.6; FBO/*Obergfell* Anhang UWG Nr. 13 Rn. 26;.

333 BGH, 15.08.2013, I ZR 188/11, BGHZ 198, 159 Rn. 70 – *Hard Rock Café*.

334 Art. 2 lit. a der Richtlinie 2006/114/EG lautet:
Im Sinne dieser Richtlinie bedeutet.
a) »Werbung« jede Äußerung bei der Ausübung eines Handels, Gewerbes, Handwerks oder freien Berufs mit dem Ziel, den Absatz von Waren oder die Erbringung von Dienstleistungen, einschließlich unbeweglicher Sachen, Rechte und Verpflichtungen, zu fördern;

335 FBO/*Obergfell* Anhang UWG Nr. 13 Rn. 13.

336 JurisPK-UWG/*Ullmann* Anhang zu § 3 Abs. 3 (Nr. 13) Rn. 6.

337 *BGH, 15.08.2013, I ZR 188/11, BGHZ 198,* 159 Rn. 70 – *Hard Rock Café*.

338 FBO/*Obergfell* Anhang UWG Nr. 13 Rn. 19.

339 FBO/*Obergfell* Anhang UWG Nr. 13 Rn. 17.

sprochene Verkehr nicht zu verwechseln.[340] Kriterien, die bei der Prüfung der Produktähnlichkeit nach § 14 Abs. 2 Nr. 2 MarkenG maßgeblich sind (Art der Waren oder Dienstleistungen, stoffliche Übereinstimmungen, Gemeinsamkeiten beim Verwendungszweck, einheitliche Vertriebswege), können bei der Beurteilung der Ähnlichkeit i. S. von Nr. 13 unterstützend herangezogen werden. Die Prüfung der markenrechtlichen Produktähnlichkeit unterscheidet sich allerdings grundlegend von der Beurteilung der Ähnlichkeit i. S. von Nr. 13, weil die Beurteilung der markenrechtlichen Ähnlichkeit der Produkte im Hinblick auf das Vorliegen von Verwechslungsgefahr erfolgt und eine markenrechtliche Produktunähnlichkeit erst gegeben ist, wenn trotz Zeichenidentität und hoher Kennzeichnungskraft der Klagemarke die Produkte sich derart unterscheiden, dass keine Verwechslungsgefahr besteht. Nicht weiter bei der Beurteilung der Ähnlichkeit der Produkte i. S. der Nr. 13 führt die Heranziehung der Maßstäbe der Zeichenähnlichkeit und Verwechslungsgefahr bei Warenformmarken.[341] Auch diese markenrechtlichen Grundsätze unterscheiden sich wegen der besonderen markenrechtlichen Maßstäbe – etwa der Einbeziehung der Kennzeichnungskraft der Klagemarke – zu sehr von der Prüfung der Ähnlichkeit nach Nr. 13. Auf eine Ähnlichkeit von Kennzeichnungen kommt es nicht an. Die Ähnlichkeit verwandter Kennzeichen kann eine fehlende Produktähnlichkeit nicht ersetzen. Eine Ähnlichkeit durch Verwendung verwechselbarer Zeichen wird von Nr. 13 nicht erfasst.[342]

Der Werbende muss **in der Absicht handeln, über die betriebliche Herkunft der** 184
beworbenen Ware oder Dienstleistung zu täuschen. Nicht erforderlich ist, dass der Verbraucher tatsächlich einer Täuschung unterliegt, wie der deutsche Richtlinientext nahelegen könnte. Der Vergleich mit der englischen und französischen Sprachfassung der Richtlinie zeigt, dass der Verbraucher nicht getäuscht werden muss.[343] Die Absicht muss sich auf die Täuschung über die betriebliche Herkunft beziehen. Betriebliche Herkunft bezeichnet die Herkunft aus einem bestimmten Unternehmen. Auf die Betriebsstätte kommt es nicht an. Erweckt ein Lizenznehmer den Eindruck, das Produkt stamme vom Lizenzgeber, liegt eine Täuschung über die betriebliche Herkunft nicht vor (anders die allgemeine Meinung Rdn. 181). Ganz überwiegend wird allerdings eine Eignung zur Täuschung gefordert.[344] Das ist mit dem Charakter des per se-Verbots nicht zu vereinbaren.[345]

340 *Köhler*/Bornkamm/Feddersen Anh. zu § 3 UWG Rn. 13.3; Harte/Henning/*Dreyer* Anhang zu § 3 Abs. 3 Nr.13 Rn. 13; *Harte-Bavendamm*, FS Loschelder, 2010, 111, 116; a. A. jurisPK-UWG/*Ullmann* Anhang zu § 3 Abs. 3 (Nr. 13) Rn. 5.

341 A. A. jurisPK-UWG/*Ullmann* Anhang zu § 3 Abs. 3 (Nr. 13) Rn. 11 unter Hinweis auf Erwägungsgrund 14 der UGP-RL, der sich jedoch nicht zu Nr. 13 des Anhangs 1 verhält.

342 BGH, 27.03.2013, I ZR 100/11, GRUR 2013, 631 Rn. 77 – *AMARULA/Marulablu*.

343 *Köhler*/Bornkamm/Feddersen Anh. zu § 3 UWG Rn. 13.5.

344 *Köhler*/Bornkamm/Feddersen Anh. zu § 3 UWG Rn. 13.5; Harte/Henning/*Dreyer* Anhang zu § 3 Abs. 3 Nr.13 Rn. 16; weitergehend jurisPK-UWG/*Ullmann* Anhang zu § 3 Abs. 3 (Nr. 13) Rn. 13: Verbraucher muss irregeleitet sein.

345 Im Ergebnis ähnlich BDS/*Koch* Anhang zu § 3 Abs. 3 UWG Rn. 89, der die Täuschungsabsicht für den Regelfall verneint.

185 Nach verbreiteter Ansicht soll für die Absicht Eventualvorsatz ausreichen.[346] Danach soll es genügen, dass der Werbende eine Täuschung von Verbrauchern für möglich hält und billigend in Kauf nimmt. Diese Ansicht ist mit der gebotenen engen Auslegung im Hinblick auf das per se-Verbot und dem Wortlaut der Richtlinie (deutsch: absichtlich, englisch: deliberatly, französisch: délibérément) nicht zu vereinbaren. Erforderlich ist zumindest direkter Vorsatz des werbenden Unternehmers.[347] Dieser muss die Täuschung als sicher ansehen. Die Täuschung braucht nicht alleiniges Motiv der Werbung zu sein. Daraus folgt aber nicht umgekehrt, dass dolus eventualis reicht.

186 Die **Beweislast** für das Vorliegen der Tatbestandsmerkmale trifft den Gläubiger.[348] Das schließt das subjektive Tatbestandsmerkmal der Absicht ein. Auf das Vorliegen der Täuschungsabsicht kann aufgrund äußerer Umstände geschlossen werden. Dazu rechnen das Bestehen einer Nachahmung, der Grad der Übereinstimmung der Produkte, die zusätzliche Verwendung täuschender Kennzeichen und eine große Bekanntheit des Originalprodukts.

XIV. Nr. 14 Schneeball- und Pyramidensysteme

187 **Unzulässige geschäftliche Handlungen im Sinne des § 3 Absatz 3 sind**
14. die Einführung, der Betrieb oder die Förderung eines Systems zur Verkaufsförderung, bei dem vom Verbraucher ein finanzieller Beitrag für die Möglichkeit verlangt wird, allein oder hauptsächlich durch die Einführung weiterer Teilnehmer in das System eine Vergütung zu erlangen (Schneeball- oder Pyramidensystem).

UGP-RL Anhang I zu Art. 5 (5) Nr. 14
14. Einführung, Betrieb oder Förderung eines Schneeballsystems zur Verkaufsförderung, bei dem der Verbraucher die Möglichkeit vor Augen hat, eine Vergütung zu erzielen, die hauptsächlich durch die Einführung neuer Verbraucher in ein solches System und weniger durch den Verkauf oder Verbrauch von Produkten zu erzielen ist.

188 Durch Nr. 14 des Anhangs zu § 3 Abs. 3 wird **Nr. 14 des Anhangs I der UGP-RL** umgesetzt. Inhaltlich sollte mit der deutschen Bestimmung, durch die keine wörtliche Umsetzung erfolgte, keine Abweichung von der Richtlinie verbunden sein. Die ursprüngliche Fassung der UWG-Novelle 2008[349] hat der deutsche Gesetzgeber mit

---

346 BGH, 15.08.2013, I ZR 188/11, BGHZ 198, 159 Rn. 70 – *Hard Rock Café*; jurisPK-UWG/*Ullmann* Anhang zu § 3 Abs. 3 (Nr. 13) Rn. 15; *Köhler*/Bornkamm/Feddersen Anh. zu § 3 UWG Rn. 13.7; Harte/Henning/*Dreyer* Anhang zu § 3 Abs. 3 Nr.13 Rn. 19; *Harte-Bavendamm*, FS Loschelder, 2010, 111, 116.

347 GK/*Lindacher* § 3 (E) Anh. Nr. 13 Rn. 16; FBO/*Obergfell* Anhang UWG Nr. 13 Rn. 27; Ohly/*Sosnitza* Anhang zu § 3 Abs. 3 UWG Rn. 41.

348 GK/*Lindacher* § 3 (E) Anh. Nr. 13 Rn. 18.

349 Unzulässige geschäftliche Handlungen im Sinne des § 3 Absatz 3 sind.
Die Einführung, der Betrieb oder die Förderung eines Systems zur Verkaufsförderung, das den Eindruck vermittelt, allein oder hauptsächlich durch die Einführung weiterer Teilnehmer in das System könne eine Vergütung erlangt werden (Schneeball- oder Pyramidensystem).

Wirkung ab 10.12.2015 durch die UWG-Novelle 2015 geändert, um der Auslegung der Richtlinienbestimmung durch den EuGH im Urteil »4finance«[350] Rechnung zu tragen.[351] Die deutsche Bestimmung ist unionsrechtskonform anhand Nr. 14 des Anhangs I der UGP-RL auszulegen. Nr. 14 ist lex specialis zu § 5. Überschneidungen bestehen mit § 16 Abs. 2.[352] Der Straftatbestand ist neben Nr. 14 anwendbar und autonom auszulegen.[353] Soweit zivilrechtliche Ansprüche verfolgt werden, ist Nr. 14 lex specialis zu § 3a i. V. mit § 16 Abs. 2.

Der **Normzweck** besteht in dem Schutz des Verbrauchers vor einer Irreführung durch eine progressive Kundenwerbung. Das System besteht nur so lange, wie eine ständig wachsende Zahl von Mitgliedern Beiträge leistet, um die Mittelabflüsse zu kompensieren und bricht zwangsläufig zu einem bestimmten Zeitpunkt zusammen.[354] Durch dieses System werden die zuletzt hinzutretenden Mitglieder in besonderem Maße geschädigt. Regelmäßig droht am Ende des Systems ein Totalverlust der noch nicht zurückerlangten finanziellen Beiträge. **189**

Ob die Gefahr einer Irreführung von Verbrauchern im Einzelfall besteht, ist unerheblich. Nr. 14 setzt – wie alle Tatbestände der schwarzen Liste – eine an einen Verbraucher gerichtete **geschäftliche Handlung** im Sinne des § 2 Abs. 1 Nr. 1 UWG voraus (Rdn. 10). Eine gesonderte Prüfung der **Verhältnismäßigkeit** erfolgt nicht (Rdn. 19) und das **Relevanzkriterium** spielt keine Rolle (Rdn. 20). **190**

Nr. 14 ist eine verbraucherschützende Vorschrift.[355] Sonstige Marktteilnehmer fallen nicht in den Schutzbereich. Auf diese ist Nr. 14 weder direkt noch analog anwendbar. Die Verbrauchereigenschaft muss im Zeitpunkt der Teilnahme am System zur Verkaufsförderung bestehen. Ob sie mit dem Beitritt entfällt, ist im Hinblick auf den Zweck, Verbraucher vor einer Irreführung zu schützen, ohne Belang.[356] **191**

Das **System zur Verkaufsförderung** i. S. von Nr. 14 ist auf eine progressive Kundenwerbung angelegt. In der Richtlinie wird es als »Schneeballsystem zur Verkaufsförderung« bezeichnet. **Das System beruht auf folgenden Voraussetzungen:** Den Verbrauchern wird zugesagt, dass sie die Möglichkeit haben werden, einen wirtschaftlichen **192**

---

350 EuGH, 03.04.2014, C-515/12, GRUR 2014, 680 – *4finance.*

351 Begründung des Regierungsentwurfs eines Zweiten Gesetzes zur Änderung des Gesetzes gegen den unlauteren Wettbewerb, BT. Drucks. 18/4535 S. 17.

352 *A. Keller*, WRP 2017, 262 Rn. 24 ff.

353 FBO/*Obergfell* Anhang UWG Nr. 14 Rn. 11; *Brammsen/Apel*, GRUR Int. 2014, 1119, 1122; *A. Keller*, WRP 2017, 262 Rn. 64–71.

354 EuGH, 03.04.2014, C-515/12, GRUR 2014, 680 Rn. 20–22 – *4finance*; EuGH, 15.12.2016, C-667/15, GRUR 2017, 193 Rn. 26 – *Lucky 4 All.*

355 *A. Keller*, WRP 2017, 262 Rn. 36 und 40.

356 Harte/Henning/*Dreyer* Anhang zu § 3 Abs. 3 Nr.14 Rn. 9; *Köhler*/Bornkamm/Feddersen Anh. zu § 3 UWG Rn. 14.6; zu § 16 Abs. 2 UWG BGH, 24.02.2011, 5 StR 514/09, BGHSt 56, 174 Rn. 25: Maßgebender Zeitpunkt der Beurteilung der Verbrauchereigenschaft ist der Zeitpunkt, in welchem der Geworbene erstmals durch das Absatzkonzept des Veranstalters in der Weise angesprochen wird, dass die Werbung unmittelbar in die Abnahme des Produkts einmünden soll.

Vorteil zu erhalten.[357] Die Einhaltung der Zusage hängt von der Einführung weiterer Verbraucher in das System ab.[358] Der Großteil der Einkünfte, mit denen die den Verbrauchern zugesagte Vergütung finanziert werden kann, stammt nicht aus einer tatsächlichen wirtschaftlichen Tätigkeit.[359] Die Teilnehmer des Systems zur Verkaufsförderung leisten einen finanziellen Beitrag.[360] Danach werden den Teilnehmern des Systems, bei denen es sich um Verbraucher handelt, Vergütungen versprochen, deren Finanzierung überwiegend von den später von neuen Teilnehmern in das System gezahlten finanziellen Beiträgen abhängt.[361] Diese neu eintretenden Verbraucher werden von Verbrauchern gewonnen, die dem System schon beigetreten sind.

193 Erforderlich ist danach, dass die Teilnehmer einen **finanziellen Beitrag** leisten. Der Begriff ist eng zu verstehen. Es reicht nicht aus, dass die Teilnehmer dem Verkaufsförderungssystem einen wirtschaftlichen Vorteil zukommen lassen. Sie müssen Geld einzahlen.[362] Auf die Höhe kommt es nicht an; jeglicher finanzielle Betrag genügt.[363] Es gibt keine Mindesthöhe, die erreicht sein muss.[364] Es sind auch keine fortlaufenden finanziellen Beiträge erforderlich. Die Zahlung einer einmaligen Eintrittsgebühr genügt.

194 Der Unternehmer muss dem Teilnehmer zusagen, dass er die Möglichkeit haben wird, einen wirtschaftlichen Vorteil zu erhalten. Der wirtschaftliche Vorteil braucht nicht in einer Geldzahlung zu bestehen. Jeder geldwerte oder sonstige wirtschaftliche Vorteil reicht aus. Danach genügt die Einräumung einer höheren Gewinnchance bei einer Lotterie als wirtschaftlicher Vorteil.[365] Der wirtschaftliche Vorteil, der Gegenstand der Zusage ist, kann in einer einmaligen Zuwendung oder wiederholt gewährten Vorteilen bestehen.[366]

195 Der wirtschaftliche Vorteil, den Teilnehmer erhalten, die dem System bereits beigetreten sind, resultiert in der Hauptsache nicht aus einer wirtschaftlichen Tätigkeit, sondern stammt aus den finanziellen Beiträgen neu hinzutretender Teilnehmer. Es muss deshalb ein Zusammenhang zwischen den von den neuen Teilnehmern gezahlten Bei-

357 EuGH, 03.04.2014, C-515/12, GRUR 2014, 680 Rn. 20 – *4finance*; EuGH, 15.12.2016, C-667/15, GRUR 2017, 193 Rn. 19 – *Lucky 4 All*.

358 EuGH, 03.04.2014, C-515/12, GRUR 2014, 680 Rn. 20 – *4finance*; EuGH, 15.12.2016, C-667/15, GRUR 2017, 193 Rn. 19 – *Lucky 4 All*.

359 EuGH, 03.04.2014, C-515/12, GRUR 2014, 680 Rn. 20 – *4finance*; EuGH, 15.12.2016, C-667/15, GRUR 2017, 193 Rn. 19 – *Lucky 4 All*.

360 EuGH, 03.04.2014, C-515/12, GRUR 2014, 680 Rn. 23 – *4finance*; EuGH, 15.12.2016, C-667/15, GRUR 2017, 193 Rn. 27 – *Lucky 4 All*.

361 EuGH, 03.04.2014, C-515/12, GRUR 2014, 680 Rn. 28 – *4finance*; EuGH, 15.12.2016, C-667/15, GRUR 2017, 193 Rn. 29 – *Lucky 4 All*.

362 *Köhler*/Bornkamm/Feddersen Anh. zu § 3 UWG Rn. 14.12; a. A. BDS/*Koch* Anhang zu § 3 Abs. 3 UWG Rn. 94; MünchKomm/*Alexander* UWG Anhang § 3 Abs. 3 Nr. 14 Rn. 24; *Brammsen*/*Apel*, GRUR Int. 2014, 1119, 1122.

363 EuGH, 03.04.2014, C-515/12, GRUR 2014, 680 Rn. 26 – *4finance*.

364 EuGH, 03.04.2014, C-515/12, GRUR 2014, 680 Rn. 26 – *4finance*.

365 EuGH, 15.12.2016, C-667/15, GRUR 2017, 193 Rn. 20 – *Lucky 4 All*.

366 FBO/*Obergfell* Anhang UWG Nr. 14 Rn. 19.

trägen und den von den bereits vorhandenen Teilnehmern bezogenen Vergütungen bestehen.[367] Es muss kein unmittelbarer Zusammenhang vorliegen; ein mittelbarer Zusammenhang genügt.[368] Das System muss derart ausgelegt sein, dass die Einhaltung der Zusage, den Teilnehmern wirtschaftliche Vorteile zukommen zu lassen, hauptsächlich auf der Gewinnung weiterer Mitglieder beruht, die dem System beitreten und Geldzahlungen leisten. Die Richtlinie führt den Begriff »Schneeballsystem« an. Die deutsche Bestimmung enthält im Klammerzusatz für das System der Verkaufsförderung die Qualifizierung als »Schneeball- und Pyramidensystem«. Dass mit der deutschen Fassung der Richtlinie auch Pyramidensysteme angesprochen sein sollten, ergibt der Vergleich mit anderen Sprachfassungen.[369]

Schneeballsysteme sind Verkaufsförderungsmaßnahmen, bei denen der Veranstalter **196**
zunächst mit einem von ihm unmittelbar geworbenen Erstkunden und anschließend mit den durch Vermittlung des Erstkunden geworbenen weiteren Kunden Verträge schließt. **Pyramidensysteme** sind Verkaufsförderungsmaßnahmen, bei denen der unmittelbar vom Veranstalter geworbene Erstkunde selbst gleichlautende Verträge mit anderen Verbrauchern schließt.[370] Das System der progressiven Kundenwerbung und die Natur von Schneeball- und Pyramidensystemen sind darauf angelegt, dass die wirtschaftlichen Vorteile, die dem Teilnehmer zugesagt werden, seinen finanziellen Beitrag übertreffen. Da dieses Ergebnis – jedenfalls überwiegend – nicht auf einer wirtschaftlichen Tätigkeit der Teilnehmer beruht – etwa indem die Teilnehmer Waren oder Dienstleistungen absetzen -, lässt es sich nur durch Gewinnung immer neuer Verbraucher und deren finanzieller Beiträge erreichen, was die Beteiligung der bereits dem System angehörenden Teilnehmer an der Einführung neuer Verbraucher voraussetzt.[371] Nur dadurch entstehen die für derartige Systeme charakteristischen verschiedenen Ebenen von Teilnehmern, die die zunächst beigetretenen Verbraucher begünstigen und die später eintretenden Verbraucher benachteiligen, denen es nicht mehr gelingt, ebenfalls eine ausreichende Zahl neuer Verbraucher in das System einzuführen. Dass die später dem System beitretenden Teilnehmer durch die bereits dem System angehörenden Teilnehmer gewonnen werden sollen, macht neben der Bezeichnung als Schneeball- und Pyramidensystem der Wortlaut der Richtlinie (…bei dem der Verbraucher die Möglichkeit vor Augen hat, eine Vergütung zu erzielen, die hauptsächlich durch die Einführung neuer Verbraucher in ein solches System … zu erzielen ist) und der deutschen Vorschrift (…für die Möglichkeit verlangt wird, allein oder hauptsächlich durch die Einführung weiterer Teilnehmer in das System eine Vergütung zu erlangen…) hinreichend deutlich.

367 EuGH, 15.12.2016, C-667/15, GRUR 2017, 193 Rn. 28 – *Lucky 4 All.*
368 EuGH, 15.12.2016, C-667/15, GRUR 2017, 193 Rn. 30 – *Lucky 4 All.*
369 Begründung des Regierungsentwurfs eines Ersten Gesetzes zur Änderung des Gesetzes gegen den unlauteren Wettbewerb, BT. Drucks. 16/10145 S. 32.
370 Begründung des Regierungsentwurfs eines Ersten Gesetzes zur Änderung des Gesetzes gegen den unlauteren Wettbewerb, BT. Drucks. 16/10145 S. 32.
371 OLG Frankfurt, 12.05.2011, 6 U 29/11, GRUR-RR 2012, 77; OLG Frankfurt, 21.01.2016, 6 W 7/16, WRP 2016, 631.

197 Durch das per se-Verbot nach Nr. 14 werden die Einführung, der Betrieb und die Förderung erfasst. **Einführung** bedeutet In-Gang-Setzen und Organisation des Systems. Es erfolgt durch den Initiator. **Betrieb** bezeichnet die Ausführung des Systems. Betreiber sind Teilnehmer, die das System umsetzen. Hierzu gehört die Gewinnung neuer Mitglieder. **Förderung** bedeutet die Unterstützung des Systems durch außerhalb stehende, nicht dem System angehörende Dritte.

198 Die **Aktivlegitimation** hinsichtlich der Unterlassungs- und Folgeansprüche richtet sich nach den allgemeinen Grundsätzen (§ 8 Abs. 3, § 9). Dasselbe gilt für die **Passivlegitimation** und die Grundsätze von Täterschaft und Teilnahme. Erfüllt ein dem System beigetretenes Mitglied sämtliche Voraussetzungen des Tatbestands, haftet es neben dem Initiator. Ein Verbraucher, der weitere Verbraucher in das System einführt, kann als Gehilfe bei Vorliegen des doppelten Gehilfenvorsatzes verantwortlich sein.[372]

199 Die Bestimmung der Nr. 14 ist **kein Schutzgesetz i. S. des § 823 Abs. 2 BGB**.[373] Verbraucher können daher keine Unterlassungs- und Schadenersatzansprüche nach § 823 Abs. 2 BGB wegen eines Verstoßes gegen Nr. 14 geltend machen. Schutzgesetz i. S. von § 823 Abs. 2 BGB ist § 16 Abs. 2.[374] In Betracht kommen Unterlassungs- und Schadenersatzansprüche von Verbrauchern nach § 826 BGB.[375]

200 Nr.14 des Anhangs zu § 3 Abs. 3 ist **Verbotsgesetz** i. S. von § 134 BGB. Auch bei einem einseitigen Verbot kann sich aus dem Zweck des Verbots die Nichtigkeit ergeben. Es ist mit dem Zweck des Verbots nicht zu vereinbaren, die durch das Rechtsgeschäft getroffene rechtliche Regelung bestehen zu lassen. Verträge, die zur Teilnahme oder Durchführung des Schneeball- oder Pyramidensystems geschlossen worden sind, sind danach gem. § 134 BGB nichtig. Zudem verstoßen Schneeball- und Pyramidensysteme gegen die guten Sitten i. S. von § 138 Abs. 1 BGB.[376] Gezahlte finanzielle Beiträge kann der Verbraucher nach § 812 Abs. 1 Satz 1 Fall 1 BGB aus **Leistungskondiktion** zurückfordern. Die Rückforderung aus ungerechtfertigter Bereicherung ist im Regelfall nicht nach § 817 Satz 2 BGB ausgeschlossen.[377]

201 Die **Beweislast** richtet sich nach allgemeinen Grundsätzen. Der Gläubiger muss die Voraussetzungen des Tatbestands darlegen und beweisen.[378] Den Schuldner kann eine sekundäre Darlegungspflicht treffen.

---

372 A. A. BDS/*Koch* Anhang zu § 3 Abs. 3 UWG Rn. 98.

373 *Köhler*/Bornkamm/Feddersen Anh. zu § 3 UWG Rn. 14.18; a. A. MünchKomm/*Alexander* UWG Anhang § 3 Abs. 3 Nr. 14 Rn. 26; FBO/*Obergfell* Anhang UWG Nr. 14 Rn. 42.

374 Harte/Henning/*Dreyer* Anhang zu § 3 Abs. 3 Nr.14 Rn. 10; *Köhler*/Bornkamm/Feddersen Anh. zu § 3 UWG Rn. 14.18; MünchKomm/*Alexander* UWG Anhang § 3 Abs. 3 Nr. 14 Rn. 26; *ders.* WRP 2004, 407, 420; zu § 16 Abs. 1 BGH, 30.05.2008, 1 StR 166/07, BGHSt 52, 227 Rn. 87.

375 MünchKomm/*Alexander* UWG Anhang § 3 Abs. 3 Nr. 14 Rn. 26; FBO/*Obergfell* Anhang UWG Nr. 14 Rn. 42.

376 BGH, 22.04.1997, XI ZR 191/96, NJW 1997, 2314, 2315; BGH, 10.11.2005, III ZR 72/ *05, NJW 2006, 45 Rn.9.*

377 BGH, 13.03.2008, III ZR 282/07, NJW 2008, 1942 Rn. 7.

378 GK/*Lindacher* § 3 (E) Anh. Nr. 14 Rn. 15.

XV. Nr. 15 Geschäftsaufgabe oder -verlegung

Unzulässige geschäftliche Handlungen im Sinne des § 3 Absatz 3 sind 202
15. die unwahre Angabe, der Unternehmer werde demnächst sein Geschäft aufgeben oder seine Geschäftsräume verlegen.

UGP-RL Anhang I zu Art. 5 (5) Nr. 15
15. Behauptung, der Gewerbetreibende werde demnächst sein Geschäft aufgeben oder seine Geschäftsräume verlegen, obwohl er dies keineswegs beabsichtigt.

Durch Nr. 15 des Anhangs zu § 3 Abs. 3 wird **Nr. 15 des Anhangs I der UGP-RL** 203
umgesetzt. Inhaltlich entspricht die deutsche Bestimmung der Richtlinie.

Der **Normzweck** besteht im Schutz des Verbrauchers vor einer nicht informationsgelei- 204
teten Entscheidung, die dadurch veranlasst ist, dass der Verbraucher unrichtiger Weise davon ausgeht, der Unternehmer werde sein Geschäft aufgeben oder verlegen. Mit einer Geschäftsaufgabe oder -verlegung verbindet der Verbraucher die Erwartung, einen besonders günstigen Geschäftsabschluss tätigen zu können. Ziel des Tatbestands der Nr. 15 ist der Schutz des Verbrauchers vor Irreführung.[379]

Ob die Gefahr einer Irreführung von Verbrauchern im Einzelfall besteht, ist unerheb- 205
lich. Nr. 15 setzt – wie alle Tatbestände der schwarzen Liste – eine an einen Verbraucher gerichtete **geschäftliche Handlung** im Sinne des § 2 Abs. 1 Nr. 1 UWG voraus (Rdn. 10). Eine gesonderte Prüfung der **Verhältnismäßigkeit** erfolgt nicht (Rdn. 19) und das **Relevanzkriterium** spielt keine Rolle (Rdn. 20). Nr. 15 ist eine verbraucherschützende Vorschrift. Sonstige Marktteilnehmer fallen nicht in den Schutzbereich. Auf diese ist Nr. 15 weder direkt noch analog anwendbar.

Der Unternehmer muss behaupten, sein Geschäft aufzugeben oder seine Geschäfts- 206
räume zu verlegen. Eine **Angabe** setzt eine **ausdrückliche Erklärung** voraus. Das bloße **Hervorrufen des unzutreffenden Eindrucks** reicht hierzu nicht aus.[380] Eine konkludente Erklärung genügt nicht. Der Begriff der »Angabe« beziehungsweise »Behauptung« im Richtlinientext ist gleichbedeutend wie in Nr. 1 des Anhangs.

Die Angabe muss sich auf eine **Geschäftsaufgabe** oder eine **Verlegung der Geschäfts-** 207
räume beziehen. Geschäftsaufgabe ist die dauerhafte Einstellung des gesamten Geschäfts. Es muss sich um eine dauerhafte und nicht nur vorübergehende Schließung – etwa wegen Umbaus oder Sortiment- oder Inhaberwechsels ohne dauerhafte Schließung[381] – handeln. Die vollständige Schließung eines Betriebsstandorts (Filiale) genügt. Die Aufgabe einer Abteilung[382] oder eines Produkt- oder Sortimentbereichs

379 GK/*Lindacher* § 3 (E) Anh. Nr. 15 Rn. 3.
380 Streitig, näher Erläuterungen zu Nr. 1 des Anhangs Rdn. 27.
381 Differenzierend GK/*Lindacher* § 3 (E) Anh. Nr. 15 Rn. 9; FBO/*Obergfell* Anhang UWG Nr. 15 Rn. 10.
382 A. A. *Köhler*/Bornkamm/Feddersen Anh. zu § 3 UWG Rn. 15.2; FBO/*Obergfell* Anhang UWG Nr. 15 Rn. 11.

reicht nicht aus. Die Ankündigung eines Räumungsverkaufs oder einer allgemeinen Preisherabsetzung ohne Angabe einer Geschäftsaufgabe oder Verlegung der Geschäftsräume genügt nicht.[383] Eine Verlegung des Geschäfts ist gegeben, wenn der konkrete Standort aufgegeben und an einer anderen Stelle der Geschäftsbetrieb fortgesetzt wird. Auf die räumliche Entfernung zwischen dem aufgegebenen und dem neuen Standort kommt es nicht an. Auch hier genügt die Verlegung eines Betriebsstandorts (Filiale).

208 Der Unternehmer muss angeben, dass die Geschäftsaufgabe oder –verlegung **demnächst** erfolgt. Aus der Angabe des Unternehmers muss folgen, wann der Geschäftsbetrieb geschlossen wird. Diese Angabe muss so konkret sein, dass der Verbraucher den Endzeitpunkt abschätzen kann. Der Begriff »demnächst« muss nicht wörtlich benutzt werden. Allgemeine, nur vage Angaben – wie die Ankündigung »Geschäftsaufgabe, alles muss raus« – genügen nicht.[384] Derart auslegungsbedürftige Angaben sind mit einem per se-Verbot ohne Möglichkeit der Würdigung des Einzelfalls und dem Grundsatz der Rechtssicherheit nicht zu vereinbaren. Es muss ein baldiger Zeitpunkt für die Geschäftsaufgabe oder –verlegung angekündigt werden. Dazu ist ein enger zeitlicher Rahmen notwendig.[385] **Welcher Zeitraum noch demnächst ist**, ist nach den konkreten Umständen zu bestimmen. Ein Zeitraum von mehr als einem Monat ist im Regelfall nicht mehr demnächst i. S. von Nr. 15. Hält der Unternehmer seine Ankündigung einer Geschäftsaufgabe oder –verlegung, die nicht »demnächst« ist, aufrecht, kann durch Zeitablauf das Tatbestandsmerkmal »demnächst« erfüllt werden. Kündigt der Unternehmer etwa am 1. Februar des Jahres in seinem Geschäft oder Internetauftritt die Schließung des Geschäfts am 1. April jenes Jahres an, ist dies regelmäßig nicht »demnächst«. Bleibt die Ankündigung bestehen, wird das Tatbestandsmerkmal durch Zeitablauf zu einem bestimmten Zeitpunkt erfüllt.

209 Der Unternehmer muss die demnächst erfolgende Geschäftsaufgabe oder –verlegung ankündigen. **Sonderangebote**,[386] Preisherabsetzungen, besonders reißerische Werbemaßnahmen oder Werbeangaben, die auf eine Angebotsverknappung hindeuten, brauchen mit der Ankündigung nicht verbunden zu sein.

210 Die Angabe muss **unwahr** sein. Objektiv unwahr ist die Angabe, wenn das Geschäft nicht geschlossen wird oder die Geschäftsräume nicht verlegt werden. Die objektiv unrichtige Angabe reicht – anders als bei anderen Tatbeständen der schwarzen Liste – bei Nr. 15 nicht aus. Das folgt aus einer richtlinienkonformen Auslegung des Tatbestands. Der Wortlaut der Richtlinie (Behauptung,…, obwohl er dies keineswegs beabsichtigt.) verdeutlicht, dass ein subjektives Element auf Seiten des Unternehmers hinzu-

---

383 FBO/*Obergfell* Anhang UWG Nr. 15 Rn. 9.

384 Harte/Henning/*Weidert* Anhang zu § 3 Abs. 3 Nr.15 Rn. 17; a. A. *Köhler*/Bornkamm/Feddersen Anh. zu § 3 UWG Rn. 15.3; GK/*Lindacher* § 3 (E) Anh. Nr. 15 Rn. 15; FBO/*Obergfell* Anhang UWG Nr. 15 Rn. 16.

385 GK/Lindacher § 3 (E) Anh. Nr. 15 Rn. 14.

386 Begründung des Regierungsentwurfs eines Ersten Gesetzes zur Änderung des Gesetzes gegen den unlauteren Wettbewerb, BT. Drucks. 16/10145 S. 33.

kommen muss.[387] Der Unternehmer muss im Zeitpunkt, zu dem er die Behauptung aufstellt, nicht beabsichtigen das Geschäft zu schließen oder die Geschäftsräume zu verlegen. Dolus directus genügt. Dass der Unternehmer nur die Möglichkeit nicht ausschließt, von seiner Entscheidung aus besonderen Gründen wieder abzurücken – er verhandelt etwa noch mit dem Vermieter über eine bislang nicht erfolgte Verlängerung des Mietvertrags – reicht für eine Absicht nicht aus.

Die **Darlegungs- und Beweislast** für das Vorliegen der Tatbestandsmerkmale trägt nach allgemeinen Grundsätzen der Gläubiger. Auf die subjektive Seite des Tatbestands kann aufgrund von Indizien geschlossen werden. Den Unternehmer trifft eine **sekundäre Darlegungslast**, wenn er entgegen der Ankündigung das Geschäft nicht aufgibt oder die Geschäftsräume nicht verlegt und der Gläubiger keine Kenntnisse über die unternehmensinternen Gründe hat.[388] Er muss plausible Gründe für die Fortsetzung der Geschäftstätigkeit entgegen der Ankündigung darlegen. Eine Umkehr der Beweislast ist mit einer objektiv unrichtigen Angabe nicht verbunden.[389] Diese weitgehende Reaktion ist bei dem Tatbestand der Nr. 15 mit der Rechtsnatur als per se-Verbot nicht zu vereinbaren. **211**

XVI. Nr. 16 Erhöhung der Gewinnchancen bei Glücksspielen

Unzulässige geschäftliche Handlungen im Sinne des § 3 Absatz 3 sind **212**
16. die Angabe, durch eine bestimmte Ware oder Dienstleistung ließen sich die Gewinnchancen bei einem Glücksspiel erhöhen.

UGP-RL Anhang I zu Art. 5 (5) Nr. 16
16. Behauptung, Produkte könnten die Gewinnchancen bei Glücksspielen erhöhen.

Durch Nr. 16 des Anhangs zu § 3 Abs. 3 wird **Nr. 16 des Anhangs I der UGP-RL** umgesetzt. Inhaltlich entspricht die nahezu wörtlich umgesetzte deutsche Bestimmung der Richtlinie. Die Bestimmung ist in Anbetracht des Erwägungsgrunds 9 Satz 2 UGP-RL ein Fremdkörper innerhalb des Anhangs I.[390] **213**

Der **Normzweck** besteht im Schutz des Verbrauchers vor einer Entscheidung, die auf unzutreffender Tatsachengrundlage gebildet wird, weil der Verbraucher unrichtiger Weise davon ausgeht, er könne seine Gewinnchancen bei einem Glücksspiel erhöhen, indem er Produkte bezieht. Die Bestimmung dient ausschließlich dem Schutz vor einer Irreführung von Verbrauchern. Normzweck ist nicht die Eindämmung der Spiellust, die Bekämpfung aleatorischer Verkaufsförderungsmaßnahmen oder die Verhinderung **214**

---

387 OLG Köln, 18.09.2009, 6 U 79/09, GRUR-RR 2010, 250; GK/*Lindacher* § 3 (E) Anh. Nr. 15 Rn. 7; Harte/Henning/*Weidert* Anhang zu § 3 Abs. 3 Nr.15 Rn. 8.

388 GK/*Lindacher* § 3 (E) Anh. Nr. 15 Rn. 17.

389 A. A. FBO/*Obergfell* Anhang UWG Nr. 15 Rn. 22; nicht eindeutig *Köhler*/Bornkamm/Feddersen Anh. zu § 3 UWG Rn. 15.4 einerseits (Indiz) und *Köhler*, FS Bornkamm, 2014, 393, 400 andererseits (Beweiserleichterungen bis hin zur Umkehr der Beweislast).

390 FBO/*Hecker*/*Ruttig* Anhang UWG Nr. 16 Rn. 16.

eines übertriebenen Anlockeffekts. Es handelt sich um einen abstrakten Irreführungstatbestand. Ob die Gefahr einer Irreführung von Verbrauchern im Einzelfall besteht, ist unerheblich. Nr. 16 setzt – wie alle Tatbestände der schwarzen Liste – eine an einen Verbraucher gerichtete **geschäftliche Handlung** im Sinne des § 2 Abs. 1 Nr. 1 UWG voraus (Rdn. 10). Eine gesonderte Prüfung der **Verhältnismäßigkeit** erfolgt nicht (Rdn. 19) und das **Relevanzkriterium** spielt keine Rolle (Rdn. 20). Nr. 16 ist eine verbraucherschützende Vorschrift. Sonstige Marktteilnehmer fallen nicht in den Schutzbereich. Auf diese ist Nr. 16 weder direkt noch analog anwendbar.

215 Der Unternehmer muss die Behauptung aufstellen, Produkte könnten die Gewinnchancen bei Glücksspielen erhöhen. Eine **Angabe** setzt eine **ausdrückliche Erklärung** voraus. Das bloße **Hervorrufen des Eindrucks** reicht hierzu nicht aus (streitig Rdn. 27). Eine konkludente Erklärung genügt nicht. Der Begriff der »Angabe« beziehungsweise »Behauptung« im Richtlinientext ist gleichbedeutend wie in Nr. 1 des Anhangs.

216 **Die Angabe muss die Erklärung enthalten, durch das genannte Produkt könnten die Gewinnchancen verbessert werden.** Dazu ist weder erforderlich, dass die Verbesserung der Gewinnchancen als sicher dargestellt wird,[391] noch dass die Angabe unrichtig ist.[392] Der Unionsgesetzgeber hat die in Nr. 16 angeführte Behauptung generell als irreführend eingestuft, ohne den Wahrheitsbeweis zuzulassen. Das zeigt der Vergleich mit anderen Bestimmungen des Anhangs I der Richtlinie, die ausdrücklich auf die Unwahrheit der Angabe abstellen. Rechtfertigen lässt sich dies dadurch, dass eine ins Gewicht fallende Erhöhung der Gewinnchancen eines Glücksspiels, die nicht auf einen erhöhten finanziellen Einsatz, sondern auf der Verwendung von Produkten beruht, ausgeschlossen ist, wenn es sich nicht um Mittel zur Manipulation des Spiels handelt.[393]

217 **Der Begriff des Glücksspiels** ist in der UGP-RL nicht definiert. Er ist unionsrechtlich auszulegen. Aus Art. 2 lit. h der Dienstleistungsrichtlinie[394] und Art. 1 (5) der Richtlinie über den elektronischen Geschäftsverkehr[395] und den dort genannten Beispielen lässt sich der Schluss ziehen, dass ein »Glückspiel« voraussetzt, dass die Spielteilnahme

---

391 *Köhler*/Bornkamm/Feddersen Anh. zu § 3 UWG Rn. 16.3; FBO/*Hecker/Ruttig* Anhang UWG Nr. 16 Rn. 16; GK/*Obergfell* § 3 (E) Anh. Nr. 16 Rn. 7.

392 FBO/*Hecker/Ruttig* Anhang UWG Nr. 16 Rn. 28; jurisPK-UWG/*Seichter* Anhang zu § 3 Abs. 3 (Nr. 16) Rn. 2; BDS/*Koch* Anhang zu § 3 Abs. 3 UWG Rn. 107; *Köhler*, FS Bornkamm, 2014, 393, 399; a. A. Ohly/*Sosnitza* Anhang zu § 3 Abs. 3 UWG Rn. 45.

393 FBO/*Hecker/Ruttig* Anhang UWG Nr. 16 Rn. 29.

394 Richtlinie 2006/123/EG des Europäischen Parlaments und des Rates vom 12.12.2006 über die Dienstleistungen im Binnenmarkt.

395 Richtlinie 2000/31/EG des Europäischen Parlaments und des Rates vom 08.06.2000 über *bestimmte rechtliche Aspekte der Dienste* der Informationsgesellschaft, insbesondere des elektronischen Geschäftsverkehrs, im Binnenmarkt (»Richtlinie über den elektronischen Geschäftsverkehr«).

einen geldwerten Einsatz erfordert und der Gewinn vom Zufall abhängt.[396] Dazu rechnen Lotterien, Glücksspiele in Spielcasinos und an Automaten[397] sowie Sportwetten. Es muss sich um einen geldwerten Einsatz handeln. Die Hergabe persönlicher Daten reicht nicht. Gewinnspiele, Quiz und Preisausschreiben fallen nicht unter Nr. 16.[398]

Der Unternehmer muss behaupten, durch die Produkte könne die **Gewinnchance** **218**
erhöht werden. Das kann sich auf eine Verbesserung der Chance, einen Gewinn überhaupt zu erzielen, oder auf die Höhe des Gewinns beziehen. Die Verbesserung der Gewinnchance braucht nicht als sicher dargestellt zu werden. Die Darstellung, es trete eine Erhöhung der Gewinnchance durch das Produkt ein, genügt. Die Angabe braucht für einen Durchschnittsverbraucher nicht nachvollziehbar zu sein. Eine frei erfundene Möglichkeit zur Verbesserung der Gewinnchancen reicht (Angebot eines Talismans, Aufsuchen einer Wahrsagerin, eines Astrologen, Einsatz eines Computerprogramms zur Vorhersage der Lottozahlen).[399] Nicht von Nr. 16 erfasst werden Produkte, mit denen tatsächlich oder vorgeblich das Glücksspiel selbst manipuliert werden kann.[400] Der Verbraucher unternimmt einen Manipulationsversuch und ist nach Sinn und Zweck der Bestimmung von ihrem Anwendungsbereich ausgenommen. Unter Nr. 16 fällt kein Vergleich der Gewinnchancen verschiedener Glückspiele oder Produkte, mit denen sich die unterschiedlichen Gewinnchancen von Glückspielen errechnen lassen.[401] Nicht unter Nr. 16 fallen Abonnements oder Gewinnscheine zur mehrfachen Teilnahme an Gewinnspielen, weil hier keine Erhöhung der Gewinnchance durch Bezug des Produkts angekündigt wird, sondern die Erhöhung des Einsatzes erforderlich ist.

Die **Darlegungs- und Beweislast** für die Tatbestandsvoraussetzungen der Nr. 16 trägt **219**
der Gläubiger. Eine sekundäre Darlegungslast kann den Unternehmer treffen, wenn nur er über Informationen zur Funktionsweise des Spiels verfügt und diese für die Einordnung als Glücksspiel entscheidend sind.[402]

396 So im Ergebnis Begründung des Regierungsentwurfs eines Ersten Gesetzes zur Änderung des Gesetzes gegen den unlauteren Wettbewerb, BT. Drucks. 16/10145 S. 33; GK/*Obergfell* § 3 (E) Anh. Nr. 16 Rn. 9; Harte/Henning/*Bruhn* Anhang zu § 3 Abs. 3 Nr.16 Rn. 15; Ohly/*Sosnitza* Anhang zu § 3 Abs. 3 UWG Rn. 45; a. A. BDS/*Koch* Anhang zu § 3 Abs. 3 UWG Rn. 105 geldwerter Einsatz nicht erforderlich.

397 EuGH, 11.09.2003, C-6/01, GewArch 2004, 26 Rn. 46 – *Anomar.*

398 Begründung des Regierungsentwurfs eines Ersten Gesetzes zur Änderung des Gesetzes gegen den unlauteren Wettbewerb, BT. Drucks. 16/10145 S. 33.

399 Harte/Henning/*Bruhn* Anhang zu § 3 Abs. 3 Nr.16 Rn. 20, 21; FBO/*Hecker/Ruttig* Anhang UWG Nr. 16 Rn. 35.

400 *Köhler*/Bornkamm/Feddersen Anh. zu § 3 UWG Rn. 16.6; FBO/*Hecker/Ruttig* Anhang UWG Nr. 16 Rn. 36; Harte/Henning/*Bruhn* Anhang zu § 3 Abs. 3 Nr.16 Rn. 22; Ohly/*Sosnitza* Anhang zu § 3 Abs. 3 UWG Rn. 46; a. A. jurisPK-UWG/*Seichter* Anhang zu § 3 Abs. 3 (Nr. 16) Rn. 5.

401 JurisPK-UWG/*Seichter* Anhang zu § 3 Abs. 3 (Nr. 16) Rn. 6.

402 BDS/*Koch* Anhang zu § 3 Abs. 3 UWG Rn. 110.

XVII. Nr. 17 Gewinnbenachrichtigungen

220 **Unzulässige geschäftliche Handlungen im Sinne des § 3 Absatz 3 sind**
17. die unwahre Angabe oder das Erwecken des unzutreffenden Eindrucks, der Verbraucher habe bereits einen Preis gewonnen oder werde ihn gewinnen oder werde durch eine bestimmte Handlung einen Preis gewinnen oder einen sonstigen Vorteil erlangen, wenn es einen solchen Preis oder Vorteil tatsächlich nicht gibt, oder wenn jedenfalls die Möglichkeit, einen Preis oder sonstigen Vorteil zu erlangen, von der Zahlung eines Geldbetrags oder der Übernahme von Kosten abhängig gemacht wird.

UGP-RL Anhang I zu Art. 5 (5) Nr. 31
31. Erwecken des fälschlichen Eindrucks, der Verbraucher habe bereits einen Preis gewonnen, werde einen Preis gewinnen oder werde durch eine bestimmte Handlung einen Preis oder einen sonstigen Vorteil gewinnen, obwohl:
- **es in Wirklichkeit keinen Preis oder sonstigen Vorteil gibt,**
oder
- **die Möglichkeit des Verbrauchers, Handlungen in Bezug auf die Inanspruchnahme des Preises oder eines sonstigen Vorteils vorzunehmen, in Wirklichkeit von der Zahlung eines Betrags oder der Übernahme von Kosten durch den Verbraucher abhängig gemacht wird.**

221 Durch Nr. 17 des Anhangs zu § 3 Abs. 3 wird **Nr. 31 des Anhangs I der UGP-RL** umgesetzt. Inhaltlich entspricht die deutsche Bestimmung der Richtlinie trotz des abweichenden Wortlauts und der Einordnung unter den irreführenden geschäftlichen Handlungen und nicht, wie in der Richtlinie, den aggressiven Geschäftspraktiken.

222 Der **Normzweck** besteht im Schutz des Verbrauchers vor einer nicht informationsgeleiteten Entscheidung, die dadurch verursacht ist, dass der Verbraucher fälschlicherweise annimmt, er habe oder werde einen Preis gewinnen oder werde einen Preis oder einen anderen Vorteil durch eine bestimmte Handlung gewinnen. Der Verbraucher soll durch Nr. 17 nicht vor einer irreführenden Geschäftspraktik, sondern vor der Ausnutzung einer durch die Mitteilung eines Gewinns ausgelösten psychologischen Wirkung geschützt werden, die dazu führt, dass der Verbraucher keine rationale Entscheidung trifft.[403] Trotz der Einordnung des Tatbestands in der Richtlinie unter aggressive Geschäftspraktiken hat die Bestimmung auch Elemente einer irreführenden Geschäftspraktik.[404]

223 Ob die Gefahr einer Beeinflussung von Verbrauchern im Einzelfall besteht, ist unerheblich.[405] Nr. 17 setzt – wie alle Tatbestände der schwarzen Liste – eine an einen Verbraucher gerichtete **geschäftliche Handlung** im Sinne des § 2 Abs. 1 Nr. 1 UWG voraus (Rdn. 10). Eine gesonderte Prüfung der **Verhältnismäßigkeit** erfolgt nicht (Rdn. 19)

403 EuGH, 18.10.2012, C-428/11, GRUR 2012, 1269 Rn. 37 und 38 – *Purely Creative*.
404 *Köhler, GRUR 2012, 1211, 1212*; *ders.* FS Bornkamm, 2014, 393, 402; Scherer, WRP 2013, 143, 144.
405 FBO/*Hecker/Ruttig* Anhang UWG Nr. 17 Rn. 28.

und das **Relevanzkriterium** spielt keine Rolle (Rdn. 20). Nr. 17 ist eine verbraucherschützende Vorschrift. Sonstige Marktteilnehmer fallen nicht in den Schutzbereich. Auf diese ist Nr. 17 weder direkt noch analog anwendbar.

Der Unternehmer muss gegenüber einem Verbraucher die Angabe machen oder den Eindruck hervorrufen, der Verbraucher habe einen Preis gewonnen oder werde ihn gewinnen oder werde durch eine bestimmte Handlung einen Preis oder Vorteil erhalten. In der Richtlinie ist von Erwecken des fälschlichen Eindrucks und in der deutschen Bestimmung von der unwahren Angabe oder dem unzutreffenden Eindruck die Rede. Nach der für die Auslegung des Tatbestands der Richtlinie und damit ebenfalls für die Auslegung der deutschen Vorschrift maßgeblichen Rechtsprechung des EuGH haben diese Tatbestandsmerkmale des ersten Teils der Norm keine eigenständige Bedeutung gegenüber den im zweiten Teil beschriebenen Sachverhalten.[406] Der Begriff »fälschlicher Eindruck« im ersten Teil wird durch die Sachverhalte des zweiten Teils der Bestimmung konkretisiert. Dementsprechend kann durch eine hinreichende Aufklärung des Verbrauchers bei Vorliegen der Voraussetzungen der Nr. 17 der Tatbestand nicht ausgeschlossen werden.[407] Bedeutung hat dies vor allem für die zweite Variante der Norm. **224**

Es muss eine **Angabe** (zum Begriff Rdn. 27) vorliegen oder der Unternehmer muss **einen Eindruck erwecken**. Ein Eindruck kann durch schlüssiges Verhalten hervorgerufen werden. Ist einer der Tatbestände des zweiten Teils verwirklicht, ist das Merkmal »unwahr« bzw. »unzutreffend« der deutschen Bestimmung und »fälschlich« der Richtlinie erfüllt, weil beide Tatbestände des zweiten Teils der Bestimmung einen Eindruck umschreiben, der der Wirklichkeit nicht entspricht.[408] **225**

Die Erklärung des Unternehmers muss sich darauf beziehen, der Verbraucher habe einen Preis gewonnen oder werde ihn gewinnen oder durch eine bestimmte Handlung des Verbrauchers werde er einen Preis oder sonstigen Vorteil gewinnen. Der Preis kann in einem Geldbetrag oder einem geldwerten Vorteil, etwa einer Ware oder Dienstleistung, für den Verbraucher bestehen. Sonstiger Vorteil ist jede Besserstellung aus Sicht des angesprochenen Verbrauchers. Sie kann materieller Art (etwa ein Preisnachlass oder eine größere Produktmenge)[409] oder immaterieller Art (etwa eine Vorzugsbehandlung oder Ehrung) sein.[410] Es muss sich nicht um einen geldwerten Vorteil handeln.[411] Der Preis oder sonstige Vorteil muss nach dem eindeutigen Wortlaut dem Verbraucher zugutekommen. Der Gewinn oder sonstige Vorteil muss als sicher dargestellt werden oder – soweit eine bestimmte Handlung des Verbrauchers erforderlich ist – nur noch von dieser Handlung abhängen. Die Mitteilung einer Gewinnchance genügt nicht.[412] **226**

---

406 EuGH, 18.10.2012, C-428/11, GRUR 2012, 1269 Rn. 26 bis 28 – *Purely Creative.*
407 EuGH, 18.10.2012, C-428/11, GRUR 2012, 1269 Rn. 27 – *Purely Creative.*
408 EuGH, 18.10.2012, C-428/11, GRUR 2012, 1269 Rn. 26, 28, 29 und 46 – *Purely Creative.*
409 BDS/*Koch* Anhang zu § 3 Abs. 3 UWG Rn. 113.
410 *Köhler*/Bornkamm/Feddersen Anh. zu § 3 UWG Rn. 17.4.
411 GK/*Obergfell* § 3 (E) Anh. Nr. 17 Rn. 10; jurisPK-UWG/*Seichter* Anhang zu § 3 Abs. 3 (Nr. 17) Rn. 3.
412 GK/*Obergfell* § 3 (E) Anh. Nr. 17 Rn. 11.

Hierin liegt der Unterschied zum Tatbestand der Nr. 20 des Anhangs zu § 3 Abs. 3, bei dem eine Gewinnchance vorgetäuscht wird.[413]

227 Der zweite Teil des Tatbestands enthält zwei Fallgruppen, von denen eine Vorliegen muss und aus der jeweils die Unwahrheit der Erklärung des Unternehmers folgt. Die erste Variante ist dadurch gekennzeichnet, dass es **den Preis oder sonstigen Vorteil in Wirklichkeit nicht gibt.** Das Tatbestandsmerkmal muss objektiv im Zeitpunkt der Erklärung des Unternehmers vorliegen. Ein Irrtum entlastet den Unternehmer nicht. Entfällt der Preis oder sonstige Vorteil erst später, ist das per se-Verbot nicht verwirklicht.

228 **Die zweite Variante ist erfüllt, wenn die Möglichkeit, einen Preis oder sonstigen Vorteil zu erlangen, von der Zahlung eines Geldbetrags oder der Übernahme von Kosten durch den Verbraucher abhängig gemacht wird.** Die Richtlinie umschreibt diese Variante anschaulicher mit der Formulierung: »die Möglichkeit des Verbrauchers, Handlungen in Bezug auf die Inanspruchnahme des Preises oder eines sonstigen Vorteils vorzunehmen, in Wirklichkeit von der Zahlung eines Betrags oder der Übernahme von Kosten durch den Verbraucher abhängig gemacht wird.« Erfasst werden unter anderem Handlungen, mit denen der Verbraucher sich über die Art des Preises informieren oder diesen entgegennehmen will.[414] Bei der Prüfung des Tatbestandsmerkmals ist zwischen **dem Preis und seiner Inanspruchnahme zu unterscheiden.**[415] Zur Verdeutlichung dieser Unterscheidung führt der EuGH das Beispiel eines Preises einer Eintrittskarte zu einem Fußballspiel an. Besteht der Preis in der Eintrittskarte, ist die Fahrt des Verbrauchers vom Wohnort zum Fußballstadium vom Preis nicht erfasst, während ein Preis zum Besuch eines Fußballspiels die Fahrtkosten zum Austragungsort beinhaltet.

229 **Die Art und den Umfang des Preises oder sonstigen Vorteils kann der Unternehmer bestimmen.**[416] Allerdings schließt es der Begriff des Preises aus, dass der Verbraucher hierfür etwas zahlen muss.[417] Kosten für die Inanspruchnahme des Preises darf der Unternehmer nicht erheben. Folge dieser Unterscheidung ist, dass der Unternehmer für eine klare und angemessene Aufklärung des Verbrauchers über den Preis oder sonstigen Vorteil sorgen muss. Art und Umfang der notwendigen Aufklärungsmaßnahmen beziehen sich auf die Verfügbarkeit der Information, den Informationsträger, die Lesbarkeit der Angaben, ihre Klarheit und Verständlichkeit.[418] Besteht der Preis in der Teilnahme an einer Kreuzfahrt, rechnen zu den dem Verbraucher zu erteilenden Informationen die Termine der Kreuzfahrt, die Abfahrts- und Ankunftsorte und die Unter-

---

413 Begründung des Regierungsentwurfs eines Ersten Gesetzes zur Änderung des Gesetzes gegen den unlauteren Wettbewerb, BT. Drucks. 16/10145 S. 33.

414 EuGH, 18.10.2012, C-428/11, GRUR 2012, 1269 Rn. 31 – *Purely Creative.*

415 EuGH, 18.10.2012, C-428/11, GRUR 2012, 1269 Rn. 51 – *Purely Creative.*

416 EuGH, 18.10.2012, C-428/11, GRUR 2012, 1269 Rn. 40 – *Purely Creative*; Ohly/*Sosnitza* Anhang zu § 3 Abs. 3 UWG Rn. 50.

417 EuGH, 18.10.2012, C-428/11, GRUR 2012, 1269 Rn. 49 – *Purely Creative*; GK/*Obergfell* § 3 (E) Anh. Nr. 17 Rn. 12.

418 EuGH, 18.10.2012, C-428/11, GRUR 2012, 1269 Rn. 53 und 55 – *Purely Creative.*

kunfts- und Verpflegungsbedingungen.[419] Maßgeblich ist die Sicht eines durchschnittlichen Mitglieds des angesprochenen Verkehrskreises.[420] Erfüllt die Aufklärung über den Preis oder sonstigen Vorteil nicht diese Anforderungen, muss der Verbraucher die ihm fehlenden Informationen einholen. In diesem Zusammenhang dürfen dem Verbraucher keine Kosten entstehen.[421]

Unzulässig ist nach Variante 2 des Tatbestands, dass dem Verbraucher irgendwelche Kosten für die Inanspruchnahme des Preises entstehen.[422] Dazu rechnen Kosten für die Erkundigung über die Art, den Umfang und den Erhalt des Preises und Kosten für seine Entgegennahme. Auf die absolute Höhe der Kosten oder die Relation zum Wert des Preises oder sonstigen Vorteils kommt es nicht an.[423] Nicht von Bedeutung ist, ob dem Unternehmer finanzielle Aufwendungen des Verbrauchers zufließen oder ein dritter Dienstleister, etwa ein Telekommunikationsunternehmen, Nutznießer ist. Unerheblich ist, ob der Unternehmer zur Inanspruchnahme des Preises mehrere Möglichkeiten aufzeigt, von denen eine kostenpflichtig und eine andere gratis ist.[424] Ob der Unternehmer den Verbraucher über die Kosten für die Inanspruchnahme des Preises aufklärt, ist ohne Belang.[425] Der Tatbestand greift daher ein, wenn ein Irrtum der Verbraucher über die Kosten der Inanspruchnahme ausgeschlossen ist. 230

Mit **Zahlung eines Geldbetrags** ist jede finanzielle Aufwendung gemeint. Diese kann auch in einem entgeltlichen Bezug von Waren oder Dienstleistungen bestehen. **Übernahme von Kosten** bezeichnet finanzielle Aufwendungen, die der Verbraucher erbringt, um sich nach dem Preis zu erkundigen oder ihn entgegenzunehmen. 231

Die **Darlegungs- und Beweislast** für die Voraussetzungen der Tatbestandsmerkmale der Nr. 17 trägt der Gläubiger.[426] Nr. 17 ist **kein Schutzgesetz**. Dem Verbraucher stehen keine Schadenersatzansprüche wegen Verwirklichung der Nr. 17 des Anhangs zu § 3 Abs. 3 i. V. mit § 823 Abs. 2 BGB zu. **Schadenersatzansprüche von Verbrauchern** können aufgrund einer Verletzung von Pflichten aus einem vorvertraglichen Schuldverhältnis (§§ 280, 241 Abs. 2, 311 Abs. 2 BGB) bestehen und der Verbraucher kann unter den Voraussetzungen des § 661a BGB die Einhaltung der Gewinnzusage verlangen.[427] 232

XVIII. Nr. 18 Heilung von Krankheiten

Unzulässige geschäftliche Handlungen im Sinne des § 3 Absatz 3 sind 233
18. die unwahre Angabe, eine Ware oder Dienstleistung könne Krankheiten, Funktionsstörungen oder Missbildungen heilen.

---

419 EuGH, 18.10.2012, C-428/11, GRUR 2012, 1269 Rn. 56 – *Purely Creative.*
420 EuGH, 18.10.2012, C-428/11, GRUR 2012, 1269 Rn. 54 – *Purely Creative.*
421 EuGH, 18.10.2012, C-428/11, GRUR 2012, 1269 Rn. 31 – *Purely Creative.*
422 EuGH, 18.10.2012, C-428/11, GRUR 2012, 1269 Rn. 30 – *Purely Creative.*
423 EuGH, 18.10.2012, C-428/11, GRUR 2012, 1269 Rn. 30, 39, 42 und 47 – *Purely Creative.*
424 EuGH, 18.10.2012, C-428/11, GRUR 2012, 1269 Rn. 34 und 50 – *Purely Creative.*
425 EuGH, 18.10.2012, C-428/11, GRUR 2012, 1269 Rn. 51 – *Purely Creative.*
426 MünchKomm/*Alexander* UWG Anhang § 3 Abs. 3 Nr. 17 Rn. 44.
427 MünchKomm/*Alexander* UWG Anhang § 3 Abs. 3 Nr. 17 Rn. 43.

UGP-RL Anhang I zu Art. 5 (5) Nr. 17

17. Falsche Behauptung, ein Produkt könne Krankheiten, Funktionsstörungen oder Missbildungen heilen.

234 Durch Nr. 18 des Anhangs zu § 3 Abs. 3 wird **Nr. 17 des Anhangs I der UGP-RL** umgesetzt. Inhaltlich entspricht die nahezu wörtlich übernommene deutsche Bestimmung der Richtlinie. Die Abweichungen im Wortlaut zwischen dem Text der Richtlinie und der deutschen Fassung der Nr. 18 beruhen darauf, dass der deutsche Gesetzgeber den Begriff des Produkts nach Art. 2 lit. c UGP-RL allgemein durch Ware oder Dienstleistung ersetzt hat. Entsprechendes gilt für das Tatbestandsmerkmal der falschen Behauptung, für die sich im deutschen Text der Begriff »unwahre Angabe« findet.

235 Der **Normzweck** besteht im Schutz des Verbrauchers vor einer Irreführung durch falsche Behauptungen über die Wirkung von Produkten zur Heilung von Krankheiten. Zahlreiche Normen auf Unionsebene und im deutschen Recht schützen vor irreführenden Angaben im Gesundheitsbereich. Unrichtige Angaben zur Heilung von Krankheiten durch Produkte hat der Unionsgesetzgeber als so schwerwiegend angesehen, dass er ein per se-Verbot vorgesehen hat.

236 Es handelt sich um einen abstrakten Irreführungstatbestand. Ob die Gefahr einer Irreführung von Verbrauchern im Einzelfall besteht, ist unerheblich. Nr. 18 setzt – wie alle Tatbestände der schwarzen Liste – eine an einen Verbraucher gerichtete **geschäftliche Handlung** im Sinne des § 2 Abs. 1 Nr. 1 UWG voraus (Rdn. 10). Eine gesonderte Prüfung der **Verhältnismäßigkeit** erfolgt nicht (Rdn. 19) und das **Relevanzkriterium** spielt keine Rolle (Rdn. 20). Nr. 18 ist eine verbraucherschützende Vorschrift. Sonstige Marktteilnehmer fallen nicht in den Schutzbereich. Auf diese ist Nr. 18 weder direkt noch analog anwendbar. Die Vorschrift ist in ihrem Anwendungsbereich lex specialis zu § 5 Abs. 1 Satz 2 Nr. 1. Die in besonderen Bestimmungen des Unionsrechts und des deutschen Rechts vorgesehenen Irreführungstatbestände des Arzneimittel-, Heilmittelwerbe-, Medizinprodukte- und Gesundheitsbereichs kommen neben Nr. 18 zur Anwendung. Die UGP-RL schließt die Anwendung dieser Vorschriften nach ihrem Art. 3 (3) nicht aus.[428]

237 Der Unternehmer muss behaupten, eine Ware oder Dienstleistung könne Krankheiten, Funktionsstörungen oder Missbildungen heilen. Eine **Angabe** setzt eine **ausdrückliche Erklärung** voraus. Das bloße **Hervorrufen des unzutreffenden Eindrucks** reicht hierzu nicht aus (streitig Rdn. 27). Eine konkludente Erklärung genügt nicht. Eine besondere Form ist nicht erforderlich. Der Begriff der »Angabe« beziehungsweise »Behauptung« im Richtlinientext ist gleichbedeutend wie in Nr. 1 des Anhangs. Wird nur der unzutreffende Eindruck erweckt, kommt das allgemeine Irreführungsverbot nach § 5 Abs. 1 Satz 2 Nr. 1 zur Anwendung.

238 Die Behauptung muss sich auf eine **Ware oder Dienstleistung** beziehen. Das ist in einem umfassenden Sinn zu verstehen. Der Begriff des Produkts im Richtlinientext

428 BGH, 06.10.2011, I ZR 117/10, GRUR 2012, 407 Rn. 30 – Delan.

macht dies deutlich (Art. 2 lit. c UGP-RL). Er ist nicht beschränkt auf Erzeugnisse und Dienstleistungen aus dem Gesundheitssektor oder gar auf zugelassene Waren und geprüfte Dienstleister. Eine Ware oder Dienstleistung, durch die eine Wunderheilung versprochen wird, unterfällt Nr. 18.

Der Begriff der **Krankheit** ist in einem weiten Sinn zu verstehen und bezeichnet jede auch nur geringfügige oder vorübergehende Gesundheitsstörung.[429] Normale Schwankungen der körperlichen Leistungsfähigkeit und das alterungsbedingte Nachlassen körperlicher Funktionen sind keine Krankheit. Neben Krankheit besteht regelmäßig kein eigenständiger Anwendungsbereich für **Funktionsstörungen**. Im Ausnahmefall kann eine Funktionsstörung keine Krankheit sein, etwa bei altersbedingten Leistungseinschränkungen, so dass ein gewisser Anwendungsbereich möglich erscheint. Ob der Begriff der **Missbildung** von der Definition der Krankheit umfasst wird, ist in Anbetracht der ausdrücklichen Aufzählung im Ergebnis bedeutungslos. Erfasst werden von dem per se-Verbot nur **Krankheiten, Funktionsstörungen und Missbildungen beim Menschen**. Für eine Anwendung der Norm auf entsprechende Beeinträchtigungen bei Tieren lässt der Wortlaut der Nr. 18 nichts erkennen. Dass keine ausdrückliche Beschränkung auf Menschen erfolgt ist, ist für die Auslegung der Norm nicht maßgeblich. Die Einführung eines per se-Verbots ohne jede Wertungsmöglichkeit im Einzelfall ist nur wegen der besonderen Gefahren falscher Behauptungen bei für Menschen bestimmte Produkte gerechtfertigt.[430] Zur Bestimmung, ob eine Krankheit, Funktionsstörung oder Missbildung vorliegt, ist auf allgemeine Erkenntnisse der Wissenschaft und nicht das Verständnis eines Durchschnittsverbrauchers zurückzugreifen. Es ist eine objektive Bestimmung erforderlich. **239**

Die Aussage muss sich auf eine **Heilwirkung** beziehen. Eine Verbesserung des Krankheitsbildes, eine Linderung von Schmerzen[431] oder eine nur vorübergehende Beseitigung der Krankheit genügen nicht. Die Verhütung von Krankheiten fällt nicht unter Heilung.[432] Die Aussage, dass durch das Produkt die Möglichkeit einer Heilung besteht, reicht aus. Die Steigerung des persönlichen Wohlbefindens ist keine Heilung von einer Krankheit. Übergewichtigkeit ist unterhalb bestimmter Grenzwerte keine Krankheit. Insoweit sind die Erkenntnisse der Medizin maßgeblich. Durch die Behauptung muss ein unmittelbarer Zusammenhang zwischen der Krankheit, Funktionsstörung oder Missbildung und der Heilung durch das Produkt hergestellt werden.[433] **240**

Die Angabe muss **unwahr** sein. Wegen des per se-Verbots ohne Wertungsmöglichkeit im Einzelfall muss es sich um eine objektiv unrichtige Angabe handeln.[434] Ist die **241**

---

429 Ohly/*Sosnitza* Anhang zu § 3 Abs. 3 UWG Rn. 51.

430 GK/*Lindacher* § 3 (E) Anh. Nr. 18 Rn. 10; *Köhler*/Bornkamm/Feddersen Anh. zu § 3 UWG Rn. 18.6; MünchKomm/*Alexander* UWG Anhang § 3 Abs. 3 Nr. 18 Rn. 24; a. A. BDS/*Koch* Anhang zu § 3 Abs. 3 UWG Rn. 122; jurisPK-UWG/*Diekmann* Anhang zu § 3 Abs. 3 (Nr. 18) Rn. 5; Harte/Henning/*Weidert* Anhang zu § 3 Abs. 3 Nr.18 Rn. 12.

431 OLG Jena, 25.01.2017, 2 U 413/16, GRUR-RR 2017, 314 Rn. 7.

432 OLG Jena, 25.01.2017, 2 U 413/16, GRUR-RR 2017, 314 Rn. 7.

433 FBO/*Reinhart* Anhang UWG Nr. 18 Rn. 12.

434 JurisPK-UWG/*Diekmann* Anhang zu § 3 Abs. 3 (Nr. 18) Rn. 4.

Behauptung richtig und fasst sie das angesprochene Publikum nur falsch auf, liegt keine unwahre Angabe im Sinne von Nr. 18 vor. Nr. 18 enthält kein subjektives Element. Der Unternehmer muss nicht in der Absicht handeln, den Verbraucher zu täuschen. Da eine objektive Sichtweise geboten ist, entlastet den Unternehmer ein Irrtum nicht, ohne dass es auf eine Vermeidbarkeit ankommt. **Unwahr ist die Angabe**, wenn das Produkt über die angegebene Heilwirkung nicht verfügt. Eine Eignung zur Irreführung setzt Nr. 18 als per se-Verbot nicht voraus. Unwahr ist die Angabe auch, wenn der Unternehmer die Heilwirkung als sicher darstellt, sie jedoch in Fachkreisen umstritten ist.[435]

242 Die **Darlegungs- und Beweislast** für die Voraussetzungen der Nr. 18 trifft den Gläubiger. **Ausgenommen hiervon ist das Tatbestandsmerkmal der Unwahrheit**. Behauptet der Gläubiger, dass die Angabe unwahr ist, muss der Unternehmer in Umkehrung der allgemeinen Grundsätze die Wahrheit seiner Angabe zur Heilwirkung des Produkts darlegen und beweisen.[436] Diese Umkehr der Darlegungs- und Beweislast findet sich im Wortlaut der deutschen Norm zwar nicht. Im Hinblick auf die Gefährlichkeit falscher Behauptungen zur Heilwirkung von Produkten ist es jedoch gerechtfertigt, dem Unternehmer, der eine entsprechende Wirkung behauptet, die Beweislast aufzuerlegen. Dazu kann sich der Unternehmer nicht erst im Prozess auf die Einholung eines Sachverständigengutachtens beziehen. Er muss bereits bei Aufstellung der Behauptung über die Beweismittel verfügen, die seine Angabe belegen. Eine derartige Auslegung ist mit der UGP-RL im Hinblick auf Art. 12 lit. a vereinbar.

XIX. Nr. 19 Marktbedingungen oder Bezugsquellen

243 **Unzulässige geschäftliche Handlungen im Sinne des § 3 Absatz 3 sind**

19. eine unwahre Angabe über die Marktbedingungen oder Bezugsquellen, um den Verbraucher dazu zu bewegen, eine Ware oder Dienstleistung zu weniger günstigen Bedingungen als den allgemeinen Marktbedingungen abzunehmen oder in Anspruch zu nehmen.

UGP-RL Anhang I zu Art. 5 (5) Nr. 18

18. Erteilung sachlich falscher Informationen über die Marktbedingungen oder die Möglichkeit, das Produkt zu finden, mit dem Ziel, den Verbraucher dazu zu bewegen, das Produkt zu weniger günstigen Bedingungen als den normalen Marktbedingungen zu kaufen.

244 Durch Nr. 19 des Anhangs zu § 3 Abs. 3 wird **Nr. 18 des Anhangs I der UGP-RL** umgesetzt. Inhaltlich entspricht die nicht wörtlich übernommene deutsche Bestimmung der Richtlinie. Der Tatbestand der Richtlinie und dadurch bedingt die deutsche Bestimmung enthalten eine Reihe von Merkmalen, deren Ausfüllung häufig umfassende Feststellungen im Einzelfall erforderlich machen (Marktbedingungen, Möglich-

435 MünchKomm/*Alexander* UWG Anhang § 3 Abs. 3 Nr. 18 Rn. 19.
436 FBO/*Reinhart* Anhang UWG Nr. 18 Rn. 10; *Köhler*/Bornkamm/Feddersen Anh. zu § 3 UWG Rn. 18.8; MünchKomm/*Alexander* UWG Anhang § 3 Abs. 3 Nr. 18 Rn. 29.

keit das Produkt zu finden, weniger günstige Bedingungen, normale Marktbedingungen). Ein solcher Tatbestand ist für ein per se-Verbot kaum geeignet.

Der **Normzweck** besteht im Schutz des Verbrauchers vor einer nicht informationsgeleiteten Entscheidung, die durch falsche Informationen über Marktbedingungen oder Bezugsquellen veranlasst wird. Der Verbraucher soll davor bewahrt werden, aufgrund falscher Angaben Produkte zu ungünstigeren als den normalen Marktbedingungen zu beziehen. **245**

Es handelt sich um einen abstrakten Irreführungstatbestand. Ob die Gefahr einer Irreführung von Verbrauchern im Einzelfall besteht, ist unerheblich. Nr. 19 setzt – wie alle Tatbestände der schwarzen Liste – eine an einen Verbraucher gerichtete **geschäftliche Handlung** im Sinne des § 2 Abs. 1 Nr. 1 UWG voraus (Rdn. 10). Eine gesonderte Prüfung der **Verhältnismäßigkeit** erfolgt nicht (Rdn. 19) und das **Relevanzkriterium** spielt keine Rolle (Rdn. 20). Nr. 19 ist eine verbraucherschützende Vorschrift. Sonstige Marktteilnehmer fallen nicht in den Schutzbereich. Auf diese ist Nr. 19 weder direkt noch analog anwendbar. **246**

Die Vorschrift ist lex specialis zu **§ 5 Abs. 1 Satz 2 Nr. 2**. Zwischen Nr. 19 und **§ 6** sind Überschneidungen nicht ausgeschlossen. Liegt eine vergleichende Werbung i. S. von § 6 Abs. 1 vor, sind die Bestimmungen über die vergleichende Werbung, soweit es um den Vergleich geht, nach Art. 8 (1) Unterabs. 2 Werbe-RL abschließend. Die Vorschriften der Werbe-RL über die vergleichende Werbung regeln im Hinblick auf den Vergleich besondere Aspekte unlauterer Geschäftspraktiken und gehen nach Art. 3 (4) UGP-RL in ihrem Anwendungsbereich der UGP-RL vor (zur irreführenden vergleichenden Werbung § 5 Rdn. 33).[437] **247**

Der deutsche Gesetzgeber hat den Begriff »**Information**« der Richtlinie in das deutsche Recht durch die Bezeichnung »**Angabe**« übertragen, die bei anderen Tatbeständen der schwarzen Liste den Begriff »Behauptung« der Richtlinie umsetzt. Eine Behauptung i. S. des Anhangs I der UGP-RL setzt eine ausdrückliche Erklärung voraus. Das bloße Hervorrufen des unzutreffenden Eindrucks reicht hierzu nicht aus (streitig Rdn. 27). Eine konkludente Erklärung genügt nicht. Eine besondere Form ist nicht erforderlich. In Nr. 18 des Anhangs I der UGP-RL hat der Unionsgesetzgeber abweichend von der sonstigen Regelungstechnik weder allein auf eine Behauptung noch zusätzlich auf das Erwecken des unzutreffenden Eindrucks abgestellt. Da die tatsächlichen Voraussetzungen der Norm für ein per se-Verbot vergleichsweise schwierig zu fassen sind, spricht dies gegen eine extensive Auslegung einzelner Tatbestandsmerkmale. Der Begriff der Information der Richtlinie ist daher in dem engen Sinn der Behauptung (Rdn. 27) aufzufassen, so dass er vom deutschen Gesetzgeber konsequent mit »Angabe« umgesetzt worden ist.[438] Das Erwecken eines unrichtigen Eindrucks reicht nicht.[439] **248**

437 MünchKomm/*Alexander* UWG Anhang § 3 Abs. 3 Nr. 18 Rn. 10.
438 *Köhler*/Bornkamm/Feddersen Anh. zu § 3 UWG Rn. 19.3; a. A. MünchKomm/*Alexander* UWG Anhang § 3 Abs. 3 Nr. 19 Rn. 16.
439 Götting/Nordemann/*Wirtz* § 3 Rn. 163.

249 Die Angabe muss **unwahr** sein. Wegen des per se-Verbots ohne Wertungsmöglichkeit im Einzelfall muss es sich um eine objektiv unrichtige Angabe handeln.[440] Ist die Behauptung richtig und fasst sie das angesprochene Publikum nur falsch auf, liegt keine unwahre Angabe im Sinne von Nr. 18 vor. Die falsche Information muss sich auf die Marktbedingungen oder Bezugsquellen beziehen.

250 **Marktbedingungen** sind die Konditionen für den Verkauf des Produkts. Sie umfassen die Preiswürdigkeit des Produkts, Zahlungs- und Lieferbedingungen, Serviceleistung und Garantie. Die Eigenschaften des Produkts zählen nicht zu den Marktbedingungen.[441] Die deutsche Fassung umschreibt das Merkmal der Richtlinie »die Möglichkeit, das Produkt zu finden« mit **Bezugsquellen**. Damit sind die Wege bezeichnet, das Produkt von anderen Unternehmen zu erhalten.[442] **Allgemeine Marktbedingungen** sind die marktüblichen Konditionen. Angaben zu den allgemeinen Marktbedingungen sind Aussagen zu den Konditionen, die üblicherweise andere Anbieter beanspruchen oder gewähren. Es muss sich um gegenwärtige Marktbedingungen handeln. Ob sie mit Schlussfolgerungen für die Zukunft verknüpft werden, ist unerheblich. Allgemeine Marktprognosen unterfallen nicht Nr. 19, sondern sind am Irreführungsverbot nach § 5 zu messen.

251 **Weniger günstige Bedingungen** bedeutet, dass das Produkt vom Unternehmer zu weniger vorteilhaften Konditionen angeboten wird als allgemein am Markt üblich. Das Verhältnis zwischen konkretem Angebot und den allgemeinen Marktbedingungen muss anhand objektiver Kriterien bestimmt werden. Dabei kommt es auf die normalerweise von der überwiegenden Anzahl der Konkurrenten gebotenen Konditionen an. Unterscheiden sich die marktüblichen Angebote nicht nur in einem einzelnen Punkt, ist eine Gesamtwürdigung erforderlich, ob das Angebot ungünstiger als das Normalangebot ist (etwa höherer Preis als üblich, dafür längere Garantielaufzeit).

252 Nr. 19 enthält ein **subjektives Tatbestandsmerkmal**. Die objektive Verwirklichung des Tatbestands und die bloße Eignung zur Beeinflussung des Verbrauchers reichen nicht.[443] Danach muss der Unternehmer die falschen Informationen »mit dem Ziel« erteilen, den Verbraucher zu einem Kauf zu ungünstigeren als den normalen Konditionen zu bewegen. Im deutschen Text findet sich die Formulierung »..., um den Verbraucher dazu zu bewegen...«. Der Unternehmer muss eine entsprechende **Absicht** haben.[444] Dolus directus genügt. Eventualvorsatz reicht nicht.

253 Die **Darlegungs- und Beweislast** liegt nach allgemeinen Grundsätzen beim Gläubiger.[445] Das gilt auch für das subjektive Element der Absicht. An den Nachweis der Absicht sind keine hohen Anforderungen zu stellen. Aus den Erklärungen des Unter-

---

440 JurisPK-UWG/*Diekmann* Anhang zu § 3 Abs. 3 (Nr. 18) Rn. 4.

441 *Köhler*/Bornkamm/Feddersen Anh. zu § 3 UWG Rn. 19.1.

442 Harte/Henning/*Henning-Bodewig* Anhang zu § 3 Abs. 3 Nr.19 Rn. 12.

443 A. A. MünchKomm/*Alexander* UWG Anhang § 3 Abs. 3 Nr. 19 Rn. 27.

444 *GK/Lindacher § 3 (E) Anh. Nr. 19 Rn. 11*; FBO/*Obergfell* Anhang UWG Nr. 19 Rn. 16; *Köhler*/Bornkamm/Feddersen Anh. zu § 3 UWG Rn. 19.5.

445 Harte/Henning/*Henning-Bodewig* Anhang zu § 3 Abs. 3 Nr.19 Rn. 15.

nehmers kann je nach den Umständen auf seine Absicht geschlossen werden, den Verbraucher zu einem Kauf zu ungünstigeren als den marktüblichen Konditionen zu bewegen.Hierfür spricht indiziell, wenn die angebotenen Konditionen deutlich ungünstiger sind.[446]

XX. Nr. 20 Irreführung über Preisvergabe bei Gewinnspiel

Unzulässige geschäftliche Handlungen im Sinne des § 3 Absatz 3 sind 254

20. das Angebot eines Wettbewerbs oder Preisausschreibens, wenn weder die in Aussicht gestellten Preise noch ein angemessenes Äquivalent vergeben werden.

UGP-RL Anhang I zu Art. 5 (5) Nr. 19

19. Es werden Wettbewerbe und Preisausschreiben angeboten, ohne dass die beschriebenen Preise oder ein angemessenes Äquivalent vergeben werden.

Durch Nr. 20 des Anhangs zu § 3 Abs. 3 wird **Nr. 19 des Anhangs I der UGP-RL** umgesetzt. Inhaltlich entspricht die nahezu wörtlich übernommene deutsche Bestimmung der Richtlinie. 255

Der **Normzweck** besteht im Schutz des Verbrauchers vor einer durch Irreführung veranlassten Teilnahme an einem Wettbewerb oder Preisausschreiben, bei dem die angekündigten Preise oder vergleichbare Preise nicht vergeben werden. Die Durchführung von Wettbewerben und Preisausschreiben sind Verkaufsförderungsmaßnahmen von Unternehmen, die unterschiedlichen Zwecken dienen. Der Unternehmer kann mit derartigen Veranstaltungen für seine Produkte erhöhte Aufmerksamkeit erreichen, die Produkte selbst attraktiver gestalten oder Informationen sowie persönliche Daten über potentielle Kunden erhalten. Der Verbraucher soll davor geschützt werden, sich der Mühe einer Teilnahme an dem Gewinnspiel zu unterziehen, zu dem er mit einer unrichtigen Preisankündigung veranlasst wird. 256

Es handelt sich um einen abstrakten Irreführungstatbestand. Ob die Gefahr einer Irreführung von Verbrauchern im Einzelfall besteht, ist unerheblich. Nr. 20 setzt – wie alle Tatbestände der schwarzen Liste – eine an einen Verbraucher gerichtete **geschäftliche Handlung** im Sinne des § 2 Abs. 1 Nr. 1 UWG voraus(Rdn. 10). Es muss ein Zusammenhang zwischen dem Angebot eines Wettbewerbs oder Preisausschreibens und der Verkaufsförderung bestehen.[447] Hiervon ist regelmäßig auszugehen, weil allein schon die mit der Maßnahme für den Unternehmer und seine Produkte verbundene Aufmerksamkeit ausreicht. Es erfolgt keine gesonderte Prüfung der **Verhältnismäßigkeit** (Rdn. 19) und auf das **Relevanzkriterium** kommt es nicht an (Rdn. 20). Nr. 20 ist eine verbraucherschützende Vorschrift. Sonstige Marktteilnehmer fallen nicht in den Schutzbereich. Auf diese ist Nr. 20 weder direkt noch analog anwendbar. Die Vorschrift ist lex specialis zu § 5 Abs. 1 Satz 2 Nr. 2. 257

---

446 FBO/*Obergfell* Anhang UWG Nr. 19 Rn. 19.

447 *Büllesbach* S. 128.

258 Mit **Wettbewerb** und **Preisausschreiben** sind Aktionen bezeichnet, bei denen ein Preis zufallsbedingt oder aufgrund von Kenntnissen oder Fertigkeiten gewonnen werden kann. Mit dem Text der Richtlinie und der deutschen Fassung sind **Preisausschreiben und Gewinnspiele** gemeint.[448] Bei Letzteren steht das Zufallselement im Vordergrund. Darauf, dass auch Gewinnspiele vom Begriff des Preisausschreibens erfasst sein sollen, deuten die französische Fassung der Richtlinie (qu'un prix peut être gagné) und Sinn und Zweck der Bestimmung hin, den Verbraucher vor der Teilnahme an Aktionen zu schützen, bei denen der angekündigte Preis nicht vergeben wird.[449]

259 Nach dem Richtlinientext müssen die Preise beschrieben werden. Die deutsche Norm verwendet die Formulierung »**in Aussicht gestellten Preise**«. Der Unternehmer muss die Preise in irgendeiner Weise bezeichnen oder umschreiben. An die Beschreibung sind keine hohen Anforderungen zu stellen. Ganz allgemein gehaltene Ankündigungen ohne jede Konkretisierung eines Preises reichen nicht aus (Super Gewinne, tolle Preise, riesen Gewinne).[450]

260 Zur Verwirklichung der Nr. 20 ist es erforderlich, dass die beschriebenen Preise nicht vergeben werden und den Gewinnern auch kein angemessenes Äquivalent zur Verfügung gestellt wird. Das ist der Fall, wenn der Unternehmer schon bei Veranstaltung des Wettbewerbs oder Preisausschreibens nicht beabsichtigt, die angekündigten Preise zu verteilen und auch kein Äquivalent zur Verfügung zu stellen. Dem steht es gleich, wenn der Unternehmer zwar zunächst beabsichtigt, die Preise zur Verfügung zu stellen, während oder nach der Durchführung der Aktion aber keine Preise oder Preise nicht in genügender Anzahl oder nicht alle beschriebenen Preise verteilt werden.

261 Auf den Grund, der dafür ursächlich ist, dass der Unternehmer den beschriebenen Preis nicht vergibt, kommt es nicht an.[451] Ein fehlendes Verschulden, ein unerwarteter finanzieller Engpass oder eine unterbliebene Auslieferung der Preise durch einen Vorunternehmer entlastet nicht. Dem Unternehmer steht allerdings die Möglichkeit offen, statt der beschriebenen Preise ein angemessenes Äquivalent zur Verfügung stellt. Das kann in einem dem angekündigten Preis entsprechenden Geldbetrag bestehen. Das Äquivalent muss angemessen sein. Dazu muss es aus Verbrauchersicht gleichwertig sein. Ein dem Preis entsprechender Geldbetrag genügt. Das Äquivalent braucht nicht in der Funktion gleichwertig zu sein.[452] Es braucht nicht schon in der Ankündigung des Wettbewerbs oder Preisausschreibens angeführt worden zu sein.

---

448 Begründung des Regierungsentwurfs eines Ersten Gesetzes zur Änderung des Gesetzes gegen den unlauteren Wettbewerb, BT. Drucks. 16/10145 S. 33; *Köhler*/Bornkamm/Feddersen Anh. zu § 3 UWG Rn. 20.3; a. A. MünchKomm/*Alexander* UWG Anhang § 3 Abs. 3 Nr. 20 Rn. 17: keine Gewinnspiele.

449 *Büllesbach* S. 129.

450 GK/*Obergfell* § 3 (E) Anh. Nr. 20 Rn. 10; Götting/Nordemann/*Wirtz* § 3 Rn. 165; a. A. *Ohly/Sosnitza* Anhang zu § 3 Abs. 3 UWG Rn. 56.

451 FBO/*Hecker/Ruttig* Anhang UWG Nr. 20 Rn. 32.

452 A. A. *Büllesbach* S. 130.

Die **Darlegungs- und Beweislast** trifft nach allgemeinen Grundsätzen den Gläubiger. Da er regelmäßig keine Erkenntnisse über die Preisvergabe hat, trifft den Unternehmer eine **sekundäre Darlegungslast**. Im Regelfall muss der Unternehmer, um dieser sekundären Darlegungslast nachzukommen, nicht die persönlichen Daten der Gewinner offenbaren. Erst wenn der Gläubiger weitergehende greifbare Anhaltspunkt darlegt und erforderlichenfalls nachweist, dass keine Preise vergeben worden sind, obliegt dem Gläubiger eine weitergehende sekundäre Darlegungslast. 262

XXI. Nr. 21 Kosten bei Gratisangeboten

Unzulässige geschäftliche Handlungen im Sinne des § 3 Absatz 3 sind 263

21. das Angebot einer Ware oder Dienstleistung als »gratis«, »umsonst«, »kostenfrei« oder dergleichen, wenn hierfür gleichwohl Kosten zu tragen sind; dies gilt nicht für Kosten, die im Zusammenhang mit dem Eingehen auf das Waren- oder Dienstleistungsangebot oder für die Abholung oder Lieferung der Ware oder die Inanspruchnahme der Dienstleistung unvermeidbar sind.

UGP-RL Anhang I zu Art. 5 (5) Nr. 20

20. Ein Produkt wird als »gratis«, »umsonst«, »kostenfrei« oder Ähnliches beschrieben, obwohl der Verbraucher weitere Kosten als die Kosten zu tragen hat, die im Rahmen des Eingehens auf die Geschäftspraktik und für die Abholung oder Lieferung der Ware unvermeidbar sind.

Durch Nr. 21 des Anhangs zu § 3 Abs. 3 wird **Nr. 20 des Anhangs I der UGP-RL** umgesetzt. Der deutsche Gesetzgeber hat den Richtlinientext nicht wörtlich übernommen, sondern an die Begrifflichkeiten des UWG angepasst. Weitere Änderungen sollen wahrscheinlich einem besseren Verständnis dienen, machen die Arbeit aber nur komplizierter, weil der Anwender ständig zwei Normtexte vergleichen muss. 264

Der **Normzweck** besteht im Schutz des Verbrauchers vor einer Irreführung über bestimmte Kosten, die trotz des Angebots als »gratis«, »umsonst«, »kostenfrei« oder »Ähnliches« von ihm zu tragen sind. Gratisangebote sind für den Verbraucher besonders attraktiv. Von ihnen geht eine große Werbewirkung aus. Es besteht die Gefahr eines Missbrauchs dieser als gratis bezeichneten Angebote zur Täuschung des Verbrauchers über die tatsächlich anfallenden finanziellen Aufwendungen. 265

Es handelt sich um einen abstrakten Irreführungstatbestand. Ob die Gefahr einer Irreführung von Verbrauchern im Einzelfall besteht, ist unerheblich.[453] Es ist erst recht nicht erforderlich, dass Verbraucher sich auf das Angebot einlassen.[454] Nr. 21 setzt – wie alle Tatbestände der schwarzen Liste – eine an einen Verbraucher gerichtete **geschäftliche Handlung** im Sinne des § 2 Abs. 1 Nr. 1 UWG voraus (Rdn. 10). Es erfolgt keine gesonderte Prüfung der **Verhältnismäßigkeit** (Rdn. 19) und auf das **Rele-** 266

453 OLG München, 16.06.2016, 6 U 4300/15, WRP 2016, 1168 Rn. 35.
454 FBO/*Obergfell* Anhang UWG Nr. 21 Rn. 4.

vanzkriterium kommt es nicht an (Rdn. 20). Nr. 21 ist eine verbraucherschützende Vorschrift. Sonstige Marktteilnehmer fallen nicht in den Schutzbereich. Auf diese ist Nr. 21 weder direkt noch analog anwendbar.

267 Die Vorschrift ist lex specialis zu § 5 Abs. 1 Satz 2 Nr. 2. Neben Nr. 21 ist § 3a i. V. mit Bestimmungen der Preisangabenverordnung anwendbar. Die PAngV dient der Umsetzung der Preisangabenrichtlinie. Diese regelt spezielle Aspekte unlauterer geschäftlicher Handlungen.

268 Das Produkt (Ware oder Dienstleistung) muss **als kostenlos angeboten werden**. Einer der im Normtext angeführten Begriffe braucht nicht verwandt zu werden.[455] Entscheidend ist, dass das Angebot beim Durchschnittsverbraucher, auf dessen Sicht es regelmäßig ankommt, den Eindruck hervorruft, er brauche außer den in Nr. 21 Halbs. 2 des Anhangs zu § 3 Abs. 3 angeführten Kosten nichts für den Erwerb der Ware oder den Bezug der Dienstleistung aufzuwenden. Dazu muss der Unternehmer positiv zum Ausdruck bringen, das Angebot sei kostenlos. Allein der Umstand, dass kein Preis genannt wird, bedeutet nicht kostenlos.[456] Es darf nach dem Angebot weder ein Geldbetrag, ein geldwerter Vorteil noch eine irgendwie geartete Leistung vom Verbraucher zu erbringen sein. Der Unternehmer muss dem Verbraucher den Eindruck vermitteln, die Leistung sei unentgeltlich.[457] Die Kostenfreiheit kann dadurch angekündigt werden, dass das Angebot nach den Gesamtumständen als Werbegeschenk erscheint.[458] Neben den in Nr. 21 angeführten Begriffen bedeuten Angaben wie »Geschenk«, »zum Nulltarif«, »kostenlos«, »ohne Kosten« und »0,00 €«, dass dem Verbraucher keine Kosten entstehen. Ein Angebot mit den Bezeichnungen »Dankeschön« und »Vielen Dank für Ihre Treue« kann je nach den Begleitumständen für ein kostenloses Angebot genügen. Von Nr. 21 erfasst werden **Kosten- und Abonnementfallen** im Internet, bei denen der Unternehmer den Internetauftritt so gestaltet, dass der Nutzer den Eindruck eines kostenlosen Angebots hat und bei einer Inanspruchnahme des angebotenen Produkts gleichwohl mit Aufwendungen belastet wird.

269 Von einem kostenlosen Angebot ist nicht auszugehen, wenn der Verbraucher beim Erwerb eines oder mehrerer Produkte eine weitere Ware oder Dienstleistung ohne zusätzliche Kosten erhält und auf den Zusammenhang mit dem kostenpflichtigen Erwerb von Produkten deutlich und unmissverständlich hingewiesen wird.[459] Das Angebot »Beim Kauf von drei Teilen ist das Teil mit dem niedrigsten Preis umsonst« oder die Werbung für eine Brille mit der Ankündigung »1 Glas geschenkt!«[460] stellen kein Gratisangebot für das dritte Teil oder ein Brillenglas dar. Der Verbraucher wird

455 OLG Köln, 30.12.2008, 6 W 180/08, GRUR 2009, 608.
456 FBO/*Obergfell* Anhang UWG Nr. 21 Rn. 12.
457 BGH, 06.11.2014, I ZR 26/13, GRUR 2015, 504 Rn. 14 – *Kostenlose Zweitbrille* zu § 7 Abs. 1 Satz 1 HWG.
458 *Köhler*/Bornkamm/Feddersen Anh. zu § 3 UWG Rn. 21.2.
459 BGH, 06.11.2014, I ZR 26/13, GRUR 2015, 504 Rn. 14 – *Kostenlose Zweitbrille* zu § 7 Abs. 1 Satz 1 HWG; zu Nr. 21: OLG Köln, 30.12.2008, 6 W 180/08, GRUR 2009, 608.
460 OLG Hamm, 06.08.2015, 4 U 137/14, GRUR-RR 2016, 28 Rn. 45.

darüber aufgeklärt, dass ein **kostenpflichtiges Gesamtangebot** vorliegt.[461] Am Vorliegen eines kostenpflichtigen Gesamtangebots ändert auch der Umstand nichts, dass der Unternehmer bei derartigen Kombinationsangeboten die Kosten des gratis beworbenen Teils in die Kalkulation des Preises des Gesamtangebots einfließen lässt oder Teile von geringer Qualität einstellt.[462] Wie der Unternehmer die Kosten für als gratis bezeichnete Teile des Gesamtangebots umlegt (etwa durch Kalkulation des Gesamtpreises oder Quersubventionierung aus den Erlösen des Gesamtsortiments) ist für die Frage der Kostenlosigkeit des Produktangebots nicht entscheidend. Diese beurteilt sich aus Sicht des Verbrauchers und diesem wird deutlich, dass er nur das Gesamtangebot erhält und dafür zahlen muss. Hier kann allenfalls der allgemeine Irreführungstatbestand greifen. Dass der Unternehmer regelmäßig Produkte von einigem Wert nicht verschenkt, sondern in seine Preiskalkulation einfließen lässt, ist dem Durchschnittsverbraucher ohnehin klar.[463] Nur wenn der Verbraucher nicht von einem Gesamtangebot, sondern mehreren selbständigen Angeboten ausgeht, sind die Angebote im Hinblick auf das Vorliegen eines Gratisangebots einzeln zu betrachten.[464] Wird die blickfangmäßige Ankündigung eines Gratisangebots durch aufklärende Hinweise, die am Blickfang teilhaben und eindeutig, klar und verständlich gestaltet sind, so erläutert, dass der Verbraucher versteht, dass er Kosten für das Produkt aufwenden muss, liegt kein kostenloses Angebot vor. Dass eine blickfangmäßige Angabe nicht durch aufklärende Hinweise ins Gegenteil verkehrt werden darf,[465] wird durch das per se-Verbot nach Nr. 21 nicht erfasst, sondern nur durch den allgemeinen Irreführungstatbestand. Preis- oder Mengenrabatte unterfallen nicht Nr. 21.[466]

Tatsächlich kostenlos ist das Produktangebot nur, wenn abgesehen von den in Nr. 21 **270**
Halbs. 2 angeführten Kosten vom Verbraucher weder ein Geldbetrag, ein geldwerter Vorteil noch eine irgendwie geartete Leistung zu erbringen ist. Fallen weitere Aufwendungen für den Verbraucher an, ist das Angebot nicht kostenlos.

Mit Nr. 21 vereinbar ist das Anfallen von Kosten, die im Zusammenhang mit dem **271**
Eingehen auf das Produktangebot und für die Abholung oder Lieferung der Ware oder die Inanspruchnahme der Dienstleistung unvermeidbar sind (Nr. 21 Halbs. 2). Hierzu rechnen die Kosten für die Annahme des Angebots oder Liefer- und Abholkosten. Mit Kosten dieser Art rechnet der Verbraucher auch bei kostenlosen Angeboten.[467] Voraussetzung ist, dass sie unvermeidbar sind. Das sind Porto- und Telekommunikati-

---

461 OLG München, 16.06.2016, 6 U 4300/15, WRP 2016, 1168, 1173.

462 A. A. LG Dortmund, 26.08.2014, 25 O 104/14, WRP 2014, 1360, 1362; *Köhler*/Bornkamm/Feddersen Anh. zu § 3 UWG Rn. 21.3; Götting/Nordemann/*Wirtz* § 3 Rn. 167.

463 BGH, 08.10.1998, I ZR 187/97, BGHZ 139, 368, 373 – *Handy für 0,00 DM* zu § 1 Abs. 1 ZugabeV; BGH, 06.11.2014, I ZR 26/13, GRUR 2015, 504 Rn. 17 – *Kostenlose Zweitbrille* zu § 7 Abs. 1 Satz 1 HWG.

464 BGH, 06.11.2014, I ZR 26/13, GRUR 2015, 504 Rn. 21 – *Kostenlose Zweitbrille* zu § 7 Abs. 1 Satz 1 HWG.

465 BGH, 24.05.2000, I ZR 222/97, GRUR 2001, 78, 79 – *Falsche Herstellerpreisempfehlung*; BGH, 20.12.2001, I ZR 215/98, GRUR 2002, 715, 716 – *Scanner-Werbung*.

466 Ohly/*Sosnitza* Anhang zu § 3 Abs. 3 UWG Rn. 59.

467 Götting/Nordemann/*Wirtz* § 3 Rn. 166.

onskosten zu den Grundtarifen und Fahrt- sowie Transportkosten. Der Unternehmer muss keine kostenlose Bestellnummer oder einen kostenlosen Lieferservice anbieten, um mit einem Gratisangebot werben zu können.[468] Vermeidbar sind Telekommunikationskosten für Sondertarife mit erhöhtem Entgelt für den Verbraucher und das übliche Maß übersteigende Fahrt- und Transportkosten. Vermeidbar sind weiter Bearbeitungs- und Stornokosten, Verpackungsgebühren sowie Provisionen.[469] Soweit die Kosten unvermeidbar sind und ihr Anfall sich schlüssig aus den Gesamtumständen ergibt, braucht der Unternehmer hierauf nicht gesondert hinzuweisen. Wird dagegen aufgrund des Angebots nicht deutlich, dass der Verbraucher das Produkt abholen muss, wird dadurch ein kostenloses Angebot nicht zu einem kostenpflichtigen Angebot i. S. von Nr. 21, wenn die Kosten der Abholung Nr. 21 Halbs. 2 unterfallen. In Betracht kommt nur der allgemeine Irreführungstatbestand des § 5 UWG.

272 Die **Darlegungs- und Beweislast** für die Voraussetzungen des Tatbestands der Nr. 21 hat nach allgemeinen Grundsätzen der Gläubiger. Dies gilt auch für die Einordnung anfallender Kosten i. S. von Nr. 21 Halbs. 2 als vermeidbare Kosten.[470]

XXII. Nr. 22 Zahlungsaufforderung in Werbematerial

273 **Unzulässige geschäftliche Handlungen im Sinne des § 3 Absatz 3 sind**
22. die Übermittlung von Werbematerial unter Beifügung einer Zahlungsaufforderung, wenn damit der unzutreffende Eindruck vermittelt wird, die beworbene Ware oder Dienstleistung sei bereits bestellt.

UGP-RL Anhang I zu Art. 5 (5) Nr. 21

21. Werbematerialien wird eine Rechnung oder ein ähnliches Dokument mit einer Zahlungsaufforderung beigefügt, die dem Verbraucher den Eindruck vermitteln, dass er das beworbene Produkt bereits bestellt hat, obwohl dies nicht der Fall ist.

274 Durch Nr. 22 des Anhangs zu § 3 Abs. 3 wird **Nr. 21 des Anhangs I der UGP-RL** umgesetzt. Inhaltlich entspricht die weitgehend wörtlich übernommene deutsche Bestimmung der Richtlinie.

275 Der **Normzweck** besteht im Schutz des Verbrauchers vor einer Irreführung darüber, dass er ein Produkt bereits bestellt hat und deshalb eine Zahlungsverpflichtung besteht. Der Verbraucher soll nicht in der irrtümlichen Annahme, er sei vertraglich verpflichtet, eine Zahlung erbringen. Während Nr. 22 vor einer irreführenden Geschäftspraktik schützt, ist Nr. 29, der die Aufforderung zur Bezahlung nicht bestellter, aber gelieferter Waren oder erbrachter Dienstleistungen oder eine Aufforderung zur Rücksendung oder Aufbewahrung nicht bestellter Sachen regelt, den aggressiven geschäftlichen Handlungen zuzurechnen. Nr. 29 soll Belästigungen mit nötigendem Charakter verhindern.[471]

---

468 *Büllesbach* S. 134.

469 Ohly/*Sosnitza* Anhang zu § 3 Abs. 3 UWG Rn. 60; *Büllesbach* S. 134.

470 A. A. *FBO/Obergfell* Anhang UWG Nr. 21 Rn. 35; wohl auch GK/*Lindacher* § 3 (E) Anh. Nr. 21 Rn. 19.

471 GK/*Lindacher* § 3 (E) Anh. Nr. 22 Rn. 2.

Nr. 22 ist ein abstrakter Irreführungstatbestand. Ob die Gefahr einer Irreführung von Verbrauchern im Einzelfall besteht, ist unerheblich. Es ist erst recht nicht erforderlich, dass Verbraucher Zahlungen leisten. Nr. 22 setzt – wie alle Tatbestände der schwarzen Liste – eine an einen Verbraucher gerichtete **geschäftliche Handlung** im Sinne des § 2 Abs. 1 Nr. 1 UWG voraus (Rdn. 10). Es erfolgt keine gesonderte Prüfung der **Verhältnismäßigkeit** (Rdn. 19) und auf das **Relevanzkriterium** kommt es nicht an (Rdn. 20). Nr. 22 ist eine verbraucherschützende Vorschrift. Sonstige Marktteilnehmer fallen nicht in den Schutzbereich. Auf diese ist Nr. 22 weder direkt noch analog anwendbar. Die Vorschrift ist im Rahmen ihres Anwendungsbereichs lex specialis zu § 5 Abs. 1. Ist eines der Tatbestandsmerkmale der Nr. 22 nicht verwirklicht, kann das allgemeine Irreführungsverbot greifen, soweit kein Wertungswiderspruch besteht.[472] **276**

Dem Verbraucher muss **Werbematerial übermittelt** werden. Der Begriff ist nicht eng auszulegen,[473] obwohl es sich um ein per se-Verbot handelt. Die Irreführung durch die Verknüpfung von Werbematerial mit einer Zahlungsaufforderung kann vielfältig sein und durch die Gestaltung des Mittels, mit dem der Unternehmer an den Verbraucher herantritt, soll der Anwendungsbereich der Norm nicht unnötig eingeengt werden. Unter Werbematerial fallen Werbemaßnahmen des Unternehmers zu einem Produkt (Ware oder Dienstleistung). Hierzu rechnen Kataloge, Prospekte, Werbeschreiben und Warenproben. Auf die Form des Werbematerials (Printform oder digitale Form, Schriftform, Abbildungen, Proben) kommt es nicht an.[474] Die Übermittlungsart ist nicht entscheidend. Ein Schreiben, das den Eindruck einer Rechnung erweckt, kann unter den Begriff des Werbematerials fallen. Aus dem Vergleich des englischen und französischen Textes der Richtlinie mit der deutschen Fassung ergibt sich, dass Werbematerial und Zahlungsaufforderung nicht zwei getrennte Dokumente sein müssen.[475] Eine Auftragsbestätigung mit Zahlungsaufforderung genügt. Die bloße Zusendung einer Zahlungsaufforderung oder einer Mahnung reicht nicht aus.[476] **277**

Der Unternehmer muss dem Werbematerial eine **Zahlungsaufforderung beifügen**. Im Text der Richtlinie ist dieses Tatbestandsmerkmal mit »eine Rechnung oder ein ähnliches Dokument mit einer Zahlungsaufforderung beigefügt« umschrieben. Die Zahlungsaufforderung kann in den übersandten Unterlagen ausdrücklich (Rechnung, Mahnung, wie eine Rechnung oder Mahnung aufgemachte Schreiben) oder schlüssig (ausgefüllter Überweisungsträger oder ausgefüllte Einzugsermächtigung) enthalten sein.[477] Dem Verbraucher muss der Eindruck vermittelt werden, der Absender fordere ihn auf, einen geschuldeten Betrag zu leisten. Maßgeblich ist die Sicht des Durchschnittsverbrauchers. **278**

---

472 BGH, 30.06.2011, I ZR 157/10, GRUR 2012, 194 Rn. 29 – Branchenbuch Berg.
473 BDS/*Koch* Anhang zu § 3 Abs. 3 UWG Rn. 138.
474 FBO/*Obergfell* Anhang UWG Nr. 22 Rn. 15.
475 *Büllesbach* S. 136; BDS/*Koch* Anhang zu § 3 Abs. 3 UWG Rn. 141; Götting/Nordemann/*Wirtz* § 3 Rn. 168.
476 *Köhler*/Bornkamm/Feddersen Anh. zu § 3 UWG Rn. 22.2.
477 GK/*Lindacher* § 3 (E) Anh. Nr. 22 Rn. 7.

279 **Beigefügt** ist die Zahlungsaufforderung, wenn sie zusammen mit dem Werbematerial übermittelt wird oder wenn ein so enger zeitlicher und räumlicher Zusammenhang mit der Überlassung des Werbematerials besteht, dass der Verbraucher in sachlicher Hinsicht einen unmittelbaren Bezug zwischen Werbematerial und Zahlungsaufforderung herstellt. Das Werbematerial und die Zahlungsaufforderung können in einem Schreiben enthalten sein, Werbematerial und Zahlungsaufforderung können in zwei Schreiben bestehen und in einem Briefumschlag oder in einer E-Mail als Anhänge enthalten sein oder Werbematerial und Zahlungsaufforderung werden in zwei Briefumschlägen oder zwei E-Mails gleichzeitig oder in unmittelbaren zeitlichen Zusammenhang übermittelt.[478] Wird in dem Werbematerial nur die Übersendung einer Rechnung angekündigt, reicht dies nicht aus.[479] Es kommt nicht darauf an, ob später tatsächlich eine Rechnung oder andere Zahlungsaufforderung zugesandt wird. Es fehlt der zeitliche Zusammenhang, der die Annahme rechtfertigt, die Zahlungsaufforderung sei dem Werbematerial beigefügt.

280 Durch das Werbematerial und die Zahlungsaufforderung muss dem Adressaten der **falsche Eindruck vermittelt werden, das beworbene Produkt sei bereits bestellt**. Der unrichtige Eindruck muss auf dem Werbematerial und der beigefügten Zahlungsaufforderung beruhen. Das setzt Kausalität voraus. Ein subjektives Element ist auf Seiten des Unternehmers nicht erforderlich. Der Tatbestand ist deshalb verwirklicht, selbst wenn der Unternehmer irrtümlich davon ausgeht, der Verbraucher habe bereits bestellt und sei zur Zahlung verpflichtet.[480] Dadurch wird der Unternehmer nicht unzumutbaren Risiken bei einer irrtümlichen Übermittlung einer Rechnung oder Mahnung ausgesetzt, weil deren isolierte Zusendung ohne Werbematerial für den Tatbestand Nr. 22 nicht ausreicht.

281 Wird dem Verbraucher zusammen mit dem Werbematerial eine Rechnung, eine Mahnung oder ein bereits ausgefüllter Überweisungsträger zugesandt, **entsteht regelmäßig der Eindruck**, er sei aufgrund einer bereits erfolgten Bestellung zur Zahlung verpflichtet. Entgegenstehende Hinweise müssen so deutlich formuliert sein, dass der Eindruck, aufgrund einer bereits erfolgten Bestellung zur Zahlung verpflichtet zu sein, in jedem Fall ausgeschlossen ist. Fraglich ist, ob insoweit auf die Sicht eines Durchschnittsverbrauchers, auf die Sicht einer kleinen Gruppe von Verbrauchern, die keine situationsadäquate Aufmerksamkeit aufbringt, oder auf eine objektive Sicht abzustellen ist. Das Problem besteht deshalb, weil in derartigen Fällen nicht ausgeschlossen ist, dass die Geschäftspraktik für den Unternehmer schon Erfolg hat, wenn der ganz überwiegende Teil der angesprochenen Verkehrskreise den richtigen Zusammenhang erkennt und keine Zahlungen leistet, aber ein kleiner Teil des Publikums der Zahlungsaufforderung

---

478 Harte/Henning/*Dreyer* Anhang zu § 3 Abs. 3 Nr.22 Rn. 12 und 13; FBO/*Obergfell* Anhang UWG Nr. 22 Rn. 24.

479 Ohly/*Sosnitza* Anhang zu § 3 Abs. 3 UWG Rn. 63; a. A. Harte/Henning/*Dreyer* Anhang zu § 3 Abs. 3 Nr.22 Rn. 13.

480 FBO/*Obergfell* Anhang UWG Nr. 22 Rn. 25; a. A. GK/*Lindacher* § 3 (E) Anh. Nr. 22 Rn. 12; offengelassen zu Nr. 29 BGH, 17.08.2011, I ZR 134/10, GRUR 2012, 82 Rn. 12 – *Auftragsbestätigung.*

nachkommt. Gleichwohl ist diese Art der Geschäftspraktik, die nur auf den kleinen Teil der angesprochenen Verkehrskreise abzielt, die sich täuschen lassen, durch Nr. 22 nicht zu erfassen. Maßgeblich bleibt die Sicht des Durchschnittsverbrauchers. Eine ausdehnende Auslegung der Bestimmung ist mit dem Charakter als per se-Verbot nicht zu vereinbaren. Vielmehr müssen derartige Geschäftspraktiken über den allgemeinen Irreführungstatbestand untersagt werden.

Die **Darlegungs- und Beweislast** für die Voraussetzungen des Tatbestands trägt nach allgemeinen Grundsätzen der Gläubiger. **282**

XXIII. Nr. 23 Auftreten eines Unternehmers als Verbraucher

Unzulässige geschäftliche Handlungen im Sinne des § 3 Absatz 3 sind **283**

23. die unwahre Angabe oder das Erwecken des unzutreffenden Eindrucks, der Unternehmer sei Verbraucher oder nicht für Zwecke seines Geschäfts, Handels, Gewerbes oder Berufs tätig.

UGP-RL Anhang I zu Art. 5 (5) Nr. 22

22. Fälschliche Behauptung oder Erweckung des Eindrucks, dass der Händler nicht für die Zwecke seines Handels, Geschäfts, Gewerbes oder Berufs handelt, oder fälschliches Auftreten als Verbraucher.

Durch Nr. 23 des Anhangs zu § 3 Abs. 3 wird **Nr. 22 des Anhangs I der UGP-RL** umgesetzt. Der deutsche Gesetzgeber hat den Richtlinientext nicht wörtlich übernommen, sondern an die Begrifflichkeiten des UWG angepasst. Inhaltliche Änderungen gegenüber der Richtlinie sind damit nicht verbunden. **284**

Der **Normzweck** besteht im Schutz des Verbrauchers vor einer Irreführung über den Umstand, dass sein Geschäftspartner Unternehmer ist. Der Verbraucher soll vor dem Auftreten eines Unternehmers als Verbraucher oder einer Verschleierung des dem Unternehmens- und nicht dem Privatbereich zuzurechnenden Verhaltens bewahrt werden. Erkennt der Verbraucher nicht, dass ihm gegenüber ein Unternehmer auftritt oder rechnet er das Verhalten nicht dem unternehmerischen oder beruflichen Bereich seines Geschäftspartners zu, verhält er sich erfahrungsgemäß anders als gegenüber einem Unternehmer. Zudem kann der Verbraucher aus der Annahme, mit einem Verbraucher ein Geschäft abzuschließen, unzutreffende Folgerungen in rechtlicher oder wirtschaftlicher Hinsicht ziehen. Rechtlich gelten bei Geschäften zwischen Verbrauchern zahlreiche Schutzbestimmungen nicht, in denen darauf abgestellt wird, dass ein Unternehmer das Geschäft mit einem Verbraucher abschließt. Wirtschaftlich kann der Verbraucher *falsche Schlüsse aus* dem Umstand ziehen, dass er es auf der Gegenseite mit einem Verbraucher zu tun hat. So kann er von einer günstigeren Gegenleistung ausgehen, weil er annimmt, sein Geschäftspartner müsse nicht wie ein Unternehmer kalkulieren und Kosten sowie einen Gewinnanteil in den Preis einbeziehen.[481] **285**

481 *Büllesbach* S. 139.

286 Nr. 23 ist ein abstrakter Irreführungstatbestand. Ob die Gefahr einer Irreführung von Verbrauchern im Einzelfall besteht, ist unerheblich. Es ist erst recht nicht erforderlich, dass Verbraucher tatsächlich irregeführt werden. Nr. 23 setzt – wie alle Tatbestände der schwarzen Liste – eine an einen Verbraucher gerichtete **geschäftliche Handlung** im Sinne des § 2 Abs. 1 Nr. 1 UWG voraus (Rdn. 10). Es erfolgt keine gesonderte Prüfung der **Verhältnismäßigkeit** (Rdn. 19) und auf das **Relevanzkriterium** kommt es nicht an (Rdn. 20). Nr. 23 ist eine verbraucherschützende Vorschrift. Sonstige Marktteilnehmer fallen nicht in den Schutzbereich. Auf diese ist Nr. 23 weder direkt noch analog anwendbar. Die Vorschrift ist im Rahmen ihres Anwendungsbereichs lex specialis zu § 5 Abs. 1 Satz 2 Nr. 2 und 3. Ist eines der Tatbestandsmerkmale der Nr. 23 nicht verwirklicht, kann das allgemeine Irreführungsverbot greifen, soweit kein Wertungswiderspruch besteht.

287 Es muss eine **unwahre Angabe** (zum Begriff Rdn. 27) vorliegen oder der Unternehmer muss **einen unzutreffenden Eindruck erwecken**. Ein unzutreffender Eindruck kann durch schlüssiges Verhalten hervorgerufen werden. Der Unternehmer muss entweder ausdrücklich erklären, er sei Verbraucher oder handele nicht für sein Unternehmen, oder dies muss aus Sicht eines Durchschnittsverbrauchers den Gesamtumständen auch ohne ausdrückliche Erklärung des Verbrauchers zu entnehmen sein. Ein schlüssiges Verhalten liegt etwa in einer Werbung oder Angebot in einem Medium – etwa einer Verkaufsplattform – oder Anzeigenteil, in dem typischer Weise von Privaten annonciert wird, ohne dass ein klarstellender Zusatz erfolgt.[482]

288 Der Tatbestand ist nicht verwirklicht, wenn der Unternehmer zu erkennen gibt, geschäftlich oder beruflich zu handeln und nur keine Erwerbsinteressen zu verfolgen.[483] Gibt der Unternehmer vor, nicht als Privatmann sondern in seiner Eigenschaft als Unternehmer **gemeinnützig** tätig zu werden, und täuscht er über die Selbstlosigkeit seines Verhaltens, verschleiert er sein unternehmerisches Handeln nicht. Eine Ausdehnung der Nr. 23 auf eine solche Fallkonstellation ist mit dem Wortlaut und dem Charakter als per se-Verbot nicht vereinbar. Ansonsten würden schwierige Abgrenzungsfragen aufgeworfen, weil gemeinnützige und humanitäre Aktionen und Sponsoringaktivitäten von Unternehmen häufig aus Imagegründen veranstaltet werden und eine Unternehmenswerbung beinhalten. Gemeinnützige Einrichtungen sind vielfach unternehmerisch aktiv. Nehmen diese mit juristischen Personen des Privatrechts am Geschäftsleben gegenüber Verbrauchern teil, verschleiern sie allein durch ihren Auftritt bei gemeinnützigen Aktivitäten nicht ihre Unternehmereigenschaft.

289 **Unwahr** ist die Angabe oder das Hervorrufen des Eindrucks, wenn der Unternehmer vorgibt, er sei Verbraucher oder er handele nicht für sein Unternehmen. Die Angabe

---

482 *Büllesbach* S. 139.

483 JurisPK-UWG/*Diekmann* Anhang zu § 3 Abs. 3 (Nr. 23) Rn. 5; a. A. Begründung des Regierungsentwurfs eines Ersten Gesetzes zur Änderung des Gesetzes gegen den unlauteren Wettbewerb, *BT. Drucks. 16/10145 S. 34*; FBO/*Obergfell* Anhang UWG Nr. 23 Rn. 11; BDS/*Koch* Anhang zu § 3 Abs. 3 UWG Rn. 143; GK/*Lindacher* § 3 (E) Anh. Nr. 22 Rn. 11; Ohly/*Sosnitza* Anhang zu § 3 Abs. 3 UWG Rn. 64.

muss objektiv unrichtig sein. Auf subjektive Elemente oder einen Irrtum auf Seiten des Unternehmers kommt es nicht an.

Der Unternehmer muss als **Verbraucher** auftreten oder angeben, **nicht für Zwecke seines Unternehmens zu handeln**. Dass sein Geschäftspartner Verbraucher ist, kann sich aus der maßgeblichen Sicht eines Durchschnittsverbrauchers sowohl aus einer ausdrücklichen Angabe als auch aus den Gesamtumständen ergeben. Wegen des Begriffs des Verbrauchers verweist § 2 Abs. 2 auf § 13 BGB. Für die Auslegung des Tatbestands der Nr. 23, durch den die UGP-RL umgesetzt wird, ist die Definition der Richtlinie maßgeblich. Nach Art. 2 lit. a UGP-RL ist Verbraucher jede natürliche Person, die im Geschäftsverkehr im Sinne der UGP-RL zu Zwecken handelt, die nicht ihrer gewerblichen, handwerklichen oder beruflichen Tätigkeit zugerechnet werden können. Insoweit ist der Verbraucherbegriff richtlinienkonform auszulegen. Ein Unternehmer, der auf einer Verkaufsplattform, die sowohl Angebote von Privatleuten als auch von Unternehmern enthält, ein Angebote einstellt, muss dafür sorgen, dass sein Angebot als dasjenige eines Gewerbetreibenden zu erkennen ist. Ansonsten läuft er Gefahr, dass aus Sicht des Durchschnittsverbrauchers eine Offerte eines Privaten vorliegt. Führt ein Unternehmer auf seiner Internetseite Kundenbewertungen von Privatleuten an, die von ihm selbst stammen, liegt eine Täuschung in zweifacher Hinsicht vor. Der Unternehmer erweckt den Eindruck einer Bewertung, (1) die von einem Dritten stammt, (2) der Verbraucher ist. Die unwahre Angabe erfüllt den Tatbestand des per se-Verbots nach Nr. 23.[484] 290

Ein Auftreten als Verbraucher kann nicht nur bei Absatzhandlungen des Unternehmers, sondern auch bei **Nachfragehandlungen** vorliegen.[485] Die UGP-RL und die Definition der Geschäftspraktik in Art. 2 lit. d UGP-RL entfalten insoweit jedenfalls keine Sperrwirkung[486] und die geschäftliche Handlung i. S. des § 2 Abs. 1 Nr. 1 umfasst die Nachfragehandlung eines Unternehmers.[487] 291

Durch Nr. 23 erfasst wird auch die unwahre Angabe oder das Hervorrufen des unzutreffenden Eindrucks, der Unternehmer handele **nicht zu gewerblichen oder beruflichen Zwecken** erfasst. Die Richtlinie umschreibt dies mit »für die Zwecke seines Handels, Geschäfts, Gewerbes oder Berufs«. Mit Zwecke des Berufs ist die freiberufliche Tätigkeit gemeint. Die Zwecke, die die Richtlinie und die deutsche Bestimmung anführen, bezeichnen ein unternehmerisches Handeln. Die Voraussetzung ist gegeben, wenn der Gewerbetreibende zwar seine Unternehmereigenschaft offenlegt, aber angibt, er werde ausschließlich zu privaten Zwecken tätig. Dadurch muss ausdrücklich oder schlüssig der Eindruck vermittelt werden, nicht zu gewerblichen, geschäftlichen oder 292

484 *Köhler*/Bornkamm/Feddersen Anh. zu § 3 UWG Rn. 23.3; a. A. Ohly/*Sosnitza* Anhang zu § 3 Abs. 3 UWG Rn. 64; FBO/*Obergfell* Anhang UWG Nr. 23 Rn. 15.

485 *Köhler*/Bornkamm/Feddersen Anh. zu § 3 UWG Rn. 23.1 und 5; Ohly/*Sosnitza* Anhang zu § 3 Abs. 3 UWG Rn. 65; BDS/*Koch* Anhang zu § 3 Abs. 3 UWG Rn. 145; a. A. *Büllesbach* S. 139 f; jurisPK-UWG/*Diekmann* Anhang zu § 3 Abs. 3 (Nr. 23) Rn. 6.

486 GK/*Lindacher* § 3 (E) Anh. Nr. 22 Rn. 13 f; FBO/*Obergfell* Anhang UWG Nr. 23 Rn. 18.

487 BGH, 17.07.2008, I ZR 197/05, GRUR 2008, 925 Rn. 14–16 – *FC Troschenreuth*; BGH, 11.12.2014, I ZR 113/13, GRUR 2015, 694 Rn. 26 – *Bezugsquellen für Bachblüten*; *Koch*, FS Köhler, 2014, 359, 360.

beruflichen Zwecken zu handeln. Wird der Unternehmer für sein Unternehmen tätig und macht er dies deutlich, ist das Tatbestandsmerkmal nicht erfüllt.[488] Dass er mit seiner Geschäftstätigkeit einen zusätzlichen sozialen, gemeinnützigen oder humanitären Zweck verfolgt, ist gleichgültig.

293 Die **Darlegungs- und Beweislast** für die Voraussetzungen der Norm trägt nach allgemeinen Grundsätzen der Gläubiger.

XXIV. Nr. 24 Kundendienst in anderen Mitgliedstaaten

294 **Unzulässige geschäftliche Handlungen im Sinne des § 3 Absatz 3 sind**

24. die unwahre Angabe oder das Erwecken des unzutreffenden Eindrucks, es sei im Zusammenhang mit Waren oder Dienstleistungen in einem anderen Mitgliedstaat der Europäischen Union als dem des Warenverkaufs oder der Dienstleistung ein Kundendienst verfügbar.

UGP-RL Anhang I zu Art. 5 (5) Nr. 23

23. Erwecken des fälschlichen Eindrucks, dass der Kundendienst im Zusammenhang mit einem Produkt in einem anderen Mitgliedstaat verfügbar sei als demjenigen, in dem das Produkt verkauft wird.

295 Durch Nr. 24 des Anhangs zu § 3 Abs. 3 wird **Nr. 23 des Anhangs I der UGP-RL** umgesetzt. Der deutsche Gesetzgeber hat den Richtlinientext nicht wörtlich übernommen, sondern an die Begrifflichkeiten des UWG angepasst. Inhaltliche Änderungen gegenüber der Richtlinie sind damit nicht verbunden.

296 Der **Normzweck** besteht im Schutz des Verbrauchers vor einer Irreführung über einen Kundendienst, der in einem anderen Mitgliedstaat der Union vorhanden ist als demjenigen, in dem das Produkt verkauft worden ist. Der Tatbestand betrifft grenzüberschreitende Sachverhalte innerhalb der Europäischen Union. Der Verbraucher soll vor unrichtigen Erklärungen geschützt werden, die darin bestehen, dass ihm nachvertragliche Serviceleistungen angeboten werden. Für den Verbraucher, der in einem anderen Mitgliedstaat als demjenigen wohnt, in dem der Verkauf des Produkts erfolgt, kann die Frage, ob er Kundendienstleistungen in räumlicher Nähe in Anspruch nehmen kann, von Bedeutung sein. Er soll davor geschützt werden, dass solche nachvertraglichen Serviceleistungen angekündigt werden, tatsächlich aber nicht verfügbar sind. Die Vorschrift dient neben Nr. 8 des Anhangs dazu, den grenzüberschreitenden Waren- und Dienstleistungsbezug durch Schutz vor einer sehr speziellen Irreführung zu verbessern.[489] Wegen des engen Anwendungsbereichs des per se-Verbots ist die praktische Bedeutung der Vorschrift bisher gering.

297 Nr. 24 ist ein abstrakter Irreführungstatbestand. Ob die Gefahr einer Irreführung von Verbrauchern im Einzelfall besteht, ist unerheblich. Es ist erst recht nicht erforderlich,

488 Streitig hierzu Rdn. 288, Rdn. 290.
489 *Büllesbach* S. 141.

dass Verbraucher tatsächlich irregeführt werden. Nr. 24 setzt – wie alle Tatbestände der schwarzen Liste – eine an einen Verbraucher gerichtete **geschäftliche Handlung** im Sinne des § 2 Abs. 1 Nr. 1 UWG voraus (Rdn. 10). Es erfolgt keine gesonderte Prüfung der **Verhältnismäßigkeit** (Rdn. 19) und auf das **Relevanzkriterium** kommt es nicht an (Rdn. 20). Nr. 24 ist eine verbraucherschützende Vorschrift. Sonstige Marktteilnehmer fallen nicht in den Schutzbereich. Auf diese ist Nr. 24 weder direkt noch analog anwendbar. Die Vorschrift ist im Rahmen ihres Anwendungsbereichs lex specialis zu § 5 Abs. 1 Satz 2 Nr. 1.

Es muss eine **unwahre Angabe** (zum Begriff Rdn. 27) vorliegen oder der Unternehmer **298**
muss **einen unzutreffenden Eindruck erwecken**. Ein unzutreffender Eindruck kann durch schlüssiges Verhalten hervorgerufen werden. Die ausdrückliche oder sich aus den Umständen schlüssig ergebende Erklärung ist **unwahr**, wenn in dem Mitgliedstaat, auf den sich die Aussage bezieht, entgegen der Ankündigung kein Kundendienst vorhanden ist. Die Angabe muss nur objektiv unrichtig sein. Ob den Unternehmer ein Verschulden trifft oder er sich in einem Irrtum befand, ist unerheblich. Maßgeblich für die Beurteilung ist grundsätzlich der Zeitpunkt der Abgabe der Erklärung. Wird erst später die Entscheidung getroffen, den Kundendienst einzustellen, ist die Angabe nicht unwahr.

Kundendienst i. S. von Nr. 24 sind nur Serviceleistungen, die nach Vertragserfüllung **299**
erbracht werden.[490] Verpflichtet sich der Unternehmer zur Lieferung und zum Aufbau einer Küche, ist das Aufstellen und Anschließen der Küchenteile Teil der Erfüllung der im Vertrag übernommenen, im Gegenseitigkeitsverhältnis stehenden Pflichten und kein Kundendienst. Es muss sich um eine nachvertragliche Leistung handeln. Ob sie im Vertrag vereinbart worden ist oder eine getrennt in Auftrag zu gebende Serviceleistung vorliegt und ob sie entgeltlich oder unentgeltlich vom Unternehmer zu erbringen ist, ist nicht von Belang.[491] Kundendienstleistungen sind die Ausführung von Garantieleistungen,[492] Wartungs- und Reparaturarbeiten, eine Hotline zur Fehlerbeseitigung oder Produkterklärung und Software-Updates. Nach der Richtlinie und der deutschen Norm muss **die Angabe einen Zusammenhang zwischen dem Produkt und dem Kundendienst herstellen**. Der Kundendienst muss für das Produkt oder eine Gesamtheit von Produkten angekündigt werden. Die isolierte Herausstellung eines Kundendienstes ohne Produktbezug genügt nicht. Der Begriff »Produkt« in Nr. 23 Anhang I der Richtlinie umfasst entsprechend der Definition in Art. 2 lit. c UGP-RL Waren und Dienstleistungen. Dass dazu die Formulierung »verkauft« des Richtlinientextes nicht passt, ist in Anbetracht der eindeutigen Definition des Produkts unerheblich.

Die Aussage muss sich auf einen Kundendienst **in einem anderen EU-Mitgliedstaat** **300**
als demjenigen beziehen, in dem das Produkt verkauft worden ist. Die Ankündigung eines Kundendienstes im Mitgliedstaat des Verkaufsorts und eines Staates außerhalb der EU sind nicht einschlägig. Das gilt auch für die Staaten des EWR. Der **Mitglied-**

490 Ohly/*Sosnitza* Anhang zu § 3 Abs. 3 UWG Rn. 66.
491 FBO/*Obergfell* Anhang UWG Nr. 24 Rn. 11.
492 JurisPK-UWG/*Diekmann* Anhang zu § 3 Abs. 3 (Nr. 24) Rn. 4.

staat des Verkaufs des Produkts ist der Staat der EU, von dem der Unternehmer aus Verbrauchersicht geschäftlich handelt.[493] Das ist nicht zwangsläufig der Staat, in dem die Ware ausgeliefert oder die Dienstleistung erbracht wird. Versendet der in Italien ansässige Unternehmer die Ware auf Verlangen des Käufers nach Deutschland oder erbringt der polnische Malerbetrieb seine Dienstleistungen in Deutschland, liegt der Ort des Verkaufs im ersten Beispiel in Italien und im zweiten Beispiel in Polen.[494]

301 Der Kundendienst muss **verfügbar** sein. Das ist nicht der Fall, wenn er überhaupt nicht besteht oder wenn er nur wesentlich eingeschränkt besteht, ohne dass der Unternehmer bei der Ankündigung darauf hingewiesen hat. Wird ein EU-weiter Kundendienst versprochen, muss die Serviceleistung auch nahezu im gesamten Gebiet der EU erbracht werden. Nicht verfügbar ist ein Kundendienst in einer anderen Sprache als derjenigen des Mitgliedstaats, in dem die Serviceleistung erbracht werden soll.[495]

302 Die **Darlegungs- und Beweislast** für die Voraussetzungen des Tatbestands liegt beim Gläubiger.

XXV. Nr. 25 Festhalten in Räumlichkeiten

303 **Unzulässige geschäftliche Handlungen im Sinne des § 3 Absatz 3 sind**

25. das Erwecken des Eindrucks, der Verbraucher könne bestimmte Räumlichkeiten nicht ohne vorherigen Vertragsabschluss verlassen.

UGP-RL Anhang I zu Art. 5 (5) Nr. 24

24. Erwecken des Eindrucks, der Verbraucher könne die Räumlichkeiten ohne Vertragsabschluss nicht verlassen.

304 Durch Nr. 25 des Anhangs zu § 3 Abs. 3 wird **Nr. 24 des Anhangs I der UGP-RL** umgesetzt. Der deutsche Normtext, der nahezu wörtlich übernommen worden ist, entspricht inhaltlich der Richtlinie.

305 Der **Normzweck** besteht im Schutz des Verbrauchers vor einer Nötigung durch Festhalten in Räumlichkeiten, durch die der Verbraucher zu einem Vertragsschluss veranlasst werden soll.

306 Nr. 25 ist ein abstrakter Tatbestand einer aggressiven Geschäftspraktik. Ob das Verhalten zum Erfolg geführt hat oder ob Verbraucher, um den Raum zu verlassen, erwogen haben, einen Vertrag zu schließen, ist unerheblich. Nr. 25 setzt – wie alle Tatbestände der schwarzen Liste – eine an einen Verbraucher gerichtete **geschäftliche Handlung** im Sinne des § 2 Abs. 1 Nr. 1 UWG voraus (Rdn. 10). Das Verhalten muss vom Unternehmer, seinen Mitarbeitern oder für den Unternehmer handelnden Dritten ausgehen. Es erfolgt keine gesonderte Prüfung der **Verhältnismäßigkeit** (Rdn. 19) und auf das

493 GK/*Lindacher* § 3 (E) Anh. Nr. 24 Rn. 8; FBO/*Obergfell* Anhang UWG Nr. 24 Rn. 16; BDS/*Koch* Anhang zu § 3 Abs. 3 UWG Rn. 153; *Büllesbach* S. 144.
494 *Büllesbach* S. 144.
495 FBO/*Obergfell* Anhang UWG Nr. 24 Rn. 13.

Relevanzkriterium kommt es nicht an (Rdn. 20). Nr. 25 ist eine verbraucherschützende Vorschrift. Sonstige Marktteilnehmer fallen nicht in den Schutzbereich. Auf diese ist Nr. 25 weder direkt noch analog anwendbar. Regelmäßig wird das in Nr. 25 beschriebene Vorgehen gegenüber einem sonstigen Marktteilnehmer die Voraussetzungen einer aggressiven geschäftlichen Handlung i. S. des § 4a Abs. 1 Satz 2 erfüllen. Nr. 25 ist im Rahmen ihres Anwendungsbereichs lex specialis zu § 4a Abs. 1 Satz 2.

Erwecken des Eindrucks umfasst Angaben und Verhaltensweisen, die geeignet sind, 307
den Verbraucher zu der Annahme zu veranlassen, die Räume nur unter den in Nr. 25 genannten Voraussetzungen verlassen zu können. Maßgeblich ist die Sicht eines verständigen Durchschnittsverbrauchers der angesprochenen Verkehrskreise. Die Ankündigung muss ernst zu nehmen sein. Offensichtlich spaßig gemeinte Äußerungen reichen nicht. Ob die angesprochenen Verbraucher die Erklärung tatsächlich ernst nehmen, ist nicht entscheidend. Es kommt nicht darauf an, ob eine verbale oder nonverbale Ankündigung vorliegt oder tatsächliche Vorkehrungen getroffen werden, um die Anwesenden am Verlassen des Raums zu hindern. Schlüssiges Verhalten genügt. Der Ankündigende braucht nicht willens und in der Lage zu sein, die Verbraucher in den Räumlichkeiten festzuhalten. Die in Rede stehende Verhaltensweise muss nicht die Intensität einer Nötigung im strafrechtlichen Sinn (§ 240 StGB) erreichen.[496] Es muss aber ein Verhalten vorliegen, das über eine bloße Empfehlung oder einen moralischen Appell an Verbraucher hinausgeht, für eine Ware oder Dienstleistung einen finanziellen Betrag aufzuwenden. Kassen an Selbstbedienungsmärkten, der Aushang in einem Restaurant oder einem Einkaufszentrum, für die Toilettenbenutzung einen Betrag zu zahlen, und der Mitarbeiter des Unternehmens, der sich dort aufhält und einen Geldteller aufgestellt hat, erfüllen für sich genommen nicht den Tatbestand der Nr. 25.[497] Es reicht aus, dass objektiv aus Sicht des Verbrauchers der Eindruck entsteht.[498] Nicht erforderlich ist, dass der Handelnde vorsätzlich oder fahrlässig den Eindruck hervorruft. Ein Irrtum des Ankündigenden entlastet ihn nicht.

Der Eindruck, der hervorgerufen wird, muss sich darauf beziehen, **die Räumlichkeiten** 308
nicht ohne Vertragsschluss verlassen zu können. Der Begriff »**Räumlichkeiten**« ist nach Sinn und Zweck der Norm nicht eng auszulegen.[499] Es muss sich um eine umgrenzte Einrichtung handeln.[500] Die Umgrenzung muss nicht dauerhaft bestehen. Darunter fallen Räume, eingezäunte Parkplätze, Schiffe, Flugzeuge oder Kraftfahrzeuge. Frei zugängliche Flächen ohne Grenzeinrichtungen, die ein Verlassen verhindern, genügen nicht. Die Räume brauchen sich nicht im Besitz des Unternehmers zu befinden. Es kann sich um Räumlichkeiten eines Dritten oder des Verbrauchers oder um öffentliche Räume handeln.

---

496 Begründung des Regierungsentwurfs eines Ersten Gesetzes zur Änderung des Gesetzes gegen den unlauteren Wettbewerb, BT. Drucks. 16/10145 S. 34.

497 A. A. *Hoeren*, BB 2008, 1182, 1190.

498 BDS/*Koch* Anhang zu § 3 Abs. 3 UWG Rn. 156.

499 Götting/Nordemann/*Wirtz* § 3 Rn. 171.

500 GK/*Pahlow* § 3 (E) Anh. Nr. 25 Rn. 4.

309 Der Verbraucher muss aufgrund des Verhaltens des Unternehmers annehmen, **ohne Vertragsschluss die Räumlichkeiten nicht verlassen zu können**. Es muss der Eindruck vermittelt werden, nur bei einem Vertragsschluss aus den Räumlichkeiten herauszukommen. In der Richtlinie ist nicht ausdrücklich angeführt, dass der Vertragsschluss **vorher** erfolgen muss. Das wird zwar dem Regelfall entsprechen. Es reicht aber aus, dass der Verbraucher den Abschluss des Vertrags zusagt, wenn er sich nicht ohne weiteres von dieser Zusage wieder lösen kann, weil er sich rechtlich schon bindet oder eine tatsächliche Drucksituation zur Einhaltung der Zusage besteht.[501] Bloße Absichtserklärungen reichen nicht. Der Vertrag muss nicht mit dem Unternehmer geschlossen werden, der den Eindruck vermittelt.[502] Es kann auf einen Vertragsschluss mit einem beliebigen Dritten, auf die Erteilung einer Vollmacht zu einem Vertragsschluss oder auf die Genehmigung eines schwebend unwirksamen Vertrags hingewirkt werden.[503] Ein beliebiger Vertragsschluss reicht aus. Der Vertrag braucht nicht auf den Bezug eines Produkts gerichtet zu sein. Ein Änderungs-, Aufhebungs- oder Verzichtsvertrag unterfällt Nr. 25.[504]

310 Die **Darlegungs- und Beweislast** für das Vorliegen der Voraussetzungen des Tatbestands trägt nach allgemeinen Grundsätzen der Gläubiger.

XXVI. Nr. 26 Weigerung die Wohnung zu verlassen

311 **Unzulässige geschäftliche Handlungen im Sinne des § 3 Absatz 3 sind**

26. bei persönlichem Aufsuchen in der Wohnung die Nichtbeachtung einer Aufforderung des Besuchten, diese zu verlassen oder nicht zu ihr zurückzukehren, es sein denn, der Besuch ist zur rechtmäßigen Durchsetzung einer vertraglichen Verpflichtung gerechtfertigt.

UGP-RL Anhang I zu Art. 5 (5) Nr. 25

25. Nichtbeachtung der Aufforderung des Verbrauchers bei persönlichen Besuchen in dessen Wohnung, diese zu verlassen bzw. nicht zurückzukehren, außer in Fällen und in den Grenzen, in denen dies nach dem nationalen Recht gerechtfertigt ist, um eine vertragliche Verpflichtung durchzusetzen.

312 Durch Nr. 26 des Anhangs zu § 3 Abs. 3 wird **Nr. 25 des Anhangs I der UGP-RL** umgesetzt. Der deutsche Text der Nr. 26 entspricht inhaltlich der Richtlinie.

313 Der **Normzweck** besteht im Schutz vor einem aggressiven Verhalten im Zusammenhang mit dem Aufsuchen der Wohnung eines Verbrauchers. Dieser soll in seiner Wohnung keiner nötigungsähnlichen Drucksituation ausgesetzt werden.

314 Nr. 26 ist ein abstrakter Tatbestand einer aggressiven Geschäftspraktik. Ob das mit dem Verhalten verfolgte Ziel durchgesetzt werden kann, ist unerheblich. Nr. 26 setzt –

---

501 FBO/*Steinbeck* Anhang UWG Nr. 25 Rn. 12.
502 *GK/Pahlow § 3 (E) Anh. Nr. 25 Rn. 8.*
503 *Köhler*/Bornkamm/Feddersen Anh. zu § 3 UWG Rn. 25.4.
504 Götting/Nordemann/*Wirtz* § 3 Rn. 171.

wie alle Tatbestände der schwarzen Liste – eine an einen Verbraucher gerichtete **geschäftliche Handlung** im Sinne des § 2 Abs. 1 Nr. 1 UWG voraus (Rdn. 10). Es erfolgt keine gesonderte Prüfung der **Verhältnismäßigkeit** (Rdn. 19) und auf das **Relevanzkriterium** kommt es nicht an (Rdn. 20).

Nr. 26 ist eine verbraucherschützende Vorschrift. **Sonstige Marktteilnehmer** fallen **315** nicht in den Schutzbereich. Auf diese ist Nr. 26 weder direkt noch analog anwendbar. Regelmäßig wird das in Nr. 26 beschriebene Vorgehen gegenüber einem sonstigen Marktteilnehmer die Voraussetzungen einer aggressiven geschäftlichen Handlung i. S. des § 4a Abs. 1 Satz 2 erfüllen. Nr. 26 ist im Rahmen ihres Anwendungsbereichs lex specialis zu § 4a Abs. 1 Satz 2. Das per se-Verbot lässt nicht den Schluss zu, dass Haustürgeschäfte grundsätzlich lauterkeitsrechtlich bedenklich sind.

Der Unternehmer, ein Mitarbeiter oder ein für den Unternehmer handelnder Dritter **316** muss den Verbraucher in seiner Wohnung aufsuchen. **Wohnung** ist ein abgeschlossener Bereich für die private Lebensführung innerhalb eines Hauses. Dazu rechnen nicht Geschäftsräume, Hotelzimmer oder Schiffskabinen.[505] Durch eine gegenteilige Annahme wird die Bestimmung extensiv ausgelegt, was mit dem Charakter als per se-Verbot nicht zu vereinbaren ist. Ob der Verbraucher Besitzer oder Eigentümer der Wohnung ist, ist nicht erheblich. Das Tatbestandsmerkmal der Richtlinie »in dessen Wohnung« ist nicht im Rechtssinne zu verstehen. Das folgt aus dem Schutzzweck der Norm. Der Verbraucher kann Angehöriger oder Partner des Wohnungsinhabers sein. Ein Verbraucher, der nur vorübergehender Besucher in der Wohnung ist, fällt nicht in den Schutzbereich der Nr. 26. Das macht die Formulierung der Richtlinie »in dessen Wohnung« deutlich. Auf den Grund für das Aufsuchen des Verbrauchers in der Wohnung kommt es nicht an. Der Besucher muss in die Wohnung gelangen. Bleibt er vor der Wohnung, wird der Tatbestand nicht verwirklicht. Unerheblich ist, ob der Verbraucher den Besucher in die Wohnung gelassen hat oder dieser sich ohne Erlaubnis Zutritt zu der Wohnung verschafft hat.

Die Aufforderung des Besuchten, die Wohnung zu verlassen oder nicht zu ihr zurück- **317** zukehren, muss der Besucher unbeachtet lassen. Die Aufforderung kann ausdrücklich ausgesprochen werden oder sich schlüssig aus den Umständen ergeben. Es muss sich nicht um eine Erklärung in ultimativer Form handeln. Einer höflich vorgebrachten oder schlüssigen Erklärung kann die Aufforderung zum Verlassen der Wohnung zu entnehmen sein. Die Erklärung »Ich möchte Sie bitten, die Wohnung zu verlassen« oder je nach den Gesamtumständen die Angabe »Es ist jetzt alles gesagt« reicht aus. Für die Aufforderung, nicht zurückzukehren, gelten dieselben Maßstäbe. Die Erklärung muss aus Sicht eines Durchschnittsverbrauchers deutlich machen, dass der Unternehmer die Wohnung verlassen oder nicht mehr zurückkommen soll.

Nichtbeachtet ist die Aufforderung, wenn der Unternehmer die Wohnung nicht ver- **318** lässt. Für einen Verstoß reicht es aus, wenn er nicht sofort dem Ersuchen nach-

505 A. A. zu Hotelzimmern und Schiffskabinen: *Köhler*/Bornkamm/Feddersen Anh. zu § 3 UWG Rn. 26.1.

kommt.[506] Hat der Unternehmer gegen die Aufforderung verstoßen, liegt eine Verletzung des Tatbestands vor, auch wenn er später ohne nochmals aufgefordert zu sein, die Wohnung verlässt. Ein Rücktritt ist nicht möglich. Das Verhalten muss nicht die Intensität einer Nötigung nach § 240 StGB oder eines Hausfriedensbruchs nach § 123 StGB erreichen.[507] Häufig werden die Straftatbestände bei Nr. 26 Fall 1 (Nichtbeachtung der Aufforderung zum Verlassen der Wohnung) erfüllt sein. Hatte der Unternehmer die Wohnung betreten und kehrt er trotz entgegenstehender Aufforderung zur Wohnung zurück, liegt ebenfalls ein Verstoß vor. Bei der **Rückkehr** ist ein erneutes Betreten der Wohnung durch den Unternehmer nicht erforderlich. Es reicht aus, dass der Unternehmer oder sein Mitarbeiter vor der Wohnungstür steht.[508] Sind die Person, an die die Aufforderung in der Wohnung ergangen ist, und die Person, die später zur Wohnung kommt, nicht dieselbe Person, ist das per se-Verbot nicht verwirklicht. In Betracht kommt eine Verletzung des § 4a Abs. 1 Satz 2, wenn die erste Person, an die die Aufforderung ergangen ist, diese Information an andere für den Unternehmer tätige Dritte nicht weitergibt.

319 **Der Besuch darf nicht zur rechtmäßigen Durchsetzung einer vertraglichen Verpflichtung gerechtfertigt sein.** Dazu muss der Unternehmer zu dem Besuch vertraglich berechtigt sein und das Recht haben, dies durchzusetzen.[509] Es muss eine vertragliche Pflicht bestehen. Gesetzliche Ansprüche aus dem Zivilrecht oder öffentlichen Recht genügen nicht. Allein der Umstand, dass den Verbraucher vertraglich eine Mitwirkungspflicht trifft, die den Unternehmer zum Betreten der Wohnung – gegebenenfalls nach Ermächtigung oder Beauftragung durch den Vermieter – berechtigt, reicht nicht aus.[510] Derartige Pflichten kann der Unternehmer gegenüber dem Verbraucher nicht selbst, sondern nur nach Inanspruchnahme der Gerichte durchsetzen. Zur rechtmäßigen Durchsetzung einer vertraglichen Verpflichtung ist das Vorliegen der Voraussetzungen eines Selbsthilferechts notwendig (§§ 229, 562b BGB).[511]

320 Die **Darlegungs- und Beweislast** trifft den Gläubiger für die Voraussetzungen des Tatbestands mit Ausnahme von Nr. 26 Halbs. 2. Dass der Unternehmer zur Durchsetzung einer vertraglichen Verpflichtung berechtigt ist, muss er darlegen und nachweisen. Das folgt aus dem Wortlaut der Richtlinie und der deutschen Norm.

---

506 *Köhler*/Bornkamm/Feddersen Anh. zu § 3 UWG Rn. 26.1.

507 Begründung des Regierungsentwurfs eines Ersten Gesetzes zur Änderung des Gesetzes gegen den unlauteren Wettbewerb, BT. Drucks. 16/10145 S. 34.

508 FBO/*Mankowski* Anhang UWG Nr. 26 Rn. 26b.

509 *Köhler*/Bornkamm/Feddersen Anh. zu § 3 UWG Rn. 26.2.

510 A. A. Begründung des Regierungsentwurfs eines Ersten Gesetzes zur Änderung des Gesetzes gegen den unlauteren Wettbewerb, BT. Drucks. 16/10145 S. 34.

511 FBO/*Mankowski* Anhang UWG Nr. 26 Rn. 37; *Köhler*/Bornkamm/Feddersen Anh. zu § 3 UWG Rn. 26.2; Ohly/*Sosnitza* Anhang zu § 3 Abs. 3 UWG Rn. 68; GK/*Pahlow* § 3 (E) Anh. Nr. 26 Rn. 14; a. A. BDS/*Koch* Anhang zu § 3 Abs. 3 UWG Rn. 162; Harte/Henning/*Henning-Bodewig* Anhang zu § 3 Abs. 3 Nr.26 Rn. 9; *Scherer* NJW 2009, 324, 329; Begründung des Regierungsentwurfs eines Ersten Gesetzes zur Änderung des Gesetzes gegen den unlauteren Wettbewerb, BT. Drucks. 16/10145 S. 34.

XXVII. Nr. 27 Systematische Behinderung bei der Durchsetzung von Versicherungsansprüchen

Unzulässige geschäftliche Handlungen im Sinne des § 3 Absatz 3 sind 321
27. Maßnahmen, durch die der Verbraucher von der Durchsetzung seiner vertraglichen Rechte aus einem Versicherungsverhältnis dadurch abgehalten werden soll, dass von ihm bei der Geltendmachung seines Anspruchs die Vorlage von Unterlagen verlangt wird, die zum Nachweis dieses Anspruchs nicht erforderlich sind, oder dass Schreiben zur Geltendmachung eines solchen Anspruchs systematisch nicht beantwortet werden.

UGP-RL Anhang I zu Art. 5 (5) Nr. 27

27. Aufforderung eines Verbrauchers, der eine Versicherungspolice in Anspruch nehmen möchte, Dokumente vorzulegen, die vernünftigerweise nicht als relevant für die Gültigkeit des Anspruchs anzusehen sind, oder systematische Nichtbeantwortung einschlägiger Schreiben, um so den Verbraucher von der Ausübung seiner vertraglichen Rechte abzuhalten.

Durch Nr. 27 des Anhangs zu § 3 Abs. 3 wird **Nr. 27 des Anhangs I der UGP-RL** 322 umgesetzt. Der deutsche Text der Nr. 27 entspricht nicht wörtlich aber inhaltlich der Richtlinie. Die Änderungen des Wortlauts gegenüber der Richtlinie durch den deutschen Gesetzgeber haben zu keiner Verbesserung des Verständnisses geführt, sind zur Anpassung an die Begrifflichkeiten des UWG nicht erforderlich und erschweren nur die Arbeit bei der Rechtsanwendung, weil beide Texte herangezogen werden müssen.

Der **Normzweck** besteht im Schutz des Verbrauchers vor einer unzulässigen Beeinflus- 323 sung bei der Verfolgung von Versicherungsansprüchen. Eine unzulässige Beeinflussung liegt nach Art. 2 lit. j UGP-RL in der Ausnutzung einer Machtposition gegenüber dem Verbraucher zur Ausübung von Druck, auch ohne Anwendung oder Androhung von körperlicher Gewalt, in einer Weise, die die Fähigkeit des Verbrauchers zu einer informierten Entscheidung wesentlich einschränkt. Bei der Regulierung verfügen Versicherungsgesellschaften aufgrund ihrer wirtschaftlichen Ressourcen und umfänglichen Erfahrungen und Rechtskenntnisse regelmäßig über eine überlegene Stellung gegenüber dem Verbraucher, die sie ausnutzen können, um die Regulierung berechtigter Ansprüche von Verbrauchern zu verhindern. Diese überlegene Machtposition kann zu einer Drucksituation führen, die die Fähigkeit des Verbrauchers zu einer informierten Entscheidung wesentlich einschränkt.

Nr. 27 ist ein abstrakter Tatbestand einer aggressiven Geschäftspraktik. Ob das mit 324 dem Verhalten verfolgte Ziel durchgesetzt werden kann, ist unerheblich. Es kommt auch nicht darauf an, ob konkret eine Drucksituation besteht. Nr. 27 setzt – wie alle Tatbestände der schwarzen Liste – eine an einen Verbraucher gerichtete **geschäftliche Handlung** im Sinne des § 2 Abs. 1 Nr. 1 UWG voraus (Rdn. 10). Es erfolgt keine gesonderte Prüfung der **Verhältnismäßigkeit** (Rdn. 19) und auf das **Relevanzkriterium** kommt es nicht an (Rdn. 20). Nr. 27 ist eine verbraucherschützende Vorschrift.

Sonstige Marktteilnehmer fallen nicht in den Schutzbereich. Auf diese ist Nr. 27 325 weder direkt noch analog anwendbar. Häufig wird das in Nr. 27 beschriebene Vorgehen gegenüber einem sonstigen Marktteilnehmer die Voraussetzungen einer aggressiven geschäftlichen Handlung i. S. des § 4a Abs. 1 Satz 2 Nr. 3, Satz 3 erfüllen. Nr. 27 ist im Rahmen ihres Anwendungsbereichs lex specialis zu § 4a Abs. 1 Satz 2 Nr. 3 und Satz 3.

326 Nr. 27 regelt zwei verschiedene Fallkonstellationen. Beiden ist gemeinsam, dass der Unternehmer **Maßnahmen ergreift, durch die der Verbraucher von der Durchsetzung seiner vertraglichen Rechte aus einem Versicherungsverhältnis abgehalten werden soll**. Es muss sich um vertragliche Rechte handeln. In der Richtlinie heißt es hierzu »...eine Versicherungspolice in Anspruch nehmen...«. Gesetzliche Ansprüche gegen die eigene Versicherung und Ansprüche gegen die Versicherung eines Dritten, gegen die ein Direktanspruch des geschädigten Verbrauchers besteht (etwa eine gegnerische Kraftfahrzeughaftpflichtversicherung), fallen nicht unter die Bestimmung. Dasselbe gilt für vertragliche Ansprüche und Rechte, die nicht aus einem Versicherungsverhältnis herrühren. In diesen Fällen lassen sich die hinter Nr. 27 stehenden Wertungen aber auf die Beurteilung des Verhaltens nach § 4a Abs. 1 übertragen.[512]

327 Aus dem Wortlaut der Nr. 27 folgt das Erfordernis einer Zielgerichtetheit des Verhaltens des Handelnden. Dazu ist eine **Absicht** nicht erforderlich.[513] Es reicht vielmehr aus, dass die Vorgehensweise des Unternehmers nach den Gesamtumständen **objektiv** darauf gerichtet ist, den Verbraucher von der Geltendmachung der Rechte abzuhalten.[514] Die Formulierung »um...zu« bezeichnet nicht zwangsläufig die Notwendigkeit absichtlichen Verhaltens. Dem Ziel der per se-Verbote, aus Gründen der Rechtssicherheit klar umgrenzte Tatbestände zu schaffen, entspricht es eher, von einer objektiven Betrachtung auszugehen. Die verschiedenen Sprachfassungen der Richtlinie sind zur Beantwortung der Frage nicht weiterführend. Die praktischen Auswirkungen der unterschiedlichen Auffassungen sind gering, weil auch die Teile des Schrifttums, die eine Absicht fordern, diese aus den Umständen folgern und die Gegenansicht die Einwendung des Unternehmers zulässt, es liege ein Versehen vor.

328 **Der Anspruch oder das Recht des Verbrauchers braucht nicht zu bestehen.** In ganz offensichtlichen Fällen, in denen der Verbraucher weiß oder sich sehenden Auges der Erkenntnis verschließt, dass er kein Recht aus dem Versicherungsverhältnis hat, scheidet Nr. 27 nach Sinn und Zweck aus.[515]

329 **Nr. 27 Fall 1 betrifft das Verlangen der Versicherungsgesellschaft zur Vorlage von Dokumenten, die zum Nachweis des Anspruchs nicht erforderlich sind.** Die Richtlinie bringt diese Voraussetzung mit der Formulierung »...Dokumente vorzulegen, die vernünftigerweise nicht als relevant für die Gültigkeit des Anspruchs anzusehen sind,...« klarer zum Ausdruck. Ob die Unterlagen für das Bestehen des Anspruchs von Bedeu-

---

512 *Köhler*/Bornkamm/Feddersen Anh. zu § 3 UWG Rn. 27.5.

513 A. A. BDS/*Koch* Anhang zu § 3 Abs. 3 UWG Rn. 174; jurisPK-UWG/*Diekmann* Anhang zu § 3 Abs. 3 (Nr. 27) Rn. 5; Götting/Nordemann/*Wirtz* § 3 Rn. 173; FBO/*Steinbeck* Anhang UWG Nr. 27 Rn. 18.

514 *Köhler*/Bornkamm/Feddersen Anh. zu § 3 UWG Rn. 27.4.

515 GK/*Pahlow* § 3 (E) Anh. Nr. 27 Rn. 4.

tung sind, ist aus objektiver Sicht zu beurteilen. Es gilt der Maßstab unternehmerischer Sorgfalt nach § 2 Abs. 1 Nr. 7.[516] Es kommt darauf an, ob die Versicherungsgesellschaft die Vorlage zur Beurteilung von Grund und Höhe des Anspruchs vernünftigerweise verlangen kann.

Nr. 27 Fall 2 setzt voraus, dass Schreiben systematisch nicht beantwortet werden. 330
Von einer Beantwortung ist nur auszugehen, wenn die Versicherungsgesellschaft sich in der Sache erklärt und nicht nur eine Eingangsbestätigung schickt. Wann eine Beantwortung erwartet werden kann, richtet sich nach den jeweiligen Umständen des Falls.[517] Im Allgemeinen kann die Versicherung sich für die Prüfung von Ansprüchen einen Monat Zeit lassen.[518] Allerdings kann sich je nach Anspruch aus den Umständen auch ein kürzerer Zeitraum als angemessen darstellen. Der Unternehmer muss es systematisch unterlassen, Schreiben zu beantworten, mit denen vertragliche Rechte aus der Versicherung geltend gemacht werden. Dazu muss der Unternehmer entweder gegenüber einem Verbraucher mehrfach Schreiben unbeantwortet lassen oder er muss gegenüber mehreren Verbrauchern Schreiben innerhalb eines angemessenen Zeitraums nicht beantworten, ohne dass es dafür einen sachlichen Grund gibt. Erforderlich sind mindestens drei Fälle, um von einem systematischen Verhalten zu sprechen. Telefonanrufe des Verbrauchers fallen nicht unter Nr. 27. Es muss sich um Schreiben handeln; dazu reichen E-Mails aus.[519]

Die **Darlegungs- und Beweislast** für die Voraussetzungen der Norm trifft nach allge- 331
meinen Grundsätzen den Gläubiger.

XXVIII. Nr. 28 Kaufaufforderung an Kinder

Annette Wille

Unzulässige geschäftliche Handlungen im Sinne des § 3 Absatz 3 sind 332

28. die in eine Werbung einbezogene unmittelbare Aufforderung an Kinder, selbst die beworbene Ware zu erwerben oder die beworbene Dienstleistung in Anspruch zu nehmen oder ihre Eltern oder andere Erwachsene dazu zu veranlassen.

UGP-RL Anhang I zu Art. 5 (5) Nr. 28

28. Einbeziehung einer direkten Aufforderung an Kinder in eine Werbung, die beworbenen Produkte zu kaufen oder ihre Eltern oder andere Erwachsene zu überreden, die beworbenen Produkte für sie zu kaufen. Diese Bestimmung gilt unbeschadet des Artikels 16 der Richtlinie 89/552/EWG über die Ausübung der Fernsehtätigkeit.

---

516 *Köhler*/Bornkamm/Feddersen Anh. zu § 3 UWG Rn. 27.2.

517 *Köhler*/Bornkamm/Feddersen Anh. zu § 3 UWG Rn. 27.3; FBO/*Steinbeck* Anhang UWG Nr. 27 Rn. 15.

518 *Scherer*, NJW 2009, 324, 330.

519 Götting/Nordemann/*Wirtz* § 3 Rn. 173.

1. Bedeutung und Anwendungsbereich

333 Die Regelung in Anh. (zu § 3 Abs. 3) Nr. 28 dient der Umsetzung von Art. 5 (5) i.V. mit Anh. I Nr. 28 UGP-RL und ist daher richtlinienkonform auszulegen.

334 Durch den Verbotstatbestand des Anh. (zu § 3 Abs. 3) Nr. 28 soll an Kinder gerichtete Werbung zwar nicht völlig untersagt, aber sollen Kinder vor unmittelbaren Kaufaufforderungen geschützt werden (Erwägungsgrund 18 Satz 4 UGP-RL). Die Vorschrift dient dem **Schutz der Verhaltens- und Entscheidungsfreiheit von Kindern** als besonders schutzwürdigen Verbrauchern, weil sie aufgrund ihrer Leichtgläubigkeit und größeren Anfälligkeit für werbliche Manipulationen leichter beeinflussbar sind.[520] Soweit außerdem untersagt wird, Kinder einzusetzen, um die Kaufentscheidung ihrer Eltern oder anderer Erwachsener zu beeinflussen, stellt die Erhaltung der geschäftlichen Entscheidungsfreiheit der Erwachsenen keinen eigenständigen Schutzzweck des Anh. (zu § 3 Abs. 3) Nr. 28, sondern lediglich einen Reflex zum Schutz der Kinder vor einer Instrumentalisierung dar (str.).[521] Aufgrund der Ausgestaltung als **per-se-Verbot** kommt es nicht darauf an, ob im Einzelfall die Entscheidungsfreiheit von Kindern tatsächlich beeinträchtigt oder ihre Unerfahrenheit ausgenutzt wird (vgl. Erwägungsgrund 17 Satz 3 UGP-RL).

2. Verhältnis zu anderen Vorschriften

a) Verhältnis zu Art. 9 (1) lit. g der Richtlinie 2010/13/EU und § 6 Abs. 2 JMStV

335 Nach Anh. I Nr. 28 Satz 2 UGP-RL gilt die Bestimmung des Satzes 1 unbeschadet des Art. 16 der RL 89/552/EWG über die Ausübung der Fernsehtätigkeit. Art. 16 RL 89/552/EG ist durch Art. 9 (1) lit. g RL 2010/13/EU über audiovisuelle Mediendienste ersetzt worden. Art. 9 (1) lit. g RL 2010/13/EU enthält Regelungen zum Schutz Minderjähriger im Rahmen audiovisueller Kommunikation, die durch § 6 Abs. 2 JMStV ins deutsche Recht umgesetzt worden sind. Die speziellen Regelungen des § 6 Abs. 2 JMStV haben für den Bereich der **audiovisuellen Kommunikation** Vorrang vor Anh. (zu § 3 Abs. 3) Nr. 28 und schließen die Anwendung des lauterkeitsrechtlichen per-se-Verbots aus (Erwägungsgrund 10 Satz 3 und Art. 3 (4) UGP-RL; Erwägungsgrund 82

---

520 Harte/Henning/Picht/Stuckel Anh. zu § 3 Abs. 3 Nr. 28 Rn. 6; MünchKomm/Alexander UWG § 3 Abs. 3 Nr. 28 Rn. 11.

521 Vgl. BGH, 12.07.2007, I ZR 82/05, GRUR 2008, 183 Rn. 17 – *Tony Taler* [zu § 4 Nr. 1 UWG 2004]; jurisPK-UWG/Seichter Anh. zu § 3 Abs. 3 (Nr. 28) Rn. 1; MünchKomm/Alexander UWG § 3 Abs. 3 Nr. 28 Rn. 13, 36 f.; a. A. OLG München, 06.12.2012, 6 U 3496/*12, BeckRS 2014, 01878; GK/*Pahlow § 3 (E) Anh. Nr. 28 Rn. 1; Götting/Nordemann/Wirtz § 3 Rn. 174; Harte/Henning/Picht/Stuckel Anh. zu § 3 Abs. 3 Nr. 28 Rn. 6; *Köhler*/Bornkamm/Feddersen Anh. zu § 3 Abs. 3 Rn. 28.2.

Satz 1 RL 2010/13/EU; str.).[522] Daher sind z.B. in der Fernsehwerbung direkte Kaufappelle an Kinder nur verboten, wenn sie deren Unerfahrenheit oder Leichtgläubigkeit ausnutzen (§ 6 Abs. 2 Nr. 1 JMStV, Art. 9 (1) lit. g RL 2010/13/EU). In einem solchen Fall kann zwar nicht Anh. (zu § 3 Abs. 3) Nr. 28, aber § 3a wegen Verstoßes gegen die Marktverhaltensregelung des § 6 Abs. 2 JMStV anwendbar sein.[523]

b) Verhältnis zu § 4a UWG

Der Verbotstatbestand des Anh. (zu § 3 Abs. 3) Nr. 28 stellt eine besondere Ausprägung einer aggressiven, die Entscheidungsfreiheit von Verbrauchern beeinflussenden geschäftlichen Handlung i.S. des § 4a Abs. 1 dar. Zu den das Urteilsvermögen beeinträchtigenden Umständen zählen nach § 4a Abs. 2 Satz 2 das Alter, die geschäftliche Unerfahrenheit und die Leichtgläubigkeit von Verbrauchern. Anders als bei § 4a Abs. 1 bedarf es für ein per-se-Verbot nach Anh. (zu § 3 Abs. 3) Nr. 28 keiner Prüfung, ob die Werbung im Einzelfall geeignet ist, die Entscheidungsfreiheit der Kinder durch Belästigung, Nötigung oder unzulässige Beeinflussung erheblich zu beeinträchtigen. Die Bestimmung des § 4a Abs. 1 gewinnt deshalb im Anwendungsbereich der Spezialvorschrift des Anh. (zu § 3 Abs. 3) Nr. 28 grds. keine eigenständige Bedeutung. **336**

3. Tatbestandsvoraussetzungen

Der Tatbestand des Anh. (zu § 3 Abs. 3) Nr. 28 erfasst den Fall, dass Kinder unmittelbar aufgefordert werden, die beworbene Ware oder Dienstleistung selbst zu erwerben (Alt. 1), und den Fall, dass Kinder unmittelbar aufgefordert werden, ihre Eltern oder andere Erwachsene zum Erwerb der Produkte zu veranlassen (Alt. 2). **337**

a) Kinder

Unter **Kindern** sind bei unionsrechtlicher Auslegung Personen **unter 14 Jahren** zu verstehen (str.).[524] Dafür spricht der Begriff »Minderjährige« in Art. 16 RL 89/552/EWG (nunmehr Art. 9 (1) lit. g RL 2010/13/EU), auf den Anh. I Nr. 28 Satz 2 UGP-RL verweist. Danach setzt der Unionsgesetzgeber die Begriffe »Minderjährige« und »Kinder« offenbar nicht gleich. Außerdem wird in dem (zurückgezogenen) Vorschlag **338**

---

522 Begr. RegE zu Anh. (zu § 3 Abs. 3) Nr. 28 UWG 2008, BT-Drucksache 16/10145, S. 34; FBO/Scherer Anh. UWG Nr. 28 Rn. 7; jurisPK-UWG/Seichter Anh. zu § 3 Abs. 3 (Nr. 28) Rn. 3; *Köhler*/Bornkamm/Feddersen Anh. zu § 3 Abs. 3 Rn. 28.3, 28.18; Ohly/*Sosnitza* Anh. zu § 3 Abs. 3 Rn. 76; offenlassend BGH, 12.12.2013, I ZR 192/12, GRUR 2014, 686 Rn. 32 – *Goldbärenbarren*; a. A. MünchKomm/Alexander UWG § 3 Abs. 3 Nr. 28 Rn. 8.

523 GK/Pahlow § 3 (E) Anh. Nr. 28 Rn. 3; Götting/Nordemann/Wirtz § 3 Rn. 176; *Köhler*/Bornkamm/Feddersen Anh. zu § 3 Abs. 3 Rn. 28.18; offenlassend BGH, 12.12.2013, I ZR 192/12, GRUR 2014, 686 Rn. 33 – *Goldbärenbarren*.

524 FBO/Scherer Anh. UWG Nr. 28 Rn. 9; MünchKomm/Alexander UWG § 3 Abs. 3 Nr. 28 Rn. 25; Ohly/*Sosnitza* Anh. zu § 3 Abs. 3 Rn. 71; offenlassend BGH, 17.07.2013, I ZR 34/12, GRUR 2014, 298 Rn. 18 – *Runes of Magic*; BGH, 03.04.2014, I ZR 96/13, GRUR 2014, 1117 Rn. 16 – *Zeugnisaktion*; a. A. Götting/Nordemann/Wirtz § 3 Rn. 174 [auch Jugendliche]; nach den beworbenen Produkten differenzierend *Köhler*/Bornkamm/Feddersen Anh. zu § 3 Abs. 3 UWG Rn. 28.5.

der Europäischen Kommission für eine Verordnung über Verkaufsförderung im Binnenmarkt in Art. 2 lit. j ein »Kind« als Person unter 14 Jahren definiert. Eine endgültige Klärung durch den EuGH, welcher Personenkreis unter den Begriff »Kinder« i.S. des Anh. I Nr. 28 Satz 1 UGP-RL (und damit i.S. des Anh. (zu § 3 Abs. 3) Nr. 28) fällt, steht allerdings noch aus. Bei einem Kaufappell an Jugendliche ab 14 Jahren kann im Einzelfall der Tatbestand des § 4a Abs. 1 gegeben sein.

b) Aufforderung an Kinder

339 In die Werbung muss eine **Aufforderung** an Kinder einbezogen sein. Die Werbung muss einen auffordernden Charakter haben, der über die Vorstellung oder Anpreisung der beworbenen Ware oder Dienstleistung hinausgeht.[525] Der bloße Hinweis auf den bestimmungsgemäßen Gebrauch des beworbenen Produkts genügt nicht.[526] Die Aufforderung kann ausdrücklich oder konkludent in verbaler oder bildlicher Form oder einer sonstigen Darstellung erfolgen. Entscheidend ist, dass die Kinder die Werbung als **Appell** verstehen, sie sollten eine bestimmte Ware erwerben oder eine bestimmte Dienstleistung in Anspruch nehmen.[527] Dafür ist eine Ansprache in der grammatikalischen Form eines Imperativs ausreichend, aber nicht zwingend.[528] Der Hinweis, dass der Käufer eines Produkts an einem Gewinnspiel oder einer Sammelaktion teilnimmt, kann eine Kaufaufforderung darstellen, wenn er nicht nur als Information über die Bedingungen zur Teilnahme an dem Gewinnspiel oder der Sammelaktion verstanden wird.[529] Die kindgerechte Platzierung einer Ware, etwa als »Quengelware« im Kassenbereich, stellt für sich genommen keine Kaufaufforderung dar (str.).[530]

340 Die Aufforderung muss an Kinder gerichtet sein. Von ihr müssen **gezielt Kinder** angesprochen sein.[531] Ob die Werbung daneben auch Erwachsene anspricht, ist unerheblich.[532] Eine an jedermann gerichtete Werbung, von der sich auch Kinder angesprochen fühlen können, genügt nicht.[533] Ob eine Aufforderung gerade an Kinder vorliegt, beurteilt sich aus der Sicht der von der Werbung angesprochenen Personen. Dabei ist die

525 BDS/Koch Anh. zu § 3 Abs. 3 UWG Rn. 179; jurisPK-UWG/Seichter Anh. zu § 3 Abs. 3 (Nr. 28) Rn. 13; MünchKomm/Alexander UWG § 3 Abs. 3 Nr. 28 Rn. 31.

526 BGH, 18.09.2014, I ZR 34/12, GRUR 2014, 1211 Rn. 29 – *Runes of Magic II.*

527 *Köhler*/Bornkamm/Feddersen Anh. zu § 3 Abs. 3 Rn. 28.8.

528 BGH, 17.07.2013, I ZR 34/12, GRUR 2014, 298 Rn. 20 – *Runes of Magic*; BGH, 12.12.2013, I ZR 192/12, GRUR 2014, 686 Rn. 28 – *Goldbärenbarren.*

529 BGH, 12.12.2013, I ZR 192/12, GRUR 2014, 686 Rn. 28, 30 – *Goldbärenbarren.*

530 Vgl. OLG Koblenz, 06.05.2009, 9 U 117/09, GRUR-RR 2010, 20, 22 – *Süßwaren in Annahmestelle*; *Köhler*/Bornkamm/Feddersen Anh. zu § 3 Abs. 3 Rn. 28.10; MünchKomm/Alexander UWG § 3 Abs. 3 Nr. 28 Rn. 32; Ohly/*Sosnitza* Anh. zu § 3 Abs. 3 Rn. 75; a. A. Götting/Nordemann/Wirtz § 3 Rn. 175.

531 BGH, 17.07.2013, I ZR 34/12, GRUR 2014, 298 Rn. 19 – *Runes of Magic*; BGH, 18.09.2014, I ZR 34/12, GRUR 2014, 1211 Rn. 26 – *Runes of Magic II.*

532 BGH, 17.07.2013, I ZR 34/12, GRUR 2014, 298 Rn. 19 – *Runes of Magic*; BGH, *18.09.2014, I ZR 34/12, GRUR 2014*, 1211 Rn. 24 – *Runes of Magic II.*

533 BGH, 17.07.2013, I ZR 34/12, GRUR 2014, 298 Rn. 19 – *Runes of Magic*; BGH, 12.12.2013, I ZR 192/12, GRUR 2014, 686 Rn. 30 – *Goldbärenbarren.*

Art der beworbenen Ware oder Dienstleistung, die Art und Weise der Ansprache und die sonstige Ausgestaltung der Werbung zu berücksichtigen.[534] Die Verwendung kindertypischer Begrifflichkeiten kann auf die gezielte Ansprache von Kindern hindeuten.[535] Die in der Werbung inzwischen übliche Anrede mit »Du« reicht als solche nicht aus.[536] Auch die Verwendung von Anglizismen deutet nicht ohne Weiteres darauf hin, dass sich die Werbung an Personen unter 14 Jahren (Rdn. 338) richtet.[537] Ebenso genügt es nicht, dass die Werbung in einer einfachen Sprache gehalten ist, in ihr Kinder auftreten und die beworbene Ware bei Kindern besonders beliebt ist.[538] Die Freigabe eines Fantasy-Spiels ab 12 Jahren zeigt nicht, dass das Spiel auf Kinder ausgerichtet ist, sondern nur, dass auch Kindern die Teilnahme ermöglicht wird.[539]

Die Aufforderung muss nicht im Wege der persönlichen Ansprache anlässlich eines **341** direkten Kontakts (z.B. im Rahmen einer Verkaufsveranstaltung), sondern kann z.B. auch in Printmedien oder im Internet erfolgen, wo eine Beeinflussung von Kindern gleichermaßen wie bei einer Direktansprache droht.[540]

c) Aufforderung zum Erwerb von Waren oder Dienstleistungen

Die Werbung muss Kinder zum Erwerb der beworbenen Ware oder zur Inanspruch- **342** nahme der beworbenen Dienstleistung unmittelbar auffordern.[541] Der **Kaufappell** muss sich auf ein **konkretes Produkt** oder mehrere konkrete Produkte richten.[542] Ein globaler, auf das gesamte Warensortiment bezogener Kaufappell oder eine allgemeine Aufforderung zum Aufsuchen eines Geschäfts genügt nicht.[543] Der erforderliche Bezug zu den angebotenen Waren oder Dienstleistungen kann auch durch einen Link hergestellt werden, wenn die von der Werbung angesprochenen Kinder die darüber verbundenen Internetseiten als zusammengehörig ansehen.[544]

Eine Kaufaufforderung i.S. des Anh. (zu § 3 Abs. 3) Nr. 28 setzt nicht voraus, dass in **343** der Werbung der Preis und die Merkmale der beworbenen Ware oder Dienstleistung

534 BGH, 17.07.2013, I ZR 34/12, GRUR 2014, 298 Rn. 19 – *Runes of Magic*; *Köhler*/Bornkamm/Feddersen Anh. zu § 3 Abs. 3 Rn. 28.7; MünchKomm/Alexander UWG § 3 Abs. 3 Nr. 28 Rn. 28.

535 BGH, 17.07.2013, I ZR 34/12, GRUR 2014, 298 Rn. 19 – *Runes of Magic*.

536 BGH, 17.07.2013, I ZR 34/12, GRUR 2014, 298 Rn. 19 – *Runes of Magic*.

537 Einschränkend BGH, 17.07.2013, I ZR 34/12, GRUR 2014, 298 Rn. 19 – *Runes of Magic*.

538 BGH, 12.12.2013, I ZR 192/12, GRUR 2014, 686 Rn. 31 – *Goldbärenbarren*.

539 KG, 01.12.2015, 5 U 74/15, GRUR-RR 2016, 342 Rn. 23 – *Gepanzerte Blutschwinge*.

540 BGH, 17.07.2013, I ZR 34/12, GRUR 2014, 298 Rn. 21, 32 – *Runes of Magic*; BGH, 12.12.2013, I ZR 192/12, GRUR 2014, 686 Rn. 28 – *Goldbärenbarren*.

541 BGH, 17.07.2013, I ZR 34/12, GRUR 2014, 298 Rn. 20 – *Runes of Magic*.

542 BGH, 03.04.2014, I ZR 96/13, GRUR 2014, 1117 Rn. 19 – *Zeugnisaktion*.

543 BGH, 03.04.2014, I ZR 96/13, GRUR 2014, 1117 Rn. 19 – *Zeugnisaktion*.

544 BGH, 17.07.2013, I ZR 34/12, GRUR 2014, 298 Rn. 31 – *Runes of Magic*; BGH, 18.09.2014, I ZR 34/12, GRUR 2014, 1211 Rn. 31 – *Runes of Magic II*.

angegeben sind (str.).[545] Der englischen und französischen Sprachfassung der UGP-RL lässt sich nicht entnehmen, dass die Aufforderung zum Erwerb der Ware mit einer Aufforderung zum Kauf i.S. des Art. 2 lit. i UGP-RL gleichzusetzen ist. Außerdem ist die Schutzbedürftigkeit von geschäftlich unerfahrenen Kindern eher größer, wenn sie zum Kauf eines Produkts gedrängt werden, für das kein Preis genannt wird.[546]

aa) Aufforderung zum eigenen Erwerb

344 Die Aufforderung kann darauf abzielen, dass die Kinder die beworbene Ware **selbst erwerben** oder die beworbene Dienstleistung selbst in Anspruch nehmen (Anh. (zu § 3 Abs. 3) Nr. 28 Alt. 1). In Betracht kommt der Abschluss eines entgeltlichen Vertrags jeglicher Art.[547] Maßgeblich ist nicht, ob der Vertrag wirksam ist (§§ 104 ff. BGB), sondern dass die Kinder den Erwerb aus ihren eigenen Mitteln finanzieren würden.[548]

bb) Aufforderung zur Veranlassung von Eltern oder Erwachsenen zum Erwerb

345 Die Aufforderung kann darauf abzielen, dass Kinder ihre Eltern oder andere Erwachsene zum Erwerb der beworbenen Ware oder zur Inanspruchnahme der beworbenen Dienstleistung veranlassen (Anh. (zu § 3 Abs. 3) Nr. 28 Alt. 2). Das Veranlassen ist i.S. eines **Überreden**s zu verstehen (vgl. Anh. I Nr. 28 Satz 1 UGP-RL). Ein Überreden erfordert nicht, dass Kinder auf ihre Eltern oder andere Erwachsene Druck zur Überwindung eines erwarteten oder geleisteten Widerstands ausüben. Es genügt eine zielgerichtete Einwirkung, etwa in Form der Äußerung einer Bitte oder eines Wunschs nach dem Erwerb des beworbenen Produkts (str.).[549]

d) Unmittelbare Aufforderung

346 Zum Erwerb der beworbenen Ware oder zur Inanspruchnahme der beworbenen Dienstleistung muss **unmittelbar** aufgefordert werden. Die Unmittelbarkeit ist gegeben, wenn auf den Kaufappell der Erwerbsentschluss sogleich gefasst – wenn auch ggf. nicht sogleich umgesetzt – werden kann.[550] Eine mittelbare oder indirekte Aufforderung, die sich für die umworbenen Kinder erst aus anderen Umständen ergibt und bei

545 Harte/Henning/Picht/Stuckel Anh. zu § 3 Abs. 3 Nr. 28 Rn. 8; *Köhler*/Bornkamm/Feddersen Anh. zu § 3 Abs. 3 Rn. 28.11; MünchKomm/Alexander UWG § 3 Abs. 3 Nr. 28 Rn. 27; offenlassend BGH, 17.07.2013, I ZR 34/12, GRUR 2014, 298 Rn. 26 f. – *Runes of Magic*; BGH, 03.04.2014, I ZR 96/13, GRUR 2014, 1117 Rn. 19 – *Zeugnisaktion*; a. A. FBO/Scherer Anh. UWG Nr. 28 Rn. 13, 20; Ohly/*Sosnitza* Anhang zu § 3 Abs. 3 Rn. 73.

546 GK/Pahlow § 3 (E) Anh. Nr. 28 Rn. 9; jurisPK-UWG/Seichter Anh. zu § 3 Abs. 3 (Nr. 28) Rn. 15; *Köhler*/Bornkamm/Feddersen Anh. zu § 3 Abs. 3 Rn. 28.11.

547 GK/Pahlow § 3 (E) Anh. Nr. 28 Rn. 11; *Köhler*/Bornkamm/Feddersen Anh. zu § 3 Abs. 3 Rn. 28.12.

548 FBO/Scherer Anh. UWG Nr. 28 Rn. 19; GK/Pahlow § 3 (E) Anh. Nr. 28 Rn. 11.

549 GK/Pahlow § 3 (E) Anh. Nr. 28 Rn. 24; Götting/Nordemann/Wirtz § 3 Rn. 175; Harte/Henning/Picht/Stuckel Anh. zu § 3 Abs. 3 Nr. 28 Rn. 11; *Köhler*/Bornkamm/Feddersen Anh. zu § 3 Abs. 3 Rn. 28.15; a. A. FBO/Scherer Anh. UWG Nr. 28 Rn. 24 Fn. 44.

550 BGH, 18.09.2014, I ZR 34/12, GRUR 2014, 1211 Rn. 31 – *Runes of Magic II*.

der sie einen zusätzlichen gedanklichen Schritt zwischen der Kaufaufforderung in der Werbung und der Entstehung des Erwerbsentschlusses vollziehen müssen, reicht nicht aus.[551] Die Aufforderung muss nicht im Wege der persönlichen Ansprache anlässlich eines direkten Kontakts (z.B. im Rahmen einer Verkaufsveranstaltung), sondern kann z.B. auch in Printmedien oder im Internet erfolgen, wo eine Beeinflussung von Kindern gleichermaßen wie bei einer Direktansprache droht.[552]

Ob eine Werbung eine unmittelbare Kaufaufforderung enthält, ist aus der Sicht eines durchschnittlich informierten, aufmerksamen und verständigen Kindes zu beurteilen.[553] Danach kann eine Kaufaufforderung auf einer Internetseite als unmittelbar anzusehen sein, auch wenn das zu erwerbende Produkt auf einer anderen, mit einem Link verbundenen Internetseite vorgestellt wird. Kindliche Internetnutzer wissen i.d.R., dass zusammengehörige Angaben auf mehreren Internetseiten verteilt sein können, so dass sie das Anklicken des Links nicht gedanklich als zusätzlichen Schritt ansehen.[554] Das Hervorrufen des Kaufentschlusses durch die Ausübung von Gruppenzwang bei Mitmachaktionen stellt dagegen keine unmittelbare Aufforderung dar.[555] **347**

XXIX. Nr. 29 Nicht bestellte Produkte

Wolfgang Büscher

Unzulässige geschäftliche Handlungen im Sinne des § 3 Absatz 3 sind **348**

29. die Aufforderung zur Bezahlung nicht bestellter, aber gelieferter Waren oder erbrachter Dienstleistungen oder eine Aufforderung zur Rücksendung oder Aufbewahrung nicht bestellter Sachen.

UGP-RL Anhang I zu Art. 5 (5) Nr. 29

29. Aufforderung des Verbrauchers zur sofortigen oder späteren Bezahlung oder zur Rücksendung oder Verwahrung von Produkten, die der Gewebetreibende geliefert, der Verbraucher aber nicht bestellt hat (unbestellte Waren oder Dienstleistungen); ausgenommen hiervon sind Produkte, bei denen es sich um Ersatzlieferungen gemäß Artikel 7 Absatz 3 der Richtlinie 97/7/EG handelt.

Durch Nr. 29 des Anhangs zu § 3 Abs. 3 wird **Nr. 29 des Anhangs I der UGP-RL** umgesetzt. Nr. 29 des Anhangs zu § 3 Abs. 3 ist wiederholt novelliert worden. Die **349**

551 BGH, 17.07.2013, I ZR 34/12, GRUR 2014, 298 Rn. 25 – *Runes of Magic*; BGH, 18.09.2014, I ZR 34/12, GRUR 2014, 1211 Rn. 31 – *Runes of Magic II*.

552 BGH, 17.07.2013, I ZR 34/12, GRUR 2014, 298 Rn. 21, 23 – *Runes of Magic*; BGH, 12.12.2013, I ZR 192/12, GRUR 2014, 686 Rn. 28 – *Goldbärenbarren*.

553 BGH, 17.07.2013, I ZR 34/12, GRUR 2014, 298 Rn. 30 – *Runes of Magic*.

554 BGH, 17.07.2013, I ZR 34/12, GRUR 2014, 298 Rn. 31 f. – *Runes of Magic*; BGH, 18.09.2014, I ZR 34/12, GRUR 2014, 1211 Rn. 31 – *Runes of Magic II*.

555 FBO/Scherer Anh. UWG Nr. 28 Rn. 17a; GK/Pahlow § 3 (E) Anh. Nr. 28 Rn. 19; *Köhler*/Bornkamm/Feddersen Anh. zu § 3 Abs. 3 Rn. 28.10.

durch das UWG 2008 eingeführte Fassung[556] enthielt nicht das in der Richtlinie angeführte Tatbestandsmerkmal »..., die der Gewerbetreibende geliefert (hat),...«. Durch das Gesetz zur Umsetzung der Verbraucherrechterichtlinie und zur Änderung des Gesetzes zur Regelung der Wohnungsvermittlung vom 20.09.2013 ist der Verweis auf eine nach den Vorschriften über Vertragsabschlüsse im Fernabsatz zulässige Ersatzlieferung entfallen. Durch diesen Zusatz in Nr. 29 Halbs. 2 sollte dem Hinweis in Nr. 29 der UGP-RL auf Art. 7 (3) der Richtlinie 97/7/EG Rechnung getragen werden. An die Stelle dieser Richtlinie ist die Richtlinie 2011/83/EU getreten. Diese enthält keine Art. 7 (3) der Richtlinie 97/7/EG entsprechende Vorschrift. Deshalb konnte Nr. 29 Halbs. 2 des Anhangs zu § 3 Abs. 3 entfallen, ohne dass dadurch ein Umsetzungsdefizit besteht. Durch das UWG 2015 ist Nr. 29 weitergehend an Nr. 29 des Anhangs I der UGP-RL angepasst worden. Die nicht zutreffende Umsetzung der Richtlinie wegen des fehlenden Tatbestandsmerkmals »..., die der Gewerbetreibende geliefert (hat)...«[557] ist durch den Hinweis auf gelieferte Waren und erbrachte Dienstleistungen korrigiert worden.

350 Der **Normzweck** besteht im Schutz des Verbrauchers vor einer unzulässigen Beeinflussung, die von der Aufforderung zur Bezahlung, Rücksendung oder Aufbewahrung von Produkten ausgeht, die der Unternehmer dem Verbraucher ohne Bestellung zur Verfügung gestellt hat. Eine unzulässige Beeinflussung liegt nach Art. 2 lit. j UGP-RL in der Ausnutzung einer Machtposition gegenüber dem Verbraucher zur Ausübung von Druck, auch ohne Anwendung oder Androhung von körperlicher Gewalt, in einer Weise, die die Fähigkeit des Verbrauchers zu einer informierten Entscheidung wesentlich einschränkt. Durch die in Nr. 29 angeführte Aufforderung übt der Unternehmer Druck auf den Verbraucher aus, sich in der verlangten Weise zu verhalten. Da der Unternehmer schon durch Überlassung des Produkts eine Leistung erbracht hat, gerät der Verbraucher in eine Zwangslage, aus der er sich zur Vermeidung einer Auseinandersetzung nicht selten dadurch löst, dass er der Aufforderung nachkommt. Diese Zwangslage besteht selbst dann, wenn der Verbraucher erkennt, dass keine Bestellung vorliegt und er rechtlich zu dem geforderten Verhalten nicht verpflichtet ist. Auch in diesem Fall geht von der Aufforderung in Kombination mit der erbrachten Leistung eine Drucksituation aus. Es kann dem Verbraucher unangenehm sein, trotz der empfangenen Leistung keine Zahlung zu leisten oder es kann ihm lästig sein, sich auf eine Auseinandersetzung einzulassen oder die Waren zurückzusenden oder aufzubewahren.[558] Nr. 29 regelt den Tatbestand einer aggressiven Geschäftspraktik und keinen Fall einer Irreführung. Das in Nr. 29 angeführte Verhalten kann allerdings geeignet sein,

556 Unzulässige geschäftliche Handlungen im Sinne des § 3 Absatz 3 sind.
Die Aufforderung zur Bezahlung nicht bestellter Waren oder Dienstleistungen oder eine Aufforderung zur Rücksendung oder Aufbewahrung nicht bestellter Sachen, sofern es sich nicht um eine nach den Vorschriften über Vertragsabschlüsse im Fernabsatz zulässige Ersatzlieferung handelt.

557 Köhler, GRUR 2012, 217, 218.

558 Begründung des Regierungsentwurfs eines Ersten Gesetzes zur Änderung des Gesetzes gegen den unlauteren Wettbewerb, BT. Drucks. 16/10145 S. 35.

einen Durchschnittsverbraucher zu täuschen. Sind auf einer SIM-Karte für ein Mobiltelefon kostenpflichtige Dienste vorinstalliert, ohne dass der Verbraucher hierüber informiert wird, ist der Tatbestand der Nr. 29 erfüllt, wenn der Verbraucher diese Dienste in Unkenntnis der Kosten in Anspruch nimmt und diese Kosten berechnet werden.[559] Das Verhalten erfüllt in einem solchen Fall sowohl § 3 Abs. 3 i. V. mit Nr. 29 als auch § 5 UWG.

Nr. 29 ist ein abstrakter Tatbestand einer aggressiven Geschäftspraktik. Ob das mit **351** dem Verhalten verfolgte Ziel durchgesetzt werden kann, ist unerheblich. Es kommt auch nicht darauf an, ob konkret eine Drucksituation besteht. Nr. 29 setzt – wie alle Tatbestände der schwarzen Liste – eine an einen Verbraucher gerichtete **geschäftliche Handlung** im Sinne des § 2 Abs. 1 Nr. 1 UWG voraus (Rdn. 10). Es erfolgt keine gesonderte Prüfung der **Verhältnismäßigkeit** (Rdn. 19) und auf das **Relevanzkriterium** kommt es nicht an (Rdn. 20). Nr. 29 ist eine verbraucherschützende Vorschrift.

Sonstige Marktteilnehmer fallen nicht in den Schutzbereich. Auf diese ist Nr. 29 **352** weder direkt noch analog anwendbar. Häufig wird das in Nr. 29 beschriebene Vorgehen gegenüber einem sonstigen Marktteilnehmer die Voraussetzungen einer aggressiven geschäftlichen Handlung i. S. des § 4a Abs. 1 Satz 2 Nr. 3 und Satz 3 erfüllen. Nr. 29 ist im Rahmen ihres Anwendungsbereichs lex specialis zu § 4a Abs. 1 Satz 2 Nr. 3 und Satz 3. § 7 UWG ist neben § 3 Abs. 3 i. V. mit Nr. 29 anwendbar.[560]

Der Unternehmer muss eine nicht bestellte Ware geliefert oder eine nicht bestellte **353** Dienstleistung erbracht haben. Die Lieferung oder Leistungserbringung muss tatsächlich erfolgt sein. Sie kann mit der Aufforderung verbunden werden. Eine bloße Ankündigung genügt nicht.[561] Zwar kann die Ankündigung der Lieferung oder Leistungserbringung in ihrer Wirkung der Überlassung eines Produkts gleichstehen. Der eindeutige Wortlaut lässt trotz einer wünschenswerten weiten Auslegung der Vorschrift im Interesse des Verbraucherschutzes eine Auslegung, die die bloße Ankündigung erfasst, nicht zu. Dass ein Dritter auf Veranlassung des Unternehmers die Ware liefert oder die Leistung erbringt, steht der Überlassung des Produkts durch den Unternehmer gleich.

Die **Lieferung oder Leistung** muss **unbestellt** erfolgen. Über die Lieferung oder Leis- **354** tung darf zwischen dem Unternehmer und dem Verbraucher kein Vertrag zustande gekommen sein. Unbestellt ist eine Lieferung oder Leistung auch, wenn der Verbraucher innerhalb eines bestehenden Vertragsverhältnisses vom Unternehmer darüber

559 EuGH, 13.09.2018, C-54/17 und C-55/17, GRUR 2018, 1156 Rn. 48–56 – *AGCM/Wind und Vodafone*.

560 BGH, 17.08.2011, I ZR 134/10, GRUR 2012, 82 Rn. 16 – *Auftragsbestätigung*.

561 Ohly/*Sosnitza* Anhang zu § 3 Abs. 3 UWG Rn. 78; jurisPK-UWG/*Koch* Anhang zu § 3 Abs. 3 (Nr. 29) Rn. 4; *Köhler*, GRUR 2012, 217, 219; a. A. BGH, 17.08.2011, I ZR 134/10, GRUR 2012, 82 Rn. 12 – *Auftragsbestätigung*; OLG Stuttgart, 01.07.2010, 2 U 96/09, juris Rn. 31; FBO/*Mankowski* Anhang UWG Nr. 29 Rn. 5; *Scherer*, WRP 2012, 139.

getäuscht wird, dass er eine kostenpflichtige Zusatzleistung in Anspruch nimmt.[562] Ist die auf Abschluss des Vertrags gerichtete Willenserklärung des Verbrauchers unwirksam und ist dies für den Unternehmer nicht zu erkennen, ist die Ware oder Leistung bestellt. Es reicht für eine Bestellung nicht aus, dass im Zeitpunkt der Aufforderung nur der Unternehmer ein Angebot abgegeben hat oder dass der Unternehmer sein Angebot mit der Darstellung verknüpft, in der Entgegennahme des Produkts werde eine Bestellung gesehen. Schweigen des Verbrauchers genügt nicht.[563] Erfolgt die Lieferung oder Leistung zunächst ohne Bestellung und nimmt der Verbraucher vor der Zahlungsaufforderung das Angebot des Unternehmers an, liegt eine Bestellung vor und durch die nachfolgende Zahlungsaufforderung wird der Tatbestand nicht verwirklicht. Hat der Verbraucher eine Ware oder Dienstleistung bestellt und liefert der Unternehmer eine andere als die bestellte Ware oder erbringt er eine andere als die bestellte Dienstleistung verbunden mit der Aufforderung zur Zahlung, ist Nr. 29 erfüllt.

355 Die **irrtümliche Fehllieferung** entlastet den Unternehmer nicht.[564] Nimmt der Unternehmer statt des bestellten Produkts eine Ersatzlieferung oder Leistung vor, ist Nr. 29 unter den weiteren Voraussetzungen gegeben. Die in Art. 7 (3) Fernabsatzrichtlinie[565] vorgesehene Möglichkeit zu einer gleichwertigen Lieferung oder Leistung ist im Zuge der Umsetzung der Verbraucherrechterichtlinie entfallen. Eine Anpassung der UGP-RL ist unterblieben. Nr. 29 Halbs. 2 des Anhangs I der UGP-RL hat keine selbständige Bedeutung mehr. Den Unternehmer entlastet es nicht, wenn er irrtümlich von einer Bestellung ausgeht.[566] Nr. 29 enthält kein subjektives Element. Ob der Unternehmer den Irrtum verschuldet hat, ist unerheblich. Er muss aber aus seinem Unternehmensbereich herrühren. Für **Mitarbeiter und Beauftragte** ist der Unternehmer verantwortlich, § 8 Abs. 2.[567] Ist der Irrtum von einem Dritten verursacht – ein Dritter bestellt ein Produkt unter falschem Namen – oder das Versandunternehmen liefert an eine andere

---

562 EuGH, 13.09.2018, C-54/17 und C-55/17, GRUR 2018, 1156 Rn. 48–56 – *AGCM/Wind und Vodafone.*

563 BDS/*Koch* Anhang zu § 3 Abs. 3 UWG Rn. 188.

564 *Köhler*/Bornkamm/Feddersen Anh. zu § 3 UWG Rn. 29.5.

565 Artikel 7.
Erfüllung des Vertrags.
(3) Die Mitgliedstaaten können indessen vorsehen, daß der Lieferer dem Verbraucher eine qualitätsmäßig und preislich gleichwertige Ware liefern oder eine qualitätsmäßig und preislich gleichwertige Dienstleistung erbringen kann, wenn diese Möglichkeit vor Vertragsabschluß oder in dem Vertrag vorgesehen wurde. Der Verbraucher ist von dieser Möglichkeit in klarer und verständlicher Form zu unterrichten. Die Kosten der Rücksendung infolge der Ausübung des Widerrufsrechts gehen in diesem Fall zu Lasten des Lieferers; der Verbraucher ist davon zu unterrichten. In diesem Fall handelt es sich bei der Lieferung einer Ware oder der Erbringung einer Dienstleistung nicht um eine unbestellte Ware oder Dienstleistung im Sinne des Artikels 9.

566 *OLG Stuttgart, 01.07.2010,* 2 U 96/09, juris Rn. 32; Götting/Nordemann/*Wirtz* § 3 Rn. 177; offengelassen BGH, 17.08.2011, I ZR 134/10, GRUR 2012, 82 Rn. 12 – *Auftragsbestätigung.*

567 BGH, 17.08.2011, I ZR 134/10, GRUR 2012, 82 Rn. 13 – *Auftragsbestätigung.*

Person mit dem gleichen Namen unter derselben Adresse aus, ist der Tatbestand nicht erfüllt.[568]

Es muss eine **Aufforderung zur Bezahlung** oder eine **Aufforderung zur Rücksendung** **356**
oder Verwahrung vorliegen. Von einer Zahlungsaufforderung ist auszugehen, wenn der Verbraucher ausdrücklich oder konkludent angehalten wird, einen Betrag zu zahlen. Das muss nicht ultimativ und unter Fristsetzung geschehen. Eine höfliche Bitte um Zahlung genügt. Regelmäßig liegt in einer Rechnung oder einer Mahnung eine Zahlungsaufforderung. Die Beifügung eines ausgefüllten Überweisungsformulars kann ausreichen. Eine bedingte Zahlungsaufforderung kann genügen, um Umgehungen durch geschickte Formulierungen auszuschließen.[569] Weist der Unternehmer klar, eindeutig und unübersehbar darauf hin, dass der Verbraucher zur Zahlung, Rücksendung und Verwahrung nicht verpflichtet ist, liegt keine Aufforderung vor.[570] Die bloße Ankündigung eine Rechnung erst zu schicken, ist ohne nähere Angaben zur Zahlungshöhe und -frist sowie zum Zahlungsweg keine Zahlungsaufforderung. Die Warenlieferung oder Leistungserbringung ohne Aufforderung zur Zahlung, Rücksendung oder Verwahrung genügt für den Tatbestand der Nr. 29 nicht; sie kann eine unzumutbare Belästigung nach § 7 Abs. 1 sein.

Einer Zahlungsaufforderung steht die **ausdrückliche oder schlüssige Aufforderung** **357**
zur Rücksendung oder Verwahrung der Ware gleich. Sie wird häufig im Zusammenhang damit stehen, dass der Verbraucher die Ware nicht behält und bezahlt. Erforderlich ist eine derartige Verknüpfung nicht. Ob der Unternehmer zusagt, dem Verbraucher für die Rücksendung oder Verwahrung Kosten zu erstatten, ist gleichgültig. Die Aufforderung kann in die Gestalt einer Bitte gekleidet sein.

Die **Darlegungs- und Beweislast** für die Voraussetzungen der Norm trifft nach allge- **358**
meinen Grundsätzen den Gläubiger. Dem Unternehmer obliegt eine sekundäre Darlegungslast, wenn der Gläubiger eine fehlende Bestellung behauptet. Für die Voraussetzungen eines den Tatbestand ausschließenden Irrtums des Unternehmers trägt dieser die Darlegungs- und Beweislast.

XXX. Nr. 30 Angaben über die Gefährdung des Unternehmers

Unzulässige geschäftliche Handlungen im Sinne des § 3 Absatz 3 sind **359**

30. die ausdrückliche Angabe, dass der Arbeitsplatz oder Lebensunterhalt des Unternehmers gefährdet sei, wenn der Verbraucher die Ware oder Dienstleistung nicht abnehme.

568 BGH, 17.08.2011, I ZR 134/10, GRUR 2012, 82 Rn. 18 – *Auftragsbestätigung*; jurisPK-UWG/*Koch* Anhang zu § 3 Abs. 3 (Nr. 29) Rn. 5.
569 FBO/*Mankowski* Anhang UWG Nr. 29 Rn. 10.
570 Ohly/*Sosnitza* Anhang zu § 3 Abs. 3 UWG Rn. 77; *Scherer*, NJW 2009, 324, 330; a. A. Götting/Nordemann/*Wirtz* § 3 Rn. 177.

UGP-RL Anhang I zu Art. 5 (5) Nr. 30

30. Ausdrücklicher Hinweis gegenüber dem Verbraucher, dass Arbeitsplatz oder Lebensunterhalt des Gewerbetreibenden gefährdet sind, falls der Verbraucher das Produkt oder die Dienstleistung nicht erwirbt.

360 Durch Nr. 30 des Anhangs zu § 3 Abs. 3 wird **Nr. 30 des Anhangs I der UGP-RL** umgesetzt. Der deutsche Gesetzgeber hat die Bestimmung der UGP-RL nahezu wörtlich umgesetzt und nur eine Anpassung an die Terminologie des UWG vorgenommen.

361 Der **Normzweck** besteht im Schutz des Verbrauchers vor einer unzulässigen Beeinflussung, die von der Angabe ausgeht, der Arbeitsplatz oder Lebensunterhalt des Unternehmers sei gefährdet, wenn der Verbraucher die Ware oder Dienstleistung nicht abnehme. Eine unzulässige Beeinflussung liegt nach Art. 2 lit. j UGP-RL in der Ausnutzung einer Machtposition gegenüber dem Verbraucher zur Ausübung von Druck, auch ohne Anwendung oder Androhung von körperlicher Gewalt, in einer Weise, die die Fähigkeit des Verbrauchers zu einer informierten Entscheidung wesentlich einschränkt. Durch die in Nr. 30 angeführte Angabe übt der Unternehmer moralischen Druck auf den Verbraucher aus, ein Produkt zu erwerben.

362 Nr. 30 ist ein abstrakter Tatbestand einer aggressiven Geschäftspraktik. Ob der Verbraucher die Ware oder Dienstleistung abnimmt, ist unerheblich. Es kommt auch nicht darauf an, ob konkret eine Drucksituation besteht. Es ist daher nicht erforderlich, dass der Verbraucher und der Unternehmer oder sein Mitarbeiter sich gegenüberstehen oder auf andere Weise unmittelbaren Kontakt haben.[571] Nr. 30 setzt – wie alle Tatbestände der schwarzen Liste – eine an einen Verbraucher gerichtete **geschäftliche Handlung** im Sinne des § 2 Abs. 1 Nr. 1 UWG voraus (Rdn. 10). Es erfolgt keine gesonderte Prüfung der **Verhältnismäßigkeit** (Rdn. 19) und auf das **Relevanzkriterium** kommt es nicht an (Rdn. 20). Nr. 30 ist eine verbraucherschützende Vorschrift.

363 **Sonstige Marktteilnehmer** fallen nicht in den Schutzbereich. Auf diese ist Nr. 30 weder direkt noch analog anwendbar. Nr. 30 ist im Rahmen ihres Anwendungsbereichs lex specialis zu § 4a Abs. 1 Satz 2 Nr. 3 und Satz 3. § 7 UWG ist neben § 3 Abs. 3 i. V. mit Nr. 30 anwendbar.

364 Es muss eine **ausdrückliche Angabe** vorliegen, **der Arbeitsplatz oder Lebensunterhalt des Unternehmers sei gefährdet**. Eine wörtliche **Angabe** ist nicht erforderlich. Die Angabe muss aber sinngemäß die Botschaft enthalten, bei Nichtabnahme sei der Arbeitsplatz oder Lebensunterhalt gefährdet. Unter die Ankündigung fällt auch der Verlust des Arbeitsplatzes oder der Grundlage des Lebensunterhalts; diese Erklärung geht noch über eine Gefährdung hinaus.[572] Die Erklärung, die Abnahme sichere Arbeitsplätze des Unternehmens, reicht nicht. Eine schlüssige Erklärung genügt nicht. Die Vorschrift erfasst ohne die in Nr. 30 angeführte ausdrückliche Angabe über die

571 A. A. FBO/*Steinbeck* Anhang UWG Nr. 30 Rn. 9; *Köhler*/Bornkamm/Feddersen Anh. zu § 3 UWG Rn. 30.2; *Scherer*, NJW 2009, 324, 331.

572 BDS/*Koch* Anhang zu § 3 Abs. 3 UWG Rn. 199.

Gefährdung des Arbeitsplatzes oder Lebensunterhalts keine Räumungs- oder Insolvenzverkäufe.[573] Dasselbe gilt für den Vertrieb von Arbeitslosen- oder Obdachlosenzeitungen.

Die ausdrückliche Angabe kann von einem Mitarbeiter des Unternehmers herrühren **365** und sie muss sich nicht auf den Arbeitsplatz oder Lebensunterhalt des Unternehmers selbst beziehen, sondern der Mitarbeiter kann seinen Arbeitsplatz oder Lebensunterhalt als gefährdet bezeichnen.[574] Das folgt aus § 2 Abs. 1 Nr. 6 Fall 2 und Art. 2 lit. b UGP-RL. Danach ist Gewerbetreibender jede Person, die im Namen oder Auftrag einer natürlichen oder juristischen Person handelt, die im Geschäftsverkehr im Sinne der Richtlinie im Rahmen ihrer gewerblichen, handwerklichen oder beruflichen Tätigkeit handelt. Dem Tatbestandsmerkmal »ausdrücklich« ist nicht zu entnehmen, dass zwischen dem Unternehmer oder seinem Mitarbeiter und dem Verbraucher ein unmittelbarer Kontakt bei der Angabe bestehen muss.[575] Wenn überhaupt Fälle der Nr. 30 in der Praxis vorkommen, wird es sich allerdings regelmäßig um eine derartige Konstellation handeln. Nur bei einem unmittelbaren Kontakt lässt sich der nötige moralische Druck auf den Verbraucher aufbauen.

Die Erklärung des Unternehmers oder seines Mitarbeiters muss zum Gegenstand **366** haben, sein Arbeitsplatz oder Lebensunterhalt sei gefährdet, wenn der Verbraucher das Produkt nicht abnehme. Die ausdrückliche Erklärung reicht aus. Darauf, ob die Gefahr besteht, kommt es nicht an. Eine wahre Angabe ist ebenfalls untersagt. Der Tatbestand ist auf eine Gefährdung des Arbeitsplatzes oder Lebensunterhalts beschränkt. Die Verknüpfung des Waren- oder Dienstleistungsabsatzes mit anderen Gefahren erfüllt Nr. 30 nicht.

Die **Darlegungs- und Beweislast** für das Vorliegen der Voraussetzungen der Norm **367** trifft nach allgemeinen Grundsätzen den Gläubiger.

573 BDS/*Koch* Anhang zu § 3 Abs. 3 UWG Rn. 202; Ohly/*Sosnitza* Anhang zu § 3 Abs. 3 UWG Rn. 81; a. A. *Hoeren*, BB 2008, 1182, 1191.

574 FBO/*Steinbeck* Anhang UWG Nr. 30 Rn. 16; *Köhler*/Bornkamm/Feddersen Anh. zu § 3 UWG Rn. 30.1; Ohly/*Sosnitza* Anhang zu § 3 Abs. 3 UWG Rn. 81.

575 A. A. FBO/*Steinbeck* Anhang UWG Nr. 30 Rn. 9; *Köhler*/Bornkamm/Feddersen Anh. zu § 3 UWG Rn. 30.2; *Scherer*, NJW 2009, 324, 331.

Preisangabenverordnung (PAngV)

I. d. F. der Bekanntmachung vom 18.10.2002 (BGBl. I S. 4197)
Zuletzt geändert Artikel 5 des Gesetzes vom 17.07.2017 (BGBl. I S. 2394)

Inhaltsübersicht

Einleitung PAngV

Stefan Schilling

A. Rechtsnatur

I. Rechtsgrundlage

Die Preisangabenverordnung (PAngV) ist eine Rechtsverordnung. Sie beruht auf § 1 Preisangabengesetz (PAngG)[1], der den Bundeswirtschaftsminister ermächtigt, durch Rechtsverordnung mit Zustimmung des Bundesrates zu bestimmen, dass und auf welche Art und Weise beim Anbieten von Waren oder Leistungen gegenüber Letztverbrauchern oder bei der Werbung für Waren oder Leistungen gegenüber Letztverbrauchern Preise und die Verkaufs- oder Leistungseinheiten sowie Gütebezeichnungen, auf die sich die Preise beziehen, anzugeben sind. Der Gesetzgeber war gezwungen, eine solche 1

1 Verkündet als Art. 1 G zur Regelung der Preisangaben vom 03.12.1984 (BGBl. I S. 1429); Vormals Preisangaben- und Preisklauselgesetz, Titel geändert durch Gesetz vom 09.06.1998 (BGBl. I S. 1242)

Ermächtigungsgrundlage zu schaffen, nachdem das BVerfG die Vorgängerregelung der PAngV für nichtig erklärt hatte.[2] Der in § 1 PAngG verwendete Begriff »Preis« umfasst nach der Rechtsprechung des BGH nicht nur Preisbestandteile, wie die Umsatzsteuer, sondern auch anfallende Liefer- und Versandkosten, mithin auch die sonstigen Preisbestandteile.[3] Dieses Verständnis liegt (stillschweigend) auch der Änderung der PAngV durch § 20 Abs. 9 Nr. 1 lit. b des UWG-Reformgesetzes von 2004 (BGBl I, 1414) zu Grunde, durch die § 1 Abs. 2 PAngV in seinen Sätzen 2 und 3 – obwohl Rechtsverordnung des Bundesministers – mit dem Rang eines einfachen Bundesgesetzes neu gefasst worden ist.[4]

II. Schutzzweck

2 Die Bestimmungen der PAngV enthalten formelles Preisrecht (Preisordnungsrecht).[5] Sie regeln nicht, ob bestimmte Preise oder Preisänderungen oder auch deren Frequenz zulässig sind, sondern allein die Art und Weise der Angabe der jeweils aktuellen Preise im geschäftlichen Verkehr.[6] Das bedeutet, sie treffen Bestimmung allein über die Angabe von Preisen, nicht über deren Bildung (Festsetzung, Aufrechterhaltung, Genehmigung), wie es beispielsweise bei den Gebührenregelungen freier Berufe (der Ärzte, Rechtsanwälte, Steuerberater, Architekten und Ingenieure u.a.) oder bei der Preisbildung im Bereich des Gesundheitswesens (bei den Krankenhauspflegesätzen oder den Festbeträgen für Arzneimitteln), der Personenbeförderung, der Postdienstleistungen, bei der Vermietung von Wohnraum oder im Energiebereich der Fall ist (materielles Preisrecht).[7]

3 Für den Verbraucher ist neben der Qualität der Preis einer Ware oder Dienstleistung das wichtigste Entscheidungskriterium, wenn es gilt, zwischen verschiedenen Angeboten eine Auswahl zu treffen.[8] Die PAngV dient dem Zweck, durch eine sachlich zutreffende und vollständige Verbraucherinformation Preiswahrheit und -klarheit zu gewährleisten, durch optimale Preisvergleichsmöglichkeiten die Stellung der Verbraucher gegenüber Handel und Gewerbe zu stärken und den Wettbewerb zu fördern.[9] Diesem Zweck wird nur dann Rechnung getragen, wenn der Endabnehmer den Betrag erfährt, der insgesamt als Gegenleistung für die Ware, das Werk oder die Dienste des

---

2 BVerfGE 65, 248 ff.; *Köhler*/Bornkamm/Feddersen, UWG, Vorb PAngV Rn. 1.

3 BGH, 04.10.2007, I ZR 143/04, GRUR 2008, 84 Rn. 27 – *Versandkosten.*

4 BGH, 04.10.2007, I ZR 143/04, GRUR 2008, 84 Rn. 27 – *Versandkosten.*

5 Ohly/*Sosnitza*, UWG, Einf PAngV Rn. 1; *Köhler*/Bornkamm/Feddersen, UWG, Vorb PAngV Rn. 1.

6 BGH, 22.03.2012, I ZR 111/11, GRUR 2012, 1159 Rn. 24 – *Preisverzeichnis bei Mietwagenangebot.*

7 Ohly/*Sosnitza*, UWG, Einf PAngV Rn. 1.

8 *Köhler*/Bornkamm/Feddersen, UWG, Vorb PAngV Rn. 2.

9 St. Rspr.; vgl. BGH, 28.11.1996, I ZR 197/94, GRUR 1997, 767, 769 – *Brillenpreise II*; BGH, GRUR 1999, 762 [763] = NJW 1999, 2195 = WRP 1999, 845 – *Herabgesetzte Schlussverkaufspreise*; BGH, 03.07.2003, I ZR 211/01, GRUR 2003, 971, 972 – *Telefonischer Auskunftsdienst*; BGH, 04.10.2007, I ZR 143/04, GRUR 2008, 84 Rn. 25 – *Versandkosten*; BGH, 07.03.2013, I ZR 30/12, GRUR 2013, 850 Rn. 13 – *Grundpreisangabe im Supermarkt.*

jeweiligen Anbieters aufzubringen ist.[10] Es soll dem Verbraucher Klarheit über die Preise und deren Gestaltung verschafft werden und zugleich verhindert werden, dass er seine Preisvorstellungen anhand untereinander nicht vergleichbarer Preise gewinnen muss.[11] Dass es heute weiterhin um die Stabilität des Preisniveaus geht,[12] darf hingegen bezweifelt werden. Die PAngV dient folglich dem Schutz des Verbrauchers und zugleich des Wettbewerbs.[13] In dieselbe Richtung zielt Art. 7 Abs. 4 lit. c der UGP-RL (siehe Rdn. 42). Dieser Schutzzweck erfordert nicht, dass der Unternehmer stets seine Preise angeben muss (insoweit abweichend von Art. 7 Abs. 4 lit. c der UGP-RL bei Angeboten zum Kauf). Wenn er aber mit Preisen wirbt oder Angebote unterbreitet, muss er – vorbehaltlich speziellerer Regelungen des Unionsrechts (siehe Rdn. 11 ff.) – den Anforderungen der PAngV gerecht werden.[14]

B. Rechtsentwicklung

I. Vorgängerregelungen

Regelungen zur Preisauszeichnung existierten seit 1940 und wurden mehrfach geändert.[15] Die Preisangabenverordnung von 10.05.1973[16] wurde vom BVerfG 1983 verworfen, da sie von der gesetzlichen Ermächtigung des § 2 PreisG vom 10.04.1948 nicht gedeckt und als eine die Freiheit der Berufsausübung beschränkende Regelung mit Art 12 Abs. 1 GG unvereinbar gewesen ist.[17] Die PAngV wurde daher 1985 auf eine neue gesetzliche Grundlage gestellt, das PAngG.[18] Die PAngV unterlag auch nachfolgend mehrfachen Anpassungen und Änderungen.[19] So machten insbesondere die Umsetzungen der Preisangaben-RL 98/6/EG, der Verbraucherkreditrichtlinie 98/7/EG, der Verbraucherkreditrichtlinie 2008/48/EG und der Verbraucherrechterichtlinie 2011/83/EU Änderungen erforderlich.[20] Auch eine neuerliche umfassende Revision erscheint mit Blick auf die vielfältigen anwendungsbeschränkenden unionsrechtlichen Regelungen von Nöten.[21] 4

II. Änderungen seit der UWG-Reform 2004

Im Zuge der UWG-Reform 2004 wurde durch § 20 Abs. 9 des Reformgesetzes an die Neufassung des UWG angepasst und insbesondere die Ausnahme für Rabatte gestri- 5

10 BGH, 28.11.1996, I ZR 197/94, GRUR 1997, 767, 769 – *Brillenpreise II.*
11 BGH, 15.01.2004, I ZR 180/01, GRUR 2004, 435, 436 – *FrühlingsgeFlüge.*
12 So noch BGH, 20.02.1974, VIII ZR 198/72, GRUR 1974, 416, 417 – *Tagespreis*, unter Bezugnahme auf die amtliche Begründung der PAngV 1969.
13 Vgl. *Köhler*/Bornkamm/Feddersen, UWG, Vorb PAngV Rn. 2.
14 *Köhler*/Bornkamm/Feddersen, UWG, Vorb PAngV Rn. 2.
15 Vgl. Ohly/*Sosnitza*, UWG, Einf PAngV Rn. 2, mwN.
16 VO PR Nr 3/73, BGBl I S 461.
17 Vgl. BVerfGE 65, 248, 260.
18 § 1 Preisangaben- und Preisklauselgesetz vom 03.12.1984 (BGBl. 1984 I 1429).
19 Vgl. ausführlich Ohly/*Sosnitza*, UWG, Einf PAngV Rn. 4 ff., mwN.
20 Vgl. ausführlich Ohly/*Sosnitza*, UWG, Einf PAngV Rn. 7 ff., mwN.
21 Köhler, GRUR 2016, 891 ff.

chen.[22] Mit Wirkung zum 01.11.2008 wurde die Regelung zu Preisangaben mit Änderungsvorbehalt in § 1 Abs. 5 geändert.[23] In Umsetzung der Verbraucherkreditrichtlinie 2008/48/EG vom 23.04.2008 wurden mit Wirkung zum 11.06.2010 § 6 neu gefasst und die §§ 6a und 6b neu hinzugefügt.[24] Weitere Änderungen des § 1 und des § 6 sowie der Anlage Teil II § 6 erfolgten mit Wirkung zum 01.01.2013.[25] §§ 1, 2, 9 und 10 PAngV wurden mit Wirkung ab 13.06.2014 erneut angepasst und der Begriff des »Endpreises« durch den des »Gesamtpreises« ersetzt sowie § 1 Abs. 2 an die Anforderungen des Art. 6 Abs. 1 lit. e Verbraucherrechte-RL angeglichen. In Umsetzung der Wohnimmobilienkreditrichtlinie 2014/17/EU vom 04.02.2014 wurden die Begriffe »Letztverbraucher, Endverbraucher und Kreditnehmer« durch den Begriff des »Verbrauchers« ersetzt, die §§ 6, 6a und 6b neu gefasst sowie § 6c hinzugefügt.[26] Zuletzt wurde § 1 Abs. 5 Nr. 3 zur Preisanpassung von Reiseveranstaltern mit Wirkung vom 01.07.2018 in § 1 Abs. 6 überführt und angepasst.[27]

C. Persönlicher Anwendungsbereich

6 Nach § 1 Abs. 1 Satz 1 PAngV trifft die Verpflichtung zur Preisangabe jeden, der Verbrauchern gemäß § 13 BGB gewerbs- oder geschäftsmäßig oder regelmäßig in sonstiger Weise Waren oder Leistungen anbietet oder ihnen gegenüber als Anbieter unter Angabe von Preisen wirbt.

I. Angebot gegenüber Verbrauchern

7 Das im Grunde entscheidende Kriterium ist, dass das Angebot bzw. die Werbung an Verbraucher iSd § 13 BGB gerichtet ist. Die ausdrückliche Aufnahme des § 13 BGB ist mit Wirkung zum 21.03.2016 erfolgt[28] und damit an § 2 Abs. 2 UWG angeglichen (siehe § 2 Abs. 2 Rdn. 1). D.h. im Verkehr unter Unternehmern iSd § 14 BGB findet die PAngV keine Anwendung, ebenso wenig gegenüber sonstigen Gewerbetreibenden oder der öffentlichen Hand, wie ausdrücklich in § 9 Abs. 1 Nr. 1 und 2 PAngV aufgeführt, siehe § 9 PAngV Rdn. 3 f. Nach der bis zum 20.03.2016 geltenden Fassung hatten sich die Angebote an (private) »Letztverbraucher« zu richten. Darunter wurden Personen verstanden, die die Ware oder Leistung nicht weiter umsetzen, sondern für sich verwenden.[29] Dies wurde aus § 9 Abs. 1 Nr. 1 PAngV abgeleitet, wonach die Vorschriften der Verordnung nicht auf Angebote oder Werbung gegenüber »Letztverbrauchern« anzuwenden sind, die die Ware oder Leistung in ihrer selbstständigen beruflichen oder gewerblichen Tätigkeit verwenden.

---

22 BGBl. 2004 I 1414.

23 VO vom 23.03.2009 (BGBl. 2009 I 653).

24 Gesetz vom 29.07.2009 (BGBl. I S. 2355).

25 6. VO zur Änderung der PAngV vom 01.08.2012.

26 Art. 11 des Gesetzes vom 11.03.2016 (BGBl. 2016 I 396)

27 Art. 3 G zur Änderung reiserechtlicher Vorschriften vom 17.07.2017 (BGBl 2017 I 2394)

28 Gesetz vom 11.03.2016 (BGBl. I S. 396).

29 BGH, 29.04.2010, I ZR 99/08, GRUR 2011, 82 Rn. 23 – *Preiswerbung ohne Umsatzsteuer*; Ohly/*Sosnitza*, UWG, Einf PangV Rn. 23; *Köhler*/Bornkamm/Feddersen, UWG, Vorb PAngV Rn. 19;.

Die Frage, an wen sich eine geschäftliche Handlung richtet, ist objektiv zu bestimmen. **8**
Das ist danach zu beurteilen, wie der Unternehmer bei objektiver Betrachtung den Zweck des (erwünschten oder erwartbaren) Handelns seines mit seiner geschäftlichen Handlung angesprochenen Adressaten verstehen muss.[30] Wendet sich eine Werbemaßnahme oder ein Angebot an den allgemeinen Verkehr, werden damit zumindest auch Verbraucher angesprochen.[31] (zu den Einzelheiten siehe § 2 Abs. 2 PAngV Rdn. 10). In einem solchen Fall ist die Preisangabe nach den für den geschäftlichen Verkehr mit Verbrauchern maßgeblichen Vorschriften der Preisangabenverordnung zu gestalten.[32] Denn bereits durch eine nicht den Gesamtpreis ausweisende Werbung wird der Zweck der Preisangabenverordnung beeinträchtigt, es dem Verbraucher zu ermöglichen, seine Preisvorstellungen anhand untereinander vergleichbarer Preise zu gewinnen. Wer Verbrauchern Angebote unterbreitet, kann sich nicht darauf berufen, dass die Vorschriften der Preisangabenverordnung keine Anwendung fänden, weil er nicht bereit sei, die angebotenen Waren an Endabnehmer für deren privaten Bedarf zu veräußern.[33]

II. Unternehmer

§ 1 Abs. 1 PAngV verpflichtet letztlich Unternehmer iSd § 14 BGB. Zwar stellt die **9**
Norm noch weitere Kriterien auf und nennt nur denjenigen als verpflichtet, der gewerbs- oder geschäftsmäßig handelt (oder regelmäßig in sonstiger Weise Waren oder Leistungen anbietet). Dies setzt voraus, dass das Angebot bzw. die Werbung im Rahmen einer auf Dauer angelegten, selbständigen wirtschaftlichen Betätigung erfolgt, die darauf gerichtet ist, Waren oder Dienstleistungen gegen Entgelt zu vertreiben.[34] Regelmäßig in sonstiger Weise bedeutet, dass es nur auf die Tatsache eines regelmäßigen, also wiederholten Handelns ankommt.[35] Diese Kriterien sind indes nicht zu Abgrenzung erforderlich. Denn für einen Anspruch bedarf es ohnehin der weiteren Voraussetzungen der §§ 3, 3a UWG bzw. §§ 3, 5, 5a UWG, insbesondere dem Vorliegen einer geschäftlichen Handlung im Sinne des § 2 Abs. 1 Nr. 1 UWG.[36] Dies gebietet bereits eine richtlinienkonforme Auslegung nach Art. 2 lit. d UGP-RL, so dass erforderlich, aber auch ausreichend ist, dass ein Handeln zugunsten des eigenen oder eines fremden Unternehmens vorliegt.[37] Eine Änderung der Rechtslage ist damit im Zweifel mit der Änderung des Wortlautes nicht verbunden.[38] Damit ist klar, dass– wie auch schon vor

30 Vgl. zur vorhersehbaren Ansprache bestimmter Gruppen: BGH, 12.12.2013, I ZR 192/12, GRUR 2014, 686 Rn. 16 – *Goldbärenbarren*; BGH, 22.01.2014, I ZR 218/12, GRUR 2014, 682 Rn. 22 – *Nordjob-Messe*.

31 *Köhler*/Bornkamm/Feddersen, UWG, § 2 Rn. 167.

32 BGH, 29.04.2010, I ZR 99/08, GRUR 2011, 82 Rn. 26 – *Preiswerbung ohne Umsatzsteuer*;

33 BGH, 29.04.2010, I ZR 99/08, GRUR 2011, 82 Rn. 26 – *Preiswerbung ohne Umsatzsteuer*;

34 Vgl. zur Mitbewerbereigenschaft: BGH, 12.07.1995, I ZR 85/93, GRUR 1995, 697, 699 – *FUNNY PAPER*; vgl. § 2 Abs. 2 Rdn. 9.

35 *Köhler*/Bornkamm/Feddersen, UWG, Vorb PAngV Rn. 17.

36 *Köhler*/Bornkamm/Feddersen, UWG, Vorb PAngV Rn. 17a.

37 *Köhler*/Bornkamm/Feddersen, UWG, Vorb PAngV Rn. 17a.

38 Vgl. BGH 10.11.2016, I ZR 29/15, GRUR 2017, 286 Rn. 9 – *Hörgeräteausstellung*.

Erlass der UGP-RL[39] – auch der Vermittler einer Ware oder Leistung von den Pflichten der PAngV erfasst wird.[40]

10 Zu den Verpflichteten zählen folglich die Kaufleute und sonstigen Gewerbetreibende (Hersteller, Groß- und Einzelhändler, Handwerker), aber auch die Mitglieder der freien Berufe sowie – aus dem Umkehrschluss von § 9 Abs. 1 Nr. 2 PAngV – die öffentliche Hand, soweit diese Benutzungsgebühren oder privatrechtliche Entgelte für die Nutzung ihrer Einrichtungen erhebt, wie für Schwimmbäder oder den ÖPNV.[41]

D. Unionsrechtliche Regelungen der Preisangaben

I. Verhältnis zum Unionsrecht

11 § 1 Abs. 1 Satz 1 PAngV ist eine Vorschrift iSd § 3a UWG, die auch dazu bestimmt ist, im Interesse der Marktteilnehmer, nämlich der Verbraucher, das Marktverhalten zu regeln.[42] Nach der Rechtsprechung des BGH kann allerdings im Anwendungsbereich der UGP-RL ein Verstoß gegen eine nationale Marktverhaltensregel die Unlauterkeit nach § 3a UWG nur begründen, wenn diese nationale Bestimmung eine unionsrechtliche Grundlage hat.[43] Denn die UGP-RL bezweckt in ihrem Anwendungsbereich eine vollständige Angleichung des Rechts der unlauteren Geschäftspraktiken von Unternehmern gegenüber Verbrauchern und die Ersetzung der bisherigen nationalen Rechtssätze.[44] Sie erfasst sowohl das Angebot von Waren als auch das von Dienstleistungen, vgl. deren Art. 2 lit. c,[45] und deckt damit den Bereich der PAngV insgesamt ab. Es ist daher stets zu prüfen, ob im konkreten Einzelfall eine Vorgabe der PAngV mit einer unionsrechtlichen Regelung in Einklang steht.

12 Die Regelungen der PAngV haben nicht nur vor diesem Hintergrund durch diverse EU-Richtlinien und EU-Verordnungen erhebliche Einschränkungen erfahren. Soweit EU-Verordnungen Preisangaben regeln, wie zB Art. 23 Abs. 1 VO (EG) Nr. 1008/2008, haben diese ohne Weiteres Vorrang vor der PAngV.

13 Schwieriger gestaltet sich die Lage im von EU-Richtlinien geprägten Bereich, da diese sich teilweise überlagern. Während die PAngV sowohl für Preisangaben über Waren

---

39 Vgl. BGH, 08.10.1998, I ZR 187/97, BGHZ 139, 368, 375 – *Handy für 0,00 DM*; BGH, 05.07.2001, I ZR 104/99, GRUR 2001, 1166, 1168 – *Fernflugpreise*.

40 Vgl. Ohly/*Sosnitza*, UWG, Einf PangV Rn. 22; *Köhler*/Bornkamm/Feddersen, UWG, Vorb PAngV Rn. 17a.

41 Vgl. Ohly/*Sosnitza*, UWG, Einf PangV Rn. 24; vgl. auch *Köhler*/Bornkamm/Feddersen, UWG, § 9 PAngV Rn. 3.

42 St. Rspr., vgl. BGH, 07.05.2015, I ZR 158/14, GRUR 2015, 1240 Rn. 18 – *Der Zauber des Nordens*.

43 St. Rspr., vgl. BGH, 29.04.2010, I ZR 23/08, GRUR 2010, 652 Rn. 11 – *Costa del Sol*; BGH, 22.03.2012, I ZR 111/11, WRP 2012, 1384 Rn. 9 – *Preisverzeichnis bei Mietwagenangebot*; BGH, 07.05.2015, I ZR 158/14, GRUR 2015, 1240 Rn. 19 – *Der Zauber des Nordens*; BGH, 14.01.2016, I ZR 61/14, GRUR 2016, 516 Rn. 13 – *Wir helfen im Trauerfall*.

44 Vgl. Erwägungsgründe 6, 12 und 13 der UGP-RL; EuGH, 10.07.2014, C-421/12, GRUR Int. 2014, 964 Rn. 55 – *Kommission/Belgien*.

45 BGH, 07.05.2015, I ZR 158/14, GRUR 2015, 1240 Rn. 20 – *Der Zauber des Nordens*.

als auch über Dienstleistungen einschlägig ist, gilt auf Unionsebene für Waren die Preisangaben-RL (98/6/EG) und für Dienstleistungen Art. 22 der Dienstleistungs-RL (2006/123/EG).[46] Bei der Prüfung der Vereinbarkeit der Regelungen der PAngV mit dem Unionsrecht ist daher zu unterscheiden, je nachdem, ob es um Waren oder Dienstleistungen geht.[47] Zudem trifft auch die UGP-RL Regelungen zu Preisangaben.

Allerdings kommt erschwerend hinzu, dass am 12.06.2013 die in Art. 3 Abs. 5 UGP-RL vorgesehene Übergangszeit abgelaufen war. Nach der Bestimmung des Art. 3 Abs. 5 Satz 1 UGP-RL können die Mitgliedstaaten in dem durch diese Richtlinie angeglichenen Bereich nach dem 12.06.2013 keine nationalen Vorschriften beibehalten, die restriktiver – dh weniger streng – oder strenger als diese Richtlinie sind und zur Umsetzung von Richtlinien erlassen wurden, die Klauseln über eine Mindestangleichung enthalten (Rdn. 41).[48] Soweit EU-Richtlinien Preisangaben regeln, ist daher zunächst das Vorrangverhältnis dieser Richtlinien untereinander zu bestimmen.[49] Nach der jeweils maßgeblichen Richtlinie ist dann zu beurteilen, inwieweit Vorschriften der PAngV mit dem Unionsrecht in Einklang stehen. Für das Verhältnis der Preisangaben-RL (98/6/EG) hat der EuGH auf Vorlage des BGH[50] entschieden, dass im Anwendungsbereich der Preisangaben-RL die UGP-RL nach deren Art. 3 Abs. 4 nicht einschlägig ist (siehe Rdn. 30).[51] Die in Art. 3 Abs. 4 UGP-RL angeführte Kollision von Rechtsvorschriften der Union ist im Sinne eines Spezialitätsverhältnisses und nicht eines unterschiedlichen Schutzniveaus zu verstehen.[52] **14**

Nach der Rechtsprechung des BGH sind die unionsrechtlichen Bestimmungen über Preisangaben bei Dienstleistungen in Art. 7 (4) lit. c UGP-RL und in Art. 22 (1) lit. i, (2) und (3) lit. a, (5) Dienstleistungs-RL nebeneinander anwendbar und Grundlage der Preisangaben zu Dienstleistungen nach § 1 Abs. 1 Satz 1 PAngV (siehe Rdn. 37).[53] Die Regelungen zum Fernabsatz in § 1 Abs. 2 PAngV überschneiden sich mit Art. 6 der Verbraucherrechte-RL 2011/83/EU,[54] die jedoch als vorvertraglichen Preisinformationspflichten in Art. 246 Nr. 3 EGBGB und in Art. 246a § 1 Nr. 4, § 2 Abs. 1 Nr. 2, § 3 Nr. 3 EGBGB umgesetzt wurden. **15**

---

46 Büscher, GRUR 2017, 105, 111.

47 Ohly/*Sosnitza*, UWG, Einf PangV Rn. 13.

48 BGH, 18.09.2014, I ZR 201/12, GRUR 2014, 1208 Rn. 11 – *Preis zuzüglich Überführung*, mwN; Büscher, GRUR 2017, 105, 110.

49 *Köhler*/Bornkamm/Feddersen, UWG, Vorb PAngV Rn. 9.

50 BGH, 18.09.2014, I ZR 201/12, GRUR 2014, 1208 – *Preis zuzüglich Überführung*.

51 *EuGH, 07.07.2016, C-476/14, GRUR 2016, 945 Rn. 42 ff. – Citroën Commerce*; krit: Köhler, GRUR 2016, 891, 892.

52 Büscher, GRUR 2017, 105, 110.

53 BGH, 14.01.2016, I ZR 61/14, GRUR 2016, 516 Rn. 15 – *Wir helfen im Trauerfall*; Büscher, GRUR 2017, 105, 110; krit. Köhler, GRUR 2016, 891, 898 und *Köhler*/Bornkamm/Feddersen, UWG, Vorb PAngV Rn. 16a.

54 § 1 Abs. 1 Satz 1 dient dagegen nicht (auch) der Umsetzung des Art. 5 Abs. 1 lit. c der Verbraucherrechte-RL, da diese Bestimmung nicht unmittelbar an das »Anbieten« von Waren oder Dienstleistungen anknüpft, vgl. *Köhler*/Bornkamm/Feddersen, UWG, PAngV § 1 Rn. 1a.

II. Luftverkehrsdiensteverordnung VO (EG) Nr. 1008/2008

16 Die VO (EG) Nr. 1008/2008 über gemeinsame Vorschriften für die Durchführung von Luftverkehrsdiensten in der Gemeinschaft enthält in ihrem Art. 23 Abs. 1 detaillierte Vorgaben des formalen Preisrechts.

1. Vorrangige Regelung

17 Die Bestimmung ist Marktverhaltensvorschrift iSv § 3a UWG.[55] Sie soll Information und Transparenz in Bezug auf die Preise für Flugdienste gewährleisten und trägt damit zum Schutz des Kunden bei, der diese Dienste in Anspruch nimmt.[56] Da sie einen besonderen Aspekt unlauterer Geschäftspraktiken iSv Art. 3 Abs. 4 UGP-RL regelt, genießt sie in ihrem Anwendungsbereich Vorrang vor der UGP-RL[57] – und als unionsrechtliche Verordnung auch vor der PAngV.[58]

2. Regelungsgehalt

18 Die Vorschrift lautet:

19 *Art 23 Information und Nichtdiskriminierung*

(1) [1]Die der Öffentlichkeit zugänglichen Flugpreise und Luftfrachtraten, die in jedweder Form – auch im Internet – für Flugdienste von einem Flughafen im Hoheitsgebiet eines Mitgliedstaats, auf das der Vertrag Anwendung findet, angeboten oder veröffentlicht werden, schließen die anwendbaren Tarifbedingungen ein. [2]Der zu zahlende Endpreis ist stets auszuweisen und muss den anwendbaren Flugpreis beziehungsweise die anwendbare Luftfrachtrate sowie alle anwendbaren Steuern und Gebühren, Zuschläge und Entgelte, die unvermeidbar und zum Zeitpunkt der Veröffentlichung vorhersehbar sind, einschließen. [3]Neben dem Endpreis ist mindestens Folgendes auszuweisen:
a) der Flugpreis bzw. die Luftfrachtrate,
b) die Steuern,
c) die Flughafengebühren und
d) die sonstigen Gebühren, Zuschläge und Entgelte, wie etwa diejenigen, die mit der Sicherheit oder dem Kraftstoff in Zusammenhang stehen,
soweit die unter den Buchstaben b, c und d genannten Posten dem Flugpreis bzw. der Luftfrachtrate hinzugerechnet wurden. [4]Fakultative Zusatzkosten werden auf klare, transpa-

55 BGH, 29.09.2016, I ZR 160/15, GRUR 2017, 283 Rn. 28 – *Servicepauschale*; Büscher, GRUR 2017, 105, 112; ebenso Köhler/Bornkamm/Feddersen, UWG, Vorb PAngV Rn. 16, der aber die Regelungen des § 5a Abs. 2, Abs. 4 UWG für vorrangige leges speciales hält.

56 EuGH, 19.07.2012, C-112/11, NJW 2012, 2867 Rn. 13 – *ebookers.com*; EuGH, 15.01.2015, C-573/13, GRUR 2015, 281 Rn. 33 – *Air Berlin*; BGH, 30.07.2015, I ZR 29/12, GRUR 2016, 392 Rn. 15 – *Buchungssystem II*.

57 BGH, 30.07.2015, I ZR 29/12, GRUR 2016, 392 Rn. 15 – *Buchungssystem II*; Büscher, GRUR *2017, 105, 112*.

58 Vgl. *Köhler*/Bornkamm/Feddersen, UWG, Vorb PAngV Rn. 16; Deutsch, GRUR 2011, 187, 190; Harte-Bavendamm/Henning-Bodewig/*Weidert*, UWG, Einführung PAngV Rn. 14.

rente und eindeutige Art und Weise am Beginn jedes Buchungsvorgangs mitgeteilt; die Annahme der fakultativen Zusatzkosten durch den Kunden erfolgt auf »Opt-in«-Basis.

Die Regelung erfasst nach ihrer offenen Formulierung auch die Angebote von Flugvermittlern.[59] Ansprüche wegen Verletzung des Art. 23 Abs. 1 Satz 2 der Verordnung können von Verbraucherschutzverbänden iSd § 8 Abs. 3 Nr. 3 UWG verfolgt werden.[60] Dem steht nicht entgegen, dass die VO nicht in den Katalog der Verbraucherschutzgesetze des § 2 Abs. 2 UKlaG aufgenommen worden ist.[61] **20**

a) Endpreisangabe einschließlich unvermeidbarer Kosten

Nach Art. 23 Abs. 1 Satz 2 LuftverkehrsdiensteVO besteht für Flugdienste, die der Öffentlichkeit von einem Flughafen eines Mitgliedstaats angeboten werden, die Pflicht zur Endpreisangabe. Danach ist der zu zahlende Endpreis stets auszuweisen und dieser muss den anwendbaren Flugpreis sowie alle anwendbaren Steuern und Gebühren, Zuschläge und Entgelte, die unvermeidbar und zum Zeitpunkt der Veröffentlichung vorhersehbar sind, einschließen.[62] Im Rahmen eines elektronischen Buchungssystems ist der Endpreis bei jeder Angabe von Preisen für Flugdienste und damit auch bei ihrer erstmaligen Angabe vor Beginn eines Buchungsvorgangs auszuweisen.[63] Auf spätere Zeitpunkte, zu denen der Kunde aus den angezeigten Flugverbindungen einen bestimmten Flug auswählt oder den verbindlichen Vertragsschluss einleitet, kommt es nicht an.[64] Im Interesse der mit der Norm bezweckten Preisvergleichsmöglichkeit (vgl. den Erwägungsgrund 16 der Verordnung) gilt die Verpflichtung, den Endpreis stets auszuweisen, nicht nur für den vom Kunden ausgewählten Flugdienst, sondern für jede Form der Veröffentlichung von Flugpreisen und damit ebenso für solche Preise, die für eine Reihe von Flugdiensten in tabellarischer Form angeboten werden.[65] Der BGH tendiert dazu anzunehmen, dass die Flugpreise für Flugdienste innerhalb der Union, soweit sie nicht in Euro ausgedrückt werden, in der Währung anzugeben sind, die in dem Mitgliedstaat gilt, in dem sich der Abflugort befindet und hat die Frage dem EuGH zur Vorabentscheidung vorgelegt.[66] Der EuGH hat diese Sichtweise des BGH bestätigt und sowohl die Währung des Abflug- wie auch des Ankunftsortes akzeptiert, da insoweit eine enge Verbindung mit dem angebotenen Dienst besteht.[67] **21**

59 OLG Frankfurt, 24.05.2012, 6 U 103/11, GRUR-RR 2012, 392, 395; Deutsch, GRUR 2011, 187, 190.
60 Büscher, GRUR 2017, 105, 112.
61 BGH, 30.07.2015, I ZR 29/12, GRUR 2016, 392 Rn. 17 – *Buchungssystem II.*
62 Büscher, GRUR 2017, 105, 112.
63 BGH, 30.07.2015, I ZR 29/12, GRUR 2016, 392 Rn. 18 – *Buchungssystem II.*
64 Büscher, GRUR 2017, 105, 112.
65 Vgl. EuGH, 15.01.2015, C-573/13, GRUR 2015, 281 Rn. 39 – *Air Berlin*; BGH, 30.07.2015, I ZR 29/12, GRUR 2016, 392 Rn. 18 – *Buchungssystem II.*
66 BGH, 27.04.2017, I ZR 209/15, GRUR 2017, 742 Rn. 15 – *Flugpreisangabe*
67 EuGH, 15.11.2018, C-330/17, WRP 2019, 41 Rn. 47 ff. – *Verbraucherzentrale Baden-Württemberg e.V./Germanwings GmbH.*

22 Eine bei der Buchung regelmäßig anfallende Bearbeitungsgebühr (»Service Charge«, »Servicepauschale«), wie auch immer sie bezeichnet wird,[68] stellt ein iSd Art. 23 Abs. 1 Satz 2 unvermeidbares und im Zeitpunkt der Veröffentlichung vorhersehbares Entgelt dar, das in den bei jeder Preisangabe anzugebenden Endpreis einzubeziehen ist.[69] Das gilt auch für Servicegebühren, die der Kunde durch Buchung zusätzlicher Leistungen, wie Mietwagen oder Reiserücktrittsversicherung, minimieren bzw. entfallen lassen kann.[70] Auch Vermittlungsprovisionen fallen darunter.[71] Nach Art. 23 Abs. 1 Satz 3 sind die vom Kunden geschuldeten Steuern und Gebühren neben den Endpreisen gesondert auszuweisen,[72] was insbesondere bei einer Stornierung eines Fluges praktische Bedeutung haben kann.[73]

23 Es stellt einen Verstoß gegen Art. 23 dar, wenn der Endpreis für den Flug nicht von Beginn des Buchungsprozesses an auch das Entgelt für ein gängiges Zahlungsmittel einschließt, sondern nur mit in Deutschland unüblichen Zahlungsarten erreichbar ist.[74]

b) Fakultative Kosten

24 Bei den Kosten einer zum Flug hinzubuchbaren Reiserücktrittsversicherung handelt es sich um fakultative Zusatzkosten iSd Art. 23 Abs. 1 Satz 4 LuftverkehrsdiensteVO. Hierzu zählen im Zusammenhang mit Flugreisen stehende Kosten von Leistungen, die – wie eine Reiserücktrittsversicherung – den Luftverkehrsdienst ergänzen, aber für die Beförderung des Fluggastes weder obligatorisch noch unerlässlich sind, auch wenn sie von einer anderen Person als dem Luftverkehrsunternehmen erbracht und von dem Vermittler dieser Reise in einem Gesamtpreis gemeinsam mit dem Flugpreis von dem Kunden erhoben werden.[75] Der Vorschrift liegt der Zweck zugrunde zu verhindern, dass der Flugkunde im Rahmen des Buchungsvorgangs für einen Flug dazu verleitet wird, Zusatzleistungen abzunehmen, die für den Flugtransport nicht unvermeidbar und unerlässlich sind, sofern er sich nicht ausdrücklich dafür entscheidet, solche Zusatzleistungen abzunehmen und die Zusatzkosten dafür zu zahlen.[76] Um diesen Zweck zu

68 Büscher, GRUR 2017, 105, 112.

69 Vgl. BGH, 08.09.2013, I ZR 29/12, GRUR 2013, 1247 Rn. 9 – *Buchungssystem*; BGH, 30.07.2015, I ZR 29/12, GRUR 2016, 392 Rn. 20 – *Buchungssystem II*; BGH, 29.09.2016, I ZR 160/15, GRUR 2017, 283 Rn. 30 – *Servicepauschale*.

70 OLG Dresden, 17.08.2010, 14 U 551/10, GRUR 2011, 248, 249; OLG Frankfurt, 24.05.2012, 6 U 103/11, GRUR-RR 2012, 392, 395.

71 *Köhler*/Bornkamm/Feddersen, UWG, Vorb PAngV Rn. 16.

72 EuGH, 06.07.2017, C-290/16, WRP 2017, 1062 Rn. 28 – *Air Berlin*.

73 Harte-Bavendamm/Henning-Bodewig/*Weidert*, UWG, Einführung PAngV Rn. 15.

74 Vgl. LG Hamburg, 18.11.2016, 315 O 28/16, MMR 2017, 273 betreffend »Viabuy Prepaid MasterCard« und »Visa Entropay«; vgl. auch zur Zumutbarkeit von »Sofortüberweisung« nach § 312 a IV Nr. 1 BGB: BGH, 18.07.2017, KZR 39/16, NJW 2017, 3289 Rn. 20 ff. – *Sofortüberweisung*.

75 EuGH, 19.07.2012, C-112/11, NJW 2012, 2867 Rn. 18 – *ebookers.com*; BGH, 29.09.2016, I ZR 160/15, GRUR 2017, 283 Rn. 23 – *Servicepauschale*.

76 Vgl. EuGH, 19.07.2012, C-112/11, NJW 2012, 2867 Rn. 15 – *ebookers.com*; BGH, 29.09.2016, I ZR 160/15, GRUR 2017, 283 Rn. 24 – *Servicepauschale*.

erreichen, muss die Gestaltung des Buchungsvorgangs dem in Art. 23 Abs. 1 Satz 4 geregelten Gebot der Klarheit, Transparenz und Eindeutigkeit genügen und dem Verbraucher eine bewusste und informierte Entscheidungsmöglichkeit eröffnen.[77] Die Annahme der fakultativen Zusatzkosten durch den Kunden erfolgt auf »Opt-in«-Basis, so dass Opt-out-Klauseln unzulässig sind.[78] Das Gebot der klaren, transparenten und eindeutigen Mitteilung wird verletzt, wenn der Verbraucher, der eine fakultative Leistung bereits abgewählt hat, im weiteren Verlauf des Buchungsvorgangs über die erneute Notwendigkeit der Abwahl dieser Leistung getäuscht wird.[79]

Allerdings handelt es sich auch bei dem Preis, der für die Beförderung des aufgegebenen Gepäcks von Fluggästen zu zahlen ist, um fakultative Zusatzkosten, da ein solcher Dienst nicht als obligatorisch oder unerlässlich für die Beförderung der Fluggäste anzusehen ist.[80] Insoweit genießen die Anbieter den Grundsatz der Preisfreiheit nach Art. 22 der VO. **25**

Der BGH hält eine AGB-Klausel, dass für jeden nicht angetretenen oder stornierten Flug ein Bearbeitungsentgelt von 25 Euro erhoben wird und dem Kunden der Nachweis offensteht, dass das im konkreten Fall entstandene Entgelt wesentlich niedriger ist, für unwirksam nach § 307 Abs. 1 BGB.[81] Diese Vorschrift beruht auf der RL 93/13/EWG. Der EuGH hat diese Auffassung bestätigt.[82] **26**

III. Preisangaben-RL 98/6/EG

Die Richtlinie 98/6/EG über den Schutz der Verbraucher bei der Angabe der Preise der ihnen angebotenen Erzeugnisse (Preisangaben-RL) begründet eine Mindestharmonisierung für Preisangaben bei *Waren*. **27**

1. Regelungsgehalt

Nach Art. 3 Abs. 1 Preisangaben-RL ist bei Erzeugnissen, die Verbrauchern von Händlern angeboten werden, der Verkaufspreis und der Preis je Maßeinheit anzugeben. Dies gilt nach Art. 3 Abs. 4 auch für jede Werbung, in der der Verkaufspreis genannt wird. Nach Art. 2 lit. a ist der Verkaufspreis der Endpreis für eine Produkteinheit oder eine bestimmte Erzeugnismenge einschließlich der Umsatzsteuer und aller sonstigen Steuern anzugeben. Damit muss der Verkaufspreis als Endpreis notwendigerweise die unvermeidbaren und vorhersehbaren Bestandteile des Preises enthalten, die obligatorisch vom Verbraucher zu tragen sind und die die Gegenleistung in Geld für den Erwerb des **28**

---

77 BGH, 29.09.2016, I ZR 160/15, GRUR 2017, 283 Rn. 24 – *Servicepauschale*; OLG Frankfurt a. M., 09.10.2014, 6 U 148/13, GRUR 2015, 400 Rn. 14.

78 BGH, Hinweisbeschluss vom 25.10.2012, I ZR 81/11, GRUR-RR 2013, 408 (Ls.) – *ELVIA*; BGH, 29.09.2016, I ZR 160/15, GRUR 2017, 283 Rn. 19 – *Servicepauschale*.

79 Vgl. BGH, 29.09.2016, I ZR 160/15, GRUR 2017, 283 Rn. 25 – *Servicepauschale*.

80 EuGH, 18.09.2014, C-487/12, EuZW 2014, 837 Rn. 39 – *Vueling Airlines*; Büscher, GRUR 2017, 105, 112.

81 BGH, 21.04.2016, I ZR 220/14, GRUR 2016, 716.

82 Vgl. EuGH, 06.07.2017, C-290/16, WRP 2017, 1062 Rn. 52 – *Air Berlin*.

betreffenden Erzeugnisses bilden.[83] Nach Art. 4 Abs. 1 müssen der Verkaufspreis und der Preis je Maßeinheit unmissverständlich, klar erkennbar und gut lesbar sein. Die Preisangaben-RL definiert den Begriff des »Anbietens« nicht. Nach der Rechtsprechung des EuGH ist ein Anbieten in diesem Sinn bei einer Werbung gegeben, in der die Besonderheiten des beworbenen Erzeugnisses, ein Preis, der aus Verbrauchersicht dem Verkaufspreis des Produkts entspricht, sowie ein Datum, bis zu dem das an Privatkunden gerichtete Angebot gültig bleibt, genannt sind.[84]

2. Verhältnis zur PAngV

29 Die Preisangaben-RL stellt nach deren Art 10 eine Mindestharmonisierung dar. Die PAngV steht daher mit dieser Richtlinie, auch soweit sie strengere Vorgaben enthält, in Einklang. Der EuGH hat in der Preisangaben-RL – in überraschend weiter Auslegung, siehe Rdn. 31 – eine allgemeine Preisangabenregelung für Angebote von Waren gegenüber Verbrauchern gesehen.[85] Das hat zur Folge, dass die Verpflichtung zur Gesamtpreisangabe unter Einschluss sämtlicher sonstiger Preisbestandteile, also z.B. auch Überführungskosten beim Angebot eines Kfz,[86] des § 1 Abs. 1 Satz 1 PAngV mit dem Unionsrecht in Einklang steht und weiterhin Anwendung findet.

3. Verhältnis zur UGP-RL

30 Nach Art. 3 Abs. 4 der UGP-RL genießen andere Rechtsvorschriften der Gemeinschaft, die besondere Aspekte unlauterer Geschäftspraktiken regeln, im Kollisionsfall gegenüber der UGP-RL Vorrang. Hierzu gehört nach der Rechtsprechung des EuGH auch die Preisangaben-RL,[87] die allerdings – anders als die PAngV – nur für Waren Geltung beansprucht. Der EuGH hat auf Vorlage des BGH[88] entschieden, dass im Anwendungsbereich der Preisangaben-RL die UGP-RL nach deren Art. 3 Abs. 4 nicht einschlägig ist.[89] Das ist überzeugend, da zumindest Art. 3 Abs. 4 der Preisangaben-RL (Grundpreisangabe) auch in den Anhang II zu Art. 7 Abs. 5 der UGP-RL aufgenom-

---

83 EuGH, 07.07.2016, C-476/14, GRUR 2016, 945 Rn. 37 – *Citroën Commerce.*

84 EuGH, 07.07.2016, C-476/14, GRUR 2016, 945 Rn. 30 – *Citroën Commerce*; wobei Köhler, GRUR 2016, 891 893 überzeugend darauf verweist, dass die Angabe des Enddatums wohl kein vom EuGH wirklich gefordertes Kriterium sein dürfte.

85 EuGH, 07.07.2016, C-476/14, GRUR 2016, 945 Rn. 33 ff. – *Citroën Commerce*; vgl. BGH 10.11.2016, I ZR 29/15, GRUR 2017, 286 Rn. 11 – *Hörgeräteausstellung.*

86 BGH, 18.09.2014, I ZR 201/12, GRUR 2014, 1208 Rn. 10 – *Preis zuzüglich Überführung*; bestätigend EuGH, 07.07.2016, C-476/14, GRUR 2016, 945 Rn. 38 – *Citroën Commerce*

87 EuGH, 07.07.2016, C-476/14, GRUR 2016, 945 Rn. 44f. – *Citroën Commerce*; krit: Köhler, GRUR 2016, 891, 892.

88 BGH, 18.09.2014, I ZR 201/12, GRUR 2014, 1208 – *Preis zuzüglich Überführung.*

89 *EuGH, 07.07.2016*, C-476/14, GRUR 2016, 945 Rn. 42 ff. – *Citroën Commerce*; ebenso BGH, 31.10.2013, I ZR 139/12, GRUR 2014, 576 Rn. 18 – *2 Flaschen GRATIS*; krit: Köhler, GRUR 2016, 891, 892.

men worden ist, sie also als in die UGP-RL integriert anzusehen ist, sodass kein Kollisionsfall iS des Art 3 Abs. 4 UGP-RL besteht.[90]

Der EuGH hat die Preisangaben-RL allerdings extensiv ausgelegt. Anders als deren Erwägungsgründe 6 und 7 es nahelegen,[91] hat der EuGH den Anwendungsbereich der Preisangaben-RL nicht auf Preisangaben von Waren beschränkt, die nach Maßeinheiten verkauft werden (Grundpreisangabe), sondern als eine allgemeine Preisangabenregelung für Angebote von Waren gegenüber Verbrauchern ausgelegt.[92] Der BGH hat sich dieser Rechtsprechung angeschlossen.[93] Da der EuGH aber a) die Preisangaben-RL als spezieller iSd Art. 3 Abs. 4 UGP-RL angesehen und b) die Vorschrift des § 1 Abs. 1 Satz 1 PAngV als mit dieser spezielleren Vorschrift in Einklang befunden hat, kann weiterhin auf diese Norm zurückgegriffen werden.[94] Das hat zur Folge, dass auch die Verpflichtung des § 1 Abs. 1 Satz 1 PAngV zur Endpreis- bzw. Gesamtpreisangabe unter Einschluss sämtlicher sonstiger Preisbestandteile weiterhin Anwendung findet, auch wenn Waren nicht nach Maßeinheiten angeboten werden, wie etwa PKW und bei deren Erwerb anfallende Überführungskosten.[95] **31**

Selbiges müsste grundsätzlich für die inhaltlich gegenüber der UGP-RL strengeren Anforderungen der PAngV in Bezug auf die Pflicht zur hervorgehobenen Angabe des Gesamtpreises bei Aufgliederung nach § 1 Abs. 6 Satz 3 PAngV gelten, die Hinweise zu rückerstattbaren Sicherheiten nach § 1 Abs. 4 PAngV, die Pflicht, den Grundpreis in unmittelbarer Nähe zum Gesamtpreis anzugeben nach § 2 Abs. 1 PAngV, das Preisverzeichnungserfordernis nach § 5 PAngV sowie die zusätzlichen Erfordernisse bei Gaststätten und Beherbergungsbetrieben nach § 7 Abs. 1 bis 4 PAngV.[96] Allerdings bestehen auch insoweit ungelöste Konfliktfelder. Denn nach der Bestimmung des Art. 3 Abs. 5 Satz 1 UGP-RL können die Mitgliedstaaten in dem durch diese Richtlinie angeglichenen Bereich nach dem 12.06.2013 keine nationalen Vorschriften beibehalten, die **32**

---

90 Ohly/*Sosnitza*, UWG, Einf PAngV Rn. 14; ebenso in Bezug auf die Dienstleistungs-RL 2006/123/EG: BGH, 07.05.2015, I ZR 158/14, GRUR 2015, 1240 Rn. 29 – *Der Zauber des Nordens*.

91 Vgl. Köhler, GRUR 2016, 891, 892 unter Verweis auch auf die Schlussanträge des Generalanwalts Mengozzi, BeckRS 2015, 82065 Rn. 47 ff., und EuGH, 10.07.2014, C-421/12, GRUR Int. 2014, 964 Rn. 59 – *Kommission/Belgien*.

92 EuGH, 07.07.2016, C-476/14, GRUR 2016, 945 Rn. 33 ff. – *Citroën Commerce*; anders noch EuGH, 10.07.2014, C-421/12, GRUR Int. 2014, 964 Rn. 59 – *Kommission/Belgien*; krit: *Köhler*, GRUR 2016, 891, 892.

93 Vgl. BGH 10.11.2016, I ZR 29/15, GRUR 2017, 286 Rn. 11 – *Hörgeräteausstellung*, ebenso KG, 21.06.2017, 5 U 185/16, MMR 2017, 830 Rn. 38.

94 Vgl. BGH 10.11.2016, I ZR 29/15, GRUR 2017, 286 Rn. 11 – *Hörgeräteausstellung*; aA *Köhler*/Bornkamm/Feddersen, UWG, Vorb PAngV Rn. 11a, der für einen Anwendungsvorrang des auf Art. 7 Abs. 4 UGP-RL basierenden § 5a plädiert.

95 BGH, 18.09.2014, I ZR 201/12, GRUR 2014, 1208 Rn. 10 – *Preis zuzüglich Überführung*.

96 Ausführlich Köhler, WRP 2013, 723 Rn. 35 ff. und Goldberg, WRP 2013, 1563 Rn. 7 ff.; vgl. auch Ohly/*Sosnitza*, UWG, Einf PangV Rn. 14; Omsels, WRP 2013, 1286 Rn. 6.

milder oder strenger als diese Richtlinie sind und zur Umsetzung von Richtlinien erlassen wurden, die Klauseln über eine Mindestangleichung enthalten.[97]

33 Nimmt man den EuGH mit der »Citroën Commerce/ZLW«-Entscheidung[98] beim Wort, dass es sich bei (Art. 3 Abs. 4) der Preisangaben-RL um die speziellere (und in die UGP-RL integrierte) Regelung handelt, müssten die strengeren Vorgaben der PAngV weiterhin Geltung beanspruchen, da sie sich auf die Mindestharmonisierung durch die Preisangaben-RL stützen können; die Übergangsfrist war im Zeitpunkt der Entscheidung des EuGH auch bereits abgelaufen. Soweit daher teilweise dafür plädiert wird, die betreffenden Bestimmungen seit dem 13.06.2013 nicht mehr anzuwenden[99] oder an der UGP-RL orientiert richtlinienkonform auszulegen,[100] dürfte dies im Zweifel nicht zur Rechtsprechung des EuGH passen. Es handelt sich zudem um geltendes Recht, das seine Anwendung beanspruchen kann, Art. 20 Abs. 3 GG.[101] Der Grundsatz gemeinschaftsrechtskonformer Auslegung und Rechtsfortbildung darf nach einhelliger Rechtsprechung nicht zu einer Auslegung des nationalen Rechts contra legem führen.[102] Dies gilt auch bei der Auslegung von Rechtsverordnungen.[103] Auch der Vorschlag, es an der Spürbarkeit des Normenverstoßes iSd § 3a UWG[104] bzw. an der Unlauterkeit iSd § 3 Abs. 1 UWG[105] fehlen zu lassen, wird der Widersprüchlichkeit der unionsrechtlichen Regelungen nicht gerecht.

IV. Dienstleistungs-RL 2006/123/EG

34 Die Richtlinie RL 2006/123/EG über Dienstleistungen im Binnenmarkt (Dienstleistungs-RL) regelt Informationspflichten für Dienstleistungserbringer, während die Preisangaben-RL nur für das Angebot von Waren gilt.

1. Regelungsgehalt

35 Nach Art. 22 Abs. 1 lit. i hat der Dienstleistungserbringer, wenn er den Preis für eine bestimmte Art von Dienstleistung im Vorhinein festgelegt hat, dem Dienstleistungs-

---

97 BGH, 18.09.2014, I ZR 201/12, GRUR 2014, 1208 Rn. 11 – *Preis zuzüglich Überführung*, mwN; Büscher, GRUR 2017, 105, 110; ausführlich Harte-Bavendamm/Henning-Bodewig/*Weidert*, UWG, Einführung PAngV Rn. 16.

98 EuGH, 07.07.2016, C-476/14, GRUR 2016, 945 Rn. 44f. – *Citroën Commerce.*

99 Köhler, WRP 2013, 723 Rn. 56.

100 Krit OLG Hamm, 21.03.2017, 4 U 166/16, GRUR-RR 2017, 409 Rn. 49; Omsels WRP 2013, 1286 Rn. 10 ff; Goldberg, WRP 2013, 1561 Rn. 14 ff.

101 Ohly/*Sosnitza*, UWG, Einf PangV Rn. 14; Omsels, WRP 2013, 1286, 1287; Harte-Bavendamm/Henning-Bodewig/*Weidert*, UWG, Einführung PAngV Rn. 20.

102 Vgl. EuGH, 24.01.2012 C-282/10, NJW 2012, 509 Rn. 25 – Dominguez; BVerfG, NJW 2012, 669 Rn. 47; BGH, 05.10.2017, I ZR 232/16, GRUR 2018, 438 Rn. 19 – *Energieausweis*, mwN.

103 BGH, 05.10.2017, I ZR 232/16, GRUR 2018, 438 Rn. 20 – *Energieausweis.*

104 Ohly/*Sosnitza*, UWG, Einf PangV Rn. 14; Omsels WRP 2013, 1286 Rn. 27 ff.; ähnlich zu Vorschriften *des HWG, die im* Widerspruch zum Humanarzneimittelkodex RL 2001/83/EG *stehen:* HansOLG Hamburg, 10.04.2008, 3 U 182/07, PharmR 2009, 40, 46.

105 Harte-Bavendamm/Henning-Bodewig/*Weidert*, UWG, Einführung PAngV Rn. 21.

empfänger den Preis der Dienstleistung zur Verfügung stellen. Die Bestimmung des Art. 22 Abs. 2 eröffnet dem Dienstleistungserbringer hierbei die Wahl zwischen verschiedenen Möglichkeiten: Er kann den Preis von sich aus mitteilen (lit. a) oder dafür sorgen, dass der Preis für den Dienstleistungsempfänger am Ort der Leistungserbringung oder des Vertragsschlusses (lit. b) oder elektronisch über eine vom Dienstleistungserbringer angegebene Adresse (lit. c) leicht zugänglich ist. Ferner reicht es aus, wenn der Preis in allen von den Dienstleistungserbringern den Dienstleistungsempfängern zur Verfügung gestellten Informationsunterlagen über die angebotene Dienstleistung enthalten ist (lit. d).[106] Hat der Dienstleistungserbringer den Preis für die Dienstleistung nicht im Vorhinein festgelegt, so muss er dem Dienstleistungsempfänger nach Art. 22 Abs. 3 lit. a auf Anfrage den Preis der Dienstleistung oder, wenn kein genauer Preis angegeben werden kann, die Vorgehensweise zur Berechnung des Preises mitteilen, die dem Dienstleistungsempfänger die Überprüfung des Preises ermöglicht, oder diesem einen Kostenvoranschlag zur Verfügung stellen. Nach Art. 22 Abs. 4 müssen die mitzuteilenden Informationen – mithin auch der Preis – klar und unzweideutig sein und rechtzeitig vor Abschluss des Vertrags oder, wenn kein schriftlicher Vertrag geschlossen wird, vor Erbringung der Dienstleistung bereitgestellt werden.[107] Art. 22 Abs. 5 gestattet den Mitgliedsstaaten zusätzliche Informationsanforderungen für Dienstleistungserbringer vorzuschreiben (Miindestharmonisierung).

2. Verhältnis zur PAngV

Die Dienstleistungs-RL 2006/123/EG stellt gemäß Art 22 Abs. 5 eine Mindestharmonisierung dar, so dass kein Konflikt mit strengeren Vorgaben der PAngV besteht.[108] **36**
Der Umsetzung der Dienstleistungs-RL dient auch die Dienstleistungs-Informationspflichten-Verordnung vom 12.03.2010 (DL-Info-V).[109] Diese stellt in § 4 Abs. 1 Preisangabenpflichten für Dienstleistungserbringer auf. Nach § 4 Abs. 2 gelten diese jedoch nicht gegenüber »Letztverbrauchern« iSd PAngV, nach heutiger Diktion »Verbrauchern«.[110] Beide Verordnungen schließen sich folglich gegenseitig aus.[111]

3. Verhältnis zur UGP-RL

Art 22 der Dienstleistungs-RL weist problematische Überschneidungen mit der UGP- **37**
RL auf, da letztere als erfasste »Produkte« in Art. 2 lit. c Waren *und* Dienstleistungen

106 *BGH, 07.05.2015,* I ZR 158/14, GRUR 2015, 1240 Rn. 26 – *Der Zauber des Nordens.*
107 BGH, 07.05.2015, I ZR 158/14, GRUR 2015, 1240 Rn. 28 – *Der Zauber des Nordens.*
108 Köhler, WRP 2013, 723 Rn. 34; wobei Köhler in GRUR 2016, 891, 898, für eine ausschließliche Anwendung von § 5a Abs. 3 NR. 3 UWG plädiert; ebenso in *Köhler*/Bornkamm/Feddersen, UWG, Vorb PAngV Rn. 12.
109 BGBl 2010 I S 267.
110 Vgl. *Köhler*/Bornkamm/Feddersen, UWG, § 4 DL-InfoV Rn. 8, mwN; OLG Stuttgart, 06.12.2012, 2 U 94/12, WRP 2013, 363.
111 Vgl. ausführlich *Köhler*/Bornkamm/Feddersen, UWG, § 4 DL-InfoV Rn. 1, mwN.

definiert.[112] Damit gelten bei einer Aufforderung zum Kauf gemäß Art 7 Abs. 4 lit. c UGP-RL auch der Preis oder die Art der Preisberechnung einer Dienstleistung als wesentlich.[113] Zwar ist die Dienstleistungs-RL im Anhang II der (allerdings älteren) UGP-RL nicht ausdrücklich genannt. Da diese Liste jedoch ausdrücklich nicht erschöpfend sein soll, sind die Informationsanforderungen der Dienstleistungs-RL als in die UGP-RL integriert anzusehen.[114] Dies wird auch aus Erwägungsgrund 32 und Art. 22 Abs. 5 Hs. 1 der Dienstleistungs-RL deutlich, wonach sich die jeweiligen Anforderungen (lediglich) ergänzen sollen.[115] Nach der Rechtsprechung des BGH sind daher die Vorschriften über die Informationspflichten in Art. 7 Abs. 4 lit. c UGP-RL einerseits und Art. 22 Abs. 1 lit. i, Abs. 2 und 3 lit. a, Abs. 4 Dienstleistungs-RL andererseits nebeneinander anwendbar. Ein Kollisionsfall iSd Art 3 Abs. 4 UGP-RL besteht folglich nicht.[116]

38 Allerdings hat der EuGH, worauf auch der BGH hinweist, die Zulässigkeit einer Preiswerbung für eine Flugreise – also einer Dienstleistung – an Art. 7 Abs. 4 lit. c der UGP-RL gemessen[117] – und zwar ausschließlich. Anders als im Falle der Preisangaben-RL hat der EuGH Art. 22 der Dienstleistungs-RL nicht den Status einer spezielleren Regelung zugesprochen. Es stellt sich daher die Frage, in wie weit nach Ablauf der Übergangsfrist des Art. 3 Abs. 5 Satz 1 UGP-RL (12.06.2013), überhaupt noch bei der Prüfung der Vereinbarkeit von nationalen Preisangabenvorschriften mit dem Unionsrecht auf die Dienstleistungs-RL abgestellt werden kann oder nur noch auf Art. 7 UGP-RL. Nach der wohl hL sind, da die Dienstleistungs-RL gemäß Art 22 Abs. 5 lediglich eine Mindestharmonisierung kodifiziert, strengere Regelungen der PAngV im Anwendungsbereich der UGP-RL gemäß Art. 3 Abs. 4 nur noch bis zum 12.06.2013 zulässig.[118] Dem dürfte allerdings nur zuzustimmen sein, sofern die nach der UGP-RL

---

112 Vgl. BGH, 07.05.2015, I ZR 158/14, GRUR 2015, 1240 Rn. 20 – *Der Zauber des Nordens*; vgl. auch Erwägungsgrund 5, der den grenzüberschreitenden Dienstleistungs- und Warenverkehr adressiert.

113 Ohly/*Sosnitza*, UWG, Einf PAngV Rn. 15.

114 Vgl. BGH, 07.05.2015, I ZR 158/14, GRUR 2015, 1240 Rn. 25 – Der Zauber des Nordens; BGH, 14.01.2016, I ZR 61/14, GRUR 2016, 516 Rn. 19 – *Wir helfen im Trauerfall*; Köhler, WRP 2013, 723 Rn. 13.

115 Kolb, Die Übergangsregelung der Richtlinie über unlautere Geschäftspraktiken, Diss. 2015, S. 15; Ohly/*Sosnitza*, UWG, Einf PAngV Rn. 15; *Köhler*/Bornkamm/Feddersen, UWG, Vorb PAngV Rn. 12.

116 BGH, 07.05.2015, I ZR 158/14, GRUR 2015, 1240 Rn. 29 – *Der Zauber des Nordens*; BGH, 14.01.2016, I ZR 61/14, GRUR 2016, 516 Rn. 21 – *Wir helfen im Trauerfall*; OLG Stuttgart, 07.06.2018, 2 U 156/17, BeckRS 2018, 18526 Rn. 14; Ohly/*Sosnitza*, UWG, Einf PAngV Rn. 15.

117 Vgl. EuGH, 12.05.2011, C-122/10, GRUR 2011, 930 Rn. 60 – *Ving Sverige*.

118 Köhler WRP 13, 723 Rn. 56; *Köhler*/Bornkamm/Feddersen, UWG, Vorb PAngV Rn. 11b; für die Annahme fehlender Spürbarkeit: Ohly/*Sosnitza*, UWG, Einf PAngV Rn. 14 und Omsels WRP 2013, 1286 Rn. 27 ff;.für Unanwendbarkeit differenzierend nach je nach dem erklärten Umsetzungswillen des nationalen Gesetzgebers: Goldberg, WRP 2013, 1561 Rn. 4 ff und 53.

erlassene Dienstleistungs-RL nicht doch als speziellere Regelung anzusehen ist, wofür bereits der zeitliche Ablauf spricht.[119]

Der BGH hat diese Frage bislang offen gelassen. Er hat auch offengelassen, ob Art. 3 Abs. 5 Satz 1 UGP-RL überhaupt nationale Vorschriften (wie etwa § 1 Abs. 1 Satz 1 PAngV) erfasst, die Mindestangleichungsklauseln in Richtlinien umsetzen, die – wie die Dienstleistungsrichtlinie – erst nach Inkrafttreten der UGP-RL erlassen worden sind.[120] Er hat schließlich auch offen gelassen, ob und inwieweit gegebenenfalls § 1 Abs. 1 Satz 1 PAngV in Umsetzung des Art. 22 Abs. 5 Informationsanforderungen vorsieht, die strenger oder restriktiver als die Informationsanforderungen der UGP-RL sind.[121] **39**

Diese Fragen werden letztlich nicht bloß durch den EuGH,[122] sondern richtigerweise durch den Unionsgesetzgeber geklärt werden müssen. Denn der europäische Richtliniengeber hat das Kunststück vollbracht, in voller Kenntnis[123] der – nach Ablauf der Übergangsfrist des Art. 3 Abs. 5 UGP-RL – verbindlichen Vollharmonisierung durch die UGP-RL die Dienstleistungs-RL als – was bereits widersprüchlich ist – eine Mindestharmonisierungsvorgabe zuerlassen und mit Regelungen zum Preisangabenrecht zu versehen. Gerade im Hinblick auf das dem Dienstleistungsanbieter nach Art. 22 Abs. 2 Dienstleistungs-RL eingeräumte Wahlrecht besteht ein im Grunde unauflösbarer Widerspruch zu Art. 7 UGP-RL.[124] Die Preisinformation muss auch (erst) rechtzeitig vor Vertragsschluss gegeben werden, Art. 22 Abs. 4, was insbesondere den Regelungen des Art. 7 Abs. 4 UGP-RL zur Aufforderung zum Kauf widerspricht. Letztlich hat die mit diesen Regeln immer zu treffende Abwägung zwischen den Gefahren einer Wettbewerbsmaßnahme für den Verbraucher einerseits und den Erfordernissen des freien Waren- und Dienstleistungsverkehrs nach Art. 34, 56 AEUV andererseits primär der (Unions-)Gesetzgeber zu treffen. Und er muss das Subsidiaritätsprinzip im Blick behalten und Klarheit schaffen, ob der nationale Gesetzgeber strengere Vorgaben aufrecht erhalten darf oder nicht. **40**

V. UGP-Richtlinie 2005/29/EG

Die Richtlinie über unlautere Geschäftspraktiken 2005/29/EG (UGP-RL) bezweckt in ihrem Anwendungsbereich eine vollständige Angleichung des Rechts der unlauteren Geschäftspraktiken von Unternehmern gegenüber Verbrauchern und die Ersetzung der **41**

119 Kolb, Die Übergangsregelung der Richtlinie über unlautere Geschäftspraktiken, Diss. 2015, S. 13 ff.

120 BGH, 07.05.2015, I ZR 158/14, GRUR 2015, 1240 Rn. 34 – *Der Zauber des Nordens*; BGH, 14.01.2016, I ZR 61/14, GRUR 2016, 516 Rn. 25 – *Wir helfen im Trauerfall*, jeweils mwN.

121 BGH, 07.05.2015, I ZR 158/14, GRUR 2015, 1240 Rn. 34 – *Der Zauber des Nordens*; BGH, 14.01.2016, I ZR 61/14, GRUR 2016, 516 Rn. 25 – *Wir helfen im Trauerfall*, jeweils mwN.

122 So aber *Köhler*/Bornkamm/Feddersen, UWG, Vorb PAngV Rn. 12.

123 Vgl. Erwägungsgrund 32 der Dienstleistungs-RL 2006/123/EG.

124 Vgl. Ohly/*Sosnitza*, UWG, Einf PAngV Rn. 15, der für eine an Art. 22 Abs. 2 der Dienstleistungs-RL orientierte richtlinienkonforme Auslegung des § 1 PAngV plädiert.

bisherigen nationalen Rechtssätze.[125] Sie regelt abschließend, welche Geschäftspraktiken im Geschäftsverkehr zwischen Unternehmen und Verbrauchern als unlauter anzusehen und deswegen unzulässig sind.[126] § 1 Abs. 1 Satz 1 PAngV ist eine Vorschrift iSd § 4 Nr. 11 UWG aF bzw. § 3a UWG nF, die auch dazu bestimmt ist, im Interesse der Marktteilnehmer, nämlich der Verbraucher, das Marktverhalten zu regeln.[127] Im Anwendungsbereich der UGP-RL kann ein Verstoß gegen eine nationale Marktverhaltensregel die Unlauterkeit nach § 3 a UWG nur begründen, wenn diese nationale Bestimmung eine unionsrechtliche Grundlage hat.[128] Die Unionsstaaten dürfen im Anwendungsbereich der Richtlinie grundsätzlich keine strengeren als die in der RL festgelegten Maßnahmen erlassen, und zwar auch nicht, um ein höheres Verbraucherschutzniveau zu erreichen, vgl. Art. 4 UGP-RL.[129] Da die UGP-RL sowohl das Angebot von Waren als auch das von Dienstleistungen erfasst, vgl. deren Art. 2 lit. c,[130] deckt sie damit den Bereich der PAngV insgesamt ab. Es ist daher stets zu prüfen, ob im konkreten Einzelfall eine Vorgabe der PAngV mit einer unionsrechtlichen Regelung in Einklang steht. Per se nicht unterliegen dem Vorrang der Vollharmonisierung durch die UGP-RL Vorschriften zum Vertragsrecht und zu Gesundheits- und Sicherheitsaspekten von Produkten, Art. 3 Abs. 2 und 3 UGP-RL.

1. Preisangaben bei einer Aufforderung zum Kauf

42 Art. 7 der UGP-RL normiert das Vorenthalten wesentlicher Informationen als eine Irreführung durch Unterlassen. Dazu gehören unter bestimmten Voraussetzungen auch Informationen über Preise. Art. 7 Abs. 4 führt bestimmte Informationen im Rahmen einer Aufforderung zum Kauf als wesentlich auf, darunter in lit. c) u.a. den Preis und die Art der Preisberechnung. Sie ist durch § 5a Abs. 3 UWG in deutsches Recht umgesetzt worden.[131] Unter einer »Aufforderung zum Kauf« – und damit unter einem Angebot im Sinne von § 5a Abs. 3 UWG – ist nach Art. 2 lit. i dieser Richtlinie jede kommerzielle Kommunikation zu verstehen, die die Merkmale des Produkts und den Preis in einer Weise angibt, die den Mitteln der verwendeten kommerziellen Kommunikation angemessen ist und den Verbraucher dadurch in die Lage versetzt, einen Kauf zu tätigen. Dafür ist eine Werbung erforderlich, durch die der Verbraucher so viel über das beworbene Produkt und dessen Preis erfährt, dass er sich für den Kauf entscheiden

---

125 Vgl. Erwägungsgründe 6, 12 und 13 der UGP-RL; EuGH, 10.07.2014, C-421/12, GRUR Int. 2014, 964 Rn. 55 – *Kommission/Belgien*; BGH, 05.06.2008, I ZR 4/06, GRUR 2008, 807 Rn. 17 – *Millionen-Chance*.

126 BGH, 05.06.2008, I ZR 4/06, GRUR 2008, 807 Rn. 17 – *Millionen-Chance*.

127 St. Rspr., vgl. BGH, 07.05.2015, I ZR 158/14, GRUR 2015, 1240 Rn. 18 – *Der Zauber des Nordens*.

128 St. Rspr., vgl. BGH, 29.04.2010, I ZR 23/08, GRUR 2010, 652 Rn. 11 – *Costa del Sol*; BGH, 22.03.2012, I ZR 111/11, WRP 2012, 1384 Rn. 9 – *Preisverzeichnis bei Mietwagenangebot*; BGH, 14.01.2016, I ZR 61/14, GRUR 2016, 516 Rn. 13 – *Wir helfen im Trauerfall*.

129 EuGH, 14.01.2010, C-304/08, GRUR 2010, 244 Rn. 41 – *Zentrale/Plus Warenhandelsgesellschaft*.

130 BGH, 07.05.2015, I ZR 158/14, GRUR 2015, 1240 Rn. 20 – *Der Zauber des Nordens*.

131 BGH, 18.10.2017, I ZR 84/16, WRP 2018, 320 Rn. 15 – *Kraftfahrzeugwerbung*.

kann, ohne dass er durch die Art der kommerziellen Kommunikation schon die tatsächliche Möglichkeit zum Kauf erlangt oder die Auswahl anderer Ausführungen des Produkts aufgegeben haben muss.[132]

2. Preisangaben als wesentliche Informationen nach Art. 7 Abs. 5 UGP-RL

Nach Art. 7 Abs. 5 UGP-RL gelten die im Gemeinschaftsrecht festgelegten Informationsanforderungen in Bezug auf kommerzielle Kommunikation einschließlich Werbung oder Marketing, auf die in der nicht erschöpfenden Liste des Anhangs II verwiesen wird, als wesentlich iSd Art. 7 Abs. 1. Da diese Liste nicht erschöpfend ist, fallen auch später erlassene Rechtsakten der Union darunter, wie etwa die Preisinformationspflichten nach Art. 23 Abs. 1 VO (EG) Nr. 1008/2008 über Luftverkehrsdienste (Rdn. 17 ff.), Art. 36 ff., 46 ff. Zahlungsdienste-RL (2007/64/EG).[133] Ausdrücklich erwähnt ist indes Art. 3 Abs. 4 Preisangaben-RL (98/6/EG, Rdn. 30 ff.). Für die Annahme der Unlauterkeit müssen auch die weiteren Voraussetzungen des Art. 7 Abs. 1 bis 3 UGP-RL vorliegen. **43**

3. Auslaufen der Übergangsfrist nach Art. 3 Absl. 5 UGP-RL

Nach der Bestimmung des Art. 3 Abs. 5 Satz 1 UGP-RL können nach dem 12.06.2013 Regelungen der PAngV, die milder oder strenger als die UGP-RL sind und zur Umsetzung von Richtlinien erlassen wurden, die Klauseln über eine Mindestangleichung enthalten, keine Anwendung mehr finden,[134] sofern sie sich nicht auf eine speziellere unionsrechtliche Regelung iSd Art. 3 Abs. 4 UGP-RL zurückführen lassen. Diese Regelung steht in Konflikt mit zuvor (z.B. der Preisangaben-RL) und später erlassenen (z.B. der Dienstleistungs-RL) Richtlinien des Unionsrechts. Während der EuGH in Bezug auf die für das Angebot von *Waren* geltende Preisangaben-RL auf Vorlage des BGH[135] entschieden hat, dass es sich bei der Preisangaben-RL um die speziellere Regelung handelt und die UGP-RL im Anwendungsbereich der Preisangaben-RL die UGP-RL nach deren Art. 3 Abs. 4 nicht einschlägig ist (siehe Rdn. 30 f.),[136] ist eine solche Entscheidung in Bezug auf die Dienstleistungs-RL bislang nicht erfolgt. Im Gegenteil, der EuGH hat in einem Fall, in dem eine *Dienstleistung* betroffen war, allein Art. 7 UGP-RL angewendet. Gleichwohl sollte bis zur verbindlichen Klärung durch den Unionsgesetzgeber von einem Nebeneinander auch der Dienstleistungs-RL und der auf ihrer **44**

---

132 Vgl. EuGH, 12.05.2011, C-122/10, Slg. 2011, I3903 = GRUR 2011, 930 Rn. 33 – *Ving Sverige*; EuGH, 26.10.2016, C-611/14, GRUR 2016, 1307 Rn. 52 – *Canal Digital Danmark*; BGH, 02.03.2017, I ZR 41/16, GRUR 2017, 922 Rn. 17 – *Komplettküchen*; BGH, 18.10.2017, I ZR 84/16, WRP 2018, 320 Rn. 15 – *Kraftfahrzeugwerbung*

133 *Köhler*/Bornkamm/Feddersen, UWG, Vorb PAngV Rn. 10b, mwN.

134 BGH, 18.09.2014, I ZR 201/12, GRUR 2014, 1208 Rn. 11 – *Preis zuzüglich Überführung*, mwN; Büscher, GRUR 2017, 105, 110.

135 BGH, 18.09.2014, I ZR 201/12, GRUR 2014, 1208 – *Preis zuzüglich Überführung*.

136 EuGH, 07.07.2016, C-476/14, GRUR 2016, 945 Rn. 42 ff. – *Citroën Commerce*; ebenso BGH, 31.10.2013, I ZR 139/12, GRUR 2014, 576 Rn. 18 – *2 Flaschen GRATIS*; krit: Köhler, GRUR 2016, 891, 892.

Basis erlassenen nationalen Vorschriften ausgegangen werden (str., vgl. siehe Rdn. 33 und 38).[137]

VI. Verbraucherrechte-RL 2011/83/EU

45 Nach Art. 6 Abs. 1 lit. e der Richtlinie 2011/83/EU über die Rechte der Verbraucher hat der Unternehmer, bevor der Verbraucher an einen Fernabsatzvertrag oder einen außerhalb von Geschäftsräumen geschlossenen Vertrag oder an ein entsprechendes Vertragsangebot gebunden ist, dem Verbraucher in klarer und verständlicher Weise u.a. über den Gesamtpreis der Waren oder Dienstleistungen einschließlich aller Steuern und Abgaben bzw. die Art der Preisberechnung zu informieren. Das gleiche gilt nach Art. 5 Abs. 1 lit. c der RL für andere Verträge als Fernabsatzverträge. Sie sind in § 312a Abs. 2 Satz 1 iVm Art. 246 Abs. 1 Nr. 3 EGBGB und § 312d Abs. 1 BGB iVm Art. 246a § 1 Abs. 1 Nr. 4 EGBGB umgesetzt worden,[138] decken sich aber auch mit § 1 Abs. 1 Satz 1 und § 1 Abs. 2 PAngV.[139] Auch hier stellt sich die Frage nach der Vereinbarkeit mit Art. 3 Abs. 5 UGP-RL, da die Verbraucherrechte-RL nach Erlass der UGP-RL erlassen worden ist. Es dürfte sich indes zumindest hinsichtlich des Fernabsatzes um die speziellere Regelung handeln (siehe Rn. 40).

VII. Verbraucherkredit-RL 2008/48/EG

46 Die Regelungen in den §§ 6, 6a und 6b haben ihre Grundlage in der Richtlinie 2008/48/EG über Verbraucherkreditverträge. Diese genießt ausweislich ihres Erwägungsgrunds 18 Vorrang vor der UGP-RL, Art. 3 Abs. 4 UGP-RL.[140]

VIII. Sonstige

47 Je nach Art der Ware oder Leistung können außerdem zahlreiche spezielle unionsrechtliche Sekundärrechtsakte einschlägig sein,[141] wie die E-Commerce-RL 2000/31/EG, die Pauschalreisen-RL 90/314/EWG[142] oder die Fernabsatzfinanzdienstleistungs-RL 2002/65/EG.

---

137 Kolb, Die Übergangsregelung der Richtlinie über unlautere Geschäftspraktiken, Diss. 2015, S. 15; aA für die Annahme fehlender Spürbarkeit: Ohly/*Sosnitza*, UWG, Einf PAngV Rn. 14 und Omsels WRP 2013, 1286 Rn. 27 ff;.für Unanwendbarkeit Köhler WRP 13, 723 Rn. 56 und *Köhler*/Bornkamm/Feddersen, UWG, Vorb PAngV Rn. 11b; differenzierend nach je nach dem erklärten Umsetzungswillen des nationalen Gesetzgebers: Goldberg, WRP 2013, 1561 Rn. 4 ff und 53.

138 *Köhler*/Bornkamm/Feddersen, UWG, Vorb PAngV Rn. 13.

139 Letztere lässt sich auch auf die Richtlinie 2000/31/EG über den elektronischen Geschäftsverkehr zurückführen, vgl. *Köhler*/Bornkamm/Feddersen, UWG, Vorb PAngV Rn. 13.

140 *Köhler/Bornkamm/Feddersen, UWG*, Vorb PAngV Rn. 14.

141 Vgl. Harte-Bavendamm/Henning-Bodewig/ *Weidert*, UWG, Einführung PAngV Rn. 14 mwN.

142 Vgl. *Köhler*/Bornkamm/Feddersen, UWG, Vorb PAngV Rn. 15.

E. Verhältnis zum UWG

I. Verstoß gegen Marktverhaltensregel (§ 3a UWG)

Die Regelungen der PAngV sind Vorschriften iSd § 3a UWG, die auch dazu bestimmt **48**
ist, im Interesse der Marktteilnehmer, nämlich der Verbraucher, das Marktverhalten zu regeln.[143] Die PAngV dient dem Zweck, durch eine sachlich zutreffende und vollständige Verbraucherinformation Preiswahrheit und -klarheit zu gewährleisten, durch optimale Preisvergleichsmöglichkeiten die Stellung der Verbraucher gegenüber Handel und Gewerbe zu stärken und den Wettbewerb zu fördern.[144] Es soll dem Verbraucher Klarheit über die Preise und deren Gestaltung verschafft werden und zugleich verhindert werden, dass er seine Preisvorstellungen anhand untereinander nicht vergleichbarer Preise gewinnen muss.[145] Die Eignung zu einer spürbaren Beeinträchtigung der Interessen der Verbraucher war nach der Rechtsprechung des BGH ohne Weiteres erfüllt, wenn unter Verstoß gegen § 3a Informationen vorenthalten werden, die das Unionsrecht nach Art. 7 Abs. 4 lit. c UGP-RL und/oder nach Art. 7 Abs. 5 UGP-RL als wesentlich einstuft.[146] Nunmehr sieht der BGH die spürbare Beeinträchtigung der Fähigkeit zur informierten Entscheidung und die geschäftliche Relevanz, dass das Verhalten geeignet ist, den Verbraucher zu einer geschäftlichen Entscheidung zu veranlassen, die er anderenfalls nicht getroffen hätte, als zusätzliche Tatbestandsmerkmale, die deshalb selbständig zu prüfen sind, siehe § 2 Nr. 8 UWG Rdn. 8 f.[147] Von der hL wird vertreten, derartige Informationspflichtverletzungen als abschließend in den §§ 3 Abs. 1, 5a Abs. 2 bis 4 UWG geregelt anzusehen, mit der Folge, dass § 3a als Verbotsgrundlage ausscheidet bzw. anhand der Vorgaben der Art. 7 Abs. 1 bis 3 UGP-RL richtlinienkonform auszulegen sind.[148] Soweit ist der BGH in seiner Rechtsprechung bislang – zu Recht – nicht gegangen (siehe Rdn. 11). Er verlangt lediglich in st. Rspr., dass im Anwendungsbereich der UGP-RL ein Verstoß gegen eine nationale Marktverhaltensregel die Unlauterkeit nur noch begründen kann, wenn diese nationale Bestim-

143 St. Rspr, vgl. betreffend § 1 Abs. 1 Satz 1 PAngV: BGH, 29.04.2010, I ZR 23/08, GRUR 2010, 652 Rn. 11 – *Costa del Sol*; BGH, 07.05.2015, I ZR 158/14, GRUR 2015, 1240 Rn. 18 – *Der Zauber des Nordens*; BGH, 14.01.2016, I ZR 61/14, GRUR 2016, 516 Rn. 21 – *Wir helfen im Trauerfall*; betreffend § 2 Abs. 1 Satz 1 PAngV: BGH, 31.10.2013, I ZR 139/12, GRUR 2014, 576 Rn. 16 – *2 Flaschen GRATIS*; zu § 4 PAngV vgl.: BGH, 10.11.2016, I ZR 29/15, GRUR 2017, 286 Rn. 6 und 13 – *Hörgeräteausstellung*; betreffend § 5 PAngV: BGH, 22.03.2012, I ZR 111/11, GRUR 2012, 1159 Rn. 9 – *Preisverzeichnis bei Mietwagenangebot*;

144 St. Rspr.; vgl. BGH, 28.11.1996, I ZR 197/94, GRUR 1997, 767, 769 – *Brillenpreise II*; BGH, GRUR 1999, 762 [763] = NJW 1999, 2195 = WRP 1999, 845 – *Herabgesetzte Schlussverkaufspreise*; BGH, 03.07.2003, I ZR 211/01, GRUR 2003, 971, 972 – *Telefonischer Auskunftsdienst*; BGH, 04.10.2007, I ZR 143/04, GRUR 2008, 84 Rn. 25 – *Versandkosten*; BGH, 07.03.2013, I ZR 30/12, GRUR 2013, 850 Rn. 13 – *Grundpreisangabe im Supermarkt*.

145 BGH, 15.01.2004, I ZR 180/01, GRUR 2004, 435, 436 – *FrühlingsgeFlüge*.

146 BGH, 07.05.2015, I ZR 158/14, GRUR 2015, 1240 Rn. 46 – *Der Zauber des Nordens*.

147 BGH, 31.10.2018, I ZR 73/17, GRUR 2019, 82 Rn. 31 – *Jogginghosen*.

148 Vgl. *Köhler*/Bornkamm/Feddersen, UWG, Vorb PAngV Rn. 5; Köhler, WRP 2013, 723 Rn. 56; Ohly/*Sosnitza*, UWG, Einf PangV Rn. 14; Omsels WRP 2013, 1286 Rn. 27 ff.; Harte-Bavendamm/Henning-Bodewig/*Weidert*, UWG, Einführung PAngV Rn. 21.

mung eine unionsrechtliche Grundlage hat.[149] Dies ist dann bei jeder einzelnen Vorschrift der PAngV zu prüfen.

49 Nach hiesiger Auffassung ist dies bei einer Stütze in der Preisangaben-RL wegen deren Spezialität unproblematisch, auf der beispielsweise die Verpflichtung zur Gesamtpreis- und Grundpreisangabe[150] beruht. Die Pflicht zur Angabe von Versandkosten beruht zumindest auch auf der Richtlinie 2000/31/EG über den elektronischen Geschäftsverkehr im Binnenmarkt.[151] In Bezug auf die Dienstleistungs-RL liegt noch keine Entscheidung des EuGH zum Rangverhältnis der Richtlinien vor. Der BGH hat eine Stütze auf die Dienstleistungs-RL zwar für § 5 PAngV zunächst bejaht,[152] zuletzt diese Frage hingegen ausdrücklich offen gelassen.[153] Nach hiesiger Auffassung sind Normen der PAngV, die mit der Dienstleistungs-RL in Einklang stehen, weiterhin anwendbar, siehe Rdn. 37 ff.

II. Irreführung (§§ 3, 5, 5a UWG)

50 Neben eines Verstoßes gegen § 3a UWG ist eine fehlende oder unklare Preisauszeichnung regelmäßig auch irreführend und kann sowohl gegen § 3 Abs. 1, § 5 Abs. 1 Satz 2 Nr. 2 UWG als auch gegen § 3 Abs. 1, § 5a Abs. 2, Abs. 3 Nr. 3, Abs. 4 UWG verstoßen.[154] Auch für die Informationspflichten gemäß § 5 a Abs. 4 UWG gilt, dass es sich um Marktverhaltensregelungen handelt.[155] Ein Verstoß gegen diese Informationspflichten kann daher grundsätzlich sowohl nach § 5 a Abs. 4 UWG als auch gemäß § 3a UWG verfolgt werden, ohne dass ein Konkurrenzverhältnis zwischen den beiden Normen besteht.[156] Allerdings ist zu beachten, dass nach Erwägungsgrund 15 Satz 4 und 5 UGP-RL Informationsanforderungen, die sich auf Mindestangleichungsklauseln stützen, also die auf der Preisangaben-RL und die Dienstleistungs-RL beruhenden Regelungen der PAngV, und über die UGP-RL hinausgehen, mithin überschießenden Charakter haben, im Falle ihres Vorenthaltens nicht einem irreführenden Unterlassen gleichkommen.[157]

149 BGH, 29.04.2010, I ZR 23/08, GRUR 2010, 652 Rn. 11 – *Costa del Sol*; BGH, 22.03.2012, I ZR 111/11, GRUR 2012, 1159 Rn. 9 – *Preisverzeichnis bei Mietwagenangebot*; BGH, 07.05.2015, I ZR 158/14, GRUR 2015, 1240 Rn. 19 – *Der Zauber des Nordens*; BGH, 14.01.2016, I ZR 61/14, GRUR 2016, 516 Rn. 13 – *Wir helfen im Trauerfall.*

150 Vgl. BGH, 29.04.2010, I ZR 23/08, GRUR 2010, 652 Rn. 12 – *Costa del Sol.*

151 Vgl. BGH, 16.07.2009, I ZR 140/07, GRUR 2010, 251 Rn. 12 – *Versandkosten bei Froogle*

152 Vgl. BGH, 22.03.2012, I ZR 111/11, GRUR 2012, 1159 Rn. 9 – *Preisverzeichnis bei Mietwagenangebot.*

153 Vgl. BGH, 07.05.2015, I ZR 158/14, GRUR 2015, 1240 Rn. 30 – *Der Zauber des Nordens.*

154 Vgl. nur BGH, 07.04.2011, I ZR 34/09, GRUR 2011, 742 Rn. 31 und 36 – *Leistungspakete im Preisvergleich*; BGH, 29.04.2010, I ZR 99/08, GRUR 2011, 82 Rn. 28 – *Preiswerbung ohne Umsatzsteuer*;.

155 BGH, 31.10.2013, I ZR 139/12, GRUR 2014, 576 Rn. 15 – *2 Flaschen GRATIS*;

156 BGH, 31.10.2013, I ZR 139/12, GRUR 2014, 576 Rn. 15 – *2 Flaschen GRATIS*;

157 *Köhler*/Bornkamm/Feddersen, UWG, Vorb PAngV Rn. 6, mwN.

F. Verhältnis zum BGB

Die Vorschriften der PAngV gewähren einen generellen Verbraucherschutz, keinen individuellen. Sie stellen daher keine Schutzgesetz iSv § 823 Abs. 2 BGB dar.[158] Sie begründen auch keine Verbotsgesetze iSv § 134 BGB, da sie als formelles Preisordnungsrecht, die (Zulässigkeit der) Preisbildung als solche unberührt lassen und damit auch die Wirksamkeit von Verträgen, die unter Verstoß gegen ihre Vorgaben zustande gekommen sein mögen.[159] Die Vorschriften der PAngV können aber Bedeutung bei der Auslegung von Willenserklärungen erlangen (§§ 133, 157 BGB). Ein Verbraucher darf bei der Angabe von Preisen regelmäßig davon ausgehen, dass sie den Vorschriften der PAngV entsprechend angegeben werden, also insbesondere als Gesamtpreise einschließlich etwaiger Steuern.[160] Ob das auch für vorsteuerabzugsberechtigte Unternehmen gilt,[161] erscheint hingegen fraglich. **51**

G. Sonstige Preisvorschriften

Die PAngV enthält keine abschließende Regelung des formellen Preisrechts. So ergänzen die Vorschriften der PAngV auch die Vorgaben für Reiseverträge nach der BGB-InfoV.[162] Aber auch die PAngV wird ergänzt oder ersetzt durch einzelne Spezialregelungen, wie im Bereich des Fernabsatzes durch Art. 246a § 1 Abs. 1 Nr. 4 bis 6, § 2 Abs. 1 Nr. 2, § 3 Nr. 3 EGBGB im Bereich der Verbraucherdarlehnsverträge durch Art. 247 §§ 3, 17 EGBGB, bei Zahlungsdiensten durch Art. 248 §§ 4 Nr. 3, 13 EGBGB. Weitere Sonderregelungen enthalten §§ 45n Abs. 2 und Abs. 3 Nr. 3 sowie 66 a ff. TKG für Telekommunikationsdienstleistungen, § 19 FahrlG für Fahrschulen und Art. 23 (1) der VO (EG) Nr. 1008/2008 für Flugpreise (siehe Rdn. 16 ff.).[163] **52**

Die Anwendungsbereiche der PAngV und dieser sonstigen Regelungen sind nicht deckungsgleich. So gilt bspw. für Kleinkredite unter 200 EUR zwar die PAngV, nicht aber Art. 247 § 3 EGBGB, wie sich aus den § 491 Abs. 2 BGB, § 491a Abs. 1 BGB ergibt.[164] **53**

---

158 Vgl. *Köhler*/Bornkamm/Feddersen, UWG, Vorb PAngV Rn. 7; Ohly/*Sosnitza*, UWG, Einf PAngV Rn. 30; Harte-Bavendamm/Henning-Bodewig/*Weidert*, UWG, Einführung PAngV Rn. 10; MünchKomm./Ernst UWG, Einl PAngV Rn. 7.

159 Vgl. Ohly/*Sosnitza*, UWG, Einf PAngV Rn. 31; Harte-Bavendamm/Henning-Bodewig/*Weidert*, UWG, Einführung PAngV Rn. 10; vgl. zur PreisauszeichnungsVO 1969: BGH, 20.02.1974, VIII ZR 198/72, GRUR 1974, 416, 417 – *Tagespreis*.

160 Vgl. *Köhler*/Bornkamm/Feddersen, UWG, Vorb PAngV Rn. 7; Harte-Bavendamm/Henning-Bodewig/*Weidert*, UWG, Einführung PAngV Rn. 9.

161 So OLG Zweibrücken, 14.02.2002, 4 U 114/01, GRUR-RR 2002, 306, 307 – *Neu zum Gebrauchtpreis*.

162 Vgl. BGH, 29.04.2010, I ZR 23/08, GRUR 2010, 652 Rn. 15 – *Costa del Sol*; Ohly/*Sosnitza*, UWG, Einf PAngV Rn. 34; *Köhler*/Bornkamm/Feddersen, UWG, Vorb PAngV Rn. 8, jeweils mwN.

163 Vgl. *Köhler*/Bornkamm/Feddersen, UWG, Vorb PAngV Rn. 8; Ohly/*Sosnitza*, UWG, Einf PAngV Rn. 35; Harte-Bavendamm/Henning-Bodewig/*Weidert*, UWG, Einführung PAngV Rn. 12; MünchKomm./Ernst UWG, Einl PAngV Rn. 7, jeweils mwN.

164 Vgl. *Köhler*/Bornkamm/Feddersen, UWG, Vorb PAngV Rn. 8.

H. Prozessuales

I. Streitgegenstand

54 Verstöße gegen die PAngV begründen in der Regel auch den Tatbestand der Irreführung nach § 3 Abs. 1, § 5 Abs. 1 Satz 2 Nr. 2 UWG und § 3 Abs. 1, § 5a Abs. 2, Abs. 3 Nr. 3, Abs. 4 UWG (siehe Rdn. 48 f.). Nach der früheren Rechtsprechung musste sich aus dem Klagebegehren ergeben, dass sich der Kläger ungeachtet der anzuwendenden Norm gerade gegen die Art und Weise der Darstellung der Preise in der fraglichen Werbung richtet, um eine gerichtliche Prüfung der PAngV zu eröffnen.[165] Dies sei nicht allein eine Frage der dem Gericht obliegenden rechtlichen Einordnung eines vorgetragenen Sachverhalts, weil sich die zu Grunde liegenden Lebenssachverhalte unterscheiden können und es sich daher auch um verschiedene Streitgegenstände handeln könne.[166] Diese Rechtsprechung geht aber noch zurück auf die recht enge Streitgegenstandsbestimmung nach »dentalästhetika I und II«.[167] Hiernach konnten etwa die Verwirklichung verschiedener Verbotsnormen wie auch die Verwirklichung unterschiedlicher Erscheinungsformen derselben Verbotsnorm wie insbesondere des Irreführungsverbots nach §§ 3, 5 UWG als jeweils selbstständige Klagegründe angesehen werden. Diese enge Streitgegenstandsbestimmung hat der BGH mit der Entscheidung »Biomineralwasser« aufgegeben. Er hat klargestellt, dass der Streitgegenstand jedenfalls einer konkreten Verletzungsform alle Rechtsverletzungen enthält, die in ihr verwirklicht sind, auch wenn die verschiedenen Verletzungen jeweils einen unterschiedlichen Tatsachenvortrag erfordern.[168]

II. Klagebefugnis

55 Neben dem Mitbewerber nach § 8 Abs. 3 Nr. 1 UWG sind insbesondere auch Verbraucherschutzverbände nach § 8 Abs. 3 Nr. 3 UWG zur Klage wegen Verletzung der Vorschriften der PAngV befugt. Dem steht nicht entgegen, dass diese nicht in den Katalog der Verbraucherschutzgesetze des § 2 Abs. 2 UKlaG aufgenommen worden sind. Denn die Verbraucherschutzverbände sind gemäß § 8 Abs. 3 Nr. 3 UWG nicht auf die Verfolgung von Verstößen gegen Verbraucherschutzgesetze iSv § 2 UKlaG beschränkt, sondern zur Verfolgung von Wettbewerbsverstößen berechtigt, soweit diese Verbraucherschutzinteressen beeinträchtigen und die Prozessführung im konkreten Einzelfall vom Satzungszweck des klagenden Verbands gedeckt ist.[169] Zudem enthält § 2 Abs. 2 UKlaG keine abschließende Aufzählung der Verbraucherschutzgesetze iSd § 2 Abs. 1

165 Vgl. BGH, 07.06.2001, I ZR 157/98, GRUR 2002, 287, 288 – *Widerruf der Erledigungserklärung*unter Bezugnahme auf BGH, 08.06.2000, I ZR 269/97, GRUR 2001, 181, 182 – *Dentalästhetika*.

166 Vgl. BGH, 07.06.2001, I ZR 157/98, GRUR 2002, 287, 288 – *Widerruf der Erledigungserklärung*; Ohly/*Sosnitza*, UWG, Einf PAngV Rn. 36.

167 Vgl. BGH, 08.06.2000, I ZR 269/97, GRUR 2001, 181, 182 – *Dentalästhetika*; BGH, 13.07.2006, I ZR 222/03, GRUR 2007, 161 Rn. 9 – *Dentalästhetika II*.

168 Vgl. BGH, 13.09.2012, I ZR 230/11, GRUR 2013, 401 Rn. 20 – *Biomineralwasser*; Cepl/Voß/*Zöllner*, § 5 Rn. 14, mwN.

169 BGH, 30.07.2015, I ZR 29/12, GRUR 2016, 392 Rn. 17 – *Buchungssystem II*, mwN.

Satz 1 UKlaG. Zu den Verbraucherschutzgesetzen im Sinne dieser Bestimmung gehören deshalb – ungeachtet ihrer fehlenden ausdrücklichen Nennung – auch die dem Schutz der Verbraucher vor Beeinträchtigungen ihrer Entscheidungsfreiheit dienenden Vorschriften des Preisangabenrechts.[170]

III. Streitwerte

Maßgeblich für die Bestimmung des Streitwerts in Verfahren über Ansprüche nach **56** dem Gesetz gegen den unlauteren Wettbewerb ist seit dem 16.07.2014 die Vorschrift des § 51 Abs. 2 GKG. Danach ist, soweit nichts anderes bestimmt ist, der Streitwert nach der sich aus dem Antrag des Klägers für ihn ergebenden Bedeutung der Sache nach Ermessen zu bestimmen. Die Festsetzung des Streitwerts kann nicht anhand von Regelstreitwerten erfolgen, weil dies mit den Vorschriften des § 3 ZPO und des § 51 Abs. 2 GKG nicht vereinbar ist, die eine Ermessensausübung des Gerichts vorsehen.[171] Entscheidend ist bei Unterlassungsanträgen das Interesse des Klägers an der Unterbindung weiterer gleichartiger Verstöße, das maßgeblich durch die Art des Verstoßes, insbesondere seine Gefährlichkeit und Schädlichkeit für die Träger der maßgeblichen Interessen, bestimmt wird.[172] Bei Verstößen gegen die PAngV ist indes zu berücksichtigen, dass der klagende Wettbewerber nicht mehr oder minder betroffen ist, als jeder andere Marktteilnehmer, mit der Folge, dass das wirtschaftliche Interesse des Anspruchstellers nicht in erster Linie nach der durch die konkrete Handlung hervorgerufenen Umsatzgefährdung, sondern vielmehr im Hinblick auf die dadurch verursachte latente Beeinträchtigung der Marktposition rechtstreuer Mitbewerber zu bestimmen ist.[173] Die aus der konkret beanstandeten Handlung resultierende Gefährdung des Umsatzes bleibt jedoch für die Grundfrage von Belang, von welcher Marktpräsenz der im konkreten Fall streitenden Unternehmen auszugehen ist.[174] Wird allerdings die Nichteinhaltung von zwei unterschiedlichen Rechtsnormen gerügt, wie etwa der Verpflichtung zur Grundpreisangabe und Pflichtangaben der Textilkennzeichnung, rechtfertigt dies auch eine höhere Streitwertfestsetzung.[175]

---

170 BGH, 30.07.2015, I ZR 29/12, GRUR 2016, 392 Rn. 17 – *Buchungssystem II*, betreffend Art. 23 der VO (EG) Nr. 1008/2008; *Köhler*/Bornkamm/Feddersen, UWG, § 2 UKlaG Rn. 30c.

171 BGH, 15.09.2016, I ZR 24/16, GRUR 2017, 212 Rn. 8 – *Finanzsanierungen*, mwN.

172 St. Rspr., vgl. BGH, 26.04.1990, I ZR 58/89, GRUR 1990, 1052, 1053 – *Streitwertbemessung*; BGH, 12.07.2012, I ZR 54/11, GRUR 2013, 301 Rn. 56 – *Solarinitiative*; BGH, 15.09.2016, I ZR 24/16, GRUR 2017, 212 Rn. 8 – *Finanzsanierungen*; vgl. ausführlich *Köhler/Feddersen* in Köhler/Bornkamm/Feddersen, UWG, § 12 Rn. 5.5 ff.; Cepl/Voß/*Schilling*, ZPO, § 3 Rn. 186 ff.; zur Beschwer der beklagten Partei vgl. BGH, 29.03.2018, I ZR 11/18, GRUR 2018, 655 Rn. 9 – *Posterversandkosten*.

173 HansOLG Hamburg, 03.04.2013, 3 W 18/13, NJOZ 2013, 2118, 2120; Cepl/Voß/*Schilling*, ZPO, § 3 Rn. 211.

174 HansOLG Hamburg, 03.04.2013, 3 W 18/13, NJOZ 2013, 2118, 2120.

175 BGH, 19.04.2018, I ZR 139/17, BeckRS 2018, 11026 Rn. 5.

57 Bei Klagen von Verbraucherverbänden nach § 8 Abs. 3 Nr. 3 UWG kommt es auf das – satzungsmäßig wahrgenommene – Interesse der Verbraucher und den Ihnen drohenden Nachteile an ggf. aber auch der wirtschaftlichen Bedeutung der Sache an.[176]

§ 1 Grundvorschriften

(1) [1]Wer Verbrauchern gemäß § 13 des Bürgerlichen Gesetzbuchs gewerbs- oder geschäftsmäßig oder wer ihnen regelmäßig in sonstiger Weise Waren oder Leistungen anbietet oder als Anbieter von Waren oder Leistungen gegenüber Verbrauchern unter Angabe von Preisen wirbt, hat die Preise anzugeben, die einschließlich der Umsatzsteuer und sonstiger Preisbestandteile zu zahlen sind (Gesamtpreise). [2]Soweit es der allgemeinen Verkehrsauffassung entspricht, sind auch die Verkaufs- oder Leistungseinheit und die Gütebezeichnung anzugeben, auf die sich die Preise beziehen. [3]Auf die Bereitschaft, über den angegebenen Preis zu verhandeln, kann hingewiesen werden, soweit es der allgemeinen Verkehrsauffassung entspricht und Rechtsvorschriften nicht entgegenstehen.

(2) [1]Wer Verbrauchern gewerbs- oder geschäftsmäßig oder wer ihnen regelmäßig in sonstiger Weise Waren oder Leistungen zum Abschluss eines Fernabsatzvertrages anbietet, hat zusätzlich zu Absatz 1 und § 2 Absatz 2 anzugeben,
1. **dass die für Waren oder Leistungen geforderten Preise die Umsatzsteuer und sonstige Preisbestandteile enthalten und**
2. **ob zusätzlich Fracht-, Liefer- oder Versandkosten oder sonstige Kosten anfallen.**

[2]Fallen zusätzliche Fracht-, Liefer- oder Versandkosten oder sonstige Kosten an, so ist deren Höhe anzugeben, soweit diese Kosten vernünftigerweise im Voraus berechnet werden können.

(3) [1]Bei Leistungen können, soweit es üblich ist, abweichend von Absatz 1 Satz 1 Stundensätze, Kilometersätze und andere Verrechnungssätze angegeben werden, die alle Leistungselemente einschließlich der anteiligen Umsatzsteuer enthalten. [2]Die Materialkosten können in die Verrechnungssätze einbezogen werden.

(4) Wird außer dem Entgelt für eine Ware oder Leistung eine rückerstattbare Sicherheit gefordert, so ist deren Höhe neben dem Preis für die Ware oder Leistung anzugeben und kein Gesamtbetrag zu bilden.

Abs. 5 und Abs. 6 i.d.F. bis zum 30.06.2018:

(5) Die Angabe von Preisen mit einem Änderungsvorbehalt ist abweichend von Absatz 1 Satz 1 nur zulässig
1. ***bei Waren oder Leistungen, für die Liefer- oder Leistungsfristen von mehr als vier Monaten bestehen, soweit zugleich die voraussichtlichen Liefer- und Leistungsfristen angegeben werden,***

176 Vgl. Cepl/Voß/*Schilling*, ZPO, § 3 Rn. 201, mwN.

2. bei Waren oder Leistungen, die im Rahmen von Dauerschuldverhältnissen erbracht werden, oder
3. in Prospekten eines Reiseveranstalters über die von ihm veranstalteten Reisen, soweit der Reiseveranstalter gemäß § 4 Absatz 2 der BGB-Informationspflichten-Verordnung in der Fassung der Bekanntmachung vom 5. August 2002 (BGBl. I S. 3002), die zuletzt durch die Verordnung vom 23. Oktober 2008 (BGBl. I S. 2069) geändert worden ist, den Vorbehalt einer Preisanpassung in den Prospekt aufnehmen darf und er sich eine entsprechende Anpassung im Prospekt vorbehalten hat.

(6) [1]Die Angaben nach dieser Verordnung müssen der allgemeinen Verkehrsauffassung und den Grundsätzen von Preisklarheit und Preiswahrheit entsprechen. [2]Wer zu Angaben nach dieser Verordnung verpflichtet ist, hat diese dem Angebot oder der Werbung eindeutig zuzuordnen sowie leicht erkennbar und deutlich lesbar oder sonst gut wahrnehmbar zu machen. [3]Bei der Aufgliederung von Preisen sind die Gesamtpreise hervorzuheben.

Abs. 5 bis Abs. 7 i.d.F. ab dem 01.07.2018:

(5) Die Angabe von Preisen mit einem Änderungsvorbehalt ist abweichend von Absatz 1 Satz 1 nur zulässig
1. bei Waren oder Leistungen, für die Liefer- oder Leistungsfristen von mehr als vier Monaten bestehen, soweit zugleich die voraussichtlichen Liefer- und Leistungsfristen angegeben werden, oder
2. bei Waren oder Leistungen, die im Rahmen von Dauerschuldverhältnissen erbracht werden.

(6) Der in der Werbung, auf der Webseite oder in Prospekten eines Reiseveranstalters angegebene Reisepreis kann abweichend von Absatz 1 Satz 1 nach Maßgabe des § 651d Absatz 3 Satz 1 des Bürgerlichen Gesetzbuchs und des Artikels 250 § 1 Absatz 2 des Einführungsgesetzes zum Bürgerlichen Gesetzbuche geändert werden.

(7) [1]Die Angaben nach dieser Verordnung müssen der allgemeinen Verkehrsauffassung und den Grundsätzen von Preisklarheit und Preiswahrheit entsprechen. [2]Wer zu Angaben nach dieser Verordnung verpflichtet ist, hat diese dem Angebot oder der Werbung eindeutig zuzuordnen sowie leicht erkennbar und deutlich lesbar oder sonst gut wahrnehmbar zu machen. [3]Bei der Aufgliederung von Preisen sind die Gesamtpreise hervorzuheben.

Stefan Schilling

Übersicht

A. Allgemeines

I. Regelungszweck

Die Bestimmungen der PAngV enthalten formelles Preisrecht (Preisordnungsrecht; siehe Einl. PAngV Rdn. 2).[1] Sie dienen dem Zweck, durch eine sachlich zutreffende und vollständige Verbraucherinformation Preiswahrheit und -klarheit zu gewährleisten, durch optimale Preisvergleichsmöglichkeiten die Stellung der Verbraucher gegenüber Handel und Gewerbe zu stärken und den Wettbewerb zu fördern.[2] Es soll dem Verbraucher Klarheit über die Preise und deren Gestaltung verschafft werden und zugleich verhindert werden, dass er seine Preisvorstellungen anhand untereinander nicht vergleichbarer Preise gewinnen muss.[3] Erfasst werden Waren und Dienstleistungen gleichermaßen. Eine generelle Pflicht zur Preisangabe besteht aber nicht. Eine Werbung ohne Angabe von Einzelpreisen ist von der Verpflichtung zur Gesamtpreisangabe freige- 1

---

1 Ohly/*Sosnitza*, UWG, Einf PAngV Rn. 1; *Köhler*/Bornkamm/Feddersen, UWG, Vorb PAngV Rn. 1.

2 St. Rspr.; vgl. BGH, 28.11.1996, I ZR 197/94, GRUR 1997, 767, 769 – *Brillenpreise II*; BGH, GRUR 1999, 762 [763] = NJW 1999, 2195 = WRP 1999, 845 – *Herabgesetzte Schlussverkaufspreise*; BGH, 03.07.2003, I ZR 211/01, GRUR 2003, 971, 972 – *Telefonischer Auskunftsdienst*; BGH, 04.10.2007, I ZR 143/04, GRUR 2008, 84 Rn. 25 – *Versandkosten*; BGH, 07.03.2013, I ZR 30/12, GRUR 2013, 850 Rn. 13 – *Grundpreisangabe im Supermarkt*.

3 BGH, 15.01.2004, I ZR 180/01, GRUR 2004, 435, 436 – *FrühlingsgeFlüge*.

stellt.[4] Auch sind individuelle Preisnachlässe und nach Kalendertagen zeitlich begrenzte und bekannte gemachte Preisnachlässe ausgenommen, § 9 Abs. 2 PAngV.

II. Normstruktur

2 § 1 Abs. 1 Satz 1 und Abs. 4 Satz 1 PAngV (ab 01.07.2018 § 1 Abs. 7 Satz 1 PAngV) enthalten die Grundsätze der PAngV. Nach § 1 Abs. 1 Satz 1 PAngV hat, wer Verbrauchern iSd § 13 BGB Waren oder Leistungen gewerbs- oder geschäftsmäßig oder regelmäßig in sonstiger Weise anbietet oder als Anbieter von Waren oder Leistungen gegenüber Verbrauchern unter Angabe von Preisen wirbt, die Preise anzugeben, die einschließlich der Umsatzsteuer und sonstiger Preisbestandteile zu zahlen sind (Gesamtpreise). Nach § 1 Abs. 6 Satz 1 PAngV (ab 01.07.2018 § 1 Abs. 7 Satz 1 PAngV) müssen die Angaben nach dieser Verordnung der allgemeinen Verkehrsauffassung und den Grundsätzen von Preisklarheit und Preiswahrheit entsprechen. Die Absätze 2 bis 6 (ab 01.07.2018 Abs. 2 bis 7) enthalten zusätzliche Vorgaben bei besonderen Vertragsformen bzw. Vertragsgegenständen. § 1 Abs. 2 PAngV fordert zusätzliche Angaben bei Angeboten zum Abschluss von Fernabsatzverträgen, insbesondere hinsichtlich Fracht-, Liefer- und Versandkosten. § 1 Abs. 3 PAngV regelt die Zulässigkeit, bei Leistungen anstelle des Gesamtpreises Stunden- und Verrechnungssätze anzugeben. § 1 Abs. 4 PAngV betrifft den gesonderten Ausweis rückerstattbarer Sicherheiten, wie dem Flaschen- oder Dosenpfand, wenn diese neben dem Waren- oder Leistungspreis anfallen.[5] § 1 Abs. 5 PAngV (ab 01.07.2018 Abs. 5 und Abs. 6 PAngV) betrifft die Zulässigkeit eines Änderungsvorbehalts bei Liefer- oder Leistungsfristen von mehr als vier Monaten und bei Prospekten eines Reiseveranstalters.

III. Anwendungsbereich

1. Persönlich

3 Nach § 1 Abs. 1 Satz 1 PAngV trifft die Verpflichtung zur Preisangabe jeden, der Verbrauchern gemäß § 13 BGB gewerbs- oder geschäftsmäßig oder regelmäßig in sonstiger Weise *Waren* oder *Leistungen* anbietet oder ihnen gegenüber als Anbieter *unter Angabe von Preisen wirbt*. Das im Grunde entscheidende Kriterium ist, dass das Angebot bzw. die Werbung an Verbraucher iSd § 13 BGB gerichtet ist (siehe Einl. PAngV Rdn. 7; zum Verbraucherbegriff siehe § 2 Abs. 2 PAngV Rdn. 6). In richtlinienkonformer Auslegung nach Art. 2 lit. d UGP-RL ist erforderlich, aber auch ausreichend, dass ein Handeln zugunsten des eigenen oder eines fremden Unternehmens vorliegt.[6] Verpflichtet ist auch die öffentliche Hand, soweit diese Benutzungsgebühren oder privat-

4 Vgl. EuGH, 07.07.2016, C-476/14, GRUR 2016, 945 Rn. 30. – *Citroën Commerce*; *Köhler*/Bornkamm/Feddersen, UWG, Vorbem PAngV Rn. 2; Ohly/*Sosnitza*, UWG, PAngV § 1 Rn. 14; Harte-Bavendamm/Henning-Bodewig/*Weidert*, UWG, Einf PAngV Rn. 1.

5 *Ohly/Sosnitza*, UWG, PAngV § 1 Rn. 2; *Köhler*/Bornkamm/Feddersen, UWG, PAngV § 1 Rn. 28.

6 *Köhler*/Bornkamm/Feddersen, UWG, Vorb PAngV Rn. 17a.

2. Leistungen

Leistung ist im Einklang mit Art. 4 Nr. 1 der Dienstleistungs-RL 2006/123/EG zu definieren als jede von Art. 50 AEUV erfasste selbständige Tätigkeit, die in der Regel gegen Entgelt erbracht wird.[24] Dazu zählen insbesondere die Leistungen des Handwerks, des Kreditwesens[25] einschließlich Kreditvermittler (vgl. §§ 6 ff PAngV), des Hotel- und Gaststättengewerbes (§ 7 PAngV), der Versicherungs-, Beförderungs- und Reiseunternehmen,[26] der Makler sowie der (sonstigen) Freiberufler.[27] Leistungen der öffentliche Hand sind ausweislich § 9 Abs. 1 Nr. 2 PAngV hierunter zu fassen, soweit diese Benutzungsgebühren oder privatrechtliche Entgelte für die Nutzung ihrer Einrichtungen erhebt, wie Schwimmbäder oder den ÖPNV (siehe Einl. PAngV Rdn. 10).[28] **9**

3. Anbieten

§ 1 Abs. 1 Satz 1 PAngV knüpft die Preisangabenpflicht an zwei unterschiedliche, von der PAngV gesondert geregelte Vorgehensweisen des Unternehmers, das Anbieten von Waren und Leistungen (1. Alt) und das Werben unter Angabe von Preisen (2. Alt). Zwischen dem *Anbieten* von Waren und dem *Werben* dafür muss schon deshalb unterschieden werden, weil das Werben im Gegensatz zum Anbieten nur dann den Vorschriften der PAngV unterliegt, wenn es *unter Angabe von Preisen* erfolgt.[29] Während eine »Werbung« ohne Preisangabe nicht als Angebot angesehen werden kann,[30] kann Werbung auch ohne Preisangaben vorliegen. Ob der Unternehmer mit Preisen wirbt, ist ihm freigestellt.[31] Wirbt der Unternehmer mit Preisen unterliegt er den Pflichten der PAngV, insbesondere also der Pflicht zur Nennung der Gesamtpreise einschließlich der Umsatzsteuer und aller sonstigen Preisbestandteile.[32] **10**

a) Anbieten von Waren

aa) Richtlinienkonforme Auslegung

Soweit das Angebot von Waren betroffen ist, hat § 1 Abs. 1 PAngV seine (alleinige) Grundlage in Art. 1 und 2 lit. a, 3 und 4 Abs. 1 der Preisangaben-RL 98/6/EG und ist daher richtlinienkonform auszulegen.[33] **11**

---

24 Vgl. *Köhler*/Bornkamm/Feddersen, UWG, PAngV § 1 Rn. 2; Ohly/*Sosnitza*, UWG, PAngV § 1 Rn. 22.

25 OLG Stuttgart, 07.06.2018, 2 U 156/17, BeckRS 2018, 18526 Rn. 18.

26 Vgl. BGH, 07.05.2015, I ZR 158/14, GRUR 2015, 1240 Rn. 36 ff. – *Der Zauber des Nordens.*

27 Vgl. Ohly/*Sosnitza*, UWG, PAngV § 1 Rn. 22.

28 Vgl. Ohly/*Sosnitza*, UWG, Einf PangV Rn. 24; vgl. auch *Köhler*/Bornkamm/Feddersen, UWG, § 9 PAngV Rn. 3.

29 Vgl. BGH, 26.02.2009, I ZR 163/06, GRUR 2009, 982 Rn. 9 – *Dr. Clauder's Hufpflege.*

30 BGH, 10.11.2016, I ZR 29/15, GRUR 2017, 286 Rn. 12 – *Hörgeräteausstellung.*

31 EuGH, 07.07.2016, C-476/14, GRUR 2016, 945 Rn. 30. – *Citroën Commerce*; *Köhler*/Bornkamm/Feddersen, UWG, Vorbem PAngV Rn. 2; Ohly/*Sosnitza*, UWG, PAngV § 1 Rn. 14.

32 Vgl. BGH, 26.02.2009, I ZR 163/06, GRUR 2009, 982 Rn. 9 – *Dr. Clauder's Hufpflege.*

33 Vgl. BGH, 10.11.2016, I ZR 29/15, GRUR 2017, 286 Rn. 10 – *Hörgeräteausstellung.*

(1) Preisangaben-RL

12 Der in der Preisangaben-RL 98/6/EG verwendete Begriff des Anbietens ist dort nicht definiert. Nach der Rechtsprechung des EuGH kann eine Werbung als Angebot des Gewerbetreibenden aufgefasst werden, das Erzeugnis zu dem in dieser Werbung genannten Konditionen zu verkaufen, wenn in ihr sowohl die Besonderheiten des beworbenen Erzeugnisses als auch ein Preis, der aus der Sicht eines normal informierten, angemessen aufmerksamen und verständigen Durchschnittsverbrauchers dem Verkaufspreis dieses Erzeugnisses gleichkommt, sowie ein Datum, bis zu dem das an Privatkunden gerichtete »Angebot« gültig bleibt, genannt sind.[34] Die genannten Voraussetzungen müssen dabei kumulativ erfüllt sein.[35] Deshalb kann eine Werbung, in der kein Preis für das beworbene Produkt angegeben ist, nicht als Angebot im Sinne der Preisangaben-RL und – entsprechend – iSv § 1 Abs. 1 Satz 1 PAngV angesehen werden.[36]

(2) Sicht des Durchschnittsverbrauchers

13 Der BGH hat sich dieser Rechtsprechung angeschlossen.[37] Maßstab für die Beurteilung, ob ein Angebot vorliegt, ist daher die Sichtweise des normal informierten, angemessen aufmerksamen und verständigen Durchschnittsverbrauchers.[38] Allerdings dürfte die Angabe des Datums, bis zu dem der Preis gültig ist, nicht stets, sondern nur dann erforderlich sein, wenn der angegebene Preis nur befristet gelten soll.[39]

14 Der Begriff des Anbietens beschränkt sich nach der insoweit weiterhin fruchtbar zu machenden älteren Rechtsprechung des BGH nicht nur auf Vertragsangebote iSd § 145 BGB, sondern darüber hinaus jede Erklärung eines Unternehmers, die im Verkehr in einem rein tatsächlichen Sinne als Angebot verstanden wird, mag dieses, wie die invitatio ad offerendum, auch noch rechtlich unverbindlich sein.[40] Die Erklärung muss gezielt auf den Absatz eines bestimmten Produkts gerichtet sein.[41] Bedarf es ergänzender Angaben und weiterer Verhandlungen, um das Geschäft zum Abschluss zu bringen, enthält die Werbung noch kein Angebot iSv § 1 Abs. 1 Satz 1 PAngV.[42] Eine von eBay automatisiert erzeugte »Minigalerie«-Ansicht eines Produktes, die keine Angaben zu

34 EuGH, 07.07.2016, C-476/14, GRUR 2016, 945 Rn. 30. – *Citroën Commerce*; BGH, 10.11.2016, I ZR 29/15, GRUR 2017, 286 Rn. 12 – *Hörgeräteausstellung*.

35 EuGH, 07.07.2016, C-476/14, GRUR 2016, 945 Rn. 32. – *Citroën Commerce*; BGH 10.11.2016, I ZR 29/15, GRUR 2017, 286 Rn. 12 – *Hörgeräteausstellung*.

36 BGH, 10.11.2016, I ZR 29/15, GRUR 2017, 286 Rn. 12 – *Hörgeräteausstellung*.

37 Vgl. BGH, 10.11.2016, I ZR 29/15, GRUR 2017, 286 Rn. 11 – *Hörgeräteausstellung*; vgl. auch OLG Hamm, 18.05.2017, 4 U 150/16, WRP 2017, 1126 Rn. 39.

38 OLG Hamm, 21.03.2017, 4 U 166/16, GRUR-RR 2017, 409 Rn. 38.

39 *Köhler*/Bornkamm/Feddersen, UWG, PAngV § 1 Rn. 4.

40 Vgl. *Köhler*/Bornkamm/Feddersen, UWG, PAngV § 1 Rn. 4; Ohly/*Sosnitza*, UWG, PAngV § 1 Rn. 15; Harte-Bavendamm/Henning-Bodewig/*Weidert*, UWG, PAngV § 1 Rn. 13.

41 BGH, 12.09.2013, I ZR 123/12, GRUR 2014, 403 Rn. 8 – *DER NEUE*.

42 Vgl. BGH, 09.06.2004, I ZR 187/02, GRUR 2004, 960, 961 – *500 DM-Gutschein für Autokauf*.

dessen Material und Verwendungszweck enthält, stellt kein Angebot im Sinne von § 2 Abs. 1 PAngV dar.[43] Auch darf nicht jede Erklärung, mit der sich ein Unternehmer zwecks Verkaufs seiner Ware an den Kunden wendet und seine Bereitschaft zum Abschluss eines Vertrages zum Ausdruck bringt, als »Anbieten« verstanden werden.[44] Ein Hinweis auf eine unverbindliche Preisempfehlung (UVP) des Herstellers stellt nicht ohne weiteres eine Werbung unter Angabe von Preisen im Sinne der PAngV dar, sondern nur dann, wenn er vom Verkehr als Hinweis auf den eigenen Preis des Anbieters verstanden wird (siehe Rdn. 42).[45].

Welches Mediums oder welcher Kommunikationsform (Internet, Fernsehen, Telefon, Telefax, E-Mail usw.) sich der Unternehmer für sein Angebot bedient, ist unerheblich.[46] Allerdings macht § 9 Abs. 1 Nr. 4 PAngV eine Ausnahme für mündliche Angebote, wie es etwa typisch ist für werbliche Angebote im Hörfunk (siehe § 9 Rdn. 6).[47] **15**

(3) Abgrenzung zur Aufforderung zum Kauf

Bedeutsam ist insoweit, dass der EuGH den Anwendungsbereich der Preisangaben-RL nicht auf Preisangaben von Waren beschränkt hat, die nach Maßeinheiten verkauft werden, sondern als eine allgemeine Preisangabenregelung für Angebote von Waren gegenüber Verbrauchern ansieht.[48] Anders als vom BGH[49] zwischenzeitlich angenommen, ist nach der Entscheidung des EuGH »Citroën Commerce/ZLW«[50] kein Gleichlauf (mehr) mit dem Begriff der Aufforderung zum Kauf gem. Art. 7 Abs. 4 der UGP-RL und dem, darauf zurückgehenden Begriff des Angebots von Waren in § 5a Abs. 3 UWG anzunehmen.[51] Der Angebotsbegriff des § 5a Abs. 3 UWG ist (UGP-) richtlinienkonform als »Aufforderung zum Kauf« iSv Art. 7 Abs. 4 der UGP-RL auszulegen. Hierunter – und damit unter einem Angebot im Sinne von § 5a Abs. 3 UWG – ist nach Art. 2 lit. i UGP-RL jede kommerzielle Kommunikation zu verstehen, die die Merkmale des Produkts und den Preis in einer Weise angibt, die den Mitteln der verwendeten kommerziellen Kommunikation angemessen ist und den Verbraucher **16**

43 OLG Stuttgart, 15.02.2018, 2 U 96/17, BeckRS 2018, 16582 Rn. 11.

44 *Köhler*/Bornkamm/Feddersen, UWG, PAngV § 1 Rn. 4.

45 Vgl. BGH, 23.06.1983, I ZR 75/81, GRUR 1983, 658, 660 – *Hersteller-Preisempfehlung in Kfz-Händlerwerbung*; BGH, 23.05.1990, I ZR 211/88, GRUR 1990, 1022, 1023 – *Importeurswerbung*; BGH, 12.09.2013, I ZR 123/12, GRUR 2014, 403 Rn. 9 – *DER NEUE*; *Köhler*/Bornkamm/Feddersen, UWG, § 1 PAngV Rn. 21.

46 Vgl. Ohly/*Sosnitza*, UWG, PAngV § 1 Rn. 19.

47 Vgl. BGH, 03.07.2003, I ZR 211/01, BGHZ 155, 301, 304 – *Telefonischer Auskunftsdienst*.

48 EuGH, 07.07.2016, C-476/14, GRUR 2016, 945 Rn. 33 ff. – *Citroën Commerce*; anders noch EuGH, 10.07.2014, C-421/12, GRUR Int. 2014, 964 Rn. 59 – *Kommission/Belgien*; krit: Köhler, GRUR 2016, 891, 892.

49 So noch BGH, 16.07.2009, I ZR 50/07, GRUR 2010, 248 Rn. 16 – *Kamerakauf im Internet*; BGH, 12.09.2013, I ZR 123/12, GRUR 2014, 403 Rn. 8 – *DER NEUE*; OLG Frankfurt, 17.11.2016, 6 U 231/15, GRUR-RR 2017, 62 Rn. 32; OLG Frankfurt, 18.06.2018, 6 U 93/17, BeckRS 2018, 17440 Rn. 9.

50 EuGH, 07.07.2016, C-476/14, GRUR 2016, 945 Rn. 45 – *Citroën Commerce*

51 Vgl. *Köhler*/Bornkamm/Feddersen, UWG, PAngV § 1 Rn. 6; Alexander, WRP 2012, 125, 131; aA Ohly/*Sosnitza*, UWG, PAngV § 1 Rn. 15.

dadurch in die Lage versetzt, einen Kauf zu tätigen.[52] Dafür ist eine Werbung erforderlich, durch die der Verbraucher so viel über das beworbene Produkt und dessen Preis erfährt, dass er sich für den Kauf entscheiden kann, ohne dass er durch die Art der kommerziellen Kommunikation schon die tatsächliche Möglichkeit zum Kauf erlangt oder die Auswahl anderer Ausführungen des Produkts aufgegeben haben muss.[53] Die Anforderungen an ein Anbieten iSd PAngV und der Aufforderung zum Kauf iSd Art. 7 Abs. 4 UGP-RL können demgegenüber divergieren,[54] auch wenn sich die Begriffe in der Praxis weitgehend decken werden. Insbesondere kann bereits eine Aufforderung zum Kauf vorliegen, ohne dass von einem Angebot im preisrechtlichen Sinne auszugehen ist.[55]

bb) Hinreichend konkretes Angebot

17 Ein Angebot im Sinne der PAngV setzt voraus, dass es hinreichend konkret ist und keiner ergänzender Angaben und weiterer Verhandlungen mehr bedarf, um das Geschäft zustande zu bringen.[56] Ergänzende Angaben sind in diesem Sinne solche, die der Verbraucher benötigt, um sich entscheiden zu können, ob er eine bestimmte Ware oder Leistung beziehen will; sie betreffen etwa im Verkehr wesentliche Eigenschaften einer Ware oder Art und Umfang einer beworbenen Dienstleistung.[57] Fehlen in einer Immobilienanzeige Angaben über die Größe des Objekts, die Ausstattung oder das aufzubringende Eigenkapital, hat die Rechtsprechung ebenfalls kein Angebot iSd PAngV angenommen; es kann aber eine Werbung unter Angabe von Preisen vorliegen.[58] Wird in einer Werbung kein Preis für das beworbene Produkt angegeben, kann dieses nicht als Angebot im Sinne der Preisangaben-RL und – entsprechend – iSv § 1 Abs. 1 Satz 1 PAngV angesehen werden.[59] Wird in einer Gemeinschaftsanzeige von Kfz-Händlern zwar die unverbindliche Preisempfehlung des Herstellers genannt, gleich-

52 Vgl. EuGH, 12.05.2011, C-122/10, GRUR 2011, 930 Rn. 33 – *Ving Sverige*; EuGH, 26.10.2016, C-611/14, GRUR 2016, 1307 Rn. 52 – *Canal Digital Danmark*; BGH, 02.03.2017, I ZR 41/16, GRUR 2017, 922 Rn. 17 – *Komplettküchen*; BGH, 18.10.2017, I ZR 84/16, WRP 2018, 320 Rn. 15 – *Kraftfahrzeugwerbung*.

53 BGH, 18.10.2017, I ZR 84/16, WRP 2018, 320 Rn. 15 – *Kraftfahrzeugwerbung*.

54 Vgl. *Köhler*/Bornkamm/Feddersen, UWG, PAngV § 1 Rn. 6 unter Verweis auf Rn. 46 der Entscheidung des EuGH, GRUR 2016, 945 – *Citroën Commerce*.

55 Vgl. *Köhler*/Bornkamm/Feddersen, UWG, PAngV § 1 Rn. 6 unter Verweis auf Rn. 46 der Entscheidung des EuGH, GRUR 2016, 945 – *Citroën Commerce*; Alexander, WRP 2012, 125, 131.

56 BGH, 09.06.2004, I ZR 187/02, GRUR 2004, 960, 961 – *500 DM-Gutschein für Autokauf*; vgl. zur gegenteiligen Situation BGH, 03.07.2003, I ZR 211/01, BGHZ 155, 301, 304 – *Telefonischer Auskunftsdienst*.

57 OLG Düsseldorf, 09.11.2000, 2 U 49/00, MMR 2001, 161, 162.

58 Vgl. BGH, 04.03.1982, I ZR 30/80, GRUR 1982, 493, 494 – *Sonnenring*

59 BGH 10.11.2016, I ZR 29/15, GRUR 2017, 286 Rn. 12 – *Hörgeräteausstellung*; OLG Hamm, 18.05.2017, 4 U 150/16, GRUR-RR 2018, 113 Rn. 43 – *Fernwärmeversorgung*; aA LG München I, 31.03.2015, 33 O 15881/14, GRURRS 2015, 07219.

zeitig aber ein Vorbehalt gemacht, dass die »individuellen Endpreise« erst bei den Händlern zu erfahren seien, fehlt es ebenfalls an einem konkreten Angebot.[60]

cc) Befreiungen nach § 9

§ 9 Abs. 1 PAngV sieht verschiedene Befreiungstatbestände von der Preisangabenpflicht vor. § 9 Abs. 1 Nr. 3 befreit von den Vorgaben der PAngV, soweit Waren und Leistungen betroffen sind, die einem Werbeverbot unterliegen. Dies betrifft beispielsweise das Verbot der Publikumswerbung für verschreibungspflichtige Arzneimittel nach § 10 HWG. Nach § 9 Abs. 1 Nr. 4 PAngV sind ferner befreit mündliche Angebote, wie etwa typischerweise in der Hörfunkwerbung.[61] In Abgrenzung dazu stellen Werbesendungen im Fernsehen, anders als diejenigen im Hörfunk, keine nach § 9 Abs. 1 Nr. 4 PAngV ohne Angabe von Preisen zulässigen mündlichen Angebote dar. Dass die PAngV die über Bildschirm erfolgenden Angebote nicht als mündliche Angebote behandelt, erschließt sich aus ihren § 4 Abs. 4, § 5 Abs. 1 Satz 3 PAngV, wo als Ort des Leistungsangebots neben den Printmedien auch die »Bildschirmanzeige« ausdrücklich erwähnt wird.[62] § 9 Abs. 1 Nr. 5 PAngV nimmt schließlich Warenangebote bei Versteigerungen von der Preisangabenpflicht aus, da der zu zahlende Preis nicht von vornherein feststeht. Auf die Streitfrage, ob Offerten im Rahmen von Internetauktionsangeboten als »Angebote« iSd § 1 Abs. 1 Nr. 1 PAngV anzusehen sind, kommt es daher nicht an.[63] Kann dagegen der Kunde dem Anbieter für bereits fertig zusammengestellte Flugreisen Preis(gegen)angebote machen, bedarf es zuerst eines Hinweises auf den Gesamtpreis.[64] Siehe zum Ganzen § 9 Rdn. 2 ff. **18**

b) Werben für Waren unter Angabe von Preisen

Der Begriff des Werbens für Waren unter Angabe von Preisen iSd § 1 Abs. 1 Satz 1 PAngV ist ebenfalls richtlinienkonform am Maßstab der Preisangaben-RL auszulegen.[65] Nach deren Art. 3 Abs. 4 erstreckt sich die Verpflichtung zur Angabe des Grundpreises auch auf jegliche Werbung, bei der der Verkaufspreis der Erzeugnisse gemäß Art. 1 genannt wird. Auch hier ist die erweiternde Auslegung durch den EuGH zu beachten, wonach die Preisangaben-RL als eine allgemeine Preisangabenregelung für Angebote von Waren gegenüber Verbrauchern anzusehen ist.[66] **19**

---

60 BGH, 12.09.2013, I ZR 123/12, GRUR 2014, 403 Rn. 15 – *DER NEUE*.

61 Vgl. BGH, 03.07.2003, I ZR 211/01, BGHZ 155, 301, 304 – *Telefonischer Auskunftsdienst*.

62 BGH, 03.07.2003, I ZR 211/01, BGHZ 155, 301, 304 – *Telefonischer Auskunftsdienst*.

63 *Köhler*/Bornkamm/Feddersen, UWG, PAngV § 9 Rn. 6; Bullinger, WRP 2000, 253, 256 [zu § 7 Abs. 1 Nr. 5 aF]; aA Ohly/*Sosnitza*, UWG, PAngV § 1 Rn. 16; Wekwerth, MMR 2008, 378, 379 [der ein Angebot bejaht, die Ausnahmeregelung allerdings nicht thematisiert].

64 Vgl. OLG Düsseldorf, 09.11.2000, 2 U 49/00, MMR 2001, 161, 162.

65 *Köhler*/Bornkamm/Feddersen, UWG, PAngV § 1 Rn. 5; Ohly/*Sosnitza*, UWG, PAngV § 1 Rn. 18.

66 EuGH, 07.07.2016, C-476/14, GRUR 2016, 945 Rn. 33 ff. – *Citroën Commerce*; anders noch EuGH, 10.07.2014, C-421/12, GRUR Int. 2014, 964 Rn. 59 – *Kommission/Belgien*; krit: Köhler, GRUR 2016, 891, 892.

20 Anders als das *Anbieten* von Waren unterliegt das *Werben* nur dann den Vorschriften der PAngV, wenn es unter Angabe von Preisen erfolgt.[67] Die Werbung iSd PAngV stellt im Verhältnis zum Angebot kein Aliud dar, sondern ein Minus im Sinne einer Vorstufe, die den für Angebote generell geltenden Anforderungen nur dann unterworfen ist, wenn sie in qualifizierter Form, nämlich unter Angabe von Preisen, erfolgt.[68] Dies ist insbesondere dann der Fall, wenn unter Angabe von (Teil-)Preisen geworben wird, der Kauf- bzw. Leistungsgegenstand aber noch nicht hinreichend beschrieben ist, sondern noch weiterer ergänzender Angaben bedarf, um das Geschäft zustande zu bringen.[69] So etwa bei Immobilienanzeige mit der Angabe von Preisen, aber ohne Angaben über die Größe des Objekts, die Ausstattung oder das aufzubringende Eigenkapital.[70]

21 Wird hingegen ohne die Angabe von Preisen geworben, z.B. bei einer reinen Aufmerksamkeits- oder Erinnerungswerbung, Imagewerbung, bloßer Produktinformation, der Bewerbung einer gesamten Produktreihe[71] oder allgemeine Kaufanregungen, greift die PAngV nicht ein und ist auch keine Preisangabe erforderlich.[72] Dasselbe gilt für die Ausstellung eines Fahrzeugs auf einer Automesse, die von Verbrauchern als bloße Leistungsschau angesehen wird.[73] Wirbt der Kaufmann aber unter Angabe von Preisen, muss er die von der PAngV geforderten Angaben machen.[74] Eine Pflicht zur Gesamtpreisangabe besteht auch dann, wenn mit Preisbestandteilen geworben wird, selbst wenn sich aus denen der Gesamtpreis nicht ermitteln lässt.[75] Wird lediglich eine allgemeine prozentuale Preisherabsetzung angepriesen oder mit durchgestrichenen Preisen geworben, erfüllt dies noch nicht die Anforderung an eine Werbung unter Angabe von Preisen.[76] Anders verhält es sich aber, wenn in einer Anzeige mit durchgestrichenen Preisen und mit einer blickfangmäßig herausgestellten Preisherabsetzung »von bis zu ca. … %« geworben wird.[77]

---

67 Vgl. BGH, 26.02.2009, I ZR 163/06, GRUR 2009, 982 Rn. 9 – *Dr. Clauder's Hufpflege.*

68 Vgl. BGH, 26.02.2009, I ZR 163/06, GRUR 2009, 982 Rn. 9 – *Dr. Clauder's Hufpflege*; *Köhler*/Bornkamm/Feddersen, UWG, PAngV § 1 Rn. 7.

69 BGH, 04.03.1982, I ZR 30/80, GRUR 1982, 493, 494 – *Sonnenring.*

70 Vgl. BGH, 04.03.1982, I ZR 30/80, GRUR 1982, 493, 494 – *Sonnenring*

71 Vgl. zur parallelen Abgrenzung im Rahmen der Aufforderung zum Kauf: BGH, 18.10.2017, I ZR 84/16, WRP 2018, 320 Rn. 16 – *Kraftfahrzeugwerbung*

72 Vgl. dazu, dass dann (auch) kein Angebot vorliegt: BGH 10.11.2016, I ZR 29/15, GRUR 2017, 286 Rn. 12 – *Hörgeräteausstellung*; Ohly/*Sosnitza*, UWG, PAngV § 1 Rn. 18.

73 Vgl. OLG Frankfurt, 29.11.2013, 6 W 111/13, WRP 2014, 342 Rn. 6.

74 Vgl. BGH, 08.10.1998, I ZR 187/97, BGHZ 139, 368, 377 – *Handy für 0,00 DM.*

75 Vgl. BGH, 30.03.1988, I ZR 209/86, GRUR 1988, 699 – *qm-Preisangaben II*; BGH, 11.04.1991, I ZR 166/89, GRUR 1991, 685, 686 – *Zirka-Preisangabe.*

76 *Vgl. BGH, 11.04.1991, I ZR 166/89,* GRUR 1991, 685, 686 – *Zirka-Preisangabe.* im Ergebnis ebenso BGH, 14.07.1988, I ZR 140/87, GRUR 1988, 836, 837 – Durchgestrichener Preis.

77 Vgl. BGH, 11.04.1991, I ZR 166/89, GRUR 1991, 685, 686 – *Zirka-Preisangabe.*

c) Anbieten von Leistungen

aa) Richtlinienkonforme Auslegung

Soweit das Angebot von Leistungen betroffen ist, lässt sich § 1 Abs. 1 PAngV sowohl auf die Regelungen der UGP-RL als auch auf die der Dienstleistungs-RL 2006/123/EG zurückführen. Nach der Rechtsprechung des BGH sind die Vorschriften über die Informationspflichten in Art. 7 Abs. 4 lit. c UGP-RL einerseits und Art. 22 Abs. 1 lit. i, Abs. 2 und 3 lit. a, Abs. 4 Dienstleistungs-RL andererseits nebeneinander anwendbar. **22**

(1) Art. 22 der Dienstleistungs-RL

Art 22 Abs. 2 der Dienstleistungs-RL eröffnet dem Leistungserbringer ein Wahlrecht. **23** Er kann den Preis von sich aus mitteilen (lit. a) oder dafür sorgen, dass der Preis für den Dienstleistungsempfänger am Ort der Leistungserbringung oder des Vertragsschlusses (lit. b) oder elektronisch über eine vom Dienstleistungserbringer angegebene Adresse (lit. c) leicht zugänglich ist. Ferner reicht es aus, wenn der Preis in allen von den Dienstleistungserbringern den Dienstleistungsempfängern zur Verfügung gestellten Informationsunterlagen über die angebotene Dienstleistung enthalten ist (lit. d). Hat der Dienstleistungserbringer den Preis für die Dienstleistung nicht im Vorhinein festgelegt, so muss er den Dienstleistungsempfängern nach Art. 22 Abs. 3 lit. a auf Anfrage den Preis der Dienstleistung oder, wenn kein genauer Preis angegeben werden kann, die Vorgehensweise zur Berechnung des Preises mitteilen, die dem Dienstleistungsempfänger die Überprüfung des Preises ermöglicht, oder diesem einen Kostenvoranschlag zur Verfügung stellen.[78] Nach Art. 22 Abs. 4 Dienstleistungs-RL müssen die mitzuteilenden Informationen – mithin auch der Preis – klar und unzweideutig sein und rechtzeitig vor Abschluss des Vertrags oder, wenn kein schriftlicher Vertrag geschlossen wird, vor Erbringung der Dienstleistung bereitgestellt werden.[79] Der BGH hat diese Vorschriften der Dienstleistungs-RL neben den Informationspflichten in Art. 7 Abs. 4 lit. c der UGP-RL für nebeneinander anwendbar angesehen und ist davon ausgegangen, dass die Informationsanforderungen der Dienstleistungsrichtlinie-RL in die UGP-integriert sind.[80] Vor diesem Hintergrund ist eine richtlinienkonforme Auslegung vorzunehmen.

(2) Definition des Angebotsbegriffs

Allerdings enthält die Dienstleistungs-RL keine Definition des Angebotsbegriffs; sie **24** verwendet ihn nicht. Der EuGH hat die Zulässigkeit einer Preiswerbung für eine Flugreise – also einer Dienstleistung – an Art. 7 Abs. 4 lit. c der UGP-RL gemessen[81] – und zwar ausschließlich. Anders als im Falle der Preisangaben-RL hat der EuGH (bislang) Art. 22 der Dienstleistungs-RL nicht den Status einer spezielleren Regelung zuge-

78 Vgl. BGH, 07.05.2015, I ZR 158/14, GRUR 2015, 1240 Rn. 26f. – *Der Zauber des Nordens*; Ohly/*Sosnitza*, UWG, PAngV § 1 Rn. 22.
79 BGH, 07.05.2015, I ZR 158/14, GRUR 2015, 1240 Rn. 28. – *Der Zauber des Nordens*.
80 Vgl. BGH, 07.05.2015, I ZR 158/14, GRUR 2015, 1240 Rn. 29. – *Der Zauber des Nordens*.
81 Vgl. EuGH, 12.05.2011, C-122/10, GRUR 2011, 930 Rn. 60 – *Ving Sverige*.

sprochen. Auch der BGH hat diese Frage bislang offen gelassen (zum Verhältnis der beiden Richtlinien ausführlich siehe Einl. PAngV Rdn. 37 ff.).[82] Es spricht daher einiges dafür, den Begriff des Anbietens und des Werbens unter Angabe von Preisen iSd § 1 Abs. 1 Satz 1 PAngV ist, soweit es (Dienst)Leistungen betrifft, richtlinienkonform am Maßstab des Art. 7 Abs. 4 lit. c UGP-RL auszulegen und damit anhand des Begriffs der »Aufforderung zum Kauf« (zur Definition siehe Rdn. 16).[83] Der BGH hat angenommen, dass eine Werbung gegen die Bestimmung des § 1 Abs. 1 Satz 1 PAngV verstößt, soweit diese Bestimmung mit Art. 7 Abs. 4 lit. c der UGP-RL in Einklang steht. Ob eine Werbung darüber hinaus einen Verbotsanspruch aus § 1 Abs. 1 Satz 1 PAngV rechtfertigt, soweit diese Bestimmung die genannten Vorschriften der Dienstleistungsrichtlinie-RL umsetzt, hat der BGH offen gelassen (siehe Einl. PAngV Rdn. 39).[84] Dass möglicherweise noch andere Normen – rückblickend betrachtet – als Umsetzung von Art. 7 Abs. 4 UGP-RL angesehen werden können, nämlich § 5a UWG, steht nach hiesiger Auffassung der Anwendung von § 1 Abs. 1 PAngV nicht entgegen;[85] es besteht schlichtweg Anspruchskonkurrenz.

bb) Konkretes Angebot

25 Wie bei einer Aufforderung zum Kauf genügt für die Annahme eines Angebots von Leistungen jede werbliche Kommunikation, die die Merkmale des Produkts und den Preis in einer Weise angibt, die den Mitteln der verwendeten kommerziellen Kommunikation angemessen ist und den Verbraucher dadurch in die Lage versetzt, einen Kauf zu tätigen.[86] Dafür ist eine Werbung erforderlich, durch die der Verbraucher so viel über das beworbene Produkt und dessen Preis erfährt, dass er sich für den Kauf entscheiden kann, ohne dass er durch die Art der kommerziellen Kommunikation schon die tatsächliche Möglichkeit zum Kauf erlangt oder die Auswahl anderer Ausführungen des Produkts aufgegeben haben muss.[87] Es erfasst daher alle Ankündigungen, die so konkret gefasst sind, dass sie nach der Auffassung des Verkehrs den Abschluss eines Geschäfts auch aus der Sicht des Kunden ohne weiteres zulassen.

---

82 BGH, 07.05.2015, I ZR 158/14, GRUR 2015, 1240 Rn. 34 – *Der Zauber des Nordens*; BGH, 14.01.2016, I ZR 61/14, GRUR 2016, 516 Rn. 25 – *Wir helfen im Trauerfall*, jeweils mwN.

83 BGH, 07.05.2015, I ZR 158/14, GRUR 2015, 1240 Rn. 37 – *Der Zauber des Nordens*; BGH, 14.01.2016, I ZR 61/14, GRUR 2016, 516 Rn. 28 – *Wir helfen im Trauerfall*; *Köhler*/Bornkamm/Feddersen, UWG, PAngV § 1 Rn. 9, der allerdings für eine Anwendung von § 5a Abs. 2, Abs. 5 UWG als lex specialis plädiert; ebenso Köhler GRUR 2016, 891, 898.

84 Vom BGH bislang offen gelassen, vgl. BGH, 07.05.2015, I ZR 158/14, GRUR 2015, 1240 Rn. 34 – *Der Zauber des Nordens*; BGH, 14.01.2016, I ZR 61/14, GRUR 2016, 516 Rn. 25 – *Wir helfen im Trauerfall*, jeweils mwN.

85 AA *Köhler*/Bornkamm/Feddersen, UWG, PAngV § 1 Rn. 9 und Köhler GRUR 2016, 891, 898.

86 Vgl. zu Art. 7 Abs. 4 UGP-RL: EuGH, 12.05.2011, C-122/10, GRUR 2011, 930 Rn. 33 – *Ving Sverige*; EuGH, 26.10.2016, C-611/14, GRUR 2016, 1307 Rn. 52 – *Canal Digital Danmark*; BGH, 02.03.2017, I ZR 41/16, GRUR 2017, 922 Rn. 17 – *Komplettküchen*; BGH, *18.10.2017, I ZR 84/16*, WRP 2018, 320 Rn. 15 – *Kraftfahrzeugwerbung*.

87 Vgl. zu Art. 7 Abs. 4 UGP-RL und § 5a Abs. 3 UWG: BGH, 18.10.2017, I ZR 84/16, WRP 2018, 320 Rn. 15 – *Kraftfahrzeugwerbung*.

Auch in Bezug auf Leistungen setzt ein Angebot in Abgrenzung zur Werbung unter Angabe von Preisen voraus, dass es hinreichend konkret ist und keiner ergänzender Angaben und weiterer Verhandlungen mehr bedarf, um das Geschäft zustande zu bringen.[88] Ergänzende Angaben sind in diesem Sinne solche, die der Verbraucher benötigt, um sich entscheiden zu können, ob er eine bestimmte Ware oder Leistung beziehen will; sie betreffen etwa im Verkehr wesentliche Eigenschaften einer Ware oder Art und Umfang einer beworbenen Dienstleistung.[89] Der BGH hatte vor Geltung der UGP-RL und der Dienstleistungs-RL angenommen, bei internet- oder telefonbasierten Leistungen liege auch ohne die Nennung von Preisen regelmäßig schon dann ein Angebot vor, wenn es dem Verbraucher ermöglicht ist, auf die angebotene Dienstleistung unmittelbar zuzugreifen.[90] Hieran dürfte nicht mehr festzuhalten sein. Denn der BGH hat mittlerweile für den Geltungsbereich der Preisangaben-RL, sprich für das Angebot von Waren, klargestellt, dass wenn in einer Werbung kein Preis für das beworbene Produkt angegeben wird, dieses nicht als Angebot im Sinne der Preisangaben-RL und – entsprechend – iSv § 1 Abs. 1 Satz 1 PAngV angesehen werden kann.[91] **26**

Nach hiesiger Auffassung kann auch für den Geltungsbereich der UGP-RL und der Dienstleistungs-RL nichts anderes gelten. Denn zwar kann bereits eine Aufforderung zum Kauf vorliegen, ohne dass von einem Angebot im preisrechtlichen Sinne auszugehen ist (siehe Rdn. 16).[92] Allerdings setzt auch, wenn der Wortlaut des Art. 7 Abs. 4 dies nicht ausdrücklich verlangt, nach der Rechtsprechung des EuGH die Annahme einer Aufforderung zum Kauf nach Art 7 Abs. 4 UGP-RL – und entsprechend für ein Angebot iSd § 5a Abs. 3 UWG – voraus, dass die Merkmale des Produkts und der Preis genannt werden.[93] Ausgehend vom Wahlrecht des Art. 22 Abs. 2 der Dienstleistungs-RL und der Regelung in deren Abs. 4. dürfte die Mitteilung des Preises unmittelbar vor Inanspruchnahme des Telefon- oder Internetdienstes genügen. Wird in der Werbung aber die Unentgeltlichkeit einer Teilleistung (»Telefonieren für 0 Cent an Wochenenden«) herausgestellt, liegt ein Angebot iSd § 1 Abs. 1 Satz 1 PAngV vor, so dass gleichzeitig der Gesamtpreis angegeben werden muss, der sich auch aus den **27**

---

88 BGH, 09.06.2004, I ZR 187/02, GRUR 2004, 960, 961 – *500 DM-Gutschein für Autokauf*; vgl. zur gegenteiligen Situation BGH, 03.07.2003, I ZR 211/01, BGHZ 155, 301, 304 – *Telefonischer Auskunftsdienst*; HansOLG Hamburg, 04.05.2011, 5 U 207/10, GRUR-RR 2012, 26, 27 – *Tätowierpreise*.

89 OLG Düsseldorf, 09.11.2000, 2 U 49/00, MMR 2001, 161, 162.

90 Vgl. BGH, 03.07.2003, I ZR 211/01, BGHZ 155, 301, 304 – *Telefonischer Auskunftsdienst*; ebenso OLG Schleswig, 06.02.2001, 6 U 69/00, MMR 2002, 55, 56; zust. Ohly/*Sosnitza*, UWG, PAngV § 1 Rn. 16.

91 BGH 10.11.2016, I ZR 29/15, GRUR 2017, 286 Rn. 12 – *Hörgeräteausstellung*; aA LG München I, 31.03.2015, 33 O 15881/14, GRURRS 2015, 07219.

92 Vgl. *Köhler*/Bornkamm/Feddersen, UWG, PAngV § 1 Rn. 6 unter Verweis auf Rn. 46 der Entscheidung des EuGH, GRUR 2016, 945 – *Citroën Commerce*; Alexander, WRP 2012, 125, 131.

93 Vgl. EuGH, 12.05.2011, C-122/10, GRUR 2011, 930 Rn. 33 – *Ving Sverige*; EuGH, 26.10.2016, C-611/14, GRUR 2016, 1307 Rn. 52 – *Canal Digital Danmark*; BGH, 02.03.2017, I ZR 41/16, GRUR 2017, 922 Rn. 17 – *Komplettküchen*; BGH, 18.10.2017, I ZR 84/16, WRP 2018, 320 Rn. 15 – *Kraftfahrzeugwerbung*.

notwendigen weiteren Teilen des Kopplungsangebots (Abschluss eines Telefonanschlusses beim Werbenden nebst Buchung eines Zusatztarifs) zusammensetzt.[94]

d) Werben für Leistungen unter Angabe von Preisen

28 Für das Werben für Leistungen unter Angabe von Preisen ist ebenfalls die Art. 7 Abs. 4 UGP-RL als maßgebliche unionsrechtliche Regelung zu berücksichtigen. Soweit nämlich die Bestimmung des § 1 Abs. 1 Satz 1 PAngV der Umsetzung von Art. 7 Abs. 4 lit. c der UGP-RL dient, ist der in § 1 Abs. 1 Satz 1 PAngV genannte Begriff der »Werbung unter Angabe von Preisen« im Blick auf den in Art. 7 Abs. 4 lit. c UGP-RL verwendeten Begriff der »Aufforderung zum Kauf« richtlinienkonform auszulegen.[95] Insoweit kann auf die oben unter Rdn. 19 aufgeführten Grundsätze verweisen werden.

29 Eine »Aufforderung zum Kauf« liegt vor, wenn der Verkehr über das beworbene Produkt und dessen Preis hinreichend informiert ist, um eine geschäftliche Entscheidung treffen zu können, ohne dass die kommerzielle Kommunikation auch eine tatsächliche Möglichkeit bieten muss, das Produkt zu kaufen, oder dass sie im Zusammenhang mit einer solchen Möglichkeit steht. Für die Angabe des Produktpreises kann die Nennung eines »ab«-Preises genügen, wenn diese Nennung auf Grund der Beschaffenheit und der Merkmale des Produkts sowie des verwendeten Mediums der kommerziellen Kommunikation den Verbraucher in die Lage versetzt, eine geschäftliche Entscheidung zu treffen.[96] Damit erfüllt die Werbung für Leistungen unter Angabe von »ab-Preisen« den Tatbestand der Werbung (für Leistungen) unter Angabe von Preisen Zur Differenzierung zwischen Hörfunk- und Bildschirmwerbung (TV und Internet) siehe Rdn. 18.

II. Pflicht zur Angabe des Gesamtpreises

30 Ist § 1 Abs. 1 PAngV sachlich und persönlich anwendbar und liegt ein Angebot von Waren oder Leistungen vor oder eine Werbung unter Angabe von Preisen, hat der Unternehmer den Gesamtpreis (bis 12.06.2014: Endpreis) anzugeben.

1. Begriff des Gesamtpreises

31 Gesamtpreis ist nach § 1 Abs. 1 PAngV der Preis, der einschließlich der Umsatzsteuer und sonstiger Preisbestandteile zu zahlen ist.

a) Richtlinienkonforme Auslegung

32 In der Diktion der Preisangaben-RL handelt es sich um den Verkaufspreis. Der Verkaufspreis ist der Preis unter Einschluss der Umsatzsteuer und aller sonstigen Steuern, Art. 2 lit. a.[97] Als Endpreis muss der Verkaufspreis nach der Rechtsprechung des EuGH

---

94 Vgl. BGH, 17.07.2008, I ZR 139/05, GRUR 2009, 73 Rn. 18 – *Telefonieren für 0 Cent!.*
95 BGH, 07.05.2015, I ZR 158/14, GRUR 2015, 1240 Rn. 37 – *Der Zauber des Nordens.*
96 BGH, 07.05.2015, I ZR 158/14, GRUR 2015, 1240 Rn. 37 – *Der Zauber des Nordens*unter Bezugnahme auf EuGH, 12.05.2011, C-122/10, GRUR 2011, 930 Rn. 40f. – *Ving Sverige.*
97 EuGH, 07.07.2016, C-476/14, GRUR 2016, 945 Rn. 36 – *Citroën Commerce.*

notwendigerweise die unvermeidbaren und vorhersehbaren Bestandteile des Preises enthalten, die obligatorisch vom Verbraucher zu tragen sind und die Gegenleistung in Geld für den Erwerb des betreffenden Erzeugnisses bilden.[98] Im Geltungsbereich der UGP-RL ist der Begriff des Gesamtpreises im Hinblick auf die nach Art. 7 Abs. 4 lit. c geforderten Preisinformationen richtlinienkonform auszulegen.[99] Nach Art. 7 Abs. 4 lit. c UGP-RL sind der Preis einschließlich aller Steuern und Abgaben oder in den Fällen, in denen der Preis auf Grund der Beschaffenheit des Produkts vernünftigerweise nicht im Voraus berechnet werden kann, die Art der Preisberechnung sowie gegebenenfalls alle zusätzlichen Fracht-, Liefer- oder Zustellkosten oder in den Fällen, in denen diese Kosten vernünftigerweise nicht im Voraus berechnet werden können, die Tatsache anzugeben, dass solche zusätzlichen Kosten anfallen können. Sachliche Unterschiede ergeben sich daraus nicht.

b) Vollständige Bezifferung

33 Dieser Gesamtpreis der konkret angebotenen Ware oder Dienstleistung ist genau zu beziffern.[100] Es genügt daher nicht, einen Teilpreis zu nennen und einen weiteren Betrag anzugeben, den der Kunde hinzurechnen muss, um den Gesamtpreis zu ermitteln.[101] Darauf, ob der Verbraucher den zu zahlenden Preis im Wege einer einfachen Rechnung ermitteln kann, kommt es nicht an. Denn stets, wenn lediglich ein Teilpreis angegeben wird, besteht die Gefahr, dass der Verbraucher zu einer geschäftlichen Entscheidung veranlasst wird, die er sonst nicht getroffen hätte.[102] In der früheren Rechtsprechung hatte der BGH noch angenommen, dass es unschädlich sei, wenn die Preisbestandteile in jeweils gesonderten, aber einander zugeordneten Angaben enthalten gewesen seien, sofern es keinen nennenswerten Einfluss auf die Entscheidung der Verbraucher haben kann.[103] Der BGH hat sich zwar von dieser Rechtsprechung – trotz Gelegenheit[104] – nicht ausdrücklich distanziert. Gleichwohl wird auf sie schon nach dem Wortlaut des § 1 Abs. 1 Satz 1 PAngV nicht mehr zurückgegriffen werden können. Fruchtbar gemacht werden kann hier auch die Rechtsprechung des BGH zu den Aufklärungspflichten nach § 5a Abs. 3 UWG, wonach den Unternehmer, der geltend macht, dass – abweichend vom Regelfall – der Verbraucher eine ihm vorenthaltene wesentliche Information für die Kaufentscheidung nicht benötigt und das Vorenthalten

98 EuGH, 07.07.2016, C-476/14, GRUR 2016, 945 Rn. 37 – *Citroën Commerce.*
99 BGH, 07.05.2015, I ZR 158/14, GRUR 2015, 1240 Rn. 40 – *Der Zauber des Nordens.*
100 *Köhler*/Bornkamm/Feddersen, UWG, § 1 PAngV Rn. 15; Ohly/*Sosnitza*, UWG, PAngV § 1 Rn. 27.
101 BGH, 07.05.2015, I ZR 158/14, GRUR 2015, 1240 Rn. 44 – *Der Zauber des Nordens*; OLG Köln, 21.09.2012, 6 U 14/12 [nachgehend BGH, 18.09.2014, I ZR 201/12, GRUR 2014, 1208 – *Preis zuzüglich Überführung*; bestätigt: EuGH, 07.07.2016, C-476/14, GRUR 2016, 945 Rn. 38 – *Citroën Commerce*]; OLG Hamm, 21.03.2017, 4 U 166/16, GRUR-RR 2017, 409 Rn. 42 – *Lederrundecke.*
102 BGH, 07.05.2015, I ZR 158/14, GRUR 2015, 1240 Rn. 44 – *Der Zauber des Nordens.*
103 Vgl. zu § 1 UWG aF BGH, 15.01.2004, I ZR 180/01, GRUR 2004, 435, 436 – *Frühlingsge-Flüge.*
104 Vgl. BGH, 07.05.2015, I ZR 158/14, GRUR 2015, 1240 Rn. 45 – *Der Zauber des Nordens.*

dieser Information den Verbraucher nicht zu einer anderen Kaufentscheidung veranlassen kann, insoweit eine sekundäre Darlegungslast trifft.[105] Wird in der Werbung der besonders günstige Preis einer Teilleistung (z.B. Telefonieren für 0 Cent an Wochenenden) herausgestellt, muss der Gesamtpreis angegeben werden, das sich auch aus den notwendigen weiteren Teilen des Kopplungsangebots (Abschluss eines Telefonanschlusses beim Werbenden nebst Buchung eines Zusatztarifs) zusammensetzt.[106] Wird eine Ausstattungsvariante eines Möbelstücks ausgestellt, ist der Gesamtpreis der konkret ausgestellten Variante anzugeben.[107]

c) Unter Einschluss der Umsatzsteuer

34 Zur Definition des Gesamtpreises nach § 1 Abs. 1 Satz 1 PAngV gehört ausdrücklich der Preis einschließlich der Umsatzsteuer. Die Werbung mit Nettopreisen ist gegenüber Verbrauchern iSd § 13 BGB daher unzulässig. Ob Verbraucher von der Werbung angesprochen werden, ist danach zu bestimmen, wie der Unternehmer bei objektiver Betrachtung den Zweck des (erwünschten oder erwartbaren) Handelns seines mit seiner geschäftlichen Handlung angesprochenen Adressaten verstehen muss (siehe Einl. PAngV Rdn. 8).[108]

d) Sonstige Preisbestandteile

35 Zur Definition des Gesamtpreises nach § 1 Abs. 1 Satz 1 PAngV gehören ferner ausdrücklich die sonstigen Preisbestandteile. Dies sind alle unvermeidbaren und vorhersehbaren Bestandteile des Preises, die obligatorisch vom Verbraucher zu tragen sind.[109] Nicht von vornherein bezifferbare oder laufzeitabhängige Kosten müssen nicht in einen einheitlichen Endpreis einbezogen werden. Derartige Kosten müssen jedoch, wenn sie Bestandteil des Endpreises sind, durch einen hinreichend deutlichen Hinweis kenntlich gemacht werden.[110]

36 Auch ein sog. Mindermengenzuschlag, den der Unternehmer in Rechnung stellt, wenn eine bestimmte Bestellsumme unterschritten wird, stellt einen sonstigen Preisbestandteil im Sinne des § 1 Abs. 1 PAngV dar.[111] Insbesondere hat ein solcher mit dem Versand grundsätzlich nichts zu tun, so dass eine Aufklärung im Rahmen der Versand-

---

105 Vgl. zu § 5a Abs. 3 UWG: (vgl. BGH, 02.03.2017, I ZR 41/16, GRUR 2017, 922 Rn. 32 f. – *Komplettküchen*; *Köhler*/Bornkamm/Feddersen, UWG, § 5a Rn. 3.44; Ohly/*Sosnitza*, UWG, § 5a Rn. 66; Alexander, WRP 2016, 139, 143.

106 Vgl. BGH, 17.07.2008, I ZR 139/05, GRUR 2009, 73 Rn. 18 – *Telefonieren für 0 Cent!*; Ohly/*Sosnitza*, UWG, PAngV § 1 Rn. 25.

107 OLG Hamm, 21.03.2017, 4 U 166/16, GRUR-RR 2017, 409 Rn. 42 – *Lederrundecke.*

108 Vgl. zur vorhersehbaren Ansprache bestimmter Gruppen: BGH, 12.12.2013, I ZR 192/12, GRUR 2014, 686 Rn. 16 – *Goldbärenbarren*; BGH, 22.01.2014, I ZR 218/12, GRUR 2014, 682 Rn. 22 – *Nordjob-Messe.*

109 EuGH, 07.07.2016, C-476/14, GRUR 2016, 945 Rn. 37 – *Citroën Commerce.*

110 *Vgl. BGH, 08.10.1998, I ZR 187/97,* BGHZ 139, 368, 375f. – *Handy für 0,00 DM*; BGH, 10.12.2009, I ZR 149/07, GRUR 2010, 744 Rn. 33 – *Sondernewsletter.*

111 OLG Hamm, 28.06.2012, I-4 U 69/12, WRP 2013, 382 Rn. 36.

kosten nicht ausreicht. Denn der Verbraucher vermutet hinter dem Schlagwort »Versandkosten« lediglich Zusatzkosten neben dem eigentlichen Preis, die mit dem Versand der Ware zu tun haben.[112] Dasselbe gilt für die Werbung der Kostenfreiheit eines Girokontos, wenn dies tatsächlich an einen bestimmten Mindestumsatz geknüpft ist.[113]

aa) Variable Faktoren

Variable Faktoren iSd Art. 7 Abs. 4 lit. c UGP-RL sind Kosten, die – ähnlich wie die erst bei Folgegeschäften anfallenden Kosten für Verbrauchsmaterial oder Zubehörteile – nicht feststehen und auch nicht zwingend anfallen, so dass sie nicht in den End- oder Gesamtpreis einzurechnen sind.[114] Dies gilt etwa für entfernungsabhängige Überführungskosten.[115] Allerdings hat der Werbende die von ihm dabei verwendeten Berechnungsparameter anzugeben, vgl. § 1 Abs. 6 Satz 1 PAngV.[116] Dagegen stehen Überführungskosten eines Erzeugnisses vom Hersteller an den verkaufenden Händler (nicht aber an den Endkunden) in der Regel fest und sind daher in den Gesamtpreis einzubeziehen.[117] Trinkgelder, die freiwillig zu entrichten sind, gehören nicht zu den sonstigen Preisbestandteilen.[118] **37**

bb) Feststehende Faktoren

Sofern sonstige Preisbestandteile feststehen, mithin im Voraus berechnet werden können, sind sie in den Gesamtpreis einzubeziehen. **38**

(1) Bearbeitungsgebühren und Serviceentgelte

Handelt es sich beispielsweise bei einer Bearbeitungsgebühren oder Service-Entgelt nicht um einen variablen Faktor, so ist es in den »ab«-Preis einzurechnen, damit der Verbraucher eine informierte geschäftliche Entscheidung treffen kann und nicht zu einer geschäftlichen Entscheidung veranlasst wird, die er andernfalls nicht getroffen hätte.[119] Aus der – maßgeblichen – Sicht der angesprochenen Verbraucher handelt es sich bei einem feststehenden Service-Entgelt um ein obligatorisch anfallendes, der Höhe nach bereits bestimmtes (Teil-)Entgelt für die Leistung. An der Voraussehbarkeit und Bezifferbarkeit dieses Preisbestandteils ändert sich nichts dadurch, dass in **39**

---

112 OLG Hamm, 28.06.2012, I-4 U 69/12, WRP 2013, 382 Rn. 36.

113 OLG Stuttgart, 07.06.2018, 2 U 156/17, BeckRS 2018, 18526 Rn. 24.

114 Vgl. BGH, 10.12.2009, I ZR 149/07, GRUR 2010, 744 Rn. 29 – *Sondernewsletter*; BGH, 07.05.2015, I ZR 158/14, GRUR 2015, 1240 Rn. 44 – *Der Zauber des Nordens.*

115 Vgl. BGH, 14.01.2016, I ZR 61/14, GRUR 2016, 516 Rn. 33 – *Wir helfen im Trauerfall.*

116 Vgl. BGH, 14.01.2016, I ZR 61/14, GRUR 2016, 516 Rn. 38 – *Wir helfen im Trauerfall*; krit. *Köhler*/Bornkamm/Feddersen, UWG, § 1 PAngV Rn. 19, der alleine § 5a Abs. 2 UWG zur Anwendung kommen lassen möchte.

117 EuGH, 07.07.2016, C-476/14, GRUR 2016, 945 Rn. 38 – *Citroën Commerce.*

118 Vgl. KG, 12.02.2013, 5 W 11/13, WRP 2013, 828 Rn. 9.

119 Vgl. BGH, 07.05.2015, I ZR 158/14, GRUR 2015, 1240 Rn. 42 – *Der Zauber des Nordens*; vgl. zu Art. 23 VO EG 1008/2008: BGH, 08.09.2013, I ZR 29/12, GRUR 2013, 1247 Rn. 9 – *Buchungssystem*; BGH, 30.07.2015, I ZR 29/12, GRUR 2016, 392 Rn. 20 – *Buchungssystem II*; BGH, 29.09.2016, I ZR 160/15, GRUR 2017, 283 Rn. 30 – *Servicepauschale.*

bestimmten Ausnahmenfällen eine Reduzierung des Serviceentgelt möglich ist (z.B. bei Übernachtung außerhalb des Kreuzfahrtschiffes oder bei Beanstandungen).[120] Auch vom Verbraucher zu tragende Bearbeitungs-/Verpackungskosten, die nicht Teil der Versandkosten sind, gehören hierzu, wenn sie einer feststehenden internen Kalkulation des Werbenden unterliegen.[121] Dazu gehören auch feststehende Überführungskosten eines Erzeugnisses vom Hersteller an den verkaufenden Händler (nicht aber an den Endkunden).[122]

(2) Leistungen Dritter

40 Zu den sonstigen Preisbestandteilen gehören auch Entgelte für die Leistungen Dritter, die zwangsläufig in Anspruch genommen werden müssen, wie Tourismusabgaben (»Bettensteuer«, »Citytax«),[123] und die gegenüber dem Anbieter erhoben werden, nicht aber auch personenabhängige Kurtaxen[124] – bei letzteren handelt sich aber um zusätzliche Kosten iSd § 1 Abs. 2 Satz 1 Nr. 2 PAngV, die im Falle des Fernabsatzes auszuweisen sind.[125] Entscheidend für die Einbeziehung ist, ob die Kosten auf jeden Fall und ohne Wahlmöglichkeit des Kunden anfallen.[126] Daher gehören auch Endreinigungspauschalen in Unterkunftsangeboten dazu, wenn es sich um einen festen und damit einzubeziehenden Preisbestandteil handelt.[127] Nicht dazu gehören indes Entgelte, die aufgrund gesonderter Vereinbarung, wie Maklerprovisionen, oder kraft Gesetzes zu zahlen sind, wie Beurkundungs- und Eintragungsgebühren bei Grundstücksgeschäften.[128] Für Flugreisen gilt mittlerweile Art. 23 der VO (EG) Nr. 1008/2008 als lex specialis (siehe Einl. PAngV Rdn. 21 f.).

(3) ab-Preise

41 Wird nur ein »ab«-Preis angegeben, so kann dies zulässig sein, wenn der Preis etwa auf Grund der Beschaffenheit und der Merkmale des Produkts vernünftigerweise nicht im Voraus berechnet werden kann. Diese Voraussetzung kann beispielsweise erfüllt sein, soweit es für die Bestimmung des Endpreises einer Reise auf variable Faktoren – etwa

120 BGH, 07.05.2015, I ZR 158/14, GRUR 2015, 1240 Rn. 43 – *Der Zauber des Nordens*; KG, 12.02.2013, 5 W 11/13, WRP 2013, 828 Rn. 10; OLG Jena, 19.02.2014, 2 U 668/13, GRUR-RR 2014, 294, 295.

121 Vgl. HansOLG Hamburg, 06.02.2014, 5 U 174/12, GRUR-RR 2015, 14 Rn. 33 – *Versteckte Verpackungskosten*.

122 EuGH, 07.07.2016, C-476/14, GRUR 2016, 945 Rn. 38 – *Citroën Commerce*.

123 LG Hildesheim, 14.11.2017, 6 O 140/17, GRUR-RS 2017, 139278.

124 OLG Köln, 14.03.2014, 6 U 172/13, GRUR-RR 2014, 298, 299; LG Hamburg, 07.11.2013, 327 O 62/13, BeckRS 2014, 10448; *Köhler*/Bornkamm/Feddersen, UWG, § 1 PAngV Rn. 17.

125 Vgl. *Köhler*/Bornkamm/Feddersen, UWG, § 1 PAngV Rn. 25.

126 Vgl. BGH, 06.06.1991, I ZR 291/89, GRUR 1991, 845, 846 – *Nebenkosten*; OLG Köln, 14.03.2014, 6 U 172/13, GRUR-RR 2014, 298, 299;.

127 BGH, 06.06.1991, I ZR 291/89, GRUR 1991, 845, 846 – *Nebenkosten*; LG Hamburg, 07.11.2013, 327 O 62/13, BeckRS 2014, 10448.

128 Vgl. *Köhler*/Bornkamm/Feddersen, UWG, § 1 PAngV Rn. 17.

den Zeitpunkt der Reservierung oder den Zeitpunkt und die Dauer der Reise – ankommt.[129]

(4) UVP

Die Rechtsprechung geht bereits seit den 1980er Jahren davon aus, dass ein Hinweis auf eine unverbindliche Preisempfehlung (UVP) des Herstellers nicht ohne weiteres eine Werbung unter Angabe von Preisen im Sinne der PAngV darstellt, sondern nur dann, wenn er vom Verkehr als Hinweis auf den eigenen Preis des Anbieters verstanden wird.[130] Im Bereich des Kraftfahrzeughandels ist ein gegenteiliger Erfahrungssatz nicht gegeben, weil den Kunden bekannt ist, dass die Händler an die Preisempfehlung des Herstellers oder Importeurs nicht gebunden sind und ihren Preis vielfach selbst bilden.[131] Mit der Angabe der UVP erfährt daher der Verbraucher nicht so viel über das Produkt und dessen Preis, dass er sich für den Kauf entscheiden kann.[132] **42**

(5) Koppelungsangebote

Die Verpflichtung zur Angabe des Gesamtpreises besteht grundsätzlich allein im Blick auf die unmittelbar angebotenen oder beworbenen Produkte. Sie gilt dagegen regelmäßig nicht für andere Produkte, die lediglich im Falle der Verwendung der angebotenen oder beworbenen Produkte erforderlich oder mit diesen kompatibel sind. Der Anbieter oder Werbende ist nach der PAngV nicht zur Angabe der Preise von Produkten verpflichtet, die lediglich Gegenstand möglicher Folgegeschäfte sind, auch wenn er diese selbst anbietet und mittelbar mitbewirbt.[133] **43**

Anders verhält es sich jedoch, wenn mit dem Erwerb des angebotenen oder beworbenen Produkts zugleich eine Entscheidung oder eine nicht ohne Weiteres abzuändernde Vorentscheidung im Hinblick auf ein anderes Produkt des Anbieters oder Werbenden verbunden ist. In einem solchen Fall ist der Anbietende oder Werbende nach der PAngV verpflichtet, die für dieses andere Produkt entstehenden Kosten deutlich kenntlich zu machen.[134] Dies gilt auch dann, wenn sich die Werbung auf kombinierte Leistungen bezieht, die aus Sicht der angesprochenen Verbraucher als einheitliches Leistungsangebot und Gegenstand eines einheitlichen Vertragsschlusses erscheinen. In **44**

---

129 Vgl. EuGH, 12.05.2011, C-122/10, GRUR 2011, 930 Rn. 64 – *Ving Sverige*; BGH, 07.05.2015, I ZR 158/14, GRUR 2015, 1240 Rn. 41 – *Der Zauber des Nordens*

130 Vgl. BGH, 23.06.1983, I ZR 75/81, GRUR 1983, 658, 660 – *Hersteller-Preisempfehlung in Kfz-Händlerwerbung*; BGH, 23.05.1990, I ZR 211/88, GRUR 1990, 1022, 1023 – *Importeurswerbung*; BGH, 12.09.2013, I ZR 123/12, GRUR 2014, 403 Rn. 9 – *DER NEUE*; *Köhler/* Bornkamm/Feddersen, UWG, § 1 PAngV Rn. 21.

131 Vgl. BGH, 23.05.1990, I ZR 211/88, GRUR 1990, 1022, 1023 – *Importeurswerbung*; BGH, 12.09.2013, I ZR 123/12, GRUR 2014, 403 Rn. 9 – *DER NEUE*.

132 BGH, 12.09.2013, I ZR 123/12, GRUR 2014, 403 Rn. 10 – *DER NEUE*.

133 Vgl. BGH, 20.12.2007, I ZR 51/05, GRUR 2008, 729 Rn. 15 – *Werbung für Telefondienstleistungen*; BGH, 17.07.2008, I ZR 139/05, GRUR 2009, 73 Rn. 17 – *Telefonieren für 0 Cent!*; BGH, 10.12.2009, I ZR 149/07, GRUR 2010, 744 Rn. 29 – *Sondernewsletter*.

134 BGH, 10.12.2009, I ZR 149/07, GRUR 2010, 744 Rn. 30 – *Sondernewsletter*.

einem solchen Fall ist ein Gesamtpreis für das einheitliche Leistungsangebot anzugeben,[135] wie etwa bei dem Angebot eines »Null Gebühren«-Girokontos einschließlich einer Unfallversicherung, die aber nur für ein Jahr kostenfrei ist.[136] Kann der Verbraucher das beworbene Leistungspaket nur in Anspruch nehmen, wenn er eine weitere Leistung des Werbenden bucht bzw. bereits gebucht hat (z.B. einen Kabelanschluss), für den weitere Kosten entstehen, muss auf die neben den Kosten für die beworbenen Leistungen anfallenden Kosten (hier des Kabelanschlusses) hingewiesen werden.[137] Maßgeblich ist soweit die Sicht der angesprochenen Verbraucher, ob die Leistung als Einheitliche erscheint. Daher ist es auch nicht entscheidungserheblich, ob der Werbende Vertragspartner der Kunden für alle zu seinem einheitlichen Leistungsangebot gehörenden Leistungen werden soll oder ob bestimmte Teilleistungen an Dritte zu bezahlen sind.[138] Ein derartiger Hinweis wird auch nicht deshalb entbehrlich, wenn Bestandskunden keine Mehrkosten entstehen, solange sich die Werbung nicht ausschließlich an diese richtet.[139] Seht nicht von vornherein fest, ob der Verbraucher zusätzlich eine bestimmte Teilleistung benötigt, müssen derartige Kosten jedoch durch einen hinreichend deutlichen Hinweis kenntlich gemacht werden.[140]

C. Zusätzliche Erfordernisse im Fernabsatz (§ 1 Abs. 2)

45 Nach § 1 Abs. 2 Satz 1 PAngV ist im Fernabsatzgeschäft zusätzlich zu § 1 Abs. 1 und § 2 Abs. 2 PAngV der Verbraucher zu informieren, dass die für Waren oder Leistungen geforderten Preise die Umsatzsteuer und sonstige Preisbestandteile enthalten (Nr. 1) und *ob* zusätzlich Fracht-, Liefer- oder Versandkosten oder sonstige Kosten anfallen (Nr. 2). Fallen derartige Zusatzkosten an, so ist nach § 1 Abs. 2 Satz 2 PAngV deren Höhe zu beziffern, soweit diese Kosten vernünftigerweise im Voraus berechnet werden können.

I. Allgemeines

46 § 1 Abs. 2 PAngV ist im Zuge der Umsetzung der Verbraucherrechte-RL neu gefasst worden, vgl. Art. 6 Abs. 1 lit. e der Verbraucherrechte-RL. Die in ihr enthaltenen Verpflichtungen ergeben sich allerdings, soweit sie Steuern und Abgaben betreffen, auch

135 St. Rspr., vgl. nur BGH, 06.06.1991, I ZR 291/89, GRUR 1991, 845, 846 – *Nebenkosten.*

136 OLG Stuttgart, 07.06.2018, 2 U 156/17, BeckRS 2018, 18526 Rn. 22.

137 BGH, 07.04.2011, I ZR 34/09, GRUR 2011, 742 Rn. 28 – *Leistungspakete im Preisvergleich.*

138 Vgl. BGH, 06.06.1991, I ZR 291/89, GRUR 1991, 845, 846 – *Nebenkosten*;BGH, 07.04.2011, I ZR 34/09, GRUR 2011, 742 Rn. 28 – *Leistungspakete im Preisvergleich*; OLG Stuttgart, 07.06.2018, 2 U 156/17, BeckRS 2018, 18526 Rn. 22; *Köhler*/Bornkamm/ Feddersen, UWG, § 1 PAngV Rn. 13.

139 Vgl. BGH, 10.12.2009, I ZR 149/07, GRUR 2010, 744 Rn. 33 – *Sondernewsletter*; BGH, *07.04.2011, I ZR 34/09, GRUR* 2011, 742 Rn. 29 – Leistungspakete im Preisvergleich.

140 Vgl. BGH, 08.10.1998, I ZR 187/97, BGHZ 139, 368, 375f. – *Handy für 0,00 DM*; BGH, 10.12.2009, I ZR 149/07, GRUR 2010, 744 Rn. 33 – *Sondernewsletter*;

aus Art. 2 lit. a, Art. 4 Abs. 1 der Preisangaben-RL und, soweit sie Steuern und Fracht-, Liefer- und Versandkosten betreffen, auch aus Art. 7 Abs. 4 lit. c UGP-RL.[141]

II. Informations- und Bezifferungspflicht (§ 1 Abs. 2)

1. Informationspflichten nach § 1 Abs. 2 Satz 1

Nach § 1 Abs. 2 Satz 1 PAngV trifft den Unternehmer im Fernabsatzgeschäft eine **47** Informationspflicht darüber, dass der ausgewiesene Gesamtpreis die Umsatzsteuer und sonstigen Preisbestandteile enthält (Nr. 1). Er hat also schlicht über die Beachtung der Vorgaben des § 1 Abs. 1 Satz 1 PAngV zu informieren. Darüber hinaus hat er darüber zu informieren, *ob* zusätzlich Fracht-, Liefer- oder Versandkosten oder sonstige Kosten anfallen (Nr. 2).

a) Sonstige Kosten

Spätestens mit der Information über sonstige Kosten im Fernabsatz werden über die **48** sonstigen Preisbestandteile des § 1 Abs. 1 Satz 1 PAngV hinaus, alle vom Verbraucher mit dem Erwerb der Ware oder der Entgegennahme verbundene Kosten erfasst. Damit werden auch unausweichliche Kosten Dritter, wie Kurtaxen[142] oder Maklerprovisionen, erfasst, die nicht als sonstige Preisbestandteile in den Gesamtpreis zu integrieren sind. Sie sind gesondert aufzuführen.

b) Zeitpunkt der Information

Die entscheidende Frage im Rahmen der Prüfung des § 1 Abs. 2 Satz 1 PAngV ist der **49** nach dem geforderten Zeitpunkt bzw. Darstellungsort. Nach der Rechtsprechung des BGH rechnet der Verbraucher im Versandhandel damit, dass zusätzlich zum Warenpreis noch Versandkosten anfallen können. Ein Verstoß gegen die PAngV liegt im Allgemeinen daher nicht schon darin, dass auf einer Internetseite nur der Preis einer Ware ohne Hinweis darauf genannt wird, ob und ggf. in welcher Höhe zusätzlich Liefer- und Versandkosten anfallen.[143] Es genügt in aller Regel den Anforderungen der PAngV, wenn die nach § 1 Abs. 2 Satz 1 Nr. 2 PAngV anzugebenden Liefer- und Versandkosten alsbald sowie leicht erkennbar und gut wahrnehmbar auf einer gesonderten Internetseite genannt werden, die noch vor Einleitung des Bestellvorgangs durch Einlegen der Ware in den virtuellen Warenkorb notwendig aufgerufen werden muss.[144] Dagegen reicht es nicht aus, wenn der Verbraucher erst beim Aufruf des virtuellen Warenkorbs darüber informiert wird, dass und in welcher Höhe Versandkosten anfallen und dass die Mehrwertsteuer in dem angegebenen Endpreis enthalten ist (Rdn. 51).[145]

---

141 AA allein auf Art. 5 Abs. 2 RL 2000/31/EG abstellend *Köhler*/Bornkamm/Feddersen, UWG, § 1 PAngV Rn. 25.

142 Vgl. *Köhler*/Bornkamm/Feddersen, UWG, § 1 PAngV Rn. 25.

143 BGH, 18.03.2010, I ZR 16/08, GRUR 2010, 1110 Rn. 22f. – *Versandkosten bei Froogle II.*

144 BGH, 18.03.2010, I ZR 16/08, GRUR 2010, 1110 Rn. 23. – *Versandkosten bei Froogle II.*

145 BGH, 16.07.2009, I ZR 50/07, GRUR 2010, 248 Rn. 22 ff. – *Kamerakauf im Internet*

2. Bezifferungspflicht nach § 1 Abs. 2 Satz 2

50 Nach § 1 Abs. 2 Satz 2 PAngV trifft den Unternehmer im Fernabsatzgeschäft die Pflicht, wenn derartige Zusatzkosten iSd § 1 Abs. 2 Satz 1 Nr. 2 PAngV anfallen, deren Höhe zu beziffern, soweit diese Kosten vernünftigerweise im Voraus berechnet werden können.

a) Versandkosten

51 Die Höhe der Liefer- und Versandkosten hängt zudem häufig vom Umfang der Gesamtbestellung des Kunden ab. Versandkosten werden grundsätzlich nicht auf die Ware, sondern auf die Sendung erhoben und sind daher kein auf den Gesamtpreis anzurechnender Preisbestandteil.[146] Deshalb reicht es nach der Rechtsprechung des BGH im Hinblick auf § 1 Abs. 2 Satz 2 PAngV aus, bei der Werbung für das einzelne Produkt den Hinweis »zzgl. Versandkosten« aufzunehmen, wenn sich bei Anklicken oder Ansteuern dieses Hinweises ein Fenster mit einer übersichtlichen und verständlichen Erläuterung der allgemeinen Berechnungsmodalitäten für die Versandkosten öffnet und außerdem die tatsächliche Höhe der für den Einkauf anfallenden Versandkosten jeweils bei Aufruf des virtuellen Warenkorbs in der Preisaufstellung gesondert ausgewiesen wird.[147] Allerdings hat ein sog. Mindermengenzuschlag, den der Unternehmer in Rechnung stellt, wenn eine bestimmte Bestellsumme unterschritten wird, mit dem Versand grundsätzlich nichts zu tun, so dass eine Aufklärung im Rahmen der Versandkosten nicht ausreicht (siehe Rdn. 36).[148]

b) Versandkostenangabe bei Preisvergleichslisten

52 Eine Werbung für Waren in Preisvergleichslisten einer Preissuchmaschine ist nach der Rechtsprechung des BGH jedoch anders zu beurteilen. Hier dürfen die zum Kaufpreis hinzukommenden Versandkosten nicht erst auf der eigenen Internetseite des Anbieters genannt werden, die über eine – beispielsweise bei der Warenabbildung oder dem Produktnamen angebrachte – elektronische Verknüpfung erreicht werden kann.[149] Die von der PAngV bezweckte leichte Vergleichbarkeit des aus dem Endpreis sowie den Liefer- und Versandkosten bestehenden Gesamtpreises einer Ware ist nicht gewährleistet, wenn in einer Preissuchmaschine nur der Kaufpreis ohne Versandkosten genannt wird. Preissuchmaschinen sollen dem Verbraucher vor allem einen schnellen Überblick darüber verschaffen, welche Anbieter es für ein bestimmtes Produkt gibt und welchen Preis der jeweilige Anbieter für das fragliche Produkt letztlich fordert. Deshalb erwartet der Verbraucher die Angabe des Endpreises sowie aller zusätzlichen Kosten. Da die Ver-

146 OLG Dresden, 26.06.2018, 14 U 341/18, WRP 2018, 979 Rn. 14;. *Köhler*/Bornkamm/Feddersen, UWG, PAngV § 1 Rn. 38.

147 Vgl. BGH, 16.07.2009, I ZR 50/07, GRUR 2010, 248 Rn. 27. – *Kamerakauf im Internet*; BGH, 18.03.2010, I ZR 16/08, GRUR 2010, 1110 Rn. 24. – *Versandkosten bei Froogle II.*

148 OLG Hamm, 28.06.2012, I-4 U 69/12, WRP 2013, 382 Rn. 36.

149 BGH, 16.07.2009, I ZR 140/07, GRUR 2010, 251 Rn. 14 – *Versandkosten bei Froogle*; BGH, 18.03.2010, I ZR 16/08, GRUR 2010, 1110 Rn. 23. – *Versandkosten bei Froogle II.*

sandkosten der verschiedenen Anbieter nicht unerheblich voneinander abweichen, ist der Verbraucher für einen Kostenvergleich darauf angewiesen, dass in der Liste nur Preise genannt werden, die diese Kosten einschließen oder bei denen jedenfalls darauf hingewiesen wird, in welcher Höhe zusätzliche Versandkosten anfallen. Umgekehrt rechnet der Verbraucher nicht damit, dass der in der Preisvergleichsliste angegebene Preis noch unvollständig und der letztlich zu zahlende Betrag nur dadurch zu erfahren ist, dass die Internetseite des Anbieters aufgesucht wird.[150]

D. Stunden- und Verrechnungssätze bei Leistungen (§ 1 Abs. 3)

I. Verrechnungssätze

1. Leistungen

§ 1 Abs. 3 PAngV gestattet bei Leistungen anstelle des Gesamtpreises die Angabe von Stundensätzen, Kilometersätzen und andere Verrechnungssätzen, soweit dies üblich ist, und diese alle Leistungselemente einschließlich der anteiligen Umsatzsteuer enthalten. Nach Satz 2 können die Materialkosten in die Verrechnungssätze einbezogen werden. Damit soll dem Umstand Rechnung getragen werden, dass gerade bei der Bewerbung von Leistungen der konkrete Leistungsumfang häufig noch nicht feststeht.[151] Der Arbeits- und Materialaufwand ist von den Gegebenheiten des Bestellers abhängig, ebenso wie die entfernungsabhängigen Fahrtkosten. Nach § 1 Abs. 3 PAngV reicht es daher in diesen Fällen aus, wenn bestimmte Sätze angegeben werden, die der späteren Abrechnung zugrunde gelegt werden sollen. § 1 Abs. 3 PAngV nennt beispielhaft Stunden- und Kilometersätze gestattet aber auch die Angabe weiterer Verrechnungssätze; es sind aber die Vorgaben der UGP-RL zu beachten (siehe Rdn. 55 f.). 53

2. Üblichkeit

Allerdings ist diese Form der Preisangabe an die Üblichkeiten des Marktes gekoppelt. Üblich ist, was nach Auffassung der beteiligten Verkehrskreise vernünftigen kaufmännisch-unternehmerischen Gepflogenheiten entspricht.[152] Verrechnungssätze, die diesen Üblichkeiten nicht entsprechen, sind unzulässig, wenn sie Preisvergleiche erschweren oder unmöglich machen.[153] Dies entspricht dem Grundsatz des § 1 Abs. 6 Satz 1 PAngV, wonach die Angaben der allgemeinen Verkehrsauffassung und den Grundsätzen von Preisklarheit und Preiswahrheit entsprechen müssen.[154] Bei einem Umzugsvertrag oder auch bei Bauverträgen sind beispielsweise Verrechnungssätze für anfallende Stun- 54

150 BGH, 16.07.2009, I ZR 140/07, GRUR 2010, 251 Rn. 14 – *Versandkosten bei Froogle*; BGH, 18.03.2010, I ZR 16/08, GRUR 2010, 1110 Rn. 26 – *Versandkosten bei Froogle II*; *Köhler*/Bornkamm/Feddersen, UWG, PAngV § 1 Rn. 38.

151 Harte-Bavendamm/Henning-Bodewig/*Weidert*, UWG, PAngV § 1 Rn. 64; Ohly/*Sosnitza*, UWG, PAngV § 1 Rn. 66.

152 *Köhler*/Bornkamm/Feddersen, UWG, PAngV § 1 Rn. 27.

153 Ohly/*Sosnitza*, UWG, PAngV § 1 Rn. 66.

154 Vgl. BGH, 05.11.2008, I ZR 55/06, GRUR 2009, 690 Rn. 8 – XtraPac.

den, Gewichte oder sonstige Massen üblich.[155] Nach dem Wortlaut müssen sämtliche Leistungselemente, einschließlich der anteiligen Umsatzsteuer in die Verrechnungssätze einbezogen werden. Bei den Materialkosten steht es dem Unternehmer frei. Bei telefonischen Leistungen unter einer gebührenpflichtigen Telefon- oder Faxnunmmer sind die zeitbezogenen Kosten bereits in der Werbung für diesen Dienst anzugeben.[156] Für den Bereich von Telekommunikationsdienstleistungen gelten die Sondervorschriften der §§ 66a bis 66c TKG[157]

II. Verhältnis zum Unionsrecht

1. UGP-RL

55 Sofern eine Aufforderung zum Kauf vorliegt, gehen indes deren Sonderregelungen nach Art. 7 Abs. 4 UGP-RL vor. Danach ist nach deren lit. c bei einer Aufforderung zum Kauf »in den Fällen, in denen der Preis auf Grund der Beschaffenheit des Produkts vernünftigerweise nicht im Voraus berechnet werden kann, die Art der Preisberechnung« anzugeben. Nach § 5a Abs. 3 Nr. 3 UWG, der diese Rechtsgrundlage umsetzt, hängt die Zulässigkeit der Angabe der »Art der Preisberechnung« davon ab, dass der Gesamtpreis »nicht im Voraus berechnet werden kann«. Bei § 1 Abs. 3 PAngV wird dagegen dem Unternehmer die Möglichkeit eingeräumt, anstatt des Gesamtpreises einen Verrechnungssatz anzugeben, »soweit es üblich« ist. Die Berechnung des Gesamtpreises im Voraus braucht also nicht unmöglich zu sein. § 1 Abs. 3 PAngV stellt daher geringere Anforderungen an den Unternehmer als § 5a Abs. 3 Nr. 3 UWG und kann daher nicht mehr angewendet werden.[158]

2. Dienstleistungs-RL

56 Nach Art. 22 Abs. 3 lit. a der Dienstleistungs-RL hat der Dienstleistungserbringer, wenn er den Preis für die Dienstleistung nicht im Vorhinein festgelegt hat, den Dienstleistungsempfängern auf Anfrage den Preis der Dienstleistung oder, wenn kein genauer Preis angegeben werden kann, die Vorgehensweise zur Berechnung des Preises mitteilen, die dem Dienstleistungsempfänger die Überprüfung des Preises ermöglicht, oder diesem einen Kostenvoranschlag zur Verfügung stellen. Nach Art. 22 Abs. 4 müssen die mitzuteilenden Informationen – mithin auch der Preis – klar und unzweideutig sein und rechtzeitig vor Abschluss des Vertrags oder, wenn kein schriftlicher Vertrag geschlossen wird, vor Erbringung der Dienstleistung bereitgestellt werden.[159] Das Verhältnis zur UGP-RL ist bislang ungeklärt. Allerdings gehen beide Richtlinien davon

155 Vgl. LG Heidelberg 12.08.2016, 3 O 149/16, BeckRS 2016, 117675.
156 Vgl. OLG Frankfurt, 13.11.1998, 6 W 163/98, GRUR 1999, 359; OLG Stuttgart, 19.11.1999, 2 U 167/99, NJWE-WettbR 2000, 107, 108; aA LG Karlsruhe, 03.03.1999, KfH I O 186/98, NJWE-WettbR 1999, 208, 211 [nur Hinweis auf Sondertarif, nicht aber dessen Höhe].
157 *Köhler*/Bornkamm/Feddersen, UWG, Vorbem § 1 PAngV Rn. 8.
158 *Köhler*/Bornkamm/Feddersen, UWG, PAngV § 1 Rn. 27a; Harte-Bavendamm/Henning-Bodewig/*Weidert*, UWG, PAngV § 1 Rn. 65.
159 BGH, 07.05.2015, I ZR 158/14, GRUR 2015, 1240 Rn. 28 – *Der Zauber des Nordens.*

aus, dass der Unternehmer den genauen Preis nicht angeben *kann.* Für die liberalere Regelung des § 1 Abs. 3 PAngV ist daher kein Raum mehr.[160]

E. Forderung einer rückerstattbaren Sicherheit (§ 1 Abs. 4)

Fordert der Anbieter zusätzlich eine »rückerstattbare Sicherheit« (zB Flaschen- oder Dosenpfand), so ist nach § 1 Abs. 4 PAngV deren Höhe neben dem Preis für die Ware oder Leistung gesondert anzugeben. Es ist kein Gesamtbetrag zu bilden. Das bedeutet, dass ein Pfand gesondert neben dem Warenpreis »zuzüglich« beziffert anzugeben ist. **57**

Allerdings fehlt es vorliegend an einer Grundlage im Unionsrecht. Weder die UGP-RL noch die Preisangaben-RL kennen eine entsprechende Bestimmung. Sofern man nach Ablauf der Übergangsfrist nach Art. 3 Abs. 5 Satz 1 UGP-RL kein Eingreifen der Mindestangleichungsklausel des Art. 10 Preisangaben-RL mehr für zulässig hält, dürfte die Vorschrift nicht mehr angewendet werden.[161] Die rückerstattbare Sicherheit würde dann einen unvermeidbaren und vorhersehbaren Bestandteil des Preises darstellen, der obligatorisch vom Verbraucher zu tragen ist und daher Teil des Endpreises und somit des Gesamtpreises in diesen einzubeziehen.[162] Dies überzeugt nicht. Zu Recht wird von der Gegenansicht auf mit dieser Regelung verfolgte umweltpolitische Zielsetzungen verwiesen, die außerhalb des Anwendungsbereichs der UGP-RL liegen.[163] Zudem erscheint zweifelhaft anzunehmen, dass es sich bei Pfandgeldern, die bei jedem Warenumsatz in Verrechnung gegeben werden können bzw. bei Rückgabe der (leeren) Ware erstattet werden, tatsächlich um Preisbestandteile handelt, die der Verbraucher nach der EuGH-Rechtsprechung als Gegenleistung für die Ware zu zahlen hat. Vielmehr ist das Pfand weder Bestandteil des Warenwertes noch eine Nutzungsgebühr für die Leihe des Behältnisses, sondern eine reine Sicherheit im Interesse der Wiederverwendung bzw. Verwertung des Gebindes. **58**

F. Zulässigkeit eines Änderungsvorbehalts

§ 1 Abs. 5 Nrn. 1 bis 3 bzw. [ab 01.07.2018] § 1 Abs. 5 Nrn. 1 und 2 sowie § 1 Abs. 6 PAngV sehen drei Ausnahmen vom Grundsatz der Gesamtpreisangabe vor, die sich auf die Angabe von Preisen mit einem Änderungsvorbehalt beziehen. **59**

I. Liefer- und Leistungsfristen von mehr als vier Monaten (§ 1 Abs. 5 Nr. 1)

Eine Ausnahme vom Grundsatz der Gesamtpreisangabe gilt für Waren oder Leistungen, bei denen Liefer- oder Leistungsfristen von mehr als vier Monaten bestehen. In diesen Fällen ist zwar weiterhin der derzeitige Gesamtpreis anzugeben, er darf aber nach § 1 **60**

160 AA wohl Harte-Bavendamm/Henning-Bodewig/*Weidert*, UWG, PAngV § 1 Rn. 66.

161 KG, 21.06.2017, 5 U 185/16, MMR 2017, 830 Rn. 37; *Köhler*/Bornkamm/Feddersen, UWG, PAngV § 1 Rn. 28.

162 KG, 21.06.2017, 5 U 185/16, MMR 2017, 830 Rn. 37; *Köhler*/Bornkamm/Feddersen, UWG, PAngV § 1 Rn. 28.

163 Harte-Bavendamm/Henning-Bodewig/*Weidert*, UWG, PAngV § 1 Rn. 73; Goldberg, WRP 2013, 1561 Rn. 40.

Abs. 5 Nr. 1 PAngV mit einem Änderungsvorbehalt versehen werden. Dies entspricht § 309 Nr. 1 Hs. 1 BGB, wonach eine AGB-Klausel, welche die Erhöhung des Entgelts für Waren oder Leistungen vorsieht, die innerhalb von vier Monaten nach Vertragsschluss geliefert oder erbracht werden sollen, unwirksam ist. § 1 Abs. 5 Nr. 1 PAngV stellt damit ausdrücklich klar, dass eine Preisänderungsklausel bei Fristen von mehr als vier Monaten grundsätzlich zulässig ist.[164] Da die Regelung vertragsrechtlicher Natur ist, fällt sie nicht in den Anwendungsbereich der UGP-RL, vgl. Art. 3 Abs. 2 UGP-RL.[165]

II. Dauerschuldverhältnisse (§ 1 Abs. 5 Nr. 2)

61 Der Gesamtpreis darf nach § 1 Abs. 5 Nr. 2 PAngV außerdem mit einem Änderungsvorbehalt versehen werden bei Waren oder Leistungen, die im Rahmen von Dauerschuldverhältnissen erbracht werden. Dies entspricht der Regelung in § 309 Nr. 1 Hs. 2 BGB. Eine Bedingung, wie nach der Nr. 1, besteht nicht. Dazu gehören insbesondere Abonnementverträge, Sukzessivlieferungsverträge und sonstige Bezugsverträge.[166] Die Regelung ist ebenfalls vertragsrechtlicher Natur und fällt daher nicht in den Anwendungsbereich der UGP-RL, vgl. Art. 3 Abs. 2 UGP-RL.[167]

III. Reiseprospekte

62 Der Gesamtpreis darf nach § 1 Abs. 5 Nr. 3 bzw. [ab. 01.07.2018] § 1 Abs. 6 PAngV auch in Prospekten eines Reiseveranstalters über die von ihm veranstalteten Reisen mit einem Änderungsvorbehalt versehen werden. Voraussetzung ist allerdings, dass der Preisanpassungsvorbehalt nach § 4 Abs 2 BGB-InfoV zulässig ist, er also nicht nur sich die Änderung vorbehalten hat, sondern auch auf eine Erhöhung der Beförderungskosten o.ä. zurückzuführen ist oder wenn die Durchführung den Einkauf zusätzlicher Kontingente erforderlich macht.

63 Die bisherige Regelung entspricht den Vorgaben der Pauschalreise-RL 90/314/EWG; die neue Regelung der Pauschalreise-RL 2015/2302/EU.[168]

G. Grundsätze der Preisklarheit und Preiswahrheit (§ 1 Abs. 6/§ 1 Abs. 7 nF)

64 § 1 Abs. 6 bzw. [ab 01.07.2018] § 1 Abs. 7 PAngV normiert die Art und Weise, wie die Angaben nach der PAngV gestaltet sein müssen. Alle Angaben nach der PAngV müssen der allgemeinen Verkehrsauffassung und den Grundsätzen von Preisklarheit und Preiswahrheit entsprechen. Die Angaben sind dem Angebot oder der Werbung

164 *Köhler*/Bornkamm/Feddersen, UWG, PAngV § 1 Rn. 30.

165 *Köhler*/Bornkamm/Feddersen, UWG, PAngV § 1 Rn. 30; Harte-Bavendamm/Henning-Bodewig/*Weidert*, UWG, PAngV § 1 Rn. 76.

166 Vgl. *Köhler*/Bornkamm/Feddersen, UWG, PAngV § 1 Rn. 31.

167 Vgl. *Köhler*/Bornkamm/Feddersen, UWG, PAngV § 1 Rn. 31; Harte-Bavendamm/Henning-Bodewig/*Weidert*, UWG, PAngV § 1 Rn. 77.

168 Vgl. *Köhler*/Bornkamm/Feddersen, UWG, PAngV § 1 Rn. 32.

eindeutig zuzuordnen sowie leicht erkennbar und deutlich lesbar oder sonst gut wahrnehmbar zu machen. Werden Preise aufgegliedert, sind die Gesamtpreise hervorzuheben.

I. Unionsrechtliche Grundlage

§ 1 Abs. 6 PAngV basiert, innerhalb ihres Geltungsbereiches für Waren, auf Art. 4 Abs. 1 Satz 1 der Preisangaben-RL, die der UGP-RL vorgehen.[169] Nach dieser Regelung müssen die Preisangaben unmissverständlich, klar erkennbar und gut lesbar sein. Soweit Leistungen betroffen sind, sind allerdings die Regelungen der Art. 7 Abs. 2 und Art. 7 Abs. 4 lit. c der UGP-RL zu beachten.[170] Art. 7 Abs. 2 betrifft die Art der Darstellung (klar, verständlich, unzweideutig), Art. 7 Abs. 4 lit. c den Inhalt der Preisangabe. Daneben greift auch die Dienstleistungs-RL ein. Nach Art. 22 Abs. 4 der Dienstleistungs-RL müssen die mitzuteilenden Informationen – mithin auch der Preis – klar und unzweideutig sein und rechtzeitig vor Abschluss des Vertrags oder, wenn kein schriftlicher Vertrag geschlossen wird, vor Erbringung der Dienstleistung bereitgestellt werden.[171] **65**

II. Verkehrsauffassung, Preisklarheit und Preiswahrheit

1. Allgemeine Verkehrsauffassung

Die Angaben nach der PAngV müssen der allgemeinen Verkehrsauffassung entsprechen. Maßstab ist hierfür der Durchschnittsverbraucher, also der durchschnittlich informierte und verständige Verbraucher, der einer Werbung die der Situation angemessene Aufmerksamkeit entgegenbringt (siehe § 3 Abs. 4 UWG Rdn. 131). Dies gebietet bereits die richtlinienkonforme Auslegung nach der UGP-RL. Allerdings hatte der BGH in der Vergangenheit auf die Sicht des durchschnittlichen Nutzers des Internets abgestellt, der mit den Besonderheiten des Internets vertraut ist und z.B. weiß, dass Informationen zu angebotenen Waren auf mehrere Seiten verteilt sein können, die untereinander durch elektronische Verweise (»Links«) verbunden sind.[172] Diese Differenzierung dürfte sich mittlerweile überholt haben.[173] Internetnutzer sind keine besondere Verbrauchergruppe iSd § 3 Abs. 4 Satz 1 UWG (siehe § 3 Abs. 4 UWG Rdn. 143). Vielmehr verfügt der Durchschnittverbraucher, immerhin eine Kunstfigur, nämlich der fiktive, typische Verbraucher,[174] bereits selbst über Erfahrung mit der Nutzung des Internets und der dort abrufbaren Werbung für Waren und Dienstleistungen. Auch der Durchschnittsverbraucher darf indes nach § 1 Abs. 6 PAngV erwarten, dass auf eine etwaige Entgeltlichkeit der angebotenen Leistung hingewiesen wird. **66**

169 Vgl. BGH, 16.07.2009, I ZR 140/07, GRUR 2010, 251 Rn. 16 – *Versandkosten bei Froogle*.
170 Vgl. BGH, 14.01.2016, I ZR 61/14, GRUR 2016, 516 Rn. 38 – *Wir helfen im Trauerfall*.
171 BGH, 07.05.2015, I ZR 158/14, GRUR 2015, 1240 Rn. 28 – *Der Zauber des Nordens*.
172 Vgl. BGH, 20.07.2006, I ZR 228/03, GRUR 2007, 159 Rn. 21 – *Anbieterkennzeichnung im Internet*; BGH, 04.10.2007, I ZR 143/04, GRUR 2008, 84 Rn. 30 – *Versandkosten*; *Köhler*/Bornkamm/Feddersen, UWG, PAngV § 1 Rn. 34.
173 Vgl. LG Hamburg, 04.10.2012, 327 O 169/12, WRP 2013, 237 Rn. 16.
174 Vgl. Erwägungsgrund 18 der UGP-RL.

2. Preisklarheit

67 Die Preisangabe muss klar sein, im Sinne von unmissverständlich (Art. 4 Abs. 1 Preisangaben-RL) bzw. im Sinne von klar, verständlich und unzweideutig (Art. 7 Abs. 2 UGP-RL). Dies ist jeweils eine Frage des Einzelfalls. Nach der Rechtsprechung des BGH kann den gesetzlichen Erfordernissen des § 1 Abs. 6 PAngV auf verschiedene Weise Rechnung getragen werden. In allen diesen Fällen kommt es maßgeblich auf die Ausgestaltung der Hinweise im Einzelnen an. Hinweise, die der Art nach an sich möglich wären, können im konkreten Fall unzureichend sein.[175] Die Preisklarheit ist nicht gewährleistet, wenn die Ware selbst nicht mit dem Gesamtpreis ausgezeichnet ist, dieser vielmehr erst durch einen mehr oder weniger schwierigen zusätzlichen Rechenvorgang ermittelt werden muss.[176]

3. Preiswahrheit

68 Der Grundsatz der Preiswahrheit bedeutet, dass der angegebene Preis mit dem Preis übereinstimmen muss, den der Verbraucher tatsächlich zu bezahlen hat.[177] § 1 Abs. 6 PAngV verlangt nicht nur die Angabe irgendeines, sondern des richtigen Preises.[178] Das bedeutet, dass die Preisangabe vollständig und richtig zu sein hat. Eine unrichtige Preisangabe ist regelmäßig zugleich irreführend iSd § 5 Abs. 1 Satz 2 Nr. 2 bzw. § 5a Abs. 3 Nr. 3 UWG. Allerdings wirkt sich eine unrichtige, weil zu hohe Preisauszeichnung allenfalls zu Lasten des betreffenden Unternehmens aus, nicht aber zu Gunsten, so dass kein Verstoß gegen § 1 Abs. 6 PAngV bzw. § 3a UWG vorliegt.[179]

69 Der Grundsatz der Preiswahrheit gebietet die Einhaltung aller Vorgaben des § 1 Abs. 1 bis Abs. 4 PAngV. Insbesondere im Fernabsatz sind die weiteren Vorgaben des § 1 Abs. 2 Satz 1 PAngV zu erfüllen, also zusätzlich den Verbraucher zu informieren, dass die für Waren oder Leistungen geforderten Preise die Umsatzsteuer und sonstige Preisbestandteile enthalten (Nr. 1) und *ob* zusätzlich Fracht-, Liefer- oder Versandkosten oder sonstige Kosten anfallen (Nr. 2). Fallen derartige Zusatzkosten an, so ist nach § 1 Abs. 2 Satz 2 PAngV deren Höhe zu beziffern, soweit diese Kosten vernünftigerweise im Voraus berechnet werden können (siehe für Versandkosten Rdn. 51; siehe für Koppelungsangebote Rdn. 43 f.).

III. Darstellung der Preisangabe

70 Die Angaben sind nach § 1 Abs. 6 PAngV dem Angebot oder der Werbung eindeutig zuzuordnen sowie leicht erkennbar und deutlich lesbar oder sonst gut wahrnehmbar zu machen. Diese Anforderungen können auf unterschiedliche Weise erfüllt werden.

---

175 BGH, 04.10.2007, I ZR 143/04, GRUR 2008, 84 Rn. 15 – *Versandkosten*; *Köhler*/Bornkamm/Feddersen, UWG, PAngV § 1 Rn. 34.

176 BGH, 25.02.1999, I ZR 4/97, GRUR 1999, 762, 763 – *Herabgesetzte Schlussverkaufspreise*

177 *Köhler*/Bornkamm/Feddersen, UWG, PAngV § 1 Rn. 36.

178 BGH, 04.10.2007, I ZR 182/05, GRUR 2008, 442 Rn. 14 – *Fehlerhafte Preisauszeichnung*.

179 BGH, 04.10.2007, I ZR 182/05, GRUR 2008, 442 Rn. 14 – *Fehlerhafte Preisauszeichnung*.

1. Eindeutige Zuordnung

Das Erfordernis der eindeutigen Zuordnung soll sicherstellen, dass der Verbraucher nicht im Ungewissen darüber bleibt, welcher Preis für welche Ware oder Leistung gelten soll.[180] Dazu gehört, dass sich der Preis und seine Bestandteile entweder in unmittelbarer Nähe zu der Werbung mit den Artikeln befindet oder der Nutzer jedenfalls in unmittelbarer räumlicher Nähe zu der Werbung unzweideutig zu dem Preis mit allen seinen Bestandteilen geführt wird.[181] Es muss also für den eindeutigen sachlichen Zusammenhang zwischen Preisangabe und Ware oder Leistung gesorgt werden.[182] Auch soll verhindert werden, dass ein Wettbewerber mit der besonderen Preisgünstigkeit eines Preisbestandteils blickfangmäßig wirbt, weitere Preisbestandteile dagegen verschweigt oder in der Darstellung untergehen lässt.[183] 71

a) Blickfang und Sternchenhinweis

Das Gebot der eindeutigen Zuordnung erfordert indes keinen unmittelbaren räumlichen Bezug der Hinweise zu den Abbildungen der Waren oder ihrer Beschreibung.[184] Die Zuordnung kann beispielsweise durch einen klaren und unmissverständlichen Sternchenhinweis geschehen, wenn dadurch die Zuordnung der Angaben in der Werbung gewahrt bleibt und die Angaben gut lesbar und vollständig sind.[185] Damit ist Raum für eine Aufklärung an anderer Stelle, sofern diese Stelle – etwa durch einen Sternchenhinweis – der Angabe eindeutig zugeordnet ist. Daher ist eine blickfangmäßig herausgestellte Preisangabe unvollständig, wenn in der Werbung nicht gleichzeitig die weiteren Preisbestandteile so dargestellt werden, dass sie dem blickfangmäßig herausgestellten Preisbestandteil eindeutig zugeordnet sowie leicht erkennbar und deutlich lesbar sind.[186] Voraussetzung ist aber, dass der Sternchenhinweis am Blickfang teilhat und dadurch eine klare und unmissverständliche Zuordnung der weiteren Preisangaben zu den herausgestellten Preisangaben gewahrt bleibt.[187] 72

b) Versandkostenangabe

Nach der Rechtsprechung des BGH rechnet der Verbraucher im Versandhandel damit, dass zusätzlich zum Warenpreis noch Versandkosten anfallen können. Es genügt in aller 73

180 OLG Hamm, 28.06.2012, I-4 U 69/12, WRP 2013, 382 Rn. 32; *Köhler*/Bornkamm/Feddersen, UWG, PAngV § 1 Rn. 45.
181 HansOLG Hamburg, 12.09.2007, 5 W 129/07, MMR 2008, 44, 45.
182 *Köhler*/Bornkamm/Feddersen, UWG, PAngV § 1 Rn. 45.
183 BGH, 10.12.2009, I ZR 149/07, GRUR 2010, 744 Rn. 35 – *Sondernewsletter*, mwN.
184 Vgl. BGH, 04.10.2007, I ZR 143/04, GRUR 2008, 84, Rn. 29 – *Versandkosten*; BGH, 26.02.2009, I ZR 163/06, GRUR 2009, 982 Rn. 15 – *Dr. Clauder's Hufpflege*; OLG Hamm, 28.06.2012, I-4 U 69/12, WRP 2013, 382 Rn. 32; LG Hamburg, 27.10.2005, 327 O 614/05, MMR 2006, 420; *Köhler*/Bornkamm/Feddersen, UWG, PAngV § 1 Rn. 46.
185 Vgl. BGH, 10.12.2009, I ZR 149/07, GRUR 2010, 744 Rn. 35 – *Sondernewsletter*, mwN.
186 BGH, 10.12.2009, I ZR 149/07, GRUR 2010, 744 Rn. 35 – *Sondernewsletter*, mwN; anders für langlebige und hochpreisige Güter vgl. BGH, 18.12.2014, I ZR 129/13, Rn. 19 – *Schlafzimmer komplett*.
187 BGH, 10.12.2009, I ZR 149/07, GRUR 2010, 744 Rn. 35 – *Sondernewsletter*, mwN.

Regel den Anforderungen der PAngV, wenn die – nach § 1 Abs. 2 Satz 1 Nr. 2 PAngV anzugebenden Liefer- und Versandkosten – alsbald sowie leicht erkennbar und gut wahrnehmbar auf einer gesonderten Internetseite genannt werden, die noch vor Einleitung des Bestellvorgangs durch Einlegen der Ware in den virtuellen Warenkorb notwendig aufgerufen werden muss (siehe Rdn. 51).[188]

c) Grundpreisangabe

74 Demgegenüber ist bei Warenangeboten nach Maßgabe des § 2 PAngV neben dem Gesamtpreis auch der Grundpreis anzugeben. Diesbezüglich ist, schon im Hinblick auf den unterschiedlichen Wortlaut der Bestimmungen, eine strengere Beurteilung geboten.[189] Denn nach § 2 Abs. 1 Satz 1 PAngV ist der Grundpreis in unmittelbarer Nähe des Endpreises anzugeben (zu der Vereinbarkeit mit dem Unionsrecht siehe § 2 PAngV Rdn. 5 ff.). Demgegenüber ist die Angabe, ob und gegebenenfalls in welcher Höhe zusätzlich Liefer- und Versandkosten anfallen, gem. § 1 Abs. 6 Satz 2 PAngV dem Angebot oder der Werbung (lediglich) eindeutig zuzuordnen.

2. Leichte Erkennbarkeit

75 Der Verbraucher muss den Gesamtpreis leicht erkennen können, also ohne große Anstrengung auffinden und als solchen erkennen können. Dies ist nicht gegeben, wenn die Preise oder Preisbestandteile lediglich in den AGB wiedergegeben werden, wo sie für gewöhnlich nicht vermutet werden.[190] Nach der früheren Rechtsprechung ist, wenn eine Angabe innerhalb eines Reservierungssystems im Internet erkennbar vorläufig ist, es unschädlich, wenn sich der Endpreis durch Auswahl des gewünschten Produkts einschließlich Steuern und Gebühren eindeutig, leicht erkennbar und gut wahrnehmbar bestimmen lässt.[191] Diese Rechtsprechung ist indes zu Flugbuchungssystemen ergangen, deren Preisangabenpflicht in nach Art. 23 der VO (EG) Nr. 1008/2008 mittlerweile abweichend geregelt ist (siehe Einl. PAngV Rdn. 16 ff.).[192]

76 An der Erkennbarkeit fehlt es auch, wenn die Ware selbst nicht mit dem Gesamtpreis ausgezeichnet ist und dieser erst durch einen mehr oder weniger schwierigen zusätzlichen Rechenvorgang ermittelt werden muss.[193] Dies gilt nach der Ausnahmeregelung in § 9 Abs. 2 PAngV allerdings nicht für nach Kalendertagen begrenzte und durch Werbung bekannt gemachte generelle Preisnachlässe.

---

188 BGH, 18.03.2010, I ZR 16/08, GRUR 2010, 1110 Rn. 23. – *Versandkosten bei Froogle II.*
189 BGH, 26.02.2009, I ZR 163/06, GRUR 2009, 982 Rn. 15 – *Dr. Clauder's Hufpflege*
190 Vgl. OLG Frankfurt, 04.12.2008, 6 U 187/07, BeckRS 2009, 04881; HansOLG Hamburg, 12.09.2007, 5 W 129/07, MMR 2008, 44, 45.
191 BGH, 03.04.2003, I ZR 222/00, GRUR 2003, 889, 890 – *Internet-Reservierungssystem[betreffend Flugreisen].*
192 Vgl. BGH, 30.07.2015, I ZR 29/12, GRUR 2016, 392 Rn. 18 – *Buchungssystem II.*
193 BGH, 25.02.1999, I ZR 4/97, GRUR 1999, 762, 763 – *Herabgesetzte Schlussverkaufspreise*

3. Deutliche Lesbarkeit

Mit diesem Kriterium wird das Erfordernis der guten Lesbarkeit in Art. 4 Abs. 1 Satz 1 der Preisangaben-RL umgesetzt. Eine Preisangabe entspricht dann dem Gebot der deutlichen Lesbarkeit, wenn sie von einem Verbraucher mit normaler Sehkraft aus angemessener Entfernung ohne Hilfsmittel und ohne Mühe gelesen werden kann.[194] Die Frage, ob eine Angabe diese Voraussetzungen erfüllt, ist unter Berücksichtigung des jeweiligen Einzelfalls zu beurteilen, wobei neben der Schriftgröße auch das Druckbild, d. h. unter anderem die Wort- und Zahlenanordnung, die Gliederung, das Papier, die Farbe sowie der Hintergrund von Bedeutung sind; außerdem ist der Abstand zu berücksichtigen, aus dem der Verbraucher die Angabe liest.[195] Maßstab ist nicht die (abstrakte) Festlegung exakter Mindestschriftgrößen gemäß der DIN 1450 »Schriften Leserlichkeit«, sondern vielmehr die Umstände des Einzelfalls.[196] 77

4. Gute Wahrnehmbarkeit

Das Erfordernis der sonstigen guten Wahrnehmbarkeit bezieht sich insbesondere auf das Umfeld, in dem die Angaben gemacht werden. So kann eine Angabe zwar an sich deutlich lesbar sein, gleichwohl aber sich der guten Wahrnehmbarkeit entziehen, wenn sich auf der gleichen (Internet-)Seite eine Fülle sonstiger Informationen befindet, die dem Verbraucher gegenüber deutlicher ins Auge stechen.[197] Preisangaben im Internet müssen mit allen gängigen Browsertypen angezeigt werden. Die Verwendung zusätzlicher und nicht allgemein verbreiteter (pdf) oder aus Sicherheitsgründen zuweilen deaktivierter Formate (Java Skript) genügt nicht.[198] Preisangaben im Fernsehen müssen ebenfalls so groß sein, dass sie selbst bei Verwendung eines handelsüblich kleinen Bildschirms diesen Anforderungen genügen. Darüber hinaus müssen sie so lange eingeblendet werden, dass sie ohne Schwierigkeiten vollumfänglich zur Kenntnis genommen werden können.[199] 78

5. Hervorhebung des Gesamtpreises (§ 1 Abs. 6 Satz 3)

a) Allgemeines

Bei einer Aufgliederung von Preisen ist (nur) der Gesamtpreis hervorzuheben. Eine Aufgliederung von Preisen liegt vor, wenn neben dem Gesamtpreis auch Preisbestandteile ausgewiesen sind. Die nach § 2 PAngV gebotene Angabe des Grundpreises stellt 79

194 BGH, 07.03.2013, I ZR 30/12, GRUR 2013, 850 Rn. 13 – *Grundpreisangabe im Supermarkt*, mwN; OLG Düsseldorf, 28.05.2014, I-15 U 54/14, GRUR-RR 2014, 458, 459 – *Preisangabe für Service-Dienste*.

195 BGH, 07.03.2013, I ZR 30/12, GRUR 2013, 850 Rn. 13 – *Grundpreisangabe im Supermarkt*, mwN.

196 BGH, 07.03.2013, I ZR 30/12, GRUR 2013, 850 Rn. 13 – *Grundpreisangabe im Supermarkt*, mwN; *Köhler*/Bornkamm/Feddersen, UWG, PAngV § 1 Rn. 49.

197 OLG Düsseldorf, 28.05.2014, I-15 U 54/14, GRUR-RR 2014, 458, 459 – *Preisangabe für Service-Dienste*, zu § 66a TKG.

198 MünchKomm/Ernst UWG, PAngV § 1 Rn. 59.

199 MünchKomm/Ernst UWG, PAngV § 1 Rn. 57.

keine Aufgliederung in diesem Sinne dar.[200] Werden einzelne Preisbestandteile in gleicher Weise hervorgehoben wie der Gesamtpreis, so genügt dies nicht den Anforderungen des § 1 Abs. 6 Satz 3 PAngV.[201] Bei Kopplungsangeboten kann zur Vermeidung einer Irreführung des Verbrauchers eine Aufgliederung sogar notwendig sein.[202] Die Art und Weise der Hervorhebung bleibt dem Anbieter überlassen. Bei schriftlichen Angaben kommen als Hervorhebungsmittel z. B. Fettdruck, größere Schrift bzw. Unterstreichung oder Einrahmung in Betracht, aber auch eine entsprechende Bezeichnung als »Gesamtpreis«.[203]

b) Verhältnis zum Unionsrecht

80 Die Pflicht zur Hervorhebung des Gesamtpreises findet in der für das Angebot von Waren maßgeblichen Preisangaben-RL keine unmittelbare Entsprechung. Die Norm wird daher teilweise für nicht anwendbar angesehen.[204] Allerdings sieht Art. 4 Preisangaben-RL nicht nur in Satz 1 vor, dass der Verkaufspreis unmissverständlich, klar erkennbar und gut lesbar sein muss, sondern in Satz 2 auch, dass die Mitgliedstaaten vorsehen können, dass die Zahl der anzugebenden Preise begrenzt wird. Insoweit ließe sich durchaus eine Rechtfertigung für die nationale Verpflichtung sehen, begrenzt nur den Gesamtpreis hervorheben zu dürfen.[205]

81 Für das Angebot von Leistungen lässt sich indes keine Stütze in der insoweit maßgeblichen Dienstleistungs-RL finden. Nach deren Art. 22 Abs. 4 ist die Preisangabe lediglich klar und unzweideutig und rechtzeitig vor Abschluss des Vertrages bzw. vor Erbringung der Dienstleistung bereitzustellen. Auch Art. 7 Abs. 2 und 4 lit. c UGP-RL verlangt lediglich die Angabe des Preises in klarer, verständlicher und eindeutiger Form. Die Vorschrift ist damit allenfalls nur durch die Mindestangleichungsklausel nach Art. 22 Abs. 5 Dienstleistungs-RL gedeckt.[206] Deren Verhältnis zur UGP-RL ist indes noch ungeklärt, siehe Einl. PAngV Rdn. 37. Hier wird der Unionsgesetzgeber Klarheit schaffen müssen. Nach hiesiger Auffassung ist die Vorschrift solange, da geltendes Recht, entgegen der hL anwendbar (str).[207]

---

200 BGH, 26.02.2009, I ZR 163/06, GRUR 2009, 982 Rn. 12 – *Dr. Clauder's Hufpflege.*

201 *Köhler*/Bornkamm/Feddersen, UWG, PAngV § 1 Rn. 51.

202 Vgl. BGH, 13.06.2002, I ZR 173/01, GRUR 2002, 976, 978 – *Kopplungsangebot I*; *Köhler*/Bornkamm/Feddersen, UWG, PAngV § 1 Rn. 51.

203 Vgl. *Köhler*/Bornkamm/Feddersen, UWG, PAngV § 1 Rn. 51; Harte-Bavendamm/Henning-Bodewig/*Weidert*, UWG, PAngV § 1 Rn. 96.

204 Harte-Bavendamm/Henning-Bodewig/*Weidert*, UWG, PAngV § 1 Rn. 97; *Köhler*/Bornkamm/Feddersen, UWG, PAngV § 1 Rn. 52.

205 Im Ergebnis ebenso Goldberg, WRP 2013, 1561 Rn. 43.

206 Harte-Bavendamm/Henning-Bodewig/*Weidert*, UWG, PAngV § 1 Rn. 97.

207 Wie hier: *Kolb*, Die Übergangsregelung der Richtlinie über unlautere Geschäftspraktiken, Diss. 2015, S. 13 ff.; für die gegenteiligte hM: Harte-Bavendamm/Henning-Bodewig/*Weidert*, UWG, PAngV § 1 Rn. 97; *Köhler*/Bornkamm/Feddersen, UWG, PAngV § 1 Rn. 52.

§ 2 Grundpreis

(1) [1]Wer Verbrauchern gewerbs- oder geschäftsmäßig oder wer ihnen regelmäßig in sonstiger Weise Waren in Fertigpackungen, offenen Packungen oder als Verkaufseinheiten ohne Umhüllung nach Gewicht, Volumen, Länge oder Fläche anbietet, hat neben dem Gesamtpreis auch den Preis je Mengeneinheit einschließlich der Umsatzsteuer und sonstiger Preisbestandteile (Grundpreis) in unmittelbarer Nähe des Gesamtpreises gemäß Absatz 3 Satz 1, 2, 4 oder 5 anzugeben. [2]Dies gilt auch für denjenigen, der als Anbieter dieser Waren gegenüber Verbrauchern unter Angabe von Preisen wirbt. [3]Auf die Angabe des Grundpreises kann verzichtet werden, wenn dieser mit dem Gesamtpreis identisch ist.

(2) Wer Verbrauchern gewerbs- oder geschäftsmäßig oder wer ihnen regelmäßig in sonstiger Weise unverpackte Waren, die in deren Anwesenheit oder auf deren Veranlassung abgemessen werden (lose Ware), nach Gewicht, Volumen, Länge oder Fläche anbietet oder als Anbieter dieser Waren gegenüber Verbrauchern unter Angabe von Preisen wirbt, hat lediglich den Grundpreis gemäß Absatz 3 anzugeben.

(3) [1]Die Mengeneinheit für den Grundpreis ist jeweils 1 Kilogramm, 1 Liter, 1 Kubikmeter, 1 Meter oder 1 Quadratmeter der Ware. [2]Bei Waren, deren Nenngewicht oder Nennvolumen üblicherweise 250 Gramm oder Milliliter nicht übersteigt, dürfen als Mengeneinheit für den Grundpreis 100 Gramm oder Milliliter verwendet werden. [3]Bei nach Gewicht oder nach Volumen angebotener loser Ware ist als Mengeneinheit für den Grundpreis entsprechend der allgemeinen Verkehrsauffassung entweder 1 Kilogramm oder 100 Gramm oder 1 Liter oder 100 Milliliter zu verwenden. [4]Bei Waren, die üblicherweise in Mengen von 100 Liter und mehr, 50 Kilogramm und mehr oder 100 Meter und mehr abgegeben werden, ist für den Grundpreis die Mengeneinheit zu verwenden, die der allgemeinen Verkehrsauffassung entspricht. [5]Bei Waren, bei denen das Abtropfgewicht anzugeben ist, ist der Grundpreis auf das angegebene Abtropfgewicht zu beziehen.

(4) [1]Bei Haushaltswaschmitteln kann als Mengeneinheit für den Grundpreis eine übliche Anwendung verwendet werden. [2]Dies gilt auch für Wasch- und Reinigungsmittel, sofern sie einzeln portioniert sind und die Zahl der Portionen zusätzlich zur Gesamtfüllmenge angegeben ist.

Stefan Schilling

Übersicht **Rdn.**

A. Regelungsgehalt

1 § 2 Abs. 1 PAngV normiert die Pflicht des Werbenden den Grundpreis je Maßeinheit anzugeben, sofern die Ware in einer Maßeinheit (Gewicht, Volumen, Länge oder Fläche) angeboten wird. Nach § 2 Abs. 1 Satz 2 PAngV gilt diese Verpflichtung zur Angabe des Grundpreises aber auch für denjenigen, der als Anbieter dieser Waren gegenüber Verbrauchern *unter Angaben von Preisen wirbt*. Deshalb besteht die Pflicht zur Angabe eines Grundpreises nach dem Wortlaut des § 2 Abs. 1 Satz 2 PAngV und der Systematik zwischen Satz 2 und Satz 1 des § 2 Abs. 1 PAngV bereits dann, wenn nur unter Angabe von Preisen mit Waren i.S.d. § 2 Abs. 1 Satz 1 PAngV geworben wird. Hingegen hängt die Verpflichtung zur Angaben eines Grundpreises nicht davon ab, dass in der konkreten Werbung – zusätzlich zu der Preisangabe – mit einer Gewichtsangabe geworben wird.[1] Es genügt, dass sich die Verpflichtung zur Gewichtsangabe aus gesetzlichen Regelungen ergibt, wie etwa Art. 9 (1) lit. e LMIV (vormals § 6 FertigPackV).[2]. Die Verpflichtung zur Angabe einer Verkaufseinheit kann sich ferner aus der allgemeinen Verkehrsauffassung aus § 1 Abs. 1 Satz 2 PAngV ergeben.[3]. Damit unterfallen § 2 PAngV auch Portionsangebote, wie Kaffeekapseln. Dies entspricht auch einer einer richtlinienkonformen Auslegung der Vorschrift nach Art. 3 Abs. 4 Preisangaben-RL. Demnach ist bei jeglicher Werbung, bei der der Verkaufspreis von Erzeugnissen genannt wird, vorbehaltlich des Art. 5 auch der Preis je Maßeinheit anzugeben. Art. 5 der Preisangaben-RL sieht eine Öffnungsklausel für die Mitgliedsstaaten vor, die Erzeugnisse von der Pflicht zur Angabe des Preises je Maßeinheit ausnehmen können, bei denen eine solche Angabe aufgrund der Beschaffenheit oder Zweckbestimmung der Erzeugnisse nicht sinnvoll oder geeignet wäre, zu Verwechslungen zu führen. Hinsichtlich beispielsweise Kaffeekapseln hat der nationale Gesetzgeber keine entsprechende Ausnahmeregelung getroffen.[4] Durch die Angabe des Grundpreises soll dem Verbraucher im Interesse der Preisklarheit eine leichtere Übersicht über die Preisgestaltung für vergleichbare Warenangebote und damit eine vereinfachte Möglichkeit zum Preisvergleich verschafft werden.[5]

I. Anwendungsbereich

2 § 2 betrifft naturgemäß nur das Angebot von Waren.[6] Ausnahmen vom Gebot der Grundpreisangabe sind in § 9 Abs. 4 bis 6 PAngV enthalten, siehe § 9 PAngV Rdn. 12 ff. Nach § 9 Abs. 4 Nr. 2 PAngV besteht keine Verpflichtung zur Nennung

---

1 OLG Koblenz, 06.12.2017, 9 U 347/17, GRUR-RR 2018, 297 Rn. 11 ff. – *Kaffeekapseln*; OLG Jena, 28.02.2018, 2 U 460/17, BeckRS 2018, 7565; aA Ohly/*Sosnitza*, UWG, § 2 PangV Rn. 4.

2 Vgl. Harte/Henning/Weidert, UWG, PAngV § 2 Rn. 4; Köhler/Bornkamm/Feddersen, UWG, PAngV § 2 Rn. 2.

3 Vgl. Amtl. Begründung der VO zur Änderung der PAngV, BR-Drucks. 180/00, S. 23.

4 OLG Koblenz, 06.12.2017, 9 U 347/17, GRUR-RR 2018, 297 Rn. 12 – *Kaffeekapseln.*

5 *BGH, 31.10.2013, I ZR 139/12*, GRUR 2014, 576 Rn. 20 – 2 *Flaschen GRATIS.*

6 Harte-Bavendamm/Henning-Bodewig/*Weidert*, UWG, § 2 PAngV Rn. 2; Ohly/*Sosnitza*, UWG, § 2 PangV Rn. 2.

des Grundpreises für Waren, die verschiedenartige, nicht miteinander vermischte oder vermengte Erzeugnisse enthalten. Für solche zusammengesetzten Angebote – beispielsweise für ein Gebinde aus einer Flasche Wein und einer Käse- oder Schinkenspezialität – muss kein Grundpreis angegeben werden, obwohl für jedes von dem Angebot umfasste Erzeugnis bei gesonderter Abgabe der Grundpreis nach § 2 Abs. 1 PAngV genannt werden müsste.[7] Diese Ausnahmeregelung gilt erst recht für Kombinationsangebote, siehe § 9 Rdn. 14.[8] Waren in Fertigverpackungen sind keine solchen Kombinationsangebote.

II. Pflicht zur Grundpreisangabe

3 § 2 PAngV begründet in ihrem Anwendungsbereich eine Pflicht zur doppelten Preisangabe, nämlich zur Angabe des Endpreises gemäß § 1 Abs. 1 Satz 1 PAngV und zur Angabe des Grundpreises.[9] Die Mengeneinheit für den Grundpreis ist gemäß § 2 Abs. 3 Satz 1 PAngV grundsätzlich 1 Kilogramm, 1 Liter, 1 Kubikmeter, 1 m oder 1 Quadratmeter der Ware. Auf welche Weise der Grundpreis zu errechnen ist, ist in der PAngV nicht geregelt. Die Preisangaben-RL enthält dazu ebenfalls keine Vorgaben.[10]

1. Angebot von Waren

4 § 2 PAngV setzt ein Angebot voraus. Dieser Begriff ist wie in § 1 Abs. 1 Satz 1 PAngV und damit iSd Art. 1 Preisangaben-RL zu verstehen,[11] siehe § 1 PAngV Rdn. 11 ff. Die Preisangaben-RL definiert den Begriff des »Anbietens« indes nicht. Nach der Rechtsprechung des EuGH ist ein Anbieten in diesem Sinn ist bei einer Werbung gegeben, in der die Besonderheiten des beworbenen Erzeugnisses, ein Preis, der aus Verbrauchersicht dem Verkaufspreis des Produkts entspricht, sowie ein Datum, bis zu dem das an Privatkunden gerichtete Angebot gültig bleibt, genannt sind.[12] Die genannten Voraussetzungen müssen dabei kumulativ erfüllt sein. Deshalb kann eine Werbung, in der kein Preis für das beworbene Produkt angegeben ist, nicht als Angebot im Sinne der Preisangaben-RL und – entsprechend – iSv § 1 Abs. 1 Satz 1 PAngV angesehen werden.[13]

2. Platzierung der Grundpreisangabe

5 Der Grundpreis ist in unmittelbarer Nähe des Gesamtpreises anzugeben (§ 2 Abs. 1 Satz 1 PAngV). Dies setzt voraus, dass beide Preise auf einen Blick wahrgenommen

7 BGH, 28.06.2012, I ZR 110/11, GRUR 2013, 186 Rn. 8 – *Traum-Kombi.*
8 BGH, 28.06.2012, I ZR 110/11, GRUR 2013, 186 Rn. 8 – *Traum-Kombi.*
9 BGH, 31.10.2013, I ZR 139/12, GRUR 2014, 576 Rn. 20 – *2 Flaschen GRATIS.*
10 BGH, 31.10.2013, I ZR 139/12, GRUR 2014, 576 Rn. 21 – *2 Flaschen GRATIS*
11 *Köhler*/Bornkamm/Feddersen, UWG, PAngV § 2 Rn. 2; Harte-Bavendamm/Henning-Bodewig/*Weidert*, UWG, § 2 PAngV Rn. 8.
12 EuGH, 07.07.2016, C-476/14, GRUR 2016, 945 Rn. 30 – *Citroën Commerce*; wobei Köhler, GRUR 2016, 891 893 überzeugend darauf verweist, dass die Angabe des Enddatums wohl kein vom EuGH wirklich gefordertes Kriterium sein dürfte; BGH, 28.06.2012, I ZR 110/11, GRUR 2013, 186 Rn. 16 – *Traum-Kombi.*
13 BGH, 10.11.2016, I ZR 29/15, GRUR 2017, 286 Rn. 12 – *Hörgeräteausstellung.*

werden können.[14] Die bloße unmittelbare Erreichbarkeit reicht insoweit im Hinblick auf den klaren Wortlaut der Regelung in der Preisangabenverordnung nicht aus.[15]

6 Dieses Erfordernis ist strenger, als es Art. 4 Abs. 1 Satz 1 Preisangaben-RL vorschreibt. Denn nur die generelle Verpflichtung, überhaupt eine Grundpreisangabe zu setzen, beruht auf der Preisangaben-RL.[16] Nach deren Art. 4 müssen der Verkaufspreis und der Preis je Maßeinheit lediglich »unmissverständlich, klar erkennbar und gut lesbar sein«. Dagegen ist die Pflicht, diese Angabe auch räumlich in »unmittelbarer Nähe« des Endpreises anzugeben, eine Entscheidung des deutschen Gesetzgebers. Ebenso wie der Unionsgesetzgeber bezweckte auch dieser, den Verbrauchern einen optimalen Preisvergleich zu ermöglichen. Unmittelbar iSd § 2 Abs. 1 Satz 1 PAngV dient der näheren Bestimmung des Wortes »Nähe« und ist daher im räumlichen Sinn gemeint.[17] Allerdings ist diese Vorgabe durch die Mindestangleichungsklausel des Art. 10 Preisangaben-RL gedeckt.[18] Zur fortdauernden Anwendbarkeit (str), siehe Rdn. 9.

7 Einer Hervorhebung des Gesamtpreises bedarf es nicht. Dies ist gemäß § 1 Abs. 6 Satz 3 PAngV nur dann geboten, wenn eine Preisaufgliederung vorliegt, d.h. neben dem Endpreis auch Preisbestandteile ausgewiesen sind.[19] Die Angabe des Grundpreises neben dem Endpreis stellt dabei keine solche Preisaufgliederung dar. Die Bestimmung des § 2 Abs. 1 Satz 3 PAngV, nach der auf die Angabe des Grundpreises verzichtet werden kann, wenn dieser mit dem Endpreis identisch ist, lässt ebenfalls keine Abstufung der an Endpreisangaben einerseits und Grundpreisangaben andererseits zu stellenden Anforderungen erkennen. Sie trägt lediglich dem Umstand Rechnung, dass in einem solchen Fall das Erfordernis der Angabe der beiden – gleichen – Preise nebeneinander eine überflüssige Förmelei darstellte.[20]

8 Für lose Waren enthält § 2 Abs. 2 PAngV eine den Gepflogenheiten des Handelsverkehrs entsprechende Sonderregelung für die Angabe des Gesamtpreises bei Waren, die in Anwesenheit oder auf Veranlassung des Kunden abgemessen werden.[21]

B. Unionsrechtliche Grundlage

9 Die Vorschrift beruht auf Art. 3 Abs. 1 und Abs. 4 Preisangaben-RL. Nach Art. 3 Abs. 1 Preisangaben-RL ist bei Erzeugnissen, die Verbrauchern von Händlern angeboten werden, der Verkaufspreis und der Preis je Maßeinheit anzugeben. Dies gilt nach

---

14 BGH, 26.02.2009, I ZR 163/06, GRUR 2009, 982 Rn. 13 – *Dr. Clauder's Hufpflege*, mwN.

15 BGH, 26.02.2009, I ZR 163/06, GRUR 2009, 982 Rn. 13 – *Dr. Clauder's Hufpflege*

16 LG Hamburg, 24.11.2011, 327 O 196/11, BeckRS 2011, 26935 = WRP 2012, 248 Ls.

17 BGH, 23.07.2015, I ZR 143/14, GRUR 2016, 295 Rn. 28 – *Preisangabe für Telekommunikationsdienstleistung*.

18 Vgl. *Köhler*/Bornkamm/Feddersen, UWG, PAngV § 2 Rn. 3.

19 BGH, 26.02.2009, I ZR 163/06, GRUR 2009, 982 Rn. 12 – *Dr. Clauder's Hufpflege*; *Köhler*/Bornkamm/Feddersen, UWG, PAngV § 2 Rn. 4; Harte-Bavendamm/Henning-Bodewig/*Weidert, UWG, § 2 PAngV Rn. 1*.

20 BGH, 26.02.2009, I ZR 163/06, GRUR 2009, 982 Rn. 12 – *Dr. Clauder's Hufpflege*.

21 *Köhler*/Bornkamm/Feddersen, UWG, PAngV § 2 Rn. 4.

Art. 3 Abs. 4 auch für jede Werbung, in der der Verkaufspreis genannt wird. Diese Vorschrift geht nach der Rechtsprechung des EuGH auch den Regelungen der UGP-RL vor.[22] Denn nach Art. 3 Abs. 4 der UGP-RL genießen andere Rechtsvorschriften der Gemeinschaft, die besondere Aspekte unlauterer Geschäftspraktiken regeln, im Kollisionsfall gegenüber der UGP-RL Vorrang. Hierzu gehört auch die Preisangaben-RL. Dies hat der EuGH auf Vorlage des BGH[23] entschieden. Im Anwendungsbereich der Preisangaben-RL, d.h. für das *Anbieten von Waren*, ist die UGP-RL nach deren Art. 3 Abs. 4 nicht einschlägig.[24] Das ist überzeugend, da Art. 3 Abs. 4 der Preisangaben-RL (Grundpreisangabe) auch in den Anhang II zu Art. 7 Abs. 5 der UGP-RL aufgenommen worden ist, sie also als in die UGP-RL integriert anzusehen ist, sodass kein Kollisionsfall iS des Art 3 Abs. 4 UGP-RL besteht,[25] siehe ausführlich Einl. PAngV Rdn. 30 ff.

Nimmt man den EuGH mit der »Citroën Commerce/ZLW«-Entscheidung[26] beim Wort, dass es sich bei (Art. 3 Abs. 4) der Preisangaben-RL um die speziellere (und in die UGP-RL integrierte) Regelung handelt, können die strengeren Vorgaben der PAngV weiterhin Geltung beanspruchen, da sie sich auf die Mindestharmonisierung durch die Preisangaben-RL stützen können; die Übergangsfrist war im Zeitpunkt der Entscheidung des EuGH auch bereits abgelaufen. Soweit daher teilweise dafür plädiert wird, die betreffenden Bestimmungen seit dem 13.06.2013 nicht mehr anzuwenden[27] oder an der UGP-RL orientiert richtlinienkonform auszulegen,[28] findet dies in der Rechtsprechung des EuGH keine Stütze.[29] Daneben ist allerdings auch § 5a UWG anwendbar.[30] Die Information über den Grundpreis gilt gemäß § 5a Abs. 4 UWG als wesentlich im Sinne von § 5a Abs. 2 UWG.[31] **10**

---

22 EuGH, 07.07.2016, C-476/14, GRUR 2016, 945 Rn. 42 ff. – *Citroën Commerce*; ebenso BGH, 31.10.2013, I ZR 139/12, GRUR 2014, 576 Rn. 18 – *2 Flaschen GRATIS*; krit: Köhler, GRUR 2016, 891, 892.

23 BGH, 18.09.2014, I ZR 201/12, GRUR 2014, 1208 – *Preis zuzüglich Überführung*.

24 EuGH, 07.07.2016, C-476/14, GRUR 2016, 945 Rn. 42 ff. – *Citroën Commerce*; ebenso BGH, 31.10.2013, I ZR 139/12, GRUR 2014, 576 Rn. 18 – *2 Flaschen GRATIS*; krit: Köhler, GRUR 2016, 891, 892.

25 Ohly/*Sosnitza*, UWG, Einf PAngV Rn. 14; ebenso in Bezug auf die Dienstleistungs-RL 2006/123/EG: BGH, 07.05.2015, I ZR 158/14, GRUR 2015, 1240 Rn. 29 – *Der Zauber des Nordens*; aA *Köhler*/Bornkamm/Feddersen, UWG, PAngV § 2 Rn. 1; differenzierend nach den einzelnen Vorgaben des § 2: Harte-Bavendamm/Henning-Bodewig/*Weidert*, UWG, § 2 PAngV Rn. 3; ebenfalls anders noch LG Karlsruhe, 23.12.2015, 15 O 12/15, MMR 2016, 611 Rn. 51.

26 EuGH, 07.07.2016, C-476/14, GRUR 2016, 945 Rn. 44f. – *Citroën Commerce*.

27 Köhler, WRP 2013, 723 Rn. 56; Ohly/*Sosnitza*, UWG, § 2 PangV Rn. 5.

28 Krit OLG Hamm, 21.03.2017, 4 U 166/16, GRUR-RR 2017, 409 Rn. 49; Omsels WRP 2013, 1286 Rn. 10 ff; Goldberg, WRP 2013, 1561 Rn. 14 ff.

29 Ebenso für das Kriterium der unmittelbaren Nähe: Harte-Bavendamm/Henning-Bodewig/*Weidert*, UWG, § 2 PAngV Rn. 12.

30 BGH, 31.10.2013, I ZR 139/12, GRUR 2014, 576 Rn. 15 – *2 Flaschen GRATIS*; aA *Köhler*/Bornkamm/Feddersen, UWG, PAngV § 2 Rn. 1, der nur § 5a UWG für anwendbar hält.

31 OLG Frankfurt, 18.06.2018, 6 U 93/17, BeckRS 2018, 17440 Rn. 8.

§ 3 Elektrizität, Gas, Fernwärme und Wasser

(1) [1]Wer Verbrauchern gewerbs- oder geschäftsmäßig oder wer ihnen regelmäßig in sonstiger Weise Elektrizität, Gas, Fernwärme oder Wasser leitungsgebunden anbietet oder als Anbieter dieser Waren gegenüber Verbrauchern unter Angabe von Preisen wirbt, hat den verbrauchsabhängigen Preis je Mengeneinheit einschließlich der Umsatzsteuer und aller spezifischen Verbrauchssteuern (Arbeits- oder Mengenpreis) gemäß Satz 2 im Angebot oder in der Werbung anzugeben. [2]Als Mengeneinheit für den Arbeitspreis bei Elektrizität, Gas und Fernwärme ist 1 Kilowattstunde und für den Mengenpreis bei Wasser 1 Kubikmeter zu verwenden. [3]Wer neben dem Arbeits- oder Mengenpreis leistungsabhängige Preise fordert, hat diese vollständig in unmittelbarer Nähe des Arbeits- oder Mengenpreises anzugeben. [4]Satz 3 gilt entsprechend für die Forderungen nicht verbrauchsabhängiger Preise.

Stefan Schilling

1 § 3 PAngV betrifft die Preisangabe bei leitungsgebundenen Angeboten von Elektrizität, Gas, Fernwärme und Wasser und der entsprechenden Werbung unter Angabe von Preisen. Die Vorschrift sieht hierfür eine Preisangabe je Mengeneinheit vor. Nach Satz 1 hat, wer als Anbieter von Elektrizität oder Gas gegenüber Verbrauchern unter Angabe von Preisen wirbt, den verbrauchsabhängigen Preis je Mengeneinheit einschließlich der Umsatzsteuer und aller spezifischen Verbrauchssteuern (Arbeits- oder Mengenpreis) in der Werbung anzugeben. Die Norm trägt dem Umstand Rechnung, dass bei diesen Versorgungsangeboten in der Regel die vom Verbraucher zu zahlende Vergütung sich aus einer verbrauchsunabhängigen Komponente, wie dem Basis- oder Grundpreis und einem verbrauchsabhängigen Preisbestandteil zusammensetzt.[1] Leitungsgebunden bedeutet, dass die Vorschrift nicht gilt für das Angebot etwa von Elektrizität in Batterieform, Gas in Druckflaschen oder Wasser in Flaschen.[2]

2 Nach Satz 2 ist als Mengeneinheit für den Arbeitspreis bei Elektrizität, Gas und Fernwärme 1 Kilowattstunde und für den Mengenpreis bei Wasser 1 Kubikmeter zu verwenden. Werden neben diesem Arbeits- oder Mengenpreis auch noch leistungsabhängige Preise gefordert, sind diese vollständig in unmittelbarer Nähe des Arbeits- oder Mengenpreises anzugeben (Satz 3). Entsprechendes gilt nach Satz 4 für verbrauchsunabhängige Entgelte, wie Anschlussgebühren. Die Darstellung unterliegt den Vorgaben des § 1 Abs. 6 PAngV (ab 01.07.2018: § 1 Abs. 7 PAngV), also den Grundsätzen der Preisklarheit und Preiswahrheit.[3]

3 Bei den von § 3 erfassten Produkten handelt es sich um Waren, siehe § 1 PAngV Rdn. 8. Die Vorschrift ist daher im Lichte der Preisangaben-RL auszulegen.[4]

1 Harte-Bavendamm/Henning-Bodewig/*Weidert*, UWG, § 3 PAngV Rn. 1.
2 Harte-Bavendamm/Henning-Bodewig/*Weidert*, UWG, § 3 PAngV Rn. 1.
3 *Vgl. OLG Hamm, 08.12.2009*, 4 U 164/09 BeckRS 2010, 02557.
4 AA wohl *Köhler*/Bornkamm/Feddersen, UWG, PAngV § 3 Rn. 1, der sowohl auf die Preisangaben-RL als auch die Dienstleistungs-RL abstellt.

§ 4 Handel

(1) Waren, die in Schaufenstern, Schaukästen, innerhalb oder außerhalb des Verkaufsraumes auf Verkaufsständen oder in sonstiger Weise sichtbar ausgestellt werden, und Waren, die vom Verbraucher unmittelbar entnommen werden können, sind durch Preisschilder oder Beschriftung der Ware auszuzeichnen.

(2) Waren, die nicht unter den Voraussetzungen des Absatzes 1 im Verkaufsraum zum Verkauf bereitgehalten werden, sind entweder nach Absatz 1 auszuzeichnen oder dadurch, dass die Behältnisse oder Regale, in denen sich die Waren befinden, beschriftet werden oder dass Preisverzeichnisse angebracht oder zur Einsichtnahme aufgelegt werden.

(3) Waren, die nach Musterbüchern angeboten werden, sind dadurch auszuzeichnen, dass die Preise für die Verkaufseinheit auf den Mustern oder damit verbundenen Preisschildern oder Preisverzeichnissen angegeben werden.

(4) Waren, die nach Katalogen oder Warenlisten oder auf Bildschirmen angeboten werden, sind dadurch auszuzeichnen, dass die Preise unmittelbar bei den Abbildungen oder Beschreibungen der Waren oder in mit den Katalogen oder Warenlisten im Zusammenhang stehenden Preisverzeichnissen angegeben werden.

(5) Auf Angebote von Waren, deren Preise üblicherweise aufgrund von Tarifen oder Gebührenregelungen bemessen werden, ist § 5 Abs. 1 und 2 entsprechend anzuwenden.

Stefan Schilling

Übersicht **Rdn.**

A. Regelungsgehalt

§ 4 PAngV enthält teils Sonderregelungen, teils Konkretisierungen der §§ 1, 2 PAngV 1
für den Handel mit *Waren*. Preisangaben für Waren haben ihre alleine unionsrechtliche Grundlage in der Preisangaben-RL, siehe Einl. PAngV Rdn. 30 ff. § 4 Abs. 1 PAngV betrifft die sichtbare Ausstellung von Waren. § 4 Abs. 2 PAngV betrifft das (sonstige) Vorhalten von Waren im Verkaufsraum. § 4 Abs. 3 PAngV regelt die Preisauszeichnung für Waren, die in Musterbüchern angeboten werden. § 4 Abs. 4 konkretisiert die Preis-

auszeichnungspflicht im Fernabsatz. § 4 Abs. 5 PAngV betrifft schließlich tarifgebundene Warenleistungen.

B. Preisauszeichnung in Schaufenstern (§ 4 I)

2 Nach § 4 Abs. 1 PAngV sind sichtbar ausgestellte Waren in Schaufenstern, Schaukästen oder auf Verkaufsständen durch Preisschilder oder Beschriftung der Ware auszuzeichnen. Selbiges gilt für Waren, die vom Verbraucher einer offenen Auslage unmittelbar entnommen werden können. Die Vorschrift regelt indes allein die Art und Weise, in der die Preisangabe bei sichtbar ausgestellten oder vom Verbraucher unmittelbar zu entnehmenden Waren zu erfolgen hat.[1] Eine Pflicht zur Preisangabe normiert sie nicht.

I. Voraussetzungen

1. Schaufenster

3 Nach § 4 Abs. 1 PAngV erfasst sichtbar ausgestellte Waren in Schaufenstern, Schaukästen oder Verkaufsständen. Für die Annahme eines Schaufensters im Rechtssinne reicht es nicht aus, dass über eine verglaste Fensterfläche Einblick in Geschäftsabläufe bzw. allgemeines geschäftliches Verhalten eines Anbieters möglich ist. Es reicht auch nicht aus, wenn hierdurch die Räume und die allgemeine Büroausstattung sichtbar werden, selbst wenn diese jahreszeitgemäß und in gewisser Weise auch mit Bezug zu dem Geschäftsgegenstand dekoriert sind. Die Anwendung der Norm setzt vielmehr voraus, dass im Sinne dieser Vorschrift die Waren »angeboten« werden.[2]

2. Angebot von Waren

4 Der Tatbestand des § 4 Abs. 1 PAngV setzt nach der Rechtsprechung ein bereits vorliegendes Angebot iSv § 1 Abs. 1 Satz 1 Fall 1 PAngV voraus.[3] Dies ist nach dem Wortlaut der Norm zwar keineswegs zwingend, da ein »Ausstellen« auch bei einer reinen Produktpräsentation (ohne Preisangabe) vorliegen könnte. Das Vorliegen eines Angebots gebietet indes die richtlinienkonforme Auslegung. Da für das Anbieten von Waren nach der Rechtsprechung des EuGH alleinige unionsrechtliche Grundlage die Preisangaben-RL ist,[4] kommt es für die Bestimmung des Angebotsbegriffs allein auf diese an, siehe § 1 PAngV Rdn. 11 ff. Deshalb kann eine Werbung, in der kein Preis für das beworbene Produkt angegeben ist, nicht als Angebot im Sinne der Preisangaben-RL und – entsprechend – iSv § 1 Abs. 1 Satz 1 PAngV angesehen werden.[5] § 4 Abs. 1 PAngV erfasst daher nicht die reine Werbung im Schaufenster durch Präsentation der

---

1 BGH, 10.11.2016, I ZR 29/15, GRUR 2017, 286 Rn. 14 – *Hörgeräteausstellung*

2 Vgl. HansOLG Hamburg, 08.05.2013, 5 U 169/11, WRP 2013, 1212 Rn. 16 (zu § 5 PAngV).

3 BGH, 10.11.2016, I ZR 29/15, GRUR 2017, 286 Rn. 14 – *Hörgeräteausstellung*, mwN; aA Harte-Bavendamm/Henning-Bodewig/*Weidert*, UWG, PAngV § 4 Rn. 3.

4 EuGH, 07.07.2016, C-476/14, GRUR 2016, 945 Rn. 33 ff. – *Citroën Commerce*; anders noch EuGH, 10.07.2014, C-421/12, GRUR Int. 2014, 964 Rn. 59 – *Kommission/Belgien*; krit: Köhler, GRUR 2016, 891, 892.

5 BGH, 10.11.2016, I ZR 29/15, GRUR 2017, 286 Rn. 12 – *Hörgeräteausstellung*.

Ware ohne Preisangabe.[6] Es gibt allerdings für Gaststätten (§ 5 PAngV) und Tankstellen (§ 8 PAngV) Sonderregelungen.

Waren iSd PAngV sind alle Wirtschaftsgüter, die Gegenstand eines Handels im geschäftlichen Verkehr sein können.[7] Auch Attrappen und Schaupackungen, die stellvertretend für die Ware ausgelegt sind, sind auszuzeichnen.[8] **5**

3. Preisschilder

§ 4 Abs. 1 PAngV verlangt die Preisauszeichnung durch Preisschilder oder Beschriftung der Ware, sofern Preise genannt werden. Preisschilder sind selbstständige Träger der Preisangabe (Etiketten, Anhänger), die entweder unmittelbar an der Ware befestigt sind oder sich in unmittelbarer Nähe zu ihr befinden.[9] Die Preisauszeichnung durch Beschriftung der Ware muss hingegen bei jedem einzelnen Stück erfolgen.[10] **6**

II. Vereinbarkeit mit dem Unionsrecht

Das Erfordernis der Preisauszeichnung durch Preisschilder ist strenger, als es Art. 4 Abs. 1 Satz 1 Preisangaben-RL vorschreibt. Denn demnach muss der Verkaufspreis lediglich »unmissverständlich, klar erkennbar und gut lesbar sein«. Allerdings ist diese Vorgabe durch die Mindestangleichungsklausel des Art. 10 Preisangaben-RL gedeckt. Ein Konflikt mit der UGP-RL besteht nach hiesiger Auffassung nicht (str, siehe Einl. PAngV Rdn. 30 ff.). Nach der »Citroën Commerce/ZLW«-Entscheidung des EuGH[11] handelt es sich bei der Preisangaben-RL um die speziellere und in die UGP-RL integrierte Regelung, so dass die strengeren Vorgaben der PAngV weiterhin Geltung beanspruchen können; die Übergangsfrist der UGP-RL war im Zeitpunkt der Entscheidung des EuGH auch bereits abgelaufen. Auch nach Auffassung des BGH regelt die Preisangaben-RL besondere Aspekte iSv Art. 3 Abs. 4 UGP-RL der gegebenenfalls als unlauter einzustufenden Geschäftspraktiken in den Beziehungen zwischen Gewerbetreibenden und Verbrauchern wie insbesondere solche, die mit der Angabe des Verkaufspreises von Erzeugnissen in Warenangeboten und in der Werbung im Zusammenhang stehen.[12] Damit kann die UGP-RL hinsichtlich des in der Preisangaben-RL geregelten Aspekts eines in einer Werbung angegebenen oder anzugebenden Verkaufspreises nicht zur Anwendung kommen. Soweit daher teilweise dafür plädiert wird, die betreffenden Bestimmungen seit dem 13.06.2013 nicht mehr anzuwenden oder an der UGP-RL **7**

---

6 BGH, 10.11.2016, I ZR 29/15, GRUR 2017, 286 Rn. 14 – *Hörgeräteausstellung.*
7 Ohly/*Sosnitza*, UWG, PAngV § 1 Rn. 21.
8 Ohly/*Sosnitza*, UWG, PAngV § 4 Rn. 4.
9 *Köhler*/Bornkamm/Feddersen, UWG, PAngV § 4 Rn. 6.
10 Harte-Bavendamm/Henning-Bodewig/*Weidert*, UWG, § 4 PAngV Rn. 10.
11 EuGH, 07.07.2016, C-476/14, GRUR 2016, 945 Rn. 44f. – *Citroën Commerce.*
12 BGH, 10.11.2016, I ZR 29/15, GRUR 2017, 286 Rn. 15 – *Hörgeräteausstellung*

orientiert richtlinienkonform auszulegen,[13] findet dies in der Rechtsprechung des EuGH keine Stütze (siehe Einl. PAngV Rdn. 33).

C. Preisauszeichnung sonstiger Waren

8 § 4 Abs. 2 PAngV ordnet darüber hinaus die Preisauszeichnung auch für Waren an, die nicht sichtbar ausgestellt sind. Hier gelten indes erleichterte Formen der Preisauszeichnung und lässt dem Unternehmer die Wahl zwischen mehreren Möglichkeiten. Er kann a) die Waren nach § 4 Abs. 1 PAngV auszeichnen oder b) die Behältnisse oder Regale, in denen sich die Waren befinden, beschriften oder c) Preisverzeichnisse anbringen oder d) Preisverzeichnisse auslegen.[14] Auch insoweit muss jedoch ein Angebot iSd § 1 Abs. 1 Satz 1 PAngV vorliegen, so dass eine Preisauszeichnung nur dann in dieser Weise zu erfolgen hat, wenn Preise genannt werden.

D. Preisauszeichnung in Musterbüchern

9 § 4 Abs. 3 PAngV regelt die Preisauszeichnung für Waren, die nach Musterbüchern angeboten werden. Musterbücher sind Druckerzeugnisse, die Muster der Ware enthalten.[15] Dies ist typischerweise bei Stoffen gebräuchlich, deren Haptik für den Verbraucher kaufentscheidend ist, also Bodenbeläge, Stoffe oder Textilien.[16] Enthalten die Musterbücher bloß Abbildungen der jeweiligen Waren, handelt es sich um Kataloge iSd § 4 Abs. 4 PAngV. Die Preisauszeichnung hat in der Weise zu erfolgen, dass die Preise für die Verkaufseinheit (idR nach Flächenmaß) auf den Mustern oder damit fest verbundenen Preisschildern oder Preisverzeichnissen angegeben werden.[17]

E. Versandhandel

10 § 4 Abs. 4 PAngV regelt die Preisauszeichnung für Waren, die nach Katalogen oder Warenlisten oder Bildschirmen angeboten werden. Dieser Bestimmung kommt vor allem für die Angebote des Versandhandels Bedeutung zu, der mittels Katalogen oder Internetangeboten Waren vertreibt, aber auch für die aus der Mode gekommenen Buchclubs sowie im Neuwagenhandel.[18] Nach dieser Norm können nach Katalogen oder Warenlisten oder auf Bildschirmen angebotene Waren dadurch ausgezeichnet werden, dass die Preise unmittelbar bei den Abbildungen oder Beschreibungen der Waren oder in mit den Katalogen oder Warenlisten im Zusammenhang stehenden Preisver-

13 Vgl. OLG München, 17.12.2015, 6 U 1711/15, GRUR-RR 2016, 509 Rn. 54 (zu § 4 IV); *Köhler*/Bornkamm/Feddersen, UWG, PAngV § 4 Rn. 4; Harte-Bavendamm/Henning-Bodewig/*Weidert*, UWG, PAngV § 4 Rn. 3; für das Fehlen der Unlauterkeit: Ohly/*Sosnitza*, UWG, § 4 PAngV Rn. 1.

14 *Köhler*/Bornkamm/Feddersen, UWG, PAngV § 4 Rn. 7.

15 *Köhler*/Bornkamm/Feddersen, UWG, PAngV § 4 Rn. 8; Harte-Bavendamm/Henning-Bodewig/*Weidert*, UWG, PAngV § 4 Rn. 17.

16 Ohly/*Sosnitza*, UWG, § 4 PAngV Rn. 8.

17 *Köhler*/Bornkamm/Feddersen, UWG, PAngV § 4 Rn. 8.

18 Vgl. BGH, 26.02.2009, I ZR 163/06, GRUR 2009, 982 Rn. 17 – *Dr. Clauder's Hufpflege* ; *Köhler*/Bornkamm/Feddersen, UWG, PAngV § 4 Rn. 9.

zeichnissen angegeben werden.[19] Sie räumt dem Werbenden dadurch eine gewisse Flexibilität ein, denn eine »unmittelbare« Zuordnung wird dort keinesfalls schlechthin angeordnet. Preisverzeichnisse können auch am Ende des Katalogs oder in separaten Listen beigefügt werden. Im Internet kann der erforderliche Zusammenhang zwanglos auch durch entsprechenden Link, der auf ein entsprechendes Preisverzeichnis verweist, hergestellt werden.[20]

Sofern das Warenangebot auf Bildschirmen geregelt wird, ist die Art des Bildschirms 11
gleichgültig. Damit wird der gesamte Online-Handel mit Waren erfasst.[21] Es kann sich ebenso um einen Fernsehbildschirm oder Computermonitor wie um den Bildschirm eines Tablet PC oder eines Smartphones handeln.[22] Hörfunkwerbung hingegen ist nicht erfasst; sie kann nach § 9 Abs. 1 Nr. 4 PAngV als mündliches Angebot vielmehr privilegiert sein, was für Fernsehwerbung oder andere Bildschirmwerbung nicht der Fall ist.[23] Dass die Preisangabenverordnung die über Bildschirm erfolgenden Angebote nicht als mündliche Angebote behandelt, erschließt sich aus ihren §§ 4 Abs. 4, 5 Abs. 1 Satz 3 PAngV, wo als Ort des Leistungsangebots neben den Printmedien auch die »Bildschirmanzeige« ausdrücklich erwähnt wird.[24] Auch hier muss es sich stets um Angebote iSd § 1 Abs. 1 Satz 1 1. Fall PAngV handeln,[25] insbesondere ordnet § 4 Abs. 4 PAngV auch im Versandhandel keine Preisauszeichnungspflicht für die schlichte Warenpräsentation an. Für die Angabe der Versandkosten ist § 1 Abs. 2 PAngV die speziellere Norm.[26]

F. Tarifgebundene Warenangebote

Für Angebote von Waren, deren Preise üblicherweise auf Grund von Tarifen oder 12
Gebührenregelungen bemessen werden, sind nach § 4 Abs. 5 PAngV die Regelungen in § 5 Abs. 1 und 2 PAngV entsprechend anzuwenden. Es sind also zwingend Preisverzeichnisse aufzustellen.[27] Die Vorschrift betrifft in der Praxis in erster Linie leitungsgebundene Angebote iSv § 3 PAngV.[28]

§ 5 Leistungen

(1) ¹Wer Leistungen anbietet, hat ein Preisverzeichnis mit den Preisen für seine wesentlichen Leistungen oder in den Fällen des § 1 Abs. 3 mit seinen Verrech-

---

19 BGH, 26.02.2009, I ZR 163/06, GRUR 2009, 982 Rn. 17 – *Dr. Clauder's Hufpflege.*
20 AA Harte-Bavendamm/Henning-Bodewig/*Weidert*, UWG, PAngV § 4 Rn. 20; vgl. wie hier zu § 5: *Köhler*/Bornkamm/Feddersen, UWG, PAngV § 5 Rn. 6.
21 *Köhler*/Bornkamm/Feddersen, UWG, PAngV § 4 Rn. 9.
22 Harte-Bavendamm/Henning-Bodewig/*Weidert*, UWG, PAngV § 4 Rn. 18.
23 Harte-Bavendamm/Henning-Bodewig/*Weidert*, UWG, PAngV § 4 Rn. 18.
24 Vgl. BGH, 03.07.2003, I ZR 211/01, GRUR 2003, 971, 972 – *Telefonischer Auskunftsdienst.*
25 Harte-Bavendamm/Henning-Bodewig/*Weidert*, UWG, PAngV § 4 Rn. 19.
26 LG Hamburg, 27.10.2005, 327 O 614/05, MMR 2006, 420; *Köhler*/Bornkamm/Feddersen, UWG, PAngV § 4 Rn. 9.
27 *Köhler*/Bornkamm/Feddersen, UWG, PAngV § 4 Rn. 10.
28 Harte-Bavendamm/Henning-Bodewig/*Weidert*, UWG, PAngV § 4 Rn. 21.

nungssätzen aufzustellen. [2]Dieses ist im Geschäftslokal oder am sonstigen Ort des Leistungsangebots und, sofern vorhanden, zusätzlich im Schaufenster oder Schaukasten anzubringen. [3]Ort des Leistungsangebots ist auch die Bildschirmanzeige. [4]Wird eine Leistung über Bildschirmanzeige erbracht und nach Einheiten berechnet, ist eine gesonderte Anzeige über den Preis der fortlaufenden Nutzung unentgeltlich anzubieten.

(2) Werden entsprechend der allgemeinen Verkehrsauffassung die Preise und Verrechnungssätze für sämtliche angebotenen Leistungen in Preisverzeichnisse aufgenommen, so sind diese zur Einsichtnahme am Ort des Leistungsangebots bereitzuhalten, wenn das Anbringen der Preisverzeichnisse wegen ihres Umfangs nicht zumutbar ist.

(3) Werden die Leistungen in Fachabteilungen von Handelsbetrieben angeboten, so genügt das Anbringen der Preisverzeichnisse in den Fachabteilungen.

Stefan Schilling

Übersicht **Rdn.**

A. Regelungsgehalt

1 § 5 PAngV enthält Sonderregelungen für das Angebot von Leistungen. Unionsrechtliche Grundlage ist damit sowohl die Dienstleistungs-RL als auch die UGP-RL. Nach § 5 Abs. 1 PAngV hat der Anbieter von Dienstleistungen ein Preisverzeichnis für seine wesentlichen Leistungen zu erstellen. Die Vorschrift soll es dem Verbraucher ermöglichen, sich rasch einen Überblick über die Preise für die angebotenen Leistungen zu verschaffen.[1] Entspricht es der Verkehrsauffassung anstelle eines Preisverzeichnisses der wesentlichen Leistungen (alle) Preise und Verrechnungssätze in Preisverzeichnisse aufzunehmen, so sind diese nach § 5 Abs. 2 PAngV zur Einsichtnahme am Ort des Leistungsangebots bereitzuhalten, wenn das Anbringen der Preisverzeichnisse wegen ihres Umfangs nicht zumutbar ist.

1 LG Hamburg, 10.01.2012, 312 O 168/10, WRP 2012, 605 Rn. 23.

B. Verzeichnis der wesentlichen Leistungen (§ 5 Abs. 1)

I. Voraussetzungen

1. Anbieten von Leistungen

Die Vorschrift gilt nur für das Angebot von Leistungen an Verbraucher. Bei anderen 2
als (Letzt-)Verbrauchern gilt § 4 Abs. 1 DL-InfoV.[2] Leistung ist im Einklang mit Art. 4 Nr. 1 der Dienstleistungs-RL 2006/123/EG zu definieren als jede von Art. 50 AEUV erfasste selbständige Tätigkeit, die in der Regel gegen Entgelt erbracht wird,[3] siehe § 1 PAngV Rdn. 9. In § 9 Abs. 8 PAngV sind Ausnahmetatbestände enthalten (siehe § 9 Rdn. 20). Es muss ein Angebot von Dienstleistungen iSd § 1 Abs. 1 Satz 1 PAngV vorliegen. Der Begriff des Anbietens dürfte richtlinienkonform am Maßstab des Art. 7 Abs. 4 lit. c UGP-RL auszulegen sein und damit anhand des Begriffs der »Aufforderung zum Kauf« (zu den Voraussetzungen siehe § 1 PAngV Rdn. 42).

2. Wesentliche Leistungen

Nach § 5 Abs. 1 Satz 1 PAngV muss der Anbieter von Leistungen ein Preisverzeichnis 3
mit den Preisen für seine wesentlichen Leistungen aufstellen. Das bedeutet im Umkehrschluss, dass kein Aushang mit sämtlichen Leistungen erforderlich ist (beachte aber § 5 Abs. 2 PAngV, siehe Rdn. 7). Unter »wesentlichen« Leistungen sind die Leistungen zu verstehen, die erfahrungsgemäß häufig in Anspruch genommen werden.[4] Welche Leistungen das im Einzelfall sind, richtet sich nach den Gegebenheiten des jeweiligen Betriebs. Werden mehrere (Teil-)Leistungen angeboten, die, möglicherweise unterschiedlich kombiniert, ein einheitliches Leistungsangebot darstellen, ist maßgebend, ob es bestimmte Kombinationen der Teilleistungen gibt, die erfahrungsgemäß häufiger nachgefragt werden.[5] Handelsbetriebe, die schwerpunktmäßig *Waren* anbieten, fallen nicht unter diese Vorschrift, solange sie nicht auch in wesentlichem Umfang *Leistungen* anbieten.[6] Hier kann aber § 5 Abs. 3 PAngV eingreifen, siehe Rdn. 8.

II. Ort und Gestaltung des Verzeichnisses

1. Geschäftslokal

Nach § 5 Abs. 1 Satz 2 PAngV muss das Preisverzeichnis am Ort des Leistungsangebots 4
angebracht werden, was regelmäßig einen Aushang voraussetzt.[7]

---

2 *Köhler*/Bornkamm/Feddersen, UWG, PAngV § 5 Rn. 1.

3 Vgl. *Köhler*/Bornkamm/Feddersen, UWG, PAngV § 1 Rn. 2; Ohly/*Sosnitza*, UWG, PAngV § 1 Rn. 22.

4 LG Hamburg, 10.01.2012, 312 O 168/10, WRP 2012, 605 Rn. 21; *Köhler*/Bornkamm/Feddersen, UWG, PAngV § 5 Rn. 4.

5 LG Hamburg, 10.01.2012, 312 O 168/10, WRP 2012, 605 Rn. 21 (betreffend Bestattungsleistungen); *Köhler*/Bornkamm/Feddersen, UWG, PAngV § 5 Rn. 4.

6 Harte-Bavendamm/Henning-Bodewig/*Weidert*, UWG, PAngV § 5 Rn. 5.

7 *Köhler*/Bornkamm/Feddersen, UWG, PAngV § 5 Rn. 6.

2. Schaufenster

5 Ist ein Schaufenster oder Schaukasten vorhanden, ist es zusätzlich dort anzubringen. Für die Annahme eines Schaufensters im Rechtssinne reicht es nicht aus, dass über eine verglaste Fensterfläche Einblick in Geschäftsabläufe bzw. allgemeines geschäftliches Verhalten eines Anbieters möglich ist. Es reicht auch nicht aus, wenn hierdurch die Räume und die allgemeine Büroausstattung sichtbar werden, selbst wenn diese jahreszeitgemäß und in gewisser Weise auch mit Bezug zu dem Geschäftsgegenstand dekoriert sind. Die Anwendung der Norm setzt vielmehr voraus, dass im Sinne dieser Vorschrift die Leistungen »angeboten« werden,[8] siehe ausführlich zum Anbieten von Leistungen § 1 Rdn. 22 ff.

3. Internet

6 Nach § 5 Abs. 1 Satz 3 PAngV gilt als Ort des Leistungsangebots auch die Bildschirmanzeige im Fernabsatz. Wird eine Leistung über Bildschirmanzeige erbracht und nach Einheiten berechnet, ist nach § 5 Abs. 1 Satz 4 PAngV eine gesonderte Anzeige über den Preis der fortlaufenden Nutzung unentgeltlich anzubieten. Es geht also um die Fälle, in denen der Preis der Leistung nicht von vornherein feststeht, sondern von der Dauer der Leistung abhängt. Die Verbraucher sollen erfahren können, welche Kosten für die abgelaufene Zeit angefallen sind.[9] Die Gestaltung des Preisverzeichnisses muss den Anforderungen an die Preisklarheit und Preiswahrheit (§ 1 Abs. 6 PAngV) entsprechen, siehe § 1 PAngV Rdn. 64 ff.

C. Preisverzeichnis sämtlicher Leistungen (§ 5 Abs. 2)

7 § 5 Abs. 2 PAngV ist eine Ausnahmevorschrift zu der in § 5 Abs. 1 PAngV aufgestellten Verpflichtung, ein Leistungsverzeichnis (nur) der wesentlichen Leistungen vor Ort auszuhängen.[10] Besteht eine Verkehrsübung iSd § 1 Abs. 3 PAngV (das Gesetz spricht in § 5 Abs. 2 PAngV unscharf von Verkehrsauffassung), nach der in der Branche umfassende Preisverzeichnisse erstellt werden, die alle ihren Geschäftsbetrieben zuzuordnenden Leistungen umfassen, so bedarf es keines Aushangs der wesentlichen Leistungen nach § 5 Abs. 1 PAngV.[11] Das bedeutet aber, dass alle auch auf Wunsch möglichen Sonder- und Zusatzleistungen enthalten sein müssen.[12] Zugleich muss das Anbringen der Preisverzeichnisse am Geschäftslokal und im Schaufernster wegen ihres Umfangs nicht zumutbar sein. Liegen diese Voraussetzungen vor, so genügt es, diese am Ort des Leistungsangebots zur Einsicht bereit zu halten.[13] Die Beweislast für das Vorliegen der

8 HansOLG Hamburg, 08.05.2013, 5 U 169/11, WRP 2013, 1212 Rn. 16.

9 *Köhler*/Bornkamm/Feddersen, UWG, PAngV § 5 Rn. 7.

10 BGH, 22.03.2012, I ZR 111/11, GRUR 2012, 1159 Rn. 11 – *Preisverzeichnis bei Mietwagenangebot.*

11 BGH, 22.03.2012, I ZR 111/11, GRUR 2012, 1159 Rn. 11 – *Preisverzeichnis bei Mietwagenangebot.*

12 Harte-Bavendamm/Henning-Bodewig/*Weidert*, UWG, PAngV § 5 Rn. 14.

13 *Köhler*/Bornkamm/Feddersen, UWG, PAngV § 5 Rn. 8; Harte-Bavendamm/Henning-Bodewig/*Weidert*, UWG, PAngV § 5 Rn. 15.

Voraussetzungen für die Ausnahmeregelung trägt der Unternehmer, der sich darauf beruft.[14]

D. Fachabteilungen in Handelsbetrieben (§ 5 Abs. 3)

8 § 5 Abs. 3 PAngV trifft eine Sonderregelung für Leistungsangebote in Fachabteilungen von Handelsbetrieben. Insoweit genügt es, die Preisverzeichnisse in den jeweiligen Fachabteilungen anzubringen. Dies ist interessengerecht, weil sie der Kunde auch nur dort erwartet.[15] Das ist der Fall, wenn innerhalb eines (größeren) Warenhandelsgeschäftes in einem abgegrenzten Bereich auch spezielle Leistungen angeboten werden. Ein Handelsbetrieb iSd Vorschrift liegt nur vor, wenn das – nicht § 5 PAngV unterfallende – *Warenangebot* aus Sicht der angesprochenen Verkehrskreise bei einer Gesamtbetrachtung klar im Vordergrund steht und im Vergleich zum – § 5 PAngV unterfallenden – *Leistungsangebot* eindeutig überwiegt.[16]

E. Vereinbarkeit mit dem Unionsrecht

9 § 5 PAngV betrifft das Angebot von Leistungen. Dies lässt sich sowohl auf die Regelungen der UGP-RL als auch auf die der Dienstleistungs-RL zurückführen. Denn der BGH hat die Vorschriften der Dienstleistungs-RL neben den Informationspflichten in Art. 7 Abs. 4 lit. c der UGP-RL für nebeneinander anwendbar angesehen und ist davon ausgegangen, dass die Informationsanforderungen der Dienstleistungsrichtlinie-RL in die UGP-integriert sind.[17]

10 Art 22 Abs. 2 der Dienstleistungs-RL 2006/123/EG eröffnet dem Leistungserbringer ein Wahlrecht. Er kann den Preis von sich aus mitteilen (lit. a) oder dafür sorgen, dass der Preis für den Dienstleistungsempfänger am Ort der Leistungserbringung oder des Vertragsschlusses (lit. b) oder elektronisch über eine vom Dienstleistungserbringer angegebene Adresse (lit. c) leicht zugänglich ist. Ferner reicht es aus, wenn der Preis in allen von den Dienstleistungserbringern den Dienstleistungsempfängern zur Verfügung gestellten Informationsunterlagen über die angebotene Dienstleistung enthalten ist (lit. d). Hat der Dienstleistungserbringer den Preis für die Dienstleistung nicht im Vorhinein festgelegt, so muss er den Dienstleistungsempfängern nach Art. 22 Abs. 3 lit. a auf Anfrage den Preis der Dienstleistung oder, wenn kein genauer Preis angegeben werden kann, die Vorgehensweise zur Berechnung des Preises mitteilen, die dem Dienstleistungsempfänger die Überprüfung des Preises ermöglicht, oder diesem einen Kostenvoranschlag zur Verfügung stellen.[18] Nach Art. 22 Abs. 4 RL 2006/123/EG müssen die mitzuteilenden Informationen – mithin auch der Preis – klar und unzwei-

---

14 Harte-Bavendamm/Henning-Bodewig/*Weidert*, UWG, PAngV § 5 Rn. 16.
15 *Köhler*/Bornkamm/Feddersen, UWG, PAngV § 5 Rn. 9.
16 Harte-Bavendamm/Henning-Bodewig/*Weidert*, UWG, PAngV § 5 Rn. 17.
17 Vgl. BGH, 07.05.2015, I ZR 158/14, GRUR 2015, 1240 Rn. 29. – *Der Zauber des Nordens*.
18 Vgl. BGH, 07.05.2015, I ZR 158/14, GRUR 2015, 1240 Rn. 26f. – *Der Zauber des Nordens*; Ohly/*Sosnitza*, UWG, PAngV § 1 Rn. 22.

deutig sein und rechtzeitig vor Abschluss des Vertrags oder, wenn kein schriftlicher Vertrag geschlossen wird, vor Erbringung der Dienstleistung bereitgestellt werden.[19]

11 Die Pflicht ein Preisverzeichnis der wesentlichen Leistungen zu erstellen, geht über diese Vorgaben hinaus. Der BGH hat sie aber von der Mindestharmonisierung gedeckt gesehen.[20] Dementsprechend steht die Regelung des § 5 PAngV auch insoweit mit dem Unionsrecht in Einklang, als danach das Bereithalten von Preisverzeichnissen zur Einsichtnahme nur unter den Voraussetzungen des § 5 Abs. 2 PAngV ausreicht.[21] Daran hat sich nach hiesiger Auffassung auch nach Ablauf der Übergangsfrist der UGP-RL nichts geändert (str),[22] siehe Einl. PAngV Rdn. 38.

§ 6 Verbraucherdarlehen

(1) Wer Verbrauchern gewerbs- oder geschäftsmäßig oder wer ihnen regelmäßig in sonstiger Weise den Abschluss von Verbraucherdarlehen im Sinne des § 491 des Bürgerlichen Gesetzbuchs anbietet, hat als Preis die nach den Absätzen 2 bis 6 und 8 berechneten Gesamtkosten des Verbraucherdarlehens für den Verbraucher, ausgedrückt als jährlicher Prozentsatz des Nettodarlehensbetrags, soweit zutreffend, einschließlich der Kosten gemäß Absatz 3 Satz 2 Nummer 1, anzugeben und als effektiven Jahreszins zu bezeichnen.

(2) [1]Der anzugebende effektive Jahreszins gemäß Absatz 1 ist mit der in der Anlage angegebenen mathematischen Formel und nach den in der Anlage zugrunde gelegten Vorgehensweisen zu berechnen. [2]Bei der Berechnung des effektiven Jahreszinses wird von der Annahme ausgegangen, dass der Verbraucherdarlehensvertrag für den vereinbarten Zeitraum gilt und dass Darlehensgeber und Verbraucher ihren Verpflichtungen zu den im Verbraucherdarlehensvertrag niedergelegten Bedingungen und Terminen nachkommen.

(3) [1]In die Berechnung des anzugebenden effektiven Jahreszinses sind als Gesamtkosten die vom Verbraucher zu entrichtenden Zinsen und alle sonstigen Kosten einschließlich etwaiger Vermittlungskosten einzubeziehen, die der Verbraucher im Zusammenhang mit dem Verbraucherdarlehensvertrag zu entrichten hat und die dem Darlehensgeber bekannt sind. [2]Zu den sonstigen Kosten gehören:

1. Kosten für die Eröffnung und Führung eines spezifischen Kontos, Kosten für die Verwendung eines Zahlungsmittels, mit dem sowohl Geschäfte auf diesem Konto getätigt als auch Verbraucherdarlehensbeträge in Anspruch genommen werden können, sowie sonstige Kosten für Zahlungsgeschäfte, wenn die Eröffnung oder Führung eines Kontos Voraussetzung dafür ist, dass das Ver-

19 BGH, 07.05.2015, I ZR 158/14, GRUR 2015, 1240 Rn. 28. – *Der Zauber des Nordens.*

20 BGH, 22.03.2012, I ZR 111/11, GRUR 2012, 1159 Rn. 10 – *Preisverzeichnis bei Mietwagenangebot.*

21 BGH, 22.03.2012, I ZR 111/11, GRUR 2012, 1159 Rn. 10 – *Preisverzeichnis bei Mietwagenangebot.*

22 Anders Köhler, WRP 2013, 723, 727; Harte-Bavendamm/Henning-Bodewig/*Weidert*, UWG, PAngV § 5 Rn. 3; für richtlinienkonforme Auslegung Goldberg, WRP 2013, 1561 Rn. 49.

braucherdarlehen überhaupt oder nach den vorgesehenen Vertragsbedingungen gewährt wird;
2. Kosten für die Immobilienbewertung, sofern eine solche Bewertung für die Gewährung des Verbraucherdarlehens erforderlich ist.

(4) Nicht in die Berechnung der Gesamtkosten einzubeziehen sind, soweit zutreffend:
1. Kosten, die vom Verbraucher bei Nichterfüllung seiner Verpflichtungen aus dem Verbraucherdarlehensvertrag zu tragen sind;
2. Kosten für solche Versicherungen und für solche anderen Zusatzleistungen, die keine Voraussetzung für die Verbraucherdarlehensvergabe oder für die Verbraucherdarlehensvergabe zu den vorgesehenen Vertragsbedingungen sind;
3. Kosten mit Ausnahme des Kaufpreises, die vom Verbraucher beim Erwerb von Waren oder Dienstleistungen unabhängig davon zu tragen sind, ob es sich um ein Bar- oder Verbraucherdarlehensgeschäft handelt;
4. Gebühren für die Eintragung der Eigentumsübertragung oder der Übertragung eines grundstücksgleichen Rechts in das Grundbuch;
5. Notarkosten.

(5) Ist eine Änderung des Zinssatzes oder sonstiger in die Berechnung des anzugebenden effektiven Jahreszinses einzubeziehender Kosten vorbehalten und ist ihre zahlenmäßige Bestimmung im Zeitpunkt der Berechnung des anzugebenden effektiven Jahreszinses nicht möglich, so wird bei der Berechnung von der Annahme ausgegangen, dass der Sollzinssatz und die sonstigen Kosten gemessen an der ursprünglichen Höhe fest bleiben und bis zum Ende des Verbraucherdarlehensvertrags gelten.

(6) Erforderlichenfalls ist bei der Berechnung des anzugebenden effektiven Jahreszinses von den in der Anlage niedergelegten Annahmen auszugehen.

(7) Ist der Abschluss eines Vertrags über die Inanspruchnahme einer Nebenleistung, insbesondere eines Versicherungsvertrags oder allgemein einer Mitgliedschaft, zwingende Voraussetzung dafür, dass das Verbraucherdarlehen überhaupt oder nach den vorgesehenen Vertragsbedingungen gewährt wird, und können die Kosten der Nebenleistung nicht im Voraus bestimmt werden, so ist in klarer, eindeutiger und auffallender Art und Weise darauf hinzuweisen,
1. dass eine Verpflichtung zum Abschluss des Vertrags über die Nebenleistung besteht und
2. wie hoch der effektive Jahreszins des Verbraucherdarlehens ist.

(8) [1]Bei Bauspardarlehen ist bei der Berechnung des anzugebenden effektiven Jahreszinses davon auszugehen, dass im Zeitpunkt der Verbraucherdarlehensauszahlung das vertragliche Mindestsparguthaben angespart ist. [2]Von der Abschlussgebühr ist im Zweifel lediglich der Teil zu berücksichtigen, der auf den Verbraucherdarlehensanteil der Bausparsumme entfällt. [3]Bei Verbraucherdarlehen, die der Vor- oder Zwischenfinanzierung von Leistungen einer Bausparkasse aus Bausparverträgen dienen und deren preisbestimmende Faktoren bis zur Zuteilung unveränderbar sind, ist als Laufzeit von den Zuteilungsfristen auszugehen, die sich

aus der Zielbewertungszahl für Bausparverträge gleicher Art ergeben. [4]Bei vor- oder zwischenfinanzierten Bausparverträgen gemäß Satz 3 ist für das Gesamtprodukt aus Vor- oder Zwischenfinanzierungsdarlehen und Bausparvertrag der effektive Jahreszins für die Gesamtlaufzeit anzugeben.

Martin Hohlweck

Übersicht

A. Einleitung

1 Die Bestimmung beruht im Wesentlichen auf dem »Gesetz zur Umsetzung der Verbraucherkreditrichtlinie[1], des zivilrechtlichen Teils der Zahlungsdiensterichtlinie sowie zur Neuordnung der Vorschriften über das Widerrufs- und Rückgaberecht« vom 29.07.2009.[2] Die VerbraucherkreditRL enthält in Art. 4 Bestimmungen über Standardinformationen, die in die Werbung aufzunehmen sind (umgesetzt durch § 6a PAngV), in Art. 5 vorvertragliche Informationspflichten und in Art. 10 zwingende Vorgaben für den Inhalt von Kreditverträgen. Art. 5 der Richtlinie ist durch § 491a Abs. 1 BGB, Art. 247 §§ 1 ff. EGBGB umgesetzt worden, Art. 10 durch § 492 Abs. 2 BGB, Art. 247 § 6 ff. EGBGB. Die vorvertraglichen Informationspflichten sind grundsätzlich »rechtzeitig vor Abgabe der Vertragserklärung des Darlehensnehmers« in Textform zu erfüllen (Art. 247 § 2 Abs. 1 BGB; für Immobiliardarlehensverträge enthält Art. 247 § 1 EGBGB Sonderregelungen). § 6 PAngV betrifft dagegen das Angebot des Darlehensgebers selber. Damit ergeben sich bei Abschluss eines Darlehensvertrages folgende Informationspflichten:

2

Werbung	§ 6a PAngV
rechtzeitig vor Vertragserklärung des Darlehensnehmers	§ 491a Abs. 1 BGB, Art. 247 §§ 1 ff. EGBGB

1 Richtlinie 2008/48/EG vom 23.04.2008 über Verbraucherkreditverträge (VerbraucherkreditRL).
2 BGBl. I 2009 S. 2355.

Angebot des Darlehensgebers	§ 6 PAngV
Vertragsinhalt	§ 492 Abs. 2 BGB, Art. 247 § 6 ff. EGBGB

Bei den vorvertraglichen Informationspflichten der § 491a Abs. 1 BGB, Art. 247 §§ 1 ff. EGBGB handelt es sich um echte Rechtspflichten des Darlehensgebers, deren Verletzung Schadensersatzansprüche nach §§ 280 Abs. 1, 311 Abs. 2 BGB auslösen kann.[3] Die Bestimmungen der PAngV sind daneben Marktverhaltensregeln im Sinn des § 3a PAngV, so dass Verstöße auch zu lauterkeitsrechtlichen Ansprüchen nach §§ 3, 8 PAngV führen können.[4] 3

Vorvertragliche Informationspflichten und die Pflicht aus § 6 PAngV stehen nebeneinander, wie der Verweis in Art. 247 § 3 Abs. 2 Satz 2 EGBGB auf § 6 PAngV zeigt. Inhaltlich sind die Bestimmungen nicht deckungsgleich; so sind beispielsweise nach Art. 247 § 3 Abs. 1 Nr. 11 auch der Verzugszinssatz und die Verzugskosten anzugeben, was bei § 6 PAngV nicht der Fall ist. Der rechtspolitische Zweck dieses Nebeneinanders erschließt sich nicht; ein echter Bedarf für § 6 PAngV kann neben den unionsrechtlich gebotenen Informationen nach § 491a Abs. 1 BGB, Art. 247 §§ 1 ff. EGBGB sowie § 492 Abs. 2 BGB, Art. 247 § 6 ff. EGBGB nicht gesehen werden. 4

Durch die Angabe eines »effektiven Jahreszinses« soll die Vergleichbarkeit von Darlehensangeboten mit unterschiedlichen Kostenfaktoren ermöglicht werden. Inwieweit dieses Ziel tatsächlich erreicht wird, ist umstritten.[5] 5

B. Anwendungsbereich

I. Grundsatz

§ 6 PAngV gilt für das gewerbsmäßige Angebot von Verbraucherdarlehen im Sinn des § 491 BGB. § 491 BGB unterscheidet seit dem 21.03.2016 zwischen Allgemein-Verbraucherdarlehensverträgen (§ 491 Abs. 2 BGB) und Immobiliar-Verbraucherdarlehensverträgen (§ 491 Abs. 3 BGB). In beiden Fällen handelt es sich um entgeltliche Darlehensverträge, die zwischen einem Unternehmer als Darlehensgeber und einem Verbraucher als Darlehensnehmer abgeschlossen werden (§§ 491 Abs. 2 Satz 1, 491 Abs. 3 Satz 1 BGB). 6

II. Entgeltlicher Verbraucherdarlehensvertrag

Darlehensverträge werden in § 488 Abs. 1 BGB definiert. Danach handelt es sich um Verträge, die den Darlehensgeber verpflichten, dem Darlehensnehmer einen Geldbetrage zeitweise zur Verfügung zu stellen, während der Darlehensgeber primär zur Rückzahlung des Darlehensbetrages bei Fälligkeit verpflichtet ist (§ 488 Abs. 1 BGB). § 488 7

3 MünchKomm/Schürnbrand BGB, § 491a Rn. 6.
4 BGH, 14.01.2016, I ZR 61/14, GRUR 2016, 516 Rn. 12 – *Wir helfen im Trauerfall.*
5 Harte/Henning/Weidert, § 6 PAngV Rn. 5.

BGB erfasst auch unentgeltliche Darlehen (§ 488 Abs. 3 Satz 3 BGB), während ein Verbraucherdarlehensvertrag ein Entgelt voraussetzt.

8 Erfasst sind neben klassischen Kreditverträgen auch Überziehungskredite und Kredit- oder Debitkarten, soweit letztere mit einem Zahlungsaufschub verbunden sind.[6] Ob ein Verbraucherdarlehensvertrag vorliegt, bestimmt sich allein nach den objektiven Gegebenheiten, so dass das Verständnis des Verbrauchers oder die Bezeichnung des Vertrages unerheblich sind.[7]

9 Unter **Entgelt** ist jede Art von Gegenleistung des Verbrauchers für das eingeräumte Kapitalnutzungsrecht zu verstehen. Darunter fallen zunächst Zinsen und andere laufzeitabhängige Kosten. Auch ein Disagio oder Damnum stellt im Zweifel ein Entgelt für die Kapitalnutzung dar. Nur unerhebliche Kleinstbeträge (im Centbereich) begründen keine Entgeltlichkeit. Mit dem Erfordernis der Entgeltlichkeit werden daher im Ergebnis nur zinslose und gebührenfreie Darlehen aus dem Verbraucherdarlehensrecht ausgenommen.[8]

10 Weitere Einschränkungen enthalten §§ 491 Abs. 2 Satz 2, 491 Abs. 3 Satz 2 bis 4 BGB. Dabei werden Bagatellverträge bis 200 EUR Nettodarlehensbetrag (§ 491 Abs. 2 Satz 2 Nr. 1 BGB), kurzfristige (bis drei Monate) Darlehen mit geringen Kosten (§ 491 Abs. 2 Satz 2 Nr. 3 BGB) und Arbeitnehmerdarlehen (§§ 491 Abs. 2 Satz 2 Nr. 4, 491 Abs. 3 Satz 2 BGB) ausgeschlossen. Eine praktisch wichtige Einschränkung stellen §§ 491 Abs. 2 Satz 2 Nr. 5, 491 Abs. 3 Satz 3 BGB dar, die öffentlich geförderte Kredite betreffen. Während § 491 Abs. 2 Satz 2 Nr. 5 BGB sie unter bestimmten Voraussetzungen vollständig aus dem Bereich der Allgemein-Verbraucherdarlehen (und damit auch aus dem Anwendungsbereich des § 6 PAngV) herausnimmt, schränkt § 491 Abs. 3 Satz 3 BGB lediglich die Anwendung der Bestimmungen über vorvertragliche Informationspflichten gemäß § 491a BGB ein. Bei öffentlich geförderten Immobiliar-Verbraucherdarlehen handelt es sich daher weiterhin um Verbraucherdarlehen im Sinn des § 6 PAngV.

11 Keine Verbraucherdarlehen stellen entgeltlicher Zahlungsaufschub (§ 506 Abs. 1 BGB) und sonstige Finanzierungshilfen (§ 506 Abs. 2 BGB) dar; für sie erklärt § 6c PAngV aber §§ 6, 6a PAngV entsprechend anwendbar.

III. Parteien des Vertrages

12 Erfasst werden lediglich an Verbraucher gewährte Darlehen. Der Darlehensgeber muss Darlehen gewerbs- oder geschäftsmäßig oder regelmäßig in sonstiger Weise anbieten. Dies ist richtlinienkonform dahingehend auszulegen, dass bereits das einmalige Angebot eines Unternehmers an einen Verbraucher genügt.[9] Der Anbieter muss das Darlehen nicht selber gewähren, auch die Kreditvermittlung fällt in den Anwendungsbereich

6 Vgl. Anlage zu § 6 PAngV, unter Nr. 2 lit. i).
7 BGH, 16.11.1995, I ZR 177/93, WRP 1996, 292, 294 – *Ausbildungsverträge*.
8 BGH, 30.09.2014, XI ZR 168/13, BGHZ 202, 302 = NJW 2014, 3719 Rn. 17.
9 *Köhler*/Bornkamm/Feddersen, § 6 PAngV Rn. 4.

der Vorschrift.[10] Wer Kreditvermittler ist, wird in Art. 4 (5) der Richtlinie 2014/17/EU (Wohnimmobilienkredit-RL) näher bestimmt. Danach muss die Kreditvermittlung entgeltlich erfolgen; nicht Kreditvermittler ist, wer einen Verbraucher lediglich direkt oder indirekt mit einem Kreditgeber in Kontakt bringt.

IV. Angebot

§ 6 PAngV gilt für das Angebot eines Darlehens. Dabei ist »Angebot« nicht in dem engeren, rechtstechnischen Sinn des § 145 BGB zu verstehen. Der Begriff umfasst vielmehr jede gezielt auf den Absatz eines bestimmten Produkts gerichtete werbliche Ankündigung.[11] Ein Angebot eines Kreditvertrages kann daher auch in einer Werbeanzeige liegen, in der der Werbende die Bereitschaft zur Gewährung eines Darlehens hinreichend deutlich zum Ausdruck bringt.[12] **13**

C. Gesamtkosten

I. Grundsatz: Angabe des Effektivzinses

Fällt ein Vertrag in den Anwendungsbereich des § 6 PAngV, hat der Darlehensgeber die Gesamtkosten des Darlehens, ausgedrückt als jährlicher Prozentsatz des Nettodarlehensbetrags anzugeben und als effektiven Jahreszins zu bezeichnen (§ 6 Abs. 1 PAngV). Dabei muss grundsätzlich der Ausdruck »effektiver Jahreszins« verwendet werden. Insbesondere Bezeichnungen ohne zeitlichen Bezug, wie z. B. »Effektivzins« können die Gefahr der Irreführung begründen und sind daher unzulässig.[13] Zulässig sind allein ohne weiteres verständliche Abkürzungen (wie »effekt. Jahreszins«) oder Zusätze, die keine Änderung des Sinngehalts bewirken (wie »Jahreszinssatz« statt »Jahreszins«).[14] **14**

II. Berechnung des effektiven Jahreszinses

Der effektive Jahreszins ist nach Maßgabe der Anlage 1 zur PAngV zu berechnen (§ 6 Abs. 2 Satz 1 PAngV). Die früher übliche – und auch heute noch in anderem Zusammenhang zulässige[15] – »deutsche Methode« der Zinsberechnung, die das Jahr stets mit 12 Monaten zu 30 Tagen ansetzt (30/360), kann daher für die Angabe des effektiven Jahreszinses nicht mehr verwendet werden. **15**

Bei der Berechnung ist davon auszugehen, dass der Vertrag für den vereinbarten Zeitraum gilt und dass beide Parteien ihren jeweiligen Verpflichtungen vertragsgemäß nachkommen (§ 6 Abs. 2 Satz 2 PAngV). Bei veränderlichen Kosten, insbesondere bei variablem Zinssatz, ist bei der Berechnung des effektiven Jahreszinses davon auszugehen, dass diese Kosten in ihrer ursprünglichen Höhe bis zum Ende des Vertrages gelten (§ 6 **16**

10 BGH, 16.01.1980, I ZR 25/78, GRUR 1980, 304, 306 – *Effektiver Jahreszins.*
11 BGH, 12.09.2013, I ZR 123/12, GRUR 2014, 403 Rn. 8 – *DER NEUE.*
12 BGH, 16.01.1980, I ZR 25/78, GRUR 1980, 304, 306 – *Effektiver Jahreszins.*
13 BGH, 08.02.1996, I ZR 147/94, GRUR 1996, 421 f. – *Effektivzins.*
14 BGH, 02.10.1988, I ZR 5/88, GRUR 1989, 59 f. – *Anfängl. effekt. Jahreszinssatz.*
15 Vgl. BGH, 04.07.2017, XI ZR 741/16, NJW-RR 2017, 1077 Rn. 23.

Abs. 5 PAngV). Weitere zu berücksichtigende Annahmen finden sich in Nr. 2 der Anlage zu § 6 PAngV.

III. Einzubeziehende Kosten

17 Bei der Berechnung der als effektiver Jahreszins anzugebenden Gesamtkosten sind neben den Zinsen alle sonstigen Kosten einschließlich etwaiger Vermittlungskosten einzubeziehen, die der Verbraucher im Zusammenhang mit dem Verbraucherdarlehensvertrag zu entrichten hat und die dem Darlehensgeber bekannt sind (§ 6 Abs. 3 Satz 1 PAngV). Die Kenntnis des Darlehensgebers ist dabei objektiv danach zu bestimmen, welche Kosten er kennen muss. Bei Kosten für Zusatzleistungen ist grundsätzlich zu vermuten, dass der Darlehensgeber sie kennt, wenn sie nicht von den persönlichen Verhältnissen des Darlehensnehmers abhängen (Erwägungsgrund 20 der Verbraucherkreditrichtlinie).[16]

18 Als Beispiele nennt die Norm mit dem Darlehen verknüpfte Kontoführungsgebühren (§ 6 Abs. 3 Satz 2 Nr. 1 PAngV) und Kosten für eine erforderliche Immobilienbewertung (§ 6 Abs. 3 Satz 2 Nr. 2 PAngV). Auch ein Disagio wird erfasst.[17] Die Kosten müssen nicht zwingend ihre Rechtsgrundlage in dem Darlehensvertrag haben, sondern lediglich durch ihn kausal verursacht worden sein.[18] Den Sonderfall, dass Kosten für obligatorische Nebenleistungen bei Abschluss des Darlehensvertrages nicht im Voraus bestimmt werden können, regelt § 6 Abs. 7 PAngV: In diesem Fall ist neben der Angabe des effektiven Jahreszinses für das Darlehen ein klarer und auffallender Hinweis auf die Verpflichtung zum Abschluss des Vertrages über die Nebenleistung geboten.

19 Für den praktisch wichtigen Fall der **Kosten für Versicherungsverträge** (Restschuldversicherungen, Gebäudeversicherungen bei Immobiliardarlehen) bestimmt § 6 Abs. 4 Nr. 2 PAngV, dass nur die Kosten für solche Versicherungen, die keine Voraussetzung für die Darlehensvergabe oder für die Darlehensvergabe zu den vorgesehenen Vertragsbedingungen sind, nicht anzugeben sind. Setzt die Darlehensgewährung nicht zwingend den Abschluss einer Restschuldversicherung voraus, gewährt der Darlehensgeber aber bei Abschluss einer solchen Versicherung einen niedrigeren Zinssatz, so sind die Prämien in die Berechnung der Gesamtkosten einzubeziehen.[19] Kann die Prämie nicht im Voraus angegeben werden, gilt wieder § 6 Abs. 7 PAngV.

20 Für Immobiliardarlehen wichtig ist weiter die Regelung des § 6 Abs. 4 Nr. 4 PAngV, nach der **Grundbuch- und Notarkosten** (obwohl durch den Vertrag kausal verursacht) nicht in die Berechnung einzubeziehen sind.

21 Da es sich bei der Regelung des § 6 Abs. 4 PAngV um Ausnahmen von dem Grundsatz handelt, dass alle durch den Darlehensvertrag verursachten Kosten in die Berechnung des effektiven Jahreszinses einzubeziehen sind, trägt der Darlehensgeber die **Darle-**

16 BT-Drucksache 16/11643, S. 141.
17 BT-Drucksache 16/11643, S. 141.
18 BT-Drucksache 16/11643, S. 141.
19 BT-Drucksache 18/5922, S. 130.

gungs- und Beweislast für das Vorliegen ihrer Voraussetzungen, also beispielsweise dafür, dass er die Gewährung des Darlehens zu den konkreten Konditionen nicht vom Abschluss einer Versicherung abhängig gemacht hat.[20]

IV. Bauspardarlehen

§ 6 Abs. 8 PAngV enthält Sonderregelungen für Bausparverträge. Nach § 6 Abs. 8 Satz 4 PAngV werden Bausparverträge mit Sofortfinanzierung von Anfang an als Verbraucherdarlehensverträge eingeordnet, so dass bei ihnen der Gesamteffektivzins angegeben werden muss. Auf diese Art sollen Bausparkombidarlehen miteinander und mit anderen Bankangeboten verglichen werden können.[21] 22

§ 6 a Werbung für Verbraucherdarlehen

(1) [1]Jegliche Kommunikation für Werbe- und Marketingzwecke, die Verbraucherdarlehen betrifft, hat den Kriterien der Redlichkeit und Eindeutigkeit zu genügen und darf nicht irreführend sein. [2]Insbesondere sind Formulierungen unzulässig, die beim Verbraucher falsche Erwartungen in Bezug auf die Möglichkeit, ein Verbraucherdarlehen zu erhalten oder in Bezug auf die Kosten eines Verbraucherdarlehens wecken.

(2) [1]Wer gegenüber Verbrauchern für den Abschluss eines Verbraucherdarlehensvertrags mit Zinssätzen oder sonstigen Zahlen, die die Kosten betreffen, wirbt, hat in klarer, eindeutiger und auffallender Art und Weise anzugeben:
1. **die Identität und Anschrift des Darlehensgebers oder gegebenenfalls des Darlehensvermittlers,**
2. **den Nettodarlehensbetrag,**
3. **den Sollzinssatz und die Auskunft, ob es sich um einen festen oder einen variablen Zinssatz oder um eine Kombination aus beiden handelt, sowie Einzelheiten aller für den Verbraucher anfallenden, in die Gesamtkosten einbezogenen Kosten,**
4. **den effektiven Jahreszins.**

[2]In der Werbung ist der effektive Jahreszins mindestens genauso hervorzuheben wie jeder andere Zinssatz.

(3) In der Werbung gemäß Absatz 2 sind zusätzlich, soweit zutreffend, folgende Angaben zu machen:
1. **der vom Verbraucher zu zahlende Gesamtbetrag,**
2. **die Laufzeit des Verbraucherdarlehensvertrags,**
3. **die Höhe der Raten,**
4. **die Anzahl der Raten,**
5. **bei Immobiliar-Verbraucherdarlehen der Hinweis, dass der Verbraucherdarlehensvertrag durch ein Grundpfandrecht oder eine Reallast besichert wird,**

20 OLG Stuttgart, 21.12.2009, 6 U 110/09, juris Rn. 64.
21 BT-Drucksache 18/5922, S. 131.

6. bei Immobiliar-Verbraucherdarlehen in Fremdwährung ein Warnhinweis, dass sich mögliche Wechselkursschwankungen auf die Höhe des vom Verbraucher zu zahlenden Gesamtbetrags auswirken könnten.

(4) [1]Die in den Absätzen 2 und 3 genannten Angaben sind mit Ausnahme der Angaben nach Absatz 2 Satz 1 Nummer 1 und Absatz 3 Nummer 5 und 6 mit einem Beispiel zu versehen. [2]Bei der Auswahl des Beispiels muss der Werbende von einem effektiven Jahreszins ausgehen, von dem er erwarten darf, dass er mindestens zwei Drittel der auf Grund der Werbung zustande kommenden Verträge zu dem angegebenen oder einem niedrigeren effektiven Jahreszins abschließen wird.

(5) Verlangt der Werbende den Abschluss eines Versicherungsvertrags oder eines Vertrags über andere Zusatzleistungen und können die Kosten für diesen Vertrag nicht im Voraus bestimmt werden, ist auf die Verpflichtung zum Abschluss dieses Vertrags klar und verständlich an gestalterisch hervorgehobener Stelle zusammen mit dem effektiven Jahreszins hinzuweisen.

(6) Die Informationen nach den Absätzen 2, 3 und 5 müssen in Abhängigkeit vom Medium, das für die Werbung gewählt wird, akustisch gut verständlich oder deutlich lesbar sein.

(7) Auf Immobiliar-Verbraucherdarlehensverträge gemäß § 491 Absatz 2 Satz 2 Nummer 5 des Bürgerlichen Gesetzbuchs ist nur Absatz 1 anwendbar.

Martin Hohlweck

Übersicht

A. Einleitung

1 § 6a PAngV dient der Umsetzung von Art. 4 Verbraucherkredit-RL.[1] Der Gesetzgeber ist dabei über die Anforderungen der Richtlinie hinausgegangen, die beispielsweise nicht für Kredite mit einem Gesamtkreditbetrag über 75.000 EUR (Art. 2 (2) lit. c Verbraucherkredit-RL) gilt, während das deutsche Verbraucherkreditrecht diese Beschränkung nicht enthält (die Ausnahme für Kredite mit einem Gesamtbetrag unter

1 OLG Düsseldorf, 22.09.2015, 20 U 46/15, juris Rn. 23 – *Verbraucherkredit*; BT-Drucks. 16/11643, S. 142/143.

200 EUR ist in § 492 Abs. 2 Satz 2 Nr. 1 BGB übernommen worden). Eine einschränkende Auslegung des § 6a PAngV, dass er nur die unter die Richtlinie fallenden Verträge erfassen soll, ist aber nicht geboten.[2] Seit dem Inkrafttreten der Richtlinie 2014/17/EU über Wohnimmobilienkreditverträge für Verbraucher (Wohnimmobilienkredit-RL) ist auch deren Art. 11 zu berücksichtigen, der ebenfalls Mindestanforderungen für die Werbung für Immobiliar-Verbraucherdarlehen enthält.

§ 6a PAngV tritt als Spezialregelung neben § 1 PAngV. Bei Teilzahlungsgeschäften führt 2
daher die Anwendung des § 6a PAngV nicht dazu, dass der Endpreis nicht mehr gemäß § 1 Abs. 6 Satz 3 PAngV hervorzuheben wäre.[3] § 6 und § 6a PAngV stehen ebenfalls nebeneinander. Während § 6 PAngV das »Angebot«[4] eines Verbraucherdarlehensvertrages regelt, gilt § 6a PAngV für die vorgelagerte Werbung für einen solchen Vertrag.

B. Grundsatz

Nach § 6a Abs. 1 PAngV hat jede Werbung für Verbraucherdarlehen[5] den Kriterien 3
der Redlichkeit und Eindeutigkeit zu genügen und darf nicht irreführend sein (§ 6a Abs. 1 Satz 1 PAngV). Sie darf insbesondere keine falschen Erwartungen in Bezug auf die Möglichkeit, ein Verbraucherdarlehen zu erhalten oder in Bezug auf die Kosten eines Verbraucherdarlehens wecken (§ 6a Abs. 1 Satz 2 PAngV). Dieses Irreführungsverbot ist deckungsgleich mit dem allgemeinen Irreführungsverbot aus § 5 Abs. 1 PAngV, stellt also keine darüber hinausgehenden Anforderungen auf.[6] Enthält die Werbung Zinssätze oder sonstigen Zahlen, die die Kosten betreffen, so sind die Pflichtangaben des § 6a Abs. 2 PAngV zu machen. § 6a Abs. 3 PAngV fordert für bestimmte Vertragsgestaltungen zusätzliche Pflichtangaben »soweit zutreffend«.

Auf öffentlich geförderte Immobiliar-Verbraucherdarlehensverträge im Sinn des § 491 4
Abs. 2 Satz 2 Nr. 5 BGB ist nur der Grundsatz § 6a Abs. 1 PAngV anwendbar. Die Pflichtangaben nach § 6a Abs. 2 bis 6 PAngV müssen nicht gemacht werden (§ 6a Abs. 7 PAngV).

C. Kommunikation für Werbe- und Marketingzwecke

Nach Erwägungsgrund 18 der Verbraucherkredit-RL sollten die Verbraucher durch die 5
UGP-Richtlinie insbesondere bei der Veröffentlichung von Informationen durch den Kreditgeber vor unlauteren oder irreführenden Geschäftspraktiken geschützt sein. Dennoch sei es angebracht, darüber hinausgehend neben den vorvertraglichen Informationspflichten noch besondere Bestimmungen für die Werbung für Kreditverträge zu treffen, um insbesondere die Vergleichbarkeit verschiedener Angebote zu steigern. Wer-

2 Ohly/*Sosnitza*, § 6a PAngV Rn. 1.
3 OLG Jena, 10.10.2012, 2 U 934/11, WRP 2013, 822 Rn. 15 – *Monatsrate beim Ratenzahlungskauf.*
4 Zum Begriff § 6 PAngV Rdn. 13.
5 Zum Begriff § 6 PAngV Rdn. 7–11.
6 *Köhler*/Bornkamm/Feddersen, § 6a PAngV Rn. 4; vgl. Erwägungsgrund 18 Verbraucherkredit-RL.

bung kann daher entsprechend Art. 2 lit. a Werbe-RL als »jede Äußerung bei der Ausübung eines Handels, Gewerbes, Handwerks oder freien Berufs mit dem Ziel, den Absatz von Waren oder die Erbringung von Dienstleistungen … zu fördern« definiert werden. In der französischen Sprachfassung ist damit übereinstimmend von »publicité« die Rede. Dass die englischsprachige Fassung von »advertisement« (Anzeige) spricht, was eher auf einen engen Begriff hindeuten könnte, spielt angesichts des Zwecks der Vorschrift eine untergeordnete Rolle. Neben klassischen Werbeformen können daher auch an Verbraucher gerichtete Standardschreiben unter die Bestimmung fallen.[7] Nicht erforderlich ist es, dass die beworbene Leistung bereits soweit konkretisiert wird, dass der Kunde ohne weiteres über ihre Inanspruchnahme entscheiden kann.[8] Auch ein Immobilienunternehmen, das Darlehen nicht selber gewährt, sondern lediglich die Finanzierung der von ihm angebotenen Immobilien vermittelt, wirbt für diese Darlehen und hat daher § 6a PAngV zu beachten.[9]

6 Nicht unter § 6a PAngV fällt dagegen der von § 5 PAngV geforderte Preisaushang. Es genügt daher, wenn im Preisaushang gemäß §§ 5, 6 PAngV der effektive Jahreszins genannt wird; die von § 6a Abs. 1 Nr. 1 PAngV zusätzlich geforderte Angabe des Sollzinssatzes gilt nicht für den Preisaushang.[10]

D. Pflichtangaben (§ 6a II PAngV)

I. Werbung mit konkreten Zahlen

7 Wird für ein Verbraucherdarlehen mit Zinssätzen oder sonstigen Zahlen, die die Kosten des Darlehens betreffen, geworben, so muss die Werbung nach § 6a Abs. 2 Satz 1 PAngV mindestens Angaben zur Identität des Darlehensgebers (bzw. -vermittlers), den Nettodarlehensbetrag, den Sollzinssatz mit Erläuterungen sowie den effektiven Jahreszins enthalten. Auch der effektive Jahreszinssatz ist eine Zahl im Sinn des § 6a Abs. 2 Satz 1 PAngV, so dass bei einer Werbung mit dem effektiven Jahreszins auch der Sollzinssatz sowie die weiteren Angaben gemäß § 6a Abs. 2 Satz 1 PAngV zu machen sind.[11] Es genügt, wenn in der Werbung eine Zahl auch nur als Beispiel genannt wird, oder die Angabe eines Zinssatzes »ab« einer bestimmten Höhe, um die Verpflichtung zu den Pflichtangaben auszulösen.[12]

II. Einzelne Angaben

8 Der Begriff des Nettodarlehensbetrages wird in Art. 247 § 3 Abs. 2 Satz 2 EGBGB als der Höchstbetrag, auf den der Darlehensnehmer aufgrund des Darlehensvertrags Anspruch hat, definiert. Dies steht in Übereinstimmung mit Nr. 2 des Anhangs II zur

7 OLG Düsseldorf, 22.09.2015, 20 U 46/15, juris Rn. 20 f. – *Verbraucherkredit.*
8 LG Leipzig, 30.10.2015, 04 HK O 1502/15, WRP 2016, 910 Rn. 13 – *Finanzierungswerbung.*
9 OLG Köln, 09.11.2007, 6 U 90/07, OLGR Köln 2008, 353 – *Finanzierter Immobilienkauf.*
10 LG Frankfurt, 08.04.2011, 3–12 O 160/10, WM 2011, 2322, 2323; offen gelassen in OLG Düsseldorf, 22.09.2015, 20 U 46/15, juris Rn. 20 f. – *Verbraucherkredit.*
11 OLG Düsseldorf, 22.09.2015, 20 U 46/15, juris Rn. 28 – *Verbraucherkredit.*
12 BT-Drucksache 16/11643, S. 143.

Verbraucherkredit-RL »Europäische Standardinformationen für Verbraucherkredite, in der der »Gesamtkreditbetrag« als die »Obergrenze oder Summe aller Beträge, die aufgrund des Kreditvertrags zur Verfügung gestellt wird« definiert wird. Der Sollzinssatz wird in § 489 Abs. 5 BGB näher definiert.

Kommen unterschiedliche effektive Jahreszinssätze in Betracht, ist die Spanne mit Ober- und Untergrenze anzugeben; die Angabe nur der Untergrenze mit dem Zusatz »ab« genügt nicht, da andernfalls die Vergleichbarkeit unterschiedlicher Angebote nicht sichergestellt ist.[13] Dies entspricht auch dem Anliegen des Gesetzgebers, dass der Werbende nicht nur eine besonders günstige Zahl herausstellen darf, sondern auch auf die weiteren Bedingungen seiner Angebote hinweisen muss.[14] **9**

III. Art und Weise der Darstellung (§ 6a II 1, VI PAngV)

Die Angaben sind in »klarer, eindeutiger und auffallender Art und Weise« zu machen. **10** Beurteilungsmaßstab ist dabei die Wahrnehmung eines angemessen gut unterrichteten, aufmerksamen und kritischen Durchschnittsverbrauchers. Bei der Werbung im Internet bedeutet dies, dass sich alle geschuldeten Angaben auf der gleichen Seite befinden müssen, auf der mit einer konkreten Zahl geworben wird. Eine Information, die erst durch ein weiteres Klicken auf dem Bildschirm erscheint, genügt diesen Anforderungen nicht.[15] Nach § 6a Abs. 2 Satz 2 PAngV ist der effektive Jahreszins mindestens genauso hervorzuheben wie jeder andere Zinssatz. Die Berechnung des effektiven Jahreszinses richtet sich nach § 6 Abs. 2 PAngV in Verbindung mit der Anlage zu § 6 PAngV. Insgesamt verbietet § 6a die blickfangmäßige Hervorhebung einzelner besonders günstiger Zahlen (wie einer besonders niedrigen Monatsrate); das folgt auch aus der Verpflichtung aus § 1 Abs. 6 PAngV, den Endpreis besonders hervorzuheben.[16]

§ 6a Abs. 6 ergänzt die Vorgaben für die Darstellung der Pflichtangaben dahingehend, **11** dass diese in Abhängigkeit vom Medium, das für die Werbung gewählt wird, akustisch gut verständlich oder deutlich lesbar sein müssen.

E. Weitere Angaben (§ 6a III, V PAngV)

§ 6a Abs. 3 PAngV fordert für bestimmte Vertragsgestaltungen ergänzende Pflichtan- **12** gaben »soweit zutreffend«, d. h. soweit der beworbene Vertrag entsprechende Bestimmungen enthält. Die Verpflichtung aus § 6a Abs. 2 PAngV, die Angaben »in klarer, eindeutiger und auffallender Art und Weise anzugeben«, gilt auch für diesen Absatz, da Art. 4 (2) Verbraucherkredit-RL insoweit ebenfalls nicht differenziert.

---

13 LG Stuttgart, 22.09.2011, 17 O 165/11, BKR 2012, 206, 207 f.; a. A. FBO/Wenglorz, S 14 Rn. 242h.

14 BT-Drucksache 16/11643, S. 143.

15 LG Stuttgart, 22.09.2011, 17 O 165/11, BKR 2012, 206 f.; LG Potsdam, 24.07.2013, 52 O 134/11, WRP 2013, 1398 Rn. 19 f. – *2/3 Beispiel in der Kreditwerbung.*

16 OLG Jena, 10.10.2012, 2 U 934/11, WRP 2013, 822 Rn. 17 – *Monatsrate beim Ratenzahlungskauf.*

13 Verlangt der Werbende den Abschluss eines weiteren Vertrages, insbesondere eines Versicherungsvertrages, dessen Kosten im Voraus nicht bestimmt werden können, muss er auf diesen Umstand klar und verständlich an gestalterisch hervorgehobener Stelle zusammen mit dem effektiven Jahreszins hinweisen (§ 6 Abs. 5 PAngV). Verträge, die nicht vom Werbenden verlangt werden, sondern die auf einer gesetzlichen Pflicht beruhen (z. B. Kfz-Haftpflichtversicherungen), werden nicht erfasst.[17]

F. Repräsentatives Beispiel

14 Nach § 6a Abs. 4 PAngV müssen die Pflichtangaben nach § 6a Abs. 2 und III PAngV (mit Ausnahme der Angabe zur Identität nach § 6a Abs. 2 Satz 1 Nr. 1 PAngV und der Warnhinweise gemäß § 6a Abs. 3 Nr. 5 und 6 PAngV) anhand eines repräsentativen Beispiels erläutert werden. Dabei muss der Werbende von einem effektiven Jahreszins ausgehen, von dem er erwarten darf, dass er mindestens zwei Drittel der auf Grund der Werbung zustande kommenden Verträge zu dem angegebenen oder einem niedrigeren effektiven Jahreszins abschließen wird (§ 6a Abs. 4 Satz 2 PAngV). Ob damit die Vorgabe des Art. 4 (2) Verbraucherkredit-RL, der lediglich die Angabe eines »repräsentativen Beispiels« verlangt, angemessen umgesetzt wird, wurde bezweifelt.[18] Art. 11 (3) 2 der Richtlinie 2014/17/EU (Wohnimmobilienkredit-RL) erlaubt aber nunmehr den Mitgliedstaaten ausdrücklich, Kriterien für die Festlegung des repräsentativen Beispiels festzulegen[19], so dass dies auch für Art. 4 (2) Verbraucherkredit-RL als zulässig angesehen werden kann.

15 Da § 6a Abs. 4 PAngV ebenfalls auf Art. 4 (2) Verbraucherkredit-RL beruht, gilt das Gebot der Darstellung »in klarer, eindeutiger und auffallender Art und Weise« auch für das repräsentative Beispiel. Es muss sich daher bei der Werbung im Internet auf der gleichen Seite wie die sonstigen Pflichtangaben des § 6a Abs. 2 und 3 PAngV befinden.[20] Ferner muss das repräsentative Beispiel ausdrücklich als »Beispiel« kenntlich gemacht werden.[21]

§ 6 b Überziehungsmöglichkeiten

Bei Überziehungsmöglichkeiten im Sinne des § 504 Abs. 2 des Bürgerlichen Gesetzbuchs hat der Darlehensgeber statt des effektiven Jahreszinses den Sollzinssatz pro Jahr und die Zinsbelastungsperiode anzugeben, wenn diese nicht kürzer als drei Monate ist und der Darlehensgeber außer den Sollzinsen keine weiteren Kosten verlangt.

Martin Hohlweck

17 Ohly/*Sosnitza*, § 6a Rn. 9.
18 FBO/Wenglorz, S 14 Rn. 242p; *Köhler*/Bornkamm/Feddersen, § 6a PAngV Rn. 23; Domke/Sperlich, BB 2010, 2069, 2070.
19 Harte/Henning/Weidert, § 6a Rn. 20.
20 *LG Stuttgart, 22.09.2011, 17 O 165/11*, BKR 2012, 206, 207.
21 LG Potsdam, 24.07.2013, 52 O 134/11, WRP 2013, 1398 Rn. 22–23 – *2/3 Beispiel in der Kreditwerbung.*

Eine Überziehungsmöglichkeiten im Sinn des § 504 Abs. 2 BGB liegt vor, wenn in Form eines Allgemein-Verbraucherdarlehensvertrags vereinbart ist, dass nach der Auszahlung die Laufzeit höchstens drei Monate beträgt oder der Darlehensgeber kündigen kann, ohne eine Frist einzuhalten. Die praktische Bedeutung dieser kurzfristigen Überziehungsmöglichkeit ist groß, da in der Praxis die meisten Überziehungsmöglichkeiten diese Voraussetzungen erfüllen.[1] § 504 Abs. 2 BGB privilegiert diese Verträge, indem unter anderem die vorvertraglichen Informationspflichten eingeschränkt werden, das Widerrufsrecht aus § 495 BGB entfällt und das Schriftformerfordernis des § 491 Abs. 1 BGB unter bestimmten weiteren Voraussetzungen entfällt (§ 504 Abs. 2 Satz 2 BGB). Nicht erfasst wird die vom Kreditgeber lediglich geduldete Überziehung; für sie gelten die Informationspflichten aus Art. 247 § 17 EGBGB.[2] 1

§ 6b PAngV überträgt diese Privilegierung auch auf Angebote von Verbrauchdarlehen im Sinn des § 6 PAngV und die Werbung für sie nach § 6a PAngV, indem unter den in der Vorschrift genannten Voraussetzungen (die § 504 Abs. 2 Satz 2 BGB entsprechen) anstelle des effektiven Jahreszinssatzes der Sollzins angegeben werden kann.[3] Damit entfällt auch die Notwendigkeit der Angabe eines repräsentativen Beispiels im Sinn des § 6a Abs. 4 PAngV, das ohne einen effektiven Jahreszins nicht sinnvoll gebildet werden kann. 2

§ 6 c Entgeltliche Finanzierungshilfen

Die §§ 6 und 6a sind auf Verträge entsprechend anzuwenden, durch die ein Unternehmer einem Verbraucher einen entgeltlichen Zahlungsaufschub oder eine sonstige entgeltliche Finanzierungshilfe im Sinne des § 506 des Bürgerlichen Gesetzbuchs gewährt.

Martin Hohlweck

Übersicht **Rdn.**

A. Einleitung

Art. 3 lit. c) der Verbraucherkredit-RL versteht unter einem Kreditvertrag jeden Vertrag, durch den ein Kreditgeber einem Verbraucher einen Kredit in Form eines Zahlungsaufschubs, eines Darlehens oder einer sonstigen ähnlichen Finanzierungshilfe gewährt oder zu gewähren verspricht. Ausdrücklich ausgenommen sind Verträge über die wiederkehrende Erbringung von Dienstleistungen oder über die Lieferung von Waren gleicher Art, bei denen der Verbraucher für die Dauer der Erbringung oder 1

1 MünchKomm/Schürnbrand BGB, § 504 Rn. 17.
2 Harte/Henning/Weidert, § 6b PAngV Rn. 3.
3 BT-Drucksache 16/11643, S. 143.

Lieferung Teilzahlungen für diese Dienstleistungen oder Waren leistet. Da der deutsche Gesetzgeber zwischen dem Darlehensvertrag (§§ 488 ff. BGB) und »Finanzierungshilfen« (§§ 506 ff. BGB) unterscheidet, war eine besondere Vorschrift erforderlich, die die Anwendbarkeit der für Darlehensverträge geltenden Bestimmungen (§§ 6 ff. PAngV) auf Finanzierungshilfen sicherstellt.[1]

B. Entgeltlicher Zahlungsaufschub

2 Ein entgeltlicher Zahlungsaufschub ist gegeben, wenn die Fälligkeit der vom Verbraucher geschuldeten Zahlung abweichend vom dispositiven Recht gegen Entgelt hinausgeschoben wird, um ihnen die Zahlung der vereinbarten Gegenleistung zu erleichtern.[2] Wirtschaftlich handelt es sich um die Überlassung von finanziellen Mitteln, die dem Verbraucher ohne die entsprechende Absprache nicht zur Verfügung ständen. Dies geschieht auch, wenn dem Verbraucher Kaufkraft in der Weise überlassen wird, dass seine Gegenleistung gegen Entgelt gestundet wird oder sich der Unternehmer abweichend vom dispositiven Recht zur Vorleistung verpflichtet.[3]

3 Maßgeblich ist die Abweichung vom dispositiven Recht. Enthält das dispositive Recht keine Bestimmung über die Fälligkeit, ist die vertragliche Vereinbarung der Parteien ausschlaggebend; insbesondere kann in diesem Fall nicht auf die Auffangregel des § 271 Abs. 1 BGB zurückgegriffen werden, der nur für den Fall, dass die Parteien keine gesonderte Vereinbarung getroffen haben, die sofortige Fälligkeit der Gegenleistung anordnet. Da das Versicherungsvertragsgesetz keine Bestimmungen über die Fälligkeit der Versicherungsprämien enthält, stellt dementsprechend die vertraglich vereinbarte unterjährige Zahlungsweise von Versicherungsprämien keine Kreditgewährung in Form eines entgeltlichen Zahlungsaufschubs dar.[4]

4 Erscheinungsformen des entgeltlichen Zahlungsaufschubs sind einmal die Teilzahlungsabrede im Sinn des § 506 Abs. 3 BGB, aber auch die nachträgliche – entgeltliche – Stundung der Gegenleistung durch den Unternehmer. Nicht mit einem entgeltlichen Zahlungsaufschub verbunden sind dagegen Kreditkartenverträge. Das zu entrichtende Entgelt ist typischerweise unabhängig von der Höhe der getätigten Umsätze, so dass es kein Entgelt für den mit der monatlichen Abrechnung verbundenen Zahlungsaufschub darstellt.[5] Anders liegt es dagegen, wenn dem Karteninhaber ein – verzinslicher – Kreditrahmen eingeräumt wird, den er in Raten zurückführen kann.[6]

---

1 BT-Drucksache 18/5922, S. 134; MünchKomm/Schürnbrand BGB, § 506 Rn. 1 f.
2 BGH, 06.02.2013, IV ZR 230/12, BGHZ 196, 150 = NJW 2013, 2195 Rn. 11.
3 BGH, 16.11.1995, I ZR 177/93, WRP 1996, 292, 294 – *Ausbildungsverträge.*
4 BGH, 06.02.2013, IV ZR 230/12, BGHZ 196, 150 = NJW 2013, 2195 Rn. 10 ff.
5 MünchKomm/Schürnbrand BGB, § 506 Rn. 16; Erman/Nietsch, § 506 Rn. 7; Staudinger/Kessal-Wulf, § 506 Rn. 17; a. A. Metz, NJW 1991, 2804, 2811.
6 Staudinger/Kessal-Wulf, § 506 Rn. 17 f.

C. Sonstige entgeltliche Finanzierungshilfe

5 Die »sonstige entgeltliche Finanzierungshilfe« des § 506 Abs. 2 Satz 1 BGB stellt gegenüber dem Darlehen und dem entgeltlichen Zahlungsaufschub einen Auffangtatbestand dar. Der Begriff erfasst jede zeitweilige Überlassung von Kaufkraft an den Verbraucher zur vorgezogenen Verwendung künftigen Einkommens.[7] Erfasst sind Finanzierungsleasingverträge[8], der Mietkauf, Teilzahlungsvereinbarungen bei einer Ausbildungsvereinbarung[9] oder Mobilfunkverträge mit einem subventionierten Gerät.[10]

§ 7 Gaststätten, Beherbergungsbetriebe

(1) [1]In Gaststätten und ähnlichen Betrieben, in denen Speisen oder Getränke angeboten werden, sind die Preise in Preisverzeichnissen anzugeben. [2]Die Preisverzeichnisse sind entweder auf Tischen aufzulegen oder jedem Gast vor Entgegennahme von Bestellungen und auf Verlangen bei Abrechnung vorzulegen oder gut lesbar anzubringen. [3]Werden Speisen und Getränke gemäß § 4 Abs. 1 angeboten, so muss die Preisangabe dieser Vorschrift entsprechen.

(2) [1]Neben dem Eingang der Gaststätte ist ein Preisverzeichnis anzubringen, aus dem die Preise für die wesentlichen angebotenen Speisen und Getränke ersichtlich sind. [2]Ist der Gaststättenbetrieb Teil eines Handelsbetriebes, so genügt das Anbringen des Preisverzeichnisses am Eingang des Gaststättenteils.

(3) In Beherbergungsbetrieben ist beim Eingang oder bei der Anmeldestelle des Betriebes an gut sichtbarer Stelle ein Verzeichnis anzubringen oder auszulegen, aus dem die Preise der im Wesentlichen angebotenen Zimmer und gegebenenfalls der Frühstückspreis ersichtlich sind.

(4) Kann in Gaststätten- und Beherbergungsbetrieben eine Telekommunikationsanlage benutzt werden, so ist der bei Benutzung geforderte Preis je Minute oder je Benutzung in der Nähe der Telekommunikationsanlage anzugeben.

(5) Die in den Preisverzeichnissen aufgeführten Preise müssen das Bedienungsgeld und sonstige Zuschläge einschließen.

Martin Hohlweck

Übersicht **Rdn.**

7 MünchKomm/Schürnbrand BGB, § 506 Rn. 24.
8 OLG Düsseldorf, 02.10.2012, I-24 U 15/12, NJW-RR 2013, 1069.
9 LG Hechingen, 13.09.2016, 3 S 4/16, juris Rn. 8 ff.
10 LG Lüneburg, 13.01.2011, 2 S 86/10, CR 2011, 792.

A. Einleitung; Verhältnis zum Unionsrecht

1 § 7 PAngV stellt eine Ergänzung zu den allgemeinen Bestimmungen der PAngV dar. Er ist daher nur anwendbar, wenn auch die Voraussetzungen des § 1 Abs. 1 PAngV erfüllt sind; ferner gilt das allgemeine Gebot der Preisklarheit und Preiswahrheit (§ 1 Abs. 6 PAngV).

2 In der Literatur wird vertreten, die Anwendbarkeit der Bestimmung sei eingeschränkt, da Abs. 1 und 2 über die Vorgaben der Richtlinie 98/6/EG über den Schutz der Verbraucher bei der Angabe der Preise der ihnen angebotenen Erzeugnisse (EG-Grundpreis-RL) hinausgehen würden, Abs. 3 und 4 über die der Richtlinie 2006/123/EG über Dienstleistungen im Binnenmarkt (Dienstleistungs-RL).[1] Richtigerweise ist § 7 PAngV insgesamt allein an den Vorgaben der Dienstleistungs-RL zu messen. Die EG-Grundpreis-RL gilt für das Angebot von »Erzeugnissen«, mithin von Waren, an Verbraucher (Art. 1 RL). Der Bewirtungsvertrag, den der Gast in einer Gaststätte abschließt, ist jedoch ein typengemischter Vertrag, bei dem zwar auch kaufvertragliche Elemente (ggf. neben mietvertraglichen hinsichtlich der Benutzung der Gasträume, Geschirr und Besteck) enthält, dessen Schwerpunkt aber auf der Zubereitung der Speisen und der Bedienung des Gastes liegt.[2] Soweit in einer Gaststätte Speisen nur zum Verkauf zur Mitnahme angeboten werden, gilt nicht § 7 PAngV, sondern § 4 PAngV.[3]

3 Einschlägig ist daher allein die Dienstleistungs-RL. Zwar trifft es zu, dass § 7 PAngV strengere Anforderungen aufstellt als Art. 22 Dienstleistungs-RL, da nach Art. 22 (2) Dienstleistungs-RL dem Diensteanbieter verschiedene Möglichkeiten zur Wahl stellt, wie er die geforderten Informationen erbringt; beispielsweise ist es nach Art. 22 (2) lit. c zulässig, die Informationen elektronisch über eine von ihm angebotene (Internet-) Adresse anzubieten. Allerdings eröffnet Art. 22 (5) den Mitgliedstaaten ausdrücklich die Möglichkeit, für in ihrem Hoheitsgebiet zusätzliche Informationsanforderungen vorzuschreiben. Diese spezielle, spätere Regelung geht den früheren, allgemeinen Bestimmungen der UGP-Richtlinie vor.[4]

B. Allgemeine Bestimmungen (§ 7 Abs. 4 und Abs. 5 PAngV)

4 § 7 Abs. 4 und 5 PAngV enthalten allgemeine Regeln, die sowohl für Gaststätten- als auch Beherbergungsbetriebe gelten. § 7 Abs. 4 PAngV regelt die Angabe von Entgelten, die für die Benutzung von Telekommunikationsanlagen gefordert werden. Diese sind »in der Nähe« der Telekommunikationslage anzugeben. Wird drahtloser Internetzugriff (beispielsweise mit höherer Bandbreite) entgeltlich angeboten, wird die Preisangabe auf

---

1 Harte/Henning/Weidert, § 7 PAngV Rn. 2; *Köhler*/Bornkamm/Feddersen, § 7 Rn. 1 ff.; Ohly/*Sosnitza*, § 7 Rn. 1; a. A. Goldberg, WRP 2013, 1561, 1565.

2 Palandt/Sprau, Einf. v § 701 Rn. 3; Diercks-Harms, MDR 2016, 6; offen gelassen in BGH, 05.04.2006, VIII ZR 283/05, NJW 2006, 2262 Rn. 7.

3 *Ohly/Sosnitza, § 7 Rn. 1.*

4 BGH, 22.03.2012, I ZR 111/11, GRUR 2012, 1159 Rn. 10 – *Preisverzeichnis bei Mietwagenangebot*; zum Problem allgemein vgl. oben § 3a UWG Rdn. 38.

einer Startseite genügen. Besteht das Entgelt in einer täglichen Pauschale, ist diese anzugeben (und nicht etwa auf Minutenbasis umzurechnen).

§ 7 Abs. 5 PAngV, nach dem Bedienungsentgelte oder »Servicepauschalen« anzugeben sind, ist eine Ausprägung des allgemeinen Gebots der Preisklarheit und Preiswahrheit aus § 1 Abs. 6 PAngV. 5

C. Gaststättenbetriebe (§ 7 Abs. 1 und Abs. 2 PAngV)

In einem Gaststättenbetrieb werden Getränke oder zubereitete Speisen zum Verzehr an Ort und Stelle an jedermann oder einen bestimmten Personenkreis verabreicht (§ 1 Abs. 1 GaststättenG). Dies gilt auch, wenn der Betrieb nur vorübergehend während einer Veranstaltung besteht (§ 1 Abs. 2 GaststättenG). § 25 Satz 2 GaststättenG nimmt »gastgewerbliche Leistungen« in Beförderungsmitteln (Flugzeugen, Schiffe, Eisenbahnen, Busse) ausdrücklich aus dem Geltungsbereich des GaststättenG aus; auch die Bestimmung des § 7 PAngV ist ersichtlich auf ortsfeste Betriebe zugeschnitten. 6

§ 7 PAngV unterscheidet zwischen Gaststätten im eigentlichen Sinn und »ähnlichen Betrieben«. »Ähnliche Betriebe« sind solche, in denen keine Bedienung am Tisch stattfindet, sondern die Gäste sich selber bedienen müssen oder eine Bedienung nur an einer Theke stattfindet, beispielsweise Schnellrestaurants, Kioske oder Bäckereien mit Sitzmöglichkeiten.[5] Die Differenzierung ist historisch bedingt; die Bestimmungen des § 7 Abs. 2 und 4 PAngV gelten auch für »ähnliche« Betriebe, auch wenn sie dort nicht ausdrücklich genannt werden. Ein sachlicher Grund, sie auf »ähnliche Betriebe« nicht anzuwenden, ist nicht ersichtlich.[6] 7

Die Preisverzeichnisse für Speisen und Getränke sind nach § 7 Abs. 1 Satz 2 PAngV entweder auf den Tischen auszulegen, dem Gast vor Bestellung und auf Verlangen vor der Abrechnung auszuhändigen oder gut einsehbar anzubringen. Getrennte Speise- und Getränkekarten sind zulässig.[7] Die Preisverzeichnisse müssen alle dem üblichen Angebot entsprechenden Speise und Getränke enthalten. 8

Nach § 7 Abs. 2 PAngV ist zusätzlich neben dem Eingang (bei Hotel- oder Kaufhausrestaurants am Eingang zu den entsprechenden Räumlichkeiten, § 7 Abs. 2 Satz 2 PAngV) ein Preisverzeichnis anzubringen, aus dem die Preise für die wesentlichen Speisen und Getränke anzugeben sind; diese Verzeichnis muss also nicht so umfassend sein wie die Preisverzeichnisse nach § 7 Abs. 1 PAngV. Was »wesentliche« Leistungen sind, bestimmt sich nach dem konkreten Leistungsangebot, wobei auch die Verkehrsanschauung zu berücksichtigen ist.[8] Danach genügt es beispielsweise bei einem Restaurant, wenn die Speise-, aber nicht die Getränkekarte ausgehängt wird. 9

---

5 LG Hamburg, 15.03.2011, 312 O 312/10, GRUR-RR 2011, 477 f. – *Fastfood-Restaurant.*

6 Ohly/*Sosnitza*, § 7 Rn. 5; a. A. LG Hamburg, 15.03.2011, 312 O 312/10, GRUR-RR 2011, 477 f. – *Fastfood-Restaurant*; *Köhler*/Bornkamm/Feddersen, § 7 Rn. 4.

7 Ohly/*Sosnitza*, § 7 Rn. 5.

8 Vgl. HansOLG Hamburg, 08.05.2013, 5 U 169/11, WRP 2013, 1212 Rn. 15 (zu § 5 Abs. 1 PAngV).

D. Beherbergungsbetriebe (§ 7 Abs. 3 PAngV)

10 Beherbergungsbetriebe sind Unternehmen, die entgeltlich Übernachtungsmöglichkeiten zur Verfügung stellen. Darunter fallen nicht nur Hotels und Pensionen, sondern grundsätzlich auch Ferienwohnungen.[9] Nach § 1 Abs. 1 Satz 1 PAngV genügt zwar bereits das »regelmäßige« Angebot einer Dienstleistung. Aus dem Begriff des Beherbergungs»betriebs« lässt sich jedoch ableiten, dass der private Vermieter einer Ferienwohnung, der keinen planmäßigen Geschäftsbetrieb unterhält, nicht erfasst ist.

11 Das Preisverzeichnis muss entweder am Eingang oder der Anmeldung gut sichtbar und auffindbar angebracht sein. Bei über das Internet buchbaren Angeboten muss gemäß § 5 Abs. 1 Satz 3 PAngV auch auf der Internetseite ein Preisverzeichnis vorhanden sein.[10] Anzugeben sind die Preise der »wesentlichen« angebotenen Zimmer (also z. B. nicht einer einzelnen Suite in einem Hotel) und der Frühstückspreis. Werden Zimmer mit Frühstück angeboten, ist der Gesamtpreis anzugeben (§ 1 Abs. 6 Satz 3 PAngV). Werden Parkplätze entgeltlich angeboten, gilt § 8 Abs. 2 PAngV.

§ 8 Tankstellen, Parkplätze

(1) [1]An Tankstellen sind die Kraftstoffpreise so auszuzeichnen, dass sie

1. für den auf der Straße heranfahrenden Kraftfahrer,

2. auf Bundesautobahnen für den in den Tankstellenbereich einfahrenden Kraftfahrer

deutlich lesbar sind. [2]Dies gilt nicht für Kraftstoffmischungen, die erst in der Tankstelle hergestellt werden.

(2) Wer für weniger als einen Monat Garagen, Einstellplätze oder Parkplätze vermietet oder bewacht oder Kraftfahrzeuge verwahrt, hat am Anfang der Zufahrt ein Preisverzeichnis anzubringen, aus dem die von ihm geforderten Preise ersichtlich sind.

Martin Hohlweck

Übersicht **Rdn.**

A. Einleitung; Verhältnis zum Unionsrecht

1 § 8 PAngV enthält Sonderbestimmungen für den Kfz-Verkehr. Der Verkauf von Kraftstoffen fällt auch in den Anwendungsbereich der Richtlinie 98/6/EG über den Schutz der Verbraucher bei der Angabe der Preise der ihnen angebotenen Erzeugnisse (EG-Grundpreis-RL). Da § 8 Abs. 1 PAngV jedoch nur eine Konkretisierung des Art. 4

9 *Köhler*/Bornkamm/Feddersen, § 7 Rn. 7.
10 FBO/Wenglorz, S 14 Rn. 244.

(1) EG-Grundpreis-RL darstellt, nach dem der Verkaufspreis unmissverständlich, klar erkennbar und gut lesbar sein müssen, bestehen insoweit keine Bedenken gegen die Vereinbarkeit mit dem Unionsrecht.[1]

§ 8 Abs. 2 PAngV, der eine Dienstleistung im Sinn der Richtlinie 2006/123/EG über Dienstleistungen im Binnenmarkt (Dienstleistungs-RL) betrifft, stellt allerdings strengere Anforderungen auf als Art. 22 Dienstleistungs-RL, da nach Art. 22 (2) Dienstleistungs-RL dem Diensteanbieter verschiedene Möglichkeiten zur Wahl stellt, wie er die geforderten Informationen erbringt; beispielsweise ist es nach Art. 22 (2) lit. c zulässig, die Informationen elektronisch über eine von ihm angebotene (Internet-) Adresse anzubieten. Allerdings eröffnet Art. 22 (5) den Mitgliedstaaten ausdrücklich die Möglichkeit, für in ihrem Hoheitsgebiet zusätzliche Informationsanforderungen vorzuschreiben. Diese spezielle, spätere Regelung geht den früheren, allgemeinen Bestimmungen der UGP-Richtlinie vor.[2] **2**

B. Tankstellen (§ 8 Abs. 1 PAngV)

Erfasst wird jede Art der Tankstelle, auch solche, die Kraftstoffe nur an Inhaber einer besonderen Karte abgeben.[3] Elektrische Energie ist zwar kein »Kraftstoff« im herkömmlichen Sinn, aber nach Sinn und Zweck der Vorschrift ist sie auch auf die üblicherweise als »Elektro-Tankstellen« bezeichneten Aufladestationen für Elektrofahrzeuge anwendbar, soweit sie Elektrizität entgeltlich anbieten und öffentlich zugänglich sind. Auch in diesem Fall soll sich der Fahrer rechtzeitig, bevor er den Entschluss zum Aufsuchen der Ladestation fasst, über die Kosten informieren können.[4] Ist eine solche Aufladestation in einem entgeltlich zu nutzenden Parkhaus untergebracht, gilt zusätzlich § 8 Abs. 2 PAngV im Hinblick auf anfallende Parkgebühren. Für die Angabe des Preises für Elektrizität gilt weiter § 3 PAngV. **3**

Die Pflichten aus § 8 Abs. 1 PAngV treffen den Betreiber der Tankstelle, also üblicherweise den Pächter.[5] Die Preise müssen unter Angabe der jeweiligen Kraftstoffsorte (Diesel, Super, ggf. Erdgas/Flüssiggas) angegeben werden und zwar so, dass der Fahrer sie bei normaler Fahrweise rechtzeitig erkennen und sich, ohne den übrigen Verkehr zu gefährden, für oder gegen das Aufsuchen der Tankstelle entscheiden kann.[6] Für Autobahnen wird diese Anforderung durch § 8 Abs. 1 Satz 1 Nr. 2 PAngV dahingehend konkretisiert, dass der Preis schon von der Autobahn aus erkennbar sein muss, also bereits von den Richtungsfahrbahnen aus. Bei autobahnähnlichen Schnellstraßen wird **4**

---

1 *Köhler*/Bornkamm/Feddersen, § 8 PAngV Rn. 1a.

2 BGH, 22.03.2012, I ZR 111/11, GRUR 2012, 1159 Rn. 10 – *Preisverzeichnis bei Mietwagenangebot*; zum Problem allgemein vgl. oben § 3a UWG Rdn. 38; a. A. *Köhler*/Bornkamm/Feddersen, § 8 PAngV Rn. 1b.

3 OLG Karlsruhe, 13.03.1996, 6 U 126/95, NJWE-WettbR 1996, 248.

4 Harte/Henning/Weidert, § 8 PAngV Rn. 4; *Köhler*/Bornkamm/Feddersen, § 8 PAngV Rn. 2.

5 OLG Düsseldorf, 16.07.1987, 2 U 207/87, WRP 1988, 170, 172 – *Größe der Preistafeln für Kraftstoffpreise*.

6 OLG Düsseldorf, 16.07.1987, 2 U 207/87, WRP 1988, 170, 172 – *Größe der Preistafeln für Kraftstoffpreise*.

eine entsprechende Ausgestaltung aus § 8 Abs. 1 Satz 1 Nr. 1 PAngV abzuleiten sein. Für sonstige Angebote (Lebensmittel, Zubehör, Dienstleistungen wie Wagenwäsche) gelten §§ 4, 5 PAngV.

C. Abstellflächen (§ 8 Abs. 2 PAngV)

5 Betreiber von Abstellflächen für Kraftfahrzeuge, die sie für weniger als einen Monat entgeltlich anbieten, müssen die von ihnen geforderten Preise in einem Preisverzeichnis »am Anfang der Zufahrt« (zu ergänzen ist: deutlich lesbar) anbringen. Erfasst sind alle Flächen, die entgeltlich zum Abstellen von Kraftahrzeugen angeboten werden, daher auch kostenpflichtige Hotelparkplätze. Auch wenn die Vorschrift »Kraftfahrzeuge« nur im Zusammenhang mit dem »Verwahren« nennt, ist sie auf Einstellplätze oder Garagen für andere Fahrzeuge wie entgeltliche Fahrradstationen nicht anwendbar; für sie gilt allein § 5 PAngV.

6 Das Verzeichnis muss so angebracht sein, dass der Fahrer sich nach der Kenntnisnahme noch gegen die Inanspruchnahme des Abstellplatzes entscheiden kann, ohne dass ihm dafür Kosten entstehen.[7] Ist dies wegen der örtlichen Verhältnisse ausnahmsweise nicht möglich, kann das Verzeichnis auch an einer anderen Stelle angebracht werden. Dann ist dem Fahrer aber die Möglichkeit einzuräumen, nach Kenntnisnahme den Betrieb zu verlassen, ohne dass ihm dafür Kosten entstehen.[8]

§ 9 Ausnahmen

(1) Die Vorschriften dieser Verordnung sind nicht anzuwenden

1. auf Angebote oder Werbung gegenüber Verbrauchern, die die Ware oder Leistung in ihrer selbständigen beruflichen oder gewerblichen oder in ihrer behördlichen oder dienstlichen Tätigkeit verwenden; für Handelsbetriebe gilt dies nur, wenn sie sicherstellen, dass als Verbraucher ausschließlich die in Halbsatz 1 genannten Personen Zutritt haben, und wenn sie durch geeignete Maßnahmen dafür Sorge tragen, dass diese Personen nur die in ihrer jeweiligen Tätigkeit verwendbaren Waren kaufen;

2. auf Leistungen von Gebietskörperschaften des öffentlichen Rechts, soweit es sich nicht um Leistungen handelt, für die Benutzungsgebühren oder privatrechtliche Entgelte zu entrichten sind;

3. auf Waren und Leistungen, soweit für sie aufgrund von Rechtsvorschriften eine Werbung untersagt ist;

4. auf mündliche Angebote, die ohne Angabe von Preisen abgegeben werden;

5. auf Warenangebote bei Versteigerungen.

(2) § 1 Abs. 1 und § 2 Abs. 1 sind nicht anzuwenden auf individuelle Preisnachlässe sowie auf nach Kalendertagen zeitlich begrenzte und durch Werbung bekannt gemachte generelle Preisnachlässe.

---

7 *Köhler*/Bornkamm/Feddersen, § 8 PAngV Rn. 4.

8 Harte/Henning/Weidert, § 8 PAngV Rn. 8.

(3) § 1 Abs. 2 ist nicht anzuwenden auf die in § 312 Absatz 2 Nummer 2, 3, 6, 9 und 10 und Absatz 6 des Bürgerlichen Gesetzbuchs genannten Verträge.

(4) § 2 Abs. 1 ist nicht anzuwenden auf Waren, die
1. über ein Nenngewicht oder Nennvolumen von weniger als 10 Gramm oder Milliliter verfügen;
2. verschiedenartige Erzeugnisse enthalten, die nicht miteinander vermischt oder vermengt sind;
3. von kleinen Direktvermarktern sowie kleinen Einzelhandelsgeschäften angeboten werden, bei denen die Warenausgabe überwiegend im Wege der Bedienung erfolgt, es sei denn, dass das Warensortiment im Rahmen eines Vertriebssystems bezogen wird;
4. im Rahmen einer Dienstleistung angeboten werden;
5. in Getränke- und Verpflegungsautomaten angeboten werden.

(5) § 2 Abs. 1 ist ferner nicht anzuwenden bei
1. Kau- und Schnupftabak mit einem Nenngewicht bis 25 Gramm;
2. kosmetischen Mitteln, die ausschließlich der Färbung oder Verschönerung der Haut, des Haares oder der Nägel dienen;
3. Parfüms und parfümierten Duftwässern, die mindestens 3 Volumenprozent Duftöl und mindestens 70 Volumenprozent reinen Äthylalkohol enthalten.

(6) Die Angabe eines neuen Grundpreises nach § 2 Abs. 1 ist nicht erforderlich bei
1. Waren ungleichen Nenngewichts oder -volumens oder ungleicher Nennlänge oder -fläche mit gleichem Grundpreis, wenn der geforderte Gesamtpreis um einen einheitlichen Betrag herabgesetzt wird;
2. leicht verderblichen Lebensmitteln, wenn der geforderte Gesamtpreis wegen einer drohenden Gefahr des Verderbs herabgesetzt wird.

(7) § 4 ist nicht anzuwenden
1. auf Kunstgegenstände, Sammlungsstücke und Antiquitäten im Sinne des Kapitels 97 des Gemeinsamen Zolltarifs;
2. auf Waren, die in Werbevorführungen angeboten werden, sofern der Preis der jeweiligen Ware bei deren Vorführung und unmittelbar vor Abschluss des Kaufvertrages genannt wird;
3. auf Blumen und Pflanzen, die unmittelbar vom Freiland, Treibbeet oder Treibhaus verkauft werden.

(8) § 5 ist nicht anzuwenden
1. auf Leistungen, die üblicherweise aufgrund von schriftlichen Angeboten oder schriftlichen Voranschlägen erbracht werden, die auf den Einzelfall abgestellt sind;
2. auf künstlerische, wissenschaftliche und pädagogische Leistungen; dies gilt nicht, wenn die Leistungen in Konzertsälen, Theatern, Filmtheatern, Schulen, Instituten oder dergleichen erbracht werden;
3. auf Leistungen, bei denen in Gesetzen oder Rechtsverordnungen die Angabe von Preisen besonders geregelt ist.

Stefan Schilling

Übersicht

A. Regelungsgehalt

1 § 9 PAngV enthält verschiedene Ausnahmevorschriften. § 9 Abs. 1 PAngV schließt die Anwendbarkeit der PAngV insgesamt in bestimmten Konstellationen aus. § 9 Abs. 2 PAngV sieht Einschränkungen der Preisangabenpflicht für individuelle und zeitlich begrenzte generelle Preisnachlässen vor. § 9 Abs. 3 enthält einen Dispens für bestimmte Verträge. § 9 Abs. 4 bis 6 PAngV enthalten Ausnahmen von der Pflicht zur Grundpreisangabe. § 9 Abs. 7 befreit von der Pflicht zur Preisauszeichnung von Waren in Schaufenstern. § 9 Abs. 8 PAngV enthält Befreiungen von der Pflicht zur Vorhaltung eines Preisverzeichnisses bei Leistungen.

B. Die Ausnahmetatbestände des § 9 Abs. 1

2 § 9 Abs. 1 PAngV enthält Befreiungen von allen in der PAngV geregelten Pflichten.

I. § 9 Abs. 1 Nr. 1

3 Nach § 9 Abs. 1 Nr. 1 PAngV besteht keine Pflicht zur Preisangabe für Angebote oder Werbung gegenüber Verbrauchern, die die Ware oder Leistung in ihrer selbstständigen beruflichen oder gewerblichen oder in ihrer behördlichen oder dienstlichen Tätigkeit verwenden. Diese Vorschrift ist redundant. Denn bei den so beschriebenen Personen handelt es sich bereits nicht um Verbraucher, so dass die PAngV ohnehin nicht anwendbar ist,[1] vgl. Art. 2 lit. a der UGP-RL, zum Begriff siehe § 2 Abs. 2 UWG Rdn. 1 und Einl. PAngV Rdn. 7. Nach der bis zum 20.03.2016 geltenden Fassung war allerdings noch die Terminologie es »Letztverbrauchers« verwendet worden. Darunter wurden Personen verstanden, die die Ware oder Leistung nicht weiter umsetzen, sondern für sich verwenden.[2] Dies wurde aus § 9 Abs. 1 Nr. 1 PAngV abgeleitet, wonach

1 *Köhler*/Bornkamm/Feddersen, UWG, PAngV § 9 Rn. 2; Harte-Bavendamm/Henning-Bodewig/*Weidert*, UWG, PAngV § 9 Rn. 3.

2 BGH, 29.04.2010, I ZR 99/08, GRUR 2011, 82 Rn. 23 – *Preiswerbung ohne Umsatzsteuer*; Ohly/*Sosnitza*, UWG, Einf PangV Rn. 23; *Köhler*/Bornkamm/Feddersen, UWG, Vorb PAngV Rn. 19.

die Vorschriften der Verordnung nicht auf Angebote oder Werbung gegenüber »Letztverbrauchern« anzuwenden sind, die die Ware oder Leistung in ihrer selbstständigen beruflichen oder gewerblichen Tätigkeit verwenden. Dessen bedarf seit der Angleichung an § 2 Abs. 2 UWG und die Bezugnahme auf § 13 BGB nicht mehr.

II. § 9 Abs. 1 Nr. 2

Zu den Verpflichteten der PAngV zählen neben den Kaufleuten, Freiberuflern und sonstigen Gewerbetreibenden auch die öffentliche Hand, soweit diese Benutzungsgebühren oder privatrechtliche Entgelte für die Nutzung ihrer Einrichtungen erhebt, wie für Schwimmbäder oder den ÖPNV.[3] Dies ergibt sich aus dem Umkehrschluss von § 9 Abs. 1 Nr. 2. Im Übrigen ist die öffentliche Hand durch § 9 Abs. 1 Nr. 2 von den Vorgaben der PAngV befreit. **4**

III. § 9 Abs. 1 Nr. 3

§ 9 Abs. 1 Nr. 3 befreit von den Vorgaben der PAngV, soweit Waren und Leistungen betroffen sind, die einem Werbeverbot unterliegen. Dies betrifft beispielsweise das Verbot der Publikumswerbung für verschreibungspflichtige Arzneimittel nach § 10 HWG.[4] **5**

IV. § 9 Abs. 1 Nr. 4

Grundsätzlich spielt es für die Anwendbarkeit der PAngV keine Rolle, welchen Mediums oder welcher Kommunikationsform (Internet, Fernsehen, Telefon, Telefax, E-Mail usw.) sich der Unternehmer für sein Angebot bedient.[5] Allerdings macht § 9 Abs. 1 Nr. 4 PAngV eine Ausnahme für mündliche Angebote, wie es etwa typisch ist für werbliche Angebote im Hörfunk.[6] In Abgrenzung dazu stellen Werbesendungen im Fernsehen, anders als diejenigen im Hörfunk, keine nach § 9 Abs. 1 Nr. 4 PAngV ohne Angabe von Preisen zulässigen mündlichen Angebote dar.[7] Das führt dazu, dass für Hörfunkwerbung einerseits und Fernseh- oder Internetwerbung andererseits unterschiedliche Anforderungen gelten können.[8] Dass die PAngV die über Bildschirm erfolgenden Angebote nicht als mündliche Angebote behandelt, erschließt sich aus ihren § 4 Abs. 4, § 5 Abs. 1 Satz 3 PAngV, wo als Ort des Leistungsangebots neben den Printmedien auch die »Bildschirmanzeige« ausdrücklich erwähnt wird.[9] Das Verbot der **6**

---

3 Vgl. Ohly/*Sosnitza*, UWG, Einf PangV Rn. 24; vgl. auch *Köhler*/Bornkamm/Feddersen, UWG, § 9 PAngV Rn. 3.
4 Vgl. *Köhler*/Bornkamm/Feddersen, UWG, § 9 PAngV Rn. 4.
5 Vgl. Ohly/*Sosnitza*, UWG, PAngV § 1 Rn. 19.
6 Vgl. BGH, 03.07.2003, I ZR 211/01, BGHZ 155, 301, 304 – *Telefonischer Auskunftsdienst*.
7 BGH, 03.07.2003, I ZR 211/01, GRUR 2003, 971, 972 – *Telefonischer Auskunftsdienst*.
8 Vgl. Harte-Bavendamm/Henning-Bodewig/*Weidert*, UWG, PAngV § 9 Rn. 15.
9 BGH, 03.07.2003, I ZR 211/01, BGHZ 155, 301, 304 – *Telefonischer Auskunftsdienst*.

irreführenden Werbung wird durch § 9 Abs. 1 Nr. 4 PAngV allerdings nicht eingeschränkt.[10]

V. § 9 Abs. 1 Nr. 5

7 § 9 Abs. 1 Nr. 5 PAngV nimmt schließlich Warenangebote bei Versteigerungen von der Preisangabenpflicht aus, da der zu zahlende Preis nicht von vornherein feststeht. Auf die Streitfrage, ob Offerten im Rahmen von Internetauktionsangeboten überhaupt mangels verbindlicher Preisangabe als »Angebote« iSd § 1 Abs. 1 Nr. 1 PAngV anzusehen sind, kommt es daher nicht an.[11] Kann dagegen der Kunde dem Anbieter für bereits fertig zusammengestellte Flugreisen Preis(gegen)angebote machen, bedarf es zuerst eines Hinweises auf den Gesamtpreis.[12]

C. Die Ausnahmetatbestände des § 9 Abs. 2

8 § 9 Abs. 2 PAngV befreit bei individuellen Preisnachlässen und zeitlich begrenzten und in der Werbung bekannt gemachten generellen Preisnachlässen von der Verpflichtung zur Gesamtpreis- (§ 1 Abs. 1 PAngV) und Grundpreisangabe (§ 2 PAngV).

9 Individuelle Preisnachlässe stehen regelmäßig nicht von vornherein fest und können daher in der Werbung nicht berücksichtigt werden.[13] Werden sie hingegen einer bestimmten Verbrauchergruppe, z.B. Bestandskunden oder Inhabern von Kundenkarten, immer gewährt, handelt es sich nicht um individuelle, sondern um generelle Preisnachlässen.[14]

10 Die Befreiung von den Vorgaben der PAngV bei generellen Preisnachlässen dient dazu, die Unternehmer bei Sonderverkaufsaktionen nicht mit übertriebenem Aufwand mit der Preisauszeichnung zu behindern.[15] Die Werbung mit Preisreduzierungen muss gleichwohl den Anforderungen des § 5 UWG Stand halten können. Die Preisnachlässe müssen zudem nach Kalendertagen zeitlich begrenzt sein, also mit einer Datumsangabe versehen sein. Hat die Preisreduktion keine Befristung, greift die Befreiung des § 9 Abs. 2 PAngV nicht ein.[16] Schließlich ist drittens Voraussetzung nach § 9 Abs. 2 PAngV, dass die generelle Preissenkung »durch Werbung bekannt gemacht« wurde. Dies zielt darauf ab, den Verbraucher in die Lage zu versetzen, sich vorab informieren

---

10 LG Frankfurt, 22.03.2002, 3/12 O 128/01, GRUR-RR 2003, 290, 292 – *Weitervermittlung*; *Köhler*/Bornkamm/Feddersen, UWG, § 9 PAngV Rn. 5.

11 Harte-Bavendamm/Henning-Bodewig/*Weidert*, UWG, PAngV § 9 Rn. 16; *Köhler*/Bornkamm/Feddersen, UWG, PAngV § 9 Rn. 6; Bullinger, WRP 2000, 253, 256 [zu § 7 Abs. 1 Nr. 5 aF]; aA Ohly/*Sosnitza*, UWG, PAngV § 1 Rn. 16; Wekwerth, MMR 2008, 378, 379 [der ein Angebot bejaht, die Ausnahmeregelung allerdings nicht thematisiert].

12 Vgl. OLG Düsseldorf, 09.11.2000, 2 U 49/00, MMR 2001, 161, 162.

13 Vgl. *Köhler*/Bornkamm/Feddersen, UWG, PAngV § 9 Rn. 8.

14 Harte-Bavendamm/Henning-Bodewig/*Weidert*, UWG, PAngV § 9 Rn. 18; *Köhler*/Bornkamm/Feddersen, UWG, PAngV § 9 Rn. 10.

15 Vgl. *Köhler*/Bornkamm/Feddersen, UWG, PAngV § 9 Rn. 9.

16 *Köhler*/Bornkamm/Feddersen, UWG, PAngV § 9 Rn. 11.

und vergleichen zu können.[17] Die Preisreduktion muss daher in der Werbung annonciert worden sein. Hier dürften indes keine strengen Anforderungen zu stellen sein. Denn diese Bedingung ist rechtspolitisch wenig überzeugend und mit dem Leitbild des Durchschnittsverbrauchers und der Aufhebung des § 4 Nr. 1 UWG aF überholt. Daher dürfte auch die Bewerbung auf der Außenseite des Geschäfts ausreichend sein.[18]

D. Die Ausnahmetatbestände des § 9 Abs. 3

§ 9 Abs. 3 PAngV enthält Ausnahmen von der Gesamtpreisangabe im Fernabsatz nach § 1 Abs. 2 PAngV. Dies betrifft die aufgeführten Verträge nach § 312 Abs. 2 Nr. 2, 3, 6, 9, 10 und Abs. 6 BGB, insbesondere Grundstücksgeschäfte. **11**

E. Die Ausnahmetatbestände des § 9 Abs. 4

§ 9 Abs. 4 PAngV enthält Befreiungen von der Verpflichtung zur Grundpreisangabe. **12**

§ 9 Abs. 4 Nr. 1 PAngV befreit von der Verpflichtung zur Grundpreisangabe bei Kleinstmengen. **13**

Nach § 9 Abs. 4 Nr. 2 PAngV besteht keine Verpflichtung zur Nennung des Grundpreises für Waren, die verschiedenartige, nicht miteinander vermischte oder vermengte Erzeugnisse enthalten. Für solche zusammengesetzten Angebote – beispielsweise für ein Gebinde aus einer Flasche Wein und einer Käse- oder Schinkenspezialität – muss kein Grundpreis angegeben werden, obwohl für jedes von dem Angebot umfasste Erzeugnis bei gesonderter Abgabe der Grundpreis nach § 2 Abs. 1 PAngV genannt werden müsste.[19] Diese Ausnahmeregelung gilt erst recht für Kombinationsangebote.[20] Joghurt mit Schokoriegeln wird dagegen von der Rechtsprechung nicht als ein solches Kombinationsprodukt angesehen, sondern als vermengtes Erzeugnis.[21] Auch Waren in einer Fertigpackung, wie Reis im Kochbeutel oder Kaffeekapseln, stellen nicht mit Blick auf die Verpackung ein Kombinationsprodukt dar. **14**

§ 9 Abs. 4 Nr. 3 PAngV befreit kleine Direktvermarkter, wie Hofläden auf Bauernhöfen.[22] **15**

§ 9 Abs. 4 Nr. 4 PAngV befreit Anbieter, die Waren lediglich im Rahmen ihrer Dienstleistung anbieten. Dies erfasst indes nicht alle Waren von Lieferdiensten. Die Regelung setzt Art. 3 Abs. 2 1. Spiegelstrich der Preisangaben-RL um. Diese gestattet es den Mitgliedstaaten, für »bei Erbringen einer Dienstleistung gelieferte Erzeugnisse« keine Verpflichtung zur Grundpreisangabe vorzusehen. Allein der Umstand, dass der Unternehmer anbietet, die Waren dem Kunden nach Hause zu liefern, führt nicht dazu, dass **16**

17 *Köhler*/Bornkamm/Feddersen, UWG, PAngV § 9 Rn. 11.
18 Harte-Bavendamm/Henning-Bodewig/*Weidert*, UWG, PAngV § 9 Rn. 18; aA *Köhler*/Bornkamm/Feddersen, UWG, PAngV § 9 Rn. 11.
19 BGH, 28.06.2012, I ZR 110/11, GRUR 2013, 186 Rn. 8 – *Traum-Kombi*.
20 BGH, 28.06.2012, I ZR 110/11, GRUR 2013, 186 Rn. 8 – *Traum-Kombi*.
21 Vgl. OLG Frankfurt, 15.07.2016, 14 U 87/15, GRUR-RS 2016, 20413.
22 Vgl. Harte-Bavendamm/Henning-Bodewig/*Weidert*, UWG, PAngV § 9 Rn. 26.

das Angebot iSv § 9 Abs. 4 Nr. 4 PAngV »im Rahmen einer Dienstleistung« erfolgt.[23] Werden Lebensmittel, wie Getränke oder Eiscreme, in Fertigpackungen neben den zubereiteten Speisen, wie Pizza nach Hause geliefert, steht die Warenlieferung ähnlich wie beim Straßenverkauf durch eine Gaststätte im Vordergrund mit der Folge, dass die Ausnahmeregelung hierauf keine Anwendung findet.[24] Für die Waren in Fertigverpackungen und metrischer Angabe ist daher ein Grundpreis anzugeben.

17 Nr. 5 befreit schließlich Warenangebote in Getränke- und Verpflegungsautomaten.

F. Die Ausnahmetatbestände der § 9 Abs. 5 bis 8

18 Bei der Ausnahmebestimmung des § 9 Abs. 5 Nr. 2 PAngV ist nach der Rechtsprechung zu differenzieren zwischen Verschönerungsmitteln, die nur der sofortigen und kurzfristigen Änderung des Erscheinungsbilds dienen und in der Regel ohne Rücksicht auf die Menge gekauft werden, um – beispielsweise durch eine Packung Haarfärbemittel – einen schnellen Erfolg herbeizuführen und jenen Pflegeprodukten, die eine nachhaltige Wirkung erzielen sollen. Letztere werden in der Regel über einen längeren Zeitraum erworben, sodass es dabei eher auf den Preis pro Mengeneinheit und den daraus resultierenden Preisvergleich ankomme.[25]

19 § 9 Abs. 7 PAngV nimmt in Nr. 1 die Ausstellung von Kunst- und Sammlungsstücken von der Preisauszeichnungspflicht des § 4 PAngV aus. Diese Regelung verstößt nicht gegen Art. 3 Abs. 1 GG.[26]

20 Nach § 9 Abs. 8 Nr. 1 PAngV ist § 5 PAngV nicht anzuwenden auf Leistungen, die üblicherweise auf Grund von schriftlichen Angeboten oder schriftlichen Voranschlägen erbracht werden, die auf den Einzelfall abgestellt sind. Typisches Beispiel ist das Bauhandwerk.[27] Nach § 9 Abs. 8 Nr. 2 PAngV ist § 5 PAngV nicht anzuwenden auf künstlerische, wissenschaftliche und pädagogische Leistungen, es sei denn sie werden in Konzertsälen Theatern, Filmtheatern, Schulen, Instituten und dergleichen erbracht. Künstlerische Leistungen iSd Vorschrift sind auch die Leistungen von Tätowierer.[28]

§ 10 Ordnungswidrigkeiten

Abs. 1 i.d.F. bis 30.06.2018

(1) Ordnungswidrig im Sinne des § 3 Abs. 1 Nr. 2 des Wirtschaftsstrafgesetzes 1954 handelt, wer vorsätzlich oder fahrlässig

1. entgegen § 1 Abs. 1 Satz 1 Preise nicht, nicht richtig oder nicht vollständig angibt,

23 BGH, 28.06.2012, I ZR 110/11, GRUR 2013, 186 Rn. 13 – *Traum-Kombi.*
24 BGH, 28.06.2012, I ZR 110/11, GRUR 2013, 186 Rn. 15 – *Traum-Kombi.*
25 OLG Celle, 23.03.2017, 13 U 158/16, WRP 2017, 714 Rn. 14.
26 BVerfG, 15.03.2010, 1 BvR 476/10, GRUR-RR 2010, 338 – *Hochwertige Schmuckstücke.*
27 HansOLG Hamburg, 04.05.2011, 5 U 207/10, GRUR-RR 2012, 26, 27 – *Tätowierpreise.*
28 HansOLG Hamburg, 04.05.2011, 5 U 207/10, GRUR-RR 2012, 26, 27f. – *Tätowierpreise.*

2. entgegen § 1 Abs. 1 Satz 2 die Verkaufs- oder Leistungseinheit oder Gütebezeichnung nicht oder nicht richtig angibt, auf die sich die Preise beziehen,
3. entgegen § 1 Abs. 2 Satz 1 Nr. 1, auch in Verbindung mit Satz 3, eine Angabe, nicht richtig oder nicht vollständig macht,
4. entgegen § 1 Abs. 3 Satz 1 Stundensätze, Kilometersätze oder andere Verrechnungssätze nicht richtig angibt,
5. entgegen § 1 Abs. 4 oder 6 Satz 2 Angaben nicht in der dort vorgeschriebenen Form macht,
6. entgegen § 1 Abs. 6 Satz 3 den Gesamtpreis nicht hervorhebt oder
7. entgegen § 2 Abs. 1 Satz 1, auch in Verbindung mit Satz 2, oder § 2 Abs. 2 oder § 3 Satz 1 oder 3, auch in Verbindung mit Satz 4, eine Angabe nicht, nicht richtig oder nicht vollständig macht.

Abs. 1 i.d.F. ab 01.07.2018

(1) Ordnungswidrig im Sinne des § 3 Abs. 1 Nr. 2 des Wirtschaftsstrafgesetzes 1954 handelt, wer vorsätzlich oder fahrlässig
1. entgegen § 1 Abs. 1 Satz 1 Preise nicht, nicht richtig oder nicht vollständig angibt,
2. entgegen § 1 Abs. 1 Satz 2 die Verkaufs- oder Leistungseinheit oder Gütebezeichnung nicht oder nicht richtig angibt, auf die sich die Preise beziehen,
3. entgegen § 1 Abs. 2 Satz 1 Nr. 1, eine Angabe nicht, nicht richtig oder nicht vollständig macht,
4. entgegen § 1 Abs. 3 Satz 1 Stundensätze, Kilometersätze oder andere Verrechnungssätze nicht richtig angibt,
5. entgegen § 1 Abs. 4 oder 7 Satz 2 Angaben nicht in der dort vorgeschriebenen Form macht,
6. entgegen § 1 Abs. 7 Satz 3 den Gesamtpreis nicht hervorhebt oder
7. entgegen § 2 Abs. 1 Satz 1, auch in Verbindung mit Satz 2, oder § 2 Abs. 2 oder § 3 Satz 1 oder 3, auch in Verbindung mit Satz 4, eine Angabe nicht, nicht richtig oder nicht vollständig macht.

(2) Ordnungswidrig im Sinne des § 3 Abs. 1 Nr. 2 des Wirtschaftsstrafgesetzes 1954 handelt auch, wer vorsätzlich oder fahrlässig einer Vorschrift
1. des § 4 Abs. 1 bis 4 über das Auszeichnen von Waren,
2. des § 5 Abs. 1 Satz 1, 2 oder 4 oder Abs. 2, jeweils auch in Verbindung mit § 4 Abs. 5, über das Aufstellen, das Anbringen oder das Bereithalten von Preisverzeichnissen oder über Anbieten einer Anzeige des Preises,
3. des § 6 Abs. 1 Satz 1 über die Angabe oder die Bezeichnung des Preises bei Verbraucherdarlehen,
4. des § 6 Abs. 7 oder § 6 b über die Angabe von Voraussetzungen für die Verbraucherdarlehensgewährung oder des Zinssatzes oder der Zinsbelastungsperiode,
5. des § 6 a Abs. 2 Satz 1 oder Absatz 3 über die Pflichtangaben in der Werbung,
6. des § 7 Abs. 1 Satz 1 oder 2, Abs. 2 Satz 1, Abs. 3 oder 4 über die Angabe von Preisen oder über das Auflegen, das Vorlegen, das Anbringen oder das Auslegen eines dort genannten Verzeichnisses,

7. des § 8 Abs. 1 Satz 1 über das Auszeichnen von Kraftstoffpreisen oder
8. des § 8 Abs. 2 über das Anbringen eines Preisverzeichnisses
zuwiderhandelt.

Abs. 3 i.d.F. bis 30.06.2018

(3) Ordnungswidrig im Sinne des § 3 Abs. 1 Satz 1 Nr. 3 des Wirtschaftsstrafgesetzes 1954 handelt, wer vorsätzlich oder fahrlässig entgegen § 1 Abs. 2 Satz 1 Nr. 2 oder Satz 2 eine Angabe jeweils auch in Verbindung mit Satz 3 nicht, nicht richtig oder nicht vollständig macht.

Abs. 3 i.d.F. ab 01.07.2018

(3) Ordnungswidrig im Sinne des § 3 Abs. 1 Satz 1 Nr. 3 des Wirtschaftsstrafgesetzes 1954 handelt, wer vorsätzlich oder fahrlässig entgegen § 1 Abs. 2 Satz 1 Nr. 2 oder Satz 2, eine Angabe nicht, nicht richtig oder nicht vollständig macht.

Stefan Schilling

1 § 10 Abs. 2 PAngV wurde angepasst durch Art. 11 des Gesetzes zur Umsetzung der Wohnimmobilienkreditrichtlinie vom 11.03.2016.[1] § 10 Abs. 1 und 3 PAngV wurden mit Wirkung ab dem 01.07.2018 leicht angepasst durch Art. 5 des Dritten Gesetzes zur Änderung reiserechtlicher Vorschriften vom 17.07.2017.[2]

2 Verstöße gegen die PAngV sind Ordnungswidrigkeiten iSd § 3 Abs. 1 Nr 2 WiStG, wenn vorsätzlich oder fahrlässig einer der Tatbestände des § 10 verwirklicht wird.[3] Täter der Ordnungswidrigkeit nach § 10 PAngV ist der zur Preisangabe Verpflichtete, also der Anbieter oder derjenige, der unter Angabe von Preisen wirbt. Das ist regelmäßig der Geschäftsinhaber, kann aber auch der Handelsvertreter sein, der für Rechnung und im Namen eines anderen Unternehmers auftritt.[4] Teilnehmer handeln ebenfalls ordnungswidrig, da nach § 14 Abs. 1 OWiG Beteiligte als Täter zu behandeln sind.[5] Eine (vorsätzliche) Beteiligung auch an der fahrlässigen Ordnungswidrigkeit eines anderen ist allerdings ausgeschlossen.[6] Bei den juristischen Personen und Personenhandelsgesellschaften trifft die Verantwortlichkeit nach § 9 Abs. 1 Nr. 1 und 2 OWiG die gesetzlichen Vertreter, also den Geschäftsführer oder den vertretungsberechtigten Gesellschafter. Juristische Personen und Personenhandelsgesellschaften weisen zwar keine Täterqualität auf, gegen sie kann jedoch unter den Voraussetzungen von § 30 OWiG als Nebenfolge eine Geldbuße verhängt werden.[7] Die Annahme von Vorsatz und Fahrlässigkeit unterliegt den allgemeinen Regeln.

---

1 BGBl. 2016 I 396.
2 BGBl 2017 I 2394.
3 Ohly/*Sosnitza*, UWG, PAngV § 10 Rn. 2.
4 Harte-Bavendamm/Henning-Bodewig/*Weidert*, UWG, PAngV § 10 Rn. 5;.Ohly/*Sosnitza*, UWG, PAngV § 10 Rn. 2.
5 Vgl. BeckOK OWiG/Coen, OWiG § 14 Rn. 13.
6 Vgl. BeckOK OWiG/Coen, OWiG § 14 Rn. 11, mwN.
7 Harte-Bavendamm/Henning-Bodewig/*Weidert*, UWG, PAngV § 10 Rn. 5.

Ordnungswidrigkeiten können mit einer Geldbuße bis zu 25 000 Euro (§ 3 Abs. 2 WiStG), bei Fahrlässigkeit bis zu 12 500 Euro (§ 17 Abs. 2 OWiG) geahndet werden. Die Verfolgung erfolgt von Amts wegen und liegt nach § 47 OWiG im pflichtgemäßen Ermessen der zuständigen Verwaltungsbehörde (§ 36 OWiG).[8] 3

§ 11 *(weggefallen)*

Anlage (zu § 6 PAngV)[1] Berechnung des effektiven Jahreszinses

1. Grundgleichung zur Darstellung der Gleichheit zwischen Verbraucherdarlehens-Auszahlungsbeträgen einerseits und Rückzahlungen (Tilgung, Zinsen und Verbraucherdarlehenskosten) andererseits.

   Die nachstehende Gleichung zur Ermittlung des effektiven Jahreszinses drückt auf jährlicher Basis die rechnerische Gleichheit zwischen der Summe der Gegenwartswerte der in Anspruch genommenen Verbraucherdarlehens-Auszahlungsbeträge einerseits und der Summe der Gegenwartswerte der Rückzahlungen (Tilgung, Zinsen und Verbraucherdarlehenskosten) andererseits aus:

$$\sum_{k=1}^{m} C_k (1+X)^{-t_k} = \sum_{l=1}^{m'} D_l (1+X)^{-s_l}$$

   Hierbei ist
   - X der effektive Jahreszins;
   - m die laufende Nummer des letzten Verbraucherdarlehens-Auszahlungsbetrags;
   - k die laufende Nummer eines Verbraucherdarlehens-Auszahlungsbetrags, wobei 1 ≤ k ≤ m;
   - Ck die Höhe des Verbraucherdarlehens-Auszahlungsbetrags mit der Nummer k;
   - tk der in Jahren oder Jahresbruchteilen ausgedrückte Zeitraum zwischen der ersten Verbraucherdarlehensvergabe und dem Zeitpunkt der einzelnen nachfolgenden in Anspruch genommenen Verbraucherdarlehens-Auszahlungsbeträge, wobei t1 = 0;
   - ḿ die laufende Nummer der letzten Tilgungs-, Zins- oder Kostenzahlung;
   - l die laufende Nummer einer Tilgungs-, Zins- oder Kostenzahlung;
   - Dl der Betrag einer Tilgungs-, Zins- oder Kostenzahlung;
   - sl der in Jahren oder Jahresbruchteilen ausgedrückte Zeitraum zwischen dem Zeitpunkt der Inanspruchnahme des ersten Verbraucherdarlehens-Auszahlungsbetrags und dem Zeitpunkt jeder einzelnen Tilgungs-, Zins- oder Kostenzahlung.

---

8 *Köhler*/Bornkamm/Feddersen, UWG, PAngV § 10 Rn. 1.

1 BGBl. I 2016, 439 – 441

Anmerkungen:

a) Die von beiden Seiten zu unterschiedlichen Zeitpunkten gezahlten Beträge sind nicht notwendigerweise gleich groß und werden nicht notwendigerweise in gleichen Zeitabständen entrichtet.

b) Anfangszeitpunkt ist der Tag der Auszahlung des ersten Verbraucherdarlehensbetrags.

c) Der Zeitraum zwischen diesen Zeitpunkten wird in Jahren oder Jahresbruchteilen ausgedrückt. Zugrunde gelegt werden für ein Jahr 365 Tage (bzw. für ein Schaltjahr 366 Tage), 52 Wochen oder zwölf Standardmonate. Ein Standardmonat hat 30,41666 Tage (d. h. 365/12), unabhängig davon, ob es sich um ein Schaltjahr handelt oder nicht.

   Können die Zeiträume zwischen den in den Berechnungen verwendeten Zeitpunkten nicht als ganze Zahl von Wochen, Monaten oder Jahren ausgedrückt werden, so sind sie als ganze Zahl eines dieser Zeitabschnitte in Kombination mit einer Anzahl von Tagen auszudrücken. Bei der Verwendung von Tagen

   aa) werden alle Tage einschließlich Wochenenden und Feiertagen gezählt;

   bb) werden gleich lange Zeitabschnitte und dann Tage bis zur Inanspruchnahme des ersten Verbraucherdarlehensbetrags zurückgezählt;

   cc) wird die Länge des in Tagen bemessenen Zeitabschnitts ohne den ersten und einschließlich des letzten Tages berechnet und in Jahren ausgedrückt, indem dieser Zeitabschnitt durch die Anzahl von Tagen des gesamten Jahres (365 oder 366 Tage), zurückgezählt ab dem letzten Tag bis zum gleichen Tag des Vorjahres, geteilt wird.

d) Das Rechenergebnis wird auf zwei Dezimalstellen genau angegeben. Ist die Ziffer der dritten Dezimalstelle größer als oder gleich 5, so erhöht sich die Ziffer der zweiten Dezimalstelle um den Wert 1.

e) Mathematisch darstellen lässt sich diese Gleichung durch eine einzige Summation unter Verwendung des Faktors »Ströme« (Ak), die entweder positiv oder negativ sind, je nachdem, ob sie für Auszahlungen oder für Rückzahlungen innerhalb der Perioden 1 bis n, ausgedrückt in Jahren, stehen:

$$S=\sum_{k=1}^{n} A_k(1+X)^{-t_k},$$

   dabei ist S der Saldo der Gegenwartswerte aller »Ströme«, deren Wert gleich null sein muss, damit die Gleichheit zwischen den »Strömen« gewahrt bleibt.

2. Es gelten die folgenden zusätzlichen Annahmen für die Berechnung des effektiven Jahreszinses:

   a) Ist dem Verbraucher nach dem Verbraucherdarlehensvertrag freigestellt, wann er das Verbraucherdarlehen in Anspruch nehmen will, so gilt das gesamte Verbraucherdarlehen als sofort in voller Höhe in Anspruch genommen.

b) Ist dem Verbraucher nach dem Verbraucherdarlehensvertrag generell freigestellt, wann er das Verbraucherdarlehen in Anspruch nehmen will, sind jedoch je nach Art der Inanspruchnahme Beschränkungen in Bezug auf Verbraucherdarlehensbetrag und Zeitraum vorgesehen, so gilt das gesamte Verbraucherdarlehen als zu dem im Verbraucherdarlehensvertrag vorgesehenen frühestmöglichen Zeitpunkt mit den entsprechenden Beschränkungen in Anspruch genommen.

c) Sieht der Verbraucherdarlehensvertrag verschiedene Arten der Inanspruchnahme mit unterschiedlichen Kosten oder Sollzinssätzen vor, so gilt das gesamte Verbraucherdarlehen als zu den höchsten Kosten und zum höchsten Sollzinssatz in Anspruch genommen, wie sie für die Kategorie von Geschäften gelten, die bei dieser Art von Verbraucherdarlehensverträgen am häufigsten vorkommt.

d) Bei einer Überziehungsmöglichkeit gilt das gesamte Verbraucherdarlehen als in voller Höhe und für die gesamte Laufzeit des Verbraucherdarlehensvertrags in Anspruch genommen. Ist die Dauer der Überziehungsmöglichkeit nicht bekannt, so ist bei der Berechnung des effektiven Jahreszinses von der Annahme auszugehen, dass die Laufzeit des Verbraucherdarlehensvertrags drei Monate beträgt.

e) Bei einem Überbrückungsdarlehen gilt das gesamte Verbraucherdarlehen als in voller Höhe und für die gesamte Laufzeit des Verbraucherdarlehensvertrags in Anspruch genommen. Ist die Laufzeit des Verbraucherdarlehensvertrags nicht bekannt, so wird bei der Berechnung des effektiven Jahreszinses von der Annahme ausgegangen, dass sie zwölf Monate beträgt.

f) Bei einem unbefristeten Verbraucherdarlehensvertrag, der weder eine Überziehungsmöglichkeit noch ein Überbrückungsdarlehen beinhaltet, wird angenommen, dass

   aa) das Verbraucherdarlehen bei Immobiliar-Verbraucherdarlehensverträgen für einen Zeitraum von 20 Jahren ab der ersten Inanspruchnahme gewährt wird und dass mit der letzten Zahlung des Verbrauchers der Saldo, die Zinsen und etwaige sonstige Kosten ausgeglichen sind; bei Allgemein-Verbraucherdarlehensverträgen, die nicht für den Erwerb oder die Erhaltung von Rechten an Immobilien bestimmt sind oder bei denen das Verbraucherdarlehen im Rahmen von Debit-Karten mit Zahlungsaufschub oder Kreditkarten in Anspruch genommen wird, dieser Zeitraum ein Jahr beträgt und dass mit der letzten Zahlung des Verbrauchers der Saldo, die Zinsen und etwaige sonstige Kosten ausgeglichen sind;

   bb) der Verbraucherdarlehensbetrag in gleich hohen monatlichen Zahlungen, beginnend einen Monat nach dem Zeitpunkt der ersten Inanspruchnahme, zurückgezahlt wird; muss der Verbraucherdarlehensbetrag jedoch vollständig, in Form einer einmaligen Zahlung, innerhalb jedes Zahlungszeitraums zurückgezahlt werden, so ist anzunehmen, dass spätere Inanspruchnahmen und Rückzahlungen des gesamten Verbraucherdarlehensbetrags durch den Verbraucher innerhalb eines Jahres stattfinden; Zinsen und sonstige Kosten werden entsprechend diesen Inanspruchnahmen und Tilgungszahlungen und nach den Bestimmungen des Verbraucherdarlehensvertrags festgelegt.

Als unbefristete Verbraucherdarlehensverträge gelten für die Zwecke dieses Buchstabens Verbraucherdarlehensverträge ohne feste Laufzeit, einschließlich solcher Verbraucherdarlehen, bei denen der Verbraucherdarlehensbetrag innerhalb oder nach Ablauf eines Zeitraums vollständig zurückgezahlt werden muss, dann aber erneut in Anspruch genommen werden kann.

g) Bei Verbraucherdarlehensverträgen, die weder Überziehungsmöglichkeiten beinhalten noch Überbrückungsdarlehen, Verbraucherdarlehensverträge mit Wertbeteiligung, Eventualverpflichtungen oder Garantien sind, und bei unbefristeten Verbraucherdarlehensverträgen (siehe die Annahmen unter den Buchstaben d, e, f, l und m) gilt Folgendes:
   aa) Lassen sich der Zeitpunkt oder die Höhe einer vom Verbraucher zu leistenden Tilgungszahlung nicht feststellen, so ist anzunehmen, dass die Rückzahlung zu dem im Verbraucherdarlehensvertrag genannten frühestmöglichen Zeitpunkt und in der darin festgelegten geringsten Höhe erfolgt.
   bb) Lässt sich der Zeitraum zwischen der ersten Inanspruchnahme und der ersten vom Verbraucher zu leistenden Zahlung nicht feststellen, so wird der kürzestmögliche Zeitraum angenommen.
   cc) Ist der Zeitpunkt des Abschlusses des Verbraucherdarlehensvertrags nicht bekannt, so ist anzunehmen, dass das Verbraucherdarlehen erstmals zu dem Zeitpunkt in Anspruch genommen wurde, der sich aus dem kürzesten zeitlichen Abstand zwischen diesem Zeitpunkt und der Fälligkeit der ersten vom Verbraucher zu leistenden Zahlung ergibt.

h) Lassen sich der Zeitpunkt oder die Höhe einer vom Verbraucher zu leistenden Zahlung nicht anhand des Verbraucherdarlehensvertrags oder der Annahmen nach den Buchstaben d, e, f, g, l oder m feststellen, so ist anzunehmen, dass die Zahlung in Übereinstimmung mit den vom Darlehensgeber bestimmten Fristen und Bedingungen erfolgt und dass, falls diese nicht bekannt sind,
   aa) die Zinszahlungen zusammen mit den Tilgungszahlungen erfolgen,
   bb) Zahlungen für Kosten, die keine Zinsen sind und die als Einmalbetrag ausgedrückt sind, bei Abschluss des Verbraucherdarlehensvertrags erfolgen,
   cc) Zahlungen für Kosten, die keine Zinsen sind und die als Mehrfachzahlungen ausgedrückt sind, beginnend mit der ersten Tilgungszahlung in regelmäßigen Abständen erfolgen und es sich, falls die Höhe dieser Zahlungen nicht bekannt ist, um jeweils gleich hohe Beträge handelt,
   dd) mit der letzten Zahlung der Saldo, die Zinsen und etwaige sonstige Kosten ausgeglichen sind.

i) Ist keine Verbraucherdarlehensobergrenze vereinbart, ist anzunehmen, dass die Obergrenze des gewährten Verbraucherdarlehens 170 000 Euro beträgt. Bei Verbraucherdarlehensverträgen, die weder Eventualverpflichtungen noch Garantien sind und die nicht für den Erwerb oder die Erhaltung eines Rechts an Wohnimmobilien oder Grundstücken bestimmt sind, sowie bei Überziehungsmöglichkeiten, Debit-Karten mit Zahlungsaufschub oder Kreditkarten ist anzunehmen, dass die Obergrenze des gewährten Verbraucherdarlehens 1 500 Euro beträgt.

j) Werden für einen begrenzten Zeitraum oder Betrag verschiedene Sollzinssätze und Kosten angeboten, so sind während der gesamten Laufzeit des Verbraucherdarlehensvertrags der höchste Sollzinssatz und die höchsten Kosten anzunehmen.

k) Bei Verbraucherdarlehensverträgen, bei denen für den Anfangszeitraum ein fester Sollzinssatz vereinbart wurde, nach dessen Ablauf ein neuer Sollzinssatz festgelegt wird, der anschließend in regelmäßigen Abständen nach einem vereinbarten Indikator oder einem internen Referenzzinssatz angepasst wird, wird bei der Berechnung des effektiven Jahreszinses von der Annahme ausgegangen, dass der Sollzinssatz ab dem Ende der Festzinsperiode dem Sollzinssatz entspricht, der sich aus dem Wert des vereinbarten Indikators oder des internen Referenzzinssatzes zum Zeitpunkt der Berechnung des effektiven Jahreszinses ergibt, die Höhe des festen Sollzinssatzes jedoch nicht unterschreitet.

l) Bei Eventualverpflichtungen oder Garantien wird angenommen, dass das gesamte Verbraucherdarlehen zum früheren der beiden folgenden Zeitpunkte als einmaliger Betrag vollständig in Anspruch genommen wird:
   aa) zum letztzulässigen Zeitpunkt nach dem Verbraucherdarlehensvertrag, welcher die potenzielle Quelle der Eventualverbindlichkeit oder Garantie ist, oder
   bb) bei einem Roll-over-Verbraucherdarlehensvertrag am Ende der ersten Zinsperiode vor der Erneuerung der Vereinbarung.

m) Bei Verbraucherdarlehensverträgen mit Wertbeteiligung wird angenommen, dass
   aa) die Zahlungen der Verbraucher zu den letzten nach dem Verbraucherdarlehensvertrag möglichen Zeitpunkten geleistet werden;
   bb) die prozentuale Wertsteigerung der Immobilie, die die Sicherheit für den Vertrag darstellt, und ein in dem Vertrag genannter Inflationsindex ein Prozentsatz ist, der – je nachdem, welcher Satz höher ist – dem aktuellen Inflationsziel der Zentralbank oder der Höhe der Inflation in dem Mitgliedstaat, in dem die Immobilie belegen ist, zum Zeitpunkt des Abschlusses des Verbraucherdarlehensvertrags oder dem Wert 0 %, falls diese Prozentsätze negativ sind, entspricht.

Gesetz zur Umsetzung der Richtlinie (EU) 2016/943 zum Schutz von Geschäftsgeheimnissen vor rechtswidrigem Erwerb sowie rechtswidriger Nutzung und Offenlegung (GeschGehG)

Regierungsentwurf vom 18. Juli 2018

Inhaltsübersicht

Einleitung GeschGehG

Mary-Rose McGuire

Übersicht

A Der Regierungsentwurf für das Geschäftsgeheimnisgesetz (RegE)

1 Die **Richtlinie** über den Schutz vertraulichen Know-hows und vertraulicher Geschäftsinformationen (Geschäftsgeheimnisse) vor rechtswidrigem Erwerb sowie rechtswidriger Nutzung und Offenlegung (Geschäftsgeheimnis-RL)[1] vom 8.6.2016 war nach Art. 19 (1) GeheimnisSchRL innerhalb von **zwei Jahren** ins deutsche Recht umzusetzen.

I. Gestufte Wirkungsintensität

2 Der deutsche Gesetzgeber hat sich zu Recht[2] dazu entschieden, mit dem Geschäftsgeheimnisgesetz (GeschGehG) ein **neues Stammgesetz** zu schaffen (siehe *McGuire*, Vor §§ 17–19 UWG Rdn. 91). Allerdings wurde das **Gesetzgebungsverfahren** erst **verspätet** eingeleitet. Ein erster **Referentenentwurf** wurde erst knapp zwei Monate vor Ablauf der Umsetzungsfrist im April 2018 vorgelegt.[3] Zudem hat die angeregte Diskussion in den Fachkreisen[4] dabei erheblichen Verbesserungsbedarf aufgezeigt. Auf dieser Basis wurde am 18.7.2018 ein **Regierungsentwurf**[5] vorgelegt, der trotz einer Gegenäußerung des Bundesrates[6] praktisch unverändert in das Gesetzgebungsverfahren einge-

1 RL EU/2016/943 des Europäischen Parlaments und des Rates über den Schutz vertraulichen Know-Hows und vertraulicher Geschäftsinformationen (Geschäftsgeheimnisse) vor rechtswidrigem Erwerb sowie rechtswidriger Nutzung und Offenlegung, Abl. L 157/1.

2 Vgl. schon *Ahrens/McGuire*, ModellG, § 10 Buch 1 sowie *Ohly*, GRUR 2014, 1, 2.

3 Referentenentwurf vom 18.4.2018.

4 Vgl. exemplarisch die Stellungnahme der GRUR vom 22.5.2018, des MPI für Innovation vom 18.5.2018, der BRAK vom 22.5.2018 sowie die Stellungnahme des BDI vom 15.5.2018/14.6.2018 (alle abrufbar unter https://www.bmjv.de/SharedDocs/Gesetzgebungsverfahren/DE/GeschGehG.html).

5 Regierungsentwurf v. 18.7.2018.

6 Vgl. die Stellungnahme vom 11.09.2018, BR-Drs. 382/18.

bracht wurde. Bei der Anhörung im Bundestag[7] regte sich dann allerdings erheblicher **Widerstand**, insbesondere gegen die in § 5 RegE vorgesehene Regelung über das **Whistleblowing.**[8] Ob die kontroverse Diskussion zu Änderungen am Text führen wird, lässt sich derzeit nicht verlässlich beurteilen. Dem Vernehmen nach ist mit der Verabschiedung des GeschäftsgeheimnisG im ersten Quartal 2019 zu rechnen.

II. Ab Erlass der Richtlinie bis zum Ablauf der Umsetzungsfrist

Die hier vorgelegte, kurze Kommentierung beruht auf der Fassung des RegE vom 18.7.2018 und auf der Annahme, dass – mit Ausnahme des § 5 RegE – nicht zuletzt wegen der engen Vorgaben durch die RL, **keine weitreichenden Änderungen** zu erwarten sind. Um Missverständnisse zu vermeiden, die nach Inkrafttreten des GeschGehG auftreten könnten, werden die Normen des geplanten GeschGehG in Folge als RegE bezeichnet. 3

B. Der Inhalt des Geschäftsgeheimnisgesetzes im Überblick

Die Geheimnisschutz-RL und entsprechend das geplante GeschGehG enthalten im Kern **vier Regelungsbereiche**, die sich schlagwortartig mit Schutzvoraussetzungen, (Abschnitt 1: Allgemeines, §§ 1–5 RegE), Rechtsfolgensystem (Abschnitt 2: Ansprüche bei Rechtsverletzungen, §§ 6–14 RegE), prozessualer Durchsetzung (Abschnitt 3: Verfahren in Geschäftsgeheimnisstreitsachen, §§ 15–22 RegE) und Strafbarkeit (Abschnitt 4: Strafvorschriften, § 23 RegE) beschreiben lassen. 4

Der **erste Abschnitt** (»Allgemeines«) über die **Schutzvoraussetzungen** etabliert den Schutz des Geschäftsgeheimnisses als Recht des Geheimnisinhabers. Auf die Klarstellung, dass das GeschGehG als **genuin privatrechtliche Regelung** die Normen des öffentlichen Rechts und Strafrechts unberührt lässt (§ 1 RegE), folgen die Begriffsbestimmungen, die mit den Anforderungen an das Geschäftsgeheimnis, die Festlegung des Rechtsinhabers sowie der Bestimmung, unter welchen Voraussetzungen auch Herstellung und Vertrieb von Waren und Dienstleistungen einen Eingriff darstellen, das Grundgerüst für die **unerlaubten, erlaubten und gerechtfertigten Handlungen** legen (§ 2 RegE). Die Festlegung, dass die Erlangung derselben Information durch Doppelschöpfung, Reverse Engineering oder die Mitwirkung in der Mitbestimmung der Arbeitnehmer rechtmäßig ist, beschränkt den Schutzbereich (§ 3 RegE). Dieser wird dann durch die Bestimmung der **Handlungsverbote**, die zugleich die Voraussetzung für die Abwehrrechte des Geheimnisinhabers bilden, ausgestaltet und umfasst die unbefugte, d.h. gegen Vertrag oder Gesetz verstoßende Erlangung, Nutzung oder Offenbarung eines Geheimnisses (§ 4 RegE). Allerdings zieht ein Verstoß, insb. durch Ausübung der Meinungsäußerungsfreiheit, durch legitimes Whistleblowing oder im Rahmen der Mitbestimmung bzw. Arbeitnehmervertretung, keine Rechtsfolgen nach 5

7 Vgl. das Protokoll der ersten Beratung im Bundestag vom 11.10,2018, Plenarprotokoll 19/55. S. 6070 ff.

8 Vgl. exemplarisch die Erklärung von Benjamin-Immanuel Hoff in der Sitzung des Bundesrats vom 21.9.2018, BR-Plenarprotokoll 970.

sich, soweit diese Handlungen durch die **Rechtfertigungsgründe** (§ 5 RegE) gedeckt sind.

6 Der **zweite Abschnitt** (»Ansprüche bei Rechtsverletzungen«) entspricht im Kern dem aus der Durchsetzungs-RL bekannten **Rechtsfolgensystem**. Dem Geheimnisinhaber werden Ansprüche auf Beseitigung und Unterlassung (§ 6 RegE) sowie auf Beseitigung, d.h. Vernichtung, Herausgabe, Rückruf, Entfernung und Rücknahme vom Markt (§ 7 RegE), zugebilligt. Ergänzend tritt ein – in der RL nicht vorgesehener – Auskunftsanspruch (§ 8 RegE) hinzu. Eine **wesentliche Neuerung** und Abweichung gegenüber den absoluten Schutzrechten besteht darin, dass die genannten Ansprüche auf Unterlassung und Beseitigung **bei Unverhältnismäßigkeit ausgeschlossen** sind (§ 9 RegE) und bei fehlendem Verschulden und Unverhältnismäßigkeit des Nachteils für den Rechtsverletzer durch eine Geldzahlung abgewendet werden können (§ 12 RegE). Liegt demgegenüber Verschulden vor, so haftet der Rechtsverletzer nach allgemeinen Regeln auf **Schadensersatz**, wobei hier neben der dreifachen Schadensberechnung auch die Ersatzfähigkeit eines Marktverwirrungs- oder sonstigen immateriellen Schadens normiert wird (§ 10 RegE). Ist der Verletzer ein Beschäftigter oder Beauftragter eines Unternehmens, so haftet neben diesem auch das Unternehmen selbst (§ 11 RegE). Der in den anderen Sonderschutzgesetzen vorbehaltene **Restschadensersatzanspruch** nach § 852 BGB wird explizit geregelt und RL-konform einer 6-jährigen Verjährungsfrist unterworfen (§ 13 RegE). Alle vorgenannten Rechtsbehelfe unterliegen einem **Missbrauchsverbot** (§ 14 RegE).

7 **Abschnitt 3** (»Verfahren in Geschäftsgeheimnisstreitsachen«) trifft Sonderregelungen für die **prozessuale Durchsetzung** von Ansprüchen aus dem GeschGehG, die Vorrang vor GVG und ZPO beanspruchen. Die sachliche und örtliche **Zuständigkeit** wird normiert und durch eine Verordnungsermächtigung zur Zuständigkeitskonzentration ergänzt (§ 15 RegE). Kernstück der neuen Regelung ist das an alle Verfahrensbeteiligten gerichtete **Verbot der Nutzung und Weitergabe** von als geheimhaltungsbedürftig eingestuften Geheimnissen und eine korrespondierende Begrenzung der Akteneinsicht (§ 16 RegE), die durch Ordnungsmittel abgesichert werden (§ 17 RegE) und auch über die Dauer des Verfahrens hinaus Geltung beansprucht (§ 18 RegE). Im Einzelfall kann auf Antrag die Beschränkung der **Partei- und Volksöffentlichkeit** in der mündlichen Verhandlung angeordnet werden (§ 19 RegE). Die Maßnahmen können vom Gericht der Hauptsache bereits ab Anhängigkeit angeordnet. In diesem Fall ist der anderen Partei nachträglich rechtliches Gehör zu gewähren. Wird der Antrag zurückgewiesen ist eine sofortige Beschwerde vorgesehen (§ 20 RegE). Dem Obsiegenden wird ein Recht auf **Urteilsveröffentlichung** zugebilligt (§ 21 RegE). Um die Rechtsdurchsetzung zu erleichtert, werden die Regelungen durch eine **Streitwertbegünstigung** ergänzt (§ 22 RegE).

8 **Abschnitt 4** (»Strafvorschriften«) enthält nur eine – allerdings sehr lange – Norm, die im Wesentlichen die **Straftatbestände** der §§ 17–19 UWG an die neue Rechtslage anpasst (§ *23* RegE).

C. Vorwirkungen der Geschäftsgeheimnis-RL

I. Relevanz der Geschäftsgeheimns-RL vor Umsetzung

Sowohl die Tatsache, dass die RL **nicht rechtzeitig** in das deutsche Recht umgesetzt wurde, als auch die Diskussion über **mögliche Regelungsdefizite** (*McGuire*, Vor §§ 17–19 UWG, Rdn. 116 ff.), werfen die Frage auf, ob die Geschäftsgeheimnis-RL Vorwirkung entfaltet, insbesondere ob sie unmittelbar anwendbar ist oder das (noch) geltende Recht zumindest RL-konform auszulegen ist. Um diese Frage präzise zu beantworten, ist allerdings sowohl **zeitlich** nach verschiedenen Phasen (Rdn. 11) als auch **sachlich** nach Regelungsgegenstand (Rdn. 15) zu unterscheiden. Schließlich ist **funktionell** zwischen materiellem Recht und Prozessrecht (Rdn. 24 f.) zu differenzieren. **9**

II. Gestufte Wirkungsintensität

Das Instrument der RL dient der indirekten **Rechtsangleichung**[9] unter Wahrung des Subsidiaritätsgrundsatzes. Sie ist an die Mitgliedstaaten als Normadressaten gerichtet und gibt diesen nur das Regelungsziel verbindlich vor. Form und Mittel der Umsetzung bleiben demgegenüber dem nationalen Gesetzgeber vorbehalten. Hierfür wird den Mitgliedstaaten in der Regel eine **2-jährige Umsetzungsfrist** eingeräumt. Die beiden Stufen des Rechtssetzungsverfahrens erfolgen daher aus logischen Gründen zeitversetzt. **10**

Wenngleich die volle Wirkung gegenüber dem Bürger grundsätzlich erst mit Inkrafttreten des Umsetzungsakts eintritt,[10] erzeugt eine RL nach ständiger Rechtsprechung des EuGH schon während der Umsetzungsfrist gewisse Wirkungen. Diese werden verstärkt, wenn der nationale Gesetzgeber – wie hier – mit der Umsetzung in Verzug gerät. In zeitlicher Hinsicht sind folglich **drei Phasen gestufter Wirkungsintensität**[11] zu bilden, die die jeweiligen Zeiträume zwischen Erlass der RL, Ablauf der Umsetzungsfrist und Inkrafttreten des Transformationsgesetzes umfassen. Hinzu tritt die Phase **ab Inkrafttreten** des Umsetzungsgesetzes, in dem die RL-konforme Auslegung immer dann besondere Bedeutung erlangt, wenn der nationale Umsetzungsakt hinter den unionsrechtlichen Vorgaben zurückbleibt. **11**

III. Ab Erlass der Richtlinie bis zum Ablauf der Umsetzungsfrist

Nach ständiger Rechtsprechung des EuGH gilt **ab dem Erlass einer RL** ein sogenanntes **Frustrationsverbot.**[12] Danach dürfen die Organe der Mitgliedstaaten keine Maßnahmen ergreifen, die die Verwirklichung der durch die RL festgelegten Ziele und Inhalte nach Ablauf der Umsetzungsfrist gefährden würden. In dieser **ersten Phase** sind daher Gesetzesänderungen auf nationaler Ebene jedenfalls dann unionsrechtswid- **12**

---

9 Streinz/*Schroeder*, EUV/AEUV, Art. 288 AEUV Rn. 54; Calliess/*Ruffert* EUV/AEUV Art. 288 AEUV Rn. 23.
10 *Kubitza*, EuZW 2016, 691; Streinz/*Schroeder* EUV/AEUV, Art. 288 AEUV Rn. 53.
11 Streinz/*Schroeder* EUV/AEUV (2018), Art. 288 AEUV Rn. 90.
12 EuGH 18.12.1997, Slg. 1997, I-7411 Rn. 45 – *Inter-Environment Wallonie*; EuGH 04.07.2006, Slg. 2006, I-6057 Rn. 117 ff. – *Adeneler*.

rig, wenn dadurch die **rechtzeitige Umsetzung konterkariert** wird. Da das Frustrationsverbot damit zwar vor Ablauf der Umsetzungsfrist eingreift, aber auf die Zeit nach deren Ablauf gerichtet ist, beschränkt es sich darauf, den ***status quo*** abzusichern, verpflichtet aber die nationalen Gesetzgeber nicht zu vorauseilendem Gehorsam.[13] Widersprüche zwischen vorbestehendem nationalem und künftigem Umsetzungsrecht sind daher hinzunehmen.[14]

13 Daher bestimmen sich die Rechtsfolgen von **Verletzungssachverhalten**, die sich **vor dem 7.6.2018** ereignet haben, grundsätzlich weiterhin unverändert nach den §§ 17–19 UWG i.V.m. §§ 823, 1004 BGB (*McGuire*, Vor §§ 17 ff. UWG Rdn. 24). Entsprechend ist die häufig zentrale Frage, ob ein Betriebs- oder Geschäftsgeheimnis vorliegt, in dieser Phase nach altem Recht zu beurteilen.[15]

14 Eine **weitergehende Vorwirkung** auch für Sachverhalte, bei denen die angebliche Verletzungshandlung vor Ablauf der Umsetzungsfrist liegt, kommt aber in Form der sogenannten **richtlinienbezogenen Auslegung** in Betracht.[16] Angesprochen ist damit die Situation, dass die Rechtslage zu diesem Zeitpunkt durch einen offenen Rechtsbegriff gekennzeichnet ist, der auslegungs- und konkretisierungsbedürftig ist. Dies ist bspw. für die umstrittene Frage zu konstatieren, ob ***Reverse Engineering*** als unbefugt zu bewerten ist (*McGuire*, Vor §§ 17 ff. UWG Rdn. 42).[17] Hier kann nach den vom BGH in der *Testpreis-Angebot*-Entscheidung[18] entwickelten Grundsätzen die Tatsache, dass der EU-Gesetzgeber *Reverse Engineering* als zulässige Form der Informationserlangung ansieht, in die Wertung einfließen.[19] In der Tat erscheint es vorzugswürdig von einer Fortschreibung des veralteten Verbots abzusehen, das nach Fristablauf nunmehr ohnedies keinen Bestand mehr hat.[20]

IV. Ab Ablauf der Umsetzungsfrist bis zur Umsetzung

15 Ab Ablauf der Umsetzungsfrist verdichtet sich die Vorwirkung der RL. Ist die Umsetzung nicht rechtzeitig erfolgt, so ist der RL, nach den vom EuGH entwickelten Grundsätzen, Geltung zu verschaffen. Dabei ist, abhängig von den **Normadressaten** der betreffenden Regelungen, zwischen der **unmittelbaren Wirkung** gegenüber dem Mitgliedstaat und der **richtlinien-konformen Auslegung** von Normen, die die Rechte und Pflichten von Unionsbürgern untereinander ordnen,[21] zu unterscheiden. Während

13 *Kubitza*, EuZW 2016, 691 (692 ff.).
14 Grabitz/Hilf/*Nettesheim*, Das Recht der EU, Art. 288 AEUV Rn.118.
15 Vgl. OGH Wien 25.10.2016, 4 Ob 165/16t, BeckRS 2016, 117117.
16 Harte-Bavendamm/Henning-Bodewig/*Ahrens* UWG Einleitung G Rn. 13; *Kubitza*, EuZW 2016, 691 (693) mwN.
17 Für Unlauterkeit etwa MünchKomm/*Brammsen* UWG § 17 UWG Rn. 55; *Köhler*/Bornkamm/Feddersen UWG § 17 Rn. 21; dagegen *Ohly*, GRUR 2014, 1 (6), MünchKomm/*Janssen*/*Maluga* StGB § 17 UWG Rn. 52.
18 BGH 5.2.1998, I ZR 211/95, GRUR 1998, 824 – *Testpreis-Angebot*.
19 So auch *Harte-Bavendamm*, WRP 5/2017, Editorial.
20 So auch *Triebe*, WRP 2018, 795 (804).
21 Calliess/*Ruffert*, EUV/AEUV, Art. 288 AEUV Rn. 81.

Erstere zu einer Rechtsanwendung *contra legem* führen kann, kommt Letztere nur insoweit in Betracht, als das geltende Recht Raum hierfür lässt.

Die Regelungen der **Art. 1–5 RL**, die durch den **ersten Abschnitt** des RegE umgesetzt werden sollen, legen mit Schutzvoraussetzungen, Schranken, Schutzbereich und Rechtfertigungsgründen **privatrechtliche Rechte und Pflichten** fest. Die den Regelungen zu Grunde liegenden Ziele und darin zum Ausdruck gebrachten Wertentscheidungen sind daher nicht unmittelbar anwendbar, aber bei der Auslegung der §§ 17 ff. UWG zu berücksichtigen. Praktische Bedeutung hat dies etwa für die Frage, welche Arten von Informationen als **Geschäftsgeheimnis** in Betracht kommen. So ist der gesetzlich bislang nicht definierte Begriff »Betriebs- und Geschäftsgeheimnis« dahingehend einzuschränken, dass nur Informationen mit Handelswert erfasst werden (*McGuire*, § 2 RegE Rdn. 38 f.). Demgegenüber wäre es verfehlt, schon jetzt **Geheimhaltungsmaßnahmen** als Voraussetzung für den Schutz nach § 17ff UWG zu fordern. Denn die von der RL geforderten angemessenen Maßnahmen haben neben einer beweisrechtlichen insbesondere eine Warnfunktion (*McGuire*, § 2 RegE Rdn. 38). Diese ist angesichts des in Art. 8 ff. RL bzw. dem zweiten Abschnitt des GeschGehG vorgesehenen Systemwechsels zu einem strikten – und grundsätzlich verschuldensunabhängigen – Rechtsfolgensystems (*Tochtermann*, § 6 RegE Rdn. 3, 14) dringend erforderlich. Unter Geltung der §§ 17 ff. UWG ist demgegenüber richtigerweise schon der Eingriff abzulehnen, wenn der subjektive Tatbestand nicht erfüllt ist (*McGuire*, Vor §§ 17 ff. UWG Rdn. 24 f.). Bereits dadurch ist die Warnfunktion gewahrt. 16

Mit derselben Unterscheidung zwischen bloßer Konkretisierung und Systemwechsel lässt sich auch innerhalb der in **Art. 12 ff. RL** (bzw. § 6 ff. RegE) vorgesehenen **Rechtsbehelfe** klar bestimmen, welche Regelungen im Rahmen der RL-konformen Auslegung schon vor Inkrafttreten des neuen Gesetzes Geltung beanspruchen. Da auch nach den Regeln des UWG i.V.m. §§ 823, 1004 BGB Ansprüche auf **Unterlassung, Beseitigung und Schadensersatz** gewährt werden, kann bei der Festlegung des konkreten Anspruchsinhalts bereits jetzt auf die Konkretisierung in Art. 11, 12 und 14 RL zurückgegriffen werden.[22] Dies kommt bspw. für die Bestimmung des Umfangs der Verpflichtung zu Rückruf und Vernichtung sowie für die dreifache Schadensberechnung in Betracht. 17

Ob dies auch für den Begriff des **rechtsverletzenden Produkts** gilt, erscheint demgegenüber zweifelhaft, weil der darauf aufbauende Verletzungstatbestand nach der RL – anders als nach dem UWG, das eine Handlung aus Eigennutz, zu Gunsten eines Dritten oder in der Absicht, dem Inhaber des Unternehmens Schaden zuzufügen, erfordert – keinen subjektiven Vorwurf voraussetzt, sondern auf dem Konzept des objektiven Eingriffs beruht. Hinzu kommt, dass Produkte nach ständiger Rechtsprechung nur **makelbehaftet** sind, wenn sie in unmittelbarem Zusammenhang mit der Verletzung stehen und ihrerseits als unlautere Handlung zu bewerten sind.[23] Unter der Geltung 18

22 *Trebeck/Schulte-Wissermann*, NZA 2018, 1175 (1176).
23 Vgl. BGH 16.11.2017, I ZR 161/16, GRUR 2018, 535 – Knochenzement I, BGH 16.11.2017, I ZR 160/16, GRUR Prax 2018, 156 – Knochenzement II.

des UWG lässt sich ein Beseitigungsanspruch daher nicht allein mit dem Hinweis begründen, dass die Ware oder Dienstleistung i.S.v. Art. 2 Nr. 4 RL in erheblichem Umfang auf rechtswidrig erworbenen, genutzten oder offengelegten Geschäftsgeheimnissen beruhen.

19 Auch die Anwendung der neuartigen Regelungen über den **Ausschluss wegen Unverhältnismäßigkeit** (Art. 11 (2) RL) oder eine Abfindung in Geld (Art. 13 (3) RL) würden über eine bloße Auslegung des geltenden Rechts hinausgehen. Eine solche wäre auch inhaltlich nicht gerechtfertigt, weil die Verhältnismäßigkeitsvorbehalte gerade als Ausgleich für das seiner Konzeption nach neue Rechtsfolgensystem dienen (*Tochtermann*, § 9 RegE Rdn. 1). Dasselbe gilt für den Auskunftsanspruch nach § 8 RegE, der autonomes Recht darstellt.

20 Besondere Beachtung verdienen in diesem Kontext die Normen über den Rahmen für die **prozessuale Durchsetzung**, die sich in **Art. 6 ff. RL** (Abschnitt 3 RegE) finden. Denn die Normen, die dem Schutz des Geheimnisses im Prozess dienen, begründen keine Ansprüche zu Lasten Dritter, sondern **verpflichten die Mitgliedstaaten** zur Gewährung effektiven Rechtsschutzes. Soweit sie inhaltlich unbedingt und hinreichend genau bestimmt sind, können sie daher **unmittelbar Wirkung** entfalten,[24] sodass sich die Prozessbeteiligten schon vor Umsetzung auf diese berufen können. Die Gerichte sind daher schon jetzt gehalten, durch entsprechende Anwendung der Regelungen von GVG und ZPO dafür Sorge zu tragen, dass Ansprüche wegen einer Geheimnisschutzverletzung ohne Verlust des Geheimnischarakters geltend gemacht werden können. Daher können die nach **Art. 9 RL** mindestens vorzusehenden Maßnahmen schon jetzt in Anspruch genommen werden. Dies gilt bspw. für den Ausschluss der Öffentlichkeit, der anders als nach § 172 GVG nunmehr nicht erst in der mündlichen Verhandlung, sondern **ab Anhängigkeit** angeordnet werden kann. Dasselbe gilt für die Beschränkung der Öffentlichkeit in der mündlichen Verhandlung und der Akteneinsicht sowie für die Anordnung eines (nachprozessualen) **Nutzungs- und Weitergabeverbots**. Da die Regelungen über die Zuständigkeit und die Streitwertbegünstigung im RegE die Regelungen der RL nur ergänzen, aber nicht umsetzen, scheidet hier eine unmittelbare Anwendbarkeit aus.

21 Außer Frage steht, dass die Neuregelung des **Straftatbestands in § 23 RegG** erst mit Inkrafttreten des Umsetzungsgesetzes Geltung beansprucht. Dies ist nicht nur der Tatsache geschuldet, dass es sich um eine strafrechtliche Regelung handelt, sondern auch dem Umstand, dass sie außerhalb des Anwendungsbereichs der RL liegt. Soweit der Vorwurf einer strafbaren Handlung nach §§ 17 ff. UWG im Raum steht, sind aber bei der Prüfung der Frage, ob die Handlung unbefugt war, **zu Gunsten des Angeklagten** schon jetzt die Ausnahmen der rechtmäßigen bzw. gerechtfertigter Handlungen zu berücksichtigen. Denn es wäre ein **Wertungswiderspruch**, eine Tat zu sanktionieren, die nach der RL explizit erlaubt oder gerechtfertigt ist.

---

24 Streinz/*Schroeder* EUV/AEUV, Art. 288 AEUV Rn. 91 ff.

V. Nach Umsetzung in das nationale Recht

Der **volle zivilrechtliche Schutz** und die dadurch angestrebte neue Balance zwischen Innovations- und Imitationswettbewerb werden erst dann eingreifen, wenn der deutsche Gesetzgeber seiner Umsetzungspflicht nachgekommen und das GeschGehG in Kraft getreten ist. **22**

Selbst dann wird aber der RL-konformen Auslegung weiterhin erhebliche Bedeutung zukommen. Dies gilt nicht nur, weil die Auslegung des nationalen Umsetzungsaktes der Auslegung der RL durch den EuGH sowie durch die Gerichte anderer Mitgliedstaaten Rechnung tragen muss, sondern auch weil sich schon jetzt **offenkundige Diskrepanzen** zwischen RL und dem RegE zeigen. Exemplarisch sei hier auf den zu engen Anwendungsbereich der Verfahrensregelungen (*McGuire*, § 16 RegE Rdn. 5 f.) sowie auf die problematische Umsetzung der RL-Vorgaben in §§ 4 Abs. 4, 16 und 23 Abs. 6 RegE verwiesen. Sollten diese bis zum endgültigen Erlass nicht behoben werden, muss hier die Rechtsprechung korrigierend eingreifen. **23**

D. Bestimmung des für die Rechtsanwendung maßgeblichen Zeitpunkts

Bei der Bestimmung des **intertemporal anwendbaren Rechts** ist zwischen **materiellrechtlichen** und **prozessualen Regelungen** zu differenzieren. Dies ist von erheblicher Bedeutung, weil voraussichtlich noch für einen längeren Zeitraum Ansprüche geltend gemacht werden, deren Sachverhalte sich grundsätzlich nach »altem« materiellen Recht bestimmen, die dessen ungeachtet jedoch Geheimnisschutzstreitsachen i.S.v. § 15 RegE darstellen. **24**

Bei der Festlegung des für einen konkreten Streitfall relevanten **materiellen Rechts** ist zu beachten, dass es für die **Beurteilung der Tatbestandsmäßigkeit** auf die im Zeitpunkt der Vornahme der angeblichen Verletzungshandlung maßgebliche Rechtslage ankommt (*Ahrens*, § 12 Anh. I Rdn. 103). Entsprechendes gilt für die Ansprüche auf Beseitigung und Schadensersatz, während ein in die Zukunft gerichteter **Unterlassungsanspruch** nur dann in Betracht kommt, wenn die Handlung auch in dem für die rechtliche Beurteilung maßgeblichen Zeitpunkt, d.h. bei Schluss der mündlichen Verhandlung, noch rechtswidrig ist. **25**

Abweichend davon ist für das **Prozessrecht** stets das im Zeitpunkt der jeweiligen **Verfahrenshandlung** aktuell geltende Recht maßgeblich. Ändert sich dieses während des Prozesses, so ist die jeweilige Neuregelung auch für laufende Prozesse zu beachten. Dabei sind aber anerkannte Grundsätze, insbesondere der angesichts des § 15 Abs. 2 RegE durchaus relevante Grundsatz der **perpetuatio fori** (§ 17 Abs. 1 S. 1 GVG) zu beachten. **26**

Abschnitt 1 Allgemeines

§ 1 Anwendungsbereich

(1) Dieses Gesetz dient dem Schutz von Geschäftsgeheimnissen vor unerlaubter Erlangung, Nutzung und Offenlegung.

(2) Öffentliche-rechtliche Vorschriften zur Geheimhaltung, Erlangung, Nutzung oder Offenlegung von Geschäftsgeheimnissen gehen vor.

(3) Es bleiben unberührt:
1. Der berufs- und strafrechtliche Schutz von Geschäftsgeheimnissen, deren unbefugte Offenbarung von § 203 des Strafgesetzbuches erfasst wird,
2. die Ausübung des Rechts der freien Meinungsäußerung und der Informationsfreiheit nach der Charta der Grundrechte der Europäischen Union (ABl. C 202 vom 7.6.2016, S. 389), einschließlich der Achtung der Freiheit und der Pluralität der Medien,
3. die Autonomie der Sozialpartner und ihr Recht, Kollektivverträge nach den bestehenden europäischen und nationalen Vorschriften abzuschließen.

Mary-Rose McGuire

Übersicht Rdn.

A. Überblick

§ 1 RegE dient der Umsetzung des Art. 1 (1) Satz 1 und (2) RL und steckt durch die Festlegung des Schutzzwecks sowie des Verhältnises zu anderen Normen den Anwendungsbereich des GeschGehG ab. Herausgegriffen werden dabei aber nur die (rechtspolitisch) wichtigsten Fälle. Das Verhältnis zu anderen Gesetzen muss nach den allgemeinen Regeln beurteilt werden, also einer möglichen Normenhierarchie und bei gleichrangigen Regelungen durch Auslegung. Für die beiden wichtigsten nicht genannten Bereiche, nämlich das Lauterkeitsrecht und das Recht des Geistigen Eigentums, ist zu konstatieren, dass das GeschGehG neben UWG und Sonderschutzgesetze tritt.[1] 1

Keiner Umsetzung bedarf die in Art. 1 (1) Satz 2 RL vorgesehene, aber an die Mitglied- 2
staaten adressierte Regelung, mit der die Bereiche, in denen nur Mindeststandards

1 So auch RegE Begründung zu § 2 Nr. 2 aE. Vgl. dazu auch Vor §§ 17 ff. UWG Rdn. 125.

vorgesehen sind, von den Fragen abgegrenzt werden, die die RL vollständig harmonisiert.[2]

3 Für die in Art. 1 (3) RL vorgesehene Interpretationsregel, wonach die RL nicht in einer Art und Weise ausgelegt werden darf, dass dadurch die Mobilität der Arbeitnehmer beschränkt wird, findet sich im RegE keine Entsprechung. Auch die in EG 13 vorgesehene, durchaus praxisrelevante Klarstellung, dass die RL die Möglichkeit zum Abschluss von Wettbewerbsverboten zwischen Arbeitgebern und Arbeitnehmern nach nationalem Recht unberührt lässt, hat der deutsche Gesetzgeber nicht für erwähnenswert erachtet. Dessen ungeachtet muss sie im Rahmen der RL-konformen Auslegung berücksichtigt werden.

B. Genese

4 § 1 RegE dient der Umsetzung des Art. 1 RL, der im Laufe des europäischen Gesetzgebungsverfahrens Gegenstand kontroverser Diskussionen war. Bei der Auslegung des Art. 1 RL sind insbesondere EG 11 bis 14 zu berücksichtigen.

5 Im ersten **RL-Entwurf 2013**[3] hatte Art. 1 RL lediglich knapp den Gegenstand der RL beschrieben – »diese Richtlinie legt Vorschriften für den Schutz von Geschäftsgeheimnissen vor rechtswidrigem Erwerb, rechtswidriger Nutzung und rechtswidriger Offenlegung fest« – und damit prompt die Diskussion provoziert, welchen Harmonisierungsgrad die RL vorsieht.[4] Die Annahme einer Vollharmonisierung stieß auf Widerstand. Die generelle Beschränkung auf eine Mindestharmonisierung hätte allerdings dazu geführt, dass die RL das selbstgesteckte Ziel vernachlässigt hätte, durch einen einheitlichen Schutz Handelshemmnisse zu beseitigen und grenzüberschreitende Transaktionen zu fördern. Um dieses Problem zu beheben, hat die Ratsfassung 2014 in Art. 1 (2) RL die jetzt vorgesehene Klarstellung ergänzt, dass ein weitergehender Schutz nach dem Recht der Mitgliedstaaten zulässig bleibt, sofern die explizit genannten Regelungen, die die gegenläufigen Interessen Dritter schützen, gewahrt werden.[5]

6 Obwohl damit die **Mindestharmonisierung** formell die Regel, die **Vollharmonisierung** die Ausnahme darstellt, verhält es sich tatsächlich umgekehrt. Denn einerseits ist die Liste der als abschließend anzusehenden Regelungen lang, andererseits setzt eine unionsweit einheitliche Regelung dieser Punkte ihrerseits voraus, dass zumindest auch die Definitionen in Art. 2 RL für alle Mitgliedstaaten abschließend und verbindlich sind. Im Ergebnis ist das materielle Recht unionsweit einheitlich, soweit nicht die **Öffnungsklauseln** zu Gunsten des nationalen Rechts im Text den Mitgliedstaaten einen gewissen Spielraum verschaffen.[6] Demgegenüber sind die Regelungen des Pro-

---

2 Vgl. dazu vor §§ 17 ff. UWG Rdn. 79.
3 KOM (2013), 813 endg. V. 28.11.2013; dazu *Witt/Freudenberg*, WRP 2014, 375.
4 Vgl. den Bericht von *Kalbfus/Harte-Bavendamm*, GRUR 2014, 453.
5 Vgl. Art. 1 (2) RL.
6 Vgl. §§ 3, 4 RegE.

zessrechts ergebnisorientiert gefasst[7] und begünstigen so die reibungslose Einfügung in das nationale Verfahrensrecht und Abstimmung mit der Gerichtsorganisation.

Erst in der letztlich verabschiedeten **Fassung 2016** wurden dann in Art. 1 (3) RL Interpretationsregeln eingefügt. Sie dienen ersichtlich dazu, den Vorbehalten gegen das Gesetzgebungsprojekt zu begegnen, die den Schutz von Geschäftsgeheimnissen als immanentes Hindernis für die freie Entfaltung der Arbeitnehmer sowie die Ausübung der Meinungsfreiheit bewerten. 7

Im **RefE** aus April 2018 waren Art. 1 und Art. 2 RL in § 1 RefE zusammengefasst und der Regelungsinhalt des Art. 1 RL damit nicht explizit umgesetzt. Der in Art. 1 (1) Satz 1 RL enthaltende Schutzzweck sollte sich implizit aus den übrigen Regelungen ergeben; für S. 2 bestand in der Tat kein Umsetzungsbedarf, weil dieser sich an die Mitgliedstaaten richtet. Die Übernahme der Klarstellung zum Verhältnis zu anderen Rechtsnormen in Art. 1 (2) RL war in § 1 (2) RefE allenfalls angesprochen. Auch die Interpretationsregeln des Art. 1 (3) RL sah der Referentenentwurf nicht vor. 8

Diese **Lücken** werden durch § 1 GeschGehG i.d.F. des RegE weitgehend geschlossen. Ob der Beweggrund für die Einfügung eines neuen § 1 RegE primär in dem Umstand zu sehen ist, dass dadurch der Gleichlauf zwischen RL und GeschGehG besser hergestellt wird oder der Gesetzgeber damit bereits aufkeimende Streitfragen vermeiden wollte, lässt sich der Begründung nicht entnehmen. Im Schrifttum ist die Regelung zum Teil heftiger Kritik ausgesetzt und bereits vorgeschlagen worden, sie ersatzlos zu streichen.[8] Richtig ist, dass die exemplarischen Ausnahmen in § 1 Abs. 2 RegE eine innere Systematik vermissen lassen[9] und möglicherweise mehr **Missverständnisse** hervorrufen, als Klarheit stiften. Die explizite Festlegung des Schutzzwecks in Abs. 1 ist aber positiv zu bewerten (Rdn. 13).[10] 9

C. Die Regelung im Einzelnen

I. Der Schutzzweck

§ 1 Abs. 1 RegE definiert den **Schutzzweck** des Gesetzes, Geheimnisse gegen ihre rechtswidrige Erlangung, Nutzung und Offenlegung zu schützen. 10

Mit **Erlangen** ist jegliche Kenntnisnahme gemeint, die die faktische Verfügung über das Geheimnis erlaubt.[11] Mit **Nutzung** ist jede Verwendung des Geheimnisses angesprochen, die nicht eine **Offenlegung** darstellt. Offenlegung ist die Eröffnung des Geheimnisses gegenüber Dritten.[12] 11

7 Vgl. Art. 6 (2) RL: fair und gerecht, nicht unnötig kompliziert und kostspielig, wirksam und abschreckend.
8 *Brammsen*, BB 2018, 2446, 2448.
9 So *Brammsen*, BB 2018, 2446, 2448, der bspw. moniert, dass das Strafrecht vor den Grundrechten genannt und aus den relevanten Strafvorschriften nur § 203 StGB genannt wird.
10 Vgl. unten Rdn. 10 ff.
11 RegE Begründung zu § 3.
12 RegE Begründung zu § 4 Abs. 2.

12 Die Regelung entspricht im Wesentlichen Art. 1 (1) Satz 1 RL. Wie sich aus EG 1–4 ergibt, dient der Schutz von Geschäftsgeheimnissen der **Innovationsförderung**. Der RL-Gesetzgeber geht dabei davon aus, dass der verbesserte Rechtsschutz eine Anreizfunktion für Investitionen in Forschung und Entwicklung erfüllt und dem Wissenstransfer dient. Damit Innovation sich lohnt, soll der Innovator vor rechtswidriger Aneignung seiner Geheimnisse geschützt und ihm die Vorreiterrendite gesichert werden.

13 Die Bedeutung der Festlegung des Schutzzwecks ergibt sich aus dem Vergleich mit § 1 UWG, insbesondere der Tatsache, dass hier als Gegenstand des Schutzes das Geschäftsgeheimnis selbst genannt ist. Demgegenüber wird weder auf den Begriff des lauteren Wettbewerbs rekurriert, noch werden kollektive Interessen oder das Interesse der Allgemeinheit erwähnt.[13] Wenngleich ein effektiver Geheimnisschutz sicherlich auch dem Leistungswettbewerb dient, liegt der Schwerpunkt der neuen Regelung eindeutig im **Individualschutz** des Geheimnisinhabers.[14] Dies spiegelt sich auch in der Berechtigung, Ansprüche nach §§ 6 ff. RegE geltend zu machen, die jeweils nur dem Geheimnisinhaber, aber weder Verbänden noch Mitbewerbern zustehen. Dadurch wird der Charakter als **vermögenswertes Rechtsgut** unterstrichen.[15]

14 **Allgemeininteressen** trägt das GeschGehG-E nur unter dem Gesichtspunkt Rechnung, dass ein zu breiter Schutz sich als Innovationshindernis und eine zu strikte Haftung sich als übermäßige Beschränkung des freien Meinungsaustausches erweisen könnten. Dem Ziel, eine ausgewogene Balance zwischen den Interessen des Geheimnisinhabers an einem starken Schutz und dem Interesse der Allgemeinheit an einem freien Wettbewerb und Wissensaustausch trägt das GeschGehG insbesondere durch Schranken (§ 3 RegE) und Rechtfertigungsgründe (§ 5 RegE) Rechnung.

II. Der Vorrang öffentlich-rechtlicher Vorschriften

15 § 1 Abs. 3 RegE ist an Art. 1 (2) lit. b) und c) der RL angelehnt, fasst die dort vorgesehenen Regelungen aber generalisierend zusammen. Die Regelung stellt dadurch klar, dass das GeschGehG sich auf die Normierung des im Wesentlichen **privatrechtlich ausgestalteten Geheimnisschutzes** beschränkt. Bestehende oder künftige Rechte und Pflichten zur Geheimhaltung oder Offenlegung von Informationen, die sich aus dem öffentlichen Recht ergeben, beanspruchen daher weiterhin Vorrang.

16 Eine Person, die nach den Normen des **öffentlichen Rechts** zur Offenlegung einer Information verpflichtet ist, kann sich dieser Verpflichtung folglich nicht unter Hinweis auf das GeschGehG entziehen. Organe und Einrichtungen der öffentlichen Hand dürfen die vom Geheimnisinhaber erhaltenen Informationen in Übereinstimmung mit der jeweiligen Rechtsgrundlage nutzen und offenlegen. Dies kann, muss aber nicht zur

13 Vgl. den Hinweis in der Begründung des RegE, wonach eine RL-Umsetzung im UWG mangels Sachzusammenhang untunlich wäre, RegE Allgemeine Begründung, S. 17.

14 So auch *Alexander*, WRP 2017, 1036, 1037.

15 So auch *Brammsen*, BB 2018, 2446, 2448.

Offenkundigkeit führen. Ob das Geheimnis weiterhin geschützt ist, ist folglich an Hand der Kriterien des § 2 RegE zu prüfen.

17 Zu den **vorrangigen Normen** zählen sowohl unionsrechtliche als auch nationale Rechtsnormen.[16] Hier ist nicht nur an Informationsansprüche von und gegen staatliche Stellen[17], sondern insbesondere auch an das deutsche und europäische Vergaberecht[18], das Wettbewerbsrecht[19] sowie das Datenschutzrecht zu denken. Vorrangige Pflichten zur Offenlegung von Geschäftsgeheimnissen können sich schließlich aus dem Prozessrecht ergeben.[20]

III. Der Vorbehalt zu Gunsten sonstiger Vorschriften

18 § 1 Abs. 3 Nr. 2 und Nr. 3 RegE sind an Art. 1 (2) lit. a) und lit. c) RL angelehnt. Demgegenüber hat der Hinweis in Nr. 1 auf § 203 StGB **kein unmittelbares Vorbild** in der RL.

19 Die in **§ 1 Abs. 3 Nr. 1 RegE** vorgesehene, **autonome Regelung** dient wohl der Klarstellung, dass die im GeschGehG vorgesehenen Regelungen neben die bestehende Strafnorm in § 203 StGB tritt (McGuire, Vor §§ 17–19 UWG Rdn. 133) und beugt so dem Missverständnis vor, § 23 RegE könnte insoweit abschließend sein. Der Gesetzgeber wollte damit ersichtlich auf den Fortbestand insbesondere berufsrechtlicher Pflichten, etwa der Ärzte und Rechtsanwälte, hinweisen.[21] Zu Recht wird aber moniert, dass das GeschGehG auch gegenüber allen anderen relevanten Strafnormen[22] **keine Sperrwirkung** entfaltet, sodass der Hinweis nur auf § 203 StGB seinerseits missverständlich ist.[23]

20 Dass das GeschGehG keine Sperrwirkung auslösen kann, ergibt sich bereits aus einem Vergleich zwischen **§ 203 StGB** und § 23 RegE. Zwar weisen diese naturgemäß einen erheblichen Überschneidungsbereich auf, da beide dem Geheimnisschutz dienen. Allerdings ist § 203 StGB einerseits weiter, weil der Tatbestand nicht auf Geschäftsgeheimnisse begrenzt ist, sondern auch Privatgeheimnisse umfasst, andererseits enger, als das Delikt nur von bestimmten, dort genannten Geheimnisträgern begangen werden kann, denen ein Geheimnis anvertraut wurde. Zudem ist in § 203 StGB als Tathandlung nur die Offenbarung, nicht aber die Nutzung genannt.

21 § 1 Abs. 3 Nr. 2 RegE stellt klar, dass das GeschGehG-E die Ausübung des Rechts auf **freie Meinungsäußerung und Informationsfreiheit** nach der EU-Grundrechtscharta nicht berührt und hat primär Hinweisfunktion. Als Beispiel für gegenläufige Interessen, die durch diesen Vorbehalt geschützt werden sollen, wird insbesondere der investigative

16 So explizit Art. 1 (2) lit. c) RL.
17 RegE Begründung zu § 1 Abs 2.
18 Vgl. EG 18.
19 Vgl. EG 38.
20 Vgl. exemplarisch § 142 ZPO, § 140c PatG.
21 Vgl. RegE Begründung zu § 1 Abs. 3 Nr. 1.
22 Vgl. §§ 202a, 204, 242, 246, 263, 263a, 266, 274, 303a StGB.
23 *Brammsen*, BB 2018, 2446, 2448.

Journalismus genannt.[24] Wird eine Person dessen ungeachtet wegen Geheimnisschutzverletzung in Anspruch genommen, kann sie sich ggfs. auf den Rechtfertigungsgrund nach § 5 Nr. 1 RegE berufen.

22 § 1 Abs. 3 Nr. 3 ist eine wörtliche Übernahme aus der RL. Ausweislich des EG 12 soll sich daraus das Recht der Sozialpartner ergeben, **in Kollektivverträgen** abweichende Regelungen über den Bestand von Geheimhaltungspflichten sowie über die Rechtsfolgen eines Verstoßes gegen diese vorzusehen. Nicht übernommen hat der deutsche Gesetzgeber die im EG 12 erwähnte Bedingung, dass die kollektivvertragliche Regelung nicht zu einer Schlechterstellung in Bezug auf die Ausnahmen führen dürfe, die nach Art. 6 ff. RL die Möglichkeit eröffnen, einen Anspruch im Einzelfall abzulehnen. Damit sind wohl der allgemeine Missbrauchsvorbehalt in Art. 7 RL und der Verhältnismäßigkeitsvorbehalt in Art. 11 RL angesprochen. Der **Verzicht auf eine explizite Umsetzung** ist insoweit bedauerlich, als Geheimhaltungsvereinbarungen eine übliche und kostengünstige Möglichkeit sind, die Einhaltung der Geheimhaltungsmaßnahmen abzusichern, diese Funktion aber nur erfüllen können, wenn sie auch wirksam sind (vgl. dazu § 3 RegE Rdn. 26).

§ 2 Begriffsbestimmungen

Im Sinne dieses Gesetzes ist

1. Geschäftsgeheimnis

eine Information, die

a) weder insgesamt noch in der genauen Anordnung und Zusammensetzung ihrer Bestandteile den Personen in den Kreisen, die üblicherweise mit dieser Art von Informationen umgehen, allgemein bekannt oder ohne weiteres zugänglich ist und daher von wirtschaftlichem Wert ist und

b) Gegenstand von den Umständen nach angemessenen Geheimhaltungsmaßnahmen durch ihren rechtmäßigen Inhaber ist;

2. Inhaber eines Geschäftsgeheimnisses

jede natürliche oder juristische Person, die die rechtmäßige Kontrolle über ein Geschäftsgeheimnis hat;

3. Rechtsverletzer

jede natürliche oder juristische Person, die entgegen § 4 ein Geschäftsgeheimnis rechtswidrig erlangt, nutzt oder offenlegt;

4. rechtsverletzendes Produkt

ein Produkt, dessen Konzeption, Merkmale, Funktionsweise, Herstellungsprozess oder Marketing in erheblichem Umfang auf einem rechtswidrig erlangten, genutzten oder offengelegten Geschäftsgeheimnis beruht.

Mary-Rose McGuire

24 EG 19.

Übersicht **Rdn.**

A. Überblick

1 § 2 RegE dient der Umsetzung der in Art. 2 RL enthaltenen Definitionen, wobei der deutsche Normtext den Wortlaut der RL zwar etwas abweichend gliedert, im Übrigen aber **praktisch wortgleich** übernimmt. Die im Referentenentwurf noch vorgesehene Glättung der in der Tat etwas umständlichen Formulierung der deutschen Fassung der RL ist damit entfallen. Das sichert nicht nur die RL-Konformität, sondern erleichtert auch die Auslegung.

2 Wie die Gesetzesbegründung klarstellt, beschränkt sich der **Anwendungsbereich** der Definitionen auf das GeschGehG.[1] Unberührt bleiben damit insbesondere[2] die tradierte weitere Definition des Betriebs- und Geschäftsgeheimnisses für den Bereich des allgemeinen Vertragsrechts[3] sowie des Zivilprozessrechts[4] und Strafrechts[5].

3 Hinzuweisen ist darauf, dass die in § 2 genannten **Definitionen abschließenden Charakter** haben. Zwar ist Art. 2 RL in Art. 1 (1) Satz 2 RL, der die zwingenden Vorschriften aufzählt, nicht explizit benannt. Die betreffenden Definitionen werden aber in der RL durchgehend und damit auch in den Normen verwendet, die eine Vollharmonisierung vorsehen. Jedenfalls in diesen Normen dürfen sie folglich keine andere Bedeutung haben, als vorgesehen. Da Definitionen aber für das gesamte Gesetz einheitlich sind, muss dies folglich für alle Normen gelten.

4 Für die Annahme, dass die Definitionen abschließend sind, spricht auch EG 14, wonach es wichtig sei, eine **homogene Definition** des Begriffs des Geschäftsgeheimnisses festzulegen. Dies wird auch durch Art. 1 (3) lit. a) RL unterstrichen, wonach es

1 RegE Begründung zu § 2.
2 Vgl. den Hinweis bei *Kalbfus*, GRUR 2016, 1009, 1011 (m.Fn. 32), wonach mehrere Hundert Bundesgesetze den Begriff verwenden.
3 Bspw. §§ 242, 809 BGB, § 95 HGB.
4 Bspw. § 381 ZPO, § 172 GVG.
5 Vgl. die Geheimnisschutzvorschriften in §§ 202a, 204, 242, 246, 263, 263a, 266, 274, 303a StGB.

unzulässig ist, Arbeitnehmer in der Nutzung einer Information einzuschränken, die kein Geschäftsgeheimnis i.S.v. Art. 2 Nr. 1 RL darstellt. Dasselbe muss dann auch für die übrigen Definitionen gelten.[6] Praktische Bedeutung hat dies insbesondere für den Begriff des Geschäftsgeheimnis nach § 2 Nr. 1 RegE, der etwas enger als der tradierte deutsche Begriff des Betriebs- und Geschäftsgeheimnisses ist (Rdn. 18, 35 ff.).

B. Genese

5 Der Text des RL-Vorschlags 2013 lehnte sich eng an **Art. 39 TRIPS** an und wurde – von Marginalien abgesehen[7] – unverändert in die RL 2016 übernommen. Art. 2 RL wird insbesondere durch EG 14 und 15 konkretisiert.

6 Der RefE hatte sich allerdings zunächst weder Art. 39 TRIPS noch den Wortlaut des Art. 2 RL zum Vorbild genommen, sondern den Text gestrafft und an den deutschen Sprachgebrauch anzupassen versucht, dabei aber zu stark vereinfacht; gelegentlich war die deutsche Umsetzung im RefE schlicht ungenau.

7 So wurde etwa die Formulierung in Art. 2 Nr. 1 lit. a) RL, wonach die Information in ihrer »genauen Anordnung und Zusammensetzung ihrer Bestandteile« nicht offenkundig sein dürfe, durch »Einzelheiten« ersetzt.[8] Zu Recht wurde in diversen Stellungnahmen moniert, dass der Regelungsgehalt dadurch verändert sei.[9]

8 Problematisch war auch, dass der Zusatz, dass die Geheimhaltungsmaßnahmen »den Umständen entsprechend« angemessen sein müssen, ausgelassen wurde.[10] Diese **Ungenauigkeiten** wurden **im RegE getilgt**. Die einzige verbleibende relevante Abweichung ist nunmehr, dass die Gliederung sich nicht an der RL orientiert und die Regelungen der Art. 2 Nr. 1 lit. a) und lit. b) in § 2 Nr. 1 lit. a) GeschGehG-E zusammengefasst werden.

9 Nicht bloß der Formulierung, sondern wohl einer inhaltlichen Diskussion, ist die in § 2 Nr. 2 RegE vorgesehene Formulierung geschuldet, den Berechtigten nicht wie im Vorschlag 2013 als »Träger«, sondern – wie jetzt auch in der RL vorgesehen – als **»Inhaber« eines Geschäftsgeheimnisses** zu bezeichnen. Hier spiegelt sich der konzeptionelle Wechsel von der Abwehr unlauteren Verhaltens nach UWG zu einer Zuordnung eines Vermögenswertes durch das GeschGehG besonders deutlich. Allerdings war in § 2 Nr. 2 RefE im Kontext der Frage, wer die angemessenen Maßnahmen vorzunehmen hat, von einer Person die Rede, die ein Geschäftsgeheimnis rechtmäßig erlangt und nutzen und offenlegen darf. Dies hatte zu der Fehlvorstellung (Rdn. 57) verleitet, jeder,

---

6 So auch *Kalbfus*, GRUR 2016, 1009, 1011; sowie *Heinzke*, CCZ 2016, 179, der die Definitionen als »Kernstück« der Reform bezeichnet.

7 »Personenkreisen« anstatt »Personen in den Kreisen«; »wirtschaftlichen Wert« anstatt von einem »kommerziellen Wert«.

8 Vgl. § 1 Abs. 1 Nr. 1a RefE.

9 Vgl. *Würtenberger/Freischem*, GRUR 2018, 708.

10 Vgl. § 1 Abs. 1 Nr. 1b RefE.

der die Information rechtmäßig erlangt habe, wäre originärer Geheimnisinhaber. Diese zu weite Formulierung des RefE[11] wurde nun in § 2 Nr. 2 RegE getilgt.

Die Definition des Rechtsverletzers in § 2 Nr. 3 entspricht praktisch wörtlich der RL, **10** wenn man davon absieht, dass hier – wie überall im RegE (§ 1 RegE Rdn. 11) – der Begriff **»Erwerben«** durch **»Erlangen«** ersetzt wurde, um deutlich zu machen, dass es um den faktischen Zugang und nicht um einen Rechtserwerb geht.[12]

Besonders kontrovers diskutiert wurde von Anfang an der in § 2 Nr. 4 RegE definierte **11** Begriff der **rechtsverletzenden Produkte**. Schon nach Veröffentlichung des ersten Vorschlags wurde diese Regelung, insbesondere mit Blick auf kaufmännische Informationen (Kundenlisten, Preismodell etc.), als zu weit gehend kritisiert.[13] Dessen ungeachtet wurde die Formulierung durch den Kompromissvorschlag 2014 sogar noch um die Variante »Funktionsweise« ausgedehnt. Die RL 2016 hat in der Aufzählung den Begriff »Qualität« durch »Merkmal« ersetzt, im Übrigen aber die weite Formulierung beibehalten, die sich unverändert jetzt auch im RegE findet.

Im Ergebnis entspricht der Wortlaut der RegE nunmehr fast **1:1** der RL. Das ist zu **12** begrüßen, da gerade die korrekte Übernahme der Definitionen für die RL-konforme Auslegung des gesamten GeschGehG von erheblicher Bedeutung ist.

C. Die Begriffsdefinitionen im Einzelnen

I. Begriff des Geschäftsgeheimnisses

1. Das Geschäftsgeheimnis als Schutzgegenstand

§ 2 Nr. 1 RegE enthält erstmals im deutschen Zivilrecht eine Definition des Geschäfts- **13** geheimnisses. Die **Bedeutung der Definition** ist erheblich, da sie einerseits den **Schutzbereich** des Gesetzes festlegt,[14] der Begriff des Geschäftsgeheimnisses andererseits **Tatbestandsvoraussetzung** einer Reihe von anderen Bestimmungen des GeschGehG ist.

Der Terminus **Geschäftsgeheimnis** stellt nach der Richtlinie einen **Oberbegriff** für **14** kaufmännische Geschäftsinformationen und technisches Know-how dar. Die Unterscheidung zwischen den in der RL verwendeten Begriffen Geschäftsinformation und Know-how ist dabei allerdings rein deskriptiv.[15]

Im Ergebnis etabliert die RL einen weiten Begriff des Geschäftsgeheimnisses, der ein **15** »breites Spektrum«[16] von Informationen umfassen soll. Unter technischem Know-how wird dabei eine Gesamtheit von technologischem Wissen und praktischen Kenntnissen verstanden, die durch Erfahrung oder Versuche gewonnen werden. Dazu zählen bspw.

11 § 1 Nr. 2 RefE.
12 RegE Begründung zu § 3.
13 Vgl. den Bericht von *Kalbfus/Harte-Bavendamm*, GRUR 2015, 453, 454.
14 RegE Begründung zu § 2 Nr. 1.
15 So auch *Kalbfus*, GRUR 2016, 1009, 1010.
16 So EG 2.

Formeln, Fertigungsprozesse, Abläufe oder die Produktzusammensetzung. Der Begriff der Geschäftsinformationen umfasst bspw. Geschäftsdaten über Kunden und Lieferanten, Businesspläne, Marktforschung und Marketingstrategien.[17] Diese Aufzählung ist zwar naturgemäß nicht abschließend, aber insoweit von Bedeutung, als alle genannten Beispiele einen Unternehmensbezug aufweisen.

16 Im Übrigen werden an die vom Geheimnis geschützte Information grundsätzlich **keine inhaltlichen oder formalen Anforderungen** gestellt.[18] Daher ist weder eine bestimmten Schöpfungshöhe oder Eigenart erforderlich, noch ihre grafische Darstellbarkeit oder eine Verkörperung. Allerdings grenzt die RL das Geschäftsgeheimnis negativ von belanglosen Informationen sowie vom Erfahrungswissen der Arbeitnehmer ab (Rdn. 35).[19]

17 Die Definition des Geschäftsgeheimnisses entspricht im Kern dem Begriff der **»nicht offenkundigen Information«** nach **Art. 39 (2) TRIPS**. Etwas überraschend ist aber, dass die im TRIPS vorgesehene Wortfolge »in dem Sinne geheim, dass sie entweder in ihrer Gesamtheit oder in der genauen Anordnung und Zusammenstellung ihrer Bestandteile … nicht allgemein bekannt oder leicht zugänglich sind« durch eine doppelte, aber **sinnentstellende Verneinung** umformuliert wurde. § 2 Nr. 1 RegE fordert, dass die Information »in dem Sinne geheim (ist), dass sie weder in ihrer Gesamtheit noch in der genauen Anordnung und Zusammenstellung ihrer Bestandteile … allgemein bekannt oder leicht zugänglich sind«. Dadurch werden aus alternativen, kumulative Anforderungen. Der Fehler ist aber bereits in der deutschen Fassung der RL angelegt. Auch in der Sache kann kein Zweifel daran bestehen, dass sich die Geheimnisqualität daraus ergeben kann, dass die Information als solche **oder** die Anordnung bzw. Zusammenstellung nicht allgemein bekannt ist. Wie bisher ist daher bspw. von einem Geheimnis auch auszugehen, wenn ein Unternehmen ein an sich bekanntes Verfahren verwendet, sofern nur geheim ist, dass es sich dieses Verfahrens bedient.[20] Eine abweichende Auslegung wäre nicht TRIPS-konform.

18 Die Begründung betont die **Gemeinsamkeiten** zwischen der in Deutschland **bisher geltenden Rechtslage** und dem neuen Begriff und verweist hierfür insbesondere auf EG 14, wonach alle Informationen erfasst werden sollen, bei denen sowohl ein legitimes Interesse sowie die berechtigte Erwartung der Geheimhaltung besteht.[21] Richtig ist, dass der nunmehr maßgebliche Begriff des Geschäftsgeheimnisses mit dem von der Rechtsprechung etablierten Begriff des Betriebsgeheimnisses eine **große Ähnlichkeit** aufweist. Allerdings bestehen in den Details durchaus **Unterschiede**, sodass sich zwar eine große Schnittmenge ergibt, aber nicht vorschnell von einer Identität ausgegangen werden darf.

---

17 EG 2.

18 RegE Begründung A. III.

19 EG 14.

20 *BGH 27.04.2006, I ZR 126/03*, GRUR 2003, 356, 358 – *Kundendatenprogramm*; *Köhler*, Köhler/Bornkamm/Feddersen, UWG, § 17 Rn. 5.

21 RegE Begründung zu § 2 Nr. 1.

Der BGH hatte das Betriebsgeheimnis in **ständiger Rechtsprechung zu § 17 UWG** als eine nicht offenkundige, nur einem begrenzten Personenkreis bekannte Tatsache definiert, an deren Geheimhaltung der Unternehmensinhaber ein berechtigtes wirtschaftliches Interesse hat und die nach seinem bekundeten oder doch erkennbaren Willen auch geheim bleiben soll.[22] Daraus hat die h.L. **vier Voraussetzungen** für ein Geschäftsgeheimnis abgeleitet: Unternehmensbezug, fehlende Offenkundigkeit, Geheimhaltungsinteresse und Geheimhaltungswille.[23] 19

Die **Richtlinie** und ihr folgend der RegE für das neue GeschGehG kennen nur noch **drei Voraussetzungen**: Geheimnischarakter, wirtschaftlicher Wert, Schutz durch angemessene Geheimhaltungsmaßname. Dabei entspricht die fehlende Offenkundigkeit im Wesentlichen der Voraussetzung der Geheimnisqualität, die Voraussetzung des Unternehmensbezugs spiegelt sich im Kriterium des kommerziellen Wertes. An die Stelle des subjektiv geprägten Geheimhaltungsinteresses und -willens, tritt nach dem GeschGehG allerdings die objektive Anforderung, dass der Geheimnisträger angemessene Maßnahmen getroffen hat. 20

Neben den Abweichungen bei den einzelnen Tatbestandsvoraussetzungen ergibt sich schließlich die sicherlich **wichtigste Änderung** daraus, dass hier nicht ein bloßes Verbot unlauterer Handlung, sondern ein **Schutzgegenstand definiert** wird.[24] Dessen Bestand ist Voraussetzung für alle weiteren vom GeschGehG vorgesehenen Rechte, Ansprüche und Rechtsbehelfe. 21

Die nähere Betrachtung der Systematik des GeschGehG zeigt damit eine deutliche Annäherung des Geheimnisschutzes an die Sonderschutzrechte. Sind die Voraussetzungen des § 2 erfüllt, erlangt der Geheimnisinhaber ein **positives Nutzungsrecht** und ein **negatives Abwehrrecht.** 22

Das Geheimnis wird einem **Geheimnisinhaber zugeordnet**, der es durch Übertragung oder Lizenzierung rechtsgeschäftlich verwerten kann. Die rechtsgeschäftliche Verwertung wird zwar nicht explizit geregelt, liegt aber sowohl den Erlaubnistatbeständen in § 3 Abs. 2 RegE (arg. »Rechtsgeschäft«), als auch der Berechnung des Schadensersatzes nach § 10 Abs. 2 RegE an Hand der Lizenzanalogie sowie beim Geldersatz in § 11 RegE zu Grunde. In den zuletzt genannten Regelungen wird nämlich auf die Vergütung verwiesen, die »im Falle einer vertraglichen Einräumung des Nutzungsrechts angemessen wäre.« Das **negative Abwehrrecht** ergibt sich aus § 4 i.Vm. §§ 6 ff. RegE. 23

Diese Annahme einer deutlichen **Annäherung an die Sonderschutzrechte** wird durch diverse Vergleiche in den EG[25] der RL gestützt. So werden Geschäftsgeheimnisse den 24

22 BGH 15.03.1955, I ZR 111/53, GRUR 1955 424, 425 – *Möbelwachspaste*; BGH 01.07.1960, IZR 72/59, GRUR 1961, 40, 43 – *Wurftaubenpresse*; BGH GRUR 2003 356, 358; BGH 27.04.2006, I ZR 126/03, GRUR 2003, 356, 358 – *Kundendatenprogramm*, BGH 27.04.2006, I ZR 126/03, GRUR 2006, 1044 – *Kundendatenprogramm*; BGH 26.02.2009, I ZR 28/06, GRUR 2009, 603 – *Versicherungsuntervertreter.*

23 *Köhler,* Köhler/Bornkamm/Feddersen, UWG, § 17 Rn. 4.

24 Vgl. dazu *McGuire,* GRUR 2016, 1000, 1006.

25 Vgl. insbesondere EG 3 und 39.

»traditionellen« Rechten des Geistigen Eigentums[26] gegenübergestellt und als Synonym für Geschäftsgeheimnisse »Ergebnisse der Innovation«[27] verwendet. Auch die Klarstellung in EG 17, dass keine Exklusivrechte an der »Information« geschaffen werden, steht der Zurechnung des »Geheimnisses« zum Recht des Geistigen Eigentums nicht entgegen.[28] Bezeichnenderweise spricht auch die Gesetzesbegründung davon, dass »es sich bei Geschäftsgeheimnissen zwar in gewisser Weise um Immaterialgüterrechte handelt«.[29]

25 Aus der Bestimmung des Schutzgegenstands folgt zugleich, dass **Abwehransprüche** nach §§ 6 ff. RegE nicht bloß ein Handlungsunrecht, sondern einen erfolgten oder drohenden Eingriff in ein bestehendes Recht voraussetzen. Entsprechend hat der Geheimnisinhaber dessen **Bestand** als Schutzvoraussetzung **darzulegen und zu beweisen**. Dieser formale Wechsel kann im konkreten Fall entscheidend sein. Während nämlich bisher der angebliche Verletzer die fehlende Offenkundigkeit einwenden musste, muss nun der Geheimnisinhaber positiv darlegen, dass das Geheimnis geheim ist, d.h. er ursprünglich die rechtmäßige Kontrolle über das Geheimnis hatte und dieses durch angemessene Maßnahmen – von der geltend gemachten Verletzung abgesehen – tatsächlich effektiv geschützt hat.

2. Die Schutzvoraussetzungen

a) Geheimnisqualität

26 Die zentrale Voraussetzung, dass ein Geheimnis **geheim sein** muss, entspricht – sieht man von der abweichenden Beweislast ab – im Wesentlichen dem Kriterium der **fehlenden Offenkundigkeit**. Diese wird dadurch definiert, dass die Information nicht allgemein bekannt oder leicht zugänglich sein darf.

27 Eine Information ist **allgemein bekannt**, wenn sie bekannt gemacht wurde, bspw. durch eine Anmeldung, Registrierung, die Ausstellung auf einer Messe oder die Beschreibung in den Medien. Das ist eine **Tatsachenfrage**, ob die Bekanntgabe rechtmäßig oder rechtswidrig erfolgt ist, ist hierfür irrelevant.

28 Während nach dem UWG die Geheimnisqualität schon entfallen sollte, wenn mit der **Kenntnisnahme zu rechnen** ist,[30] gibt es für eine entsprechende Auslegung des § 2 Nr. 1 RegE – die zu einer erheblichen Einengung des Schutzbereichs führen würde – keinen Anhaltspunkt. Maßgeblich ist der Ist-Zustand. Für das Lehrbuchbeispiel, dass ein Geheimnis in einer Prüfungsarbeit offenbart wurde, die in eine Bibliothek aufgestellt, aber nachweislich nicht gelesen wurde, ist folglich nicht ersichtlich, warum der Geheimnischarakter nach neuem Recht verneint werden sollte.

---

26 Vgl. Vorschlag KOM (2013) endg. S. 3.
27 EG 1.
28 Ausführlich hierzu McGuire, GRUR 2016, 1000, 1003.
29 RegE Begründung zu § 4.
30 *Köhler,* Köhler/Bornkamm/Feddersen, UWG, § 17 Rn. 6.

Praktische Relevanz hat das vor allem für das ***Reverse Engineering***. Die bloße Tatsache, dass man sich Kenntnis vom Geheimnis durch *Reverse Engineering* verschaffen könnte, **zerstört das Geheimnis nicht**.[31] Das ist nur der Fall, wenn die Analyse tatsächlich erfolgt ist und der Tester das Ergebnis einem breiten Kreis von Personen bekannt gemacht hat oder eine Analyse durch eine Vielzahl von Testern durchgeführt wurde. Die bloße Möglichkeit ist allenfalls unter dem Gesichtspunkt der leichten Zugänglichkeit von Bedeutung. **29**

Die Bestimmung, dass die Information nicht ›allgemein bekannt‹ sein darf, wirft die Frage auf, wie weit der **Kreis der Mitwisser** gezogen werden darf, ohne das Geheimnis einzubüßen. Bislang geht man davon aus, dass dies einen eng begrenzten Personenkreis voraussetzt, wobei sich dies nicht an einer exakten Personenzahl festmachen lässt. Maßgeblich ist vielmehr, dass durch die Mitteilung an andere die **Kontrolle** über das Geheimnis nicht verloren geht. Davon ist – wie bisher[32] – auszugehen, solange nur Personen Kenntnis erlangen, die auf Grund einer gesetzlichen oder vertraglichen Grundlage zur Geheimhaltung verpflichtet sind.[33] Für die Beibehaltung dieses eher großzügigen Ansatzes spricht einerseits, dass die RL ausweislich des EG 3 der Förderung von Innovation und dem freien Wissensaustausch innerhalb des Unternehmens dienen soll. Dann muss aber der interne Austausch mit den zur Verschwiegenheit verpflichteten Beschäftigten möglich sein. Andererseits stellt auch die Definition des Geheimnisträgers nach Nr. 3 explizit auf die rechtmäßige Kontrolle ab. Die Mitteilung lediglich an einen **bestimmten oder bestimmbaren**, in sich geschlossenen **Personenkreis**, bspw. Beschäftigte oder Lizenznehmer, führt damit grds. nicht zur allgemeinen Bekanntheit, sofern diesen die Weitergabe und Offenbarung untersagt ist. **30**

Auch der **rechtswidrige Verrat** durch eine Person zerstört den Geheimnischarakter noch nicht. Ein Verlust ist nur dann anzunehmen, wenn die Information in weiterer Folge einem breiteren Personenkreis bekannt gemacht wird, den weder der ursprüngliche Geheimnisinhaber noch der unmittelbare Verletzer kontrollieren kann. Würde nämlich jeder Geheimnisverrat schon zur Offenkundigkeit führen, würden der Unterlassungsanspruch nach § 6 RegE und der Beseitigungsanspruch nach § 7 RegE regelmäßig ins Leere gehen. **31**

Der aktuell bestehenden, allgemeinen Bekanntheit steht die **leichte Zugänglichkeit** gleich. Sie liegt dann vor, wenn sich jedermann die Information **ohne größeren Zeit- und Kostenaufwand** erschließen kann. Die Ablehnung eines Geheimnisses auch in diesem Fall dient dabei dem Schutz gegen zu breite Haftungsrisiken für unbewusste Eingriffe. Die Kontrollüberlegung sollte daher sein, ob derjenige, der sich den leichten Zugang verschafft, wissen konnte, dass er damit in einen fremden Geheimnisschutzbereich eingreift.[34] **32**

31 So auch *Alexander*, WRP 2017, 1036, 1037.
32 *Köhler*, Köhler/Bornkamm/Feddersen, UWG, § 17 Rn. 7a.
33 So auch *Heinzke*, CCZ 2016, 179, 181.
34 Zur Warnfunktion vgl. unten Rdn. 46.

33 Soweit davon ausgegangen wird, dass **Fortschritte beim *Reverse Engineering*** den Schutzbereich des Geheimnisschutzes begrenzen,[35] ist allerdings auch hier zu unterscheiden: Die bloße Tatsache, dass es aufgrund des technischen Fortschritts möglich ist, ein in einem Produkt enthaltenes Geheimnis durch Rückwärtsanalyse zu ermitteln, führt an sich noch nicht zur leichten Zugänglichkeit. Würde durch die Möglichkeit des *Reverse Engineering* bereits der Geheimnischarakter berührt, bliebe nämlich für § 3 Abs. 1 Nr. 2 RegE gar kein Anwendungsbereich. Gegen die Gleichsetzung spricht aber auch, dass *Reverse Engineering* häufig neben vertieften Kenntnissen einen ganz erheblichen Zeit- und Kostenaufwand erfordert, sodass auch aus diesem Grund eine leichte Zugänglichkeit zu verneinen ist. Eine leichte Zugänglichkeit aufgrund der Möglichkeit des *Reverse Engineerings* wäre nur dann zu bejahen, wenn die betreffende Analysetechnik – wie bspw. 3D-Scanner oder CAD-Rechner – weite Verbreitung finden und die Ermittlung der Information deswegen tatsächlich für die interessierten Kreise mit geringem Zeit- und Kostenaufwand möglich ist.

34 Hinzuweisen ist darauf, dass der Begriff der allgemeinen Bekanntheit oder leichten Zugänglichkeit klar von dem für die **Neuheit nach § 3 PatG** maßgeblichen Stand der Technik **abzugrenzen** ist.[36] Dieser patentrechtliche Standard ist strenger, weil eine Erfindung schon dann zum Stand der Technik gehört, wenn die einzelnen Elemente bekannt oder zugänglich sind und von einem Fachmann erwartet werden kann, dass er aus der Fülle der bereitstehenden Information die relevanten ermittelt und dann die erforderlichen Schlussfolgerungen zieht. Die vom Fachmann investierte Anstrengung geht aber über das Maß des geringen Zeit- und Kostenaufwands hinaus. Eine Information, die nicht geheim i.S.v. § 2 Nr. 1 RegE ist, ist daher zwar nicht neu i.S.v. § 3 PatG; umgekehrt steht die Ablehnung der Neuheit i.S.v. § 3 PatG aber der Anerkennung als Geschäftsgeheimnis i.S.v. § 2 Nr. 1 RegE nicht per se entgegen.[37]

b) Wirtschaftlicher Wert

35 Eine **Abweichung** des Geheimnisbegriffs im Vergleich zu § 17 UWG[38] ergibt sich aus dem Kriterium, dass ein Geheimnis i.S.v. § 2 RefE an Stelle des Unternehmensbezugs, einen **wirtschaftlichen Wert** aufweisen und dieser sich gerade aus dem geheimen Charakter ergeben muss.

36 Ein wirtschaftlicher Wert fehlt nicht nur bei belanglosen Informationen, sondern auch bei Informationen über den **privaten Bereich**. Zwar sind diese nicht explizit ausge-

---

35 *Köhler,* Köhler/Bornkamm/Feddersen, UWG, § 17 Rn. 8.

36 So explizit BGH 22.03.2018, I ZR 118/16, GRUR 2018, 1161 – *Hohlfasermembranspinnanlage II*; BGH 13.12.2007, I ZR 71/05 – *Schweißmodulgenerator; Köhler,* Köhler/Bornkamm/Feddersen, UWG, § 17 Rn. 11.

37 BGH 13.12.2007, I ZR 71/05, GRUR 2008, 727 – *Schweißmodulgenerator*; ausführlich zu den Unterschieden *Reimann,* GRUR 1998, 298.

38 Vgl. *Köhler,* Köhler/Bornkamm/Feddersen, UWG, § 17 Rn. Rn. 9 wonach ein Betriebsgeheimnis keinen wirtschaftlichen Wert aufweisen muss.

nommen, sowohl der Schutzzweck der RL als auch die in den EG genannten Beispiele belegen aber, dass nur »Geschäfts«-geheimnisse geschützt werden.[39]

Der **Wegfall** des Kriteriums des **Unternehmensbezugs** führt zu einer Ausweitung des Anwendungsbereichs, insbesondere auf die auch in den EG wiederholt genannten nicht kommerziellen **Forschungseinrichtungen**.[40] Dadurch wird eine Lücke des bisherigen Rechts geschlossen und der Bedarf nach einer eigenständigen Regelung[41] entfällt. **37**

Zugleich folgt aus dem Begriff des wirtschaftlichen oder kommerziellen[42] Wertes aber auch eine Einschränkung, weil damit nicht ein finanzieller Vor- oder Nachteil, sondern ein **handelbarer Wert**[43] angesprochen ist. Als Beispiele sind in EG 14 genannt, dass die Erlangung, Nutzung oder Offenlegung ohne Zustimmung des Inhabers dessen wissenschaftliches oder technisches Potential, geschäftliche oder finanzielle Interessen, seine strategische Position oder seine Wettbewerbsfähigkeit negativ beeinflussen würde. Damit ist gemeint, dass das Geheimnis einen **Wettbewerbsvorsprung** verkörpert. Dieser ist zu bejahen, wenn die geheime Information **aktuell oder potentiell** einen handelbaren Wert hat, d.h. zur Herstellung von Waren oder Dienstleistungen dient[44] oder durch Übertragung oder Lizenzierung monetarisiert werden kann.[45] Da ein potentieller Handelswert ausreicht, ist eine bestimmte Wertschwelle damit aber nicht vorgegeben.[46] **38**

Demgegenüber ist ein wirtschaftlicher Wert bei Informationen über **rechts- oder sittenwidrigen innerbetriebliche Vorgänge** oder Tatsachen zu verneinen, wenn sich das Interesse an der Geheimhaltung nur daraus ergibt, dass das Bekanntwerden einen Schaden verursachen könnte, bspw. eine Rufschädigung oder zivil- oder strafrechtliche Konsequenzen nach sich ziehen könnte. Solche **unproduktiven Geheimnisse** sind nicht schutzfähig.[47] Die Kontrollfrage für den aktuellen oder potentiellen Handelswert, ob sich das Geheimnis durch Übertragung oder Lizenz verwerten lässt, ist hier m.E. abschlägig zu beantworten. **39**

Abweichend von der h.L. zum UWG[48] ist daher bspw. die Information über eine drohende Überschuldung, eine bestehende Schmiergeldpraxis oder eine kartellrechtswidrige Absprache nicht als Geschäftsgeheimnis anzuerkennen. Diese enge Auslegung wird durch das Ziel der RL, Innovation und unternehmens- und grenzüberschreitende Kooperation zu fördern,[49] gestützt und spiegelt sich in dem wiederholten Vergleich **40**

39 *Redeker/Press/Gittinger*, WRP 2015, 681, 682.
40 Vgl. EG 1.
41 Vgl. *Ahrens/McGuire*, Modellgesetz für Geistiges Eigentum – Normtext und Begründung, Buch 1 § 10 (3).
42 Vgl. die englische Fassung von Art. 2 Nr. 1 RL.
43 *EG 14; RegE, Begründung S. 17.*
44 Vgl. die ähnliche Bezugnahme auf die ›Produktion von Vertragsprodukten‹ in Art. 1 (1) lit. i GVO TT 2014.
45 Ähnlich *Heinzke*, CCZ 2016, 179, 182 »irgendwie kommerziell verwertbar«.
46 *Heinzke*, CCZ 2016, 179, 182.
47 *Kalbfus*, GRUR 2016, 1009, 1011.
48 *Köhler*, Köhler/Bornkamm/Feddersen, UWG, § 17 Rn. 9.
49 Vgl. Vorschlag KOM (2013) endg. S. 2.

zwischen Geschäftsgeheimnissen und »traditionellen Rechten des Geistigen Eigentums«[50]. Als Synonyme für Geschäftsgeheimnisse werden daher bspw. verwendet »Währung der wissensbasierten Wirtschaft«[51], »Ergebnisse der Innovation«[52] und als »Ergänzung von oder auch eine Alternative zu Rechten des geistigen Eigentums« bezeichnet.[53] Dadurch soll ein Umfeld geschaffen werden, das »geistige Schöpfungen und Innovationen begünstigt«.[54] Auch die Tatsache, dass die Initiative für die RL ein Element des Programms zur Schaffung einer Innovationsunion und Teil der Strategie für Geistiges Eigentum ist,[55] macht deutlich, dass negative Informationen, also solche deren Wert sich allein aus der (Ruf-)Schädigung bei Bekanntwerden ergeben, nicht erfasst sind.[56]

41 Auch aus der Ausnahmeregelung für **Whistleblowing** folgt nichts anderes,[57] denn die Ausnahme bleibt notwendig, wenn anlässlich der Offenlegung eines Fehlverhaltens auch ein Geschäftsgeheimnis preisgegeben werden muss. Bspw. könnte die Offenlegung einer Schmiergeldpraxis (kein Geheimnis) die Bekanntgabe der relevanten Kundenliste (Geschäftsgeheimnis) erfordern (McGuire, § 5 RegE Rdn. 17).

42 In EG 14 in diesem Kontext angesprochen, im RL-Text aber nicht definiert,[58] ist schließlich, dass auch das **Erfahrungswissen der Arbeitnehmer** vom Begriff des Geschäftsgeheimnisses nicht erfasst ist. Anders als nach der Rspr. zum UWG[59] ist die Berücksichtigung der legitimen Interessen des Arbeitnehmers an der Nutzung des Erlernten für sein weiteres berufliches Fortkommen daher nicht erst im Rahmen einer Interessenabwägung zur Beurteilung der Rechtswidrigkeit vorzunehmen, sondern es ist schon ein Geheimnis abzulehnen. Für die Prüfung einer unerlaubten Handlung bleibt dann kein Raum.

c) Geheimhaltungsmaßnahme

43 RL und GeschGehG lösen die in ständiger Rechtsprechung etablierten Kriterien des legitimen Geheimhaltungsinteresses und subjektiven Geheimhaltungswillens durch das **objektive Kriterium** der **angemessenen Maßnahme** ab. Praktische Konsequenz ist zugleich, dass dieses Erfordernis nicht abstrakt, sondern nur durch eine konkrete Maßnahme erfüllt werden kann. Als solche kommen technische, organisatorische und rechtliche Vorkehrungen in Betracht.[60]

---

50 Vgl. Vorschlag KOM (2013) endg. S. 3.
51 EG 1.
52 EG 1.
53 EG 2.
54 EG 3.
55 Vgl. Vorschlag KOM(2013), 812 endg. S. 4.
56 So auch *Kalbfus*, GRUR 2016, 1009, 1011.
57 So aber *Alexander*, WRP 2017, 1036, 1038.
58 Vgl. aber die zweckmäßige Abgrenzung in BGH 22.03.2018, I ZR 118/16, GRUR 2018, 1161 – *Hohlfasermembranspinnanlage II*.
59 Vgl. dazu BGH 22.03.2018, I ZR 118/16, GRUR 2018, 1161 – *Hohlfasermembranspinnanlage II*.
60 *Kalbfus/Harte-Bavendamm*, GRUR 2014, 453, 454; *Heinzke*, CCZ 2016, 179; *Alexander*, WRP 2017, 1034, 1039.

Der Unterschied lässt sich dabei an dem vom BGH entschiedenen Fall veranschaulichen, bei dem die Geheimnisqualität einer Erfindung umstritten war, die ein Arbeitnehmer im Unternehmen getätigt, aber nicht gemeldet hatte.[61] Problematisch war hier, ob die subjektiv geprägte Voraussetzung eines Interesses und Willens an der Geheimhaltung auch dann vorliegen kann, wenn der **Arbeitgeber die Information gar nicht kennt**. Das Gericht hat hier großzügig angenommen, dass ein **abstrakter Wille** ausreichend sei. Nach neuem Recht tritt dieses Problem nicht auf. Maßgeblich ist nicht, ob der Geheimnisinhaber das Geheimnis kennt, sondern dass es objektiv geheim ist, er die rechtmäßige Kontrolle ausübt und eine angemessene Maßnahme getroffen wurde. Diese kann aber gerade auch in der Verpflichtung der Arbeitnehmer bestehen, alle **künftigen Erfindungen** zu melden und vertraulich zu behandeln. Das zeigt zugleich, dass die Verschiebung vom subjektiven Willen zu einem objektiven Kriterium zwar in der Regel strenger, im Einzelfall aber auch weiter sein kann, weil Maßnahmen schon vorab angeordnet werden können und dann die Information automatisch erfassen. **44**

Bereits eine breite Diskussion ausgelöst hat die Frage, was unter einer **angemessenen Maßnahme** zu verstehen ist. Hier gilt es dem Ziel der RL Rechnung zu tragen, die den Rechtsschutz gerade verstärken will, um **ineffiziente faktische Maßnahmen** entbehrlich zu machen.[62] Das spricht dafür, keinen allzu strengen Maßstab anzulegen. Das wird durch das systematische Argument untermauert, dass die Rechtsbehelfe keine Anwendung fänden, wenn jede im Ergebnis nicht effektive Maßnahme auch als unzureichend gewertet würde. **45**

Aus der Tatsache, dass für die Angemessenheit auch der kommerzieller Wert und die potentielle Gefährdung eines Geheimnisses ausschlaggebend sind,[63] folgt zugleich das **Bezugspunkt der Angemessenheit** das konkrete Geheimnis ist. Mindestvoraussetzung ist damit eine Identifikation des zu schützenden Geheimnisses.[64] Zwar ist es sicherlich sachgemäß bei der Festlegung der Maßnahmen eine Beschreibung nach Kategorien zuzulassen, ein pauschaler Schutz aller Geschäftsgeheimnisse (»alle auf diesem Werksgelände gemachten Erfindungen«) durch eine pauschale Maßnahme (physische Zugangskontrolle) erscheint demgegenüber unzureichend. Sie vernachlässigt, dass sich die Maßnahme auch deswegen auf ein konkretes Geheimnis oder eine Klasse von Informationen beziehen muss, weil die Geheimhaltungsmaßnahme eine **Warnfunktion** hat,[65] die umso dringlicher ist, als das GeschGehG ein striktes Haftungsregime für die Rechtsverletzung vorsieht. **46**

Die **Auswahl der angemessenen Maßnahme** liegt in der Eigenverantwortung der Unternehmen. Die bloße Geheimhaltung ohne entsprechende Maßnahme bietet möglicherweise faktischen, aber keinen rechtlichen Schutz.[66] Bei der Auswahl und Überwa- **47**

61 BGH 18.02.1977, I ZR 112/75, GRUR 1977, 539, 540 – *Prozessrechner.*
62 EG 9 spricht von der »ineffizienten Kapitalallokation«.
63 *Baranowski/Glaßl*, BB 2016, 2563, 2565; *Heinzke*, CCZ 206, 179, 182.
64 So auch *Heinzke*, CCZ 2016, 179, 182.
65 Vgl. *McGuire*, GRUR 2016, 1000; so auch *Börger/Rein* CB 2017, 118.
66 Wiebe, in: Busche/Stoll, TRIPS, Art. 39 Rn. 24; *Börger/Rein*, CB 2017, 118.

chung der Maßnahme ist der Veränderung der technischen und rechtlichen Rahmenbedingungen Rechnung zu tragen. Denn das Geheimnis muss nicht nur ursprünglich geheim sein, sondern auch geheim bleiben. Wird die Maßnahme – bspw. ein bestimmter IT-Sicherheitsstandard – faktisch überholt, verliert sie ihre Angemessenheit und das Geheimnis damit seinen Schutz.

48 Notwendig aber auch ausreichend ist, dass Aufwand und Effizienz aus der Perspektive *ex ante* im Hinblick auf wahrscheinliche Gefährdungen kommerziell vernünftig sind. So liegt das Risiko einer unbefugten Weitergabe in Bezug auf kaufmännische Geheimnisse typischerweise bei (fahrlässigen) Mitarbeitern und externen Dienstleistern,[67] sodass hier eine Vereinbarung (bzw. Weisung) und darauf abgestimmte Kennzeichnung und Überwachung im Vordergrund stehen werden. Demgegenüber ist bei technischen Betriebsgeheimnissen in der Regel auch das Risiko von Industriespionage einzukalkulieren. In diesem Fall sind etwa Werkschutz und IT-Sicherheit gefordert. Sicherlich müssen diese Maßnahmen nicht nur regelmäßig überwacht, sondern auch angepasst und an veränderte Rahmenbedingungen angepasst werden.[68]

49 Bei der Beurteilung, ob eine Maßnahme noch angemessen ist, ist aber das Ziel der RL im Auge zu behalten, Fehlallokationen für die perfekte faktische Geheimhaltung zu vermeiden und die Geheimnisinhaber bei der Kooperation mit anderen Unternehmen zu stärken. Daher wäre es offenkundig verfehlt, hier immer den neuesten Stand der *Compliance* bzw. Technik zu fordern.

50 Hinzuweisen ist darauf, dass die Art der Geheimhaltungsmaßnahme auch für die **Rechtsfolgen** von Bedeutung ist. So bei der Frage, ob die Ansprüche nach §§ 6–8 RegE wegen **Unverhältnismäßigkeit ausgeschlossen** sind (§ 9 Nr. 2 RegE), auch die getroffenen Geheimhaltungsmaßnahmen zu berücksichtigen. Auch aus diesem Grund ist es nicht empfehlenswert, das Mindestmaß der gerade noch schutzbegründenden Maßnahme anzustreben.

51 Vor diesem Hintergrund scheint die im RegE vorgenommene Berechnung, wonach sich der **Aufwand für Geheimhaltungsmaßnahmen** bei Kleinstunternehmen auf zwei Stunden für Prüfung und Umstellung durch einen Mitarbeiter mittleren Qualifikationsniveaus beschränken würde, nicht nur blauäugig, sondern irreführend. Denn die Maßnahme hängt vom Wert des Geheimnisses, dem Kreis der Mitwisser und der Gefährdung ab. Schon die Erhebung des *statuts quo* wird daher den vom RegE kalkulierten Aufwand wahrscheinlich übersteigen. Hinzu kommen die Erstellung, Implementierung und Überwachung des Schutzkonzepts.

---

67 Vgl. den Hinweis bei *Brammsen*, ZIP 2016, 2193, 2195, dass externe Dienstleistungs- und Beratungsunternehmen anders als Rechts- und Steuerberater keiner berufsrechtlichen Verschwiegenheitspflicht unterliegen.

68 Vgl. die entsprechenden Vorschläge im Schrifttum, bspw. *Börger/Rein*, CB 2017, 118 ff.; *McGuire*, IPRB 2018, 202.

II. Der Rechtsinhaber

In Umsetzung von Art. 2 Nr. 2 RL definiert Nummer 2 den **Inhaber des Geschäftsgeheimnisses** und ordnet ihm dadurch das Geheimnis zu.[69] 52

Geheimnisinhaber kann jede **natürliche oder juristische Person** sein. Das umfasst auch Einrichtungen der öffentlichen Hand und damit auch alle öffentlichen Universitäten und Forschungseinrichtungen. Der Begriff der juristischen Person ist dabei unionsrechts-konform auszulegen.[70] Organisationsform, Struktur und Größe sind nicht relevant. Daher sind hierher auch solche rechtsfähigen Gebilde zu zählen, die nach nationalem Recht nicht als juristische Personen anerkannt werden. Dazu zählen bspw. Personengesellschaften[71] und rechtsfähige Vereine. 53

Maßgebliches Kriterium für die Identifikation des Inhabers ist, dass er die **rechtmäßige Kontrolle** über das Geheimnis ausübt. Rechtmäßig bedeutet, dass ihm das Geheimnis zugeordnet ist, er also zur Ausübung befugt ist. Das ist eine **Rechtsfrage**. Ob der Geheimnisinhaber die Kontrolle ausübt, ist demgegenüber eine **Tatsachenfrage** und wird insbesondere davon abhängen, ob angemessene Geheimhaltungsmaßnahmen getroffen wurden. Durch die rechtmäßige Kontrolle unterscheidet sich der **Geheimnisinhaber** vom bloßen **Geheimnisträger**, der die Information erlangt hat und sie faktisch kontrollieren kann. 54

Die **rechtmäßige Kontrolle** setzt einerseits voraus, dass der Geheimnisinhaber über die Information berechtigt verfügen kann. Das ist immer dann der Fall, wenn der Geheimnisinhaber die Information entweder selbst generiert hat oder ihm die Kontrolle über eine von einem Dritten gemachte Erfindung zugeordnet ist. Letzteres kann sich unmittelbar aus dem Arbeitsverhältnis ergeben, wenn und soweit das Ergebnis der Arbeitsleistung nach allgemeinen Grundsätzen dem Arbeitgeber zugeordnet wird, bspw. eine Kundenliste, oder wenn die Befugnis zur Verwertung einer schöpferischen Leistungen dem Arbeitgeber durch Gesetz zugeordnet wird, bspw. bei einer Diensterfindung (§§ 7, 17, 24 ArbEG, § 69b UrhG). Schließlich kann die rechtmäßige Kontrolle Folge einer vertraglichen Vereinbarung (§ 7 DesG) oder einer Rechtsübertragung (§§ 398, 413 BGB) sein, zu der der originäre Inhaber bspw. auch auf Grund eines Werkvertrags verpflichtet sein kann. 55

Andererseits muss der Geheimnisinhaber die **faktische Kontrolle** auch ausüben, d.h. insbesondere durch angemessene Geheimhaltungsmaßnahmen eine unkontrollierte Weitergabe verhindern und dadurch das Geheimnis in seinem Bestand erhalten. 56

Die Gesetzesbegründung ergänzt, dass unter den Begriff des Geheimnisinhabers auch **Lizenznehmer** fallen »können«[72] und hat dafür im Schrifttum Zustimmung geerntet.[73] 57

69 So auch *Heinzke*, CCZ 2016, 179, 180.
70 *Alexander*, WRP 2017, 1036, 1040.
71 *Alexander*, WRP 2017, 1036, 1040.
72 RegE Begründung zu § 2 Nr. 1 und Nr. 2.
73 *Hauck*, WRP 6/2018, Editorial; *Keller*, GRUR 2018, 706, 707; *Würtenberger/Freischem*, GRUR 2018, 708, 709.

Ob auch der Lizenznehmer Geheimnisinhaber i.S.d. § 2 Nr. 2 RegE ist, erscheint allerdings fraglich. Denn mit dem Begriff der rechtmäßigen Kontrolle ist die rechtlich anerkannte Herrschaftsbefugnis gemeint. Sie steht demjenigen zu, der das Geheimnis selbst geschaffen oder von einem Dritten rechtmäßig erworben hat.[74] Ein Lizenznehmer nutzt aber per definitionem kein eigenes, sondern ein fremdes Recht. Er mag zwar aus seiner Nutzungsbefugnis auch das Recht – oder die Pflicht – haben, den Bestand des Geschäftsgeheimnisses durch weitere Maßnahmen zu sichern. Er ist aber in seiner Befugnis durch den Vertrag beschränkt und hat daher gerade keine originäre Herrschaftsbefugnis. Der Lizenznehmer, dem die Information zugänglich gemacht wurde und der sie folglich jedenfalls faktisch kontrolliert, hat nur ein abgeleitetes Recht.[75] Er ist Geheimnisträger, nicht aber Geheimnisinhaber.[76]

58 Die strikte Trennung zwischen Geheimnisträger und Geheimnisinhaber und eine enge Auslegung des zuletzt genannten Begriffs ist erforderlich, weil es andernfalls zu einer erheblichen Ausweitung der Haftung und einer **unübersichtlichen prozessualen Durchsetzung** kommen würde. Denn nach §§ 6 ff. RegE ist als Anspruchsberechtigter stets der Geheimnisinhaber bezeichnet. Eine weite Auslegung, etwa dahingehend, dass sowohl der Lizenzgeber als auch alle (!) Lizenznehmer Geheimnisinhaber sind, würde daher zu einer unüberschaubaren Vervielfältigung der Aktivlegitimation und Prozessführungsbefugnis führen.

59 Wie bei den absoluten Schutzrechten ist daher davon auszugehen, dass die **materielle Befugnis** dem ursprünglichen Geheimnisinhaber zugeordnet bleibt, ein Lizenznehmer aber Ansprüche geltend machen kann, wenn ihm diese Befugnis vom Geheimnisinhaber übertragen worden ist.[77] In diesem Fall kann nur der Lizenznehmer tätig werden. Richtigerweise wird er dadurch aber nicht zum Geheimnisinhaber i.S.d. § 2 Nr. 2 RegE, sondern in **Prozessstandschaft** für diesen tätig. Ob der Lizenznehmer zur weiteren Verwertung des Geschäftsgeheimnisses, bspw. durch eine **Unterlizenz**, und zur Geltendmachung von Ansprüchen berechtigt ist, ist mangels gesetzlicher Regelung durch Auslegung des Lizenzvertrags zu ermitteln und kann von der Art der Lizenz abhängen. Hier sollten schon wegen der häufigen Kombination in einheitlichen Patent- und Know-how-Lizenzverträgen die auch für das Patentrecht etablierten Grundsätze Anwendung finden.

III. Rechtsverletzer

60 § 2 Nr. 3 RegE übernimmt wörtlich die Regelung des Art. 2 Nr. 3 RL. Die Definition des Rechtsverletzers bildet das Gegenstück zum Geheimnisinhaber und umfasst jede **natürliche oder juristische Person**, die eine nach § 4 RegE tatbestandsmäßig unerlaubte Handlung vornimmt.

74 *Köhler*, in: Köhler/Bornkamm/Feddersen, UWG, Vorbemerkung vor §§ 17–19 UWG, Rn. 18.
75 So auch *Alexander*, WRP 2017, 1034, 1040.
76 So wohl auch *Hoeren/Münker*, WRP 2018, 150, 152.
77 A.A. *Alexander*, WRP 2017 1036, 1040, der auf den Umfang der jeweiligen Nutzungsbefugnis abstellen will.

Bedeutung hat die Definition nicht nur für die Bestimmung des Schuldners der in den §§ 6 ff. RegE vorgesehenen materiell-rechtlichen Ansprüche, in denen der **Anspruchsgegner** stets als Rechtsverletzer bezeichnet wird, sondern auch für die Strafnorm des § 23 RegE, die ebenfalls auf § 4 RegE verweist. **61**

Da die in § 4 RegE verbotenen Handlungen konkret nur von einer natürlichen Person vorgenommen werden können, enthält die Regelung zugleich eine **Zurechnungsnorm**, die Grundlage für die Haftung der juristischen Person ist. Sie wird durch § 12 RegE näher ausgestaltet. Im Übrigen ist – wie bisher[78] – auf die Regeln des allgemeinen Deliktsrechts zurückzugreifen. **62**

IV. Rechtsverletzendes Produkt

§ 2 Nr. 4 RegE übernimmt fast[79] wortwörtlich Art. 2 Nr. 4 RL und definiert den Begriff des rechtsverletzenden Produkts durch **zwei Kriterien**. Voraussetzung ist erstens, dass ein Geheimnis **rechtswidrig erlangt, genutzt oder offengelegt** wurde und dieses Geheimnis zweitens in **erheblichem Umfang** für Konzeption, Merkmale, Funktionsweise, Herstellungsprozess oder Marketing eines **Produkts maßgeblich** ist. Wie EG 28 erläutert, ist das der Fall, wenn das Geheimnis sich erheblich auf »die Qualität, den Wert oder den Preis der aus dieser rechtswidrigen Nutzung gewonnenen Endprodukte auswirkt oder die Kosten der Prozesse für die Herstellung oder Vermarktung senkt oder diese Prozesse erleichtert oder beschleunigt«. Mit dieser Beschreibung des rechtsverletzenden Produkts wird zugleich der Begriff der rechtsverletzenden Nutzung nach § 4 RegE konkretisiert.[80] **63**

Bei näherer Betrachtung ist die Bestimmung insoweit bemerkenswert, als **Gegenstand des Schutzes** und damit der Eingriffshandlung das **Geheimnis**, **Bezugspunkt** für das **rechtsverletzende Produkt** aber die vom Geheimnis umfasste **Information** ist. Darin liegt eine für den effektiven Schutz von Geschäftsgeheimnissen nötige **Modifikation gegenüber absoluten Schutzrechten**, die allerdings auch beim nicht eingetragenen Geschmacksmuster zu beobachten ist. Auch dort setzt der Eingriff die Nachahmung voraus, sodass als rechtsverletzend auch Produkte anzusehen sind, die bei eigenständiger Schöpfung ohne Kenntnis des geschützten Designs rechtmäßig angeboten werden dürften. **64**

Diese **weite Definition der Verletzungsform** ist von erheblicher praktischer Bedeutung, weil sie abweichend von der bisherigen Rechtslage im Zusammenspiel mit §§ 6, 7 RegE Unterlassungs- und Beseitigungsansprüche auch dann begründet, wenn das Geheimnis nicht im Produkt selbst verkörpert ist. Hier zeigt sich der **konzeptionelle Wechsel** vom Lauterkeits- zum Schutzrecht deutlich: Lag der Rechtsprechung bisher nämlich die Überlegung zugrunde, dass Rückruf und Vernichtung nur zu gewähren sind, wenn dies erforderlich ist, um die weitere Verbreitung des Geheimnisses zu ver- **65**

---

78 Vgl. *Köhler,* Köhler/Bornkamm/Feddersen, UWG, § 17 Rn. 53.

79 Der Begriff »basieren« wurde durch »beruhen« ersetzt.

80 *Kalbfus,* GRUR 2016, 1009, 1014.

hindern, zielt die neue Regelung darauf ab, die Nutzung der fremden Leistung ohne Zustimmung des Rechtsinhabers zu unterbinden und ihm seine Vorreiterrendite, d.h. den Wettbewerbsvorsprung, zu sichern. Der Unterschied ist insbesondere für kaufmännische Informationen von Bedeutung, weil sich bspw. eine Marktstudie oder Kundenliste nicht in dem auf dieser Basis angebotenen Produkt niederschlägt, sodass hierfür ein Unterlassungsanspruch bislang praktisch nie zur Verfügung stand.

66 Eine **weitere Abweichung** besteht in dem **Maß**, in dem das Produkt auf dem Geheimnis beruhen muss, um als rechtsverletzend qualifiziert zu werden. Während dies nach der (raren)[81] bisherigen Rechtsprechung erst angenommen wurde, wenn das Produkt ganz überwiegend von der geheimen Information geprägt war, sollen nach der Gesetzesbegründung jetzt nur solche Produkte ausgeschieden werden, die »nur in geringem Umfang«[82] auf dem Geheimnis beruhen.

67 Hinzuweisen ist schließlich auf den Zusammenhang mit der **mittelbaren Verletzung**, deren Anwendungsbereich wesentlich durch den weiten Begriff des rechtsverletztenden Produkts geprägt wird. Zu Recht wird auf das erhebliche Haftungsrisiko hingewiesen, dass sich aus dem Zusammenspiel von § 2 Nr. 4 mit § 4 Abs. 3 RegE ergibt.[83]

§ 3 Erlaubte Handlungen

(1) Ein Geschäftsgeheimnis darf insbesondere erlangt werden durch
1. eine eigenständige Entdeckung oder Schöpfung;
2. ein Beobachten, Untersuchen, Rückbauen oder Testen eines Produkts oder Gegenstands, das oder der
a) öffentlich verfügbar gemacht wurde oder
b) sich im rechtmäßigen Besitz des Beobachtenden, Untersuchenden, Rückbauenden oder Testenden befindet und dieser keiner Pflicht zur Beschränkung der Erlangung des Geschäftsgeheimnisses unterliegt;
3. ein Ausüben von Informations- und Anhörungsrechten der Arbeitnehmer oder Mitwirkungs- und Mitbestimmungsrechte der Arbeitnehmervertretung.

(2) Ein Geschäftsgeheimnis darf erlangt, genutzt oder offengelegt werden, wenn dies durch Gesetz, auf Grund eines Gesetzes oder durch Rechtsgeschäft gestattet ist.

Mary-Rose McGuire

Übersicht **Rdn.**

81 Vgl. aber die kürzlich dazu ergangene Entscheidung BGH 16.11.2017, I ZR 160/16, GRUR *2018, 541 – Knochenzement II*.
82 RegE Begründung zu § 2 Nr. 4.
83 *Hoeren/Münker*, CCZ 2018, 85, 86.

A. Überblick

§ 3 RegE setzt Art. 3 RL um. Neben der offenkundigen Funktion, durch Regelbeispiele für erlaubte Handlungen **Rechtssicherheit** zu schaffen, präzisiert § 3 RegE zugleich den **Schutzgegenstand** des Geheimnisschutzes. 1

Abs. 1 Nr. 1 RegE stellt klar, dass die Doppelschöpfung zulässig bleibt, gerade weil Schutzgegenstand nur das Geheimnis und nicht die vom Geheimnis umfasste Information ist. Abs. 1 Nr. 2 RegE enthält mit der Zulassung des *Reverse Engineering* eine **Schutzschranke**. Hier beruht die Erlangung zwar auf einer Nachahmung, diese wird aber als rechtmäßig freigestellt. Auch Abs. 1 Nr. 3 RegE zu Gunsten der Arbeitnehmervertreter, die von Beschäftigten diesen zuvor anvertraute Informationen erlangen, ist als Schranke einzuordnen. 2

Abs. 2 RegE enthält nicht nur einen Vorbehalt zu Gunsten der Regelungen in anderen Gesetzen, sondern stellt auch klar, dass die Erlangung, Nutzung und Offenlegung mit Zustimmung des Geheimnisinhabers rechtmäßig ist. Die explizite Nennung des »Rechtsgeschäfts« konstituiert zugleich die gesetzliche Grundlage für die **rechtsgeschäftliche Verwertung**.[1] 3

Die **Regelungstechnik**, statt einer abschließenden Regelung nur bisher in den Mitgliedstaaten unterschiedlich beurteilte oder rechtspolitisch umstrittene Fallgruppen aufzugreifen, erscheint als zweckmäßiger Kompromiss zwischen dem Ziel der Rechtssicherheit und der Offenheit für die weitere Rechtsentwicklung. 4

Hinzuweisen ist aber darauf, dass der offen gelassene Spielraum durch den **generalklauselartigen Eingriffstatbestand** in § 4 Abs. Nr. 2 RegE erheblich eingeengt wird, der jedes sonstige treuwidrige Verhalten verbietet. Ob eine Handlung erlaubt i.S.v. § 3 RegE oder unerlaubt i.S.v. § 4 RegE ist, lässt sich daher auch nach neuem Recht nicht durch ein festes Regel-Ausnahme-Verhältnis, sondern nur durch eine **Interessenabwägung im Einzelfall** bestimmen. 5

Die Einordnung des § 3 RegE als Schranke hat zugleich zur Folge, dass die **Darlegungs- und Beweislast** für ihr Eingreifen grundsätzlich auch bei dem angeblichen Rechtsverletzer liegt. Fraglich ist allerdings, ob das auch für eine Doppelschöpfung gilt. Denn hier fehlt es bereits am objektiven Eingriff. Der Dritte hat im Fall der eigenständigen Entdeckung oder Schöpfung zwar die Information, aber nicht das Geheimnis 6

1 Vgl. auch § 11 Abs. 1 RegE, der explizit die »vertragliche Einräumung des Nutzungsrechts« erwähnt.

erlangt. Allerdings spricht angesichts der statistischen Seltenheit von echten Doppelschöpfungen die Lebenserfahrung dafür, dass die **identische Information** auch auf einer identischen Vorlage beruht. Je größer die Vielfalt an möglichen Lösungsvarianten ist, desto unwahrscheinlicher ist es, dass die Übereinstimmung auf einer Doppelschöpfung beruht. So ist bspw. kaum denkbar, dass die vollständige Übereinstimmung bei einer umfangreichen Kundenliste oder die trotz unterschiedlicher technischer Möglichkeiten identische Zusammensetzung eines Produkts auf Zufall beruht.[2] Mangels gesetzlicher Anordnung einer Vermutung zu Lasten des Beklagten,[3] bietet es sich hier an, den Schutz des Geheimnisinhabers je nach Grad der Übereinstimmung nach den allgemeinen Grundsätzen über die Beweislastverteilung zu stärken.

7 Hinzuweisen ist darauf, dass die Freigabe des *Reverse Engineering* den Schutz nach **§ 4 Nr. 3 lit. a) und lit. b) UWG** unberührt lässt. Ein solcher kommt insbesondere in Betracht, wenn der Testende sich nicht auf den Informationsgewinn beschränkt, sondern die Produkte in einer Art und Weise nachahmt, die zu einer Herkunftstäuschung oder Rufausbeutung führen (Wille, § 4 Nr. 3 UWG Rdn. 10).

B. Genese

8 Die Regelung des heutigen Art. 3 RL war im Vorschlag 2013 ursprünglich als Art. 4 RL vorgesehen. Während die Norm in der RL den etwas umständlichen Titel »rechtmäßiger Erwerb, rechtmäßige Nutzung und rechtmäßige Offenlegung von Geschäftsgeheimnissen« trägt, wird der **Regelungsinhalt** in der deutschen Umsetzung treffend mit »erlaubte Handlungen« überschrieben.

9 Die schon im **Entwurf 2013** vorgesehenen **Fallgruppen** sind gleich geblieben, der genaue Wortlaut wurde im Laufe des europäischen Gesetzgebungsverfahrens aber wiederholt geändert, bspw. die ursprüngliche Formulierung von Art. 3 (1) lit a) »unabhängige Entdeckung oder Schaffung« in »unabhängige Entdeckung oder Schöpfung« abgeändert, die der deutsche Regierungsentwurf wiederum etwas abweichend mit »eigenständige Entdeckung oder Schöpfung« umsetzt.

10 Daneben sind aber durchaus **substantielle Veränderungen** zu beobachten. So war in Art. 4 (1) Nr. 1 des RL-Vorschlags 2013 eine generelle Ausnahme für *Reverse Engineering* vorgesehen. Erst der Kompromissvorschlag 2014 hat die entscheidende Einschränkung hinzugefügt, dass *Reverse Engineering* nur zulässig ist, soweit der rechtmäßige Besitzer des Produkts »keiner rechtsgültigen Pflicht zur Beschränkung des Erwerbs des Geschäftsgeheimnisses unterliegt.«[4]

11 Der **RefE** und ihm folgend der praktisch unveränderte **RegE** setzt Art. 3 RL allerdings etwas **eigenwillig** um. Neben einer Reihe von kleineren sprachlichen Änderungen, die die Lesbarkeit und Verständlichkeit der Norm zwar erhöhen,[5] dafür aber die RL-kon-

2 Vgl. *Krahmann*, ÖBl 2018, 432.
3 *McGuire, GRUR 2015, 424, 428.*
4 Vgl. Art. 4 Nr. 1 lit. b) der Ratsfassung.
5 Vgl. § 3 Abs. 1 Nr. 2 RegE und Art. 3 (1) lit. b) RL.

forme Auslegung möglicherweise erschweren, erscheint vor allem die Umstrukturierung kritikwürdig.

Während die RL nämlich einen **abschließenden Katalog** enthält und die nötige Flexibilität dadurch schafft, dass die letzte Variante in Art. 3 (1) lit. d) RL durch die Bezugnahme auf »jede andere Vorgehensweise, die unter den gegebenen Umständen mit einer seriösen Geschäftspraxis vereinbar ist« eine kleine Generalklausel enthält, soll diese Regelung im GeschGehG durch die Einfügung des Begriffs **»insbesondere«** im Einleitungssatz abgedeckt werden.[6] Problematisch ist nicht nur, dass eine abschließende Regelung als Katalog von Regelbeispielen normiert ist, sondern auch, dass der **Bezug zu der »seriösen Geschäftspraxis«** nicht hergestellt wird. Diese Änderung ist wohl auf den Wunsch zurückzuführen, den aus deutscher Perspektive unscharfen Begriff der »seriösen Geschäftspraxis« zu vermeiden.[7] Allerdings wird dadurch sowohl der Gleichlauf mit Art. 4 (2) RL bzw. § 4 Abs. 1 Nr. 2 RegE aufgegeben. 12

C. Die einzelnen Schranken

I. Doppelschöpfung

Nach § 3 Abs. 1 Nr. 1 RegE ist es erlaubt, sich die von einem Geschäftsgeheimnis i.S.v. § 2 Nr. 2 RegE umfasste **Information** (der Text spricht ungenau vom Geschäftsgeheimnis selbst) durch eigenständige Entdeckung oder Schöpfung anzueignen. In dieser allgemein anerkannten »Ausnahme« tritt der Unterschied zu den absoluten Schutzrechten deutlich hervor, die den Leistungsgegenstand dem Rechtsinhaber als Ausschließlichkeitsrecht zuordnen. Im Ergebnis wird der Geheimnisschutz dadurch auf einen **Nachahmungsschutz** reduziert. 13

Wer **dieselbe Information** durch eigene Leistung erlangt, wird auch im Nutzungsumfang durch das vorbestehende Geschäftsgeheimnis in keiner Weise beschränkt. Er erlangt daher nicht nur ein Vorbenutzungsrecht (§ 12 PatG) oder ein paralleles Schutzrecht (§ 2 UrhG), sondern ist in der Disposition über die Information völlig frei. Eigene **Nutzung, Weitergabe und Offenlegung sind zulässig**. Gehört das Geheimnis nicht zum Stand der Technik kommt auch eine Patentanmeldung in Betracht. Tritt durch die Disposition des Doppelschöpfers Offenkundigkeit ein, verliert dadurch auch der ursprüngliche Geheimnisinhaber seinen Schutz. Zu eng ist daher der Vergleich, es könne wie im Urheberrecht parallele Schutzrechte geben.[8] 14

Eine Doppelschöpfung liegt aber nur dann vor, wenn der Dritte die Information **tatsächlich selbst erstellt** hat. Nicht ausreichend ist, dass er sie hätte gleichfalls herstellen können, aus Gründen der Zeit- und Kostenersparnis aber doch auf das Original zurückgegriffen hat.[9] 15

---

6 Vgl. § 3 Abs. 1 RegE.

7 Vgl. den Hinweise in RegE Begründung zu § 4 Abs. 1 Nr. 2, wonach der RL-Text an die deutsche Rechtsterminologie angepasst wurde.

8 Vgl. RegE zu § 3 Nr. 1.

9 BGH 07.01.1958, I ZR 73/57, GRUR 1958, 297, 299 – *Petromax*; BGH 27.04.2006, I ZR 126/03, GRUR 2003, 356, 358 – *Kundendatenprogramm*.

II. Reverse Engineering

16 § 3 Abs. 1 Nr. 2 RegE lässt die **Analyse eines Produkts** zum Zweck der Entschlüsselung bzw. Ermittlung des darin verkörperten Geheimnisses explizit zu und sorgt damit in einem wichtigen Punkt für eine **Angleichung** der Rechtslage in den verschiedenen Mitgliedstaaten. In Übereinstimmung mit dem Ziel der RL, Geheimnisse generell im Vorfeld der Markteinführung und insbesondere dann zu schützen, wenn es sich um die Vorstufe eines sonderschutzfähigen Leistungsgegenstands handelt,[10] setzt die Erlaubnis aber die **rechtmäßige Erlangung und Nutzung der Vorlage** voraus. *Reverse Engineering* ist daher nur zulässig, wenn der Nutzer das Produkt auf dem freien Markt erworben hat (lit. a)) oder sich im rechtmäßigen Besitz der Vorlage befindet und keinem Verbot zur Rückwärtsanalyse unterliegt (lit. b)).

17 Wie die im deutschen Schrifttum genutzte alternative Bezeichnung als **»ausspähende Produktanalyse«**[11] nahelegt, wurde *Reverse Engineering* in Deutschland traditionell als unlauter angesehen,[12] wenngleich sich im jüngeren Schrifttum die Stimmen mehren, die entweder ein gesetzliches Verbot für das *Reverse Engineering* schon *de lege lata* in Abrede gestellt oder für die rechtspolitische Zulässigkeit plädiert haben.[13]

18 Das rechtmäßige *Reverse Engineering* führt allerdings entgegen der insoweit missverständlichen Formulierung in der Gesetzesbegründung[14] nicht dazu, dass mit der Erlangung der Information durch den Testenden Offenkundigkeit eintritt. Auch die **erfolgreiche Analyse** ändert zunächst **nichts am Geheimnischarakter** i.S.v. § 2 Nr. 1 lit. a) RegE der Information, weil und solange diese für Dritte nicht ohne geringen Zeit- und Kostenaufwand zugänglich wird. Zutreffend ist aber, dass derjenige, der sich die Information erlaubterweise verschafft hat, in der weiteren Verwendung nicht beschränkt ist, sodass in Folge der Nutzung oder Verwertung auch Offenkundigkeit eintreten kann. Dies wäre insbesondere der Fall, wenn der Nachschaffende die relevante Information im Rahmen einer Schutzrechtsanmeldung offenbart.

19 Mit der Beschreibung der **erlaubten Handlung** als Beobachten, Untersuchen, Rückbauen oder Testen eines Produkts oder Gegenstands hat der Gesetzgeber die **typische Beschreibung** des sog. *Reverse Engineering* aufgegriffen. Eine Beschränkung auf bestimmte technische Mittel oder zulässige Methoden ist damit nicht intendiert.

20 Bei **öffentlich verfügbaren**, d.h. am Markt erhältlichen Produkten ist das *Reverse Engineering* ohne Einschränkung zulässig. Hier kann ein sicherer Schutz über den Zeitpunkt des Markteintritts hinaus nur durch ein entsprechendes absolutes Schutzrecht gesichert werden.

---

10 EG 16.

11 Vgl. exemplarisch *Kochmann*, Der Schutz des Know-how gegen ausspähende Produktanalysen (2009).

12 *Köhler*, Köhler/Bornkamm/Feddersen, UWG, § 17 Rn. 8a.

13 *Ausführlich zu dieser Kontroverse* schon Ohly, in: Prinz zu Waldeck u.a., FS Strauß (2008), 535 ff. m.w.Nw.

14 RegE Begründung zu § 3 Nr. 1.

Demgegenüber ist *Reverse Engineering* bei Produkten, die vom Geheimnisinhaber oder einem seiner Geschäftspartner rechtmäßig erlangt wurden nur dann zulässig, wenn sich aus den zugrundeliegenden Verträgen kein Verbot ergibt. Hier ist zu beachten, dass eine »Pflicht zur Beschränkung der Erlangung« nicht nur aus einer ausdrücklichen Vereinbarung resultieren kann, sondern sich auch aus dem Vertragszweck ergeben kann. Da für eine vertragliche Vereinbarung angesichts des generellen Verbots unter Geltung des UWG bisher kein Anlass bestand, ist eine entsprechende Anpassung von **Altverträgen** und **Änderung der Vertragspraxis** gerade für deutsche Unternehmen von großer Bedeutung. **21**

Damit die Handlung zulässig ist, muss gerade die **Person des Testenden** im rechtmäßigen Besitz sein. Unzulässig ist es daher, wenn bspw. ein Geschäftspartner, der den Gegenstand, der das Geheimnis verkörpert, ohne Einverständnis des Geheimnisinhabers an ein externes Analyselabor oder sonstigen Dienstleister weitergibt. **22**

Ein praktischer Bedarf, *Reverse Engineering* **vor Markteintritt vertraglich auszuschließen,** ergibt sich insbesondere, wenn ein herstellendes Unternehmen während des Entwicklungsprozesses Details mit potentiellen Zulieferern oder Abnehmern teilen muss. Hier besteht das Risiko, dass diese Information für eigene Zwecke verwertet und das Konkurrenzprodukt zeitgleich oder nur mit geringer Verzögerung auf den Markt kommt. Das vorzeitige *Reverse Engineering* würde aber den natürlichen Wettbewerbsvorsprung – die sog. Vorreiterendite[15] – des Innovators untergraben. Zu Recht hat daher der Kompromissvorschlag 2014 den Zusatz eingefügt, dass das *Reverse Engineering* vertraglich ausgeschlossen werden kann. **23**

III. Ausübung von Mitwirkungs- und Mitbestimmungsrechten

Die Erlaubnis nach Abs. 1 Nr. 3 RegE trägt der Tatsache Rechnung, dass es für eine effektive **Interessenvertretung und Mitbestimmung** notwendig sein kann, Betriebsinterna gegenüber den vertretungsbefugten Organen zu offenbaren. Da Beschäftigte aber in der Regel zur Geheimhaltung verpflichtet sind, würden diese durch die Offenbarung gegen § 4 Abs. 2 Nr. 3 RegE verstoßen und die Vertretungsorgane nach der Systematik des GeschGehG die Information folglich nach § 4 Abs. 3 RegE unbefugt erlangen. Dieser Folge hilft die Regelung durch eine explizite **Freistellung der Entgegennahme** eines geschützten Geheimnisses ab. **24**

Allerdings würden diese Tatbestände wohl auch von Abs. 2 RegE erfasst. Die explizite Regelung ist daher wohl primär dem **rechtspolitischen Anliegen** geschuldet, deutlich zu machen, dass die Geschäftsgeheimnis-RL die Rechte der Arbeitnehmer und Arbeitnehmervertreter gerade nicht einschränkt. **25**

Hinzuweisen ist darauf, dass nur die Erlangung, nicht aber die Verwertung oder Weitergabe freigestellt ist. Denn die Erlaubnis eine Information gegenüber einem Dritten oder eine öffentlichen Stelle preiszugeben **entbindet nicht** von der Verpflichtung, die **26**

15 EG 4.

Vertraulichkeit im Übrigen zu wahren.[16] Im Ergebnis entspricht dies wohl der geltenden Rechtslage.[17]

IV. Sonstige gesetzliche Erlaubnis

27 Abs. 2 RegE enthält einen Vorbehalt zu Gunsten **anderer gesetzlicher Regelungen**, die die Erlangung, Nutzung oder Weitergabe von Geschäftsgeheimnissen für zulässig erklären. Die Gesetzesbegründung nennt als Beispielsfall die **Beteiligungsrechte** der Arbeitnehmervertreter, die allerdings in Abs. 1 Nr. 3 RegE bereits explizit normiert sind. Als Anwendungsfall drängen sich insbesondere wirtschaftsrechtliche Berichtspflichten[18], Auskunftsansprüche (§§ 809, 810 BGB, § 140c PatG), die für die **Rechtsverfolgung** notwendige Weitergabe an befugte Vertreter (Rechts- und Patentanwälte) sowie die Aussage im Zivilprozess auf.

28 Der Vorbehalt zu Gunsten gesetzlicher Regelungen, die ausweislich der Begründung sowohl das **Unionsrecht** als auch **nationale Normen** umfassen können, ist der Sache nach eine **versteckte Öffnungsklausel** zu Gunsten des nationalen Rechts. Durch die offene Formulierung ist zugleich die Anpassung an künftige Rechtsentwicklungen – etwa eine explizite Regelung des *Whistleblowings* (McGuire, § 5 RegE Rdn. 17) – gesichert.

29 Aber auch der Nachteil dieser Regelungstechnik liegt auf der Hand. Durch die **dynamische Verweisung** auf das nationale Recht, kann die Frage, welche Handlungen erlaubt sind, selbst innerhalb der EU variieren; folglich auch eine einheitliche Handlung in einem Mitgliedstaat erlaubt, in einem anderen Mitgliedstaat verboten sein. Die daraus resultierende **territoriale Abweichung** ist bei Geschäftsgeheimnissen besonders misslich, weil sie das Risiko in sich trägt, dass die in nur einem Staat erlaubte Erlangung, Nutzung oder Offenlegung zur Offenkundigkeit in der gesamten EU führt (McGuire, Vor §§ 17–19 UWG Rdn. 54). Soll das Ziel des homogenen Schutzes in der EU nicht unterlaufen werden, ist daher zu hoffen, dass die nationalen Gesetzgeber von dieser Befugnis nur beschränkten Gebrauch machen und die Gerichte die Regelung mit Augenmaß auslegen.

V. Rechtsgeschäftliche Zustimmung

30 Die **Grundlage für die befugte Erlangung, Nutzung** und Offenlegung kann sich auch aus einem **Rechtsgeschäft** ergeben. Als solches kommen neben der schlichten Einwilligung sowohl eine rechtsgeschäftliche **Übertragung** des Geschäftsgeheimnisses oder die Zustimmung zur **Nutzung** durch den Lizenznehmer in Betracht. Grundlage für die Übertragung ist §§ 398, 413 BGB, für die Lizenzierung § 241 BGB.

31 Gerade für die Lizenzerteilung ist das deutsche Zivilrecht aber bekanntermaßen lückenhaft. Je nach Gegenstand des Geheimnisses kommt eine **analoge Anwendung** der

16 *Bissels/Schroeders/Ziegelmayer*, DB 2016, 2295, 2297; *Alexander*, WRP 2017, 1034, 1042.
17 Ausführlich hierzu *Bissels/Schroeders/Ziegelmayer*, DB 2016, 2295, 2297 m.w.Nw.
18 Ausführlich hierzu *Brammsen*, BB 2016, 2193, 2195.

Normen in den **Sonderschutzgesetzen**, d.h. der §§ 27 ff. MarkenG für kaufmännische Informationen und des § 15 PatG (bzw. der dazu entwickelten Grundsätze) für technisches Know-how, in Betracht. Allerdings ist zu beachten, dass diese trotz der auch bei Know-how **üblichen Bezeichnung** eines Nutzungsrechts an einem fremden Geschäftsgeheimnis als ›Lizenz‹ – anders als bei echten Lizenzen an absoluten Schutzrechten – **nicht mit Drittwirkung** ausgestattet ist, insb. also kein Sukzessionsschutz bei Übertragung durch den Geheimnisinhaber gewährt wird.[19]

§ 4 Handlungsverbote

(1) Ein Geschäftsgeheimnis darf nicht erlangt werden durch

1. unbefugten Zugang zu, unbefugte Aneignung oder unbefugtes Kopieren von Dokumenten, Gegenständen, Materialien, Stoffen oder elektronischen Dateien, die der rechtmäßigen Kontrolle des Inhabers des Geschäftsgeheimnisses unterliegen und die das Geschäftsgeheimnis enthalten oder aus denen sich das Geschäftsgeheimnis ableiten lässt, oder

2. jedes sonstige Verhalten, das unter den jeweiligen Umständen nicht dem Grundsatz von Treu und Glauben unter Berücksichtigung der anständigen Marktgepflogenheit entspricht.

(2) Ein Geschäftsgeheimnis darf nicht nutzen oder offenlegen, wer

1. das Geschäftsgeheimnis durch eine eigene Handlung nach Absatz 1
  a) Nummer 1 oder
  b) Nummer 2
  erlangt hat,

2. gegen eine Verpflichtung zur Beschränkung der Nutzung des Geschäftsgeheimnisses verstößt oder

3. gegen eine Verpflichtung verstößt, das Geschäftsgeheimnis nicht offenzulegen.

(3) Ein Geschäftsgeheimnis darf nicht erlangen, nutzen oder offenlegen, wer das Geschäftsgeheimnis über eine andere Person erlangt hat und zum Zeitpunkt der Erlangung, Nutzung oder Offenlegung weiß oder wissen müsste, dass diese das Geschäftsgeheimnis entgegen Absatz 2 genutzt oder offengelegt hat. Das gilt insbesondere, wenn die Nutzung in der Herstellung, dem Anbieten, dem Inverkehrbringen oder der Einfuhr, der Ausfuhr oder der Lagerung für diese Zwecke von rechtsverletzenden Produkten besteht.

Mary-Rose McGuire

Übersicht **Rdn.**

19 Ausführlich hierzu *McGuire*, Die Lizenz (2012), 72 ff., 119 ff., 646 ff.

A. Überblick

1 § 4 RegE setzt Art. 4 RL um und orientiert sich dabei – sieht man von der Umformulierung in Abs. 1 Nr. 2 RegE ab – eng am Wortlaut der RL.

2 Während **Abs. 1 RegE die Erlangung** und **Abs. 2 RegE die Nutzung und Offenlegung** durch den **unmittelbaren** Täter regeln, normiert **Abs. 3 RegE** einen Tatbestand der **mittelbaren Verletzung** durch die Nutzung und Verwertung eines Geheimnisses, das eine andere Person unlauter erlangt, genutzt oder offengelegt hat.

3 Die **Unterscheidung** zwischen der unmittelbaren Verletzung (Abs. 1 und 2 RegE) sowie der mittelbaren Verletzung (Abs. 3 RegE) geht dabei ersichtlich auf die Amtliche Anmerkung zu **Art. 39 TRIPS**[1] zurück. Danach zählen zu den Handlungen, die den anständigen Gepflogenheiten in Gewerbe und Handel nach dem in Bezug genommenen Art. 10bis PVÜ zuwiderlaufen »zumindest Handlungen wie Vertragsbruch, Vertrauensbruch und Verleitung dazu« und schließen »den Erwerb nicht offenbarter Informationen durch Dritte ein, die wussten oder grob fahrlässig nicht wussten, dass solche Handlungen beim Erwerb eine Rolle spielten.« Das TRIPS enthält allerdings nur einen Mindeststandard.

4 Problematisch erscheint allerdings, dass die beiden Tatbestände des Art. 4 (4) und (5) RL in einer Regelung zusammengefasst werden und sich daraus auch eine inhaltliche Abweichung ergibt. Ob dies RL-konform ist, erscheint zweifelhaft (Rdn. 41 ff.).

5 Wie § 3 hat auch § 4 RegE eine **doppelte Funktion**. Unter der Überschrift »Handlungsverbote« wird der **Tatbestand des Eingriffs** in ein fremdes Geschäftsgeheimnis geregelt, der die Basis für das Rechtsfolgensystem nach den §§ 6 ff. RegE bildet.

6 Obwohl die Begründung von einem Katalog von Handlungsverboten spricht, handelt es sich zwar formal, **nicht** aber in der Sache um eine **abschließende Regelung**, weil der Gesetzestext die Kriterien für die Beurteilung, ob ein »sonstiges, treuwidriges Verhalten« i.S.v. § 4 Abs. 1 Nr. 2 RegE vorliegt, gerade nicht vorgibt. Insoweit ist die Erläuterung, dass nicht jede Nutzung durch Dritte verboten sei, sondern der Geheim-

---

1 Im Sinne dieser Bestimmung bedeutet »eine Weise, die den anständigen Gepflogenheiten in Gewerbe und Handel zuwiderläuft« zumindest Handlungen wie Vertragsbruch, Vertrauensbruch und Verleitung dazu und schließt den Erwerb nicht offenbarter Informationen durch Dritte ein, die wußten oder grob fahrlässig nicht wußten, daß solche Handlungen beim Erwerb eine Rolle spielten.

nisinhaber nur gegen ›bestimmte unlautere Verhaltensweisen‹[2] geschützt werde irreführend.

Wie bei § 9 PatG oder § 14 MarkenG ergibt sich daraus – vorbehaltlich der Schranken des § 3 RegE – im Umkehrschluss zugleich der **Schutzbereich**, der dem Geheimnisinhaber zugewiesen ist. Dieser Bereich ist im Vergleich zu § 17 UWG deutlich großzügiger ausgestaltet, weil jede unbefugte Aneignung, Nutzung oder Offenlegung einen rechtswidrigen Eingriff darstellt. Als Rechtsverletzer kommt jedermann in Betracht, auch eine Eingrenzung auf bestimmte Tathandlungen oder Mittel ist nicht vorgesehen. Schließlich ist bemerkenswert, dass sich in Abs. 1 Nr. 2 RegE eine **kleine Generalklausel** findet, die jedes sonstige treuwidrige Verhalten untersagt und dadurch besonders geeignet ist, nach altem Recht beobachtete Schutzlücken zu füllen. Hier erweist sich die Entkoppelung von zivilrechtlichem Eingriff und Straftatbestand als besonders vorteilhaft. 7

B. Genese

Die nunmehr in Art. 4 RL vorgesehene Vorschrift mit dem Titel »Rechtswidriger Erwerb, rechtswidrige Nutzung und rechtswidrige Offenlegung von Geschäftsgeheimnissen« war im Vorschlag 2013 als Art. 3 vorgesehen. Dieser war in der Diskussion wiederholt **Kritik** ausgesetzt, weil **Rechtswidrigkeit und Verschulden** vermengt worden war.[3] Dieser Fehler wurde durch die Kompromissfassung korrigiert,[4] sodass die RL nunmehr – wie gewohnt – zwischen der rechtswidrigen Handlung, die als solche die Grundlage für Unterlassungs- und Beseitigungsansprüche bildet, und verschuldensabhängigem Schadensersatz unterscheidet. Unglücklich war auch die ursprünglich in Art. 3 Nr. 2 RL-Vorschlag 2013 vorgesehene Beschreibung der **Tathandlung** als »Diebstahl, Bestechung, Betrug«. Diese Fallgruppen wurden zu Recht fallen gelassen, weil die strafrechtlich geprägten Begriffe wiederum subjektive Elemente impliziert hätten und zudem durch ein jeweils nationales Verständnis eine einheitliche Auslegung erschwert hätten. Auch bei der mittelbaren Verletzung wurde die Voraussetzung von Vorsatz oder Fahrlässigkeit zu Recht durch Wissen oder Wissen müssen ersetzt.[5] 8

Neben diesen gravierenden Unterschieden zwischen Vorschlag und RL-Fassung treten eine Reihe von kleineren **Formulierungsunterschieden**, die sich im Laufe des Gesetzgebungsverfahrens ergeben haben, bspw. wurde in (1) der Begriff der Wiedergutmachung durch Entschädigung ersetzt, in (2) lit. a) als Handlung die Aneignung ergänzt. 9

Die **Umsetzung** in das deutsche Recht weist nicht nur eine abweichende Überschrift – die Regelung wurde schon im RefE in parallele zu § 3 in »Handlungsverbote« umgetauft – sondern auch eine von Art. 4 (1) RL **abweichende Struktur** auf. Vordergrün- 10

2 RegE Begründung zu § 4.

3 Vgl. Art. 3 Nr. 2 RL-Vorschlag 2013: »Der Erwerb eines Geschäftsgeheimnisses ohne Zustimmung dessen Inhabers ist als rechtswidrig zu betrachten, soweit er vorsätzlich oder grob fahrlässig erfolgt durch …«, Dazu *Kalbfus/Harte-Bavendamm*, GRUR 2014, 453, 454.

4 Vgl. Art. 3 Nr. 2 RL-Vorschlag 2014.

5 Vgl. Art. 3 Nr. 5 RL-Vorschlag 2013 und Art. 3 Nr. 5 RL-Vorschlag 2014.

dige Ursache ist, dass Art. 4 (1) RL eine Verpflichtung der Mitgliedstaaten etabliert, aber keinen für die Berechtigten und Verpflichteten unmittelbaren Regelungsgehalt aufweist. Daher »fehlt« Abs. 1 RL, Abs. 2 findet sich entsprechend in § 4 Abs. 1 RegE, Abs. 3 der RL in Abs. 2 RegE. Ohne Not wurden schließlich die Tatbestände in Art. 4 (4) und (5) RL in einer Vorschrift als § 4 Abs. 3 RegE zusammengefasst.

11 Hinzu kommt eine Reihe von **sprachlichen Abweichungen**. So wurde etwa bei Art. 4 (2) lit. b) RL, die Tatbestandsvariante wonach »jedes sonstige Verhalten, das unter den jeweiligen Umständen als mit einer seriösen Geschäftspraxis nicht vereinbar gilt« in »jedes sonstige Verhalten, das unter den jeweiligen Umständen nicht dem Grundsatz von Treu und Glauben unter Berücksichtigung der anständigen Marktgepflogenheiten entspricht« umformuliert.[6] Dadurch geht aber einerseits der Bezug zu der der PVÜ entsprechenden Formulierung der »seriösen Geschäftspraxis« verloren, andererseits legt der Begriff »Treu und Glauben« nahe, bei der Auslegung sei § 242 BGB heranzuziehen.

12 § 4 Abs. 2 Nr. 1 RegE macht von der in Deutschland üblichen **Verweisungstechnik** Gebrauch und ist durch diesen Bezug zu den Handlungsverboten nach Abs. 1 knapper gefasst, soweit ersichtlich aber inhaltlich nicht abweichend geregelt. Das gilt auch für Nr. 2 und Nr. 3, die lediglich sprachlich von der RL abweichen, aber denselben Regelungsgehalt aufweisen.

13 Ob das auch für die Umsetzung von Art. 4 (4) und (5) RL durch § 4 Abs. 3 RegE gilt, erscheint dagegen fraglich. Hier weichen RefE und ihm folgend RegE schon insoweit von der RL ab, als die beiden **separaten Tatbestände** der **mittelbaren Verletzung** in einer Norm zusammengefasst und durch das Wort »insbesondere« ein Bezug hergestellt wird, der so nicht in der RL angelegt ist.

14 Immerhin wurde aber die Frage, zu welchem **Zeitpunkt** das Wissen (Wissen müssen) des Verletzers vorliegen muss, geklärt und damit eine Lücke im RefE durch die Überarbeitung im RegE gefüllt.[7] Die scheinbar nebensächliche Ergänzung, dass es auf **den** Zeitpunkt der Erlangung, Nutzung oder Offenlegung ankommt, hat nämlich zur Folge, dass im Fall der redlichen Erlangung, die Nutzung rechtswidrig wird, wenn der Nutzer zwischenzeitlich über die Herkunft der Information aufgeklärt wurde; d.h. aber von der unbefugten Erlangung oder Nutzung weiß bzw. wissen muss.

15 Soweit im Schrifttum die subjektive Voraussetzung des mittelbaren Verletzers bisweilen als **gutgläubig oder bösgläubig** beschrieben wird, sollte diese Begriffswahl besser vermieden werden, weil es nur um ein Verschuldenserfordernis, nicht um einen Rechtsscheintatbestand geht.

C. Die Tatbestände im Einzelnen

I. Unbefugtes Erlangen von Unterlagen oder Gegenständen, Abs. 1 Nr. 1

16 Der Eingriff nach Abs. 1 Nr. 1 RegE liegt im **unbefugten Erlangen** eines fremden Geheimnisses. Erlangen ist die Kenntnisnahme, die eine faktische Verfügung ermög-

6 Siehe dazu § 4 Abs. 1 Nr. 2 RegE.
7 Vgl. § 4 Abs. 3 S. 1 RegE.

licht.[8] Unzulässig ist es, sich unbefugt Zugang zu einem fremden Geschäftsgeheimnis zu verschaffen, sich ein solches anzueignen oder eine Kopie einer Verkörperung anzufertigen, die der rechtmäßigen Kontrolle des Geheimnisinhabers unterliegt und das Geheimnis enthält oder aus dem es sich erschließen lässt. Hierher zählt nicht nur die Industriespionage i.e.S., sondern bspw. auch das **unerlaubte Sichern** eines Geheimnisses, von dem der Täter rechtmäßig Kenntnis erlangt, bspw. ein Arbeitnehmer der eine Datei entgegen der Weisung auf einem privaten Endgerät speichert.

Angesichts der **umfassenden Nennung möglicher Handlungen** (Zugang, Aneignung, Kopieren) und möglicher Verkörperungen (Dokumente, Gegenstände, Materialien, Stoffe oder elektronische Dateien) ist der Erläuterung, dass nach Nr. 1 nur »bestimmte Verhaltensweisen« verboten werden, nicht zu folgen. Da es sich zudem um eine zivilrechtliche Bestimmung handelt, ist diese im Fall der Nutzung neuer technischer Mittel oder Kategorien durchaus **analogiefähig**. Im Übrigen wäre selbst bei strikter Auslegung ein Rückgriff auf Abs. 1 Nr. 2 RegE möglich. 17

Die Voraussetzung, dass die Handlung **»unbefugt«** sein muss, setzt weder eine Interessenabwägung noch ein subjektives Element voraus, sondern lediglich, dass der Täter sich auf keine gesetzliche Erlaubnis (oder rechtsgeschäftliche Zustimmung) berufen kann. 18

Im Ergebnis stellt daher jede Erlangung eines fremden Geheimnisses durch **Eindringen in die Geheimsphäre** des Geheimnisinhabers, die nicht auf einer gesetzlichen Erlaubnis oder dessen Zustimmung beruht, einen **rechtswidrigen Geheimnisbruch** dar. 19

II. Unlauteres Erlangen, Abs. 1 Nr. 2

Dieser ohnedies weite Tatbestand wird durch einen **Auffangtatbestand** in Nr. 2 ergänzt, der »der Tatsache Rechnung trägt, dass im GeschGehG nicht abschließend alle Handlungen festgelegt werden können, in denen eine Erlangung unzulässig ist«.[9] Dabei soll die Anlehnung der Formulierung an die lauterkeitsrechtliche Generalklausel auf die Notwendigkeit einer **Interessenabwägung im Einzelfall** hinweisen. 20

Wie schon bei der Definition der beruflichen Sorgfalt in § 2 Abs. 1 Nr. 6 UWG hat der Gesetzgeber hier den Wortlaut der Richtlinie an die **deutsche Terminologie** angepasst. Die Beschreibung der Tathandlung als Verhalten, das unter den jeweiligen Umständen »als mit einer seriösen Geschäftspraxis nicht vereinbar gilt« wurde durch »nicht dem Grundsatz von Treu und Glauben unter Berücksichtigung der anständigen Marktgepflogenheiten« ersetzt. Der Gewinn dieser Anpassung erscheint allerdings beschränkt,[10] da Maßstab für die richtlinienkonforme Auslegung trotz des Begriffs Treu und Glauben naturgemäß nicht § 242 BGB sondern Art. 39 TRIPS bzw. der dort 21

8 RegE Begründung zu § 3.
9 RegE Begründung zu § 4 Abs. 1 Nr. 2.
10 Kritisch auch *Heinzke*, CCZ 2017, 179, 180, der ein Auseinanderdriften der Rechtsprechung in den Mitgliedstaaten befürchtet.

in Bezug genommene Art. 10bis PVÜ bleibt, auf die auch die Gesetzesbegründung explizit hinweist.

III. Nutzung oder Offenlegung von unbefugt erlangtem Geheimnis, Abs. 2 Nr. 1

22 Tathandlung nach Abs. 2 RegE ist die **Nutzung oder Offenlegung** eines fremden Geschäftsgeheimnisses. Die einzelnen Tatbestände unterscheiden sich danach, ob der Rechtsverletzer dieses **auch** durch eine eigene rechtswidrige Handlung erlangt hat oder **nur** ein rechtmäßig erlangtes Geheimnis unbefugt nutzt oder offenlegt. Der Tatbestand des Abs. 2 Nr. 1 RegE stellt klar, dass die Nutzung oder Offenlegung einen **selbständigen Eingriff** darstellt.

23 Mit **Nutzung** ist jede Verwendung des Geheimnisses angesprochen, die nicht eine **Offenlegung** darstellt. Offenlegung ist die Eröffnung des Geheimnisses gegenüber Dritten.[11]

IV. Verstoß gegen Nutzungsbeschränkung oder -verbot, Abs. 2 Nr. 2

24 Demgegenüber kommt ein Eingriff nach Abs. 2 Nr. 2 RegE auch durch eine Person in Betracht, die das Geheimnis rechtmäßig erlangt hat, aber **verpflichtet ist**, das Geschäftsgeheimnis **nicht (zu eigenen Zwecken) zu nutzen**.

25 Hier ist einerseits an **Beschäftigte** zu denken, die während ihres Beschäftigungsverhältnisses berechtigten Zugang erlangt haben, das Geheimnis aber außerhalb des Unternehmens des Geheimnisinhabers zu eigenen oder fremden Zwecken nutzen. Das gilt auch für den Fall, dass der ausgeschiedene Arbeitnehmer sein Erfahrungswissen (McGuire, § 2 RegE Rdn. 42) durch den Rückgriff auf unbefugt gesicherte Unterlagen auffrischt.[12]

26 Die Verpflichtung, das Geheimnis nicht zu anderen als den vom Geheimnisinhaber vorgesehenen Zwecken zu nutzen, muss **wirksam** sein. Sie kann sich dabei aus Vertrag oder Gesetz ergeben.

27 Als vertragliche Grundlage kommt insbesondere der **Arbeitsvertrag** in Betracht, und zwar auch dann, wenn er keine explizite Bestimmung enthält, da der Arbeitnehmer nach § 241 Abs. 2 BGB generell zu Geheimhaltung und Loyalität verpflichtet ist.[13]

28 Außerdem ist hier an die Sachverhalte zu denken, die bisher von der sog. **Vorlagenfreibeuterei** nach § 18 UWG erfasst waren, also an Personen, die im Auftrag des Geheimnisinhabers die Produkte herstellen (verlängerte Werkbank) oder bestimmte Bauteile hierfür liefern (Zulieferer).

---

11 RegE Begründung zu § 4 Abs. 2.

12 Vgl. BGH 22.03.2018, I ZR 118/16, GRUR 2018, 1161 – *Hohlfasermembranspinnanlage* II.

13 Vgl. RegE Begründung zu § 4 Abs. 2 Nr. 2 mit dem Hinweis, dass die bestehende Rechtslage unverändert bleibt.

Unter den Tatbestand fällt aber generell der **vertragsüberschreitende Gebrauch**, insbesondere durch einen Lizenznehmer, der hinsichtlich Nutzungsart, Menge, Gebiet oder Dauer gegen eine Bestimmung des Lizenzvertrags verstößt. **29**

Als gesetzliche Grundlage kommt etwa das **ArbNErfG** in Betracht, wenn der Arbeitgeber eine Erfindung des Arbeitnehmers in Anspruch genommen hat. In diesem Fall ist der Arbeitnehmererfinder auch über die Dauer des Arbeitsverhältnisses hinaus nicht befugt, die eigene Erfindung zu nutzen. **30**

V. Verstoß gegen ein Verbot zur Offenlegung, Abs. 2 Nr. 3

Tathandlung nach Abs. 2 Nr. 3 RegE ist die **unbefugte Offenlegung** durch eine Person, die das Geheimnis rechtmäßig erlangt hat und ggfs. auch rechtmäßig nutzt, aber nicht offenlegen darf. Auch hier kommen insbesondere ein Verstoß durch Arbeitnehmer, Geschäftspartner oder Lizenznehmer in Betracht. **31**

Offengelegt wird das Geheimnis, wenn die geschützte Information **an Dritte weitergegeben** wird. Der Begriff der Offenlegung ist daher enger als der der Offenkundigkeit.[14] Je nach Umfang und Adressatenkreis kann die Offenlegung, muss aber nicht zur Offenkundigkeit führen. **32**

VI. Mittelbare Geheimnisschutzverletzung, Abs. 3 S. 1

Einen völlig **neuartigen Tatbestand** enthält Abs. 3 RegE, der zugleich den fundamentalen Unterschied zwischen dem bisherigen deutschen Recht und der neuen Konzeption des Geschäftsgeheimnisgesetzes zum Ausdruck bringt. Nach Abs. 3 liegt ein Eingriff in das fremde Geschäftsgeheimnis auch dann vor, wenn derjenige, der das Geheimnis nutzt oder offenlegt, selbst **keinen unmittelbaren Geheimnis- oder Vertrauensbruch** begangen hat, aber die durch das Geheimnis geschützte Information **von einer anderen Person** erlangt hat oder nutzt, die den Tatbestand des Abs. 2 erfüllt. Wie Satz 2 deutlich macht, der als Anwendungsfälle die Nutzung in Herstellung, Angebot oder Vertrieb von rechtsverletzenden Produkten nennt, dient diese Regelung dazu, dem Geheimnisinhaber den **Zugriff auf diese rechtsverletzenden Produkte** zu sichern. Denn Rückruf und Vernichtung sind für einen effektiven Schutz des Geheimnisinhabers unverzichtbar, dem durch die Vermarktung der Produkte sowohl eine Offenbarung als auch der Verlust seines Wettbewerbsvorsprungs droht. Damit wird zugleich die bislang viel beklagte Lücke geschlossen, die entstehen kann, wenn ein untreuer Arbeitnehmer Geheimnisse an seinen neuen Arbeitgeber weitergibt und dieser auf ihrer Basis als Konkurrent im Markt auftritt. **33**

Der Tatbestand nach Abs. 3 Satz 1 hat **drei Voraussetzungen**, die **kumulativ** vorliegen müssen. **34**

Erstens muss dem Eingriff eine **rechtswidrige Nutzung oder Weitergabe** i.S.v. Abs. 2 durch den **unmittelbaren Verletzer** zu Grunde liegen. Dies ist bereits dann der Fall, **35**

14 RegE Begründung zu § 4 Abs. 2.

wenn die objektiven Voraussetzungen nach Abs. 2 vorliegen. Ein subjektives Element oder gar eine bestimmte Wettbewerbs- oder Schädigungsabsicht sind nicht erforderlich. Ebensowenig ist erforderlich, dass der Verstoß durch eine Person erfolgt ist, die die Information unmittelbar an den nunmehr in Anspruch Genommenen weitergegeben hat. Es reicht aus, wenn einer der Personen in der Informationskette ein solcher Verstoß zur Last fällt.[15]

36 Zweitens muss der mittelbare Verletzer eine **Tathandlung** setzen, d.h. das Geheimnis **erlangen, nutzen oder offenlegen**. Erlangen setzt voraus, dass er die relevante Information zur Kenntnis nimmt oder sich zu Eigen macht. Demgegenüber ist es bspw. nicht ausreichend, wenn er bloß Produkte erlangt und diese weiterveräußert, in denen das Geheimnis verkörpert ist.

37 Drittens, setzt die Haftung des mittelbaren Täters voraus, dass er von der unmittelbaren Tat wusste oder wissen musste. Maßgeblich ist der **Zeitpunkt der jeweiligen Tathandlung** (Erlangen, Nutzen oder Offenlegen).

38 Die Verankerung des **subjektiven Elements** (wusste oder wissen musste) bereits auf der Ebene des Tatbestands erscheint als Beschränkung der sonst ausufernden Haftung für eine mittelbare Verletzung gerade deswegen erforderlich, weil ein Dritter – anders als bei einer Patentverletzung – keine Möglichkeit hat, sich Gewissheit über Bestand und mögliche Verletzung eines fremden Rechts zu verschaffen. Ist diese subjektive Voraussetzung erfüllt, schuldet der mittelbare Verletzer aber nicht nur Unterlassung und Beseitigung, sondern auch Schadensersatz.

39 Dass die Haftung trotz der Begrenzung **recht streng** ausfällt und im Einzelfall gravierende wirtschaftliche Konsequenzen haben kann, ergibt sich daraus, dass Herstellung und Vertrieb von Produkten einerseits häufig eine lange **Vorbereitungsphase** in Anspruch nehmen und auf Dauer angelegt sind, die für die Haftung vorausgesetzte Kenntnis aber auch nachträglich herbeigeführt werden kann.[16]

40 War eine Person bspw. bei Erlangung der Information von einem Geschäftspartner unwissend und hat auf dieser Information aufbauend, Produktdesign oder Marketingsstrategie entworfen, so kann sie für Erlangung und Nutzung mangels Kenntnis nicht belangt werden. Wird sie aber, typischerweise nach Markteintritt, vom Geheimnisinhaber auf den Geheimnisbruch **nachträglich hingewiesen**, so liegt ab diesem Zeitpunkt die subjektive Voraussetzung vor.[17] Folglich wäre der weitere Vertrieb rechtsverletzender Produkte nunmehr ein Eingriff nach § 4 Abs. 3. Zwar schuldet der mittelbare Täter in diesem Fall für die zuvor vorgenommenen Handlungen keinen Schadensersatz, allerdings ist der für Produktion und Vertrieb getätigte Aufwand verloren. Gerade vor

15 RegE Begründung zu § 4 Abs. 3.

16 Vgl. die explizite Erwähnung des Falles, dass der Verletzer die Information in »Gutem Glauben« erwirbt, aber später – bei der erstmaligen Nutzung – erfährt, dass das betreffende Geschäftsgeheimnis zuvor von einer anderen Partei unrechtmäßig erworben wurde, EG 6 und 29, Vgl. auch Vorschlag KOM (2013) endg. S. 9 »oder ihm dies mitgeteilt wurde«.

17 So auch *Heinzke*, CCZ 2017, 179, 181.

diesem Hintergrund wird auch verständlich, warum – anders als bei der Verletzung von absoluten Schutzrechten – die **Rechtsfolgenanordnung** nach § 9 RegE unter einem **allgemeinen Verhältnismäßigkeitsvorbehalt** steht und nach Nr. 5 auch die Auswirkungen, die die Erfüllung auf die Interessen des Rechtsverletzers hat, in die Abwägung miteinbezieht.

VII. Mittelbare Geheimnisschutzverletzung, Abs. 3 S. 2

Problematisch ist, ob Abs. 3 Satz 2 RegE einen **eigenständigen Tatbestand** vorsieht **41** oder nur Regelbeispiele für den Tatbestand des Abs. 3 Satz 1 benennt. Wenngleich die Fassung des Gesetzestextes (»insbesondere«) dafür spricht, dass S. 2 mit den Beispielen einen typischen Anwendungsfall nennt, sieht die RL an gleicher Stelle mit Art. 4 (4) und (5) zwei **gesonderte Tatbestände** vor. Diese unterscheiden sich insoweit, als Abs. 4 ein Erlangen des Geheimnisses durch den mittelbaren Täter voraussetzt, während die Tathandlung nach Abs. 5 auch im Herstellen, Anbieten etc. eines rechtsverletzenden Produkts liegen kann, ohne das Kenntnis des Geheimnisses vorausgesetzt wird.[18]

Ein praktischer Unterschied ergibt sich für den Fall der arbeitsteiligen Produktion oder **42** des Vertriebs in einer **Lieferkette**. Gut denkbar ist nämlich, dass der unmittelbare Täter das Geheimnis erlangt und durch die Erstellung eines Prototyps, Konstruktionsplänen etc. rechtswidrig nutzt, der Hersteller oder Vertriebspartner – und mittelbarer Täter nach Art. 4 (5) RL – aber das Geheimnis selbst nicht kennt. Da sich die erforderliche subjektive **Kenntnis des Produzenten** nach Art. 4 (5) der RL aber »nur« darauf bezieht, dass das Geheimnis »rechtswidrig genutzt wurde« würde auch das den Eingriffstatbestand erfüllen. Denn der Eingriff liegt hier nicht in der Nutzung des Geheimnisses, sondern in der Herstellung und dem Vertrieb rechtsverletzender Produkte.[19]

Die deutsche Umsetzung erscheint damit zu eng und ist mittels **RL-konformer Ausle-** **43** **gung** zu korrigieren.

§ 5 Rechtfertigungsgründe

Die Erlangung, die Nutzung oder die Offenlegung eines Geschäftsgeheimnisses ist gerechtfertigt, wenn dies zum Schutz eines berechtigten Interesses erfolgt, insbesondere

1. **zur Ausübung des Rechts der freien Meinungsäußerung und der Informationsfreiheit nach der Charta der Grundrechte der Europäischen Union, einschließlich der Achtung der Freiheit und der Pluralität der Medien;**
2. **zur Aufdeckung einer rechtswidrigen Handlung oder eines beruflichen oder sonstigen Fehlverhaltens, wenn die das Geschäftsgeheimnis erlangende, nutzende oder offenlegende Person in der Absicht handelt, das allgemeine öffentliche Interesse zu schützen;**

18 *Kalbfus*, GRUR 2016, 1009, 1014.
19 *Hoeren/Muenker*, CCZ 2018, 85, 86.

3. im Rahmen der Offenlegung durch Arbeitnehmer gegenüber der Arbeitnehmervertretung, wenn dies erforderlich ist, damit die Arbeitnehmervertretung ihre Aufgaben erfüllen kann.

Mary-Rose McGuire

Übersicht **Rdn.**

A. Überblick

1 § 5 RegE setzt Art. 5 RL um und dient dem Ziel, das Interesse an einem starken Geheimnisschutz mit den **Belangen der Allgemeinheit** in Einklang zu bringen. So war die Regelungsinitiative auf rechtspolitischer Ebene scharfer Kritik ausgesetzt, weil befürchtet wurde, Unternehmen könnten die neuen Mechanismen nutzen (oder missbrauchen), um investigativen Journalismus, die Offenlegung von Missständen durch *Whistleblower* oder die bisweilen unbequeme Mitbestimmung im Unternehmen zu behindern. Die explizite Verankerung im Text der RL und nunmehr dem RegE ist damit als **rechtspolitisches Statement** zu lesen. Ob sie auch als Präzisierung des Schutzzwecks dient, ist angesichts der weiten Fassung und der Verwendung einer Reihe unbestimmter Rechtsbegriffe demgegenüber zweifelhaft. Im vorliegenden Kontext hat § 5 RegE daher primär die Funktion darauf hinzuweisen, dass die Regelung des **GeschGehG nicht abschließend** ist und sich Hindernisse für die Rechtsdurchsetzung auch aus anderen Rechtsquellen ergeben können.

2 Die im Vergleich zur deutschen Fassung des Art. 5 RL **modifizierte Überschrift** bringt besser zum Ausdruck, dass es sich um **Rechtfertigungsgründe** handelt. Liegt ein solcher vor, so haftet der Rechtsverletzer nicht für seine Handlung, obwohl diese einen Tatbestand nach § 4 RegE erfüllt. Damit sind auch alle Rechtsfolgen nach §§ 6 ff. GeschGehG abgeschnitten. Auch die Strafbarkeit nach § 23 RegE entfällt.

3 Die Formulierung ist allerdings missverständlich. Denn die in § 5 RegE aufgezählten Tatbestände sind zwar einerseits nicht abschließend (»insbesondere«), lassen aber nicht erkennen, unter welchen Voraussetzungen ein vergleichbarer Fall vorliegen könnte. Andererseits liegt auch dann, wenn die Verletzung gerade der Ausübung eines der genannten Rechte dient, nicht *per se* eine Rechtfertigung vor. Voraussetzung hierfür ist vielmehr eine – im Gesetzestext allerdings nicht erwähnte – Interessenabwägung und Bewertung im konkreten Einzelfall.[1]

1 RegE Begründung zu § 5.

B. Genese

Die Regelung des Art. 5 RL hat in der **öffentlichen Diskussion** große Aufmerksamkeit erlangt. Diesem Umstand ist wohl auch geschuldet, dass sie ursprünglich als Ausnahme in Art. 4 Nr. 2 RL-Vorschlag formuliert, jetzt aber als gesonderte Regelung verankert ist. Entsprechend wurden auch die **einzelnen Regelungen ergänzt** und deutlicher **konturiert**. 4

So wurde bspw. dem ursprünglichen Vorschlag »zum Zwecke der rechtmäßigen Wahrnehmung des Rechts auf **Freiheit der Meinungsäußerung** und Informationsfreiheit« die Ergänzung »gemäß der Charta, einschließlich der Achtung der Freiheit und der Pluralität der Medien«[2] hinzugefügt. 5

In der Sache bedeutsamer ist aber wohl die Änderung der Formulierung in Art. 4 (2) Nr. 2 lit. b). Während dort im Vorschlag 2013 ursprünglich vorgesehen war, dass das **Whistleblowing** zur Aufdeckung »eines ordnungswidrigen Verhaltens, einer strafbaren Handlung oder einer illegalen Tätigkeit des Antragstellers« gerechtfertigt war, ist nunmehr einerseits bereits ein »berufliches oder sonstiges Fehlverhalten« ausreichend, andererseits muss es nicht notwendig ein solches des Geheimnisinhabers sein.[3] 6

Die ursprünglich sehr breite Regelung in Art. 4 Nr. 2 lit. c) RL-Vorschlag, wonach die **Offenlegung von** Arbeitnehmern »gegenüber ihren Vertretern im Rahmen der rechtmäßigen Ausübung von deren Vertretungsbefugnissen« gerechtfertigt sein sollte, wurde durch einen Verweis auf die gesetzlichen Aufgaben sowie die Erforderlichkeit etwas klarer konturiert.[4] 7

Der **RegE** weicht hier – wie schon bei § 3 – in der Struktur von der RL ab und macht aus einer formal abschließenden Regelung eine Aufzählung von **Regelbeispielen**, die durch »insbesondere« eingeleitet wird; lässt im Gegenzug aber die Öffnungsklausel zu Gunsten der »durch das Unionsrecht oder das nationale Recht anerkannten Interessen« unter den Tisch fallen. 8

Im **Wortlaut** der Nr. 1 bis 3 lehnt sich der RegE dagegen wiederum sehr eng an der RL-Vorgabe an, bezeichnet die Norm in der **Überschrift** aber treffend statt als »Ausnahmen« als »**Rechtfertigungsgründe**«. 9

Der **engen Anlehnung an die RL** ist wohl auch geschuldet, dass der Vorbehalt zu Gunsten der Meinungsfreiheit sich jetzt wortgleich sowohl in § 1 Abs. 3 Nr. 2 RegE als auch in § 5 Nr. 1 RegE findet. Ganz ähnlich ist die Offenlegung im Rahmen der Ausübung der Arbeitnehmervertretung nach § 3 Abs. 1 Nr. 3 RegE eine erlaubte Handlung und nach § 5 Nr. 3 RegE ein Rechtfertigungsgrund. Die **überschneidenden *Regelungen*** *erschienen* **redundant**. Praktische Bedeutung hat daher wohl allenfalls die Regelung über *Whistleblowing* in Nr. 2. 10

2 Art. 5 lit. a) RL.
3 Art. 5 lit. b) RL.
4 Art. 5 lit. c) RL.

C. Die einzelnen Rechtfertigungsgründe

I. Gemeinsame Voraussetzungen

11 Wie die im Einleitungssatz enthaltene Formulierung »insbesondere« deutlich macht, handelt es sich bei den in den Nr. 1–3 genannten Gründen lediglich um Regelbeispiele. Sie greifen ein, wenn die Erlangung, Nutzung oder Offenlegung des Geheimnisses im konkreten Fall durch ein **berechtigtes Interesse** gerechtfertigt ist.

12 Als berechtigtes Interesse kommt dabei jedes von der Rechtsordnung gebilligtes Interesse **wirtschaftlicher oder ideeller Art** in Betracht.[5] Sie können sowohl der Durchsetzung eigener Rechte und Ansprüche dienen, als auch zu Gunsten einer Gruppe oder der Allgemeinheit ausgeübt werden.

13 Ob die beanstandete Handlung diesem Maßstab gerecht wird, soll nach der Gesetzesbegründung durch eine **Abwägung mit den gegenläufigen Interessen** des Geheimnisinhabers im Einzelfall beurteilt werden.

14 Dabei ist allerdings zu beachten, dass der Geheimnisschutz nach neuem Recht auch auf der Ebene der Rechtsfolgen ein **flexibles Instrumentarium** bereithält. So kann – selbst wenn eine Rechtfertigung abgelehnt wird – die Intention des Verletzers bei der **Festlegung der Rechtsfolgen** berücksichtig werden. § 9 RefE sieht explizit vor, dass auch das »Verhalten des Rechtsverletzers« sowie die »berechtigten Interessen des Rechtsverletzers, Dritter oder der Öffentlichkeit« berücksichtigt werden. Das spricht dafür, im Zweifel eine Rechtfertigung abzulehnen und allzu harsche Rechtsfolgen über § 9 zu korrigieren. Dies gilt umso mehr, als die Frage, ob eine Handlung als rechtswidrig oder gerechtfertigt qualifiziert wird, für den weiteren Schutz des Geheimnisses, insbesondere die Haftung Dritter als mittelbarer Verletzer nach § 4 (3) RegE von Bedeutung ist.

II. Grundrechtsausübung

15 Nach Nr. 1 kann ein Eingriff in ein fremdes Geschäftsgeheimnis gerechtfertigt sein, wenn die Erlangung, Nutzung oder Offenlegung zur **Ausübung der freien Meinungsäußerung** oder der Informationsfreiheit erfolgt. Nach der Gesetzesbegründung soll die Regelung dem Schutz der Freiheit und der Pluralität der Medien dienen, insbesondere die journalistische Quelle als auch den investigativ tätigen Journalisten vor Beeinträchtigung schützen. Praktische Bedeutung kann dies insbesondere dann haben, wenn der Journalist seine Information aus einer – für ihn erkennbar – rechtswidrigen Quelle erlangt und daher der Tatbestand der **mittelbaren Verletzung** nach § 4 Abs. 3 RegE erfüllt wäre.

16 Um diesen Rechtfertigungsgrund geltend zu machen, muss der in Anspruch genommene darlegen, dass alle Voraussetzungen des betreffenden **Grundrechtstatbestands** vorliegen. Entsprechend muss bspw. eine Meinungsäußerung den in Art. 52 EU-GrCharta genannten Anforderungen (Tatbestand und Schranken) genügen.[6] Dazu

5 RegE Begründung zu § 5.
6 RegE Begründung zu § 5.

gehört insbesondere auch die Wahrung der Verhältnismäßigkeit. Denn nach Art. 10 (2) EMRK kann auch die Ausübung der Meinungsfreiheit im Interesse der Wahrung vertraulicher Informationen beschränkt werden.[7]

III. Whistleblowing

Nr. 2 dient dem **Schutz des Hinweisgebers**. Danach ist die Erlangung, Nutzung oder Offenlegung eines Geschäftsgeheimnisses gerechtfertigt, wenn die Handlung dazu dient, im **Interesse des Gemeinwohls** auf eine rechtswidrige Handlung oder ein sonstiges Fehlverhalten hinzuweisen. Aus dem Erfordernis des Gemeinwohls ergibt sich, dass die Person mit der Intention handeln muss, das allgemeine Interesse zu schützen.[8] Das ist der Fall, wenn der Hinweis in der Absicht erfolgt, eine Veränderung anzustoßen.[9] Demgegenüber darf eine Handlung nicht primär als Druckmittel oder zwecks Rache eingesetzt werden. **17**

Dass **strafrechtswidrige Verhaltensweisen** angezeigt werden dürfen (und sollen)[10] ist eine Selbstverständlichkeit. Kontrovers diskutiert wird nur, ob auch sonstige Regelverstöße gleich zu behandeln sind. Die RL – und ihr folgend der RegE – bejahen dies durch die **explizite Ausdehnung** auf berufliches oder sonstiges Fehlverhalten. **18**

Mit dem **beruflichen Fehlverhalten** sind berufsständische Normen, bspw. die Rechts- oder Patentanwaltsordnung, angesprochen.[11] Zum **sonstigen Fehlverhalten** gehört insbesondere unethisches Verhalten, bspw. der Verstoß gegen einen nicht bindenden Verhaltenskodex. Letzteres kann insbesondere dann bedeutsam sein, wenn es um Handlungen geht, die nach den Maßstäben im Inland als rechtswidrig anzusehen wären, am **ausländischen Handlungsort** aber rechtmäßig sind. Die Gesetzesbegründung nennt hier als Beispiele den Einsatz von Kinderarbeit, die umweltbelastende Produktion oder die Nutzung von Steuerschlupflöchern.[12] **19**

Der großen Bedeutung, die diese Regelung für die erfolgreiche Verabschiedung der RL hatte, wird aber voraussichtlich ein vergleichsweise **geringer praktischer Anwendungsbereich** gegenüberstehen. Denn die Regelung erscheint insoweit wenig ertragreich, als rechts- oder sittenwidrige Tatsachen, bspw. über Schmiergeldpraxis oder kartellrechtswidrige Praktiken schon die Anforderungen an ein Geheimnis i.S.v. § 2 Nr. 2 RegE nicht erfüllen (§ 2 RegE Rdn. 39), sodass derjenige, der eine solche Information erlangt, nutzt oder offenlegt mangels Geschäftsgeheimnis keine Verletzung i.S.v. § 4 RegE begeht. **20**

Dass das rechtswidrige oder unethische Verhalten nicht selbst das Geheimnis darstellt, wird auch durch eine systematische Auslegung bestätigt. Denn aufgrund des ausdrück- **21**

---

7 EuGH 06.03.2001, C-274/99 P – *Conolly*; ausführlich hierzu *Alexander*, WRP 2017, 1034, 1042 m.w.Nw.
8 RegE Begründung zu § 5 Nr. 2.
9 RegE Begründung zu § 5 Nr. 2.
10 Vgl. die VO des Europäischen Amtes zur Betrugsbekämpfung (OLAF) VO 883/2013.
11 RegE Begründung zu § 5 Nr. 2.
12 RegE Begründung zu § 5 Nr. 2.

lich angeordneten **Vorrangs öffentlich-rechtlicher Vorschriften** (§ 1 Abs. 2), des Rechts auf **freie Meinungsäußerung** (§ 1 Abs. 3 Nr. 2) und der Autonomie der Sozialpartner (§ 1 Abs. 3 Nr. 3) würden diese Regelungen dem GeschGehG insgesamt vorgehen, sodass der Anwendungsbereich gar nicht eröffnet wäre und folglich auch aus diesem Grund keine rechtfertigungsbedürftige Handlung vorläge.

22 Eine Rechtfertigung ist daher nur dann erforderlich, wenn **anlässlich der Offenlegung** des Fehlverhaltens auch ein – für sich genommen rechtskonformes – Geheimnis offengelegt wird. So etwa, wenn durch den Hinweis auf Schmiergeldempfänger eine geheime Lieferbeziehung aufgedeckt, im Zuge der Kritik an einem bevorstehenden Personalabbau die Finanzlage des Unternehmens offenbart oder zum Beleg für die Ausbeutung unethischer Arbeitsbedingungen im Ausland die Preiskalkulation der Öffentlichkeit zugänglich gemacht wird.

23 Soll die Regelung **keine bloße Programmnorm** sein, muss folglich davon ausgegangen werden, dass es hier um den Fall geht, dass anlässlich der Bekanntmachung eines Fehlverhaltens ein Geschäftsgeheimnis verletzt wird und in diesem Rahmen die Frage auftritt, ob es möglich gewesen wäre, das legitime Interesse des Verletzers auch ohne eine solche zu befriedigen.

24 Dessen ungeachtet ist allerdings fraglich, ob die Norm nicht **weitgehend redundant** ist. Denn schon nach geltendem Recht ist hier eine Interessenabwägung geboten. Hinzu kommt, dass die EU wegen der lauten Medienkritik im Vorfeld der Geschäftsgeheimnis-RL angekündigt hat, zum Schutz des *Whistleblowing* eine **gesonderte Regelung** zu verabschieden.[13]

25 Eine gewisse Relevanz könnte die Regelung jedoch im Zusammenspiel mit § 9 Nr. 3 RegE aufweisen. Danach ist bei der Prüfung der **Verhältnismäßigkeit der Rechtsfolgen** auch das Verhalten des Rechtsverletzers zu berücksichtigen. Hier könnte sich eine – in den EG ausdrücklich erwähnte[14] – Fehleinschätzung über die Rechtmäßigkeit mildernd auswirken. Gemeint ist der Fall, dass der Verletzer in »gutem Glauben« – also nach bestem Wissen – davon ausgegangen ist, dass sein Verhalten gerechtfertigt ist.

IV. Mitbestimmung

26 Nach Nr. 3 können auch Angehörige der **Arbeitnehmervertretung** einen Rechtfertigungsgrund in Anspruch nehmen, wenn sie im Zusammenhang mit ihrer Tätigkeit als Interessensvertreter ein Geschäftsgeheimnis erlangen, nutzen oder offenlegen, um ihre Aufgaben zu erfüllen. Dass hier der Geheimnisschutz zurücktreten muss, um die **Funktion der Mitbestimmung** nicht zu unterlaufen, leuchtet unmittelbar ein.

27 Nicht gleichermaßen klar ist aber, warum die hier genannten Handlungen nicht bereits von der Erlaubnis nach § 3 Abs. 1 Nr. 3 RegE bzw. § 3 Abs. 2 RegE gedeckt ist. Denn

---

13 *Vorschlag 2018/016 vom 23.04.2018* für eine RL des Europäischen Parlaments zum Schutz von Personen, die Verstöße gegen das Unionsrecht melden.

14 EG 20.

eine aus dem Arbeitsvertrag resultierende Verschwiegenheitspflicht, die dem Arbeitnehmer auch den Informationsaustausch mit der Arbeitnehmervertretung untersagt, wäre schon nach allgemeinen Grundsätzen unwirksam, die **Weitergabe durch den Arbeitnehmer** ist nach § 3 Abs. 3 RegE gestattet. Die **Entgegennahme** dieser Information durch die **Angehörigen der Arbeitnehmervertretung** ist in diesem Fall durch § 3 Abs. 1 Nr. 3 RegE gedeckt. Ein relevanter eigenständiger Anwendungsbereich für diese Regelung würde daher nur dann verbleiben, wenn man § 5 Abs. 3 RegE dahingehend auslegt, dass nicht nur die Entgegennahme der Information, sondern auch die zur Geltendmachung der Belange erforderliche Offenlegung gegenüber Dritten als gedeckt ansieht. Eine solche wäre aber von der Formulierung »im Rahmen der Offenlegung durch Arbeitnehmer« kaum gedeckt. Auch hier bringt das GeschGehG damit soweit ersichtlich keine Änderung im Vergleich zur geltenden Rechtslage mit sich.[15]

15 Vgl. *Bissels/Schroeders/Ziegelmayer*, DB 2016, 2295, 1198 f.

Abschnitt 2 Ansprüche bei Rechtsverletzungen

§ 6 Beseitigung und Unterlassung

Der Inhaber des Geschäftsgeheimnisses kann den Rechtsverletzer auf Beseitigung der Beeinträchtigung und bei Wiederholungsgefahr auch auf Unterlassung in Anspruch nehmen. Der Anspruch auf Unterlassung besteht auch dann, wenn eine Rechtsverletzung erstmalig droht.

Lea Tochtermann

Übersicht **Rdn.**

A. Überblick

Die Regelung dient der Umsetzung von Art. 12 (1) RL und ist Basis für ein umfassendes, deliktsrechtlich ausgestaltetes Rechtsfolgensystem. Dieses soll es u.a. ermöglichen, die Marktposition des Geheimnisträgers wiederherzustellen.[1] Nach neuem Recht wird nicht nur der unmittelbare Verstoß abgestellt, sondern es ist über die Annexansprüche in § 7 nunmehr auch möglich, durch Ansprüche auf Vernichtung, Herausgabe, Rückruf sowie Entfernung und Rücknahme vom Markt den Produktvertrieb zu unterbinden (Vgl. dazu Vor §§ 17 ff. UWG Rdn. 112 McGuire). Der nach neuem Recht tendenziell engere Begriff des Geschäftsgeheimnisses – dieses setzt nunmehr gem. § 2 Nr. 1 b) aktive Geheimhaltungsmaßnahmen voraus – wird somit durch ein weiter gefasstes Rechtsfolgesystem flankiert (Vgl. dazu Vor §§ 17 ff. UWG Rdn. 68 McGuire). 1

Erstmalig explizit wird damit im deutschen Recht ein Anspruch auf Beseitigung und Unterlassung der Beeinträchtigung von Geschäftsgeheimnissen verankert. Die Vorschrift ist an entsprechende Regelungen im UWG (§ 8 Abs. 1) sowie in den Schutzge- 2

1 McGuire, GRUR 2016, 1000, 1007.

setzen des Geistigen Eigentums angeglichen (s. etwa § 139 Abs. 1 PatG, § 97 Abs. 1 UrhG, § 42 Abs. 1 DesignG), sodass dazu ergangene Rechtsprechung bzw. Literatur in Bezug auf Voraussetzungen und Umfang des Anspruchs herangezogen werden können, wenn nicht Besonderheiten des Geschäftsgeheimnisses als Rechtsposition entgegenstehen.[2]

3 Als Besonderheit ist jedoch insbesondere zu werten, dass der Schutz von Geschäftsgeheimnissen im RegE in Anlehnung an die RL[3] nicht im Sinne eines Ausschließlichkeitsrechts ausgestaltet ist, sondern als subjektives Rechtsgut eine sonstige Schutzposition darstellt (Vgl. dazu Vor §§ 17 ff. UWG Rdn. 84 f. McGuire),[4] die nur gegen bestimmte rechtswidrige, d.h. objektiv unbefugte oder treuwidrige Angriffe i.S. von § 4 geschützt ist. Gegenstand des Schutzes ist allein die Tatsache, dass eine bestimmte Information geheim ist, nicht hingegen die Information selbst (vgl. dazu § 3 Rdn. 2 McGuire).[5] Im Rahmen des gesetzlich oder rechtsgeschäftlich Erlaubten kann ein Geschäftsgeheimnis hingegen umfassend erlangt, genutzt oder offengelegt werden (§ 3 Abs. 2). Dies läuft dem derzeitigen lauterkeitsrechtlichen Ansatz, wonach die Verletzung eines Geschäftsgeheimnisses – über §§ 823 Abs. 2 und 1004 BGB analog – erst dann zivilrechtliche Folgen auslösen kann, wenn sie i.S.d. §§ 17 ff. UWG strafrechtlich relevant geworden ist,[6] diametral entgegen. Der RegE verfolgt somit – wie auch die RL – keinen lauterkeitsrechtlichen Ansatz mehr, sondern einen schutzrechtsähnlich ausgestalteten Ansatz.[7]

B. Genese

4 Der RegE lässt den Wortlaut des § 5 RefE unverändert. Die Vorschrift dient der Umsetzung von Art. 12 (1) der RL,[8] mit Ausnahme von lit. c, welcher hinsichtlich der geeigneten Abhilfemaßnahmen durch den zweiten Absatz konkretisiert wird. Die Umsetzung dieses Teils erfolgt im deutschen RegE im gesonderten § 7. Die RL übernimmt insoweit das Modell des Art. 11 der Enforcement-RL, wonach sicherzustellen ist, dass die zuständigen Gerichte eine Anordnung gegen den Verletzer erlassen können, die ihm die weitere Verletzung des Rechts untersagt. Dies wiederum geht zurück auf Art. 41 Nr. 1 TRIPS, wonach effektive Rechtsmittel zur Durchsetzung von Rechten des Geistigen Eigentums vorzuhalten sind. Da dazu nach TRIPS auch Geschäftsgeheimnisse zählen, ist der Gleichlauf der Regelungen konsequent.

5 Während die Abhilfemaßnahmen in Art. 12 ff. der RL entsprechend der englischen Tradition in Befugnisse des Gerichts eingekleidet sind, ist die deutsche Umsetzung in

2 RegE Begründung zu § 6, S. 28 f.
3 McGuire, GRUR 2016, 1000, 1006 mit Verweis auf Erwägungsgrund 16 »keine Exklusivrechte«.
4 McGuire, GRUR 2016, 1000, 1004 m.w.N.; *Ohly*/Sosnitza, Vorb. § 17 Rn. 4 spricht von einem »unvollkommenen Immaterialgüterrecht«; s.a. Ohly, GRUR 2014, 1, 4.
5 S.a. Kalbfus, GRUR 2016, 1009, 1010, demzufolge die »entscheidende Schutzvoraussetzung« die Geheimnisqualität ist.
6 *Zum Vergleich beider* Regelungsansätze s. Kalbfus, GRUR 2016, 1009 ff.
7 McGuire, GRUR 2016, 1000, 1005.
8 RegE Begründung zu § 6, S. 29.

§§ 6 ff. in Form eines materiell-rechtlichen Anspruchssystems erfolgt. Diese Form der Umsetzung in das deutsche Recht entspricht allgemeinem Konsens,[9] und ist zugleich Grund für die Abweichung in Reihenfolge und Zählung zwischen RL und GeschGehG.

Gegenüber den Vorgaben der RL ist § 6 weiter gefasst, indem er generell auf Beseitigung der Beeinträchtigung bzw. Unterlassung gerichtet ist, während die RL insoweit hinsichtlich einzelner Anordnungen differenziert: Gem. Art. 12 (1) lit. a solle eine Einstellung oder gegebenenfalls ein Verbot der Nutzung oder Offenlegung beantragt werden können. Lit. b derselben Vorschrift verlangt ein Verbot des Herstellens, Anbietens, Vermarktens oder der Nutzung rechtsverletzender Produkte oder der Einfuhr, Ausfuhr oder Lagerung rechtsverletzender Produkte für diese Zwecke. Weiterhin zählt zu den geeigneten Abhilfemaßnahmen i.S. von Art. 12 (1) lit. c gemäß Art. 12 (2) lit. b auch die Beseitigung der rechtsverletzenden Qualität der rechtsverletzenden Produkte.[10] **6**

Auch bislang war im deutschen Recht schon ein Anspruch auf Unterlassung der Verletzung von Geschäftsgeheimnissen anerkannt. Dieser war in entsprechender Anwendung von § 1004 BGB oder unter Rückgriff auf die Generalklausel des § 3a UWG jedoch strafrechtsakzessorisch ausgestaltet, so dass fahrlässige Verletzungen ausgeklammert waren. Der originäre zivilrechtliche Schutz war abseits einer kohärenten Regelung in Sondervorschriften bestenfalls rudimentär ausgestaltet.[11] **7**

C. Anwendungsbereich

I. Anspruchsvoraussetzungen

Die Voraussetzungen für den Beseitigungs- und den Unterlassungsanspruch sind grundsätzlich identisch, für einen Unterlassungsanspruch muss jedoch zusätzlich eine Wiederholungsgefahr bestehen oder die Gefahr einer erstmaligen Verletzung drohen. **8**

1. Begriff des Geschäftsgeheimnisses

Vorliegen muss zunächst ein Geschäftsgeheimnis i.S. des GeschGehG. Dieses ist in § 2 Nr. 1 legaldefiniert. Die »Geheimnis«-Qualität kann nicht schon dann aufgrund von Offenkundigkeit entfallen, wenn ein Verrat durch eine Person vorliegt. Erst bei Offenkundigkeit für einen größeren Personenkreis, den weder der Geheimnisträger noch der Verletzer kontrollieren kann, entfällt der Geheimnis-Charakter. Ansonsten würde der Unterlassungsanspruch gem. § 6 ebenso wie der Beseitigungsanspruch nach § 7 regelmäßig ins Leere gehen (Vgl. dazu § 2 Rdn. 30 f. McGuire)[12]. **9**

2. Aktivlegitimation

Anspruchsberechtigt ist zunächst der ›Inhaber‹ des Geschäftsgeheimnisses. Auch dieser Begriff ist in § 2 Nr. 2 legaldefiniert und insbesondere in der Abgrenzung zum bloßen **10**

9 Würtenberger/Freischem, GRUR 2018, 708, 711.
10 RegE Begründung zu § 6, S. 29.
11 Hofmann, WRP 2018, 1, 2 f.
12 So auch Alexander, WRP 2017, 1034, 1037 Rz. 46.

Geheimnisträger relevant (vgl. zur Begriffsdefinition § 2 Rdn. 52 ff. McGuire). Letzterer kann Ansprüche nur mit Zustimmung des Geheimnisinhabers geltend machen.

11 Für die Beurteilung des Verletzungstatbestands ist schließlich auch der Begriff des rechtsverletzenden Produkts relevant, welcher in § 2 Nr. 4 legaldefiniert ist. Das Produkt muss nur auf dem Geheimnis beruhen, dieses aber selbst nicht verkörpern. Nach neuem Recht sind daher bspw. auch mit einer unbefugt erlangten Herstellungsmethode oder auf Basis unerlaubt genutzter Kundenrückmeldungen konfigurierte Produkte makelbehaftet. Diese weite Definition dehnt den Anwendungsbereich von §§ 6 ff. erheblich aus (vgl. dazu § 2 Rdn. 63 ff. McGuire).

3. Passivlegitimation

12 Der Anspruch richtet sich gegen den ›Rechtsverletzer‹. Gemäß der Legaldefinition in § 2 Nr. 3 ist das die Person, der ein Verstoß gegen § 4 zur Last zu legen ist oder die dafür nach § 12 verantwortlich ist. Grundsätzlich normiert § 4 zwar einen abschließenden Katalog von Handlungsverboten. Zu beachten ist allerdings, dass dieser über die ›kleine Generalklausel‹ in § 4 Abs. 1 Nr. 2 einer Erweiterung zugänglich ist (vgl. dazu § 4 Rdn. 7 McGuire). Schließlich ist ein Eingriff in den dem Geheimnisinhaber zugewiesenen Schutzbereich erforderlich. Dieser Schutzbereich ergibt sich aus dem Zusammenspiel erlaubter Handlungen gem. § 3 mit den Rechtfertigungsgründen des § 5 für grundsätzlich verbotenes Verhalten gem. § 4.

13 Der Anwendungsbereich wird durch die in § 4 Abs. 3 vorgesehene mittelbare Verletzung erheblich erweitert. Denn häufig ist derjenige, dem der Geheimnis- oder Vertrauensbruch zur Last fällt, nicht der Hersteller der rechtsverletzenden Produkte. Insb. bei Verletzung durch einen Beschäftigten, Auftragnehmer oder Zulieferer würde der Anspruch regelmäßig ins Leere gehen. Da aber – subjektive Kenntnis des mittelbaren Täters vorausgesetzt – auch das Herstellen, Anbieten etc. einen eigenen Eingriff darstellt, wird das Unternehmen selbst Anspruchsgegner und der Schutz damit erheblich effektiver gestaltet.

4. Verschuldensunabhängig

14 Im völligen Gegensatz zur derzeit noch im Sonderstrafrecht verankerten Sanktionierung wird der Anspruch zukünftig verschuldensunabhängig gewährt. Einzig bei der Frage, ob ein bloß mittelbarer Eingriff i.S. einer rechtswidrigen Handlung wegen eines Verstoßes gegen § 4 Abs. 3 vorliegt (vgl. dazu § 4 Rdn. 42 McGuire), sind subjektive Elemente ausdrücklich zu berücksichtigen.[13] Im Gegensatz zum bislang geltenden Recht ist der verschuldensunabhängige Beseitigungs- und Unterlassungsanspruch damit idR schon aufgrund des bloßen Eingriffs gegeben. Die Unabhängigkeit vom Verschulden zieht es aber ebenfalls nach sich, dass eine Haftung auch dann in Betracht kommt, wenn jemand die Information durch einen Dritten, bspw. einen Arbeitnehmer oder Geschäftspartner, erlangt hat. Aus der Sicht des Geheimnisträgers ist dies von erhebli-

13 RegE Begründung zu § 6, S. 29.

chem Vorteil, weil seine Chancen nun weitaus besser sind, durch Rückruf und Vernichtung seine Marktposition wiederzuerlangen (Vgl. dazu Vor §§ 17 ff. UWG Rdn. 112 McGuire). Zugleich wird das Haftungsrisiko erheblich erhöht, zumal nach § 12 Unternehmen für die unbefugte Handlung ihrer Beschäftigten haften.

II. Rechtsfolgen

1. Beseitigung

15 Der Beseitigungsanspruch richtet sich auf die Abwehr einer bereits eingetretenen fortwährenden Beeinträchtigung, wobei die Form der Beseitigung von der Art der jeweiligen rechtswidrigen Handlung abhängt.[14] Zum Beispiel kann gegenüber einer vollständigen Vernichtung der rechtsverletzenden Produkte (§ 7) eine mildere Form der Beseitigung ausweislich Art. 12 (2) lit. b der RL darin liegen, dass nur einzelne Komponenten eines Produkts, die dessen rechtsverletzenden Charakter ausmachen, entfernt werden. Auch wenn der RegE diese Möglichkeit nicht ausdrücklich erwähnt, so ist ihr aufgrund von richtlinienkonformer Auslegung auch im deutschen Recht Rechnung zu tragen. Beispielhaft führt die Begründung etwa die Möglichkeit an, eine rechtsverletzende Publikation zurückzurufen oder eine rechtsverletzende Offenlegung auf einer Internetseite zu beseitigen.[15] Grundsätzlich ist der Kläger nach deutschem Recht in der konkreten Fassung des Antrags auf Beseitigung frei, so dass den Anforderungen jedenfalls Rechnung getragen sein dürfte.

2. Unterlassung

16 Der Unterlassungsanspruch setzt nach allgemeinen Regeln Wiederholungsgefahr voraus. Hier gilt wie üblich bei Unterlassungsansprüchen, dass diese durch eine bereits begangene Rechtsverletzung grundsätzlich indiziert ist.[16] Durch Abgabe einer strafbewehrten Unterlassungserklärung kann der Rechtsverletzer der Annahme der Wiederholungsgefahr entgegentreten.[17]

17 Der Anspruch auf Unterlassung besteht gem. S. 2 auch dann, wenn eine Verletzung erstmalig droht, wozu Erstbegehungsgefahr bestehen muss.[18] Der vorbeugende Unterlassungsanspruch ist gerade für den Geheimnisschutz von Bedeutung, weil – anders als bei absoluten Schutzrechten – der weitere Vertrieb durch gutgläubige Glieder der Lieferkette keinen Eingriff i.S.d. § 4 darstellen. Der Geheimnisinhaber kann den Vertrieb rechtsverletzender Produkte daher nur verhindern, solange sie noch in der Hand

14 RegE Begründung zu § 6, S. 29.
15 RegE Begründung zu § 6, S. 29.
16 *Ohly*/Sosnitza, UWG, § 8 Rn. 8, FBO/*Büscher*, UWG, § 8, Rn. 59, Benkard/Grabinski/Zülch, PatG, § 139, Rn. 29.
17 RegE Begründung zu § 6, S. 29.
18 RegE Begründung zu § 6, S. 29; zur Erstbegehungsgefahr: diese liegt vor, wenn eine ernsthafte (konkrete) Besorgnis der Beeinträchtigung besteht (vgl. BGH, 08.05.2015, V ZR 62/14, NJW-RR 2015, 1039, Rn. 8 m.w.N.).

einer Person sind, die selbst einen Eingriff verübt hat oder zumindest davon Kenntnis hat.

III. Verhältnismäßigkeit und Abwendungsbefugnis

18 Der weite Begriff des rechtsverletzenden Produkts und der Verzicht auf ein subjektives Kriterium als Tatbestandsvoraussetzung könnte zur Folge haben, dass der Unterlassungsanspruch im Einzelfall zu weit greift oder sich sogar zu einem Markthindernis entwickelt, wenn und weil der Anspruchsgegner mangels Publizität von Geschäftsgeheimnissen keine Möglichkeit hat, sich über die rechtsverletzende Qualität Gewissheit zu verschaffen. RL und RegE tragen diesem Risiko durch eine Begrenzung der Rechtsfolgen im Einzelfall Rechnung.

19 Zum einen unterliegt der Anspruch nach § 9 dem Vorbehalt der Verhältnismäßigkeit im Einzelfall (vgl. zum Begriff der (Un-)Verhältnismäßigkeit und der Rechtsnatur s. § 9 Rdn. 1 ff.). Zum anderen kann der schuldlos handelnde Verletzer den Anspruch auf Beseitigung und Unterlassung unter den Voraussetzungen des § 11 gegen Zahlung einer Entschädigung abwenden.

IV. Verjährung

20 Die Verjährung des Anspruchs aus § 6 richtet sich nach den allgemeinen Vorschriften gem. §§ 194 ff. BGB. Hiernach gilt die regelmäßige Verjährungsfrist von drei Jahren (§ 195 BGB). Eine verkürzte Verjährung wie in § 11 Abs. 1 UWG ist damit nicht vorgesehen. Gem. § 199 Abs. 1 BGB beginnt die Verjährung, wenn der Anspruch entstanden ist und der Inhaber des Geschäftsgeheimnisses positive Kenntnis von den den Anspruch begründenden Umständen hatte bzw. diese Kenntnis grob fahrlässig nicht hatte. Für die positive Kenntnis ist ausreichend, wenn der Lebenssachverhalt dem Anspruchsinhaber zumindest in den Grundzügen bekannt ist (vgl. dazu § 11 UWG Rdn. 45 ff. Hohlweck).[19]

V. Anspruchsausschluss wegen Missbrauchs

21 Selbst wenn alle Anspruchsvoraussetzungen vorliegen, kann die Geltendmachung im Einzelfall missbräuchlich und damit unzulässig i.S.v. § 14 sein.

§ 7 Vernichtung; Herausgabe; Rückruf; Entfernung und Rücknahme vom Markt

Der Inhaber des Geschäftsgeheimnisses kann den Rechtsverletzer auch in Anspruch nehmen auf

1. Vernichtung oder Herausgabe der im Besitz oder Eigentum des Rechtsverletzers stehenden Dokumente, Gegenstände, Materialien, Stoffe oder elektronischen Dateien, die das Geschäftsgeheimnis enthalten oder verkörpern,

19 Ohly/*Sosnitza*, UWG, § 11 Rn. 27 (m.w.N.).

2. Rückruf des rechtsverletzenden Produkts,
3. dauerhafte Entfernung der rechtsverletzenden Produkte aus den Vertriebswegen,
4. Vernichtung der rechtsverletzenden Produkte oder
5. Rücknahme der rechtsverletzenden Produkte vom Markt, wenn der Schutz des Geschäftsgeheimnisses hierdurch nicht beeinträchtigt wird.

Lea Tochtermann

Übersicht **Rdn.**

A. Überblick

§ 7 sieht Ansprüche des Inhabers eines Geschäftsgeheimnisses gegen den Rechtsverletzer auf Vernichtung, Herausgabe, Rückruf, Entfernung und Marktrücknahme vor. Die Ansprüche bilden einen Annex zu dem allgemeinen Beseitigungs- und Unterlassungsanspruch in § 6, um die Folgen der Beeinträchtigung beseitigen zu können. 1

§ 7 dient neben § 6 der Umsetzung von Art. 12 RL und konkretisiert den Anspruch auf Unterlassung und Beseitigung in Bezug auf die rechtsverletzenden Produkte. Damit wird der Marktvorsprung effektiv geschützt und die Position des Geheimnisinhabers im Vergleich zum bisherigen Recht erheblich gestärkt. 2

Dem § 7 Nr. 2–5 vergleichbare Vorschriften existieren mit § 98 UrhG, § 43 DesignG, § 140a PatG und § 18 MarkenG. Ohne Entsprechung in den deutschen Schutzgesetzen ist der in § 7 Nr. 1 normierte Anspruch auf Vernichtung oder Herausgabe der Trägermedien des Geschäftsgeheimnisses. 3

B. Genese

Die Vorschrift setzt die Vorgaben des Art. 12 (1) lit. c und lit. d RL um. Lit. c fordert die Schaffung geeigneter Abhilfemaßnahmen hinsichtlich der rechtsverletzenden Produkte und wird durch Art. 12 (2) RL konkretisiert. 4

5 Parallele Vorschriften in anderen Schutzgesetzen (s.o.) beruhen teilweise auf den Vorgaben des Produktpirateriegesetzes vom 07.03.1990.[1] Dieses war als Reaktion auf den sprunghaften Anstieg von Schutzrechtsverletzungen verabschiedet worden und sollte hiergegen einen wirksamen Schutz bieten.[2] Später wurden die Vorschriften zur Umsetzung von Art. 10 Enforcement-RL teilweise neu gefasst. Hieraus wird deutlich, dass der Regelungsbedarf ursprünglich aufgrund massenhafter Marken- und Urheberrechtsverletzungen gesehen wurde. In das Patent- und Designrecht – wo Pirateriefälle wesentlich seltener vorkommen – wurde er hingegen vorrangig aus Gründen der Rechtsvereinheitlichung übernommen.[3] Aufgrund der Nähe zu den technischen Schutzrechten wird auch bei der Anwendung auf den Geheimnisschutz wegen der besonderen Intensität des Eingriffs in das Eigentumsrecht[4] Zurückhaltung geboten sein.

C. Anwendungsbereich

I. Anspruchsvoraussetzungen

6 Grundsätzlich entsprechen die Anspruchsvoraussetzungen denen des § 6, da es sich bei § 7 um einen Annexanspruch handelt. Soweit in den einzelnen Alternativen jedoch zusätzliche Voraussetzungen aufgestellt werden, werden diese im Rahmen der Erörterung der Rechtsfolgen mitbehandelt.

1. Anspruchsvoraussetzungen entsprechend § 6

7 Der Wortlaut »kann […] *auch* in Anspruch nehmen« macht deutlich, dass die Voraussetzungen des § 6 vorliegen müssen. Wie auch für den Beseitigungs- und Unterlassungsanspruch gem. § 6 muss zunächst ein Geschäftsgeheimnis vorliegen. Aktivlegitimiert ist der Inhaber des Geschäftsgeheimnisses. Hinsichtlich dieser Voraussetzungen kann vollumfänglich auf die Ausführungen zu § 6 zu verwiesen werden.

2. Passivlegitimation

8 Der Anspruch richtet sich gegen den ›Rechtsverletzer‹. Insofern ist auf die Legaldefinition in § 2 Nr. 3 und die diesbezüglichen Ausführungen zu § 6 zu verweisen.

9 Sämtliche Ansprüche des § 7 werden verschuldensunabhängig gewährt. Auch hierzu wird bezüglich § 6 näher ausgeführt.

II. Rechtsfolgen

10 § 7 Nrn. 2–5 beziehen sich jeweils auf die rechtsverletzenden Produkte. Der Begriff ist in § 2 Nr. 4 legaldefiniert.

1 PrPG – BGBl. I S. 422 ff.
2 *Benkard/Grabinski/Zülch*, PatG, § 140a, Rn. 1.
3 Benkard/Grabinski/Zülch, PatG, § 140a, Rn. 8d.
4 Benkard/Grabinski/Zülch, PatG, § 140a, Rn. 1.

1. Zu Nr. 1

§ 7 Nr. 1 geht auf Art. 12 (1) lit. d RL zurück. Die Vorschrift ist insofern ohne Vorbild, als dass sie sich auf die Trägermedien von Geschäftsgeheimnissen in Form von Dokumenten, Gegenständen, Materialien oder elektronischen Dateien bezieht und nicht auf die rechtsverletzenden Produkte. Der Anspruch richtet sich damit auf die Gegenstände, in denen das Geschäftsgeheimnis selbst enthalten oder verkörpert ist.[5] Ziel ist, das Geheimnis gegen eine Offenbarung und damit in seinem Bestand zu schützen. Ein Vernichtungsanspruch in Bezug auf die rechtsverletzenden Produkte selbst ist hingegen in Nr. 4 geregelt. 11

Mit dem Wortlaut des Art. 12 (1) lit. d RL stimmt § 7 Nr. 1 im Hinblick auf die konkreten Abhilfemaßnahmen der Vernichtung und Herausgabe überein, wobei der RegE beide Begriffe vor die Klammer zieht. Dies verändert den Sinngehalt indes nicht. 12

Der RegE verzichtet allerdings auf den in der RL zu findenden Zusatz »der Gesamtheit oder eines Teils«, was jedoch für das deutsche Recht nicht zu Unterschieden führt. Die Abhilfe nur in Bezug auf einen Teil der Trägermedien als milderes Mittel kann im Rahmen der Verhältnismäßigkeitsprüfung berücksichtigt werden,[6] auch wenn die Anforderungen hier geringer sein sollten, als bei der Teilvernichtung der rechtsverletzenden Produkte nach Nr. 4. Das Interesse des Anspruchsberechtigten an der Vernichtung des Trägermediums, dürfte gegenüber dem des Rechtsverletzers wesentlich höher zu werten sein. Dieser hat schlechterdings kein schutzwürdiges Interesse am Erhalt des Trägermediums mehr. 13

Anders als die RL beschränkt das deutsche Recht den Anspruch indes auf die »im Besitz oder Eigentum des Rechtsverletzers stehenden« Trägermedien. Dies entspricht ähnlichen Regelungen in anderen deutschen Schutzgesetzen. Es handelt sich um eine zusätzliche Anspruchsvoraussetzung.[7] Fraglich ist, ob dies den Vorgaben der Richtlinie entspricht, da diese gemäß Art. 1 (1) UA 2 eine Mindestharmonisierung vorgibt und den Mitgliedsstaaten damit nur eine überschießende Umsetzung erlaubt. Allerdings sind auch nach Art. 11 (2) lit. f RL die »legitimen Interessen Dritter« im Rahmen der Verhältnismäßigkeitsprüfung zu berücksichtigen.[8] Trotzdem stellt das deutsche Recht mit der Schaffung einer stets erforderlichen Anspruchsvoraussetzung strengere Anforderungen auf. 14

Ob die Trägermedien im Besitz oder Eigentum des Rechtsverletzers stehen, ist nach den allgemeinen zivilrechtlichen Vorschriften des BGB zu beurteilen. 15

Die Vernichtung elektronischer Dateien soll auch die Vernichtung sämtlicher eventuell vorhandener Kopien umfassen.[9] 16

---

5 RegE Begründung zu § 7 Nr. 1, S. 29.
6 Benkard/Grabinski/Zülch, PatG, § 140a, Rn. 8d.
7 RegE Begründung zu § 7 Nr. 1, S. 29.
8 Ebenso Art. 13 (1) RL, der in § 9 Nr. 6 umgesetzt wird.
9 RegE Begründung zu § 7 Nr. 1, S. 29.

2. Zu Nr. 2

17 § 7 Nr. 2 setzt Art. 12 (2) lit. a RL um, welcher auf Art. 10 (1) lit. a der Enforcement-RL fußt. Im Wortlaut unterscheiden sich die Vorschriften dahingehend, dass § 7 generell von »Rückruf« spricht, die RL hingegen von »Rückruf vom Markt«. Der Rückruf nach § 7 setzt damit generell voraus, dass rechtsverletzende Produkte bereits an Dritte ausgeliefert worden sind und der Verletzer damit die Verfügungsgewalt darüber verloren hat. Dies könnte grundsätzlich auch gewerbliche und private Endabnehmer erfassen. Ähnlich wie bei § 140a PatG ist § 7 jedoch i.H.a. die Vorgaben der Enforcement-RL richtlinienkonform auszulegen,[10] und einschränkend als gerichtet auf Rückruf »aus den Vertriebswegen« zu lesen.

18 Für den Geheimnisschutz wird der Anspruch auf Rückruf zudem explizit im deutschen Recht verankert. Hier war das Verhältnis von Unterlassungsanspruch zum Anspruch auf Rückruf bereits ausgelieferter Ware nach mehreren BGH-Entscheidungen des I. Senats zum Lauterkeitsrecht[11] zuletzt stark diskutiert worden.[12]

19 Die Vorschrift flankiert zusammen mit der Entfernung gem. Nr. 3 den Vernichtungsanspruch in Nr. 4. Damit soll zuerst eine Beseitigung des rechtswidrigen Zustands erreicht werden,[13] weiteres Ziel ist aber auch die Verhinderung neuer Rechtsverletzungen.[14]

20 Ein Rückrufanspruch ist dann einschlägig, wenn der Rechtsverletzer keine Verfügungsgewalt mehr über die rechtsverletzenden Produkte hat. Geschuldet ist daher ein zielgerichtetes und zielführendes Tätigwerden, aber gerade kein Erfolg. Der Rechtsverletzer muss sich mit einer Erklärung an die Abnehmer wenden, die geeignet ist, weiteres rechtsverletzendes Verhalten zu vermeiden. Wie konkret ein diesbezüglicher Antrag zu fassen ist, ist für das Patentrecht umstritten.[15] Im Markenrecht wird die erforderliche Konkretisierung des Antrags gemäß § 253 Abs. 2 Nr. 2 ZPO auf die Bezeichnung der Waren, die Gegenstand des Rückrufes sind beschränkt, auch wenn sich der Antrag zusätzlich auf konkrete Maßnahmen zur Art und Weise des Rückrufs und der Entfernung aus den Vertriebswegen beziehen kann.[16]

3. Zu Nr. 3

21 Gewährt wird ein Anspruch gegen den Rechtsverletzer auf dauerhafte Entfernung aus den Vertriebswegen. Geschuldet ist damit der Erfolg, nicht lediglich das Tätigwerden des Rechtsverletzers. Eine direkte Entsprechung der Norm findet sich in der Richtlinie

10 Benkard/Grabinski/Zülch, PatG, § 140a, Rn. 17b.

11 BGH, 04.05.2017, I ZR 208/15, GRUR 2017, 823 – *Luftentfeuchter*; BGH, 29.09.2016, I ZB 34/15, GRUR 2017, 208 – *Rückruf von RESCUE-Produkten*; BGH, 19.11.2015, I ZR 109/14, GRUR 2016, 720 – *Hot Sox*.

12 Dissmann, GRUR 2017, 986 m.w.N.

13 Benkard/Grabinski/Zülch, PatG, § 140a, Rn. 2.

14 S. Erwägungsgrund 24 der Enforcement-RL.

15 Benkard/Grabinski/Zülch, PatG, § 140a, Rn. 17.

16 Fezer, Markenrecht, MarkenG, § 18, Rn. 78.

nicht. Art. 12 (3) RL ist aber zu entnehmen, dass der Anspruch auf Entfernung als Unterfall der Marktrücknahme i.S. von Art. 12 (2) lit. c gesehen wird.

Der Anspruch auf Entfernung umfasst alle rechtlich zulässigen Methoden. Ausreichend ist eine faktische Verfügungsgewalt des Rechtsverletzers über die rechtsverletzenden Produkte.[17] 22

Zum Zusammenspiel mit dem Vernichtungsanspruch s.o. zu Nr. 2. 23

Die Entfernung kann kumulativ mit dem Rückruf geltend gemacht werden.[18] 24

Ziel der Entfernung ist es, dass das jeweilige Erzeugnis der Vertriebskette, in die es gelangt ist, wieder entzogen wird. Dies muss endgültig geschehen. Wie der Rechtsverletzer dieses Entfernen bewirkt, kann ihm nicht abstrakt vorgegeben werden.[19] 25

4. Zu Nr. 4

Der Vernichtungsanspruch setzt Art. 12 (2) lit. c 1. Alternative RL wortlautgleich um. 26

Anders als der Vernichtungsanspruch des § 140a Abs. 1 PatG verzichtet Nr. 4 auf den Zusatz, dass die zu vernichtenden rechtsverletzenden Produkte im Besitz oder Eigentum des Verletzers stehen müssen. Die notwendige Einschränkung des Vernichtungsanspruchs ergibt sich im GeschGehG jedoch schon daraus, dass sich der Anspruch nur gegen den Rechtsverletzer richten kann. Eine uferlose Ausdehnung auf Dritte ist damit nicht möglich. 27

Die Vernichtung ist die zur Unbrauchbarkeit führende Zerstörung der Sachsubstanz in einem Maß, dass die rechtsverletzenden Produkte nicht erneut in den Verkehr gebracht werden können.[20] Ziel ist es sicherzustellen, dass die rechtsverletzenden Produkte endgültig aus dem Verkehr gezogen werden. Dabei ist es unerheblich, wie die Vernichtung geschieht, entscheidend ist allein der Erfolg. Daher kann auch kein konkreter Anspruch auf Durchführung einer bestimmten Vernichtungsmaßnahme geltend gemacht werden.[21] Die Entfernung nur eines Teils des rechtsverletzenden Produkts, welcher das Geschäftsgeheimnis verkörpert, ist grundsätzlich nicht ausreichend, es sei denn, dies stellt im Rahmen der Verhältnismäßigkeitserwägungen das mildere Mittel dar. 28

Es steht der Anwendung der Norm aber nicht *per se* entgegen, dass die Vernichtung der rechtsverletzenden Produkte gegebenenfalls zu erheblichen Schäden beim Verletzer führt. Dies hat der Gesetzgeber durch die positivrechtliche Normierung des Vernichtungsanspruchs gleichsam in Kauf genommen. Kann die Beeinträchtigung mit demselben Effekt, jedoch auch auf andere Weise als durch vollständige Vernichtung erreicht werden, so hat das mildere Mittel regelmäßig Vorrang.[22] 29

17 Begründung zum RegE, fälschlicherweise aber zu Nr. 2, S. 29 f.
18 Benkard/Grabinski/Zülch, PatG, § 140a, Rn. 19.
19 Benkard/Grabinski/Zülch, PatG, § 140a, Rn. 19.
20 Benkard/Grabinski/Zülch, PatG, § 140a, Rn. 10 m.w.N.
21 Benkard/Grabinski/Zülch, PatG, § 140a, Rn. 8.
22 Benkard/Grabinski/Zülch, PatG, § 140a, Rn. 8b.

5. Zu Nr. 5

30 Mit § 7 Nr. 5 wird der Anspruch auf Marktrücknahme gem. Art. 12 (2) lit. c 2. Alternative RL in das deutsche Recht übertragen.

31 Die Marktrücknahme setzt die Verfügungsgewalt des Rechtsverletzers über die bereits am Markt platzierten rechtsverletzenden Produkte voraus. Das Vorliegen der Verfügungsgewalt des Rechtsverletzers grenzt die Marktrücknahme auf der einen von Rückruf und Entfernung auf der anderen Seite ab. Dies macht den Unterschied zum Rückruf auf der einen und der Entfernung auf der anderen Seite aus. Der Rückruf in Nr. 2 ist einschlägig, wenn die Verfügungsgewalt fehlt, weil die Produkte bereits an Dritte ausgeliefert worden sind, die Entfernung in Nr. 3 zielt auf die noch in den Vertriebswegen befindlichen rechtsverletzenden Produkte ab, über die der Rechtsverletzer ebenfalls die Verfügungsgewalt verloren hat.

32 Voraussetzung des Anspruchs ist ausweislich der Vorschrift allerdings, dass der Schutz des Geschäftsgeheimnisses nicht beeinträchtigt wird. Die Einschränkung ist erforderlich, weil die Marktrücknahme im Vergleich zur Vernichtung das mildere Mittel darstellt. Bestünde eine uneingeschränkte Alternativität zwischen beiden Ansprüchen, wäre der Rücknahme als verhältnismäßig milderem Mittel gegenüber der Vernichtung stets der Vorzug zu geben.

III. Verhältnismäßigkeit und Abwendungsbefugnis

33 Die Ansprüche stehen unter dem Vorbehalt der Verhältnismäßigkeit gem. § 9. Hier kann ggf. auf Rechtsprechung und Literatur etwa zu § 140a Abs. 4 PatG und entsprechender Regelungen in anderen Schutzgesetzen zurückgegriffen werden.

34 Der schuldlos handelnde Verletzer kann Ansprüche aus § 7 unter den Voraussetzungen des § 11 gegen Zahlung einer Entschädigung abwenden.

IV. Verjährung

35 Die Verjährung der Ansprüche nach § 7 richtet sich nach den allgemeinen Vorschriften gem. §§ 194 ff. BGB. Es wird auf die Ausführungen zu § 6 verwiesen.

§ 8 Auskunft über rechtsverletzende Produkte; Schadensersatz bei Verletzung der Auskunftspflicht

(1) Der Inhaber des Geschäftsgeheimnisses kann vom Rechtsverletzer Auskunft über Folgendes verlangen:

1. **Name und Anschrift der Hersteller, Lieferanten und anderer Vorbesitzer der rechtsverletzenden Produkte sowie der gewerblichen Abnehmer und Verkaufsstellen, für die sie bestimmt waren,**
2. ***die Menge der hergestellten*, bestellten, ausgelieferten oder erhaltenen rechtsverletzenden Produkte sowie über die Kaufpreise,**

3. diejenigen im Besitz oder Eigentum des Rechtsverletzers stehenden Dokumente, Gegenstände, Materialien, Stoffe oder elektronische Dateien, die das Geschäftsgeheimnis enthalten oder verkörpern, und
4. die Person, von der sie das Geschäftsgeheimnis erlangt haben und der gegenüber sie es offenbart haben.

(2) Erteilt der Rechtsverletzer vorsätzlich oder grob fahrlässig die Auskunft nicht, verspätet, falsch oder unvollständig, ist er dem Inhaber des Geschäftsgeheimnisses zum Ersatz des daraus entstehenden Schadens verpflichtet.

Lea Tochtermann

Übersicht **Rdn.**

A. Überblick

Der Auskunftsanspruch in Absatz 1 flankiert den effektiven Schutz des Inhabers von Geschäftsgeheimnissen.[1] Einen entsprechenden Anspruch enthalten etwa § 140b PatG, § 19 MarkenG, § 46 DesignG und § 101 UrhG. 1

Anders als diese Vorschriften gilt der Auskunftsanspruch des § 8 jedoch nur eingeschränkt, da er nicht gegenüber Dritten geltend gemacht werden kann (s.u.). 2

Eine wichtige Auslassung in § 8 im Vergleich zu ähnlichen Normen in anderen Schutzgesetzen betrifft den Umstand, dass Auskünfte – zumindest dem Wortlaut nach – nicht wie in § 140b Abs. 1 PatG »unverzüglich« zu erteilen sind. Dies kann die Effektivität der Rechtsdurchsetzung stark hemmen und gegebenenfalls zu einer Vereitelung des Anspruchs und darauf aufbauender weitergehender Ansprüche auf Unterlassung und Schadensersatz führen. Da auf der anderen Seite nicht ersichtlich ist, warum dieses Erfordernis im Gegensatz zu den Auskunftsansprüchen in sämtlichen anderen Schutzgesetzen ausgelassen wurde, ist insoweit eine Ergänzung des Gesetzestextes anzuregen. 3

1 RegE Begründung zu § 8, S. 30.

4 Absatz 2 sieht Schadensersatzpflichten für den Fall vor, dass die nach Absatz 1 verlangten Auskünfte falsch oder unvollständig erteilt werden. Die Norm hat damit Sanktionscharakter.[2]

B. Genese

5 Der Anspruch geht nicht direkt auf die RL zurück, liegt aber in Art. 8 Enforcement-RL begründet. Der Anspruch dient dem effektiven Schutz des Inhabers des Geschäftsgeheimnisses. Einen entsprechenden Anspruch enthalten auch § 19 MarkenG und § 101 UrhG.[3] Eine Einbeziehung des Auskunftsanspruchs in das GeschGehG ist trotzdem sinnvoll, weil auch eine Auskunftsverpflichtung den Verpflichteten im Einzelfall stark belasten kann.[4]

6 Die Parallelvorschriften in den anderen deutschen Schutzgesetzen, wie etwa § 140b PatG, § 19 MarkenG, § 46 DesignG und § 101 UrhG, wurden ursprünglich durch das Produktpirateriegesetz (PrPG) vom 07.03.1990[5] eingeführt und später aufgrund der Vorgaben in Art. 8 Enforcement-RL abgeändert.[6]

7 Gegenüber dem Referentenentwurf wurde im Titel klargestellt, dass sich der Schadensersatzanspruch aus einer Verletzung der Auskunftspflicht ergibt. Dadurch wurde einem in Bezug auf den Referentenentwurf erhobenen Kritikpunkt abgeholfen.[7]

8 Absatz 2 findet eine Entsprechung etwa in § 140b Abs. 5 PatG oder § 101 Abs. 5 UrhG.

C. Anwendungsbereich

I. Anspruchsvoraussetzungen

9 Verglichen mit dem Auskunftsanspruch im Patentrecht ist § 8 stark verknappt, indem Anspruchsvoraussetzungen (im PatG § 140b Abs. 1) und Umfang der Auskunftspflicht (im PatG § 140b Abs. 2) kombiniert werden. Während das PatG als Anspruchsvoraussetzung eine Benutzung der patentierten Erfindung entgegen der §§ 9–13 PatG vorschreibt, ist § 8 pauschaler gefasst und erlaubt eine Geltendmachung nur gegenüber dem »Rechtsverletzer«. Dies setzt naturgemäß ein verbotenes und ungerechtfertigtes Handeln entgegen §§ 4, 5 und damit Verletzereigenschaft voraus.

1. Anspruchsvoraussetzungen entsprechend § 6

10 Wie auch für den Beseitigungs- und Unterlassungsanspruch gem. § 6 muss zunächst ein Geschäftsgeheimnis vorliegen. Aktivlegitimiert ist der Inhaber des Geschäftsgeheim-

---

2 RegE Begründung zu § 8 Abs. 2, S. 30.
3 RegE Begründung zu § 8, S. 30.
4 RegE Begründung zu § 8 Abs. 2 (fälschlicherweise zu § 9), S. 31.
5 BGBl. I S. 422 ff.
6 Benkard/Grabinski/Zülch, § 140b, Rn. 1.
7 Würtenberger/Freischem, GRUR 2018, 708, 711.

nisses. Hinsichtlich dieser Voraussetzungen kann vollumfänglich auf die Ausführungen zu § 6 zu verwiesen werden.

2. Passivlegitimation

Der Anspruch richtet sich gegen den ›Rechtsverletzer‹. Insofern ist auf die Legaldefinition in § 2 Nr. 3 und die diesbezüglichen Ausführungen zu § 6 zu verweisen. 11

Zu betonen ist allerdings, dass § 8 nur gegenüber dem Verletzer, nicht aber gegenüber Dritten geltend gemacht werden kann. So kann im Gegensatz dazu etwa gem. § 140b Abs. 2 PatG in Fällen, in denen gegen den Verletzer Klage erhoben wurde, unter bestimmten Voraussetzungen Auskunft von Personen verlangt werden, die nicht selbst Verletzer sind. Die abweichende Regelung in § 8 erklärt der Regierungsentwurf damit, dass es sich bei Geschäftsgeheimnissen nicht um Immaterialgüterrechte handele.[8] Geschäftsgeheimnisse begründen eine sonstige Schutzposition (Vgl. im Einzelnen dazu § 6 Rdn. 3). 12

3. Bezug zum rechtsverletzenden Produkt

Außerdem ergibt sich aus der Überschrift, dass das Auskunftsverlangen einen Bezug zum mutmaßlich rechtsverletzenden Produkt aufweisen muss. Diese Einschränkung kann zu Problemen mit der praktischen Handhabung der Vorschrift führen, da fraglich ist, wie konkret der Bezug zum rechtsverletzenden Produkt im Auskunftsverlangen hergestellt sein muss. Auch der Umstand, dass der Verletzer aufgrund der Vorschrift in der derzeitigen Fassung gerade nicht verpflichtet ist, die Herkunft der Produkte offenzulegen und weitere Empfänger eines rechtswidrig erlangten oder auch weitergegebenen Geschäftsgeheimnisses als solche zu benennen, hemmt die Effektivität stark.[9] Zu strenge Anforderungen können den Anspruch (teilweise) vereiteln. 13

Hier ist insbesondere zu berücksichtigen, dass die Kenntnis über den Personenkreis der Mitwisser erforderlich ist, um dem Geheimnisinhaber die Möglichkeit zu verschaffen, die Kontrolle über das Geheimnis wieder zu erlangen und die weitere Verbreitung bspw. durch vertragliche Vereinbarungen mit den Mitwissern zu verhindern. 14

II. Rechtsfolgen

Hinsichtlich des Umfangs der Rechtsfolge orientiert sich § 8 in Abs. 1 Nr. 1 und 2 an den Vorschriften in anderen Schutzgesetzen, wie etwa § 140b Abs. 3 PatG. 15

1. Abs. 1 Nr. 1

§ 8 Abs. 1 Nr. 1 setzt Art. 8 (2) lit. a Enforcement-RL um und deckt sich mit Parallelvorschriften in anderen Schutzgesetzen wie etwa § 140b Abs. 3 Nr. 1 PatG. Ausweislich des weit gefassten Wortlauts soll der Anspruch alle Glieder der Lieferantenkette erfas- 16

8 RegE Begründung zu § 8, S. 30.
9 Würtenberger/Freischem, GRUR 2018, 708, 711.

sen. Der Verletzte soll durch die Auskunft über den Herkunftsweg in die Lage versetzt werden, den Weg der verletzenden Produkte genau nachzuvollziehen, um die Rechtsverletzung effektiv bekämpfen zu können.[10] Dies ist insbesondere angesichts der Tatsache von Bedeutung, dass der Auskunftsanspruch aus § 8 nicht direkt gegenüber Dritten geltend gemacht werden kann (s.o).

2. Abs. 1 Nr. 2

17 § 8 Abs. 1 Nr. 2 orientiert sich an Art. 8 (2) lit. b Enforcement-RL und deckt sich mit Parallelvorschriften in anderen Schutzgesetzen wie etwa § 140b Abs. 3 Nr. 2 PatG. Die jeweiligen Mengen müssen dem einzelnen Lieferanten etc. zuzuordnen sein, nur so ist dem Verletzten ein wirksames Vorgehen gegen weitere Verletzer möglich. Der Inhaber des Geschäftsgeheimnisses soll sich Kenntnis vom Umfang der Schutzrechtsverletzung verschaffen können.[11]

3. Abs. 1 Nr. 3

18 § 8 Abs. 1 Nr. 3 flankiert den Unterlassungsanspruch aus § 6 und insbesondere die Annexansprüche aus § 7 Nr. 1.

4. Abs. 1 Nr. 4

19 § 4 Abs. 1 Nr. 4 findet bislang keine Entsprechung im geltenden Recht. Wortlaut und Grammatik der Vorschrift (»von der *sie* das Geschäftsgeheimnis erlangt *haben*«) sind missglückt, legen aber nahe, dass sich Nr. 4 direkt auf die vorstehende Nr. 3 bezieht. Es ist also Auskunft über die Person zu erteilen, von der der Verletzer das durch ein Trägermedium gem. Nr. 3 verkörperte Geschäftsgeheimnis erlangt hat oder der gegenüber er es offenbart hat.

20 Dies dient der Vorbereitung der Geltendmachung weiterer Ansprüche gegenüber dritten Personen als Verletzer, eine unmittelbare Drittwirkung entfaltet § 8 hingegen nicht (s.o.; so etwa § 140b Abs. 2 PatG).

21 Nr. 4 setzt teilweise die gegen den Referentenentwurf erhobene Kritik um, wonach es versäumt worden sei, bestehende Rechtsprechungspraxis positivrechtlich zu normieren.[12] So war bislang schon anerkannt, dass der Auskunftsanspruch auch die Nennung dritter Personen umfasst, denen gegenüber der Verletzer das Geschäftsgeheimnis offengelegt hat.[13]

---

10 Benkard/Grabinski/Zülch, PatG, § 140b, Rn. 12.
11 *Benkard/Grabinski/Zülch, PatG, § 140b*, Rn. 14.
12 Würtenberger/Freischem, GRUR 2018, 708, 711.
13 BGH, 23.02.2012, I ZR 136/10, GRUR 2012, 1048 – *MOVICOL-Zulassungsantrag*, Rn. 27.

Auch sollte der Verletzer zur Offenlegung seiner »Quellen« verpflichtet werden können.[14] Entgegen der Kritik sieht Nr. 4 weiterhin nicht positivrechtlich vor, dass der Zeitpunkt der Offenlegung bzw. Erlangung anzugeben ist.[15] 22

III. Verhältnismäßigkeit

Bei der Zuerkennung des Anspruchs ist die Verhältnismäßigkeit im Einzelfall gem. § 9 zu wahren. Die Interessen von Anspruchsberechtigtem und Verpflichtetem sind gegeneinander abzuwägen. Auf der einen Seite steht das Interesse des Inhabers des Geschäftsgeheimnisses möglichst umfassend gegen die Verletzung vorgehen zu können, indem er weitere potentielle Verletzer identifiziert. Auf der anderen Seite steht das Interesse des Verletzers an einer Vermeidung des mit der Auskunft verbundenen oft erheblichen Aufwands und dem Schutz möglicherweise wettbewerbsrelevanter Informationen über seine eigenen Geschäftsabläufe.[16] 23

Gegenüber dem Patentrecht dürfte beim Geheimnisschutz noch ein besonderes Interesse des Geheimnisinhabers daran bestehen, potentielle Verletzer gerade mit den Mitteln des Auskunftsersuchens zu identifizieren. Während im Patentrecht schon die verletzende Ausführungsform selbst Anhaltspunkt genug für die Patentverletzung ist, kann die erfolgreiche Durchsetzung des Geheimnisschutzes u.U. davon abhängen, den Empfänger eines verletzenden Produkts, der von der Verletzung wusste oder wissen musste (§ 4 Abs. 3), überhaupt erst zu ermitteln. 24

IV. Verjährung

Die Verjährung der Ansprüche nach § 8 richtet sich nach den allgemeinen Vorschriften gem. §§ 194 ff. BGB. Es wird auf die Ausführungen zu § 6 verwiesen. 25

§ 9 Anspruchsausschluss bei Unverhältnismäßigkeit

Die Ansprüche nach den §§ 6 bis 8 Absatz 1 sind ausgeschlossen, wenn die Erfüllung im Einzelfall unverhältnismäßig wäre unter Berücksichtigung insbesondere

1. **des Wertes oder eines anderen spezifischen Merkmals des Geschäftsgeheimnisses,**
2. **der getroffenen Geheimhaltungsmaßnahmen,**
3. **des Verhaltens des Rechtsverletzers bei Erlangung, Nutzung oder Offenlegung des Geschäftsgeheimnisses,**
4. **der Folgen der rechtswidrigen Nutzung oder Offenlegung des Geschäftsgeheimnisses,**
5. **der berechtigten Interessen des Inhabers des Geschäftsgeheimnisses und des Rechtsverletzers sowie der Auswirkungen, die die Erfüllung der Ansprüche für beide haben könnte,**

---

14 OLG Stuttgart, 08.10.2015, 2 U 25/15, GRUR-RS 2016, 07613 – *Vertragsausläufer*, Rn. 29.
15 Würtenberger/Freischem, GRUR 2018, 708, 711.
16 Benkard/Grabinski/Zülch, PatG, § 140b, Rn. 9.

6. der berechtigten Interessen Dritter oder
7. des öffentlichen Interesses.

Lea Tochtermann

Übersicht **Rdn.**

A. Überblick

1 § 9 dient der Umsetzung des Art. 13 RL und führt mit der (Un-)Verhältnismäßigkeit ein Korrektiv ein, welches den Interessen des Rechtsverletzers Rechnung tragen soll, der sich – verschuldensunabhängig – Ansprüchen des Inhabers des Geschäftsgeheimnisses gem. §§ 6 bis 8 Abs. 1 ausgesetzt sieht. § 9 kommt zum Zug, wenn der Tatbestand an sich erfüllt ist, die Durchsetzung der nach §§ 6 bis 8 Abs. 1 vorgesehenen Ansprüche aber im Einzelfall für den Verletzer zu einem unangemessenen Nachteil führen würde.

2 § 9 zählt verschiedene Faktoren auf, welche im Rahmen der Verhältnismäßigkeitserwägungen ggf. Berücksichtigung finden müssen. Die Aufzählung ist allerdings nicht abschließend und die Berücksichtigung anderer Interessen möglich.[1]

3 Die Formulierung der Vorschrift (»Unverhältnismäßigkeit«) legt nahe, dass es sich bei der Verhältnismäßigkeit des Anspruches nicht um eine Anspruchsvoraussetzung, sondern um eine Einrede handelt, die vom potentiellen Verletzer geltend zu machen ist und für die er dementsprechend auch die Darlegungs- und Beweislast trägt.[2] Dies könnte jedoch schon den Vorgaben der RL widersprechen,[3] insbesondere da Art. 7 (1) lit. a RL die Verhältnismäßigkeit der vorzusehenden Rechtsbehelfe gerade positiv vorschreibt, was im Sinne einer Anspruchsvoraussetzung zu lesen ist. Gegen eine Einordnung des § 9 als Einrede spricht indes auch der Vergleich mit Einreden des BGB,

1 RegE Begründung zu § 9, S. 31.
2 Für die parallele Vorschrift § 140a PatG: OLG Düsseldorf, 21.12.2006, 2 U 58/05, GRUR-RR 2007, 259 – *Thermocycler*.
3 Würtenberger/Freischem, GRUR 2018, 708, 711.

welche stets ein fakultatives Element aufweisen.[4] Einwendungen hingegen – wie etwa der Ausschluss der Leistungspflicht gem. § 275 BGB – ordnen eine klare Rechtsfolge an (»Der Anspruch … ist ausgeschlossen«). Dies ist auch bei § 9 der Fall, so dass die besseren Argumente dafür sprechen, die Vorschrift als Einwendung zu lesen.

Gerade ein »weiches« Kriterium wie das der Verhältnismäßigkeit kann dazu beitragen, dass auf der Ebene der Rechtsdurchsetzung ein angemessener Interessenausgleich stattfindet. Teilweise wird darin eine genuine Chance zur ausgewogenen Gestaltung des materiellen Rechts gesehen.[5] Auf der anderen Seite ist aber fraglich, wie sich diese Ausgestaltung des Verhältnismäßigkeitsvorbehalts mit dem deutschen Anspruchssystem verträgt, welches für das Vorliegen von Tatbestandsvoraussetzungen eindeutige Rechtsfolgen anordnet. Ein Verhältnismäßigkeitsvorbehalt auf der Ebene der Rechtsdurchsetzung birgt die Gefahr, das Anspruchssystem aufzuweichen. Dies ist der Rechtssicherheit abträglich. 4

B. Genese

Die Vorschrift orientiert sich an Art. 13 (1) RL und entspricht damit einer grundsätzlichen Anforderung der Enforcement-RL, nach deren Art. 3 (2) die Verfahren zur Durchsetzung von Rechten des Geistigen Eigentums u.a. wirksam, verhältnismäßig und abschreckend sein müssen. 5

Weiterhin gibt Art. 10 (3) Enforcement-RL vor, dass bei der Anordnung von Abhilfemaßnahmen ein angemessener Ausgleich zwischen der Schwere der Verletzung und der konkret anzuordnenden Maßnahme zu finden ist. Dieses Verhältnismäßigkeitsgebot ist bislang in § 140a PatG, § 43 Abs. 2 DesignG, § 9 Abs. 2 HalblSchG, § 18 MarkenG, § 37a Abs. 2 SortSchG, § 98 Abs. 4 UrhG positiv normiert. 6

Schon in Art. 13 (1) RL wird der Grundsatz der Verhältnismäßigkeit durch einen Katalog von Erwägungsgesichtspunkten noch einmal ergänzt.[6] Im RegE ist die Verhältnismäßigkeit demgegenüber durch die Fassung in einer eigenen Vorschrift weiter deutlich aufgewertet. 7

Laut Erwägungsgrund 21 RL soll die Verankerung des Grundsatzes der Verhältnismäßigkeit einerseits durch eine wirksame Abschreckung aufgrund der von der Richtlinie gemachten Vorgaben den Schutz von Geschäftsgeheimnissen verwirklichen, andererseits sicherstellen, dass der Geheimnisschutz, insbesondere das Verbot der Offenlegung von Geheimnissen, nicht mit der Wahrung fundamentaler Werte der Union in Konflikt gerät. So darf die Durchsetzung des Geheimnisschutzes im öffentlichen Interesse gem. § 9 Nr. 7 nicht so weit reichen, dass die Warenverkehrsfreiheit oder andere Grundfreiheiten der Europäischen Union fundamental beeinträchtigt sind. 8

---

4 S. etwa § 214 BGB – Einrede der Verjährung: »(1) Nach Eintritt der Verjährung ist der Schuldner berechtigt, die Leistung zu verweigern« oder § 320 BGB – Einrede des nicht erfüllten Vertrages: »(1) Wer aus einem gegenseitigen Vertrag verpflichtet ist, kann die ihm obliegende Leistung bis zur Bewirkung der Gegenleistung verweigern«.

5 Hofmann, WRP 2018, 1, 2.

6 Hofmann, WRP 2018, 1, 3.

C. Anwendungsbereich

I. Kriterien

1. Zu Nr. 1 – Wert des Geschäftsgeheimnisses

9 Daraus, dass die Werthaltigkeit des Geschäftsgeheimnisses die Liste möglicherweise zu berücksichtigender Punkte anführt, ist zu schließen, dass diese auch in der Abwägung eine besondere Bedeutung hat. Dies entspricht dem Schutzzweck der RL insgesamt. Auch die Definition des Geschäftsgeheimnisses in § 1 Abs. 1 geht von einer wirtschaftlichen Werthaltigkeit aus.

10 Daraus könnte auf der einen Seite zu schließen sein, dass das Gesetz Geschäftsgeheimnisse erst ab einem gewissen Schwellenwert schützen möchte, dies also als eine Art Mindestvoraussetzung für den Schutz anzusehen ist. Auf der anderen Seite nimmt die Begründung den im Einzelfall geringen Wert in den Blick. Dies könne dazu führen, dass umfangreiche und kostspielige Rückrufmaßnahmen als unverhältnismäßig beurteilt werden.[7] Auch wenn es sich hierbei nur um ein Beispiel handelt, so lässt sich doch schlussfolgern, dass das Gesetz nur einen besonders geringen Wert ins Verhältnis setzen und nicht einen bestimmten Mindestschwellenwert etablieren will. Wert bzw. Spezifität des Geschäftsgeheimnisses sollen also nicht *per se* ins Verhältnis zu den Maßnahmen nach §§ 6 bis 8 Abs. 1 gesetzt werden, sondern nur in Ausnahmefällen besonders geringen Wertes/geringer Spezifität.

11 Gegen die Annahme, das Kriterium gleichsam als Anspruchsvoraussetzung in die Abwägung mit einfließen zu lassen, spricht auch die besondere Schwierigkeit, den genauen Wert bzw. die Spezifität des Geschäftsgeheimnisses festzustellen. Ein Hinweis für die Einschätzung der Werthaltigkeit oder Spezifität des Geschäftsgeheimnisses findet sich zwar in Erwägungsgrund 14 RL. Danach sind belanglose Informationen und die Erfahrungen und Qualifikationen, die Beschäftigte im Zuge der Ausübung ihrer Tätigkeiten erwerben, sowie Informationen ausgeschlossen, die den Personenkreisen, die üblicherweise mit derartigen Informationen umgehen, generell bekannt sind bzw. für sie leicht zugänglich sind. Ein weiterer Anhaltspunkt für die Bestimmung des Wertes eines Geschäftsgeheimnisses ergibt sich aus Art. 14 (2) Unterabsatz 2 RL, wonach bei der Bemessung des Schadensersatzes eine übliche Lizenzgebühr angesetzt werden kann. Der Wert eines Geschäftsgeheimnisses lässt sich also anhand der für die Nutzung zu entrichtenden Lizenzgebühren bemessen. Allerdings kann auch dies nie mehr als ein Näherungswert sein, da bei der Festsetzung von Lizenzgebühren durchaus andere Faktoren eine Rolle spielen können, als die alleinige Relation des Inhalts der Information zum Nutzungsinteresse.

12 Dass allerdings keine exakte Bestimmung des Wertes erforderlich ist oder die Unmöglichkeit, ihn exakt zu bestimmen, keine Unverhältnismäßigkeit begründet, wird durch Art. 14 (2) RL unterstrichen, der gerade wegen der Schwierigkeit, immateriellen Gütern einen Wert zuzuordnen, die dreifache Schadensberechnung erlaubt.

7 RegE Begründung zu § 9 Nr. 1, S. 31.

2. Zu Nr. 2 – Geheimhaltungsmaßnahmen

Unverhältnismäßigkeit kann auch dann vorliegen, wenn der Inhaber des Geschäftsgeheimnisses im Einzelfall zu geringe Maßnahmen trifft, um dieses zu schützen. Dies soll die Regelung der Schutzvoraussetzungen gem. § 2 Nr. 1 lit. b flankieren, wonach ein Geschäftsgeheimnis definitionsgemäß u.a. Gegenstand von den Umständen nach angemessener Geheimhaltungsmaßnahmen durch den rechtmäßigen Inhaber ist. Es liegt die Vermutung nahe, dass der Inhaber eines Geschäftsgeheimnisses, der dieses nur unzureichend schützt, diesem selber nur eine geringe Bedeutung beimisst. Dementsprechend kann die Schutzwürdigkeit des Inhabers gegenüber den Interessen des potentiellen Verletzers herabgesetzt sein. 13

Zudem rechtfertigt sich die Beschränkung aus der Warnfunktion der Geheimhaltungsmaßnahme. Hat der Geheimnisinhaber dem Schutz keine besondere Aufmerksamkeit gewidmet, besteht das Risiko, dass der Verletzer sich der Tatsache, dass es sich um ein geschütztes Geheimnis handelt, gar nicht bewusst ist und ihn die Rechtsfolgen umso härter treffen. Sorgfältige Maßnahmen stärken demgegenüber die Erkennbarkeit des Haftungsrisikos. Die objektive Eignung der Maßnahme seitens des Geheimnisträgers erscheint insoweit als Gegenstück zum subjektiven Element des geringen oder fehlenden Verschuldens des Verletzers nach Nr. 3. 14

3. Zu Nr. 3 – Verhalten des Rechtsverletzers

Die Regelung erlaubt die Berücksichtigung subjektiver Komponenten beim Rechtsverletzer.[8] Dabei ist auf die Kenntnis des tatsächlichen Verletzers, nicht des Haftungssubjekts abzustellen. Hat also etwa ein Beschäftigter ein Geschäftsgeheimnis seines früheren Arbeitgebers genutzt oder verwertet und haftet der neue Arbeitgeber hierfür, ist auf die Kenntnis des Beschäftigten abzustellen. 15

Hierdurch kann die tendenziell weite verschuldensunabhängige Haftung auf Unterlassung gem. § 6 begrenzt werden. So kann es etwa im Falle (leicht) fahrlässiger Unkenntnis der rechtswidrigen Nutzung des Geschäftsgeheimnisses sein, dass umfangreiche und kostspielige Rückrufmaßnahmen als unangemessen beurteilt werden.[9] 16

4. Zu Nr. 4 – Folgen der Verletzung

Nach der Vorschrift können auch die Folgen der rechtswidrigen Nutzung oder Offenlegung des Geschäftsgeheimnisses in der Angemessenheitsprüfung berücksichtigt werden.[10] Mit den Folgen ist dabei ersichtlich auch die Konsequenz für den Bestand des Geschäftsgeheimnisses angesprochen. Würde die weitere Nutzung durch den Verletzer die Gefahr der Offenkundigkeit begründen und damit den Bestand des Geheimnisses verletzen, muss diese – auch wenn sie aus wirtschaftlicher Perspektive möglicherweise vernachlässigbar ist – unterbunden werden. 17

---

8 RegE Begründung zu § 9 Nr. 3, S. 31.
9 RegE Begründung zu § 9 Nr. 3, S. 31.
10 RegE Begründung zu § 9 Nr. 4, S. 31.

5. Zu Nr. 5 – Auswirkungen der Ansprüche

18 Nr. 5 verweist auf die allgemeine Abwägung der betroffenen Interessen, die im Rahmen der Beurteilung der Verhältnismäßigkeit vorzunehmen ist. Hierbei kann jedes von der Rechtsordnung gebilligte Interesse berücksichtigt werden, auch solche wirtschaftlicher und ideeller Art.[11]

19 Auch die Auswirkungen, die die Erfüllung der Ansprüche für den Inhaber des Geschäftsgeheimnisses auf der einen und den Verletzer auf der anderen Seite haben könnten, sind zu berücksichtigen.

20 Dass in die Abwägung damit explizit auch die Interessen des Rechtsverletzers mit einzustellen sind, erklärt sich insbesondere auch durch die relativ weit gezogene Haftung des mittelbaren Verletzers gem. § 4 Abs. 3. Danach liegt ein Eingriff in das fremde Geschäftsgeheimnis auch dann vor, wenn derjenige, der das Geheimnis nutzt oder offenlegt, selbst keinen Geheimnis- oder Vertrauensbruch begangen hat, aber die durch das Geheimnis geschützte Information von einer Person erlangt hat, die durch die Weitergabe an ihn den Tatbestand des Abs. 2 erfüllt. Beispielsweise kann derjenige, der eine Information gutgläubig erlangt hat, bei Markteintritt vom Geheimnisträger auf den Geheimnisbruch hingewiesen werden, was zum Vorliegen der subjektiven Voraussetzungen gem. § 4 Abs. 3 führt. Dann wäre der vorher für Produktion und Vertrieb getätigte Aufwand verloren, auch wenn kein Schadensersatz für die Zeit vor Erlangung der Kenntnis geschuldet ist (Vgl. dazu § 4 Rdn. 40 McGuire). Hier kann ein Ausgleich gem. § 9 Nr. 5 sinnvoll sein.

21 Beispielsweise kann auch der Anspruch auf Rückruf und Vernichtung unverhältnismäßig sein, wenn die Produkte lediglich deshalb als rechtswidrige Produkte gelten, weil sie Gegenstand eines rechtswidrigen Marketings sind.[12]

22 Laut Erwägungsgrund 28 RL sollten Abhilfemaßnahmen nicht unbedingt die Vernichtung der Produkte zur Folge haben, wenn andere gangbare Möglichkeiten bestehen, wie etwa die Beseitigung der rechtsverletzenden Eigenschaft des Produkts oder eine Verwertung der Produkte außerhalb des Marktes, beispielsweise in Form von Spenden an wohltätige Organisationen.

6. Zu Nr. 6 – Drittinteressen

23 Nach Nr. 6 sind auch berechtigte Drittinteressen in die Verhältnismäßigkeitserwägungen einzustellen. Diese können bei der Zuerkennung des Umfangs der Ansprüche aus §§ 6 bis 8 Abs. 1 etwa eine Rolle spielen, wenn Dritte auf die rechtsverletzenden Produkte angewiesen sind. Einfluss haben kann auch, dass ein Dritter Besitzer der im Eigentum des Rechtsverletzers stehenden Ware ist.[13]

11 RegE Begründung zu § 9 Nr. 5, S. 31.
12 RegE Begründung zu § 9 Nr. 5, S. 31.
13 RegE Begründung zu § 9 Nr. 6, S. 31.

7. Zu Nr. 7 – Öffentliches Interesse

Öffentliche Interessen sind ebenfalls im Rahmen der Verhältnismäßigkeitsprüfung zu berücksichtigen. Grundsätzlich besteht ein öffentliches Interesse an der Herstellung eines rechtskonformen Zustandes. Aber auch Interessen des Staates im Bereich der öffentlichen Sicherheit können die Beurteilung beeinflussen.[14] 24

II. Maßstab

Abgesehen von der Auslegung der Kriterien ist zudem fraglich, ob schon gleichwertige Interessen des Verletzers zu einem Anspruchsausschluss führen oder ob seine Interessen gegenüber denen des Inhabers des Geschäftsgeheimnisses deutlich überwiegen müssen. Für letztere Annahme könnte sprechen, dass die Rechtsfolgen der §§ 6 bis 8 Abs. 1 als Regelmaßnahmen ausgestaltet sind, die dem Verletzten bei Vorliegen der Anspruchsvoraussetzungen ein Recht auf Durchsetzung der Rechtsfolgen geben. § 9 stellt demgegenüber einen Ausnahmetatbestand dar, der eng auszulegen ist.[15] 25

III. Darlegungs- und Beweislast

Für die Unverhältnismäßigkeit der Inanspruchnahme ist der Verletzer darlegungs- und beweispflichtig.[16] 26

IV. Rechtsfolge

Zudem muss erwogen werden, ob bei Unverhältnismäßigkeit stets ein vollständiger Ausschluss geboten ist oder ob es im Ermessen des Gerichts steht, die gem. §§ 6 bis 8 Abs. 1 vorgegebenen Rechtsfolgen bloß zu mildern. Die Antwort muss für die einzelnen Rechtsbehelfe differenziert ausfallen, je nachdem ob eine Abmilderung sinnvoll möglich ist. Diese kann entweder aufgrund eines entsprechenden Antrags erfolgen oder als Minus zum Hauptantrag vom Gericht selbst angeordnet werden.[17] 27

§ 10 Haftung des Rechtsverletzers

(1) Ein Rechtsverletzer, der vorsätzlich oder fahrlässig handelt, ist dem Inhaber des Geschäftsgeheimnisses zum Ersatz des daraus entstehenden Schadens verpflichtet. § 619a des Bürgerlichen Gesetzbuchs bleibt unberührt.

(2) Bei der Bemessung des Schadensersatzes kann auch der Gewinn, den der Rechtsverletzer durch die Verletzung des Rechts erzielt hat, berücksichtigt werden. Der Schadensersatzanspruch kann auch auf der Grundlage des Betrages bestimmt werden, den der Rechtsverletzer als angemessene Vergütung hätte entrichten müssen, wenn er die Zustimmung zu Erlangung, Nutzung oder Offenlegung des Geschäftsgeheimnisses eingeholt hätte.

14 RegE Begründung zu § 9 Nr. 7, S. 31.
15 BGH, 10.04.1997, I ZR 242/94, GRUR 1997, 899, 901 – *Vernichtungsanspruch.*
16 Benkard/Grabinski/Zülch, PatG, § 140a, Rn. 8.
17 Benkard/Grabinski/Zülch, PatG, § 140a, Rn. 8d.

(3) Der Inhaber des Geschäftsgeheimnisses kann auch wegen des Schadens, der nicht Vermögensschaden ist, von dem Rechtsverletzer eine Entschädigung in Geld verlangen, soweit dies der Billigkeit entspricht.

Lea Tochtermann

Übersicht **Rdn.**

A. Überblick

1 § 10 setzt Art. 14 RL um und enthält die zentrale Schadensersatzvorschrift für Geheimnisschutzverletzungen.

2 Somit besteht bei schuldhaftem Handeln ein Anspruch des Geheimnisinhabers auf Schadensersatz. Ähnliche Vorschriften finden sich etwa in den § 139 Abs. 2 PatG, § 97 Abs. 2 UrhG, § 14 Abs. 6 MarkenG und § 42 Abs. 2 DesignG, dort hingegen mit klarerer Bezeichnung in der Überschrift (»Unterlassung und Schadensersatz«). In § 10 ist trotz der Überschrift »Haftung des Rechtsverletzers« allein der Schadensersatzanspruch normiert.[1]

3 Die Anwendung der Vorschrift steht nicht unter dem Vorbehalt der Verhältnismäßigkeit gem. § 9, weil ein Verschulden vorausgesetzt wird und es aus diesem Grund einer besonderen Ausgleichsregelung nicht bedarf.[2]

B. Genese

4 § 10 setzt Art. 14 RL um, wobei erhebliche Unterschiede im Wortlaut bestehen. Allerdings orientiert sich die Formulierung im deutschen RegE stark an den Parallelvorschriften in anderen deutschen Schutzgesetzen und stellt somit einen wünschenswerten Gleichlauf her. Er führt insbesondere dann zu einer ganz erheblichen Erleichterung in der Rechtspraxis, wenn durch eine einheitliche tatsächliche Handlung, bspw. das Her-

1 Würtenberger/Freischem, GRUR 2018, 708, 711.
2 S.u. zu II. Genese, Rdn. 5 a.E.

stellen eines Produkts, sowohl absolute Schutzrechte als auch ein Geschäftsgeheimnis verletzt werden, bspw. bei der Herstellung eines patentverletzenden Produkts unter Nutzung eines geheimen Herstellungsverfahrens.

So schreibt Art. 14 (1) RL etwa die Zuerkennung eines ›angemessenen‹ Schadensersatzes vor, was im RegE keine Entsprechung findet. Die Terminologie geht allerdings auf Art. 13 Enforcement-RL zurück. Auch die anderen deutschen Schutzgesetze haben indes bei dessen Umsetzung auf die Voraussetzung einer ›Angemessenheit‹ des Schadensersatzes verzichtet. Das Wahlrecht des Verletzten zwischen den drei Schadensberechnungsmethoden wird gemeinhin als zur Ermittlung des zum Ausgleich des erlittenen Schadens erforderlichen und angemessenen Betrages hinreichend angesehen.[3] Vor diesem Hintergrund kann grundsätzlich von der Richtlinien-Konformität des RegE in diesem Punkt ausgegangen werden. Auch den Anforderungen des Art. 7 (1) lit. a RL ist mit der Möglichkeit einer dreifachen Schadensberechnung genüge getan, da dies eine verhältnismäßige ›Anwendung‹ des Rechtsbehelfs erlaubt. 5

Jedenfalls ist auch von der RL allein ein Ausgleich des tatsächlich entstandenen Schadens intendiert, denn Erwägungsgrund 30 spricht sich ausdrücklich gegen einen Strafschadensersatz aus. Der Rechtsinhaber soll also so gestellt werden, als wäre die Rechtsverletzung nicht eingetreten.[4] 6

C. Anwendungsbereich

I. Anspruchsvoraussetzungen

1. Anspruchsvoraussetzungen entsprechend § 6

Wie auch für den Beseitigungs- und Unterlassungsanspruch gem. § 6 muss zunächst ein Geschäftsgeheimnis vorliegen. Aktivlegitimiert ist der Inhaber des Geschäftsgeheimnisses. Hinsichtlich dieser Voraussetzungen kann vollumfänglich auf die Ausführungen zu § 6 zu verwiesen werden. 7

2. Passivlegitimation

Der Anspruch richtet sich gegen den ›Rechtsverletzer‹. Insofern ist auf die Legaldefinition in § 2 Nr. 3 und die diesbezüglichen Ausführungen zu § 6 zu verweisen. 8

3. Verschulden

In Übereinstimmung mit den Regeln des allgemeinen Zivilrechts sowie den Sonderschutzgesetzen wird ein Schadensersatzanspruch nur gewährt, wenn der Eingriff verschuldet ist. *Neben der Rechtsverletzung* i.S. eines Verstoßes gegen § 4 als solcher setzt der Schadensersatzanspruch damit – wie bei den übrigen Sonderschutzgesetzen – vorsätzliches oder fahrlässiges Handeln voraus. 9

3 S. etwa Benkard/Grabinski/Zülch, PatG, § 139, Rn. 61.
4 S.a. Hofmann, WRP 2018, 1, 3.

10 Es gelten die allgemeinen Maßstäbe des § 276 BGB. Der Verletzer haftet für jeden Grad von Fahrlässigkeit (§§ 276, 823 BGB).[5] Zu beachten sind indes die hohen Anforderungen an die Sorgfaltspflicht im gewerblichen Rechtsschutz[6], wobei anders als bei registrierten Schutzrechten im Geheimnisschutz gerade keine Kenntnis der Schutzrechtslage beim Verletzer erwartet werden kann. Eine praktische Abweichung im Vergleich zu den absoluten Schutzrechten ergibt sich folglich daraus, dass der Verletzer dort in der Regel weiß oder wissen muss, dass er ein fremdes Schutzrecht verletzt, sei es weil es registriert ist oder weil er – wie im Urheberrecht – erkennen kann, dass das Werk Schutz genießt und weiß, dass er das Werk nicht selbst geschaffen hat. Demgegenüber kann eine Person, die eine Information erlangt, an Hand der Information selbst in der Regel keinen Rückschluss auf eine mögliche Rechtsverletzung ziehen.

11 Auch hier erweist sich aber die neue Anforderung einer Geheimhaltungsmaßnahme als Schutzvoraussetzung als zweckmäßig. Wurde eine Geheimhaltungsmaßnahme getroffen, diese aber vom Verletzer überwunden, so ist ein Verschulden anzunehmen. Ein fahrlässiges Verhalten würde etwa vorliegen, wenn ein Beschäftigter als vertraulich gekennzeichnete Informationen auf seinem privaten Mobilgerät speichert, entgegen der Anweisung des Arbeitgebers vertrauliche Unterlagen mit nach Hause nimmt, über einen als Arbeitnehmererfindung gemeldeten Prototyp berichtet oder Fotos in privaten Netzwerken verbreitet. Vorsatz ist – abweichend von § 17 UWG – schon im Falle des *dolus eventualis*, nämlich dann zu bejahen, wenn der Verletzer die Beeinträchtigung für möglich hält, selbst wenn er diese nicht beabsichtigt. Daher läge Verschulden bspw. auch bei einer Weitergabe an den neuen Arbeitgeber vor, wenn diese nur dazu dient, die eigene Leistungsfähigkeit oder besondere Kenntnisse unter Beweis zu stellen.[7]

12 Die Beweislast für das Verschulden trägt – wie allgemein im Deliktsrecht üblich – der Geschädigte.[8]

13 Geschieht die Verletzung des Geschäftsgeheimnisses im Rahmen eines Arbeitsverhältnisses, so geht die vertragliche der deliktischen Haftung im Rahmen des arbeitsvertraglichen Pflichtenkreises vor. Hat ein Arbeitnehmer also bei einer betrieblich veranlassten Tätigkeit ein Geschäftsgeheimnis des Arbeitgebers geschädigt, so bleibt gem. § 10 Abs. 1 Satz 2 der § 619a BGB unberührt. Damit trägt der Arbeitgeber in Abweichung von § 280 Abs. 1 Satz 2 BGB die Beweislast dafür, dass der Arbeitnehmer die Pflichtverletzung zu vertreten hat. Auch für Schadensersatzansprüche nach § 10 gelten die hergebrachten Grundsätze des innerbetrieblichen Schadensausgleichs.[9]

---

5 Palandt/Grüneberg, BGB, § 276, Rn. 1 ff.; Palandt/Sprau, § 823, Rn. 1 ff.
6 Benkard/Grabinski/Zülch, PatG, § 139, Rn. 43.
7 A.A. AG Reutlingen, 17.07.2014, 9 Ds 22 Js 23818/12, BeckRS 2014, 23457.
8 *RegE Begründung zu § 10 Abs. 1.*
9 RegE Begründung zu § 10 Abs. 1. S. 32 mit Verweis auf Bundesarbeitsgericht, Beschluss vom 27.09.1994, GS 1/89 (A).

4. Kausalität

Die Haftungsbegründung setzt einen kausalen Zusammenhang zwischen der Verletzungshandlung und dem Verletzungserfolg voraus. Weiterhin muss eine haftungsausfüllende Kausalität zwischen Verletzungserfolg und Schaden bestehen. 14

5. Schaden

Der Schaden liegt in der Beeinträchtigung des Schutzgutes selbst[10], so wie bei einer Sachbeschädigung der Schaden die Beeinträchtigung der körperlichen Integrität der Sache ist.[11] 15

II. Rechtsfolgen

1. Dreifache Schadensberechnung

Wie auch bei den anderen Rechten des Geistigen Eigentums gilt für den Geheimnisschutz die dreifache Schadensberechnung:[12] 1) Zum einen ist der tatsächlich entstandene Schaden ersatzfähig, einschließlich des entgangenen Gewinns. Es gelten die Grundsätze der §§ 249 ff. BGB. 2) Es kann aber auch die Herausgabe des vom Verletzer tatsächlich erzielten Gewinns verlangt werden, § 10 Abs. 2 Satz 1. 3) Weiterhin kann eine Schadensberechnung anhand einer Lizenzanalogie erfolgen, § 10 Abs. 2 Satz 2. Der Verletzte hat hinsichtlich der Methode der Schadensberechnung die freie Wahl. Der Wechsel von einer Methode der Schadensberechnung zu einer anderen ist bis zur Erfüllung des Anspruchs bzw. bis zur rechtskräftigen Zuerkennung desselben möglich.[13] Die Berechnungsarten dürfen nicht miteinander vermischt oder kumuliert werden. Es liegt allerdings kein Wahlschuldverhältnis vor, da es sich bei den Berechnungsarten allein um Variationen bei der Ermittlung des gleichen einheitlichen Schadens und nicht um verschiedene Ansprüche mit unterschiedlichen Rechtsgrundlagen handelt.[14] 16

2. Entschädigung in Geld für immaterielle Schäden

Für immaterielle Schäden kann zudem eine Entschädigung in Geld nach Billigkeitsgesichtspunkten gefordert werden, § 10 Abs. 3. Hierbei handelt es sich um einen gesetzlich bestimmten Fall i.S.v. § 253 Abs. 1 BGB. Billigkeitsgesichtspunkte sind sowohl in 17

10 BGH, 25.09.2007, X ZR 60/06, BGHZ 173, 378 = GRUR 2008, 93 – *Zerkleinerungsvorrichtung*, Rn. 16; BGH, 14.05.2009, I ZR 98/06, BGHZ 181, 98 = GRUR 2009, 856 – *Tripp-Trapp-Stuhl*, Rn. 69; BGH, 24.07.2012, X ZR 51/11, GRUR 2012, 1226 – *Flaschenträger*, Rn. 15.

11 Benkard/Grabinski/Zülch, PatG, § 139 Rn. 57 m.w.N.

12 RegE Begründung zu § 10 Abs. 2, S. 32.

13 BGH, 17.06.1992, I ZR 107/90, NJW 1992, 2753 – *Tchibo/Rolex II*; BGH, 25.09.2007, X ZR 60/06, GRUR 2008, 93 Rn. 8 – *Zerkleinerungsvorrichtung*; Benkard/Grabinski/Zülch, PatG, § 139 Rn. 61 m.w.N.

14 BGH, 25.09.2007, X ZR 60/06, BGHZ 173, 378 = GRUR 2008, 93 – *Zerkleinerungsvorrichtung*, Rn. 7; BGH, GRUR 2012, 1226 – *Flaschenträger*, Rn. 16.

Bezug auf die Anspruchsentstehung als auch hinsichtlich der Höhe zu berücksichtigen.[15] Eine vergleichbare Regelung existiert etwa in § 97 Abs. 2 Satz 4 UrhG – dort mit Einschränkungen hinsichtlich des Kreises der Anspruchsberechtigten. Die Beschränkung hinsichtlich der Anspruchsberechtigten im Urhebergesetz ist Ausdruck des Schutzes des allgemeinen Persönlichkeitsrechts. Ein immaterieller Schaden ist Folge der Verletzung persönlichkeitsrechtlicher Befugnisse.[16] Der Anspruch kann neben oder gesondert von einem Ersatz des Vermögensschadens geltend gemacht werden.[17]

III. Abwendungsbefugnis

18 Eine Abwendungsbefugnis gem. § 11 besteht aufgrund des schuldhaften Handelns nicht, allerdings ist auf den Schadensersatzanspruch die allgemeine Abwendungsbefugnis des § 251 Abs. 2 BGB anwendbar.

IV. Verjährung

19 Die Verjährung der Ansprüche nach § 10 richtet sich nach den allgemeinen Vorschriften gem. §§ 194 ff. BGB. Es wird auf die Ausführungen zu § 6 verwiesen. Eine spezielle Regelung enthält das GeschGehG nur in § 13 für den bereicherungsrechtlichen Herausgabeanspruch nach Verjährung des Schadensersatzanspruchs (s. dort). Dieser ist in Umsetzung von Art. 8 (2) RL auf sechs Jahre begrenzt.

§ 11 Abfindung in Geld

(1) Ein Rechtsverletzer, der weder vorsätzlich noch fahrlässig gehandelt hat, kann zur Abwendung der Ansprüche nach den §§ 6 oder 7 den Inhaber des Geschäftsgeheimnisses in Geld abfinden, wenn dem Rechtsverletzer durch die Erfüllung der Ansprüche ein unverhältnismäßig großer Nachteil entstehen würde und wenn die Abfindung in Geld als angemessen erscheint.

(2) Die Höhe der Abfindung in Geld bemisst sich nach der Vergütung, die im Falle einer vertraglichen Einräumung des Nutzungsrechts angemessen wäre. Sie darf den Betrag nicht übersteigen, der einer Vergütung im Sinne von Satz 1 für die Länge des Zeitraums entspricht, in dem dem Inhaber des Geschäftsgeheimnisses ein Unterlassungsanspruch zusteht.

Lea Tochtermann

Übersicht **Rdn.**

15 RegE Begründung zu § 10 Abs. 3, S. 32.
16 Dreier/Schulze/Specht, UrhG, § 97 Rn. 95.
17 *RegE Begründung zu § 10 Abs. 3, S. 32*; zur Angemessenheit der Entschädigung s. jüngst zur Unionsmarkenverordnung EuGH, 22.06.2016, C-280/15, GRUR 2016, 931 – *Nikolajeva*, Rn. 50 ff.

A. Überblick

Die Regelung privilegiert den Rechtsverletzer, der nicht schuldhaft gehandelt hat.[1] Eine vergleichbare Regelung existiert in § 100 UrhG. 1

Dem Rechtsverletzer soll die Möglichkeit gegeben werden, die Ansprüche aus §§ 6 und 7 durch Zahlung einer Abfindung abzuwenden (sog. Abwendungsbefugnis). Damit stellt § 11 ein Gegengewicht zu diesen Ansprüchen des Inhabers des Geschäftsgeheimnisses dar.[2] Die Vorschrift ist Ausdruck des im anglo-amerikanischen Rechtskreis verwurzelten Gedankens, dass auch bei der Rechtsdurchsetzung – also jenseits des Vorliegens der Anspruchsvoraussetzungen – eine Differenzierung hinsichtlich des konkret angemessenen Rechtsbehelfs stattfinden muss. Eine bestimmte, an sich passende Rechtsfolge muss nicht in jedem Fall richtig sein.[3] 2

Ablösen kann der Verletzer die Ansprüche auf Beseitigung und Unterlassung gem. § 6 und Vernichtung, Herausgabe, Rückruf, Entfernung und Rücknahme vom Markt gem. § 7. Eine Entschädigung im Fall des Schadensersatzes kommt nicht in Betracht, weil die Ablösungsbefugnis ein schuldloses Verhalten voraussetzt. Bezüglich des Schadensersatzanspruchs gilt allerdings die allgemeine Abwendungsbefugnis des § 251 Abs. 2 BGB unmittelbar.[4] 3

B. Genese

§ 11 setzt Art. 13 (3) RL um, welcher wiederum im Wesentlichen mit Art. 12 Enforcement-RL übereinstimmt. Es soll verhindert werden, dass es zu einer unbilligen Vernichtung wirtschaftlicher Werte oder einer unbilligen Behinderung von Wettbewerb und Innovation kommt.[5] 4

Wegen des fakultativen Charakters des Art. 12 Enforcement-RL ist die Vorschrift im deutschen Immaterialgüterrecht allein in § 100 UrhG etabliert, bei den gewerblichen Schutzrechten wurde hingegen von einer entsprechenden Regelung abgesehen.[6] 5

1 RegE Begründung zu § 11 Abs. 1, S. 32.
2 RegE Begründung zu § 11 Abs. 1, S. 32.
3 Ausführlich dazu Hofmann, WRP 2018, 1, 4 ff.
4 Palandt/Grüneberg, BGB, § 251 Rn. 2.
5 RegE Begründung zu § 11 Abs. 1, S. 32.
6 Amtl. Begr., BT-Drs. 16/5048, 32.

C. Anwendungsbereich

I. Voraussetzungen

1. Weder vorsätzlich noch fahrlässig

6 Voraussetzung ist, dass der Rechtsverletzer weder vorsätzlich noch fahrlässig, also schuldlos gehandelt hat.

2. Unverhältnismäßig großer Nachteil für den Verletzer

7 Weitere Voraussetzung ist, dass bei Erfüllung der Ansprüche aus §§ 6 oder 7 dem Verletzer ein unverhältnismäßig großer Nachteil entstehen würde. Hier sind der Umfang des zu erwartenden Schadens und die Bedeutung der unverschuldeten Rechtsverletzung in Beziehung zu setzen.[7] Eine unangemessene Benachteiligung gilt es etwa in solchen Fällen abzuwenden, in denen eine Person ein Geschäftsgeheimnis ursprünglich in gutem Glauben erworben hat, aber erst zu einem späteren Zeitpunkt – zum Beispiel aufgrund einer entsprechenden Mitteilung des ursprünglichen Inhabers des Geschäftsgeheimnisses – erfährt, dass ihre Kenntnis des betreffenden Geschäftsgeheimnisses auf Quellen zurückgeht, die dieses Geschäftsgeheimnis auf unrechtmäßig Weise genutzt oder offengelegt haben.[8] Die Grenze des Billigkeitsausgleichs ist aber dann erreicht, wenn durch die rechtswidrige Nutzung andere Rechtsvorschriften als die auf dem Gebiet des Geheimnisschutzes verletzt werden oder sie zur Gefahr für die Verbraucher wird.[9]

3. Darlegungs- und Beweislast

8 Will sich der schuldlose Verletzer auf die Ablösungsbefugnis berufen, so muss er sie geltend machen[10] und die Abfindung anbieten.[11] Für die Voraussetzungen ist der Verletzer darlegungs- und beweispflichtig, Zweifel gehen zu seinen Lasten.[12]

4. Angemessenheit der Abfindung

9 Die Abfindung in Geld muss auch angemessen erscheinen. Dies ist im Sinne eines Zumutbarkeitskriteriums für den Rechtsinhaber zu lesen.[13] Hierfür ist eine Einzelabwägung der Interessen beider Seiten vorzunehmen.[14] Die Abfindung in Geld wird für den Verletzten regelmäßig dann zumutbar sein, wenn der Verletzte üblicherweise Lizenzen

---

7 *Dreier*/Schulze, UrhG, § 100 Rn. 5.
8 Erwägungsgrund 29 der Know-how-RL.
9 Erwägungsgrund 29 der Know-how-RL und Erwägungsgrund 25 der Enforcement-RL.
10 Schricker/Loewenheim/Wimmers, UrhG, § 100 Rn. 2.
11 RegE Begründung zu § 11 Abs. 1, S. 33.
12 *Dreier*/Schulze, UrhG, § 100 Rn. 7.
13 *Dreier/Schulze, UrhG, § 100 Rn. 6.*
14 RegE Begründung zu § 11 Abs. 1, S. 33; BGH, 28.02.1975, I ZR 101/73, GRUR 1976, 317, 321 – *unsterbliche Stimmen.*

erteilt oder dazu bereit ist,[15] nicht jedoch dann, wenn es sich um vom Verletzten nicht kommerzialisierte Interessen handelt.[16]

II. Rechtsfolgen

Liegen die Voraussetzungen vor, kann der Verletzer wählen, den Inhaber des Geschäftsgeheimnisses in Geld abzufinden. **10**

Die Höhe der Entschädigung in Geld bemisst sich gemäß Abs. 2 nach dem, was üblicherweise im Rahmen einer Lizenz zu zahlen wäre,[17] jedoch gedeckelt auf den Betrag, den der Inhaber in dem Zeitraum, in dem er die Nutzung durch den Rechtsverletzer untersagen konnte, im Rahmen einer Lizenzvereinbarung erlangt hätte.[18] **11**

Die Bestimmung der Höhe folgt damit den gleichen Regeln wie die Berechnung des Schadensersatzes im Wege der Lizenzanalogie, sodass Art und Umfang der üblichen Verwertung zu berücksichtigen sind.[19] Die Festsetzung kann nach § 287 Abs. 2 ZPO ins Ermessen des Gerichts gestellt werden.[20] Entgegen § 100 Satz 3 UrhG enthält § 11 jedoch keine Einwilligungsfiktion des Verletzten. Ungleich dem Urheberrecht gilt eine Zustimmung zu allen den üblichen Umfang der Verwertung nicht übersteigenden Nutzungshandlungen[21] bei Annahme der Abfindung folglich nicht als erteilt. **12**

III. Verhältnis zur Unverhältnismäßigkeit gem. § 9

Problematisch ist insbesondere das Verhältnis zu § 9. Diese Vorschrift gewährt eine Einwendung der Unverhältnismäßigkeit gegenüber den Ansprüchen des Verletzten aus §§ 6 bis 8 Abs. 1 (Vgl. dazu § 9 Rdn. 3). Während die Einwendung gem. § 9 dort dazu führen kann, dass der Anspruch schon seinen Voraussetzungen nach im Einzelfall ausgeschlossen ist, ist die Abwendungsbefugnis aus § 11 auf der Rechtsfolgenebene angesiedelt. Selbst wenn der Anspruch aus §§ 6 und 7 dem Grund nach gegeben ist, kann der Verletzer gegen den konkreten Umfang der Inanspruchnahme den Einwand gem. § 11 erheben. Die beiden Einreden stehen also nebeneinander, da sie auf unterschiedlichen Ebenen greifen. Eine erfolglose Geltendmachung der Einrede nach § 9 schließt also die Abwendungsbefugnis gem. § 11 nicht aus. Auf der anderen Seite führt eine erfolgreiche Einrede gem. § 9 zu einem vollständigen Ausschluss der Ansprüche nach §§ 6 – 8 Abs. 1, so dass es auf § 11 ohnehin nicht mehr ankommt. Schließlich ist es aber auch nicht erforderlich, dass der (potentielle) Verletzer zunächst § 9 (erfolglos) eingewendet hat, um sich dann auch auf § 11 berufen zu können. Die Geltendmachung ist voneinander unabhängig, so dass dem Verletzer die Abwendungsbefugnis **13**

---

15 Schricker/Loewenheim/Wimmers, UrhG, § 100 Rn. 6a; Möhring/Nicolini/Reber, UrhG, § 100 Rn. 1.
16 *Dreier*/Schulze, UrhG, § 100 Rn. 6.
17 RegE Begründung zu § 11 Abs. 2, S. 33.
18 RegE Begründung zu § 11 Abs. 2, S. 33.
19 *Dreier*/Schulze, UrhG, § 100 Rn. 8.
20 *Dreier*/Schulze, UrhG, § 100 Rn. 8; Möhring/Nicolini/Reber, UrhG, § 100 Rn. 2.
21 *Dreier*/Schulze, UrhG, § 100 Rn. 9.

auch zusteht, wenn er zuvor nicht geltend gemacht hat, dass der Anspruch schon dem Grunde nach unverhältnismäßig im Sinne von § 9 ist.

§ 12 Haftung des Inhabers eines Unternehmens

Ist der Rechtsverletzer Beschäftigter oder Beauftragter eines Unternehmens, so hat der Inhaber des Geschäftsgeheimnisses die Ansprüche nach den §§ 6 bis 8 auch gegen den Inhaber des Unternehmens. Für den Anspruch nach § 8 Absatz 2 gilt dies nur, wenn der Inhaber des Unternehmens vorsätzlich oder grob fahrlässig die Auskunft nicht, verspätet, falsch oder unvollständig erteilt hat.

Lea Tochtermann

Übersicht **Rdn.**

A. Überblick

1 § 12 etabliert die Haftung des Inhabers eines Unternehmens für die rechtswidrige Verletzung von Geschäftsgeheimnissen durch seine Beschäftigten oder Beauftragten. Liegen die Haftungsvoraussetzungen vor, so bestehen die Ansprüche aus den §§ 6 bis 8 auch gegen den Inhaber des Unternehmens. Vergleichbare Vorschriften existieren in § 8 Abs. 2 UWG, § 99 UrhG, § 44 DesignG und § 14 Abs. 7 MarkenG. Bei § 12 handelt es sich um eine Erfolgshaftung für fremdes Verhalten ohne Entlastungsmöglichkeit, ein Spezialfall zu § 831 BGB (Vgl. dazu § 8 UWG, Rdn. 186 Hohlweck).[1]

2 § 12 kann ein effektives Mittel darstellen, gegen Geschäftsgeheimnisverletzungen in Unternehmen vorzugehen.[2] Praktische Bedeutung kann die Bestimmung insbesondere immer dort aufweisen, wo ein Beschäftigter unmittelbarer Verletzer ist und eine mittelbare Verletzung durch das Unternehmen im Raum steht, ein Anspruch aber am Nachweis der nach § 4 Abs. 3 geforderten subjektiven Kenntnis scheitert.

1 S. zu § 8 Abs. 2 UWG *Ohly*/Sosnitza, UWG, § 8 Rn. 143.
2 Zu § 99 UrhG *Dreier*/Schulze, UrhG, § 99 Rn. 1.

Die Haftung des Unternehmensinhabers berührt nicht die Haftung des Beschäftigten oder Beauftragten oder Angestellten selbst.[3] Es handelt sich um zwei separate, nebeneinander bestehende Ansprüche (Vgl. dazu § 8 UWG, Rdn. 186 Hohlweck).[4] 3

B. Genese

§ 12 nimmt seinen Ursprung nicht in der RL. Grund für die Einführung ähnlicher Vorschriften in anderen Schutzgesetzen war, dass dem Inhaber des Unternehmens bei der Haftung für die Verletzung von Schutzrechten im Zusammenhang mit der Betätigung des Unternehmens die arbeitsteilige Organisation nicht zugutekommen soll. Kommt dem Inhaber des Unternehmens möglicherweise der Umgang mit Geschäftsgeheimnissen Dritter im eigenen Geschäft durch seine Untergebenen zugute, muss er auf der anderen Seite auch das Risiko einer Zuwiderhandlung tragen (Vgl. dazu § 8, Rdn. 186 Hohlweck).[5] 4

C. Anwendungsbereich

§ 12 ist ebenso wie ähnliche Vorschriften in den deutschen Schutzgesetzen keine eigenständige Anspruchsgrundlage sondern eine Zurechnungsnorm (Vgl. dazu § 8, Rdn. 186 Hohlweck).[6] Grund für die Haftung ist die Verwirklichung des Verletzungstatbestands durch den unmittelbar Handelnden. Die Haftung des Unternehmers knüpft daran akzessorisch an. 5

I. Voraussetzungen

1. Ansprüche gegen den Beschäftigten oder Beauftragten

Voraussetzung ist zunächst, dass Ansprüche gem. §§ 6 bis 8 gegen den unmittelbar handelnden Beschäftigten oder Beauftragten des Unternehmens bestehen. Die Haftung des Inhabers des Unternehmens gem. § 12 knüpft akzessorisch an diese Ansprüche an.[7] 6

Der Kreis der ›Beschäftigten oder Beauftragten‹ ist entsprechend dem Zweck der Vorschrift weit zu ziehen.[8] 7

Weiterhin muss der Beschäftigte oder Beauftragte mit Unternehmensbezug gehandelt haben. Es muss ein unmittelbarer innerer Zusammenhang mit den von ihm wahrgenommenen Aufgaben im Unternehmen bestanden haben, ein Handeln für einen Dritten oder im eigenen Interesse reicht nicht aus.[9] 8

3 RegE Begründung zu § 12, S. 33 f.
4 S. zu § 8 Abs. 2 UWG *Ohly*/Sosnitza, UWG, § 8 Rn. 143 m.w.N.
5 S. zu § 99 UrhG *Dreier*/Schulze, UrhG, § 99 Rn. 1; zu § 8 Abs. 2 UWG *Ohly*/Sosnitza, UWG, § 8 Rn. 143 m.w.N.
6 Zu § 8 Abs. 2 UWG *Ohly*/Sosnitza, UWG, § 8 Rn. 143.
7 RegE Begründung zu § 12, S. 33.
8 Zu § 99 UrhG *Dreier*/Schulze, UrhG, § 99 Rn. 5.
9 RegE Begründung zu § 12, S. 33.

2. Verschuldensunabhängigkeit

9 Erforderlich ist für die Haftung nach § 12 Satz 1 jedoch nicht, dass der Unternehmer selbst schuldhaft gehandelt oder auch nur Kenntnis von der Rechtsverletzung gehabt hat.[10] Damit weicht § 12 Satz 1 von der grundsätzlichen Regel ab, nach der bei einer Erlangung des Geschäftsgeheimnisses über Dritte i.S.v. § 4 Abs. 3 die Erlangung, Nutzung oder Offenlegung nur dann verboten ist, wenn ein schuldhaftes Handeln vorliegt. Es soll verhindert werden, dass sich der Inhaber eines Unternehmens dem Vorwurf der Rechtsverletzung entziehen kann, weil er nicht selbst entgegen § 4 gehandelt hat, sondern seine Mitarbeiter tätig waren.[11]

3. Verhältnismäßigkeit

10 Die Haftungsvoraussetzungen müssen allein beim unmittelbaren Verletzer vorliegen. Der Vorbehalt der Verhältnismäßigkeit des § 9 gilt in Bezug auf den Anspruch gegen den Inhaber des Unternehmens gem. § 12 nicht. Die Abwägung der Interessen gem. § 9 bezieht sich allein auf die Haftungsbegründung durch den unmittelbaren Verletzer, nicht auf die Akzessorietät der Haftung.

11 Dieser Befund wird schon durch eine systematische Betrachtung des § 12 gestützt. Hier stellt Satz 2 zusätzliche Voraussetzungen speziell in Bezug auf den Unternehmensinhaber für dessen Haftung auf. Im Umkehrschluss kann er aber nach Satz 1 nicht unter anderen oder zusätzlichen Voraussetzungen haften, sondern nur streng akzessorisch.

12 Für diese Auffassung spricht zudem die Struktur des RegE: Weder wird etwa in § 12 ausdrücklich angeordnet, dass § 9 entsprechend gelten soll, noch bezieht § 9 den Anspruchsausschluss neben §§ 6 bis 8 Abs. 1 explizit auf § 12. Es ist daher davon auszugehen, dass die gesetzgeberische Intention ist, einen Gleichlauf der akzessorischen Haftung des Unternehmers mit der Haftung des unmittelbar Handelnden herzustellen.

4. Verschuldenserfordernis gem. § 12 Satz 2

13 Satz 2 der Vorschrift schränkt die Haftung des Inhabers des Unternehmens in Bezug auf den Anspruch auf Schadensersatz bei Verletzung der Auskunftspflicht gem. § 8 Abs. 2 ein. Da hier vorsätzliches oder grob fahrlässiges Verhalten in Bezug auf die Erteilung der Auskunft vorausgesetzt wird, muss dies ebenso für den Inhaber des Unternehmens gelten. Um den Schadensersatzanspruch nach § 8 Abs. 2 auch gegen den Inhaber des Unternehmens ausüben zu können, muss ein Organ, ein Beschäftigter oder Beauftragter die Auskunft vorsätzlich oder grob fahrlässig erteilt haben und diese Art der Auskunftserteilung muss dem Inhaber des Unternehmens zugerechnet werden können.[12]

---

10 Zu § 99 UrhG Dreier/Schulze, UrhG, § 99 Rn. 1.
11 RegE Begründung zu § 12, S. 33.
12 RegE Begründung zu § 12, S. 33.

II. Rechtsfolgen

1. Haftung des Unternehmers

Die Haftung des Unternehmers tritt eigenständig neben die Haftung des unmittelbar Handelnden (Vgl. dazu § 8 Rdn. 205 Hohlweck).[13] 14

Aufgrund der Akzessorietät der Haftung des Unternehmers (s.o.) kommt es aber nicht in Frage, diesem gegenüber einen anderen Anspruch (z.B. aus § 8) geltend zu machen als gegenüber dem Beschäftigten (z.B. aus § 6). Auch die Verhältnismäßigkeit (§ 9) ist nicht gesondert zu beurteilen (s.o.). 15

Der Inhaber des Unternehmens haftet aus der Vorschrift nicht auf den verschuldensabhängigen Schadensersatz gem. § 10. Damit ist aber nicht die Haftung aus allgemeinen Vorschriften ausgeschlossen, zum Beispiel wenn dem Inhaber des Unternehmens die Verletzung des Geschäftsgeheimnisses zuzurechnen ist und der Inhaber selbst schuldhaft gehandelt hat.[14] 16

2. Zusammenspiel mit der Abwendungsbefugnis gem. § 11

Ansprüche gegen den Inhaber des Unternehmens gem. §§ 6 bis 8 i.V.m. 12 sind allerdings ausgeschlossen, wenn der unmittelbare Verletzer seine Abwendungsbefugnis gem. § 11 wahrnimmt und die Abfindung wählt.[15] Dies ergibt sich aus der Akzessorietät der Haftung des Inhabers des Unternehmens. 17

Auf der anderen Seite kann sich der Inhaber des Unternehmens gegenüber dem Anspruchsberechtigten aber auch unabhängig davon auf § 11 berufen, wenn die Voraussetzungen der Norm bei ihm selbst vorliegen.[16] Hier ist insbesondere nicht zu fordern, dass dazu Voraussetzungen für die Geltendmachung von § 11 zusätzlich beim Arbeitnehmer vorliegen müssen. Die Vorschrift des § 11 hat keine Auswirkungen auf der Ebene der Begründung der Haftung – führt also nicht zu einem Anspruchsausschluss – sondern kommt als Korrektiv erst auf der Rechtsfolgenebene zum Tragen. Auch § 12 erweitert die grundsätzlich gegen den Arbeitnehmer gegebenen Ansprüche auf den Unternehmer, überträgt also deren Rechtsfolge auf diesen. Dementsprechend kann sich der Unternehmer auch direkt selbst auf die – die Rechtsfolgen ›gestaltende‹ – Norm des § 11 berufen. Ohnedies werden sich Ansprüche aus § 7 in Bezug auf die rechtsverletzenden Produkte immer gegen den Unternehmer richten, da der Arbeitnehmer nicht im Besitz der rechtsverletzenden Produkte ist. Dann muss ihm aber auch die Abwendungsbefugnis des § 11 zu Gebote stehen, zumal in der Abwägung in Bezug auf den Unternehmer gänzlich andere Gesichtspunkte einzustellen sind, als in Bezug auf den Arbeitnehmer. 18

---

13 *Ohly*/Sosnitza, UWG, § 8 Rn. 143; zu § 99 UrhG *Dreier*/Schulze, UrhG, § 99 Rn. 1.
14 RegE Begründung zu § 12, S. 33 f.
15 RegE Begründung zu § 12, S. 33.
16 Die Begründung zum Regierungsentwurf fordert hier, dass die Voraussetzungen des § 11 auch beim unmittelbaren Verletzer selbst vorliegen müssen, RegE Begründung zu § 12, S. 33.

§ 13 Herausgabeanspruch nach Eintritt der Verjährung

Hat der Rechtsverletzer ein Geschäftsgeheimnis vorsätzlich oder fahrlässig erlangt, offengelegt oder genutzt und durch diese Verletzung eines Geschäftsgeheimnisses auf Kosten des Inhabers des Geschäftsgeheimnisses etwas erlangt, so ist er auch nach Eintritt der Verjährung des Schadensersatzanspruchs nach § 10 zur Herausgabe nach den Vorschriften des Bürgerlichen Gesetzbuchs über die Herausgabe einer ungerechtfertigten Bereicherung verpflichtet. Dieser Anspruch verjährt sechs Jahre nach seiner Entstehung.

Lea Tochtermann

Übersicht **Rdn.**

A. Überblick

1 § 13 ist eine Spezialvorschrift zu § 852 BGB.[1] § 852 BGB gewährt einen bereicherungsrechtlichen Herausgabeanspruch über die Verjährung des deliktischen Schadensersatzanspruchs hinaus. Ebenso wie der deliktische Schadensersatz aufgrund der Verletzung von Schutzrechten des Geistigen Eigentums[2] würde grundsätzlich auch der Schadensersatz wegen Verletzung von Geschäftsgeheimnissen in den Anwendungsbereich von § 852 BGB fallen. § 13 ist jedoch nun als eigenständige, spezielle Anspruchsgrundlage vorrangig anwendbar.

2 Es handelt sich um einen sogenannten Restschadensersatzanspruch (S.u. Rdn. 7),[3] der hinsichtlich seiner Voraussetzungen auf § 10 beruht, hinsichtlich des Umfangs aber auf die ungerechtfertigte Bereicherung beschränkt ist.

3 Grund für die Vorschrift ist, dass derjenige, der durch eine gem. § 4 verbotene Handlung auf Kosten des Inhabers des Geschäftsgeheimnisses etwas erlangt hat, unabhängig von der (kurzen) Verjährung des Schadensersatzanspruchs und auch unabhängig von den Voraussetzungen der §§ 812 ff. BGB nicht im Besitz des Vorteils bleiben soll.[4] Dahinter steht der Gedanke, dass das Geschäftsgeheimnis durch Gesetz dem Berechtig-

---

1 RegE Begründung zu § 13, S. 34.

2 BGH, 15.01.2015, I ZR 148/13, GRUR 2015, 780 – *Motorradteile*, Rn. 34 (zum Urheberrecht); BGH, 12.05.2016, I ZR 48/15, GRUR 2016, 1280 – *Everytime we touch*, Rn. 94 ff. (zum Urheberrecht).

3 *Palandt/Sprau, BGB, § 852 Rn. 2.*

4 Palandt/Sprau, BGB, § 852 Rn. 2; BeckOKBGB/Spindler, § 852 Rn. 3; Benkard/Grabinski/Zülch, PatG, § 141 Rn. 9.

ten zugewiesen ist, da die Erlangung, Nutzung und Offenlegung nur mit dessen Zustimmung rechtmäßig ist (Vgl. dazu § 3, Rdn. 3 *McGuire*).

B. Genese

§ 13 setzt die Vorgabe des Art. 8 RL um, der den Mitgliedstaaten einerseits aufträgt, die Verjährung klar zu bestimmen (Art. 8 (1)), andererseits die Frist auf maximal sechs Jahre festzulegen (Art. 8 (2)). Der ersten Voraussetzung genügt das deutsche Recht grundsätzlich bereits dadurch, dass die §§ 194 ff. BGB gelten. Für die Begrenzung der Verjährung auf sechs Jahre war eine Sondervorschrift notwendig. Der Herausgabeanspruch in der Parallelvorschrift des § 852 Satz 2 BGB verjährt in zehn Jahren von seiner Entstehung an und ist damit an die Verjährung ›sonstiger‹ Schadensersatzansprüche gemäß § 199 Abs. 3 Satz 1 Nr. 1 und Nr. 2 angelehnt.[5] 4

§ 13 findet in den anderen deutschen Schutzgesetzen keine direkte Entsprechung. Allerdings enthalten u.a. § 141 Satz 2 PatG, § 102 Satz 2 UrhG, § 20 Satz 2 MarkenG einen Verweis hinsichtlich der entsprechenden Anwendbarkeit des § 852 BGB. Regelungstechnisch ist dies im GeschGehG wegen der von der RL vorgegebenen Höchstfrist für die Verjährung anders umgesetzt.[6] 5

Obwohl der Herausgabeanspruch aus § 13 nicht auf Unionsrecht zurück geht, war Art. 8 (2) RL trotzdem beachtlich, weil § 13 als Rechtsfolgenverweisung (S.u. Rdn. 7) auf den Tatbestandsvoraussetzungen des Schadensersatzanspruchs aus § 10 aufbaut. § 10 wiederum ist ein materieller Rechtsbehelf im Sinne von Art. 8 (2) RL und unterliegt der dort festgeschriebenen Verjährungsregelung. 6

C. Anwendungsbereich

§ 13 enthält ebenso wie § 852 BGB eine Rechtsfolgenverweisung, d.h. der Anspruch ist hinsichtlich seiner Voraussetzungen deliktischer und hinsichtlich seiner Rechtsfolgen bereicherungsrechtlicher Natur.[7] § 13 ist als sogenannter Restschadensersatzanspruch konzipiert.[8] Dadurch bleibt der Anspruch aus unerlaubter Handlung nach Rechtsnatur und Voraussetzungen ein Schadensersatzanspruch, dessen Inhalt und Umfang jedoch auf die ungerechtfertigte Bereicherung beschränkt sind.[9] Insoweit ist er dann von der Verjährung deliktischer Schadensersatzansprüche ausgenommen.[10] 7

---

5 Palandt/Sprau, BGB, § 852 Rn. 2.

6 RegE Begründung zu § 13, S. 34.

7 BeckOKBGB/Spindler, § 852 Rn. 3; BGH, 14.02.1978, X ZR 19/76, GRUR 1978, 492, 496 – *Fahrradgepäckträger II*; OLG Karlsruhe, 09.11.2016, 6 U 37/15, GRUR-RS 2016, 21121 – *Advanced System*, Rn. 98.

8 Palandt/Sprau, BGB, § 852 Rn. 2 m.w.N.; Benkard/Grabinski/Zülch, PatG, § 141 Rn. 9.

9 OLG Karlsruhe, 09.11.2016, 6 U 37/15, GRUR-RS 2016, 21121 – *Advanced System*, Rn. 98.

10 Palandt/Sprau, BGB, § 852 Rn. 2.

I. Anspruchsvoraussetzungen

8 Anspruchsvoraussetzungen sind damit nach Satz 1 zum einen dieselben wie beim Schadensersatzanspruch gem. § 10 (S. dort Rdn. 7–15), zum anderen muss diesbezüglich Verjährung eingetreten sein.

9 Die Verjährung des Anspruchs nach § 10 richtet sich nach den allgemeinen Vorschriften gem. §§ 194 ff. BGB (Vgl. dazu § 10, Rdn. 19).

II. Rechtsfolgen

10 Hinsichtlich des Umfangs ist der Anspruch nach § 13 auf das beschränkt, was der Rechtsverletzer auf Grund der rechtswidrigen Erlangung, Offenlegung oder Nutzung des Geschäftsgeheimnisses auf Kosten des Inhabers des Geschäftsgeheimnisses erlangt hat.[11] Das Erlangte im Sinne der Norm ist keinesfalls mit dem Schaden des Verletzten gleichzusetzen.[12] Aufgrund des Charakters als Rechtsfolgenverweisung ist auch nicht Voraussetzung des Anspruchs, dass die Bereicherung des Verletzers auf einer unmittelbaren Vermögensverschiebung beruht. Erforderlich ist lediglich ein adäquat-kausaler Zusammenhang zwischen Vermögenszuwachs und Verletzung.[13] Deshalb können ggf. auch weitere Vermögensvorteile über die (stets geschuldete) angemessene Lizenz hinaus verlangt werden.[14]

11 Die Herausgabe des durch die Verletzung erlangten Gebrauchsvorteils kann somit auch im Wege der Zahlung einer angemessenen fiktiven Lizenzgebühr verlangt werden.[15] Ggf. kann sich der Restschadensersatzanspruch auch auf den vom Verletzer erzielten Gewinn erstrecken.[16] Allerdings ist dabei sorgfältig zu prüfen, welcher Anteil am Gewinn gerade auf der rechtswidrigen Erlangung, Nutzung oder Offenlegung des Geschäftsgeheimnisses beruht.[17]

III. Verjährung

12 Der Restschadensersatzanspruch des § 13 verjährt seinerseits unabhängig von der Kenntnis (insoweit wie § 852 Satz 2 BGB) und unabhängig von der Verjährung bereicherungsrechtlicher Ansprüche (nach §§ 195, 199 Abs. 4 BGB) innerhalb von sechs Jahren ab seiner Entstehung (§ 13 Satz 2). Die Entstehung des Anspruchs ist ebenso wie in § 199 Abs. 1 Nr. 1 BGB zu bestimmen.

---

11 RegE Begründung zu § 13, S. 34.
12 BeckOKBGB/Spindler, § 852 Rn. 3.
13 Benkard/Grabinski/Zülch, PatG, § 141 Rn. 9.
14 Benkard/Grabinski/Zülch, PatG, § 141 Rn. 9 m.w.N.
15 Benkard/Grabinski/Zülch, PatG, § 141 Rn. 9; BGH, 15.01.2015, I ZR 148/13, GRUR 2015, 780 – *Motorradteile*, Rn. 34 (zum Urheberrecht); BGH, 12.05.2016, I ZR 48/15, GRUR 2016, 1280 – *Everytime we touch*, Rn. 94 ff. (zum Urheberrecht).
16 OLG Karlsruhe, 09.11.2016, 6 U 37/15, GRUR-Prax 2017, 43 zu § 141 Satz 2 PatG; Benkard/Grabinski/Zülch, PatG, § 141 Rn. 9.
17 Benkard/Grabinski/Zülch, PatG, § 141 Rn. 9.

Der Anspruch nach § 13 verjährt deutlich früher als der Anspruch aus der Parallelvorschrift in § 852 BGB, in deren Satz 2 eine Verjährungsfrist von 10 Jahren festgeschrieben ist. Dies hat seinen Ursprung in der RL (s.o.) und dürfte mit ein Grund dafür gewesen sein, warum hier die Form einer Spezialvorschrift gewählt wurde, auch wenn es streng genommen ausgereicht hätte, allein die verkürzte Verjährungsfrist zu normieren. Die Schaffung einer eigenständigen Anspruchsgrundlage war nicht zwingend notwendig, trägt aber sicherlich dazu bei, die Regelungssystematik zu verdeutlichen. 13

§ 14 Missbrauchsverbot

Die Geltendmachung der Ansprüche nach diesem Gesetz ist unzulässig, wenn sie unter Berücksichtigung der gesamten Umstände missbräuchlich ist. Bei missbräuchlicher Geltendmachung kann der Anspruchsgegner Ersatz der für seine Rechtsverteidigung erforderlichen Aufwendungen verlangen. Weiter gehende Ersatzansprüche bleiben unberührt.

Lea Tochtermann

Übersicht **Rdn.**

A. Überblick

Nach Satz 1 der Vorschrift ist die Geltendmachung von Ansprüchen aus dem GeschGehG gegen den Verletzer unzulässig, wenn sie unter Berücksichtigung der Umstände als missbräuchlich zu bewerten ist. Eine vergleichbare Vorschrift existiert in § 8 Abs. 4 UWG. 1

Trotz des Begriffs des Missbrauchs, welcher auf einen materiell-rechtlichen Gehalt der Vorschrift im Sinne einer Einwendung[1] hindeutet, ist diese als rein prozessuale Norm zu lesen.[2] Dies ergibt sich schon aus dem weiteren Wortlaut, wonach bei Vorliegen der Voraussetzungen »die Geltendmachung von Ansprüchen [...] unzulässig« ist (Vgl. zu § 8 UWG, Rn. 347 – Hohlweck). 2

1 So Köhler, FS Schricker, 2005, 725, 726 ff.

2 BGH, 17.01.2002, I ZR 241/99, BGHZ 149, 371, 379 = GRUR 2002, 357, 359 – *Mißbräuchliche Mehrfachabmahnung* für den wortgleichen § 13 Abs. 5 UWG a.F.; BGH, 17.11.2005, I ZR 300/02, GRUR 2006, 243 – *MEGA SALE*, Rn. 22.

3 In der Sache bleibt der Abwehranspruch jedoch unberührt.[3] Eine Klageabweisung aufgrund des Missbrauchseinwands stellt somit keine Entscheidung dar, die der materiellen Rechtskraft i.S.v. § 322 ZPO fähig ist.

4 Die Lesart als Prozessvoraussetzung führt zudem dazu, dass die missbräuchliche Geltendmachung von Amts wegen zu prüfen ist.[4] Eine ausdrückliche Rüge durch den Anspruchsgegner ist damit nicht erforderlich, er trägt aber die Darlegungs- und Beweislast für das Vorliegen der Voraussetzungen.

5 Für den Fall der erfolgreichen Geltendmachung gewährt Satz 2 dem Anspruchsgegner explizit einen Aufwendungsersatzanspruch für die Rechtsverteidigungskosten. Dies schließt gem. Satz 3 weitergehende Ansprüche nicht aus.

B. Genese

6 Die Vorschrift setzt Art. 7 (2) der RL um. Diese Regelung wiederum ist auf Art. 3 (2) der Enforcement-RL zurückzuführen, wonach eine Gewähr gegen den Missbrauch der aufgrund der Richtlinie zu schaffenden Rechtsbehelfe zu geben ist.

7 Erwägungsgrund 22 RL führt aus, dass das reibungslose Funktionieren des Binnenmarktes dadurch unterminiert werden könnte, wenn die aufgrund der Richtlinie vorgesehenen Maßnahmen dazu genutzt würden, nicht legitime, mit den Zielen der Richtlinie unvereinbare Absichten zu verfolgen. Daher sei es wichtig, dass den Gerichten die Befugnis erteilt wird, angemessene Maßnahmen gegenüber Antragstellern zu treffen, die missbräuchlich oder unredlich handeln und offensichtlich unbegründete Anträge stellen.

C. Anwendungsbereich

8 § 14 ist auf alle Ansprüche anwendbar, die sich aus dem GeschGehG ergeben (»nach diesem Gesetz«). Damit ist der Anwendungsbereich weiter als der des § 8 Abs. 4 UWG, welcher ausweislich des Wortlauts auf den ersten Absatz dieser Vorschrift und damit auf die sich daraus ergebenden Beseitigungs- und Unterlassungsansprüche beschränkt ist.[5] Ähnlich wie § 8 Abs. 4 UWG kann § 14 anderen als den angegebenen Ansprüchen – wie etwa vertraglichen Ansprüchen – nicht entgegengehalten werden. Diesbezüglich ist § 242 BGB direkt anzuwenden (Vgl. zu § 8 UWG, Rn. 349 – Hohlweck).[6]

3 *Ohly*/Sosnitza, UWG, § 8 Rn.155 m.w.N.
4 BGH, 20.12.2001, I ZR 215/98, GRUR 2002, 715, 717 – *Scanner-Werbung*.
5 S.a. BGH, 31.05.2012, I ZR 45/11, GRUR 2012, 949 – *Missbräuchliche Vertragsstrafe*, Rn. 20.
6 So zu § 8 Abs. 4 UWG: BGH, 31.05.2012, I ZR 45/11, GRUR 2012, 949 – *Missbräuchliche Vertragsstrafe*, Rn. 20.

I. Missbräuchlichkeit

1. Maßstab

Als Maßstab für die Missbräuchlichkeit sind die Grundsätze von Treu und Glauben gem. § 242 BGB heranzuziehen.[7] Diese gelten auch im Prozessrecht.[8] Ausweislich des Wortlauts des § 14 sind dabei die gesamten Umstände zu berücksichtigen. Missbräuchlich handelt, wer sich bei der Geltendmachung von Abwehransprüchen von sachfremden Absichten leiten lässt, die als beherrschendes Motiv der Verfahrenseinleitung erscheinen.[9] Auch bei Hinzutreten berechtigter Interessen ist deshalb ein Missbrauch nicht stets zu verneinen, wenn die sachfremden Erwägungen trotzdem überwiegen (Vgl. zu § 8 UWG, Rn. 351 – Hohlweck). 9

Einer der Hauptanwendungsfälle sachfremder Erwägungen dürfte darin bestehen, dass das maßgebliche Ziel des Unterlassungsbegehrens darin liegt, den Markteintritt eines Konkurrenten zu be- oder verhindern.[10] Laut Erwägungsgrund 22 der RL darf der Geheimnisschutz nicht so ausgestaltet werden, dass er sich als Markthindernis erweist. Dies ist beispielsweise der Fall, wenn der Marktzugang des Antragsgegners in unbilliger Weise verzögert oder beschränkt wird, oder wenn sonstwie versucht wird, ihn einzuschüchtern oder ihm Schwierigkeit zu bereiten. Wird also ein Anspruch auf Unterlassung einer Geheimnisschutzverletzung erkennbar mit einer solchen Zielrichtung geltend gemacht, so ist dies vom Gericht als missbräuchlich und damit unzulässig abzulehnen. 10

Das Missbrauchsverbot sollte eng gelesen werden, da eine zu laxe Handhabung dieses zum Einfallstor für die Anspruchsvereitelung machen würde und der effektive Rechtsschutz dadurch gehemmt würde. Es ist also nur in den Fällen, in denen ein Missbrauch relativ offen zu Tage liegt, von einer Unzulässigkeit der Rechtsverfolgung auszugehen. Zu denken ist immer daran, dass auf materiell-rechtlicher Ebene insbesondere auch der Anspruchsausschluss bei Unverhältnismäßigkeit gem. § 9 ein Korrektiv darstellt, um zu einem gerechten Ausgleich zu gelangen. 11

2. Übertragbarkeit der UWG-Wertungen

Gegebenenfalls können auch Wertungen aus dem UWG zu übertragen sein. In § 14 fehlt allerdings anders als in § 8 Abs. 4 UWG der Zusatz, dass die Geltendmachung von Ansprüchen insbesondere dann missbräuchlich sei, »wenn sie vorwiegend dazu dient, gegen den Zuwiderhandelnden einen Anspruch auf Ersatz von Aufwendungen oder Kosten der Rechtsverfolgung entstehen zu lassen.« In Bezug auf die UWG-Rege- 12

7 RegE Begründung zu § 14, S. 34.

8 BGH, 31.05.2012, I ZR 45/11, GRUR 2012, 949 – *Missbräuchliche Vertragsstrafe*, Rn. 20.

9 BGH, 15.12.2011, I ZR 174/10, GRUR 2012, 730 – *Bauheizgerät*, Rn. 14 m.w.N.; BGH, 06.04.2000, I ZR 76/98, BGHZ 144, 165, 170 = GRUR 2000, 1089, 1090 – *Missbräuchliche Mehrfachverfolgung*; BGH, 17.11.2005, I ZR 300/02, GRUR 2006, 243 – *MEGA SALE*, Rn. 16.

10 S. RegE Begründung zu § 14, S. 34 mit Verweis auf Erwägungsgrund 22 der RL.

lung ist zu beachten, dass diese als Korrektiv für die Vielzahl von Anspruchsberechtigten verstanden werden muss (Vgl. zu § 8 UWG, Rn. 346 – Hohlweck). Dadurch soll die Rechtsverfolgung im Interesse der Allgemeinheit erleichtert werden. Auf der anderen Seite trägt aber der Anspruchsgegner ein erhöhtes Risiko, dass ein und derselbe Verstoß zum Gegenstand mehrerer gerichtlicher Verfahren gemacht wird. Hat die Rechtsverfolgung also etwa evident zum Ziel, den Gegner durch möglichst hohe Prozesskosten aufgrund der Häufung von Verfahren zu belasten, ist dies als missbräuchlich zu bewerten.[11] Im GeschGehG wird sich diese Problematik jedoch nicht im gleichen Maße stellen, da anspruchsberechtigt hier allein der Inhaber des Geschäftsgeheimnisses ist. Trotzdem kann ein primäres Gebühreninteresse auch beim Geheimnisschutz ein Grund für die Missbrauchserwägungen sein.[12]

13 Ähnlich der Entwicklung im UWG[13] steht zu erwarten, dass sich für die Missbrauchsbeurteilung Fallgruppen herausbilden werden, welche die Voraussetzungen konkreter darstellbar machen (Vgl. zu § 8 UWG, Rn. 351 ff. – Hohlweck).

3. Darlegungs- und Beweislast

14 Der beklagte Schuldner muss die Umstände darlegen und beweisen, die für ein rechtsmissbräuchliches Vorgehen des Inhabers des Geschäftsgeheimnisses sprechen (Vgl. zu § 8 UWG, Rn. 382 – Hohlweck).[14]

II. Rechtsfolgen

1. Unzulässigkeit der Klage

15 Liegen also die Voraussetzungen der Norm vor, wird dem Gläubiger das Recht abgeschnitten, seine Ansprüche nach dem GeschGehG durchzusetzen.[15] Dem Kläger fehlt das Rechtsschutzinteresse[16] und die Klage ist als unzulässig abzuweisen (Vgl. zu § 8 UWG, Rn. 386 – Hohlweck, nach dem es an der Prozessführungsbefugnis mangelt). Dies bedeutet gleichzeitig aber auch, dass mit einer Abweisung als unzulässig keine Entscheidung über den materiell-rechtlichen Anspruch getroffen ist.[17] Der Kläger kann diesen zu einem späteren Zeitpunkt noch einmal geltend machen, wenn das Rechts-

---

11 BGH, 15.12.2011, I ZR 174/10, GRUR 2012, 730 – *Bauheizgerät*, Rn. 14 m.w.N.

12 RegE Begründung zu § 14, S. 34.

13 S. etwa *Ohly*/Sosnitza, UWG, § 8 Rn.159 ff.

14 BGH, 01.06.2006, I ZR 167/03, GRUR 2007, 164 – *Telefax-Werbung II*, Rn. 13; *Ohly*/Sosnitza, UWG, § 8 Rn.163 m.w.N.

15 BGH, 17.01.2002, I ZR 241/99, GRUR 2002, 357, 358 – *Mißbräuchliche Mehrfachabmahnung*.

16 In diesem Sinne formulierend: BGH, 17.01.2002, I ZR 241/99, GRUR 2002, 357, 359 – *Missbräuchliche Mehrfachabmahnung*; MüKoZPO/Becker-Eberhard, Vorbem. Zu § 253, Rn. 11 f.; *Ohly*/Sosnitza, UWG, § 8 Rn.155; a.A. Entfallen der Klagebefugnis, s. Harte-Bavendamm/Henning-Bodewig/Goldmann, UWG, § 8 Rn. 632 m.w.N.

17 BGH, 17.01.2002, I ZR 241/99, GRUR 2002, 357, 359 – *Mißbräuchliche Mehrfachabmahnung*; *Ohly*/Sosnitza, UWG, § 8 Rn.155 m.w.N.

schutzinteresse wiederhergestellt ist, weil sich die Geltendmachung nicht mehr als missbräuchlich darstellt.

2. Anspruch auf Kosten der Rechtsverteidigung

Außerdem hat der Benachteiligte gem. § 14 Satz 2 einen Anspruch auf Ersatz der für die Rechtsverteidigung erforderlichen Aufwendungen. Dieser Aufwendungsersatzanspruch lässt weitere möglicherweise bestehende Ansprüche – z.B. gem. §§ 823 ff. BGB[18] – unberührt (§ 14 Satz 3). **16**

Hintergrund der entsprechenden Regelung in § 8 Abs. 4 Satz 2 ist, das Kostenrisiko der abgemahnten Partei zu senken und diese dazu zu ermuntern, anwaltliche Hilfe in Anspruch zu nehmen (Vgl. zu § 8 UWG, Rn. 346 – Hohlweck).[19] Während ersteres aufgrund der unterschiedlichen Wertungen im UWG in Bezug auf die missbräuchliche Geltendmachung der Verletzung von Geschäftsgeheimnissen nicht relevant sein dürfte, ist es auch nach dem Geschäftsgeheimnisgesetz nur recht und billig, dass die missbräuchlich in Anspruch genommene Partei nicht auf den Kosten ihrer Rechtsverteidigung sitzen bleibt.[20] **17**

Ersatzfähig sind solche Aufwendungen für die Rechtsverteidigung, die tatsächlich entstanden sind und auch erforderlich waren. **18**

18 RegE Begründung zu § 14, S. 34.
19 *Ohly*/Sosnitza, UWG, § 8 Rn.163a.
20 S. insofern zu den Unterschieden zwischen UWG und UrhG BGH, 31.05.2012, I ZR 106/10, GRUR 2013, 176 – *Ferienluxuswohnung*, Rn. 17.

Abschnitt 3 Verfahren in Geschäftsgeheimnisstreitsachen

§ 15 Sachliche und örtliche Zuständigkeit; Verordnungsermächtigung

(1) Für Klagen vor den ordentlichen Gerichten, durch die Ansprüche nach diesem Gesetz geltend gemacht werden, sind die Landgerichte ohne Rücksicht auf den Streitwert ausschließlich zuständig.

(2) Für Klagen nach Absatz 1 ist das Gericht ausschließlich zuständig, in dessen Bezirk der Beklagte seinen allgemeinen Gerichtsstand hat. Hat der Beklagte im Inland keinen allgemeinen Gerichtsstand, ist nur das Gericht zuständig, in dessen Bezirk die Handlung begangen worden ist.

(3) Die Landesregierungen werden ermächtigt, durch Rechtsverordnung einem Landgericht die Klagen nach Absatz 1 der Bezirke mehrerer Landgerichte zuzuweisen. Die Landesregierungen können diese Ermächtigung durch Rechtsverordnung auf die Landesjustizverwaltungen übertragen. Die Länder können außerdem durch Vereinbarung die den Gerichten eines Landes obliegenden Klagen nach Absatz 1 insgesamt oder teilweise dem zuständigen Gericht eines anderen Landes übertragen.

Mary-Rose McGuire

Übersicht **Rdn.**

A. Einführung

1 Die Regelung des § 15 RegE findet in der RL keine unmittelbare Deckung, sondern ist eine ergänzende, **autonome Maßnahme**. Die Regelung ist erkennbar an § 14 UWG angelehnt und dient einerseits der Beschränkung der Zuständigkeit im Vergleich zu den allgemeinen Regeln der § 12 ff. ZPO, andererseits der Stärkung des Geheimnisschutzes durch eine klare und zweckmäßige Zuständigkeitszuweisung.

2 Unmittelbarer Regelungsgegenstand ist die Zuständigkeit für das **Hautpsacheverfahren**. Diese ist über §§ 935, 802 ZPO auch für das Verfügungsverfahren maßgeblich (McGuire, § 16 RegE Rdn. 9.

3 Der **Anwendungsbereich** des § 15 RegE ist auf Streitigkeiten beschränkt, in denen Ansprüche »nach diesem Gesetz« geltend gemacht werden, d.h. den Streitgegenstand bilden. Fraglich ist, ob davon auch vertragliche Ansprüche umfasst werden. Ausweislich

der Begründung des RegE ist dies für Ansprüche aus anderen Gesetzen nicht der Fall.[1] Allerdings wäre hier eine enge Auslegung besonders misslich, da die vertragliche Verpflichtung und der Verstoß gegen eine solche zugleich Tatbestandsvoraussetzung des Verletzungstatbestands nach § 4 Abs. 2 RegE sind. Ein Auseinanderfallen der Zuständigkeit wäre folglich nicht nur unökonomisch, sondern würde auch widersprechende Entscheidungen provozieren. Dies gilt umso mehr, als die Zuständigkeit für Streitigkeiten wegen der Verletzung von Geheimnisschutzvereinbarungen weiterhin zum Teil der ordentlichen Gerichtsbarkeit, zum Teil der Arbeitsgerichtsbarkeit zugewiesen sind.

4 Im Wege der RL-konformen Interpretation fallen darunter auch Ansprüche nach ausländischem Recht, die der Umsetzung der Geheimnisschutz-RL in anderen Mitgliedstaaten unterfallen. Dasselbe gilt für funktional vergleichbare Ansprüche nach dem Recht eines Drittstaates, für die ein deutsches Gericht international zuständig ist.

5 Weitere Voraussetzung ist, dass es sich um eine **allgemeine Zivilsache** handelt. Die Zuweisung zur **Arbeitsgerichtsbarkeit** und die sachliche und örtliche Zuständigkeit nach dem ArbGG bleiben daher unberührt.[2] Danach sind für Ansprüche wegen unerlaubter Handlung, die mit dem Arbeitsverhältnis in Zusammenhang stehen, die Gerichte für Arbeitssachen ausschließlich zuständig.[3] Das gilt selbst nach Beendigung des Arbeitsverhältnisses, sofern der Rechtsstreit in einer inneren Beziehung mit dem früheren Arbeitsverhältnis steht, bspw. weil der Verstoß gerade durch dieses ermöglicht wurde. Davon erfasst sind insbesondere Streitigkeiten zwischen Arbeitgebern und Arbeitnehmern wegen der Weitergabe von Geschäftsgeheimnissen nach § 4 Abs. 3 lit. b) RegE.

6 Wenngleich weder im Gesetz noch in der Begründung explizit angesprochen, muss dasselbe für **Streitigkeiten wegen Arbeitnehmererfindungen** gelten, die ein Betriebsgeheimnis betreffen (§§ 17, 24 ff. ArbNErfG). Diese sind nach § 39 ArbNErfG den Patentstreitkammern ausschließlich zugewiesen.

7 Soweit das GeschGehG keine Sonderregelung bereithält, gelten im Übrigen die **allgemeinen Vorschriften** des GVG und der ZPO.[4]

B. Genese

8 Die **RL** gibt – sieht man von der Anordnung von Geheimnisschutzmaßnahmen ab – für das Verfahrensrecht **keine konkreten Vorgaben**, sondern stellt nur die allgemeine Verpflichtung auf, dass die Verfahren »fair und gerecht«, »nicht unnötig kompliziert und kostspielig« sowie »wirksam« sein müssen. Dazu gehört sicherlich auch, einen effektiven Rahmen für die prozessuale Rechtsdurchsetzung vorzusehen. Die konkrete Ausgestaltung bleibt aber den Mitgliedstaaten vorbehalten, die dadurch die Möglichkeit

---

1 Vgl. die Diskussion um die parallele Formulierung in § 13 UWG, dort umstr., bei *Köhler*/Bornkamm/*Feddersen*, UWG, § 13 UWG Rn. 2.
2 RegE Begründung zu § 15.
3 Vgl. § 48 ArbGG.
4 RegE Begründung zu Abschnitt 3.

haben, sie ohne systematischen Bruch in ihr nationales Gerichtsverfassungs- und Zivilprozessrecht einzufügen.

Dies gilt allerdings nur für die örtliche und sachliche Zuständigkeit, während sich die internationale Zuständigkeit nach den allgemeinen Regeln, d.h. in erster Linie nach EuGVO und LGVÜ richtet.[5] **9**

Der RegE kommt dieser Verpflichtung durch eine Reihe von **ergänzenden autonomen Regelungen** nach, die durch die RL-Umsetzung veranlasst sind, aber kein unmittelbares Vorbild in dieser finden. Damit entspricht der Gesetzgeber zugleich den Usancen des UWG und der anderen Schutzgesetze, diese als Querschnittsmaterie in einem relativ vollständigen Gesetz zu regeln.[6] **10**

Vor diesem Hintergrund kann es nicht überraschen, dass die Regelung des § 15 Abs. 1 und Abs. 3 RegE an die **Zuständigkeitsregelungen** in § 13 **UWG** und § 143 **PatG** angelehnt sind. Dies gilt allerdings nicht für die örtliche Zuständigkeit nach Abs. 2, die in der Sache die geplante, aber umstrittene Abschaffung des fliegenden Gerichtsstands nach § 14 UWG-E vorwegnimmt. **11**

C. Die Regelungen im Einzelnen

I. Sachliche Zuständigkeit

§ 15 Abs. 1 RegE bestimmt die **sachliche Zuständigkeit** und greift damit eine im Schrifttum schon seit langem geltend gemachte Forderung auf, Streitigkeiten wegen Geheimnisschutzverletzung **unabhängig vom Streitwert** in der Eingangsinstanz ausschließlich den Landgerichten zuzuweisen.[7] **12**

Hinzuweisen ist darauf, dass durch die Herauslösung des Geheimnisschutzes aus dem UWG die Zuweisung nach **§ 95 Abs. 1 Nr. 5 GVG** an die Kammer für Handelssachen **nicht mehr anwendbar** ist.[8] Damit ist zugleich eine Zuordnung bspw. an die für Patentstreitsachen zuständigen Kammern, im Grundsatz möglich. **13**

Über § 937 ZPO gilt die Zuständigkeit auch für das **Verfügungsverfahren**. **14**

II. Örtliche Zuständigkeit

Abs. 2 Satz 1 legt die **örtliche Zuständigkeit** für Geheimnisschutzstreitigkeiten fest und weist diese den Gerichten am **Sitz des Beklagten** zu. Damit wird der allgemeine Gerichtsstand nach § 12 ZPO zum ausschließlichen Gerichtsstand und die besonderen Gerichtsstände, insbesondere der »fliegende« Deliktsgerichtsstand nach § 32 ZPO ausgeschlossen. **15**

5 Vgl. den Vorbehalt in EG 37.
6 Vgl. Handbuch der Rechtsförmlichkeiten (2008), S. 105.
7 Vgl. dazu Ahrens/McGuire, Modellgesetz für Geistiges Eigentum: Normtext und Begründung, § 33 S. 113.
8 Kritisch hierzu *Schlingloff*, WRP 2018, 666, 668.

16 Die Regelung ist insoweit bemerkenswert, als in den übrigen Sonderschutzgesetzen keine solche Beschränkung zu finden ist und die für das UWG diskutierte Begrenzung des **fliegenden Gerichtsstands** gerade auch mit der durch die kollektive Prägung vervielfältigten Klagebefugnis gerechtfertigt wird.[9] Dafür, dass auch in Geheimnisschutzstreitsachen ein Missbrauch durch eine Klageflut und spezifisch durch die Wahl der örtlichen Zuständigkeit zu befürchten ist, besteht kein Anlass. Bedauerlich ist die starke Beschränkung der Zuständigkeit vor allem, weil dadurch das Bedürfnis für einen **zuständigkeitsrechtlichen Gleichlauf** mit den Sonderschutzrechten vernachlässigt wird. Gerade die Verletzung von technischem Know-how wird häufig im Kontext von Patentstreitigkeiten auftreten. Auch eine substantielle Überschneidung zwischen der Verletzung von Geschäftsgeheimnissen und einem Verstoß gegen §§ 24 ff. ArbNErfG liegt auf der Hand.

17 Abs. 2 Satz 2 sieht eine Sonderregelung für **Auslandssachverhalte** vor. Hat der Beklagte keinen allgemeinen Gerichtsstand im Inland wird die Zuständigkeit durch den **Handlungsort im Inland** begründet. Auch diese Zuständigkeit ist als ausschließliche Zuständigkeit ausgestaltet. Sieht man von der schon erwähnten Problematik ab, dass die Notwendigkeit dieser engen Begrenzung rechtspolitisch fraglich ist, ist auf den **sehr beschränkten Anwendungsbereich** dieser Regelung hinzuweisen, der sich aus dem Vorrang des Europäischen Prozessrechts ergibt.

18 Hat der Beklagte seinen Wohnsitz in einem **Mitgliedstaat der EU**, bestimmt sich die internationale Zuständigkeit nach der EuGVO,[10] bei einem Sitz in Norwegen, Island oder der Schweiz nach dem LGVÜ.[11] Sowohl Art. 7 Nr. 2 EuGVO als auch Art. 5 Nr. 3 LGVÜ folgen beim Deliktsgerichtsstand jedoch dem **Ubiquitätsprinzip** und erlauben – wie § 32 ZPO – die Klage am Handlungs- oder Erfolgsort. Anerkannt ist, dass diese beiden Zuständigkeitstatbestände nicht nur die internationale, sondern ausnahmsweise auch die **örtliche Zuständigkeit** unmittelbar regeln und eine abweichende Regelung nach nationalem Recht verdrängen.[12] Liegt der Handlungs- oder Erfolgsort im Inland kann der Kläger daher auf Basis des **europäischen fliegenden Gerichtsstands** ein beliebiges, sachlich zuständiges Gericht anrufen. Die hier vorgesehene Beschränkung auf den Handlungsort kommt daher nur dann zum Zug, wenn der Beklagte seinen Sitz in einem Drittstaat hat.

19 Auch für **einstweilige Maßnahmen** ist der Vorrang des Europäischen Prozessrechts zu beachten. Danach ist das nach den Art. 4 ff. EuGVO, 2 ff. LGVÜ **international zuständige Hauptsachegericht** auch für den Erlass von einstweiligen Maßnahmen zuständig. Daneben sind die nach nationalem Prozessrecht zuständigen Gerichte – wenngleich beschränkt auf das jeweilige Territorium[13] – ebenfalls befugt, einstweilige Maßnahmen zu erlassen. Danach kann bspw. ein deutsches Gericht auf Grundlage von

---

9 Gesetzesentwurf UWG-Reform 2018 BT-Drs. 15/1487.
10 Dazu Einl. C Rdn. 212.
11 Dazu Einl. C Rdn. 218.
12 Ausführlich dazu *McGuire*, FS Büscher (2018), 535 ff.
13 Vgl. Art. 2 lit. a) S. 2 EuGVO.

Art. 35 EuGVO i.V.m. § 15 Abs. 1 GeschGehG als **Maßnahmegericht** auch dann eine einstweilige Verfügung erlassen, wenn in der Hauptsache das Gericht eines anderen Mitgliedstaates zuständig oder sogar bereits angerufen ist.

III. Zuständigkeitskonzentration

Abs. 3 eröffnet den Bundesländern die Möglichkeit, eine **Zuständigkeitskonzentration** vorzusehen und damit die Anzahl der möglichen Eingangsgerichte für Geheimnisschutzstreitsachen durch eine Festlegung auf ein (oder einzelne) Gerichte in dem betreffenden Bundesland zu verringern. Eine solche Konzentration könnte auch durch mehrere Bundesländer gemeinsam vorgenommen werden. Sie ist umso dringlicher, wenn sich die Prognose des RegE bewahrheitet, dass auch nach der Reform lediglich mit 100 Verfahren/Jahr zu rechnen ist.[14] 20

Die **Spezialzuweisung** und die entsprechend Anzahl von Fällen bei den zuständigen Gerichten könnte die Expertise bei der Anwendung des neuen materiellen Rechts und insbesondere der prozessualen Schutzvorschriften fördern und einen wesentlichen Beitrag dazu leisten, dass sich zügig eine ständige Rechtsprechung zu Geheimisschutzstreitsachen etabliert. Der besondere Bedarf hierfür ergibt sich nicht nur aus den **prozessualen Sonderregelungen**, sondern bspw. auch aus dem Novum eines generellen **Verhältnismäßigkeitsvorbehalts** bei der Bestimmung der Rechtsfolgen wegen Geheimnisschutzverletzung (§ 9 RegE) und dem Missbrauchsverbot (§ 14 RegE). 21

Dass eine **Zuständigkeitskonzentration** hierfür ein geeignetes Mittel ist, haben insbesondere die für ihren Sachverstand und die zügige und verlässliche Anwendung bekannten deutschen Patentstreitkammern eindrucksvoll unter Beweis gestellt. Vor diesem Hintergrund ist zu hoffen, dass die Bundesländer von dieser Befugnis in größerem Umfang Gebrauch machen, als dies etwa bei der Parallelregelung des § 14 Abs. 3 UWG der Fall ist. 22

Nicht recht ersichtlich ist, warum die Begründung zum Regierungsentwurf dabei eine Konzentration bei den für UWG-Sachen zuständigen Rechtsprechungskörpern empfiehlt. Angesichts der Tatsache, dass die Verletzung von Geschäftsgeheimnissen einen deutlichen Überschneidungsbereich mit der **Schutzrechtsverletzung** aufweist, andererseits für die Frage, ob ein Produkt rechtsverletzend ist, häufig auch technischer Sachverstand erforderlich sein wird, wäre eine Zuweisung an die mit Patentsachen betrauten Gerichte näherliegend. Auch die Tatsache, dass Streitigkeiten aus dem **ArbNErfG** den Patentstreitkammern zugewiesen sind, spricht angesichts der Überschneidungswahrscheinlichkeit für eine **Zuweisung an die Patentgerichte**. 23

§ 16 Geheimhaltung

(1) Bei Klagen, durch die Ansprüche nach diesem Gesetz geltend gemacht werden (Geschäftsgeheimnisstreitsachen) kann das Gericht der Hauptsache auf Antrag

14 RegE Allgemeine Begründung S. 19.

einer Partei streitgegenständliche Informationen ganz oder teilweise als geheimhaltungsbedürftig einstufen, wenn diese ein Geschäftsgeheimnis sein können.

(2) Die Parteien, ihre Prozessvertreter, Zeugen, Sachverständige, sonstige Vertreter und alle sonstigen Personen, die an Geschäftsgeheimnisstreitsachen beteiligt sind oder die Zugang zu Dokumenten eines solchen Verfahrens haben, müssen als geheimhaltungsbedürftig eingestufte Informationen vertraulich behandeln und dürfen diese außerhalb eines gerichtlichen Verfahrens nicht nutzen oder offenlegen, es sei denn, dass sie von diesen außerhalb des Verfahrens Kenntnis erlangt haben.

(3) Wenn das Gericht eine Entscheidung nach Absatz 1 trifft, darf Dritten, die ein Recht auf Akteneinsicht haben, nur ein Akteninhalt zur Verfügung werden, in dem die Geschäftsgeheimnisse enthaltenden Ausführungen unkenntlich gemacht wurden.

Mary-Rose McGuire

Übersicht Rdn.

A. Einführung

1 § 16 RegE enthält die **zentrale prozessuale Norm** des GeschGehG zum Schutz von Geschäftsgeheimnissen gegenüber der Öffentlichkeit und schließt eine anerkannte Lücke im Zivilprozessrecht, die bisher die Durchsetzung von Ansprüchen aus §§ 17 ff. UWG i.V.m. § 823 Abs. 2 BGB erheblich erschwert hat. Sie trägt dem Bedürfnis Rechnung, die Geheimnisqualität des Geschäftsgeheimnisses nicht durch die Durchsetzung im Zivilprozess zu gefährden.[1] Sie wird durch das nachprozessuale Verbot nach § 18 RegE ergänzt.

2 § 16 **Abs. 1** RegE regelt die **Einstufung** von Informationen als geheimhaltungsbedürftig. § 16 **Abs. 2** RegE enthält darauf aufbauend die Anordnung an die Prozessbeteiligten die **Vertraulichkeit zu wahren** und das durch den Prozess erlangte Geheimnis nicht für andere Zwecke zu nutzen. **Abs. 3** beschränkt die **Akteneinsicht**. Die Einhaltung der Anordnung wird durch die Androhung von Ordnungsmittel abgesichert (s. § 17 RegE). Weitere Maßnahmen, die dem Schutz gegenüber der anderen Prozesspartei dienen, sind in § 19 RegE vorgesehen.

1 EG 24.

B. Genese

Art. 9 RL will ausweislich der amtlichen Überschrift die »**Wahrung der Vertraulichkeit** von Geschäftsgeheimnissen im Verlauf von Gerichtsverfahren« sicherstellen, dass Ansprüche aus einem Geschäftsgeheimnis ohne Beeinträchtigung desselben in einem regulären Zivilprozess durchgesetzt werden kann. Zu diesem Zweck sieht Art. 9 RL eine sehr **umfangreiche und komplexe Regelung** vor, die neben einem allgemeinen Grundsatz, Mindeststandards und – nach umstrittener Auffassung – auch vollharmonisierende Regelungen enthält. Vor diesem Hintergrund ist es erfreulich, dass der deutsche Gesetzgeber diese Vorschrift nicht durch eine einzelne Norm, sondern aufgeteilt und durch die gut verständlichen **§§ 16–20 RegE** transformiert. 3

§ 16 RegE dient der Umsetzung der in **Art. 9 (1) UAbs. 1** vorgesehenen **Schutzmaßnahmen**. Danach haben die Mitgliedstaaten sicherzustellen, dass eine streitgegenständliche Information auf Antrag des Geheimnisinhabers bzw. Klägers als **vertraulich eingestuft** wird und auf dieser Basis allen am Verfahren Beteiligten sowie allen sonstigen Personen, die Zugang zu den Akten eines solchen Verfahren haben, die **Nutzung und Offenlegung** dieses Geheimnisses untersagt wird. 4

C. Anordnung von Schutzmaßnahmen

I. Anwendungsbereich

Ausweislich der Legaldefinition in Abs. 1 ist der Anwendungsbereich des § 16 RegE auf **Geschäftsgeheimnisstreitsachen** beschränkt, d.h. Verfahren in denen ein Anspruch nach diesem Gesetz geltend gemacht wird.[2] Die Gesetzesbegründung konkretisiert, dass damit Ansprüche nach Abschnitt 2 gemeint sind. Eine Geschäftsgeheimnisstreitsache liegt damit vor, wenn Ansprüche wegen des Eingriffs in ein Geschäftsgeheimnis i.S.v. § 2 RegE den Streitgegenstand bilden. 5

Diese **Beschränkung** auf Geschäftsgeheimnisstreitsachen erscheint aus zwei Gründen **problematisch**:[3] Erstens ist der praktische Regelungsbedarf damit nur teilweise gedeckt, zweitens stellt sich die Frage, ob diese begrenzte Regelung Art. 6 RL vollständig umsetzt. 6

Dass der praktische **Anwendungsbereich zu eng** ist, ergibt sich schlicht daraus, dass die materiell-rechtliche Regelung der §§ 2 ff. RegE Geschäftsgeheimnisse an sich betrifft, d.h. unabhängig von der konkreten prozessualen Situation, die §§ 15 ff. RegE aber auf den – wenn auch wichtigsten – Fall verengt werden, dass das Geheimnis den Streitgegenstand bildet. Vergleichbare Risiken für Geschäftsgeheimnisse durch die Offenlegung im Prozess treten aber auch in anderen Prozesssituationen auf. Hier ist etwa an Fälle zu denken, in denen ein Anspruch nach § 4 Nr. 3 oder § 4 Nr. 4 UWG geltend gemacht wird oder an den Patentverletzungsprozess, in dem es häufig auch um die unberechtigte Nutzung von »begleitendem« Know-how geht. Die Regelung ist 7

---

2 Vgl. *Hauck*, WRP 6/2018, Editorial; *Würtenberger/Freischem*, GRUR 2018, 708, 712.
3 *Schlingloff*, WRP 2018, 666, 669.

zudem auf den **Schutz des potentiellen Klägers** fokussiert und lässt damit außer Acht, dass es für den Beklagten notwendig sein kann, Geschäftsgeheimnisse als **Verteidigungsmittel** in den Prozess einzuführen, bspw. um den Vorwurf der Patentverletzung zu entkräften. Auch eine sachliche Rechtfertigung für die Begrenzung der prozessualen Regelungen auf Geschäftsgeheimnisstreitsachen ist nicht ersichtlich.

8 Diese **Kritikpunkte** wiegen umso schwerer, als die in Art. 8 ff. RL vorgesehenen prozessualen Regelungen zwar ebenfalls erkennbar auf diese Konstellation zugeschnitten sind, die Anforderung nach Art. 6 (1) RL aber generell verlangt, durch Maßnahmen, Verfahren und Rechtsbehelfe einen zivilrechtlichen Schutz von Geschäftsgeheimnissen gegen rechtswidrigen Erwerb, rechtswidrige Offenlegung und Nutzung zu gewährleisten. Auch EG 20 der Enforcement-RL fordert zu Recht ganz generell, dass »die Verfahren den Rechten der Verteidigung Rechnung tragen und die erforderlichen Sicherheiten einschließlich des Schutzes vertraulicher Informationen bieten.« Dem Gesetzgeber war diese Problematik jedenfalls in Teilaspekten bekannt. So findet sich in der Begründung des Referentenentwurfs noch der Hinweis, die Normen könnten ggflls. analog angewendet werden. Auch wurde von Seiten der GRUR auf die verbleibende Lücke hingewiesen.[4]

9 Angesichts der klaren gesetzlichen Regelung ist zu unterscheiden: Soweit das GeschGehG hinter dem **Schutzniveau der RL** zurückbleibt, muss dieser Mangel durch analoge Anwendung der bestehenden Regelungen behoben werden. Das betrifft primär das **eV-Verfahren**. Soweit der Anwendungsbereich zwar ohne Not verengt, die Regelung aber **RL-konform** ist, ist die Entscheidung des Gesetzgebers *de lege lata* hinzunehmen. Sofern andere Gesetze aber den Gerichten für den Geheimnisschutz einen **Ermessensspielraum** belassen, ohne die erforderlichen Maßnahmen im Einzelnen zu benennen, können die §§ 15 ff. RegE auch insoweit als Modell herangezogen werden. Praktisches Beispiel hierfür sind die Normen der Sonderschutzgesetze[5], die der Umsetzung des Art. 6 **Enforcement-RL** dienen.

10 Ersichtlich übersehen wurde zweitens, dass die Regelung dem Wortlaut nach nur Ansprüche erfasst, die nach den **Regeln des IPR** (Art. 8 Rom-II-VO) dem **deutschen materiellen Recht** unterliegen.[6] Nicht bedacht wurde ersichtlich die Konstellation, dass ein Verfahren wegen Geheimnisschutzverletzung vor einem deutschen Gericht im allgemeinen Gerichtsstand des Beklagten (Art. 4 EuGVO, § 12 ff. ZPO) erhoben wird, diesem aber (neben Eingriffen im Inland auch) Verletzungen – bspw. Nutzungshandlungen – im Ausland vorgeworfen werden, die auch materiell-rechtlich **ausländischem Geheimnisschutzrecht** unterliegen. Eine Begrenzung der Schutzmaßnahmen auf Ansprüche, die dem deutschen Recht unterliegen, wäre sachwidrig und wegen des umfassenden Gebots des Schutzes von Geschäftsgeheimnissen in Art. 6 RL auch nicht RL-konform. Die Begrenzung ist insoweit durch Auslegung zu korrigieren.

---

4 *Würtenberger/Freischem*, GRUR 2018, 708, 712.

5 Vgl. § 140 Abs. 1 S. 3, Abs. 3 PatG, § 19a Abs. 1 S. 3, Abs. 3 MarkenG, § 101a Abs. 1 S. 3, Abs. 3 UrhG.

6 Vor §§ 17 ff. UWG Rdn. 101; Einl C Rdn. 293.

II. Die Einstufung als geheimhaltungsbedürftig

Die nach §§ 16 ff. RegE vorgesehenen prozessualen Schutzmaßnahmen greifen nur dann ein, wenn das **potentielle Geschäftsgeheimnis** zuvor als **»geheimhaltungsbedürftig« eingestuft** worden ist. Von der in Art. 9 (1) Satz 2 vorgesehenen Möglichkeit, eine solche Einstufung auch von Amts wegen vorzusehen, hat der deutsche Gesetzgeber keinen Gebrauch gemacht. Folglich ist ein **Antrag** beim Gericht der Hauptsache zu stellen. Die näheren Antragsvoraussetzungen sind in § 20 RegE gesondert geregelt. **11**

Die **Anforderung an die Geheimhaltungsbedürftigkeit** ist erfüllt, wenn der Antragsteller glaubhaft macht, dass es sich um ein Geschäftsgeheimnis i.S.v. § 2 RegE handeln könnte (§ 20 Abs. 3). **Gegenstand der Einstufung** als geheimhaltungsbedürftig ist damit das **potentielle** Geschäftsgeheimnis (arg. ›wenn diese ein Geschäftsgeheimnis sein können‹). Abweichend von § 172 Nr. 2 GVG muss das Geheimnis keine weiteren Anforderungen erfüllen, insbesondere also weder ›wichtig‹ sein, noch die öffentliche Erörterung überwiegend schutzwürdige Interessen beeinträchtigen.[7] Nach Art. 9 (1) Satz 1 RL ist sogar ein »angebliches Geschäftsgeheimnis« ausreichend.[8] Durch diesen abgesenkten Maßstab wird verhindert, dass schon im Rahmen des Antrags auf Schutzmaßnahmen über die materiell-rechtlichen Voraussetzungen nach § 2 Nr. 1 RegE entschieden werden muss. Macht der Antragsteller ein Schutzbedürfnis **nur für einen Teil** der Information geltend, ist die Schutzmaßnahme auf diesen zu beschränken. **12**

Etwas widersprüchlich erscheint die Bestimmung des **Anwendungsbereichs**. Denn einerseits kann der Antrag von »einer«, d.h. jeder Partei, andererseits aber nur in Bezug auf eine »streitgegenständliche« Information gestellt werden kann. Mit ›**streitgegenständlich**‹ ist ersichtlich die Information gemeint, die die Grundlage für geltend gemachte Ansprüche des Geheimnisinhabers bildet. Demgegenüber könnte die **Antragsbefugnis** auch der gegnerischen Partei für eine Erweiterung sprechen, dass der Schutz auch für **einredeweise** geltend gemachte Geheimnisse beansprucht werden kann. Gegen eine solche, erweiternde Auslegung spricht aber, dass § 16 Abs. 1 RegE der Umsetzung von Art. 9 (1) RL dient, der ebenfalls eine Beschränkung auf den Streitgegenstand vorsieht und auch die Gesetzesbegründung keinen Anhaltspunkt dafür bietet, der deutsche Gesetzgeber habe über diesen Mindeststandard hinausgehen wollen. **13**

Will der **Beklagte** von den Schutzmöglichkeiten Gebrauch machen, könnte er allenfalls **Widerklage** auf Feststellung erheben, dass er rechtmäßiger Inhaber des von ihm zur Verteidigung vorgebrachten Geschäftsgeheimnisses ist und dieses keinen Eingriff in das vom Kläger geltend gemachte Recht darstellt oder nach § 14 RegE geltend machen, dass die Klage missbräuchlich sei, weil sie bspw. der Ausforschung dient. In beiden Fällen wäre der Gegenanspruch ebenfalls als Geheimnisschutzstreitsache zu qualifizieren und der Anwendungsbereich des § 16 RegE damit eröffnet. **14**

---

7 RegE Begründung zu § 16 Abs. 1.

8 Kritisch *Hauck*, NJW 2016, 2218, 2223, der die Regelung für überflüssig hält, da die Geheimniseigenschaft nach § 2 schon vorab geprüft werden könne.

III. Verbot der Nutzung und Offenlegung

15 Wurde eine Information nach Abs. 1 als geheimhaltungsbedürftig eingestuft, müssen die am Prozess Beteiligten, die die Information (erst) **durch den Prozess erlangen**, diese vertraulich behandeln und dürfen sie außerhalb des Verfahrens **weder nutzen noch offenlegen**. Etwas missverständlich ist die Einschränkung im Gesetzestext »es sei denn, dass sie von diesen außerhalb des Verfahrens Kenntnis erlangt haben«. Eine vorherige Kenntniserlangung kann nämlich nur dann eine Ausnahme von Vertraulichkeitsverpflichtung und Nutzungsverbot begründen, wenn diese auch **erlaubt i.S.v. § 3 RegE** erfolgt ist.

16 Der **subjektive Anwendungsbereich** der Anordnung ist weit und umfasst die gegnerische Partei, Zeugen, Sachverständige und alle sonstigen Personen, die beteiligt sind oder Zugang zu den Dokumenten erhalten. Zu Letzteren zählt insbesondere das Personal des Gerichts.[9]

17 Das Gebot der vertraulichen Behandlung wird durch das **Verbot der Nutzung und Offenlegung** konkretisiert. Die Begriffe ›Nutzung‹ und ›Offenlegung‹ entsprechen § 1 Abs. 1 RegE (s. dort Rdn. 11). Die Anordnung ist zugleich ein Verbot auf Grund eines Gesetzes i.S.d. § 4 Abs. 2 Nr. 3 RegE, sodass ein Verstoß dagegen nicht nur durch Ordnungsmittel nach § 17 RegE sanktioniert, sondern als **eigenständiger Eingriff nach § 4** Abs. 2 i.V.m. §§ 6 ff. RegE verfolgt werden kann.

IV. Beschränkung der Akteneinsicht

18 Abs. 3 **ergänzt die Geheimhaltungsanordnung** durch eine Beschränkung der Akteneinsicht von Dritten, die – würde sie nicht ebenfalls beschränkt – die Anordnung nach Abs. 2 entwerten könnte. Inhaltlich handelt es sich um eine Regel, die Vorrang vor § 299 ZPO beansprucht und im Hinblick auf das besondere Schutzbedürfnis für Geschäftsgeheimnisse eine Interessenabwägung entbehrlich macht. Dritten darf dann nur eine Abschrift der Akten zur Verfügung gestellt werden, in der das geschützte Geschäftsgeheimnis unkenntlich gemacht wurde.

19 Die **Herstellung entsprechender Abschriften** von eingereichten Schriftstücken oder sonstigen Unterlagen obliegt nach § 20 Abs. 4 RegE dabei der antragstellenden Partei. Diese pragmatische Regelung, wonach das Gericht i.d.R. davon ausgehen darf, dass von den Parteien vorgelegte, aber nicht redigierte Dokumente keine geheimhaltungsbedürftigen Informationen enthalten, dient der ökonomischen Prozessführung und der Vermeidung von Amtshaftungsansprüchen.

§ 17 Ordnungsmittel

Das Gericht der Hauptsache kann auf Antrag einer Partei bei Zuwiderhandlungen gegen die Verpflichtungen nach § 16 Absatz 2 ein Ordnungsgeld bis zu 100 000 Euro oder Ordnungshaft bis zu sechs Monaten festsetzen und sofort vollstre-

9 RegE Begründung zu §16 Abs. 1.

cken. Bei der Festsetzung von Ordnungsgeld ist zugleich für den Fall, dass dieses nicht beigetrieben werden kann, zu bestimmen, in welchem Maße Ordnungshaft an seine Stelle tritt.

Mary-Rose McGuire

Übersicht **Rdn.**

A. Überblick

Die Regelung dient der **Umsetzung von Art. 16 RL.**[1] Die Möglichkeit einer gerichtlichen Schutzmaßnahme während (§ 16 RegE) und nach Abschluss (§ 18 RegE) des Prozesses ist ein großer Fortschritt im Vergleich zum bisher geltenden Recht, wäre aber möglicherweise zahnlos, wenn ihre **Einhaltung** nicht **gewährleistet** werden kann. Dies gilt umso mehr, als die Sorge, das Geheimnis ausgerechnet durch den Prozess preiszugeben, ersichtlich ein Hauptgrund für die bisherige Zurückhaltung der Unternehmen ist, Verletzungen ihrer Geschäftsgeheimnisse auch gerichtlich zu verfolgen.[2] 1

In Übereinstimmung mit **Art. 6 (2) lit. c RL**, wonach Maßnahmen, Verfahren und Rechtsbehelfe **wirksam und abschreckend** sein müssen, sieht § 17 RegE daher vor, dass Verstöße gegen eine **gerichtliche Anordnung nach § 16 Abs. 2** RegE mit einem Ordnungsgeld oder Ordnungshaft sanktioniert werden können. 2

Die Regelung ist eine eigenständige prozessuale Grundlage und tritt neben Ansprüche, die im Fall des Verstoßes gegen eine gesetzliche Verpflichtung zur Verschwiegenheit bzw. gegen ein Nutzungsverbot aus § 4 Abs. 2 RegE in Betracht kommen.[3] Überdies werden strafrechtliche Sanktionen nach § 23 RegE nicht ausgeschlossen.[4] 3

B. Genese

Die RL enthält in Art. 16[5] die an die Mitgliedstaaten gerichtete Vorgabe, dass bei Missachtung der Art. 9, 10 und 12 RL Sanktionen verhängt werden können. Eine Sanktion ist daher insbesondere dann erforderlich, wenn das Gericht die Geheimhaltung angeordnet hat, ein Beteiligter aber gegen die Verschwiegenheitspflicht oder das Nutzungsverbot verstößt. 4

---

1 Siehe dazu auch EG 32.
2 EG 14; vgl. dazu *McGuire*, GRUR 2015, 424, 430 ff.
3 RegE Begründung zu § 17.
4 RegE Begründung zu § 17.
5 S. Art. 15 RL-Vorschlag.

5 Im RefE[6] war ursprünglich lediglich ein Ordnungsgeld von 1.000€ pro Verstoß vorgesehen. Die geringe Höhe wurde allgemein als unzureichend kritisiert[7] und im RegE zu Recht korrigiert. Zudem war lediglich eine Ordnungshaft bis zu einer Woche möglich, während der RegE eine Ordnungshaft bis zu sechs Monate vorsieht.

6 Die Vorschrift erinnert an § 890 ZPO.

C. Die Regelung im Einzelnen

7 **Auf Antrag** einer Partei kann im Fall der Zuwiderhandlung gegen ein gerichtliches Nutzungsverbot ein Ordnungsgeld von bis zu 100.000 € oder Ordnungshaft von bis zu 6 Monaten festgesetzt und vollstreckt werden. Ausweislich der Begründung im Regierungsentwurf spiegelt die Festsetzung des **Höchstbetrags** auf 100.000 € die **wirtschaftliche Bedeutung** von Geschäftsgeheimnissen wieder und soll abschreckende Wirkung entfalten.

8 Ein durch ein deutsches Gericht **gegen eine ausländische Partei** verhängtes Ordnungsgeld ist eine Zivil- und Handelssache und kann daher nach Art 36 ff. EuGVO bzw. 32 ff. LGVÜ auch im europäischen Ausland vollstreckt werden.[8]

§ 18 Geheimhaltung nach Abschluss des Verfahrens

Die Verpflichtungen nach § 16 Absatz 2 bestehen auch nach Abschluss des gerichtlichen Verfahrens fort. Dies gilt nicht, wenn das Gericht der Hauptsache das Vorliegen des streitgegenständlichen Geschäftsgeheimnisses durch rechtskräftiges Urteil verneint hat oder sobald die streitgegenständlichen Informationen für Personen in den Kreisen, die üblicherweise mit solchen Informationen umgehen, bekannt oder ohne weiteres zugänglich werden.

Mary-Rose McGuire

Übersicht

A. Überblick

1 § 18 RegE setzt Art. 9 (1) UAbs. 2 RL um und **verlängert** ein nach § 16 Abs. 2 RegE angeordnetes Nutzungs- und Offenlegungsverbot **über das Prozessende** hinaus. Diese Ergänzung schließt eine anerkannte Lücke des bisherigen Rechts. Denn nach § 174 GVG kann den Prozessbeteiligten nur die Weitergabe des Wissens, nicht aber die

6 *Vgl. § 16 RefE.*
7 *Schlingloff,* WRP 2018, 666, 670.
8 EuGH, 18.10.2011, C-406/09, GRUR 2012, 848 – *Realchemie Nederland.*

eigene Nutzung untersagt werden.[1] Ist der Prozessgegner ein Wettbewerber, liegt aber gerade in der Nutzung für eigene Zwecke ein erhebliches wirtschaftliches Risiko für den Kläger.

Zugleich muss allerdings sichergestellt werden, dass der auf Basis einer Geheimhaltungsanordnung gewährte Schutz **nicht über den außerprozessual bestehenden Schutz** hinausgeht. Andernfalls wäre etwa ein Mitbewerber, der wegen Geheimnisschutzverletzung verklagt worden ist und daher das Geheimnis aufgrund des Prozesses erlangt hat, einem Nutzungsverbot auch dann noch unterworfen, wenn das Vorliegen eines Geheimnisses i.S.v. § 2 RegE verneint worden ist oder dieses zwar ursprünglich bestand, zwischenzeitlich aber allgemein bekannt geworden ist, sodass jeder Dritte es frei nutzen darf. 2

B. Genese

Der jetzt in Art. 9 (1) RL vorgesehene Schutz des geltend gemachten Geheimnisses **gegen die Nutzung und Offenlegung** durch andere Prozessbeteiligte während oder **nach dem Prozess** war bereits im Vorschlag 2013 – dort als Art. 8 RL – vorgesehen. Dass diese Maßnahmen erforderlich sind, ist allgemeiner Konsens, die Regelung daher unverändert auch in die endgültige RL-Fassung übernommen worden. 3

Die Regelung trägt zugleich **Art. 7 (1) RL** Rechnung, wonach die angeordneten Maßnahmen **verhältnismäßig** sein und die Vermeidung von Schranke für den rechtmäßigen Handel im Binnenmarkt vermeiden müssen. Diese Beschränkung der Rechtsbehelfe auf das erforderliche Maß kann – ausweislich des EG 27 – auch eine Befristung erforderlich machen und soll »in keinem Fall vollstreckbar sein, wenn die ursprünglich dem Geschäftsgeheimnis unterliegenden Informationen aus Gründen, die nicht der Antragsgegner zu vertreten hat, allgemein zugänglich geworden sind.« 4

Die nunmehr in § 18 RegE vorgesehene Regelung ist auch im deutschen Schrifttum begrüßt worden. Kritik wurde allein daran geübt, dass der **Anwendungsbereich** auf Geschäftsgeheimnisstreitsachen **begrenzt** ist. Diese Begrenzung ist grundsätzlich RL-konform, weil die Mitgliedstaaten auch nach Art. 9 (1) RL die dort genannten Maßnahmen nur für Gerichtsverfahren vorsehen müssen, die »den rechtswidrigen Erwerb oder die rechtswidrige Nutzung oder Offenlegung eines Geschäftsgeheimnisses zum Gegenstand« haben. Auch hier setzt sich aber einerseits der bereits in § 16 RegE angelegte Fehler fort, wonach die Schutzmaßnahmen nach dem Wortlaut nur im Hauptsacheverfahren vorgesehen sind (s. dazu § 16 Rdn. 9), Andererseits wird der ersichtlich bestehende Regelungsbedarf in anderen Verfahren, in denen ein Geschäftsgeheimnis als Angriffs- oder Verteidigungsmittel geltend gemacht wird, nicht erfasst. 5

C. Die Regelung im Einzelnen

§ 18 Satz 1 RegE knüpft an eine Schutzmaßnahme nach § 16 Abs. 2 RegE an. Voraussetzungen und Adressatenkreis entsprechen daher § 16 Abs. 1 RegE. Ein nachprozes- 6

1 Ausführlich hierzu McGuire, GRUR 2015, 424, 433.

suales Verbot der Nutzung und Offenlegung setzt darüber hinaus voraus, dass weder die Schutzmaßnahme nach § 16 zwischenzeitlich aufgehoben, noch das Vorliegen eines Geschäftsgeheimnisses rechtskräftig verneint worden ist.

7 Das Verbot der Nutzung und Offenlegung greift damit nicht nur ein, wenn der Geheimnisinhaber obsiegt, sondern auch, wenn der Geheimnisinhaber im Prozess **aus anderen Gründen**, bspw. mangels Verletzung oder deswegen verliert, weil der Beklagte sich auf einen Rechtfertigungstatbestand nach § 5 RegE berufen kann. Explizit erwähnt wird auch der Fall, dass die Parteien einen Vergleich schließen.[2]

8 Nach S. 2 wird das gerichtliche Verbot in Übereinstimmung mit der aus den Schutzvoraussetzungen ableitbaren **Beschränkung der Schutzdauer** für Geschäftsgeheimnisse auf die Dauer, für die sie **tatsächlich faktisch geheim** sind, auch **zeitlich begrenzt**. In diesem Fall ist die Erlangung, Nutzung und Offenlegung grundsätzlich erlaubt, sodass auch ein spezifisch an die Prozessbeteiligten gerichtetes Verbot keine Rechtfertigung hat.

9 Nach **Satz 2 1. Alt.** entfällt ein Verbot, wenn die Anerkennung der Information als Geschäftsgeheimnis durch rechtskräftige Entscheidung abgelehnt wurde, weil die Information im für die Entscheidung maßgeblichen Zeitpunkt die Voraussetzungen nach § 2 Nr. 1 nicht erfüllt hat. Fraglich ist, ob das auch für den Fall gilt, dass die Geheimnisqualität gerade deswegen verneint worden ist, weil der Beklagte den Geheimnisverlust durch eine Offenlegung an einen nicht kontrollierbaren Personenkreis bzw. die Bekanntgabe an die Öffentlichkeit verursacht hat. Während EG 27 diesen Fall explizit ausnimmt, sieht die deutsche Umsetzung keine solche Ausnahme vor. Hier wird der (vormalige) Geheimnisinhaber auf Ersatzansprüche verwiesen.

10 Nach **Satz 2 2. Alt.** entfällt das Verbot außerdem, wenn die Information nach Prozessende den Geheimnischarakter verliert, weil sie allgemein bekannt oder leicht zugänglich geworden ist. Würde das gerichtliche Verbot nicht gleichfalls entfallen, wäre die Nutzung oder Offenlegung mangels Geheimnischarakters zwar kein Verstoß gegen § 4 RegE, könnte aber ein **Ordnungsmittel nach § 17 RegE** nach sich ziehen. Dadurch könnten Prozessbeteiligten im Vergleich zu Dritten Wettbewerbsnachteile entstehen, die durch den Geheimnisschutz nicht (mehr) gerechtfertigt sind.

11 Nach dem Gesetzeswortlaut (arg. »gilt nicht«) entfällt die Verpflichtung automatisch. Ein Antrag auf förmliche **Aufhebung ist nicht erforderlich**.

§ 19 Weitere gerichtliche Beschränkungen

(1) Zusätzlich zu § 16 Absatz 1 beschränkt das Gericht der Hauptsache zur Wahrung von Geschäftsgeheimnissen auf Antrag einer Partei den Zugang ganz oder teilweise auf eine bestimmte Anzahl von Personen

1. zu von den Parteien oder Dritten eingereichten oder vorgelegten Dokumenten, die Geschäftsgeheimnisse enthalten können, oder

2 RegE Begründung zu § 18.

2. zur mündlichen Verhandlung, bei der Geschäftsgeheimnisse offengelegt werden könnten, und zu der Aufzeichnung oder dem Protokoll der mündlichen Verhandlung.

Dies gilt nur, soweit nach Abwägung aller Umstände das Geheimhaltungsinteresse das Recht der Beteiligten auf rechtliches Gehör auch unter Beachtung ihres Rechts auf effektiven Rechtsschutz und ein faires Verfahren übersteigt.

Es ist jeweils mindestens einer natürlichen Person jeder Partei und ihren Prozessvertretern oder sonstigen Vertretern Zugang zu gewähren. Im Übrigen bestimmt das Gericht nach freiem Ermessen, welche Anordnungen zur Erreichung des Zwecks erforderlich sind.

(2) Wenn das Gericht Beschränkungen nach Absatz 1 Satz 1 trifft,
1. kann die Öffentlichkeit auf Antrag von der mündlichen Verhandlung ausgeschlossen werden und
2. gilt § 16 Absatz 3 für nicht zugelassene Personen.

(3) Die §§ 16 bis 19 Absatz 1 und 2 gelten entsprechend im Verfahren der Zwangsvollstreckung, wenn das Gericht der Hauptsache Informationen nach § 16 Absatz 1 als geheimhaltungsbedürftig eingestuft oder zusätzliche Beschränkungen nach Absatz 1 Satz 1 getroffen hat.

Mary-Rose McGuire

Übersicht Rdn.

A. Einführung

1 § 19 RegE dient der Umsetzung von Art. 9 (2) und (3) RL und sieht weitere **spezifische Maßnahmen zur Wahrung der Vertraulichkeit** vor. Während § 16 Abs. 2 RegE nur die Möglichkeit schafft, den Beteiligten, die durch die Teilnahme am Verfahren Kenntnis vom streitgegenständlichen Geheimnis erlangen, die Nutzung oder Weitergabe zu verbieten, setzt § 19 RegE beim Kreis der Beteiligten an und beschränkt damit die Mitwisser, die nach § 16 RegE einer Verschwiegenheitspflicht bzw. einem Nutzungsverbot unterworfen werden müssen.

2 **Abs. 1 Nr. 1** betrifft die Beschränkung des Zugangs zu den Verfahrensakten, **Abs. 1 Nr. 2** beschränkt die Teilnahme an der mündlichen Verhandlung auf eine bestimmte Anzahl von Personen. Wurde eine solche Maßnahme nach Abs. 1 angeordnet kann nach **Abs. 2** auch die Öffentlichkeit von der Verhandlung ausgeschlossen und die Akteneinsicht aller nicht zugelassenen Person in gleicher Weise beschränkt werden, wie dies für Dritte nach § 16 Abs. 3 RegE vorgesehen ist. **Abs. 3** ordnet an, dass vom

Hauptsachegericht getroffene Maßnahmen dann auch im Zwangsvollstreckungsverfahren Geltung beanspruchen.

3 Diese auf den ersten Blick umfassenden und aus der Perspektive des Geheimnisschutzes vielversprechenden Maßnahmen stehen aber unter einem **mehrfachen Vorbehalt**, der Effizienz und Anwendungshäufigkeit erheblich reduziert. Denn nach **Satz 3** stehen diese Maßnahmen nicht *per se* in allen Geheimnisschutzstreitsachen zur Verfügung, sondern nur auf Basis einer Interessenabwägung im Einzelfall, wenn das Geheimhaltungsinteresse die durch die Verfahrensgrundrechte geschützten Interessen der Beteiligten überwiegt. Selbst dann ist aber kein völliger Ausschluss vorgesehen, sondern **mindestens einer natürlichen Person** jeder Partei und ihren Prozessvertretern **Zugang** zu gewähren. Damit hat der Gesetzgeber eine Art ***in camera*-Verfahren *light*** geschaffen. Der Wahrung des rechtlichen Gehörs wird damit pauschal der Vorrang vor dem Geheimhaltungsinteresse und dem Recht auf effektiven Rechtsschutz eingeräumt, immerhin aber durch die konzise Beschränkung der Teilnehmer die Möglichkeit des Geheimnisinhabers gestärkt, die Kontrolle über den Kreis der Mitwisser zu wahren.

4 Angesichts dieser Szenarien kann die praktische Umsetzung der Beschränkung ggf. mit erheblichem Aufwand für Gericht und Parteien verbunden sein.

B. Genese

5 Die Regelung war ursprünglich in **Art. 8 (2) RL-Vorschlag 2013** enthalten und hatte dort in Abs. 2 ein **echtes *in camera*-Verfahren** vorgesehen. Während dieser Vorschlag aus der Sicht des effektiven Geheimnisschutzes begrüßt worden ist, wurden zugleich Bedenken laut, ob dies mit dem Recht auf rechtliches Gehör vereinbar ist. Die Diskussion auf europäischer Ebene wies dabei deutliche Parallelen zu der schon seit den 80er Jahren im deutschen Schrifttum geführten Debatte auf.[1] Auch im Ergebnis ähnlich hat der europäische Gesetzgeber zu Gunsten der Verfahrensgrundrechte auf ein echtes *in camera*-Verfahren verzichtet. Art. 9 (2) RL erlaubt zwar die Begrenzung der Teilnehmer an der mündlichen Verhandlung, sieht aber zur Sicherung des rechtlichen Gehörs der Beteiligten vor, dass mindestens ein Vertreter jeder Partei sowie der Prozessvertreter daran teilnehmen dürfen. Die Verfahrensgrundrechte werden zusätzlich durch Art. 9 (3) gesichert, wonach bei der Entscheidung über die Maßnahmen nach Abs. 2 eine umfassende Interessenabwägung erfolgen muss.

6 Die vom deutschen Gesetzgeber vorgesehene Regelung ist ohne Zweifel **richtlinienkonform**. Ob sie auch zweckmäßig ist, also einen ausreichend effektiven Rechtsschutz verspricht, muss sich erst in der Praxis zeigen. Umstritten ist allerdings schon jetzt, ob die Ablehnung eines *in camera*-Verfahrens durch die RL verbindlich vorgegeben ist oder ob die nationalen Gesetzgeber über den verbindlich vorgegebenen Kanon hinausgehen und ein volles *in camera*-Verfahren vorsehen dürften.[2]

1 Ausführlich hierzu *McGuire*, GRUR 2015, 424, 430 ff.
2 Ausführlich hierzu *Druschel/Jauch*, BB 2018, 1218, 1219 f.

Umstritten ist, ob der nationale Gesetzgeber über den Mindeststandard der RL hinausgehen und ein **echtes *in camera*-Verfahren** vorsehen darf.[3] Für die Annahme, dass das Model *in camera light* verbindlich ist, spricht, dass sich auch in Art. 9 (2) aE der Vorbehalt findet, die Anzahl der Personen müsse »mindestens eine natürliche Person jeder Partei und ihre jeweiligen Rechtsanwälte oder sonstigen Vertreter dieser Gerichtsverfahrensparteien umfassen«. Für die Gegenansicht, dass auch ein echtes *in camera*-Verfahren zulässig wäre, wird geltend gemacht, dass es sich lediglich um Mindeststandards handele und Art. 9 (2) im Katalog der vollharmonisierten Vorschriften gerade nicht genannt wird. Es müsse einen Grund dafür geben, dass nur Art. 9 (1), (3) und (4) zwingend seien, Abs. 2 aber explizit ausgenommen wurde. Interessant ist vor diesem Hintergrund, dass andere Mitgliedstaaten die RL insoweit deutlich klägerfreundlicher ausgestaltet und – wie etwa Frankreich – ein echtes *in camera* Verfahren vorgesehen haben. Ein solches ist im Übrigen grundsätzlich sowohl unionsrechtlich als auch verfassungsrechtlich zulässig.[4] Jedenfalls dann, wenn sich die nunmehr vorgesehene Maßnahme nicht bewährt, sollte auch der deutsche Gesetzgeber diesen Ansatz überdenken. 7

C. Die Maßnahmen im Einzelnen

I. Die Beschränkung der Anzahl der Personen, Abs. 1

Nach Abs. 1 kann der **Kreis der Beteiligten**, die in vollem Umfang am gesamten Verfahren teilnehmen können, auf Antrag auf eine bestimmte Anzahl von Personen **beschränkt** werden. Die Beschränkung kann sich dabei entweder auf den Zugang zu Dokumenten beziehen, die Geschäftsgeheimnisse umfassen können, oder auf die mündliche Verhandlung. 8

Im Fall der **Nr. 1** wird lediglich die Einsicht in einzelne, konkret bezeichnete **Dokumente** verwehrt, in denen die als Geschäftsgeheimnis in Anspruch genommene Information enthalten ist. Hier ist neben Schriftstücken, die das Geheimnis selbst dokumentieren, bspw. Konstruktionszeichnungen, Kundenlisten etc., insbesondere auch an Schriftwechsel zwischen Personen zu denken, die angeblich an der unbefugten Nutzung oder Weitergabe beteiligt waren, bspw. einer Email, die ein (ehemaliger) Mitarbeiter an einen externen Empfänger versendet hat. 9

Im Fall der **Nr. 2** wird nicht nur der Zugang zu Dokumenten, sondern zur **mündlichen Verhandlung** beschränkt. Darin liegt ein ungleich stärkerer Eingriff in die Beteiligungsrechte, weil die mündliche Verhandlung nach der Konzeption der ZPO das **Kernstück des Prozesses** und die Basis für die Überzeugungsbildung des Gerichts bildet (§ 128 ZPO). Genau diese Bedenken scheinen hinter der restriktiven Umsetzung zu stehen. 10

3 Vgl. *McGuire*, GRUR 2015, 424, 430; *Redeker/Pres/Gittinger*, WRP 2015, 812; *Hauck*, NJW 2016, 2218.

4 EuGH, 13.07.2006, Rs. C438/04, MMR 2006, 803 – *Mobistar*; *König*, Mitt 2002, 153, 164; *Bornkamm*, FS Ullmann, 2006, 893, 894; *Spindler/Weber*, MMR 2006, 711, 713 ff.; *Rojahn*, FS Loewenheim, 2009, 251, 263 f.

11 Aus der erwähnten Möglichkeit, dass die Maßnahmen auch nur für Teile angeordnet werden können und dem Vorbehalt in Satz 2, dass eine Maßnahme nur anzuordnen ist, wenn und soweit sie erforderlich ist, ist davon auszugehen, dass ein **vollständiger Ausschluss von der gesamten Verhandlung** nur im extremen Ausnahmefall in Betracht kommt. Denn neben der Existenz des Geheimnisses müssen in der Verhandlung auch eine Reihe weiterer Voraussetzungen geklärt werden, so etwa ob eine Verletzungshandlung vorliegt, ob diese verschuldet ist sowie ob, in welcher Form und in welchem Umfang das Geschäftsgeheimnis anschließend genutzt und verwertet wurde. Schließlich ist an alle Einwendungen zu denken, bei denen die Auswirkungen einer möglichen Verurteilung auf den Beklagten im Rahmen der Verhältnismäßigkeit zu prüfen sind. All diese Fragen erfordern nicht notwendig, dass das Geheimnis im Detail preiszugeben ist, sodass insoweit dann auch kein Anlass besteht, den Zugang zur Verhandlung zu beschränken.

12 Soweit der Zugang beschränkt wird, wird davon – aus logischen Gründen – auch die **Einsicht in das Protokoll** umfasst.

13 Beide Maßnahmen kommen nur unter **drei kumulativen Voraussetzungen** in Betracht.

14 Zunächst muss der Antrag auf Einstufung als **Geschäftsgeheimnis nach § 16 Abs. 1 RegE** erfolgreich gewesen sein.[5]

15 Zweitens muss eine **Abwägung aller Umstände des Einzelfalls** für die Anordnung sprechen. Bei der Interessenabwägung zwischen dem Geheimhaltungsinteresse einerseits und den Verfahrensgrundrechten der Beteiligten andererseits muss Ersteres überwiegen. Die Abwägung mit den Verfahrensgrundrechten der Beteiligten, an Stelle des Interesses des Antragsgegners überrascht, da nach dem Wortlaut der Antrag des Geheimnisinhabers auch abgelehnt werden könnte, weil sein eigenes Interesse auf ein faires Verfahren dies erfordert. Eine solche Bevormundung ist nicht nur wenig sachgemäß, sondern widerspricht auch dem anerkannten Grundsatz, dass eine Partei auf ihr rechtliches Gehör verzichten kann. In einem Antrag auf Beschränkung der Teilnahmeberechtigten wird wohl ein solcher Verzicht liegen.

16 Die dritte – rechtspolitisch problematische – Voraussetzung ist, dass jeweils **mindestens einer natürlichen Partei und ihrem Prozessvertreter** Zugang zu gewähren ist. Es ist also auch für einzelne Verfahrensphasen nicht möglich, die gegnerische Naturalpartei von der Teilnahme an der mündlichen Verhandlung auszuschließen. Damit hat der Gesetzgeber der im Schrifttum wiederholt erhobenen Forderung, die Teilnahme auf den zur Verschwiegenheit verpflichteten Prozessvertreter zu begrenzen,[6] eine Absage erteilt.

---

5 *RegE* Begründung zu § 19 Abs. 1.

6 *Hauck*, NJW 2016, 2218, 2222; *McGuire*, GRUR 2015, 424, 433; vgl. *Ahrens*, in Wieczorek/Schütze, ZPO Kommentar, Vorb. § 284 ZPO Rn. 49.

Beide Maßnahmen setzen einen **Antrag einer Partei** voraus, wobei auch hier das Problem auftritt, dass wegen der Bezugnahme auf § 16 Abs. 1 RegE der Anwendungsbereich auf streitgegenständliche Geheimnisse beschränkt ist. Entsprechend wird der Antrag – sieht man vom Fall einer negativen Feststellungsklage ab – stets vom Kläger als (Vertreter des) Geheimnisinhaber(s) gestellt werden. Das Antragsverfahren richtet sich nach § 20 RegE. **17**

Aus dem Gesetzeswortlaut geht nicht eindeutig hervor, wer die **Anzahl** bestimmt und wie die **konkret teilnahmeberechtigten Personen** auszuwählen sind. Der Wortlaut der Norm legt allerdings nahe, dass der Antrag bereits in Bezug auf eine bestimmte Anzahl von Personen zu stellen ist. Das Gericht wird dies entweder billigen oder weiter (aber nicht enger) festlegen, wenn eine breitere Beteiligung zur Wahrung der Interessen erforderlich erscheint. Da sowohl RL als auch Gericht stets von der »Anzahl« der Personen spricht, ist davon auszugehen, dass jede Partei selbst bestimmen darf, wer von dem Teilnahmerecht konkret Gebrauch macht. **18**

Gerade dieser letzte Punkt zeigt zugleich, dass die Regelung einen deutlich **engeren Anwendungsbereich** hat, als in der umfangreichen Diskussion angeklungen ist. In Prozessen, in denen die Verletzung – und das ist der statistische Regelfall – von einem (ehemaligen) Arbeitnehmer oder einem selbständigen Geschäftspartner verübt wurde, läuft die vorgesehene Maßnahme faktisch leer, weil auf der Seite des Beklagten ohnedies nur eine natürliche Person in Betracht kommt und diese daher auch nicht ausgeschlossen werden kann. **19**

Nicht ganz klar ist, welche **weiteren Anordnungen** der Gesetzgeber mit der in § 19 Abs. 1 S. 4 RegE getroffenen Regelung vor Augen hatte, wonach das Gericht im Übrigen **nach freiem Ermessen** das zur Zweckerreichung Erforderliche bestimmen soll. Wortlaut und die insoweit sehr sparsame Gesetzesbegründung legen allerdings nahe, dass damit nur die verfahrensmäßige Durchführung der Maßnahme, bspw. die genaue Anzahl der Personen, die Frist für die Benennung der zugangsberechtigten Personen oder die hiervon betroffenen Teile der Verhandlung gemeint sind. Die Regelung ließe sich aber auch dahingehend interpretieren, dass das Gericht in diesem Kontext auch andere, **ergänzende Maßnahmen** treffen darf. Dass hierfür ein Bedarf besteht, liegt auf der Hand und sollte jedenfalls insoweit genutzt werden, als die bestehende Regelung andernfalls hinter den Vorgaben der RL zurückbleibt. **20**

Denn trotz des erheblichen Fortschritts wird die nunmehr vorgesehene Regelung dem Anspruch auf effektiven Schutz nicht vollständig gerecht. Problematisch ist einerseits, dass der Kläger als Geheimnisträger verpflichtet ist, sein Geheimnis in den Prozess einzuführen, bevor dessen Schutzfähigkeit nach § 2 Nr. 1 RegE feststeht. Wird die Information aber eingeführt und anschließend der Geheimnischarakter in Frage gestellt, hat der Kläger sein aus seiner Perspektive **wertvolles Wissen**, seinem Prozessgegner – möglicherweise einem Mitbewerber – bereits auf dem Silbertablett serviert. Wird der Bestand eines Geschäftsgeheimnisses aber rechtskräftig verneint, ist ein Nutzungsverbot nach Abschluss des Prozesses nach dem eindeutigen Wortlaut des § 18 ausgeschlossen. Selbst wenn die Anerkennung als Geschäftsgeheimnis nicht in Frage steht, erscheint die Offenlegung im Prozess problematisch, wenn die auf Beklagtenseite **21**

zugangsberechtigte Person zugleich die ist, von der das größte Verletzungspotential ausgeht. So etwa, wenn nicht der Unternehmensjurist, sondern der technisch sachkundige Einzelunternehmer an der Verhandlung teilnimmt. Denn eine – ggfls. sogar unwillkürliche – Verwertung lässt sich gar nicht ausschließen.

22 Diese **verbleibenden Defizite** ließen sich jedenfalls erheblich entschärfen, wenn das Gericht die Möglichkeit hat, weitere erforderliche Maßnahmen zu treffen, solange diese mit der in Abs. 1 Satz 2 zum Ausdruck gebrachten Wertung übereinstimmen. Hier ist etwa an eine **Strukturierung des Prozessvortrags** zu denken, die es dem Geheimnisträger erlaubt, das Geheimnis erst im Detail zu substantiieren, wenn der Nachweis einer – bei vorausgesetzter Schutzfähigkeit – rechtswidrigen Eingriffshandlung gelungen ist.[7]

II. Der Ausschluss der Öffentlichkeit, Abs. 2

23 Wenn und soweit eine Maßnahme nach Abs. 1 Satz 1 angeordnet und der Zugang zu den Dokumenten oder die Teilnahme an der mündlichen Verhandlung auf eine bestimmte Anzahl von Personen beschränkt wird, kann diese Beschränkung nach **Abs. 2 Nr. 1** durch den **Ausschluss der Öffentlichkeit** von der mündlichen Verhandlung ergänzt werden. Im Fall der Vorlage von geheimen Dokumenten bietet sich die Maßnahme an, da nicht ausgeschlossen werden kann, dass bei der Erörterung der Sach- und Rechtslage auf diese Bezug genommen und dadurch Geheimnisse preisgegeben werden. Soweit nach Abs. 1 Nr. 2 sogar Beteiligte von der Teilnahme ausgeschlossen sind, muss dies umso mehr für die Öffentlichkeit gelten.

24 Ist die Öffentlichkeit vom Verfahren ausgeschlossen muss dann aber auch die **Akteneinsicht** entsprechend beschränkt werden. Zu diesem Zweck sieht Abs. 2 Nr. 2 vor, dass nicht zur Teilnahme zugelassene Personen wie prozessfremde Dritte nach § 16 Abs. 3 RegE nur Zugang zu einer redigierten Fassung gewährt wird.

III. Fortgeltung im Fall der Zwangsvollstreckung, Abs. 3

25 Wurde ein Geheimnis nach § 16 Abs. 1 RegE als schutzbedürftig eingestuft und auf dieser Basis eine Maßnahme nach § 19 RegE angeordnet, so erstreckt sich deren Wirkung auch auf das **Zwangsvollstreckungsverfahren**.

26 Ob diese theoretisch klare und sinnvolle Regelung sich auch in der Praxis bewährt, erscheint allerdings fraglich, da die Durchsetzung ohne Offenlegung des Geheimnisses häufig auf praktische Schwierigkeiten stoßen wird. Schon im **Urteilstenor** müssen Geheimnis und Verletzungshandlung zumindest schlagwortartig benannt werden.[8] Geht es nicht lediglich um Zahlung einer Geldsumme, sondern um die Unterlassung der weiteren Nutzung, bspw. eines Herstellungsverfahrens, muss die zu **unterlassende Handlung** daher ausreichend klar geschildert sein, damit das Vollstreckungsorgan erkennen kann, ob ein (kerngleicher) Verstoß vorliegt. Dasselbe gilt für die Beschlagnahme und **Vernichtung von rechtsverletzenden Produkten**. Schließlich ist zu beden-

7 Vgl. dazu *McGuire*, GRUR 2015, 424, 434.

8 Vgl. RegE Begründung zu § 19 Abs. 3, wonach der Urteilstenor nicht redigiert werden kann.

ken, dass eine zu restriktive oder offene Fassung der Entscheidung ein Hindernis für die Vollstreckung im (europäischen) Ausland darstellen kann.

§ 20 Verfahren bei Maßnahmen nach den §§ 16 bis 19

(1) Das Gericht der Hauptsache kann eine Beschränkung nach § 16 Absatz 1 und § 19 Absatz 1 ab Anhängigkeit des Rechtsstreits anordnen.

(2) Die andere Partei ist spätestens nach Anordnung der Maßnahme vom Gericht zu hören. Das Gericht kann die Maßnahmen nach Anhörung der Parteien aufheben oder abändern.

(3) Die den Antrag nach § 16 Absatz 1 oder § 19 Absatz 1 stellende Partei muss glaubhaft machen, dass es sich bei der streitgegenständlichen Information um ein Geschäftsgeheimnis handelt.

(4) Werden mit dem Antrag oder nach einer Anordnung nach § 16 Absatz 1 oder einer Anordnung nach § 19 Absatz 1 Nummer 1 Schriftstücke und sonstige Unterlagen eingereicht oder vorgelegt, muss die den Antrag stellende Partei diejenigen Ausführungen kennzeichnen, die nach ihrem Vorbringen Geschäftsgeheimnisse enthalten. Im Fall des § 19 Absatz 1 Nummer 1 muss sie zusätzlich eine Fassung ohne Preisgabe von Geschäftsgeheimnissen vorlegen, die eingesehen werden kann. Wird keine solche um die Geschäftsgeheimnisse reduzierte Fassung vorgelegt, kann das Gericht von der Zustimmung zur Einsichtnahme ausgehen, es sei denn, ihm sind besondere Umstände bekannt, die eine solche Vermutung nicht rechtfertigen.

(5) Das Gericht entscheidet über den Antrag durch Beschluss. Gibt es dem Antrag statt, hat es die Beteiligten auf die Wirkung der Anordnung nach § 16 Absatz 2 und § 18 und Folgen der Zuwiderhandlung nach § 17 hinzuweisen. Beabsichtigt das Gericht die Zurückweisung des Antrags, hat es die den Antrag stellende Partei darauf und die Gründe hierfür hinzuweisen und ihr binnen einer zu bestimmenden Frist Gelegenheit zur Stellungnahme zu geben. Die Einstufung als geheimhaltungsbedürftig nach § 16 Absatz 1 und die Anordnung der Beschränkung nach § 19 Absatz 1 kann nur gemeinsam mit dem Rechtsmittel in der Hauptsache angefochten werden. Im Übrigen findet die sofortige Beschwerde statt.

(6) Gericht der Hauptsache im Sinne dieses Abschnitts ist
1. das Gericht des ersten Rechtszuges oder
2. das Berufungsgericht, wenn die Hauptsache in der Berufungsinstanz anhängig ist.

Mary-Rose McGuire

Übersicht Rdn.

A. Überblick

1 § 20 RegE legt den **prozessualen Rahmen** für die in den §§ 16–19 RegE vorgesehenen **Schutzmaßnahmen** fest. Ein erheblicher Fortschritt gegenüber den Regelungen des GVG besteht insbesondere darin, dass die Maßnahme bereits mit Anhängigkeit erlassen werden kann. Dadurch wird das Problem behoben, dass eine substantiierte Klage bereits das Geheimnis darlegen muss, die Anordnung aber erst in der mündlichen Verhandlung – d.h. nach Zustellung der Klageschrift – erfolgen konnte. In der Praxis wurde deshalb empfohlen, eine ›leere‹ Klageschrift einzureichen und den Sachvortrag erst in der Verhandlung nachzuholen. Diese prozesstaktischen Überlegungen sind nunmehr entbehrlich.

B. Genese

2 Es handelt sich um eine ergänzende **autonome Regelung**, die weder in der RL noch im allgemeinen Prozessrecht ein unmittelbares Vorbild findet. Diese ergänzenden Schutzmaßnahmen im Prozess waren aber bereits vor Veröffentlichung des deutschen Entwurfs Gegenstand der Fachdiskussion.[1]

C. Die Regelung im Einzelnen

3 **Abs. 1** legt den **Zeitpunkt** fest, ab dem das Gericht eine Schutzmaßnahme treffen kann. Abweichend von §§ 169 ff. GVG kann der Antrag auf eine Schutzanordnung bereits **ab Anhängigkeit** des Verfahrens gestellt und darüber entschieden werden. Diese Vorverlegung ermöglicht es dem Kläger sicherzustellen, dass dem Prozessgegner bereits mit Zustellung der Klage auch die Geheimhaltung nach § 16 Abs. 2 RegE auferlegt wird und schließt damit die bislang bestehende Rechtsschutzlücke.[2]

4 Nach **Abs. 2** wird das **rechtliche Gehör des Antragsgegners** nachträglich gewahrt. Das Gericht kann auf die vom Antragsgegner geltend gemachten Bedenken durch eine Aufhebung oder Änderung, bspw. einer Einschränkung des Umfangs der geschützten Informationen reagieren. Mit diesem »abgestuften Verfahren«[3] soll der Tatsache Rechnung getragen werden, dass sich ein zu weitgehender Schutz sehr leicht korrigieren, eine erfolgte Offenlegung aber nicht rückgängig gemacht werden kann. Wie die Gesetzesbegründung betont, ist aufgrund des Schutzbedürfnisses und des erheblichen Risikos eines andernfalls drohenden Geheimnisverlustes, davon auszugehen, dass die anfänglich umfassende Anordnung der Geheimhaltung den Regelfall darstellen wird.[4]

5 **Abs. 3** erleichtert es dem Antragsteller durch eine **Absenkung des Beweismaßes**, die Anordnung von Geheimhaltungsmaßnahmen zu erzielen. Mit seinem Vortrag muss der Antragsteller lediglich glaubhaft machen, dass es sich um ein Geschäftsgeheimnis handelt. Es handelt sich bei Abs. 3 um eine gesetzliche Anordnung der Glaubhaftmachung

1 Vgl. *Hauck,* NJW 2016, 2218, 2221 ff.; *Schlingloff,* WRP 2018, 666 ff.
2 *Rojahn, FS Loewenheim, 2009,* 251, 263.
3 RegE Begründung zu § 20 Abs. 2.
4 RegE Begründung zu § 22 Abs. 2.

i.S.d. § 294 ZPO, sodass zusätzlich zu den Beweismitteln des Strengbeweises ausdrücklich auch die Versicherung an Eides statt erlaubt ist. Angesichts der in der RL gewählten Formulierung zum Schutz eines »angeblichen« Geschäftsgeheimnisses ist für die Glaubhaftmachung grundsätzlich ein großzügiger Maßstab anzulegen.[5]

Abs. 4 erleichtert die praktische Umsetzung der Maßnahmen durch die Anforderung, dass eine Partei, die eine Beschränkung des Zugangs zu Dokumenten beantragt, die **geheimzuhaltenden Teile kennzeichnen** und eine redigierte Fassung einreichen muss. Erfüllt die antragstellende Partei diese **Obliegenheit** nicht, so darf das Gericht – vorbehaltlich der Erkennbarkeit besonderer Umstände – davon ausgehen, dass der Antragsteller mit der Nutzung der unredigierten Fassung im Rahmen des Prozesses einverstanden ist. **6**

Nach **Abs. 5** entscheidet das Gericht über einen Antrag auf Anordnung einer Schutzmaßnahme durch **Beschluss**. Ein stattgebender Beschluss hat die Beteiligten über die Wirkung zu belehren. Diese Belehrung betrifft sowohl das Verbot der Nutzung und Offenlegung (§ 16 RegE) als auch die Möglichkeit, im Fall der Zuwiderhandlung ein Ordnungsmitteln anzuordnen (§ 17 RegE). Einem abweisenden Beschluss hat ein Hinweis auf die Gründe und die Gelegenheit zur Stellungnahme seitens des Antragstellers vorauszugehen. Um eine Verzögerung des Verfahrens durch einen Streit um die Berechtigung der Maßnahme zu vermeiden ist vorgesehen, dass gegen einen **stattgebenden Beschluss** Rechtsmittel nur gemeinsam mit der Hauptsache eingelegt werden können. Wird der Antrag demgegenüber (teilweise) abgelehnt, kann der Antragsteller dagegen mit der **sofortigen Beschwerde** vorgehen. Auch die gespaltene Anfechtbarkeit trägt dem Bedürfnis Rechnung, im Zweifel zunächst den Schutz zu gewähren, weil der *status quo* nachträglich nicht wieder hergestellt werden kann.[6] 7

Abs. 6 ergänzt, dass das Hauptsachegericht der Instanz, in der das Verfahren anhängig ist, für die Entgegennahme des Antrags und die Anordnung der Maßnahme zuständig ist. Im Fall des Antrags auf eine einstweilige Maßnahme ist davon auszugehen, dass die insoweit lückenhafte Regelung (s. dazu § 16 Rdn. 9) in analoger Anwendung von §§ 937, 802 ZPO zu ergänzen ist und das potentielle Hauptsachegericht auch insoweit zuständig ist. **8**

§ 21 Bekanntmachung des Urteils

(1) Der obsiegenden Partei einer Geschäftsgeheimnisstreitsache kann auf Antrag in der Urteilsformel die Befugnis zugesprochen werden, das Urteil oder Informationen über das Urteil auf Kosten der unterliegenden Partei öffentlich bekannt zu machen, wenn die obsiegende Partei hierfür ein berechtigtes Interesse darlegt. Form und Umfang der öffentlichen Bekanntmachung werden unter Berücksichti-

5 Kritisch dazu, welche Anforderungen an die Glaubhaftmachung zu stellen sind, *Schlingloff*, WRP 2018, 666, 670.
6 RegE Begründung zu § 20 Abs. 5.

gung der berechtigten Interessen der im Urteil genannten Personen in der Urteilsformel bestimmt.

(2) Bei den Entscheidungen über die öffentliche Bekanntmachung nach

Absatz 1 Satz 1 ist insbesondere zu berücksichtigen:
1. der Wert des Geschäftsgeheimnisses,
2. das Verhalten des Rechtsverletzers bei Erlangung, Nutzung oder Offenlegung des Geschäftsgeheimnisses,
3. die Folgen der rechtswidrigen Nutzung oder Offenlegung des Geschäftsgeheimnisses und
4. die Wahrscheinlichkeit einer weiteren rechtswidrigen Nutzung oder Offenlegung des

Geschäftsgeheimnisses durch den Rechtsverletzer.

(3) Das Urteil darf erst nach Rechtskraft bekannt gemacht werden, es sei denn, das Gericht bestimmt etwas anderes.

Mary-Rose McGuire

Übersicht

A. Überblick

1 § 21 RegE dient der Umsetzung von Art. 15 (1) und (3) RL und sieht vor, dass die obsiegende Partei bei Vorliegen eines berechtigten Interesses die **Bekanntmachung des Urteils** verlangen kann. Bei dieser Bekanntmachung handelt es sich allerdings nicht um eine Rechtsfolge der Verletzung, da sie nicht nur dem Geheimnisinhaber zusteht, sondern um eine **prozessuale Maßnahme** eigener Art.

2 Die Bekanntmachung soll den **Schutz von Geschäftsgeheimnissen fördern** und das Bewusstsein schärfen bzw. potentielle Rechtsverletzer **abschrecken.**[1] Obsiegt der Beklagte, kann die Veröffentlichung den durch die Klageerhebung im Raum stehenden Vorwurf öffentlich ausräumen und dadurch den **Ruf** wiederherstellen.

3 Auf den ersten Blick erscheint das Recht auf Urteilsveröffentlichung bei einer Geheimnisschutzstreitsache kontraproduktiv, weil dadurch das Geheimnis zusätzlich gefährdet werden könnte. Allerdings kann Gegenstand der Veröffentlichung nicht nur die Urteilsformel sein, sondern auch eine Information über das Urteil. Die Bekanntmachung, dass ein Rechtsverletzung erfolgt ist, kann zudem gerade im Hinblick auf die mittelbare Verletzung nach § 4 Abs. 3 RegE von Interesse sein. Denn bei entsprechender Bekanntmachung eines Urteils gegen den Beklagten muss der – bis dahin redliche – Nutzer der

1 Siehe dazu RegE Begründung zu § 21.

Information oder Produzent rechtsverletzender Produkte wissen, dass sein Vertragspartner das Geheimnis unerlaubt erlangt, genutzt oder offengelegt hat.

B. Genese

Die Regelung in Art. 15 RL[2] ist ersichtlich an das Vorbild der Enforcement-RL angelehnt. Entsprechend sehen auch alle Sonderschutzgesetze eine im Wesentlichen gleichlaufende Regelung vor.[3] Auch in § 12 Abs. 3 UWG ist eine Urteilsveröffentlichung vorgesehen.[4] Für alle genannten Normen gilt aber auch, dass hiervon bislang **nur zurückhaltend Gebrauch** gemacht wird. 4

Ein Grund hierfür mag darin liegen, dass die Bekanntmachung in der Regel die **Rechtskraft** des Urteils voraussetzt. Aufgrund der jeweils bei Inanspruchnahme von Rechtsmitteln **langen Verfahrensdauer**, wird das öffentliche Interesse zu diesem Zeitpunkt aber häufig bereits abgeflaut sein. Gerade bei Verletzung von Geschäftsgeheimnissen erscheint zudem fraglich, ob die Bekanntmachung, dass das Unternehmen Opfer einer Industriespionage geworden ist oder Mitarbeiter Geheimnisse veruntreut haben, nicht auch ein **nachteiliges Licht auf den obsiegenden** Kläger wirft. Denn die Spionage könnte als Indiz für eine Sicherheitslücke, der erfolgte ›Diebstahl‹ als Anzeichen geringer Loyalität unter den Mitarbeitern oder wirtschaftlicher Schwäche gedeutet werden. 5

C. Die Regelung im Einzelnen

Nach **Abs. 1** setzt die Veröffentlichung einen Antrag der obsiegenden Partei und ein berechtigtes Interesse voraus. 6

Die obsiegende Partei muss einen **Antrag** beim Prozessgericht stellen, das nach pflichtgemäßem Ermessen **Art und Umfang** der Bekanntmachung festlegt. Dabei sind auch die Interessen von Personen zu wahren, die in der Entscheidung genannt werden.[5] Die Kosten hierfür hat die unterlegene Partei zu tragen. Das Antragserfordernis trägt zugleich der Tatsache Rechnung, dass es auf den Einzelfall ankommt, ob eine Veröffentlichung den Interessen der obsiegenden Partei eher förderlich oder abträglich ist. 7

Die nicht abschließenden[6] **Kriterien** für die Beurteilung, ob ein berechtigtes Interesse vorliegt, werden in **Abs. 2** genannt, sind allerdings ersichtlich auf die Konstellation zugeschnitten, dass der Geheimnisinhaber obsiegt. In diesem Fall sind bei der erforderlichen **Interessenabwägung** zu Gunsten des Geheimnisinhabers der Wert des Geheimnisses und die Folgen der Verletzung, zu Lasten des Beklagten sein Verhalten beim Eingriff, bspw. ob dieser verschuldet war, sowie eine Prognose über das Risiko weiterer Eingriffe zu werten. In der umgekehrten Situation, dass der angebliche Verletzer obsiegt 8

2 Siehe dazu auch EG 31.
3 § 140e PatG, § 19c MarkenG, § 24e GebrMG, § 47 DesG, § 102 UrhG.
4 In § 12 Abs. 3 UWG ist eine Frist vorgesehen, die so in § 21 nicht besteht.
5 Siehe dazu auch RegG Begründung zu § 21 Abs. 1.
6 RegG Begründung zu § 21 Abs. 2.

und den öffentlichen Vorwurf einer Geheimnisschutzverletzung entkräften kann, sollte die ernstliche Möglichkeit einer **Rufschädigung** bereits ausreichen, um eine Bekanntmachungsbefugnis zu begründen.

9 **Abs. 3** stellt klar, dass die Befugnis **in der Regel erst nach Rechtskraft** des Urteils in Betracht kommt. Das Gericht kann aber bei Vorliegen eines dringenden Bedürfnisses dem Antrag auf Veröffentlichung auch schon vor Rechtskraft stattgeben.

§ 22 Streitwertbegünstigung

(1) Macht bei Geschäftsgeheimnisstreitsachen eine Partei glaubhaft, dass die Belastung mit den Prozesskosten nach dem vollen Streitwert ihre wirtschaftliche Lage erheblich gefährden würde, so kann das Gericht auf ihren Antrag anordnen, dass die Verpflichtung dieser Partei zur Zahlung von Gerichtskosten sich nach dem ihrer Wirtschaftslage angepassten Teil des Streitwerts bemisst.

(2) Die Anordnung nach Absatz 1 bewirkt auch, dass
1. die begünstigte Partei die Gebühren ihres Rechtsanwalts ebenfalls nur nach diesem Teil des Streitwerts zu entrichten hat,
2. die begünstigte Partei, soweit ihr Kosten des Rechtsstreits auferlegt werden oder soweit sie diese übernimmt, die von dem Gegner entrichteten Gerichtsgebühren und die Gebühren seines Rechtsanwalts nur nach diesem Teil des Streitwerts zu erstatten hat und
3. der Rechtsanwalt der begünstigten Partei seine Gebühren von dem Gegner nach dem für diesen geltenden Streitwert beitreiben kann, soweit die außergerichtlichen Kosten dem Gegner auferlegt oder von ihm übernommen werden.

(3) Der Antrag nach Absatz 1 ist vor der Verhandlung zur Hauptsache zu stellen. Danach ist er nur zulässig, wenn der angenommene oder festgesetzte Streitwert durch das Gericht heraufgesetzt wird. Der Antrag kann vor der Geschäftsstelle des Gerichts zur Niederschrift erklärt werden. Vor der Entscheidung über den Antrag ist der Gegner zu hören.

Mary-Rose McGuire

Übersicht

A. Überblick

1 *§ 22 RegE ist eine **autonome Ergänzung***, die den Zweck der RL – nämlich die effektive Durchsetzung von Geschäftsgeheimnissen auch durch KMU und Kleinstunternehmen zu ermöglichen[1] – teilt, aber kein Vorbild in der RL hat. Flankierend wurde auch § 51 Abs. 2 GKG über die besondere Bestimmung des Streitwerts geändert, der neben lauterkeitsrechtlichen Sachverhalten jetzt auch Geschäftsgeheimnisstreitsachen erfasst.[2]

Eine Streitwertbegünstigung nach § 22 RegE kommt im **regulären Erkenntnisverfahren** als auch im **einstweiligen Verfügungsverfahren** in Betracht, ist aber für das Vollstreckungsverfahren nicht anwendbar. Die Normen über die **Prozesskostenhilfe** für natürliche Personen nach §§ 110 ff. ZPO bleiben unberührt. 2

Regelungsgegenstand des § 22 RegE ist die einseitige Streitwertbegünstigung zu Gunsten einer wirtschaftlich schwachen Partei. Abs. 1 sieht vor, dass das Gericht auf Antrag einer Partei den Streitwert an ihre wirtschaftliche Leistungsfähigkeit anpassen kann. Abs. 2 klärt, dass der herabgesetzte Streitwert sowohl für die Berechnung der von der begünstigten Partei an ihren Anwalt zu entrichteten Gebühren (Nr. 1) als auch für Gerichtsgebühren und Kosten des gegnerischen Anwalts gelten, wenn die Kosten des Rechtsstreits der begünstigen Partei auferlegt werden (Nr. 2). Sind die Kosten demgegenüber von der Gegenpartei zu tragen, bleibt hierfür der reguläre Streitwert maßgeblich (Nr. 3). Abs. 3 regelt Form und Zeitpunkt des Antrags. 3

Das Konzept, die Prozesskosten durch die Herabsetzung des Streitwerts zu reduzieren, schließt die **Lücke**, die sich daraus ergeben kann, dass nach deutschem Prozessrecht **juristische Personen** keinen Anspruch auf Prozesskostenhilfe haben. 4

B. Genese

Die nunmehr eingefügte Regel ist – mit Ausnahme des Bezugs zu Geheimnisstreitsachen – praktisch **identisch mit § 12 Abs. 4, Abs. 5 UWG** sowie § 144 PatG[3] und ist daher grundsätzlich auch gleichlaufend auszulegen.[4] Da auch das GeschGehG dem **Individualschutz** dient, sollte sich die Auslegung primär an den Parallelregelungen in den Sonderschutzgesetzen ausrichten und nicht von der (zu) strikten Praxis im Wettbewerbsrecht leiten lassen. Das gilt umso mehr, als im Bereich des Wettbewerbsrechts durch die breite Klagebefugnis und die kontrovers diskutierte Abmahnproblematik möglicherweise ein stärkeres Bedürfnis besteht, nicht aussichtsreiche oder nicht erforderliche Klagen einzudämmen – oder jedenfalls nicht durch eine Streitwertbegünstigung zu fördern. 5

Nicht recht überzeugend ist, dass der Gesetzgeber bei der durch die Herauslösung aus dem UWG erforderlichen Änderung der **Sonderregeln im GKG** für den Gewerblichen Rechtsschutz die Geschäftsgeheimnisstreitsachen nicht § 51 Abs. 1 zugeordnet, sondern in § 51 Abs. 2 GKG gemeinsam mit Ansprüchen aus dem UWG geregelt hat.[5] Daraus 6

1 Siehe dazu RegG Begründung zu § 22 zu Absatz 1.
2 Siehe dazu RegG Artikel 4.
3 Vgl. § 26 GebrMG, § 54 DesignG, 142 MarkenG.
4 Vgl. die Gesetzesbegründung zu § 12 UWG, die auf § 144 PatG verweist, BT Drs. 17/13057, 14, 30.
5 Siehe dazu RegE Begründung zu Artikel 4.

folgt nämlich, dass dem Wortlaut nach auch die Regelung über den Auffangstreitwert nach § 51 Abs. 3 GKG anwendbar ist. Bei Eingriffen in Geschäftsgeheimnisse erscheint aber ein Auffangstreitwert von 1000 € für Unterlassungs- und Beseitigungsansprüche unpassend. Diese Regelung wurde für geringfügige Verstöße, bspw. der Informationspflichten nach § 5a Abs. 3 UWG geschaffen[6] und sollte Verfahren zu Zwecken des Gebührenerzielungsinteresses unattraktiv machen.[7] Die Regelung sollte auf Geheimnisschutzstreitsachen nicht angewendet werden, weil sie weder der wirtschaftlichen Bedeutung noch dem Aspekt des Individualschutz ausreichend Rechnung trägt. Ist die Klage auf Unterlassung oder Beseitigung gerichtet, sollte der Streitwert dem Wert des Marktvorsprungs Rechnung tragen, den der Kläger durch das beanstandete Verhalten gefährdet sieht und dem drohenden Schaden entspricht.

C. Die Regelung im Einzelnen

I. Voraussetzung für die Gewährung einer Streitwertminderung, Abs. 1

7 Die Herabsetzung setzt einen **Antrag** der Partei sowie die Glaubhaftmachung voraus, dass die Prozesskosten bei regulärer Berechnung sie wirtschaftlich überfordern würde/n. Die **erhebliche Gefährdung** ist vom Antragsteller glaubhaft zu machen.

8 Fraglich ist, nach welchem **Maßstab die erhebliche Gefährdung** zu beurteilen ist. Zur Parallelregelung in § 12 Abs. 4 UWG stellt die Rechtsprechung recht strenge Anforderungen und lässt eine **bloße wirtschaftliche Schieflage** nicht ausreichen, wenn dem Antragsteller eine Kreditaufnahme möglich und zumutbar ist.[8] Widersprüchlich erscheint, dass einerseits gefordert wird, dass der Partei die Insolvenz drohen müsse,[9] wenn sie **endgültig vermögenslos** sei, aber keinen Anspruch habe, weil ihre wirtschaftliche Lage dann auch durch eine Streitwertherabsetzung nicht gesichert werden könne;[10] zudem wären die Kosten ohnedies nicht beitreibbar.[11] Auch wenn die Gesetzesbegründung von einer Härtefallregelung spricht,[12] kann diese sehr strikte Auslegung, die der Norm im Ergebnis kaum einen Anwendungsbereich belässt, nicht **überzeugen**. Jedenfalls für den Bereich des Geheimnisschutzes ist zudem zu bedenken, dass es hier keine kollektive Klagebefugnis gibt und die Einhaltung der vom GeschGehG gesetzten Standards daher nur durch Individualkläger abgesichert werden kann. Die Streitwertminderung ist eine Maßnahme, die dazu beitragen kann, dass sich der Respekt fremder Leistungen und die Einhaltung von Vertraulichkeitsvereinbarungen auch in der Durchsetzung bewähren.

6 BT Drs. 17/13057, 36.

7 *Köhler*/Bornkamm/*Feddersen*, § 12 UWG Rn. 5.17.

8 OLG Stuttgart, 10.09.2015, 2 W 41/15, WRP 2016, 766; zustimmend *Köhler*/Bornkamm/*Feddersen*, § 12 UWG Rn. 5.21.

9 *Köhler*, NJW 2013, 3474, 3474.

10 BGH, 24.02.1953 – I ZR 106/51, GRUR 1953, 285; OLG München 17.09.2008, 6 W 1943/08.

11 BGH, 03.09.2013, X ZR 1/13, GRUR 2013, 1288 – *Kostenbegünstigung III.*

12 RegE Begründung zu § 22.

Dasselbe gilt für die Annahme, dass bei **Streitwerten bis zu 10.000 €** die Herabsetzung *per se* ausscheide. Gerade im Geheimnisschutzrecht mag es im Einzelfall niedrige Streitwerte geben, die Rechtsdurchsetzung aber trotzdem zweckmäßig sein. Hier ist bspw. an den Fall zu denken, dass sich die Partner eines Start-Ups trennen und streitig wird, wem das zuvor generierte Wissen zuzuordnen ist bzw. ob einem der ehemaligen Geschäftspartner eine Rechtsverletzung vorzuwerfen ist. **9**

Nicht übernommen werden sollte auch die von der Rspr. zum UWG herausgebildete **Unterscheidung** danach, ob der **Kläger oder Beklagte** die Streitwertreduktion anstrebt und wie sich die Partei vorprozessual verhalten hat. Dahinter steckt die Überlegung, dass ein Beklagter, der zur Klageerhebung Anlass gegeben hat, nicht »auch noch« durch die Herabsetzung des Gebührenstreitwerts privilegiert werden soll.[13] Allerdings findet eine **Berücksichtigung des Prozesserfolgs** im Wortlaut gar **keine Deckung**. Abweichend von den Regeln über die Prozesskostenhilfe ist die Erfolgsaussicht des Rechtsstreits keine gesetzliche Voraussetzung. Auch die Gesetzesbegründung betont, dass die Entscheidung ohne Berücksichtigung der Frage des Obsiegens zu erfolgen hat.[14] Maßstab und Rechtfertigung für die Regelung ist, die Rechtsdurchsetzung oder Rechtsverteidigung nicht an mangelnden finanziellen Mitteln scheitern zu lassen. Etwas anderes gilt nur dann, wenn Antragstellung oder Rechtsverfolgung **rechtsmissbräuchlich** sind. In diesem Kontext kann das vorprozessuale Verhalten gewürdigt werden.[15] **10**

Um dem Gesetzeszweck, gerade den Schutz für KMU und Kleinstunternehmen zu erhöhen, Rechnung zu tragen, muss die Norm so ausgelegt werden, dass für sie ein **realer Anwendungsbereich** verbleibt. Vor diesem Hintergrund sollte allein auf die Frage abgestellt werden, ob der Antragsteller bei voller Kostenlast von der Rechtsdurchsetzung oder -verteidigung abgehalten würde. **11**

Zu den Prozesskosten zählen die **Gerichts- und Anwaltskosten** der jeweiligen Instanz. Diese sind zunächst an Hand des – anlässlich des GeschGehG ergänzten – § 51 Abs. 2 GKG maßgeblichen Streitwerts zu berechnen und ggf. nach § 51 Abs. 3 GKG angemessen zu mindern, um auf dieser Basis die daraus folgende Kostenlast für den Antragsteller zu bestimmen. Im Anschluss ist zu prüfen, ob die Belastung im Verhältnis zu der glaubhaft gemachten Wirtschaftslage zu hoch ist. Die Festsetzung erfolgt nach **pflichtgemäßem Ermessen**. Zwar können die für die Prozesskostenhilfe festgelegten zumutbaren Belastungen als Anhaltspunkt dienen. Allerdings sind diese wohl als **Untergrenze** anzusehen, da bei der Streitwertbegünstigung auch die Interessen des Prozessgegners – konkret die fehlende volle Erstattung seiner Kosten – zu berücksichtigen ist. **12**

13 OLG Stuttgart, 10.09.2015, 2 W 41/15, WRP 2016, 766.
14 RegE Begründung zu § 22 Abs. 1.
15 Siehe dazu RegE Begründung zu § 22 Abs. 1.

II. Rechtsfolgen der Streitwertminderung, Abs. 2

13 Hat der Antrag nach Abs. 1 Erfolg, so sind für Zahlungspflicht und Haftung der begünstigen Partei der Teilstreitwert maßgeblich.

14 Im Fall des **Prozessverlusts** muss die begünstigte Partei die Gerichtskosten und die Kosten sowohl ihres eigenen (Nr. 1) als auch des gegnerischen Anwalts (Nr. 2) nur in dem Umfang tragen, der dem herabgesetzten Streitwert entspricht. **Gewinnt die begünstige Partei** den Prozess kann ihr Anwalt vom Prozessgegner den Ersatz der vollen Gebühr verlangen (Nr. 3). Der begünstigte Mandant haftet aber bei Zahlungsausfall durch den Gegner nur im Umfang der dem Teilstreitwert entspricht. Bei Kostenteilung wird diese auf Basis des Teilstreitwerts durchgeführt. Für die Gebührenansprüche der Anwälte gelten die Nr. 2 und Nr. 3 entsprechend.

III. Antragserfordernis, Abs. 3

15 Antrag und Entscheidung betreffen jeweils nur die **konkrete Instanz**.

16 Der Antrag kann bereits unmittelbar zu **Protokoll der Geschäftsstelle** (§ 129 a ZPO) und muss spätestens (mündlich oder schriftlich) vor Eintritt in die mündliche Verhandlung zur Hauptsache beim **Gericht der Hauptsache** gestellt werden. Findet keine mündliche Verhandlung statt, muss der Antrag rechtzeitig, d.h. innerhalb angemessener Frist, jedenfalls aber vor der Entscheidung erfolgen, die das eingeleitete Verfahren beendet.

17 Der Antragsteller muss die Gefährdung der wirtschaftlichen Lage glaubhaft machen (§ 294 ZPO). Das schließt die Offenlegung seiner Vermögensverhältnisse mit ein.[16]

18 Wird der Streitwert **während des Verfahrens hinaufgesetzt**, kann ein Antrag auch noch zu diesem Zeitpunkt gestellt werden. Obwohl vom Wortlaut nicht gedeckt, sollte ein Antrag – dem Normzweck entsprechend – wie bei § 12 Abs. 4 UWG[17] – auch im Fall einer Änderung der wirtschaftlichen Lage während des Prozesses zugelassen werden.

19 Über den Antrag ist nach Anhörung des Gegners **durch Beschluss** zu entscheiden. Gegen die Entscheidung können die beschwerte Partei sowie der Rechtsanwalt der begünstigten Partei **Beschwerde** nach § 68 GKG einlegen.

---

16 BGH, 26.04.1990, I ZR 58/89, GRUR 1990, 1052, 1053 – *Streitwertbemessung.*

17 *Köhler*/Bornkamm/*Feddersen*, UWG, § 12 Rn. 5.26.

Abschnitt 4 Strafvorschriften

§ 23 Verletzung von Geschäftsgeheimnissen

(1) Mit Freiheitsstrafe bis zu drei Jahren oder mit Geldstrafe wird bestraft, wer zur Förderung des eigenen oder fremden Wettbewerbs, aus Eigennutz, zugunsten eines Dritten oder in der Absicht, dem Inhaber eines Unternehmens Schaden zuzufügen,
1. entgegen § 4 Absatz 1 Nummer 1 ein Geschäftsgeheimnis erlangt,
2. entgegen § 4 Absatz 2 Nummer 1 Buchstabe a ein Geschäftsgeheimnis nutzt oder offenlegt oder
3. entgegen § 4 Absatz 2 Nummer 3 als eine bei einem Unternehmen beschäftigte Person ein Geschäftsgeheimnis, das ihr im Rahmen des Beschäftigungsverhältnisses anvertraut worden oder zugänglich geworden ist, während der Geltungsdauer des Beschäftigungsverhältnisses offenlegt.

(2) Ebenso wird bestraft, wer zur Förderung des eigenen oder fremden Wettbewerbs, aus Eigennutz, zugunsten eines Dritten oder in der Absicht, dem Inhaber eines Unternehmens Schaden zuzufügen, ein Geschäftsgeheimnis nutzt oder offenlegt, das er durch eine fremde Handlung nach Absatz 1 Nummer 2 oder Nummer 3 erlangt hat.

(3) Mit Freiheitsstrafe bis zu zwei Jahren oder mit Geldstrafe wird bestraft, wer zur Förderung des eigenen oder fremden Wettbewerbs oder aus Eigennutz entgegen § 4 Absatz 2 Nummer 2 oder Nummer 3 ein Geschäftsgeheimnis, das eine ihm im geschäftlichen Verkehr anvertraute geheime Vorlage oder Vorschrift technischer Art ist, nutzt oder offenlegt.

(4) Mit Freiheitsstrafe bis zu fünf Jahren oder mit Geldstrafe wird bestraft, wer
1. in den Fällen des Absatzes 1 oder des Absatzes 2 gewerbsmäßig handelt,
2. in den Fällen des Absatzes 1 Nummer 2 oder Nummer 3 oder des Absatzes 2 bei der Offenlegung weiß, dass das Geschäftsgeheimnis im Ausland genutzt werden soll, oder
3. in den Fällen des Absatzes 1 Nummer 2 oder des Absatzes 2 das Geschäftsgeheimnis im Ausland nutzt.

(5) Der Versuch ist strafbar.

(6) § 5 Nummer 7 des Strafgesetzbuches gilt entsprechend. Die §§ 30 und 31 des Strafgesetzbuches gelten entsprechend, wenn der Täter zur Förderung des eigenen oder fremden Wettbewerbs oder aus Eigennutz handelt.

(7) Die Tat wird nur auf Antrag verfolgt, es sei denn, dass die Strafverfolgungsbehörde wegen des besonderen öffentlichen Interesses an der Strafverfolgung ein Einschreiten von Amts wegen für geboten hält.

Lea Tochtermann

Übersicht

A. Überblick

1 § 23 übernimmt die Regelungen der alten §§ 17 bis 19 UWG in weiten Teilen für das Geschäftsgeheimnisgesetz und geht damit zugleich über den Regelungsbereich der RL hinaus. Die Sprache wurde an den Duktus des neuen Gesetzes angepasst und die Vorschriften außerdem im Hinblick auf die geänderten Anforderungen an das Nebenstrafrecht modernisiert.[1] Die Kommentierung nimmt diese Neuerungen in den Blick.

2 Maßgeblichste strukturelle Neuerung dürfte sein, dass aufgrund der Neufassung der zivilrechtlichen Haftung für die Verletzung von Geschäftsgeheimnissen im GeschGehG in §§ 6 bis 14 der strafrechtliche Charakter des § 23 mehr zur Geltung kommen dürfte. Wurde die zivilrechtliche Haftung bislang maßgeblich über § 823 Abs. 2 i.V.m. §§ 17 bis 19 UWG als Verhaltensunrecht konstruiert (Vgl. dazu Vor §§ 17 ff. UWG Rdn. 40 McGuire), ist das Geheimnis nunmehr als selbständiges Rechtsgut zivilrechtlich geschützt. Damit entfällt die Strafrechtsakzessorietät. Zivilrechtliche Haftung und strafrechtliche Sanktion werden entkoppelt (Vgl. dazu Vor §§ 17 ff. UWG Rdn. 99 McGuire).

B. Genese

3 Mit Einführung des neuen § 23 entfallen die §§ 17 bis 19 UWG. Insbesondere ist die Herauslösung der Strafvorschriften zum Geheimnisschutz aus dem lauterkeitsrechtlichen Kontext ausdrücklich zu begrüßen. Diese trugen weder den in § 1 UWG genannten kollektiven Interessen noch der Lauterkeit des Wettbewerbs insgesamt Rechnung.

1 RegE Begründung zu § 23, S. 41.

Auch sind die Normadressaten grundlegend verschieden. Während das UWG auf Unternehmen und selbstständig gewerblich oder freiberuflich Tätige abzielt, bauten die §§ 17 bis 19 UWG auf der Verletzung von Geschäftsgeheimnissen durch Beschäftigte auf (Vgl. dazu Vor §§ 17 ff. UWG Rdn. 20, McGuire).

C. Anwendungsbereich

I. Objektiver Tatbestand (übergreifende Punkte)

1. Täter

Gegenüber § 17 bis 19 UWG liegt eine bedeutende Ausweitung des Tatbestandes darin, dass Täter nunmehr jedermann und nicht mehr nur der im Betrieb Beschäftigte sein kann. 4

Insofern steht zu erwarten, dass der strafrechtliche Geheimnisschutz sein stiefmütterliches Dasein verlieren könnte. Bislang spielte ein Strafverfahren gegen einen Beschäftigten für Unternehmen eine untergeordnete Rolle, da dadurch einerseits das Geheimnis gefährdet wurde, andererseits das strafrechtliche Vorgehen gegen den Beschäftigten auch keine nennenswerten Vorteile brachte. Erst, wenn sich der ehemalige Arbeitnehmer selbständig macht und auf dem Markt als Konkurrent auftritt oder bei einem Konkurrenten anheuert, war dies von Interesse (Vgl. dazu Vor §§ 17 ff. UWG Rdn. 36, McGuire). 5

Mit der Ausweitung der Strafbarkeit auf jedermann ist nun denkbar, auch den Geschäftsführer eines Unternehmens, welches die unredlich gewonnenen Informationen verwertet, zur Rechenschaft zu ziehen. Dies macht den Strafprozess als vorbereitende oder flankierende Maßnahme für einen späteren Zivilprozess wesentlich attraktiver. 6

Durch den Verweis auf § 4 ist für die Täterfrage der Begriff des »Rechtsverletzer[s]« relevant, welcher in § 2 Nr. 3 legaldefiniert ist (Vgl. dazu § 2 Rdn. 60 ff., McGuire). 7

2. Tathandlung

Nicht mehr erforderlich ist der ausdrückliche Hinweis in der Vorschrift, dass die Tathandlungen unbefugt erfolgen müssen (Vgl. zum alten Recht vor §§ 17 ff. UWG Rdn. 31 ff., McGuire). Die Bezugnahme auf § 4 stellt klar, dass taugliche Tathandlung im Sinne der Vorschrift allein eine rechtswidrige Handlung entgegen einem Handlungsverbot gem. § 4 sein kann.[2] 8

3. Tatobjekt

Entsprechend der Terminologie im zivilrechtlichen Teil des RegE wurde einheitlich der Begriff des Geschäftsgeheimnisses übernommen und die bisherige Differenzierung zum Betriebsgeheimnis entfällt. Sie war ohnedies ohne praktische Bedeutung.[3] 9

---

2 RegE Begründung zu § 23, S. 41.
3 RegE Begründung zu § 23, S. 41.

II. Subjektiver Tatbestand

10 Im subjektiven Tatbestand findet sich eine bedeutende Einschränkung des § 23, welche aus § 17 UWG übernommen wurde. Die Erlangung, Nutzung oder Offenlegung eines Geschäftsgeheimnisses ist nur strafbar, wenn eine der abschließend beschriebenen Motivationslagen – zur Förderung des eigenen oder fremden Wettbewerbs, aus Eigennutz, zugunsten eines Dritten oder in der Absicht, dem Inhaber eines Unternehmens Schaden zuzufügen – gegeben ist. Die Rechtsprechung hat bislang strenge Anforderungen an das Vorliegen der Tatmotive gestellt (Vgl. dazu Vor §§ 17 ff. UWG Rdn. 30, McGuire) und es steht zu erwarten, dass die strenge Rechtsprechungslinie fortgeführt wird.

III. Einzelfragen

1. Absatz 1

11 Die Vorschrift enthält die Straftatbestände aus § 17 Abs. 1 und Abs. 2 Nr. 2 UWG (alte Fassung), wobei allerdings eine Neuordnung vorgenommen wird. So macht sich nun gem. Abs. 1 jeder strafbar, der zur Förderung des eigenen oder fremden Wettbewerbs, aus Eigennutz, zugunsten eines Dritten oder in der Absicht, dem Inhaber eines Unternehmens Schaden zuzufügen, gegen die in Abs. 1 Nr. 1 und Abs. 2 Nr. 1 und 2 genannten Handlungsverbote gem. § 4 verstößt. Demgegenüber war der § 17 UWG entweder im Hinblick auf den Täterkreis (nur Beschäftigte) oder auf die abschließend geregelten Tathandlungen sehr eingeschränkt (Vgl. dazu Vor §§ 17 ff. UWG Rdn. 28, McGuire). Die in § 17 Abs. 1 UWG vorangestellte Variante der Verletzung im Rahmen eines Beschäftigungsverhältnisses ist nun in § 23 Abs. 1 Nr. 3 gerutscht.

12 Im Hinblick auf das subjektive Tatbestandsmerkmal der Verletzung eines Geschäftsgeheimnisses »zugunsten eines Dritten« ergibt sich bei Abs. 1 Nr. 3 im Unterschied zur bisherigen Rechtslage ein Ausschluss, wenn eine Rechtfertigung gem. § 5 Nr. 2 vorliegt. Damit wird das Ziel der RL verwirklicht, die Möglichkeit eines rechtlich zulässigen Whistleblowings zu erweitern. Nach bisheriger Rechtslage konnten sich Beschäftigte gem. § 17 Abs. 1 UWG a.F. strafbar machen, wenn sie Informationen über rechtswidrige Verhaltensweisen ihres Arbeitgebers an die Strafverfolgungsbehörden oder die Presse weitergaben, weil dies das Merkmal der Mitteilung eines Geschäftsgeheimnisses zugunsten eines Dritten darstellen konnte.[4]

a) Abs. 1 Nr. 1

13 Nr. 1 stellt die rechtswidrige Erlangung entgegen § 4 Abs. 1 Nr. 1 unter Strafe. § 4 Abs. 1 Nr. 1 verbietet die Erlangung durch unbefugten Zugang zu, unbefugte Aneignung oder das unbefugte Kopieren von Verkörperungen des Geschäftsgeheimnisses, die der rechtmäßigen Kontrolle des Inhabers des Geschäftsgeheimnisses unterliegen. Dies entspricht § 17 Abs. 2 Nr. 1 UWG (alte Fassung), wobei die dort beschriebene Tat-

4 RegE Begründung zu § 23, Absatz 1, S. 41.

handlung des Verschaffens oder Sicherns durch den im GeschGehG verwendeten Begriff des Erlangens ersetzt wurde. Eine inhaltliche Änderung soll damit nicht einher gehen.[5] Insbesondere verweist die Norm auch nicht auf § 4 Abs. 1 Nr. 2, welcher unabhängig von einer Verkörperung des Geschäftsgeheimnisses ein Erlangen durch jedes sonstige treuwidrige Verhalten untersagt (Vgl. zur sog. ›kleinen Generalklausel‹ § 4 Rdn. 7, 20, McGuire). Damit bleiben auch weiterhin zum Beispiel mündlich weitergegebene Informationen – etwa über eine Fertigungsmethode im Betrieb – vom Anwendungsbereich der Strafvorschrift ausgeschlossen (Vgl. dazu Vor §§ 17 ff. UWG Rdn. 29, McGuire). Eine derartige Ausweitung der Strafbarkeit auf das recht offen gefasste Handlungsverbot gem. § 4 Abs. 1 Nr. 2 wäre unter dem Gesichtspunkt des strafrechtlichen Bestimmtheitsgebots problematisch (Vgl. dazu Vor §§ 17 ff. UWG Rdn. 43 f. McGuire). Zivilrechtliche Haftung und Straftatbestand sind somit entkoppelt (s.o.).

b) Abs. 1 Nr. 2

Nr. 2 sanktioniert die Nutzung oder Offenlegung eines Geschäftsgeheimnisses, das **14**
durch eine eigene Handlung nach § 4 Abs. 2 Nr. 1 a) – also das Aneignen, Kopieren etc. von Medienträgern, die ein Geschäftsgeheimnis enthalten – erlangt wurde. Bezug genommen wird also auf eine Vortat des Handelnden.[6] Die Regelung entspricht in Teilen dem alten § 17 Abs. 2 Nr. 2 UWG, wobei die dort beschriebene Tathandlung des Verwertens oder Mitteilens an die neue Terminologie des RegE angepasst wurde und nun auf Nutzen oder Erlangen lautet. Eine inhaltliche Änderung soll hiermit nicht verbunden sein.[7] Auch hier sind wegen fehlenden Verweises auf § 4 Abs. 2 Nr. 1 b) Geschäftsgeheimnisse, die nicht in irgendeiner Form verkörpert sind ausgenommen, was zu einer erheblichen Beschränkung des Anwendungsbereichs führt (s.o. zu Abs. 1 Nr. 1).

c) Abs. 1 Nr. 3

Die Norm stellt die rechtswidrige Offenlegung von Geschäftsgeheimnissen durch eine **15**
bei einem Unternehmen beschäftigte Person während der Geltungsdauer des Dienstverhältnisses unter Strafe und bildet damit § 17 Abs. 1 UWG (alte Fassung) ab. Dabei wurde der Begriff des Dienstverhältnisses durch den Begriff des Beschäftigungsverhältnisses ersetzt. Dies soll keine inhaltliche Änderung nach sich ziehen, da ohnehin auch schon unter § 17 UWG der Begriff des Dienstverhältnisses weit und nicht im engen Sinne des BGB verstanden wurde. Die Vorschrift umfasste generell alle Beschäftigten eines Unternehmens.[8]

5 RegE Begründung zu § 23, Abs. 1, Nr. 1, S. 42.
6 RegE Begründung zu § 23, Abs. 1, Nr. 2, S. 42.
7 RegE Begründung zu § 23, Abs. 1, Nr. 2, S. 42.
8 RegE Begründung zu § 23, Abs. 1, Nr. 3, S. 42.

2. Absatz 2

16 Abs. 2 sanktioniert die Nutzung oder Offenlegung eines Geschäftsgeheimnisses, das durch eine fremde Handlung nach Absatz 1 Nummer 2 oder Nummer 3 erlangt wurde. Dies entspricht zum Teil § 17 Abs. 2 Nr. 2 UWG (alte Fassung).[9] Die in § 17 Abs. 2 Nr. 2 UWG (alte Fassung) enthaltene generalklauselartige Ergänzung »oder sich sonst unbefugt verschafft oder gesichert hat« ist nicht übernommen worden. Dies führt zu einer Beschränkung der Strafbarkeit, welche sich auch darin widerspiegelt, dass im gesamten § 23 nicht auf das sehr weit gefasste Handlungsverbot in § 4 Abs. 1 Nr. 2 – Erlangung durch sonstiges treuwidriges Verhalten – Bezug genommen wird.

3. Absatz 3

17 Abs. 3 entspricht § 18 UWG (alte Fassung). Sanktioniert wird die widerrechtliche Nutzung oder Offenlegung eines Geschäftsgeheimnisses, das eine geheime Vorlage oder Vorschrift technischer Art ist und dem Handelnden im geschäftlichen Verkehr anvertraut worden ist. Geschützt ist damit nur eine bestimmte Kategorie von Geschäftsgeheimnissen und auch nur solche, die dem Täter ›anvertraut‹ wurden. In § 18 UWG (alte Fassung) fehlte bislang der Zusatz, dass die anvertrauten Vorlagen und Vorschriften geheim sein müssen (Vgl. dazu Vor §§ 17 ff. UWG Rdn. 32, McGuire). Die bislang durch Rechtsprechung und Literatur durch Auslegung ergänzte Voraussetzung (›Anvertrauen‹ setzt fehlende Offenkundigkeit voraus) ist nun ausdrücklich im Normtext verankert.[10] Dieser Befund wird zusätzlich dadurch gestützt, dass Abs. 3 im Gegensatz zu § 18 UWG (alte Fassung) nunmehr ausdrücklich von ›Geschäftsgeheimnis[sen]‹ spricht.

18 Die Nutzung oder Offenlegung eines Geschäftsgeheimnisses ist gem. § 4 Abs. 2 widerrechtlich, wenn dies gegen eine Verpflichtung zur Beschränkung der Nutzung des Geschäftsgeheimnisses verstößt (Nr. 2) oder gegen eine Verpflichtung, das Geschäftsgeheimnis nicht offenzulegen (Nr. 3). Dies umfasst auch die von § 23 Abs. 3 avisierte widerrechtliche Nutzung oder Offenlegung geheimer Vorlagen oder Vorschriften technischer Art. Der Gesetzgeber hat sich somit dazu entschieden, die dadurch beschriebene (Tat-)Handlung bei Vorliegen zusätzlicher subjektiver Tatbestandsmerkmale strafrechtlich zu bewehren.[11] Auf der anderen Seite ist schuldhaftes Handeln i.S.v. § 23 Abs. 3 aber gerade nicht Voraussetzung für die zivilrechtliche Haftung gem. §§ 6 bis 8.

19 Eine Überschneidung mit dem Zivilrecht kann sich mit Bezug auf § 4 Nr. 3 lit. c UWG ergeben, wonach das Anbieten nachgeahmter Waren oder Dienstleistungen, wenn die für die Nachahmung erforderlichen Kenntnisse auf unredliche Weise – durch Erschleichen oder Vertrauensbruch – erlangt wurden, unlauter ist (Vgl. dazu Vor §§ 17 ff. UWG Rdn. 55, 127, McGuire).[12]

---

9 RegE Begründung zu § 23, Abs. 2, S. 42.

10 RegE Begründung zu § 23, Abs. 3, S. 42.

11 S. *Harte-Bavendamm*/Henning-Bodewig, UWG, § 18 Rn. 1a.

12 *Harte-Bavendamm*/Henning-Bodewig, UWG, § 18 Rn. 1.

Da die Vorschrift des § 23 Abs. 3 allein auf im geschäftlichen Verkehr anvertraute geheime Vorlagen oder Vorschriften technischer Art abzielt, kann Täter nicht der Arbeitnehmer sein. Als Täter kommen nur Außenstehende in Betracht.[13] **20**

Hinsichtlich des tauglichen Tatobjekts kann bisher zu § 18 UWG (alte Fassung) ergangene Rechtsprechung und die Literatur übernommen werden. **21**

4. Absatz 4

Abs. 4 entspricht § 17 Abs. 4 UWG (alte Fassung), enthält indes jetzt anstelle eines Regelbeispiels eine Qualifikation.[14] Die Norm ist also von einer bloßen Strafzumessungsregel in eine spezielle Vorschrift umgewandelt worden, welche den Grundtatbestand um strafschärfende Merkmale erweitert. Somit tritt die Rechtsfolge bei Verwirklichung aller Tatbestandsmerkmale zwingend ein. Gleichzeitig ist eine höhere Strafe nur noch in den drei abschließenden Qualifikationsfällen möglich. Die frühere Fassung in Regelbeispielen war naturgemäß empfänglich für die Erfassung ähnlich gelagerter Fälle. **22**

Nr. 1: In den Fällen der Absätze 1 und 2 wirkt gewerbsmäßiges Handeln strafschärfend. Gewerbsmäßig handelt, wer sich durch wiederholte Tatbegehung eine nicht nur vorübergehende Einnahmequelle von einigem Umfang verschaffen will.[15] **23**

Nr. 2: In Bezug auf Absatz 1 Nr. 2 oder Nr. 3 oder Absatz 2 ist die Kenntnis von einer geplanten Nutzung des Geschäftsgeheimnisses im Ausland strafschärfend. **24**

Nr. 3: Weiterhin erfüllt die Qualifikationsstrafbarkeit, wer in den Fällen des Absatzes 1 Nr. 2 oder des Absatzes 2 das Geschäftsgeheimnis im Ausland nutzt. **25**

5. Absatz 5

Die Strafbarkeit des Versuchs entspricht den alten Regelungen in § 17 Abs. 3 und § 18 Abs. 2 UWG (alte Fassung).[16] **26**

6. Absatz 6

Der Verweis auf § 5 Abs. 7 StGB fand sich auch in § 17 Abs. 6, § 18 Abs. 4 und § 19 Abs. 5 UWG (alte Fassung). § 5 Abs. 7 StGB ordnet die Geltung des deutschen Strafrechts auch für Auslandstaten bei bestimmten Fällen der Verletzung von Betriebs- und Geschäftsgeheimnissen (insofern noch alte Terminologie) an. Hieran zeigt sich noch, dass ein wesentliches Motiv des Gesetzgebers für die Schaffung des Sonderstrafrechts der Schutz inländischer Unternehmen gegen Industriespionage zugunsten des Auslands war (Vgl. dazu Vor §§ 17 ff. UWG Rdn. 22, McGuire). Praktische Konsequenz des Verweises im Zusammenspiel mit der neuen zivilrechtlichen Haftung ist jedenfalls, dass diese problematische Ausweitung des territorialen Anwendungsbereichs nur für die in **27**

13 *Harte-Bavendamm*/Henning-Bodewig, UWG, § 18 Rn. 2.
14 RegE Begründung zu § 23, Abs. 4, S. 42.
15 *Harte-Bavendamm*/Henning-Bodewig, UWG, § 18 Rn. 1.
16 RegE Begründung zu § 23, Abs. 5, S. 42.

der Praxis weniger bedeutsamen Strafverfahren, nicht aber für die zivilrechtlichen Rechtsfolgen gilt (Vgl. dazu Vor §§ 17 ff. UWG Rdn. 100, McGuire).

28 Satz 2 der Vorschrift verweist nunmehr auf §§ 30, 31 StGB. Dies entspricht § 19 Abs. 1 UWG (alte Fassung) und trägt dem Gefährdungspotential von derartigen Vorbereitungshandlungen für die geschützten Rechtsgüter Rechnung, da der rechtliche Schutz von Geschäftsgeheimnissen allein von der Geheimhaltung der Information abhängt.[17] Hätte man aber wie in § 19 Abs. 1 UWG (alte Fassung) eine konkrete Strafdrohung normiert, hätte dies für den Fall des § 23 Abs. 2 (§ 17 Abs. II Nr. 2 UWG a.F.) dazu geführt, dass ohne eine Norm entsprechend § 19 Abs. 1, eine Anstiftung oder versuchte Anstiftung mit der gleichen Strafandrohung belegt worden wäre wie die Verwirklichung als Haupttäter. Mit dem Verweis auf § 30 StGB gilt aber nun, dass die Strafe bei Versuch der Anstiftung für die Absätze 1 bis 4 nach § 49 Abs. 1 StGB zu mildern ist.[18]

7. Absatz 7

29 Das Strafantragserfordernis entspricht § 17 Abs. 5, § 18 Abs. 3 und § 19 Abs. 4 UWG (alte Fassung).[19]

17 RegE Begründung zu § 23, Abs. 5, S. 42.
18 RegE Begründung zu § 23, Abs. 6, S. 43.
19 RegE Begründung zu § 23, Abs. 7, S. 43.

Anhang

Anhang 1 Richtlinie 2005/29/EG des Europäischen Parlaments und des Rates vom 11. Mai 2005 über unlautere Geschäftspraktiken im binnenmarktinternen Geschäftsverkehr zwischen Unternehmen und Verbrauchern und zur Änderung der Richtlinie 84/450/EWG des Rates, der Richtlinien 97/7/EG, 98/27/EG und 2002/65/EG des Europäischen Parlaments und des Rates sowie der Verordnung (EG) Nr. 2006/2004 des Europäischen Parlaments und des Rates

(Richtlinie über unlautere Geschäftspraktiken)

(Text von Bedeutung für den EWR)

OJ-L 149 vom 11.06.2005, S. 0022 – 0039
(zuletzt berichtigt OJ-L 253 vom 25.09.2009, 18 – 19)

DAS EUROPÄISCHE PARLAMENT UND DER RAT DER EUROPÄISCHEN UNION –

gestützt auf den Vertrag zur Gründung der Europäischen Gemeinschaft, insbesondere auf Artikel 95,

auf Vorschlag der Kommission,

nach Stellungnahme des Europäischen Wirtschafts- und Sozialausschusses[1],

gemäß dem Verfahren des Artikels 251 des Vertrags[2],

in Erwägung nachstehender Gründe:

(1) Nach Artikel 153 Absatz 1 und Absatz 3 Buchstabe a des Vertrags hat die Gemeinschaft durch Maßnahmen, die sie nach Artikel 95 erlässt, einen Beitrag zur Gewährleistung eines hohen Verbraucherschutzniveaus zu leisten.

(2) Gemäß Artikel 14 Absatz 2 des Vertrags umfasst der Binnenmarkt einen Raum ohne Binnengrenzen, in dem der freie Verkehr von Waren und Dienstleistungen sowie die Niederlassungsfreiheit gewährleistet sind. Die Entwicklung der Lauterkeit des Geschäftsverkehrs innerhalb dieses Raums ohne Binnengrenzen ist für die Förderung grenzüberschreitender Geschäftstätigkeiten wesentlich.

(3) Die Rechtsvorschriften der Mitgliedstaaten in Bezug auf unlautere Geschäftspraktiken unterscheiden sich deutlich voneinander, wodurch erhebliche Verzerrungen des Wettbewerbs und Hemmnisse für das ordnungsgemäße Funktionieren des Binnenmarktes entstehen können. Im Bereich der Werbung legt die Richtlinie 84/450/EWG des Rates vom 10. September 1984 über irreführende und vergleichende Werbung[3] Mindestkriterien für die Angleichung der Rechtsvor-

---

1 ABl. C 108 vom 30.4.2004, S. 81.

2 Stellungnahme des Europäischen Parlaments vom 20. April 2004 (ABl. C 104 E vom 30.4.2004, S. 260), Gemeinsamer Standpunkt des Rates vom 15. November 2004 (ABl. C 38 E vom 15.2.2005, S. 1) und Standpunkt des Europäischen Parlaments vom 24. Februar 2005 (noch nicht im Amtsblatt veröffentlicht). Beschluss des Rates vom 12. April 2005.

3 ABl. L 250 vom 19.9.1984, S. 17. Richtlinie geändert durch die Richtlinie 97/55/EG des Europäischen Parlaments und des Rates (ABl. L 290 vom 23.10.1997, S. 18).

schriften im Bereich der irreführenden Werbung fest, hindert die Mitgliedstaaten jedoch nicht daran, Vorschriften aufrechtzuerhalten oder zu erlassen, die einen weiterreichenden Schutz der Verbraucher vorsehen. Deshalb unterscheiden sich die Rechtsvorschriften der Mitgliedstaaten im Bereich der irreführenden Werbung erheblich.

(4) Diese Unterschiede führen zu Unsicherheit darüber, welche nationalen Regeln für unlautere Geschäftspraktiken gelten, die die wirtschaftlichen Interessen der Verbraucher schädigen, und schaffen viele Hemmnisse für Unternehmen wie Verbraucher. Diese Hemmnisse verteuern für die Unternehmen die Ausübung der Freiheiten des Binnenmarkts, insbesondere, wenn Unternehmen grenzüberschreitend Marketing-, Werbe- oder Verkaufskampagnen betreiben wollen. Auch für Verbraucher schaffen solche Hemmnisse Unsicherheit hinsichtlich ihrer Rechte und untergraben ihr Vertrauen in den Binnenmarkt.

(5) In Ermangelung einheitlicher Regeln auf Gemeinschaftsebene könnten Hemmnisse für den grenzüberschreitenden Dienstleistungs- und Warenverkehr oder die Niederlassungsfreiheit im Lichte der Rechtsprechung des Gerichtshofs der Europäischen Gemeinschaften gerechtfertigt sein, sofern sie dem Schutz anerkannter Ziele des öffentlichen Interesses dienen und diesen Zielen angemessen sind. Angesichts der Ziele der Gemeinschaft, wie sie in den Bestimmungen des Vertrags und im sekundären Gemeinschaftsrecht über die Freizügigkeit niedergelegt sind, und in Übereinstimmung mit der in der Mitteilung der Kommission »Folgedokument zum Grünbuch über kommerzielle Kommunikationen im Binnenmarkt« genannten Politik der Kommission auf dem Gebiet der kommerziellen Kommunikation sollten solche Hemmnisse beseitigt werden. Diese Hemmnisse können nur beseitigt werden, indem in dem Maße, wie es für das ordnungsgemäße Funktionieren des Binnenmarktes und im Hinblick auf das Erfordernis der Rechtssicherheit notwendig ist, auf Gemeinschaftsebene einheitliche Regeln, die ein hohes Verbraucherschutzniveau gewährleisten, festgelegt und bestimmte Rechtskonzepte geklärt werden.

(6) Die vorliegende Richtlinie gleicht deshalb die Rechtsvorschriften der Mitgliedstaaten über unlautere Geschäftspraktiken einschließlich der unlauteren Werbung an, die die wirtschaftlichen Interessen der Verbraucher unmittelbar und dadurch die wirtschaftlichen Interessen rechtmäßig handelnder Mitbewerber mittelbar schädigen. Im Einklang mit dem Verhältnismäßigkeitsprinzip schützt diese Richtlinie die Verbraucher vor den Auswirkungen solcher unlauteren Geschäftspraktiken, soweit sie als wesentlich anzusehen sind, berücksichtigt jedoch, dass die Auswirkungen für den Verbraucher in manchen Fällen unerheblich sein können. Sie erfasst und berührt nicht die nationalen Rechtsvorschriften in Bezug auf unlautere Geschäftspraktiken, die lediglich die wirtschaftlichen Interessen von Mitbewerbern schädigen oder sich auf ein Rechtsgeschäft zwischen Gewerbetreibenden beziehen; die Mitgliedstaaten können solche Praktiken, falls sie es wünschen, unter uneingeschränkter Wahrung des Subsidiaritätsprinzips im Einklang mit dem Gemeinschaftsrecht weiterhin regeln. Diese Richtlinie erfasst und berührt auch nicht die Bestimmungen der Richtlinie 84/450/EWG über Werbung, die für Unternehmen, nicht aber für Verbraucher irreführend ist, noch die Bestimmungen über vergleichende Werbung. Darüber hinaus berührt diese Richtlinie auch nicht die anerkannten Werbe- und Marketingmethoden wie rechtmäßige Produktplatzierung, Markendifferenzierung oder Anreize, die auf rechtmäßige Weise die Wahrnehmung von Produkten durch den Verbraucher und sein Verhalten beeinflussen können, die jedoch seine Fähigkeit, eine informierte Entscheidung zu treffen, nicht beeinträchtigen.

(7) Diese Richtlinie bezieht sich auf Geschäftspraktiken, die in unmittelbarem Zusammenhang mit der Beeinflussung der geschäftlichen Entscheidungen des Verbrauchers in Bezug auf Produkte stehen. Sie bezieht sich nicht auf Geschäftspraktiken, die vorrangig anderen Zielen dienen, wie etwa bei kommerziellen, für Investoren gedachten Mitteilungen, wie Jahresberichten und Unternehmensprospekten. Sie bezieht sich nicht auf die gesetzlichen Anforderungen in Fragen der guten Sitten und des Anstands, die in den Mitgliedstaaten sehr unterschiedlich sind. Geschäftspraktiken wie beispielsweise das Ansprechen von Personen auf der Straße zu Verkaufszwecken können in manchen Mitgliedstaaten aus kulturellen Gründen unerwünscht sein. Die *Mitgliedstaaten sollten daher* im Einklang mit dem Gemeinschaftsrecht in ihrem Hoheitsgebiet weiterhin Geschäftspraktiken aus Gründen der guten Sitten und des Anstands verbieten können,

auch wenn diese Praktiken die Wahlfreiheit des Verbrauchers nicht beeinträchtigen. Bei der Anwendung dieser Richtlinie, insbesondere der Generalklauseln, sollten die Umstände des Einzelfalles umfassend gewürdigt werden.

(8) Diese Richtlinie schützt unmittelbar die wirtschaftlichen Interessen der Verbraucher vor unlauteren Geschäftspraktiken im Geschäftsverkehr zwischen Unternehmen und Verbrauchern. Sie schützt somit auch mittelbar rechtmäßig handelnde Unternehmen vor Mitbewerbern, die sich nicht an die Regeln dieser Richtlinie halten, und gewährleistet damit einen lauteren Wettbewerb in dem durch sie koordinierten Bereich. Selbstverständlich gibt es andere Geschäftspraktiken, die zwar nicht den Verbraucher schädigen, sich jedoch nachteilig für die Mitbewerber und gewerblichen Kunden auswirken können. Die Kommission sollte sorgfältig prüfen, ob auf dem Gebiet des unlauteren Wettbewerbs über den Regelungsbereich dieser Richtlinie hinausgehende gemeinschaftliche Maßnahmen erforderlich sind, und sollte gegebenenfalls einen Gesetzgebungsvorschlag zur Erfassung dieser anderen Aspekte des unlauteren Wettbewerbs vorlegen.

(9) Diese Richtlinie berührt nicht individuelle Klagen von Personen, die durch eine unlautere Geschäftspraxis geschädigt wurden. Sie berührt ferner nicht die gemeinschaftlichen und nationalen Vorschriften in den Bereichen Vertragsrecht, Schutz des geistigen Eigentums, Sicherheit und Gesundheitsschutz im Zusammenhang mit Produkten, Niederlassungsbedingungen und Genehmigungsregelungen, einschließlich solcher Vorschriften, die sich im Einklang mit dem Gemeinschaftsrecht auf Glücksspiele beziehen, sowie die Wettbewerbsregeln der Gemeinschaft und die nationalen Rechtsvorschriften zur Umsetzung derselben. Die Mitgliedstaaten können somit unabhängig davon, wo der Gewerbetreibende niedergelassen ist, unter Berufung auf den Schutz der Gesundheit und der Sicherheit der Verbraucher in ihrem Hoheitsgebiet für Geschäftspraktiken Beschränkungen aufrechterhalten oder einführen oder diese Praktiken verbieten, beispielsweise im Zusammenhang mit Spirituosen, Tabakwaren und Arzneimitteln. Für Finanzdienstleistungen und Immobilien sind aufgrund ihrer Komplexität und der ihnen inhärenten ernsten Risiken detaillierte Anforderungen erforderlich, einschließlich positiver Verpflichtungen für die betreffenden Gewerbetreibenden. Deshalb lässt diese Richtlinie im Bereich der Finanzdienstleistungen und Immobilien das Recht der Mitgliedstaaten unberührt, zum Schutz der wirtschaftlichen Interessen der Verbraucher über ihre Bestimmungen hinauszugehen. Es ist nicht angezeigt, in dieser Richtlinie die Zertifizierung und Angabe des Feingehalts von Artikeln aus Edelmetall zu regeln.

(10) Es muss sichergestellt werden, dass diese Richtlinie insbesondere in Fällen, in denen Einzelvorschriften über unlautere Geschäftspraktiken in speziellen Sektoren anwendbar sind auf das geltende Gemeinschaftsrecht abgestimmt ist. Diese Richtlinie ändert daher die Richtlinie 84/450/EWG, die Richtlinie 97/7/EG des Europäischen Parlaments und des Rates vom 20. Mai 1997 über den Verbraucherschutz bei Vertragsabschlüssen im Fernabsatz[4], die Richtlinie 98/27/EG des Europäischen Parlaments und des Rates vom 19. Mai 1998 über Unterlassungsklagen zum Schutz der Verbraucherinteressen[5] und die Richtlinie 2002/65/EG des Europäischen Parlaments und des Rates vom 23. September 2002 über den Fernabsatz von Finanzdienstleistungen an Verbraucher[6]. Diese Richtlinie gilt dementsprechend nur insoweit, als keine spezifischen Vorschriften des Gemeinschaftsrechts vorliegen, die spezielle Aspekte unlauterer Geschäftspraktiken regeln, wie etwa Informationsanforderungen oder Regeln darüber, wie dem Verbraucher Informationen zu vermitteln sind. Sie bietet den Verbrauchern in den Fällen Schutz, in denen es keine spezifischen sektoralen Vorschriften auf Gemeinschaftsebene gibt, und untersagt es Gewerbetreibenden, eine Fehlvorstellung von der Art ihrer Produkte zu wecken. Dies ist besonders wichtig bei komplexen Produkten mit einem hohen Risikograd für die Verbraucher, wie etwa bestimmten Finanzdienstleistungen. Diese Richtlinie ergänzt somit den gemeinschaftlichen

---

4 ABl. L 144 vom 4.6.1997, S. 19. Richtlinie geändert durch die Richtlinie 2002/65/EG (ABl. L 271 vom 9.10.2002, S. 16).

5 ABl. L 166 vom 11.6.1998, S. 51. Richtlinie zuletzt geändert durch die Richtlinie 2002/65/EG.

6 ABl. L 271 vom 9.10.2002, S. 16.

Besitzstand in Bezug auf Geschäftspraktiken, die den wirtschaftlichen Interessen der Verbraucher schaden.

(11) Das hohe Maß an Konvergenz, das die Angleichung der nationalen Rechtsvorschriften durch diese Richtlinie hervorbringt, schafft ein hohes allgemeines Verbraucherschutzniveau. Diese Richtlinie stellt ein einziges generelles Verbot jener unlauteren Geschäftspraktiken auf, die das wirtschaftliche Verhalten des Verbrauchers beeinträchtigen. Sie stellt außerdem Regeln über aggressive Geschäftspraktiken auf, die gegenwärtig auf Gemeinschaftsebene nicht geregelt sind.

(12) Durch die Angleichung wird die Rechtssicherheit sowohl für Verbraucher als auch für Unternehmen beträchtlich erhöht. Sowohl die Verbraucher als auch die Unternehmen werden in die Lage versetzt, sich an einem einzigen Rechtsrahmen zu orientieren, der auf einem klar definierten Rechtskonzept beruht, das alle Aspekte unlauterer Geschäftspraktiken in der EU regelt. Dies wird zur Folge haben, dass die durch die Fragmentierung der Vorschriften über unlautere, die wirtschaftlichen Interessen der Verbraucher schädigende Geschäftspraktiken verursachten Handelshemmnisse beseitigt werden und die Verwirklichung des Binnenmarktes in diesem Bereich ermöglicht wird.

(13) Zur Erreichung der Ziele der Gemeinschaft durch die Beseitigung von Hemmnissen für den Binnenmarkt ist es notwendig, die in den Mitgliedstaaten existierenden unterschiedlichen Generalklauseln und Rechtsgrundsätze zu ersetzen. Das durch diese Richtlinie eingeführte einzige, gemeinsame generelle Verbot umfasst daher unlautere Geschäftspraktiken, die das wirtschaftliche Verhalten der Verbraucher beeinträchtigen. Zur Förderung des Verbrauchervertrauens sollte das generelle Verbot für unlautere Geschäftspraktiken sowohl außerhalb einer vertraglichen Beziehung zwischen Gewerbetreibenden und Verbrauchern als auch nach Abschluss eines Vertrags und während dessen Ausführung gelten. Das generelle Verbot wird durch Regeln über die beiden bei weitem am meisten verbreiteten Arten von Geschäftspraktiken konkretisiert, nämlich die irreführenden und die aggressiven Geschäftspraktiken.

(14) Es ist wünschenswert, dass der Begriff der irreführenden Praktiken auch Praktiken, einschließlich irreführender Werbung, umfasst, die den Verbraucher durch Täuschung davon abhalten, eine informierte und deshalb effektive Wahl zu treffen. In Übereinstimmung mit dem Recht und den Praktiken der Mitgliedstaaten zur irreführenden Werbung unterteilt diese Richtlinie irreführende Praktiken in irreführende Handlungen und irreführende Unterlassungen. Im Hinblick auf Unterlassungen legt diese Richtlinie eine bestimmte Anzahl von Basisinformationen fest, die der Verbraucher benötigt, um eine informierte geschäftliche Entscheidung treffen zu können. Solche Informationen müssen nicht notwendigerweise in jeder Werbung enthalten sein, sondern nur dann, wenn der Gewerbetreibende zum Kauf auffordert; dieses Konzept wird in dieser Richtlinie klar definiert. Die in dieser Richtlinie vorgesehene vollständige Angleichung hindert die Mitgliedstaaten nicht daran, in ihren nationalen Rechtsvorschriften für bestimmte Produkte, zum Beispiel Sammlungsstücke oder elektrische Geräte, die wesentlichen Kennzeichen festzulegen, deren Weglassen bei einer Aufforderung zum Kauf rechtserheblich wäre. Mit dieser Richtlinie wird nicht beabsichtigt, die Wahl für die Verbraucher einzuschränken, indem die Werbung für Produkte, die anderen Produkten ähneln, untersagt wird, es sei denn, dass diese Ähnlichkeit eine Verwechslungsgefahr für die Verbraucher hinsichtlich der kommerziellen Herkunft des Produkts begründet und daher irreführend ist. Diese Richtlinie sollte das bestehende Gemeinschaftsrecht unberührt lassen, das den Mitgliedstaaten ausdrücklich die Wahl zwischen mehreren Regelungsoptionen für den Verbraucherschutz auf dem Gebiet der Geschäftspraktiken lässt. Die vorliegende Richtlinie sollte insbesondere Artikel 13 Absatz 3 der Richtlinie 2002/58/EG des Europäischen Parlaments und des Rates vom 12. Juli 2002 über die Verarbeitung personenbezogener Daten und den Schutz der Privatsphäre in der elektronischen Kommunikation[7] unberührt lassen.

(15) Legt das Gemeinschaftsrecht Informationsanforderungen in Bezug auf Werbung, kommerzielle Kommunikation oder Marketing fest, so werden die betreffenden Informationen im Rahmen

7 ABl. L 201 vom 31.7.2002, S. 37.

dieser Richtlinie als wesentlich angesehen. Die Mitgliedstaaten können die Informationsanforderungen in Bezug auf das Vertragsrecht oder mit vertragsrechtlichen Auswirkungen aufrechterhalten oder erweitern, wenn dies aufgrund der Mindestklauseln in den bestehenden gemeinschaftlichen Rechtsakten zulässig ist. Eine nicht erschöpfende Auflistung solcher im Besitzstand vorgesehenen Informationsanforderungen ist in Anhang II enthalten. Aufgrund der durch diese Richtlinie eingeführten vollständigen Angleichung werden nur die nach dem Gemeinschaftsrecht vorgeschriebenen Informationen als wesentlich für die Zwecke des Artikels 7 Absatz 5 dieser Richtlinie betrachtet. Haben die Mitgliedstaaten auf der Grundlage von Mindestklauseln Informationsanforderungen eingeführt, die über das hinausgehen, was im Gemeinschaftsrecht geregelt ist, so kommt das Vorenthalten dieser Informationen einem irreführenden Unterlassen nach dieser Richtlinie nicht gleich. Die Mitgliedstaaten können demgegenüber, sofern dies nach den gemeinschaftsrechtlichen Mindestklauseln zulässig ist, im Einklang mit dem Gemeinschaftsrecht strengere Bestimmungen aufrechterhalten oder einführen, um ein höheres Schutzniveau für die individuellen vertraglichen Rechte der Verbraucher zu gewährleisten.

(16) Die Bestimmungen über aggressive Handelspraktiken sollten solche Praktiken einschließen, die die Wahlfreiheit des Verbrauchers wesentlich beeinträchtigen. Dabei handelt es sich um Praktiken, die sich der Belästigung, der Nötigung, einschließlich der Anwendung von Gewalt, und der unzulässigen Beeinflussung bedienen.

(17) Es ist wünschenswert, dass diejenigen Geschäftspraktiken, die unter allen Umständen unlauter sind, identifiziert werden, um größere Rechtssicherheit zu schaffen. Anhang I enthält daher eine umfassende Liste solcher Praktiken. Hierbei handelt es sich um die einzigen Geschäftspraktiken, die ohne eine Beurteilung des Einzelfalls anhand der Bestimmungen der Artikel 5 bis 9 als unlauter gelten können. Die Liste kann nur durch eine Änderung dieser Richtlinie abgeändert werden.

(18) Es ist angezeigt, alle Verbraucher vor unlauteren Geschäftspraktiken zu schützen; der Gerichtshof hat es allerdings bei seiner Rechtsprechung im Zusammenhang mit Werbung seit dem Erlass der Richtlinie 84/450/EWG für erforderlich gehalten, die Auswirkungen auf einen fiktiven typischen Verbraucher zu prüfen. Dem Verhältnismäßigkeitsprinzip entsprechend und um die wirksame Anwendung der vorgesehenen Schutzmaßnahmen zu ermöglichen, nimmt diese Richtlinie den Durchschnittsverbraucher, der angemessen gut unterrichtet und angemessen aufmerksam und kritisch ist, unter Berücksichtigung sozialer, kultureller und sprachlicher Faktoren in der Auslegung des Gerichtshofs als Maßstab, enthält aber auch Bestimmungen zur Vermeidung der Ausnutzung von Verbrauchern, deren Eigenschaften sie für unlautere Geschäftspraktiken besonders anfällig machen. Richtet sich eine Geschäftspraxis speziell an eine besondere Verbrauchergruppe wie z. B. Kinder, so sollte die Auswirkung der Geschäftspraxis aus der Sicht eines Durchschnittsmitglieds dieser Gruppe beurteilt werden. Es ist deshalb angezeigt, in die Liste der Geschäftspraktiken, die unter allen Umständen unlauter sind, eine Bestimmung aufzunehmen, mit der an Kinder gerichtete Werbung zwar nicht völlig untersagt wird, mit der Kinder aber vor unmittelbaren Kaufaufforderungen geschützt werden. Der Begriff des Durchschnittsverbrauchers beruht dabei nicht auf einer statistischen Grundlage. Die nationalen Gerichte und Verwaltungsbehörden müssen sich bei der Beurteilung der Frage, wie der Durchschnittsverbraucher in einem gegebenen Fall typischerweise reagieren würde, auf ihre eigene Urteilsfähigkeit unter Berücksichtigung der Rechtsprechung des Gerichtshofs verlassen.

(19) Sind Verbraucher aufgrund bestimmter Eigenschaften wie Alter, geistige oder körperliche Gebrechen oder Leichtgläubigkeit besonders für eine Geschäftspraxis oder das ihr zugrunde liegende Produkt anfällig und wird durch diese Praxis voraussichtlich das wirtschaftliche Verhalten nur dieser Verbraucher in einer für den Gewerbetreibenden vernünftigerweise vorhersehbaren Art und Weise wesentlich beeinflusst, muss sichergestellt werden, dass diese entsprechend geschützt werden, indem die Praxis aus der Sicht eines Durchschnittsmitglieds dieser Gruppe beurteilt wird.

(20) Es ist zweckmäßig, die Möglichkeit von Verhaltenskodizes vorzusehen, die es Gewerbetreibenden ermöglichen, die Grundsätze dieser Richtlinie in spezifischen Wirtschaftsbranchen wirksam anzuwenden. In Branchen, in denen es spezifische zwingende Vorschriften gibt, die das Verhal-

ten von Gewerbetreibenden regeln, ist es zweckmäßig, dass aus diesen auch die Anforderungen an die berufliche Sorgfalt in dieser Branche ersichtlich sind. Die von den Urhebern der Kodizes auf nationaler oder auf Gemeinschaftsebene ausgeübte Kontrolle hinsichtlich der Beseitigung unlauterer Geschäftspraktiken könnte die Inanspruchnahme der Verwaltungsbehörden oder Gerichte unnötig machen und sollte daher gefördert werden. Mit dem Ziel, ein hohes Verbraucherschutzniveau zu erreichen, könnten Verbraucherverbände informiert und an der Ausarbeitung von Verhaltenskodizes beteiligt werden.

(21) Personen oder Organisationen, die nach dem nationalen Recht ein berechtigtes Interesse geltend machen können, müssen über Rechtsbehelfe verfügen, die es ihnen erlauben, vor Gericht oder bei einer Verwaltungsbehörde, die über Beschwerden entscheiden oder geeignete gerichtliche Schritte einleiten kann, gegen unlautere Geschäftspraktiken vorzugehen. Zwar wird die Beweislast vom nationalen Recht bestimmt, die Gerichte und Verwaltungsbehörden sollten aber in die Lage versetzt werden, von Gewerbetreibenden zu verlangen, dass sie den Beweis für die Richtigkeit der von ihnen behaupteten Tatsachen erbringen.

(22) Es ist notwendig, dass die Mitgliedstaaten Sanktionen für Verstöße gegen diese Richtlinie festlegen und für deren Durchsetzung sorgen. Die Sanktionen müssen wirksam, verhältnismäßig und abschreckend sein.

(23) Da die Ziele dieser Richtlinie, nämlich durch Angleichung der Rechts- und Verwaltungsvorschriften der Mitgliedstaaten über unlautere Geschäftspraktiken die durch derartige Vorschriften verursachten Handelshemmnisse zu beseitigen und ein hohes gemeinsames Verbraucherschutzniveau zu gewährleisten, auf Ebene der Mitgliedstaaten nicht ausreichend erreicht werden können und daher besser auf Gemeinschaftsebene zu erreichen sind, kann die Gemeinschaft im Einklang mit dem in Artikel 5 des Vertrags niedergelegten Subsidiaritätsprinzip tätig werden. Entsprechend dem in demselben Artikel genannten Verhältnismäßigkeitsprinzip geht diese Richtlinie nicht über das für die Beseitigung der Handelshemmnisse und die Gewährleistung eines hohen gemeinsamen Verbraucherschutzniveaus erforderliche Maß hinaus.

(24) Diese Richtlinie sollte überprüft werden um sicherzustellen, dass Handelshemmnisse für den Binnenmarkt beseitigt und ein hohes Verbraucherschutzniveau erreicht wurden. Diese Überprüfung könnte zu einem Vorschlag der Kommission zur Änderung dieser Richtlinie führen, der eine begrenzte Verlängerung der Geltungsdauer der Ausnahmeregelung des Artikels 3 Absatz 5 vorsehen und/oder Änderungsvorschläge zu anderen Rechtsvorschriften über den Verbraucherschutz beinhalten könnte, in denen die von der Kommission im Rahmen der verbraucherpolitischen Strategie der Gemeinschaft eingegangene Verpflichtung zur Überprüfung des Besitzstands zur Erreichung eines hohen gemeinsamen Verbraucherschutzniveaus zum Ausdruck kommt.

(25) Diese Richtlinie achtet die insbesondere in der Charta der Grundrechte der Europäischen Union anerkannten Grundrechte und Grundsätze –

HABEN FOLGENDE RICHTLINIE ERLASSEN:

KAPITEL 1 ALLGEMEINE BESTIMMUNGEN

Artikel 1 Zweck der Richtlinie

Zweck dieser Richtlinie ist es, durch Angleichung der Rechts- und Verwaltungsvorschriften der Mitgliedstaaten über unlautere Geschäftspraktiken, die die wirtschaftlichen Interessen der Verbraucher beeinträchtigen, zu einem reibungslosen Funktionieren des Binnenmarkts und zum Erreichen eines hohen Verbraucherschutzniveaus beizutragen.

Artikel 2 Definitionen

Im Sinne dieser Richtlinie bezeichnet der Ausdruck

a) *»Verbraucher« jede natürliche* Person, die im Geschäftsverkehr im Sinne dieser Richtlinie zu Zwecken handelt, die nicht ihrer gewerblichen, handwerklichen oder beruflichen Tätigkeit zugerechnet werden können;

b) »Gewerbetreibender« jede natürliche oder juristische Person, die im Geschäftsverkehr im Sinne dieser Richtlinie im Rahmen ihrer gewerblichen, handwerklichen oder beruflichen Tätigkeit handelt, und jede Person, die im Namen oder Auftrag des Gewerbetreibenden handelt;

c) »Produkt« jede Ware oder Dienstleistung, einschließlich Immobilien, Rechte und Verpflichtungen;

d) »Geschäftspraktiken im Geschäftsverkehr zwischen Unternehmen und Verbrauchern« (nachstehend auch »Geschäftspraktiken« genannt) jede Handlung, Unterlassung, Verhaltensweise oder Erklärung, kommerzielle Mitteilung einschließlich Werbung und Marketing eines Gewerbetreibenden, die unmittelbar mit der Absatzförderung, dem Verkauf oder der Lieferung eines Produkts an Verbraucher zusammenhängt;

e) »wesentliche Beeinflussung des wirtschaftlichen Verhaltens des Verbrauchers« die Anwendung einer Geschäftspraxis, um die Fähigkeit des Verbrauchers, eine informierte Entscheidung zu treffen, spürbar zu beeinträchtigen und damit den Verbraucher zu einer geschäftlichen Entscheidung zu veranlassen, die er andernfalls nicht getroffen hätte;

f) »Verhaltenskodex« eine Vereinbarung oder ein Vorschriftenkatalog, die bzw. der nicht durch die Rechts- und Verwaltungsvorschriften eines Mitgliedstaates vorgeschrieben ist und das Verhalten der Gewerbetreibenden definiert, die sich in Bezug auf eine oder mehrere spezielle Geschäftspraktiken oder Wirtschaftszweige auf diesen Kodex verpflichten;

g) »Urheber eines Kodex« jede Rechtspersönlichkeit, einschließlich einzelner Gewerbetreibender oder Gruppen von Gewerbetreibenden, die für die Formulierung und Überarbeitung eines Verhaltenskodex und/oder für die Überwachung der Einhaltung dieses Kodex durch alle diejenigen, die sich darauf verpflichtet haben, zuständig ist;

h) »berufliche Sorgfalt« der Standard an Fachkenntnissen und Sorgfalt, bei denen billigerweise davon ausgegangen werden kann, dass der Gewerbetreibende sie gegenüber dem Verbraucher gemäß den anständigen Marktgepflogenheiten und/oder dem allgemeinen Grundsatz von Treu und Glauben in seinem Tätigkeitsbereich anwendet;

i) »Aufforderung zum Kauf« jede kommerzielle Kommunikation, die die Merkmale des Produkts und den Preis in einer Weise angibt, die den Mitteln der verwendeten kommerziellen Kommunikation angemessen ist und den Verbraucher dadurch in die Lage versetzt, einen Kauf zu tätigen;

j) »unzulässige Beeinflussung« die Ausnutzung einer Machtposition gegenüber dem Verbraucher zur Ausübung von Druck, auch ohne die Anwendung oder Androhung von körperlicher Gewalt, in einer Weise, die die Fähigkeit des Verbrauchers zu einer informierten Entscheidung wesentlich einschränkt;

k) »geschäftliche Entscheidung« jede Entscheidung eines Verbraucher darüber, ob, wie und unter welchen Bedingungen er einen Kauf tätigen, eine Zahlung insgesamt oder teilweise leisten, ein Produkt behalten oder abgeben oder ein vertragliches Recht im Zusammenhang mit dem Produkt ausüben will, unabhängig davon, ob der Verbraucher beschließt, tätig zu werden oder ein Tätigwerden zu unterlassen;

l) »reglementierter Beruf« eine berufliche Tätigkeit oder eine Reihe beruflicher Tätigkeiten, bei der die Aufnahme oder Ausübung oder eine der Arten der Ausübung direkt oder indirekt durch Rechts- oder Verwaltungsvorschriften an das Vorhandensein bestimmter Berufsqualifikationen gebunden ist.

Artikel 3 Anwendungsbereich

(1) Diese Richtlinie gilt für unlautere Geschäftspraktiken im Sinne des Artikels 5 zwischen Unternehmen und Verbrauchern vor, während und nach Abschluss eines auf ein Produkt bezogenen Handelsgeschäfts.

(2) Diese Richtlinie lässt das Vertragsrecht und insbesondere die Bestimmungen über die Wirksamkeit, das Zustandekommen oder die Wirkungen eines Vertrags unberührt.

(3) Diese Richtlinie lässt die Rechtsvorschriften der Gemeinschaft oder der Mitgliedstaaten in Bezug auf die Gesundheits- und Sicherheitsaspekte von Produkten unberührt.

(4) Kollidieren die Bestimmungen dieser Richtlinie mit anderen Rechtsvorschriften der Gemeinschaft, die besondere Aspekte unlauterer Geschäftspraktiken regeln, so gehen die Letzteren vor und sind für diese besonderen Aspekte maßgebend.

(5) Die Mitgliedstaaten können für einen Zeitraum von sechs Jahren ab dem 12. Juni 2007 in dem durch diese Richtlinie angeglichenen Bereich nationale Vorschriften beibehalten, die restriktiver oder strenger sind als diese Richtlinie und zur Umsetzung von Richtlinien erlassen wurden und die Klauseln über eine Mindestangleichung enthalten. Diese Maßnahmen müssen unbedingt erforderlich sein, um sicherzustellen, dass die Verbraucher auf geeignete Weise vor unlauteren Geschäftspraktiken geschützt werden und müssen zur Erreichung dieses Ziels verhältnismäßig sein. Im Rahmen der nach Artikel 18 vorgesehenen Überprüfung kann gegebenenfalls vorgeschlagen werden, die Geltungsdauer dieser Ausnahmeregelung um einen weiteren begrenzten Zeitraum zu verlängern.

(6) Die Mitgliedstaaten teilen der Kommission unverzüglich die auf der Grundlage von Absatz 5 angewandten nationalen Vorschriften mit.

(7) Diese Richtlinie lässt die Bestimmungen über die Zuständigkeit der Gerichte unberührt.

(8) Diese Richtlinie lässt alle Niederlassungs- oder Genehmigungsbedingungen, berufsständischen Verhaltenskodizes oder andere spezifische Regeln für reglementierte Berufe unberührt, damit die strengen Integritätsstandards, die die Mitgliedstaaten den in dem Beruf tätigen Personen nach Maßgabe des Gemeinschaftsrechts auferlegen können, gewährleistet bleiben.

(9) Im Zusammenhang mit »Finanzdienstleistungen« im Sinne der Richtlinie 2002/65/EG und Immobilien können die Mitgliedstaaten Anforderungen stellen, die im Vergleich zu dem durch diese Richtlinie angeglichenen Bereich restriktiver und strenger sind.

(10) Diese Richtlinie gilt nicht für die Anwendung der Rechts- und Verwaltungsvorschriften der Mitgliedstaaten in Bezug auf die Zertifizierung und Angabe des Feingehalts von Artikeln aus Edelmetall.

Artikel 4 Binnenmarkt

Die Mitgliedstaaten dürfen den freien Dienstleistungsverkehr und den freien Warenverkehr nicht aus Gründen, die mit dem durch diese Richtlinie angeglichenen Bereich zusammenhängen, einschränken.

KAPITEL 2 UNLAUTERE GESCHÄFTSPRAKTIKEN

Artikel 5 Verbot unlauterer Geschäftspraktiken

(1) Unlautere Geschäftspraktiken sind verboten.

(2) Eine Geschäftspraxis ist unlauter, wenn

a) sie den Erfordernissen der beruflichen Sorgfaltspflicht widerspricht und

b) sie in Bezug auf das jeweilige Produkt das wirtschaftliche Verhalten des Durchschnittsverbrauchers, den sie erreicht oder an den sie sich richtet oder des durchschnittlichen Mitglieds einer Gruppe von Verbrauchern, wenn sich eine Geschäftspraxis an eine bestimmte Gruppe von Verbrauchern wendet, wesentlich beeinflusst oder dazu geeignet ist, es wesentlich zu beeinflussen.

(3) Geschäftspraktiken, die voraussichtlich in einer für den Gewerbetreibenden vernünftigerweise vorhersehbaren Art und Weise das wirtschaftliche Verhalten nur einer eindeutig identifizierbaren *Gruppe von Verbrauchern* wesent*lich* beeinflussen, die aufgrund von geistigen oder körperlichen Gebrechen, Alter oder Leichtgläubigkeit im Hinblick auf diese Praktiken oder die ihnen zugrunde liegenden Produkte besonders schutzbedürftig sind, werden aus der Perspektive eines durchschnittli-

chen Mitglieds dieser Gruppe beurteilt. Die übliche und rechtmäßige Werbepraxis, übertriebene Behauptungen oder nicht wörtlich zu nehmende Behauptungen aufzustellen, bleibt davon unberührt.

(4) Unlautere Geschäftspraktiken sind insbesondere solche, die
a) irreführend im Sinne der Artikel 6 und 7
oder
b) aggressiv im Sinne der Artikel 8 und 9 sind.

(5) Anhang I enthält eine Liste jener Geschäftspraktiken, die unter allen Umständen als unlauter anzusehen sind. Diese Liste gilt einheitlich in allen Mitgliedstaaten und kann nur durch eine Änderung dieser Richtlinie abgeändert werden.

Abschnitt 1 Irreführende geschäftspraktiken

Artikel 6 Irreführende Handlungen

(1) Eine Geschäftspraxis gilt als irreführend, wenn sie falsche Angaben enthält und somit unwahr ist oder wenn sie in irgendeiner Weise, einschließlich sämtlicher Umstände ihrer Präsentation, selbst mit sachlich richtigen Angaben den Durchschnittsverbraucher in Bezug auf einen oder mehrere der nachstehend aufgeführten Punkte täuscht oder ihn zu täuschen geeignet ist und ihn in jedem Fall tatsächlich oder voraussichtlich zu einer geschäftlichen Entscheidung veranlasst, die er ansonsten nicht getroffen hätte:
a) das Vorhandensein oder die Art des Produkts;
b) die wesentlichen Merkmale des Produkts wie Verfügbarkeit, Vorteile, Risiken, Ausführung, Zusammensetzung, Zubehör, Kundendienst und Beschwerdeverfahren, Verfahren und Zeitpunkt der Herstellung oder Erbringung, Lieferung, Zwecktauglichkeit, Verwendung, Menge, Beschaffenheit, geografische oder kommerzielle Herkunft oder die von der Verwendung zu erwartenden Ergebnisse oder die Ergebnisse und wesentlichen Merkmale von Tests oder Untersuchungen, denen das Produkt unterzogen wurde;
c) den Umfang der Verpflichtungen des Gewerbetreibenden, die Beweggründe für die Geschäftspraxis und die Art des Vertriebsverfahrens, die Aussagen oder Symbole jeder Art, die im Zusammenhang mit direktem oder indirektem Sponsoring stehen oder sich auf eine Zulassung des Gewerbetreibenden oder des Produkts beziehen;
d) der Preis, die Art der Preisberechnung oder das Vorhandensein eines besonderer Preisvorteils;
e) die Notwendigkeit einer Leistung, eines Ersatzteils, eines Austauschs oder einer Reparatur;
f) die Person, die Eigenschaften oder die Rechte des Gewerbetreibenden oder seines Vertreters, wie Identität und Vermögen, seine Befähigungen, seinen Status, seine Zulassung, Mitgliedschaften oder Beziehungen sowie gewerbliche oder kommerzielle Eigentumsrechte oder Rechte an geistigem Eigentum oder seine Auszeichnungen und Ehrungen;
g) die Rechte des Verbrauchers einschließlich des Rechts auf Ersatzlieferung oder Erstattung gemäß der Richtlinie 1999/44/EG des Europäischen Parlaments und des Rates vom 25. Mai 1999 zu bestimmten Aspekten des Verbrauchsgüterkaufs und der Garantien für Verbrauchsgüter[8] oder die Risiken, denen er sich möglicherweise aussetzt.

(2) Eine Geschäftspraxis gilt ferner als irreführend, wenn sie im konkreten Fall unter Berücksichtigung aller tatsächlichen Umstände einen Durchschnittsverbraucher zu einer geschäftlichen Entscheidung veranlasst oder zu veranlassen geeignet ist, die er ansonsten nicht getroffen hätte, und Folgendes beinhaltet:
a) jegliche Art der Vermarktung eines Produkts, einschließlich vergleichender Werbung, die eine Verwechslungsgefahr mit einem anderen Produkt, Warenzeichen, Warennamen oder anderen Kennzeichen eines Mitbewerbers begründet;

8 ABl. L 171 vom 7.7.1999, S. 12.

b) die Nichteinhaltung von Verpflichtungen, die der Gewerbetreibende im Rahmen von Verhaltenskodizes, auf die er sich verpflichtet hat, eingegangen ist, sofern
   i) es sich nicht um eine Absichtserklärung, sondern um eine eindeutige Verpflichtung handelt, deren Einhaltung nachprüfbar ist,
   und
   ii) der Gewerbetreibende im Rahmen einer Geschäftspraxis darauf hinweist, dass er durch den Kodex gebunden ist.

Artikel 7 Irreführende Unterlassungen

(1) Eine Geschäftspraxis gilt als irreführend, wenn sie im konkreten Fall unter Berücksichtigung aller tatsächlichen Umstände und der Beschränkungen des Kommunikationsmediums wesentliche Informationen vorenthält, die der durchschnittliche Verbraucher je nach den Umständen benötigt, um eine informierte geschäftliche Entscheidung zu treffen, und die somit einen Durchschnittsverbraucher zu einer geschäftlichen Entscheidung veranlasst oder zu veranlassen geeignet ist, die er sonst nicht getroffen hätte.

(2) Als irreführende Unterlassung gilt es auch, wenn ein Gewerbetreibender wesentliche Informationen gemäß Absatz 1 unter Berücksichtigung der darin beschriebenen Einzelheiten verheimlicht oder auf unklare, unverständliche, zweideutige Weise oder nicht rechtzeitig bereitstellt oder wenn er den kommerziellen Zweck der Geschäftspraxis nicht kenntlich macht, sofern er sich nicht unmittelbar aus den Umständen ergibt, und dies jeweils einen Durchschnittsverbraucher zu einer geschäftlichen Entscheidung veranlasst oder zu veranlassen geeignet ist, die er ansonsten nicht getroffen hätte.

(3) Werden durch das für die Geschäftspraxis verwendete Kommunikationsmedium räumliche oder zeitliche Beschränkungen auferlegt, so werden diese Beschränkungen und alle Maßnahmen, die der Gewerbetreibende getroffen hat, um den Verbrauchern die Informationen anderweitig zur Verfügung zu stellen, bei der Entscheidung darüber, ob Informationen vorenthalten wurden, berücksichtigt.

(4) Im Falle der Aufforderung zum Kauf gelten folgende Informationen als wesentlich, sofern sie sich nicht unmittelbar aus den Umständen ergeben:
a) die wesentlichen Merkmale des Produkts in dem für das Medium und das Produkt angemessenen Umfang;
b) Anschrift und Identität des Gewerbetreibenden, wie sein Handelsname und gegebenenfalls Anschrift und Identität des Gewerbetreibenden, für den er handelt;
c) der Preis einschließlich aller Steuern und Abgaben oder in den Fällen, in denen der Preis aufgrund der Beschaffenheit des Produkts vernünftigerweise nicht im Voraus berechnet werden kann, die Art der Preisberechnung sowie gegebenenfalls alle zusätzlichen Fracht-, Liefer- oder Zustellkosten oder in den Fällen, in denen diese Kosten vernünftigerweise nicht im Voraus berechnet werden können, die Tatsache, dass solche zusätzliche Kosten anfallen können;
d) die Zahlungs-, Liefer- und Leistungsbedingungen sowie das Verfahren zum Umgang mit Beschwerden, falls sie von den Erfordernissen der beruflichen Sorgfalt abweichen;
e) für Produkte und Rechtsgeschäfte, die ein Rücktritts- oder Widerrufsrecht beinhalten, das Bestehen eines solchen Rechts.

(5) Die im Gemeinschaftsrecht festgelegten Informationsanforderungen in Bezug auf kommerzielle Kommunikation einschließlich Werbung oder Marketing, auf die in der nicht erschöpfenden Liste des Anhangs II verwiesen wird, gelten als wesentlich.

Abschnitt 2 Aggressive geschäftspraktiken

Artikel 8 Aggressive Geschäftspraktiken

Eine Geschäftspraxis gilt als aggressiv, wenn sie im konkreten Fall unter Berücksichtigung aller tatsächlichen Umstände die Entscheidungs- oder Verhaltensfreiheit des Durchschnittsverbrauchers in Bezug auf das Produkt durch Belästigung, Nötigung, einschließlich der Anwendung körperlicher Gewalt, oder durch unzulässige Beeinflussung tatsächlich oder voraussichtlich erheblich beeinträchtigt und dieser dadurch tatsächlich oder voraussichtlich dazu veranlasst wird, eine geschäftliche Entscheidung zu treffen, die er andernfalls nicht getroffen hätte.

Artikel 9 Belästigung, Nötigung und unzulässige Beeinflussung

Bei der Feststellung, ob im Rahmen einer Geschäftspraxis die Mittel der Belästigung, der Nötigung, einschließlich der Anwendung körperlicher Gewalt, oder der unzulässigen Beeinflussung eingesetzt werden, ist abzustellen auf:
a) Zeitpunkt, Ort, Art oder Dauer des Einsatzes;
b) die Verwendung drohender oder beleidigender Formulierungen oder Verhaltensweisen;
c) die Ausnutzung durch den Gewerbetreibenden von konkreten Unglückssituationen oder Umständen von solcher Schwere, dass sie das Urteilsvermögen des Verbrauchers beeinträchtigen, worüber sich der Gewerbetreibende bewusst ist, um die Entscheidung des Verbrauchers in Bezug auf das Produkt zu beeinflussen;
d) belastende oder unverhältnismäßige Hindernisse nichtvertraglicher Art, mit denen der Gewerbetreibende den Verbraucher an der Ausübung seiner vertraglichen Rechte zu hindern versucht, wozu auch das Recht gehört, den Vertrag zu kündigen oder zu einem anderen Produkt oder einem anderen Gewerbetreibenden zu wechseln;
e) Drohungen mit rechtlich unzulässigen Handlungen.

KAPITEL 3 VERHALTENSKODIZES

Artikel 10 Verhaltenskodizes

Diese Richtlinie schließt die Kontrolle – die von den Mitgliedstaaten gefördert werden kann – unlauterer Geschäftspraktiken durch die Urheber von Kodizes und die Inanspruchnahme solcher Einrichtungen durch die in Artikel 11 genannten Personen oder Organisationen nicht aus, wenn entsprechende Verfahren vor solchen Einrichtungen zusätzlich zu den Gerichts- oder Verwaltungsverfahren gemäß dem genannten Artikel zur Verfügung stehen.

Die Inanspruchnahme derartiger Kontrolleinrichtungen bedeutet keineswegs einen Verzicht auf einen Rechtsbehelf vor einem Gericht oder einer Verwaltungsbehörde gemäß Artikel 11.

KAPITEL 4 SCHLUSSBESTIMMUNGEN

Artikel 11 Durchsetzung

(1) Die Mitgliedstaaten stellen im Interesse der Verbraucher sicher, dass geeignete und wirksame Mittel zur Bekämpfung unlauterer Geschäftspraktiken vorhanden sind, um die Einhaltung dieser Richtlinie durchzusetzen.

Diese Mittel umfassen Rechtsvorschriften, die es Personen oder Organisationen, die nach dem nationalen Recht ein berechtigtes Interesse an der Bekämpfung unlauterer Geschäftspraktiken haben, einschließlich Mitbewerbern, gestatten,
a) gerichtlich gegen solche unlauteren Geschäftspraktiken vorzugehen
und/oder
b) gegen solche unlauteren Geschäftspraktiken ein Verfahren bei einer Verwaltungsbehörde einzuleiten, die für die Entscheidung über Beschwerden oder für die Einleitung eines geeigneten gerichtlichen Verfahrens zuständig ist.

Jedem Mitgliedstaat bleibt es vorbehalten zu entscheiden, welcher dieser Rechtsbehelfe zur Verfügung stehen wird und ob das Gericht oder die Verwaltungsbehörde ermächtigt werden soll, vorab die

Durchführung eines Verfahrens vor anderen bestehenden Einrichtungen zur Regelung von Beschwerden, einschließlich der in Artikel 10 genannten Einrichtungen, zu verlangen. Diese Rechtsbehelfe stehen unabhängig davon zur Verfügung, ob die Verbraucher sich im Hoheitsgebiet des Mitgliedstaats, in dem der Gewerbetreibende niedergelassen ist, oder in einem anderen Mitgliedstaat befinden.

Jedem Mitgliedstaat bleibt vorbehalten zu entscheiden,

a) ob sich diese Rechtsbehelfe getrennt oder gemeinsam gegen mehrere Gewerbetreibende desselben Wirtschaftssektors richten können
und

b) ob sich diese Rechtsbehelfe gegen den Urheber eines Verhaltenskodex richten können, wenn der betreffende Kodex der Nichteinhaltung rechtlicher Vorschriften Vorschub leistet.

(2) Im Rahmen der in Absatz 1 genannten Rechtsvorschriften übertragen die Mitgliedstaaten den Gerichten oder Verwaltungsbehörden Befugnisse, die sie ermächtigen, in Fällen, in denen sie diese Maßnahmen unter Berücksichtigung aller betroffenen Interessen und insbesondere des öffentlichen Interesses für erforderlich halten,

a) die Einstellung der unlauteren Geschäftspraktiken anzuordnen oder ein geeignetes gerichtliches Verfahren zur Anordnung der Einstellung der betreffenden unlauteren Geschäftspraxis einzuleiten,
oder

b) falls die unlautere Geschäftspraxis noch nicht angewandt wurde, ihre Anwendung jedoch bevorsteht, diese Praxis zu verbieten oder ein geeignetes gerichtliches Verfahren zur Anordnung des Verbots dieser Praxis einzuleiten,

auch wenn kein tatsächlicher Verlust oder Schaden bzw. Vorsatz oder Fahrlässigkeit seitens des Gewerbetreibenden nachweisbar ist.

Die Mitgliedstaaten sehen ferner vor, dass die in Unterabsatz 1 genannten Maßnahmen im Rahmen eines beschleunigten Verfahrens mit

– vorläufiger Wirkung
oder
– endgültiger Wirkung

getroffen werden können, wobei jedem Mitgliedstaat vorbehalten bleibt zu entscheiden, welche dieser beiden Möglichkeiten gewählt wird.

Außerdem können die Mitgliedstaaten den Gerichten oder Verwaltungsbehörden Befugnisse übertragen, die sie ermächtigen, zur Beseitigung der fortdauernden Wirkung unlauterer Geschäftspraktiken, deren Einstellung durch eine rechtskräftige Entscheidung angeordnet worden ist,

a) die Veröffentlichung dieser Entscheidung ganz oder auszugsweise und in der von ihnen für angemessen erachteten Form zu verlangen;

b) außerdem die Veröffentlichung einer berichtigenden Erklärung zu verlangen.

(3) Die in Absatz 1 genannten Verwaltungsbehörden müssen

a) so zusammengesetzt sein, dass ihre Unparteilichkeit nicht in Zweifel gezogen werden kann;

b) über ausreichende Befugnisse verfügen, um die Einhaltung ihrer Entscheidungen über Beschwerden wirksam überwachen und durchsetzen zu können;

c) in der Regel ihre Entscheidungen begründen.

Werden die in Absatz 2 genannten Befugnisse ausschließlich von einer Verwaltungsbehörde ausgeübt, so sind die Entscheidungen stets zu begründen. In diesem Fall sind ferner Verfahren vorzusehen, in denen eine fehlerhafte oder unsachgemäße Ausübung der Befugnisse durch die Verwaltungsbehörde oder eine fehlerhafte oder unsachgemäße Nichtausübung dieser Befugnisse von den Gerichten überprüft werden kann.

Artikel 12 Gerichte und Verwaltungsbehörden: Begründung von Behauptungen

Die Mitgliedstaaten übertragen den Gerichten oder Verwaltungsbehörden Befugnisse, die sie ermächtigen, in den in Artikel 11 vorgesehenen Verfahren vor den Zivilgerichten oder Verwaltungsbehörden

a) vom Gewerbetreibenden den Beweis der Richtigkeit von Tatsachenbehauptungen im Zusammenhang mit einer Geschäftspraxis zu verlangen, wenn ein solches Verlangen unter Berücksichtigung der berechtigten Interessen des Gewerbetreibenden und anderer Verfahrensbeteiligter im Hinblick auf die Umstände des Einzelfalls angemessen erscheint,
und
b) Tatsachenbehauptungen als unrichtig anzusehen, wenn der gemäß Buchstabe a verlangte Beweis nicht angetreten wird oder wenn er von dem Gericht oder der Verwaltungsbehörde für unzureichend erachtet wird.

Artikel 13 Sanktionen

Die Mitgliedstaaten legen die Sanktionen fest, die bei Verstößen gegen die nationalen Vorschriften zur Umsetzung dieser Richtlinie anzuwenden sind, und treffen alle geeigneten Maßnahmen, um ihre Durchsetzung sicherzustellen. Diese Sanktionen müssen wirksam, verhältnismäßig und abschreckend sein.

Artikel 14 Änderung der Richtlinie 84/450/EWG

Die Richtlinie 84/450/EWG wird wie folgt geändert:
1. Artikel 1 erhält folgende Fassung:

   »Artikel 1

   Zweck dieser Richtlinie ist der Schutz von Gewerbetreibenden vor irreführender Werbung und deren unlautere Auswirkungen sowie die Festlegung der Bedingungen für zulässige vergleichende Werbung.«
2. Artikel 2 wird wie folgt geändert:
   – Die Nummer 3 erhält folgende Fassung:
     »3. ›Gewerbetreibender‹ jede natürliche oder juristische Person, die im Rahmen ihrer gewerblichen, handwerklichen oder beruflichen Tätigkeit handelt, und jede Person, die im Namen oder Auftrag des Gewerbetreibenden handelt;«
   – Folgende Nummer wird angefügt:
     »4. ›Urheber eines Kodex‹ jede Rechtspersönlichkeit, einschließlich einzelner Gewerbetreibender oder Gruppen von Gewerbetreibenden, die für die Formulierung und Überarbeitung eines Verhaltenskodex und/oder für die Überwachung der Einhaltung dieses Kodex durch alle diejenigen, die sich darauf verpflichtet haben, zuständig ist.«
3. Artikel 3a erhält folgende Fassung:

   »Artikel 3a

   (1) Vergleichende Werbung gilt, was den Vergleich anbelangt, als zulässig, sofern folgende Bedingungen erfüllt sind:
   a) Sie ist nicht irreführend im Sinne der Artikel 2 Nummer 2, Artikel 3 und Artikel 7 Absatz 1 der vorliegenden Richtlinie oder im Sinne der Artikel 6 und 7 der Richtlinie 2005/29/EG des Europäischen Parlaments und des Rates vom 11. Mai 2005 über unlautere Geschäftspraktiken im binnenmarktinternen Geschäftsverkehr zwischen Unternehmen und Verbrauchern[9];
   b) sie vergleicht Waren oder Dienstleistungen für den gleichen Bedarf oder dieselbe Zweckbestimmung;
   c) sie vergleicht objektiv eine oder mehrere wesentliche, relevante, nachprüfbare und typische Eigenschaften dieser Waren und Dienstleistungen, zu denen auch der Preis gehören kann;

9 ABl. L 149 vom 11.6.2005, S. 22.

d) durch sie werden weder die Marken, die Handelsnamen oder andere Unterscheidungszeichen noch die Waren, die Dienstleistungen, die Tätigkeiten oder die Verhältnisse eines Mitbewerbers herabgesetzt oder verunglimpft;
e) bei Waren mit Ursprungsbezeichnung bezieht sie sich in jedem Fall auf Waren mit der gleichen Bezeichnung;
f) sie nutzt den Ruf einer Marke, eines Handelsnamens oder anderer Unterscheidungszeichen eines Mitbewerbers oder der Ursprungsbezeichnung von Konkurrenzerzeugnissen nicht in unlauterer Weise aus;
g) sie stellt nicht eine Ware oder eine Dienstleistung als Imitation oder Nachahmung einer Ware oder Dienstleistung mit geschützter Marke oder geschütztem Handelsnamen dar;
h) sie begründet keine Verwechslungsgefahr bei den Gewerbetreibenden, zwischen dem Werbenden und einem Mitbewerber oder zwischen den Warenzeichen, Warennamen, sonstigen Kennzeichen, Waren oder Dienstleistungen des Werbenden und denen eines Mitbewerbers.«

4. Artikel 4 Absatz 1 erhält folgende Fassung:

»(1) Die Mitgliedstaaten stellen im Interesse der Gewerbetreibenden und ihrer Mitbewerber sicher, dass geeignete und wirksame Mittel zur Bekämpfung der irreführenden Werbung und zur Gewährleistung der Einhaltung der Bestimmungen über vergleichende Werbung vorhanden sind. Diese Mittel umfassen Rechtsvorschriften, die es den Personen oder Organisationen, die nach dem nationalen Recht ein berechtigtes Interesse am Verbot irreführender Werbung oder an der Regelung vergleichender Werbung haben, gestatten,
a) gerichtlich gegen eine solche Werbung vorzugehen
oder
b) eine solche Werbung vor eine Verwaltungsbehörde zu bringen, die zuständig ist, über Beschwerden zu entscheiden oder geeignete gerichtliche Schritte einzuleiten.

Es obliegt jedem Mitgliedstaat zu entscheiden, welches dieser Mittel gegeben sein soll und ob das Gericht oder die Verwaltungsbehörden ermächtigt werden sollen, vorab die Durchführung eines Verfahrens vor anderen bestehenden Einrichtungen zur Regelung von Beschwerden, einschließlich der in Artikel 5 genannten Einrichtungen, zu verlangen.

Es obliegt jedem Mitgliedstaat zu entscheiden,
a) ob sich diese Rechtsbehelfe getrennt oder gemeinsam gegen mehrere Gewerbetreibende desselben Wirtschaftssektors richten können
und
b) ob sich diese Rechtsbehelfe gegen den Urheber eines Verhaltenskodex richten können, wenn der betreffende Kodex der Nichteinhaltung rechtlicher Vorschriften Vorschub leistet.«

5. Artikel 7 Absatz 1 erhält folgende Fassung:

»(1) Diese Richtlinie hindert die Mitgliedstaaten nicht daran, Bestimmungen aufrechtzuerhalten oder zu erlassen, die bei irreführender Werbung einen weiterreichenden Schutz der Gewerbetreibenden und Mitbewerber vorsehen.«

Artikel 15 Änderung der Richtlinien 97/7/EG und 2002/65/EG

1. Artikel 9 der Richtlinie 97/7/EG erhält folgende Fassung:

»Artikel 9 Unbestellte Waren oder Dienstleistungen

Angesichts des in der Richtlinie 2005/29/EG des Europäischen Parlaments und des Rates vom 11. Mai 2005 über unlautere Geschäftspraktiken im binnenmarktinternen Geschäftsverkehr zwischen Unternehmen und Verbrauchern[10] festgelegten Verbots von Praktiken bezüglich unbestellter Waren oder Dienstleistungen treffen die Mitgliedstaaten die erforderlichen Maßnahmen, um den Verbraucher von jedweder Gegenleistung für den Fall zu befreien, dass unbestellte

10 ABl. L 149 vom 11.6.2005, S. 22.

Waren geliefert oder unbestellte Dienstleistungen erbracht wurden, wobei das Ausbleiben einer Reaktion nicht als Zustimmung gilt.«

2. Artikel 9 der Richtlinie 2002/65/EG erhält folgende Fassung:

»Artikel 9

Angesichts des in der Richtlinie 2005/29/EG des Europäischen Parlaments und des Rates vom 11. Mai 2005 über unlautere Geschäftspraktiken im binnenmarktinternen Geschäftsverkehr zwischen Unternehmen und Verbrauchern[11] festgelegten Verbots von Praktiken bezüglich unbestellter Waren oder Dienstleistungen und unbeschadet der Rechtsvorschriften der Mitgliedstaaten über die stillschweigende Verlängerung von Fernabsatzverträgen, soweit danach eine stillschweigende Verlängerung möglich ist, treffen die Mitgliedstaaten Maßnahmen, um die Verbraucher für den Fall, dass unbestellte Waren geliefert oder unbestellte Dienstleistungen erbracht wurden, von jeder Verpflichtung zu befreien, wobei das Ausbleiben einer Antwort nicht als Zustimmung gilt.«

Artikel 16 Änderung der Richtlinie 98/27/EG und der Verordnung (EG) Nr2006/2004

1. Der Anhang Nummer 1 der Richtlinie 98/27/EG erhält folgende Fassung:
   »1. Richtlinie 2005/29/EG des Europäischen Parlaments und des Rates vom 11. Mai 2005 über unlautere Geschäftspraktiken im binnenmarktinternen Geschäftsverkehr zwischen Unternehmen und Verbrauchern (ABl. L 149 vom 11.6.2005, S. 22).«
2. Im Anhang der Verordnung (EG) Nr. 2006/2004des Europäischen Parlaments und des Rates vom 27. Oktober 2004 über die Zusammenarbeit zwischen den für die Durchsetzung der Verbraucherschutzgesetze zuständigen nationalen Behörden[12] wird folgende Nummer angefügt:
   »16. Richtlinie 2005/29/EG des Europäischen Parlaments und des Rates vom 11. Mai 2005 über unlautere Geschäftspraktiken im binnenmarktinternen Geschäftsverkehr zwischen Unternehmen und Verbrauchern (ABl. L 149 vom 11.6.2005, S. 22).«

Artikel 17 Information

Die Mitgliedstaaten treffen angemessene Maßnahmen, um die Verbraucher über die nationalen Bestimmungen zur Umsetzung dieser Richtlinie zu informieren, und regen gegebenenfalls Gewerbetreibende und Urheber von Kodizes dazu an, die Verbraucher über ihre Verhaltenskodizes zu informieren.

Artikel 18 Änderung

(1) Die Kommission legt dem Europäischen Parlament und dem Rat spätestens am 12. Juni 2011 einen umfassenden Bericht über die Anwendung dieser Richtlinie, insbesondere von Artikel 3 Absatz 9, Artikel 4 und Anhang I, den Anwendungsbereich einer weiteren Angleichung und die Vereinfachung des Gemeinschaftsrechts zum Verbraucherschutz sowie, unter Berücksichtigung des Artikels 3 Absatz 5, über Maßnahmen vor, die auf Gemeinschaftsebene ergriffen werden müssen, um sicherzustellen, dass ein angemessenes Verbraucherschutzniveau beibehalten wird. Dem Bericht wird erforderlichenfalls ein Vorschlag zur Änderung dieser Richtlinie oder anderer einschlägiger Teile des Gemeinschaftsrechts beigefügt.

(2) Das Europäische Parlament und der Rat streben gemäß dem Vertrag danach, binnen zwei Jahren nach Vorlage eines Vorschlags der Kommission nach Absatz 1 geeignete Maßnahmen zu treffen.

---

11 ABl. L 149 vom 11.6.2005, S. 22.

12 ABl. L 364 vom 9.12.2004, S. 1.

Artikel 19 Umsetzung

Die Mitgliedstaaten erlassen und veröffentlichen bis zum 12. Juni 2007 die Rechts- und Verwaltungsvorschriften, die erforderlich sind, um dieser Richtlinie nachzukommen. Sie setzen die Kommission davon und von allen späteren Änderungen unverzüglich in Kenntnis.

Sie wenden diese Vorschriften ab dem 12. Dezember 2007 an. Wenn die Mitgliedstaaten diese Vorschriften erlassen, nehmen sie in den Vorschriften selbst oder durch einen Hinweis bei der amtlichen Veröffentlichung auf diese Richtlinie Bezug. Die Mitgliedstaaten regeln die Einzelheiten der Bezugnahme.

Artikel 20 Inkrafttreten

Diese Richtlinie tritt am Tag nach ihrer Veröffentlichung im *Amtsblatt der Europäischen Union* in Kraft.

Artikel 21 Adressaten

Diese Richtlinie ist an die Mitgliedstaaten gerichtet.

Geschehen zu Straßburg am 11. Mai 2005.

In Namen des Europäischen Parlaments

Der Präsident

J. P. BORRELL FONTELLES

Im Namen des Rates

Der Präsident

N. SCHMIT

ANHANG I GESCHÄFTSPRAKTIKEN, DIE UNTER ALLEN UMSTÄNDEN ALS UNLAUTER GELTEN

Irreführende Geschäftspraktiken

1. Die Behauptung eines Gewerbetreibenden, zu den Unterzeichnern eines Verhaltenskodex zu gehören, obgleich dies nicht der Fall ist.
2. Die Verwendung von Gütezeichen, Qualitätskennzeichen oder Ähnlichem ohne die erforderliche Genehmigung.
3. Die Behauptung, ein Verhaltenskodex sei von einer öffentlichen oder anderen Stelle gebilligt, obgleich dies nicht der Fall ist.
4. Die Behauptung, dass ein Gewerbetreibender (einschließlich seiner Geschäftspraktiken) oder ein Produkt von einer öffentlichen oder privaten Stelle bestätigt, gebilligt oder genehmigt worden sei, obwohl dies nicht der Fall ist, oder die Aufstellung einer solchen Behauptung, ohne dass den Bedingungen für die Bestätigung, Billigung oder Genehmigung entsprochen wird.
5. Aufforderung zum Kauf von Produkten zu einem bestimmten Preis, ohne dass darüber aufgeklärt wird, dass der Gewerbetreibende hinreichende Gründe für die Annahme hat, dass er nicht in der Lage sein wird, dieses oder ein gleichwertiges Produkt zu dem genannten Preis für einen Zeitraum und in einer Menge zur Lieferung bereitzustellen oder durch einen anderen Gewerbetreibenden bereitstellen zu lassen, wie es in Bezug auf das Produkt, den Umfang der für das Produkt eingesetzten Werbung und den Angebotspreis angemessen wäre (Lockangebote).

6. Aufforderung zum Kauf von Produkten zu einem bestimmten Preis und dann
   a) Weigerung, dem Verbraucher den beworbenen Artikel zu zeigen,
      oder
   b) Weigerung, Bestellungen dafür anzunehmen oder innerhalb einer vertretbaren Zeit zu liefern,
      oder
   c) Vorführung eines fehlerhaften Exemplars

   in der Absicht, stattdessen ein anderes Produkt abzusetzen (»bait-and-switch«-Technik).
7. Falsche Behauptung, dass das Produkt nur eine sehr begrenzte Zeit oder nur eine sehr begrenzte Zeit zu bestimmten Bedingungen verfügbar sein werde, um so den Verbraucher zu einer sofortigen Entscheidung zu verleiten, so dass er weder Zeit noch Gelegenheit hat, eine informierte Entscheidung zu treffen.
8. Verbrauchern, mit denen der Gewerbetreibende vor Abschluss des Geschäfts in einer Sprache kommuniziert hat, bei der es sich nicht um eine Amtssprache des Mitgliedstaats handelt, in dem der Gewerbetreibende niedergelassen ist, wird eine nach Abschluss des Geschäfts zu erbringende Leistung zugesichert, diese Leistung wird anschließend aber nur in einer anderen Sprache erbracht, ohne dass der Verbraucher eindeutig hierüber aufgeklärt wird, bevor er das Geschäft tätigt.
9. Behauptung oder anderweitige Herbeiführung des Eindrucks, ein Produkt könne rechtmäßig verkauft werden, obgleich dies nicht der Fall ist.
10. Den Verbrauchern gesetzlich zugestandene Rechte werden als Besonderheit des Angebots des Gewerbetreibenden präsentiert.
11. Es werden redaktionelle Inhalte in Medien zu Zwecken der Verkaufsförderung eingesetzt und der Gewerbetreibende hat diese Verkaufsförderung bezahlt, ohne dass dies aus dem Inhalt oder aus für den Verbraucher klar erkennbaren Bildern und Tönen eindeutig hervorgehen würde (als Information getarnte Werbung). Die Richtlinie 89/552/EWG[13] bleibt davon unberührt.
12. Aufstellen einer sachlich falschen Behauptung über die Art und das Ausmaß der Gefahr für die persönliche Sicherheit des Verbrauchers oder seiner Familie für den Fall, dass er das Produkt nicht kauft.
13. Werbung für ein Produkt, das einem Produkt eines bestimmten Herstellers ähnlich ist, in einer Weise, die den Verbraucher absichtlich dazu verleitet, zu glauben, das Produkt sei von jenem Hersteller hergestellt worden, obwohl dies nicht der Fall ist.
14. Einführung, Betrieb oder Förderung eines Schneeballsystems zur Verkaufsförderung, bei dem der Verbraucher die Möglichkeit vor Augen hat, eine Vergütung zu erzielen, die hauptsächlich durch die Einführung neuer Verbraucher in ein solches System und weniger durch den Verkauf oder Verbrauch von Produkten zu erzielen ist.
15. Behauptung, der Gewerbetreibende werde demnächst sein Geschäft aufgeben oder seine Geschäftsräume verlegen, obwohl er dies keineswegs beabsichtigt.
16. Behauptung, Produkte könnten die Gewinnchancen bei Glücksspielen erhöhen.
17. Falsche Behauptung, ein Produkt könne Krankheiten, Funktionsstörungen oder Missbildungen heilen.
18. Erteilung sachlich falscher Informationen über die Marktbedingungen oder die Möglichkeit, das Produkt zu finden, mit dem Ziel, den Verbraucher dazu zu bewegen, das Produkt zu weniger günstigen Bedingungen als den normalen Marktbedingungen zu kaufen.
19. Es werden Wettbewerbe und Preisausschreiben angeboten, ohne dass die beschriebenen Preise *oder ein angemessenes* Äquivalent vergeben werden.

---

13 Richtlinie 89/552/EWG des Rates vom 3. Oktober 1989 zur Koordinierung bestimmter Rechts- und Verwaltungsvorschriften der Mitgliedstaaten über die Ausübung der Fernsehtätigkeit (ABl. L 298 vom 17.10.1989, S. 23). Geändert durch die Richtlinie 97/36/EG des Europäischen Parlaments und des Rates (ABl. L 202 vom 30.7.1997, S. 60).

20. Ein Produkt wird als »gratis«, »umsonst«, »kostenfrei« oder Ähnliches beschrieben, obwohl der Verbraucher weitere Kosten als die Kosten zu tragen hat, die im Rahmen des Eingehens auf die Geschäftspraktik und für die Abholung oder Lieferung der Ware unvermeidbar sind.
21. Werbematerialien wird eine Rechnung oder ein ähnliches Dokument mit einer Zahlungsaufforderung beigefügt, die dem Verbraucher den Eindruck vermitteln, dass er das beworbene Produkt bereits bestellt hat, obwohl dies nicht der Fall ist.
22. Fälschliche Behauptung oder Erweckung des Eindrucks, dass der Händler nicht für die Zwecke seines Handels, Geschäfts, Gewerbes oder Berufs handelt, oder fälschliches Auftreten als Verbraucher.
23. Erwecken des fälschlichen Eindrucks, dass der Kundendienst im Zusammenhang mit einem Produkt in einem anderen Mitgliedstaat verfügbar sei als demjenigen, in dem das Produkt verkauft wird.

Aggressive Geschäftspraktiken

24. Erwecken des Eindrucks, der Verbraucher könne die Räumlichkeiten ohne Vertragsabschluss nicht verlassen.
25. Nichtbeachtung der Aufforderung des Verbrauchers bei persönlichen Besuchen in dessen Wohnung, diese zu verlassen bzw. nicht zurückzukehren, außer in Fällen und in den Grenzen, in denen dies nach dem nationalen Recht gerechtfertigt ist, um eine vertragliche Verpflichtung durchzusetzen.
26. Kunden werden durch hartnäckiges und unerwünschtes Ansprechen über Telefon, Fax, E-Mail oder sonstige für den Fernabsatz geeignete Medien geworben, außer in Fällen und in den Grenzen, in denen ein solches Verhalten nach den nationalen Rechtsvorschriften gerechtfertigt ist, um eine vertragliche Verpflichtung durchzusetzen. Dies gilt unbeschadet des Artikels 10 der Richtlinie 97/7/EG sowie der Richtlinien 95/46/EG[14] und 2002/58/EG.
27. Aufforderung eines Verbrauchers, der eine Versicherungspolice in Anspruch nehmen möchte, Dokumente vorzulegen, die vernünftigerweise nicht als relevant für die Gültigkeit des Anspruchs anzusehen sind, oder systematische Nichtbeantwortung einschlägiger Schreiben, um so den Verbraucher von der Ausübung seiner vertraglichen Rechte abzuhalten.
28. Einbeziehung einer direkten Aufforderung an Kinder in eine Werbung, die beworbenen Produkte zu kaufen oder ihre Eltern oder andere Erwachsene zu überreden, die beworbenen Produkte für sie zu kaufen. Diese Bestimmung gilt unbeschadet des Artikels 16 der Richtlinie 89/552/EWG über die Ausübung der Fernsehtätigkeit.
29. Aufforderung des Verbrauchers zur sofortigen oder späteren Bezahlung oder zur Rücksendung oder Verwahrung von Produkten, die der Gewebetreibende geliefert, der Verbraucher aber nicht bestellt hat (unbestellte Waren oder Dienstleistungen); ausgenommen hiervon sind Produkte, bei denen es sich um Ersatzlieferungen gemäß Artikel 7 Absatz 3 der Richtlinie 97/7/EG handelt.
30. Ausdrücklicher Hinweis gegenüber dem Verbraucher, dass Arbeitsplatz oder Lebensunterhalt des Gewerbetreibenden gefährdet sind, falls der Verbraucher das Produkt oder die Dienstleistung nicht erwirbt.
31. Erwecken des fälschlichen Eindrucks, der Verbraucher habe bereits einen Preis gewonnen, werde einen Preis gewinnen oder werde durch eine bestimmte Handlung einen Preis oder einen sonstigen Vorteil gewinnen, obwohl:
    - es in Wirklichkeit keinen Preis oder sonstigen Vorteil gibt,
      oder

14 Richtlinie 95/46/EG des Europäischen Parlaments und des Rates vom 24. Oktober 1995 zum Schutz natürlicher Personen bei der Verarbeitung personenbezogener Daten und zum freien Datenverkehr (ABl. L 281 vom 23.11.1995, S. 31). Geändert durch die Verordnung (EG) Nr. 1882/2003 (ABl. L 284 vom 31.10.2003, S. 1).

– die Möglichkeit des Verbrauchers, Handlungen in Bezug auf die Inanspruchnahme des Preises oder eines sonstigen Vorteils vorzunehmen, in Wirklichkeit von der Zahlung eines Betrags oder der Übernahme von Kosten durch den Verbraucher abhängig gemacht wird.

ANHANG II BESTIMMUNGEN DES GEMEINSCHAFTSRECHTS ZUR REGELUNG DER BEREICHE WERBUNG UND KOMMERZIELLE KOMMUNIKATION

Artikel 4 und 5 der Richtlinie 97/7/EG

Artikel 3 der Richtlinie 90/314/EWG des Rates vom 13. Juni 1990 über Pauschalreisen[15]

Artikel 3 Absatz 3 der Richtlinie 94/47/EG des Europäischen Parlaments und des Rates vom 26. Oktober 1994 zum Schutz der Erwerber im Hinblick auf bestimmte Aspekte von Verträgen über den Erwerb von Teilzeitnutzungsrechten an Immobilien[16]

Artikel 3 Absatz 4 der Richtlinie 98/6/EG des Europäischen Parlaments und des Rates vom 16. Februar 1998 über den Schutz der Verbraucher bei der Angabe der Preise der ihnen angebotenen Erzeugnisse[17]

Artikel 86 bis 100 der Richtlinie 2001/83/EG des Europäischen Parlaments und des Rates vom 6. November 2001 zur Schaffung eines Gemeinschaftskodexes für Humanarzneimittel[18]

Artikel 5 und 6 der Richtlinie 2000/31/EG des Europäischen Parlaments und des Rates vom 8. Juni 2000 über bestimmte rechtliche Aspekte der Dienste der Informationsgesellschaft, insbesondere des elektronischen Geschäftsverkehrs, im Binnenmarkt (»Richtlinie über den elektronischen Geschäftsverkehr«)[19]

Artikel 1 Buchstabe d der Richtlinie 98/7/EG des Europäischen Parlaments und des Rates vom 16. Februar 1998 zur Änderung der Richtlinie 87/102/EWG des Rates zur Angleichung der Rechts- und Verwaltungsvorschriften der Mitgliedstaaten über den Verbraucherkredit[20]

Artikel 3 und 4 der Richtlinie 2002/65/EG

Artikel 1 Nummer 9 der Richtlinie 2001/107/EG des Europäischen Parlaments und des Rates vom 21. Januar 2002 zur Änderung der Richtlinie 85/611/EWG des Rates zur Koordinierung der Rechts- und Verwaltungsvorschriften betreffend bestimmte Organismen für gemeinsame Anlagen in Wertpapieren (OGAW) zwecks Festlegung von Bestimmungen für Verwaltungsgesellschaften und vereinfache Prospekte[21]

Artikel 12 und 13 der Richtlinie 2002/92/EG des Europäischen Parlaments und des Rates vom 9. Dezember 2002 über Versicherungsvermittlung[22]

---

15 *ABl. L 158 vom 23.6.1990, S. 59.*
16 ABl. L 280 vom 29.10.1994, S. 83.
17 ABl. L 80 vom 18.3.1998, S. 27.
18 ABl. L 311 vom 28.11.2001, S. 67. Richtlinie zuletzt geändert durch die Richtlinie 2004/27/EG (ABl. L 136 vom 30.4.2004, S. 34).
19 ABl. L 178 vom 17.7.2000, S. 1.
20 ABl. L 101 vom 1.4.1998, S. 17.
21 ABl. L 41 vom 13.2.2002, S. 20.
22 ABl. L 9 vom 15.1.2003, S. 3.

Artikel 36 der Richtlinie 2002/83/EG des Europäischen Parlaments und des Rates vom 5. November 2002 über Lebensversicherungen[23]

Artikel 19 der Richtlinie 2004/39/EG des Europäischen Parlaments und des Rates vom 21. April 2004 über Märkte für Finanzinstrumente[24]

Artikel 31 und 43 der Richtlinie 92/49/EWG des Rates vom 18. Juni 1992 zur Koordinierung der Rechts- und Verwaltungsvorschriften für die Direktversicherung (mit Ausnahme der Lebensversicherung)[25] (Dritte Richtlinie Schadenversicherung)

Artikel 5, 7 und 8 der Richtlinie 2003/71/EG des Europäischen Parlaments und des Rates vom 4. November 2003 betreffend den Prospekt, der beim öffentlichen Angebot von Wertpapieren oder bei deren Zulassung zum Handel zu veröffentlichen[26]

23 ABl. L 345 vom 19.12.2002, S. 1. Richtlinie geändert durch die Richtlinie 2004/66/EG des Rates (ABl. L 168 vom 1.5.2004, S. 35).

24 ABl. L 145 vom 30.4.2004, S. 1.

25 ABl. L 228 vom 11.8.1992, S. 1. Richtlinie zuletzt geändert durch die Richtlinie 2002/87/EG des Europäischen Parlaments und des Rates (ABl. L 35 vom 11.2.2003, S. 1).

26 ABl. L 345 vom 31.12.2003, S. 64.

Anhang 2 Richtlinie 2006/114/EG des Europäischen Parlaments und des Rates vom 12. Dezember 2006 über irreführende und vergleichende Werbung

(kodifizierte Fassung)

(Text von Bedeutung für den EWR)

OJ-L 376 vom 27.12.2006, S. 0021 – 0027

DAS EUROPÄISCHE PARLAMENT UND DER RAT DER EUROPÄISCHEN UNION –

gestützt auf den Vertrag zur Gründung der Europäischen Gemeinschaft, insbesondere auf Artikel 95,

auf Vorschlag der Kommission,

nach Stellungnahme des Europäischen Wirtschafts- und Sozialausschusses[1],

gemäß dem Verfahren des Artikels 251 des Vertrags[2],

in Erwägung nachstehender Gründe:

(1) Die Richtlinie 84/450/EWG des Rates vom 10. September 1984 über irreführende und vergleichende Werbung[3] ist mehrfach und in wesentlichen Punkten geändert worden[4]. Aus Gründen der Übersichtlichkeit und Klarheit empfiehlt es sich, sie zu kodifizieren.

(2) Die in den Mitgliedstaaten geltenden Vorschriften gegen irreführende Werbung weichen stark voneinander ab. Da die Werbung über die Grenzen der einzelnen Mitgliedstaaten hinausreicht, wirkt sie sich unmittelbar auf das reibungslose Funktionieren des Binnenmarktes aus.

(3) Irreführende und unzulässige vergleichende Werbung ist geeignet, zur Verfälschung des Wettbewerbs im Binnenmarkt zu führen.

(4) Die Werbung berührt unabhängig davon, ob sie zum Abschluss eines Vertrags führt, die wirtschaftlichen Interessen der Verbraucher und der Gewerbetreibenden.

(5) Die Unterschiede zwischen den einzelstaatlichen Rechtsvorschriften über Werbung, die für Unternehmen irreführend ist, behindern die Durchführung von Werbekampagnen, die die Grenzen eines Staates überschreiten, und beeinflussen so den freien Verkehr von Waren und Dienstleistungen.

(6) Mit der Vollendung des Binnenmarktes ist das Angebot vielfältig. Da die Verbraucher und Gewerbetreibenden aus dem Binnenmarkt den größtmöglichen Vorteil ziehen können und sollen, und da die Werbung ein sehr wichtiges Instrument ist, mit dem überall in der Gemeinschaft wirksam Märkte für Erzeugnisse und Dienstleistungen erschlossen werden können, sollten die wesentlichen Vorschriften für Form und Inhalt der Werbung einheitlich sein und die Bedingungen für vergleichende Werbung in den Mitgliedstaaten harmonisiert werden. Unter diesen Umständen sollte dies dazu beitragen, die Vorteile der verschiedenen vergleichbaren Erzeugnisse objektiv herauszustellen. Vergleichende Werbung kann ferner den Wettbewerb zwischen den Anbietern von Waren und Dienstleistungen im Interesse der Verbraucher fördern.

---

1 Stellungnahme vom 26. Oktober 2006 (noch nicht im Amtsblatt veröffentlicht).

2 Stellungnahme des Europäischen Parlaments vom 12. Oktober 2006 (noch nicht im Amtsblatt veröffentlicht) und Beschluss des Rates vom 30. November 2006.

3 ABl. L 250 vom 19.9.1984, S. 17. Zuletzt geändert durch die Richtlinie 2005/29/EG des Europäischen Parlaments und des Rates (ABl. L 149 vom 11.6.2005, S. 22).

4 Siehe Anhang I Teil A.

(7) Es sollten objektive Mindestkriterien aufgestellt werden, nach denen beurteilt werden kann, ob eine Werbung irreführend ist.

(8) Vergleichende Werbung kann, wenn sie wesentliche, relevante, nachprüfbare und typische Eigenschaften vergleicht und nicht irreführend ist, ein zulässiges Mittel zur Unterrichtung der Verbraucher über ihre Vorteile darstellen. Der Begriff »vergleichende Werbung« sollte breit gefasst werden, so dass alle Arten der vergleichenden Werbung abgedeckt werden.

(9) Es sollten Bedingungen für zulässige vergleichende Werbung vorgesehen werden, soweit der vergleichende Aspekt betroffen ist, mit denen festgelegt wird, welche Praktiken der vergleichenden Werbung den Wettbewerb verzerren, die Mitbewerber schädigen und die Entscheidung der Verbraucher negativ beeinflussen können. Diese Bedingungen für zulässige vergleichende Werbung sollten Kriterien beinhalten, die einen objektiven Vergleich der Eigenschaften von Waren und Dienstleistungen ermöglichen.

(10) Werden in der vergleichenden Werbung die Ergebnisse der von Dritten durchgeführten vergleichenden Tests angeführt oder wiedergegeben, so sollten die internationalen Vereinbarungen zum Urheberrecht und die innerstaatlichen Bestimmungen über vertragliche und außervertragliche Haftung gelten.

(11) Die Bedingungen für vergleichende Werbung sollten kumulativ sein und uneingeschränkt eingehalten werden. Die Wahl der Form und der Mittel für die Umsetzung dieser Bedingungen sollte gemäß dem Vertrag den Mitgliedstaaten überlassen bleiben, sofern Form und Mittel noch nicht durch diese Richtlinie festgelegt sind.

(12) Zu diesen Bedingungen sollte insbesondere die Einhaltung der Vorschriften gehören, die sich aus der Verordnung (EG) Nr. 510/2006 des Rates vom 20. März 2006 zum Schutz von geographischen Angaben und Ursprungsbezeichnungen für Agrarerzeugnisse und Lebensmittel[5], insbesondere aus Artikel 13 dieser Verordnung, und den übrigen Gemeinschaftsvorschriften im Bereich der Landwirtschaft ergeben.

(13) Gemäß Artikel 5 der Ersten Richtlinie 89/104/EWG des Rates vom 21. Dezember 1988 zur Angleichung der Rechtsvorschriften der Mitgliedstaaten über die Marken[6] steht dem Inhaber einer eingetragenen Marke ein Ausschließlichkeitsrecht zu, das insbesondere das Recht einschließt, Dritten im geschäftlichen Verkehr die Benutzung eines identischen oder ähnlichen Zeichens für identische Produkte oder Dienstleistungen, gegebenenfalls sogar für andere Produkte, zu untersagen.

(14) Indessen kann es für eine wirksame vergleichende Werbung unerlässlich sein, Waren oder Dienstleistungen eines Mitbewerbers dadurch erkennbar zu machen, dass auf eine ihm gehörende Marke oder auf seinen Handelsnamen Bezug genommen wird.

(15) Eine solche Benutzung von Marken, Handelsnamen oder anderen Unterscheidungszeichen eines Mitbewerbers verletzt nicht das Ausschließlichkeitsrecht Dritter, wenn sie unter Beachtung der in dieser Richtlinie aufgestellten Bedingungen erfolgt und nur eine Unterscheidung bezweckt, durch die Unterschiede objektiv herausgestellt werden sollen.

(16) Personen oder Organisationen, die nach dem nationalen Recht ein berechtigtes Interesse an der Angelegenheit haben, sollten die Möglichkeit besitzen, vor Gericht oder bei einer Verwaltungsbehörde, die über Beschwerden entscheiden oder geeignete gerichtliche Schritte einleiten kann, gegen irreführende und unzulässige vergleichende Werbung vorzugehen.

(17) Die Gerichte oder Verwaltungsbehörden sollten die Befugnis haben, die Einstellung einer irreführenden oder einer unzulässigen vergleichenden Werbung anzuordnen oder zu erwirken. In bestimmten Fällen kann es zweckmäßig sein, irreführende und unzulässige vergleichende Werbung zu untersagen, noch ehe sie veröffentlicht worden ist. Das bedeutet jedoch nicht, dass die Mitgliedstaaten verpflichtet sind, eine Regelung einzuführen, die eine systematische Vorabkontrolle der Werbung vorsieht.

---

5 ABl. L 93 vom 31.3.2006, S. 12.

6 ABl. L 40 vom 11.2.1989, S. 1. Geändert durch den Beschluss 92/10/EWG (ABl. L 6 vom 11.1.1992, S. 35).

(18) Freiwillige Kontrollen, die durch Einrichtungen der Selbstverwaltung zur Unterbindung irreführender und unzulässiger vergleichender Werbung durchgeführt werden, können die Einleitung eines Verwaltungs- oder Gerichtsverfahrens entbehrlich machen und sollten deshalb gefördert werden.

(19) Zwar wird die Beweislast vom nationalen Recht bestimmt, die Gerichte und Verwaltungsbehörden sollten aber in die Lage versetzt werden, von Gewerbetreibenden zu verlangen, den Beweis für die Richtigkeit der von ihnen behaupteten Tatsachen zu erbringen.

(20) Die Regelung der vergleichenden Werbung ist für das reibungslose Funktionieren des Binnenmarktes erforderlich, und eine Aktion auf Gemeinschaftsebene ist daher notwendig. Eine Richtlinie ist das geeignete Instrument, da sie einheitliche allgemeine Prinzipien festlegt, es aber den Mitgliedstaaten überlässt, die Form und die geeignete Methode zu wählen, um diese Ziele zu erreichen. Sie entspricht dem Subsidiaritätsprinzip.

(21) Die vorliegende Richtlinie sollte die Verpflichtungen der Mitgliedstaaten hinsichtlich der in Anhang I Teil B genannten Fristen für die Umsetzung der dort genannten Richtlinien in innerstaatliches Recht und für die Anwendung dieser Richtlinien unberührt lassen –

HABEN FOLGENDE RICHTLINIE ERLASSEN:

Artikel 1

Zweck dieser Richtlinie ist der Schutz von Gewerbetreibenden vor irreführender Werbung und deren unlauteren Auswirkungen sowie die Festlegung der Bedingungen für zulässige vergleichende Werbung.

Artikel 2

Im Sinne dieser Richtlinie bedeutet

a) »Werbung« jede Äußerung bei der Ausübung eines Handels, Gewerbes, Handwerks oder freien Berufs mit dem Ziel, den Absatz von Waren oder die Erbringung von Dienstleistungen, einschließlich unbeweglicher Sachen, Rechte und Verpflichtungen, zu fördern;

b) »irreführende Werbung« jede Werbung, die in irgendeiner Weise – einschließlich ihrer Aufmachung – die Personen, an die sie sich richtet oder die von ihr erreicht werden, täuscht oder zu täuschen geeignet ist und die infolge der ihr innewohnenden Täuschung ihr wirtschaftliches Verhalten beeinflussen kann oder aus diesen Gründen einen Mitbewerber schädigt oder zu schädigen geeignet ist;

c) »vergleichende Werbung« jede Werbung, die unmittelbar oder mittelbar einen Mitbewerber oder die Erzeugnisse oder Dienstleistungen, die von einem Mitbewerber angeboten werden, erkennbar macht;

d) »Gewerbetreibender« jede natürliche oder juristische Person, die im Rahmen ihrer gewerblichen, handwerklichen oder beruflichen Tätigkeit handelt, und jede Person, die im Namen oder Auftrag des Gewerbetreibenden handelt;

e) »Urheber eines Kodex« jede Rechtspersönlichkeit, einschließlich einzelner Gewerbetreibender oder Gruppen von Gewerbetreibenden, die für die Formulierung und Überarbeitung eines Verhaltenskodex und/oder für die Überwachung der Einhaltung dieses Kodex durch alle diejenigen, die sich darauf verpflichtet haben, zuständig ist.

Artikel 3

Bei der Beurteilung der Frage, ob eine Werbung irreführend ist, sind alle ihre Bestandteile zu berücksichtigen, insbesondere in ihr enthaltene Angaben über:

a) die Merkmale der Waren oder Dienstleistungen wie Verfügbarkeit, Art, Ausführung, Zusammensetzung, Verfahren und Zeitpunkt der Herstellung oder Erbringung, die Zwecktauglichkeit, Verwendungsmöglichkeit, Menge, Beschaffenheit, die geographische oder kommerzielle Herkunft oder die von der Verwendung zu erwartenden Ergebnisse oder die Ergebnisse und wesentlichen Bestandteile von Tests der Waren oder Dienstleistungen;

b) den Preis oder die Art und Weise, in der er berechnet wird, und die Bedingungen unter denen die Waren geliefert oder die Dienstleistungen erbracht werden;

c) die Art, die Eigenschaften und die Rechte des Werbenden, wie seine Identität und sein Vermögen, seine Befähigungen und seine gewerblichen, kommerziellen oder geistigen Eigentumsrechte oder seine Auszeichnungen oder Ehrungen.

Artikel 4

Vergleichende Werbung gilt, was den Vergleich anbelangt, als zulässig, sofern folgende Bedingungen erfüllt sind:

a) Sie ist nicht irreführend im Sinne der Artikel 2 Buchstabe b, Artikel 3 und Artikel 8 Absatz 1 der vorliegenden Richtlinie oder im Sinne der Artikel 6 und 7 der Richtlinie 2005/29/EG des Europäischen Parlaments und des Rates vom 11. Mai 2005 über unlautere Geschäftspraktiken im binnenmarktinternen Geschäftsverkehr zwischen Unternehmen und Verbrauchern (Richtlinie über unlautere Geschäftspraktiken)[7];

b) sie vergleicht Waren oder Dienstleistungen für den gleichen Bedarf oder dieselbe Zweckbestimmung;

c) sie vergleicht objektiv eine oder mehrere wesentliche, relevante, nachprüfbare und typische Eigenschaften dieser Waren und Dienstleistungen, zu denen auch der Preis gehören kann;

d) durch sie werden weder die Marken, die Handelsnamen oder andere Unterscheidungszeichen noch die Waren, die Dienstleistungen, die Tätigkeiten oder die Verhältnisse eines Mitbewerbers herabgesetzt oder verunglimpft;

e) bei Waren mit Ursprungsbezeichnung bezieht sie sich in jedem Fall auf Waren mit der gleichen Bezeichnung;

f) sie nutzt den Ruf einer Marke, eines Handelsnamens oder anderer Unterscheidungszeichen eines Mitbewerbers oder der Ursprungsbezeichnung von Konkurrenzerzeugnissen nicht in unlauterer Weise aus;

g) sie stellt nicht eine Ware oder eine Dienstleistung als Imitation oder Nachahmung einer Ware oder Dienstleistung mit geschützter Marke oder geschütztem Handelsnamen dar;

h) sie begründet keine Verwechslungsgefahr bei den Gewerbetreibenden, zwischen dem Werbenden und einem Mitbewerber oder zwischen den Warenzeichen, Warennamen, sonstigen Kennzeichen, Waren oder Dienstleistungen des Werbenden und denen eines Mitbewerbers.

Artikel 5

(1) Die Mitgliedstaaten stellen im Interesse der Gewerbetreibenden und ihrer Mitbewerber sicher, dass geeignete und wirksame Mittel zur Bekämpfung der irreführenden Werbung vorhanden sind, und gewährleisten die Einhaltung der Bestimmungen über vergleichende Werbung.

Diese Mittel umfassen Rechtsvorschriften, die es den Personen oder Organisationen, die nach dem nationalen Recht ein berechtigtes Interesse am Verbot irreführender Werbung oder an der Regelung vergleichender Werbung haben, gestatten,

a) gerichtlich gegen eine solche Werbung vorzugehen
oder

b) eine solche Werbung vor eine Verwaltungsbehörde zu bringen, die zuständig ist, über Beschwerden zu entscheiden oder geeignete gerichtliche Schritte einzuleiten.

(2) Es obliegt jedem Mitgliedstaat zu entscheiden, welches der in Absatz 1 Unterabsatz 2 genannten Mittel gegeben sein soll und ob das Gericht oder die Verwaltungsbehörden ermächtigt werden sollen,

7 ABl. L 149 vom 11.6.2005, S. 22.

vorab die Durchführung eines Verfahrens vor anderen bestehenden Einrichtungen zur Regelung von Beschwerden, einschließlich der in Artikel 6 genannten Einrichtungen, zu verlangen.

Es obliegt jedem Mitgliedstaat zu entscheiden,

a) ob sich diese Rechtsbehelfe getrennt oder gemeinsam gegen mehrere Gewerbetreibende desselben Wirtschaftssektors richten können
und

b) ob sich diese Rechtsbehelfe gegen den Urheber eines Verhaltenskodex richten können, wenn der betreffende Kodex der Nichteinhaltung rechtlicher Vorschriften Vorschub leistet.

(3) Im Rahmen der in den Absätzen 1 und 2 genannten Vorschriften übertragen die Mitgliedstaaten den Gerichten oder Verwaltungsbehörden Befugnisse, die sie ermächtigen, in Fällen, in denen sie diese Maßnahmen unter Berücksichtigung aller betroffenen Interessen und insbesondere des Allgemeininteresses für erforderlich halten,

a) die Einstellung einer irreführenden oder unzulässigen vergleichenden Werbung anzuordnen oder geeignete gerichtliche Schritte zur Veranlassung der Einstellung dieser Werbung einzuleiten,
oder

b) sofern eine irreführende oder unzulässige vergleichende Werbung noch nicht veröffentlicht ist, die Veröffentlichung aber bevorsteht, die Veröffentlichung zu verbieten oder geeignete gerichtliche Schritte einzuleiten, um das Verbot dieser Veröffentlichung anzuordnen.

Unterabsatz 1 soll auch angewandt werden, wenn kein Beweis eines tatsächlichen Verlustes oder Schadens oder der Absicht oder Fahrlässigkeit seitens des Werbenden erbracht wird.

Die Mitgliedstaaten sehen vor, dass die in Unterabsatz 1 bezeichneten Maßnahmen nach ihrem Ermessen im Rahmen eines beschleunigten Verfahrens entweder mit vorläufiger oder mit endgültiger Wirkung getroffen werden.

(4) Die Mitgliedstaaten können den Gerichten oder Verwaltungsbehörden Befugnisse übertragen, die es diesen gestatten, zur Ausräumung der fortdauernden Wirkung einer irreführenden oder unzulässigen vergleichenden Werbung, deren Einstellung durch eine rechtskräftige Entscheidung angeordnet worden ist,

a) die Veröffentlichung dieser Entscheidung ganz oder auszugsweise und in der von ihnen für angemessen erachteten Form zu verlangen;

b) außerdem die Veröffentlichung einer berichtigenden Erklärung zu verlangen.

(5) Die in Absatz 1 Unterabsatz 2 Buchstabe b genannten Verwaltungsbehörden müssen

a) so zusammengesetzt sein, dass ihre Unparteilichkeit nicht in Zweifel gezogen werden kann;

b) ausreichende Befugnisse haben, die Einhaltung ihrer Entscheidungen wirksam zu überwachen und durchzusetzen, sofern sie über die Beschwerden entscheiden;

c) in der Regel ihre Entscheidungen begründen.

(6) Werden die in den Absätzen 3 und 4 genannten Befugnisse ausschließlich von einer Verwaltungsbehörde ausgeübt, sind die Entscheidungen stets zu begründen. In diesem Fall sind Verfahren vorzusehen, in denen eine fehlerhafte oder unsachgemäße Ausübung der Befugnisse durch die Verwaltungsbehörde oder eine ungerechtfertigte oder unsachgemäße Unterlassung, diese Befugnisse auszuüben, von den Gerichten überprüft werden kann.

Artikel 6

Diese Richtlinie schließt die freiwillige Kontrolle irreführender oder vergleichender Werbung durch Einrichtungen der Selbstverwaltung oder die Inanspruchnahme dieser Einrichtungen durch die in Artikel 5 Absatz 1 Unterabsatz 2 genannten Personen oder Organisationen nicht aus, unter der Bedingung, dass entsprechende Verfahren vor solchen Einrichtungen zusätzlich zu den in Artikel 5 Absatz 1 Unterabsatz 2 genannten Gerichts- oder Verwaltungsverfahren zur Verfügung stehen. Die Mitgliedstaaten können diese freiwillige Kontrolle fördern.

Artikel 7

Die Mitgliedstaaten übertragen den Gerichten oder Verwaltungsbehörden Befugnisse, die sie ermächtigen, in den in Artikel 5 genannten Verfahren vor den Zivilgerichten oder Verwaltungsbehörden

a) vom Werbenden Beweise für die Richtigkeit von in der Werbung enthaltenen Tatsachenbehauptungen zu verlangen, wenn ein solches Verlangen unter Berücksichtigung der berechtigten Interessen des Werbenden und anderer Verfahrensbeteiligter im Hinblick auf die Umstände des Einzelfalls angemessen erscheint, und bei vergleichender Werbung vom Werbenden zu verlangen, die entsprechenden Beweise kurzfristig vorzulegen,
sowie

b) Tatsachenbehauptungen als unrichtig anzusehen, wenn der gemäß Buchstabe a verlangte Beweis nicht angetreten wird oder wenn er von dem Gericht oder der Verwaltungsbehörde für unzureichend erachtet wird.

Artikel 8

(1) Diese Richtlinie hindert die Mitgliedstaaten nicht daran, Bestimmungen aufrechtzuerhalten oder zu erlassen, die bei irreführender Werbung einen weiterreichenden Schutz der Gewerbetreibenden und Mitbewerber vorsehen.

Unterabsatz 1 gilt nicht für vergleichende Werbung, soweit es sich um den Vergleich handelt.

(2) Diese Richtlinie gilt unbeschadet der Rechtsvorschriften der Gemeinschaft, die auf die Werbung für bestimmte Waren und/oder Dienstleistungen anwendbar sind, sowie unbeschadet der Beschränkungen oder Verbote für die Werbung in bestimmten Medien.

(3) Aus den die vergleichende Werbung betreffenden Bestimmungen dieser Richtlinie ergibt sich keine Verpflichtung für diejenigen Mitgliedstaaten, die unter Einhaltung der Vorschriften des Vertrags ein Werbeverbot für bestimmte Waren oder Dienstleistungen aufrechterhalten oder einführen, vergleichende Werbung für diese Waren oder Dienstleistungen zuzulassen; dies gilt sowohl für unmittelbar ausgesprochene Verbote als auch für Verbote durch eine Einrichtung oder Organisation, die gemäß den Rechtsvorschriften des Mitgliedstaats für die Regelung eines Handels, Gewerbes, Handwerks oder freien Berufs zuständig ist. Sind diese Verbote auf bestimmte Medien beschränkt, so gilt diese Richtlinie für diejenigen Medien, die nicht unter diese Verbote fallen.

(4) Diese Richtlinie hindert die Mitgliedstaaten nicht daran, unter Einhaltung der Bestimmungen des Vertrags Verbote oder Beschränkungen für die Verwendung von Vergleichen in der Werbung für Dienstleistungen freier Berufe aufrechtzuerhalten oder einzuführen, und zwar unabhängig davon, ob diese Verbote oder Beschränkungen unmittelbar auferlegt oder von einer Einrichtung oder Organisation verfügt werden, die nach dem Recht der Mitgliedstaaten für die Regelung der Ausübung einer beruflichen Tätigkeit zuständig ist.

Artikel 9

Die Mitgliedstaaten teilen der Kommission den Wortlaut der wichtigsten innerstaatlichen Rechtsvorschriften mit, die sie auf dem unter diese Richtlinie fallenden Gebiet erlassen.

Artikel 10

Die Richtlinie 84/450/EWG wird unbeschadet der Verpflichtungen der Mitgliedstaaten hinsichtlich der in Anhang I Teil B genannten Fristen für die Umsetzung der dort genannten Richtlinien in innerstaatliches Recht und für die Anwendung dieser Richtlinien aufgehoben.

Verweisungen auf die aufgehobene Richtlinie gelten als Verweisungen auf die vorliegende Richtlinie und sind nach Maßgabe der Entsprechungstabelle in Anhang II zu lesen.

Artikel 11

Diese Richtlinie tritt am 12. Dezember 2007 in Kraft.

Artikel 12

Diese Richtlinie ist an alle Mitgliedstaaten gerichtet.

Geschehen zu Straßburg am 12. Dezember 2006.

In Namen des Europäischen Parlaments

Der Präsident

J. BORRELL FONTELLES

Im Namen des Rates

Der Präsident

M. PEKKARINEN

ANHANG I

TEIL A
Aufgehobene Richtlinie mit ihren nachfolgenden Änderungen

Richtlinie 84/450/EWG des Rates (ABl. L 250 vom 19.9.1984, S. 17)	
Richtlinie 97/55/EG des Europäischen Parlaments und des Rates (ABl. L 290 vom 23.10.1997, S. 18)	
Richtlinie 2005/29/EG des Europäischen Parlaments und des Rates (ABl. L 149 vom 11.6.2005, S. 22)	nur Artikel 14

TEIL B
Fristen für die Umsetzung in innerstaatliches Recht und Anwendungsfristen
(gemäß Artikel 10)

Richtlinie	Umsetzungsfrist	Anpassungsdatum
84/450/EWG	1. Oktober 1986	–
97/55/EG	23. April 2000	–
2005/29/EG	12. Juni 2007	12. Dezember 2007

ANHANG II ENTSPRECHUNGSTABELLE

Richtlinie 84/450/EWG	Vorliegende Richtlinie
Artikel 1	Artikel 1
Artikel 2 einleitende Worte	Artikel 2 einleitende Worte
Artikel 2 Nummer 1	Artikel 2 Buchstabe a)
Artikel 2 Nummer 2	Artikel 2 Buchstabe b)
Artikel 2 Nummer 2a	Artikel 2 Buchstabe c)
Artikel 2 Nummer 3	Artikel 2 Buchstabe d)
Artikel 2 Nummer 4	Artikel 2 Buchstabe e)
Artikel 3	Artikel 3
Artikel 3a Absatz 1	Artikel 4
Artikel 4 Absatz 1 Unterabsatz 1 Satz 1	Artikel 5 Absatz 1 Unterabsatz 1
Artikel 4 Absatz 1 Unterabsatz 1 Satz 2	Artikel 5 Absatz 1 Unterabsatz 2
Artikel 4 Absatz 1 Unterabsatz 2	Artikel 5 Absatz 2 Unterabsatz 1
Artikel 4 Absatz 1 Unterabsatz 3	Artikel 5 Absatz 2 Unterabsatz 2
Artikel 4 Absatz 2 Unterabsatz 1 einleitende Worte	Artikel 5 Absatz 3 Unterabsatz 1 einleitende Worte
Artikel 4 Absatz 2 Unterabsatz 1 erster Gedankenstrich	Artikel 5 Absatz 3 Unterabsatz 1 Buchstabe a
Artikel 4 Absatz 2 Unterabsatz 1 zweiter Gedankenstrich	Artikel 5 Absatz 3 Unterabsatz 1 Buchstabe b
Artikel 4 Absatz 2 Unterabsatz 1 letzte Worte	Artikel 5 Absatz 3 Unterabsatz 2
Artikel 4 Absatz 2 Unterabsatz 2 einleitende Worte	Artikel 5 Absatz 3 Unterabsatz 3
Artikel 4 Absatz 2 Unterabsatz 2 erster Gedankenstrich	Artikel 5 Absatz 3 Unterabsatz 3
Artikel 4 Absatz 2 Unterabsatz 2 zweiter Gedankenstrich	Artikel 5 Absatz 3 Unterabsatz 3
Artikel 4 Absatz 2 Unterabsatz 2 letzte Worte	Artikel 5 Absatz 3 Unterabsatz 3
Artikel 4 Absatz 2 Unterabsatz 3 einleitende Worte	Artikel 5 Absatz 4 einleitende Worte
Artikel 4 Absatz 2 Unterabsatz 3 erster Gedankenstrich	Artikel 5 Absatz 4 Buchstabe a
Artikel 4 Absatz 2 Unterabsatz 3 zweiter Gedankenstrich	Artikel 5 Absatz 4 Buchstabe b
Artikel 4 Absatz 3 Unterabsatz 1	Artikel 5 Absatz 5
Artikel 4 Absatz 3 Unterabsatz 2	Artikel 5 Absatz 6
Artikel 5	Artikel 6
Artikel 6	Artikel 7
Artikel 7 Absatz 1	Artikel 8 Absatz 1 Unterabsatz 1
Artikel 7 Absatz 2	Artikel 8 Absatz 1 Unterabsatz 2

Richtlinie 84/450/EWG	Vorliegende Richtlinie
Artikel 7 Absatz 3	Artikel 8 Absatz 2
Artikel 7 Absatz 4	Artikel 8 Absatz 3
Artikel 7 Absatz 5	Artikel 8 Absatz 4
Artikel 8 Absatz 1	–
Artikel 8 Absatz 2	Artikel 9
–	Artikel 10
–	Artikel 11
Artikel 9	Artikel 12
–	Anhang I
–	Anhang II

Anhang 3 Gesetz über Unterlassungsklagen bei Verbraucherrechts- und anderen Verstößen (Unterlassungsklagengesetz – UKlaG)

in der Fassung der Bekanntmachung vom 27. August 2002 (BGBl. I S. 3422, 4346)
Zuletzt geändert durch Artikel 4 des Gesetzes vom 17. Juli 2017 (BGBl. I S. 2446)

Abschnitt 1 Ansprüche bei Verbraucherrechts- und anderen Verstößen

§ 1 UKlaG Unterlassungs- und Widerrufsanspruch bei Allgemeinen Geschäftsbedingungen

Wer in Allgemeinen Geschäftsbedingungen Bestimmungen, die nach den §§ 307 bis 309 des Bürgerlichen Gesetzbuchs unwirksam sind, verwendet oder für den rechtsgeschäftlichen Verkehr empfiehlt, kann auf Unterlassung und im Fall des Empfehlens auch auf Widerruf in Anspruch genommen werden.

§ 1a UKlaG Unterlassungsanspruch wegen der Beschränkung der Haftung bei Zahlungsverzug

Wer in anderer Weise als durch Verwendung oder Empfehlung von Allgemeinen Geschäftsbedingungen den Vorschriften des § 271a Absatz 1 bis 3, des § 286 Absatz 5 oder des § 288 Absatz 6 des Bürgerlichen Gesetzbuchs zuwiderhandelt, kann auf Unterlassung in Anspruch genommen werden.

§ 2 UKlaG Ansprüche bei verbraucherschutzgesetzwidrigen Praktiken

(1) [1]Wer in anderer Weise als durch Verwendung oder Empfehlung von Allgemeinen Geschäftsbedingungen Vorschriften zuwiderhandelt, die dem Schutz der Verbraucher dienen (Verbraucherschutzgesetze), kann im Interesse des Verbraucherschutzes auf Unterlassung und Beseitigung in Anspruch genommen werden. [2]Werden die Zuwiderhandlungen in einem Unternehmen von einem Mitarbeiter oder Beauftragten begangen, so ist der Unterlassungsanspruch oder der Beseitigungsanspruch auch gegen den Inhaber des Unternehmens begründet. [3]Bei Zuwiderhandlungen gegen die in Absatz 2 Satz 1 Nummer 11 genannten Vorschriften richtet sich der Beseitigungsanspruch nach den entsprechenden datenschutzrechtlichen Vorschriften.

(2) [1]Verbraucherschutzgesetze im Sinne dieser Vorschrift sind insbesondere
1. die Vorschriften des Bürgerlichen Rechts, die für
   a) außerhalb von Geschäftsräumen geschlossene Verträge,
   b) Fernabsatzverträge,
   c) Verbrauchsgüterkäufe,
   d) Teilzeit-Wohnrechteverträge, Verträge über langfristige Urlaubsprodukte sowie Vermittlungsverträge und Tauschsystemverträge,
   e) Verbraucherdarlehensverträge, Finanzierungshilfen und Ratenlieferungsverträge,
   f) Bauverträge,
   g) Pauschalreiseverträge, die Reisevermittlung und die Vermittlung verbundener Reiseleistungen,
   h) Darlehensvermittlungsverträge sowie
   i) Zahlungsdiensteverträge

   zwischen einem Unternehmer und einem Verbraucher gelten,

2. die Vorschriften zur Umsetzung der Artikel 5, 10 und 11 der Richtlinie 2000/31/EG des Europäischen Parlaments und des Rates vom 8. Juni 2000 über bestimmte rechtliche Aspekte der Dienste der Informationsgesellschaft, insbesondere des elektronischen Geschäftsverkehrs, im Binnenmarkt (»Richtlinie über den elektronischen Geschäftsverkehr«, ABl. EG Nr. L 178 S. 1),
3. das Fernunterrichtsschutzgesetz,
4. die Vorschriften zur Umsetzung der Artikel 19 bis 26 der Richtlinie 2010/13/EU des Europäischen Parlaments und des Rates vom 10. März 2010 zur Koordinierung bestimmter Rechts- und Verwaltungsvorschriften der Mitgliedstaaten über die Bereitstellung audiovisueller Mediendienste (ABl. L 95 vom 15.4.2010, S. 1),
5. die entsprechenden Vorschriften des Arzneimittelgesetzes sowie Artikel 1 §§ 3 bis 13 des Gesetzes über die Werbung auf dem Gebiete des Heilwesens,
6. § 126 des Investmentgesetzes oder § 305 des Kapitalanlagegesetzbuchs,
7. die Vorschriften des Abschnitts 11 des Wertpapierhandelsgesetzes, die das Verhältnis zwischen einem Wertpapierdienstleistungsunternehmen und einem Kunden regeln,
8. das Rechtsdienstleistungsgesetz,
9. die §§ 59 und 60 Absatz 1, die §§ 78, 79 Absatz 2 und 3 sowie § 80 des Erneuerbare-Energien-Gesetzes,
10. das Wohn- und Betreuungsvertragsgesetz und
11. die Vorschriften, welche die Zulässigkeit regeln
    a) der Erhebung personenbezogener Daten eines Verbrauchers durch einen Unternehmer oder
    b) der Verarbeitung oder der Nutzung personenbezogener Daten, die über einen Verbraucher erhoben wurden, durch einen Unternehmer,

    wenn die Daten zu Zwecken der Werbung, der Markt- und Meinungsforschung, des Betreibens einer Auskunftei, des Erstellens von Persönlichkeits- und Nutzungsprofilen, des Adresshandels, des sonstigen Datenhandels oder zu vergleichbaren kommerziellen Zwecken erhoben, verarbeitet oder genutzt werden,
12. § 2 Absatz 2 sowie die §§ 36 und 37 des Verbraucherstreitbeilegungsgesetzes vom 19. Februar 2016 (BGBl. I S. 254) und Artikel 14 Absatz 1 und 2 der Verordnung (EU) Nr. 524/2013 des Europäischen Parlaments und des Rates vom 21. Mai 2013 über die Online-Beilegung verbraucherrechtlicher Streitigkeiten und zur Änderung der Verordnung (EG) Nr. 2006/2004 und der Richtlinie 2009/22/EG (ABl. L 165 vom 18.6.2013, S. 1) und
13. die Vorschriften des Zahlungskontengesetzes, die das Verhältnis zwischen einem Zahlungsdienstleister und einem Verbraucher regeln.

    [2]Eine Datenerhebung, Datenverarbeitung oder Datennutzung zu einem vergleichbaren kommerziellen Zweck im Sinne des Satzes 1 Nummer 11 liegt insbesondere nicht vor, wenn personenbezogene Daten eines Verbrauchers von einem Unternehmer ausschließlich für die Begründung, Durchführung oder Beendigung eines rechtsgeschäftlichen oder rechtsgeschäftsähnlichen Schuldverhältnisses mit dem Verbraucher erhoben, verarbeitet oder genutzt werden.

§ 2a UKlaG Unterlassungsanspruch nach dem Urheberrechtsgesetz

(1) Wer gegen § 95b Abs. 1 des Urheberrechtsgesetzes verstößt, kann auf Unterlassung in Anspruch genommen werden.

(2) Absatz 1 gilt nicht, soweit Werke und sonstige Schutzgegenstände der Öffentlichkeit auf Grund einer vertraglichen Vereinbarung in einer Weise zugänglich gemacht werden, dass sie Mitgliedern der Öffentlichkeit von Orten und zu Zeiten ihrer Wahl zugänglich sind.

§ 2b UKlaG Missbräuchliche Geltendmachung von Ansprüchen

[1]Die Geltendmachung eines Anspruchs nach den §§ 1 bis 2a ist unzulässig, wenn sie unter Berücksichtigung der gesamten Umstände missbräuchlich ist, insbesondere wenn sie vorwiegend dazu dient, gegen den Anspruchsgegner einen Anspruch auf Ersatz von Aufwendungen oder Kosten der Rechtsverfolgung entstehen zu lassen. [2]In diesen Fällen kann der Anspruchsgegner Ersatz der für seine

Rechtsverteidigung erforderlichen Aufwendungen verlangen. [3]Weitergehende Ersatzansprüche bleiben unberührt.

§ 3 UKlaG Anspruchsberechtigte Stellen

(1) [1]Die in den §§ 1 bis 2 bezeichneten Ansprüche auf Unterlassung, auf Widerruf und auf Beseitigung stehen zu:

1. qualifizierten Einrichtungen, die nachweisen, dass sie in der Liste qualifizierter Einrichtungen nach § 4 oder in dem Verzeichnis der Europäischen Kommission nach Artikel 4 Absatz 3 der Richtlinie 2009/22/EG des Europäischen Parlaments und des Rates vom 23. April 2009 über Unterlassungsklagen zum Schutz der Verbraucherinteressen (ABl. L 110 vom 1.5.2009, S. 30) eingetragen sind,
2. rechtsfähigen Verbänden zur Förderung gewerblicher oder selbständiger beruflicher Interessen, soweit ihnen eine erhebliche Zahl von Unternehmen angehört, die Waren oder Dienstleistungen gleicher oder verwandter Art auf demselben Markt vertreiben, wenn sie insbesondere nach ihrer personellen, sachlichen und finanziellen Ausstattung imstande sind, ihre satzungsmäßigen Aufgaben der Verfolgung gewerblicher oder selbständiger beruflicher Interessen tatsächlich wahrzunehmen, und soweit die Zuwiderhandlung die Interessen ihrer Mitglieder berührt,
3. den Industrie- und Handelskammern oder den Handwerkskammern.

[2]Der Anspruch kann nur an Stellen im Sinne des Satzes 1 abgetreten werden.

(2) [1]Die in Absatz 1 Satz 1 Nummer 1 bezeichneten Stellen können die folgenden Ansprüche nicht geltend machen:

1. Ansprüche nach § 1, wenn Allgemeine Geschäftsbedingungen gegenüber einem Unternehmer (§ 14 des Bürgerlichen Gesetzbuchs) oder einem öffentlichen Auftraggeber (§ 99 Nummer 1 bis 3 des Gesetzes gegen Wettbewerbsbeschränkungen) verwendet oder wenn Allgemeine Geschäftsbedingungen zur ausschließlichen Verwendung zwischen Unternehmern oder zwischen Unternehmern und öffentlichen Auftraggebern empfohlen werden,
2. Ansprüche nach § 1a, es sei denn, eine Zuwiderhandlung gegen § 288 Absatz 6 des Bürgerlichen Gesetzbuchs betrifft einen Anspruch eines Verbrauchers.

§ 3a UKlaG Anspruchsberechtigte Verbände nach § 2a

[1]Der in § 2a Abs. 1 bezeichnete Anspruch auf Unterlassung steht rechtsfähigen Verbänden zur nicht gewerbsmäßigen und nicht nur vorübergehenden Förderung der Interessen derjenigen zu, die durch § 95b Abs. 1 Satz 1 des Urheberrechtsgesetzes begünstigt werden. [2]Der Anspruch kann nur an Verbände im Sinne des Satzes 1 abgetreten werden.

§ 4 UKlaG Qualifizierte Einrichtungen

(1) [1]Das Bundesamt für Justiz führt die Liste der qualifizierten Einrichtungen, die es auf seiner Internetseite in der jeweils aktuellen Fassung veröffentlicht und mit Stand 1. Januar eines jeden Jahres im Bundesanzeiger bekannt macht. [2]Es übermittelt die Liste mit Stand zum 1. Januar und zum 1. Juli eines jeden Jahres an die Europäische Kommission unter Hinweis auf Artikel 4 Absatz 2 der Richtlinie 2009/22/EG.

(2) [1]In die Liste werden auf Antrag rechtsfähige Vereine eingetragen, zu deren satzungsmäßigen Aufgaben es gehört, Interessen der Verbraucher durch nicht gewerbsmäßige Aufklärung und Beratung wahrzunehmen, wenn

1. sie mindestens drei Verbände, die im gleichen Aufgabenbereich tätig sind, oder mindestens 75 natürliche Personen als Mitglieder haben,
2. sie mindestens ein Jahr bestanden haben und
3. auf Grund ihrer bisherigen Tätigkeit gesichert erscheint, dass sie ihre satzungsmäßigen Aufgaben auch künftig dauerhaft wirksam und sachgerecht erfüllen werden.

[2]Es wird unwiderleglich vermutet, dass Verbraucherzentralen und andere Verbraucherverbände, die mit öffentlichen Mitteln gefördert werden, diese Voraussetzungen erfüllen. [3]Die Eintragung in die Liste erfolgt unter Angabe von Namen, Anschrift, Registergericht, Registernummer und satzungsmäßigem Zweck. [4]Sie ist mit Wirkung für die Zukunft aufzuheben, wenn

1. der Verband dies beantragt oder
2. die Voraussetzungen für die Eintragung nicht vorlagen oder weggefallen sind.

[5]Ist auf Grund tatsächlicher Anhaltspunkte damit zu rechnen, dass die Eintragung nach Satz 4 zurückzunehmen oder zu widerrufen ist, so soll das Bundesamt für Justiz das Ruhen der Eintragung für einen bestimmten Zeitraum von längstens drei Monaten anordnen. [6]Widerspruch und Anfechtungsklage haben im Fall des Satzes 5 keine aufschiebende Wirkung.

(2a) [1]Qualifizierte Einrichtungen, die Ansprüche nach § 2 Absatz 1 wegen Zuwiderhandlungen gegen Verbraucherschutzgesetze nach § 2 Absatz 2 Satz 1 Nummer 11 durch Abmahnung oder Klage geltend gemacht haben, sind verpflichtet, dem Bundesamt für Justiz jährlich die Anzahl dieser Abmahnungen und erhobenen Klagen mitzuteilen und über die Ergebnisse der Abmahnungen und Klagen zu berichten. [2]Das Bundesamt für Justiz berücksichtigt diese Berichte bei der Beurteilung, ob bei der qualifizierten Einrichtung die sachgerechte Aufgabenerfüllung im Sinne des Absatzes 2 Satz 1 Nummer 3 gesichert erscheint.

(3) [1]Entscheidungen über Eintragungen erfolgen durch einen Bescheid, der dem Antragsteller zuzustellen ist. [2]Das Bundesamt für Justiz erteilt den Verbänden auf Antrag eine Bescheinigung über ihre Eintragung in die Liste. [3]Es bescheinigt auf Antrag Dritten, die daran ein rechtliches Interesse haben, dass die Eintragung eines Verbands in die Liste aufgehoben worden ist.

(4) Ergeben sich in einem Rechtsstreit begründete Zweifel an dem Vorliegen der Voraussetzungen nach Absatz 2 bei einer eingetragenen Einrichtung, so kann das Gericht das Bundesamt für Justiz zur Überprüfung der Eintragung auffordern und die Verhandlung bis zu dessen Entscheidung aussetzen.

(5) Das Bundesministerium der Justiz und für Verbraucherschutz wird ermächtigt, durch Rechtsverordnung, die der Zustimmung des Bundesrates nicht bedarf, die Einzelheiten des Eintragungsverfahrens, insbesondere die zur Prüfung der Eintragungsvoraussetzungen erforderlichen Ermittlungen, sowie die Einzelheiten der Führung der Liste zu regeln.

§ 4a UKlaG Unterlassungsanspruch bei innergemeinschaftlichen Verstößen

(1) [1]Wer innergemeinschaftlich gegen Gesetze zum Schutz der Verbraucherinteressen im Sinne von Artikel 3 Buchstabe b der Verordnung (EG) Nr. 2006/2004 des Europäischen Parlaments und des Rates vom 27. Oktober 2004 über die Zusammenarbeit zwischen den für die Durchsetzung der Verbraucherschutzgesetze zuständigen nationalen Behörden (ABl. EU Nr. L 364 S. 1) verstößt, kann auf Unterlassung in Anspruch genommen werden. [2]§ 2b ist entsprechend anzuwenden.

(2) [1]Die Ansprüche stehen den Stellen nach § 3 Absatz 1 Satz 1 zu. [2]Es wird unwiderleglich vermutet, dass ein nach § 7 Absatz 1 des EG-Verbraucherschutzdurchsetzungsgesetzes beauftragter Dritter eine Stelle nach Satz 1 ist. [3]§ 3 Absatz 1 Satz 2 ist entsprechend anzuwenden.

Abschnitt 2 Verfahrensvorschriften

Unterabschnitt 1 Allgemeine Vorschriften

§ 5 UKlaG Anwendung der Zivilprozessordnung und anderer Vorschriften

[1]Auf das Verfahren sind die Vorschriften der Zivilprozessordnung und die § 12 Absatz 1, 2, 4 und 5 des Gesetzes gegen den unlauteren Wettbewerb anzuwenden, soweit sich aus diesem Gesetz nicht etwas anderes ergibt.

§ 6 UKlaG Zuständigkeit

(1) [1]Für Klagen nach diesem Gesetz ist das Landgericht ausschließlich zuständig, in dessen Bezirk der Beklagte seine gewerbliche Niederlassung oder in Ermangelung einer solchen seinen Wohnsitz hat. [2]Hat der Beklagte im Inland weder eine gewerbliche Niederlassung noch einen Wohnsitz, so ist das Gericht des inländischen Aufenthaltsorts zuständig, in Ermangelung eines solchen das Gericht, in dessen Bezirk
1. die nach den §§ 307 bis 309 des Bürgerlichen Gesetzbuchs unwirksamen Bestimmungen in Allgemeinen Geschäftsbedingungen verwendet wurden,
2. gegen Verbraucherschutzgesetze verstoßen wurde oder
3. gegen § 95b Abs. 1 des Urheberrechtsgesetzes verstoßen wurde.

(2) [1]Die Landesregierungen werden ermächtigt, zur sachdienlichen Förderung oder schnelleren Erledigung der Verfahren durch Rechtsverordnung einem Landgericht für die Bezirke mehrerer Landgerichte Rechtsstreitigkeiten nach diesem Gesetz zuzuweisen. [2]Die Landesregierungen können die Ermächtigung durch Rechtsverordnung auf die Landesjustizverwaltungen übertragen.

(3) [1]Die vorstehenden Absätze gelten nicht für Klagen, die einen Anspruch der in § 13 bezeichneten Art zum Gegenstand haben.

§ 7 UKlaG Veröffentlichungsbefugnis

[1]Wird der Klage stattgegeben, so kann dem Kläger auf Antrag die Befugnis zugesprochen werden, die Urteilsformel mit der Bezeichnung des verurteilten Beklagten auf dessen Kosten im Bundesanzeiger, im Übrigen auf eigene Kosten bekannt zu machen. [2]Das Gericht kann die Befugnis zeitlich begrenzen.

Unterabschnitt 2 Besondere Vorschriften für Klagen nach § 1

§ 8 UKlaG Klageantrag und Anhörung

(1) [1]Der Klageantrag muss bei Klagen nach § 1 auch enthalten:
1. den Wortlaut der beanstandeten Bestimmungen in Allgemeinen Geschäftsbedingungen,
2. die Bezeichnung der Art der Rechtsgeschäfte, für die die Bestimmungen beanstandet werden.

(2) [1]Das Gericht hat vor der Entscheidung über eine Klage nach § 1 die Bundesanstalt für Finanzdienstleistungsaufsicht zu hören, wenn Gegenstand der Klage
1. Bestimmungen in Allgemeinen Versicherungsbedingungen sind oder
2. Bestimmungen in Allgemeinen Geschäftsbedingungen sind, für die nach dem Bausparkassengesetz oder dem Kapitalanlagegesetzbuch eine Genehmigung vorgesehen ist.

§ 9 UKlaG Besonderheiten der Urteilsformel

[1]Erachtet das Gericht die Klage nach § 1 für begründet, so enthält die Urteilsformel auch:
1. die beanstandeten Bestimmungen der Allgemeinen Geschäftsbedingungen im Wortlaut,
2. die Bezeichnung der Art der Rechtsgeschäfte, für welche die den Unterlassungsanspruch begründenden Bestimmungen der Allgemeinen Geschäftsbedingungen nicht verwendet oder empfohlen werden dürfen,
3. das Gebot, die Verwendung oder Empfehlung inhaltsgleicher Bestimmungen in Allgemeinen Geschäftsbedingungen zu unterlassen,
4. für den Fall der Verurteilung zum Widerruf das Gebot, das Urteil in gleicher Weise bekannt zu geben, wie die Empfehlung verbreitet wurde.

§ 10 UKlaG Einwendung wegen abweichender Entscheidung

[1]Der Verwender, dem die Verwendung einer Bestimmung untersagt worden ist, kann im Wege der Klage nach § 767 der Zivilprozessordnung einwenden, dass nachträglich eine Entscheidung des Bundesgerichtshofs oder des Gemeinsamen Senats der Obersten Gerichtshöfe des Bundes ergangen ist, welche die Verwendung dieser Bestimmung für dieselbe Art von Rechtsgeschäften nicht untersagt, und dass die Zwangsvollstreckung aus dem Urteil gegen ihn in unzumutbarer Weise seinen Geschäftsbetrieb beeinträchtigen würde.

§ 11 UKlaG Wirkungen des Urteils

[1]Handelt der verurteilte Verwender einem auf § 1 beruhenden Unterlassungsgebot zuwider, so ist die Bestimmung in den Allgemeinen Geschäftsbedingungen als unwirksam anzusehen, soweit sich der betroffene Vertragsteil auf die Wirkung des Unterlassungsurteils beruft. [2]Er kann sich jedoch auf die Wirkung des Unterlassungsurteils nicht berufen, wenn der verurteilte Verwender gegen das Urteil die Klage nach § 10 erheben könnte.

Unterabschnitt 3 Besondere Vorschriften für Klagen nach § 2

§ 12 UKlaG Einigungsstelle

[1]Für Klagen nach § 2 gelten § 15 des Gesetzes gegen den unlauteren Wettbewerb und die darin enthaltene Verordnungsermächtigung entsprechend.

§ 12a UKlaG Anhörung der Datenschutzbehörden in Verfahren über Ansprüche nach § 2

[1]Das Gericht hat vor einer Entscheidung in einem Verfahren über einen Anspruch nach § 2, das eine Zuwiderhandlung gegen ein Verbraucherschutzgesetz nach § 2 Absatz 2 Satz 1 Nummer 11 zum Gegenstand hat, die zuständige inländische Datenschutzbehörde zu hören. [2]Satz 1 ist nicht anzuwenden, wenn über einen Antrag auf Erlass einer einstweiligen Verfügung ohne mündliche Verhandlung entschieden wird.

Abschnitt 3 Auskunft zur Durchsetzung von Ansprüchen

§ 13 UKlaG Auskunftsanspruch der anspruchsberechtigten Stellen

(1) [1]Wer geschäftsmäßig Post-, Telekommunikations- oder Telemediendienste erbringt oder an der Erbringung solcher Dienste mitwirkt, hat

1. qualifizierten Einrichtungen, die nachweisen, dass sie in die Liste gemäß § 4 oder in das Verzeichnis der Kommission der Europäischen Gemeinschaften gemäß Artikel 4 Absatz 3 der Richtlinie 2009/22/EG eingetragen sind,
2. rechtsfähigen Verbänden zur Förderung gewerblicher oder selbständiger beruflicher Interessen und
3. Industrie- und Handelskammern oder den Handwerkskammern

auf deren Verlangen den Namen und die zustellungsfähige Anschrift eines Beteiligten an Post-, Telekommunikations- oder Telemediendiensten mitzuteilen, wenn diese Stellen schriftlich versichern, dass sie die Angaben zur Durchsetzung ihrer Ansprüche nach den §§ 1 bis 2a oder nach § 4a benötigen und nicht anderweitig beschaffen können.

(2) [1]Der Anspruch besteht nur, soweit die Auskunft ausschließlich anhand der bei dem Auskunftspflichtigen vorhandenen Bestandsdaten erteilt werden kann. [2]Die Auskunft darf nicht deshalb ver-

weigert werden, weil der Beteiligte, dessen Angaben mitgeteilt werden sollen, in die Übermittlung nicht einwilligt.

(3) [1]Der Auskunftspflichtige kann von dem Auskunftsberechtigten einen angemessenen Ausgleich für die Erteilung der Auskunft verlangen. [2]Der Auskunftsberechtigte kann von dem Beteiligten, dessen Angaben mitgeteilt worden sind, Erstattung des gezahlten Ausgleichs verlangen, wenn er gegen diesen Beteiligten einen Anspruch nach den §§ 1 bis 2a oder nach § 4a hat.

§ 13a UKlaG Auskunftsanspruch sonstiger Betroffener

[1]Wer von einem anderen Unterlassung der Lieferung unbestellter Sachen, der Erbringung unbestellter sonstiger Leistungen oder der Zusendung oder sonstiger Übermittlung unverlangter Werbung verlangen kann, hat die Ansprüche gemäß § 13 mit der Maßgabe, dass an die Stelle eines Anspruchs nach den §§ 1 bis 2a oder nach § 4a sein Anspruch auf Unterlassung nach allgemeinen Vorschriften tritt.

Abschnitt 4 Außergerichtliche Schlichtung

§ 14 UKlaG Schlichtungsverfahren und Verordnungsermächtigung

(1) [1]Bei Streitigkeiten aus der Anwendung
1. der Vorschriften des Bürgerlichen Gesetzbuchs betreffend Fernabsatzverträge über Finanzdienstleistungen,
2. der §§ 491 bis 508, 511 und 655a bis 655d des Bürgerlichen Gesetzbuchs sowie Artikel 247a § 1 des Einführungsgesetzes zum Bürgerlichen Gesetzbuche,
3. der Vorschriften betreffend Zahlungsdiensteverträge in
   a) den §§ 675c bis 676c des Bürgerlichen Gesetzbuchs,
   b) der Verordnung (EG) Nr. 924/2009 des Europäischen Parlaments und des Rates vom 16. September 2009 über grenzüberschreitende Zahlungen in der Gemeinschaft und zur Aufhebung der Verordnung (EG) Nr. 2560/2001 (ABl. L 266 vom 9.10.2009, S. 11), die zuletzt durch Artikel 17 der Verordnung (EU) Nr. 260/2012 (ABl. L 94 vom 30.3.2012, S. 22) geändert worden ist, und
   c) der Verordnung (EU) Nr. 260/2012 des Europäischen Parlaments und des Rates vom 14. März 2012 zur Festlegung der technischen Vorschriften und der Geschäftsanforderungen für Überweisungen und Lastschriften in Euro und zur Änderung der Verordnung (EG) Nr. 924/2009 (ABl. L 94 vom 30.3.2012, S. 22), die durch die Verordnung (EU) Nr. 248/2014 (ABl. L 84 vom 20.3.2014, S. 1) geändert worden ist,
   d) der Verordnung (EU) 2015/751 des Europäischen Parlaments und des Rates vom 29. April 2015 über Interbankenentgelte für kartengebundene Zahlungsvorgänge (ABl. L 123 vom 19.5.2015, S. 1),
4. der Vorschriften des Zahlungsdiensteaufsichtsgesetzes, soweit sie Pflichten von E-Geld-Emittenten oder Zahlungsdienstleistern gegenüber ihren Kunden begründen,
5. der Vorschriften des Zahlungskontengesetzes, die das Verhältnis zwischen einem Zahlungsdienstleister und einem Verbraucher regeln,
6. der Vorschriften des Kapitalanlagegesetzbuchs, wenn an der Streitigkeit Verbraucher beteiligt sind, oder
7. sonstiger Vorschriften im Zusammenhang mit Verträgen, die Bankgeschäfte nach § 1 Absatz 1 Satz 2 des Kreditwesengesetzes oder Finanzdienstleistungen nach § 1 Absatz 1a Satz 2 des Kreditwesengesetzes betreffen, zwischen Verbrauchern und nach dem Kreditwesengesetz beaufsichtigten Unternehmen

können die Beteiligten unbeschadet ihres Rechts, die Gerichte anzurufen, eine vom Bundesamt für Justiz für diese Streitigkeiten anerkannte private Verbraucherschlichtungsstelle oder die bei der Deutschen Bundesbank oder die bei der Bundesanstalt für Finanzdienstleistungsaufsicht eingerichtete Verbraucherschlichtungsstelle anrufen. [2]Die bei der Deutschen Bundesbank eingerichtete Verbraucherschlichtungsstelle ist für die Streitigkeiten nach Satz 1 Nummer 1 bis 5 zuständig; die bei der Bundesanstalt für Finanzdienstleistungsaufsicht eingerichtete Verbraucherschlichtungsstelle ist für die Streitigkeiten nach Satz 1 Nummer 6 und 7 zuständig. [3]Diese behördlichen Verbraucherschlichtungsstellen sind nur zuständig, wenn es für die Streitigkeit keine zuständige anerkannte Verbraucherschlichtungsstelle gibt.

(2) [1]Jede Verbraucherschlichtungsstelle nach Absatz 1 muss mit mindestens zwei Schlichtern besetzt sein, die die Befähigung zum Richteramt haben. [2]Die Schlichter müssen unabhängig sein und das Schlichtungsverfahren fair und unparteiisch führen. [3]Sie sollen ihre Schlichtungsvorschläge am geltenden Recht ausrichten und sie sollen insbesondere die zwingenden Verbraucherschutzgesetze beachten. [4]Für das Schlichtungsverfahren kann von einem Verbraucher kein Entgelt verlangt werden.

(3) [1]Das Bundesamt für Justiz erkennt auf Antrag eine Schlichtungsstelle als private Verbraucherschlichtungsstelle nach Absatz 1 Satz 1 an, wenn

1. der Träger der Schlichtungsstelle ein eingetragener Verein ist,
2. die Schlichtungsstelle für die Streitigkeiten nach Absatz 1 Satz 1 zuständig ist und
3. die Organisation, Finanzierung und Verfahrensordnung der Schlichtungsstelle den Anforderungen dieses Gesetzes und der Rechtsverordnung entspricht, die auf Grund dieses Gesetzes erlassen wurde.

[2]Die Verfahrensordnung einer anerkannten Schlichtungsstelle kann nur mit Zustimmung des Bundesamts für Justiz geändert werden.

(4) Das Bundesamt für Justiz nimmt die Verbraucherschlichtungsstellen nach Absatz 1 in die Liste nach § 33 Absatz 1 des Verbraucherstreitbeilegungsgesetzes auf und macht die Anerkennung und den Widerruf oder die Rücknahme der Anerkennung im Bundesanzeiger bekannt.

(5) Das Bundesministerium der Justiz und für Verbraucherschutz regelt im Einvernehmen mit dem Bundesministerium der Finanzen durch Rechtsverordnung, die nicht der Zustimmung des Bundesrates bedarf, entsprechend den Anforderungen der Richtlinie 2013/11/EU des Europäischen Parlaments und des Rates vom 21. Mai 2013 über die alternative Beilegung verbraucherrechtlicher Streitigkeiten und zur Änderung der Verordnung (EG) Nr. 2006/2004 und der Richtlinie 2009/22/EG (ABl. L 165 vom 18.6.2013, S. 63)

1. die näheren Einzelheiten der Organisation und des Verfahrens der bei der Deutschen Bundesbank und der bei der Bundesanstalt für Finanzdienstleistungsaufsicht nach diesem Gesetz eingerichteten Verbraucherschlichtungsstellen, insbesondere auch die Kosten des Schlichtungsverfahrens für einen am Schlichtungsverfahren beteiligten Unternehmer,
2. die Voraussetzungen und das Verfahren für die Anerkennung einer privaten Verbraucherschlichtungsstelle und für die Aufhebung dieser Anerkennung sowie die Voraussetzungen und das Verfahren für die Zustimmung zur Änderung der Verfahrensordnung,
3. die Zusammenarbeit der behördlichen Verbraucherschlichtungsstellen und der privaten Verbraucherschlichtungsstellen mit
   a) staatlichen Stellen, insbesondere der Bundesanstalt für Finanzdienstleistungsaufsicht, und
   b) vergleichbaren Stellen zur außergerichtlichen Streitbeilegung in anderen Vertragsstaaten des Abkommens über den Europäischen Wirtschaftsraum.

Abschnitt 5 Anwendungsbereich

§ 15 UKlaG Ausnahme für das Arbeitsrecht

Dieses Gesetz findet auf das Arbeitsrecht keine Anwendung.

Abschnitt 6 Überleitungsvorschriften

§ 16 UKlaG Überleitungsvorschrift zum Gesetz zur Umsetzung der Richtlinie über alternative Streitbeilegung in Verbraucherangelegenheiten und zur Durchführung der Verordnung über Online-Streitbeilegung in Verbraucherangelegenheiten

(1) [1]Bis zum Inkrafttreten der Rechtsverordnung nach § 14 Absatz 5 gelten ergänzend

1. für die Verbraucherschlichtungsstelle bei der Deutschen Bundesbank und für deren Verfahren die Schlichtungsstellenverfahrensverordnung,
2. für die Verbraucherschlichtungsstelle bei der Bundesanstalt für Finanzdienstleistungsaufsicht und für deren Verfahren die Kapitalanlageschlichtungsstellenverordnung.

[2]Bei ergänzender Anwendung der Kapitalanlageschlichtungsstellenverordnung nach Satz 1 Nummer 2 treten an die Stelle der Streitigkeiten nach dem Kapitalanlagegesetzbuch die Streitigkeiten nach § 14 Absatz 1 Satz 1 Nummer 6 und 7. [3]Schlichter, die für die Schlichtung von Streitigkeiten nach § 14 Absatz 1 Satz 1 Nummer 6 bestellt sind, dürfen nicht zugleich die Aufsicht über Unternehmen wahrnehmen, die den Vorschriften des Kreditwesengesetzes unterliegen. [4]Vor der Bestellung von Schlichtern für Streitigkeiten nach § 14 Absatz 1 Satz 1 Nummer 6 sind abweichend von § 2 Absatz 2 Satz 1 der Kapitalanlageschlichtungsstellenverordnung der BVI Bundesverband Investment und Asset Management e. V. sowie die Ombudsstelle Geschlossene Fonds e. V. nicht zu beteiligen.

(2) Die Schlichtungsstellen der Verbände, denen die Schlichtungsaufgabe nach § 7 Absatz 1 und 2 der Schlichtungsstellenverfahrensverordnung oder nach § 11 Absatz 1 der Kapitalanlageschlichtungsstellenverordnung jeweils in der vor dem 26. Februar 2016 geltenden Fassung wirksam übertragen worden ist, gelten bis zum 1. Februar 2017 als anerkannte private Verbraucherschlichtungsstellen nach § 14 Absatz 1.

§ 17 UKlaG Überleitungsvorschrift zum Gesetz zur Verbesserung der zivilrechtlichen Durchsetzung von verbraucherschützenden Vorschriften des Datenschutzrechts

§ 2 Absatz 2 Satz 1 Nummer 11 in der ab dem 24. Februar 2016 geltenden Fassung findet bis zum Ablauf des 30. September 2016 keine Anwendung auf Zuwiderhandlungen gegen § 4b des Bundesdatenschutzgesetzes, soweit die Datenübermittlung bis zum 6. Oktober 2015 auf der Grundlage der Entscheidung 2000/520/EG der Kommission vom 26. Juli 2000 gemäß der Richtlinie 95/46/EG des Europäischen Parlaments und des Rates über die Angemessenheit des von den Grundsätzen des »sicheren Hafens« und der diesbezüglichen »Häufig gestellten Fragen« (FAQ) gewährleisteten Schutzes, vorgelegt vom Handelsministerium der USA (ABl. L 215 vom 25.8.2000, S. 7) erfolgt ist.

Anhang 4 Referentenentwurf des Bundesministeriums der Justiz und für Verbraucherschutz Gesetz zur Stärkung des fairen Wettbewerbs

Gesetzgebungsverfahren

A. Problem und Ziel

Der Gesetzentwurf vereint mehrere gesetzgeberische Maßnahmen zur Stärkung eines fairen Wettbewerbs im Interesse der Verbraucher und der weiteren Marktteilnehmer.

Im Sinne eines fairen Wettbewerbs müssen zum einen lauterkeitsrechtliche Regelungen eingehalten und Verstöße effektiv sanktioniert werden. Abmahnungen dienen dabei der schnellen und kostengünstigen Geltendmachung von Unterlassungsansprüchen, die eine teure und unter Umständen langwierige gerichtliche Auseinandersetzung vermeiden können. Allerdings sollen Abmahnungen im Interesse eines rechtstreuen Wettbewerbs erfolgen und nicht zur Generierung von Gebühren und Vertragsstrafen. Gewerbetreibende, die nur vergleichsweise geringfügige Rechtsverstöße begehen, müssen dabei erhebliche Verluste finanzieller oder immaterieller Art hinnehmen oder sind zumindest der Gefahr solcher Verluste ausgesetzt.

Das Gesetz gegen unseriöse Geschäftspraktiken vom 9. Oktober 2013 (BGBl. I S. 3714) traf zum Schutz vor missbräuchlichen Abmahnungen Regelungen zur Reduzierung von Streit- bzw. Gegenstandswerten, welche die gegebenenfalls vom Abgemahnten zu erstattenden Rechtsanwaltskosten gering halten und so den finanziellen Anreiz für Abmahnungen reduzieren sollten. Auch wurde das Gesetz gegen den unlauteren Wettbewerb um eine Regelung ergänzt, wonach missbräuchlich abgemahnte Personen einen Anspruch auf Ersatz der ihnen entstandenen Kosten haben.

In letzter Zeit mehren sich die Anzeichen, dass trotz dieser Regelungen weiterhin missbräuchliche Abmahnungen ausgesprochen werden. Es liegt ein nicht hinnehmbarer Missstand vor, wenn Abmahnungen wegen geringfügigen Verstößen gegenüber Kleinstunternehmen zur Erzielung von Gebühren und Vertragsstrafen ausgesprochen werden. Die vorgeschlagenen Regeln zielen auf die Eindämmung von Abmahnmissbrauch, ohne die die Interessen der in diesem Bereich tätigen seriösen Akteure unbillig zu behindern.

Zum anderen soll der Wettbewerb auf dem Markt für sichtbare Autoersatzteile zum Vorteil der Verbraucher liberalisiert werden. Nach geltendem deutschen Designrecht können Hersteller von komplexen Erzeugnissen, die aus mehreren Bauelementen bestehen, auch für einzelne Bauelemente Designschutz in Anspruch nehmen, sofern die entsprechenden Schutzvoraussetzungen erfüllt werden. Allerdings erlaubt Artikel 14 der Richtlinie 98/71/EG des Europäischen Parlaments und des Rates vom 13. Oktober 1998 über den rechtlichen Schutz von Mustern und Modellen (Designrichtlinie, ABl. L 289 vom 28.10.1998, S. 28) den Mitgliedstaaten die Einführung einer Ausnahme, wonach der Designschutz für sichtbare Ersatzteile entfällt, sofern diese für Reparaturzwecke verwendet werden (sogenannte Reparaturklausel).

B. Lösung

Der Gesetzentwurf sieht zur Eindämmung missbräuchlicher Abmahnungen höhere Anforderungen an die Befugnis zur Geltendmachung von Ansprüchen, die Verringerung finanzieller Anreize für Abmahnungen, mehr Transparenz sowie vereinfachte Möglichkeiten zur Geltendmachung von Gegenansprüchen vor. Hierdurch wird ein deutlich verbesserter Schutz gegen missbräuchliche Abmahnungen hergestellt. Zur Stärkung des Wettbewerbs bei formgebundenen Ersatzteilen komplexer Erzeugnisse wie z. B. Automobilen soll eine Reparaturklausel eingeführt werden, die das Designrecht bei sichtbaren Ersatzteilen für Reparaturzwecke einschränkt und damit den Markt öffnet.

C. Alternativen

Keine.

D. Haushaltsausgaben ohne Erfüllungsaufwand

Keine.

E. Erfüllungsaufwand

E.1 Erfüllungsaufwand für Bürgerinnen und Bürger

Keiner.

E.2 Erfüllungsaufwand für die Wirtschaft

Mit den Neuregelungen im Bereich Abmahnungen sollen sich Wirtschaftsbeteiligte seltener auf kostenträchtige Prozesse einlassen müssen. Die finanziellen Anreize für Abmahnungen sollen deutlich verringert und die Position des Abgemahnten gegenüber einem missbräuchlich Abmahnenden gestärkt werden. Dadurch soll die Zahl der Abmahnungen abnehmen, die weniger im Interesse eines lauteren Wettbewerbs als zur Gebührenerzielung ausgesprochen werden.

Die Wirtschaft soll durch die Erweiterung des Auffangwertes von 1 000 Euro auf Zuwiderhandlungen, die angesichts ihres nur unerheblichen Maßes die Interessen von Verbrauchern, sonstigen Marktteilnehmern oder Mitbewerbern nicht wesentlich beeinflussen, durch Erhöhung der Anforderungen an die Klagebefugnis der Mitbewerber und der Wettbewerbsverbände, durch den Gegenanspruch des Abgemahnten gegen den Abmahnenden, durch Wegfall des Klageanlasses wegen Nichteinlassung auf eine mit einer unangemessen hohen Vertragsstrafe bewehrten Unterlassungserklärung und durch Erhöhung der Anforderungen für qualifizierte Einrichtungen entlastet werden.

Durch die Senkung missbräuchlicher Abmahnungen im Wettbewerbsrecht um 50% wird die Wirtschaft voraussichtlich um 860 000 € entlastet.

Davon Bürokratiekosten aus Informationspflichten

Keine.

E.3 Erfüllungsaufwand der Verwaltung

Das Bundesamt für Justiz (BfJ) wird mit Erfüllungsaufwand belastet. Als neue Aufgaben muss das BfJ eine Liste der qualifizierten Wirtschaftsverbände führen und diese im Internet in der jeweils aktuellen Fassung veröffentlichen. Turnusmäßig oder aus begründetem Anlass ist zu überprüfen, dass die in der Liste eingetragenen qualifizierten Einrichtungen die Eintragungsvoraussetzungen erfüllen. Zudem müssen die Berichte von qualifizierten Einrichtungen sowie die Mitteilungen von Gerichten entgegen genommen werden und gegebenenfalls die qualifizierten Einrichtungen zur Befolgung der Berichtspflichten durch die Festsetzung eines Zwangsgeldes angehalten werden.

Die Berechnung der Belastung aus Erfüllungsaufwand ist noch nicht abgeschlossen.

F. Weitere Kosten

Verbände werden durch den nunmehr erforderlichen Antrag auf Eintragung in die Liste der so genannten qualifizierten Wirtschaftsverbände beim BfJ, den Nachweis der Voraussetzungen für die Aufnahme in diese Liste, und die Erfüllung der Berichtspflichten für qualifizierte Einrichtungen gegenüber dem BfJ belastet.

Gerichte werden, wenn sie über Ansprüche nach dem Unterlassungsgesetz entscheiden, durch die Verpflichtung, solche Entscheidungen dem BfJ mitzuteilen, belastet und durch die Liste der qualifizierten Wirtschaftsverbände beim BfJ und die damit zentral vorgenommene Prüfung der Klageberechtigung entlastet.

Die Berechnung der Belastung aus Erfüllungsaufwand zu Verbänden ist noch nicht abgeschlossen. Für Gerichte kann sich die Belastung mit der Entlastung voraussichtlich ausgleichen.

Bei der Einführung der Reparaturklausel im Gesetz über den rechtlichen Schutz von Design ist durch die Marktöffnung unter Umständen damit zu rechnen, dass die Verbraucherpreise für sichtbare Autoersatzteile leicht sinken. Im Übrigen sind Auswirkungen auf das Preisniveau, insbesondere auf das Verbraucherpreisniveau, nicht zu erwarten.

Entwurf eines Gesetzes zur Stärkung des fairen Wettbewerbs

Vom ...

Der Bundestag hat das folgende Gesetz beschlossen:

Artikel 1 Änderung des Gesetzes gegen den unlauteren Wettbewerb

Das Gesetz gegen den unlauteren Wettbewerb in der Fassung der Bekanntmachung vom 3. März 2010 (BGBl. I S. 254), das zuletzt durch Artikel 4 des Gesetzes vom 17. Februar 2016 (BGBl. I S. 233) geändert worden ist, wird wie folgt geändert:

1. § 8 wird wie folgt geändert:
   a) Absatz 3 wird wie folgt gefasst:

      » (3) Die Ansprüche aus Absatz 1 stehen zu:
      1. *jedem Mitbewerber, der in nicht unerheblichem Maße ähnliche Waren oder Dienstleistungen vertreibt oder nachfragt,*
      2. *rechtsfähigen Verbänden zur Förderung gewerblicher oder selbständiger beruflicher Interessen, die in der Liste der qualifizierten Wirtschaftsverbände nach § 8a eingetragen sind, soweit die Zuwiderhandlung die Interessen ihrer Mitglieder berührt,*
      3. *qualifizierten Einrichtungen, die in der Liste der qualifizierten Einrichtungen nach § 4 des Unterlassungsklagengesetzes oder den qualifizierten Einrichtungen aus anderen Mitgliedsstaaten der Europäischen Union, die in dem Verzeichnis der Europäischen Kommission nach Artikel 4 Absatz 3 der Richtlinie 2009/22/EG des Europäischen Parlaments und des Rates vom 23. April 2009 über Unterlassungsklagen zum Schutz der Verbraucherinteressen (ABl. L 110 vom 1.5.2009, S. 30), die zuletzt durch die Verordnung (EU) 2018/302 (ABl. L 60 vom 2.3.2018, S. 1) geändert worden ist, eingetragen sind,*
      4. *den Industrie- und Handelskammern sowie den Handwerkskammern.«*

   b) Absatz 4 wird aufgehoben.
   c) Absatz 5 wird Absatz 4 und die Angabe »§ 4a« wird durch die Angabe »§ 4e« ersetzt.
2. Nach § 8 werden die folgenden §§ 8a und 8b eingefügt:

   »§ 8a Liste der qualifizierten Wirtschaftsverbände

   (1) Das Bundesamt für Justiz führt eine Liste der qualifizierten Wirtschaftsverbände und veröffentlicht sie in der jeweils aktuellen Fassung auf seiner Internetseite.

(2) Ein eingetragener Verein, zu dessen satzungsmäßigen Aufgaben es gehört, gewerbliche oder selbständige berufliche Interessen zu verfolgen und zu fördern sowie zu Fragen des lauteren Wettbewerbs zu beraten und zu informieren, wird auf seinen Antrag in die Liste eingetragen, wenn

1. *er als Mitglieder mindestens 50 Unternehmer hat, die Waren oder Dienstleistungen gleicher oder verwandter Art auf demselben Markt vertreiben, oder mindestens fünf Verbände, die im gleichen Aufgabenbereich tätig sind,*
2. *er zum Zeitpunkt der Antragstellung seit mindestens einem Jahr im Vereinsregister eingetragen ist,*
3. *aufgrund seiner bisherigen Tätigkeit sowie seiner personellen, sachlichen und finanziellen Ausstattung gesichert erscheint, dass er*
   a) *seine satzungsmäßigen Aufgaben auch künftig dauerhaft wirksam und sachgerecht erfüllen wird und*
   b) *seine Ansprüche nicht vorwiegend geltend machen wird, um für sich Einnahmen aus Abmahnungen oder Vertragsstrafen zu erzielen,*
4. *den Mitgliedern keine Zuwendungen aus dem Vereinsvermögen gewährt werden und Personen, die für den Verein tätig sind, nicht durch unangemessen hohe Vergütungen begünstigt werden.*

(3) § 4 Absatz 3 und 4 sowie die §§ 4a bis 4d des Unterlassungsklagengesetzes sind entsprechend anzuwenden.

§ 8b Verbot der missbräuchlichen Geltendmachung von Ansprüchen; Haftung

(1) Die Geltendmachung der Ansprüche nach § 8 Absatz 1 ist unzulässig, wenn sie unter Berücksichtigung der gesamten Umstände missbräuchlich ist.

(2) Ein Missbrauch nach Absatz 1 liegt insbesondere vor, wenn die Geltendmachung der Ansprüche vorwiegend dazu dient, gegen den Zuwiderhandelnden einen Anspruch auf Ersatz von Aufwendungen oder Kosten der Rechtsverfolgung oder die Zahlung einer Vertragsstrafe entstehen zu lassen. Eine missbräuchliche Geltendmachung wird vermutet, wenn

1. *Mitbewerber eine erhebliche Anzahl von Verstößen gegen die gleiche Rechtsvorschrift geltend machen, insbesondere wenn die Anzahl außer Verhältnis zum Umfang der eigenen Geschäftstätigkeit steht oder anzunehmen ist, dass der Anspruchsteller das wirtschaftliche Risiko des außergerichtlichen und gerichtlichen Vorgehens nicht selbst trägt,*
2. *der Gegenstandswert oder der Streitwert unangemessen hoch angesetzt wird,*
3. *unangemessen hohe Vertragsstrafen vereinbart oder gefordert werden oder*
4. *eine vorgeschlagene Unterlassungsverpflichtung erheblich über die abgemahnte Rechtsverletzung hinausgeht.*

(3) Bei der missbräuchlichen Geltendmachung von Ansprüchen kann der Anspruchsgegner vom Anspruchsteller Ersatz der für seine Rechtsverteidigung erforderlichen Aufwendungen verlangen. Weiter gehende Ersatzansprüche bleiben unberührt.«

3. In § 11 Absatz 1 werden die Wörter »§ 12 Absatz 1 Satz 2« durch die Angabe »§ 13 Absatz 3« ersetzt.
4. § 12 wird wie folgt geändert:
   a) Die Überschrift wird wie folgt gefasst:

»§ 12 Einstweiliger Rechtsschutz; Veröffentlichungsbefugnis; Streitwertminderung«.

b) Absatz 1 wird aufgehoben.
c) Die Absätze 2 bis 4 werden die Absätze 1 bis 3.
d) Absatz 5 wird Absatz 4 und in Satz 1 wird die Angabe »Absatz 4« durch die Angabe »Absatz 3« ersetzt.

5. Die §§ 13 und 14 werden durch die folgenden §§ 13 bis 14 ersetzt:

»§ 13 Abmahnung; Unterlassungsverpflichtung; Haftung

(1) Die zur Geltendmachung eines Unterlassungsanspruchs Berechtigten sollen den Schuldner vor der Einleitung eines gerichtlichen Verfahrens abmahnen und ihm Gelegenheit geben, den Streit durch Abgabe einer mit einer angemessenen Vertragsstrafe bewehrten Unterlassungsverpflichtung beizulegen.

(2) In der Abmahnung muss klar und verständlich angegeben werden:

1. *Name oder Firma des Abmahnenden, sowie im Fall einer Vertretung zusätzlich Name oder Firma des Vertreters,*
2. *die Voraussetzungen der Anspruchsberechtigung nach § 8 Absatz 3,*
3. *in welcher Höhe ein Aufwendungsersatzanspruch geltend gemacht wird und wie sich diese berechnet,*
4. *die Rechtsverletzung,*
5. *wenn ein Anspruchsberechtigter nach § 8 Absatz 3 Nummer 1 oder 2 Ersatz der erforderlichen Aufwendungen nach Absatz 3 verlangt, aus welchem Grund der Anspruch darauf nicht nach Absatz 4 ausgeschlossen ist.*

(3) Soweit die Abmahnung berechtigt ist und den Anforderungen des Absatzes 2 entspricht, kann der Abmahnende vom Abgemahnten Ersatz der erforderlichen Aufwendungen verlangen.

(4) Der Anspruch auf Ersatz der erforderlichen Aufwendungen ist für Anspruchsberechtigte nach § 8 Absatz 3 Nummer 1 oder Nummer 2 ausgeschlossen, wenn

1. *die Zuwiderhandlung angesichts ihrer Art, ihrer Schwere, ihres Ausmaßes und ihrer Folgen die Interessen von Verbrauchern, sonstigen Marktteilnehmern und Mitbewerbern in nur unerheblichem Maße beeinträchtigt und*
2. *der Abgemahnte gegenüber dem Abmahnenden nicht bereits auf Grund einer gleichartigen Zuwiderhandlung durch Vertrag, auf Grund einer rechtskräftigen gerichtlichen Entscheidung oder einer einstweiligen Verfügung zur Unterlassung verpflichtet ist.*

Satz 1 gilt auch dann, wenn neben dem Unterlassungs- ein Beseitigungsanspruch geltend gemacht wird.

(5) Soweit die Abmahnung unberechtigt ist oder nicht den Anforderungen des Absatzes 2 entspricht, hat der Abgemahnte gegen den Abmahnenden einen Anspruch auf Ersatz der für die Rechtsverteidigung erforderlichen Aufwendungen, es sei denn, es war für den Abmahnenden zum Zeitpunkt der Abmahnung nicht erkennbar, dass die Abmahnung unberechtigt war. Weiter gehende Ersatzansprüche bleiben unberührt.

§ 13a Vertragsstrafe

(1) Bei der Festlegung einer angemessenen Vertragsstrafe nach § 13 Absatz 1 sind folgende Umstände zu berücksichtigen:

1. Art, Schwere, Ausmaß und Folgen der Zuwiderhandlung,
2. Schwere des Verschuldens,
3. Größe, Marktstärke und Wettbewerbsfähigkeit des Abgemahnten sowie
4. wirtschaftliches Interesse des Abgemahnten an erfolgten und zukünftigen Verstößen.

(2) Vertragsstrafen für Zuwiderhandlungen nach § 13 Absatz 4 Nummer 1 dürfen eine Höhe von 1 000 Euro nicht überschreiten.

(3) Verspricht der Abgemahnte auf Verlangen des Abmahnenden eine unangemessen hohe Vertragsstrafe, schuldet er lediglich eine Vertragsstrafe in angemessener Höhe.

(4) Ist lediglich eine angemessene Vertragsstrafe vereinbart, kann der Abgemahnte bei Uneinigkeit über die Höhe auch ohne Zustimmung des Abmahnenden eine Einigungsstelle nach § 15 anrufen. Das Gleiche gilt, wenn der Abgemahnte nach Absatz 3 nur eine Vertragsstrafe in angemessener Höhe schuldet.

(5) Verlangt der Abmahnende eine unangemessen hohe Vertragsstrafe, so kann er sich nicht darauf berufen, der Abgemahnte habe durch sein Verhalten Veranlassung zur Erhebung der Klage gegeben, wenn der Abgemahnte bei Erhebung der Klage den Anspruch sofort anerkennt.

§ 14 Sachliche und örtliche Zuständigkeit; Verordnungsermächtigung

(1) Für alle bürgerlichen Rechtsstreitigkeiten, mit denen ein Anspruch auf Grund dieses Gesetzes geltend gemacht wird, sind die Landgerichte ausschließlich zuständig. Es gilt § 95 Absatz 1 Nummer 5 des Gerichtsverfassungsgesetzes.

(2) Für alle bürgerlichen Rechtsstreitigkeiten, mit denen ein Anspruch auf Grund dieses Gesetzes geltend gemacht wird, ist das Gericht ausschließlich zuständig, in dessen Bezirk der Beklagte seinen allgemeinen Gerichtsstand hat. Hat der Beklagte im Inland keinen allgemeinen Gerichtsstand, so ist das Gericht zuständig, in dessen Bezirk die Zuwiderhandlung begangen worden ist.

(3) Die Landesregierungen werden ermächtigt, durch Rechtsverordnung für die Bezirke mehrerer Landgerichte eines von ihnen als Gericht für Wettbewerbsstreitsachen zu bestimmen, wenn dies der Rechtspflege in Wettbewerbsstreitsachen, insbesondere der Sicherung einer einheitlichen Rechtsprechung, dienlich ist. Die Landesregierungen können die Ermächtigung durch Rechtsverordnung auf die Landesjustizverwaltungen übertragen.«

Artikel 2 Änderung des Unterlassungsklagengesetzes

Das Unterlassungsklagengesetz in der Fassung der Bekanntmachung vom 27. August 2002 (BGBl. I S. 3422, 4346), das zuletzt durch Artikel 4 des Gesetzes vom 17. Juli 2017 (BGBl. I S. 2446) geändert worden ist, wird wie folgt geändert:

1. Nach § 2b Satz 1 wird folgender Satz eingefügt:

»Eine missbräuchliche Geltendmachung wird vermutet, wenn
1. der Gegenstandswert oder der Streitwert unangemessen hoch angesetzt wird,
2. die Vereinbarung einer unangemessen hohen Vertragsstrafe verlangt wird oder,
3. die verlangte Unterlassungsverpflichtung erheblich über die abgemahnte Rechtsverletzung hinausgeht.«

2. § 3 Absatz 1 wird wie folgt gefasst:

»Die in den §§ 1 bis 2 bezeichneten Ansprüche auf Unterlassung, auf Widerruf und auf Beseitigung stehen zu:

1. qualifizierten Einrichtungen, die in der Liste qualifizierter Einrichtungen nach § 4 oder den qualifizierten Einrichtungen aus anderen Mitgliedstaaten der Europäischen Union, die in dem Verzeichnis der Europäischen Kommission nach Artikel 4 Absatz 3 der Richtlinie 2009/22/EG eingetragen sind,

2. rechtsfähigen Verbänden zur Förderung gewerblicher oder selbständiger beruflicher Interessen, die in der Liste der qualifizierten Wirtschaftsverbände nach § 8a des Gesetzes gegen den unlauteren Wettbewerb eingetragen sind, soweit die Zuwiderhandlung die Interessen ihrer Mitglieder berührt,

3. den Industrie- und Handelskammern sowie den Handwerkskammern.

Der Anspruch kann nur an Stellen im Sinne des Absatzes 1 abgetreten werden. Stellen nach Satz 1 Nummer 1 und 2 können die Ansprüche nicht geltend machen, solange ihre Eintragung ruht.«

3. § 4 wird durch die folgenden §§ 4 bis 4d ersetzt:

»§ 4 Liste der qualifizierten Einrichtungen

(1) Das Bundesamt für Justiz führt eine Liste der qualifizierten Einrichtungen und veröffentlicht sie in der jeweils aktuellen Fassung auf seiner Internetseite. Es übermittelt die Liste mit Stand zum 1. Januar und zum 1. Juli eines jeden Jahres an die Europäische Kommission unter Hinweis auf Artikel 4 Absatz 2 der Richtlinie 2009/22/EG.

(2) Ein eingetragener Verein, zu dessen satzungsmäßigen Aufgaben es gehört, Interessen der Verbraucher durch nicht gewerbsmäßige Aufklärung und Beratung wahrzunehmen, wird auf seinen Antrag in die Liste eingetragen, wenn

1. er mindestens drei Verbände, die im gleichen Aufgabenbereich tätig sind, oder mindestens 75 natürliche Personen als Mitglieder hat,

2. er zum Zeitpunkt der Antragstellung seit mindestens einem Jahr im Vereinsregister eingetragen ist,

3. aufgrund seiner bisherigen Tätigkeit sowie seiner personellen, sachlichen und finanziellen Ausstattung gesichert erscheint, dass er

   a) seine satzungsgemäßen Aufgaben auch künftig dauerhaft wirksam und sachgerecht erfüllen wird und

   b) seine Ansprüche nicht vorwiegend geltend machen wird, um für sich Einnahmen aus Abmahnungen oder Vertragsstrafen zu erzielen,

4. den Mitgliedern keine Zuwendungen aus dem Vereinsvermögen gewährt werden und Personen, die für den Verein tätig sind, nicht durch unangemessen hohe Vergütungen begünstigt werden.

Es wird unwiderleglich vermutet, dass Verbraucherzentralen und andere Verbraucherverbände, die überwiegend mit öffentlichen Mitteln gefördert werden, diese Voraussetzungen erfüllen.

(3) Über die Eintragung wird durch einen schriftlichen Bescheid entschieden, der dem antragstellenden Verein zuzustellen ist. Auf der Grundlage eines wirksamen Bescheides ist der Verein unter Angabe des Namens, der Anschrift, des zuständigen Registergerichts, der Registernummer und des satzungsmäßigem Zwecks in die Liste einzutragen.

(4) Auf Antrag erteilt das Bundesamt für Justiz einer qualifizierten Einrichtung, die in der Liste eingetragen ist, eine Bescheinigung über ihre Eintragung.

§ 4a Überprüfung der Eintragungen in der Liste nach § 4

(1) Das Bundesamt für Justiz überprüft von Amts wegen, ob eine qualifizierte Einrichtung, die in der Liste nach § 4 eingetragen ist, die Eintragungsvoraussetzungen nach § 4 Absatz 2 Satz 1 erfüllt,

1. *nach Ablauf von zwei Jahren nach ihrer Ersteintragung und danach jeweils nach Ablauf von fünf Jahren nach Abschluss der letzten Überprüfung oder*
2. *unabhängig von den Fristen nach Nummer 1, wenn begründete Zweifel am Vorliegen der Eintragungsvoraussetzungen bestehen.*

(2) Ergeben sich in einem Rechtstreit begründete Zweifel daran, dass eine qualifizierte Einrichtung, die in der Liste nach § 4 eingetragen ist, die Eintragungsvoraussetzungen nach § 4 Absatz 2 Satz 1 erfüllt, kann das Gericht das Bundesamt für Justiz zur Überprüfung der Eintragung auffordern und die Verhandlung bis zu dessen Entscheidung aussetzen.

§ 4b Berichtspflichten und Mitteilungspflichten

(1) Die qualifizierten Einrichtungen, die in der Liste der qualifizierten Einrichtungen nach § 4 eingetragen sind, sind verpflichtet, dem Bundesamt für Justiz bis zum 30. Juni eines jeden Kalenderjahres zu berichten über

1. *die innerhalb des vorangegangenen Kalenderjahres ausgesprochenen Abmahnungen und erhobenen Klagen zur Durchsetzung ihrer Ansprüche nach diesem Gesetz und deren Ergebnisse und*
2. *die erlangten Ansprüche*
   a) *auf Aufwendungsersatz für Abmahnungen,*
   b) *auf Erstattung von Kosten der gerichtlichen Rechtsverfolgung und*
   c) *auf Vertragsstrafen.*

(2) Das Bundesamt für Justiz kann die qualifizierte Einrichtung und deren Vorstandsmitglieder zur Befolgung der Pflichten nach Absatz 1 durch Festsetzung eines Zwangsgelds anhalten.

(3) Gerichte haben dem Bundesamt für Justiz Entscheidungen mitzuteilen, in denen festgestellt wird, dass eine qualifizierte Einrichtung, die in der Liste nach § 4 eingetragen ist, einen Anspruch nach diesem Gesetz missbräuchlich geltend gemacht hat.

§ 4c Aufhebung der Eintragung

(1) Die Eintragung einer qualifizierten Einrichtung in der Liste nach § 4 ist mit Wirkung für die Zukunft aufzuheben, wenn

1. *die qualifizierte Einrichtung dies beantragt oder*
2. *die Voraussetzungen für die Eintragung nach § 4 Absatz 2 Satz 1 nicht vorlagen oder weggefallen sind.*

(2) Ist aufgrund tatsächlicher Anhaltspunkte damit zu rechnen, dass die Eintragung nach Absatz 1 Nummer 2 zurückzunehmen oder zu widerrufen ist, so soll das Bundesamt für Justiz das Ruhen der Eintragung für einen bestimmten Zeitraum anordnen. Das Ruhen darf für längstens drei Monate angeordnet werden.

(3) Widerspruch und Anfechtungsklage gegen Entscheidungen nach Absatz 1 oder Absatz 2 haben keine aufschiebende Wirkung.
(4) Auf Antrag bescheinigt das Bundesamt für Justiz einem Dritten, der ein rechtliches Interesse daran hat, dass die Eintragung einer qualifizierten Einrichtung in der Liste ruht oder aufgehoben worden ist.

§ 4d Verordnungsermächtigung

Das Bundesministerium der Justiz und für Verbraucherschutz wird ermächtigt durch Rechtsverordnung ohne Zustimmung des Bundesrates die Einzelheiten zu regeln

1. *zur Eintragung von eingetragenen Vereinen in die Liste nach § 4 sowie zur Überprüfung und Aufhebung von Eintragungen einer qualifizierten Einrichtung in der Liste nach § 4 und*
2. *zu den Berichtspflichten der qualifizierten Einrichtungen nach § 4b Absatz 1.«*

4. Der bisherige § 4a wird § 4e und der Absatz 2 wird wie folgt geändert:
   a) Satz 2 wird aufgehoben.
   b) In Satz 3 wird nach der Angabe »Nummer 2« die Angabe »und 3« eingefügt.
5. In § 5 werden die Wörter »§ 12 Absatz 1, 2, 4 und 5« durch die Wörter »§ 12 Absatz 1, 3 und 4 sowie die §§ 13 und 13a« ersetzt.
6. § 13 wird wie folgt geändert:
   a) Absatz 1 wird wie folgt gefasst:

   »(1) Wer geschäftsmäßig Post-, Telekommunikations- oder Telemediendienste erbringt oder an der Erbringung solcher Dienste mitwirkt, hat anspruchsberechtigten Stellen nach § 3 Absatz 1 Satz 1 auf deren Verlangen den Namen, und die zustellfähige Anschrift eines Beteiligten an Post-, und Telekommunikations- oder Telemediendiensten mitzuteilen, wenn diese Stellen schriftlich versichern, dass sie die Angaben zur Durchsetzung ihrer Ansprüche nach den §§ 1 bis 2a oder nach § 4e benötigen und nicht anderweitig beschaffen können.«

   b) In Absatz 3 Satz 2 wird die Angabe »§ 4a« durch die Angabe »§ 4e« ersetzt.
7. In § 13a wird die Angabe »§ 4a« durch die Angabe »§ 4e« ersetzt.
8. § 16 wird wie folgt gefasst:

»§ 16 Überleitungsvorschriften zu dem Gesetz zur Stärkung des fairen Wettbewerbs

(1) Abweichend von § 4b Absatz 1 Nummer 1 sind die Eintragungsvoraussetzungen bei qualifizierten Einrichtungen, die vor dem [einsetzen: Datum des Inkrafttretens nach Artikel 10 Absatz 1] in die Liste der qualifizierten Einrichtungen nach § 4 eingetragen wurden und am [einsetzen: Zeitpunkt des Inkrafttretens des Artikel 9 Absatz 1] schon länger als zwei Jahre in der Liste nach § 4 eingetragen sind, vom Bundesamt für Justiz im Zeitraum vom [einsetzen: Zeitpunkt des Inkrafttretens des Artikel 10 Absatz 1] bis zum 31. Dezember 2021 zu überprüfen.
(2) Die Berichtspflichten nach § 4b Absatz 1 sind erstmals für das Kalenderjahr [einsetzen: Jahreszahl des Kalenderjahres, welches auf das Kalenderjahr des Inkrafttretens nach Artikel 10 Absatz 1 folgt] zu erfüllen.«

9. § 17 wird aufgehoben.

Artikel 3 Änderung des Gerichtskostengesetzes

§ 51 Absatz 3 des Gerichtskostengesetzes in der Fassung der Bekanntmachung vom 27. Februar 2014 (BGBl. I S. 154), das zuletzt durch Artikel 2 Absatz 7 des Gesetzes vom 18. Juli 2017 (BGBl. I S. 2739) geändert worden ist, wird wie folgt geändert:

1. In Satz 2 werden die Wörter »auch wenn diese Ansprüche nebeneinander geltend gemacht werden« gestrichen.
2. Die folgenden Sätze werden angefügt:

»Dieser Wert ist auch anzunehmen, wenn die dem Rechtsstreit zugrunde liegende Zuwiderhandlung angesichts ihrer Art, ihrer Schwere, ihres Ausmaßes und ihrer Folgen die Interessen von Verbrauchern, sonstigen Marktteilnehmern oder Mitbewerbern in nur unerheblichem Maße beeinträchtigt. Der nach Satz 2 oder Satz 3 anzunehmende Wert ist auch maßgebend, wenn in den dort genannten Fällen die Ansprüche auf Beseitigung und Unterlassung nebeneinander geltend gemacht werden.«

Artikel 4 Änderung des Urheberrechtsgesetzes

Das Urheberrechtsgesetz vom 9. September 1965 (BGBl. I S. 1273), das zuletzt durch Artikel 1 des Gesetzes vom 1. September 2017 (BGBl. I S. 3346) geändert worden ist, wird wie folgt geändert:

1. § 36b Absatz 2 Satz 1 wird wie folgt gefasst:

»Auf das Verfahren sind § 8b Absatz 1, 2 Satz 1 und Absatz 3, § 12 Absatz 1, 3 und 4 sowie § 13 Absatz 1 und 3 des Gesetzes gegen den unlauteren Wettbewerb entsprechend anzuwenden.«

2. § 97a Absatz 2 Satz 1 Nummer 3 und 4 werden wie folgt gefasst:

»3. geltend gemachte Zahlungsansprüche als Schadensersatz- und Aufwendungsersatzansprüche aufzuschlüsseln und anzugeben, wie sich diese berechnen, und

4. wenn darin eine Aufforderung zur Abgabe einer Unterlassungsverpflichtung enthalten ist, anzugeben, ob die vorgeschlagene Unterlassungsverpflichtung erheblich über die abgemahnte Rechtsverletzung hinausgeht.«

Artikel 5 Änderung des Designgesetzes

Das Designgesetz in der Fassung der Bekanntmachung vom 24. Februar 2014 (BGBl. I S. 122), das zuletzt durch Artikel 15 des Gesetzes vom 17. Juli 2017 (BGBl. I S. 2541) geändert worden ist, wird wie folgt geändert:

1. In der Inhaltsübersicht wird nach der Angabe zu § 40 folgende Angabe eingefügt:

»§ 40a Reparaturklausel«.

2. Nach § 40 wird folgender § 40a eingefügt:

»§ 40a Reparaturklausel

Es besteht kein Designschutz für ein Design, das als Bauelement eines komplexen Erzeugnisses mit dem Ziel verwendet wird, die Reparatur dieses komplexen Erzeugnisses zu ermöglichen, um diesem wieder sein ursprüngliches Erscheinungsbild zu verleihen.«

3. § 73 wird wie folgt geändert:
   a) Nach Absatz 1 wird folgender Absatz 2 eingefügt:

   »(2) § 40a gilt nicht für bestehende Rechte aus einem eingetragenen Design, die vor dem [einsetzen: Datum des Inkrafttretens nach Artikel 10 Absatz 1] angemeldet oder eingetragen wurden.«

   b) Die bisherigen Absätze 2 bis 4 werden die Absätze 3 bis 5.

Artikel 6 Änderung des EG-Verbraucherschutzdurchsetzungsgesetz

In § 7 Absatz 1 Satz 1 des EG-Verbraucherschutzdurchsetzungsgesetzes vom 21. Dezember 2006 (BGBl. I S. 3367), das zuletzt durch Artikel 4 Absatz 48 des Gesetzes vom 18. Juli 2016 (BGBl. I S. 1666) geändert worden ist, wird die Angabe »§ 4a« durch die Angabe »§ 4e« ersetzt und die Angabe »§ 8 Abs. 5 Satz 2« durch die Wörter »§ 8 Absatz 4 Satz 2« ersetzt.

Artikel 7 Änderung des Gesetzes gegen Wettbewerbsbeschränkungen

Das Gesetz gegen Wettbewerbsbeschränkungen in der Fassung der Bekanntmachung vom 26. Juni 2013 (BGBl. I S. 1750, 3245), das zuletzt durch Artikel 10 Absatz 9 des Gesetzes vom 30. Oktober 2017 (BGBl. I S. 3618) geändert worden ist, wird wie folgt geändert:

1. In § 32e Absatz 6 werden die Wörter »§12 Absatz 1 Satz 2« durch die Wörter »§ 13 Absatz 1 und 3« ersetzt.
2. § 33 Absatz 4 Nummer 1 wird wie folgt gefasst:
   »1. rechtsfähigen Verbänden zur Förderung gewerblicher oder selbständiger beruflicher Interessen, die in der Liste der qualifizierten Wirtschaftsverbände nach § 8a des Gesetzes gegen den unlauteren Wettbewerb eingetragen sind,«.
3. In § 34a Absatz 1 Satz 1 wird die Angabe »§ 33 Absatz 2« durch die Angabe »§ 33 Absatz 4« ersetzt.

Artikel 8 Änderung des Gesetzes über die Preisbindung für Bücher

§ 9 Absatz 2 Satz 1 Nummer 2 des Buchpreisbindungsgesetzes vom 2. September 2002 (BGBl. I S. 3448), das zuletzt durch Artikel 1 des Gesetzes vom 31. Juli 2016 (BGBl. I S. 1937) geändert worden ist, wird wie folgt gefasst:

»2. von rechtsfähigen Verbänden zur Förderung gewerblicher oder selbständiger beruflicher Interessen, die in der Liste der qualifizierten Wirtschaftsverbände nach § 8a des Gesetzes gegen den unlauteren Wettbewerb eingetragen sind,«.

Artikel 9 Änderung des Fünften Buches Sozialgesetzbuch

In § 4 Absatz 3 Satz 2 des Fünften Buches Sozialgesetzbuch – Gesetzliche Krankenversicherung – (Artikel 1 des Gesetzes vom 20. Dezember 1988, BGBl. I S. 2477, 2482), das zuletzt durch Artikel 4 des Gesetzes vom 17. August 2017 (BGBl. I S. 3214) geändert worden ist, werden die Wörter »§ 12 Absatz 1 bis 3« durch die Wörter »§ 12 Absatz 1 und 2 sowie § 13 Absatz 1 und 3« ersetzt.

Artikel 10 Inkrafttreten

(1) Dieses Gesetz tritt vorbehaltlich des Absatzes 2 am Tag nach der Verkündung in Kraft.

(2) Folgende Änderungen treten am [einsetzen: Datum des ersten Tages des sechsten auf die Verkündung folgenden Kalendermonats] in Kraft:

1. In Artikel 1 Nummer 1 § 8 Absatz 3 Nummer 2,
2. Artikel 2 Nummer 2 und 4 Buchstabe a,
3. Artikel 7 Nummer 2 sowie
4. Artikel 8.

Begründung

A. Allgemeiner Teil

I. Zielsetzung und Notwendigkeit der Regelungen

Der Gesetzentwurf vereint mehrere gesetzgeberische Maßnahmen zur Stärkung eines fairen Wettbewerbs im Interesse der Verbraucher und der weiteren Marktteilnehmer. Dazu werden zum einen im Lauterkeitsrecht Maßnahmen zur Verhinderung von missbräuchlichen Abmahnungen getroffen. Im Urheberrecht werden die Regelungen zu Abmahnungen ergänzt. Weiterhin soll der Wettbewerb auf dem Markt für sichtbare Autoersatzteile zum Vorteil der Verbraucher liberalisiert werden. Im Einzelnen werden mit den vorgeschlagenen Regeln die folgenden Ziele verfolgt:

1. Änderungen im Gesetz gegen den unlauteren Wettbewerb (UWG), im Unterlassungsklagengesetz (UKlaG) und Gerichtskostengesetz (GKG)

Mit Abmahnungen können Unterlassungsansprüche nach dem UWG und UKlaG schnell und kostengünstig geltend gemacht werden und eine teure und unter Umständen langwierige gerichtliche Auseinandersetzung vermieden werden. Allerdings sollen Abmahnungen im Interesse eines rechtstreuen Wettbewerbs und zur Durchsetzung insbesondere des AGB-Rechts und des Verbraucherrechts erfolgen und nicht zur Generierung von Gebühren und Vertragsstrafen. Zum Schutz von Gewerbetreibenden vor missbräuchlichen Abmahnungen traf das Gesetz gegen unseriöse Geschäftspraktiken vom 9. Oktober 2013 (BGBl. I S. 3714) Regelungen zur Reduzierung von Streit- bzw. Gegenstandswerten, welche die gegebenenfalls vom Abgemahnten zu erstattenden Rechtsanwaltskosten gering halten und so den finanziellen Anreiz für Abmahnungen reduzieren sollten.

Es gibt jedoch Anzeichen, dass trotz dieser Regelungen zahlreiche Abmahnungen ausgesprochen werden wegen geringfügigen Wettbewerbsverstößen, die die Interessen der Verbraucher, Wettbewerber und übrigen Marktteilnehmer zum Teil nur unerheblich beeinträchtigen und bei denen zu vermuten ist, dass die Abmahnungen vorwiegend der Erzielung von Aufwendungsersatz und Vertragsstrafen dienen.

Die vorgeschlagenen Regeln in UWG, UKlaG und GKG zielen auf die Eindämmung von Abmahnmissbrauch, ohne die effiziente Rechtsdurchsetzung sowie die Interessen der in diesem Bereich tätigen seriösen Akteure unbillig zu behindern.

2. Änderungen im Urheberrechtsgesetz (UrhG)

Im UrhG werden die Vorschriften zur Abmahnung wegen Verstößen gegen Bestimmungen des UrhG geringfügig angepasst.

3. Änderungen im Gesetz über den rechtlichen Schutz von Design (DesignG)

Mit dem Gesetzentwurf soll außerdem eine Reparaturklausel in das deutsche Designrecht eingeführt werden. Damit soll von der in Artikel 14 der Richtlinie 98/71/EG des Europäischen Parlaments und des Rates vom 13. Oktober 1998 über den rechtlichen Schutz von Mustern und Modellen (Designrichtlinie, ABl. L 289 vom 28.10.1998, S. 28) vorgesehenen Möglichkeit zur Liberalisierung des Designrechts Gebrauch gemacht werden.

II. Wesentlicher Inhalt des Gesetzentwurfs

1. Änderungen in UWG, UKlaG und GKG

Der Gesetzentwurf sieht zur Eindämmung missbräuchlicher Abmahnungen insbesondere eine Reduzierung der finanziellen Anreize für Abmahnungen vor. Abmahnungen sollen im Interesse eines rechtsneutralen Wettbewerbs bzw. der Durchsetzung von Verbraucherrecht erfolgen und nicht zur Generierung von Aufwendungsersatz und Vertragsstrafen genutzt werden. Aus diesem Grund ist Kernvorschlag des Gesetzesentwurfs der Ausschluss des Aufwendungsersatzes für Mitbewerber und qualifizierte Wirtschaftsverbände bei unerheblichen Verstößen.

Als weitere wichtige Maßnahme wird der fliegende Gerichtsstand eingeschränkt. Dies soll kleine und mittlere Unternehmen davor schützen, dass einstweilige Verfügungen gezielt bei von deren Sitz bzw. Wohnsitz weit entfernten Gerichten beantragt werden, um den Betroffenen die Rechtsverteidigung zu erschweren.

Daneben werden die Anforderungen an die Anspruchsberechtigung von Wettbewerbern und Wirtschaftsverbänden erhöht sowie die Möglichkeit zur Geltendmachung von Gegenansprüchen vereinfacht. Die Anspruchsberechtigung der Wirtschaftsverbände wird davon abhängig gemacht, dass sie auf einer Liste der so genannten qualifizierten Wirtschaftsverbände eingetragen sind. Die Voraussetzungen der Eintragung und deren fortgehende Erfüllung werden vom Bundesamt für Justiz (BfJ) überprüft. Die Berichts- und Mitteilungspflichten von qualifizierten Wirtschaftsverbänden sowie qualifizierten Einrichtungen werden erweitert.

Zudem wird die Geltendmachung von Gegenansprüchen durch die Abgemahnten erleichtert. In bestimmten Fällen wird eine missbräuchliche Geltendmachung von Ansprüchen durch den Abmahnenden vermutet. Abmahnungen müssen klar festgelegte Informationen enthalten. Abgemahnte haben einen Anspruch auf Ersatz der ihnen entstandenen Kosten gegen den Abmahnenden, wenn die Abmahnung ungerechtfertigt ist oder nicht die erforderlichen Informationen enthält.

2. Änderungen im UrhG

Im UrhG haben sich die Änderungen des Gesetzes gegen unseriöse Geschäftspraktiken grundsätzlich bewährt und wesentlich dazu beigetragen, dass die Zahl der Abmahnungen von Verbrauchern wegen Urheberrechtsverletzungen spürbar zurückgegangen ist. Dies haben auch die Sachverständigen im Rahmen der Evaluierung dieser Reform festgestellt (siehe Schlussbericht vom 3. Februar 2017, verfügbar über https://www.bmjv.de/DE/Service/Fachpublikationen/Evaluierung_unserioese_Geschaeftspraktiken.html). Daneben reduziert sich die Anzahl der Abmahnungen von Privatpersonen wohl auch durch den Rückgang des illegalen Filesharings aufgrund der vermehrten Nutzung preisgünstiger beziehungsweise werbefinanzierter Streaming-Angebote für Musik und Film. Vor diesem Hintergrund sind im Bereich der Abmahnung wegen Verstößen gegen Bestimmungen des UrhG derzeit nur geringfügige Anpassungen erforderlich.

Von weiteren Änderungen, insbesondere im Schadensersatzrecht, sieht der Gesetzentwurf ab. Zwar wird teilweise eine Begrenzung des urheberrechtlichen Schadensersatzanspruchs bei der Verletzung von Urheberrechten durch Private gefordert. Sowohl der Schadensersatzanspruch als solcher als auch die sogenannte Lizenzanalogie als Bemessungsmethode für die Höhe des Anspruchs sind aber durch Artikel 13 der Richtlinie 2004/48/EG zur Durchsetzung der Rechte des geistigen Eigentums unionsrechtlich verbindlich vorgegeben.

3. Änderungen im DesignG

Der Gesetzentwurf führt außerdem eine Reparaturklausel in das deutsche Designrecht ein, wonach formgebundene Ersatzteile nicht designrechtlich geschützt werden. Dadurch wird eine Öffnung des Sekundärmarkts für Ersatzteile herbeigeführt.

III. Alternativen

Keine.

IV. Gesetzgebungskompetenz

Hinsichtlich des Artikels 1 (Änderung des UWG), des Artikels 6 (Änderung des EG-Verbraucherschutzdurchsetzungsgesetzes) sowie des Artikels 8 (Änderung des Buchpreisbindungsgesetzes) ergibt sich die Gesetzgebungskompetenz des Bundes aus Artikel 74 Absatz 1 Nummer 11 des Grundgesetzes (GG; Recht der Wirtschaft). Die dort enthaltenen Bestimmungen betreffen den wirtschaftlichen Wettbewerb und den Verbraucherschutz. Solche Bestimmungen fallen unter das Recht der Wirtschaft im Sinne des Artikels 74 Absatz 1 Nummer 11 GG (BVerfGE 26, 246, 254).

Die Wahrung der Rechts- und Wirtschaftseinheit macht es im gesamtstaatlichen Interesse im Sinne des Artikels 72 Absatz 2 GG erforderlich, dass die in Artikel 1 und 6 geregelte Materie bundesgesetzlich geregelt wird. Die Rechtsfolgen wettbewerbsrechtlicher Abmahnungen müssen bundesweit einheitlich geregelt werden. Eine Gesetzesvielfalt auf Länderebene würde den Rechtsverkehr dazu zwingen, sich auf eine Vielzahl unterschiedlicher Regelungen einzustellen. Eine solche Rechtszersplitterung würde zu erheblicher Rechtsunsicherheit führen. Unterschiedliche Regelungen in diesen Bereichen würden zu unzumutbaren Behinderungen für den länderübergreifenden Rechtsverkehr führen und wären von Nachteil für die wirtschaftliche Entwicklung.

Hinsichtlich des Artikels 2 (Änderung des UKlaG) sowie des Artikels 3 (Änderung des GKG) ergibt sich die Gesetzgebungskompetenz aus Artikel 74 Absatz 1 Nummer 1 GG (bürgerliches Recht, gerichtliches Verfahren).

Hinsichtlich des Artikels 7 (Änderung des Gesetzes gegen Wettbewerbsbeschränkungen – GWB) ergibt sich die Gesetzgebungskompetenz aus Artikel 74 Absatz 1 Nummer 16 GG (Verhütung des Missbrauchs wirtschaftlicher Machtstellung).

Die Gesetzgebungskompetenz des Bundes für Artikel 9 (Änderung des SGB V) beruht auf Artikel 74 Absatz 1 Nummer 12 GG (Sozialversicherung).

Die Gesetzgebungskompetenz des Bundes für die Artikel 4 (Änderungen des Urheberrechtsgesetzes) sowie Artikel 5 (Einführung der Reparaturklausel im DesignG) ergibt sich aus Artikel 73 Absatz 1 Nummer 9 GG (gewerblicher Rechtsschutz, Urheberrecht).

V. Vereinbarkeit mit dem Recht der Europäischen Union und völkerrechtlichen Verträgen

Der Gesetzentwurf ist mit dem Recht der Europäischen Union und völkerrechtlichen Verträgen, die die Bundesrepublik Deutschland abgeschlossen hat, vereinbar.

Insbesondere ist die Reparaturklausel mit Artikel 26 Absatz 2 des TRIPS-Übereinkommens vereinbar. Danach können begrenzte Ausnahmen vom Schutz gewerblicher Muster und Modelle vorgesehen werden, sofern solche Ausnahmen nicht unangemessen im Widerspruch zur normalen Verwertung geschützter gewerblicher Muster oder Modelle stehen und die berechtigten Interessen des Inhabers des geschützten Musters oder Modells nicht unangemessen beeinträchtigen, wobei auch die berechtigten Interessen Dritter zu berücksichtigen sind.

VI. Gesetzesfolgen

1. Rechts- und Verwaltungsvereinfachung

Der Gesetzentwurf sieht ein zusätzliches Verwaltungsverfahren vor dem BfJ vor, bei dem sich Wirtschaftsverbände eintragen lassen müssen, wenn sie zur Geltendmachung von Ansprüchen nach dem UWG und dem UKlaG berechtigt sein sollen. Durch die Verknüpfung der Berechtigung zur Anspruchsdurchsetzung mit einer behördlichen Zulassung werden jedoch gleichzeitig die Gerichte entlastet, die nicht mehr eigenständig prüfen müssen, ob Wirtschaftsverbände die Voraussetzungen zur Geltendmachung von Ansprüchen nach § 8 Absatz 3 Nummer 2 UWG erfüllen.

2. Nachhaltigkeitsaspekte

Der Gesetzentwurf steht im Einklang mit den Leitgedanken der Bundesregierung zur nachhaltigen Entwicklung im Sinne der Deutschen Nachhaltigkeitsstrategie. Ein verbesserter Schutz von Gewerbetreibenden vor missbräuchlichen Abmahnungen stärkt die Innovationsfähigkeit der deutschen Wirtschaft und folgt damit der Regel 6 des Nachhaltigkeitsmanagementsystems.

3. Haushaltsausgaben ohne Erfüllungsaufwand

Die vorgesehenen Regelungen verursachen keine Haushaltsausgaben ohne Erfüllungsaufwand.

4. Erfüllungsaufwand

Weil Abmahnungen ohne die Einbeziehung staatlicher Stellen zwischen Privaten ausgesprochen werden, liegen der Bundesregierung zur Anzahl der Abmahnungen beziehungsweise des Anteils missbräuchlicher Abmahnungen keine verlässlichen statistischen Daten vor.

Ausgewertet wurden Schreiben betroffener Unternehmen, nicht repräsentative Berichte von Wirtschaftsverbänden und Modellrechnungen des Statistischen Bundesamtes, die nur einen ersten Einblick in den Bereich missbräuchlicher Abmahnungen aus wettbewerbsrechtlichen Gründen gewähren. Diese nicht repräsentativen Daten lassen lediglich vereinfachte Berechnungen zu.

a) Erfüllungsaufwand für Bürgerinnen und Bürger

Für Bürgerinnen und Bürger entsteht kein Erfüllungsaufwand.

b) Erfüllungsaufwand für die Wirtschaft

Entlastung:

1. § 51 Absatz 3 Satz 3 GKG in der Entwurfsfassung (GKG-E): Erweiterung des Auffangwertes von 1.000 Euro auf Zuwiderhandlungen, die angesichts ihrer Art, ihrer Schwere, ihres Ausmaßes und ihrer Folgen die Interessen von Verbrauchern, sonstigen Marktteilnehmern oder Mitbewerbern in nur unerheblichem Maße beeinträchtigen.
2. § 8 Absatz 3 UWG-E: Erhöhung der Anforderungen an die Klagebefugnis der Mitbewerber (müssen tatsächlich geschäftlich tätig sein und in nicht unerheblichem Maße ähnliche Waren oder Dienstleistungen vertreiben oder nachfragen) und der Wettbewerbsverbände (müssen in einer Liste der so genannten qualifizierten Wirtschaftsverbände beim BfJ eingetragen sein).
3. § 13 Absatz 5 UWG-E: Gegenanspruch des Abgemahnten gegen den Abmahnenden. Der Gegenanspruch reduziert den finanziellen Anreiz für Abmahnungen und stellt sicher, dass die inhaltlichen Voraussetzungen an Abmahnungen in § 13 Absatz 2 UWG-E eingehalten werden sowie, dass der Abmahnende sorgfältig prüft, ob eine Zuwiderhandlung tatsächlich vorliegen kann.
4. § 13 Absatz 5 UWG-E: Ein Abgemahnter, der sich nicht auf eine mit einer unangemessen hohen Vertragsstrafe bewehrten Unterlassungserklärung einlassen möchte, auf Grund der Forderung nach einer unangemessen hohen Vertragsstrafe gibt keinen Anlass zur Klage.
5. § 4 Absatz 2 Satz 1 UKlaG-E: Anforderungen für qualifizierte Einrichtungen. Diese werden vergleichbar den Anforderungen an die qualifizierten Wirtschaftsverbände in § 8a UWG geregelt. Die Anforderungen an die Tätigkeit und Ausstattung der Vereine werden erhöht, um sicherzustellen, dass die Ansprüche nach dem UKlaG und dem UWG nicht missbräuchlich als bloße Einnahmequelle für den Verein genutzt werden.

Erfahrungsgemäß wird geschätzt, dass diese Vorgaben 50% der missbräuchlichen Abmahnungen im Wettbewerbsrecht verhindern können.

Berechnung der Entlastung:

2017	Anzahl
Abmahnungen	324.338
50% wettbewerbsrechtliche Abmahnungen	162.169
davon 10% missbräuchliche Abmahnungen	16.217

Kosten für Abgemahnte nach Angaben von Wirtschafts-verbänden	Anteil der Abge-mahnten	Kostenanteil am Durchschnittsfall (alle ohne›keine Angabe‹ = 92%)
bis 500 € (Rechenwert: 250 €)	40 %	109 €
501–1.000 € (Rechenwert: 750 €)	18 %	147 €
1.001–2.000 € (Rechenwert: 1.500 €)	14 %	228 €
2.001–3.000 € (Rechenwert: 2.500 €)	14 %	380 €
Über 3.000 € (Rechenwert 3.000 €)	6 %	196 €
Keine Angabe	8%	-
Summe		1.060 €

Kosten für missbräuchliche Abmahnungen im Wettbewerbsrecht:

16.217 x 1.060 € = 1.719.020 €

Änderung Erfüllungsaufwand:

50% weniger missbräuchliche Abmahnungen im Wettbewerbsrecht

1.719.020 €/2 = 859.510 € ENTLASTUNG WIRTSCHAFT

c) Erfüllungsaufwand der Verwaltung

Belastung:

1. § 8a Absatz 1 UWG-E: Zuweisung der Aufgabe, eine Liste der qualifizierten Wirtschaftsverbände zu führen und diese auf seiner Internetseite in der jeweils aktuellen Fassung zu veröffentlichen, an das BfJ.
2. Mit § 4a Absatz 1 UKlaG-E wird das BfJ verpflichtet, turnusmäßig zu überprüfen, dass die in der Liste eingetragenen qualifizierten Einrichtungen die Eintragungsvoraussetzungen erfüllen. Daneben sind Eintragungen in der Liste jederzeit auch zu prüfen, wenn begründete Zweifel bestehen, dass eine qualifizierte Einrichtung die Eintragungsvoraussetzungen erfüllt. Die turnusmäßige Überprüfung soll erstmals zwei Jahre nach der Eintragung stattfinden, danach jeweils fünf Jahre nach Abschluss der letzten Überprüfung.
3. Der § 4b UKlaG-E führt neue Berichtspflichten der qualifizierten Einrichtungen gegenüber dem BfJ und Mitteilungsplichten von Gerichten gegenüber dem BfJ ein.
4. Zur Befolgung dieser Berichtspflichten kann das BfJ nach § 4b Absatz 2 UKlaG – neu die qualifizierte Einrichtung und deren Vorstandsmitglieder durch Festsetzung eines Zwangsgeldes anhalten.

Hier werden dem BfJ Belastungen aus Erfüllungsaufwand entstehen. Die Abstimmung der Berechnung dieses Verwaltungsaufwands konnte noch nicht abgeschlossen werden.

Der Mehraufwand wird gegenüber 78 Vereinen, die aktuell in der Liste der qualifizierten Einrichtungen gemäß § 4 Absatz 2 UKlaG eingetragen sind und zehn Wirtschaftsverbänden entstehen, die die Eintragung in die neue Liste der der qualifizierten Wirtschaftsverbände voraussichtlich beantragen werden.

5. Weitere Kosten

VERBÄNDE

Belastung

1. § 8 Absatz 3 Nummer 2 UWG-E: Antrag auf Eintragung in eine Liste der so genannten qualifizierten Wirtschaftsverbände die beim BfJ eingetragen sind.
2. 8a Absatz 2 UWG-E: Voraussetzungen für die Aufnahme in die Liste der qualifizierten Wirtschaftsverbände. Im Vergleich zur bisherigen Rechtslage kommt hinzu, dass es sich um einen eingetragenen Verein handeln muss.
3. § 4 Absatz 2 Satz 1 UKlaG-E: Anforderungen für qualifizierte Einrichtungen. Diese werden vergleichbar den Anforderungen an die qualifizierten Wirtschaftsverbände in § 8a UWG geregelt. Die Anforderungen an die Tätigkeit und Ausstattung der Vereine werden erhöht, um sicherzustellen, dass die Ansprüche nach dem UKlaG und dem UWG nicht missbräuchlich als bloße Einnahmequelle für den Verein genutzt werden.
4. Der § 4b UKlaG-E führt neue Berichtspflichten der qualifizierten Einrichtungen gegenüber dem BfJ und Mitteilungsplichten von Gerichten gegenüber dem BfJ ein. Diese Berichtspflichten gelten aufgrund der Verweisung in § 8a Absatz 3 UWG-E auch für die qualifizierten Wirtschaftsverbände.

Hier werden den Verbänden Belastungen aus Erfüllungsaufwand entstehen. Sobald die Fallzahlen zu den 78 Vereinen, die aktuell in der Liste der qualifizierten Einrichtungen gemäß § 4 Absatz 2 UKlaG eingetragen sind und den zehn Wirtschaftsverbänden mit dem BfJ abgestimmt sind, kann auch der Mehraufwand der Verbände geschätzt werden.

GERICHTE

Belastung
- Mit § 4b Absatz 3 UKlaG-E werden die Gerichte, die über Ansprüchen nach dem Unterlassungsgesetz entscheiden, verpflichtet, dem BfJ die Gerichtsentscheidungen mitzuteilen, in denen festgestellt wurde, dass eine qualifizierte Einrichtung einen Anspruch nach dem UKlaG missbräuchlich geltend gemacht hat.

Entlastung
- § 8a Absatz 1 UWG-E: Zuweisung der Aufgabe, eine Liste der qualifizierten Wirtschaftsverbände zu führen und diese auf seiner Internetseite in der jeweils aktuellen Fassung zu veröffentlichen, an das BfJ. Diese zentrale Prüfung führt zu einer Entlastung der für die Verfahren zuständigen Gerichte.

Weil hier weder statistische Daten noch Modellrechnungen vorliegen, von denen die für eine Schätzung erforderlichen Fallzahlen abgeleitet werden könnten, kann keine konkrete Berechnung der Be- und Entlastung aus Erfüllungsaufwand erfolgen.

Vermutlich können sich Belastung und Entlastung aber ausgleichen.

Kosten für soziale Sicherungssysteme werden nicht erwartet. Die Einführung der Reparaturklausel könnte zu einer leichten Absenkung der Verbraucherpreise für sichtbare Autoersatzteile führen. Ansonsten sind keine Auswirkungen auf das Preisniveau, insbesondere auf das Verbraucherpreisniveau, ersichtlich.

6. Weitere Gesetzesfolgen

Weitere Gesetzesfolgen, insbesondere verbraucherpolitische, gleichstellungspolitische und demografische Auswirkungen, sind nicht zu erwarten.

VII. Befristung; Evaluierung

Eine Befristung ist nicht vorgesehen. Das Gesetz soll fünf Jahre nach dem Inkrafttreten evaluiert werden um festzustellen, ob die Zahl der missbräuchlichen Abmahnungen gesunken ist. Eine Evaluierung der Reparaturklausel ist nicht vorgesehen, da insoweit nur eine Anpassung an bestehendes europäisches Recht erfolgt, die nicht rückgängig gemacht werden kann.

B. Besonderer Teil

Zu Artikel 1 (Änderung des Gesetzes gegen den unlauteren Wettbewerb)

Zu Nummer 1

Zu Buchstabe a

§ 8 Absatz 3 UWG-E enthält höhere Anforderungen an die Anspruchsberechtigung der Mitbewerber und der Wettbewerbsverbände. Die Einhaltung dieser Voraussetzungen muss vom Anspruchsteller nachgewiesen werden. Die höheren Anforderungen verringern die Zahl der potentiellen Anspruchsberechtigten und damit die Gefahr, dass Abmahnungen primär aus finanziellen Interessen ausgesprochen werden.

Zu § 8 Absatz 3 Nummer 1 UWG-E

In Nummer 1 wird die Anspruchsberechtigung der Mitbewerber davon abhängig gemacht, dass diese in nicht unerheblichem Maße ähnliche Waren oder Dienstleistungen vertreiben oder nachfragen. Nach bisheriger Rechtslage konnte jeder Gewerbetreibende die Unterlassung einer wettbewerbswidrigen Handlung fordern, der mit dem Abgemahnten als Anbieter oder Nachfrager von Waren oder Dienstleistungen in einem konkreten Wettbewerbsverhältnis steht. Für ein solches konkretes Wettbewerbsverhältnis wurde teilweise als ausreichend erachtet, dass der Abmahnende nur einige wenige Waren gleicher Art zu überteuerten Preisen auf einem Portal anbietet. In anderen Fällen sollen Mitbewerber eine hohe Anzahl von Abmahnungen ausgesprochen haben, die erst kurze Zeit zuvor ihr Gewerbe angemeldet hatten oder bei denen bereits ein Insolvenzverfahren eröffnet worden war.

Nach § 8 Absatz 3 Nummer 1 UWG-E muss ein Mitbewerber, der Unterlassungsansprüche nach § 8 Absatz 1 UWG erhebt, nachweisen, dass er tatsächlich in nicht unerheblichem Maße ähnliche Waren oder Dienstleistungen vertreibt oder nachfragt wie derjenige, der die unzulässige geschäftliche Handlung vorgenommen hat. Wettbewerber, die ihre Geschäftstätigkeit gerade erst aufgenommen haben oder bei denen bereits das Insolvenzverfahren eröffnet wurde, werden sich hierauf nur in Ausnahmefällen berufen können. Es reicht nicht aus, wenn der Mitbewerber ähnliche Waren oder Dienstleistungen lediglich anbietet. Spricht der Mitbewerber eine größere Anzahl von Abmahnungen aus, muss entsprechend der Umfang der geschäftlichen Tätigkeit größer sein.

Zu § 8 Absatz 3 Nummer 2 UWG-E

Nummer 2 macht die Anspruchsberechtigung der Wirtschaftsverbände davon abhängig, dass sie auf einer Liste der so genannten qualifizierten Wirtschaftsverbände eingetragen sind. Die Anspruchsberechtigung der Wirtschaftsverbände wird damit an die der qualifizierten Einrichtungen nach § 8 Absatz 3 Nummer 3 UWG angeglichen, die ebenfalls in eine vom BfJ geführte Liste eingetragen werden müssen. Die Voraussetzungen der Eintragung und die Anforderungen an die Wirtschaftsverbände sind in § 8a UWG-E geregelt. Damit wird auf Beschwerden reagiert, dass einige Verbände die Anspruchsbefugnis missbrauchen. Derzeit können die Gerichte im Rahmen eines Verfahrens oftmals nicht einfach überprüfen, ob die Voraussetzungen der Klagebefugnis eines Wirtschaftsverbandes vorliegen. Insbesondere die Prüfung, ob die Verbände nach ihrer personellen, sachlichen und finanziellen Ausstattung imstande sind, ihre satzungsmäßigen Aufgaben der Verfolgung gewerblicher oder selbständiger beruflicher Interessen tatsächlich wahrzunehmen, kann nicht wirksam von einem Gericht kontrolliert werden. Diese Prüfung wird nun zentral vom BfJ vorgenommen werden, was die für die Verfahren zuständigen Gerichte entlasten wird.

Zu Buchstabe b

Der bisherige § 8 Absatz 4 UWG wird aufgehoben. Der Regelungsinhalt wird in § 8b UWG-E übernommen und ergänzt.

Zu Buchstabe c

Es handelt sich um Folgeänderungen auf Grund der Aufhebung von § 8 Absatz 4 UWG und der Änderungen von §§ 4a bis 4e UKlaG-E.

Zu Nummer 2

Die §§ 8a und 8b UWG-E enthalten die Voraussetzungen an die qualifizierten Wirtschaftsverbände sowie Regelungen zu Missbrauch bei der Geltendmachung von Ansprüchen.

Zu § 8a UWG-E

§ 8a UWG-E enthält die Voraussetzungen für Wirtschaftsverbände, die auf die neue Liste der qualifizierten Wirtschaftsverbände beim BfJ eingetragen werden möchten, damit sie Ansprüche nach § 8 Absatz 1 UWG geltend machen können.

Zu Absatz 1

Absatz 1 weist dem BfJ die Aufgabe zu, die Liste der qualifizierten Wirtschaftsverbände zu führen und diese auf seiner Internetseite in der jeweils aktuellen Fassung zu veröffentlichen.

Zu Absatz 2

Absatz 2 enthält die Voraussetzungen für die Aufnahme in die Liste der qualifizierten Wirtschaftsverbände. Wie bisher muss der Satzungszweck beinhalten, gewerbliche oder selbständige berufliche Interessen zu fördern. Im Vergleich zur bisherigen Rechtslage kommt hinzu, dass es sich um einen eingetragenen Verein handeln muss. Dies soll eine gewisse Kontinuität und Ernsthaftigkeit sichern und gewährleisten, dass qualifizierte Wirtschaftsverbände ideelle Zwecke verfolgen. Der Verein darf nicht nur die ihm gewährten gesetzlichen Ansprüche nach dem UWG, UKlaG und GWB durchsetzen, sondern muss zu Fragen des lauteren Wettbewerbs auch beraten und informieren. Es reicht aus, dass die Information und Beratung nur gegenüber den eigenen Mitgliedern wahrgenommen wird.

Nach Nummer 1 muss der Verein als Mitglieder mindestens 50 Unternehmer haben, die Waren oder Dienstleistungen gleicher oder verwandter Art auf demselben Markt vertreiben, oder mindestens fünf Verbände, die im gleichen Aufgabenbereich tätig sind.

Nach Nummer 2 muss der Verein seit mindestens einem Jahr im Vereinsregister eingetragen sein. Dies entspricht der Voraussetzung an qualifizierte Einrichtungen nach dem § 4 Absatz 2 Satz 1 Nummer 2 UKlaG-E.

Nummer 3 enthält die Anforderung, dass aufgrund der bisherigen Tätigkeit sowie der personellen, sachlichen und finanziellen Ausstattung es als gesichert erscheinen muss, dass der Verein seine satzungsmäßigen Aufgaben auch künftig dauerhaft wirksam und sachgerecht erfüllen wird und die Ansprüche, die einem qualifizierten Wirtschaftsverband zustehen, nicht vorwiegend geltend machen wird, um für sich Einnahmen aus Abmahnungen oder Vertragsstrafen zu erzielen. Eine ausreichende personelle Ausstattung liegt vor, wenn er Mitarbeiter beschäftigt, die die Qualifikation zur Information und Beratung im Lauterkeitsrecht besitzen und Verstöße abmahnen können. Die finanzielle Ausstattung muss ausreichend sein, um lauterkeitsrechtliche Fragen auch gerichtlich über mehrere Instanzen klären zu lassen. Außerdem darf der Verein nach Nummer 3 Buchstabe b die Ansprüche nicht vorwiegend geltend machen, um für sich Einnahmen aus Abmahnungen oder Vertragsstrafen zu erzielen.

Nummer 4 stellt Anforderungen an die Verwendung der finanziellen Mittel des Vereins. Die Vorschrift soll sicherstellen, dass die finanziellen Mittel des Vereins, zu denen bei Durchsetzung der

Ansprüche nach dem UWG, UKlaG oder GWB durch Abmahnungen auch der Aufwendungsersatz nach § 12 UWG oder die Einnahmen oder verwirkte Vertragsstrafen gehören, nur für satzungsmäßige Zwecke verwendet werden und insbesondere nicht den Mitgliedern oder Dritten zu Gute kommen. Die Organe des Vereins dürfen nur eine angemessene Vergütung erhalten. Die Angemessenheit bemisst sich nach der Qualifikation des Organs sowie Art und Umfang der Tätigkeit für den Verein.

Zu Absatz 3

Absatz 3 verweist für die weiteren Regelungen zur Liste der qualifizierten Wirtschaftsverbände auf die Regelungen für qualifizierte Einrichtungen im UKlaG. Damit sind die Regelungen zu Eintragung, der Überprüfung der Eintragung, Berichts- und Mitteilungspflichten sowie der Aufhebung der Eintragung entsprechend auf die qualifizierten Wirtschaftsvereine anwendbar. Weitere Regelungen können in einer Verordnung auf Grund des § 4d UKlaG-E getroffen werden, die auf Grund der Verweisung ebenfalls auf die qualifizierten Wirtschaftsvereine anwendbar ist.

Zu § 8b UWG-E

§ 8b UWG-E nennt Fallgestaltungen, bei denen Ansprüche nach § 8 Absatz 1 UWG missbräuchlich geltend gemacht werden und regelt die Haftung des Abmahnenden bei missbräuchlicher Geltendmachung. Dies soll Gegenansprüche des Abgemahnten erleichtern und auf diese Weise den finanziellen Anreiz zur missbräuchlichen Geltendmachung von Ansprüchen reduzieren.

Zu Absatz 1

Absatz 1 bezeichnet missbräuchliche Abmahnungen als unzulässig. Diese Regelung war bereits in § 8 Absatz 4 UWG enthalten. Bei einer missbräuchlichen Abmahnung ist die Ausübung des Anspruchs unabhängig davon, ob eine unlautere geschäftliche Handlung vorliegt, auf Grund des Missbrauchs des Anspruchs für eigene zu missbilligende Zwecke unzulässig.

Zu Absatz 2

Absatz 2 Satz 1 enthält das Regelbeispiel des bisherigen § 8 Absatz 4 UWG, dass eine missbräuchliche Geltendmachung von Ansprüchen insbesondere dann vorliegt, wenn diese vorwiegend dazu dient, gegen den Zuwiderhandelnden einen Anspruch auf Ersatz von Aufwendungen oder Kosten der Rechtsverfolgung oder die Zahlung einer Vertragsstrafe entstehen zu lassen. Dies ist in der Praxis jedoch vom Abgemahnten nur unter erheblichen Schwierigkeiten zu beweisen. Der neue Satz 2 stellt daher Vermutungen auf, wann eine missbräuchliche Geltendmachung der Ansprüche vorliegt. Der Anspruchsteller kann die Vermutung entkräften, dass er missbräuchlich handelt. Dies kann zum Beispiel dadurch erfolgen, dass er nachvollziehbar darlegt, auf Grund welcher Umstände er davon ausgegangen ist, eine nach Satz 2 Nummer 2 bis 4 unangemessene Forderung rechtmäßig erheben zu dürfen.

Nach Satz 2 Nummer 1 wird ein Missbrauch vermutet, wenn Mitbewerber eine erhebliche Anzahl von Verstößen gegen die gleiche Rechtsvorschrift geltend machen. Missbräuchliche Abmahnungen werden oft in erheblicher Anzahl versandt, da der Anspruch auf Aufwendungsersatz auf Grund der Automatisierung der Abmahnung der Rechtsverletzung finanziell besonders attraktiv ist. Typisch für einen solchen Missbrauch ist, dass der Mitbewerber nur in geringem Umfang wirtschaftlich tätig ist und angesichts dessen oder einer hohen Zahl von ausgesprochenen Abmahnungen zweifelhaft ist, ob er das wirtschaftliche Risiko selbst trägt, das er durch die Beauftragung eines Anwalts mit Abmahnungen eingeht. Die Vermutung bezieht sich nur auf Mitbewerber, da bei den übrigen Anspruchsberechtigten im Rahmen ihrer üblichen Tätigkeit auch eine höhere Anzahl von Verstößen geltend gemacht werden kann.

Die Missbrauchsvermutung in Satz 2 Nummer 2 bezieht sich auf eine überhöhte Ansetzung des Streitwerts. Dies ist ein typisches Missbrauchsanzeichen, da der Abmahnende dann einen höheren Aufwendungsersatz beanspruchen kann. Missbräuchliche Abmahnungen zeichnen sich zudem oft dadurch aus, dass unangemessen hohe Vertragsstrafen vereinbart oder gefordert werden. Daher wird nach Satz 2 Nummer 3 auch in solchen Fällen ein Missbrauch vermutet. Die Vermutung bezieht sich sowohl auf die Forderung eines konkreten Betrags als auch auf die Forderung einer überhöhten Summe, wenn entsprechend dem so genannten Hamburger Brauch zunächst lediglich eine »angemessene« Vertragsstrafe gefordert wurde. Nach Satz 2 Nummer 4 wird zuletzt eine missbräuchliche Geltendmachung vermutet, wenn eine vorgeschlagene Unterlassungsverpflichtung erheblich über die abgemahnte Rechtsverletzung hinausgeht.

Zu Absatz 3

Absatz 3 enthält die Gegenansprüche des missbräuchlich Abgemahnten gegen den Abmahnenden, die bereits in der bisherigen Fassung von § 8 Absatz 4 UWG enthalten waren.

Zu Nummer 3

Der Verweis in § 11 Absatz 1 UWG wird aufgrund der Neufassung der bisherigen §§ 12 und 13 UWG angepasst.

Zu Nummer 4

Zu Buchstabe a

Die Änderung der Überschrift von § 12 gibt den Regelungsgehalts der Vorschrift präziser wieder.

Zu Buchstabe b

Der bisherige § 12 Absatz 1 UWG wird aufgehoben, der Regelungsinhalt wird in § 13 UWG-E aufgenommen und spezifiziert.

Zu Buchstabe c

Es handelt sich um eine Folgeänderung auf Grund der Aufhebung von § 12 Absatz 1 UWG.

Zu Buchstabe d

Es handelt sich um eine Folgeänderung auf Grund der Aufhebung von § 12 Absatz 1 UWG.

Zu Nummer 5

§ 13 UWG wird neu gefasst und enthält detaillierte Regelungen zu Abmahnungen und der Haftung bei unberechtigten Abmahnungen. Es wird ein neuer § 13a UWG eingefügt, der detaillierte Regelungen zur Vertragsstrafe enthält. Zudem wird § 14 UWG neu gefasst.

Zu § 13 UWG-E

Zu Absatz 1

Absatz 1 enthält den Wortlaut des bisherigen § 12 Absatz 1 Satz 1 UWG.

Zu Absatz 2

Absatz 2 regelt inhaltliche Vorgaben an die Gestaltung einer lauterkeitsrechtlichen Abmahnung. Hält der Abmahnende diese Vorgaben nicht ein, so hat er keinen Anspruch auf Ersatz seiner Aufwendungen nach § 13 Absatz 3 UWG-E und der Abgemahnte kann Gegenansprüche nach § 13 Absatz 5 UWG-E stellen.

Eine vergleichbare Regelung besteht mit § 97a Absatz 2 UrhG. Nach der Evaluierung der verbraucherschützenden Vorschriften des Gesetzes gegen unseriöse Geschäftspraktiken aus dem Jahr 2017 hat diese entsprechende Regelung dazu geführt, dass in Abmahnungen die Rechtsverletzung und die Aufschlüsselung der Zahlungsansprüche präziser als zuvor erfolge, was Abgemahnten eine bessere Einschätzung ihrer Position erlaube. § 13 Absatz 2 UWG-E passt die Anforderungen an die inhaltlichen Vorgaben an die Erfordernisse des Lauterkeitsrechts an. So gibt es im UWG zahlreiche potentielle Anspruchsberechtigte, weswegen zur konkreten Anspruchsberechtigung Ausführungen gemacht werden sollen. Dagegen werden im Rahmen von Abmahnungen nur selten Schadensersatzansprüche geltend gemacht, so dass die entsprechenden Anforderungen aus dem UrhG nicht übernommen werden.

Die Abmahnung muss in klarer und verständlicher Weise erfolgen. § 13 Absatz 2 Nummer 1 UWG-E verpflichtet den Abmahnenden, Namen oder Firma anzugeben sowie im Fall einer Vertretung zusätzlich Namen und Firma des Vertreters. Nach § 13 Absatz 2 Nummer 2 UWG-E muss die Klagebefugnis nach § 8 Absatz 3 UWG dargelegt werden. Mitbewerber müssen nach § 8 Absatz 3 Nummer 1 UWG-E darlegen, dass sie in nicht unerheblichem Maße ähnliche Waren oder Dienstleistungen vertreiben. Mahnt ein qualifizierter Wirtschaftsverband ab, muss er darlegen, dass er in die Liste der qualifizierten Wirtschaftsverbände eingetragen ist und inwiefern durch die geltend gemachten Rechtsverletzungen Interessen der Mitglieder berührt werden.

Wird ein Anspruch auf Aufwendungsersatz geltend gemacht, muss nach § 13 Absatz 2 Nummer 3 UWG-E die Berechnung dargestellt werden. § 13 Absatz 2 Nummer 4 UWG-E erfordert die Bezeichnung der Rechtsverletzung. Der Abgemahnte soll aus der Abmahnung ohne weiteres ersehen können, welches ganz konkrete Verhalten ihm vorgeworfen wird und warum dieses zu einer Rechtsverletzung führt. Nach § 13 Absatz 2 Nummer 5 UWG-E müssen klagebefugte Mitbewerber und qualifizierte Wirtschaftsverbände, die Aufwendungsersatz für die Abmahnung vom Abgemahnten verlangen, begründen weshalb für die Zuwiderhandlung der Anspruch auf Kostenerstattung nicht nach § 13 Absatz 4 UWG-E ausgeschlossen ist. Dadurch soll der Abgemahnte darauf hingewiesen werden, dass es einen Kostenerstattungsausschluss für unerhebliche Zuwiderhandlungen bei Abmahnungen durch Mitbewerber und qualifizierte Wirtschaftsverbände gibt, und prüfen können, ob die ihm vorgeworfene Zuwiderhandlung hierunter fallen könnte.

Die Aufzählung der inhaltlichen Anforderungen an eine Abmahnung ist nicht abschließend. Es können aus sonstigen allgemeinen Grundsätzen weitere zusätzliche Anforderungen an eine wirksame Abmahnung bestehen, deren Nichterfüllung allerdings nicht zu den Rechtsfolgen der Absätze 3 und 5 führt.

Zu Absatz 3

Absatz 3 enthält den Anspruch des Abmahnenden gegen den Abgemahnten auf den Ersatz seiner Aufwendungen für eine berechtigte Abmahnung. Im Unterschied zur bisherigen Regelung in § 12 Absatz 1 Satz 2 UWG hat der Abmahnende den Anspruch nur, wenn die Abmahnung die formellen

Voraussetzungen nach § 13 Absatz 2 UWG-E erfüllt. Die Regelungen in den Absätzen 3 und 4 zur Erstattungsfähigkeit von Aufwendungen für berechtigte Abmahnungen sind auf Grund ihrer Spezialität abschließend, der Abmahnende kann sich daneben nicht auf eine Erstattungsfähigkeit nach den Grundsätzen der Geschäftsführung ohne Auftrag oder aus anderem Rechtsgrund berufen.

Zu Absatz 4

Absatz 4 schließt den Anspruch auf den Ersatz der Aufwendungen für eine Abmahnung durch klagebefugte Mitbewerber und qualifizierte Wirtschaftsverbände bei unerheblichen Zuwiderhandlungen aus. Im Unterschied zu § 51 Absatz 3 Satz 3 und 4 GKG-E wird der Streitwert durch diese Regelung nicht beeinträchtigt, da diese nur den Erstattungsanspruch des Abmahnenden gegen den Abgemahnten betrifft. Entsprechend wird der Vergütungsanspruch des Anwalts des Abmahnenden gegen den Abmahnenden hierdurch nicht reduziert.

Für den Anspruchsausschluss muss nach § 13 Absatz 4 Satz 1 Nummer 1 UWG-E die Zuwiderhandlung angesichts ihrer Art, ihrer Schwere, ihres Ausmaßes und ihrer Folgen die Interessen von Verbrauchern, sonstigen Marktteilnehmern und Mitbewerbern in nur unerheblichem Maße beeinträchtigen. Dies muss anhand des konkreten Einzelfalls bewertet werden. In Betracht für eine unerhebliche Beeinträchtigung können beispielsweise die Abkürzung des Vornamens im Impressum einer Internetseite, die Verwendung der Angabe »2 Wochen« statt »14 Tage« in der Widerrufsbelehrung, eine fehlende Platzierung eines Links zur Europäischen Plattform zur Online-Streitbeilegung oder ein fehlender Hinweis auf diese auf der Webseite eines Online-Händlers kommen. Soweit die in den Artikeln 13 und 14 der Datenschutz-Grundverordnung enthaltenen Gebote als Marktverhaltensregelungen im Sinne von § 3a UWG bewertet werden, kann eine nur unerhebliche Beeinträchtigung im Einzelfall in Betracht kommen, wenn von den aufgelisteten Anforderungen nur geringfügig abgewichen worden ist.

Keine unerhebliche Beeinträchtigung liegt vor, wenn die Zuwiderhandlung die Rechtsposition der Verbraucher verschlechtert oder angesichts des Umfangs der Geschäftstätigkeit des Gewerbetreibenden eine größere Anzahl von Verbrauchern betroffen ist. Daher ist der Anspruchsausschluss nicht gegeben, wenn wegen eines schweren Verstoßes gegen ein Unternehmen erfolgreich vorgegangen wurde und anschließend derselbe schwere Verstoß gegenüber anderen Unternehmen geltend gemacht wird. Keine unerhebliche Beeinträchtigung liegt außerdem vor, wenn die Zuwiderhandlung vermutlich das Marktverhalten der Verbraucher zu Lasten der Mitbewerber beeinträchtigen kann, wie zum Beispiel bei der Werbung mit Selbstverständlichkeiten.

Als zweite Voraussetzung für den Ausschluss des Anspruchs auf Kostenerstattung muss nach § 13 Absatz 4 Satz 1 Nummer 2 UWG-E hinzukommen, dass der Abgemahnte nicht wegen einer gleichartigen Zuwiderhandlung gegenüber dem Abmahnenden bereits zur Unterlassung verpflichtet sein darf. Dabei muss es sich um eine Unterlassungsverpflichtung aus einer gleichartigen Zuwiderhandlung handeln, während § 97a Absatz 3 Satz 2 Nummer 2 UrhG jeglichen Unterlassungsanspruch des Abgemahnten gegenüber dem Abmahnenden genügen lässt, um nicht den Abgemahnten zu privilegieren, der das Recht des Abmahnenden bereits zuvor verletzt hat. Im Lauterkeitsrecht muss anhand der Vielzahl von möglichen Rechtsverstößen sowie der höheren Anzahl der potentiellen Anspruchsberechtigten eine Verengung für den Ausschluss vorgenommen werden. Daher muss es sich um eine Zuwiderhandlung handeln, die im engen Zusammenhang zu der nun abgemahnten *Zuwiderhandlung steht.*

Der Anspruch der qualifizierten Einrichtungen sowie der Industrie- und Handelskammern und der Handwerkskammern auf die Erstattung der Kosten für eine berechtigte Abmahnung bleibt auch bei einfach gelagerten Fällen unberührt. Die unterschiedliche Behandlung ist dadurch gerechtfertigt, dass Fälle des Abmahnmissbrauchs überwiegend bei den Klageberechtigten nach § 8 Absatz 3 Nummer 1 und 2 UWG berichtet werden.

§ 13 Absatz 4 Satz 2 UWG-E stellt klar, dass der Anspruch auf Kostenerstattung auch dann ausgeschlossen wird, wenn wegen derselben Zuwiderhandlung ein Unterlassungsanspruch neben einem

Beseitigungsanspruch geltend gemacht wird. Dies entspricht § 97 Absatz 3 Satz 3 UrhG. Eine Öffnungsklausel wie in § 97 Absatz 3 Satz 4 UrhG ist dagegen nicht erforderlich, da der Kostenerstattungsanspruch nur für unerhebliche Verstöße ausgeschlossen wird.

Zu Absatz 5

Absatz 5 enthält einen Gegenanspruch des Abgemahnten gegen den Abmahnenden. Eine entsprechende Vorschrift besteht in § 97a Absatz 4 UrhG. Der Evaluierung der verbraucherschützenden Vorschriften des Gesetzes gegen unseriöse Geschäftspraktiken aus dem Jahr 2017 zufolge wird dieser Anspruch allgemein begrüßt und kann in Vergleichsverhandlungen ein wichtiger Posten zugunsten der Abgemahnten darstellen. Der Gegenanspruch reduziert den finanziellen Anreiz für Abmahnungen und stellt sicher, dass die inhaltlichen Voraussetzungen an Abmahnungen in § 13 Absatz 2 UWG-E eingehalten werden sowie dass der Abmahnende sorgfältig prüft, ob eine Zuwiderhandlung tatsächlich vorliegen kann. Im Unterschied zu § 8b Absatz 1 UWG-E muss kein missbräuchliches Motiv des Abmahnenden vorliegen.

Der Gegenanspruch des Abgemahnten besteht, soweit die Abmahnung unberechtigt ist oder nicht den inhaltlichen Vorgaben in Absatz 2 entspricht. Der Anspruch entfällt jedoch, wenn es für den Abmahnenden zum Zeitpunkt der Abmahnung nicht erkennbar war, dass die Abmahnung unberechtigt war. Die Beweislast hierfür liegt beim Abmahnenden. Es kommt nicht auf die Kenntnis des Abmahnenden an, sondern ob objektiv erkennbar war, dass die Abmahnung unberechtigt ist. Nicht erkennbar ist die fehlende Berechtigung der Abmahnung daher nur, wenn die Unkenntnis nicht auf ein Verschulden des Rechtsinhabers zurückzuführen ist. Zudem bleiben weiter gehende Ersatzansprüche nach § 13 Absatz 5 Satz 2 UWG-E unberührt.

Zu § 13a UWG-E

§ 13a UWG-E enthält detaillierte Regelungen zur Vertragsstrafe.

Zu Absatz 1

Absatz 1 kodifiziert die in Rechtsprechung und Lehre anerkannten Umstände, nach denen sich die Angemessenheit einer Vertragsstrafe bemisst. Hierdurch wird eine Klarstellungs- und Hinweisfunktion erfüllt und den Betroffenen verdeutlicht, dass die Höhe nicht einseitig vom Gläubiger der Vertragsstrafe bestimmt werden kann.

Zu Absatz 2

Absatz 2 begrenzt die Höhe der Vertragsstrafe bei einfach gelagerten Fällen auf 1 000 Euro. Die Verwirkung einer Vertragsstrafe bei weiteren Verstößen kann eine erhebliche Abschreckungswirkung auf kleine Gewerbetreibende ausüben. Bei den in § 13 Absatz 4 Nummer 1 UWG-E beschriebenen einfach gelagerten Fällen ist daher eine gesetzliche Deckelung sachgemäß. Anders als in § 13 Absatz 4 Nummer 1 UWG gilt die Beschränkung nicht nur für Mitbewerber und qualifizierte Wirtschaftsverbände, da nur auf die Art des Verstoßes verwiesen wird. Unter Beachtung der Kriterien in Absatz 1 kann die angemessene Vertragsstrafe auch geringer als 1 000 Euro ausfallen.

Zu Absatz 3

Absatz 3 schützt den Abgemahnten, der einer Forderung des Abmahnenden nach einer unangemessen hohen Vertragsstrafe entspricht. In diesem Fall schuldet der Abgemahnte trotz des Vertragsstrafenversprechens lediglich eine Vertragsstrafe in angemessener Höhe.

Nach bisheriger Rechtslage war eine vereinbarte Vertragsstrafe wirksam, auch wenn sie unangemessen hoch war, und der Schuldner konnte wegen § 348 HGB keine gerichtliche Herabsetzung beantragen. Dies erscheint im Bereich des Lauterkeitsrechts unbillig. Nach § 13a Absatz 3 UWG-E wird nur eine angemessene Vertragsstrafe geschuldet, anders als bei § 343 Absatz 1 Satz 1 BGB muss die Vertragsstrafe nicht erst durch Urteil auf den angemessenen Betrag herabgesetzt werden.

Der Abmahnende geht durch die Forderung nach einer unangemessen hohen Vertragsstrafe dennoch ein Risiko ein, da hierdurch nach § 8b Absatz 2 Nummer 3 UWG-E die Vermutung besteht, dass er seinen Anspruch missbräuchlich geltend macht, was zu Gegenansprüchen des Abgemahnten nach § 8b Absatz 3 UWG-E führen kann.

Zu Absatz 4

Die Regelung in Satz 1 soll den Schutz von Abgemahnten verbessern, die der Zahlung einer angemessenen Vertragsstrafe (so genannter »Neuer Hamburger Brauch«) zugestimmt haben, wenn bei der Verwirkung Streit über die angemessene Höhe entsteht. Der Abgemahnte kann bei Uneinigkeit über die Höhe auch ohne Zustimmung des Abmahnenden eine Einigungsstelle nach § 15 UWG anrufen. Nach § 15 Absatz 3 UWG ist die Anrufung der Einigungsstelle in anderen Fällen von der Zustimmung des Gegners abhängig. Die Zuständigkeit der Einigungsstelle verringert die Kosten für die Beteiligten und trägt außerdem zur Entlastung der Gerichte bei. Satz 2 erstreckt die Regelung auf den Abgemahnten, der einer unangemessen hohen Vertragsstrafe zugestimmt hat.

Zu Absatz 5

Die Regelung schützt den Abgemahnten vor der Forderung zu hoher Vertragsstrafen, weil der Abmahnende bei Einleitung eines gerichtlichen Verfahrens das Risiko trägt, die Prozesskosten tragen zu müssen, wenn der abgemahnte Beklagte den Anspruch sofort anerkennt.

Nach § 93 der Zivilprozessordnung (ZPO) fallen dem Kläger die Prozesskosten zur Last, wenn der Beklagte den Anspruch sofort anerkennt und dieser durch sein Verhalten keine Veranlassung zur Erhebung der Klage gegeben hat. Verweigert der Abgemahnte daher trotz einer berechtigten und formgerechten Abmahnung die Abgabe einer mit einer angemessenen Vertragsstrafe belegten Unterlassungserklärung, so kann er bei Klageerhebung durch den Abmahnenden zwar seine Verpflichtung zur Unterlassung sofort anerkennen, muss aber gemäß § 93 ZPO die Kosten des Rechtsstreits tragen, weil er Anlass zur Klageerhebung gegeben hat. Nach bisheriger Rechtslage galt dies auch, wenn der Kläger vorprozessual eine unangemessen hohe Vertragsstrafe forderte, weil es dem Pflichtenkreis des Abgemahnten zugeordnet wurde, eine angemessene Vertragsstrafe vorzuschlagen.

§ 13a Absatz 5 UWG-E bestimmt dagegen, dass ein Abgemahnter, der sich nicht auf eine mit einer unangemessen hohen Vertragsstrafe bewehrten Unterlassungserklärung einlassen möchte, auf Grund der Forderung nach einer unangemessen hohen Vertragsstrafe keinen Anlass zur Klage gegeben hat. Daher muss der Abmahnende in diesem Fall die Gerichtskosten tragen, wenn der Abgemahnte den Anspruch auf Unterlassung sofort anerkennt. Es bleibt bei der grundsätzlichen Zuweisung der Pflicht, dass der Abgemahnte die angemessene Höhe der Vertragsstrafe bestimmen muss. Fordert der Abmahnende aber trotz dieser Pflichtenverteilung eine unangemessen hohe Vertragsstrafe, entfällt im Gegenzug die Pflicht, eine Vertragsstrafe in angemessener Höhe vorzuschlagen.

Zu § 14 UWG-E

§ 14 UWG-E regelt die Zuständigkeit der Zivilgerichte und fasst die Regelungen der bisherigen §§ 13 und 14 UWG in einem Paragraphen zusammen.

Zu Absatz 1

Absatz 1 enthält die Regelung des bisherigen § 13 Absatz 1 UWG und regelt die sachliche Zuständigkeit.

Zu Absatz 2

Absatz 2 regelt die örtliche Zuständigkeit der Zivilgerichte. Ausschließlich zuständig ist das Gericht, in dessen Bezirk der Beklagte seinen allgemeinen Gerichtsstand hat. Hat der Beklagte im Inland keinen allgemeinen Gerichtsstand, so ist das Gericht zuständig, in dessen Bezirk die Handlung begangen worden ist.

Damit wird der nach bisheriger Rechtslage anwendbare Gerichtsstand der unerlaubten Handlung (der so genannte »fliegende Gerichtsstand«) im UWG weitgehend abgeschafft. Er bleibt lediglich für den Fall anwendbar, dass der Beklagte im Inland keinen allgemeinen Gerichtsstand hat. Durch den neuen § 32c ZPO wurde der Gerichtsstand für die Musterfeststellungsklage ebenfalls auf den allgemeinen Gerichtsstand des Beklagten beschränkt.

Der fliegende Gerichtsstand stellt auf Grund der hohen möglichen Anzahl von Klagebefugten im UWG einen Anreiz zu Missbrauch dar. Lauterkeitsrechtliche Verstöße sind oft nicht regional beschränkt. Insbesondere bei lauterkeitsrechtlichen Verstößen im Internet führt der fliegende Gerichtsstand dazu, dass sich der Kläger ein Gericht aussuchen kann. Dies stellt eine Benachteiligung für den Beklagten dar, weil sich der Kläger ein Gericht in seiner Nähe aussuchen kann oder ein Gericht, das eher in seinem Sinn über den Streitwert entscheidet. Für Abgemahnte bedeutet eine angedrohte Klage an einem weit entfernten Gericht eine Belastung, die sie oft dazu bewegt, sich nicht gegen die Forderungen zu wehren und die geforderte Unterlassungserklärung zu unterzeichnen. Die Missbrauchsgefahr besteht auch bei Einleitung eines gerichtlichen Verfahrens: der Antrag auf Erlass einer einstweiligen Verfügung wird oft bei Gerichten gestellt, von denen der Antragsteller weiß, dass sie seiner Rechtsauffassung zuneigen, einstweilige Verfügungen bereitwillig und ohne Anhörung des Gegners erlassen oder regelmäßig hohe Streitwerte festsetzen. Häufig wählen Antragsteller auch Gerichte, die weit entfernt vom Wohn- oder Geschäftssitz des Antragsgegners liegen, da sie hoffen, dass der Antragsgegner aufgrund der Entfernung keinen Widerspruch einlegt. Dadurch kann sich der Kläger gegenüber dem Beklagten etliche Vorteile sichern.

Das Gesetz gegen unseriöse Geschäftspraktiken aus dem Jahr 2013 hat im Urheberrecht den fliegenden Gerichtsstand bei einem gerichtlichen Vorgehen gegen Private aufgehoben (§ 104a UrhG). Diese Regelung war nach der Evaluierung des Gesetzes gegen unseriöse Geschäftspraktiken insofern erfolgreich, als sie zu einer signifikanten Reduzierung der urheberrechtlichen Abmahnungen gegenüber Privaten und der Anzahl der abmahnenden Rechtsanwälte beigetragen hat. Diese Wirkung spricht dafür, dass der Anreiz für Abmahnungen mit der Aufhebung des fliegenden Gerichtsstandes reduziert werden kann.

Der fliegende Gerichtsstand besitzt für die Durchsetzung des Lauterkeitsrechts keine hervorgehobene Bedeutung. Auch nach bisheriger Rechtslage galt er lediglich für Mitbewerber. Für Wirtschaftsverbände, qualifizierte Einrichtungen sowie die Industrie- und Handelskammern und Handwerkskammern galt dagegen grundsätzlich der allgemeine Gerichtsstand des Beklagten. Das Rechtsgebiet erfordert auf Grund der Vielzahl der betroffenen Rechtsbereiche keine Spezialisierung, die über die bereits gegebene Zuständigkeit der Kammern für Handelssachen hinausgeht. Von Seiten der Wirtschaftsverbände und qualifizierten Einrichtungen wurden keine Probleme mit dem allgemeinen Gerichtsstand berichtet, der dazu führt, dass lauterkeitsrechtliche Verfahren auch vor kleineren Landgerichten geführt werden. Für den Fall, dass dennoch eine Spezialisierung für sinnvoll gehalten wird enthält Absatz 3 die Möglichkeit einer Zuständigkeitskonzentration von UWG-Verfahren durch die Landesjustizverwaltungen. Auf diese Weise kann vermieden werden, dass der Beklagte einen unzumutbar weiten Weg zum zuständigen Gericht hat, da sein Wohnsitz in einem bestimmten Bundesland immer noch ausschlaggebend ist.

Zu Absatz 3

Die Vorschrift enthält die Regelung des bisherigen § 13 Absatz 2 UWG.

Zu Artikel 2 (Änderung des Unterlassungsklagengesetzes)

Zu Nummer 1

§ 2a UKlaG wird durch eine Regelung ergänzt, die § 8b Absatz 2 Satz 2 UWG-E entspricht.

Zu Nummer 2

Durch Nummer 2 wird § 3 Absatz 1 Satz 1 UKlaG an die Änderungen in § 8 UWG angepasst. § 3 Absatz 1 Satz 3 UKlaG-E regelt die Rechtsfolgen des Ruhens der Eintragung.

Zu Nummer 3

Durch Nummer 3 werden §§ 4 – 4d UKlaG-E eingefügt, durch die insbesondere das BfJ verpflichtet wird, die Eintragungen in der Liste der qualifizierten Einrichtungen turnusmäßig von Amts wegen zu überprüfen. Außerdem werden Berichtspflichten für qualifizierte Einrichtungen und Mitteilungspflichten der Gerichte gegenüber dem Bundesamt für Justiz geschaffen, damit das BfJ seine Prüfungspflichten besser erfüllen kann. Aufgrund der Verweisung in § 8a Absatz 3 UWG-E gelten diese Vorschriften auch für die Liste der qualifizierten Wirtschaftsverbände nach § 8a UWG-E.

Zu § 4 UKlaG-E

Zu Absatz 1

Absatz 1 entspricht im Wesentlichen dem bisherigen § 4 Absatz 1 UKlaG. Verzichtet wird nur auf die jährliche Bekanntmachung der Liste der qualifizierten Einrichtungen im Bundesanzeiger, weil die aktuelle Liste heute einfach für jedermann über das Internet zugänglich ist.

Zu Absatz 2

Absatz 2 Satz 1 regelt die Anforderungen an die qualifizierten Einrichtungen. Diese werden vergleichbar den Anforderungen an die qualifizierten Wirtschaftsverbände in § 8a UWG geregelt, um einem Missbrauch der Ansprüche nach dem UKlaG und dem UWG besser entgegenzuwirken.

Künftig können nur noch Idealvereine in die Liste der qualifizierten Einrichtungen nach § 4 UKlaG eingetragen werden, deren Zweck nicht auf die Gewinnerzielung für ihre Mitglieder oder Dritte gerichtet sein darf. Eine Eintragung ist nur möglich, wenn die Vereine seit mindestens einem Jahr im Vereinsregister eingetragen sind.

In Absatz 2 Satz 1 Nummer 3 werden die Anforderungen an die Tätigkeit und Ausstattung der Vereine erhöht, um sicherzustellen, dass ihre gesetzlichen Ansprüche insbesondere nach dem UKlaG und dem UWG nicht missbräuchlich als bloße Einnahmequelle für den Verein genutzt werden. Demselben Zweck dienen auch die neuen Anforderungen in § 3 Absatz 2 Nummer 4 UKlaG, die verhindern sollen, dass Mitglieder oder Beschäftigte des Vereins oder sonstige Dritte durch die Geltendmachung der Ansprüche begünstigt werden.

In Absatz 2 Satz 2 wird die bisherige unwiderlegliche Vermutung beibehalten, nach der davon auszugehen ist, dass Verbraucherzentralen die Voraussetzungen für eine Eintragung in die Liste der qualifizierten Einrichtungen erfüllen. Andere Verbraucherverbände müssen überwiegend mit öffentlichen

Mitteln gefördert werden, damit die Vermutung anwendbar ist. Dies soll verhindern, dass eine geringe oder einmalige Förderung mit öffentlichen Mitteln dazu führt, dass die Eintragungsvoraussetzungen nicht überprüft werden. Dies entspricht den Anforderungen des § 606 Absatz 1 Satz 4 ZPO an qualifizierten Einrichtungen, die eine Musterfeststellungsklage erheben.

Zu Absatz 4

Absatz 4 entspricht dem bisherigen § 4 Absatz 3 Satz 3 UKlaG.

Zu § 4a UKlaG-E

Zu Absatz 1

Mit Absatz 1 wird das BfJ verpflichtet, turnusmäßig zu überprüfen, dass die in der Liste eingetragenen qualifizierten Einrichtungen die Eintragungsvoraussetzungen erfüllen. Daneben ist eine Eintragung in der Liste jederzeit auch zu prüfen, wenn begründete Zweifel bestehen, dass eine qualifizierte Einrichtung die Eintragungsvoraussetzungen erfüllt. Die turnusmäßige Überprüfung soll erstmals zwei Jahre nach der Eintragung stattfinden, danach jeweils fünf Jahre nach Abschluss der letzten Überprüfung.

Zu Absatz 2

Absatz 2 regelt die Überprüfung von Eintragungen aufgrund gerichtlicher Aufforderung. Die Vorschrift entspricht dem bisherigen § 4 Absatz 4 UKlaG.

Zu § 4b UKlaG-E

§ 4b UKlaG-E führt neue Berichtspflichten der qualifizierten Einrichtungen gegenüber dem BfJ und Mitteilungsplichten von Gerichten gegenüber dem BfJ ein. Diese Berichtspflichten gelten aufgrund der Verweisung in § 8a Absatz 3 UWG-E auch für die qualifizierten Wirtschaftsverbände.

Zu Absatz 1

Absatz 1 verpflichtet qualifizierte Einrichtungen, die in der Liste nach § 4 UKlaG eingetragen sind, jährlich über die ausgesprochenen Abmahnungen und Klagen und deren Ergebnisse sowie über die erlangten Ansprüche auf Aufwendungsersatz für Abmahnungen, Erstattung der Kosten der gerichtlichen Rechtsverfolgung und auf Vertragsstrafen zu berichten. Dies soll dem BfJ eine weitere Grundlage für die Überprüfung verschaffen. Die Berichte sollen dem BfJ insbesondere ermöglichen, die Voraussetzungen des § 4 Absatz 3 Nummer 3 UKlaG auf einer besseren Tatsachengrundlage zu prüfen.

Zu Absatz 2

Zur Befolgung dieser Berichtspflichten kann das BfJ nach Absatz 2 die qualifizierte Einrichtung und deren Vorstandsmitglieder durch Festsetzung eines Zwangsgeldes anhalten.

Zu Absatz 3

Mit Absatz 3 werden die Gerichte, die über Ansprüche nach dem UKlaG entscheiden, verpflichtet, dem BfJ die Gerichtsentscheidungen mitzuteilen, in denen festgestellt wurde, dass eine qualifizierte

Einrichtung einen Anspruch nach dem UKlaG missbräuchlich geltend gemacht hat. Auch diese Mitteilungen dienen zur besseren Überprüfung der Liste nach § 4 UKlaG. Diese Berichtspflichten gelten aufgrund der Verweisung in § 8a Absatz 3 UWG-E auch für die qualifizierten Wirtschaftsverbände.

Zu § 4c UKlaG-E

§ 4c UKlaG-E entspricht im Wesentlichen den bisherigen § 4 Absatz 2 Satz 4 bis 6 sowie Absatz 3 Satz 3 UKlaG.

Zu § 4d UKlaG

§ 4d UKlaG-E entspricht im Wesentlichen der bisherigen Verordnungsermächtigung in § 4 Absatz 5 UKlaG, die mit Blick auf die §§ 4a und 4b UKlaG-E konkretisiert wurde.

Zu Nummer 4

Es handelt sich um eine Folgeänderung zu der Einfügung der neuen §§ 4a bis 4d UKlaG.

Zu Nummer 5

Es handelt sich um Folgeänderungen in § 5 UKlaG auf Grund von Änderungen an dem bisherigen § 12 UWG.

Zu Nummer 6

Es handelt sich um eine Folgeänderung in § 13 UKlaG aufgrund der Änderungen in § 3 UKlaG sowie der Einfügung von §§ 4a bis 4d UKlaG-E.

Zu Nummer 7

Es handelt sich um Folgeänderungen in § 13a UKlaG aufgrund der Einfügung von §§ 4a bis 4d UKlaG-E.

Zu Nummer 8

In § 16 Absatz 1 UKlaG-E wird eine Übergangsvorschrift zu § 4a Absatz 1 Nummer 1 UKlaGE für die qualifizierten Einrichtungen getroffen, die zum Zeitpunkt des Inkrafttretens des § 4a UKlaG-E schon länger als zwei Jahre in der Liste der qualifizierten Einrichtungen eingetragen sind. In § 16 Absatz 2 UKlaG-E wird eine Übergangsvorschrift zu § 4b Absatz 1 UKlaG-E getroffen. Die Berichtspflichten sollen erstmals für das Kalenderjahr anwendbar sein, das auf das Jahr des Inkrafttretens nach Artikel 9 Absatz 1 folgt.

Zu Nummer 9

Die Übergangsregelung in § 17 UKlaG kann aufgehoben werden, da sie obsolet geworden ist.

Zu Artikel 3 (Änderung des Gerichtskostengesetzes)

Zu Nummer 1

Es handelt sich um eine redaktionelle Änderung. Die hier wegfallende Regelung wird in § 51 Absatz 3 Satz 4 GKG-E aufgenommen.

Zu Nummer 2

§ 51 Absatz 3 Satz 3 GKG-E erweitert die Anwendung des Auffangwertes von 1 000 Euro in Satz 2 auf Zuwiderhandlungen, die angesichts ihrer Art, ihrer Schwere, ihres Ausmaßes und ihrer Folgen die Interessen von Verbrauchern, sonstigen Marktteilnehmern oder Mitbewerbern in nur unerheblichem Maße beeinträchtigen. Die mögliche Verringerung des Streitwerts reduziert zum einen die Gerichtskosten im Fall eines gerichtlichen Verfahrens im Anschluss an eine Abmahnung. Der verringerte Wert wirkt sich aber auch auf den Gegenstandswert für die Gebühren nach dem Rechtsanwaltsvergütungsgesetz (RVG) aus (vgl. § 23 Absatz 1 RVG). Dies betrifft auch die Tätigkeit eines Rechtsanwalts außerhalb eines gerichtlichen Verfahrens.

Der im Gesetzentwurf ebenfalls vorgesehene § 13 Absatz 4 UWG-E verändert dagegen nicht den Streitwert, sondern lässt bei unerheblichen Rechtsverletzungen den Anspruch von rechtmäßig abmahnenden Mitbewerbern oder qualifizierten Wirtschaftsverbänden gegen den Abgemahnten auf Ersatz von Aufwendungen in Form von Anwaltskosten entfallen. Der Streitwert, nach dem sich auch der Vergütungsanspruch des Anwalts des Abmahnenden gegenüber dem Abmahnenden im Mandatsverhältnis bemisst, wird von § 13 Absatz 4 UWG-E nicht beeinflusst.

Eine nur unerhebliche Beeinträchtigung hinsichtlich des Ausmaßes und Folgen liegt zum Beispiel dann vor, wenn die Beklagten nur in geringem Maße wirtschaftlich tätig sind und damit nicht in nennenswerten Wettbewerb zu Mitbewerbern stehen bzw. nicht viele Verbraucher durch einen Verstoß beeinträchtigt werden. Eine unerhebliche Beeinträchtigung bezüglich der Schwere liegt vor, wenn die Rechtsposition der Verbraucher durch den Verstoß nicht verschlechtert wird oder der Verstoß Verbraucher nicht dazu bewegen wird, das Angebot des Zuwiderhandelnden zu bevorzugen.

§ 51 Absatz 3 Satz 4 GKG-E dient der sprachlichen Klarstellung, eine Bedeutungsänderung ist damit nicht verbunden.

Zu Artikel 4 (Änderung des Urheberrechtsgesetzes)

Zu Nummer 1

In § 36b Absatz 2 Satz 1 UrhG werden Folgeänderung auf Grund von Änderungen an den §§ 8 und 12 und 13 UWG vorgenommen. Mit dem Verweis auf § 13 Absatz 3 UWG-E gelten künftig auch die Transparenzanforderungen an die Abmahnung aus § 13 Absatz 2 UWG-E entsprechend.

Zu Nummer 2

Zu § 97a Absatz 2 Satz 1 Nummer 3 UrhG-E

In Anlehnung an § 13 Absatz 2 Nummer 3 UWG-E wird in Nummer 3 die Pflicht des Abmahnenden um die Darlegung ergänzt, wie sich die geltend gemachten Ansprüche berechnen. Der Abmahnende hat also nachvollziehbar und verständlich darzulegen, auf welcher Basis und nach welchen Kriterien er die geltend gemachten Schadensersatz- und Aufwendungsersatzansprüche berechnet hat. Dies erhöht die Transparenz für den Abgemahnten und versetzt ihn in die Lage, bereits vorgerichtlich zu überprüfen, ob die geltend gemachten Ansprüche der Höhe nach berechtigt sind. Hierbei genügt es nicht, dass lediglich dargelegt wird, welche Gerichte in der Vergangenheit welche Beiträge als Schadens- oder Aufwendungsersatz ausgeurteilt haben.

Zu § 97a Absatz 2 Satz 1 Nummer 4 UrhG-E

Der Abmahnende muss künftig bei Übersendung einer vorformulierten Unterlassungsverpflichtungserklärung angeben, ob diese Erklärung erheblich über den bestehenden materiellrechtlichen Unterlassungsanspruch hinausgeht, der regelmäßig auf einer bereits festgestellten Rechtsverletzung beruht.

Zu Artikel 10 (Inkrafttreten)

Zu Absatz 1

Das Gesetz tritt vorbehaltlich des Absatzes 2 am Tag nach der Verkündung in Kraft.

Zu Absatz 2

Die in Absatz 2 genannten Regelungen, die sich auf das neu geschaffene Eintragungserfordernis für die qualifizierten Wirtschaftsverbände und die neu geschaffenen Berichtspflichten für die qualifizierten Einrichtungen sowie die qualifizierten Wirtschaftsverbände beziehen, treten sechs Monate nach Verkündung in Kraft.

Entscheidungsregister

Stichwort	Gericht, Datum, Aktenzeichen	Zitierstelle, Rdn.
0,00 Grundgebühr	BGH, 22.04.2009, I ZR 14/07	**UWG § 3a**, 19; **§ 5a**, 42
1-Pfennig-Farbbild	BGH, 16.11.2000, I ZR 186/98	**UWG § 12 Anh. I**, 131, 163
1.000,– DM Umwelt-Bonus	BGH, 26.03.1998, I ZR 222/95	**UWG § 1**, 4; **§ 5**, 179
10% billiger	BGH, 30.03.2006, I ZR 144/03	**UWG § 3**, 3, 41, 59, 60; **§ 4 Nr. 4**, 149, 151, 152, 153
10% Geburtstags-Rabatt	BGH, 07.07.2001, I ZR 173/09	**UWG § 5**, 253
10% Geburtstags-Rabatt	BGH, 07.07.2011, I ZR 173/09	**UWG § 4a**, 146; **§ 5**, 249, 396
150% Zinsbonus	BGH, 19.04.2007, I ZR 57/05	**UWG § 2 Abs. 1 Nr. 1**, 19; **§ 3 Anh. zu Abs. 3**, 97; **§ 5**, 273; **§ 16**, 43
16 Tage Türkei	LG Köln, 28.06.1988, 31 O 117/88	**UWG § 12**, 133
19% MwSt. GESCHENKT	BGH, 27.07.2017, I ZR 153/16	**UWG § 3 Anh. zu Abs. 3**, 97; **§ 5**, 230; **§ 5a**, 50, 64, 65
2 Flaschen GRATIS	BGH, 31.10.2013, I ZR 139/12	**UWG § 3a**, 34, 47; **PAngV Vorbem.**, 30, 44, 48, 50; **§ 2**, 1, 3, 9, 10
2/3 Beispiel in der Kreditwerbung	LG Potsdam, 24.07.2013, 52 O 134/11	**PAngV § 6a**, 10, 15
20 Minuten Köln	BGH, 20.11.2003, I ZR 151/01	**UWG Einl.**, 368; **§ 1**, 9, 53; **§ 3**, 41, 44, 45, 52, 63, 65; **§ 5**, 89
20% auf alles	BGH, 20.11.2008, I ZR 122/06	**UWG § 5**, 253, 397, 496, 499
24 Stunden Antiemese	HansOLG Hamburg, 29.01.2004, 3 U 109/03	**UWG § 12**, 252
40 Jahre Garantie	BGH, 26.06.2008, I ZR 221/05	**UWG § 5**, 427

Stichwort	Gericht, Datum, Aktenzeichen	Zitierstelle, Rdn.
4finance	EuGH, 03.04.2014, C-515/12	**UWG Einl.**, 80, 82; **§ 3 Anh. zu Abs. 3**, 7, 13, 14, 15, 16, 27, 188, 189, 192, 193
500 DM-Gutschein für Autokauf	BGH, 09.06.2004, I ZR 187/02	**UWG § 4a**, 146, 167; **PAngV § 1**, 14, 17, 26
ABC der Naturheilkunde	BGH, 03.07.2003, I ZR 270/01	**UWG § 12 Anh. I**, 186
Abcur	EuGH, 16.07.2015, C-544/13 und 544/13	**UWG § 5a**, 139, 144, 150
Abdichtsystem	BGH, 16.05.2017, X ZR 120/15	**UWG § 12 Anh. II**, 36
Abgabe ohne Rezept	BGH, 08.01.2015, I ZR 123/13	**UWG § 3a**, 204, 205; **§ 9**, 18, 119; **§ 12 Anh. I**, 50, 271
Abgasemissionen	BGH, 11.05.2000, I ZR 28/98	**UWG § 1**, 3, 5, 10; **§ 2 Abs. 1 Nr. 1**, 55; **§ 3a**, 2, 12, 94, 96, 110; **§ 7**, 34; **§ 12 Anh. I**, 123, 124, 156, 182
Abgeordnetenbestechung	BGH, 03.05.1977, VI ZR 36/74	**UWG § 12 Anh. I**, 242
Abgestuftes Getriebe	BGH, 16.04.2002, X ZR 127/99	**UWG § 12 Anh. I**, 170, 175
Abgewohntes Hotel	HansOLG Hamburg, 30.06.2016, 5 U 58/13	**UWG § 4 Nr. 2**, 17, 30
Abgewohntes Hotel	HansOLG Hamburg, 30.06.2016, 5 U 58/13	**UWG § 8**, 253; **§ 12 Anh. I**, 292
Abmahnaktion	BGH, 23.11.2006, I ZR 276/03	**UWG § 9**, 9, 28
Abmahnaktion II	BGH, 26.04.2018, I ZR 248/16	**UWG § 8**, 359, 372, 387
abmahnende Anwälte	OLG Köln, 08.10.2010, 6 U 88/10	**UWG § 4 Nr. 1**, 56
Abmahnkostenersatz	BGH, 08.05.2008, I ZR 83/06	**UWG § 9**, 50; **§ 12**, 127, 130, 273, 525
Abmahnkostenverjährung	BGH, 26.09.1991, I ZR 149/89	**UWG § 11**, 9

Stichwort	Gericht, Datum, Aktenzeichen	Zitierstelle, Rdn.
Abnehmen mit ALMASED	HansOLG Hamburg, 24.05.2017, 5 U 174/16	**UWG § 12 Anh. I**, 132
Abnehmerverwarnung	BGH, 23.02.1995, I ZR 15/93	**UWG § 4 Nr. 4**, 118, 119; **§ 8**, 102
Abo-Fallen	OLG Frankfurt/Main, 04.12.2008, 6 U 186/07	**UWG § 10**, 1, 10
Abruf-Coupon	BGH, 07.12.1989, I ZR 237/87	**UWG § 8**, 49
Abschleppkosten-Inkasso	BGH, 26.01.2006, I ZR 83/03	**UWG § 2 Abs. 1 Nr. 1**, 71; **§ 2 Abs. 1 Nr. 6**, 7; **§ 3**, 38
Abschleppseile	BGH, 13.12.1984, I ZR 71/83	**UWG § 3a**, 91; **§ 5**, 310
Abschlusserklärung	BGH, 05.07.1990, I ZR 148/88	**UWG § 12**, 506, 507
Abschlussschreiben	BGH, 12.12.2006, VI ZR 188/05	**UWG § 9**, 49
Abschlussstück	BGH, 05.12.2002, I ZR 91/00	**UWG § 5**, 104, 375
Abschlußschreiben	BGH, 05.12.1980, I ZR 179/78	**UWG § 11**, 89, 91, 102
Absperrband-Aktion	OLG Stuttgart, 15.09.2005, 2 U 60/05	**UWG § 4 Nr. 4**, 17, 142
Abwehrblatt	BGH, 28.02.1985, I ZR 174/82	**UWG Einl.**, 371
Abwehrblatt II	BGH, 10.12.1985, KZR 22/85	**UWG Einl.**, 371; **§ 4 Nr. 4**, 10, 151, 153
Abwerbung von Handelsvertretern	OLG Oldenburg, 19.04.2012, 1 U 98/07	**UWG § 4 Nr. 1**, 57
Achmea/Slowakische Republik	EuGH, 06.03.2018, C-284/16	**UWG Einl.**, 86, 87, 96
ACI Adam	EuGH, 10.04.2011, C- 435/12	**UWG Einl.**, 80
»Acryl« und »Cotton« als Textilkennzeichnung	OLG München, 20.10.2016, 6 U 2046/16	**UWG § 3a**, 134; **§ 12**, 170, 188, 421
Acrylglas	BGH, 21.06.1967, Ib ZR 159/64	**UWG § 5**, 286, 300; **§ 12 Anh. I**, 169
ad-hoc-Meldung	BGH, 29.06.2000, I ZR 128/98	**UWG § 3**, 41, 45, 48, 62; **§ 4 Nr. 4**, 149, 151; **§ 12 Anh. I**, 137
Adeneler	EuGH, 04.07.2006, C-212/04	**UWG Einl.**, 58
Adidas/Fitnessworld	EuGH, 23.10.2003, C-408/01	**UWG § 4 Nr. 1**, 12

Stichwort	Gericht, Datum, Aktenzeichen	Zitierstelle, Rdn.
Adler im Kreis	OLG München, 05.02.2015, 6 U 3249/14	**UWG § 12**, 159, 206
Advanced System	OLG Karlsruhe, 09.11.2016, 6 U 37/15	**GeschGehG § 13**, 7
Afghanistan Papiere	BGH, 01.06.2017, I ZR 139/15	**UWG Einl.**, 55; **§ 1**, 34, 49; **§ 7**, 29
afilias.de	BGH, 24.04.2008, I ZR 159/05	**UWG § 4 Nr. 4**, 138; **§ 5**, 108
Afterlife	BGH, 06.10.2016, I ZR 154/15	**UWG § 8**, 263
AG2R Prévoyance	EuGH, 03.03.2011, C-437/09	**UWG § 2 Abs. 1 Nr. 6**, 6
AGCM/Wind und Vodafone	EuGH, 13.09.2018, C-54/17 und C-55/17	**UWG Einl.**, 165, 167; **§ 1**, 43; **§ 3**, 92, 114, 130; **§ 3 Anh. zu Abs. 3**, 8, 10, 19, 350, 354; **§ 4a**, 27, 33, 66; **§ 5**, 94, 253
ahd.de	BGH, 19.02.2009, I ZR 135/06	**UWG § 2 Abs. 1 Nr. 3**, 28; **§ 4 Nr. 4**, 22, 24, 127, 136, 137, 138, 139; **§ 8**, 107
Ahokainen und Leppik	EuGH, 28.09.2006, C-434/04	**UWG Einl.**, 127, 134
AIDOL	BGH, 08.02.2007, I ZR 77/04	**UWG § 4 Nr. 4**, 51
AIFA/Doc Generici	EuGH, 01.10.2015, C-452/14	**UWG Einl.**, 96, 99
Air Berlin	EuGH, 15.01.2015, C-573/13	**UWG § 5a**, 164; **PAngV Vorbem.**, 17, 21
Air Berlin	EuGH, 06.07.2017, C-290/16	**UWG § 3a**, 466; **PAngV Vorbem.**, 22, 26
AjS-Schriftenreihe	BGH, 30.11.1989, I ZR 191/87	**UWG Einl.**, 346
AKADEMIKS	BGH, 10.01.2008, I ZR 38/05	**UWG § 4 Nr. 4**, 128, 129, 130, 131, 132
Åkerberg Fransson	EuGH, 26.02.2013, C-617/10	**UWG Einl.**, 55

Stichwort	Gericht, Datum, Aktenzeichen	Zitierstelle, Rdn.
»Aktion Ausländerrückführung – für ein lebenswertes deutsches Augsburg«	BVerfG, 04.02.2010, 1 BvR 369/04, 1 BvR 370/04, 1 BvR 371/04	**UWG § 4 Nr. 1**, 28, 40
Aktivierungskosten	BGH, 08.10.1998, I ZR 107/97	**UWG § 12 Anh. I**, 163
Aktivierungskosten II	BGH, 02.06.2005, I ZR 252/02	**UWG § 4a**, 166; **§ 12 Anh. I**, 145, 146, 163, 180
AKUmed	HansOLG Hamburg, 15.02.2001, 3 U 126/99	**UWG § 4 Nr. 4**, 48
Al Di Meola	BGH, 05.11.2015, I ZR 88/13	**UWG § 8**, 175
Alan Wake	BGH, 12.05.2016, I ZR 43/15	**UWG § 12**, 580, 584
ALF	BGH, 17.06.1992, I ZR 182/90	**UWG Einl.**, 346
Alkoholintoxikation	BGH, 23.02.1999, VI ZR 140/98	**UWG § 4 Nr. 2**, 27
Alkoholtest	BGH, 15.11.1977, VI ZR 101/76	**UWG § 6**, 227
All Net Flat	BGH, 15.10.2015, I ZR 260/14	**UWG § 2 Abs. 1 Nr. 9**, 5; **§ 3**, 135; **§ 5**, 230, 233, 249, 409, 417
All-inclusive Testwochen	OLG Köln, 16.05.2008, 6 W 38/08	**UWG § 8**, 126
Allegro barbaro	OLG München, 28.01.2016, 29 U 2798/15	**UWG § 8**, 251
Alles kann besser werden	BGH, 19.04.2012, I ZB 80/11	**UWG § 1**, 7; **§ 3 Anh. zu Abs. 3**, 19; **§ 7**, 44
Alpenpanorama im Heißluftballon	BGH, 09.10.2013, I ZR 24/12	**UWG § 5a**, 96, 100, 108, 109, 111, 113
Alpensinfonie	BGH, 19.01.2006, I ZR 5/03	**UWG § 12 Anh. I**, 213
Alphaload	HansOLG Hamburg, 28.01.2009, 5 U 255/07	**UWG § 4 Nr. 2**, 31
Alpine Investments	EuGH, 10.05.1995, C-384/93	**UWG Einl.**, 153; **§ 5**, 61, 62, 63
Alt Luxemburg	BGH, 15.05.2003, I ZR 214/00	**UWG § 4 Nr. 3**, 63
Altautoverwertung	BGH, 26.09.2002, I ZR 293/99	**UWG § 3a**, 102
Altenburger Spielkartenfabrik	BGH, 29.06.1995, I ZR 24/93	**UWG Einl.**, 37
Altölentsorgung	OLG Celle, 16.06.2016, 13 U 26/16	**UWG § 12**, 364, 379, 384

Stichwort	Gericht, Datum, Aktenzeichen	Zitierstelle, Rdn.
Altunterwerfung	BGH, 26.09.1996, I ZR 265/95	**UWG § 12**, 79; **§ 12 Anh. I**, 118
Altunterwerfung II	BGH, 26.09.1996, I ZR 194/95	**UWG § 12**, 53, 79; **§ 12 Anh. I**, 118
Altunterwerfung IV	BGH, 06.07.2000, I ZR 243/97	**UWG § 12 Anh. I**, 118
Aluminiumräder	BGH, 15.07.2004, I ZR 37/01	**UWG § 4 Nr. 1**, 12; **§ 6**, 86
AMARULA/Marulablu	BGH, 27.03.2013, I ZR 100/11	**UWG § 3 Anh. zu Abs. 3**, 180, 183; **§ 5**, 165, 365, 491
ambiente.de	BGH, 17.05.2001, I ZR 251/99	**UWG § 8**, 255
Amplidect/ampliteq	BGH, 23.09.2015, I ZR 15/14	**UWG § 8**, 8, 60; **§ 12**, 202; **§ 12 Anh. I**, 125, 263
AMS Neve/Heritage Audio	EuGH, , C-172/18	**UWG § 14**, 43
Amtszustellung	OLG Jena, 26.11.2010, 2 U 190/10	**UWG § 12**, 368
An Evening with Marlene Dietrich	BGH, 21.06.2016, I ZR 43/14	**UWG § 14**, 12, 14
Anbieterkennzeichnung auf eBay	OLG Karlsruhe, 27.04.2006, 4 U 119/04	**UWG § 3a**, 599
Anbieterkennzeichnung im Internet	BGH, 20.07.2006, I ZR 228/03	**UWG § 3**, 143; **§ 3a**, 598; **PAngV § 1**, 66
Änderung der Voreinstellung	BGH, 29.03.2007, I ZR 164/04	**UWG § 4 Nr. 4**, 17, 38, 78; **§ 12 Anh. I**, 131, 154, 180, 184
Änderung der Voreinstellung II	BGH, 05.02.2009, I ZR 119/06	**UWG Einl.**, 385; **§ 1**, 9; **§ 2 Abs. 1 Nr. 1**, 15, 40; **§ 3a**, 59; **§ 4 Nr. 4**, 10, 17, 18, 38, 78; **§ 5**, 118
Änderung der Voreinstellung III	BGH, 28.10.2010, I ZR 174/08	**UWG § 1**, 27; **§ 4 Nr. 4**, 157; **§ 8**, 199, 200, 201
Änderung der Wettbewerbslage	OLG Koblenz, 13.04.1995, 6 U 130/95	**UWG § 8**, 94
Anerkannter Kfz-Sachverständiger	BGH, 23.05.1984, I ZR 140/82	**UWG § 5**, 469
ANETT	EuGH, 26.04.2012, C-456/10	**UWG Einl.**, 124

Stichwort	Gericht, Datum, Aktenzeichen	Zitierstelle, Rdn.
Anfängl. effekt. Jahreszinssatz	BGH, 02.10.1988, I ZR 5/88	**PAngV § 6**, 14
Anforderungsscheck für Barauszahlungen	BGH, 18.12.1981, I ZR 198/79	**UWG § 5**, 424
Angebotsmanipulation bei Amazon	BGH, 03.03.2016, I ZR 140/14	**UWG § 8**, 142
angehaltene Mobiltelefone	OLG Dresden, 02.03.2016, 14 U 106/16	**UWG § 12**, 38
Angstwerbung	BGH, 12.06.1986, I ZR 52/84	**UWG § 4a**, 134, 135, 136
Ankle Tube	OLG Frankfurt/Main, 01.06.2011, 6 W 12/11	**UWG § 12**, 410
Anlegerbrief	OLG Köln, 17.01.2014, 6 U 167/13	**UWG § 3a**, 252, 273, 275, 276
anlehnende Arzneimittelwerbung	BVerfG, 01.08.2001, 1 BvR 1188/92	**UWG § 4 Nr. 1**, 52
Annoncen-Avis	BGH, 12.10.1989, I ZR 155/87	**UWG Einl.**, 368; **§ 3**, 51; **§ 4 Nr. 4**, 21
Anomar	EuGH, 11.09.2003, C-6/01	**UWG § 3 Anh. zu Abs. 3**, 217
Anonymisierte Mitgliederliste	BGH, 18.10.1995, I ZR 126/93	**UWG § 12**, 17
Anonymisierte Mitgliederliste	BGH, 18.10.1996, I ZR 126/93	**UWG § 8**, 337, 338
Anreißgerät	BGH, 16.11.1954, I ZR 180/53	**UWG vor § 17-19**, 34
Anruf-Linientaxi	OLG Frankfurt/Main, 22.11.2017, 6 W 93/17	**UWG § 12 Anh. II**, 35, 55
Anschriftenliste	BGH, 29.06.2006, I ZR 235/03	**UWG § 12 Anh. I**, 153
Ansprechen in der Öffentlichkeit	BGH, 01.04.2004, I ZR 227/01	**UWG § 7**, 14
Ansprechen in der Öffentlichkeit II	BGH, 09.09.2004, I ZR 93/02	**UWG § 4a**, 40; **§ 7**, 14, 43, 56, 57, 73; **§ 12 Anh. I**, 159, 170, 180
Ansprechpartner	BGH, 21.04.2016, I ZR 151/15	**UWG § 2 Abs. 1 Nr. 3**, 5, 23, 25; **§ 4 Nr. 1**, 19; **§ 5**, 152, 190
Anspruchsverzicht	HansOLG Hamburg, 24.11.1988, 3 U 106/88	**UWG § 11**, 111
Antirefluxplastik	OLG Köln, 16.06.2008, 5 U 238/07	**UWG § 12**, 323
Antwortpflicht des Abgemahnten	BGH, 19.10.1989, I ZR 63/88	**UWG § 9**, 37; **§ 12**, 8, 24, 44

Stichwort	Gericht, Datum, Aktenzeichen	Zitierstelle, Rdn.
Anwalts- und Steuerkanzlei	BGH, 19.04.2001, I ZR 46/99	**UWG § 3**, 135
Anwalts-Eilbrief	BGH, 30.04.1987, I ZR 8/85	**UWG § 12**, 49
Anwaltsabmahnung	BGH, 12.04.1984, I ZR 45/82	**UWG Einl.**, 33; **§ 8**, 345; **§ 12**, 130
Anwaltsabmahnung II	BGH, 06.04.2017, I ZR 33/16	**UWG § 1**, 18; **§ 3a**, 499; **§ 8**, 292, 296, 299, 301; **§ 12**, 127, 130, 135, 273
Anwaltsberatung	BGH, 21.12.1966, Ib ZR 146/64	**UWG § 4 Nr. 1**, 14
Anwaltsranking	BVerfG, 07.11.2002, 1 BvR 580/02	**UWG § 4 Nr. 2**, 17; **§ 6**, 220, 225
Anwaltsschreiben an Fondsanleger	BGH, 10.07.2014, I ZR 188/12	**UWG § 3a**, 252
Anzeigenauftrag	BGH, 31.05.1990, I ZR 228/88	**UWG § 8**, 201
Anzeigenblatt	BGH, 27.01.1956, I ZR 146/54	**UWG § 1**, 3
Anzeigenmarkt	BGH, 18.12.1979, KVR 2/79	**UWG § 3**, 64
Anzeigenpreis I	BGH, 26.04.1990, I ZR 71/88	**UWG § 4 Nr. 4**, 152, 153; **§ 8**, 392
Anzeigenrubrik I	BGH, 25.04.1991, I ZR 134/90	**UWG § 8**, 200; **§ 12 Anh. I**, 162, 163
Apfelmadonna	BGH, 13.10.1965, Ib ZR 111/63	**UWG Einl.**, 352
Apothekenabgabepreis	BGH, 31.03.2016, I ZR 31/15	**UWG § 3**, 131; **§ 5**, 253, 397, 401, 409; **§ 12**, 273; **§ 12 Anh. I**, 139
Apothekenbetriebserlaubnis	OLG Saarbrücken, 06.12.2006, 4 U 484/06	**UWG § 3a**, 145
Apothekengutschein	KG, 13.03.2018, 5 U 97/15	**UWG § 3a**, 211
Apothekenzeitschriften	BGH, 06.05.1993, I ZR 144/92	**UWG § 9**, 87
Appartement-Hotelanlage	BGH, 21.04.1998, VI ZR 196/97	**UWG § 4 Nr. 1**, 10
Applikationsarzneimittel	BGH, 26.04.2018, I ZR 121/17	**UWG § 3a**, 40, 157, 213, 237
Aquaflam	BGH, 15.12.2017, I ZR 258/14	**UWG § 12 Anh. I**, 325, 329
Aquavit	BGH, 29.05.1991, I ZR 204/89	**UWG § 5**, 199, 253, 254, 256

Stichwort	Gericht, Datum, Aktenzeichen	Zitierstelle, Rdn.
Äquipotenzangabe in Fachinformation	BGH, 07.05.2015, I ZR 29/14	**UWG § 2 Abs. 1 Nr. 1**, 27; **§ 3a**, 70, 203, 383, 384; **§ 5**, 101, 346; **§ 12 Anh. I**, 290
Arbeitnehmerüberlassung	BGH, 23.06.2016, I ZR 71/15	**UWG § 1**, 10, 11, 14, 18; **§ 2 Abs. 1 Nr. 3**, 28; **§ 3a**, 58, 100, 112, 113, 114, 172; **§ 12 Anh. I**, 175
Arbeitsplätze bei uns	BGH, 09.02.1995, I ZR 44/93	**UWG § 4a**, 150
Arcor	EuGH, 17.07.2008, C-152/07 bis C-154/07	**UWG Einl.**, 71
ARD-Buffet	BGH, 26.01.2017, I ZR 207/14	**UWG § 1**, 7, 14, 18, 52; **§ 2 Abs. 1 Nr. 3**, 7, 11; **§ 3**, 94; **§ 3a**, 87, 104, 324, 551, 552, 553, 554, 555, 560; **§ 5a**, 211; **§ 12 Anh. I**, 124, 127, 138, 170, 171, 177
ARGE Phoenix	OLG Jena, 08.04.2009, 2 U 901/08	**UWG § 4 Nr. 1**, 58
Armbanduhr	BGH, 28.01.2016, I ZR 40/14	**UWG § 4 Nr. 4**, 125
Arsenal	EuGH, 12.11.2002, C-206/10	**UWG § 5**, 495
Artenschutz	BGH, 22.09.2005, I ZR 55/02	**UWG § 4a**, 150; **§ 7**, 39
Artikel auf Internetportal »recht § billig«	BGH, 28.07.2015, VI ZR 340/14	**UWG § 4 Nr. 1**, 9
ARTROSTAR	BGH, 15.03.2012, I ZR 44/11	**UWG § 3a**, 290; **§ 5**, 345
Artrostar	BGH, 15.03.2012, I ZR 44/11	**UWG § 12 Anh. I**, 289
Arzneimittel-Reimport	BGH, 19.10.2000, I ZR 89/98	**UWG § 8**, 23
Arzneimitteldatenbank	BGH, 17.08.2011, I ZR 13/10	**UWG § 3a**, 223
Arzneimittelpräsentation im Internet II	BGH, 09.10.2011, I ZR 223/06	**UWG § 3a**, 420
Arzneimittelversand durch Apotheken	BGH, 06.04.2000, I ZR 294/97	**UWG § 8**, 376

Stichwort	Gericht, Datum, Aktenzeichen	Zitierstelle, Rdn.
Arzneimittelversandhandel	BGH, 19.12.2002, I ZB 24/02	**UWG § 12 Anh. I**, 10
Arzneimittelversorgung	BGH, 15.09.1999, I ZB 59/98	**UWG § 12 Anh. I**, 18
Arzneimittelwerbung im Internet	BGH, 30.03.2006, I ZR 24/03	**UWG Einl.**, 188, 220, 275, 276; **§ 3a**, 178, 186; **§ 14**, 38
Arzt-Seminare	OLG München, 09.06.2011, 29 U 2026/08	**UWG § 2 Abs. 1 Nr. 5**, 12
Ärztlicher Bezirksverein	RG, 07.04.1914, 4 D 1386/13	**UWG § 1**, 1
Arztschreiber	BGH, 01.12.1965, Ib ZR 155/63	**UWG § 12 Anh. I**, 233
Arztwerbung im Internet	BGH, 09.10.2003, I ZR 167/01	**UWG § 3a**, 241
Asbestimporte	BGH, 09.05.1980, I ZR 76/78	**UWG § 3a**, 89, 91
Asociación Profesional Elite Taxi/Uber Systems SpainSL	EuGH, 20.12.2017, C-434/15	**UWG § 3a**, 503
Atemtest	BGH, 23.06.2005, I ZR 194/02	**UWG § 3**, 29; **§ 3a**, 68, 73, 75, 79, 110, 169, 191, 194, 196, 197; **§ 8**, 9, 14; **§ 9**, 23
Atemtest II	BGH, 23.06.2005, I ZR 194/02	**UWG § 3a**, 137
Atemtest II	BGH, 24.09.2013, I ZR 73/12	**UWG § 3a**, 69, 197
auch zugelassen am OLG Frankfurt	BGH, 20.02.2013, I ZR 146/12	**UWG § 2 Abs. 1 Nr. 3**, 21; **§ 5**, 204
Aufklärungspflicht des Abgemahnten	BGH, 19.06.1986, I ZR 65/84	**UWG § 12**, 44, 109
Aufklärungspflicht des Unterlassungsschuldners	BGH, 07.12.1989, I ZR 62/88	**UWG § 12**, 44
Aufklärungspflicht gegenüber Verbänden	BGH, 05.05.1988, I ZR 151/86	**UWG § 12**, 44; **§ 12 Anh. I**, 300
Aufruf zur Kontokündigung	BGH, 06.02.2014, I ZR 75/13	**UWG § 4 Nr. 4**, 141, 148
Aufschiebende Wirkung	BGH, 17.08.2011, I ZB 20/11	**UWG § 12 Anh. II**, 114, 120

Stichwort	Gericht, Datum, Aktenzeichen	Zitierstelle, Rdn.
Auftragsbestätigung	BGH, 17.08.2011, I ZR 134/10	**UWG § 3 Anh. zu Abs. 3**, 280, 352, 353, 355; **§ 5**, 120; **§ 7**, 78, 84, 85, 86, 111; **§ 8**, 193
Aufzeichnungspflicht	BGH, 27.04.2017, I ZR 215/15	**UWG § 1**, 10, 11, 18; **§ 3a**, 106, 580
Augenakupunktur	OLG Jena, 22.04.2015, 2 U 723/14	**UWG § 12**, 474
Augenarztanschreiben	BGH, 28.09.2000, I ZR 141/98	**UWG § 12 Anh. I**, 154
Augsburger Puppenkiste	BGH, 18.12.2008, I ZR 200/06	**UWG Einl.**, 353
…aus Altpapier	BGH, 20.10.1988, I ZR 238/87	**UWG § 5**, 300, 348
Ausbeinmesser	BGH, 02.04.2009, I ZR 199/06	**UWG § 4 Nr. 3**, 32, 36, 37, 59, 66, 68, 83
Ausbildungsverträge	BGH, 16.11.1995, I ZR 177/93	**PAngV § 6**, 8; **§ 6c**, 2
Auschwitzlüge	BVerfG, 13.04.1994, 1 BvR 23/94	**UWG § 4 Nr. 1**, 35, 36, 50; **§ 4 Nr. 2**, 16, 17
Ausgelagerte Rechtsabteilung	OLG Köln, 22.01.2010, 6 W 149/09	**UWG § 12**, 177, 178, 190
Auskunft der IHK	BGH, 22.04.2009, I ZR 176/06	**UWG § 1**, 17; **§ 3**, 3, 28, 30, 39
Auskunft über Notdienste	BGH, 24.02.1994, I ZR 59/92	**UWG § 8**, 15
Auskunft über Tintenpatronen	BGH, 18.12.2008, I ZB 68/08	**UWG § 9**, 124, 139
Auskunftsanspruch gegen Provider	LG München, 02.09.2003, 33 O 20922/02	**UWG § 8**, 400
ausländischer Broker	BGH, 09.03.2010, XI ZR 93/09	**UWG § 14**, 14
Ausländischer Gerichtsstand	KG, 25.04.2014, 5 U 178/11	**UWG § 8**, 22
Auslandsschule	BGH, 05.06.1962, VI ZR 236/61	**UWG § 12 Anh. I**, 233
Auslaufmodelle I	BGH, 03.12.1998, I ZR 63/96	**UWG § 5**, 216, 290; **§ 5a**, 28; **§ 12 Anh. I**, 287
Auslaufmodelle II	BGH, 03.12.1998, I ZR 74/96	**UWG § 5**, 216; **§ 5a**, 1, 24; **§ 12 Anh. I**, 163, 184

Stichwort	Gericht, Datum, Aktenzeichen	Zitierstelle, Rdn.
Auslaufmodelle III	BGH, 06.10.1999, I ZR 92/97	**UWG § 5**, 290; **§ 5a**, 28; **§ 12 Anh. I**, 134, 154, 156, 166, 180
Ausschank unter Eichstrich	BGH, 21.04.1983, I ZR 30/81	**UWG Einl.**, 385; **§ 5**, 356
Ausschank unter Eichstrich II	BGH, 10.12.1986, I ZR 136/84	**UWG § 5**, 352, 356
Ausschließliche Zuständigkeit bei Vertragsstrafeansprüchen	BGH, 19.10.2016, I ZR 93/15	**UWG § 8**, 25
Ausschreibung in Bulgarien	BGH, 11.02.2010, I ZR 85/08	**UWG Einl.**, 248, 290
Ausschreibung von Vermessungsleistungen	BGH, 15.05.2003, I ZR 292/00	**UWG § 3a**, 427
auswärtiger Rechtsanwalt VI	BGH, 11.12.2007, X ZB 21/07	**UWG § 12**, 121
auswärtiger Rechtsanwalt VII	BGH, 02.10.2008, I ZB 96/07	**UWG § 12**, 127, 130, 131
aut-idem-Substitution	KG, 11.09.2012, 5 U 57/11	**UWG § 3a**, 152, 153
Auto '94	BGH, 23.10.1997, I ZR 123/95	**UWG § 11**, 72
Auto F. GmbH	BGH, 05.11.1987, I ZR 212/85	**UWG § 9**, 8
»Autocomplete«-Funktion	BGH, 14.05.2013, VI ZR 269/12	**UWG § 8**, 153
Autoglas-Reparatur	OLG Naumburg, 28.12.2006, 10 W 78/06	**UWG § 12 Anh. II**, 66
Automatenaufsteller	BGH, 24.04.1997, I ZR 210/94	**UWG § 4 Nr. 4**, 35, 37
Automobil-Onlinebörse	BGH, 22.06.2011, I ZR 159/10	**UWG § 1**, 13; **§ 3**, 40; **§ 4 Nr. 4**, 2, 20, 22, 23, 24, 54, 59, 73, 75, 87, 90
Außendienstmitarbeiter	BGH, 11.01.2007, I ZR 96/04	**UWG Einl.**, 389; **§ 3**, 29; **§ 4 Nr. 4**, 2, 22, 23, 34, 72, 94, 97, 98, 100
Außenleuchte	BGH, 31.05.1957, I ZR 163/55	**UWG § 5**, 225; **§ 5a**, 1, 24
Außenseiteranspruch II	BGH, 01.12.1999, I ZR 130/96	**UWG § 4 Nr. 4**, 68, 69, 72, 73, 74

Stichwort	Gericht, Datum, Aktenzeichen	Zitierstelle, Rdn.
AVAD	OLG Hamm, 09.05.2003, 35 U 59/02	**UWG § 4 Nr. 4**, 98, 99, 100
AWO	EuGH, 27.01.2005, C-188/03	**UWG Einl.**, 62
Aztekenofen	OLG Köln, 21.03.2014, 6 U 181/13	**UWG § 8**, 182
B-Vitamine	BGH, 12.07.2018, I ZR 162/16	**UWG § 3**, 135; **§ 3a**, 351, 354, 357
Babes und Zicken	HansOLG Hamburg, 26.05.2004, 5 U 129/03	**UWG § 6**, 124, 226
Bach-Blütenprodukte	OLG Hamm, 07.10.2014, 4 U 138/13	**UWG § 3a**, 355
Bäckerfachzeitschrift	BGH, 03.07.1981, I ZR 84/79	**UWG § 1**, 3; **§ 3**, 35, 51, 64
Ballerinaschuh	BGH, 11.01.2018, I ZR 187/16	**UWG § 4 Nr. 3**, 2, 8, 13, 15, 24, 31, 45, 54, 56, 60, 61, 106, 108; **§ 4 Nr. 4**, 117, 119, 120, 121, 123, 125, 126; **§ 4a**, 108, 109; **§ 5**, 459
Balocci	EuGH, 20.10.1993, C-10/92	**UWG Einl.**, 69
Bananabay II	BGH, 13.01.2011, I ZR 125/07	**UWG § 4 Nr. 4**, 51; **§ 5**, 93; **§ 12**, 321
Banca Românească	EuGH, 20.09.2017, C-186/16	**UWG § 5**, 168
Barcode-Label	OLG Köln, 27.03.2015, 6 U 185/14	**UWG § 12 Anh. I**, 126
Barhocker	OLG Frankfurt/Main, 02.12.2014, 11 U 73/14	**UWG § 12**, 463
Barilla	BGH, 22.11.2012, I ZR 72/11	**UWG § 3a**, 450, 451, 455
Basisinsulin mit Gewichtsvorteil	BGH, 06.02.2013, I ZR 62/11	**UWG § 3a**, 383; **§ 3 Anh. zu Abs. 3**, 33; **§ 5**, 39, 101, 136, 160, 183, 343, 344, 345; **§ 12 Anh. I**, 149, 290
Basler Haar-Kosmetik	BGH, 09.11.2011, I ZR 150/09	**UWG § 4 Nr. 4**, 135; **§ 5**, 108; **§ 12 Anh. I**, 71
Bau-Chemie	BGH, 19.11.1965, Ib ZR 122/63	**UWG Einl.**, 389; **§ 4 Nr. 4**, 94, 95
Bauausschreibungen	BGH, 02.04.1992, I ZR 217/90	**UWG § 4 Nr. 2**, 45

Stichwort	Gericht, Datum, Aktenzeichen	Zitierstelle, Rdn.
Bauernfängerei	BGH, 16.11.2004, VI ZR 298/03	**UWG § 4 Nr. 2**, 17
Bauernfängerei	BVerfG, 08.05.2007, 1 BvR 193/05	**UWG § 4 Nr. 1**, 33
Baugruppe	BGH, 10.01.2008, I ZR 67/05	**UWG § 4 Nr. 3**, 71
Bauheizgerät	BGH, 15.12.2011, I ZR 174/10	**UWG § 8**, 346, 348, 351, 358, 360, 361, 372, 387, 393; **§ 12**, 87, 118, 121, 152; **GeschGehG § 14**, 9, 12
Baumann II	BGH, 23.06.2016, I ZR 241/14	**UWG Einl.**, 349, 358, 364; **§ 3**, 74; **§ 4 Nr. 3**, 12, 27; **§ 5**, 30, 105, 367, 375, 379, 489
Baumaschinen	BGH, 23.04.1975, I ZR 3/74	**UWG § 4 Nr. 4**, 102
Bauschuttsortieranlage	BGH, 24.10.2000, X ZR 15/98	**UWG § 8**, 80
Bayerischer Brauerbund/ Bavaria	EuGH, 02.07.2009, C-343/07	**UWG Einl.**, 86
BBC/DDC	BGH, 11.03.1982, I ZR 58/80	**UWG § 8**, 89, 92; **§ 9**, 5
BearShare	BGH, 08.01.2014, I ZR 169/12	**UWG § 3a**, 136
Beatles-Doppel-CD	BGH, 18.12.1997, I ZR 79/95	**UWG § 9**, 19
Beauftragendenhaftung	BGH, 04.04.2012, I ZR 103/11	**UWG § 8**, 186, 198
bedingte Unterwerfung	BGH, 01.04.1993, I ZR 136/91	**UWG § 8**, 19, 20; **§ 12**, 53, 466
Beele	EuGH, 02.03.1982, Rs. 6/81	**UWG Einl.**, 138, 142
Beförderungsauftrag	BGH, 05.10.1989, I ZR 201/87	**UWG § 4 Nr. 4**, 109
begrenzte Preissenkung	BGH, 19.12.2002, I ZR 160/00	**UWG § 8**, 35, 36; **§ 12**, 109, 263; **§ 12 Anh. I**, 324
Behinderung der Jagdausübung	BGH, 05.02.1998, III ZR 103/97	**UWG § 12 Anh. II**, 99
Beipackzettel	*BGH, 10.03.1994, I ZR 51/92*	**UWG § 5a**, 201

Stichwort	Gericht, Datum, Aktenzeichen	Zitierstelle, Rdn.
Beistellung von Werbeanzeigen	LG Ravensburg, 20.03.2015,	**UWG § 2 Abs. 1 Nr.** 7, 5
Beitragsrechnung	BGH, 13.02.1992, I ZR 79/90	**UWG § 3**, 128
Beißhemmungen	HansOLG Hamburg, 09.03.2000, 3 U 175/99	**UWG § 4 Nr. 1**, 15
Bekömmliches Bier	BGH, 17.05.2018, I ZR 252/16	**UWG § 3**, 130, 140, 142; **§ 3a**, 343
Bekömmliches Bier	OLG Stuttgart, 03.11.2016, 2 U 37/16	**UWG § 12 Anh. I**, 146
Belästigung in Fahrzeugschlange	OLG Frankfurt/Main, 06.10.2016, 6 U 61/16	**UWG § 12**, 211
belegte Wirksamkeit	OLG Köln, 22.03.2013, 6 U 12/13	**UWG § 12**, 190
Belegvorlagepflicht	HansOLG Hamburg, 30.09.2004, 3 U 46/03	**UWG § 9**, 127
Belgian Electronic Sorting Technology	EuGH, 11.07.2013, C-657/11	**UWG § 6**, 15, 16, 59, 60, 62, 67, 87, 99, 104, 108, 124, 128; **§ 7**, 48, 98, 123
Belgien/Spanien [Rioja]	EuGH, 16.05.2000, C-388/95	**UWG § 5**, 60
Bellamy	EuGH, 05.04.2001, C-123/00	**UWG § 5**, 208
Benetton Werbung	BVerfG, 12.12.2000, 1 BvR 1762/95	**UWG § 1**, 52; **§ 3**, 1, 25, 87; **§ 5**, 77, 78
Benetton Werbung II	BVerfG, 11.03.2003, 1 BvR 426/02	**UWG § 3**, 87; **§ 7**, 39
Benetton/G-Star	EuGH, 20.09.2007, C-371/06	**UWG Einl.**, 87
Benzinwerbung	BGH, 19.05.1988, I ZR 170/86	**UWG § 2 Abs. 1 Nr. 1**, 27; **§ 5**, 310
Beratung bei Kapitalanlagegeschäften	BGH, 25.03.1997, VI ZR 102/96	**UWG § 4 Nr. 2**, 17
Beratung bei psycho-sozialem Stress	OLG Frankfurt/Main, 28.05.2015, 6 U 51/14	**UWG § 3a**, 548
Beratung zum Pauschalpreis von 20 Euro	OLG Stuttgart, 28.12.2006, 2 U 134/06	**UWG § 3a**, 257
Beratungskompetenz	BGH, 19.09.1996, I ZR 124/94	**UWG § 12 Anh. I**, 285
Beratungsprämie für Apotheker	OLG Celle, 29.04.2010, 13 U 151/09	**UWG § 8**, 169, 173
BergSpechte	EuGH, 25.03.2010, C-278/08	**UWG § 6**, 52, 62, 67, 99, 104, 139

Stichwort	Gericht, Datum, Aktenzeichen	Zitierstelle, Rdn.
Bericht über Haftlockerungen	BGH, 09.03.2010, VI ZR 52/09	**UWG § 12**, 64
berlin location	HansOLG Hamburg, 07.03.2002, 3 U 325/01	**UWG § 12**, 249
Berserker	KG, 18.10.2016, 5 W 210/16	**UWG § 12**, 258
Berühmung	BGH, 09.10.1986, I ZR 158/84	**UWG § 12**, 492, 496, 499
Berühmungsaufgabe	BGH, 31.05.2001, I ZR 106/99	**UWG § 8**, 63; **§ 12**, 264
Beschädigte Verpackung	BGH, 20.02.1992, I ZR 32/90	**UWG § 12 Anh. I**, 180
Beschädigte Verpackung II	BGH, 27.04.1995, I ZR 11/93	**UWG § 11**, 40
Beschäftigungsverbot für unlauter abgeworbene Arbeitnehmer	OLG Frankfurt, 01.03.2018, 6 U 165/17	**UWG § 9**, 42
Beschwer des Unterlassungsschuldners	BGH, 24.01.2013, I ZR 174/11	**UWG § 12**, 476
Besonderer Mechanismus	BGH, 12.07.2011, X ZR 56/09	**UWG § 4 Nr. 4**, 116; **§ 12**, 5
bessere Energie	OLG Saarbrücken, 18.12.2013, 1 U 36/13	**UWG § 4 Nr. 1**, 20, 56; **§ 12**, 506
Best/Peelaers	EuGH, 11.07.2013, C-657/11	**UWG § 1**, 24
BEST/Visys	EuGH, 11.07.2013, C-657/11	**UWG Einl.**, 172
Bestattungen	RG, 09.11.1934, II 171/34	**UWG § 1**, 1, 3
Bestattungswerbung	BGH, 08.07.1955, I ZR 52/54	**UWG § 1**, 3; **§ 7**, 1, 66
Bestellnummernübernahme	BGH, 02.12.2004, I ZR 273/01	**UWG § 6**, 61, 102, 142, 149, 150, 151, 161
Bestellschreiben	BGH, 07.10.1982, I ZR 93/80	**UWG § 4 Nr. 4**, 48
Bester Preis der Stadt	BGH, 19.04.2012, I ZR 173/11	**UWG § 5**, 412
Bester Reifenservice	OLG Düsseldorf, 08.11.2016, HKO 2/15	**UWG § 2 Abs. 1 Nr. 7**, 5
Beta	BGH, 17.03.1994, I ZR 304/91	**UWG § 12**, 318
Beta Layout	BGH, 22.01.2009, I ZR 30/07	**UWG § 4 Nr. 4**, 28, 46, 52
Beteiligungsverbot für Schilderpräger	BGH, 28.09.1999, KZR 18/98	**UWG § 4 Nr. 4**, 10, 17, 140, 141, 147; **§ 4a**, 15
Betonklinker	BGH, 18.02.1982, I ZR 23/80	**UWG § 5**, 211, 212, 287

Stichwort	Gericht, Datum, Aktenzeichen	Zitierstelle, Rdn.
Betonstahl	BGH, 20.10.2005, I ZR 10/03	**UWG § 3a**, 73, 130, 220
Betonsteinelemente	BGH, 21.03.1991, I ZR 158/89	**UWG § 4 Nr. 3**, 61, 100
Betonzusatzmittel	BGH, 14.07.1961, I ZR 40/60	**UWG § 2 Abs. 1 Nr. 1**, 51; **§ 4 Nr. 1**, 48; **§ 6**, 3, 42, 47
Betriebsbeobachtung	BGH, 16.07.2009, I ZR 56/07	**UWG § 4**, 1; **§ 4 Nr. 4**, 1, 12, 32, 90, 106, 107, 110; **§ 12 Anh. I**, 182
Betriebskrankenkasse	BGH, 18.01.2012, I ZR 170/10	**UWG § 2 Abs. 1 Nr. 6**, 16
Betriebskrankenkasse II	BGH, 30.04.2014, I ZR 170/10	**UWG § 2 Abs. 1 Nr. 1**, 23, 65, 75; **§ 2 Abs. 1 Nr. 6**, 10, 13; **§ 3**, 39; **§ 5**, 484; **§ 8**, 16; **§ 12**, 273; **§ 12 Anh. I**, 11
Betriebspsychologe	BGH, 05.10.2017, I ZR 184/16	**UWG § 8**, 164, 218; **§ 12**, 202, 208, 305, 361, 429; **§ 12 Anh. I**, 64, 66, 72, 80, 96, 124, 129, 150, 187
Betriebsspionage	BGH, 16.03.1973, I ZR 154/71	**UWG § 4 Nr. 4**, 91, 110
Bettgestell	BGH, 29.06.2017, I ZR 9/16	**UWG § 4 Nr. 4**, 125
Bettwaren Made in Germany	OLG Frankfurt/Main, 25.06.2018, 6 W 9/18	**UWG § 12 Anh. II**, 56, 92
Bezugsquellen für Bachblüten	BGH, 11.12.2014, I ZR 113/13	**UWG § 2 Abs. 1 Nr. 1**, 7, 8, 23, 24, 25, 26, 32, 43, 50, 95; **§ 3**, 23; **§ 3 Anh. zu Abs. 3**, 18, 291; **§ 4 Nr. 1**, 14; **§ 5**, 116, 119; **§ 8**, 139, 351, 369, 375, 383

Stichwort	Gericht, Datum, Aktenzeichen	Zitierstelle, Rdn.
Bierbezug	BGH, 28.03.1969, I ZR 33/67	**UWG § 3a**, 91; **§ 4 Nr. 4**, 98
Bierbezugsvertrag	BGH, 20.10.1959, VIII ZR 136/58	**UWG § 12 Anh. I**, 31
Bierfahrer	BGH, 03.12.1969, I ZR 151/67	**UWG § 4 Nr. 4**, 41; **§ 9**, 42
Bigfoot	OLG Köln, 09.11.2007, 6 U 9/07	**UWG § 8**, 103
Bigfoot II	OLG Köln, 26.04.2013, 6 U 171/11	**UWG § 9**, 63, 66, 68, 71, 72, 82; **§ 10**, 20
Bilanzanalyse Pro 7	BGH, 22.01.1998, I ZR 177/95	**UWG § 4 Nr. 2**, 54; **§ 8**, 136
Bilanzbuchhalter	BGH, 13.12.1990, I ZR 103/89	**UWG § 5**, 249
Bildfragment	OLG Karlsruhe, 28.07.2004, 6 U 39/04	**UWG § 6**, 57
billiges Plagiat	OLG München, 11.12.2003, 29 U 4296/03	**UWG § 4 Nr. 1**, 57
BIO TABAK	BGH, 04.11.2010, I ZR 139/09	**UWG § 3a**, 27, 590, 591; **§ 5**, 297
Bio-Gewürze	BGH, 24.03.2016, I ZR 243/14	**UWG § 3a**, 490
Bio-Gewürze II	BGH, 29.03.2018, I ZR 243/14	**UWG § 3a**, 491; **§ 5**, 295; **§ 5a**, 160, 167
Bioäquivalenz-Werbung	BGH, 30.03.1989, I ZR 85/87	**UWG § 12**, 507
Biomineralwasser	BGH, 13.09.2012, I ZR 230/11	**UWG § 3**, 131, 138, 144; **§ 3a**, 442, 454, 481, 492; **§ 3 Anh. zu Abs. 3**, 38; **§ 4 Nr. 3**, 54; **§ 5**, 93, 175, 190, 191, 205, 293, 350; **§ 6**, 42, 203; **§ 12**, 208, 297, 305, 338, 421; **§ 12 Anh. I**, 66, 67, 68, 71, 73, 74, 99, 142, 147, 148, 149, 170; **PAngV Vorbem.**, 54
Bioresonanztherapie	OLG München, 08.12.2016, 29 U 1893/16	**UWG § 12**, 420, 422, 423

Stichwort	Gericht, Datum, Aktenzeichen	Zitierstelle, Rdn.
Brennwertkessel	BGH, 19.03.1998, I ZR 264/95	**UWG § 8**, 11, 14, 96; **§ 12 Anh. I**, 189, 337
BretarisGenuair	BGH, 30.03.2017, I ZR 263/15	**UWG § 4 Nr. 4**, 105; **§ 12**, 511, 513, 515, 516, 521, 524
Briefkästen »umweltfreundlich produziert«	OLG Köln, 10.02.2017, 6 U 22/16	**UWG § 8**, 372
Briefkastenwerbung	BGH, 30.04.1992, I ZR 287/90	**UWG § 7**, 109, 113
Brillen-Selbstabgabestellen	BGH, 18.12.1981, I ZR 34/80	**UWG § 1**, 4; **§ 2 Abs. 1 Nr. 1**, 72; **§ 8**, 90
Brillenpreise II	BGH, 28.11.1996, I ZR 197/94	**UWG § 12 Anh. I**, 163, 164, 183; **PAngV Vorbem.**, 3, 48; **§ 1**, 1
Brillenversorgung	BGH, 09.07.2009, I ZR 13/07	**UWG Einl.**, 165; **§ 3a**, 230, 237; **§ 5a**, 160; **§ 12 Anh. I**, 145, 170
Brillenversorgung II	BGH, 24.06.2010, I ZR 182/08	**UWG § 3**, 121; **§ 3a**, 230; **§ 4a**, 2, 146, 160, 172
Brillenwerbung	BGH, 18.05.2006, I ZR 116/03	**UWG § 8**, 286, 313
British American Tobacco	EuGH, 10.12.2002, C-491/01	**UWG Einl.**, 116
Brombeer-Muster	BGH, 22.01.1983, I ZR 177/80	**UWG § 4 Nr. 3**, 102
Brombeerleuchte	BGH, 19.01.1979, I ZR 166/76	**UWG § 4 Nr. 4**, 123; **§ 9**, 26
Brötchen-Gutschein	OLG Frankfurt/Main, 02.11.2017, 6 U 164/16	**UWG § 3a**, 208, 210
BRT/SABAM	EuGH, 30.01.1974, Rs. 127/73	**UWG Einl.**, 89
Brückentag	OLG Bamberg, 09.04.2018, 3 W 11/18	**UWG § 12**, 6, 23, 24
Brüning-Memoiren I	BGH, 30.05.1974, VI ZR 174/72	**UWG § 4 Nr. 2**, 19, 22
Brünova	BGH, 28.09.1973, I ZR 136/71	**UWG § 11**, 23, 24, 32, 33, 34, 37, 39, 48
Bryan Adams	HansOLG Hamburg, 28.11.2002, 3 U 77/02	**UWG § 12**, 471

Stichwort	Gericht, Datum, Aktenzeichen	Zitierstelle, Rdn.
BTK	BGH, 29.07.2009, I ZR 169/07	**UWG § 9**, 55, 63, 78, 79, 80, 81, 82, 84
Buchclub-Kopplungsangebot	BGH, 10.04.2003, I ZR 291/00	**UWG § 4a**, 166; **§ 5**, 416; **§ 12 Anh. I**, 129
Buchführungsbüro	BGH, 21.02.2008, I ZR 142/05	**UWG § 3a**, 582; **§ 5**, 465; **§ 8**, 17, 19, 24
Buchgeschenk vom Standesamt	BGH, 26.02.2009, I ZR 106/06	**UWG Einl.**, 328, 330, 391; **§ 3**, 3, 39; **§ 3a**, 91
Buchpreisbindung	BGH, 24.06.2003, KZR 32/02	**UWG § 3**, 40; **§ 3a**, 64
Buchstabe als Reißverschlussanhänger	OLG Köln, 28.10.2005, 6 U 75/05	**UWG § 9**, 127
Buchungssystem	BGH, 08.09.2013, I ZR 29/12	**PAngV Vorbem.**, 22; **§ 1**, 39
Buchungssystem II	BGH, 30.07.2015, I ZR 29/12	**UWG § 3a**, 51, 458, 461; **§ 5a**, 75, 160, 164; **§ 8**, 319; **PAngV Vorbem.**, 17, 20, 21, 22, 55; **§ 1**, 39, 75
Buddy-Bots	HansOLG Hamburg, 06.11.2014, 3 U 86/13	**UWG § 4 Nr. 4**, 36, 90
Budweis/Ammersin [American Bud II]	EuGH, 08.09.2009, C-478/07	**UWG § 5**, 188
Bundesdruckerei	BGH, 29.03.2007, I ZR 122/04	**UWG § 2 Abs. 1 Nr. 3**, 14; **§ 5**, 103, 145, 196, 252, 265, 432, 436, 449; **§ 8**, 88, 90
bundesligakarten.de	BGH, 11.09.2008, I ZR 74/06	**UWG § 4 Nr. 4**, 28, 30, 34, 35, 36, 67, 68, 72
»Bundesscheiße«	BVerfG, 30.09.2003, 1 BvR 865/00	**UWG § 4 Nr. 1**, 41
Buntstreifensatin II	BGH, 18.12.1968, I ZR 130/66	**UWG Einl.**, 354; **§ 3**, 29; **§ 4 Nr. 3**, 80
Bürgeranwalt	BGH, 06.12.2001, I ZR 316/98	**UWG § 12 Anh. I**, 124, 163, 170

Stichwort	Gericht, Datum, Aktenzeichen	Zitierstelle, Rdn.
Bürstle	EuGH, 18.10.2011, C-34/10	**UWG Einl.**, 82
Busengrapscher	BGH, 18.05.1995, I ZR 91/93	**UWG § 1**, 11
C.I.L.F.I.T	EuGH, 06.10.1982, C-283/81	**UWG Einl.**, 96, 99
Calcium im Mineralwasser	BGH, 30.01.2017, I ZR 257/15	**UWG § 3a**, 334
Call-by-Call	BGH, 09.02.2012, I ZR 178/10	**UWG § 5a**, 39, 42, 45, 49
Cambridge Institute	BGH, 28.06.2007, I ZR 49/04	**UWG Einl.**, 218; **§ 14**, 22
Canal Digital Danmark	EuGH, 26.10.2016, C-611/14	**UWG § 1**, 23; **§ 2 Abs. 1 Nr. 8**, 5, 9; **§ 3 Anh. zu Abs. 3**, 82; **§ 5**, 25, 29, 32, 236; **§ 5a**, 5, 11, 16, 40, 44, 61, 63, 74, 81, 83; **PAngV Vorbem.**, 42; **§ 1**, 16, 25, 27
Canesten	HansOLG Hamburg, 31.10.2013, 3 U 171/12	**UWG § 12**, 174; **§ 12 Anh. I**, 88, 141
Carl Zeiss	Oberstes Gericht, 23.03.1961, 1 Zu 4/60 Pa	**UWG Einl.**, 37
Cartesio	EuGH, 16.12.2008, C-210/06	**UWG Einl.**, 100
Cartier v. British Sky	High Court, 17.10.2014, [2016] EWCA Civ 658	**UWG § 8**, 244
Cartier-Armreif	BGH, 24.03.1994, I ZR 42/93	**UWG § 4 Nr. 3**, 110, 111, 117; **§ 8**, 112; **§ 9**, 30, 103, 117, 133, 136; **§ 12**, 265; **§ 12 Anh. I**, 214, 215, 219, 221
Cartier-Ring	BGH, 23.01.2003, I ZR 18/01	**UWG § 9**, 125, 127, 131; **§ 12 Anh. I**, 218
Casellapark	OLG Frankfurt/Main, 01.06.2017, 6 U 17/17	**UWG § 12**, 174, 175
Cassis de Dijon	EuGH, 20.02.1979, Rs. 120/78	**UWG Einl.**, 121, 122, 139, 140; **§ 5**, 45, 46, 47
Catwalk	BGH, 23.06.2005, I ZR 263/02	**UWG § 9**, 56, 75, 76, 81, 82

Stichwort	Gericht, Datum, Aktenzeichen	Zitierstelle, Rdn.
CE-Kennzeichnung	BGH, 09.07.2009, I ZR 193/06	**UWG § 3a**, 186, 475, 476
Centrafarm	EuGH, 31.10.1974, Rs. 15/74	**UWG Einl.**, 137
Cerebro Card	HansOLG Hamburg, 14.06.2006, 5 U 21/06	**UWG § 12**, 38
Champagner Sorbet	EuGH, 20.12.2017, C-393/16	**UWG § 6**, 23
Champagnerflaschen	OLG Frankfurt/Main, 05.08.2013, 6 W 67/13	**UWG § 12 Anh. II**, 92
Chanel No. 5	BGH, 18.12.1986, I ZR 111/84	**UWG § 9**, 101
ChariTea	OLG Köln, 28.04.2017, 6 U 136/16	**UWG § 4 Nr. 3**, 34, 70, 95
Chefjustiziar	BGH, 18.11.2014, VI ZR 76/14	**UWG § 8**, 114, 116
Chemische Fabrik Kreussler	EuGH, 06.09.2012, C-308/11	**UWG § 3a**, 186
Chiemsee	EuGH, 04.05.1999, C-108/97 und C-109/97	**UWG § 12 Anh. I**, 303
Chinaherde	BGH, 17.04.1997, X ZR 2/96	**UWG § 9**, 27
Chlorhexidin	BGH, 25.06.2015, I ZR 11/14	**UWG § 3a**, 177, 386
CHS Tour Services	EuGH, 19.09.2013, C-435/11	**UWG Einl.**, 83; **§ 2 Abs. 1 Nr. 7**, 2, 5; **§ 3**, 90, 93, 98, 101, 105; **§ 3 Anh. zu Abs. 3**, 8; **§ 4a**, 55; **§ 5**, 29, 150, 232; **§ 5a**, 13
CHS/Team4 Travel	EuGH, 19.09.2013, C-435/11	**UWG § 5**, 246
Ciclopoli	OLG Frankfurt/Main, 22.05.2014, 6 U 24/14	**UWG § 12**, 494, 496, 499; **§ 12 Anh. I**, 120
Cinzano	BGH, 02.02.1973, I ZR 85/71	**UWG § 5**, 324
Citroën	EuGH, 18.07.2013, C-265/12	**UWG Einl.**, 116, 117

Stichwort	Gericht, Datum, Aktenzeichen	Zitierstelle, Rdn.
Citroën Commerce	EuGH, 07.07.2016, C-476/14	**UWG Einl.**, 165; **§ 3**, 94; **§ 3a**, 34, 36; **§ 5**, 99, 174, 342, 400; **§ 5a**, 15, 117, 121, 139, 148; **PAngV Vorbem.**, 14, 28, 29, 30, 31, 33, 44; **§ 1**, 1, 10, 12, 16, 19, 27, 32, 33, 35, 37, 39; **§ 2**, 4, 9, 10; **§ 4**, 4, 7
Citroën/FvF	EuGH, 18.07.2013, C-265/12	**UWG § 3a**, 30
Class International/Colgate-Palmolive	EuGH, 18.10.2005, C-405/03	**UWG § 12 Anh. I**, 273
Classe E	BGH, 23.11.2000, I ZR 93/98	**UWG § 4 Nr. 4**, 133
Clever + Partnerprogramm	OLG Saarbrücken, 31.08.2016, 1 U 150/15	**UWG § 12**, 170, 174, 177, 183, 189
Clinique	EuGH, 02.02.1994, C-315/92	**UWG Einl.**, 81; **§ 5**, 36, 41, 52, 56
Clone-CD	BGH, 17.07.2008, I ZR 219/05	**UWG § 3a**, 1; **§ 9**, 50
CMA-Gütezeichen	EuGH, 05.11.2002, C-325/00	**UWG Einl.**, 137
Co-Verlagsvereinbarung	BGH, 14.05.1998, I ZR 10/96	**UWG Einl.**, 328, 330, 382, 391, 392
Coaching Newsletter	BGH, 19.05.2011, I ZR 147/09	**UWG Einl.**, 57, 315; **§ 1**, 12, 13, 52, 54; **§ 2 Abs. 1 Nr. 1**, 60, 83, 84; **§ 3**, 99; **§ 4**, 1; **§ 4 Nr. 1**, 3, 8, 14, 28, 33, 34, 35, 38, 51, 53, 57; **§ 4 Nr. 2**, 17, 22; **§ 4 Nr. 4**, 7; **§ 5**, 69, 90; **§ 6**, 46, 66, 103, 104, 108, 171, 178, 208; **§ 8**, 146, 214, 239; **§ 9**, 94

Stichwort	Gericht, Datum, Aktenzeichen	Zitierstelle, Rdn.
Coenzym Q10	BGH, 04.09.2003, I ZR 32/01	**UWG § 5**, 302; **§ 12 Anh. I**, 180
Cola-Test	BGH, 22.05.1986, I ZR 11/85	**UWG § 6**, 96, 104, 208
Colgate	BGH, 14.06.1974, I ZR 104/73	**UWG § 3**, 61
Colle de Cologne	BGH, 16.04.1969, I ZR 59/67 und I ZR 60/67	**UWG § 2 Abs. 1 Nr. 3**, 10; **§ 8**, 307
Combiotik	BGH, 09.10.2014, I ZR 162/13	**UWG § 1**, 18; **§ 3a**, 341, 359, 449, 452, 453
Combit/Commit	BGH, 12.07.2018, I ZR 74/17	**UWG § 3**, 143
Comitato di coordinamento	EuGH, 23.02.1994, C-236/92	**UWG Einl.**, 69
Computerwerbung	BGH, 17.02.2000, I ZR 254/97	**UWG § 5**, 234, 249, 276
Computerwerbung II	BGH, 24.10.2002, I ZR 50/00	**UWG § 5**, 234, 276
Concurrence SARL/Samsung Electronics	EuGH, 21.12.2016, C-618/15	**UWG § 14**, 18, 19, 30, 36
Conolly	EuGH, 06.03.2001, C-274/99 P	**GeschGehG § 5**, 16
Consorzio del Prosciutto di Parma und Salumificio S. Rita	EuGH, 20.05.2003, C-108/01	**UWG Einl.**, 137; **§ 5**, 106
ConText	BGH, 05.11.2015, I ZR 50/14	**UWG § 5**, 36; **§ 11**, 115, 116; **§ 12 Anh. I**, 123, 124, 127, 138, 162, 163, 164, 183, 184
ContraWurm	BGH, 18.04.2013, I ZR 199/12	**UWG § 12**, 476
Controllingsystem	OLG Jena, 15.05.2007, 6 W 610/06	**UWG § 11**, 106
CONVERSE	BGH, 15.03.2012, I ZR 52/10	**UWG § 12 Anh. I**, 273
Converse AllStar	OLG Köln, 24.01.2014, 6 U 111/13	**UWG § 9**, 45, 46
CONVERSE II	BGH, 15.03.2012, I ZR 137/10	**UWG § 12 Anh. I**, 130, 145, 152, 273
CoolSculpting	KG, 02.06.2017, 5 U 196/16	**UWG § 12**, 166, 167, 169, 172, 174, 175, 192, 205
CoolSculpting	OLG Celle, 27.03.2017, 13 U 199/16	**UWG § 12**, 174, 242, 471

Stichwort	Gericht, Datum, Aktenzeichen	Zitierstelle, Rdn.
CORDARONE	BGH, 12.07.2007, I ZR 148/04	**UWG § 4 Nr. 4**, 130, 131
Costa del Sol	BGH, 29.04.2010, I ZR 23/08	**UWG Einl.**, 393; **§ 3a**, 36, 269; **§ 5a**, 160; **PAngV Vorbem.**, 11, 41, 48, 49, 52; **§ 1**, 7
Coswig	BGH, 29.06.1956, I ZR 129/54	**UWG § 9**, 35
Coty Germany	EuGH, 05.06.2014, C-360/12	**UWG Einl.**, 212; **§ 6**, 204; **§ 14**, 17, 18, 20, 22, 35, 39, 42
Crailsheimer Stadtblatt II	BGH, 20.12.2018, I ZR 112/17	**UWG § 2 Abs. 1 Nr. 1**, 75; **§ 3a**, 324
Cranpool	BGH, 26.09.1991, I ZR 177/89	**UWG § 11**, 126
Creation Lamis	BGH, 05.05.2011, I ZR 157/09	**UWG § 5**, 183, 218, 221; **§ 6**, 51, 144, 145, 150, 166, 191, 195, 198, 199, 201, 206
CSE-Hemmer	HansOLG Hamburg, 28.10.1999, 3 U 40/99	**UWG § 6**, 44
CT-Paradies	BGH, 18.09.2014, I ZR 76/13	**UWG § 8**, 3, 72, 73, 85, 106, 111, 113; **§ 12**, 98, 268; **§ 12 Anh. I**, 228; **§ 12 Anh. II**, 5
Cucurrence/Samsung	EuGH, 21.12.2016, C-618/15	**UWG Einl.**, 215
Cupresa-Kunstseide	BGH, 11.05.1954, I ZR 178/52	**UWG § 5**, 286, 300
Cybersky	BGH, 15.01.2009, I ZR 57/07	**UWG § 8**, 61
cyberspace.de	OLG Dresden, 20.10.1998, 14 U 3613/97	**UWG § 12**, 159
D-Netz-Handtelefon	BGH, 30.10.1997, I ZR 127/95	**UWG § 5**, 276
D-Werke	RG, 21.04.1931, IIb 7/31	**UWG § 1**, 1, 2
Dachsteinwerbung	BGH, 27.02.1986, I ZR 7/84	**UWG § 5**, 3
Daimler Chrysler	EuGH, 13.12.2001, C-324/99	**UWG Einl.**, 116
Damgaard	EuGH, 02.04.2009, C-421/07	**UWG Einl.**, 114
Dampfdruckbügeleisen	OLG Stuttgart, 10.09.2009, 2 U 11/09	**UWG § 4 Nr. 4**, 116

Stichwort	Gericht, Datum, Aktenzeichen	Zitierstelle, Rdn.
Dampffrisierstab II	BGH, 03.07.1984, X ZR 34/83	**UWG § 9**, 136; **§ 12 Anh. I**, 220, 221
Dampfreinigungsgeräte	OLG Köln, 28.04.2017, 6 U 152/16	**UWG § 12**, 161; **§ 12 Anh. I**, 138; **§ 12 Anh. II**, 8
Dampfschifffahrt	RG, 11.04.1901, VI. 443/00	**UWG § 1**, 1
Dano	EuGH, 11.11.2014, C-333/13	**UWG Einl.**, 114
Darbo naturrein	EuGH, 04.04.2000, C-465/98	**UWG § 5**, 58, 175, 293, 298, 350
Das Beste jeden Morgen	BGH, 03.05.2001, I ZR 318/98	**UWG § 4 Nr. 1**, 44; **§ 5**, 127, 128, 130, 135, 238, 343
Das beste Netz	HansOLG Hamburg, 18.05.2017, 3 U 253/16	**UWG § 6**, 231; **§ 12**, 208, 209; **§ 12 Anh. I**, 150
Das beste Netz	OLG Köln, 07.04.2017, 6 U 134/16	**UWG § 4 Nr. 1**, 44
DAS GROSSE RÄTSELHEFT	BGH, 25.04.2012, I ZR 105/10	**UWG Einl.**, 312, 313; **§ 3a**, 402, 408, 412, 416; **§ 3 Anh. zu Abs. 3**, 98; **§ 8**, 166, 184, 186, 187, 198, 205; **§ 9**, 34, 35; **§ 11**, 45, 50
Das Medizinsyndikat II	BGH, 08.07.1980, VI ZR 158/78	**UWG § 9**, 36
Das unlesbare Buch	OLG München, 14.06.2012, 29 U 1204/12	**UWG § 12**, 159
Dassonville	EuGH, 11.07.1974, Rs. 8/74	**UWG Einl.**, 119; **§ 5**, 45, 47
Datacolor	BGH, 07.06.1990, I ZR 298/88	**UWG § 11**, 118, 119
Datatel	BGH, 04.03.1993, I ZR 65/91	**UWG § 11**, 125
Datenbankabgleich	BGH, 21.01.1999, I ZB 135/96	**UWG § 9**, 135; **§ 12 Anh. I**, 31
Datensammelnder Steuerberater	OLG Köln, 11.03.2016, 6 U 121/15	**UWG § 3a**, 279, 281
Datenschutzverstoß als Wettbewerbsverstoß	HansOLG Hamburg, 25.10.2018, 3 U 66/17	**UWG § 3a**, 284
Dauerdose	BGH, 13.11.1951, I ZR 44/51	**UWG § 5a**, 1, 24; **§ 6**, 3

Stichwort	Gericht, Datum, Aktenzeichen	Zitierstelle, Rdn.
Dauertiefpreise	BGH, 11.12.2003, I ZR 50/01	**UWG § 3**, 134, 135; **§ 5**, 178, 413; **§ 12 Anh. I**, 163
Davidoff	EuGH, 09.01.2003, C-292/00	**UWG § 7**, 135
Davidoff-Parfum	KG, 28.09.2015, 24 U 178/14	**UWG § 8**, 154
DAX	BGH, 30.04.2009, I ZR 42/07	**UWG Einl.**, 360; **§ 3**, 70; **§ 4 Nr. 3**, 16, 17, 25, 55; **§ 12**, 86
DDP-4-Hemmer	HansOLG Hamburg, 28.04.2015, 3 W 32/15	**UWG § 12**, 240
DDR-Logo	BGH, 14.01.2010, I ZR 92/08	**UWG § 8**, 62
De Agostoni	EuGH, 09.07.1997, C-34/95 bis C-36/95	**UWG Einl.**, 155; **§ 5**, 62, 63
De Landtsheer Emmanuel	EuGH, 19.04.2007, C-381/05	**UWG Einl.**, 80, 83, 174; **§ 2 Abs. 1 Nr. 3**, 2, 12, 15, 22, 24; **§ 4 Nr. 1**, 20; **§ 6**, 14, 15, 23, 35, 59, 66, 78, 79, 80, 81, 82, 87, 90, 95, 96, 111, 114, 115, 131, 174, 207, 209; **§ 8**, 306
de Paris	BGH, 19.05.1965, Ib ZR 36/63	**UWG § 5**, 291
DE-Mails inklusive	OLG Köln, 14.02.2014, 6 U 120/13	**UWG § 12 Anh. I**, 170, 172
Dead Island	BGH, 26.07.2018, I ZR 64/17	**UWG § 4 Nr. 2**, 31; **§ 8**, 224
Decker	EuGH, 28.04.1998, C-120/95	**UWG Einl.**, 139
DeguSmiles & more	BGH, 26.03.2009, I ZR 99/07	**UWG § 3a**, 380
Dekor Sonoma Eiche	OLG Oldenburg, 19.06.2015, 6 U 66/15	**UWG § 12**, 183, 189
Delan	BGH, 06.10.2011, I ZR 117/10	**UWG § 1**, 30; **§ 3a**, 509; **§ 8**, 393; **§ 9**, 12; **§ 12 Anh. I**, 136, 170
Delattre	EuGH, 21.03.1991, C-369/88	**UWG Einl.**, 136
Delcantos Hits	BGH, 02.02.2012, I ZR 162/09	**UWG § 12 Anh. I**, 305
Delhaize Frères v Promalvin and Others	EuGH, 09.06.1992, C-47/90	**UWG Einl.**, 81, 114

Stichwort	Gericht, Datum, Aktenzeichen	Zitierstelle, Rdn.
Deltamethrin	BGH, 11.06.2015, I ZR 226/13	**UWG § 3a**, 509, 511, 516; **§ 8**, 41, 280; **§ 12 Anh. I**, 170, 177, 294, 302
Deltamethrin II	BGH, 21.01.2016, I ZR 90/14	**UWG § 9**, 46, 91, 92; **§ 12 Anh. I**, 200, 201, 217
Denilauler	EuGH, 21.05.1980, C-125/79	**UWG § 12**, 328
Denkzettel-Aktion	BGH, 13.11.1979, KZR 1/79	**UWG § 4 Nr. 4**, 144, 146
Dentalästhetika	BGH, 08.06.2000, I ZR 269/97	**UWG § 12**, 208; **§ 12 Anh. I**, 150, 184, 187; **PAngV Vorbem.**, 54
Dentalästhetika II	BGH, 13.07.2006, I ZR 222/03	**UWG § 12**, 208, 305; **§ 12 Anh. I**, 150, 187; **PAngV Vorbem.**, 54
Dentallaborleistungen	BGH, 23.02.2012, I ZR 231/10	**UWG Einl.**, 328, 330, 391; **§ 3**, 121; **§ 4a**, 172
Der beliebteste Anbieter II	HansOLG Hamburg, 11.11.2009, 5 U 214/08	**UWG § 4 Nr. 1**, 27
Der blaue Engel	BGH, 01.12.1999, I ZR 226/97	**UWG § 9**, 61
Der größte Biermarkt der Welt	BGH, 22.05.1981, I ZB 7/80	**UWG § 5**, 241
Der Kachelmann-Krimi	BGH, 19.03.2013, VI ZR 93/12	**UWG § 4 Nr. 1**, 47
Der meistverkaufte Europas	BGH, 15.02.1996, I ZR 9/94	**UWG § 5**, 199, 239, 241, 327
DER NEUE	BGH, 12.09.2013, I ZR 123/12	**UWG § 3**, 135; **§ 5**, 178; **PAngV § 1**, 14, 16, 17, 42; **§ 6**, 13
Der neue SLK	BGH, 24.07.2014, I ZR 119/13	**UWG § 3a**, 520; **§ 5a**, 161
Der Online-Branchenführer	OLG Köln, 13.01.2006, 6 U 116/05	**UWG § 11**, 80
»Der Scheiß des Monats«	OLG München, 23.05.1996, 29 U 5936/95	**UWG § 4 Nr. 1**, 56
Der Superhit	BGH, 29.09.1978, I ZR 122/6	**UWG § 5**, 415

Stichwort	Gericht, Datum, Aktenzeichen	Zitierstelle, Rdn.
Der Zauber des Nordens	BGH, 07.05.2015, I ZR 158/14	**UWG § 2 Abs. 1 Nr. 8**, 8; **§ 2 Abs. 1 Nr. 9**, 4; **§ 3a**, 47, 128; **§ 5a**, 9, 169; **§ 8**, 273, 309, 335; **PAngV Vorbem.**, 11, 30, 35, 37, 39, 41, 48, 49; **§ 1**, 7, 9, 23, 24, 28, 29, 32, 33, 37, 39, 41, 56, 65; **§ 2**, 9; **§ 5**, 9, 10
Deroo-Blanquart	EuGH, 07.09.2016, C-310/15	**UWG § 1**, 43; **§ 3**, 107, 108, 113, 130
Detektionseinrichtung	BGH, 21.12.2005, X ZR 17/03	**UWG § 12 Anh. I**, 60
Detektionseinrichtung II	BGH, 21.12.2005, X ZR 72/04	**UWG § 12**, 5; **§ 12 Anh. I**, 202
Detox	BGH, 29.03.2017, I ZR 71/16	**UWG § 3a**, 342
Deus Ex	BGH, 15.05.2014, I ZB 71/13	**UWG § 8**, 266; **§ 9**, 52; **§ 12**, 125
Deutsche Lufthansa AG/ Flughafen Frankfurt-Hahn GmbH	EuGH, 21.11.2013, C-284/12	**UWG § 3a**, 612
Deutsche Parkinson Vereinigung	EuGH, 19.10.2016, C-148/15	**UWG Einl.**, 80, 120, 122, 126, 136, 140; **§ 3a**, 27, 40, 150, 212, 213
Deutscher Aktienindex DAX	OLG Frankfurt/Main, 17.06.1999, 6 U 43/98	**UWG § 6**, 82
Deutscher Apothekerverband	EuGH, 11.12.2003, C-322/01	**UWG Einl.**, 116
Deutscher Sparkassen- und Giroverband/Banco Santander	EuGH, 19.06.2014, C-217/13 und C-218/13	**UWG § 5**, 189
Deutsches Hygienezertifikat	KG, 27.03.2012, 5 U 39/10	**UWG § 8**, 314, 332, 339
Deutsches Weintor	EuGH, 06.09.2012, C-544/10	**UWG § 3a**, 331, 343, 363; **§ 5**, 70
Deutschland-Magazin	BVerfG, 11.05.1976, 1 BvR 671/70	**UWG § 4 Nr. 1**, 55

Stichwort	Gericht, Datum, Aktenzeichen	Zitierstelle, Rdn.
Deutschland-Stiftung	BGH, 18.06.1974, VI ZR 16/73	**UWG § 5a**, 206
Deutschlands Nr. 1 für Werbeartikel	OLG Frankfurt/Main, 12.06.2014, 6 U 64/13	**UWG § 4 Nr. 1**, 44
Deutschsprachiger Verkaufsleiter	OLG Frankfurt/Main, 01.07.2014, 6 U 104/14	**UWG § 12**, 369
Dextro Energy	EuGH, 08.06.2017,	**UWG § 3a**, 333
DGHS	BVerfG, 13.02.1996, 1 BvR 262/91	**UWG § 4 Nr. 1**, 50; **§ 4 Nr. 2**, 16
DHL Express France SAS/ Chronopost	EuGH, 12.04.2011, C-235/09	**UWG Einl.**, 216
Dia-Duplikate	BGH, 24.06.1993, I ZR 148/91	**UWG § 9**, 83
Dia-Rähmchen II	BGH, 29.05.1962, I ZR 132/60	**UWG § 9**, 80
Diabetesteststreifen	BGH, 02.06.2005, I ZR 215/02	**UWG § 3a**, 100, 230
Diamant-Trennscheiben	OLG Düsseldorf, 21.04.2015, 20 U 181/14	**UWG § 12**, 364, 367, 368, 371, 372, 374, 382, 383, 398, 493, 499
Dickinger und Ömer	EuGH, 15.09.2011, C-347/09	**UWG § 3 Anh. zu Abs. 3**, 136
Die Anstalt	BGH, 10.01.2017, VI ZR 562/15	**UWG § 4 Nr. 1**, 28
Die Besten	BGH, 30.04.1997, I ZR 196/94	**UWG § 4 Nr. 1**, 16; **§ 6**, 70, 219
Die Besten II	BGH, 30.04.1997, I ZR 154/95	**UWG § 2 Abs. 1 Nr. 1**, 3, 83; **§ 4 Nr. 1**, 16; **§ 6**, 70, 219
Die clevere Alternative	BGH, 14.05.2009, I ZR 179/07	**UWG § 3a**, 29, 131, 312, 313, 315
Die große deutsche Tages- und Wirtschaftszeitung	BGH, 12.02.1998, I ZR 110/96	**UWG § 5**, 240, 241
DIE »STEINZEIT« IST VORBEI!	BGH, 25.04.2002, I ZR 272/99	**UWG § 4 Nr. 1**, 30; **§ 6**, 91, 96, 103, 174, 180, 207, 209
Die Zauberflöte	BGH, 20.11.1986, I ZR 188/84	**UWG Einl.**, 346
Die Zeit des Modeschmucks ist vorbei	OLG Hamm, 04.05.2000, 4 U 164/99	**UWG § 6**, 120
Dieses Produkt *macht schlau*	*BGH, 10.03.2016, I ZR* 180/15	**UWG § 3a**, 330, 336

Stichwort	Gericht, Datum, Aktenzeichen	Zitierstelle, Rdn.
Digibet	BGH, 24.01.2013, I ZR 171/10	**UWG § 3a**, 321, 322
Digibet II	BGH, 07.05.2015, I ZR 171/10	**UWG § 3a**, 322
Digibet und Albers	EuGH, 12.06.2014, C-156/13	**UWG § 3a**, 41, 322
DIMPLE	BGH, 29.11.1984, I ZR 158/82	**UWG § 2 Abs. 1 Nr. 3**, 5
DIN 2093	BGH, 24.01.1985, I ZR 22/83	**UWG § 5**, 310
Diplom-Ingenieur	BGH, 07.04.1965, Ib ZR 86/63	**UWG § 5**, 226, 461, 463
Diplomierte Trainerin	BGH, 18.09.2013, I ZR 65/12	**UWG § 5**, 218, 309; **§ 12**, 273
Direktansprache am Arbeitsplatz	BGH, 04.03.2004, I ZR 221/01	**UWG § 4 Nr. 4**, 94, 96; **§ 4a**, 40; **§ 7**, 43, 57, 73; **§ 12 Anh. I**, 132, 159, 170
Direktansprache am Arbeitsplatz II	BGH, 09.02.2006, I ZR 73/02	**UWG Einl.**, 43; **§ 3**, 3; **§ 4 Nr. 4**, 96; **§ 8**, 200
Direktansprache am Arbeitsplatz III	BGH, 22.11.2007, I ZR 183/04	**UWG § 3**, 3; **§ 4 Nr. 4**, 96
DOCERAM	EuGH, 08.03.2018, C-395/16	**UWG Einl.**, 363; **§ 4 Nr. 3**, 40, 41
DocMorris	EuGH, 11.12.2003, C-322/01	**UWG Einl.**, 116, 119, 126, 127
Dogge	OLG München, 22.08.2002, 29 U 3339/02	**UWG § 6**, 180
Doping in der DDR	BVerfG, 28.06.2016, 1 BvR 3388/14	**UWG § 4 Nr. 1**, 46
Doppelahndung	OLG Frankfurt/Main, 18.04.2016, 6 W 13/16	**UWG § 12 Anh. II**, 62, 98
Doppelmoral	OLG Hamm, 23.08.2011, 4 U 67/11	**UWG § 4 Nr. 1**, 58
Double-opt-in-Verfahren	BGH, 10.02.2011, I ZR 164/09	**UWG § 7**, 9, 93, 120, 168, 169; **§ 12 Anh. I**, 170
Dr. Clauder's Hufpflege	BGH, 26.02.2009, I ZR 163/06	**PAngV § 1**, 10, 20, 72, 74, 79; **§ 2**, 5, 7; **§ 4**, 10

Stichwort	Gericht, Datum, Aktenzeichen	Zitierstelle, Rdn.
Dr. Estrich	BGH, 17.12.2015, I ZR 219/13	**UWG § 2 Abs. 1 Nr. 1**, 60; **§ 4 Nr. 1**, 14, 28, 51, 54, 57, 58; **§ 4 Nr. 2**, 22; **§ 6**, 46, 171
Dr. S.-Arzneimittel	BGH, 05.04.1990, I ZR 19/88	**UWG § 5**, 461, 463
Dr. Stein… GmbH	BGH, 24.10.1991, I ZR 271/89	**UWG § 5**, 226, 461, 462
Drei Angebote	OLG Hamm, ,	**UWG § 3a**, 91
dreidimensionale rahmenartige Konstruktion	BGH, 08.05.2014, III ZR 371/12	**UWG § 12 Anh. I**, 84
Drittunterwerfung	OLG Köln, 21.10.2011, 6 U 64/11	**UWG § 8**, 31
Drohkulisse	OLG Frankfurt/Main, 24.09.2015, 6 U 60/15	**UWG § 12**, 222
Druckaufträge	BGH, 15.05.1959, VI ZR 98/58	**UWG § 4 Nr. 2**, 45
Druckbalken	BGH, 08.01.1985, X ZR 18/84	**UWG § 9**, 141
Druckertest	BGH, 17.06.1997, VI ZR 114/96	**UWG § 6**, 221, 224, 227, 229
Dubioses Geschäftsgebaren	BGH, 10.11.1994, I ZR 216/92	**UWG § 4 Nr. 1**, 15
Dücko	BGH, 25.01.1955, I ZR 15/53	**UWG vor § 17-19**, 45, 46
Duftvergleich mit Markenparfüm	BGH, 06.12.2007, I ZR 184/05	**UWG § 6**, 62, 67, 199, 201; **§ 12 Anh. I**, 117, 134, 166
Dügida	BGH, 08.12.2016, I ZB 118/15	**UWG § 12**, 236, 268, 425, 532; **§ 12 Anh. I**, 228; **§ 12 Anh. II**, 5, 7, 102, 103, 107, 115
Dummschwätzer	BVerfG, 05.12.2008, 1 BvR 1318/07	**UWG § 4 Nr. 1**, 41
DUN-Europa	BGH, 09.06.1953, I ZR 97/51	**UWG § 5**, 226, 432
durchgeknallte Frau	BVerfG, 11.12.2013, 1 BvR 194/13	**UWG § 4 Nr. 1**, 41
durchgeknallter Staatsanwalt	BVerfG, 12.05.2009, 1 BvR 2272/04	**UWG § 4 Nr. 1**, 41
Durchgestrichener Preis II	BGH, 05.11.2015, I ZR 182/14	**UWG § 5**, 414

Stichwort	Gericht, Datum, Aktenzeichen	Zitierstelle, Rdn.
Düsseldorfs größtes Möbelhaus	OLG Hamm, 11.12.1975, 4 U 317/75	**UWG § 6**, 93
DVD-Automat	OLG Stuttgart, 05.11.2007, 2 U 26/07	**UWG § 5a**, 91
Dynamic Medien	EuGH, 14.02.2008, C-244/06	**UWG Einl.**, 131, 132
Dyson/BSH	EuGH, 25.07.2018, C-632/16	**UWG Einl.**, 165; **§ 3**, 90, 123; **§ 5a**, 15, 41
Dzodzi	EuGH, 18.10.1990, C-297/88 und C-197/89	**UWG § 5**, 36
E-Mail-Werbung	BGH, 11.03.2004, I ZR 81/01	**UWG § 7**, 43, 168, 193; **§ 11**, 72; **§ 12 Anh. I**, 297
E-Mail-Werbung II	BGH, 20.05.2009, I ZR 218/07	**UWG Einl.**, 316; **§ 1**, 15, 48; **§ 7**, 11, 29, 43, 48, 97, 123; **§ 8**, 274
E-Sky	OLG Düsseldorf, 07.06.2011, 20 U 1/11	**UWG § 12**, 159
East Side Gallery	BGH, 19.01.2017, I ZR 242/15	**UWG § 12 Anh. I**, 137
ebookers.com	EuGH, 19.07.2012, C-112/11	**PAngV Vorbem.**, 17, 24
echt skai	BGH, 03.05.1963, Ib ZR 93/61	**UWG § 5**, 211, 287, 307; **§ 12**, 266; **§ 12 Anh. I**, 168, 226
Echt versilbert	BGH, 18.09.1986, I ZR 82/84	**UWG § 5**, 307
eDate Advertising und Martinez	EuGH, 25.10.2011, C-509/09 und C-161/10	**UWG Einl.**, 180, 186, 190, 267; **§ 14**, 25, 32
Edelmetallankauf	BGH, 23.10.2008, I ZR 121/07	**UWG § 5**, 203, 204
Editorial I	BGH, 10.11.1994, I ZR 201/92	**UWG § 5**, 245
EDV-Geräte	BGH, 09.05.1996, I ZR 107/94	**UWG § 5**, 276; **§ 8**, 11; **§ 12 Anh. I**, 130, 152, 180
Effektiver Jahreszins	BGH, 16.01.1980, I ZR 25/78	**PAngV § 6**, 12, 13
Effektivzins	BGH, 08.02.1996, I ZR 147/94	**UWG § 12 Anh. I**, 180; **PAngV § 6**, 14
EG-Neuwagen	BGH, 15.07.1999, I ZR 44/97	**UWG § 5**, 429; **§ 5a**, 1, 24, 29

Stichwort	Gericht, Datum, Aktenzeichen	Zitierstelle, Rdn.
EG-Neuwagen II	BGH, 19.08.1999, I ZR 225/97	**UWG § 5**, 216, 289
Église de scientologie	EuGH, 14.03.2000, C-54/99	**UWG Einl.**, 154
Ehefrau im Bauamt	OLG Brandenburg, 13.12.2016, 6 U 76/15	**UWG § 4 Nr. 1**, 58; **§ 4 Nr. 2**, 22, 54
Ehemalige Herstellerpreisempfehlung	BGH, 15.09.1999, I ZR 131/97	**UWG § 5**, 211, 418; **§ 6**, 85; **§ 12 Anh. I**, 130, 152
Eheversprechen	BGH, 05.06.1962, VI ZR 236/61	**UWG § 8**, 116; **§ 12 Anh. I**, 234
Ei-fein	BGH, 12.07.1957, I ZR 52/55	**UWG § 5**, 220, 221, 300
Eifel-Zeitung	BGH, 18.06.2009, I ZR 47/07	**UWG § 12 Anh. II**, 97
EIG	EuGH, 12.11.2015, C-198/14	**UWG Einl.**, 136
Eigenbetrieb Friedhöfe	BGH, 27.07.2017, I ZR 162/15	**UWG § 1**, 9; **§ 2 Abs. 1 Nr. 1**, 66, 69, 71, 77; **§ 2 Abs. 1 Nr. 6**, 7; **§ 3**, 38; **§ 5**, 115; **§ 7**, 34; **§ 12 Anh. I**, 127, 131, 138, 184
Eigenpreisvergleich	BGH, 21.03.2007, I ZR 184/03	**UWG § 6**, 85, 116, 125, 126, 151, 164; **§ 12 Anh. I**, 180
Eilbedürfnis in Patentsachen	OLG Frankfurt/Main, 22.11.2001, 6 U 153/01	**UWG § 12**, 242
Ein Champagner unter den Mineralwässern	BGH, 04.06.1987, I ZR 109/85	**UWG Einl.**, 275
Ein-Euro-Monatsbeitrag	BAG, 31.05.2005, 1 AZR 141/04	**UWG § 12 Anh. I**, 7
Einkauf aktuell	BGH, 15.12.2011, I ZR 129/10	**UWG § 3a**, 87, 103, 324
Einkaufsgutschein	BGH, 22.05.2003, I ZR 8/01	**UWG § 5**, 416
Einkaufsgutschein II	BGH, 18.12.2003, I ZR 84/01	**UWG § 12**, 499
Einkaufskühltasche	BGH, 13.11.2013, X ZR 171/12	**UWG § 12**, 138, 580, 583

Stichwort	Gericht, Datum, Aktenzeichen	Zitierstelle, Rdn.
Einkaufswagen III	BGH, 17.07.2013, I ZR 21/12	**UWG Einl.**, 347; **§ 3**, 69; **§ 4 Nr. 3**, 24, 31, 45, 51, 58, 62, 80, 84, 87, 88, 89, 90, 91, 92, 96, 119; **§ 12 Anh. I**, 81, 135
Einlegesohle	OLG Düsseldorf, 02.03.2017, I-15 U 48/14	**UWG Einl.**, 258
Einspeiseentgelt	BGH, 16.06.2015, KZR 83/13	**UWG § 4a**, 15
Einstweilige Verfügung ohne Strafandrohung	BGH, 02.11.1995, IX ZR 141/94	**UWG § 12**, 356; **§ 12 Anh. I**, 190
Eintrittsgeld	BGH, 17.12.1976, I ZR 77/75	**UWG § 4a**, 17
Einwilligung in Werbeanrufe II	BGH, 25.10.2012, I ZR 169/10	**UWG § 3a**, 277; **§ 7**, 132, 135, 143, 144, 149, 159, 162; **§ 12**, 104
Einwilligungserklärung für Werbeanrufe	BGH, 14.04.2011, I ZR 50/09	**UWG § 7**, 164
Einzelkostenerstattung	BGH, 12.03.1991, KZR 26/89	**UWG § 12 Anh. I**, 10
Eizellspende	BGH, 08.10.2015, I ZR 225/13	**UWG Einl.**, 258; **§ 1**, 10, 11, 18; **§ 3a**, 31, 45, 92, 95, 111, 118, 119, 123
EKW-Steuerberater	BGH, 29.07.2009, I ZR 77/07	**UWG § 3a**, 583, 584; **§ 4 Nr. 1**, 4; **§ 4 Nr. 4**, 3, 5
Elbe-Markt	BGH, 07.07.1978, I ZR 169/76	**UWG § 5**, 415
Elchinov	EuGH, 05.10.2010, C-173/09	**UWG Einl.**, 51, 61, 93, 97
Elektroarbeiten	BGH, 25.04.2002, I ZR 250/00	**UWG § 3a**, 12, 98, 99, 100; **§ 12 Anh. I**, 2
Elektrogeräteregistrierung	OLG München, 04.08.2011, 6 U 3128/10	**UWG § 3a**, 295
elektronische Pressearchive	BGH, 10.12.1998, I ZR 100/96	**UWG Einl.**, 342, 352; **§ 3a**, 116
Elektronischer Programmführer	BGH, 27.03.2012, KZR 108/10	**UWG § 12 Anh. I**, 131, 184
Eligard	BGH, 02.02.2015, I ZR 239/14	**UWG § 12 Anh. I**, 124
Eligard	BGH, 02.12.2015, I ZR 239/14	**UWG § 3a**, 200

Stichwort	Gericht, Datum, Aktenzeichen	Zitierstelle, Rdn.
ELIZABETH EMANUEL	EuGH, 30.03.2006, C-259/04	**UWG § 5**, 377
Elsässer Nudeln	BGH, 29.04.1982, I ZR 111/80	**UWG § 5**, 254, 364
Elternbriefe	BGH, 18.10.2001, I ZR 193/99	**UWG § 3**, 131; **§ 4a**, 161, 164; **§ 5**, 190; **§ 12 Anh. I**, 263, 264
ELVAPO/EVAPO	OLG Frankfurt/Main, 08.06.2017, 6 U 249/16	**UWG § 12**, 159, 175
ELVIA	BGH, 25.10.2012, I ZR 81/11	**PAngV Vorbem.**, 24
Emaillelack	BGH, 28.02.1958, I ZR 129/56	**UWG § 5**, 266
EMEA-Leitlinie	HansOLG Hamburg, 29.01.2009, 3 U 107/08	**UWG § 3a**, 89, 91, 108
Emil-Grünbär-Club	BGH, 20.02.1997, I ZR 12/95	**UWG § 2 Abs. 1 Nr. 3**, 11
Emissionswertangaben	OLG Frankfurt/Main, 22.11.2017, 6 W 95/17	**UWG § 12 Anh. II**, 55, 68, 102, 103, 107
Empfehlungs-E-Mail	BGH, 12.09.2013, I ZR 208/12	**UWG Einl.**, 316; **§ 1**, 15; **§ 3**, 116; **§ 7**, 3, 11, 29, 43, 48, 97, 123; **§ 12 Anh. I**, 175
Energieausweis	BGH, 05.10.2017, I ZR 232/16	**UWG § 1**, 18; **§ 2 Abs. 1 Nr. 9**, 4; **§ 3a**, 301, 304; **§ 5**, 400; **§ 5a**, 24, 48, 142, 163; **§ 7**, 99, 103; **PAngV Vorbem.**, 33
Energieeffizienzklasse	BGH, 04.02.2016, I ZR 181/14	**UWG § 3a**, 16, 36, 302, 303; **§ 5a**, 162
Energieeffizienzklasse II	BGH, 06.04.2017, I ZR 159/16	**UWG § 1**, 18; **§ 3a**, 303; **§ 3 Anh. zu Abs. 3**, 97; **§ 5**, 235; **§ 5a**, 162; **§ 12 Anh. I**, 141, 175
Energiekontor	OLG Bremen, 02.09.2011, 2 U 58/11	**UWG § 12**, 159
Energiekosten-Preisvergleich	*BGH, 01.02.1996, I ZR 50/94*	**UWG § 6**, 3, 96; **§ 12 Anh. I**, 213

Stichwort	Gericht, Datum, Aktenzeichen	Zitierstelle, Rdn.
Energiekosten-Preisvergleich II	BGH, 19.09.1996, I ZR 72/94	**UWG § 6**, 3, 116
Energieverbrauchskennzeichnung	BGH, 15.12.2016, I ZR 213/15	**UWG § 5a**, 162; **§ 12**, 262, 341; **§ 12 Anh. I**, 139, 172
Energieverbrauchskennzeichnung im Internet	BGH, 15.12.2016, I ZR 221/15	**UWG § 3a**, 302
ENERGY & VODKA	BGH, 09.10.2014, I ZR 167/12	**UWG § 3a**, 348, 349, 364
englischsprachige Pressemitteilung	BGH, 12.12.2013, I ZR 131/12	**UWG Einl.**, 212, 215, 220, 276, 290, 292, 318; **§ 4 Nr. 1**, 1, 53, 59; **§ 14**, 27, 28, 29, 38
Entertain	BGH, 15.12.2016, I ZR 241/15	**UWG § 1**, 23; **§ 5a**, 21, 38, 42, 97; **§ 12**, 208; **§ 12 Anh. I**, 141, 144, 150
Entfernung der Herstellungsnummer	BGH, 15.07.1999, I ZR 14/97	**UWG § 4 Nr. 4**, 69, 74
Entfernung der Herstellungsnummer II	BGH, 17.05.2001, I ZR 291/98	**UWG § 4 Nr. 4**, 74; **§ 9**, 10, 54, 103, 106, 110, 111, 117, 133, 134, 136, 137; **§ 12 Anh. I**, 213
Entfernung der Herstellungsnummer III	BGH, 21.02.2002, I ZR 140/99	**UWG § 4 Nr. 4**, 74; **§ 8**, 108, 113; **§ 9**, 121, 127, 134; **§ 12**, 266; **§ 12 Anh. I**, 218, 220, 226; **§ 12 Anh. II**, 77
Entflechtungsgebot	OLG Jena, 21.02.2018, 2 U 188/17 Kart	**UWG § 3a**, 63
entwendete Datensätze mit Konstruktionszeichnungen	BGH, 19.03.2008, I ZR 225/06	**UWG § 9**, 2, 60, 74
Epigenetik	OLG München, 17.11.2016, 29 U 3281/16	**UWG § 12**, 166, 172, 188, 234, 238
Eprex	HansOLG Hamburg, 12.07.2001, 3 U 294/00	**UWG § 12**, 159
Epson-Tinte	BGH, 16.12.2004, I ZR 222/02	**UWG § 3**, 136

Stichwort	Gericht, Datum, Aktenzeichen	Zitierstelle, Rdn.
EQUI 2000	BGH, 10.08.2000, I ZR 283/97	**UWG § 4 Nr. 4**, 128, 129, 131, 134
Erbenberatung	BGH, 20.10.1983, I ZR 130/81	**UWG § 2 Abs. 1 Nr. 1**, 20
Erbenermittler	BGH, 13.03.2003, I ZR 143/00	**UWG § 12 Anh. I**, 163, 164, 170, 184
Erdener Treppchen	BGH, 03.04.1963, Ib ZR 162/61	**UWG § 12 Anh. I**, 182
Ereignis-Sponsorwerbung	BGH, 19.03.1992, I ZR 64/90	**UWG § 5a**, 211
Erfokol-Kapseln	BGH, 04.12.2008, I ZR 100/06	**UWG § 3a**, 286, 485
Erfolgsprämie für die Kundengewinnung	BGH, 21.05.2015, I ZR 183/13	**UWG § 3a**, 28, 226, 233; **§ 8**, 298, 333; **§ 12 Anh. I**, 170, 171
Erfundenes Exclusiv-Interview	BGH, 15.11.1994, VI ZR 56/94	**UWG § 8**, 119
Erinnerungswerbung im Internet	BGH, 29.04.2010, I ZR 202/07	**UWG Einl.**, 165; **§ 3a**, 387, 394, 395; **§ 12**, 252; **§ 12 Anh. I**, 130, 131, 143, 145, 152, 156, 160, 167, 168, 170, 171, 173, 175, 180, 184
Erlassvertrag	OLG Frankfurt/Main, 12.12.2002, 6 W 120/02	**UWG § 8**, 21; **§ 12**, 56, 103
Erledigungserklärung nach Gesetzesänderung	BGH, 20.01.2016, I ZB 102/14	**UWG § 12**, 451, 467, 497; **§ 12 Anh. I**, 326, 332, 333, 334; **§ 12 Anh. II**, 74
Ernährungsberatung	BGH, 29.05.2008, I ZR 75/05	**UWG § 3a**, 225, 228, 229, 230, 231
Eröffnungspreise	OLG Hamm, 10.01.2013, 4 U 129/12	**UWG § 12**, 188
Eröffnungsrabatt	BGH, 09.06.1982, I ZR 96/80	**UWG § 4 Nr. 4**, 156; **§ 4a**, 17
Eröffnungswerbung	BGH, 14.12.2000, I ZR 147/98	**UWG § 1**, 43; **§ 3**, 41, 45, 52; **§ 4a**, 158; **§ 6**, 91, 96, 207, 210, 211

Stichwort	Gericht, Datum, Aktenzeichen	Zitierstelle, Rdn.
EROS	BGH, 26.06.2008, I ZR 190/05	**UWG § 4 Nr. 4**, 23, 131, 134
Error Fares	LG München I, 11.12.2017, 37 O 14236/17	**UWG § 2 Abs. 1 Nr. 3**, 25; **§ 4 Nr. 4**, 35, 59
Ersatz von Rechtsverteidigungskosten	BGH, 16.01.2009, V ZR 133/08	**UWG § 12**, 146
Ersatzkassen-Telefonwerbung	BGH, 14.05.1998, I ZB 17/98	**UWG § 12 Anh. I**, 10, 18
Ersatzteile für Registrierkassen	BGH, 26.10.1972, KZR 54/71	**UWG § 4 Nr. 4**, 143
Ersetzt	BGH, 02.10.2002, I ZR 90/00	**UWG § 6**, 86, 92, 124, 128, 139, 142, 151, 156, 161, 168
Erstes Kulmbacher	BGH, 28.01.1957, I ZR 88/55	**UWG § 5**, 265, 325
Erwartete eV	OLG Frankfurt/Main, 15.11.1999, 6 W 159/99	**UWG § 12 Anh. II**, 64
Erweiterte Angaben zur Umsatzentwicklung	BGH, 13.03.2014, I ZB 60/13	**UWG § 12 Anh. I**, 51
Erzberger	EuGH, 18.07.2017, C-566/15	**UWG Einl.**, 114
Espressomaschine	BGH, 11.03.2010, I ZR 123/08	**UWG § 5a**, 122
Essensausfahrer	KG, 14.02.2017, 5 U 105/16	**UWG § 3a**, 114
Eulitz	EuGH, 28.01.2010, C-473/08	**UWG § 3 Anh. zu Abs. 3**, 12
Euminz	BGH, 18.01.2012, I ZR 83/11	**UWG § 3a**, 376, 422
EURO und Schwarzgeld	BGH, 08.11.2007, I ZR 172/05	**UWG § 12**, 252, 253; **§ 12 Anh. II**, 57
Euro und Schwarzgeld	BGH, 08.11.2007, I ZR 172/05	**UWG § 12 Anh. I**, 105; **§ 12 Anh. II**, 97
Euro-Einführungsrabatt	BGH, 23.10.2003, I ZB 45/02	**UWG § 12**, 379, 380, 397, 451, 452, 467, 497; **§ 12 Anh. I**, 332, 333; **§ 12 Anh. II**, 9, 56, 74, 102
Euronics Belgium	EuGH, 07.03.2013, C-343/12	**UWG § 3**, 26
Europa-Apotheke Budapest	BGH, 12.01.2012, I ZR 211/10	**UWG § 3a**, 165, 215, 217

Stichwort	Gericht, Datum, Aktenzeichen	Zitierstelle, Rdn.
Europamur	EuGH, 19.10.2017, C-295/16	**UWG Einl.**, 163, 166; **§ 3**, 15, 92, 97; **§ 4a**, 71; **§ 5**, 36, 348; **§ 7**, 202
Europas größtes People-Magazin	HansOLG Hamburg, 23.11.2005, 5 U 68/05	**UWG § 6**, 100
Eusovit	BGH, 07.12.2000, I ZR 260/98	**UWG § 5**, 344
Everytime we touch	BGH, 12.05.2016, I ZR 48/15	**UWG § 9**, 99, 100; **GeschGehG § 13**, 1, 11
Ex-RAF-Terroristin	BGH, 11.11.2014, VI ZR 18/14	**UWG § 12**, 65, 98, 99, 101; **§ 12 Anh. II**, 5, 35
Existenzgründungsbericht	BGH, 15.11.2007, III ZR 295/06	**UWG § 2 Abs. 2**, 6
Exportur / LOR und Confiserie du Tech	EuGH, 10.11.1992, C-3/91	**UWG Einl.**, 137; **§ 5**, 106
Exzenterzähne	BGH, 22.01.2015, I ZR 107/13	**UWG Einl.**, 313, 347, 351, 362; **§ 1**, 4; **§ 3a**, 65; **§ 4 Nr. 3**, 11, 19, 20, 30, 31, 32, 36, 37, 38, 45, 47, 48, 60, 75, 77, 80, 83, 88, 92, 93, 94; **§ 12 Anh. II**, 101
Facebook-Abmahnwelle	OLG Nürnberg, 03.12.2013, 3 U 410/13	**UWG § 8**, 356, 359
Facebook-Impressum	OLG Düsseldorf, 13.08.2013, 20 U 75/13	**UWG § 3a**, 599
Facebook-Posting für PKW	OLG Köln, 19.05.2017, 6 U 155/16	**UWG § 2 Abs. 1 Nr. 9**, 4
Fachanwälte im Briefkopf	OLG Köln, 20.04.2012, 6 W 23/12	**UWG § 12**, 321
Fachliche Empfehlung II	BGH, 16.05.1991, I ZR 218/89	**UWG § 12 Anh. I**, 139; **§ 12 Anh. II**, 65, 108
Fachverband	BGH, 27.04.2000, I ZR 287/97	**UWG § 8**, 296, 299, 301
Fachverband der Buch- und Medienwirtschaft/LIBRO	*EuGH, 30.04.2009, C-531/07*	**UWG Einl.**, 127

Stichwort	Gericht, Datum, Aktenzeichen	Zitierstelle, Rdn.
Factortame	EuGH, 19.06.1990, C-213/89	**UWG Einl.**, 51
Fahrdienst zur Augenklinik	BGH, 12.02.2015, I ZR 213/13	**UWG § 3**, 37, 94; **§ 3a**, 17, 27, 40, 42, 403, 405, 409, 411; **§ 8**, 45, 269
Fahrdienst zur Augenklinik II	OLG Köln, 29.04.2016, 6 U 91/13	**UWG § 3a**, 411, 415
Fahrradgepäckträger II	BGH, 14.02.1978, X ZR 19/76	**UWG § 11**, 102; **GeschGehG § 13**, 7
Fahrschulkosten	OLG Celle, 21.03.2013, 13 U 134/12	**UWG § 3a**, 306
Fair Play	OLG Köln, 08.11.2013, 6 U 34/13	**UWG § 9**, 85
Falsche Herstellerpreisempfehlung	BGH, 24.05.2000, I ZR 222/97	**UWG § 2 Abs. 1 Nr. 3**, 20; **§ 2 Abs. 1 Nr. 9**, 5; **§ 3 Anh. zu Abs. 3**, 269; **§ 9**, 30, 89; **§ 12 Anh. I**, 56, 206
Falsche Suchrubrik	BGH, 06.10.2011, I ZR 42/10	**UWG § 5**, 144, 158; **§ 8**, 357, 358, 363, 384
Faltenglätter	BGH, 18.02.1993, I ZR 219/91	**UWG § 5a**, 201; **§ 12 Anh. I**, 163, 164, 182
Faltenunterspritzung	OLG Karlsruhe, 17.02.2012, 4 U 197/11	**UWG § 12**, 222
Familiapress	EuGH, 26.06.1997, C-368/95	**UWG Einl.**, 124, 139; **§ 5**, 47, 68
farbige Skupturen	OLG Frankfurt/Main, 07.04.2009, 11 U 74/08	**UWG § 12**, 416
Farbmarke gelb/grün II	BGH, 05.10.2006, I ZB 86/05	**UWG Einl.**, 93
Farbmarkenverletzung I	BGH, 04.09.2003, I ZR 23/01	**UWG § 12 Anh. I**, 154, 156, 157
Farbmarkenverletzung II	BGH, 04.09.2003, I ZR 44/01	**UWG § 12 Anh. I**, 154
Fastfood-Restaurant	LG Hamburg, 15.03.2011, 312 O 312/10	**PAngV § 7**, 7
Favorit II	BGH, 07.06.1967, Ib ZR 34/65	**UWG § 5a**, 196
Faxanfrage im Autohandel	BGH, 17.07.2008, I ZR 75/06	**UWG § 6**, 63, 69; **§ 7**, 48, 98, 123, 132
Faxkarte	BGH, 02.05.2002, I ZR 45/01	**UWG § 9**, 141, 143; **§ 12 Anh. I**, 112

Stichwort	Gericht, Datum, Aktenzeichen	Zitierstelle, Rdn.
Faxversand ohne Beglaubigungsvermerk	KG, 17.10.2014, 5 U 63/14	**UWG § 12**, 161, 166, 192, 218, 226, 237, 376, 536; **§ 12 Anh. II**, 88
Fazenda Pública	EuGH, 14.12.2000, C-446/98	**UWG Einl.**, 93
FC Troschenreuth	BGH, 17.07.2008, I ZR 197/05	**UWG § 3 Anh. zu Abs. 3**, 291; **§ 6**, 69; **§ 7**, 48, 98, 123
Federkernmatratzen	BGH, 31.01.1958, I ZR 182/56	**UWG § 5**, 427
Fehlangaben im Impressum	OLG Frankfurt/Main, 14.03.2017, 6 U 44/16	**UWG § 12 Anh. I**, 141
Fehlende Lieferfähigkeit	BGH, 08.10.1992, I ZR 220/90	**UWG § 4 Nr. 2**, 40, 42, 44, 45; **§ 12 Anh. I**, 281, 292
Fehlende Originalvollmacht	OLG Celle, 02.09.2010, 13 U 34/10	**UWG § 12**, 29, 30, 31
Fehlende Verfügbarkeit beworbener Artikel	BGH, 16.03.2000, I ZR 229/97	**UWG § 12 Anh. I**, 286
Fehlerhafte Auftragsbestätigung im Resalegeschäft	OLG Köln, 30.03.2007, 6 U 182/06	**UWG § 4 Nr. 4**, 48, 78
Fehlerhafte Preisauszeichnung	BGH, 04.10.2007, I ZR 182/05	**UWG § 3a**, 132; **PAngV § 1**, 68
Fehlmeldungen	BGH, 20.06.1978, VI ZR 66/77	**UWG § 4 Nr. 2**, 22
Feldenkrais	BGH, 27.06.2002, I ZR 103/00	**UWG § 4 Nr. 2**, 18
Feldstecher	BGH, 14.04.1961, I ZR 150/59	**UWG § 5**, 304
Femur-Teil	BGH, 15.04.2010, I ZR 145/08	**UWG Einl.**, 347; **§ 3**, 19; **§ 3a**, 474; **§ 4 Nr. 3**, 24, 30, 45, 57, 60, 68, 70, 71, 76, 78, 87, 88, 90, 91, 94, 95, 97; **§ 5**, 133, 195; **§ 12**, 305; **§ 12 Anh. I**, 263
Ferienluxuswohnung	BGH, 31.05.2012, I ZR 106/10	**UWG § 8**, 272, 348, 350, 386; **GeschGehG § 14**, 17

Stichwort	Gericht, Datum, Aktenzeichen	Zitierstelle, Rdn.
Fernflugpreise	BGH, 05.07.2001, I ZR 104/99	**UWG § 5**, 179; **PAngV Vorbem.**, 9
Fernschreibverzeichnisse	BGH, 13.02.1976, I ZR 1/75	**UWG § 9**, 104, 114, 116, 121; **§ 12 Anh. I**, 216
Fernsehansagerin	BGH, 05.03.1963, VI ZR 55/62	**UWG § 5a**, 206
Fernsehzuschauerforschung	BGH, 04.06.1986, I ZR 29/85	**UWG § 3a**, 105
Fernsprechnummer als Kennzeichnungsmittel	BGH, 30.01.1953, I ZR 88/52	**UWG § 3**, 29
Fernsprechwerbung	BGH, 19.06.1970, I ZR 115/68	**UWG § 1**, 11; **§ 3**, 35
Fertigbrei	BGH, 15.01.1965, Ib ZR 46/63	**UWG § 5**, 130, 238
Fertiglesebrillen	BGH, 20.06.1996, I ZR 113/94	**UWG § 5**, 347
Festbetragsfestsetzung	BGH, 26.03.2009, I ZR 213/06	**UWG § 3a**, 332, 378, 379
Feststellungsinteresse III	BGH, 15.05.2003, I ZR 277/00	**UWG § 9**, 88; **§ 12 Anh. I**, 40, 206
Festzins Plus	BGH, 21.09.2017, I ZR 53/16	**UWG § 5**, 227, 233, 235, 318; **§ 12 Anh. I**, 123, 124, 127, 145, 169, 182
Feuchtigkeitsspendendes Gel-Reservoir	BGH, 28.01.2016, I ZR 36/14	**UWG § 3a**, 432, 433, 434, 446; **§ 5**, 99, 100
Feuer, Eis & Dynamit I	BGH, 06.07.1995, I ZR 58/93	**UWG § 3**, 34; **§ 5a**, 170, 173, 196, 217; **§ 9**, 44, 89, 110; **§ 12 Anh. I**, 56, 206
Fidium Finanz	EuGH, 03.10.2006, C-452/04	**UWG Einl.**, 146, 147
File-Hosting-Dienst	BGH, 15.08.2013, I ZR 80/12	**UWG § 8**, 228; **§ 12 Anh. I**, 87
Filialleiterfehler	BGH, 29.06.2000, I ZR 29/98	**UWG § 1**, 3; **§ 8**, 70, 71, 196; **§ 9**, 107; **§ 12 Anh. I**, 130, 152, 154, 180, 206, 213
Film-Werbeveranstaltung	BGH, 23.03.1962, I ZR 138/60	**UWG § 4a**, 149

Stichwort	Gericht, Datum, Aktenzeichen	Zitierstelle, Rdn.
Filmaufnahmen aus Bio-Hühnerställen	BGH, 10.04.2018, VI ZR 396/16	**UWG § 4 Nr. 1**, 47
Filmbesprechung	BGH, 20.12.1988, VI ZR 95/88	**UWG § 4 Nr. 2**, 12
Finanz-Sanierung	BGH, 29.07.2009, I ZR 166/06	**UWG § 3**, 3; **§ 3a**, 538; **§ 8**, 174
Finanzierter Immobilienkauf	OLG Köln, 09.11.2007, 6 U 90/07	**PAngV § 6a**, 5
Finanzierungswerbung	LG Leipzig, 30.10.2015, 04 HK O 1502/15	**PAngV § 6a**, 5
Finanzsanierungen	BGH, 15.09.2016, I ZR 24/16	**PAngV Vorbem.**, 56
FINANZtest	OLG Frankfurt/Main, 25.04.2002, 16 U 136/01	**UWG § 6**, 216
Finnischer Schmuck	BGH, 18.10.1990, I ZR 283/88	**UWG § 4 Nr. 3**, 111
Fiona Shevill	EuGH, 07.03.1995, C-68/93	**UWG Einl.**, 215
Fischdosendeckel	BGH, 10.12.2009, I ZR 46/07	**UWG § 4 Nr. 2**, 54; **§ 6**, 68; **§ 8**, 59, 132, 135; **§ 12 Anh. I**, 129, 130, 145, 152, 253
fischtailparka	BGH, 08.05.2014, I ZR 210/12	**UWG § 12 Anh. II**, 100
fishtailparka	BGH, 08.05.2014, I ZR 210/12	**UWG § 12**, 79, 82, 86, 87, 95, 99; **§ 12 Anh. I**, 118, 119; **§ 12 Anh. II**, 100
Fit durch den Winter	OLG Celle, 24.07.2008, 13 U 14/08	**UWG § 3a**, 426
Five Four	HansOLG Hamburg, 05.01.2009, 5 U 194/07	**UWG § 12**, 350, 351
Fixtures-Fußballspielpläne II	EuGH, 09.11.2004, C-444/02	**UWG Einl.**, 80
Flacon	BGH, 12.07.1990, I ZR 236/88	**UWG § 12 Anh. I**, 180
Flappe	BGH, 01.07.2010, I ZR 161/09	**UWG § 3 Anh. zu Abs. 3**, 156, 162; **§ 5**, 132; **§ 5a**, 170, 173, 197
Flaschenträger	BGH, 24.07.2012, X ZR 51/11	**UWG § 9**, 13, 57; **§ 12 Anh. I**, 42; **GeschGehG § 10**, 15, 16

Stichwort	Gericht, Datum, Aktenzeichen	Zitierstelle, Rdn.
Fleischereimaschinen	BGH, 14.04.1961, I ZR 7/60	**UWG § 5**, 451
Fleurop	BGH, 27.06.2013, I ZR 53/12	**UWG § 4 Nr. 4**, 51
Flexitanks II	BGH, 25.02.2014, X ZB 2/13	**UWG § 12 Anh. II**, 82
Fliegender Gerichtsstand	KG, 25.01.2008, 5 W 371/07	**UWG § 8**, 361
Flirtcafé	OLG Köln, 08.05.2015, 6 U 137/14	**UWG § 8**, 13
Flonicamid	BGH, 17.01.2013, I ZR 187/09	**UWG § 3a**, 512, 514
Flop-Airline	OLG München, 15.11.2005, 18 U 4393/05	**UWG § 6**, 232
Fluch der Karibik	BGH, 10.05.2012, I ZR 145/11	**UWG § 12 Anh. I**, 206, 212
Flüchtige Ware	KG, 25.04.2008, 5 W 39/06	**UWG § 12**, 38
Flüchtige Ware	OLG Braunschweig, 06.12.2004, 2 W 237/04	**UWG § 12**, 38
Flughafen Berlin-Schönefeld	BGH, 21.07.2011, I ZR 209/09	**UWG § 12 Anh. I**, 182
Flughafen Frankfurt-Hahn	BGH, 10.02.2011, I ZR 136/09	**UWG Einl.**, 374, 375, 376, 377; **§ 3a**, 56, 612; **§ 11**, 21, 25; **§ 12 Anh. I**, 163, 182
Flughafen Lübeck	BGH, 09.02.2017, I ZR 91/15	**UWG § 3a**, 612
Flughafenpassage	OLG Frankfurt/Main, 01.10.1987, 6 U 62/87	**UWG § 8**, 94
Flugpreisangabe	BGH, 27.04.2017, I ZR 209/15	**PAngV Vorbem.**, 21
Flugpreise	BGH, 21.04.2016, I ZR 220/14	**UWG § 1**, 18; **§ 3a**, 36, 457; **§ 12 Anh. I**, 131
Flugvermittlung im Internet	BGH, 30.04.2014, I ZR 224/12	**UWG § 1**, 35; **§ 4 Nr. 4**, 22, 23, 24, 59, 60, 67, 68, 69, 70, 71, 73, 75, 87
Flüssiggastank	BGH, 16.03.2006, I ZR 92/03	**UWG § 3a**, 116; **§ 4 Nr. 4**, 34; **§ 8**, 42, 267; **§ 12 Anh. I**, 121, 189, 337
Focus Online	BGH, 30.06.2009, VI ZR 210/08	**UWG § 4 Nr. 2**, 29; **§ 8**, 256
Folgeverträge	BGH, 07.10.1993, I ZR 293/91	**UWG § 1**, 3
Folien Fischer	EuGH, 25.10.2012, C-133/11	**UWG Einl.**, 214

Stichwort	Gericht, Datum, Aktenzeichen	Zitierstelle, Rdn.
Folienrollos	BGH, 19.05.2010, I ZR 177/07	**UWG § 8**, 130; **§ 12**, 251, 252, 507; **§ 12 Anh. I**, 30, 130, 138, 145, 148, 152; **§ 12 Anh. II**, 55, 56
Ford-Vertragspartner	BGH, 17.03.2011, I ZR 170/08	**UWG § 3**, 135; **§ 5**, 178, 254
Fördermittelberatung	BGH, 24.02.2005, I ZR 128/02	**UWG § 12 Anh. I**, 170
Förderverein	BGH, 21.07.2016, I ZR 127/15	**UWG § 1**, 20; **§ 3a**, 64, 245; **§ 4a**, 2, 121, 153
Formunwirksamer Lizenzvertrag	BGH, 14.03.2000, X ZR 115/98	**UWG § 9**, 78, 79
Forschungskosten	BGH, 09.03.1989, I ZR 189/86	**UWG § 9**, 96; **§ 11**, 34, 40, 77, 79
Fortfall einer Herstellerpreisempfehlung	BGH, 29.01.2004, I ZR 132/01	**UWG § 5**, 245, 418; **§ 12 Anh. I**, 213
Fortsetzungsverbot	BGH, 07.07.1994, I ZR 63/92	**UWG § 12**, 541, 542
Fortsetzungszusammenhang	BGH, 10.12.1992, I ZR 186/90	**UWG § 12**, 106; **§ 12 Anh. II**, 63
Forum-Shopping	OLG Frankfurt/Main, 14.07.2005, 16 U 23/05	**UWG § 12**, 249
forum-shopping	HansOLG Hamburg, 06.12.2006, 5 U 67/06	**UWG § 12**, 249
Foto Frost	EuGH, 22.10.1987, Rs. 314/85	**UWG Einl.**, 98
Foto-Aktion	BGH, 22.05.2003, I ZR 185/00	**UWG § 4a**, 147; **§ 8**, 337
Fotoartikel	BGH, 28.11.1980, I ZR 182/78	**UWG § 12**, 541, 543; **§ 12 Anh. I**, 44
Fotoartikel II	BGH, 19.12.1984, I ZR 148/82	**UWG § 12**, 541, 543
Fotovergrößerungen	BGH, 05.03.1998, I ZR 229/95	**UWG § 2 Abs. 1 Nr. 3**, 21
Fotowettbewerb	BGH, 15.10.1969, I ZR 3/68	**UWG Einl.**, 33; **§ 8**, 345; **§ 12**, 113
Fragkopoulos	*EuGH, 03.03.2011, C-161/09*	**UWG Einl.**, 114

Stichwort	Gericht, Datum, Aktenzeichen	Zitierstelle, Rdn.
Franchise-Nehmer	BGH, 05.04.1995, I ZR 133/93	**UWG § 8**, 195, 200, 205
Francovich	EuGH, 19.11.1991, C-6/90 und C-9/90	**UWG Einl.**, 51, 71
Frankfurt-Hahn	HansOLG Hamburg, 19.12.2002, 5 U 137/02	**UWG § 6**, 117
Franziskaner	BGH, 06.12.1961, V ZR 186/60	**UWG § 4 Nr. 4**, 77
»Fraport-Manila-Skandal«	BGH, 03.02.2009, VI ZR 36/07	**UWG § 4 Nr. 2**, 17, 22
Fräsautomat	BGH, 15.01.2009, I ZR 123/06	**UWG § 4 Nr. 4**, 117, 118, 119, 122, 125
Freiburger Wochenbericht	BGH, 27.01.1956, I ZR 146/54	**UWG § 3**, 35, 64
Freie Anwaltswahl	BGH, 04.12.2013, IV ZR 215/12	**UWG § 3a**, 607
Freier Architekt	BGH, 25.03.2010, I ZR 68/09	**UWG § 3a**, 28, 173, 174
Fremdcoupon-Einlösung	BGH, 23.06.2016, I ZR 137/15	**UWG § 1**, 13, 19, 27, 34, 35, 54; **§ 3**, 97; **§ 4 Nr. 4**, 18, 22, 23, 24, 28, 42, 44, 45, 46, 53, 79, 80, 82, 83, 84, 157
Frequenzwechsel	OLG München, 27.07.2017, U 2184/15 Kart	**UWG § 3a**, 579
Fressnapf	BGH, 04.02.2016, I ZR 194/14	**UWG § 2 Abs. 1 Nr. 8**, 8; **§ 2 Abs. 1 Nr. 9**, 4; **§ 4a**, 143; **§ 5**, 15, 234, 276; **§ 5a**, 9, 48, 67, 68, 71, 82, 83, 86
Freunde finden	BGH, 14.01.2016, I ZR 65/14	**UWG Einl.**, 220, 314; **§ 1**, 46; **§ 3a**, 273; **§ 7**, 9, 12, 34, 48, 93, 97, 98, 123, 194, 195; **§ 8**, 143, 166; **§ 11**, 32, 36, 53, 54; **§ 12**, 177, 263, 420, 466; **§ 12 Anh. I**, 124, 170

Stichwort	Gericht, Datum, Aktenzeichen	Zitierstelle, Rdn.
Freunde werben Freunde	BGH, 24.11.2016, I ZR 163/15	**UWG Einl.**, 136; **§ 1**, 18; **§ 3a**, 39, 40, 213, 380, 405; **§ 5**, 401
Friedhofsruhe	BGH, 21.07.2005, I ZR 170/02	**UWG § 3**, 39; **§ 3a**, 87; **§ 4a**, 161, 164
»Frische-Werbung«	HansOLG Hamburg, 08.07.1982, 3 U 47/82	**UWG § 12**, 234
Frischemärkte	BGH, 24.03.1987, KVR 10/85	**UWG § 12**, 397, 402
Fruchtextrakt	BGH, 22.11.2007, I ZR 77/05	**UWG § 3a**, 135, 480, 483, 486; **§ 8**, 41
Frühlings-Special	BGH, 07.07.2011, I ZR 181/10	**UWG § 5**, 177, 389, 396
FrühlingsgeFlüge	BGH, 15.01.2004, I ZR 180/01	**PAngV Vorbem.**, 3, 48; **§ 1**, 1, 33
Frühstücksaktion	LG Kiel, 30.11.2004, 16 O 51/04	**UWG § 3a**, 115
FSA-Kodex	BGH, 09.09.2010, I ZR 157/08	**UWG § 2 Abs. 1 Nr. 5**, 12, 15; **§ 2 Abs. 1 Nr. 7**, 6; **§ 3**, 3, 8, 32, 37, 121; **§ 3a**, 45, 91; **§ 5**, 481
Führendes deutsches Fachmagazin	OLG Köln, 18.03.2005,	**UWG § 6**, 100, 209
Füllanzeigen	BGH, 23.01.1997, I ZR 226/97	**UWG § 5**, 142, 144
Fundstellenangabe	BGH, 21.03.1991, I ZR 151/89	**UWG § 5**, 387; **§ 6**, 133, 232
Funkuhr	BGH, 26.02.2002, X ZR 36/01	**UWG § 8**, 165
Funkuhr II	BGH, 30.01.2007, X ZR 53/04	**UWG § 4 Nr. 4**, 120; **§ 12**, 5
FUNNY PAPER	BGH, 12.07.1995, I ZR 85/93	**UWG § 2 Abs. 1 Nr. 3**, 4; **§ 2_2**, 9; **§ 8**, 280, 282; **PAngV Vorbem.**, 9
für schlechte Qualität gutes Geld ausgeben	OLG Hamm, 27.10.2016, 4 U 22/16	**UWG § 12 Anh. I**, 3
Furio	OLG Frankfurt/Main, 07.02.2013, 6 U 126/12	**UWG § 8**, 375
FÜRSTENTHALER	*BGH, 28.09.1979*, I ZB 2/78	**UWG § 5**, 369

Stichwort	Gericht, Datum, Aktenzeichen	Zitierstelle, Rdn.
Fußpilz	BGH, 11.09.2008, I ZR 58/06	**UWG § 5**, 236; **§ 6**, 115, 116
Gaby	BGH, 26.11.1987, I ZR 123/85	**UWG § 12 Anh. I**, 216
Gallardo Spyder	BGH, 04.02.2010, I ZR 66/09	**UWG § 2 Abs. 1 Nr. 8**, 8; **§ 3a**, 36, 119, 302, 518; **§ 5a**, 67, 161; **§ 8**, 326, 340
Garantie-Bonus	BGH, 26.02.2014, I ZR 119/09	**UWG § 8**, 40
Gartenliege	BGH, 24.05.2007, I ZR 104/04	**UWG § 4 Nr. 3**, 1, 31, 32, 33, 36, 44, 45, 46, 48, 66, 68, 83
Gasparone II	BGH, 02.07.1971, I ZR 58/0	**UWG § 9**, 100
Gastrokritiker	BGH, 20.03.1986, I ZR 13/84	**UWG § 4 Nr. 1**, 62
Gebäckpresse	BGH, 09.10.2008, I ZR 126/06	**UWG § 4 Nr. 3**, 15, 32, 44, 45, 67
Gebhard	EuGH, 30.11.1995, C-55/94	**UWG § 5**, 62
Gebührendifferenz IV	BGH, 20.02.1986, I ZR 153/83	**UWG § 2 Abs. 1 Nr. 3**, 10
Gebührenvereinbarung II	BGH, 01.06.2006, I ZR 268/03	**UWG § 3a**, 257, 528
Gebundener Versicherungsvermittler	BGH, 30.01.2014, I ZR 19/13	**UWG § 3a**, 317; **§ 12 Anh. I**, 180
Geburtstagszug	BGH, 13.11.2013, I ZR 143/12	**UWG § 4 Nr. 3**, 40
Gefälligkeit	BGH, 19.04.2007, I ZR 92/04	**UWG § 8**, 177, 191, 204
Gefällt-mir-Button	KG, 29.04.2011, 5 W 88/11	**UWG § 3a**, 93, 278, 279, 281
Gefärbte Jeans	BGH, 14.12.1995, I ZR 210/93	**UWG § 9**, 20
Gefäßgerüst	BGH, 01.02.2018, I ZR 82/17	**UWG § 3a**, 422
Geffroy	EuGH, 12.09.2000, C-366/98	**UWG § 5**, 40, 48, 53, 54
Gegenabmahnung	BGH, 29.04.2004, I ZR 233/01	**UWG § 12**, 143, 148
Gegendarstellungsanspruch	BVerfG, 19.12.2007, 1 BvR 967/05	**UWG § 4 Nr. 1**, 45
Gegnerliste	BVerfG, 12.12.2007, 1 BvR 1625/06	**UWG § 3a**, 246, 247

Stichwort	Gericht, Datum, Aktenzeichen	Zitierstelle, Rdn.
Gehört zu den Testsiegern	OLG Köln, 28.05.2008, 6 U 19/08	**UWG § 6**, 231
Gel-Reservoir	BGH, 28.01.2016, I ZR 36/14	**UWG § 12 Anh. I**, 285, 289
Gelbe Wörterbücher	BGH, 18.09.2014, I ZR 228/12	**UWG § 3a**, 69
Geld-zurück-Garantie	BGH, 14.07.1993, I ZR 189/91	**UWG § 8**, 48, 65; **§ 11**, 97
Geld-zurück-Garantie II	BGH, 11.03.2009, I ZR 194/06	**UWG § 5**, 174, 175; **§ 5a**, 24
Geld-zurück-Garantie III	BGH, 19.03.2014, I ZR 185/12	**UWG § 3 Anh. zu Abs. 3**, 153; **§ 5**, 203, 204, 484
Gelenknahrung II	BGH, 15.07.2010, I ZR 99/09	**UWG § 3a**, 90, 445
Gelenkschutzkapseln	OLG München, 23.02.2006, 6 U 3721/05	**UWG § 3a**, 169, 196
Geltendmachung der Abmahnkosten	BGH, 20.10.2005, I ZB 21/05	**UWG § 4 Nr. 4**, 105
GEMA	EuGH, 20.01.1981, C-55/80	**UWG Einl.**, 137
GEMA-Vermutung	BGH, 05.06.1985, I ZR 53/83	**UWG § 9**, 106, 118
Gemeinkostenanteil	BGH, 02.11.2000, I ZR 246/98	**UWG § 9**, 56, 71
Gemeinnützige Wohnungsgesellschaft	BGH, 27.02.2003, I ZR 25/01	**UWG § 1**, 21; **§ 5**, 103, 226, 448; **§ 5a**, 21; **§ 11**, 34
Gen-Milch	BGH, 11.03.2008, VI ZR 7/07	**UWG § 4 Nr. 1**, 9
Gen-Milch	BVerfG, 08.09.2010, 1 BvR 1890/08	**UWG § 4 Nr. 1**, 45
Genealogie der Düfte	BGH, 05.02.2004, I ZR 171/01	**UWG § 6**, 51, 61, 73, 91, 103, 124, 128, 129, 130, 131, 132, 150, 151, 163
Generika-Werbung	BGH, 25.03.1999, I ZR 77/97	**UWG § 4 Nr. 1**, 27; **§ 6**, 3, 91, 104, 208, 210, 211; **§ 8**, 342
Generikum-Preisvergleich	BGH, 30.03.1989, I ZR 21/87	**UWG § 6**, 3
Genetische Stoffwechselanalyse	HansOLG Hamburg, 27.09.2017, 3 W 58/17	**UWG § 12 Anh. I**, 289

Stichwort	Gericht, Datum, Aktenzeichen	Zitierstelle, Rdn.
Geo-Targeting	BGH, 28.04.2016, I ZR 23/15	**UWG § 2 Abs. 1 Nr. 3**, 20; **§ 2 Abs. 1 Nr. 8**, 9; **§ 2 Abs. 1 Nr. 9**, 4, 8; **§ 4 Nr. 4**, 43; **§ 5**, 196, 247, 248, 276, 277, 280; **§ 5a**, 59, 85; **§ 12 Anh. I**, 180
Gepanzerte Blutschwinge	KG, 01.12.2015, 5 U 74/15	**UWG § 3 Anh. zu Abs. 3**, 340
Gerolsteiner/Putsch	EuGH, 07.01.2004, C-100/02	**UWG § 2 Abs. 1 Nr. 7**, 7
Gesamtpreisangebot	BGH, 27.02.2003, I ZR 253/00	**UWG § 4 Nr. 4**, 30; **§ 4a**, 166; **§ 5**, 417
Gesamtverband	BGH, 10.11.1972, I ZR 60/71	**UWG § 2 Abs. 1 Nr. 1**, 20
Gesamtzufriedenheit	BGH, 09.11.2006, I ZB 28/06	**UWG § 2 Abs. 1 Nr. 1**, 75; **§ 12 Anh. I**, 10
Gesangbuch	BGH, 18.11.1955, I ZR 176/53	**UWG § 4 Nr. 4**, 140, 143
Geschäftsführer	BGH, 22.06.1982, VI ZR 255/80	**UWG § 4 Nr. 2**, 18, 24
Geschäftsführerhaftung	BGH, 18.06.2014, I ZR 242/12	**UWG Einl.**, 313, 377; **§ 3**, 82; **§ 4 Nr. 2**, 31; **§ 8**, 160, 179, 180, 181, 211, 219, 242, 243; **§ 9**, 32; **§ 12 Anh. II**, 101
Gesetzeswiederholende Unterlassungsanträge	BGH, 24.11.1999, I ZR 189/97	**UWG § 12 Anh. I**, 124, 127, 170, 177
Getarnte Werbung	BGH, 10.07.1981, I ZR 96/79	**UWG § 5a**, 170, 201, 202, 207
Getarnte Werbung II	BGH, 27.05.1987, I ZR 153/85	**UWG § 8**, 28; **§ 12**, 62

Stichwort	Gericht, Datum, Aktenzeichen	Zitierstelle, Rdn.
Gewährleistungsausschluss im Internet	BGH, 31.03.2010, I ZR 34/08	**UWG Einl.**, 326, 385, 386; **§ 2 Abs. 1 Nr. 1**, 23, 33, 41; **§ 2 Abs. 1 Nr. 7**, 5; **§ 2_2**, 10; **§ 3**, 94, 123, 140; **§ 3a**, 25, 54, 259, 260, 261, 265; **§ 5**, 91, 118; **§ 8**, 355
Gewerbliche Spielevermittlung	BGH, 19.05.2011, I ZR 215/08	**UWG § 8**, 200
Gewinn-Zertifikat	BGH, 26.04.2001, I ZR 314/98	**UWG § 12 Anh. I**, 127
Gewinne aus Rücklastschriften	OLG Düsseldorf, 07.02.2017, I-20 U 139/15	**UWG § 10**, 1, 2, 3, 25, 27, 28; **§ 12 Anh. I**, 48, 211, 220
gewinne-ein-iphone.de	OLG München, 26.01.2017, 29 U 3841/16	**UWG § 12**, 301, 302; **§ 12 Anh. I**, 175
Gewohnt gute Qualität	BGH, 15.02.2018, I ZR 243/16	**UWG § 4 Nr. 3**, 31; **§ 4 Nr. 4**, 29
gezielte Gehörsvereitelung	KG, 11.10.2016, 5 U 139/15	**UWG § 8**, 373; **§ 12**, 249
Gib mal Zeitung	BGH, 01.10.2009, I ZR 134/07	**UWG § 3**, 131, 137; **§ 4 Nr. 1**, 30, 52; **§ 6**, 11, 12, 50, 51, 54, 61, 68, 71, 80, 124, 126, 128, 129, 130, 131, 132, 136, 149, 164, 174, 179, 180
Giftnotruf-Box	BGH, 06.10.1999, I ZR 46/97	**UWG § 1**, 5
Ginkgo-Extrakt	BGH, 01.07.2010, I ZR 19/08	**UWG § 3a**, 186, 188
Ginkgo-Geloba-Präparat	OLG Karlsruhe, 22.02.1995, 6 U 250/94	**UWG § 12 Anh. I**, 324
Gintec/Verband Sozialer Wettbewerb	EuGH, 08.11.2007, C-374/05	**UWG § 3a**, 42, 374, 391, 396
Gipüre-Spitze II	HansOLG Hamburg, 27.08.2008, 5 U 38/07	**UWG § 9**, 64, 72
Gliedermaßstäbe	*BGH*, 17.03.1964, Ia ZR 193/63	**UWG § 12 Anh. I**, 112

Stichwort	Gericht, Datum, Aktenzeichen	Zitierstelle, Rdn.
Glockenpackung II	BGH, 03.07.1964, Ib ZR 179/62	**UWG § 5**, 218, 220
GLÜCKSPILZ	BGH, 15.10.2015, I ZB 69/14	**UWG § 4 Nr. 4**, 130, 131, 132
Glücksspiele	OLG Köln, 21.08.2015, 6 U 41/15	**UWG § 8**, 362, 371, 373, 381; **§ 12**, 169, 175, 177, 178, 238
Glücksspielverband	BGH, 17.08.2011, I ZR 148/10	**UWG § 8**, 294, 303, 304, 335, 377, 378, 379; **§ 12 Anh. I**, 180
Glucosamin Naturell	BGH, 30.11.2011, I ZR 8/11	**UWG § 3a**, 287, 289, 441
Glutamal	BGH, 23.03.1966, Ib 28/64	**UWG § 5**, 266
Glykolwarnung	BVerfG, 26.06.2002, 1 BvR 558/91	**UWG § 5**, 86
Gmail als Telekommunikationsdienst	VG Köln, 11.11.2015, 21 K 450/15	**UWG § 2 Abs. 1 Nr. 4**, 8
goFit	BGH, 15.02.2018, I ZR 201/16	**UWG § 4 Nr. 3**, 12, 27; **§ 5**, 30, 105, 367, 489; **§ 8**, 153
Goldbären	BGH, 23.09.2015, I ZR 105/14	**UWG § 4 Nr. 1**, 12; **§ 4 Nr. 3**, 25, 54; **§ 4 Nr. 4**, 77, 129, 134
Goldbärenbarren	BGH, 12.12.2013, I ZR 192/12	**UWG Einl.**, 167; **§ 2 Abs. 1 Nr. 7**, 4; **§ 2_2**, 10; **§ 3**, 10, 14, 114, 116, 124, 133, 140, 142, 146; **§ 3 Anh. zu Abs. 3**, 335, 339, 340, 341, 346; **§ 4a**, 12, 61, 66, 120; **§ 5**, 129, 142, 161, 162, 165; **PAngV Vorbem.**, 8; **§ 1**, 34
Goldene Armbänder	BGH, 02.03.1973, I ZR 5/72	**UWG § 12**, 113, 504, 505, 513, 514, 516

Stichwort	Gericht, Datum, Aktenzeichen	Zitierstelle, Rdn.
Goldene Karte I	BGH, 14.11.1980, I ZR 138/78	**UWG § 9**, 22; **§ 12 Anh. II**, 66
Goldener Oktober	BGH, 22.01.1969, I ZR 49/67	**UWG § 3**, 61
Golly Telly	BGH, 10.12.2009, I ZR 189/07	**UWG § 1**, 16, 18, 25, 30; **§ 3a**, 93, 121, 476; **§ 9**, 12
GOOD NEWS	BGH, 19.07.2012, I ZR 2/11	**UWG § 3 Anh. zu Abs. 3**, 156; **§ 5a**, 182, 197
GOOD NEWS II	BGH, 06.02.2014, I ZR 2/11	**UWG § 2 Abs. 1 Nr. 1**, 7, 59, 78; **§ 3**, 16, 23, 91; **§ 3a**, 23, 522; **§ 3 Anh. zu Abs. 3**, 18, 156, 158, 159, 164, 165; **§ 5**, 22, 116, 122, 132; **§ 5a**, 173, 181, 182, 188, 196, 198
Good News II	BGH, 06.02.2014, I ZR 2/11	**UWG § 5**, 91, 92
Google France und Google	EuGH, 23.03.2010, C-236/08 bis C-238/08	**UWG § 4 Nr. 2**, 30; **§ 6**, 99, 104, 139
Google France und Google	EuGH, 23.10.2010, C-236/08 bis C-238/08	**UWG § 6**, 50
Google My Business-Anzeigen	LG Stuttgart, 07.12.2017, 11 O 92/17	**UWG § 12**, 101; **§ 12 Anh. II**, 35
Google und Google France	EuGH, 23.03.2010, C-236/08 bis C-238/08	**UWG § 8**, 152
GPL-Lizenz	OLG Hamm, 13.06.2017, 4 U 72/16	**UWG § 12 Anh. I**, 205
Grabmalwerbung	BGH, 22.04.2010, I ZR 29/09	**UWG § 4a**, 42, 152; **§ 7**, 8, 21, 40, 41, 44, 66, 67
Grabsteinaufträge	BGH, 01.02.1967, Ib ZR 3/65	**UWG § 1**, 11; **§ 3**, 35; **§ 7**, 66
Grabsteinaufträge II	BGH, 12.03.1971, I ZR 119/69	**UWG § 4a**, 42, 152
Grabsteinwerbung	BVerfG, 08.02.1972, 1 BvR 170/71	**UWG § 3**, 1, 25
Grabsteinwerbung II	BGH, 12.03.1971, I ZR 119/69	**UWG § 7**, 1, 66
Graf Zeppelin	RG, 29.04.1930, II 355/29	**UWG § 1**, 1
Grana Padano	EuGH, 20.05.2003, C-469/00	**UWG Einl.**, 137; **§ 5**, 106

Stichwort	Gericht, Datum, Aktenzeichen	Zitierstelle, Rdn.
Gräserwiese mit Pollen	OLG Köln, 12.06.2015, 6 U 188/14	**UWG § 3a**, 199
Gratis-Sehtest	BGH, 09.07.1987, I ZR 120/85	**UWG § 5**, 203, 204
grau/magenta	BGH, 20.03.1997, I ZR 246/94	**UWG § 4 Nr. 3**, 25; **§ 5**, 376
Green-IT	BGH, 19.03.2015, I ZR 4/14	**UWG § 12 Anh. I**, 184
Griechischer Wirtschaftsprüfer	OLG Düsseldorf, 08.03.2010, I-20 U 177/08	**UWG § 3a**, 91
grill meister	BGH, 17.10.2013, I ZB 11/13	**UWG § 5**, 145
Grippewerbung II	BGH, 20.01.1983, I ZR 183/80	**UWG § 5**, 344
»Großbanken-Restquoten«	BGH, 30.10.1981, I ZR 93/79	**UWG § 4 Nr. 1**, 15
Größe der Preistafeln für Kraftstoffpreise	OLG Düsseldorf, 16.07.1987, 2 U 207/87	**PAngV § 8**, 4
Großhandelszuschläge	BGH, 05.10.2017, I ZR 172/16	**UWG § 1**, 7; **§ 3a**, 206, 209; **§ 8**, 377; **§ 12 Anh. I**, 137, 138
Größtes Teppichhaus der Welt	BGH, 17.10.1984, I ZR 187/82	**UWG § 5**, 241; **§ 12 Anh. I**, 263, 288
Gründerbildnis	BGH, 22.12.1961, I ZR 152/59	**UWG Einl.**, 376, 382; **§ 4 Nr. 1**, 9; **§ 5**, 451; **§ 11**, 26; **§ 12 Anh. I**, 182
grundke.de	BGH, 08.02.2008, I ZR 59/04	**UWG § 5**, 108
Grundpreisangabe bei Amazon II	OLG Köln, 19.06.2015, 6 U 183/14	**UWG § 2 Abs. 1 Nr. 7**, 5; **§ 8**, 339
Grundpreisangabe im Supermarkt	BGH, 07.03.2013, I ZR 30/12	**PAngV Vorbem.**, 3, 48; **§ 1**, 1, 77
Gruppenprofil	BGH, 23.06.1989, I ZR 120/87	**UWG § 12 Anh. I**, 323
GS-Zeichen	BGH, 23.10.1997, I ZR 98/95	**UWG § 5**, 384; **§ 8**, 49
GS-Zeichen	OLG Stuttgart, 16.01.1989, 2 W 149/88	**UWG § 8**, 94
GSM-Wandler	BGH, 29.06.2010, KZR 31/08	**UWG § 12 Anh. I**, 200, 215, 216
Gubisch/Palumbo	EuGH, 08.12.1987, Rs. 144/86	**UWG § 12 Anh. I**, 91
Gucci	HansOLG Hamburg, 19.10.1996, 3 U 82/96	**UWG § 12**, 272

Stichwort	Gericht, Datum, Aktenzeichen	Zitierstelle, Rdn.
Guimont	EuGH, 05.12.2000, C-448/98	**UWG § 5**, 46, 52, 53
Güllepumpen	BGH, 14.01.1999, I ZR 203/96	**UWG Einl.**, 311, 382; **§ 4 Nr. 3**, 31, 76, 108, 113; **§ 9**, 3, 98; **§ 11**, 26, 28, 32, 34; **§ 12**, 420
Gummiwaren	RG, 15.11.1935, II 110/35	**UWG § 1**, 1, 3
günstiger.de	HansOLG Hamburg, 25.04.2005, 5 U 117/04	**UWG § 12**, 471
Günstigere Preise	OLG Nürnberg, 16.10.2018, 3 U 761/18	**UWG § 6**, 125
Gurktaler Kräuterlikör	BGH, 13.01.2011, I ZR 22/09	**UWG § 3a**, 27, 331, 343
Gut Springenheide	EuGH, 16.07.1998, C-210/96	**UWG § 3**, 130; **§ 5**, 38, 133, 168, 169, 170, 174, 188; **§ 12 Anh. I**, 303
Gutschein für eine Brustvergrößerung	KG, 04.10.2016, 5 U 8/16	**UWG § 3a**, 307
Gynäkologe	BGH, 26.11.1996, VI ZR 323/95	**UWG § 4 Nr. 2**, 19
Gysbrechts und Santurel Inter	EuGH, 16.12.2008, C-205/07	**UWG § 5**, 59
H 15	BGH, 30.01.2014, I ZR 107/10	**UWG § 4 Nr. 4**, 129, 134; **§ 8**, 107
»H.I.V. Positive«	BGH, 06.07.1995, I ZR 180/94	**UWG Einl.**, 35; **§ 4 Nr. 1**, 28, 40
»H.I.V. Positive« II	BGH, 06.12.2001, I ZR 284/00	**UWG § 4 Nr. 1**, 28
Ha-Ra/HARIVA	BGH, 28.05.1998, I ZR 275/95	**UWG § 12 Anh. I**, 96; **§ 12 Anh. II**, 55
Haarverstärker	OLG Köln, 13.12.2013, 6 U 100/13	**UWG § 11**, 55; **§ 12**, 174, 178
Hackethal	BVerfG, 11.02.1992, 1 BvR 1531/90	**UWG § 9**, 24
Haderer	EuGH, 14.06.2007, C-445/05	**UWG Einl.**, 80
Haferschleim	BGH, 28.06.1957, I ZR 230/55	**UWG § 5**, 342
Haftung für Hyperlink	BGH, 18.06.2015, I ZR 74/14	**UWG § 2 Abs. 1 Nr. 1**, 95; **§ 3**, 82; **§ 4a**, 162; **§ 8**, 141, 144, 147, 148, 225, 258

Stichwort	Gericht, Datum, Aktenzeichen	Zitierstelle, Rdn.
Haftung für Virals	LG Köln, 29.05.2008, 31 O 845/07	**UWG § 4 Nr. 1**, 30; **§ 9**, 104, 124
Haftungsbeschränkung bei Anwälten	BGH, 25.06.1992, I ZR 120/90	**UWG § 4a**, 126; **§ 12 Anh. I**, 154
Halberstädter Würstchen	OLG Dresden, 27.03.2001, 14 U 3542/97	**UWG § 12 Anh. I**, 306
Halbwahrheiten	HansOLG Hamburg, 01.09.2015, 7 U 7/13	**UWG § 3a**, 332
Halzband	BGH, 11.03.2009, I ZR 114/06	**UWG § 8**, 167, 259, 260
Hamburger Brauch	BGH, 14.10.1977, I ZR 119/76	**UWG § 12**, 60
Hammer	HansOLG Hamburg, 20.03.2014, 3 U 96/13	**UWG § 3a**, 416
Handeln gegenüber Verbrauchern	KG, 26.09.2011, 24 U 111/10	**UWG Einl.**, 254
Handfugenpistole	BGH, 16.11.2017, I ZR 91/16	**UWG § 1**, 13; **§ 4 Nr. 3**, 24, 31, 32, 46, 47, 48, 49, 50, 51, 52, 66, 67, 78, 83, 121, 123; **§ 5**, 372
Handlanger	BGH, 09.09.2010, I ZR 107/09	**UWG § 3a**, 195, 197
Handtaschen	BGH, 11.01.2007, I ZR 198/04	**UWG § 4 Nr. 3**, 3, 50, 56, 58, 61, 69, 91, 97, 104, 105, 119; **§ 4 Nr. 4**, 4, 62; **§ 12 Anh. I**, 135
Handtuchklemmen	BGH, 24.03.2005, I ZR 131/02	**UWG § 4 Nr. 3**, 36, 44, 46, 50, 57, 123
Handy für 0,00 DM	BGH, 08.10.1998, I ZR 187/97	**UWG § 3 Anh. zu Abs. 3**, 269; **§ 4a**, 166; **§ 5**, 216, 227, 230; **§ 12 Anh. I**, 129; **PAngV Vorbem.**, 9; **§ 1**, 21, 35 44
Handy zu 4,98 DM	OLG Düsseldorf, 13.06.1996, 2 U 2/96	**UWG § 12**, 221
Handzahnbürste	HansOLG Hamburg, 20.07.2000, 3 U 191/99	**UWG § 6**, 100, 124, 209
Handzettel-Wurfsendung	BGH, 20.12.1988, VI ZR 182/88	**UWG § 7**, 109

Stichwort	Gericht, Datum, Aktenzeichen	Zitierstelle, Rdn.
Handzettelwerbung	BGH, 27.02.1986, I ZR 210/83	**UWG § 4 Nr. 4**, 46, 83
Hard Rock Café	BGH, 15.08.2013, I ZR 188/11	**UWG Einl.**, 347, 364; **§ 1**, 21; **§ 2 Abs. 1 Nr. 3**, 21; **§ 3 Anh. zu Abs. 3**, 180, 181, 183, 185; **§ 4 Nr. 1**, 13; **§ 4 Nr. 3**, 12, 27; **§ 5**, 105, 367, 375; **§ 11**, 115, 117; **§ 12 Anh. I**, 131, 184
Hartplatzhelden.de	BGH, 28.10.2010, I ZR 60/09	**UWG Einl.**, 345; **§ 3**, 31, 34, 70, 75, 76, 77, 78, 80; **§ 4 Nr. 3**, 6, 7, 55; **§ 4 Nr. 4**, 59, 85
Hashtag #ad	OLG Celle, 08.06.2017, 13 U 53/17	**UWG § 12**, 167, 189
Hauptsacheklage nach Widerspruch	OLG Köln, 09.02.2009, 6 W 4/09	**UWG § 8**, 367
Haus & Grund III	BGH, 31.07.2008, I ZR 21/06	**UWG § 8**, 14
Hausanwälte	OLG Frankfurt/Main, 09.05.2003, 24 U 15/03	**UWG § 2 Abs. 1 Nr. 3**, 12, 20
Haustürgeschäft II	BGH, 27.02.1997, I ZR 217/94	**UWG § 2 Abs. 1 Nr. 3**, 15
Hausverbot	BGH, 18.05.1966, Ib ZR 60/64	**UWG § 4 Nr. 4**, 104
Hausverbot II	BGH, 13.07.1979, I ZR 138/77	**UWG § 4 Nr. 4**, 104
»Hausverbot« im Internet	HansOLG Hamburg, 18.04.2007, 5 U 190/06	**UWG § 4 Nr. 4**, 104
Hautleim	BGH, 07.02.1961, I ZR 123/59	**UWG § 5**, 291
HBV-Familien- und Wohnungsrechtsschutz	BGH, 25.01.1990, I ZR 19/87	**UWG Einl.**, 328, 330; **§ 8**, 87, 91
HBV-Rechtsschutz	BGH, 25.01.1990, I ZR 19/87	**UWG Einl.**, 391
Hecht-Pharma/Gewerbeaufsichtsamt Lüneburg	EuGH, 15.01.2009, C-140/07	**UWG § 3a**, 184
Hecht-Pharma/Hohenzollern Apotheke	EuGH, 26.10.2016, C-276/15	**UWG § 3a**, 193
Hedley Lomas	EuGH, 23.05.1996, C-5/94	**UWG Einl.**, 130

Stichwort	Gericht, Datum, Aktenzeichen	Zitierstelle, Rdn.
Heilmittellieferungsvertrag	BGH, 05.06.1997, I ZB 26/96	**UWG § 12 Anh. I**, 10
Heimstättengemeinschaft	BGH, 14.06.1977, VI ZR 111/75	**UWG § 4 Nr. 2**, 50; **§ 8**, 116; **§ 12**, 270
Heizkessel mit Brenner I	LG Düsseldorf, 21.09.2017, 4a O 18/16	**UWG § 12 Anh. I**, 53
Hejduk	EuGH, 22.01.2015, C-441/13	**UWG § 14**, 13, 18, 19, 21, 36, 37
Hellegold	RG, 06.10.1931,	**UWG § 6**, 3
Hemdblusenkleid	BGH, 10.11.1983, I ZR 158/81	**UWG Einl.**, 346; **§ 3**, 66; **§ 4 Nr. 3**, 8, 33, 107
Henn und Darby	EuGH, 14.12.1979, Rs. 34/79	**UWG Einl.**, 134
Herabgesetzte Schlussverkaufspreise	BGH, 25.02.1999, I ZR 4/97	**PAngV Vorbem.**, 3, 48; **§ 1**, 1, 67, 76
Herabsetzender »Testbericht« im Internet	OLG Hamm, 28.01.2010, 4 U 157/09	**UWG § 4 Nr. 1**, 20, 57
Herrnhuter Stern	BGH, 02.12.2015, I ZR 176/14	**UWG Einl.**, 163, 353; **§ 1**, 4, 12, 13, 27, 54; **§ 4 Nr. 3**, 1, 2, 13, 14, 26, 31, 32, 34, 44, 56, 60, 63, 66, 67, 73, 74, 108, 109, 110, 113, 117, 119; **§ 5**, 450; **§ 8**, 276; **§ 9**, 104, 113, 133; **§ 12 Anh. I**, 135, 145
Hersteller-Preisempfehlung in Kfz-Händlerwerbung	BGH, 23.06.1983, I ZR 75/81	**PAngV § 1**, 14, 42
Herstellerangaben auf Kopfhörer	BGH, 11.05.2017, I ZR 59/16	**UWG § 1**, 18; **§ 3a**, 525, 526
Herstellergarantie II	BGH, 05.12.2012, I ZR 146/11	**UWG § 3a**, 270
Herstellerkennzeichen für Kopfhörer	OLG Düsseldorf, 08.05.2014, I-15 U 69/14	**UWG § 3a**, 133, 296

Stichwort	Gericht, Datum, Aktenzeichen	Zitierstelle, Rdn.
Herstellerpreisempfehlung bei Amazon	BGH, 03.03.2016, I ZR 110/15	**UWG Einl.**, 50; **§ 5**, 195, 253, 397, 418; **§ 5a**, 21; **§ 8**, 139, 140, 142, 156, 348, 351, 352, 363, 386
Herstellung und Vertrieb	BGH, 24.10.1975, I ZR 59/74	**UWG § 5**, 332
Herz-Kreislauf-Studie	BGH, 09.11.2000, I ZR 167/98	**UWG § 12 Anh. I**, 124, 170
»heute gratis!«	OLG Frankfurt/Main, 20.05.2010, 6 U 33/09	**UWG § 10**, 1, 16, 18
Heute wird offen gelogen	BGH, 17.11.2009, VI ZR 226/08	**UWG § 4 Nr. 2**, 16, 17, 19, 29
Hi Hotel	BGH, 28.06.2012, I ZR 35/11	**UWG § 14**, 20
Hi Hotel HCF	EuGH, 03.04.2012, C-387/12	**UWG Einl.**, 216, 220
Hi Hotel HCF	EuGH, 03.04.2014, C-387/12	**UWG § 14**, 18, 19, 20, 21
Hier spiegelt sich Erfahrung	BGH, 22.10.2009, I ZR 73/07	**UWG § 5**, 39, 159, 184, 238, 240, 243, 450; **§ 5a**, 22; **§ 6**, 104; **§ 12 Anh. I**, 279, 288
Himalaya Salz	BGH, 31.03.2016, I ZR 86/13	**UWG Einl.**, 137; **§ 4 Nr. 4**, 9; **§ 5**, 106, 197, 261, 364, 367
Himalaya Salz	OLG Köln, 19.04.2013, 6 U 192/12	**UWG § 2 Abs. 1 Nr. 7**, 4
Himbeer-Vanille-Abenteuer	BGH, 26.02.2014, I ZR 45/13	**UWG § 5**, 58
Himbeer-Vanille-Abenteuer II	BGH, 02.12.2015, I ZR 45/13	**UWG § 3a**, 438, 439, 440, 443, 458; **§ 5**, 58, 292, 298; **§ 5a**, 75, 168
Hitlisten-Platten	BGH, 04.04.1995, KZR 34/93	**UWG § 4 Nr. 4**, 10
HOAI-Mindestsätze	HansOLG Hamburg, 27.10.2010, 5 U 178/08	**UWG § 3a**, 427
Hochleistungsmagneten	BGH, 16.12.2014, VI ZR 39/14	**UWG § 4 Nr. 1**, 9; **§ 4 Nr. 2**, 16
Hochtief AG	EuGH, 15.10.2009, C-138/08	**UWG Einl.**, 87
Hochwertige Schmuckstücke	BVerfG, 15.03.2010, 1 BvR 476/10	**PAngV § 9**, 19

Stichwort	Gericht, Datum, Aktenzeichen	Zitierstelle, Rdn.
Hormoncreme	BGH, 20.06.1969, VI ZR 234/67	**UWG § 4 Nr. 2**, 28
Hormonersatztherapie	BGH, 17.01.2002, I ZR 161/99	**UWG § 4 Nr. 2**, 9, 27, 40; **§ 5**, 3, 140; **§ 6**, 20, 42, 47, 62, 71, 93, 124, 126, 129, 177, 178
Hormonpräparate	BGH, 03.12.1998, I ZR 119/96	**UWG § 1**, 3, 5; **§ 3a**, 11
Horse-Equipe	HansOLG Hamburg, 13.11.2006, 5 W 162/06	**UWG § 3a**, 259
HOT	BGH, 19.02.2014, I ZB 3/13	**UWG § 5**, 175
Hot Sox	BGH, 19.11.2015, I ZR 109/14	**UWG § 4 Nr. 3**, 30, 31, 32, 37, 48, 58, 113; **§ 12**, 236, 268, 425, 532, 538, 540, 541; **§ 12 Anh. I**, 44, 228; **§ 12 Anh. II**, 21; **GeschGehG § 7**, 18
Hotel Maritime	BGH, 13.10.2004, I ZR 163/02	**UWG Einl.**, 220; **§ 14**, 22, 38
Hotel ohne Pool	KG, 02.03.2011, 5 W 21/11	**UWG § 12**, 300
hotel-maritime.dk	HansOLG Hamburg, 02.02.2002, 3 U 312/01	**UWG § 14**, 32
Hotelbewertungsportal	BGH, 19.03.2015, I ZR 94/13	**UWG Einl.**, 313; **§ 2 Abs. 1 Nr. 1**, 95; **§ 2 Abs. 1 Nr. 3**, 6, 23, 25; **§ 4 Nr. 1**, 19; **§ 4 Nr. 2**, 12, 28, 29, 30, 31; **§ 6**, 72, 80, 217, 220; **§ 8**, 145, 149, 152, 213, 215, 220, 231, 248, 250, 252; **§ 14**, 27, 28, 38
Hotelfoto	BGH, 13.02.2003, I ZR 281/01	**UWG § 12**, 98
»HSA frei«	HansOLG Hamburg, 16.02.2017, 3 U 194/15	**UWG § 12**, 166, 173, 180, 184, 221, 222
Hühnergegacker	BGH, 27.06.1961, I ZR 135/59	**UWG § 5**, 135, 142
Hummel Holding/Nike	EuGH, 18.05.2017, C-617/15	**UWG § 14**, 4

Stichwort	Gericht, Datum, Aktenzeichen	Zitierstelle, Rdn.
Hundefigur	BGH, 08.07.2004, I ZR 25/02	**UWG § 12 Anh. I**, 40
Hünermund u.a. / Landesapothekerkammer Baden-Württemberg	EuGH, 15.12.1993, C-292/92	**UWG Einl.**, 127
Hurd	EuGH, 15.01.1986, Rs. 44/84	**UWG Einl.**, 114
ICANN	OLG Frankfurt/Main, 02.02.2017, 6 U 151/16	**UWG § 12**, 159, 323; **§ 12 Anh. I**, 124
ICON	BGH, 26.06.2008, I ZR 170/05	**UWG § 3**, 74; **§ 4 Nr. 3**, 3, 54, 104, 105; **§ 4 Nr. 4**, 4, 62
Ideal-Standard	BGH, 22.01.1985, KZR 4/84	**UWG § 4 Nr. 4**, 17, 142, 143, 144, 145
Idealservice	EuGH, 22.11.2001, C-541/99 und C-542/99	**UWG § 2 Abs. 2**, 6
IEC-Publikation	BGH, 11.07.1991, I ZR 33/90	**UWG § 5**, 310
»Illegaler Fellhandel«	BGH, 17.11.1992, VI ZR 344/91	**UWG § 4 Nr. 2**, 19
IM »Christoph«	BGH, 11.12.2012, VI ZR 314/10	**UWG § 4 Nr. 2**, 19, 22
Im Immobiliensumpf	BGH, 31.03.2016, I ZR 160/14	**UWG Einl.**, 315; **§ 1**, 12, 13, 19, 35, 52, 54; **§ 2 Abs. 1 Nr. 1**, 8, 23, 24, 25, 32, 60; **§ 2 Abs. 1 Nr. 3**, 17; **§ 3**, 12, 23, 34; **§ 4 Nr. 1**, 1, 2, 14, 15, 28, 34, 39, 41, 50, 51, 57; **§ 4 Nr. 2**, 17, 18, 24; **§ 4 Nr. 4**, 17, 142; **§ 5**, 66, 69, 91, 123; **§ 6**, 46; **§ 7**, 34
IM Sekretär	BVerfG, 25.10.2005, 1 BvR 1696/98	**UWG § 4 Nr. 1**, 28, 46, 63; **§ 4 Nr. 2**, 42, 43
Imitation von Parfümen	BGH, 11.03.2010, I ZR 203/08	**UWG § 6**, 189, 198, 199

Stichwort	Gericht, Datum, Aktenzeichen	Zitierstelle, Rdn.
Inlandsferngespräche	HansOLG Hamburg, 25.03.2004, 3 U 151/03	**UWG § 6**, 126
Innenarchitektur	BGH, 27.02.1980, I ZR 41/78	**UWG § 5**, 464
Innenminister unter Druck	BGH, 30.09.2014, VI ZR 490/12	**UWG § 4 Nr. 1**, 47
Innenpackung	OLG Karlsruhe, 22.11.2012, 4 U 156/12	**UWG § 3a**, 468
Innerhalb 24 Stunden	BGH, 12.05.2011, I ZR 119/10	**UWG § 3**, 133, 137; **§ 5**, 175, 229, 230, 276, 336
Innovation Award Burgenland	OLG Köln, 21.11.2014, 6 U 90/14	**UWG § 9**, 104, 114; **§ 11**, 8, 63; **§ 12 Anh. I**, 200, 204
Innungsprogramm	BGH, 23.01.2003, I ZR 18/00	**UWG § 12 Anh. I**, 127
Inselzuschlag	OLG Frankfurt/Main, 01.12.2015, 6 W 96/15	**UWG § 12**, 546
Insiderwissen	BGH, 17.02.1987, VI ZR 77/86	**UWG § 8**, 116
Integrierte Versorgung	BGH, 04.12.2008, I ZB 31/08	**UWG § 3a**, 61; **§ 12 Anh. I**, 10
Intel	OLG Karlsruhe, 10.07.2002, 6 U 9/12	**UWG § 14**, 32
Intel Corporation/CPM United Kingdom	EuGH, 27.11.2008, C-252/07	**UWG § 4 Nr. 1**, 12
INTERCONNECT/T-InterConnect	BGH, 28.06.2007, I ZR 132/04	**UWG § 12 Anh. I**, 205, 206
Interflora	EuGH, 22.09.2011, C-323/09	**UWG § 6**, 62, 67, 99, 104
Intermarkt	BGH, 21.12.1973, I ZR 37/73	**UWG § 5**, 415
Intermarkt II	BGH, 26.01.1984, I ZR 195/81	**UWG Einl.**, 376; **§ 11**, 1, 19, 22, 42
International Chemical Corporation	EuGH, 13.05.1981, Rs. 66/80	**UWG Einl.**, 94
Internationales Automobilunternehmen	OLG Frankfurt/Main, 15.11.2017, 6 W 83/17	**UWG § 12 Anh. II**, 82
Internet-Reservierungssystem	BGH, 03.04.2003, I ZR 222/00	**UWG § 3**, 136; **PAngV § 1**, 75
Internet-Sportwetten vor 2008	BGH, 02.12.2009, I ZR 77/06	**UWG § 3a**, 321, 588
Internet-Versandhandel	BGH, 07.04.2005, I ZR 314/02	**UWG § 5**, 152
Internet-Versteigerung	BGH, 11.03.2004, I ZR 304/01	**UWG § 2 Abs. 2**, 9; **§ 8**, 77, 227
Internet-Versteigerung	OLG Frankfurt/Main, 02.06.2004, 6 W 79/04	**UWG § 3a**, 108

Stichwort	Gericht, Datum, Aktenzeichen	Zitierstelle, Rdn.
Internet-Versteigerung II	BGH, 19.04.2007, I ZR 35/04	**UWG § 12 Anh. I**, 171
Internet-Versteigerung III	BGH, 30.04.2008, I ZR 73/05	**UWG § 12 Anh. I**, 139, 154, 163, 182, 185
Internet-Videorecorder	BGH, 22.04.2009, I ZR 216/06	**UWG § 2 Abs. 1 Nr. 3**, 8; **§ 3a**, 34, 36
Internetfernsehen	LG Köln, 08.01.2015, 31 O 313/14	**UWG § 4 Nr. 1**, 57
Internetfernsehen	OLG Köln, 04.09.2015, 6 U 7/15	**UWG § 4 Nr. 1**, 9, 19
Internetforum	BGH, 27.02.2018, VI ZR 489/16	**UWG § 8**, 246, 247; **§ 12 Anh. II**, 81; **§ 14**, 12, 32
Interportal und Marketing	EuGH, 03.06.2010, C-569/08	**UWG § 3 Anh. zu Abs. 3**, 12
Intertanko	EuGH, 03.06.2008, C-308/06	**UWG Einl.**, 64
INTERTOPS	BGH, 22.07.2010, I ZR 163/07	**UWG § 8**, 13
IPS/ISP	BGH, 05.03.2015, I ZR 161/13	**UWG § 5**, 160
Irische Butter	BGH, 10.02.2011, I ZR 183/09	**UWG § 3 Anh. zu Abs. 3**, 80, 91, 96, 98; **§ 5**, 7; **§ 8**, 175, 185, 239; **§ 12 Anh. I**, 166, 168
Irreführende Lieferantenangabe	BGH, 17.09.2015, I ZR 47/14	**UWG § 9**, 9, 11
Irreführende Werbung	OGH, 28.11.2012, 4 Ob 202/12b	**UWG Einl.**, 200
ITM/Carrefour	EuGH, 08.02.2017, C-562/15	**UWG Einl.**, 176, 177; **§ 1**, 24, 42; **§ 3**, 99; **§ 5**, 33, 37, 133, 146, 147, 419; **§ 5a**, 17, 37; **§ 6**, 7, 12, 15, 17, 35, 40, 45, 46, 59, 105, 110, 111, 126, 128, 131, 197
Ivadal	BGH, 02.04.2009, I ZB 8/06	**UWG § 4 Nr. 4**, 129, 130, 133

Stichwort	Gericht, Datum, Aktenzeichen	Zitierstelle, Rdn.
Jackpot!	KG, 30.03.2009, 24 U 145/08	**UWG § 2 Abs. 1 Nr. 7**, 4
Jackpot-Werbung	OLG München, 22.04.2008, 29 W 1211/08	**UWG § 12**, 166, 169, 188
Jägerskiöld	EuGH, 21.10.1999, C-97/98	**UWG Einl.**, 117
jameda.de II	BGH, 01.03.2016, VI ZR 34/15	**UWG § 4 Nr. 2**, 29; **§ 8**, 253
Janecek	EuGH, 25.07.2008, C-237/07	**UWG Einl.**, 70
Jany	EuGH, 20.11.2001, C-268/99	**UWG Einl.**, 62
Jeans	BGH, 15.09.2005, I ZR 151/02	**UWG Einl.**, 347; **§ 4 Nr. 3**, 15, 66, 67, 78; **§ 12 Anh. I**, 261
Jeanshose mit V-Naht	OLG Köln, 14.07.2017, 6 U 197/16	**UWG § 4 Nr. 3**, 31, 42, 45, 50, 52, 123
Jeder 100. Einkauf gratis	BGH, 22.01.2009, I ZR 31/06	**UWG § 4a**, 146, 170
Jetzt große Neueröffnung	OLG Hamm, 21.03.2017, 4 U 183/16	**UWG § 12 Anh. I**, 141
Jippes	EuGH, 12.07.2001, C-189/01	**UWG § 5**, 72
Jogginghosen	BGH, 31.10.2018, I ZR 73/17	**UWG § 2 Abs. 1 Nr. 8**, 8, 9, 10; **§ 3**, 94, 143; **§ 3a**, 129, 132, 135; **§ 4a**, 143; **§ 5**, 295; **§ 5a**, 9, 68, 160; **PAngV Vorbem.**, 48
Johannisbeersaft	BGH, 25.06.1971, I ZR 68/70	**UWG § 5**, 342
Jubiläumsschnäppchen	BGH, 07.06.2001, I ZR 115/99	**UWG § 12 Anh. I**, 134, 137, 180
Jubiläumsverkauf	BGH, 16.01.1992, I ZR 84/90	**UWG § 8**, 10, 14
Jugendfilmverleih	BGH, 12.10.1956, I ZR 34/56	**UWG § 4 Nr. 2**, 44

Stichwort	Gericht, Datum, Aktenzeichen	Zitierstelle, Rdn.
Jugendgefährdende Medien bei eBay	BGH, 12.07.2007, I ZR 18/04	**UWG Einl.**, 313; **§ 1**, 10, 52; **§ 2 Abs. 1 Nr. 1**, 10; **§ 2 Abs. 1 Nr. 7**, 5; **§ 3**, 82; **§ 3a**, 15, 84, 122, 430; **§ 4 Nr. 2**, 31; **§ 4a**, 162; **§ 8**, 55, 77, 210, 218, 226, 230, 231, 236
Jugendgefährdende Schriften	BVerfG, 23.03.1971, 1 BvL 25/61	**UWG § 4 Nr. 1**, 35
Jugendgefährdende Schriften II	BVerfG, 11.01.1994, 1 BvR 434/87	**UWG § 4 Nr. 1**, 35
JUS-Steuerberatungsgesellschaft	BGH, 14.03.1985, I ZR 66/83	**UWG § 12**, 76
Jutefilze	BGH, 24.10.1995, KZR 3/95	**UWG § 9**, 13
JUVE-Handbuch	OLG München, 27.03.2003, 29 U 4292/00	**UWG § 6**, 83
K-Theory	BGH, 24.07.2014, I ZR 27/13	**UWG § 12 Anh. I**, 138, 139
Kadi und Al Barakaat	EuGH, 03.09.2008, C-402/05 P und C-415/05 P	**UWG Einl.**, 114
Kaffeebohne	BGH, 19.06.1997, I ZR 16/95	**UWG § 4 Nr. 1**, 16, 58
Kaffeerösterei	BGH, 26.02.1969, I ZR 108/67	**UWG § 5**, 242
Kaffeewerbung	BGH, 16.06.1972, I ZR 154/70	**UWG § 11**, 11, 14
Kamerakauf im Internet	BGH, 16.07.2009, I ZR 50/07	**UWG § 3**, 37, 123; **§ 5**, 387; **§ 5a**, 47, 127; **§ 12 Anh. I**, 146, 180; **PAngV § 1**, 16, 49, 51
Kaminisolierung	BGH, 26.09.1975, I ZR 72/74	**UWG § 5**, 427
Kapferer/Schlank und SchickGmbH	EuGH, 16.03.2006, C-234/04	**UWG Einl.**, 102
Karner/Troostwijk	EuGH, 25.03.2004, C-71/02	**UWG § 5**, 68, 69
Kartenausschnitte	HansOLG Hamburg, 10.03.2004, 5 W 3/04	**UWG § 12**, 582
Kartenlesegerät	BGH, 22.07.1999, KZR 13/97	**UWG § 4 Nr. 4**, 145
Kásler und Káslerné Rábai	EuGH, 30.04.2014, C-26/13	**UWG § 4a**, 123, 126

Stichwort	Gericht, Datum, Aktenzeichen	Zitierstelle, Rdn.
Kastanienmuster	BGH, 23.05.1991, I ZR 286/89	**UWG § 3**, 29; **§ 9**, 82
Kauf auf Probe	BGH, 07.06.2001, I ZR 21/99	**UWG § 12 Anh. I**, 58
Kauf im Ausland	BGH, 15.11.1990, I ZR 22/89	**UWG Einl.**, 255
Kaufpreis je nur 1 DM	BGH, 08.10.1998, I ZR 94/97	**UWG § 12 Anh. I**, 163
Kautschukindustrie	RG, 05.06.1935, II 332/34	**UWG § 1**, 1
Keck und Mithouard	EuGH, 24.11.1993, C-267/91 und C-268/91	**UWG Einl.**, 123, 124, 125; **§ 5**, 45, 47; **§ 7**, 5
Kein Telekom-Anschluss nötig	BGH, 20.01.2011, I ZR 28/09	**UWG § 1**, 22; **§ 5a**, 5, 11, 22
Kein Vollgas	OLG München, 14.07.2016, 29 U 953/16	**UWG § 12**, 167, 174, 188; **§ 12 Anh. I**, 145
keine Verfahrensgebühr bei Kostenwiderspruch	BGH, 15.08.2013, I ZB 68/12	**UWG § 12**, 455, 463
keine-vorwerk-vertretung	BGH, 28.06.2018, I ZR 236/16	**UWG § 11**, 119
Keksstangen	BGH, 23.10.2014, I ZR 133/13	**UWG § 4 Nr. 3**, 63, 68; **§ 5**, 183; **§ 8**, 54, 97; **§ 12 Anh. I**, 88
Kernkraftwerke Lippe-Ems	EuGH, 04.06.2015, C-5/14	**UWG Einl.**, 61
Kieffer und Thill	EuGH, 25.06.1997, C-114/96	**UWG Einl.**, 116
Kilopreise III	BGH, 21.05.1992, I ZR 9/91	**UWG § 12**, 343
Kinderarbeit	BGH, 06.07.1995, I ZR 110/93	**UWG § 2 Abs. 1 Nr. 1**, 59
Kindergarten-Malwettbewerb	BGH, 03.11.1978, I ZR 90/77	**UWG § 4a**, 1, 160
Kinderhochstühle im Internet	BGH, 22.07.2010, I ZR 139/08	**UWG § 3**, 82; **§ 4 Nr. 2**, 31; **§ 4 Nr. 4**, 113; **§ 5a**, 20, 21; **§ 6**, 198; **§ 8**, 158, 159, 164, 170, 209, 215, 229, 236; **§ 12**, 258
Kinderhochstühle im Internet II	BGH, 16.05.2013, I ZR 216/11	**UWG § 8**, 238; **§ 12 Anh. I**, 89
Kinderhochstühle im Internet III	BGH, 05.02.2015, I ZR 240/12	**UWG § 8**, 138, 174, 225, 226, 229, 238, 249; **§ 12 Anh. I**, 138, 148, 157

Stichwort	Gericht, Datum, Aktenzeichen	Zitierstelle, Rdn.
Kinderhochstühle im Internet IIIi	BGH, 05.02.2015, I ZR 240/12	**UWG § 12 Anh. I**, 89
Kindermilch	HansOLG Hamburg, 13.09.2012, 3 U 107/11	**UWG § 12**, 208, 209, 338, 429; **§ 12 Anh. I**, 150
Kindernähmaschinen	BGH, 05.11.1962, I ZR 39/61	**UWG § 4 Nr. 4**, 119
Kindersaugflaschen	BGH, 30.06.1961, I ZR 39/60	**UWG Einl.**, 246
Kinderstube	BGH, 28.04.2016, I ZR 254/14	**UWG § 12**, 18, 19, 119; **§ 12 Anh. I**, 64, 123, 124, 137, 138
Kinderwärmekissen	BGH, 17.07.2008, I ZR 168/05	**UWG § 12**, 95, 104, 106; **§ 12 Anh. I**, 298; **§ 12 Anh. II**, 100
Kippdeckeldose	BGH, 30.10.1981, I ZR 156/79	**UWG § 5**, 143, 267, 342, 354, 358, 359
Kirch/Deutsche Bank AG	BGH, 24.01.2006, XI ZR 384/03	**UWG vor § 17-19**, 6
Kirschkerne	OLG Köln, 14.09.2012, 6 U 73/12	**UWG § 12**, 206
Klageerhebung an einem dritten Ort	BGH, 12.09.2013, I ZB 39/13	**UWG § 8**, 361, 374
Klasen-Möbel	BGH, 04.12.1956, I ZR 106/55	**UWG § 5**, 332, 443
Klassenlotterie	BGH, 22.10.2009, I ZR 58/07	**UWG § 8**, 364
Klauselersetzung	BGH, 14.12.2017, I ZR 184/15	**UWG § 1**, 18; **§ 3a**, 54; **§ 4a**, 126; **§ 8**, 6, 86, 101, 105, 109; **§ 12**, 236, 268, 425, 532; **§ 12 Anh. I**, 228, 229, 231, 234
Kleenex	BGH, 26.02.1965, Ib ZR 51/63	**UWG § 1**, 9, 53; **§ 3**, 61
Kleiderbügel	BGH, 20.12.1994, X ZR 56/93	**UWG § 9**, 125
Kleidersack	BGH, 30.01.2003, I ZR 142/00	**UWG § 4a**, 166; **§ 8**, 174
Klemmbausteine	BGH, 06.11.1963, Ib ZR 37/62	**UWG Einl.**, 346; **§ 3**, 66; **§ 4 Nr. 3**, 8, 106

Stichwort	Gericht, Datum, Aktenzeichen	Zitierstelle, Rdn.
Klemmbausteine II	BGH, 07.05.1992, I ZR 163/90	**UWG § 3**, 66; **§ 4 Nr. 3**, 8, 106
Klemmbausteine III	BGH, 02.12.2004, I ZR 30/02	**UWG Einl.**, 345, 346, 351; **§ 3**, 66, 68, 79; **§ 4 Nr. 3**, 12, 90, 91, 93
Klinik mit Belegärzten	BGH, 31.10.2002, I ZR 60/00	**UWG § 6**, 210
klinikbewertungen.de	BGH, 04.04.2017, VI ZR 123/16	**UWG § 4 Nr. 1**, 50; **§ 4 Nr. 2**, 30; **§ 8**, 248
Klinikdirektoren	BGH, 22.06.1982, VI ZR 251/80	**UWG § 4 Nr. 2**, 24
Klosterbrauerei	BGH, 07.11.2002, I ZR 276/99	**UWG § 1**, 21; **§ 5**, 142, 143, 254, 260, 265, 450
Knabberohren	OLG Oldenburg, 30.11.2006, 1 U 74/06	**UWG § 3a**, 108
Knoblauch-Extrakt-Pulver-Kapsel	EuGH, 15.11.2007, C-319/05	**UWG § 3a**, 183, 189
Knoblauchwürste	BGH, 02.04.2009, I ZR 144/06	**UWG § 4 Nr. 3**, 25, 26, 66, 77
Knochenzement I	BGH, 16.11.2017, I ZR 161/16	**UWG § 1**, 54; **§ 3**, 8, 9, 12, 16, 30, 34, 35, 37; **§ 4 Nr. 4**, 41, 102; **§ 9**, 42; **§ 12 Anh. I**, 96
Knochenzement II	BGH, 16.11.2017, I ZR 160/16	**UWG § 1**, 17, 27, 31, 36, 41, 54; **§ 5**, 127, 217, 241, 254; **§ 5a**, 11, 21, 24, 31; **§ 12 Anh. I**, 64; **vor § 17-19**, 48; **GeschGehG § 2**, 66
Köbler	EuGH, 30.09.2003, C-224/01	**UWG Einl.**, 90
Kochrezepte für Gewerbetreibende	OLG Hamm, 16.11.2016, 12 U 52/16	**UWG § 12**, 273
Köck	EuGH, 17.01.2013, C-206/11	**UWG Einl.**, 56; **§ 2 Abs. 1 Nr. 7**, 5; **§ 3 Anh. zu Abs. 3**, 8, 63, 125; **§ 5**, 25, 232

Stichwort	Gericht, Datum, Aktenzeichen	Zitierstelle, Rdn.
Kohl	EuGH, 06.11.1984, Rs. 177/83	**UWG Einl.**, 135, 142
Kohl/Ringelhan und Rennett	EuGH, 06.11.1984, 177/83	**UWG § 5**, 40, 50
Kollektion »Holiday«	BGH, 22.04.1993, I ZR 52/91	**UWG § 9**, 44, 45; **§ 12 Anh. I**, 200, 216
Kölnisch Eis	BGH, 08.02.1957, I ZR 157/55	**UWG § 5**, 455
Kolossa	EuGH, 28.01.2015, C-375/13	**UWG § 14**, 14
Kommanditistenbrief	BGH, 13.11.2013, I ZR 15/12	**UWG § 3a**, 249, 251, 252
Kommission/Belgien	EuGH, 10.07.2014, C-421/12	**PAngV Vorbem.**, 11, 31, 41; **§ 1**, 7, 16, 19; **§ 4**, 4
Kommission/Deutschland	EuGH, 12.11.1998, C-102/96	**UWG Einl.**, 130
Kommission/Deutschland	EuGH, 14.10.2008, C-518/07	**UWG Einl.**, 77
Kommission/Italien	EuGH, 28.04.2009, C-518/06	**UWG Einl.**, 151
Kommission/Niederlande	EuGH, 10.05.2001, C-144/99	**UWG § 5**, 15
Kommission/Spanien	EuGH, 24.11.2011, C-281/09	**UWG Einl.**, 192
Kommunaler Bestattungswirtschaftsbetrieb I	BGH, 19.06.1986, I ZR 54/84	**UWG § 3**, 39
Kommunaler Bestattungswirtschaftsbetrieb II	BGH, 19.06.1986, I ZR 53/84	**UWG § 3**, 39
Kommunaler Schilderprägebetrieb	BGH, 24.09.2002, KZR 4/01	**UWG § 12 Anh. I**, 2
Kommunalversicherer	BGH, 03.07.2008, I ZR 145/05	**UWG Einl.**, 313; **§ 3**, 40; **§ 3a**, 60, 82, 83; **§ 8**, 162, 163, 167, 169, 173, 174
Kompetenter Fachhändler	BGH, 19.09.1996, I ZR 76/95	**UWG § 5**, 445
Komplettküchen	BGH, 02.03.2017, I ZR 41/16	**UWG § 2 Abs. 1 Nr. 8**, 2, 8, 10; **§ 2 Abs. 1 Nr. 9**, 4; **§ 3**, 118, 119; **§ 3a**, 128, 135; **§ 4a**, 143; **§ 5**, 247, 249; **§ 5a**, 9, 48, 52, 59, 68, 72, 77, 83, 96, 160; **§ 12 Anh. I**, 138; **PAngV Vorbem.**, 42; **§ 1**, 16, 25, 27, 33

Stichwort	Gericht, Datum, Aktenzeichen	Zitierstelle, Rdn.
Konferenz der Tiere	BGH, 06.12.2017, I ZR 186/16	**UWG § 12**, 141
Königl.-Bayerische Weisse	BGH, 21.02.1991, I ZR 106/89	**UWG § 3**, 128, 129; **§ 5**, 127, 196, 212, 261, 450
Königreich Belgien/Kommission	EuGH, 10.07.2014, C-421/12	**UWG § 7**, 72
Konkretes Wettbewerbsverhältnis	OLG Celle, 02.08.2012, 13 U 4/12	**UWG § 8**, 311
Konkursvermerk	BGH, 11.05.1989, I ZR 141/87	**UWG § 5**, 216, 391; **§ 5a**, 1, 24
Konsumenten-Test	OLG Köln, 10.12.2010, 6 U 112/10	**UWG § 12**, 172, 238
Konsumentenbefragung II	BGH, 20.11.2008, I ZR 94/02	**UWG § 3a**, 382, 423
Konsumgetreide	BGH, 02.03.2017, I ZR 194/15	**UWG § 1**, 10; **§ 3a**, 580; **§ 12 Anh. I**, 124, 170, 171, 175
Kontaktanzeigen	BGH, 13.07.2006, I ZR 241/03	**UWG § 3**, 28; **§ 3a**, 86, 493
Kontobelastung bei Pfändung	OLG Dresden, 10.04.2018, 14 U 82/16	**UWG § 8**, 75, 101
Kontostandsauskunft	BGH, 27.06.2002, I ZR 86/00	**UWG § 5**, 318
Kontrollbesuch	BGH, 13.11.2003, I ZR 187/01	**UWG § 9**, 144
Kontrollnummernbeseitigung	BGH, 15.07.1999, I ZR 204/96	**UWG § 4 Nr. 4**, 74, 108; **§ 8**, 11, 380; **§ 12 Anh. I**, 156, 166, 168, 180, 181, 182, 252
Kontrollnummernbeseitigung II	BGH, 05.10.2000, I ZR 1/98	**UWG § 2 Abs. 1 Nr. 3**, 9; **§ 4 Nr. 4**, 19, 69, 73, 74
Kooperationsapotheke	BGH, 13.03.2014, I ZR 120/13	**UWG § 3a**, 151, 156, 162
Kopfhörer-Kennzeichnung	BGH, 09.07.2015, I ZR 224/13	**UWG § 3a**, 119, 133, 293, 296, 299; **§ 12**, 98, 107; **§ 12 Anh. I**, 170, 171
Kopplung im Kaffeehandel	BGH, 02.07.1971, I ZR 43/70	**UWG § 9**, 14

Stichwort	Gericht, Datum, Aktenzeichen	Zitierstelle, Rdn.
Kopplungsangebot I	BGH, 13.06.2002, I ZR 173/01	**UWG § 4a**, 166; **§ 5**, 410, 417; **PAngV § 1**, 79
Kopplungsangebot II	BGH, 13.06.2002, I ZR 71/01	**UWG § 4a**, 166; **§ 5**, 417; **§ 5a**, 1, 24
Korrekturflüssigkeit	BGH, 04.03.1982, I ZR 19/80	**UWG § 9**, 54, 92
Kosmetikstudio	BGH, 03.02.1994, I ZR 321/91	**UWG § 5a**, 206
Kosten der Schutzschrift	BGH, 13.02.2003, I ZB 23/02	**UWG § 12**, 282, 283, 287, 310
Kosten der Schutzschrift II	BGH, 23.11.2006, I ZB 39/06	**UWG § 12**, 287, 310
Kosten der Schutzschrift III	BGH, 13.03.2008, I ZB 20/07	**UWG § 12**, 283, 287
»Kosten des Abschlußschreibens«	OLG Frankfurt/Main, 24.01.1989, 6 W 8/89	**UWG § 12**, 504
Kosten des Verfügungsverfahrens bei Antragsrücknahme	BGH, 19.10.1994, I ZR 187/92	**UWG § 12**, 310, 418
Kosten eines Abwehrschreibens	BGH, 06.12.2007, I ZB 16/07	**UWG § 12**, 144
Kosten für Abschlussschreiben	BGH, 04.02.2010, I ZR 30/08	**UWG § 12**, 118, 513, 516
Kosten für Abschlussschreiben II	BGH, 22.01.2015, I ZR 59/14	**UWG § 12**, 138, 504, 511, 515, 516, 517, 518, 521, 522, 524, 526
Kosten für Privatgutachten	OLG Frankfurt/Main, 06.10.1986, 6 W 211/86	**UWG § 9**, 52
Kostenbegünstigung III	BGH, 03.09.2013, X ZR 1/13	**GeschGehG § 22**, 8
Kostenerstattung für multiple Schutzschriften	HansOLG Hamburg, 23.10.2013, 4 W 100/13	**UWG § 12**, 276, 313
Kostenlose Schätzung	BGH, 28.11.2013, I ZR 34/13	**UWG § 5**, 203, 204
Kostenlose Zweitbrille	BGH, 06.11.2014, I ZR 26/13	**UWG § 3a**, 403, 406, 407, 414; **§ 3 Anh. zu Abs. 3**, 268, 269; **§ 5**, 175
Kostenloser Abholservice	OLG Düsseldorf, 13.11.2014, 15 U 46/14	**UWG § 3a**, 266
Kostenloser Lasik-Quick-Check	OLG Köln, 20.05.2016, 6 U 155/15	**UWG § 3a**, 409, 415

Stichwort	Gericht, Datum, Aktenzeichen	Zitierstelle, Rdn.
Kostenquote bei beziffertem Ordnungsmittelantrag	BGH, 19.02.2015, I ZB 55/13	**UWG § 12 Anh. II**, 87, 95, 102
Kostenvergleich bei Honorarfactoring	BGH, 20.02.2013, I ZR 175/11	**UWG § 6**, 44, 45, 126, 202; **§ 12 Anh. I**, 274
Kostenwiderspruch im Eilverfahren	HansOLG Hamburg, 17.07.1989, 8 W 171/89	**UWG § 12**, 454, 463
Kraft-Wärme-Kopplung	BGH, 02.07.1996, KZR 31/95	**UWG § 8**, 75, 101; **§ 11**, 20
Kraftfahrzeuganhänger mit Werbeschildern	BGH, 11.05.2006, I ZR 250/03	**UWG § 3a**, 115
Kraftfahrzeugnummernschilder	BGH, 08.04.1960, I ZR 24/59	**UWG** § 7, 1, 55
Kraftfahrzeugwerbung	BGH, 18.10.2017, I ZR 84/16	**UWG § 1**, 23; **§ 2 Abs. 1 Nr. 8**, 6; **§ 3 Anh. zu Abs. 3**, 82; **§ 5a**, 81, 82, 91, 100, 101, 102, 104, 105, 108, 109; **§ 12 Anh. I**, 163; **PAngV Vorbem.**, 42; **§ 1**, 16, 21, 25, 27
Krankengymnastik	BGH, 08.03.1990, I ZR 239/87	**UWG § 5**, 202, 248, 258, 261, 262
Krankenhausplan	OLG, 18.09.2013, 1 U 222/12	**UWG § 3a**, 91
Krankenhauswerbung	BGH, 01.03.2007, I ZR 51/04	**UWG § 8**, 308, 309, 312
Krankenkassen-Fragebogen	BGH, 03.02.1988, I ZR 183/85	**UWG § 6**, 211
Krankenkassenzulassung	BGH, 02.10.2003, I ZR 117/01	**UWG § 12 Anh. I**, 138
Krankenpflege	BGH, 25.06.1991, KZR 19/90	**UWG § 12 Anh. I**, 9
Krankentransportbestellung	BGH, 21.02.1989, KZR 7/88	**UWG § 4 Nr. 4**, 48
Krankentransporte	BGH, 26.05.1987, KZR 13/85	**UWG § 12 Anh. I**, 9
Krankenzusatzversicherungen	BGH, 18.09.2013, I ZR 183/12	**UWG § 2 Abs. 1 Nr. 1**, 65, 76; **§ 3a**, 320

Stichwort	Gericht, Datum, Aktenzeichen	Zitierstelle, Rdn.
Kreditkartenübersendung	BGH, 03.03.2011, I ZR 167/09	**UWG § 1**, 52; **§ 3**, 100; **§ 4a**, 2, 28, 32, 33, 39, 146; **§ 7**, 14, 39, 40, 42, 44, 87
Kreditkontrolle	BGH, 06.10.2011, I ZR 54/10	**UWG § 3a**, 539, 540, 541; **§ 12 Anh. I**, 138, 139, 156, 170, 171, 182
Kreditvermittlung	BGH, 20.12.1977, I ZR 1/76	**UWG § 5**, 243; **§ 12 Anh. I**, 280, 288
kritische Bayer-Aktionäre	BVerfG, 09.10.1991, 1 BvR 1555/88	**UWG § 4 Nr. 1**, 35, 36
Küchenarmaturen	OLG Köln, 02.08.2013, 6 U 214/12	**UWG § 4 Nr. 3**, 76, 90
Küchentiefstpreis-Garantie	BGH, 02.10.2008, I ZR 48/06	**UWG § 1**, 19, 27; **§ 3**, 3, 41, 48, 55, 57, 59, 60; **§ 4 Nr. 3**, 102, 109; **§ 4 Nr. 4**, 8, 19, 36, 42, 54, 78, 149, 151, 153, 157; **§ 8**, 276, 316
Kühn	EuGH, 10.01.1992, C-177/90	**UWG § 5**, 70
Kulturchampignons	BGH, 21.09.2017, I ZR 74/16	**UWG § 12 Anh. I**, 168
Kundenbewertung im Internet	BGH, 21.01.2016, I ZR 252/14	**UWG § 2 Abs. 1 Nr. 3**, 3, 9, 14; **§ 2 Abs. 1 Nr. 6**, 8, 18; **§ 8**, 277, 307
Kundenboykott	BGH, 02.02.1984, I ZR 4/82	**UWG § 4 Nr. 4**, 17, 142, 143, 146, 148
Kundendatenprogramm	BGH, 27.04.2006, I ZR 126/03	**UWG § 1**, 27; **vor § 17-19**, 34, 45; **GeschGehG § 2**, 17, 19; **§ 3**, 15
Kundenhotline	OLG Frankfurt/Main, 11.09.2008, 6 U 197/07	**UWG § 4 Nr. 4**, 49
Kundenzufriedenheitsbefragung	*BGH, 10.07.2018*, VI ZR 225/17	**UWG § 7**, 9, 11

Stichwort	Gericht, Datum, Aktenzeichen	Zitierstelle, Rdn.
Kündigungshilfe	BGH, 07.04.2005, I ZR 140/02	**UWG § 4 Nr. 4**, 29, 30
Kunstglas	BGH, 28.06.1960, I ZR 13/59	**UWG § 5**, 211, 253, 286, 291, 300
Künstlerabbildung in CD-Einlegeblatt	BGH, 01.10.1996, VI ZR 206/95	**UWG § 8**, 20
Künstlerpostkarten	BGH, 11.11.1958, I ZR 179/57	**UWG § 1**, 3, 11; **§ 3**, 35; **§ 7**, 1
Künstliche Blumen	RG, 19.03.1932, I 345/31	**UWG § 1**, 2
Kunststoffhohlprofil II	BGH, 24.11.1981, X ZR 7/80	**UWG § 4 Nr. 3**, 116
Kupferberg	BGH, 10.11.1965, Ib ZR 101/63	**UWG § 8**, 67; **§ 11**, 126
Kuppelmuffenverbindung	BGH, 15.03.1967, Ib ZR 25/65	**UWG § 4 Nr. 2**, 40; **§ 5**, 3
kurt-biedenkopf.de	BGH, 19.02.2004, I ZR 82/01	**UWG § 8**, 227
Kurze Regelfrist	OLG Koblenz, 23.02.2011, 9 W 698/10	**UWG § 12**, 169
Kurze Verjährungsfrist	BGH, 12.07.1995, I ZR 176/93	**UWG Einl.**, 377; **§ 11**, 12, 13
kurze Verjährungsfrist	BGH, 12.07.1995, I ZR 176/93	**UWG § 12**, 64, 87, 108
Kyocera/VG Wort	EuGH, 27.06.2013, C-457/11 bis C-460/11	**UWG Einl.**, 58, 77
L'Oréal	EuGH, 11.12.1980, C-31/80	**UWG § 4 Nr. 4**, 69
L'Oréal/Bellure	EuGH, 18.06.2009, C-487/07	**UWG § 1**, 42; **§ 4 Nr. 1**, 12, 13; **§ 4 Nr. 3**, 5; **§ 6**, 15, 16, 50, 51, 52, 53, 59, 87, 128, 144, 145, 150, 151, 152, 158, 171, 189, 191, 193, 194, 198, 200, 206
L'Oréal/eBay	EuGH, 12.07.2011, C-324/09	**UWG § 4 Nr. 2**, 30
L-Arginin Alpha-Ketoglutarat	OLG Köln, 23.08.2013, 6 U 41/13	**UWG § 3a**, 73
L-Carnitin II	BGH, 26.06.2008, I ZR 61/05	**UWG § 3a**, 186
L-Thyrox	OLG Köln, 25.07.2014, 6 U 197/13	**UWG § 12**, 190
Laborärzte	BGH, 13.06.1996, I ZR 102/94	**UWG § 3a**, 87

Stichwort	Gericht, Datum, Aktenzeichen	Zitierstelle, Rdn.
Ladenschlussgesetz	BVerfG, 09.06.2004, 1 BvR 636/02	**UWG § 3a**, 112
Lady Rose	BGH, 12.07.1963, Ib ZR 187/61	**UWG § 5**, 218
Lagerkorn	OLG Frankfurt/Main, 13.07.2017, 6 W 51/17	**UWG § 12**, 467, 547; **§ 12 Anh. I**, 334
Laienwerbung für Augenoptiker	BGH, 29.09.1994, I ZR 138/92	**UWG § 2 Abs. 1 Nr. 1**, 97; **§ 8**, 314
Laienwerbung für Kreditkarten	BGH, 27.09.1990, I ZR 213/89	**UWG § 7**, 89
Laienwerbung für Maklerausträge	BGH, 27.02.1981, I ZR 75/79	**UWG § 7**, 89
Lamilux	OLG München, 21.12.1999, 29 W 2861/99	**UWG § 12 Anh. II**, 73
Land Oberösterreich/ČEZ	EuGH, 27.10.2009, C-115/08	**UWG § 1**, 7
Landesinnungsmeister	BGH, 23.05.1985, I ZR 18/83	**UWG § 3**, 39
Langenscheidt-Gelb	BGH, 23.10.2014, I ZB 61/13	**UWG § 12 Anh. I**, 314
Laras Tochter	BGH, 29.04.1999, I ZR 65/96	**UWG § 9**, 19
Last-Minute-Reise	BGH, 17.06.1999, I ZR 149/97	**UWG § 5**, 252, 389
Laubhefter	BGH, 12.07.2001, I ZR 40/99	**UWG § 4 Nr. 3**, 81, 83; **§ 12 Anh. I**, 124, 127, 135, 154, 159, 163, 164, 166, 182, 183
Lavamat II	BGH, 05.02.1965, Ib ZR 30/63	**UWG § 5**, 130
LDL-Behandlung	BGH, 11.12.2001, KZB 12/01	**UWG § 12 Anh. I**, 12, 13
Le Pliage aus Frankreich	OLG Köln, 05.05.2017, 6 U 114/16	**UWG § 4 Nr. 3**, 23
Lebach I	BVerfG, 05.06.1973, 1 BvR 536/72	**UWG § 4 Nr. 1**, 47
Lebens-Kost	BGH, 21.04.2016, I ZR 276/14	**UWG Einl.**, 167, 316, 380; **§ 1**, 15, 16, 25, 46, 48, 50; **§ 3**, 100; **§ 4a**, 27, 28, 33, 58; **§ 7**, 8, 11, 14, 15, 24, 26, 29, 30, 31, 39, 175, 196, 199; **§ 8**, 4; **§ 9**, 6

Stichwort	Gericht, Datum, Aktenzeichen	Zitierstelle, Rdn.
»Leck verzweifelt gesucht«	BGH, 22.04.2008, VI ZR 83/07	**UWG § 8**, 121
Leclerc-Siplec	EuGH, 09.02.1995, C-412/93	**UWG Einl.**, 127
LED-Lampen	OLG Köln, 28.07.2017, 6 U 193/16	**UWG § 3a**, 524, 527
LED-Monitor	OLG Köln, 26.02.2014, 6 U 189/13	**UWG § 3a**, 300
Lederrundecke	OLG Hamm, 21.03.2017, 4 U 166/16	**UWG § 12 Anh. I**, 141; **PAngV § 1**, 33
Legehennenhaltung	BGH, 06.07.1995, I ZR 4/93	**UWG § 3a**, 110
Lego	EuGH, 14.09.2010, C-48/09	**UWG § 4 Nr. 3**, 20, 40, 41
Leistungspakete im Preisvergleich	BGH, 07.04.2011, I ZR 34/09	**UWG § 3**, 142; **§ 5**, 417, 419; **§ 6**, 43, 45; **§ 8**, 131; **§ 9**, 53; **§ 12**, 251, 252; **§ 12 Anh. I**, 146, 170; **§ 12 Anh. II**, 55; **PAngV Vorbem.**, 50; **§ 1**, 44
Lernspiele	BGH, 01.06.2011, I ZR 140/09	**UWG § 12**, 541, 542
Lernstark	BGH, 10.12.2015, I ZR 222/13	**UWG § 3a**, 344, 345, 347, 351, 353, 358
Les-Paul-Gitarren	BGH, 05.03.1998, I ZR 13/96	**UWG § 4 Nr. 3**, 50, 60, 97
Lesering	BGH, 12.07.1963, Ib ZR 174/61	**UWG § 12 Anh. I**, 231, 233
Lesoochranárske zoskupenie VLK	EuGH, 08.11.2016, C-243/15	**UWG Einl.**, 70
Leuchtballon	BGH, 14.09.2017, I ZR 2/16	**UWG Einl.**, 347, 363; **§ 1**, 4, 54; **§ 4 Nr. 3**, 30, 31, 36, 37, 51, 56, 57, 61, 62, 71, 73, 76, 80, 81, 82, 94; **§ 9**, 142
Leuchtpflasterstein	OLG Frankfurt/Main, 28.10.2010, 6 U 87/09	**UWG § 4 Nr. 3**, 87, 88
Lexikothek	BGH, 16.12.1993, I ZR 285/91	**UWG § 7**, 125, 153

Stichwort	Gericht, Datum, Aktenzeichen	Zitierstelle, Rdn.
LGA tested	BGH, 21.07.2016, I ZR 26/15	**UWG § 1**, 23; **§ 2 Abs. 1 Nr. 8**, 2, 8; **§ 2 Abs. 1 Nr. 9**, 4; **§ 3 Anh. zu Abs. 3**, 36, 37, 38; **§ 4a**, 66, 143; **§ 5**, 15, 248; **§ 5a**, 38, 40, 43, 44, 46, 51, 52, 59, 68, 71, 74, 85; **§ 6**, 225; **§ 12 Anh. I**, 65, 124, 166
Lichtemittierende Vorrichtung	OLG Düsseldorf, 22.12.2016, 15 U 31/14	**UWG § 12 Anh. I**, 139
Lidl	EuGH, 18.11.2010, C-159/09	**UWG Einl.**, 176, 179; **§ 1**, 24; **§ 3**, 130; **§ 4 Nr. 1**, 2, 7; **§ 4 Nr. 3**, 5; **§ 5a**, 5, 11; **§ 6**, 7, 16, 17, 35, 40, 45, 46, 78, 79, 110, 114, 115, 117, 128, 133, 134
Lidl/Colruyt	EuGH, 19.09.2006, C-356/04	**UWG § 5**, 32, 168; **§ 5a**, 5, 11; **§ 6**, 7, 15, 35, 40, 44, 45, 59, 79, 111, 112, 115, 125, 126, 127, 128, 130, 131, 132, 133, 134
Lidl/Freistaat Sachsen	EuGH, 30.06.2016, C-134/15	**UWG § 5**, 70, 71
Lidl/Hatóság	EuGH, 30.04.2009, C-132/08	**UWG § 3a**, 526
LIDL/Vierzon	EuGH, 18.11.2010, C-159/09	**UWG § 1**, 42
Lieferantenwechsel	BGH, 17.03.1988, I ZR 98/86	**UWG § 4 Nr. 4**, 66
Lieferbereitschaft	BGH, 25.03.1987, I ZR 61/85	**UWG § 4 Nr. 4**, 104
Lieferservice-Portal	KG, 21.06.2017, 5 U 185/16	**UWG § 8**, 141, 248
Lieferstörung	BGH, 16.03.2000, I ZR 229/97	**UWG § 12 Anh. I**, 131, 154, 163, 184

Stichwort	Gericht, Datum, Aktenzeichen	Zitierstelle, Rdn.
Liffers/Mandarina	EuGH, 17.03.2016, C-99/15	**UWG § 9**, 58
Lifting-Creme	BGH, 12.12.1996, I ZR 7/94	**UWG § 1**, 21; **§ 8**, 377
Lifting-Creme	EuGH, 13.01.2000, C-220/98	**UWG § 3**, 127, 130; **§ 5**, 38, 48, 57, 170
LIKEaBIKE	BGH, 28.05.2009, I ZR 124/06	**UWG Einl.**, 347; **§ 4**, 1; **§ 4 Nr. 3**, 1, 11, 15, 21, 37, 45, 56, 67, 77, 88; **§ 5**, 488
Lila Postkarte	BGH, 03.02.2005, I ZR 159/02	**UWG § 4 Nr. 1**, 12, 13
Link zur OS-Plattform	HansOLG Hamburg, 26.04.2018, 3 W 39/18	**UWG § 3a**, 488
Linster	EuGH, 19.09.2000, C-287/98	**UWG Einl.**, 75
LIQUIDROM	BGH, 15.10.2015, I ZB 44/14	**UWG § 4 Nr. 4**, 134
Literaturhaus	BGH, 16.12.2004, I ZR 69/02	**UWG § 9**, 41
LOCAL PRESENCE, GLOBAL POWER	BGH, 01.02.2001, I ZB 55/98	**UWG § 5**, 175
Lockenwickler	RG, 24.06.1939, II 190/38	**UWG § 1**, 1
Lockvogel	BGH, 17.09.1969, I ZR 35/68	**UWG § 5**, 415
Lohnsteuerhilfeverein	BGH, 08.05.2003, I ZR 287/02	**UWG § 3a**, 91
Lohnsteuerhilfevereine	BGH, 23.01.1976, I ZR 95/75	**UWG § 2 Abs. 1 Nr. 1**, 90
Lorch Premium	BGH, 20.10.1999, I ZR 86/97	**UWG Einl.**, 92
Lorch Premium II	BGH, 30.04.2009, I ZR 45/07	**UWG § 3a**, 613
Lotterien und Kasinospiele	BGH, 18.11.2010, I ZR 168/07	**UWG § 3a**, 80, 87, 90
Lotto-Trainer	KG, 12.08.2009, 24 U 40/09	**UWG § 2 Abs. 1 Nr. 7**, 4
Lottoblock II	BGH, 12.07.2016, KZR 25/14	**UWG § 12 Anh. I**, 202
Lottoschein	BGH, 17.01.2002, I ZR 215/99	**UWG § 2 Abs. 1 Nr. 3**, 6, 12, 15, 16; **§ 4 Nr. 1**, 28, 30; **§ 6**, 80, 82, 122, 179, 180
Loud	BGH, 30.03.2017, I ZR 19/16	**UWG § 3**, 12
Lübecker Marzipan	BGH, 06.06.1980, I ZR 97/78	**UWG § 5**, 364
Luc Vanderborght	EuGH, 04.05.2017, C-339/15	**UWG Einl.**, 146

Stichwort	Gericht, Datum, Aktenzeichen	Zitierstelle, Rdn.
Lucchini	EuGH, 12.04.2005, C-119/05	**UWG Einl.**, 96
Lucky 4 All	EuGH, 15.12.2016, C-667/15	**UWG § 3 Anh. zu Abs. 3**, 189, 192, 194, 195
Ludwigs-Apotheke	EuGH, 08.11.2007, C-143/06	**UWG Einl.**, 124; **§ 3a**, 374; **§ 5**, 47
Luftentfeuchter	BGH, 04.05.2017, I ZR 208/15	**UWG § 8**, 20, 80; **§ 12**, 236, 268, 425, 532; **§ 12 Anh. I**, 228; **§ 12 Anh. II**, 5, 21, 37; **GeschGehG** § 7, 18
Lüth	BVerfG, 15.01.1958, 1 BvR 400/51	**UWG § 4 Nr. 1**, 33, 38, 51; **§ 5**, 78
Lyckeskog	EuGH, 04.06.2002, C-99/00	**UWG Einl.**, 99
MAC Dog	BGH, 30.04.1998, I ZR 268/95	**UWG Einl.**, 346, 358, 360; **§ 4 Nr. 1**, 12; **§ 11**, 117
MacDent	BGH, 26.02.2009, I ZR 222/06	**UWG § 3a**, 88, 225, 239, 240, 242
Magnetschmuck	BVerwG, 19.09.2013, 3 C 15/12	**UWG § 3a**, 164, 166
Mailing	OLG Frankfurt/Main, 28.03.2007, 3 W 20/07	**UWG § 12 Anh. I**, 7
Makler-Privatangebot	BGH, 22.04.1993, I ZR 75/91	**UWG § 5**, 423; **§ 7**, 34
»Mal PR-Agent, mal Reporter«	BGH, 27.09.2016, VI ZR 250/13	**UWG § 4 Nr. 2**, 23
Mampe Halb und Halb II	BGH, 16.10.1962, I ZR 162/60	**UWG § 4 Nr. 4**, 48
Mandantenwerbung	HansOLG Hamburg, 02.06.2005, 5 U 126/04	**UWG § 3a**, 252
Manuelle Therapie, KISS/KIDD-Syndrom	OLG Düsseldorf, 05.11.2013, I-20 U 107/13	**UWG § 4 Nr. 1**, 14
Marcel Breuer Möbel II	BGH, 05.11.2015, I ZR 91/11	**UWG § 14**, 21
Märchensuppe	BGH, 18.05.2017, I ZR 100/16	**UWG § 3a**, 361; **§ 5**, 295; **§ 6**, 28
marions-kochbuch.de	BGH, 12.11.2009, I ZR 166/07	**UWG § 4 Nr. 2**, 29

Stichwort	Gericht, Datum, Aktenzeichen	Zitierstelle, Rdn.
Mark Brandenburg	OLG Stuttgart, 04.07.2013, 2 U 157/12	**UWG § 12**, 172, 174, 175; **§ 12 Anh. I**, 85
Markenbenzin	BGH, 07.04.1965, Ib ZR 32/63	**UWG § 5**, 321
Markenheftchen	BGH, 19.05.2010, I ZR 158/08	**UWG § 4 Nr. 3**, 5, 22, 89, 90; **§ 6**, 48
Markenheftchen II	BGH, 20.06.2013, I ZR 201/11	**UWG § 8**, 183; **§ 12**, 95; **§ 12 Anh. II**, 101
Markenparfümverkäufe	BGH, 23.02.2006, I ZR 272/02	**UWG § 12 Anh. I**, 125, 154
Markenqualität	BGH, 29.06.1989, I ZR 88/87	**UWG § 5**, 321, 323
Markenschutzverband	RG, 24.01.1928, II 272/27	**UWG § 1**, 1
Marktführer Sport	BGH, 08.03.2012, I ZR 202/10	**UWG § 2 Abs. 1 Nr. 8**, 9; **§ 3**, 131, 138; **§ 5**, 19, 38, 168, 169, 177, 196, 211, 239, 240
Marktführerschaft	BGH, 02.10.2003, I ZR 150/01	**UWG § 3**, 134; **§ 4 Nr. 3**, 51; **§ 5**, 158, 164, 169, 183, 191; **§ 12**, 305; **§ 12 Anh. I**, 261, 262, 263, 265, 266
Mars	EuGH, 06.07.1995, C-470/93	**UWG Einl.**, 127, 141; **§ 5**, 47, 52, 56
Mart-Stam-Stuhl	BGH, 23.02.2017, I ZR 92/16	**UWG § 4 Nr. 3**, 63; **§ 8**, 54, 97
Maschenfester Strumpf	BGH, 11.12.1973, X ZR 14/70	**UWG § 4 Nr. 4**, 123; **§ 5**, 459; **§ 9**, 25
Maschinenbeseitigung	BGH, 04.02.1993, I ZR 319/90	**UWG § 2 Abs. 1 Nr. 1**, 48; **§ 4 Nr. 4**, 110; **§ 8**, 104, 106
Massenbriefsendungen aus dem Ausland	BGH, 12.11.2002, KZR 16/00	**UWG § 12 Anh. I**, 175

Stichwort	Gericht, Datum, Aktenzeichen	Zitierstelle, Rdn.
Master of Science Kieferorthopädie	BGH, 18.03.2010, I ZR 172/08	**UWG § 3a**, 243; **§ 5**, 82, 153, 197, 200, 202, 258, 260
Matratzen	BGH, 15.03.2012, I ZR 128/10	**UWG § 12 Anh. I**, 182
Matratzen Factory Outlet	BGH, 24.09.2013, I ZR 89/12	**UWG § 5**, 321, 322, 323, 443; **§ 8**, 87
Matratzen-Test-Werbung	BGH, 09.02.2012, I ZR 142/11	**UWG § 12**, 589
Mattscheibe	BGH, 13.04.2000, I ZR 282/97	**UWG § 2 Abs. 1 Nr. 3**, 9
Maßkonfektion	BGH, 22.06.1956, I ZR 152/54	**UWG § 5**, 329
Mecki-Igel III	BGH, 10.07.1997, I ZR 42/95	**UWG § 4 Nr. 4**, 116
Mecklenburger Obstbrände	BGH, 14.05.2009, I ZR 82/07	**UWG § 4 Nr. 1**, 4, 36; **§ 4 Nr. 2**, 5, 18, 40; **§ 5**, 128, 131; **§ 11**, 1, 44, 46, 66, 67, 68; **§ 12**, 420
med.	BGH, 07.03.1969, I ZR 41/67	**UWG § 5**, 215
Mediaprint	EuGH, 09.11.2010, C-540/08	**UWG Einl.**, 56; **§ 1**, 12; **§ 3**, 15, 97, 101; **§ 4a**, 55; **§ 5**, 25
Medicon-Apotheke/MediCo Apotheke	BGH, 02.03.2017, I ZR 30/16	**UWG § 12 Anh. I**, 137, 138
Medikamentenkauf im Versandhandel	GmS OGB, 22.08.2012, GmS-OGB 1/10	**UWG § 3a**, 73, 213
Medikamentenkauf im Versandhandel	GmS-OGB, 22.08.2012, GmS OGB 1/10	**UWG Einl.**, 216, 268
Medizinische Fußpflege	BGH, 24.09.2013, I ZR 219/12	**UWG § 5**, 69, 82, 87, 201, 202, 257, 258, 309; **§ 8**, 20; **§ 11**, 90; **§ 12**, 41
MEGA SALE	BGH, 17.11.2005, I ZR 300/02	**UWG § 8**, 347, 363, 368, 384; **GeschGehG § 14**, 2, 9
Mehrfachverstoß gegen *Unterlassungstitel*	BGH, 18.12.2008, I ZB 32/06	**UWG § 12 Anh. II**, 62, 63, 104

Stichwort	Gericht, Datum, Aktenzeichen	Zitierstelle, Rdn.
Mehrwert II	BGH, 25.10.1972, I ZR 22/71	**UWG § 5**, 240
Mehrwertdienstenummer	BGH, 25.02.2016, I ZR 238/14	**UWG Einl.**, 393; **§ 3a**, 36, 37, 595, 596, 597, 598; **§ 5a**, 151, 160
Mehrwochenschein vor Urlaub	OLG Oldenburg, 18.09.2008, 1 W 66/08	**UWG § 6**, 30
MeinPaket.de	BGH, 28.01.2016, I ZR 231/14	**UWG § 2 Abs. 1 Nr. 9**, 4; **§ 3**, 118; **§ 11**, 79, 80; **§ 12**, 420, 421, 422, 423; **§ 12 Anh. I**, 142
MeinPaket.de II	BGH, 14.09.2017, I ZR 231/14	**UWG § 3**, 118; **§ 3 Anh. zu Abs. 3**, 82; **§ 4 Nr. 4**, 43; **§ 5**, 28, 247, 248; **§ 5a**, 59, 62, 63, 64, 65, 76, 85, 108, 109; **§ 8**, 310; **§ 11**, 83; **§ 12**, 421, 422
Meistbegünstigungsvereinbarung	BGH, 06.02.2007, X ZR 117/04	**UWG § 9**, 110, 118
Meisterbetrüger	OLG Frankfurt/Main, 27.03.2014, 6 U 75/12	**UWG § 4 Nr. 1**, 57
Meisterpräsenz	BGH, 17.07.2013, I ZR 222/11	**UWG § 3a**, 28, 328; **§ 5**, 274, 277, 280
Meißner Dekor	BGH, 18.10.2001, I ZR 22/99	**UWG Einl.**, 377; **§ 9**, 3
Meißner Dekor	OLG Düsseldorf, 12.12.2001, 27 U 12/01	**UWG § 9**, 82
Meißner Dekor II	BGH, 07.04.2005, I ZR 221/02	**UWG § 8**, 184, 200
Melitta-Kaffee	BGH, 29.04.1970, I ZR 123/68	**UWG § 5**, 211, 238, 240
Melki und Abdeli	EuGH, 22.06.2010, C-188/10 und C-189/10	**UWG Einl.**, 61, 97
Melzer	EuGH, 16.05.2013, C-228/11	**UWG § 14**, 18, 20
Mengenausgleich in Selbstentsorgergemeinschaft	BGH, 29.06.2006, I ZR 171/03	**UWG § 1**, 10, 14; **§ 3a**, 604

Stichwort	Gericht, Datum, Aktenzeichen	Zitierstelle, Rdn.
Mengenausgleich in Selbstversorgergemeinschaft	BGH, 29.06.2006, I ZR 171/03	**UWG § 3a**, 119
Merx	RG, 27.05.1924, II 332/23	**UWG § 1**, 1
Mescher weis	BGH, 02.07.2009, I ZR 146/07	**UWG § 12**, 496, 499, 506, 507; **§ 12 Anh. I**, 30, 119, 120
Messerabatt X%	OLG Köln, 19.11.1999, 6 U 103/99	**UWG § 12 Anh. II**, 105
Messerkennzeichnung	BGH, 15.06.2000, I ZR 90/98	**UWG § 4 Nr. 3**, 29, 42
Messgerät II	BGH, 18.04.2013, I ZR 53/09	**UWG § 3a**, 470
Mesto Zamberk	EuGH, 21.02.2013, C- 18/12	**UWG Einl.**, 80
Metall auf Metall III	BGH, 01.06.2017, I ZR 115/16	**UWG Einl.**, 55; **§ 3**, 12
Metallbett	BGH, 15.07.2004, I ZR 142/01	**UWG § 4 Nr. 3**, 59, 108, 111, 112
Metoprolol	BGH, 05.02.2009, I ZR 124/07	**UWG § 3a**, 199; **§ 12 Anh. I**, 180
Metro III	BGH, 30.11.1989, I ZR 55/87	**UWG § 8**, 285
Metro V	BGH, 14.12.2000, I ZR 181/99	**UWG § 8**, 336
Metrosex	BGH, 13.03.2008, I ZR 151/05	**UWG § 4 Nr. 1**, 12; **§ 4 Nr. 4**, 135; **§ 8**, 62
Meßmer-Tee II	BGH, 12.01.1966, I Zb ZR 5/64	**UWG § 9**, 3
MF Global	EuGH, 16.05.2013, C-228/11	**UWG Einl.**, 62
mho.de	BGH, 09.09.2004, I ZR 65/02	**UWG § 5**, 108
Michel-Nummern	BGH, 03.11.2005, I ZR 311/02	**UWG § 8**, 183
Mietausfallschaden	BGH, 16.01.2008, XII ZR 216/05	**UWG § 12 Anh. I**, 96; **§ 12 Anh. II**, 55
Mietboykott	BGH, 29.01.1985, VI ZR 130/86	**UWG § 4 Nr. 4**, 141
Mietwagen-Mitfahrt	BGH, 09.11.1988, I ZR 230/86	**UWG § 12**, 506; **§ 12 Anh. I**, 294
Mietwagen-Testfahrt	BGH, 03.11.1988, I ZR 231/86	**UWG § 4 Nr. 4**, 103, 109; **§ 12 Anh. I**, 252
Mietwagenkostenersatz	BGH, 08.11.2001, I ZR 124/99	**UWG § 4 Nr. 4**, 28, 29, 30, 33, 40, 72

Stichwort	Gericht, Datum, Aktenzeichen	Zitierstelle, Rdn.
Mietwagenwerbung	BGH, 24.11.2011, I ZR 154/10	**UWG § 3a**, 507; **§ 4 Nr. 4**, 28, 42, 46
Migränemittel vom Apotheker	OLG Düsseldorf, 26.01.2016, I-20 U 22/15	**UWG § 8**, 172, 380
Migrol	BGH, 17.09.1969, I ZR 131/67	**UWG § 5**, 432
Mikado	OLG Köln, 28.06.2013, 6 U 183/12	**UWG § 11**, 81; **§ 12 Anh. I**, 88
Mikrofilmanlage	BGH, 23.04.1991, X ZR 77/89	**UWG § 12 Anh. I**, 206
Milchboykott	BGH, 12.03.1965, KZR 8/63	**UWG § 4 Nr. 4**, 140, 141, 148
Milchfahrer	BGH, 06.11.1963, Ib ZR 41/62 und 40/63	**UWG § 4 Nr. 4**, 41
Milchkontor	EuGH, 24.06.1969, Rs. 29/68	**UWG Einl.**, 93
Mild-Abkommen	BGH, 14.01.1993, I ZR 301/90	**UWG § 5**, 347
Millimeterwellentherapie	OLG München, 15.12.2016, 6 U 4618/15	**UWG § 3a**, 472
Millionen-Chance	BGH, 05.06.2008, I ZR 4/06	**UWG § 5**, 9; **PAngV Vorbem.**, 41
Millionen-Chance II	BGH, 05.10.2010, I ZR 4/06	**UWG Einl.**, 60; **§ 4a**, 61, 170
Mindestverzinsung	BGH, 02.10.2003, I ZR 252/01	**UWG § 5**, 196, 318
Mischverband	BGH, 14.10.1982, I ZR 81/81	**UWG § 8**, 315
Mischverband II	BGH, 12.07.1984, I ZR 37/82	**UWG § 8**, 315
Miss Petite	BGH, 16.02.1973, I ZR 74/71	**UWG § 9**, 61
Missbräuchliche Mehrfachabmahnung	BGH, 17.01.2002, I ZR 241/99	**UWG § 12**, 109; **GeschGehG § 14**, 15
Missbräuchliche Mehrfachverfolgung	BGH, 06.04.2000, I ZR 76/98	**UWG § 1**, 3; **§ 8**, 344, 362, 369; **GeschGehG § 14**, 9
Missbräuchliche Mehrfachverfolgung	OLG Karlsruhe, 30.03.1995, 6 W 6/95	**UWG § 12**, 249, 250

Stichwort	Gericht, Datum, Aktenzeichen	Zitierstelle, Rdn.
Modeneuheit	BGH, 19.01.1973, I ZR 39/71	**UWG Einl.**, 346, 357; **§ 3**, 66, 67; **§ 4 Nr. 3**, 8, 107
Modenschau im Salvator-keller	BGH, 18.09.1997, I ZR 71/95	**UWG § 5a**, 206; **§ 11**, 124; **§ 12**, 44, 45; **§ 12 Anh. I**, 180
Modeschmuck	BGH, 20.10.1978, I ZR 160/76	**UWG § 4 Nr. 3**, 26
Modulgeneratoren	OLG Karlsruhe, ,	**UWG § 12**, 243
Modulgerüst	BGH, 08.12.1999, I ZR 101/97	**UWG Einl.**, 347; **§ 4 Nr. 3**, 60, 72, 73, 83, 84, 96, 97
Modulgerüst II	BGH, 18.03.2010, I ZR 158/07	**UWG § 2 Abs. 1 Nr. 6**, 18; **§ 4 Nr. 3**, 102; **§ 8**, 44, 46, 203, 268; **§ 12 Anh. I**, 121; **§ 12 Anh. II**, 106
Monatlicher Ratenzuschlag	BGH, 01.02.1990, I ZR 45/88	**UWG § 5**, 410
Monatsrate beim Ratenzah-lungskauf	OLG Jena, 10.10.2012, 2 U 934/11	**PAngV § 6a**, 2, 10
Mondpreise?	BGH, 27.11.2003, I ZR 94/01	**UWG § 12 Anh. I**, 279
Mono Car Styling	EuGH, 16.07.2009, C-12/08	**UWG Einl.**, 51, 59
Monsterbacke	BGH, 05.12.2012, I ZR 36/11	**UWG § 12**, 18
Monsterbacke II	BGH, 12.02.2015, I ZR 36/11	**UWG § 3a**, 335, 342, 354, 355, 356, 357, 360, 362, 371, 436; **§ 12**, 20; **§ 12 Anh. I**, 170, 185, 291
Monumenta Germaniae His-torica	BGH, 07.12.1979, I ZR 157/77	**UWG § 9**, 115
Morpheus	BGH, 15.11.2012, I ZR 74/12	**UWG § 8**, 263
MOST-Pralinen	BGH, 13.12.2012, I ZR 217/10	**UWG § 4 Nr. 4**, 51
Motivkontaktlinsen	BGH, 12.01.2017, I ZR 258/15	**UWG § 1**, 18, 46; **§ 3a**, 435, 524, 525; **§ 5**, 195

Stichwort	Gericht, Datum, Aktenzeichen	Zitierstelle, Rdn.
Motorboot-Fachzeitschrift	BGH, 14.03.1991, I ZR 55/89	**UWG Einl.**, 368; **§ 1**, 53; **§ 3**, 41, 45, 51
Motorradteile	BGH, 15.01.2015, I ZR 148/13	**UWG § 9**, 98, 100, 101; **§ 11**, 41; **GeschGehG § 13**, 1, 11
MOVICOL-Zulassungsantrag	BGH, 23.02.2012, I ZR 136/10	**UWG § 9**, 133; **GeschGehG § 8**, 21
Mozzarella I	BGH, 16.12.1993, I ZR 277/91	**UWG § 8**, 290, 341; **§ 12 Anh. I**, 95
MS Apollonia	BGH, 13.11.2012, VI ZR 330/11	**UWG § 4 Nr. 1**, 47
mt-perfect	BGH, 07.04.2016, I ZR 237/14	**UWG § 12**, 451, 497
Multi Cable Transit	EuGH, 02.03.1982, 6/81	**UWG § 4 Nr. 3**, 23
Münchener Trinkwasser	OLG München, 16.09.1999, 6 U 2646/98	**UWG § 6**, 117, 120, 181
Mundspüllösung	BGH, 05.10.2010, I ZR 90/08	**UWG § 3a**, 186
Mundspüllösung II	BGH, 08.01.2015, I ZR 141/13	**UWG § 3a**, 185, 186, 187
Mundspüllösung III	BGH, 25.06.2015, I ZR 205/13	**UWG § 3a**, 184, 190
Münzangebot	BGH, 14.11.1996, I ZR 162/94	**UWG § 2 Abs. 1 Nr. 3**, 20
Murphy	EuGH, 04.10.2011, C-403/08 und C-429/08	**UWG Einl.**, 144, 146, 151
Musical-Gala	BGH, 14.10.1999, I ZR 117/97	**UWG § 12 Anh. I**, 131, 141, 159
My World	BGH, 22.01.2009, I ZB 34/08	**UWG § 5**, 175
Nachfasspflicht	OLG München, 28.11.2016, 6 W 1563/16	**UWG § 12**, 188, 457, 463, 522
Nachlass bei der Selbstbeteiligung	BGH, 08.11.2007, I ZR 60/05	**UWG § 3**, 122; **§ 3a**, 79; **§ 12 Anh. I**, 130, 152
Nacktfoto	BGH, 22.01.1985, VI ZR 28/83	**UWG § 9**, 38
NACT-Studie I	OLG Köln, 11.03.2014, 6 W 217/13	**UWG § 12**, 467
nährwertbezogene Angabe	OLG Hamm, 04.08.2016, 4 U 18/16	**UWG § 12 Anh. I**, 132, 141

Stichwort	Gericht, Datum, Aktenzeichen	Zitierstelle, Rdn.
Namensangabe	BGH, 19.04.2018, I ZR 244/16	**UWG § 2 Abs. 1 Nr. 8**, 7; **§ 2_2**, 9; **§ 3**, 131; **§ 3a**, 268; **§ 5**, 141, 151, 252, 268, 437; **§ 5a**, 110
National Association of Health Stores	EuGH, 12.07.2005, C-154/04 und C-155/04	**UWG Einl.**, 116
Naturkind	BGH, 17.10.1996, I ZR 159/94	**UWG § 5**, 350
naturrein	EuGH, 04.04.2000, C-465/98	**UWG § 3**, 133
Natursteinpflaster	OLG Köln, 25.08.2017, 6 U 170/16	**UWG § 4 Nr. 3**, 26, 30, 44, 57, 61, 123
Nebelscheinwerfer	BGH, 13.07.1973, I ZR 101/72	**UWG § 9**, 115
Nebenkosten	BGH, 06.06.1991, I ZR 291/89	**PAngV § 1**, 40, 44
Nelsons	EuGH, 23.11.2016, C-177/15	**UWG Einl.**, 87; **§ 3a**, 340, 363, 366
Nero	BGH, 10.07.2014, I ZR 249/12	**UWG § 9**, 91; **§ 12**, 299, 371, 530, 531, 534, 535; **§ 12 Anh. I**, 190, 202; **§ 12 Anh. II**, 47
»Nerzquäler«	BGH, 19.01.2016, VI ZR 302/15	**UWG § 4 Nr. 1**, 37
Nestlé/Cadbury	EuGH, 16.09.2015, C-215/14	**UWG § 4 Nr. 3**, 41
Netto-Export	HansOLG Hamburg, 23.04.2009, 3 U 151/07	**UWG § 8**, 31
Neu	LG Aachen, 13.01.2015, 41 O 60/14	**UWG § 2 Abs. 1 Nr. 7**, 5
Neu in Bielefeld I	BGH, 06.04.2000, I ZR 67/98	**UWG § 2 Abs. 1 Nr. 1**, 10
Neu in Bielefeld II	BGH, 06.04.2000, I ZR 114/98	**UWG § 12 Anh. I**, 213, 216
Neu zum Gebrauchtpreis	OLG Zweibrücken, 14.02.2002, 4 U 114/01	**PAngV Vorbem.**, 51
Neue Personenkraftwagen	BGH, 21.12.2011, I ZR 190/10	**UWG § 2 Abs. 1 Nr. 8**, 8; **§ 3a**, 128, 519; **§ 5a**, 160, 161; **§ 12 Anh. I**, 124, 170

Stichwort	Gericht, Datum, Aktenzeichen	Zitierstelle, Rdn.
Neue Personenkraftwagen II	BGH, 05.03.2015, I ZR 164/13	**UWG § 3a**, 518, 519
Neuer Verfügungsantrag	OLG Karlsruhe, 12.11.1992, 4 U 144/92	**UWG § 12**, 249
Neuer Versorger	OLG Karlsruhe, 09.05.2012, 6 U 38/11	**UWG § 3a**, 85, 273, 276
Neueröffnung	HansOLG Hamburg, 12.07.2006, 5 U 179/05	**UWG § 11**, 56
Neues aus der Medizin	BGH, 22.02.1972, I ZR 19/72	**UWG § 12 Anh. I**, 24
Neues Informationssystem	BGH, 05.04.1995, I ZR 59/93	**UWG § 5**, 249
Neugeborenentransporte	BGH, 10.10.1989, KZR 22/88	**UWG § 4 Nr. 4**, 143, 145
Neurologisch/Vaskuläres Zentrum	BGH, 18.01.2012, I ZR 104/10	**UWG § 5**, 15, 446
Nevada-Skibindung	BGH, 07.04.1965, Ib ZR 1/64	**UWG § 5**, 324
New Valmar	EuGH, 21.06.2016, C-15/15	**UWG § 5**, 60
Nibelungen-Kurier	OLG Koblenz, 16.01.2013, 9 U 982/12	**UWG § 12**, 174
nicht anrechenbare Geschäftsgebühr	BGH, 20.10.2005, I ZB 21/05	**UWG § 12**, 125
Nicht statthafte Rechtsbeschwerde	BGH, 27.02.2003, I ZB 22/02	**UWG § 12 Anh. II**, 115
Nicht statthafte Rechtsbeschwerde II	BGH, 08.05.2003, I ZB 40/02	**UWG § 12 Anh. II**, 115
nicht zugegangenes Abmahnschreiben	KG, 14.05.2013, 5 U 49/12	**UWG § 12**, 273
Nichtigkeitsfolgen der Preisangabenverordnung	BGH, 21.04.1988, I ZR 129/86	**UWG § 12**, 491, 499, 500, 537
nickelfrei	BGH, 10.04.2014, I ZR 43/13	**UWG § 2 Abs. 1 Nr. 3**, 5, 6, 8, 9, 14, 18, 23, 25; **§ 4 Nr. 1**, 19; **§ 5**, 15, 38, 152, 291, 292; **§ 6**, 80; **§ 8**, 275; **§ 12 Anh. I**, 180
nickelfreie Edelstahlschließen	OLG Frankfurt/Main, 23.11.2017, 6 U 197/16	**UWG § 12**, 99; **§ 12 Anh. II**, 33, 34
Nicola	BGH, 25.02.1992, X ZR 41/90	**UWG § 4 Nr. 4**, 109
Nikolajeva	EuGH, 22.06.2016, C-280/15	**GeschGehG § 10**, 17
Nintendo/BigBen	*EuGH, 27.09.2017, C-24/16* und *C-25/16*	**UWG § 14**, 21, 40, 43

Stichwort	Gericht, Datum, Aktenzeichen	Zitierstelle, Rdn.
Nissan	EuGH, 16.01.1992, C-373/90	**UWG § 5**, 32, 38, 150; **§ 5a**, 5, 11; **§ 6**, 40, 45
Nitrolingual	BGH, 13.10.1965, Ib ZR 93/63	**UWG § 1**, 27
Nivea Blau	BGH, 09.07.2015, I ZB 65/13	**UWG § 12 Anh. I**, 306
NN (L)	EuGH, 26.05.2016, C-48/15	**UWG Einl.**, 146
»No-Reply«-E-Mails	BGH, 15.12.2015, VI ZR 134/15	**UWG § 7**, 11
Noblesse	BGH, 06.10.2005, I ZR 322/02	**UWG § 9**, 73, 117, 129
Nokia	EuGH, 14.12.2006, C-316/05	**UWG Einl.**, 76
Nold KG/Kommission	EuGH, 14.05.1974, Rs. 4/73	**UWG § 5**, 70
Noppenbahnen	BGH, 08.11.2001, I ZR 199/99	**UWG § 4 Nr. 3**, 67, 81
Nordjob Messe	BGH, 22.01.2014, I ZR 218/12	**UWG § 2 Abs. 1 Nr. 9**, 7
Nordjob-Messe	BGH, 22.01.2014, I ZR 218/12	**UWG § 2 Abs. 1 Nr. 1**, 59, 65, 75; **§ 2 Abs. 1 Nr. 6**, 6, 16; **§ 2_2**, 10; **§ 4a**, 12, 61, 118, 120, 168, 169; **§ 5**, 165, 191, 192; **PAngV Vorbem.**, 8; **§ 1**, 34
Notarielle Unterlassungserklärung	BGH, 21.04.2016, I ZR 100/15	**UWG § 8**, 21, 33, 34, 127, 129; **§ 12**, 256, 468
Notarieller Festpreis	BGH, 01.02.1990, I ZR 161/87	**UWG § 5**, 407
NPD Europas	BVerfG, 22.06.1982, 1 BvR 1376/79	**UWG § 4 Nr. 1**, 35, 36, 44, 51; **§ 4 Nr. 2**, 17
O2 Holdings ET O2 (UK)	EuGH, 12.06.2008, C-533/06	**UWG Einl.**, 84; **§ 5**, 105, 495; **§ 6**, 15, 50, 51, 52, 53, 59, 93, 138, 139, 141, 171
Obergauleiter der SA-Horden	BVerfG, 08.02.2017, 1 BvR 2973/14	**UWG § 4 Nr. 1**, 41
Objektive Schadensberechnung	BGH, 02.02.1995, I ZR 16/93	**UWG § 9**, 115; **§ 12 Anh. I**, 200

Stichwort	Gericht, Datum, Aktenzeichen	Zitierstelle, Rdn.
ODDSET	BGH, 14.02.2008, I ZR 207/05	**UWG § 3a**, 90, 321, 588; **§ 8**, 71
Oddset	BVerfG, 28.03.2006, 1 BvR 1051/01	**UWG § 3a**, 321, 588
Oddset-Sportwette	BVerfG, 04.07.2006, 1 BvR 138/05	**UWG § 3a**, 321, 588
Oguz	EuGH, 21.07.2011, C-186/10	**UWG § 11**, 115
Ohne 19% Mehrwertsteuer	BGH, 31.03.2010, I ZR 75/08	**UWG § 4 Nr. 4**, 149; **§ 4a**, 2, 146
Ohne Funktionseinschränkung kostenlos	OLG Frankfurt/Main, 24.05.2016, 6 U 171/14	**UWG § 12**, 208, 209, 421; **§ 12 Anh. I**, 150
Ohrclips	BGH, 04.12.2008, I ZR 3/06	**UWG Einl.**, 382; **§ 2 Abs. 1 Nr. 6**, 13, 18; **§ 2_2**, 9; **§ 6**, 51, 64, 97, 144, 166, 198; **§ 12 Anh. I**, 180
Ohrlochstechen in der Apotheke	LG Wuppertal, 13.02.2015, 12 O 29/15	**UWG § 3a**, 164
Ohrstecker	OLG Düsseldorf, 28.10.1996, 2 W 55/96	**UWG § 12**, 266; **§ 12 Anh. I**, 227
Ölfilter	BGH, 10.11.1965, Ib ZR 112/63	**UWG § 5**, 379
Ölverschmutzte Ente	BGH, 06.07.1995, I ZR 239/93	**UWG Einl.**, 35; **§ 2 Abs. 1 Nr. 1**, 59
Olympiasiegerin	BGH, 03.07.2003, I ZR 297/00	**UWG § 12**, 98; **§ 12 Anh. I**, 298
Omega	EuGH, 14.10.2004, C-36/02	**UWG Einl.**, 131, 135
One Touch Ultra)	BGH, 12.05.2010, I ZR 185/07	**UWG § 3a**, 477
Online-Archiv einer Tageszeitung	BGH, 16.02.2016, VI ZR 367/15	**UWG § 4 Nr. 1**, 46; **§ 4 Nr. 2**, 22
Online-Versicherungsvermittlung	BGH, 28.11.2013, I ZR 7/13	**UWG § 3a**, 74, 316, 317, 318, 608; **§ 12 Anh. I**, 123, 156, 170, 182
OP-Instrumentengriffe	OLG Köln, 10.07.2015, 6 U 4/15	**UWG § 8**, 180
OP-Lampen	BGH, 23.11.2000, I ZR 195/98	**UWG § 6**, 125, 141
»Opt-out«-Verfahren	BGH, 25.10.2012, I ZR 81/11	**UWG § 3a**, 465

Stichwort	Gericht, Datum, Aktenzeichen	Zitierstelle, Rdn.
Optiker-Qualität	BGH, 03.11.2016, I ZR 227/14	**UWG § 3a**, 80, 382, 473; **§ 3 Anh. zu Abs. 3**, 98; **§ 5**, 101, 128, 130, 136, 157, 180, 182, 289, 302, 343; **§ 8**, 190; **§ 12 Anh. I**, 129, 143, 154, 167, 173, 184
Optimale Interessenvertretung	BGH, 27.01.2005, I ZR 202/02	**UWG § 2 Abs. 1 Nr. 3**, 21; **§ 3a**, 246, 247
Optometrische Leistungen III	BGH, 21.04.2005, I ZR 190/02	**UWG § 3a**, 426
Oracle	BGH, 01.10.2009, I ZR 94/07	**UWG § 4 Nr. 1**, 13; **§ 4 Nr. 3**, 5; **§ 6**, 48, 51, 91, 98, 144, 198, 199; **§ 9**, 133
Orangenhaut	BGH, 19.09.1996, I ZR 130/94	**UWG § 5a**, 207
Ordnungsgemäße Abmahnung	KG, 04.04.2017, 5 W 31/17	**UWG § 12**, 273, 454
Ordnungsmittelandrohung	BGH, 22.01.2009, I ZB 115/07	**UWG § 12 Anh. II**, 46, 47
Ordnungsmittelandrohung durch Schuldner	BGH, 07.06.2018, I ZB 117/17	**UWG § 8**, 34
Ordnungsmittelandrohung nach Prozessvergleich	BGH, 03.04.2014, I ZB 3/12	**UWG § 12 Anh. I**, 342, 343; **§ 12 Anh. II**, 11, 53, 99; **§ 15**, 47
Ordnungsmittelfestsetzung nach einseitiger Erledigungserklärung	BGH, 23.02.2012, I ZB 28/11	**UWG § 12 Anh. II**, 74
Ordnungsschwellengeräte	OLG Celle, 05.04.2001, 13 W 3/01	**UWG § 11**, 111
Organisationsverschulden	BVerfG, 04.12.2006, 1 BvR 1200/04	**UWG § 8**, 188; **§ 12 Anh. II**, 55, 64

Stichwort	Gericht, Datum, Aktenzeichen	Zitierstelle, Rdn.
Orient-Teppichmuster	BGH, 20.10.1999, I ZR 167/97	**UWG § 3**, 131, 134, 135; **§ 5**, 168, 177, 178; **§ 6**, 174; **§ 8**, 309; **§ 12 Anh. I**, 166, 168, 169, 180, 181, 182
Original Bach-Blüten	BGH, 24.07.2014, I ZR 221/12	**UWG § 3a**, 166, 338, 344, 346, 349, 359, 449, 469; **§ 5**, 166; **§ 8**, 8, 52, 58, 60
Original Kanchipur	BGH, 17.03.2011, I ZR 81/09	**UWG § 5**, 414; **§ 12 Anh. I**, 131
Original Notfall Produkte nach Dr. Bach	KG, 04.07.2012, 24 U 30/11	**UWG § 11**, 27
Original-Ersatzteile	BGH, 16.10.1962, KZR 2/62	**UWG § 5**, 379
Original-VW-Ersatzteile II	BGH, 22.09.1981, KVR 8/80	**UWG § 5**, 379
Orthopädietechniker	BGH, 16.06.2016, I ZR 46/15	**UWG § 3a**, 235, 326, 327, 328; **§ 12 Anh. I**, 145, 170, 171
Orthopädische Hilfsmittel	GmS OGB, 10.04.1986, 1/85	**UWG § 12 Anh. I**, 9
ORTLIEB	BGH, 15.02.2018, I ZR 138/16	**UWG § 4 Nr. 3**, 12, 27
Ortlieb	BGH, 15.02.2018, I ZR 138/16	**UWG § 6**, 62
Ortspreis	BGH, 02.04.1992, I ZR 131/90	**UWG § 12 Anh. I**, 170
OS-Plattform	OLG München, 22.09.2016, 29 U 2498/16	**UWG § 3a**, 49, 488
OSCAR	BGH, 08.03.2012, I ZR 75/10	**UWG Einl.**, 276; **§ 12 Anh. I**, 71; **§ 14**, 61
Oscar	BGH, 08.03.2012, I ZR 75/10	**UWG § 14**, 22, 38
OUI	BGH, 31.05.2016, I ZB 39/15	**UWG § 5**, 175
Ovalpuderdose	BGH, 19.06.1974, I ZR 20/73	**UWG § 4 Nr. 4**, 64
P-Vermerk	BGH, 28.11.2002, I ZR 168/00	**UWG § 12 Anh. I**, 124, 159; **§ 12 Anh. II**, 76

Stichwort	Gericht, Datum, Aktenzeichen	Zitierstelle, Rdn.
P. Breyer/Bundesrepublik Deutschland	EuGH, 19.10.2016, C-582/14	**UWG § 2 Abs. 1 Nr. 4**, 6
Paketpreisvergleich	BGH, 19.11.2009, I ZR 141/07	**UWG § 6**, 44, 45, 126
Paletta	EuGH, 02.05.1996, C-206/94	**UWG § 11**, 115
Pall/Dahlhausen	EuGH, 13.12.1990, C-238/89	**UWG Einl.**, 142; **§ 5**, 36, 40, 43, 51
Pannenhilfe	OLG Köln, 16.12.2016, 6 U 166/15	**UWG § 12 Anh. I**, 182
Paperboy	BGH, 17.07.2003, I ZR 259/00	**UWG § 4 Nr. 3**, 55; **§ 4 Nr. 4**, 54, 73, 87; **§ 12 Anh. I**, 123, 124, 127, 129, 133
Parallelverfahren II	BGH, 07.07.1994, I ZR 30/92	**UWG § 11**, 73; **§ 12**, 321
Parfumflakon	BGH, 04.05.2000, I ZR 256/97	**UWG § 6**, 55, 56
Parfumflakon III	BGH, 27.11.2014, I ZR 1/11	**UWG § 6**, 204; **§ 12 Anh. I**, 126, 301; **§ 14**, 17
Parfümfotos bei eBay	OLG Köln, 05.12.2014, 6 U 57/14	**UWG § 8**, 49
Parfummarken	BGH, 09.11.2017, I ZR 164/16	**UWG § 14**, 43
Parfümtestkäufe	BGH, 23.02.2006, I ZR 27/03	**UWG § 9**, 107, 124, 125; **§ 12 Anh. I**, 130, 145, 152, 213, 214
Parkplatz-Service	BGH, 15.03.2012, I ZR 125/11	**UWG § 4 Nr. 4**, 39
Partnerprogramm	BGH, 07.10.2009, I ZR 109/06	**UWG § 8**, 184, 186, 192, 193, 200
Partnerprogramm	OLG Karlsruhe, 06.09.2012, 4 U 110/12	**UWG § 3a**, 408
partnership	HansOLG Hamburg, 22.01.2015, 5 U 271/11	**UWG § 12**, 53
Patientenindividuell zusammengestellter Arzneimittelblister	BGH, 05.03.2015, I ZR 185/13	**UWG § 3a**, 209
Pauschales Führerscheinentgelt	OLG Hamm, 28.02.2008, 4 U 168/07	**UWG § 3a**, 306
Pauschalpreis für ärztliche Leistungen	OLG Köln, 14.12.2012, 6 U 108/12	**UWG § 3a**, 309

Stichwort	Gericht, Datum, Aktenzeichen	Zitierstelle, Rdn.
Pay-TV-Durchleitung	BGH, 19.03.1996, KZR 1/95	**UWG § 3**, 49
Payback	BGH, 16.07.2008, VIII ZR 348/06	**UWG § 7**, 145, 151, 159, 164
pcb	BGH, 22.01.2009, I ZR 139/07	**UWG § 12**, 18, 118
Peek & Cloppenburg III	BGH, 24.01.2013, I ZR 60/11	**UWG § 5**, 105, 367, 375, 489, 491; **§ 12 Anh. I**, 64, 72, 73, 83
Peek & Cloppenburg IV	BGH, 13.09.2012, I ZR 230/11	**UWG § 12 Anh. I**, 82, 83
Peek & Cloppenburg IV	BGH, 24.09.2013, I ZR 64/11	**UWG § 12 Anh. I**, 72, 125; **§ 14**, 57, 61
Pelikan	BGH, 19.04.2012, I ZR 86/10	**UWG § 12 Anh. I**, 71
Pelzversand	BGH, 10.01.1968, Ib ZR 43/66	**UWG § 5a**, 196, 201
Pereničová/Perenič	EuGH, 15.03.2012, C-453/10	**UWG Einl.**, 386, 391
Perlentaucher	BGH, 01.12.2010, I ZR 12/08	**UWG Einl.**, 347, 352, 353; **§ 4 Nr. 3**, 14
Personenbezogene Daten	OLG München, 12.01.2012, 29 U 3926/11	**UWG § 3a**, 273, 276
Peter Fechter	BGH, 06.02.2014, I ZR 86/12	**UWG § 11**, 113, 122, 123
Petromax	BGH, 07.01.1958, I ZR 73/57	**GeschGehG § 3**, 15
Peugeot Deutschland	EuGH, 21.02.2018, C-132/17	**UWG Einl.**, 194; **§ 3a**, 521
PFE/Airgest	EuGH, 05.04.2016, C-689/13	**UWG Einl.**, 51, 93
Pfeiffer	EuGH, 11.05.1999, C-255/97	**UWG Einl.**, 137
Pfeiffer u.a.	EuGH, 05.10.2004, C-397/01 bis C-403/01	**UWG Einl.**, 58; **§ 3 Anh. zu Abs. 3**, 13
Pflegebett	BGH, 12.12.2002, I ZR 221/00	**UWG § 4 Nr. 3**, 74; **§ 4 Nr. 4**, 63
Pflichtangaben im Internet	BGH, 06.06.2013, I ZR 2/12	**UWG § 3a**, 387, 388, 389, 390, 391

Stichwort	Gericht, Datum, Aktenzeichen	Zitierstelle, Rdn.
Pharmakartell	BVerfG, 12.07.2007, 1 BvR 2041/02	**UWG § 1**, 4; **§ 4 Nr. 1**, 15, 51, 52
Pharmazeutische Beratung über Call-Center	BGH, 19.07.2012, I ZR 40/11	**UWG § 3a**, 143, 148, 149, 167, 216, 217; **§ 12 Anh. I**, 182
Philips/Remington	EuGH, 18.06.2002, C-299/99	**UWG § 4 Nr. 3**, 40
Photodynamische Therapie	BGH, 24.06.2010, I ZR 166/08	**UWG § 3a**, 73, 75, 184, 190; **§ 9**, 23
Photographische Gegenüberstellung	HansOLG Hamburg, 13.08.1998, 3 U 12/98	**UWG § 4 Nr. 1**, 30
Photokina	BGH, 24.02.1983, I ZR 207/80	**UWG § 4 Nr. 2**, 10
Phyteron	EuGH, 20.03.1997, C-352/95	**UWG Einl.**, 87
Piadina-Rückruf	BGH, 30.07.2015, I ZR 250/12	**UWG § 5**, 103, 153, 197, 246, 254, 364; **§ 12**, 148, 531, 532, 533, 536, 541; **§ 12 Anh. I**, 138, 166, 285; **§ 12 Anh. II**, 5, 30, 56
Pickney	EuGH, 03.10.2013, C-170/12	**UWG § 14**, 18
Piek Fein	BGH, 06.03.1951, I ZR 40/50	**UWG § 5**, 432
Pierre Fabre Dermo-Cosmétique	EuGH, 13.10.2011, C-439/09	**UWG § 4 Nr. 4**, 69
Pietra di Soln	BGH, 05.10.2006, I ZR 229/03	**UWG Einl.**, 188; **§ 5**, 218, 219
Pigmentiergerät	HansOLG Hamburg, 10.04.2002, 5 U 63/01	**UWG § 12**, 352
Pinckney	EuGH, 03.10.2013, C-170/12	**UWG § 14**, 13, 18, 19, 21, 22, 36
Pinguin-Apotheke	BGH, 10.03.1994, I ZR 36/92	**UWG § 7**, 61
Pinulia	OLG Düsseldorf, 05.04.2014, 20 W 93/14	**UWG § 12 Anh. I**, 347
Pippi-Langstrumpf-Kostüm	BGH, 17.07.2013, I ZR 52/12	**UWG § 3**, 81

Stichwort	Gericht, Datum, Aktenzeichen	Zitierstelle, Rdn.
Pippi-Langstrumpf-Kostüm II	BGH, 19.11.2015, I ZR 149/14	**UWG Einl.**, 345, 348, 352, 353, 360; **§ 1**, 17, 34, 35; **§ 3**, 8, 30, 31, 32, 34, 35, 70, 76, 77, 78, 81; **§ 4 Nr. 3**, 6, 7, 25, 31, 54, 55, 57, 115; **§ 9**, 60
Pippig Augenoptik	EuGH, 08.04.2003, C-44/01	**UWG Einl.**, 56, 176; **§ 4 Nr. 1**, 2, 7; **§ 4 Nr. 3**, 5, 22; **§ 5**, 36, 37, 147; **§ 6**, 7, 15, 19, 21, 34, 35, 43, 45, 51, 59, 92, 102, 111, 112, 117, 126, 131, 151, 185
Pistre	EuGH, 07.05.1997, C-321/94 bis 324/94	**UWG § 5**, 52
Pizza Flitzer	HansOLG Hamburg, 19.07.2007, 3 U 241/06	**UWG § 12**, 31
Pizza & Pasta	BGH, 22.09.1990, I ZR 87/89	**UWG § 12 Anh. II**, 66
Pizza Verzehrgutschein	OLG Düsseldorf, 12.09.1996, 2 U 24/96	**UWG § 12**, 221
PKW-Schleichbezug	BGH, 14.07.1988, I ZR 184/86	**UWG § 12 Anh. I**, 252
Placanica	EuGH, 06.03.2007, C-338/04	**UWG Einl.**, 156
Plagiatsvorwurf II	BGH, 12.03.1992, I ZR 58/90	**UWG § 8**, 124; **§ 12**, 556
Planfreigabesystem	BGH, 22.11.2007, I ZR 12/05	**UWG § 12 Anh. I**, 127, 156
Planungsmappe	BGH, 22.09.1999, I ZR 48/07	**UWG § 12 Anh. I**, 223
Playstation	BGH, 11.12.2003, I ZR 83/01	**UWG § 5**, 417
Plus Warenhandelsgesellschaft	EuGH, 14.01.2010, C-304/08	**UWG Einl.**, 56, 60, 163, 166; **§ 1**, 12; **§ 3**, 15, 90, 92, 101, 103; **§ 3a**, 17; **§ 3 Anh. zu Abs. 3**, 9; **§ 5**, 25, 348
Plym-Gin	BGH, 09.10.1970, I ZR 23/69	**UWG § 5**, 218, 219

Stichwort	Gericht, Datum, Aktenzeichen	Zitierstelle, Rdn.
Präzisionsmessgerät	BGH, 07.11.2002, I ZR 64/00	**UWG § 4 Nr. 3**, 44, 47, 102
Preis ohne Monitor	BGH, 28.11.2002, I ZR 110/00	**UWG § 5**, 230, 353
Preis zuzüglich Überführung	BGH, 18.09.2014, I ZR 201/12	**UWG Einl.**, 165; **§ 3**, 94; **§ 5**, 333; **§ 5a**, 123; **PAngV Vorbem.**, 14, 29, 30, 31, 32, 44; **§ 1**, 33; **§ 2**, 9
Preisangabe für Service-Dienste	OLG Düsseldorf, 28.05.2014, I-15 U 54/14	**PAngV § 1**, 77, 78
Preisangabe für Telekommunikationsdienstleistung	BGH, 23.07.2015, I ZR 143/14	**UWG § 12 Anh. I**, 142, 147; **PAngV § 2**, 6
Preisauskunft	BGH, 04.03.1977, I ZR 117/75	**UWG § 9**, 106
Preisbindung durch Franchisegeber	BGH, 02.02.1999, KZR 11/97	**UWG § 9**, 120
Preisbrecher	BGH, 02.10.2003, I ZR 76/01	**UWG § 12 Anh. I**, 199, 206
Preisempfehlung für Sondermodelle	BGH, 14.11.2002, I ZR 137/00	**UWG § 5**, 418; **§ 12 Anh. I**, 130, 131, 152, 154, 184, 213
Preisgarantie	BGH, 25.10.1974, I ZR 8/74	**UWG § 5**, 411
Preisgarantie II	BGH, 07.02.1991, I ZR 140/89	**UWG § 5**, 411
Preisgebundene Abonnementzugabe	HansOLG Hamburg, 26.09.2005, 5 W 109/05	**UWG § 3a**, 64
Preisgegenüberstellung im Schaufenster	BGH, 12.07.2001, I ZR 89/99	**UWG § 4 Nr. 1**, 28; **§ 6**, 176, 177, 179, 185; **§ 12 Anh. I**, 154, 156, 182
Preiskampf	BGH, 27.10.1988, I ZR 29/87	**UWG § 3**, 48, 52, 55
Preisknaller	BGH, 15.12.1999, I ZR 159/97	**UWG § 12 Anh. I**, 130, 152, 154, 158
Preisportal	BGH, 27.04.2017, I ZR 55/16	**UWG § 3**, 63; **§ 4 Nr. 4**, 52; **§ 4a**, 146; **§ 5a**, 38, 42, 46; **§ 8**, 300
Preisrätselgewinnauslobung I	BGH, 07.07.1994, I ZR 104/93	**UWG § 5a**, 204

Stichwort	Gericht, Datum, Aktenzeichen	Zitierstelle, Rdn.
Projektunterlagen	BGH, 21.09.2017, I ZB 8/17	**UWG § 12 Anh. II**, 84
Promusicae	EuGH, 29.01.2008, C-275/06	**UWG § 3**, 12
Prospekthalter	BGH, 26.09.1996, X ZR 72/94	**UWG Einl.**, 346
Protect	EuGH, 20.12.2017, C-664/15	**UWG Einl.**, 51, 70
Provisionsabgabeverbot	OLG Köln, 11.10.2016, 6 U 176/15	**UWG § 3a**, 610
Provisionsweitergabe durch Lebensversicherungsmakler	BGH, 19.12.1984, I ZR 181/82	**UWG § 4 Nr. 4**, 105, 109
Prozessfinanzierer	BGH, 13.09.2018, I ZR 26/17	**UWG § 8**, 357; **§ 10**, 28
Prozessgebühr beim Kostenwiderspruch	BGH, 22.05.2003, I ZB 38/02	**UWG § 12**, 454, 455, 456, 458
Prozessrechner	BGH, 18.02.1977, I ZR 112/75	**UWG Einl.**, 324; **§ 9**, 63; **§ 11**, 26; **§ 12 Anh. I**, 202; **vor § 17-19**, 47; **GeschGehG § 2**, 44
Prüfzeichen	BGH, 14.05.1974, VI ZR 48/73	**UWG § 5**, 19
Pulloverbeschriftung	BGH, 24.03.1994, I ZR 152/92	**UWG § 12**, 265
Pulverbehälter	BGH, 03.05.1968, I ZR 66/66	**UWG Einl.**, 346; **§ 4 Nr. 3**, 29, 32
Punto Casa und PPV	EuGH, 02.06.1994, C-69/93 und C-258/93	**UWG Einl.**, 127
Puppenausstattungen	BGH, 28.10.2004, I ZR 326/01	**UWG § 4 Nr. 3**, 26, 34, 43, 57
Purely Creative	EuGH, 18.10.2012, C-428/11	**UWG Einl.**, 77, 80, 167; **§ 3**, 131, 138, 144; **§ 3 Anh. zu Abs. 3**, 2, 12, 13, 16, 17, 20, 21, 27, 222, 224, 225, 228, 229, 230; **§ 4a**, 55, 66
PVC-frei	BGH, 23.05.1996, I ZR 76/94	**UWG § 5**, 199, 260, 348
qm-Preisangaben II	BGH, 30.03.1988, I ZR 209/86	**PAngV § 1**, 21
Qualitätssprung	OLG Frankfurt/Main, 17.01.2013, 6 U 88/12	**UWG § 12**, 204
Quarantäne-Buchung	BGH, 15.12.2016, I ZR 96/16	**UWG § 12 Anh. I**, 182

Stichwort	Gericht, Datum, Aktenzeichen	Zitierstelle, Rdn.
Quarantäne-Buchung	OLG Frankfurt/Main, 19.09.2016, 6 W 74/16	**UWG § 12**, 236, 268, 269, 425, 532; **§ 12 Anh. I**, 228; **§ 12 Anh. II**, 22
Quecksilbergehalt bei Energiesparlampen	OLG Celle, 08.10.2015, 13 U 15/13	**UWG § 3a**, 299
Quecksilberhaltige Leuchtstofflampen	BGH, 21.09.2016, I ZR 234/15	**UWG Einl.**, 165; **§ 1**, 10, 18; **§ 3a**, 27, 125, 130, 138, 294, 298, 299
Queisser Pharma/Deutschland	EuGH, 19.01.2017, C-282/15	**UWG § 3a**, 445
Quersubventionierung von Laborgemeinschaften	BGH, 21.04.2005, I ZR 201/02	**UWG § 4 Nr. 4**, 149
Quersubventionierung von Laborgemeinschaften I	BGH, 21.04.2005, I ZR 201/02	**UWG § 3**, 121; **§ 4a**, 166, 171, 172
Quizalofop	BGH, 19.11.2009, I ZR 186/07	**UWG § 12 Anh. I**, 294
Rabattaktion von mytaxi	OLG Stuttgart, 19.11.2015, 2 U 88/15	**UWG § 3a**, 496, 497
radikal gesenkte Preise	BGH, 13.07.1979, I ZR 128/77	**UWG § 5**, 403
Radio-Recorder	BGH, 28.01.1988, I ZR 219/86	**UWG § 5a**, 30
Radiologisch-diagnostische Untersuchungen	BGH, 17.08.2011, I ZB 7/11	**UWG § 12 Anh. I**, 10
Radiowerbezeiten	HansOLG Hamburg, 01.06.2017, 3 U 124/13	**UWG § 3a**, 578; **§ 12 Anh. I**, 182
Radlberger Getränkegesellschaft und S. Spitz	EuGH, 14.12.2004, C-309/02	**UWG Einl.**, 117
Radschutz	BGH, 12.03.1954, I ZR 201/52	**UWG § 12 Anh. I**, 231
Rasierklingeneinheit	OLG Düsseldorf, 30.04.2018, 15 W 9/18	**UWG § 12 Anh. II**, 23
Rasool	EuGH, 22.03.2018, C-568/16	**UWG § 3 Anh. zu Abs. 3**, 12
Räucherkate	BGH, 16.12.2004, I ZR 177/02	**UWG § 4 Nr. 4**, 9, 127
Raumausstattung	BGH, 20.04.1989, I ZR 125/87	**UWG § 5**, 128, 302
Räumschild	BGH, 18.05.1999, X ZR 156/97	**UWG § 8**, 262
Räumungsfinale	*BGH, 11.09.2008*, I ZR 120/06	**UWG § 5**, 186, 264, 395, 396

Stichwort	Gericht, Datum, Aktenzeichen	Zitierstelle, Rdn.
Räumungsverkauf wegen Umbau	BGH, 30.04.2009, I ZR 66/07	**UWG § 5**, 395
RC-Netzmittel	BGH, 10.02.2011, I ZR 8/09	**UWG § 3a**, 126, 130, 511
RDM	BGH, 16.11.1989, I ZR 107/87	**UWG § 5**, 423
REAL-Chips	BGH, 22.01.2014, I ZR 71/12	**UWG § 8**, 53, 62
Realchemie Nederland	EuGH, 18.10.2011, C-406/09	**UWG § 12 Anh. II**, 119; **GeschGehG § 17**, 8
Rechenzentrum	BGH, 12.07.2001, I ZR 261/98	**UWG § 5**, 191, 320; **§ 12 Anh. I**, 127, 170
Rechnungshof/Österreichischer Rundfunk	EuGH, 20.05.2003, C-465/00	**UWG § 5**, 66
recht § billig	BGH, 28.07.2015, VI ZR 340/14	**UWG § 8**, 106, 110, 111, 113, 125; **§ 12 Anh. II**, 3, 17, 80
Rechtsanwalts-Ranglisten	BGH, 09.02.2006, I ZR 124/03	**UWG § 5a**, 202; **§ 6**, 60, 63, 65, 70, 83, 217, 219
Rechtsberatung durch Einzelhandelsverband	BGH, 01.06.2011, I ZR 58/10	**UWG § 3a**, 546
Rechtsberatung durch Entwicklungsingenieur	BGH, 31.03.2016, I ZR 88/15	**UWG § 1**, 18; **§ 2 Abs. 1 Nr. 3**, 8; **§ 3a**, 22, 28, 529, 530, 531, 539, 541; **§ 5a**, 160; **§ 8**, 287; **§ 12 Anh. I**, 141, 145
Rechtsberatung durch Haftpflichtversicherer	BGH, 03.05.2007, I ZR 19/05	**UWG § 3a**, 535; **§ 4a**, 123; **§ 5**, 129, 137, 173, 176; **§ 8**, 343
Rechtsberatung durch Lebensmittelchemiker	BGH, 04.11.2010, I ZR 118/09	**UWG Einl.**, 165, 167; **§ 3**, 94; **§ 3a**, 18, 541; **§ 8**, 39; **§ 12 Anh. I**, 127, 138, 143, 156, 157, 160, 163, 167, 170, 180, 182

Stichwort	Gericht, Datum, Aktenzeichen	Zitierstelle, Rdn.
Rechtsberatungsanschein	BGH, 13.02.1981, I ZR 63/79	**UWG § 2 Abs. 1 Nr. 3**, 16, 23
Rechtskraft des Zwangsmittelbeschlusses	BGH, 13.07.2017, I ZR 64/16	**UWG § 12 Anh. I**, 48, 97, 105, 218, 220; **§ 12 Anh. II**, 57, 97
Rechtsmissbräuchliche Mehrfachverfolgung	OLG Koblenz, 22.03.2017, 3 W 324/16	**UWG § 12**, 505
Rechtsmissbräuchliche Vielfachabmahnung	HansOLG Hamburg, 11.08.2016, 3 U 56/15	**UWG § 8**, 357, 359, 383, 385
Rechtsmissbräuchlicher Zuschlagsbeschluss	BGH, 15.11.2012, I ZR 128/11	**UWG § 8**, 132, 133, 135
Rechtsmittel gegen Aufbrauchsfrist	OLG Düsseldorf, 10.10.1985, 2 U 114/85	**UWG § 8**, 93, 94
Rechtsschutzbedürfnis	BGH, 09.11.1979, I ZR 24/78	**UWG § 8**, 50, 128; **§ 12 Anh. I**, 28
Rechtsschutzbedürfnis für weiteren Unterlassungstitel	OLG Frankfurt/Main, 26.04.2012, 6 U 2/11	**UWG § 12**, 251
Rechtsverfolgung mit Fremdgeldkonto	OLG München, 03.09.2015, 29 U 721/15	**UWG § 3a**, 5; **§ 8**, 356
Rechtsweg	BGH, 05.06.1997, I ZB 42/96	**UWG § 12 Anh. I**, 18
Redaktionelles Stadtblatt	OLG Stuttgart, 27.01.2016, 4 U 167/15	**UWG § 12**, 166, 169, 172, 234
Redmond	EuGH, 29.11.1978, Rs. 83/78	**UWG Einl.**, 114
Reformistischer Aufbruch	BGH, 27.07.2017, I ZR 228/15	**UWG Einl.**, 55; **§ 1**, 7, 34, 49; **§ 3**, 12
Regalsystem	BGH, 24.01.2013, I ZR 136/11	**UWG Einl.**, 347, 354; **§ 1**, 12, 54; **§ 3**, 69; **§ 4 Nr. 3**, 11, 18, 30, 36, 37, 41, 45, 68, 72, 73, 78, 80, 84, 88, 96, 97, 118; **§ 12 Anh. I**, 81
Regenwaldprojekt I	BGH, 26.10.2006, I ZR 33/04	**UWG § 1**, 22; **§ 3 Anh. zu Abs. 3**, 33; **§ 4a**, 150; **§ 5**, 216, 252, 473, 475; **§ 5a**, 23

Stichwort	Gericht, Datum, Aktenzeichen	Zitierstelle, Rdn.
Regenwaldprojekt II	BGH, 26.10.2006, I ZR 97/04	**UWG § 4a**, 150; **§ 5**, 39; **§ 12 Anh. I**, 285
regierung-oberfranken.de	BGH, 27.10.2011, I ZR 131/10	**UWG § 8**, 255
regulärer Preis	BGH, 03.04.1970, I ZR 117/68	**UWG § 12 Anh. I**, 169
Reichweite des Unterlassungsgebots	BGH, 03.04.2014, I ZB 42/11	**UWG § 8**, 11; **§ 12 Anh. I**, 71, 145
Reimportierte Kraftfahrzeuge	BGH, 20.02.1986, I ZR 149/83	**UWG § 5**, 429
Reisewerte	BGH, 04.05.2017, I ZR 113/16	**UWG § 2 Abs. 1 Nr. 1**, 14, 62; **§ 16**, 6
Reiten im Walde	BVerfG, 06.06.1989, 1 BvR 921/85	**UWG § 4 Nr. 1**, 38
Remailing-Angebot	BGH, 06.03.2001, KZR 32/98	**UWG § 12 Anh. I**, 206
Remington	BGH, 10.12.1969, I ZR 20/68	**UWG § 4 Nr. 2**, 47; **§ 8**, 117; **§ 12**, 556
Rennsportgemeinschaft	BGH, 26.06.1981, I ZR 73/79	**UWG § 9**, 97
rent a rentner	OLG Bremen, 10.04.2015, 2 U 132/14	**UWG § 12**, 221
Repair-Kapseln	BGH, 07.04.2016, I ZR 81/15	**UWG § 3a**, 337, 338, 340, 344, 351, 352, 353; **§ 12**, 273
RESCUE-Produkte	BGH, 12.03.2015, I ZR 29/13	**UWG § 3a**, 363
RESCUE-Produkte I	BGH, 12.03.2015, I ZR 29/13	**UWG Einl.**, 92
RESCUE-Produkte II	BGH, 21.09.2017, I ZR 29/13	**UWG Einl.**, 87; **§ 3a**, 366
RESCUE-Tropfen	BGH, 29.09.2016, I ZB 34/15	**UWG § 12 Anh. II**, 3, 5, 6, 56
Rescue-Tropfen	BGH, 29.09.2016, I ZB 34/15	**UWG § 12 Anh. II**, 35
Resistograph	BGH, 09.11.2017, I ZR 134/16	**UWG § 12 Anh. I**, 124, 138, 156, 162, 163, 171
Restaurantführer	BGH, 12.06.1997, I ZR 36/95	**UWG § 9**, 35

Stichwort	Gericht, Datum, Aktenzeichen	Zitierstelle, Rdn.
Restwertbörse	BGH, 29.04.2010, I ZR 68/08	**UWG § 9**, 22, 105, 108, 110, 113; **§ 12 Anh. I**, 213, 216, 223
Restwertbörse II	BGH, 20.06.2013, I ZR 55/12	**UWG § 12 Anh. I**, 123, 124, 127
Rezept-Prämie	BGH, 08.05.2013, I ZR 90/12	**UWG § 3a**, 132, 211
Rezeptbild	BGH, 17.01.2013, I ZR 107/12	**UWG § 12**, 141, 589
RezeptBonus	BGH, 08.05.2013, I ZR 98/12	**UWG § 3a**, 207, 208, 211, 410
Rezeptsammelstelle	OLG Hamm, 12.05.2015, 4 U 53/15	**UWG § 3a**, 28
Rezeptsammelstelle	OLG Saarbrücken, 25.09.2013, 1 U 42/13	**UWG § 12**, 166, 167, 169, 309, 372, 375, 419
rhetorische Frage	BVerfG, 09.10.1991, 1 BvR 221/90	**UWG § 4 Nr. 2**, 23
Rheumalind II	BGH, 07.03.1991, I ZR 127/89	**UWG § 5**, 39, 344; **§ 12 Anh. I**, 289
RI.SAN	EuGH, 09.09.1999, C-108/98	**UWG Einl.**, 117
Richtpreiswerbung	BGH, 10.06.1964, I ZR 128/62	**UWG § 5**, 187
Rillenkoffer	BGH, 30.04.2008, I ZR 123/05	**UWG § 4 Nr. 3**, 17, 43, 71
Ringtaxi	OLG Frankfurt/Main, 05.06.2018, 6 W 43/18	**UWG § 12 Anh. II**, 68
Rintisch/Eder	EuGH, 25.10.2012, C-553/11	**UWG Einl.**, 96
Rippenstreckmetall	BGH, 17.11.1960, I ZR 78/59	**UWG § 5a**, 196
Ritter Sport Voll-Nuss	OLG München, 09.09.2014, 18 U 516/14	**UWG § 4 Nr. 2**, 10; **§ 6**, 222, 228
RLvS [Good News]	EuGH, 17.10.2013, C-319/12	**UWG Einl.**, 80
RLvS [Good News]	EuGH, 17.10.2013, C-391/12	**UWG Einl.**, 164, 166; **§ 1**, 12; **§ 2 Abs. 1 Nr. 1**, 7, 53; **§ 2 Abs. 1 Nr. 6**, 15; **§ 3**, 90, 97; **§ 3a**, 23, 33, 36, 523; **§ 3 Anh. zu Abs. 3**, 165, 166; **§ 5**, 122; **§ 5a**, 181, 198

Stichwort	Gericht, Datum, Aktenzeichen	Zitierstelle, Rdn.
Robinson-Liste	BGH, 14.03.2017, VI ZR 721/15	**UWG Einl.**, 378
Rohrpressverbindungen	OLG Stuttgart, 28.09.2001, 2 U 220/00	**UWG § 4 Nr. 4**, 147
Rollhocker	BGH, 23.01.1981, I ZR 48/79	**UWG Einl.**, 346; **§ 4 Nr. 3**, 112, 117
Rollstühle	GmS OGB, 29.10.1987, GmS-OGB 1/86	**UWG § 12 Anh. I**, 9
Rollstuhlnachbau	BGH, 17.06.1999, I ZR 213/96	**UWG § 4 Nr. 3**, 117
Römer	BGH, 11.06.1954, I ZR 174/52	**UWG § 5**, 365
Rondelé	OLG Karlsruhe, 20.03.2015, 4 U 196/14	**UWG § 3a**, 20
Roquette	EuGH, 22.10.2002, C-94/00	**UWG Einl.**, 87
Rosengren	EuGH, 05.06.2007, C-170/04	**UWG Einl.**, 124; **§ 5**, 47
Rosenheimer Gummimäntel	BGH, 17.09.1957, I ZR 105/56	**UWG § 5**, 3
Rosenkrieg bei Otto	BGH, 04.12.2007, VI ZR 277/06	**UWG § 12**, 115
Rote Briefkästen	BGH, 12.05.2010, I ZR 214/07	**UWG § 5**, 264
Roter Lego-Stein	EuGH, 14.09.2010, C-48/09	**UWG Einl.**, 142
Roter mit Genever	BGH, 28.11.1991, I ZR 297/89	**UWG § 12**, 530, 537, 538, 539, 540, 541, 542, 543
Rotes Kreuz	BGH, 23.06.1994, I ZR 15/92	**UWG § 12 Anh. I**, 163
Rotpreis-Revolution	BGH, 13.05.2004, I ZR 264/00	**UWG Einl.**, 261, 282
RSS-Feeds	BGH, 27.03.2012, VI ZR 144/11	**UWG § 4 Nr. 2**, 29
RTL Television	EuGH, 23.10.2003, C-245/01	**UWG Einl.**, 192; **§ 5**, 62, 68
Rubbelaktion	BGH, 05.02.1998, I ZR 151/95	**UWG § 1**, 4; **§ 4a**, 147
Rubbellos in der Apotheke	OLG Frankfurt/Main, 10.07.2014, 6 U 32/14	**UWG § 3a**, 127
Rubbellosverkauf	OLG Hamm, 09.07.2013, 4 U 187/12	**UWG § 12 Anh. I**, 252
Rückforderung von Verlobungsgeschenken	BGH, 28.02.1996, XII ZR 181/93	**UWG § 14**, 12
Rückkehrpflicht	BGH, 05.05.1988, I ZR 124/86	**UWG § 12 Anh. I**, 294
Rückkehrpflicht III	BGH, 22.06.1989, I ZR 171/87	**UWG § 12 Anh. I**, 170

Stichwort	Gericht, Datum, Aktenzeichen	Zitierstelle, Rdn.
Rückkehrpflicht V	BGH, 30.04.2015, I ZR 196/13	**UWG § 3a**, 505, 506; **§ 12 Anh. I**, 170, 171, 175
Rücklastschriftkosten	OLG Düsseldorf, 13.02.2014, 6 U 84/13	**UWG § 12**, 167, 169, 173, 234, 238
Rückruf von RESCUE-Produkten	BGH, 29.09.2016, I ZB 34/15	**UWG § 4 Nr. 3**, 113, 114; **§ 8**, 72, 74, 75, 76, 78, 99; **§ 12**, 236, 268, 425, 532; **§ 12 Anh. I**, 130, 131, 145, 152, 228; **GeschGehG § 7**, 18
Rücktritt des Finanzministers	BGH, 26.10.2006, I ZR 182/04	**UWG § 4 Nr. 1**, 52
Rudolf-Heß-Gedenkfeier	BVerfG, 04.11.2009, 1 BvR 2150/08	**UWG § 4 Nr. 1**, 33; **§ 4 Nr. 2**, 16
Rufumleitung	BGH, 07.10.2009, I ZR 150/07	**UWG § 1**, 13; **§ 4 Nr. 4**, 1, 12, 25, 53, 54
Rügenwalder Teewurst I	BGH, 13.12.1955, I ZR 86/54	**UWG § 5**, 370
Rügenwalder Teewurst II	BGH, 19.01.1995, I ZR 197/92	**UWG § 5**, 364, 370
Rum-Verschnitt	BGH, 15.06.1966, Ib ZR 72/64	**UWG § 12 Anh. I**, 168
Runes of Magic	BGH, 17.07.2013, I ZR 34/12	**UWG § 3 Anh. zu Abs. 3**, 338, 339, 340, 341, 342, 343, 346, 347
Runes of Magic II	BGH, 18.09.2014, I ZR 34/12	**UWG § 3 Anh. zu Abs. 3**, 339, 340, 342, 346, 347; **§ 12**, 305; **§ 12 Anh. I**, 139, 263
Russisches Schaumgebäck	BGH, 03.02.2005, I ZR 45/03	**UWG § 4 Nr. 4**, 131, 134
SABA II	EuGH, 25.10.1977, 26/76	**UWG § 4 Nr. 4**, 69

Stichwort	Gericht, Datum, Aktenzeichen	Zitierstelle, Rdn.
Sächsische Korruptionsaffäre	BGH, 17.12.2013, VI ZR 211/12	**UWG § 4 Nr. 1**, 63; **§ 4 Nr. 2**, 28, 29, 42
Safety Hi-Tech	EuGH, 14.07.1998, C-284/95	**UWG Einl.**, 139
Saft-Bockwurst	OLG Köln, 07.02.2014, 6 U 81/13	**UWG § 3a**, 50; **§ 12 Anh. I**, 86
Sahnesiphon	BGH, 06.06.1991, I ZR 234/89	**UWG § 3a**, 91
Salve einer Abmahngemeinschaft	OLG Hamm, 03.05.2011, 4 U 9/11	**UWG § 12**, 178
Salzburger Nachrichten	OLG München, 06.12.2007, 29 U 2713/07	**UWG § 14**, 38
Sammel-Tragstuhlwagentransporte	KG, 13.02.2007, 5 W 35/07	**UWG § 3a**, 99
Sammelaktion für Schoko-Riegel	BGH, 17.07.2008, I ZR 160/05	**UWG § 4a**, 120, 169
Sammelmitgliedschaft	BGH, 16.01.2003, I ZR 51/02	**UWG § 8**, 293, 313
Sammelmitgliedschaft III	BGH, 27.01.2005, I ZR 146/02	**UWG § 8**, 291, 313, 338
Sammelmitgliedschaft V	BGH, 16.11.2006, I ZR 218/03	**UWG § 8**, 284, 289, 298, 309, 313
Sammelmitgliedschaft VI	BGH, 23.10.2008, I ZR 197/06	**UWG § 2 Abs. 1 Nr. 3**, 20; **§ 8**, 311, 312, 336, 338
Sammlung Ahlers	BGH, 17.07.2008, I ZR 109/05	**UWG § 9**, 112
Sandmalkasten	BGH, 22.03.2012, I ZR 21/11	**UWG Einl.**, 347; **§ 4 Nr. 3**, 25, 26, 30, 31, 34, 43, 114; **§ 12**, 266, 267; **§ 12 Anh. I**, 227
Sanfte Schönheitschirurgie	BGH, 15.05.2003, I ZR 217/00	**UWG § 12 Anh. I**, 127
Sarex	BGH, 03.12.1957, I ZR 157/56	**UWG § 12 Anh. I**, 105
Satte Mehrheit	OLG München, 01.04.1999, 29 U 2044/99	**UWG § 6**, 117, 124
Sauerstoff-Mehrschritt-Therapie	BGH, 27.04.1995, I ZR 116/93	**UWG § 5**, 199
Saugeinlagen	BGH, 20.09.2007, I ZR 171/04	**UWG § 5**, 93, 141, 252, 253; **§ 6**, 42, 61, 177, 186, 203

Stichwort	Gericht, Datum, Aktenzeichen	Zitierstelle, Rdn.
SB-Beschriftung	BGH, 13.10.2004, I ZR 277/01	**UWG § 4 Nr. 4**, 61, 81
SC Volksbank România	EuGH, 12.07.2012, C-602/10	**UWG Einl.**, 152
Scanner-Werbung	BGH, 20.12.2001, I ZR 215/98	**UWG § 3 Anh. zu Abs. 3**, 269; **§ 5**, 176, 229; **§ 8**, 367; **§ 12**, 256; **§ 12 Anh. I**, 203, 206; **Gesch-GehG § 14**, 4
Scannertarif	BGH, 29.10.2009, I ZR 168/06	**UWG § 9**, 18
Schachcomputerkatalog	BGH, 13.02.2003, I ZR 41/00	**UWG § 5**, 158, 173, 241, 385; **§ 6**, 70
Schadensregulierung durch Versicherungsmakler	BGH, 14.01.2016, I ZR 107/14	**UWG § 1**, 52; **§ 2 Abs. 1 Nr. 3**, 8; **§ 3**, 94; **§ 3a**, 131, 537, 541, 542, 543
»Schadstoff Zucker«	HansOLG Hamburg, 29.10.1987, 3 U 11/87	**UWG § 4 Nr. 2**, 36
Schau mal, Dieter	BGH, 05.06.2008, I ZR 223/05	**UWG § 4 Nr. 1**, 52
Schecke	EuGH, 09.11.2010, C-92/09 und C-93/09	**UWG Einl.**, 64
Schenkkreis	BGH, 13.03.2008, III ZR 282/07	**UWG Einl.**, 334
Schilderpräger im Landratsamt	BGH, 14.07.1998, KZR 1/97	**UWG § 4 Nr. 4**, 10; **§ 12 Anh. I**, 2, 182
Schindler	EuGH, 24.03.1994, C-275/92	**UWG § 5**, 61, 62, 63
Schlafzimmer komplett	BGH, 18.12.2014, I ZR 129/13	**UWG § 2 Abs. 1 Nr. 1**, 57; **§ 2 Abs. 1 Nr. 9**, 5; **§ 3**, 134, 135; **§ 3 Anh. zu Abs. 3**, 20; **§ 5**, 142, 154, 230, 232, 247, 249, 353, 408; **§ 5a**, 77; **PAngV § 1**, 72
Schlangenzeichen	BGH, 20.03.1981, I ZR 1/79	**UWG § 5**, 142, 145
Schlank-Geheimnis	OLG Köln, 03.02.2012, 6 U 76/11	**UWG § 8**, 240

Stichwort	Gericht, Datum, Aktenzeichen	Zitierstelle, Rdn.
Schlank-Kapseln	BGH, 26.01.2006, I ZR 121/03	**UWG § 5**, 88; **§ 12 Anh. I**, 80
Schlauchbeutel	BGH, 19.02.2004, I ZR 76/02	**UWG § 5**, 265
Schleuderpreise	BGH, 08.01.1960, I ZR 7/59	**UWG § 4 Nr. 4**, 145
schlüsselbänder.de	OLG Köln, 02.09.2005, 6 U 39/05	**UWG § 4 Nr. 4**, 50
Schlussverkaufswerbung	BGH, 01.10.1986, I ZR 126/84	**UWG § 5**, 261
Schmähkritik	OLG München, 22.10.1992, 6 U 4044/92	**UWG § 4 Nr. 1**, 28
Schmalfilmrechte	BGH, 30.06.1976, I ZR 63/75	**UWG § 11**, 125
Schmerzmittelbestellung bei Versandapotheke	OLG Naumburg, 22.06.2017, 9 U 19/17	**UWG § 3a**, 168
Schmidberger	EuGH, 12.06.2003, C-112/00	**UWG § 5**, 68
Schmiermittel	BGH, 14.02.2008, I ZR 135/05	**UWG § 9**, 46; **§ 12 Anh. I**, 139, 200
Schmuck-Set	BGH, 26.03.1998, I ZR 231/95	**UWG § 4a**, 147
Schmuckstücke	OLG Frankfurt/Main, 02.04.2014, 11 W 10/14	**UWG § 12**, 416
Schmuddelkind der Bankenbranche	OLG Frankfurt/Main, 18.06.2015, 6 U 46/14	**UWG § 4 Nr. 1**, 57
Schmuddelsender	HansOLG Hamburg, 09.03.1995, 3 U 245/94	**UWG § 4 Nr. 1**, 57
Schneeballseminare	BGH, 24.02.2011, 5 StR 514/09	**UWG § 1**, 26; **§ 2_2**, 6, 12
Schneeballsystem	RG, 07.12.1926, II 203/26	**UWG § 1**, 1, 2
Schneller kann keiner	OLG Frankfurt/Main, 02.01.2014, 6 U 228/13	**UWG § 12**, 259
Schnittstelle zum Ersatzteildatenaustausch	OLG Frankfurt/Main, 23.02.2017, 6 U 37/16	**UWG § 12 Anh. I**, 231
Schockwerbung	BVerfG, 12.12.2000, 1 BvR 1762/95	**UWG § 4 Nr. 1**, 15, 28, 33, 38, 40
Schockwerbung der Firma Benetton	BVerfG, 12.12.2000, 1 BvR 1787/95	**UWG § 3a**, 332
Schockwerbung durch Rechtsanwälte (Werbetassen)	BVerfG, 05.03.2015, 1 BvR 3362/14	**UWG § 4 Nr. 1**, 48
Schockwerbung II	BVerfG, 11.03.2003, 1 BvR 426/02	**UWG § 4 Nr. 1**, 28, 40
Schoenenberger Artischockensaft	BGH, 09.10.2008, I ZR 100/04	**UWG § 3a**, 36, 42, 374, 391, 392, 393

Stichwort	Gericht, Datum, Aktenzeichen	Zitierstelle, Rdn.
Schogetten-Stück	OLG Köln, 15.08.2014, 6 U 9/14	**UWG § 12 Anh. I**, 303, 319
Schöner Wetten	BGH, 01.04.2004, I ZR 317/01	**UWG § 8**, 229
Schriftliche Voranmeldung	BGH, 05.05.1994, I ZR 168/92	**UWG § 7**, 73
Schriftsachverständiger	BGH, 18.10.1977, VI ZR 171/76	**UWG § 4 Nr. 2**, 27; **§ 8**, 115
Schubladenverfügung	BGH, 07.10.2009, I ZR 216/07	**UWG § 12**, 3, 6, 24, 91, 114, 460
SCHUFA-Hinweis	BGH, 19.03.2015, I ZR 157/13	**UWG § 8**, 200
Schufa-Hinweis	BGH, 19.03.2015, I ZR 157/13	**UWG § 3 Anh. zu Abs. 3**, 98; **§ 4a**, 2, 41, 46, 48, 68, 74, 89, 109, 165; **§ 12**, 273
Schuhmarkt	BGH, 07.07.1983, I ZR 119/81	**UWG § 5**, 196, 239, 243
Schuhpark	BGH, 03.04.2008, I ZR 49/05	**UWG § 8**, 43; **§ 12 Anh. I**, 121
Schuhverzierung	BGH, 20.05.2009, I ZB 53/08	**UWG § 4 Nr. 4**, 77, 129
Schulden Hulp	BGH, 05.10.2006, I ZR 7/04	**UWG § 3a**, 532
Schuldnachfolge	BGH, 26.04.2007, I ZR 34/05	**UWG § 8**, 43, 44, 47, 66, 267, 271; **§ 12 Anh. I**, 121
Schulfotoaktion	BGH, 20.10.2005, I ZR 112/03	**UWG § 3a**, 581; **§ 4a**, 161
Schwarze Liste	BGH, 23.02.1995, I ZR 75/93	**UWG § 4 Nr. 2**, 28, 33, 40; **§ 8**, 112; **§ 9**, 104
schwebender Leuchtenkörper	OLG Frankfurt/Main, 07.01.2016, 6 U 50/15	**UWG § 12**, 421
Schweißmodulgenerator	BGH, 13.12.2007, I ZR 71/05	**UWG § 4 Nr. 3**, 10; **§ 12 Anh. I**, 136; **GeschGehG § 2**, 34
Schweppes/Red Paralela	EuGH, 20.12.2017, C-291/16	**UWG § 3 Anh. zu Abs. 3**, 12
Scientology	BVerfG, 10.11.1998, 1 BvR 1531/96	**UWG § 4 Nr. 1**, 35, 47; **§ 4 Nr. 2**, 41
Scotch Whisky	*BGH, 15.01.1969, I ZR 52/67*	**UWG § 5**, 291, 294

Stichwort	Gericht, Datum, Aktenzeichen	Zitierstelle, Rdn.
Scotch Whisky Association	EuGH, 07.06.2018, C-44/17	**UWG § 5**, 168
Screen Scraping	OLG Frankfurt/Main, 24.05.2012, 6 U 103/11	**UWG Einl.**, 275; **§ 4 Nr. 1**, 37, 51, 57
Sedo	BGH, 18.11.2010, I ZR 155/09	**UWG § 8**, 197, 201, 256
Segmentstruktur	BGH, 04.05.2016, I ZR 58/14	**UWG Einl.**, 347, 348, 353, 357; **§ 1**, 17, 31, 35; **§ 3**, 8, 31, 34, 69, 70, 77, 78; **§ 4 Nr. 3**, 2, 3, 6, 7, 8, 9, 11, 13, 14, 15, 25, 26, 29, 30, 34, 44, 45, 47, 54, 58, 64, 71, 89, 90, 105, 106, 107, 108, 110, 115, 121; **§ 4 Nr. 4**, 4, 62, 63, 149, 158; **§ 8**, 57; **§ 9**, 60; **§ 11**, 8; **§ 12**, 262; **§ 12 Anh. I**, 124, 156, 159
Seilzirkus	BGH, 12.05.2011, I ZR 53/10	**UWG Einl.**, 347; **§ 4 Nr. 3**, 14, 21, 40, 41, 68, 70, 76, 81
Sektionaltor II	BGH, 16.05.2017, X ZR 85/14	**UWG § 9**, 131
Sektkellerei Kessler	EuGH, 28.01.1999, C-303/97	**UWG § 3**, 130
sekundenschnell	BGH, 17.07.1997, I ZR 40/95	**UWG § 12 Anh. II**, 55
Selbstauftrag	BGH, 06.05.2004, I ZR 2/03	**UWG § 9**, 50
Selbstwiderlegung im Beschwerdeverfahren	KG, 20.09.2016, 5 W 147/16	**UWG § 12**, 224
Senioren-Paß	BGH, 13.05.1982, I ZR 205/80	**UWG § 12**, 49, 103
Service-Dienste	OLG Düsseldorf, 18.09.2012, I-20 U 43/12	**UWG § 3a**, 63, 594
Serviceentgelt	OLG Jena, 19.02.2014, 2 U 668/13	**UWG § 12**, 174

Stichwort	Gericht, Datum, Aktenzeichen	Zitierstelle, Rdn.
Servicepauschale	BGH, 29.09.2016, I ZR 160/15	**UWG § 3a**, 459, 460, 462, 463, 464; **§ 5**, 289; **§ 5a**, 164; **§ 8**, 13, 39; **PAngV Vorbem.**, 17, 22, 24; **§ 1**, 39
Setpreis	BGH, 29.02.1996, I ZR 6/94	**UWG § 12 Anh. I**, 127, 180, 182
Sexuell anzügliche Werbung	BGH, 18.05.1995, I ZR 91/93	**UWG § 4 Nr. 1**, 40
shell.de	BGH, 22.11.2001, I ZR 138/99	**UWG Einl.**, 358; **§ 4 Nr. 1**, 12; **§ 4 Nr. 3**, 16; **§ 4 Nr. 4**, 9; **§ 5**, 104, 375
Sherlock Holmes	BGH, 15.11.1957, I ZR 83/56	**UWG Einl.**, 346
Shop in the Shop II	BGH, 27.10.1988, I ZR 47/87	**UWG § 5**, 434
shop-in-the-shop	BGH, 22.09.1983, I ZR 166/81	**UWG § 12**, 124, 132
Sicheres Zeckenmittel	OLG Köln, 12.01.2018, 6 U 92/17	**UWG § 3a**, 378, 419, 421
Sicherung der Drittauskunft	BGH, 21.09.2017, I ZR 58/16	**UWG § 12 Anh. I**, 14, 15, 17, 62
Siemens/VIPA	EuGH, 23.02.2006, C-59/05	**UWG § 4 Nr. 1**, 23; **§ 6**, 14, 51, 102, 124, 128, 149, 150, 151, 157, 161
Sierpinski-Dreieck	BGH, 10.11.2016, I ZR 191/15	**UWG § 12**, 532, 541; **§ 12 Anh. I**, 125
Silberdiestel	BGH, 22.06.1995, I ZR 119/93	**UWG Einl.**, 346
Silver Linings Playbook	BGH, 12.05.2016, I ZR 86/15	**UWG § 8**, 263
Simmenthal	EuGH, 09.03.1978, Rs. 106/77	**UWG Einl.**, 51, 89, 91
Sinnbild und Maßstab	BGH, 24.02.1965, Ib ZR 48/63	**UWG § 5**, 130
Sistierung von Aufträgen	BGH, 24.02.1994, I ZR 74/92	**UWG § 4 Nr. 4**, 35, 37; **§ 9**, 27
Sitex	BGH, 26.09.1980, I ZR 69/78	**UWG § 12 Anh. I**, 182

Stichwort	Gericht, Datum, Aktenzeichen	Zitierstelle, Rdn.
Sitzender Krankentransport	BGH, 27.04.1999, KZR 54/97	**UWG § 4 Nr. 4**, 143, 145, 147; **§ 4a**, 15
Ski-Auslaufmodell	BGH, 06.11.1981, I ZR 164/79	**UWG § 5a**, 28
Škoda-Autokids-Club	OLG Frankfurt/Main, 30.06.2005, 6 U 168/04	**UWG § 3a**, 277
Sky Österreich	EuGH, 22.01.2013, C-283/11	**UWG § 5**, 68, 71
Smartphone-Werbung	BGH, 17.09.2015, I ZR 92/14	**UWG § 3 Anh. zu Abs. 3**, 78, 79, 85, 86, 93, 96, 98, 100, 104; **§ 5**, 281; **§ 8**, 17, 185; **§ 12**, 50; **§ 12 Anh. I**, 137, 138
Smartsurfer	HansOLG Hamburg, 11.02.2009, 5 U 130/08	**UWG § 9**, 44, 96; **§ 11**, 28, 78; **§ 12**, 471
Smiles®Plus Partnerprogramm	OLG München, 23.02.2017, 29 U 2934/16	**UWG § 12 Anh. I**, 175
Société fiduciaire nationale d'expertise comptable/ Ministre du Budget, des Comptes publics et de la Fonction publique	EuGH, 05.04.2011, C-119/09	**UWG § 3a**, 250
Sofortüberweisung	BGH, 18.07.2017, KZR 39/16	**PAngV Vorbem.**, 23
Solange II	BVerfG, 22.10.1986, 2 BvR 197/83	**UWG Einl.**, 85
Solarinitiative	BGH, 12.07.2012, I ZR 54/11	**UWG Einl.**, 43; **§ 1**, 17; **§ 2 Abs. 1 Nr. 1**, 65, 76; **§ 3**, 3, 8, 16, 30, 36, 39, 40; **§ 3a**, 84, 91, 102, 126, 553; **§ 8**, 161, 163, 210, 212, 218; **PAngV Vorbem.**, 56
Soldaten sind Mörder	BVerfG, 10.10.1995, 1 BvR 1476/91	**UWG § 4 Nr. 1**, 28, 39, 40, 54; **§ 4 Nr. 2**, 18
Solvay	EuGH, 12.07.2012, C-616/10	**UWG Einl.**, 217
Sommerpreiswerbung	BGH, 24.04.1986, I ZR 56/84	**UWG § 5**, 227, 230, 394; **§ 5a**, 28; **§ 12 Anh. I**, 28

Stichwort	Gericht, Datum, Aktenzeichen	Zitierstelle, Rdn.
Spezialist für Familienrecht	BGH, 24.07.2014, I ZR 53/13	**UWG § 3a**, 255, 256; **§ 5**, 190, 309
Spezialreinigung	BGH, 31.01.1968, Ib ZR 48/66	**UWG § 5**, 308, 331
Spezialsalz	BGH, 14.12.1966, Ib ZR 125/64	**UWG § 4 Nr. 2**, 53; **§ 5**, 214, 308, 342; **§ 5a**, 207; **§ 12**, 559, 561; **§ 12 Anh. I**, 29
Spezialsalz II	BGH, 10.12.1971, I ZR 65/70	**UWG § 5**, 308
spickmich.de	BGH, 23.06.2009, VI ZR 196/08	**UWG § 2 Abs. 1 Nr. 4**, 8
SPIEGEL-CD-ROM	BGH, 05.07.2001, I ZR 311/98	**UWG § 8**, 343, 344
Spiegel-CD-ROM	BGH, 05.07.2001, I ZR 311/98	**UWG § 9**, 19, 77
Spielfiguren	OLG Nürnberg, 20.04.1993, 3 U 3074/92	**UWG § 8**, 87, 90
Spielzeug-Autorennbahn	BGH, 11.07.1991, I ZR 5/90	**UWG § 5**, 241
Sportartikelmesse	BGH, 03.03.1969, KVR 6/68	**UWG § 3**, 49
Sportorthopaedicum	BGH, 16.06.2016, I ZR 46/15	**UWG § 3a**, 27, 28
Sportübertragungen	BGH, 14.03.1990, KVR 4/88	**UWG § 3**, 80
Sportwetten	BGH, 14.03.2002, I ZR 279/99	**UWG § 3a**, 72
Sportwetten im Internet II	BGH, 28.09.2011, I ZR 92/09	**UWG § 1**, 52; **§ 3a**, 32, 323; **§ 9**, 89
Sportwetten-Genehmigung	BGH, 11.10.2001, I ZR 172/99	**UWG § 3a**, 68; **§ 9**, 20
Sprayender Waschbär	OLG Frankfurt/Main, 09.10.2014, 6 U 199/13	**UWG § 4 Nr. 1**, 30; **§ 6**, 93, 181; **§ 12 Anh. I**, 88
Sprechstunden	BGH, 08.04.1952, I ZR 80/51	**UWG § 6**, 3
Springender Pudel	HansOLG Hamburg, 16.11.2009, 3 W 120/09	**UWG § 12**, 159
Spritzgießmaschine	BGH, 22.06.1976, X ZR 44/74	**UWG § 4 Nr. 4**, 123; **§ 9**, 25
Spritzgussmaschine	BGH, 17.03.1961, I ZR 26/60	**UWG § 4 Nr. 4**, 102
Staatsbibliothek	BGH, 14.11.2002, I ZR 199/00	**UWG § 12 Anh. I**, 138
Stadt Geldern	BGH, 14.06.2006, I ZR 249/03	**UWG § 5**, 88
Stadtplanausschnitte	KG, 19.12.2003, 5 W 367/03	**UWG § 12**, 579, 582

Stichwort	Gericht, Datum, Aktenzeichen	Zitierstelle, Rdn.
Stadtwerke Bremen	BGH, 09.11.2016, I ZB 43/15	**UWG § 5**, 103, 145
Stadtwerke Wolfsburg	BGH, 13.06.2012, I ZR 228/10	**UWG § 5**, 145, 260, 436, 449; **§ 12**, 143
Stahlexport	BGH, 20.12.1963, Ib ZR 104/62	**UWG Einl.**, 291, 375
Standardabschlussschreiben	HansOLG Hamburg, 06.02.2014, 3 U 119/13	**UWG § 12**, 511, 516, 521, 522, 523, 524
Standardisierte Mandatsbearbeitung	BGH, 10.01.2013, I ZR 190/11	**UWG Einl.**, 311, 375, 385; **§ 2 Abs. 1 Nr. 1**, 1, 8, 23, 24, 25, 26, 29, 30, 31, 43, 54, 62, 64; **§ 3**, 23; **§ 3a**, 587; **§ 4 Nr. 1**, 14; **§ 4 Nr. 4**, 17; **§ 4a**, 146; **§ 5**, 91, 119, 122, 216, 356; **§ 5a**, 11, 23, 134; **§ 7**, 36
Stangenglas	BGH, 29.09.1982, I ZR 25/80	**UWG § 5**, 167
Stangenglas II	BGH, 18.12.1985, I ZR 216/83	**UWG § 5**, 167
Stapel-Automat	BGH, 19.11.1982, I ZR 99/80	**UWG § 1**, 27; **vor § 17-19**, 43, 48
Startguthaben	HansOLG Hamburg, 11.08.2005, 5 U 19/05	**UWG § 12**, 234, 238, 239
Statt Blumen ONKO-Kaffee	BGH, 12.01.1972, I ZR 60/70	**UWG § 2 Abs. 1 Nr. 3**, 6, 17; **§ 6**, 121
»statt«-Preis	BGH, 04.05.2005, I ZR 127/02	**UWG § 8**, 37; **§ 12**, 506, 507; **§ 12 Anh. I**, 129, 154, 180, 182
Status-Angst	OLG Köln, 09.08.2013, 6 U 3/13	**UWG § 8**, 251
Staubsauger-Olympiade	OLG Köln, 25.07.2014, 6 U 47/14	**UWG § 6**, 183; **§ 12**, 174

Stichwort	Gericht, Datum, Aktenzeichen	Zitierstelle, Rdn.
Staubsaugerbeutel im Internet	BGH, 02.04.2015, I ZR 167/13	**UWG § 3**, 99; **§ 5**, 37; **§ 6**, 22, 49, 50, 51, 92, 124, 128, 139, 144, 152, 155, 160, 167, 169, 198
Staubsaugerbeutelmarkt	BGH, 05.10.2004, KVR 14/03	**UWG § 3**, 49
Steckverbindergehäuse	BGH, 21.09.2006, I ZR 6/04	**UWG Einl.**, 383; **§ 9**, 60, 64, 65, 66, 67, 68, 69, 72; **§ 12 Anh. I**, 42
Steinhäger	BGH, 23.10.1956, I ZR 76/54	**UWG § 5**, 211
Steuerberater-Hotline	BGH, 30.09.2004, I ZR 89/02	**UWG § 3a**, 582
Steuerberaterkammer	BVerfG, 26.10.2004, 1 BvR 981/00	**UWG § 8**, 287
Steuerbüro	BGH, 18.10.2012, I ZR 137/11	**UWG § 5**, 259, 262; **§ 12 Anh. I**, 131, 143, 160, 167, 184
Stich den Buben	BGH, 10.08.2000, I ZR 126/98	**UWG § 5**, 365, 367, 371
Stiftparfüm	BGH, 17.08.2011, I ZR 57/09	**UWG § 4 Nr. 2**, 30; **§ 8**, 56, 77, 222, 223, 232, 235; **§ 12**, 262
Stiller	RG, 14.03.1911, II 557/10	**UWG § 1**, 1, 2
Stirnlampen	BGH, 10.03.2016, I ZR 183/14	**UWG § 2 Abs. 1 Nr. 3**, 4, 12; **§ 8**, 8, 51, 280, 281, 282; **§ 12**, 202; **§ 12 Anh. I**, 125
Stofffähnchen I	BGH, 05.11.2008, I ZR 39/06	**UWG § 12 Anh. I**, 315
Stofftragetasche	BGH, 10.03.1994, I ZR 166/92	**UWG § 7**, 61
Störerhaftung des Access-Providers	BGH, 26.11.2015, I ZR 174/14	**UWG § 7**, 29; **§ 8**, 209, 220, 226, 228, 230, 233, 234, 244; **§ 12 Anh. I**, 87
Störerhaftung des Plattformbetreibers	KG, 03.11.2015, 5 U 29/14	**UWG § 8**, 235
Störerhaftung von YouTube	HansOLG Hamburg, 01.07.2015, 5 U 87/12	**UWG § 8**, 229, 251

Stichwort	Gericht, Datum, Aktenzeichen	Zitierstelle, Rdn.
Stowarzyszenie »Oławska Telewizja Kablowa	EuGH, 25.01.2017, C-367/15	**UWG § 9**, 58, 86
Stoß u. a.	EuGH, 04.03.2010, C-316/07	**UWG § 3a**, 322
Strafbare Werbung im Versandhandel	BGH, 30.05.2008, 1 StR 166/07	**UWG Einl.**, 321, 381; **§ 1**, 26; **§ 10**, 9, 12
Straßenverengung	BGH, 22.10.1992, IX ZR 36/92	**UWG § 12**, 236, 268, 364, 366, 368, 371, 375, 388, 425, 532; **§ 12 Anh. I**, 228; **§ 12 Anh. II**, 5, 47
Streichpreis ist Abholpreis	KG, 08.01.2016, 5 U 97/14	**UWG § 12**, 532, 541
Streitwert ohne Abmahnkosten	BGH, 21.12.2011, I ZR 83/11	**UWG § 12**, 141, 589
Streitwertbegünstigung	KG, 13.12.2016, 5 W 244/16	**UWG § 12**, 316
Streitwertbemessung	BGH, 26.04.1990, I ZR 58/89	**UWG § 12**, 587; **PAngV Vorbem.**, 56; **GeschGehG § 22**, 17
Streitwertherabsetzung	BGH, 27.01.1994, I ZR 276/91	**UWG § 8**, 303; **§ 12**, 599
Streitwertherabsetzung II	BGH, 17.03.2001, I ZR 183/09	**UWG § 12**, 599
Streitwertherabsetzung II	BGH, 17.03.2011, I ZR 183/09	**UWG § 12**, 588, 600
Stresstest	BGH, 30.09.2004, I ZR 14/02	**UWG § 5**, 133, 148; **§ 6**, 116, 120, 124, 129, 130, 131, 132
Strom Basic	OLG Köln, 24.03.2017, 6 U 146/16	**UWG § 3a**, 63, 305
Stufenleitern	BGH, 21.09.2006, I ZR 270/03	**UWG § 4 Nr. 3**, 17, 32, 35, 37, 67, 72, 73
Stumme Verkäufer II	BGH, 29.10.2009, I ZR 180/07	**UWG § 1**, 53; **§ 3**, 3, 41, 43, 45, 46, 52, 65; **§ 4 Nr. 4**, 8, 19; **§ 4a**, 2, 146; **§ 8**, 7
Stuttgarter Wochenblatt I	BGH, 18.12.1968, I ZR 133/66	**UWG § 3**, 64
Stuttgarter Wochenblatt II	BGH, 26.03.1971, I ZR 128/69	**UWG § 3**, 64

Stichwort	Gericht, Datum, Aktenzeichen	Zitierstelle, Rdn.
Suchmaschineneintrag	BGH, 20.09.2007, I ZR 88/05	**UWG § 7**, 184, 186, 188, 189, 190
Suchwort	BGH, 30.06.1994, I ZR 40/92	**UWG § 4 Nr. 4**, 113
SUMO	BGH, 27.03.2013, I ZR 9/12	**UWG § 1**, 35; **§ 4 Nr. 3**, 3, 104, 105
SUWA	BGH, 22.02.1957, I ZR 68/56	**UWG § 1**, 3, 9
Süßwaren in Annahmestelle	OLG Koblenz, 06.05.2009, 9 U 117/09	**UWG § 3 Anh. zu Abs. 3**, 339
Synthesizer	BGH, 29.09.1988, I ZR 57/87	**UWG § 5a**, 30
Systemunterschiede	BGH, 16.01.1992, I ZR 20/90	**UWG § 5**, 239, 304
Systemvergleich	OLG Frankfurt/Main, 22.01.2001, 6 U 203/00	**UWG § 6**, 209, 210
Systemvergleich	OLG Frankfurt/Main, 22.02.2001, 6 U 203/00	**UWG § 4 Nr. 1**, 30
T-offline	KG, 11.05.2001, 5 U 9292/00	**UWG § 8**, 117
Tabakwerbung im Internet	BGH, 05.10.2017, I ZR 117/16	**UWG § 1**, 46; **§ 3a**, 590, 592; **§ 5a**, 160, 166; **§ 6**, 26
Tablet PC	OLG Düsseldorf, 31.02.2012, I-20 U 175/11	**UWG Einl.**, 246
Tafelwasser	BGH, 26.09.1961, I ZR 55/60	**UWG § 5**, 220
Tageseinnahmen für Mitarbeiter	BGH, 29.11.1990, I ZR 241/88	**UWG § 4a**, 150
Tagesfrist	OLG Frankfurt/Main, 23.06.2016, 6 W 60/16	**UWG § 12 Anh. II**, 69
Tagespreis	BGH, 20.02.1974, VIII ZR 198/72	**PAngV Vorbem.**, 3, 51
Tagesreport	BGH, 01.03.2001, I ZR 205/98	**UWG § 8**, 53
Tagesschau-App	BGH, 30.04.2015, I ZR 13/14	**UWG § 3**, 64, 94; **§ 3a**, 68, 71, 94, 99, 104, 324, 557, 558, 559, 578; **§ 5a**, 211
Tageszulassung II	BGH, 13.01.2000, I ZR 253/97	**UWG § 5**, 244, 246, 256, 314
Tampax	BGH, 23.10.1970, I ZR 86/69	**UWG Einl.**, 216; **§ 5**, 344
Tannöd	BGH, 12.05.2016, I ZB 1/15	**UWG § 12**, 122

Stichwort	Gericht, Datum, Aktenzeichen	Zitierstelle, Rdn.
Tannöd	BGH, 12.05.2016, I ZR 1/15	**UWG § 12**, 141, 580, 581, 582, 583, 584, 585, 589
Tarif-Stress	HansOLG Hamburg, 02.11.2005, 5 U 143/04	**UWG § 12**, 165
Tariflohnunterschreitung	BGH, 03.12.1992, I ZR 276/90	**UWG § 1**, 10; **§ 3a**, 88; **§ 12 Anh. I**, 182
Tarifwechsel	BGH, 21.01.2016, I ZR 274/14	**UWG § 4 Nr. 4**, 11, 28, 42
Taschenbuchlizenz	BGH, 12.12.1991, I ZR 165/89	**UWG § 12 Anh. I**, 182
Tätowierpreise	HansOLG Hamburg, 04.05.2011, 5 U 207/10	**PAngV § 1**, 26; **§ 9**, 20
Tatry	EuGH, 06.12.1994, C-406/92	**UWG § 12 Anh. I**, 91
Tattoo-Apotheke	OLG Köln, 22.02.2017, 6 U 101/16	**UWG § 12 Anh. I**, 141
Tauschbörse II	BGH, 11.06.2015, I ZR 7/14	**UWG § 11**, 43
Tauschbörse III	BGH, 11.06.2015, I ZR 75/14	**UWG § 12**, 27, 122
Taxameter	BGH, 04.05.2004, X ZR 234/02	**UWG § 12**, 253; **§ 12 Anh. II**, 55
Taxibestellung	BGH, 18.10.2012, I ZR 191/11	**UWG § 3a**, 498
Tchibo/Rolex	BGH, 08.11.1984, I ZR 128/82	**UWG § 4 Nr. 3**, 15, 34, 50, 87, 91, 95, 97; **§ 6**, 116
Tchibo/Rolex II	BGH, 17.06.1992, I ZR 107/90	**UWG § 4 Nr. 3**, 115; **§ 9**, 44, 45, 62, 72, 78, 80; **§ 12 Anh. I**, 42, 200, 202; **Gesch-GehG § 10**, 16
TCM-Zentrum	BGH, 26.10.2000, I ZR 180/98	**UWG § 8**, 15, 41; **§ 12**, 263; **§ 12 Anh. I**, 124, 131, 141, 178, 180, 182

Stichwort	Gericht, Datum, Aktenzeichen	Zitierstelle, Rdn.
Teddybär	BGH, 28.09.2011, I ZR 48/10	**UWG § 3**, 99; **§ 4 Nr. 1**, 23; **§ 4 Nr. 3**, 5, 22; **§ 4 Nr. 4**, 7; **§ 5**, 37; **§ 6**, 22, 38, 48, 49, 138, 142, 143, 144, 155, 157, 162, 167
Teekanne	EuGH, 04.06.2015, C-195/14	**UWG § 3**, 130; **§ 5**, 58, 175, 178, 293, 298
Teerspritzmaschinen	BGH, 18.02.1972, I ZR 82/70	**UWG § 4 Nr. 4**, 61, 81; **§ 8**, 109; **§ 9**, 104; **§ 11**, 8; **§ 12 Anh. I**, 29
Teil-Berufsausübungsgemeinschaft	BGH, 15.05.2014, I ZR 137/12	**UWG § 3a**, 90, 232; **§ 12 Anh. I**, 170
Teilzahlungspreis II	BGH, 22.10.1992, I ZR 284/90	**UWG § 5**, 134, 196
Tele-Info-CD	BGH, 06.05.1999, I ZR 199/96	**UWG Einl.**, 353; **§ 4 Nr. 3**, 59, 90, 113, 114, 115; **§ 4 Nr. 4**, 64; **§ 8**, 108; **§ 9**, 22; **§ 12 Anh. I**, 227; **§ 12 Anh. II**, 66
Telefax-Werbung	BGH, 25.10.1995, I ZR 255/93	**UWG § 7**, 193
Telefax-Werbung II	BGH, 01.06.2006, I ZR 167/03	**UWG § 1**, 25; **§ 4a**, 28; **§ 7**, 14, 193; **GeschGehG § 14**, 14
Telefonaktion	BGH, 28.06.2007, I ZR 153/04	**UWG § 3a**, 125, 582; **§ 8**, 160, 191, 193
Telefonangebote	OLG Hamm, 02.07.2009, 4 U 43/09	**UWG § 11**, 34
Telefonauskunft 11881	HansOLG Hamburg, 22.05.2003, 3 U 18/03	**UWG § 4 Nr. 4**, 49
Telefonieren für 0 Cent!	BGH, 17.07.2008, I ZR 139/05	**PAngV § 1**, 27, 33, 43
Telefonische Gewinnauskunft	BGH, 09.06.2005, I ZR 279/02	**UWG § 16**, 5
Telefonische Vorratsanfrage	BGH, 27.06.2002, I ZR 19/00	**UWG § 5**, 276; **§ 12 Anh. I**, 180

Stichwort	Gericht, Datum, Aktenzeichen	Zitierstelle, Rdn.
Telefonischer Auskunftsdienst	BGH, 03.07.2003, I ZR 211/01	**UWG § 12 Anh. I**, 180; **PAngV Vorbem.**, 3, 48; **§ 1**, 1, 15, 17, 18, 26; **§ 4**, 11; **§ 9**, 6
Telefonkarte	BGH, 07.12.2000, I ZR 146/98	**UWG § 12 Anh. I**, 188
Telefonwerbung für Blindenwaren	BGH, 25.01.2001, I ZR 53/99	**UWG § 7**, 182, 191
Telefonwerbung für DSL-Produkte	BGH, 20.03.2013, I ZR 209/11	**UWG § 1**, 25; **§ 7**, 11; **§ 8**, 279
Telefonwerbung für »Individualverträge«	BGH, 16.11.2006, I ZR 191/03	**UWG § 7**, 187, 189; **§ 12**, 15, 22; **§ 12 Anh. I**, 124, 127, 170, 177, 182
Telefonwerbung für Zusatzeintrag	BGH, 05.02.2004, I ZR 87/02	**UWG § 7**, 181, 184, 186, 193
Telefonwerbung I	BGH, 19.06.1970, I ZR 115/68	**UWG § 7**, 1, 140, 153
Telefonwerbung II	BGH, 08.06.1989, I ZR 178/87	**UWG § 7**, 153
Telefonwerbung III	BGH, 08.11.1989, I ZR 55/88	**UWG § 7**, 153
Telefonwerbung IV	BGH, 24.01.1991, I ZR 133/89	**UWG § 7**, 1, 118, 184
Telefonwerbung nach Unternehmenswechsel	BGH, 11.03.2010, I ZR 27/08	**UWG § 3**, 116; **§ 4 Nr. 4**, 29, 32; **§ 4a**, 28; **§ 7**, 3, 14, 184, 186, 188; **§ 12 Anh. I**, 170
Telefonwerbung V	BGH, 08.12.1994, I ZR 189/92	**UWG § 7**, 118
Telefonwerbung VI	BGH, 27.01.2000, I ZR 241/97	**UWG § 7**, 118, 184
Telekanzlei	BGH, 30.09.2004, I ZR 261/02	**UWG § 3a**, 528; **§ 5**, 253, 397; **§ 8**, 355
Temperaturwächter	BGH, 19.12.2000, X ZR 150/98	**UWG § 11**, 114, 119, 120, 121
Teppichkehrmaschine	BGH, 21.06.1966, VI ZR 266/64	**UWG § 4 Nr. 2**, 19
test	BGH, 17.10.2013, I ZB 65/12	**UWG § 12 Anh. I**, 303, 306
Test Gut	BGH, 11.03.1982, I ZR 71/80	**UWG § 5**, 385

Stichwort	Gericht, Datum, Aktenzeichen	Zitierstelle, Rdn.
Test mit Prestige-Cremes	OLG Köln, 06.02.2009, 6 W 5/09	**UWG § 6**, 232
Test unter Alltagsbedingungen	HansOLG Hamburg, 27.06.2013, 3 U 26/12	**UWG § 3a**, 279
Test-Achats	EuGH, 01.03.2011, C-236/09	**UWG Einl.**, 63, 64
Testamentsvollstreckung durch Steuerberater	BGH, 11.11.2004, I ZR 182/02	**UWG § 3a**, 529
Testbestellung	BGH, 06.06.2002, I ZR 45/00	**UWG § 4a**, 147, 166
Testen Sie Ihr Fachwissen	BGH, 12.12.2013, I ZR 83/12	**UWG § 3a**, 373, 424
Testfotos	BGH, 25.04.1991, I ZR 283/89	**UWG § 4 Nr. 4**, 103, 106
Testfotos II	BGH, 23.05.1996, I ZR 122/94	**UWG § 4 Nr. 4**, 106
Testfotos III	BGH, 25.01.2007, I ZR 133/04	**UWG § 4 Nr. 4**, 107; **§ 12 Anh. I**, 252
Testfundstelle	BGH, 17.09.2009, I ZR 217/07	**UWG § 8**, 27; **§ 12**, 64, 65, 67, 69, 263
Testkauf im Internet	BGH, 11.05.2017, I ZR 60/16	**UWG § 1**, 37; **§ 4 Nr. 4**, 105, 108, 109; **§ 7**, 38, 127; **§ 8**, 12, 380; **§ 12 Anh. I**, 252, 254
Testkaufauslagen	KG, 23.01.1976, 1 W 955/75	**UWG § 12 Anh. I**, 257
Testpreis-Angebot	BGH, 05.02.1998, I ZR 211/95	**UWG Einl.**, 36, 72; **§ 3**, 3; **§ 4 Nr. 1**, 20; **§ 6**, 3, 19, 93, 96, 184, 209
Testpreiswerbung	BGH, 12.12.1980, I ZR 158/78	**UWG § 5**, 211
»Testsieger«-Werbung	OLG Köln, 23.02.2011, 6 U 159/10	**UWG § 3 Anh. zu Abs. 3**, 70
Teststreifen zur Blutzuckerkontrolle II	BGH, 01.06.2017, I ZR 152/13	**UWG § 3a**, 477; **§ 12**, 492; **§ 12 Anh. I**, 139
Textildrucke	BGH, 05.10.1979, I ZR 140/77	**UWG § 9**, 35
Textilkennzeichnung	BGH, 24.03.2016, I ZR 7/15	**UWG § 3a**, 593; **§ 5**, 295; **§ 5a**, 15, 88, 98

Stichwort	Gericht, Datum, Aktenzeichen	Zitierstelle, Rdn.
Textilspitzen	BGH, 19.02.1971, I ZR 97/69	**UWG § 9**, 42
TFT-Display	HansOLG Hamburg, 24.02.2005, 5 U 72/04	**UWG § 11**, 34
The Colour of Elégance	BGH, 20.01.2005, I ZR 29/02	**UWG § 4 Nr. 4**, 128, 131, 132, 134
The New York Times	BGH, 02.03.2010, VI ZR 23/09	**UWG § 14**, 12, 32
The Queen, auf Antrag von Philip Morris Brands ua/ Secretary of State for Health	EuGH, 04.05.2016, C-547/14	**UWG § 3a**, 591
The Scotch Whisky Association	EuGH, 23.12.2015, C-333/14	**UWG Einl.**, 122, 140
Therapeutische Äquivalenz	BGH, 11.06.1992, I ZR 226/90	**UWG § 4 Nr. 1**, 52; **§ 6**, 3, 93, 200; **§ 12 Anh. I**, 129, 155
Therapeutische Äquivalenz	BVerfG, 01.08.2001, 1 BvR 1188/92	**UWG § 1**, 4; **§ 3**, 25, 34, 45; **§ 4 Nr. 1**, 28; **§ 5**, 77
Therapeutisches Gas	HansOLG Hamburg, 26.05.2011, 3 U 165/10	**UWG § 12**, 166, 167, 169
THERMAL BAD	BGH, 26.09.2002, I ZR 89/00	**UWG § 5**, 211, 214
Thermo-Man-Test	LG Hamburg, 28.10.1998, 406 O 169/98	**UWG § 3a**, 91
Thermocycler	OLG Düsseldorf, 21.12.2006, 2 U 58/05	**GeschGehG § 9**, 3
Thermoroll	BGH, 26.02.2009, I ZR 219/06	**UWG § 2 Abs. 1 Nr. 8**, 9; **§ 5**, 103, 145, 196, 229, 245, 246, 252, 455
Thermotransformator	BGH, 29.01.1985, X ZR 54/83	**UWG § 9**, 128
Thromboseprophylaxe der Extraklasse	HansOLG Hamburg, 16.12.2010, 3 U 161/09	**UWG § 12**, 167, 238
Tiefenfurter Bauernbrot	BGH, 15.05.1956, I ZR 148/54	**UWG § 5**, 330
Tiefpreisgarantie	HansOLG Hamburg, 30.10.2002, 5 U 75/02	**UWG § 6**, 183

Stichwort	Gericht, Datum, Aktenzeichen	Zitierstelle, Rdn.
Tiegelgröße	BGH, 11.10.2017, I ZR 78/16	**UWG § 2 Abs. 1 Nr. 8**, 9; **§ 3**, 131, 134, 135, 138; **§ 3a**, 20, 467, 468; **§ 4 Nr. 3**, 118; **§ 5**, 99, 100, 101, 143, 153, 158, 174, 178, 354, 358; **§ 12**, 208, 209, 305, 361, 429; **§ 12 Anh. I**, 64, 72, 73, 96, 129, 150
Tier- und Artenschutz	BVerfG, 06.02.2002, 1 BvR 952/90 u.a.	**UWG § 4 Nr. 1**, 28
Tierheilpraktiker	BGH, 22.04.1999, I ZR 108/97	**UWG § 5**, 82, 153, 197, 202, 260
Tintenpatrone	BGH, 20.05.2008, X ZR 180/05	**UWG § 12 Anh. I**, 218
Tintenpatrone III	BGH, 17.04.2012, X ZR 55/09	**UWG § 12 Anh. I**, 117
TIP der Woche	BGH, 05.02.2015, I ZR 136/13	**UWG § 2 Abs. 1 Nr. 1**, 1, 79, 80; **§ 3**, 64, 131, 134, 138; **§ 5**, 88, 89, 168, 177; **§ 5a**, 203; **§ 8**, 240, 241; **§ 9**, 94
Titelschuldner im Zwangsvollstreckungsverfahren	BGH, 12.01.2012, I ZB 43/11	**UWG § 8**, 176, 178, 188, 206; **§ 12 Anh. II**, 65, 100, 101, 108
Tolbutamid	BGH, 06.03.1980, X ZR 49/78	**UWG § 9**, 46
Tony Taler	BGH, 12.07.2007, I ZR 82/05	**UWG § 3 Anh. zu Abs. 3**, 334; **§ 4a**, 119, 153, 154, 159, 160
Toolex Alpha	EuGH, 11.07.2000, C-473/98	**UWG Einl.**, 136

Stichwort	Gericht, Datum, Aktenzeichen	Zitierstelle, Rdn.
Toshiba Europe	EuGH, 25.10.2001, C-112/99	**UWG Einl.**, 81, 172; **§ 3**, 126, 130; **§ 4 Nr. 1**, 23; **§ 5**, 148; **§ 6**, 15, 35, 51, 59, 61, 86, 102, 111, 124, 131, 142, 149, 150, 151, 154, 161
Total/OMV	BGH, 06.12.2011, KVR 95/10	**UWG § 3**, 49
Totalausverkauf	BGH, 30.04.2009, I ZR 68/07	**UWG § 5**, 395, 396
Trachtenjanker	BGH, 06.11.1997, I ZR 102/95	**UWG § 3**, 66; **§ 4 Nr. 3**, 8, 54, 107, 121, 122, 123; **§ 12 Anh. I**, 293
Trade-In-Geschäft	OLG Frankfurt/Main, 04.09.2012, 11 U 25/12	**UWG § 12**, 172
Trägermaterial für Kartenformulare	BGH, 29.01.2013, KZR 08/10	**UWG Einl.**, 212, 214; **§ 12**, 143
Trainingsvertrag	BGH, 25.01.2001, I ZR 323/98	**UWG § 12**, 101, 106; **§ 12 Anh. II**, 62
Transdermale Pflaster	HansOLG Hamburg, 13.02.2014, 3 U 113/13	**UWG § 12**, 159
Traubenzuckertäfelchen	BGH, 18.10.2017, I ZB 3/17	**UWG § 12 Anh. I**, 82, 96
Traum-Kombi	BGH, 28.06.2012, I ZR 110/11	**PAngV § 2**, 2, 4; **§ 9**, 14, 16
Trefferliste bei Amazon	OLG Köln, 20.11.2015, 6 U 40/15	**UWG § 8**, 158
Trento Sviluppo/AGCM	EuGH, 19.12.2013, C-281/12	**UWG Einl.**, 76; **§ 2 Abs. 1 Nr. 1**, 57; **§ 2 Abs. 1 Nr. 4**, 2; **§ 2 Abs. 1 Nr. 7**, 4; **§ 2 Abs. 1 Nr. 9**, 4; **§ 3**, 106, 118; **§ 5**, 28, 246, 247; **§ 5a**, 37, 59, 85
Treppenlift	BGH, 21.07.2011, I ZR 192/09	**UWG § 3**, 135; **§ 5**, 178
Treue-Punkte	BGH, 11.12.2003, I ZR 74/01	**UWG § 12 Anh. I**, 182
Treuebonus	*BGH, 30.01.2008, I ZB 8/07*	**UWG § 12 Anh. I**, 10

Stichwort	Gericht, Datum, Aktenzeichen	Zitierstelle, Rdn.
Treuepunkte-Aktion	BGH, 16.05.2013, I ZR 175/12	**UWG § 4a**, 146; **§ 5**, 396
Treuhandgesellschaft	BGH, 30.07.2015, I ZR 18/14	**UWG § 5**, 448
TRIANGLE	BGH, 04.02.1993, I ZR 42/91	**UWG § 8**, 3, 74, 84, 103, 136; **§ 9**, 20; **§ 12 Anh. I**, 180, 228, 230, 231
Tribenuronmethyl	BGH, 02.02.2012, I ZR 81/10	**UWG § 3a**, 27, 72, 137, 510, 513; **§ 12 Anh. I**, 159, 160, 162, 163, 164, 167, 168, 170, 172, 173, 177, 182, 183, 184, 283
Tripp-Trapp-Stuhl	BGH, 14.05.2009, I ZR 98/06	**UWG § 9**, 38, 64, 70; **GeschGehG § 10**, 15
Trivial-Patente	OLG München, 09.03.2006, 6 U 5757/04	**UWG § 4 Nr. 1**, 57
Trockenbau	BGH, 29.10.1992, I ZR 306/90	**UWG § 5**, 329
Tünkers	EuGH, 09.11.2017, C-641/16	**UWG § 14**, 31
Tuppercabinet	OLG Frankfurt/Main, 20.12.2017, 6 W 107/17	**UWG § 14**, 4
Tupperwareparty	BGH, 10.04.2003, I ZR 276/00	**UWG Einl.**, 346, 360; **§ 4 Nr. 3**, 16, 18, 25, 42, 69, 90
TURBO-TABS	BGH, 02.10.2002, I ZB 27/00	**UWG Einl.**, 100
Türkeiflug	BGH, 12.02.1985, VI ZR 225/83	**UWG § 4 Nr. 1**, 46
TÜV I	BGH, 26.01.2011, I ZR 108/09	**UWG § 12 Anh. I**, 71
TÜV I	BGH, 24.03.2011, I ZR 108/09	**UWG § 12 Anh. I**, 125, 126
TÜV II	BGH, 17.08.2011, I ZR 108/09	**UWG § 4 Nr. 1**, 12; **§ 8**, 180; **§ 11**, 77; **§ 12 Anh. I**, 71, 123, 126
TÜV-Prüfzeichen	BGH, 11.10.1990, I ZR 10/89	**UWG § 5**, 200, 258, 384
TÜV-Sondereintragung	OLG Düsseldorf, 03.09.2015, I-15 U 119/14	**UWG § 8**, 85
TÜV-Sondereintragung	OLG Düsseldorf, 03.09.2015, I-15 W 119/14	**UWG § 12**, 101

Stichwort	Gericht, Datum, Aktenzeichen	Zitierstelle, Rdn.
TV-Wartezimmer	BGH, 12.03.2015, I ZR 84/14	**UWG Einl.**, 313; **§ 2 Abs. 1 Nr. 1**, 1; **§ 3**, 82; **§ 3a**, 81, 83, 159, 304; **§ 8**, 163, 167, 216, 236
Tylosin	BGH, 03.06.1976, X ZR 57/73	**UWG § 8**, 41
Typenbezeichnung	BGH, 19.02.2014, I ZR 17/13	**UWG § 2 Abs. 1 Nr. 8**, 8; **§ 5a**, 5, 11, 22, 42, 44, 48, 67, 92, 96; **§ 12**, 273
Typosquatting durch Affiliates	OLG Köln, 18.10.2013, 6 U 36/13	**UWG § 8**, 195
UBER Black	KG, 11.12.2015, 5 U 31/15	**UWG § 3a**, 496
Uber Black	BGH, 18.05.2017, I ZR 3/16	**UWG § 1**, 12; **§ 2 Abs. 1 Nr. 3**, 11, 17; **§ 3a**, 502, 503, 504; **§ 3 Anh. zu Abs. 3**, 136; **§ 8**, 35
Uber Black II	BGH, 13.12.2018, I ZR 3/16	**UWG § 3a**, 67, 496, 503, 504; **§ 8**, 36
Uber France	EuGH, 10.04.2018, C-320/16	**UWG Einl.**, 150
UBER POP	OLG Frankfurt/Main, 09.06.2016, 6 U 73/15	**UWG § 3a**, 494, 495, 496
Uber Systems Spain	EuGH, 20.12.2017, C-434/15	**UWG Einl.**, 150
Übergang des Vertragsstrafeversprechens	BGH, 25.04.1996, I ZR 58/94	**UWG § 12**, 92; **§ 12 Anh. I**, 122
Überlegen wirksam	HansOLG Hamburg, 20.09.2012, 3 U 53/11	**UWG § 12**, 169, 174, 177
Überregionale Klagebefugnis	BGH, 22.09.2011, I ZR 229/10	**UWG § 8**, 327
Überregionaler Krankentransport	BGH, 15.01.2009, I ZR 141/06	**UWG § 3a**, 132, 501, 550; **§ 5**, 118; **§ 5a**, 160
Überschrift zur Widerrufsbelehrung	BGH, 09.11.2011, I ZR 123/10	**UWG § 3a**, 269; **§ 4a**, 126
Übersehene Schutzschrift	HansOLG Hamburg, 04.07.2016, 8 W 68/16	**UWG § 12**, 287
ueber18.de	BGH, 18.10.2007, I ZR 102/05	**UWG § 1**, 52; **§ 3a**, 429, 586; **§ 8**, 150

Stichwort	Gericht, Datum, Aktenzeichen	Zitierstelle, Rdn.
unrichtige Aufsichtsbehörde	BGH, 10.06.2009, I ZR 37/07	**UWG § 12**, 98, 103
Unsatzsteuererstattungs-Modell	BGH, 23.02.2006, I ZR 245/02	**UWG § 4a**, 146
Unschlagbar	BGH, 25.10.1974, I ZR 94/73	**UWG § 5**, 128
UNSER DANKESCHÖN FÜR SIE	BGH, 09.09.2010, I ZR 193/07	**UWG § 3a**, 27, 206, 208, 210, 211, 404
Unser wichtigstes Cigarettenpapier	BGH, 18.11.2010, I ZR 137/09	**UWG § 1**, 18, 52; **§ 3a**, 590
unsterbliche Stimmen	BGH, 28.02.1975, I ZR 101/73	**GeschGehG § 11**, 9
unterkapitalisierter Abmahner	OLG Karlsruhe, 27.09.2017, 6 U 10/16	**UWG § 12**, 118, 121
Unterlassung schriftsätzlicher Äußerungen	BGH, 11.12.2007, VI ZR 14/07	**UWG § 12 Anh. I**, 253
Unterlassungsklage	KG, 26.09.2011, 24 U 111/10	**UWG Einl.**, 271
Unterlassungsurteil gegen Sicherheitsleistung	BGH, 30.11.1995, IX ZR 115/94	**UWG § 12 Anh. II**, 43
Unterlassungsverfügung ohne Strafandrohung	BGH, 02.11.1995, IX ZR 141/94	**UWG § 12**, 299, 371, 534; **§ 12 Anh. I**, 190
Unternehmensberatungsgesellschaft I	BGH, 09.10.1986, I ZR 138/84	**UWG § 12 Anh. I**, 138, 139; **§ 12 Anh. II**, 56
Unternehmenskennzeichnung	BGH, 13.07.2000, I ZR 203/97	**UWG § 5**, 321
Unternehmensübergang	OLG Karlsruhe, 22.01.2014, 6 U 135/10	**UWG § 4 Nr. 4**, 101; **§ 12**, 92, 452, 492, 496, 523
Unternehmensübergang	OLG Koblenz, 22.01.2014, 6 U 135/10	**UWG § 12**, 493
unterschiedliche Gebindegrößen von Energy-Drinks	OLG Frankfurt/Main, 06.12.2000, 6 W 193/00	**UWG § 6**, 116
Unterwerfung durch Fernschreiben	BGH, 08.03.1990, I ZR 116/88	**UWG § 8**, 29
Unzulängliche Zustellung	BGH, 10.03.1998, X ZB 31/97	**UWG § 12**, 380
UPC Magyarország	EuGH, 16.04.2015, C-388/13	**UWG § 3**, 90, 98, 101, 102, 105, 118; **§ 4a**, 55, 65, 66; **§ 5**, 17, 27, 29, 117, 118, 150, 163; **§ 5a**, 13, 52, 69

Stichwort	Gericht, Datum, Aktenzeichen	Zitierstelle, Rdn.
UPC Telekabel Wien	EuGH, 27.03.2014, C-314/12	**UWG § 5**, 70
UPC/NMHH	EuGH, 30.04.2014, C-475/12	**UWG § 2 Abs. 1 Nr. 4**, 8; **§ 5**, 62
Upjohn	EuGH, 12.10.1999, C-379/97	**UWG Einl.**, 137
Urschrift der Beschlussverfügung	BGH, 27.06.2003, IXa ZB 72/03	**UWG § 12 Anh. II**, 95
Urselters II	BGH, 23.05.1990, I ZR 176/88	**UWG § 12 Anh. II**, 66
Used Soft II	BGH, 17.07.2013, I ZR 129/08	**UWG § 12 Anh. I**, 295
UsedSoft	EuGH, 03.07.2012, C-128/11	**UWG Einl.**, 80
Vakuumgestütztes Behandlungssystem	OLG Düsseldorf, 29.06.2017, 15 U 4/17	**UWG § 12**, 159
Vakuumpumpen	BGH, 14.12.1995, I ZR 240/93	**UWG § 4 Nr. 3**, 68, 70, 90, 95, 108; **§ 4 Nr. 4**, 63, 64, 154
Vakuumtransportsystem	BGH, 10.01.2017, X ZR 17/13	**UWG § 12 Anh. I**, 117
van Bennekom	EuGH, 30.11.1983, Rs. 227/82	**UWG Einl.**, 117
Van Hove/CNP Assurances	EuGH, 23.04.2015, C-96/14	**UWG § 5**, 168
Vanacker und Lesage	EuGH, 12.10.1993, C-37/92	**UWG Einl.**, 116
Vanderborght	EuGH, 04.05.2017, C-339/15	**UWG § 3a**, 226, 239
Vanity-Nummer	BGH, 21.02.2002, I ZR 281/99	**UWG § 4 Nr. 1**, 19; **§ 4 Nr. 4**, 25, 50
Variobeitrag	OLG Frankfurt/Main, 08.12.2016, 6 U 124/16	**UWG § 12**, 167
Verabschiedungsschreiben	BGH, 22.04.2004, I ZR 303/01	**UWG § 4 Nr. 4**, 29, 30, 31, 32
Veralteter Matratzentest	OLG Stuttgart, 02.11.2006, 2 U 58/06	**UWG § 10**, 3, 15, 16, 18, 21, 25
Veralteter Test	BGH, 02.05.1985, I ZR 200/83	**UWG § 5**, 386
verantwortlich für Dresden und Region	OLG Dresden, 07.02.2017, 4 U 1422/16	**UWG § 12**, 374
Verband Sozialer Wettbewerb/Innova Vital	EuGH, 14.07.2016, C-19/15	**UWG § 3a**, 339
Verbandeintragung	OVG Münster, 13.10.2003, 4 B 970/03	**UWG § 8**, 326
Verbandsantragsbefugnis zum Dosenpfand	KG, 27.05.2005, 5 W 53/05	**UWG § 8**, 318
Verbandsausstattung II	BGH, 26.05.1994, I ZR 85/92	**UWG § 8**, 296, 300, 302

Stichwort	Gericht, Datum, Aktenzeichen	Zitierstelle, Rdn.
Verbandsinteresse	BGH, 05.03.1998, I ZR 185/95	**UWG § 12**, 587, 599
Verbandsklage gegen Vielfachabmahner	BGH, 05.10.2000, I ZR 224/98	**UWG § 1**, 5; **§ 4 Nr. 4**, 112, 113; **§ 12**, 258
Verbandsklage in Prozessstandschaft	BGH, 09.10.1997, I ZR 122/95	**UWG § 8**, 344
Verbandsstoffe	BGH, 12.01.1960, I ZR 52/59	**UWG § 7**, 1, 83, 86, 87, 88
Verbandszeitschrift (Feld und Wald I)	BGH, 21.06.1971, KZR 8/70	**UWG § 2 Abs. 1 Nr. 1**, 93
Verbotsantrag bei Telefonwerbung	BGH, 05.10.2010, I ZR 46/09	**UWG § 7**, 3; **§ 12 Anh. I**, 129, 156, 157, 159, 170, 175, 180
Verbraucher-Briefumfrage	BGH, 11.10.1972, I ZR 142/71	**UWG § 2 Abs. 1 Nr. 1**, 59
Verbraucherkredit	OLG Düsseldorf, 22.09.2015, 20 U 46/15	**PAngV § 6a**, 1, 5, 6, 7
Verbraucherservice	BGH, 29.06.1995, I ZR 137/93	**UWG § 12 Anh. I**, 171
Verbraucherverband	BGH, 30.06.1972, I ZR 16/71	**UWG § 5**, 237, 238, 240
Verbraucherzentrale Baden-Württemberg e.V./Germanwings GmbH	EuGH, 15.11.2018, C-330/17	**UWG § 3a**, 460; **PAngV Vorbem.**, 21
Verbraucherzentrale Bundesverband/DIV	EuGH, 16.10.2008, C-298/07	**UWG § 3a**, 597
Verbrauchsmaterialien	BGH, 28.03.1996, I ZR 39/94	**UWG Einl.**, 346
Verfolgungsverjährung	BGH, 05.11.2004, IXa ZB 18/04	**UWG § 11**, 15; **§ 12 Anh. II**, 114, 120
Verfügungsgrund bei Abnehmerverwarnung II	OLG München, 08.03.2010, 29 W 901/10	**UWG § 12**, 242
Verfügungskosten	BGH, 01.04.1993, I ZR 70/91	**UWG § 12**, 491, 496, 498, 499, 500, 502, 531, 533, 537
Vergleichen Sie	BGH, 15.10.1998, I ZR 69/96	**UWG § 3**, 3; **§ 6**, 3, 104, 112, 116, 135, 151, 164, 176, 177, 185, 208

Stichwort	Gericht, Datum, Aktenzeichen	Zitierstelle, Rdn.
Vergleichsschluss im schriftlichen Verfahren	BGH, 02.02.2012, I ZB 95/10	**UWG § 8**, 33, 38; **§ 12 Anh. I**, 342, 343, 345; **§ 12 Anh. II**, 11
Vergütungsvereinbarung mit Krankenkasse	BGH, 24.01.2017, KZR 63/14	**UWG § 12 Anh. I**, 12
Verjährungseinrede	OLG Bremen, 26.09.1985, 2 U 65/85	**UWG § 11**, 93
Verjährungsunterbrechung	BGH, 29.09.1978, I ZR 107/77	**UWG § 8**, 67; **§ 11**, 5, 95
Verjährungsunterbrechung	KG, 05.05.1989, 5 U 6596/88	**UWG § 11**, 90
Verkauf unter Einstandspreis	BGH, 31.01.1979, I ZR 21/77	**UWG § 1**, 3; **§ 3**, 48, 59; **§ 4 Nr. 4**, 149, 152
Verkauf unter Einstandspreis II	BGH, 06.10.1983, I ZR 39/83	**UWG § 3**, 55, 60; **§ 4 Nr. 4**, 149, 153, 154
Verkaufsaktion für Brillenfassungen	OLG München, 30.06.2016, 6 U 531/16	**UWG § 12**, 221, 222
Verkaufsfahrten	BGH, 10.10.1985, I ZR 240/83	**UWG § 4a**, 149; **§ 5**, 289; **§ 5a**, 219
Verkaufsfahrten II	BGH, 07.07.1988, I ZR 36/87	**UWG § 5a**, 219
Verkaufsveranstaltung in Aussiedlerwohnheim	BGH, 07.05.1998, I ZR 85/96	**UWG § 4a**, 1, 124; **§ 12 Anh. I**, 137
Verkürzter Versorgungsweg II	BGH, 01.03.2018, I ZR 264/16	**UWG § 2 Abs. 1 Nr. 1**, 65, 76; **§ 2 Abs. 1 Nr. 6**, 7; **§ 3**, 39; **§ 4 Nr. 1**, 2, 15, 28, 41, 51, 52, 54, 58; **§ 4 Nr. 2**, 17, 21; **§ 5**, 84
Verlagsverschulden II	BGH, 22.01.1998, I ZR 18/96	**UWG § 8**, 188; **§ 12**, 103
Verlierer	HansOLG Hamburg, 12.07.2001, 3 U 287/00	**UWG § 6**, 182
Vermittlung von Netto-Policen	BGH, 06.11.2013, I ZR 104/12	**UWG § 3a**, 105, 259, 317, 319, 608; **§ 5**, 152
Vernichtungsanspruch	BGH, 10.04.1997, I ZR 242/94	**UWG § 12 Anh. II**, 76; **GeschGehG § 9**, 25
Versandapotheke	*BGH, 29.11.2018, I ZR 237/16*	**UWG § 3a**, 213, 380

Stichwort	Gericht, Datum, Aktenzeichen	Zitierstelle, Rdn.
Versandhandel mit Arzneimitteln	BGH, 20.12.2007, I ZR 205/04	**UWG § 3a**, 150, 216, 218
Versandkosten	BGH, 04.10.2007, I ZR 143/04	**UWG § 3**, 143; **§ 12 Anh. I**, 127, 137, 164, 175, 177, 182, 183; **PAngV Vorbem.**, 1, 3, 48; **§ 1**, 1, 66, 67, 72
Versandkosten bei Froogle	BGH, 16.07.2009, I ZR 140/07	**UWG § 5a**, 127; **PAngV Vorbem.**, 49; **§ 1**, 52, 65
Versandkosten bei Froogle II	BGH, 18.03.2010, I ZR 16/08	**UWG § 3 Anh. zu Abs. 3**, 98; **§ 5a**, 122; **§ 8**, 140; **PAngV § 1**, 49, 51, 52, 73
Versäumte Meinungsumfrage	BGH, 05.07.1990, I ZR 164/88	**UWG § 12 Anh. I**, 305
Verschweigen der Wiederverkaufsabsicht	BGH, 26.02.1992, VIII ZR 89/91	**UWG Einl.**, 328
Versicherungsberater	BGH, 20.05.2009, I ZR 220/06	**UWG § 3a**, 91
Versicherungsmakler	OLG Köln, 18.08.2000, 6 U 58/00	**UWG § 4 Nr. 1**, 53
Versicherungsuntervertreter	BGH, 26.02.2009, I ZR 28/06	**UWG § 3a**, 601; **vor § 17-19**, 43; **GeschGehG § 2**, 19
Versicherungsvergleichsportal	OLG München, 06.04.2017, 29 U 3139/16	**UWG § 3a**, 606, 609
Verspätete Mitteilung	OLG Frankfurt/Main, 12.05.1987, 6 W 101/87	**UWG § 12 Anh. II**, 64
Versteckte Verpackungskosten	HansOLG Hamburg, 06.02.2014, 5 U 174/12	**PAngV § 1**, 39
Verstoß gegen Werbeverbot	OLG Köln, 29.06.2018, 6 U 179/17	**UWG § 3a**, 257
Vertragsausläufer	OLG Stuttgart, 08.10.2015, 2 U 25/15	**GeschGehG § 8**, 22
Vertrags*händlernetz*	OLG Frankfurt/Main, 03.08.2004, 11 U 17/04 (Kart)	**UWG § 4 Nr. 4**, 145, 147
Vertragsstrafe bis zu …	BGH, 12.07.1984, I ZR 123/82	**UWG § 8**, 27; **§ 12**, 60, 61
Vertragsstrafe bis zu … II	BGH, 14.02.1985, I ZR 20/83	**UWG § 12**, 60, 61, 69

Stichwort	Gericht, Datum, Aktenzeichen	Zitierstelle, Rdn.
Vertragsstrafe für versuchte Vertreterabwerbung	BGH, 01.06.1983, I ZR 78/81	**UWG § 12**, 104, 105
Vertragsstrafe ohne Obergrenze	BGH, 31.05.1990, I ZR 285/88	**UWG § 8**, 27
Vertragsstrafebemessung	BGH, 30.09.1993, I ZR 54/91	**UWG § 8**, 24; **§ 12 Anh. II**, 7, 102
Vertragsstrafenbewehrung zugunsten der SOS Kinderdörfer	LG Köln, 22.08.2012, 84 O 104/12	**UWG § 8**, 28
Vertragsstrafenklausel	BGH, 13.11.2013, I ZR 77/12	**UWG § 8**, 18, 24, 25, 26, 72, 85; **§ 12**, 58, 61, 101, 103, 104; **§ 12 Anh. II**, 35
Vertragsstrafevereinbarung	BGH, 18.05.2006, I ZR 32/03	**UWG § 8**, 18; **§ 12**, 98
Vertragsstrafeversprechen	BGH, 07.10.1982, I ZR 120/80	**UWG § 8**, 24; **§ 12**, 58; **§ 12 Anh. I**, 24, 28
Vertragswerkstatt	BGH, 13.03.1970, I ZR 108/68	**UWG § 5**, 254
Vertragswidriger Testkauf	BGH, 26.06.1981, I ZR 71/79	**UWG § 4 Nr. 4**, 104
Vertretung der Anwalts-GmbH	BGH, 25.10.2001, I ZR 29/99	**UWG § 8**, 40, 287
Verwaltungsstellenleiter	BGH, 12.11.1998, I ZR 105/96	**UWG § 3**, 39
Verwarnung aus Kennzeichenrecht	BGH, 12.08.2004, I ZR 98/02	**UWG § 4 Nr. 4**, 119, 121
Verwarnung aus Kennzeichenrecht II	BGH, 19.01.2006, I ZR 98/02	**UWG § 4 Nr. 4**, 121, 123, 124; **§ 9**, 25; **§ 12**, 5
Verweigertes Empfangsbekenntnis	OLG Karlsruhe, 23.03.2016, 6 U 38/16	**UWG § 12**, 368, 374, 390
Verwertung von Kundenlisten	BGH, 19.12.2002, I ZR 119/00	**UWG § 8**, 186, 191, 202
Vespa-Roller	BGH, 14.04.1988, I ZR 35/86	**UWG § 12 Anh. I**, 182
VfG Versandapotheke für Österreich	OGH, 19.03.2013,	**UWG Einl.**, 269
Videospiel-Konsolen II	BGH, 27.11.2014, I ZR 124/11	**UWG Einl.**, 313; **§ 2 Abs. 1 Nr. 3**, 17; **§ 12 Anh. II**, 101

Stichwort	Gericht, Datum, Aktenzeichen	Zitierstelle, Rdn.
Vielfachabmahner	BGH, 05.10.2000, I ZR 237/98	**UWG § 8**, 309, 359
Viennetta	BGH, 19.10.2000, I ZR 225/98	**UWG § 4 Nr. 3**, 31, 42, 70, 75, 76
Vincent Deroo-Blanquart/ Sony Europe	EuGH, 07.09.2016, C-310/15	**UWG § 2 Abs. 1 Nr. 8**, 5, 7
Ving Sverige	EuGH, 12.05.2011, C-122/10	**UWG Einl.**, 80, 82; **§ 1**, 23; **§ 3**, 130; **§ 3 Anh. zu Abs. 3**, 82, 83; **§ 4a**, 9, 55; **§ 5**, 168, 173; **§ 5a**, 37, 42, 44, 61, 63, 75, 76, 77, 79, 80, 81, 82, 83, 90, 91, 95, 115; **PAngV Vorbem.**, 38, 42; **§ 1**, 16, 24, 25, 27, 29, 41
Virtueller Verkaufsraum	OLG Koblenz, 21.03.2013, 9 U 1156/12	**UWG § 12**, 411, 439
VITA-SED	OLG Köln, 12.12.2014, 6 U 28/14	**UWG § 4 Nr. 3**, 46, 52, 121, 123
Vitalpilze	BGH, 17.01.2013, I ZR 5/12	**UWG § 3a**, 27, 351, 355, 369, 370
Vitamin-Zell-Komplex	BGH, 24.02.2005, I ZR 101/02	**UWG § 1**, 19, 27; **§ 2 Abs. 1 Nr. 1**, 18; **§ 2 Abs. 1 Nr. 3**, 6; **§ 4 Nr. 3**, 25, 28, 110; **§ 8**, 278, 382; **§ 9**, 14, 48
vitra programm	BGH, 04.04.1984, I ZR 25/82	**UWG § 4 Nr. 3**, 34
Völkl	BGH, 02.10.2012, I ZR 82/11	**UWG § 9**, 125; **§ 12 Anh. I**, 213
Volksbank România	EuGH, 26.02.2015, C-143/13	**UWG § 4a**, 123
Vollmachtsnachweis	BGH, 19.05.2010, I ZR 140/08	**UWG § 3a**, 264; **§ 8**, 53; **§ 12**, 31, 138
Vollstreckung der notariellen Unterlassungserklärung	KG, 25.01.2017, 5 U 115/15	**UWG § 12**, 468

Stichwort	Gericht, Datum, Aktenzeichen	Zitierstelle, Rdn.
Vollstreckungsverzicht im Eilverfahren	OLG Köln, 29.01.2010, 6 U 177/09	**UWG § 12**, 218, 226, 237, 536
Vollsynthetisches Motorenöl	BGH, 21.06.201, I ZR 157/16	**UWG § 5**, 286, 348
Vollziehung einer Beschlussverfügung	OLG Zweibrücken, 21.05.2015, 4 U 145/14	**UWG § 12**, 382, 397
Voltaren	BGH, 13.12.2012, I ZR 161/11	**UWG § 3a**, 198, 201
von Colson	EuGH, 10.04.1984, Rs 14/83	**UWG Einl.**, 58
vorbereitender Besichtigungsanspruch	OLG Hamm, 31.01.2013, 4 U 200/12	**UWG § 12**, 159
Vorenthalten der Abmahnungserwiderung	OLG München, 08.06.2017, 29 U 1210/17	**UWG § 8**, 373
Vorgerichtliche Legitimation	OLG Saarbrücken, 27.11.2017, 1 W 38/17	**UWG § 12**, 17, 24
vorgeschobene Marktbereinigung	KG, 09.12.2016, 5 U 163/15 und 5 W 27/16	**UWG § 12**, 79, 81
Vorher-Nachher-Bilder	OLG Koblenz, 08.06.2016, 9 U 1362/15	**UWG § 3a**, 27
Vorratslücken	BGH, 10.12.1998, I ZR 141/96	**UWG § 1**, 3; **§ 5**, 276; **§ 8**, 69, 386; **§ 12 Anh. I**, 131, 154, 163, 184
Vorrichtung zur Schädlingsbekämpfung	BGH, 01.06.2011, I ZR 25/10	**UWG § 3a**, 515
Vorsatz-Fensterflügel	BGH, 10.02.1986, I ZR 202/83	**UWG § 6**, 3
Vorübergehender Vollstreckungsverzicht	KG, 11.05.2010, 5 U 64/09	**UWG § 12**, 218, 226, 237; **§ 12 Anh. II**, 88
Vorübergehender Vollstreckungsverzicht	OLG Frankfurt/Main, 25.03.2010, 6 U 219/09	**UWG § 12**, 218, 237, 536
VOSSIUS & PARTNER	BGH, 28.02.2002, I ZR 195/99	**UWG § 5**, 376, 380, 433
vossius.de	BGH, 11.04.2002, I ZR 317/99	**UWG § 9**, 119; **§ 12 Anh. I**, 50, 168, 169
VSW/DHL Paket	EuGH, 30.03.2017, C- 146/16	**UWG § 5a**, 63, 65, 80, 85, 115
VTB/Total Belgium u. Galatea/Sanoma	EuGH, 23.04.2009, C-261/07 und C-299/07	**UWG § 3a**, 17; **§ 3 Anh. zu Abs. 3**, 14
Vueling Airlines	EuGH, 18.09.2014, C-487/12	**PAngV Vorbem.**, 25
VW-Bus	OLG Frankfurt/Main, 21.10.2013, 6 W 82/12	**UWG § 12**, 321

Stichwort	Gericht, Datum, Aktenzeichen	Zitierstelle, Rdn.
W.A.Z.	BGH, 22.01.1971, I ZR 76/69	**UWG § 4 Nr. 1**, 33; **§ 4 Nr. 4**, 148
Wagenfeld-Leuchte	BGH, 15.02.2007, I ZR 114/04	**UWG § 8**, 23; **§ 14**, 38
Wagenfeld-Leuchte II	BGH, 05.11.2015, I ZR 76/11	**UWG § 12 Anh. II**, 101; **§ 14**, 14, 20, 21
Wallraff	BVerfG, 25.01.1984, 1 BvR 272/81	**UWG § 4 Nr. 1**, 47
Wamo	EuGH, 30.06.2011, C-288/10	**UWG § 1**, 12; **§ 3**, 97
Wandsteckdose II	BGH, 08.10.1971, I ZR 12/70	**UWG § 4 Nr. 3**, 115
Warenkorbansicht	OLG Hamm, 14.03.2017, 4 W 34/16	**UWG § 12 Anh. II**, 113
Warentest II	BGH, 09.12.1975, VI ZR 157/73	**UWG § 6**, 220, 221, 223, 224, 226, 229
Warentest III	BGH, 03.12.1985, VI ZR 160/84	**UWG § 4 Nr. 2**, 47; **§ 6**, 221, 222, 229; **§ 9**, 36
Warentest IV	BGH, 10.03.1987, VI ZR 144/86	**UWG § 6**, 221, 224, 226
Warentest V	BGH, 21.02.1989, VI ZR 18/88	**UWG § 6**, 221, 222
Wärme fürs Leben	BGH, 17.10.1996, I ZR 153/94	**UWG § 4 Nr. 3**, 25, 44; **§ 12 Anh. I**, 131, 163
Wärmetauscher	BGH, 10.05.2016, X ZR 114/13	**UWG § 12**, 76
Warmwasserland	OLG Düsseldorf, 24.03.2015, I-20 U 187/14	**UWG § 8**, 356; **§ 12**, 546
Warnhinweis	OLG Hamm, 10.11.2009, 4 U 124/09	**UWG § 4 Nr. 1**, 62
Warnhinweis II	BGH, 13.07.2006, I ZR 234/03	**UWG § 3**, 123; **§ 5**, 347
Warnschild	BGH, 14.04.1965, Ib ZR 72/63	**UWG § 4 Nr. 4**, 103, 108, 109
Warnschreiben	OLG München, 06.06.2013, 29 U 4911/12	**UWG § 4 Nr. 1**, 50, 51, 58
Warsteiner II	BGH, 02.07.1998, I ZR 55/96	**UWG § 5**, 104
Warsteiner III	BGH, 19.09.2001, I ZR 54/96	**UWG § 5**, 367

Stichwort	Gericht, Datum, Aktenzeichen	Zitierstelle, Rdn.
Wartefrist vor Abschlussschreiben	OLG Frankfurt/Main, 22.05.2003, 6 U 6/03	**UWG § 12**, 521
Website bei Google	OLG Celle, 29.01.2015, 13 U 58/14	**UWG § 12**, 65, 103
Wegfall der Wiederholungsgefahr	BGH, 09.11.1995, I ZR 212/93	**UWG § 8**, 11; **§ 12**, 466; **§ 12 Anh. II**, 55
Wegfall der Wiederholungsgefahr II	BGH, 16.11.1995, I ZR 229/93	**UWG § 8**, 17; **§ 12**, 263; **§ 12 Anh. I**, 130, 152
Weihnachtstassen	OLG Hamm, 26.03.2013, 4 U 176/12	**UWG § 3a**, 22, 87
Weihrauch-Extrakt-Kapseln	BGH, 16.04.2015, I ZR 130/13	**UWG § 3a**, 374; **§ 3 Anh. zu Abs. 3**, 13
Weihrauch-Extrakt-Kapseln II	BGH, 09.02.2017, I ZR 130/13	**UWG § 3a**, 194, 385
Weit-vor-Winter-Schluss-Verkauf	BGH, 31.05.2001, I ZR 82/99	**UWG § 8**, 22
Weitervermittlung	LG Frankfurt/Main, 22.03.2002, 3/12 O 128/01	**PAngV § 9**, 6
Weizenkeimöl	BGH, 21.02.1964, Ib ZR 108/62	**UWG § 5a**, 207; **§ 6**, 182
Wells	EuGH, 07.01.2004, C-201/02	**UWG Einl.**, 51, 70, 71
Welte	EuGH, 17.10.2013, C- 181/12	**UWG Einl.**, 80
weltonline.de	BGH, 02.12.2004, I ZR 207/01	**UWG § 4 Nr. 4**, 50, 135, 137
Weltreiterspiele	BGH, 26.04.2007, I ZR 120/04	**UWG § 5**, 282; **§ 12 Anh. I**, 180
»Wenn 1&1 sich streiten«	OLG Köln, 30.11.2015, 6 W 130/15	**UWG § 4 Nr. 1**, 4, 56; **§ 6**, 180
Werbeanfragen im Reisebuchungssystem	OLG Düsseldorf, 17.03.2016, I-15 U 64/15	**UWG § 12**, 101
Werbeaufdruck auf Anwaltsrobe	BGH, 07.11.2016, AnwZ (Brfg) 47/15	**UWG § 3a**, 253
Werbebeilage	BGH, 04.02.1999, I ZR 71/97	**UWG § 9**, 24

Stichwort	Gericht, Datum, Aktenzeichen	Zitierstelle, Rdn.
Werbeblocker	BGH, 24.06.2004, I ZR 26/02	**UWG Einl.**, 320, 368, 379; **§ 2 Abs. 1 Nr. 3**, 5, 6, 8, 25; **§ 3**, 45, 48, 50, 51, 52, 53; **§ 4 Nr. 4**, 11, 19, 20, 24, 44, 57, 59, 60, 80, 82, 86
Werbeblocker II	BGH, 19.04.2018, I ZR 154/16	**UWG Einl.**, 368; **§ 1**, 13, 19, 20; **§ 2 Abs. 1 Nr. 3**, 6, 8, 14, 23, 25; **§ 2 Abs. 1 Nr. 8**, 5; **§ 3**, 41, 45, 46, 48; **§ 4 Nr. 4**, 8, 23, 24, 57, 59, 60, 75, 82, 86; **§ 4a**, 4, 8, 24, 70, 75, 99
Werbefilm	OLG Frankfurt/Main, 04.04.2017, 11 W 41/16	**UWG § 8**, 146
Werbefinanzierte Telefongespräche	BGH, 20.12.2001, I ZR 227/99	**UWG § 7**, 89, 128
Werbegeschenke	BGH, 09.06.2011, I ZR 41/10	**UWG § 12 Anh. I**, 64, 82
Werbekampagne	OLG Frankfurt/Main, 14.03.2013, 6 U 227/12	**UWG § 12**, 241, 251
Werbeprospekt mit Bestellpostkarte	BGH, 14.06.2017, I ZR 54/16	**UWG § 3a**, 271
Werbetassen	BVerfG, 05.03.2015, 1 BvR 3362/14	**UWG § 3a**, 247, 248
Werbeveranstaltung mit Filmvorführung	BGH, 23.03.1962, I ZR 138/60	**UWG § 5a**, 170, 196
Werbeverbot für Apotheker	BVerfG, 22.05.1996, 1 BvR 744/88, 60/89 und 1519/91	**UWG § 3a**, 171
Werbeverbot für Apotheker	BVerfG, 22.05.1996, I BvR 744/88	**UWG § 3a**, 143
Werbewagen	BGH, 04.12.1964, I b ZR 38/63	**UWG § 7**, 1, 60
Werbung am Unfallort I	BGH, 22.11.1974, I ZR 23/74	**UWG § 4a**, 1, 42; **§ 7**, 63
Werbung am Unfallort II	BGH, 22.11.1974, I ZR 50/74	**UWG § 7**, 63
Werbung am Unfallort III	BGH, 14.12.1979, I ZR 29/78	**UWG § 7**, 63
Werbung am Unfallort IV	BGH, 08.07.1999, I ZR 118/97	**UWG § 4a**, 1, 42; **§ 7**, 63
Werbung einer Zahnarzt-GmbH	BVerfG, 26.09.2003, 1 BvR 1608/02	**UWG § 3a**, 240

Stichwort	Gericht, Datum, Aktenzeichen	Zitierstelle, Rdn.
Werbung für Anwaltsregress	OLG Köln, 01.04.2016, 6 U 182/15	**UWG § 4 Nr. 1**, 57
Werbung für Fremdprodukte	BGH, 17.10.2013, I ZR 173/12	**UWG § 2 Abs. 1 Nr. 1**, 23, 89; **§ 2 Abs. 1 Nr. 3**, 6, 7, 9, 11, 13, 14; **§ 4 Nr. 1**, 19; **§ 8**, 277
Werbung für Generika	HansOLG Hamburg, 28.06.2012, 3 U 17/11	**UWG § 6**, 16, 35, 108, 111, 127, 151
Werbung für Kfz-Reparaturen	OLG Frankfurt/Main, 28.04.2005, 6 U 36/05	**UWG § 3a**, 101, 326
Werbung für Klingeltöne	BGH, 06.04.2006, I ZR 125/03	**UWG § 3**, 127, 133, 146, 147, 148; **§ 4a**, 120, 169; **§ 12 Anh. I**, 180
Werbung für Telefondienstleistungen	BGH, 20.12.2007, I ZR 51/05	**PAngV § 1**, 43
Werbung im Programm	BGH, 22.02.1990, I ZR 78/88	**UWG § 3**, 38; **§ 5a**, 170, 196, 198, 211; **§ 12 Anh. I**, 138, 139
Werbung in Schulen	BGH, 04.04.1984, I ZR 9/82	**UWG § 3a**, 91; **§ 4a**, 160, 161
Werbung mit Garantie	BGH, 14.04.2011, I ZR 133/09	**UWG Einl.**, 386; **§ 3a**, 36, 269; **§ 5a**, 22, 23, 27, 130
Werbung mit Testergebnis	BGH, 07.07.2005, I ZR 253/02	**UWG § 1**, 50; **§ 2 Abs. 1 Nr. 1**, 19; **§ 2 Abs. 1 Nr. 2**, 3; **§ 2_2**, 12; **§ 5**, 384
Werkstatt für VOLVO	OLG Stuttgart, 28.04.1997, 2 U 215/96	**UWG § 8**, 309
Westfalen-Blatt	BGH, 16.04.1957, I ZR 115/56	**UWG § 1**, 3
Wettbewerb durch Anzeigenblatt	BGH, 27.01.1956, I ZR 146/54	**UWG § 1**, 11
Wettbewerbsbezug	BGH, 26.01.2017, I ZR 217/15	**UWG Einl.**, 318; **§ 2 Abs. 1 Nr. 3**, 6, 8, 14, 18, 23, 26; **§ 3**, 34; **§ 4 Nr. 1**, 19; **§ 4 Nr. 2**, 16, 18

Stichwort	Gericht, Datum, Aktenzeichen	Zitierstelle, Rdn.
Wettbewerbsverbot in Realteilungsvertrag	BGH, 16.04.2002, KZR 5/01	**UWG § 12**, 301
Wettbewerbsverein	BGH, 07.11.1985, I ZR 105/83	**UWG Einl.**, 33; **§ 8**, 345; **§ 12**, 130
Wettbewerbsverein IV	BGH, 05.10.1989, I ZR 56/89	**UWG § 5**, 249; **§ 8**, 283, 295, 297, 305
Wettbewerbszentrale/Kamin und Grill Shop	EuGH, 12.10.2017, C-289/16	**UWG § 3a**, 491
Wetter-App	BGH, 05.09.2014, 6 U 205/13	**UWG § 4 Nr. 4**, 50
wetteronline.de	BGH, 22.01.2014, I ZR 164/12	**UWG § 2 Abs. 1 Nr. 3**, 17; **§ 4 Nr. 4**, 22, 24, 49, 50, 53, 54, 135, 137, 138, 139; **§ 5**, 108; **§ 12 Anh. I**, 127, 131
Wheels Magazin	BGH, 16.07.1998, I ZR 6/96	**UWG § 12 Anh. I**, 163, 182
Whiskey-Cola	OLG Frankfurt/Main, 25.03.2010, 6 U 219/09	**UWG § 12**, 219; **§ 12 Anh. II**, 88
Whisky-Mischgetränk	BGH, 24.04.1986, I ZR 127/84	**UWG § 12**, 51
Whistling for a train	BGH, 02.10.2008, I ZR 6/06	**UWG § 9**, 78, 79
Whitelisting I	OLG München, 17.08.2017, U 2225/15 Kart	**UWG § 2 Abs. 1 Nr. 3**, 8, 25; **§ 4 Nr. 4**, 86; **§ 12 Anh. I**, 180
Whitelisting II	OLG München, 17.08.2017, U 2184/15 Kart	**UWG § 2 Abs. 1 Nr. 3**, 8, 25; **§ 4 Nr. 4**, 86
Whitelisting III	OLG München, 17.08.2017, 29 U 1917/16	**UWG § 2 Abs. 1 Nr. 3**, 8, 25; **§ 4 Nr. 4**, 86; **§ 12 Anh. I**, 131
Widerruf der Erledigungserklärung	BGH, 07.06.2001, I ZR 157/98	**UWG § 5**, 409; **PAngV Vorbem.**, 54
Widerrufsbelehrung	BGH, 04.07.2002, I ZR 55/00	**UWG § 1**, 4
Widerrufsbelehrung IV	BGH, 31.10.2002, I ZR 132/00	**UWG § 12 Anh. I**, 182
»Wie du mir so ich dir«	OLG Düsseldorf, ,	**UWG § 12**, 273

Stichwort	Gericht, Datum, Aktenzeichen	Zitierstelle, Rdn.
Wiederholte Unterwerfung	BGH, 02.12.1982, I ZR 121/80	**UWG § 8**, 30; **§ 12 Anh. I**, 323
Wiederholte Unterwerfung II	BGH, 13.05.1987, I ZR 79/85	**UWG § 8**, 31, 32, 49, 96; **§ 12 Anh. I**, 323
Wiederverwendbare Hilfsmittel	BGH, 24.06.2003, KZR 18/01	**UWG § 12 Anh. I**, 18
Wildes Plakatieren	OLG Karlsruhe, 09.04.2008, 6 U 20/08	**UWG § 4 Nr. 4**, 81; **§ 8**, 381
WINCAD	BGH, 15.01.1998, I ZR 282/95	**UWG § 12**, 540
Windpark	OLG Frankfurt/Main, 06.04.2017, 6 U 36/16	**UWG § 2 Abs. 1 Nr. 3**, 12, 18
Windsor Estate	BGH, 19.07.2007, I ZR 93/04	**UWG § 9**, 109; **§ 12 Anh. I**, 216
Wintersteiger/Products 4U	EuGH, 19.04.2012, C-523/10	**UWG Einl.**, 215; **§ 14**, 13, 22, 33, 34
Wir helfen im Trauerfall	BGH, 14.01.2016, I ZR 61/14	**UWG § 2 Abs. 1 Nr. 9**, 3, 4; **§ 3**, 94; **§ 3a**, 16, 37, 47, 87; **§ 5**, 247; **§ 5a**, 59, 85, 127, 160, 169; **§ 12**, 273, 362; **§ 12 Anh. I**, 132, 163; **PAngV Vorbem.**, 11, 15, 37, 39, 41, 48; **§ 1**, 7, 24, 37, 65; **§ 6**, 3
Wir helfen im Trauerfall	BGH, 19.01.2016, I ZR 61/14	**UWG Einl.**, 50
Wir Schuldenmacher	BGH, 06.12.2001, I ZR 14/99	**UWG Einl.**, 321; **§ 4 Nr. 1**, 15; **§ 12 Anh. I**, 180
Wir zahlen Höchstpreise	BGH, 03.07.2014, I ZR 84/13	**UWG § 5**, 39, 412; **§ 12 Anh. I**, 279
Wirbel um Bauschutt	OLG Celle, 21.08.2017, 13 W 45/17	**UWG § 12 Anh. II**, 35, 37
Wirkstoffangabe	OLG Köln, 26.02.1993, 6 U 140/92	**UWG § 6**, 93
Wirtschaftsanzeigen – publicrelations	BGH, 29.03.1974, I ZR 15/73	**UWG § 5a**, 201; **§ 12 Anh. I**, 163, 184
Wirtschaftsprüfervorbehalt	BGH, 13.02.1981, I ZR 111/78	**UWG § 9**, 121

Stichwort	Gericht, Datum, Aktenzeichen	Zitierstelle, Rdn.
Wirtschaftsregister	BGH, 26.11.1997, I ZR 109/95	**UWG § 8**, 3, 113, 118
WISO	BGH, 06.12.2001, I ZR 214/99	**UWG § 2 Abs. 1 Nr. 3**, 14; **§ 12 Anh. I**, 163
WLAN-Router nicht vorrätig	OLG Köln, 01.06.2007, 6 U 232/06	**UWG § 11**, 1, 33, 34, 35
WM-Marken	BGH, 12.11.2009, I ZR 183/07	**UWG § 1**, 34; **§ 3**, 12, 31, 72, 80; **§ 4 Nr. 4**, 129, 131; **§ 5**, 76, 474
womenineurope.com	BGH, 29.03.2011, VI ZR 111/10	**UWG § 14**, 12
World of Warcraft	BGH, 06.10.2016, I ZR 25/15	**UWG § 12 Anh. I**, 124, 138, 157, 171
World of Warcraft II	BGH, 12.01.2017, I ZR 253/14	**UWG Einl.**, 183, 190, 313; **§ 1**, 13; **§ 2 Abs. 1 Nr. 3**, 25; **§ 4 Nr. 4**, 2, 21, 22, 23, 24, 34, 59, 60, 70, 71, 73, 75, 76; **§ 8**, 180; **§ 12 Anh. I**, 125, 126
Wörterbuch	BGH, 02.04.1971, I ZR 22/70	**UWG § 5**, 239
wörtliche Zitate aus anwaltlichen Schreiben	BVerfG, 18.02.2010, 1 BvR 2477/08	**UWG § 4 Nr. 1**, 28
Wucherhonorar	OLG Düsseldorf, 28.05.2014, I-15 U 45/14	**UWG § 4 Nr. 1**, 58; **§ 4 Nr. 2**, 54
Wunderbaum II	BGH, 02.06.2016, I ZR 75/15	**UWG § 4 Nr. 3**, 45
Wünsche Handelsgesellschaft	EuGH, 05.03.1986, Rs. 69/85	**UWG Einl.**, 93
Wurftaubenpresse	BGH, 01.07.1960, IZR 72/59	**GeschGehG § 2**, 19
www.srf.ch	BGH, 25.10.2016, VI ZR 678/15	**UWG § 14**, 27
XVIII PLUS	BGH, 02.10.2012, I ZR 37/10	**UWG § 4 Nr. 4**, 123
Yoshida/Pi-Design u.a.	EuGH, 11.05.2017, C-421/15	**UWG § 4 Nr. 3**, 40
YouTube	BGH, 13.09.2018, I ZR 140/15	**UWG § 8**, 251

Stichwort	Gericht, Datum, Aktenzeichen	Zitierstelle, Rdn.
YouTube-Werbekanal	BGH, 12.01.2017, I ZR 117/15	**UWG § 3a**, 521; **§ 12**, 50, 65; **§ 12 Anh. I**, 141, 175
YouTube-Werbekanal II	BGH, 13.09.2018, I ZR 117/15	**UWG Einl.**, 194; **§ 2 Abs. 1 Nr. 8**, 8, 10; **§ 2 Abs. 1 Nr. 9**, 4; **§ 3**, 94; **§ 3a**, 521; **§ 4a**, 143; **§ 5a**, 9, 68, 160
Yttrium-Aluminium-Granat	BGH, 16.08.2016, X ZR 96/14	**UWG § 12**, 302
Yves Rocher	EuGH, 18.05.1993, C-126/91	**UWG Einl.**, 36, 141
Zählrate	OLG Frankfurt/Main, 04.04.2013, 6 W 85/12	**UWG § 12**, 208, 209; **§ 12 Anh. I**, 88, 150
Zahlungsaufforderung	BGH, 22.3.2018, I ZR 25/17	**UWG § 2 Abs. 1 Nr. 9**, 7; **§ 4a**, 2, 41, 109
Zahnarzt für Implantologie	BVerfG, 01.06.2011, 1 BvR 235/10	**UWG § 3a**, 225
Zahnarzt-Preisvergleich	BVerfG, 08.12.2010, 1 BvR 1287/08	**UWG § 3a**, 225
Zahnarztbriefbogen	BGH, 06.04.2006, I ZR 272/03	**UWG § 3a**, 52, 53; **§ 8**, 287, 288
Zahnbürsten	BGH, 19.12.1960, I ZR 14/59	**UWG § 9**, 135
Zahngesundheitsprogramm	OLG Hamm, 24.09.2013, 4 U 64/13	**UWG § 4 Nr. 2**, 18
Zahnprothesen-Pflegemittel	BGH, 30.10.1962, I ZR 128/61	**UWG § 4 Nr. 4**, 28
Zauber des Nordens	BGH, 07.05.2015, I ZR 158/14	**UWG § 3**, 94; **§ 3a**, 19, 34, 38
Zauberwaschkugel	OLG Köln, 24.05.2017, 6 U 161/16	**UWG § 8**, 254
Zaunlasur	BGH, 04.10.1990, I ZR 39/89	**UWG § 5**, 348; **§ 6**, 225
Zeitschrift mit Sonnenbrille	BGH, 22.09.2005, I ZR 28/03	**UWG § 4a**, 120, 167, 168, 169; **§ 5a**, 2, 22
Zeitung zum Sonntag	BGH, 20.11.2003, I ZR 120/00	**UWG § 3**, 65
Zeitungsbestellkarte	BGH, 07.05.1986, I ZR 119/84	**UWG § 4a**, 126

Stichwort	Gericht, Datum, Aktenzeichen	Zitierstelle, Rdn.
Zentrale zur Bekämpfung unlauteren Wettbewerbs	EuGH, 03.10.2013, C-59/12	**UWG Einl.**, 75, 162; **§ 2 Abs. 1 Nr. 1**, 65, 71; **§ 2 Abs. 1 Nr. 2**, 3; **§ 2 Abs. 1 Nr. 6**, 7, 10, 13, 15; **§ 3**, 39; **§ 4a**, 5, 9, 55; **§ 5**, 24, 114, 115; **§ 12 Anh. I**, 11
Zentrale/Plus Warenhandelsgesellschaft	EuGH, 14.01.2010, C-304/08	**PAngV Vorbem.**, 41
Zeolith	OLG Stuttgart, 08.06.2017, 2 U 154/16	**UWG § 12 Anh. I**, 289, 290
Zerkleinerungsvorrichtung	BGH, 25.09.2007, X ZR 60/06	**UWG § 9**, 56, 62; **§ 12 Anh. I**, 42, 202; **GeschGehG § 10**, 15, 16
Zerknitterte Zigarettenschachtel	BGH, 05.06.2008, I ZR 96/07	**UWG § 4 Nr. 1**, 52
Zerowatt	OLG Köln, 12.04.2002, 6 U 142/01	**UWG Einl.**, 251
Zertifizierter Testamentsvollstrecker	BGH, 09.06.2011, I ZR 113/10	**UWG § 3a**, 255; **§ 5**, 466; **§ 12**, 305
Zeugnisaktion	BGH, 03.04.2014, I ZR 96/13	**UWG § 3 Anh. zu Abs. 3**, 338, 342, 343; **§ 4a**, 2, 12, 24, 67, 68, 89, 120, 146, 168, 169
Ziegelfertigstürze	BGH, 01.03.1984, I ZR 48/82	**UWG § 5**, 145
Ziegelvorhangfassade	BGH, 14.04.1994, I ZR 123/92	**UWG § 3a**, 91
Zielfernrohr	BGH, 09.06.1994, I ZR 91/92	**UWG § 5**, 427
»Zigeunerjude«	BVerfG, 12.07.2005, 1 BvR 2097/02	**UWG § 4 Nr. 1**, 41
Zimtkapseln	BGH, 14.01.2010, I ZR 138/07	**UWG § 3a**, 189
Zirka-Preisangabe	BGH, 11.04.1991, I ZR 166/89	**PAngV § 1**, 21
Zoladex	BGH, 29.07.2009, I ZR 87/07	**UWG § 9**, 63, 74
Zollabfertigung	BGH, 15.01.1987, I ZR 215/84	**UWG § 4 Nr. 4**, 48
ZPT	EuGH, 28.02.2018, C-518/16	**UWG § 3 Anh. zu Abs. 3**, 12

Stichwort	Gericht, Datum, Aktenzeichen	Zitierstelle, Rdn.
Zugabenbündel	BGH, 04.07.2002, I ZR 38/00	**UWG § 12 Anh. I**, 124, 154, 156, 157, 159, 170
Zugang des Abmahnschreibens	BGH, 21.12.2006, I ZB 17/06	**UWG § 12**, 32, 33, 35, 462, 512; **§ 12 Anh. I**, 299
Zulässiger Blogpost über Gebrauchtsoftwarehandel	OLG Düsseldorf, 12.07.2016, 20 U 117/15	**UWG § 4 Nr. 1**, 34
Zulassung in EU-Mitgliedstaat	OLG Hamm, 14.02.2008, 4 U 135/07	**UWG § 9**, 17; **§ 10**, 17
Zusammenhangsklage	BAG, 10.06.2010, 5 AZB 3/10	**UWG § 12 Anh. I**, 19
Zusatzkosten für Kreditkartenzahlungen	KG, 01.06.2011, 24 U 111/10	**UWG Einl.**, 309
Zustellung ohne Anlagen	OLG Jena, 04.03.2013, 2 W 502/12	**UWG § 12**, 405, 410
Zuweisung von Verschreibungen	BGH, 18.06.2015, I ZR 26/14	**UWG § 3a**, 126, 130, 156, 157, 158, 160, 161, 163; **§ 12 Anh. I**, 96, 170
Zuwiderhandlung gegen Unterlassungstitel	OLG Köln, 28.09.2017, 6 W 96/17	**UWG § 12 Anh. I**, 131, 140
Zuwiderhandlung während Schwebezeit	BGH, 17.11.2014, I ZR 97/13	**UWG § 12**, 66
Zuzahlungsverzicht bei Hilfsmitteln	BGH, 01.12.2016, I ZR 143/15	**UWG § 1**, 10, 11, 18; **§ 3**, 94; **§ 3a**, 27, 61, 62, 109, 380, 401, 402, 403, 413; **§ 5a**, 160
Zweckbetrieb	BGH, 02.12.2009, I ZR 152/07	**UWG § 1**, 10, 18; **§ 3**, 32; **§ 3a**, 22, 45, 96, 99, 107, 108
Zweigstellenbriefbogen	BGH, 16.05.2012, I ZR 74/11	**UWG § 5a**, 11, 27, 38, 39, 45, 50
Zweitabmahnung	OLG Frankfurt/Main, 17.08.2017, 6 U 80/17	**UWG § 12**, 273
Zweite Zahnarztmeinung	BGH, 01.12.2010, I ZR 55/08	**UWG § 3a**, 225, 233, 238, 309

Stichwort	Gericht, Datum, Aktenzeichen	Zitierstelle, Rdn.
Zweitmarkt	OLG Hamm, 25.03.2014, 4 U 160/13	**UWG § 4 Nr. 1**, 46
Zwilling	BGH, 22.02.1952, I ZR 117/51	**UWG § 12 Anh. I**, 139

Stichwortverzeichnis

Fette Zahlen beziehen sich auf Paragrafen, magere Zahlen auf Randnummern.